D1346525

DICCIONARIO ABREVIADO DEL ESPAÑOL ACTUAL

Manuel Seco
Olimpia Andrés
Gabino Ramos

DICCIONARIO ABREVIADO DEL ESPAÑOL ACTUAL

Manuel Seco
Olimpia Andrés
Gabino Ramos

AGUILAR
lexicografía

© 2000, Manuel Seco Reymundo, Olimpia Andrés Puente, Gabino Ramos González.

© De esta edición: 2000, Grupo Santillana de Ediciones, S. A.
Torrelaguna, 60. 28043 Madrid.

Diseño de cubierta: Pep Carrió y Sonia Sánchez.

Printed in Spain
Impreso en España por
Cayfosa-Quebecor, S. A.
Santa Perpètua de Mogoda (Barcelona)

ISBN: 84-294-6628-2.
Depósito legal: B-27.438-2000.

El DICCIONARIO ABREVIADO DEL ESPAÑOL ACTUAL *ha sido realizado por*

MANUEL SECO

OLIMPIA ANDRÉS

GABINO RAMOS

con la colaboración de

CARLOS DOMÍNGUEZ

ELENA HERNÁNDEZ

MARÍA TERESA DE UNAMUNO

Índice

Introducción   XI

Antes de utilizar el Diccionario   XIII

Abreviaturas y signos usados en el Diccionario   XXI

    1. Abreviaturas   XXI

    2. Signos   XXIII

    3. Números y letras en la organización del artículo   XXIII

    4. Transcripción fonológica   XXIV

Glosario de términos lingüísticos empleados en las entradas   XXV

Diccionario   1

Apéndice: Conjugación de los verbos   1843

Introducción

Este DICCIONARIO no es otra cosa que lo que su título dice: una versión abreviada del *Diccionario del español actual* de los mismos autores. Se propone, pues, ofrecer lo más esencial del contenido de esta gran obra en un solo volumen más manejable.

Al igual que la obra que le sirve de punto de partida, el presente DICCIONARIO tiene como objetivo recoger el **léxico usado realmente en España en la segunda mitad del siglo XX.** En él se prescinde de los usos de otras épocas que, aunque aparezcan registrados en los diccionarios corrientes, no constan en el uso español de la época estudiada; y, por otra parte, se registran usos vivos de esta época que no aparecen en los diccionarios publicados hasta la fecha.

El inventario del léxico español vivo de la segunda mitad del siglo XX **se ha creado exclusivamente sobre una nutrida base documental** constituida por testimonios escritos del uso real publicados a lo largo de dicha época. Las palabras, acepciones y locuciones suficientemente atestiguadas en dicha documentación integran la totalidad de las entradas que conforman el DICCIONARIO. Aunque la lengua española no solo es de España, sino de otros diecinueve países, dos hechos hicieron que ese material básico se limitase al Viejo Continente: uno, las enormes dificultades prácticas que hubiera llevado consigo una documentación mínimamente rigurosa de todas las tierras que hablan español; otro, la feliz realidad de que la lengua común de todos los países hispanohablantes es, en el nivel medio y culto, verdaderamente *común* en un noventa por ciento de su léxico, y que por tanto una compilación solvente del léxico del español de España puede dar una imagen válida en gran medida del español de todos.

Se trata de un **diccionario descriptivo:** la presencia en él de una voz (o de un empleo de ella) no implica necesariamente su aceptación en el lenguaje culto; como tampoco su ausencia significa necesariamente inexistencia o desaprobación. El DICCIONARIO se ha propuesto dar cuenta del léxico real contemporáneo tal como consta en la base documental formada al efecto. Contiene, pues, palabras de las más variadas procedencias, niveles y registros: voces de larga tradición en la vida de la lengua, junto a otras creadas o importadas en las últimas décadas; voces de área geográfica limitada; voces jergales, del mundo juvenil o restringidas al lenguaje de bajo nivel cultural; usos propios de situaciones formales o, por el contrario, propios de situaciones distendidas, o incluso los poco convenientes en la conversación de personas educadas; términos que se hallan en alguna fase de penetración en la lengua común procedentes de distintas ciencias, técnicas o actividades especiales. Ahora bien: toda esta heterogénea variedad de componentes del léxico vivo va presentada en el diccionario con etiquetas que en cada caso ilustran al lector sobre el mayor o menor nivel de aceptación en la lengua estándar. Es decir: juntamente con la información descriptiva sobre el léxico moderno, se ofrece una *orientación normativa* sobre la aceptabilidad de los usos.

En las entradas no solo se expone el significado de las palabras, sino **numerosas informaciones gramaticales** sobre su funcionamiento en la frase y otras circunstancias de su uso, como tipos de complementos que las acompañan, preposiciones y conjunciones que intervienen en sus construcciones, palabras o tipos de palabras con que se combinan, o forma y sentido de las principales locuciones de las que forman parte.

Las características anteriores se plasman en **75.000 entradas, con 141.000 acepciones,** que son, con sus definiciones, las mismas que ofrece el *Diccionario del español actual.*

Salvo en algunos escasos retoques, la diferencia entre el diccionario extenso y éste abreviado está en que aquí, para conseguir la necesaria reducción de dimensiones del libro, han sido suprimidos los ejemplos tomados del uso real que, con indicación exacta de su procedencia, seguían en aquel a todas las acepciones y locuciones definidas, demostrando la existencia de cada una de ellas, de su significado y de su uso en la lengua contemporánea. Únicamente en casos muy contados, y por ineludible exigencia de la claridad, hemos puesto breves ejemplos nuestros que aparecen precedidos de un asterisco.

A cambio del no pequeño sacrificio que supone la eliminación de las citas reales, se logra la importante meta de poner al alcance de un público más amplio, y en un formato más manejable, el gran caudal de información nueva sobre el léxico de nuestro tiempo aportada por el *Diccionario del español actual.* Los lectores deseosos del conocimiento más perfecto que las citas reales brindan saben que siempre las podrán encontrar en los dos volúmenes de la obra extensa.

MANUEL SECO

Antes de utilizar el Diccionario

Recomendamos al lector que antes de iniciar la consulta de este Diccionario lea las notas que siguen, que le serán útiles para obtener el máximo rendimiento de la obra.

Artículo o entrada

El artículo o entrada está constituido por el *lema* (palabra o palabras que lo encabezan, impresas en negrita) y por la *información* acerca de esas palabras.

Informaciones ocasionales que siguen al lema son las relativas a pronunciación (→ *pronunciación,* en la sección GLOSARIO, pág. XXV), variantes de acentuación o de grafía, o formaciones especiales de plural o de femenino. En los verbos que tienen alguna irregularidad u otra particularidad en su conjugación, esto se indica por medio de un paréntesis con un número que remite al apéndice CONJUGACIÓN DE LOS VERBOS (pág. 1843).

> **exégeta** (*tb* **exegeta**)
> **galaicoportugués** (*tb con la grafía* **galaico-**
> **-portugués**)
> **juke-box** (*ing; pronunc corriente,* /yúk-bóks/; *pl*
> *normal, invar*)
> **descarriar** (*conjug* **1c**)
> **asir** (*conjug* **39**)

Etiquetas, abreviaturas y signos

Dentro de la entrada hay una serie de informaciones, generalmente en abreviatura, relativas a dos grandes aspectos de las palabras definidas. Unas se refieren a cuestiones gramaticales (clases de palabras, funciones dentro de la frase, construcciones, etc.). Otras se refieren al lugar que ocupan las palabras o sus acepciones dentro del léxico de la lengua (frecuencia de uso, limitación geográfica, nivel social, registro, ámbito profesional o especial, etc.).

Aparte de las etiquetas y abreviaturas, una serie de signos está destinada a hacer más comprensible la estructura de las entradas y, por tanto, la explicación de las palabras.

Todas estas informaciones se explican en las secciones ABREVIATURAS Y SIGNOS (pág. XXI) y GLOSARIO (pág. XXV).

Estructura del artículo

1. Acepciones (marcas 1, 2, ...) y subacepciones (marcas b), c), ...). Las *acepciones* definen los distintos sentidos en que se usa la palabra. Cada acepción va precedida de un número arábigo en negrita. La separación entre cada acepción y la siguiente se marca con un cuadratín (■). Si la entrada tiene una sola acepción, no se emplea ningún número.

A veces la acepción va seguida de una o más *subacepciones*. Las subacepciones presentan sentidos secundarios que no se separan marcadamente de la acepción que se ha expuesto, sino que designan un matiz, aspecto o dirección particular de ella. Se exponen, sin cuadratín y precedidos de una letra minúscula en negrita, con cierre de paréntesis. Un tipo especial de subacepción, en una acepción de verbo transitivo, es la del uso pronominal llamado "voz media" (→ *pronominal*, en GLOSARIO, pág. XXV).

> **refugio** *m* **1** Protección o amparo. ■ **2** Lugar apropiado para servir de protección. **b)** Zona de la calzada reservada a los peatones y protegida del tráfico. **c)** Construcción de montaña destinada a servir de alojamiento a caminantes o excursionistas. ■ **3** Pers. o cosa en que alguien encuentra protección.

> **malear** *tr* Hacer malo o pervertir [a alguien]. **b)** Hacer malo o dañar [algo]. *Tb fig.* **c)** *pr* (~**se**) Hacerse malo.

2. Grupos (marcas I, II, ...). Dentro del artículo, las acepciones se distribuyen en *grupos* atendiendo a las categorías sintácticas (nombre, adjetivo, verbo, adverbio, etc.) en que puede funcionar la palabra estudiada. Cada grupo va introducido por un número romano en negrita, seguido de la denominación de la categoría (*adjetivo, adverbio,* etc.). Para simplificar las marcas, la categoría nombre se señala con las palabras *masculino* o *femenino,* que han de leerse como "nombre masculino" y "nombre femenino". De igual modo, la categoría verbo se indica normalmente solo con las palabras *transitivo* o *intransitivo,* que se leerán "verbo transitivo" y "verbo intransitivo".

Dentro de los grupos se incluyen las *locuciones* en que figura como componente la palabra estudiada (→ *locución*, en GLOSARIO, pág. XXV), ya que las funciones de estas combinaciones estables son las mismas de las palabras simples. Si en una entrada un grupo está solo representado por locuciones, la marca que se emplea es la de la locución correspondiente: *locución adjetiva, locución verbal,* etc.

Las *fórmulas oracionales* (→ *fórmula oracional,* en GLOSARIO, pág. XXV) se incluyen en el grupo verbos, o en locuciones verbales, o bien, a falta de estos, forman grupo propio.

> **gabinete** I *m* **1** Sala y conjunto de objetos destinados a una actividad o estudio. [...] ■ **2** Oficina de un organismo encargada de atender determinados asuntos. *Con un compl especificador.* [...] ■ **3** Equipo ministerial o gobierno. ■ **4** (*hoy raro*) Habitación más pequeña que la sala, donde se recibe a las perss. de confianza. ■ **5** (*hist*) Habitación contigua a la alcoba, con la que forma un conjunto.
> **II** *loc adj* **6 de ~.** [Trabajo] que se realiza dentro de una oficina o despacho. *Se opone a* DE CAMPO.

> **abuelo -la** [...] **II** *loc v y fórm or* **9 cuéntaselo a tu abuela.** (*col*) *Fórmula con que se expresa incredulidad burlona ante algo dicho por otro.* ■ **10 no tener,** *o* **no necesitar, abuela.** (*col*) Alabarse a sí mismo en exceso.

3. Subgrupos (*marcas* A, B, ...). En algunos grupos establecemos subdivisiones marcadas con letra mayúscula negrita.

En los nombres que pueden funcionar con distinto sentido según el género, un subgrupo reúne las acepciones de género masculino y femenino (las que designan personas o animales con variación de forma según el sexo), otro las acepciones de género masculino, otro las de género femenino. Cuando el lema registra dos terminaciones, masculina y femenina, la marca *masculino* se refiere a la primera terminación, y *femenino,* a la segunda.

> **abuelo -la** I *n* **A** *m y f* **1** Padre o madre del padre o de la madre [de una pers.]. [...] ■ **2** (*pop*) Pers. anciana. *Frec como tratamiento.* [...]
> **B** *m* **3** *En pl:* Conjunto formado por el abuelo y la abuela [1]. ■ **4** (*lit*) *En pl:* Antepasados. ■ **5** Mechón corto de la nuca, en el nacimiento del pelo. *Normalmente en pl.* ■ **6** (*argot Mil*) Soldado al que le quedan menos de 6 meses para licenciarse. ■ **7 el ~.** (*col*) *En la lotería de cartones:* El número noventa. ■ **8** (*reg*) Vilano.

En los verbos que tienen acepciones transitivas e intransitivas, y a veces también copulativas, se reúnen en subgrupos distintos las acepciones de una y otra condición.

> **padecer** (*conjug* 11) **A** *tr* **1** Experimentar [un daño o dolor, físico o moral]. *Tb fig.* **b)** Tener [una enfermedad].
> **B** *intr* **2** Sufrir (sentir dolor, físico o moral). **b)** Preocuparse. *Gralm en la constr* NO PADEZCA(S).

> **ser**[1] I *v* (*conjug* 29) **A** *copulat* **1** *Sirve para presentar en forma de pred de la or un adj o un sust (o cualquier otra palabra o sintagma trasladados a estas funciones) que expresan una característica o un conjunto de características pensadas como propias de lo designado en el suj.* [...]
> **B** *intr* [...] **5** Tratarse de [alguien o algo (*suj*)].

En otras clases de palabras, los subgrupos sirven para distinguir alternativas sintácticas especiales.

> **cuanto**[1] **-ta** [...] **II** *pron* **A** *relat* **3** *Con antecedente m o f:* Todo el que. [...]
> **B** *no relat* **4** *En m:* Cantidad, gralm. de dinero, que no se quiere o no se puede precisar. *Usado como alternativa o variación frente a* TANTO.

4. *Subdivisiones de los subgrupos* (*marcas* ➤ a, ➤ b, …).

Cuando un subgrupo precisa a su vez una subdivisión, se emplea esta marca: ➤ **a,** ➤ **b.** Esto ocurre principalmente cuando un verbo con subgrupos **A** *transitivo* y **B** *intransitivo* diferencia dentro de ellos acepciones *normales* (no pronominales) y *pronominales*.

> **desbordar A** *tr* **1** Sobrepasar [algo] los bordes [de un cauce o de un recipiente (*cd*)] derramándose por ellos. *Tb fig.* [...]
> **B** *intr* ➤ **a** *normal* **4** Salirse [algo de aquello que lo contiene] por sobrepasar sus bordes. *Tb pr* (~**se**). *Tb fig.* ■ **5** Estar lleno [de algo] hasta rebosar por los bordes. *Frec fig y con intención ponderativa.* ■ **6** Sobrepasar [algo, esp. la alegría o el entusiasmo] los límites de lo normal o moderado. *Gralm pr* (~**se**).
> ➤ **b** *pr* (~**se**) **7** Salirse de su cauce [un río u otra corriente de agua]. ■ **8** Llenarse excesivamente [un recipiente] de modo que su contenido se derrama por los bordes. *Tb fig.*

También se usan estas marcas para formar apartados diferentes, con arreglo al contenido, en entradas de una categoría única.

> **de**[1] (*con pronunc átona*) *prep* ➤ **a** *con diversas denotaciones* **1** *Introduce un compl que designa el poseedor.* [...] ■ **2** *Introduce un compl que designa la pers o cosa con la que tiene relación o vinculación la mencionada.* [...]
> ➤ **b** *con funciones puramente gramaticales* **21** *Introduce el término de referencia de una expr de cantidad o medida, con* MÁS, MENOS, MAYOR, MENOR.

Definición

1. *Generalidades.* La definición es el enunciado que expone el contenido de la voz. Se ha procurado evitar que las definiciones incluyan palabras que exijan al lector búsquedas complementarias. Sobre todo, se ha hecho lo posible para que las definiciones no incurran en círculos viciosos (definir A por medio de B, definiendo B a su vez por medio de A).

En una definición en que aparezca usada una voz que ocupa un lugar próximo a la que se define, solemos especificar con un número entre corchetes a cuál de las acepciones de la voz citada nos referimos.

Si en la definición de una acepción utilizamos la misma palabra del lema, especificamos con un número entre corchetes a qué otra acepción alude la cita. En las subacepciones, sin embargo, no damos esa especificación, porque la referencia es, naturalmente, a la acepción de la que dependen.

> **quiché I** *adj* **1** [Indio] de origen maya que habita la zona occidental de Guatemala. *Tb n.* **b)** Propio de los quichés.
> **II** *m* **2** Lengua de los quichés [1].

2. *Definición suficiente, no exhaustiva.* La definición, enunciado que expone el contenido de la voz, está concebida pensando en el hablante común. Muchas palabras del diccionario pertenecen propiamente a ámbitos particulares (ciencias, técnicas, actividades especiales) y no al uso general, en el cual solo ocasional y superficialmente penetran. El hablante normal puede estar interesado por informarse sobre esas voces, pero su interés no es el de un especialista. Por eso en este diccionario las definiciones de voces que designan realidades que son o pueden ser objeto de estudio por parte de especialistas, o las voces que por naturaleza corresponden a una rama particular de actividad, no están redactadas precisamente para servir a los especialistas o a los técnicos, sino *a los hablantes comunes, para quienes lo importante es encontrar una definición suficiente, no exhaustiva.* Cuando incluimos algún pormenor técnico –por ejemplo, el nombre científico en las entradas de animales y plantas–, lo hacemos con el fin de ofrecer una pista o dato adicional de contraste que puede ser útil para quien desee buscar *fuera del diccionario* (en una enciclopedia o en un vocabulario técnico) una identificación más precisa.

3. *Definición englobadora.* El propósito de servir al hablante común nos ha aconsejado simplificar la definición de numerosos nombres de animales y plantas que, con distintos adjetivos o complementos, designan especies distintas de la designada con el simple nombre. En estos casos, que abundan en el léxico, no consideramos importante para el lector normal explicar todas esas denominaciones, información que sin duda está muy por encima de sus intereses. Estimamos suficiente dar la definición, lo más llana posible, del nombre simple, y a continuación presentar un breve catálogo de especies –no necesariamente del mismo género– designadas con "nombre + adjetivo o complemento", identificadas simplemente con el nombre científico respectivo, posible guía para búsquedas *externas.*

> **lagarto -ta** [...] *m* [...] Reptil saurio terrestre de cabeza ovalada, boca grande con muchos dientes, cuerpo prolongado y casi cilíndrico y cola larga y cónica (gén. *Lacerta* y otros). *Diversas especies se distinguen por medio de adjs o compls:* ~ VERDE (*Lacerta viridis*), ~ OCELADO (*L. lepida*), ~ ESTRELLADO (*Agama stellio*), ~ CANARIÓN (*Gallotia simonyi sthelini*), etc.

4. *Definición sinonímica y definición explicativa.* En la *definición sinonímica* –la empleada normalmente en este diccionario– el enunciado definidor, tanto si está constituido por una palabra como si lo está por varias, es capaz de sustituir en un texto de habla a la palabra definida, desempeñando en él la misma función sintáctica y sin que se altere el sentido de la frase.

deleitoso -sa *adj* Que causa deleite.

(En una frase *Es un jardín deleitoso,* el adjetivo *deleitoso* podría sustituirse por la proposición adjetiva "que causa deleite" –*Es un jardín que causa deleite*– sin que se alterase el sentido del enunciado.)

A veces, sin embargo, en lugar de una definición sinonímica aparece una explicación, *definición explicativa,* que se distingue gráficamente por ir impresa en cursiva.

de[1] [...] **1** *Introduce un compl que designa el poseedor.* [...] ∎ **2** *Introduce un compl que designa la pers o cosa con la que tiene relación o vinculación la mencionada.*

ser[1] [...] **14 así sea.** *Fórmula con que se manifiesta deseo de que se cumpla lo que se acaba de oír. Frec en plegarias.*

delfinio *m Se da este n a diversas plantas del gén Delphinium, algunas de cuyas variedades se cultivan como ornamentales.*

5. *Contorno de la definición.* A menudo, en el enunciado definidor sinonímico, es preciso distinguir lo que es la *definición en sí* y lo que es su *contorno*: los elementos que, sin pertenecer propiamente a ella, precisan su sentido, como acompañantes normales, en un texto de habla, de la palabra definida. El contorno se señala, en el enunciado definidor, encerrándolo entre corchetes.

prometer A *tr* [...] **1** Decir [alguien] que hará o dará [algo], obligándose a ello.

(Así, en la frase *Su tío le prometió un buen sueldo,* "su tío" es el elemento de contorno que en la definición se indica como sujeto [alguien], y "un buen sueldo" es el elemento de contorno que en la definición se indica como complemento directo [algo]: "Su tío le dijo que le daría un buen sueldo, obligándose a ello".)

Puede ocurrir que en el contexto real el contorno tenga una función sintáctica distinta de la que lleva en el enunciado definidor. En este caso, en la definición, especificamos esa función (sujeto, complemento directo, complemento con preposición *de,* etc.).

abdicar A *tr* **1** Traspasar [un soberano (*suj*) su reino, el trono o la corona (*cd*) a otra pers. (*compl* EN)]. *Tb abs y sin el compl* EN. ∎ **2** Renunciar [a algo (*cd*), gralm. abstracto, que se tiene como propio].
B *intr* **3** Abdicar [1 y esp. 2] [algo (*compl* DE)].

(En la acepción **1**, el sentido de *abdicar,* sin contorno, es 'traspasar'. Y en una frase *Carlos I abdicó el reino de España en su hijo Felipe,* ese sentido se realiza con su contorno: "Carlos I (sujeto, [el soberano]) TRASPASÓ el reino de España (complemento directo, [su reino]) a su hijo Felipe (complemento con *en*, [a otra persona])". En la acepción **2**, el sentido de *abdicar*, sin contorno, es 'renunciar'. En un texto *No abdica su dignidad*, el elemento "su dignidad" es el complemento directo que en la definición aparece como contorno [algo que se tiene como propio]: "No RENUNCIA a su dignidad". En la acepción **3**, el verbo *abdicar*, ahora intransitivo, puede conservar el valor de las dos acepciones anteriores: en este caso, 'renunciar [a algo]'; pero el que en ellas era complemento directo aquí es complemento con *de*: *No abdiquemos de nuestra superioridad,* 'no RENUNCIEMOS a nuestra superioridad'.)

La información sobre el *contorno*, que hasta ahora hemos ejemplificado con verbos, no se da, naturalmente, solo en esta clase de palabras. En un nombre se ofrece con frecuencia esa información con respecto a complementos habituales.

> **abuelo -la** [...] *m y f* **1** Padre o madre del padre o de la madre [de una pers.].

> **deriva** I *f* **1** Desvío del rumbo [de un barco o avión], por efecto del viento o de las corrientes. *Tb referido a otros vehículos.*

En un adjetivo, cuando es conveniente, se informa por medio del corchete, no solo sobre complementos habituales, sino sobre el nombre o tipo de nombre al que se refiere el adjetivo en la acepción dada.

> **decisivo -va** *adj* **1** [Cosa] que decide o resuelve, o que ayuda a decidir o resolver.

> **lego -ga** I *adj* **1** [Pers.] ignorante o que tiene pocos conocimientos [de una materia (*compl* EN)]. *Tb n. A veces se omite el compl por consabido.*

> **falso -sa** I *adj* [...] **3** [Alarma] causada por un peligro que no es real o por una amenaza que no se cumple. *Antepuesto al n.*

Abreviaturas y signos usados en el Diccionario

1. Abreviaturas

1. Las abreviaturas que comienzan por mayúscula corresponden a ciencias, técnicas, artes y otras actividades.
2. El signo * remite a la entrada correspondiente en el GLOSARIO DE TÉRMINOS LINGÜÍSTICOS.

abs .... absoluto *
a.C. .... antes de Cristo
acep .... acepción *
Acúst .... acústica
adj .... adjetivo *
admin .... administrativo *
adv .... adverbio/adverbial *
Aer .... aeronáutica
Agric .... agricultura
al .... alemán
Anat .... anatomía
anim .... animado *
antefut .... antefuturo *
antepres .... antepresente *
ár .... árabe
Arqueol .... arqueología
Arquit .... arquitectura
art .... artículo
ast .... asturiano
Astrol .... astrología
Astron .... astronomía
aum .... aumentativo
Autom .... automovilismo
aux .... auxiliar *
Balonc .... baloncesto
Bibl .... bibliología, bibliografía y materias afines
Biol .... biología
Bot .... botánica
búlg .... búlgaro
c .... *circa* (alrededor de) (ante número que indica año)
calificat .... calificativo
cant .... cantidad
cánt .... cántabro
Carpint .... carpintería
catól .... católico

cd .... complemento directo *
Cerám .... cerámica
ci .... complemento indirecto *
Cicl .... ciclismo
clás .... clásico
CNat .... ciencias naturales
Coc .... cocina
col .... coloquial *
Com .... comercio
compl .... complemento
compl adv .... complemento adverbial *
compl de interés .... complemento de interés *
compl de posesión .... complemento de posesión *
cond .... condicional
conj .... conjunción/conjuntivo
conjug .... conjugación
constr .... construcción *
Constr .... construcción
coord .... coordinado
copret .... copretérito *
copulat .... copulativo *
crist .... cristiano
d.C. .... después de Cristo
def .... definido *
Dep .... deportes
Der .... derecho
desp .... despectivo *
dim .... diminutivo
E .... especialidad *
Ecol .... ecología
Econ .... economía
ej .... ejemplo
Electr .... electricidad
Electrón .... electrónica
Encuad .... encuadernación
Enseñ .... enseñanza
Escén .... artes escénicas

Escult	escultura
Esgr	esgrima
Estad	estadística
esp	especial/especialmente
euf	eufemismo/eufemístico *
Etnogr	etnografía
exclam	exclamación/exclamativo
expr	expresión
f	femenino/nombre femenino
Farm	farmacia
Ferroc	ferrocarril
fig	figurado *
Filol	filología
Filos	filosofía
Fís	física
Fisiol	fisiología
Fon	fonética y fonología
Font	fontanería
fórm	fórmula
fórm or	fórmula oracional *
Fotogr	fotografía
fr	francés
frec	frecuente/frecuentemente
fut	futuro
Fút	fútbol
gall	gallego
gén	género
Geogr	geografía
Geol	geología
Geom	geometría
ger	gerundio
germ	germánico
gr	griego
gral	general
gralm	generalmente
Gram	gramática
grecolat	grecolatino
Heráld	heráldica
Híp	hípica
hisp	hispanizado
hist	histórico *
hol	holandés
humoríst	humorístico/humorísticamente
húng	húngaro
imperat	imperativo
impers	impersonal *
impf	imperfecto
Impr	imprenta
inanim	inanimado *
ind	indicativo
indef	indefinido *
infin	infinitivo
Informát	informática
ing	inglés
Ingen	ingeniería

interj	interjección/interjectivo
interrog	interrogativo
intr	intransitivo *
invar	invariable
isl	islandés
it	italiano
jap	japonés
jerg	jergal *
Joy	joyería
jud	judío
juv	juvenil *
Lab	labores
lat	latín
Ling	lingüística
lit	literario *
loc	locución *
m	masculino/nombre masculino
Mat	matemáticas
Mar	marina
Mec	mecánica
Med	medicina y ciencias de la salud
Metal	metalurgia
Meteor	meteorología
Mil	milicia
Min	minería
Mineral	mineralogía
Mitol	mitología
Mús	música
musulm	musulmán
n	nombre *
n comercial registrado	nombre comercial registrado *
neerl	neerlandés
neg, negat	negación/negativo
nor	noruego
nórd	nórdico
núm	número
Numism	numismática
Ópt	óptica
or	oración *
Ortogr	ortografía
Paleogr	paleografía
Parapsicol	parapsicología
part	participio
Per	periodismo
pers	persona/personal
peyor	peyorativo
pf	perfecto
Pint	pintura
pl	plural
pol	polaco
Pol	política
pop	popular *
port	portugués
pospret	pospretérito *

pr	pronominal *		*sent*	sentido *
pral	principal		*sg*	singular
pralm	principalmente		*Sociol*	sociología
pred	predicado *		*subacep*	subacepción *
predicat	predicativo *		*subj*	subjuntivo
pref	prefijo *		*suf*	sufijo
Prehist	prehistoria		*suj*	sujeto *
prep	preposición/prepositivo		*superl*	superlativo
pres	presente		*sust*	sustantivo *
pret	pretérito		*Taur*	tauromaquia
pron	pronombre *		*tb*	también
pronunc	pronunciación *		*TComunic*	teoría de la comunicación
prop	proposición *		*técn*	técnico *
Psicol	psicología		*Telec*	telecomunicación
Quím	química		*Tex*	textil
recípr	recíproco *		*TLit*	teoría y técnicas literarias
refl	reflexivo *		*Topogr*	topografía
reg	regional *		*tr*	transitivo *
Rel	religión o creencia		*TV*	televisión
relat	relativo *		*v*	verbo/verbal
r pref	raíz prefija *		V. PRELIM.	ver preliminares (transcripción fonológica)
RTV	radio y televisión		*vasc*	vascuence
rum	rumano		*Vet*	veterinaria
rur	rural *		*vocat*	vocativo
s	siglo		*vulg*	vulgar *
scr	sánscrito		*Zool*	zoología

2. Signos

~   Representa el lema del artículo cuando se cita en el interior de este. Si el lema presenta variación masculino / femenino, el signo representa solo la primera forma. (Por ej., si el lema es **dispuesto -ta**, el signo ~ habrá de leerse *dispuesto*.)

/ /   Encierra la pronunciación.

( )   *En general:* Indica que lo encerrado en el paréntesis es un elemento optativo en la expresión. (Por ej., "Acción de debilitar(se)" equivale a "acción de debilitar o debilitarse"; "Darle la (real, o realísima) gana" significa "darle la gana, o darle la real gana, o darle la realísima gana".) ◆ *En la definición:* Encierra

una aclaración del término con que se ha definido. (Por ej.: "**gamuza** *f* Rebeco (mamífero)".)

[ ]   En la definición, señala el elemento que no corresponde realmente al contenido de la voz definida, sino al contorno sintáctico de esta en el enunciado. Encerrando una cifra, o una cifra y una letra, indica referencia a la acepción o a la subacepción que llevan el número expresado. En la definición de algunos nombres de letra, indica sonido.

*   Precede a un ejemplo.

→   Remite al artículo o a la acepción que se indican.

■   Separa acepciones.

3. Números y letras en la organización del artículo

I, II, III   Grupo de acepciones correspondientes a una clase de palabra o locución (nombre, adjetivo, verbo, etc.; locución nominal, locución adjetiva, locución verbal, etc.).

A, B, C   Subgrupo de acepciones correspondientes a una subdivisión dentro de una clase de palabra (nombre masculino, nombre femenino, nombre masculino y femenino; verbo transitivo, verbo intransitivo, etc.).

➤ **a**, ➤ **b**, ➤ **c**   Subdivisión dentro de un subgrupo de acepciones (dentro del verbo intransitivo: normal, pronominal, etc.).

1, 2, 3   Acepción. (Numeración única a lo largo de todo el artículo, aunque las acepciones estén repartidas en varios grupos o subgrupos.)

b), c), d)   Subacepción.

4. Transcripción fonológica

SIGNO	SONIDO	SIGNO	SONIDO
/a/	a	/p/	p
/b/	b	/r/	r en *pero*
/č/	ch	/r̄/	rr en *perro*
/d/	d	/s/	s
/e/	e	/t/	t
/f/	f	/u/	u
/g/	g en *gasa*	/ü/	u en fr. *du*
/h/	h en ing. *house*	/v/	v en ing. *love*
/i/	i	/w/	w en ing. *we*
/k/	k	/y/	y en *ya*
/l/	l	/ŷ/	j en ing. *John*
/ļ/	ll	/χ/	j en *ojo*
/m/	m	/θ/	z
/n/	n	/ʃ/	sh en ing. *she*
/ñ/	ñ	/ʒ/	j en fr. *Jean*
/o/	o		
/ö/	eu en fr. *leur*		

Glosario de términos lingüísticos empleados en las entradas

1. En esta lista, el signo → remite a una entrada de la misma. Así, "→ PROPOSICIÓN" debe entenderse "véase la entrada **proposición**, en esta misma lista".

2. Algunos de los términos van seguidos de la abreviatura con que aparecen mencionados dentro del Diccionario.

absoluto (*abs*) Verbo transitivo cuyo complemento directo no se menciona en la frase por ser consabido. Por ej., *Ni ve, ni oye, ni entiende* (sobrentendido el complemento directo "nada"). Se llama uso absoluto la aparición de un verbo transitivo en esta forma. *También absoluto* (*tb abs*) es el verbo transitivo que puede aparecer también en uso absoluto.

acepción (*acep*) Cada uno de los sentidos en que se puede usar una palabra, especialmente tal como aparece explicado con definición independiente en el diccionario. Las acepciones se señalan con un número arábigo en negrita (**1**, **2**...) que precede a la definición correspondiente.

adjetivo *También adjetivo* (*tb adj*) es el nombre o adverbio (o locución nominal o adverbial) que puede tener también la función de adjetivo.

administrativo (*admin*) Palabra propia del lenguaje de la administración.

adverbio *También adverbio* (*tb adv*) es el adjetivo (o locución adjetiva) que puede tener también la función de adverbio.

animado (*anim*) Nombre que designa un ser perteneciente al reino animal o al vegetal.

antefuturo (*antefut*) Futuro perfecto; por ej., *habré venido, hubiere venido*.

antepresente (*antepres*) Pretérito perfecto; por ej., *he venido, haya venido*.

antonomasia Uso habitual de un nombre o un adjetivo para referirse especialmente a un ser individual entre los que se designan con esa palabra. Por ej., *el generalísimo* designaba por antonomasia al general Franco.

argot Palabra propia del nivel coloquial dentro de la profesión o actividad que se especifica. Por ej., *argot Mil*, argot de la milicia.

auxiliar (*aux*) **1.** Verbo que forma parte de la conjugación de algunos tiempos verbales, acompañado del participio del verbo que se conjuga. Por ej., *haber*, en *ha servido, había servido, haya servido*, etc. **2.** Verbo que va seguido de una forma no personal de otro verbo, constituyendo una perífrasis verbal. Por ej., *tener*, en *tenéis que trabajar*.

causativo Verbo, forma verbal o uso que expresa que el sujeto no realiza la acción por sí mismo, sino que hace que otro la realice por él. Por ej., *El alcalde ha puesto una fuente en el centro de la plaza*. También se dice *factitivo*.

coloquial (*col*) Uso propio de la conversación informal o de una situación distendida.

complemento adverbial (*compl adv*) Complemento de un verbo, un adjetivo o un adverbio, que desempeña respecto a estos la función de un adverbio simple.

complemento de interés (*compl de interés*) Designa, en forma de pronombre personal átono, la persona cuya intervención afectiva en la acción se quiere poner de relieve; por ej., SE *bebió toda la botella; No te* ME *escaparás*.

complemento de posesión (*compl de posesión*) Designa persona o cosa que tiene lo expresado en el nombre al que completa, o persona o cosa que corresponde a ello. Puede tener la forma DE + sustantivo (por ej., *Los amigos* DE ANA, *El fin* DE LA GUERRA) o adjetivo posesivo (por ej., NUESTROS *amigos, La guerra llegó a* SU *término*).

complemento directo (*cd*) Complemento verbal sustantivo que, si la oración se pone en forma pasiva, ha de convertirse en sujeto de ella para que se mantenga el sentido de la frase. Por ej., en *He vendido* EL COCHE, es complemento directo *el coche*, que pasa a ser sujeto si la oración toma forma pasiva: EL COCHE *ha sido vendido por mí*. Cuando es nombre, va normalmente precedido de la preposición *a* si designa persona, y sin ninguna preposición si designa cosa: *Vieron* A SU MADRE, *Vieron* LA TIENDA. Cuando es pronombre personal átono, va, sin preposición, en las formas *me, te, le, lo, la* en singular y *nos, os, los* (*les*), *las* en plural: LO *he vendido*, LA *vieron*. Si es pronombre personal tónico, lleva la preposición *a*: A ELLA *no la vieron*.

complemento indirecto (*ci*) Complemento verbal sustantivo que, a diferencia del complemento directo, nunca puede convertirse en sujeto de la oración en el caso de que esta pueda transformarse en pasiva. Cuando es nombre, va siempre precedido de la preposición *a*, tanto si designa persona como cosa: *He vendido el coche* A UN COMPAÑERO; *He cambiado las ruedas* AL COCHE. Cuando es pronombre personal átono, va, sin preposición, en las formas normales *me, te, le*, singular, y *nos, os, les*, plural: LE *he vendido el coche*; LE *he cambiado las ruedas*. Si es pronombre personal tónico, lleva la preposición *a*: A ÉL *le he vendido el coche*. Por otra parte, el nombre complemento indirecto se distingue de otras funciones de nombre con preposición *a* en que el complemento indirecto se puede sustituir por un pronombre átono. Por ej., *He escrito* AL DIRECTOR = LE *he escrito*. Esto no es posible en los otros casos: *He ido* A MI PUEBLO (no sería posible "*Le he ido*").

construcción (*constr*) Secuencia habitual o frecuente de una serie de palabras.

copretérito (*copret*) Pretérito imperfecto de indicativo; por ej., *venía.*

copulativo (*copulat*) Verbo que forma parte del predicado cuando en este hay un predicativo. Los principales verbos copulativos son *ser, estar y parecer: El hijo* ES *médico; La ciudad* ESTABA *vacía; El toro* PARECE *manso.*

definido (*def*) Artículo definido = artículo determinado; por ej., EL *aire,* LA *vida.*

despectivo (*desp*) Palabra despectiva: la que implica desprecio o rechazo de la persona o cosa a que se refiere.

especialidad (*E*) Término que pertenece a una ciencia, técnica o actividad que no tiene en este diccionario etiqueta propia; o término que pertenece simultáneamente a varias ciencias, técnicas o actividades.

eufemismo/eufemístico (*euf*) Palabra que se emplea con la intención de eludir una voz malsonante o que puede ofender la sensibilidad de otras personas; por ej., *baño* por *retrete;* o bien con la intención de no nombrar de manera directa una realidad cuya mención supuestamente puede afligir, molestar o humillar a la persona implicada en ella o afectada por ella; por ej., *económicamente débil*, en lugar de *pobre; desaparición*, por *muerte.*

factitivo → CAUSATIVO.

figurado (*fig*) Uso figurado es el empleo metafórico del sentido que acaba de ser definido, empleo que no se siente suficientemente independizado respecto a este o definitivamente cuajado en otro distinto. Por ej.: "**fagocitar** *tr* (*Biol*) Ingerir por fagocitosis. *Tb fig, fuera del ámbito técn.*" Esto quiere decir que el término de biología *fagocitar*, que habla de la ingestión de partículas microscópicas por una célula, puede aparecer, fuera del ámbito técnico, referido, por analogía, a realidades muy distintas: *El Partido Ecologista fue fagocitado por el Partido Socialista.*

fórmula oracional (*fórm or*) Enunciado de forma fija y sentido peculiar, y que normalmente tiene valor de oración independiente. Por ej.: *Averígüelo Vargas.*

histórico (*hist*) Palabra que designa una realidad perteneciente a época anterior a la estudiada.

hoy raro Palabra que, tras haber sido usual durante una parte del período estudiado, ha caído después en desuso.

impersonal (*impers*) 1. Verbo u oración que por naturaleza no tiene sujeto: *Llueve; Amanece; Hace frío.* 2. Verbo u oración que carece de sujeto porque el hablante no sabe o no desea precisar cuál es el sujeto de la acción. Se usa para ello la forma pronominal en 3ª persona de singular; por ej., *Aquí* SE ACOGE *a todo el mundo;* o bien la forma no pronominal en 3ª persona de plural: DICEN *que sube la gasolina.*

inanimado (*inanim*) Nombre que designa un ser no animado (→ ANIMADO), que puede ser material o inmaterial.

indefinido (*indef*) 1. Artículo indefinido = artículo indeterminado; por ej., UNA *tarde,* UNOS *visitantes.* 2. Pretérito indefinido: uno de los tiempos verbales del modo indicativo: *aprendí.*

infantil Palabra propia de los niños pequeños, o empleada por los adultos para hablar a los niños pequeños.

intransitivo (*intr*) Verbo que no admite complemento directo. Por ej., *ir.*

jergal (*jerg*) Palabra propia de grupos marginales.

juvenil (*juv*) Palabra propia del lenguaje juvenil.

literario (*lit*) Uso propio, en general, de obras literarias, o de la lengua escrita, o de situaciones formales; en especial, de la expresión voluntariamente elegante o elevada (aunque sea de nivel popular).

locución (*loc*) Combinación estable de dos o más palabras en la cual el sentido es diferente de la suma de los sentidos de ellas. Su función es la de un adjetivo –locución adjetiva (*loc adj*)–, un nombre –locución nominal (*loc n*)–, un verbo –locución verbal (*loc v*)–, un adverbio –locución adverbial (*loc adv*)–, etc.

nombre (*n*) Clase de sustantivo (→ SUSTANTIVO) cuya significación está constituida por la suma de características o notas del ser designado; por ej., *madre* = 'mujer' + 'que tiene o ha tenido algún hijo'; *silla* = 'mueble' + 'que sirve para sentarse' + 'formado por un asiento, un respaldo y generalmente cuatro patas' + 'para una sola persona'. *También nombre* (*tb n*) es el adjetivo (o locución adjetiva) que puede tener también la función de nombre.

nombre comercial registrado (*n comercial registrado*) Palabra que, aunque usada frecuentemente como nombre común, es en realidad una marca comercial de propiedad registrada.

oración (*or*) Unidad de expresión constituida por un sujeto y un predicado (→ PROPOSICIÓN). El sujeto es el conjunto de palabras que se agrupan en torno a un núcleo sustantivo, y el predicado es el conjunto de palabras que se agrupan en torno a un núcleo verbo. El núcleo sustantivo impone al núcleo verbo concordancia de *número:* La CARRETERA (singular) TIENE (singular) *muchas curvas / Las* CARRETERAS (plural) TIENEN (plural) *muchas curvas.*

popular (*pop*) Uso propio de nivel cultural bajo.

pospretérito (*pospret*) Potencial simple; por ej.: *vendría.*

predicado (*pred*) Uno de los dos miembros que constituyen la oración (→ ORACIÓN).

predicativo (*predicat*) Elemento de la oración –sustantivo o adjetivo– que, dentro del predicado, expone la identidad o la cualidad de la persona o cosa designada en el sujeto: *Luisa es* ARQUITECTA; *La gasolina está* CARA; *El hecho me parece* LAMENTABLE. También llamamos predicativo al sustantivo o adjetivo que pone análogas referencias de la persona o cosa designada en el complemento directo: *Le han elegido* ALCALDE; *Lo encuentro* MAGNÍFICO.

prefijo (*pref*) Elemento léxico que no tiene existencia independiente y que solo aparece como miembro inicial de palabra. En esta obra se registran como entradas solamente aquellos prefijos que, antepuestos a palabras ya existentes, son capaces de crear un número indefinido de palabras nuevas pasajeras que no figuran en los diccionarios.

pronombre (*pron*) Clase de sustantivo (→ SUSTANTIVO), siempre usada sin artículo, que se diferencia del nombre por su forma de significar. Es una significación ocasional: designa a los seres a partir de las circunstancias (lugar, situación en el diálogo, cantidad, indeterminación) en que se encuentran en el momento de ser mencionados: *tú* = la persona a la que se dirige la palabra; *esto* = el objeto próximo que se señala; *alguien* = una persona indeterminada; *mucho* = una gran cantidad. Por otra parte, varios tipos de pronombres hacen referencia, no directamente a los seres de la realidad, sino a las palabras designadoras de ellos que han aparecido antes en el enunciado. Por ej.: *Afecto:* ESO *es lo que necesita.* El pronombre relativo, además de pertenecer a este último grupo, tiene una función especial (→ RELATIVO).

pronominal (*pr*) Verbo, o acepción de un verbo, en que cada una de sus formas ha de usarse con el pronombre reflexivo correspondiente; por ej., *arrepentirse, arrepintiéndome, os arrepentís; me llamo, te llamas, se llama*. En este diccionario la etiqueta *pr* va normalmente seguida de "(~**se**)" para recordar la necesaria presencia de ese pronombre reflexivo. Un tipo especial de construcción pronominal –que presentamos como subacepción de una acepción transitiva– es la llamada "voz media": *El nadador se ha ahogado, El puente se ha hundido*. Esta construcción no debe confundirse con la de sentido reflexivo (→ REFLEXIVO), ni con la construcción pasiva con *se* (*Se vendieron las tierras* 'las tierras fueron vendidas'), ni con la impersonal con *se* (→ IMPERSONAL). Con la voz media se afirma que al sujeto 'le ocurre' la acción del verbo, no que se la hace él, y no se indica quién la ejecuta. Por ej.: "**malear** *tr* Hacer malo o pervertir [a alguien]. [...] **b)** *pr* (~**se**) Hacerse malo". *También pronominal* (*tb pr*) es el verbo que, sin dejar de ser transitivo o intransitivo, puede aparecer usado en forma pronominal, sin que varíe el sentido expuesto en la definición.

pronunciación (*pronunc*) Forma en que los hablantes españoles pronuncian corrientemente una palabra tomada de otra lengua, y que no siempre corresponde a la pronunciación en el idioma originario. Se indica entre dos barras oblicuas; por ej., "**pub** (*ing; pronunc corriente,* /pab/)". El valor de los signos especiales usados para esta indicación se explica en la sección TRANSCRIPCIÓN FONOLÓGICA.

proposición (*prop*) Oración no independiente, es decir, que funciona como miembro de una oración independiente, en la cual se integra, en general, por medio de una conjunción o de un relativo. Por ej.: *No quiero* QUE SE ANUNCIE TODAVÍA; *Los zapatos* QUE LLEVO *están rotos*.

raíz prefija (*r pref*) Palabra adaptada o formalmente cambiada para funcionar como prefijo (→ PREFIJO). En este diccionario se registran como entradas solamente aquellas raíces prefijas que, antepuestas a palabras ya existentes, son capaces de crear un número indefinido de palabras nuevas pasajeras que no figuran en los diccionarios. Excepcionalmente se dedica entrada a una raíz prefija, como *decimo-* o *vigesimo-*, que es primer elemento de una serie de adjetivos ordinales, con el fin de economizar el espacio que requerirían las entradas individuales de toda la serie.

raro Palabra infrecuente; en especial, palabra anticuada empleada hoy ocasionalmente.

recíproco (*recípr*) Verbo cuya acción es ejecutada por dos o más personas o cosas, de manera que la de cada una de ellas recae sobre la otra u otras. Esas personas o cosas están representadas en la oración por medio de dos sustantivos sujetos o un sustantivo sujeto en plural, y por un pronombre personal reflexivo. Por ej., *Los dos ministros se abrazaron; El ministro alemán y el francés se abrazaron*.

reflexivo (*refl*) **1.** Pronombre personal empleado para presentar como complemento directo o indirecto de la acción del verbo la persona o cosa designada en el sujeto de la misma: ME *he lavado;* ME *he quitado*

la chaqueta. **2.** Verbo u oración cuyo complemento directo o indirecto es un pronombre reflexivo.

regional (*reg*) Palabra propia del español hablado en un área geográfica limitada; o, a veces, la que, procedente de una lengua no castellana, ha pasado al español común o se ha hecho usual en el español hablado en el territorio respectivo.

relativo (*relat*) Palabra que, independientemente de su categoría (pronombre, adjetivo, adverbio), funciona como elemento de enlace para integrar una proposición dentro de una oración (→ ORACIÓN y PROPOSICIÓN). Ejemplos: Pronombre relativo: *La parte de la provincia* **que** ESTÁ A LA ORILLA IZQUIERDA DEL RÍO *es la más fértil*. Adjetivo relativo: *Un escritor* **cuyas** OBRAS TE RECOMIENDAN *no es necesariamente un genio*. Adverbio relativo: *Cogeré un taxi* **donde** LO ENCUENTRE.

rural (*rur*) Uso propio de nivel cultural bajo, restringido al ámbito rural.

semiculto Uso rechazado como incorrecto o impropio por las personas cultas, pero que goza de cierta difusión en la lengua escrita.

sentido (*sent*) Cada una de las variantes, aceptadas por el uso, del significado de una palabra.

sintagma Secuencia de palabras que tiene una determinada función sintáctica.

subacepción (*subacep*) Sentido secundario de una acepción que se acaba de definir, el cual, sin separarse marcadamente del presentado, se especializa en algún matiz, aspecto o dirección particular o general. Se presenta a continuación de la acepción, por medio de una letra minúscula con cierre de paréntesis, en negrita, precediendo a la definición correspondiente: **b), c)**... Por ej.: "**decálogo** *m* Conjunto de los diez mandamientos de la Ley de Dios. **b)** Conjunto de diez mandamientos o preceptos".

sujeto (*suj*) Uno de los dos miembros que constituyen la oración (→ ORACIÓN).

sustantivo (*sust*) Palabra capaz de funcionar como núcleo del sujeto en la oración. Otras funciones propias del sustantivo son la de complemento directo y la de complemento indirecto. Hay dos clases de sustantivos por naturaleza: el nombre y el pronombre (→ NOMBRE y PRONOMBRE). Normalmente con la anteposición de preposiciones, los sustantivos pueden desempeñar funciones de otros tipos de complemento. Inversamente, otras clases de palabras, y también oraciones enteras, pueden desempeñar funciones de sustantivo.

técnico (*técn*) Propio de la profesión o actividad de que se trata (no necesariamente de una técnica).

transitivo (*tr*) Verbo cuyo sentido exige el acompañamiento de un complemento directo. Por ej., *dar*. Este complemento, aunque siempre existe, a veces no se menciona, por consabido; en este caso se dice que el verbo transitivo está en uso absoluto (→ ABSOLUTO).

vulgar (*vulg*) Palabra malsonante o de mal gusto que no debe emitirse ante personas de cierto respeto.

a

a¹ (*con pronunc átona*) *prep* ➤ **a** *con diversas denotaciones* **1** *Introduce un compl que expresa el destino o término de un movimiento real o fig.* * Vamos al fútbol. **b)** ~ **por.** En busca de. * Fue a por el vino. ■ **2** *Introduce un compl que expresa aquello que se busca en la naturaleza, esp caza o pesca.* * Iban a truchas. ■ **3** *Introduce un compl que expresa el lugar hacia el cual se orienta un movimiento real o fig (tendencia, inclinación, mirada).* * Se asomó al pasillo. ■ **4** *Introduce un compl que expresa finalidad.* * Vienen a que las vean. ■ **5** *Introduce un compl que expresa el lugar o la situación en que se encuentra o sucede lo mencionado.* * Se sentó a la sombra del emparrado. **b)** *El lugar o la situación es algo inmediato o contiguo.* * Estaban sentados al brasero. **c)** *El lugar se expresa indicando la distancia o la orientación con respecto a un punto de referencia, que a veces se omite, por consabido.* * Se sentó a varios pasos de mí. ■ **6** *Introduce un compl que expresa el agente físico a que se encuentra expuesto o sometido alguien o algo.* * Túmbate al sol. ■ **7** *Introduce un compl que expresa circunstancia de tiempo, esp hora o parte del día.* * A las doce tendrá lugar el acto. * Llegaron a la tarde. **b)** *El momento se expresa indicando el tiempo transcurrido a partir de otro momento de referencia, que a veces se omite, por consabido, o que, tratándose de edad, no se menciona en absoluto ('el nacimiento').* * A las dos horas de comer, se puso enfermo. * Lo bautizaron a los cuatro meses. ■ **8** *Introduce un compl que expresa forma o manera.* * El índice va a dos columnas. ■ **9** *Introduce un compl que expresa conformidad o acomodación.* * Iba vestida a la moda de entonces. ■ **10** *Introduce un compl que expresa medio o instrumento.* * Comenzó a llamarme a gritos. ■ **11** *Introduce un compl que expresa elemento componente o funcional.* * Rodamientos a bolas. ■ **12** *Introduce un compl que expresa una noción distributiva.* **a)** *Precio o medida por unidad.* * A cien pesetas el kilo. **b)** *Cantidad o espacio por unidad de tiempo.* * Noventa kilómetros a la hora. **c)** *Parte que toca a cada uno en un reparto.* * Cobrarán a más de 40.000 pesetas por boleto. **d)** *Tanto por ciento.* * Presta dinero al 15 por ciento. ■ **13** *Introduce un compl que expresa la pers o cosa con respecto a la cual se encuentra o sucede lo mencionado.* * Se oculta a la curiosidad de los demás. ■ **14** *Precede a un adj, a un n o a una prop de infin con los que se precisa el aspecto en que se cumple lo enunciado.* * A bueno no le gana nadie. ➤ **b** *con funciones puramente gramaticales* **15** *Introduce el ci.* * Hace señas a la gente. ■ **16** *Introduce normalmente el cd que designa pers.* * Felicitó a la pareja. **b)** *Introduce excepcionalmente el cd que designa cosa.* * Cambió de color a las paredes. ■ **17** *Es la introductora característica del compl propio de determinadas palabras o de determinadas aceps de palabras: de vs como* ACOSTUMBRARSE, APRENDER, ATENERSE, AYUDAR, DECIDIRSE, EMPEZAR, OBLIGAR, OLER, PARECERSE, RESPONDER; *o de adjs como* AJENO, COMÚN, INFERIOR, OLOROSO, SEMEJANTE, SUPERIOR. * Acostúmbrate a trabajar. * Es superior a mis fuerzas. ➤ **c** *como componente de locs y constrs* **18** *constr adj:* ~ + *infin.* Que hay que + *el mismo infin.* * Unidades a fabricar. ■ **19** *constr v y or* **a) ir** ~ + *infin* → IR. **b)** ~ + *infin* = *imperat con sent de mandato o de exhortación.* * ¡A callar! **c)** ~ + *infin.* Hay que + *el mismo infin.* * A destacar, la actuación del pianista. **d)** *(pop) Introduce fórmulas de saludo.* * A las buenas tardes. **e)** *(pop) En pregones, introduce el n de la mercancía anunciada.* * ¡A los buenos claveles dobles! **f)** *Introduce el n del lugar adonde se desea que alguien vaya.* * ¡A la horca los bandidos! ■ **20** *loc y constr adv* **a)** ~ + *adj f pl:* A CIEGAS, A DERECHAS, A OSCURAS, A TONTAS Y A LOCAS, *etc* (→ CIEGO, DERECHO, OSCURO, TONTO, *etc*); ~ + *n:* A BULTO, A DOS CARRILLOS, A MANDÍBULA BATIENTE, A MANO, A PALO SECO, A PIE, *etc* (→ BULTO, CARRILLO, MANDÍBULA, MANO, PALO, PIE, *etc*); ~ **la,** *o* ~ **lo,** + *adj:* A LA ANTIGUA, A LA BUENA DE DIOS, A LA FRANCESA, A LA LARGA, A LA LIGERA, A LA MODERNA, A LA ÚLTIMA, A LO CHICO, A LO LOCO, A LO TONTO, *etc* (→ ANTIGUO, DIOS, FRANCÉS, LARGO, LIGERO, MODERNO, ÚLTIMO, CHICO, LOCO, TONTO, *etc*); ~ **todo** + *n o infin:* A TODA MARCHA, A TODA PRISA, A TODA VELOCIDAD, A TODO CORRER, A TODO LLOVER, *etc* (→ TODO). ~ **medio** + *infin:* A MEDIO VESTIR, *etc* (→ MEDIO). **b)** *n* + ~ + *el mismo n.* Pone de relieve el proceso de la acción por medio de la mención de las unidades que se toman como medida de aquella.* * Avanzó paso a paso. **c)** *número +* ~ + *el mismo número.* En grupos de + *el mismo número.* * Son iguales dos a dos. **d)** ~ + *infin (gralm* SER, DECIR *o* JUZGAR). *Forma una prop adv que expresa hipótesis.* * A no ser por él, hubiéramos perdido. **e) al** + *infin. Forma una prop adv que expresa simultaneidad.* * Solo canta al empezar al primavera. **f) al** + *infin. Forma una prop adv que expresa causa.* * La Ley lo dificulta, al imponer unas condiciones. ■ **21** *loc conj* **a)** ~ **que** → QUE². **b)** ~ **la que,** ~ **lo que** → QUE¹.

a² *f* Primera letra del alfabeto (*a, A*), que en español corresponde al fonema /a/. (V. PRELIM.) *A veces tb se llama así el fonema representado por esta letra.*

abab *m* (*hist*) Marinero turco libre empleado en las galeras a falta de forzados. *Tb* (*lit*) *fig.*

ababol *m* (*reg*) Amapola (planta y flor). **b)** *Se usa frec en constr de sent comparativo para ponderar la rojez.*

abacá *m* Planta de Filipinas, de aspecto semejante al del plátano común y de cuyas hojas se obtiene una fibra textil (*Musa textilis*). *Tb la fibra.*

abacería *f* (*raro*) Tienda de comestibles y a veces también de otros artículos.

abacero -ra *m y f* (*raro*) Pers. que posee o atiende una abacería.

abacial *adj* **1** De (la) abadía. ■ **2** De(l) abad. **b)** Propio de abad. **c)** De aspecto de abad. *Gralm aludiendo a lo majestuoso o reposado.*

ábaco *m* **1** Instrumento para contar, constituido por un tablero con diez alambres paralelos, por cada uno de los cuales se deslizan diez bolas. ■ **2** (*Mat*) Gráfico o tabla que permite realizar con rapidez cálculos aritméticos. ■ **3** (*Arquit*) Pieza en forma de tablero que está sobre el capitel.

abad -desa **I** *n* **A** *m y f* **1** Superior de un monasterio.
B *m* **2** Superior de una colegiata. ■ **3** (*reg*) Sacerdote o cura. ■ **4 ~ nullius** → NULLIUS.
II *loc adj* **5** [Oreja] **de ~** → OREJA.

abadejo *m* **1** Pez marino de la misma familia que el bacalao, que puede alcanzar más de un metro de longitud y que es propio del Atlántico Norte (*Gadus pollachius* o *Pollachius pollachius*). ■ **2** Bacalao (pez). ■ **3** Reyezuelo (pájaro).

abadengo -ga (*hist*) **I** *adj* **1** De la jurisdicción del abad [1].
II *m* **2** Señorío del abad [1].

abadesa → ABAD.

abadía *f* **1** Dignidad de abad o abadesa [1]. ■ **2** Monasterio regido por un abad o abadesa [1]. *Tb la iglesia correspondiente.* ■ **3** (*hist*) Señorío del abad o abadesa [1]. ■ **4 ~ nullius** → NULLIUS.

abadiado *m* (*hist*) Abadía [3]. *Normalmente referido a Aragón.*

ab aeterno (*lat; pronunc corriente, /ab-etérno/*) *loc adv* (*lit*) Desde la eternidad.

abajadero *m* (*reg*) Cuesta o terreno en pendiente.

abajar *tr* (*lit*) Bajar. *Tb fig.* **b)** *pr* (**~se**) Bajarse. *Tb fig.* ■ **2** (*E*) Alisar o cortar [el casco del caballo].

abajo **I** *adv* (*a veces seguido de un compl* DE) **1** Hacia el lugar que está debajo. *Precedido de prep, se sustantiva.* * Se pusieron a mirar arriba y abajo de la calle. * Tiraron de él hacia abajo. ■ **2** En el lugar que está debajo. * Abajo se veía la estación. **b)** En la parte de una corriente o un camino más próxima a su final. * El río, más abajo, se llama Órbigo. ■ **3** En baja posición social o categoría. *Precedido de prep, se sustantiva. Frec en oposición a* ARRIBA. * El que está arriba no se acuerda del que está abajo. ■ **4** En un lugar posterior de un texto. *Gralm precedido de un adv de intensidad.* * El texto lo publicamos más abajo. ■ **5** *En un cine o teatro:* Al (o en el) patio de butacas. *Precedido de prep, se sustantiva.* * La entrada de abajo es más cara. ■ **6** (*col*) Al sur. *Precedido de prep, se sustantiva.* * Más abajo de Córdoba. ■ **7** *n sin art* + **~**, *o* **por** + *n con art* + **~**. Hacia la parte baja [de lo designado por el n.]. *Referido a un camino, a un curso de agua o a algo que se puede recorrer.* * Salí a todo correr calle abajo. * Se marchó por la calle abajo. **b) boca ~, cuesta ~** → BOCA, CUESTA. ■ **8** *n sin art* + **~**. En

un lugar [de lo designado por el n.] más próximo a la parte baja. *Referido a un camino, a un curso de agua o a algo que se puede recorrer.* * El río es más profundo aguas abajo. ■ **9** *Seguido de un n, se usa como grito político (o similar) para manifestar rechazo.* * ¡Abajo la tiranía! ■ **10 aquí ~**. En la tierra. *En oposición a* CIELO. * Los ángeles velan por los que estamos aquí abajo. ■ **11 de** [una cantidad] **para ~**. De [esa cantidad] o menos. ■ **12 de arriba ~**; **para arriba y para ~** → ARRIBA.
II *loc v* **13 echar**, *o* **tirar**, **~**. Derribar. *Tb fig.* ■ **14 ir para ~** [alguien o algo]. Decaer. ■ **15 irse** (*o* **venirse**) **~**. Hundirse o desmoronarse. *Tb fig.*

abalanzar **A** *tr* **1** (*raro*) Lanzar con ímpetu.
B *intr pr* (**~se**) **2** Dirigirse impetuosamente [contra alguien o algo (*compl* SOBRE), o a un lugar (*compl* A *o* HACIA)]. *Tb sin compl. Tb fig.*

abalaustrado -da *adj* Que tiene figura de balaustre.

abalconado -da *adj* **1** Que tiene balcón o balcones. ■ **2** Que tiene barandilla a modo de balcón.

abalón *m* Molusco gasterópodo marino comestible, cuya concha, en forma de oreja, tiene una hilera de orificios respiratorios (gén. *Haliotis*).

abalorio *m* **1** Cuenta o pieza de vidrio que, ensartada, se usa para adorno. ■ **2** Adorno de poco valor. *Tb fig.*

abancalado *m* Acción de abancalar. *Tb su efecto.*

abancalamiento *m* Acción de abancalar.

abancalar *tr* Formar bancales [en un terreno (*cd*)]. *Frec en part.*

abanda (*tb con la grafía* **a banda**) *adj* [Arroz] hervido o cocido en caldo de distintos pescados, los cuales se sirven aparte.

abanderado -da **I** *adj* **1** *part* → ABANDERAR.
II *m y f* **2** Pers. que lleva la bandera. **b)** Oficial designado para llevar la bandera de un cuerpo de tropas. ■ **3** Paladín o defensor [de una causa].

abanderamiento *m* Acción de abanderar(se).

abanderar **A** *tr* **1** Matricular o registrar [un barco] bajo la bandera [de un país (*compl* EN)]. ■ **2** Poner [a un barco (*cd*) una bandera (*compl* CON)]. *Tb sin compl.* ■ **3** Ponerse [alguien] al frente [de una causa o de sus seguidores (*cd*)] o actuar como abanderado [3] [de ella (*cd*)]. *Tb fig.* **b)** Estar [una cosa] al frente [de otra (*cd*)] o servir[le (*cd*)] de guía o bandera. *Tb fig.*
B *intr pr* (**~se**) **4** Unirse [a una causa (*compl* EN)].

abandonado -da *adj* **1** *part* → ABANDONAR.
■ **2** Negligente o descuidado.

abandonar **A** *tr* **1** Apartarse [de alguien o algo (*cd*)], dejándo[lo] solo. *Tb fig.* ■ **2** Dejar de estar [en un lugar (*cd*)]. **b)** Marcharse [alguien] voluntariamente [de un lugar (*cd*) en que debe estar]. **c)** (*Dep*) Dejar de participar [en algo, esp. un encuentro o competición (*cd*)]. *Frec abs. Tb fig, fuera del ámbito deportivo.* ■ **3** Dejar de atender [a alguien o algo (*cd*)] o de ocuparse [de ellos (*cd*)]. **b)** Dejar [una pers. a otra (*cd*) con la que mantiene una relación amorosa o respecto a la cual tiene una obligación]. **c)** Dejar [a una pers. o cosa] a merced [de otra (*compl* A)]. **d)** ~ [a alguien o algo] **a su suerte** → SUERTE. ■ **4** Dejar de ejercer [el poder o un cargo o profesión]. ■ **5** Cesar [en un uso o costumbre, en una actitud, en una acción o actividad o en un proyecto o idea (*cd*)]. **b)** Dejar de seguir [un estilo o una moda]. **c)** Dejar de seguir [un credo o una ideología] o de pertenecer [al grupo o colectividad que la defiende o sustenta (*cd*)]. ■ **6** Dejar de utilizar [algo]. ■ **7** Soltar [alguien algo], o dejar de sostener[lo] entre las manos. **b)** Soltar o dejar [una cosa (*suj*)] algo que lleva en suspensión].

B *intr pr* (**~se**) **8** Descuidar [alguien] su persona, sus intereses o sus deberes. ■ **9** Entregarse o rendirse, tomando una actitud pasiva. *Frec con un compl* A.

abandonismo *m* Tendencia o actitud favorable a abandonar [1 y 3] sin lucha algo que se posee o a lo que se tiene derecho.

abandonista *adj* De(1) abandonismo o que lo implica. **b)** Partidario del abandonismo. *Tb n.*

abandono *m* **1** Acción de abandonar(se). ■ **2** Condición de abandonado [2].

abanicador -ra *adj* (*raro*) Que abanica.

abanicar *tr* **1** Mover o impulsar el aire [hacia alguien o algo (*cd*)] agitando un abanico [1] o cualquier otra cosa. *Frec con un compl* CON. ■ **2** (*Taur*) Agitar [ante el toro o su cara (*cd*)] el capote o la muleta de un lado a otro, gralm. para incitar[le] a cambiar de lugar. ■ **3** Mover [algo, frec. las pestañas] como un abanico [1]. ■ **4** (*jerg*) Airear [un lugar en que se ha fumado droga] para evitar que se note. *Tb abs.* ■ **5** (*hoy raro*) Abofetear o pegar [a alguien].

abanicazo *m* **1** Golpe dado con el abanico [1]. ■ **2** Refrescamiento brusco del aire. ■ **3** Acción de golpear a un lado y a otro.

abanico **I** *m* **1** Utensilio que sirve para aliviar el calor agitando el aire, formado por una serie de varillas articuladas por un extremo y desplegables en forma radial por el otro, por donde están unidas por una tela o papel que se despliega juntamente con ellas. **b)** *En gral:* Utensilio manual que sirve para aliviar el calor agitando el aire. ■ **2** Cosa o conjunto de cosas en forma de amplia superficie que recuerda un abanico [1] desplegado. ■ **3** Conjunto [de elementos de una misma especie], considerado panorámicamente. ■ **4** (*Cicl*) Forma escalonada similar a la del abanico [1] desplegado, en que se colocan los corredores para protegerse del viento.
II *loc adj* **5** de ~. (*Mar*) De forma de abanico [1] desplegado. *Dicho esp de vela.*
III *loc adv* **6** en ~. En forma de abanico [1] desplegado. *Tb adj.*

abaniqueo *m* Acción de abanicar(se).

abaniquería *f* Comercio o industria del abanico [1a].

abaniquero -ra *m y f* Pers. que hace o vende abanicos [1a].

abano *m* (*raro*) Abanico [1].

abanto[1] *m* (*reg*) Se da este *n* al alimoche (*Neophron percnopterus*) y al buitre negro (*Aegypius monachus*).

abanto[2] **-ta** *adj* (*Taur*) [Toro] medroso, que huye o no remata las suertes. **b)** Propio del toro abanto.

abaranero -ra *adj* De Abarán (Murcia). *Tb n, referido a pers.*

abaratador -ra *adj* Que abarata.

abaratamiento *m* Acción de abaratar(se).

abaratar *tr* Hacer barato o más barato [algo, o el precio de algo]. *Tb fig.*

abarbetar *tr* (*reg*) Agarrarse con fuerza [a algo (*compl* EN)].

abarca *f* **1** Zapato rústico de cuero o de caucho, que cubre solo la planta y los lados del pie y se sujeta por correas o cuerdas. ■ **2** (*reg*) Zueco o almadreña.

abarcable *adj* Que puede abarcarse.

abarcador -ra *adj* Que abarca.

abarcamiento *m* Acción de abarcar.

abarcar *tr* **1** Tener [una cosa (*suj*)] algo (*cd*)] entre sus límites. *Tb como abs, con un compl adv que expresa los límites.* ■ **2** Incluir [una cosa en otra] o hacer que quede dentro de sus límites. ■ **3** Tomar [alguien] a su cargo [algo muy complicado o demasiadas cosas a un tiempo]. ■ **4** Rodear [una cosa a otra] sujetándo[la].

abarcón *m* (*Mec*) Abrazadera de hierro.

abaritonado -da *adj* **1** *part* → ABARITONAR. ■ **2** [Voz] semejante a la de barítono. *Tb fig.* **b)** De voz abaritonada.

abaritonar *tr* (*raro*) Dar timbre de barítono [a la voz (*cd*)].

abarloar *tr* (*Mar*) Situar [un barco] con el costado pegado [al de otro o a un muelle (*compl* A, CON, EN o ENTRE)]. *Frec el cd es refl. Tb sin el 2º compl, con cd pl. Frec en part. Tb fig.*

abarquero -ra **A** *m y f* **1** Pers. que hace o vende abarcas.
B *f* **2** (*reg*) Media de lana usada cuando se calzan abarcas.

abarquillado[1] **-da** *adj* **1** *part* → ABARQUILLAR. ■ **2** [Cuerpo laminar] de forma curvada que tiende a cilíndrica, pero sin llegar a cerrarse. ■ **3** (*raro*) [Color] semejante al barquillo.

abarquillado[2] *m* Acción de abarquillar(se). *Tb su efecto.*

abarquillamiento *m* Acción de abarquillar(se). *Tb su efecto.*

abarquillar *tr* Curvar a manera de barquillo [un cuerpo que es naturalmente plano]. **b)** *pr* (**~se**) Curvarse a manera de barquillo [un cuerpo naturalmente plano]. *Frec en part.*

abarracado -da *adj* (*raro*) De aspecto de barraca.

abarraganamiento *m* (*lit, raro*) Amancebamiento.

abarraganarse *intr pr* (*lit, raro*) Amancebarse.

abarrancado -da *adj* **1** *part* → ABARRANCAR. ■ **2** [Terreno] que tiene barrancos.

abarrancamiento *m* Formación de barrancos.

abarrancar *tr* Meter en barrancos. *Tb (lit) fig.*

abarraz *m* Albarraz (planta).

abarrocado -da *adj* Que tiene rasgos barrocos.

abarrocamiento *m* Tendencia al barroquismo.

abarrotamiento *m* Acción de abarrotar(se). *Tb su efecto.*

abarrotar *tr* **1** Llenar [algo de perss. o cosas] de manera que ya no queda espacio para más. *Frec en part.* **b)** *pr* Llenarse [algo de gran cantidad de perss. o cosas] de manera que ya no queda espacio para más. *Frec en part. Frec sin compl* DE, *por consabido.* ■ **2** Llenar [algo (*cd*)] gran cantidad de perss. o cosas (*suj*)] de manera que ya no queda espacio para más.

abarrote *m* **1** Abarrotamiento. ■ **2** (*Mar*) Cosa que se utiliza para completar una carga rellenando los huecos. ■ **3** (*raro*) Comestible. *Frec en pl.*

abarullar *tr* (*reg*) Embarullar. *Tb pr* (~se).

abasí (*tb con la grafía* **abbasí**) *adj* (*hist*) De la familia de Abu-l-Abbas (s. VIII) o de la dinastía musulmana fundada por él, cuya corte estuvo en Bagdad. *Tb de lo relativo a su época. Tb n, referido a pers.*

abasida (*tb con la grafía* **abbasida**) *adj* Abasí. *Tb n.*

abastar *tr* (*lit*) Abastecer.

abastecedor -ra *adj* Que abastece. *Tb n, referido a pers.*

abastecer (*conjug* 11) *tr* Proveer [a alguien o algo (*cd*) de cosas, esp. necesarias].

abastecimiento *m* Acción de abastecer. *Tb su efecto.*

abasto[1] **I** *m* **1** Provisión de alimentos. ■ **2** *En pl:* Artículos comestibles, esp. los que se venden frescos. **II** *loc adj* **3 de ~.** [Ganado o res] destinado al consumo.

abasto[2]**. dar ~.** *loc v* Bastar, o alcanzar a rendir lo suficiente [para algo (*compl* A, *o a veces* PARA)]. *Frec el compl se omite, por consabido. Gralm en constr neg.*

abatanar *tr* Hacer compacto y consistente [un tejido] mediante el batán u otro utensilio.

abate *m* **1** Sacerdote francés. ■ **2** (*hist*) Clérigo, esp. de órdenes menores.

ábate *interj* (*reg*) Cuidado. *Tb con intención ponderativa.*

abatible *adj* [Objeto] que puede pasar de la posición vertical a la horizontal y viceversa, girando sobre su base.

abatido -da *adj* **1** *part* → ABATIR. ■ **2** [Pers.] desanimada o deprimida. **b)** Propio de la pers. abatida. ■ **3** Inclinado hacia el suelo.

abatidor -ra *adj* Que abate [2].

abatimiento *m* **1** Estado de abatido [2a]. ■ **2** Acción de abatir. ■ **3** (*Geom*) Operación consistente en hacer girar un plano sobre otro plano de proyección, tomando como eje de giro la intersección de ambos. ■ **4** (*Mar*) Ángulo de desviación entre el rumbo real y el aparente.

abatir **A** *tr* **1** Bajar [algo que está levantado]. **b)** *pr* (~se) Bajarse [algo que está levantado]. ■ **2** Bajar o inclinar hacia el suelo [el cuerpo o una parte de él, esp. la cabeza o los ojos]. ■ **3** Derribar o hacer caer. *Tb fig.* ■ **4** Matar, esp. con arma de fuego. *Tb fig.* ■ **4** Desanimar o deprimir. **b)** *pr* (~se) Desanimarse o deprimirse. ■ **5** (*Naipes*) *En algunos juegos:* Mostrar [un jugador sus cartas] para hacer ver que ha conseguido la máxima jugada. *Gralm abs.* **B** *intr pr* (~se) **6** Descender [algo que está en el aire]. *Tb fig.* ■ **7** Caer o lanzarse [sobre alguien o algo]. *Esp referido a las aves sobre su presa.* ■ **8** Caer o sobrevenir [un mal sobre alguien o algo].

abayonar *tr* (*Mar, reg*) Volver [una embarcación o su proa] bogando sobre la amura correspondiente.

abaz *m* (*raro*) Aparador (mueble).

abazón *m* Bolsa de las dos que a los lados de la boca tienen algunos monos para depositar los alimentos aún no masticados.

abbasí, abbasida → ABASÍ, ABASIDA.

abbevilliense (*pronunc,* /abebiliénse/) *adj* (*Prehist*) [Cultura o período] del paleolítico inferior, que se caracteriza por las hachas de mano más antiguas. *Tb n m.* **b)** De la cultura o del período abbevilliense.

abderitano -na *adj* De Adra (Almería). *Tb n, referido a pers.*

abdicación *f* Acción de abdicar.

abdicar **A** *tr* **1** Traspasar [un soberano (*suj*) su reino, el trono o la corona (*cd*) a otra pers. (*compl* EN)]. *Tb abs y sin el compl* EN. ■ **2** Renunciar [a algo (*cd*), gralm. abstracto, que se tiene como propio]. **B** *intr* **3** Abdicar [1 y esp. 2] [algo (*compl* DE)].

abdomen *m* **1** (*Anat*) Parte del cuerpo que sigue al tórax y que en los mamíferos queda separado de este por el diafragma. ■ **2 ~ agudo.** (*Med*) Estado morboso del abdomen [1] que requiere intervención quirúrgica inmediata.

abdominal *adj* **1** (*Anat*) De(l) abdomen. ■ **2** (*Dep*) [Ejercicio] para fortalecer los músculos abdominales [1]. *Frec n m en pl.* ■ **3** (*Zool*) [Pez malacopterigio] que tiene un par de aletas detrás del abdomen.

abdominalgia *f* (*Med*) Dolor abdominal [1].

abducción *f* **1** (*Fisiol*) Movimiento por el cual un miembro u otro órgano se aleja del plano de simetría del cuerpo humano o animal. ■ **2** (*raro*) Acción de abducir.

abducente *adj* (*Anat*) Abductor, esp. ocular.

abducir (*conjug* 41) *tr* (*raro*) Secuestrar [a alguien extraterrestres o espíritus].

abductor -ra *adj* (*Anat*) Que realiza abducción [1]. *Tb n m, referido a músculo.*

abebay *m* Sapeli (árbol y madera).

abecé *m* **1** Abecedario [1]. ■ **2** Rudimentos, o principios elementales [de una ciencia o una técnica].

abecedario *m* **1** Serie ordenada de las letras de un idioma, esp. de los que se escriben en caracteres latinos. ■ **2** (*hist*) Libro con las letras del abecedario [1], que sirve para enseñar a leer. ■ **3** (*raro*) Abecé [2].

abecerrado -da *adj* (*Taur*) [Toro] que tiene apariencia de becerro. **b)** Propio del toro abecerrado.

abedul *m* Árbol de 10 a 20 m de altura, de corteza blanca, madera blanca y compacta, hojas romboidales y flores en amento (gén. *Betula*, esp. *B. alba, B. pendula* o *B. verrucosa*). *Tb su madera.*

abedular *m* Terreno poblado de abedules.

abeja **I** *f* **1** Insecto himenóptero que vive en colonias constituidas por una sola hembra fecunda, numerosos machos y numerosísimas hembras estériles, que construyen con cera los panales donde se guardan los huevos y la miel (*Apis mellifica*). **b)** *Con un especificador, designa otras especies.* **II** *loc adj* **2** [Nido] **de ~** → NIDO.

abejarrón *m* (*raro*) Abejorro (insecto).

abejarruco *m* (*reg*) Abejaruco (pájaro).

abejaruco *m* Pájaro de pico largo, alas puntiagudas y plumaje amarillo, marrón y verde azulado, que se alimenta de insectos, esp. abejas y avispas (*Merops apiaster*).

abejeo *m* Hecho de bullir o moverse un enjambre de abejas. *Tb el ruido que produce. Frec fig.*

abejera *f Se da este n a varias orquídeas del gén Ophrys, esp O. apifera, O. lutea* (~ AMARILLA) *y O. speculum* (~ DE ESPEJO).

abejero. halcón ~ –→ HALCÓN.

abejón *m* Abejorro (insecto).

abejorreo *m* Rumor confuso que evoca el zumbido de las abejas y abejorros.

abejorro *m* Insecto himenóptero que anida en el suelo y lleva una vida social semejante a la de las abejas, con el cuerpo macizo, peludo y con estrías (*gén. Bombus* y otros).

abelia *f* Arbusto de la familia de la madreselva, de flores blancas o rosadas, aromáticas, y que se cultiva como planta ornamental (*Abelia grandiflora*). *Tb designa otras especies del mismo gén.*

abelita *m* (*lit, raro*) Pastor.

abellacar *tr* (*lit, raro*) Hacer bellaco.

abenojareño -ña *adj* De Abenójar (Ciudad Real). *Tb n, referido a pers.*

abenojense *adj* Abenojareño. *Tb n.*

aberchale *adj* (*raro*) Abertzale. *Tb n.*

aberración *f* **1** Hecho o dicho disparatado o que se aparta de lo lógico o racional. **b)** Comportamiento que se aparta de lo lícito, natural o normal. **c)** Obra o producto que se aparta de lo natural o normal. ■ **2** (*Ópt*) Imperfección que presentan las imágenes producidas por un sistema óptico, por no corresponder exactamente cada punto del objeto con el de su imagen. *A veces con un adj especificador:* CROMÁTICA, ESFÉRICA, LATERAL. ■ **3** (*Astron*) Desplazamiento aparente de la posición de un astro, debido al movimiento de traslación de la Tierra, y al propio movimiento del astro durante el tiempo que tarda la luz en recorrer la distancia entre este y el observador.

aberrante *adj* **1** Que denota o implica aberración [1]. ■ **2** (*raro*) [Pers.] de comportamiento sexual aberrante [1]. *Tb n.* ■ **3** (*Biol*) [Ser u órgano] que se aparta del carácter común fundamental del grupo a que pertenece.

aberrantemente *adv* De manera aberrante [1].

abertura *f* **1** Acción de abrir(se). *Tb su efecto.* ■ **2** Espacio que interrumpe la continuidad de una superficie y gralm. permite el paso de algo o la comunicación con el exterior. **b)** *En una prenda:* Parte que permite meter y sacar los miembros o ajustarla alrededor del cuerpo. ■ **3** Cualidad de abierto, *esp* [2a, 4 y 12]. **b)** (*Fon*) Mayor o menor separación de los órganos articulatorios.

abertzale (*vasc; pronunc corriente,* /aberθále/ *o, más raro,* /aberĉále/) *adj* Propugnador radical de la independencia del País Vasco. *Tb n, referido a pers.*

abertzalismo (*pronunc corriente,* /aberθalísmo/) *m* Tendencia o ideología abertzale. *Tb fig, con referencia a regiones distintas del País Vasco.*

abesugado -da *adj* (*raro*) [Ojo o mirada] semejantes a los del besugo.

abetal *m* Terreno poblado de abetos.

abeto *m* Árbol propio de alta montaña y de regiones frías, de tronco recto, copa cónica, ramas que crecen horizontalmente y hojas persistentes en forma de aguja (*gén. Abies y Picea*).

abetuna *f* (*reg*) Abeto joven.

abetunado -da *adj* De aspecto de betún.

abiertamente *adv* De manera abierta, *esp* [13].

abierto -ta I *adj* **1** *part* –→ ABRIR. ■ **2** Que tiene comunicación con el exterior. *Tb fig.* **b)** Que no tiene cubierta. **c)** [Herida] que no ha cicatrizado. **d)** (*Med*) [Traumatismo o fractura] en que se produce rotura de la piel. ■ **3** [Espacio] amplio y sin obstáculos. **b)** [Terreno] que no está cercado. ■ **4** Que tiene acceso [a algo]. *Tb fig.* ■ **5** De libre acceso. **b)** [Concejo] al que pueden acudir todos los vecinos que lo deseen. **c)** (*Dep*) [Competición] en que pueden participar tanto los aficionados como los profesionales. *Tb n m.* ■ **6** [Prenda de vestir] que tiene alguna abertura [2]. ■ **7** [Aro] que no es completo, sino que tiene dos extremos más o menos distantes. ■ **8** [Curva o ángulo] de poca concavidad. ■ **9** [Cosa o conjunto] cuyos elementos distan entre sí más de lo normal. *Tb referido a los mismos elementos.* **b)** Ralo o poco compacto. ■ **10** Que no está sometido a normas rígidas. **b)** [Ley o norma] poco rígida o rigurosa. ■ **11** [Ley, norma o texto] que admite modificaciones. ■ **12** [Pers.] espontánea y comunicativa. **b)** [Pers.] tolerante o comprensiva. **c)** Propio de la pers. abierta. ■ **13** Patente o no disimulado. **b)** Claro o evidente. ■ **14** [Asunto] que no está terminado o resuelto. ■ **15** [Serie o conjunto] que no está completo. ■ **16** *En la cárcel:* [Régimen] en que el recluso sale a la calle y solo vuelve para dormir. ■ **17** [Ciudad] desmilitarizada. ■ **18** (*Fon*) [Vocal] en cuya articulación sale el aire sin obstáculos. ■ **19** (*Fon*) [Sílaba] libre. ■ **20** (*Der*) [Testamento] que se otorga de palabra o por minuta que ha de leerse ante notario y testigos y que se protocoliza como escritura pública. ■ **21** (*Econ*) [Crédito] que se concede sin limitación de cantidad. ■ **22** [Carta] **abierta**, [orden] ~ – → CARTA, ORDEN[1]. II *loc adv* **23 en** ~. (*TV*) De manera que pueda ser recibido por receptores no abonados a un determinado canal.

abietáceo -a *adj* (*Bot*) [Planta] de hojas aciculares, flores masculinas en amento e infrutescencia en estróbilo, de la familia del abeto. *Frec como n f en pl, designando este taxón botánico.*

abigarradamente *adv* De manera abigarrada.

abigarrado -da *adj* **1** *part* –→ ABIGARRAR. ■ **2** De elementos heterogéneos e inconexos. **b)** Heterogéneo o diverso. ■ **3** De varios colores, gralm. llamativos o mal combinados. ■ **4** (*semiculto*) Abundante y concentrado.

abigarramiento *m* Cualidad de abigarrado.

abigarrar *tr* (*raro*) Mezclar [elementos heterogéneos e inconexos].

abigeato *m* (*Der*) Hurto de ganado.

abigeo *m* (*Der*) Ladrón de ganado.

abigotar *tr* (*raro*) Poner bigote [a alguien o a su cara (*cd*)].

abillelar –→ ABIYELAR.

abilletado -da *adj* (*Arte*) Adornado con billetes.

ab initio (*lat; pronunc,* /ab-inítio/ *o* /ab-iníθio/) *loc adv* (*lit o E*) Desde el primer momento.

ab intestato (*lat; pronunc,* /ab-intestáto/) *loc adv* (*Der*) Sin testamento. *Tb adj invar.*

abintestato I *adv* **1** (*Der*) Ab intestato, o sin testamento. *Tb adj invar.* ■ **2** (*reg*) En desamparo.
II *m* **3** (*Der*) Procedimiento judicial sobre la herencia de quien muere sin testamento.

abiogénesis *f* (*Biol*) Generación espontánea (nacimiento de organismos a expensas de la materia no viva).

abiótico -ca *adj* (*Biol*) [Medio] en que no es posible la vida.

abiotrófico -ca *adj* (*Med*) Que tiene degeneración de la vitalidad y disminución de resistencia.

abisagrar *tr* Fijar con bisagras [puertas, ventanas o algo similar].

abisal *adj* **1** (*lit*) Abismal. ■ **2** (*Geol*) [Región o zona] marítima de profundidad superior a 6.000 m. **b)** (*Biol*) [Región] correspondiente a las zonas marítimas batial y abisal, caracterizada por la ausencia de vegetación y por la pobreza de su fauna, que es carnívora exclusivamente. **c)** (*Geol o Biol*) De la región o zona abisal.

abisalmente *adv* (*lit*) De manera abisal [1].

abiselado -da *adj* **1** *part* → ABISELAR. ■ **2** (*Escult*) [Corte] hecho en dos planos. **b)** Propio del corte abiselado.

abiselar *tr* Biselar.

abisinio -nia I *adj* **1** De Abisinia o Etiopía. *Tb n, referido a pers.*
II *m* **2** (*hist*) En la Guerra Civil de 1936: Gorro de faena con orejeras, usado en la Armada.

abismal *adj* De(l) abismo.

abismalmente *adv* De manera abismal.

abismar *tr* (*lit*) Sumir o sumergir [a alguien en algo no material muy profundo o insondable]. *Frec el cd es refl.*

abismáticamente *adv* (*lit, raro*) De manera abismática.

abismático -ca *adj* (*lit*) Abismal.

abismo *m* **1** Lugar de profundidad imponente y peligrosa. ■ **2** Diferencia inmensa. **b)** ~ **generacional.** Años que separan una generación de la que la precede o la sigue, considerados como causa de la falta de entendimiento entre ellas. ■ **3** (*lit*) Aspecto o parte [de algo no material] impenetrable o insondable. ■ **4** (*lit, raro*) Infierno (lugar de los muertos o de tormento de los condenados). *Tb en pl con sent sg.* ■ **5** (*Heráld*) Centro del escudo. *Gralm en la constr* EN ~.

abitar *tr* (*Mar*) Amarrar [un cabo o cable] a las bitas. *Tb fig.*

abitón *m* (*Mar*) Madero o hierro puesto verticalmente en la cubierta para amarrar cabos o cables.

abiyelar (*tb con la grafía* **abillelar**) *tr* (*jerg*) Tener.

abjacio -cia (*tb con la grafía* **abjazio**) *adj* Abjasio. *Tb n.*

abjasio -sia *adj* De Abjasia (república de la antigua URSS). *Tb n, referido a pers.*

abjaso -sa *adj* Abjasio. *Tb n.*

abjazio → ABJACIO.

abjazo -za *adj* Abjasio. *Tb n.*

abjuración *f* Acción de abjurar.

abjurar A *tr* **1** Abandonar públicamente [una creencia]. *Tb abs. Tb fig.*

B *intr* **2** Abandonar públicamente [una creencia (*compl* DE)]. *Tb fig.*

ablación *f* **1** (*Med*) Extirpación. ■ **2** (*Geol*) Pérdida o desgaste de materiales causados por distintos agentes físicos o químicos.

ablandabrevas *m y f* (*raro*) Pers. inútil.

ablandador -ra *adj* Que ablanda. *Tb n m, referido a dispositivo.*

ablandamiento *m* Acción de ablandar(se).

ablandante *adj* Que ablanda.

ablandar *tr* **1** Poner o hacer blando o más blando [algo o a alguien]. *Tb fig.* **b)** *pr* (~**se**) Ponerse o hacerse blando. *Tb fig.* ■ **2** Debilitar. **b)** *pr* (~**se**) Debilitarse.

ablano *m* (*reg*) Avellano.

ablativo *adj* (*Gram*) [Caso] que corresponde a la función de complemento circunstancial. *Más frec como n m; entonces puede designar tb el sust que va en dicho caso.*

ablegado *m* (*Rel catól*) Enviado apostólico encargado de entregar el birrete a los nuevos cardenales.

ablentador -ra *adj* (*reg*) Aventador. *Tb n.*

ablentar (*conjug* 6) *tr* (*reg*) Aventar [el grano trillado]. *Tb abs.*

ablitero -ra *adj* De Ablitas (Navarra). *Tb n, referido a pers.*

ablución *f* **1** (*lit*) Acción de lavarse. *Frec en pl con sent sg.* ■ **2** (*Rel*) Acción ritual de purificarse por medio del agua. **b)** (*Rel catól*) En pl: En la misa: Ceremonia en que el sacerdote purifica el cáliz y se lava los dedos, después de consumir.

ablucionar *tr* (*lit*) Lavar. *Gralm el cd es refl.*

ablusado -da *adj* (*Moda*) Hueco y fruncido a modo de blusa o como de blusa.

abnegación *f* Cualidad de abnegado.

abnegadamente *adv* De manera abnegada [2b].

abnegado -da *adj* **1** *part* → ABNEGARSE. ■ **2** Que se sacrifica generosamente por alguien o algo. **b)** Propio de la pers. abnegada.

abnegarse (*conjug* 6) *intr pr* (*raro*) Renunciar [alguien] a su propio bien.

abobadamente *adv* De manera abobada.

abobado -da *adj* [Pers.] que parece boba. *Tb n.* **b)** Propio de la pers. abobada.

abocadar *tr* (*reg*) Coger con la boca.

abocado -da *adj* **1** *part* → ABOCAR. ■ **2** [Vino] que tiene mezcla de seco y dulce.

abocamiento *m* **1** Acción de abocar(se). ■ **2** Boca o embocadura [de un conducto].

abocar A *tr* **1** Comenzar a entrar [en un lugar (*cd*), esp. en una calle, un camino, un canal o un puerto]. ■ **2** Hacer [a alguien (*cd*)] ir a parar [a un lugar o situación]. *Tb fig. Tb abs.* ■ **3** (*raro*) Verter o volcar [el contenido de un recipiente en otro]. ■ **4** (*Med*) Hacer que [un conducto (*cd*)] desemboque [en un lugar (*compl* A)].
B *intr* ➤ **a** *normal* **5** Comenzar a entrar [en un lugar (*compl* A), esp. en una calle, un camino, un canal o un puerto]. *Referido a canal o puerto, el compl puede ser* EN. ■ **6** Ir a parar [a un lugar o situación]. *Tb, raro, pr* (~**se**). *Tb fig.*
➤ **b** *pr* (~**se**) **7** Dirigirse [a un fin o situación]. **b)** *En part, y frec con vs como* ESTAR, QUEDAR *o* VERSE:

Destinado inexorablemente [a algo, gralm. negativo]. ■ **8** Aproximarse [a algo, esp. a una acción]. *Frec en part. A veces se omite el compl* A, *por consabido*. ■ **9** Inclinarse o volcarse [sobre algo (*compl* A *o* SOBRE)].

abocardado *m* (*E*) Acción de abocardar.

abocardamiento *m* (*E*) Abocardado.

abocardar *tr* (*E*) Ensanchar la boca o agujero [de un tubo (*cd*)].

abocelado -da *adj* (*Arquit*) Semejante al bocel.

abocetadamente *adv* De manera abocetada.

abocetado -da *adj* **1** *part* → ABOCETAR. ■ **2** Propio de(l) boceto. ■ **3** Que tiene carácter de boceto. *Tb fig*.

abocetamiento *m* Acción de abocetar.

abocetar *tr* **1** Hacer el boceto [de una obra de arte (*cd*)]. ■ **2** Bosquejar, o exponer en líneas generales.

abochornado -da *adj* **1** *part* → ABOCHORNAR. ■ **2** Bochornoso o caluroso. ■ **3** (*Taur*) [Toro] solitario y huidizo en el campo.

abochornante *adj* Que abochorna [2].

abochornar *tr* **1** Causar bochorno o sofoco [a alguien (*cd*) o en la atmósfera (*cd*)]. ■ **2** Causar bochorno o vergüenza [a alguien (*cd*)]. **b)** *pr* (~**se**) Sentir vergüenza [alguien]. *A veces con un compl* DE.

abocinado -da *adj* **1** *part* → ABOCINAR. ■ **2** (*Arquit*) [Arco o vano] que tiene más abertura por una parte del muro que por la otra. ■ **3** (*raro*) Semejante en algo a la bocina.

abocinamiento *m* **1** Acción de abocinar. ■ **2** (*Arquit*) Cualidad de abocinado [2].

abocinar *tr* **1** Dar [a algo (*cd*)] forma de bocina. ■ **2** Poner [los labios] en forma redondeada y hacia afuera.

abofeteador -ra *adj* Que abofetea. *Tb n. Tb fig*.

abofeteamiento *m* Acción de abofetear.

abofetear *tr* Dar una o varias bofetadas [a alguien (*cd*)]. *Tb fig*.

abogacía *f* **1** Profesión de abogado [1]. ■ **2** Conjunto de los abogados [1].

abogacil *adj* (*desp, raro*) Abogadesco.

abogadesco -ca *adj* (*desp*) De abogado.

abogado -da (*a veces, en acep 1, se usa la forma m con valor de f*) *m y f* **1** Licenciado en Derecho. *A veces con un adj especificador*. **b)** Licenciado en Derecho que en un juicio o un proceso defiende [a una de las partes (*compl de posesión*)]. **c)** Licenciado en Derecho que asesora [a alguien (*compl de posesión*)] en asuntos legales. **d) ~ del Estado.** Funcionario público licenciado en Derecho, cuyas misiones principales son la defensa, asesoramiento y representación legal del Estado. **e) ~ de secano** → SECANO. ■ **2** Pers. que habla o influye en favor [de alguien]. **b) ~ de causas perdidas.** (*col, desp*) Pers. que sale en defensa de causas que tienen pocas posibilidades de éxito o que cuentan con la condena general. ■ **3** Santo al que se tiene como solucionador [de determinadas dificultades] o protector [de determinadas cosas o perss.]. ■ **4 ~ del Diablo.** (*Rel catól*) Individuo de la Sagrada Congregación de Ritos encargado de oponer objeciones en las causas de beatificación o canonización. *Tb fig, fuera del ámbito religioso*.

abogar *intr* **1** Hablar en favor [de algo o de alguien (*compl* POR *o* EN FAVOR DE)]. ■ **2** Propugnar o defender [algo (*compl* POR *o* EN FAVOR DE)].

abohardillado -da *adj* Abuhardillado.

abolengo *m* **1** Ascendencia ilustre. *Tb fig, referido a cosa*. **b)** Ascendencia. ■ **2** (*raro*) Familia o linaje. ■ **3** (*hist*) Bienes heredados de los abuelos o antepasados. *Frec en la loc* DE ~.

abolición *f* Acción de abolir.

abolicionismo *m* Doctrina que preconiza la abolición de algo. *Esp* (*hist*) *la abolición de la esclavitud*.

abolicionista *adj* De(l) abolicionismo. **b)** Partidario del abolicionismo. *Tb n*.

abolido -da *adj* **1** *part* → ABOLIR. ■ **2** [Cosa] extinguida o que ha perdido su vigencia.

abolir (*normalmente, solo usado en las formas en que la base es átona*) *tr* Declarar legalmente la suspensión [de un precepto o una costumbre (*cd*)]. *Tb fig*.

abollado -da *adj* **1** *part* → ABOLLAR. ■ **2** (*Bot*) Que presenta una depresión o concavidad.

abolladura *f* **1** Efecto de abollar(se). *Tb fig*. ■ **2** (*Med*) Prominencia esférica. ■ **3** (*Agric*) Enfermedad del melocotonero caracterizada por deformación de las hojas y producida por el hongo *Taphrina o Exoascus deformans*. *Tb designa otras enfermedades similares de otros árboles*.

abollar *tr* **1** Producir uno o varios hundimientos o concavidades en la superficie, esp. metálica, [de algo (*cd*)]. **b)** *pr* (~**se**) Sufrir [algo] uno o varios hundimientos o concavidades en su superficie, esp. metálica. ■ **2** (*raro*) Magullar [a alguien]. ■ **3** (*raro*) Deprimir [a alguien].

abollonar *tr* (*raro*) Formar prominencias esféricas [en algo (*cd*)].

abolorio *m* (*Der, reg*) Bienes heredados de los abuelos o antepasados. *Frec en la loc* DE ~.

abolsado -da *adj* **1** *part* → ABOLSAR. ■ **2** Que forma bolsas.

abolsar *tr* Hacer que [algo (*cd*)] forme bolsa o bolsas. **b)** *pr* (~**se**) Pasar [algo] a formar bolsa o bolsas.

abomaso *m* (*raro*) Cuajar (de los rumiantes).

abombado¹ -da *adj* **1** *part* → ABOMBAR. ■ **2** Convexo y redondeado.

abombado² *m* Abombamiento.

abombamiento *m* Acción de abombar(se). *Tb su efecto*.

abombar **A** *tr* **1** Hacer que [algo (*cd*)] presente una forma o una superficie convexa y redondeada. **b)** *pr* (~**se**) Pasar a presentar una forma o una superficie convexa y redondeada. **B** *intr pr* (~**se**) **2** (*reg*) Corromperse o pudrirse.

abombillado -da *adj* (*raro*) Que tiene forma de bombilla.

abominable *adj* **1** Repugnante y condenable. ■ **2** Despreciable o de muy mala calidad. ■ **3** (*raro*) Horrible, o sumamente feo.

abominablemente *adv* De manera abominable [1].

abominación *f* **1** Acción de abominar. ■ **2** Cosa, esp. acción, abominable [1].

abominar A *intr* 1 Manifestar honda desaprobación o disconformidad [respecto a alguien o algo
(*compl* DE)]. ■ 2 Sentir aversión o rechazo [hacia
alguien o algo (*compl* DE)].
B *tr* 3 (*raro*) Abominar [1 y 2] [de alguien o algo
(*cd*)].

abonable *adj* 1 Que puede ser abonado¹ [2].
■ 2 Que debe ser abonado¹ [2].

abonada *f* (*reg*) Abonado².

abonado¹ -da *adj* 1 *part* → ABONAR. **b)** [Campo]
~, [terreno] ~ → CAMPO, TERRENO. ■ 2 Digno de crédito o confianza. *Esp en derecho.*

abonado² *m* Acción de abonar [4].

abonador -ra *adj* Que abona [4]. *Frec n f, referido a máquina.*

abonar A *tr* 1 Inscribir o suscribir [a alguien], mediante pago, para la recepción, periódica o durante
un tiempo convenido, de un servicio o de una publicación. *Frec el cd es refl. Frec en part, a menudo sustantivado.* **b)** Adquirir [para una pers. (*cd*)] el abono [2b] a un espectáculo. *Frec el cd es refl. Frec en
part, a menudo sustantivado.* **c)** Adquirir el abono
[de una localidad (*cd*)]. *Frec en part.* ■ 2 Pagar. *El
cd puede designar la cantidad pagada, la factura, el
servicio o el tiempo durante el que este se presta.* **b)**
(*Econ*) Asentar como partida en el haber de una
cuenta [una cantidad]. **c)** Computar a favor [de alguien, frec. un preso (*ci*), el tiempo que ha pasado
en determinada situación]. ■ 3 Garantizar o acreditar la veracidad [de alguien o algo (*cd*)], la calidad
[de una pers., de su nombre o de sus hechos (*cd*)] o
la realidad [de un hecho (*cd*)]. **b)** Apoyar o defender
[algo o a alguien]. ■ 4 Poner abono [4] [en un terreno (*cd*)]. *Tb abs.*
B *intr* ➤ a *normal* 5 (*reg*) Serenarse [el tiempo].
➤ b *pr* (~se) 6 Hacerse usuario fijo [de algo
(*compl* A)] o cliente habitual [de un establecimiento
(*compl* A)].

abondo *adv* (*lit o reg*) En abundancia.

abonico *adv* (*reg*) Casi sin hacer ruido.

abono *m* 1 Acción de abonar(se) [1, 2, 3 y 4]. *Tb su
efecto.* ■ 2 Documento en que consta el derecho a
recibir, periódicamente o por un tiempo convenido,
un servicio o una publicación. *Tb el mismo derecho.*
b) Documento en que consta el derecho, adquirido
de una vez, a asistir a una serie determinada de espectáculos. *Tb el mismo derecho.* ■ 3 Conjunto de
perss. que tienen abono [2b]. ■ 4 Sustancia que,
añadida a la tierra, sirve para aumentar su fertilidad. *Tb fig.*

aboral *adj* (*Zool*) De la región opuesta a la boca.

abordable *adj* Que puede ser abordado. **b)**
[Pers.] de fácil acceso o trato.

abordaje *m* Acción de abordar. **b)** *Esp:* Acción de
abordar [1] para combatir. *Frec en la constr* AL ~.

abordamiento *m* (*raro*) Acción de abordar
[2 y 3].

abordar *tr* 1 Llegar a tocar [un barco a otro] o a
chocar [con él (*cd*)], esp. para entablar combate
cuerpo a cuerpo. *Tb abs.* ■ 2 Acercarse [a alguien
(*cd*)] para hablar[le] o, a veces, para atacar[le].
■ 3 Tratar [un tema o un problema], frec. para buscar soluciones. **b)** Acometer la realización [de algo (*cd*)]. ■ 4 (*raro*) Subir [a un medio de transporte
(*cd*)]. ■ 5 (*Med*) Acceder a un lugar (*cd*)].

aborigen I *adj* 1 Originario del territorio que habita. *Tb n, referido a pers.*
II *m y f* 2 Primitivo habitante [de un país o re-
gión].

aborio *m* Madroño (arbusto).

aborrascado -da *adj* 1 *part* → ABORRASCARSE.
■ 2 Tormentoso. *Tb fig.*

aborrascarse *intr pr* 1 Ponerse tormentoso.
Frec en part. ■ 2 Nublarse o ensombrecerse. *En
sent fig.*

aborrecedor -ra *adj* Que aborrece. *Tb n, referido a pers.*

aborrecer (*conjug* 11) A *tr* 1 Sentir aversión o
fuerte rechazo [hacia alguien o algo (*cd*)]. **b)** Pasar
a sentir aversión o fuerte rechazo [hacia alguien o
algo (*cd*)]. ■ 2 Abandonar [un animal (*suj*) las crías
o el nido]. ■ 3 (*reg*) Aburrir o cansar.
B *intr* 4 Aborrecer [1] [algo o a alguien (*compl*
DE)].

aborrecible *adj* Que merece ser aborrecido [1].

aborrecimiento *m* 1 Acción de aborrecer.
■ 2 Sentimiento de aversión o fuerte rechazo [hacia
alguien o algo].

aborregado -da *adj* 1 *part* → ABORREGAR.
■ 2 (*desp*) Semejante a un borrego, esp. en la mansedumbre o en el comportamiento gregario. *Esp referido a perss o toros.* **b)** Propio de las perss. o los
toros aborregados. ■ 3 [Aspecto] semejante al de
un conjunto de vellones de lana. **b)** De aspecto aborregado. *Dicho esp de rocas o nubes.*

aborregador -ra *adj* (*desp*) Que aborrega [1a].

aborregamiento *m* (*desp*) Acción de aborre-
gar(se) [1]. *Tb su efecto.*

aborregar *tr* 1 (*desp*) Hacer [a alguien] semejante al borrego en la mansedumbre o en el comportamiento gregario. *Tb abs.* **b)** *pr* (~se) Hacerse [al-
guien] semejante al borrego en la mansedumbre o
en el comportamiento gregario. ■ 2 Dar aspecto
aborregado [3a] [a algo (*cd*), esp. a las nubes o a las
rocas]. **b)** *pr* (~se) Tomar aspecto aborregado [algo,
esp. las nubes o las rocas].

aborricado -da *adj* 1 *part* → ABORRICAR.
■ 2 De comportamiento brusco.

aborricar *tr* (*raro*) Embrutecer. *Tb pr* (~se).

aborrición *f* (*raro*) Aburrición.

abortador -ra *m y f* Pers. que hace abortar [1].

abortar A *intr* 1 Expulsar [una hembra] el feto
antes de que este pueda vivir. ■ 2 Quedar [algo]
interrumpido en su desarrollo. **b)** (*Bot*) Tener [un
órgano] desarrollo incompleto o nulo. **c)** (*Med*)
Desaparecer [una enfermedad] sin haber alcanzado
su desarrollo completo. ■ 3 Fracasar [algo] antes
de su aparición o desarrollo. *Tb pr* (~se).
B *tr* 4 Hacer que [una hembra (*cd*)] aborte [1]. *Tb
abs.* ■ 5 Expulsar [una hembra el feto] antes de
que este pueda vivir. ■ 6 Suspender o interrumpir el desarrollo [de algo, esp. de una acción (*cd*)].
■ 7 Hacer fracasar [algo] antes de su aparición o
desarrollo.

abortero -ra *m y f* Abortador.

abortismo *m* Práctica abortista [1]. *Tb la actitud
ideológica correspondiente.*

abortista *adj* 1 De(l) aborto [1b]. ■ 2 Partidario
de la despenalización del aborto [1b]. *Tb n, referido*

a pers. ■ **3** Que practica el aborto [1b]. *Tb n, referido a pers.*

abortivo -va *adj* **1** De(l) aborto [1b]. ■ **2** Que sirve para hacer abortar [1]. *Tb n m, referido a sustancia o producto.*

aborto *m* **1** Acción de abortar. *Tb su efecto.* **b)** *Esp:* Expulsión voluntaria o provocada del feto. ■ **2** Monstruo o engendro. *Frec fig.*

abortón *m* Animal nacido antes de tiempo. *Tb su piel, esp de cordero.*

abotagamiento *m* Acción de abotagar(se). *Tb su efecto.*

abotagar *tr* Abotargar. *Tb pr* (~se). *Gralm en part.*

abotargamiento *m* Acción de abotargar(se). *Tb su efecto.*

abotargar A *tr* **1** Embotar o entorpecer. *Tb abs.* **b)** *pr* (~se) Embotarse o entorpecerse. **B** *pr* (~se) **2** Hincharse [una pers., su cara o una parte de esta]. *Frec en part.*

abotinado -da *adj* **1** [Zapato] que cubre la mayor parte del empeine. ■ **2** (*raro*) [Pantalón] cuyas perneras se estrechan y se ajustan al calzado en su parte inferior.

abotonado[1] **-da** *adj* **1** *part* → ABOTONAR. ■ **2** [Prenda] que lleva botones.

abotonado[2] *m* Acción de abotonar.

abotonador *m* (*hist*) Instrumento que sirve para abotonar.

abotonadura *f* (*raro*) Botonadura.

abotonar *tr* **1** Pasar los botones por sus ojales para que [una prenda (*cd*)] quede cerrada. ■ **2** (*raro*) Abrochar los botones de la prenda que viste [una pers. (*cd*)]. *Frec el cd es refl.*

abovedado -da *adj* **1** *part* → ABOVEDAR. ■ **2** Que tiene bóveda. ■ **3** Que tiene forma de bóveda. **b)** (*raro*) Combado o curvo.

abovedamiento *m* Cubierta de bóveda.

abovedar *tr* Cubrir con bóveda. *Tb fig.*

ab ovo (*lat; pronunc,* /ab-óbo/) *loc adv* Desde el origen.

aboyar A *tr* **1** Mantener a flote por medio de boyas. **B** *intr* **2** Flotar en el agua.

abra *f* **1** Ensenada o bahía pequeña. ■ **2** Puerto, o paso entre montañas.

abracadabra *m* Palabra cabalística a la que se atribuyen efectos mágicos.

abracadabrante *adj* (*humoríst*) [Cosa] sorprendente o desconcertante.

abracar *tr* (*Mar, reg*) Cobrar o recoger [algo, esp. pesca o un cabo]. *Tb fig.*

abraguerada *adj* (*reg*) [Hembra de ganado] que está a punto de parir.

abrasador -ra *adj* Que abrasa. *Tb fig.*

abrasadoramente *adv* De manera abrasadora.

abrasamiento *m* Acción de abrasar(se). *Tb su efecto.*

abrasante *adj* Que abrasa.

abrasar A *tr* **1** Quemar (destruir o dañar [algo o a alguien (*cd*)] el fuego, el calor, una sustancia corrosiva o el frío intenso, o alguien mediante estos]). *Frec* con intención ponderativa. **b)** *pr* (~se) Quemarse. *Frec con intención ponderativa.* ■ **2** Quemar, o producir una sensación intensa de calor o escozor [a alguien o a una parte de él (*cd*)]. *Frec con intención ponderativa.* ■ **3** Causar un grave daño [a alguien (*cd*)] un insecto que pica]. *Con intención ponderativa.* ■ **4** Consumir, o dominar totalmente [a alguien (*cd*)] un sentimiento o una pasión, o la pers. o cosa que los produce]. **b)** *pr* (~se) Consumirse, o estar totalmente dominado [por un sentimiento o pasión (*compl* EN o DE)]. **B** *intr* **5** Quemar (estar [algo] muy caliente para tocar[lo] o tomar[lo]). *Con intención ponderativa.* **b)** Calentar intensamente. *Dicho esp del sol. Con intención ponderativa.*

abrasímetro *m* (*E*) Instrumento para medir la resistencia de los materiales a la abrasión.

abrasión *f* (*E*) Desgaste por fricción, producido en un cuerpo por las partículas de otro o arrastradas por otro.

abrasividad *f* (*E*) Condición de abrasivo.

abrasivo -va *adj* De (la) abrasión o que la causa. **b)** [Sustancia o aparato] que sirve para limpiar o pulir mediante abrasión. *Frec n m.*

abraxas *f* (o *m*) (*hist*) Piedra en que va grabada la palabra *abraxas*, usada por los gnósticos como talismán.

abrazadera *f* **1** Pieza que sirve para sujetar algo, gralm. rodeándolo. ■ **2** Pieza que ciñe o rodea algo.

abrazador -ra *adj* Que abraza.

abrazar A *tr* **1** Rodear con los brazos [a una pers.], gralm. en señal de afecto. *Frec el cd es refl con sent recípr.* **b)** Rodear con los brazos [una cosa]. ■ **2** Rodear [una cosa (*suj*) a otra (*cd*)] sujetándo[la]. **b)** Rodear [una cosa (*cd*)] con otra] para sujetar[la]. **c)** Rodear o circundar. ■ **3** Unir o enlazar. *Tb fig.* ■ **4** Abarcar o comprender. ■ **5** Adoptar o seguir [una idea o ideología, una actitud, una doctrina o una profesión]. **B** *intr pr* (~se) **6** Abrazar [1] [a una pers. o cosa (*compl* A)] sujetándose a ella con fuerza. *Tb fig.* ■ **7** (*raro*) Adoptar [una doctrina o ideología (*compl* A)].

abrazo I *m* **1** Acción de abrazar [1]. *Tb fig.* ■ **2** ~ **del oso.** Acto de aparente amistad que lleva consigo daño. **II** *fórm or* **3 un ~.** Se usa como fórmula de despedida cordial en cartas o conversaciones telefónicas, o encomendando un saludo a una tercera persona. *En cartas, frec* RECIBE UN (FUERTE) ~.

abre- *r pref* Que abre. * Un niño abretaxi.

abrebocas *m* (*Med*) Instrumento utilizado para mantener abierta la boca del paciente.

abrebotellas *m* Utensilio para quitar las chapas o corchos de las botellas.

abrecartas *m* Utensilio, de forma semejante a un cuchillo, utilizado para abrir los sobres de las cartas.

abrecoches *m* Individuo que abre la puerta de los coches a sus usuarios, normalmente a cambio de una propina.

ábrego *m* Viento del sur o del sudoeste. *A veces* VIENTO ~.

abrelatas *m* Utensilio para abrir las latas de conserva.

abrepuño *m* Se da este *n* a varias plantas de los *géns* Centaurea y Ranunculus, *esp* C. calcitrapa, C. melitensis y R. muricatus.

abrevadero *m* Lugar, frec. pilón, donde suelen abrevar los animales. **b)** (*humoríst*) Local en que se expenden bebidas.

abrevar **A** *intr* **1** Beber [un animal]. *Tb pr* (**~se**). **b)** (*lit o humoríst*) Beber [una pers.]. *Tb pr* (**~se**). ■ **2** (*lit*) Beber (adquirir conocimientos o ideas [en un lugar]). **B** *tr* **3** Dar de beber [a los animales (*cd*)]. **b)** (*raro*) Dar de beber [a una pers. (*cd*) algo (*compl* CON)].

abreviación *f* **1** Acción de abreviar [1]. *Tb su efecto.* ■ **2** Abreviatura [1].

abreviadamente *adv* De manera abreviada.

abreviado -da *adj* **1** *part* → ABREVIAR. ■ **2** Más corto de lo normal. ■ **3** Que es versión en pequeñas dimensiones [de lo que se expresa con el n.].

abreviador -ra **I** *adj* **1** Que abrevia. *Tb n, referido a pers.* **II** *m* **2** (*Rel catól*) Oficial de la Cancillería romana o de la Nunciatura Apostólica que tiene a su cargo extractar los documentos.

abreviar (*conjug* 1a) **A** *tr* **1** Acortar, o hacer más breve. **b)** Resumir o condensar [algo]. **B** *intr* **2** Actuar o expresarse brevemente o más brevemente.

abreviatura *f* **1** Representación gráfica abreviada [2] de una palabra. ■ **2** Acción de abreviar [1]. *Tb su efecto.*

abrible *adj* Que se puede abrir, *esp* [1 y 3].

abridero -ra *adj* (*raro*) Que se puede abrir [1].

abridor -ra **I** *adj* **1** Que abre. *Tb n, referido a pers.* **II** *m* **2** Instrumento para quitar o levantar las tapas metálicas de las botellas o de las latas de conserva. ■ **3** Arito de oro o de plata que se pone en el lóbulo de la oreja para horadarlo e impedir que se cierre.

abrigada → ABRIGADO.

abrigadero *m* Lugar resguardado de los vientos.

abrigado -da **I** *adj* **1** *part* → ABRIGAR. ■ **2** [Lugar] protegido de los vientos, del frío o del oleaje. ■ **3** Que abriga [1]. *Normalmente referido a prenda de vestir.* **II** *f* **4** Lugar protegido de los vientos.

abrigador -ra *adj* (*raro*) Que abriga.

abrigaño **I** *m* **1** Lugar abrigado [2]. **II** *loc adv* **2** al **~**. Al abrigo. *Frec con un compl* DE.

abrigar **A** *tr* **1** Cubrir o envolver [a alguien o algo con ropa u otra cosa] para proteger[lo] del frío. *Tb sin compl adv, por consabido. Frec el cd es refl.* **b)** Dar calor [a alguien o algo (*cd*) una cosa que cubre o envuelve]. *Tb fig. Frec abs, referido a ropa, tejido o materia.* ■ **2** Resguardar del viento o del oleaje. *A veces un compl* DE. ■ **3** Tener [una esperanza, un propósito, un deseo, una duda o un afecto]. **B** *intr pr* (**~se**) **4** Refugiarse [en un lugar] para protegerse del frío o de los agentes atmosféricos.

abrigo **I** *m* **1** Acción de abrigar(se) [1, 2 y 4]. ■ **2** Prenda de vestir más o menos larga y con mangas, normalmente de paño o de piel, que se pone sobre las demás prendas para abrigarse [1] al salir a la calle. ■ **3** Lugar protegido de los vientos, del frío

o del oleaje. **b)** (*Arqueol*) Cueva natural poco profunda. **II** *loc adj* **4** de **~**. (*col*) Terrible. **III** *loc prep* **5** al **~** de. Protegiéndose con o detrás de. *Tb fig.* **b)** Al calor de. ■ **6** al **~** de. A cubierto de. *Tb fig.*

abrigoso -sa *adj* (*reg*) Que abriga [1 y 2].

abril *m* **1** Cuarto mes del año. *Se usa normalmente sin art.* ■ **2** (*lit o humoríst*) En pl: Años de la primera juventud. *Normalmente con un numeral o un cuantitativo. Tb referido irónicamente a otras edades.*

abrileño -ña *adj* Del mes de abril.

abrillantado¹ -da *adj* **1** *part* → ABRILLANTAR. ■ **2** (*raro*) Brillante o que tiene brillo.

abrillantado² *m* Acción de abrillantar.

abrillantador -ra *adj* Que abrillanta [1]. *Tb n: m, referido a instrumento o producto; f, referido a máquina.*

abrillantamiento *m* Acción de abrillantar.

abrillantar *tr* **1** Hacer o poner brillante. ■ **2** (*lit, raro*) Realzar o hermosear.

abrío *m* (*reg*) Animal de carga o de labor.

abrir (*conjug* 37) **A** *tr* **1** Hacer que [algo, esp. un espacio (*cd*)] comunique con el exterior, mediante los movimientos o los utensilios adecuados. **b)** *pr* (**~se**) Pasar [algo, esp. un espacio] a comunicar con el exterior. ■ **2** Hacer que [una puerta u otro objeto (*cd*)] deje de incomunicar algo, esp. un espacio con respecto al exterior. *Tb abs.* **b)** *pr* (**~se**) Dejar [una puerta u otro objeto] de incomunicar un espacio con respecto al exterior. ■ **3** Sacar parcialmente [un cajón u otro objeto semejante (*cd*)] del hueco en que está encajado. **b)** *pr* (**~se**) Salirse parcialmente [un cajón u otro objeto similar] del hueco en que está encajado. ■ **4** Hacer o producir [una abertura o un conducto, un camino o paso o un espacio]. **b)** *pr* (**~se**) Hacerse o producirse [una abertura, un conducto o un espacio]. ■ **5** Desobstruir [una abertura o un conducto (*cd*)] o permitir el paso [por ellos (*cd*)]. ■ **6** Quitar [un techo o cubierta] dejando accesible lo que cubría. ■ **7** Cortar [un cuerpo cerrado] o separar en dos o más partes [su superficie], frec. para sacar o contener en su interior o tener acceso a este. ■ **8** Romper, despegar o cortar [un sobre (*cd*)] o el sobre [de una carta (*cd*)] para poder leer su contenido. **b)** Dar a conocer o hacer público [un documento que se mantenía secreto]. ■ **9** Quitar o romper el envoltorio [de un paquete (*cd*)] para tener acceso a su contenido. ■ **10** Hacer o producir [una herida]. **b)** Hacer [a alguien] una herida a modo de corte [en una parte (*cd*), esp. en la cabeza]. *A veces el ci es refl.* ■ **11** Separar los bordes [de una herida (*cd*) que estaba cerrada]. *Frec fig.* **b)** *pr* (**~se**) Separarse los bordes [de una herida (*suj*) ya cerrada]. *Tb fig.* ■ **12** Separar por medio de un corte las hojas unidas [de un libro o algo similar (*cd*)]. *A veces el cd son las mismas hojas.* **b)** Separar [algo en hojas o láminas]. ■ **13** Separar los extremos libres de dos partes [de una cosa (*cd*)] articuladas por el otro extremo. **b)** *pr* (**~se**) Separarse los extremos libres de dos partes [de una cosa (*suj*)] articuladas por el otro extremo. ■ **14** Separar dos hojas no unidas [de un libro, cuaderno, o algo similar (*cd*)] de manera que se puedan ver las páginas correspondientes. *Tb abs.* **b)** *pr* (**~se**) Separarse dos hojas no unidas [de un libro o algo similar (*suj*)] de manera que se puedan ver las páginas correspondientes. ■ **15** Separar [dos o más cosas] o hacer que quede más espacio [entre ellas (*cd*)]. **b)** *pr* (**~se**) Separarse [dos cosas] o quedar más espacio [entre ellas (*suj*)]. ■ **16** Separar [las filas de una formación, esp. militar]. **b)** Dispersar [un grupo de perss. o animales], haciendo que queden aislados o en grupos menos numerosos. ■ **17** Extender o desplegar [una cosa articulada que estaba recogida]. **b)** *pr* (**~se**) Extenderse o desplegarse [una cosa articulada que estaba recogida]. ■ **18** Dar [a algo (*cd*)] forma amplia o espaciosa. ■ **19** Permitir [el paso]. *Tb fig.* **b)** Permitir el paso [por un lugar (*cd*)]. *Tb* ~ AL TRÁFICO. **c)** Permitir el paso [de un fluido (*cd*)]. ■ **20** Poner [un grifo, una llave o algo similar] en la posición adecuada para permitir el paso de un fluido. **b)** *pr* (**~se**) Ponerse [un grifo, una llave o algo similar] en la posición adecuada para permitir el paso de un fluido. ■ **21** Echar hacia atrás la ropa [de la cama (*cd*)] para poder meterse en ella. ■ **22** Permitir el acceso [del público (*compl* A) a un acto o a un lugar (*cd*)]. ■ **23** Poner en funcionamiento [un organismo, un establecimiento o un servicio] o hacer que comiencen sus actividades. **b)** Comenzar la jornada de actividad [de un organismo, un establecimiento o un servicio (*cd*)]. *Normalmente con un compl que expresa la hora de comienzo o la duración de la jornada. Tb abs.* ■ **24** Comenzar [algo, esp. un acto, una actividad, una situación o un período de tiempo, esp. aquel en que se desarrolla determinada actividad]. ■ **25** Levantar [la veda]. **b)** Levantar la veda [de un animal (*cd*)]. ■ **26** Poner en funcionamiento [determinados aparatos, esp. la radio o la televisión]. ■ **27** Hacer las gestiones necesarias para empezar a disponer [de una cuenta o un crédito (*cd*)]. ■ **28** Hacer que exista [una posibilidad o una esperanza (*cd*)]. **b)** *pr* (**~se**) Pasar a existir [posibilidades o esperanzas]. ■ **29** Ir en el primer lugar [de una comitiva (*cd*) o de cualquier sucesión (*cd*) de perss. o cosas]. ■ **30** Ser [alguien] el primero en marcar un tanto [en el marcador (*cd*)]. ■ **31** Escribir el primer elemento [de un signo ortográfico doble (*cd*)]. ■ **32** Provocar [determinadas sensaciones o sentimientos]. **b)** *pr* (**~se**) Producirse [determinadas sensaciones o sentimientos]. ■ **33** Permitir [una pers.] que [otra (*ci*)] conozca las intimidades [de su alma o de su corazón (*cd*)] hablando sinceramente con ella. ■ **34** Poner [a una pers. o colectividad] en disposición de aceptar [nuevas ideas (*compl* A) o de ser influenciado [por ellas (*compl* A)]. *Tb abs.* **b)** *pr* (**~se**) Ponerse [una pers. o colectividad] en disposición de recibir o aceptar [nuevas ideas (*compl* A) o de ser influenciado [por ellas (*compl* A)]. ■ **35** (*Fon*) Hacer abierta o más abierta [una vocal]. **b)** *pr* (**~se**) Hacerse [una vocal] abierta o más abierta. ■ **36** (*Mar*) Separar [una embarcación del puerto o de la costa]. ■ **37** *Forma parte de numerosos locs:* ~ LA MANO, ~ (LA) MARCHA, ~ PLAZA *etc* → MANO, MARCHA, PLAZA, *etc*.

B *intr* ➤ *a normal* **38** Permitir ser abierto [1, 2, 3 y 17] [algo, esp. un espacio, una puerta, un cajón, o algo articulado o plegado]. *Tb pr* (**~se**). ■ **39** Realizar [una puerta o una llave] su movimiento propio [en una dirección determinada]. *Tb pr* (**~se**). ■ **40** Separarse en dos o más partes la superficie [en un cuerpo cerrado (*suj*)] permitiendo el acceso a su interior o que salga su contenido. *Frec pr* (**~se**). ■ **41** Separarse y extenderse los pétalos [de una flor (*suj*)]. *Tb pr* (**~se**). ■ **42** Ensancharse [algo]. *Tb pr* (**~se**). ■ **43** Tener actividad [un establecimiento] determinados días o durante determinadas horas]. ■ **44** Comenzar [algo, esp. un acto, una actividad, una situación o un período de tiempo]. *Frec pr* (**~se**).

■ **45** Empezar a clarear [el día o el cielo]. *Tb pr* (**~se**). ■ **46** (*Naipes*) Iniciar las apuestas correspondientes a una mano. ■ **47** (*Mar*) Desatracar [una embarcación]. ■ **48** (*Mar*) Separarse [del puerto o de la costa]. *Tb pr* (**~se**). *Frec sin compl, por consabido. Tb fig, referido a pers.* ■ **49** (*Mar*) Desviarse [el viento] respecto a la línea de proa. ■ **50** (*reg*) Dar [una puerta (*suj*)] acceso [a un lugar], o comunicar [con él (*compl* A)].

➤ **b** *pr* (**~se**) **51** Estar hechos o existir [una abertura o un conducto]. **b)** Desembocar [un conducto en un lugar (*compl* EN o A)]. ■ **52** Desplegarse o mostrarse [algo] en toda su amplitud. ■ **53** Confiarse [una pers. con otra]. *Tb sin compl* CON. ■ **54** Mostrarse afable y acogedor [con alguien (*ci*)]. ■ **55** Indicar [el semáforo] que está permitido el paso. ■ **56** Sufrir distensión [un miembro]. **b)** Sufrir [una pers. o animal] distensión [de un miembro]. ■ **57** Tomar una curva por el lado de menor curvatura. ■ **58** (*jerg*) Irse o marcharse. ■ **59** (*Mar*) Desviarse [del rumbo], aumentando el ángulo de dirección respecto a un punto determinado. ■ **60 ~se de capa.** (*Taur*) Extender [el torero] la capa delante del toro, antes de iniciar la suerte.

C *impers* **61** Despejarse el cielo de nubes.

abrochado -da *adj* **1** *part* → ABROCHAR. ■ **2** Que se abrocha [1] [de un modo o por una parte determinados]. ■ **3** (*Taur*) [Res] de cornamenta cerrada.

abrochador *m* (*raro*) Abotonador de calzado.

abrochadura *f* (*raro*) Acción de abrochar [1].

abrochamiento *m* (*raro*) Acción de abrochar [1].

abrochar *tr* **1** Cerrar [una prenda o una parte de ella] pasando el botón por el ojal, atando cordones o por otro medio adecuado. *Tb abs.* **b)** Hacer lo necesario para que [un botón, un automático, una hebilla u otro tipo de cierre (*cd*)] quede sujeto y cerrando la prenda correspondiente. **c)** Sujetar [una correa o cinturón, frec. el cinturón de seguridad] introduciendo la pieza de sujeción en su lugar adecuado. ■ **2** (*raro*) Cerrar [algo]. *Gralm en sent fig.*

abrogación *f* (*Der*) Acción de abrogar.

abrogar *tr* (*Der*) Abolir [una ley].

abrogativo -va *adj* (*Der*) Abrogatorio.

abrogatorio -ria *adj* (*Der*) Que sirve para abrogar o que se orienta a la abrogación.

abrojal *m* Lugar poblado de abrojos. *Tb fig.*

abrojo *m* Se da este n a varias plantas herbáceas cuyas características comunes son tener flores, frutos o tallos espinosos y crecer espontáneamente en lugares incultos, esp Tribulus terrestris, Centaurea calcitrapa, Genista hispanica y otras. A veces con un adj o compl especificador: ~ ACUÁTICO o DE AGUA (Trapa natans), ~ TERRESTRE (Tribulus terrestris). **b)** *Frec (lit) se menciona como símbolo de las amarguras de la vida.*

abrojoso -sa *adj* (*lit, raro*) Áspero o desapacible.

abroncado -da *adj* (*raro*) Que tira a bronco.

abroncante *adj* (*raro*) [Pers.] que se enfada con facilidad. **b)** Propio de la pers. abroncante.

abroncar (*col*) **A** *tr* **1** Echar una bronca [a alguien (*cd*)]. **b)** Manifestar [el público] desaprobación por el desarrollo de un espectáculo [a los responsables de él (*cd*)]. *Frec en toros.*

B *intr pr* (**~se**) **2** Enfadarse.

abroquelar (*lit*) **A** *tr* **1** Escudar o defender. *Frec el cd es refl.*
B *intr pr* (**~se**) **2** Encastillarse, o mantenerse firme [en unas ideas o principios].

abrótano *m Se da este n a dos plantas herbáceas: Artemisia abrotanum* (~ MACHO) *y Santolina chamaecyparissus* (~ HEMBRA).

abrumación *f* (*raro*) Acción de abrumar.

abrumador -ra *adj* Que abruma. *Frec con intención ponderativa.*

abrumadoramente *adv* De manera abrumadora.

abrumante *adj* (*raro*) Abrumador.

abrumantemente *adv* (*raro*) De manera abrumante.

abrumar *tr* **1** Someter [un gran peso (*suj*) a alguien o algo] a fuerte presión. **b)** Someter a fuerte presión [con un gran peso a alguien o algo]. ■ **2** Agobiar [algo, esp. dificultades, trabajos o sufrimientos, a alguien]. **b)** Agobiar [a alguien con algo, esp. dificultades, trabajos o sufrimientos]. ■ **3** Hacer que [alguien (*cd*)] se sienta anonadado o confuso. *Tb abs.*

abrumarse *intr pr* Cubrirse de bruma [el cielo].

abruptamente *adv* De manera abrupta.

abrupto -ta *adj* **1** Escarpado, quebrado o de gran pendiente. ■ **2** Brusco o violento. *Tb fig.* **b)** Áspero o destemplado.

abrutado -da *adj* **1** Propio de bruto. ■ **2** Que parece bruto.

ABS (*sigla; pronunc corriente,* /á-bé-ése/) (*Autom*) **I** *m* **1** Sistema de frenado antibloqueo.
II *adj* **2** [Freno] dotado del sistema antibloqueo.

absceso *m* (*Med*) Acumulación de pus en los tejidos orgánicos.

abscisa *f* (*Mat*) Distancia de un punto en un plano a la coordenada vertical.

abscóndito -ta *adj* (*lit*) Misterioso o secreto.

absenta *f* Ajenjo (licor).

absentismo *m* **1** Ausencia frecuente o deliberada de un lugar o de un acto a los que se tiene obligación de acudir. *Frec con un adj especificador:* LABORAL, ELECTORAL, *etc.* ■ **2** Costumbre de residir alguien fuera de la localidad en que radican sus obligaciones o sus propiedades.

absentista *adj* De(l) absentismo o que lo implica. **b)** Que practica el absentismo. *Tb n.*

absidal *adj* (*Arquit*) Del ábside.

ábside *m* (*Arquit*) **1** *En una iglesia:* Parte saliente, gralm. circular, situada detrás del altar mayor. ■ **2** (*hist*) *En la basílica romana:* Parte semicircular en que está situada la tribuna de los magistrados.

absidiola *f* (*Arquit*) Absidiolo.

absidiolo *m* (*Arquit*) Ábside pequeño, gralm. adosado al principal.

absintio *m* Ajenjo (planta).

absolución *f* Acción de absolver. **b) libre ~** → LIBRE.

absoluta → ABSOLUTO.

absolutamente *adv* De manera absoluta (→ ABSOLUTO [1 y 2]). *A veces con intención ponderativa.*

absolutez *f* (*lit, raro*) Cualidad de absoluto [1].

absolutismo *m* Sistema de gobierno absoluto [3c].

absolutista *adj* De(l) absolutismo. **b)** Partidario del absolutismo. *Tb n.*

absolutización *f* Acción de absolutizar.

absolutizar *tr* Hacer absoluto [1 y 5].

absoluto -ta I *adj* **1** Considerado con independencia de cualquier relación o comparación. *Se opone a* RELATIVO. ■ **2** Total o completo. ■ **3** [Monarca o gobernante] que reúne en sus manos todos los poderes. **b)** [Poder] propio del monarca o gobernante absoluto. **c)** [Sistema de gobierno] basado en el poder absoluto. ■ **4** *En una votación:* [Mayoría] constituida al menos por la mitad de los votos más uno. *Se opone a* RELATIVO. ■ **5** (*Filos*) Existente por sí mismo. ■ **6** (*Mat*) [Valor] que tiene una cifra por sí misma, independientemente del lugar que ocupa en una cantidad. *Se opone a* RELATIVO. ■ **7** (*Fís*) [Temperatura] medida a partir del cero absoluto (→ CERO). ■ **8** (*Quím*) [Cuerpo simple o compuesto] químicamente puro. *Referido a alcohol, puede contener un 1% de agua.* ■ **9** (*Gram*) [Superlativo] en que el alto grado de la cualidad señalada en una pers. o en un objeto no se pone en relación con el grado de ella en otros. *Se opone a* RELATIVO. ■ **10** (*Gram*) [Tiempo verbal] que expresa hecho presente, pasado o futuro sin considerarlo en relación temporal con otro hecho. *Se opone a* RELATIVO. ■ **11** (*Gram*) [Elemento de la oración] que no está en conexión formal, aunque sí sintáctica, respecto al verbo. *Tb se aplica al uso o a la construcción de ese elemento.* **b)** *En las lenguas clásicas:* [Caso] utilizado en la construcción absoluta. ■ **12** (*Gram*) [Término] usado sin complemento, en contra de su empleo habitual. *Frec referido al verbo transitivo usado sin complemento directo. Tb se aplica al propio uso del término.*
II *f* **13 la absoluta.** La licencia absoluta (→ LICENCIA).
III *loc adv* **14 en ~.** De ningún modo. ■ **15 en ~.** (*raro*) Totalmente.

absolutorio -ria *adj* Que absuelve o sirve para absolver [1 y 2].

absolver (*conjug* **35**) *tr* **1** Declarar [a un acusado] libre de culpa. *A veces con un compl* DE *que especifica la culpa.* ■ **2** (*Rel catól*) Perdonar [el sacerdote al penitente los pecados (*compl* DE)]. *Tb abs.* **b)** Perdonar [pecados]. ■ **3** (*raro*) Dispensar [de una obligación]. ■ **4** (*raro*) Resolver [una duda o dificultad].

absorbedero *m* Sumidero de alcantarilla.

absorbencia *f* Cualidad de absorbente (que absorbe [1a]).

absorbente *adj* **1** Que absorbe, esp [1a]. *Tb n m, referido a sustancia u objeto.* ■ **2** [Pers.] que aspira a convertirse en el único centro de interés y atención de otra u otras. **b)** Propio de la pers. absorbente. ■ **3** De (la) absorción.

absorber A *tr* **1** Atraer y retener [una sustancia (*suj*), esp. sólida], dentro de su masa, [un fluido, esp. un líquido]. **b)** Retener [un cuerpo sólido (*suj*)] entre sus intersticios [partículas de polvo o de humo]. **c)** Atraer y retener [algo, frec. no material]. ■ **2** Atraer la atención o la dedicación [de alguien (*cd*)] y retenerla de manera dominante. ■ **3** Tomar e incorporar a sí [algo procedente del exterior]. **b)** (*Biol*) Tomar [las células o los tejidos (*suj*)] materias externas] para su asimilación. ■ **4** Incorporar a sí [una entidad o colectividad a otra que desaparece dentro de ella]. ■ **5** Consumir masiva o totalmente [una producción, unos recursos o un tiempo]. **b)** (*Bolsa*) Comprar [el papel que sale a la venta]. ■ **6** (*Fís*) Retener [un cuerpo] en su masa [las radiaciones que lo atraviesan, o parte de ellas]. **b)** Recibir [energía (*cd*) un cuerpo (*suj*)] y transformar[la] en su interior. ■ **7** (*Fís*) Amortiguar o extinguir [un fenómeno físico].

B *intr pr* (**~se**) **8** (*raro*) Ocupar [alguien] su atención por completo [en algo].

absorbible *adj* Que puede ser absorbido, *esp* [3b]. **b)** Propio de la cosa absorbible.

absorción *f* Acción de absorber.

absorcionista *adj* De (la) absorción (acción de absorber [4]) o que tiende a ella.

absorto -ta *adj* **1** [Pers.] que tiene la atención puesta exclusivamente en lo que piensa, ve o hace, con olvido de lo que la rodea. *Frec con un compl* EN. **b)** Propio de la pers. absorta. ■ **2** Asombrado o maravillado.

abstemio -mia *adj* Que, por principio o por costumbre, se abstiene de tomar bebidas alcohólicas.

abstención *f* Acción de abstenerse [de algo]. **b)** *Sin compl:* Acción de abstenerse de votar.

abstencionismo *m* Actitud de abstención, *esp* [1b].

abstencionista *adj* De(l) abstencionismo. **b)** Que preconiza o practica el abstencionismo. *Tb n, referido a pers.*

abstenerse (*conjug* 31) *intr pr* Dejar voluntariamente de hacer, tener o tomar [algo (*compl* DE)]. **b)** *Sin compl:* No votar.

abstinencia *f* Acción de abstenerse [de algo, esp. drogas o placeres]. *Frec sin compl, por consabido.* **b)** (*Rel catól*) Acción de abstenerse de comer carne en determinados días. *A veces* ~ DE CARNE.

abstinente *adj* Que se abstiene [de algo]. *Frec el compl se omite, por consabido.*

abstracción *f* **1** Acción de abstraer. ■ **2** Estado de la pers. abstraída (→ ABSTRAER [3]). ■ **3** Cualidad de abstracto, *esp* [1]. ■ **4** Idea o ente abstractos [1]. ■ **5** (*Arte*) Representación abstracta [2c]. **b)** Arte abstracto [2a].

abstraccionismo *m* Tendencia a la abstracción.

abstractamente *adv* De manera abstracta, *esp* [1b].

abstractismo *m* (*Arte*) Tendencia abstracta [2c].

abstractista *adj* (*raro*) De(l) abstractismo o que lo implica.

abstractivamente *adv* De manera abstractiva.

abstractivo -va *adj* **1** Que abstrae o sirve para abstraer [1]. ■ **2** De (la) abstracción [1].

abstractizante *adj* (*Arte*) Que tiende a lo abstracto [2].

abstractizar *tr* (*Arte*) Dar carácter abstracto [2c] [a algo (*cd*)].

abstracto -ta I *adj* **1** [Cosa] abstraída (→ ABSTRAER [1b y c]). **b)** Propio de la cosa abstracta. **c)** Que se basa en nociones abstractas [1a] y se limita a ellas. ■ **2** [Arte] que utiliza la materia, la línea y el color por sí mismos, sin propósito de representar el mundo sensible. **b)** Que cultiva el arte abstracto. *Tb n, referido a pers.* **c)** De(l) arte abstracto. ■ **3** Impreciso o vago. ■ **4** (*Gram*) [Nombre o sus-

tantivo] que designa una cualidad o fenómeno abstraídos (→ ABSTRAER [1b]) del objeto o sujeto en que existen. **b)** Propio del nombre abstracto. ■ **5** (*Mat*) [Número] en que no se considera la naturaleza de la unidad.

II *loc adv* **6 en ~.** Considerando las cualidades o los fenómenos con independencia de los objetos en que existen. *Tb adj.*

abstraer (*conjug* 32) **A** *tr* **1** Apartar mentalmente o con la imaginación [una cosa de otra]. **b)** Considerar [una cualidad o un fenómeno] con independencia [del objeto o sujeto en que existe]. *Tb abs.* **c)** Considerar [algo] desprovisto [de sus cualidades], en su pura esencia. ■ **2** (*lit*) Separar o aislar.

B *intr pr* (**~se**) **3** Apartar [alguien] la atención [de lo que le rodea], concentrándola en su propio pensamiento. *Frec sin compl* DE. **b)** Apartar [alguien] la atención de lo que le rodea, concentrándola [en algo].

abstraíble *adj* Que puede ser abstraído (→ ABSTRAER [1]).

abstraído -da *adj* **1** *part* → ABSTRAER. ■ **2** Que denota o implica abstracción.

abstruso -sa *adj* (*lit*) De difícil comprensión. *Dicho normalmente de cosa.*

absurdamente *adv* De manera absurda [1a].

absurdidad *f* **1** Cualidad de absurdo [1]. ■ **2** Dicho o hecho absurdo [1a].

absurdidez *f* (*raro*) Absurdidad.

absurdo -da I *adj* **1** [Cosa] contraria a la lógica o al buen sentido. **b)** [Pers.] que actúa sin lógica ni buen sentido. ■ **2 del ~.** (*TLit*) [Teatro] de raíz existencialista, que trata de representar la vida humana como irracional y sin sentido por medios gralm. grotescos.

II *m* **3** Cosa absurda [1a].

abubilla *f* Ave de pequeño tamaño, caracterizada por las listas blancas y negras de alas y cola y por una larga cresta eréctil en la cabeza (*Upupa epops*).

abucharar *tr* (*jerg*) Intimidar o amedrentar.

abuchear *tr* Mostrar desagrado [un grupo o una muchedumbre contra una pers. o cosa presente (*cd*)] por medio de voces, murmullos o silbidos.

abucheo *m* Acción de abuchear.

abuelastro -tra *m y f* Padrastro o madrastra del padre o de la madre [de una pers.].

abuelazgo *m* (*raro*) Condición de abuelo [1].

abuelo -la I *n* **A** *m y f* **1** Padre o madre del padre o de la madre [de una pers.]. **b)** tío ~ → TÍO. ■ **2** (*pop*) Pers. anciana. *Frec como tratamiento.* **b)** el ~ [de un lugar]. La pers. más anciana [de ese lugar].

B *m* **3** *En pl:* Conjunto formado por el abuelo y la abuela [1]. ■ **4** (*lit*) *En pl:* Antepasados. ■ **5** Mechón corto de la nuca, en el nacimiento del pelo. *Normalmente en pl.* ■ **6** (*argot Mil*) Soldado al que le quedan menos de 6 meses para licenciarse. ■ **7 el ~.** (*col*) *En la lotería de cartones:* El número noventa. ■ **8** (*reg*) Vilano.

II *loc v y fórm or* **9 cuéntaselo a tu abuela.** (*col*) *Fórmula con que se expresa incredulidad burlona ante algo dicho por otro.* ■ **10 no tener,** o **no necesitar, abuela.** (*col*) Alabarse a sí mismo en exceso.

abueyado -da *adj* (*Taur*) **1** [Toro] que tiene aspecto de buey. ■ **2** Propio de buey.

abufandado -da adj 1 part → ABUFANDAR. ■ 2 Que lleva bufanda.

abufandar tr (raro) Cubrir [algo el cuello] a modo de bufanda. Tb fig.

abuhardillado -da adj 1 part → ABUHARDI-LLAR ■ 2 [Piso o habitación] que tiene forma de buhardilla. ■ 3 [Techo] inclinado propio de la buhardilla.

abuhardillar tr Dar forma abuhardillada o de buhardilla. b) pr (~se) Tomar forma abuhardillada o de buhardilla.

abujardar tr Labrar [la piedra] con bujarda. Tb abs.

abujero m (pop) Agujero.

abulaga f (reg) Aulaga (planta).

abulense adj De Ávila. Tb n, referido a pers.

abulensismo m (lit) Condición de abulense, esp. amante de lo abulense.

abulia f Falta de voluntad.

abúlicamente adv De manera abúlica.

abúlico -ca adj 1 Que tiene abulia. ■ 2 Que denota o implica abulia.

abullonado -da I adj 1 part → ABULLONAR. ■ 2 Que presenta bullones.
II m 3 Adorno de bullones en el vestido.

abullonar tr 1 Ahuecar o mullir. ■ 2 Formar bullones [en algo (cd)]. Tb fig.

abultadamente adv De manera abultada [5].

abultado -da adj 1 part → ABULTAR. ■ 2 Que presenta bulto (saliente apreciable en una superficie). ■ 3 Que forma bulto (saliente apreciable en una superficie). ■ 4 Voluminoso. En sent físico. ■ 5 Grande o importante.

abultamiento m 1 Acción de abultar(se). Tb su efecto. ■ 2 Parte abultada [3].

abultar A tr 1 Hacer que [algo o alguien (cd)] aumente de volumen. b) pr (~se) Aumentar de volumen [algo o alguien]. ■ 2 Hinchar [a alguien o una parte del cuerpo]. b) pr (~se) Hincharse [alguien o una parte del cuerpo]. ■ 3 Hinchar o exagerar [algo].
B intr 4 Tener volumen u ocupar espacio. Con un adv de cantidad.

abuna m Patriarca de la Iglesia etíope.

abundamiento I m 1 Abundancia [1].
II loc adv 2 a (o para) mayor ~. Por añadidura.

abundancia I f 1 Gran cantidad. Frec con un compl DE y en la constr EN ~. ■ 2 Cualidad de abundante [1]. Frec en la constr CON ~. ■ 3 Riqueza o prosperidad. ■ 4 (col) Carne abundante [de una mujer], esp. en pecho y caderas. Frec en pl.
II loc v 5 nadar en la ~. Ser sumamente rico.
III loc adv 6 a (o para) mayor ~. (raro) A (o para) mayor abundamiento.

abundancial adj (Ling) [Elemento] que denota abundancia [1].

abundante adj 1 Que abunda [1 y 2]. b) Con ns en pl: Muchos o numerosos. ■ 2 (lit) Rico o fértil. Tb fig.

abundantemente adv De manera abundante [1a].

abundar intr 1 Existir en gran cantidad. ■ 2 Tener [algo (compl EN)] en gran cantidad. ■ 3 Insistir [en una opinión o afirmación]. ■ 4 Compartir [la opinión (compl EN) de otro].

abundoso -sa adj (lit) 1 Abundante o rico. A veces con un compl DE o EN. ■ 2 Que sobrepasa los límites normales.

abur interj (col, hoy raro) Adiós.

aburdelado -da adj (raro) Propio de burdel.

aburguesadamente adv De manera aburguesada [3].

aburguesado -da adj 1 part → ABURGUESAR. ■ 2 [Pers.] de vida, actitudes o mentalidad de burgués. Tb n. ■ 3 Propio de los burgueses.

aburguesamiento m Acción de aburguesar(se). Tb su efecto.

aburguesar tr Dar carácter burgués [a alguien o algo (cd)]. b) pr (~se) Tomar carácter burgués [alguien o algo].

aburrición f (pop) Aburrimiento.

aburridamente adv De manera aburrida.

aburrido -da adj 1 part → ABURRIR. ■ 2 Que causa aburrimiento. ■ 3 Que denota o implica aburrimiento.

aburrimiento m 1 Hecho de aburrirse [3 y 4]. ■ 2 Pers. o cosa que aburre [1a].

aburrir A tr 1 Hacer que [alguien (cd)] se aburra [3 y 4]. Tb abs. b) Hacer que [alguien (cd)] desista de su propósito por cansancio. c) ~ (hasta) a las ovejas. → OVEJA. ■ 2 (raro) Perder interés o gusto [por algo (cd)]. b) Abandonar [las aves (suj)] el nido, los huevos o las crías].
B intr pr (~se) 3 Sentir cansancio de ánimo al dejar de encontrar interés o estímulo [en alguien o algo (compl DE)]. A veces el compl se omite, por consabido. b) Cansarse o hartarse [de alguien o algo], perdiendo la paciencia. ■ 4 Sentir falta de interés o estímulo hacia lo circundante. Frec en part. A veces con un compl intensificador: COMO (o MÁS QUE) UNA MONA, COMO UN HONGO, etc.

abusador -ra adj (raro) Que abusa.

abusar A intr 1 Aprovecharse con exceso [de alguien o algo] o usar con exceso [de algo]. ■ 2 Violar [a alguien (compl DE)] u obligar[le (compl DE)] a otros actos sexuales.
B tr 3 (raro) Abusar [1] [de alguien o algo (cd)].

abusivamente adv De manera abusiva.

abusivo -va adj 1 Que implica abuso [1a]. ■ 2 (raro) Abusón.

abuso m 1 Acción de abusar. b) ~s deshonestos. Acto lúbrico contra una persona, usando de fuerza o intimidación, esp. si no implica violación. ■ 2 Cosa que implica abuso [1a].

abusón -na adj [Pers.] que abusa [1]. Tb n.

abutilón m Planta parecida al malvavisco, de tallo ramoso, hojas dentadas y fruto en vaina membranosa (gén. Abutilon).

abuzarse intr pr (reg) Echarse de bruces.

abyección f (lit) Cualidad de abyecto.

abyectamente adv (lit) De manera abyecta.

abyecto -ta adj (lit) Carente de toda dignidad o extremadamente vil.

acá adv 1 A este lugar. Precedido de prep, se sustantiva. * Le dije que viniera acá. b) Se usa en expresiones de mandato con vs que significan aproximación a la pers que habla, para destacar enfáticamente la presencia de esta. * Trae acá la invitación, que la vea. ■ **2** En este lugar. * Acá nunca hemos tenido médico. **b)** En este mundo. Se opone al otro mundo o la otra vida. * Allí están los bienaventurados; acá estamos los pecadores. **c)** A veces contrapuesto a AQUÍ: En este otro lugar. * Una casita aquí y otra casita acá. ■ **3** Cerca de este lugar. Precedido de un adv intensificador. * Esta mesa está muy acá. ■ **4** Hasta este tiempo. Siguiendo a una expresión de tiempo iniciada por DE o DESDE. * Han disminuido de unos años acá. ■ **5** Con los advs ALLÁ y ACULLÁ forma diversas locs y constrs. **a)** ~... allá..., o ~... acullá... En este sitio..., en el otro... * Acá dicen una cosa, allá entienden otra. **b)** ~ y allá, o ~ y acullá. (lit) En diversos sitios y de manera esporádica. Precedido de prep, se sustantiva. * Se pasa el día picando acá y allá. **c)** ~ y allá. En ambos sitios o en cualquier sitio. * Acá y allá la que manda es ella. **d)** ~ o allá. En cualquier sitio. * Después del trabajo comía acá o allá. **e)** de ~ para allá. (col) De una parte a otra, en constante movimiento. Tb PARA ~ (Y) PARA ALLÁ. * Se sabía toda la provincia, de tanto ir de acá para allá.

acabable adj Que puede acabarse.

acabadamente adv De manera acabada[1] [2].

acabadero -ra adj (raro) Acabable.

acabado[1] -da adj **1** part → ACABAR. ■ **2** Perfecto (que tiene todas las cualidades exigibles o imaginables). ■ **3** Caduco o decrépito. ■ **4** [Pers.] que ha perdido su fuerza o capacidad de luchar, crear o seguir viviendo. Frec con intención ponderativa.

acabado[2] m Acción de acabar [9a y esp. b]. Frec su efecto.

acabador -ra adj Que acaba o remata algo. Más frec n.

acaballado -da adj **1** part → ACABALLAR. ■ **2** Que tiene alguna semejanza con el rostro del caballo.

acaballar tr Poner parcialmente [una cosa sobre otra (compl SOBRE o EN)]. **b)** pr (~se) Ponerse parcialmente [una cosa sobre otra (compl SOBRE o EN)].

acabamiento m (lit) Acción de acabar(se). Tb su efecto.

acabar A intr **1** Dejar de tener existencia [algo (suj)]. Tb pr (~se). **b)** Morir. Tb pr (~se). **c)** Tener [una cosa (suj)] su final físico o temporal [de una determinada manera (compl adv)]. **d)** se acabó, o se acabó lo que se daba. (col) Fórmulas con que se indica el final definitivo de algo. **e)** y se acabó. (col) Fórmula que, puesta al final de una enumeración, subraya lo esencial o decisivo de esta. ■ **2** Pasar en último lugar [por una determinada acción o circunstancia]. El compl es gralm POR + infin, o un ger. ■ **3** Realizar completamente [una acción (DE + infin)]. Tb sin compl, por consabido. **b)** Con NO y seguido de DE + infin, se emplea para negar atenuadamente lo expresado por el infin. * No acabo de creérmelo. **c)** para ~lo de arreglar, o de fastidiar (u otro v equivalente). (col) Para colmo. **d)** acabáramos. Exclam con que se comenta el hecho de que alguien se haya manifestado por fin con claridad, o se expresa que uno ha caído al fin en la cuenta de algo. ■ **4** Destruir [a alguien o algo (compl CON)] o hacer que acabe [1a y b]. Tb fig. **b)** Consumir o gastar [algo (compl CON)] completamente. ■ **5** Romper la relación, esp. afectiva, [dos perss., o una con otra]. ■ **6** ~ de + infin. Indica que la acción expresada por el infin se ha

realizado en un momento inmediatamente anterior. ■ **7** (jerg) Alcanzar el orgasmo. **B** tr **8** Hacer que [alguien o algo (cd)] acabe [1]. **b)** Consumir o gastar [algo (cd)] completamente. ■ **9** Hacer que [algo (cd)] quede completamente hecho. Tb abs. **b)** Rematar [algo (cd)] de modo que quede perfecto. Frec en part. **c)** Realizar completamente determinada actuación [sobre algo (cd)].

acabose. el ~. m **1** (col) El colmo. Gralm como predicat con SER. ■ **2** (raro) El fin de todo. Gralm como predicat con SER.

acachetar tr Rematar [a un animal, esp. a un toro] con el cachete o puntilla.

acacia f Se da este n a varios árboles del gén Acacia y otros, de hojas compuestas, a veces espinosas, y fruto en legumbre, cultivados frec como ornamentales. A veces con un adj o compl especificador: ~ BLANCA o FALSA (Robinia pseudoacacia), ~ DE TRES ESPINAS o DE TRES PINCHOS (Gleditschia triacanthos), ~ ROSADA (Robinia hispida), etc.

academia f **1** Corporación oficial de carácter científico, artístico o literario. Tb el edificio en que tiene su sede. ■ **2** Escuela militar. ■ **3** Centro privado de enseñanza, esp. de materias no científicas. ■ **4** (Arte) Ejercicio de dibujo, pintura o escultura con modelo desnudo. ■ **5** En un seminario o noviciado: Reunión, gralm. de carácter literario, en que se lee algún discurso y se comenta entre los concurrentes. **b)** (hist) Reunión universitaria en que se diserta y se debate o disputa. ■ **6** (lit, raro) Universidad.

académicamente adv De manera académica, esp [2].

academicismo m Actitud o tendencia académica [4]. Frec con intención desp.

academicista adj De(l) academicismo o que lo implica. Frec con intención desp. **b)** Adepto al academicismo. Tb n.

académico -ca I adj **1** De una academia [1]. ■ **2** De los estudios que tienen reconocimiento oficial, esp. los universitarios. **b)** [Año] ~ → AÑO. ■ **3** De interés puramente teórico o especulativo. ■ **4** Que se atiene a los principios o a las formas tradicionales establecidas. Esp en arte. A veces con intención desp. ■ **5** (Arte) Del género de academia [4]. ■ **6** (Filos) [Escuela] platónica. **b)** De la escuela platónica. Tb n, referido a pers. ■ **7** (lit, raro) Universitario. Tb n, referido a pers. **b)** De profesor universitario. ■ **8** (raro) Adecuado o conveniente.
II m y f **9** Miembro de una academia [1].

academismo m Academicismo.

academización f (raro) Acción de academizar.

academizante adj (raro) Que tiende a lo académico [4].

academizar tr (raro) **1** Dar carácter académico [4] [a algo (cd)]. ■ **2** Hacer académico [9] [a alguien].

acádico -ca adj (hist) Acadio [1].

acadio -dia (tb con las grafías **akkadio, akadio**) (hist) **I** adj **1** Del pueblo semítico habitante de la Mesopotamia central en el segundo milenio a.C. Tb n, referido a pers.
II m **2** Lengua de los acadios [1].

acaecer[1] (conjug 11) intr (lit) Ocurrir o suceder.

acaecer[2] m (lit) Acaecimiento.

acaecimiento *m* (*lit*) Cosa que acaece[1].

acáis *m pl* (*jerg*) Ojos.

acajú *m* Árbol tropical de hojas coriáceas, flores de color blanco rojizo y fruto seco comestible de forma arriñonada, encerrado en el interior de una masa pulposa y también comestible (*Anacardium occidentale*).

acalabazado -da *adj* Semejante a la calabaza en la forma o en el sabor.

acalambrado -da *adj* 1 *part* → ACALAMBRAR. ■ 2 (*raro*) Rígido. *En sent fig.*

acalambrar A *tr* 1 Producir calambre. *Tb fig.* B *intr pr* (~**se**) 2 Sufrir calambre.

acalcar *tr* (*reg*) Apretar o comprimir [algo] para hacer[lo] más compacto.

acaldar *tr* (*reg*) Colocar o poner en orden [algo]. *Tb abs.*

acalefo *adj* (*Zool*) Escifozoo. *Frec como n m en pl, designando este taxón zoológico.*

acalifa *f* Planta tropical usada en medicina contra la artritis y como purgante y emético (*Acalypha indica*).

acallador -ra *adj* Que acalla.

acallamiento *m* Acción de acallar(se).

acallar *tr* 1 Hacer callar [algo o a alguien]. *Frec fig.* b) *pr* (~**se**) Callarse [alguien o algo]. ■ 2 Hacer que cesen [ruidos, llantos, críticas, disputas o algo similar]. b) *pr* (~**se**) Cesar [ruidos, llantos, críticas, disputas o algo similar]. ■ 3 Calmar [una necesidad, esp. el hambre].

acaloradamente *adv* De manera acalorada.

acalorado -da *adj* 1 *part* → ACALORAR. ■ 2 Vehemente o vivo. *Gralm referido a discusión.*

acaloramiento *m* 1 Acción de acalorarse [3]. *Tb su efecto.* ■ 2 Sofoco (sensación súbita de calor congestivo). ■ 3 (*Med*) Golpe de calor.

acalorar A *tr* 1 (*raro*) Hacer que [alguien (*cd*)] se acalore [2]. *Tb abs.* B *intr pr* (~**se**) 2 Congestionarse, esp. por la acción del calor. ■ 3 Enardecerse o excitarse. ■ 4 Hacerse más vivo o vehemente [algo, esp. una discusión].

acaloro *m* (*pop*) Acaloramiento [1 y 2].

acampada *f* Acción de acampar [1].

acampador -ra *m y f* Pers. que acampa, esp. en un cámping.

acampamento *m* (*raro*) 1 Acción de acampar [1]. ■ 2 Lugar en que se acampa [1].

acampamiento *m* (*raro*) Acampamento.

acampanado -da *adj* 1 *part* → ACAMPANARSE. ■ 2 [Forma] de campana. b) De forma de campana, o que recuerda la forma de campana.

acampanarse *intr pr* 1 Tomar forma de campana. ■ 2 Encampanarse o envalentonarse.

acampar A *intr* 1 Establecerse temporalmente en un descampado, gralm. instalando una o varias tiendas de campaña. *Tb fig.* B *tr* 2 Hacer acampar [1] [un ejército].

ácana *f* Se da este *n* a diversas especies de árboles tropicales americanos cuyo tronco da madera recia y compacta utilizada en la construcción (*Laubordon-*

naisia albescens, Bassia albescens, etc). *Tb a su madera.*

acanalado -da *adj* 1 *part* → ACANALAR. ■ 2 [Forma] de canal (concavidad longitudinal). b) Que tiene forma de canal. ■ 3 Que tiene o forma una o más canales.

acanalador *m* (*Carpint*) Utensilio para abrir canales en la madera.

acanaladura *f* Canal o estría.

acanalamiento *m* Acción de acanalar. *Frec su efecto.*

acanalar *tr* 1 Dar [a algo (*cd*)] forma de canal (concavidad longitudinal). ■ 2 Hacer canales [en algo (*cd*)]. b) *pr* (~**se**) Pasar a tener canales [algo].

acanallado -da *adj* 1 *part* → ACANALLAR. ■ 2 Encanallado.

acanallar *tr* (*raro*) Encanallar. *Tb pr* (~**se**).

acanelado -da *adj* 1 Que tira a color canela. ■ 2 Que contiene canela.

acansinarse *intr pr* (*reg*) Cansarse.

acantácea *adj* (*Bot*) [Planta] dicotiledónea de la familia cuyo tipo es el acanto. *Frec como n f en pl, designando este taxón botánico.*

acantilado -da I *adj* 1 [Costa] que presenta un corte vertical. b) Propio de la costa acantilada. II *m* 2 Corte vertical en la costa. ■ 3 Corte vertical del terreno.

acanto *m* 1 Planta herbácea de hojas largas muy recortadas que nacen todas de la base y cuya figura sirve de motivo ornamental típico de la columna de orden corintio (*Acanthus mollis*). ■ 2 (*Arte*) Ornato que imita la hoja de acanto [1].

acantocéfalo *adj* (*Zool*) [Gusano] provisto de una trompa retráctil, que vive parásito en el intestino de los vertebrados. *Frec como n m en pl, designando este taxón zoológico.*

acantonamiento *m* 1 Acción de acantonar. ■ 2 Lugar en que hay tropas acantonadas.

acantonar *tr* 1 Distribuir y alojar [tropas] en diversos lugares con fines estratégicos. *Tb fig. Frec con compl refl.* ■ 2 Con *compl refl*: Hacerse fuerte. *Tb fig.* * Se acantonaron en una zona montañosa. ■ 3 (*raro*) Obligar [a alguien o algo] a permanecer [dentro de ciertos límites (*compl* EN)].

acantopterigio *adj* (*Zool*) [Pez] de esqueleto óseo, branquias en forma de peine, aletas con radios espinosos y vejiga natatoria sin conducto aéreo. *Tb como n m en pl, designando este taxón zoológico.*

acantozoide *m* (*Zool*) *En algunos celentéreos*: Individuo en forma de espina cuya función es de defensa.

acaparación *f* Acaparamiento.

acaparador -ra *adj* Que acapara. *Tb n, referido a pers.*

acaparamiento *m* Acción de acaparar.

acaparar *tr* 1 Adquirir y retener [artículos de comercio] para beneficiarse de su futura escasez o encarecimiento. ■ 2 Acumular o retener para sí la totalidad o la mayor parte [de algo (*cd*)] que gralm. se considera que debería ser compartido. b) Atraer con fuerza y preferentemente [la atención, el interés o la curiosidad]. c) Retener de manera absorbente o exclusiva la compañía [de alguien (*cd*)].

a capella → A CAPPELLA.

acaponado -da adj (desp) Semejante a un capón u hombre castrado. **b)** Propio del hombre capón o acaponado.

a cappella (it; pronunc corriente, /a-kapéla/; tb, frec, con la grafía **a capella**) loc adj (Mús) [Música] vocal polifónica sin acompañamiento instrumental.

acaracolado -da adj **1** part → ACARACOLAR. ■ **2** [Pelo] rizado en forma de caracoles.

acaracolar tr Dar forma de caracol [a algo (cd)]. **b)** pr (~se) Tomar forma de caracol [algo].

acaramelado -da adj **1** part → ACARAMELAR. ■ **2** De color dorado rojizo propio del caramelo. ■ **3** (desp) Dulzón o empalagoso. En sent fig.

acaramelamiento m Acción de acaramelarse [5]. Tb su efecto.

acaramelar A tr **1** Convertir [azúcar (cd)] en caramelo. ■ **2** Recubrir [algo] con azúcar a punto de caramelo. ■ **3** Hacer [algo] afectadamente dulce o melifluo. ■ **4** (raro) Dar [a algo (cd)] color o aspecto de caramelo. **B** intr pr (~se) **5** Ponerse muy cariñosa [una pers. enamorada].

acarcavado -da adj (raro) **1** part → ACARCAVAR. ■ **2** Que tiene forma semejante a la de una cárcava.

acarcavar tr (raro) Formar cárcavas [en el terreno (cd)].

acardenalar tr Producir cardenales [a una pers. o a una parte del cuerpo (cd)]. **b)** Dar [a algo (cd)] aspecto de cardenal o equimosis.

acardenillado -da adj (raro) De color verde propio del cardenillo. Tb referido al mismo color.

acariasis f (E) Enfermedad causada por un ácaro, en las personas, en los animales o en las plantas.

acariciador -ra adj Que acaricia [1 y esp. 2].

acariciadoramente adv De manera acariciadora. **b)** Afable o cariñosamente.

acariciante adj Que acaricia [1 y 2].

acariciar (conjug 1a) tr **1** Hacer caricias [a alguien o algo (cd)] en señal de cariño o amor. **b)** Tocar o rozar suavemente. ■ **2** Causar una sensación placentera [a una pers. o a sus sentidos (cd)]. Tb abs. ■ **3** Pasar [los ojos o la mirada (suj)] sobre alguien o algo (cd)] con expresión de dulzura o cariño. **b)** Pasar [alguien (suj)] los ojos o la mirada (compl CON) sobre alguien o algo (cd)] con expresión de dulzura o cariño. Tb sin compl CON, por consabido. ■ **4** Tener [la idea (cd)] de realizar algo deseado, o la esperanza (cd)] de conseguirlo].

acaricida adj (E) Que elimina los ácaros. Frec n m, designando producto.

acárido m (Zool) Ácaro.

acariosis f (E) Acariasis, esp. de las plantas.

acarminado -da adj Que tira a color carmín.

acarnerado -da adj Que parece propio de carnero. **b)** [Cabeza de caballo] abombada por la parte anterior, como la de los carneros.

acarniense adj (hist) De Acarnas, aldea de la antigua Ática, en Grecia. Tb n, referido a pers.

ácaro m (Zool) Arácnido de cuerpo no segmentado y de tamaño pequeño, frec. microscópico, que vive parásito del hombre, de los animales y de las plantas. Frec en pl, designando este taxón zoológico.

acarreadera adj (reg) [Soga] fuerte propia para atar las mieses que se han de acarrear [1].

acarreador -ra I adj **1** Que acarrea. **II** m y f **2** Pers. que acarrea la mies a la era.

acarrear tr **1** Transportar [algo] en carro o a lomos de un animal. **b)** Esp: Transportar [la mies] a la era. Frec abs. **c)** En gral: Transportar. ■ **2** Ocasionar o llevar consigo [algo (suj)] un daño o un inconveniente (cd)]. Frec con ci. ■ **3** Llevar o conducir [animales o, raro, perss. a un lugar]. Tb sin compl adv. **b)** Hacer que [animales o, raro, perss. (cd)] se congreguen en un mismo lugar. ■ **4** Acumular [datos o materiales de carácter intelectual].

acarreo I m **1** Acción de acarrear [1, 3 y 4, esp. 1]. **b)** Material acarreado. **II** loc adj **2 de ~.** [Materiales] que en un texto están tomados de diversas fuentes sin haberse sometido a una elaboración personal.

acartonado -da adj **1** part → ACARTONAR. ■ **2** Rígido o con poca flexibilidad, de consistencia de cartón. ■ **3** [Cosa, esp. no material] que carece de naturalidad o flexibilidad.

acartonamiento m **1** Cualidad de acartonado. ■ **2** Acción de acartonar(se). Tb su efecto.

acartonar tr Dar [a algo (cd)] la rigidez del cartón. Tb fig. **b)** pr (~se) Tomar la rigidez del cartón. Dicho esp de la piel o de la pers que la tiene. Frec en part.

acasetonado -da adj (Arquit) Casetonado (que tiene casetones).

acaso I adv **1** Quizá. * Acaso no sepan ustedes de qué se trata. ■ **2** Sigue a la conj SI en la expresión de una condición hipotética. A veces POR SI ~. * Si acaso me ponen dificultades, me retiro. ■ **3** En una interrog, denota serias dudas sobre lo que se pregunta, o enfatiza lo contrario de lo preguntado. * ¿Acaso esperas que te lo agradezcan? ■ **4 al ~.** (lit, raro) Por casualidad o sin propósito determinado. * Una cosa es manifestarlo al acaso y otra decirlo por ostentación. ■ **5 por si ~.** Por precaución. Tb (pop) POR UN POR SI ~. * Llévate el paraguas, por si acaso. **b)** (col) Se usa, con entonación exclamativa e intención enfática, para reforzar la veracidad de lo que se acaba de decir o para hacer una advertencia. * –No he querido ofenderte. –Bueno, ¡por si acaso! ■ **6 si ~.** A lo sumo, o en todo caso. * Podrá esperar una semana, si acaso, dos. **II** m **7** (lit) Casualidad. Normalmente precedido del art EL.

acastañado -da adj De color que tira a castaño.

acastillado -da adj De figura de castillo.

acatable adj Digno de acatamiento.

acatador -ra adj Que acata.

acatamiento m Acción de acatar.

acatante adj (raro) Que acata.

acatar tr Aceptar [algo, esp. una ley, una orden o una autoridad] y someterse [a ello (cd)]. **b)** Aceptar la autoridad [de alguien (cd)] y someterse a ella.

acatarrado -da adj **1** part → ACATARRARSE. ■ **2** Propio de la pers. acatarrada.

acatarrarse intr pr Contraer un catarro.

acatólicamente adv De manera acatólica.

acatolicidad f Condición de acatólico.

acatólico -ca adj No católico.

acaudalado -da *adj* Que tiene mucho caudal o fortuna.

acaudillamiento *m* Acción de acaudillar.

acaudillar *tr* Ser caudillo [de un bando o grupo o de un movimiento (*cd*)].

acaule *adj* (*Bot*) [Planta] que no tiene tallo.

acautelarse *intr pr* (*raro*) Mostrar cautela.

acceder *intr* **1** Aceptar [alguien un hecho que se le pide o propone (*compl* A)]. *Tb sin compl, por consabido.* ■ **2** Llegar [a un lugar, real o figurado]. **b)** Llegar a la propiedad o al disfrute [de algo (*compl* A)]. **c)** Llegar a la comprensión [de algo (*compl* A)]. **d)** ~ **a la propiedad.** (*Der*) Convertirse en propietario. *Tb, simplemente,* ~.

accesibilidad *f* Cualidad de accesible.

accesible *adj* **1** [Pers. o cosa] a la que se puede acceder o llegar. ■ **2** [Pers.] de trato fácil.

accesión *f* **1** Acción de acceder [2]. ■ **2** (*Der*) Derecho que corresponde al dueño de una cosa para hacer suyo lo que esta produzca o lo que se le incorpore natural o artificialmente. **b)** Cosa adquirida por accesión.

accesional *adj* (*Med*) Que se presenta por accesos [2].

accésit (*pl normal,* ~ *o* ~s) *m* Recompensa inmediatamente inferior al premio, que se concede en un certamen, esp. cultural. *Tb la pers que lo ha obtenido.*

acceso *m* **1** Acción de acceder [2]. *Gralm con un compl* A. **b)** Lugar por donde se entra o se accede. ■ **2** Acometida repentina de un estado físico o moral. ■ **3** (*lit*) Cópula carnal. *Tb* ~ CARNAL. *Frec con un compl* CON.

accesoriamente *adv* De manera accesoria [1a].

accesorio -ria **I** *adj* **1** Secundario o no esencial. **b)** [Finca o edificio] unidos a otro principal y dependientes de él. **c)** (*Der*) [Pena] que solo se impone acompañando a otra principal. *Tb n f. Frec en pl.* **d)** (*Anat*) [Parte, esp. glándula, músculo o nervio] suplementaria de otra gralm. más importante. **e)** (*Mineral*) [Elemento] que forma parte de una roca en proporciones reducidas, sin ser específico de la misma.
II *n* **A** *m* **2** Cosa no esencial respecto a otra, pero que la completa o mejora. *Frec en pl.* **b)** Pieza del atuendo que no es propiamente vestido. *Gralm en pl.*
B *f* **3** Edificio contiguo a otro principal y dependiente de él. **b)** Habitación baja que tiene entrada independiente del edificio principal. *Gralm en pl.*

accidentado -da *adj* **1** *part* → ACCIDENTAR. ■ **2** Que presenta accidentes [4]. ■ **3** [Hecho] que implica accidentes [1 y 2].

accidental *adj* **1** De (los) accidentes [1] o que los implica. **b)** Que tiene carácter de accidente. ■ **2** Casual u ocasional. ■ **3** Provisional o interino. *Referido a cargo o a la pers que lo desempeña.* ■ **4** Circunstancial o no esencial.

accidentalidad *f* **1** Cualidad de accidental. ■ **2** Cosa accidental [2]. ■ **3** Número de accidentes [1] en una población y período determinados.

accidentalismo *m* **1** (*Filos*) Teoría según la cual los sucesos pueden ocurrir u ocurren sin causa. ■ **2** (*hist*) Doctrina de algunos políticos católicos según la cual es aceptable cualquier forma de gobierno siempre que garantice los derechos de la Iglesia.

accidentalista *adj* (*Filos o hist*) Del accidentalismo. **b)** Partidario del accidentalismo. *Tb n.*

accidentalmente *adv* De manera accidental.

accidentar **A** *tr* **1** (*raro*) Hacer que [un terreno (*cd*)] presente accidentes [4].
B *intr pr* (~**se**) **2** Sufrir un accidente [1]. *Frec en part, a veces sustantivado.*

accidente *m* **1** Suceso imprevisto y repentino que implica daño o peligro físicos. ■ **2** Suceso casual e imprevisto. ■ **3** Fenómeno morboso grave que se presenta espontánea o súbitamente. ■ **4** Elemento del terreno que rompe la uniformidad de la superficie. ■ **5** (*Gram*) Variación de forma que puede sufrir una palabra para expresar una categoría gramatical. *Tb* ~ GRAMATICAL. ■ **6** (*Filos*) Cosa que va unida a la esencia de un ser, pero puede ser modificada o suprimida sin alterar la naturaleza de este. ■ **7** (*Rel catól*) En pl: Figura, color, olor y sabor que de las sustancias de pan y vino quedan en la eucaristía después de la consagración.

acción[1] **I** *f* **1** Es el n abstracto que expresa la noción general de 'hacer'. ■ **2** En una obra literaria, dramática o cinematográfica: Serie de los acontecimientos que constituyen el argumento. **b)** Abundancia de peripecias en el argumento. *Frec en la loc* DE ~, *referida esp a película.* ■ **3** (*Mil*) Combate. *Tb* ~ DE GUERRA *o* MILITAR. ■ **4** (*Der*) Petición o reclamación ante los tribunales de justicia. ■ **5** (*Fís*) Magnitud que se define como el producto del trabajo por el tiempo. ■ **6** ~ **directa.** (*Pol*) Empleo de la agitación o de la violencia con fines políticos o sociales. ■ **7** ~ **de gracias.** (*Rel*) Manifestación de gratitud.
II *loc adj* **8** **de** ~. [Pers.] emprendedora o dada a la actividad. ■ **9** [Campo] **de** ~, [radio] **de** ~ → CAMPO, RADIO[1].

acción[2] *f* (*Econ*) Parte indivisible que con otras iguales forma el capital de una sociedad anónima. *Tb el título en que consta.*

accionable *adj* Que puede accionarse [4].

accionado *m* (*raro*) Conjunto de gestos y movimientos con que alguien acompaña el acto de hablar.

accionamiento *m* Hecho de accionar [4].

accionante *adj* (*Der*) Que acciona [2]. *Tb n, referido a pers.*

accionar **A** *intr* **1** Mover los brazos y las manos acompañando al acto de hablar. ■ **2** (*Der*) Entablar una acción[1] [4]. ■ **3** (*raro*) Actuar [una pers. o cosa].
B *tr* **4** Poner en funcionamiento [un mecanismo o aparato].

accionariado *m* (*Econ*) **1** Conjunto de (los) accionistas. ■ **2** Distribución de acciones[2] entre los obreros y empleados realizada por una empresa, como forma de participación en los beneficios.

accionarial *adj* (*Econ*) De (los) accionistas.

accionario -ria *adj* (*Econ*) De (las) acciones[2].

accionista *m y f* (*Econ*) Pers. que posee acciones[2].

accisa *f* (*Econ*) Impuesto indirecto que grava diversos productos, esp. alimentos, bebidas, tabaco y petróleo y sus derivados.

accitano -na *adj* De Guadix (Granada). *Tb n, referido a pers.*

ace (*ing; pronunc corriente,* /eis/) *m* (*Tenis*) Tanto directo de saque.

aceba *f (reg)* Acebo. *Designa esp la variedad que da fruto.*

acebal *m* Terreno poblado de acebos.

acebano -na *adj* De Acebo (Cáceres). *Tb n, referido a pers.*

acebeda *f* Acebal.

acebeño -ña *adj* Acebano. *Tb n.*

acebiño *m* Variedad de acebo, alto y robusto, propio de las islas Canarias y de la de Madera (*Ilex aquifolium maderensis* o *I. canariensis*).

acebo *m* Árbol o arbusto de hojas coriáceas, perennes, brillantes y espinosas, flores pequeñas y blancas y fruto en baya roja, cuyas ramas se usan como adorno navideño y cuya madera, blanca y dura, se usa en ebanistería (*Ilex aquifolium*).

acebrado -da *adj* De rayas blancas y negras alternadas, como las de la cebra.

acebuchal *m* Terreno poblado de acebuches.

acebuche *m* Olivo silvestre (*Olea europaea oleaster* o *sylvestris*). *Tb su madera.*

acechador -ra *adj* Que acecha. *Tb n, referido a pers.*

acechante *adj* Que acecha.

acechanza *f* 1 Asechanza. ■ 2 Acción de acechar.

acechar *tr* 1 Observar cautelosamente [a alguien o algo], frec. con intención de ataque o de espionaje. *Tb abs. Tb fig.* ■ 2 Esperar o amenazar [a alguien o algo un peligro o daño]. ■ 3 Esperar con atención [algo, esp. una ocasión u oportunidad] para que no pase inadvertido.

acecho I *m* 1 Acción de acechar. II *loc adv* 2 **al** (o, *más raro,* **en**) ~. En actitud de acechar. *Tb adj. Frec con un compl* DE.

acecinar A *tr* 1 Salar y curar al humo [carne] para que se conserve seca. B *intr pr* (~**se**) 2 Quedarse [alguien] muy delgado o enjuto de carnes. *Tb fig. Frec en part.*

acedar *tr* Poner [algo] acedo. *Tb fig.*

acedera *f* Planta herbácea, de hojas anchas, flores pequeñas y rojas y frutos en aquenio, cuyas hojas tienen un ligero sabor ácido y se consumen a veces como verdura (*Rumex acetosa*). *Tb* ~ COMÚN. *Con un adj especificador, designa otras especies:* ~ DE LAGARTO (*R. bucephalophorus*), ~ MENOR (*R. acetosella*), ~ REDONDA (*R. scutatus*), *etc.* **b)** **sal de** ~**s** → SAL.

acederilla *f* Se da este *n* a las plantas herbáceas *Oxalis acetosella* y *Rumex acetosella*, de flores blancas y rojas, respectivamente.

acedía[1] (*tb* **acedia**) *f* (*lit*) 1 Apatía o dejadez. ■ 2 Tristeza o desánimo.

acedía[2] *f* Pez plano marino de la misma familia que el lenguado, pero de tamaño y calidad inferiores (*Dicologoglossa cuneata*).

acediarse (*conjug* 1a) *intr pr* (*reg*) Agriarse o avinagrarse.

acedo -da *adj* (*lit*) 1 Avinagrado. ■ 2 Ácido o agrio. ■ 3 Hosco u hostil. *Tb fig.*

acefalia *f* Cualidad de acéfalo.

acéfalo -la *adj* 1 Desprovisto de cabeza. **b)** (*Zool*) [Molusco] que carece de cabeza diferenciada. *Frec como n m en pl, designando este taxón zoológico.*

■ 2 Privado de jefe o director. ■ 3 Falto de juicio o de sensatez.

aceifa *f* (*hist*) En la Edad Media: Expedición militar de los musulmanes durante el verano.

aceitado[1] **-da** *adj* 1 *part* → ACEITAR. ■ 2 Aceitoso [1].

aceitado[2] *m* Acción de aceitar.

aceitar *tr* Echar o dar aceite [a algo (*cd*)]. **b)** Impregnar de aceite.

aceitazo *m* (*desp*) Aceite [1b].

aceite I *m* (*tb, pop, f*) 1 Sustancia grasa de origen vegetal, animal o mineral, líquida a la temperatura ordinaria. *Frec con un compl o adj especificador de su procedencia.* **b)** Aceite comestible, esp. de oliva. ■ 2 Producto obtenido por maceración o decocción de una sustancia vegetal o animal en aceite [1b] fino. *Con un compl especificador.* ■ 3 Aceite [6] mineral usado para engrasar máquinas. ■ 4 ~ **de vitriolo** → VITRIOLO. ■ 5 ~ **esencial.** Esencia (líquido volátil extraído de los vegetales). ■ 6 ~ **mineral.** Hidrocarburo líquido. ■ 7 ~ **pesado.** Hidrocarburo más pesado que el agua, resultante de la destilación del alquitrán.
II *loc v* 8 **perder** ~. (*col*) Ser homosexual [un hombre].

aceitera → ACEITERO.

aceitería *f* Industria del aceite [1b].

aceitero -ra I *adj* 1 Del aceite [1b].
II *n* A *m y f* 2 Pers. que fabrica o vende aceite [1b].
B *f* 3 Vasija en que se guarda el aceite [1b]. **b)** Vasija en que se pone el aceite [3] para engrasar las máquinas. ■ 4 Empresa productora de aceite [1b]. ■ 5 Insecto coleóptero de color negro azulado, con élitros cortos y blandos, que segrega un líquido oleoso al ser molestado (*Meloë proscarabeus*).
C *m* 6 (*reg*) Aceitera [5].

aceitón *m* Aceite [1] turbio e impuro.

aceitoso -sa *adj* 1 Que tiene o contiene aceite [1]. ■ 2 De consistencia de aceite [1]. ■ 3 De(l) aceite o propio del aceite [1]. ■ 4 (*lit*) Untuoso. *Tb fig.*

aceituna I *f* 1 Fruto del olivo, pequeño, de forma ovoide y de color verde oscuro característico primero, y luego negro, que se come aliñada o se usa para extraer aceite. *Tb en sg con sent colectivo.* ■ 2 Recolección de la aceituna [1]. *Tb la época en que se realiza.*
II *adj invar* 3 [Color verde] oscuro propio de la aceituna [1]. **b)** De color verde aceituna.

aceitunado -da *adj* 1 Del color verde propio de la aceituna [1]. ■ 2 [Raza] asiática de color oscuro tirando a verdoso.

aceitunero -ra I *adj* 1 De las aceitunas [1].
II *m y f* 2 Pers. que trabaja en la recogida de las aceitunas.

aceituno -na I *adj* 1 (*raro*) Aceitunado.
II *m* 2 (*raro*) Olivo (árbol). ■ 3 (*jerg*) Guardia civil.

aceleración *f* 1 Acción de acelerar(se). ■ 2 (*Fís*) Variación de la velocidad de un móvil en una unidad de tiempo. *A veces con los adjs* POSITIVA *o* NEGATIVA.

aceleradamente *adv* De manera acelerada [2].

acelerado -da *adj* 1 *part* → ACELERAR. ■ 2 Que ocurre o se realiza a velocidad o ritmo superiores a los normales. **b)** [Curso o enseñanza] intensivos. ■ 3 [Cosa] que implica velocidad o ritmo superiores a los normales. ■ 4 [Pers.] nerviosa y que actúa con prisa o con precipitación. *Frec con el v* ESTAR. ■ 5 (*Fís*) [Movimiento] en que hay aceleración [2].

acelerador -ra (*f, raro, tb* ACELERATRIZ) **I** *adj* 1 Que acelera. *Tb n m, designando instrumento o agente. Tb fig.* **b)** [Pedal] del acelerador [3]. *Normalmente n m.* ■ 2 De (la) aceleración. **II** *m* 3 Dispositivo para regular la velocidad de un motor, aumentando o disminuyendo la cantidad de carburante que llega al carburador. ■ 4 (*Fís*) Máquina para comunicar energía cinética a partículas cargadas eléctricamente. *Frec* ~ DE PARTÍCULAS. **b)** ~ lineal. (*Med*) Acelerador de partículas que se caracteriza por dar a estas un movimiento lineal, usado en el tratamiento de los tumores malignos. **III** *loc v* 5 **pisar el** ~. Aumentar la velocidad en una acción o un proceso.

aceleramiento *m* Acción de acelerar(se).

acelerante *adj* Que acelera. *Tb n m, referido a agente.*

acelerar A *tr* 1 Hacer más rápido el movimiento [de un vehículo o de un móvil (*cd*)]. *Tb abs.* **b)** Hacer que aumente la velocidad [de algo (*cd*)]. *Tb fig.* **c)** (*Fís*) Dar aceleración [2] [a un movimiento o a un móvil (*cd*)]. ■ 2 Hacer que [un hecho (*cd*)] se produzca antes. **B** *intr* ➤ **a** *normal* 3 Hacer más rápido su movimiento [un vehículo o un móvil (*suj*)]. ■ 4 Accionar el acelerador [3]. *Tb fig.* ➤ **b** *pr* (~se) 5 Aumentar [algo] su velocidad. ■ 6 (*col*) Ponerse [alguien] nervioso y actuar de manera precipitada.

aceleratriz → ACELERADOR.

acelero *m* Prisa.

acelerómetro *m* (*Fís*) Aparato que sirve para medir la aceleración [2].

acelerón *m* Aceleración [1] fuerte y súbita. *Gralm referida al motor de un automóvil. Tb fig.*

acelga I *f* 1 Planta herbácea cultivada como hortaliza, con hojas anchas de gruesa nervadura media y con tallos gruesos (*Beta vulgaris*). **b)** Con un adj especificador, se da este n a otras plantas semejantes a la acelga: ~ BRAVÍA, MARINA *o* SILVESTRE (*Beta maritima*), ~ SALADA, SALVAJE *o* SILVESTRE (*Statice limonium*), etc. **II** *loc adj* 2 **de** ~. (*col*) [Cara] de mal color.

acelguilla *f* Se da este n a las plantas Statice costae y S. echioides. *Tb* ~ SILVESTRE *y* ~ ESPINOSA, *respectivamente.*

acelomado -da *adj* (*Zool*) Que carece de celoma.

acémila *f* 1 Mula o mulo de carga. ■ 2 (*col*) Pers. bruta o ruda. *Tb adj. A veces usado como insulto.*

acemilero *m* 1 Hombre que tiene a su cargo una o más acémilas [1]. **b)** ~ **mayor.** (*hist*) Jefe del servicio de acémilas de la casa real. ■ 2 Hombre que se dedica al transporte en acémilas [1].

acendradamente *adv* (*lit*) De manera acendrada.

acendrado -da *adj* (*lit*) 1 *part* → ACENDRAR. ■ 2 [Sentimiento] puro e intenso. ■ 3 Excelente o perfecto. *Dicho de cualidad o condición y de la pers. que las posee.*

acendrador -ra *adj* (*lit*) Que acendra, *esp* [2]. *Tb n, referido a pers.*

acendramiento *m* (*lit*) 1 Acción de acendrar(se), *esp* [2]. ■ 2 Cualidad de acendrado [2 y 3].

acendrar *tr* 1 (*E*) Purificar [metales] en el crisol. *Frec* (*lit*) *en contexto metafórico.* ■ 2 (*lit*) Depurar o purificar [algo abstracto, esp. una cualidad o un sentimiento]. **b)** *pr* (~se) Purificarse o depurarse [algo abstracto, esp. una cualidad o un sentimiento].

acento I *m* 1 Conjunto de rasgos fonéticos, esp. la entonación, peculiares de una lengua o de una variedad lingüística regional o local. ■ 2 Tono expresivo. **b)** (*lit*) Expresión. ■ 3 (*Fon*) Especial intensidad con que se emite una sílaba, en comparación con las que la acompañan. *Tb* ~ DE INTENSIDAD, FONÉTICO, TÓNICO *o* PROSÓDICO. **b)** (*Ortogr*) Signo en forma de raya oblicua de derecha a izquierda que se escribe, según determinadas reglas, sobre algunas vocales que se pronuncian con acento. *Tb* ~ ORTOGRÁFICO *o* GRÁFICO. **c)** (*Ortogr*) Signo que en algunas lenguas se escribe sobre una vocal para indicar una particularidad fonética. *Con los adjs* AGUDO, GRAVE *o* CIRCUNFLEJO (→ AGUDO, GRAVE, CIRCUNFLEJO). ■ 4 (*Mús*) Especial intensidad con que se destaca un sonido de los que forman serie con él. **II** *loc v* 5 **poner,** *o* **cargar, el** ~. Dar especial relieve [a algo (*compl de lugar*)].

acentor *m* Pájaro parecido al gorrión, de plumaje castaño en la parte superior y gris en la inferior, de pico fino, que camina como arrastrando los pies y que habita en zonas de arbustos y de matorrales (*Prunella modularis*). *Con un adj o compl especificador, designa otras especies similares:* ~ ALPINO (*P. collaris*) *y* ~ DE PALLAS (*P. montanella*).

acentuación *f* Acción de acentuar(se). *Tb su efecto.*

acentuadamente *adv* De manera acentuada [2].

acentuado -da *adj* 1 *part* → ACENTUAR. ■ 2 Marcado o que destaca. **b)** Intenso. ■ 3 Que lleva acento [3].

acentuador -ra *adj* (*raro*) Que acentúa [1].

acentual *adj* (*Fon*) Del acento [3].

acentuamiento *m* (*raro*) Acción de acentuar(se) [1 y 2].

acentuar (*conjug* 1d) *tr* 1 Poner de relieve [algo]. ■ 2 Dar intensidad o importancia [a algo (*cd*)]. **b)** *pr* (~se) Adquirir [algo] intensidad o importancia. ■ 3 Poner acento [3] [en una vocal o en una palabra (*cd*)]. ■ 4 (*Mús*) Marcar el acento [4] [en algo (*cd*)].

aceña *f* 1 Molino harinero movido por el agua de un río u otra corriente. ■ 2 Acequia o canal derivado de un río, para conducir el agua a un molino o para regar. *Tb el embalse correspondiente.*

aceñero *m* (*raro*) Individuo que posee o atiende una aceña [1].

aceotrópico -ca (*tb con la grafía* **azeotrópico**) *adj* (*Quím*) [Mezcla] de composición constante que destila a una temperatura fija.

acepción *f* 1 Sentido diferenciado de los que tiene [una palabra o grupo de palabras (*compl de posesión*)], esp. de los explicados con definición independiente en un diccionario. **b)** Sentido elegido entre los varios [de una palabra o grupo de palabras]. ■ 2 ~ **de persona(s).** Hecho de favorecer a alguien por motivos particulares y ajenos a la razón o al mérito. *Gralm en la constr* SIN ~ DE PERSONA(S). *Gralm en derecho.*

acepillador -ra *adj* Que acepilla. *Frec n f, referido a máquina.*

acepillar *tr* Cepillar (alisar [una superficie de madera u otra materia]).

aceptabilidad *f* Cualidad de aceptable.

aceptable *adj* **1** Que puede aceptarse. ■ **2** (*col*) Bastante bueno. **b)** *Con un adv de cantidad:* Bueno.

aceptablemente *adv* De manera aceptable.

aceptación *f* **1** Acción de aceptar. ■ **2** Aprobación o buena acogida por parte de la gente. *Frec con vs como* TENER, CONTAR *o* GOZAR.

aceptador -ra *adj* Que acepta.

aceptante *adj* Que acepta, *esp* [6]. *Tb n.*

aceptar *tr* **1** Responder afirmativamente [a un ofrecimiento o proposición (*cd*)]. **b)** Reaccionar positivamente [ante una situación planteada por otro (*cd*)]. ■ **2** Considerar bueno o válido [a alguien o algo]. **b)** Tener o mostrar una actitud positiva [hacia alguien o algo (*cd*) que no satisface o no lo hace totalmente]. ■ **3** Considerar [algo] cierto o verdadero. ■ **4** (*Der*) Recibir voluntariamente [algo a lo que se tiene derecho, esp. una herencia]. **b)** Recibir o dar por bueno sin protesta [un hecho o una situación]. **c)** Recibir [algo o a alguien en calidad de algo (*compl* COMO *o* POR)]. **d)** (*Med*) Recibir [un órgano o tejido trasplantado] sin manifestar rechazo. **e)** (*Fís y Quím*) Recibir en sí [una sustancia (*suj*) otra o partes de ella]. ■ **5** Admitir [a una pers. entre otras o en un lugar]. **b)** Admitir [una cosa (*suj*) otra]. ■ **6** (*Com*) Obligarse por escrito a pagar [una letra de cambio].

acepto[1] *m* (*Com*) Acción de aceptar [6]. *Tb su reconocimiento escrito.*

acepto[2] **-ta** *adj* (*lit, raro*) Bien acogido o recibido.

aceptor *m* (*Fís y Quím*) Sustancia, átomo o partícula que puede recibir otros y formar un compuesto.

acequia *f* Zanja o canal por donde se llevan las aguas para el riego y a veces para otros fines.

acequiaje *m* (*reg*) Conservación y cuidado de las acequias. *Tb el impuesto recaudado con este fin.*

acequiero *m* Individuo encargado de dirigir el uso de las acequias de riego, o de su cuidado.

acera I *f* **1** Parte lateral de una calle, algo más elevada que la calzada, reservada a los peatones. **b)** Conjunto de las casas de un lado de la calle. ■ **2 la ~ de enfrente,** *o* **la otra ~.** (*col, raro*) Homosexualidad o comportamiento homosexual.
II *loc adj* **3 de la ~ de enfrente,** *o* **de la otra ~.** (*col*) Homosexual. ■ **4 de la ~ de enfrente.** (*col*) Enemigo o adversario.

aceradamente *adv* De manera acerada (→ ACERADO[1]).

acerado[1] **-da** *adj* **1** *part* → ACERAR[1]. ■ **2** De acero o reforzado con acero (metal). ■ **3** [Color gris] propio del acero (metal). **b)** De color gris acerado. ■ **4** Penetrante o agudo. *En sent no físico. Dicho esp de los ojos o la mirada.* ■ **5** Duro. *Frec fig.*

acerado[2] *m* **1** Acción de acerar[2]. ■ **2** (*reg*) Acera [1a].

acerar[1] **A** *tr* **1** Dar [al hierro (*cd*)] las propiedades del acero. *Gralm en part.* ■ **2** (*raro*) Hacer penetrante o agudo [algo, esp. los ojos o la mirada]. *En*

sent no físico. **b)** *pr* (~se) Hacerse penetrante o agudo.
B *intr pr* (~se) **3** Tomar color acerado[1] [3]. ■ **4** Endurecerse. *En sent fig.*

acerar[2] *tr* Instalar aceras [en una calle (*cd*)].

acerbamente *adv* (*lit*) De manera acerba.

acerbo -ba *adj* (*lit*) Áspero o desapacible. *Gralm referido a cosas inmateriales.*

acerca. ■ **de.** *loc prep* Introduce un *compl* que expresa la materia a que se refieren el hecho o el objeto mencionados por el *v* o el *sust* completados.

acercamiento *m* Acción de acercar(se). *Tb su efecto.*

acercar *tr* **1** Poner [a una pers. o cosa] cerca, o más cerca [de otra (*compl* A, HACIA, HASTA *o* CI)]. *Frec el cd es refl. Tb sin el 2º compl, por consabido o por ir con cd pl. Tb fig.* **b)** *pr* (~se) Pasar a estar cerca o más cerca. *Frec se omite el compl por consabido. Tb fig.* ■ **2** Poner [algo] al alcance [de alguien (*ci*)] o en las manos [de alguien (*ci*)]. ■ **3** Llevar [a alguien o algo (*cd*)] a un lugar (*compl* A, HACIA *o* HASTA)], *gralm. aprovechando un viaje.* **b)** *pr* (~se) Ir [a un lugar (*compl* A, HACIA, HASTA *o* POR)], *gralm. aprovechando un viaje.*

acerería *f* Acería.

acería *f* Fábrica de acero.

acerico *m* Almohadilla en que se tienen clavados alfileres y agujas para que estén más a mano.

acero I *m* **1** Aleación de hierro con una proporción de carbono de alrededor del 1,7% y frec. pequeñas cantidades de otros elementos, que se caracteriza por su resistencia y su maleabilidad. *A veces con un adj especificador:* ESPECIAL, INOXIDABLE, *etc* (→ ESPECIAL, INOXIDABLE, *etc*). **b)** *Se usa frec en constrs de sent comparativo para ponderar la dureza o la resistencia.* ■ **2** (*lit*) Arma blanca, esp. espada.
II *loc adj* **3** [Pulmón] **de ~**, [telón] **de ~** → PULMÓN, TELÓN.

acerola *f* Fruto del acerolo, comestible, semejante a una pequeña manzana alargada, de pulpa amarillenta, dulce y aromática.

acerolo *m* Árbol de ramas cortas, hojas dentadas, flores blancas y fruto comestible (*Crataegus azarolus*).

acérrimamente *adv* De manera acérrima.

acérrimo -ma *adj* **1** Muy fuerte o muy firme. *Referido a sentimiento o a la pers que lo tiene.* ■ **2** (*reg*) Obstinado o tenaz. ■ **3** (*raro*) Muy áspero o desabrido.

acerrojar *tr* **1** Poner cerrojo [a una puerta (*cd*)] o cerrar[la] con cerrojo. ■ **2** (*lit, raro*) Encerrar. *Tb fig.*

acertadamente *adv* De manera acertada.

acertado -da *adj* **1** *part* → ACERTAR. ■ **2** [Pers.] que actúa con acierto. ■ **3** [Cosa] que denota o implica acierto. **b)** Adecuado u oportuno.

acertante *adj* Que acierta [7]. *Frec n.*

acertar (*conjug 6*) **A** *intr* ➤ **a** *normal* **1** Alcanzar, con un golpe o un disparo, [al blanco (*ci*)]. *Tb sin compl.* **b)** Alcanzar involuntariamente [a alguien (*ci*)] con un golpe o disparo. ■ **2** Encontrar [lo que se busca o desea (*compl* CON)]. **b)** Diagnosticar o curar correctamente [un dolor o una enfermedad (*compl* CON)]. ■ **3** Encontrar, por suerte o por intuición, lo cierto, deseado u oportuno. *A veces con un* *compl* EN. **b)** Tener razón. ■ **4** Conseguir [hacer lo que se indica (A + *infin*)], o encontrar la manera [de hacerlo (A + *infin*)]. ■ **5** ~ [alguien o algo] **a** + *infin*. Acontecer que [alguien o algo] + *ind*. * Estaban jugando en el parque cuando acertó a pasar una señora.

➤ **b** *pr* (~**se**) **6** Apañarse (darse maña [para algo (A + *infin*)], o ser capaz de realizar[lo (A + *infin*)] con soltura o sin esfuerzo especial). *Tb sin compl, por* CONSABIDO.

B *tr* **7** Dar, por suerte o por intuición, [la solución de un enigma o un problema, o la contestación correcta de algo, esp. en un concurso]. ■ **8** Identificar [algo] sin datos suficientes. ■ **9** (*col*) Encontrar la forma de curar [a un enfermo].

acertijo *m* Pasatiempo en que se trata de acertar [7] la palabra o frase con que cobra sentido un texto planteado aparentemente incomprensible. *Tb fig.*

acervo *m* (*lit*) Colección o conjunto. *Normalmente con un adj o compl especificador.* **b)** Conjunto de bienes culturales o morales de un pueblo. *Gralm* ~ CULTURAL.

acetal *m* (*Quím*) Sustancia resultante de la reacción entre un aldehído y un alcohol.

acetaldehído *m* (*Quím*) Etanal (aldehído acético).

acetálico -ca *adj* (*Quím*) De acetal.

acetato *m* (*Quím*) **1** Sal formada por la combinación del ácido acético con una base. ■ **2** Material plástico resultante de la acción del ácido acético sobre la celulosa del algodón. *Tb ~* DE CELULOSA. *A veces en aposición.*

acético -ca *adj* (*Quím*) **1** [Ácido] resultante de la oxidación del alcohol etílico con eliminación del agua. *Tb n m.* **b)** Que transforma el alcohol en ácido acético y produce vinagre. ■ **2** [Aldehído] líquido, incoloro y soluble en agua, que se obtiene por oxidación del alcohol etílico con eliminación del hidrógeno y se usa pralm. en síntesis orgánicas.

acetilcolina *f* (*Biol*) Hormona segregada por los extremos de algunas fibras nerviosas, transmisora de los impulsos nerviosos.

acetilénico -ca *adj* (*Quím*) De(l) acetileno.

acetileno *m* (*Quím*) Hidrocarburo gaseoso no saturado, obtenido por la acción del agua sobre carburo de calcio y usado en el alumbrado, la soldadura y la fabricación de numerosos productos químicos.

acetilsalicílico *adj* (*Quím*) [Ácido] que constituye la aspirina.

acetobutirato *m* (*Quím*) Derivado de los ácidos acético y butírico utilizado en la industria de materias plásticas.

acetocelulosa *f* (*Quím*) Acetato de celulosa.

acetona *f* **1** Líquido incoloro, inflamable y de olor característico, presente en pequeñas cantidades en la sangre y en la orina, obtenido esp. de los derivados del petróleo y usado como disolvente. ■ **2** Presencia en cantidad anormal de acetona [1] en la sangre.

acetonemia *f* (*Med*) Exceso de acetona [1] en la sangre.

acetónico -ca *adj* (*Quím*) De (la) acetona [1].

acetonuria *f* (*Med*) Exceso de acetona [1] en la orina.

acetre *m* Caldero pequeño que se usa para sacar agua de un pozo o de una tinaja. *Tb su contenido.* **b)** (*Rel catól*) Caldero pequeño en que se lleva el agua bendita.

acezante *adj* (*lit*) **1** Jadeante. ■ **2** Anhelante.

acezar *intr* (*lit*) Jadear.

acezo *m* (*lit*) Jadeo.

achabacanamiento *m* Acción de achabacanar. *Tb su efecto.*

achabacanar *tr* Hacer chabacano [a alguien o algo]. **b)** *pr* (~**se**) Hacerse chabacano [alguien o algo].

achabolado -da *adj* **1** Constituido por chabolas. ■ **2** Semejante a una chabola.

achacable *adj* Que se puede achacar.

achacar *tr* **1** Considerar [una cosa (*ci*)] como causa u origen [de algo (*cd*), esp. negativo]. **b)** Considerar [a alguien (*ci*)] como autor o responsable [de algo (*cd*)]. ■ **2** Atribuir [a alguien o algo un defecto].

achacoso -sa *adj* Que tiene achaques [1]. *Tb fig, referido a cosa.*

achaflanado -da *adj* **1** Que forma chaflán. ■ **2** Que tiene chaflanes. *Tb n m, designando elemento o cuerpo arquitectónico.*

achagar *tr* (*col, raro*) Hostigar o provocar.

achampanada *adj* [Sidra] semejante al champán.

achampañada *adj* Achampanada.

achantar (*col*) **A** *tr* **1** Hacer callar [a alguien]. **b)** ~ **la mui** → MUI. ■ **2** Agachar. ■ **3** Achicar o amilanar. **b)** *pr* (~**se**) Achicarse o amilanarse. ■ **4** (*raro*) Guardar (dinero).

B *intr* ➤ **a** *normal* **5** Callarse, esp. por respeto, temor o cobardía. *Frec pr* (~**se**).

➤ **b** *pr* (~**se**) **6** Agazaparse u ocultarse.

achaparrado -da *adj* **1** *part* → ACHAPARRARSE. ■ **2** [Pers., animal o cosa] más bajos y gruesos de lo normal. **b)** Propio de la pers., animal o cosa achaparrados. ■ **3** [Planta, esp. árbol] baja y de ramaje extendido. **b)** De plantas achaparradas.

achaparrarse *intr pr* **1** Dejar de crecer [una planta] poniéndose gruesa y extendida. ■ **2** (*raro*) Agazaparse o agacharse. ■ **3** (*jerg*) Acobardarse.

achaque *m* **1** Indisposición o enfermedad de poca importancia, gralm. crónica, propia de la vejez. *Frec, humoríst, referido a otras edades. Tb fig.* ■ **2** Vicio o defecto. ■ **3** Pretexto o excusa. ■ **4** (*lit*) Asunto o materia. *Con un adj o compl especificador.*

achara *f* Encurtido variado típico de Filipinas.

acharar *tr* (*reg*) Azarar o turbar.

achare *m* (*reg*) Vergüenza.

achares *m pl* (*col*) Celos. *Frec en la loc* DAR ~.

acharnegado -da *adj* (*reg, desp*) Que tira a charnego. **b)** Propio de la pers. acharnegada.

acharolado -da *adj* **1** *part* → ACHAROLAR. ■ **2** Que tiene aspecto, esp. brillo, de charol.

acharolar *tr* Dar [a algo (*cd*)] aspecto de charol.

achatado -da *adj* **1** *part* → ACHATAR. ■ **2** [Cosa] chata (más corta, baja o plana de lo normal).

achatamiento *m* **1** Cualidad de achatado. *Tb fig.* ■ **2** (*Astron*) Acortamiento del diámetro polar de un astro respecto a su diámetro ecuatorial.

achatar *tr* Dar forma chata [a algo (*cd*)]. **b)** *pr* (~**se**) Tomar forma chata.

achatarramiento *m* Acción de achatarrar.

achatarrar *tr* Convertir en chatarra [algo, esp. un vehículo].

achelense *adj* (*Prehist*) [Período o cultura] del Paleolítico inferior, que sigue inmediatamente al Chelense y precede al Musteriense. *Frec n m.* **b)** Del período o de la cultura achelense.

achicador *m* (*Mar*) Instrumento que sirve para achicar [3].

achicamiento *m* Acción de achicar(se) [1 y 2]. *Tb su efecto.*

achicar A *tr* **1** Empequeñecer. *Tb fig.* **b)** *pr* (~**se**) Empequeñecerse. *Tb fig.* ■ **2** (*col*) Acobardar. **b)** *pr* (~**se**) Acobardarse. ■ **3** Extraer [el agua que inunda un lugar, esp. una embarcación]. **b)** Extraer [de un lugar (*cd*)] el agua que lo inunda.
B *intr pr* (~**se**) **4** (*Naipes*) Poner una carta de poco valor, teniendo otra superior.

achicharradero *m* (*col*) Lugar donde uno se achicharra [1b] o lo achicharran [1a].

achicharrador -ra *adj* (*col*) Que achicharra [1a].

achicharramiento *m* (*col*) Acción de achicharrar(se) [1]. *Tb su efecto.*

achicharrante *adj* (*col*) Que achicharra [1].

achicharrar *tr* (*col*) **1** Quemar. *Normalmente fig, con intención ponderativa. Tb abs.* **b)** *pr* (~**se**) Quemarse. *Normalmente con intención ponderativa.* ■ **2** Matar o eliminar a tiros.

achichirre *m* (*reg*) Molestia o inconveniente.

achichonado -da *adj* (*reg*) **1** Abultado o hinchado. ■ **2** Que tiene redondeces de gordura.

achicorero -ra I *adj* **1** De la achicoria [1].
II *m y f* **2** Pers. que se dedica al cultivo de la achicoria [1].

achicoria *f* **1** Planta herbácea de flores azules, hojas basales que en medicina se usan como estomacales, y raíces con las que se fabrica un sucedáneo del café (*Cichorium intybus*). *Tb* ~ SILVESTRE. **b)** Sucedáneo del café, fabricado con las raíces secas y torrefactadas de la achicoria. ■ **2** *Con un adj especificador, designa otras especies:* ~ AMARGA (*Taraxacum officinale*), ~ DULCE (*Chondrilla juncea*), *etc.*

achinado -da *adj* **1** *part* → ACHINAR[1]. ■ **2** De rasgos parecidos a los de los chinos. **b)** [Ojo] semejante a los de los chinos.

achinamiento *m* Condición de achinado [2].

achinar[1] *tr* Poner [los ojos] oblicuos como los de los chinos. **b)** *pr* (~**se**) Ponerse oblicuos [los ojos].

achinar[2] *tr* (*reg*) Dar un corte en la cara [a alguien (*cd*)].

achique *m* Acción de achicar, *esp* [3].

achís *interj* Imita el sonido del estornudo.

achisparse *intr pr* (*col*) Pasar a tener la mente ligeramente trastornada o turbada por haber tomado bebidas alcohólicas con exceso.

achocar *tr* (*reg*) Golpear violentamente [a una pers. o animal o a una parte de su cuerpo, esp. la cabeza].

achocolatado -da *adj* De color semejante al del chocolate.

achorizado -da *adj* Que tiene alguna de las cualidades del chorizo, esp. su forma.

achubascarse *intr pr* Llenarse [el cielo] de nubes que traen lluvia. *Frec en part.*

achuchado -da *adj* (*col*) **1** *part* → ACHUCHAR. ■ **2** [Cosa] apurada o dificultosa. *Frec referido al aspecto económico.* ■ **3** [Pers.] que tiene problemas o dificultades, esp. económicos o de salud.

achucháis *m pl* (*jerg*) Pechos o senos de mujer.

achuchar *tr* (*col*) **1** Azuzar [a un perro]. **b)** Azuzar o incitar [a una pers. o a un animal]. ■ **2** Apremiar o meter prisa [a alguien (*cd*)]. *Tb abs.* ■ **3** Acosar [a una pers. o animal]. *Tb abs.* ■ **4** Empujar [a alguien]. *Tb abs.* **b)** (*Taur*) Ganar [el toro al torero (*cd*)] su terreno, pero sin llegar a derribar[le]. *Tb abs.* ■ **5** Apretar [una pers.] contra sí [a otra] por cariño o por atracción sexual. *En este 2º caso, frec el cd es recípr.* **b)** (*raro*) Apretar u oprimir.

achucharrar *tr* (*raro*) Entristecer o deprimir. **b)** *pr* (~**se**) Entristecerse o deprimirse.

achuchón *m* (*col*) **1** Acción de achuchar [3, 4 y 5]. *Tb fig.* ■ **2** Indisposición repentina. ■ **3** Arranque o impulso repentino.

achulado -da *adj* **1** *part* → ACHULAR. ■ **2** Que tiene modales o aspecto de chulo. **b)** Propio de la pers. achulada.

achulamiento *m* Condición de achulado.

achulapadamente *adv* De manera achulapada.

achulapado -da *adj* Achulado.

achular *tr* Dar [a alguien (*cd*)] aspecto o aires de chulo. **b)** *pr* (~**se**) Adquirir [alguien] aspecto o aires de chulo.

aciago -ga *adj* Triste o desgraciado. *Dicho gralm de período de tiempo.*

acial *m* Instrumento con que se oprime el hocico a un animal para obligarle a estar quieto mientras lo hierran, curan o esquilan.

aciano *m* Azulejo (planta).

acíbar *m* **1** Jugo de las hojas del áloe, de sabor amargo, usado en farmacia, esp. como purgante. ■ **2** Áloe (planta). ■ **3** (*lit*) Amargura (sentimiento).

acibarado -da *adj* (*lit*) **1** *part* → ACIBARAR. ■ **2** [Cosa] amarga o penosa.

acibarar *tr* (*lit*) Amargar o entristecer [a alguien o algo].

acicaladamente *adv* Con acicalamiento.

acicalamiento *m* Acción de acicalar(se). *Tb su efecto.*

acicalar *tr* **1** Arreglar con esmero [a una pers.]. *Frec el cd es refl.* ■ **2** (*raro*) Embellecer o adornar [algo]. *Tb fig.*

acicatar *tr* (*raro*) Acicatear.

acicate *m* **1** Estímulo o incentivo. ■ **2** Espuela con una sola punta de hierro. *Tb la acción de usarla.* ■ **3** *Se da este n a varias plantas de los géns Linaria y Anarrhinum.*

acicatear *tr* Incitar o estimular.

acíclico -ca *adj* (*Quím*) [Hidrocarburo] cuyos átomos de carbono forman cadenas abiertas. **b)** [Serie] constituida por los hidrocarburos acíclicos.

acícula *f* (*Bot*) Hoja acicular.

acicular *adj* **1** (*Bot*) [Hoja] en forma de aguja. ■ **2** (*E*) [Estructura] en forma de pequeñas agujas. **b)** [Sustancia] de estructura acicular.

acid (*ing; pronunc corriente, /áθid/; pl normal, ~s*) **I** *m* **1** Ácido (droga). ■ **2** Acid house. **II** *adj* **3** De(l) acid [2].

ácidamente *adv* De manera ácida [2].

acidez *f* **1** Cualidad de ácido [1, 2 y 3]. ■ **2** Sensación de ardor en el estómago, que suele ir acompañada de eructos agrios. *Tb ~ DE ESTÓMAGO.*

acid house (*ing; pronunc corriente, /áθid-χáus/*) *m* Música de discoteca caracterizada por el uso de sonidos sintetizados y ritmo rápido, propia de finales de los ochenta y asociada con el uso de drogas como el éxtasis y el LSD.

acidia *f* (*lit*) Acedía (apatía o desánimo).

acidificación *f* (*Quím*) Acción de acidificar(se).

acidificante *adj* (*Quím*) Que acidifica. *Frec n m, referido a agente o sustancia.*

acidificar *tr* (*Quím*) Dar [a algo (*cd*)] carácter ácido [3]. **b)** *pr* (*~se*) Tomar [algo] carácter ácido.

acidimetría *f* (*Quím*) Determinación del grado de acidez de una disolución.

acidioso -sa *adj* (*lit*) Que tiene o muestra acidia.

ácido -da **I** *adj* **1** Que produce en la lengua una sensación como la del agraz o el vinagre. *Tb fig. Tb n m, referido a sabor.* ■ **2** Áspero o cáustico. *Referido a pers y a su carácter, actitud o modo de expresión.* ■ **3** (*Quím*) Propio de los ácidos [5], o que posee sus propiedades. **b)** [Lluvia] que contiene contaminantes ácidos de origen industrial, perjudiciales para la vegetación. **c)** [Roca] que contiene una proporción de sílice superior al 65%. ■ **4** De(l) acid house. **II** *m* **5** (*Quím*) Sustancia que se disocia en el agua dando lugar a una solución corrosiva de sabor ácido [1], que contiene iones de hidrógeno y vuelve rojo el papel de tornasol. *Frec con un especificador: ~* ASCÓRBICO, ~ FÓLICO, ~ NICOTÍNICO, *etc* (→ ASCÓRBICO, FÓLICO, NICOTÍNICO, *etc*). ■ **6** (*jerg*) LSD (droga).

acidófilo *adj* (*Anat*) [Leucocito] que fija colorantes ácidos.

acidosis *f* (*Med*) Acidez excesiva de los líquidos del organismo.

acidótico -ca *adj* (*Med*) De (la) acidosis.

acidulado -da *adj* **1** *part* → ACIDULAR. ■ **2** Ligeramente ácido [1].

acidulante *adj* Que acidula. *Frec n m, referido a agente o sustancia.*

acidular *tr* Poner [un líquido] ligeramente ácido [1 y 3].

acídulo -la *adj* Ligeramente ácido [1 y 3].

acientíficamente *adv* De manera acientífica.

acientífico -ca *adj* No científico.

acierto *m* **1** Acción de acertar. ■ **2** Cosa que denota o implica acierto [1]. ■ **3** Contestación correcta en un concurso o prueba.

ácigos (*tb con la grafía* **ázigos**) *adj* (*Anat*) [Vena] que pone en comunicación la vena ilíaca derecha con la vena cava superior. *Tb n f.*

acigüembre *m* (*reg*) Fruto del agracejo.

ácimo -ma (*tb con la grafía* **ázimo**) *adj* [Pan] sin levadura. **b)** (*Rel jud*) [Pan] sin levadura que los judíos toman en tiempo de la Pascua. *Tb n m en pl.*

acimud *m* (*raro*) Acimut.

acimut (*tb, raro, con la grafía* **azimut**) *m* (*Astron*) Ángulo que forma con el meridiano el círculo vertical que pasa por un punto de la esfera celeste o del globo terráqueo.

acimutal (*tb, raro, con la grafía* **azimutal**) *adj* (*Astron*) De(l) acimut.

acinesia *f* (*Med*) Falta o pérdida de movimiento.

ácino *m* (*Anat*) Dilatación terminal de un conducto estrecho.

acinoso -sa *adj* (*Anat*) Que semeja la forma de un racimo.

acintado -da *adj* (*E*) Alargado y de bordes paralelos, a modo de cinta.

ación *f En la silla de montar:* Correa de la que pende el estribo.

acipensérido *adj* (*Zool*) [Pez] de la familia cuyo tipo es el esturión. *Frec como n m en pl, designando este taxón zoológico.*

acirate *m* (*reg*) Tajo o depresión del terreno.

aciscar *tr* (*reg*) Asustar. **b)** *pr* (*~se*) Asustarse.

acitara *f* **1** Pretil. ■ **2** Pared delgada, del grueso de un ladrillo.

aclamación **I** *f* **1** Acción de aclamar [1]. *Tb su efecto.* **II** *loc adv* **2 por ~.** Por unanimidad y mostrando ostensiblemente los presentes su opinión favorable. *Referido normalmente a acuerdo o elección.*

aclamador -ra *adj* Que aclama.

aclamar **A** *tr* **1** Manifestar con voces y gralm. aplausos simpatía o entusiasmo [hacia alguien o algo (*cd*)]. ■ **2** (*raro*) Decir [algo] al aclamar [1]. ■ **3** (*raro*) Elegir [a alguien] por aclamación [2] [para el cargo que se expresa (*predicat*)]. **B** *intr pr* (*~se*) **4** (*reg*) Llamar [a alguien] o solicitar a gritos [algo (*compl* A)].

aclamatorio -ria *adj* De (la) aclamación.

aclamídeo -a *adj* (*Bot*) Que carece de perianto.

aclaración *f* Acción de aclarar [4, 5 y 6]. *Tb su efecto.*

aclarado[1] *m* Acción de aclarar [1, 2 y 3, esp. 2].

aclarado[2] **-da** *adj* **1** *part* → ACLARAR. ■ **2** (*pop*) Que tiene idea clara sobre lo que se habla. *Normalmente como predicat con* ESTAR. ■ **3** (*Heráld*) [Castillo, torre, casa o villa] que tiene puertas o ventanas de diferente color. *Frec con un compl* DE.

aclarador -ra *adj* Que aclara. *Tb n f, referido a máquina.*

aclarar **A** *tr* **1** Poner claro o más claro. *En sent físico.* ■ **2** Someter [algo enjabonado o tratado con una sustancia] a la acción del agua sola para quitar el jabón o la sustancia. ■ **3** Limpiar [la garganta o la voz] para que resulte más clara la dicción. *Gralm con ci refl.* ■ **4** Hacer claro, comprensible o no dudoso [algo]. **b)** *pr* (*~se*) Hacerse claro, comprensible o no dudoso [algo]. ■ **5** Hacer que desaparezca [una duda]. ■ **6** Decir [algo] para disipar dudas. ■ **7** Hacer más clara o lúcida [la mente]. **b)** *pr* (*~se*) Hacerse más clara o lúcida [la mente]. ■ **8** Desenredar o desembarazar. *Esp en marina.*

B *intr* ➤ **a** *normal* **9** Ponerse claro o más claro. *En sent físico. Frec pr* (~**se**). **b)** Quedar [el día, la noche, el tiempo o el cielo] sin nubes. *Tb pr* (~**se**). ■ **10** Disiparse [la niebla]. *Tb pr* (~**se**). *Tb fig.* ➤ **b** *pr* (~**se**) **11** (*col*) Tener [alguien] idea clara de lo que piensa, dice o siente. **b)** *Se usa frec en forma imperat para reprochar a alguien la confusión o contradicción que hay en lo que dice o hace.* * Dices que la quieres, pero no paras de hablar mal de ella; aclárate. ■ **12** (*col*) Exponer [alguien] con más claridad lo que ha dicho. ■ **13** (*col*) Comprender con claridad. ➤ **c** *impers* **14** Amanecer. ■ **15** Disiparse el nublado o dejar de llover.

aclaratorio -ria *adj* Que sirve para aclarar [4, 5 y 6].

aclarecer (*conjug* 11) *intr* (*raro*) Aclarar.

aclareo *m* (*Agric*) Acción de dejar más claras o espaciadas las plantas.

aclavelada *adj* (*Bot*) [Flor] de cinco pétalos, semejante a la del clavel.

acle *m* Árbol filipino de más de 20 m de altura, con tronco recto y grueso, flores blanquecinas en cabezuelas y fruto en legumbre leñosa, y cuya madera, de color pardo rojizo, es muy buena para la construcción (*Mimosa acle*). *Tb su madera.*

aclimatación *f* Acción de aclimatar(se).

aclimatar *tr* Hacer que [alguien o algo (*cd*)] se adapte al clima o al medio [de un lugar (*compl de lugar en donde, o* A)]. *Tb fig. Tb sin compl adv, por consabido.* **b)** *pr* (~**se**) Adaptarse al clima o al medio [de un lugar (*compl de lugar en donde, o* A)]. *Tb fig. Tb sin compl adv, por consabido.*

acmé *m o f* (*Med*) Período de mayor intensidad [de una enfermedad]. **b)** Punto culminante [de un proceso]. *Tb fig, fuera del ámbito técn.*

acmeísmo *m* (*TLit*) Movimiento poético ruso del segundo decenio del s. XX, que se opone al simbolismo y propugna la concreción y la claridad.

acné (*tb, raro,* **acne**) *m o f* Afección de la piel que se caracteriza por la retención de las secreciones de las glándulas sebáceas y la aparición de pequeñas pústulas, esp. en la cara, y que es propia de la adolescencia o la juventud.

acneico -ca *adj* (*Med*) De(l) acné. **b)** [Pers.] que padece acné. *Tb n.*

acneiforme *adj* (*Med*) Que tiene forma de acné.

acobardado -da *adj* **1** *part* → ACOBARDAR. ■ **2** Cobarde, o falto de decisión.

acobardamiento *m* Acción de acobardar(se). *Tb su efecto.*

acobardar *tr* Inspirar temor [a alguien (*cd*)]. *Tb fig.* **b)** *pr* (~**se**) Sentir o mostrar temor.

acobijar *tr* (*pop*) Cobijar. *Tb pr* (~**se**).

acochinado -da *adj* (*Taur*) [Res] muy gorda.

acoclarse *intr pr* (*reg*) Ponerse clueca [un ave]. *Tb fig.*

acodado -da *adj* **1** *part* → ACODAR. ■ **2** Que forma codo o ángulo.

acodamiento *m* Acción de doblarse en ángulo. *Tb su efecto.*

acodar **A** *tr* **1** (*Arquit*) Adosar [una cosa a otra (*compl* A *o* CON)] de manera que forme cuerpo con ella. **b)** *pr* (~**se**) Estar adosada [una cosa a otra

(*compl* A *o* CON)] de manera que forme cuerpo con ella. ■ **2** (*raro*) Apoyar el codo [de un brazo (*cd*)] en algo]. **B** *intr pr* (~**se**) **3** Apoyar [alguien] los codos [en algo].

acoderar *tr* (*Mar*) Poner [una embarcación fondeada] presentando el costado en una determinada dirección. **b)** Atracar de costado [dos o más embarcaciones, o una a otra].

acodillado -da *adj* (*Arquit*) [Pilar o columna] que presenta entrantes angulares, formando recodos.

acodo *m* Operación de meter bajo tierra el vástago o tallo doblado de una planta, sin separarlo del tallo y dejando fuera la extremidad, para que arraigue la parte enterrada y forme nueva planta.

acogedor -ra *adj* **1** Que acoge [1]. **b)** Propio de la pers. acogedora. ■ **2** [Lugar] grato para acogerse a él o para estar en él. *Tb fig.* **b)** Confortable.

acogedoramente *adv* De manera acogedora.

acoger **A** *tr* **1** Recibir [una pers. (*suj*) a otra (*cd*)] en su casa o compañía, esp. para proteger[la] o ayudar[la]. **b)** Recibir [una cosa (*suj*) o cosa (*cd*)] en su interior, frec. protegiéndo[la]. *Tb* (*lit*) *fig.* ■ **2** Reaccionar [ante alguien o algo (*cd*)] de una determinada manera]. **b)** Aceptar [a alguien o algo]. **B** *intr pr* (~**se**) **3** Buscar refugio o amparo [en alguien o algo, esp. en un lugar (*compl* A)]. **b)** ~**se a sagrado** → SAGRADO. ■ **4** Recurrir [a una ley] como defensa de determinados derechos. **b)** Recurrir [a algo].

acogida *f* Acción de acoger [1 y 2].

acogimiento *m* **1** Acogida. ■ **2** (*Der*) Institución familiar similar a la adopción.

acogollado -da *adj* Que tiene forma de cogollo.

acogotamiento *m* (*col*) Acción de acogotar. *Tb su efecto.*

acogotar *tr* (*col*) **1** Matar, esp. con herida o golpe en el cogote. *Frec con intención ponderativa.* ■ **2** Sujetar fuertemente por el cogote. ■ **3** Poner en grave aprieto.

acojonamiento *m* (*vulg*) Acción de acojonar(se). *Tb su efecto.*

acojonante *adj* (*vulg*) Que acojona, *esp* [2].

acojonar *tr* (*vulg*) **1** Atemorizar o acobardar. **b)** *pr* (~**se**) Atemorizarse o acobardarse. ■ **2** Impresionar [a alguien]. *Tb abs.* **b)** *pr* (~**se**) Impresionarse [alguien]. *Frec en part.*

acojone *m* (*vulg*) Acción de acojonar(se). *Tb su efecto.*

acolchado[1] -da *adj* **1** *part* → ACOLCHAR. ■ **2** [Tejido] que tiene dibujos en relieve obtenidos mediante acolchado[2] o entrecruzamiento de hilos de urdimbre y trama. *Tb n m.* **b)** De tejido acolchado. ■ **3** (*lit*) Muelle (blando, agradable y suave). *En sent fig.*

acolchado[2] *m* **1** Labor que consiste en poner una capa de guata, lana u otra materia semejante entre dos telas y después pespuntearlas. ■ **2** Acción de acolchar [2 y 3]. ■ **3** Revestimiento de materias blandas.

acolchamiento *m* (*raro*) Acción de acolchar.

acolchar *tr* **1** Someter [algo, esp. un tejido o prenda] a la labor de acolchado[2] [1]. ■ **2** Cubrir con un tejido acolchado[1] [2] o con otra materia mullida. **b)**

(*lit*) Envolver en algo blando que atenúa o protege. *En sent fig.* ■ **3** (*Agric*) Mullir [el terreno].

acolchonado[1] **-da** *adj* **1** *part* → ACOLCHONAR.
■ **2** (*raro*) Acolchado[1] [3].

acolchonado[2] *m* Acción de acolchonar. *Tb su efecto.*

acolchonar *tr* Acolchar [2]. *Tb fig.*

acolitado *m* (*Rel catól*) Orden de acólito [1].

acólito -ta A *m* **1** (*Rel catól*) Eclesiástico que ha recibido la más alta de las órdenes menores.
B *m y f* **2** (*Rel catól*) Niño o muchacho que ayuda al sacerdote en la misa y otros actos de culto. ■ **3** Satélite o seguidor constante. *Frec desp.* ■ **4** (*lit, raro*) Servidor.

acollar *tr* (*Mar*) Meter estopa [en las costuras (*cd*) o juntas de madera del barco].

acollarar *tr* Poner collar [a un animal (*cd*)]. **b)** Unir varios perros por sus respectivos collares.

acollonamiento *m euf por* ACOJONAMIENTO.

acollonante *adj euf por* ACOJONANTE.

acollonar *tr euf por* ACOJONAR.

acolumnado -da *adj* Que tiene columnas.

acometedor -ra *adj* Que acomete, *esp* [1].

acometer A *tr* **1** Atacar físicamente [esp. a un ser vivo]. *Tb abs. Tb fig.* ■ **2** Empezar a producirse súbitamente [en alguien (*cd*) cierto estado físico o moral (*suj*)]. ■ **3** Emprender o comenzar [una empresa o trabajo]. ■ **4** Hacer que desemboque [una cañería o conducto (*cd*)] en otros o en un lugar (*compl* A).
B *intr* **5** Desembocar [una cañería o conducto (*suj*)] en otros o en un lugar (*compl* A).

acometida *f* **1** Acción de acometer, *esp* [1]. ■ **2** Toma o empalme de una instalación particular de agua, energía o saneamiento con la cañería o línea principal.

acometimiento *m* Acción de acometer, *esp* [1].

acometividad *f* Cualidad de acometedor.

acomodable *adj* Que se puede acomodar [3].

acomodación *f* Acción de acomodar(se) [3]. *Tb su efecto.*

acomodadamente *adv* De manera acomodada.

acomodado -da *adj* **1** *part* → ACOMODAR. ■ **2** [Pers. o grupo] que disfruta de posición económica desahogada. **b)** Propio de perss. acomodadas.

acomodador -ra I *m y f* **1** *En un local de espectáculos con asientos numerados:* Pers. que tiene la misión de indicar a cada espectador el lugar que le corresponde.
II *adj* **2** (*raro*) Que acomoda [3].

acomodamiento *m* (*raro*) Acción de acomodar(se) [1 y 3].

acomodar A *tr* **1** Poner [a alguien o algo en un lugar adecuado o conveniente, o con comodidad]. *Referido a pers, gralm el cd es refl.* **b)** Aposentar o alojar [a alguien en un lugar]. *Frec el cd es refl.* **c)** Sentar [a alguien en un sitio]. *Gralm el cd es refl.* **d)** *En un local de espectáculos:* Indicar [el acomodador al espectador (*cd*)] el lugar que le corresponde. *Tb abs.* ■ **2** Arreglar o disponer [algo] de manera conveniente [para algo (*compl* A o PARA)]. *Tb sin compl, por consabido.* **b)** Poner adecuadamente [una prenda o una parte de ella]. *Frec con ci refl.* ■ **3** Adaptar [a una pers. o cosa a otra]. **b)** *pr* (**~se**)

Adaptarse [a algo (*compl* A) o a un lugar (*compl* A o EN)]. *Tb sin compl, por consabido.*
B *intr* **4** (*lit*) Parecer conveniente.

acomodaticio -cia *adj* Que se acomoda [3b] con facilidad a posturas ideológicas o morales ajenas u opuestas a las propias. *Frec con intención desp. Tb n, referido a pers.*

acomodativo -va *adj* (*raro*) Acomodaticio.

acomodo *m* Acción de acomodar(se). *Tb su efecto.*

acompañado -da I *adj* **1** *part* → ACOMPAÑAR.
II *m* **2** (*hist*) Individuo que acompaña o ayuda a otro en un cargo.

acompañador -ra *adj* (*raro*) Que acompaña, *esp* [1 y 2].

acompañamiento *m* **1** Acción de acompañar. ■ **2** Pers. o, normalmente, grupo de perss. que acompañan [1] [a otra (*compl de posesión*)]. ■ **3** Cosa o conjunto de cosas que acompañan [4] [a otra (*compl de posesión*)]. **b)** *A veces con un adj o compl* DE, *que expresa la cosa o cosas que acompañan.* * Un pavo relleno, con acompañamiento de pasas. ■ **4** (*Mús*) Pers., instrumento, o conjunto de perss., instrumentos o sonidos que acompañan [7].

acompañante (*en f, como n, tb* ACOMPAÑANTA, *col*) I *adj* **1** Que acompaña. *Tb n, referido a pers.*
II *n* A *m y f* **2** Pers. que acompaña [a otra (*compl de posesión*)] con la que mantiene algún tipo de relación sentimental.
B *m* **3** (*hoy raro*) Hombre que acompaña [1a] [a una mujer (*compl de posesión*)] con intención de entablar relaciones amorosas con ella. ■ **4** (*raro*) Acompañamiento [3].

acompañar A *tr* **1** Ir [con alguien (*cd*)]. **b)** Ir en la comitiva o procesión [de alguien o algo (*cd*)]. **c)** Ir [en una procesión (*cd*)]. ■ **2** Estar [con alguien (*cd*)]. **b)** Estar afectivamente al lado [de alguien (*cd*)]. **c)** Hacer que [alguien (*cd*)] no se sienta solo. *Tb abs.* **d)** Estar presente [una cosa no material en algo (*cd*)]. ■ **3** Ser favorable o propicio [algo a alguien (*cd*)]. *Tb abs.* ■ **4** Ir [una cosa] unida [a otra (*cd*)]. *Frec en la constr* IR ACOMPAÑADO DE. **b)** Producirse [un hecho o un fenómeno (*suj*)] al mismo tiempo que otro (*cd*)]. ■ **5** Enviar o presentar [un documento adjunto]. *Frec con un compl* A, CON *o* DE. **b)** Enviar o presentar [un documento con otro u otros adjuntos (*compl* DE *o* CON)]. ■ **6** Tomar [un alimento o bebida (*cd*)] junto con otro u otros (*compl* CON *o* DE)]. **b)** Ser ingeridos [un alimento o bebida (*cd*)] junto con otro u otros (*suj*)]. ■ **7** (*Mús*) Añadir a la parte principal [para una pers. o un instrumento (*cd*)] una parte accesoria. *Frec con un compl* DE, POR *o* CON. *Tb abs.*
B *intr pr* (**~se**) **8** Estar [una pers.] acompañada [2a] [de otra u otras]. ■ **9** Ir [una cosa] acompañada [4] [de otra].

acompasadamente *adv* De manera acompasada.

acompasado -da *adj* **1** *part* → ACOMPASAR. ■ **2** Que se ajusta a un ritmo o compás.

acompasamiento *m* Acción de acompasar(se).

acompasar *tr* Someter [algo] a un compás, o al compás de la cosa o pers. de que se trata. *A veces con un compl* A o CON. **b)** *pr* (**~se**) Someterse a un compás, o al compás de la cosa o pers. de que se trata. *A veces con un compl* A o CON.

acomplejado -da *adj* 1 *part* → ACOMPLEJAR. ■ 2 Que sufre complejos o inhibiciones, esp. complejo de inferioridad.

acomplejante *adj* Que acompleja.

acomplejar *tr* Causar [a alguien (*cd*)] complejo o inhibición, esp. complejo de inferioridad. **b)** *pr* (~**se**) Experimentar complejo o inhibición, esp. complejo de inferioridad.

aconcavar *tr* (*raro*) Dar [a algo (*cd*)] forma cóncava.

aconchabarse *intr pr* (*col*) Conchabarse o confabularse.

aconchar *tr* (*raro*) 1 Arrimar mucho [a alguien o algo (*cd*)] para guarecer[lo] o proteger[lo]. *Con compl de lugar. Gralm el cd es refl.* ■ 2 Encerrar [a alguien o algo en un lugar] como en una concha. *Frec el cd es refl.*

acondicionado -da *adj* 1 *part* → ACONDICIONAR. ■ 2 [Aire] ~ → AIRE.

acondicionador *m* 1 Aparato que sirve para acondicionar. **b)** Aparato de aire acondicionado. *Tb* ~ DE AIRE. ■ 2 Cosmético para acondicionar [1a] el cabello.

acondicionadora *f* Acondicionador [1a].

acondicionamiento *m* Acción de acondicionar. **b)** Hecho de preparar algo de forma adecuada para su transporte. *Tb su efecto.* **c)** ~ **de**(l) **aire.** Mantenimiento de la temperatura y la humedad deseadas, por medio de acondicionadores de aire.

acondicionar *tr* 1 Poner [algo] en condiciones adecuadas. **b)** *Con los advs* BIEN, MAL *u otro equivalente:* Poner [algo en las condiciones que se indican]. *Frec en part.* ■ 2 (*raro*) Poner el aire [de un lugar (*cd*)] a la temperatura y humedad adecuadas o deseadas. ■ 3 (*raro*) Preparar [a alguien para algo].

acondroplasia *f* (*Med*) Defecto del desarrollo óseo de las extremidades causante de una forma de enanismo.

acondroplásico -ca *adj* (*Med*) 1 De (la) acondroplasia. ■ 2 Que padece acondroplasia. *Tb n, referido a pers.*

aconfesional *adj* No confesional (no perteneciente a una confesión religiosa).

aconfesionalidad *f* Cualidad de aconfesional.

aconfesionalismo *m* Aconfesionalidad.

acongojadamente *adv* De manera acongojada[1].

acongojado[1] -da *adj* 1 *part* → ACONGOJAR. ■ 2 Que denota o implica congoja o angustia. ■ 3 [Respiración] dificultosa o penosa.

acongojado[2] -da *adj* (*humoríst*) *euf por* ACOJONADO.

acongojador -ra *adj* Que acongoja.

acongojamiento *m* (*humoríst*) *euf por* ACOJONAMIENTO.

acongojante *adj* Que acongoja.

acongojar *tr* Causar congoja o angustia. **b)** *pr* (~**se**) Pasar a sentir congoja o angustia.

aconitina *f* (*Quím*) Alcaloide muy tóxico obtenido de la raíz del acónito.

acónito *m* Planta herbácea perenne, venenosa, de flores vistosas (gén. *Aconitum*, esp. *A. napellus*).

aconsejable *adj* Que se puede aconsejar [1].

aconsejador -ra *adj* Que aconseja.

aconsejamiento *m* (*raro*) Acción de aconsejar. *Tb su efecto.*

aconsejar A *tr* 1 Decir [a alguien] que le conviene [algo]. *Frec el cd es una prop. A veces sin ci.* **b)** Indicar o hacer ver [una cosa (*suj*) otra (*cd*)] como conveniente [a alguien]. *Tb sin ci.* ■ 2 Dar consejo [a alguien (*cd*)]. *Tb abs.*
B *intr pr* (~**se**) 3 Pedir consejo [a alguien (*compl* CON *o* DE)].

aconsonantado -da *adj* 1 *part* → ACONSONANTAR. ■ 2 (*TLit*) [Verso] que rima en consonante. **b)** [Estrofa] en que los versos riman en consonante.

aconsonantar *intr* (*TLit*) Rimar en consonante. *Tb fig, fuera del ámbito técn.*

acontecer[1] (*conjug* 11) *intr* (*lit*) Ocurrir o suceder.

acontecer[2] *m* (*lit*) Sucesión de los acontecimientos [1a]. **b)** Acontecimiento.

acontecido -da *adj* 1 *part* → ACONTECER[1]. ■ 2 (*raro*) Preocupado o triste. *Dicho de rostro o de la pers que lo tiene.*

acontecimiento *m* Suceso, o cosa que acontece. **b)** Suceso importante.

a contrariis (*lat; pronunc,* /a-kontráriis/) *loc adj* [Argumento] que parte de la oposición de dos hechos.

a contrario (*lat; pronunc,* /a-kontrário/) *loc adj* A contrariis.

a contrario sensu (*lat; pronunc,* /a-kontrário-sénsu/) *loc adv* (*Der*) En sentido contrario.

acopado -da *adj* 1 *part* → ACOPAR. ■ 2 De figura de copa. ■ 3 [Árbol] que forma copa.

acopar *tr* (*Mar*) Hacer [a una pieza (*cd*)] la concavidad necesaria para que se ajuste con otra pieza de forma convexa. *Tb abs.*

acopiador -ra *adj* Que acopia. *Tb n, referido a pers.*

acopiar (*conjug* 1a) *tr* Reunir [cosas] en cantidad, frec. para tener reservas.

acopio *m* Acción de acopiar. *Tb su efecto.*

acoplable *adj* Que puede acoplarse, *esp* [1a].

acoplado -da *adj* 1 *part* → ACOPLAR. ■ 2 (*Bot*) [Órgano] dispuesto por parejas.

acoplador *m* Dispositivo que sirve para acoplar, *esp* [1a].

acoplamiento *m* Acción de acoplar(se). *Tb su efecto.*

acoplar A *tr* 1 Juntar [dos cosas, o una con otra (*compl* A *o* CON)] de modo que formen un todo más o menos continuo. **b)** *pr* (~**se**) Juntarse [dos cosas, o una con otra (*compl* A *o* CON)] formando un todo más o menos continuo. ■ 2 Colocar adecuadamente [algo en un lugar]. **b)** Asignar lugar adecuado [a alguien o algo (*cd*)]. **c)** Adaptar [a una pers. o cosa a algo]. *Tb sin compl* A, *por consabido.* **b)** *pr* (~**se**) Adaptarse [a algo]. *Tb sin compl* A, *por consabido.*
B *intr pr* (~**se**) 4 Unirse sexualmente [dos animales, o uno con otro]. *A veces referido a pers.* ■ 5 Recibirse en un micrófono [el sonido (*suj*) emitido por un altavoz y procedente del mismo micrófono], produciéndose un silbido agudo. ■ 6 (*Taur*) Lidiar [el torero] adecuadamente [al toro (*compl* CON)] adaptándose a sus condiciones.

acople *m* **1** Acción de acoplar(se), *esp* [1a]. ■ **2** Pieza o dispositivo con que se acoplan dos cosas.

acoplo *m* Acción de acoplar(se) [1, 2, 3 y 5].

acoquinamiento *m* (*col*) Acción de acoquinar(se). *Tb su efecto.*

acoquinar *tr* (*col*) Atemorizar o acobardar. **b)** *pr* (~se) Atemorizarse o acobardarse. *Frec en part.*

acorar *tr* (*raro*) Acongojar.

acorazado -da I *adj* **1** *part* → ACORAZAR. ■ **2** (*Mil*) [Unidad] que dispone de material blindado. ■ **3** (*Zool*) Que está protegido por placas o caparazón muy resistentes. II *m* **4** Buque de guerra de gran tonelaje, fuertemente blindado y dotado de artillería pesada.

acorazar *tr* **1** Blindar. *Tb fig.* ■ **2** Proteger o escudar fuertemente. *Frec el cd es refl.*

acorazonado -da *adj* De forma de corazón. *Esp en botánica, referido a hoja.*

acorchamiento *m* Acción de acorchar(se). *Tb su efecto.*

acorchar *tr* **1** Embotar [un sentido o la sensibilidad]. **b)** *pr* (~se) Embotarse [un sentido o la sensibilidad]. ■ **2** Hacer perder la sensibilidad [a alguien o algo (*cd*)]. **b)** *pr* (~se) Perder la sensibilidad.

acordada (*normalmente con mayúscula*) *f* (*hist*) Institución del virreinato de Méjico creada para la represión del bandolerismo.

acordado -da *adj* **1** *part* → ACORDAR. ■ **2** Armónico o armonioso.

acordar (*conjug* 4) A *tr* **1** Llegar [dos o más perss.] a estar conformes en decidir [algo]. ■ **2** Decidir [alguien algo] después de reflexionar o deliberar. ■ **3** Poner de acuerdo o en armonía [a uno con otro, o a dos entre sí]. ■ **4** Acomodar o adaptar [dos cosas, o una a otra]. ■ **5** Afinar [un instrumento musical]. ■ **6** (*raro*) Recordar. B *intr* ➤ **a** *normal* **7** (*raro*) Ponerse de acuerdo [dos o más perss., o una con otra]. ➤ **b** *pr* (~se) **8** Tener en la memoria [a alguien o algo (*compl* DE)]. *Tb sin compl* DE, *por consabido. Cuando el compl es una prop, frec* (*col*) *va sin prep.* **b)** ~se Dios [de alguien]. (*euf*) Llegarle [a alguien] la muerte. ■ **9** (*raro*) Venir [algo] a la memoria [de alguien (*ci*)]. ■ **10** (*raro*) Armonizar, o combinar adecuadamente entre sí, [dos cosas, o una con otra].

acorde[1] *adj* **1** [Pers.] que tiene la misma opinión [que otra (*compl* CON) respecto a algo (*compl* EN)]. *Tb sin compl* CON, *referido a n en pl, y sin compl* EN, *por consabido.* **b)** [Pers.] que considera acertados o aceptables [una idea o un proyecto (*compl* CON)]. ■ **2** [Cosa] que está en armonía o justa correspondencia [con otra]. *Tb sin compl, referido a n en pl.*

acorde[2] *m* (*Mús*) **1** Sonoridad resultante de la emisión simultánea de varios sonidos. ■ **2** (*semiculto*) Serie de notas. ■ **3** En *pl*: Música (melodía).

acordemente *adv* De manera acorde[1].

acordeón *m* **1** Instrumento portátil de viento, constituido fundamentalmente por un fuelle y dos teclados, uno para cada mano. **b)** *Se usa frec en constrs de sent comparativo para ponderar lo arrugado que está algo, esp una prenda.* ■ **2** (*Econ*) Reducción y posterior ampliación del capital de una empresa. *Gralm* OPERACIÓN ~.

acordeonista *m y f* Pers. que toca el acordeón [1a]. *Esp referido al profesional.*

acordista *m y f* (*raro*) Campanero (pers. que toca las campanas).

acordonamiento *m* Acción de acordonar, *esp* [2].

acordonar *tr* **1** Sujetar con cordones. *Tb fig.* ■ **2** Cercar [una fila de gente, esp. de fuerzas de orden (*suj*), un lugar] para impedir el acceso o la salida.

ácoro *m* **1** Planta herbácea perenne y aromática, de hojas en forma de espada y flores muy pequeñas amarillo-verdosas (*Acorus calamus*). ■ **2** ~ **bastardo, palustre** o **falso**. Planta herbácea acuática de flores amarillas (*Iris pseudacorus*).

acorralamiento *m* Acción de acorralar.

acorralar *tr* Colocar [a alguien] en un sitio o en una situación de donde no puede escapar o donde pierde su libertad de movimiento. *Tb fig.*

acorsetado -da *adj* (*raro*) Encorsetado.

acortamiento *m* Acción de acortar(se). *Tb su efecto.*

acortar *tr* **1** Hacer [una cosa] más corta de lo que es, en el espacio o en el tiempo. *Tb abs, referido a camino.* **b)** *pr* (~se) Hacerse [una cosa] más corta. ■ **2** Reducir o disminuir [algo].

acortezado -da *adj* **1** Que tiene mucha corteza. ■ **2** Que tiene consistencia semejante a la de la corteza.

acortinar *tr* (*raro*) **1** Cubrir como con una cortina. ■ **2** Poner cortinas [en un lugar (*cd*)].

acorvar *intr* (*reg*) Echar los dientes [un cordero o cabrito].

acosador -ra *adj* Que acosa. *Tb n, referido a pers.*

acosar *tr* **1** Perseguir [a una pers. o animal] sin dar[le] reposo, para coger[lo]. *Tb fig.* ■ **2** Perseguir [a una pers. o animal] con insistencia para reducir[los] a un espacio limitado. ■ **3** Atacar [a alguien] sin dar[le] tregua ni descanso. *Frec fig.* ■ **4** Mortificar o atormentar [a alguien algo, esp. un deseo, una necesidad, una idea o un recuerdo]. ■ **5** Agobiar o importunar [a alguien] con peticiones insistentes. **b)** Solicitar sexualmente [a alguien] de manera insistente y molesta.

acosmístico -ca *adj* (*Filos*) Que niega la existencia del mundo sensible.

acoso *m* Acción de acosar. **b)** (*Taur*) Acción de perseguir a una res brava, a caballo y en campo abierto, normalmente hasta derribarla. *Gralm en la constr* ~ Y DERRIBO. *Frec fig, fuera del ámbito técn.*

acosón *m* (*Taur*) Acometida brusca del toro al torero o al caballo, gralm. sin llegar a tocarlos.

acostadero *m* (*raro*) Lugar en que acostarse[1] [1 y 3].

acostado -da *adj* **1** *part* → ACOSTAR. ■ **2** (*Min*) [Capa o filón] horizontal. ■ **3** (*Heráld*) [Pieza] que tiene a los lados [otras (*compl* DE)].

acostar[1] (*conjug* 4) A *tr* **1** Tender [a alguien en la cama o en otro lugar similar], esp. para dormir. *Gralm el cd es refl. Gralm sin compl adv, cuando este sería* CAMA. **b)** Hacer que [alguien (*cd*)] se vaya a la cama o a dormir. **c)** *pr* (~se) Irse a la cama o a dormir. ■ **2** Poner horizontal o inclinado [algo vertical o derecho]. **b)** *pr* (~se) Ponerse horizontal o inclinado [algo vertical o derecho, esp. las mieses]. **B** *intr pr* (~se) **3** Realizar el acto sexual [con alguien]. *Tb sin compl, esp con suj pl.*

acostar² *intr* (*Mar*) Acercarse a la costa o llegar a ella. *Frec con un compl* A *o* EN. *Tb pr* (~se).

acostumbradamente *adv* (*raro*) De manera acostumbrada (→ ACOSTUMBRADO [2]).

acostumbrado -da *adj* **1** *part* → ACOSTUM-BRAR. ■ **2** Habitual, o acorde con la costumbre.

acostumbramiento *m* (*raro*) **1** Hecho de acostumbrarse. ■ **2** Costumbre. ■ **3** Hábito, o necesidad morbosa.

acostumbrar **A** *tr* **1** Hacer que [alguien (*cd*)] adquiera [algo (*compl* A)] como costumbre. **b)** ~ **bien** (*o* **mal**) [a una pers.]. Hacer que [esa pers.] adquiera buenas (o malas) costumbres. **c)** *pr* (~se) Adquirir [alguien algo (*compl* A)] como costumbre. *Tb sin compl, por consabido.* ■ **2** Hacer que [alguien (*cd*)] deje de encontrar extraña o molesta [a una pers. o cosa (*compl* A)]. **b)** *pr* (~se) Dejar [alguien] de encontrar extraña o molesta [a una pers. o cosa (*compl* A)]. ■ **3** Tener [alguien (*suj*)] algo (*infin*)] como costumbre. * Acostumbraban tomar una copa por el camino. **b)** Soler [algo (*infin*)]. *Con suj de cosa.* * La solución acostumbra llegar tarde. **B** *intr* **4** Tener [alguien algo (A + *infin*)] como costumbre. * Acostumbraban a pasear por las tardes. **b)** Soler [algo (A + *infin*)]. *Con suj de cosa.* * Las pedreras acostumbran a presentarse al pie de las montañas.

acotación¹ *f* Acción de acotar¹ [1].

acotación² *f* **1** Acción de acotar². *Frec su efecto.* ■ **2** *En un texto teatral:* Nota en que el autor hace advertencias relativas a la situación de las escenas o al modo de representación. ■ **3** (*raro*) Comentario escrito.

acotado¹ *m* Terreno acotado (→ ACOTAR¹). *Tb fig.*

acotado² *m* (*E*) Acción de acotar³.

acotamiento *m* Acción de acotar¹. *Tb su efecto.*

acotar¹ *tr* **1** Cerrar [un espacio] señalando[le] límites. *Tb fig.* **b)** Amojonar o delimitar [un terreno] como muestra de su posesión o del derecho exclusivo de uso. *Tb fig.* **c)** Delimitar [algo]. ■ **2** (*raro*) Prohibir o vedar [un lugar].

acotar² *tr* Poner anotaciones al margen [de un escrito (*cd*)].

acotar³ *tr* (*E*) Marcar las cotas o medidas [en un plano (*cd*)]. **b)** Marcar o señalar [algo en un dibujo o plano].

acotejar *tr* (*reg*) Usar adecuadamente [lo que se posee].

acracia *f* (*Pol*) Anarquía. *Tb fig, fuera del ámbito político.*

ácrata *adj* (*Pol*) Anarquista. *Tb n, referido a pers.*

acratismo *m* (*Pol, raro*) Anarquismo.

acre¹ *adj* **1** [Sabor u olor] áspero y penetrante. **b)** De sabor u olor acre. ■ **2** (*lit*) Agrio o desabrido. *Referido a forma de expresión, a la pers. que la emplea o a su carácter.*

acre² *m* Medida de superficie de los países de lengua inglesa, que equivale a 4.046,86 m².

acrecentador -ra *adj* Que acrecienta.

acrecentamiento *m* Acción de acrecentar(se).

acrecentar (*conjug* 6) *tr* Aumentar en cantidad o intensidad. **b)** *pr* (~se) Crecer o aumentar en cantidad o intensidad.

acrecer I *v* (*conjug* 11) **A** *tr* **1** Acrecentar [1a]. **B** *intr* **2** Acrecentarse [1b]. ■ **3** (*Der*) Acumularse [una parte de herencia a un partícipe] por haberla perdido o renunciado a ella otro partícipe. **II** *loc adj* **4** de ~. (*Der*) [Derecho] que un coheredero tiene sobre la parte de herencia a que otro renuncia o que no puede recibir.

acrecimiento *m* Hecho de acrecer [2 y 3].

acreditación *f* Acción de acreditar, *esp* [1 y 2]. *Frec el documento que consta.*

acreditado -da *adj* **1** *part* → ACREDITAR. ■ **2** Que tiene fama o reputación.

acreditar *tr* **1** Demostrar la verdad o autenticidad [de algo (*cd*)]. **b)** Demostrar que [una pers. o cosa (*cd*)] es [algo (*compl* COMO *o* DE)]. ■ **2** Dar [a alguien (*cd*)] los documentos que demuestran su condición profesional o su designación para una misión o empleo. *Frec en part. A veces con un compl* COMO. **b)** Dar [a un centro (*cd*)] los documentos que demuestran su designación oficial [para determinada función (*compl* COMO)]. ■ **3** Hacer que [alguien o algo (*cd*)] pase a tener crédito o reputación. **b)** *pr* (~se) Pasar a tener [alguien o algo (*suj*)] crédito o reputación. *A veces con un compl* COMO. ■ **4** (*Com*) Ser acreedor [de alguien (*compl* DE) por una cantidad (*cd*)]. ■ **5** (*Com*) Abonar, o asentar en el haber.

acreditativo -va *adj* Que acredita [1]. *Frec con un compl* DE.

acreedor -ra *adj* **1** Que tiene derecho a pedir el pago de una deuda o el cumplimiento de una obligación financiera. *Frec n, referido a pers.* **b)** De(l) acreedor. ■ **2** (*Com*) [Saldo o cantidad] que en una cuenta ha de anotarse en el haber. **b)** De saldo acreedor. ■ **3** Que merece [algo (*compl* A)].

acremado -da *adj* Que tira a crema. *Referido a color o a lo que lo tiene.*

acremente *adv* (*lit*) De manera acre (agria o desabrida).

acrescer (*solo se usa en las formas en que la* c *va seguida de* e *o* i) *intr* (*Bot*) Continuar creciendo [un órgano] después de formado.

acribado *m* Acción de acribar.

acribar *tr* Cribar.

acribillar *tr* **1** Llenar [a alguien o algo] de agujeros causados por objetos punzantes o por proyectiles. *Tb fig.* ■ **2** Acometer [con algo molesto, esp. preguntas o peticiones (*compl* A *o* CON)] en forma abrumadora.

acridina *f* (*Quím*) Alcaloide derivado de la brea de hulla, del cual se obtienen colorantes.

acrílico -ca I *adj* **1** (*Quím*) [Ácido] obtenido por oxidación de la acroleína, incoloro, corrosivo y miscible con el agua, usado para la fabricación de numerosos derivados, esp. fibras y resinas. ■ **2** [Fibra, resina o materia plástica] obtenida del ácido acrílico [1]. **b)** Hecho con fibra acrílica. **II** *m* **3** Resina o materia plástica acrílica [2a]. ■ **4** Pintura realizada con resinas acrílicas [2a].

acrilonitrilo *m* (*Quím*) Nitrilo del ácido acrílico, usado esp. para la fabricación de fibras artificiales.

acriminador -ra *adj* (*lit, raro*) Que acrimina.

acriminar *tr* (*lit, raro*) Acusar o culpar.

acriminatorio -ria *adj* (*lit, raro*) Relativo al hecho de acriminar o que lo implica.

acrimonia *f* (*lit*) Acritud.

acrisoladamente *adv* De manera acrisolada.

acrisolado -da *adj* (*lit*) **1** *part* → ACRISOLAR. ■ **2** Intachable. *Esp referido a virtud.*

acrisolamiento *m* (*lit, raro*) Acción de acrisolar(se). *Tb su efecto.*

acrisolar *tr* (*lit*) **1** Purificar [algo de índole moral] con pruebas o sufrimientos. **b)** *pr* (**~se**) Purificarse con pruebas o sufrimientos. ■ **2** Engrandecer o intensificar.

acristalado *m* Acción de acristalar.

acristalador -ra *adj* Que acristala. *Tb n: m y f, referido a pers; m, referido a producto.*

acristalamiento *m* Acción de acristalar [1]. *Tb su efecto.*

acristalar *tr* **1** Cerrar o cubrir con cristales. ■ **2** Dar [al suelo (*cd*), gralm. de mármol o terrazo] un brillo semejante al del cristal.

acristianar *tr* (*raro*) **1** Cristianar (bautizar). ■ **2** Hacer cristiano [a alguien].

acríticamente *adv* De manera acrítica.

acriticismo *m* Cualidad de acrítico.

acrítico -ca *adj* Que prescinde de la crítica o carece de ella.

acritud *f* Cualidad de acre (áspero o desabrido). *Normalmente en sent moral.*

acrobacia *f* **1** Ejercicio de acróbata. *Tb fig.* **b)** Maniobra de destreza o evolución espectacular realizada con un avión. ■ **2** Actividad de acróbata. *Tb fig.* **b)** ~ **aérea.** Actividad que consiste en la realización de acrobacias [1b].

acróbata *m y f* Pers. que exhibe, esp. en un circo, su habilidad en la ejecución de ejercicios difíciles de equilibrio o de gimnasia. *Tb fig.*

acrobáticamente *adv* De manera acrobática.

acrobático -ca *adj* De (la) acrobacia o que la implica.

acrofobia *f* (*Med*) Temor morboso a estar a gran altura.

acroíta *f* (*Mineral*) Variedad incolora o casi incolora de turmalina.

acroleína *f* (*Quím*) Líquido volátil resultante de la descomposición de la glicerina y que se emplea para la obtención de plásticos.

acromado -da *adj* (*desp*) Amanerado, o propio de un cromo. *Esp en pintura.*

acromático -ca *adj* **1** (*E*) Que carece de color. ■ **2** (*Fís*) [Sistema óptico] que permite ver los objetos sin irisaciones en sus bordes. ■ **3** (*Biol*) [Órgano celular] que no se tiñe con los colorantes usuales.

acromatopsia *f* (*Med*) Falta de percepción de los colores.

acromegalia *f* (*Med*) Desarrollo anormal de los huesos de las extremidades y de la mandíbula inferior.

acromegálico -ca *adj* (*Med*) De (la) acromegalia.

acromioclavicular *adj* (*Anat*) Del acromion y la clavícula.

acromion (*tb* **acromión**) *m* (*Anat*) Parte más elevada del omóplato, que se articula con la extremidad externa de la clavícula.

acronía *f* (*lit*) Cualidad de ácrono.

acrónico -ca *adj* (*lit*) Intemporal o que no pertenece a ninguna época determinada.

acrónimo *m* Palabra formada con una o más letras iniciales de un grupo de palabras.

acronismo *m* (*lit*) Cualidad de ácrono.

ácrono -na *adj* (*lit*) Intemporal o acrónico.

acrópolis *f* **1** (*hist*) En una ciudad de la Grecia antigua: Parte alta y fortificada. *Tb se ha dicho de ciudades de otros países y de otras épocas.* ■ **2** (*lit, raro*) Parte más alta de una zona o región.

acróstico -ca I *adj* **1** [Composición poética] en que las letras iniciales de los versos forman una palabra o una frase. *Tb referido a los mismos versos. Tb n m.*
II *m* **2** Palabra o frase formada por las letras iniciales de una composición acróstica [1] o, a veces, de una serie de enunciados.

acrótera (*tb, raro,* **acrotera**) *f* (*Arquit*) Remate decorativo en uno de los vértices de un frontón.

acta *f* **1** Relación escrita de lo tratado o acordado en una junta. *Gralm con los vs* REDACTAR *o* LEVANTAR. ■ **2** Certificación o constancia oficial [de un hecho]. *Tb fig.* **b)** Certificación o constancia oficial de los votos emitidos en una mesa electoral. **c)** Certificación en que consta la elección de una pers. [para un cargo público (*compl* DE)]. ■ **3** Estatuto o ley básica.

actancial *adj* (*TLit o Ling*) De (los) actantes.

actante *m* **1** (*TLit*) Función o papel de los principales que existen en el relato (como sujeto, objeto, adyuvante, oponente, destinador, destinatario). *Tb fig.* ■ **2** (*Ling*) Agente. *Tb fig.*

actinia *f* Pólipo de numerosos tentáculos y vivos colores que vive adherido a las rocas (gén. *Actinia*).

actínico -ca *adj* **1** (*Fís*) [Radiación] que tiene efectos químicos. ■ **2** (*Med*) Causado por radiaciones actínicas [1].

actínido *adj* (*Quím*) [Elemento] cuyo número atómico está comprendido entre el 89 y el 103. *Frec n m.*

actinio *m* (*Quím*) Elemento radiactivo de número atómico 89.

actinobacilosis *f* (*Med*) Enfermedad causada por especies del gén. *Actinobacillus*.

actinomices *m* (*Biol*) Bacteria filamentosa de las pertenecientes al gén. *Actinomyces*, algunas de cuyas especies son patógenas.

actinomiceto *m* (*Biol*) Bacteria del orden de los actinomices. *Frec en pl, designando este taxón.*

actinomicina *f* (*Med*) Antibiótico tóxico obtenido de bacterias del gén. *Actinomyces*.

actinomicosis *f* Enfermedad crónica infecciosa propia esp. del ganado vacuno, causada por un actinomices y caracterizada por la formación de tumores en las mandíbulas y en la lengua.

actinomorfo -fa *adj* (*Bot*) [Órgano o parte de él] simétrico respecto a un eje.

actinopterigio *adj* (*Zool*) [Pez] de esqueleto óseo, con un solo par de orificios branquiales, sin hemisferios cerebrales ni cloaca y gralm. con escamas. *Frec como n m en pl, designando este taxón zoológico.*

actinota *f (Mineral)* Anfíbol de calcio, hierro y magnesio, de color verde y textura fibrosa.

actinouranio *m (Quím)* Isótopo del uranio con número de masa 235.

action painting *(ing; pronunc, /*ákʃon-péintin/*) m (Pint)* Forma evolucionada del expresionismo abstracto, desarrollada en la década de 1940, que se caracteriza por grandes brochazos y ocasionales gotas o salpicaduras de pintura.

actitud *f* **1** Postura corporal, esp. la que denota estado de ánimo. ■ **2** Disposición anímica respecto a alguien o algo.

actitudinal *adj (E)* De (la) actitud [2].

activación *f* Hecho de activar.

activador -ra *adj* Que activa. *Tb n: m y f, referido a pers; m, referido a medio o agente.*

activamente *adv* De manera activa [1b].

activar *tr* **1** Hacer que [algo *(cd)*] se haga o funcione con más rapidez o con más energía. ■ **2** Poner en actividad [2] [algo, esp. un mecanismo o un sistema]. **b)** *pr (*~**se**) Entrar en actividad [algo, esp. un mecanismo o un sistema]. ■ **3** Hacer activo o más activo [5] [algo *(cd)*]. **b)** *(Med)* Producir o aumentar transitoriamente la actividad [de un órgano *(cd)*].

actividad *f* **1** Cualidad de activo [1 a 7]. ■ **2** Estado o situación de activo [3 a 7]. ■ **3** Hecho de dar señales de vida. ■ **4** Conjunto de acciones coordinadas que tienen un fin o un efecto determinado. *Frec con un adj o compl especificador.* **b)** Conjunto de fenómenos coordinados que tienen un efecto común. **c)** Trabajo u ocupación.

activismo *m* **1** Condición de activista [1 y 2]. ■ **2** *(Pol)* Acción directa. *Tb la doctrina o tendencia que la preconiza.* ■ **3** Tendencia a dar primacía a la acción sobre cualquier otro valor. **b)** *(Filos)* Doctrina de carácter pragmático que da primacía a la acción y sus resultados sobre cualquier otro valor.

activista I *m y f* **1** *(Pol)* Pers. que practica la acción directa. ■ **2** *En gral:* Pers. partidaria de la acción frente a la pasividad.
II *adj* **3** De(l) activismo [2 y 3] o que lo implica.

activo -va I *adj* **1** Que actúa. **b)** Que implica actuación. ■ **2** [Pers. o colectividad] que trabaja. **b)** [Vida] laboral. **c)** [Situación del funcionario o del militar] en que está en el ejercicio de sus funciones y no excedente o retirado. **d)** Propio de los funcionarios o militares en situación activa. **e)** *(Econ)* [Población] que trabaja o está en condiciones de trabajar. ■ **3** [Pers.] dada a actuar o a tomar iniciativas. **b)** Propio de la pers. activa. ■ **4** [Cosa] que está en funcionamiento. ■ **5** [Cosa] capaz de ejercer su acción. **b)** [Principio] ~ → PRINCIPIO. ■ **6** *(Geol)* [Volcán] que tiene erupciones periódicas. ■ **7** *(Geol)* [Zona] en que se producen movimientos sísmicos. ■ **8** [Método de enseñanza] basado en la actividad y la iniciativa del alumno. ■ **9** [Homosexual] que hace el papel de varón. ■ **10** *(Com)* Que produce o sirve para producir beneficio. **b)** [Dividendo] ~ → DIVIDENDO. ■ **11** *(Gram)* [Forma o voz verbal] cuyo sujeto designa la pers. o cosa que realiza la acción. *Tb n f, designando voz.* **b)** [Oración] que tiene el verbo en voz activa. **c)** [Participio] ~ → PARTICIPIO.
II *m* **12** *(Com)* Conjunto de bienes y créditos pertenecientes a una pers. o a una entidad. *Tb fig.*

III *loc adv* **13 en ~.** Trabajando o ejerciendo sus funciones. *Tb adj. Tb fig.* **b)** En funcionamiento. ■ **14 por activa y por pasiva.** *(col)* De todas las formas posibles. *Normalmente con el v* DECIR *o equivalentes.*

acto I *m* **1** Acción. *Normalmente con un compl* DE *que expresa en qué consiste la acción.* **b)** ~ **sexual.** Unión sexual. *Tb, simplemente,* ~. ■ **2** Hecho formal, gralm. público y solemne. ■ **3** *(Escén)* Unidad de la acción dramática cuya representación está delimitada por la subida y bajada del telón. ■ **4** *(Filos)* Aquello que es realmente. *Se opone a* POTENCIA. *Frec en la constr* EN ~.
II *loc adv* **5 hacer ~ de presencia.** Presentarse [en un lugar], gralm. el tiempo mínimo suficiente para cumplir. **b)** Intervenir o hacer notar [alguien] su presencia.
III *loc adv* **6** ~ **seguido**, o *(raro)* ~ **continuo.** A continuación. ■ **7 en el ~.** En el mismo instante.

actor[1] **-triz** *m y f* Pers. que representa un papel en una obra de teatro, cine, televisión o radio. **b)** Pers. que finge o exagera. **c)** Pers. que interviene o desempeña un papel [en algo *(compl* DE)].

actor[2] **-ra** *(Der)* I *adj* **1** *En un juicio:* [Parte] demandante.
II *m y f* **2** *En un juicio:* Demandante.

actoral *adj* De(l) actor[1].

actuación *f* **1** Acción de actuar. **b)** Modo de actuar. ■ **2** *(Der) En pl:* Diligencias de un procedimiento judicial.

actual I *adj* **1** De ahora (de este momento, o del momento a que se hace referencia). ■ **2** *(Rel catól)* [Gracia o pecado] que se produce en un momento determinado. *Se opone a* HABITUAL. ■ **3** *(Gram)* Que expresa una acción que se produce en un momento determinado. *Se opone a* HABITUAL. ■ **4** *(Filos)* Que existe realmente. *Se opone a* POTENCIAL.
II *n* **5 el** ~ *(más raro,* **los ~es).** *(admin)* Este mes.

actualidad I *f* **1** Tiempo actual [1]. **b)** Estado [de algo] en el momento actual. ■ **2** Conjunto de cosas que tienen interés en el momento actual [1]. **b)** Noticia de interés en el momento actual. *Normalmente en pl.* ■ **3** Interés general en el momento actual [1].
II *loc adj* **4 de ~.** De moda, o que interesa en el momento actual [1].

actualismo *m (raro)* Cualidad de actual [1].

actualista *adj (raro)* Que se basa o inspira en lo actual [1]. *Tb n, referido a pers.*

actualizable *adj* Que puede actualizarse.

actualización *f* Acción de actualizar. **b)** *(Ling)* Operación por la que un signo lingüístico pasa al habla, identificando un concepto con una representación real del sujeto hablante.

actualizador -ra *adj* Que actualiza. *Tb n, referido a pers.* **b)** *(Ling)* [Signo o procedimiento] que sirve para la actualización [1b]. *Tb n m.*

actualizante *adj (lit)* Que actualiza.

actualizar *tr* Hacer actual. **b)** Adaptar [algo] al momento o a las circunstancias actuales.

actualmente *adv* **1** En el tiempo actual [1]. ■ **2** *(Filos)* De manera actual [4].

actuante *adj* Que actúa. *Tb n, referido a pers.*

actuar *(conjug 1d)* A *intr* **1** Realizar acciones. **b)** Proceder judicialmente. ■ **2** Hacer [una pers. o cosa] lo propio de ella. *Frec con un compl* EN *o* SOBRE.

b) Influir [una pers. o cosa sobre otra (*compl* EN o SOBRE)]. ■ **3** Trabajar [en calidad de algo (*compl* DE o COMO)]. **b)** Trabajar ante el público [un artista o un conjunto de artistas]. **c)** Trabajar como actor [en una obra de teatro, cine, radio o televisión]. **d)** Hablar públicamente. *Esp en una oposición.* ■ **4** Hacer [una pers. o cosa] funciones [de algo (*compl* DE o COMO)].
    B *tr* **5** Hacer o realizar. ■ **6** (*Filos*) Poner en acto [algo que existía en potencia].

actuarial *adj* (*Seguros*) Del actuario.

actuario -ria *m* y *f* (*Seguros*) Pers. versada en seguros que actúa como asesora de una entidad aseguradora. *Frec* ~ DE SEGUROS.

acuanauta *m* y *f* Nadador submarino.

acuarela *f* **1** Técnica de pintura sobre papel, con colores diluidos en agua y que emplea como blanco el del mismo papel. ■ **2** Pintura realizada a la acuarela [1]. ■ **3** Color de los usados en la acuarela [1].

acuarelado -da *adj* **1** *part* → ACUARELAR. ■ **2** Semejante a la acuarela.

acuarelar *tr* **1** Pintar a la acuarela [1]. ■ **2** Pintar con acuarela [3].

acuarelismo *m* Técnica o arte de la acuarela [1].

acuarelista *m* y *f* Pers. que pinta a la acuarela [1].

acuarelístico -ca *adj* De (la) acuarela [1]. *Tb fig.*

acuario[1] *m* **1** Depósito de agua en que se conservan vivos animales y vegetales acuáticos. ■ **2** Edificio destinado a la exhibición de animales o vegetales acuáticos vivos. ■ **3** Tienda en que se venden acuarios [1], peces y accesorios.

acuario[2] (*frec escrito con mayúscula*) *adj* [Pers.] nacida bajo el signo de Acuario. *Tb n.*

acuárium *m* Acuario.

acuartelamiento *m* **1** Acción de acuartelar(se). *Tb fig, fuera del ámbito militar.* ■ **2** Recinto militar de entidad inferior a la base, donde se alojan, gralm. de modo permanente, una o varias unidades.

acuartelar *tr* **1** Alojar [la tropa] en cuarteles. ■ **2** Concentrar [a la tropa] en sus cuarteles en previsión de alguna alteración o emergencia. **b)** *pr* (~se) Concentrarse [la tropa] en los cuarteles.

acuático -ca *adj* De(l) agua. **b)** Que habita en el agua. **c)** [Marrubio] ~, [menta] **acuática**, [mirlo] ~, [musaraña] **acuática**, *etc* → MARRUBIO, MENTA, MIRLO, MUSARAÑA, *etc*.

acuátil *adj* (*raro*) Acuático [1b]. *Tb n m, referido a animal.*

acubilar *tr* (*reg*) Recoger [ganado] en un corral o redil.

acucharado -da *adj* De forma de cuchara.

acuchillado[1] **-da** *adj* **1** *part* → ACUCHILLAR. ■ **2** (*hist*) [Prenda de vestir o parte de ella] con aberturas semejantes a cuchilladas, debajo de las cuales se ve una tela de otro color.

acuchillado[2] *m* **1** Acción de acuchillar [3]. *Tb su efecto.* ■ **2** (*hist*) Adorno del vestido consistente en aberturas semejantes a cuchilladas, debajo de las cuales se ve una tela de otro color.

acuchillador *m* Hombre que tiene por oficio acuchillar [3].

acuchillamiento *m* Acción de acuchillar [1a]. *Tb su efecto.*

acuchillar *tr* **1** Herir con cuchillo u otra arma blanca. *Tb fig.* **b)** Matar con cuchillo u otra arma blanca. ■ **2** (*raro*) Cortar [algo] con un cuchillo o con otro utensilio adecuado. **b)** Producir [algo] una sensación similar al corte de un cuchillo. **c)** (*lit*) Hender o rasgar. *Frec fig.* ■ **3** Alisar con cuchilla u otro instrumento [el suelo de madera, u otra superficie de la misma materia]. *Tb abs.*

acucia *f* (*raro*) **1** Deseo vehemente o anhelo. ■ **2** Diligencia (cualidad).

acuciador -ra *adj* Que acucia.

acuciamiento *m* Acción de acuciar.

acuciante *adj* [Cosa] que acucia.

acuciantemente *adv* De manera acuciante.

acuciar (*conjug* 1a) *tr* **1** Apremiar, o incitar [a alguien] a actuar pronto. ■ **2** Desasosegar o inquietar [a alguien].

acuciosamente *adv* De manera acuciosa.

acucioso -sa *adj* **1** Apremiante o acuciante. ■ **2** Movido por deseo vehemente.

acuclillar *tr* Poner en cuclillas. *Gralm el cd es refl.*

acudidero *m* Lugar adonde acuden [1d] habitualmente animales o perss.

acudir *intr* **1** Ir [alguien a un lugar adonde se espera que vaya o adonde debe ir]. *Tb en sent no material. Tb sin compl, por consabido.* **b)** Ir [alguien] al lugar desde el que alguien lo llama o grita. *Frec* ~ A LA LLAMADA. **c)** Ir o dirigirse [algo en cantidad a un lugar]. **d)** Ir [cierta cantidad de perss. o animales a un mismo lugar]. *Frec sin compl, por consabido.* **e)** Ir [a un acto]. ■ **2** Prestar ayuda o apoyo [a algo]. *Frec* ~ EN AYUDA DE. ■ **3** Recurrir [a una pers. o cosa] o buscar [en ella (*compl* A)] ayuda o remedio. *Tb fig.*

acueducto *m* **1** Conducto de agua destinado al abastecimiento de una población, frec. construido en forma de puente. ■ **2** (*humoríst*) Puente (vacación) más largo de lo corriente, o constituido por el empalme de otros dos. ■ **3** (*Anat*) Conducto para una vena o un nervio. *Normalmente con un compl especificador:* DEL CARACOL, DE COTUNNIUS, DE FALOPIO, DE SILVIO.

acuencado -da *adj* De forma cóncava, como de cuenco.

acuerdo **I** *m* **1** Acción de acordar (decidir, llegar a estar conformes, o poner en armonía). **b)** Cosa acordada o decidida, esp. por varias perss. en común. ■ **2** Armonía o conformidad.
    II *loc adj* **3 de ~s.** [Libro] en que se hacen constar los acuerdos [1b] de determinadas corporaciones.
    III *loc v* **4 volver** [alguien] **de su ~.** Volverse atrás en la resolución tomada.
    IV *loc adv* **5 de ~.** Con un parecer común. *Normalmente con* ESTAR *o* PONER(SE), *y frec con un compl* CON. **b)** *Formando or independiente, se usa como fórmula de aprobación; en forma interrogativa, se usa para pedir aprobación.* ■ **6 de ~.** Considerando acertados o aceptables [una idea o un proyecto (*compl* CON)]. *Gralm con el v* ESTAR.
    V *loc prep* **7 de ~ con** (*tb, semiculto,* **de ~ a**). Según, o conforme a.

acufeno (*tb* **acúfeno**) *m* (*Med*) Sensación auditiva anormal percibida solamente por el sujeto.

acuícola *adj* (*Zool*) Que vive en el agua.

acuicultor -ra *m y f* Pers. que se dedica a la acuicultura.

acuicultura *f* Cultivo de especies vegetales o animales en el agua.

acuidad *f* (*lit*) Agudeza. *Referido normalmente a los sentidos o a la mente.*

acuífero -ra *adj* **1** [Capa, vena o zona del terreno] que contiene agua. *Tb n m, referido a vena.* **b)** De(l) agua contenida en el suelo o subsuelo. ■ **2** (*Bot*) [Parénquima] constituido por células con grandes vacuolas en que se almacena el agua.

acuitar *tr* (*raro*) Afligir. **b)** *pr* (~**se**) Afligirse.

acular A *tr* **1** Hacer que [alguien o algo] quede arrimado o apoyado por detrás [contra algo (*compl* EN *o* A)]. *Frec el cd es refl.* **b)** Sentar [a alguien] o hacer que apoye las nalgas [en algo]. *Frec el cd es refl.* ■ **2** (*col*) Arrinconar [a una pers. o animal] hasta que un obstáculo le impide seguir retrocediendo. **b)** (*raro*) Obligar o empujar [a alguien a algo]. **B** *intr pr* (~**se**) **3** Agacharse [un animal] apoyando en el suelo la parte trasera. ■ **4** (*Taur*) Arrimar [el toro] los cuartos traseros [a las tablas o la barrera (*compl* EN)].

aculatar *tr* Apoyar la culata [de la escopeta u otra arma similar (*cd*)] en el hombro para disparar. *Tb abs.* **b)** Apoyar la culata [de la escopeta (*cd*)] en un lugar].

acullá *adv* (*lit*) En otro lugar más lejano. *Contrapuesto a* AQUÍ, ACÁ, ALLÍ *o* ALLÁ.

aculotar *tr* Ennegrecer o ahumar [la pipa de fumar]. *Tb fig y frec en contexto metafórico.*

aculturación *f* Acción de aculturar. *Tb su efecto.*

acultural *adj* (*lit, raro*) Carente de cultura o ajeno a ella.

aculturar *tr* Adaptar o incorporar [un grupo social o cultural] a formas de cultura de otro grupo, normalmente de nivel más avanzado.

acumen *m* (*raro*) Ingenio o perspicacia.

acuminado -da *adj* (*E*) Que termina en punta alargada.

acumulable *adj* Que puede acumularse.

acumulación *f* Acción de acumular(se). *Tb su efecto.*

acumulador -ra I *adj* **1** Que acumula. **II** *m* **2** Aparato que almacena energía, esp. eléctrica, y que la restituye parcialmente cuando se necesita. ■ **3** (*raro*) Memoria [de una máquina de escribir o de calcular].

acumulamiento *m* Acumulación.

acumular *tr* **1** Reunir o juntar en cantidad. **b)** *pr* (~**se**) Reunirse o juntarse en cantidad. ■ **2** Agregar [una cosa a otra u otras que ya existen o ya se tienen]. **b)** *pr* (~**se**) Agregarse [una cosa a otra u otras que ya existen o ya se tienen].

acumulativamente *adv* De manera acumulativa.

acumulativo -va *adj* **1** De (la) acumulación o que la implica. **b)** Que procede o funciona por acumulación. ■ **2** (*raro*) Acumulador [1].

acúmulo *m* (*lit o E*) Acumulación.

acunador -ra *adj* (*raro*) Que acuna. *Tb fig.*

acunar *tr* Mecer [a alguien] en la cuna, o como si estuviese en la cuna.

acuñable *adj* Que se puede acuñar[1].

acuñación *f* **1** Acción de acuñar[1], *esp* [1]. ■ **2** (*Numism*) Moneda.

acuñado -da *adj* [Forma] de cuña. **b)** De forma de cuña.

acuñador -ra I *adj* **1** Que acuña[1]. *Tb n, referido a pers.* **II** *m* **2** (*E*) Prensa que sirve para acuñar[1] [1] o para troquelar.

acuñamiento *m* (*raro*) Acción de acuñar[1].

acuñar[1] *tr* **1** Fabricar [una moneda o una medalla]. **b)** Fabricar monedas o medallas [con un metal (*cd*)]. ■ **2** Crear [una denominación o expresión que hace fortuna]. ■ **3** (*lit*) Crear o dar forma [a alguien o algo (*cd*)].

acuñar[2] *tr* **1** Meter cuñas [en una cosa (*cd*)] para asegurar[la]. ■ **2** Meter [algo] en un sitio sin dejar intersticios.

acuosidad *f* Cualidad de acuoso.

acuoso -sa *adj* **1** De(l) agua. ■ **2** Que tiene consistencia o aspecto parecidos a los del agua. **b)** (*Anat*) [Humor] claro situado entre la córnea y el cristalino. ■ **3** [Ojo] húmedo o con lágrimas. ■ **4** (*Quím*) [Disolución] que tiene como disolvente el agua.

acuotubular *adj* (*Mec*) [Caldera] en que el agua es vaporizada en gran número de tubos.

acupuntor -ra *m y f* Especialista en acupuntura.

acupuntura *f* Práctica terapéutica basada en el empleo de agujas que se clavan en determinados puntos del cuerpo.

acupuntural *adj* De la acupuntura o basado en ella.

acupunturista *m y f* Acupuntor.

acurrar *tr* (*reg*) Hacer que [las caballerías (*cd*)] se metan en el curro[2] (recinto). *Tb abs.*

acurrucar A *tr* (*raro*) **1** Envolver [a alguien] para proteger[le], esp. del frío. *Tb fig.* **B** *intr pr* (~**se**) **2** Encoger o replegar [alguien] el cuerpo, esp. para protegerse del frío.

acusable *adj* Que puede ser acusado [1 y 2, esp. 1].

acusación *f* **1** Acción de acusar(se) [1]. ■ **2** Palabras o texto que exponen la acusación [1]. **b)** Cosa que acusa [1a]. ■ **3** (*Der*) Acusador.

acusadamente *adv* De manera acusada [2].

acusado -da *adj* **1** *part* → ACUSAR. ■ **2** Claramente perceptible o marcado.

acusador -ra *adj* Que acusa [1a]. *Tb n.*

acusadoramente *adv* De manera acusadora.

acusar *tr* **1** Señalar o presentar [a alguien] como culpable [de una falta o un delito]. *Frec el compl* DE *se omite, por consabido. En derecho suele usarse en part, frec sustantivado.* **b)** *pr* (~**se**) Reconocerse culpable [de una falta]. ■ **2** Dar señales [de una realidad (*cd*)] o revelar[la]. **b)** Dar señales de percibir o notar [algo]. **c)** ~ **el golpe**, *o* **el impacto.** Dar [alguien] muestras, con palabras o con hechos, de haber sido afectado por un ataque material o verbal o por una alusión. **d)** ~ **recibo** → RECIBO. ■ **3** Hacer claramente perceptible, o marcar. ■ **4** (*Naipes*) Manifestar que se tiene [determinada combinación de cartas].

acusativo[1] **-va** (*Gram*) **I** *adj* **1** [Caso] que corresponde a la función de complemento directo. *Más frec como n m; entonces puede designar tb el sust que va en dicho caso.*
II *m* **2** ~ **griego, de relación** o **de parte.** Complemento, constituido por un nombre sin preposición, mediante el cual se precisa en qué aspecto tiene validez el contenido del término completado.

acusativo[2] **-va** *adj* (*raro*) Acusador.

acusatoriamente *adv* De manera acusatoria.

acusatorio -ria *adj* De (la) acusación [1] o que la implica.

acuse *m* **1** (*Naipes*) Acción de acusar [4]. ■ **2** ~ **de recibo.** Acción de acusar recibo (manifestar, gralm. por escrito, haber recibido algo). *Tb fig.*

acusica *m y f* (*col*) Pers. que tiene la costumbre de acusar [1a]. *Gralm referido a niños. Tb adj. Tb fig.*

acústico -ca I *adj* **1** Del sentido del oído. **b)** (*Anat*) [Nervio] auditivo. *Tb n m.* ■ **2** De(l) sonido. ■ **3** Que se transmite por medio del sonido. ■ **4** Relativo a la acústica [6 y 7]. ■ **5** [Tubo] que sirve para hablar o transmitir señales sonoras entre dos lugares apartados, esp. entre el puente y la sala de máquinas de un barco.
II *f* **6** Estudio científico del sonido. ■ **7** *En una habitación o un recinto:* Conjunto de características que determinan la fidelidad con que se perciben los sonidos.

acutángulo *adj* (*Geom*) [Triángulo] que tiene agudos los tres ángulos.

adafina *f* (*hist*) *Entre los hebreos:* Guiso semejante al cocido, que se deja entre rescoldos la noche del viernes para tomarlo el sábado.

adagietto (*it; pronunc corriente,* /adaŷéto/) *m* (*Mús*) Tempo menos lento que el adagio[2]. *Tb la pieza compuesta en ese tempo.*

adagio[1] *m* Sentencia breve de uso común, gralm. de carácter moral.

adagio[2] (*it; pronunc corriente,* /adáŷo/) *m* (*Mús*) Tempo lento. *Tb la pieza compuesta en ese tempo.*

adalid *m* **1** (*lit*) Dirigente o cabecilla espiritual. **b)** Pers. que encabeza un movimiento de defensa [de algo]. ■ **2** (*hist*) Jefe de una tropa.

adamado -da *adj* (*lit*) Afeminado.

adamantino -na *adj* [Cosa, esp. brillo] propia del diamante. **b)** Que tiene el brillo, la dureza u otra característica del diamante.

adamascado -da *adj* **1** [Tejido] que tiene aspecto o textura de damasco. **b)** De tejido adamascado. ■ **2** Propio del damasco.

adamasquinado *m* Damasquinado.

adámico -ca *adj* Adánico.

adamismo *m* Adanismo (tendencia a prescindir de lo pasado).

adamita *m y f* (*hist*) Adepto de una secta cristiana del s. II que defiende el nudismo.

adamsita *f* (*Quím*) Producto químico que provoca el estornudo, y usado frec. para disolver manifestaciones.

adamuceño -ña *adj* De Adamuz (Córdoba). *Tb n, referido a pers.*

adán (*a veces con mayúscula*) *m* (*col*) **1** Hombre descuidado en su arreglo personal. *Tb adj. Frec en constrs de sent comparativo y de intención ponderativa.* ■ **2** Hombre apático o indolente. *Tb adj.*

adánico -ca *adj* **1** Propio de Adán o relativo a Adán (primer hombre de la Biblia). *Frec aludiendo a la desnudez.* ■ **2** De(l) adanismo.

adanismo *m* **1** Tendencia a actuar prescindiendo de lo ya existente o de lo hecho antes por otros. ■ **2** Desnudismo. ■ **3** (*TLit*) Acmeísmo (movimiento poético).

adaptabilidad *f* Cualidad de adaptable.

adaptable *adj* Que puede adaptarse.

adaptación *f* **1** Acción de adaptar(se). *Tb su efecto.* ■ **2** Obra literaria resultante de la adaptación [1] de otra anterior.

adaptado -da *adj* **1** *part* → ADAPTAR. ■ **2** Adecuado o conveniente.

adaptador -ra *adj* Que adapta. *Frec n: m y f, referido a pers; m, referido a aparato.*

adaptar *tr* **1** Modificar [una cosa] de manera adecuada [a unas circunstancias, un fin o un destino que no son los primitivos (*compl* A o PARA)]. *Tb sin compl, por consabido.* **b)** *pr* (~**se**) Modificarse [algo] de manera adecuada [a unas circunstancias, un fin o un destino nuevos (*compl* A o PARA)]. *Tb sin compl, por consabido.* ■ **2** Hacer que [alguien (*cd*)] modifique sus hábitos, sus tendencias o su capacidad de manera adecuada [a unas circunstancias o actividad nuevas]. **b)** *pr* (~**se**) Modificar [alguien] sus hábitos, sus tendencias o su capacidad de manera adecuada [a unas circunstancias o actividad nuevas]. *Tb sin compl, por consabido.* ■ **3** Acoplar o juntar [una cosa a otra] de manera que funcionen en conexión.

adaptativo -va *adj* De la adaptación [1] o que la implica.

adaraja *f* (*Arquit*) Sillar o ladrillo que se deja saliente en un lado de un muro en construcción, para que después se pueda continuar este sin que aparezca discontinuidad.

adarce *m* Costra salina que se forma sobre las plantas o cosas que están en contacto con el mar o con otras aguas saladas.

adarga *f* (*hist*) Escudo de cuero de forma ovalada o acorazonada.

adarme *m* **1** Cantidad mínima. *Precedido de* UN *y normalmente en constr neg, con intención ponderativa.* ■ **2** (*hist*) Unidad de peso que equivale aproximadamente a 180 cg.

adarve *m* *En una fortificación:* Camino que queda en lo alto del muro detrás de las almenas o del parapeto.

ádax *m* Antílope propio del desierto africano, con los cuernos en forma de lira (*Addax nasomaculatus*).

ad calendas graecas (*lat; pronunc,* /ad-kaléndas-grékas/) *loc adv* Para un momento que no llegará nunca.

ad cautelam (*lat; pronunc,* /ad-kautélam/) (*Der*) **I** *loc adj* **1** *En un testamento:* [Cláusula] en la que se dispone que un testamento posterior solo será válido si en él se consignan determinadas palabras o frases.
II *loc adv* **2** Como cautela o para prever la posible mala interpretación del que ha de juzgar.

addenda → ADENDA.

addisoniano -na *adj* (*Med*) Que padece la enfermedad de Addison (trastorno de las glándulas suprarrenales). *Tb n.*

adecentamiento *m* Acción de adecentar(se).

adecentar *tr* Poner [algo o a alguien] limpio y arreglado. *Referido a pers, frec el cd es refl.*

adecuación *f* Acción de adecuar(se). *Tb su efecto.*

adecuadamente *adv* De manera adecuada.

adecuado -da *adj* 1 *part* → ADECUAR. ■ 2 Que se ajusta a las necesidades o a las características [de alguien o algo (*compl* A o PARA)]. *Frec se omite el compl, por consabido.*

adecuar (*conjug* 1b; *tb, semiculto,* 1d) A *tr* 1 Adaptar [una cosa a alguien o algo (*ci o compl* A o PARA)]. *Tb sin compl.* **b)** *pr* (~se) Adaptarse [una cosa a otra].
B *intr pr* (~se) 2 Estar [una cosa] en consonancia o en armonía [con otra (*compl* A)].

adefesio *m* 1 (*col*) Pers., animal o cosa de aspecto feo y ridículo. *Tb adj.* ■ 2 (*lit, raro*) Disparate o despropósito.

adegañas *f pl* (*hist*) Tierras accesorias a un lugar.

adehala *f* (*lit, raro*) Regalo que se da como añadidura al pago estipulado. **b)** Añadidura o acompañamiento.

adehesado -da *adj* 1 *part* → ADEHESAR. ■ 2 (*reg*) [Terreno] que se deja sin cultivo.

adehesamiento *m* Acción de adehesar.

adehesar *tr* Convertir [una tierra] en dehesa.

adelantadamente *adv* De manera adelantada [2].

adelantado -da I *adj* 1 *part* → ADELANTAR. ■ 2 Que está o se produce más adelante de lo normal. *Tb adv.* **b)** Que presenta más desarrollo o progreso de lo común en su edad o en su época.
II *n* **A** *m y f* 3 Pers. que abre nuevos caminos en una actividad.
B *m* 4 (*hist*) Gobernador militar y político de una zona fronteriza o de una región. ■ 5 (*hist*) Superior o jefe de una aljama.
III *adv* 6 **por ~.** Anticipadamente. *Tb, simplemente,* ~.

adelantamiento *m* 1 Acción de adelantar, *esp* [3 y 6]. ■ 2 (*hist*) Dignidad o cargo de adelantado [4]. **b)** Territorio de la jurisdicción del adelantado.

adelantar A *tr* 1 Poner más adelante. *Frec el cd es refl.* ■ 2 Hacer que [el reloj (*cd*)] marque una hora posterior a la que marca. **b)** Hacer que [el reloj (*cd*)] marche más rápidamente. ■ 3 Hacer que [algo (*cd*)] venga u ocurra antes del tiempo previsto. **b)** *pr* (~se) Ir o venir [alguien], u ocurrir [algo], antes del tiempo previsto. ■ 4 Dar [una noticia] con anticipación. **b)** Dar a conocer con anticipación [un hecho futuro]. ■ 5 Pagar [una cantidad de dinero] por adelantado. **b)** Prestar [dinero]. ■ 6 Hacer [algo] con anticipación, para acortar el tiempo que falta para su terminación. ■ 7 Situarse delante [de otro (*cd*)]. *Frec abs, referido a vehículos en circulación.* ■ 8 Hacer que [una fecha (*cd*)] se sitúe antes en el tiempo.
B *intr* ➤ **a** *normal* 9 Ir más adelante, o progresar. *Frec con un compl* EN. ■ 10 Obtener alguna ventaja. **b)** Ganar tiempo. ■ 11 Marchar [un reloj] más deprisa de lo debido. *Tb pr* (~se).

➤ **b** *pr* (~se) 12 Actuar antes [que otro (*ci*)]. *Tb sin ci. Cuando se expresa la materia de la actuación es gralm por medio de* A + *infin o* EN + *n.* **b)** Actuar antes de que [algo (*compl* A)] ocurra. **c)** Actuar [alguien] de manera innovadora con relación a su tiempo. *Tb* ~SE A SU TIEMPO. **d)** Hablar [de algo (*compl* A)] antes de que exista o se produzca realmente. ■ 13 Situarse delante [de otro (*ci*)]. *Tb sin ci.* ■ 14 Ir [hasta un lugar que está delante].

adelante (*tb, pop,* **alante**) I *adv* 1 Hacia el lugar que está delante. *Precedido de prep, se sustantiva.* **b)** *n sin art* + ~, *o* POR + *n con art* + ~. Hacia la parte de delante [de lo designado por el n.]. *Referido a un camino, a un curso de agua o a algo que se puede recorrer.* * Tiró calle adelante. * Tiró por el camino adelante. ■ 2 En el lugar que está delante. ■ 3 En un punto próximo al final, en el espacio o en el tiempo. *Precedido de un adv de intensidad.* **b)** **más ~.** Después, no inmediatamente, en el espacio o en el tiempo. ■ 4 **en ~.** A partir del momento en que se habla o de que se habla. **b)** *Precedido de un compl* DE *que expresa lugar, tiempo o cantidad:* A partir del lugar, momento o cantidad que se expresa. ■ 5 **para ~.** (*col*) En estado de embarazada. *Gralm con el v* QUEDARSE.
II *loc adj* 6 **echado para ~** → ECHADO.
III *loc v y fórm or* 7 **~ con los faroles, echarse para ~, llevar ~, sacar ~, salir ~, tirar (para) ~,** *etc* → FAROL, ECHAR, LLEVAR, SACAR, SALIR, TIRAR, *etc.*
IV *interj* 8 Se usa para invitar a entrar al que ha pedido permiso para ello. **b)** Se usa para exhortar a continuar hablando o actuando, o a empezar a hacerlo.

adelanto *m* Acción de adelantar(se). *Tb su efecto.* **b)** Progreso, esp. técnico.

adelfa *f* Arbusto perenne, de flores rosas o blancas y hojas lanceoladas, de propiedades medicinales o tóxicas, que crece espontáneamente con relación a los caminos y también se cultiva con fines ornamentales (*Nerium oleander*). *Tb su hoja.*

adelfar *m* Sitio poblado de adelfas.

adélfico -ca *adj* (*raro*) De la adelfa.

adelfilla *f* Se da este *n* a las plantas *Bupleurum fruticosum*, herbácea, de flores amarillentas, pequeñas y en umbelas; *Daphne laureola*, arbusto espontáneo, de flores también amarillentas, hojas parecidas a las del laurel y frutos negros, y *Epilobium hirsutum*, herbácea de tallo velloso y flores rosas o purpúreas. *Esta última, tb* ~ PELOSA.

adelfo *m* (*reg*) Adelfa.

adelgazamiento *m* Acción de adelgazar(se).

adelgazante *adj* Que adelgaza [4] o hace perder peso. *Tb n m, referido a producto.*

adelgazar A *intr* 1 Ponerse delgado [alguien o algo, esp. una pers. o animal o una parte de su cuerpo]. *Tb pr* (~se), *gralm referido a cosa.* ■ 2 Perder densidad o espesor. *Tb pr* (~se). ■ 3 Perder intensidad.
B *tr* 4 Hacer que [alguien o algo (*cd*)] adelgace [1, 2 y 3]. *Tb abs. Tb fig.* **b)** Hacer que [alguien (*cd*)] parezca delgado o más delgado. ■ 5 Perder [alguien un peso determinado]. ■ 6 Estilizar [algo] reduciéndo[lo] a sus rasgos más elementales y característicos.

ademán *m* Movimiento o gesto que denota sentimiento, intención o disposición. *Normalmente con adj especificador o compl* DE. **b)** *En pl:* Manera de moverse o de gesticular.

además I *adv* **1** *Indica, a veces enfáticamente, que lo mencionado en la palabra o sintagma a que acompaña se añade a lo mencionado antes.* * No me interesa llamarle; además, no tengo tiempo. ■ **2** *En una coordinación con* Y *o fórmula equivalente, añade énfasis a la noción de suma indicada por aquellas.* * Tenemos que consentir que los hijos se vayan de juerga, y además tenemos que darles el dinero. II *loc prep* **3** ~ **de.** Añadiéndose a, o aparte de.

adementado -da *adj* (*raro*) Demente o enloquecido.

ademprio (*tb* **ademprío**) *m* (*reg*) Terreno comunal de pastos.

adenda (*tb con la grafía* **addenda**) *f* Adición o conjunto de adiciones al final de un escrito.

adenina *f* (*Biol*) Base de las componentes de los ácidos nucleicos.

adenitis *f* (*Med*) Inflamación de un ganglio, un grupo ganglionar o una glándula.

adenocarcinoma *m* (*Med*) Adenoma canceroso.

adenohipófisis *f* (*Anat*) Lóbulo anterior o glandular de la hipófisis.

adenoideo -a *adj* (*Anat*) [Tejido] rico en formaciones linfáticas. **b)** [Vegetaciones] **adenoideas** → VEGETACIÓN.

adenoma *m* (*Med*) Tumor de estructura semejante a la de una glándula, gralm. benigno.

adenomatosis *f* (*Med*) Estado en que un tejido glandular tiene tumores adenomatosos.

adenomatoso -sa *adj* (*Med*) Que tiene los caracteres del adenoma.

adenopatía *f* (*Med*) Enfermedad de los ganglios, esp. de los linfáticos.

adenosina *f* (*Biol*) Compuesto de adenina y ribosa.

adenovirus *m* (*Med*) Virus de los varios que pueden aislarse de amígdalas y tejido adenoideo, y son causantes de enfermedades, esp. respiratorias.

adensar *tr* Hacer más denso. **b)** *pr* (~**se**) Hacerse más denso.

adentellar *tr* (*raro*) Hincar los dientes [en alguien o algo (*cd*)].

adentrado -da *adj* **1** *part* → ADENTRAR. ■ **2** Que está dentro o más adentro.

adentramiento *m* Acción de adentrarse.

adentrar A *tr* **1** Hacer pasar [a alguien o algo (*cd*)] a la parte más interior [de un lugar (*compl* EN o, más raro, POR o HACIA)]. *Frec se es refl. Frec fig.* **b)** *pr* (~**se**) Pasar [algo] a la parte más interior [de un lugar (*compl* EN o, más raro, POR o HACIA)]. ■ **2** Meter [algo] dentro o más dentro. B *intr pr* (~**se**) **3** Avanzar [en un período de tiempo]. * Nos adentramos en el invierno. **b)** Avanzar [un período de tiempo]. * El invierno se adentra.

adentro I *adv* **1** A o hacia el lugar que está dentro. *Precedido de prep, se sustantiva.* **b)** *n sin art +* ~. Hacia la parte interior [de lo designado por el n.]. *Gralm referido a* TIERRA, MAR *o* AGUAS. * El mar avanza tierra adentro. ■ **2** En el lugar que está dentro. *Precedido de prep, se sustantiva.* ■ **3** (*col*) En la intimidad de la conciencia. *Precedido de prep, se sustantiva.* ■ **4 de puertas** (**para**) ~ → PUERTA. II *loc adj* **5 de tierra** ~ → TIERRA.

III *m pl* **6** Parte interior. *Tb* (*lit, raro*) *en sg.* **b)** (*Taur*) Terreno situado junto a las tablas de la plaza. ■ **7** Intimidad de la conciencia. *Precedido de adj posesivo y gralm de la prep* PARA.

adepto -ta *adj* Partidario o seguidor [de una idea o de una ideología, o del que la representa (*compl de posesión o* A)]. *Frec sin compl. Frec n.*

aderezado -da *adj* **1** *part* → ADEREZAR. ■ **2** Encaminado [a algo], o que tiene como objetivo o finalidad [algo (*compl* A)].

aderezador -ra *adj* Que adereza. *Tb n, referido a pers.*

aderezar *tr* **1** Condimentar [un alimento o una bebida] o dar[le (*cd*)] sabor más agradable. ■ **2** (*lit*) Acompañar [a una cosa (*cd*) otra que le da gracia o la hace más grata o atractiva]. **b)** Acompañar [una cosa con otra que le da gracia o la hace más grata o atractiva]. ■ **3** (*lit*) Preparar o disponer [una cosa], procurando que presente un aspecto bello. **b)** Preparar o disponer [algo]. ■ **4** (*raro*) Arreglar o componer [algo estropeado o roto].

aderezo *m* **1** Acción de aderezar. ■ **2** Condimento, o sustancia con que se aderezа [1]. ■ **3** Cosa que adereza o sirve para aderezar [2]. **b)** Juego de joyas, gralm. compuesto de collar, pendientes y pulseras. *Frec en pl.*

adeudable *adj* (*Com*) Computable como deuda.

adeudar *tr* **1** Deber [algo a alguien]. *Tb fig.* ■ **2** (*Com*) Cargar en cuenta [una cantidad].

adeudo *m* **1** Acción de adeudar. ■ **2** Cantidad que se adeuda.

ad experimentum (*lat; pronunc,* /ad-eksperiméntum/) *loc adv* Como experimento. *Tb adj.*

ad extra (*lat; pronunc,* /ad-ékstra/) *loc adv* Hacia fuera. *Tb adj.*

adherencia *f* **1** Cualidad de adherente. **b)** (*Fís*) Resistencia al deslizamiento en la superficie de contacto de dos cuerpos. ■ **2** Cosa adherida. ■ **3** (*Med*) Unión anormal de dos superficies u órganos próximos, constituida por tejido conjuntivo fibroso.

adherente *adj* **1** Que (se) adhiere. *Tb n, referido a pers.* ■ **2** Adhesivo, o que tiene capacidad de adherir [1a].

adherir (*conjug 60*) A *tr* **1** Pegar o unir [una cosa a otra] de manera que no se separen. *Tb en sent no material.* **b)** *pr* (~**se**) Pegarse o unirse [una cosa a otra]. B *intr* **2** Unirse o sumarse [una pers. a otra, o a una opinión, ideología u organización]. *Normalmente pr* (~**se**).

adhesión *f* **1** Acción de adherirse [1b y 2]. ■ **2** (*Fís*) Fuerza de atracción que actúa entre moléculas de distinta especie.

adhesividad *f* Cualidad de adhesivo. *Tb fig.*

adhesivo -va I *adj* **1** Que tiene capacidad de adherir(se) [1]. II *m* **2** Sustancia que tiene la facultad de adherir [1a]. ■ **3** Objeto destinado a adherirse [1b] a una superficie.

ad hoc (*lat; pronunc,* /ad-ók/) *loc adj invar* Destinado especialmente para el caso.

ad hominem (*lat; pronunc,* /ad-óminem/) *loc adj invar* [Argumento] dirigido contra la persona y no contra sus tesis. *Tb adv.*

ad honorem (*lat; pronunc, /*ad-onórem/*) loc adj invar* Honorario. *Tb adv.*

adiabático -ca *adj* (*Fís*) Que se opone a la transmisión de calor, o que se produce sin ella.

adianto *m* Se da este n a tres plantas herbáceas del gén Asplenium: A. adiantum-nigrum (~ NEGRO), A. ruta-muraria (~ BLANCO) y A. trichomanes (~ ROJO).

adicción *f* Condición de adicto [1 y esp. 2].

adición I *f* **1** Acción de añadir. *Tb su efecto.* ■ **2** (*Mat*) Operación de sumar. *Tb fig, fuera del ámbito técn.*
II *loc adj* **3 de ~.** (*Quím*) [Compuesto] formado por la combinación de dos o más moléculas, una de las cuales es orgánica.

adicionador -ra *adj* Que adiciona, *esp* [1]. *Frec n, referido a pers.*

adicional *adj* Añadido o complementario. *A veces con un compl* A *o* DE.

adicionalmente *adv* De manera adicional.

adicionar *tr* **1** Hacer adiciones [1] [a algo (*cd*)]. ■ **2** Añadir [una cosa a otra]. *Tb sin ci, por consabido.* **b)** Añadir [una cosa (*compl* CON) a otra (*cd*)]. ■ **3** (*Quím*) Formar compuestos de adición [3] [con un cuerpo (*cd*)].

adictivo -va *adj* De (la) adicción o que la implica.

adicto -ta *adj* **1** Partidario o seguidor fiel [de alguien o de algo (*compl* A)]. *Tb n.* ■ **2** Dominado por el hábito de consumir [una droga (*compl* A)] o de jugar [a determinados juegos de azar (*compl* A)]. *Tb n.* **b)** Sumamente aficionado [a algo]. *Con intención ponderativa.* ■ **3** (*raro*) [Vocal] adjunto.

adiestrado -da *adj* **1** *part* → ADIESTRAR. ■ **2** (*Heráld*) [Pieza] a cuya derecha se pone [otra (*compl* DE)].

adiestrador -ra *adj* Que adiestra. *Frec n.*

adiestramiento *m* Acción de adiestrar(se). *Tb su efecto.*

adiestrar A *tr* **1** Enseñar o hacer diestro [a alguien]. *A veces con un compl* EN. **b)** Enseñar o amaestrar [a un animal]. *A veces con un compl* EN.
B *intr pr* (**~se**) **2** Ejercitarse [en algo] para adquirir destreza. *Tb sin compl, por consabido.*

adinamia *f* (*Med*) Falta o debilidad de las fuerzas. *Tb fig, fuera del ámbito técn.*

adinerado -da *adj* [Pers.] que tiene mucho dinero. *Tb n.*

ad infinitum (*lat; pronunc, /*ad-infinítum/*) loc adv* Hasta el infinito.

adintelado -da *adj* (*Arquit*) **1** Que tiene dintel. ■ **2** Basado en el dintel.

ad interim (*lat; pronunc, /*ad-ínterim/*) loc adv* Interinamente. *Tb adj.*

ad intra (*lat; pronunc, /*ad-íntra/*) loc adv* Hacia dentro. *Tb adj.*

adiós I *interj* **1** Se usa para despedirse. ■ **2** Se usa para saludar a una pers con la que alguien se encuentra y no se detiene a hablar. *Gralm con el v* DECIR. ■ **3** (*col*) Expresa contrariedad ante un suceso, esp que ya no tiene arreglo.
II *m* **4** Despedida. *A veces en pl expresivo.*
III *loc v y fórm or* **5** (*col*) Fórmula que acompaña, gralm precediéndola, a la mención de algo que se pierde o desaparece. **b)** ~, **Madrid, (que te quedas sin gente),** o ~ **mi dinero.** Se usa para expresar con contrariedad que algo se pierde o malogra sin remisión. ■ **6** ~, **muy buenas.** (*col*) Fórmula que expresa despedida fría o despectiva. **b)** y ~ **muy buenas.** Expresa ausencia total de afecto o de interés tras la despedida de dos perss entre las que ha existido alguna relación. ■ **7** decir ~. Despedirse [de alguien (*ci*)]. *Tb sin ci. Tb fig.* ■ **8** hacer ~. (*raro*) Hacer con la mano un gesto de despedida.

adiosero -ra *adj* (*raro*) De despedida o adiós.

adipoblasto *m* (*Biol*) Célula que se carga de grasa.

adiposidad *f* (*lit o Biol*) **1** Cualidad de adiposo. ■ **2** Parte adiposa.

adiposo -sa *adj* **1** (*lit*) Gordo. *Tb fig, referido a objetos.* ■ **2** (*Biol o lit*) De grasa. **b)** De naturaleza de grasa. ■ **3** (*Biol*) [Célula] cargada de grasa. **b)** Constituido por células cargadas de grasa.

adir *tr* (*Der*) Aceptar [una herencia].

aditamento *m* **1** (*lit*) Añadidura o añadido. ■ **2** (*Gram*) Complemento circunstancial.

aditicio -cia *adj* Que se añade.

aditivo -va I *adj* **1** De adición (acción de añadir o de sumar). **b)** Formado por adición.
II *m* **2** Sustancia que se añade a otra.

adiuretina *f* (*Biol*) Hormona antidiurética.

adivinable *adj* Que puede adivinarse.

adivinación *f* Acción de adivinar.

adivinador -ra *adj* Que adivina. *Frec n, referido a pers.*

adivinanza *f* **1** Pasatiempo que consiste en adivinar [2] algo basándose en unos pocos indicios propuestos. ■ **2** Acción de adivinar.

adivinar I *tr* **1** Predecir [algo futuro] o acertar [algo presente o pasado] por arte de magia o por algún don especial. ■ **2** Descubrir o conocer por conjeturas o por indicios aislados [algo que no se ve o no se conoce]. *Tb abs.* ■ **3** Acertar [algo] por azar o por intuición.
II *loc n m* **4** adivina quién te dio. Juego de niños en que uno, sin ver, tiene que acertar quién le ha golpeado.

adivinatorio -ria *adj* De (la) adivinación o que la implica.

a divinis (*lat; pronunc, /*a-dibínis/*) loc adj* (*Rel catól*) [Suspensión o cesación] de la autorización de celebrar oficios divinos. *Tb adv.*

adivino -na *m y f* Pers. que tiene dotes de adivinación.

adjetivación *f* **1** Acción de adjetivar(se). *Tb su efecto.* ■ **2** Conjunto de adjetivos [3].

adjetivador -ra *adj* Que adjetiva, *esp* [1 y 2].

adjetival *adj* (*Gram*) **1** De(l) adjetivo o de (los) adjetivos [3]. ■ **2** Que tiene carácter de adjetivo [3].

adjetivamente *adv* (*raro*) De manera adjetiva [1].

adjetivar A *tr* **1** Calificar [a alguien o algo (*cd*)] de lo que se indica (*compl* DE *o* COMO)]. ■ **2** Aplicar adjetivos [3] [a algo (*cd*)]. *Frec abs.*
B *intr pr* (**~se**) **3** (*Gram*) Pasar [un término] a la función de adjetivo [3].

adjetividad *f* Carácter adjetivo [1].

adjetivo -va I *adj* **1** No sustantivo, o de importancia secundaria. ■ **2** (*Gram*) [Palabra o grupo de

adjudicable – admitir

palabras] que tiene función propia de adjetivo [3].
b) Propio del adjetivo. **c) nombre ~ –>** acep. 3b.

II *m* **3** (*Gram*) Palabra cuya función propia es la de adjunto del nombre y que además es capaz de funcionar como predicativo. **b)** *Esp:* Palabra que se refiere al nombre y que expresa una cualidad. *Tb* (*raro*) NOMBRE ~.

adjudicable *adj* Que se puede adjudicar.

adjudicación *f* Acción de adjudicar.

adjudicador -ra *adj* Que adjudica. *Tb n, referido a pers.*

adjudicar *tr* **➤ a** *normal* **1** Declarar que [algo (*cd*)] corresponde [a alguien]. ■ **2** Conceder [un premio o una distinción].
➤ b *pr* (**~se**) **3** Atribuirse o arrogarse. ■ **4** Conseguir [alguien] que se le adjudique [1] [algo]. ■ **5** Ganar [un premio].

adjudicatario -ria *adj* [Pers.] a quien se ha adjudicado [1] [algo (*compl* DE)]. *Tb n.*

adjuntar *tr* **1** Enviar [algo] adjunto [4]. ■ **2** Añadir o juntar [una cosa a otra].

adjuntía *f* Puesto de profesor adjunto [2].

adjunto -ta **I** *adj* **1** [Cosa] unida [a otra]. *Frec se omite el compl, por consabido.* ■ **2** [Pers.] asociada [a un cargo] para ayudar en sus funciones al titular. *Normalmente siguiendo al n con que se designa a este titular. Tb n, seguido de* A + *la denominación del cargo; gralm sin este compl, cuando designa a un profesor.* ■ **3** (*Gram*) [Palabra] que va unida [a otra de rango superior (*compl de posesión*)]. *Tb n m.*
II *adv* **4** (*admin*) Acompañando a la carta que se envía. *Normalmente con los vs* ENVIAR O REMITIR.

adjurar *intr* (*raro*) Decir maldiciones o imprecaciones. *A veces con un compl* DE.

adlátere *m y f* (*col*) **1** Pers. subordinada a otra, o relacionada con ella, a la que acompaña habitualmente. *Frec con intención desp.* ■ **2** (*raro*) Aledaño, o cosa situada al lado.

ad-lib (*tb con la grafía* **adlib**) *adj invar* [Moda] ibicenca caracterizada por la tendencia informal, la libertad de formas y el empleo de encajes y bordados tradicionales. **b)** Propio de la moda ad-lib.

ad libitum (*lat; pronunc,* /ad-líbitum/) *loc adv* A discreción o a voluntad. *Tb adj.*

ad limina (*lat; pronunc,* /ad-límina/) *loc adj* (*Rel catól*) [Visita] que los obispos tienen obligación de hacer cada cinco años al Papa. *Tb fig, fuera del ámbito técn.*

adminículo *m* Objeto pequeño y sencillo destinado a un uso práctico.

administración (*gralm con mayúscula en acep* 5) *f* **1** Acción de administrar(se). ■ **2** Cargo de administrador. *Frec su oficina.* ■ **3** Oficina [de correos]. ■ **4** Establecimiento de venta de lotería]. ■ **5** Conjunto de los organismos de gobierno. *Tb* ~ PÚBLICA. *A veces con un adj especificador:* CENTRAL, LOCAL, AUTONÓMICA. *Frec se omite este adj, referido a la central.* ■ **6** Gobierno.

administrado -da *adj* **1** *part* –> ADMINISTRAR. ■ **2** [Pers.] sometida a una autoridad administrativa. *Tb n.*

administrador -ra **I** *adj* **1** Que administra. *Frec n, referido a pers.*
II *m* **2 ~ apostólico.** Prelado que, por delegación de la Sede Apostólica, se hace cargo de la administración de una diócesis, vacante o no.

administrar **A** *tr* **1** Dirigir la economía [de una pers. o de una entidad (*cd*)]. **b)** Atender al cuidado y utilización adecuada [de unos bienes (*cd*)]. *Tb fig.* ■ **2** Dirigir o gobernar [algo, esp. una colectividad o un territorio]. ■ **3** Atender a la aplicación [de la justicia (*cd*)]. *Gralm en la constr* ~ JUSTICIA. ■ **4** Dar o aplicar [algo, esp. medicamentos]. *Tb fig.* **b)** (*Rel catól*) Dar [un sacramento].
B *intr pr* (**~se**) **5** Cuidar o vigilar [alguien] sus gastos.

administrativamente *adv* **1** En el aspecto administrativo [1]. ■ **2** De manera administrativa [2b].

administrativista *adj* Especialista en derecho administrativo. *Frec n.*

administrativo -va *adj* **1** De (la) administración, *esp* [5]. ■ **2** [Derecho] que regula los actos del poder ejecutivo y las relaciones de los individuos con la Administración [5]. **b)** De(l) derecho administrativo. **c) contencioso ~ –>** CONTENCIOSO. ■ **3** [Pers.] que trabaja en la Administración [5]. *Frec n.* ■ **4** [Pers.] empleada en una oficina. *Frec n.*

admirable *adj* **1** Digno de admiración. ■ **2** Magnífico o extraordinario. *Con intención ponderativa.*

admirablemente *adv* De manera admirable.

admiración *f* **1** Acción de admirar(se). *Tb su efecto.* ■ **2** Signo ortográfico que se escribe al principio y al final de una palabra o una frase para indicar que deben pronunciarse con entonación exclamativa. *Tb* SIGNO DE ~.

admirador -ra **I** *adj* **1** Que admira [2 y 3]. *Frec n, referido a pers.*
II *m* **2** Pers. que considera atractiva y deseable [a otra (*compl de posesión*)].

admirar *tr* **1** Causar sorpresa o asombro [alguien o algo] por su carácter extraordinario. **b)** *pr* (**~se**) Sorprenderse o asombrarse [de algo] por su carácter extraordinario. ■ **2** Tener en alta estima por sus cualidades [a alguien]. **b)** Considerar [algo] como extraordinario, en gral. valorándo[lo] favorablemente. ■ **3** Contemplar u observar con deleite o aprecio [a alguien o algo].

admirativamente *adv* De manera admirativa [1a].

admirativo -va *adj* **1** Que denota o implica admiración [1]. **b)** (*Gram*) Exclamativo. ■ **2** Que admira [2 y 3].

admisibilidad *f* Cualidad de admisible.

admisible *adj* Que puede admitirse, *esp* [4].

admisiblemente *adv* De manera admisible.

admisión *f* **1** Acción de admitir. ■ **2** (*Mec*) Entrada de un fluido en un cilindro. ■ **3 ~ temporal.** (*Econ*) Régimen aduanero que permite importar, sin pagar derechos, materias primas destinadas a ser exportadas una vez transformadas.

admitir *tr* **1** Permitir que [alguien o algo (*cd*)] entre [en un lugar]. **b)** Permitir que [una petición formal (*cd*)] tenga entrada para ser tramitada [en un organismo público]. *Tb sin compl adv.* ■ **2** Aceptar [un ofrecimiento o una proposición]. **b)** Estar dispuesto a tomar o recibir [a alguien o algo]. **c)** Tolerar o consentir la ingestión [de un alimento (*cd*)]. ■ **3** Permitir [una cosa (*suj*)] otra (*cd*), esp. una acción]. **b)** Permitir [una cosa (*suj*)] la utilización [de otra (*cd*)]. **c)** Tener capacidad [para la cantidad que se expresa (*cd*)]. ■ **4** Considerar bueno o válido [a alguien o algo]. ■ **5** Considerar cierto o verdadero [algo]. **b)** Decir [alguien] que es cierto [algo dicho por otro y que frec. uno querría negar u ocultar].

admonición *f* **1** Amonestación o advertencia. ■ **2** Amonestación o represión. ■ **3** (*Rel catól, raro*) *En pl:* Amonestaciones.

admonitor -ra *m y f* **1** Amonestador. *Tb adj.* ■ **2** (*Rel catól*) *En una comunidad religiosa:* Miembro encargado de exhortar a la observancia de la regla.

admonitoriamente *adv* De manera admonitoria.

admonitorio -ria *adj* Que denota o implica admonición [1 y 2].

ad multos annos (*lat; pronunc,* /ad-múltos-ános/) *fórm or* Que sea por muchos años.

ADN (*sigla; pronunc,* /á-dé-éne/) *m* (*Biol*) Ácido desoxirribonucleico.

adnamantino -na *adj* De Almazán (Soria). *Tb n, referido a pers.*

ad nauseam (*lat; pronunc,* /ad-náuseam/) *loc adv* Hasta la náusea. *Referido a cosas exageradamente repetidas.*

adnominal *adj* (*Gram*) Que es complemento de un nombre.

adoba *f* (*reg*) Adobe.

adobador -ra I *adj* **1** (*raro*) Que adoba. *Tb n, referido a pers.* II *f* **2** (*reg*) Mujer que repara las artes de pesca.

adobar *tr* **1** Poner en adobo [1]. ■ **2** Aderezar o sazonar. *Tb fig.* ■ **3** Curtir [una piel]. ■ **4** Alterar [una narración u otro texto] para producir un determinado efecto. ■ **5** (*raro*) Arreglar o embellecer con cosméticos [a alguien o una parte del cuerpo]. *Frec el cd es refl.* ■ **6** (*reg*) Arreglar o reparar. ■ **7** (*hist*) Perfumar.

adobe *m* Masa de barro y paja, secada al sol, en forma de ladrillo y usada para construir paredes.

adobera *f* Lugar donde se hacen adobes.

adobero *m* Individuo que hace adobes.

adobo I *m* **1** Jugo hecho con varios ingredientes, como aceite, vinagre, sal y pimentón, que sirve para conservar y dar sabor a algunas carnes y pescados. *Frec en la loc* EN ~, *con vs como* PONER, ECHAR *o* METER. ■ **2** Acción de adobar. *Tb su efecto.* ■ **3** Carne o pescado adobados [1]. **b)** Chorizo, costillas y lomo de cerdo fritos y puestos en aceite para su conservación. ■ **4** Cosa que sirve para adobar o aderezar. *Tb fig.* II *loc adj* **5** en ~. [Lomo, costilla o chorizo] fritos y puestos en aceite para su conservación. III *loc v* **6** echar en ~. Freír lomo, costillas o chorizo y ponerlos en aceite para su conservación.

adocenado -da *adj* **1** *part* → ADOCENARSE. ■ **2** Vulgar o mediocre. *Tb n, referido a pers.*

adocenamiento *m* Acción de adocenarse. *Tb su efecto.*

adocenarse *intr pr* Quedarse en un nivel vulgar o mediocre.

adoctrinador -ra *adj* **1** Que adoctrina. *Tb n, referido a pers.* ■ **2** Relativo a la acción de adoctrinar.

adoctrinamiento *m* Acción de adoctrinar.

adoctrinar *tr* **1** Instruir [a alguien], o dar[le] conocimientos en una materia, esp. una creencia o doctrina. *A veces con un compl* EN. *Tb abs.* ■ **2** Aleccionar, o dar instrucciones, [a alguien (*cd*)].

adogmático -ca *adj* Que carece de dogmatismo.

adolecer (*conjug* 11) *intr* ➤ **a** *normal* **1** Tener como defecto [algo (*compl* DE)]. ■ **2** (*lit, raro*) Sufrir o padecer [a causa de algo (*compl* DE)]. ■ **3** (*semiculto*) Carecer [de algo].
➤ **b** *pr* (~**se**) **4** (*reg*) Quejarse.

adolescencia *f* Edad que transcurre desde la pubertad hasta el pleno desarrollo del organismo.

adolescente *adj* **1** Que está en la adolescencia. *Frec n, referido a pers. Tb fig, referido a seres no humanos.* ■ **2** Propio de la adolescencia o de los adolescentes [1].

adolorido -da *adj* (*raro*) Dolorido. *Tb fig.*

adonde (*con pronunc átona; tb normalmente con la grafía* **a donde** *en acep 1; tb, pop,* **ande**) I *adv relat* (*conj*) ➤ **a** *sin antecedente* **1** Al lugar al que (o en el que). *Tb fig.* * Se puede bajar a donde caen las aguas. * Ha llegado en su profesión a donde quería. ■ **2** (*pop*) En el lugar en que. *Tb fig.* * Ponlo ande quieras.
➤ **b** *con antecedente* **3** Al cual, a la cual, a lo cual. * Va a los mismos sitios adonde van los otros. ■ **4** (*pop*) En el cual, en la cual, en lo cual. * Se escapa del sitio adonde le encierran.
II *prep* **5** (*pop*) A casa de, o al sitio (gralm. habitual o fijo) de. * Voy adonde Carlos. ■ **6** (*pop*) En casa de, o en el sitio (habitual o fijo) de. * Estuvimos adonde Carlos.

adónde (*con pronunc tónica; tb, pop,* **ánde**) *adv interrog* **1** ¿A qué lugar? *Tb fig.* ■ **2** (*pop*) ¿En qué lugar? *Tb fig.*

adondequiera *adv* A cualquier parte. *Gralm como antecedente del pron relat* QUE.

adónico -ca *adj* **1** (*raro*) Propio de Adonis (personaje de la mitología griega). ■ **2** (*TLit*) [Verso pentasílabo] acentuado en la primera sílaba.

adonis *m* **1** Hombre bello y apuesto. ■ **2** *Se da este n a varias plantas herbáceas del gén Adonis, algunas de las cuales se usan como estimulantes cardíacos. A veces con un adj o compl especificador:* ~ DE OTOÑO (*A. annua*), ~ VERNAL (*A. vernalis*).

adonizarse *intr pr* (*raro*) Presumir.

adopción I *f* **1** Acción de adoptar. II *loc adj* **2** **de** ~. Adoptivo [1 y 2].

adopcionismo *m* (*Rel crist*) Doctrina surgida en España en el s. VIII, según la cual Jesucristo, en cuanto hombre, no es hijo de Dios por naturaleza, sino por adopción.

adopcionista *adj* (*Rel crist*) Del adopcionismo. **b)** Partidario o adepto del adopcionismo. *Tb n.*

adoptable *adj* Que puede adoptarse.

adoptador -ra *adj* Que adopta. *Tb n, referido a pers.*

adoptante *adj* Que adopta [1a]. *Tb n, referido a pers.*

adoptar *tr* **1** Tomar legalmente por hijo [a alguien que no lo es naturalmente]. *Tb abs. Frec en part, a veces sustantivado.* **b)** Tomar [una hembra] como hijo [a una cría que no es suya]. ■ **2** Tomar como propio [algo no material y de origen ajeno, esp. ideas, doctrinas, términos o expresiones]. ■ **3** Tomar o pasar a tener [algo no material, esp. formas, caracteres, actitudes, posturas, precauciones o decisiones, usos o normas].

adoptivo -va *adj* **1** [Padre o madre] que ha adoptado [1] [a alguien (*compl de posesión*)]. **b)** [Hijo] que ha sido adoptado [por alguien (*compl de posesión*)]. ■ **2** [Patria, nación, tierra, o n. de sent. similar] que no corresponde naturalmente [a una pers. (*compl de posesión*)], sino que ha sido elegida por ella. **b)** [Hijo] ~ –> HIJO. ■ **3** De la adopción legal.

adoquín *m* **1** Trozo de piedra labrado en forma de prisma rectangular, destinado a pavimentar las calles. ■ **2** Caramelo grande de forma parecida a la del adoquín [1]. ■ **3** (*col*) Pers. muy torpe. *Tb adj.*

adoquinado *m* **1** Acción de adoquinar. ■ **2** Pavimento de adoquines [1].

adoquinar *tr* Pavimentar con adoquines [1].

ador *m* (*reg*) Turno de riego.

adorable *adj* Encantador. *Gralm en lenguaje femenino.*

adoración *f* **1** Acción de adorar. ■ **2** Amor o cariño muy intenso. *Gralm con intención ponderativa.* ■ **3** Veneración o máximo respeto.

adorador -ra *adj* Que adora. *Frec n, referido a pers.*

adorante *adj* Que adora [1]. *Tb n, referido a pers.*

adorar *tr* **1** Rendir culto [a alguien o algo] considerándo[lo] como divinidad. **b)** Rendir culto [a alguien o algo relacionado con la divinidad]. ■ **2** Amar en sumo grado. *Gralm con intención ponderativa.* ■ **3** Sentir o mostrar veneración o máximo respeto [por alguien o algo (*cd*)].

adorativo -va *adj* Que implica adoración.

adoratorio *m* (*hist*) Templo de los indios americanos prehispánicos.

adoratriz *adj* [Religiosa] de la orden de las Esclavas del Santísimo Sacramento, fundada en Madrid en 1845 para la educación y rehabilitación de las jóvenes. *Tb n.*

adormecedor -ra *adj* Que adormece [1].

adormecer (*conjug 11*) **A** *tr* **1** Hacer caer [a alguien (*cd*)] en estado de somnolencia o sueño ligero. *Tb abs.* **b)** *pr* (~se) Entrar en estado de somnolencia o sueño ligero. ■ **2** Hacer perder sensibilidad [a alguien o algo (*cd*)]. *Tb abs.* **b)** *pr* (~se) Perder sensibilidad [alguien o algo]. ■ **3** Hacer perder actividad o impulso [a alguien o algo (*cd*)]. **b)** *pr* (~se) Perder actividad o impulso.
B *intr* ➤ **a** *normal* **4** (*reg*) Dormir [alguien]. *Tb pr* (~se).
➤ **b** *pr* (~se) **5** (*reg*) Dormirse [una parte del cuerpo].

adormecido -da *adj* **1** *part* –> ADORMECER. ■ **2** Que denota o implica adormecimiento.

adormecimiento *m* Acción de adormecer(se). *Tb su efecto.*

adormidera *f* **1** Planta de tallo hasta 1 m, flores blancas, rojizas o violetas, hojas grandes y frutos en cápsula, de los que se extrae el opio (*Papaver somniferum*). *Tb* ~ COMÚN. *Tb su fruto.* **b)** Con un *adj* o *compl especificador*, designa otras especies: ~ MARINA (*Glaucium flavum*), ~ CORNUDA (*Glaucium corniculatum*), ~ ESPINOSA (*Argemone mexicana*), ~ DE ZORRA (*Hyoscyamus albus*), etc. ■ **2** (*raro*) Droga.

adormilado -da *adj* **1** *part* –> ADORMILAR. ■ **2** Que denota o implica adormilamiento.

adormilamiento *m* Acción de adormilar(se). *Tb su efecto.*

adormilar *tr* Hacer que [alguien (*cd*)] quede medio dormido. **b)** *pr* (~se) Quedarse medio dormido.

adormir (*conjug 44*) *tr* (*lit*) Adormecer. *Tb pr* (~se).

adornador -ra *adj* Que adorna [1]. *Tb n, referido a pers.*

adornar *tr* **1** Añadir [algo (*compl* CON o DE) a una pers. o cosa (*cd*)] para dar[le] aspecto más bello. *Tb sin compl* CON o DE. **b)** Servir [algo] para dar aspecto más bello [a una pers. o cosa (*cd*)]. *Tb en sent moral. Tb abs.* ■ **2** ~ **la frente** [a alguien]. (*col*) Hacer[le] objeto de infidelidad sexual. *Tb simplemente* ~[le].

adornista *m* y *f* Especialista en la pintura de motivos decorativos.

adorno *m* **1** Acción de adornar [1]. ■ **2** Cosa que adorna [1b].

adosamiento *m* Acción de adosar(se). *Tb su efecto.*

adosar *tr* Poner [una cosa] unida físicamente [a otra (*ci*)] por alguno de sus lados. *Frec en part.* **b)** *pr* (~se) Unirse [una cosa] físicamente [a otra (*ci*)] por alguno de sus lados. *Frec en part.*

adoselado -da *adj* Cubierto por un dosel.

ad pedem litterae (*lat; pronunc,* /ad-pédem-lítere/) *loc adv* Al pie de la letra. *Tb adj.*

ad personam (*lat; pronunc,* /ad-persónam/) *loc adv* A la persona o para una persona determinada. *Tb adj.*

ad quem (*lat; pronunc,* /ad-kuém/) *loc adj* Hasta el cual. *Referido a término o fecha, o a juez.*

adquirente *adj* [Pers.] que adquiere [1]. *Tb n.*

adquirible *adj* Que se puede adquirir.

adquiridor -ra *adj* Adquirente. *Tb n.*

adquiriente *adj* Adquirente. *Tb n.*

adquirir (*conjug 38*) *tr* **1** Comprar [algo]. ■ **2** Pasar a tener [algo, normalmente no material].

adquisición *f* **1** Acción de adquirir. **b)** Aprendizaje. ■ **2** Cosa adquirida. *Tb fig, referido a pers.* **b)** Pers. o cosa cuya adquisición [1a] se considera ventajosa.

adquisitivo -va *adj* De (la) adquisición. *Frec referido a poder o capacidad.*

adquisitorio -ria *adj* Relativo a la adquisición.

adra *f* (*reg*) **1** Turno o vez. ■ **2** Hacendera (prestación personal).

adragante *m* Tragacanto. *Tb* GOMA ~.

adral *m* Tabla de las que se ponen en los costados de la caja del carro.

adrede *adv* A propósito o deliberadamente.

adredemente *adv* (*raro*) Adrede.

ad referendum (*lat; pronunc,* /ad-referéndum/) *loc adv* Bajo la condición de ser aprobado por el superior.

adrenal *adj* (*Anat*) Situado cerca del riñón.

adrenalina f (*Biol*) Hormona de las cápsulas suprarrenales, que aumenta la presión arterial y refuerza la actividad cardíaca.

adrenérgico -ca adj (*Med*) **1** Activado por la adrenalina. ■ **2** Producido por la adrenalina.

adrenolítico -ca adj (*Med*) Que inhibe la acción de la adrenalina.

adriático -ca adj Del mar Adriático.

adrizamiento m (*Mar*) Acción de adrizar.

adrizar tr (*Mar*) Enderezar o poner derecha [una embarcación].

adscribible adj Que se puede adscribir.

adscribir (*conjug* 46) tr **1** Destinar con carácter permanente [a una pers. (*cd*) a un trabajo o una responsabilidad, o a un organismo]. ■ **2** Atribuir [una cosa a otra] o relacionar[la con ella]. ■ **3** Unir o asociar [algo a un conjunto]. **b)** Unir o agregar [a alguien a una asociación o a otra colectividad]. *Gralm el cd es refl.*

adscripción f Acción de adscribir(se). *Tb su efecto.*

ad sensum (*lat; pronunc,* /ad-sénsum/) loc adv Por el sentido. *Tb adj.*

ad solemnitatem (*lat; pronunc,* /ad-solemnitátem/) loc adj (*Der*) [Requisito] formal indispensable para que un acto jurídico sea válido.

adsorbente adj (*Fís y Quím*) **1** Que adsorbe. *Tb n m, referido a cuerpo.* ■ **2** Propio del cuerpo adsorbente [1].

adsorber tr (*Fís y Quím*) Retener o concentrar [un cuerpo sólido] en su superficie [las moléculas de un fluido (*cd*) o las sustancias (*cd*) disueltas o dispersas en él].

adsorción f (*Fís y Quím*) Acción de adsorber.

adstrato m (*Ling*) Lengua que influye sobre otra por su vecindad geográfica o por su coexistencia en el mismo territorio. *Tb el mismo influjo.*

ad tempus (*lat; pronunc,* /ad-témpus/) loc adj Temporal.

aduana f **1** Oficina pública establecida en un punto de entrada y salida de un país, en la que se registran las mercancías que se importan o exportan y se cobran los derechos establecidos para ellas, y en la que se vigilan los artículos que pueden ser objeto de contrabando. ■ **2** Derecho que se paga en una aduana [1].

aduanero -ra I adj **1** De (la) aduana o de (las) aduanas. ■ **2** Que tiene aduana [1].
II m y f **3** Funcionario de aduanas [1].

aduar m **1** Poblado de los árabes nómadas, formado de tiendas o chozas. ■ **2** Campamento de gitanos. ■ **3** (*desp*) Poblado mísero.

aducción f **1** (*Constr*) Traída o transporte. ■ **2** (*Fisiol*) Movimiento por el cual un miembro u otro órgano se aproxima al plano de simetría del cuerpo humano o animal.

aducir (*conjug* 41) tr **1** Alegar. ■ **2** Traer a colación.

aductor -ra adj (*Anat*) Que realiza aducción [2]. *Tb n m, referido a músculo.*

aduendarse intr pr (*lit, raro*) Asemejarse a un duende.

adueñarse intr pr Apropiarse [de algo o de alguien] o pasar a dominar[lo (*compl* DE)]. *Tb fig.*

adufe m Pandero, esp. el morisco.

adujar tr (*Mar*) Recoger en vueltas circulares u oblongas [un cabo o cable o algo similar]. *Tb abs.*

adulación f Acción de adular.

adulador -ra adj **1** Que adula. *Tb n, referido a pers.* ■ **2** Propio de la pers. aduladora [1].

aduladoramente adv De manera aduladora.

adular tr **1** Alabar [a alguien] con exceso, con el fin interesado de halagar[le]. ■ **2** (*raro*) Acariciar.

adulatorio -ria adj Que sirve para adular.

adulón -na adj (*col*) Adulador. *Tb n, referido a pers.*

adulteración f Acción de adulterar[1], *esp* [1].

adulterador -ra adj Que adultera[1] [1]. *Tb n, referido a pers.*

adulterante adj [Cosa] que sirve para adulterar[1] [1]. *Tb n m.*

adulterar[1] tr **1** Falsificar [algo, esp. un alimento] mezclándo[lo] o sustituyéndo[lo] [con otra cosa]. *Tb sin compl* CON. ■ **2** Alterar o falsificar [algo]. ■ **3** Estropear [una cosa], esp. por la adición de un elemento postizo. **b)** pr (~se) Estropearse [una cosa], esp. por la adición de un elemento postizo.

adulterar[2] intr Cometer adulterio.

adulterino -na adj De(l) adulterio o que lo implica. **b)** [Hijo] nacido por adulterio.

adulterio m Relación sexual sostenida por una pers. casada, con pers. distinta de su cónyuge.

adúltero -ra adj **1** [Pers.] que comete adulterio. *Tb n.* ■ **2** De(l) adulterio o que lo implica.

adultez f **1** Condición de adulto. ■ **2** Edad adulta.

adulto -ta adj **1** [Ser vivo] que ha llegado a su pleno desarrollo. *Tb n, esp referido a pers. Tb fig, referido a seres no vivos.* ■ **2** Propio del ser adulto [1].

adumbración f (*lit*) Sombra u oscuridad.

adumbrar tr (*lit*) Sombrear, o llenar de sombra.

adunar tr (*raro*) Aunar.

adunia adv (*lit, raro*) En abundancia.

ad unum (*lat; pronunc,* /ad-únum/) loc adv Hacia una sola cosa.

adustez f Cualidad de adusto.

adusto -ta adj **1** [Pers.] poco dada a exteriorizar alegría o amabilidad. *Tb fig, referido a cosa.* **b)** Propio de la pers. adusta. ■ **2** [Cosa] seria o sin adornos. ■ **3** [Cosa] desagradable o poco grata.

ad usum Delphini (*lat; pronunc,* /ad-úsum-delfíni/; *tb con la grafía* **delphini**) loc adj [Texto, esp. libro] expurgado o adaptado por razones morales o por algún interés particular. *Tb adv.*

ad valorem (*lat; pronunc,* /ad-balórem/) loc adv (*Econ*) De acuerdo con el valor estimado de la mercancía. *Referido a derechos de aduana. Tb adj.*

advección f (*Meteor*) Traslación, esp. horizontal, de una masa de aire.

advenedizo -za adj (*desp*) [Pers.] que se ha introducido en una posición, un ambiente o una actividad de nivel superior a los que le corresponden. *Frec n. Tb fig.*

advenimiento (*frec con mayúscula en acep 2*) I *m* **1** (*lit*) Hecho de advenir [2]. ■ **2 el santo ~.** (*Rel jud*) La venida de Cristo al Limbo de los Justos para redimirlos. *Tb fig, fuera del ámbito religioso.*
II *loc v* **3 esperar el santo ~.** (*col*) Estar inactiva [una pers.] o sin uso [una cosa] esperando algo que no llega.

advenir (*conjug* **61**) *intr* (*lit*) **1** Llegar u ocurrir [un hecho]. ■ **2** Venir o llegar [alguien o algo]. *Frec con un compl de lugar* DE o A. **b)** Subir o acceder [un soberano al trono].

adventiciamente *adv* De manera adventicia.

adventicio -cia *adj* **1** [Cosa] que se presenta de manera accidental o inesperada. ■ **2** [Pers. o conjunto de perss.] que procede de fuera. **b)** [Gente o población] procedente de fuera y no estable. ■ **3** (*Biol*) [Órgano] que se desarrolla en un lugar que no es el normal. ■ **4** (*Geol*) [Cráter o cono] secundario formado en la ladera de un volcán.

adventismo *m* (*Rel crist*) Doctrina de las varias que sostienen la inminencia del segundo advenimiento de Cristo a la Tierra.

adventista *adj* (*Rel crist*) De(l) adventismo. **b)** Adepto al adventismo. *Tb n, referido a pers.*

adventual *adj* (*raro*) Propio de Adviento.

adveración *f* (*Der*) Acción de adverar.

adverante *adj* (*Der*) Que advera. *Tb n, referido a pers.*

adverar *tr* (*Der*) Certificar o dar como auténtico [algo, esp. un documento].

adverbial *adj* (*Gram*) **1** De(l) adverbio. ■ **2** Que desempeña función de adverbio.

adverbialización *f* (*Gram*) Hecho de adverbializar(se).

adverbializar *tr* (*Gram*) Hacer que [una palabra o un sintagma] pase a funcionar como adverbio. **b)** *pr* (**~se**) Pasar a funcionar como adverbio.

adverbio *m* (*Gram*) Palabra invariable cuya función propia es la de complemento de un verbo o de un término adjunto de sentido calificativo.

adversamente *adv* De manera adversa.

adversario -ria I *adj* **1** [Pers.] que se opone [a alguien o algo (*compl de posesión*)]. *Tb sin compl, por consabido.*
II *m y f* **2** [Pers. o animal] que lucha o se enfrenta [con otros (*compl de posesión*)]. *Como n m, a veces tiene sent colectivo.*

adversativo -va *adj* (*Gram*) **1** [Conjunción] que enlaza dos palabras u oraciones cuyos significados se oponen parcial o totalmente. ■ **2** [Oración] coordinada con otra por medio de una conjunción adversativa [1].

adversidad *f* Desgracia o infortunio.

adversión *f* (*raro*) Aversión.

adverso -sa *adj* Contrario o desfavorable.

advertencia *f* **1** Acción de advertir [1 y 2]. *Tb su efecto.* **b)** Texto breve en que se advierte [1a y 2] algo. ■ **2** Hecho o capacidad de advertir [3] o discernir.

advertible *adj* Que puede advertirse [3].

advertido -da *adj* **1** *part* → ADVERTIR. ■ **2** (*lit*) Listo o despierto. ■ **3** (*lit*) Atento o alerta.

advertidor -ra *adj* Que advierte [1 y 2]. *Tb n m, referido a aparato.*

advertimiento *m* (*raro*) Advertencia.

advertir (*conjug* **60**) *tr* **1** Avisar o hacer notar [algo a alguien]. * Te advierto que ella entiende mucho de esto. **b)** Avisar o hacer notar [a alguien (*cd*) algo (*compl* DE)]. *Tb sin compl* DE. * Tocó el claxon para advertir a su familia de que se impacientaba. ■ **2** Hacer saber [algo a alguien] por anticipado. *Frec como amenaza.* * No intente escapar; conviene advertir estas cosas a los amigos. ■ **3** Percibir o notar [algo o, más raro, a alguien]. * El peligro fue advertido demasiado tarde. * Se escabulleron sin ser advertidos.

adviento (*frec con mayúscula*) *m* (*Rel crist*) Tiempo comprendido entre el primer domingo de los cuatro que preceden a Navidad y la vigilia de esta fiesta.

advocación *f* **1** Nombre [de un personaje o un hecho sagrados] que se da como título a una iglesia u otra institución religiosa. *Referido a personaje sagrado, normalmente implica su patrocinio.* ■ **2** Nombre con que se rinde culto a un personaje sagrado y con el cual se evoca algún aspecto objeto de particular devoción.

adyacencia *f* Condición de adyacente [1].

adyacente *adj* **1** Contiguo o inmediato. ■ **2** (*hoy raro*) [Isla] que pertenece al territorio nacional, aunque esté alejada del continente. *Tb fig* (*humoríst*). ■ **3** (*lit*) [Cosa] secundaria o lateral. *Frec con un compl* A. ■ **4** (*Gram*) Adjunto. ■ **5** (*Geom*) [Ángulo] que tiene un lado común [con otro (*compl* A)] y cuyo lado no común está en línea recta con el del otro. *Normalmente en pl sin compl.*

adyuvante *adj* (*lit o E*) Que ayuda.

aeda *m* (*hist*) Cantor épico de la Grecia antigua. **b)** (*lit, raro*) Poeta.

aedo *m* (*hist*) Aeda.

aéreamente *adv* (*raro*) De manera aérea, *esp* [1b y 2b].

aerénquima *m* (*Bot*) En las plantas acuáticas: Espacio entre las células que contiene reservas de aire.

aéreo -a *adj* **1** De(l) aire. **b)** Que existe o se desarrolla por el aire y no por la superficie. **c)** [Fotografía o vista] que se realiza o produce desde el aire. **d)** (*Biol*) Que existe o se desarrolla en contacto directo con el aire atmosférico. ■ **2** De(l) avión o de (los) aviones. **b)** De (la) aviación. **c)** [Base] militar de aviación. **d)** [Espacio] en que se produce la navegación aérea [2a]. *Frec con un compl especificador del país al que corresponde su dominio.* **e)** [Puente] ~, [taxi] ~ → PUENTE, TAXI. ■ **3** Sutil o ligero. ■ **4** (*Pint*) [Perspectiva] que representa el alejamiento desdibujando gradualmente las figuras y atenuando sus tonos a medida que aumenta la distancia.

aerícola *adj* (*Zool*) [Animal] capaz de mantenerse y desplazarse en el aire.

aerífero -ra *adj* (*E*) Que lleva o contiene aire.

aeriforme *adj* (*Fís*) Parecido al aire. *Tb fig.*

aero- *r pref* **1** Aéreo o de(l) aire. * Radiadores y aerocalentadores. ■ **2** Aéreo o de (la) aviación. * El mercado aerocomercial.

aeróbic (*tb* **aerobic**) *m* Sistema de ejercicios gimnásticos acompañados de música y encaminados a incrementar el consumo de oxígeno con el fin de mejorar la función circulatoria.

aeróbico -ca *adj* (*Biol*) Aerobio [2].

aerobio -bia *adj* (*Biol*) **1** [Ser vivo] que necesita del oxígeno para subsistir. ■ **2** Que se produce con utilización de oxígeno libre.

aerobiosis *f* (*Biol*) **1** Vida aerobia [2]. ■ **2** Respiración aerobia [2].

aerobús *m* Avión de gran capacidad, para el transporte de viajeros.

aeroclub (*pl normal,* ~s *o* ~ES) *m* Club aéreo [2b].

aerodeslizador *m* Vehículo propulsado por reacción a escasa altura del agua o del suelo, sustentado sobre una capa de aire a presión entre su base y la superficie terrestre.

aerodinámico -ca **I** *adj* **1** De la aerodinámica [4] o de su objeto. ■ **2** [Forma] adecuada para limitar la resistencia del aire. **b)** Que tiene forma aerodinámica. **c)** De línea muy moderna. ■ **3** [Freno] cuya acción se basa en la resistencia al aire. **II** *f* **4** Estudio de la dinámica de los gases y esp. de las fuerzas que actúan sobre los cuerpos que se mueven en su seno.

aerodinamismo *m* Cualidad de aerodinámico [2].

aeródromo *m* **1** Área destinada al aterrizaje y despegue de aviones, esp. de carácter militar y gralm. más reducida que el aeropuerto. ■ **2** (*hoy raro*) Aeropuerto (civil).

aeroembolismo *m* (*Med*) Formación de burbujas de nitrógeno en la sangre y en el cerebro a causa de la disminución de la presión atmosférica.

aeroespacial *adj* **1** Relativo a la atmósfera y al espacio exterior a ella. ■ **2** Relativo a los vehículos aeroespaciales [1].

aerofagia *f* (*Med*) Deglución espasmódica de aire.

aerofaro *m* (*Aer*) Faro potente que se coloca en un aeropuerto para orientar a los aviones y facilitar los aterrizajes sin suficiente visibilidad.

aerofobia *f* (*Med*) Temor morboso al aire.

aerófono *m* (*Mús*) Instrumento músico de viento.

aerogenerador *m* Generador que funciona aprovechando la fuerza del viento.

aerografía *f* (*E*) Técnica de pintura mediante la aplicación de un chorro de aire comprimido.

aerográfico -ca *adj* (*E*) De (la) aerografía.

aerografista *m y f* (*E*) Especialista en aerografía.

aerógrafo *m* (*E*) Aparato que pulveriza pinturas o colores líquidos, mediante un chorro de aire comprimido.

aerograma *m* Carta para correo aéreo que, escrita en una hoja de papel ligero, se dobla y se pega en forma de sobre, y cuyo franqueo, que lleva impreso, es inferior al de las cartas normales.

aerolínea *f* Compañía de transporte aéreo. *Gralm. en pl con sent sg.*

aerolítico -ca *adj* (*Astron*) De (los) aerolitos.

aerolito *m* (*Astron y Mineral*) Meteorito compuesto fundamentalmente de silicatos.

aeromodelismo *m* Técnica o actividad de construir modelos reducidos de aviones y de hacerlos volar.

aeromodelista *m y f* Pers. que se dedica al aeromodelismo.

aeromodelo *m* Modelo reducido de avión o de otro aparato aéreo.

aeromóvil *m* (*raro*) Aeronave.

aeromoza *f* (*hoy raro*) Azafata (de avión).

aeronato -ta *adj* (*raro*) [Pers.] nacida en una aeronave durante el vuelo de esta. *Tb n.*

aeronauta *m y f* Pers. que pilota o tripula una aeronave, esp. un globo aerostático.

aeronáuticamente *adv* En el aspecto aeronáutico.

aeronáutico -ca **I** *adj* **1** De (la) aeronáutica [2]. **b)** [Ingeniero] cuyo campo de actividad es la aeronáutica. **II** *f* **2** Estudio o técnica de la navegación aérea.

aeronaval *adj* Aéreo y naval conjuntamente.

aeronave *f* Vehículo capaz de elevarse y desplazarse por la atmósfera.

aeronavegabilidad *f* (*admin*) Capacidad para la correcta navegación aérea.

aeronavegación *f* Navegación aérea.

aeronomía *f* Estudio de las regiones más altas de la atmósfera.

aeropirata *m y f* Pirata aéreo.

aeroplano *m* (*raro*) Avión (aparato).

aeroportuario -ria *adj* Relativo al aeropuerto o los aeropuertos.

aeropuerto *m* **1** Área destinada al aterrizaje y despegue de aviación civil, normalmente con instalaciones anejas. ■ **2** Aeródromo (militar).

aerosol *m* Suspensión de partículas microscópicas de un líquido o un sólido en el aire u otro gas. *Tb el aparato con que se obtiene.*

aerosólico -ca *adj* (*Med*) De(l) aerosol.

aerosolterapia *f* (*Med*) Tratamiento terapéutico con aerosoles.

aerostación *f* Navegación aérea por medio de aparatos que se sustentan en la atmósfera por efecto de un gas más ligero que el aire.

aerostático -ca *adj* De (la) aerostación. **b)** *Esp:* [Globo] que se utiliza para la navegación aérea. *Tb n m.*

aeróstato (*tb* **aerostato**) *m* Aeronave que se sustenta en la atmósfera por efecto de un gas más ligero que el aire.

aerotaxi (*tb con la grafía* **aero-taxi**) *m* Avión o avioneta de alquiler.

aerotermo *m* Aparato de calefacción que despide aire caliente.

aeroterrestre *adj* Aéreo y terrestre conjuntamente.

aerotransportable *adj* Que puede ser aerotransportado.

aerotransportar *tr* Transportar por vía aérea. *Frec en part y referido a fuerzas o material militares.*

aerotrén *m* Vehículo que circula por una vía en forma de T invertida, sobre un cojín de aire comprimido.

aerovía *f* (*Aer*) Ruta establecida para el vuelo de los aviones.

aeta *adj* De un pueblo indígena de las montañas de Filipinas, caracterizado por la corta estatura y el color pardo muy oscuro de la piel. *Tb n, referido a pers.*

afabilidad *f* Cualidad de afable.

afable *adj* [Pers.] de trato amable o afectuoso. **b)** Propio de la pers. afable.

afablemente *adv* De manera afable.

afabulación *f* Trama de una obra literaria de ficción.

afabular *tr* Relatar [hechos] en forma de ficción literaria.

afaenado -da *adj* (*raro*) Atareado.

afamado -da *adj* 1 *part* → AFAMAR. ■ **2** Que tiene mucha fama o renombre.

afamar *tr* Dar fama [a alguien o algo (*cd*)]. **b)** *pr* (~se) Adquirir fama.

afán *m* 1 Deseo vehemente o empeño. *Referido gralm a una actividad.* **b)** (*col*) Obsesión o manía. ■ **2** Quehacer. ■ **3** Ansia o impaciencia.

afanar **A** *intr* ➤ **a** *normal* 1 Trabajar, esp. con empeño o afán [1a]. *Tb pr* (~se). *A veces con un compl* EN *o* POR.

➤ **b** *pr* (~se) **2** Poner afán [1a] [en algo que no es trabajo (*compl* EN, POR *o, raro,* A)]. ■ **3** Moverse o ir de un lado a otro. **B** *tr* **4** (*col*) Robar [algo a alguien], esp. hurtando. *Tb abs.* **b)** Coger o agenciarse.

afaníptero *adj* (*Zool*) [Insecto] de metamorfosis complicada, de boca chupadora, y sin las alas aparentes. *Frec como n m en pl, designando este taxón zoológico.*

afanosamente *adv* De manera afanosa.

afanosidad *f* (*raro*) Cualidad de afanoso.

afanoso -sa *adj* 1 Que se afana [1 y 2]. ■ **2** Que denota o implica afán [1a]. ■ **3** Que tiene afán o deseo vehemente [de algo].

afantasmar *tr* Dar aspecto de fantasma [a alguien o algo (*cd*)]. **b)** *pr* (~se) Tomar aspecto de fantasma [alguien o algo].

afaquia *f* (*Med*) Falta del cristalino en el ojo.

afar *adj invar* De una tribu de origen etíope que habita esp. en la República de Yibuti. *Tb n, referido a pers.*

afarolado -da *adj* (*Taur*) [Lance] en que el diestro se pasa el engaño por encima de la cabeza. *Tb n m.*

afasia *f* (*Med*) Trastorno del lenguaje que obedece a una lesión del sistema nervioso central y que consiste en la pérdida total o parcial de la capacidad de comunicación, esp. de la articulación de los fonemas.

afásico -ca *adj* (*Med*) 1 Que padece afasia. *Tb n.* ■ **2** De (la) afasia.

afeador -ra *adj* Que afea.

afeamiento *m* Acción de afear(se).

afear *tr* 1 Hacer feo o más feo [a alguien o algo]. **b)** *pr* (~se) Hacerse feo o más feo. ■ **2** Censurar o reprochar [algo].

afebril *adj* (*Med*) Carente de fiebre.

afección *f* 1 (*lit o Med*) Enfermedad (alteración fisiológica). *Gralm con un adj o compl especificador.* ■ **2** (*lit*) Afecto o cariño. ■ **3** (*lit*) Adhesión o simpatía. ■ **4** (*lit*) Afición o inclinación.

afectación *f* 1 Cualidad de afectado [2]. ■ **2** Hecho de afectar(se). ■ **3** (*admin*) Destino o adscripción [de un funcionario o un contratado].

afectadamente *adv* De manera afectada [2].

afectado -da *adj* 1 *part* → AFECTAR. ■ **2** Poco natural o que da impresión de fingimiento o falta de espontaneidad.

afectante *adj* Que afecta [1].

afectar *tr* 1 Tener o producir efecto [una cosa (*suj*) sobre alguien o algo (*cd*)]. *Normalmente el cd va precedido de* A, *aunque designe cosa.* **b)** *Esp:* Producir efecto negativo [sobre alguien o algo (*cd*)]. ■ **2** Impresionar o emocionar [a alguien], esp. de manera dolorosa. ■ **3** Simular o aparentar. ■ **4** Tomar o tener [determinada forma].

afectísimo -ma *adj* *Superlat de* AFECTO² [2]. *Se usa en fórmulas de despedida en las cartas formales, gralm en la abreviatura* AFMO.: SU AFMO. S.S., SUYO AFMO.

afectivamente *adv* De manera afectiva [2].

afectividad *f* Conjunto de fenómenos de la vida afectiva [1].

afectivismo *m* Tendencia a dar preponderancia a lo puramente afectivo [1].

afectivo -va *adj* 1 De(l) afecto o de (los) afectos¹ [1 y 2]. ■ **2** Que denota o implica afecto¹ [1]. ■ **3** Inclinado al afecto¹ [1].

afecto¹ *m* 1 Disposición anímica favorable que nos liga a alguien o algo que valoramos positivamente por sus cualidades. ■ **2** Disposición anímica que alguien o algo inspira en nosotros. ■ **3** (*Rel catól*) Ejercicio piadoso en que, en forma de letanía, se manifiesta el amor a Jesucristo o a la Virgen María.

afecto² -ta *adj* 1 Adscrito o destinado [a un trabajo, puesto u organismo]. ■ **2** Que estima o aprecia [a alguien o algo]. **b)** Partidario [de alguien o algo (*compl* A)]. ■ **3** (*Med*) Afectado [de una enfermedad o lesión]. ■ **4** (*Der*) Sometido o sujeto [a algo].

afectuosamente *adv* De manera afectuosa [2].

afectuosidad *f* Cualidad de afectuoso.

afectuoso -sa *adj* 1 [Pers.] que tiene o muestra afecto¹ [1]. ■ **2** [Cosa] que denota o implica afecto¹ [1].

afeitado *m* Acción de afeitar [1, 2, 3 y 4].

afeitador -ra *adj* Que afeita, *esp* [1]. *Frec n f, referido a máquina.*

afeitar *tr* 1 Cortar a ras de la piel el pelo, esp. del bigote y la barba, [a alguien o una parte de su cuerpo (*cd*)]. *Frec con cd o ci refl. Tb abs.* **b)** Cortar a ras de la piel [el pelo (*cd*) o los pelos del bigote o la barba (*cd*)]. **c)** ~se ya [un hombre]. (*col*) Ser ya adulto, no un niño. ■ **2** Recortar o igualar [las ramas u hojas de los árboles o de otras plantas]. **b)** Segar [hierba, o el terreno cubierto de ella]. ■ **3** (*col*) Pasar [junto a alguien o algo (*cd*)] casi rozándo[lo]. *Frec* PASAR AFEITANDO. ■ **4** (*col*) Despuntar los pitones [de un toro de lidia (*cd*)]. **b)** Despuntar [los pitones (*cd*) de un toro de lidia]. ■ **5** (*col*) Alterar o arreglar maliciosamente [algo]. ■ **6** ~ [a alguien] **en seco.** (*col*) Causar[le] un gran daño material o moral.

afeite *m* (*lit, raro*) Cosmético. *Tb fig*.

afelio *m* (*Astron*) Punto de la órbita de un planeta o un cometa en que este se encuentra más lejos del Sol.

afelpado -da *adj* **1** *part* → AFELPAR. ■ **2** [Materia] de aspecto o consistencia semejantes a los de la felpa. *Frec n m. Tb fig, aludiendo a la suavidad.* ■ **3** De felpa o de material semejante a la felpa.

afelpar *tr* Dar [a algo (*cd*)] consistencia de felpa. *Frec fig, aludiendo a la suavidad.* **b)** *pr* (~**se**) Tomar algo consistencia de felpa. *Frec fig*.

afeltrarse (*conjug 6*) *intr pr* Enfeltrarse (tomar [un tejido o prenda] aspecto o consistencia de fieltro).

afeminado -da *adj* **1** *part* → AFEMINAR. ■ **2** [Hombre] que en sus modales o en su aspecto se asemeja a las mujeres. *Tb n*. **b)** Propio del hombre afeminado. ■ **3** [Cosa] delicada o blanda.

afeminamiento *m* **1** Acción de afeminar(se). *Tb su efecto.* ■ **2** Cualidad de afeminado.

afeminar *tr* **1** Hacer [a un hombre] semejante a las mujeres en sus modales o en su aspecto. **b)** *pr* (~**se**) Hacerse [un hombre] semejante a las mujeres en sus modales o en su aspecto. ■ **2** Dar [a algo (*cd*)] carácter femenino. **b)** *pr* (~**se**) Tomar carácter femenino. ■ **3** Hacer delicado o blando [algo] quitándo[le] fuerza o dureza.

aferencia *f* (*Anat y Psicol*) Transmisión o entrada de la periferia al centro.

aferente *adj* (*Anat y Psicol*) **1** Que va o entra de la periferia al centro. ■ **2** De (la) aferencia.

aféresis *f* (*Fon*) Supresión o caída de uno o varios sonidos al principio de la palabra.

aferético -ca *adj* (*Fon*) De (la) aféresis.

aferramiento *m* Acción de aferrar(se).

aferrar *tr* **1** Agarrar fuertemente con la mano [algo o a alguien]. **b)** *pr* (~**se**) Agarrarse fuertemente [a alguien o algo (*compl* A o, *más raro*, DE). *Tb fig.* ■ **2** Sujetar o asegurar firmemente [algo o a alguien]. *Tb fig*. **b)** Enganchar [el ancla]. *Esp en marina.* **c)** (*Mar*) Recoger y sujetar [una vela, bandera o algo que se enrolla o se pliega].

afervorar *tr* (*raro*) Enfervorizar.

affaire (*fr; pronunc corriente, /*afér/*) m* **1** Caso o asunto que alcanza notoriedad, esp. el que implica escándalo. ■ **2** Aventura amorosa.

affiche (*fr; pronunc corriente, /*afíche/*) m* (*raro*) Afiche. *Tb fig*.

afgano -na **I** *adj* **1** Del Afganistán. *Tb n: m y f, referido a pers; m* (*jerg*), *referido a hachís.* **II** *m* **2** Lengua del Afganistán.

afianzamiento *m* Acción de afianzar(se).

afianzar *tr* **1** Asegurar o afirmar (poner o hacer más seguro). **b)** *pr* (~**se**) Asegurarse o afirmarse. *A veces con un compl* EN. ■ **2** Apoyar o poner [una cosa sobre otra (*compl* EN o SOBRE)]. ■ **3** (*Der*) Garantizar o asegurar [algo] con fianza personal o económica y según los requisitos legales establecidos. *Tb abs*.

afiche *m* Cartel (papel o lámina que se exhibe con finalidad informativa o publicitaria).

afición **I** *f* **1** Tendencia habitual [de una pers. hacia una actividad, una diversión o un determinado tipo de cosas o perss. que le causan placer (*compl* A,

POR o HACIA)]. *A veces referido a animales. Tb sin compl.* ■ **2** Afecto o simpatía. *A veces con un compl* A. ■ **3** Conjunto de los aficionados [2]. *Con un adj o compl especificador, que frec se omite, por consabido. Tb fig, humoríst.*
    II *loc adj* **4 de** (*raro*, **por**) ~. Aficionado o no profesional.

aficionado -da *adj* **1** *part* → AFICIONAR. ■ **2** Que tiene afición [1] [a algo]. *Tb n*. **b)** [Pers.] que tiene afición [a un determinado espectáculo, esp. los toros o un deporte]. *Frec n. El compl suele omitirse, por consabido.* ■ **3** [Pers.] que ejerce una actividad sin ser profesional en ella. *Tb n. A veces con intención desp*.

aficionar *tr* Fomentar [en alguien (*cd*)] la afición [1] [a algo]. **b)** *pr* (~**se**) Tomar afición [a algo].

afídido *adj* (*Zool*) [Insecto] hemíptero de pequeño tamaño, de la familia del pulgón. *Frec como n m en pl, designando este taxón zoológico*.

afiebrado -da *adj* **1** Que tiene fiebre. ■ **2** Que denota fiebre.

afieltrado -da *adj* De aspecto o consistencia similares a los del fieltro.

afijación *f* (*Ling*) Adición de afijos.

afijal *adj* (*Ling*) Relativo a los afijos.

afijo -ja *adj* (*Ling*) [Elemento] que, añadido a una raíz, modifica su sentido o su valor gramatical, formando un lexema. *Más frec n m*.

afilacuchillos *m* Aparato para afilar cuchillos.

afiladamente *adv* (*raro*) De manera afilada o penetrante.

afilado¹ -da *adj* **1** *part* → AFILAR. ■ **2** Que tiene filo. ■ **3** Que termina en punta. **b)** Alargado y terminado en punta. ■ **4** Flaco o sumamente delgado. *Dicho esp de manos, rostro o facciones.* ■ **5** Penetrante o incisivo. *Tb fig*.

afilado² *m* Acción de afilar [1 y 2]. *Tb su efecto*.

afilador -ra **I** *adj* **1** Que afila [1]. *Tb n m y f, designando máquina.*
    II *m y f* **2** Pers. que tiene por oficio afilar [1] instrumentos cortantes.

afilar *tr* **1** Afinar el filo [de algo, esp. de un objeto cortante (*cd*)] o hacer que [algo (*cd*)] tenga filo. ■ **2** Aguzar la punta [de algo, esp. de un objeto punzante (*cd*)], o hacer que [algo (*cd*)] tenga punta. ■ **3** Hacer afilado¹ [4 y 5]. **b)** *pr* (~**se**) Hacerse afilado¹.

afiliación *f* **1** Acción de afiliar(se). ■ **2** Conjunto de miembros afiliados.

afiliar (*conjug 1a*) *tr* Inscribir [a alguien en una entidad o asociación (*compl* A)]. *Frec el cd es refl. Tb fig*.

afiligranado -da *adj* **1** *part* → AFILIGRANAR. ■ **2** Que es o parece de filigrana. ■ **3** Pulido y primoroso.

afiligranar *tr* **1** Hacer [con oro o plata (*cd*)] labor de filigrana. *Tb abs. Tb fig.* ■ **2** (*Arquit*) Dar [a algo (*cd*)] forma de filigrana o decorar con filigrana.

áfilo -la (*tb* **afilo**) *adj* (*Bot*) Carente de hojas.

afín *adj* **1** [Pers. o cosa] que tiene aspectos o rasgos en común [con otra (*compl* A)]. *Sin compl cuando en pl se refiere a una y otra.* ■ **2** Cercano intelectual o afectivamente [a una pers. o a unas ideas]. ■ **3** (*raro*) Próximo o contiguo.

afinación f **1** Acción de afinar [4]. *Tb su efecto.* ■ **2** Entonación justa.

afinado[1] **-da** adj **1** part → AFINAR. ■ **2** Preciso o perfecto.

afinado[2] m Acción de afinar [1].

afinador -ra A m y f **1** Pers. que tiene por oficio afinar [4] instrumentos. **B** m **2** Aparato o utensilio que sirve para afinar [4] instrumentos.

afinaje m (*Joy*) Acción de afinar [1] metales preciosos.

afinamiento m Acción de afinar. *Tb su efecto.*

afinar A tr **1** Hacer fino o más fino [algo o a alguien]. *Tb fig.* **b)** pr (~se) Hacerse fino o más fino [alguien o algo]. ■ **2** Reducir [el precio] todo lo posible. ■ **3** Precisar o perfeccionar [algo, frec. la puntería]. ■ **4** Poner [uno o varios instrumentos] con arreglo a un diapasón. **B** intr **5** Mostrarse exigente o buscar la perfección [en algo]. *Tb sin compl.*

afincadamente adv (*raro*) Ahincadamente.

afincado -da adj **1** part → AFINCAR. ■ **2** (*reg*) Dotado de tierras y en gral. de hacienda.

afincamiento m (*raro*) Acción de afincar(se).

afincar A tr **1** Establecer firmemente. ■ **2** (*reg*) Hincar o clavar. **B** intr **3** Establecerse, o quedarse fijo, [en un sitio]. *Frec pr* (~se).

afinidad f **1** Cualidad de afín. ■ **2** Aspecto en que dos perss. o cosas son afines. ■ **3** (*Der*) Parentesco entre un cónyuge y los parientes del otro. ■ **4** (*Quím*) Fuerza que mantiene unidos los átomos. ■ **5** (*Quím*) Tendencia de un elemento a combinarse con otro. *Frec con un compl* CON. **b)** Atracción.

afino m (*Metal*) Proceso por el que se eliminan o reducen las impurezas de un metal.

afirmación f **1** Acción de afirmar(se) [1, 2, 3, 5 y 6]. ■ **2** Cosa que se afirma [1].

afirmado m **1** Acción de afirmar [4]. ■ **2** Firme (pavimento o revestimiento de una carretera).

afirmador -ra adj Que afirma. *Tb n, referido a pers.*

afirmar A tr **1** Decir que [algo (*cd*)] es cierto. *Tb abs, frec con referencia a algo que se ha preguntado.* **b)** Decir o declarar. ■ **2** Hacer que [algo (*cd*)] quede estable o bien sujeto. **b)** Apoyar [una cosa en otra (*compl* EN o SOBRE)]. ■ **3** Hacer que [alguien] se mantenga firme [en una idea o sentimiento]. **b)** pr (~se) Pasar [alguien] a estar firme [en una idea o sentimiento]. ■ **4** Dotar de firme o pavimento [a una carretera]. **B** intr pr (~se) **5** Hacerse firme o más firme. ■ **6** Manifestarse firme [en lo dicho o pensado].

afirmativamente adv De manera afirmativa.

afirmativo -va adj De (la) afirmación (acción de afirmar, *esp* [1]). **b)** Que afirma.

aflamencado -da adj **1** part → AFLAMENCAR. ■ **2** Que imita lo flamenco andaluz o que tiende a lo flamenco.

aflamencar tr Dar aire o estilo flamenco andaluz [a algo (*cd*)].

aflautado -da adj **1** part → AFLAUTAR. ■ **2** [Sonido] agudo, semejante al de la flauta. **b)** *Esp:* [Voz] atiplada. ■ **3** Que tiene forma de flauta.

aflautar tr Hacer aflautada [2b] [la voz]. **b)** pr (~se) Hacerse aflautada [la voz].

aflechado -da adj De forma de flecha. *Esp en botánica, referido a hoja.*

aflicción f **1** Pesadumbre o tristeza. ■ **2** Sufrimiento físico. ■ **3** Cosa que aflige [1 y 2].

aflictivo -va adj **1** Que causa aflicción [1 y 2, esp. 1]. ■ **2** Que denota o implica aflicción [1 y 2, esp. 1]. ■ **3** (*Der*) [Pena] grave.

aflicto -ta adj (*raro*) Afligido.

afligidamente adv (*lit, raro*) De manera afligida [2].

afligido -da adj **1** part → AFLIGIR. ■ **2** Que muestra aflicción [1]. *Tb n, referido a pers.*

afligir A tr **1** Causar pesadumbre o tristeza [a una pers. o a su espíritu (*cd*)]. **b)** pr (~se) Sentir pesadumbre o tristeza. ■ **2** Causar sufrimiento físico [a alguien (*cd*)]. **B** intr pr (~se) **3** (*Taur*) Acobardarse.

aflojamiento m Acción de aflojar(se).

aflojar A tr **1** Hacer más flojo (menos fuerte, menos intenso o menos resistente). **b)** pr (~se) Hacerse más flojo. ■ **2** Poner flojo (poco ajustado o poco tirante). **b)** pr (~se) Ponerse flojo. ■ **3** (*col*) Entregar [dinero]. *Tb abs. A veces en constrs como ~* LA MOSCA *o ~* LA PASTA. ■ **4 ~ la mano, ~ las tuercas** → MANO, TUERCA. **B** intr **5** Ceder o bajar en energía o intensidad.

afloración f Afloramiento.

afloramiento m **1** Acción de aflorar [1]. ■ **2** Masa mineral que aflora [1b].

aflorante adj Que aflora [1].

aflorar A intr **1** Salir a la superficie. *Frec fig.* **b)** Aparecer a flor de tierra [algo, esp. una masa mineral o una corriente de agua]. **B** tr **2** Hacer que [algo (*cd*)] aflore [1].

afluencia f **1** Acción de afluir. ■ **2** Conjunto de aguas, perss. o cosas que afluyen. ■ **3** (*lit, raro*) Abundancia. ■ **4** (*lit, raro*) Facilidad para hablar o escribir.

afluente adj **1** [Corriente de agua] que aporta su caudal [a otra (*compl de posesión o, más raro,* A]. *Frec n m. Tb sin compl. Tb fig.* **b)** *En gral:* Que afluye. *Tb fig.* ■ **2** (*lit, raro*) Que tiene facilidad para hablar o escribir.

afluir (*conjug* 48) intr Desembocar o terminar [una corriente de agua en otra (*compl* A]. **b)** Ir a parar [algo a un lugar]. **c)** Acudir [una masa de perss. o cosas a un lugar].

aflujo m Acción de afluir.

afluyente adj Que afluye.

afofar tr (*raro*) Poner fofo. **b)** pr (~se) Ponerse fofo.

afogarar tr (*raro*) Quemar o requemar [algo]. *Tb pr* (~se).

afogonar tr (*raro*) Encender [algo] (hacer que arda). *Tb pr* (~se). *Tb fig.*

afollar (*conjug* 4) A tr **1** (*raro*) Mover [el fuelle]. **B** intr pr (~se) **2** Plegarse en forma de fuelle.

afondado -da adj (*raro*) **1** part → AFONDAR. ■ **2** Hundido (más hondo de lo normal).

afondar *intr* (*raro*) Hundirse o irse al fondo. *Tb pr* (**~se**).

afonía *f* Pérdida o disminución de la voz.

afónico -ca *adj* 1 Que padece afonía. *Tb fig.* ■ 2 (*raro*) Falto de sonido.

áfono -na *adj* (*lit, raro*) Afónico. *Tb fig.*

aforado[1] *m* Acción de aforar[1]. *Tb su efecto.*

aforado[2] **-da** *adj* Que goza de fuero. *Tb n, referido a pers.*

aforador -ra I *adj* 1 Que afora o sirve para aforar[1]. *Frec n m, referido a aparato.* II *m y f* 2 Pers. que tiene por oficio aforar[1].

aforar[1] *tr* 1 Determinar o calcular la cantidad o valor [de algo, frec. mercancías (*cd*)]. ■ 2 Medir la cantidad [de agua (*cd*)] que lleva una corriente en una unidad de tiempo. ■ 3 Calcular la capacidad [de algo, esp. de un recipiente (*cd*)]. ■ 4 Calibrar [un instrumento de medida]. **b)** Marcar una escala [en un recipiente (*cd*)] para medir la cantidad de líquido contenido.

aforar[2] *tr* (*Der*) Arrendar, o dar a foro, [tierras o edificios].

aforismático -ca *adj* Aforístico.

aforismo *m* Sentencia breve y doctrinal, esp. la que versa sobre una ciencia.

aforística → AFORÍSTICO.

aforísticamente *adv* De manera aforística.

aforístico -ca I *adj* 1 De(l) aforismo. **b)** Que tiene carácter de aforismo. II *f* 2 Conjunto de aforismos.

aformal *adj* (*Pint*) Aformalista.

aformalismo *m* (*Pint*) Informalismo.

aformalista *adj* (*Pint*) De(l) aformalismo. **b)** Partidario o cultivador del aformalismo. *Tb n, referido a pers.*

aforo *m* 1 Acción de aforar[1] [1, 2 y 3]. ■ 2 Capacidad total de las localidades [de un recinto de espectáculos].

aforrar *tr* (*raro*) Forrar.

aforro *m* (*Mar*) Material con que se cubre un cabo.

afortunadamente *adv* De manera afortunada [3]. *Expresa satisfacción porque ha sucedido algo que se deseaba, o acompaña a la mención de un hecho o una circunstancia dichosos.*

afortunado -da *adj* 1 *part* → AFORTUNAR. ■ 2 Que tiene suerte o buena fortuna. *A veces con un compl* EN. *Tb n, referido a pers.* ■ 3 Que implica o lleva consigo suerte o felicidad. ■ 4 Acertado u oportuno.

afortunar *tr* 1 Agraciar o premiar. *Normalmente en part.* ■ 2 (*raro*) Hacer afortunado [a alguien].

afoscamiento *m* Acción de afoscarse.

afoscarse *intr pr* Cargarse de bruma o de nubes [el cielo o el tiempo].

afótico -ca *adj* (*Biol*) [Zona batimétrica] desprovista de luz.

afrancesado -da *adj* 1 *part* → AFRANCESAR. ■ 2 Partidario de los franceses o de lo francés. *Esp referido a los partidarios de Napoleón durante la Guerra de la Independencia (1808-1814). Tb n, referido a pers.* **b)** De los afrancesados. ■ 3 Que imita lo francés.

afrancesamiento *m* 1 Acción de afrancesar(se). ■ 2 Condición de afrancesado [2].

afrancesar *tr* 1 Dar aspecto o carácter francés [a alguien o algo (*cd*)]. **b)** *pr* (**~se**) Adquirir aspecto o carácter francés. ■ 2 Hacer afrancesado [2] [a alguien]. **b)** *pr* (**~se**) Hacerse afrancesado.

afrecho *m* Salvado (cáscara de cereal).

afrenta *f* Ofensa contra el honor o la dignidad.

afrentar *tr* 1 Causar afrenta [a alguien (*cd*)]. ■ 2 Ofender o dañar [algo]. *Tb fig.*

afrentoso -sa *adj* [Cosa] que causa o implica afrenta.

afrescar *tr* (*raro*) Pintar [algo] al fresco.

afretar *tr* (*Mar*) Fregar o limpiar.

africación *f* (*Fon*) Modo de articulación que comienza con un contacto completo de los órganos articulatorios y termina con un estrechamiento con salida de aire.

africado -da *adj* (*Fon*) [Sonido] que se caracteriza por la africación. *Tb se dice de la articulación de ese sonido. Tb n f, referido a consonante.*

africander → AFRIKANDER.

africanía *f* (*raro*) Condición de africano [1].

africanidad *f* 1 Condición de africano [1]. ■ 2 Mundo africano [1].

africanismo *m* 1 Condición de africano [1]. ■ 2 Condición de africanista [2]. ■ 3 Estudio de lo africano, esp. la cultura y la política. ■ 4 Palabra, giro o rasgo idiomático procedente de alguna de las lenguas africanas [1].

africanista *adj* 1 De(l) africanismo [3]. **b)** Que cultiva el africanismo o es especialista en él. *Frec n.* ■ 2 [Jefe u oficial] que se ha formado en las campañas de África. **b)** Propio de los militares africanistas.

africanización *f* Acción de africanizar(se).

africanizar *tr* Dar carácter africano [1] [a alguien o algo (*cd*)]. **b)** *pr* (**~se**) Tomar carácter africano.

africano -na *adj* 1 De África. *Tb n, referido a pers.* **b)** [Cosa] que procede de África. ■ 2 Africanista [2]. *Tb n m.* ■ 3 [Odio] feroz.

áfrico -ca *adj* (*lit, raro*) Africano [1].

afridi *adj* De una tribu del noroeste del Afganistán. *Tb n, referido a pers.*

afrikaans (*neerl; pronunc corriente,* /afrikáns/) *adj invar* [Lengua] oficial de la República Sudafricana, que es variante del neerlandés. *Tb n m.*

afrikander (*ing; pronunc corriente,* /afrikánder/; *tb con la grafía* **africander**; *pl normal* ~s) *adj* Afrikáner. *Tb n, referido a pers.*

afrikáner (*pl invar o* ~s) *adj* Sudafricano de raza blanca y de lengua afrikaans. *Tb n, referido a pers.*

afro[1] *adj invar* [Peinado o cabello] voluminoso y de rizos muy menudos. *Tb* A LO ~.

afro[2] *m* (*argot Econ*) Activo financiero de retención en origen.

afro- *r pref* Africano. * Estudios afroamericanos. * Melodías afrobrasileñas.

afrodisíaco -ca (*tb* **afrodisiaco**) *adj* Que estimula el apetito sexual. *Tb n m, referido a sustancia o producto.*

afronegrismo *m* Palabra española procedente de las lenguas de los negros africanos.

afrontado -da *adj* **1** *part* → AFRONTAR. ■ **2** (*Arte y Heráld*) [Figuras de animales] que se miran mutuamente.

afrontamiento *m* Acción de afrontar(se), *esp* [3].

afrontar A *tr* **1** Hacer frente [a un problema, dificultad, peligro u otra situación negativa (*cd*)]. ■ **2** (*Arte y Heráld*) Poner frente a frente [dos animales]. *A veces el cd es refl.* B *intr pr* (**~se**) **3** Enfrentarse o luchar [con alguien o algo (*compl* CON *o ci*)]. *Tb sin compl, con suj pl.*

afrutado -da *adj* [Vino] que tiene perfume agradable de fruta. **b)** Propio del vino afrutado.

afrutamiento *m* Condición de afrutado.

afta *f* (*Med*) Pequeña ulceración blanquecina que se forma en la mucosa de la boca.

after shave (*ing; pronunc corriente,* /afterséib/; *tb con las grafías* **after-shave** *y* **aftershave**) *adj invar* [Loción] que sirve para suavizar la piel después del afeitado. *Frec n m.*

aftoso -sa (*Vet*) I *adj* **1** [Fiebre] **aftosa** → FIEBRE. II *f* **2** Fiebre aftosa [1] o glosopeda.

afuera I *adv* **1** Hacia el lugar que está fuera. *Precedido de prep, se sustantiva.* * El grano caía abajo y la paja volaba afuera. * No mire para afuera. ■ **2** En el lugar que está fuera. *Precedido de prep, se sustantiva.* * Afuera brilla el Sol. **b)** *n sin art* + **~**. En la parte de fuera [de lo designado por el n.]. * El tiempo que vivió muros afuera de la casa. ■ **3 de dientes ~, de labios ~, de puertas (para) ~** → DIENTE, LABIO, PUERTA. II *f pl* **4** Lugares próximos [a una ciudad (*compl de posesión*)]. *Normalmente precedido de art. Tb sin compl, por consabido.* ■ **5** (*Taur*) Terreno hacia los medios de la plaza.

afufas. tomar las ~. *loc v* (*col, raro*) Huir.

afusilar *tr* (*pop*) Fusilar.

afuste *m* (*Mil*) Armazón en que se monta una pieza de artillería.

agá (*tb* **aga**; *normalmente con mayúscula en acep 3*) *m* **1** En Turquía: Individuo que desempeña alguna jefatura o cargo relevante. ■ **2** Individuo que tiene cierto grado de nobleza de Persia y la India. ■ **3 ~ Khan** (*o* **Jan**). Jefe espiritual de los chiitas ismailíes.

agachadiza *f* Ave limícola de color pardo moteado, pico largo, alas puntiagudas y borde blancuzco en la cola (*Gallinago gallinago*). *Tb* **~** COMÚN. *Con un adj especificador, designa otras especies:* **~** REAL (*Gallinago media*), **~** CHICA (*Lymnocryptes minimus*).

agachamiento *m* Acción de agachar(se).

agachar A *tr* **1** Inclinar hacia abajo [una parte del cuerpo, esp. la cabeza o las orejas]. **b) ~ la cabeza, ~ las orejas** → CABEZA, OREJA. B *intr pr* (**~se**) **2** Encogerse [alguien] hacia el suelo.

agachona *f* (*reg*) Agachadiza (ave).

agalaxia *f* (*Med*) Falta o disminución anormal de la secreción láctea después del parto. **b) ~ contagiosa.** Enfermedad contagiosa de las cabras y las ovejas caracterizada por la inflamación de las ubres y la falta de secreción láctea.

agalbanarse *intr pr* (*col*) Emperezarse, o dejarse llevar por la pereza o galbana.

agalgado -da *adj* Semejante al galgo en algún aspecto, esp. en su delgadez.

agalla *f* **1** En un pez: Parte a manera de tapadera que cubre las branquias. *Tb la misma branquia.* ■ **2** Excrecencia redonda que se forma en algunos vegetales por la presencia de parásitos, esp. en los robles y otros árboles de su familia. ■ **3** (*col*) En pl: Valentía o coraje. *Frec con el v* TENER.

agallegado -da *adj* Semejante al gallego o a lo gallego.

agallinado -da *adj* **1** *part* → AGALLINARSE. ■ **2** [Carne o piel] de gallina.

agallinarse *intr pr* (*reg*) Acobardarse.

agallón *m* Agalla [2].

agallonado -da *adj* (*Arte*) Que tiene gallones.

agamí *m* Ave zancuda de América del Sur que se domestica fácilmente (*Psophia crepitans*).

agámido *adj* (*Zool*) [Reptil] saurio escamoso. *Frec como n m en pl, designando este taxón zoológico.*

agamuzarse *intr pr* (*raro*) Tomar color o aspecto semejantes a los de la gamuza.

agañotar *tr* (*reg*) Ahogar [a alguien] cogiéndo[le] por el cuello o gañote. *Tb fig.*

agapanto *m* Planta liliácea de origen africano, con hermosas flores azules o blancas en umbela (*gén. Agapanthus*, esp. *A. umbellatus*).

ágape *m* **1** (*lit*) Banquete o comida con motivo de una celebración. *Frec con intención humoríst.* ■ **2** (*hist*) Comida comunitaria de los primeros cristianos.

agapeta *m y f* (*Rel crist*) Miembro de la secta gnóstica fundada en España por Marco y Ágape (s. IV).

agar *m* Agar-agar.

agar-agar *m* Sustancia mucilaginosa que se extrae de varias algas y se utiliza en algunas industrias, en farmacia y, como medio de cultivo, en bacteriología.

agarbanzado -da *adj* Adocenado o mediocre.

agarbanzamiento *m* Condición de agarbanzado.

agarbarse *intr pr* (*reg*) Agacharse o agazaparse. *Tb fig.*

agareno -na *adj* (*lit*) Musulmán. *Tb n. Gralm referido a los musulmanes españoles.*

agaricáceo -a *adj* (*Bot*) [Hongo] basidiomiceto caracterizado por la presencia de numerosas laminillas en la parte inferior del sombrero. *Frec como n f en pl, designando este taxón botánico.*

agárico *m* Hongo comestible de los pertenecientes a la familia agaricáceas (*gén. Agaricus*).

agarrada *f* **1** (*col*) Riña o pelea, de palabra o de obra. ■ **2** (*Dep*) En la lucha canaria: Tiempo parcial de los que componen un encuentro, durante el cual los luchadores tratan de derribarse. **b)** Hecho de agarrarse [1] los luchadores para tratar de derribarse.

agarradera *f* **1** Parte para agarrar(se) [1]. ■ **2** (*col*) En pl: Influencia o recomendación. ■ **3** (*vulg*) En pl: Formas exuberantes [de una mujer]. *Esp designa los pechos.*

agarradero *m* **1** Parte para agarrar(se) [1]. ■ **2** Asidero o punto de apoyo. *En sent moral.*

agarrado -da *adj* **1** *part* → AGARRAR. ■ **2** (*col*) [Baile] en que la pareja va enlazada. *Frec como n m.* ■ **3** (*col*) [Pers.] tacaña.

agarrador *m* Almohadilla pequeña con que se cogen las asas que queman.

agarrar I *v* A *tr* **1** Coger o sujetar [algo o a alguien], esp. con fuerza o presión. ■ **2** (*col*) Coger, o pasar a tener, [algo no material, esp. una enfermedad, una borrachera o un disgusto]. **b)** Capturar [a alguien o algo] o adueñarse [de ellos (*cd*)]. *Tb fig.* ■ **3** (*col*) Hallar o encontrar [alguien o algo (*suj*) a alguien (*cd*) en una determinada situación. ■ **4** ~ **y + v.** (*pop*) *Fórmula con que se pone de relieve la acción expresada por lo que sigue a* Y. * *Yo agarré y me marché.*

B *intr* ➤ a *normal* **5** Quedar sujeta [una cosa] en el sitio en que se coloca. **b)** Prender o arraigar [una planta] en el lugar en que se pone. *Tb fig.* ■ **6** Adherirse [una cosa a otra (*compl* EN)]. ■ **7** Seguir [una dirección (*compl* POR)].

➤ b *pr* (~se) **8** Cogerse o sujetarse [a alguien o algo (*compl* A o DE)]. *Tb fig.* **b)** **agárrate.** (*col*) *Fórmula con que se previene enfáticamente al oyente sobre algo negativo que se avecina. Tb* AGÁRRATE, QUE VIENEN (o HAY) CURVAS. **c)** **agárrate.** (*col*) *Fórmula con que se previene enfáticamente al oyente sobre la importancia de la noticia que se le va a dar, o lo inesperado de esta.* **d) tener** [una mujer] **donde ~se.** (*vulg*) Tener formas exuberantes. ■ **9** Pegarse [un guiso] en el fondo del recipiente. ■ **10** Recurrir [a algo desagradable o que no se desea]. **b)** ~**se** (**como**) **a un clavo ardiendo** → CLAVO. ■ **11** (*col*) Pelearse [dos perss, o una con otra].

II *loc adj* **12 de ~se,** o **de agárrate y no te menees.** (*col*) *Se usa, pospuesto a un n de cosa, para ponderar lo expresado por este.*

agarre *m* **1** Adherencia [de un neumático o de una rueda]. ■ **2** Acción de agarrar(se) [1 y 8]. **b)** (*Caza*) Acción de agarrar [2b] los perros una pieza.

agarrón *m* (*col*) Acción de agarrar [1] con fuerza.

agarrotador -ra *adj* Que agarrota, *esp* [1].

agarrotamiento *m* Acción de agarrotar(se). *Tb su efecto.*

agarrotar *tr* **1** Poner rígido [a alguien o una parte de su cuerpo], impidiendo o entorpeciendo su movimiento. **b)** *pr* (~se) Ponerse rígido, con privación o dificultad de movimiento. ■ **2** Inmovilizar o paralizar. *En sent no material.* ■ **3** Dejar inmovilizado [un mecanismo], esp. por falta de engrase. **b)** *pr* (~se) Quedar inmovilizado [un mecanismo], esp. por falta de engrase. ■ **4** Oprimir fuertemente. *Frec fig.* ■ **5** Dar garrote [a un condenado (*cd*)].

agasajar *tr* **1** Ofrecer [a alguien (*cd*)] muestras especiales de atención. ■ **2** Homenajear.

agasajo *m* **1** Acción de agasajar. ■ **2** Acto o cosa con que se agasaja.

ágata I *f* **1** Variedad de cuarzo constituida por capas concéntricas de colores diferentes. II *adj invar* **2** [Color] propio del ágata [1]. *Tb n m.* **b)** De color ágata.

agateador *m* Pájaro pequeño, de color pardo y pico largo, fino y curvado, que trepa en espiral por el tronco de los árboles (*Certhia brachydactyla*). *Tb* ~ COMÚN. **b)** ~ **norteño.** Pájaro muy parecido al aga-

teador común, del que se distingue por tener las partes inferiores muy blancas (*Certhia familiaris*).

agavanzo *m* (*reg*) Escaramujo o rosal silvestre. *Tb su fruto.*

agave *m* o *f* Pita (planta).

agavillado *m* Acción de agavillar [1].

agavillador -ra *adj* Que agavilla. *Tb n f, referido a máquina.*

agavillar *tr* **1** Atar o reunir [algo, esp. mies], formando gavillas. *Tb abs.* ■ **2** (*lit*) Reunir o juntar [cosas o perss.].

agazapado -da *adj* **1** *part* → AGAZAPAR. ■ **2** Propio del que se agazapa.

agazapar A *tr* (*raro*) **1** Ocultar o esconder. B *intr pr* (~se) **2** Agacharse o encogerse para ocultarse o para acechar. *Tb fig.* **b)** Agacharse o encogerse. ■ **3** Ocultarse [un animal] esperando el momento oportuno para saltar o atacar. *Tb fig, referido a pers o cosa.* **b)** Esconderse u ocultarse. *Tb fig.*

agencia *f* **1** Empresa que ofrece determinado tipo de gestiones o servicios. *Con un adj o compl especificador, que a veces se omite, por consabido.* ■ **2** Organismo administrativo que tiene a su cargo una determinada actividad. *Normalmente con un compl especificador, que a veces se omite, por consabido.* ■ **3** Sucursal o delegación [de una empresa]. ■ **4** (*raro*) Acción.

agenciar (*conjug* 1a) *tr* ➤ a *normal* **1** Proporcionar [algo a alguien] mediante alguna gestión. *Frec el ci es refl.* **b)** Obtener o conseguir. *Tb fig.*

➤ b *pr* (~se) **2** ~**selas.** (*col*) Arreglárselas o ingeniárselas.

agenda *f* **1** Libro o cuaderno destinado a anotaciones personales de datos que interesa recordar, y en que se destina un espacio a cada día del año. ■ **2** Relación de los asuntos que han de tratarse en una junta o en una serie de juntas. ■ **3** Conjunto de cosas que alguien tiene que hacer en un día o un conjunto de días determinado.

agenesia *f* (*Med*) Desarrollo defectuoso de una parte del cuerpo.

agenésico -ca *adj* (*Med*) Incapaz de engendrar normalmente.

agente I *adj* **1** Que obra o actúa. ■ **2** (*Gram*) [Elemento] que designa la pers. o cosa que realiza la acción expresada por el verbo, esp. cuando este va en forma pasiva. *Frec n m.*

II *n* A *m* y *f* **3** Pers. que obra o actúa para producir un determinado efecto. ■ **4** Pers. que actúa con una determinada misión al servicio o en representación de otra, o de una organización o de un organismo. *Gralm con un adj o compl especificador.* **b)** Miembro de la escala básica de la policía, encargado de la vigilancia y el orden. *Tb* ~ DE POLICÍA. *A veces con un adj o compl especificador:* URBANO, DE TRÁFICO, DEL ORDEN, *etc.* **c)** ~ **diplomático.** Funcionario que representa a un Estado en el territorio de otro para el mantenimiento de relaciones entre ambos. ■ **5** Pers. que tiene a su cargo una agencia [1]. B *m* **6** Energía natural, cuerpo u organismo que ejerce alguna acción sobre los seres vivos o las cosas. ■ **7** ~**s sociales.** Grupos sociales (empresarios y sindicatos) que intervienen como tales en la actividad económica.

agerasia *f* (*Med*) Vejez libre de achaques.

agérato (*tb* agerato) *m* Planta vivaz de flores amarillas en cabezuela, usada como tónico y estimulante (*Achillea ageratum*).

agermanado -da *adj* (*hist*) De la sublevación de las Germanías de Valencia (1519-1523). *Tb n, referido a pers.*

agermanamiento *m* (*Der, reg*) Heredamiento por el cual los cónyuges se instituyen mutuamente en herederos.

agestado -da *adj* (*lit, raro*) Que presenta un gesto determinado y notorio.

aggiornamento (*it; pronunc corriente,* /ayornaménto/) *m* Actualización o modernización de la Iglesia católica en métodos o ideas. **b)** *En gral:* Actualización o modernización.

aggiornamiento (*pronunc corriente,* /ayornamiénto/) *m* Aggiornamento.

aggiornar (*pronunc corriente,* /ayornár/) *tr* Actualizar o modernizar. *Tb abs.*

agible *adj* (*Filos o lit*) [Cosa inmaterial] que puede ser hecha.

agigantado -da I *adj* 1 *part* → AGIGANTAR.
II *loc adv* 2 a pasos ~s → PASO[1].

agigantamiento *m* Acción de agigantar(se).

agigantar *tr* Hacer gigantesco [algo o a alguien]. *Frec con intención ponderativa.* **b)** *pr* (~se) Hacerse gigantesco.

ágil I *adj* 1 Capaz de moverse con facilidad y rapidez. **b)** [Movimiento] fácil y rápido. ■ 2 Ligero o rápido. ■ 3 Vivo o desenvuelto. *Referido frec a cosas inmateriales, como el ingenio o el estilo.*
II *m y f* 4 *En los ejercicios circenses:* Pers. que hace las acrobacias sostenida por el portor.

agilar *intr* (*reg*) Caminar, esp. deprisa.

agilidad *f* Cualidad de ágil.

agilipollado -da *adj* (*vulg*) 1 *part* → AGILIPOLLAR. ■ 2 Tonto o bobo.

agilipollar *tr* (*vulg*) Volver tonto o bobo [a alguien]. **b)** *pr* (~se) Volverse tonto o bobo.

agilitar *tr* (*raro*) Agilizar. *Tb pr* (~se).

agilización *f* Acción de agilizar(se).

agilizar *tr* Hacer ágil o más ágil [algo o a alguien]. **b)** *pr* (~se) Hacerse ágil o más ágil.

ágilmente *adv* De manera ágil.

agio *m* (*Econ*) 1 Especulación comercial abusiva. ■ 2 Especulación en bolsa, a veces con información privilegiada.

a giorno (*it; pronunc corriente,* /a-yórno/) *loc adv* Como de día. *Tb adj. Normalmente referido a iluminación.*

agiotaje *m* (*Econ*) Especulación sobre el alza de valores o precios.

agiotismo *m* (*Econ*) Agio.

agiotista *adj* (*Econ*) Que practica el agio. *Tb n, referido a pers.*

agitación *f* 1 Acción de agitar(se). ■ 2 Estado de alteración física y psíquica que implica nerviosismo, respiración rápida y movimiento excesivo. ■ 3 Estado de protesta e insubordinación colectiva. ■ 4 Animación o actividad.

agitadamente *adv* De manera agitada.

agitado -da *adj* 1 *part* → AGITAR. ■ 2 Que denota o implica mucha actividad o movimiento. ■ 3 Alterado o nervioso. **b)** [Respiración] rápida y acompañada de movimiento del pecho.

agitador -ra I *adj* 1 Que agita. **b)** [Pers.] que agita a las clases populares incitándolas a la acción a favor o en contra de una determinada política. *Frec n.*
II *m* 2 Instrumento o dispositivo destinado a agitar [1], esp. líquidos.

agitanado -da *adj* 1 *part* → AGITANAR. ■ 2 Que parece gitano.

agitanar *tr* Dar carácter o aspecto gitano [a alguien o algo].

agitante. parálisis ~ → PARÁLISIS.

agitar A *tr* 1 Mover [algo] reiteradamente a un lado y a otro. **b)** *En gral:* Mover de manera reiterada. **c)** *pr* (~se) Moverse reiteradamente, esp. de un lado para otro. ■ 2 Mover [algo] a un lado y a otro para mezclar o hacer cambiar de posición su contenido o sus componentes. ■ 3 Incitar a la protesta y a la insubordinación [a una colectividad]. ■ 4 Alterar [a una pers. o a su mente] causándo[le] un estado de desasosiego, nerviosismo o angustia. **b)** *pr* (~se) Alterarse [una pers. o su mente] pasando a un estado de desasosiego, nerviosismo o angustia.
B *intr pr* (~se) 5 Removerse (moverse de manera ligera y reiterada). ■ 6 Hacerse agitado [3b].

agit-prop (*ruso; pronunc corriente,* /ayít-próp/) *f* Propaganda política del comunismo soviético.

aglomeración *f* Acción de aglomerar(se). *Tb su efecto. Frec con un compl especificador que a veces se omite, por consabido, esp referido a perss o edificios.*

aglomerado -da *adj* 1 *part* → AGLOMERAR. ■ 2 Propio de la aglomeración. ■ 3 [Producto] constituido por fragmentos o materias pulverulentas unidas por una cola o cemento. *Frec n m.*

aglomerante *m* [Materia] que sirve para aglomerar o aglutinar. *Frec n m.*

aglomerar *tr* Amontonar o acumular. *Referido a pers, normalmente el cd es refl.*

aglutina *f* (*Med*) Aglutinina.

aglutinable *adj* Que puede aglutinarse.

aglutinación *f* Acción de aglutinar(se).

aglutinador -ra *adj* Que aglutina. *Tb n m, referido a sustancia o elemento.*

aglutinamiento *m* Acción de aglutinar(se). *Tb su efecto.*

aglutinante *adj* 1 Que aglutina. *Frec n m, referido a sustancia; tb fig, referido a causa o factor.* ■ 2 (*Ling*) [Lengua] en que los elementos se aglutinan [3] entre sí.

aglutinar A *tr* 1 Unir o pegar [dos o más cosas] de manera que resulte un cuerpo compacto. *Tb fig.* **b)** *pr* (~se) Unirse o pegarse formando un cuerpo compacto. *Tb fig.* ■ 2 Reunir o agrupar.
B *intr pr* (~se) 3 (*Ling*) Unirse [un elemento a otro] formando una nueva unidad morfológica.

aglutinina *f* (*Med*) Anticuerpo del suero sanguíneo que provoca la aglutinación de células o bacterias.

aglutinógeno -na *adj* (*Med*) Que estimula la producción de aglutinina. *Tb n m.*

aglutinoscopio *m* (*Med*) Aparato que sirve para observar la reacción de aglutinación.

agnación *f* (*Der*) Orden de sucesión de varón en varón.

agnado -da *adj* (*Der*) [Pariente] que desciende por línea de varón. *Tb n.*

agnaticio -cia *adj* (*Der*) De (la) agnación. **b)** Que se transmite por agnación.

agnición *f* (*lit*) Reconocimiento de una persona.

agnocasto *m* Sauzgatillo (planta).

agnosia *f* (*Med*) Incapacidad de reconocer lo que se percibe por los órganos de los sentidos.

agnosticismo *m* (*Filos*) Doctrina que afirma que el entendimiento humano no puede conocer lo absoluto, sino solo lo relativo o lo fenoménico.

agnóstico -ca *adj* (*Filos*) Del agnosticismo. **b)** Adepto al agnosticismo. *Tb n, referido a pers.*

agnostozoico -ca *adj* (*Geol*) [Era] arcaica.

agnus (*normalmente con mayúscula en acep 1; pl invar*) *m* **1** (*Rel catól*) En la misa: Oración que comienza con las palabras "Agnus Dei" (Cordero de Dios) y que por tres veces seguidas se reza entre el Padrenuestro y la Comunión. *Tb la composición musical correspondiente, en la misa cantada.* ■ **2** (*raro*) Agnusdéi.

agnus Dei (*normalmente con mayúscula en acep 1; pl normal, invar*) *m* **1** (*Rel catól*) Agnus [1]. ■ **2** (*hoy raro*) Agnusdéi.

agnusdéi *m* (*hoy raro*) Joya pequeña que gralm. representa la imagen del Cordero místico.

agobiado -da *adj* **1** *part* → AGOBIAR. ■ **2** [Cosa] que denota o implica agobio [1 y 2].

agobiador -ra *adj* Agobiante.

agobiante *adj* Que agobia.

agobiar (*conjug* 1a) **A** *tr* **1** Hacer soportar [a alguien (*cd*)] una carga o presión excesiva. *Frec fig.* **b)** Hacer que [una pers. o su cuerpo (*cd*)] se doble hacia el suelo por la carga excesiva. *Tb fig.* ■ **2** Ejercer su acción [sobre alguien (*cd*) con un peso o carga excesivos]. *Frec fig.* ■ **3** Hacer recaer [sobre alguien (*cd*) gravámenes o tributos excesivos (*compl* CON)]. ■ **4** Causar [en alguien (*cd*)] sensación de desasosiego [el trabajo excesivo o algo penoso o desagradable que hay que soportar o a lo que hay que hacer frente]. ■ **5** Causar [a alguien (*cd*)] sensación de ahogo. *Tb abs.* **B** *intr pr* (~**se**) **6** Sentirse bajo una carga excesiva. *Frec fig.*

agobio *m* **1** Sensación de desasosiego causada por el trabajo excesivo o por algo penoso o desagradable a lo que hay que hacer frente o que hay que soportar. ■ **2** Fatiga, o dificultad respiratoria. **b)** Ahogo. *Frec con intención ponderativa.* ■ **3** Cosa que causa agobio [1 y 2]. ■ **4** Apuro o dificultad. *Frec en pl y en constr neg.* ■ **5** Apuro, o sensación embarazosa.

agobioso -sa *adj* (*raro*) Agobiante.

agógico -ca (*Mús*) **I** *adj* **1** De (la) agógica [2]. **II** *f* **2** Conjunto de las pequeñas modificaciones de tiempo que se introducen en la ejecución de una obra por razones de interpretación.

agolpamiento *m* Acción de agolpar(se).

agolpar **A** *tr* **1** Juntar de golpe y en cantidad. *Referido a pers, normalmente el cd es refl. Frec con* un compl EN o A. **b)** *pr* (~**se**) Juntarse [algo] de golpe y en cantidad. *Frec con un compl* EN o A. **B** *intr pr* (~**se**) **2** Acudir o presentarse [algo] de golpe. *Frec con un compl* EN o A. ■ **3** Amontonarse [perss. o cosas] o estar en gran cantidad.

agonal *adj* (*lit*) De (la) lucha.

agonía *f* **1** Estado de una pers. o animal enfermos o heridos en que la vida se extingue gradualmente. *Tb fig, referido a cosa.* ■ **2** Angustia o agobio. ■ **3** (*reg*) Ansia, o deseo fuerte.

agonías *m y f* (*col*) Pers. agoniosa [2]. *Tb adj.*

agónico -ca *adj* **1** De (la) agonía, *esp* [1], o que la implica. ■ **2** Agonizante. ■ **3** (*lit*) De (la) lucha. **b)** [Escritor] que expresa una lucha o conflicto interior.

agonioso -sa *adj* (*col*) **1** Lleno de agonía [2]. ■ **2** [Pers.] dada a manifestar apocamiento y pesimismo. ■ **3** Que agobia o apremia.

agonismo *m* (*lit*) Espíritu agónico [3].

agonista **I** *adj* **1** (*Med*) [Compuesto químico] capaz de incrementar la actividad [de otro]. *Frec n m.* **b)** Propio de las sustancias agonistas. **II** *m y f* **2** (*TLit*) En una obra literaria: Personaje de los que intervienen en el conflicto enfrentándose entre sí.

agonístico -ca *adj* (*lit*) De (la) lucha o que la implica.

agonizante *adj* Que agoniza. *Tb fig. Tb n, referido a pers.*

agonizar *intr* Estar en la agonía [1]. *Tb fig.*

ágora *f* (*hist*) En las ciudades griegas: Plaza pública, en donde se reúne la asamblea del pueblo y que sirve también como mercado y punto de reunión. **b)** (*lit*) Lugar de discusión. **c)** (*lit*) Plaza en que se concentra la principal actividad [de un núcleo de población].

agorafobia *f* (*lit o Med*) Temor o aversión a los espacios abiertos.

agorería *f* (*raro*) Agüero, esp. adverso.

agorero -ra *adj* **1** Que presagia desdichas. **b)** (*raro*) En gral: Que presagia o anuncia [algo (*compl especificador*)]. ■ **2** [Pers.] que adivina por agüeros. *Frec n.*

agorilado -da *adj* **1** Semejante a un gorila. ■ **2** Propio de(l) gorila.

agostadero *m* **1** Sitio donde agosta [4] el ganado. ■ **2** Tiempo en que agosta [4] el ganado.

agostador -ra *adj* Que agosta [1, 2 y 3].

agostamiento *m* Acción de agostar(se) [1, 2 y 3]. *Tb su efecto.*

agostar **A** *tr* **1** Secar [las plantas o el campo (*cd*)] alguna circunstancia, esp. el excesivo calor o la falta de lluvias]. **b)** *pr* (~**se**) Secarse [las plantas o el campo] por alguna circunstancia, esp. el excesivo calor o la falta de lluvias. ■ **2** Secar o agotar [una fuente o manantial (*cd*)] alguna circunstancia, esp. la falta de lluvias. **b)** *pr* (~**se**) Secarse o agotarse [una fuente o manantial] por alguna circunstancia, esp. la falta de lluvias. ■ **3** (*lit*) Marchitar [algo o alguien]. **b)** *pr* (~**se**) Marchitarse [algo o alguien]. **B** *intr* **4** Pastar [el ganado] durante el verano [en un determinado lugar].

agosteño -ña *adj* Del mes de agosto.

agostero -ra *m y f* Pers. que trabaja en las faenas de la recolección de cereales.

agostino -na *adj* (*raro*) De agosto.

agostizo -za *adj* [Animal, esp. gato] nacido en el mes de agosto, del cual tradicionalmente se dice que suele ser desmedrado.

agosto I *m* **1** Octavo mes del año. *Se usa normalmente sin art.* ■ **2** Cosecha de verano.
II *loc v* **3 hacer** [alguien] **su** (*o* **el**) **~.** (*col*) Obtener una ganancia importante aprovechando una ocasión oportuna. *Tb fig.*

agotable *adj* Que se puede agotar.

agotado -da *adj* **1** *part* → AGOTAR. ■ **2** Que denota agotamiento.

agotador -ra *adj* Que agota [6 y 7].

agotamiento *m* Acción de agotar(se), *esp* [1, 2, 6 y 7].

agotante *adj* Agotador.

agotar *tr* **1** Dejar completamente sin líquido [un recipiente, un depósito o una fuente]. **b)** *pr* (**~se**) Quedar completamente sin líquido. ■ **2** Consumir o usar [algo] hasta que deje de existir. **b)** *pr* (**~se**) Dejar de existir [algo que se consume o se usa]. ■ **3** Utilizar [un medio o un recurso] hasta el final. ■ **4** Terminar [algo *cd*] o hacer[lo] llegar a su fin. **b)** *pr* (**~se**) Terminarse [algo] o llegar a su fin. ■ **5** Vender o repartir la totalidad de los ejemplares [de una publicación (*cd*)]. **b)** *pr* (**~se**) Venderse o repartirse la totalidad de los ejemplares [de una publicación (*suj*)]. ■ **6** Acabar con las fuerzas o la resistencia [de alguien (*cd*)]. *Tb fig.* **b)** *pr* (**~se**) Perder totalmente las fuerzas o la resistencia. ■ **7** (*col*) Cansar o fastidiar mucho [una pers. a otra] con su pesadez.

agote *adj* De un grupo étnico que habita en el valle de Baztán (Navarra). *Frec n, referido a pers.* **b)** Propio de los agotes.

agracejina *f* Fruto del agracejo [1].

agracejo *m* **1** Arbusto espinoso, con flores amarillas en racimos y con frutos en baya roja comestibles (*Berberis vulgaris*). ■ **2** (*reg*) Aceituna que se cae antes de madurar. *Frec en sg con sent colectivo.*

agraciado -da *adj* **1** *part* → AGRACIAR. ■ **2** Físicamente agradable. *Dicho normalmente de pers o de su rostro o presencia.* ■ **3** [Cosa] que tiene gracia o encanto.

agraciar (*conjug* **1a**) *tr* **1** Favorecer [a alguien con algo, esp. una gracia o don]. ■ **2** *En un sorteo o una rifa:* Premiar. *Referido a pers, frec en part, a veces sustantivado.*

agracillo *m* Agracejo [1].

agradabilidad *f* Cualidad de agradable.

agradable *adj* **1** Que agrada [1]. *A veces con un compl* A. ■ **2** [Pers.] amable en su trato o conversación. **b)** Propio de la pers. agradable.

agradablemente *adv* De manera agradable.

agradador -ra *adj* (*raro*) Que procura agradar.

agradar *intr* **1** Producir agrado [1] [a alguien]. *Tb sin compl.* ■ **2** Resultar agradable [2] [una pers. a otra].

agradecer (*conjug* **11**) *tr* **1** Sentir gratitud [hacia alguien (*ci*) por algo (*cd*)]. *Tb sin ci.* ■ **2** Manifestar gratitud [a alguien (*ci*) por algo (*cd*)]. *Tb sin ci.* **b) se agradece.** (*col*) Fórmula con que se dan las gra-

cias, *frec para aceptar un ofrecimiento.* ■ **3** Acusar [una cosa (*suj*)] el efecto beneficioso [de algo (*cd*)].

agradecidamente *adv* (*raro*) De manera agradecida [2b].

agradecido -da *adj* **1** *part* → AGRADECER. ■ **2** [Pers.] que siente o manifiesta gratitud. **b)** Propio de la pers. agradecida. ■ **3** [Cosa] que responde bien a la atención o cuidado que se le dedica. ■ **4** [Cosa] que da resultado o rendimiento satisfactorio.

agradecimiento *m* **1** Acción de agradecer [1 y 2]. ■ **2** Gratitud (sentimiento).

agrado *m* **1** Placer moderado. ■ **2** Deseo o gusto.

agrafe *m* (*raro*) Grapa (pieza de metal).

agrafia *f* (*E*) Incapacidad para escribir debida a una lesión cerebral.

agrafismo *m* Condición de ágrafo.

ágrafo -fa *adj* **1** Que no escribe, por ignorancia o por propia voluntad. *Tb n, referido a pers.* ■ **2** Que carece de escritura. **b)** No escrito.

agramado *m* (*Tex*) Acción de agramar.

Agramante. campo de **~** → CAMPO.

agramar *tr* (*Tex*) Separar las fibras del tallo [del cáñamo, lino u otras plantas textiles (*cd*)].

agramilar *tr* (*Constr*) Cortar e igualar [los ladrillos] para hacer más perfecta la construcción.

agramontés -sa *adj* (*hist*) De la facción acaudillada primitivamente por el señor de Agramont, en Navarra (s. XV). *Tb n, referido a pers.*

agramuntés -sa *adj* De Agramunt (Lérida). *Tb n, referido a pers.*

agrandamiento *m* Acción de agrandar(se).

agrandar *tr* Hacer más grande. *Tb fig.* **b)** *pr* (**~se**) Hacerse más grande. *Tb fig.*

agranulocitosis *f* (*Med*) Enfermedad aguda grave caracterizada por la ausencia o la fuerte disminución de granulocitos.

agranuloso -sa *adj* (*Anat*) Que carece de granulaciones, o las tiene de pequeño tamaño.

agrario -ria *adj* **1** De (la) agricultura. ■ **2** (*Pol*) Que defiende los intereses de los agricultores. *Esp* (*hist*) *referido a un partido de tendencia conservadora durante la Segunda República (1931-1936), o a sus miembros; en este último caso, tb n.*

agrarismo *m* (*Pol*) Tendencia o doctrina que concede atención preferente a la agricultura. *Frec* (*hist*) *referido al Partido Agrario* [2].

agrarista *adj* (*Pol*) De(l) agrarismo. **b)** Partidario o propugnador del agrarismo. *Tb n.*

agravable *adj* Que se puede agravar.

agravación *f* Acción de agravar(se).

agravamiento *m* Acción de agravar(se).

agravante *adj* Que aumenta la gravedad de un hecho o de una situación negativos. *Tb n m o f, referido a factor o a circunstancia.* **b)** (*Der*) [Circunstancia o factor] que motiva el recargo de la pena. *Tb n m o f.*

agravar A *tr* **1** Hacer [algo] más grave (serio o preocupante) de lo que era. **b)** *pr* (**~se**) Hacerse [algo] más grave.
B *intr pr* (**~se**) **2** Ponerse [alguien o algo] grave o más grave.

agravatorio -ria *adj* Que agrava.

agraviado -da *adj* **1** *part* → AGRAVIAR. ■ **2** Que denota o implica agravio.

agraviador -ra *adj* Que agravia. *Tb n, referido a pers.*

agraviante *adj* [Cosa] que agravia.

agraviar (*conjug* 1a) *tr* Causar agravio, *esp* [1] [a alguien (*cd*)].

agravio *m* **1** Ofensa. ■ **2** Perjuicio. **b)** ~ **comparativo** → COMPARATIVO.

agraz I *adj* **1** [Uva] verde o sin madurar. *Tb n m.* **b)** De uva agraz. ■ **2** Agrio. *Frec fig.* **II** *m* **3** (*hoy raro*) Zumo de uvas verdes. *Tb el refresco hecho con él.* **III** *loc adv* **4 en ~.** Antes de sazón. *Frec fig. Tb adj.*

agredano -na *adj* De Ágreda (Soria). *Tb n, referido a pers.*

agredeño -ña *adj* Agredano. *Tb n.*

agredir (*normalmente, solo usado en las formas en que la base es átona*) *tr* Atacar [a alguien], esp. injustificadamente o sin haber recibido provocación. *Tb fig. Tb abs.*

agregación *f* **1** Acción de agregar(se). *Tb su efecto.* ■ **2** Cargo o puesto de agregado[1] [2 y 4]. ■ **3** (*Bot*) Aumento del número de gérmenes alrededor de la planta madre.

agregado[1] -da I *adj* **1** *part* → AGREGAR. ■ **2** *En la enseñanza oficial:* [Profesor] numerario adscrito a una cátedra o a un departamento y que tiene categoría administrativa inmediatamente inferior a la de catedrático. *Tb n.* ■ **3** (*Bot*) [Flores o frutos] que se hallan unidos en un mismo tallo sin confundirse en una masa. **II** *n* **A** *m y f* **4** Funcionario que en una embajada tiene a su cargo los asuntos [de la especialidad que se expresa (*adj*)]. **B** *m* **5** (*Mar*) Alumno que, tras hacer los estudios teóricos en una escuela náutica, embarca en un buque mercante para hacer las prácticas.

agregado[2] *m* **1** Reunión de cosas homogéneas que forman un todo. ■ **2** (*raro*) Añadidura (cosa añadida).

agregaduría *f* Agregación [2], esp. diplomática.

agregar *tr* **1** Añadir [una cosa a otra, esp. dicha o escrita]. *Frec el ci se omite, por consabido.* **b)** *pr* (~**se**) Añadirse. ■ **2** Incorporar [una pers. a un grupo]. *Frec el cd es refl.* **b)** Incorporar [una sustancia a otra (*ci, o compl* EN)]. ■ **3** Sumar [dos cantidades].

agregatorio -ria *adj* Relativo a la agregación [1].

agrego *m* (*reg*) Pers. o cosa en la que se encuentra apoyo o protección.

agremán *m* Adorno de pasamanería en forma de cinta.

agremiación *f* Acción de agremiar(se).

agremiar (*conjug* 1a) *tr* Reunir en gremio. *Gralm el cd es refl. Frec en part, a veces sustantivado.*

agresina *f* (*Biol*) Sustancia, segregada por las bacterias, que paraliza el mecanismo de defensa de los leucocitos.

agresión *f* Acción de agredir. *Tb fig.*

agresivamente *adv* De manera agresiva.

agresividad *f* **1** Cualidad de agresivo. ■ **2** Actitud agresiva [1b y 3b].

agresivo -va *adj* **1** Propenso o dispuesto a agredir. **b)** Propio de la pers. o el animal agresivos. ■ **2** [Cosa] que ataca o daña. *Tb n m, referido a sustancia o producto.* ■ **3** [Pers.] dinámica y emprendedora en su trabajo o actividad. **b)** Propio de la pers. agresiva. ■ **4** [Cosa] llamativa.

agresor -ra *adj* Que comete agresión. *Tb n, referido a pers.*

agreste *adj* **1** [Terreno] áspero o abrupto. ■ **2** [Pers.] tosca o ruda en sus modales. ■ **3** (*lit*) Rural o del campo.

agriamente *adv* De manera agria [4].

agriar (*conjug* 1a *o* 1c) *tr* **1** Poner agrio o ácido. **b)** *pr* (~**se**) Ponerse agrio o ácido. ■ **2** Hacer o poner agrio [5, 6 y 7]. **b)** *pr* (~**se**) Hacerse o ponerse agrio.

agrícola *adj* De (la) agricultura.

agrícolamente *adv* En el aspecto agrícola.

agricultor -ra *m y f* Pers. que se dedica al cultivo de la tierra. *Tb adj, referido a población.*

agricultura *f* Cultivo de la tierra con el fin de obtener productos vegetales útiles al hombre.

agridulce *adj* De sabor mezclado de agrio y dulce. *Frec fig.*

agridulcemente *adv* (*raro*) De manera agridulce.

agrietado -da *adj* **1** *part* → AGRIETAR. ■ **2** Que presenta grietas. *Tb fig.*

agrietamiento *m* Acción de agrietar(se). *Tb su efecto.*

agrietar *tr* Abrir grietas [en algo (*cd*)]. **b)** *pr* (~**se**) Pasar a tener grietas.

agrimensor -ra I *m y f* **1** Especialista en agrimensura. **II** *adj* **2** Propio del agrimensor [1] o de la agrimensura. ■ **3** (*raro*) [Oruga] que camina fijando las patas anteriores y, sin levantarlas, acerca las posteriores, formando un arco con el cuerpo.

agrimensura *f* Técnica de medición de las tierras y de reproducción de sus contornos en los planos.

agrimonia *f* Planta herbácea bianual, de tallo velloso, hojas dentadas que se emplean como astringentes, y flores amarillas que sirven para curtir cueros (*Agrimonia eupatoria*). *Tb su hoja y su flor.*

agrio -gria I *adj* **1** Ácido (que produce en la lengua una sensación como la del agraz o el vinagre). **b)** [Árbol] que produce frutos agrios. ■ **2** Que se ha puesto agrio [1a]. ■ **3** [Olor] propio de las cosas agrias [1 y 2]. ■ **4** Que produce a la vista o al oído una sensación áspera o destemplada. ■ **5** Áspero o poco amable. *Referido a pers y a su carácter, actitud o modo de expresión.* **b)** Cáustico o mordaz. ■ **6** Abrupto o de difícil acceso. ■ **7** Duro o desapacible. **II** *m pl* **8** Cítricos (frutas agrias [1]).

agriotipo *m* (*Zool*) Animal salvaje del que procede un animal doméstico.

agriparse *intr pr* (*col*) Contraer la gripe. *Tb fig.*

agrisado -da *adj* **1** *part* → AGRISAR. ■ **2** [Color] que tira a gris. *Tb n m.* **b)** Que tiene color agrisado.

■ **3** [Cosa] que tira a gris (poco destacada o de poco interés).

agrisar *tr* Dar color gris [a algo (*cd*)]. **b)** *pr* (**~se**) Tomar color gris.

agro *m* (*lit*) Campo dedicado al cultivo. *Gralm en sent colectivo. Se contrapone a* CIUDAD.

agro- *r pref* Del campo, esp. cultivado, o de la agricultura. * Ayudas agroambientales.

agrología *f* (*E*) Estudio del suelo en sus relaciones con la vegetación.

agrológico -ca *adj* (*E*) De (la) agrología o de su objeto.

agrónica *f* (*E*) Estudio de la aplicación de la tecnología electrónica a la agricultura.

agronomía *f* Estudio científico y técnico de los problemas relativos a la agricultura.

agronómicamente *adv* Desde del punto de vista agronómico.

agronómico -ca *adj* De la agronomía.

agrónomo -ma *m y f* Especialista en agronomía. *Frec en aposición con* INGENIERO.

agropecuario -ria *adj* De agricultura y ganadería.

agror *m* Agrura.

agrostis *f* Planta gramínea, con inflorescencias, común en los prados sin cultivar, y usada frec. como forraje (gén. *Agrostis*).

agrumarse *intr pr* Formar grumos.

agrupación *f* **1** Acción de agrupar(se). ■ **2** Conjunto de perss. o cosas agrupadas. *Referido a perss, frec en denominaciones.* **b)** (*Mil*) Conjunto operativo resultante de la asociación, permanente o temporal, de unidades pertenecientes o no a distintas armas o servicios.

agrupador -ra *adj* Que agrupa. *Tb n, referido a pers.*

agrupamiento *m* Acción de agrupar(se). *Tb su efecto.*

agrupar *tr* Reunir en grupo [perss., animales o cosas]. **b)** *pr* (**~se**) Reunirse en grupo.

agrura *f* **1** Cualidad de agrio. ■ **2** (*lit*) Tristeza o amargura.

agua I *f* **1** Sustancia líquida, incolora cuando está en pequeña cantidad, inodora e insípida cuando está pura, que constituye el componente más abundante de la superficie terrestre y el esencial en todos los tejidos y líquidos orgánicos. *A veces con un adj que expresa las sustancias que lleva disueltas, o su carácter mineral o medicinal.* **b)** *Se usa en constrs de sent comparativo para ponderar la poca sustancia o sabor de un alimento líquido. A veces* ~ DE CASTAÑAS, ~ DE FREGAR, ~ SUCIA, *etc.* * El café de este sitio es agua. **c)** *Se usa en constrs de sent comparativo, con el adj* CLARO, *para ponderar el carácter evidente de algo.* * El asunto está más claro que el agua. **d)** *En pl:* Agua mineromedicinal. *Tb su manantial. Frec en la loc* TOMAR LAS ~S. ■ **2** Lluvia. ■ **3** Lágrimas. *A veces en pl.* ■ **4** Aclarado [de algo que se lava]. *Frec con un numeral.* ■ **5** Líquido obtenido por infusión, disolución o emulsión de flores, plantas o frutos y que se usa, según el caso, como refresco, como medicamento o como perfume. *Con un compl* DE. * Agua de azahar. ■ **6** *En un tejado o cubierta:* Vertiente. ■ **7** *En pl:* Agua [1] [de una corriente o acumulación de agua, esp. de un río o un

mar]. ■ **8** *En pl:* Zona del mar próxima a la costa [del lugar que se nombra]. **b)** Aguas jurisdiccionales (→ acep. 31). ■ **9** *En pl:* Brillos cambiantes en forma de ondas. ■ **10** *En pl:* Líquido amniótico. ■ **11** *En pl:* Líquido regurgitado. ■ **12** (*Mar*) *En pl:* Estela [de un buque]. *Frec con el v* SEGUIR *o* TOMAR. ■ **13** ~ **de cebada**. Bebida refrescante preparada con cebada, agua y azúcar. ■ **14** ~ **de cepas**. (*col*) Vino. ■ **15** ~ **de colonia**. Perfume hecho con alcohol rebajado con agua y aromatizado con esencias de flores. ■ **16** ~ **de Javel** (*o* **de javel**). Disolución de hipoclorito de sosa o de potasa, usada esp. para blanquear o decolorar. ■ **17** ~ **del Carmen**. Alcohol destilado con hojas de melisa y otros ingredientes, usado en medicina. ■ **18** ~ **de olor**. (*raro*) Agua de colonia. ■ **19** ~ **de seltz** → SELTZ. ■ **20** ~ **de socorro**. Bautismo administrado sin solemnidad en un caso de emergencia. ■ **21** ~ **fuerte**, ~ **mala**, ~ **marina** → AGUAFUERTE, AGUAMALA, AGUAMARINA. ■ **22** ~ **milagrosa**. Líquido con que el masajista trata a los jugadores lesionados. ■ **23** ~ **muerta**, **negra**, ~ **nieve** → MUERTO, NEGRO, AGUANIEVE. ■ **24** ~ **oxigenada**. Líquido incoloro usado como antiséptico y decolorante, constituido por una disolución de bióxido de hidrógeno. ■ **25** ~ **pasada**. Asunto que ya no tiene vigencia y del que ya no vale la pena ocuparse. *Usado como predicat.* ■ **26** ~ **pesada**. Líquido análogo al agua, pero en cuyo átomo el hidrógeno está reemplazado por el deuterio, y que se usa en reactores nucleares. ■ **27** ~ **regia**. Mezcla de ácido nítrico con clorhídrico, que tiene la propiedad de disolver el oro. ■ **28** ~ **residual**, ~ **termal** → RESIDUAL, TERMAL. ■ **29** ~ **tofana**. Solución de arsénico muy usada en la Edad Media como veneno. ■ **30** ~ **tónica**. Bebida refrescante gaseosa, de sabor ligeramente amargo y que contiene quinina. ■ **31** ~**s jurisdiccionales**. Zona del mar que baña las costas [de un Estado o comunidad de Estados] y sometida a la jurisdicción de estos. ■ **32** ~**s mayores**. Heces. *Gralm con el v* HACER. *Tb fig.* ■ **33** ~**s menores**. Orina. *Gralm con el v* HACER. *Alguna vez, simplemente,* ~S.

II *loc adj* **34 de ~**. [Gas] que resulta de la descomposición del agua [1] por el coque incandescente. ■ **35 de ~**. [Marca] que se ve al trasluz en los billetes de banco. ■ **36 de ~**. [Pera] de carne muy jugosa. ■ **37 de ~**(s). [Prenda] impermeable. ■ **38 de ~s**. [Perro] de cuerpo grueso, cabeza redonda, hocico agudo, orejas caídas y pelo largo y algo rizado, y que es muy buen nadador. ■ **39** [Estrella] **de ~**, [gallina] **de ~**, [lenteja] **de ~**, [melón] **de ~**, [menta] **de ~** → ESTRELLA, GALLO, LENTEJA, MELÓN[1], MENTA.

III *loc pr* **40 ni ~**. Absolutamente nada. *Tb adv.*

IV *loc v* **41 bailarle el ~** [a alguien]. Halagar[le], o hacer o decir lo que le ha de ser[le] grato. ■ **42 cambiarle el ~ al canario**, *o* **cambiarle**(s) **el ~ a las aceitunas**, *o* **a las olivas**. (*col, humoríst*) Orinar [el hombre]. ■ **43 cubrir ~s**. Poner la cubierta de un edificio en construcción. ■ **44 dar el ~**. (*jerg*) Avisar de la llegada de la policía o de un vigilante. ■ **45 dar un ~** [a una prenda]. Lavar[la] ligeramente, por no estar muy sucia. ■ **46 hacer ~** [una embarcación]. Tener entrada de agua [1] por algún agujero, grieta o hendidura. **b)** hacer ~ [una cosa] (*semiculto,* **hacer ~s**). Empezar a hundirse o a fracasar. *Tb fig.* ■ **47 hacerse ~**. Derretirse. *Tb fig.* ■ **48 hacer un pie ~** → PIE. ■ **49 irse al ~** [una cosa]. Hundirse o fracasar. ■ **50 llevar** [alguien] **el ~ a su molino**. Aprovechar las circunstancias en provecho propio. ■ **51 mear ~ bendita**. (*col, desp*) Ser muy beato. ■ **52 meterse**, *o* **cerrarse**, [el tiempo, el día o la noche] **en ~**. Ponerse persistentemente lluvioso. ■ **53 nadar entre dos ~s.** Actuar de manera equívoca o sin comprometerse. ■ **54 parecerse** (*o* **ser**) **como dos gotas de ~** (*o* **parecerse como una gota de ~ a otra**) → GOTA¹. ■ **55 pasar por ~.** Hervir [un huevo] de modo que se cuaje la clara y quede blanda la yema. *Normalmente en part.* ■ **56 quedar(se),** *o* **convertirse,** [algo proyectado, prometido o afirmado] **en ~ de borrajas,** *o* **de cerrajas.** Reducirse, al final, a nada. ■ **57 recibir las ~s del bautismo.** (*lit*) Ser bautizado. ■ **58 romper ~s.** Tener [una mujer] la rotura de la bolsa del líquido amniótico, fenómeno que se produce cuando va a iniciarse el parto. ■ **59 ser hombre al ~** → HOMBRE. ■ **60 tomar las ~s** → acep. 1d. ■ **61 volver las ~s a su cauce** (*o,* raro, **a sus cauces**). Restablecerse el orden o la situación inicial. **V** *loc adv* **62 como ~.** (*col*) Muy bien. ■ **63 como ~ de mayo.** *Pondera lo bien recibido que es o sería algo muy esperado o deseado. Con vs como* VENIR, ESPERAR *o* DESEAR. ■ **64 como (el) ~.** En gran abundancia. ■ **65 con el ~ al cuello.** En grave dificultad o apuro. ■ **66 entre dos ~s.** En inmersión dentro del agua sin llegar al fondo. *Tb adj.* **VI** *interj* **67** (*jerg*) *Se usa para alertar al que está cometiendo un delito, sobre la presencia de un policía o un vigilante. Tb sustantivado como n m.*

aguabenditera *f* (*reg*) Pila de agua bendita.

aguacal *f* Disolución de cal y yeso usada para enjalbegar.

aguacate *m* Árbol tropical, de fruto comestible parecido a una pera grande de color verde, piel rugosa y pulpa mantecosa e insípida (*Persea gratissima*). *Tb, frec, su fruto.*

aguacatero *m* Aguacate (árbol).

aguacero *m* Lluvia repentina, abundante, intensa y de corta duración.

aguachinar *tr* Llenar de agua en exceso [algo]. *Tb fig.* **b)** *pr* (**~se**) Llenarse de agua en exceso.

aguachirle *f* Caldo sin sustancia. **b)** (*desp*) Líquido de poco sabor.

aguachón -na *adj* (*reg*) Que tiene exceso de agua.

aguada *f* **1** Aprovisionamiento de agua. *En marina, frec en la constr* HACER ~. **b)** (*Mar*) Provisión de agua potable que lleva una embarcación. ■ **2** Lugar adecuado para surtirse de agua potable. **b)** (*reg*) Abrevadero para el ganado. **c)** (*hoy raro*) Punto de toma de agua en una línea férrea para alimentar a las locomotoras. ■ **3** (*reg*) Rocío. ■ **4** (*Pint*) Procedimiento en que se emplean colores diluidos en agua u otros ingredientes, como la cola, que dan tonos opacos. *Frec en la constr* A LA ~. ■ **5** (*Pint*) Pintura realizada a la aguada [4].

aguaderas *f pl* Armazón de madera o esparto que se coloca sobre las caballerías, con divisiones para llevar cántaros de agua u otras cargas.

aguadero *m* Lugar adonde acostumbran a ir los animales a beber.

aguadilla *f* Ahogadilla.

aguadillo *m* Variedad de gazpacho claro y normalmente sin pan.

aguado¹ -da *adj* **1** *part* → AGUAR. ■ **2** [Fruta] jugosa pero de poco sabor. ■ **3** [Color] pálido o desvaído. ■ **4** [Cosa] falta de vigor y de concreción. ■ **5** (*reg*) Abstemio. *Tb n.*

aguado² *m* Acción de aguar [1].

aguador -ra *m y f* **1** Pers. que vende o lleva agua. ■ **2** (*raro*) Pers. que agua o estropea [algo (*compl especificador*)]. ■ **3** (*jerg*) Pers. que da el agua [44] o avisa de la llegada de la policía.

aguaducho *m* (*hoy raro*) Quiosco donde se sirven refrescos y otras bebidas.

aguadura *f* (*Vet*) Infosura (enfermedad de las caballerías).

aguafiestas *m y f* (*col*) Pers. que con su comportamiento o sus palabras perturba la alegría o la diversión de las otras. *Tb adj.*

aguafortista *m y f* (*Arte*) Aguafuertista.

aguafuerte (*tb con la grafía* **agua fuerte**) *m* **1** Ácido nítrico disuelto en poca cantidad de agua. ■ **2** (*Arte*) Técnica de grabado en metal por medio del aguafuerte [1]. *Frec en la loc* AL ~. ■ **3** (*Arte*) Estampa obtenida por el grabado al aguafuerte [2]. **b)** (*lit*) Descripción, gralm. en rasgos vivos y enérgicos, de escenas de la vida real.

aguafuertista *m y f* (*Arte*) Pers. que graba al aguafuerte [2].

aguaje *m* **1** Aguadero (lugar donde acostumbran a ir los animales a beber). ■ **2** (*Mar*) Marea o creciente grande del mar. ■ **3** (*Mar*) Estela que deja una embarcación.

aguamala (*tb con la grafía* **agua mala**) *f* Medusa (celentéreo).

aguamanil *m* **1** Palanganero (mueble). ■ **2** (*reg*) Vasija con pitorro usada para decorar las piezas de alfarería.

aguamanos *m* Aguamanil [1].

aguamarina (*tb con la grafía* **agua marina**) *f* Variedad de berilo, transparente y de color azulado, apreciada como piedra preciosa.

aguamiel *f* Hidromiel (agua con miel).

aguanal *m* (*reg*) Surco profundo abierto de trecho en trecho para que desagüen los sembrados.

aguanieve (*tb con la grafía* **agua nieve**) *f* (*más raro, m*) Precipitación en forma de mezcla de lluvia y nieve.

aguanieves (*tb con la grafía* **aguanieve**) *f* (*más raro, m*) *Se da entre n a las aves* AGUZANIEVES (*Motacilla alba*) *y* AVEFRÍA (*Vanellus vanellus*).

aguanoso -sa *adj* Lleno de agua. *Dicho esp de fruta.*

aguantable *adj* Que se puede aguantar.

aguantaderas *f pl* (*col*) Aguante o paciencia. *Gralm con los adjs* BUENAS *o* MALAS.

aguantar I *v* **A** *tr* **1** Sostener [una pers. o cosa (*suj*)] el peso de alguien o algo (*cd*) que gravita sobre ella]. **b)** *pr* (**~se**) Sostenerse. ■ **2** Ser [alguien] objeto [de un sufrimiento, una circunstancia adversa o una fuerza exterior (*cd*)] sin ser vencido por ellos. *Tb abs.* **b)** Ser [algo] objeto [de una acción (*cd*)] o recibir los efectos [de un agente (*cd*)] sin sufrir daño o alteración. *Tb abs.* **c)** (*Taur*) Resistir [el torero las acometidas (*cd*) del toro, o a este mismo (*cd*)] sin rehuir[los]. *Frec abs.* ■ **3** Tolerar [a una pers. o cosa molesta o desagradable]. *Tb abs.* ■ **4** Contener o retener. *Tb abs.* ■ **5** (*reg*) Sujetar [algo o a alguien] de modo que no se mueva. ■ **6 ~ cada palo su vela, ~ el tipo, ~ marea, ~ mecha** → PALO, TIPO¹, MAREA¹, MECHA¹.

aguante – aguijón

B *intr* ➤ **a** *normal* **7** Mantenerse o continuar [alguien o algo durante cierto tiempo, o en un estado, lugar o situación]. *Tb pr* (**~se**). *Tb sin compl, por consabido.* **b)** Durar, o mantenerse en buen estado. **c)** Esperar [durante cierto tiempo]. ■ **8** Trabajar o actuar con rendimiento. ■ **9** Adelantar, o ganar tiempo.
➤ **b** *pr* (**~se**) **10** Resignarse.
II *loc adj* **11 que no se puede ~.** (*reg*) Extraordinario o asombroso. *Con intención ponderativa.*

aguante *m* **1** Capacidad de aguantar [1 y esp. 2 y 3]. ■ **2** (*raro*) Acción de aguantar, *esp* [2 y 3].

aguapié *m* Vino muy bajo que se hace echando agua en el orujo pisado.

aguar (*conjug* 1b) A *tr* **1** Añadir agua [a otro líquido (*cd*), esp. potable]. ■ **2** Estropear [una fiesta, una diversión u otra cosa halagüeña]. **b) ~ la fiesta** → FIESTA. ■ **3** Despojar [algo] de fuerza o efectividad.
B *intr pr* (**~se**) **4** Llenarse de agua.

aguardadero *m* (*Caza*) Lugar en que el cazador aguarda [1] las piezas.

aguardador -ra *adj* (*raro*) Que aguarda.

aguardar A *tr* **1** Permanecer en un sitio en el que se piensa que va a suceder [algo (*cd*)], o al que va a llegar [alguien o algo (*cd*)], hasta que esto suceda. *Tb abs. Frec el compl de lugar es explícito.* ■ **2** Dar tiempo [a que suceda o se produzca algo (*cd*) o a que llegue alguien (*cd*)]. *Tb abs.* ■ **3** Creer que sucederá o se producirá [algo (*cd*)] o que vendrá [alguien o algo (*cd*)]. ■ **4** Estar [algo] en perspectiva [para alguien (*cd*)].
B *intr* **5** Detenerse en el obrar. **b)** *En imperat, se usa para introducir una consideración como réplica a lo que se acaba de oír.* * –Vamos a repartirlo. –Aguarda; esto es mío. ■ **6** Dar tiempo [a que suceda o se produzca algo]. *Gralm con una prop* A + *infin o* A QUE + *subj. Tb sin compl. Tb pr* (**~se**). * *Yo aguardé a ver qué pasaba.*

aguardentero -ra I *adj* **1** De(l) aguardiente [1].
II *m y f* **2** Pers. que fabrica o vende aguardiente [1].

aguardentoso -sa *adj* [Voz] áspera y ronca, propia del bebedor de aguardiente [1].

aguardiente I *m* **1** Bebida alcohólica que se obtiene por destilación del vino o de otros zumos fermentados. *A veces con un adj o compl especificador.* ■ **2 ~ alemán.** (*hoy raro*) Purgante muy enérgico compuesto de jalapa, escamonea y alcohol.
II *loc adj* **3 del ~.** [Toro o vaca] que son lidiados por el público en algunas fiestas populares a primera hora de la mañana.

aguardillado -da *adj* Abuhardillado.

aguardo *m* Acción de aguardar. **b)** Acción de acechar o aguardar la caza. *Tb el lugar en que se acecha.*

aguaribay *m* Árbol de América meridional que da una buena trementina y cuyas bayas tienen olor y sabor parecidos a los de la pimienta (*Schinus molle*).

aguarón *m* (*reg*) Rape (pez).

aguarrada *f* (*reg*) Lluvia de corta duración. *Gralm en dim.*

aguarrás *m* Aceite volátil obtenido por destilación de la trementina.

aguarrina *f* (*reg*) Llovizna.

aguarrón *m* (*reg*) Chaparrón.

aguatinta *f* (*Arte*) **1** Técnica de grabado análoga al aguafuerte, en la que el ácido actúa sobre el metal a través de una capa de polvo, lo que da a la estampa un delicado efecto de claroscuro. ■ **2** Estampa obtenida por el grabado a la aguatinta [1].

aguaza *f* Líquido acuoso. *Tb* (*lit*) *fig.*

aguazal *m* Lugar en que se estanca el agua.

aguazo *m* (*Pint*) Procedimiento de aguada sobre lienzo humedecido.

agudamente *adv* De manera aguda [6b y 7].

agudez *f* (*raro*) Agudeza (cualidad de agudo [5]).

agudeza *f* **1** Cualidad de agudo [1, 4, 5, 6 y 7]. ■ **2** Dicho, hecho o pensamiento agudo [6b y 7]. ■ **3** (*raro*) Punta o parte aguda [1].

agudización *f* Acción de agudizar(se).

agudizamiento *m* Agudización.

agudizar *tr* Hacer agudo o más agudo [1, 2, 3, 4, 6 y 7]. **b)** *pr* (**~se**) Hacerse agudo o más agudo.

agudo -da I *adj* **1** Que termina en punta. ■ **2** Intenso. *Dicho normalmente de dolor y de otras sensaciones o sentimientos.* ■ **3** [Enfermedad o síntoma] que aparece bruscamente y con violencia y que no se prolonga indefinidamente. *Tb referido a otros procesos.* **b)** De (la) enfermedad aguda. ■ **4** [Sonido] cuya frecuencia de vibración es grande. **b)** [Voz o instrumento] de sonido agudo. ■ **5** [Mirada o visión] capaz de percibir con exactitud los objetos y las formas. **b)** [Oído] capaz de percibir bien los sonidos. ■ **6** [Pers.] inteligente o de mente penetrante. **b)** [Cosa] que denota o implica penetración intelectual. ■ **7** Ingenioso u ocurrente. ■ **8** (*Ortogr*) [Acento gráfico] que se traza de derecha a izquierda. ■ **9** (*Fon*) [Palabra] que tiene el acento fonético en la última sílaba. **b)** Propio de la palabra aguda. **c)** (*TLit*) [Verso] cuya última sílaba es acentuada. ■ **10** (*Geom*) [Ángulo] menor que el recto. ■ **11** (*reg*) Rápido o veloz.
II *m* **12** (*Mús*) Nota aguda [4a].
III *adv* **13** (*reg*) Rápida o velozmente.

agüedera *f* Dama de las que acompañan a la alcaldesa de Zamarramala (Segovia) en la fiesta de Santa Águeda.

agüero I *m* **1** Pronóstico de buena o mala suerte basado en señales determinadas, como el canto o el vuelo de las aves.
II *loc adj* **2 de buen** (*o* **mal**) **~.** Que es señal de buena (o mala) suerte, o de sucesos favorables (o adversos).

aguerrido -da *adj* **1** Ejercitado en la guerra. ■ **2** Valiente o animoso. **b)** Propio de la pers. aguerrida.

aguijada *f* **1** Vara larga con punta de hierro para aguijar [1] a los bueyes. ■ **2** Vara larga con un hierro en un extremo, con la que el labrador separa la tierra que se adhiere a la reja del arado.

aguijadura *f* Acción de aguijar. *Tb fig.*

aguijar *tr* **1** Incitar [a un animal, esp. de carga] para que ande más deprisa, pinchándo[lo] o golpeándo[lo]. ■ **2** Excitar o estimular vivamente.

aguijón *m* **1** *En algunos insectos y en el escorpión:* Órgano puntiagudo para picar e inyectar veneno. **b)** *En otros animales:* Órgano superficial rígido y punzante. ■ **2** *En algunas plantas:* Púa o espina. ■ **3** *En una aguijada u otro utensilio:* Punta de hierro destinada a pinchar o clavarse. ■ **4** Estímulo o acicate. ■ **5** Pena o sufrimiento. ■ **6** (*jerg*) Pene.

aguijonazo *m* **1** Pinchazo de aguijón, *esp* [1]. ■ **2** Sensación o sentimiento punzante.

aguijoneador -ra *adj* Que aguijonea [2 y 3].

aguijonear *tr* **1** Picar con aguijón [1a]. **b)** Pinchar con algo punzante. ■ **2** Excitar o estimular vivamente. ■ **3** Inquietar o molestar con pequeños ataques reiterados.

aguijoneo *m* Acción de aguijonear [2 y 3].

águila A *f* **1** *Se da este n a diversas especies de aves rapaces de gran tamaño, patas cubiertas de plumas, garras fuertes, pico curvado y vuelo rápido, pertenecientes pralm al gén Aquila, y también a los géns Hieraetus, Circaetus y Pandion. Frec las especies se designan con un especificador:* ~ REAL o CAUDAL (*A. chrysaetos*), ~ IMPERIAL (*A. heliaca*), ~ RAPAZ (*A. rapax*), ~ CALZADA (*H. pennatus*), ~ PERDICERA (*H. fasciatus*), ~ CULEBRERA (*C. gallicus*), ~ PESCADORA (*P. haliaetus*). **b)** ~ **osífraga.** Quebrantahuesos. ■ **2** ~ **marina** (*o* **de mar**). Pez marino semejante a la raya, con la cola más larga que el resto del cuerpo, y en ella una espina larga y aguda (*Myliobatis aquila*).

B *m y f* **3** Pers. sumamente perspicaz.

aguilando *m* (*reg*) Aguinaldo.

aguilarense *adj* De Aguilar (Córdoba) o de Aguilar de Campoo (Palencia). *Tb n, referido a pers.*

aguilareño -ña *adj* De Aguilar del Río Alhama (Rioja). *Tb n, referido a pers.*

aguileño[1] -ña I *adj* **1** [Nariz] afilada y corva que recuerda el pico del águila [1]. **b)** [Rostro humano] que tiene algún parecido con el del águila. **c)** [Pers.] de rostro aguileño.

II *f* **2** Planta herbácea de flores azules y grandes y espolón ganchudo, frecuente en bosques y prados (*Aquilegia vulgaris*). *Tb con un especificador, designa otras especies:* ~ DE FLOR PEQUEÑA (*A. einseleana*), ~ NEGRUZCA (*A. atrata*), ~ PIRENAICA (*A. pyrenaica*).

aguileño[2] -ña *adj* De Águilas (Murcia). *Tb n, referido a pers.*

aguilero -ra *adj* [Lugar] donde anidan las águilas [1].

aguililla *m y f* (*jerg*) Pers. pusilánime o de carácter débil.

agüilla *f* **1** Líquido, gralm. bastante fluido, cuya composición se ignora o no se precisa. ■ **2** Lluvia o nieve menuda.

aguilón *m* (*reg*) **1** Madero longitudinal de un tejado a dos vertientes. ■ **2** Techo de la carbonera (pila de leña para el carboneo).

aguilucho *m* **1** Pollo de águila [1a]. ■ **2** Ave rapaz de cabeza pequeña, cuerpo alargado y alas y cola largas (gén. *Circus*). *Las diversas especies se distinguen con un especificador:* ~ LAGUNERO (*C. aeruginosus*), ~ CENIZO (*C. pygargus*), ~ PÁLIDO (*C. cyaneus*).

aguinaldo *m* **1** Regalo que, gralm. en dinero, se hace por Navidad o Reyes. ■ **2** (*reg*) Villancico de Navidad.

agüista *m y f* Usuario de un establecimiento de aguas mineromedicinales.

aguja I *f* **1** Utensilio constituido por una varilla de acero muy delgada, con punta aguda en un extremo,

y con un ojo por donde se pasa el hilo, en el otro, y que sirve para coser. ■ **2** Utensilio constituido por una varilla larga con punta en un extremo y una cabeza en el otro, y que sirve para hacer punto. *Tb* ~ DE HACER PUNTO *o* DE TEJER. **b)** Utensilio constituido por una varilla de longitud mediana y con punta en ambos extremos, usada para hacer calcetines o medias. *Tb* ~ DE MEDIA *o* DE HACER CALCETA. ■ **3** *Se da este n a otros utensilios diversos, de forma, y a veces uso, semejantes a los de la aguja* [1]. * Agujas de oro en la acupuntura. ■ **4** Alfiler de adorno. ■ **5** Instrumento en forma de aguja [1] constituido por un tubo muy delgado por cuyo extremo agudo se inyectan sustancias en el organismo. ■ **6** Pieza alargada y gralm. acabada en punta, que en determinados instrumentos sirve para señalar un punto concreto, escribir u otros usos. ■ **7** *En un fonógrafo o tocadiscos:* Pieza parecida a la aguja [1] cuya punta pasa por el surco del disco para la reproducción de la grabación. ■ **8** *En armas de fuego:* Punzón de acero que, al disparar el arma, choca con la parte posterior del cartucho y produce la detonación. ■ **9** Hoja en forma de aguja [1] propia de las plantas de la familia del pino. ■ **10** Chapitel largo y puntiagudo. ■ **11** Montaña de forma afilada y de paredes casi verticales. ■ **12** Cristal largo y estrecho de un líquido o mineral cristalizado. ■ **13** Pastel hojaldrado, de forma alargada, relleno de carne o pescado. ■ **14** *En el ferrocarril:* Riel móvil con un extremo libre, que se desliza lateralmente y puede aplicarse contra otro riel fijo o separarse de él para permitir el paso de una vía a otra. *Gralm en pl y frec en constrs como* TOMAR ~S *o* ENTRAR EN ~S. ■ **15** (*Constr*) Barra de hierro o de madera, con agujeros y pasadores, que sirve para mantener paralelos los tableros de un tapial. ■ **16** (*Constr*) Instrumento de forma alargada con que se mide la consistencia de los morteros, según la resistencia que oponen a su penetración. ■ **17** (*Mar*) Pieza de hierro en que se introduce el timón. ■ **18** Pez marino comestible, parecido al boquerón, pero más largo y con las mandíbulas largas y delgadas (*Belone belone*). **b)** [Pez] ~ → PEZ[1]. ■ **19** Ave acuática de medianas dimensiones, alas y patas largas, cola corta y pico muy largo (gén. *Limosa*). *Normalmente con un tal especificador:* ~ COLINEGRA (*L. limosa*) *y* ~ COLIPINTA (*L. lapponica*). ■ **20** Ligero picor, resultante de una fermentación producida en la botella, propio de determinados vinos. *Gralm en la constr* DE ~. **b)** Ácido carbónico del agua. *Normalmente en la constr* DE ~. ■ **21** *En un cuadrúpedo:* Parte correspondiente a las costillas del cuarto delantero. *Gralm en pl o en la constr* DE ~. **b)** *En el toro:* Cruz. *Gralm en pl.* ■ **22** (*reg*) Madero transversal del piso del carro. ■ **23** (*Med*) *En pl:* Altibajos bruscos de la fiebre. ■ **24** ~ **de marear.** Brújula. *Tb fig. Tb, simplemente,* ~. ■ **25** ~ **de pastor.** Planta herbácea anual, con flores en umbelas, que crece espontánea en los cultivos (*Scandix pecten-veneris*). ■ **26** ~ **paladar**, *o* **palá.** (*reg*) Pez espada (*Xiphias gladius*).

II *loc adj* **27 de ~.** [Tacón] alto y de punta muy fina.

III *loc v* **28 buscar una ~ en un pajar.** Empeñarse en encontrar algo sumamente difícil.

agujal *m* (*Constr*) Agujero que queda en las paredes al sacar las agujas [15] de los tapiales.

agujerar *tr* Agujerear. *Tb pr* (~**se**).

agujereado[1] -da *adj* **1** *part* → AGUJEREAR. ■ **2** Que tiene agujeros[1] [1].

agujereado[2] *m* Acción de agujerear.

agujerear *tr* Hacer uno o varios agujeros[1] [1] [a algo o alguien (*cd*)]. *Tb abs. Tb fig.* **b)** *pr* (**~se**) Pasar a tener uno o varios agujeros.

agujero[1] I *m* **1** Abertura, más o menos redondeada, que traspasa un cuerpo, un objeto o una materia. ■ **2** Abertura, más o menos redondeada, que penetra en un objeto, un cuerpo o una materia sin traspasarlos. **b)** Hoyo (en el suelo). ■ **3** Abertura por la que un conducto comunica con otro o con el exterior. ■ **4** Madriguera o cueva [de un animal]. **b)** Cueva. ■ **5** (*col*) Laguna o punto impreciso de una ley o reglamento, que permite actuaciones deshonestas o injustas. ■ **6** Déficit financiero o presupuestario, gralm. no reflejado en la contabilidad de una empresa o entidad. *A veces* ~ NEGRO, *referido al oculto.* **b)** ~ **negro.** Causa de un gran gasto o pérdida económica. ■ **7** ~ **negro.** (*Astron*) Región hipotética del espacio en que las fuerzas de gravitación y los efectos electromagnéticos son tan considerables que nada, incluidos los rayos luminosos, puede escapar hacia el exterior.
II *loc v* **8 no haber visto** [algo] **ni por un ~.** (*col*) No conocer[lo] ni remotamente. ■ **9 tapar ~s.** (*col*) Pagar deudas o solucionar problemas económicos. *Tb fig.* **b)** Resolver u ocultar una situación comprometida. ■ **10 tener un ~ en cada mano.** (*col*) Ser un manirroto.

agujero[2] **-ra** *m y f* (*hoy raro*) Fabricante de agujas [1 y 2].

agujeta *f* **1** *En pl*: Dolores musculares que se sienten tras un ejercicio violento y desacostumbrado. ■ **2** Ave limícola de pico largo y recto y con una mancha blanca alargada en el dorso (gén. *Limnodromus*). *A veces con un adj especificador:* ~ ESCOLOPÁCEA (*L. scolopaceus*), ~ GRIS (*L. griseus*).

agujón *m* Aguja, *esp* [4], grande.

agur *interj* (*reg*) Adiós.

agusanar *tr* (*raro*) Hacer que [algo (*cd*)] críe gusanos. *Gralm en sent fig.* **b)** *pr* (**~se**) Criar gusanos [un cuerpo o una sustancia].

agustinianamente *adv* De manera agustiniana.

agustiniano -na *adj* **1** De San Agustín († 430). ■ **2** Que sigue la doctrina de San Agustín. *Tb n, referido a pers.* ■ **3** Agustino. *Tb n.*

agustinismo *m* Doctrina de San Agustín († 430).

agustino -na *adj* De alguna de las órdenes religiosas que siguen la llamada regla de San Agustín. *Tb n, referido a pers.*

agutí *m* Mamífero roedor americano, comestible, de piel apreciada, del tamaño de un conejo, que se alimenta de raíces y hierbas, y esp. de caña de azúcar (*Dasyprocta aguti*).

aguzado -da *adj* **1** *part* → AGUZAR. ■ **2** Agudo (que termina en punta). ■ **3** [Sensibilidad o instinto] despiertos o vivos.

aguzanieves *f* (*tb, raro, m*) Lavandera blanca (ave).

aguzar *tr* **1** Hacer agudo o más agudo (que acaba en punta) [algo]. ■ **2** Afilar [un arma o un instrumento cortante]. ■ **3** Hacer agudo o más agudo (penetrante) [algo, esp. el ingenio]. ■ **4** Hacer agudo o más agudo [un sentido]. **b)** Esforzarse por aumentar la capacidad de percepción [de un sentido (*cd*)]. ■ **5** Hacer agudo o más agudo [un sonido o la voz]. ■ **6** Hacer agudo o más agudo (intenso) [algo].

ah *interj* **1** *Puede expresar diversas emociones, esp sorpresa o rechazo, a veces denotando que se cae en la cuenta de algo.* ■ **2** *Precede a una advertencia o amenaza.* ■ **3** (*lit*) *Seguida de la prep* DE + *n de lugar, se usa para llamar a los que están en él.* * ¡Ah de la casa!

ahechador -ra *adj* Que ahecha. *Frec n.*

ahechar *tr* Limpiar [el grano] con el harnero. *Tb abs.*

ahembrado *adj* (*lit, raro*) [Hombre] afeminado.

aherrojamiento *m* (*lit*) Acción de aherrojar. *Tb su efecto.*

aherrojante *adj* (*lit, raro*) Que aherroja.

aherrojar *tr* (*lit*) **1** Aprisionar con hierros. ■ **2** Oprimir o tiranizar.

ahí I *adv* **1** En ese lugar. *Precedido de prep, o como suj de una or cualitativa, se sustantiva.* * ¿Qué es eso que está ahí? * Esos libros de ahí arriba. ■ **2** A ese lugar. ■ **3** (*col*) *Se usa con intención expresiva para referirse a la pers de la que se habla o con la que se habla.* * Dame ahí tres billetes. **b)** *A veces se usa para presentar una pers o cosa a la consideración de aquel a quien se habla. Gralm seguido del v* TENER. * Ahí tienes el caso de Antón. **c)** (*pop*) *En ors exclams, se usa expletivamente, tras una interj, aludiendo a la pers a quien se habla.* * ¡Ole ahí tu gracia! **d)** ~ **donde le ves** → VER. ■ **4** En ese momento o en ese tiempo. *Precedido de prep, se sustantiva.* * A partir de ahí no recuerdo más. ■ **5** En esas circunstancias. * Ahí quisiera verte a ti. ■ **6** En ese punto o en esa cuestión. *Precedido de prep, o como suj de una or cualitativa, se sustantiva.* * Ahí está la dificultad. ■ **7 por ~.** Por un lugar indeterminado no lejano. * ¿Hay por ahí alguna silla? **b)** Por diversos sitios. * He viajado mucho por ahí. **c)** (*col*) *Se usa para recalcar la vaguedad de un suj indeterminado y no presente.* * Por ahí dicen que te sobra el dinero. ■ **8 por ~.** (*col*) Aproximadamente. * Serán las ocho o por ahí.
II *loc v y fórm or* **9 ~ es nada, ~ me las den todas** → NADA, TODO. ■ **10 de ~.** Consecuencia de eso es. *Seguido de un n o de una prop con* QUE. * Me han cortado el teléfono; de ahí que no haya podido avisarte. ■ **11 hasta ~ podíamos llegar; no decir** [a alguien] (**por**) ~ **te pudras; por ~ se anda(n),** *o* **se va(n); quita de ~; ve ~,** *o* **ve ~ tienes** → LLEGAR, PUDRIR, ANDAR[1], IR, QUITAR, VER.
III *interj* **12** ~ **va, venga de** ~ → IR, VENIR.

ahidalgado -da *adj* (*lit, raro*) [Cosa] noble o propia de hidalgo.

ahijado[1] **-da** *m y f* Pers. que tiene por padrino o madrina [a otra (*compl de posesión*)].

ahijado[2] *m* Ahijamiento.

ahijador -ra *m y f* Pastor que tiene a su cargo el cuidado de las madres y las crías.

ahijamiento *m* Acción de ahijar [3].

ahijar (*conjug* 1f) A *tr* **1** Poner [a un animal hembra (*cd*)] su propia cría u otra ajena para que la críe. *Tb abs.* ■ **2** Atribuir [algo a alguien] como suyo.
B *intr* **3** Echar retoños [una planta].

ahilado -da *adj* **1** *part* → AHILAR. ■ **2** Largo y delgado. **b)** Sumamente delgado. ■ **3** Sutil (agudo o perspicaz).

ahilamiento *m* Acción de ahilar(se).

ahilar (*conjug* 1f) **A** *tr* **1** Hacer más delgado o más tenue [algo, esp. la voz]. *Tb fig.* **b)** *pr* (~se) Hacerse más delgado o más tenue. *Tb fig.*

B *intr* ➤ **a** *normal* **2** Crecer mucho [una planta] en altura manteniéndose muy delgada y pobre en pigmentación, debido a la escasez de luz. *Frec pr* (~se).

➤ **b** *pr* (~se) **3** Adelgazar o enflaquecer. ■ **4** Desfallecer.

ahílo *m* (*raro*) Acción de ahilar(se), *esp* [4].

ahincadamente *adv* **1** Con ahínco. ■ **2** Fijamente. *Con el v* MIRAR *u otro equivalente.*

ahincamiento *m* Acción de ahincar(se).

ahincar (*conjug* 1f) **A** *intr* ➤ **a** *normal* **1** Afincarse o fijarse. *Frec pr* (~se). *Frec fig.*

➤ **b** *pr* (~se) **2** Dedicarse con ahínco [a algo (*compl* EN)].

B *tr* **3** (*raro*) Acelerar o apresurar [el paso].

ahínco *m* Fuerte interés o empeño.

ahistoricidad *f* Cualidad de ahistórico.

ahistoricismo *m* Tendencia a considerar los hechos como ahistóricos.

ahistórico -ca *adj* Ajeno a la historia, o que se sitúa fuera de la historia.

ahitar (*conjug* 1f) *tr* Poner ahíto [a alguien de algo]. **b)** *pr* (~se) Pasar a estar ahíto.

ahí te estás *adj invar* (*hist*) [Pers.] nacida en América de coyote y mestiza, o de mestizo y coyote. *Tb n.*

ahíto -ta *adj* **1** Que ha comido hasta no poder más. *A veces con un compl* DE. **b)** Que ha satisfecho hasta el máximo su deseo [de algo]. *Frec el compl se omite, por consabido.* ■ **2** Rebosante [de algo].

ahocinarse *intr pr* Correr [un río] por quebradas estrechas y profundas.

ahogadamente *adv* De manera ahogada (→ AHOGADO[1] [2]).

ahogadero *m* (*raro*) Cosa que ahoga o agobia.

ahogadilla *f* Hecho de meter a otro la cabeza bajo el agua durante breves momentos, normalmente como broma.

ahogadizo -za *adj* **1** Que ahoga o agobia. ■ **2** [Pera] de una especie muy áspera y difícil de tragar.

ahogado[1] -da *adj* **1** *part* → AHOGAR. ■ **2** Débil o tenue. ■ **3** [Lugar] estrecho y con poca ventilación.

ahogado[2] *m* Acción de ahogar [4].

ahogador -ra *adj* Que ahoga, *esp* [5 y 6].

ahogagatos *m* Planta de hasta 60 cm, fétida, que crece espontánea en los herbazales de los bordes de los caminos (*Anthriscus caucalis*).

ahogamiento *m* (*raro*) Acción de ahogar(se).

ahogante *adj* Que ahoga.

ahogar *tr* **1** Asfixiar [a alguien] sumergiéndo[le] en el agua. *Tb fig.* **b)** *pr* (~se) Morir por asfixia al quedar sumergido en el agua. ■ **2** Asfixiar [a alguien] por presión en el cuello o por obstrucción de las vías respiratorias. *Tb fig.* **b)** *pr* (~se) Morir por presión en el cuello o por obstrucción de las vías respiratorias. ■ **3** Asfixiar [a alguien] por falta de aire respirable. **b)** *pr* (~se) Morir por asfixia, debida a la falta de aire respirable. ■ **4** Quitar la vida [al gusano de seda (*cd*)] en el capullo. ■ **5** Causar ahogo

[1] o sensación de ahogo [a alguien (*cd*) o en un lugar (*cd*)]. **b)** *pr* (~se) Sufrir ahogo o sensación de ahogo. ■ **6** Angustiar o agobiar. **b)** *pr* (~se) Angustiarse o agobiarse. ■ **7** Impedir que [algo (*cd*) material o inmaterial] prospere o subsista. *Tb fig.* **b)** Perjudicar [el exceso de alguna sustancia, o de otra vegetación (*suj*)] el desarrollo [de una semilla, una planta o una plantación (*cd*)]. **c)** Sofocar [una rebelión]. **d)** Tratar de olvidar [penas] tomando bebidas alcohólicas. ■ **8** Reprimir [la exteriorización de un instinto o un sentimiento]. ■ **9** Hacer inaudible o poco perceptible [un sonido]. **b)** Quitar resonancia [a un hecho (*cd*)]. ■ **10** Inundar [el carburador del motor de explosión] con exceso de combustible. *El suj puede designar el mismo combustible.* **b)** *pr* (~se) Inundarse con exceso de combustible. ■ **11** (*Ajedrez*) Poner [al rey contrario] en situación de no poder moverse sin ponerse en jaque. *Frec en part.* ■ **12** (*Taur*) Hacer que [la embestida (*cd*)] sea corta, por citar demasiado cerca al toro.

ahogo *m* **1** Dificultad en la respiración. **b)** Sensación de falta de respiración debida al excesivo calor o a la estrechez del lugar. *Frec con intención ponderativa.* ■ **2** Dificultad o estrechez económica. *Frec en pl.* ■ **3** Acción de ahogar(se) [1, 2 y 3].

ahoguío *m* (*raro*) Ahogo [1a].

ahondador -ra *adj* Que ahonda.

ahondamiento *m* Acción de ahondar(se).

ahondar **A** *tr* **1** Hacer [algo] hondo o más hondo. *Tb fig.* **b)** *pr* (~se) Hacerse hondo o más hondo. ■ **2** Excavar. ■ **3** (*Taur*) Hacer que [el estoque, la puya o el rejón (*cd*)] penetren más de lo que resultó en el primer intento.

B *intr* **4** Profundizar, o penetrar profundamente, [en algo]. **b)** Tratar o considerar a fondo [algo (*compl* EN)].

ahora **I** *adv* **1** En este momento o en este tiempo. *Precedido de prep, o como suj de una or cualitativa, se sustantiva.* ■ **2** Recientemente, o en el momento inmediatamente anterior a este. ■ **3** En el momento inmediatamente posterior a este. ■ **4** En aquel momento o en aquel tiempo. *En un contexto pasado.* ■ **5 ~ bien.** *Denota que, una vez admitido o sentado lo anterior, hay que considerar la puntualización que sigue. Tb, simplemente, ~; en este caso, la or que le sigue puede ir iniciada por* QUE. * No les falta nada; ahora bien, siempre hay algún motivo de queja. * Es personas agradable; ahora, tiene días. ■ **6 ~...,** **~...** (*lit*) Unas veces..., otras... * Ahora te lo permite todo, ahora te lo prohíbe.

II *m* **7** Tiempo o momento presente.

III *fórm* o **8 ~ o nunca.** (*col*) Se usa para exhortar a tomar inmediatamente una decisión. * Ahora o nunca; decídete. ■ **9 hasta ~.** (*col*) Se usa para indicar que hasta el momento en que se habla no se ha producido algo esperado o esperable. * Dijo que lo devolvería. Hasta ahora.

IV *interj* **10 hasta ~.** *Fórmula de despedida para un tiempo muy corto.*

ahorcable *adj* Que merece ser ahorcado.

ahorcador -ra *m y f* (*raro*) Pers. que ahorca [1].

ahorcadura *f* (*raro*) Ahorcamiento.

ahorcamiento *m* Acción de ahorcar(se).

ahorcar **A** *tr* **1** Matar [a alguien] colgándo[lo] de una cuerda o de otro objeto semejante sujeto con nudo corredizo alrededor del cuello. *Frec el cd es refl.* ■ **2** Colgar [algo]. **b)** ~ **los hábitos** → HÁBITO.

■ **3** (*Dominó*) Impedir que [otro jugador (*ci*)] pueda colocar [una ficha doble]. ■ **4** (*Naipes*) Matar [una carta de valor, esp. el tres]. ■ **5 no ~se** (*o* **no dejarse ~**) **por menos de** + *numeral* + *n*. (*col*) Tener segura, como mínimo, la ganancia o posesión [del número de cosas que se expresa]. ■ **6** (**ni**) **aunque le ahorquen** (*o* **así le ahorquen**). (*col*) *Fórmula con que se subraya enfáticamente una negación.* * No dirá una palabra ni aunque le ahorquen. ■ **7 que me ahorquen** + *prop condicional*. (*col*) *Fórmula con que se asevera enfáticamente lo contrario de lo expresado por la prop.* * Que me ahorquen si te entiendo.

B *intr pr* (**~se**) **8** (*col*) Casarse.

ahorita *adv* (*reg*) Ahora mismo.

ahormamiento *m* Acción de ahormar(se).

ahormar *tr* **1** Ajustar [algo] a su horma o molde. *Tb fig.* ■ **2** Formar o dar forma [a alguien o algo (*cd*)]. *Tb fig.* **b)** *pr* (**~se**) Tomar forma. ■ **3** Adaptar o amoldar. **b)** *pr* (**~se**) Adaptarse o amoldarse. ■ **4** Modificar o retocar. ■ **5** (*Taur*) Colocar [el torero o el picador] la cabeza [del toro (*cd*)] en la mejor disposición para ejecutar las suertes.

ahorquillado -da *adj* **1** *part* → AHORQUILLAR. ■ **2** Que tiene forma de horquilla.

ahorquillar *tr* Dar [a algo (*cd*)] forma de horquilla. **b)** *pr* (**~se**) Tomar forma de horquilla.

ahorrador -ra *adj* **1** Que ahorra [1 y 2]. *Frec n.* ■ **2** De(l) ahorro.

ahorrar *tr* **1** Reservar para el futuro [una parte del dinero ganado]. *Frec abs.* ■ **2** Gastar [algo] en cantidad menor de la ordinaria o prevista, reservándo[lo] para el futuro. ■ **3** Evitar el gasto [de algo (*cd*)]. *Frec con ci refl. Tb fig.* ■ **4** Librar [a alguien (*ci*)] de una eventual molestia, inconveniente o esfuerzo (*cd*)]. *Frec con ci refl.* ■ **5** Escatimar. *Gralm en constrs de sent neg.*

ahorrativo -va *adj* **1** [Pers.] que tiende a ahorrar [1 y 2]. ■ **2** [Cosa] que ahorra [2]. ■ **3** De(l) ahorro.

ahorro I *m* **1** Acción de ahorrar [1, 2, 3 y 4, esp. 1]. **b)** (*Econ*) Abstención o privación del consumo inmediato con el fin de dedicar recursos a la inversión. ■ **2** *En pl*: Dinero ahorrado [1]. II *loc adj* **3** [Caja] **de ~s**, [libreta] **de ~s** → CAJA, LIBRETA[1].

ahoyadora *f* Máquina para hacer hoyos.

ahuchar (*conjug* **1f**) *tr* (*raro*) Guardar en una hucha.

ahuecado -da *adj* **1** *part* → AHUECAR. ■ **2** Hueco.

ahuecar A *tr* **1** Poner hueco o vacío. **b)** Poner cóncavo. ■ **2** Poner hueco o no ajustado. **b)** Separar [algo] de donde está pegado o unido. ■ **3** Poner hueco, o mullido o esponjado. ■ **4** Poner [la voz] hueca, o de sonido retumbante y profundo. **b)** *pr* (**~se**) Ponerse hueca [la voz].

B *intr* **5** (*col*) Marcharse o desaparecer.

ahuesado -da *adj* De color hueso.

ahuevado -da *adj* De forma parecida a la del huevo. *Gralm referido a ojo.*

ahumado[1] -da I *adj* **1** *part* → AHUMAR. ■ **2** De color grisáceo o negruzco. **b)** (*Mineral*) [Cuarzo] de color negro de humo. ■ **3** [Cristal] de color oscuro para filtrar la luz solar. *Frec tb las gafas que llevan estos cristales.* ■ **4** Propio de lo que se ha ahumado [1].

II *m* **5** Pescado ahumado (→ AHUMAR [1]). *Gralm en pl.*

ahumado² *m* Acción de ahumar [1 y 2].

ahumar (*conjug* **1f**) A *tr* **1** Someter [algo] a la acción del humo. **b)** *Esp*: Someter [un alimento] a la acción del humo para secar[lo] y conservar[lo]. *Frec en part.* ■ **2** Ennegrecer con el humo. **b)** *pr* (**~se**) Ennegrecerse con el humo. *Frec en part.*

B *intr* ➤ **a** *normal* **3** Echar o desprender humo. ■ **4** (*reg*) Echar a correr.

➤ **b** *pr* (**~se**) **5** Llenarse de humo. ■ **6** (*col, raro*) Emborracharse (→ AJUMARSE).

ahusado -da *adj* Delgado como un huso.

ahuyentador -ra *adj* Que ahuyenta. *Tb n: m y f, referido a pers; m, referido a aparato o producto.*

ahuyentar *tr* **1** Hacer huir [a una pers. o animal]. *Tb fig. A veces con un compl* DE. **b)** *pr* (**~se**) Huir [una pers. o animal]. ■ **2** Alejar o apartar [algo inmaterial]. *A veces con un compl* DE.

aigrette (*fr; pronunc corriente,* /egrét/) *f* (*hist*) Penacho de plumas de garza real usado como adorno en los sombreros y tocados femeninos.

aijada *f* Aguijada.

aikido *m* Sistema japonés de defensa personal que se basa en principios semejantes a los del yudo.

aikidoka *m y f* Pers. que practica el aikido.

ailanto *m* Árbol de más de 20 m de altura, con hojas de foliolos oblongos y agudos y con flores en racimos de color verde-amarillento y olor desagradable, que se cultiva como ornamental y para fijar suelos (*Ailanthus altissima* o *A. glandulosa*).

aimara (*tb* **aimará**; *tb con las grafías* **aymara** *y* **aymará**) I *adj* **1** [Indio] habitante de la región del lago Titicaca, entre Perú y Bolivia. *Tb n.* **b)** De los aimaras. ■ **2** Del aimara [3]. II *m* **3** Lengua aimara [1b].

aimarismo *m* Palabra o giro propios de la lengua aimara o procedentes de ella.

aimón *m* (*reg*) Larguero del piso del carro.

aína (*tb* **aínas**) (*reg*) I *adv* **1** Pronto. ■ **2** Por poco. ■ **3** Con dificultad. II *interj* **4** Se usa para animar.

ainda mais (*gall o port; pronunc corriente,* /aínda-máis/) *loc adv* (*humoríst*) Aún más.

aindiado -da *adj* Que tiene rasgos o características físicas semejantes a las del indio.

aino -na *adj* De un pueblo habitante de la isla de Yeso o Hokkaido (Japón). *Tb n, referido a pers.*

ainu *adj* Aino. *Tb n.*

airadamente *adv* De manera airada [2].

airado -da I *adj* **1** *part* → AIRARSE. ■ **2** Que expresa ira. ■ **3** [Muerte] violenta. ■ **4** [Vida] desordenada o licenciosa. **b) de vida airada** → VIDA. II *loc adv* **5 a mano airada** → MANO.

airamiento *m* (*raro*) Acción de airarse. *Tb su efecto.*

airarse (*conjug* **1f**) *intr pr* Llenarse de ira. *Normalmente en part. Tb fig.*

airbag (*ing; pronunc corriente,* /érbag/; *tb con la grafía* **air bag**; *pl normal, invar*) *m* En un automóvil: Dispositivo de seguridad consistente en una bolsa que se infla automáticamente en caso de choque y protege al viajero del golpe.

airbús (*n comercial registrado*, Airbus) *m* Aerobús.

aire I *m* **1** Mezcla gaseosa formada principalmente por nitrógeno y oxígeno e indispensable para la vida animal y vegetal. **b)** Aire de un local o de un espacio determinado. *Frec con un compl especificador.* **c)** ~ **acondicionado.** Atmósfera de un local sometida a la temperatura y grado de humedad deseados. *Tb la instalación o el aparato con que se produce.* ▪ **2** *En pl:* Clima. **b)** Lugar de residencia. *Gralm en la constr* CAMBIAR, *o* MUDAR, DE ~S. ▪ **3** Viento, o corriente de aire [1a]. **b)** (*pop*) Corriente de aire que se supone causante de enfermedad. **c)** (*Caza*) Viento que trae un olor. **d)** ~ **colado.** Viento frío que corre encajonado. ▪ **4** (*pop*) Ataque de parálisis. *Gralm en la constr* DARLE [a alguien] UN ~; *frec* (*col*) *con intención ponderativa para describir una reacción de asombro.* **b)** Parálisis. ▪ **5** Aspecto o apariencia. **b)** Cosa que aparenta ser algo y no es nada. ▪ **6** Aspecto decidido. **b)** *En pl:* Afectación de importancia. *Gralm con el v* DARSE. *Frec con un compl* DE. **c)** ~**s de grandeza** → GRANDEZA. ▪ **7** Gracia o garbo. ▪ **8** (*col*) Viveza o animación. ▪ **9** Canción o melodía. II *loc adj* **10 del Aire.** De las Fuerzas Aéreas. ▪ **11 de ~.** [Gas] que se obtiene haciendo arder el carbón con insuficiencia de aire [1a]. ▪ **12 de ~.** (*Constr*) [Viga] que se apoya solamente en sus dos extremos. III *loc v* **13 beber(se) los ~s.** (*col*) Beber(se) los vientos [por alguien o algo]. ▪ **14 coger el ~** [a alguien o algo]. Dar con el modo de actuar respecto a ellos. ▪ **15 dar ~** [a algo]. Dar[lo] a conocer, o dar[le] publicidad. ▪ **16 dar ~** [al dinero o a una fortuna]. Gastar[los] rápidamente. ▪ **17 darse, o tener** (*o, raro,* **tirarse**), **un ~.** (*col*) Tener cierto parecido [con alguien (*ci*)]. ▪ **18 guardar el ~** [a alguien]. Estar a buenas [con él]. ▪ **19 llevar el ~.** Tratar adecuadamente [a alguien difícil]. ▪ **20 no saber** [alguien] **por dónde le da,** *o* **le sopla, el ~.** (*col*) Estar despistado o desconcertado. ▪ **21 saltar por los ~s** → SALTAR. ▪ **22 tomar ~.** Respirar profundamente. ▪ **23 tomar el ~.** Estar al aire [28] libre, esp. dando un paseo. ▪ **24 vivir** (*o* **mantenerse,** *o* **sustentarse**) **del ~.** (*col*) No comer. *Gralm con intención ponderativa.* IV *loc adv* **25 al ~.** Hacia arriba, separándose de la base de apoyo y sin contacto con ningún cuerpo. **b)** Hacia arriba, con intención de no alcanzar a ninguna pers. o cosa. *Con vs como* DISPARAR *o* TIRAR. *Tb adj, referido a disparo.* ▪ **26 al ~.** Sujetándose por los bordes y quedando visibles las dos caras. *Referido a piedra preciosa. Tb adj.* **b)** Apoyándose solo en el puente y en las patillas. *Dicho de gafas y de cristales.* **c)** → aceps. 31b y 33. ▪ **27 al ~.** Al descubierto. ▪ **28 al ~ libre.** Fuera de cualquier recinto cubierto. *Tb adj.* ▪ **29 a mi** (**tu, su,** *etc*) **~.** (*col*) A mi (tu, su, etc.) gusto o sin atenerse a condicionamientos externos. ▪ **30 de un ~.** (*col*) En estado de atónito o pasmado. *Con vs como* DEJAR *o* QUEDARSE. ▪ **31 en el ~,** *o* **por el ~.** Manteniéndose por encima del suelo, sin contacto con él ni con ningún otro cuerpo. **b)** **en el ~,** *o* **al ~.** Sin punto de apoyo. *Tb fig.* ▪ **32 en el ~.** En situación pendiente. *Con vs como* ESTAR, QUEDAR *o* DEJAR. **b)** En situación incierta. *Normalmente con los vs* ESTAR, QUEDAR *o* DEJAR. **c)** En suspenso. ▪ **33 en el ~.** (*RTV*) Emitiendo. *Tb en las constrs* SACAR (*o* SALIR) AL ~, *indicando el hecho de emitir* (*o ser emitido*).

V *interj* **34** *Se usa para indicar a alguien que se vaya o se retire.*

aireación *f* Acción de airear(se) [1, 2, 4, 6 y 7].

aireador -ra *adj* Que airea. *Tb n m, referido a aparato.*

aireamiento *m* Acción de airear(se) [2 y 6].

aireante *m* (*Constr*) Producto que se agrega al hormigón para que produzca una serie de pequeñas burbujas.

airear A *tr* **1** Hacer que entre o se renueve el aire [1a] [en un lugar (*cd*)]. *Tb fig.* ▪ **2** Ventilar, o exponer [algo] al aire [1a]. **b)** *pr* (~**se**) Ventilarse, o recibir el aire. ▪ **3** Sacar [algo que estaba guardado hacía tiempo]. ▪ **4** Poner [agua] en contacto con el aire para que adquiera oxígeno. ▪ **5** Abanicar [a alguien o algo], o dar[le] (*cd*) aire [3]. *Gralm el cd es refl.* ▪ **6** Dar publicidad [a algo (*cd*)] o hacer que se conozca públicamente. B *intr pr* (~**se**) **7** Tomar el aire [23]. *Tb fig.*

airén *adj* (*Agric*) [Variedad de uva] vinífera blanca, propia de la Mancha. *Tb n m o f.*

airón[1] *m* **1** Penacho, o adorno de plumas en la cabeza o en una prenda de cabeza. *Tb fig.* ▪ **2** (*lit*) Cosa que sirve de ornato. *Tb fig.*

airón[2] *adj* [Pozo] muy profundo.

airosamente *adv* De manera airosa.

airoso -sa *adj* **1** Que tiene gracia o armonía. ▪ **2** Lucido o brillante. *Referido a pers, se usa como predicat con vs como* QUEDAR *o* SALIR.

aislable *adj* Que puede ser aislado.

aislacionismo *m* (*Pol*) Política de no intervención en los asuntos internacionales. *Tb fig, fuera del ámbito político.*

aislacionista *adj* (*Pol*) **1** De(l) aislacionismo o que lo implica. **b)** Partidario del aislacionismo. *Tb n.* ▪ **2** Que tiende al aislacionismo social o cultural.

aisladamente *adv* De manera aislada [3].

aislado -da *adj* **1** *part* → AISLAR. ▪ **2** [Pers. o cosa] que no está unida o agrupada con otras. **b)** [Lugar] incomunicado o mal comunicado. **c)** [Cosa] que se presenta o se produce sola o separada por intervalos notables de tiempo o espacio respecto a otras. **d)** (*Bot*) [Hoja] que nace sola en un nudo. ▪ **3** Propio de la pers. o cosa aislada [2].

aislador -ra I *adj* **1** Que aísla. *Tb n m, referido a elemento, cuerpo o sustancia.* II *m* **2** Pieza de materia no conductora de electricidad que sirve para mantener aislado (→ AISLAR [2]) un conductor.

aislamiento *m* **1** Acción de aislar(se). ▪ **2** Parte o elemento que aísla.

aislante *adj* Que aísla, *esp* [2]. *Tb n m, referido a sustancia o cuerpo.*

aislar (*conjug 1f*) A *tr* **1** Dejar [a una pers. o cosa] separada [de (las) otras]. *A veces el segundo compl se omite, por consabido.* ▪ **2** Poner [algo, esp. un cuerpo] fuera de la acción [de un agente físico o del medio ambiente]. **b)** Poner [un cuerpo] fuera del contacto con cualquier conductor de electricidad. **c)** Poner [un conductor de electricidad] fuera del contacto con cualquier cuerpo. ▪ **3** Separar [un elemento o un organismo de los otros con que está combinado]. **b)** Obtener [un cultivo puro [de un microorganismo, esp. patógeno (*cd*)]].

B *intr pr* (~se) **4** Retirarse de la relación con otras perss. o con el mundo exterior.

aitzkolari → AIZCOLARI.

aixovar (*cat; pronunc corriente,* /aʃuvá/) *m* (*Der, reg*) Aportación de bienes que, en contemplación del matrimonio, hace el hombre a su futura mujer cuando esta, por razón del enlace, es instituida heredera por cualquiera.

aizcolari (*tb con las grafías* **aitzkolari** *y* **aizkolari**) *m* Hombre que practica el deporte vasco de cortar troncos con hacha.

aj *interj* Denota asco.

ajá *interj* Expresa satisfacción o aprobación.

ajabardarse *intr pr* (*reg*) Esconderse [un animal] entre la maleza.

ajada *f* Salsa hecha con ajo y otros ingredientes, frec. agua y pan.

ajado[1] **-da** *adj* **1** *part* → AJAR[1]. ■ **2** Propio de las cosas o perss. ajadas.

ajado[2] **-da** *adj* Que tiene ajos.

ajajá *interj* Expresa satisfacción, *esp por el descubrimiento de algo.*

ajamiento *m* Acción de ajar(se). *Tb su efecto.*

ajamonado[1] **-da** *adj* **1** *part* → AJAMONARSE. ■ **2** (*col*) Propio de la mujer jamona.

ajamonado[2] **-da** *adj* [Color o aspecto] semejante al del jamón. **b)** De color o aspecto ajamonado.

ajamonamiento *m* (*col*) Acción de ajamonarse.

ajamonarse *intr pr* (*col*) Ponerse jamona [una mujer]. *Frec en part. Raro y humoríst, referido a hombre.*

ajar[1] *tr* **1** Hacer que [alguien o una parte de su cuerpo (*cd*)] pierda el aspecto juvenil o saludable. **b)** *pr* (~se) Perder el aspecto juvenil o saludable. *Frec en part.* ■ **2** Hacer que [algo (*cd*)] pierda su belleza o buen aspecto. **b)** *pr* (~se) Perder [algo] su belleza o buen aspecto. *Frec en part. Tb* (*lit*) *fig.*

ajar[2] *m* Terreno sembrado de ajos.

ajardinado[1] **-da** *adj* **1** *part* → AJARDINAR. ■ **2** Propio de(l) jardín.

ajardinado[2] *m* Acción de ajardinar.

ajardinamiento *m* Acción de ajardinar.

ajardinar *tr* **1** Convertir en jardín [un lugar]. ■ **2** Dotar de jardín o jardines [un lugar].

ajea *f* Se da este *n* a varias plantas de los géns Artemisia, Chenopodium y otros, esp A. glutinosa y A. herba-alba, denominadas *tb* ~ COMÚN *y* ~ CHURRA *o* YESQUERA, *respectivamente.*

ajeante *adj* Que ajea.

ajear *intr* Repetir [la perdiz] "aj, aj", por temor o para avisar a las compañeras.

ajedrea *f* Planta herbácea labiada, de flores muy olorosas, que se usa como hierba aromatizante y también, en infusión, como remedio estomacal (*Satureja montana*). *Tb* ~ COMÚN, SILVESTRE, SALVAJE, MONTESINA *o* DE MONTAÑA. *Con otro adj o compl especificador, designa otras especies:* ~ BLANCA (*S. fruticosa*), ~ DE JARDÍN (*S. hortensis*), ~ FINA (*S. obovata*), *etc.*

ajedrecista I *m y f* **1** Jugador de ajedrez. II *adj* **2** (*raro*) Ajedrecístico.

ajedrecístico -ca *adj* De(l) ajedrez.

ajedrez *m* Juego para dos personas, cada una de las cuales maneja 16 piezas (rey, reina, alfil, caballo, torre, peón) moviéndolas sobre un tablero de 64 cuadros alternativamente blancos y negros. **b)** Conjunto de las piezas y el tablero con que se juega al ajedrez.

ajedrezado[1] **-da** *adj* **1** *part* → AJEDREZAR. ■ **2** (*Arquit y Heráld*) Que presenta cuadros de colores o relieves alternados, imitando el tablero de ajedrez.

ajedrezado[2] *m* (*Arquit*) Adorno formado por una serie de cuadros de colores o relieves alternados.

ajedrezar *tr* (*raro*) Dividir en cuadros de colores alternados.

ajenabe *m* Mostaza (planta).

ajenabo *m* Mostaza (planta).

ajenación *f* (*lit*) Distanciamiento o separación.

ajenar (*raro*) **A** *tr* **1** Apartar o separar [a alguien de algo]

B *intr pr* (~se) **2** Enajenarse [una pers.]. ■ **3** Mostrarse ajeno o indiferente [a algo].

ajenidad *f* Condición de ajeno.

ajenjo *m* **1** Planta herbácea perenne, de cuyas hojas e inflorescencias se obtiene una esencia empleada para fabricar un licor (*Artemisia absinthium*). *Tb* ~ COMÚN. **b)** *Con un adj o compl especificador, designa otras especies:* ~ LOCO *o* DE LOS CIRUJANOS (*Sisymbrium sophia*), ~ MARINO (*Artemisia maritima*), ~ MORUNO (*A. arborescens*), *etc.* ■ **2** Licor preparado con esencia de ajenjo [1a].

ajeno -na *adj* **1** De otro o de otros. ■ **2** No perteneciente [a una pers. o cosa] o que cae fuera del ámbito [de ella (*compl* A)]. **b)** [Pers. o cosa] que no tiene relación [con otra(s) (*compl* A)]. *Tb n, referido a pers.* **c)** [Cosa] distinta [a otra] o independiente [de ella (*compl* A)]. ■ **3** Indiferente o desinteresado [respecto a alguien o algo (*compl* A)]. *A veces el compl se omite, por consabido.* ■ **4** Desprevenido o ignorante [respecto a algo (*compl* A)]. ■ **5** Libre o exento [de algo (*compl* A)].

ajenuz *m* Se da este *n* a varias plantas del gén Nigella, esp N. sativa, N. damascena y N. hispanica; estas últimas, *tb* ~ DE JARDÍN *y* ~ DE ESPAÑA, *respectivamente.*

ajeña *f* (*reg*) Tizón (hongo parásito de los cereales).

ajero -ra I *adj* **1** De(l) ajo[1] (planta). II **n** *m y f* **2** Pers. que cultiva o vende ajos[1]. **B** *f* **3** Aliaria (planta).

ajesuitado -da *adj* Semejante a los jesuitas o a lo jesuita.

ajete *m* **1** Ajo[1] tierno que aún no tiene cabeza. ■ **2** Salsa de ajos[1]. *Frec en la constr* AL ~.

ajetreadamente *adv* De manera ajetreada.

ajetreado -da *adj* **1** *part* → AJETREAR. ■ **2** Lleno de ajetreo.

ajetrear **A** *tr* **1** (*raro*) Someter [a alguien] a una actividad muy intensa y que gralm. implica mucho movimiento físico.

B *intr pr* (~se) **2** Tener [alguien] una actividad muy intensa y que gralm. implica mucho movimiento físico.

ajetreo *m* Actividad muy intensa y que gralm. implica mucho movimiento físico. *Tb fig.*

ají *m* Chile (pimiento picante americano).

ajiaceite *m* Salsa hecha fundamentalmente con aceite y ajos machacados.

ajigolarse *intr pr (reg)* Fatigarse.

ajijido *m (reg)* Grito de júbilo con que se acompaña el canto o se subraya el ritmo del baile.

ajilimoje *m (col)* Ajilimójili.

ajilimójili *m (col)* Salsa cuya composición se ignora o no se quiere precisar.

ajillo. al ~. *loc adj* Frito con ajos y frec. otros ingredientes, esp. guindilla y perejil. *Tb adv.*

ajimez *m* **1** Ventana dividida en el centro por una columna, formando doble arco. ■ **2** Columna que divide el ajimez [1].

ajimezado -da *adj* Que tiene forma de ajimez [1].

ajirafado -da *adj (raro)* De aspecto similar al de la jirafa (animal).

ajizal *m* Terreno plantado de ajíes o pimientos.

ajo¹ I *m* **1** Planta herbácea cultivada en todas las zonas templadas y secas para beneficiarse de su bulbo, comestible, blanco, redondo y de olor fuerte característico (*Allium sativum*). **b)** *Seguido de diversos especificadores, designa distintas especies del gén Allium:* ~ DE CIGÜEÑA (*A. oleraceum*), ~ DE OSO (*A. ursinum*), ~ PORRO (*A. porrum*), ~ REDONDO, *o* DE CABEZA REDONDA (*A. sphaerocephalum*), *etc.* **c)** *(col) Se usa en exprs comparativas, con intención enfática, acompañado a los adjs* TIESO *o* SERIO. *Tb* ~ PORRO. ■ **2** Parte de las que son separables en el bulbo del ajo [1a]. *Tb* DIENTE DE ~. ■ **3** Guiso en que entra el ajo [2] como ingrediente importante. *Frec con compl especificador.* **b)** ~ **arriero**, ~ **blanco**, ~ **pollo** → AJOARRIERO, AJOBLANCO, AJOPOLLO. ■ **4** *(col)* Asunto. *Frec con intención peyorativa.* **b)** Lío o embrollo.
II *loc adj* **5 de ~.** [Sopas o sopa] cuyos ingredientes básicos son ajos refritos en aceite, lonchas de pan y agua. ■ **6 harto de ~s.** [*lit, raro*] [Pers.] rústica o paleta.
III *loc v y fórm or* **7 ~ y agua.** (*col, humoríst*) A jorobarse (o joderse) y aguantarse. ■ **8 estar en el ~.** *(col)* Estar en el secreto o al corriente [de algo que se mantiene oculto]. ■ **9 machacar**, **majar**, **moler**, *o* **picar, el ~.** Crotorar [la cigüeña].

ajo² *m (col)* Exclamación malsonante.

ajo³ *interj* Se usa para hablar cariñosamente a un bebé y estimularle a repetirlo.

ajoaceite *m* Ajiaceite.

ajoarriero (*tb con la grafía* **ajo arriero**) *m* Salsa hecha con ajos, aceite y pimentón. *Gralm en la constr* AL ~.

ajoblanco (*frec con la grafía* **ajo blanco**) *m* Especie de gazpacho que se hace con ajos¹ crudos machacados, miga de pan, sal, aceite, vinagre y agua, y gralm. también almendras machacadas.

ajolio *m (reg)* Ajiaceite. *Tb* SALSA ~.

ajolote *m* Anfibio de carne comestible propio de Méjico (gén. *Ambystoma*).

ajonje *m* Sustancia viscosa que se extrae de la ajonjera [1a].

ajonjera *f* Planta herbácea de hojas espinosas, con grandes raíces de jugo resinoso que se usa como liga para cazar pájaros (*Carlina gummifera*). *Tb* ~

COMÚN. **b)** ~ **dulce** *o* **juncal.** Achicoria dulce o condrila.

ajonjero. cardo ~ → CARDO.

ajonjo *m (reg)* Ajonjera.

ajonjolí *m* Sésamo (planta). *Frec su semilla, usada como condimento.*

ajopollo (*tb con la grafía* **ajo pollo**) *m* Cierta salsa de ajo¹ propia de Andalucía. *Frec en la constr* EN ~.

ajorca *f* Adorno en forma de aro que ciñe el brazo, la muñeca o el tobillo.

ajornalar *tr (raro)* Ajustar o contratar [a alguien] para que trabaje a jornal.

ajuanetado -da *adj (raro)* Juanetudo. *Dicho esp de pies.*

ajuar *m* **1** Conjunto de objetos, esp. ropas, que lleva la mujer al matrimonio o al entrar en religión. **b)** Conjunto de objetos, esp. ropa, para un niño recién nacido. ■ **2** Conjunto de muebles, enseres y ropas de una vivienda. ■ **3** Conjunto de prendas de uso personal.

ajuarar *tr (raro)* Disponer el ajuar [2] [de una vivienda (*cd*)].

ajumarse *intr pr (col)* Emborracharse.

ajuntamiento *m (humoríst)* Acción de ajuntarse [1].

ajuntar *(pop)* **A** *tr* **1** Juntar. *Tb pr* (~se). **b)** *Esp, entre niños:* Juntar [a otro] o admitir[le] para jugar. *Tb* (*humoríst*) *entre adultos.*
B *intr pr* (~se) **2** Juntarse o amancebarse.

ajuñar *tr (reg)* Juntar. *Tb abs. Tb pr* (~se).

ajustable *adj* Que puede ajustarse, *esp* [1].

ajustadamente *adv* De manera ajustada, *esp* [2].

ajustado -da *adj* **1** *part* → AJUSTAR. ■ **2** Que se ajusta [2b y 3b] exactamente a unas circunstancias o exigencias dadas. ■ **3** [Precio] proporcionado al valor real de lo que se vende. **b)** [Gasto] proporcionado al servicio o prestaciones que se reciben. ■ **4** [Prenda de vestir] que se ciñe o ajusta [1b] al cuerpo. ■ **5** *(Dep)* Que se ajusta de modo muy preciso a unos límites establecidos. ■ **6** *(Dep y Juegos)* [Tanteo o victoria] en que hay poca diferencia de puntos.

ajustador -ra A *m y f* **1** *(Mec)* Operario que ajusta [1a] piezas. ■ **2** *(Impr)* Operario que ajusta [8] las páginas.
B *m* **3** Pieza que sirve para ajustar [1]. **b)** Anillo con que se impide que se salga una sortija que viene ancha al dedo. ■ **4** *(raro)* Sujetador (prenda).

ajustaje *m (Mec, reg)* Acción de ajustar [1a] piezas.

ajustamiento *m (raro)* Acción de ajustar(se).

ajustar A *tr* **1** Hacer que [algo (*cd*)] quede justo, adaptándo[lo] al espacio o medida que le corresponde. *Tb abs.* ■ **2** Poner [una cosa] en armonía o en exacta correspondencia [con otra (*compl* A)]. **b)** *pr* (~se) Estar [una pers. o cosa] en armonía o en exacta correspondencia [con otra (*compl* A)]. ■ **3** Hacer que [alguien o algo (*cd*)] cumpla lo exigido [por una ley o norma (*ci*)]. *Frec el cd es refl.* **b)** *pr* (~se) Cumplir [alguien o algo] lo exigido [por una ley o norma (*ci*)]. ■ **4** Retocar [algo] para que quede perfecto. ■ **5** Contratar [a alguien o algo]. ■ **6** Concertar la compra, venta o realización [de algo (*cd*)]. *A veces con un compl* EN *que expresa el precio.*

b) (*raro*) Convenir o concertar [algo]. ■ **7** Determinar el resultado final [de una cuenta (*cd*)] y frec. proceder a su pago. **b)** ~ **las cuentas** [a alguien] → CUENTA. ■ **8** (*Impr*) Disponer las galeradas para formar [las páginas]. *Tb abs.*

B *intr* ➤ **a** *normal* **9** Quedar [algo] justo, adaptándose al espacio o medida que le corresponde. *Frec pr* (~**se**). *Frec con un compl* EN *o ci.*

➤ **b** *pr* (~**se**) **10** Comprometerse por contrato a trabajar. *Frec con un compl* DE, *que expresa el oficio o trabajo, y un compl* EN, *que expresa el sueldo.*

ajuste *m* **1** Acción de ajustar(se). *Tb su efecto.* **b)** (*Mec*) Presión adecuada entre una pieza y otra. ■ **2** ~ **de cuentas.** Venganza con que se salda un agravio anterior, esp. la que ejecutan entre sí los delincuentes.

ajusticiable *adj* Que merece ser ajusticiado.

ajusticiador -ra *m y f* Pers. que ajusticia.

ajusticiamiento *m* Acción de ajusticiar.

ajusticiar (*conjug* 1a) *tr* Aplicar [a un reo (*cd*)] la pena de muerte. *Frec en part sustantivado.*

akadio, akkadio → ACADIO.

al → EL.

ala I n **A** *f* **1** *En las aves:* Extremidad torácica, que gralm. sirve para volar. **b)** *En el murciélago:* Dilatación lateral de la piel, que sirve para volar. **c)** *En algunos insectos:* Apéndice lateral, que gralm. sirve para volar. **d)** *En algunos seres imaginarios o sobrenaturales:* Apéndice dorsal semejante al ala [1a y b]. **e)** Utensilio que imita el ala [1a]. **f)** *Se usa frec, aludiendo a las aves, como símbolo de protección o cobijo.* ■ **2** *En un avión:* Parte lateral plana que sirve para mantener la estabilidad durante el vuelo. ■ **3** *En un ejército o una escuadra:* Extremo de los dos de una formación en orden de combate. *Tb la fuerza que lo ocupa.* **b)** *En un equipo deportivo, esp de fútbol:* Lado [derecho o izquierdo] de una línea. **c)** Facción o grupo, esp. de tendencia a la derecha o a la izquierda, dentro de un partido político, una organización o una asamblea. *Tb fig.* ■ **4** Expansión lateral junto a cada uno de los agujeros [de la nariz]. ■ **5** *En una mesa u otro utensilio similar plegable:* Parte abatible. ■ **6** *En gral:* Prolongación lateral doble [de algo]. ■ **7** *En un edificio:* Sector o cuerpo, gralm. lateral. ■ **8** *En el sombrero:* Parte que rodea la copa por su borde inferior sobresaliendo de él. ■ **9** (*Mil*) Unidad del ejército del aire que tiene importancia equivalente a la del regimiento del ejército de tierra, y que está mandada por un coronel. ■ **10** (*Bot*) *En un órgano vegetal:* Expansión laminar. **b)** *En las flores papilionáceas:* Pétalo de los dos menores situados a derecha e izquierda. ■ **11** Helenio (planta). ■ **12** ~ **de ángel.** Acanto (planta). ■ **13** ~ **delta.** Vehículo, constituido por una vela triangular sujeta por una armazón semejante al ala de una gran cometa, el cual se engancha en los hombros de una persona y que, lanzado desde una cierta altura, permite volar a impulso del viento.

B *m y f* **14** *En un equipo deportivo, esp de fútbol:* Jugador que pertenece a una de las alas [3b].

II *loc adj* **15** ~ **de mosca.** (*invar*) [Color] negro, desvaído, que tira a pardo. ■ **16 del** ~. (*col*) *Fórmula enfática que sigue a la mención de una cantidad en pesetas, normalmente omitiendo la palabra* PESETAS. *Tb, raramente, con relación a otras monedas.* ■ **17 tocado de(l)** ~. Herido o enfermo de muerte. *Tb fig, referido a cosa.* **b)** (*col*) Loco o chiflado.

III *loc v* **18 ahuecar el** ~. (*col*) Marcharse. ■ **19 caérsele** [a alguien] **las** ~**s.** Llevarse [alguien] una decepción. ■ **20 cortar las** ~**s** [a alguien]. Quitar[le] los medios o la libertad para seguir progresando o desenvolviéndose. *Tb fig.* ■ **21 dar** ~**s** [a alguien]. (*col*) Dar[le] motivo para que se atreva a algo que no conviene. ■ **22 ir** (**dado**) **de** ~. (*col*) Encontrarse en situación difícil. ■ **23 llevar,** o **tener, plomo en las** ~**s, meter la cabeza debajo del** ~ → PLOMO, CABEZA.

IV *loc adv* **24 en** ~. Formando fila, uno(s) al lado de otro(s). *Tb adj.*

V *loc prep* **25 en** ~**s de.** Volando llevado por. *En sent fis, referido al viento, o fig, referido a imaginación, música y cosas semejantes.*

alabable *adj* Digno de ser alabado.

alabancero -ra *adj* (*raro*) Adulador. *Tb n, referido a pers.*

alabancioso -sa *adj* [Pers.] que alaba o se alaba en exceso. *Tb n.* **b)** Propio de la pers. alabanciosa.

alabanza *f* **1** Acción de alabar. ■ **2** Palabras o expresión con que se alaba. ■ **3** Cualidad digna de alabanza [1].

alabar A *tr* **1** Ponderar las virtudes o los méritos [de alguien o algo (*cd*)]. **b)** Proclamar los atributos gloriosos [de una deidad (*cd*)] en señal de homenaje.

B *intr pr* (~**se**) **2** Presumir o gloriarse [de algo].

alabarda *f* Arma en forma de lanza cuyo extremo lleva una cuchilla transversal, frec. aguda por un lado y en forma de media luna por el otro, usada en los ss. XVI al XVIII como insignia de los sargentos de infantería.

alabardado -da *adj* Que tiene figura de alabarda. *Esp en botánica, referido a hoja.*

alabardero *m* **1** Soldado armado de alabarda, esp. el perteneciente al cuerpo de infantería destinado a la guardia del Palacio real. ■ **2** (*col, hoy raro*) Individuo de los que asisten a un espectáculo con la misión de aplaudir.

alabastrado -da *adj* De aspecto similar al alabastro.

alabastrino -na *adj* De alabastro. *Frec se emplea para ponderar la blancura y la tersura de la piel femenina.*

alabastro *m* **1** Variedad de calcita de diversos colores, traslúcida y de hermoso pulido. *Tb* ~ CALIZO *u* ORIENTAL. ■ **2** Variedad de yeso muy blanco o con aguas semejantes a las del mármol. *Tb* ~ YESOSO *o* DE YESO. ■ **3** (*hist*) Vasija de alabastro [1 y 2], sin asas, destinada a guardar perfumes.

álabe[1] *m* (*Mec*) Paleta combada que en una rueda hidráulica o en una turbina convierte el empuje del fluido en energía mecánica.

álabe[2] *m* (*Bot*) Rama baja que se comba hacia el suelo.

alabeado[1] **-da** *adj* **1** *part* → ALABEAR. ■ **2** De forma combada o curvada.

alabeado[2] *m* Forma combada o curvada.

alabear A *tr* **1** Hacer que [algo, esp. una pieza de madera (*cd*)] se combe o curve.

B *intr* **2** (*raro*) Combarse o curvarse. *Gralm pr* (~**se**). ■ **3** (*Aer*) Dar una inclinación diametralmente opuesta a los alerones para facilitar el viraje.

alabeo *m* Acción de alabear(se). *Tb su efecto.*

alacaluf (*tb con la grafía* **alakaluf**; *pl*, ~ES *o invar*) **I** *adj* **1** De un pueblo indio del sur de Chile y Argentina. *Tb n, referido a pers.* **II** *m* **2** Lengua de los indios alacalufes [1].

alacena (*tb, raro, con la grafía* **alhacena**) *f* Pequeño armario empotrado que sirve para guardar alimentos y utensilios de cocina y mesa. **b)** (*raro*) *En gral:* Armario.

alacha *f* Pez marino muy parecido a la sardina, pero más grande y con carne más espinosa (*Sardinella aurita*).

alacrán *m* **1** Escorpión. ■ **2** ~ **cebollero.** Insecto semejante al grillo, pero con las patas anteriores ensanchadas y modificadas en órganos excavadores (*Gryllotalpa gryllotalpa*).

alacranera *f* **1** Planta herbácea leguminosa de flores amarillas y fruto curvado (*Coronilla scorpioides*). *Tb* ~ COMÚN. *Con un especificador, designa otras especies:* ~ DE LAS MARISMAS (*Salicornia herbacea*), ~ MARINA (*S. europaea*). ■ **2** Lugar en que abundan los alacranes. *Tb fig.*

alacre *adj* (*lit*) Alegre y vivaz.

alacridad *f* (*lit*) Cualidad de alacre.

alacritud *f* (*lit, raro*) Alacridad.

aladar *m* Porción de la cabellera que cae sobre la sien. *Gralm en pl.*

aladierna *f* Arbusto de hojas perennes y coriáceas, flores pequeñas sin pétalos y en racimos y fruto en drupa negra (*Rhamnus alaternus*).

aladierno *m* Aladierna.

alado -da *adj* **1** Que tiene alas. ■ **2** (*lit*) Veloz o rápido. ■ **3** (*lit*) Ligero o liviano. ■ **4** (*lit*) Elevado o sutil.

aladrero *m* (*reg*) Individuo que construye y repara arados y otros útiles de labranza.

aladro *m* (*reg*) Arado.

alagadizo -za *adj* (*reg*) [Terreno] que se encharca con facilidad.

alagonés -sa *adj* De Alagón (Zaragoza). *Tb n, referido a pers.*

alakaluf → ALACALUF.

alajú *m* Dulce hecho con una pasta de almendras, nueces y a veces piñones, pan rallado y tostado, especias finas y miel. *Tb su misma pasta.*

alajur *m* (*reg*) Alajú.

alalá *m* Canto popular gallego que se canta a solo y sin acompañamiento.

alalia *f* (*Med*) Pérdida de la facultad del lenguaje por una afección de los órganos vocales o del cerebro. *Tb fig, fuera del ámbito técn.*

alálico -ca *adj* (*Med*) Álalo.

álalo -la (*tb* **alalo**) *adj* (*Med*) Que padece alalia. *Tb fig, fuera del ámbito técn.*

alamán -na *adj* (*hist*) De un conjunto de tribus germánicas establecido en el s. III a orillas del río Meno y, después, del Rin. *Tb n, referido a pers.*

alamar *m* **1** Presilla y botón de pasamanería que sirven de cierre y de adorno en un vestido o una capa. ■ **2** Adorno de pasamanería del que penden flecos, típico del traje de torero.

alambicado -da *adj* **1** *part* → ALAMBICAR. ■ **2** Rebuscado o sutil. *Dicho de expresión o de la pers que se expresa.* ■ **3** Complicado o complejo.

alambicamiento *m* Acción de alambicar(se). *Tb su efecto.*

alambicar *tr* **1** Destilar con alambique. *Tb fig. Tb abs.* ■ **2** Buscar la mayor precisión posible en el conocimiento o en la explicación [de algo (*cd*)]. ■ **3** Hacer sutil o rebuscado. **b)** *pr* (~**se**) Hacerse sutil o rebuscado. ■ **4** Reducir el margen de ganancia [en un precio (*cd*)].

alambique *m* Aparato para destilar líquidos, consistente en una caldera donde se calienta el líquido y un conducto donde se refrigera el vapor para condensarlo. *Tb* (*lit*) *fig.* **b)** *Esp:* Alambique utilizado para fabricar aguardiente. *Tb el local donde está instalado.*

alambiquero -ra *m y f* Pers. que trabaja con un alambique [1b].

alambrada *f* Barrera formada por una red de alambre [1a] de espino o de tela metálica.

alambrado *m* **1** Acción de alambrar [1]. ■ **2** Red de alambre [1a]. *Tb fig.*

alambrar *tr* **1** Cerrar, cubrir o precintar con alambre. *Tb abs.* ■ **2** Realizar el cableado [de un aparato eléctrico (*cd*)].

alambre *m* **1** Hilo metálico. **b)** Trozo de alambre. **c)** *Se usa en constrs de sent comparativo, frec en la loc* DE ~, *para ponderar la extremada delgadez de alguien o algo.* ■ **2** (*raro*) Tela metálica.

alambrear *intr* Golpear [un ave] con el pico los alambres de la jaula.

alambreo *m* Acción de alambrear.

alambrera *f* Enrejado de alambre [1a], frec. de forma acampanada.

alámbrico -ca *adj* **1** De alambre [1]. *Frec fig.* ■ **2** Que funciona con alambres [1] o hilos conductores.

alambrilla *f* Olambrilla (azulejo o pavimento).

alambrista *m y f* Acróbata sobre el alambre [1a].

alambrón *m* (*E*) Alambre trefilado.

alameda *f* Lugar poblado de álamos. **b)** Paseo con álamos.

alamín *m* **1** (*hist o reg*) Juez de riegos. ■ **2** (*hist*) *En la Edad Media:* Funcionario que contrasta los pesos y medidas.

álamo *m* **1** Árbol de gran altura, que crece en lugares húmedos y a lo largo de cursos de agua, con hojas ovales, frutos en cápsula y madera blanda y ligera (gén. *Populus*). *Distintas especies se designan con adjs:* ~ BLANCO (*Populus alba*), ~ NEGRO *o* NEGRILLO (*P. nigra*), ~ TEMBLÓN (*P. tremula*). *Tb su madera.* ■ **2** Olmo (árbol). *Tb* ~ NEGRO, NEGRILLO *o* FALSO. *Tb su madera.*

alampar *tr* (*reg*) **1** Excitar [el paladar]. ■ **2** Adueñarse o apropiarse [de algo (*cd*)]. *Tb abs. Tb fig.*

alanceador -ra *adj* Que alancea. *Frec n, referido a pers.*

alanceamiento *m* Acción de alancear.

alancear *tr* **1** Herir o matar [a alguien] con lanza. *Tb* (*lit*) *fig.* **b)** (*Taur, hist*) *En el toreo a caballo:* Atacar y matar [al toro] con lanza. ■ **2** (*lit*) Impulsar o estimular [a alguien].

alanina *f* (*Quím*) Aminoácido de sabor dulce, presente en muchas proteínas, pero no indispensable para el hombre.

alano[1] **-na** *adj* [Perro] de raza cruzada del dogo y el lebrel, corpulento, de cabeza grande, orejas caídas, hocico romo y pelo corto y suave. *Frec n.*

alano[2] **-na** *adj* (*hist*) [Individuo] de un pueblo bárbaro de origen mongol, habitante primero al norte del mar Negro, invasor después (s. v), junto con otros pueblos, de la península Ibérica. *Frec n m en pl.*

alante → ADELANTE.

alantoides *m o f* (*Anat*) Membrana que envuelve el embrión y cuya función es pralm. respiratoria.

à la page (*fr; pronunc, /a-la-pázʒ/*) *loc adv* A la última moda. *Frec con intención desp. Tb adj.*

alar[1] *adj* De las alas (del ave o del avión).

alar[2] *m* Lazo de cerdas para cazar perdices.

alar[3] *m* (*reg*) **1** Alero. ■ **2** Callejón entre dos vallas que conduce a un recinto cerrado, esp. un corral para el ganado vacuno.

alarbe *adj* (*lit*) Árabe. *Tb n, referido a pers.*

alarde *m* **1** Muestra llamativa [de algo], esp. para provocar admiración. **b)** Muestra de habilidad. ■ **2** Muestra en grado notable [de una cualidad]. **b)** Manifestación especial de calidad [en algo (*compl* DE)]. *Tb con intención irónica.* ■ **3** (*reg*) Exhibición o muestra pública. ■ **4** *En determinadas fiestas populares:* Desfile cívico. ■ **5** (*Mil, hist*) Revista hecha a las tropas.

alardear *intr* Hacer alarde [1a] [de algo].

alardoso -sa *adj* (*raro*) Que tiene o muestra alarde [1].

alarense *adj* De Alar del Rey (Palencia). *Tb n, referido a pers.*

alares *m pl* (*jerg*) Pantalones.

alargable *adj* Que puede alargarse, *esp* [1].

alargadera *f* Pieza que sirve para alargar [1] un instrumento. **b)** (*Quím*) Tubo que alarga la retorta u otro aparato de destilación.

alargado -da *adj* **1** *part* → ALARGAR. ■ **2** Que tiene la dimensión longitud mayor que las otras. **b)** Que tiene la dimensión longitud, a diferencia de las otras, mayor de lo que cabría esperar.

alargador *m* Pieza o dispositivo que sirve para alargar [algo (*compl* DE)]. *Frec sin compl, referido a cable eléctrico.*

alargamiento *m* **1** Acción de alargar(se). *Tb su efecto.* ■ **2** Cualidad de alargado.

alargar **A** *tr* **1** Hacer [una cosa] más larga de lo que es o debía ser, en el espacio o en el tiempo. *Tb abs, referido a camino.* ■ **2** Extender o estirar [un miembro del cuerpo, esp. la mano o el brazo]. ■ **3** Tender [la mano o algo que se ofrece en la mano]. ■ **4** Aplicar con interés [la vista o el oído] para que perciban algo lejano. ■ **5** Dar más volumen [a un guiso o a una bebida (*cd*)]. ■ **6** Aplazar o retrasar [una cosa].
B *intr* ➤ **a** *normal* **7** Hacerse [algo] más largo en el espacio o en el tiempo. *Frec pr (~se). A veces con un compl* HASTA.
➤ **b** *pr* (~**se**) **8** Extenderse [algo a lo largo de un espacio (*compl adv*)]. ■ **9** Llegar [algo a un punto (*compl* HASTA) superior al previsto o deseado]. *Tb sin*

compl. ■ **10** Prolongar la marcha [hasta un sitio]. **b)** Irse. ■ **11** Emplear más tiempo o espacio de los necesarios tratando de un asunto.

alargavista *m* (*raro*) Anteojo (instrumento).

alaricano -na *adj* De Allariz (Orense). *Tb n, referido a pers.*

alaridar *intr* (*raro*) Dar alaridos.

alarido *m* Grito agudo y penetrante, esp. de terror o de dolor. *Tb fig.*

alarifazgo *m* (*lit, raro*) Oficio de alarife.

alarife *m* **1** (*lit*) Maestro de obras. ■ **2** (*lit*) Albañil. ■ **3** (*hist*) Arquitecto.

alarista *m y f* Pers. que caza con alar[2].

alarma **I** *f* **1** Inquietud causada por la aparición de un peligro o la amenaza de un suceso no deseable. ■ **2** Aviso de peligro. *Frec con el v* DAR. **b)** Señal sonora o visual de peligro.
II *loc adj* **3** [Estado] **de ~** → ESTADO.

alarmado -da **1** *part* → ALARMAR. ■ **2** Que denota o implica alarma [1].

alarmante *adj* [Cosa] que alarma.

alarmantemente *adv* De manera alarmante.

alarmar *tr* Causar alarma [1] [a alguien (*cd*)]. **b)** *pr* (~**se**) Sentir alarma.

alarmismo *m* Tendencia a propagar noticias alarmantes.

alarmista *adj* **1** Que tiende a producir alarma. *Tb n, referido a pers.* ■ **2** Propenso a alarmarse. *Tb n, referido a pers.* **b)** Propio de la pers. alarmista.

alaskeño -ña *adj* De Alaska (estado de EE.UU.). *Tb n, referido a pers.*

alátere (*tb con la grafía* **a látere**) *m y f* Adlátere.

alaterno *m* Aladierno o aladierna (arbusto).

alatinar *tr* (*raro*) Dar forma latina [a algo (*cd*)].

alatozano -na *adj* De Alatoz (Albacete). *Tb n, referido a pers.*

aláudido -da *adj* [Ave] de la familia de la alondra, cuyo género tipo es *Alauda. Frec como n, m o f, en pl, designando este taxón zoológico.*

alauí *adj* De la dinastía reinante en Marruecos.

alauita *adj* **1** Alauí. ■ **2** De la secta chiita de musulmanes sirios que preconiza la divinidad de Alí, yerno de Mahoma. *Tb n, referido a pers.*

alavés -sa *adj* De la provincia de Álava. *Tb n, referido a pers.*

alazán -na *adj* [Caballo o yegua] de color canela. *Tb n m, referido a caballo.* **b)** (*raro*) [Cosa] de color canela.

alazor[1] *m* Cártamo (planta). *Tb la sustancia extraída de sus flores secas, usada como sucedáneo del azafrán.*

alazor[2] *m* (*reg*) Azor (ave).

alba[1] **I** *f* **1** Amanecer, o momento en que comienza el día. *Frec con intención ponderativa denotando hora muy temprana.* ■ **2** Toque de campana al alba [1]. *Tb* TOQUE DEL ~. ■ **3** (*lit, raro*) Comienzo o principio [de algo]. ■ **4** (*hist*) *En la poesía provenzal:* Composición en que se expresa el sentimiento de los amantes al tener que separarse con el alba [1].
II *loc adj* **5** **del ~.** [Misa] que se celebra al alba [1].

alba² *f* (*Rel catól*) Vestidura larga y blanca usada por el sacerdote, el diácono y el subdiácono para celebrar la misa y otros actos litúrgicos.

albacar *m* (*hist*) Superficie limitada por el recinto exterior de un castillo.

albacea *m y f* Pers. encargada de dar cumplimiento a las disposiciones de un testamento.

albaceazgo *m* (*Der*) Función de albacea.

albacetense *adj* Albaceteño. *Tb n.*

albaceteño -ña *adj* De Albacete. *Tb n, referido a pers.*

albacora *f* Pez marino de la familia de los atunes, de menor tamaño que el atún y de carne más blanca que la de este (*Thunnus alalunga* o *Germo alalunga*).

albada *f* 1 Luz del alba¹ [1]. ■ 2 Canción que se canta al amanecer. *Tb su letra.* ■ 3 (*reg, hoy raro*) Canción con que se festeja a los recién casados por la noche a la hora de la cena.

albahaca *f* Planta herbácea de unos 30 cm de altura, tallo recto ramoso, hojas ovales, flores blancas o rosadas, y muy aromática (*Ocimum basilicum*). **b)** *Con un adj o compl especificador, designa otras especies:* ~ ACUÁTICA (*Campanula erinus*), ~ AGRESTE o ALPINA (*Acinos alpinus* o *Calamintha alpina*), ~ CAMPESINA (*Stachys ocymastrum*), ~ MENOR (*Acinos arvensis*), *etc.*

albahaquilla *f* Se da este *n* a las plantas *Parietaria officinalis* y *Calamintha acinos.*

albahío -a *adj* De color blanco amarillento. *Referido normalmente a res vacuna o a su capa.*

albaicinero -ra *adj* Del Albaicín (barrio de Granada). *Tb n, referido a pers.*

albaidense *adj* De Albaida (Valencia). *Tb n, referido a pers.*

albalá *m o f* 1 (*hist*) Cédula o carta del rey u otra autoridad en que se concede una merced o se resuelve un asunto. ■ 2 (*hist o reg*) Licencia, gralm. concedida mediante pago, para una actividad, esp. el riego.

albalatino -na *adj* De Albalate del Arzobispo (Teruel). *Tb n, referido a pers.*

albando *adj invar* Que está a temperatura muy elevada.

albanega *f* (*Arquit*) Triángulo formado entre el alfiz y el arco.

albanés -sa I *adj* 1 De Albania. *Tb n, referido a pers.*
II *m* 2 Lengua albanesa [1].

albanización *f* (*Pol*) Aislamiento internacional a la manera de la República Socialista de Albania.

albano -na *adj* (*raro*) Albanés. *Tb n.*

albañal *m* 1 Conducto, a veces descubierto, que da salida a las aguas sucias. *Tb fig.* ■ 2 (*Cerám*) Vasija con agua que usa el alfarero para humedecer el barro.

albañar *m* (*raro*) Albañal [1]. *Tb fig.*

albañil *m* Obrero que trabaja en construcciones de ladrillo, piedra, yeso, cemento u otros materiales similares.

albañilería *f* 1 Oficio de albañil. **b)** Trabajo de albañil. ■ 2 Obra de albañilería [1].

albañilero -ra *adj* De(l) albañil.

albar I *adj* 1 Que tira a blanco. *Usado como especificador de algunas especies botánicas:* ENEBRO ~, ESPINO ~, PINO ~, ROBLE ~, SABINA ~ → ENEBRO, ESPINO, PINO¹, ROBLE, SABINA. **b)** De pino albar. ■ 2 (*lit*) Blanco.
II *m* 3 Pino albar (→ PINO¹). ■ 4 Sabina albar (→ SABINA).

albarán *m* 1 Nota de entrega que firma al portador la persona que recibe una mercancía. ■ 2 (*hist*) Documento en que se hace constar algo. **b)** (*hist*) Certificado que da la parroquia al feligrés de haber cumplido el precepto pascual. ■ 3 (*hist*) Carta (escrito particular).

albarazado -da *adj* (*hist*) [Pers.] nacida en América de cambujo y mulata, o de mulato y cambuja. *Tb n.*

albarca *f* 1 Abarca (zapato rústico de cuero o caucho). ■ 2 (*reg*) Zueco o almadreña.

albarda *f* 1 Pieza del aparejo de las caballerías de carga, consistente en dos almohadillas unidas y que se pone sobre el lomo del animal. ■ 2 ~ sobre ~. (*col*) Duplicación innecesaria de algo.

albardar *tr* 1 Poner albarda [a una caballería (*cd*)]. ■ 2 Envolver en lonchas de tocino [algo que se va a asar, esp. aves]. ■ 3 (*reg*) Rebozar [algo que se va a freír].

albardería *f* 1 Lugar donde se hacen o venden albardas. ■ 2 Oficio de albardero.

albardero *m* Hombre que tiene por oficio hacer o vender albardas y otros aparejos.

albardilla *f* 1 Albarda más pequeña o más ligera que la normal. ■ 2 Tejadillo de tapia o muro.

albardín *m* Planta herbácea de las gramíneas, que crece en los lugares áridos de la región mediterránea y de cuyas largas hojas se extraen fibras útiles para la fabricación de cuerdas y de papel (*Lygeum spartum*).

albardón *m* Aparejo más hueco y alto que la albarda y que sirve para montar.

albardonería *f* Albardería.

albardonero *m* Albardero.

albarelo *m* Bote cilíndrico de cerámica usado en las farmacias.

albaricoque I *m* 1 Fruta parecida al melocotón, pero de menor tamaño, con piel de color amarillento y de superficie lisa, pulpa dulce y aromática y semilla en forma de hueso acorazonado del que se extrae un aceite semejante al de las almendras. ■ 2 Albaricoquero.
II *adj invar* 3 [Color] amarillento propio del albaricoque [1]. *Tb n m.*

albaricoquero *m* Árbol cuyo fruto es el albaricoque [1] (*Prunus armeniaca*).

albarillo (*reg*) I *m* 1 Variedad de albaricoque de color casi blanco.
II *adj invar* 2 [Color] propio de la piel del albarillo [1]. *Tb n m.*

albarino *m* (*hist*) Cierto cosmético femenino para blanquear el rostro.

albariño -ña (*la forma f solo se usa a veces, en acep 2*) *adj* 1 [Vino] blanco afrutado de la comarca de Cambados (Pontevedra). *Frec n m.* ■ 2 [Variedad de uva] con la que se elabora el vino albariño [1]. *Tb n m.*

albarizo -za *adj* **1** [Tierra] caliza blanquecina, muy apta para el cultivo de la vid. *Frec n f.*
■ **2** [Brezo] ~ –> BREZO.

albarquero -ra *m y f* Pers. que hace o vende albarcas.

albarracinense *adj* De Albarracín (Teruel). *Tb n, referido a pers.*

albarrada *f* Cerca (tapia que limita un terreno).

albarrana[1] *adj* (*hist*) [Torre] levantada fuera de los muros de una fortificación y destinada juntamente a servir de defensa y de atalaya.

albarrana[2] *f* Cebolla albarrana (–> CEBOLLA).

albarráneo -a *adj* (*hist o lit*) Forastero.

albarraz *m* Planta herbácea de hojas palmeadas y flores azules en ramillete, usada en medicina y para combatir los piojos (*Delphinium staphisagria*).

albaruco *m* (*reg*) Cerezo (árbol).

albatros *m* Ave marina de gran envergadura, con las partes superiores de las alas de color gris oscuro o negruzco y pies palmeados (gén. *Diomedea*).

albayalde *m* Carbonato básico de plomo, de color blanco, usado en pintura y medicina y antiguamente como cosmético.

albazano -na *adj* Castaño oscuro. *Gralm referido al pelo.*

albeante *adj* (*lit*) Que albea [1].

albear **A** *intr* **1** (*lit*) Mostrar [algo] su blancura.
B *tr* **2** (*lit*) Poner blanco [algo]. ■ **3** (*reg*) Pintar [las paredes] de blanco o, a veces, de otro color.

albedo *m* (*Fís*) Porcentaje de radiación luminosa o electromagnética que refleja una superficie.

albedrío **I** *m* **1** Libertad de la voluntad. *Tb* LIBRE ~.
II *loc adv* **2** **al** (**libre**) ~ [de alguien]. A su libre elección o a su capricho. *Tb fig.*

albéitar *m* (*hist o lit*) Veterinario.

albeitería *f* (*hist o lit*) Veterinaria (ciencia).

albeldar *tr* (*reg*) Aventar [el grano trillado]. *Tb abs.*

albeldense *adj* De Albelda de Iregua (Rioja) o de Albelda (Huesca). *Tb n, referido a pers. Frec se refiere, com adj o como n, a la crónica medieval conservada en un manuscrito del monasterio riojano de Albelda.*

albense *adj* De Alba de Tormes (Salamanca). *Tb n, referido a pers.*

albeo *m* (*reg*) Acción de albear [3]. *Tb su efecto.*

alberca **I** *f* **1** Depósito artificial de agua, con muros de fábrica, destinado al riego. **b)** (*raro*) Estanque (depósito artificial de agua de carácter ornamental). ■ **2** Depósito de agua para macerar cáñamo o esparto.
II *loc adv* **3** **en ~.** (*Constr*) Sin techo. *Referido a edificio en construcción. Tb adj.*

albercano -na *adj* De La Alberca (Salamanca). *Tb n, referido a pers.*

albérchigo *m* (*reg*) **1** Albaricoque (fruto y planta). ■ **2** Cierta variedad de melocotón.

albergar **A** *tr* **1** Dar [a alguien (*cd*)] lugar donde vivir o resguardarse temporalmente. **b)** Servir [un lugar] de vivienda [a alguien (*cd*)]. **c)** Acoger [una cosa (*suj*)] a una pers. o cosa] en su interior.

■ **2** Hacer que [algo (*cd*)] tenga su sede [en un lugar]. **b)** Servir [un lugar] de sede [a algo (*cd*)]. ■ **3** Conservar o almacenar. *Tb fig.* **b)** Ser [algo] lugar en que se almacena o acumula [algo (*cd*)]. **c)** Ser [algo] el lugar en que se tiene o conserva [algo (*cd*)]. ■ **4** Tener de manera estable [un sentimiento].
B *intr pr* (**~se**) **5** Hospedarse [alguien] o vivir temporalmente [en un lugar]. **b)** Resguardarse [alguien] de la intemperie [en un lugar]. **c)** Vivir [un organismo o un animal en un lugar]. ■ **6** Estar [algo] situado [dentro de un lugar (*compl adv*)]. *Tb fig.*

albergo *m* (*raro*) Albergue.

albergue *m* **1** Lugar en que alguien o algo se alberga o es albergado [1, 2, 3, 5 y 6]. ■ **2** Establecimiento hotelero que depende del Estado y que, situado en algún punto estratégico, atiende al turismo en estancias cortas. ■ **3** Residencia juvenil para vacaciones, en que se practican diversas actividades, esp. deportivas. ■ **4** Establecimiento benéfico en que se acoge temporalmente a personas necesitadas.

alberguería *f* (*hist*) Casa destinada a dar albergue a los pobres o a los peregrinos.

alberguero -ra *m y f* (*hist*) Pers. que da albergue.

alberguismo *m* Turismo en albergues juveniles.

alberguista *m y f* Pers. que hace turismo utilizando los albergues juveniles.

albero *m* **1** (*reg*) Tierra albariza. **b)** Tierra amarillenta o rojiza usada para senderos en los jardines y para cubrir el suelo de las plazas de toros. ■ **2** (*Taur*) Ruedo de la plaza de toros.

alberqueño -ña *adj* De La Alberca de Záncara (Cuenca). *Tb n, referido a pers.*

albi- *r pref* Blanco. * Camisolas albivioletas.

albigense *adj* (*Rel crist*) De la secta religiosa del Sur de Francia (ss. XII-XIII), radicada pralm. en la ciudad de Albi, en cuya doctrina se rechazan el culto externo y la jerarquía eclesiástica. *Tb n, referido a pers.* **b)** Propio de los albigenses.

albillo -lla *adj* [Uva o vid] de una variedad de grano blanco, pequeño, muy dulce y de hollejo fino. *Tb n m.*

albinismo *m* Condición de albino[1].

albino[1] **-na** *adj* [Pers. o animal] que carece total o parcialmente del pigmento característico de algunas partes de su organismo, como la piel, el iris, el pelo o el plumaje. *Tb n, referido a pers.* **b)** De la pers. o animal albinos.

albino[2] **-na** *adj* (*hist*) [Pers.] nacida en América de español y morisca, o de morisco y española. *Tb n.*

albita *f* (*Mineral*) Feldespato constituido por silicato de aluminio y sodio, de color blanco lechoso, que se presenta en cristales de brillo vítreo o nacarado.

albo -ba *adj* (*lit*) Blanco. *Dicho normalmente de cosa.*

alboaire (*Arquit*) **I** *adj* **1** [Bóveda] adornada con azulejos.
II *m* **2** Adorno de azulejos en una bóveda.

albogue *m* (*hist*) Instrumento músico medieval a manera de flauta, simple o doble, y gralm. de madera, caña o cuerno.

albohol *m* Planta de tallos tendidos y flores azules muy pequeñas, cubierta toda ella de un polvo salado que se emplea para hacer sosa (*Frankenia pulverulenta*).

albojense *adj* De Albox (Almería). *Tb n, referido a pers.*

alboloduyense *adj* De Alboloduy (Almería). *Tb n, referido a pers.*

alboloteño -ña *adj* De Albolote (Granada). *Tb n, referido a pers.*

albóndiga *f* Pequeña bola de carne picada con pan rallado, huevo y especias y después frita y normalmente guisada.

albondigón *m* (*raro*) Albóndiga de gran tamaño.

albondiguilla *f* 1 Albóndiga. ■ 2 (*col*) Pelotilla de moco hecha con los dedos.

albor *m* 1 Luz del alba¹ [1]. ■ 2 Principio o comienzo [de algo, esp. de una etapa o proceso histórico]. *Normalmente en pl.* ■ 3 (*lit*) Blancura.

alborada *f* 1 *En fiestas populares:* Diana (ronda de música por la mañana). b) Melodía popular, esp. gallega, que anuncia o canta la llegada del día. c) (*reg*) Repique de campanas al amanecer en los días de fiesta y vísperas. ■ 2 (*lit*) Amanecer (momento en que comienza el día). ■ 3 (*lit*) Albores (principio o comienzo).

albórbola *f* (*lit, raro*) Gritería o manifestación ruidosa, esp. de alegría. *Tb fig.*

alboreá *f* Cante flamenco cuya letra está constituida por una cuarteta octosílaba y un estribillo de 4 versos de 7 y 5 sílabas, propio esp. de las bodas gitanas.

alboreada *f* (*reg*) Amanecer o alborada.

alboreante *adj* (*lit*) Que alborea, *esp* [3].

alborear (*lit*) *intr* ➤ a *impers* 1 Amanecer (comenzar el día).
➤ b *pers* 2 Amanecer [el día]. ■ 3 Comenzar [algo, esp. una etapa o un proceso histórico].

alborga *f* (*reg*) Calzado en forma de alpargata de esparto, que se ata en el empeine.

albornía *f* (*hist o reg*) Vasija de barro en forma de escudilla, gralm. grande.

albornoz *m* Bata de tela de rizo que se utiliza para secarse después del baño.

alboronía *f* (*reg*) Guiso de berenjenas, tomates, calabazas y pimientos, todo mezclado y picado.

alboroque *m* Agasajo que ofrece el comprador o el vendedor a los que han intervenido en una venta, esp. de ganado.

alborotadamente *adv* De manera alborotada.

alborotado -da *adj* 1 *part* → ALBOROTAR. ■ 2 Que denota o implica agitación o excitación. ■ 3 Irreflexivo o atolondrado.

alborotador -ra *adj* Que alborota [2 y 3]. *Tb n, referido a pers.*

alborotar A *tr* 1 Desordenar o revolver. ■ 2 Perturbar la calma o el silencio [de un lugar (*cd*)] con ruidos, esp. voces. ■ 3 Alterar el orden público [en un lugar (*cd*)]. ■ 4 Agitar o excitar.
B *intr* ➤ a *normal* 5 Perturbar la calma o el silencio con ruidos, esp. con voces. ■ 6 Alterar el orden público.
➤ b *pr* (~se) 7 Excitarse o perder la calma. b) Enfadarse o irritarse. ■ 8 Pasar [el mar] a tener más oleaje.

alboroto *m* Acción de alborotar(se), *esp* [2, 3 y 7]. *Frec su efecto.*

alborozadamente *adv* De manera alborozada.

alborozado -da *adj* 1 *part* → ALBOROZAR. ■ 2 Que denota o implica alborozo.

alborozar *tr* Causar alborozo [a alguien (*cd*)]. b) *pr* (~se) Pasar a sentir o mostrar alborozo.

alborozo *m* Alegría intensa o entusiasmo. b) Agitación ruidosa que expresa alegría.

alborto *m* (*reg*) Madroño (arbusto).

albriciar (*conjug* 1a) *tr* (*lit, raro*) Dar albricias [a alguien (*cd*)].

albricias I *interj* 1 *Expresa alegría o felicitación por una buena noticia.*
II *f pl* 2 Felicitaciones, esp. por una buena noticia. *Frec en la constr* DAR ~. ■ 3 (*reg*) Romance que se canta el domingo de Pascua de Resurrección.

albufera *f* 1 Laguna litoral, separada del mar por una lengua de arena. ■ 2 (*raro*) *En gral:* Laguna (acumulación de agua).

álbum *m* 1 Libro en blanco en cuyas hojas se coleccionan autógrafos, dibujos, fotografías, postales, sellos u otras cosas semejantes. ■ 2 Estuche que contiene una serie de fundas para guardar discos, dispuestas en forma de hojas de libro. ■ 3 Disco o conjunto de discos, más raramente casetes, que se venden formando unidad dentro de una funda o estuche.

albumen *m* 1 (*Bot*) Tejido nutricio del embrión de la planta. ■ 2 (*E*) Clara de huevo.

albúmina *f* (*Quím*) Proteína que existe en casi todos los tejidos animales y en muchos vegetales, constituyente principal de la clara de huevo.

albuminoide (*Quím*) I *m* 1 Prótido.
II *adj* 2 Albuminoideo.

albuminoideo -a *adj* (*Quím*) De la naturaleza de los albuminoides [1].

albuminoso -sa *adj* (*Quím*) Que contiene albúmina.

albuminuria *f* (*Med*) Presencia de albúmina en la orina.

albumosa *f* (*Quím*) Producto primario de la digestión de la albúmina, que en una fase más avanzada de la digestión se convierte en peptona.

albuñolense *adj* De Albuñol (Granada). *Tb n, referido a pers.*

albur¹ *m* 1 Contingencia o riesgo. *Frec con vs como* CORRER *o* JUGAR. ■ 2 Casualidad o azar.

albur² *m* (*reg*) Lisa (pez).

albura *f* 1 (*lit*) Blancura. ■ 2 (*Bot*) Parte clara y blanda del tronco de un árbol, situada inmediatamente debajo de la corteza y correspondiente a la zona aún viva del leño.

alburno *m* Pez ciprínido de pequeño tamaño, que vive en bancos (*Alburnus bipunctatus* o *A. lucidus*).

alca *f* Ave buceadora marina, de unos 40 cm, de plumaje negro por encima y blanco por debajo, de cuello corto y grueso y pico comprimido lateralmente, cruzado por una raya blanca (*Alca torda*).

alcabala *f* (*lit*) Impuesto o gravamen. b) (*hist*) Impuesto exigido sobre el precio de todas las cosas vendidas o permutadas.

alcabalero *m* Recaudador de impuestos. **b)** (*hist*) Cobrador, administrador o arrendador de las alcabalas [1b].

alcabucero *m* (*reg*) Arcabucero.

alcabuz[1] *m* (*reg*) Arcabuz (arma).

alcabuz[2] *m* (*reg*) Arcaduz (de noria).

alcacel *m* Alcacer.

alcacer **I** *m* **1** Cebada verde, que se suele cortar para alimento del ganado. *Tb el terreno en que se cultiva.*
II *loc adv* **2 en ~.** En hierba. *Referido a la cebada y a veces tb a otros cereales. Tb adj.*

alcachofa *f* **1** Planta perenne, hortícola, con inflorescencias en capítulo, grandes, que se recogen antes de la floración para su consumo (*Cynara scolymus*). **b)** Inflorescencia comestible de la alcachofa. ■ **2** Panecillo cuya forma recuerda la figura de la alcachofa [1b]. ■ **3** Parte ensanchada, con agujeros, al extremo de la tubería de la ducha o del caño de la regadera, por donde sale el agua. **b)** (*Mec*) Pieza hueca con rejilla o con numerosos orificios, montada en el extremo de un tubo de bomba para impedir que esta aspire los cuerpos sólidos suspendidos en el líquido. ■ **4** Cabeza del micrófono. ■ **5** (*vulg*) Órgano sexual femenino.

alcachofar *m* Terreno plantado de alcachofas [1a].

alcachofero -ra **I** *adj* **1** [Planta] que produce alcachofas [1b] o inflorescencias semejantes.
II *n* **A** *m y f* **2** Pers. que cultiva o vende alcachofas [1].
B *f* **3** Alcachofa [1a].

alcacil *m* (*reg*) Alcaucil.

alcadí *m* (*hist*) *Entre los musulmanes españoles:* Juez local.

alcaduz *m* (*reg*) Arcaduz.

alcagüés *m* (*pop*) Cacahuete.

alcahaz *m* Jaula para tener o transportar aves y a veces conejos.

alcahuetar *tr* Hacer de alcahuete[1] [1] [con alguien o algo (*cd*)]. *Tb fig.*

alcahuete[1] **-ta** *m y f* **1** Pers. que, frec. por oficio, actúa de mediadora o encubridora de relaciones amorosas o sexuales irregulares. *Tb fig. Tb adj.* ■ **2** Pers. chismosa. *Tb adj.*

alcahuete[2] *m* (*pop*) Cacahuete.

alcahuetear **A** *intr* **1** Hacer de alcahuete[1].
B *tr* **2** (*reg*) Contar [algo] como un alcahuete[1] [2].

alcahueteo *m* Acción de alcahuetear.

alcahuetería *f* **1** Actividad propia del alcahuete[1]. ■ **2** Acción propia de alcahuete[1] [1]. ■ **3** Chisme o chismorreo.

alcahuético -ca *adj* (*raro*) De(l) alcahuete[1] [1].

alcaicería *f* (*hist*) Recinto destinado permanentemente al comercio y actividades afines. *Normalmente referido a la España musulmana.*

alcaide *m* **1** Director de prisión. **b)** (*hist*) Responsable de la custodia de los presos. ■ **2** (*hist*) Caballero responsable de la guarda y defensa de una fortaleza. ■ **3** (*hist*) Responsable de la custodia de una alhóndiga u otro establecimiento similar.

alcaidía *f* Cargo de alcaide.

alcalaíno -na *adj* De Alcalá de Henares (Madrid), de Alcalá de los Gazules (Cádiz) o de Alcalá la Real (Jaén). *Tb n, referido a pers.*

alcalareño -ña *adj* **1** De Alcalá de Guadaira (Sevilla), de Alcalá del Río (Sevilla) o de Alcalá del Valle (Cádiz). *Tb n, referido a pers.* ■ **2** (*raro*) Alcalaíno (de Alcalá de Henares). *Tb n.*

alcaldable *m y f* (*col*) Candidato o probable candidato al cargo de alcalde [1].

alcaldada *f* (*col*) Abuso de autoridad de un alcalde [1]. *Frec fig, referido a cualquier abuso de autoridad.*

alcalde -esa **A** *m y f* **1** Presidente del ayuntamiento y primera autoridad de un municipio. ■ **2 ~ pedáneo.** Concejal que ejerce la autoridad en una aldea o partido rural que forma parte de un municipio.
B *m* (*hist*) **3** Juez ordinario que administra justicia en un pueblo y que gobierna. ejerce también funciones de gobierno. *Frec con un adj o compl especificador.* **b)** ~ **de corte.** *En la Edad Media:* Juez de la corte regia. **c)** ~ **de casa y corte.** *Durante la Edad Moderna:* Juez togado de los que constituyen una sala del Consejo de Castilla. **d)** ~ **del crimen.** *Durante la Edad Moderna:* Juez de los que en la Audiencia entienden en primera instancia en causas civiles y criminales. **e)** ~ **entregador** → ENTREGADOR.
C *f* **4** Mujer del alcalde [1]. ■ **5** Mujer elegida cada año en Zamarramala (Segovia) para ejercer festivamente la autoridad durante el día de Santa Águeda, el 5 de febrero.

alcaldesco -ca *adj* De(l) alcalde [1].

alcaldía *f* **1** Cargo de alcalde [1, 2 y 3]. *Tb el tiempo que dura su mandato.* ■ **2** Edificio del ayuntamiento.

álcali *m* (*Quím*) Hidróxido de un metal alcalino.

alcalimetría *f* (*Quím*) Determinación de la concentración de una disolución alcalina.

alcalinidad *f* (*Quím*) Cualidad de alcalino.

alcalinización *f* (*Quím*) Acción de alcalinizar. *Tb su efecto.*

alcalinizante *adj* (*Quím*) Que alcaliniza.

alcalinizar *tr* (*Quím*) Dar propiedades alcalinas [a una sustancia (*cd*)].

alcalino -na *adj* (*Quím*) [Sustancia] que presenta reacción básica. *Se opone a* ÁCIDO. *Tb n m.* **b)** Propio de las sustancias alcalinas.

alcalinotérreo *adj* (*Quím*) [Metal] que tiene propiedades químicas semejantes a las de los metales alcalinos. *Tb n.*

alcaller *m* (*raro*) Alfarero.

alcallería *f* (*raro*) Alfarería.

alcaloide *m* (*Quím*) Compuesto orgánico nitrogenado, de carácter básico, producido por vegetales y que gralm. produce efectos fisiológicos tóxicos en el organismo humano.

alcalosis *f* (*Med*) Alcalinidad excesiva de los líquidos del organismo.

alcamonías *f pl* (*raro*) Semillas que se usan como condimentos.

alcaná *f* (*hist*) Calle del barrio judío en la que están las tiendas.

alcance I *m* **1** Acción de alcanzar, *esp* [1, 2, 3 y 6]. **b)** Capacidad de alcanzar o conseguir. *En las constrs* AL ~, *o* FUERA DEL ~, *+ compl de posesión. Tb (raro) en pl.* **c)** Capacidad [de alguien o algo], por sí mismo o por sus efectos, de llegar hasta un punto o de cubrir una distancia. *Frec en las constrs* AL ~, *o* FUERA DEL ~, *+ compl de posesión. Tb (raro) en pl.* **d)** Posibilidad de coger. *Normalmente en las constrs* AL ~, *o* FUERA DEL ~, *+ compl de posesión. Tb (raro) en pl.* **e)** Capacidad de entender o comprender. *Frec en pl con sent sg. A veces en las constrs* DE POCOS *o* CORTOS ~S, *o* AL ~ DE *+ sust.* ■ **2** Grado o nivel que alcanza [2] algo. ■ **3** Trascendencia o importancia. ■ **4** Significación o intención. ■ **5** (*Per*) Noticia de última hora. ■ **6** (*raro*) Cantidad que se adeuda a alguien por atrasos en su paga o por otros derechos adquiridos. *Gralm en pl.* **II** *loc adj* **7 de ~.** [Noticia] de última hora. **III** *loc v* **8 dar ~.** Alcanzar [1] [a alguien (*ci*)]. ■ **9 estar al ~.** Ser [algo] posible [a alguien (*compl de posesión*)]. **IV** *loc adv* **10 a los ~s.** A punto de alcanzar [1] [a alguien (*compl de posesión o ci*)]. *Con vs como* IR, VENIR *o* ANDAR. *Tb fig.* **b)** A distancia suficiente para alcanzar [2b]. *Tb* AL ~.

alcancía *f* **1** (*reg*) Hucha, gralm. de barro. ■ **2** (*hist*) *En pl:* Juego que consiste en tirarse unos a otros bolas de barro seco llenas de ceniza u otra sustancia inofensiva.

alcándara *f* (*hist*) Percha para las aves de cetrería.

alcandía *f* Zahína (planta y semilla).

alcanfor *m* **1** Sustancia sólida, blanca, aromática y volátil que se obtiene del alcanforero por destilación de su madera. **b)** Bola o pastilla de alcanfor que se usa para proteger de la polilla las telas. ■ **2** Alcanforero (árbol). *Tb* ÁRBOL DE(L) ~.

alcanforado -da *adj* [Líquido] mezclado con alcanfor.

alcanforero *m* Árbol de tronco recto, hojas ovales, flores pequeñas y frutos en baya, del que se extrae el alcanfor [1] (*Cinnamomum camphora* o *Laurus camphora*).

alcantarilla *f* **1** Conducto subterráneo para recoger las aguas sucias y de lluvia y darles salida fuera de una población. ■ **2** Abertura, en la acera, en la calzada o en el bordillo, que comunica con la alcantarilla [1]. ■ **3** Arco o puente pequeño que permite el paso de una corriente de agua por debajo de un camino.

alcantarillado *m* **1** Conjunto de alcantarillas [1]. ■ **2** Acción de alcantarillar.

alcantarillar *tr* Instalar alcantarillas [1] [en un lugar (*cd*)].

alcantarillero *m* Individuo encargado de cuidar las alcantarillas [1].

alcantarino -na *adj* **1** De Alcántara (Cáceres) o de alguna de las localidades denominadas Alcántara. *Tb n, referido a pers.* ■ **2** De los franciscanos descalzos reformados por San Pedro de Alcántara († 1562). *Tb n, referido a pers.*

alcanzable *adj* Que puede alcanzarse, *esp* [1, 2, 3 y 6].

alcanzada *f* (*raro*) Acción de alcanzar [1].

alcanzado -da *adj* **1** *part* → ALCANZAR. ■ **2** [Pers.] que tiene menos de lo que necesita [de algo, esp. de dinero]. *Frec sin compl, referido a dinero.* ■ **3** Endeudado.

alcanzamiento *m* (*raro*) Acción de alcanzar, *esp* [1, 2, 3 y 6].

alcanzante *adj* (*raro*) Que alcanza. *Tb n, referido a pers.*

alcanzar I *v* A *tr* **1** Llegar avanzando [hasta alguien o algo (*cd*) que avanza en la misma dirección]. *Tb fig.* **b)** Colisionar [un vehículo (*suj*) con el que marcha o está delante (*cd*)]. ■ **2** Llegar [a un lugar (*cd*), o a un determinado punto (*cd*) en el espacio o en el tiempo]. **b)** Llegar a tocar [algo]. ■ **3** Llegar [a una situación, un grado o nivel o una meta (*cd*)]. ■ **4** Llegar a tiempo de coger [a alguien o algo]. ■ **5** Llegar a vivir [en un tiempo (*cd*), o en el tiempo de alguien o algo (*cd*)] teniendo posibilidad de conocer[los]. ■ **6** Llegar a tener [algo positivo o que se desea], frec. como resultado de un esfuerzo. ■ **7** Tener suficiente capacidad de percepción [para algo (*cd*)]. *Referido a la vista, al oído o al entendimiento. Frec abs.* ■ **8** Coger [algo que está a cierta distancia o a cierta altura]. ■ **9** Poner en manos [de alguien (*ci*) algo que este no puede coger directamente]. ■ **10** Llegar a herir o golpear [a alguien o algo]. **b)** Hacer impacto [en alguien o algo (*cd*)]. **c)** Afectar o impresionar [a alguien]. ■ **11** Afectar [a alguien] o recaer [sobre él (*cd*) algo negativo, esp. una carga o una responsabilidad].

B *intr* ➤ **a** *normal* **12** Llegar [algo] por sí mismo o por sus efectos [hasta un determinado punto en el espacio o en el tiempo (*compl* A *o* HASTA)]. *Tb sin compl, por consabido.* ■ **13** Llegar [a realizar una acción (A + *infin*)]. ■ **14** Ser suficiente. *Frec con un compl de interés.*

➤ **b** *pr* (**~se**) **15 ~sele** [algo a alguien]. Ser[le] comprensible. **b)** Ser sabido o conocido [por él (*ci*)]. **c)** Ocurrírse[le].

II *loc adv* **16 a lo que se me alcanza.** A mi entender.

alcañizano -na *adj* De Alcañiz (Teruel). *Tb n, referido a pers.*

alcaparra *f* **1** Arbusto de tallos tendidos y espinosos, hojas redondeadas y gruesas, grandes flores blancas y fruto en baya grande y carnosa (*Capparis spinosa*). ■ **2** Botón de la flor de la alcaparra [1], que, encurtido, se usa como condimento.

alcaparrera *f* Alcaparra [1].

alcaparro *m* Alcaparra [1].

alcaparrón *m* Fruto de la alcaparra [1], que, encurtido, se usa como condimento.

alcaparronera *f* Alcaparra [1].

alcaptonuria *f* (*Med*) Coloración oscura de la orina, motivada por la desintegración incompleta de la albúmina.

alcaraceño -ña *adj* De Alcaraz (Albacete). *Tb n, referido a pers.*

alcaraván *m* Ave de unos 40 cm de longitud, ojos amarillos, patas largas y amarillas, pico corto y fuerte, alas largas y plumaje pardo con franjas blancas (*Burhinus oedicnemus*).

alcaravea *f* **1** Planta herbácea de tallo ramoso, hojas alargadas, flores pequeñas en umbela y frutos muy aromáticos (*Carum carvi*). ■ **2** Simiente de alcaravea [1], gralm. usada como condimento.

alcarchofa *f* (*reg*) Alcachofa (planta e inflorescencia).

alcardeteño -ña *adj* De Villanueva de Alcardete (Toledo). *Tb n, referido a pers.*

alcarraza *f* Vasija, de cuerpo ancho y cuello largo, de arcilla porosa y poco cocida, que deja rezumar cierta porción del agua contenida cuya evaporación enfría la del interior.

alcarreñismo *m* Condición de alcarreñista.

alcarreñista *adj* Conocedor o amante de lo alcarreño, *esp* [2]. *Tb n, referido a pers.*

alcarreño -ña *adj* **1** De la Alcarria (comarca del centro y sur de la provincia de Guadalajara y oeste de la de Cuenca). *Tb n, referido a pers.* ■ **2** De Guadalajara. *Tb n, referido a pers.*

alcarria *f* (*reg*) Terreno alto y raso.

alcatifa *f* **1** Alfombra de fina calidad. *Esp referido a las de fabricación o estilo moriscos.* ■ **2** (*Constr*) Capa de material que se echa como revestimiento antes de solar o pavimentar.

alcatraz *m* Ave marina de gran tamaño, de plumaje blanco con los extremos de las alas negros, que vuela majestuosamente a poca altura sobre el mar y se lanza en picado sobre los peces que distingue entre dos aguas (*Sula bassana*).

alcaucil *m* Alcachofa silvestre (*Cynara silvestris*). *A veces designa tb la alcachofa común.*

alcaudetano -na *adj* De Alcaudete de la Jara (Toledo). *Tb n, referido a pers.*

alcaudeteño -ña *adj* De Alcaudete (Jaén). *Tb n, referido a pers.*

alcaudón *m* Pájaro de pico ganchudo y robustas uñas, con una mancha negra en la cara y que suele clavar sus presas en las espinas de los arbustos (gén. *Lanius*). *Diversas especies se distinguen con un especificador:* ~ COMÚN (*L. senator*), ~ CHICO (*L. minor*), ~ DORSIRROJO (*L. collurio*), ~ REAL (*L. excubitor*).

alcayata *f* Escarpia.

alcazaba *f* (*hist*) Fortaleza o recinto fortificado.

alcázar *m* **1** (*hist*) Fortaleza que sirve de residencia, esp. de un soberano. **b)** Palacio. ■ **2** (*Mar*) *En un buque:* Espacio de la cubierta superior comprendido entre el palo mayor y el coronamiento de popa.

alcazareño -ña *adj* **1** De(l) alcázar. ■ **2** De alguna de las poblaciones que tienen el nombre de Alcázar. *Tb n, referido a pers.*

alcazuz *m* Regaliz (planta).

alce[1] *m* Rumiante de la familia de los ciervos, de tamaño parecido al del caballo, con cabeza grande y hocico aplanado y cuyo macho tiene grandes cuernos en forma de pala, con profundos cortes en los bordes (*Alces alces*).

alce[2] *m* (*Naipes*) **1** Acción de alzar o cortar. ■ **2** *En el juego de la malilla:* Última carta distribuida, que corresponde al que reparte y que, si es de valor, señala los puntos de ganancia para él. *Tb la misma ganancia.*

alción *m* (*Mitol clás*) Ave marina gralm. identificada con el martín pescador.

alcireño -ña *adj* De Alcira (Valencia). *Tb n, referido a pers.*

alcista *adj* (*Econ*) **1** De(l) alza (de valores o de precios). ■ **2** [Pers.] que juega al alza. *Frec n.*

alcoba I *f* **1** Dormitorio (habitación). **b)** Conjunto de los muebles propios de la alcoba. ■ **2** Dormitorio pequeño y sin ventanas, anejo a otra habitación. II *loc adj* **3** de ~. De (la) intimidad amorosa.

alcobendano -na *adj* De Alcobendas (Madrid). *Tb n, referido a pers.*

alcobendense *adj* De Alcobendas (Madrid). *Tb n, referido a pers.*

alcobitense *adj* De Carcabuey (Córdoba). *Tb n, referido a pers.*

alcocarra *f* (*raro*) Mueca o gesto.

alcohogel (*tb* **alcogel**) *m* (*Quím*) Gel cuyo medio líquido es un alcohol.

alcohol *m* **1** Líquido incoloro, volátil e inflamable, obtenido por destilación del vino o de otras bebidas fermentadas. *Tb* ~ DE VINO, VÍNICO, ORDINARIO, NATURAL *o* ETÍLICO. **b)** *Seguido de un compl:* Alcohol mezclado [con la sustancia expresada por el compl.]. ■ **2** Conjunto de las bebidas que contienen alcohol [1a]. ■ **3** (*Cerám*) Galena. *Tb* ~ DE ALFAREROS. *A veces con un compl especificador:* DE PRIMERA *o* DE HOJA, DE SEGUNDA *o* DE FUNDICIÓN, *etc.* ■ **4** (*Quím*) Compuesto de los que tienen las mismas propiedades químicas del alcohol [1a] y que son derivados de hidrocarburos en que uno o varios hidroxilos sustituyen a otros tantos átomos de hidrógeno ligados a un carbono saturado. ■ **5** ~ **de quemar**, *o* (*Quím*) **desnaturalizado.** Mezcla de alcohol [1a] etílico y otras sustancias, de uso industrial y como combustible.

alcoholar *tr* (*hist*) Frotar [los ojos] con polvo de antimonio para embellecer[los] o para curar[los].

alcoholasa *f* (*Biol*) Fermento que transforma el alcohol etílico en ácido acético.

alcoholato *m* (*Quím*) Cuerpo que resulta de la sustitución del hidrógeno del grupo hidroxilo de los alcoholes por un metal.

alcoholaturo *m* (*Med*) Medicamento que resulta de la acción disolvente del alcohol sobre plantas frescas.

alcoholemia *f* (*E*) Presencia de alcohol [1a] en la sangre.

alcoholero -ra *adj* Productor de alcohol [1a]. *Tb n: m y f, referido a pers; f, referido a fábrica.*

alcohólico -ca *adj* **1** De(l) alcohol. **b)** [Fermentación] en que se obtiene alcohol [1a]. **c)** Producido por el alcohol [2]. **d)** (*Quím*) [Función] correspondiente a un átomo de hidrógeno y otro de oxígeno. ■ **2** Que contiene alcohol [1a]. ■ **3** [Pers.] adicta al alcohol [2] y que padece alcoholismo [2] crónico. *Tb n.*

alcoholímetro *m* Aparato para medir la proporción de alcohol [1a] contenida en un líquido, o en el aire espirado por una persona.

alcoholismo *m* **1** Adicción al alcohol [2]. ■ **2** Intoxicación por el alcohol [2], esp. la de carácter crónico.

alcoholización *f* **1** Acción de alcoholizar(se). *Tb su efecto.* ■ **2** Fabricación de alcohol [1a].

alcoholizado -da *adj* **1** *part* → ALCOHOLIZAR. ■ **2** Que denota los efectos del alcohol [2].

alcoholizar A *tr* **1** (*raro*) Aplicar o incorporar alcohol [a algo *cd*]. B *intr pr* (*~se*) **2** Hacerse alcohólico [3]. *Frec en part, tb sustantivado.*

alcoholómetro *m* Alcoholímetro.

alcohómetro *m* Alcoholímetro.

alcohosol (*tb* **alcosol**) *m* (*Quím*) Sol[3] cuyo medio líquido es un alcohol.

alcolea *f* (*hist*) Castillo o fortaleza de pequeñas dimensiones.

alcoleano -na *adj* De alguna de las poblaciones denominadas Alcolea. *Tb n, referido a pers.*

alcor *m* Cerro o colina.

alcorce *m* (*reg*) Atajo.

alcorconero -ra *adj* De Alcorcón (Madrid). *Tb n, referido a pers.*

alcordar *tr* (*rur*) Acordar. *Gralm pr* (**~se**).

alcoreño -ña *adj* De Alcora (Castellón). *Tb n, referido a pers.*

alcorisano -na *adj* De Alcorisa (Teruel). *Tb n, referido a pers.*

alcornocal I *m* 1 Terreno poblado de alcornoques [1].
II *adj* (*raro*) 2 De (los) alcornoques [1].

alcornoque *m* 1 Árbol de copa muy ancha, madera dura, corteza muy gruesa, esponjosa y agrietada, de donde se obtiene el corcho, y cuyo fruto es la bellota (*Quercus suber*). *Tb su madera.* ■ 2 (*col*) Pers. ignorante y ruda. *Tb adj. Tb* PEDAZO DE ~.

alcorque *m* Hoyo hecho al pie de una planta para retener el agua de riego, y que en las aceras y paseos suele estar rodeado de piedra, ladrillo u otro material similar.

alcorza *f* (*hist*) Dulce hecho con una pasta blanca de azúcar y almidón. *Tb su pasta.*

alcorzar *tr* (*reg*) Acortar.

alcosol → ALCOHOSOL.

alcotán *m* Ave de la familia del halcón, muy parecida a este pero de menor tamaño, y con las plumas de las patas rojizas (*Falco subbuteo*).

alcotana *f* Herramienta de albañil semejante a un martillo, que termina por un extremo en forma de hacha y por el otro de azuela.

alcoverense *adj* De Alcover (Tarragona). *Tb n, referido a pers.*

alcoyano -na *adj* De Alcoy (Alicante). *Tb n, referido a pers.*

alcozareño -ña *adj* De Alcozar (Soria). *Tb n, referido a pers.*

alcrique *m* (*reg*) Se da este *n* a dos peces: la PAPARDA (*Scomberesox saurus*) y la AGUJA (*Belone belone*).

alcudiense *adj* De Alcudia (Mallorca). *Tb n, referido a pers.*

alcuña *f* (*lit*) 1 Apellido. ■ 2 Linaje o alcurnia.

alcurnia *f* (*lit*) 1 Estirpe o linaje. **b)** Linaje noble o ilustre. ■ 2 Categoría o calidad. *Esp referido a cosa.*

alcurniado -da *adj* (*lit, raro*) De alcurnia [1b y 2].

alcuza *f* Vasija, gralm. de barro o de hojalata y de forma cónica, que sirve para guardar el aceite.

alcuzcuz *m* Cuzcuz.

aldaba *f* 1 Pieza de hierro o de bronce que se pone en una puerta para llamar golpeando sobre esta. ■ 2 Barra o travesaño con que se asegura una puer-

ta o ventana después de cerrada. **b)** Aldabilla o pieza similar con que se cierra un cofre. ■ 3 (*col*) *En pl:* Protectores o valedores. *Gralm con el v* TENER.

aldabada *f* (*raro*) Aldabonazo, *esp* [2].

aldabear *intr* (*raro*) Golpear la puerta con la aldaba [1].

aldabilla *f* Pieza de hierro en forma de gancho, que, entrando en una hembrilla, sirve para cerrar o sujetar una puerta o una tapa.

aldabón *m* Aldaba [1].

aldabonazo *m* 1 Golpe dado en la puerta con el aldabón. ■ 2 Llamada de atención, o sobresalto que sirve de aviso.

aldayense *adj* De Aldaya (Valencia). *Tb n, referido a pers.*

aldea *f* 1 Pueblo muy pequeño. **b)** (*admin*) Pueblo muy pequeño que depende administrativamente del ayuntamiento [de otro pueblo (*compl de posesión*)]. ■ 2 **la ~ global.** El planeta terrestre considerado como un mundo fuertemente interconectado por las comunicaciones e interdependiente en lo político y lo económico.

aldeanía *f* 1 Cualidad de aldeano[1]. ■ 2 (*raro*) Conjunto de (los) aldeanos[1].

aldeaniego -ga *adj* (*lit, raro*) Aldeano[1].

aldeanismo *m* Cualidad de aldeano[1]. *Frec con intención desp. Tb fig.*

aldeano[1] -na *adj* De (la) aldea. *Tb n, referido a pers. A veces con intención desp.*

aldeano[2] -na *adj* De Aldeanueva de Ebro (Rioja). *Tb n, referido a pers.*

aldehídico -ca *adj* (*Quím*) De(l) aldehído.

aldehído *m* (*Quím*) Cuerpo obtenido por oxidación de un alcohol con eliminación del hidrógeno. *Frec con un adj especificador.*

al dente (*it; pronunc corriente,* /al-dénte/) *loc adj* Cocido moderadamente, de manera que conserva una agradable consistencia. *Tb adv.*

aldeón *m* (*desp*) Aldea grande.

aldiza *f* Aciano o azulejo (planta).

aldol *m* (*Quím*) Cuerpo con propiedades de aldehído y alcohol, obtenido a partir del aldehído acético en presencia de ácido clorhídrico diluido.

aldosa *f* (*Quím*) Hidrato de carbono con propiedades de aldehído y alcohol.

aldosterona *f* (*Biol*) Hormona de la corteza renal que provoca la retención de sodio y la pérdida de potasio.

aldraguería *f* (*reg*) Chisme o habladuría.

ale *interj* (*col*) Hala o hale.

aleación *f* Cuerpo resultante de la fusión de dos o más metales.

alear[1] *tr* Fundir [un metal con otro u otros] para hacer una aleación. *Tb sin compl.*

alear[2] *intr* Aletear. *Tb fig.*

aleatoriamente *adv* De manera aleatoria [1].

aleatoriedad *f* Cualidad de aleatorio.

aleatorio -ria *adj* 1 Que depende del azar. ■ 2 (*Mús*) [Música] en cuya partitura se prevé la introducción de elementos improvisados por parte del intérprete.

alebrarse (*conjug* **6**) *intr pr* Echarse en el suelo pegándose contra él.

alebrestarse *intr pr* (*reg*) Alborotarse o agitarse.

aleccionador -ra *adj* **1** Que alecciona. ■ **2** De(l) aleccionamiento.

aleccionadoramente *adv* De manera aleccionadora.

aleccionamiento *m* Acción de aleccionar.

aleccionar *tr* **1** Enseñar o instruir [a alguien (*cd*)]. **b)** Enseñar [algo]. ■ **2** Dar instrucciones [a alguien (*cd*)].

alechigarse *intr pr* (*lit, raro*) Acostarse, o meterse en la cama.

alechuzado -da *adj* Que recuerda en algo a la lechuza.

alecito -ta *adj* (*Biol*) [Huevo] que carece de vitelo nutritivo o lo tiene muy escaso.

aledaño -ña **I** *adj* (*lit*) **1** Lindante o contiguo. *Frec con un compl de posesión o con* A. **II** *m pl* **2** Alrededores. *Tb fig.*

álef *m o f* Primera letra del alfabeto hebreo y de otros alfabetos semíticos.

alefato *m* Alfabeto hebreo.

alefriz *m* (*Mar*) *En la quilla, roda y codaste de una embarcación:* Ranura en que se encaja la tablazón del costado.

alegable *adj* Que puede alegarse.

alegación *f* Acción de alegar. *Frec su efecto.*

alegal *adj* Que no se rige por ninguna normativa legal, o que está al margen de la legalidad.

alegalmente *adv* De manera alegal.

alegante *adj* (*Der*) [Pers.] que presenta una alegación. *Tb n.*

alegar *tr* Exponer [algo] como fundamento o apoyo.

alegato *m* Razonamiento o exposición a favor o en contra de alguien o de algo. *Tb fig.* **b)** (*Der*) Escrito en que el abogado expone las razones de su cliente e impugna las del adversario.

alegoría *f* (*TLit y Arte*) Representación de ideas y conceptos o de hechos por medio de seres vivos o de objetos materiales. *Tb el texto o la imagen plástica con que se realiza la representación.*

alegóricamente *adv* (*TLit y Arte*) De manera alegórica.

alegórico -ca *adj* (*TLit y Arte*) De (la) alegoría o que la implica.

alegorismo *m* (*TLit*) Uso de la alegoría.

alegorizar *tr* (*TLit y Arte*) Expresar o representar [algo] de forma alegórica.

alegra *f* (*Mar*) Barrena para taladrar los maderos empleados como tubos de bombas.

alegrador -ra *adj* Que alegra.

alegrar **A** *tr* **1** Poner alegre [1] [a alguien] o causar[le (*cd*)] alegría [1]. *Tb abs.* **b)** *pr* (**~se**) Ponerse alegre o sentir alegría [por algo (*compl* DE)]. *Cuando el compl es una prop con* QUE, *o un infin, la lengua col omite frec la prep* DE. *Frec se omite el compl, por consabido.* ■ **2** Hacer alegre [3] [algo]. *Tb fig. Tb abs.* **b)** *pr* (**~se**) Hacerse alegre [algo]. *Tb fig.* ■ **3** Poner alegre [4] [algo]. **b)** *pr* (**~se**) Ponerse alegre [algo]. ■ **4** (*Taur*) Dar alegría [6] [al toro o a su embestida (*cd*)].

B *intr pr* (**~se**) **5** Sentir una ligera excitación erótica. ■ **6** Ponerse alegre [5]. *Frec como euf.* ■ **7 me alegro de verte bueno.** (*col*) *Fórmula con la que se expresa total indiferencia.*

alegre *adj* **1** Que tiene alegría [1]. ■ **2** [Pers.] de carácter expansivo, dado a la animación y a la risa. ■ **3** Que produce o favorece la alegría [1]. **b)** [Vivienda o habitación] que recibe mucha luz del día. **c)** [Color] claro y vivo. **d)** De colores vivos. ■ **4** [Cosa] que manifiesta o denota alegría [1]. *Tb fig.* ■ **5** (*col*) Ligeramente ebrio. *Frec como euf.* ■ **6** Irreflexivo o ligero. ■ **7** Libre o desenfadado respecto a la moral sexual. **b)** [Mujer] ligera o de costumbres libres en asuntos amorosos. *A veces euf, referido a prostituta.* **c)** [Lugar público] frecuentado por mujeres alegres. **d) de vida ~** → VIDA.

alegremente *adv* De manera alegre [3, 4 y 6].

alegría *f* **1** Estado de ánimo placentero con tendencia a la animación y a la risa. **b) ~ de vivir.** Estado habitual de alegría que impulsa al disfrute de la vida. ■ **2** Cualidad de alegre [1 a 6]. ■ **3** Cosa que causa alegría [1]. **b)** Pers. o cosa que causa la alegría [de alguien o algo]. **c) la ~ de la huerta.** (*col*) Pers. que transmite su alegría dondequiera que esté. *Frec con intención irónica.* ■ **4** Acción irreflexiva o hecha con ligereza. ■ **5** (*col*) Facilidad con que un vehículo sube las cuestas. ■ **6** (*Taur*) Viveza o prontitud con que el toro responde a la provocación. ■ **7** *En pl:* Cante y baile andaluz de movimiento vivo. ■ **8** Sésamo o ajonjolí. ■ **9 ~ (de la casa).** Planta herbácea cultivada como ornamental, de flores pequeñas y de color rosa fuerte.

alegrón *m* (*col*) Alegría [1a y 3a] grande.

ale-hop (*pronunc corriente,* /aleχóp/; *tb con la grafía* **hale-hop**) *interj* Ale-jop. *Tb fig.* A veces sustantivado como n m.

alejado -da *adj* **1** *part* → ALEJAR. ■ **2** Lejano. *Tb fig.*

alejamiento *m* Acción de alejar(se). *Tb su efecto.*

alejandrino¹ -na *adj* De Alejandría (Egipto). *Frec con referencia a la Edad Antigua. Tb n, referido a pers.* **b)** De la cultura cuyo centro fue la ciudad de Alejandría. *Tb n, referido a pers.*

alejandrino² -na *adj* (*TLit*) [Verso] de 14 sílabas. *Tb n.* **b)** [Estrofa o composición] en versos alejandrinos.

alejandrita *f* (*Mineral*) Piedra preciosa constituida por una variedad verde de crisoberilo.

alejar **A** *tr* **1** Poner [a una pers. o cosa] lejos, o más lejos [de otra (*compl* DE o *ci*)]. *Frec el cd es refl. Tb sin el 2º compl, por consabido o por ir con cd pl. Tb fig.* **b)** *pr* (**~se**) Pasar a estar lejos o más lejos. *Frec se omite el compl, por consabido. Tb fig.* ■ **2** Ahuyentar o hacer huir. *Tb fig.*

B *intr pr* (**~se**) **3** Diferenciarse o estar lejos [una cosa de otra].

ale-jop (*tb con la grafía* **hale-jop**) *interj* Se usa para animar a realizar un ejercicio circense. *Tb fig, fuera del ámbito técn. A veces sustantivado como n m.*

alelado -da *adj* **1** *part* → ALELAR. ■ **2** [Pers.] lela o boba. **b)** Propio de la pers. alelada.

alelamiento *m* Acción de alelar(se). *Tb su efecto.*

alelar *tr* Volver o dejar lelo o bobo. **b)** *pr* (**~se**) Volverse o quedarse lelo o bobo.

alelí → ALHELÍ.

alelo *m* (*Biol*) Gen alelomorfo.

alelomorfo *adj* (*Biol*) [Gen] de los dos que ocupan el mismo lugar en dos cromosomas homólogos, con una misma función y con efectos distintos. *Tb n.* **b)** [Carácter] correspondiente a un gen alelomorfo.

aleluya I *n* A *m* o *f* **1** (*Rel catól*) Canto litúrgico de alegría que gira en torno a la palabra *aleluya* y que se usa esp. en el tiempo pascual. **b)** *En la misa:* Lectura, a veces cantada, que comienza y termina por la palabra *aleluya* y que sigue al gradual. **c)** (*Mús*) Pieza cantada de música religiosa no litúrgica en torno a la palabra *aleluya*.

B *f* **2** Pareado de carácter popular. **b)** (*desp*) *En pl:* Versos. ■ **3** Hoja o pliego de papel que contiene una serie de dibujos en rectángulos, debajo de cada uno de los cuales va impresa una aleluya [2]. *Frec en pl.* ■ **4** *Se da este n a las plantas Oxalis acetosella y O. corniculata, tb llamadas ~ BLANCA o DE EUROPA y ~ DE FLOR AMARILLA o DORADA, respectivamente.* ■ **5** (*reg*) Cena del sábado de Gloria.

C *m* **6** (*raro*) Cierto dulce de leche, a veces con la palabra *aleluya* realzada encima, propio de Pascua de Resurrección.

II *interj* **7** *En liturgia católica se intercala en algunas oraciones, durante el tiempo pascual, como expresión de alegría.* **b)** *Fuera del ámbito litúrgico* (*humoríst*), *expresa júbilo.*

aleluyático -ca *adj* (*Rel catól*) [Texto litúrgico] que va acompañado de la voz *aleluya*. *Tb lo referido a él.*

alemán -na I *adj* **1** De Alemania. *Tb n, referido a pers.* **b)** De origen alemán. *Tb n, referido a pers.* ■ **2** De la lengua alemana [1a]. ■ **3** [Aguardiente] ~, [oro] ~ → AGUARDIENTE, ORO.

II *m* **4** Lengua alemana [1a]. **b) alto ~.** Conjunto de los dialectos del sur de Alemania, que históricamente procede de la lengua alemana estándar. *Tb la misma lengua alemana.* **c) bajo ~.** Grupo lingüístico constituido por los dialectos del norte de Alemania, y al que históricamente también pertenece el neerlandés.

alemanda *f* (*hist*) Danza cortesana lenta, de origen alemán, de compás 4 por 4, y que suele figurar como uno de los movimientos de la suite clásica.

alemánico *m* Dialecto o grupo de dialectos del alto alemán hablados en Alsacia, Suiza y Sudoeste de Alemania.

alemano- *r pref* Alemán [1a]. * Alemano--borgoñón.

alentada *f* Acción de inspirar y espirar el aire en la respiración. *Tb el aire espirado. Tb fig.*

alentador -ra *adj* Que alienta [1 y 2]. *Tb n, referido a pers.*

alentar (*conjug* 6) A *tr* **1** Animar o dar ánimo [a alguien (*cd*)]. ■ **2** Fomentar o estimular [algo]. ■ **3** (*lit, raro*) Dar vida [a algo (*cd*)].

B *intr* **4** Respirar. **b)** Arrojar el aliento. ■ **5** Tener vida.

alentejano -na *adj* De la región de Alentejo (Portugal). *Tb n, referido a pers.*

aleonado -da *adj* **1** Que tiene la cabellera que recuerda la melena del león. **b)** [Cabellera] que recuerda la melena del león. ■ **2** De color o aspecto que recuerdan los del león.

alepín *m* (*hist*) Tejido fino de seda y lana.

alera. ~ foral. *f* (*Der, reg*) Derecho que tienen los vecinos de un pueblo de apacentar sus ganados en los términos o terrenos de otro pueblo.

alerce *m* Árbol de la familia del pino, que crece en las montañas de Europa, alcanza gran altura y tiene madera apreciada en carpintería, de la que se extrae trementina (*Larix decidua* o *L. europaea*). *Tb su madera.*

alergénico -ca *adj* (*Med*) Alergeno.

alergeno -na (*tb* **alérgeno**) *adj* [Cuerpo o sustancia] que produce alergia [1]. *Frec n m.*

alergia *f* **1** Sensibilidad ante determinadas sustancias, que da lugar a reacciones de tipo respiratorio, nervioso o eruptivo. *A veces con un compl* A, *que especifica la sustancia.* ■ **2** (*col*) Reacción alérgica [1]. ■ **3** (*col*) Reacción adversa o de antipatía hacia alguien o algo. *Frec con un compl* A o HACIA.

alérgico -ca *adj* **1** De (la) alergia [1]. **b)** Producido por alergia. ■ **2** Que padece alergia [1]. *Tb n.* **b)** Propio de la pers. alérgica. ■ **3** (*col*) Que tiene alergia [3] [a alguien o algo].

alergización *f* (*Med*) Producción de alergias [1].

alergizante *adj* (*Med*) Que causa alergia [1].

alergología *f* (*Med*) Especialidad que estudia las enfermedades alérgicas.

alergólogo -ga *m y f* (*Med*) Especialista en enfermedades alérgicas.

alero[1] I *m* **1** Parte inferior del tejado, que sobresale de la pared y sirve para desviar de ella las aguas de lluvia.

II *loc adv* **2 en el ~.** (*col*) En grave riesgo de perderse o de no alcanzarse. *Referido a cosa. Frec con vs como* VER o ESTAR.

alero[2] **-ra** *m y f* (*Balonc*) Jugador lateral, cuya misión es colaborar con el base y apoyar al pívot.

alerón *m* **1** Parte posterior articulada del ala del avión o de un proyectil, cuya maniobra permite la inclinación o el enderezamiento lateral. ■ **2** Borde saliente hacia arriba en la trasera de un automóvil. ■ **3** (*col*) Axila.

alerta I *adv* **1** En actitud de vigilancia atenta. *Tb* (*raro*) EN ~. *Se usa como interj por los centinelas, que durante la noche se pasan la voz para mantenerse vigilantes; tb n m.*

II *adj* **2** Atento y vigilante. **b)** Vivo o despierto.

III *n* A *f* **3** Prevención para el combate. *Frec en la constr* ESTADO DE ~. ■ **4** Aviso o llamada de prevención. ■ **5** Estado de vigilancia decretado por la autoridad ante una previsible catástrofe natural o en casos de escasez de agua. *Normalmente con el adj* ROJA, *que indica el grado máximo.*

B *f* (*raro m*) **6** Atención o vigilancia. *Frec en la constr* ESTADO DE ~.

alertado -da *adj* **1** *part* → ALERTAR. ■ **2** Alerta [2].

alertador -ra *adj* Que alerta.

alertamente *adv* (*raro*) Alerta [1].

alertante *adj* Que alerta.

alertar *tr* **1** Dar la alerta [3 y 4] [a alguien (*cd*)]. *Tb abs. A veces con un compl* SOBRE o DE. ■ **2** Poner alerta [2] [a alguien o algo].

alesnado. llantén ~ → LLANTÉN.

aleta *f* **1** Membrana externa de las que tienen los peces y los mamíferos acuáticos en distintas partes del cuerpo y de las cuales se sirven para nadar. ■ **2** Zapatilla de goma en forma de pala, usada por buceadores y nadadores. ■ **3** Expansión lateral junto a cada uno de los agujeros [de la nariz]. ■ **4** Parte delantera del pecho de una res vacuna, que no tiene hueso y gralm. se guisa rellena. ■ **5** *En un automóvil:* Guardabarros. ■ **6** Pieza o elemento que por su forma, y a veces también por su función, tiene semejanza con la aleta [1]. ■ **7** (*Bibl*) Solapa. ■ **8** (*Mec*) Lámina dispuesta alrededor de un tubo o de un cilindro con el fin de aumentar la cantidad de calor que cede. ■ **9** (*Mar*) Madero curvo de los que forman la popa de una embarcación. **b)** Parte lateral del barco próxima a la popa.

aletargado -da *adj* **1** *part* → ALETARGAR. ■ **2** Que denota o implica aletargamiento. *Frec fig.*

aletargamiento *m* Acción de aletargar(se). *Tb su efecto.*

aletargante *adj* (*raro*) Que aletarga.

aletargar A *intr pr* (~**se**) **1** Pasar al estado de letargo. *Tb fig.* B *tr* (*raro*) **2** Causar sopor o letargo. *Gralm fig.* ■ **3** Paralizar o inmovilizar. *Gralm fig.*

aletazo *m* **1** Movimiento de las alas. ■ **2** Ráfaga o ramalazo. *Tb fig.*

aleteante *adj* Que aletea. *Tb fig.*

aletear *intr* **1** Mover las alas [un animal]. **b)** Hacer [una pers.] movimientos con los brazos a manera de alas. ■ **2** Mover las aletas [un pez o un mamífero acuático]. ■ **3** (*lit*) Agitarse [algo material o inmaterial]. ■ **4** (*raro*) Recobrar las fuerzas.

aleteo *m* Acción de aletear. *Tb fig.*

aletiforme *adj* (*Anat*) Que tiene forma de aleta [1].

aletilla *f* Aleta [de la nariz].

aleurona *f* (*Bot*) Sustancia albuminoidea de reserva que se encuentra en las semillas maduras de las plantas fanerógamas.

alevantar *tr* (*reg*) Levantar. *Tb pr* (~**se**).

aleve *adj* (*lit*) Alevoso.

alevín *m* **1** Cría de pez destinada a poblar un estanque, un lago o un río. **b)** Cría [de animal]. ■ **2** (*Dep*) Deportista de la categoría inmediatamente anterior a la de infantil. ■ **3** (*lit*) Aprendiz [de una actividad o de una condición (*compl* DE, o *adj*)]. *Tb fig, referido a cosa.*

alevinaje *m* **1** Acción de poblar con alevines [1]. ■ **2** Fase de alevín [1] de un pez.

alevino *m* (*raro*) Alevín [1].

alevosamente *adv* De manera alevosa [2 y 3].

alevosía *f* **1** (*Der*) Circunstancia agravante de un delito contra las personas y que consiste en cometerlo sin riesgo para el delincuente. ■ **2** Delito cometido con alevosía [1].

alevoso -sa *adj* **1** Que actúa con alevosía. ■ **2** Que denota o implica alevosía [1]. *Tb fig.* ■ **3** (*lit*) Traidor. *Tb fig.*

alexia *f* (*Med*) Pérdida patológica de la capacidad de leer, debida a lesión cerebral.

aleya *f* (*Rel musulm*) Versículo del Corán.

alfa I *f* **1** Primera letra del alfabeto griego, que representa el sonido [a]. (V. PRELIM.) ■ **2** ~ **y omega.** (*lit*) Principio y fin.

II *adj invar* **3** (*lit*) [Cosa] fundamental o que es punto de partida. ■ **4** (*Fís*) [Partícula] constituida por un núcleo de helio procedente de una desintegración o reacción nuclear. **b)** [Radiación] constituida por partículas alfa.

alfabéticamente *adv* Por orden alfabético [1].

alfabético -ca *adj* **1** Del alfabeto[1] [1]. ■ **2** Que sigue el orden alfabético [1] o está dispuesto con arreglo a él. ■ **3** [Escritura] que se basa en el alfabeto[1] [1]. **b)** De escritura alfabética.

alfabetiforme *adj* (*Prehist*) [Dibujo] que parece imitar una escritura alfabética.

alfabetismo *m* (*raro*) Existencia de personas que saben leer y escribir.

alfabetización[1] *f* Acción de alfabetizar[1].

alfabetización[2] *f* Acción de alfabetizar[2].

alfabetizador -ra *adj* **1** Que alfabetiza[2]. *Tb n, referido a pers.* ■ **2** De (la) alfabetización[2].

alfabetizar[1] *tr* Disponer por orden alfabético.

alfabetizar[2] *tr* Enseñar [a alguien, esp. a un adulto] a leer y escribir. **b)** *pr* (~**se**) Aprender a leer y escribir.

alfabeto[1] *m* **1** Serie ordenada de las letras utilizadas en la escritura de un idioma o de una serie de idiomas. ■ **2** Sistema de signos visuales, acústicos o táctiles que representan el alfabeto [1]. ■ **3** ~ **fonético.** (*Fon*) Serie de signos empleados en fonética para representar los sonidos de una o varias lenguas. ■ **4** ~ **silábico.** Sistema de signos, propio de determinadas lenguas, con que se representan sílabas.

alfabeto[2] **-ta** *adj* Que sabe leer y escribir. *Tb n.*

alfacarino -na *adj* De Alfacar (Granada). *Tb n, referido a pers.*

alfaguara *f* (*lit, raro*) Manantial copioso. *Gralm fig.*

alfahar *m* (*raro*) Alfar (taller de alfarero).

alfaida *f* (*lit, raro*) Desbordamiento. *Tb fig.*

alfajeme *m* (*lit, raro*) Barbero.

alfajor *m* Dulce hecho con una pasta cuyos ingredientes básicos son miel, especias y harina o frutos secos, esp. almendras.

alfajorero -ra *m y f* Pers. que fabrica o vende alfajores.

alfalce *m* (*reg*) Alfalfa.

alfalfa *f* Planta herbácea perenne, con tallo erecto muy ramificado, hojas compuestas de tres folíolos alargados, flores violetas en racimos y fruto en legumbre arrollada en espiral, y que se cultiva como planta forrajera (*Medicago sativa*).

alfalfal *m* Alfalfar[1].

alfalfar[1] *m* Terreno sembrado de alfalfa.

alfalfar[2] *tr* (*raro*) Sembrar [un terreno] de alfalfa. *Tb abs.*

alfalfe *m* (*reg*) Alfalfa.

alfalfero -ra *m y f* Pers. que cultiva o vende alfalfa.

alfaneque[1] *m* Halcón africano de color blanquecino con pintas pardas y tarsos amarillentos, usado en cetrería (*Falco barbarus*).

alfaneque[2] *m* (*hist*) Piel de comadreja.

alfaneque[3] *m* (*hist*) Tienda de campaña.

alfanje *m* (*hist*) Sable curvo, corto, con filo por un lado y doble filo en la punta, propio de los pueblos musulmanes.

alfanumérico -ca *adj* (*Informát*) De números y letras.

alfaqueque *m* (*hist*) Individuo cuya misión es gestionar la liberación de prisioneros o cautivos. *Modernamente, tb fig.*

alfaquí *m* *En los pueblos musulmanes:* Doctor de la ley.

alfar *m* 1 Taller de alfarería. ■ 2 Arcilla o barro cocidos.

alfarda[1] *f* (*Arquit*) Madero de los dos que forman el par de la armadura.

alfarda[2] *f* (*hist*) Cierto tributo pagado por los moros y judíos por vivir en territorio cristiano.

alfardón *m* (*Arquit*) Azulejo de seis lados, cuya parte central es un rectángulo.

alfareño -ña *adj* De Alfaro (Rioja). *Tb n, referido a pers.*

alfarería *f* 1 Arte u oficio de fabricar objetos de barro, esp. vasijas. ■ 2 Taller de alfarería [1]. ■ 3 Objetos de alfarería [1].

alfarero -ra I *adj* 1 De (la) alfarería, *esp* [1].
II *m y f* 2 Pers. que tiene por oficio la alfarería [1].

alfarje *m* (*Arquit*) Techumbre plana de madera labrada y ornamentada, propia de la arquitectura árabe y mudéjar.

alfayate -ta *m y f* (*lit, raro*) Sastre.

alfayatería *f* (*lit, raro*) Sastrería (oficio y establecimiento).

alféizar *m* Plano horizontal que cubre el muro en la parte inferior de una ventana.

alfeñicado -da *adj* (*desp, raro*) Débil o delicado. *Tb fig.*

alfeñique I *m* 1 Pasta de azúcar cocida, a veces amasada con aceite de almendras y otros ingredientes, con que se elaboran ciertos dulces. *Tb el mismo dulce.* ■ 2 (*col, desp*) Pers. de complexión débil o desmedrada.
II *loc adj* 3 de ~. (*col, desp*) [Pers.] de complexión débil o desmedrada.

alferecía[1] *f* 1 (*col*) Indisposición repentina, esp. desmayo. ■ 2 (*hist*) Enfermedad caracterizada por convulsiones y gralm. pérdida de conocimiento.

alferecía[2] *f* (*raro*) Grado de alférez.

alférez *m* 1 Oficial militar de grado más bajo, de categoría inmediatamente superior a la de subteniente. ■ 2 ~ de fragata. *En la marina de guerra:* Oficial de grado equivalente al de alférez [1]. ■ 3 ~ de navío. *En la marina de guerra:* Oficial de grado equivalente al de teniente del ejército. ■ 4 ~ del rey. (*hist*) Oficial que lleva el pendón real y que en ausencia del rey manda el ejército. *Tb simplemente* ~. ■ 5 ~ real o ~ mayor. (*hist*) *En la América colonial:* Miembro del Cabildo que tiene el privilegio de llevar el pendón real en las procesiones.

alfesera *f* (*raro*) Nueza blanca (planta).

alfesira *f* (*raro*) Nueza blanca (planta).

alfife *m* Arbusto de monte propio de Canarias (*Prenanthes pinnata*).

alfil *m* *En el ajedrez:* Pieza cuyo movimiento es en diagonal por los escaques de su color.

alfiler I *m* 1 Utensilio en forma de barrita metálica muy fina, con punta en un extremo y cabeza en el otro, y que se usa normalmente para prender o sujetar. *Tb fig.* **b)** *Se usa frec en constrs de sent comparativo para ponderar la delgadez o la pequeñez.* * *Unas piernas que parecen alfileres.* **c)** *En pl designa distintos juegos infantiles que se hacen con alfileres* [1a]. ■ 2 Pieza de metal más o menos valioso, en forma de alfiler [1a] o de broche, que usan las mujeres para sujetarse el pelo o alguna prenda, o como simple adorno. **b)** ~ de corbata. Objeto metálico, gralm. en forma de pinza, que sirve para sujetar la corbata. ■ 3 Alfilerillo (planta). *Frec en pl.*
II *loc adj* 4 prendido, o cogido, con (*raro*, en) ~es. (*col*) [Cosa] muy poco segura o muy inestable. *Tb fig.*
III *loc v* 5 no caber un ~ [en un sitio]. (*col*) Estar [ese sitio] repleto de gente.

alfilerazo *m* 1 Pinchazo de alfiler [1]. *Tb fig.* ■ 2 Pequeño ataque verbal más o menos velado.

alfilerillo *m* Planta herbácea de hojas muy recortadas, flores rosadas y fruto terminado en un largo pico, usada como astringente y hemostática (*Erodium cicutarium*). *Tb* ~ DE PASTOR.

alfiletero *m* 1 Utensilio en forma de tubo o de almohadilla para guardar alfileres [1] y agujas. ■ 2 (*hist*) Fabricante de alfileres [1].

alfilitero *m* (*reg*) Alfiletero [1].

alfitomancia *f* Adivinación por medio de la harina.

alfiz *m* (*Arquit*) Moldura, de origen árabe, a modo de recuadro que enmarca un arco.

alfócigo *m* Alfóncigo (árbol y semilla).

alfolí *m* (*hist*) Almacén público de granos o de sal.

alfombra *f* 1 Pieza de tejido grueso que sirve para cubrir el suelo, hecha frec. con hilos de lana anudados sobre una trama. ■ 2 Conjunto de cosas, normalmente homogéneo, que cubre el suelo. *Gralm con un compl especificador.*

alfombrado[1] **-da** *adj* 1 *part* → ALFOMBRAR. ■ 2 [Mantón] de tejido, colores o dibujo semejantes a los de la alfombra [1].

alfombrado[2] *m* Acción de alfombrar. *Tb su efecto.*

alfombrar *tr* Cubrir [el suelo (*cd*), o el suelo de un lugar (*cd*)] con alfombras [1]. *A veces se especifica el tipo de alfombra, esp si esta no es de lana.* **b)** Cubrir [el suelo (*cd*), o el suelo de un lugar (*cd*), con algo (*compl* DE o CON) a manera de alfombra].

alfombrero -ra I *m y f* 1 Pers. que fabrica o vende alfombras.
II *adj* 2 De la fabricación de alfombras.

alfombrilla[1] *f* Alfombra de pequeñas dimensiones que se pone a la entrada de una casa o con la que se cubre el suelo de un espacio reducido.

alfombrilla[2] *f* Erupción cutánea aguda y febril semejante al sarampión, pero sin fenómenos catarrales.

alfombrista *m y f* Pers. que fabrica o vende alfombras [1].

alfóncigo *m* Árbol de escasa altura, propio de climas templados, cuya semilla es el pistacho (*Pistacea vera*). *Tb la misma semilla.*

alfóndiga *f* (*reg*) Rubio (pez).

alfóndigo *m* (*hist*) Alhóndiga (establecimiento público destinado a depósito, y a veces compraventa, de granos y otras mercancías).

alfonsí *adj* **1** De Alfonso X el Sabio († 1284) o de su corte literaria y científica. ■ **2** (*hist*) [Moneda] acuñada durante el reinado de alguno de los reyes llamados Alfonso anteriores a los Reyes Católicos.

alfónsigo *m* Alfóncigo (árbol y semilla).

alfonsino -na *adj* De alguno de los reyes españoles llamados Alfonso. **b)** *Esp:* De Alfonso XII († 1885). **c)** Partidario de Alfonso XII. *Tb n.*

alfonsiño *m* (*reg*) Palometa roja.

alfonsismo *m* (*hist*) En 1873-75: Movimiento a favor de la restauración de la monarquía en la persona del príncipe Alfonso (futuro Alfonso XII).

alforja **I** *f* **1** Talega alargada, abierta por el centro y cerrada por los extremos, los cuales forman dos bolsas, y que, llevada sobre los hombros o atravesada sobre el lomo de una caballería, sirve para transportar objetos. *Frec en pl con sent sg.* **b)** (*lit*) *A veces usado para simbolizar el viaje, o las provisiones para el viaje.* * *Vuelve de su viaje con las alforjas llenas de esperanza.*
II *loc v y fórm or* **2 para ese viaje no se necesitan ~s; sacar los pies de las ~s** → VIAJE, PIE.

alforjero -ra *adj* [Perro de caza] enseñado a quedarse guardando las alforjas.

alfoz *m* **1** Territorio que rodea a una ciudad y está vinculado a ella social y económicamente. ■ **2** Arrabal o suburbio. ■ **3** (*hist*) *En la Edad Media:* Territorio que rodea a una ciudad y depende de ella.

alfrecho *m* (*reg*) Afrecho.

alga *f* **1** Planta talofita que vive en las aguas tanto saladas como dulces y también en los suelos húmedos, contiene clorofila, se reproduce sexual o asexualmente, vive aislada o agrupada y puede estar fija al suelo o ser móvil. *A veces en sg con sent colectivo.* ■ **2 ~ marina,** o **de vidrieros.** Planta fanerógama marina, de largas hojas a modo de cintas que vive sumergida en zonas próximas al litoral (*Posidonia oceanica*).

algaba *f* (*raro*) Bosque.

algabeño -ña *adj* De La Algaba (Sevilla). *Tb n, referido a pers.*

algaida *f* (*reg*) Terreno cubierto de matorrales espesos.

algaidense *adj* De Algaida (Mallorca). *Tb n, referido a pers.*

algalia **I** *f* **1** Sustancia untuosa de olor fuerte, extraída de la bolsa que cerca del ano tiene el gato de algalia [2] y que se usa en perfumería.
II *loc adj* **2** [Gato] **de ~** → GATO[1].

algara *f* (*hist*) *En la Edad Media:* Correría o expedición de una tropa de a caballo por territorio enemigo, con fines de destrucción y saqueo. *Tb fig* (*raro*), *referido a época moderna.*

algarabía[1] *f* **1** Mezcla confusa de muchas voces o sonidos. ■ **2** Mezcla abigarrada [de cosas]. ■ **3** (*raro*) Lengua árabe.

algarabía[2] *f* Se da este n a diversas plantas herbáceas, esp del gén Odontites, que se emplean comúnmente para la fabricación de escobas.

algarada *f* **1** Alteración del orden público por un grupo, con fines políticos. **b)** *En gral:* Alteración colectiva del orden. **c)** Bullicio o alboroto. ■ **2** (*hist*) Algara.

algarear *intr* (*lit, raro*) Armar bullicio o alboroto.

algarero -ra *adj* (*lit*) Bullicioso o alborotador. *Tb fig.*

algarín *m* (*reg*) **1** Macho de perdiz enjaulado que ha perdido el celo y no sirve para reclamo. *Tb adj.* ■ **2** Ratero de huertas y corrales.

algarroba *f* Legumbre, fruto del algarrobo, de color castaño por fuera y amarillento por dentro, con semillas oscuras, azucaradas y comestibles que se dan como alimento al ganado. *Tb su semilla y la planta.*

algarrobal *m* Terreno sembrado de algarrobos.

algarrobero -ra *adj* De(l) algarrobo.

algarrobo *m* Árbol perenne de las leguminosas, de tronco grueso, hojas alternas, flores pequeñas y frutos en legumbre utilizados como forraje (*Ceratonia siliqua*). Con el *adj* LOCO designa la especie Cercis siliquastrum.

algazara *f* Ruido de voces alegres de un grupo de gente.

álgebra *f* Rama de las matemáticas en que las operaciones y relaciones aritméticas son generalizadas mediante el uso de símbolos.

algebraicamente *adv* De manera algebraica.

algebraico -ca *adj* Perteneciente al álgebra.

algébricamente *adv* (*raro*) De manera algébrica.

algébrico -ca *adj* (*raro*) Algebraico.

algebrista[1] *m y f* Especialista en álgebra.

algebrista[2] *m y f* (*hist*) Pers. especializada en curar dislocaciones de huesos.

algecireño -ña *adj* De Algeciras (Cádiz). *Tb n, referido a pers.*

algeteño -ña *adj* De Algete (Madrid). *Tb n, referido a pers.*

algia *f* (*Med*) Dolor.

algicida *adj* (*E*) Que destruye las algas. *Frec n m, designando sustancia o agente.*

algidez *f* (*Med*) Estado patológico de frialdad corporal.

álgido -da *adj* **1** [Punto o momento] culminante. ■ **2** (*Med*) [Fase o fenómeno de una enfermedad] que se caracteriza por intensa sensación de frío. ■ **3** (*lit*) Muy frío, o helado.

algina *f* (*Quím*) Sustancia viscosa obtenida de ciertas algas pardas y usada en la industria.

alginato *m* (*Quím*) Sal del ácido algínico.

algínico -ca *adj* (*Quím*) [Ácido] obtenido de la algina.

algo **I** *pron* (*invar; siempre funciona como m sg, excepto en la forma ~s de la acep 4*) **1** Designa una cosa cuya identidad es desconocida o cuya existencia es hipotética para la pers que habla, o ambas cosas a la vez. * *¿Esperas conseguir algo?* ■ **2** Designa cualquier cosa indeterminada en cuanto dotada de existencia. *La segunda mención de la misma cosa puede hacerse con ~ precedido de un demostrativo:* ESE ~, ESTE ~. * *Miré el reloj, por hacer algo.* **b)** (*col*) *Con función predicativa y acompañado de un compl como* FANTÁSTICO, IMPRESIONANTE, DE MIEDO, DE ESPANTO, DE RISA, *se usa en constrs de valor enfático.*

■ **3** *Designa una cosa cuya identidad no interesa precisar.* * Ocurrió algo que nos puso los pelos de punta. ■ **4** *Designa una cantidad pequeña no precisada. Normalmente seguido de un compl* DE. * Necesito algo de dinero. **b)** ~ **y aun ~s.** (*lit*) Bastante.
II *m* **5** Cosa indefinible. *Con art* UN. ■ **6** Cantidad indeterminada. *Con art* UN.
III *loc v y fórm* **7** ~ **es** ~. *Fórmula con que se comenta que hay que conformarse con lo que hay, a pesar de su insuficiencia.* ■ **8 darle** [a alguien] ~. (*col*) Sobrevenirle un síncope u otro mal repentino. *Frec con intención ponderativa.*
IV *adv* **9** Un poco. *Tb* (*lit*) UN ~. ■ **10 por** ~. Con razón.

algodón I *m* **1** Borra de fibras largas que envuelve el fruto del algodonero [4]. ■ **2** Fibra o hilo de algodón [1]. **b)** Tejido de algodón. ■ **3** Masa de algodón [1] esterilizado, capaz de absorber bien la humedad, esp. usado con fines sanitarios e higiénicos. *Tb* ~ HIDRÓFILO. **b)** Porción de algodón. ■ **4** Algodonero (planta). ■ **5** Insecto parásito del olivo que produce en él una capa algodonosa (*Psilla oleae*). *Tb la plaga ocasionada por él.*
II *loc adv* **6 entre ~es.** Con mucho mimo y cuidado. *Frec con el v* CRIAR.

algodonal *m* Terreno plantado de algodoneros [4].

algodonar[1] *m* Algodonal.

algodonar[2] *tr* (*raro*) Apagar o amortiguar [un sonido]. *Gralm en part.*

algodonero -ra I *adj* **1** De(l) algodón [1, 2 y 3]. ■ **2** Que se dedica a la producción o a la industria de(l) algodón [1, 2 y 3]. *Tb n: m y f, referido a pers; f, referido a instalación o planta industrial.*
II *n* **A** *m y f* **3** Pers. que trabaja en la recogida del algodón [1].
B *m* **4** Planta de flores amarillas, rojizas o blancas y fruto en cápsula que al madurar se abre y muestra las semillas, rodeadas de una borra blanca o amarillenta (gén. *Gossypium*, esp. *G. herbaceum* y *G. arboreum*).

algodonoso -sa I *adj* **1** Que tiene aspecto o cualidades propios del algodón.
II *f* **2** Planta compuesta, de flores amarillas y cubierta de una borra blanca parecida al algodón (*Otanthus maritimus* o *Diotis maritima*).

algol *m* (*Informát*) Lenguaje de alto nivel, orientado esp. a programas basados en algoritmos o fórmulas matemáticas en general.

algolágnico -ca *adj* (*Med*) De la perversión sexual que consiste en hallar placer en infligir o sufrir dolor. **b)** [Pers.] que padece perversión algolágnica. *Tb n.*

algología *f* (*Bot*) Estudio de las algas.

algológico -ca *adj* (*Bot*) De (la) algología o de (las) algas.

algonqués *m* Lengua o grupo de lenguas indígenas de una extensa región en el este de América del Norte.

algonquino -na *adj* (*hist*) Del pueblo indígena norteamericano habitante de la región de los ríos San Lorenzo y Ottawa, en Canadá. *Tb n, referido a pers.*

algorfa *f* (*reg*) Habitación situada en el sobrado y usada gralm. como almacén.

algorítmico -ca *adj* (*Mat*) De(l) algoritmo.

algoritmo *m* (*Mat*) Conjunto ordenado de operaciones que permite hallar la solución de un problema.

algorza *f* (*reg*) Barda (cubierta de una tapia).

algoso -sa *adj* (*lit, raro*) Que tiene algas.

alguaceño -ña *adj* De Alguazas (Murcia). *Tb n, referido a pers.*

alguacil *m* **1** Funcionario municipal subalterno, entre cuyas misiones figura la comunicación de órdenes o avisos. **b)** (*humoríst*) Policía municipal. ■ **2** (*Taur*) Alguacilillo [1]. ■ **3** (*hist*) Funcionario subalterno encargado de la ejecución de las órdenes de un tribunal. **b)** Agente de la autoridad. **c)** ~ **mayor.** Jefe de los alguaciles. *Gralm era título honorífico.* ■ **4** ~ **alguacilado.** (*lit*) Pers. que involuntariamente se convierte en objeto de la acción que pretendía realizar sobre otros. *Tb fig, referido a cosa.*

alguacila *f* Mujer del alguacil [1].

alguacilato *m* (*hist*) Cargo de alguacil.

alguacilillo *m* **1** (*Taur*) Jinete de los dos que, vestidos como los antiguos alguaciles [3b], preceden a las cuadrillas en el paseíllo, recogen la llave del toril de manos del presidente y después, durante la corrida, quedan a las órdenes de este. ■ **2** Araña de patas cortas y cuerpo ceniciento, que se alimenta de moscas, a las que caza saltando sobre ellas (*Atticus* o *Salticus scenicus*). ■ **3** (*reg*) Última cría que nace en el parto múltiple, gralm. débil o poco robusta.

alguairense *adj* De Alguaire (Lérida). *Tb n, referido a pers.*

alguaza *f* (*Arte o reg*) Bisagra (herraje articulado).

alguerense *adj* Alguerés. *Tb n.*

alguerés -sa I *adj* **1** De Alguer o Alghero (Cerdeña). *Tb n, referido a pers.*
II *m* **2** Dialecto catalán hablado en Alguer.

alguero -ra I *adj* **1** De (las) algas.
II *m* **2** Herbazal de algas marinas (*Posidonia oceanica*).

alguicida *m* (*E*) Sustancia que mata las algas.

alguien *pron* (*invar; siempre funciona como m sg*) **1** *Designa una pers cuya identidad es desconocida o cuya existencia es hipotética para la pers que habla, o ambas cosas a la vez.* * Ten cuidado, no vaya a entrar alguien. ■ **2** *Designa cualquier pers indeterminada en cuanto dotada de existencia o de dignidad humana. La segunda mención de la misma pers puede hacerse con* ~ *precedido de un demostrativo:* ESE ~, ESTE ~. * Aquí ha estado alguien, y yo creo que sé quién es ese alguien. **b)** Pers. que tiene alguna importancia. * Se cree que es alguien. ■ **3** *Designa una pers cuya identidad no interesa precisar.* * Alguien me ha dicho que te han ascendido.

alguno -na I *adj* (*la forma m* ALGUNO *se convierte en* ALGÚN *cuando va inmediatamente delante del n del cual es adjunto, y tb cuando entre los dos se interpone* algún *adj. En la acep 3 es frec* ALGÚN QUE OTRO *en lugar de* ALGUNO QUE OTRO. *La forma f* ALGUNA *se convierte normalmente en* ALGÚN *cuando el n al que precede inmediatamente comienza por* /a/ *tónica:* algún alma) **1** *Precede al n de una pers o cosa cuya identidad es desconocida o cuya existencia es hipotética para la pers que habla, o ambas cosas a la vez.* * ¿Le has visto alguna vez enfermo? ■ **2** *Precede al n de una pers o cosa cuya identidad* *no interesa precisar.* * Conviene llevar alguna prenda de abrigo. ■ **3** *Precediendo a un n de pers, o de cosa numerable, en pl, expresa número impreciso, pero escaso.* * Faltan algunas horas para el amanecer. **b)** *En sg acentúa la idea de escasez. Frec en la forma* ~ QUE OTRO. * Escribo algún artículo que otro. ■ **4** *Precediendo a un n colectivo o de cosa no numerable, en sg, expresa cantidad o intensidad indeterminada, pero no grande.* * Préstale algún dinero. ■ **5** *(lit) Pospuesto al n:* Ninguno. *Normalmente después de un v en forma neg.* * No hay medio alguno de saberlo.

II *pron* **6** *Designa una pers o cosa cuya identidad es desconocida o cuya existencia es hipotética para la pers que habla, o ambas cosas a la vez.* * Si viene alguno que le parezca sospechoso, no le deje pasar. **b)** *Tb designa cosa, refiriéndose a un n mencionado antes.* * Entre los síntomas hay algunos que son específicos. ■ **7** *Designa una pers o cosa cuya identidad no interesa precisar.* * Alguno cree que no le he visto. ■ **8** *En pl, designa un número impreciso, pero escaso, de perss o de cosas numerables.* * Han venido muchos esta tarde, y algunos aún están ahí. **b)** *En sg acentúa la idea de escasez. Frec en la forma* ~ QUE OTRO. * Se sientan donde pueden, y alguno se queda de pie. ■ **9** *Referido a un n colectivo o de cosa no numerable, en sg, expresa cantidad o intensidad indeterminadas, pero no grande.* * –¿Tiene fiebre? –Tiene alguna, no mucha.

alhábega *f (reg)* Albahaca (planta, *Ocimum basilicum*).

alhacena → ALACENA.

alhaja *f* **1** Joya (pieza de adorno personal). ■ **2** Pers., animal o cosa de excelentes cualidades. *Con intención ponderativa y a veces irónica.* ■ **3** ~ **con dientes.** *(col)* Pers. a la que hay que mantener. *Frec en la constr* NO QUERER ~S CON DIENTES.

alhajamiento *m* Acción de alhajar [2]. *Tb su efecto.*

alhajar *tr* **1** Adornar [a alguien] con alhajas [1]. ■ **2** Dotar [a una casa o una habitación (*cd*)] de mobiliario y decoración, esp. lujosos.

alhambra *f (hist)* Palacio o fortaleza árabe.

alhambreño -ña *adj* De la Alhambra (fortaleza y palacio de los reyes musulmanes de Granada).

alhameño -ña *adj* De alguna de las poblaciones llamadas Alhama (Granada, Almería, Murcia), o de Alhama de Aragón (Zaragoza). *Tb n, referido a pers.*

alhamí *m (lit, raro)* Poyo o banco revestido gralm. de azulejos.

alhaqueque *m (hist)* Alfaqueque.

alharaca *f* **1** Manifestación ostentosa o exagerada de algún sentimiento. *Gralm en pl.* ■ **2** Alarde o jactancia. **b)** Ostentación. *Gralm en pl.* ■ **3** Palabrería. *Gralm en pl.* ■ **4** Bullicio o alboroto. *Gralm en pl.*

alharaquiento -ta *adj* **1** [Pers.] que hace alharacas, *esp* [1]. ■ **2** [Cosa] que denota o implica alharacas, *esp* [1].

alharma *f* Planta herbácea de flores blancas y olorosas, cuyas semillas se usan como condimento o se comen tostadas (*Peganum harmala*).

alhármaga *f* Alharma (planta).

alhármega *f* Alharma (planta).

alhaurino -na *adj* De Alhaurín el Grande o de Alhaurín de la Torre (Málaga). *Tb n, referido a pers.*

alhelí *(tb con la grafía* **alelí***) m* Se da este n a varias plantas crucíferas de diversos géns (*Matthiola, Cheiranthus, Malcolmia*), con flores de diferentes colores y olor muy agradable, y que se cultivan como ornamentales. *Tb las mismas flores. Frec con un compl especificador:* ~ AMARILLO (*Cheiranthus cheiri*), ~ BLANCO (*Matthiola incana o M. annua*), DE CAMPO (*Matthiola fructiculosa*), ~ DE MAR (*Malcolmia littorea*), etc.

alheña *f* Aligustre común (planta). *Tb (hist) el polvo amoratado obtenido de su fruto y usado como cosmético por las mujeres.*

alhiguí *(tb, gralm, con la grafía* **aliguí***) m* Cosa que atrae engañosamente.

alhócigo *m* Alfóncigo (árbol y semilla).

alholí *m (hist)* Alfolí.

alholva *f* Planta herbácea de fruto en legumbre con semillas amarillas de olor penetrante, cultivada para abono y forraje (*Trigonella foenum-graecum*). *Tb su semilla.*

alhóndiga *f* Establecimiento municipal o estatal destinado a depósito y compraventa de trigo. **b)** *(hist)* Establecimiento público destinado a depósito, y a veces compraventa, de granos y otras mercancías.

alhondigueño -ña *adj* De Alhóndiga (Guadalajara). *Tb n, referido a pers.*

alhondiguero *m* Individuo que cuida la alhóndiga.

alhorí *m (hist)* Alfolí (almacén público).

alhorre *m (raro)* Excremento.

alhorza *f* Lorza (pliegue).

alhóstigo *m* Alfóncigo (árbol y semilla).

alhucema *f (reg)* Espliego (planta).

aliáceo -a *adj* De(l) ajo. *Gralm referido a olor.*

aliado -da *adj* **1** *part* → ALIAR. ■ **2** [Estado] que forma parte de una alianza. *Esp (hist) referido a los que en las dos Guerras Mundiales se unieron para luchar contra Alemania y sus aliados, y modernamente a los que en la Guerra del Golfo lucharon contra Irak. Frec n.* **b)** De los aliados. ■ **3** [Pers.] que tiene alianza [con otra (*compl de posesión*)] o actúa en su favor. *Frec fig, referido a cosa.*

aliadofilia *f* Condición de aliadófilo.

aliadófilo -la *adj* Partidario de los aliados [2] durante la I o la II Guerra Mundial. *Tb n, referido a pers.* **b)** De(l) aliadófilo o de (los) aliadófilos.

aliaga *f* Aulaga (planta).

aliagar *m* Terreno donde abundan las aliagas.

aliancista *adj* **1** Del partido conservador Alianza Popular. *Tb n, referido a pers.* ■ **2** Que forma parte de una alianza política. *Tb n, referido a pers.* **b)** De los aliancistas.

aliano -na *adj* De Alía (Cáceres). *Tb n, referido a pers.*

alianza *f* **1** Acción de aliar(se). ■ **2** Conjunto de estados, grupos o individuos aliados. ■ **3** *(lit)* Matrimonio. *Tb* ~ MATRIMONIAL. ■ **4** Anillo matrimonial. ■ **5** *(Bot)* Grupo de asociaciones.

aliar *(conjug 1c)* **A** *tr* **1** Unir o combinar [una cosa con otra (*compl* CON o A)] con un fin determinado. **b)** Unir [a una pers. con otra u otras (*compl* CON o A)] para un fin común. *Tb fig.*

B *intr pr* (**~se**) **2** Unirse [con otro u otros (*compl* CON *o* A)] para defender intereses comunes. *Tb con suj pl y sin compl, con sent recípr.* **b)** *Esp:* Unirse [un estado con otro u otros (*compl* CON *o* A)] con fines militares o políticos. *Tb con suj pl y sin compl, con sent recípr.* **c)** Actuar [algo] en favor [de alguien o de sus proyectos (*compl* CON)].

aliara *f* (*reg*) Recipiente para vino.

aliaria *f* Planta herbácea con hojas anchas y flores blancas en racimo que desprende fuerte olor a ajo y que se usa como diurético (*Alliaria officinalis*).

alias **I** *adv* **1** Por otro nombre. *Se emplea gralm siguiendo al verdadero n de una pers y precediendo al n falso o apodo por el que se la conoce.* * Atilano, alias "el Comecuellos".
　　II *m* **2** Apodo o sobrenombre.

álibi (*tb, raro,* **alibí**) *m* Coartada. *Tb fig.*

aliblanco -ca *adj* De alas blancas. *Usado como especificador de algunas especies zoológicas:* ARAO ~ (→ ARAO).

alicaído -da *adj* Abatido o desanimado. *Tb fig.*

alicante **I** *m* **1** Variedad de turrón muy duro a base de almendras enteras.
　　II *adj* **2** (*Agric*) [Uva o vid] de una variedad de grano negro, pequeño y áspero.

alicantina → ALICANTINO.

alicantinidad *f* (*lit*) Condición de alicantino.

alicantinista *adj* Conocedor o estudioso de lo alicantino. *Tb n, referido a pers.*

alicantino -na **I** *adj* **1** De Alicante. *Tb n, referido a pers.*
　　II *f* **2** (*col, raro*) Treta o artimaña.

alicatado *m* Acción de alicatar. *Tb su efecto.*

alicatador -ra *m y f* Pers. que tiene por oficio alicatar.

alicatar *tr* Revestir de azulejos.

alicate *m* Herramienta metálica a modo de tenaza pequeña, con brazos y puntas de diversas formas, que sirve esp. para torcer o cortar cables o alambres y para sujetar objetos menudos. *Gralm en pl con sent sg.*

aliciente *m* Cosa que atrae, interesa, o estimula a obrar.

alicortado -da *adj* **1** *part* → ALICORTAR. ■ **2** Alicorto [2 y 3].

alicortante *adj* (*lit, raro*) Que alicorta.

alicortar *tr* **1** Cortar o dañar las alas [a un ave u otro animal (*cd*)] de modo que no pueda volar. ■ **2** Quitar o dificultar [a alguien o algo (*cd*)] la posibilidad de progresar o desenvolverse.

alicorto -ta *adj* **1** [Ave] que tiene las alas cortas, dañadas o cortadas. *Tb n f, referido a perdiz.* ■ **2** Apocado o de cortas aspiraciones. ■ **3** Mediocre o de cortos vuelos.

alicuando *adv* (*reg*) De vez en cuando o a veces.

alícuota *adj* [Parte] proporcional. *Tb n f.*

alidada *f* (*Topogr*) Regla que lleva en cada extremo un anteojo y que sirve para determinar una dirección o medir un ángulo.

alidierno *m* Aladierna (arbusto).

alienabilidad *f* Condición de enajenable.

alienación *f* Limitación o condicionamiento de la personalidad impuestos al individuo o a la sociedad por factores externos sociales, económicos o culturales.

alienado -da *adj* **1** *part* → ALIENAR. ■ **2** Demente o loco. *Tb n.* ■ **3** Que denota o implica alienación.

alienador -ra *adj* Alienante.

alienante *adj* Que produce alienación.

alienar *tr* Hacer [a alguien] objeto de alienación.

alienidad *f* (*lit*) Condición de ajeno.

alienígena *adj* **1** Extranjero. *Tb n, referido a pers.* ■ **2** De otro planeta. *Tb n.*

alienígeno -na *adj* (*raro*) Alienígena [1]. *Tb n.*

alienista *m y f* (*hoy raro*) Especialista en el tratamiento de los trastornos mentales.

aliento *m* **1** Aire espirado. *Tb fig, referido a cosas.* **b)** Espiración, o fase de emisión de aire en la respiración. **c)** Olor del aire espirado. *Tb fig, referido a cosas.* **d)** **último(s) ~(s).** Última respiración del moribundo. *Frec en la constr* DAR, *o* EXHALAR, EL ÚLTIMO ~ 'morir'. *Tb fig, referido a cosa.* ■ **2** Respiración (hecho de respirar). **b)** Capacidad de respirar normalmente. *En constrs como* SIN ~, TOMAR ~, COBRAR ~, *referidas a situaciones de gran fatiga física. Tb fig.* ■ **3** (*lit*) Viento, o corriente de aire. ■ **4** Acción de alentar (dar ánimo o estimular). **b)** Cosa que alienta o estimula. ■ **5** (*lit*) Ánimo o decisión. *Frec en pl, con intención enfática.* ■ **6** (*lit*) Inspiración, o impulso creador. ■ **7** (*lit*) Empeño o ambición. *Gralm en la constr* DE + *adj* + ~. *Referido a obras artísticas o literarias.*

alifa *f* (*reg*) Caña de azúcar de dos años.

alifafe[1] *m* **1** Achaque (indisposición, gralm. crónica). ■ **2** Aditamento o añadido superfluo.

alifafe[2] *m* (*hist*) Cobertor forrado de pieles.

alifara *f* (*reg*) Banquete o merienda entre amigos.

alifático -ca *adj* (*Quím*) [Compuesto orgánico] cuya estructura molecular es una cadena abierta.

alifato *m* Alfabeto árabe. **b)** *En gral:* Alfabeto de una lengua semítica.

alífero -ra *adj* (*lit, raro*) Alado, o que tiene alas.

aliforme *adj* (*E*) De forma de ala.

aligación (*Mat*) **I** *loc adj* **1 de ~.** [Regla] por la que se calcula el promedio de varios números atendiendo a la proporción en que cada uno entra a formar un todo.
　　II *f* **2** Regla de aligación [1].

aligátor (*tb* **aligator**) *m* Caimán (reptil).

aligenciar (*conjug* **1a**) *tr* (*reg*) Proporcionar o procurar.

áliger *m* (*hist*) Parte de la guarnición de la espada que resguarda la mano.

aligeración *f* (*raro*) Aligeramiento.

aligeramiento *m* Acción de aligerar(se).

aligerar **A** *tr* **1** Quitar [a algo o a alguien (*cd*)] parte del peso que soporta o parte de lo que lleva consigo (*compl* DE). *Tb fig.* **b)** Quitar [a alguien o algo (*cd*)] algo que le pertenece o corresponde (*compl* DE). *Tb sin compl* DE. *Frec euf por* ROBAR. ■ **2** Hacer más ligero o menos pesado [algo]. *Tb fig.* **b)** *pr* (**~se**) Hacerse más ligero o menos pesado. *Tb fig.* ■ **3** Hacer [algo] más ligero, o menos denso o espeso. **b)** *pr*

(**~se**) Hacerse [algo] más ligero, o menos denso o espeso. ■ **4** Hacer más ligero o menos grave [algo, esp. un castigo]. ■ **5** Hacer más breve [un texto]. ■ **6** Servir de laxante [al vientre o a una pers. (*cd*)]. *Tb abs.* ■ **7** Acelerar [algo] o hacer[lo] más rápido. **B** *intr* **8** Darse prisa. ■ **9** (*jerg*) Irse o marcharse. *Tb pr.*

alígero -ra *adj* (*lit*) **1** Alado, o que tiene alas. *Tb fig.* ■ **2** Ligero o veloz. ■ **3** Leve, o ligero de peso.

aligote *m* Pez marino comestible de la familia del besugo, caracterizado por una mancha negra en la axila de las aletas pectorales (*Pagellus acarne*).

aliguí → ALHIGUÍ.

aliguerar *intr* (*jerg*) Aligerar [9]. *Tb pr* (**~se**).

aligustre *m* **1** Arbusto o arbolito de hojas lanceoladas persistentes, flores pequeñas blanquecinas y perfumadas y fruto en bayas negras, muy usado para formar setos (*Ligustrum vulgare*). *Tb ~ COMÚN.* ■ **2 ~ del Japón.** Arbusto semejante al aligustre [1], cultivado con fines ornamentales (*Ligustrum japonicum* o *L. lucidum*). *Tb simplemente ~.*

alijar¹ *tr* **1** Desembarcar [carga de un buque]. ■ **2** Desembarcar o transbordar [mercancías de contrabando]. *Tb abs.*

alijar² *m* **1** Ejido (campo comunal). ■ **2** Terreno inculto o baldío.

alijo *m* **1** Acción de alijar¹. ■ **2** Cargamento o conjunto de efectos de contrabando.

alilaya *f* (*reg*) Tontería o necedad.

alimaña *f* Animal salvaje dañino, esp. para el ganado y la caza menor. **b)** Pers. de malos sentimientos, capaz de hacer daño.

alimañero -ra **A** *m* **1** Guarda que tiene a su cargo la persecución de las alimañas [1a]. **B** *m y f* **2** Pers. que mata alimañas [1a].

alimentación *f* **1** Acción de alimentar(se). ■ **2** Conjunto de sustancias nutritivas con que se alimenta [1] un ser vivo, esp. una pers. o animal. ■ **3** Actividad industrial y comercial de productos alimenticios para las personas.

alimentador -ra **I** *adj* **1** Que alimenta, *esp* [3a]. **II** *n* **A** *m* **2** Dispositivo que introduce en una máquina los elementos necesarios para su funcionamiento. **B** *f* **3** (*raro*) Alimentador [2].

alimentante *m y f* (*Der*) Pers. que proporciona a otra alimentos [5].

alimentar *tr* **1** Proporcionar alimento [1] [a un ser vivo (*cd*)]. *A veces con un compl* DE o CON. *Tb fig.* **b)** *pr* (**~se**) Tomar [un ser vivo] su alimento [1] [de alguien o algo (*compl* DE o CON)]. *Tb sin compl.* ■ **2** Nutrir (servir [algo] para que [un ser vivo (*cd*)] repare las pérdidas sufridas en su actividad vital). *Frec abs. Tb fig.* ■ **3** Proporcionar [a algo o alguien (*cd*)] lo necesario para que exista o funcione. *A veces con un compl* DE o CON. **b)** Tomar [una cosa (*suj*) de otra (*compl* DE o CON)] lo necesario para existir o funcionar. ■ **4** Verter sus aguas [una corriente o acumulación de agua (*suj*) en otra (*cd*)]. **b)** *pr* (**~se**) Tomar sus aguas [una corriente o acumulación de agua (*suj*) de otra (*compl* DE o CON)]. ■ **5** Servir [una pers. o cosa] para que [algo (*cd*)] exista o funcione. ■ **6** Saciar [el hambre, o un deseo o impulso]. ■ **7** Fomentar [algo inmaterial, esp. facultades o sentimientos]. ■ **8** Tener [una idea o un sentimiento]. ■ **9** (*Der*) Proporcionar alimentos [5] [a alguien (*cd*)].

alimentario -ria *adj* De (la) alimentación.

alimenticio -cia *adj* **1** Que sirve para alimentar [2]. ■ **2** De (los) alimentos [1 y 5]. ■ **3** De (la) alimentación [1].

alimentista *m y f* (*Der*) Pers. que goza de una asignación para alimentos [5].

alimento *m* **1** Sustancia nutritiva. **b)** Conjunto de alimentos con que se nutre un ser vivo. ■ **2** Cosa que sirve para mantener la existencia o el funcionamiento [de otra (*compl de posesión*)]. ■ **3** Acción de alimentar(se). ■ **4** Poder nutritivo. *Gralm en constrs como* TENER (MUCHO o POCO) ~, *o* SER (DE) ~. ■ **5** (*Der*) *En pl:* Medios para atender al sustento, habitación y demás necesidades de una persona.

alimoche *m* Ave rapaz parecida al buitre, pero más pequeña, de color blanquecino, muy tímida y que se alimenta de sustancias animales descompuestas (*Neophron percnopterus*).

alimón. al ~. *loc adv* **1** Conjunta o simultáneamente entre dos. *A veces con un compl* CON. **b)** (*Taur*) Conjuntamente entre dos lidiadores, tomando un mismo capote cada uno por un extremo para burlar al toro pasándole aquel por encima de la cabeza. *Tb adj.* ■ **2** Conjunta o simultáneamente.

alimonado -da *adj* [Color] semejante al del limón. **b)** De color alimonado.

alinde *m* (*raro*) Capa fina de metal que cubre una de las caras del cristal del espejo.

alineación *f* **1** Acción de alinear(se), *esp* [1 y 4]. *Tb su efecto.* **b)** Línea, gralm. recta, formada por una serie de elementos, frec. los que delimitan una calle o el trazado de una vía de comunicación. **c)** (*Constr*) Línea que delimita un edificio por el lado de la calle. **d)** (*Prehist*) Serie de menhires dispuestos en fila. ■ **2** (*Dep*) Selección de jugadores que forman el equipo en un encuentro. *Tb la relación de sus nombres.*

alineado¹ -da *adj* **1** *part* → ALINEAR. ■ **2 no ~.** *Durante la guerra fría subsiguiente a la segunda Guerra Mundial:* [País] que políticamente no forma parte ni del bloque soviético ni del bloque de influencia estadounidense.

alineado² *m* Acción de alinear [1].

alineador -ra *adj* Que alinea [1]. *Tb n m, referido a aparato.*

alineamiento *m* Acción de alinear(se), *esp* [1 y 2]. *Tb su efecto.*

alinear *tr* **1** Disponer [un grupo de perss., animales o cosas] en línea recta. *Referido a perss o vehículos, frec el cd es refl. Tb abs.* **b)** *pr* (**~se**) Estar dispuestos [varios elementos] en línea recta. ■ **2** Situar [a una pers. o colectividad en un bando o ideología]. *Frec el cd es refl.* **b)** *pr* (**~se**) Estar de acuerdo [con una idea o ideología, o con quien las mantiene]. ■ **3** Adecuar [una cosa a otra (*compl* A o CON)]. ■ **4** (*Dep*) Incluir [a un jugador] en el equipo para un encuentro. *Tb fig, fuera del ámbito técn.* **b)** *pr* (**~se**) Estar [un jugador] incluido en el equipo para un encuentro.

aliñado *m* Acción de aliñar [1]. *Tb su efecto.*

aliñar *tr* **1** Condimentar [un alimento con algo]. *Tb sin compl* CON, *por consabido.* **b)** Preparar [las aceitunas] con sal, limón y especias para dar[les] mejor sabor. ■ **2** Asear o arreglar. *Referido a pers, gralm el cd es refl.* **b)** Cuidar o adornar [algo]. ■ **3** (*Taur*) Preparar [al toro] para una suerte, esp. la de matar, sin adornos ni intención artística. *Frec abs.*

aliño I *m* **1** Acción de aliñar(se) [1 y 2]. ■ **2** Salsa con que se aliña [1].
II *loc adj* **3 de ~.** (*Taur*) [Faena] que sirve para aliñar [3]. *Tb fig, fuera del ámbito técn.*

alioli *m* Ajiaceite (salsa).

alípede *adj* (*lit*) Que tiene alas en los pies.

alipori *m* (*col*) Vergüenza ajena.

aliquebrado -da *adj* **1** *part* → ALIQUEBRAR. ■ **2** Alicaído o abatido.

aliquebrar (*conjug* 6) *tr* Quebrar las alas [a un ave (*cd*)].

aliquindoy *m* (*pop, raro*) Gente selecta.

alirón. cantar, *o* **entonar, el ~.** *loc v* (*Fút*) Proclamarse campeón de liga.

alirrojo. zorzal ~ → ZORZAL.

alisa *f* (*reg*) Aliso (árbol).

alisado¹ -da *adj* **1** *part* → ALISAR. ■ **2** (*Impr*) [Papel] en cuya fabricación no entra la cola.

alisado² *m* Acción de alisar.

alisador -ra *adj* Que alisa [1 y 2]. *Tb n, m y f, referido a máquina o aparato.*

alisamiento *m* Acción de alisar.

alisar *tr* **1** Poner liso [algo, esp. una superficie]. **b)** *pr* (~**se**) Ponerse liso. ■ **2** Poner terso. ■ **3** Eliminar [asperezas o arrugas]. ■ **4** Arreglar ligeramente o atusar [el pelo].

aliscafo *m* (*raro*) Hidroala (embarcación).

aliseda *f* Terreno poblado de alisos.

alisio *adj* [Viento] constante que sopla de las regiones tropicales hacia el ecuador, en dirección nordeste en el hemisferio norte y en dirección sudeste en el hemisferio sur. *Tb n. Gralm en pl.*

alisma *f* Llantén acuático (planta).

alismatácea *adj* (*Bot*) [Planta] herbácea monocotiledónea, acuática o de lugares húmedos, de la familia cuyo género tipo es *Alisma. Frec como n f en pl,* designando este taxón botánico.

aliso *m* **1** Árbol de gran altura, de corteza parda y resquebrajada, hojas ovaladas y dentadas y flores masculinas y femeninas, propio de lugares húmedos (*Alnus glutinosa*). *Tb ~* COMÚN. *Con un compl especificador,* designa otras especies del mismo gén: *~* DE AMÉRICA (*A. incana*), *~* DE ITALIA (*A. cordata*). ■ **2** (*reg*) Serbal silvestre (árbol).

alistamiento *m* Acción de alistar(se).

alistano -na *adj* De la comarca de Tierra de Aliste, esp. del pueblo de Alcañices (Zamora). *Tb n, referido a pers.*

alistar *tr* **1** Inscribir [a alguien] para la milicia. *Frec el cd es refl.* ■ **2** Hacer que [alguien (*cd*)] se aliste [1].

alistonado -da *adj* Provisto o hecho de listones. *Tb n m, referido a tablero.*

alitán *m* Pez comestible semejante a la pintarroja, que abunda en el Mediterráneo (*Scylliorhinus stellaris*).

aliteración *f* (*TLit*) Repetición expresiva de uno o varios fonemas, esp. consonantes.

aliterado -da *adj* (*TLit*) Que contiene aliteración.

aliterativo -va *adj* (*TLit*) De la aliteración o que la implica.

aliteratura *f* (*lit, raro*) Literatura que aspira a la absoluta originalidad personal y pretende lograrla evitando toda herencia o influjo literarios.

alitierno *m* Aladierna (arbusto).

alitúrgico -ca *adj* (*Rel catól*) [Día] en que no se puede celebrar ningún oficio litúrgico.

aliviable *adj* Que puede aliviarse.

aliviadero *m* Vertedero por el que sale el líquido sobrante de un embalse o estanque. *Tb fig.*

aliviador -ra *adj* Que alivia. *Tb n, referido a pers.*

alivianar *tr* (*raro*) Hacer liviano o de poco peso [a alguien o algo].

aliviar (*conjug* 1a) A *tr* **1** Hacer [algo] menos pesado. **b)** **~ el bolsillo,** *o* **la cartera,** [a alguien]. (*col*) Quitar[le] el dinero. ■ **2** Reducir o mitigar [algo negativo, esp. un mal físico o moral, una molestia o una necesidad. *Tb fig.* **b)** Satisfacer [a alguien (*ci*) el deseo sexual]. ■ **3** Hacer más grato o menos pesado [algo]. ■ **4** Hacer menos riguroso [el luto]. ■ **5** Descargar [a alguien o algo (*cd*)] de un peso, de una sobrecarga o de algo que estorba o sobra (*compl* DE)]. *Tb en sent no material. Frec se omite el compl* DE, *por consabido. Tb abs.* ■ **6** Librar parcialmente [a alguien (*cd*)] de algo negativo, esp. un mal físico o moral, una molestia o una necesidad]. *Frec se omite el compl* DE, *por consabido.* **b)** Satisfacer el deseo sexual [de alguien (*cd*)]. **c)** Despojar [a alguien (*cd*)] de algo]. *Frec como euf por* ROBÁRSELO. ■ **7** Dejar que [un líquido (*cd*)] salga de un recipiente para evitar que sobrepase un determinado nivel.
B *intr* **➤ a** *normal* **8** Darse prisa. *Gralm en imperat.* ■ **9** Irse [de un sitio]. *Normalmente en imperat. Tb sin compl* DE.
➤ b *pr* (~**se**) **10** Ponerse mejor de una enfermedad. *Frec en la constr* QUE TE ALIVIES, *a veces usada humorísticamente para indicar que la pers a la que se dirige está mal de la cabeza.* ■ **11** (*euf*) Satisfacer [alguien] sus necesidades fisiológicas. ■ **12** (*Taur*) Disminuir [el torero] el riesgo de la suerte no arrimándose al toro.

alivio I *m* **1** Acción de aliviar(se). *Tb la sensación correspondiente.* ■ **2** Cosa que alivia. ■ **3 ~ de luto.** Atenuación del rigor del luto en el vestir. *Tb, simplemente, ~. Tb el tiempo que dura.* **b)** Color adecuado al alivio de luto.
II *loc adj* **4 de ~.** (*col*) De cuidado. *Se usa para ponderar la mala condición de alguien o la violencia de algo.*
III *fórm or* **5 que haya ~.** (*col*) Que se alivie o que se mejore. *Usado como fórmula de despedida a un enfermo o con referencia a un enfermo.*

alizar *m* Friso de azulejos.

alizarina *f* (*Quím*) Materia colorante que se extrae de la raíz de la rubia (planta).

aljaba *f* (*hist*) Recipiente alargado, abierto por arriba, que se cuelga de un hombro y sirve para llevar las flechas del arco. *Tb* (*lit*) *fig.*

aljama *f* (*hist*) **1** *En las ciudades cristianas medievales:* Comunidad musulmana. **b)** Barrio o gueto de la comunidad musulmana. ■ **2** *En las ciudades cristianas medievales:* Comunidad judía. **b)** Barrio o gueto de la comunidad judía. ■ **3** *En las ciudades* *de la España musulmana:* Mezquita. **b)** Gran mezquita donde se reza la oración de los viernes. *Frec* MEZQUITA ~. ■ **4** Sinagoga.

aljamía *f* **1** Escritura en caracteres árabes o hebreos de un texto romance. **b)** Texto romance transcrito con caracteres árabes o hebreos. ■ **2** (*hist*) *En el ambiente morisco:* Lengua romance hablada por árabes y judíos.

aljamiado -da *adj* **1** [Escritura] en caracteres árabes o hebreos usada en un texto romance. ■ **2** [Texto romance] transcrito en caracteres arábigos o hebreos. **b)** [Literatura] constituida por los textos aljamiados.

aljarafeño -na *adj* Del Aljarafe (comarca de Sevilla). *Tb n, referido a pers.*

aljaraqueño -ña *adj* De Aljaraque (Huelva). *Tb n, referido a pers.*

aljerife *m* Red muy grande usada en las desembocaduras y en las rías para pescar salmones, corvinas y sábalos.

aljibe *m* **1** Depósito subterráneo donde se recoge el agua de lluvia o la que se lleva de un río o un manantial. ■ **2** *En una embarcación:* Tanque o depósito de agua dulce. ■ **3** Embarcación destinada al transporte de agua dulce. *Tb* BARCO ~. ■ **4** Depósito destinado al transporte de líquidos.

aljofaina *f* (*raro*) Jofaina o palangana.

aljófar *m* Perla pequeña de forma irregular. **b)** Conjunto de aljófares. *Tb fig.*

aljofifa *f* (*reg*) **1** Trapo o bayeta para fregar, esp. el suelo. **b)** *Se usa en constrs de sent comparativo para ponderar lo abatido o destrozado de una pers.* ■ **2** Agua de fregar. *En constrs de intención ponderativa, referido al mal sabor de una bebida.*

aljofifado *m* (*reg*) Acción de aljofifar.

aljofifar *tr* (*reg*) Fregar [algo, esp. suelos] con aljofifa.

aljuma *f* (*reg*) Tallo nuevo de las plantas.

allá **I** *adv* **1** A aquel lugar. *Precedido de prep, se sustantiva.* * Voy allá en seguida. ■ **2** En aquel lugar. * Allá se ve la sierra. **b)** *Seguido de un adv o compl adv que expresa lugar, subraya la lejanía de este.* * Se veía allá abajo la estación. ■ **3** Lejos de aquí o del lugar que se toma como referencia. *Precedido de un adv intensificador. Tb fig. Precedido de prep, se sustantiva.* * Nosotros vivimos muy allá. **b) más ~.** Al otro lado. *Frec con un compl* DE. * Más allá del río está el bosque. ■ **4** *Seguido de un compl adv que expresa tiempo (pasado o fut), subraya la lejanía y la imprecisión de este.* * Se construyó allá a finales del siglo pasado. **b) más ~.** Después. *Frec con un compl* DE. *Precedido de prep, se sustantiva.* * No llegaron a vivir más allá de la niñez. **c) más ~.** Más tiempo. *Frec con un compl* DE. * Un novio no le dura más allá de dos semanas. ■ **5** *Seguido de un sust que designa pers o de constrs como* SE LAS ENTIENDA, SE LAS ARREGLE, SE LAS COMPONGA, *denota que el que habla se desentiende del problema y lo deja exclusivamente a la responsabilidad de la pers mencionada o aludida.* * —Me caso. —Allá tú. * Dice que se marcha y que allá me las entienda. ■ **6 allá... ~, acá o ~, acá y ~, de acá para ~, sin ir más ~** → ACÁ, IR. ■ **7 muy ~.** (*col*) Muy bien. *Gralm con el v* ESTAR (o equivalente) *y en forma neg.* * Hoy no como. No estoy muy allá. **II** *adj* **8 muy ~.** (*col*) Muy bueno. *En ors cualitativas con* SER, *en forma neg, y frec con intención eufe-*

mística. * Este café no es muy allá. ■ **9 hasta ~.** (*col*) Enorme. *Tb fig. Tb adv.* * Un toro hasta allá. ■ **10 para ~.** (*col, humoríst*) Loco o bajo los efectos de la droga. * No le hagas caso, está para allá. **III** *m* **11 el más ~.** La vida de ultratumba. * No sabemos nada del más allá. **IV** *loc pr* **12 el de más ~.** Otro más. *En series como* ESTE (o UNO), (EL) OTRO Y EL DE MÁS ~, *en que se recalca la idea de acumulación.* * Teníamos en un sitio patatas, en otro granos, en el de más allá legumbres. **b) lo de más ~.** Otra cosa más. *En series como* ESTO, LO OTRO Y LO DE MÁS ~, *en que se recalca la idea de acumulación.* * Siempre pidiendo esto y lo otro y lo de más allá. **V** *loc v y fórm or* **13 ~ va; ~ que te va; ~ penas, ~ películas; ~ veas; por ~ se anda(n), o se va(n); quita ~** → IR, PENA, PELÍCULA, VER, ANDAR[1], IR, QUITAR.

allanador -ra *adj* Que allana. *Tb n, referido a pers.*

allanamiento *m* Acción de allanar, *esp* [1 y 4].

allanar **A** *tr* **1** Poner llana o igual [una superficie]. **b)** *pr* (~se) Hacerse llana o igual [una superficie]. ■ **2** Hacer más fácil o expedito [un camino]. *Frec fig.* ■ **3** Superar [un obstáculo o una dificultad]. ■ **4** Entrar [en la casa (*cd*) de alguien] sin su consentimiento. **B** *intr pr* (~se) **5** Someterse [a alguien o algo]. *Tb sin compl, por consabido.* ■ **6** Avenirse o acceder [a algo, esp. una propuesta o petición]. ■ **7** Rebajarse poniéndose a la altura [de alguien o algo inferior (*compl* A)]. *Tb sin compl.*

allandés -sa *adj* De Pola de Allande (Asturias). *Tb n, referido a pers.*

allegadizo -za *adj* (*lit, raro*) Ajeno o extraño. *Tb n, referido a pers.*

allegado -da **I** *adj* **1** *part* → ALLEGAR. ■ **2** Cercano o próximo en la relación. *Con un compl* A, *que a veces se omite, por consabido.* ■ **3** (*raro*) Próximo en el tiempo. *Con un compl* A. **II** *m y f* **4** Pariente. *Gralm con un compl de posesión.*

allegador -ra *adj* Que allega. *Tb n, referido a pers.*

allegamiento *m* Acción de allegar(se), *esp* [3].

allegar **A** *tr* **1** Acercar o hacer llegar [algo a alguien o a un lugar]. *Tb sin el 2º compl, por consabido.* ■ **2** Acercar o aproximar. *Frec el cd es refl.* ■ **3** Reunir o poner juntas [cosas diversas]. **b)** Reunir [algo] en cantidad. **c)** Congregar o reunir [perss]. *Gralm el cd es refl.* ■ **4** Conseguir [algo]. ■ **5** Aportar o añadir. **B** *intr* ▶ **a** *normal* **6** Llegar o venir [de un lugar]. ■ **7** Llegar [a o hasta un lugar]. ▶ **b** *pr* (~se) **8** Ir o acudir [a un lugar]. ■ **9** Unirse o juntarse [una cosa a otra].

allegretto (*it; pronunc corriente,* /alegréto/) *m* (*Mús*) Tempo algo menos vivo que el allegro. *Tb la pieza compuesta en este tempo.*

allegro (*it; pronunc corriente,* /alégro/) *m* (*Mús*) Tempo moderadamente vivo. *Tb la pieza compuesta en este tempo.*

allemande (*fr; pronunc corriente,* /alemánd/) *f* (*hist*) Alemanda (danza cortesana).

allende (*lit*) **I** *prep* **1** Al otro lado de. *Tb* ~ DE. *Precedido de prep, se sustantiva.* * Allende los Pirineos. * Allende de los Pirineos. ■ **2** Más allá de. *Tb* ~ DE. *Precedido de prep, se sustantiva.* * Abarca hasta allende las remotas galaxias. **II** *adv* **3** Al otro lado. *Precedido de prep, se sustantiva.* **III** *m* **4** el ~. El Más Allá.

allentiac *m* (*hist*) Lengua hablada por los indios habitantes de la actual provincia de San Juan (Argentina).

allerano -na *adj* De Aller (Asturias). *Tb n, referido a pers.*

allí I *adv* **1** En aquel lugar. *Precedido de prep o como suj de una or cualitativa, se sustantiva.* * Nosotros vivimos allí. ■ **2** A aquel lugar. *Precedido de prep, se sustantiva.* * Iban allí todas las noches. ■ **3** En aquel momento. *Precedido de prep, se sustantiva.* * Hasta allí no habían aprendido nada. ■ **4** En aquellas circunstancias. ■ **5 hasta ~.** (*col*) Enormemente o extraordinariamente. *Frec con* DE + *adj. Tb adj.* * Un hombre hasta allí de falso.
II *loc v y fórm or* **6** ~ **fue Troya,** ~ **me las den todas** → TROYA, TODO.

alloza *f* (*reg*) Almendruco.

allozo *m* (*reg*) Almendro silvestre.

alma I *f* **1** Parte inmaterial del ser humano, que para la mayoría de las religiones es inmortal. **b)** mi ~, *o* ~ mía. *Vocat usado como expr de afecto.* ■ **2** (*Filos*) Principio de vida en los seres dotados de ella. ■ **3** Alma [1a] separada del cuerpo tras la muerte de la persona. **b)** ~ **del purgatorio.** (*Rel catól*) Alma que está en el purgatorio. **c)** ~ **en pena.** Alma del purgatorio que se aparece a los vivos. **d)** (*col*) *Frec en constrs de sent comparativo, designando a la pers que anda errante, solitaria y melancólica.* ■ **4** Parte más íntima de la propia personalidad. *Tb fig, con intención enfática.* ■ **5** Conciencia o sentimiento colectivo. *Con un compl especificador.* ■ **6** Viveza o energía. **b)** Valor o determinación. ■ **7** Pers. que da vida o impulso [a una actividad o una empresa (*compl de posesión*)]. ■ **8** *Precedido de numeral o de cuantitativo:* Persona. *Usado normalmente en cómputos.* **b)** *Seguido de calificat:* Persona [que tiene la cualidad expresada por el adj.]. **c)** ~ **de Dios.** Pers. bondadosa, incapaz de hacer mal a nadie. **d)** ~ **de cántaro.** Pers. boba o alelada. ■ **9** Cuerpo interior que sirve de armazón, soporte o relleno. **b)** (*Mús*) *En un instrumento de cuerda:* Palo que se pone entre las dos tapas. ■ **10** Parte vacía en el interior de un objeto hueco. ■ **11** (*reg*) Tocino del cerdo desde el cuello hasta la parte inferior del vientre.
II *loc pr* **12** (**ni**) **un** ~, *o, raro,* **ni** ~. (*col*) Absolutamente nadie. *Referido a presencia física.*
III *loc adj* **13 de** ~. (*reg*) [Misa] de corpore insepulto. ■ **14 del** ~. Muy querido. *Gralm referido a amigo, compañero o hermano.* ■ **15 de mi** ~. (*col*) *Se usa como expr de afecto, siguiendo a un n de pers. Tb, humorísticamente, siguiendo a la mención de una cosa, esp una cantidad de dinero, de la que uno no desearía prescindir.* * Hijo mío de mi alma. * Me costó cien mil pesetas de mi alma. ■ **16 sin** ~. [Pers.] inhumana. *Tb n.*
IV *loc v y fórm or* **17 caérsele** [a alguien] **el** ~ **a los pies.** Acometer[le] la decepción o el desaliento. ■ **18 echarse el** ~ **a la espalda.** Prescindir de escrúpulos de conciencia. ■ **19 entregar,** *o* **dar, su,** *o* **el,** ~ (**a Dios**). (*lit*) Morir [una pers.]. ■ **20 llegarle al** ~ [algo a alguien]. Conmover[le] o emocionar[le]. ■ **21 llevar,** *o* **tener,** [algo] **clavado en el** ~. Recordar[lo] permanentemente como algo hirien-

te o doloroso. ■ **22 no caberle** [a alguien] **el** ~ **en el cuerpo.** Estar exultante. ■ **23 no poder** [alguien] **con su** ~. Estar muy fatigado. ■ **24 partir,** *o* **romper, el** ~ [a alguien]. Matar[le]. **b) partirse,** *o* **romperse,** [alguien] **el** ~. Matarse. *Tb fig, con intención enfática; en este caso, con compl adv que expresa el motivo o la finalidad.* ■ **25 partir el** ~ [a alguien]. Causar[le] honda compasión o pena. **b) partírsele el** ~ [a alguien]. Sentir [alguien] honda compasión o pena. ■ **26 paseársele** [a alguien] **el** ~ **por el cuerpo.** Ser muy apático o calmoso. ■ **27 poner** [alguien] (**toda**) **el** ~, *o* **toda su** ~, [en algo]. Dedicar [a ello] el máximo esfuerzo. ■ **28 salirle del** ~ [una expresión a alguien]. Brotarle de manera incontenible. *Frec abs.* ■ **29 salirle del** ~ [algo a alguien]. Serle muy doloroso desprenderse [de ello]. ■ **30 si mi** ~ **lo sabe.** (*col*) Si yo hubiera llegado a saberlo a tiempo. ■ **31 tener** [alguien] **su** ~ **en su almario.** No ser insensible. **b)** Tener su propio criterio para pensar o actuar.
V *loc adv* **32 como** ~ **que lleva el Diablo.** Precipitadamente y a toda velocidad. ■ **33 con** (*o, raro,* **en**) ~ **y vida.** De todo corazón o con todo entusiasmo. ■ **34 con el** ~ **en un hilo,** *o* **en vilo.** Con gran temor o intranquilidad. ■ **35 con toda su** (*o* **el**) ~. Con toda convicción y sin reservas. ■ **36 en el** ~. Honda o entrañablemente. *En constrs como* ME DUELE EN EL ~, LO SIENTO EN EL ~, LAMENTO EN EL ~ [algo], TE LO AGRADEZCO EN EL ~.

almacén *m* **1** Local donde se guarda temporalmente un conjunto de cosas, gralm. con propósito de posterior distribución. *Frec con un adj o compl especificador.* **b)** Lugar en que se guarda algo en cantidad. **c)** Lugar en que por abandono se acumula [algo (*compl* DE)] por tiempo indefinido. *Tb fig.* ■ **2** Establecimiento en que se venden, al por mayor o al por menor, artículos [de un género determinado (*adj o compl especificador*)]. **b)** (*raro*) Tienda. ■ **3** *En pl:* Establecimiento comercial donde se venden artículos variados, gralm. de un mismo ramo. **b) grandes ~es** (*raro,* **gran** ~). Establecimiento comercial que contiene numerosos departamentos especializados. ■ **4** Cantidad grande de cosas que se guardan. *Frec con un compl especificador.* ■ **5** (*Impr*) Depósito de la linotipia en que se encuentran las matrices de un mismo tipo.

almacenable *adj* Que puede almacenarse.

almacenado[1] *m* Vino que se guarda en la bodega para criarlo. *Frec en la constr* BODEGA DE ~.

almacenado[2] *m* Acción de almacenar.

almacenador -ra *adj* Que almacena. *Tb n m, referido a aparato.*

almacenaje *m* Acción de almacenar.

almacenamiento *m* **1** Acción de almacenar. ■ **2** Conjunto de cosas almacenadas.

almacenar A *tr* **1** Guardar [algo] en un almacén [1]. *Tb fig.* **b)** Servir [un lugar] de almacén [1] [de algo (*cd*)]. ■ **2** Guardar [algo] como reserva. ■ **3** Acumular, o reunir en cantidad. **B** *intr pr* (~**se**) **4** Estar almacenado [1, 2 y 3] [algo].

almacenero -ra I *m y f* **1** Pers. que tiene a su cargo un almacén [1a]. **II** *adj* **2** De(l) almacén [1a].

almacenista *m y f* Pers. que posee o atiende un almacén [1a y 2a].

almacería *f* (*hist*) Cámara alta de una casa, con acceso independiente.

almáciga[1] *f* Resina del lentisco.

almáciga[2] *f* Lugar en que se siembran las semillas de las plantas que después van a trasplantarse.

almácigo *m* Lentisco (arbusto).

almádana (*tb* **almadana**) *f* Almádena.

almádena (*tb* **almadena**) *f* Mazo de hierro, con mango largo, que sirve para partir o machacar piedras.

almadenense *adj* De Almadén (Ciudad Real). *Tb n, referido a pers.*

almadía *f* **1** Conjunto de maderos que se transportan unidos entre sí flotando por un río. ■ **2** Balsa de madera.

almadiero *m* Individuo que conduce una almadía [1].

almadraba *f* (*Mar*) Sistema de redes instalado para la pesca del atún y de otras especies semejantes.

almadrabero -ra (*Mar*) **I** *adj* **1** De (las) almadrabas.
II *m y f* **2** Pers. que trabaja en las almadrabas.

almadrabilla *f* Arte de pesca fijo, semejante a la almadraba, que se utiliza para la caballa y otras especies.

almadraque *m* (*reg*) Colchón.

almadraqueja *f* (*reg*) Colchoneta, o colchón delgado.

almadreña *f* (*reg*) Zueco (calzado de madera).

almadreñería *f* (*reg*) Fabricación de almadreñas.

almadreñero -ra *m y f* (*reg*) Pers. que fabrica o vende almadreñas.

almagra *f* Almagre.

almagrao *adj* [Indio] de la comarca de Almaguer, en el Cauca (Colombia). *Tb n.*

almagrar *tr* Pintar o teñir con almagre. *Tb abs.*

almagre *m* **1** Mineral rojizo constituido por óxido de hierro. ■ **2** Pintura roja hecha con almagre [1] pulverizado. ■ **3** Color rojo propio del almagre [1 y 2].

almagreño -ña *adj* De Almagro (Ciudad Real). *Tb n, referido a pers.*

almaizar *m* (*hist*) Banda de seda, gasa u otra tela fina, usada por los moriscos, que se enrolla a la cabeza a modo de toca, dejando caer los extremos sobre los hombros.

almajar *m* Almarjal.

almajara *f* (*reg*) Almáciga[2] o semillero.

almajo *m* Se da este *n* a varias plantas, esp *Suaeda fruticosa* (~ DULCE), *Salsola kali* (~ DE JABONEROS) y *Salicornia fruticosa* (~ SALADO).

alma mater (*lat; pronunc*, /álma-máter/) *f* **1** (*lit*) Madre nutricia. *Referido a una Universidad.* ■ **2** (*semiculto*) Alma (pers. que da vida o impulso).

almanaque *m* Calendario. **b)** Calendario acompañado de indicaciones astronómicas y meteorológicas, santoral, efemérides y diversas noticias o consejos prácticos. **c)** Publicación anual que contiene, además de un calendario, una serie de lecturas amenas y entretenimientos.

almandín *m* (*hist*) Granate almandino.

almandino *adj* [Granate] compuesto de aluminio y hierro, de color rojo brillante o violeta. *Frec n m.*

almanseño -ña *adj* De Almansa (Albacete). *Tb n, referido a pers.*

almanta *f* Entreliño (espacio entre dos liños).

almarcheño -ña *adj* De La Almarcha (Cuenca). *Tb n, referido a pers.*

almargeño -ña *adj* De Almargen (Málaga). *Tb n, referido a pers.*

almario **I** *m* (*lit*) **1** Cuerpo, o entidad física que es soporte natural del alma. ■ **2** Alma (parte más íntima de la propia personalidad).
II *loc v* **3** **tener** [alguien] **su alma en su ~** → ALMA.

almarjal *m* Marjal (terreno bajo y pantanoso).

almaro *m* Amaro (planta).

almarraja *f* (*hist o reg*) Vasija de oro, plata, vidrio u otra materia, agujereada por el vientre y utilizada para rociar o regar.

almártaga *f* (*hist*) Cabezada que sobre el freno se le pone al caballo para mantenerlo sujeto.

almaste *m* Almáciga (resina).

almazara *f* Molino de aceite.

almazarero -ra **I** *adj* **1** De (las) almazaras.
II *m y f* **2** Pers. que posee o tiene a su cargo una almazara.

almazarrón *m* Almagre (mineral, pintura o color).

almazorense *adj* De Almazora (Castellón). *Tb n, referido a pers.*

almecina *f* **1** Fruto del almez. ■ **2** Hueso de la almecina [1].

almecino *m* (*reg*) Almez (árbol).

almeja *f* **1** Molusco marino comestible, de valvas gruesas, casi ovales y poco lustrosas, cuyo tamaño oscila entre los 4 y los 7 cm (gén. *Tapes*, esp. *T. decussatus*). *Tb designa otras especies parecidas, de mar o de río.* ■ **2** (*vulg*) Órgano genital externo de la mujer.

almena *f* Prisma de los que rematan la parte superior de una muralla o de un muro de fortaleza, destinado a servir de protección a sus defensores.

almenado[1] **-da** *adj* Rematado o coronado de almenas.

almenado[2] *m* Almenaje.

almenaje *m* Conjunto de almenas.

almenara[1] *f* (*reg*) **1** Zanja por la que se conduce al río el agua sobrante de las acequias. ■ **2** Abertura o compuerta de una acequia o canal.

almenara[2] *f* (*hist*) Fuego hecho en una torre o atalaya como aviso o señal.

almendra **I** *f* **1** Fruto del almendro. *Tb, esp, la semilla comestible.* ■ **2** Parte interior del hueso de algunas frutas. ■ **3** (*Bot*) *En una semilla:* Embrión o conjunto formado por el embrión y el albumen. ■ **4** Meollo, o parte más sustancial [de un asunto]. ■ **5** (*Arte*) Encuadramiento en forma de elipse que rodea a una representación de Cristo Creador o de la Virgen. *Frec ~ MÍSTICA.*
II *loc adj* **6 de la media ~.** (*hoy raro*) Melindroso. *Gralm con el n* SEÑORITA.

almendrado -da I *adj* **1** De figura de elipse, que recuerda la de una almendra [1]. ■ **2** Hecho con almendras o que contiene almendras [1].
II *n* A *m* **3** Dulce hecho con almendras [1] y otros ingredientes, esp. harina, azúcar o miel y claras de huevo.
B *f* **4** (*hist*) Bebida hecha con leche de almendras y azúcar.

almendral *m* **1** Terreno poblado de almendros. ■ **2** Almendro.

almendralejense *adj* Almendralejeño. *Tb n.*

almendralejeño -ña *adj* De Almendralejo (Badajoz). *Tb n, referido a pers.*

almendrero -ra I *adj* **1** De (la) almendra [1].
II *n* A *m* **2** Almendro.
B *f* **3** Almendro.
C *m* y *f* **4** Pers. que en las fiestas y romerías vende almendras garrapiñadas y dulces en general, y a veces hace también apuestas.

almendrilla *f* Carbón menudo, en trozos de tamaño parecido al de la almendra.

almendrita *f* (*reg*) Mosquitero común (ave).

almendro *m* Árbol de madera dura, hojas lanceoladas, flores blancas que aparecen antes que las hojas, fruto en drupa oval no carnosa y semilla comestible recubierta por un tegumento color canela (*Prunus amygdalus*).

almendrón *m* Conglomerado de cantos rodados.

almendruco *m* Fruto del almendro.

almeriense *adj* **1** De Almería. *Tb n, referido a pers.* ■ **2** (*Prehist*) [Cultura] cuyos principales testimonios se localizan en la zona de Almería y que representa en España la transición del Neolítico a la Edad de los Metales. **b)** Perteneciente a la cultura almeriense. *Tb n, referido a pers.*

almete *m* (*hist*) *En la armadura*: Pieza que cubre la cabeza.

almez *m* Árbol de la familia del olmo, de corteza cenicienta, hojas lanceoladas, flores poco llamativas y fruto pequeño, redondo y negro cuando maduro (*Celtis australis*).

almezo *m* Almez.

almiar *m* Montón de paja o hierba que se hace apretándolas alrededor de un palo vertical, y que sirve para almacenarlas.

almíbar I *m* **1** Cocimiento de azúcar, o a veces miel, en agua, usado en repostería. **b)** *Se usa frec en constrs de sent comparativo para ponderar la dulzura. Tb fig.*
II *loc adj* **2 en ~.** Conservado en almíbar [1].

almibarado -da *adj* **1** *part* → ALMIBARAR. ■ **2** Sumamente delicado o amable. *Frec con intención desp, denotando exceso o afectación.*

almibarar A *tr* **1** Cubrir o bañar [algo] con almíbar [1]. ■ **2** Poner [algo] sumamente dulce.
B *intr pr* (**~se**) **3** Ponerse [alguien] sumamente delicado o amable. *Frec con intención desp, denotando exceso o afectación.*

almidón *m* **1** Fécula, esp. la de las semillas de cereales, usada pralm. para dar apresto a la ropa. ■ **2 ~ animal.** (*Fisiol*) Glucógeno.

almidonado¹ -da *adj* **1** *part* → ALMIDONAR. ■ **2** [Pers.] que lleva ropa almidonada [1].

almidonado² *m* Acción de almidonar. *Tb su efecto.*

almidonar *tr* **1** Dar apresto [a la ropa (*cd*)] con almidón [1]. ■ **2** Poner tieso o duro [algo].

almidonero -ra *adj* [Trigo] de una variedad rica en almidón [1].

almijar *m* (*reg*) Lugar donde se ponen las uvas o las aceitunas para que se oreen antes de exprimirlas.

almilla *f* (*hist*) Prenda de vestir, para hombre o mujer, semejante al jubón. *Hoy solo prenda de traje típico regional.*

almimbar *m* Púlpito de la mezquita.

alminar *m* Torre de una mezquita, desde la que el almuédano llama a la oración.

almiradío *m* En Navarra: Confederación de pueblos regida por un alcalde denominado almirante.

almiranta *f* (*hist*) Nave del almirante o segundo jefe de una flota.

almirantazgo *m* **1** Grado de almirante [1]. ■ **2** Tribunal o consejo superior de la Armada. *Tb* JUNTA, TRIBUNAL O CONSEJO DEL ~. ■ **3** Dignidad de almirante [2, 3, 5 y 6]. ■ **4** Departamento ministerial de Gran Bretaña al que incumbe la administración de la armada.

almirante *m* **1** *En la marina de guerra*: Jefe de grado inmediatamente inferior al de capitán general de la Armada. ■ **2** Oficial general de la Armada. ■ **3** *Con determinados compls*: DE CASTILLA, DE LAS INDIAS, DE LA MAR OCÉANA, *etc, designa o designó distintos cargos o títulos honoríficos.* ■ **4** *En Navarra*: Alcalde de un almiradío. ■ **5** (*hist*) Jefe supremo de la Armada o de una escuadra. ■ **6** (*hist*) Segundo jefe de una armada o flota. ■ **7** (*hist*) Tocado femenino de grandes dimensiones, en boga en el s. XVII.

almirecero *m* (*reg*) Fabricante de almireces.

almirez *m* Recipiente de metal, de pequeño tamaño, usado en la cocina para machacar alimentos o condimentos y frec. como adorno y como instrumento de música popular.

almirón *m* Achicoria (planta, *Chicorium intybus*, *Taraxacum officinale* y *Chondrilla juncea*). *Esta última, tb ~* DULCE.

almizate *m* (*Arquit*) Punto central del harneruelo, en un techo de madera labrada. *Tb el mismo harneruelo.*

almizclado -da *adj* Propio de(l) almizcle. **b)** [Pinillo] ~ → PINILLO.

almizcle *m* Sustancia aromática que se extrae de una bolsa que tiene el almizclero en el vientre, y que se usa en perfumería. *Tb el perfume hecho con ella.* **b)** Olor de almizcle.

almizcleño -ña I *adj* **1** Almizclero [1].
II *f* **2** Almizclera [3].

almizclero -ra I *adj* **1** Que huele a almizcle. *Usado como especificador de animales y plantas que se caracterizan por tal olor.* **b)** [Rata] **almizclera** → RATA.
II *n* A *m* **2** Mamífero de la familia del ciervo, sin cuernos, de pelo pardo, y cuyo macho está provisto de una glándula que segrega una sustancia aromática (*Moschus moschiferus*).
B *f* **3** Planta de la familia del geranio, caracterizada por el olor a almizcle (*Erodium moschatum*).

almoacín (*tb con la grafía* **almoazín**) *m* (*Rel musulm*) Muecín.

almocafre *m* Instrumento agrícola semejante a una azada pequeña, usado esp. para escardar y trasplantar.

almodrote *m* (*hist*) Salsa rústica de aceite, ajos, queso y otros ingredientes.

almofalla *f* (*lit, raro*) Campamento.

almófar *m* (*hist*) En la armadura: Pieza de malla que protege la cabeza.

almogávar *m* (*hist*) En la Edad Media: Soldado que forma parte de una algara o correría por territorio enemigo. *Esp referido a los que formaron en la expedición del reino de Aragón por el Mediterráneo oriental a comienzos del s* XIV.

almoguereño -ña *adj* De Almoguera (Guadalajara). *Tb n, referido a pers.*

almohada I *f* **1** Objeto de tela a modo de saco cerrado y relleno de una materia blanda, que se pone sobre el colchón para apoyar la cabeza. ■ **2** Almohadón o cojín. ■ **3** Funda de almohada [1].
II *loc v* **4 consultar con la ~.** (*col*) Tomarse algún tiempo para reflexionar antes de tomar una decisión [sobre algo (*cd*)]. *Tb abs.* ■ **5 tomar**, *o* **recibir**, **la ~.** (*hist*) Tomar posesión [una dama] de la grandeza de España.

almohade *adj* (*hist*) **1** De alguna, o del conjunto, de las tribus noroccidentales de África que en el s. XII, adheridas a la secta de Ibn Tumart, crearon un imperio que sustituyó al de los almorávides. *Tb n, referido a pers.* **b)** De los almohades. ■ **2** [Estilo arquitectónico] propio de los almohades [1], caracterizado por su sobriedad y robustez. **b)** Del estilo almohade.

almohadilla *f* **1** Almohadón pequeño que se coloca sobre los asientos duros, como los de las plazas de toros y los estadios. **b)** *En gral:* Pieza que sirve para amortiguar la presión en el choque o contacto entre dos cuerpos. *Tb fig.* ■ **2** Objeto constituido por dos capas de tela unidas y rellenas de guata u otra materia blanda. ■ **3** Pieza mullida que va unida a la tapa de la caja de costura y que sirve para clavar alfileres y agujas. ■ **4** Pieza cilíndrica de tela, rellena y firme, que se usa para hacer encaje de bolillos. ■ **5** Carnosidad abultada del pie de algunos animales.

almohadillado¹ -da *adj* **1** *part* → ALMOHADILLAR. ■ **2** (*Arquit*) [Aparejo de sillería] con las juntas biseladas o rehundidas. *Tb n m.* **b)** Propio del aparejo almohadillado. ■ **3** Que tiene forma o aspecto de almohadilla [1 y 2].

almohadillado² *m* Cuerpo u objeto que sirve para amortiguar la carga o la presión, a manera de una almohadilla [1 y 2]. **b)** (*hist*) En un buque de guerra: Macizo de madera que se pone entre el casco de hierro y la coraza, con objeto de disminuir las vibraciones producidas por el choque de los proyectiles.

almohadillar *tr* **1** Cubrir o forrar con almohadilla(s) [1 y 2]. ■ **2** Servir de almohadilla o apoyo blando [a una parte del cuerpo (*cd*)]. ■ **3** (*Arquit*) Labrar [sillares u otro elemento] en aparejo almohadillado (→ ALMOHADILLADO¹ [2]). *Gralm en part.*

almohadillazo *m* En los toros y en otros espectáculos: Lanzamiento de una almohadilla [1a] contra el actuante como muestra de desagrado.

almohadillero -ra I *adj* **1** De (las) almohadillas [1a].
II *m y f* **2** Pers. que alquila o vende almohadillas [1a].

almohadón *m* **1** Cojín (objeto de tela a modo de saco cerrado, frec. cuadrado, relleno de una materia blanda y que se utiliza para sentarse o apoyarse sobre él y a veces como simple adorno). ■ **2** Funda de almohada.

almoharinense *adj* De Almoharín (Cáceres). *Tb n, referido a pers.*

almohaza *f* Instrumento que sirve para limpiar a las caballerías, formado por una chapa de hierro con cuatro o cinco filas de dientes menudos y romos.

almohazar *tr* Limpiar o restregar [a una caballería] con la almohaza. *Tb fig, referido a pers.*

almojábana *f* Dulce de queso y harina y frec. otros ingredientes.

almojarifazgo *m* (*hist*) **1** Cargo de almojarife. *Tb el local en que lo ejerce.* ■ **2** Derecho que pagan las mercancías que se exportan o importan, o las que pasan de un lugar a otro dentro de España.

almojarife *m* (*hist*) En la Edad Media: Oficial regio que tiene a su cargo la recaudación de impuestos, esp. el del almojarifazgo [2], y que a veces actúa como administrador de las rentas del soberano. *En este caso, frec* ~ MAYOR.

almona *f* (*reg*) Jabonería.

almoneda *f* **1** Venta en pública subasta de bienes muebles. ■ **2** Liquidación. *Frec fig. Frec en la constr* HACER ~ [de algo] 'liquidarlo'. ■ **3** Tienda en que se venden objetos de almoneda [1 y 2].

almonedista *m y f* Pers. que se dedica a la compra de bienes en almonedas [1 y 2] para su venta posterior.

almonteño -ña *adj* De Almonte (Huelva). *Tb n, referido a pers.*

almoradú *m* Almoraduj.

almoraduj (*tb con la grafía* **almoradux**) *m* Mejorana (planta).

almoraduz *m* Almoraduj o mejorana (planta).

almorávid *adj* Almorávide. *Tb n.*

almorávide *adj* (*hist*) **1** De la tribu africana que de finales del s. XI a mediados del XII creó un imperio extendido por todo el noroeste de África y toda la España musulmana. *Tb n, referido a pers.* **b)** De los almorávides. ■ **2** [Estilo arquitectónico] propio de los almorávides [1].

almorchón *m* (*reg*) Pers. gruesa y blanda de carnes.

almorrana *f* Dilatación varicosa en las últimas raíces de las venas del recto. *Gralm en pl.*

almorrón *m* (*reg*) Lomo de tierra, hecho con la azada o el arado, a veces acanalado en su parte superior para conducir el agua desde una acequia o un depósito y distribuirla por las regueras.

almorta *f* Planta herbácea anual de la familia de las leguminosas, cultivada por sus semillas y para forraje (*Lathyrus sativus*). *Tb su semilla. Con un adj especificador, designa otras especies del mismo gén:* ~ DE MONTE, MONTESINA *o* SILVESTRE (*L. cicera*), ~ DE LAGARTIJA (*L. setifolius*).

almorzada (*reg*) I *f* **1** Almuerza (cantidad que cabe en el hueco formado por las dos manos juntas).

II *loc adv* **2 a ~s.** En gran cantidad.

almorzar (*conjug* **4**) **A** *intr* **1** Tomar la comida de mediodía. ▪ **2** (*rur*) Desayunar. ▪ **3** (*rur*) Hacer una comida intermedia entre el desayuno y la comida de mediodía. **B** *tr* **4** Tomar [un alimento] para almorzar [1, 2 y 3].

almostada *f* (*reg*) Almuerza o almorzada.

almotacén *m* (*hist*) **1** Funcionario encargado de contrastar las pesas y medidas. ▪ **2** Oficina del almotacén [1].

almotacenazgo *m* (*hist*) Oficio del almotacén [1].

almotacenía *f* **1** Lonja de contratación del pescado. ▪ **2** (*hist*) Derecho que se paga al almotacén.

almotazaf *m* (*hist*) Almotacén [1].

almotazanía *f* (*hist*) Almotacenía [2].

almozara *f* (*hist*) Almuzara.

almud *m* Medida de capacidad para áridos, equivalente a un celemín o a media fanega, según los lugares. *Tb el recipiente con que se mide.*

almudada *f* Porción de terreno donde se puede sembrar un almud de grano.

almudazaf *m* (*hist*) Almotacén [1].

almudena *f* (*hist*) *En la España musulmana:* Ciudadela.

almudí *m* Medida de 6 cahíces.

almuecín *m* (*Rel musulm*) Almuédano.

almuédano *m* (*Rel musulm*) Hombre que desde el alminar convoca a la oración a los fieles musulmanes.

almuerza *f* Cantidad [de materia] que cabe en el hueco formado por las dos manos juntas. *Tb sin compl.*

almuerzo *m* **1** Acto de almorzar [1]. *Frec como acto social.* ▪ **2** (*rur*) Acto de almorzar [2 y 3]. ▪ **3** Conjunto de alimentos que se toman en el almuerzo [1 y 2]. ▪ **4** (*reg*) Regalo de boda en dinero.

almunia *f* (*hist*) Huerto con casa.

almuñequero -ra *adj* De Almuñécar (Granada). *Tb n, referido a pers.*

almusafense *adj* De Almusafes (Valencia). *Tb n, referido a pers.*

almuzara *f* (*hist*) Lugar, en las afueras de la ciudad, destinado esp. a juegos o al ejercicio de los jinetes.

aló *interj* (*raro*) Se usa para iniciar una conversación telefónica.

alobado -da *adj* **1** *part* → ALOBARSE. ▪ **2** (*col*) Tonto o bobo. ▪ **3** (*reg*) Semejante al lobo. *Dicho esp de perro.*

alobarse *intr pr* **1** (*col*) Atontarse o alelarse. *Normalmente en part.* ▪ **2** (*raro*) Llenarse de pavor por la presencia de un lobo.

alóbroge *adj* (*hist*) Del pueblo galo habitante de la región comprendida entre los ríos Ródano e Isère. *Tb n, referido a pers.*

alocadamente *adv* De manera alocada.

alocado -da *adj* **1** *part* → ALOCAR. ▪ **2** Irreflexivo o insensato. ▪ **3** Atolondrado o atropellado. *Tb fig, referido a animales.* ▪ **4** Falto de equilibrio o mesura. *Tb fig.*

alocamiento *m* Condición de alocado.

alocar *tr* (*raro*) Enloquecer [a alguien] o hacer que pierda la razón. *Frec con intención ponderativa.* **b)** *pr* (~**se**) Enloquecer o perder la razón. *Frec con intención ponderativa.*

aloceño -ña *adj* De Alocén (Guadalajara). *Tb n, referido a pers.*

alóctono -na *adj* (*Geol*) Producido por arrastre de materiales.

alocución *f* Discurso breve, esp. el dirigido por un superior a sus inferiores.

alodial *adj* (*hist*) [Bien o posesión] libre de cargas o derechos señoriales. **b)** [Poseedor] de bienes alodiales.

alodio *m* (*hist*) **1** Bien alodial. ▪ **2** Propiedad plena con que se posee algo.

áloe (*tb, raro,* **áloes**) *m* **1** Planta perenne, tropical, de hojas carnosas y alargadas ricas en un jugo denso y amargo (gén. *Aloe*). ▪ **2** Acíbar (jugo de las hojas del áloe [1], usado en farmacia, esp. como purgante).

alófono *m* (*Fon*) Realización de un fonema en la cadena hablada.

alógamo -ma *adj* (*Bot*) [Planta o flor] cuyo polen fecunda los pistilos de otra.

alógeno -na *adj* (*E*) [Pers. o grupo humano] de origen extranjero.

alógico -ca *adj* Carente de lógica.

aloína *f* (*Quím*) Alcaloide que se extrae del áloe.

aloja *f* (*hist*) Bebida refrescante preparada con miel, agua y especias.

alojamiento *m* **1** Acción de alojar. ▪ **2** Lugar donde alguien o algo se aloja [5 a 8].

alojar A *tr* **1** Instalar provisionalmente [a alguien] bajo techado, esp. para pernoctar. *Frec el cd es refl.* **b)** Dar vivienda provisional [a alguien (*cd*)]. **c)** Dar vivienda estable [a alguien (*cd*)]. *Tb fig.* ▪ **2** Servir [un lugar] de vivienda o de sede [a alguien o algo (*cd*)]. ▪ **3** Tener o guardar en su interior [una cosa a otra]. ▪ **4** Introducir [una cosa en otra, o en un lugar] haciendo que quede allí. **B** *intr pr* (~**se**) **5** Estar [alguien] instalado o habitar provisionalmente [en un lugar]. **b)** Vivir o habitar de manera estable [en un lugar]. ▪ **6** Tener [un organismo o una entidad] su sede [en un lugar]. ▪ **7** Estar [algo] contenido o guardado [en un lugar]. ▪ **8** Instalarse o fijarse [algo en un lugar].

aloje *m* (*raro*) Alojamiento [2].

alojería *f* (*hist*) Establecimiento en que se vende aloja.

alojero -ra *m y f* (*hist*) Pers. que fabrica o vende aloja.

alojo *m* (*raro*) Alojamiento.

alomado -da *adj* **1** *part* → ALOMAR. ▪ **2** Que forma lomas. ▪ **3** De forma curvada o redondeada.

alomar *tr* (*Agric*) Arar [la tierra] dejando entre surco y surco espacio mayor que de ordinario y formando lomos. *Tb abs.*

alometría *f* (*Biol*) Desarrollo relativo de una parte del organismo en relación con el organismo completo.

alométrico -ca *adj* (*Biol*) De (la) alometría.

alomorfo *m* (*Ling*) Variante de un morfema.

alón *m* **1** Ala de ave descuartizada. ■ **2** Ala de ave grande.

alondra *f* Pájaro de cabeza y dorso pardos y vientre blanquecino, que anida en prados y campos de cereales y cuyo macho tiene un hermoso canto (*Alauda arvensis*). *Tb* ~ COMÚN. *Con un adj o compl especificador, designa otras especies del gén Alauda y otros.*

alongado -da *adj* **1** *part* → ALONGAR. ■ **2** (*lit*) Alargado.

alongar A *tr* **1** (*raro*) Alargar.
B *intr pr* (**~se**) **2** (*reg*) Inclinarse o proyectar el cuerpo hacia delante.

alonso *m* (*reg*) Pavo.

alópata *adj* (*Med*) **1** [Médico] que profesa la alopatía. *Se opone a* HOMEÓPATA. *Tb n.* ■ **2** De la alopatía.

alopatía *f* (*Med*) Terapéutica consistente en el empleo de remedios que producen efectos contrarios a los que caracterizan la enfermedad. *Se opone a* HOMEOPATÍA.

alopático -ca *adj* (*Med*) De (la) alopatía. *Se opone a* HOMEOPÁTICO.

alopecia *f* (*Med*) Caída del cabello.

alopécico -ca *adj* (*Med*) **1** De (la) alopecia. ■ **2** Que padece alopecia.

aloque *adj* **1** [Vino] tinto claro. *Frec n m.* ■ **2** [Color] de vino aloque [1]. *Tb n m.*

aloreño -ña *adj* De Álora (Málaga). *Tb n, referido a pers.*

alosa *f* Sábalo (pez).

alosnero -ra *adj* De Alosno (Huelva). *Tb n, referido a pers.*

alotropía *f* (*Quím*) Fenómeno por el que un mismo cuerpo puede presentar diversidad de estados y formas, con propiedades diferentes.

alotrópico -ca *adj* (*Quím*) [Estado o forma] de los varios que puede presentar un cuerpo químico.

ALP (*sigla; pronunc corriente,* /á-éle-pé/) *m pl* (*argot Econ*) Alpes.

alpaca[1] *f* **1** Mamífero rumiante doméstico del Perú, de pelo largo, fino y brillante, muy apreciado en la industria textil (*Lama pacos*). **b)** Pelo de alpaca. *Tb el tejido hecho con él.* ■ **2** Tela de algodón abrillantado que se usa para hacer trajes de verano.

alpaca[2] *f* Aleación de cobre, cinc y níquel, parecida a la plata y usada en la fabricación de cubiertos y en orfebrería.

alpaca[3] *f* (*reg*) Paca (fardo prensado y atado).

alpacador -ra *adj* (*reg*) Empacador. *Tb n f, referido a máquina.*

alpañata *f* (*Cerám*) Trozo de cuero o badana usado para alisar y pulir las piezas de barro antes de cocerlas.

alpargata I *f* **1** Pieza de calzado hecha de tela, con suela de cáñamo o de caucho, y que se asegura con cintas o por simple ajuste.
II *loc adj* **2 de ~s.** [Gente] de clase popular o rústica.
III *loc v* **3 darle a la ~.** (*jerg*) Andar o caminar.
IV *loc adv* **4 a golpe de ~** → GOLPE.

alpargatazo *m* Golpe dado con una alpargata [1].

alpargate *m* (*reg*) Alpargata [1].

alpargatería *f* Tienda o taller de alpargatas [1].

alpargatero -ra I *adj* **1** De (las) alpargatas [1].
II *m y f* **2** Pers. que fabrica o vende alpargatas.

alpargatón *m* Alpargata grande. *Con intención desp.*

alpax (*n comercial registrado; pronunc corriente,* /álpaks/) *m* Aleación de aluminio y silicio.

alpear *intr* (*reg*) Avanzar forzando la marcha, esp. por terreno difícil.

alpechín *m* Líquido oscuro y de mal olor que sale de las aceitunas apiladas y cuando se las exprime con agua hirviendo.

alpechinera *f* (*reg*) Reguera por la que sale el alpechín del molino.

alpende *m* (*reg*) **1** Caseta adosada para guardar aperos y herramientas. ■ **2** Cobertizo. ■ **3** Establo.

alpénder *m* (*reg*) Alpendre.

alpendre *m* (*reg*) **1** Cubierta voladiza de un edificio, esp. sostenida por postes o columnas, a manera de pórtico. ■ **2** Cobertizo. ■ **3** Trastero o cuarto oscuro.

alpenstock (*al; pronunc corriente,* /álpenstok/; *pl normal,* ~s) *m* Bastón puntiagudo usado por los alpinistas.

alperchín *m* (*reg*) Alpechín.

alperchinero -ra *adj* (*col*) Sanluqueño (de Sanlúcar la Mayor, Sevilla). *Tb n, referido a pers.*

alperino -na *adj* De Alpera (Albacete). *Tb n, referido a pers.*

alpes *m pl* (*argot Econ*) Activos líquidos en manos del público.

alpestre *adj* (*Bot*) Propio de las grandes altitudes.

alpinismo *m* **1** Deporte que consiste en escalar montañas. ■ **2** Conjunto de los deportistas que practican el alpinismo [1].

alpinista I *m y f* **1** Deportista que practica el alpinismo [1].
II *adj* **2** De (los) alpinistas [1] o de(l) alpinismo [1]. ■ **3** Alpino [2a].

alpino -na *adj* **1** De los Alpes. **b)** De la región de los Alpes. ■ **2** De alta montaña. *Dicho esp de tropas. Tb n m, referido a soldado.* **b)** [Clima] de alta montaña, con nieves frecuentes. **c)** (*Bot y Zool*) Propio de las zonas de clima alpino. *Usado frec como especificador:* ALBAHACA ALPINA, BISBITA ALPINA, ESTRELLA ALPINA, GORRIÓN ~, TRITÓN ~, *etc* → ALBAHACA, BISBITA, ESTRELLA, GORRIÓN, TRITÓN, *etc.* ■ **3** (*Dep*) [Esquí] en las formas de slalom y descenso. ■ **4** (*Geol*) [Plegamiento] producido a finales de la Era Terciaria y que dio lugar a la formación de los Alpes centrales. **b)** Del plegamiento alpino. ■ **5** (*Etnogr*) [Raza] europea braquicéfala, de gran estatura, cuyo centro fue la zona adriática de los Balcanes. **b)** De raza alpina.

alpispa *f* (*reg*) Lavandera blanca o aguzanieves (ave).

alpistarse *intr pr* (*reg*) Emborracharse.

alpiste *m* **1** Planta gramínea que se cultiva por su semilla, utilizada como alimento de pájaros en cautividad (*Phalaris canariensis*). *Tb* ~ CANARIO. *Tb su semilla; en este caso, frec en sg con sent colectivo.* **b)** Planta del gén. *Phalaris* o de otros afines, de aspecto o utilidad semejantes a los de *Ph. canariensis.*

Gralm con compl especificador. ■ **2** Grano de alpiste [1a]. *Se usa para ponderar la pequeñez o el poco valor de alguien o algo.* ■ **3** (*col*) Alimentación o comida. ■ **4** (*col*) Bebida alcohólica, esp. vino o aguardiente. *Frec en abstracto,* EL ~.

alpujarreño -ña *adj* De las Alpujarras (comarca montañosa de las provincias de Granada y Almería). *Tb n, referido a pers.*

alquequenje *m* Planta herbácea de hojas anchas, flores blancas y fruto en baya anaranjada (*Physalis alkekengi*). *Tb su fruto, usado en medicina como diurético.*

alquería *f* **1** Casa o conjunto de casas de campo con terrenos de cultivo, destinadas al cuidado de estos y a veces también para recreo. ■ **2** Aldea o caserío.

alqueriense *adj* De alguno de los pueblos llamados Alquería o Alquerías: La Alquería (Murcia), Alquería de la Condesa (Valencia), Alquerías del Niño Perdido (Castellón), etc. *Tb n, referido a pers.*

alquerque *m* Juego de tablero para dos jugadores, semejante a las damas, con 12 fichas blancas y 12 negras que se mueven por 25 puntos o espacios.

alquez *m* Medida de vino equivalente a 12 cántaras.

alquibla *f* Quibla (punto del horizonte o lugar de la mezquita orientados a La Meca).

alquicel *m* Capa, gralm. blanca y de lana, usada por los moros.

alquila *m o f* (*hist*) Letrero que en un coche de caballos de alquiler indica que está libre.

alquilador -ra *adj* Que alquila (→ ALQUILAR[1]). *Tb n, referido a pers.*

alquilante *adj* (*Quím*) Que alquila (→ ALQUILAR[2]).

alquilar[1] *tr* **1** Ceder [a otro (*ci*)] el derecho a usar [algo propio (*cd*)] por tiempo y precio convenidos. *Tb sin ci.* **b**) Poner [a alguien] al servicio [de otro (*ci*)] por tiempo y precio convenidos. *Frec el cd es refl.* ■ **2** Obtener [de otro (*ci*)] el derecho a usar [algo suyo (*cd*)] por tiempo y precio convenidos. *Frec sin ci.* **b**) Contratar los servicios [de alguien (*cd*)] por tiempo y precio convenidos.

alquilar[2] *tr* (*Quím*) Introducir [en un compuesto orgánico (*cd*)] un radical alquílico.

alquiler I *m* **1** Acción de alquilar[1]. ■ **2** Precio establecido en un alquiler [1]. II *loc adj* **3 de ~.** Que se alquila (→ ALQUILAR[1]).

alquílico *adj* (*Quím*) [Radical] formado por la sustracción de un hidrógeno a un hidrocarburo.

alquilo *m* (*Quím*) Radical alcohólico formado por la eliminación de un átomo de hidrógeno en los hidrocarburos saturados.

alquilón -na *adj* (*hoy raro*) De alquiler [3]. *Tb n: m y f, referido a pers; m, referido a carruaje. Frec con intención desp.*

alquimia *f* **1** (*hist*) Ciencia empírica, a veces con elementos mágicos, cuyos objetivos son, entre otros, la obtención de oro a partir de otros metales y la fabricación del elixir de larga vida. ■ **2** (*lit*) Arte de transmutar o transformar unas cosas en otras. ■ **3** (*desp*) Elaboración de algo por medios misteriosos o extraños. *Tb la cosa elaborada.* ■ **4** (*raro*) Proceso químico.

alquímico -ca I *adj* **1** De (la) alquimia. II *m* **2** (*raro*) Alquimista.

alquimista I *m* (*hist*) **1** Hombre que cultiva la alquimia [1]. II *adj* **2** De los alquimistas [1] o de la alquimia [1].

alquimístico -ca *adj* (*raro*) De(l) alquimista.

alquitara *f* Alambique, esp. para fabricar aguardiente. *Tb fig.*

alquitarado -da *adj* **1** *part* → ALQUITARAR. ■ **2** (*lit*) Puro o quintaesenciado. ■ **3** Sutil o rebuscado.

alquitarar *tr* (*lit*) **1** Destilar [algo] en alquitara. *Tb fig.* **b**) Depurar o quintaesenciar. ■ **2** Hacer sutil o rebuscado [algo].

alquitarero -ra *m y f* (*raro*) Pers. que trabaja con una alquitara.

alquitira *f* Tragacanto (goma).

alquitrán *m* Sustancia resinosa de color negro o pardo muy oscuro, más densa que el agua, insoluble en ella, que arde despidiendo mucho humo, y que es producto de la destilación de sustancias orgánicas, pralm. madera y hulla. *Frec con un compl especificador.*

alquitranado[1] **-da** *adj* **1** *part* → ALQUITRANAR. ■ **2** De(l) alquitrán.

alquitranado[2] *m* Acción de alquitranar.

alquitranador -ra *adj* Que alquitrana. *Tb n: m y f, referido a pers; f, referido a máquina.*

alquitranar *tr* **1** Cubrir con alquitrán. ■ **2** Impregnar de alquitrán.

alquitranoso -sa *adj* De naturaleza de alquitrán.

alrededor I *adv* (*con sent normalmente relativo. Cuando se expresa el término de referencia, este se enuncia precedido de la prep* DE *o, más raro, con posesivo*) **1** En el espacio idealmente circular en cuyo interior se encuentra [alguien o algo (*compl* DE, *o a veces posesivo antepuesto o pospuesto*). *Tb fig, esp referido a tiempo.* * Extenderás polvos de talco alrededor de la mancha. * Esto fue alrededor del día 4. **b**) Por el perímetro o contorno. * Viajando alrededor del mundo. **c**) *Precedido de prep, se sustantiva.* * Las casas de alrededor. ■ **2** En una cantidad aproximada. *Seguido de un compl* DE. * Hemos perdido alrededor de cien mil pesetas. II *loc prep* **3 ~ de.** Acerca de. * Hablaban alrededor de lo de siempre. III *m* **4** *En pl*: Contornos [de un lugar] o lugares próximos [a él (*compl de posesión*)]. *Frec el compl se omite, por consabido. Tb fig, referido a lugar no material, esp a tiempo.* **b**) *Tb (lit) en sg.* * Los tesoros que hay en nuestro alrededor.

alsaciano -na I *adj* **1** De Alsacia (región del nordeste de Francia). *Tb n, referido a pers.* ■ **2** [Perro] pastor alemán de una raza caracterizada por su tamaño grande, aspecto musculoso, hocico largo, orejas puntiagudas y erectas. II *m* **3** Dialecto germánico de Alsacia.

álsine *f* Hierba rastrera de hojas puntiagudas y flores blancas pequeñas y en forma de estrella, que se cría en terrenos incultos y junto a los muros (*Stellaria media*).

alta I *f* **1** Inscripción de una pers. en un escalafón o nómina, o de un objeto o una actividad en el registro oficial correspondiente. *Tb el documento en que consta.* ■ **2** Autorización que da el médico a un enfermo para abandonar el hospital o para reincorpo-

rarse a su actividad ordinaria. *Tb el documento en que consta. Frec en la constr* DAR EL ~.
II *loc v* **3 causar** ~. Ser dado de alta [4]. ■ **4 dar de** ~. Efectuar el alta [1] [de alguien o algo (*cd*)]. *Frec el cd es refl.* ■ **5 dar de** ~. Declarar oficialmente curado [a alguien], o dar[le (*cd*)] el alta [2]. ■ **6 ser** ~. Estar dado de alta [4].

altabaca *f* Olivarda (planta).

altafullense *adj* De Altafulla (Tarragona). *Tb n, referido a pers.*

altaico -ca I *adj* **1** De la región de los montes Altái (Siberia). *Esp referido a una raza que se supone procedente de esa región.* ■ **2** De la familia de lenguas asiáticas a que pertenecen, entre otras, el turco, el manchú y las lenguas mongólicas.
II *m* **3** Grupo de las lenguas altaicas [2].

altamente *adv* **1** (*lit*) Mucho. *Precediendo a adj.* ■ **2** (*raro*) De manera alta (→ ALTO [4 y 5]).

altamirano -na *adj* De la cueva de Altamira (Cantabria).

altamirense *adj* Altamirano.

altamisa *f* Artemisa (planta).

altaneramente *adv* De manera altanera.

altanería *f* **1** Cualidad de altanero [1]. ■ **2** (*lit*) Cetrería.

altanero -ra *adj* **1** [Pers.] que se comporta frente a los demás de manera orgullosa o desdeñosa. *Tb fig, referido a animales.* **b)** [Cosa] propia de la pers. altanera. *Tb fig, referido a animales.* ■ **2** (*lit*) [Ave de rapiña] de alto vuelo.

altar I *m* **1** (*Rel catól*) Mesa alargada, gralm. de piedra o de fábrica, en la que se celebra el sacrificio de la misa. **b)** *En otras religiones:* Objeto a modo de mesa, o lugar elevado, donde se hacen las ofrendas y sacrificios a los dioses. **c)** Mesa u objeto similar que se coloca en un lugar no sagrado para determinados fines devotos. ■ **2** *Se usa, normalmente en pl, como símbolo del culto que reciben en el altar* [1] *los santos* (→ acep. 7). * *Ese muchacho va camino de los altares.* ■ **3** *Se usa como símbolo del respeto o veneración que se siente hacia alguien. Gralm. en constrs como* PONER, COLOCAR *o* TENER EN UN ~, *o, raro,* SOBRE LOS ~ES. ■ **4 el** ~. (*lit*) La Iglesia (institución). *Gralm. unido a* EL TRONO. ■ **5 el** ~. (*lit*) El sacramento del matrimonio. *Con vs que indican movimiento, como* IR, LLEGAR, LLEVAR (→ acep. 8).
II *loc adj* **6** [Ministro] **del** ~, [sacramento] **del** ~, [sacrificio] **del** ~ → MINISTRO, SACRAMENTO, SACRIFICIO.
III *loc v* **7 elevar**, *o* **llevar, a los** ~es, *o* **poner en** (*o* **sobre**) **los** ~es. (*lit*) Canonizar o beatificar. **b) subir a los** ~es. (*lit*) Ser canonizado. ■ **8 llevar al** ~. (*lit*) Contraer matrimonio canónico [con una mujer (*cd*)]. **b) subir al** ~. Casarse canónicamente.

altarero *m* (*raro*) Individuo encargado de preparar y adornar altares.

altaricón -na *adj* (*reg*) Más alto de lo normal o adecuado.

altavoz *m* Aparato que sirve para transformar en ondas sonoras la energía de una señal eléctrica captada por un receptor. **b)** Medio de propaganda utilizado para difundir y repetir informaciones y consignas.

altea *f* **1** Malvavisco (planta, *Althaea officinalis*). ■ **2** Hibisco (planta, *Hibiscus syriacus*).

alteanense *adj* Alteano. *Tb n.*

alteano -na *adj* De Altea (Alicante). *Tb n, referido a pers.*

altear *intr* (*raro*) Elevarse o subir.

alter (*lat; pronunc,* /álter/) *m* Alter ego [2 y 3].

alterabilidad *f* Cualidad de alterable.

alterable *adj* Que puede alterarse.

alteración *f* Acción de alterar(se). *Tb su efecto.*

alteradamente *adv* Con alteración (inquietud o irritación).

alterador -ra *adj* Que altera. *Tb n, referido a pers.*

alterar *tr* **1** Introducir algún cambio en la naturaleza, forma o disposición [de algo o, más raro, de alguien (*cd*)]. *Frec con connotación neg. Tb abs.* **b)** *pr* (~**se**) Sufrir [algo] algún cambio en su naturaleza, forma o disposición. *Frec con connotación neg.* ■ **2** Dañar o estropear [un cuerpo o una sustancia (*cd*)] un agente externo (*suj*)]. **b)** *pr* (~**se**) Dañarse o estropearse [un cuerpo o una sustancia]. ■ **3** Inquietar [a alguien] o hacer que pierda la calma. **b)** *pr* (~**se**) Inquietarse o perder la calma. ■ **4** Irritar o encolerizar. **b)** *pr* (~**se**) Irritarse o encolerizarse. ■ **5** ~ **la bilis,** ~ **los nervios,** ~ **la sangre** → BILIS, NERVIO, SANGRE.

alterativo -va *adj* De (la) alteración.

altercado *m* Enfrentamiento o pelea.

altercador -ra *adj* [Pers.] que tiene un altercado. *Tb n.*

altercar *intr* Tener un altercado [con alguien (*compl* CON *o, raro,* CONTRA)]. **b)** Discutir, o tener una controversia, [con alguien sobre algo].

alter ego (*lat; pronunc,* /álter-égo/; *pl invar*) *m* **1** Segunda identidad [de alguien]. ■ **2** Amigo inseparable [de alguien]. ■ **3 el** ~. (*Filos*) El otro, o la otra persona.

alteridad *f* (*Filos o lit*) **1** Condición de otro. ■ **2** Hecho de contar con la existencia de otro(s).

alternable *adj* Que puede alternar(se) [1 y 6].

alternación *f* Alternancia.

alternadamente *adv* De manera alternada.

alternado -da *adj* **1** *part* → ALTERNAR. ■ **2** Que alterna o se alterna [1 y 6]. ■ **3** Que implica alternancia o que se produce con alternancia.

alternador *m* (*Electr*) Máquina que genera corriente alterna.

alternadora *f* Chica de alterne.

alternancia *f* Hecho de alternar(se) [1 y 6].

alternante -ta (*la forma f* ALTERNANTA, *col, referida a pers*) *adj* **1** Que alterna [1, 4 y 5]. *Tb n, referido a pers.* **b)** (*Bot*) [Generación] en que la reproducción asexual, por esporas, alterna con la reproducción sexual, por gametos. ■ **2** De la chica de alterne.

alternar A *intr* **1** Presentarse o actuar [dos o más perss. o cosas] por turno, repetidamente. *Tb pr* (~**se**). *Suj en sg o pl y compl* CON, *o suj en pl y sin compl.* ■ **2** Cambiar repetidamente una situación por otra. *A veces con un compl* DE. ■ **3** Hacer vida social, o estar en compañía [con otras perss.]. *Tb sin compl.* ■ **4** *En una sala de fiestas:* Hacer [una mujer] compañía a un cliente, normalmente para estimularle a hacer gasto y cobrando por ello una comi-

sión. ■ **5** (*Taur*) Tomar parte [un torero] como matador en una corrida, turnándose [con otros].
B *tr* **6** Hacer que [una cosa (*cd*)] alterne [1] [con otra].

alternariosis *f* (*Agric*) Enfermedad de la patata, del clavel y de otras plantas, producida por hongos del gén. *Alternaria* y caracterizada por la aparición de manchas negras en las hojas y porque después estas se marchitan y secan.

alternativamente *adv* De manera alternativa [1, 2, 3 y 4].

alternativo -va I *adj* **1** [Cosa] que alterna [1]. ■ **2** Que se produce reiterada y sucesivamente en un sentido y en el contrario. ■ **3** [Cosa] que se puede tomar o adoptar en el caso de desecharse otra determinada, esp. la habitual. **b)** Optativo, o que plantea la opción entre dos o más cosas. ■ **4** (*Der*) [Obligación] que, entre varias prestaciones, puede pagarse con una sola, a elección del deudor. ■ **5 de alternativa.** Alternativo [3a].
II *f* **6** Sucesión de dos o más elementos que se turnan repetidamente. **b)** Mudanza o cambio de fortuna o de situación. ■ **7** Posibilidad o necesidad de elegir entre dos (o más) cosas. ■ **8** Solución que se puede adoptar en el caso de desechar otra u otras. ■ **9** (*Taur*) Autorización formal que un espada de cartel da a un matador principiante para que pueda matar alternando [5] con otros espadas. *Tb la ceremonia con que se concede. Gralm con los vs* DAR *o* TOMAR. *Tb fig, fuera del ámbito taurino.*

alternatriz *f* Chica de alterne.

alterne I *m* **1** Actividad de alternar [4]. **b)** Comisión que obtiene una mujer por alternar. ■ **2** Acción de alternar [3].
II *loc adj* **3 de(1) ~.** [Mujer] que trabaja en el alterne [1]. *Frec con los ns* CHICA *o* CAMARERA. *Alguna vez referido a hombre.*

alterno -na *adj* **1** [Cosas] que alternan o se turnan entre sí. ■ **2** *En una serie:* Uno sí y otro no. *Frec referido a unidades de tiempo.* **b)** [Cosas] que forman serie discontinua. ■ **3** (*Bot*) [Hoja u otro órgano] que, en el tallo o en la rama, se sitúa en el espacio que media entre uno y otro órgano del lado opuesto. ■ **4** (*Electr*) [Corriente] que cambia periódicamente de sentido. ■ **5** (*Geom*) [Ángulo] de los formados a distinto lado por una transversal con dos rectas, bien en el espacio comprendido entre ellas, bien en el espacio exterior a ellas.

alterón *m* (*reg*) Elevación del terreno.

alteroso -sa *adj* (*Mar*) [Proa o popa] muy alta. *Tb dicho del buque que las tiene.*

alteza *f* **1** (*lit*) Cualidad de alto¹ [5]. **b) ~ de miras.** Generosidad o nobleza de intención. ■ **2** *Se usa como tratamiento de príncipes o infantes, normalmente precedido de adj posesivo y frec seguido de un calificativo como* REAL, IMPERIAL, SERENÍSIMA. *Tb* (*hist*) *referido a algunos tribunales y corporaciones.*

altibajos *m pl* **1** Desigualdades del terreno. **b)** Desigualdades o cambios de altura en una superficie. ■ **2** Cambios de altura o de intensidad. ■ **3** Subidas y bajadas alternativas. ■ **4** Situaciones favorables y adversas que se alternan.

altillo *m* **1** *dim* → ALTO¹. ■ **2** Habitación situada en la parte más alta de la casa. ■ **3** Maletero, o departamento alto de un armario. **b)** *En gral:* Elemento que se superpone a un mueble para ganar

altura. ■ **4** Armario pequeño que se hace rebajando el techo. ■ **5** (*raro*) Entreplanta.

altimetría *f* (*E*) Estudio de las alturas de distintos puntos de la superficie terrestre.

altimétrico -ca *adj* (*E*) De (la) altimetría.

altímetro *m* (*E*) Instrumento que señala la altura respecto a un punto de referencia.

altiplanicie *f* Meseta muy extensa y de gran altitud.

altiplano *m* Altiplanicie. *Frec referido al de Bolivia.*

altipuerto *m* (*Aer*) Aeropuerto de alta montaña, en el que se aprovecha la pendiente del terreno.

altiricón -na *adj* (*reg*) Más alto de lo normal o adecuado.

altirucho -cha *adj* (*reg, desp*) Muy alto.

Altísimo. el ~. *m* (*lit*) Dios.

altisonancia *f* Cualidad de altisonante.

altisonante *adj* **1** [Estilo o modo de expresión] solemne y elevado, gralm. con afectación. ■ **2** [Cosa] dicha o escrita en estilo altisonante [1]. ■ **3** [Pers.] que se expresa de modo altisonante [1]. ■ **4** [Palabra o expresión] que evoca perss. o realidades importantes.

altisonantemente *adv* De manera altisonante.

altísono -na *adj* (*lit*) Altisonante.

altisonoro -ra *adj* (*lit, raro*) Altisonante.

altitud *f* **1** Distancia [de un lugar en la superficie terrestre] con respecto al nivel del mar. ■ **2** (*lit*) Altura o nivel. *En sent fig.*

altitudinal *adj* De (la) altitud [1].

altivamente *adv* De manera altiva.

altivez *f* Cualidad de altivo. **b)** Actitud altiva.

altiveza *f* (*raro*) Altivez.

altivo -va *adj* **1** [Pers.] orgullosa. **b)** Propio de la pers. altiva. ■ **2** (*lit*) [Cosa o animal] que por su grandiosidad, elevación o poderío evoca una impresión de orgullo.

alto¹ -ta I *adj* **1** Que tiene mayor medida vertical de la normal o adecuada o de la que tienen otros seres que forman serie con el nombrado. * *Es una chica alta.* **b)** *Con un adv comparativo:* Que tiene [mayor o menor] medida vertical. * *Es más alta que su hermana.* **c)** [Corriente o masa de agua] crecida. * *El agua está alta y la pesca es abundante.* **d)** Que llega más arriba de lo normal. * *Un suéter de cuello alto.* **e)** [Frente] de gran amplitud porque el nacimiento del pelo se presenta muy arriba. * *Tiene una frente alta coronada de cabello rubio.* **f)** [Horno] de cuba muy prolongada destinado a reducir los minerales de hierro. *Gralm antepuesto al n.* * *Los altos hornos.* **g)** (*Boxeo*) [Guardia] en que se protege la cabeza. * *Mantened la guardia alta.* **h) alta** [mar], [caja] **alta** → MAR, CAJA. ■ **2** Que está a mayor distancia en el espacio, con respecto al suelo u otra superficie tomada como referencia, de la normal o de la que tienen otros seres que forman serie con el nombrado. *Tb fig.* * *Hay nubes altas.* **b)** *Con un adv comparativo:* Que está a [mayor o menor] distancia en el espacio con respecto al suelo u otra superficie tomada como referencia. * *Esta bóveda es más alta.* **c)** [Astro] que se encuentra en la parte alta [2a] del firmamento por haber realizado gran parte de su recorrido aparente. * *El Sol ya estaba* alto. **d)** Que corresponde a la parte alta [2a] o está situado en ella. * Las localidades altas del teatro. **e)** Levantado o dirigido hacia arriba. * El toro se defendía con la cara alta. **f)** (*Taur*) Que se clava en la parte superior de la cruz. * Una estocada alta. **g) lo ~.** El cielo. * La inspiración que viene de lo alto. ■ **3** Que está a mayor distancia en la superficie terrestre, con respecto al nivel del mar, de la normal o de la que tienen otros seres que forman serie con el nombrado. * El pueblo está muy alto. **b)** *Con un adv comparativo:* Que está a [mayor o menor] distancia en la superficie terrestre con respecto al nivel del mar. * Uno de los picos más altos. **c)** De la parte alta [3a] [de un país o región]. *Precediendo a un adj o n relativo a esa región.* * El poema está escrito en alto alemán antiguo. **d)** [Río o corriente de agua] que está cerca del nacimiento. *Frec antepuesto al n propio de un río para designar esa parte de su curso.* * La región del alto Duero. ■ **4** Que tiene más relieve, volumen o intensidad de lo normal o medio. * Se vendió a un precio muy alto. **b)** *Con un adv comparativo:* Que tiene [más o menos] relieve, volumen o intensidad. * Paga una renta más alta que nosotros. **c)** [Voz] sonora o audible. * Dijo su nombre en voz alta. **d)** (*Electr*) [Tensión] de más de 250 voltios, esp. la de varios millares que existe entre los conductores de las líneas destinadas al transporte de energía. *Tb n f.* * Conductores de alta tensión. **e)** (*jerg*) Que está bajo el máximo efecto de la droga. * Quería ponerse alta, necesitaba picarse. ■ **5** Que tiene más calidad o importancia de la normal o media. * La alta autoridad del Tribunal. **b)** *Con un adv comparativo:* Que tiene [más o menos] calidad o importancia. * Nuestros logros más altos. **c)** [Traición] cometida contra la soberanía, la independencia o la seguridad del Estado. * Un delito de alta traición. **d)** De la categoría social más poderosa. * Tiene amistades en las altas esferas. **e)** [Pers.] de gran dignidad. * Los altos dignatarios de la Iglesia. **f)** [Cosa] noble o elevada. * La labor académica es una alta labor. **g)** [Cámara] **alta** → CÁMARA. ■ **6** *En un hotel o establecimiento similar:* [Temporada] de máxima afluencia de clientes. *Tb fig, fuera del ámbito hotelero.* * En temporada alta el hotel se llena. ■ **7** [Cosa] difícil de comprender o de alcanzar con la mente. * Es obra de un nivel especulativo muy alto. ■ **8** [Sonido o tono] agudo. *Tb n m.* * El signo representa tono alto. **b)** [Instrumento músico] caracterizado por un timbre más agudo frente a otras variedades del mismo. * Saxofón alto. ■ **9** De la época más antigua de un período de tiempo. *Referido esp a la Edad Media. Antepuesto al n.* * Los historiadores de la alta Edad Media. ■ **10** [Hora nocturna] avanzada. *Frec antepuesto.* * Volvíamos a casa a altas horas de la noche. ■ **11** [Animal hembra] en celo. * La zorra anda alta. ■ **12** (*Fon*) [Vocal] que se realiza con una posición de la lengua lo más cercana posible al paladar, pero sin impedir el paso del aire. *Se aplica normalmente a las vocales* [i] *y* [u]. **II** *m* **13** Lugar o parte altos [2a]. *Frec en pl.* **b) los ~s.** (*Taur*) La parte superior de la cruz de la res. ■ **14** Piso de los que están por encima del bajo. *Gralm en pl.* ■ **15** Pequeña elevación del terreno. ■ **16** Altura (dimensión vertical). *Frec en la constr* DE ~. ■ **17** (*hist*) Elemento de los que constituyen la labor del brocado. **III** *loc v* **18 írsele** [algo] **por ~** [a alguien]. Pasarle inadvertido. ■ **19 pasar por ~, pasársele por ~, picar ~** → PASAR, PICAR. **IV** *adv* **20** Arriba. * Más alto, el camino se bifurca. **b)** En lugar o puesto importante. *Tb* EN ~.

* Mantenía en alto los principios éticos. **c) en ~.** En posición elevada. * Ponle la cabeza en alto. ■ **21** En voz más alta [4] de la normal o media. * Es una persona que siempre habla alto. **b)** En voz sonora o audible. *Tb* (*pop*) EN ~. * No se puede hablar alto en el concierto. **c)** En tono enérgico. * No pueden hablar muy alto porque saben que no tienen razón. ■ **22** A precio más alto [4] de lo normal. *Gralm con el v* COTIZAR. *Tb fig.* * El oro se cotiza alto. **b)** *Con un adv comparativo:* A [mayor o menor] precio. * La pintura antigua se cotiza más alto que la moderna. ■ **23 de ~ abajo.** De arriba abajo. * Lo miró de alto abajo. ■ **24 por ~.** (*Taur*) Por encima de los cuernos del toro. *Tb adj.* * Dos pases ayudados por alto. ■ **25 por (lo) ~.** De manera aproximada y más bien por exceso. *Referido a cálculo.* * Calculando por alto, serán unos doscientos. ■ **26 por todo lo ~.** (*col*) Con magnificencia, lujo o esplendidez. *Tb adj. Tb fig.* * Lo celebraron por todo lo alto.

alto² **I** *interj* **1** *Se usa para ordenar a alguien que se detenga. Tb n m, designando la voz con que se ordena, gralm en la constr* DAR EL ~. ■ **2** *Se usa para interrumpir a alguien en sus afirmaciones o razonamientos. Frec* ~ AHÍ. **II** *m* **3** Detención o parada. *Gralm en la constr* HACER (UN) ~. ■ **4 ~ el fuego.** (*invar*) Suspensión de hostilidades.

altoaragonés -sa **I** *adj* **1** Del Alto Aragón. *Tb n, referido a pers.* **II** *m* **2** Alto aragonés (dialecto, → ARAGONÉS).

altoatesino -na *adj* De la región italiana del Alto Adigio. *Tb n, referido a pers.*

altocúmulo *m* (*Meteor*) Cúmulo situado entre los 2.000 y 7.000 m. *Gralm en pl.*

altocúmulus *m* (*Meteor*) Altocúmulo.

altoestrato *m* (*Meteor*) Capa de nubes grisáceas o azuladas y de aspecto fibroso o uniforme, situada entre los 2.000 y los 7.000 m.

altomedieval *adj* De la alta Edad Media.

altonavarro *m* Dialecto vascuence de la Alta Navarra.

altoparlante *m* (*raro*) Altavoz.

altorrelieve (*tb, más raro, con la grafía* **alto relieve**) *m* (*Escult*) Relieve en que las figuras salen del plano más de la mitad de su bulto.

altosaxofonista *m y f* Músico que toca el saxofón alto.

altostrato *m* (*Meteor*) Altoestrato.

altostratus *m* (*Meteor*) Altoestrato.

altozano *m* Cerro aislado en un terreno llano.

altramuz *m* **1** Planta herbácea de hojas compuestas, flores blancas y fruto en legumbre con semillas de sabor amargo, que se cultiva esp. como alimento del ganado (*Lupinus albus*). *Tb* ~ COMÚN O BLANCO. *A veces con un adj especificador, designa otras especies del gén Lupinus:* ~ AMARILLO (*L. luteus*), ~ AZUL (*L. angustifolius*), *etc.* **b)** ~ **hediondo**, *o* **del diablo.** Hediondo (arbusto). ■ **2** Semilla del altramuz [1a], utilizada como alimento humano una vez quitado el amargor con agua y sal.

altruismo *m* Interés por conseguir el bien de los demás aun a costa del propio.

altruista *adj* **1** De(l) altruismo o que lo implica. ■ **2** [Pers.] que tiene o muestra altruismo. *Tb n.*

altruistamente *adv* De manera altruista [1].

altruísticamente *adv* (*raro*) De manera altruística.

altruístico -ca *adj* (*raro*) Altruista [1].

altura I *f* 1 Dimensión vertical [de una pers. o cosa]. *Tb su medida.* **b)** Medida vertical que se estima correspondiente a un piso en un edificio. **c)** Profundidad [del agua]. **d)** (*Geom*) Perpendicular desde el punto más alto [de una figura o un cuerpo] a la base. **e)** (*Impr*) Longitud de la letra desde el pie hasta el ojo. ■ 2 Distancia en el espacio con respecto al suelo o a otra superficie tomada como referencia. **b)** (*Fon*) Grado de aproximación de la lengua al paladar en la articulación de una vocal. ■ 3 Altitud (distancia con respecto al nivel del mar). ■ 4 Lugar alto[1] [1a y 2a]. **b)** Zona de terreno más alta que lo que la rodea. **c)** *En pl:* Cielo. *En sent físico y religioso.* **d)** *En pl:* Centros del poder político. ■ 5 Cualidad de alto[1] [4, 5, 7, 8 y 12]. ■ 6 Punto [de algo que se extiende en el espacio o en el tiempo]. *Gralm en constrs como* A LA ~ DE + *n,* A ESTA ~. *Referido a narración o proceso, frec en la constr* A ESTAS ~S. ■ 7 Punto situado paralelamente [frente a alguien o algo (*compl de posesión*)]. *Gralm en la constr* A LA ~ DE + *n.*
    II *loc adj* 8 de ~. [Pesca] que se realiza en alta mar, lejos de la costa. **b)** De (la) pesca de altura. **c)** [Navegante] especializado en la navegación en alta mar.
    III *loc adv* 9 a la ~ del betún. (*col*) En situación poco airosa. *Frec con los vs* QUEDAR, DEJAR *o* ESTAR.
    IV *loc prep* 10 a la ~ de. Sin desmerecer de. ■ 11 a la ~ de. Comportándose de la manera más adecuada a, o a tono con.

alturano -na *adj* De Altura (Castellón). *Tb n, referido a pers.*

alubia I *n* A *f* 1 Judía (planta, fruto y semilla). **B** *m o f* 2 (*reg*) Hombre pillo.
    II *loc adj* 3 [Hoja] de ~ → HOJA.

alubiada *f* Comida consistente en gran cantidad de alubias.

alubial *m* Campo sembrado de alubias.

alubiero -ra *adj* De (la) alubia.

alubión *m* Variedad de alubia de gran tamaño.

alucerado -da *adj* [Caballería] que tiene una mancha blanca en la frente. **b)** [Frente de una caballería] que tiene una mancha blanca.

aluche *m* (*reg*) Lucha entre mozos o animales. *Esp designa la lucha leonesa.*

aluciado -da *adj* (*reg*) 1 *part* → ALUCIAR. ■ 2 Brillante o lustroso.

aluciar (*conjug* 1a) *tr* (*reg*) 1 Limpiar o abrillantar. ■ 2 Aguzar [una herramienta].

alucinación *f* 1 Acción de alucinar(se). ■ 2 Sensación subjetiva percibida sin que exista un objeto o estímulo real.

alucinado -da *adj* 1 *part* → ALUCINAR. ■ 2 De (la) alucinación [2] o que la implica. ■ 3 Que padece alucinaciones [2]. **b)** Propio de la pers. alucinada. ■ 4 Loco o enloquecido.

alucinador -ra *adj* Que alucina [1 a 4].

alucinante *adj* 1 Que alucina [1 a 4, esp. 4]. **b)** Asombroso o increíble. *Con intención ponderativa.* ■ 2 Propio de alucinación.

alucinantemente *adv* De manera alucinante.

alucinar A *tr* 1 Fascinar [a alguien], o cautivar el interés o la atención [de alguien (*cd*)]. *Frec con intención ponderativa. Tb fig.* ■ 2 Asombrar o deslumbrar [a alguien]. *Tb abs.* **b)** Deslumbrar [la vista (*cd*)]. ■ 3 Inducir [a alguien] a creer y tener por cierto lo que no lo es. ■ 4 Causar alucinaciones [2] [a alguien (*cd*)]. *Frec abs.*
    B *intr* ➤ a *normal* 5 (*col*) Quedar atónito. ■ 6 (*col*) Volverse loco [con alguien o algo]. *En sent fig y gralm con intención ponderativa. Tb pr (~se).* **b)** Gozar o disfrutar. ■ 7 Hallarse [alguien] bajo los efectos de la droga. ■ 8 Sufrir alucinaciones [2]. ➤ b *pr (~se)* 9 Asombrarse o maravillarse. ■ 10 Dejarse deslumbrar.

alucinatorio -ria *adj* 1 Propio de la alucinación [2]. ■ 2 (*raro*) Alucinógeno.

alucine I *m* (*col*) 1 Asombro o deslumbramiento. ■ 2 Efecto producido por la droga.
    II *loc adj* 3 de ~. Asombroso o increíble. *Con intención ponderativa. Tb adv.*

alucinógeno -na *adj* Que causa alucinaciones [2]. *Tb n m, referido a agente o producto.*

alud *m* Masa grande de nieve que se precipita por la ladera de una montaña. *Frec fig, acompañado en este caso, normalmente, por un compl especificador.*

aludido -da I *adj* 1 *part* → ALUDIR.
    II *loc v* 2 darse por ~. Considerarse o mostrarse [alguien] enterado de una alusión que se refiere o parece referirse a él.

aludir A *intr* 1 Relacionar [alguien (*suj*)] lo que dice o escribe (*compl* CON) con una pers. o cosa (*compl* A)] sin mencionar[la] expresamente. **b)** Mostrar [una palabra o una cosa dicha o escrita (*suj*)] relación, a veces velada o encubierta, [con alguien o algo (*compl* A)]. ■ 2 Citar o mencionar [a alguien o algo (*compl* A)]. **b)** Tratar [alguien o algo (*suj*)] de una pers. o cosa (*compl* A)] o hablar [de ella (*compl* A)].
    B *tr* 3 Aludir [1 y 2] [a alguien o algo (*cd*)].

aludo -da *adj* 1 [Sombrero] de anchas alas. ■ 2 [Hormiga] que tiene alas. *Tb n f.*

aluego *adv* (*pop*) Luego.

alujero -ra *adj* (*reg*) Bromista o festero.

alumbrado[1] -da *adj* 1 *part* → ALUMBRAR. ■ 2 (*col*) Borracho. **b)** Propio de la pers. alumbrada. ■ 3 (*Rel catól*) Seguidor de la secta española del s. XVI que sostiene que la oración basta para la perfección, sin que sean necesarios los sacramentos y las buenas obras. *Gralm n.*

alumbrado[2] I *m* 1 Acción de alumbrar [1a y b]. *Tb su efecto.* ■ 2 Conjunto de luces destinadas a alumbrar [1a y b], esp. las vías o los parajes públicos.
    II *loc adj* 3 de(l) ~. [Gas] de hulla utilizado para el alumbrado público y usos domésticos.

alumbrador -ra *adj* Que alumbra. *Tb n, referido a pers.*

alumbramiento *m* Acción de alumbrar [3, 4 y 5].

alumbrante *m y f* (*raro*) Pers. que participa en una procesión llevando luces.

alumbrar A *tr* 1 Proyectar luz [sobre un lugar (*cd*)]. *Tb abs.* **b)** Proporcionar luz [a alguien o algo (*cd*)]. *Tb abs. Tb fig.* **c)** Iluminar [algo o a alguien] en señal de devoción. ■ 2 Encender [una luz] o hacer que luzca. **b)** (*reg*) Encender [un cigarro o algo similar]. ■ 3 Parir [un hijo]. *Tb fig.*

b) Engendrar o producir [algo inmaterial]. **c)** (*raro*) Producir [una cosa (*suj*) algo que sale de ella misma]. ■ **4** Descubrir y sacar a la superficie [algo que estaba bajo tierra]. **b)** Excavar o abrir [un pozo]. ■ **5** Sacar a la luz o poner de manifiesto [algo].
B *intr* ➤ **a** *normal* **6** Brillar o lucir. ■ **7** Nacer. *En sent fig.*
➤ **b** *pr* (~se) **8** Iluminarse o llenarse de luz. *Tb fig.* ■ **9** (*col*) Emborracharse.

alumbre *m* (*Quím*) Sulfato doble alumínico potásico, que tiene diversas aplicaciones industriales y farmacéuticas. **b)** *En gral:* Sulfato doble de un metal trivalente y un metal alcalino.

alúmina *f* (*Quím*) Óxido de aluminio.

aluminado *m* (*Metal*) Operación de recubrir con una capa de aluminio.

aluminato *m* (*Quím*) Sal resultante de la combinación de la alúmina hidratada con un óxido metálico.

aluminero -ra *adj* **1** De(l) aluminio. ■ **2** De (la) alúmina.

alumínico -ca *adj* **1** [Complejo o planta] de fabricación de aluminio. ■ **2** (*Quím*) De(l) aluminio. *Esp referido a sales.*

aluminio I *m* **1** Metal, de número atómico 13, ligero, dúctil y maleable, de color y brillo parecidos a los de la plata.
II *loc adj* **2** [Papel] **de ~** → PAPEL.

aluminizar *tr* (*Metal*) Tratar o recubrir [algo] con aluminio. *Gralm en part.*

aluminosis *f* (*Constr*) Cierta alteración del cemento aluminoso que reduce su resistencia.

aluminoso -sa *adj* (*Constr*) [Cemento] que contiene aluminio, muy resistente y usado esp. para hormigones refractarios. **b)** De cemento aluminoso.

aluminotermia *f* (*Metal*) Método de obtención de determinados metales, por reducción de sus óxidos mediante aluminio en polvo elevado a altas temperaturas.

aluminotérmico -ca *adj* (*Metal*) De (la) aluminotermia o que se realiza mediante ella.

alumnado *m* Conjunto de los alumnos.

alumno -na *m y f* Pers. que recibe enseñanza [de otra pers. o en un centro (*compl de posesión*)].

alunado¹ -da *adj* **1** *part* → ALUNAR. ■ **2** Lunático. *Tb n.*

alunado² -da *adj* [Jabalí] que, por ser viejo, tiene los colmillos muy crecidos y en forma de media luna. **b)** [Colmillo del jabalí] muy crecido y en forma de media luna.

alunar *tr* (*raro*) Causar un efecto pernicioso [sobre alguien o algo (*cd*)] la Luna o su luz].

alunizaje *m* **1** Acción de alunizar. ■ **2** (*jerg*) Rotura de la luna del escaparate de una tienda para entrar a robar en ella.

alunizar *intr* Posarse en la superficie de la Luna [una nave espacial]. *A veces el suj es el piloto o los ocupantes.*

alusión *f* Acción de aludir, esp. sin mención explícita. *Tb su efecto.*

alusivamente *adv* De manera alusiva.

alusivo -va *adj* Que contiene alusión [a alguien o algo]. *Tb sin compl, por consabido.*

alustrar *tr* (*raro*) Lustrar, o dar lustre.

aluvial *adj* De aluvión. **b)** [Llanura] formada por aluvión [1].

aluviar *adj* **1** Aluvial. ■ **2** (*Geol*) [Período] holoceno. *Tb n m.*

aluvión I *m* **1** Material arrastrado y depositado por una corriente de agua. ■ **2** Afluencia extraordinaria [de perss. o cosas].
II *loc adj* **3 de ~.** (*Geol*) [Terreno] formado por acumulación de aluviones [1]. **b)** *Fuera del ámbito técn:* [Conjunto de perss. o cosas] de distintas procedencias y sin un factor de unificación. ■ **4 de ~.** (*lit, raro*) Improvisado.

aluvional *adj* Aluvial.

álveo *m* Cauce [de un río u otra corriente de agua].

alveolado -da *adj* Que tiene alveolos [1]. **b)** (*Arte*) [Esmalte] hecho con pequeñas láminas que forman tabiques o celdillas.

alveolar *adj* **1** De(l) alveolo o de (los) alveolos. ■ **2** Que tiene alveolos. ■ **3** (*Anat*) Que tiene forma de alveolo [3]. ■ **4** (*Fon*) Que se articula poniendo en contacto la lengua con los alveolos [2] superiores.

alveolo (*tb* **alvéolo**) *m* **1** Celdilla, esp. de un panal. ■ **2** (*Anat*) Cavidad de las que, en el maxilar, sirven para alojar los dientes. ■ **3** (*Anat*) Pequeña cavidad en que terminan las ramificaciones bronquiales.

alverja *f* Arveja (planta).

alverjana *f* Arvejana (planta y semilla).

alverjón *m* Arvejón (planta y semilla).

alvilla *f* (*reg*) Arvilla o guisante.

alza I *f* **1** Hecho de subir [un precio, un valor o aquello que lo tiene]. *Tb fig. Frec en la constr* EN ~. **b)** ~**s y bajas.** (*lit, raro*) Altibajos, o subidas y bajadas alternativas. ■ **2** Pieza que se usa para añadir altura a una cosa, esp. a los zapatos o a las colmenas. ■ **3** *En un arma de fuego:* Aparato para precisar la puntería, que frec. consiste en una regla graduada situada en la parte superior del cañón.
II *loc adj* **4 al ~.** [Operación mercantil o bursátil] que se realiza previendo subida en los precios o cotizaciones. *Tb adv.*

alzacristales *m* Elevalunas.

alzacuello (*tb, semiculto,* **alzacuellos**) *m* Cuello, propio de los sacerdotes cristianos, consistente en una tira de tela blanca endurecida, cerrada por delante.

alzada I *f* **1** Acción de alzar [1a, 3 y 7]. ■ **2** Estatura de una caballería, medida desde la mano hasta lo más alto de la cruz. **b)** (*humoríst*) Estatura de persona. **c)** *En gral:* Altura. ■ **3** (*Der*) Apelación.
II *loc adj* **4** [Vaqueiro] **de ~** → VAQUEIRO.

alzado¹ -da *adj* **1** *part* → ALZAR. ■ **2** [Cantidad de dinero] convenida en forma global, sin evaluar los detalles. **b)** [Tanto] ~ → TANTO. ■ **3** (*lit*) Alto o elevado. *Frec fig.* ■ **4** (*Rel catól*) [Cruz] montada sobre un mástil que se lleva en procesiones.

alzado² *m* **1** Operación de alzar [3 y 10]. ■ **2** (*Arquit*) Representación gráfica de un edificio según un plano vertical perpendicular a la base y prescindiendo de la perspectiva. **b)** Conjunto de elementos verticales en un edificio o construcción.

alzador -ra *adj* (*Impr*) Que alza [10]. *Frec n, m o f, referido a dispositivo o máquina.*

alzadura *f* (*raro*) Acción de alzar [5].

alzamiento *m* **1** Acción de alzar(se) [1, 5, 7, 8 y 16]. ■ **2 ~ de bienes.** (*Der*) Delito que comete quien sustrae fraudulentamente sus bienes a la acción de los acreedores.

alzapaño (*tb* **alzapaños**) *m* Pieza, gralm. de metal, que se clava en la pared para tener recogida la cortina. **b)** Cordón o banda de tela con que se sujeta la cortina al alzapaño.

alzapié *m* Banqueta pequeña, usada esp. para tener en alto los pies cuando se está sentado.

alzapón *m* (*reg*) Tapa de paño que cubre la abertura delantera de los calzones.

alzaprima *f* Palanca para levantar o remover objetos pesados, consistente en una barra de hierro o madera.

alzaprimar *tr* Dar mayor realce o importancia [a algo (*cd*)].

alzar A *tr* **1** Levantar (mover [a alguien o algo] hacia arriba, o poner[lo] en un lugar más alto). *Tb fig. Tb abs.* **b)** Dirigir hacia arriba [algo, esp. los ojos o la mirada]. **c)** (*Rel catól*) *En la misa:* Elevar [la hostia y el cáliz] después de su consagración. *Frec abs, a veces sustantivado con art.* **d)** **~ la mano**, **~ los hombros**, **~se de hombros** → MANO, HOMBRO. **e)** *pr* (**~se**) Moverse hacia arriba, o dirigirse hacia arriba. ■ **2** Subir o aumentar el valor o intensidad [de algo (*cd*)]. **b)** Subir el volumen [de la voz (*cd*)]. *Tb fig.* **c)** **~ la voz** → VOZ. ■ **3** Dar la primera vuelta [a la tierra o al rastrojo (*cd*)]. *Tb abs.* ■ **4** Levantar (poner [a alguien o algo] en posición vertical). *Frec el cd es refl; en este caso, y en forma imperat, se usa a veces* (*col*) *como abs.* ■ **5** Construir o edificar. *Tb fig.* ■ **6** Producir o causar [algo]. ■ **7** Retirar o quitar [una cosa] de donde está. **b)** **~ la mesa** → MESA. **c)** (*reg*) Guardar, o poner en recaudo. ■ **8** (*Der*) Suspender o dejar sin efecto [algo, esp. un castigo o una prohibición]. ■ **9** (*Naipes*) Cortar. *Frec abs. A veces* CORTAR Y ~, *o* → Y CORTAR. ■ **10** (*Impr*) Colocar [los pliegos] por orden para formar los tomos y proceder a su encuadernación. *Tb abs.*

B *intr* ➤ **a** *normal* **11** Alcanzar [la altura que se indica (*compl adv sin prep que expresa medida*)]. ■ **12** (*Econ*) Subir o aumentar de valor [algo (*suj*)]. *Con un compl adv sin prep que expresa cantidad.*

➤ **b** *pr* (**~se**) **13** Alcanzar [determinada altura (*compl adv*)]. ■ **14** Sobresalir del suelo [una construcción o un relieve]. **b)** Destacar o descollar. ■ **15** Quedarse [con algo] o adueñarse [de ello (*compl* CON)]. ■ **16** Sublevarse. *Tb fig.* **b)** **~se en armas.** Sublevarse emprendiendo la lucha armada. ■ **17** (*Der*) Apelar [de algo ante alguien]. *Tb sin compl* DE, *por consabido.*

Alzheimer (*pronunc corriente*, /alθéimer/) (*Med*) **I** *loc adj* **1 de ~.** [Enfermedad] caracterizada por atrofia cerebral, que se presenta en la edad senil y acompañada de demencia.
II *m* **2** Enfermedad de Alzheimer [1].

AM (*sigla; pronunc corriente*, /á-éme/) *f* (*Radio*) Modulación de amplitud. *En el uso corriente designa la onda media.*

ama[1] *f* **1** Mujer que está al servicio de una casa para cuidar a un niño pequeño. *Tb* → SECA. ■ **2** Mujer que está al servicio de una casa para amamantar a un bebé. *Tb* **~ DE CRÍA** *o* → DE LECHE. ■ **3** Mujer que está al servicio de un eclesiástico para dirigir sus asuntos domésticos. ■ **4 ~ de llaves.** Mujer que está al servicio de una casa para dirigir los asuntos domésticos.

ama[2] → AMO.

amabilidad **I** *f* **1** Cualidad de amable, *esp* [1]. **b)** Actitud amable [1b]. ■ **2** Hecho o dicho amable [1b].
II *fórm or* **3 ¿tendría la ~ de +** *infin*? *Fórmula de petición cortés.*

amabilizar *tr* (*raro*) Hacer amable [1b y 2] [algo]. **b)** *pr* (**~se**) Hacerse amable [algo].

amable **I** *adj* **1** [Pers.] que procura complacer a los demás. **b)** Propio de la pers. amable. ■ **2** [Cosa] agradable o grata. ■ **3** (*raro*) Digno de ser amado.
II *fórm or* **4 muy ~,** *o* **es usted muy ~.** *Fórmula de agradecimiento cortés.* ■ **5 sería (usted) tan ~, si es (usted) tan ~,** *o* **si fuera (usted) tan ~, de +** *infin o prop con* QUE. *Fórmulas de petición cortés.*

amablemente *adv* De manera amable [1b].

amachambrar *tr* (*raro*) Machihembrar. *Tb fig.*

amadamado -da *adj* (*lit, raro*) **1** Afeminado. ■ **2** Delicado o remilgado.

amadeísta *adj* (*hist*) Partidario de Amadeo de Saboya (rey de España de 1870 a 1873). *Tb n.* **b)** Propio de los amadeístas.

amadeo *m* (*hist*) Duro amadeo (→ DURO).

amaderado -da *adj* De olor que recuerda al de la madera.

amado → AMAR.

amador -ra *adj* (*lit*) [Pers.] que ama [a alguien o algo (*compl de posesión*)]. *Tb n. Tb sin compl.*

amadrigar A *tr* **1** (*raro*) Albergar o alojar.
B *intr pr* (**~se**) **2** Meterse en la madriguera. *Tb fig.*

amadrinar A *tr* **1** Actuar como madrina [de alguien o algo (*cd*)]. *Usado en part, referido a pers, frec se sustantiva.*
B *intr pr* (**~se**) **2** Acostumbrarse a andar juntas [dos caballerías, o una con otra]. *Tb fig, referido a pers.*

amaestrador -ra *m y f* Pers. que amaestra.

amaestramiento *m* Acción de amaestrar. *Tb fig.*

amaestrar *tr* **1** Enseñar [a un animal (*cd*)] a hacer habilidades. *Tb fig, frec irónico, referido a pers.* ■ **2** (*raro*) Adiestrar o enseñar [a alguien]. *A veces con un compl* EN.

amagador -ra *adj* Que amaga (→ AMAGAR[1]).

amagar[1] A *intr* **1** Hacer ademán de herir o golpear. ■ **2** Amenazar o presentarse como inminente [algo negativo].
B *tr* **3** Hacer ademán de dar [un golpe] o causar [una herida]. ■ **4** Mostrar intención o disposición de hacer [algo]. *Tb abs.* ■ **5** Amenazar [a una pers., animal o cosa con algo]. *Frec abs. Tb sin compl. Tb fig.*

amagar[2] A *tr* **1** Esconder u ocultar.
B *intr pr* (**~se**) **2** Agacharse escondiéndose, o agazaparse. *Tb fig.*

amagatorio *m* (*reg*) Escondite (lugar apropiado para esconderse).

amago[1] *m* **1** Acción de amagar[1]. ■ **2** Comienzo [de algo] que no llega a pleno desarrollo.

amago[2] *m* (*reg*) Escondite (lugar).

ámago → HÁMAGO.

amaguado -da *adj* (*reg*) Triste o desconsolado.

amainar (*conjug* 1e) **A** *intr* **1** Moderarse o ceder en su violencia [un fenómeno atmosférico, esp. el viento]. **b)** Perder [algo] fuerza o intensidad. ■ **2** Ceder [alguien] en su impulso o en su cólera. *Tb pr* (**~se**). **B** *tr* **3** Moderar [algo] o hacer que amaine [1b]. ■ **4** Bajar [algo previamente alzado].

amaiquetaco *m* (*reg*) Bocadillo o tentempié que se toma a media mañana.

amaitinar *tr* (*lit, raro*) Observar o estudiar.

amajadar *intr* Detenerse o albergarse en una majada.

amalecita *adj* (*hist*) Del pueblo bíblico descendiente de Amalec, nieto de Esaú, y habitante del sur de la península del Sinaí. *Frec como n m en pl.*

amalfitano -na *adj* De Amalfi (Italia). *Tb n, referido a pers.*

amalgama *f* **1** Aleación de mercurio y otro metal. ■ **2** Mezcla de cosas heterogéneas y a veces contrarias. *A veces con intención desp.* ■ **3** (*Ling*) Fusión, en un significante, de dos significados habitualmente representados por dos significantes distintos.

amalgamación *f* **1** Acción de amalgamar(se). ■ **2** (*Metal*) Operación de extraer, por medio del mercurio, un metal noble del mineral que lo contiene.

amalgamador *m* (*Metal*) Aparato para realizar la amalgamación [2].

amalgamar *tr* Mezclar o combinar [cosas diversas]. **b)** *pr* (**~se**) Mezclarse o combinarse [cosas diversas].

amalvar *tr* (*lit, raro*) Dar [a algo (*cd*)] tonalidad malva.

amamantadora *adj* [Mujer o hembra] que amamanta.

amamantamiento *m* Acción de amamantar.

amamantar *tr* **1** Dar de mamar [a un bebé o a una cría (*cd*)]. ■ **2** (*lit*) Alimentar intelectualmente.

amán *m Entre los árabes:* Gracia o seguridad que pide el que se rinde.

amancebamiento *m* Acción de amancebarse. *Tb su efecto.*

amancebarse *intr pr* Unirse en vida marital [dos perss., o una con otra] sin haber contraído matrimonio.

amanecer[1] (*conjug* 11) *intr* ➤ **a** *impers* **1** Salir el Sol o hacerse de día.
➤ **b** *personal* **2** Hacer [Dios] que salga el Sol. ■ **3** Iniciarse [el día, la mañana o el alba). **b)** (*lit*) Empezar [un período de tiempo]. ■ **4** Encontrarse [una pers. o cosa en algún lugar o circunstancia] al tiempo de salir el Sol. ■ **5** Despertarse o comenzar el día [una pers.]. **b)** (*lit*) Tener [una pers.] su primer contacto o relación [con algo (*compl* A)]. ■ **6** Nacer o surgir [una cosa]. ■ **7** Aparecer o presentarse, esp. de modo inesperado.

amanecer[2] *m* Hecho de amanecer[1], esp [1 y 3]. *Tb se llama así el tiempo que dura este hecho.*

amanecida *f* Amanecer[2], o momento en que amanece[1] [1].

amaneciente *adj* (*lit*) Que amanece.

amanerado -da *adj* **1** *part* → AMANERAR. ■ **2** Falto de naturalidad o monótono por la sujeción a un estilo o a unas formas. ■ **3** De apariencia afeminada.

amaneramiento *m* Hecho de amanerar(se). *Tb su efecto.*

amanerar *tr* Hacer amanerado [2 y 3] [a alguien o algo]. **b)** *pr* (**~se**) Hacerse amanerado [alguien o algo].

amanillado *m* (*reg*) Acción de amanillar [1].

amanillar *tr* **1** (*reg*) Poner en manojos [el tabaco]. ■ **2** (*jerg*) Esposar [a una pers.].

amanita *f* Hongo de los pertenecientes al gén. *Amanita*, algunas de cuyas especies son comestibles y otras venenosas.

amanitina *f* (*Quím*) Sustancia tóxica que constituye el principio activo de las amanitas.

amanojar *tr* Poner en manojo. *Frec fig.*

amansador -ra *adj* Que amansa. *Tb n, referido a pers.*

amansamiento *m* Acción de amansar(se).

amansar *tr* **1** Hacer manso y dócil [a un animal]. **b)** *pr* (**~se**) Hacerse manso y dócil [un animal]. ■ **2** Hacer mansa o apacible [a una pers.]. **b)** *pr* (**~se**) Hacerse mansa o apacible [una pers.]. ■ **3** Apaciguar o calmar [la ira, la fiereza o la violencia, o a alguien o algo que las muestra]. **b)** *pr* (**~se**) Apaciguarse o calmarse [la ira, la fiereza o la violencia, o alguien o algo que las muestra]. ■ **4** Hacer menos vivo o intenso [algo, esp. el dolor]. **b)** *pr* (**~se**) Hacerse menos vivo o intenso [algo].

amansardado -da *adj* Que tiene forma de mansarda.

amantadina *f* (*Med*) Sustancia química usada como profiláctica para determinadas afecciones gripales.

amante I *adj* **1** Que ama [a alguien o algo (*compl* DE)]. **b)** Propio de la pers. amante. ■ **2** (*lit*) Amado o querido. *Frec en forma superl.*
II *m y f* **3** Pers. que mantiene relaciones sexuales [con otra (*compl de posesión*)] fuera del matrimonio. *Tb en pl, sin compl.* ■ **4** (*lit*) Pers. enamorada. ■ **5** (*reg*) Se usa como vocativo cariñoso, esp referido a niños.

amantillado -da *adj* Que lleva mantilla.

amanuense I *m y f* **1** Pers. que tiene por oficio escribir a mano, al dictado o copiando en limpio escritos ajenos.
II *adj* (*raro*) **2** [Cosa] propia del amanuense [1].

amanzanado -da *adj* De aspecto de manzana.

amañado -da I *adj* **1** *part* → AMAÑAR. ■ **2** Mañoso, o que tiene buena maña. *Tb* (*reg*) BIEN ~.
II *m y f* **3** bien ~. (*reg*) Curandero.

amañamiento *m* (*raro*) Acción de amañar. *Tb su efecto.*

amañar *tr* **1** Arreglar o preparar [algo] con habilidad y gralm. con engaño o por medios poco honrados. ■ **2** Arreglar o aliñar [el aspecto físico de alguien o algo]. *A veces el cd es refl.* ■ **3** Hacer mañoso o hábil.

amaño *m* **1** Acción de amañar [1]. *Tb su efecto.* ■ **2** Maña o habilidad.

amapola A *f* **1** Planta herbácea, con tallo derecho de hasta 60 cm y flores de cuatro pétalos de color rojo vivo, que nace espontánea en sembrados (*Papaver rhoeas*). *Tb su flor*. **b)** *Se usa frec en constrs de sent comparativo para ponderar la rojez*. ▪ *2 Seguido o no de distintos especificadores, también se da este n a otras plantas del gén Papaver u otros, caracterizadas por sus flores semejantes a la de la amapola* [1]: ~ MORADA (*Roemeria hybrida*), ~ OBLONGA (*Papaver dubium*), etc.

B *m y f* **3** (*col*) Rojo (pers. izquierdista).

amapolar *tr* (*lit, raro*) Enrojecer. *Tb pr* (~se).

amar *tr* (*lit*) **1** Tener amor (atracción o sentimiento) [a alguien o algo (*cd*)]. *Con suj pl, frec con cd recípr*. **b)** *Frec en part con función adj, a veces sustantivado designando pers hacia la que se siente atracción basada en el sexo*. ▪ **2** Realizar el acto sexual [con otra pers. (*cd*)]. *Frec con suj pl y cd recípr. Tb referido a animales*. ▪ **3** Requerir o necesitar [una cosa (*suj*)] algo (*cd*), esp. determinadas condiciones]. ▪ **4** (*raro*) Querer o desear [alguien algo].

amaracino *adj* [Ungüento] cuyo principal ingrediente es el amáraco o mejorana.

amáraco *m* Mejorana (planta).

amaradulce *f* Dulcamara (planta).

amaraje *m* Acción de amarar.

amaranto *m* **1** Planta herbácea de hojas alternas alargadas y flores de colores vistosos, gralm. purpúreas (gén. *Amaranthus*). *Tb la flor*. **b)** *Con un adj especificador, designa otras especies*: ~ AMARILLO (*Helichrysum stoechas*), ~ RASTRERO (*Euxolus deflexus*), ~ REDONDO (*Gomphrena globosa*). ▪ **2** Color purpúreo propio de la flor del amaranto [1a]. *Tb adj*.

amarar *intr* Posarse en la superficie del mar [un vehículo aéreo o espacial]. *A veces el suj es el piloto o los ocupantes*.

amarfilar *tr* (*raro*) Dar color de marfil [a algo (*cd*)].

amargacenas *m* (*reg*) Viento frío propio de los atardeceres de verano.

amargado -da *adj* **1** *part* → AMARGAR. ▪ **2** [Pers.] de carácter triste, huraño y resentido por las desgracias o fracasos. *Tb n*. **b)** Propio de la pers. amargada.

amargaleja *f* Endrino (arbusto).

amargalejo. ciruelo ~ → CIRUELO.

amargamente *adv* Con tristeza o amargura. *Frec con el v* LLORAR.

amargamiel *f* Dulcamara (planta).

amargar **A** *tr* **1** Dar [a algo (*cd*)] sabor amargo [1]. *Tb fig*. **b)** *pr* (~se) Tomar sabor amargo. *Tb fig*. ▪ **2** Llenar [algo] de disgusto o aflicción. ▪ **3** Hacer que [algo (*cd*)] denote disgusto o aflicción. **b)** *pr* (~se) Pasar a denotar disgusto o aflicción. ▪ **4** Disgustar o afligir [a alguien]. **b)** *pr* (~se) Disgustarse o afligirse. ▪ **5** Hacer [las desgracias o los fracasos (*suj*)] que [alguien (*cd*)] pase a tener un carácter triste, huraño y resentido.

B *intr* **6** Tener sabor amargo [1].

amargaza *f* Matricaria (planta).

amargo -ga *adj* **1** [Sabor] desagradable característico de la hiel. *Tb n m. Frec fig*. **b)** [Olor o humo] desagradable y que evoca el sabor amargo. ▪ **2** Que tiene sabor amargo [1]. **b)** *Se usa como especificador de algunas plantas o frutos caracterizados por su sabor amargo*. **c)** [Pepinillo] ~ → PEPINILLO. **d)** (*raro*) [Fruto] de sabor desagradable por no estar

maduro. ▪ **3** Que causa o lleva consigo disgusto o aflicción. **b)** [Dolor o pesar] fuerte o intenso. ▪ **4** Que manifiesta o denota disgusto o aflicción. ▪ **5** [Pers.] disgustada o afligida. ▪ **6** [Pers.] dura y desagradable en su trato o comportamiento. **b)** Que denota dureza o acritud.

amargón *m* Achicoria (planta, *Cichorium intybus y Taraxacum officinale*).

amargor *m* Cualidad de amargo, *esp* [2].

amarguero *adj* [Espárrago] que crece en terrenos incultos y tiene sabor amargo.

amarguillo *m* Dulce de almendras amargas.

amargura *f* **1** Sentimiento de disgusto o aflicción. ▪ **2** Cualidad de amargo, *esp* [3 a 6]. ▪ **3** Cosa amarga [3a].

amaricado -da *adj* (*col*) Amariconado.

amárico *m* Lengua semítica oficial de Etiopía.

amariconado -da *adj* (*col*) **1** *part* → AMARICONAR. ▪ **2** [Hombre] que es o parece marica. ▪ **3** Propio de marica, o que parece de marica. *Tb fig*.

amariconamiento *m* (*col*) Cualidad de amariconado [1 y 2].

amariconar *tr* (*col*) **1** Convertir [a alguien] en marica o afeminado, o hacer que lo parezca. **b)** *pr* (~se) Convertirse en marica, o empezar a parecer marica. ▪ **2** Dar [a algo (*cd*)] carácter o apariencia ridículamente afeminados.

amarilidácea *adj* (*Bot*) [Planta] monocotiledónea, vivaz y frec. bulbosa, de la familia del narciso y de la pita. *Frec como n f en pl, designando este taxón botánico*.

amarillamiento *m* Amarilleamiento.

amarilleamiento *m* Acción de amarillear. *Tb su efecto*.

amarillear **A** *tr* **1** Poner amarillo o amarillento.

B *intr* **2** Ponerse amarillo o amarillento. *Alguna vez pr* (~se). ▪ **3** Tener o mostrar color amarillo o amarillento.

amarillecer (*conjug* 11) *tr e intr* Amarillear.

amarillento *adj* Que tira a amarillo [1].

amarilleo *m* Acción de amarillear.

amarillez *f* **1** Cualidad de amarillo [1]. ▪ **2** Mancha o porción de color amarillo [1]. ▪ **3** Enfermedad de las plantas caracterizada por el color amarillo que toman las hojas.

amarillismo *m* (*col, desp*) **1** Condición de amarillo [3 y 4]. ▪ **2** Periodismo amarillo [3]. ▪ **3** Tendencia a defender los intereses de la patronal o del gobierno.

amarillista *adj* (*col, desp*) Que practica el amarillismo [2 y 3]. *Tb n, referido a pers*.

amarillo -lla **I** *adj* **1** [Color] parecido al de la cáscara del limón, y que es el tercero del espectro solar. *Tb n m. A veces con un compl que especifica matiz*. **b)** ~ **canario** → CANARIO[2]. **c)** De color amarillo. **d)** *Frec se usa como especificador de plantas que se caracterizan por el color amarillo de alguna de sus partes, esp la flor o el fruto*. **e)** [Cuerpo] ~, [mancha] **amarilla** → CUERPO, MANCHA[1]. ▪ **2** [Raza] caracterizada por la piel amarillenta, ojos oblicuos, estatura baja o mediana, cráneo braquicéfalo y rostro aplastado. **b)** De raza amarilla. *Tb n, referido a pers*. ▪ **3** (*col, desp*) Especializado en información

sensacionalista o escandalosa. *Referido a periódico, periodista o periodismo.* ■ **4** (*col, desp*) Que defiende los intereses de la patronal o del gobierno. *Dicho esp de sindicato o de trabajador. Tb n, referido a pers.* ■ **5** (*raro*) [Literatura] policiaca. ■ **6** [Fiebre] **amarilla** → FIEBRE.
II *f* **7** Cierta planta silvestre de flor amarilla, que nace entre los trigos.

amarilloso -sa *adj* (*raro*) Amarillento.

amariposado -da *adj* De aspecto parecido al de la mariposa. *Esp en botánica, dicho de flor o corola.*

amaro *m* Planta labiada de olor desagradable, usada en medicina para el tratamiento de las llagas (*Salvia sclarea*).

amarra *f* **1** Cabo, cable o cadena con que se sujeta una embarcación a un muelle u otro punto firme, o a otra embarcación. **b)** Cable con que se sujeta un aeróstato a tierra. ■ **2** Relación o ligadura. *Frec en la constr* CORTAR, ROMPER, *o* SOLTAR, (LAS) ~S.

amarraco *m* (*Naipes*) *En el mus:* Tanteo de cinco puntos. **b)** Ficha de cinco tantos.

amarradero *m* Punto donde se amarran [1] embarcaciones.

amarrado *m* (*reg, raro*) Paquete de cigarrillos de calidad ínfima.

amarrador *m* Hombre cuya función es amarrar [1] las embarcaciones.

amarraje *m* Acción de amarrar [1] una embarcación. *Tb la cantidad que se paga por ello, en concepto de impuestos y honorarios.*

amarrar A *tr* **1** Asegurar [una embarcación] a un punto fijo por medio de amarras [1a] o anclas. *A veces con un compl de lugar con* A *o* EN. *Alguna vez referido a aviones.* **b)** Inmovilizar [barcos o la flota] en el puerto. *Frec con un compl* EN. ■ **2** Atar o sujetar [a alguien o algo], con cuerdas u otro instrumento adecuado, [a un objeto fijo (*compl* A *o* EN)]. *Tb fig.* **b)** Atar o sujetar firmemente [a alguien o algo] con una cuerda o algo similar. *Tb abs. Tb fig.* **c)** Atar o encadenar. *En sent moral.* **d)** *Se usa para enfatizar una negativa en constrs como* NI AMARRADO *o* ASÍ ME AMARREN. ■ **3** Atar o sujetar [una cuerda o algo similar] a un punto fijo. *Frec con un compl de lugar con* A *o* EN. ■ **4** Asegurar, o lograr en firme, [algo que se pretende o que está conseguido en parte]. *Tb abs.* ■ **5** (*col*) Estudiar con ahínco. ■ **6** (*raro*) Escatimar [dinero].
B *intr* ➤ **a** *normal* **7** Asegurarse [una embarcación] a un punto fijo por medio de cables o cadenas. *A veces con un compl de lugar con* A *o* EN. ■ **8** Actuar sobre seguro. *Tb pr* (~se).
➤ **b** *pr* (~se) **9** (*raro*) Agarrarse. *Tb fig.*

amarre *m* **1** Acción de amarrar. ■ **2** Cosa que sirve para amarrar o sujetar.

amarreco *m* (*Naipes*) Amarraco.

amarreta *adj* (*col, raro*) [Pers.] que amarra [6 y 8].

amarretaco *m* (*reg*) Refrigerio que se toma a media mañana.

amarrete -ta *adj* (*col*) Agarrado o tacaño. *Tb n, referido a pers.*

amarrido -da *adj* (*lit, raro*) Triste o melancólico.

amarrón -na *adj* (*col*) [Jugador de cartas] que actúa sobre seguro. *Tb n.*

amarronado -da *adj* Que tira a marrón.

amartelarse *intr pr* Acaramelarse o ponerse muy cariñosos [dos enamorados, o uno con otro]. *Frec en part.*

amartillar *tr* **1** Asegurar o afianzar. **b)** Guardar o acumular [algo] para seguridad. ■ **2** Poner [un arma de fuego] en disposición de disparar. ■ **3** Martillear, o golpear repetidamente. *Tb fig.*

amartizaje *m* (*raro*) Acción de amartizar.

amartizar *intr* (*raro*) Posarse [un vehículo espacial] en el planeta Marte.

amasada *f* **1** Acción de amasar [1]. *Tb su efecto.* ■ **2** (*Constr*) Masa de yeso, cal u otro material semejante.

amasadera *f* Máquina para amasar [1a y b].

amasado *m* Acción de amasar [1].

amasador -ra **I** *adj* **1** Que amasa, *esp* [1]. *Tb n: m y f, referido a pers; f, referido a máquina.*
II *m* **2** (*reg*) Recipiente o lugar donde se amasa [1].

amasadura *f* (*raro*) Mezcla o amasijo. *Tb fig.*

amasamiento *m* (*raro*) Masaje.

amasar A *tr* **1** Formar una masa [con algo (*cd*)], moviéndo[lo] y apretándo[lo] repetidamente, gralm. con las manos. **b)** Mover y apretar una masa [de algo (*cd*), esp. pan] para darle consistencia y homogeneidad. *Frec abs, referido a pan. A veces el suj es una máquina que realiza una acción similar.* ■ **2** Formar [un todo] por la acumulación de varios elementos. **b)** *pr* (~se) Formarse [un todo] por la acumulación [de varios elementos]. ■ **3** Acumular o reunir [bienes o dinero]. ■ **4** Preparar [algo] reservadamente o con engaño. ■ **5** Dar masaje [a una parte del cuerpo (*cd*)]. *Tb fig.*
B *intr pr* (~se) **6** Formar [varios elementos] una masa.

amasco *m* (*reg*) Damasco (fruto). *Frec en la forma* AMASQUILLO.

amasijo *m* **1** Masa informe. **b)** Mezcla confusa [de cosas]. ■ **2** Porción de masa, esp. la hecha con harina.

amatarse *intr pr* (*Bot*) Convertirse en mata [un árbol o arbusto].

amateur (*fr; pronunc corriente,* /amatér/, *pop;* /amatór/, *culto; pl normal,* ~s) *adj* Aficionado. *Opuesto a* PROFESIONAL. *Esp en deportes. Frec n.* **b)** De(l) amateur o de (los) amateurs.

amateurismo (*pronunc corriente,* /amateurísmo/) *m* Condición de amateur.

amatista **I** *f* **1** Piedra preciosa de color violeta, variedad de cuarzo o de corindón. *Esta última, gralm.* ~ ORIENTAL.
II *adj* **2** [Color] violáceo propio de la amatista [1]. *Tb n m.* ■ **3** [Lacaria] ~ → LACARIA.

amativo -va *adj* (*raro*) Propicio para el amor sexual.

amatorio -ria *adj* Relativo al amor. **b)** Relativo al deseo sexual.

amatronarse *intr pr* Tomar [una mujer] aspecto maduro y corpulento.

amaurosis *f* (*Med*) Ceguera producida por enfermedad del nervio óptico, de la retina o del cerebro.

amayorazgar *tr* (*Der*) Vincular [bienes] fundando con ellos mayorazgo.

amazacotado -da *adj* **1** Excesivamente compacto. ■ **2** Pesado y falto de gracia. *Dicho esp de construcción.*

amazacotamiento *m* Cualidad de amazacotado.

amazona[1] *f* **1** Mujer que monta a caballo. **b)** Rejoneadora. ■ **2** (*lit*) Mujer de ánimo varonil. ■ **3** (*Mitol clás*) Mujer guerrera de una raza habitante de Escitia y Asia Menor.

amazona[2] *m* Pájaro americano de la familia de los papagayos, de vistosos colores (gén. *Amazona*).

amazonense *adj* De alguna de las demarcaciones territoriales denominadas Amazonas (estado brasileño, distrito colombiano o departamento peruano). *Tb n, referido a pers.*

amazónico -ca *adj* Del río Amazonas o de su cuenca.

amazonismo *m* Condición de amazona[1] [3].

ambages *m pl* Rodeos o circunloquios. *Normalmente en la constr* SIN ~.

ámbar **I** *m* **1** Resina fósil transparente, de color amarillo oscuro, y que se usa para fabricar diversos objetos. ■ **2 ~ gris.** Concreción intestinal de los cachalotes, en forma de masa grisácea que se separa de los excrementos del animal y flota en la superficie marina, con olor de almizcle, y que se usa en perfumería. *Tb el perfume correspondiente.* **II** *adj invar* **3** [Color] amarillo intenso propio del ámbar [1]. *Tb n m.* **b)** De color ámbar.

ambarino -na *adj* [Color] de ámbar [1]. **b)** De color ambarino.

ambición *f* **1** Deseo intenso [de algo abstracto (*adj o compl especificador con* DE *o, raro,* POR)]. **b)** *Sin especificador:* Deseo intenso de poder, honores o riqueza. *A veces en pl expresivo.* ■ **2** Cosa abstracta que se desea intensamente. ■ **3** Cualidad de ambicioso.

ambicionable *adj* Que merece o debe ser ambicionado.

ambicionador -ra *adj* Que ambiciona.

ambicionar *tr* Tener ambición [1] [de algo (*cd*)]. *Tb abs.*

ambiciosamente *adv* De manera ambiciosa.

ambicioso -sa *adj* **1** Que tiene ambición o ambiciones [1]. *Tb n, referido a pers.* ■ **2** Que denota o implica ambición [1].

ambidextro -tra *adj* **1** [Pers.] que utiliza las dos manos con igual habilidad. *Tb n.* ■ **2** (*euf*) Bisexual.

ambidiestro -tra *adj* Ambidextro. *Tb n.*

ambientación *f* Acción de ambientar, *esp* [2]. *Tb su efecto.*

ambientador -ra *adj* **1** Que ambienta [2 y 3]. *Gralm n, referido a pers.* ■ **2** [Producto] que ambienta [3]. *Gralm n m.*

ambiental *adj* Del ambiente. **b)** Propio del ambiente [5].

ambientalista *adj* Ecologista. *Tb n, referido a pers.*

ambientalmente *adv* En el aspecto ambiental.

ambientar **A** *tr* **1** Situar [a alguien o algo] en un ambiente [5]. ■ **2** Dotar de ambiente [5b y c] [a al-

go]. *Tb abs.* ■ **3** Perfumar el ambiente [4] [de un lugar (*cd*)]. *Tb abs.*
B *intr pr* (~se) **4** Adaptarse al ambiente [5a]. **b)** Informarse sobre un ambiente.

ambiente **I** *adj* **1** [Circunstancia o conjunto de circunstancias] en que están inmersas las perss. o cosas de que se trata. **b)** [Medio] ~ → MEDIO. ■ **2 de ~.** (*RTV*) [Micrófono] destinado a recoger el ruido general del recinto donde se realiza la transmisión.
II *m* **3** Conjunto de los factores externos que condicionan biológicamente a los seres. ■ **4** Atmósfera o aire [de un lugar]. ■ **5** Conjunto de circunstancias materiales y morales en que se desarrolla algo, esp. la actividad o la vida de las personas. *Frec un adj o compl especificador.* **b)** *Sin especificador:* Ambiente agradable. **c)** Conjunto de notas o circunstancias que caracterizan externamente en un lugar o una época, en una obra artística o literaria. ■ **6** Sector o círculo social. *Normalmente con un compl especificador. Frec en pl, a veces con sent sg.* ■ **7** Disposición colectiva. *Con un adj o compl especificador.* **b)** *Sin especificador:* Ambiente favorable o propicio. ■ **8** (*Arquit*) Ámbito o espacio limitado. **b)** *En una casa:* Habitación o estancia.

ambigú *m* **1** *En bailes o en determinados locales de espectáculos:* Lugar en que se sirven bebidas y ciertos alimentos. ■ **2** (*hist*) Juego de naipes que se juega con la baraja francesa sin las figuras y en que las cartas se valoran por los puntos que marcan.

ambiguamente *adv* De manera ambigua.

ambigüedad *f* Cualidad de ambiguo.

ambiguo -gua *adj* **1** [Cosa] que admite dos o más interpretaciones. **b)** [Cosa] confusa o poco definida. ■ **2** [Pers.] que no define claramente sus actitudes o sus opiniones. **b)** Propio de la pers. ambigua. ■ **3** [Pers.] dudosa o sospechosa. *Frec referido a moral sexual.* **b)** Propio de la pers. ambigua. ■ **4** (*Gram*) [Nombre de cosa] susceptible de usarse como masculino o como femenino. **b)** (*hoy raro*) *En algunas gramáticas:* [Género gramatical] de los nombres que pueden usarse como masculinos o como femeninos.

ambisex *adj* (*hoy raro*) Unisex (adecuado tanto para hombres como para mujeres).

ambisexo *adj* (*hoy raro*) Ambisex.

ámbito *m* **1** Espacio, o lugar más o menos delimitado. **b)** (*lit*) Habitación o estancia. ■ **2** Espacio o campo en que se desarrolla una acción o una actividad. *Gralm con un adj o compl especificador.* ■ **3** Ambiente en que se desarrolla la vida [de una pers.].

ambivalencia *f* **1** Cualidad o condición de ambivalente. ■ **2** (*Psicol*) Coexistencia en el ánimo de sentimientos, ideas o actitudes opuestos.

ambivalente *adj* **1** Que tiene dos sentidos o valores. ■ **2** Bisexual (de conducta indistintamente heterosexual u homosexual). ■ **3** [Pers.] en cuyo ánimo coexisten dos tendencias distintas u opuestas y que no se decanta claramente por ninguna. ■ **4** Ambiguo o impreciso.

ambivalentemente *adv* De manera ambivalente [1 y 4].

ambladura *f* Acción de amblar.

amblar *intr* Andar [un animal] moviendo simultáneamente el pie y la mano del mismo lado.

ambligonita *f* (*Mineral*) Mineral constituido por un fosfato de aluminio, litio y sodio, usado esp. para la obtención de litio.

amblíope *adj* (*Med*) Que padece ambliopía. *Tb n, referido a pers.*

ambliopía *f* (*Med*) Oscurecimiento de la visión por sensibilidad imperfecta de la retina, sin que exista lesión orgánica del ojo.

ambo *m* (*hist*) *En la lotería del s XVIII:* Suerte en que gana el jugador que tiene dos números de los cinco premiados.

ambolicar *tr* (*reg*) Embolicar o embrollar.

ambón *m* (*Rel catól*) **1** Atril de los dos que hay a los lados del presbiterio, destinados esp. a las lecturas de la epístola y el evangelio. ■ **2** Púlpito de los dos que hay a los lados del presbiterio.

ambos -bas I *adj pl* **1** Los dos. *Tb, más raro, ~* A DOS (*semiculto, ~* DOS). *Tb, reg,* LOS ~.
　II *pron pl* **2** Las dos perss. o cosas. *Referido a perss o cosas mencionadas o consabidas, o que se van a mencionar. Tb, más raro, ~* A DOS (*semiculto, ~* DOS).

ambro-ilirio -ria (*tb* **ambroilirio**) *adj* (*hist*) De un pueblo formado por la mezcla de ambrones e ilirios, supuestamente habitante de la Península Ibérica en época prerromana. *Tb n, normalmente en m pl, referido a pers.*

ambrón -na *adj* (*hist*) De un pueblo de la Galia Transalpina. *Gralm como n m en pl, referido a pers.*

ambrosía *f* **1** (*Mitol clás*) Manjar, o a veces bebida, de los dioses. **b)** (*lit*) Manjar o bebida delicioso. *Tb usado irónicamente. Tb fig.* ■ **2** Planta herbácea aromática de la región mediterránea, de flores en cabezuela, que tiene algún uso en farmacia y cuyo polen produce alergias (gén. *Ambrosia*).

ambrosiano -na *adj* De San Ambrosio, arzobispo de Milán († 397). *Referido esp al canto y al rito litúrgico introducidos por él.*

ambrosino -na *adj* (*lit*) Que sabe a ambrosía [1].

ambulación *f* (*lit*) Acción de ambular o caminar.

ambulacral *adj* (*Zool*) De (los) ambulacros.

ambulacro *m* (*Zool*) *En los equinodermos:* Apéndice en forma de tubo que sirve de órgano de locomoción.

ambulancia *f* Vehículo destinado al transporte de heridos o enfermos.

ambulante I *adj* **1** [Actividad] que se desarrolla sin sede fija, en constante desplazamiento por calles y ciudades. **b)** [Instalación] en que se desarrolla una actividad ambulante. ■ **2** [Pers.] que se dedica a una actividad, esp. venta, ambulante [1a]. *Tb n.*
　II *m* **3 ~ de Correos.** Funcionario que tiene a su cargo el vagón correo de un tren.

ambulantemente *adv* De manera ambulante [1a].

ambular *intr* (*lit*) Caminar.

ambulatoriamente *adv* Con asistencia médica ambulatoria [1].

ambulatorio -ria I *adj* **1** [Asistencia médica] que no obliga al enfermo a estar internado en un hospital. ■ **2** (*lit*) Relativo a la acción de ambular o caminar.
　II *m* **3** Centro de asistencia médica ambulatoria [1].

ameba *f* (*Zool*) Protozoo unicelular que varía constantemente de forma y algunas de cuyas especies son parásitas (gén. *Amoeba* y otros).

amebeo -a *adj* (*TLit*) *En la métrica latina:* [Verso] de los que forman una serie de una misma clase, con los cuales hablan o cantan alternándose los interlocutores de una égloga. **b)** De (los) versos amebeos.

amebiano -na *adj* (*E*) De la ameba o causado por amebas.

amebiasis *f* (*Med*) Infección producida por amebas.

ameboide *adj* (*Biol*) **1** [Movimiento de una célula] análogo al de las amebas. ■ **2** [Célula] dotada de movimiento ameboide [1].

ameboideo -a *adj* (*Biol*) Ameboide.

amedallar *tr* (*raro*) Adornar con medallas.

amedianar *tr* (*Impr*) Centrar [una línea corta].

amedrantador -ra *adj* (*raro*) Amedrentador.

amedrantar *tr* (*raro*) Amedrentar. *Tb pr* (~**se**).

amedrentado -da *adj* **1** *part →* AMEDRENTAR. ■ **2** Temeroso (que siente temor). **b)** Propio de la pers. temerosa.

amedrentador -ra *adj* Que amedrenta.

amedrentamiento *m* Acción de amedrentar(se). *Tb su efecto.*

amedrentante *adj* Amedrentador.

amedrentar *tr* (*lit*) Atemorizar [a alguien]. *Tb fig.* **b)** *pr* (~**se**) Atemorizarse.

amejoramiento *m* Mejora. *Referido esp al Fuero de Navarra.*

amelenado -da *adj* **1** Que tiene forma de melena. ■ **2** Que tiene melena.

amelga *f* (*Agric*) Surco o hendidura en la tierra, esp. el que delimita un espacio de siembra. *Tb la faja de terreno limitada por dos surcos.*

amelocotonado -da *adj* Semejante al melocotón en la forma, el aspecto o el color.

amelonado -da *adj* Semejante al melón en la forma[1].

amén[1] I *interj* **1** Así sea. *Se usa al final de una oración o de una fórmula de carácter religioso. Tb ~* JESÚS. *A veces sustantivado como n m.* **b)** *Expresa asentimiento o aquiescencia. A veces sustantivado como n m.* **c)** *Se usa como refuerzo enfático en fórmulas como* POR SIEMPRE JAMÁS ~, *o* POR LOS SIGLOS DE LOS SIGLOS ~.
　II *m* **2** Final [de algo]. *Gralm en pl.* ■ **3** (*Mús*) Composición musical sobre la palabra "amén".
　III *loc v* **4 decir ~.** (*col*) Aprobar sin discusión lo dispuesto o propuesto por otro u otros. *A veces se omite el v, por consabido.*
　IV *loc adv* **5 en un ~.** (*col*) En un instante.

amén[2] (*lit*) I *loc prep* **1 ~ de.** Aparte de o además de.
　II *loc conj* **2 ~ de que.** Aparte de que.

amenamente *adv* De manera amena.

amenaza *f* **1** Acción de amenazar. *Tb su efecto.* ■ **2** Palabras con que se amenaza [1]. ■ **3** Peligro o daño que amenaza [5].

amenazador -ra *adj* **1** Que amenaza. ■ **2** Que denota o implica amenaza [1].

amenazadoramente *adv* De manera amenazadora [2].

amenazante *adj* Amenazador.

amenazar A *tr* 1 Anunciar o hacer ver [a alguien o algo (*cd*)] que se le va a hacer algún mal. *Frec este mal se especifica por medio de un compl* CON *o* DE. *Tb abs. A veces con intención irónica.* **b)** Anunciar o hacer ver [a alguien o algo (*ci*)] que se le va a hacer [algún mal (*cd*)]. *Frec el ci se omite, por consabido. El cd es un n, un pron o un infin, o una prop con* QUE. ■ 2 Augurar o presagiar [algo (*suj*)] un suceso negativo]. ■ 3 Dar indicios [algo] de ir a sufrir [un daño]. ■ 4 Constituir [algo] un riesgo de daño o mal [contra alguien o algo (*cd*)]. *Tb abs.* ■ 5 Presentarse [a alguien o algo (*cd*)] como probable [un peligro o daño]. B *intr* 6 Dar indicios [algo] de ir a sufrir [un daño (*compl* CON)]. ■ 7 Presentarse como probable [algo negativo].

amencia *f* (*E*) Deficiencia mental.

amenguar (*conjug* 1c) A *tr* 1 Reducir o disminuir. **b)** Menoscabar [algo]. B *intr* 2 Reducirse o disminuir.

amenidad *f* 1 Cualidad de ameno. ■ 2 Cosa amena, *esp* [1].

amenización *f* Acción de amenizar.

amenizador -ra *adj* Que ameniza.

amenizar *tr* Hacer ameno [algo].

ameno -na *adj* 1 Que entretiene o divierte. ■ 2 Agradable o grato. **b)** (*lit*) [Lugar] agradable por su rica vegetación.

amenorrea *f* (*Med*) Falta de menstruación.

amenorreico -ca *adj* (*Med*) 1 De la amenorrea. ■ 2 [Mujer] que padece amenorrea. *Tb n*.

amento *m* (*Bot*) Inflorescencia en forma de espiga densa de flores unisexuales y gralm. péndula.

amerengado -da *adj* (*col*) 1 Dulce o meloso. *Gralm con intención desp.* **b)** Empalagoso. ■ 2 (*raro*) De merengue. *Gralm fig. Con intención desp ponderando exceso de delicadeza.*

amerense *adj* De Amer (Gerona). *Tb n, referido a pers.*

América. hacer las ~s (*o, más raro,* **la ~**). *loc v* 1 Establecerse [un extranjero] en América para hacer fortuna. *A veces expresa el hecho mismo de enriquecerse en América.* ■ 2 Hacer [alguien, esp. un artista] una gira de trabajo por América.

americana → AMERICANO.

americanada *f* (*col, desp*) Película típicamente norteamericana.

americanidad *f* Carácter o condición de americano [1, 2, 3 y 4, esp. 3].

americanismo *m* 1 Carácter o condición de americano [1, 2, 3 y 4]. ■ 2 Palabra o rasgo idiomático propio del español hablado en América o en una parte de ella. ■ 3 Palabra o rasgo idiomático propio de alguna lengua indígena de América o procedente de alguna de esas lenguas. ■ 4 Actividad o profesión de americanista [2]. **b)** Conjunto de los americanistas. ■ 5 Influencia estadounidense. **b)** Estilo o mentalidad estadounidenses.

americanista I *adj* 1 Que defiende o exalta lo americano.

II *m y f* 2 Pers. especializada en el estudio de la historia y la cultura de América, y particularmente de las lenguas y civilizaciones indígenas.

americanística *f* Actividad o profesión de americanista [2].

americanización *f* Acción de americanizar(se).

americanizado -da *adj* 1 *part* → AMERICANIZAR. ■ 2 Que se asemeja o imita a los americanos o a lo americano [4a].

americanizante *adj* Que tiende a lo americano [3 y esp. 4a] o lo imita.

americanizar *tr* Dar carácter americano, *esp* [4a] [a alguien o algo (*cd*)]. **b)** *pr* (~**se**) Adquirir carácter americano.

americano -na I *adj* 1 De América. *Tb n, referido a pers.* ■ 2 Indígena de América. *Tb n, referido a pers.* **b)** De las lenguas indígenas de América. ■ 3 De la América española. *Tb n, referido a pers.* ■ 4 De los Estados Unidos. *Tb n, referido a pers.* **b)** [Tabaco] rubio importado de Estados Unidos. **c)** [Fútbol] ~ → FÚTBOL. ■ 5 [Vid] procedente de América que se usa principalmente como patrón (*Vitis labrusca, V. riparia* o *V. rupestris*). ■ 6 [Salsa] que tiene como ingredientes principales tomate, chalote, cebolla, vino blanco, coñac y pimienta. ■ 7 [Bar] con chicas de alterne. ■ 8 (*Cine y TV*) [Plano] medio en que la figura aparece cortada por las rodillas. II *n* A *m y f* 9 Indiano, o emigrante que vuelve de América. B *m* 10 Variedad del inglés hablado en Estados Unidos. C *f* 11 Chaqueta masculina de tela que llega aproximadamente hasta el comienzo del muslo. ■ 12 (*raro*) Habanera (danza o canción).

american way of life (*ing; pronunc corriente,* /amérikan-wéi-of-láif/) *loc n m* Estilo de vida americano [4a].

americio *m* (*Quím*) Elemento transuránico radiactivo, de número atómico 95, obtenido artificialmente a partir del plutonio.

amerindio -dia *adj* Indio de América. *Frec n, referido a pers.* **b)** De los indios de América.

ameritar *tr* (*reg*) Dar méritos [a alguien o algo (*cd*)].

amerizaje *m* Acción de amerizar.

amerizar *intr* Posarse en la superficie del mar [un vehículo aéreo o espacial]. *A veces el suj es el piloto o los ocupantes.*

amesetado -da *adj* [Terreno] que tiene forma de meseta.

amestizado -da *adj* Que tira a mestizo.

ametrallador -ra I *adj* 1 Que ametralla. *Tb n, referido a pers.* ■ 2 [Fusil, subfusil o pistola] automáticos que funcionan como la ametralladora [3]. *Tb n m, referido a fusil.* II *f* 3 Arma automática de fuego, de tiro rápido y continuado, que se utiliza apoyada en el suelo.

ametrallamiento *m* Acción de ametrallar.

ametrallar *tr* 1 Abrir fuego [contra alguien o algo (*cd*)] con ametralladora u otra arma similar. ■ 2 (*hist*) Disparar metralla [contra alguien o algo (*cd*)].

ametría *f* (*TLit*) Condición de amétrico.

amétrico -ca *adj* (*TLit*) [Sistema de versificación] en que los versos no están sometidos a un número regular de sílabas. **b)** [Verso] de los que, en una serie, no están sometidos a un número regular de sílabas. **c)** *En gral:* No sujeto a medida.

amétrope *adj* (*Med*) [Pers.] que padece ametropía. *Tb n.*

ametropía *f* (*Med*) Anomalía de refracción en el ojo, que impide que las imágenes se formen debidamente en la retina.

amianto *m* Mineral constituido por silicato de calcio y magnesio, caracterizado por su contextura fibrosa y flexible y por su resistencia a la acción del fuego. **b)** Fibra de amianto.

amiantosis *f* (*Med*) Afección broncopulmonar producida por la inhalación de partículas de amianto.

amiba *f* (*Zool*) Ameba (protozoo).

amibiano -na *adj* (*E*) Amebiano.

amiboide *adj* (*Biol*) Ameboide.

amiboideo -a *adj* (*Biol*) Amiboide o ameboideo.

amical *adj* (*lit*) Amistoso, o de amigo(s).

amicalmente *adv* (*lit*) De manera amical.

amicísimo → AMIGO.

amida *f* (*Quím*) Compuesto derivado del amoniaco mediante la sustitución de átomos de hidrógeno por radicales derivados de ácidos orgánicos.

amidasa *f* (*Biol*) Proteasa (enzima).

amielínico -ca *adj* (*Anat*) Que no tiene mielina.

amigabilidad *f* (*raro*) Cualidad de amigable.

amigable *adj* Amistoso, o de amigo(s). **b)** Afable o que invita a la amistad. **c)** ~ **componedor** → COMPONEDOR.

amigablemente *adv* De manera amigable.

amigacho *m* (*desp, raro*) Amigote.

amiganza *f* (*raro*) Amistad, o relación de amigo. *Tb fig.*

amigar *intr* ➤ **a** *normal* **1** Hacerse amigas [dos perss., o una con otra]. *Tb pr* (~**se**). *Frec en part.* ■ **2** Llevarse [bien o mal dos perss., o una con otra]. ➤ **b** *pr* (~**se**) **3** Establecer relaciones sexuales [dos perss., o una con otra] fuera del matrimonio.

amígdala *f* Órgano linfático en forma de almendra, de los dos situados entre los pliegues laterales del velo del paladar.

amigdalar *adj* (*Anat*) De (las) amígdalas.

amigdalectomía *f* (*Med*) Extirpación de las amígdalas.

amigdalina *f* (*Quím*) Glucósido presente en las almendras, esp. en las amargas.

amigdalino -na *adj* (*Anat*) De (las) amígdalas.

amigdalitis *f* (*Med*) Inflamación de las amígdalas.

amigo -ga (*superl,* AMIGUÍSIMO *o, lit,* AMICÍSIMO) **I** *adj* **1** [Pers.] que tiene relación de afecto y confianza [con otra (*compl de posesión*)], no basada en lazos familiares o sexuales. *Frec n. Tb fig, referido a animales o cosas.* **b)** [Pers., colectividad o entidad] con la que [otra (*compl de posesión*)] está en relación de concordia o buena armonía. *Frec n.* **c)** [Pers., colectividad o entidad] con la que [otra (*compl de posesión*)] tiene algún trato o relación social o comercial. *Frec n.* **d)** [Pers.] que tiene buena voluntad [hacia

alguien o algo (*compl de posesión*)] y le favorece o está de su parte. *Tb n. A veces formando parte del n de algunas sociedades culturales o filantrópicas. Tb fig, referido a animales.* **e) tan ~s.** Dispuestos a continuar o reanudar la buena relación. *Dicho en situaciones en que ha ocurrido algo que pudiera provocar choque o distanciamiento. Se usa como predicativo con el v* QUEDAR, *o bien, omitiendo el v, en or unimembre.* ■ **2** Propio de amigo [1]. ■ **3** [Pers.] que tiene afición [a algo (*compl de posesión*)]. *Frec n.* **b)** ~ **de lo ajeno.** (*euf, humoríst*) Ladrón. *Frec n.* ■ **4** (*lit*) [Cosa] cuya presencia es grata o apacible. ■ **5 de pocos ~s.** (*col*) [Cara] adusta. ■ **6** [Pie] de ~ → PIE.

II *n* **A** *m y f* **7** *En cartas, se usa en fórmulas de saludo o despedida para manifestar confianza y afecto, o simplemente buena voluntad, hacia la pers, conocida o desconocida, a la que se dirigen.* * Estimado amigo. **b)** *En vocativo, se usa como tratamiento dirigido a una pers conocida con quien se tiene o no amistad, al oyente o lector de un texto literario, o a un desconocido. Frec en la forma* ~ MÍO. ■ **8 nuestro** (*u otro posesivo de 1ª o 2ª pers*) ~**.** La *pers. en cuestión. Frec con intención irónica. Tb* (*col*) EL ~**. b) el ~.** (*col*) El señor aquí presente. ■ **9** Pers. unida [a otra (*compl de posesión*)] por una relación amorosa. **b)** (*col*) Amante. *Frec con intención desp, en la forma* AMIGUITO, AMIGUITA.

B *m* **10 falsos ~s.** (*Ling*) Pareja de palabras o locuciones, pertenecientes a dos lenguas diferentes, que por su semejanza formal y su distinto significado suelen dar lugar a errores de traducción.

III *loc adv* **11 para los ~s.** En el trato de confianza. *Acompañando a la mención del n propio usual cuando difiere del oficial.*

IV *interj* **12** *Se usa precediendo a un comentario, o a una explicación que frec se deja en suspenso por consabida.*

amigote -ta *m y f* (*desp*) Compañero de diversiones poco recomendables. *Tb humoríst, sin intención desp.*

amiguete *m* (*col*) Amigo [1a]. *Frec con intención afectiva.*

amiguísimo → AMIGO.

amiguismo *m* (*col*) Favoritismo hacia los amigos [1].

amiláceo -a *adj* (*E*) Que contiene almidón.

amilagrarse *intr pr* (*reg*) Asombrarse o sorprenderse. *Normalmente en part.*

amilanado -da *adj* **1** *part* → AMILANAR. ■ **2** Tímido o pusilánime.

amilanamiento *m* Acción de amilanar(se). *Tb su efecto.*

amilanar *tr* Hacer que [alguien (*cd*)] pase a sentir temor o desánimo. **b)** *pr* (~**se**) Pasar [alguien] a sentir temor o desánimo.

amilasa *f* (*Biol*) Enzima que transforma el almidón en azúcar. **b)** ~ **salivar.** Ptialina.

amílico *adj* (*Quím*) [Alcohol] que se forma por la acción de los fermentos sobre las materias feculentas y que se extrae, sobre todo, de los productos de la fermentación de la patata.

amilífero -ra *adj* (*Bot*) Que contiene almidón.

amillaramiento *m* (*Der*) Acción de amillarar. *Tb su efecto.*

amillarar *tr* (*Der*) Inscribir [bienes, gralm. inmuebles] en el registro municipal y evaluar[los] a efectos de contribución.

amillonado -da *adj* (*raro*) [Pers.] acaudalada o muy rica.

amilo *m* (*Quím*) Radical del alcohol amílico.

amiloide *adj* (*Quím y Med*) **1** [Sustancia] proteica de naturaleza o aspecto de almidón. *Frec n m, esp designando la que se deposita en los tejidos de ciertos órganos en determinadas enfermedades.* ■ **2** Relativo a la sustancia amiloide [1].

amiloidosis *f* (*Med*) Trastorno metabólico consistente en la acumulación, en distintos órganos y tejidos, de sustancia amiloide [1].

amiloplasto *m* (*Bot*) Plasto en que se almacena almidón.

amimia *f* (*Med*) Pérdida de la facultad de expresión en la cara.

amímico -ca *adj* (*Med*) Que padece amimia. *Tb n, referido a pers.*

amina *f* (*Quím*) Compuesto que se forma sustituyendo uno o dos átomos del hidrógeno del amoníaco por radicales alcohólicos.

amínico -ca *adj* (*Quím*) De (las) aminas.

amino *m* (*Quím*) Radical monovalente formado por un átomo de nitrógeno y dos de hidrógeno, que constituye el grupo funcional de las aminas.

aminoácido *m* (*Quím*) Ácido orgánico en cuya composición entran el grupo amino y el grupo carboxilo y que es componente principal de las proteínas.

aminoalcohol *m* (*Quím*) Cuerpo que posee a la vez las funciones amínica y alcohólica.

aminofilina *f* (*Med*) Fármaco diurético, antiasmático y estimulante cardíaco.

aminopirina *f* (*Med*) Fármaco antipirético y analgésico.

aminoración *f* Acción de aminorar(se). *Tb su efecto.*

aminorador -ra *adj* Que aminora [1].

aminoramiento *m* Aminoración.

aminorar **A** *tr* **1** Reducir [algo] en cantidad o intensidad.
B *intr* **2** Disminuir o menguar. *Frec pr* (~**se**).

amiotrofia *f* (*Med*) Atrofia muscular.

amiotrófico -ca *adj* (*Med*) [Enfermedad] caracterizada por atrofia muscular.

amirí *adj* (*hist*) Descendiente de Almanzor ben Abiámir († 1002). *Se dice esp de los que fundaron reinos de taifas en el Levante español (1ª mitad del s XI). Tb n m.*

amish (*ing; pronunc corriente,* /ámiʃ/ *o* /ámis/; *pl invar*) *adj* (*Rel crist*) [Secta] menonita de Estados Unidos, cuyos componentes forman una comunidad aislada en Pensilvania. **b)** De la secta amish. *Tb n, referido a pers.*

amistad **I** *f* **1** Relación o afecto de amigo (pers. o colectividad con quien se tiene confianza, trato o armonía). *Frec en las constrs* TENER ~ [con alguien] *y* HACER, *o* TRABAR, ~ [con alguien]. ■ **2** Amigo (pers. con quien se tiene relación de afecto y confianza). *Gralm en pl.*

II *loc v* **3** romper las ~es. Dejar, de manera brusca, de tener amistad [1] [dos perss., o una con otra].

amistanzarse *intr pr* (*reg*) Amancebarse.

amistar **A** *intr* **1** Hacerse amigo [de alguien (*compl* CON)] o trabar amistad [1] [con él]. *Tb sin compl, con suj pl.*
B *tr* **2** Hacer amigas [a dos perss. o colectividades, o a una con otra].

amistosamente *adv* De manera amistosa.

amistoso -sa *adj* **1** De (la) amistad. **b)** Que expresa o denota amistad. ■ **2** [Pers.] afectuosa o amable. ■ **3** (*Dep*) [Encuentro] concertado entre dos equipos, al margen de toda competición.

amito *m* (*Rel catól*) Lienzo cuadrado, con una cruz en medio, que el sacerdote celebrante lleva sobre la espalda y los hombros, inmediatamente debajo del alba.

amitosis *f* (*Biol*) División de la célula en la cual el núcleo y el citoplasma se dividen en dos porciones iguales, cada una de las cuales constituye una nueva célula.

ammodítido *adj* (*Zool*) [Pez] de la familia cuyo género tipo es *Ammodytes. Frec como n m en pl, designando este taxón zoológico.*

ammonites (*tb con la grafía* **amonites**) *m* (*Zool*) Molusco cefalópodo fósil de concha externa en espiral, propio de la Era Secundaria.

ammonítido (*tb con la grafía* **amonítido**) *adj* (*Zool*) [Molusco cefalópodo] fósil de la familia cuya especie más conocida es el ammonites. *Frec como n m en pl, designando este taxón zoológico.*

amnesia *f* Pérdida total o parcial de la memoria.

amnésico -ca *adj* **1** De (la) amnesia o que la implica. ■ **2** [Pers.] que padece amnesia. *Tb n.*

amnéstico -ca *adj* (*raro*) Amnésico [1].

amniocentesis *f* (*Med*) Extracción de líquido amniótico por punción, con fines terapéuticos o diagnósticos.

amnios *m* (*Biol*) Membrana en forma de bolsa, llena de un líquido acuoso, que envuelve y protege el embrión de los reptiles, aves y mamíferos.

amnioscopia *f* (*Med*) Observación directa, por medio de un endoscopio, del líquido amniótico y el feto.

amniota *m* (*Zool*) Vertebrado cuyo embrión desarrolla un amnios.

amniótico -ca *adj* (*Biol*) Del amnios.

amnistía *f* **1** Perdón general decretado por el poder público por el cual se borra un determinado tipo de delitos y se anulan sus consecuencias penales. ■ **2** (*semiculto*) Indulto.

amnistiar (*conjug* 1c) *tr* Conceder amnistía [a alguien]. *Tb abs.*

amo -ma **A** *m y f* **1** Pers. que tiene a su servicio [a un criado (*compl de posesión*)]. **b)** (*hist*) Pers. que tiene bajo su dominio [a un esclavo (*compl de posesión*)]. ■ **2** Dueño o poseedor [de un animal o de una cosa]. ■ **3** Pers. que tiene capacidad de imponer su voluntad en un lugar. *Gralm en las constrs* SER, *o* HACERSE, EL ~. *A veces* (*col*) *con un compl expresivo, como* DEL COTARRO (→ COTARRO) *o* DE LA BURRA. **b)** Pers. que sobresale notoriamente en su profesión o en una actividad. *Gralm en las constrs* SER, *o* HACERSE, EL ~. ■ **4** Señor de la casa. **b)** ~ **de casa.** Cabeza de familia. ■ **5** (*reg*) Pariente más próximo [de un difunto].

B *f* **6 ama de casa.** Mujer que lleva la organización y cuidado de su propia casa. **b) ama de su casa.** Mujer de su casa (–› CASA). ■ **7** *En el sadomasoquismo:* Mujer que domina y castiga físicamente. ■ **8 ama** (de cría, de cura, de llaves, seca) –› AMA[1].

amodorrado -da *adj* **1** *part* –› AMODORRAR.
■ **2** Que denota o implica amodorramiento.

amodorramiento *m* Acción de amodorrar(se). *Tb su efecto.*

amodorrante *adj* Que amodorra.

amodorrar *tr* Causar modorra o somnolencia [a alguien (*cd*)]. *Tb abs. Tb fig.* **b)** *pr* (~**se**) Caer en modorra o somnolencia. *Tb fig.*

amófila *f* Insecto himenóptero de cuerpo negro y rojizo, con un largo pedúnculo entre el tórax y el último tramo del abdomen, y cuyas larvas se alimentan de orugas de lepidópteros (*Ammophila sabulosa*).

amohecer (*conjug* 11) *tr* (*reg*) Enmohecer. *Tb pr* (~**se**).

amohinamiento *m* Acción de amohinar(se). *Tb su efecto.*

amohinar (*conjug* 1f) *tr* Poner triste o mohíno [a alguien]. **b)** *pr* (~**se**) Ponerse triste o mohíno. *Tb fig, referido a animales.*

amojamar *tr* Poner enjuta y seca como la mojama [a una pers. o una parte de su cuerpo]. *Tb abs.* **b)** *pr* (~**se**) Ponerse enjuto y seco como la mojama. *Frec en part. Tb fig.*

amojonamiento *m* Acción de amojonar.

amojonar *tr* Señalar los límites [de un terreno (*cd*)] por medio de mojones.

amok *m* Ataque de locura homicida que se produce en individuos de los pueblos malayos.

amoladera *f* Colmillo de la mandíbula superior del jabalí.

amolador -ra **A** *m y f* **1** (*raro*) Afilador.
B *f* **2** Instrumento consistente en una rueda de materia abrasiva, que se utiliza para afilar instrumentos cortantes o para labrar metales y otras materias duras.

amolar (*conjug* 4; *tb, raro, regular*) **A** *tr* **1** (*col*) Fastidiar o molestar. *Tb abs.* **b) no amueles.** *Fórmula con que se expresa rechazo, asombro o incredulidad ante lo que se acaba de oír.* **c) nos ha amolado,** *o* **¿no te amuela?** *Fórmulas con que se expresa rechazo ante lo que se acaba de oír, frec como refuerzo de un comentario.* ■ **2** (*raro*) Afilar o aguzar [un arma o un instrumento cortantes o puntiagudos]. **B** *intr pr* (~**se**) **3** (*col*) Sufrir grave contrariedad o perjuicio. ■ **4** (*col*) Fastidiarse o aguantarse. **b) hay que ~se.** *Fórmula con que se manifiesta asombro ante algo, a veces ponderando la imposibilidad de reaccionar ante ello.*

amoldable *adj* Que puede amoldarse.

amoldar **A** *tr* **1** Adaptar [algo a unas circunstancias que no son las primitivas]. *Tb sin compl* A, *por consabido.* ■ **2** Hacer que [alguien (*cd*)] se amolde [3]. **B** *intr pr* (~**se**) **3** Adaptarse [una pers.], o tomar hábitos o tendencias adecuadas [a unas circunstancias o individuos nuevos]. ■ **4** Adaptarse [una cosa], o tomar forma o disposición adecuada [a otra a la que se une]. ■ **5** Ajustarse [algo a un modelo o norma].

amollar *tr* **1** Ablandar. *Tb fig.* **b)** *pr* (~**se**) Ablandarse. ■ **2** (*Mar*) Aflojar [un cabo].

amollecer (*conjug* 11) *tr* (*reg*) Ablandar. *Tb pr* (~**se**). *Tb fig. Gralm en part.*

amolletado -da *adj* (*raro*) [Parte del cuerpo] gruesa o carnosa.

amomo *m* Planta herbácea de color verde oscuro y flores blancas en umbelas, y cuyo fruto tiene propiedades medicinales (*Sisum amomum*).

amonal *m* Explosivo que contiene nitrato amónico y aluminio en polvo.

amonarse[1] *intr pr* (*col*) Emborracharse.

amonarse[2] *intr pr* (*reg*) Agazaparse o acurrucarse. *Tb fig.*

amonedación *f* Acción de amonedar.

amonedado -da *adj* **1** *part* –› AMONEDAR.
■ **2** Que consiste en monedas.

amonedamiento *m* Amonedación.

amonedar *tr* **1** Acuñar [moneda o dinero]. *Tb abs.* ■ **2** Reducir a moneda [un metal]. **b)** Convertir [algo] en moneda.

amonestación *f* **1** Acción de amonestar. *Tb su efecto.* ■ **2** (*Rel catól*) Notificación pública que se hace en la iglesia de los nombres de los que se van a casar u ordenar, a fin de que, si alguien sabe algún impedimento, lo denuncie. *Normalmente en pl y frec en la constr* CORRER(SE) LAS ~ES.

amonestador -ra *adj* Que amonesta. *Tb n, referido a pers.*

amonestar **A** *tr* **1** Reprender o reconvenir [a alguien]. ■ **2** Advertir o prevenir [a alguien]. ■ **3** Aconsejar o exhortar [a alguien]. ■ **4** Decir [algo a alguien] como represión, advertencia o consejo. **B** *intr pr* (~**se**) **5** (*Rel catól*) Recibir las amonestaciones [2].

amonestijo *m* (*reg*) Amonestación [2].

amoniacado -da *adj* Que contiene amoníaco.

amoniacal *adj* (*E*) De(l) amoníaco.

amoníaco (*tb* **amoniaco**) **I** *m* **1** Gas incoloro, de olor irritante, soluble en el agua, compuesto de nitrógeno e hidrógeno. *Tb* GAS ~. ■ **2** Disolución acuosa de amoníaco [1]. *Tb* ~ LÍQUIDO. **II** *adj* **3** [Sal] ~ –› SAL.

amónico -ca *adj* (*Quím*) De(l) amonio.

amonificación *f* (*Quím*) Amonización.

amonio *m* (*Quím*) Radical monovalente formado por un átomo de nitrógeno y 4 de hidrógeno, que en sus combinaciones tiene grandes semejanzas con los metales alcalinos.

amonita *adj* (*hist*) De la tribu nómada descendiente de Amón, hijo de Lot, habitante de las tierras al este del Jordán y enemiga del pueblo hebreo. *Frec n m en pl.*

amonites, amonítido –› AMMONITES, AMMONÍTIDO.

amonización *f* (*Quím*) Transformación de una sustancia en un compuesto amoniacal.

amontar[1] *intr* Huir o echarse al monte. *Frec pr* (~**se**).

amontar² *tr* (*pop*) Montar o subir [a alguien en algo].

amontillado *adj* [Vino] de Jerez suave, de 16 a 18º, de color ambarino. *Frec n m.*

amontonadamente *adv* De manera amontonada [2].

amontonado -da *adj* 1 *part* → AMONTONAR. ■ 2 Que se presenta en montón (conjunto numeroso o indiferenciado).

amontonador -ra *adj* Que amontona. *Tb n: m y f, referido a pers; f, referido a máquina.*

amontonamiento *m* Acción de amontonar(se). *Tb su efecto.*

amontonar A *tr* 1 Reunir o juntar [algo] en montón. *Tb fig.* **b)** *pr* (~se) Reunirse o juntarse [algo] en montón. *Tb fig.* ■ 2 Reunir o juntar [algo] en abundancia. *Tb fig.* **b)** *pr* (~se) Reunirse o juntarse [algo] en abundancia. ■ 3 (*lit, raro*) Fruncir o arrugar [el ceño o el gesto].
B *intr pr* (~se) 4 Reunirse [perss. o cosas] en gran cantidad, de manera que estén muy juntas. ■ 5 Presentarse [algo] en montón. ■ 6 Presentarse [algo] en un conjunto numeroso. ■ 7 (*col*) Enfadarse. **b)** (*col*) Ofuscarse, frec. por enfado. ■ 8 (*col*) Amancebarse. *Frec en part.*

amoñarse *intr pr* (*col*) Emborracharse.

amor I *m* 1 Atracción, basada en el sexo, hacia una pers. con la que se aspira a alcanzar la unión física y afectiva. *Frec se presenta idealizada.* **b)** Relación o trato sexual con otra pers. *A veces en pl con sent sg.* **c)** Relación sentimental con otra pers. *A veces en pl con sent sg.* **d)** ~ **libre** → LIBRE. ■ 2 Sentimiento de profunda inclinación o apego a una pers. cuyo bien se desea como propio, y cuya compañía y cuya benevolencia se sienten como motivos de dicha. *Frec con compl* A, HACIA, POR *o* (*lit, raro*) DE. *Tb referido a otros seres vivos o a cosas personificadas.* **b)** Sentimiento de caridad y fraternidad. **c)** ~ **propio.** Sentimiento de la propia dignidad que estimula a ganar la aprobación ajena. ■ 3 Pers. o cosa que es objeto de amor [1a y 2a]. *Frec en vocativo,* ~, MI ~, ~ MÍO, *como simple tratamiento cariñoso, esp en habla de mujeres.* **b)** (*col*) Pers., animal o cosa que atrae por su encanto. *Esp en habla de mujeres.* ■ 4 Afición o inclinación [a algo (*compl* POR, DE, A o HACIA)]. ■ 5 Esmero o devoción con que se realiza [algo (*compl* A, HACIA o POR)]. *Frec se omite el compl.* ■ 6 Trato dulce o suave. ■ 7 (*Arte*) Amorcillo. ■ 8 ~ **de hombre.** Planta herbácea de tallos extendidos y hojas carnosas, utilizada en decoración (gén. *Tradescantia*). **b)** *Con otros compls, designa otras especies botánicas:* ~ AL USO (*Hibiscus mutabilis*), ~ DE DAMA (*Orchis morio*), ~ DE(L) HORTELANO (*Galium aparine*), ~ MÍO *o* AMORES MÍOS (*Pancratium maritimum*), etc.
II *loc adj* 9 **de** ~. (*Mús*) [Oboe] de forma parecida al corno inglés y que suena una tercera más bajo que el oboe normal. ■ 10 **de** ~. (*Mús*) [Viola] que tiene 7 cuerdas principales y, debajo del traste, otras 7 o más que vibran por resonancia.
III *loc v* 11 **hacer el** ~. Realizar el acto sexual [con otra pers. (*ci o compl* CON)]. *Tb con suj pl; en este caso, sin compl o con ci refl. Tb, como euf humoríst, referido a animales.* ■ 12 **hacer el** ~. (*hoy raro*) Cortejar [a otra pers. (*ci*), normalmente a una mujer]. **b)** **hacerse el** ~ [dos perss.]. Conversar amorosamente. ■ 13 **requerir de** ~**es.** (*lit*) Proponer [a alguien (*ci*)] relación o trato sexual.

IV *loc adv* 14 **con**, *o* **de, mil** ~**es.** Con mucho gusto. *Frec como fórmula de cortesía.* ■ 15 **en** ~ **y compaña.** En unión y buena armonía. ■ 16 **por** ~ **al arte.** (*col*) Sin aspirar a recompensa. ■ 17 **por** (**el**) ~ **de Dios.** Se usa para encarecer un ruego. *A veces, exclamativamente, con independencia sintáctica, para manifestar protesta o reprensión.*
V *loc prep* 18 **al** ~ **de.** Disfrutando de la proximidad de [algo que calienta].

amoral *adj* Que carece de preocupación o de sentido moral. *Tb n, referido a pers.* **b)** Propio de la pers. amoral.

amoralidad *f* Cualidad de amoral.

amoralismo *m* Actitud amoral. *Tb la doctrina que la propugna.*

amoralista *adj* Partidario del amoralismo. *Tb n.*

amoralmente *adv* De manera amoral.

amoratado -da *adj* 1 *part* → AMORATAR. ■ 2 [Color] que tira a morado. *Tb n m.* **b)** De color amoratado.

amoratamiento *m* Acción de amoratar(se). *Tb su efecto.*

amoratar *tr* Poner de color morado o que tira a morado. **b)** *pr* (~se) Ponerse de color morado o que tira a morado.

amorcillado -da *adj* 1 [Pers. o parte del cuerpo, esp. dedo o mano] que por la forma o aspecto recuerda la morcilla. ■ 2 (*Taur*) [Toro] herido de muerte que, antes de caer, hace esfuerzos por tenerse en pie.

amorcillo *m* (*Arte*) Figura de niño desnudo, a veces con alas y con algún emblema del amor.

amordazador -ra *adj* Que amordaza. *Tb n, referido a pers.*

amordazamiento *m* Acción de amordazar.

amordazante *adj* Que amordaza.

amordazar *tr* 1 Poner una mordaza en la boca [a alguien (*cd*)]. ■ 2 Impedir la libre expresión [de alguien o de algo (*cd*)], esp. por coacción.

amorecerse (*conjug* 11) *intr pr* (*reg*) Ponerse [la oveja] en celo. *Tb fig, referido a pers.*

amorfia *f* Amorfismo.

amorfismo *m* Condición de amorfo.

amorfo -fa *adj* 1 Que carece de forma precisa. ■ 2 Que carece de estructura precisa. ■ 3 Que carece de carácter propio. ■ 4 (*Mineral*) Que carece de estructura cristalina. *A veces usado como especificador.*

amorío *m* (*desp*) Relación amorosa superficial y pasajera. *Frec en pl con sent sg.*

amoriscado -da *adj* Que tira a morisco o que tiene caracteres moriscos.

amorita *adj* (*hist*) Amorreo. *Tb n.*

amorosamente *adv* De manera amorosa [3 y 4].

amorosidad *f* Cualidad de amoroso.

amoroso -sa *adj* 1 De(l) amor. ■ 2 [Pers.] que siente o manifiesta amor. *Tb fig.* ■ 3 [Cosa] que denota o implica amor. ■ 4 [Cosa] dulce o agradable, esp. al oído o al tacto. **b)** (*Mús*) Que se debe interpretar con expresión afectuosa. ■ 5 (*raro*) [Cosa] querida. ■ 6 (*reg*) [Terreno de labor] fresco.

amorrar *intr* ➤ a *normal* **1** Bajar la cabeza [un animal]. *Tb pr* (~se). ■ **2** (*reg*) Echarse de bruces. ■ **3** (*Mar*) Hundir [un barco] la proa. ➤ b *pr* (~se) **4** Aplicar los labios [a algo] para beber. **b**) *En gral:* Aplicar los labios [a algo]. ■ **5** Pegar la cara [a algo (*compl* A o CON)]. ■ **6** (*col*) Besarse [dos perss., o una con otra (*compl* A o CON)]. *Frec en part.*

amorreo -a *adj* (*hist*) Del pueblo bíblico descendiente de Amorreo, hijo de Canaán. *Frec n m en pl, referido a pers.*

amorriñarse *intr pr* (*reg*) Ponerse murrio o triste.

amorrongarse *intr pr* (*reg*) Ponerse mohíno o tristón.

amortajador -ra *m y f* Pers. que amortaja.

amortajamiento *m* Acción de amortajar.

amortajar *tr* Poner la mortaja [a un cadáver (*cd*)].

amortecer (*conjug* 11) *intr* (*lit*) **1** Perder la vitalidad, la actividad o la viveza. *Tb pr* (~se). ■ **2** Apagarse total o casi totalmente [el fuego o algo que arde].

amortiguación *f* Acción de amortiguar(se). **b**) (*Mec*) Sistema de amortiguadores.

amortiguador -ra I *adj* **1** [Cosa] que amortigua. *Tb n m, referido a elemento o agente.* **II** *m* **2** (*Mec*) Dispositivo que sirve para reducir el efecto de choques, sacudidas o movimientos bruscos. *Tb fig.*

amortiguamiento *m* Acción de amortiguar(se).

amortiguar (*conjug* 1b) *tr* Disminuir la fuerza o la intensidad [de algo, esp. de un fenómeno (*cd*)]. **b**) *pr* (~se) Disminuir [algo] en fuerza o intensidad.

amortizable *adj* (*Econ*) Que se puede amortizar [1a y 2]. **b**) [Deuda pública] a cuya devolución se obliga el Estado en fecha determinada.

amortización *f* **1** Acción de amortizar. ■ **2** Cantidad con que se amortiza [1 y 2].

amortizador -ra *adj* Relativo a la acción de amortizar [4].

amortizar *tr* **1** (*Econ*) Recuperar [el capital invertido en una empresa], gralm. en fracciones periódicas. **b**) *Fuera del ámbito técn:* Recuperar [el coste (*cd*) de algo]. **c**) Obtener [de una cosa (*cd*)] el provecho suficiente para compensar lo gastado en ella. *Tb fig.* ■ **2** (*Econ*) Satisfacer [una deuda], gralm. mediante pagos periódicos. ■ **3** Dejar [algo] fuera de uso. **b**) (*admin*) Suprimir [una plaza] por el procedimiento de no cubrir la vacante producida. ■ **4** (*hist*) Pasar [bienes] a manos muertas.

amos → IR.

amosal *m* Cierto explosivo usado en atentados terroristas.

amoscado -da *adj* (*col*) **1** *part* → AMOSCARSE. ■ **2** Propio de la pers. amoscada.

amoscarse *intr pr* (*col*) Molestarse o sentirse ofendido.

amostazarse *intr pr* Molestarse o sentirse ofendido.

amotinamiento *m* Acción de amotinarse. *Tb su efecto.*

amotinarse *intr pr* Sublevarse o alzarse en motín.

amovible *adj* Que puede ser removido o destituido.

amparador -ra *adj* Que ampara.

amparamiento *m* (*raro*) Acción de amparar(se).

amparar A *tr* **1** Defender o proteger [a alguien o algo] de un peligro o un daño real o posible. *Frec con un compl* DE. **b**) **Dios le ampare** → DIOS. ■ **2** Acoger o dar cobijo [a alguien o algo]. *Tb fig.* ■ **3** Apoyar o favorecer [algo]. **b**) Asistir [a alguien (*cd*) la razón o el derecho]. **B** *intr pr* (~se) **4** Valerse [de algo o alguien (*compl* EN)] como protección, apoyo o excusa. ■ **5** (*lit*) Ocultarse, o protegerse de la vista de otros.

amparo I *m* **1** Acción de amparar. **b**) (*Der*) Protección, por un alto tribunal, de los derechos asegurados por una constitución, cuando estos no son respetados por otros tribunales o autoridades. *Gralm en la constr* DE ~, *referida a recurso.* ■ **2** Pers. o cosa que ampara. **II** *loc pr* **3** (**ni**) **un ~.** (*reg*) Nada. **III** *loc prep* **4 al ~ de.** Bajo la protección de. **b**) Aprovechando la acogida de.

ampelografía *f* (*E*) Estudio y descripción de la vid.

ampelología *f* (*E*) Tratado sobre el cultivo de la vid.

amperaje *m* (*Electr*) Intensidad de una corriente eléctrica expresada en amperios.

ampere *m* (*Electr*) Amperio.

amperímetro *m* (*Electr*) Aparato para medir en amperios la intensidad de una corriente eléctrica.

amperio *m* (*Electr*) **1** *En el sistema internacional:* Unidad de intensidad de la corriente eléctrica. ■ **2 ~ hora.** Cantidad de electricidad que pasa por un circuito durante una hora cuando la intensidad de la corriente es de un amperio [1].

ampicilina *f* (*Med*) Penicilina semisintética usada esp. en infecciones de los tractos urinarios, respiratorio e intestinal.

ampliable *adj* Que puede ampliarse.

ampliación *f* Acción de ampliar(se). *Tb su efecto.* **b**) Copia ampliada [2] de una fotografía.

ampliador -ra *adj* Que amplía. *Tb n m y f, referido a aparato o máquina.*

ampliamente *adv* De manera amplia [2].

ampliar (*conjug* 1c) *tr* **1** Hacer [algo] más amplio [1, 2 y 3]. *A veces con un compl* A o HASTA, *que expresa límite.* **b**) *pr* (~se) Hacerse más amplio. ■ **2** Aumentar el tamaño [de una imagen (*cd*), esp. fotográfica].

ampliatorio -ria *adj* Que sirve para ampliar.

amplificación *f* Acción de amplificar. *Tb su efecto.*

amplificador -ra *adj* Que amplifica. *Tb n m, referido a aparato.*

amplificar *tr* Ampliar [algo, esp. sonido].

amplio -plia *adj* **1** Que tiene gran extensión. *En sent material o inmaterial.* **b**) [Local] espacioso. **c**) De gran alcance, o de mayor alcance de lo corriente. ■ **2** Grande en tamaño, cantidad o importancia. ■ **3** Ancho (que abarca mucho en sentido horizontal). **b**) [Prenda de vestir o parte de ella] ancha u holgada. ■ **4** Abierto o tolerante.

amplitud *f* **1** Cualidad de amplio. ■ **2** (*Fís*) Diferencia entre los estados extremos de un fenómeno. **b)** *En un movimiento oscilatorio:* Espacio recorrido por un cuerpo entre sus dos posiciones extremas. ■ **3** (*Geom*) Medida [de un arco]. ■ **4** (*Astron*) Arco del horizonte, comprendido entre el este u oeste, geográficos o magnéticos, y el punto por donde sale o se pone un astro. *Frec con un adj especificador:* ORTIVA *u* OCCIDUA.

ampo *m* (*lit*) **1** Copo de nieve. *Gralm en constrs de sent comparativo para ponderar blancura o pureza.* ■ **2** Blancura resplandeciente propia de la nieve. *Gralm en constrs de sent comparativo para ponderar blancura o pureza.*

ampolla **I** *f* **1** Elevación de la epidermis, llena de líquido seroso, producida comúnmente por roce o por quemadura. ■ **2** Burbuja de aire o gas que se forma en un líquido, o que aparece incrustada o formando una elevación en una materia sólida. ■ **3** Vasija, gralm. de vidrio, de forma redonda y cuello estrecho y largo, usada para líquidos. **b)** (*Rel catól*) Vasija destinada a contener el agua o el vino de la misa o los óleos sagrados. ■ **4** Envoltura hermética de vidrio. **b)** Pequeña cápsula de vidrio, cerrada herméticamente, que sirve esp. para envasar medicamentos. **c)** *En la bombilla o lámpara eléctrica:* Envoltura hermética de vidrio que rodea al filamento. ■ **5** (*Anat*) Dilatación o ensanchamiento de un conducto. *A veces con un adj o compl especificador.*
II *loc v* **6 levantar ~s.** Causar [un dicho o hecho] profundo disgusto o desagrado.

ampolleta *f* Reloj de arena, usado esp. por los marinos.

ampolloso -sa *adj* Que presenta ampollas [1].

ampón -na *adj* (*raro*) Hueco o abombado. *Gralm referido a falda.*

ampostino -na *adj* De Amposta (Tarragona). *Tb n, referido a pers.*

ampulosamente *adv* De manera ampulosa.

ampulosidad *f* Cualidad de ampuloso.

ampuloso -sa *adj* **1** [Pers.] grandilocuente o enfática. **b)** Propio de la pers. ampulosa. ■ **2** Abultado o de amplitud algo ostentosa.

ampurdanés -sa *adj* De la comarca del Ampurdán (Gerona). *Tb n, referido a pers.*

ampuritano -na *adj* De Ampurias (Gerona). *Tb n, referido a pers.*

amputación *f* Acción de amputar.

amputar *tr* Cortar y separar enteramente del cuerpo [un miembro o parte de él]. *Frec fig.* **b)** Cortar [a alguien (*cd*)] un miembro (*compl* DE]. *A veces el 2° compl se omite. Frec fig.*

amsterdamés -sa *adj* De Amsterdam. *Tb n, referido a pers.*

amsterdanés -sa *adj* Amsterdamés. *Tb n.*

amuchiguar (*conjug* 1b) *tr* (*raro*) Aumentar o multiplicar.

amueblado[1] -da *adj* **1** *part* → AMUEBLAR. ■ **2** [Piso o apartamento] que se alquila o vende provisto de muebles. *Tb n m.* ■ **3 bien amueblada.** (*lit*) [Cabeza] lúcida, o capaz de razonar con claridad.

amueblado[2] *m* **1** Acción de amueblar [1]. ■ **2** Mobiliario, o conjunto de muebles.

amueblador -ra *adj* Que amuebla [1]. *Frec n: m y f, referido a pers; f, referido a empresa.*

amueblamiento *m* **1** Acción de amueblar [1]. ■ **2** Mobiliario, o conjunto de muebles.

amueblar *tr* **1** Dotar de muebles [a una vivienda o una habitación]. *Tb* (*lit*) *fig.* ■ **2** Dotar [a alguien o algo de una cosa necesaria o conveniente]. *Tb sin compl, por consabido.*

amuermar (*col*) **A** *tr* **1** Hacer que [alguien (*cd*)] se amuerme [2 y 3].
B *intr pr* (~se) **2** Aburrirse, o sentir falta de interés o estímulo. ■ **3** Sufrir sopor a causa del alcohol o de una droga.

amugues *f pl* (*reg*) Jamugas (armazón de madera para sujetar la carga sobre las caballerías).

amujerado -da *adj* **1** [Hombre] afeminado, o que tiene apariencia o comportamiento de mujer. *Tb n m.* ■ **2** [Cosa] propia de mujer.

amulatado -da *adj* Que tira a mulato.

amuleto *m* Objeto, esp. pequeño y que se lleva encima, al que se atribuyen virtudes sobrenaturales para alejar el mal o para propiciar el bien.

amunicionamiento *m* Municionamiento.

amuñecado -da *adj* **1** Que parece muñeco. ■ **2** Que parece de muñeco.

amura *f* (*Mar*) Parte de la embarcación por donde comienza a estrecharse para formar la proa. *Tb la parte externa correspondiente de cada costado. A veces en pl con sent sg.*

amurada *f* (*Mar*) Costado del buque por la parte interior.

amural *m* (*reg*) Zarza (arbusto cuyo fruto es la mora).

amurallamiento *m* Acción de amurallar. *Tb su efecto.*

amurallar *tr* **1** Rodear de murallas. **b)** Rodear con una cerca. ■ **2** Circundar o flanquear [una cosa a otra] a modo de muralla. ■ **3** Rodear [a una pers. o cosa de algo que le sirve de defensa]. *Frec el cd es refl.*

amurar (*Mar*) **A** *tr* **1** Llevar a barlovento el puño [de una vela (*cd*)] y sujetarlo para navegar con la proa inclinada hacia la parte de donde viene el viento.
B *intr* **2** Inclinar la proa hacia la parte de donde viene el viento. ■ **3** Asegurarse o afianzarse.

amurriarse (*conjug* 1a) *intr pr* (*col*) Ponerse murrio o abatido.

amusgar *tr* **1** Entornar o entrecerrar [los ojos]. **b)** *pr* (~se) Entornarse o entrecerrarse [los ojos]. ■ **2** Echar atrás [las orejas].

amusgarse *intr pr* Llenarse o cubrirse de musgo. *Frec en part.*

amustiar (*conjug* 1a) *tr* Poner mustio o triste. *Tb fig.* **b)** *pr* (~se) Ponerse mustio o triste. *Tb fig.*

ana[1] *f* Religiosa de algún convento fundado bajo la advocación de Santa Ana.

ana[2] (*tb con la grafía* **anna**) *f* Moneda de níquel, de los países indostánicos, equivalente a 1/16 de rupia.

ana[3] *f* (*hist*) Medida de longitud, usada en tapicería, de valor igual o inferior a 1 m.

anabaptismo *m* (*Rel crist*) Doctrina de los anabaptistas.

anabaptista *adj* (*Rel crist*) Seguidor de una secta protestante que no admite como válido el bautismo de los niños antes de que lleguen al uso de razón. *Frec n, referido a pers.*

anabiosis *f* (*Biol*) Recuperación de los procesos vitales tras su cese aparente. *Tb el estado correspondiente.*

anabiótico -ca *adj* (*Biol*) De (la) anabiosis.

anaboleno -na (*raro*) **I** *adj* **1** Enredador o intrigante.
II *f* **2** Mujer alocada o casquivana.

anabólico -ca *adj* (*Fisiol*) De(l) anabolismo.

anabolismo *m* (*Fisiol*) Proceso metabólico de asimilación.

anabolizante *adj* (*Quím*) Que estimula el anabolismo. *Tb n m, referido a sustancia o producto.*

anacarado -da *adj* **1** Semejante al nácar, esp. en el brillo. ■ **2** Nacarado, o de(l) nácar.

anacardiácea *adj* (*Bot*) [Planta] dicotiledónea de la familia cuyo gén. característico es *Anacardium. Frec como n f en pl, designando este taxón botánico.*

anacoluto *m* (*TLit*) Abandono de la construcción sintáctica iniciada, para adoptar otra, con ruptura de la coherencia gramatical.

anaconda *f* Serpiente acuática americana de gran tamaño, no venenosa, que mata a la presa usando de su fuerza muscular (*Eunectes murinus*).

anacoreta **I** *m y f* **1** Pers. que vive en lugar solitario, entregada enteramente a la contemplación y a la penitencia. *Frec en constrs de sent comparativo, ponderando la vida retirada o austera.* **II** *adj* **2** Propio de anacoreta [1].

anacorético -ca *adj* **1** Propio de anacoreta [1]. ■ **2** Que tiene carácter o condición de anacoreta [1].

anacoretismo *m* (*raro*) Vida anacorética [1].

anacreóntico -ca *adj* (*TLit*) **1** [Composición poética] en que, a imitación de las del poeta griego Anacreonte (s. v a.C.), se cantan los tonos ligero los placeres de la vida, como el vino y el amor. *Tb n f, referido a oda.* ■ **2** De (las) poesías anacreónticas [1]. ■ **3** [Pers.] que compone poesías anacreónticas [1]. *Tb n.*

anacreontismo *m* (*TLit*) **1** Tendencia anacreóntica [2]. ■ **2** Condición de anacreóntico.

anacronía *f* (*raro*) **1** Anacronismo [3]. ■ **2** Acronía o intemporalidad.

anacrónicamente *adv* De manera anacrónica.

anacrónico -ca *adj* **1** Impropio de la época en cuestión, o propio de otra época. ■ **2** Que denota o implica anacronismo [3].

anacronismo *m* **1** Condición de anacrónico [1]. ■ **2** Cosa anacrónica [1]. ■ **3** Confusión, a veces consciente, entre lo que pertenece a una época y lo que pertenece a otra.

anacronizar *tr* (*raro*) Hacer anacrónico [algo].

anacrusis *f* (*TLit*) Sílaba o conjunto de sílabas que preceden al primer acento métrico del verso.

ánade *m* (*o, raro, f*) *Se da este n a diversas aves palmípedas silvestres que se suelen identificar con el pato y que pertenecen en gral al gén Anas. Frec con un compl especificador:* ~ FRISO (*A. strepera*), ~ RA-BUDO (*A. acuta*), ~ REAL (*A. platyrhynchos*), ~ SILBÓN (*A. penelope*), *etc.*

anadear *intr* Andar moviendo mucho las caderas, a manera del ánade.

anadón *m* Pollo del ánade.

anádromo -ma *adj* (*Zool*) [Pez] que se traslada a otro sitio para desovar, esp. del mar al río. **b)** Propio de los peces anádromos.

anaeróbico -ca *adj* (*Biol*) Anaerobio [2].

anaerobio -bia *adj* (*Biol*) **1** [Ser vivo] cuya vida se desarrolla en ambientes carentes de oxígeno o pobres en él. ■ **2** Que se produce sin utilización de oxígeno libre.

anaerobiosis *f* (*Biol*) **1** Vida anaerobia [2]. ■ **2** Respiración anaerobia [2].

anafase *f* (*Biol*) Tercera fase de la mitosis.

anafe *m* Hornillo, gralm. portátil, para hacer fuego.

anafiláctico -ca *adj* (*Med*) **1** De (la) anafilaxia. **b)** [Rinitis] **anafiláctica** → RINITIS. ■ **2** Que padece anafilaxia.

anafilactógeno *m* (*Med*) Sustancia capaz de producir anafilaxia.

anafilaxia *f* (*Med*) Sensibilidad exagerada de un organismo a determinadas sustancias alimenticias o medicamentosas.

anáfora *f* **1** (*TLit*) Figura retórica que consiste en la repetición de una o varias palabras al comienzo de diversas frases en un período. ■ **2** (*Ling*) Referencia a un ser nombrado antes o a un término enunciado antes en el discurso. ■ **3** (*Rel crist*) *En algunas liturgias orientales:* Parte de la misa que corresponde al prefacio y al canon de la liturgia romana.

anafóricamente *adv* (*Ling*) De manera anafórica.

anafórico -ca *adj* (*Ling*) De (la) anáfora [2]. **b)** Que tiene función anafórica.

anafre *m* Anafe.

anafrodisíaco -ca (*tb* **anafrodisiaco**) *adj* (*Med*) Que disminuye o suprime el apetito venéreo. *Tb n m, referido a sustancia.*

anafrodita *adj* (*Med*) [Pers.] que carece de impulso sexual. *Tb n.*

anaglifo (*tb* **anáglifo**) *m* (*Arte*) Grabado en relieve abultado.

anaglipta *f* (*Arte*) Papel obtenido con pulpa prensada en moldes metálicos y endurecido por desecación, sobre el que se pueden hacer bajorrelieves para decoración de paredes y techos.

anagnórisis *f* **1** (*TLit*) Momento de una obra literaria en que se desvela la identidad de una persona. ■ **2** (*lit*) Reconocimiento (hecho de reconocer).

anagrama *m* **1** Palabra o frase resultante de la transposición de las letras de otra palabra o frase. ■ **2** Emblema constituido por letras. ■ **3** (*raro*) Sigla.

anagramar *tr* (*raro*) Transformar [un nombre] en anagrama [1].

anagramáticamente *adv* (*raro*) En forma de anagrama [1].

anagramático -ca *adj* **1** De(l) anagrama. ■ **2** Que tiene carácter de anagrama.

anajabar *tr* (*jerg*) Matar. *Frec en part.*

anajao *m* Palmera de Filipinas de madera dura (*Coripha minor*).

anal *adj* Del ano. **b)** *En los peces:* [Aleta] próxima al ano y situada detrás de él.

analcohólico -ca *adj* (*lit*) **1** [Bebida] que no contiene alcohol. ■ **2** Abstemio. *Tb n.*

analectas *f pl* Florilegio (colección de piezas literarias selectas).

analéptico -ca *adj* (*Med*) [Medicamento] que sirve para restaurar o estimular las fuerzas. *Tb n.*

analérgico -ca *adj* (*E*) Que no produce alergia.

anales *m pl* **1** Relaciones de sucesos por años. **b)** (*lit*) Historia. ■ **2** Revista cultural o científica. *Normalmente se usa en denominaciones.*

analfabetismo *m* **1** Condición de analfabeto, *esp* [1]. ■ **2** Existencia de analfabetos [1].

analfabeto -ta *adj* **1** Que no sabe leer y escribir. *Tb n.* **b)** ~ **funcional.** [Pers.] que ha aprendido a leer y escribir pero no lo practica. *Frec n.* ■ **2** Ignorante o inculto. *Con intención ponderativa. Tb n.* **b)** [Cosa] propia de la pers. analfabeta.

analgesia *f* (*Med*) Abolición de la sensibilidad al dolor.

analgésico -ca *adj* Que calma el dolor. *Frec n m, referido a medicamento.*

análisis *m* **1** Distinción y separación de las partes o elementos constituyentes de una sustancia o un cuerpo físico, con objeto de determinar su composición. *Esp el que se hace de secreciones o tejidos con fines diagnósticos.* **b)** (*Ling*) Descomposición de una unidad en sus componentes y examen de estos. **c)** (*Informát*) Fase anterior a la programación, en la cual se estudia un problema o sistema para aislar y definir sus componentes y entender sus interrelaciones. ■ **2** Examen o estudio pormenorizado [de algo, esp. un texto]. ■ **3** (*Psicol*) Psicoanálisis. ■ **4** Método matemático basado en el cálculo algebraico e infinitesimal. *Frec* ~ MATEMÁTICO.

analista[1] **I** *m y f* **1** Pers. que hace análisis. *Frec con un adj o compl especificador.* **II** *adj* **2** [Pers.] analítica [2].

analista[2] *m y f* Autor de anales [1].

analístico -ca *adj* De (los) anales [1].

analíticamente *adv* De manera analítica [1].

analítico -ca **I** *adj* **1** De(l) análisis. ■ **2** Que procede por análisis. **b)** [Geometría] que utiliza el análisis algebraico. **II** *f* **3** Análisis [1a]. **b)** (*Med*) Conjunto de análisis con fines diagnósticos.

analizable *adj* Que puede ser analizado.

analizador -ra *adj* **1** Que analiza. *Tb n: m y f, referido a pers; m, referido a aparato o mecanismo.* ■ **2** Relativo a la acción de analizar.

analizante *adj* Analizador.

analizar *tr* Someter a análisis [algo o a alguien].

analmente *adv* Por vía anal.

análogamente *adv* De manera análoga [1a].

analogar *tr* Considerar análogo [1a].

analogía *f* **1** Condición de análogo [1a]. ■ **2** Parte o aspecto en que dos perss. o cosas son análogas [1a]. ■ **3** (*Ling*) Tendencia que determina la creación o modificación de unas formas a semejanza de otras. ■ **4** (*Gram, hoy raro*) Parte de la gramática que trata de los accidentes y propiedades de las palabras consideradas aisladamente.

analógicamente *adv* De manera analógica.

analógico -ca *adj* **1** Que se basa en la analogía [1 y 3]. ■ **2** (*E*) [Dispositivo o sistema] en que la información está en forma de magnitud física continua cuya variación absoluta está directamente asociada al valor de la información representada. ■ **3** (*Acúst*) [Grabación] producida por una señal microfónica continua a lo largo de un microsurco.

analogista *m y f* (*Ling, hist*) Partidario de la teoría de que la lengua está regida por la analogía [3].

análogo -ga *adj* **1** Semejante (igual en algunos aspectos). *Tb n m, referido a cosa.* **b)** (*Filos*) [Término] que se aplica a diversos seres en sentido distinto, pero semejante desde un punto de vista determinado. ■ **2** (*Electr*) *En los cuerpos piroeléctricos:* [Polo] que es positivo al elevarse la temperatura.

anamita (*tb con la grafía* **annamita**) **I** *adj* **1** De la región de Anam (península de Indochina). *Tb n, referido a pers.* **II** *m* **2** Lengua de Anam.

anamnesia *f* (*Med*) Anamnesis [1].

anamnesis (*tb, raro,* **anámnesis**) *f* **1** (*Med*) Conjunto de datos relativos a los antecedentes patológicos individuales y familiares del enfermo. ■ **2** (*Filos*) *En la filosofía platónica:* Evocación o recuerdo. ■ **3** (*Rel catól*) Parte de la misa que sigue inmediatamente a la consagración y en que se hace a Dios la ofrenda de su hijo.

anamniota *adj* (*Zool*) [Animal] que carece de amnios. *Tb n.*

anamórfico -ca *adj* (*Ópt*) [Lente u objetivo] que produce deformación óptica o distorsión de la imagen.

ananá *m* (*raro*) Ananás.

ananás *m* (*pl invar*) Planta perenne originaria de América del Sur, de hojas largas, persistentes, dentadas y espinosas, flores en espigas grandes, e infrutescencia con numerosas bayas que contienen una pulpa amarillenta jugosa y rica en sustancias azucaradas y vitaminas (*Ananas sativus, Ananassa sativa* o *Bromelia ananas*).

anapelo *m* Acónito (planta, *Aconitum napellus*).

anapéstico -ca *adj* (*TLit*) De(l) anapesto. **b)** [Verso] compuesto total o parcialmente por anapestos. **c)** [Endecasílabo] acentuado en las sílabas cuarta, séptima y décima.

anapesto *m* (*TLit*) **1** *En métrica grecolatina:* Pie que consta de dos sílabas breves seguidas de una larga. ■ **2** *En métrica moderna:* Unidad rítmica formada por dos sílabas átonas seguidas de una tónica.

anaplásico -ca *adj* (*Med*) [Tumor] en que las células se atrofian regresando a una forma primitiva o indiferenciada.

anaplasmosis *f* (*Med*) Infección causada por microorganismos del gén. *Anaplasma.*

anaptixis *f* (*Ling*) Desarrollo de una vocal por resonancia de una sonante.

anaquel *m* Estante (tabla o plancha horizontal).

anaquelería *f* Conjunto o serie de anaqueles.

anaranjado -da *adj* **1** *part* → ANARANJAR. ■ **2** [Color] semejante al de la naranja. *Tb n m.* **b)** De color anaranjado.

anaranjar *tr* Dar [a algo (*cd*)] color anaranjado. **b)** *pr* (~**se**) Tomar color anaranjado.

anarco *adj* (*col*) Anarquista, *esp* [2]. *Tb n.*

anarco- *r pref* Anarquista. * Anarcoiconoclasta. * Anarcomarxista. * Anarco-sentimental.

anarcoide *adj* (*desp*) Que tira a anarquista. *Tb n*, *referido a pers.*

anarcosindicalismo *m* (*Pol*) Corriente del anarquismo que atribuye en su lucha el principal papel a los sindicatos.

anarcosindicalista *adj* (*Pol*) Del anarcosindicalismo. **b)** Partidario o adepto del anarcosindicalismo. *Tb n*, *referido a pers.*

anárgiro *adj* (*lit*) Que no cobra dinero. *Dicho de los santos Cosme y Damián, que ejercían la medicina gratuitamente.*

anarquía *f* **1** Sistema político caracterizado por la ausencia de toda forma de Estado o de gobierno y la exaltación de la absoluta libertad del individuo. ■ **2** Situación de desorden político y social debida a la falta o debilitamiento de la autoridad. **b)** Desorden o confusión, esp. por ausencia o incumplimiento de unas reglas o normas.

anárquicamente *adv* De manera anárquica.

anárquico -ca *adj* De (la) anarquía o que la implica.

anarquismo *m* **1** Doctrina que preconiza la anarquía [1]. *Tb el movimiento político correspondiente.* ■ **2** Condición de anarquista [1b y 2].

anarquista *adj* **1** Del anarquismo [1]. **b)** Partidario o adepto del anarquismo [1]. *Tb n.* ■ **2** [Pers.] partidaria de la anarquía [2].

anarquizante *adj* Que tiende a anarquista.

anarquizar *intr* Caer en la anarquía [1 y 2a].

anasarca *f* (*Med*) Edema generalizado.

anastasia *f* Lombriguera (planta).

anastasiografía *f* (*Bibl*) Procedimiento para leer palimpsestos mediante rayos ultravioletas.

anastigmático -ca *adj* (*Ópt*) [Objetivo o sistema óptico] que carece de astigmatismo.

anastomosar (*E*) **A** *tr* **1** Unir por anastomosis. **B** *intr pr* (~**se**) **2** Formar anastomosis.

anastomosis *f* (*E*) Comunicación que se establece entre dos vasos, conductos o nervios de un organismo animal o vegetal. *Tb la operación quirúrgica encaminada a establecerla.*

anástrofe *f* (*TLit*) Hipérbaton. *Tb fig.*

anata (*tb, más raro, con la grafía* **annata**) *f* (*hist*) **1** Impuesto eclesiástico equivalente a la renta anual producida por un beneficio. *A veces equivale solo a la mitad, denominándose* MEDIA ~. ■ **2 media ~.** Derecho que se paga al obtener un empleo civil, un título o una merced real, y que consiste en la mitad del sueldo o renta del primer año, o bien en una cantidad determinada.

anatado -da *adj* (*raro*) Semejante a la nata de la leche.

anatasa *f* (*Mineral*) Mineral constituido por óxido de titanio, incoloro o de color pardo con diversas tonalidades.

anatema *m* **1** (*Rel crist*) Excomunión, esp. la promulgada con solemnidad e imprecaciones. ■ **2** (*lit*) Reprobación o condenación.

anatematización *f* Acción de anatematizar.

anatematizador -ra *adj* **1** Que anatematiza. *Tb n, referido a pers.* ■ **2** Relativo a la acción de anatematizar.

anatematizar *tr* Hacer [a alguien o algo (*cd*)] objeto de anatema, *esp* [2]. *Tb fig.*

anatemizar *tr* Anatematizar. *Tb abs.*

anátida *adj* (*Zool*) [Ave] de la familia de las palmípedas a la que pertenecen, entre otros, los ánades y los gansos. *Tb n f; frec en pl, designando este taxón zoológico.*

anátido *m* (*Zool*) Anátida. *Frec en pl.*

anatifa *f* Crustáceo parecido al percebe, cuyo cuerpo está cubierto de placas calizas y tiene un pedúnculo carnoso con el que se fija a objetos flotantes (*Lepas anatifera*).

a nativitate (*lat; pronunc*, /a-natibitáte/) *loc adv* Desde el nacimiento.

anatocismo *m* (*Econ*) Acumulación al capital de los intereses devengados y no pagados, para que a su vez produzcan intereses.

anatólico -ca *adj* Anatolio.

anatolio -lia *adj* **1** De la península de Anatolia o Asia Menor. ■ **2** [Grupo de lenguas] del grupo indoeuropeo y al que pertenece el hitita.

anatomía *f* **1** Estudio de la estructura y forma de los seres orgánicos y las relaciones entre los distintos órganos que los constituyen. **b)** ~ **patológica.** Estudio de las alteraciones producidas por las enfermedades en las células y tejidos de los seres orgánicos. ■ **2** Constitución o disposición [de un ser orgánico o de alguna de sus partes]. *Tb fig, referido a cosa.* ■ **3** Cuerpo [de una pers. o de un animal]. ■ **4** (*Med, raro*) Disección. *Tb fig.*

anatómicamente *adv* Desde el punto de vista anatómico [1].

anatómico -ca **I** *adj* **1** De (la) anatomía. ■ **2** [Figura humana], gralm. desmontable, dispuesta para el estudio de la anatomía. ■ **3** [Mueble o prenda] que se adapta perfectamente al cuerpo o a una parte de él, produciendo sensación de comodidad. **II** *m y f* **4** Anatomista [1].

anatomista *m y f* **1** Especialista en anatomía [1]. ■ **2** Pintor o escultor que sobresale en la representación de la anatomía [3].

anatomizar *tr* Hacer anatomía [4] [de un cuerpo o de alguna de sus partes (*cd*)].

anatomoclínico -ca *adj* (*Med*) De la anatomía y la clínica.

anatomofisiología *f* (*Med*) Anatomía y fisiología consideradas conjuntamente.

anatomofisiológico -ca *adj* (*Med*) De la anatomía y la fisiología.

anatomopatológico -ca *adj* (*Med*) De la anatomía patológica.

anatomopatólogo -ga *m y f* (*Med*) Especialista en anatomía patológica.

anatoxina *f* (*Biol*) Toxina desprovista de su acción tóxica, pero que conserva su capacidad inmunizante.

anátropo *adj* (*Bot*) [Óvulo] invertido.

a natura (*lat; pronunc,* /a-natúra/) *loc adv* Por naturaleza. *Tb adj.*

anay *m* Hormiga blanca de Filipinas.

anca I *f* 1 *En algunos animales, esp en caballerías:* Mitad lateral de la parte posterior. *Frec en pl.* ■ 2 *En una caballería:* Grupa (parte trasera del lomo). *Frec en pl y en la constr* VOLVER ~S. *A veces referido a otros cuadrúpedos.* ■ 3 (*col*) *En una pers,* esp en una mujer: Cadera. *Frec en pl. Frec designa el conjunto de cadera, nalga y muslo.*
II *loc v* 4 **consentir, admitir,** *o* **aguantar,** ~s [una caballería]. Permitir ser montada en las ancas [2].

ancarés -sa I *adj* 1 Del valle de Ancares (León). *Tb n, referido a pers.* ■ 2 De(l) ancarés [3].
II *m* 3 Dialecto gallego-portugués hablado en el valle de Ancares.

ancestral *adj* 1 Atávico, o que procede de herencia de antepasados remotos. ■ 2 De (los) ancestros. ■ 3 De tradición secular. ■ 4 Primitivo, o estancado en el tiempo.

ancestralía *f* (*raro*) Ancestralidad.

ancestralidad *f* Cualidad de ancestral.

ancestralmente *adv* De manera ancestral.

ancestro *m* Ascendiente o antepasado remoto. *Gralm en pl.* b) Ascendiente o antepasado. *Gralm en pl.*

anchamente *adv* De manera ancha, *esp* [2].

anchar *tr* (*raro*) Ensanchar. *Tb intr y, más frec, pr* (~se).

anchear (*reg*) A *tr* 1 Ensanchar.
B *intr* 2 Ensancharse. *Tb pr* (~se).

ancheta *f* (*raro*) Lote de mercancías de venta ambulante.

anchicorto -ta *adj* [Cosa] ancha y corta.

ancho -cha I *adj* 1 Que tiene más anchura [1] de la normal o adecuada o de la que tienen otros seres que forman serie une se nombrado. * Un cuchillo de hoja ancha. b) *Con un adv comparativo:* Que tiene [mayor o menor] anchura. * La sábana debe ser más ancha que el hule. c) [Sombrero] de ala ancha [1a]. ■ 2 Amplio o extenso. ■ 3 Holgado. *Tb fig.* b) (*col*) Excesivo para la capacidad o méritos propios. *Normalmente en la constr* VENIR[le algo] ~ [a alguien]. *Tb fig.* ■ 4 Poco estricto o riguroso. b) [Manga] **ancha** → MANGA¹. ■ 5 (*col*) Satisfecho. *Normalmente como predicat, acompañado de un adv cuantitativo y frec con el v* QUEDARSE. *Tb* MÁS ~ QUE LARGO. b) Orgulloso o ufano.
II *m* 6 Anchura. b) **doble ~.** Anchura de un tejido, aproximadamente doble de la normal, entre 1,30 y 1,60 m. ■ 7 Trozo de tela de toda la anchura de la pieza y de longitud proporcionada al objeto a que se destina. ■ 8 (*Dep*) *En el juego de pelota:* Zona de cancha de la parte derecha lindante con la raya que delimita el terreno de juego.
III *loc adv* 9 **a lo ~.** En el sentido de la anchura. *A veces concurre con la idea de longitud, indicando totalidad.* b) **a lo largo y (a lo) ~** → LARGO. c) **todo a lo ~,** *o* **a todo lo ~.** En toda la extensión. ■ 10 **a sus anchas.** Con holgura o espacio suficiente. b) A gusto y con entera libertad.

anchoa *f* 1 Filete de boquerón en salazón. ■ 2 (*reg*) Boquerón (pez).

anchoveta *f* Pez, variedad de boquerón, de color grisáceo y de unos 12 cm, que vive en el Océano Pacífico (*Engraulis ringens*).

anchura *f* 1 Medida horizontal [de una cosa o pers. vista de frente o de espaldas]. b) Dimensión [de una cosa] que no es la altura ni la longitud. *Tb su medida.* c) Dimensión menor, de las dos que tiene una figura plana. *Tb su medida.* d) Diámetro [de un orificio]. ■ 2 Amplitud (cualidad de amplio). *Tb fig.* ■ 3 Extensión o superficie. b) Espacio amplio y abierto.

anchureño -ña *adj* De Anchuras (Ciudad Real). *Tb n, referido a pers.*

anchurón *m* 1 Excavación de grandes dimensiones, esp. en una mina. ■ 2 Lugar ancho o espacioso. ■ 3 Ensanchamiento.

anchuroso -sa *adj* 1 [Lugar] ancho o espacioso. ■ 2 (*humoríst*) [Pers.] ancha [1].

ancianidad *f* 1 Condición de anciano [1 y 2]. ■ 2 Etapa de la vida en que se es anciano [1]. ■ 3 Conjunto de ancianos [1].

anciano -na I *adj* 1 [Pers.] de mucha edad. *Frec n. Gralm usado con intención respetuosa. Tb fig, referido a animales.* b) Propio de la pers. anciana. ■ 2 (*lit, raro*) [Cosa] antigua o de muchos años.
II *m* 3 (*hist*) Jefe de una familia principal, que es miembro del Sanedrín. *Gralm en pl.*

ancien régime (*fr; pronunc corriente,* /ansián řezím/) *loc adj* Del Antiguo Régimen (el de las monarquías absolutas). *Frec fig, tanto en sent político como fuera de este ámbito, ponderando el carácter anticuado y superado.*

ancila *f* (*lit*) Sierva.

ancilar *adj* (*lit*) 1 De la servidumbre. ■ 2 Subordinado o subalterno.

ancípite *adj* (*lit, raro*) Ambiguo o equívoco.

ancla I *f* 1 Instrumento de hierro constituido por un vástago y gralm. dos o más brazos curvados, que, pendiente de una cadena, se echa al fondo del agua para sujetar la embarcación. *Tb fig.* b) Figura característica del ancla, constituida por un vástago y dos brazos curvados.
II *loc v* 2 **echar el ~,** *o* **echar ~s.** Detenerse definitivamente, o quedarse. ■ 3 **levar ~s** → LEVAR.

anclado *m* Anclaje.

anclaje *m* 1 Acción de anclar. *Tb fig.* ■ 2 Sujeción firme de un objeto al suelo o a una base sólida. ■ 3 Elemento o dispositivo destinado a fijar un objeto.

anclar A *tr* 1 Asegurar [una embarcación] por medio de anclas. *Tb* (*lit*) *fig.* ■ 2 Sujetar firmemente al suelo o a una base. *Tb fig.*
B *intr* 3 Asegurarse al fondo [una embarcación] por medio de anclas. ■ 4 Detenerse o inmovilizarse. *Tb pr* (~se). *Frec fig.*

anclote *m* (*Mar*) Ancla pequeña.

ancón¹ *m* (*Mar*) Ensenada.

ancón² *m* (*reg*) Anca o cadera.

ancón³ -na *adj* (*reg*) [Pers. o animal] de ancas grandes.

áncora *f* 1 Ancla [1]. *Tb fig.* ■ 2 (*Mec*) *En el reloj:* Pieza que regula el movimiento del escape. ■ 3 **~ de salvación.** (*lit*) Pers. o cosa que sirve de recurso en una situación desesperada.

andada I *f* **1** (*raro*) Acción de andar o moverse. **II** *loc v* **2 volver a las ~s.** Reincidir en una acción o costumbre reprobables.

andaderas *f pl* **1** Utensilio para enseñar a andar al niño, esp. constituido por dos tirantes con los que este es sujetado por la persona mayor. ■ **2** (*desp*) Ayuda o tutela. *Frec en constrs como* ANDAR SIN ~ *o* NO NECESITAR ~.

andadero -ra I *adj* **1** [Camino o terreno] fácil de andar [19]. **II** *m* **2** (*raro*) Camino.

andador -ra I *adj* **1** [Pers.] que anda, esp. mucho y por afición. *Tb n.* **II** *m* **2** Armazón, gralm. con ruedas, en que se mete a un niño pequeño para que aprenda a andar. *Tb en pl con sent sg.* **b)** *En pl:* Especie de tirantes con que se sujeta a un niño pequeño para evitar que se caiga mientras aprende a andar. **c)** (*desp*) Ayuda o tutela. ■ **3** (*hist*) Oficial inferior de justicia al servicio de un concejo o un tribunal, que desempeña, entre otras funciones, la de mensajero.

andadura *f* **1** Acción de andar¹ [1a y b]. *Tb fig.* **b)** Modo de andar¹. **c)** Modo de andar normal [de un animal]. ■ **2** Ritmo de la marcha. *Tb fig.* **b)** *En un texto literario:* Ritmo. ■ **3** Desarrollo [de algo]. ■ **4** (*lit*) Fase o etapa [en la vida de una pers. o el desarrollo de una cosa]. ■ **5** (*lit*) Ruta o camino.

andalucismo *m* **1** Carácter o condición de andaluz [1]. **b)** *Referido al español de América y alguna vez al de Canarias:* Condición o influido u originado por el dialecto andaluz. ■ **2** Palabra o rasgo idiomático propios del andaluz [3] o procedentes de él. ■ **3** Apego a lo andaluz [1]. ■ **4** Nacionalismo andaluz [1].

andalucista *adj* **1** De(l) andalucismo. **b)** Partidario o adepto del andalucismo [4]. *Tb n.* ■ **2** Que siente o muestra apego a lo andaluz [1]. *Tb n, referido a pers.*

andalucita *f* (*Mineral*) Mineral constituido por silicato de alúmina, muy duro y de color gris o rosado.

andalusí I *adj* (*hist*) **1** Del Ándalus o España musulmana. *Tb n, referido a pers.* **II** *m* **2** Lengua supuestamente propia de Andalucía, forjada con una mezcla de fonética andaluza y léxico mozárabe.

andaluz -za I *adj* **1** De Andalucía. *Tb n, referido a pers.* ■ **2** Del andaluz [3]. **II** *m* **3** Variedad o conjunto de variedades andaluzas [1] de la lengua española.

andaluzada *f* (*col*) Dicho o hecho exagerado, que se considera característico de los andaluces.

andaluzado -da *adj* **1** *part* → ANDALUZAR. ■ **2** Que tiene rasgos andaluces.

andaluzar *tr* Dar carácter andaluz [a alguien o algo (*cd*)]. **b)** *pr* (*~se*) Tomar carácter andaluz [alguien o algo].

andamiada *f* (*Constr*) Plano o plataforma de trabajo de un andamio.

andamiaje *m* **1** Conjunto de andamios [1]. ■ **2** Armazón o estructura abstracta que sirve de soporte [a algo (*compl de posesión*)]. *Tb sin compl.*

andamio *m* **1** Armazón provisional de tablas o de tubos metálicos usada como auxiliar en la construcción, reparación o pintura de edificios. *Tb fig.* ■ **2** (*hist*) Tablado o plataforma para el público de un espectáculo.

andana¹ *f* Fila o hilera. *Gralm con compl especificador.*

andana². **llamarse** (**a**) **~.** *loc v* (*col*) Desentenderse de un asunto, esp. un compromiso.

andanada *f* **1** Descarga de toda la serie de cañones del costado de un buque. **b)** Descarga de una batería de cañones. *Frec fig.* ■ **2** Serie [de insultos o de palabras inconvenientes]. *Frec el compl se omite, por consabido.* **b)** Sermón o amonestación. ■ **3** Cantidad grande [de algo, normalmente numerable]. *Tb sin compl, por consabido.* ■ **4** *En una plaza de toros:* Conjunto de localidades cubiertas. **b)** Localidad de andanada.

andancio *m* (*reg*) Enfermedad epidémica leve. *Tb fig.*

andante¹ I *adj* **1** Que anda¹ [1a]. ■ **2** *Siguiendo a un n predicat, se usa para ponderar el alto grado en que se posee el carácter o la cualidad expresado por el n.* ■ **3** (*Heráld*) [Animal] representado en actitud de andar¹. ■ **4** [Caballero] ~ → CABALLERO. **II** *m* **5** (*raro*) Caballero andante.

andante² *m* (*Mús*) Tempo moderadamente lento. *Tb la pieza compuesta en este tempo.*

andantesco -ca *adj* De (los) caballeros andantes¹.

andantino *m* (*Mús*) Tempo más vivo que el andante², pero menos que el allegro. *Tb la pieza compuesta en este tempo.*

andanza *f* **1** Acción de andar¹, o viajar, de un lado para otro. *Normalmente en pl.* ■ **2** Aventura o peripecia. *Normalmente en pl.*

andar¹ I *v* (*conjug 5*) **A** *intr* ➤ **a** *normal* **1** Moverse de un lugar a otro dando pasos. **b)** Moverse con los pies a la velocidad considerada normal. *Frec en oposición a* CORRER. **c)** Moverse de un lugar a otro [una pers., animal o cosa]. *Frec con un compl adv que expresa medio, espacio, tiempo o velocidad.* ■ **2** (*col*) Irse. *Tb pr* (*~se*). *Frec en imperat, a veces expresando rechazo.* ■ **3** Transcurrir. *Frec en la constr* ANDANDO EL TIEMPO. ■ **4** Actuar. *Con un compl de modo. Tb pr* (*~se*). **b)** Intervenir [en algo]. **c)** Revolver o hurgar [en algo]. ■ **5** Ocuparse [en algo]. **b)** Tener [algo (*compl* EN)] como idea o propósito. *Frec en fórmulas como* EN ESO ANDO *o* EN ESO ANDAMOS. **c)** Tener [algo (*compl* A)] como objetivo de la acción o como ocupación. **d)** Estar ocupado o entretenido [con algo]. ■ **6** Funcionar [algo, esp. una cosa que efectúa algún movimiento]. ■ **7** Estar. *Con predicat, compl adv o formando perífrasis de ger (que gralm tienen sent progresivo o durativo) o con prep + infin.* **b)** Encontrarse [en un determinado punto de una evolución o proceso (*compl* POR *o* EN)]. *Tb pr* (*~se*). *Frec referido a edad.* **c)** Estar situado [en un lugar (*compl* EN *o* POR)]. *Tb fig.* ■ **8** (*col*) Tener trato o relación [con alguien]. ■ **9** (*col*) En *imperat, a veces expresa alegría por algo que se sabe que ha de causar envidia o disgusto al oyente.* *Me dieron sobresaliente, anda, para que veas.* ■ **10** (*col*) En *imperat, se usa para exhortar al oyente a que haga algo que en el contexto se especifica o a veces se sobrentiende.* *Anda, dilo ya.* ■ **11 andando.** (*col*) Se usa para exhortar a otro a ponerse en marcha o a actuar. ■ **12 aquí ando, aquí andamos,** o **por ahí andamos.** *Fórmulas con que se contesta a un saludo como* ¿qué haces? *o* ¿qué tal estás? ■ **13 cerca le anda** (o **le anda cerca**), o **por ahí le anda.** *Fórmulas con que se comenta que lo que se acaba de decir es casi la verdad o un hecho cierto.*

■ **14** ~ **detrás** (*o* **tras**). Pretender [a alguien o algo (*compl* DE, *o ci*)]. ■ **15** ~**le** [a uno algo] **por**, *o* **en**, **la cabeza** (*u otro n equivalente*). Pensar [uno] en ello de manera más o menos prolongada.

➤ **b** *pr* (~**se**) **16** (*col*) Andar [1a] por sí solo [un niño pequeño]. ■ **17** (**por**) **allá se andan**, *o* **por ahí** (**se**) **andan**. Fórmulas con que se comenta la semejanza de dos o más perss o cosas, o de una con otra. *A veces con un compl* EN. ■ **18 saber** [uno] **por dónde se anda** → SABER¹.

B *tr* **19** Recorrer [un lugar, esp. un camino, o una distancia]. ■ **20** (*raro*) Pasar o vivir [un período de tiempo (*cd*)]. ■ **21 todo se andará**. Fórmula con que se comenta que algo mencionado antes se realizará o tratará a su debido tiempo. Frec como respuesta para calmar la impaciencia del interlocutor.

II *adj* **22 andando**. Siguiendo a un n abstracto, se usa para ponderar el alto grado en que se posee la cualidad correspondiente. * Esa niña es la tontería andando. ■ **23 para**, *o* **de**, ~ **por casa** → CASA.

III *interj* (*col*) **24 anda**. Expresa sorpresa, admiración o protesta. A veces (*pop*), seguido de ESTE o ESTA, aludiendo a las pers que la provoca. Tb, a veces, ANDÁ. A veces con un incremento expletivo: ANDA SALERO, ANDA LA ÓRDIGA, ANDA LA OSA. **b**) **anda** (**que**) **si**, *o* **no**, + *v* en ind. Fórmula con que se afirma enfáticamente el hecho expresado por el *v*.

andar² *m* **1** Manera de andar¹ [1a y c]. *Referido a pers o animal, frec en pl con sent sg*. ■ **2** Velocidad que se desarrolla al andar¹ [1a, b y c].

andaraje *m* (*reg*) Rodillo con que se afirma el suelo de las eras.

andarica *f* (*reg*) Nécora (crustáceo).

andariego -ga *adj* [Pers.] que anda o viaja mucho. **b**) [Pers.] aficionada a andar¹ [1a]. **c**) Propio de la pers. andariega.

andarín -na I *adj* **1** Aficionado a andar¹ [1a]. *Tb n, referido a pers*. ■ **2** Que anda rápido o deprisa. ■ **3** (*Taur*) [Res] que embiste andando sin cesar. **II** *m y f* **4** Pers. que practica el deporte de la marcha.

andarivel *m* **1** Cable o cuerda tendidos entre las dos orillas de un río para facilitar el paso por un vado. ■ **2** (*Min*) Dispositivo consistente en un cable que arrastra un recipiente o carretilla para transportar el mineral. ■ **3** (*Mar*) Dispositivo a base de cables para el salvamento de personas.

andarón *m* (*reg*) Vencejo (pájaro).

andarríos *m* **1** Se da este n a distintas aves acuáticas pertenecientes pralm a los géns *Tringa*, *Actitis*, *Charadrius* y *Motacilla*. A veces seguido de un compl especificador: ~ BASTARDO (*Tringa glareola*), ~ COMÚN *o* CHICO (*T. hypoleucos*), ~ GRANDE (*T. ochropus*), ~ SOLITARIO (*T. solitaria*), *etc*. ■ **2** Vagabundo.

andas I *f pl* **1** Tablero con dos varas paralelas y horizontales sobre el que en ocasiones solemnes se conduce a hombros una imagen o, rara vez, una persona. **b**) Tablero o caja sostenidos por dos varas horizontales y paralelas, que se usa en algunos pueblos para llevar enfermos o difuntos. **II** *loc v* **2 llevar en** ~ [a alguien]. (*col*) Tratar[le] con mucha consideración. **III** *loc adv* **3 en** ~ **y** (**en**) **volandas**. En volandas, o sin tocar el suelo.

andecha *f* (*reg*) Trabajo de ayuda mutua entre los labradores.

andén *m* **1** En una estación de ferrocarril o de metro: Plataforma a lo largo de la vía con la altura conveniente para el movimiento de viajeros y para la carga y descarga de objetos. ■ **2** En un jardín: Camino que permite pasear entre las plantaciones. ■ **3** En una vía pública: Zona destinada a andar los peatones. ■ **4** Plataforma transitable sobre un muelle a la orilla del mar o de cualquier otra masa de agua.

andesita *f* (*Mineral*) Roca volcánica de color gris que se encuentra pralm. en los Andes.

andesítico -ca *adj* (*Mineral*) De (la) andesita.

andinismo *m* (*raro*) Deporte que consiste en la ascensión a los Andes.

andinista *m y f* (*raro*) Pers. que practica el andinismo.

andino -na *adj* **1** De los Andes. **b**) De la región de los Andes. **c**) De los países andinos. *Frec con referencia esp a Perú, Ecuador y Bolivia*. ■ **2** (*Geol*) [Plegamiento] producido a finales de la Era Secundaria y que alcanzó su mayor importancia en América del Sur. **b**) Del plegamiento andino.

ándito *m* (*raro*) Zona destinada a andar las personas.

andoba (*tb con la grafía* **andova**) *m y f* (*pop*) Individuo o sujeto. *Frec con intención peyorativa*.

andóbal (*tb con la grafía* **andóval**) *m y f* (*pop*) Andoba.

andorga *f* (*col*) Panza o barriga. *Gralm en las constrs* LLENAR LA ~ 'comer' *y* LLENAR LA ~ [a alguien] 'dar[le] de comer'.

andorrano -na *adj* **1** Del Principado de Andorra. *Tb n, referido a pers*. ■ **2** De Andorra (Teruel). *Tb n, referido a pers*.

andorrear *intr* (*raro*) Callejear, o vagar por las calles.

andorrero -ra *adj* (*raro*) [Pers.] amiga de corretear o andar de un lado para otro.

andosco -ca *adj* [Res de ganado lanar] que tiene de 2 a 3 años. *A veces referido a cabra. Tb n*.

andova, andóval → ANDOBA, ANDÓBAL.

andrajo *m* **1** Jirón, o pedazo de tela desgarrado. ■ **2** Prenda de vestir vieja y rota. *Frec en pl con sent sg*. ■ **3** En pl, se da este n a diversos platos típicos, esp de Andalucía.

andrajoso -sa *adj* **1** [Pers.] cubierta de andrajos [2]. *Frec fig, para ponderar la presentación sucia, desaseada o miserable*. ■ **2** [Prenda] vieja y rota.

andrina *f* (*reg*) Endrina (fruto).

andrino *m* (*reg*) Endrino (arbusto).

androcéfalo -la *adj* (*Escult*) Que tiene cabeza de hombre.

androceo *m* **1** (*Bot*) Conjunto de los estambres u órganos masculinos de la flor. ■ **2** (*hist*) Entre los griegos: Parte de la casa destinada a habitación de los hombres.

androcha *f* (*reg*) Chorizo de baja calidad.

andrófago -ga *adj* (*raro*) Devorador de hombres.

androgenético -ca *adj* (*Med*) Relacionado con las hormonas masculinas.

androgénico -ca *adj* (*Med*) De (las) hormonas masculinas. **b**) Androgenético.

andrógeno *m* (*Biol*) Hormona masculina.

androginia *f* (*E*) Hermafroditismo.

andrógino -na *adj* Hermafrodita, o que tiene ambos sexos. *Frec n, referido a pers. Tb fig.* **b)** [Pers.] de aspecto sexualmente ambiguo. *Frec n.* **c)** Propio de la pers. andrógina.

androide *m* Autómata de figura humana.

androlla *f* (*reg*) Embutido hecho con lomo de cerdo.

andrología *f* (*Med*) Estudio de la constitución del varón y de las enfermedades del sexo masculino, y que se ocupa esp. de los problemas de fertilidad.

androlológico -ca *adj* (*Med*) De (la) andrología.

andrólogo -ga *m y f* (*Med*) Especialista en andrología.

andrómina *f* (*col, hoy raro*) **1** Embuste o mentira. *Gralm en pl.* ■ **2** Comentario vano o tonto. *Gralm en pl.*

androna *f* (*Der, reg*) Espacio que se deja por servidumbre de luces entre dos edificios contiguos.

andropausia *f* (*Fisiol*) Climaterio masculino.

androsemo *m* Planta herbácea de flores amarillas, usada en medicina como vulneraria (*Hypericum androsaemum*).

andujareño -ña *adj* De Andújar (Jaén). *Tb n, referido a pers.*

andulear *intr* Andar de un sitio para otro o sin rumbo fijo.

andurrial *m* Lugar apartado o fuera de camino. *Gralm en pl.*

anea *f* Espadaña (planta, *Typha latifolia* y *T. angustifolia*). **b)** Hoja de anea, usada pralm. para hacer esteras y asientos de sillas.

aneblar (*conjug* 6) *tr* (*raro*) Oscurecer o nublar. *Tb fig.*

anécdota *f* **1** Relato breve de un hecho curioso, normalmente real. *Tb el mismo hecho.* ■ **2** Cosa circunstancial o puramente episódica.

anecdotario *m* Conjunto de anécdotas [1]. **b)** Libro en que se coleccionan anécdotas.

anecdóticamente *adv* De manera anecdótica.

anecdótico -ca *adj* **1** De (la) anécdota. ■ **2** Que tiene carácter de anécdota [2].

anecdotismo *m* (*TLit*) Tendencia literaria al cultivo de temas anecdóticos.

anecdotista *m y f* Pers. que narra anécdotas [1].

anecdotizar *tr* Convertir [algo] en anécdota o en anécdotas.

anecoico -ca *adj* (*Fís*) Capaz de absorber las ondas sonoras sin reflejarlas.

anegación *f* Anegamiento.

anegador -ra *adj* Que anega. *Tb fig.*

anegamiento *m* Acción de anegar(se).

anegar *tr* **1** Inundar [un lugar (*cd*) el agua u otro líquido (*suj*)]. *Tb fig.* **b)** Inundar [un lugar (*cd*) de agua u otro líquido (*compl* EN o DE)]. *Frec sin compl, referido a agua.* **c)** *pr* (~**se**) Inundarse [un lugar de agua u otro líquido]. *Frec sin compl, referido a agua.* ■ **2** Inundar o llenar [a alguien o algo (*cd*)] algo no material, esp. una emoción o sentimiento]. **b)** *pr* (~**se**) Inundarse o llenarse [de algo no material]. ■ **3** Sumergir [en un líquido]. *Frec fig.* ■ **4** (*lit, raro*) Hacer desaparecer [algo]. **b)** *pr* (~**se**) Desaparecer.

anegrarse *intr pr* (*raro*) Ennegrecerse.

anejar *tr* Unir o vincular [una cosa a otra principal o más importante].

anejo -ja I *adj* **1** [Espacio o local] unido o junto [a otro (*compl* A o de posesión)] con relación de dependencia. *Tb sin compl, por consabido. Tb n m.* **b)** [Edificio, oficina o lugar] dependiente [de otro (*compl* A o de posesión)]. *Tb n m.* ■ **2** [Cosa] vinculada o unida [a otra (*compl* A o de posesión)]. *Tb sin compl. Tb n m.* ■ **3** [Escrito o documento] adjunto o añadido [a otro (*compl* A o de posesión)]. *Tb sin compl, por consabido. Tb n m.* ■ **4** (*raro*) Próximo o cercano. *En sent físico o afectivo. Tb n, referido a pers.* **II** *m* **5** Núcleo de población sin ayuntamiento propio, dependiente administrativamente [de otro]. ■ **6** Libro que, gralm. formando serie con otros, se edita como complemento [de una revista científica].

aneldo *m* Eneldo (planta).

anélido *adj* (*Zool*) [Gusano] cuyo cuerpo está formado por una serie de anillos o segmentos que pueden llevar apéndices para la locomoción. *Frec como n m en pl, designando este taxón zoológico.*

anemia *f* Empobrecimiento de la sangre por disminución, por debajo de las cifras normales, de la concentración de hemoglobina o de la cantidad de glóbulos rojos. *Tb fig, referido a cosa.* **b)** ~ **perniciosa** → PERNICIOSO.

anémico -ca *adj* **1** De (la) anemia. ■ **2** Que padece anemia. *Tb n, referido a pers. Tb fig, referido a cosa.*

anemizarse *intr pr* (*Med*) Ponerse anémico [2].

anemócoro -ra *adj* (*Bot*) [Dispersión de las semillas] producida por la acción del viento.

anemófilo -la *adj* (*Bot*) [Planta o flor] que se poliniza por medio del viento. **b)** [Polinización] que se realiza por medio del viento.

anemógamo -ma *adj* (*Bot*) Anemófilo.

anemografía *f* (*Fís*) Estudio de los vientos.

anemómetro *m* (*Meteor*) Instrumento para medir la velocidad del viento.

anémona (*tb, raro,* **anemona**) *f* **1** Se da este *n* a varias plantas del gén *Anemone*, de flores solitarias, grandes y de color vivo. *A veces con un compl especificador. Tb sus flores.* ■ **2** Actinia (pólipo). *Tb* ~ DE MAR.

anemone (*tb* **anémone**) *f* **1** Anémona [1]. ■ **2** ~ **de mar.** Anémona [2].

anencefalia *f* (*Med*) Falta total o parcial de encéfalo.

anepigráfico -ca *adj* (*Arqueol y Numism*) Que carece de inscripción.

anepígrafo -fa *adj* (*Arqueol y Numism*) Anepigráfico.

anergia *f* (*Med*) Falta de energía.

aneroide *adj* [Barómetro] metálico. *Tb n m.*

anestesia *f* **1** Acción de anestesiar. *Tb su efecto.* ■ **2** Sustancia utilizada para anestesiar. *Tb fig.* ■ **3** (*Med*) Falta o privación de la sensibilidad. *Tb fig, fuera del ámbito técn.*

anestesiador -ra *adj* Que anestesia. *Tb n: m y f, referido a pers; m, referido a sustancia o aparato.*

anestesiante *adj* [Cosa] que anestesia. *Tb fig.*

anestesiar (*conjug* **1a**) *tr* Privar total o parcialmente de la sensibilidad [a alguien o a una parte del cuerpo (*cd*)], esp. por medio de un fármaco y con fines quirúrgicos. *Tb fig.*

anestésico -ca *adj* **1** De (la) anestesia. ■ **2** Que produce anestesia [1]. *Frec n m, referido a medicamento o agente.* ■ **3** Que tiene anestesia [3].

anestesiología *f* (*Med*) Ciencia y técnica de la anestesia [1].

anestesiológico -ca *adj* (*Med*) De la anestesiología.

anestesiólogo -ga *m y f* (*Med*) Especialista en anestesiología.

anestesista *m y f* Anestesiólogo, esp. el que actúa en una intervención quirúrgica.

aneto *m* (*reg*) Eneldo (planta).

anetol *m* (*Quím*) Principio cristalizable que se obtiene de la esencia de diversas plantas, esp. del anís.

aneurina *f* (*Med*) Vitamina B$_1$.

aneurisma *m* (*o, raro, f*) (*Med*) **1** Dilatación circunscrita de un vaso sanguíneo, esp. una arteria, o del corazón, que contiene sangre fluida o coagulada. ■ **2** Rotura de aneurisma [1].

aneurismático -ca *adj* (*Med*) De(l) aneurisma o afectado por él.

anexar *tr* **1** Enviar [algo] anexo [3]. ■ **2** Anexionar.

anexión *f* Acción de anexionar.

anexionable *adj* Que puede ser anexionado.

anexionador -ra *adj* **1** Que anexiona. *Tb n, referido a pers.* ■ **2** De (la) anexión.

anexionamiento *m* Anexión.

anexionar *tr* Agregar o incorporar [una cosa, esp. un territorio, a otra]. *Tb sin compl* A, *por consabido.*

anexionismo *m* (*Pol*) Tendencia o doctrina que favorece o propugna las anexiones.

anexionista *adj* (*Pol*) De(l) anexionismo o que lo implica. **b)** Partidario del anexionismo. *Tb n.*

anexo -xa **I** *adj* **1** [Espacio o local] anejo (unido [a otro] con relación de dependencia). *Tb n m.* **b)** [Edificio, oficina o lugar] anejos o dependientes [de otro (*compl* A *o de posesión*)]. *Tb n m.* ■ **2** Anejo (vinculado). ■ **3** [Escrito o documento] anejo (adjunto o añadido). *Tb n m.*
II *m* **4** Anejo (núcleo de población dependiente administrativamente [de otro]). ■ **5** (*Anat*) Parte adjunta. *Gralm con un compl especificador que frec se omite por consabido, esp referido a las del útero.*

anfeta *f* (*col*) Anfetamina.

anfetamina *f* Sustancia estimulante del sistema nervioso central, que se usa con fines terapéuticos y para aumentar el rendimiento psíquico y muscular. *Tb la pastilla de esta sustancia.*

anfetamínico -ca *adj* De (las) anfetaminas.

anfiartrosis *f* (*Anat*) Articulación semimóvil.

anfibio -bia *adj* **1** [Animal] que puede vivir indistintamente en el agua y en la tierra, o en el agua cuando joven y en la tierra cuando adulto. *Frec n m en pl, designando este taxón zoológico.* **b)** Propio de los anfibios. ■ **2** [Planta] que tiene sus raíces en el agua, o que puede vivir dentro o fuera de ella. **b)** [Persicaria] **anfibia** → PERSICARIA. ■ **3** [Vehí-

culo] que puede desplazarse por el agua además de por tierra o por aire. ■ **4** [Fuerza militar] capacitada para actuar en el agua además de en tierra o en el aire. **b)** [Operación o maniobra militar] que se realiza simultáneamente por mar y tierra, frec. con apoyo de la aviación. **c)** De las fuerzas o de las operaciones anfibias. ■ **5** Mixto, o que tiene dos aspectos o vertientes. **b)** Ambiguo o equívoco.

anfíbol *m* (*Mineral*) Mineral de los pertenecientes al grupo de los silicatos de calcio, sodio, potasio, hierro, magnesio y otros metales.

anfibolita *f* (*Mineral*) Roca metamórfica que consiste esencialmente en anfíbol.

anfibología *f* (*Ling y TLit*) Doble sentido que presenta en un contexto una palabra o un enunciado.

anfibológicamente *adv* (*Ling y TLit*) De manera anfibológica.

anfibológico -ca *adj* (*Ling y TLit*) Que implica anfibología.

anfíbraco *m* (*TLit*) **1** *En métrica grecolatina:* Pie que consta de una sílaba larga entre dos breves. ■ **2** *En métrica moderna:* Grupo silábico que consta de una sílaba tónica entre dos átonas.

anfictionía *f* (*hist*) *En la antigua Grecia:* Confederación de ciudades. *Tb fig, referido a Estados modernos.*

anfígeno *adj* (*Quím*) [Elemento] del grupo constituido por el oxígeno, el azufre, el selenio y el teluro. *Frec n m.*

anfineuro *adj* (*Zool*) [Molusco] marino primitivo, con simetría bilateral, y desnudo o con una concha formada por ocho piezas articuladas. *Frec como n m en pl, designando este taxón zoológico.*

anfioxo *m* Animal marino de forma de pez, que representa el primer eslabón de los vertebrados (*Amphioxus lanceolatus*).

anfipróstilo *adj* (*Arquit*) [Edificio, esp. templo] que tiene pórtico y columnas en sus dos fachadas, anterior y posterior.

anfiteatro *m* **1** Gran construcción oval o circular, con asientos en gradería alrededor de una zona arenosa, destinado en la antigüedad clásica a espectáculos públicos. ■ **2** Lugar natural cuya disposición escalonada o en círculo recuerda la forma de un anfiteatro [1]. ■ **3** Aula semicircular con gradas destinada a lecciones prácticas de anatomía. *Tb ~* ANATÓMICO. **b)** Aula con gradas, frec. en forma semicircular. ■ **4** *En cines y teatros:* Piso alto con asientos en gradería. **b)** *En gral:* Gradería, o conjunto de gradas.

anfitrión -na *m y f* **1** Pers. que tiene invitados a su mesa o a su casa. *A veces en aposición.* ■ **2** Pers. o entidad que recibe en su casa, en su país o en su sede habitual a invitados o visitantes. *A veces en aposición.*

anfólito *m* (*Quím*) Electrólito anfótero.

ánfora *f* **1** Vasija con dos asas, gralm. de forma ovoide, cuello alto y estrecho y fondo terminado en punta, utilizada en la antigüedad para contener granos y líquidos, esp. vino. ■ **2** Vasija para líquidos, gralm. de barro, de forma semejante a la del ánfora [1]. ■ **3** (*Rel catól*) Vasija, frec. en forma de jarra, destinada a guardar los óleos sagrados.

anfótero -ra *adj* (*Quím*) [Sustancia] que puede reaccionar como ácido o como base. **b)** Propio de las sustancias anfóteras.

anfractuosidad *f* **1** Cavidad sinuosa o irregular en una superficie, esp. en un terreno. *Gralm en pl.* ■ **2** (*Anat*) Surco o pliegue sinuoso de la superficie de un órgano. *Gralm en pl.*

anfractuoso -sa *adj* Que tiene anfractuosidades.

angarillas *f pl* **1** Camilla portátil para el traslado de heridos o enfermos. **b)** Andas para transportar un cadáver. ■ **2** Armazón con divisiones que se coloca sobre las caballerías para transportar diversas cargas, esp. líquidos en cántaros o barriles.

angazo *m* Instrumento a modo de rastrillo para pescar marisco.

ángel I *m* **1** *En las religiones cristiana, judía y musulmana:* Espíritu celeste creado por Dios como ministro de su voluntad, y que en el cristianismo se suele representar como un adolescente o un niño alados. **b)** *Se usa en constrs de sent comparativo para ponderar en una pers la bondad, la inocencia, la belleza u otra cualidad de las que se atribuyen a los ángeles.* **c)** (*Rel catól*) Espíritu celeste que tiene Dios asignado a cada pers. para que la cuide. *Gralm* ~ DE LA GUARDA *o* ~ CUSTODIO. *Tb fig.* **d)** (*Rel crist*) Espíritu celeste de los que constituyen el tercer coro de la tercera jerarquía. ■ **2** *Se usa como apelativo cariñoso para dirigirse o aludir a una pers, esp un niño. Frec acompañado de posesivo.* ■ **3** (*col*) Gracia o encanto. ■ **4** [Pez] ~ → PEZ[1]. II *loc adj* **5** [Cabello] **de** ~, [pan] **de los** ~**es**, [piel] **de** ~, [polvo] **de** ~ → CABELLO, PAN, PIEL, POLVO. III *loc v* **6** **pasar un** ~. (*col*) Producirse un largo silencio en medio de la conversación. IV *loc adv* **7** **como los** (**propios**, *o* **mismos**) ~**es**. Sumamente bien. *Referido al modo de hacer algo.*

Ángela María *interj que denota admiración, sorpresa o el hecho de caer en la cuenta de algo.*

angélica → ANGÉLICO.

angelical *adj* **1** De (los) ángeles [1]. ■ **2** Que parece de ángel [1]. ■ **3** [Pers.] que tiene alguna de las cualidades propias de los ángeles [1], esp. la bondad o la inocencia. **b)** Inocente o ingenuo. *Frec con intención desp.*

angelicalmente *adv* De manera angelical.

angélicamente *adv* Angelicalmente.

angélico -ca I *adj* **1** De (los) ángeles [1]. ■ **2** ■ **3** [Carlina] **angélica** → CARLINA. II *f* **4** Planta herbácea de hojas grandes, flores blancas o rosadas en umbela y fruto en aquenio alado, y que se caracteriza por su agradable aroma (*Angelica archangelica* y *A. sylvestris*). *A veces con un adj especificador:* ARCANGÉLICA, SILVESTRE. *Tb su esencia.* ■ **5** (*Rel catól*) Lección que se canta el Sábado Santo para la bendición del cirio y que comienza con las palabras "Exultet iam angelica turba caelorum".

angelino -na *adj* De Los Ángeles (Estados Unidos). *Tb n, referido a pers.*

angelismo *m* **1** Tendencia eclesiástica a dar especial importancia a lo angélico [1]. ■ **2** Ingenuidad o candor. *Frec con intención desp.*

angelito I *m* **1** Ángel [1] representado en figura de niño pequeño con alas. ■ **2** (*col*) Niño. *Con especial alusión a su inocencia, aunque a veces irónicamente.* **b)** *Se usa exclamativamente para expresar compasión respecto a un niño pequeño. A veces con intención irónica, referido a una pers mayor.*

■ **3** Pers. de muy buena conducta o muy buenas intenciones. *En gral dicho irónicamente.* II *fórm or* **4** ~**s al cielo**. *Se usa como comentario a la muerte de un niño pequeño.* III *loc adv* **5** **como un** ~. Plácidamente. *Con vs como* DORMIR, MORIR *o equivalentes.*

angelizar *tr* Dar carácter angélico [a alguien o algo (*cd*)]. *Frec fig.* **b)** *pr* (~**se**) Tomar carácter angélico. *Frec fig.*

angelología *f* Doctrina sobre los ángeles [1].

angelológico -ca *adj* De (la) angelología.

angelopolitano -na *adj* De Angelópolis o Puebla de los Ángeles (Méjico) o de Angelópolis (Colombia). *Tb n, referido a pers.*

angelota *f* Higueruela (planta, *Psoralea bituminosa*).

angelote *m* **1** *aum* → ÁNGEL. ■ **2** Figura de angelito [1], gralm. grande, que se usa como adorno. ■ **3** Angelota (planta).

ángelus *m* (*Rel catól*) Oración en honor del misterio de la Encarnación, que comienza con las palabras "Angelus Domini" y que se suele rezar al mediodía. **b)** Toque de campana que anuncia el rezo del ángelus.

angevino -na (*tb, raro, con la grafía* **anjevino**) *adj* **1** De la antigua provincia francesa de Anjou. ■ **2** (*hist*) De la Casa de Anjou. **b)** Partidario de la Casa de Anjou. *Tb n, referido a pers.*

angina *f* **1** *En pl:* Inflamación de las amígdalas. **b)** Amígdalas. ■ **2** ~ **de pecho**. Síndrome debido a una insuficiencia coronaria, que se manifiesta por un dolor agudo en el pecho y una intensa sensación de angustia. *Tb* (*raro*) *simplemente* ~. ■ **3** (*col*) *En pl:* Pechos de mujer.

angina pectoris (*lat; pronunc,* /anχína péktoris/) *f* (*Med*) Angina de pecho.

anginoso -sa *adj* (*Med*) **1** De (las) anginas [1a] o de (la) angina de pecho. ■ **2** [Pers.] que padece anginas [1a] o angina de pecho. *Tb n.*

angiocolitis *f* (*Med*) Inflamación de los conductos biliares.

angiogénesis *f* (*Med*) Formación o desarrollo de los vasos sanguíneos.

angiografía *f* (*Med*) Radiografía de los vasos sanguíneos.

angiográfico -ca *adj* (*Med*) De (la) angiografía.

angiología *f* (*Med*) Rama de la medicina que se ocupa de los vasos sanguíneos y linfáticos.

angiológico -ca *adj* (*Med*) De (la) angiología.

angioma *m* (*Med*) Tumor producido por hiperplasia del tejido vascular.

angioplastia *f* (*Med*) Cirugía plástica de los vasos sanguíneos.

angiosarcoma *m* (*Med*) Sarcoma que contiene muchos vasos o está situado en ellos.

angiosperma *adj* (*Bot*) [Planta] que se caracteriza por tener las semillas envueltas en el pericarpio. *Frec como n f en pl, designando este taxón botánico.*

angiotensina *f* (*Fisiol*) Proteína sanguínea que produce un incremento de la presión de la sangre.

angledozer (*ing; pronunc corriente,* /angledóθer/; *pl normal,* ~**s**) *m* Máquina semejante al bulldozer, que se distingue de este en tener la pala dispuesta diagonalmente.

anglesense *adj* De Anglés (Gerona). *Tb n, referido a pers.*

anglesolense *adj* De Anglesola (Lérida). *Tb n, referido a pers.*

anglicado -da *adj* **1** *part* → ANGLICAR. ■ **2** Que tiene influencia de la lengua inglesa. *Tb n, referido a pers.*

anglicanismo *m* Religión protestante cuya cabeza es el monarca de Inglaterra.

anglicanizado -da *adj* **1** *part* → ANGLICANIZAR. ■ **2** Que tiene influencia de la lengua inglesa.

anglicanizar *tr* Dar aspecto o carácter inglés [a alguien o algo (*cd*)]. **b)** *pr* (**~se**) Tomar aspecto o carácter inglés.

anglicano -na *adj* Del anglicanismo. **b)** Que profesa el anglicanismo. *Tb n.*

anglicar *tr* Anglicanizar. *Tb pr* (**~se**).

anglicismo *m* **1** Palabra, giro o rasgo idiomático propios de la lengua inglesa o procedentes de ella. ■ **2** Empleo de anglicismos [1].

anglicista *adj* Del anglicismo o de los anglicismos.

ánglico -ca *adj* (*lit*) Inglés. *Tb n, referido a pers.*

angliparla *f* (*desp*) Lenguaje anglicado.

anglista *m y f* Especialista en la lengua inglesa y en la cultura de los países de esa lengua.

anglística *f* Filología inglesa.

anglización *f* Acción de anglizar(se).

anglizante *adj* Que tira a inglés.

anglizar *tr* Anglicanizar. *Tb pr* (**~se**).

anglo -gla *adj* **1** (*lit*) Inglés. *Tb n, referido a pers.* ■ **2** (*raro*) Norteamericano de origen inglés. *Tb n.* ■ **3** (*hist*) Del pueblo germánico que se estableció en Inglaterra en el s. V. *Frec n m en pl, referido a pers.*

anglo- *r pref* Inglés. * El conflicto anglo-argentino.

angloamericano -na *adj* **1** Estadounidense. *Tb n, referido a pers.* ■ **2** Inglés y americano conjuntamente.

angloárabe (*tb con la grafía* **anglo-árabe**) *adj* [Caballo o raza caballar] procedente del cruce entre caballos de raza inglesa y raza árabe.

anglocanadiense *adj* Canadiense de lengua o ascendencia inglesa. *Tb n, referido a pers.*

anglofilia *f* Simpatía por Inglaterra, lo inglés o los ingleses.

anglófilo -la *adj* Que simpatiza con Inglaterra, lo inglés o los ingleses. *Tb n, referido a pers.*

anglofobia *f* Aversión a Inglaterra, lo inglés o los ingleses.

anglófobo -ba *adj* Que tiene o muestra aversión hacia Inglaterra, lo inglés o los ingleses. *Tb n, referido a pers.*

anglofonía *f* Conjunto de los anglófonos o de los países anglófonos.

anglófono -na *adj* Anglohablante. *Tb n, referido a pers.* **b)** De los anglófonos.

anglohablante *adj* [Pers., grupo humano o país] que tiene el inglés como lengua propia. *Tb n, referido a pers.*

angloíndio -dia *adj* Indio de origen inglés. *Tb n, referido a pers.*

anglomanía *f* Admiración exagerada, que suele conllevar imitación, hacia Inglaterra, lo inglés o los ingleses.

anglómano -na *adj* Que siente anglomanía.

anglonormando -da **I** *adj* (*hist*) **1** Del pueblo normando establecido en Inglaterra en el s. XI. *Tb n, referido a pers.* **b)** De los anglonormandos. ■ **2** Del anglonormando [3]. **II** *m* (*hist*) **3** Dialecto francés, de base normanda, hablado en Inglaterra entre los ss. XI y XIV.

angloparlante *adj* Anglohablante. *Tb n, referido a pers.*

anglosajón -na **I** *adj* **1** De lengua y cultura inglesas. *Tb n, referido a pers.* ■ **2** (*hist*) De los pueblos germánicos que se establecieron en Inglaterra en el s. V. *Tb n, referido a pers.* **II** *m* (*hist*) **3** Dialecto germánico hablado por los anglosajones [2].

anglosajonismo *m* Carácter anglosajón [1].

anglosajonizar *tr* Dar carácter anglosajón [1] [a alguien o algo (*cd*)]. **b)** *pr* (**~se**) Tomar carácter anglosajón.

Angola. de ~. *loc adj* (*raro*) De angora.

angolano -na *adj* Angoleño. *Tb n.*

angoleño -ña *adj* De Angola. *Tb n, referido a pers.*

angolés -sa *adj* Angoleño. *Tb n.*

ángor *m* (*Med*) Angina de pecho.

angora (*frec con mayúscula en acep 1*) **I** *loc adj* **1 de ~.** [Gato] de una raza de origen turco caracterizada por el pelo muy largo y suave. *Tb referido a conejo o cabra de características semejantes.* **II** *n A m* **2** Gato de angora [1]. **B** *f* **3** Lana de cabra de angora, o pelo de conejo de angora, que se usa para hacer tejido. *Tb el mismo tejido.*

angorina *f* Fibra textil que contiene angora [3]. *Tb el tejido fabricado con ella.*

angor pectoris (*lat; pronunc,* /ángor-péktoris/) *m* (*Med*) Angina de pecho.

angostamiento *m* Acción de angostar(se). *Tb fig.*

angostar *tr* Hacer que [algo] sea angosto o más angosto. **b)** *pr* (**~se**) Hacerse [algo] angosto o más angosto.

angostillo *m* Callejón o pasadizo.

angosto -ta *adj* (*lit*) Estrecho (de poca anchura). *Tb fig.*

angostura¹ *f* **1** Cualidad de angosto. ■ **2** Lugar o paraje angosto. ■ **3** Estrechamiento (parte en que algo, esp. una vía o conducto, se hace más estrecho).

angostura² *f* Extracto de la corteza de un árbol de la familia de la ruda (*Galipea officinalis* o *Cusparia officinalis*), con el cual se elabora una bebida alcohólica amarga utilizada en la preparación de algunos cócteles. *Tb la bebida.*

angrelado -da *adj* **1** (*Arte*) Que tiene el borde formado por picos y lóbulos cóncavos resultantes de la intersección de pequeños arcos. *Tb n m, designando adorno.* ■ **2** (*Arquit*) [Arco] que tiene el intradós formado por una serie de lóbulos o segmentos de circunferencia.

ángstrom (*tb con las grafías* **ångström** *y* **angström**; *pl normal, invar o ~s*) *m* (*Fís*) Unidad de longitud cuyo valor es una diezmillonésima de milímetro.

anguarina *f* Prenda rústica semejante al gabán, amplia, gralm. de paño, que baja hasta media pierna y que se pone sobre las demás prendas para protegerse del frío o de la lluvia.

anguiacho *m* (*reg*) Congrio (pez).

anguila *f* **1** Pez de cuerpo largo y cilíndrico y piel viscosa y resbaladiza, que vive comúnmente en los remansos de los ríos o en aguas cenagosas y que, cuando alcanza la madurez sexual, se dirige al océano para efectuar allí su reproducción (*Anguilla anguilla*). ■ **2** Dulce de mazapán con figura de anguila [1] enroscada. ■ **3** (*Mar*) Línea de maderos paralelos a la quilla del buque, de las que constituyen la base sobre la que este se desliza al agua en la botadura.

anguílido *adj* (*Zool*) [Pez] de la familia de la anguila. *Frec como n m en pl, designando este taxón zoológico.*

anguílula *f* Gusano microscópico que vive en sustancias en fermentación o como parásito de ciertas plantas (géns. *Turbatrix, Anguillula, Thylenchus* y otros).

angula *f* Cría de la anguila [1].

angulación *f* **1** (*Fotogr, Cine y TV*) Ángulo desde el que se toma una imagen. ■ **2** (*E*) Disposición angular[1] [2].

angulado -da *adj* **1** *part* → ANGULAR[2]. ■ **2** Que se efectúa desde un ángulo [2]. **b)** Que se efectúa desde un ángulo [6c] poco común. ■ **3** Que forma ángulo [1].

angular[1] **I** *adj* **1** De(l) ángulo. ■ **2** Que tiene forma de ángulo [1]. ■ **3** [Cosa] constituida por un ángulo o medible por un ángulo [1]. **b)** (*Astron*) [Distancia] que se mide por el ángulo que separa las visuales dirigidas hacia dos cuerpos celestes o dos puntos del mismo cuerpo. **c)** (*Fís*) [Velocidad] que se mide por el ángulo descrito por un móvil en una unidad de tiempo. ■ **4** (*Arquit*) Situado en el ángulo [4] de un edificio. **b)** [Piedra] que está situada en el ángulo de un edificio juntando y sosteniendo dos paredes. *Esp la que ocupa la base de dicho ángulo o esquina. Frec fig* (→ PIEDRA). **II** *m* **5** (*Arquit*) Pieza de construcción, gralm. de hierro, que tiene forma de ángulo. ■ **6 gran ~.** (*Fotogr, Cine y TV*) Objetivo que, por abarcar un ángulo de visión mayor, permite una mayor amplitud y profundidad del campo visual.

angular[2] *tr* Dar forma de ángulo [1] [a algo (*cd*)]. **b)** *pr* (*~se*) Tomar forma de ángulo.

angularmente *adv* De manera angular[1] [1 y 2].

angulero -ra A *m y f* **1** Pescador de angulas. **B** *f* **2** Cazuela para preparar y servir angulas.

ángulo I *m* **1** Figura geométrica formada por dos líneas que parten de un mismo punto o por dos planos que parten de una misma línea. *Frec con un adj especificador:* AGUDO, RECTO, OBTUSO, *etc.* ■ **2** Parte o zona [de una superficie, gralm. cuadrangular] que corresponde a un ángulo [1]. **b)** Parte u objeto en forma de ángulo [1]. **c)** (*Encuad*) Adorno de los que

se ponen en los ángulos [2a] de la tapa de un libro. ■ **3** Rincón, o espacio que se forma en el interior de un recinto al juntarse dos paredes o superficies. ■ **4** Esquina, o lugar de intersección de dos paredes o superficies vistas por su parte exterior. ■ **5** Punto indeterminado [de un lugar], esp. extremo o remoto. ■ **6** Punto de vista, o enfoque, [de algo, esp. un asunto]. **b)** Lado o aspecto [de algo o alguien]. **c)** (*Fotogr, Cine y TV*) Situación de la cámara para hacer una determinada toma. ■ **7 ~ de tiro.** Zona desde la que el tiro o la visión son posibles. ■ **8 ~ muerto.** Zona en que el tiro o la visión resultan imposibles. *Tb fig.* **II** *loc adv* **9 en ~.** Formando ángulo [1]. *Tb adj.*

angulosidad *f* **1** Cualidad de anguloso. ■ **2** Parte angulosa.

anguloso -sa *adj* **1** Que forma ángulo [1]. ■ **2** Que tiene ángulos [1]. ■ **3** [Pers., animal, o parte del cuerpo, esp. cara] que, por su delgadez, presenta formas huesudas y prominentes.

angunia *f* (*reg*) Angustia.

angurria *f* (*reg*) **1** Codicia o avidez. ■ **2** (*raro*) Angustia o desazón.

angustia *f* **1** Aflicción o congoja. **b)** Estado psíquico de desasosiego causado por algo penoso o desagradable a lo que hay que hacer frente o que hay que soportar, y que gralm. se manifiesta con ciertas reacciones somáticas. **c)** Desasosiego causado por miedo o incertidumbre. **d)** (*Filos*) Estado de desazón surgido de la reflexión crítica sobre la existencia. ■ **2** Penalidad o dificultad. ■ **3** Sensación de opresión en el tórax o en el abdomen. **b)** Malestar que precede al vómito. **c)** Ahogo o sofoco. ■ **4** (*col*) Pers. o cosa que causa angustia [1].

angustiadamente *adv* De manera angustiada.

angustiado -da *adj* **1** *part* → ANGUSTIAR. ■ **2** Que denota o implica angustia, *esp* [1].

angustiador -ra *adj* Que angustia.

angustiante *adj* Que angustia.

angustiar (*conjug* 1a) *tr* Causar angustia [1] [a alguien (*cd*)]. **b)** *pr* (*~se*) Sentir angustia.

angustiosamente *adv* De manera angustiosa.

angustioso -sa *adj* **1** Que causa angustia, *esp* [1]. ■ **2** Que denota o implica angustia [1]. ■ **3** Que padece angustia [1].

anhedonia *f* (*Med*) Incapacidad para sentir placer.

anhelante *adj* **1** Que siente anhelo. ■ **2** Que denota o implica anhelo. ■ **3** [Respiración] fatigosa.

anhelar *tr* Desear con ansia [algo].

anhélito *m* (*lit*) Aliento o respiración.

anhelo *m* Hecho de anhelar. **b)** Cosa que se anhela.

anhelosamente *adv* De manera anhelosa [2].

anheloso -sa *adj* **1** Que siente anhelo. ■ **2** Que denota o implica anhelo. ■ **3** Jadeante. *Referido esp a la respiración o a su ritmo.*

anhidrasa *f* (*Biol*) Enzima que cataliza la eliminación de agua de un compuesto.

anhídrido *m* Compuesto que procede de la deshidratación de un ácido o de la combinación del oxígeno con un elemento, gralm. un no metal. *Normalmente con un compl especificador.*

anhidrita *f* (*Mineral*) Mineral de sulfato cálcico anhidro.

anhidro -dra *adj* (*Quím*) [Cuerpo o compuesto] que no contiene agua.

anichado -da *adj* (*Arquit*) [Elemento] que tiene forma de nicho.

anidación *f* (*Med*) Fijación del óvulo fecundado en la cavidad del útero.

anidamiento *m* Acción de anidar.

anidar A *intr* 1 Hacer [un ave u otro animal] el nido [en un lugar] para vivir en él y tener crías. ■ 2 Albergarse o alojarse. *Frec fig.* ■ 3 (*Med*) Fijarse [el óvulo fecundado] en la cavidad del útero. **B** *tr* (*raro*) 4 Hacer [un ave u otro animal] el nido [en un lugar (*cd*)]. ■ 5 Albergar [algo]. *Tb fig.*

aniego *m* (*reg*) Acción de anegar(se). *Tb fig.*

anilida *f* (*Quím*) Amida obtenida a partir de la anilina.

anilina *f* 1 Líquido aromático obtenido pralm. por reducción del nitrobenceno, muy empleado en la fabricación de materias colorantes. ■ 2 Colorante de anilina [1].

anilla *f* 1 Anillo o aro, normalmente metálico, que sirve para sujetar algo. **b)** *En pl:* Aparato gimnástico consistente en dos aros de unos 25 cm de diámetro suspendidos a 2,40 m del suelo. ■ 2 Pieza cilíndrica, de metal o de plástico, que se coloca en una pata de un ave para control y estudio de los desplazamientos de esta. ■ 3 Vitola del cigarro puro. ■ 4 Cosa que tiene forma de circunferencia o cierto parecido con ella.

anillado¹ -da *adj* 1 *part* → ANILLAR. ■ 2 Que tiene forma circular o de anillo [2]. ■ 3 [Cuerpo, esp. cilíndrico] que tiene franjas a modo de anillos [2]. ■ 4 (*Zool*) [Animal, o cuerpo de animal] constituido por anillos [4]. *Tb n m en pl, designando este taxón zoológico.*

anillado² *m* Acción de anillar.

anillador -ra *adj* Que anilla, *esp* [3 y 4]. *Tb n, referido a pers.*

anillamiento *m* Acción de anillar [4].

anillar A *tr* 1 Poner anillos [1] [en una mano o en un dedo (*cd*)]. *Gralm en part.* ■ 2 Poner un anillo [2] de alambre en el hocico [al cerdo (*cd*)]. ■ 3 Poner anilla [3] [a un cigarro (*cd*)]. ■ 4 Marcar [un ave] con anilla [2]. ■ 5 (*raro*) Rodear [algo]. **B** *intr pr* (**~se**) 6 Enroscarse.

anillo I *m* 1 Aro de metal, gralm. de oro o plata, que se lleva en un dedo como adorno o como símbolo. ■ 2 Cosa en forma de circunferencia, o dispuesta en forma de circunferencia. **b)** Círculo de los que forma el cuerpo de la serpiente al enroscarse. ■ 3 (*Taur*) Redondel de la plaza de toros. ■ 4 (*Zool*) Segmento, en forma de anillo [1], de los que componen el cuerpo de los anélidos. ■ 5 (*Bot*) Círculo leñoso de los que, dispuestos concéntricamente, forman el tronco de un árbol. ■ 6 (*Mat*) Conjunto con dos operaciones internas, adición y multiplicación, que cumplen unas condiciones dadas. **II** *loc v* **7 caérsele** [a alguien] **los ~s.** (*col*) Sentirse [alguien] rebajado respecto de la propia situación social o de la propia dignidad por el hecho de hacer algo. *Gralm en constr neg.*

III *loc adv* **8 como ~ al dedo.** (*col*) De manera muy oportuna o adecuada. *Normalmente con el v* VENIR.

ánima *f* 1 Alma de una persona muerta. **b)** Alma del Purgatorio. *Frec en pl y en la forma* ~S DEL PURGATORIO, ~S BENDITAS *o* ~S BENDITAS DEL PURGATORIO. **c)** *En pl:* Oración por las almas del Purgatorio. *Tb el toque de campana con que se avisa para ella al atardecer.* **d)** ~ **en pena.** Ánima del Purgatorio que se aparece a los vivos. *Frec en constrs de sent comparativo, designando a la pers que anda errante, solitaria y melancólica.* ■ 2 (*lit*) Alma [de una pers.]. ■ 3 Hueco interior [de un objeto cilíndrico, esp. del cañón de un arma de fuego]. ■ 4 (*raro*) Parte más interior [de un cuerpo].

animación *f* 1 Acción de animar(se). *Tb su efecto.* ■ 2 Cualidad de animado [3 y 4]. ■ 3 (*Cine*) Técnica que permite producir imágenes en movimiento, mediante el dibujo o la fotografía de una serie de imágenes fijas. ■ 4 (*Psicol y Sociol*) Conjunto de acciones destinadas a impulsar la participación de los individuos en una actividad, esp. en el desarrollo sociocultural del grupo a que pertenecen.

animadamente *adv* De manera animada.

animado -da *adj* 1 *part* → ANIMAR. ■ 2 Que tiene vida. **b)** De (los) seres animados. ■ 3 Que muestra viveza. **b)** Que tiene concurrencia de perss. que se mueven o hablan con cierto bullicio. ■ 4 [Pers.] de carácter activo y alegre. ■ 5 (*Gram*) [Nombre] que designa a ser animado [2a]. *Tb n m.* **b)** [Género] que corresponde a los nombres de seres animados. ■ 6 [Dibujos] ~s → DIBUJO.

animador -ra I *adj* 1 Que anima. *Frec n, referido a pers.* **II** *n* A *m y f* 2 (*Cine*) Especialista en animación [3]. ■ 3 (*Psicol y Sociol*) Especialista en animación [4]. *Frec* ~ CULTURAL. ■ 4 (*RTV*) Pers. que presenta y ameniza un programa de variedades. **B** *f* 5 (*hoy raro*) Artista que, acompañada de una orquesta, canta en una sala de fiestas u otro local semejante.

animadversión *f* Aversión u hostilidad.

animal I *m* 1 Ser vivo dotado de sensibilidad y de movimiento espontáneo. *Se opone a* VEGETAL *y a* MINERAL. *Frec con un especificador:* ~ RACIONAL (*o* HUMANO), ~ IRRACIONAL. **b)** (*lit*) Referido a pers y seguido de adj o constr adj, indica que la cualidad o actividad expresada por estos es característica y fundamental en aquella. *En constr predicativa.* * El hombre es un animal de costumbres. * López es un animal político. ■ 2 Animal [1] irracional. *Se opone a* HOMBRE *o* SER HUMANO. **b)** ~ **de bellota.** Cerdo. ■ 3 Ser humano considerado solo en su aspecto físico e instintivo, con independencia de lo espiritual o racional. ■ 4 (*col*) Pers. que en su comportamiento muestra rudeza, ignorancia, o carencia de raciocinio. *A veces* ~ DE BELLOTA. ■ 5 (*col*) Pers. extraordinaria. *Frec en frases exclamativas, expresando admiración.* * ¡Qué animal, lo que sabe! ■ 6 **animalito.** (*col*) *Se usa en forma exclam para manifestar conmiseración hacia un animal* [2]. *Tb irónico, referido a pers.* **II** *adj* 7 De animal [1, 2 y 3] o de los animales. **b)** Propio de animal. ■ 8 (*col*) [Pers.] brutal, torpe, ignorante, o carente de raciocinio. ■ 9 [Negro] ~ → NEGRO.

III *loc adv* **10 como un ~,** *o* **como ~es.** Mucho. *Frec con el v* COMER.

animalada *f* (*col*) Hecho o dicho propio de un animal [4].

animalario *m* Edificio, dependiente de una universidad, en que se guardan los animales destinados a experimentos de laboratorio.

animálcula *f* (*Zool*) Animálculo.

animálculo *m* (*Zool*) Animal [1] microscópico o muy pequeño.

animalesco -ca *adj* Propio de animal [2 y 3].

animalia *f* (*raro*) Animal [2].

animalía *f* (*raro*) Animales, o conjunto de (los) animales [2].

animalidad *f* 1 Condición de animal [1, 2 y 3]. ■ 2 Conjunto de los animales [2].

animalismo *m* (*Arte*) Utilización artística del tema animal [7].

animalista *adj* 1 (*Arte*) [Pintor o escultor] que se dedica al animalismo. *Tb n*. ■ 2 (*Arte*) De(l) animalismo. ■ 3 Que defiende a los animales [2]. *Tb n, referido a pers*.

animalístico -ca *adj* 1 (*Arte*) Animalista [1 y 2]. ■ 2 (*raro*) Animalesco.

animalización *f* Acción de animalizar(se).

animalizador -ra *adj* Que animaliza.

animalizar *tr* Dar [a alguien o algo (*cd*)] carácter animal [7]. **b)** *pr* (**~se**) Adquirir carácter animal.

animalmente *adv* De manera animal [7].

animar A *tr* 1 Incitar o estimular [a alguien]. *Frec con compl* A *o* PARA. *Tb abs*. **b)** *pr* (**~se**) Sentirse incitado o estimulado. *Frec con compl* A *o* PARA. ■ 2 Fomentar o estimular [algo]. ■ 3 Dar ánimos [a alguien (*cd*)]. **b)** *pr* (**~se**) Cobrar ánimos. ■ 4 Dar vida [a alguien o algo (*cd*)]. *Tb fig*. **b)** *pr* (**~se**) Cobrar vida. ■ 5 Mover o impulsar [algo]. *En sent físico*. **b)** Mover o impulsar [algo o a alguien]. *En sent moral*. ■ 6 Hacer [algo] más agradable, ameno o alegre. **b)** *pr* (**~se**) Ponerse [algo] más agradable, ameno o alegre. ■ 7 Poner [a alguien] alegre o en un estado proclive a la euforia y la alegría. **b)** *pr* (**~se**) Ponerse [alguien] alegre o en un estado proclive a la euforia y la alegría. B *intr pr* (**~se**) 8 Decidirse. *Gralm con compl* A.

animero -ra *m y f* Pers. que participa en celebraciones, esp. cantares, en honor de las ánimas del Purgatorio.

anímicamente *adv* En el aspecto anímico.

anímico -ca *adj* 1 De(l) ánimo. ■ 2 De(l) alma.

animismo *m* Creencia religiosa que atribuye alma propia a todos los seres, orgánicos e inorgánicos, y a los fenómenos de la naturaleza.

animista *adj* De(l) animismo. **b)** Adepto al animismo. *Tb n, referido a pers*.

animizar *tr* Dotar de alma [a un ser inanimado (*cd*)].

ánimo I *m* 1 Valor o energía. *Tb en pl con sent sg. A veces con compl* DE (+ *infin*) *o* PARA. ■ 2 Actitud o disposición afectiva o mental. **b)** Intención o propósito. ■ 3 Carácter o condición psíquica [de una pers.]. ■ 4 Espíritu o alma. II *loc adj* 5 [Estado] **de ~**, [presencia] **de ~** → ESTADO, PRESENCIA. III *interj* 6 Se usa para infundir ánimo [1], *esp a alguien decaído, acobardado o indeciso*. **b)** **~ y a**

las gachas. (*col, humoríst*) Fórmula con que se alienta a la ejecución de algo difícil.

animosamente *adv* De manera animosa.

animosidad *f* 1 Hostilidad o aversión. ■ 2 (*raro*) Ánimo [1].

animoso -sa *adj* 1 Que tiene o muestra ánimo [1]. ■ 2 Que denota o implica ánimo [1]. ■ 3 Que tiene o muestra animación [1 y 2].

ánimus *m* (*Der*) Ánimo o voluntad.

animus injuriandi (*lat; pronunc, /*ánimus-inyuriándi/*) *m* (*Der*) Intención de injuriar u ofender.

animus jocandi (*lat; pronunc, /*ánimus-yokándi/*) *m* (*Der*) Intención festiva o de broma.

aniñadamente *adv* De manera aniñada.

aniñado -da *adj* 1 *part* → ANIÑAR. ■ 2 [Pers.] que muestra rasgos o actitudes de niño. ■ 3 Propio de niño, o infantil.

aniñamiento *m* Acción de aniñar(se).

aniñar *tr* 1 Dar [a alguien (*cd*)] carácter o aspecto de niño. **b)** *pr* (**~se**) Tomar carácter o aspecto de niño. ■ 2 Dar [a algo (*cd*)] carácter o aspecto propios de niño. **b)** *pr* (**~se**) Tomar carácter o aspecto propios de niño.

anión *m* (*Fís*) Ión con carga negativa, que en la electrólisis se dirige al ánodo o electrodo positivo.

aniónico -ca *adj* (*Fís*) De(l) anión.

aniquilable *adj* Que se puede aniquilar.

aniquilación *f* Acción de aniquilar(se).

aniquilador -ra *adj* Que aniquila. *Tb n, referido a pers*.

aniquilamiento *m* Acción de aniquilar(se).

aniquilante *adj* Que aniquila.

aniquilar *tr* 1 Destruir completamente o reducir a la nada. *Frec con intención ponderativa. Tb fig*. **b)** *pr* (**~se**) Destruirse completamente o reducirse a la nada. ■ 2 Matar o exterminar. ■ 3 Agotar o extenuar.

anís *m* 1 Planta herbácea anual de tallo ramoso y flores pequeñas y blancas en umbela (*Pimpinella anisum*). **b)** Fruto o semilla del anís, de pequeño tamaño, de color verde y de aroma intenso, y que se utiliza frec. en cocina y en medicina. *Frec en sg con sent colectivo*. **c)** Se da este n a otras plantas semejantes al anís común, esp en el aroma. *Gralm con un adj o compl especificador:* ~ ESTRELLADO (*Illicium anisatum*), ~ DE FLORENCIA (*Foeniculum vulgare*), etc. *Tb su fruto o semilla, o la infusión hecha con ellos*. ■ 2 Aguardiente de anís [1b]. **b)** Copa de anís. ■ 3 Confite en forma de bolita, gralm. de colores, que contiene un grano de anís [1b] o alguna esencia de anís.

anisado -da *adj* 1 *part* → ANISAR¹. ■ 2 [Licor] que contiene anís [1b] o esencia de anís. *Tb n m*.

anisar¹ *tr* Aderezar con anís [1b] o con esencia de anís.

anisar² *m* Terreno sembrado de anís [1a].

anisera *f* Fábrica de anís [2a].

anisete *m* Aguardiente anisado y con mucho azúcar.

anísico -ca *adj* (*Quím*) Derivado del anetol.

anisogamia *f* (*Biol*) Reproducción sexual en que los gametos son diferentes.

anisógamo -ma *adj* (*Biol*) [Reproducción] que se realiza con gametos diferentes.

anisometropía *f* (*Med*) Diferencia en el poder de refracción de ambos ojos.

anisosilábico -ca *adj* (*TLit*) [Verso] no sometido a un número regular de sílabas. **b)** [Estrofa, composición o serie] formada por versos anisosilábicos.

anisosilabismo *m* (*TLit*) Versificación irregular.

anisotropía *f* (*Fís*) Cualidad de anisótropo.

anisótropo -pa *adj* (*Fís*) Que no posee las mismas propiedades en todas las direcciones.

aniversario *m* **1** Día en que se cumplen uno o más años [de un suceso notable]. ■ **2** Día en que se cumplen uno o más años del nacimiento o la muerte [de una pers.].

anjana *f* (*Mitol cánt*) Hada benéfica.

anjeo *m* Lienzo basto. **b)** Trozo de anjeo.

anjevino → ANGEVINO.

anna → ANA[2].

annamita → ANAMITA.

annata → ANATA.

annobonés -sa I *adj* **1** De Annobón o Pagalu (isla de Guinea Ecuatorial). *Tb n, referido a pers.* ■ **2** De(l) annobonés [3]. **II** *m* **3** Lengua de Annobón.

ano *m* Orificio exterior en que remata el conducto digestivo y por el cual se evacuan los excrementos.

anoche *adv* En la noche de ayer. **b) antes de ~** → ANTES.

anochecer[1] (*conjug* **11**) **A** *intr* ➤ **a** *impers* **1** Ponerse el Sol. *Frec en part, en constr abs de sent temporal.* ➤ **b** *personal* **2** Estar [el día] en la hora en que se pone el Sol. ■ **3** Encontrarse [una pers. o cosa en algún lugar o circunstancia] al tiempo de ponerse el Sol. **B** *tr* (*lit*) **4** Oscurecer o ensombrecer. *Tb fig.*

anochecer[2] *m* Hecho de anochecer[1] [1]. *Tb el tiempo que dura este hecho.*

anochecida I *f* **1** Anochecer[2]. **II** *loc adv* **2 de ~.** Al anochecer.

anochecido *m* Anochecer[2] o anochecida.

anódico -ca *adj* (*Fís*) Del ánodo, o relativo al ánodo.

anodinamente *adv* De manera anodina.

anodino -na *adj* **1** Carente de interés o de originalidad. ■ **2** Inexpresivo o indiferente. ■ **3** Ineficaz.

anodización *f* Acción de anodizar.

anodizado *m* Acción de anodizar.

anodizar *tr* Recubrir [aluminio u otro metal] con una capa protectora del óxido mediante electrólisis. *Frec en part.*

ánodo *m* (*Fís*) Electrodo positivo.

anofeles *m* Mosquito transmisor del paludismo (gén. *Anopheles*). *Tb* MOSQUITO ~.

anómalamente *adv* De manera anómala.

anomalía *f* **1** Condición de anómalo. ■ **2** Hecho o característica anómalos. ■ **3** (*Fís*) Diferencia entre una magnitud medida y su valor medio o teórico.

■ **4** (*Ling*) Tendencia del lenguaje a no someterse a leyes analógicas.

anomalista *m y f* (*Ling, hist*) Partidario de la doctrina de que la lengua no se rige por leyes analógicas.

anomalístico -ca *adj* **1** [Año] ~ → AÑO. ■ **2** [Revolución] **anomalística** → REVOLUCIÓN.

anómalo -la *adj* Que se aparta de la norma, de lo normal o de lo habitual.

anomia[1] *f* (*Psicol y Sociol*) Aislamiento del individuo o desorganización de la sociedad provocados por la falta o el rechazo de las normas sociales.

anomia[2] *f* (*Med*) Afasia que consiste en la incapacidad de nombrar los objetos o de reconocer sus nombres.

anómico -ca *adj* (*Psicol y Sociol*) De (la) anomia[1] o que la implica.

anón *m* Árbol o arbusto tropical de fruta dulce y mantecosa (gén. *Annona*). *Tb su fruta.*

anonácea *adj* (*Bot*) [Planta] dicotiledónea de la familia cuyo género más característico es *Annona*. *Frec como n f en pl, designando este taxón botánico.*

anonadador -ra *adj* Que anonada.

anonadamiento *m* Acción de anonadar(se). *Tb su efecto.*

anonadante *adj* Que anonada. *Frec con intención ponderativa.*

anonadar *tr* **1** Desconcertar. *Frec con intención enfática.* ■ **2** Sobrecoger o impresionar [a alguien algo grandioso]. ■ **3** (*lit*) Reducir a la nada, o aniquilar. *Frec con intención enfática.* **b)** *pr* (**~se**) Reducirse a la nada. *Frec con intención enfática.*

anónimamente *adv* De manera anónima.

anonimato *m* Condición de anónimo [1 y 2].

anonimia *f* Condición de anónimo [1 y 2].

anonimidad *f* Anonimia o anonimato.

anonimización *f* Acción de anonimizar(se). *Tb su efecto.*

anonimizar *tr* Hacer anónimo [1 y 2] [a alguien o algo]. **b)** *pr* (**~se**) Hacerse anónimo.

anónimo -ma I *adj* **1** [Cosa, esp. escrito u obra de arte] de autor desconocido. **b)** [Mensaje], gralm. de carácter ofensivo, difamatorio o amenazador, emitido por una persona que oculta su identidad. *Frec n m, designando mensaje escrito.* ■ **2** [Pers., esp. escritor, o cosa] que no tiene nombre, o cuyo nombre es desconocido, o se oculta, o no se menciona por irrelevante. *Tb n, referido a pers.* **b)** [Pers. o cosa] oscura o poco relevante. **c)** De gente anónima [2a y b]. ■ **3** (*Com*) [Compañía o sociedad] que se forma por acciones, con responsabilidad circunscrita al capital que estas representan. **II** *m* **4** Anonimato.

anopistográfico -ca *adj* (*Paleogr o Impr*) Anopistógrafo.

anopistógrafo -fa *adj* (*Paleogr o Impr*) Que se escribe o imprime por una sola cara. *Tb n m, referido a libro o impreso.*

anopluro I *adj* (*Zool*) **1** [Insecto] áptero que vive como parásito sobre el cuerpo de algunos mamíferos y cuyo género más conocido es el del piojo. *Frec n m; tb en pl, designando este taxón zoológico.* **II** *m* **2** Piojo (insecto).

anorak (*pl normal*, ~s) *m* Prenda de abrigo e impermeable, a modo de chaqueta con capucha, usada esp. en deportes de montaña.

anorexia *f* (*Med*) Falta anormal de apetito. **b)** ~ **mental**, *o* **nerviosa**. Síndrome psiquiátrico caracterizado por el rechazo a la ingestión de alimentos.

anoréxico -ca *adj* (*Med*) Que padece anorexia. *Tb n.*

anorexígeno -na *adj* (*Med*) Que produce anorexia. *Tb n m, referido a producto o agente.*

anorgasmia *f* (*Med*) Falta de orgasmo.

anormal *adj* **1** [Cosa] no normal o que se sale de lo común. ■ **2** [Pers.] deficiente mental. *Tb n. A veces usado como insulto.* ■ **3** Homosexual o afeminado.

anormalidad *f* **1** Cualidad de anormal. **b)** Situación anormal [1] en el terreno político o social. ■ **2** Hecho o circunstancia anormal [1].

anormalmente *adv* De manera anormal [1].

anorrectal *adj* (*Anat*) De(l) ano y el recto.

anortita *f* (*Mineral*) Mineral constituido por silicato de aluminio y calcio.

anorza *f* Nueza blanca (planta).

anosmático -ca *adj* (*Zool*) Que carece del sentido del olfato.

anosmia *f* (*Med*) Falta del sentido del olfato.

anosognosia *f* (*Med*) Ignorancia de una enfermedad o de un defecto funcional, que afecta al paciente.

anotación *f* **1** Acción de anotar. *Tb su efecto.* ■ **2** Nota, o cosa anotada.

anotador -ra I *adj* **1** Que anota. *Tb n, referido a pers.* **II** *m y f* **2** (*Cine y TV*) Script.

anotar *tr* ➤ **a** *normal* **1** Tomar nota [de algo o alguien (*cd*)]. **b)** Poner por escrito [un dato]. **c)** Incluir por escrito [algo o a alguien en un registro o relación]. ■ **2** Señalar o hacer notar [algo]. ■ **3** Poner notas [a un texto (*cd*)]. ■ **4** (*Dep*) Conseguir [un tanto]. *Tb abs.* ➤ **b** *pr* (~se) **5** Conseguir o alcanzar [una ventaja o un triunfo].

anovelado -da *adj* Que tiene caracteres de novela.

anovenaria *f* (*reg*) Mujer que asiste a una novena o a novenas.

anovillado -da *adj* (*Taur*) [Toro] de poco trapío, con estampa y hechuras de novillo. **b)** *En gral:* [Res] que tiene caracteres de novillo.

anovulatorio -ria *adj* (*Med*) **1** Que inhibe la ovulación. *Frec n m, referido a medicamento.* ■ **2** [Ciclo] que no presenta ovulación.

anoxia *f* (*Med*) Falta de oxigenación, esp. en los tejidos.

anqueta. a, *o* **de, media ~.** *loc adv* (*reg*) Sin apoyarse del todo sobre el asiento. *Referido a la forma de sentarse.*

anquilosamiento *m* Acción de anquilosar(se). *Tb su efecto.*

anquilosante *adj* Que anquilosa.

anquilosar *tr* **1** (*Med*) Causar anquilosis [a una articulación o un miembro (*cd*)]. **b)** *pr* (~se) Pasar a

padecer anquilosis. ■ **2** *Fuera del ámbito técn:* Paralizar [a alguien o algo] o incapacitar[lo] para actuar o para progresar. **b)** *pr* (~se) Paralizarse, o perder la capacidad de actuar o de progresar. *Frec en part.*

anquilosaurio *m* (*Zool*) Dinosaurio cuadrúpedo del Cretácico, perteneciente al suborden *Ankylosauria*.

anquilosis *f* **1** (*Med*) Disminución o imposibilidad de movimiento de una articulación. ■ **2** *Fuera del ámbito técn:* Parálisis, o incapacidad de actuación o de progreso.

anquilostoma *m* (*Zool*) Gusano nematodo parásito del gén. *Ancylostoma*.

anquilostomiasis *f* (*Med*) Enfermedad debida a la presencia en el intestino delgado de anquilostomas y cuyo síntoma principal es la anemia.

ánsar *m* Se da este *n* a varias aves palmípedas del gén. *Anser*, que se suelen identificar con el ganso. *Frec con un especificador:* ~ CAMPESTRE (*A. fabalis*), ~ COMÚN (*A. anser*), ~ CARETO (*A. albifrons*), *etc.*

ansareta *f* (*reg*) Tarro blanco (ave).

ansarina *f* Anserina (planta).

ansarón *m* Pollo del ánsar.

Anschluss (*al; pronunc corriente,* /ánʃlus/) *m* (*hist*) Anexión de Austria por la Alemania nazi (1939).

anseriforme *adj* (*Zool*) [Ave] del orden al que pertenecen los ánsares, patos y cisnes. *Frec como n f en pl, designando este taxón zoológico.*

anserina *f* Planta vivaz de unos 30 cm de altura, con hojas grandes triangulares y flores muy pequeñas en espiga bastante larga, y que se encuentra al borde de los caminos, esp. en zonas montañosas (*Chenopodium bonus-henricus*).

ansia *f* **1** Deseo vehemente o impaciente [de algo (*adj o compl* DE *o* POR)]. *Tb sin compl, por consabido.* **b)** Deseo irrefrenable de comer o beber, que lleva a hacerlo deprisa y con la boca llena. ■ **2** Angustia moral o congoja. ■ **3** Ahogo o sofoco. *Gralm en pl.* ■ **4** Náusea. *Gralm en pl.* ■ **5 las ~s de la muerte.** (*lit*) La agonía.

ansiadamente *adv* Ansiosamente.

ansiar (*conjug* **1c**) *tr* Desear con ansia [1a].

ansiedad *f* **1** Preocupación o temor, acompañados a veces de impaciencia, por algo que ha de ocurrir o que puede ocurrir. ■ **2** (*Med*) Angustia patológica.

ansina *adv* (*rur*) Así.

ansiolítico -ca *adj* (*Med*) Que sirve para disminuir o calmar la ansiedad [2]. *Frec n m, referido a fármaco.*

ansión *m* (*raro*) Ansia [1a] obstinada.

ansiosamente *adv* De manera ansiosa.

ansioso -sa I *adj* **1** Que tiene ansia [1] [de algo (*compl* DE *o* POR)]. *Tb n. Tb sin compl, por consabido.* **b)** Que tiene afán insaciable [de algo, esp. bienes o comida]. *Frec el compl se omite, por consabido. Tb n.* **c)** Propio de la pers. ansiosa. ■ **2** Que tiene ansiedad. *Tb n.* ■ **3** De (la) ansiedad o que la implica. **II** *m* **4** (*jerg*) Estómago.

ansotano -na *adj* De Ansó o del valle de Ansó (Huesca). *Tb n, referido a pers.*

anta *f* (*Arquit*) Pilastra cuadrada situada a cada uno de los lados de una puerta o en las esquinas de un edificio. *Frec en la loc* EN ~S.

antagónicamente *adv* De manera antagónica.

antagónico -ca *adj* **1** Opuesto o contrario. ■ **2** De (los) antagonistas [2].

antagonismo *m* Carácter o condición de antagonista.

antagonista **I** *adj* **1** Opuesto o contrario. *Tb n.* **b)** (*Fisiol y Biol*) De acción contraria. *Frec n m, referido a elemento o agente.* **II** *m y f* **2** Rival o adversario. ■ **3** *En una obra narrativa, dramática o cinematográfica:* Personaje opuesto al protagonista. *Tb fig.* **b)** *En una obra dramática o cinematográfica:* Actor que desempeña el papel de antagonista.

antagonizar *tr* **1** Actuar en forma antagónica [frente a alguien o algo (*cd*)]. ■ **2** Poner en antagonismo [dos cosas].

antañazo *adv* (*col, raro*) Hace mucho tiempo.

antaño **I** *adv* **1** (*lit*) En otro tiempo. *Precedido de prep, se sustantiva.* ■ **2** (*rur*) En el año anterior. *Precedido de prep, se sustantiva.* **II** *m* **3** (*lit*) Tiempo pasado.

antañón -na *adj* **1** Que tiene muchos años. ■ **2** De otro tiempo.

antañoso -sa *adj* (*raro*) Antañón [1].

antara *f* Instrumento músico de viento de los indios andinos, esp. peruanos, semejante a la flauta de Pan.

antártico -ca *adj* [Polo o círculo polar] del sur. **b)** Del polo o del círculo polar antártico. *Tb n, referido a pers.*

ante[1] (*con pronunc átona*) *prep* (*lit*) **1** Delante de o frente a. **b)** Precediendo inmediatamente a. ■ **2** En presencia de. **b)** *Se usa para presentar a un artista al público.* ■ **3** En relación con. ■ **4** A causa de. ■ **5** ~ **todo** → TODO.

ante[2] *m* Piel de alce, o de otro animal, curtida y vuelta.

ante- *pref* **1** *Denota anterioridad en el espacio con respecto a lo designado en el término prefijado.* * Anteplaza. * Antepocilga. ■ **2** *Denota anterioridad en el tiempo con respecto a lo designado en el término prefijado.* * Causas antenatales. **b)** *El término formado designa cosa de la misma naturaleza que lo designado en el término prefijado, y que se anticipa a ello o lo prepara.* * Un día de anteprimavera. ■ **3** *Antepuesto a un v (normalmente en part), presenta la acción de este como realizada antes del tiempo tomado como referencia.* * Los pasajes antecopiados.

anteanoche *adv* En la noche de anteayer. *Precedido de prep o como suj de una or cualitativa, se sustantiva.*

anteayer **I** *adv* **1** En el día anterior al de ayer. *Precedido de prep o como suj de una or cualitativa, se sustantiva.* **II** *m* **2** (*lit*) Tiempo pasado lejano.

antebrazo *m* **1** *En el ser humano:* Parte del brazo comprendida entre el codo y la mano. **b)** Parte de la manga correspondiente al antebrazo. **c)** (*hist*) Pieza de la armadura destinada a cubrir el antebrazo. ■ **2** *En algunos animales:* Parte de la extremidad anterior correspondiente al cúbito y el radio.

antecámara *f* **1** *En un palacio o edificio similar:* Pieza inmediatamente anterior a una sala principal. **b)** Pieza en que se espera a ser recibido. ■ **2** *En gral:* Pieza que antecede a una cámara.

antecapilla *f* Pieza inmediatamente anterior a la entrada de una capilla.

antecedencia *f* **1** Cualidad de antecedente [1]. ■ **2** Antecedente [2].

antecedente **I** *adj* **1** Que antecede. **II** *m* **2** Cosa anterior a otra y que de alguna manera ha dado lugar a ella. **b)** Hecho o circunstancia previos [a algo (*compl de posesión*) cuya existencia explican o condicionan]. *Gralm en pl.* **c)** (*Med*) Dato o circunstancia, personal o familiar, del historial [de un enfermo], anterior a su estado actual. *Frec en pl.* ■ **3** Antecesor en un cargo o en el ejercicio de una actividad. ■ **4** Dato del comportamiento anterior [de una pers.] que aparece reflejado en un registro, esp. de la policía. *Normalmente en pl y con un adj especificador que frec se omite cuando son antecedentes penales o delictivos. Tb fig.* ■ **5** Dato relacionado con el desarrollo de un hecho hasta el momento en que se habla. *Normalmente en pl.* ■ **6** (*E*) Primer elemento de una relación binaria. **b)** (*Gram*) Sustantivo al que hace referencia un pronombre relativo. **c)** (*Gram y Filos*) Prótasis. **d)** (*Mat*) Primer término de una razón. **III** *loc v* **7 estar en ~s.** Conocer los antecedentes [4] [de un hecho]. ■ **8 poner en ~s.** Informar [a alguien] sobre los antecedentes [4] [de un hecho].

antecedentemente *adv* De manera antecedente.

anteceder *tr* Ir antes o delante [de una pers. o cosa (*cd*)]. *El n cd va normalmente introducido por* A. *Tb abs.*

antecesor -ra **I** *adj* **1** Que antecede en el tiempo [a alguien o algo (*compl de posesión*)]. *Frec n, referido a pers.* **II** *m y f* **2** Pers., animal o cosa de los que proceden [otros (*compl de posesión*)].

antecocina *f* (*raro*) Pieza inmediatamente anterior a la cocina.

antecomedor *m* (*raro*) Pieza inmediatamente anterior al comedor.

antecoro *m* *En una iglesia:* Pieza que sirve de acceso al coro.

antecrítica *f* Autocrítica publicada por un autor teatral antes del estreno de su obra.

antedecir (*conjug* 42) *tr* **1** Mencionar anteriormente. *Normalmente en part.* ■ **2** (*raro*) Decir previamente.

antedespacho *m* Pieza inmediatamente anterior a un despacho.

antedicho → ANTEDECIR.

ante diem (*lat; pronunc,* /ante-díem/) *loc adj* [Citación o aviso] que convoca a una reunión para un determinado día posterior. *Tb adv.*

antediluviano -na *adj* **1** Anterior al Diluvio universal. ■ **2** Antiquísimo.

antefija *f* (*Arquit*) Adorno del borde del tejado que oculta el extremo de una hilera de tejas.

antefirma *f* *En documentos oficiales:* Línea que precede inmediatamente a la firma, indicando el cargo o la condición del firmante, o el tratamiento de cortesía correspondiente al destinatario.

anteguerra *f* Época inmediatamente anterior a una guerra. *Gralm referido a alguna de las dos Guerras Mundiales o a la Guerra Civil española de 1936.*

anteiglesia *f* **1** Atrio o pórtico que precede a la puerta de una iglesia. ■ **2** Feligresía o demarcación territorial de una parroquia vasca. *A veces designa la iglesia parroquial misma.*

antejuicio *m* (*Der*) Juicio previo a la incoación de un procedimiento penal contra un juez o un magistrado.

antelación *f* Anticipación (acción de anticipar(se) en el tiempo).

antelina *f* Material que imita al ante².

ante litteram (*lat; pronunc, /ante-líteram/*) *loc adj* Que es [lo expresado por el término precedente] antes de que ese término exista o se utilice con el significado en cuestión. *Tb adv.*

antemano. de ~. *loc adv* Anticipadamente.

ante meridiem (*lat; pronunc, /ante-merídiem/*) *loc adv* Antes de mediodía. *Tb adj.*

antemisa *f* (*Rel catól*) Misa de los catecúmenos (→ MISA).

ante mortem (*lat; pronunc, /ante-mórtem/*) *loc adv* Antes de la muerte. *Tb adj.*

antemural *m* Obra de fortificación o accidente natural del terreno que sirve de defensa.

antena *f* **1** Dispositivo que sirve para emitir o recibir ondas electromagnéticas. ■ **2** (*col*) Oreja. *Como órgano del oído y referido a la acción de escuchar. Frec fig, referido a la capacidad de recepción de lo que se dice o sucede alrededor. Tb en pl con sent sg.* ■ **3** (*RTV*) Emisión. *Frec en constrs como* EN ~, PONER EN ~, LLEVAR A LA ~. ■ **4** (*Zool*) Apéndice sensorial, segmentado y móvil de los dos o cuatro que llevan en la cabeza algunos artrópodos. ■ **5** (*Mar*) Entena (de barco).

antenado -da *adj* (*Zool*) Provisto de antenas [4]. *Frec como n m en pl, designando el taxón que comprende los crustáceos, los miriápodos y los insectos.*

antenista *m y f* Especialista en la instalación y reparación de antenas [1].

antenoche *adv* (*reg*) Anteanoche.

anténula *f* (*Zool*) Antena [4] pequeña.

anteojera *f* **1** Pieza de cuero u otro material de las dos que se ponen junto a los ojos de una caballería para que vea solo de frente. *Normalmente en pl.* ■ **2** *En pl*: Incapacidad de percibir intelectualmente con un criterio amplio.

anteojería *f* Especialidad óptica relativa a la industria o fabricación de gafas y lentillas.

anteojo *m* **1** Instrumento óptico provisto de un objetivo y un ocular, para ver objetos lejanos. *Frec con un adj especificador.* ■ **2** *En pl*: Gemelos (instrumento óptico). ■ **3** (*hoy raro*) *En pl*: Gafas para corregir o proteger la visión, que se apoyan en la nariz y las orejas. ■ **4** *En pl*: Se da este n a dos plantas del gén Biscutella: B. auriculata (~s, ~s DE SANTA LUCÍA o HIERBA DE LOS ~s) y B. laevigata (~s o HIERBA DE LOS ~s).

antepaís *m* (*Geol*) Formación estable y rígida que resiste al plegamiento propagado por los terrenos que la circundan.

antepalco *m* Pieza que sirve de acceso al palco.

ante partum (*lat; pronunc, /ante-pártum/*) *loc adv* (*Med*) Antes del parto. *Tb adj.*

antepasado -da **I** *adj* **1** [Unidad de tiempo, esp. año] inmediatamente anterior a la última transcurrida. **II** *m y f* **2** Individuo del cual desciende [el individuo de quien se habla (*compl de posesión*)]. *Tb fig, referido a cosa.* **b)** Especie zoológica de la cual desciende [la especie de que se habla (*compl de posesión*)].

antepatio *m* Patio o espacio que sirve de entrada a un patio principal.

antepecho *m* **1** Barandilla o muro bajo que se pone en determinados lugares altos para evitar caídas. ■ **2** (*Arquit*) Pared que cierra la parte baja de una ventana, en la cual una persona puede apoyarse para mirar al exterior. ■ **3** (*Arquit*) Cierre inferior de un vano, en el cual uno puede apoyarse para mirar al exterior. ■ **4** (*Mar*) En un buque: Obra muerta que sobresale por encima de la última cubierta y que sirve de protección a la gente.

antepenúltimo -ma *adj* Inmediatamente anterior al penúltimo.

anteperíodo *m* (*Mat*) *En una fracción decimal periódica mixta:* Grupo de cifras decimales que precede al período.

antepié *m* (*Anat*) Parte anterior del pie, formada por los cinco metatarsianos y las falanges de los dedos.

anteponer (*conjug 21*) *tr* **1** Poner [a una pers. o cosa] antes o delante [de otra (*ci*)]. *Frec se omite el ci.* ■ **2** Dar preferencia [a una pers. o cosa (*cd*) sobre otra (*ci*)]. *Frec se omite el ci.* ■ **3** Adelantar [algo] en el tiempo.

anteportada *f* (*Bibl*) *En un libro:* Primera página impar, anterior a la portada.

anteposición *f* Acción de anteponer.

anteprólogo *m* (*Bibl*) Escrito que precede a un prólogo.

anteproyecto *m* Proyecto previo o provisional [de algo, esp. de un texto legal o de una obra o un trabajo], que ha de discutirse antes de hacerlo definitivo.

antepuerta *f* Espacio inmediatamente anterior a una puerta. *Tb fig.*

antepuerto *m* Espacio abrigado frente a la boca del puerto, donde los buques pueden fondear para resguardarse o donde pueden esperar el momento de la entrada o la salida.

antequerano -na *adj* De Antequera (Málaga). *Tb n, referido a pers.* **b)** (*hist*) Del grupo de poetas andaluces, esp. antequeranos, reunidos pralm. en la antología *Flores de poetas ilustres*, de Pedro de Espinosa (1605).

antequirófano *m* Habitación inmediatamente anterior a un quirófano.

antera *f* (*Bot*) Parte del estambre que contiene el polen.

anteridio *m* (*Bot*) *En las plantas criptógamas:* Órgano sexual masculino.

anterior *adj* **1** Que está antes o delante. *Cuando se expresa el término de referencia, este va introducido por la prep* A. * *Hay un surco en la cara anterior y otro en la posterior.* * *Este señor fue un poco anterior a nuestra época.* **b)** *En un texto escrito:*

Mencionado inmediatamente antes. ■ **2** (*Gram*) [Tiempo pretérito] compuesto por el pretérito indefinido del verbo "haber" y el participio del verbo que se conjuga. ■ **3** (*Fon*) [Vocal] que se articula aproximando el predorso de la lengua a la parte anterior del paladar.

anterioridad I *f* **1** Cualidad de anterior [1]. **II** *loc adv* **2 con ~**. Antes. *Cuando se expresa el término de referencia, este va introducido por la prep* A.

anteriormente *adv* **1** Antes, o en un momento anterior. ■ **2** En la parte anterior o de delante.

antero- *r pref* (*Anat*) Anterior. * La región anteroexterna del muslo.

anteroposterior *adj* Que está dispuesto o se extiende de delante atrás.

anterozoide *m* (*Bot*) Gameto masculino.

anterromano -na *adj* (*hist*) Prerromano.

antes I *adv* (con pronunc átona en aceps 4 y 5) **1** Más temprano, o en un momento o tiempo pasado con respecto a aquel en que se habla o del que se habla. *El tiempo que se toma como referencia puede estar expresado por medio de un término precedido de* DE *o* QUE. *Precedido de prep, se sustantiva.* * Antes de la guerra. * Antes de llegar. * Voy a pasarlo antes de que baje. * Antes que venga. **b)** *Cuando sigue a un compl adv de tiempo, este expresa la duración del lapso que separa el momento pasado y el que se toma como referencia.* * Esto había ocurrido tres décadas antes. ■ **2** En un lugar que está delante. *Frec seguido de un término de comparación introducido por* QUE *o* DE. *Precedido de prep, se sustantiva.* * Yo estoy antes que él en el escalafón. ■ **3** Con preferencia. *Frec seguido de un término de comparación introducido por* QUE *o* DE. * Antes que eso me quedo en casa. ■ **4 ~ bien** (*más raro, ~ al contrario o, simplemente, ~*). (*lit*) Por el contrario. ■ **5 ~ de anoche**. Anteanoche. ■ **6 ~ de ayer**. Anteayer. ■ **7 ~ y con ~, o ~ con ~**. (*pop*) Lo más pronto posible. ■ **8 cuanto ~ → ** CUANTO[1]. **II** *adj* (siguiendo a determinados ns que expresan tiempo) **9** Anterior. *Tb* (*pop*) DE **~**. * Había recibido la carta el día antes. **III** *m* **10 el ~**. El tiempo o la situación anterior.

antesacristía *f* Pieza que sirve de entrada a la sacristía.

antesala *f* **1** Pieza que precede inmediatamente a la sala principal o al despacho en que se reciben las visitas. *Tb fig*. ■ **2** Fase previa o introductoria [de un hecho o una situación]. ■ **3** Espera que hay que hacer, gralm. en la antesala [1], para ser recibido. *Frec fig y gralm en la constr* HACER, *o* GUARDAR, **~**.

antetitular *tr* Poner [un nombre (predicat)] como antetítulo [de un texto (cd)].

antetítulo *m* En un periódico: Título secundario que precede al título principal de un texto.

anteúltimo -ma *adj* Penúltimo.

antever (*conjug 34*) *tr* (*lit*) Prever, o ver con anticipación.

antevíspera *f* Día inmediatamente anterior a la víspera.

antevocálico -ca *adj* (*Fon*) [Sonido] que precede a una vocal. **b)** Propio del sonido antevocálico.

anthem (*ing; pronunc corriente,* /ánθem/; *pl normal, ~s*) *m* (*Mús*) En la liturgia anglicana: Composición coral gralm. adaptada a textos bíblicos.

anti I *adj invar* **1** (*col*) Opuesto o contrario. *Tb n, referido a pers.* **II** *m* **2** Actitud o tendencia ideológica contraria a otra.

anti- *pref* **1** *Denota enemistad u oposición a la cosa o pers a que se refiere el término primitivo.* * Postura antiautonómica. **b)** *El n o adj formado designa algo homólogo de lo designado por el término primitivo, pero de signo contrario; la antítesis o la negación de ello.* * No es una diva; es la anti-diva. **c)** *Denota carencia de la cualidad o carácter a que se refiere el término primitivo.* * Son edificios antifuncionales. ■ **2** *El n o adj formado designa algo destinado a evitar o combatir el mal o el riesgo a que se refiere el término primitivo.* * Tratamientos anticelulitis.

antiabortista *adj* Contrario al aborto. *Tb n, referido a pers.*

antiaborto *adj invar* Contrario al aborto.

antiacadémico -ca *adj* Opuesto a las Academias o a una Academia en particular, a lo académico o a las normas y doctrinas académicas. *Tb n, referido a pers.*

antiácido -da *adj* **1** (*Med*) [Medicamento o sustancia] que neutraliza el exceso de acidez. *Tb n m.* ■ **2** (*E*) Que resiste a la acción de los ácidos.

antiadherente *adj* Que impide la adherencia. *Tb n, referido a sustancia o producto.*

antiaéreo -a *adj* Destinado a neutralizar la acción de aviones o cohetes enemigos o a disminuir su efecto. *Tb n m, referido a cañón.*

antiafrodisíaco -ca (*tb* **antiafrodisiaco**) *adj* (*Med*) Anafrodisíaco. *Tb n m.*

antialcohólico -ca *adj* Que combate el alcoholismo o el consumo de bebidas alcohólicas.

antialcoholismo *m* Oposición al consumo de bebidas alcohólicas.

antiálgico -ca *adj* (*Med*) Analgésico. *Tb n m.*

antialérgico -ca *adj* Que combate la alergia. *Tb n m, referido a sustancia o medicamento.*

antiamericanismo *m* Condición de antiamericano. *Tb la actitud correspondiente.*

antiamericano -na *adj* Contrario a Estados Unidos, los estadounidenses o lo estadounidense.

antiapartheid (*ing; pronunc corriente,* /antiaparχéid/) *adj* Contrario al apartheid.

antiárabe *adj* Contrario a los árabes o a lo árabe.

antiarrugas *adj* Que combate o previene las arrugas de la piel.

antiartístico -ca *adj* [Cosa] contraria al arte o a lo artístico.

antiasmático -ca *adj* (*Med*) Que combate el asma. *Tb n m, referido a medicamento o remedio.*

antiatlántico -ca *adj* Opuesto al Pacto Atlántico.

antiatómico -ca *adj* Destinado a proteger contra las armas o las radiaciones atómicas.

antiautoritario -ria *adj* Contrario al autoritarismo. *Tb n, referido a pers.*

antiautoritarismo *m* Oposición al autoritarismo.

antibaby (*pronunc,* /antibéibi/; *tb con la grafía* **anti-baby**) *adj invar* (*col*) [Píldora] anticonceptiva.

antibacteriano -na *adj* Que combate las bacterias. *Tb n m, referido a medicamento.*

antibalas (*tb* **antibala**) *adj invar* Que protege contra las balas.

antibelicismo *m* Oposición a la guerra.

antibelicista *adj* Opuesto a la guerra.

antibélico -ca *adj* [Cosa] opuesta a la guerra.

antiberibérico -ca *adj* (*Med*) Que actúa contra el beri-beri.

antibiograma *m* (*Med*) Prueba de laboratorio destinada a averiguar cuál es el antibiótico capaz de impedir el crecimiento de un determinado germen.

antibiosis *f* (*Biol*) Relación antagónica entre dos organismos, o entre un organismo y un producto metabólico de otro.

antibioterapia *f* (*Med*) Tratamiento con antibióticos.

antibiótico -ca *adj* **1** [Sustancia] capaz de paralizar el desarrollo de ciertos microorganismos patógenos o de causar su muerte. *Normalmente n m.* ■ **2** De (los) antibióticos [1]. **b)** Propio de los antibióticos.

antibioticoterapia *f* Tratamiento con antibióticos.

antibloqueo *adj invar* [Sistema de frenado] que evita el bloqueo de las ruedas. *Tb n m.*

antibritánico -ca *adj* Contrario a Gran Bretaña, los británicos o lo británico.

antiburgués -sa *adj* Contrario a la burguesía o a lo burgués. *Tb n, referido a pers.*

anticadencia *f* (*Fon*) Tonema ascendente.

anticanceroso -sa *adj* Que sirve para combatir el cáncer.

anticapitalismo *m* Actitud o tendencia contraria al capitalismo.

anticapitalista *adj* Contrario al capitalismo o a lo capitalista.

anticarro *adj* Destinado a combatir los carros de combate. *Tb n m, referido a cañón.*

anticatarral *adj* Eficaz contra el catarro. *Tb n m, referido a medicamento o remedio.*

anticátodo *m* (*Fís*) Placa metálica que, en el interior de un tubo electrónico, se interpone en la trayectoria de los rayos catódicos para detenerlos, originando los rayos X.

anticatólico -ca *adj* Opuesto al catolicismo. *Tb n, referido a pers.*

anticelulítico -ca *adj* Eficaz contra la celulitis. *Tb n m, referido a producto.*

antichoque (*tb* **antichoques**) *adj* [Cosa, esp. reloj] resistente a los golpes.

anticiclón *m* (*Meteor*) Área de alta presión atmosférica, en la que esta aumenta hacia el centro y que suele producir tiempo despejado.

anticiclónico -ca *adj* (*Meteor*) De(l) anticiclón.

anticientífico -ca *adj* Contrario a la ciencia o a lo científico.

anticipación **I** *f* **1** Acción de anticipar(se). *Tb su efecto.*
   II *loc adj* **2 de ~.** (*TLit*) [Género narrativo u obra] que versa sobre acontecimientos imaginados en una época futura.

anticipadamente *adv* Con anticipación [1].

anticipado -da **I** *adj* **1** *part* → ANTICIPAR.
   II *loc adv* **2 por ~.** Con anticipación [1]. *Frec referido al modo de pago. Tb adj.*

anticipador -ra *adj* Que anticipa. *Tb n, referido a pers.*

anticipante *adj* Que anticipa.

anticipar **A** *tr* **1** Hacer que [algo (*cd*)] ocurra antes del momento normal o previsto. *A veces con un compl* A. **b)** Ocurrir [algo] antes del momento normal o previsto. *A veces con un compl* A. **c) sacar anticipada** [a una mujer]. (*reg*) Embarazar[la] antes del matrimonio. ■ **2** Dar por llegado o sucedido [algo que aún no lo está]. **b)** Situar [algo] antes de un momento dado, o antes del tiempo oportuno o esperable. ■ **3** Dar [algo, esp. dinero] antes del tiempo que correspondería. ■ **4** Anunciar [algo] antes del momento normal o previsto. ■ **5** Anteponer, o poner delante [algo]. ■ **6** Prever.
   B *intr pr* (**~se**) **7** Adelantarse [a alguien (*ci*)]. *Tb sin ci. A veces con un compl* A *o* EN. **b)** Adelantarse [a algo, esp. a un hecho].

anticipativo -va *adj* Que anticipa. *Tb n, referido a pers.*

anticipatorio -ria *adj* Que anticipa o sirve para anticipar.

anticipo *m* **1** Acción de anticipar. ■ **2** Cosa, esp. dinero, que se anticipa [3 y 4].

anticlerical *adj* Que tiene o muestra animadversión contra el clero o contra la Iglesia, o es opuesto a la intervención de estos en la vida civil. *Tb n, referido a pers.*

anticlericalismo *m* Tendencia o actitud anticlerical.

anticlinal *adj* (*Geol*) [Pliegue] que tiene forma de A. *Gralm n m.*

anticlinar *adj* (*Geol*) Anticlinal. *Gralm n m.*

anticlinorio *m* (*Geol*) Serie de pliegues anticlinales y sinclinales, cuya estructura general es de anticlinal.

anticoagulante *adj* Que impide o dificulta la coagulación de la sangre. *Tb n m, referido a sustancia o medicamento.*

anticolérico -ca *adj* (*Med*) Que previene o combate el cólera.

anticólico -ca *adj* (*Med*) Eficaz contra el cólico.

anticolinérgico -ca *adj* (*Med*) Que bloquea el paso de los impulsos a través de los nervios parasimpáticos. *Tb n m, referido a sustancia o medicamento.*

anticolonial *adj* Anticolonialista.

anticolonialismo *m* Oposición al colonialismo.

anticolonialista *adj* Opuesto al colonialismo. *Tb n, referido a pers.*

anticomicial *adj* (*Med*) Antiepiléptico.

anticomunismo *m* Oposición al comunismo.

anticomunista *adj* Opuesto al comunismo. *Tb n, referido a pers.*

anticoncepción *f* Conjunto de prácticas destinadas a impedir el embarazo.

anticoncepcional *adj* (*raro*) Anticonceptivo.

anticoncepcionismo *m* Actitud favorable a la práctica de la anticoncepción.

anticoncepcionista *adj* De (la) anticoncepción o de(l) anticoncepcionismo.

anticonceptivo -va *adj* **1** Destinado a impedir el embarazo. *Tb n m, referido a medio o agente.* ■ **2** De (la) anticoncepción.

anticongelante *adj* Que impide la congelación. *Frec n m, referido al producto que se añade al agua de refrigeración de un motor.* **b)** Propio del anticongelante.

anticonstitucional *adj* Que se opone a la Constitución del Estado.

anticonstitucionalidad *f* Cualidad de anticonstitucional.

anticontaminación *adj invar* Destinado a combatir la contaminación del medio ambiente.

anticontaminante *adj* Que evita o combate la contaminación del medio ambiente.

anticonvencional *adj* Opuesto a los convencionalismos.

anticorrosión *adj invar* Anticorrosivo.

anticorrosivo -va *adj* Destinado a impedir la corrosión de los metales. *Tb n m, referido a sustancia o producto.*

anticorrupción *adj invar* Destinado a evitar la corrupción moral.

anticresis *f* (*Der*) Contrato en virtud del cual el acreedor tiene derecho a percibir los frutos de una cosa, gralm. inmueble, del deudor, hasta que este pague la deuda.

anticriptogámico -ca *adj* (*Agric*) Destinado a combatir las plantas criptógamas. *Tb n m, referido a producto.*

anticrisis *adj invar* Destinado a combatir la crisis.

anticristianamente *adv* De manera anticristiana.

anticristianismo *m* Actitud o tendencia anticristiana.

anticristiano -na *adj* Contrario al cristianismo, los cristianos o lo cristiano.

anticristo (*gralm con mayúscula*) *m* (*Rel crist*) Ser maligno que aparecerá antes de la segunda venida de Cristo, para apartar a los cristianos de su fe. **b)** *Se usa frec en constrs de sent comparativo para ponderar la maldad de una pers.*

anticuadamente *adv* De manera anticuada.

anticuado -da *adj* **1** *part* → ANTICUAR. ■ **2** [Pers.] que en costumbres, mentalidad o información no está al tanto de lo moderno. ■ **3** [Cosa] que ha perdido vigencia o es propia de un tiempo ya pasado.

anticualla *f* (*reg*) Antigualla.

anticuar (*conjug* **1b** *o* **1d**) **A** *tr* **1** Dar carácter antiguo [a algo (*cd*)]. **B** *intr pr* (**~se**) **2** Quedar [algo] fuera de uso o pasado de moda. *Gralm en part.* ■ **3** Estancarse [una pers.] en usos o ideas propios de una época ya pasada. *Normalmente en part.*

anticuariado *m* **1** Profesión de anticuario [1]. ■ **2** Mundo o ambiente de los anticuarios.

anticuario -ria **I** *n* **A** *m y f* **1** Comerciante de antigüedades [2b].

B *m* **2** Tienda en que se venden antigüedades [2b]. **II** *adj* **3** [Librería] de libros antiguos.

anticuerpo *m* (*Biol*) Sustancia producida en el organismo animal como respuesta a la introducción de un antígeno. *Tb fig, fuera del ámbito técn.*

anticultura *f* Conjunto de actitudes o comportamientos contrarios a la cultura.

anticultural *adj* Contrario a la cultura.

antidemocracia *f* Sistema político opuesto a la democracia.

antidemócrata *adj* [Pers.] opuesta a la democracia. *Frec n.*

antidemocrático -ca *adj* Opuesto a la democracia.

antidemocratismo *m* Condición de antidemocrático.

antideportividad *f* Comportamiento antideportivo.

antideportivo -va *adj* Que carece de deportividad.

antidepresivo -va *adj* Que actúa contra la depresión. *Tb n m, referido a medicamento o agente.*

antideslizante *adj* Que impide el deslizamiento.

antidiabético -ca *adj* (*Med*) Que combate la diabetes. *Tb n m, referido a medicamento o sustancia.*

antidiarreico -ca *adj* (*Med*) Que combate la diarrea. *Tb n m, referido a medicamento o sustancia.*

antidictatorial *adj* Contrario a la dictadura.

antidiftérico -ca *adj* (*Med*) Que previene o combate la difteria. *Tb n m, referido a medicamento o remedio.*

antidifusor -ra *adj* (*Med*) [Dispositivo] que sirve para eliminar las radiaciones secundarias. *Tb n m.*

antidiluviano -na *adj* (*semiculto o humoríst*) Antediluviano.

antidinástico -ca *adj* (*hoy raro*) Contrario a una dinastía. *Se ha aplicado esp a la dinastía de Borbón. Tb n, referido a pers.*

antidisturbios *adj invar* [Policía, unidad policial o medio] destinado a prevenir o reprimir disturbios. *Tb n m, referido a pers.*

antidiurético -ca *adj* (*Med*) Que impide la formación de orina.

antidivorcista *adj* Opuesto a la legislación que permite el divorcio. *Tb n, referido a pers.*

antidogmatismo *m* Oposición al dogmatismo.

antidopaje *adj invar* (*Dep*) Destinado a evitar el dopaje de los deportistas. *Normalmente referido a control.*

antidóping (*pronunc corriente, /antidópin/*) *adj invar* (*Dep*) Antidopaje.

antídoto *m* **1** Sustancia que neutraliza los efectos de un veneno. ■ **2** Cosa capaz de evitar o prevenir [un mal (*compl* CONTRA, A, PARA *o* DE)].

antidroga *adj invar* Que trata de evitar el consumo o el tráfico de drogas. *Tb n, referido a policía.*

antidumping (*ing; pronunc corriente,* /antidúmpin/) *adj invar* (*Econ*) Destinado a evitar el dumping.

antieconomicidad *f* Cualidad de antieconómico.

antieconómico -ca *adj* [Cosa] opuesta a los intereses económicos o a los principios de la economía. **b)** Poco o nada rentable.

antielectrón *m* (*Fís*) Electrón con carga positiva.

antiemético -ca *adj* (*Med*) Que detiene o previene el vómito. *Tb n m, referido a medicamento o remedio.*

antiepiléptico -ca *adj* (*Med*) Que combate la epilepsia. *Tb n m, referido a medicamento o remedio.*

antier *adv* (*rur*) Anteayer.

antiesclavista *adj* Contrario a la esclavitud. *Tb n, referido a pers.*

antiescorbútico -ca *adj* (*Med*) Que previene o cura el escorbuto. *Tb n m, referido a medicamento o remedio.*

antiespañol -la *adj* Contrario a España, a los españoles o a lo español. *Tb n, referido a pers.*

antiespañolismo *m* Actitud o tendencia antiespañola.

antiespasmódico -ca *adj* (*Med*) Que alivia o cura los espasmos. *Tb n m, referido a medicamento o remedio.*

antiespumante *adj* Que impide la formación de espuma. *Tb n m, referido a producto.*

antiestático -ca *adj* Que impide la formación de electricidad estática. *Tb n m, referido a producto.*

antiesteticismo *m* **1** Oposición a la estética o al esteticismo. ■ **2** Cualidad de antiestético.

antiestético -ca *adj* [Cosa] no estética, o que carece de belleza. *Frec usado como euf por* FEO.

antiestrofa *f* (*TLit*) Antistrofa.

antietimológico -ca *adj* Que no tiene base etimológica.

antieuropeo -a *adj* Contrario a Europa, a lo europeo o a los europeos.

antifascismo *m* Oposición al fascismo.

antifascista *adj* Opuesto al fascismo. *Tb n, referido a pers.* **b)** De(l) antifascismo o de (los) antifascistas.

antifaz *m* **1** Pieza, esp. de tela, con dos orificios para los ojos, que sirve para ocultar la cara o parte de ella. ■ **2** Pieza semejante a un antifaz [1] con la que se cubren los ojos para que no reciban la luz. ■ **3** Franja oscura, semejante a un antifaz [1], que en algunos animales cubre la zona de los ojos.

antifebril *adj* Que rebaja la fiebre. *Tb n m, referido a medicamento o remedio.*

antifebrina *f* (*Med*) Sustancia producida por la acción del ácido acético sobre la anilina, usada como analgésico y antipirético.

antifeminismo *m* Oposición al feminismo o a las mujeres.

antifeminista *adj* Contrario al feminismo o a las mujeres. *Tb n, referido a pers.*

antiflatulento -ta *adj* (*Med*) Eficaz contra la flatulencia. *Tb n m, referido a medicamento o remedio.*

antiflogístico -ca *adj* (*Med*) Eficaz contra la inflamación. *Tb n m, referido a medicamento o remedio.*

antífona *f* **1** (*Rel catól*) Breve pasaje que se canta o reza antes y después de los salmos y de los cánticos en las horas canónicas. ■ **2** (*hist*) Himno o salmo cantado alternativamente por dos coros.

antifonal *adj* De (la) antífona.

antifonario[1] *m* Libro de coro que contiene las antífonas de todo el año.

antifonario[2] *m* (*col, humoríst*) Trasero.

antifonero -ra *m y f* Pers. que en el coro entona las antífonas.

antifonía *f* Canto alternado de dos voces o coros. *Tb* (*lit*) *fig.*

antifónico -ca *adj* De (la) antífona o de (la) antifonía.

antifrancés -sa *adj* Contrario a Francia, a los franceses o a lo francés. *Tb n, referido a pers.*

antifranquismo *m* Oposición al régimen del general Franco (1939-1975).

antifranquista *adj* Contrario al régimen del general Franco (1939-1975). *Tb n, referido a pers.*

antífrasis *f* (*TLit*) Designación de una pers. o cosa con una voz o expresión que significa lo contrario.

antifricción *adj invar* (*Mec*) Que disminuye el rozamiento entre órganos mecánicos.

antifúngico -ca *adj* Que combate los hongos.

antifútbol *m* (*Fút*) Forma de jugar al fútbol contraria al verdadero fútbol.

antigangrenoso -sa *adj* Eficaz contra la gangrena. *Tb n m, referido a medicamento o remedio.*

antigás *adj invar* [Máscara o careta] que sirve para evitar la acción de los gases tóxicos.

antigastrálgico -ca *adj* (*Med*) Que combate el dolor de estómago. *Tb n m, referido a medicamento.*

antigénico -ca *adj* (*Biol*) **1** De(l) antígeno. ■ **2** Que tiene carácter de antígeno.

antígeno *m* (*Biol*) Sustancia que, introducida en un organismo animal, da lugar a reacciones inmunitarias.

antigotoso -sa *adj* (*Med*) Eficaz contra la gota. *Tb n m, referido a medicamento o remedio.*

antigramatical *adj* Contrario a las reglas de la gramática.

antigripal *adj* Que combate la gripe. *Tb n m, referido a medicamento o remedio.*

antigualla *f* **1** (*desp*) Cosa antigua o de otro tiempo. **b)** Noticia o relación de sucesos antiguos. *Frec en pl.* **c)** Cosa anticuada. ■ **2** (*raro*) Ruina, monumento u obra artística de gran antigüedad. **b)** Objeto, frec. artístico, interesante o valioso por su antigüedad. ■ **3** (*desp, raro*) Pers. antigua o que presenta un aspecto o una actitud propios de un tiempo ya pasado.

antiguamente *adv* En época antigua o en tiempos pasados.

antigubernamental *adj* Contrario al gobierno constituido. *Tb n, referido a pers.*

antigüedad (*frec con mayúscula en acep 3a*) *f*
1 Cualidad de antiguo [1, 2 y 3]. *A veces con un compl especificador de tiempo.* **b)** Tiempo que se lleva en un empleo o cargo. ■ **2** Cosa antigua [1 y 3]. **b)** *Esp:* Objeto interesante o valioso por ser antiguo [1 y 4c]. *Frec en pl.* ■ **3** Tiempo antiguo [4a y b]. *Esp referido a la época griega y romana.* **b)** Conjunto de personas que vivieron en tiempos antiguos. *Esp referido a la época griega y romana.*

antigüedeño -ña *adj* De Antigüedad (Palencia). *Tb n, referido a pers.*

antigüeño -ña *adj* De Antigua Guatemala (Guatemala). *Tb n, referido a pers.*

antiguerrillero -ra *adj* Que se opone a la guerrilla o a los grupos guerrilleros.

antiguo -gua (*superl* ANTIQUÍSIMO) **I** *adj* **1** Que existe desde hace tiempo o desde hace mucho tiempo. *A veces con connotación apreciativa, frec en contraste con* VIEJO. ■ **2** [Pers.] que está desde hace tiempo [en un puesto, un lugar o una situación]. *Tb n. Tb sin compl.* ■ **3** Que se sitúa atrás en el tiempo, o que existió u ocurrió hace mucho tiempo. **b)** Que vivió en un tiempo pasado, esp. remoto. *Frec referido a griegos y romanos. Frec n m en pl.* **c)** (*Ling*) [Lengua] que se encuentra en un estadio primitivo de su evolución histórica. * El español antiguo. ■ **4** [Tiempo] pasado, esp. lejano. **b)** [Edad] que abarca desde los primeros tiempos históricos hasta la caída del Imperio Romano (476 d.C.). **c)** Propio de época pasada. **d)** De la Edad Antigua [4b]. **e)** ~ [régimen] → RÉGIMEN. ■ **5** Anterior o de antes. *Se dice normalmente por oposición a otro elemento.* **b)** *Precediendo a un n:* Que fue en el pasado [lo que el n. indica]. * Tu antigua novia. **c)** ~ [Testamento] → TESTAMENTO. ■ **6** Anticuado. *Tb n, referido a pers.*
II *n* **7** (*Arte*) Conjunto de obras, esp. escultóricas, que se conservan de griegos y romanos y que se utilizan como modelo en el aprendizaje artístico.
III *loc adv* **8 a la antigua.** A la manera antigua [4c]. *Tb adj.* ■ **9 de,** o **desde, ~.** Desde hace muchos años. ■ **10 en lo ~.** En tiempos pasados.

antihélice *f* (*Anat*) En el ser humano: Prominencia curvilínea del pabellón de la oreja.

antihelmíntico -ca *adj* (*Med*) Que combate las lombrices o gusanos intestinales. *Tb n m, referido a medicamento o remedio.*

antihemorroidal *adj* (*Med*) Eficaz contra las hemorroides. *Tb n m, referido a medicamento o remedio.*

antihéroe, antiheroína *m y f* Pers. que representa cualidades opuestas a las típicas del héroe. *Esp referido a personajes de ficción.*

antiheroico -ca *adj* **1** Propio de(l) antihéroe. ■ **2** Que tiene carácter de antihéroe.

antihiático -ca *adj* (*Fon*) Que evita el hiato.

antihigiénico -ca *adj* [Cosa] contraria a la higiene.

antihipertensivo -va *adj* Que combate la hipertensión arterial. *Tb n m, referido a medicamento o remedio.*

antihistamínico -ca *adj* (*Med*) Antialérgico, o que contrarresta los efectos de la histamina. *Tb n m, referido a medicamento o agente.*

antihistérico -ca *adj* Eficaz contra la histeria. *Tb n m, referido a medicamento o remedio.*

antihistoria *f* (*raro*) Historia en que se contravienen los principios historiográficos tradicionales.

antihumano -na *adj* Opuesto a la humanidad o a lo humano.

antiimperialismo *m* Actitud o tendencia contraria al imperialismo.

antiimperialista *adj* Opuesto al imperialismo. *Tb n, referido a pers.*

antiinflacionario -ria *adj* (*Econ*) Antiinflacionista.

antiinflacionista *adj* (*Econ*) [Cosa] destinada a combatir la inflación.

antiinflamatorio -ria *adj* (*Med*) Eficaz contra la inflamación. *Tb n m, referido a medicamento o remedio.*

antijudío -a *adj* Contrario a los judíos o a lo judío.

antijuridicidad *f* (*Der*) Cualidad de antijurídico.

antijurídico -ca *adj* [Cosa] opuesta a las normas jurídicas.

antiliberal *adj* Contrario al liberalismo. *Tb n, referido a pers.*

antiliberalismo *m* Actitud o tendencia contraria al liberalismo.

antiliteratura *f* (*TLit*) Literatura que por sistema abandona los esquemas y modelos típicos de la literatura tradicional.

antillanismo *m* Palabra o giro propios de las lenguas indígenas antillanas, o procedentes de ellas.

antillano -na I *adj* **1** De las Antillas. *Tb n, referido a pers.* ■ **2** De las lenguas indígenas antillanas [1]. ■ **3** Del español hablado en las Antillas.
II *m* **4** Variedad del español hablada en las Antillas.

antilogaritmo *m* (*Mat*) Número que corresponde a un logaritmo dado.

antilógico -ca *adj* Opuesto a la lógica.

antílogo *adj* (*Electr*) En los cuerpo piroeléctricos: [Polo] que es negativo al elevarse la temperatura.

antílope *m* Mamífero bóvido perteneciente a alguna de las especies que constituyen la subfamilia antilopinos.

antilopino *m* (*Zool*) Animal de los pertenecientes a una subfamilia de los bóvidos caracterizada por el tamaño mediano y cuernos de desarrollo variable presentes en los machos y ocasionalmente en las hembras, y que está difundida sobre todo en África y Asia. *Frec en pl, designando este taxón zoológico.*

antimacasar *m* (*hoy raro*) Paño, gralm. bordado o de ganchillo, con que se cubre el respaldo de sillones, butacas o sofás para protegerlos y adornarlos.

antimafia *adj invar* Destinado a combatir la mafia.

antimagnético -ca *adj* Exento de influencia magnética. *Gralm referido a reloj.*

antimaquiavelismo *m* Tendencia o actitud contraria al maquiavelismo.

antimarxismo *m* Actitud o tendencia contraria al marxismo.

antimarxista *adj* De(l) antimarxismo. **b)** Partidario o adepto del antimarxismo. *Tb n, referido a pers.*

antimasónico -ca *adj* Contrario a la masonería, a los masones o a lo masónico.

antimateria *f* (*Fís*) Materia compuesta de antipartículas.

antimentalismo *m* (*Ling*) Doctrina o actitud que considera fuera de la incumbencia de la lingüística lo relativo al significado, que es de índole mental y no formal.

antimentalista *adj* (*Ling*) De(l) antimentalismo. **b)** Partidario o adepto del antimentalismo. *Tb n, referido a pers.*

antimicótico -ca *adj* (*E*) Que combate las micosis.

antimicrobiano -na *adj* (*Med*) Que impide el desarrollo de los microbios. *Tb n m, referido a medicamento o agente.*

antimilitarismo *m* Actitud o tendencia contraria al militarismo.

antimilitarista *adj* Contrario al militarismo. *Tb n, referido a pers.*

antimisil *adj* (*Mil*) Destinado a interceptar o destruir misiles. *Tb n m, referido a misil.*

antimonárquico -ca *adj* Opuesto a la monarquía. *Tb n, referido a pers.*

antimonial *adj* (*E*) De(l) antimonio o que lo contiene. *Tb n m, referido a medicamento.*

antimonio *m* **1** Metal duro, de número atómico 51, de color blanco azulado y brillante, usado en medicina, esp. como purgante. ■ **2** (*hist*) Polvos cosméticos de antimonio [1], usados para el contorno de los ojos.

antimonita *f* (*Mineral*) Estibina.

antimonopolio *adj invar* (*Econ*) Antimonopolístico.

antimonopolista *adj* (*Econ*) Antimonopolístico.

antimonopolístico -ca *adj* (*Econ*) [Cosa] destinada a impedir la formación de monopolios.

antinacionalismo *m* Actitud o tendencia contraria al nacionalismo.

antinacionalista *adj* Contrario al nacionalismo. *Tb n, referido a pers.*

antinatalista *adj* Contrario al crecimiento de la natalidad.

antinatural *adj* Contrario a lo natural.

antinaturalidad *f* Cualidad de antinatural.

antineurálgico -ca *adj* (*Med*) Eficaz contra la neuralgia. *Tb n m, referido a medicamento o remedio.*

antineurítico -ca *adj* (*Med*) Eficaz contra la neuritis.

antineutrino *m* (*Fís*) Antipartícula del neutrino.

antineutrón *m* (*Fís*) Antipartícula del neutrón.

antiniebla *adj invar* [Faro u otro dispositivo] destinado a aumentar la visibilidad en la niebla. *Tb n m, referido a faro.*

antino *m* (*Zool*) Ave de las pertenecientes al grupo de la bisbita. *Frec en pl, designando este taxón zoológico.*

antinomia (*tb, hoy raro,* **antinomía**) *f* (*lit*) Oposición o contradicción.

antinómico -ca *adj* (*lit*) Que implica antinomia.

antinorteamericanismo *m* Oposición a los Estados Unidos, a los norteamericanos o a lo norteamericano.

antinorteamericano -na *adj* Contrario a los Estados Unidos, a los norteamericanos o a lo norteamericano. *Tb n, referido a pers.*

antinovela *f* (*TLit*) Novela en que se rechazan las características esenciales de la novela tradicional.

antinuclear *adj* **1** Contrario al uso de la energía o las armas nucleares. ■ **2** Que defiende de las armas nucleares.

antioccidental *adj* Opuesto a los países del bloque occidental o a lo occidental. *Tb n, referido a pers.*

antioccidentalismo *m* Oposición a los países del bloque occidental o a lo occidental.

antioqueno -na *adj* (*hist*) De Antioquía (hoy Antakya, Turquía). *Tb n, referido a pers.*

antioqueño -ña *adj* De Antioquia (Colombia). *Tb n, referido a pers.*

antioxidante *adj* [Sustancia] destinada a evitar la oxidación de los metales. *Tb n m.*

antipalúdico -ca *adj* [Cosa] destinada a combatir el paludismo. *Tb n, referido a medicamento o remedio.*

antipapa *m* (*Rel crist*) Papa ilegítimo, elegido en oposición a un papa elegido canónicamente.

antipapista *adj* Que no reconoce la autoridad del Papa. *Tb n.*

antiparalelo -la *adj* (*Geom*) [Línea] que, sin ser paralela a otra, forma con ella y una tercera ángulos iguales y dirigidos en sentido contrario.

antiparasitario -ria *adj* **1** (*Biol*) [Sustancia] destinada a eliminar los organismos parásitos. *Tb n m.* ■ **2** (*Telec*) [Dispositivo] que elimina los ruidos o interferencias parásitos. *Tb n m.*

antiparásitos (*tb* **antiparásito**) *adj invar* (*Biol y Telec*) Antiparasitario. *Tb n m.*

antiparlamentario -ria *adj* Contrario al sistema parlamentario. *Tb n, referido a pers.*

antiparras *f pl* (*col*) Gafas (utensilio para corregir o proteger la vista).

antipartícula *f* (*Fís*) Partícula elemental producida artificialmente, que tiene la misma masa, carga igual y contraria y momento magnético de sentido contrario que los de la partícula correspondiente.

antipatía *f* **1** Sentimiento de rechazo [hacia alguien o algo (*compl* A, HACIA, CONTRA, POR *o* ENTRE)]. ■ **2** Cualidad de antipático [1b].

antipáticamente *adv* De manera antipática.

antipático -ca *adj* Que suscita antipatía [1]. **b)** *Esp:* [Pers.] que suscita antipatía por su trato o carácter poco amable. *Tb n. A veces usado con intención afectiva.* **c)** Propio de la pers. antipática.

antipatriota *adj* [Pers.] de ideas o actitudes contrarias a las de un verdadero patriota. *Tb n.*

antipatriótico -ca *adj* Contrario al patriotismo.

antipatriotismo *m* Condición o actitud de antipatriota.

antipedagógico -ca *adj* Contrario a los principios de la pedagogía.

antipirético -ca *adj* (*Med*) Que reduce o elimina la fiebre. *Tb n m, referido a medicamento o remedio.*

antipirina *f* (*Med*) Sustancia derivada del benceno, gralm. en forma de polvo cristalino blanco, usada como antipirética, antirreumática y analgésica.

antípoda **I** *adj* **1** [Lugar del globo terrestre] diametralmente opuesto al punto que se toma como referencia. ■ **2** Opuesto, o que está en situación opuesta [a alguien o algo (*compl de posesión o* A)]. *Tb n, referido a pers.* ■ **3** (*Bot*) [Célula] de las tres que, en el saco embrionario, se encuentran en el extremo opuesto al de la oosfera. *Tb n f.*
II *n* **A** *m y f* **4** Pers. que habita en el lugar del globo diametralmente opuesto al punto que se toma como referencia. *Gralm en pl.*
B *m o f* **5** *En pl:* Parte del globo terrestre situada en lugar diametralmente opuesto al punto que se toma como referencia. ■ **6** *En pl:* Posición o actitud radicalmente opuesta [a la de la persona en cuestión (*compl de posesión*)].

antipódico -ca *adj* Antípoda [1 y 2].

antipodismo *m* Arte del antipodista.

antipodista *m y f* Acróbata que, tumbado de espaldas, realiza ejercicios de habilidad con las piernas.

antipolilla (*tb* **antipolillas**) *adj* Que combate la polilla. *Tb n m, referido a producto.*

antipolio *adj invar* (*Med*) Antipoliomielítico.

antipoliomielítico -ca *adj* (*Med*) [Remedio, esp. vacuna] destinado a evitar la poliomielitis.

antiprotón *m* (*Fís*) Antipartícula del protón.

antipsiquiatría *f* (*Med*) Conjunto de teorías y prácticas psiquiátricas, opuestas a la psiquiatría tradicional, que considera los factores socioambientales como origen de los trastornos psíquicos.

antipútrido -da *adj* (*Med*) Eficaz contra la putrefacción. *Tb n m, referido a medicamento o agente.*

antiquísimo → ANTIGUO.

antirrábico -ca *adj* (*Med*) [Cosa, esp. vacuna] destinada a prevenir la rabia.

antirracional *adj* Contrario a la razón o a lo racional.

antirracismo *m* Actitud o tendencia contraria al racismo.

antirracista *adj* Contrario al racismo. *Tb n, referido a pers.*

antirradar *adj invar* Que reduce o anula la detección por radar.

antirradical. ~ libre. (*Cosmética*) *m* Producto destinado a eliminar los radicales libres.

antirraquítico -ca *adj* Que combate el raquitismo.

antirrealista *adj* Opuesto al realismo.

antirreglamentariamente *adv* De manera antirreglamentaria.

antirreglamentario -ria *adj* [Cosa] contraria a lo establecido en el reglamento.

antirreligioso -sa *adj* Opuesto a la religión o a lo religioso. *Tb n, referido a pers.*

antirrepublicano -na *adj* Opuesto al régimen republicano. *Tb n, referido a pers.*

antirreumático -ca *adj* Que combate el reumatismo. *Tb n m, referido a medicamento o remedio.*

antirrevolucionario -ria *adj* Opuesto a la revolución o a lo revolucionario. *Tb n, referido a pers.*

antirrino *m* Se da este *n* a diversas plantas del gén Antirrhinum, esp A. majus, cultivadas a veces como ornamentales.

antirrítmico -ca *adj* (*TLit y Mús*) Contrario o ajeno al ritmo.

antirrobo *adj invar* [Sistema o dispositivo] destinado a evitar el robo. *Tb n m.*

antirromántico -ca *adj* Contrario al romanticismo o a lo romántico.

antirruido *adj invar* Destinado a evitar o disminuir el ruido. *Tb n m, referido a dispositivo.*

antirruso -sa *adj* Contrario a Rusia, a los rusos o a lo ruso. *Tb n, referido a pers.*

antisandinista *adj* Contrario al sandinismo o a los sandinistas. *Tb n, referido a pers.*

antisarampionoso -sa *adj* (*Med*) [Cosa, esp. vacuna] destinada a prevenir o curar el sarampión.

antisárnico -ca *adj* (*Med*) Que combate la sarna. *Tb n m, referido a medicamento o remedio.*

antisemita *adj* Contrario a los judíos o a lo judío. *Tb n, referido a pers.*

antisemitismo *m* Actitud o tendencia antisemita.

antisepsia *f* (*Med*) Destrucción de los gérmenes con el fin de evitar la infección. *Tb el conjunto de los medios encaminados a esa destrucción.*

antiséptico -ca *adj* (*Med*) Que sirve para la antisepsia. *Fre n m, referido a medicamento o agente.*

antisida *adj invar* Destinado a combatir o prevenir el sida.

antisindical *adj* Contrario a los sindicatos.

antisísmico -ca *adj* Destinado a evitar o disminuir los efectos de los movimientos sísmicos.

antisistema **I** *adj invar* **1** Contrario al sistema político establecido.
II *m* **2** Sistema político contrario al establecido.

antisocial *adj* **1** Contrario a la convivencia social. ■ **2** Que vive al margen de la sociedad. **b)** Propio de la pers. antisocial. ■ **3** Contrario a los intereses de las clases sociales no pudientes.

antisonoro -ra *adj* Destinado a evitar o disminuir el sonido.

antisoviético -ca *adj* Contrario a lo soviético o a los soviéticos. *Tb n, referido a pers.*

antisovietismo *m* Actitud o tendencia antisoviética.

antistrofa (*tb* **antístrofa**) *f* (*TLit*) En la poesía griega: Segunda parte del canto lírico, que sigue a la estrofa y se ejecuta dando vueltas en sentido contrario.

antisubmarino -na *adj* (*Mil*) [Cosa] destinada a combatir a los submarinos.

antisuero *m* (*Med*) Suero que contiene anticuerpos específicos.

antitabaco *adj invar* [Cosa] contraria al consumo de tabaco.

antitabáquico -ca *adj* Contrario al consumo de tabaco. *Tb n, referido a pers.*

antitabaquismo *m* Actitud contraria al consumo de tabaco.

antitanque *adj* (*Mil*) [Cosa, esp. arma] destinada a combatir a los tanques.

antitaurino -na *adj* Opuesto a la fiesta de los toros. *Tb n, referido a pers.*

antitérmico -ca *adj* **1** (*Med*) Que reduce o elimina la fiebre. *Tb n m, referido a medicamento o remedio.* ■ **2** (*E*) Que actúa contra el calor.

antiterrorista *adj* **1** Contrario al terrorismo. ■ **2** Que tiene por objeto combatir el terrorismo.

antítesis *f* **1** Pers. o cosa enteramente opuesta [a otra (*compl de posesión*)]. ■ **2** (*TLit*) Yuxtaposición de dos frases o ideas en contraste, con el fin de obtener un efecto expresivo. ■ **3** (*Filos*) Proposición o término que se contrapone a la tesis. *Esp en la filosofía de Hegel.*

antitetánico -ca *adj* (*Med*) Destinado a prevenir o combatir el tétanos. *Tb n m, referido a medicamento o remedio; f, referido a vacuna.*

antitéticamente *adv* (*TLit*) De manera antitética.

antitético -ca *adj* **1** De (la) antítesis o que la implica. ■ **2** Enteramente opuesto. *Frec con n en pl, con idea de reciprocidad, o con n en sg y compl* A O DE.

antitífico -ca *adj* (*Med*) [Cosa] destinada a prevenir o combatir la fiebre tifoidea.

antitóxico -ca *adj* (*Med*) Que neutraliza el efecto de una toxina o un veneno. *Tb n m, referido a medicamento o remedio.*

antitoxina *f* (*Biol*) Sustancia que neutraliza el efecto de una toxina.

antitracomatoso -sa *adj* (*Med*) Que combate el tracoma.

antitrago *m* (*Anat*) En el ser humano: Prominencia en la parte inferior del pabellón de la oreja, situada frente al trago[2].

antitrinitarismo *m* (*Rel crist*) Doctrina religiosa opuesta al dogma de la Trinidad.

antitrust *adj invar* (*Econ*) [Cosa, esp. ley] destinada a impedir la formación de trusts.

antituberculoso -sa *adj* Que previene o combate la tuberculosis, o está destinado a ello.

antitumoral *adj* (*Med*) Eficaz contra los tumores.

antitusígeno -na *adj* (*Med*) Que evita la aparición de la tos.

antitusivo -va *adj* (*Med*) Que remedia o evita la tos. *Tb n m, referido a medicamento o remedio.*

antiunitario -ria *adj* Contrario a la unidad política. *Tb n, referido a pers.*

antivariólico -ca *adj* (*Med*) [Cosa, esp. vacuna] destinada a prevenir o combatir la viruela.

antivenenoso -sa *adj* (*Med*) Que combate la acción de un veneno o está destinado a ello.

antiviral *adj* (*Med*) Antivírico.

antivírico -ca *adj* (*Med*) Que impide el desarrollo de los virus. *Tb n m, referido a medicamento o agente.*

antivirus *adj invar* (*Informát*) [Programa] destinado a detectar y a eliminar virus. *Tb n m.*

antivital *adj* Contrario a la vida.

antivitamina *f* (*Med*) Sustancia que quita la actividad a una vitamina.

antixeroftálmico -ca *adj* (*Med*) Que previene o evita la xeroftalmía. *Normalmente referido a la vitamina A.*

antocianina *f* (*Bot*) Pigmento de los que dan coloración roja, violeta o azul a las flores, frutos, cortezas y raíces de las plantas.

antofagasta *m y f* (*col, raro*) En una tertulia de café: Pers. impertinente, molesta y que generalmente se hace invitar.

antofita *adj* (*Bot*) [Planta] fanerógama. *Tb n f.*

antóforo *m* (*Zool*) Insecto hemíptero de cuerpo semejante al del abejorro, con antenas cortas y trompa larga (gén. *Anthophora*).

antojadizamente *adv* De manera antojadiza.

antojadizo -za *adj* [Pers.] caprichosa. *Tb n.* **b)** Propio de la pers. antojadiza. *Tb fig.*

antojana *f* (*reg*) Terreno que queda delante de una casa.

antojarse *intr pr* **1** Hacérse[le a alguien (*ci*) algo (*suj*)] objeto de vivo deseo, pralm. por capricho. **b)** Apetecer [algo a alguien]. **c)** Encapricharse o sentir antojo [de alguien o algo]. ■ **2** Parecer[le a alguien (*ci*)] que [algo (*suj*)] es [lo que se indica (*predicat*)]. **b)** Parecer[le a alguien (*ci*) un hecho (*infin o prop* introducida por QUE)].

antojera *f* Anteojera. *Normalmente en pl.*

antojo **I** *m* **1** Deseo vivo y pasajero de algo, gralm. sin fundamento razonable. *Esp el que se considera propio de las embarazadas.* **b)** (*col*) Lunar o mancha en la piel, que suele atribuirse a un deseo no satisfecho de la madre durante el embarazo. ■ **2** Pers. o cosa que es objeto de antojo [1a]. ■ **3** Impresión, o juicio poco fundado. **II** *loc adv* **4** al ~. Según la libre voluntad [de alguien]. *Gralm con posesivo:* A SU ~.

antologar *tr* Antologizar.

antología **I** *f* **1** Libro constituido por una colección de fragmentos u obras seleccionadas de varios escritores o, más raramente, de uno solo. **b)** Selección de obras o fragmentos [musicales o de otras artes]. **c)** Selección de lo más representativo [de algo]. **II** *loc adj* **2** de ~. Merecedor de figurar en una antología [1]. *Frec fig, con intención ponderativa de la excelencia.*

antológicamente *adv* De manera antológica.

antológico -ca *adj* **1** De (la) antología [1]. ■ **2** Que consiste en una antología [1] o participa de sus caracteres. *Tb n f, referido a exposición.* **b)** Recogido en antología [1]. ■ **3** De antología [2]. *Frec fig, con intención ponderativa de la excelencia.*

antologista *m y f* Antólogo.

antologización *f* Acción de antologizar.

antologizar *tr* **1** Incluir en una antología [1]. ■ **2** Hacer una antología [1] [de algo o de alguien (*cd*)]. *Tb fig.*

antólogo -ga *m y f* Pers. que compila una antología [1].

antoniano -na *adj* **1** De la orden de San Antonio Abad († 356). *Tb n m, referido a pers.* ■ **2** De alguna asociación piadosa puesta bajo la advocación de San Antonio de Padua († 1231).

antonimia f (*Ling*) Oposición entre los significados de dos palabras.

antonímico -ca adj (*Ling*) **1** De (la) antonimia. ■ **2** Antónimo.

antónimo -ma adj (*Ling*) [Palabra] de significado opuesto [al de otra (*compl de posesión*)]. *Frec n m. Referido a palabra en pl, tb sin compl.*

Antonio. hierba de San ~ → HIERBA.

antonomasia I f **1** (*TLit*) Figura que consiste en emplear el nombre especificador por el propio, o viceversa.
II *loc adv* **2 por ~.** Aplicando la denominación mencionada a la pers. o cosa en cuestión con preferencia sobre todas las demás a las que esa denominación podría convenir. *Tb adj.*

antonomásicamente adv Por antonomasia [2].

antonomásico -ca adj **1** Propio de la antonomasia [1]. ■ **2** Por antonomasia [2].

antonomástico -ca adj Antonomásico.

antorcha f **1** Utensilio para alumbrar consistente en un objeto a modo de vela gruesa impregnado en materia combustible, que se lleva en la mano o se fija en un soporte a la pared. **b)** (*lit*) *Se usa para simbolizar el relevo en la continuidad de algo, esp de una tradición.* * Aquellos jóvenes recogieron la antorcha de su maestro. ■ **2** (*lit*) Cosa que ilumina o guía intelectual o moralmente. ■ **3** *En una refinería o campo petrolíferos:* Instalación, gralm. en forma de torre metálica, en lo alto de la cual arden al aire libre los gases inutilizables. ■ **4 ~ de oxígeno.** (*E*) Lanza térmica.

antorchero -ra m y f Pers. que lleva una antorcha [1].

antorchista m y f Pers. que lleva una antorcha [1].

antozoo adj (*Zool*) [Celentéreo] que vive fijo sobre el fondo del mar y presenta forma de pólipo. *Frec como n m en pl, designando este taxón zoológico.*

antraceno m (*Quím*) Hidrocarburo aromático, que se obtiene a partir del alquitrán de hulla y se usa en la industria de colorantes.

antracita f Carbón fósil de aspecto brillante, combustión lenta y alto poder calorífico.

antracitero -ra adj **1** De (la) antracita. ■ **2** Productor de antracita. *Tb n, referido a pers.*

antracnosis f (*Bot*) Enfermedad de los vegetales causada por hongos, pralm. de los géns. *Gloeosporium* y *Colletotricum*, y caracterizada por la presencia de manchas negras en las partes verdes.

antracosis f (*Med*) Neumoconiosis producida por inhalación de polvo de carbón.

antracótico -ca adj (*Med*) De (la) antracosis.

antral adj (*Anat*) Del antro [3].

ántrax m **1** Enfermedad caracterizada por una inflamación circunscrita, dura y dolorosa del tejido subcutáneo con acumulación de forúnculos. ■ **2** Carbunco (enfermedad).

antro m **1** Cueva o caverna. **b)** (*lit*) Lugar misterioso u oculto. ■ **2** (*desp*) Local o vivienda de mal aspecto. **b)** (*col*) Establecimiento público, esp. club nocturno, pub o bar de moda, gralm. con escasa ilu-

minación y a veces frecuentado por gentes de mal vivir. ■ **3** (*Anat*) Cavidad. *Gralm con un compl especificador.*

antrojada f (*reg*) Broma grotesca típica de carnaval.

antrópico -ca adj (*Zool*) De(l) hombre o de (la) especie humana.

antropocéntrico -ca adj (*Filos*) **1** Que tiene como centro de referencia al hombre. ■ **2** De(l) antropocentrismo.

antropocentrismo m (*Filos*) Teoría que considera al hombre como centro de todas las cosas. *Tb la actitud correspondiente.*

antropocentrista adj (*Filos*) Antropocéntrico.

antropocultura f (*hist*) Ciencia del cultivo del hombre, ideada por el escritor español Silverio Lanza († 1912).

antropofagia f **1** *En los seres humanos:* Práctica o costumbre de comer carne humana. *Tb (lit) fig.* ■ **2** Condición de antropófago.

antropofágico -ca adj De (la) antropofagia.

antropófago -ga adj [Pers.] que come carne humana. *Frec n.*

antropófilo -la adj (*Zool*) Que muestra atracción por el hombre o se refugia en sus construcciones.

antropofobia f (*Med*) Temor o aversión enfermizos por la presencia humana.

antropogénesis f (*E*) Evolución y desarrollo del hombre. *Tb el estudio correspondiente.*

antropogénico -ca adj (*E*) **1** De (la) antropogénesis. ■ **2** Antropógeno.

antropógeno -na adj (*E*) Propio de la influencia del hombre en el medio ambiente, esp. en la introducción o desaparición de especies de fauna y flora.

antropoide I adj **1** Antropomorfo (de forma humana). ■ **2** (*Zool*) [Primate] caracterizado por tener la cavidad orbitaria cerrada y la cavidad craneal muy amplia. *Frec como n m en pl, designando este taxón zoológico.*
II m **3** Hombre que por su aspecto o su inteligencia parece un mono.

antropoideo -a adj Antropoide [1 y 2]. *Tb n m, referido a simio.*

antropología f Ciencia o conjunto de las ciencias que estudian el ser humano en sus aspectos biológicos y sociales.

antropológicamente adv Desde el punto de vista antropológico.

antropológico -ca adj De (la) antropología.

antropologismo m (*Filos*) Doctrina o tendencia que fundamenta la ciencia, la ética o la religión en la naturaleza del hombre.

antropólogo -ga m y f Especialista en antropología.

antropómetra m y f (*E*) Especialista en antropometría.

antropometría f (*E*) Estudio comparativo de las medidas y proporciones del cuerpo humano, practicado con fines científicos o de identificación policial.

antropométrico -ca adj (*E*) De (la) antropometría.

antropomórficamente *adv* De manera antropomórfica.

antropomórfico -ca *adj* **1** De(l) antropomorfismo o que lo implica. ■ **2** Antropomorfo [1].

antropomorfismo *m* Tendencia a atribuir forma o cualidades humanas a seres no humanos o a cosas.

antropomorfista *adj* De(l) antropomorfismo o que lo implica.

antropomorfización *f* Acción de antropomorfizar(se).

antropomorfizar *tr* Dar forma o caracteres humanos [a seres no humanos o a cosas (*cd*)]. **b)** *pr* (**~se**) Tomar forma o caracteres humanos.

antropomorfo -fa *adj* **1** De forma humana. ■ **2** (*Zool*) Antropoide [2]. *Tb n.*

antroponimia *f* (*Ling*) **1** Estudio de los nombres propios de persona. ■ **2** Conjunto de (los) nombres propios de persona.

antroponímico -ca *adj* (*Ling*) De (la) antroponimia.

antropónimo *m* (*Ling*) Nombre propio de persona.

antropopiteco *m* (*Zool*) Pitecántropo.

antroposofía *f* (*Filos*) Doctrina teosófica enunciada a principios del s. XX por Rudolf Steiner.

antropozoico -ca *adj* (*Geol*) Cuaternario.

antruejada *f* (*reg*) Broma grotesca típica de carnaval.

antruejo *m* (*reg*) Carnaval (días y festejos previos al Miércoles de Ceniza). *Tb en pl con sent sg.*

antucás *m* (*hist*) Sombrilla que puede utilizarse también como paraguas.

antuerpiense *adj* (*lit*) De Amberes (Bélgica). *Tb n, referido a pers.*

anturio *m* Planta herbácea perenne, de clima tropical, con flores en espádice y frec. cultivada como decorativa (gén. *Anthurium*).

antuzano *m* Espacio situado delante de una casa u otro edificio, o cercano a ellos, y destinado a fines diversos.

anual *adj* **1** De un año. *Con idea de duración.* ■ **2** Que corresponde a cada año o se produce cada año. ■ **3** (*Bot*) [Planta] que completa su ciclo biológico en un año.

anualidad *f* **1** Cuota anual de reembolso de un préstamo o de amortización de una carga. ■ **2** Ejercicio económico de un año. ■ **3** (*humoríst*) Año (período de tiempo de 365 días).

anualizar *tr* (*Econ*) Dar carácter anual [2] [a un valor (*cd*)].

anualmente *adv* Cada año.

anuario *m* Publicación periódica que se edita una vez al año.

anubarrar **A** *tr* **1** (*raro*) Llenar de nubarrones. *Tb fig.* **B** *intr pr* (**~se**) **2** Cubrirse de nubarrones. *Frec en part. Tb fig.*

anublar *tr* Nublar. *Tb intr y pr* (**~se**). *Tb fig.*

anucleado -da *adj* (*Biol*) Que carece de núcleo.

anudamiento *m* Acción de anudar(se).

anudar *tr* **1** Hacer uno o más nudos [en un cuerpo flexible y normalmente alargado (*cd*)], gralm. para que este quede sujeto. **b)** Sujetar [algo] con nudos hechos en una cuerda o algo similar. ■ **2** Unir [dos cuerdas o hilos, u otros cuerpos de disposición semejante] por medio de uno o más nudos. *Tb abs.* ■ **3** Unir o enlazar. **b)** *pr* (**~se**) Unirse o enlazarse. ■ **4** Hacer [un nudo o lazo]. *Tb fig.* **b)** Establecer [un vínculo o relación personal]. ■ **5** Paralizar [la voz o la garganta]. **b)** *pr* (**~se**) Quedar paralizado [alguien o algo, esp. la garganta].

anuencia *f* Consentimiento o conformidad. **b)** Asentimiento o aceptación.

anuente *adj* **1** Que consiente o está conforme. *Tb n, referido a pers.* ■ **2** Que denota o implica anuencia.

anulabilidad *f* Cualidad de anulable.

anulable *adj* Que puede anularse.

anulación *f* Acción de anular(se).

anulador -ra *adj* Que anula.

anular[1] **A** *tr* **1** Dejar nulo o sin validez [algo, esp. un acuerdo o contrato o una disposición]. ■ **2** Cancelar o suspender [algo anunciado o proyectado]. ■ **3** Reducir [algo] a la nada. **b)** *pr* (**~se**) Reducirse a la nada. ■ **4** Quitar [a alguien (*cd*)] entidad, iniciativa o capacidad de acción. *Frec con intención ponderativa.* **b)** Quitar [a algo (*cd*)] fuerza, eficacia o valor, haciéndo[lo] inútil o sin interés o contrarrestando sus efectos.
B *intr pr* (**~se**) **5** Obtener [alguien] la anulación de su matrimonio.

anular[2] *adj* **1** Propio de anillo. **b)** Que tiene forma de anillo. ■ **2** [Dedo de la mano] inmediato al meñique, en el que se suele llevar el anillo o sortija. *Tb n m.* ■ **3** [Eclipse de Sol] que deja visible un anillo circular del disco solar. ■ **4** (*Arquit*) [Bóveda de cañón] montada sobre paredes circulares concéntricas.

anulatorio -ria *adj* [Cosa] que sirve para anular[1], o destinada a anular.

anunciable *adj* Que puede anunciarse.

anunciación (*gralm con mayúscula*) *f* (*Rel crist*) Anuncio [1]. *Esp el del nacimiento de San Juan Bautista y sobre todo el de la Encarnación de Cristo. Tb la fiesta con que se conmemora esta última.* **b)** Representación de la Virgen o, más raramente, de los pastores, al recibir el anuncio del ángel.

anunciador -ra *adj* Que anuncia. *Tb n, referido a pers.*

anunciante *adj* **1** Que encarga la publicación de un anuncio [4]. *Frec n, referido a pers.* ■ **2** Anunciador.

anunciar (*conjug 1a*) *tr* **1** Dar a conocer [algo, esp. un hecho futuro]. *Frec con ci de pers, que se omite cuando es la gente en gral.* ■ **2** Dar a conocer la presencia actual [de alguien o algo (*cd*)]. **b)** *pr* (**~se**) Dar a conocer [alguien o algo] su presencia actual. ■ **3** Dar a conocer la llegada o presencia inminente [de alguien o algo (*cd*)]. **b)** *pr* (**~se**) Dar a conocer [alguien o algo] su llegada o presencia inminente. ■ **4** Dar [una pers. o cosa] indicio o señal [de algo (*cd*), frec. futuro]. ■ **5** Hacer publicidad [de alguien o algo (*cd*)]. *Tb abs.*

anunciativo -va *adj* (*Gram*) [Conjunción] que introduce una proposición sustantiva. *Tb n m.*

anuncio **I** *m* **1** Acción de anunciar. ■ **2** Cosa que se anuncia [1]. ■ **3** Texto en el que se anuncia [1] algo. ■ **4** Conjunto de palabras, imágenes o signos con que se anuncia [5] algo. **b) hombre-~** → HOMBRE.

II *loc adj* **5 de ~.** (*col*) Digno, por su perfección, de exhibirse como anuncio. *Con intención ponderativa.*

anuo -nua *adj* (*E*) Anual.

anuria *f* (*Med*) Cesación de la secreción urinaria.

anúrico -ca *adj* (*Med*) De (la) anuria o que la implica.

anuro *adj* (*Zool*) [Batracio] que no tiene cola. *Frec como n m en pl, designando este taxón zoológico.*

anverso *m En un papel, moneda o medalla:* Cara que se considera principal. **b)** *En gral:* Cara o parte de algo, que se presenta de manera más inmediata a la vista o a la consideración.

anzuelar *tr* **1** Enganchar o pinchar [algo] en el anzuelo como cebo. ■ **2** Pescar [algo] con anzuelo.

anzuelo I *m* **1** Ganchito metálico, con una o varias puntas, que, pendiente de un sedal y provisto de cebo, se usa para pescar. ■ **2** Pers. o cosa que ha sido dispuesta con habilidad para atraer engañosamente.

II *loc v* **3 morder,** *o* **picar,** (**en**) **el ~,** *o* **tragar(se) el ~.** (*col*) Dejarse engañar.

aña *f* (*reg*) Ama seca.

añada *f* **1** Año de cosecha. *Tb la misma cosecha. Esp referido a vino.* ■ **2** Año. *En lo relativo al trabajo agrícola y ganadero.*

añadido[1] -da I *adj* **1** *part* → AÑADIR.

II *m* **2** Cosa añadida.

añadido[2] *m* Acción de añadir.

añadidura I *f* **1** Acción de añadir. ■ **2** Cosa añadida.

II *loc adv* **3 por ~,** *o* (*más raro*) **de ~.** Además.

añadimiento *m* (*raro*) Añadidura.

añadir *tr* **1** Juntar [una cosa o una pers. (*cd*) a otra u otras (*ci*)] de manera que formen un conjunto o un todo. *Tb sin ci.* **b)** *pr* (**~se**) Unirse o juntarse [una cosa a otra u otras]. ■ **2** Decir o escribir [algo] después de lo dicho o escrito. **b)** Decir o escribir [algo] más allá de lo verdadero o de lo que se toma como fuente o referencia. *Frec en la constr* SIN ~ NI QUITAR. ■ **3** Dar [algo que el que recibe no tenía], o dar más cantidad [de algo (*cd*) que ya tenía]. ■ **4** Sumar [una cantidad].

añafil *m* (*hist*) *En la Edad Media:* Trompeta recta y larga usada por los moros. *Tb fig, designando cualquier instrumento metálico de viento de nuestra época.*

añagaza *f* Trampa para cazar aves u otros animales. *Frec fig.*

añal *m* (*reg*) Ofrenda que durante el primer año se pone en la sepultura de la iglesia en sufragio de un difunto.

añalejo *m* (*Rel catól*) Epacta (calendario eclesiástico).

añejamiento *m* Acción de añejar(se).

añejar *tr* Hacer añejo [el vino], o dar[le] cualidades de añejo. **b)** *pr* (**~se**) Hacerse añejo [el vino].

añejez *f* (*raro*) Cualidad de añejo.

añejo -ja *adj* **1** [Vino] que ha tenido estancia prolongada en barrica o en bodega. ■ **2** (*lit*) Viejo o antiguo. ■ **3** (*reg*) [Animal] de un año. *Tb n m.*

añico I *m* **1** Fragmento minúsculo de los muchos en que se divide una cosa al romperse. *Gralm en pl. Tb* (*lit*) *fig.*

II *loc v* **2 hacer ~s** [algo]. Romper[lo] en muchos pedazos. *Tb fig.* **b) hacerse ~s.** Romperse en muchos pedazos. *Tb fig.*

añil I *m* **1** Materia colorante azul intenso, que se obtiene de diversas plantas y también de modo sintético, usada en tintorería, en pintura y para el blanqueo de la ropa. ■ **2** *Se da este n a varias plantas tropicales de las que se extrae el añil* [1], *esp Indigofera anil e I. tinctoria.*

II *adj* **3** [Color] del añil [1]. *Tb n m.* **b)** De color añil.

añilar *tr* Dar añil [1] [a algo (*cd*)] o teñir[lo] de añil. **b)** *pr* (**~se**) Tomar el color del añil.

añino -na *adj* [Cordero] de un año o menos. *Tb n m.*

año I *m* **1** Tiempo que transcurre durante una revolución completa de la Tierra en su órbita alrededor del Sol y que es de 365 días y casi 6 horas. *Tb* → SOLAR. **b) ~ lunar.** Período de 12 revoluciones sinódicas de la Luna, cuya duración total es de 354 días aproximadamente. **c) ~ anomalístico.** (*Astron*) Tiempo transcurrido entre dos pasos consecutivos de la Tierra por su perihelio, o del Sol por el perigeo de su órbita aparente. ■ **2** Período de 365 días que abarca desde el día 1 de enero hasta el 31 de diciembre, ambos inclusive. *Tb* ~ CIVIL. **b) ~ bisiesto,** ~ **de gracia,** ~ **del Señor** → BISIESTO, GRACIA, SEÑOR. **c) los ~s** + *núm de decena.* El decenio iniciado por el año cuyo número se expresa. **d) el ~ catapún** (*o* **catapum**), *o* **de la polca,** *o* **de la pera,** *o* **de la nana** (*o* **nanita**). (*col*) Tiempo muy lejano. *Gralm en constr adj, con* DE, *o en constr adv, con* DESDE *o* EN *o sin prep.* ■ **3** Período de 365 días contado a partir de uno cualquiera del año. **b)** *Se usa, normalmente en pl y frec con un numeral hiperbólico, para expresar ponderativamente tiempo indeterminado y dilatado. Tb* (*reg*) ~S Y PAÑOS. * *Le he conocido, pero murió hace mil años.* ■ **4** Período de tiempo, de duración igual o menor a la del año [2a], que se establece oficialmente con motivo de una celebración o con referencia a una actividad. *Con un adj especificador:* LITÚRGICO, SABÁTICO, SANTO, *etc* → LITÚRGICO, SABÁTICO, SANTO, *etc.* **b)** (*Enseñ*) Curso (período docente). *A veces con los adjs* ACADÉMICO *o* ESCOLAR. *A veces referido a otras actividades culturales.* ■ **5** Tiempo de existencia, medido en años [3a], de una pers., animal o cosa. *Gralm en pl y precedido de un numeral o un cuantitativo.* **b)** *En pl:* Edad (tiempo vivido). **c)** *En pl:* Período de la vida de una pers. *Con un adj o compl especificador y frec precedido de posesivo.* * *En mis años juveniles.* ■ **6** ~ **luz** (*raro,* ~ **de luz**). (*Astron*) Unidad de medida que equivale al espacio recorrido por la luz a lo largo de un año, y cuyo valor es de 9.461.000 kilómetros. *Fuera del ámbito técn, se usa frec en pl con intención enfática para ponderar la gran distancia moral entre dos cosas.* ■ **7** ~ **nuevo.** Día primero del año [2a]. *Tb* DÍA DE ~ NUEVO. ■ **8** ~ **viejo.** Último día del año [2a]. *Tb* DÍA DE ~ VIEJO. ■ **9** ~ **y vez.** Sistema de cultivo por el que se siembra la tierra un año sí y otro no.

II *loc adj* **10 de ~ y vez.** [Tierra] que se siembra un año sí y otro no. ■ **11 de buen** (*o* **mal**) ~. (*col*) Saludable (o no saludable). *Gralm aludiendo a la gordura* (*o delgadez*) *de la pers. Normalmente con el v* ESTAR. ■ **12 entrado en ~s** → ENTRADO.

III *loc v y fórm or* **13 echársele,** *o* **venírsele,** [a alguien] **los ~s encima.** Envejecer de repente. ■ **14 no pasar los ~s** [por una pers.]. (*col*) No verse [en ella] muestras de envejecimiento. ■ **15 por muchos ~s.** *Fórmula de felicitación o de cortesía que expresa el deseo de que alguien viva mucho tiempo en el estado o cargo que acaba de mencionar. Tb* QUE SEA POR MUCHOS ~S. * –Le presento a mi abuela. –Por muchos años. ■ **16 sacar el vientre** (*o* **la tripa**) **de mal ~.** –> VIENTRE, TRIPA.

IV *loc adv* **17 de ~ y vez.** Alternativamente, un año sí y otro no. *Referido al cultivo de la tierra.* ■ **18 para el ~.** (*reg*) El año que viene.

añocasto *m* Sauzgatillo (planta).

añojal *m* Barbecho (tierra que queda temporalmente sin sembrar, o forma de cultivo en que esto se produce).

añojo -ja *m y f* Becerro de un año.

añoradizo -za *adj* (*raro*) Añorante.

añorante *adj* **1** Que añora. *Tb n, referido a pers.* ■ **2** Que denota o implica añoranza.

añoranza *f* **1** Sentimiento de tristeza causado por el recuerdo de alguien o algo querido y ausente o perdido. **b)** Manifestación oral o escrita de añoranza. ■ **2** Hecho de añorar.

añorar *tr* **1** Recordar con tristeza [a una pers. o cosa querida y ausente o perdida]. ■ **2** (*raro*) Desear [algo cuya falta produce tristeza].

añoso -sa *adj* Que tiene muchos años. *Dicho esp de cosa.*

añoverano -na *adj* De Añover de Tajo (Toledo). *Tb n, referido a pers.*

añovereño -ña *adj* Añoverano. *Tb n.*

añublo *m* **1** Tizón (hongo y enfermedad de los cereales). ■ **2** Mildiu (enfermedad de la vid). ■ **3** Cenizo (planta).

añudamiento *m* (*reg o lit*) Acción de añudar(se). *Tb fig.*

añudar *tr* (*reg o lit*) Anudar. *Tb pr* (**~se**). *Tb fig.*

aojador -ra *adj* (*raro*) Que aoja. *Tb n, referido a pers.*

aojadura *f* (*raro*) Aojamiento.

aojamiento *m* (*raro*) **1** Acción de aojar [1]. **b)** Mal de ojo. ■ **2** Maleficio.

aojar *tr* (*raro*) **1** Echar mal de ojo [a alguien (*cd*)]. ■ **2** Lanzar un maleficio [sobre alguien (*cd*)].

aojo *m* (*raro*) Aojamiento.

aorillar *tr* (*reg*) Arrimar a la orilla.

aoristo *m* (*Gram*) *En griego y otras antiguas lenguas indoeuropeas:* Tiempo verbal que denota una acción ocurrida en el pasado, sin tener en cuenta su duración o su conclusión.

aorta *f* (*Anat*) *En los vertebrados:* Arteria principal por la que sale la sangre del corazón y que en los mamíferos y las aves nace del ventrículo izquierdo. *A veces con un adj que expresa la situación o disposición de la parte a que hace referencia:* TORÁCICA, ABDOMINAL, DESCENDENTE, *etc.* **b)** *En los invertebrados:* Vaso por el que sale la sangre del corazón.

aórtico -ca *adj* (*Anat*) De la aorta.

aortografía *f* (*Med*) Radiografía de la aorta.

aovado -da *adj* **1** *part* –> AOVAR. ■ **2** Propio del huevo. *Dicho esp de forma.* **b)** De forma de huevo.

aovamiento *m* Acción de aovar.

aovar **A** *intr* **1** Poner huevos [un animal]. * Los peces vienen a esta zona a aovar. **B** *tr* **2** (*raro*) Poner [huevos (*cd*) un animal]. * Una mantis aova mil huevos.

aovillar *tr* Poner en forma de ovillo. *Tb fig.*

apabullamiento *m* (*col*) Acción de apabullar.

apabullante *adj* (*col*) Que apabulla. *Frec con intención ponderativa.*

apabullantemente *adv* (*col*) De manera apabullante.

apabullar *tr* (*col*) Dejar [a alguien] confuso o sin saber cómo reaccionar [alguien que se muestra muy superior, o algo extraordinario]. **b)** *pr* (**~se**) Quedar confuso o sin saber cómo reaccionar ante alguien muy superior o ante algo extraordinario.

apacana *f* Pacana (árbol y fruto).

apacentadero *m* Lugar en que se apacienta el ganado.

apacentamiento *m* Acción de apacentar.

apacentar (*conjug 6*) **A** *tr* **1** Llevar a pacer [el ganado] y cuidar[lo] mientras pace. *Tb fig.* ■ **2** Proporcionar pasto [al ganado (*cd*) un lugar (*suj*)]. ■ **3** Pacer [algo]. **B** *intr* **4** Pacer o pastar [el ganado].

apache **I** *adj* **1** [Individuo] de un pueblo indio norteamericano, nómada y belicoso, habitante en otro tiempo del sudoeste de los Estados Unidos. *Frec n m.* **b)** De (los) indios apaches. ■ **2** (*hist*) [Baile, esp. tango] de movimientos bruscos y violentos. **II** *n* **A** *m* **3** Lengua de los indios apaches [1a]. **B** *m y f* **4** (*hist*) Hampón o malhechor de París o de otra gran ciudad.

apachurrar *tr* (*reg*) Despachurrar.

apacibilidad *f* Cualidad de apacible.

apacible *adj* **1** [Pers.] de trato o carácter dulce y agradable. **b)** [Animal] dócil o manso. **c)** Propio de la pers. o el animal apacible. ■ **2** [Cosa] que denota o implica paz y tranquilidad. **b)** [Lugar habitado] agradable por la ausencia de ruido o bullicio. **c)** [Lugar abierto] grato por su vegetación y buen clima, y a veces por su tranquilidad. ■ **3** (*lit*) [Cosa] grata o agradable.

apaciblemente *adv* De manera apacible.

apaciguador -ra *adj* **1** Que apacigua. *Tb n, referido a pers.* ■ **2** Relativo a la acción de apaciguar.

apaciguadoramente *adv* De manera apaciguadora.

apaciguamiento *m* Acción de apaciguar(se).

apaciguante *adj* Que apacigua.

apaciguar (*conjug 1b*) *tr* **1** Restablecer la paz [entre dos o más perss. (*cd*) que discuten o pelean]. *Con cd pl, o cd y compl* CON. ■ **2** Hacer que recobre la paz [alguien o algo alterado o irritado (*cd*)]. **b)** *pr* (**~se**) Recobrar la paz [alguien o algo alterado o irritado]. ■ **3** Hacer que [algo (*cd*), esp. un dolor o padecimiento] pierda intensidad o violencia. **b)** *pr* (**~se**) Perder intensidad o violencia [algo, esp. un dolor o padecimiento].

apadana *f* (*Arquit*) *En un palacio persa:* Gran sala hipóstila, gralm. precedida de pórtico.

apadrinador -ra *adj* Que apadrina o protege. *Tb n.*

apadrinamiento *m* Acción de apadrinar o proteger.

apadrinar *tr* **1** Actuar como padrino [de una pers. o de un acto (*cd*)]. *Usado en part, referido a pers, frec se sustantiva.* **b)** Amadrinar. *Usado en part, referido a pers, frec se sustantiva.* ■ **2** Favorecer o proteger [algo o a alguien].

apagadamente *adv* De manera apagada.

apagado[1] **-da** *adj* **1** *part* → APAGAR. ■ **2** Falto de viveza o animación. ■ **3** Falto de actividad o vitalidad. ■ **4** Poco fuerte o poco intenso. *Esp referido a sonido o color.* ■ **5** Que no es llamativo o brillante.

apagado[2] *m* Acción de apagar(se).

apagador -ra **I** *adj* **1** Que apaga.
II *m* **2** *Se da este n a varios hongos comestibles: Coprinus comatus, Lepiota procera, L. excoriata* (~ BLANCO) *y L. rhacodes* (~ MENOR).

apagafuegos *adj* [Pers.] que apaga fuegos. *Tb n. Frec fig.* **b)** [Cosa] que sirve para apagar el fuego. *Tb n m.*

apagamiento *m* **1** Acción de apagar(se). ■ **2** Condición de apagado[1].

apagar **A** *tr* **1** Hacer que deje de arder o lucir [el fuego o la luz, o algo que arde o luce]. *Frec abs, referido a luz. Tb fig.* **b)** *pr* (~se) Dejar de arder o lucir [el fuego o la luz, o algo que arde o luce]. *Tb fig.* ■ **2** Hacer que deje de funcionar [un aparato eléctrico o un motor (*cd*)] desconectando la corriente. *Tb abs.* **b)** *pr* (~se) Dejar de funcionar [un aparato eléctrico o un motor] por falta de corriente. ■ **3** Hacer que [una vida (*cd*)] deje de existir. **b)** *pr* (~se) Extinguirse o dejar de existir [una pers. o su vida]. ■ **4** Hacer que [algo (*cd*), esp. un sonido, un color, un deseo o un sentimiento] pierda fuerza o intensidad, frec. hasta desaparecer o hacerse imperceptible. **b)** *pr* (~se) Perder [algo] fuerza o intensidad, frec. hasta desaparecer o hacerse imperceptible. ■ **5** Quitar viveza o animación [a alguien o algo (*cd*)]. **b)** *pr* (~se) Perder viveza o animación [alguien o algo]. ■ **6** Quitar brillo [a algo]. **b)** *pr* (~se) Perder brillo. ■ **7** Echar agua [a la cal (*cd*)] para poder utilizar[la]. ■ **8 apaga y vámonos.** *Fórmula con que se comenta que, dadas determinadas circunstancias, es inútil o imposible hacer nada.* * *Si nos fallan los líderes, apaga y vámonos.* **B** *intr pr* (~se) **9** Quedar [un volcán] completamente inactivo. ■ **10** Perder la luz o el calor [un astro]. ■ **11** Perder vitalidad.

apagavelas *m* **1** Utensilio constituido por una pequeña pieza cónica de metal con un mango, que se usa para apagar velas. ■ **2** Hongo comestible de sombrerillo escamoso y láminas blancas (*Lepiota procera*).

apagón *m* Interrupción accidental y pasajera de la iluminación eléctrica.

apaisado -da *adj* [Cosa, normalmente rectangular] más ancha que alta.

apaisarse (*conjug* 1e) *intr pr* (*raro*) Tomar forma o disposición apaisada.

apalabramiento *m* Acción de apalabrar. *Tb su efecto.*

apalabrar *tr* Comprometer o ajustar de palabra [algo o a alguien].

apalaciado -da *adj* (*raro*) Semejante a un palacio.

apalancado -da *adj* **1** *part* → APALANCAR. ■ **2** (*jerg*) Oculto o escondido.

apalancar **A** *tr* **1** Abrir o mover [algo] con una palanca o algo similar. ■ **2** Hacer palanca [con algo (*cd*)]. ■ **3** Atrancar [una puerta o algo similar]. ■ **4** (*jerg*) Conseguir [algo] o hacerse [con ello (*cd*)]. *Frec con un compl de interés.* **b)** Robar. ■ **5** (*jerg*) Esconder o guardar. ■ **6** (*jerg*) Poseer sexualmente [a alguien]. *Frec con un compl de interés.* **B** *intr* ➤ **a** *normal* **7** Hacer palanca [con algo]. ➤ **b** *pr* (~se) **8** (*col*) Acomodarse [en un lugar], quedándose en él. ■ **9** (*col*) Apoyarse [en algo]. ■ **10** (*jerg*) Abrazarse [dos perss., o una con otra].

apaleador -ra *m y f* Pers. que apalea[1].

apaleamiento *m* Acción de apalear[1] [1a].

apalear[1] *tr* Golpear [algo o a alguien] con un palo o algo similar. **b)** Varear [un árbol].

apalear[2] *tr* (*col*) Tener [dinero] en abundancia. *Gralm en la constr* ~ MILLONES.

apaleo *m* Acción de apalear[1] [1b].

apaletado -da *adj* Que tira a paleto.

apalizar *tr* (*reg*) Dar una paliza [a alguien (*cd*)]. *Tb abs.*

apamplado -da *adj* (*reg*) Atontado o embobado.

apandador -ra *adj* (*col*) Que apanda [1]. *Frec n, referido a pers.*

apandar **A** *tr* **1** (*col*) Coger o robar. **B** *intr* **2** (*reg*) Arramblar [con algo]. ■ **3** (*Juegos, reg*) Quedarse.

apandillarse *intr pr* Formar pandilla [un grupo de perss., o unos con otros].

apantallar *tr* (*raro*) Deslumbrar o asombrar. *Tb abs.*

apañadera *f* (*reg*) Utensilio para amontonar la mies después de trillada.

apañado -da *adj* (*col*) **1** *part* → APAÑAR. ■ **2** [Pers., esp. mujer] ordenada y buena administradora. ■ **3** [Pers.] mañosa. ■ **4** [Pers. o cosa] agradable por su belleza o sus proporciones. ■ **5** [Pers. o cosa] buena o de calidad suficiente, aunque no excesiva. *Frec con intención ponderativa.* ■ **6** [Sueldo o cosa similar] suficiente, aunque no excesivo. *Frec con intención ponderativa.* ■ **7** Barato o económico. *Tb* ~ DE PRECIO.

apañador -ra *adj* (*col*) Que apaña. *Frec n, referido a pers.*

apañar (*col*) **A** *tr* ➤ **a** *normal* **1** Arreglar (poner [algo o a alguien] en el estado adecuado o conveniente). *Referido a pers, frec con intención irónica.* **b)** Poner [algo] en el estado deseado o conveniente, alterándo[lo] fraudulentamente. **c)** *En part, se usa en constrs como* IR, *o* ESTAR, APAÑADO, *para comentar irónicamente la mala situación en que se encuentra o se encontraría alguien o algo, o lo equivocado de una previsión.* * *Si no tuviéramos el huerto, estaríamos apañados.* ■ **2** Preparar o disponer [algo]. **b)** Preparar o arreglar [comida]. ■ **3** Arreglar (poner [algo o a alguien] de modo que su aspecto sea limpio y grato). ■ **4** Arreglar [algo estropeado, roto o que no funciona debidamente]. **b)** *pr* (~se) Arreglarse. ■ **5** Coger. **b)** Robar [algo], o apoderarse [de ello (*cd*)] por medios ilícitos o violentos. ■ **6** (*reg*) Conseguir. ■ **7** (*reg*) Proveer [de algo a una pers. o cosa (*cd*)]. *Frec el cd es refl. El compl* DE *frec se omite referido a bienes de fortuna.* ■ **8** (*reg*) Recoger. *Tb fig.*

➤ b *pr* 9 ~**selas.** Arreglárselas.
B *intr pr* (~**se**) 10 Arreglarse [con algo]. ■ 11 Llevarse [dos perss., o una con otra]. *Gralm con un compl de modo.* ■ 12 Darse maña [para algo (A + *infin*)], o ser capaz de realizar[lo (A + *infin*)] con soltura o sin esfuerzo especial. *Tb sin compl, por consabido.* ■ 13 Amancebarse [con alguien (*compl* A *o* CON)].

apaño (*col*) **I** *m* 1 Acción de apañar(se). *Tb su efecto.* ■ 2 Conveniencia personal. ■ 3 Gobierno u organización de la casa. ■ 4 Medios de subsistencia. **b)** Trabajo poco estable que proporciona unos ingresos no elevados, pero suficientes o suplementarios. ■ 5 Relación amorosa ilícita y estable. *Tb la pers con quien se tiene.* **b)** Relación amorosa. ■ 6 Acuerdo ilegal o fraudulento. ■ 7 *En pl:* Útiles o avíos. **II** *loc v* 8 **hacer** ~ [algo a alguien]. Ser[le] útil. ■ 9 **hacer** [alguien] **su** ~. Conseguir lo que pretendía.

aparado *m* (*E*) Acción de aparar [3].

aparador[1] *m* 1 Mueble de comedor, algo más alto que una mesa, con tablero superior, puertas y cajones, destinado a contener lo necesario para el servicio de mesa. ■ 2 (*reg*) Armario de cocina para guardar utensilios y alimentos. ■ 3 (*reg*) Escaparate.

aparador[2] **-ra** *m y f* (*E*) Pers. que apara [3].

aparamado -da *adj* Semejante a un páramo.

aparapetar *tr* (*raro*) Parapetar. *Gralm el cd es refl.*

aparar *tr* 1 (*lit, raro*) Preparar o disponer. **b)** (*reg*) Preparar [alguien las manos u otra cosa] para recoger algo que se le echa o se le da. *Frec abs.* ■ 2 (*raro*) Alargar o alcanzar [algo]. ■ 3 (*E*) Coser [las piezas del calzado] antes de poner la suela.

aparasolado -da *adj* (*Bot*) 1 De forma de parasol. ■ 2 [Planta] umbelífera. *Tb n f.*

aparataje *m* 1 Aparato [7a]. ■ 2 Conjunto de aparatos [1a].

aparatero -ra *adj* (*reg*) Exagerado o aparatoso.

aparatista *m* Obrero encargado del cuidado y mantenimiento de determinados aparatos [1a].

aparato I *m* 1 Dispositivo, simple o complejo, destinado a una acción determinada. *Frec con un compl especificador, que a veces se omite por consabido.* **b)** Teléfono. *Frec en constrs como* ESTAR, *o* PONERSE, AL ~. *A veces* AL ~, *como contestación a una llamada.* **c)** Avión u otra aeronave. **d)** Aparato [1a] gimnástico. ■ 2 (*Biol*) Conjunto de órganos que realizan una función. *Frec con un compl especificador.* **b)** (*col, humoríst*) Órgano sexual, masculino o femenino. ■ 3 Cosa o conjunto de cosas o de perss. organizadas o dispuestas para un fin. *Gralm con un adj o compl especificador.* **b)** Cosa o conjunto de cosas utilizadas en el montaje de un espectáculo teatral. *Tb* ~ ESCÉNICO *o* TEATRAL. ■ 4 Conjunto de los dirigentes y altos cargos [de un gobierno, un partido político o de un sindicato]. ■ 5 Conjunto de meteoros que acompaña a una tormenta. *Frec* ~ ELÉCTRICO. ■ 6 Conjunto de nociones, razones o explicaciones que sirven de apoyo a algo. **b)** ~ **bibliográfico.** (*Filol*) Conjunto de notas bibliográficas que acompañan a un texto. **c)** ~ **crítico.** (*Filol*) Conjunto de notas críticas o filológicas que acompañan a la edición de un texto. **d)** ~ **de variantes.** (*Filol*) Conjunto de notas en que se recogen las distintas variantes de un texto. ■ 7 Ostentación de grandeza, poder o riqueza. **b)** Grandiosidad o riqueza retórica. **c)** Alarde u ostentación llamativa.

II *fórm or* 8 **casi nadie al** ~. (*col*) Fórmula con que se pondera la importancia de alguien que normalmente se acaba de nombrar.

aparatología *f* Conjunto de aparatos [1a], esp. de estética.

aparatosamente *adv* De manera aparatosa.

aparatosidad *f* Cualidad de aparatoso.

aparatoso -sa *adj* 1 Que llama la atención, esp. por su complicación o por su magnitud excesivas. **b)** *En gral:* Que tiene o muestra aparato [7]. ■ 2 Exagerado o aspaventero.

aparcacoches *m y* (*raro*) *f* Pers. encargada, en un establecimiento público, de aparcar coches.

aparcadero *m* Aparcamiento [2].

aparcador *m* (*raro*) Pers. que aparca [1]. **b)** Aparcacoches.

aparcamiento *m* 1 Acción de aparcar, *esp* [1]. ■ 2 Lugar destinado a aparcar, *esp* [1].

aparcar A *tr* 1 Dejar colocado transitoriamente [un vehículo en un lugar]. *Tb abs.* ■ 2 Aplazar o dejar sin resolver [un asunto] durante cierto tiempo. **b)** Dejar [a alguien incómodo, en un lugar o situación determinados] durante cierto tiempo para que no cause problemas. **c)** Dejar de lado o dejar de tener en cuenta [a alguien o algo]. ■ 3 (*raro*) Situar o colocar.
B *intr* 4 Situarse [un vehículo en un lugar] para permanecer allí un tiempo indeterminado. *Tb fig.*

aparcelamiento *m* Acción de aparcelar.

aparcelar *tr* Dividir [un espacio] en parcelas.

aparcería *f* Contrato en virtud del cual una pers. aporta fincas o ganado y otra el trabajo, repartiendo proporcionalmente los beneficios.

aparcero -ra *m y f* Pers. que tiene aparcería con otra u otras.

aparcillar *tr* (*reg*) Delimitar [una finca] con tapiales bajos.

apareamiento *m* Acción de aparear(se), *esp* [3 y 4].

aparear A *tr* 1 Unir [dos cosas, o una con otra] formando par. **b)** *pr* (~**se**) Unirse [dos cosas, o una con otra] formando par. ■ 2 Poner a la par. *Con referencia a la marcha.*
B *intr pr* (~**se**) 3 Formar pareja [dos animales de distinto sexo, o uno con otro] para procrear. **b)** Emparejarse o formar pareja [dos perss. de distinto sexo]. ■ 4 Realizar el acto sexual [dos animales de distinto sexo, o uno con otro]. *Tb fig, referido a pers.*

aparecer (*conjug* 11) **A** *intr* ► *normal* 1 Ponerse a la vista [una pers. o cosa que no estaba visible]. *Tb fig.* **b)** Hacer [alguien] acto de presencia, frec. de manera inesperada o repentina. ■ 2 Ser encontrada [una pers. o cosa que se había perdido]. ■ 3 Dar [una cosa] las primeras muestras de su existencia. **b)** Publicarse o salir a la luz [un escrito o una publicación]. ■ 4 Estar o encontrarse [algo en un lugar].
➤ b *pr* (~**se**) 5 Ponerse [una pers. o cosa] a la vista [de alguien (*ci*)] de manera sobrenatural.
B *copulat* 6 Ponerse a la vista o a la consideración [de una determinada manera (*predicat*)]. *Tb pr* (~**se**). *Tb sin predicat.* * El valle aparecía cubierto de plataneras. * La sociedad se nos aparece como algo necesario.

aparecido -da I *adj* 1 *part* → APARECER.

II *m* **2** Espectro de un difunto que se aparece a los vivos.

aparejado -da I *adj* **1** *part* → APAREJAR. ■ **2** (*Arquit*) Constituido por piedras o ladrillos con determinado aparejo [5]. ■ **3** (*Taur*) [Res berrenda] que tiene una lista ancha a lo largo del lomo. **II** *loc v* **4** llevar, o traer, ~ → APAREJAR.

aparejador -ra *m y f* Técnico de arquitectura, con título académico, encargado de preparar y disponer la ejecución de obras según el proyecto del arquitecto y bajo las órdenes de este.

aparejamiento *m* Apareamiento para procrear.

aparejar A *tr* **1** Preparar o disponer. *Frec con un compl* PARA. ■ **2** Poner el aparejo [1] [a una caballería (*cd*)]. ■ **3** Dotar de aparejo [2] [a una embarcación (*cd*)]. **b)** Dotar [a una embarcación (*cd*)] del aparejo propio [de otra (*compl* DE o EN)]. **c)** Llevar [un buque algo] como aparejo. ■ **4** Implicar, o llevar consigo. *Tb* LLEVAR, o TRAER, APAREJADO. ■ **5** (*Arquit*) Construir [una obra o parte de ella] disponiendo los materiales de un modo determinado. **B** *intr* ► **a** normal **6** (*raro*) Estar [una cosa] en armonía o conformidad [con otra]. ► **b** *pr* (~se) **7** (*raro*) Emparejarse.

aparejo *m* **1** Conjunto de piezas que se ponen a una caballería para montarla o cargarla. *Tb cada una de esas piezas*. ■ **2** Conjunto formado por los palos, velas, vergas y jarcias de un buque. *Tb cada uno de esos elementos*. ■ **3** Conjunto de utensilios precisos para algo. *Tb cada uno de esos utensilios*. **b)** Utensilio de pesca, esp. el constituido por un cordel con uno o más anzuelos. ■ **4** Conjunto de condiciones o circunstancias adecuadas para algo. ■ **5** (*Arquit*) Modo de disponer los materiales en una construcción. ■ **6** (*raro*) Aspecto o apariencia.

aparellaje *m* Conjunto de utensilios y accesorios destinados a un uso determinado. *Frec referido a electricidad*.

aparencial *adj* (*lit*) De (la) apariencia.

aparencialidad *f* (*lit*) Cualidad de aparencial.

aparencialmente *adv* (*lit*) De manera aparencial.

aparentar[1] A *tr* **1** Hacer ver o creer que se tiene [algo (*cd*)], esp. un sentimiento, una cualidad o una situación que en realidad no se tiene]. *Frec abs, referido a posición social*. **b)** Hacer ver o creer [una acción o un hecho (*cd*)] que no son ciertos]. ■ **2** Dar la impresión [de algo (*cd*)], que frec. no se ajusta a la realidad]. **b)** Dar la impresión de tener [algo (*cd*)], esp. determinada edad]. ■ **3** Presentar o mostrar [algo, esp. una cualidad o condición]. **B** *copulat* **4** (*raro*) Parecer.

aparentar[2] *intr* (*raro*) Emparentar.

aparente *adj* **1** Que parece. **b)** Que parece real, sin serlo. ■ **2** Visible o perceptible. *En sent físico o mental*. **b)** (*Der*) [Servidumbre] que se manifiesta por algún signo visible. ■ **3** (*col*) Adecuado o apropiado. *Frec con un compl* PARA. ■ **4** (*col*) Bueno o aceptable. *Frec con intención ponderativa*. **b)** [Pers. o animal] de buena presencia. **c)** [Cosa] de buena apariencia.

aparentemente *adv* De manera aparente [1].

apargate *m* (*reg*) Alpargate o alpargata.

a pari (*lat; pronunc, /a-pári/*) *loc adj* (*Filos*) [Argumento] basado en razones de igualdad.

aparición I *f* **1** Acción de aparecer(se). ■ **2** Pers. o cosa que se aparece [5]. **II** *loc v* **3** hacer su ~. Aparecer.

apariencia I *f* **1** Conjunto de cualidades o circunstancias con que se muestra o se percibe una pers. o cosa. *Frec en pl con sent sg. A veces con un compl* DE. ■ **2** Buena apariencia [1]. ■ **3** Cualidad de aparente [1]. ■ **4** Cosa que parece real pero no lo es. **II** *loc v* **5** salvar, cubrir, o guardar, las ~s. Disimular una realidad para no causar mala impresión o para evitar habladurías. **III** *loc adv* **6** en (la) ~. Aparentemente o según las apariencias [1].

apariencial *adj* (*lit*) Aparencial.

apartadero *m* **1** Lugar al margen de un camino o vía donde son apartados temporalmente vehículos, mercancías, etc., dejando libre el tránsito. *Esp en ferrocarriles*. ■ **2** Bifurcación o desvío [de un camino]. ■ **3** Acción de apartar [1c] el ganado.

apartadijo *m* (*col*) Conjunto pequeño de cosas que se ponen aparte. *Frec con el v* HACER.

apartadizo -za *adj* Que se aparta o huye del trato de la gente.

apartado[1] **-da** *adj* **1** *part* → APARTAR. ■ **2** [Lugar] distante de los núcleos de población y normalmente mal comunicado respecto a ellos. **b)** [Lugar] alejado de los centros importantes o de más influencia. **c)** Recóndito o escondido. ■ **3** Que no está unido o pegado a otro. *Frec con un compl* DE. ■ **4** Diferente o distinto. *Frec con un compl* DE.

apartado[2] *m* **1** Acción de apartar o separar. *Tb su efecto*. **b)** (*Taur*) Acción de apartar los toros en los corrales de la plaza y meterlos en los chiqueros. ■ **2** División o compartimiento [de un lugar, esp. de un local]. ■ **3** Párrafo o serie de párrafos [de un escrito, esp. legal] que se dedica a un asunto o aspecto determinado. **b)** División de las que se establecen en una exposición o clasificación. ■ **4** *En una oficina de correos*: Sección en que se aparta en cajas independientes, a disposición de determinados destinatarios, la correspondencia recibida para ellos. **b)** Caja, identificada con un número, en que se aparta la correspondencia de un destinatario. *Tb el número correspondiente. Frec* ~ DE CORREOS.

apartador -ra *m y f* Pers. que tiene por oficio separar la lana u otra materia según su calidad.

apartamento *m* Vivienda, en una casa moderna de pisos, normalmente con solo dos o tres habitaciones.

apartamiento *m* **1** Acción de apartar(se). ■ **2** (*raro*) Apartamento.

apartar A *tr* **1** Poner aparte. **b)** Poner aparte [algo], guardándo[lo] o reservándo[lo] con algún fin. **c)** Separar [reses un rebaño o crías de sus madres]. *Tb abs*. ■ **2** Llevar [a alguien (*cd*)] a un lugar que permita hablar con él con discreción o reserva]. ■ **3** Quitar o retirar [algo o a alguien de un lugar], gralm. para que no estorbe. *Frec el cd es refl*. **b)** Retirar [algo] del fuego. *Tb abs*. ■ **4** Sacar, o poner fuera. *Gralm con un compl* DE. **b)** Excluir, o dejar fuera. **c)** (*Der, reg*) Excluir [a alguien] como heredero. *Frec con un compl* CON. ■ **5** Alejar [a una pers. o cosa de otra]. *Tb fig. Frec con cd refl*. **b)** *pr* (~se) Alejarse. *Tb fig*. ■ **6** Separar físicamente [a una pers. o cosa de otra]. *Frec el cd es refl*. ■ **7** Hacer que [alguien (*cd*)] deje de desempeñar [un empleo o cargo (*compl* DE)] o de dedicarse [a algo (*compl* DE)]. *Frec el cd es refl.* ◼ **8** ~ **los ojos** (*o* **la vista**, *o* **la mirada**) [de alguien o algo]. Dejar de mirar[lo].

B *intr* ➤ **a** *normal* **9** *Se usa en imperat para pedir a alguien que se retire o aleje. Tb pr* (~**se**). * Aparta, no quiero que estés aquí.

➤ **b** *pr* (~**se**) **10** Irse o marcharse. ◼ **11** No ajustarse [a una norma o modelo (*compl* DE)] o no seguir [una línea de pensamiento o acción que se toma como referencia (*compl* DE)]. ◼ **12** Dejar [los ojos] de mirar [algo o a alguien (*compl* DE)].

aparte I *adv* **1** En lugar o situación separados con respecto a alguien o algo mencionado o presente, o con respecto a las perss. o cosas corrientes. **b)** Continuando en el renglón siguiente. *Gralm en la constr* PUNTO (Y) ~. **c)** En lugar o situación que permite la privacidad o la discreción. **d)** *Como acotación en un diálogo teatral:* Hablando para sí [un personaje], o hablando entre sí [dos personajes], al margen del diálogo principal. ◼ **2** Sin ser considerado o mencionado. *Con vs como* DEJAR, PONER, QUITAR, ECHAR *o* QUEDAR. **b)** *Frec se omite el v, quedando el adv pospuesto o antepuesto al sust.* * Minucias aparte, ella se había portado muy bien. * Aparte bromas, muchas veces he pensado en marcharme.

II *adj invar* **3** Diferente o distinto [de alguien o algo mencionado, o de las perss. o cosas corrientes]. **b)** Independiente.

III *prep* **4** Además de. *Tb, más frec,* ~ DE. * Aparte de lo tratado. * Aparte lo tratado. ◼ **5** Fuera de o con excepción de. *Tb, más frec,* ~ DE.

IV *m* **6** *En una obra teatral:* Lo que dice un personaje hablando para sí, o lo que hablan entre sí dos personajes al margen del diálogo principal. **b)** Conversación privada entre dos perss. durante una reunión y al margen de ella. ◼ **7** Separata o ejemplar de una tirada aparte [3b] de un artículo.

apartheid (*ing; pronunc corriente,* /aparχéid/) *m* Política de segregación racial. *Gralm referido a la República Sudafricana. Tb fig.*

aparthotel → APARTOTEL.

apartidario -ria *adj* No partidario, o independiente de cualquier partido político.

apartidismo *m* Independencia respecto a los partidos políticos.

apartidista *adj* No partidista, o independiente de cualquier partido político.

aparto *m* (*reg*) Acción de apartar el ganado.

apartotel (*tb con la grafía* **aparthotel**) *m* Hotel de apartamentos.

aparvadera *f* (*reg*) Aparvador.

aparvado -da *adj* (*reg*) Tonto o atontado.

aparvador *m* (*reg*) Utensilio para recoger la parva.

aparvar *tr* (*reg*) Recoger en montón [la mies trillada].

apasionadamente *adv* De manera apasionada [4 y 5].

apasionado -da *adj* **1** *part* → APASIONAR. ◼ **2** [Pers.] que siente pasión [por alguien o algo (*compl* DE *o* POR)]. *Frec sin compl. Tb n.* ◼ **3** [Pers.] propensa a apasionarse o a dejarse llevar de la pasión. ◼ **4** [Cosa] propia de la pers. apasionada [2 y 3]. ◼ **5** [Cosa] que denota o implica pasión.

apasionamiento *m* Acción de apasionar(se). *Tb su efecto.*

apasionante *adj* Que apasiona. *Frec con intención ponderativa.*

apasionar A *tr* **1** Producir pasión [en alguien (*cd*)]. *Tb abs. Frec con intención ponderativa.* **b)** *pr* (~**se**) Pasar a sentir pasión [por alguien o algo (*compl* POR, DE *o* CON)].

B *intr pr* (~**se**) **2** Dejarse llevar de la pasión.

apastelado -da *adj* [Color] que tira a pastel.

apatía *f* **1** Falta de deseo o impulso de moverse o de actuar. ◼ **2** Impasibilidad del ánimo.

apáticamente *adv* De manera apática.

apático -ca *adj* [Pers.] que tiene apatía. *Tb n.* **b)** Propio de la pers. apática.

apatito *m* (*Mineral*) Mineral constituido por fosfato de calcio, que puede contener flúor o cloro.

apatosaurio *m* (*Zool*) Brontosaurio (dinosaurio).

apátrida *adj* [Pers.] que carece de nacionalidad legal. *Tb n.*

apatridia *f* Condición de apátrida.

apayasado -da *adj* **1** *part* → APAYASAR. ◼ **2** Propio de payaso o semejante a él.

apayasar *tr* (*raro*) Dar [a alguien] carácter de payaso.

apea *f* **1** Cuerda que sirve para trabar las caballerías. ◼ **2** (*Min*) Madero usado para entibaciones.

apeadero *m* **1** Lugar destinado a parada de trenes, exclusivamente para recibir o dejar viajeros. ◼ **2** Casa en que se vive de paso u ocasionalmente cuando se viene de fuera. ◼ **3** (*hist*) Punto del camino en que los viajeros pueden apearse y descansar. *Tb fig, referido a época actual.*

apealar *tr* (*reg*) Atar o trabar [a un animal].

apeamiento *m* Acción de apear.

apear *tr* **1** Bajar [a alguien de un vehículo o de una caballería]. *Gralm el cd es refl. Frec sin el 2º compl, por consabido.* **b)** ~**se en marcha** → MARCHA. ◼ **2** Bajar [algo o a alguien de un lugar alto]. *Tb fig.* ◼ **3** Derribar [un árbol] por su base. *Tb fig.* ◼ **4** Suprimir [el tratamiento (*cd*) que corresponde a una pers. (*ci*)] al dirigirse a ella. ◼ **5** Abandonar [una cosa habitual o una idea o actitud]. *A veces con un compl de interés.* ◼ **6** Hacer que [alguien (*cd*)] abandone [una cosa habitual o una idea o actitud (*compl* DE)]. **b)** *Con cd refl:* Abandonar [alguien una cosa habitual o una idea o actitud (*compl* DE)]. **c)** ~ **del burro** → BURRO. ◼ **7** (*Constr*) Sostener o afianzar [algo] con puntales u otro elemento similar. ◼ **8** (*Dep*) Eliminar [a alguien de una competición].

apechar *intr* Apechugar [1] [con algo].

apechugar A *intr* **1** (*col*) Aceptar [algo o a alguien desagradable o molesto (*compl* CON)].

B *tr* **2** Empujar [a alguien] con el pecho o en el pecho. *Tb abs.*

apechusques *m pl* (*reg*) Trastos o utensilios.

apedazar *tr* Remendar [una prenda].

apedrea *f* Apedreo.

apedreador -ra *adj* Que apedrea [1]. *Tb n, referido a pers.*

apedreamiento *m* Acción de apedrear [1].

apedrear A *tr* **1** Tirar piedras [contra alguien o algo (*cd*)]. **b)** Matar a pedradas [a alguien].

B *intr* ➤ **a** *impers* **2** Granizar.

➤ **b** *pr* (~**se**) **3** Sufrir daño [los cultivos] a causa del granizo.

apedreo *m* Acción de apedrear(se).

apegado -da *adj* **1** *part* → APEGARSE. ■ **2** [Pers.] que siente apego [a alguien o algo]. ■ **3** [Cosa] que denota o implica apego.

apegamiento *m* (*raro*) Apego.

apegarse *intr pr* **1** Sentir o mostrar apego [a alguien o algo]. ■ **2** (*pop*) Pegarse [a alguien o algo].

apego *m* Afecto [a alguien o algo]. **b)** Afición o inclinación [a algo].

apelabilidad *f* (*Der*) Cualidad de apelable.

apelable *adj* (*Der*) Susceptible de apelación¹.

apelación¹ *f* (*Der o lit*) Acción de apelar¹. *Tb su efecto.*

apelación² *f* (*raro*) Acción de apelar². *Tb su efecto.*

apelante *adj* (*Der*) Que apela¹ [1]. *Tb n, referido a pers.*

apelar¹ **A** *intr* **1** (*Der*) Acudir [a un tribunal superior (*compl* A *o* ANTE)] para que revise [una sentencia que se considera injusta (*compl* DE *o* CONTRA)]. *Tb sin compls.* ■ **2** (*lit*) Acudir o recurrir [a alguien o algo]. ■ **3** (*lit*) Invocar [algo (*compl* A)] como apoyo.
B *tr* **4** (*Der*) Apelar [1] [contra una sentencia (*cd*) o contra la parte favorecida en ella (*cd*)]. *Gralm en part, frec sustantivado.*

apelar² *tr* (*raro*) Llamar o nombrar.

apelativo -va **I** *adj* **1** (*Gram*) [Nombre] común. ■ **2** (*Ling*) [Función] por la que se intenta actuar sobre el destinatario del discurso, y que fundamentalmente se sirve del imperativo, del vocativo y de las interjecciones de llamada. **b)** De (la) función apelativa. *Tb n m, referido a término.*
II *m* **3** Sobrenombre.

apelelado -da *adj* Que tiene aspecto de pelele.

apellidar **A** *tr* **1** Dar como calificación [a alguien o algo (*cd*) el nombre o adjetivo que se expresa (*compl* DE)]. ■ **2** Dar [a alguien o algo (*cd*) el nombre que se expresa (*predicat*)].
B *copulat pr* (~**se**) **3** Tener como apellido [el que se expresa (*predicat*)]. *A veces con un compl de modo en lugar del predicat, en ors interrogs.*

apellido *m* Nombre de familia [de una pers.].

apelmazado -da *adj* **1** *part* → APELMAZAR. ■ **2** Muy macizo o compacto. *Tb fig.*

apelmazador -ra *adj* Que apelmaza.

apelmazamiento *m* Acción de apelmazar(se).

apelmazar *tr* Poner macizo o compacto [algo hueco o esponjoso]. **b)** *pr* (~**se**) Ponerse macizo o compacto [algo hueco o esponjoso]. *Tb fig.*

apelotonado -da *adj* **1** *part* → APELOTONARSE. ■ **2** Que está formado por pelotones o masas esféricas.

apelotonamiento *m* Acción de apelotonarse. *Tb su efecto.*

apelotonarse *intr pr* **1** Formar [algo] pelotones o masas esféricas. ■ **2** Formar [un conjunto de perss., animales o cosas] un grupo compacto.

apenado -da *adj* **1** *part* → APENAR. ■ **2** Que denota pena o tristeza.

apenar *tr* Entristecer o causar pena [a una pers. o a su ánimo]. *Tb abs.* **b)** *pr* (~**se**) Entristecerse o pasar a sentir pena. *A veces con un compl* DE.

apenas **I** *adv* **1** Casi no. *Tb* ~ SI. ■ **2** Tan solo, o escasamente. *Acompaña a una expresión de cantidad para subrayar su pequeñez relativa. Tb* ~ SI, *delante del v.* * Tenía apenas quince años. * Apenas si quedan quince días. **b)** ~ + *part* = INMEDIATAMENTE DESPUÉS DE + *infin.*
II *conj* **3** Tan pronto como. **b)** ~ + *v* 1º + **cuando** + *v* 2º = INMEDIATAMENTE DESPUÉS QUE + *v* 1º + *v* 2º (apenas había llegado, cuando deseaba volverse = "inmediatamente después que había llegado, deseaba volverse").
III *prep* **4** (*raro*) Inmediatamente después de. *Ante infin.* * Apenas darse cuenta, salieron huyendo.

apencar *intr* (*col*) Apechugar [con alguien o algo].

apéndice *m* **1** Parte que prolonga otra principal y parece sobreañadida a ella. *Tb fig.* ■ **2** Suplemento que se añade al final de un libro u otro escrito para completarlo en algún aspecto. ■ **3** Prolongación delgada y hueca del intestino ciego. *Tb* (*Anat*) ~ CECAL, VERMICULAR *o* VERMIFORME. ■ **4** (*Anat*) *En los animales y en el hombre:* Parte que sobresale de otra principal o es prolongación de ella. ■ **5** ~ **nasal.** (*humoríst*) Nariz. *Tb simplemente* ~.

apendicectomía *f* (*Med*) Extirpación quirúrgica del apéndice [3].

apendicitis *f* Inflamación del apéndice [3].

apendicular *adj* **1** De(l) apéndice, *esp* [3]. ■ **2** Que tiene carácter de apéndice [1].

apenínico -ca *adj* De los montes Apeninos.

apenino -na *adj* (*raro*) Apenínico.

apenumbrar *tr* (*raro*) Poner en penumbra.

apeñuscar *tr* (*reg*) Apiñar o amontonar.

apeñusgar *tr* (*reg*) Apretar.

apeo *m* **1** Acción de apear. ■ **2** Madero u otro elemento similar con que se apea o sujeta algo. ■ **3** Deslinde o demarcación de una propiedad. *Tb el documento en que consta.*

apeonar *intr* Caminar [un ave, esp. la perdiz].

apepinado -da *adj* Alargado en forma de pepino.

aperador *m* (*reg*) **1** Encargado de cuidar y suministrar los aperos de labranza en una finca. ■ **2** Constructor de carros y aparejos para el acarreo en el campo.

apercepción *f* (*Filos*) Percepción atenta o acompañada de conciencia.

apercibimiento *m* Acción de apercibir [2]. *Tb su efecto.*

apercibir **A** *tr* **1** Preparar o disponer. **b)** *pr* (~**se**) Prepararse o disponerse [a algo]. ■ **2** Advertir [a alguien de o contra algo]. *Tb sin el 2º compl.* **b)** (*Der*) Advertir [a alguien] de las consecuencias que se seguirían de determinados actos u omisiones. *A veces con un compl* CON *que expresa esas consecuencias. Tb fig, fuera del ámbito técn.* ■ **3** Percibir o notar.
B *intr pr* (~**se**) **4** Darse cuenta [de algo]. *Tb sin compl, por consabido.*

apergaminamiento *m* Acción de apergaminarse. *Tb su efecto.*

apergaminarse *intr pr* 1 Ponerse [una pers. o una parte de su cuerpo, esp. el rostro] enjutos por la edad o por el envejecimiento prematuro. *Gralm en part.* ■ 2 Acartonarse o perder flexibilidad [algo inmaterial].

aperitivo -va I *adj* 1 Que sirve para abrir el apetito. *Tb n m, referido a sustancia o agente.* ■ 2 (*Med*) Que sirve para combatir obstrucciones de la vía digestiva. *Tb n m, referido a sustancia o agente.* II *m* 3 Bebida que se toma antes de una comida principal, esp. a mediodía, y que gralm. se acompaña con pequeñas porciones de un alimento apetitoso. ■ 4 Alimento que suele tomarse con el aperitivo [3]. ■ 5 Preludio o introducción.

aperlado -da *adj* 1 [Gris] perla. ■ 2 Adornado con perlas.

apernacarse *intr pr* Abrirse de piernas [sobre una caballería o un objeto]. *Tb fig.*

apero *m* 1 Utensilio de labranza. *Gralm en pl. Tb en sg con sent colectivo. Frec* ~(s) DE LABRANZA. b) Utensilio [de un oficio distinto de la labranza]. *Gralm en pl.* ■ 2 (*reg*) Conjunto de animales destinados en una hacienda a las faenas agrícolas.

aperreado -da *adj* (*col*) 1 *part* → APERREAR. ■ 2 [Cosa, esp. vida] dura o penosa.

aperrear *tr* (*col*) Causar [a alguien (*cd*)] grandes penalidades o fatigas. *Gralm en part.*

aperreo *m* (*col*) Acción de aperrear.

aperrillar *tr* Amartillar [un arma].

apersogar *tr* Atar [a un animal] para que no huya.

apersonado -da *adj* (*raro*) 1 bien (*o* mal) ~. [Pers.] de buena (o mala) presencia. ■ 2 [Pers.] de respeto.

apertura A *f* 1 Acción de abrir(se). *Tb su efecto.* b) (*Ajedrez*) Serie de jugadas iniciales de una partida. *Tb fig.* ■ 2 Acción de atenuar la rigidez o la intransigencia en el terreno intelectual, moral y esp. político. ■ 3 Condición de abierto a nuevas ideas o actitudes en el terreno político, intelectual o moral. B *m y f* 4 (*Rugby*) Jugador que, una vez conseguido el balón por los delanteros, organiza el modo de juego.

aperturar *tr* (*Com*) Abrir.

aperturismo *m* Actitud o tendencia favorable a la apertura [2 y 3].

aperturista *adj* 1 De la apertura [2] o de(l) aperturismo. ■ 2 Partidario de la apertura [2]. *Tb n, referido a pers.*

apesadumbradamente *adv* De manera apesadumbrada.

apesadumbrado -da *adj* 1 *part* → APESADUMBRAR. ■ 2 Que denota o implica pesadumbre o pesar. ■ 3 (*lit*) Que denota o implica pesadumbre o peso.

apesadumbrante *adj* Que causa pesadumbre o pesar.

apesadumbrar *tr* Causar pesadumbre o pesar [a alguien (*cd*)]. b) *pr* (~**se**) Pasar a sentir pesadumbre o pesar.

apesarar *tr* (*raro*) Apesadumbrar. *Tb pr* (~**se**).

apesgante *adj* (*raro*) Agobiante.

apesgar *tr* (*raro*) Agobiar.

apestar A *tr* 1 Causar o contagiar la peste [a alguien (*cd*)]. *Gralm en part sustantivado.* ■ 2 Causar muy mal olor [en un lugar (*cd*)]. B *intr* 3 Oler muy mal. *A veces con un compl* A. *Frec fig. Tb impers. A veces en la fórmula ponderativa* HUELE QUE APESTA. ■ 4 Causar hastío.

apestillar *tr* Cerrar [algo] con pestillo. *Tb fig.*

apestor *m* (*reg*) Peste o mal olor.

apestoso -sa *adj* 1 Que apesta o huele muy mal. ■ 2 [Pers. o cosa] fastidiosa o molesta.

apétalo -la *adj* (*Bot*) [Flor] que carece de pétalos. *Tb referido a planta; en este caso, tb n f en pl, designando este taxón botánico.*

apetecedor -ra *adj* Que apetece [2].

apetecer (*conjug* 11) A *intr* 1 Ser [una cosa] deseada [por alguien (*ci*)], o sentir [alguien (*ci*)] deseos [de algo (*suj*)]. *Tb* (*pop*) *pr* (~**se**). *Frec en constrs interrogativas de ofrecimiento cortés.* B *tr* 2 (*lit o* E) Desear. *Tb fig y abs.*

apetecibilidad *f* Cualidad de apetecible.

apetecible *adj* Deseable o digno de ser apetecido.

apetencia *f* (*lit o* E) Deseo. *Tb fig.*

apetente *adj* (*raro*) Que apetece [1 y esp. 2].

apetibilidad *f* (*Filos*) 1 Facultad de apetecer [2]. ■ 2 Cualidad de apetecible.

apetición *f* (*Filos*) Acción de apetecer [2].

apetitivamente *adv* (*Filos y Psicol*) De manera apetitiva.

apetitivo -va *adj* (*Filos y Psicol*) De (los) apetitos [2].

apetito *m* 1 Deseo de comer. ■ 2 Tendencia instintiva a satisfacer las necesidades orgánicas o los deseos. *En pl, a veces con intención desp, ponderando la animalidad.*

apetitosidad *f* Cualidad de apetitoso.

apetitoso -sa *adj* 1 Que excita el apetito [1]. ■ 2 Apetecible o deseable.

ápex *m* (*Astron*) Punto de la esfera celeste hacia el cual se dirige el Sol con los astros que gravitan en torno de él.

apiacá *adj* De una tribu indígena brasileña habitante de la cuenca superior del Tapajós. *Tb n, referido a pers.*

apiadador -ra *adj* Que se apiada.

apiadarse *intr pr* Sentir piedad [de alguien o algo].

apianar *tr* Reducir la intensidad [de un sonido (*cd*)]. b) *pr* (~**se**) Reducirse [un sonido] en intensidad.

apiaramiento *m* Acción de reunir en piara.

apiario *m* Colmenar.

apical *adj* 1 (*CNat*) De(l) extremo o punta, o situado en ellos. ■ 2 (*Fon*) [Consonante] que se articula con el ápice de la lengua.

apicarado -da *adj* 1 *part* → APICARAR. ■ 2 [Pers.] que tiene caracteres o conducta propios de pícaro. *Tb n.* ■ 3 [Cosa] propia de pícaro. ■ 4 [Cosa] que tiene rasgos pícaros (maliciosos o picantes).

apicaramiento *m* Acción de apicarar(se). *Tb su efecto.*

apicarar *tr* Dar carácter o aspecto pícaro [a alguien o algo (*cd*)]. **b)** *pr* (**~se**) Tomar carácter o aspecto pícaro.

ápice *m* **1** Punto culminante. ■ **2** (*E*) Extremo o punta, gralm. superior. ■ **3 un ~.** Una porción mínima o una cosa mínima. *Tb adv. Frec en constr neg.*

apico- *r pref* (*Fon*) Del ápice de la lengua. * Articulación apicointerdental.

apícola *adj* De (la) apicultura.

apiconado -da *adj* (*Constr*) Labrado con el pico.

apicultor -ra *m y f* Pers. que se dedica a la apicultura.

apicultura *f* Cría de abejas para el aprovechamiento de sus productos.

ápido *adj* (*Zool*) [Insecto] de la familia a que pertenece la abeja. *Frec n m en pl, designando este taxón zoológico.*

apiensar *tr* (*reg*) Echar el pienso [a los animales (*cd*)].

apilable *adj* Que puede apilarse.

apilado *m* Acción de apilar.

apilador -ra *adj* Que apila. *Tb n m y f, referido a pers y a máquina o aparato.*

apilamiento *m* Acción de apilar. *Tb su efecto.*

apilar A *tr* **1** Formar una pila o montón ordenado [de cosas (*cd*)].
   B *intr pr* (**~se**) **2** Estar [cosas] formando una pila o montón ordenado.

apimplarse *intr pr* (*col*) Emborracharse.

apiñado -da *adj* **1** *part* → APIÑAR. ■ **2** Que contiene un grupo apretado de perss. o cosas.

apiñadura *f* (*raro*) Apiñamiento.

apiñamiento *m* Acción de apiñar(se). *Tb su efecto.*

apiñar *tr* Reunir [perss. o cosas] formando grupo apretado. *Referido a pers, tb en sent moral.* **b)** *pr* (**~se**) Reunirse formando grupo apretado.

apio *m* **1** Planta herbácea bianual, aromática, de tallo hueco y flores blanquecinas, que se cultiva por sus hojas (*Apium graveolens*). *A veces con compl especificador, para distinguir variedades.* **b)** *Con un adj o compl especificador, designa diversas plantas de otros géns:* ~ CABALLAR (*Smyrnium olusatrum*), ~ DE PERRO (*Aetusa cynapium*), *etc.* ■ **2** (*col*) Homosexual masculino.

apiol *m* (*Quím*) Esencia obtenida del perejil, usada en las alteraciones menstruales.

apiolar *tr* **1** (*col*) Matar. ■ **2** (*col*) Apresar. ■ **3** Colgar [al animal al que se ha matado cazándolo].

apiparse *intr pr* (*reg*) Atracarse o hartarse [de comida o de bebida].

apiporrarse *intr pr* (*reg*) Atracarse o hartarse [de comida o de bebida].

apiramidado -da *adj* De forma de pirámide.

apisonador -ra I *adj* **1** Que apisona.
   II *f* **2** Vehículo automóvil que sirve para apisonar y en que las ruedas están sustituidas por cilindros de acero. *Tb fig.* ■ **3** Rodillo apisonador [1].

apisonamiento *m* Acción de apisonar.

apisonar *tr* Comprimir o apretar [algo, esp. un firme o sus materiales] para dar[les] resistencia y dureza. *Tb abs.*

apitoxina *f* (*Quím*) Veneno de las abejas.

apizarrado -da *adj* **1** [Color] gris oscuro azulado, como el de la pizarra. ■ **2** Pizarroso.

aplacador -ra *adj* Que aplaca.

aplacamiento *m* Acción de aplacar(se).

aplacar *tr* **1** Apaciguar [a alguien o algo alterado o irritado]. **b)** *pr* (**~se**) Apaciguarse [alguien o algo alterado o irritado]. ■ **2** Hacer que [algo (*cd*)] pierda intensidad o violencia. **b)** *pr* (**~se**) Perder [algo] intensidad o violencia.

aplacentario -ria *adj* (*Zool*) [Mamífero] cuyo embrión se desarrolla sin placenta. *Tb n m en pl, designando este taxón zoológico.*

aplacerado -da *adj* (*Mar*) [Litoral o fondo] plano y de poca profundidad.

aplaciente *adj* (*lit, raro*) Grato o agradable.

aplanado¹ -da *adj* **1** *part* → APLANAR. ■ **2** De forma plana o que tiende a plana.

aplanado² *m* Acción de aplanar [1a].

aplanador -ra I *adj* **1** Que aplana [1 y 2]. *Tb n, referido a pers.*
   II *f* **2** (*raro*) Apisonadora. *Tb fig.*

aplanamiento *m* **1** Acción de aplanar(se) [1 y 2]. ■ **2** Condición de aplanado (→ APLANAR [2]).

aplanante *adj* Que aplana [2].

aplanar *tr* **1** Dar forma plana [a algo (*cd*)]. **b)** *pr* (**~se**) Tomar forma plana. ■ **2** Dejar [a alguien (*cd*)] decaído o sin fuerzas. *Frec en sent moral. Frec en part.* ■ **3** (*raro*) Aplastar. *Tb fig.*

aplantillar *tr* Labrar o dibujar [algo] mediante plantilla.

aplasia *f* (*Med*) Falta o desarrollo incompleto de un órgano o tejido.

aplásico -ca *adj* (*Med*) De (la) aplasia o que la implica.

aplastado -da *adj* **1** *part* → APLASTAR. ■ **2** [Cosa] que tiene poca altura o grosor, o menos de lo normal.

aplastador -ra *adj* Que aplasta.

aplastamiento *m* **1** Acción de aplastar. *Tb su efecto.* ■ **2** Parte o zona de forma aplastada.

aplastante *adj* Que aplasta, *esp* [4]. *Frec con intención ponderativa.*

aplastantemente *adv* De manera aplastante.

aplastar *tr* **1** Reducir la altura o el grosor [de una cosa (*cd*)] golpeando o haciendo presión sobre ella. *Tb abs. Tb fig.* **b)** *pr* (**~se**) Reducirse la altura o el grosor [de algo (*suj*)]. ■ **2** Destrozar, deformar o causar grave daño [a alguien o algo (*cd*)] sometiéndo[lo] a un golpe o a una presión fuertes o violentos. *Tb fig.* **b)** *pr* (**~se**) Destrozarse, deformarse o sufrir grave daño [alguien o algo] por efecto de un golpe o una presión violentos. ■ **3** Someter [algo o a alguien] a una presión física fuerte y violenta. **b)** *pr* (**~se**) Ejercer presión física [una pers. o cosa (*suj*)] sobre otra (*compl* CONTRA). ■ **4** Vencer o superar [a alguien o algo] de manera abrumadora o contundente.

aplatanado -da *adj* **1** *part* → APLATANAR. ■ **2** (*reg*) Lento o cansado.

aplatanamiento *m* Acción de aplatanar(se). *Frec su efecto.*

aplatanar *tr* Hacer [a alguien] indolente, o quitar[le (*cd*)] las ganas o las fuerzas para cualquier actividad. **b)** *pr* (~**se**) Hacerse indolente, o perder las ganas o las fuerzas para cualquier actividad.

aplaudible *adj* Digno de aplauso.

aplaudidor -ra *adj* Que aplaude. *Tb n, referido a pers.*

aplaudir *tr* **1** Dar palmadas repetidas para manifestar aprobación, admiración o adhesión [a alguien o algo (*cd*)]. *Frec abs.* ■ **2** Manifestar aprobación [a alguien o algo (*cd*)] con palabras o actitudes.

aplauso *m* **1** Acción de aplaudir [1]. *Frec en pl.* ■ **2** Aprobación o alabanza.

aplazable *adj* Que puede aplazarse.

aplazado -da *adj* **1** *part* → APLAZAR. ■ **2** [Pago] a plazos.

aplazamiento *m* Acción de aplazar.

aplazar *tr* Dejar [algo] para más tarde o para más adelante.

aplebeyado -da *adj* **1** *part* → APLEBEYAR. ■ **2** Que tira a plebeyo.

aplebeyamiento *m* Acción de aplebeyar(se). *Tb su efecto.*

aplebeyar *tr* Dar carácter plebeyo [a alguien o algo]. **b)** *pr* (~**se**) Adquirir carácter plebeyo.

aplicabilidad *f* Cualidad de aplicable.

aplicable *adj* Que puede aplicarse.

aplicación *f* **1** Acción de aplicar(se). ■ **2** Posibilidad de ser aplicado (→ APLICAR). ■ **3** Adorno sobrepuesto a un objeto, hecho de material distinto al de este. ■ **4** (*Informát*) Programa o conjunto de programas destinados a una misma actividad.

aplicadamente *adv* De manera aplicada[1] [2b].

aplicado[1] -da *adj* **1** *part* → APLICAR. ■ **2** Que se aplica [4], esp. en el estudio. **b)** Propio de la pers. aplicada. ■ **3** [Ciencia o arte] puestos al servicio de la utilidad práctica. ■ **4** (*Bot*) [Órgano foliar o pelo] unido por su base al eje en que se inserta, pero sin soldarse con él.

aplicado[2] *m* (*Lab*) **1** Acción de aplicar [1]. ■ **2** Pieza que se aplica [1].

aplicador -ra *adj* Que aplica. *Tb n: m y f, referido a pers; m, referido a dispositivo o aparato.*

aplicar A *tr* **1** Poner [una cosa] adherida [a otra], normalmente para que ejerza su acción sobre ella. ■ **2** Hacer que [algo (*cd*)] recaiga [sobre alguien o algo (*ci*)]. *A veces el 2º compl se omite, por consabido.* ■ **3** Emplear [una cosa (*cd*)] para algo (*compl* A, *a veces* EN, PARA *o* POR)]. *Frec el 2º compl se omite, por consabido.* ■ **4** (*reg*) Aprovechar [algo] por mínimo o insignificante que sea. **B** *intr pr* (~**se**) **5** Esforzarse con interés [en un trabajo o actividad (*compl* A *o* EN)]. *Frec sin compl, esp refiriéndose al estudio.*

aplicativo -va *adj* De (la) aplicación [1].

aplicoso -sa *adj* (*reg*) [Pers.] que aplica [4]. *Tb n.*

aplique *m* **1** Aparato de luz fijado en la pared. ■ **2** Adorno que se fija, esp. en una prenda.

aplisia *f* Molusco gasterópodo marino de cuerpo alargado, con cuatro tentáculos en la cabeza y concha oculta por el manto (gén. *Aplysia*).

aplomado -da *adj* **1** *part* → APLOMAR. ■ **2** [Pers.] que tiene aplomo [1]. ■ **3** [Cosa] rigurosamente vertical. **b)** [Pers.] que se mantiene firmemente vertical. ■ **4** (*Taur*) [Toro] que, por llegar cansado al último tercio, se para y solo acomete sobre corto.

aplomar A *tr* **1** Poner en posición vertical. ■ **2** Hacer que [una pared (*cd*)] esté perfectamente vertical, comprobándolo con la plomada. **B** *intr* ➤ **a** *normal* **3** Dejar sentir [algo] su mucho peso. *Tb fig.* ➤ **b** *pr* (~**se**) **4** Cobrar aplomo [1]. ■ **5** Cobrar peso o pesadez. ■ **6** (*Taur*) Ponerse aplomado [4].

aplomo *m* **1** Seguridad en sí mismo o dominio de sí mismo. ■ **2** Verticalidad. ■ **3** Línea vertical que determina la dirección que deben tener los miembros de un caballo u otro animal para que esté bien constituido.

aplustre *m* (*hist*) En las naves griegas y romanas: Adorno en forma de ala de ave colocado en la popa.

apnea *m* (*E*) Suspensión transitoria de la respiración.

apoastro *m* (*Astron*) Punto de la órbita de un astro secundario en que este se halla a la mayor distancia de aquel en torno del cual gravita.

apocadamente *adv* De manera apocada.

apocado -da *adj* **1** *part* → APOCAR. ■ **2** [Pers.] poco atrevida o que se muestra cohibida. **b)** Propio de la pers. apocada.

apocalipsis *m o f* **1** Fin del mundo. *Tb fig.* **b)** Cataclismo o catástrofe que evoca la idea del fin del mundo. *Frec con intención ponderativa.* ■ **2** (*lit*) Revelación profética. **b)** Revelación. ■ **3** (*Rel*) En *la literatura bíblica:* Texto o pasaje de género apocalíptico [1b].

apocalípticamente *adv* De manera apocalíptica.

apocalipticismo *m* Creencia en un inminente fin del mundo.

apocalíptico -ca I *adj* **1** Del *Apocalipsis* de San Juan (libro del Nuevo Testamento). **b)** (*Rel*) En la *literatura bíblica:* [Género] que por medio de una expresión simbólica y en forma de visión revela lo que acontecerá al final de los tiempos. **c)** (*Rel*) En *la literatura bíblica:* [Texto o pasaje] de género apocalíptico. ■ **2** De(l) apocalipsis [1]. ■ **3** Que profetiza catástrofes. *Tb n, referido a pers.* ■ **4** Tremendo o terrible.
II *f* **5** (*Rel*) En *la literatura bíblica:* Género apocalíptico [1b].

apocamiento *m* Condición de apocado.

apocar A *tr* **1** Aminorar o disminuir.
B *intr pr* (~**se**) **2** Amilanarse o acobardarse.

apocatástasis *f* (*Rel crist*) Doctrina que supone la regeneración del mundo después de su destrucción final.

apocilgarse *intr pr* (*reg*) Apoltronarse.

apocinácea *adj* (*Bot*) [Planta] dicotiledónea propia de países cálidos, de hojas enteras y coriáceas, flores hermafroditas y fruto gralm. seco, de la familia de la adelfa. *Frec como n f en pl, designando este taxón botánico.*

apocopar *tr* (*Ling*) Reducir [una palabra] por apócope. *Tb abs.* **b)** *pr* (~**se**) Sufrir apócope [una palabra].

apócope *f* (*semiculto, m*) (*Ling*) Supresión de uno o varios sonidos al final de una palabra. *Tb la palabra así abreviada.*

apócrifo -fa *adj* **1** [Cosa] falsificada o no auténtica. *Referido esp a escritos.* **b)** [Pers.] falsa o fingida. ■ **2** (*Rel*) [Texto] no reconocido como canónico. *Frec n m.*

apocrino -na *adj* (*Fisiol*) [Glándula] cuyas células epiteliales pierden parte del protoplasma celular con la secreción. *Tb referido a la misma secreción.*

apodar *tr* Dar [a alguien (*cd*)] como apodo [un nombre (*predicat*)]. *A veces con un compl de modo en lugar del predicat, esp en ors interrogs. Alguna vez referido a cosa.* **b)** *pr* (~**se**) Recibir como apodo [un nombre (*predicat*)].

apoderado -da *adj* **1** *part* → APODERAR. ■ **2** [Pers.] que tiene poderes de otra(s) para representarla(s) y actuar en su nombre. *Gralm n.*

apoderamiento *m* **1** Acción de apoderar(se). ■ **2** (*Der*) Documento por el que alguien otorga poderes a otro para que lo represente.

apoderar **A** *tr* **1** Dar [una o varias perss. a otra (*cd*)] poderes para que [las] represente y actúe legalmente en su nombre. *Tb abs.* ■ **2** Ser apoderado [2] [de un torero (*cd*)].

B *intr pr* (~**se**) **3** Coger para sí [algo (*compl* DE)], esp. sin derecho o por la fuerza. *Tb fig.* ■ **4** Capturar o apresar [a alguien (*compl* DE)]. ■ **5** Pasar a dominar [a alguien o algo (*compl* DE *o, col, ci*)]. *Tb fig.* ■ **6** (*Quím*) Combinarse [un elemento en libertad (*suj*)] con otro (*compl* DE) que forma parte de un compuesto].

apodícticamente *adv* (*Filos o lit*) De manera apodíctica.

apodíctico -ca *adj* (*Filos o lit*) Evidente por sí mismo y que no necesita demostración.

apodo *m* Nombre, frec. de origen calificador o humorístico, que coloquialmente se da a una pers. en lugar del suyo propio o a veces añadido a él. *Alguna vez referido a cosa.*

ápodo -da *adj* (*Zool*) Carente de pies o extremidades. *Tb n.*

apódosis *f* **1** (*Gram*) *En una constr condicional:* Parte principal, que expresa la consecuencia o conclusión de la hipótesis. **b)** (*Filos*) Proposición que expresa la consecuencia o conclusión de la condición. ■ **2** (*Fon*) Rama distensiva de la entonación.

apófisis *f* (*Anat*) **1** Protuberancia natural en un hueso. ■ **2** Protuberancia en las escamas de los estróbilos de los pinos.

apofonía *f* (*Fon*) Alteración de vocales en palabras de la misma raíz.

apogeo *m* **1** Desarrollo máximo [de algo]. **b)** Momento culminante [de alguien o algo]. ■ **2** (*Astron*) Punto de la órbita de la Luna o de un satélite artificial en que estos se hallan más lejos de la Tierra.

apógrafo *adj* (*Bibl*) [Manuscrito] copiado del original del autor. *Frec n m. Tb designa cualquier copia de un original.*

apolillado -da *adj* **1** *part* → APOLILLAR. ■ **2** (*desp*) Rancio o muy antiguo.

apolillar **A** *intr pr* (~**se**) **1** Ser agujereado [un tejido o una prenda] por la polilla. ■ **2** Estropearse [una cosa] por la prolongada falta de uso. **b)** Envejecer [una cosa] sin ser usada.

B *tr* **3** (*raro*) Hacer que algo se apolille [1 y 2]. *Tb fig.*

apolinarismo *m* (*Rel crist*) Doctrina de Apolinar (s. IV), según la cual Jesucristo no tuvo un cuerpo de carne como el de los humanos ni un alma semejante a la de los humanos.

apolíneo -a *adj* **1** Del dios Apolo. ■ **2** [Varón] de extraordinaria belleza. **b)** Propio del varón apolíneo. ■ **3** (*lit*) Caracterizado por el orden, la medida y la serenidad. *Se opone a* DIONISÍACO.

apoliticidad *f* Condición de apolítico.

apoliticismo *m* Condición de apolítico.

apolítico -ca *adj* **1** Ajeno a la política. ■ **2** [Pers.] que no tiene ningún interés por la política. *Tb n.* **b)** Propio de la pers. apolítica.

apolitización *f* Acción de apolitizar.

apolitizar *tr* Dar carácter apolítico [a alguien o algo (*cd*)].

apolo *m* Hombre apolíneo [2].

apologal *adj* (*TLit, raro*) De apólogo [2].

apologeta *m y f* Defensor [de un credo religioso]. **b)** (*hist*) *En los primeros siglos del cristianismo:* Autor de apologías de la fe cristiana contra los paganos.

apologéticamente *adv* De manera apologética.

apologético -ca **I** *adj* **1** De (la) apología. ■ **2** De (la) apologética [3].

II *f* **3** Ciencia cuyo objeto es la justificación y defensa de los fundamentos de la fe o, en general, todo lo referente a la religión.

apología *f* **1** Defensa, justificación o exaltación, por medio de la palabra, [de alguien o de algo]. ■ **2** Texto apologético [2].

apologista *adj* Que hace apología [de algo o de alguien]. *Gralm n, referido a pers.*

apólogo -ga (*TLit*) **I** *adj* **1** Que tiene carácter de apólogo [2].

II *m* **2** Relato tradicional breve del que se desprende una enseñanza moral.

apoltronamiento *m* Acción de apoltronarse.

apoltronar **A** *tr* **1** Hacer que [alguien (*cd*)] se apoltrone [2 y esp. 3]. *Tb abs.*

B *intr pr* (~**se**) **2** Arrellanarse [en un asiento mullido]. ■ **3** Hacerse perezoso u holgazán.

apomazar *tr* Alisar con piedra pómez. *Tb abs.*

apomorfina *f* (*Quím*) Alcaloide de la morfina, que se usa para provocar el vómito.

aponer (*conjug* 21) *tr* (*Gram*) Poner en aposición. *Normalmente usado en part.*

aponeurosis *f* (*Anat*) Membrana fibrosa, blanca y resistente que envuelve los músculos o que los une con las partes que ellos mueven.

aponeurótico -ca *adj* (*Anat*) De (la) aponeurosis.

apoplejía *f* Abolición de las funciones cerebrales producida por embolia o por hemorragia cerebral.

apoplético -ca *adj* **1** De (la) apoplejía. ■ **2** Que padece apoplejía. *Tb n.* ■ **3** [Pers.] de rostro congestionado, que denota predisposición a la apoplejía. **b)** [Rostro] congestionado. ■ **4** (*Psicol*) De tipo pícnico. *Dicho de hábito o constitución corporal o de individuo; en este último caso, tb n.*

apoquinar *tr* (*col*) Pagar [cierta cantidad de dinero].

aporcado *m* (*Agric*) Acción de aporcar.

aporcador -ra *adj* (*Agric*) Que aporca. *Tb n: m y f, referido a pers; m, referido a arado*.

aporcadura *f* (*Agric*) Acción de aporcar. *Tb su efecto*.

aporcar *tr* (*Agric*) Amontonar tierra en torno al tallo o al tronco [de una planta (*cd*)]. *Tb fig*.

aporcelanado -da *adj* De aspecto de porcelana.

aporético -ca (*Filos*) **I** *adj* **1** De (la) aporía. **II** *f* **2** Estudio de las aporías.

aporía *f* (*Filos*) Dificultad de orden racional que al parecer no tiene solución.

aporque *m* (*reg*) Aporcadura.

aporreamiento *m* Aporreo.

aporrear **A** *tr* **1** Golpear repetidamente con una porra o un palo. **b)** Golpear repetidamente. ■ **2** (*desp*) Tocar [el piano] con poco arte. **B** *intr* **3** Dar golpes [en algo].

aporreo *m* Acción de aporrear.

aportable *adj* Que puede aportarse (→ APORTAR[1]).

aportación *f* **1** Acción de aportar[1]. ■ **2** Cosa aportada (→ APORTAR[1]). **b)** (*Com*) Bienes con que se contribuye a la creación o aumento de los medios de una sociedad, y que dan derecho a una participación en su capital o en sus beneficios.

aportador -ra *adj* Que aporta[1].

aportar[1] *tr* **1** Poner [alguien algo] de su parte [en una empresa o sociedad, frec. el matrimonio (*compl* A)]. *Tb sin el 2º compl, por consabido*. **b)** Poner [algo en un conjunto que se posee en común (*compl* A)]. *Tb sin el 2º compl, por consabido*. ■ **2** Dar o proporcionar [algo a una pers. o cosa]. *Tb sin el 2º compl, por consabido*. **b)** Dar o proporcionar [algo nuevo a lo que ya se conoce o se posee personal o colectivamente]. *Tb sin el 2º compl, por consabido*. **c)** Presentar [pruebas, razones o testimonios sobre algo que se juzga o discute]. ■ **3** Llevar [algo a un lugar]. *A veces sin el 2º compl, por consabido*.

aportar[2] *intr* **1** Tomar puerto [en un lugar]. ■ **2** Hacer acto de presencia [en un lugar (*compl* POR)].

aportativo -va *adj* De (la) aportación.

aporte *m* Aportación [1 y 2a].

aportillar *tr* Abrir entradas o portillos [en un muro o muralla (*cd*)].

aposar *tr* (*raro*) Posar. *Tb pr* (**~se**). *Tb fig*.

aposentador *m* (*hist*) **1** Oficial palatino cuya misión es, en los viajes de las personas reales, preparar los alojamientos de estas. ■ **2** ~ (**mayor**) **de Palacio**. Oficial palatino cuya misión es la distribución de las habitaciones reales y de las personas que residen en Palacio.

aposentamiento *m* Acción de aposentar(se).

aposentar **A** *tr* **1** Albergar o alojar. *Tb fig*. **B** *intr pr* (**~se**) **2** Fijar [alguien] su alojamiento [en un lugar]. **b)** Establecerse [en un lugar]. ■ **3** Tener [alguien] su alojamiento [en un lugar]. **b)** Estar establecido [en un lugar].

aposento **I** *m* **1** (*lit*) Habitación o pieza de una casa. **b)** Habitación [de una pers.]. *A veces en pl con sent sg*. ■ **2** (*lit*) Lugar en que alguien se aposenta [2]. ■ **3** (*hist*) *En los teatros antiguos*: Balcón que da al patio, utilizado a modo de palco para presenciar la representación. **II** *loc adj* **4** [Regalía] **de ~** → REGALÍA.

aposición *f* (*Gram*) **1** Construcción gramatical en que un nombre lleva a continuación, como complemento, otro sustantivo, sin preposición o a veces con *de*, que se refiere a la misma realidad designada por el primero. ■ **2** Nombre que está en aposición [1] con otro, del que es complemento.

aposiopesis *f* (*TLit*) Interrupción brusca de un enunciado como manifestación de una emoción o una vacilación o con la intención de dar algo por sobrentendido.

apósito *m* (*Med*) Material curativo que se aplica sobre una lesión.

aposta (*tb, raro, con la grafía* **a posta**) *adv* A propósito o intencionadamente.

apostadero *m* **1** Lugar adecuado para apostarse[2]. ■ **2** Fondeadero en que se reúnen varios buques de guerra al mando de un jefe. ■ **3** Departamento marítimo bajo el mando de un comandante general.

apostador -ra *adj* Apostante. *Frec n*.

apostante *adj* Que apuesta[1]. *Frec n*.

apostar[1] (*conjug* 4) **A** *tr* **1** Pactar, en una discusión o competencia, [dos o más perss. (*suj*), o una(s) (*suj*) con otra(s) (*compl* CON o *ci*)] que el perdedor dará al ganador [cierta cantidad u otra cosa convenida (*cd*)]. *Tb abs. Frec con un compl de interés. El objeto de la apuesta se expresa mediante una prop introducida por* A QUE. *A veces el modo de determinar el vencedor se expresa con un compl* A, *frec* A CARA O CRUZ *o* A PARES O NONES. *Frec con intención enfática en fórmulas como* APUESTO LO QUE QUIERAS, APUESTO DOBLE CONTRA SENCILLO. * Te apuesto una botella. * Te apuesto lo que quieras a que lo caza. * Apuesto a que entre todos no tenemos bastante. **b)** *A veces el cd expresa el hecho sobre el que se hace la apuesta*. * Seguro que el Moisés da la vuelta antes; a que no te lo apuestas. **c)** *En una competición ajena, el competidor favorito se expresa con un compl* POR *o, a veces,* A. * ¿Por qué caballo has apostado? **d)** **¿qué te apuestas?** *Fórmula que se usa para asegurar enfáticamente un hecho. Gralm antepuesta o pospuesta a una prop introducida por* A QUE. **B** *intr* **2** Mostrar con palabras o con hechos plena esperanza o confianza [en algo o alguien (*compl* POR)]. ■ **3** Optar o decidirse [por algo].

apostar[2] *tr* Situar [a alguien en un lugar], acechando o esperando. *Frec el cd es refl*. **b)** *pr* (**~se**) Situarse [algo en un lugar] acechando o esperando.

apostasía *f* **1** Acción de apostatar. ■ **2** (*Rel catól*) Hecho de salir un religioso ilegítimamente de un convento, con la intención de no volver.

apóstata *m y f* **1** Pers. que abandona públicamente su religión. *Normalmente con matiz desp*. ■ **2** (*Rel catól*) Religioso que abandona ilegítimamente el convento, con intención de no volver.

apostatar *intr* Abandonar [una pers.] públicamente [su religión (*compl* DE)]. *Frec se omite el compl, por consabido. Normalmente con matiz desp*.

apostema *f* (*raro*) Postema (absceso).

a posteriori (*lat; pronunc,* /a-posterióri/) *loc adv* **1** (*Filos*) Procediendo del efecto a la causa o de las propiedades a la esencia. *Tb adj*. ■ **2** Después de conocido el hecho de que se trata, o en un momento posterior a aquel que se toma como referencia.

apostilla *f* **1** Explicación o acotación que se añade a un texto. ▪ **2** Observación o comentario breve, esp. a un escrito o palabras ajenos.

apostillador -ra *adj* Que apostilla.

apostillar *tr* Hacer apostillas [a algo (*cd*)].

apóstol *m* **1** Discípulo, de los doce principales que tuvo Jesucristo. *Tb se da este título a San Pablo y a San Bernabé. Referido a San Pablo, frec* EL ~, EL ~ DE LOS GENTILES *o* EL ~ DE LAS GENTES. ▪ **2** Hombre que propaga la doctrina cristiana en tierra de infieles. ▪ **3** Hombre que se dedica a la propagación de un ideal o de una doctrina.

apostolado *m* **1** Propagación de la doctrina cristiana. ▪ **2** Propaganda de un ideal o de una doctrina. ▪ **3** (*Arte*) Representación plástica de los doce apóstoles [1].

apostólicamente *adv* De manera apostólica.

apostolicidad *f* Cualidad de apostólico.

apostólico -ca *adj* **1** De (los) apóstoles o de(l) apóstol [1]. **b)** Del tiempo de los apóstoles. **c)** Que data de los apóstoles. ▪ **2** Del Papa. ▪ **3** De(l) apostolado [1 y 2]. ▪ **4** (*hist*) En el reinado de *Fernando VII*: [Partido] ultraconservador. **b)** Del partido apostólico. *Tb n, referido a pers.* ▪ **5** [Cancillería] **apostólica**, [constitución] **apostólica**, [nuncio] ~, [padre] ~, [protonotario] ~, [sede] **apostólica**, [vicario] ~ → CANCILLERÍA, CONSTITUCIÓN, *etc.*

apostrofar *tr* (*lit*) Dirigir [a alguien (*cd*)] un reproche o un insulto.

apóstrofe *m o f* **1** (*TLit*) Invocación apasionada a una pers. o cosa presente o ausente. ▪ **2** (*lit*) Reproche vehemente o insulto.

apóstrofo *m* Signo ortográfico, en forma de una coma elevada, que indica supresión de uno o más sonidos. **b)** *A veces se usa, sin valor ortográfico, con carácter de signo al que se atribuye determinado significado.* * *En métrica, la letra seguida de un apóstrofo representa un verso agudo.*

apostura *f* Buena presencia [de una pers., esp. de un hombre]. *Tb fig, referido a cosa.*

apotecio *m* (*Bot*) En los hongos: Fosa hemisférica de las que se encuentran en la superficie del talo, donde están las ascas.

apotegma *m* (*lit*) Máxima (frase breve que encierra un pensamiento doctrinal o moral).

apotema *f* (*Geom*) **1** Perpendicular trazada desde el centro de un polígono regular a uno cualquiera de sus lados. ▪ **2** Altura de las caras triangulares de una pirámide regular.

apoteósicamente *adv* De manera apoteósica.

apoteósico -ca *adj* Grandioso, gralm. de manera espectacular.

apoteosis *f* (*en aceps 1 y 2, tb, semiculto, m*) **1** Exaltación, o momento culminante [de alguien o algo]. ▪ **2** *En una revista musical u otro espectáculo semejante*: Escena final, de gran brillo y colorido, en la que aparecen simultáneamente todos los artistas. ▪ **3** (*Escén*) Escena final en que el héroe muere y entra en la eternidad. ▪ **4** (*hist*) Ceremonia solemne de divinización de un héroe o de un emperador romano.

apoteótico -ca *adj* (*raro*) Apoteósico.

apotropaico -ca *adj* (*lit, raro*) Que sirve para alejar las influencias malignas.

apoyabrazos *m* Reposabrazos.

apoyacabezas *m* Reposacabezas.

apoyadura *f* (*raro*) Apoyatura.

apoyar **A** *tr* **1** Poner [una cosa sobre otra (*compl* EN *o* SOBRE)] de modo que esta la sostenga o que recaiga en ella el peso o la presión. ▪ **2** Ayudar [a una pers. o cosa] colaborando con ella o manifestando conformidad o acuerdo. ▪ **3** Basar [una cosa en otra (*compl* EN *o* SOBRE)]. **b)** *pr* (~**se**) Basarse.

B *intr* ➤ **a** *normal* **4** Estar puesta [una cosa sobre otra (*compl* EN *o* SOBRE)] de modo que esta la sostenga o que recaiga en ella el peso o la presión. *Tb pr* (~**se**).

➤ **b** *pr* (~**se**) **5** Sostenerse [una pers. o cosa sobre otra (*compl* EN *o* SOBRE)]. **b)** Dejar [una pers. o cosa] caer su propio peso [sobre otra (*compl* EN *o* SOBRE)]. ▪ **6** Usar de la ayuda [de alguien o algo (*compl* EN)].

apoyatura *f* **1** Apoyo, *esp* [2]. ▪ **2** (*Mús*) Grupo de notas de adorno con que se da relieve a otra.

apoyo *m* **1** Acción de apoyar(se). *Frec en la constr* EN ~ [de alguien]. ▪ **2** Pers. o cosa sobre la que alguien o algo se apoya.

apparat (*ruso; pronunc corriente,* /aparát/) *m* Aparato [de un gobierno o de un partido]. *Normalmente referido al Partido Comunista.*

apparatchik (*ruso; pronunc corriente,* /aparátĉik/; *pl invar*) *m* **1** Miembro del apparat. ▪ **2** (*desp*) Alto cargo que sigue ciegamente las consignas de sus superiores o de su organización.

appeal (*ing; pronunc corriente,* /apíl/) *m* Atractivo.

approach (*ing; pronunc corriente,* /apróĉ/) *m* (*Golf*) Golpe de aproximación.

apré (*tb con la grafía* **a pre**) *adv* (*col*) Sin nada de dinero.

apreciable *adj* **1** Que se puede apreciar [1]. **b)** Que puede quedar registrado por los medios normales. *Referido a cantidad o volumen de determinados fenómenos.* ▪ **2** Digno de ser tomado en cuenta o consideración. ▪ **3** [Pers.] digna de aprecio o estimación.

apreciablemente *adv* De manera apreciable [1 y 2].

apreciación *f* Acción de apreciar(se) [1, 2, 3 y 5].

apreciador -ra *adj* (*raro*) **1** Que aprecia. *Tb n, referido a pers.* ▪ **2** Relativo a la acción de apreciar(se).

apreciar (*conjug* 1a) **A** *tr* **1** Captar o percibir. **b)** Registrar [un aparato (*suj*) una magnitud]. **c)** Ver [algo, esp. no perceptible a primera vista]. ▪ **2** Tomar en consideración. **b)** Reconocer y declarar [una condición o cualidad]. ▪ **3** Comprender o reconocer la calidad o la valía [de alguien o algo (*cd*)]. ▪ **4** Sentir afecto [por alguien (*cd*)].

B *intr pr* (~**se**) **5** (*Econ*) Subir en su cotización [algo, esp. una moneda o un metal].

apreciativamente *adv* En el aspecto apreciativo.

apreciativo -va *adj* **1** De (la) apreciación. ▪ **2** (*Gram*) Que contiene connotaciones subjetivas.

aprecio *m* Acción de apreciar. *Tb su efecto.*

aprehender *tr* **1** (*lit*) Captar intelectual o sensorialmente. **b)** Captar o sorprender [una imagen]. ▪ **2** (*admin*) Capturar o apresar [a alguien]. **b)** Capturar o apoderarse [de algo, esp. contrabando]. ▪ **3** (*lit, raro*) Coger [algo] o adueñarse [de ello (*cd*)].

aprehensible *adj* (*lit*) Que puede ser aprehendido [1].

aprehensión *f* (*lit o admin*) Acción de aprehender.

aprehensivo -va *adj* (*lit*) De la aprehensión (acción de aprehender [1]).

aprehensor -ra *adj* **1** (*admin*) Que aprehende [2]. *Tb n, referido a pers.* ■ **2** (*lit o admin*) De (la) aprehensión.

apremiante *adj* Que apremia.

apremiantemente *adv* De manera apremiante.

apremiar (*conjug* **1a**) *tr* **1** Pedir con insistencia [a alguien (*cd*) que haga algo (*prop con* PARA QUE + *subj*)]. *Frec se omite la prop, por consabida.* ■ **2** Meter prisa [a alguien (*cd*) para que haga algo (*prop con* PARA QUE + *subj*)]. *Frec la prop se omite, por consabida. Tb abs.* ■ **3** Forzar [a alguien a hacer algo]. *Frec se omite el 2º compl, por consabido.*

apremio *m* **1** Acción de apremiar. *Tb su efecto.* **b)** Prisa. ■ **2** (*admin*) Mandamiento de una autoridad por el cual se exige a alguien que cumpla una obligación, esp. un pago. *Frec en la constr* POR LA VÍA DE ~. ■ **3** Escasez [de algo, esp. tiempo, espacio o dinero].

aprender *tr* **1** Adquirir el conocimiento [de algo (*cd*)]. *Tb abs.* ■ **2** Retener [algo] en la memoria. *Frec con ci de interés.*

aprendible *adj* Que puede aprenderse.

aprendiz -za *m y f* Pers. que trabaja en el primer grado de un oficio. **b)** Pers. que trata de aprender algo, esp. una actividad, practicándolo. *Frec con un compl especificador.*

aprendizaje *m* Acción de aprender [1]. *Tb el tiempo que dura. Tb su efecto.*

aprensión *f* **1** Recelo o temor instintivo, frec. a un mal indefinido. *A veces se usa como euf por* MIEDO. **b)** Rechazo instintivo al contacto con otra pers., o con algo usado por ella, por temor a algún contagio o por simple repugnancia. ■ **2** Idea infundada o basada en la aprensión [1]. *Frec en pl.* ■ **3** Reparo o vergüenza.

aprensivamente *adv* De manera aprensiva.

aprensivo -va *adj* [Pers.] que siente aprensión [1] o que tiene propensión a sentirla. *Tb n.* **b)** Propio de la pers. aprensiva.

apreparar *tr* (*reg*) Preparar. *Tb pr* (~se).

apresador -ra *adj* Que apresa. *Frec n, referido a pers.*

apresamiento *m* Acción de apresar.

apresar *tr* **1** Detener o hacer prisionero [a alguien (*cd*)]. *Tb fig.* ■ **2** Apoderarse [de algo] por la fuerza. ■ **3** Aprisionar, o sujetar [a alguien o algo] impidiendo su movimiento.

apresquí *m En los deportes de invierno:* Actividad social que se desarrolla al final de la jornada. *Tb el vestuario previsto para ella.*

après-ski (*fr; pronunc corriente,* /apreskí/) *m* Apresquí.

aprestador -ra *adj* Que apresta. *Tb n f, referido a máquina.*

aprestar *tr* **1** Disponer o preparar. ■ **2** Poner apresto [1] [a algo, esp. tela]. *Tb abs.*

apresto *m* **1** Sustancia que se aplica a los tejidos, pieles y otros productos, para darles rigidez o conferirles mejor aspecto o alguna cualidad. **b)** Sustancia que se aplica como capa intermedia para asegurar la adherencia y duración de las pinturas. ■ **2** Acción de aprestar [2]. ■ **3** (*raro*) Dispositivo o preparativo. ■ **4** (*raro*) Material auxiliar.

apresuradamente *adv* De manera apresurada.

apresurado -da *adj* **1** *part* → APRESURAR. ■ **2** [Cosa] que se hace con apresuramiento. ■ **3** [Cosa] que denota o implica apresuramiento.

apresuramiento *m* **1** Acción de apresurar(se). ■ **2** Cualidad de apresurado [2 y 3].

apresurar A *tr* **1** Hacer que [algo (*cd*)] actúe o se produzca más deprisa. **b)** Hacer que [algo (*cd*)] actúe o se produzca antes. ■ **2** Meter prisa [a alguien (*cd*)].
B *intr pr* (~se) **3** Darse prisa [en hacer algo (A + *infin*)]. *Tb sin compl, por consabido.* ■ **4** Moverse o actuar deprisa.

apretadamente *adv* De manera apretada.

apretado -da *adj* **1** *part* → APRETAR. ■ **2** [Cosa o conjunto de cosas] cuyos elementos están muy juntos entre sí. **b)** [Cosa no material] densa o concentrada. **c)** [Jornada u otro período de tiempo, o agenda o programa] llenos de actividades muy seguidas. ■ **3** Duro y consistente. *Esp referido a carne o a la pers que la posee.* ■ **4** Estrecho. *Tb fig.* **b)** [Resultado o cantidad] en que la diferencia es mínima. ■ **5** [Prenda] que sujeta excesivamente. ■ **6** Que implica fuerza o presión. ■ **7** (*lit*) Que está en un aprieto o en aprietos. **b)** Que implica dificultades o aprietos.

apretador *m* (*raro*) Faja de niño de pecho.

apretamiento *m* (*raro*) Acción de apretar.

apretar (*conjug* **6**) **A** *tr* **1** Hacer fuerza o presión física [sobre algo o alguien (*cd*)]. *Tb abs.* ■ **2** Ejercer presión moral [sobre alguien (*cd*)]. **b)** Instar o presionar [a alguien] con ruegos o amenazas [para que haga algo]. *Tb sin el 2º compl.* **c)** Ser [alguien] exigente o riguroso [con los que están sometidos a él (*cd*)]. *Tb abs. Tb fig.* ■ **3** Afectar intensamente [a alguien (*cd*)] algo que molesta, esp. el calor, o una dolencia]. ■ **4** Reforzar la presión [de algo (*cd*)]. **b)** Cerrar con fuerza [los labios, los dientes, los párpados o los puños]. **c)** Afirmar con fuerza [algo destinado a sujetar]. ■ **5** Acelerar [el paso]. *Frec (col) abs.* ■ **6** Hacer que [los elementos de un conjunto (*cd*)] pasen a estar juntos o más juntos. ■ **7** Unir [una pers. o cosa con otra (*compl* CONTRA o, *más raro*, CON)]. *Frec el cd es refl. Tb sin el 2º compl.* ■ **8** ~ **la mano,** ~ **las clavijas,** ~ **los codos,** ~ **los tornillos** → MANO, CLAVIJA, CODO, TORNILLO.
B *intr* ➤ **a** *normal* **9** Ejercer fuerza o presión física [sobre algo]. ■ **10** Estar demasiado justa [una prenda]. *Normalmente con ci de interés.* ■ **11** Dejar sentir con fuerza sus efectos [algo que molesta, esp. el calor, o una dolencia]. ■ **12** Intensificar el esfuerzo. ■ **13** Echar [a correr].
➤ **b** *pr* (~se) **14** Estar o presentarse [varias o muchas perss. o cosas] muy juntas entre sí. ■ **15** Estrecharse o hacerse más estrecho.

apretón *m* **1** Acción de apretar [1] de manera fuerte y rápida. **b)** ~ **de manos.** Acción de estrecharse la mano como saludo o despedida cordial, o para sellar un trato. ■ **2** Necesidad apremiante de evacuar el vientre. ■ **3** (*raro*) Aprieto o apuro.

apretrechar *tr* (*reg*) Pertrechar.

apretujamiento *m* (*col*) Acción de apretujar(se).

apretujar (*col*) **A** *tr* **1** Apretar [1, 6 y 7] con exceso. **B** *intr pr* (**~se**) **2** Apretarse [14].

apretujón *m* (*col*) Acción de apretujar(se). *Frec en pl expresivo.*

apretura *f* **1** Aglomeración de gente. *Normalmente en pl con sent sg.* ■ **2** (*raro*) Estrechez. ■ **3** (*raro*) Agobio o apuro. ■ **4** (*raro*) Acción de apretar(se).

apriete *m* (*Mec*) Acción de apretar [4a y c]. *Tb su efecto.*

aprieto *m* Apuro, o situación apurada.

a priori (*lat; pronunc, /*a-prióri/*) **I** *loc adv* **1** (*Filos*) Procediendo de la causa al efecto o de la esencia a las propiedades. *Frec adj.* ■ **2** Antes de conocer el hecho de que se trata, o en un momento anterior a aquel que se toma como referencia. *Tb adj.* **II** *loc n m* **3** (*Filos*) Conjunto de los conocimientos o juicios a que se llega con la pura razón, prescindiendo de la experiencia.

aprioridad *f* (*Filos*) Condición de a priori [1].

apriorismo *m* (*Filos*) **1** Doctrina que rechaza los datos de la experiencia y funda el conocimiento y el juicio propios en los principios de la pura razón. ■ **2** Actitud basada en ideas a priori. *Tb* (*lit*) *fuera del ámbito técn.*

apriorísticamente *adv* (*Filos o lit*) De manera apriorística.

apriorístico -ca *adj* (*Filos o lit*) De(l) apriorismo o que lo implica.

aprisa *adv* Deprisa.

apriscadero *m* (*raro*) Aprisco.

apriscar *tr* Recoger [el ganado] en el aprisco. *Tb abs.*

aprisco *m* Terreno cercado donde se guarda el ganado. *Tb fig.*

aprisionador -ra *adj* Que aprisiona. *Tb n f, referido a máquina.*

aprisionamiento *m* Acción de aprisionar.

aprisionante *adj* Que aprisiona. *Tb fig.*

aprisionar *tr* **1** Sujetar [a una pers. o cosa (*cd*)] de modo que no pueda soltarse o moverse. **b)** Privar [a alguien (*cd*)] de libertad de acción. ■ **2** Meter [a alguien (*cd*)] en prisión. **b)** Encerrar. *Tb fig.*

aprista *adj* Del APRA (partido político peruano: Alianza Popular Revolucionaria Americana). *Tb n, referido a pers.*

aproar *intr* (*Mar*) Poner [una embarcación] la proa [hacia un lugar (*compl* A *o* HACIA)].

aprobable *adj* Que puede ser aprobado.

aprobación *f* Hecho de aprobar, *esp* [1].

aprobado *m* (*Enseñ*) Calificación mínima de suficiencia o aptitud. *Tb fig.*

aprobador -ra *adj* Que aprueba [1]. *Tb n, referido a pers.*

aprobadoramente *adv* De manera aprobadora.

aprobar (*conjug* 4) **A** *tr* **1** Dar por bueno [algo] o expresar conformidad [con ello (*cd*)]. ■ **2** Declarar apto [a alguien (*cd*)] en un examen u oposición o en una materia]. *Frec en part, a veces sustantivado.* **b)**

(*col*) Ser [alguien] declarado apto [en un examen u oposición o en una materia (*cd*)]. **B** *intr* **3** (*col*) Ser [alguien] declarado apto [en un examen u oposición o en una materia]. *Tb sin compl.*

aprobatoriamente *adv* De manera aprobatoria.

aprobatorio -ria *adj* Que aprueba [1] o implica aprobación.

aproblemático -ca *adj* (*lit*) Que elude el planteamiento de problemas.

aproches *m pl* (*Mil*) Conjunto de trabajos que realizan los que atacan una plaza para aproximar sus posiciones.

aprontar *tr* **1** Aportar o proporcionar inmediatamente [algo]. ■ **2** Preparar o disponer con rapidez.

apropiable *adj* [Cosa] de la que alguien puede apropiarse.

apropiación *f* Acción de apropiarse. *Frec* ~ INDEBIDA.

apropiadamente *adv* De manera apropiada.

apropiado -da *adj* **1** *part* → APROPIAR. ■ **2** Adecuado. *A veces con un compl* PARA *o* A.

apropiador -ra *adj* Que se apropia. *Tb n, referido a pers.*

apropiarse (*conjug* 1a) **A** *tr pr* **1** Hacerse dueño [de una cosa (*cd*)], gralm. de manera ilegítima. **B** *intr pr* **2** Hacerse dueño [de una cosa (*compl* DE)], gralm. de manera ilegítima.

apropiativo -va *adj* De (la) apropiación.

apropósito *m* (*TLit*) Pieza teatral breve, de circunstancias y de carácter cómico.

aprovechable *adj* Que puede ser aprovechado (→ APROVECHAR [1]).

aprovechado -da *adj* **1** *part* → APROVECHAR. ■ **2** [Pers.] que sabe aprovecharse [3a] de las circunstancias. *Frec con intención peyorativa. Tb n.* ■ **3** [Pers.] que aprovecha las enseñanzas que recibe.

aprovechador -ra *adj* Que aprovecha o se aprovecha [1 y 3].

aprovechamiento *m* Acción de aprovechar(se). *Tb su efecto.*

aprovechar **A** *tr* **1** Utilizar [algo] de manera provechosa. *Tb abs.* **b)** Sacar provecho [de alguien o algo (*cd*)], frec. de manera maliciosa o astuta. **B** *intr* ➤ *a normal* **2** Proporcionar provecho [algo (*suj*)]. **b)** Sentar bien [un alimento]. *Normalmente en la fórmula de cortesía* QUE APROVECHE. **c) que le aproveche.** (*col*) Fórmula con que se manifiesta el desprecio o desinterés por algo que posee la pers expresada en el ci. ➤ **b** *pr* (**~se**) **3** Sacar provecho [de alguien o algo (*compl* DE)], frec. de manera maliciosa o astuta. *A veces se omite el compl, por consabido.* **b)** Abusar [de una mujer]. *A veces se omite el compl, por consabido.*

aprovechen *m* (*col, raro*) Acción de aprovechar(se).

aprovechón -na *adj* (*col, desp*) Aprovechado [2]. *Tb n.*

aprovisionamiento *m* Acción de aprovisionar.

aprovisionar *tr* Abastecer o proveer [a una pers. o cosa (*cd*)] de lo necesario]. *A veces el 2º compl se omite, por consabido.*

aproximable – apuñalar

aproximable *adj* Que puede ser aproximado.

aproximación *f* **1** Acción de aproximar(se). ■ **2** *En lotería:* Premio que se concede al número anterior y al posterior al que obtiene alguno de los primeros premios.

aproximadamente *adv* De manera aproximada.

aproximado -da *adj* **1** *part* → APROXIMAR. ■ **2** [Cosa] no exacta, pero que se acerca bastante a la exacta.

aproximador -ra *adj* Que aproxima.

aproximar *tr* **1** Acercar (poner cerca o más cerca). *Frec el cd es refl. Tb fig.* **b)** *pr* (~**se**) Acercarse (pasar a estar cerca o más cerca). *Tb fig.* ■ **2** Poner en relación amistosa [a dos o más perss., o a una con otra]. ■ **3** Hacer [una cosa] parecida [a otra]. **b)** *pr* (~**se**) Parecerse. ■ **4** Estar próximo a llegar [un hecho]. ■ **5** (*Mat*) Obtener [un resultado de una operación inexacta] con un error inferior a una determinada fracción.

aproximativo -va *adj* Aproximado [2].

aptense *adj* (*Geol*) De la segunda capa del Cretácico inferior. *Tb n m, referido a terreno.*

apterigógeno *adj* (*Zool*) [Insecto] caracterizado por la ausencia de alas, la boca masticadora y el desarrollo directo, sin metamorfosis. *Frec como n m en pl, designando este taxón zoológico.*

áptero -ra *adj* (*Zool*) Que carece de alas. *Tb fig, fuera del ámbito técn.*

aptialismo *m* (*Med*) Falta de secreción de saliva.

aptitud *f* Cualidad de apto [1]. **b)** *En pl:* Condiciones que hacen a alguien especialmente apto.

apto -ta I *adj* **1** Que sirve [para algo]. ■ **2** Suficiente. *Dicho de pers., como calificación en un examen. Tb n.* ■ **3** ~ (**para menores**, o **para todos los públicos**). [Espectáculo] moralmente permitido para personas menores de cierta edad. **b)** (*humoríst*) Moralmente aceptable.
II *m* **4** Calificación de apto [2].

apud (*lat; pronunc átona*) *prep* En citas bibliográficas: En. *Seguido del n del autor o de la obra que se señala como fuente.*

apud acta (*lat; pronunc*, /apud-ákta/) *loc adv* (*Der*) Según consta en acta unida al expediente.

apuesta *f* **1** Acción de apostar[1]. ■ **2** Cosa o dinero que se apuesta[1].

apuesto -ta *adj* **1** *part* → APONER. ■ **2** [Pers., esp. hombre] de hermosa presencia. **b)** Propio de la pers. apuesta.

apulgararse *intr pr* (*reg*) Estropearse [algo] llenándose de pequeñas manchas.

apuntación *f* Acción de apuntar [1]. *Frec su efecto.*

apuntado -da *adj* **1** *part* → APUNTAR. ■ **2** [Cosa] que termina en punta. ■ **3** [Sombrero] de ala grande cuyos bordes se recogen y se sujetan con una puntada por encima de la copa. ■ **4** (*Arquit*) [Arco] constituido por dos arcos de circunferencia que forman ángulo en la clave. **b)** Propio del arco apuntado.

apuntador -ra I *n* A *m y f* **1** *En el teatro:* Pers. que, desde un lugar oculto a la vista del espectador, apunta [3] a los actores lo que han de decir. *Tb fig, fuera del ámbito teatral.* **b)** ~ **automático.** (*TV*) Pantalla situada detrás de la cámara, en la cual el presentador lee los textos aparentando que los improvisa.
B *m* **2** (*Mil*) Servidor de una pieza de artillería, que tiene por misión introducir en los aparatos de puntería los datos de tiro.
II *loc v* **3 morir hasta el ~**, o **no quedar** (o **no salvarse**) **ni el ~.** (*col*) Producirse muchas muertes. *Gralm referido humoríst a una obra de teatro o una novela.*

apuntalamiento *m* **1** Acción de apuntalar. *Tb su efecto. Tb fig.* ■ **2** Dispositivo con que se apuntala.

apuntalar *tr* Sostener o afianzar con puntales [un edificio o parte de él]. *Frec fig.*

apuntamiento *m* **1** Acción de apuntar(se) [1 y 2]. *Tb su efecto.* ■ **2** (*Der*) Relación sucinta de los autos, esp. en un consejo de guerra. ■ **3** (*Arquit*) Condición de apuntado [4]. ■ **4** (*Mineral*) Truncadura de un vértice en la que las caras se sustituyen por otras en número igual o doble.

apuntar A *tr* ➤ **a** *normal* **1** Poner por escrito [algo, frec. un dato]. **b)** Escribir [el importe de una compra en la cuenta de venta al fiado]. *Tb sin compl adv.* **c)** Escribir [algo (*cd*)] o el nombre [de alguien (*cd*) en una lista o registro]. *Frec sin compl adv.* **d)** Escribir el nombre [de alguien (*cd*)] en la lista o registro [de algo (*compl* A)]. *A veces con sent factitivo, frec con cd refl. Tb fig.* ■ **2** Señalar o indicar [algo o a alguien]. **b)** Hacer o decir [algo] en forma de esbozo o sin desarrollar[lo]. ■ **3** Decir [a alguien], gralm. con disimulo, [las palabras o frases que este tiene que decir]. *Frec abs.* ■ **4** Empezar a mostrar o manifestar [algo]. ■ **5** Poner [un arma] dirigida [a un blanco]. *Tb fig. Frec sin el 2º compl.* ■ **6** Hacer apuntado [2, 3 y 4] [algo]. **b)** *pr* (~**se**) Hacerse apuntado. ■ **7** (*Mineral*) Modificar por apuntamiento [4] los vértices [de una forma cristalina (*cd*)].
➤ **b** *pr* (~**se**) **8** Conseguir o alcanzar [una ventaja o un triunfo].
B *intr* ➤ **a** *normal* **9** Poner [un arma (*compl* CON)] dirigida [hacia un blanco (*ci* o *compl* A)]. *Tb sin el 2º compl.* **b)** Poner un arma o algo que se lanza dirigidos [a un blanco]. *Tb sin compl.* ■ **10** Estar [algo] orientado en dirección [a un lugar (*compl* A o HACIA)]. **b)** Orientarse o encaminarse [algo en una dirección (*compl* HACIA)]. ■ **11** Proponerse [una meta (*compl* A)]. ■ **12** Empezar a brotar [una planta o su fruto]. *Tb fig.* **b)** Empezar a aparecer [algo].
➤ **b** *pr* (~**se**) **13** Optar [por algo (*compl* A)] o adherirse [a ello]. *A veces se omite el compl, por consabido.*

apunte I *m* **1** Acción de apuntar, esp [1, 2, 4 y 12]. *Tb su efecto.* ■ **2** *En pl:* Datos de interés que se apuntan [1a] al oír una clase o una conferencia, al asistir a una reunión o al leer un libro. *Frec con el v* TOMAR. ■ **3** (*Arte*) Boceto. *Tb fig.*
II *loc v* **4 llevar el ~** [a alguien]. (*raro*) Hacer[le] caso.

apuntillar *tr* **1** (*Taur*) Dar la puntilla [a una res (*cd*)]. *Tb fig* (*col*), *fuera de este ámbito.* ■ **2** Sacrificar [a un animal enfermo o viejo]. *Tb fig* (*col*), *referido a pers.*

apuñalador -ra *m y f* Pers. que apuñala.

apuñalamiento *m* Acción de apuñalar.

apuñalar *tr* Dar una o varias puñaladas [a alguien (*cd*)].

apuñar *tr* **1** Cerrar [la mano]. ▪ **2** Retener o sujetar [algo] en la mano cerrando el puño. **b)** Coger [algo] con la mano cerrando el puño.

apuñetear *tr* (*raro*) Golpear con los puños.

apuracabos *m* (*hist*) Pieza cilíndrica con una púa donde se asegura el cabo de vela hasta que se consume.

apuradamente *adv* De manera apurada [3].

apurado¹ -da *adj* **1** *part* → APURAR. ▪ **2** [Pers.] que tiene dificultades o apuros. *A veces con un compl especificador, que frec se omite por consabido.* ▪ **3** [Cosa] que implica dificultades o apuros. ▪ **4** (*lit*) [Cosa] exacta o rigurosa.

apurado² *m* Acción de apurar.

apurador -ra *adj* Que apura [2]. *Tb n, referido a pers.*

apuramiento *m* Acción de apurar [2].

apurar **A** *tr* **1** Causar inseguridad, preocupación o angustia [algo a alguien]. **b)** *pr* (~se) Sentir inseguridad, preocupación o angustia [alguien por algo]. *Tb sin compl.* ▪ **2** Consumir [algo] hasta que no quede nada. *Tb fig.* **b)** Agotar [algo] o hacer que no quede nada. **c)** Agotar [algo] o sacar[le (*cd*)] el máximo rendimiento. ▪ **3** Realizar [algo, esp. una obra u operación] de manera acabada o perfecta. **b)** Afeitar de manera acabada o perfecta. ▪ **4** Urgir [algo a alguien]. ▪ **5 si me apuras** (*o* **si me apuran,** *o* **si se me apura**). *Fórmula con que se insiste en lo dicho introduciendo un factor adicional más contundente.* **B** *intr* **6** Apresurarse. *Tb pr* (~se).

apuro **I** *m* **1** Situación difícil o comprometida. *Tb en pl expresivo, en constrs como* PASAR ~S, ESTAR EN ~S, VERSE EN ~S. **II** *loc v* **2 darle ~** [algo a alguien]. (*col*) Resultarle embarazoso o darle vergüenza.

apurridera *f* (*reg*) Utensilio agrícola para alzar los haces de mies o hierba hasta el carro.

aquaplaning (*ing; pronunc corriente,* /akuaplánin/; *tb con la grafía* **aqua-planing**) *m* Pérdida de adherencia de los neumáticos de un vehículo al suelo, producida cuando se circula a cierta velocidad sobre asfalto mojado.

aquedar *tr* (*lit, raro*) Parar o detener. *Tb pr* (~se).

aquejamiento *m* (*raro*) Enfermedad. *Tb fig.*

aquejar *tr* **1** Afectar [a alguien, o a una parte de su cuerpo, una enfermedad u otro mal físico]. *Tb fig. Frec en part, con un compl* DE. ▪ **2** (*semiculto*) Padecer [una enfermedad u otro mal físico]. *Tb fig.*

aquel, aquella (*frec con tilde cuando es pron*) **I** *adj* (*normalmente antepuesto al n; puede ir* (*col*) *detrás de él, en la constr* EL + n + ~; *precediendo a un n f que comienza por* /a/ *tónica, a veces se usa la forma* AQUEL *por* AQUELLA) **1** Lejano de la pers. que habla y de la pers. a quien se habla, y que se señala a la vista. * ¿Cómo se llama aquel palacio que se ve allí? ▪ **2** Lejano en el espacio o en el tiempo, y a veces mencionado antes. * Así nos divertíamos en aquella época. ▪ **3** (*lit*) Que se ha mencionado antes, pero no inmediatamente. * Dijeron que todo era falso, pero no es posible creer a aquellas personas. ▪ **4** (*lit*) Funciona como puro art, ante un sust que va seguido de una prop adj especificativa, esp cuando esta va precedida de una prep. * ¿Solo es drama aquella pieza que termina catastróficamente? **b)** Ante una prop adj sustantivada, esp cuando esta va

precedida de una prep. * Todos deben informar a aquellos a quienes corresponde al decisión. **c)** *Ante un sust seguido de adj o de compl con prep.* * Olvidemos todos aquellos asuntos ajenos a nuestro trabajo. **II** *pron* **5** El lejano respecto a la pers. que habla y a la pers. a quien se habla, y que se señala a la vista.* Fíjate en esa y en aquella. ▪ **6** El lejano en el espacio o en el tiempo y a veces mencionado antes. * Supuse que no sería aquella una excepción. ▪ **7** (*lit*) La pers. o cosa que se ha mencionado antes, pero no inmediatamente. **b)** La pers. o cosa mencionada en primer lugar. *La última mencionada se designa con* ESTE. * Le da una cuchara y un cuchillo, aquella para la sopa, este para la fruta. **III** *m* **8** (*col*) Cualidad, aspecto o actitud positivos que no se pueden o no se quieren precisar. **b)** *Esp:* Encanto.

aquelarre *m* Reunión nocturna de brujos y brujas con la presencia del Demonio. *Tb el lugar en que se celebra.*

aquelarresco -ca *adj* (*raro*) De(l) aquelarre.

aquello **I** *pron* **1** Lo lejano respecto a la pers. que habla y a la pers. a quien se habla, y que se señala a la vista. * Aquello del fondo es el parque. ▪ **2** Lo lejano en el espacio o en el tiempo y a veces mencionado antes. * Aquello lo decía en serio. ▪ **3** (*lit*) Lo que se ha mencionado antes, pero no inmediatamente. * La mercancía se ha vendido, pero con muy poco beneficio; lo que cuenta no es precisamente aquello. **b)** Lo mencionado en primer lugar. *Lo último mencionado se designa con* ESTO. * Lo hecho no corresponde a lo dicho, y lo importante es aquello, no esto. ▪ **4** Algo consabido que no se desea mencionar. * Ya salió aquello. **II** *adj* **5** *Funciona como puro art, ante una prop adj sustantivada, esp cuando esta va precedida de una prep.* * Aquello de lo que más se disfruta es lo más nocivo. **b)** *Ante un adj o un compl con prep.* * No pensemos en aquello ajeno a lo que nos importa. **III** *loc v* **6 no ser ~** [una pers. o cosa]. (*col*) No para tanto. * Es guapa, pero no es aquello. **IV** *loc prep* **7 por ~ de.** (*col*) *Introduce la expresión de una causa que no se expone con detalle por ser más o menos conocida.* * Por aquello de quedar bien, fui a verle.

aqueménida *adj* (*hist*) De la dinastía persa que reinó entre los ss. VI y IV a.C. y a la que perteneció Ciro el Grande. *Tb n m, referido a pers.* **b)** De la época de los aqueménidas.

aquende (*lit*) **I** *prep* **1** A este lado de o en la parte de acá de. *Tb ~* DE. **II** *adv* **2** Al lado de acá o en la parte de acá. *Precedido de prep, se sustantiva.* **III** *m* **3 el ~.** El mundo o la vida terrena. *Se opone a* EL ALLENDE *o* EL MÁS ALLÁ.

aquenio *m* (*Bot*) Fruto seco indehiscente con una sola semilla y esp. con el pericarpio no soldado a ella.

aqueo -a *adj* (*hist*) De la tribu que hacia el año 2000 a.C. invadió la península helénica llegando al Peloponeso y posteriormente a Creta. *Tb n, referido a pers.*

aquerarse *intr pr* (*reg*) Sufrir [la madera] la acción de la carcoma.

aquerenciarse (*conjug* 1a) *intr pr* **1** Tomar querencia [un animal, esp. el toro]. *Frec en part.* ▪ **2** (*raro*) Encariñarse [con alguien o algo].

aquí I *adv* **1** En este lugar. *Precedido de prep o como suj de una or cualitativa, se sustantiva.* * Vivimos aquí. * No quiso saber nada de los de aquí. **b)** *Precediendo a un n de pers o de lugar, forma con él una or con que se autopresenta el que inicia una comunicación telefónica o radiofónica.* * Aquí Fernán Miranda. ¿Podría hablar con el Embajador, por favor? ■ **2** A este lugar. *Precedido de prep, se sustantiva.* * Ven aquí. ■ **3** En este momento o en este tiempo. *Precedido de prep, se sustantiva.* * No se trata de castrarles; continuarían tan hombres como hasta aquí. ■ **4** En estas circunstancias. *Frec en la constr* AQUÍ TE (LE, *etc*) QUIERO (*o* QUERRÍA) VER, *seguida a veces* (*col*) *del vocativo expletivo* ESCOPETA. **b)** ~ y ahora. En estas circunstancias concretas. ■ **5** En este punto o en esta cuestión. * Aquí no estamos de acuerdo. ■ **6** *Con los advs* ALLÁ *y* ALLÍ *forma diversas locs y constrs.* **a)** ~ y allá, *o* ~ y allí. En diversos sitios y de manera esporádica. *Tb* ~... ALLÁ..., *o* ~... ALLÍ... *Precedido de prep, se sustantiva.* **b)** de ~ para allá. (*col*) De una parte a otra, en constante movimiento. ■ **7 – donde me ves** → VER. ■ **8 (como) de ~ a Lima.** (*col*) Muchísimo. ■ **9 por ~.** (*vulg*) *Se usa como negación enfática, gralm acompañado del gesto de la higa.*
II *loc adj* **10** *de* (*o* **desde**) ~ **hasta allá.** (*col*) Enorme o extraordinario. * Un cochazo de aquí hasta allá.
III *m* **11** Lugar determinado. * Cada hombre se realiza en un aquí espacial.
IV *pron* **12** (*pop*) Esta persona presente. * Aquí es un amigo. **b)** A esta persona presente. * Le estaba diciendo aquí que me extrañaba su ausencia. **c)** Esto. *Acompañado de gesto señalador.* * Nunca les faltó de aquí.
V *lov v y fórm or* **13** ~ **de.** (*lit*) *Precede a un n con el que forma una o independiente, expresando que se recurre o se ha de recurrir a lo designado por el n.* * Aquí de la claridad mental. **b)** *Se usa exclamativamente para pedir auxilio o para evocar a la pers o cosa designada por el n.* * Aquí de mi guardia. ■ **14** de ~. Consecuencia de esto es. *Seguido de un n o de una prop con* QUE. * Debe firmar; de aquí que sea necesaria su presencia. ■ **15 ~ fue Troya; ~ me las den todas; hasta ~ podíamos llegar** → TROYA, TODO, LLEGAR.

aquiescencia *f* Conformidad o asentimiento.

aquiescente *adj* **1** [Pers.] que está conforme o que asiente. **b)** Propio de la pers. aquiescente. ■ **2** [Cosa] que expresa o implica conformidad o asentimiento.

aquietado -da *adj* (*lit*) **1** *part* → AQUIETAR. ■ **2** Tranquilo o sosegado.

aquietador -ra *adj* (*lit*) Que aquieta.

aquietamiento *m* Acción de aquietar(se). *Tb su efecto.*

aquietar *tr* **1** Tranquilizar o sosegar. **b)** *pr* (~se) Tranquilizarse o sosegarse. ■ **2** (*raro*) Hacer que [alguien o algo (*cd*)] esté quieto. **b)** *pr* (~se) Quedarse quieto o pasar a estar quieto.

aquifoliácea *adj* (*Bot*) [Planta] dicotiledónea, de hojas siempre verdes, flores unisexuales y fruto en drupa, de la familia del acebo. *Frec como n f en pl, designando este taxón botánico.*

aquifolio *m* Acebo (planta).

aquilatamiento *m* **1** Acción de aquilatar. ■ **2** (*raro*) Pureza o autenticidad. *Referido a cosa.*

aquilatar *tr* **1** Afinar o precisar [algo, esp. el concepto o la expresión]. ■ **2** Calcular o determinar [el valor de algo]. **b)** Valorar [algo]. *Tb fig.* ■ **3** Rebajar todo lo posible [el precio]. *Frec en part.*

aquilea *f* Milenrama (planta).

aquilia *f* (*Med*) Falta o deficiencia de quilo.

aquilino -na *adj* (*lit*) De águila. *Gralm fig, frec referido a rostro o nariz.*

aquillado -da *adj* **1** *part* → AQUILLARSE. ■ **2** De forma de quilla.

aquillarse *intr pr* Tomar forma de quilla.

aquilón *m* (*lit*) Viento norte.

aquiniano -na *adj* De Santo Tomás de Aquino († 1274).

aquisgranense *adj* De Aquisgrán (Alemania). *Tb n, referido a pers.*

aquistar *tr* (*lit, raro*) Conseguir o conquistar.

aquitano -na I *adj* **1** De Aquitania (región del sudoeste de Francia). *Tb n, referido a pers.*
II *m* **2** Dialecto o grupo de dialectos de Aquitania.

a quo (*lat; pronunc,* /a-kuó/) *loc adj invar* (*lit*) [Término o punto de referencia] inicial o de partida.

ar *interj* (*Mil*) *Se usa, siguiendo a una voz de mando, para ordenar la inmediata ejecución de lo expresado en esta.*

ara¹ I *f* **1** Altar (para sacrificios). *Tb fig.* ■ **2** (*Rel catól*) Piedra consagrada sobre la que extiende el sacerdote los corporales para celebrar misa.
II *loc prep* **3 en ~s de** (*tb, semiculto,* **en ~s a**). En favor de o en honor de. *Frec con el v* SACRIFICAR.

ara² *f* (*reg*) Arada.

araar *m* Planta conífera propia de los lugares rocosos de España meridional y norte de África (*Tetraclinis articulata*).

árabe I *adj* **1** De la península de Arabia. *Tb n, referido a pers.* ■ **2** [Individuo] del pueblo semita originario de Arabia que en la Edad Media se extendió por el norte de África y España. *Tb n.* ■ **3** De (los) árabes [1 y 2]. **b)** [Teja] que tiene forma de canal troncocónica. **c)** [Caballo] de una raza de origen árabe, pequeño, vivo e inteligente, usado esp. en carreras. *Tb n m.* ■ **4** Del árabe [5].
II *m* **5** Lengua de los árabes [1 y 2]. ■ **6** (*col*) Lenguaje incomprensible. *Frec en la loc* HABLAR EN ~. ■ **7** (*jerg*) Sodomía.

arabesco -ca I *adj* **1** [Dibujo o decoración] de arabescos [2a].
II *m* **2** Motivo ornamental, esp. arquitectónico, que consiste en líneas entrelazadas que forman dibujos geométricos más o menos complicados. **b)** Adorno exagerado o complicado.

arabesque (*fr; pronunc,* /arabésk/) *m* (*Danza*) Posición en que el bailarín tiene una pierna levantada hacia atrás y los brazos extendidos.

arábigo -ga *adj* **1** De Arabia. ■ **2** Árabe [2, 3a y 4]. **b)** [Numeración] de origen árabe, que utiliza las cifras ordinarias del 0 al 9. *Se opone a* ROMANO. *Tb n m, referido a número.* ■ **3** [Goma] amarillenta producida por determinadas acacias, utilizada en medicina y en industria.

arabigoandaluz -za (*tb con la grafía* **arábigo-andaluz**) *adj* De la Andalucía musulmana.

arabismo *m* **1** Palabra o rasgo idiomático propios del árabe [5] o procedentes de él. ■ **2** Condición de árabe. ■ **3** Estudio de la lengua y cultura árabes.

arabista *m y f* Pers. que estudia la lengua y la cultura árabes.

arabización *f* Acción de arabizar(se). *Tb su efecto.*

arabizante *adj* **1** Que arabiza. ■ **2** Que tiende a árabe.

arabizar *tr* Dar carácter o condición árabe [a alguien o algo (*cd*)]. **b)** *pr* (~**se**) Tomar carácter árabe. *Frec en part.*

arable *adj* Que se puede arar[1].

arabófilo -la *adj* **1** Que simpatiza con lo árabe o los árabes. *Tb n, referido a pers.* ■ **2** Que denota o implica simpatía hacia lo árabe o los árabes.

arabófobo -ba *adj* Que tiene aversión hacia lo árabe o los árabes. *Tb n, referido a pers.*

arabofonía *f* Conjunto de (los) pueblos arabófonos.

arabófono -na *adj* Que habla árabe. *Tb n, referido a pers.*

aracanga *f* Papagayo rojo, verde, azul y amarillo, originario de América del Sur (*Ara macao*).

arácea *adj* (*Bot*) [Planta] monocotiledónea, gralm. herbácea, con flores en espádice rodeada de una bráctea protectora y fruto en baya. *Frec como n f en pl, designando este taxón botánico.*

aracelitano -na *adj* De Araceli (antigua ciudad de la España Tarraconense) o del actual Huarte-Araquil (Navarra). *Tb n, referido a pers.*

arácnico -ca *adj* (*raro*) De (las) arañas o de (los) arácnidos.

arácnido *adj* (*Zool*) [Artrópodo] terrestre con cuatro pares de patas, quelíceros, ojos simples y respiración traqueal. *Frec como n m en pl, designando este taxón zoológico.*

aracnoides *adj* (*Anat*) [Meninge] media. *Gralm n f.*

aracnólogo -ga *m y f* Especialista en arácnidos.

arada *f* Acción de arar[1].

a radice (*lat; pronunc, /*a-r̄adíθe/*) loc adv* (*lit*) De raíz. *Tb fig.*

arado *m* **1** Instrumento agrícola que, arrastrado por un animal o una máquina, sirve para abrir y volver la tierra. ■ **2** Acción de arar[1].

arador -ra **I** *adj* **1** Que ara[1]. *Frec n, referido a pers.*
II *m* **2** ~ **de la sarna.** Ácaro diminuto, parásito del hombre, que produce la sarna (*Sarcoptes scabiei*).

aradura *f* Acción de arar[1].

aragonés -sa **I** *adj* **1** De Aragón. *Tb n, referido a pers.* ■ **2** De(l) aragonés [3].
II *n* **A** *m* **3** Variedad aragonesa del dialecto navarroaragonés. **b) alto ~.** Dialecto hablado en el Alto Aragón.
B *f* **4** (*Taur*) Lance en que el torero se coloca de espaldas al toro y con la capa cogida por detrás.

aragonesismo *m* **1** Palabra o rasgo idiomático propios del aragonés [3] o procedentes de él. ■ **2** Condición de aragonés, esp. amante de lo aragonés.

aragonesista *adj* Partidario o amante de lo aragonés. *Tb n, referido a pers.*

aragonita *f* (*Mineral*) Aragonito.

aragonito *m* (*Mineral*) Variedad de carbonato de calcio que cristaliza en el sistema rómbico.

arahalense *adj* De El Arahal (Sevilla). *Tb n, referido a pers.*

arahuaco -ca **I** *adj* **1** De(l) arahuaco [3]. **b)** [Lengua] de la familia del arahuaco. ■ **2** [Individuo] de alguno de los pueblos de lengua arahuaca [1b]. *Tb n.*
II *m* **3** Familia de lenguas de las Antillas, extendidas después a muchos territorios de América del Sur y hoy en su mayoría desaparecidas.

arajay *m* (*jerg*) Cura o sacerdote.

aralia *f Se da este n a distintas plantas del gén Aralia, originarias de Canadá o del Extremo Oriente, algunas de las cuales se cultivan como ornamentales.*

araliácea *adj* (*Bot*) [Planta] dicotiledónea, arbórea o arbustiva y frec. trepadora, con hojas grandes palmadas o pinnadas, flores en umbela o cabezuela y fruto en drupa o baya. *Frec como n f en pl, designando este taxón botánico.*

aramago *m* (*reg*) Jaramago (planta).

arambel *m* (*lit*) **1** Colgadura que sirve de cobertura o adorno. ■ **2** Andrajo.

arambol *m* (*reg*) Balaustrada de escalera.

arameo -a **I** *adj* **1** (*hist*) [Individuo] del pueblo semita que en la antigüedad habitó Siria y zonas limítrofes. **b)** De (los) arameos. ■ **2** De(l) arameo [3].
II *m* **3** Antigua lengua semítica del Cercano Oriente, hablada en la actualidad en ciertas regiones de Siria y Líbano y zonas limítrofes.

arán *m* (*reg*) Endrino (arbusto). *Tb su fruto.*

arancel *m* **1** Impuesto sobre un bien importado en un país. ■ **2** Tarifa oficial que determina los derechos que se han de pagar por algunos servicios o impuestos.

arancelariamente *adv* En el aspecto arancelario.

arancelario -ria *adj* De(l) arancel.

arandanedo *m* Terreno poblado de arándanos.

arandanera *f* (*reg*) Arándano (arbusto).

arandanero *m* (*reg*) Arándano (arbusto).

arándano *m* Arbusto de flores pequeñas y fruto en baya globosa de color negro azulado y sabor agridulce (*Vaccinium myrtillus*). *Tb su fruto.* **b)** Con los *adjs* NEGRO y ROJO (o ENCARNADO) *designa las especies* Vaccinium uliginosum *y* V. vitis-idaea, *respectivamente.*

arandela *f* Pieza en forma de aro o disco horadado, usada esp. para evitar el roce directo de un tornillo o tuerca. **b)** (*Taur*) Pieza plana y circular encajada a cierta distancia de la punta de la puya, que impide que esta se clave más. **c)** *En gral:* Objeto o pieza en forma de aro o circunferencia.

arandino -na *adj* De Aranda de Duero (Burgos). *Tb n, referido a pers.*

aranero -ra *adj* (*raro*) Tramposo o estafador. *Tb n.*

aranés -sa **I** *adj* **1** Del valle de Arán (Lérida). *Tb n, referido a pers.*

II *m* **2** Dialecto gascón del valle de Arán.

arante *adj* Que ara[1].

aranzada *f* (*reg*) Medida agraria que en Castilla equivale aproximadamente a 4470 m², en Sevilla a 4750 y en Córdoba a 3672.

araña I *f* **1** Arácnido de abdomen abultado separado de la cabeza por un estrechamiento, y que segrega una sustancia viscosa en forma de hilo, con que hace trampas para sus presas y se traslada de lugar. *A veces con un adj o compl especificador.* ■ **2** Lámpara de techo con numerosos brazos, esp. con colgantes de cristal. ■ **3** Red para pescar cangrejos. ■ **4** Pers. muy aprovechada y vividora. ■ **5** Pez marino comestible, con dos aletas dorsales, una a lo largo de todo el cuerpo y otra, pequeña y de espinas muy fuertes, junto a la cabeza (*gén. Trachinus*). *Tb ~ DE MAR.* ■ **6** *Se da este n a varios cangrejos marinos de patas largas y delgadas. Tb ~ DE MAR.* ■ **7** Arañuela (planta). ■ **8 hombre-~, mono ~** → HOMBRE, MONO[1].
II *loc v* **9 matar la ~.** (*jerg*) Pasar el rato.

arañada *f* (*reg*) Arañazo.

arañar *tr* **1** Hacer pequeñas heridas lineales en la piel [de alguien (*cd*) o de una parte de su cuerpo (*cd*)] las uñas o un objeto punzante o áspero (*suj*), o alguien con ellos]. *Tb abs.* **b)** Hacer pequeños desperfectos en forma de rayas en la superficie [de algo (*cd*)]. *Tb abs.* **c)** Presionar con las uñas [en una superficie, frec. el suelo (*cd*)] produciendo rayas o erosiones lineales. *Tb fig.* ■ **2** Conseguir [algo] afanosamente, esp. recogiendo pequeñas porciones de sitios distintos. ■ **3** Rozar [algo no material] o estar cerca [de ello (*cd*)].

arañazo *m* Acción de arañar [1]. *Esp su efecto. Tb fig.*

arañón[1] *m* Arañazo.

arañón[2] *m* Araña [1] grande.

arañón[3] *m* (*reg*) Endrino (arbusto). *Tb su fruto.*

arañuela *f* **1** Arañuelo [1]. ■ **2** Ajenuz cultivado frec. como ornamental (*Nigella damascena*).

arañuelo *m* **1** *Se da este n a las larvas de varios insectos lepidópteros parásitos de los árboles (géns Hyponomeuta y Prays).* ■ **2** Oruga de los lepidópteros *Galleria mellonella* y *G. grisella,* que daña las colmenas. ■ **3** Red para cazar pájaros.

arao *m* Ave marina buceadora de plumaje blanco y negro, de pico puntiagudo, que se distingue en acantilados e islotes (*Uria aalge*). *Tb ~ COMÚN. Otras especies se distinguen por medio de adjs o compls: ~ DE BRÜNNICH (U. lomvia), ~ ALIBLANCO (U. grylle o Cepphus grylle).*

arapaho *adj* Del pueblo indio norteamericano que habita pralm. en los estados de Oklahoma y Wyoming. *Tb n, referido a pers.*

aráquida *f* (*raro*) Cacahuete.

arar[1] *tr* **1** Remover [la tierra] con el arado. *Tb abs.* ■ **2** (*Mar*) Rozar o remover [el fondo del mar].

arar[2] *m* Árbol originario de África, de la familia del ciprés (*Callitris quadrivalvis* y *C. articulata*).

arate *m* (*jerg*) **1** Talante o humor. *Gralm en la constr DE MAL ~.* ■ **2** Sangre.

araucanía *f* Conjunto de (los) araucanos [1].

araucanismo *m* **1** Palabra o rasgo idiomático propios del araucano [3] o procedentes de él. **2** Carácter araucano.

araucano -na I *adj* **1** De Arauco (región chilena). *Tb n, referido a pers.* ■ **2** De(l) araucano [3].
II *m* **3** Lengua de los indios araucanos [1].

araucaria *f Se da este n a varias plantas coníferas del gén Araucaria, cultivadas frec como ornamentales.*

arawak (*pronunc corriente,* /arawák/) *m* Arahuaco (lengua).

arbitraje *m* **1** Acción de arbitrar, *esp* [1]. ■ **2** Actividad de árbitro [3]. ■ **3** (*Econ*) Compraventa de valores mercantiles para aprovechar la diferencia de precio entre dos mercados.

arbitral *adj* **1** De(l) árbitro o de los árbitros [2 y 3]. ■ **2** Que tiene funciones de árbitro [2 y 3].

arbitrar *tr* **1** Actuar como árbitro [2 y 3] [de alguien o algo (*cd*)]. *Frec abs, esp en deportes.* ■ **2** Decidir o resolver. ■ **3** Tomar [una medida o decisión] para la consecución de un fin determinado. **4** Conseguir [medios o recursos, esp. dinero].

arbitrariamente *adv* De manera arbitraria.

arbitrariedad *f* **1** Cualidad de arbitrario. ■ **2** Acción arbitraria.

arbitrario -ria *adj* **1** [Pers.] que actúa según su voluntad o capricho, sin atenerse a la ley o a la razón. ■ **2** [Cosa] que se ajusta a la voluntad o capricho de alguien, sin atenerse a la ley o a la razón.

arbitrio *m* **1** Facultad de juzgar y decidir [de una pers.]. *Frec en la constr AL ~ DE.* ■ **2** Decisión o sentencia [de una autoridad]. ■ **3** Autoridad o poder. ■ **4** Medio o recurso para la consecución de un fin. ■ **5** Derecho o impuesto con que se arbitran [4] fondos para gastos públicos, esp. municipales.

arbitrismo *m* **1** (*hist*) Actitud propia de los arbitristas [1]. ■ **2** (*lit*) Proyecto utópico para solucionar los problemas políticos y económicos del país.

arbitrista I *m y f* **1** (*hist*) Pers. que propone planes utópicos para solucionar los problemas políticos y económicos del país. *Esp referido a los ss XVII y XVIII.* ■ **2** (*lit*) Pers. dada a discurrir soluciones utópicas o a proyectar negocios fabulosos. *Tb adj.*
II *adj* **3** De (los) arbitristas [1].

árbitro -tra I *adj* **1** [Pers.] que decide según su voluntad. *Frec n.*
II *m y* (*raro*) *f* **2** Pers. o grupo de perss. encargadas de decidir y solucionar un conflicto entre partes. ■ **3** Pers., gralm. profesional, que cuida de la aplicación del reglamento durante un encuentro deportivo. ■ **4** Pers. capaz de establecer o imponer un modelo en un campo determinado. *Gralm con un compl especificador.*

árbol *m* **1** Planta de tallo leñoso que se ramifica a cierta altura del suelo. **b) ~ de Navidad** (*o de Noel*). Abeto o pino, natural o artificial, que, adornado con luces, regalos y otros objetos, se instala como decoración navideña. **c) ~ de la ciencia del bien y del mal.** Árbol [1a] del Paraíso cuyo fruto estaba prohibido a Adán y Eva. **d) ~ donde ahorcarse.** (*col*) Cosa o pers. apropiada para lo que se pretende. *Normalmente en la constr NO ENCONTRAR ~ DONDE AHORCARSE.* ■ **2** *Seguido de un compl especificador, designa distintas especies de árboles* [1a]: ~ DE JUDEA, DE JUDAS, *o* DEL AMOR (*Cercis siliquastrum*), ~ DEL ÁMBAR (*Liquidambar styraciflua*), ~ DEL CIELO (*Ailanthus altissima*), ~ DEL CORAL (*gén Erythrina*), ~ DEL PAN (*Artocarpus communis*), ~ DEL PARAÍSO (*Elaeagnus angustifolia*), ~ DE SANTA LUCÍA (*Prunus mahaleb*), ~ DE LA VIDA (*Thuja orientalis*), *etc.* ■ **3** (*E*) Cuadro descriptivo desarrollado según la estructura típica del árbol [1a], en que se señalan las diversas relaciones de filiación o dependencia de numerosos elementos procedentes de un origen común. *Frec con un adj o compl especificador.* **b)** Representación gráfica de la estructura de algo, esp., en lingüística, de una frase, y en química, de un compuesto, en que hay diversas ramificaciones. ■ **4** (*Anat*) Formación rica en ramificaciones. *Frec con un adj o compl especificador.* **b)** ~ **de la vida.** Conjunto de ramificaciones de la sustancia blanca en el cerebelo. ■ **5** (*Mec*) Eje que sirve para transmitir o transformar un movimiento. ■ **6** (*Mar*) Palo o mástil. *A veces tb fuera del ámbito marítimo.* ■ **7** *En gral:* Objeto o estructura cuya forma recuerda la del árbol [1a].

arbolado[1] **-da** *adj* **1** *part* –➤ ARBOLAR. ■ **2** Que tiene árboles [1a]. **b)** Constituido por árboles. ■ **3** [Mar] que tiene olas de 6 a 9 metros.

arbolado[2] *m* Conjunto de árboles [1a].

arboladura *f* **1** (*Mar*) Conjunto de palos y vergas de una embarcación. *Tb fig, fuera del ámbito técn.* ■ **2** (*Taur*) Cornamenta.

arbolar A *tr* **1** (*Mar*) Izar [algo, esp. una bandera]. **b)** Llevar izado [algo, esp. una bandera]. ■ **2** (*raro*) Enarbolar o levantar en alto [algo]. *Tb fig.*
 B *intr* ➤ **a** *normal* **3** (*Mar*) Aumentar mucho [el mar] la altura de las olas. *Tb pr* (~**se**).
 ➤ **b** *pr* (~**se**) **4** Cubrirse de árboles [1a].

arboleda *f* Lugar poblado de árboles [1a].

arbolillo *m* (*Min*) Muro lateral de ciertos hornos de cuba.

arbollón *m* Desaguadero.

arborado -da *adj* (*raro*) Arbolado[1] [2].

arborecer (*conjug* 11) *intr* Hacerse árbol [una planta].

arbóreo -a *adj* **1** De(l) árbol o de (los) árboles [1a]. ■ **2** [Planta] de aspecto de árbol o semejante al del árbol [1a]. **b)** [Lechetrezna] **arbórea**, [malva] **arbórea**, [tomate] ~ –➤ LECHETREZNA, MALVA, TOMATE. ■ **3** [Vida] que se desarrolla en los árboles [1a]. **b)** De (la) vida arbórea.

arborescencia *f* Forma o estructura arborescente.

arborescente *adj* [Forma o estructura] de árbol [1a]. **b)** [Planta] de forma semejante a la del árbol. **c)** [Cosa] que tiene una estructura en forma de árbol.

arboreto *m* (*Bot*) Plantación de árboles [1a] destinada a fines científicos.

arboricida *adj* Que destruye árboles [1a]. *Tb n, referido a pers.*

arboricidio *m* Destrucción de un árbol o de árboles [1a].

arborícola *adj* (*Zool*) [Animal] que vive en los árboles [1a]. **b)** Propio de los animales arborícolas.

arboricultor -ra *m y f* (*Agric*) Pers. que se dedica a la arboricultura.

arboricultura *f* (*Agric*) Cultivo de los árboles [1a].

arboriforme *adj* (*E*) Que tiene forma de árbol [1a].

arborización *f* (*E*) Figura en forma de árbol [1a] de ciertos cuerpos. **b)** Ramificación en forma de ár-bol de determinados elementos anatómicos, esp. nervios y capilares.

arbosense *adj* De Arbós (Tarragona).

arbotante *m* (*Arquit*) Arco típico del arte gótico, que descarga sobre un contrafuerte exterior el empuje de las bóvedas.

arbuciense *adj* De Arbucias (Gerona). *Tb n, referido a pers.*

arbustivo -va *adj* **1** De(l) arbusto o de (los) arbustos. ■ **2** [Planta] que tiene la naturaleza o cualidades del arbusto, o semejantes a las del arbusto.

arbusto *m* Planta de tallos leñosos que se ramifican desde el suelo.

arca *f* **1** Mueble en forma de caja grande de madera, de base rectangular, con tapa superior frec. abovedada, y que se usa para guardar distintos objetos, esp. ropa. ■ **2** Caja para guardar dinero. **b)** *En pl:* Erario público. *Frec con un adj o compl especificador.* ■ **3** (*raro*) Ataúd. **b)** ~ **sepulcral.** Sepulcro en forma de arca [1a]. ■ **4** Depósito desde donde se distribuye el agua. *Tb* ~ DE AGUA. ■ **5** Embarcación en que se salvaron del diluvio Noé y su familia y los animales encerrados allí. *Frec* ~ DE NOÉ. ■ **6** ~ **cerrada.** Pers. reservada, capaz de guardar un secreto. ■ **7** ~ **de la alianza,** o **del testamento.** (*Rel jud*) Caja alargada y portátil, ricamente adornada, en que los israelitas guardaban las Tablas de la Ley. ■ **8** ~ **del pecho.** (*pop*) Caja torácica. *Tb* (*reg*) *simplemente* ~.

arcabucear *tr* (*hist*) Ejecutar [a alguien] con una descarga de arcabucería. *Tb abs. Tb fig.*

arcabuceo *m* (*hist*) Acción de arcabucear.

arcabucería *f* (*hist*) Conjunto de arcabuces[1].

arcabucero *m* (*hist*) **1** Soldado armado de arcabuz[1]. ■ **2** Fabricante de arcabuces[1] y otras armas de fuego.

arcabuco *m* (*reg*) Monte muy espeso y cerrado.

arcabuz[1] *m* (*hist*) Arma de fuego propia de los ss. XVI y XVII, semejante al fusil y que se dispara con mecha.

arcabuz[2] *m* (*reg*) Arcaduz.

arcabuzazo *m* (*hist*) Disparo de arcabuz[1].

arcada[1] *f* **1** Serie o conjunto de arcos. *Tb fig.* ■ **2** (*Anat*) Estructura en forma de arco, o formada por una serie de arcos. *Frec con un adj especificador:* ALVEOLAR, DENTARIA, *etc.* ■ **3** (*Mús*) Toque de un instrumento con el arco, para hacer vibrar las cuerdas.

arcada[2] *f* Movimiento violento del estómago, que gralm. precede o acompaña al vómito. *Frec en pl.*

árcade *m* (*lit, raro*) Miembro de alguna de las academias literarias que tienen el nombre de Arcadia.

arcadia *f* (*lit*) Lugar ideal de vida idílica.

arcádicamente *adv* (*lit*) De manera arcádica [2].

arcádico -ca *adj* **1** (*hist*) De la Arcadia (región de Grecia). ■ **2** (*lit*) Bucólico.

arcadio -dia (*hist*) **I** *adj* **1** De la Arcadia (región de Grecia). *Tb n, referido a pers.*
 II *m* **2** Antiguo dialecto griego de la Arcadia.

arcado-chipriota *adj* (*hist*) De la Arcadia (región de Grecia) y Chipre. *Tb n m, referido a dialecto.*

arcaduz *m* **1** Cangilón de noria. ■ **2** Caño por donde se conduce agua.

arcaicidad *f* Cualidad de arcaico.

arcaico -ca *adj* **1** [Período] anterior al de plenitud. *Gralm referido a procesos históricos o culturales.* **b)** De(l) período arcaico. ■ **2** (*Geol*) [Era] más antigua, anterior a la primaria. **b)** [Período] primero y más antiguo de la era arcaica. **c)** De la era o del período arcaicos. ■ **3** De una época pasada y superada. *Frec con intención desp.*

arcaísmo *m* **1** Cualidad de arcaico. ■ **2** Palabra o rasgo idiomático arcaicos [1b y 3]. ■ **3** Período arcaico [1].

arcaización *f* Acción de arcaizar.

arcaizante *adj* Que tiende a lo arcaico [1b y 3] o se parece a ello.

arcaizar (*conjug* **1f**) *intr* Tender a lo arcaico [1b y 3] en la expresión.

arcángel *m* (*Rel crist*) Espíritu celeste de los que constituyen el segundo coro de la tercera jerarquía.

arcangélico -ca *adj* (*Rel crist*) De(l) arcángel.

arcanidad *f* (*lit*) Arcano o secreto.

arcano -na **I** *adj* **1** Secreto u oculto. **b)** (*raro*) [Pers.] reservada o insondable. **II** *m* **2** Secreto o misterio.

arcatura *f* (*Arquit*) Arcada o arquería simulada.

arce *m* Se da este *n* a las plantas del gén Acer, *gralm árboles, con hojas palmadas y fruto en sáma-ra. Diversas especies se distinguen con un adj o compl especificador:* ~ BLANCO (*A. pseudoplatanus*), ~ DE MONTPELLIER (*A. monspessulanum*), ~ MENOR (*A. campestre*), *etc.*

arcea *f* (*reg*) Chocha (ave).

arcedianato *m* (*Rel catól*) **1** Dignidad de arcediano. ■ **2** Territorio sometido a la jurisdicción de un arcediano.

arcedianazgo *m* (*Rel catól, raro*) Arcedianato.

arcediano *m* (*Rel catól*) Canónigo con categoría de dignidad, que antiguamente ejercía jurisdicción delegada del obispo en determinado territorio.

arcén *m* **1** *En una carretera:* Margen lateral, destinado esp. al uso de peatones y de vehículos lentos. ■ **2** *En un pozo:* Brocal.

arcense *adj* De Arcos de la Frontera (Cádiz). *Tb n, referido a pers.*

archenero -ra *adj* De Archena (Murcia). *Tb n, referido a pers.*

archi- *r pref apreciativa que gralm se antepone a adjs:* En grado sumo.

archibasílica *f* Basílica mayor.

archibebe *m* Se da este *n* a varias aves del gén *Tringa, de pico largo y recto y patas largas y delgadas, y propias de lugares húmedos. Frec con un adj especificador:* ~ CLARO (*T. nebularia*), ~ COMÚN (*T. totanus*), ~ FINO (*T. stagnatilis*), ~ OSCURO (*T. erythropus*), *etc.*

archicapellán *m* (*hist*) *En algunas cortes medievales:* Capellán mayor o principal.

archicofrade *m y f* Miembro de una archicofradía.

archicofradía *f* Cofradía especialmente distinguida por su antigüedad o por sus privilegios.

archiconocido -da *adj* (*col*) Sumamente conocido.

archidemostrado -da *adj* (*col*) Totalmente demostrado.

archidiocesano -na *adj* De la archidiócesis.

archidiócesis *f* Diócesis arzobispal.

archidonés -sa *adj* De Archidona (Málaga). *Tb n, referido a pers.*

archiducado *m* Territorio vinculado a un título de archiduque.

archiducal *adj* De(l) archiduque.

archiduque -esa *m y f* Duque revestido de autoridad superior a los otros duques. *Normalmente usado como título de los príncipes de la casa de Austria.*

archiepiscopado *m* (*raro*) Arzobispado.

archifamoso -sa *adj* (*col*) Sumamente famoso.

archifonema *m* (*Fon*) Conjunto de rasgos pertinentes comunes a los dos miembros de una oposición neutralizada.

archilaúd *m* (*hist*) Instrumento músico semejante al laúd, pero más grande y con mástil más largo.

archimandrita *m* (*Rel crist*) *En la iglesia griega:* Superior de determinados monasterios.

archimillonario -ria *adj* (*col*) Multimillonario. *Tb n.*

archipámpano *m* (*humoríst*) Personaje importantísimo e imaginario. *Frec ~ DE LAS INDIAS.*

archiperres *m pl* (*reg*) Trastos.

archipiélago *m* **1** Grupo de islas. ■ **2** (*lit, raro*) Conjunto [de cosas similares entre sí].

archisabido -da *adj* (*col*) Muy sabido.

archisemema *m* (*Ling*) Conjunto de los semas comunes a una familia semántica.

archivador -ra *adj* [Mueble o utensilio] que sirve para archivar [1]. *Frec n: m, referido a mueble; f, referido a caja o carpeta.*

archivamiento *m* Acción de archivar [1].

archivar *tr* **1** Guardar [algo, esp. documentos] en un archivo [1 y 2]. *Tb fig.* ■ **2** Dar por terminado el estudio [de un caso (*cd*)] o dejar de ocuparse [de él (*cd*)]. **b)** Arrinconar o dejar en el olvido [algo].

archivero -ra *m y f* Pers. que tiene a su cargo un archivo [1], o trabaja como técnica en él.

archivístico -ca **I** *adj* **1** De(l) archivo [1]. **II** *f* **2** (*Bibl*) Técnica de conservación y catalogación de archivos [1].

archivo *m* **1** Lugar en que se guardan documentos, normalmente ordenados. *Tb la colección de esos documentos. Tb fig.* ■ **2** (*Informát*) Fichero. ■ **3** Acción de archivar, esp [2a].

archivolta *f* (*Arquit*) Arquivolta.

archivonomía *f* (*Bibl*) Archivística [2].

arcial *m* (*reg*) Acial (instrumento con que se oprime el hocico a un animal).

arcilla *f* Tierra constituida por silicato de alúmina hidratado, que, con agua, da una materia plástica muy usada en cerámica. *Diversas variedades se distinguen por medio de adjs:* GRASA, PLÁSTICA, REFRACTARIA, *etc.*

arcillismo *m* (*raro*) Uso terapéutico de la arcilla.

arcillista *adj* (*raro*) Adepto al arcillismo. *Tb n.*

arcilloso -sa *adj* **1** Que contiene arcilla. ■ **2** De arcilla.

arciprestal *adj* (*Rel catól*) De(l) arcipreste, o del arciprestazgo. *Tb n f, referido a iglesia.*

arciprestazgo *m* (*Rel catól*) **1** Dignidad de arcipreste. ■ **2** Territorio sometido a la jurisdicción de un arcipreste.

arcipreste *m* (*Rel catól*) **1** Canónigo con categoría de dignidad, que antiguamente era cabeza de los presbíteros del cabildo. ■ **2** Presbítero que, nombrado por el obispo, ejerce cierta jurisdicción sobre curas e iglesias de un territorio determinado.

arco I *m* **1** Estructura arquitectónica cóncava, gralm. curva, que descarga lateralmente los empujes que recibe. *Diversas variedades se distinguen por medio de un adj o compl:* APUNTADO, CARPANEL, DE HERRADURA, DE MEDIO PUNTO, PERALTADO, POR TRANQUIL, REBAJADO, *etc* (→ APUNTADO, CARPANEL, *etc*). ■ **2** Monumento conmemorativo constituido fundamentalmente por uno o tres arcos [1] que sostienen un entablamento. *Gralm* ~ DE TRIUNFO, *o* TRIUNFAL. ■ **3** Arma constituida básicamente por una vara flexible sujeta por sus extremos por una cuerda, que se curva al tensar esta, y sirve para lanzar flechas. ■ **4** Varilla de madera dura y flexible cuyos extremos están unidos por crines regulables, que sirve para frotar las cuerdas de determinados instrumentos músicos. ■ **5** (*Geom*) Porción de curva, esp. de circunferencia. **b)** (*Astron*) Porción de una órbita o de alguna de las curvas en que se fundan las coordenadas terrestres, celestes o de un astro. ■ **6** *En gral:* Cosa en forma de arco [1 y 5a]. ■ **7** (*Electr*) Descarga luminosa que se produce cuando una corriente circula entre dos electrodos u otras superficies separadas por un pequeño espacio y con gran diferencia de potencial. *Frec* ~ ELÉCTRICO *o* VOLTAICO. **b)** ~ **voltaico.** (*hist*) Lámpara de arco voltaico. ■ **8** ~ **de iglesia.** (*col*) Cosa muy complicada y difícil de hacer. ■ **9** ~ **iris.** Meteoro en forma de arco [5a] que presenta los siete colores del espectro y que se produce cuando los rayos del Sol se refractan y reflejan en las gotas de lluvia. **b)** Conjunto variado [de cosas]. **c)** [Trucha] ~ **iris** → TRUCHA. ■ **10** ~ **parlamentario.** Conjunto de los diputados de distintos partidos, que constituyen un parlamento. ■ **11** ~ **reflejo.** (*Fisiol*) Vía nerviosa que sigue un acto reflejo, constituida por el nervio que lleva el impulso, el centro nervioso y el nervio que lleva la respuesta.
II *loc v* **12 pasarse** [algo] **por el** ~ **de triunfo.** (*col, euf*) No hacer[le] el menor caso.

arcón *m* Arca grande (mueble). **b)** Congelador de base rectangular y tapa superior. *Tb* ~ CONGELADOR.

arcontado *m* (*hist*) **1** Cargo o dignidad de arconte. *Tb el tiempo que dura.* ■ **2** Forma de gobierno de la antigua Atenas, en la que el poder residía en los arcontes.

arconte *m* (*hist*) En la antigua Atenas: Magistrado de los nueve encargados del gobierno de la república.

arcosa *f* (*Mineral y Constr*) Arenisca compuesta de granos de cuarzo, feldespato y a veces mica, usada como piedra de construcción y para empedrados.

arcosaurio *adj* (*Zool*) [Reptil] de la subclase que comprende los dinosaurios, los pterosaurios y los cocodrilos. *Frec como n m en pl, designando este taxón zoológico.*

arcosolio *m* (*Arte*) Arco que cubre un sepulcro abierto en la pared.

arcuación *f* (*Arte*) Ornamentación en forma de arco.

ardacho *m* (*reg*) Lagarto.

ardaleño -ña *adj* De Ardales (Málaga). *Tb n, referido a pers.*

ardeida *adj* (*Zool*) [Ave] zancuda de gran tamaño, de cuello largo y delgado y cuerpo comprimido lateralmente. *Frec como n f en pl, designando este taxón zoológico.*

ardentía *f* **1** Ardor, o calor intenso. ■ **2** Ardor de estómago. ■ **3** (*Mar*) Fosforescencia del agua del mar.

arder *intr* **1** Ser afectada [una cosa] en su sustancia por el fuego. **b)** Quemarse [algo], o destruirse a causa del fuego. *Tb pr* (~se). ■ **2** Estar [algo] muy caliente. **b)** **estar** [algo] **que arde.** (*col*) Encontrarse en una situación de gran tensión. ■ **3** Experimentar [alguien (*ci*)] ardor [2] [en alguna parte del cuerpo (*suj*)]. ■ **4** Estar [alguien] muy afectado [por un deseo o pasión (*compl* EN *o* DE + *n*, *o* POR + *infin*)]. **b)** Estar [un lugar] agitado [por algo (*compl* EN *o* DE)]. *Tb sin compl.* ■ **5** Descomponerse [una materia] por el calor o la humedad. *Tb pr* (~se). ■ **6 ir** [alguien] **que arde.** (*col*) Tener más que suficiente [con algo].

ardeviejas *f* (*raro*) Aulaga (planta).

ardid *m* Medio hábil o astuto para lograr algo.

ardido -da *adj* (*lit*) **1** [Pers.] valiente o intrépida. **b)** Propio de la pers. ardida. ■ **2** [Cosa] que implica valentía o intrepidez.

ardidoso -sa *adj* (*raro*) Hábil o astuto.

ardiente *adj* **1** Que arde [1, 2 y 3]. **b)** [Capilla] ~ → CAPILLA¹. ■ **2** Que causa ardor [2]. ■ **3** Impetuoso o vehemente. ■ **4** [Color] encendido o muy intenso.

ardientemente *adv* De manera ardiente [3].

ardilla *f* Mamífero roedor muy inquieto y ágil, con larga cola de pelo denso y suave (gén. *Sciurus*, *Ratufa* y otros). **b)** *Se usa frec en constrs de sent comparativo para ponderar la viveza y la agilidad, física y mental.* * El negocio lo llevaba su mujer, una auténtica ardilla.

ardillesco -ca *adj* De (la) ardilla.

ardimiento *m* (*lit*) Cualidad de ardido.

ardite I *m* (*hist*) **1** Moneda antigua castellana de poco valor. ■ **2 real (de)** ~. Moneda antigua catalana, equivalente a 30 maravedís castellanos.
II *loc pr* **3 un** ~. Nada. *Gralm con vs como* IMPORTAR *o* VALER. *Tb adv.*

ardor *m* **1** Calor intenso. ■ **2** Sensación de quemarse en una parte del cuerpo, esp. el estómago. ■ **3** Impetuosidad o vehemencia. **b)** Entusiasmo. ■ **4** Hecho de encontrarse [algo (*compl de posesión*)] en un momento de máxima tensión. *Gralm referido a lucha o disputa.*

ardora *f* (*Mar*) Modo de pescar haciendo ruido en la proa del barco para llevar hacia la red los peces que, como las sardinas, van en bancos y producen fosforescencia en el agua. *Frec en la loc* A LA ~. *Tb la misma fosforescencia.*

ardorosamente *adv* De manera ardorosa [1b].

ardoroso -sa *adj* **1** [Pers.] que tiene ardor [3]. **b)** Propio de la pers. ardorosa. ■ **2** Sumamente caliente o caluroso.

arduamente *adv* (*lit*) De manera ardua.

arduidad *f* (*lit*) Cualidad de arduo.

arduo -dua *adj* (*lit*) Difícil o que exige mucho esfuerzo.

área *f* **1** Superficie comprendida dentro de determinados límites. *Tb su medida.* **b)** (*Geom*) Superficie comprendida dentro de un perímetro. *Tb su medida.* ■ **2** Zona (parte de una superficie). *Frec con un adj o compl especificador.* **b)** Superficie que se distingue por determinados caracteres o que está destinada a una función dada. *Gralm con un adj o compl especificador.* **c)** (*Dep*) Zona marcada delante de la meta, en que las faltas se castigan con sanciones especiales. ■ **3** Ámbito o esfera. ■ **4** *En el sistema métrico decimal:* Unidad de medida agraria equivalente a 100 m².

areal *adj* De(l) área.

areata *adj* (*Med*) [Alopecia] rápida y completa en placas, debida a trastornos de nutrición.

areca *f Se da este n a varias palmeras del gén Areca, cultivadas a veces como ornamentales.*

arecolina *f* (*Quím*) Alcaloide que se extrae de la nuez de areca.

areito *m* (*hist*) Canto y danza populares de los antiguos indios de las Antillas.

arel *m* Criba grande para limpiar el trigo en la era.

a remotis (*lat; pronunc, /a-r̄emótis/*) *loc adv* (*lit*) Desde lejos.

arena I *f* **1** Materia constituida por partículas disgregadas de las rocas, esp. silíceas y calizas, que se encuentra pralm. en las orillas del mar y de los ríos y en los desiertos. *A veces en pl expresivo.* **b)** *Se usa frec en frases como* EDIFICAR SOBRE ~, *o* ESCRIBIR EN LA ~, *para ponderar la inconsistencia, o la poca firmeza o duración.* ■ **2** Tierra de calidad especial utilizada para fregar. ■ **3** (*E*) Materia constituida por pequeñas partículas [de un cuerpo sólido]. ■ **4** *En una plaza de toros, o en un circo o anfiteatro romanos:* Parte, cubierta de arena [1a], en que se desarrolla el espectáculo. *Frec fig, en constrs como* BAJAR, *o* SALTAR, A LA ~. **II** *adj* **5** [Color] beige dorado propio de la arena [1a]. *Tb n m.*

arenal *m* Terreno cubierto de arena [1a].

arenalo -la *adj* De El Arenal (Ávila). *Tb n, referido a pers.*

arenar *tr* (*raro*) Fregar con arena [2].

arenaria *f* Planta herbácea propia de terrenos arenosos, con flores pequeñas, blancas o rojas y fruto en cápsula (gén. *Arenaria*). **b)** **~ de mar.** Planta vivaz, carnosa, de flores blancas y fruto en cápsula rojiza, propia de arenales y dunas (*Honkenya peploides*).

arenca *f* (*reg*) Arenque.

arencar *tr* Salar y secar [pescado] al modo de los arenques.

arenense *adj* De Arenas de San Pedro (Ávila). *Tb n, referido a pers.*

arenero[1] -ra I *adj* **1** Que se dedica al transporte o comercio de arena [1a]. *Frec n, referido a pers.* **II** *n* **A** *m y f* **2** Pers. que vende arena [1a].

B *m* **3** Arenal. ■ **4** Lugar en que se pone arena [1a]. ■ **5** (*Taur*) Mozo encargado de igualar la arena [1a] del ruedo tras la lidia. **C** *f* **6** Lugar en que se extrae arena [1a] para su comercialización.

arenero[2] -ra *adj* **1** De Arenas de San Pedro (Ávila). *Tb n, referido a pers.* ■ **2** De Las Arenas (Vizcaya). *Tb n, referido a pers.*

arenga *f* Discurso destinado a enardecer los ánimos de los oyentes, esp. el dirigido por un jefe militar a sus soldados.

arengador -ra *adj* Que arenga. *Tb n, referido a pers.*

arengar *tr* Dirigir una arenga [a alguien (*cd*)].

arengario *m* Lugar destacado desde donde se habla al público o se presencia un desfile u otro acto similar.

arengatorio *m* Arengario.

arenilla *f* **1** Arena [1, 2 y 3] menuda. **b)** (*hist*) Arena menuda de hierro magnético utilizada para secar lo escrito. ■ **2** Grano de arena [1a]. ■ **3** Concreción de pequeño tamaño de las que se forman en las vías urinarias. *Frec en pl.*

arenisco -ca I *adj* **1** Que tiene mezcla de arena [1a]. ■ **2** De arenisca [3]. **II** *f* **3** Roca sedimentaria constituida por un conglomerado de granos de arena unidos por un cemento.

areniscoso -sa *adj* De (la) arenisca [3].

arenoso -sa *adj* **1** De (la) arena. ■ **2** Que tiene arena o alguna de las cualidades de la arena [1a].

arenque *m* Pez marino semejante a la sardina, que se consume esp. ahumado (*Clupea harengus*).

aréola (*tb* **areola**) *f* (*E*) Zona circular que rodea determinados puntos, esp. una herida o el pezón de la mama.

areolado -da *adj* (*E*) Que tiene aréolas.

areómetro *m* (*Fís*) Instrumento que sirve para medir la densidad de los líquidos y el grado de concentración de una disolución.

areopagita *m* (*hist*) Juez del Areópago.

areópago (*gralm con mayúscula en acep 1*) *m* **1** (*hist*) *En la antigua Atenas:* Tribunal supremo, con competencias también políticas. *Tb el lugar en que se reunía.* ■ **2** (*lit*) Asamblea de perss. con autoridad y competencia en una materia. *A veces con intención irónica.*

arepa *f* Empanadilla circular hecha con masa de maíz, propia de Canarias.

arequipeño -ña *adj* De Arequipa (Perú). *Tb n, referido a pers.*

arete *m* Pendiente en forma de aro.

aretino -na *adj* De Arezzo (Italia). *Tb n, referido a pers.*

arévaco -ca *adj* (*hist*) [Individuo] del pueblo prerromano habitante de los territorios correspondientes a parte de las actuales provincias de Soria y Segovia. *Frec como n m en pl.* **b)** De (los) arévacos.

arevalense *adj* De Arévalo (Ávila). *Tb n, referido a pers.*

arfada *f* (*Mar*) Acción de arfar.

arfar *intr* (*Mar*) Subir y bajar la proa [un barco].

arfueyo *m* (*reg*) Muérdago (planta).

argadillo *m* (*reg*) Cesto grande de mimbre.

argamasa *f* Mezcla de cal, arena y agua, usada en construcción para unir piedras o ladrillos o hacer revoques.

argamasar *tr* (*Constr*) Unir [algo] con argamasa.

argamasillero -ra *adj* De Argamasilla de Alba (Ciudad Real). *Tb n, referido a pers.*

argamasón *m* **1** Pedazo o conjunto de pedazos grandes de argamasa. ■ **2** Argamasa. *Tb fig.*

argamula *f* (*reg*) **1** Lengua de buey (planta). ■ **2** ~ **angosta.** Onoquiles (planta).

argán *m* Árbol de poca altura, de fruto comestible, de cuyas semillas se extrae aceite, y que crece en el norte de África y en Andalucía (*Calicotome villosa*).

arganda *m* Vino tinto de Arganda (Madrid).

argandeño -ña *adj* De Arganda (Madrid). *Tb n, referido a pers.*

arganeo *m* (*Mar*) Argolla del extremo superior de la caña del ancla.

argaña *f* (*reg*) **1** Arista de la espiga. ■ **2** Mata de tallos tortuosos y flores rojizas en racimos (*Erica ciliaris* y *E. cinerea*).

argárico -ca *adj* De El Argar (Almería). *Esp referido a una cultura prehistórica.*

argaya *f* (*reg*) Arista de la espiga.

argayo *m* (*reg*) Desprendimiento de tierras o de nieve.

argazo *m* Alga que, formando masas, flota en el mar y que se recoge para utilizarla como fertilizante. *Normalmente en pl.*

argelino -na *adj* **1** De Argelia. *Tb n, referido a pers.* ■ **2** (*col*) Del norte de África. *Tb n, referido a pers.*

argén *m* (*Heráld*) Color blanco o de plata. *Tb fig, fuera del ámbito técn.*

argentado -da *adj* (*lit*) **1** *part* → ARGENTAR. ■ **2** Plateado.

argentar *tr* (*lit*) Platear.

argente *m* (*lit, raro*) Plata.

argénteo -a I *adj* **1** (*lit*) De plata. **b)** [Gaviota] **argéntea** → GAVIOTA. II *m* **2** (*hist*) Denario de plata.

argentería *f* (*lit, raro*) Platería (conjunto de objetos de plata).

argéntico -ca *adj* (*Quím*) De (la) plata.

argentífero -ra *adj* Que contiene plata.

argentinamente *adv* De manera argentina² [2].

argentinidad *f* Condición de argentino¹ [1].

argentinismo *m* **1** Palabra o rasgo idiomático propios del español hablado en la Argentina o procedentes de él. ■ **2** Carácter argentino¹ [1].

argentinización *f* Acción de argentinizar.

argentinizar *tr* Dar carácter argentino¹ o exclusivamente argentino¹ [a algo (*cd*)].

argentino¹ -na I *adj* **1** De la República Argentina. *Tb n, referido a pers.* II *m* **2** Español hablado en la Argentina.

argentino² -na I *adj* **1** [Brillo o color] propio de la plata. ■ **2** (*lit*) Que suena como la plata. **b)** [Voz o risa] clara y sonora.

II *f* **3** Planta vivaz de tallo y hojas tomentosos y flores amarillas en corimbo (*Potentilla argentea*).

argentita *f* (*Mineral*) Mineral de sulfuro de plata, de color negruzco, que constituye la mejor mena de la plata.

argento *m* (*lit*) Plata.

arginasa *f* (*Biol*) Enzima hepática que descompone la arginina produciendo urea.

arginina *f* (*Quím*) Aminoácido esencial de las proteínas animales y vegetales, necesario para la nutrición.

argiritrosa *f* (*Mineral*) Pirargirita.

argirol *m* (*Med*) Polvo amorfo de plata, soluble en agua, que se usa en medicina, esp. en afecciones oculares.

argirosa *f* (*Mineral*) Argentita.

argivo -va *adj* (*hist*) De Argos o de la Argólida (ciudad y región de la antigua Grecia). *Tb n, referido a pers.*

argo *m* (*Quím*) Argón.

argólido -da *adj* (*hist*) De la Argólida (región de la antigua Grecia).

argolla *f* **1** Anilla gruesa, gralm. de hierro, que, fija en un sitio, sirve esp. para atar o sujetar. ■ **2** Juego consistente en hacer pasar por una argolla [1] fija en el suelo unas bolas de madera, impulsándolas por medio de unas palas cóncavas.

argollar *tr* (*raro*) Sujetar [algo o a alguien] con argolla [1]. *Tb fig.*

argollón *m* Argolla [1] grande.

árgoma *f* (*reg*) Arbusto espinoso de flores amarillas y fruto en legumbre (*Ulex europaeus* y *U. gallii*).

argomal *m* (*reg*) Terreno poblado de árgomas.

argón (*tb* **argon**) *m* (*Quím*) Gas noble, de número atómico 18, que entra en la composición del aire atmosférico.

argonauta *m* (*Mitol clás*) Héroe de los que navegaron con Jasón en busca del vellocino de oro. *Tb (lit) fig.*

argos (*frec con mayúscula*) *m* (*lit*) Pers. muy vigilante.

argot (*pronunc corriente*, /argó/ o /argót/; *pl normal*, ~s) *m* **1** Jerga de una profesión u oficio. **b)** Jerga de maleantes.

argótico -ca *adj* De(l) argot.

arguaje *m* (*reg*) Tursio (cetáceo).

argucia *f* Argumento hábil y sofístico. **b)** Truco o treta.

arguellado -da *adj* (*reg*) Desmedrado.

argüellado -da *adj* (*reg*) Desmedrado.

árguenas *f pl* (*reg*) Alforjas.

argüidor -ra *adj* Que arguye. *Tb n, referido a pers.*

arguila *f* (*jerg*) Pipa para fumar hachís.

argüir (*conjug* 48) **A** *tr* **1** Alegar. ■ **2** Denotar. **B** *intr* **3** Argumentar [1a].

argüitivo -va *adj* Argüidor. *Tb n.*

árguma *f* (*reg*) Árgoma (planta).

argumentación *f* Acción de argumentar. *Tb su efecto*. **b)** (*Filos*) Expresión de un razonamiento.

argumentador -ra *adj* Que argumenta. *Tb n, referido a pers*.

argumental *adj* De(l) argumento, *esp* [2].

argumentalmente *adv* **1** En el aspecto argumental. ■ **2** De manera argumental, o con argumentos [1].

argumentante *adj* Que argumenta.

argumentar **A** *intr* **1** Exponer argumentos [1]. **b)** Poner como argumento [algo (*compl* CON)]. **c)** Replicar.
B *tr* **2** Basar [algo en determinado argumento]. ■ **3** (*semiculto*) Argüir, o alegar [algo] como argumento.

argumentativo -va *adj* De la argumentación.

argumentista *m y f* **1** Argumentador. ■ **2** Autor del argumento [2] [de una obra].

argumento *m* **1** Razonamiento destinado a probar, refutar o justificar algo. ■ **2** Conjunto ordenado de los sucesos expuestos en una obra literaria, teatral o cinematográfica, o en una parte de ella. *Tb su exposición sumaria*. ■ **3** (*Mat*) Ángulo que forma con el eje horizontal el vector que representa un número complejo.

arhuaco -ca *adj* Del pueblo indígena colombiano habitante de la zona de Santa Marta. *Tb n, referido a pers*.

aria *f* Pieza cantada para una sola voz, que gralm. forma parte de una ópera, oratorio o cantata. *Tb* (*lit*) *fig*.

aricado *m* (*Agric*) Acción de aricar.

aricar *tr* (*Agric*) Dar [a un sembrado (*cd*)] una labor consistente en romper la costra de la tierra con azadilla, grada o rastra. *Tb abs*.

arico *m* (*reg*) Aricado.

aridecer (*conjug* 11) **A** *intr* **1** Hacerse árido. *Tb pr* (~se).
B *tr* **2** Hacer árido. *Tb fig*.

aridez *f* Cualidad de árido.

árido -da **I** *adj* **1** Seco, o falto de humedad. *Esp referido a terreno*. **b)** [Clima] de precipitaciones sumamente escasas. ■ **2** Falto de amenidad. ■ **3** Falto de sensibilidad o sentimiento.
II *m* **4** Materia en grano o en polvo que se mide con medidas de capacidad. ■ **5** (*Constr*) Arena, grava u otro material de relleno, que se mezcla con cal o cemento para hacer mortero u hormigón.

arienzo *m* (*hist*) **1** Medida de peso equivalente a 123 cg. ■ **2** *En la Edad Media*: Moneda castellana de plata, fraccionaria del sueldo.

aries (*frec escrito con mayúscula*) *adj* [Pers.] nacida bajo el signo de Aries. *Tb n*.

ariete *m* **1** (*Fút, lit*) Delantero centro. ■ **2** (*hist*) Máquina de guerra para demoler murallas, consistente en una gran viga reforzada con una pieza metálica, gralm. en forma de cabeza de carnero. ■ **3** (*Mar, hist*) Buque de guerra dotado de un fuerte espolón para embestir. *Tb* (*lit*) *fig*.

arietta (*it; pronunc corriente*, /ariéta/) *f* (*Mús*) Aria breve y de carácter ligero.

arilo *m* (*Bot*) Excrecencia que rodea algunas semillas.

ario -ria *adj* **1** [Individuo] del pueblo que en la antigüedad invadió el norte de la India, extendiéndose después por otras zonas de Asia y Europa. *Tb n*. ■ **2** [Individuo] indoeuropeo o indogermánico. *Tb n*. ■ **3** De (los) arios [1 y esp. 2]. **b)** Característico de los arios [2].

ariscar *tr* (*raro*) Dar carácter arisco [3] [a alguien o algo (*cd*)].

arisco -ca *adj* **1** [Pers. o animal] de trato difícil y poco afectuoso. *Tb fig, referido a cosa*. ■ **2** (*lit*) [Terreno] cuyo relieve o vegetación lo hacen difícil o desapacible. ■ **3** Propio de la pers., animal o terreno ariscos [1 y 2].

arisquez *f* Cualidad de arisco.

arista **I** *f* **1** Línea de intersección de dos planos, considerada por su parte exterior. *Tb fig*. ■ **2** Filamento tieso, largo y delgado, propio esp. de las gramíneas. ■ **3** *En pl*: Asperezas o dificultades.
II *loc adj* **4** (de o por) ~. (*Arquit*) [Bóveda] originada por dos cañones semicilíndricos que se cortan entre sí.

aristado -da *adj* **1** *part* → ARISTAR. ■ **2** Que tiene aristas, esp. pronunciadas. *Tb fig*.

aristar *tr* Hacer o marcar aristas [1] [a algo (*cd*)].

aristarco (*a veces con mayúscula*) *m* (*lit*) Crítico excesivamente severo.

aristocracia *f* **1** Clase social constituida por los nobles. **b)** Conjunto de perss. que sobresalen en un campo determinado. *Gralm con un adj o compl especificador*. ■ **2** Cualidad de aristócrata o de aristocrático. ■ **3** (*hist*) Régimen de gobierno en que el poder es ejercido por los más notables.

aristócrata *adj* Perteneciente a la aristocracia [1]. *Gralm n, referido a pers*.

aristocráticamente *adv* De manera aristocrática.

aristocraticismo *m* **1** Condición de aristocrático. ■ **2** Tendencia a valorar lo aristocrático o selecto con desprecio de lo popular.

aristocraticista *adj* Que valora o prefiere lo aristocrático o selecto con desprecio de lo popular. *Tb n, referido a pers*.

aristocrático -ca *adj* **1** De (la) aristocracia [1 y 3]. ■ **2** Distinguido o refinado.

aristocratismo *m* Aristocraticismo.

aristocratizante *adj* Que tiende a (lo) aristocrático.

aristocratizar *tr* Dar carácter aristocrático [a alguien o algo (*cd*)]. *Tb abs*.

aristofobia *f* (*lit, raro*) Odio a los mejores.

aristoloquia *f* Se da este n a las plantas del gén *Aristolochia*, perennes, herbáceas o arbustivas y frec trepadoras, con flores tubulares muy vistosas, que frec se cultivan como ornamentales. *A veces con un adj o compl especificador*: ~ HEMBRA O REDONDA (*A. rotunda*), ~ LARGA O MACHO (*A. longa*), ~ MENOR O TENUE (*A. pistolochia*), etc.

aristoloquiácea *adj* (*Bot*) [Planta] herbácea o leñosa, frec. trepadora, de flores vistosas y fruto en cápsula, propia de las regiones tropicales. *Frec como n f en pl*, designando este taxón botánico.

aristón[1] *m* (*Arquit*) Arco de una bóveda de crucería, esp. diagonal.

aristón[2] m (*Mús*) Instrumento de manubrio, en que el sonido se produce por la vibración de unas lengüetas metálicas previa aplicación de un disco perforado.

aristoso -sa adj (*raro*) Que tiene muchas aristas [1].

aristotélicamente adv De manera aristotélica.

aristotélico -ca adj **1** De Aristóteles († 322 a.C.) o del aristotelismo. ■ **2** Seguidor de la filosofía de Aristóteles. *Tb n*.

aristotelismo m (*Filos*) Doctrina de Aristóteles y de sus seguidores.

aritenoides adj (*Anat*) [Cartílago] de la parte posterior de la laringe, que se articula por su base con el cricoides. *Tb n m*.

aritméticamente adv De manera aritmética.

aritmético -ca I adj **1** De (la) aritmética [5]. ■ **2** (*Mat*) [Media] que se obtiene dividiendo la suma de varias cantidades por el número de las mismas. ■ **3** (*E*) [Progresión] en que cada dos términos consecutivos hay una diferencia constante. ■ **4** (*Mat*) [Razón] de dos cantidades, una de las cuales ha de restarse a la otra. **II** f **5** Parte de las matemáticas que estudia los cálculos numéricos.

aritmología f (*E*) Ciencia de los números.

arizónica f Planta ornamental de la familia del ciprés, utilizada esp. en setos (*Cupressus arizonica*).

arjonero -ra adj De Arjona (Jaén). *Tb n, referido a pers*.

arjonillero -ra adj De Arjonilla (Jaén). *Tb n, referido a pers*.

arlequín m **1** Pers. disfrazada de Arlequín (personaje de la pantomima), con traje de rombos de distintos colores. ■ **2** (*col*) Pers. informal y despreciable.

arlequinada f Obra teatral en que Arlequín desempeña el principal papel.

arlequinado -da adj Vestido de colores a la manera del arlequín [1].

arlesiano -na adj De Arlés (Francia). *Tb n, referido a pers*.

arlo m Agracejo (planta). *Tb su fruto*.

arma I f **1** Instrumento que sirve para atacar o defenderse. *Frec con un adj o compl especificador:* OFENSIVA, DEFENSIVA, BLANCA, DE FUEGO, ATÓMICA, *etc* (→ OFENSIVO, DEFENSIVO, *etc*). **b)** Medio natural de que dispone una pers. o un animal para atacar o defenderse. *Tb fig, referido a cosa*. **c)** Medio utilizado para conseguir algo que implica lucha u oposición. *A veces con compls o adjs como* DE DOS FILOS, ARROJADIZA, *etc*. ■ **2** Parte del ejército caracterizada por una función particular. *Gralm con un compl especificador:* DE INFANTERÍA, DE ARTILLERÍA, DE INGENIEROS, *etc*. ■ **3** *En pl:* Ejército. ■ **4** *En pl:* Profesión o actividad de militar. *Frec en oposición a* LETRAS. *Tb (lit) fig*. ■ **5** *En pl:* Signos heráldicos del escudo [de un linaje, una población o un país]. *Tb el mismo escudo*. **II** *loc adj* **6 de ~s.** [Hombre o hecho] militar o guerrero. ■ **7 de ~s.** (*hist*) [Maestro] que enseña el arte de la esgrima. ■ **8** [Patio] **de ~s,** [plaza] **de ~s,** [rey] **de ~s** → PATIO, PLAZA, REY. ■ **9 de ~s tomar.** (*col*) [Pers.] decidida y de carácter fuerte. **III** *loc v y fórm or* **10 abandonar, dejar,** o **deponer, las ~s.** Cesar en la lucha armada. ■ **11 alzar,**

o **levantar, en ~s** → ALZAR, LEVANTAR. ■ **12 descansar ~s** → DESCANSAR. ■ **13 hacer** [alguien] **sus primeras ~s.** (*lit*) Iniciarse en una profesión determinada. *Gralm con un adj o compl especificador, que a veces se omite por consabido*. ■ **14 pasar por las ~s.** *En tiempo de guerra:* Fusilar. **b)** (*col*) Poseer sexualmente [a una mujer]. ■ **15 presentar ~s.** Rendir honores militares, poniendo el fusil ante el pecho con el disparador hacia fuera. ■ **16 rendir ~s** → RENDIR. ■ **17 tomar, coger,** o **empuñar, las ~s.** Iniciar la lucha armada. ■ **18 velar las ~s.** (*hist*) Hacer centinela por la noche ante las armas [el que ha de ser armado caballero]. *Frec fig*. ■ **19 y ~s al hombro.** (*col, raro*) Se usa como remate de una frase para marcar el valor desp del n al que sigue. **IV** *loc adv* **20 con ~s y bagajes.** Completamente. *Con vs como* RENDIRSE o PASARSE. *Tb adj*. ■ **21 en ~s.** En guerra. ■ **22 sobre las ~s.** En disposición para la lucha. *Frec con los vs* ESTAR o PONER(SE). *Tb adj*. **V** *interj* **23 a las ~s.** Se usa para ordenar o incitar a alguien a que tome las armas [17].

armada f **1** Conjunto de fuerzas navales [de un estado]. ■ **2** Conjunto de barcos de guerra. ■ **3** (*Caza*) Conjunto de cazadores que ocupan una determinada línea de terreno.

armadía f Almadía (conjunto de maderas que se transportan flotando).

armadijo m (*hist*) Trampa para cazar animales.

armadillo m Mamífero desdentado propio de América del Sur, cuyo cuerpo está cubierto de un caparazón óseo con escamas córneas, que le permite arrollarse como una bola (gén. *Dasypus*).

armado[1] **-da** I adj **1** *part* → ARMAR. ■ **2** [Cuerpo militar o de seguridad] cuyos miembros llevan armas [1a]. *A veces en denominaciones oficiales*. **b)** [Grupo] que tiene o utiliza armas. ■ **3** [Animal o cosa] provistos de armas [1b]. *A veces con un compl* DE o CON, *que expresa el arma*. **b)** (**bien**) **~.** (*col*) [Pers.] de atributos sexuales muy desarrollados. ■ **4** Que se realiza utilizando armas [1a]. ■ **5** [Cemento] **~,** [hormigón] **~,** [cable] **~,** *etc* → ARMAR [3]. **II** m **6** (*reg*) Hombre vestido de antiguo soldado romano, que acompaña los pasos en las procesiones de Semana Santa. **III** *loc adv* **7 a mano armada** → MANO.

armado[2] m Acción de armar [3 y 5].

armador -ra adj Que arma [2] un navío para la explotación comercial del mismo. *Frec n m, referido a pers; f, referido a empresa*.

armadura f **1** Armazón. **b)** (*Arquit*) Conjunto de piezas de madera o hierro que forman el soporte de la cubierta de un edificio. **c)** (*Constr*) Conjunto de varillas y barras de hierro del hormigón armado. ■ **2** (*Electr*) Conductor de los dos que, separados por un aislante, constituyen un condensador eléctrico. **b)** *En un electroimán:* Barrita que une los dos polos y cierra el circuito. ■ **3** (*hist*) Conjunto de piezas de hierro con que se cubre el cuerpo del guerrero para su defensa. ■ **4** (*raro*) Acción de armar.

armagnac (*fr; pronunc corriente,* /armañák/) m Armañac.

armaje m (*reg*) Armazón que se pone al carro para aumentar su capacidad, protegiendo la carga con una red.

armajo m (*reg*) Barrilla (planta).

armamentismo *m* Actitud favorable a incrementar y perfeccionar el armamento.

armamentista *adj* De(l) armamento [1a].

armamentístico -ca *adj* De(l) armamento [1a].

armamento *m* **1** Armas o conjunto de armas [1a]. **b)** (*Taur*) Cornamenta. ▪ **2** Acción de armar.

armante *m* (*reg*) Armazón.

armañac *m* Aguardiente de uva que se fabrica en Armagnac (Gascuña, Francia). *Tb la copa de este licor.*

armar I *v* A *tr* **1** Proveer de arma(s) [1a] [a alguien o algo (*cd*)]. *Frec el cd es refl.* **b)** Poner o vestir las armas [a alguien (*cd*)]. *Frec el cd es refl.* **c)** ~ **caballero** [a alguien]. (*hist*) Vestir[le] las armas para dar[le] entrada en la orden de la caballería. ▪ **2** Proveer [a una embarcación] de todo lo necesario para su cometido. *Tb abs.* ▪ **3** Proveer [a algo] de una armadura o refuerzo. *Gralm en part.* ▪ **4** Poner [determinadas armas] en disposición de ser utilizadas. *Tb abs.* ▪ **5** Unir adecuadamente las distintas piezas [de algo (*cd*)] de modo que quede dispuesto para su utilización. ▪ **6** Organizar [algo, esp. ruidos, líos o peleas]. *Frec en constrs como* ~LA, *o* ~ LA DE DIOS (ES CRISTO). **b)** *pr* (~se) Organizarse [algo]. ▪ **7** (*E*) Poner [oro o plata (*compl* DE) sobre otro metal (*cd*)].

B *intr pr* (~**se**) **8** Coger o empuñar [alguien] un arma [1a]. ▪ **9** Proveerse [de algo, esp. de un arma, de un utensilio o de una cosa útil o necesaria]. **b)** Hacer acopio [de valor, paciencia o algo similar]. ▪ **10** (*col*) Ponerse [un hombre] en erección. *Tb* (*reg*) *no pr* (~).

II *loc adj* **11 de ~**. (*E*) [Carpintero o carpintería] de entramados y armazones para las construcciones.

armario *m* Mueble con baldas o perchas en su interior y cerrado con puertas, que se utiliza para guardar ropa o cualquier tipo de objetos. *Frec con un adj o compl especificador:* ROPERO, DE COCINA, DE HERRAMIENTAS, *etc.* **b)** Espacio cerrado, con la misma disposición y usos del armario mueble, que se hace aprovechando un hueco o las paredes de una habitación. *Frec* ~ EMPOTRADO.

armatoste *m* **1** (*desp*) Objeto, esp. mueble, excesivamente grande o que resulta un estorbo. ▪ **2** (*reg*) Armazón de madera.

armazón *m o f* Pieza o conjunto de piezas que constituyen el sostén [de algo] o sirven para darle rigidez o resistencia. *Tb fig.*

armella *f* Anilla metálica que se prolonga en una espiga o tornillo para fijarla.

Armenia. de ~. *loc adj* [Papel] que se quema lentamente desprendiendo un perfume característico. **b)** [Bol] **de ~** → BOL².

armenio -nia I *adj* **1** De Armenia (región de Asia o república de la antigua U.R.S.S.). *Tb n, referido a pers.* ▪ **2** [Iglesia] cristiana surgida en Armenia en el s. IV, de liturgia y dogmas similares a los de la Iglesia ortodoxa. **b)** De (la) Iglesia armenia. *Tb n, referido a pers.*
II *m* **3** Lengua de los armenios [1].

armeno -na *adj* (*raro*) Armenio.

armeria. ~ de mar. *f* Planta vivaz de hasta 30 cm, hojas lineares y flores blancas o rosas en cabezuela, frecuente en los acantilados (*Armeria maritima*).

armería *f* **1** Tienda en que se venden armas [1a]. ▪ **2** Fábrica o taller de armas [1a]. ▪ **3** Lugar en que se guardan y a veces se exponen armas [1a].

armero -ra I *adj* **1** De (las) armas [1a]. **b)** [Maestro] ~ → MAESTRO. ▪ **2** De (las) armas [5] o de(l) escudo de armas.
II *m* **3** Fabricante de armas [1a]. ▪ **4** Vendedor de armas [1a]. ▪ **5** *En determinados lugares:* Hombre encargado de custodiar y mantener en buen estado las armas [1a]. ▪ **6** Mueble o dispositivo para tener las armas [1a].

armilar. esfera ~ → ESFERA.

armiñar *tr* (*raro*) Cubrir de armiño.

armiño *m* **1** Mamífero carnicero de unos 40 cm de longitud, con pelaje blanco en invierno y pardo en verano, excepto la punta de la cola, que siempre es negra (*Mustela erminea*). *Tb su piel.* **b)** *Se usa frec en constrs de sent comparativo para ponderar la blancura.* ▪ **2** (*Heráld*) Figura esquemática de la piel del armiño [1], negra sobre campo de plata, compuesta por tres puntos negros dispuestos en triángulo del que pende una cola que acaba en puntas.

armisticio *m* Acuerdo de suspensión de hostilidades entre los beligerantes, previo a un acuerdo definitivo de paz. *Tb fig.*

armón *m* (*Mil*) Pieza constituida básicamente por un eje y dos ruedas, que se une a la cureña para facilitar el transporte de las piezas de artillería. *Frec* ~ DE ARTILLERÍA.

armonía (*tb, raro, con la grafía* **harmonía**) *f* **1** Relación existente entre las distintas partes o elementos de un todo, por la cual este resulta grato a los sentidos o a la mente. ▪ **2** Buena relación entre personas o grupos. ▪ **3** (*Mús*) Arte de formar y enlazar los acordes. **b)** Conjunto de acordes que acompañan a una melodía. **c)** Modo (disposición) de los intervalos dentro de una escala. ▪ **4** (*raro*) Música.

armónicamente *adv* De manera armónica [1 y 2].

armónico -ca I *adj* **1** De (la) armonía. ▪ **2** Que tiene o muestra armonía [1 y 2]. ▪ **3** (*Acúst*) [Sonido] secundario cuya frecuencia es múltiplo de un sonido fundamental. *Frec n m.*
II *f* **4** Pequeño instrumento de viento constituido por una serie de lengüetas fijas en una placa de metal y encerradas en una estructura de madera, y que se toca soplando o aspirando. ▪ **5 armónica química.** (*Quím*) Sonido que se produce al hacer arder hidrógeno en un tubo abierto por sus dos extremos.

armonio *m* Instrumento músico semejante al órgano, cuyo sonido se produce por la vibración de unas lengüetas libres mediante el aire insuflado por unos fuelles accionados por pedales.

armoniosamente *adv* De manera armoniosa.

armonioso -sa (*tb, raro, con la grafía* **harmonioso**) *adj* Que tiene o muestra armonía [1 y 2].

armonismo *m* (*raro*) Armonía [1].

armonista *m y f* Músico especialista en armonía [3].

armónium (*pl normal,* ~S) *m* Armonio.

armonizable *adj* Que se puede armonizar.

armonización *f* Acción de armonizar. *Tb su efecto.*

armonizado -da *adj* **1** *part* → ARMONIZAR. ■
2 (*raro*) Armonioso.

armonizador -ra *adj* Que armoniza. *Tb n, referido a pers.*

armonizar (*tb, raro, con la grafía* **harmonizar**)
A *tr* **1** Poner en armonía [dos o más perss. o cosas, o
una con otra], o hacer que formen un conjunto armónico. **b)** *pr* (~**se**) Ponerse en armonía, o pasar a
formar un conjunto armónico. ■ **2** (*Mús*) Dotar de
los acordes correspondientes [a una melodía (*cd*)]. ■
3 Acompañar [algo] con música.
B *intr* **4** Estar en armonía [dos o más perss. o
cosas, o una con otra]. *Tb pr* (~**se**).

armorial *m* Libro en que se registran los escudos
de armas de un país, de una región o provincia o de
una familia.

armoricano -na *adj* **1** De Armórica (antigua
región francesa correspondiente a la actual
Bretaña). ■ **2** (*Geol*) [Cuarcita] que ocupa la base
del Silúrico y alcanza su máximo desarrollo en
Asturias.

armuelle *m Se da este n a varias plantas herbáceas del gén Atriplex, frecuentes en cultivos y escombreras, y alguna de las cuales se come como verdura.
Frec con un adj especificador:* ~ COMÚN *o* ANGOSTO (*A. patula*), ~ HORTENSE (*A. hortense*), ~ BRILLANTE (*A. nitens*), ~ SILVESTRE (*A. hastata*), *etc.*

armuñés -sa *adj* De la Armuña (comarca de
Salamanca). *Tb n, referido a pers.*

ARN (*pronunc,* /á-éře-éne/) *m* (*Biol*) Ácido ribonucleico.

arnedano -na *adj* De Arnedo (Logroño). *Tb n, referido a pers.*

arnés *m* **1** Conjunto de piezas y correajes que se
ponen a las caballerías para que tiren de los carruajes o para montarlas o cargarlas. *Tb en pl con sent
sg. Tb fig.* ■ **2** Conjunto de correas o tirantes que
se ajusta al cuerpo y se utiliza como sujeción. ■
3 (*hist*) Armadura (del guerrero).

arnesero *m* (*raro*) Fabricante de arneses [1].

árnica *f* **1** Planta herbácea de flores amarillas en
capítulos, usada en medicina como estimulante cardíaco y en el tratamiento de torceduras y contusiones (*Arnica montana*). ■ **2** Esencia de árnica [1],
usada esp. en tintura. ■ **3** (*col*) Ayuda o socorro en
una situación apurada. *Gralm con el v* PEDIR.

aro¹ I *m* **1** Pieza u objeto en forma de circunferencia. **b)** Anillo matrimonial. **c)** (*Balonc*) Aro [1a] de
metal que, con la red que pende de él, constituye la
canasta. *Frec designa el conjunto de aro y red.* **d)**
(*hoy raro*) Juguete que consiste en un aro [1a] que
se hace rodar con un palo.
II *loc v* **2 pasar, o entrar, por el ~.** (*col*) Aceptar
algo que no gusta o que en principio se rechazaba.

aro² *m* **1** Planta herbácea de hojas de pecíolo largo,
espata grande y espádice amarillo o rojizo (*Arum
italicum y A. maculatum*). *La última especie, tb* ~
MANCHADO. ■ **2** ~ **de Etiopía.** Cala (planta).

arocho -cha *adj* (*reg*) [Jabalí] de una raza pequeña pero muy feroz. *Tb n.*

aroma *m* Olor agradable. *A veces con intención
irónica.*

aromado -da *adj* **1** *part* → AROMAR. ■ **2** Que
tiene aroma. *Tb* (*lit*) *fig.*

aromar *tr* Aromatizar. *Tb abs.*

aromáticamente *adv* De manera aromática [1].

aromaticidad *f* (*E*) Condición de aromático.

aromático -ca *adj* **1** Que tiene aroma. ■ **2**
(*Quím*) [Compuesto orgánico] en cuya molécula figuran uno o más núcleos bencénicos.

aromatización *f* Acción de aromatizar. *Tb su
efecto.*

aromatizador -ra *adj* Que aromatiza.

aromatizante *adj* [Sustancia] que aromatiza
[1a]. *Tb n m.*

aromatizar *tr* Comunicar aroma [a alguien o algo
(*cd*)]. **b)** Aplicar [a algo (*cd*)] una sustancia aromática [1] (*compl* CON *o* DE).

aromoso -sa *adj* Aromático [1].

arosano -na *adj* De la ría de Arosa (Pontevedra).
Tb n, referido a pers.

arpa¹ *f* Instrumento músico de forma triangular,
provisto de cuerdas verticales de distinta longitud,
que se pulsan con ambas manos.

arpa² *f* (*reg*) Herramienta que consiste en un palo
rematado por dos o más dientes de hierro.

arpa³ *f* (*reg*) Grapa, esp. la empleada para unir barro o porcelana.

arpado -da (*tb con la grafía* **harpado**) *adj* (*raro*)
Que remata en dientecillos como de sierra.

arpadura *f* (*reg*) Acción de arpar(se). *Tb su efecto.*

arpar *tr* (*reg*) Abrir o rajar. **b)** *pr* (~**se**) Abrirse o
rajarse.

arpear *intr* (*reg*) Alpear.

arpegiado *m* (*Mús*) Acción de arpegiar.

arpegiar (*conjug* **1a**) *tr* (*Mús*) Ejecutar en arpegios.

arpegio *m* (*Mús*) Acorde cuyas notas se ejecutan
en sucesión rápida y no simultáneamente.

arpía (*tb, raro, con la grafía* **harpía**) *f* **1** Mujer
malvada o de mala condición. *Frec usado como insulto. Tb adj.* ■ **2** (*Mitol clás*) Monstruo fabuloso
con rostro de mujer y cuerpo de ave de rapiña.

arpillera (*tb con la grafía* **harpillera**) *f* Tejido de
estopa basta empleado esp. para embalajes. **b)**
Pieza de arpillera.

arpista *m y f* Músico que toca el arpa¹.

arpístico -ca *adj* De(l) arpa¹.

arpón *m* **1** Instrumento puntiagudo, gralm. de hierro o acero, con uno o más ganchos, que, sujeto a un
mástil, se lanza a mano o por otro medio y se usa
esp. en la captura de cetáceos. **b)** (*Taur*) Punta de
hierro que constituye el remate de las banderillas o
de los rejones. ■ **2** (*Grafología*) Rasgo en forma de
gancho.

arponear *tr* Lanzar y clavar el arpón [1a] [a un
animal (*cd*)].

arponero *m* Marinero que lanza el arpón [1a].

arqueada *f* (*raro*) Arcada (movimiento violento
del estómago).

arqueado -da *adj* **1** *part* → ARQUEAR. ■ **2** Curvado. ■ **3** (*Arquit*) Que tiene arcos.

arqueamiento *m* Acción de arquear(se). *Tb su
efecto.*

arquear *tr* Doblar en forma de arco. **b)** *pr* (~**se**)
Doblarse en forma de arco

arquebacteria f (Biol) Arqueobacteria.

arquegonio m (Bot) Órgano sexual femenino en forma de botella, propio de algunas plantas, esp. las briofitas.

arqueo[1] m Acción de arquear(se). Tb su efecto.

arqueo[2] m (Com) Balance (confrontación del activo y el pasivo para averiguar el estado de un negocio). Tb fig, fuera del ámbito técn. **b)** (raro) Recuento de dinero.

arqueo[3] m (Mar) Volumen o capacidad de una embarcación.

arqueobacteria f (Biol) Microorganismo de origen muy antiguo, similar a las bacterias pero de organización celular totalmente diferente.

arqueolítico -ca adj (Prehist) [Período] más antiguo de la Edad de Piedra. Tb n m.

arqueología f Estudio de las civilizaciones antiguas, a través del análisis de los restos de las diferentes culturas.

arqueológicamente adv De manera arqueológica.

arqueológico -ca adj De (la) arqueología o de su objeto. A veces fig, con intención ponderativa de la antigüedad.

arqueologismo m (raro) Tendencia a referirse a hechos o elementos de un pasado muy remoto. Tb la actitud correspondiente.

arqueólogo -ga m y f Especialista en arqueología.

arqueomagnetismo m (Arqueol) Técnica para datar ciertos objetos de cerámica, mediante la medida del grado en que han sido magnetizados por el campo magnético terrestre.

arquería f (Arquit) Serie o conjunto de arcos.

arquerío m (reg) Arquería.

arquero[1] **-ra A** m y f **1** Tirador con arco (arma). ■ **2** (Dep, lit) Portero.
B m **3** (hist) Soldado que lucha con arco y flechas. ■ **4** (hoy raro) En la Organización Juvenil falangista: Flecha de edad inmediatamente anterior a la de cadete.

arquero[2] m (raro) Cajero (pers. encargada de la caja).

arquesporio m (Bot) Célula o conjunto de células que dan lugar a las células madres de las esporas.

arqueta f **1** Caja en forma de arca (mueble). ■ **2** Arca de agua de proporciones reducidas.

arquetípico -ca adj De(l) arquetipo.

arquetipo m Tipo o modelo ideal [de algo].

arquiatra m (hist) Médico que es el primero entre sus colegas.

arquibanco m Mueble que consiste en un banco, con o sin respaldo, cuyo asiento es la tapa de un arca.

arquicórtex m (Anat) Parte más antigua del cerebro.

arquifonema m (Fon) Archifonema.

arquigénesis f (Biol) Generación espontánea (nacimiento de organismos a expensas de la materia no viva).

arquilla f **1** dim → ARCA. ■ **2** (reg) Arqueta (arca de agua).

Arquímedes. tornillo de ~ → TORNILLO.

arquimesa f (hist) Mueble compuesto por una mesa y un cuerpo superior con cajones.

arquimiceto adj (Bot) [Hongo] unicelular, gralm. desnudo y con movimiento ameboide, que vive parásito de otras plantas. Frec como n m en pl, designando este taxón botánico.

arquíptero adj (Zool) Odonato. Tb n.

arquitecto -ta m y f **1** Pers. capacitada oficialmente para ejercer la arquitectura. **b)** ~ técnico. Aparejador. ■ **2** (lit) Artífice o forjador [de algo].

arquitectónicamente adv **1** De manera arquitectónica. Tb fig. ■ **2** En el aspecto arquitectónico.

arquitectónico -ca I adj **1** De (la) arquitectura [1 y 2].
II f **2** (raro) Arquitectura [1 y 2]. Tb fig.

arquitectura f **1** Arte y técnica de proyectar y construir edificios y monumentos. **b)** Arte y técnica de proyectar y construir determinado tipo de obras. Con un adj especificador: NAVAL, MILITAR, etc. ■ **2** Diseño o estructura [de una construcción]. **b)** Estructura [de alguien o algo]. ■ **3** Obra de arquitectura [1]. Tb con sent colectivo. ■ **4** Elemento arquitectónico representado pictórica o escultóricamente. Gralm en pl.

arquitecturación f Acción de arquitecturar.

arquitectural adj De la arquitectura [1 y 2, esp. 2b].

arquitecturalmente adv En el aspecto estructural.

arquitecturar tr Estructurar.

arquitrabado -da adj (Arquit) Que tiene arquitrabe.

arquitrabe m (Arquit) Parte inferior del entablamento, que descansa directamente sobre la columna.

arquivolta f (Arquit) Cara frontal decorada de un arco. **b)** En pl: Conjunto de arcos, concéntricos y dispuestos en forma abocinada, en un pórtico.

arrabá m (Arquit) Adorno que circunscribe el arco de puertas y ventanas de estilo árabe.

arrabal m Barrio de las afueras o de los extremos de una población. Frec en pl. **b)** En pl: Afueras.

arrabalero -ra adj **1** De(l) arrabal o de (los) arrabales. ■ **2** (desp) Grosero o mal educado. Tb n, referido a pers, esp mujer.

arrabio m (Metal) Hierro bruto obtenido en los altos hornos en la primera fusión.

arracada f (hoy raro) Pendiente con adornos colgantes.

arracimado -da adj **1** part → ARRACIMARSE. ■ **2** Que tiene forma de racimo.

arracimarse intr pr Juntarse en grupos apretados. Tb fig.

arraclán[1] m Arbusto de hoja caduca, flores verdosas y frutos rojos, frecuente en los bosques, y cuya corteza se usa como purgante (Rhamnus frangula).

arraclán[2] m (reg) Escorpión o alacrán.

arradio m (pop) Radio (aparato).

arráez m **1** (Mar) Capitán de almadraba. ■ **2** (hist) Capitán de una embarcación musulmana.

arraigadamente *adv* De manera arraigada.

arraigadas *f pl* (*Mar*) Cabos o cadenas que sujetan los obenques de los masteleros.

arraigado -da *adj* 1 *part* → ARRAIGAR. ■ 2 Firme o estable.

arraigamiento *m* (*raro*) Arraigo.

arraigar (*conjug* 1e) A *intr* 1 Echar raíces [una planta o esqueje en un lugar]. ■ 2 Establecerse [alguien] de manera fija [en un lugar]. *Tb fig.* ■ 3 Hacerse firme y difícil de extirpar [algo no material, esp. una idea o una costumbre]. *Frec en part.*
B *tr* 4 Hacer que [algo (*cd*)] arraigue [3]. ■ 5 Establecer de manera fija [algo en un lugar].

arraigo *m* Acción de arraigar. *Frec su efecto.*

arrambar *intr* (*reg*) Arrimarse, esp. en el baile.

arramblador -ra *adj* (*col*) Que arrambla. *Tb n, referido a pers.*

arramblar (*col*) A *intr* 1 Llevarse [algo (*compl* CON)] de manera codiciosa o indebida. *Tb fig.*
B *tr* (*raro*) 2 Coger y llevarse [algo] de manera codiciosa o indebida.

arramplar *intr* (*col*) Arramblar. *Tb tr.*

arranarse *intr pr* (*reg*) Encogerse [alguien].

arrancada *f* 1 Acción de arrancar(se), *esp* [8]. *Tb fig.* ■ 2 (*Mar*) Velocidad notable alcanzada por una embarcación en su marcha. ■ 3 (*reg*) Última ronda de copas.

arrancado *m* Acción de arrancar [1].

arrancador -ra I *adj* 1 Que arranca [1]. *Frec n, m o f, referido a pers y a aparato o máquina.*
II *m* 2 (*Mec*) Motor que sirve para poner en marcha a otro.

arrancamiento *m* Acción de arrancar [1].

arrancamoños *m* Fruto del cadillo.

arrancar A *tr* 1 Sacar de raíz [algo]. *Tb abs.* b) Separar totalmente y con violencia [algo] del sitio en que está fijo. c) Separar totalmente y con violencia [algo o a alguien de la pers. que los tiene o del lugar en que están (*compl* DE o *ci*)]. ■ 2 Sacar [a alguien de un lugar (*compl* DE o *ci*) contra su voluntad. *Frec en constr neg de carácter ponderativo.* b) Sacar [a alguien] contra su voluntad [de un estado, una situación o una actividad (*compl* DE o *ci*)]. c) *En gral:* Sacar. ■ 3 Hacer desaparecer por completo [algo inmaterial, esp. una costumbre o una idea (*cd*), de una pers. o de un lugar (*compl* DE o *ci*)]. *Tb sin el segundo compl.* ■ 4 Obtener o conseguir [algo de alguien o algo (*compl* DE o *ci*)] con habilidad, esfuerzo o violencia. *Tb sin el segundo compl.* b) Hacer que se produzca [algo que habitualmente es difícil de conseguir, en alguien o algo (*compl* DE o *ci*)]. *Tb sin el segundo compl.* ■ 5 Poner en marcha [un vehículo]. ■ 6 Desprender y expulsar [flemas]. *Frec abs.*
B *intr* 7 Empezar a andar o funcionar [un vehículo o una máquina, o la pers. que los conduce o maneja]. ■ 8 Empezar a andar o correr [una pers. o un animal] de manera repentina. *Frec pr* (~se), *con intención expresiva.* b) (*Taur*) Echar a correr [el toro] para acometer. *Frec pr* (~se). ■ 9 Comenzar [algo, esp. una acción (A + *infin*, o, *más raro, compl* CON o *ger*)], frec. de manera repentina. *Tb pr* (~se). *Tb sin compl.* b) Decidirse. *Tb pr* (~se). ■ 10 Irse o marcharse [de un sitio]. *Tb pr* (~se). *Tb sin compl.*
■ 11 Tener origen o principio [una cosa en otra (*compl* DE)].

arranchado *m* (*Mar*) Acción de arranchar.

arranchar *tr* (*Mar*) Poner [algo] en orden.

arranciar (*conjug* 1a) *tr* Enranciar. *Tb pr* (~se). *Tb fig.*

arranque *m* 1 Acción de arrancar [1 y esp. 5 y 7]. ■ 2 Punto en que comienza [algo (*compl de posesión*), esp. un arco o bóveda, o un miembro]. ■ 3 Decisión o empuje. ■ 4 Acción o decisión repentina. b) Acometida violenta y repentina [de un sentimiento o de un estado de ánimo]. ■ 5 Plato típico gaditano semejante al gazpacho.

arrapar *tr* (*raro*) Arrebatar o quitar con violencia.

arrapiezo *m* (*lit, desp*) Chico o muchacho.

arras *f pl* 1 Conjunto de las trece monedas que el desposado entrega a la desposada durante la ceremonia del matrimonio. ■ 2 (*Der*) Señal, o cantidad que se entrega como garantía.

arrasador -ra *adj* Que arrasa [1 y 2].

arrasamiento *m* Acción de arrasar [1 y 2].

arrasar A *tr* 1 Destruir totalmente [algo]. *Tb fig.* ■ 2 Vencer completamente [a alguien] en una confrontación. *Frec abs. Tb fig.*
B *intr* ➤ a *normal* 3 Acabar [con algo]. ■ 4 Quedar [el cielo] raso o sin nubes. *Tb impers.*
➤ b *pr* (~se) 5 Llenarse de lágrimas [los ojos]. *Tb* ~SE EN, *o* DE, LÁGRIMAS.

arrascar *tr* (*pop*) Rascar.

arrastrable *adj* Que puede ser arrastrado, *esp* [1, 2 y 3].

arrastrado -da *adj* 1 *part* → ARRASTRAR. ■ 2 (*col*) [Pers.] despreciable o sinvergüenza. *Frec usado como insulto. Tb n.* ■ 3 (*col*) [Vida] penosa, o llena de privaciones y dificultades. ■ 4 (*Naipes*) [Juego] en que es obligatorio asistir al palo de la carta que echa el primer jugador. ■ 5 (*raro*) [Cosa] más lenta o prolongada de lo habitual.

arrastrador -ra *adj* Que arrastra, *esp* [1]. *Tb n, referido a pers.*

arrastramiento *m* Acción de arrastrar(se) [1 y 17].

arrastrapiés *m* (*lit, raro*) Hecho de arrastrar [1] los pies al andar.

arrastrar A *tr* 1 Mover [algo de modo que toque el suelo u otra superficie]. ■ 2 Llevar [una pers. o cosa otra] tras de sí, tirando de ella. *Tb fig. A veces con un compl de dirección.* ■ 3 Llevarse consigo [una cosa otra] al moverse o al ser retirada. b) Llevar en sí o consigo [algo]. *En sent no material.* ■ 4 Atraer o llevar tras sí con gran fuerza [una pers. a otra(s)]. ■ 5 Producir o llevar consigo [una cosa otra]. ■ 6 Mover [un mecanismo a otro]. b) Mover o impulsar [a alguien]. *En sent moral.* ■ 7 Soportar [algo penoso que se prolonga]. ■ 8 Prolongar o hacer durar [algo, esp. negativo]. b) Pronunciar [algo] de modo lento y prolongado. ■ 9 Pasar [una cantidad de una cuenta a otra que es continuación de la primera. ■ 10 (*Agric*) Recoger [mies o hierba] con el rastro u otro utensilio similar. *Tb abs.* ■ 11 (*Agric*) Pasar la rastra o grada para alisar [la tierra labrada]. *Tb abs.*
B *intr* ➤ a *normal* 12 Tocar o rozar [algo] el suelo. ■ 13 (*Mar*) Llevar por la popa una gran red lastrada, de modo que vaya arrastrando [12] por el fondo mientras marcha la embarcación. ■ 14 (*Naipes*) Echar [un jugador] una carta que obliga a los otros a echar otra del mismo palo o de triunfo. *A veces con*

un compl DE *que expresa la carta.* ■ **15** Prolongarse o durar [algo, esp. negativo].

➤ **b** *pr* (**~se**) **16** Moverse [un animal o una pers.] rozando el suelo u otra superficie con el cuerpo. **b)** Caminar con dificultad por enfermedad o cansancio. ■ **17** Humillarse totalmente.

arrastre I *m* **1** Acción de arrastrar(se). **b)** (*Taur*) Hecho de retirar del ruedo el toro lidiado, arrastrado (→ ARRASTRAR [2]) por las mulillas. **c)** (*Mar*) Procedimiento de pesca que consiste en arrastrar [2] las redes. *A veces en la loc* AL ~. ■ **2** Material arrastrado (→ ARRASTRAR [3]). ■ **3** (*Mar*) Arte de arrastre [4b]. II *loc adj* **4 de ~.** [Pesca] que se realiza arrastrando [2] redes. **b)** [Arte o embarcación] propios de la pesca de arrastre. ■ **5 de ~.** [Animal o vehículo] destinado a arrastrar [2]. III *loc adv* **6 para el ~.** (*col*) En situación lamentable o penosa. *Gralm con los vs* ESTAR *o* DEJAR.

arrastrero -ra *adj* Que se dedica a la pesca de arrastre. *Tb n m, referido a pers y esp a barco.*

arratiano -na *adj* De Arratia (antigua merindad del señorío de Vizcaya). *Tb n, referido a pers.*

arrayán *m* Arbusto aromático de hoja perenne, oval y coriácea, flor blanca y fruto en baya de color negro azulado, utilizado frec. en setos (*Myrtus communis*).

arre *interj* Se usa para animar a andar a las caballerías. *A veces se sustantiva como n m.*

arreador *m* (*reg*) Capataz de jornaleros del campo.

arrear I *v* A *tr* **1** Estimular [a las bestias] con la voz o con algún tipo de golpe o castigo, para que anden o para que lo hagan más deprisa. *Tb abs.* ■ **2** (*col*) Dar [un golpe o una serie de golpes a alguien o algo]. *Tb abs. Tb fig.* ■ **3** (*col*) Hacer que [alguien (*ci*)] reciba [algo (*cd*), esp. negativo o molesto]. B *intr* **4** (*col*) Darse prisa. *Frec en ger con valor imperat.* **b) y arreando.** (*col*) Fórmula con que se comenta ponderativamente que lo que se acaba de decir es lo único que cuenta, a pesar de su insuficiencia o de su insignificancia. * Dijo cuatro tonterías, y arreando. ■ **5** (*col*) Llevarse [algo (*compl* CON)]. ■ **6** (*col*) Producirse [algo negativo en alguien (*ci*)]. II *interj* **7 arrea.** (*col*) Expresa sorpresa o admiración.

arreatar *tr* (*reg*) Atar [caballerías] en reata.

arrebañaduras *f pl* Rebañaduras.

arrebañar[1] *tr* Rebañar. *Tb fig. Tb abs.*

arrebañar[2] *tr* (*raro*) Unir en rebaño. *Tb fig.*

arrebatacapas I *m* (*lit*) **1** Lugar en que sopla mucho viento. ■ **2** (*raro*) Ladrón. II *loc adj* **3** [Puerto] **de ~** → PUERTO.

arrebatadamente *adv* De manera arrebatada.

arrebatadizo -za *adj* (*raro*) [Pers.] que se enfada o apasiona con facilidad.

arrebatado -da *adj* **1** *part* → ARREBATAR. ■ **2** Apasionado o vehemente. ■ **3** Rojo o enrojecido. *Referido a pers o al rostro.*

arrebatador -ra *adj* Que arrebata, esp [2, 3 y 4]. *Tb n, referido a pers.*

arrebatar A *tr* **1** Quitar o llevarse [algo o a alguien] con violencia. *Frec con compl de interés.* ■ **2** Atraer [a alguien (*cd*)] una pers. o cosa o llevar[lo] tras sí con fuerza irresistible. ■ **3** Conmover o en-

tusiasmar intensamente [a alguien]. ■ **4** Mover o impulsar [a alguien] con fuerza. *En sent moral.* ■ **5** (*lit*) Arrobar o embelesar [a alguien]. ■ **6** Hacer que [algo (*cd*)] se arrebate [7], o se produzca con excesiva rapidez. B *intr pr* (**~se**) **7** Sufrir [algo, esp. la mies o un guiso] un proceso de maduración o hechura muy rápido e imperfecto, por exceso de calor. ■ **8** Actuar [alguien] con excesiva rapidez y poca reflexión.

arrebatiña *f* (*col*) Rebatiña. *Frec en la constr* A LA ~.

arrebato[1] *m* **1** Acción de arrebatar(se). *Tb su efecto.* ■ **2** Acometida violenta y repentina [de un sentimiento o de un estado de ánimo]. *Tb sin compl, esp referido a ira.* **b) ~ u obcecación.** (*Der*) Circunstancia atenuante que consiste en una perturbación de ánimo que impulsa a obrar sin reflexión.

arrebato[2] *m* Rebato. *Frec fig y en la constr* TOCAR A ~.

arrebol *m* (*lit*) Color rojizo de las nubes o del rostro.

arrebolar *tr* (*lit*) Enrojecer [el cielo o las nubes, o a una pers. o su rostro]. **b)** *pr* (**~se**) Enrojecerse [el cielo o las nubes, o una pers. o su rostro].

arrebolera *f* Dondiego de noche (planta).

arrebozar *tr* (*raro*) Rebozar o cubrir [el rostro].

arrebujar A *tr* **1** Formar un rebujo [con algo (*cd*)]. **b)** (*raro*) Poner [a alguien] como un rebujo, esp. envolviéndo[lo] en una prenda. *Frec con un compl* EN. B *intr pr* (**~se**) **2** Encogerse [una pers.] como formando un rebujo, esp. dentro de una prenda que la envuelve totalmente. *Frec con un compl* EN. *Tb fig.*

arrebuñar *tr* (*reg*) Arrebujar. *Tb pr* (**~se**).

arrecho -cha *adj* (*raro*) **1** Tieso. *Tb fig.* ■ **2** Excitado sexualmente.

arrechucho *m* (*col*) Ataque [de una enfermedad]. *Tb fig, referido a sentimientos o estados de ánimo. Frec sin compl, por consabido.* **b)** Indisposición repentina y pasajera.

arreciar (*conjug* 1a) *intr* **1** Hacerse más fuerte o intenso [algo, esp. el viento]. *Tb pr* (**~se**). ■ **2** Actuar con más fuerza o intensidad [en algo].

arrecido -da *adj* **1** *part* → ARRECIR. ■ **2** Helado o muy frío. *Tb fig.*

arrecife I *m* **1** Banco de rocas o políperos, cubierto o no por el agua, cerca de la costa o aislado en el mar. II *loc adj* **2 de ~.** (*reg*) [Cardo] borriquero.

arrecifeño -ña *adj* De Arrecife (Lanzarote). *Tb n, referido a pers.*

arrecir (*normalmente solo usado en infin y part*) *tr* Entumecer [el frío a alguien o una parte del cuerpo]. *Tb abs.* **b)** *pr* (**~se**) Entumecerse [alguien o una parte del cuerpo] de frío. *Gralm en part. Tb fig.*

arrecogedor -ra *adj* (*pop*) Recogedor. *Tb n, referido a pers.*

arrecoger *tr* (*pop*) Recoger.

arrecogido -da *adj* (*pop*) **1** *part* → ARRECOGER. ■ **2** Recogido.

arrecordar (*conjug* 4) *tr* (*pop*) Recordar.

arrector *adj* (*Anat*) [Músculo] erector.

arredilar *tr* Meter en el redil. *Tb fig.*

arredrar *tr* (*lit*) Atemorizar o echar atrás. *Tb abs*.
b) *pr* (~se) Atemorizarse o echarse atrás.

arreglado -da I *adj* **1** *part* → ARREGLAR. ■ **2** [Pers., esp. mujer] ordenada y buena administradora. ■ **3** [Cosa] ordenada o moderada. ■ **4** [Precio] moderado o que no es excesivo. *Frec con intención ponderativa*. **b)** De precio arreglado. ■ **5** De calidad suficiente aunque no excesiva. *Frec con intención ponderativa*.
II *adv* **6** (*col*) A un precio arreglado [4].

arreglador -ra *adj* Que arregla. *Gralm n, referido a pers*. **b)** Adaptador [de una obra musical o teatral].

arreglar A *tr* ➤ **a** *normal* **1** Poner [algo o a alguien] en el estado adecuado o conveniente. *Referido a pers, frec con intención irónica*. **b)** *pr* (~se) Ponerse [alguien o algo] en el estado adecuado o conveniente. **c)** *En part, se usa en constrs como* IR, *o* ESTAR, ~, *para comentar irónicamente la mala situación en que se encuentra o se encontraría alguien o algo, o lo equivocado de una previsión*. * Como me pregunte a mí, voy arreglada. ■ **2** Poner de nuevo en estado normal [algo estropeado, roto o que no funciona debidamente]. **b)** *pr* (~se) Ponerse de nuevo en estado normal [algo estropeado o que no funciona debidamente]. ■ **3** Hacer que deje de existir [algo negativo (*cd*), esp. un problema o un trastorno]. **b)** *pr* (~se) Dejar de existir [algo negativo, esp. un problema o un trastorno]. ■ **4** Poner [algo o a alguien] de modo que su aspecto sea limpio y grato. *Frec el cd es refl*. ■ **5** Aliñar o condimentar [algo]. ■ **6** Ajustar [algo a determinada regla]. **b)** *pr* (~se) Ajustarse [algo a determinada regla]. ■ **7** Ajustar [cuentas]. *Tb fig*. ■ **8** Concertar o acordar [algo]. ■ **9** (*Mús*) Adaptar [una pieza musical] para que sea interpretada [con un instrumento (*compl* PARA)] distinto de aquel para el que fue compuesta. ■ **10** (*Taur*) Afeitar. ➤ **b** *pr* (~se) **11** ~selas. Ingeniárselas o encontrar el modo [para algo]. *Tb sin compl, por consabido*. **b)** *Sin compl*: Vivir o desenvolverse. *Gralm con un compl de modo*. ■ **12** ~selas [con algo]. Arreglarse [17] [con ello]. B *intr pr* (~se) **13** Ponerse de acuerdo [dos perss., o una con otra, en algo]. ■ **14** Entablar relaciones amorosas [dos perss., o una con otra] o reanudarlas después de rotas. ■ **15** Llevarse [dos perss., o una con otra]. *Normalmente con un compl de modo*. ■ **16** Darse maña [para algo (A + *infin*)], o ser capaz de realizar[lo] con soltura o sin esfuerzo especial. *Tb sin compl, por consabido*. ■ **17** Atender [alguien] a sus necesidades o deseos [con algo que se presenta como insuficiente]. *Tb sin compl, por consabido*. **b)** Sentirse cómodo [con algo].

arreglista *m y f* Pers. que hace arreglos musicales.

arreglo I *m* **1** Acción de arreglar(se). *Tb su efecto*. **b)** Modificación de un texto musical para poder interpretarlo con instrumentos o voces distintos a los originales. *Tb el texto modificado*. ■ **2** (*col*) Relación amorosa ilícita. ■ **3** Medios de subsistencia.
II *loc prep* **4 con ~ a.** Ajustándose a.

arregostarse *intr pr* (*col*) **1** Aficionarse [a algo] o coger[le] gusto. ■ **2** (*raro*) Arrimarse. *Tb fig*.

arregosto *m* (*col*) Acción de arregostarse. *Tb su efecto*.

arrejacar *tr* (*Agric*) Dar [a las plantas] una labor que consiste en romper la costra del terreno cuando ya tienen bastantes raíces.

arrejaco *m* (*reg*) Avión (pájaro).

arrejaque[1] *m* (*Mar*) Tridente.

arrejaque[2] *m* (*Agric*) Acción de arrejacar.

arrejuntamiento *m* (*pop*) Acción de arrejuntar(se).

arrejuntar (*pop*) A *tr* **1** Unir o juntar.
B *intr pr* (~se) **2** Amancebarse.

arreligioso -sa *adj* Ajeno a lo religioso.

arrellanarse *intr pr* Sentarse con toda comodidad.

arrellenarse *intr pr* (*pop*) Arrellanarse.

arremangado -da *adj* (*col*) **1** *part* → ARREMANGAR. ■ **2** Levantado o vuelto hacia arriba. ■ **3** Que denota arremango o desenvoltura.

arremangar *tr* (*col*) Remangar. *Tb pr* (~se).

arremango *m* (*col*) Remango (disposición para desenvolverse con habilidad y prontitud).

arremansar *tr* (*raro*) Remansar. *Frec pr* (~se).

arremeter *intr* Atacar con violencia. *El objeto del ataque normalmente se expresa mediante un compl* CONTRA. *Tb fig*.

arremetida *f* Acción de arremeter.

arremolinar A *tr* **1** Formar remolinos [con algo (*cd*)].
B *intr pr* (~se) **2** Amontonarse confusamente [perss. o cosas en movimiento]. ■ **3** Formar remolinos [el aire, el agua o el pelo]. ■ **4** Alborotarse o alterarse.

arrempujar *tr* (*pop*) Empujar. *Tb abs*.

arrendadero *m* Anillo de hierro que sirve para atar los animales al pesebre.

arrendador -ra *adj* Que arrienda[1] [1]. *Frec n, referido a pers*.

arrendajo *m* Ave de la familia del cuervo, de plumaje vistoso, gris rosado en el cuerpo y cola y alas negras, abundante en los bosques (*Garrulus glandarius*).

arrendamiento *m* Acción de arrendar[1].

arrendar[1] (*conjug* 6) *tr* **1** Ceder [a otro (*ci*)] el derecho a usar o aprovechar [algo (*cd*)] por precio y tiempo determinados. ■ **2** Obtener [de otro (*ci*)] el derecho a usar o aprovechar [algo (*cd*)] por precio y tiempo determinados. *Frec sin ci*. **b) no ~ la(s) ganancia(s)** → GANANCIA.

arrendar[2] (*conjug* 6) *tr* Atar por la rienda [a una caballería].

arrendar[3] (*conjug* 6) *tr* (*reg*) Dar una labor [a los sembrados (*cd*)], limpiando las malas hierbas y acercando tierra a los tallos.

arrendatario -ria *adj* Que arrienda[1] [2]. *Frec n, referido a pers*.

arrendaticio -cia *adj* (*Der*) De(l) arrendamiento.

arrenegar (*conjug* 6) *tr* (*reg*) Maldecir.

arreñal *m* (*reg*) Huerto o terreno de labor pequeño, cerca o dentro de poblado.

arreo[1] *m* **1** Atavío o adorno [de una pers.]. *Normalmente en pl*. **b)** Adorno [de una cosa]. *Normalmente en pl*. ■ **2** *En pl*: Guarniciones o jaeces [de las caballerías]. ■ **3** *En pl*: Accesorios o útiles complementarios.

arreo[2] *(tb con la grafía* **a reo***) adv (reg)* Sin interrupción o sin parar.

arreón *m (Taur)* Arrancada brusca e inesperada del toro.

arreparar *intr (pop)* Reparar [en algo]. *Cuando el compl es una prop, a veces no lleva prep.*

arrepentido -da *adj* 1 *part* → ARREPENTIRSE. ■ 2 Que denota o implica arrepentimiento [1]. ■ 3 [Pers.] que, habiendo colaborado en alguna acción ilegal, confiesa ante la justicia delatando a sus cómplices a cambio de algún beneficio penal. *Gralm n.*

arrepentimiento *m* 1 Acción de arrepentirse. *Tb su efecto.* ■ 2 *(Pint)* Enmienda o corrección hecha por un pintor en su propia obra.

arrepentirse *(conjug* 60*) intr pr* Sentir dolor o disgusto por haber hecho o dejado de hacer [algo *(compl* DE*)]. Tb sin compl, por consabido.* **b)** Volverse atrás [de una decisión]. *Frec sin compl, por consabido.*

arrepezuñado -da *adj (reg)* [Perro] que tiene más uñas de las normales.

arrepollado -da *adj* Semejante al repollo.

arrepticio -cia *adj (lit, raro)* Endemoniado.

arrequive *m (lit)* Adorno. *Normalmente en pl. Gralm con intención desp, denotando exceso.*

arrestar *tr* 1 Detener [a una pers. la autoridad competente]. ■ 2 Castigar con arresto[1] [2]. *Esp en milicia.*

arrestarse *intr pr (raro)* Decidirse o determinarse.

arrestinado -da *adj (reg)* De mal olor.

arresto[1] *m* 1 Acción de arrestar[1] [1]. *Tb su efecto.* ■ 2 *(Der)* Pena mínima de privación de libertad. **b)** ~ **mayor**, ~ **menor** → MAYOR, MENOR. **c)** *(Mil)* Reclusión por un tiempo breve, como castigo.

arresto[2] *m* Valor o energía para realizar algo difícil o peligroso. *Normalmente en pl.*

arretirar *tr (pop)* Retirar. *Tb pr* (~**se**).

arreventar *(conjug* 6*) tr e intr (pop)* Reventar.

arrevistado -da *adj* [Espectáculo teatral] que tiene carácter de revista.

arriacense *adj (lit)* De Guadalajara. *Tb n, referido a pers.*

arriada[1] *f* Acción de arriar[1].

arriada[2] *f (reg)* Riada (crecida violenta del caudal de un río).

arriado *m* Acción de arriar[2].

arrianismo *m (Rel crist)* 1 Doctrina de Arrio († 336), condenada en el Concilio de Nicea, según la cual el Hijo no es igual o consustancial al Padre. ■ 2 Condición de arriano.

arriano -na *adj* De Arrio († 336) o del arrianismo [1]. **b)** Adepto al arrianismo. *Tb n, referido a pers.*

arriar[1] *(conjug* 1c*) tr* 1 Bajar [algo izado, esp. una bandera o una vela]. *Tb abs. Tb fig.* ■ 2 *(Mar)* Aflojar o soltar [un cabo, cable o cadena]. *Tb abs.*

arriar[2] *(conjug* 1c*) tr (reg)* Inundar o cubrir de agua. *Tb pr* (~**se**).

arriar[3] *tr e intr (reg)* Arrear[1].

arriate *m* 1 *En un patio o jardín:* Zona acotada, gralm. estrecha y adosada a la pared, destinada a plantas de adorno. ■ 2 *(raro)* Camino.

arriateño -ña *adj* De Arriate (Málaga). *Tb n, referido a pers.*

arriaz *m* Gavilán [de espada].

arriba I *adv (a veces seguido de un compl* DE*)* 1 Hacia el lugar que está encima. *Precedido de prep, se sustantiva.* * Sube allí arriba. * La parte de arriba es plana. ■ 2 En el lugar que está encima. * Se oía el viento arriba de la chimenea. **b)** En la parte de una corriente o un camino más próxima a su principio. *Precedido de prep, se sustantiva.* * En su avance hacia arriba los ríos invaden las cuencas vecinas. ■ 3 En el cielo. *En sent religioso. Frec, precedido de prep, se sustantiva. Tb* ALLÁ ~. * Él velará por ti desde arriba. ■ 4 En alta posición social o categoría. *Precedido de prep, se sustantiva. Frec en oposición a* ABAJO. * Los que están arriba no se acuerdan de los de abajo. **b)** En las altas esferas de poder o en la dirección. *Precedido de prep, se sustantiva.* * Vale mucho; arriba se la aprecia. ■ 5 En un lugar anterior del texto. *Gralm precedido de un adv de intensidad.* * He dicho más arriba lo que este libro quiere ser. ■ 6 *En un cine o teatro:* A (o en) la parte alta. *Precedido de prep, se sustantiva.* * Las entradas de arriba son más baratas. ■ 7 *(col)* Al norte. * Más arriba de Córdoba. ■ 8 *n sin art* + ~. **por** + *n con art* + ~. Hacia la parte alta [lo designado por el *n.*]. *Referido a un camino, un curso de agua o algo que se puede recorrer.* * Salí a todo correr calle arriba. **b) boca** ~, **cuesta** ~, **patas** ~ → BOCA, CUESTA, PATA[1]. ■ 9 *n sin art* + ~. En un lugar [de lo designado por el *n.*] más próximo a la parte alta. *Referido a un camino, a un curso de agua o a algo que se puede recorrer. Precedido de prep, se sustantiva.* * El río es menos profundo aguas arriba. ■ 10 *Acompañando a ciertos* ns *y formando con ellos or independiente, se usa para exhortar a levantar* (en sent real o fig) lo designado por el *n.* * ¡Arriba los corazones! * ¡Manos arriba! **b)** *Seguido de un* n, *se usa como grito político (o similar) para exaltar lo designado por el n.* * ¡Arriba el campo! **c)** ~ **España** → ESPAÑA. ■ 11 *(Dep)* Siguiendo a un numeral: Superando al contrario [por los tantos que expresa el numeral]. * Ganan por una arriba. ■ 12 *(jerg)* En la cárcel. *Precedido de prep, se sustantiva.* ■ 13 **de** ~ **abajo**. Completamente, de un extremo a otro. *Frec con vs como* MIRAR (CONTEMPLAR, LEER, *etc*), RECORRER (PASEAR, *etc*), CUBRIR (ARREGLAR, *etc*). ■ 14 **de** [una cantidad] **para** ~. De [esa cantidad] o más, o a partir de [esa cantidad]. ■ 15 **hasta** ~. Completamente. *Con el v* LLENAR. **b)** A rebosar. *Tb fig. Con el v* ESTAR. ■ 16 **(para)** ~ **y (para) abajo**. En constante agitación o movimiento.

II *loc v* 17 **estar** ~. Levantarse de la cama. ■ 18 **ir para** ~. Crecer. **b)** Prosperar. ■ 19 **irse**, o **venirse**, **(para)** ~. *(Taur)* Crecerse [el toro].

III *loc prep* 20 ~ **de** *(tb* **por** ~ **de**, o **más** ~ **de**). Más de.

IV *interj* 21 *Se usa para animar o exhortar a una pers. a levantarse o a subir.* * ¡Vamos, remolón, arriba!

arribada *f* Acción de arribar.

arribante *adj* Que arriba.

arribar *intr* 1 Llegar [una embarcación o sus ocupantes a un lugar]. **b)** Llegar [alguien o algo a un lugar]. *Tb fig.* ■ 2 *(Mar)* Virar [una embarcación] hacia sotavento o aumentar el ángulo de su proa con el viento.

arribazón *f* Gran afluencia de peces o algas a la costa.

arribe *m* (*reg*) Pendiente escarpada a la orilla de un río. *Gralm en pl.*

arribismo *m* Condición de arribista.

arribista (*tb, hoy raro, con la grafía* **arrivista**) *m y f* (*desp*) Pers. ambiciosa y con pocos escrúpulos, cuyo único objetivo es triunfar. *Tb adj.*

arribo *m* Acción de arribar [1].

arriendo *m* 1 Acción de arrendar[1]. ■ 2 Precio establecido en un arriendo [1].

arrière-pensée (*fr; pronunc corriente,* /aȓiér-pansé/) *f* Segunda intención.

arriería *f* Oficio o actividad de(l) arriero [1].

arrieril *adj* De(l) arriero o de (los) arrieros [1].

arriero -ra I *m* 1 Hombre que se dedica al transporte con caballerías.
II *adj* 2 De(l) arriero o de (los) arrieros [1]. b) [Ajo] ~ → AJOARRIERO.
III *fórm or* 3 ~s (*o* **arrieritos**) **somos.** (*col*) Se usa como amenaza para indicar que ya vendrá la ocasión de corresponder adecuadamente a un comportamiento indebido o poco generoso.

arriesgadamente *adv* De manera arriesgada.

arriesgado -da *adj* 1 *part* → ARRIESGAR. ■ 2 [Cosa] que implica riesgo. ■ 3 [Pers.] valiente o atrevida.

arriesgar A *tr* 1 Poner en riesgo [algo o a alguien]. *Frec el cd es refl; en este caso, frec con un compl* A, *que expresa el riesgo.* * Arriesgó su fortuna. * Se arriesgó a perderlo todo. ■ 2 Proponer [algo] a sabiendas de que puede ser rechazado o refutado.
B *intr pr* (~**se**) 3 Atreverse [a algo que implica riesgo]. *Tb sin compl, por consabido.*

arrilado -da *adj* (*reg*) Que tiembla.

arrimadero *m* 1 Elemento protector de una pared, destinado a evitar roces o golpes. ■ 2 (*reg*) Soporte semicircular de hierro para sujetar los pucheros en la lumbre.

arrimador -ra *adj* Que arrima. *Tb n, referido a pers.*

arrimadura *f* Acción de arrimar(se).

arrimar A *tr* 1 Acercar [algo o a alguien a un lugar]. *Frec el cd es refl.* b) Acercar [algo o a alguien a un lugar] de modo que lo toque o se apoye en él. *Frec el cd es refl. Tb fig.* c) (*Taur*) Con cd refl: Acercarse [el torero al toro] al ejecutar las suertes. *Frec sin compl.* ■ 2 (*col*) Dar o pegar [un golpe o golpes]. ■ 3 (*col*) Aportar [algo]. ■ 4 ~ **candela,** ~ **el hombro** → CANDELA, HOMBRO.
B *intr pr* (~**se**) 5 (*col*) Amancebarse [dos perss., una con otra (*compl* A *o* CON)]. ■ 6 (*col*) Acercarse mucho [a una pers. (*compl* CON)] con intención erótica, esp. en el baile. *Tb sin compl.*

arrime *m* Acción de arrimar(se).

arrimo *m* 1 Acción de arrimar(se). ■ 2 Amparo o protección. *Frec fig. Gralm en la constr* AL ~ *y con un compl de posesión.* ■ 3 Apoyo o sostén. *Tb fig.*

arrimón -na *adj* (*col*) Que tiende a arrimarse [6].

arrinconable *adj* Que se puede arrinconar.

arrinconado -da *adj* 1 *part* → ARRINCONAR. ■ 2 Retirado o alejado.

arrinconamiento *m* Acción de arrinconar.

arrinconar *tr* 1 Poner [algo] en un rincón, esp. escondido o fuera de uso. ■ 2 Abandonar o dar de lado [a alguien o algo]. ■ 3 Acorralar [a alguien].

arriñonado -da *adj* 1 *part* → ARRIÑONAR. ■ 2 [Forma o aspecto] de riñón. b) Que tiene forma de riñón.

arriñonar *tr* (*reg*) Desriñonar. *Tb pr* (~**se**).

arriostramiento *m* (*Constr*) Colocación de riostras. *Tb el conjunto de estas.*

arriscadamente *adv* (*lit*) De manera arriscada[1] [2].

arriscado¹ -da *adj* (*lit*) 1 *part* → ARRISCAR. ■ 2 Atrevido o resuelto.

arriscado² -da *adj* (*lit*) Lleno de riscos.

arriscar *tr* (*lit*) Arriesgar. *Tb pr* (~**se**).

arritmia *f* (*Med o lit*) Irregularidad de ritmo. *Frec referido al corazón.*

arrítmicamente *adv* (*Med o lit*) De manera arrítmica.

arrítmico -ca *adj* (*Med o lit*) De (la) arritmia o que la implica.

arrivista → ARRIBISTA.

arrizofito -ta (*tb* **arrizófito**) *adj* (*Bot*) [Planta] que no tiene raíz. *Frec como n f en pl, designando este taxón botánico.*

arroaz *m* (*reg*) Delfín (cetáceo).

arroba *f* 1 Unidad de peso, de valor variable según las regiones, que en Castilla equivale a 11,502 kg. ■ 2 Medida de capacidad para vino, variable según las regiones, cuya equivalencia oscila entre 15,66 y 16,72 l. ■ 3 Medida de capacidad para aceite, variable según las regiones, cuya equivalencia oscila gralm. entre 12,24 y 12,70 l. ■ 4 Cantidad grande [de algo]. *Frec en la constr* POR ~S.

arrobadera *f* Aparato, gralm. de pequeño tamaño, para allanar la tierra previamente removida.

arrobado -da *adj* 1 *part* → ARROBAR. ■ 2 Que denota o implica arrobamiento.

arrobador -ra *adj* Que arroba.

arrobamiento *m* Acción de arrobar(se). *Tb su efecto.*

arrobar *tr* Embelesar. *Tb pr* (~**se**).

arrobero -ra *adj* De una arroba de peso.

arrobo *m* Arrobamiento.

arrocabe *m* (*Arquit*) Conjunto de maderas de la parte superior de un edificio, que une los muros entre sí y con la armadura del tejado.

arrocería *f* 1 Fábrica en que se trata el arroz y se preparan diversos derivados. ■ 2 Restaurante especializado en arroces.

arrocero -ra *adj* 1 De(l) arroz. ■ 2 Que se dedica al cultivo, industrialización o venta de arroz. *Tb n, referido a pers.*

arrocinar *tr* (*raro*) Atontar. *Tb pr* (~**se**).

arrodear *tr e intr* (*pop*) Rodear.

arrodeo *m* (*pop*) Rodeo.

arrodillamiento *m* Acción de arrodillarse. *Tb su efecto.*

arrodillarse *intr pr* Ponerse de rodillas.

arrogación *f* Acción de arrogarse. *Tb su efecto.*

arrogancia *f* **1** Cualidad de arrogante. ■ **2** Actitud arrogante.

arrogante *adj* **1** Altivo u orgulloso. *Frec con intención desp.* ■ **2** Apuesto o de hermosa presencia. *Normalmente referido a hombre.* ■ **3** Elegante y airoso.

arrogantemente *adv* De manera arrogante [1].

arrogarse *tr pr* Atribuirse [algo no material, esp. un derecho o una facultad] sin más razón que la propia voluntad.

arrojadamente *adv* (*lit*) De manera arrojada [2].

arrojadizo -za *adj* [Arma] que se arroja [1] con la mano o con un instrumento elemental. **b)** *En gral:* Que se puede arrojar o tirar. *Tb fig.*

arrojado -da *adj* **1** *part* → ARROJAR. ■ **2** (*lit*) Atrevido o valiente.

arrojar *tr* **1** Lanzar o tirar. *A veces el cd es refl. Frec con un compl adv de lugar. Tb fig.* **b)** Lanzar o impulsar [a alguien a algo]. **c)** Tirar o dejar caer [algo]. ■ **2** Echar o expulsar [a alguien o algo de un lugar]. ■ **3** Vomitar o devolver. *Frec abs.* ■ **4** Producir [una pers. o cosa algo que sale de ella]. ■ **5** Proyectar [luz o sombra sobre algo]. *Tb fig.* ■ **6** Dar [una cosa, esp. una cuenta o balance, un resultado o consecuencia determinados].

arroje *m* (*raro*) Acción de arrojar(se) [1 y 4].

arrojo[1] *m* Cualidad de arrojado [2].

arrojo[2] *m* (*raro*) Acción de arrojar [1].

arrollable *adj* Que se puede arrollar [1].

arrollado[1] **-da** *adj* **1** *part* → ARROLLAR. ■ **2** Que tiene forma de rollo.

arrollado[2] *m* Arrollamiento.

arrollador -ra *adj* Que arrolla, *esp* [2 y 3].

arrolladoramente *adv* De manera arrolladora.

arrollamiento *m* Acción de arrollar(se), *esp* [1]. *Tb su efecto.*

arrollar *tr* **1** Poner [una cosa] en forma de rollo, haciéndo[la] girar [sobre sí misma, o alrededor de otra (*compl* SOBRE, A, EN o ALREDEDOR DE)]. *Frec sin compl, por consabido.* **b)** *pr* (**~se**) Ponerse [una cosa] en forma de rollo, girando [sobre sí misma, o alrededor de otra (*compl* SOBRE, A, EN o ALREDEDOR DE)]. *Frec sin compl, por consabido.* ■ **2** Arrastrar [algo o a alguien (*cd*)] o pasar por encima [de ellos (*cd*)] una fuerza o algo que se mueve con ímpetu]. *Tb fig.* ■ **3** Vencer por completo [a alguien]. ■ **4** (*reg*) Apisonar [algo] con el rodillo.

arromanear *intr* (*reg*) Pesar en la romana.

arromanzar *tr* Romancear (dar forma romance).

arropado -da *adj* **1** *part* → ARROPAR. ■ **2** [Lugar] que está protegido del viento o del oleaje.

arropador -ra *adj* (*raro*) Que arropa. *Frec fig.*

arropamiento *m* Acción de arropar(se).

arropante *adj* (*raro*) Que arropa. *Frec fig.*

arropar *tr* **1** Cubrir [a alguien o algo] con ropa o con otra cosa que haga sus veces. *Frec el cd es refl.* ■ **2** Resguardar del viento o del oleaje. ■ **3** Envolver o rodear [algo o a alguien], protegiéndo[lo] o potenciándo[lo]. *Tb fig.*

arrope *m* Mosto cocido hasta que toma consistencia de jarabe, al cual suelen añadirse trozos de cala-

baza y a veces de fruta. **b)** *Se usa frec en constrs de sent comparativo para ponderar la dulzura. Tb fig.*

arropía *f* (*reg*) Dulce hecho de arrope, azúcar o miel, en barras o en moldes. *Tb fig.*

arropiero -ra *m y f* (*reg*) Pers. que fabrica o vende arropía. ˙

arrorró *m* Canción de cuna de las islas Canarias, en que se repite rítmicamente la palabra *arrorró*.

arrosariado -da *adj* [Forma o aspecto] de rosario. **b)** Que tiene forma de rosario.

arrostrar *tr* (*lit*) Hacer frente [a una dificultad o un peligro, o a algo que los implica]. **b)** Sufrir o soportar [algo negativo o molesto].

arrow-root (*ing; pronunc corriente,* /áɾou- rúť/) *m* Arrurruz.

arroyada *f* **1** Valle por donde corre un arroyo [1]. ■ **2** Crecida o desbordamiento de un arroyo [1].

arroyamiento *m* Arroyada [2].

arroyano -na *adj* De Arroyo de la Luz (Cáceres) o de Arroyo de San Serván (Badajoz). *Tb n, referido a pers.*

arroyo **I** *m* **1** Corriente de agua de pequeña longitud y caudal irregular. ■ **2** (*lit*) Cantidad grande [de algo líquido, esp. sangre o lágrimas]. ■ **3** Situación de total abandono, marginación o miseria. *Frec con vs como* VIVIR, DEJAR, SACAR.
II *loc adj* **4** [Estrella] **de ~s**, [valeriana] **de ~s** → ESTRELLA, VALERIANA.

arroz **I** *m* **1** Planta gramínea propia de terrenos muy húmedos, cuyo fruto, duro, oblongo y blanco una vez descascarillado y tratado, es base fundamental de la alimentación en los países orientales (*Oryza sativa*). *Tb su fruto.*
II *loc adj* **2 de ~.** (*Lab*) [Punto] que forma pequeños salientes redondeados, a manera de granos de arroz [1]. ■ **3** [Polvos] **de ~** → POLVO.
III *loc v y fórm or* **4 estar para el ~.** (*col*) Estar agotado. ■ **5 pasársele el ~** [a una mujer]. (*col*) Pasársele el momento adecuado para casarse. ■ **6 que si quieres ~, Catalina** → QUERER[1]. ■ **7 ser** [algo] **mucho** (o **demasiado**) **~.** (*col*) Resultar excesivo o desproporcionado.

arrozal *m* Terreno sembrado de arroz [1].

arruar (*conjug 1d*) *intr* Emitir el jabalí la voz que le es propia, cuando se siente perseguido. *Tb fig.*

arrubiado -da *adj* Que tira a rubio.

arrufar *intr* ➤ **a** *normal* **1** Gruñir [los perros] enseñando los dientes.
➤ *pr* (**~se**) **2** (*reg*) Enfadarse o irritarse.

arrufianado -da *adj* [Pers.] que tira a rufián.

arrufo *m* (*Mar*) Curvatura longitudinal de la cubierta de una embarcación, de modo que los extremos de proa y popa queden más altos que el centro.

arruga *f* Pliegue irregular que se forma en una materia flexible, esp. tela o papel. **b)** Pliegue irregular que se forma en la piel, esp. por efecto de la edad.

arrugado[1] **-da** *adj* **1** *part* → ARRUGAR. ■ **2** Que tiene arrugas. ■ **3** (*reg*) [Patata] cocida al vapor de agua salada.

arrugado[2] *m* Acción de arrugar(se) [1]. *Tb su efecto.*

arrugamiento *m* Acción de arrugar(se), *esp* [1]. *Tb su efecto.*

arrugar A *tr* **1** Hacer que [algo o alguien (*cd*)] pase a tener arrugas. **b)** *pr* (~**se**) Pasar [algo o alguien] a tener arrugas. ■ **2** ~ **el ceño,** *o* **el entrecejo** → CEÑO, ENTRECEJO.
B *intr pr* (~**se**) **3** (*col*) Acobardarse. ■ **4** ~**sele** [a alguien] **el ombligo** → OMBLIGO.

arrugoso -sa *adj* Que tiene arrugas.

arruí *m* Cabra salvaje, de cuernos largos y arqueados, propia del desierto africano (*Ammotragus lervia*).

arruinado -da *adj* **1** *part* → ARRUINAR. ■ **2** (*raro*) [Ser vivo] raquítico.

arruinador -ra *adj* Que arruina. *Tb n, referido a pers.*

arruinamiento *m* (*raro*) Acción de arruinar(se).

arruinar *tr* **1** Dejar en la ruina [a alguien]. **b)** *pr* (~**se**) Quedarse [alguien] en la ruina. ■ **2** Destruir o convertir en ruinas [una construcción]. **b)** *pr* (~**se**) Destruirse o convertirse en ruinas [una construcción]. ■ **3** Destruir [algo o a alguien] o causar[le (*cd*)] un grave daño. *Tb fig. Frec con intención ponderativa.* **b)** *pr* (~**se**) Destruirse [algo o alguien] o sufrir un grave daño. *Tb fig. Frec con intención ponderativa.*

arrulladero *m* (*reg*) Columpio.

arrullador -ra *adj* Que arrulla.

arrullar *tr* **1** Emitir [la paloma o la tórtola] un sonido monótono y peculiar para atraer [a su pareja (*cd*)]. *Tb abs. Frec como pr* (~**se**) *con sent recíproco.* **b)** Decir palabras amorosas [una pers. a su pareja (*cd*)]. *Frec como pr* (~**se**) *con sent recíproco.* ■ **2** Adormecer [a alguien], esp. a un niño], con un sonido dulce y monótono. **b)** Producir [un sonido] una sensación grata y adormecedora [a alguien (*cd*)]. *Tb* (*lit*) *fig.* ■ **3** (*reg*) Columpiar (balancear en un columpio). *Frec el cd es refl.*

arrullo *m* Acción de arrullar. *Tb su efecto.*

arrumaco *m* **1** Demostración de cariño, frec. afectada o interesada. *Más frec en pl.* ■ **2** (*reg*) Atavío poco elegante o extraño. *Más frec en pl.*

arrumaquero -ra *adj* Que hace arrumacos [1].

arrumar *tr* (*reg*) Amontonar.

arrumbada *f* (*Mar, hist*) En una galera: Plataforma elevada en la parte de proa, en que se sitúan los soldados para disparar y para el abordaje de los barcos enemigos.

arrumbadero *m* Lugar en que se arrumban[1] [1] cosas inútiles. *Tb fig.*

arrumbador *m* En las bodegas de Jerez: Obrero encargado de sentar las botas y de trasegar, mezclar y clarificar vinos.

arrumbamiento *m* Acción de arrumbar[1].

arrumbar[1] *tr* **1** Arrinconar [algo o a alguien] como inútil o no interesante. ■ **2** Empujar [a alguien a una situación no deseada o de postergación]. ■ **3** Derrumbar o arruinar [una construcción].

arrumbar[2] *intr* (*Mar*) Dirigirse o poner rumbo [a un lugar (*compl* A *o* HACIA)].

arrunflar *tr* (*Naipes*) Juntar [cartas de un mismo palo].

arrurruz *m* Fécula que se extrae del aro, la maranta y otras plantas afines.

arrusticado -da *adj* Que tira a rústico.

arrutinar *tr* Acostumbrar [a alguien] a una rutina. *Tb abs.* **b)** *pr* (~**se**) Acostumbrarse [alguien] a una rutina.

ars amandi (*lat; pronunc,* /árs-amándi/) *loc n m* (*lit*) Arte de amar.

ars antiqua (*lat; pronunc,* /árs-antíkua/; *frec con mayúscula*) *loc n f* (*Mús*) Estilo polifónico propio de los ss. XII y XIII, caracterizado por cierta rigidez en la estructura musical.

arsenal *m* **1** Depósito de armas y municiones. *Tb las mismas armas.* **b)** Lugar en que se acumula gran abundancia [de una cosa]. *Tb la misma cosa.* ■ **2** Lugar en que se construyen, reparan y abastecen buques de guerra.

arsenamina *f* (*Quím*) Arsina.

arseniato *m* Sal producida por combinación de un ácido arsénico y una base, utilizada frec. como insecticida.

arsenical *adj* De(l) arsénico [2] o que lo contiene. **b)** [Pirita] ~ → PIRITA.

arsénico I *adj* **1** De(l) arsénico [2].
II *m* **2** Cuerpo simple, de número atómico 33, del que existen varias formas alotrópicas, usado frec. en medicina e industria. *A veces con un adj especificador de la variedad:* ROJO, BLANCO, GRIS, NEGRO *o* AMORFO, *etc.*

arsenioso *adj* (*Quím*) [Ácido o anhídrido] derivado del arsénico trivalente.

arsenita *f* (*Quím*) Óxido de arsénico, usado como insecticida y como veneno contra las ratas.

arsenito *m* (*Quím*) Sal del ácido arsenioso.

arseniuro *m* (*Quím*) Combinación de arsénico con un cuerpo simple.

arsense *adj* De Azuaga (Badajoz). *Tb n, referido a pers.*

arsina *f* (*Quím*) Gas incoloro y muy tóxico, compuesto de arsénico e hidrógeno, usado como gas de guerra.

arsis *m* **1** (*Mús*) Momento de elevación de la mano al marcar el compás. *Se opone a* TESIS. ■ **2** (*TLit*) Parte del pie métrico en que recae el acento. *Se opone a* TESIS.

ars nova (*lat; pronunc,* /árs-nóba/; *frec con mayúscula*) *loc n f* (*Mús*) Estilo polifónico propio del s. XIV, caracterizado por una gran libertad y variedad de ritmos.

ártabro -bra *adj* (*hist*) [Individuo] del pueblo prerromano habitante de la zona norte de la actual provincia de La Coruña. *Gralm como n m en pl.*

artanense *adj* De Artana (Castellón). *Tb n, referido a pers.*

art déco (*fr; pronunc corriente,* /ár-dekó/; *frec con mayúscula en acep 1ª*) I *loc n m* **1** Estilo de las artes decorativas, en boga hacia 1930, caracterizado por formas geométricas y naturales estilizadas y diseños adaptados a la producción en masa.
II *loc adj invar* **2** De(l) art déco.

arte I *m o f* (*normalmente m en sg y f en pl*) **1** Actividad humana encaminada a la creación de obras bellas. *Frec con un adj o compl especificador.* **b)** *Esp:* Conjunto constituido por la arquitectura, la pintura, la escultura y sus afines. *Frec en pl. Frec en la constr* BELLAS ~S, *incluyendo otras como la música.* **c)** Conjunto de obras de arte [1b] [de una época o país determinados]. **d) séptimo ~.** (*lit*)

Cinematografía. **e) el ~ por el ~.** El arte [1a] libre de toda dependencia moral, ideológica o utilitaria. *Frec usado como lema.* ■ **2** Acción creativa del hombre. *Se opone a* NATURALEZA. ■ **3** Actividad humana que exige ciertos conocimientos técnicos y aptitudes personales, encaminada a un resultado práctico. **b)** Conjunto de normas o principios [de una actividad determinada (*adj o compl especificador*)]. **c) ~ marcial** → MARCIAL. ■ **4** Capacidad y estilo artísticos [de una pers.]. **b)** Calidad artística [de una obra]. ■ **5** Maña o habilidad. **b) malas ~s.** Medios o procedimientos reprobables. ■ **6** (*col*) Aspecto o apariencia [de algo]. *Gralm en la constr* QUÉ ~(S), *con intención desp.* ■ **7** Utensilio de pesca, esp. red. *Frec* ~ DE PESCA. ■ **8** (*reg*) Trasto o chisme. *Frec en pl.* ■ **9 ~ magna.** (*hist*) Alquimia. ■ **10 ~ mayor.** (*TLit*) Forma de versificación en que el verso tiene más de ocho sílabas. *Frec en la constr* DE ~ MAYOR. **b) ~ menor.** Forma de versificación en que el verso tiene ocho sílabas, o menos. *Frec en la constr* DE ~ MENOR. ■ **11 ~s gráficas** → GRÁFICO. ■ **12 ~s liberales.** (*hist*) Conjunto de disciplinas agrupadas en el trívium y el quadrívium. **II** *loc v* **13 de ~.** [Obra] perfecta en su género. *Con intención ponderativa.* ■ **14 de ~ y ensayo.** [Sala de cine] en que se proyectan películas de carácter minoritario, en versión original. **III** *loc v* **15 no tener ~ ni parte** [en algo]. (*col*) No intervenir [en ello] de ningún modo. **IV** *loc adv* **16 por amor al ~** → AMOR. ■ **17 por ~ de magia, de birlibirloque, de encantamiento,** o **del diablo.** Por medios extraordinarios y gralm. ocultos. *A veces con intención irónica.*

artefacto *m* **1** Máquina o aparato. *Frec con intención desp, denotando rareza, tosquedad o tamaño excesivo.* ■ **2** Aparato explosivo. ■ **3** (*Med*) Alteración producida artificialmente en un examen con aparatos registradores.

artejo *m* (*Zool*) Pieza de las que constituyen los apéndices de los artrópodos.

artemia *f* Crustáceo comestible propio de las aguas de las salinas (*Artemia salina*).

artemisa *f* Se da este *n* a varias plantas compuestas, con hojas alternas y flores blancas o amarillas en espiga o capítulo, usadas frec en medicina (*gén Artemisia, esp A. vulgaris*).

artemisia *f* Artemisa.

arte povera (*it; pronunc corriente, /árte-póbera/*) *loc n f* (*Arte*) Movimiento surgido en los años sesenta que rechaza los medios convencionales de la tela y el color en favor del uso de materias elementales procedentes del mundo animal, vegetal o mineral.

arteramente *adv* (*lit*) De manera artera.

arteria *f* **1** Vaso de los que distribuyen la sangre del corazón a las distintas partes del organismo. *Frec con un adj especificador:* AORTA, PULMONAR, FEMORAL, *etc.* ■ **2** Calle o vía de comunicación importante.

artería *f* (*lit*) **1** Cualidad de artero. ■ **2** Hecho o dicho artero.

arterial *adj* De (las) arterias. **b)** (*Fisiol*) [Sangre] oxigenada.

arterializar *tr* (*Fisiol*) Transformar [sangre venosa] en arterial.

arterioesclerosis *f* (*Med*) Arteriosclerosis.

arterioesclerótico -ca *adj* (*Med*) Arteriosclerótico.

arteriografía *f* (*Med*) Radiografía de las arterias.

arteriola *f* (*Anat*) Pequeña rama arterial.

arteriolar *adj* (*Anat*) De (las) arteriolas.

arteriosclerosis *f* (*Med*) Endurecimiento de las arterias. *Tb fig, fuera del ámbito técn.*

arterioscleroso -sa *adj* (*Med*) Arteriosclerótico.

arteriosclerótico -ca *adj* **1** De (la) arteriosclerosis. ■ **2** Que padece arteriosclerosis. *Tb n, referido a pers. Tb fig.*

arteriovenoso -sa *adj* (*Anat*) Arterial y venoso.

arteritis *f* (*Med*) Inflamación de una arteria.

artero -ra *adj* (*lit*) Astuto. *Gralm con intención desp, denotando engaño o malas artes. Tb n, referido a pers.*

artesa *f* **1** Recipiente, gralm. de madera y de forma rectangular que se estrecha en la base, usado esp. para amasar el pan. ■ **2** (*Geol*) Forma de U característica de la artesa [1]. *Frec en la constr* EN ~.

artesanado *m* Conjunto de (los) artesanos.

artesanal *adj* De(l) artesano o de (los) artesanos.

artesanalmente *adv* De manera artesanal.

artesanazgo *m* (*raro*) Actividad artesana.

artesanía **I** *f* **1** Trabajo o actividad de(l) artesano. *Frec en la constr* DE ~. ■ **2** Obra de artesanía [1]. **II** *loc adj* **3 de ~.** (*col*) Magistral o extraordinario. *Con intención ponderativa.*

artesano -na **I** *m y f* **1** Pers. que realiza determinados trabajos, gralm. de uso doméstico o decorativo, de manera manual o no industrializada e imprimiéndoles un carácter personal. **b)** (*hist*) Pers. que se dedica a un oficio manual. **II** *adj* **2** De(l) artesano o de (los) artesanos [1].

artesiano -na *adj* (*Geol*) [Pozo] en que el agua asciende naturalmente a la superficie, por proceder la capa freática de un lugar más alto que el de la perforación. **b)** [Agua] que mana de un pozo artesiano.

artesón *m* **1** (*Arquit*) Adorno cóncavo, gralm. de forma cuadrada o poligonal, a modo de artesa invertida, que se suele ensamblar con otros semejantes para formar la cara inferior de una cubierta. ■ **2** (*Arquit*) Artesonado [2]. ■ **3** (*raro*) Artesa [1].

artesonado -da (*Arquit*) **I** *adj* **1** Decorado con artesones [1]. **II** *m* **2** Techumbre, bóveda o cubierta de artesones [1].

ártico -ca *adj* [Polo o círculo polar] del norte. **b)** Del polo o del círculo polar ártico. *Tb n, referido a pers.*

articulable *adj* Que se puede articular[1].

articulación *f* **1** Acción de articular(se). *Tb su efecto.* ■ **2** Unión de dos piezas y esp. de dos huesos. *Tb fig.*

articulado[1] -da *adj* **1** *part* → ARTICULAR[1]. ■ **2** Que tiene articulación o articulaciones [2]. ■ **3** Que implica articulación [1]. ■ **4** Recortado o sinuoso.

articulado[2] *m* Conjunto de artículos [1] [de una ley o un reglamento].

articulador -ra *adj* Que articula[1].

articular[1] *tr* **1** Unir [dos o más piezas, o una con otra (*compl* EN, A o CON)], esp. de modo que puedan moverse. **b)** *pr* (**~se**) Unirse [dos o más piezas, o una con otra (*compl* EN, A o CON)], esp. de modo que puedan moverse. ■ **2** Pronunciar [sonidos o palabras]. *Tb abs.* ■ **3** Organizar [algo constituido por múltiples elementos]. ■ **4** Distribuir en artículos [1] [una ley o un reglamento].

articular[2] *adj* (*Anat*) De (la) articulación o de (las) articulaciones [2].

articulatoriamente *adv* (*Ling*) En el aspecto articulatorio.

articulatorio -ria *adj* (*Ling*) De (la) articulación.

articulismo *m* (*Per*) Actividad de(l) articulista.

articulista *m y f* Pers. que escribe artículos periodísticos.

artículo I *m* **1** Norma de las varias numeradas en que se divide un texto legal, jurídico, diplomático o similar. **b)** (*Rel crist*) Dogma de los contenidos en el Credo. *Frec* ~ DE (LA) FE. **c)** ~ **de fe.** Afirmación que está por encima de toda discusión. ■ **2** *En un diccionario u otra obra similar:* División encabezada por una palabra o un sintagma y que versa sobre ellos. ■ **3** Escrito, normalmente firmado y no informativo, que se publica en un diario o en una revista. **b)** ~ **de fondo.** Editorial [de un periódico]. ■ **4** Cosa que es objeto de comercio. ■ **5** (*Gram*) Palabra que se antepone a otra palabra o a un sintagma para indicar la función sustantiva de estos, así como su género y número gramaticales y la circunstancia de ser o no conocido o consabido lo designado por ellos.
II *loc v* **6 hacer el ~.** (*col*) Tratar de convencer [a alguien (*ci*)] de la bondad de algo, para que lo compre. *A veces con un compl* DE. *Tb fig, referido a pers.* **b)** Ponderar las virtudes o excelencias [de alguien o algo (*ci*)].

artífice *m y f* **1** Autor o creador [de algo]. ■ **2** Artesano con especiales capacidades artísticas. ■ **3** (*lit*) Artista (pers. que se dedica al arte).

artificial *adj* **1** Producido por el hombre. *Se opone a* NATURAL. **b)** *Esp:* Hecho a imitación y frec. como sustituto de lo natural. **c)** (*Ling*) [Lengua] creada intencionadamente para que sirva de medio de comunicación entre personas que hablan lenguas diferentes. **d)** [Fuegos] **~es** → FUEGO. ■ **2** Que no se ajusta a la realidad natural o no la tiene en cuenta. ■ **3** Afectado, o falto de naturalidad. *Se opone a* NATURAL.

artificialidad *f* Cualidad de artificial.

artificialismo *m* Cualidad de artificial.

artificializar *tr* (*raro*) Hacer artificial [algo].

artificialmente *adv* De manera artificial.

artificiar (*conjug* 1a) *tr* (*raro*) Hacer o tratar [algo] con artificio.

artificiero *m* Militar, o miembro de un cuerpo armado, especialista en explosivos.

artificio I *m* **1** Medio hábil e ingenioso. *A veces con intención desp denotando engaño.* **b)** Aparato o dispositivo ingenioso. ■ **2** Afectación o falta de naturalidad. ■ **3** Compuesto pirotécnico destinado a arder más o menos rápidamente.
II *loc adj* **4 de ~.** Artificial [1]. **b)** [Fuegos] **de ~** → FUEGO.

artificiosamente *adv* De manera artificiosa.

artificiosidad *f* Cualidad de artificioso.

artificioso -sa *adj* **1** Afectado o falto de naturalidad. ■ **2** Artificial [2].

artiga *f* (*reg*) Tierra roturada para su cultivo.

artillado *m* Acción de artillar. *Tb su efecto.*

artillar *tr* Armar con artillería [un lugar o un barco].

artillería *f* **1** Conjunto de armas de fuego de gran calibre, como el cañón o el mortero. **b)** *En sent fig:* Conjunto de perss. o medios con que se ataca. **c)** (*Fút, lit*) Delantera. ■ **2** Parte del ejército especializada en el uso de la artillería [1a]. ■ **3** Actividad relativa al uso, fabricación o conservación de la artillería [1a].

artillero -ra I *adj* **1** De (la) artillería.
II *n* A *m* **2** Militar perteneciente al arma de artillería [2]. ■ **3** (*Min*) Minero encargado de los explosivos.
B *f* (*raro*) **4** Mujer que actúa como artillero [2].
C *m y f* **5** (*Fút, lit*) Delantero, o jugador de la línea de ataque.

artilugio *m* **1** Dispositivo o aparato. *Frec con intención desp, a veces denotando rareza o complicación.* ■ **2** (*raro*) Ardid o maña.

artimaña *f* Maniobra hábil y engañosa.

artimañoso -sa *adj* (*raro*) [Pers.] dada a las artimañas.

artiodáctilo *adj* (*Zool*) [Mamífero] cuyas extremidades terminan en un número par de dedos. *Gralm como n m en pl, designando este taxón zoológico.*

artista *m y f* **1** Pers. que se dedica al arte (actividad encaminada a la creación de obras bellas). *Tb adj.* **b)** Pers. que se dedica profesionalmente a la música, al cine, al teatro o al circo. *Frec con un compl especificador.* **c)** ~ **invitado** → INVITADO. ■ **2** Pers. que realiza a la perfección una determinada actividad. *Gralm con un compl especificador. Tb adj.*

artísticamente *adv* **1** De manera artística. ■ **2** En el aspecto artístico. ■ **3** En el mundo artístico.

artisticidad *f* (*raro*) Cualidad de artístico.

artístico -ca *adj* **1** De(l) arte (actividad encaminada a la creación de obras bellas). **b)** [Cosa] hecha con arte o que implica arte. ■ **2** De (los) artistas [1]. ■ **3** [Nombre], distinto del propio, que utiliza una pers. como artista [1].

art nouveau (*fr; pronunc corriente,* /ár-nubó/; *frec con mayúscula*) *loc n m* Modernismo.

arto *m* (*reg*) Cambronera (planta).

artocarpácea *adj* (*Bot*) [Planta] de la familia cuyo género característico es *Artocarpus.*

artola *f* (*reg*) Aparato compuesto de dos asientos, que se coloca sobre una caballería para que puedan ir sentadas dos personas. *Tb designa otro tipo de armazón para cargar algo a lomos de una caballería. Gralm en pl.*

artralgia *f* (*Med*) Dolor de las articulaciones.

artrítico -ca *adj* (*Med*) **1** De (la) artritis. ■ **2** Que padece artritis. *Tb n, referido a pers.*

artritis *f* (*Med*) Inflamación de las articulaciones.

artritismo *m* (*Med*) Predisposición a determinado grupo de enfermedades, entre las que se encuentran la artritis, la gota, la obesidad, la diabetes y ciertas litiasis.

artrografía *f* (*Med*) Radiografía de una articulación.

artrogriposis *f* (*Med*) Flexión o contractura permanente de una articulación.

artrolito *m* (*Med*) Concreción o cálculo en una articulación.

artrómetro *m* (*Med*) Aparato para medir el grado de extensión de movimientos de las articulaciones.

artropatía *f* (*Med*) Enfermedad articular.

artrópodo *adj* (*Zool*) [Animal invertebrado] que tiene patas articuladas, cuerpo dividido en segmentos y exoesqueleto de quitina. *Frec como n m en pl, designando este taxón zoológico.*

artroscopia *f* (*Med*) Examen directo del interior de una articulación.

artroscópico -ca *adj* (*Med*) De (la) artroscopia.

artrósico -ca *adj* (*Med*) **1** De (la) artrosis. ■ **2** Que padece artrosis. *Tb n, referido a pers.*

artrosinovitis *f* (*Med*) Inflamación de la membrana sinovial de una articulación.

artrosis *f* Afección articular crónica, de naturaleza degenerativa no inflamatoria.

artrotomía *f* (*Med*) Incisión quirúrgica de una articulación.

artuño -ña *adj* [Oveja] parida que ha perdido su cría. *Tb n f.*

arturiano -na *adj* Artúrico.

artúrico -ca *adj* De Arturo o Artús, rey legendario de los bretones.

árula *f* (*Arqueol*) Ara pequeña.

arundense *adj* (*lit*) De Ronda (Málaga) o de Aracena (Huelva). *Tb n, referido a pers.*

arunta *m* Lengua australiana hablada en el centro del continente.

aruquense *adj* De Arucas (Gran Canaria). *Tb n, referido a pers.*

arúspice *m* (*hist*) En la antigua Roma: Sacerdote encargado de examinar las entrañas de los animales sacrificados, para hacer presagios.

aruspicina *f* Arte de adivinar por las entrañas de los animales.

arval *adj* (*hist*) En la antigua Roma: [Sacerdote] de Ceres.

arveja *f* Se da este n a varias plantas herbáceas leguminosas del gén Vicia, esp V. sativa. *Tb su semilla.*

arvejana *f* Arveja (planta y semilla). *Esp designa la variedad silvestre.*

arvejo *m* (*reg*) Guisante (*Pisum sativum*). *Tb su fruto y su semilla.*

arvejón *m* Planta leguminosa (*Lathyrus sativus* y *Vicia lutea*). *Tb su semilla.*

arvelar *tr* (*reg*) Aventar.

arverno -na *adj* (*hist*) De un pueblo galo habitante de la actual región de Auvernia, en el centro de Francia. *Tb n, referido a pers.*

arvilla *f* (*reg*) Guisante (*Pisum sativum*). *Tb su fruto y su semilla.*

arzobispado *m* **1** Dignidad o autoridad de arzobispo. *Tb el tiempo que dura.* ■ **2** Territorio sometido a la jurisdicción de un arzobispo. ■ **3** Sede arzobispal.

arzobispal *adj* De(l) arzobispo.

arzobispo *m* Obispo que está al frente de una provincia eclesiástica, con jurisdicción sobre varios obispos.

arzolia *f* (*reg*) Arbusto pequeño y rastrero, de hojas en roseta y flores azules en capítulo (*Globularia repens*).

arzón *m* Pieza de madera de la parte anterior y posterior de la silla de montar.

arzuano -na *adj* De Arzúa (La Coruña). *Tb n, referido a pers.*

as[1] *m* **1** *En la baraja:* Carta que lleva el número 1. ■ **2** *En los dados o el dominó:* Lado marcado con un solo punto. ■ **3** Pers. muy destacada en una actividad o profesión. *Gralm con un adj o compl especificador.* ■ **4 ~ de guía.** (*Mar*) Nudo de gran sencillez y seguridad, muy empleado en amarras.

as[2] *m* (*hist*) Moneda romana de bronce, que fue unidad monetaria en la época arcaica, con un peso de una libra, y pasó después a ser divisor del denario.

asa[1] *f* **1** *En un utensilio, esp una vasija:* Parte saliente, gralm. en forma curva o de anillo, que sirve para cogerlo con la mano. ■ **2** (*Anat*) Parte curvada en forma de asa [1]. *Frec* ~ INTESTINAL. ■ **3** (*raro*) Asidero. *Tb fig.* ■ **4** (*jerg*) Oreja.
II *loc adj* **5 del ~.** (*lit, raro*) [Amigo] íntimo. *Tb en la constr* SER (MUY) DEL ~.
III *fórm or* **6 verde y con ~s** → VERDE.

asa[2]. **~ fétida** → ASAFÉTIDA.

asá. así..., ~ → ASÍ.

asación *f* (*raro*) Acción de asar.

asacristanado -da *adj* (*lit, raro*) Que tiene aspecto de sacristán.

asadero *m* (*reg*) **1** Lugar o aparato para asar. ■ **2** Lugar en que hace mucho calor.

asado[1] *m* **1** Acción de asar. ■ **2** Carne asada.

asado[2]. **así...,** ~ → ASÍ.

asador -ra I *adj* **1** Que asa. *Tb fig. Frec n, referido a pers.*
II *n A m* **2** Aparato o utensilio para asar. ■ **3** Restaurante especializado en asados.
B *f* **4** Asador [2].
III *loc v* **5 poner toda la carne en el ~** → CARNE.

asadura *f* **1** Conjunto formado por el hígado, los bofes y a veces el corazón [de un animal o, más raro, de una pers.]. *Tb en pl.* **b)** Bofe. **c)** Hígado. *A veces en pl.* ■ **2** (*col*) Asaúra (flema o calma). **b)** Pers. pesada o flemática. ■ **3** (*hist*) Derecho pagado por el paso de los ganados.

asaetamiento *m* Acción de asaetar.

asaetar *tr* Asaetear. *Tb fig.*

asaetear *tr* **1** Disparar saetas [contra alguien o algo (*cd*)]. *Tb fig.* ■ **2** Acosar o molestar insistentemente [con algo (*compl* A o CON)].

asafétida (*frec* **asa fétida**) *f* Gomorresina de olor desagradable, procedente de la raíz de la planta *Ferula asafoetida*, usada en medicina como antiespasmódico y estimulante.

asainetado -da *adj* **1** Semejante al sainete. ■ **2** Propio de(l) sainete.

asalariado -da *adj* **1** *part* → ASALARIAR. ■ **2** [Pers.] que percibe un salario por su trabajo. *Frec n.*

asalariar *(conjug* 1a*) tr (raro)* Pagar salario [a alguien].

asalarización *f* Transformación de trabajadores en asalariados.

asalmonado -da *adj* **1** [Pez] semejante al salmón en la carne. **b)** [Trucha] **asalmonada** → TRUCHA. ■ **2** [Color] que tira a salmón. **b)** De color asalmonado.

asaltador -ra *adj* Asaltante. *Frec n.*

asaltante *adj* Que asalta. *Frec n, referido a pers.*

asaltar *tr* **1** Atacar por sorpresa [un lugar] para tomar[lo] o entrar en él. *Tb fig.* ■ **2** Atacar por sorpresa [a alguien o un lugar] para robar[lo]. *Tb fig.* ■ **3** *(col)* Acometer repentinamente [a alguien una idea o un sentimiento]. ■ **4** Acometer o acosar [a alguien]. *Tb fig.*

asalto **I** *m* **1** Acción de asaltar. ■ **2** *(Esgr)* Combate. ■ **3** *(Boxeo)* Parte de las varias en que se divide un combate. ■ **4** *(Fút)* Partido de los dos que constituyen una eliminatoria. ■ **5** *(hist)* Juego semejante a las tres en raya, en que uno de los jugadores trata de llegar a un punto del tablero que se considera el castillo, y el otro trata de impedírselo. ■ **6** *(hist)* Baile o fiesta entre amigos, sin aviso previo. ■ **7** *(hist)* Guardia de asalto [8]. **II** *loc adj* **8** **de ~.** *(hist)* [Guardia] creada en la segunda República, para reprimir movimientos subversivos o de desorden público. *Tb referido a sus miembros.*

asamblea *f* **1** Reunión de los miembros de una colectividad, para discutir asuntos de interés común. *Tb el conjunto de perss que asisten.* **b)** *(Rel catól)* Reunión de fieles para la celebración de la misa u otro acto litúrgico. *Tb el conjunto de los fieles que asisten.* ■ **2** Conjunto de miembros de una corporación a los que corresponden funciones deliberativas. *Frec en denominaciones de instituciones políticas.* ■ **3** *(Mil)* Toque para que la caballería forme en su lugar.

asambleario -ria *adj* De (la) asamblea [1]. **b)** [Pers.] que participa en una asamblea. *Frec n.*

asamblearismo *m* **1** Tendencia a atribuir a la asamblea [1a] poderes decisorios. ■ **2** Tendencia a excederse en la duración y número de las asambleas [1a].

asambleísmo *m* Asamblearismo.

asambleísta *m y f* Pers. que forma parte de una asamblea.

asamés *m* Lengua de Assam (estado de la India).

asamiento *m (raro)* Acción de asar(se).

asana *m (Yoga)* Postura corporal.

asandaliado -da *adj* Que tiene forma de sandalia.

asao. así..., ~ → ASÍ.

asar *tr* **1** Preparar [un alimento] para su consumo, sometiéndo[lo] directamente al fuego, sin sumergir[lo] en caldo o grasa. **b)** *pr* **(~se)** Quedar [un alimento] preparado para su consumo, por la acción directa del fuego. ■ **2** Someter [a alguien] a un calor muy intenso. *Con intención ponderativa.* **b)** *pr* **(~se)** Sufrir [alguien] un calor muy intenso. *Con in-*

tención ponderativa. ■ **3** *(col)* Acosar o molestar insistentemente [a alguien con algo *(compl* A*)*].

asargado -da *adj* [Tejido] parecido a la sarga.

asaúra *f (col)* Flema o calma. **b)** Pers. pesada o flemática.

asaz *adv (lit)* Bastante. *Tb adj.*

asazonar *tr (reg)* Sazonar.

asbesto *m* Amianto, esp. de coloración grisácea o verdosa, debida a impurezas.

asbestosis *f (Med)* Amiantosis (enfermedad).

asca *f (Bot) En determinados hongos:* Órgano en cuyo interior se forman las esporas.

ascaridiosis *f (Med)* Enfermedad causada por la presencia de ascáridos en el organismo.

ascárido *adj (Zool)* [Gusano] nematodo parásito en el intestino del hombre y en el de otros animales. *Frec como n m en pl, designando este taxón zoológico.*

áscaris *m (Med y Zool)* Gusano parásito del gén. *Ascaris,* esp. *A. lumbricoides.*

ascendencia *f* **1** Hecho de proceder [una pers. *(compl de posesión)*] de un lugar o de una raza o linaje *(adj especificador)*. **b)** Procedencia u origen [de una cosa]. *Con un adj especificador.* ■ **2** Conjunto de ascendientes [de una pers.]. ■ **3** Ascendiente o influencia. ■ **4** *(E)* Movimiento hacia arriba de una masa de aire.

ascendente *adj* **1** Que asciende. ■ **2** De(l) ascenso. ■ **3** [Tren] que va de la costa al interior, o de la periferia al centro. *Tb n.* ■ **4** *(Bot)* [Planta o tallo] que crece primero horizontalmente y se eleva después hasta alcanzar la vertical.

ascender *(conjug* 14*)* **A** *intr* **1** Subir (ir a un lugar más alto que el punto de partida). *Frec se especifica el lugar, por medio de un compl* A, HASTA *o* HACIA. ■ **2** Subir (pasar a un nivel o situación más altos). *Frec se especifica el nivel con un compl* A. **b)** Subir [a determinado cargo, dignidad o situación altos]. *Frec* **~ AL TRONO**. ■ **3** Subir o llegar [una cuenta a determinada cantidad]. **B** *tr* **4** Poner [a alguien] en un nivel o situación superior en un escalafón. *Frec se especifica el nivel con un compl* A. ■ **5** Ascender [1] [a un lugar *(cd)*].

ascendiente **A** *m y f* **1** Pers. de la que [otra *(compl de posesión)*] desciende. **B** *m* **2** Influencia [sobre una pers. o una colectividad].

ascensión *(frec con mayúscula en acep* 2*) f* **1** Acción de ascender [1 y 2]. *Frec referido a la de Cristo a los cielos.* ■ **2** Día en que se celebra la ascensión [1] de Cristo a los cielos.

ascensional *adj* De (la) ascensión [1].

ascenso *m* Acción de ascender [1, 2 y 4].

ascensor *m* **1** Aparato para subir a los distintos pisos de un edificio o construcción, o para bajar de ellos. ■ **2** *(E)* Dispositivo que sirve para subir algo.

ascensorista *m y f* Pers. que tiene a su cargo el manejo de un ascensor [1].

ascesis *f* Ejercicio espiritual y físico que, mediante el ayuno, la penitencia y la oración, procura la perfección interior y el desapego del mundo y de los instintos.

asceta *m y f* **1** Pers. que practica la ascesis. ■ **2** Pers. que vive con gran austeridad, absteniéndose de placeres, lujo y comodidades.

ascéticamente *adv* De manera ascética.

ascético -ca I *adj* **1** De(l) asceta o de (la) ascesis. **b)** [Literatura o autor] que trata de la ascesis. *Tb n, referido a pers.* **c)** De (la) literatura ascética. ■ **2** Sumamente austero. *Tb fig.*
II *f* **3** Ascetismo [1]. ■ **4** Literatura ascética [1b].

ascetismo *m* **1** Doctrina y práctica de la vida ascética. ■ **2** Cualidad de ascético.

ascidia *f* (*Bot*) Modificación foliar en forma de urna, propia de algunas plantas carnívoras.

ascítico -ca *adj* (*Med*) De (la) ascitis.

ascitis *f* (*Med*) Acumulación de líquido en la cavidad abdominal.

asclepiadácea *adj* (*Bot*) [Planta] dicotiledónea, herbácea o arbustiva y frec. trepadora, de la familia cuyo género característico es *Asclepias*. *Frec como n f en pl, designando este taxón botánico.*

asco I *m* **1** Sensación física de desagrado intenso que impulsa al rechazo y a veces produce náuseas. **b)** Repugnancia (sentimiento de disgusto y rechazo morales). ■ **2** Pers. o cosa que produce asco [1]. *Frec en constrs como* SER UN ~ *o* ESTAR HECHO UN ~. **b)** Pers. o cosa que tiene o muestra mal aspecto, mal estado, poca calidad o poco valor. *Frec en la constr* HECHO UN ~. ■ **3** Manifestación de asco [1].
II *loc v* **4 hacer ~s** [a alguien o algo]. (*col*) Rechazar[lo] o despreciar[lo], esp. de manera afectada o injustificada. **b) no hacer ~s** [a alguien o algo]. Aceptar[lo] de buena gana o no poner[le] inconvenientes. ■ **5 morirse de ~.** (*col*) Aburrirse.

ascomiceto *adj* (*Bot*) [Hongo] cuyas esporas se forman en las ascas. *Frec como n m en pl, designando este taxón botánico.*

asconense *adj* De Ascó (Tarragona). *Tb n, referido a pers.*

ascórbico *adj* (*Quím*) [Ácido] presente esp. en los cítricos y en las verduras, cuya falta ocasiona el escorbuto.

ascosidad *f* (*lit, raro*) Inmundicia que causa asco [1].

ascoso -sa *adj* (*lit, raro*) Que causa asco [1].

ascospora *f* (*Bot*) Espora que se produce en el interior de las ascas.

ascua I *f* **1** Trozo de combustible sólido incandescente y sin llama. **b)** *Se usa frec en constrs de sent comparativo para ponderar el brillo. Tb* ~ DE ORO, *o* DE LUZ. **c)** *A veces se pondera tb la rojez.*
II *loc v* **2 arrimar** [alguien] **el ~ a su sardina.** (*col*) Aprovechar las circunstancias en beneficio propio.
III *loc adv* **3 (como) sobre ~s.** De manera rápida y superficial. *Con el v* PASAR. ■ **4 en** (*o* **sobre**) **~s.** En estado de inquietud o desasosiego. *Gralm con los vs* ESTAR *o* TENER. *Tb adj.*

aseado -da *adj* **1** *part* → ASEAR. ■ **2** Que tiene o muestra limpieza y cuidado. ■ **3** [Pers. o animal] que tiende a mantener limpios su propio aspecto o sus cosas. ■ **4** (*Taur*) Presentable o aceptable.

asear *tr* Limpiar [a alguien o algo] haciendo que pase a tener un aspecto agradable y cuidado. *Frec el cd es refl.* **b)** Limpiar.

asechanza *f* Trampa o engaño [de alguien] para hacer daño. *Frec en pl.* **b)** Peligro oculto que puede llevar a un daño o a una situación desfavorable. *Frec en pl.*

asecución *f* (*lit, raro*) Consecución.

asedado -da *adj* **1** *part* → ASEDAR. ■ **2** Suave como la seda. *Tb fig.*

asedar *tr* Poner [algo] suave como la seda. **b)** *pr* (**~se**) Ponerse [algo] suave como la seda.

asediador -ra *adj* Que asedia. *Tb n, referido a pers.*

asediante *adj* Que asedia. *Tb n, referido a pers.*

asediar (*conjug* 1a) *tr* **1** Cercar [a alguien o un lugar] para obtener su rendición. *Tb fig.* ■ **2** Acosar [a alguien, esp. con pretensiones o preguntas importunas]. *Frec sin el* 2º *compl, por consabido.*

asedio *m* Acción de asediar.

aseglararse *intr pr* Relajarse [un clérigo o religioso] actuando o viviendo como seglar.

asegundar (*raro*) **A** *tr* **1** Realizar por segunda vez [una acción].
B *intr pr* (**~se**) **2** Repetirse [una pers.].

asegurable *adj* Que se puede asegurar.

aseguración *f* **1** Acción de asegurar [2]. *Tb su efecto.* ■ **2** (*raro*) Afirmación, o cosa que se asegura [5].

aseguradamente *adv* (*raro*) Con seguridad.

asegurador -ra *adj* **1** [Pers. o entidad] que asume el riesgo garantizado en un contrato de seguro. *Frec n: m, referido a pers; f, referido a entidad.* ■ **2** (*raro*) *En gral:* Que asegura. *Tb n, referido a pers.*

aseguramiento *m* Acción de asegurar.

asegurar *tr* **1** Hacer que [alguien o algo] quede seguro o libre de riesgos. *A veces con un compl* DE. ■ **2** Hacer que [alguien o algo (*cd*)] quede cubierto por un contrato de seguro. *Frec con un compl* CONTRA, *que expresa el riesgo, o un compl* EN *o* POR, *que expresa la cantidad garantizada. Frec en part, a veces sustantivado.* ■ **3** Hacer que [algo (*cd*)] quede firme o sujeto. ■ **4** Hacer que [algo (*cd*)] quede seguro o garantizado. ■ **5** Decir [algo] con seguridad o sin duda. *Frec en constrs como* TE ASEGURO QUE, TE LO ASEGURO, *para enfatizar la afirmación.* ■ **6** Hacer que [alguien (*cd*)] adquiera seguridad o certeza [de algo]. *Gralm el cd es refl. Cuando el* 2º *compl es una prop con* QUE, *a veces* (*col*) *se omite la prep* DE.

aseidad *f* (*Filos*) Cualidad del ser que tiene en sí mismo la razón de su existencia.

aseladero *m* Lugar en que se suben las gallinas para dormir.

aselador *m* Aseladero.

aselarse *intr pr* Acomodarse [las gallinas] para dormir, normalmente en un lugar alto. *Tb fig, referido a pers.*

asemejar **A** *tr* **1** (*raro*) Hacer [a una pers. o cosa (*cd*)] semejante [a otra (*compl* A)]. **b)** *pr* (**~se**) Hacerse [una pers. o cosa] semejante [a otra].
B *intr* **2** Parecerse [una pers. o cosa (*suj*)] a otra (*ci*). *Gralm pr* (**~se**). *A veces sin ci, con suj pl.*
C *copulat* **3** (*raro*) Semejar o parecer. *El predicat es siempre sust.*

asendereado -da *adj* **1** *part* → ASENDEREAR.
■ **2** Que sufre numerosas dificultades o adversida-

des. **b)** [Vida] llena de dificultades o adversidades. ■ **3** [Camino] de uso frecuente.

asenderear *tr* (*raro*) Hacer sendas [en un lugar (*cd*)].

asenso *m* Asentimiento.

a sensu contrario (*lat; pronunc*, /a-sénsu-kon-trário/) *loc adv* En sentido contrario.

asentada. de una ~. *loc adv* (*col*) De una sentada o de una vez.

asentaderas *f pl* (*col*) Nalgas.

asentadero *m* (*raro*) Asiento, o lugar destinado a sentarse.

asentador -ra **A** *m y f* **1** Pers. que contrata al por mayor víveres para un mercado público. **B** *m* **2** Instrumento para suavizar la navaja de afeitar.

asentamiento *m* **1** Acción de asentar(se). *Tb su efecto.* ■ **2** Lugar en que se asienta [alguien o algo (*compl de posesión*)].

asentar (*conjug* 6) **A** *tr* **1** Apoyar [una cosa en o sobre otra] de modo que quede firme y segura. ■ **2** Basar [una cosa en otra (*compl* EN o SOBRE)]. ■ **3** Poner o fijar [algo en un lugar]. **b)** ~ **los reales** → REAL⁴. ■ **4** Situar [una población o una construcción en un lugar]. ■ **5** Dar [un golpe]. ■ **6** Anotar [algo en un registro o en un libro, esp. de cuentas]. ■ **7** Afirmar o asegurar [algo que se dice]. ■ **8** (*hist*) Contratar [a una pers.] como criado o aprendiz [de otra (*compl* CON)]. **B** *intr* ➤ **a** *normal* **9** Estar apoyada [una cosa en o sobre otra] de modo que quede firme y segura. *Tb pr* (**~se**). ■ **10** Basarse [una cosa en otra (*compl* EN o SOBRE)]. *Tb pr* (**~se**). ■ **11** Estar situada [una población o una construcción en un lugar]. *Frec pr* (**~se**). ■ **12** Fijarse [algo] de modo más o menos duradero [en un lugar]. *Frec pr* (**~se**). ■ **13** Establecerse [en un lugar una especie animal o vegetal]. *Tb pr* (**~se**). ➤ **b** *pr* (**~se**) **14** Fijar o establecer [alguien, esp. un pueblo o comunidad] su residencia [en un lugar]. ■ **15** Posarse [líquidos o el polvo]. **b)** Tomar consistencia o cuerpo [una masa, esp. el pan]. ■ **16** Adquirir [algo que sufre una evolución o un ajuste] el estado considerado definitivo o perfecto. ■ **17** Adquirir [una pers.] el estado de sosiego y sensatez propios de la madurez.

asentimiento *m* Acción de asentir. *Tb su efecto.*

asentir (*conjug* 60) *intr* Manifestar conformidad [con lo dicho o propuesto por otro (*compl* A)]. *Tb sin compl.*

asentista *m* (*hist*) Pers. o entidad que hace un asiento o contrato con el gobierno.

aseñar *intr* (*reg*) Hacer señas.

aseñoritado -da *adj* Que tira a señorito.

aseo **I** *m* **1** Acción de asear(se). *Tb su efecto.* ■ **2** Cualidad de aseado. ■ **3** Cuarto de aseo [4]. *Frec contrapuesto a* BAÑO o CUARTO DE BAÑO. **b)** *En un lugar público:* Servicio o retrete. **II** *loc adj* **4 de ~.** [Cuarto] que reúne diversos servicios higiénicos, gralm. sin bañera, o con bañera pequeña. ■ **5 de ~.** [Bolsa] destinada a contener los utensilios de aseo [1] personal.

asépalo -la *adj* (*Bot*) Que carece de sépalos.

asepsia *f* **1** Ausencia de organismos patógenos. ■ **2** Método de prevención de infecciones, destruyendo o evitando los agentes infecciosos. ■ **3** Perfección formal fría o sin sentimiento. *Frec con intención desp.* ■ **4** Falta de compromiso. *Frec con intención desp.*

asépticamente *adv* De manera aséptica.

aséptico -ca *adj* **1** De (la) asepsia. ■ **2** Que tiene o muestra asepsia.

aseptizante *adj* Que aseptiza.

aseptizar *tr* Hacer aséptico [2] [algo], destruyendo los organismos patógenos.

asequibilidad *f* Cualidad de asequible.

asequible *adj* **1** Que se puede conseguir o alcanzar. *Frec con un compl* A. ■ **2** Que se puede comprar o pagar. *Frec con un compl* A. **b)** [Precio] moderado. ■ **3** Fácil de entender o comprender. *A veces con un compl* A. ■ **4** [Pers.] de trato llano y amable, o con la que es fácil hablar. *A veces con un compl* A.

aserción *f* Afirmación o aserto.

aseriarse (*conjug* 1a) *intr pr* Ponerse serio.

aserradero *m* Lugar en que se sierra madera.

aserrado¹ -da *adj* **1** *part* → ASERRAR. ■ **2** Que tiene dientes menudos como los de una sierra. *Frec en botánica.*

aserrado² *m* Acción de aserrar.

aserrador -ra *adj* Que sierra. *Frec n: m, referido a pers; f, referido a máquina.*

aserradura *f* Corte en forma de sierra.

aserramiento *m* Acción de aserrar.

aserrar (*conjug* 6) *tr* Serrar.

aserrería *f* Serrería.

aserrín *m* Serrín.

aserrío *m* **1** Aserradero. ■ **2** Aserrado².

aserto *m* Afirmación o aseveración.

asertórico -ca *adj* (*Filos*) Que enuncia una verdad de hecho.

asertorio *adj* [Juramento] en que se afirma la verdad de algo.

asesado *adj* [Huevo] revuelto con harina.

asesinar *tr* Matar [a una pers.] con premeditación o alevosía, o por dinero. *Tb abs. Tb fig.*

asesinato *m* Acción de asesinar.

asesino -na **I** *m y f* **1** Pers. que comete un asesinato. *Tb fig.* **II** *adj* **2** Que ocasiona la muerte. *Tb fig.* ■ **3** Propio del asesino [1] o del asesinato. ■ **4** (*col*) Fatal o muy malo. *Con intención ponderativa.*

asesor -ra **I** *m y f* **1** Pers. encargada de informar y aconsejar [a otra o a una entidad (*compl de posesión*)] en determinados asuntos. *Frec con un adj o compl especificador.* **II** *adj* **2** De(l) asesor [1] o de(l) asesoramiento.

asesoramiento *m* Acción de asesorar.

asesorar **A** *tr* **1** Informar y aconsejar [a alguien o a una entidad, en determinados asuntos, alguien entendido en ellos]. **B** *intr pr* (**~se**) **2** Informarse y aconsejarse [con alguien entendido (*compl* CON o DE)].

asesoría *f* **1** Oficio o cargo de asesor [1]. ■ **2** Oficina de(l) asesor [1].

asestar¹ *tr* **1** Hacer que [alguien o algo (*ci*)] reciba [un golpe, un disparo o una herida (*cd*)]. ■ **2** Dirigir [un arma a alguien o algo]. **b)** Dirigir [la vista o la mirada a alguien o algo]. ■ **3** Amenazar [a alguien], o hacer[le] ver que se tiene intención de atacar[le].

asestar[2] (*conjug 6*) *intr* Sestear [el ganado].

aseverable *adj* Que se puede aseverar.

aseveración *f* Acción de aseverar. *Frec su efecto.*

aseverar *tr* Afirmar (decir que [algo (*cd*)] es cierto). **b)** Afirmar (decir o declarar).

aseverativo -va *adj* (*Ling*) Enunciativo.

asexuado -da *adj* **1** Que no tiene sexo. **b)** Propio del ser asexuado. ■ **2** [Cosa] que prescinde del sexo o no está relacionada con él.

asexual *adj* **1** [Reproducción] que se realiza sin la fusión de gametos masculinos y femeninos. **b)** De (la) reproducción asexual. ■ **2** Asexuado.

asexualmente *adv* De manera asexual.

asfaltado *m* Acción de asfaltar. *Tb su efecto.*

asfaltador -ra *adj* Que asfalta. *Tb n: m, referido a pers; f, referido a máquina.*

asfaltar *tr* Recubrir de asfalto [1] [algo, esp. una carretera o una calle].

asfaltero *m* Buque destinado al transporte de asfalto [1].

asfáltico -ca *adj* **1** De(l) asfalto [1]. ■ **2** Que tiene asfalto [1].

asfalto *m* **1** Sustancia bituminosa y negruzca, natural u obtenida como residuo de la destilación del petróleo, que se emplea esp. para pavimentar calles e impermeabilizar terrazas. ■ **2** Calle o vía asfaltada. *Gralm en sg, con sent colectivo.*

asfíctico -ca *adj* (*Med*) De (la) asfixia o provocado por ella.

asfixia *f* **1** Suspensión de la respiración, que ocasiona la muerte. ■ **2** Dificultad grande de respiración. *Frec fig. Frec con intención ponderativa aludiendo al exceso de calor o a la estrechez del lugar.* **b)** Dificultad de actuación o desarrollo normales. ■ **3** (*Bot*) Falta de aire para la respiración de la planta, gralm. en las raíces.

asfixiador -ra *adj* (*raro*) Asfixiante.

asfixiante *adj* Que asfixia. **b)** [Gas u otra sustancia] que causa la muerte por asfixia.

asfixiar (*conjug 1a*) *tr* Causar asfixia [a alguien o algo (*cd*)]. **b)** *pr* (~*se*) Sufrir asfixia.

asfódelo (*tb* **asfodelo**) *m* Gamón (planta).

ashanti *adj* De Ashanti (región de Ghana). *Tb n, referido a pers.*

ashkenazí → ASKENAZÍ.

así **I** *adv* **1** De esta manera. * Antes no era así. **b)** Por este procedimiento. * Yo te curaré; así no se entera tu padre. **c)** ~... (o) **asao** (*raro*, **asado**); ~... (o) **asá**. (*col*) De esta manera... (o) de otra. *Aludiendo a dos maneras posibles que no interesa precisar.* * Decía por ejemplo: el cerdo lo matan así o asao. **d)** ~ **mismo** → ASIMISMO. ■ **2** Ojalá. *Con v en subj.* * Así se caiga. ■ **3** Por ejemplo. * Se usa en diversas industrias; así en la fabricación de explosivos. **4** Entonces o por consiguiente. *Frec, en comienzo de frase,* Y ~, *o* → PUES. * Iremos todos, y así no se atreverán a atacarnos. ■ **5** (*lit*) Tanto. *En correlación con* COMO. * Era una especie de curalotodo, que así colocaba huesos como sacaba los demonios. ■ **6**

Seguido por DE + *adj o adv:* Tan. * No sabía que tenía una voz así de bonita y que cantaba así de bien. **b)** *Con determinados adjs, como* CLARO, FÁCIL, SENCILLO, ELEMENTAL, *etc, se usa para comentar enfáticamente lo expresado por el adj. A veces con intención irónica.* ■ **7** (*col*) Medianamente o no muy bien. *Frec* ~, ~. * –¿Cómo estás? –Así, así. ■ **8** ~ **como** ~. De manera impensada o sin motivo. *En frases negs.* * No es posible que me mate así como así. **b)** Fácilmente. *En frases negs.* * No se muere uno así como así. ■ **9** ~ **que no...** (*col*) *En frase exclam, introduce un hecho que se desea poner de relieve. A veces reforzado con* NI NADA. * ¡Así que no es guapa ni nada! ■ **10** ni ~. (*col*) *Reforzando una frase neg:* En absoluto. * No me fío ni así. ■ **11** o ~. (*col*) *Se usa para dejar abierta la posibilidad de una alternativa indeterminada. Frec (reg) expletivo.* * Son un poco neuróticos o así. ■ **12** y ~. (*col*) *Se usa como conclusión vaga de una frase.* * Me encanta verte tan entera y así. ■ **13** ~ **y todo** → TODO; ~ **es**, ~ **sea** → SER[1].

II *conj* **14** Aunque. *Con v en subj.* * No me moveré, así me maten. ■ **15** ~ **como**. De igual manera que. *Compara dos hechos, a veces contraponiéndolos.* * Así como él es pequeño y moreno, ella es alta y rubia. **b)** *A veces denota la suma de dos nociones, de las cuales la segunda queda puesta de relieve.* * Se han omitido los nombres de los padres, así como el de la nodriza. ■ **16** ~ **que**. De manera que. *Tb (col)* ~ ES QUE. *A veces se usa pidiendo confirmación al interlocutor.* * Desconectó el automático, así que quedamos a oscuras. * ¿Así es que te vas? ■ **17** ~ **que**. Tan pronto como, o una vez que. *Tb (pop)* DE QUE. * Así que acabe la guerra volverá. ■ **18** **siendo** ~ **que** → SER[1].

III *adj* **19** De esta clase o de este estilo. * Para un piso así, está bien. **b)** (*col*) *Sustituye provisionalmente a un adj que el hablante no encuentra; o retrasa con intención atenuadora (a veces seguido de* COMO) *la mención de un adj que estima demasiado fuerte.* * Ella es muy así, muy revolucionaria. **c)** ~... (o) **asao** (*raro*, **asado**); ~... (o) **asá**. (*col*) De esta manera de ser... (o) de otra. *Aludiendo a cualidades posibles que no interesa precisar.* * Luego dicen que si somos así o asao. ■ **20** (*col*) Mediano o mediocre. *Frec* ~, ~. * Como estudiante era así, así.

asiánico -ca *adj* (*hist*) **1** Del grupo de pueblos que con semitas e indoeuropeos poblaron el Asia anterior. *Tb n, referido a pers.* ■ **2** (*TLit*) [Estilo oratorio] asiático.

asiático -ca *adj* De Asia. *Tb n, referido a pers.* **b)** [Lujo] extremado. **c)** (*TLit*) En la antigüedad grecolatina: [Estilo oratorio] caracterizado por cierta afectación y por el uso abundante de tropos y figuras.

asiatizar *tr* Dar carácter asiático [a alguien o algo (*cd*)].

asibilación *f* (*Fon*) Acción de asibilar(se). *Tb su efecto.*

asibilado -da *adj* **1** *part* → ASIBILAR. ■ **2** (*Fon*) Sibilante. **b)** Propio del sonido asibilado.

asibilar *tr* (*Fon*) Hacer sibilante [un sonido]. **b)** *pr* (~*se*) Hacerse sibilante [un sonido].

asible *adj* (*raro*) Que se puede asir. *Tb fig.*

asidero *m* Parte por donde se ase una cosa o de donde es posible asirse. **b)** Punto de apoyo. *En sent no material.*

asidonense *adj* (*lit*) De Medina Sidonia (Cádiz). *Tb n, referido a pers.*

asiduamente *adv* De manera asidua.

asiduidad *f* Cualidad de asiduo.

asiduo -dua *adj* **1** [Cosa] que se hace con constancia y continuidad. ■ **2** [Pers.] que realiza con constancia y continuidad una acción determinada. **b)** [Pers.] que acude con frecuencia y constancia [a un lugar (*compl de posesión*)]. *Tb sin compl, por consabido. Tb n.*

asiento I *m* **1** Mueble u otro lugar usado para sentarse. ■ **2** Parte de un asiento [1] sobre la que descansan las nalgas. ■ **3** Parte sobre la que se asienta o apoya un objeto. ■ **4** Lugar en que alguien o algo se asienta [11, 12, 13 y 14]. *Tb fig.* ■ **5** Acción de asentar(se). *Tb su efecto.* **b)** **culo** (*o* **culillo**) **de mal ~ → CULO.** ■ **6** Poso. ■ **7** (*lit*) Estado considerado como normal o propio de una pers. o cosa. ■ **8** (*raro*) Sensatez propia de la pers. madura. ■ **9** (*hist*) Contrato.
    II *loc adj* **10 de ~.** [Baño] de las nalgas y órganos genitales.
    III *loc v* **11 hacer buen** (*o* **mal**) **~** [un alimento en el estómago]. Sentar bien (o mal). ■ **12 tomar ~.** Sentarse [una pers.].
    IV *loc adv* **13 de ~.** De manera fija o estable. *Tb adj.*

asignación *f* **1** Acción de asignar. ■ **2** Cantidad que se asigna.

asignado *m* (*hist*) Papel moneda emitido en Francia durante la Revolución, que en principio estaba garantizado por los bienes confiscados.

asignante *adj* (*Der*) Que asigna. *Tb n, referido a pers.*

asignar *tr* Establecer o determinar que [a una pers. o cosa (*ci*)] le corresponda [algo (*cd*)].

asignatura *f* **1** Materia de las que constituyen un plan de estudios. ■ **2 ~ pendiente.** Problema o cuestión que permanece sin resolverse desde hace tiempo.

asignaturización *f* (*raro*) Acción de asignaturizar.

asignaturizar *tr* (*raro*) Convertir [algo] en asignatura [1].

asilábico -ca *adj* (*Fon*) [Fonema] que no puede constituir centro de sílaba. *Tb referido a la posición correspondiente.*

asilado -da *adj* **1** *part* → ASILAR. ■ **2** [Pers.] que vive en un asilo [1]. *Frec n.*

asilar *tr* Dar asilo [2] [a alguien (*cd*)]. **b)** *pr* (**~se**) Tomar asilo.

asilo *m* **1** Establecimiento benéfico en que se acogen personas necesitadas o desvalidas, esp. ancianos. ■ **2** Lugar de refugio inviolable para los perseguidos. **b)** Inmunidad acordada para los perseguidos que se acogen a determinados lugares, esp. una iglesia o una embajada. *Frec* DERECHO DE ~ *o* ~ POLÍTICO. **c)** Protección o amparo que alguien presta en su propia casa. *Tb fig.*

asilvestramiento *m* Acción de asilvestrarse. *Tb fig.*

asilvestrarse *intr pr* **1** Hacerse salvaje [un animal doméstico o domesticado]. *Gralm en part. Tb fig.* ■ **2** Reproducirse en estado silvestre [una planta que procede de semilla de otra cultivada, o que ha sido introducida de otro país]. *Gralm en part.* ■ **3** Tomar aspecto silvestre.

asimetría *f* Falta de simetría.

asimétricamente *adv* De manera asimétrica.

asimétrico -ca *adj* Que tiene asimetría. *Tb fig.*

asimiento *m* **1** (*lit*) Acción de asir(se). ■ **2** (*raro*) Adhesión o unión.

asimilabilidad *f* Cualidad de asimilable.

asimilable *adj* Que puede asimilarse.

asimilación *f* Acción de asimilar(se).

asimilador -ra *adj* **1** Que asimila. ■ **2** De (la) asimilación.

asimilar A *tr* **1** Incorporar a sí [un organismo (*suj*) alguna sustancia (*cd*)]. ■ **2** Hacer suyo [una pers. o su mente, o una colectividad (*suj*) algo no material, esp. informaciones o conocimientos nuevos]. **b)** Aceptar [una idea o creencia o un hecho]. ■ **3** Amoldar [algo o a alguien] a las circunstancias. ■ **4** Considerar [a una pers. o cosa (*cd*)] igual [a otra] a determinados efectos. *Tb sin compl* A, *con cd pl.* ■ **5** (*Fon*) Hacer similares [dos sonidos, o uno a otro]. **b)** *pr* (**~se**) Hacerse similares [dos sonidos, o uno a otro].
    B *intr pr* (**~se**) **6** Ser similar [una pers. o cosa a otra]. *Tb sin compl, con suj pl.*

asimilativo -va *adj* De (la) asimilación.

a simili (*lat; pronunc,* /a-símili/) *loc adj* (*Filos*) [Argumento] basado en razones de semejanza.

asimilismo *m* (*Pol*) Doctrina o actitud que preconiza la unidad nacional con una legislación única, prescindiendo de las peculiaridades de las minorías.

asimilista *adj* (*Pol*) De(l) asimilismo. **b)** Partidario del asimilismo. *Tb n, referido a pers.*

asimismo (*normalmente pronunciado con dos acentos:* /así-mísmo/; *tb escrito, raras veces,* **así mismo**) *adv* (*lit*) También.

asimplado -da *adj* (*raro*) Que parece simple o tonto.

a simultaneo (*lat; pronunc,* /a-simultáneo/) *loc adj* (*Filos*) [Demostración] que prueba una cosa por otra que no es causa ni efecto de ella, sino algo correlativo o simultáneo.

asincronía *f* (*lit o* E) Falta de sincronía.

asincrónico -ca *adj* (*lit o* E) Falto de sincronismo. **b)** (*Mec*) [Motor] que no gira en sincronismo con el campo magnético producido por la corriente alterna polifásica de alimentación.

asíncrono -na *adj* (*lit o* E) Asincrónico.

asindético -ca *adj* (*Gram y TLit*) De(l) asíndeton. **b)** Que tiene asíndeton.

asíndeton *m* (*Gram y TLit*) Ausencia de conjunciones entre palabras o entre frases, frec. con fines de expresividad.

asintomático -ca *adj* (*Med*) Que carece de síntomas.

asíntota *f* (*Geom*) Línea recta que, prolongada indefinidamente, se acerca progresivamente a una curva, sin llegar a encontrarla.

asir (*conjug* 39) (*lit*) A *tr* **1** Coger o sujetar.
    B *intr pr* (**~se**) **2** Cogerse o sujetarse [a alguien o algo (*compl* A *o* DE)] esp. para afianzarse. *Tb fig.*

asirio -ria (*hist*) I *adj* **1** De Asiria (antiguo reino del norte de Mesopotamia). *Tb n, referido a pers.* **b)** De (los) asirios.
    II *m* **2** Lengua de los asirios [1].

asiriología *f* Estudio de la historia y la cultura de los asirios y pueblos afines.

asiriólogo -ga *m y f* Especialista en asiriología.

asistemático -ca *adj* (*lit*) Falto de sistematismo.

asistematismo *f* (*lit*) Falta de sistematismo.

asistencia *f* **1** Acción de asistir [1, 2, 4, 5 y 6]. **b)** (*Balonc*) Pase que hace un jugador a otro de su equipo para que enceste con facilidad. *A veces tb referido a fútbol.* ■ **2** Conjunto de perss. que están presentes en un acto o en un suceso. ■ **3** Pers. o conjunto de perss. cuya misión es ayudar en caso de accidente o avería. *Gralm en pl.* ■ **4** (*Taur*) Conjunto de mozos de la plaza. *Gralm en pl.*

asistencial *adj* De la asistencia (atención o ayuda), esp. médica o social.

asistente -ta (*la forma* ASISTENTE, *única usada como adj, se usa tb a veces como n f en aceps 2 y 3*) **I** *adj* **1** Que asiste [1 y 5]. ■ **II** *n A m y f* **2** Ayudante. *Tb adj. Gralm en denominaciones de cargos, gralm docentes o de investigación, de países extranjeros.* ■ **3** ~ **social.** Pers. titulada cuya misión es prevenir o solucionar problemas de carácter social, mediante asesoramiento y ayuda material, médica o moral. **B** *m* **4** (*Mil*) Soldado destinado al servicio personal de un general, jefe u oficial. ■ **5** (*Rel catól*) En determinadas órdenes regulares: Religioso nombrado para asistir al general. ■ **6** (*hist*) En determinadas ciudades: Funcionario público con atribuciones equivalentes a las de corregidor. **C** *f* **7** Mujer que realiza trabajos domésticos por horas.

asistido -da *adj* **1** *part* → ASISTIR. ■ **2** Que implica asistencia o ayuda, esp. médica. **b)** [Procreación] que se realiza con ayuda médica. ■ **3** (*Mec*) [Dirección] provista de un dispositivo de aire comprimido o hidráulico que amplifica la fuerza aplicada al volante.

asistir **A** *intr* **1** Estar presente [en un acto (*compl* A)]. *Tb fig.* **b)** Acudir [a un lugar en que se desarrolla un acto]. ■ **2** Ayudar o cooperar [en algo (*compl* A)]. ■ **3** Realizar [una mujer] trabajos domésticos por horas. ■ **4** (*Naipes*) Seguir [al palo del que salió]. *Tb sin compl.* **B** *tr* **5** Ayudar o socorrer [a alguien]. **b)** Apoyar o respaldar. ■ **6** Cuidar o atender [a un enfermo, herido o desvalido]. ■ **7** Estar [la razón o el derecho] de parte [de alguien (*cd*)]. ■ **8** (*lit*) Acompañar [a alguien].

asistolia *f* (*Med*) Insuficiencia cardiaca para realizar una sístole completa.

askenazí (*tb* **asquenazí** *o* **ashkenazí**; *tb con acentuación llana*) *adj* [Judío] originario de Europa central u oriental. *Tb n.* **b)** De los judíos askenazíes.

asma *f* Enfermedad, frec. de origen alérgico, caracterizada por dificultad respiratoria, tos, sibilancias y sensación de constricción, debida a espasmo bronquial. *A veces con un adj especificador.*

asmático -ca *adj* **1** De(l) asma. ■ **2** Que padece asma. *Tb n, referido a pers. Tb fig.*

asmatiforme *adj* (*Med*) Semejante al asma.

asnada *f* (*raro*) Necedad o tontería.

asnal *adj* De(l) asno.

asnar *adj* (*raro*) Asnal.

asnero *m* (*raro*) Arriero de asnos.

asnilla *f* (*Constr*) Madera sujeta por dos pies derechos, que sirve para apuntalar una pared que amenaza ruina.

asno -na **I** *n A m* **1** Animal semejante al caballo, pero más pequeño, de pelaje áspero y orejas largas, usado esp. para carga (*Equus asinus*). *Tb designa solamente el macho de esta especie.* **B** *f* **2** Hembra del asno [1]. **C** *m y f* **3** (*lit*) Pers. torpe o ignorante. *Tb adj.* **II** *loc adj* **4** [Oreja] **de ~** → OREJA.

asobinado -da *adj* (*reg*) **1** Mosqueado (receloso o enfadado). ■ **2** Triste o alicaído.

asociable *adj* Que se puede asociar.

asociación *f* **1** Acción de asociar(se). *Tb su efecto.* ■ **2** Conjunto de perss. o entidades asociadas para una actividad común. *Frec con un adj o compl especificador.* ■ **3** (*Bot*) Grupo de plantas similares que crece en un ambiente uniforme y contiene una o más especies dominantes.

asociacionismo *m* **1** Tendencia a la formación de asociaciones [2]. *Esp en política y referido a los últimos años del franquismo.* ■ **2** (*Psicol*) Doctrina según la cual toda la actividad mental está basada en la asociación de ideas.

asociacionista *adj* De(l) asociacionismo. **b)** Partidario del asociacionismo. *Tb n.*

asociado -da *adj* **1** *part* → ASOCIAR. ■ **2** Que implica asociación [1].

asociador -ra *adj* Que asocia.

asocial *adj* **1** Que no es social. ■ **2** [Pers.] que no se integra en la sociedad.

asocialidad *f* (*raro*) Cualidad de asocial.

asociamiento *m* (*raro*) Asociación [1].

asociar (*conjug* 1a) *tr* **1** Unir [a una pers. (*cd*) a una determinada actividad o a un grupo dado]. **b)** Unir [a varias perss. o entidades, o a una con otra(s) (*compl* A *o* CON)] para una actividad o empresa común. *Gralm el cd es refl. Tb sin compl, o con consabido.* ■ **2** Unir [dos cosas, o una con otra (*compl* A *o* CON)], esp. para una determinada función o actividad común. **b)** *pr* (~**se**) Unirse [dos cosas, o una con otra (*compl* A *o* CON)], esp. para una determinada función o actividad común. ■ **3** Unir o relacionar mentalmente [dos cosas, o una con otra (*compl* A *o* CON)]. **b)** *pr* (~**se**) Unirse o relacionarse mentalmente [dos cosas, o una con otra (*compl* A *o* CON)].

asociativo -va *adj* **1** De (la) asociación [1] o que la implica. ■ **2** (*Mat*) [Ley de la suma o de la multiplicación] que establece que el valor de una suma o de un producto no varía cuando se sustituyen dos o más términos por su suma o su producto efectuados.

asocio *m* (*raro*) Asociación [1].

asolación *f* Asolamiento.

asolador -ra *adj* Que asola.

asolagar *tr* (*reg*) Anegar o inundar.

asolamiento *m* Acción de asolar.

asolapado -da *adj* (*reg*) Solapado o disimulado.

asolar (*conjug regular, o a veces, lit,* **4**) *tr* Destruir por completo.

asoleamiento *m* Acción de asolear(se).

asolear *tr* Solear. *Tb pr* (~**se**).

asoleo *m* Acción de asolear(se).

asolerado -da *adj* Que tiene solera (antigüedad y prestigio).

asomada I *f* **1** Acción de asomar(se). *Tb su efecto.* ■ **2** Paraje desde el que se domina la vertiente o depresión de un terreno. II *loc adv* **3 a la ~**, *o* **de ~**. (*Caza*) Por sorpresa.

asomadizo -za *adj* (*raro*) Que asoma o se asoma.

asomante *adj* Que asoma.

asomar A *intr* ➤ a *normal* **1** Aparecer o presentarse de manera parcial o incipiente. **b)** Aparecer o presentarse. *Tb pr* (**~se**). *A veces con un compl* A *o* POR.
➤ **b** *pr* (**~se**) **2** Interesarse por conocer [algo (*compl* A)] sin profundizar en ello. ■ **3** Mirar o estar orientado [un lugar u otro determinado]. B *tr* **4** Hacer que [alguien o algo (*cd*)] aparezca [por un hueco o abertura o detrás de algo (*compl* A *o* POR)], esp. para ver o ser visto. *Frec el cd es refl. Tb sin compl adv. A veces el compl* A *indica el espacio visible. Tb fig.* ■ **5 ~ el morro, ~ la nariz** (*o las narices*) → MORRO, NARIZ.

asomatognosia *f* (*Med*) Trastorno que consiste en el desconocimiento de la posición del propio cuerpo en el espacio. *Tb fig, fuera del ámbito técn.*

asombrado -da *adj* **1** *part* → ASOMBRAR¹. ■ **2** Que denota asombro.

asombrar¹ *tr* Causar asombro [1] [a alguien (*cd*)]. **b)** *pr* (**~se**) Sentir asombro [por algo (*compl* DE *o* POR)]. *Tb sin compl.*

asombrar² *tr* Dar sombra [a alguien o algo (*cd*)].

asombro *m* **1** Impresión causada por algo inesperado o extraordinario. ■ **2** Cosa que causa asombro [1].

asombrosamente *adv* De manera asombrosa.

asombroso -sa *adj* Que causa asombro [1]. *Frec con intención ponderativa.*

asomo I *m* **1** Indicio o señal [de algo]. *Frec en pl.* ■ **2** Acción de asomar. ■ **3** (*reg*) Paraje desde el que se domina la vertiente o depresión de un terreno. II *loc adv* **4 ni por ~**. (*col*) De ninguna manera.

asonada *f* Algarada o disturbio de carácter político.

asonancia *f* (*TLit*) Rima asonante.

asonantado -da *adj* (*TLit*) [Verso] que rima en asonante. **b)** [Estrofa] en que los versos riman en asonante.

asonante *adj* (*TLit*) [Rima] en que coinciden las vocales a partir de la última acentuada. *Tb n m.* **b)** [Verso] que presenta rima asonante.

asonántico -ca *adj* (*TLit*) Asonante.

asoportalado -da *adj* (*raro*) Que tiene soportales.

asordado -da *adj* **1** *part* → ASORDAR. ■ **2** Poco sonoro.

asordamiento *m* (*lit, raro*) Acción de asordar.

asordante *adj* (*lit, raro*) Que asorda.

asordar *tr* (*lit, raro*) **1** Ensordecer [a alguien]. ■ **2** Llenar de ruido [un lugar]. ■ **3** Asordinar. *Tb fig.*

asordinar *tr* Ensordinar.

aspa *f* **1** Figura formada por dos líneas rectas que se cortan en diagonal. ■ **2** *En un molino, una hélice u otro aparato similar:* Brazo de los que formando un aspa [1] constituyen el elemento motor. *Frec en*

pl. **b)** Conjunto de los cuatro brazos que constituyen el elemento motor. ■ **3** (*Heráld*) Sotuer (pieza en forma de aspa [1], formada por una banda y una barra cruzadas).

aspado -da *adj* **1** *part* → ASPAR¹. ■ **2** [Forma o figura] de aspa [1]. **b)** Que tiene forma de aspa.

aspar¹ *tr* **1** Agitar [los brazos]. ■ **2** Poner [a un penitente] con los brazos en cruz atados por la espalda a un madero u otra cosa similar. *Frec en part, tb sustantivado.* ■ **3** Martirizar o mortificar [a alguien]. **b) aunque** (*o* **así**) **le aspen**. (*col*) *Fórmula con que se subraya enfáticamente una negación.* * No leen un libro aunque los aspen. **c) que me aspen** + *prop condicional.* (*col*) *Fórmula con que se asevera enfáticamente lo contrario de lo expresado por la prop.* * Que me aspen si te entiendo.

aspar² *m* (*reg*) Utensilio en forma de aspa [1] para devanar lana.

aspaventear *intr* Hacer aspavientos.

aspaventeo *m* Acción de aspaventear.

aspaventero -ra *adj* Que hace aspavientos. **b)** Propio de la pers. aspaventera.

aspaventoso -sa *adj* Aspaventero.

aspaviento *m* Demostración exagerada, con gestos o palabras, de una sensación o de un sentimiento. *Normalmente en pl.*

aspaventoso -sa *adj* (*raro*) Aspaventoso.

aspe *m* (*raro*) Devanadera de aspas.

aspearse *intr pr* Dañarse los pies [una pers. o animal] por caminar mucho. *Frec en part.*

aspectado -da. bien (*o* **mal**) **~**. *adj* (*Astrol*) Que tiene buen (o mal) aspecto [4].

aspecto *m* **1** Modo en que se presenta a la vista alguien o algo. *Tb fig.* ■ **2** Modo en que se considera o puede considerarse una cuestión. ■ **3** (*Gram*) Modo de representar, en su duración, su desarrollo o en su cumplimiento, el proceso expresado por el verbo. ■ **4** (*Astrol*) Posición relativa de un planeta respecto a otro planeta, al Sol o a la Luna.

aspectual *adj* (*Gram*) De(l) aspecto [3].

ásperamente *adv* De manera áspera [3b].

aspereza *f* **1** Cualidad de áspero. ■ **2** Parte áspera [1 y 2]. ■ **3** Acción brusca o poco amable. ■ **4** Dificultad o contratiempo. ■ **5** Dificultad de trato o de convivencia entre dos o más perss. *Gralm en la constr* LIMAR ~S.

asperges *m* (*Rel catól*) Ceremonia litúrgica que consiste en rociar el sacerdote el altar con agua bendita mientras recita la antífona que comienza con las palabras "asperges me". *Tb la misma antífona.* **b)** Acción de rociar con agua bendita.

aspergilosis *f* (*Med*) Afección causada por hongos del gén. *Aspergillus.*

asperiego -ga *adj* [Manzana] de una variedad caracterizada por su sabor agrio. *Tb referido al árbol que la produce.*

asperilla *f* Se da este *n* a varias plantas del gén *Asperula*, esp *A. odorata*, usada en medicina por sus propiedades tónicas y diuréticas. *A veces con un adj especificador:* ~ OLOROSA (*A. odorata*), ~ ROJA (*A. cynanchica*), *etc.*

asperjar *tr* **1** Rociar con agua bendita. **b)** Rociar [con un líquido determinado]. ■ **2** Esparcir [algo] en gotas o en partículas.

áspero -ra I *adj* **1** Que resulta desagradable al tacto por presentar irregularidades o rugosidades. ■ **2** [Terreno] irregular y por el que resulta difícil caminar. ■ **3** [Pers.] brusca y poco amable. **b)** Propio de la pers. áspera. ■ **4** [Sonido] ronco y desagradable. **b)** *En la escritura griega:* [Espíritu] que representa una aspiración. ■ **5** [Tiempo] desapacible y tempestuoso. ■ **6** [Alimento o sabor] que produce la sensación de algo áspero [1] en la boca, esp. en la lengua. ■ **7** [Cosa no material] dura o violenta. II *adv* **8** Ásperamente.

asperón *m* Arenisca de cemento silíceo o arcilloso, usada en construcción y como abrasivo para fregar.

aspersión *f* Acción de asperjar.

aspersor *m* Aparato para asperjar [2] líquidos a presión. *Tb* (*raro*) *adj.*

asperura *f* (*reg*) Tiempo frío y áspero.

áspic *m* (*Coc*) Plato que se presenta en molde y cubierto de gelatina.

áspid *m* Se da este *n* a varias serpientes venenosas, esp la Naja haje y la Vipera aspis. Esta última, tb VÍBORA ~.

aspidistra *f* Planta herbácea de hojas grandes, lanceoladas y de color verde oscuro, a veces con trazos blancos, cultivada como ornamental (gén. *Aspidistra*, esp. *A. elatior*).

aspillera *f* En una fortificación: Abertura larga y estrecha en un muro, para disparar por ella.

aspillerar *tr* **1** Hacer aspilleras [en algo (*cd*)]. ■ **2** Dar [a una abertura (*cd*)] forma de aspillera.

aspiración[1] *f* Acción de aspirar[1].

aspiración[2] *f* **1** Acción de aspirar[2]. ■ **2** Cosa a que se aspira[2].

aspirado *m* (*raro*) Acción de aspirar[1] [1].

aspirador -ra *adj* Que aspira[1] [1c]. *Frec n: m, referido a aparato; m o f, referido a la máquina eléctrica destinada a aspirar el polvo.*

aspirantado *m* Cuerpo de aspirantes[2].

aspirante[1] *adj* Que aspira[1] [1].

aspirante[2] (*en f, como n, tb, col,* ASPIRANTA) *adj* Que aspira[2] [a algo]. *Frec sin compl, por consabido. Tb n, referido a pers.*

aspirar[1] *tr* **1** Hacer que [el aire (*cd*)] pase a los pulmones. *Frec abs.* **b)** Absorber [algo] por la nariz o la boca. *Tb abs.* **c)** Atraer [una máquina (*suj*)] algo (*cd*)] a su interior. *Tb abs.* ■ **2** Pronunciar [un sonido (*cd*)] con un soplo sordo velar o uvular. *Más frec en part.*

aspirar[2] *intr* Tener deseo y esperanza de conseguir [algo (*compl* A)].

aspirina (*n comercial registrado*) *f* Compuesto blanco y cristalizado, de notables propiedades analgésicas, antitérmicas y antirreumáticas, usado gralm. en forma de tableta o polvos. *Tb la tableta o la dosis de polvos.*

aspirino *m* (*argot Mil*) Militar farmacéutico.

asqueante *adj* Que asquea [2].

asquear A *tr* **1** Sentir o mostrar asco [por alguien o algo (*cd*)]. B *intr* ➤ **a** *normal* **2** Causar asco [a alguien una pers. o cosa]. ➤ **b** *pr* (~se) **3** Sentir asco [de algo]. *Frec en part. Tb sin compl.*

asquenazí → ASKENAZÍ.

asquenazita *adj* (*raro*) Askenazí. *Tb n.*

asquerosamente *adv* De manera asquerosa [1].

asquerosidad *f* **1** Cualidad de asqueroso. ■ **2** Pers. o cosa asquerosa.

asqueroso -sa *adj* **1** Que produce asco. **b)** *Más o menos vacío de significado, se emplea frec como insulto.* ■ **2** Propenso a sentir asco.

assembler (*ing; pronunc corriente,* /asémbler/) *adj* (*Informát*) Ensamblador. *Tb n.*

asta I *f* **1** Palo [de la bandera]. ■ **2** Palo [de la lanza o de otra arma similar]. ■ **3** Mango o astil [de un utensilio o herramienta]. ■ **4** Cuerno [de toro, ciervo u otro animal similar]. *Tb la materia de que está formado.* ■ **5** (*Anat*) Prolongación de la sustancia gris en el seno de la sustancia blanca de la médula. ■ **6** (*Constr*) Longitud de un ladrillo o sillar. *Tb el espesor de pared correspondiente.* **b) media ~.** Anchura de un ladrillo o sillar. *Tb el espesor de pared correspondiente.* **c) ~ y media.** Espesor de una pared correspondiente a la longitud más la anchura del ladrillo o sillar con que se construye. II *loc adv* **7 a media ~.** *Referido a la bandera:* A medio izar, en señal de luto. *Tb adj. Tb fig.*

astácido *adj* (*Zool*) [Crustáceo] decápodo del tipo del cangrejo de río. *Frec como n m en pl, designando este taxón zoológico.*

astacifactoría *f* Criadero de cangrejos de agua dulce.

ástaco *m* Cangrejo de río.

astado -da *adj* Que tiene astas o cuernos. *Frec n m, referido a toro.*

astamenta *f* Cornamenta.

astapense *adj* (*lit, raro*) De Estepa (Sevilla). *Tb n, referido a pers.*

astático -ca *adj* (*Fís*) [Sistema o par de agujas] insensible al campo magnético terrestre en cualquier posición.

ástato (*tb astato*) *m* (*Quím*) Elemento químico radiactivo de número atómico 85, del grupo de los halógenos.

astenia *f* (*Med*) Falta o pérdida de fuerzas. *Tb* (*lit*) *fuera del ámbito técn.*

asténico -ca *adj* (*Med*) **1** De (la) astenia. ■ **2** Que padece astenia. *Tb n, referido a pers.* ■ **3** (*Psicol*) [Pers. o tipo de constitución] que se caracteriza por la longitud de los miembros y la pequeñez del tronco. **b)** Propio de la pers. asténica.

astenosfera *f* (*Geol*) Parte menos densa, limítrofe con el sima, de las dos en que se divide la zona intermedia terrestre.

aster (*tb áster*) *m* **1** Planta herbácea de la familia de las compuestas, con flores en capítulo, gralm. reunidas en corimbos o panojas (gén. *Aster*). ■ **2** (*Biol*) Estructura estrellada que rodea al centriolo en la mitosis.

asterisco *m* Signo en forma de estrella, utilizado en la escritura para llamadas y otros usos convencionales.

asterismo *m* (*Astron*) Constelación.

asteroide *m* (*Astron*) Planeta pequeño, invisible a simple vista, cuya órbita está comprendida gralm. entre las de Marte y Júpiter.

asteroideo *adj* (*Zool*) [Equinodermo] marino de forma de estrella, de brazos anchos en su base y dispuestos alrededor de un disco central poco diferenciado. *Frec como n m en pl, designando este taxón zoológico.*

astia *f* (*reg*) Palo largo con punta de hierro, usado como aguijada o para saltar.

asticot (*fr; pronunc corriente, /asticó/*) *m* Larva de la mosca de la carne, utilizada como cebo de pesca.

astifino -na *adj* (*Taur*) De astas finas.

astigitano -na *adj* (*lit*) De Écija (Sevilla). *Tb n, referido a pers.*

astígmata *adj* (*Med*) Astigmático.

astigmático -ca *adj* (*Med*) Que padece astigmatismo. *Tb n, referido a pers.*

astigmatismo *m* Defecto del ojo o de una lente, que consiste en que un punto luminoso se perciba como una mancha lineal, elíptica o irregular.

astigordo -da *adj* (*Taur*) De astas gordas.

astil (*tb, semiculto,* **ástil**) *m* **1** Mango de determinados utensilios o herramientas. ■ **2** Varilla de la saeta u otra arma similar. ■ **3** Barra de una balanza o de una romana. ■ **4** Palo vertical de la cruz. ■ **5** Palo que sirve de soporte a algo.

astilla *f* **1** Fragmento irregular que se produce en la madera al romperse, o que se parte expresamente para encender fuego. **b)** Fragmento irregular que se produce en una materia dura al romperse. ■ **2** (*col*) Beneficio o ganancia. *Gralm en la constr* SACAR ~. ■ **3** (*col*) Parte de beneficio que corresponde a cada uno de los implicados en un robo, un soborno u otra acción ilegal.

astillado¹ -da *adj* **1** *part* → ASTILLAR. ■ **2** (*Taur*) Que tiene la punta del cuerno rota formando astillas [1b] longitudinales. ■ **3** (*lit*) Que recuerda las irregularidades de la astilla [1].

astillado² *m* Acción de astillar(se).

astillamiento *m* Acción de astillar(se).

astillar *tr* Producir astillas [1] [en algo (*cd*)]. *Tb fig.* **b)** *pr* (*~se*) Producirse astillas [en algo (*suj*)]. *Tb fig.*

astillerense *adj* De Astillero (Cantabria). *Tb n, referido a pers.*

astillero *m* **1** Instalación en que se construyen y reparan barcos. ■ **2** (*hist*) Percha en que se colocan lanzas, picas u otras armas. ■ **3** (*hist*) Taller de madera.

astilloso -sa *adj* Que por su forma recuerda las astillas [1].

astinegro -gra *adj* (*Taur*) De astas negras.

astorgano -na *adj* De Astorga (León). *Tb n, referido a pers.*

astracán¹ (*tb con la grafía* **astrakán**) *m* Piel, fina y de pelo rizado, de cordero nonato o muy joven de raza caracul.

astracán² *m* (*TLit*) Género de teatro cómico cuya finalidad exclusiva es hacer reír, fundamentalmente por medio de situaciones disparatadas y uso constante del chiste.

astracanada *f* (*TLit*) Obra de teatro del género astracán². *Tb fig.*

astracanesco -ca *adj* (*TLit*) De(l) astracán².

astrágalo *m* **1** (*Anat*) Hueso del tarso que se articula con la tibia y el peroné. ■ **2** (*Arquit*) Moldura de la parte superior del fuste, que separa este del capitel.

astrakán → ASTRACÁN¹.

astral¹ *adj* De (los) astros. **b)** [Carta] ~ → CARTA.

astral² *m* (*reg*) Destral (hacha pequeña).

astringencia *f* Cualidad de astringente.

astringente *adj* **1** Que produce constricción y sequedad. *Tb n m, referido a sustancia o producto.* **b)** Que produce estreñimiento. *Tb n m, referido a sustancia o producto.* ■ **2** Que produce sensación de sequedad y amargor.

astro *m* **1** Cuerpo celeste. ■ **2** Hombre que destaca en una actividad, esp. el cine. *Gralm con un compl especificador.*

astrocitoma *m* (*Med*) Tumor del sistema nervioso central formado por células estrelladas.

astródomo *m* Estadio con techo abovedado. *Usado en denominaciones.*

astrofísico -ca **I** *adj* **1** De (la) astrofísica [3] o de su objeto.
II *n* **A** *m y f* **2** Especialista en astrofísica [3].
B *f* **3** Parte de la astronomía que estudia la constitución física de los astros [1].

astrofotografía *f* (*Astron*) Fotografía astronómica.

astrofotográfico -ca *adj* (*Astron*) De (la) astrofotografía.

astrográfico -ca *adj* (*Astron*) De (la) descripción y fotografía de los astros [1].

astrolabio *m* Instrumento para observar la altura de los astros [1], usado antiguamente como auxiliar de la navegación y actualmente para determinar el tiempo universal y la latitud.

astrología *f* Arte de predecir el futuro y el carácter de las personas, mediante el estudio de los movimientos y de las posiciones relativas de los astros [1].

astrológico -ca *adj* De (la) astrología.

astrólogo -ga *m y f* Especialista en astrología.

astromancia (*tb* **astromancía**) *f* Adivinación por medio de los astros [1].

astronauta *m y f* Tripulante de una nave espacial.

astronáutico -ca **I** *adj* **1** De (la) navegación espacial.
II *f* **2** Ciencia y tecnología de la navegación espacial.

astronave *f* Nave espacial.

astronomía *f* Ciencia que estudia los astros [1] y la estructura del universo.

astronómicamente *adv* De manera astronómica.

astronómico -ca *adj* **1** De (la) astronomía. **b)** [Geografía] que estudia las relaciones de la Tierra con los otros astros [1]. ■ **2** [Precio o cantidad] muy elevados.

astrónomo -ma *m y f* Especialista en astronomía.

astrosidad *f* Cualidad de astroso.

astroso -sa *adj* **1** [Pers.] desaseada y mal vesti-da. ■ **2** [Cosa] destrozada y sucia.

astucia *f* **1** Cualidad de astuto. ■ **2** Medio hábil o astuto para conseguir algo.

astucioso -sa *adj* (*raro*) Astuto.

astudillano -na *adj* De Astudillo (Palencia). *Tb n, referido a pers.*

astur (*tb, raro,* **ástur**) *adj* **1** (*lit*) Asturiano. *Tb n, referido a pers.* ■ **2** (*hist*) Del pueblo indígena pre-rromano habitante de una antigua región hispana cuya capital era Asturica Augusta, hoy Astorga. *Tb n, referido a pers.*

asturcón -na *adj* [Caballo] de poca alzada propio de Asturias, que normalmente vive en libertad. *Tb n.*

asturianismo *m* **1** Condición de asturiano, esp. amante de lo asturiano. ■ **2** Palabra, giro o rasgo idiomático propios del asturiano [2] o procedentes de él.

asturianista *adj* Conocedor o estudioso de lo as-turiano. *Tb n, referido a pers.*

asturiano -na **I** *adj* **1** De Asturias. *Tb n, referi-do a pers.*
II *m* **2** Variedad asturiana [1] del asturleonés.

asturicense *adj* (*lit*) De Astorga (León). *Tb n, re-ferido a pers.*

asturiense *adj* (*Prehist*) [Período cultural] mesolí-tico de la costa cantábrica. *Tb n m.* **b)** De(l) período asturiense. *Tb n, referido a pers.*

asturleonés -sa (*tb* **astur-leonés**) **I** *adj* **1** De Asturias y León.
II *m* **2** Dialecto romance surgido en Asturias y León, subsistente hoy desde el oeste de Santander hasta el de Zamora y Salamanca.

astutamente *adv* De manera astuta.

astutez *f* (*col, raro*) Astucia.

astuto -ta *adj* [Pers.] sagaz y hábil para conseguir su propósito, esp. mediante engaño. *Tb fig, referido a animales.* **b)** Propio de la pers. astuta.

asubiadero *m* (*reg*) Lugar para guarecerse de la lluvia.

asueto *m* Suspensión, por descanso, de la actividad laboral o de la ocupación de una pers., por un perío-do breve de tiempo, esp. un día o unas horas. *Tb el tiempo que dura.*

asulagar *tr* (*reg*) Asolagar o anegar.

asumible *adj* Que se puede asumir.

asumidor -ra *adj* Que asume.

asumir *tr* **1** Tomar [alguien] para sí [algo no mate-rial, esp. una responsabilidad o función]. ■ **2** To-mar conciencia [de algo (*cd*)] y aceptar[lo]. **b)** Aceptar [algo no material]. ■ **3** Incorporar a sí [una cosa (*suj*) otra]. ■ **4** Tomar o pasar a tener [determinada forma o tamaño].

asunceno -na *adj* De Asunción (Paraguay). *Tb n, referido a pers.*

asunción (*con mayúscula en aceps 2 y 3*) *f* **1** Acción de asumir. ■ **2** (*Rel crist*) Hecho de ser ele-vada la Virgen María en cuerpo y alma al cielo. ■ **3** (*Rel crist*) Día en que se celebra la Asunción [2] de la Virgen.

asuncionista *adj* De la congregación agustinia-na de la Asunción de María (orden fundada por el P. d'Alzon en 1850). *Tb n, referido a pers.*

asuntar *intr* (*reg*) Atender o prestar atención.

asuntivo -va *adj* De (la) asunción [1].

asunto¹ **I** *m* **1** Cosa que ocupa, afecta o interesa, o sobre la que se piensa o se trata. **b)** Tema [de una obra literaria o artística]. **c)** Negocio (actividad en que se persigue una ganancia). *A veces con intención desp, indicando ilicitud.* ■ **2** (*col*) A veces se usa pa-ra designar vaga o eufemísticamente algo aludido o consabido. **b)** Relación amorosa ilícita. *Frec en la forma* ASUNTILLO *o* ASUNTITO. **c)** Pers. con la que se tiene una relación amorosa ilícita.
II *fórm or* **3 mal ~.** *Fórmula con que se comentan negativamente las perspectivas derivadas de lo que se acaba de oír o de decir.* ■ **4 poner ~** [a algo]. (*reg*) Prestar[le] atención. ■ **5 (y) ~ terminado** (*o* **concluido**), *o* **y a otro ~.** (Y) ya está.

asunto² **-ta** *adj* (*lit, raro*) Ascendido o elevado.

asura *f* (*reg*) Sofoco o vergüenza.

asurado¹ **-da** *adj* (*reg*) **1** *part* → ASURAR. ■ **2** [Tiempo] caliginoso precursor del viento sur.

asurado² *m* (*reg*) Acción de asurar(se).

asurar *tr* (*reg*) Abrasar o requemar [algo el fuego o el calor excesivo]. **b)** *pr* (*~se*) Abrasarse o reque-marse.

asurcado -da *adj* Que tiene surcos. *Esp referido a plantas.*

asurcano -na *adj* (*raro*) [Tierra] contigua. *Tb fig.*

asuso *adv* (*raro*) Arriba.

asustadizo -za *adj* Que se asusta [1b] con faci-lidad.

asustado -da *adj* **1** *part* → ASUSTAR. ■ **2** [Cosa] que denota o implica susto.

asustador -ra *adj* Que asusta [1a]. *Tb n, referido a pers.*

asustante *adj* Que asusta [1a].

asustantemente *adv* De manera asustante.

asustar *tr* **1** Causar susto [a alguien (*cd*)]. *Tb abs. Tb fig.* **b)** *pr* (*~se*) Sentir susto. ■ **2** Escandalizar. **b)** *pr* (*~se*) Escandalizarse. ■ **3** (*reg*) Echar agua fría [a las legumbres (*cd*)] mientras cuecen.

atabacado¹ **-da** *adj* **1** De color de tabaco. ■ **2** (*raro*) Que denota el consumo de tabaco.

atabacado² *m* Enfermedad de las plantas carac-terizada porque las hojas toman el color del tabaco curado.

atabal *m* **1** (*hist*) Timbal (instrumento similar al tambor, con caja esférica y un solo parche). ■ **2** (*reg*) Tamboril (tambor que se toca con un solo pa-lillo).

atabalamiento *m* (*reg*) Acción de atabalar(se). *Tb su efecto.*

atabalar *tr* (*reg*) Aturdir o atontar. *Tb pr* (*~se*).

atabalero *m* (*reg*) Músico que toca el atabal.

atabaque *m* Tambor rústico propio de las Antillas y Brasil.

atabasco -ca *adj* **1** [Individuo] del pueblo indio de América del Norte habitante de la región cana-diense del lago Athabasca. *Tb n.* ■ **2** [Grupo de len-guas] propio de los indios atabascos [1].

atabladera *f* (*reg*) Tabla para allanar los sembrados.

atacable *adj* Que se puede atacar.

atacadera *f* Barra para atacar [5b] la carga de los barrenos.

atacado -da *adj* **1** *part* → ATACAR. ■ **2 ~ de carnes** (*o* **de kilos**). (*Taur*) De peso excesivo.

atacador *m* Instrumento que sirve para atacar [5].

atacadura *f* (*raro*) Acción de atacar [5]. *Tb su efecto*.

atacante *adj* **1** Que ataca, *esp* [1]. *Frec n, referido a pers*. ■ **2** De ataque [1].

atacar *tr* **1** Lanzarse contra [una pers. o cosa (*cd*)] para causar[le] algún daño. *Tb fig*. **b)** Tomar la iniciativa en un combate [contra alguien (*cd*)]. *Frec abs*. ■ **2** Empezar a producirse [en alguien (*cd*)] cierto estado físico o moral (*suj*)]. ■ **3** Ejercer [una sustancia] su acción [sobre otra (*cd*)] alterándo[la]. **b)** Ejercer una acción negativa [sobre algo (*cd*)]. **c)** Alterar [los nervios]. **d)** (*col*) Irritar o hacer perder la calma [a alguien (*cd*)]. ■ **4** Acometer o emprender [una empresa o trabajo]. **b)** Comenzar la ejecución [de una pieza musical o de una nota (*cd*)]. ■ **5** Llenar [algo] apretando lo que se mete. **b)** Apretar [algo que se introduce en un lugar, esp. la carga explosiva de un barreno o de un arma]. ■ **6** (*reg*) Atar o abrochar [una prenda de vestir].

ataché *m* Cartera de documentos rectangular, plana y rígida.

atadero -ra I *n* **A** *m* **1** Cosa que sirve para atar [1]. **b)** Lugar en que se atan los animales. ■ **2** Atadura [1]. *Frec fig*.
B *m y f* **3** (*reg*) Pers. que se dedica a atar [4] redes.
II *loc v* **4 no tener ~.** (*col*) Estar desquiciado.

atadijo *m* Conjunto pequeño de cosas atadas [1] con descuido.

atado¹ -da I *adj* **1** *part* → ATAR. ■ **2** (*col*) [Dinero] que está en billetes grandes. *Se opone a* SUELTO.
II *m* **3** Conjunto de cosas atadas (→ ATAR [1]). *Frec en la forma* ATADILLO.

atado² *m* Acción de atar.

atador -ra *adj* Que ata, *esp* [1]. *Frec: f, referido a máquina; m, referido a utensilio o instrumento*.

atadura *f* **1** Acción de atar. *Tb su efecto*. ■ **2** Cosa que ata o sirve para atar.

ataguía *f* Muro, gralm. de arcilla apisonada, que impide el paso del agua para construir o reparar obras hidráulicas.

ataharre (*tb con la grafía* **atajarre** *en zonas de aspiración*) *m* Banda de cuero u otro material, que rodea las ancas de la caballería e impide que el aparejo se corra hacia adelante.

atajar A *intr* **1** Acortar camino. *Tb fig*.
B *tr* **2** Cortar o impedir el paso [a alguien o algo (*cd*)]. **b)** Cortar el paso del agua [a un lugar (*cd*)]. ■ **3** Cortar o interrumpir [algo o a alguien]. *Tb abs*.

atajarre → ATAHARRE.

atajero → HATAJERO.

atajo¹ *m* Camino más corto que el normal. *Tb fig*.

atajo² → HATAJO.

atalajar *tr* **1** Poner el atalaje¹ [1] [a las caballerías (*cd*)]. ■ **2** Equipar o guarnecer [algo].

atalaje¹ *m* **1** Conjunto de guarniciones de las bestias de tiro. ■ **2** Conjunto de correas o tirantes que sirve para sujetar. ■ **3** Equipo o ajuar [de una pers.].

atalaje² *m* (*Metal*) Tronco de cono que constituye la parte inferior de un alto horno.

atalaya¹ *f* **1** Torre de vigilancia, construida gralm. en un lugar alto y desde la que se domina un amplio panorama. ■ **2** Lugar o situación elevados desde los que se domina un amplio panorama. *Frec fig*.

atalaya² *f* (*reg*) Encina, esp. grande.

atalayador -ra *adj* (*raro*) Que atalaya.

atalayar *tr* Observar desde una atalaya¹. *Tb fig. Tb abs*.

atalayero *m* Vigía.

ataluzado -da *adj* Que tiene forma de talud.

atambor *m* (*hist*) Tambor (instrumento musical).

atamiento *m* (*raro*) Atadura.

atanor *m* (*Constr*) Cañería, esp. de barro o cemento. *Tb fig*.

atañedero -ra *adj* (*lit*) Que atañe.

atañente *adj* (*lit*) Atañedero.

atañer (*conjug 30*) *intr* (*lit*) Afectar o concernir [a alguien o algo].

atapasco -ca *adj* Atabasco. *Tb n, referido a pers*.

ataque *m* **1** Acción de atacar, *esp* [1]. ■ **2** Indisposición repentina y aguda. *Frec con un adj o compl especificador*. **b)** Manifestación repentina e intensa [de una emoción]. ■ **3 ~ duro**, **fuerte** *o* **glotal**. (*Fon*) *En algunas lenguas*: Interrupción momentánea del paso del aire, que se produce en la glotis al comienzo de una articulación vocálica en determinadas posiciones.

atar I *tr* **1** Sujetar [algo o a alguien] con una cuerda u otro objeto similar. **b)** Sujetar [una cuerda u otra cosa similar]. **c)** Sujetar [algo o a alguien (*cd*)] una cuerda u otro objeto similar]. **d)** Sujetar [a una pers. (*cd*) a otra o a una cosa (*compl* A)] con lazos o trabas morales o legales. *Frec el cd es refl*. **e) ni atado**. (*col*) *Se usa para enfatizar la negativa absoluta a hacer algo*. **f) ~ cabos**, **~ de pies y manos**, **~ los perros con longaniza**, **manos atadas** → CABO, PIE, PERRO, MANO. ■ **2** Impedir [a alguien (*cd*)] el movimiento o la acción. *Tb fig. Tb abs*. **b) ~ corto** [a una pers.]. Limitar autoritariamente su libertad de acción. ■ **3** Sujetar o someter [algo o a alguien] a freno o dominio. ■ **4** (*reg*) Reparar [las redes de pesca]. ■ **5 no ~ ni desatar**. No resolver ni aclarar nada de lo que está pendiente.
II *loc adj* **6 de ~.** (*col*) [Loco o locura] total.
III *loc adv* **7 de ~**, *o* **para que te aten**. En situación de locura total. *Gralm con el v* ESTAR.

ataráctico -ca *adj* (*Filos o Med*) Ataráxico. *Tb n*.

atarantado -da *adj* **1** *part* → ATARANTAR. ■ **2** (*raro*) [Pers.] atolondrada (que actúa de modo precipitado e irreflexivo).

atarantador -ra *adj* (*raro*) Que ataranta.

atarantar *tr* (*raro*) Aturdir [a alguien (*cd*)]. *Tb abs. Tb pr* (**~se**).

ataraxia *f* (*E*) (*Filos o Med*) Tranquilidad o sosiego psíquico. *Tb* (*lit*) *fuera del ámbito técn*.

ataráxico -ca *adj* (*Filos o Med*) Que produce ataraxia. *Tb n m, referido a medicamento*.

atarazana *f* **1** Lugar en que se construyen, reparan y abastecen buques de guerra. ■ **2** Lugar en que trabajan los fabricantes de cuerdas y tejidos de estopa o cáñamo.

atarazar *tr* (*lit, raro*) **1** Morder [algo] o coger[lo] con los dientes. ■ **2** Torturar o atormentar.

atardecer[1] (*conjug 11*) *intr* ➤ **a** *impers* **1** Acercarse la tarde a su fin.
➤ **b** *personal* **2** Estar [el día] en la hora en que termina la tarde.

atardecer[2] *m* Hecho de atardecer[1]. *Tb se llama así el tiempo que dura este hecho.*

atardecida *f* Atardecer[2], o momento en que atardece[1] [1].

atardecido *m* Atardecer[2] o atardecida.

atareado -da *adj* **1** *part* → ATAREARSE. ■ **2** Lleno de trabajo o tarea.

atarearse *intr pr* Ocuparse con empeño [en algo (*compl* EN o CON)].

atarfe *m* (*reg*) Taray (planta).

atarfeño -ña *adj* De Atarfe (Granada). *Tb n, referido a pers.*

atarjea *f* **1** Canal de conducción de agua, hecho de ladrillo o mampostería. **b**) (*reg*) Acequia o canal de riego. ■ **2** Cañería de desagüe de aguas residuales. *Tb la caja de ladrillo que la protege.*

atarjeado *m* Construcción de atarjeas.

atarraya *f* Red circular que se lanza a mano, esp. para pescar peces pequeños.

atartallar *tr* (*reg*) Pillar [una parte del cuerpo] entre dos superficies duras, causándole herida o contusión.

atarugado -da *adj* **1** *part* → ATARUGAR. ■ **2** Semejante a un tarugo de madera. ■ **3** [Pers.] que no sabe qué decir o hacer. *Gralm con el v* QUEDAR. ■ **4** Torpe o tarugo. ■ **5** Tosco o sin arte.

atarugar (*raro*) **A** *tr* **1** Hartar o atracar.
B *intr pr* (~se) **2** Atontarse.

atascaburras *f pl* (*reg*) Guiso de patatas con bacalao y otros ingredientes.

atascadero *m* Lugar en que es fácil quedar atascado o detenido.

atascado -da *adj* **1** *part* → ATASCAR. ■ **2** (*reg*) Terco u obstinado.

atascamiento *m* Atasco.

atascar **A** *tr* **1** Obstruir [un conducto o un camino (*cd*), esp. algo (*suj*) que queda detenido en ellos]. **b**) *pr* (~se) Obstruirse [un conducto o un camino, esp. por algo que queda detenido en ellos]. ■ **2** Hacer que [alguien o algo (*cd*)] se atasque [3 y 4].
B *intr pr* (~se) **3** Quedar [alguien o algo] detenido en su marcha, esp. debido al barro o a otra dificultad del terreno. ■ **4** Quedar [alguien o algo] detenido en su acción o función por algún obstáculo o dificultad o por exceso de demanda. **b**) Quedar detenido [el tráfico] por excesiva afluencia de vehículos.

atasco *m* Acción de atascar(se). *Tb su efecto.*

ataúd *m* Caja en que se pone un cadáver para enterrarlo.

ataujerada *adj* (*Arquit*) [Armadura] de madera en la que la ornamentación oculta la estructura.

ataujía *f* Adorno hecho con filamentos de oro o plata embutidos en hierro u otro metal.

ataurique *m* (*Arte*) Decoración vegetal propia del arte árabe.

ataviar (*conjug 1c*) *tr* Vestir y adornar [a alguien]. *Tb fig.*

atávicamente *adv* (*lit*) De manera atávica.

atávico -ca *adj* Que procede de herencia de antepasados remotos.

atavío *m* **1** Acción de ataviar(se). ■ **2** Conjunto de prendas que constituyen el vestido y adorno [de una pers.]. *Tb en pl con sent sg.*

atavismo *m* **1** Herencia de ideas o formas de comportamiento de los antepasados remotos. ■ **2** (*Biol*) Herencia de caracteres de los antepasados remotos, latentes en las generaciones inmediatas. ■ **3** Cualidad de atávico.

ataxia *f* (*Med*) Falta de coordinación en los movimientos voluntarios.

atáxico -ca *adj* (*Med*) **1** De (la) ataxia. ■ **2** Que padece ataxia. *Tb n, referido a pers. Tb fig.*

atecano -na *adj* De Ateca (Zaragoza). *Tb n, referido a pers.*

ateísmo *m* Doctrina o actitud del ateo.

ateístico -ca *adj* De(l) ateísmo.

ateizar (*conjug 1f*) *tr* Hacer ateo [a alguien o algo].

ateje *m* Se da este *n* a varios árboles del *gén Cordia*, propios de las Antillas.

atelana *adj* (*TLit*) [Farsa teatral] de la antigua Roma, de carácter popular y burlesco y casi exclusivamente mímico. *Tb n f.*

atelectasia *f* (*Med*) Falta de expansión o dilatación, esp. del pulmón.

atelectásico -ca *adj* (*Med*) De (la) atelectasia.

atelier (*fr; pronunc corriente, /atelié/*) *m* Taller o estudio de un artista. *Frec referido a pintura o moda.*

atemorado -da *adj* (*lit, raro*) Atemorizado.

atemorizado -da *adj* **1** *part* → ATEMORIZAR. ■ **2** Que denota temor.

atemorizador -ra *adj* Que atemoriza.

atemorizante *adj* Que atemoriza.

atemorizar *tr* Causar temor [a alguien (*cd*)]. *Tb abs.* **b**) *pr* (~se) Pasar [alguien] a sentir temor. *Frec en part.*

atemperación *f* Acción de atemperar(se), *esp* [1]. *Tb su efecto.*

atemperado -da *adj* **1** *part* → ATEMPERAR. ■ **2** Moderado.

atemperador -ra *adj* Que atempera. *Tb n m, referido a aparato.*

atemperante *adj* Que atempera. *Tb n m, referido a agente.*

atemperar *tr* **1** Moderar [algo o, raramente, a alguien]. *Referido a pers, frec el cd es refl.* ■ **2** Acomodar o adaptar [una cosa a otra]. **b**) *pr* (~se) Acomodarse o adaptarse [una cosa a otra]. ■ **3** Templar [el vino].

atemporal *adj* Ajeno al tiempo.

atemporalado -da *adj* (*Meteor*) [Viento] que sopla con la fuerza propia de un temporal.

atemporalidad *f* Cualidad de atemporal.

atemporalmente *adv* De manera atemporal.

atenazador -ra *adj* Que atenaza.

atenazamiento *m* Acción de atenazar.

atenazar *tr* **1** Sujetar fuertemente [algo] oprimiéndo[lo]. **b)** Oprimir fuertemente [algo]. *Tb fig*. ■ **2** Inmovilizar [a alguien] o impedir que se mueva. *Frec fig*. ■ **3** (*hist*) Someter [a alguien] al suplicio de arrancarle trozos de carne con tenazas. ■ **4** Torturar o afligir intensamente [a alguien].

atencino -na *adj* De Atienza (Guadalajara). *Tb n, referido a pers.*

atención I *f* **1** Acción de atender. **b)** *Se emplea exclamativamente para pedir que se ponga especial cuidado en lo que se va a decir o hacer, o como advertencia de que se va a comenzar una acción que se está esperando.* **c)** (*Mil*) Voz o toque de mando en que se reclama la atención [1a] de los soldados. ■ **2** Capacidad de atender [1]. ■ **3** *En pl*: Cosas que hay que atender [6]. ■ **4** Acto de cortesía o amabilidad. *Frec en pl*. **b)** Detalle (regalo, esp. de poca importancia). II *loc v* **5 llamar** [una pers. o cosa] **la ~** [de alguien sobre algo]. Hacer que repare [en ello]. *Frec sin el compl de pers*. **b) llamar** [una pers.] **la ~** [de otra]. Llamar[la] o hacer que [esta] la mire. **c) llamar** [algo] **la ~** [de alguien]. Hacer que repare [en ello]. ■ **6 llamar la ~**. Destacar o salirse de lo corriente. ■ **7 llamar la ~** [una pers. o cosa a alguien]. Resultar[le] atractiva, interesante o apetecible. **b) llamar la ~** [algo a alguien]. Resultar[le] sorprendente. ■ **8 llamar la ~** [a alguien]. Reprender[le]. ■ **9 parar ~, prestar ~** → PARAR, PRESTAR. III *loc prep* **10 a la ~ de.** Precede al *n* del destinatario concreto de un envío dirigido a una razón social. ■ **11 en ~ a.** Atendiendo [4] a.

atencional *adj* De la atención [1a y 2].

atendedor -ra I *adj* **1** Que atiende. *Tb n, referido a pers.* II *m y f* **2** (*Impr*) Pers. que atiende a lo que va leyendo el corrector.

atender (*conjug* **14**) A *intr* **1** Ponerse en situación de poder captar [algo (*compl* A)] física y mentalmente. *A veces se omite el compl*. ■ **2** Responder [un animal al oír su nombre (*compl* POR)]. *A veces, referido a pers*. ■ **3** Ocuparse [alguien de algo (*compl* A) que está bajo su responsabilidad]. ■ **4** Tener en cuenta [algo (*compl* A)]. B *tr* **5** Ponerse en situación de poder captar [algo] física y mentalmente. ■ **6** Ocuparse [alguien de una pers. o cosa (*cd*) que está bajo su responsabilidad]. **b)** Ocuparse de lo que [alguien (*cd*)] precisa, para satisfacerlo. *Tb abs*. ■ **7** Dar acogida [a las peticiones, consejos o argumentos (*cd*) de alguien], esp. respondiendo a ellos favorablemente. **b)** Responder favorablemente a las peticiones, consejos o argumentos [de alguien (*cd*)]. ■ **8** (*raro*) Esperar.

atendibilidad *f* Cualidad de atendible.

atendible *adj* Digno de atención.

atendimiento *m* Atención [1a].

atenebrarse *intr pr* Hacerse tenebroso.

ateneísta I *adj* **1** De(l) ateneo [1]. II *m y f* **2** Socio de un ateneo [1].

ateneístico -ca *adj* De(l) ateneo [1].

atenencia *f* Hecho de atenerse.

ateneo *m* **1** Asociación cultural, gralm. de carácter científico o literario. ■ **2** Local en que tiene su sede un ateneo [1].

atenerse (*conjug* **31**) *intr pr* Ajustarse o someterse [a algo].

ateniense *adj* De Atenas. *Tb n, referido a pers.*

atenimiento *m* Hecho de atenerse.

atenorado -da *adj* **1** *part* → ATENORAR. ■ **2** [Voz] semejante a la del tenor.

atenorar *tr* Poner [voz] semejante a la del tenor.

atentado *m* Acción de atentar. *Frec con un compl* CONTRA *o, más raro,* A.

atentamente *adv* De manera atenta. **b)** *Frec usado en cartas, en fórmulas de despedida cortés.*

atentar *intr* **1** Intentar matar [a alguien (*compl* CONTRA)], normalmente por motivos políticos. ■ **2** Intentar causar un daño grave [a algo (*compl* CONTRA *o, más raro,* A)]. ■ **3** Actuar [contra una ley o norma]. ■ **4** Ser [una cosa] un ataque o una agresión [contra otra (*compl* CONTRA *o, más raro,* A)].

atentatorio -ria *adj* Que atenta. *Gralm con un compl* CONTRA.

atento -ta *adj* **1** Que presta atención. *Frec con un compl* A. *Tb fig*. ■ **2** Que denota o implica atención. ■ **3** [Pers.] amable, o que procura complacer a los demás. *Frec con un compl* CON *o* PARA. **b)** Propio de la pers. atenta.

atenuación *f* **1** Acción de atenuar. ■ **2** (*TLit*) Lítote.

atenuador -ra *adj* Que atenúa. *Tb n m, referido a dispositivo.*

atenuante *adj* (*Der*) [Circunstancia o factor] que atenúa la gravedad de una acción punible. *Tb n m o f.*

atenuar (*conjug* **1d**) *tr* Quitar fuerza, intensidad o gravedad [a algo]. **b)** *pr* (**~se**) Perder [algo] fuerza, intensidad o gravedad.

ateo -a *adj* Que niega la existencia de Dios. *Tb n, referido a pers.*

aterciopelado -da *adj* **1** *part* → ATERCIOPELAR. ■ **2** [Forma o aspecto] de terciopelo. ■ **3** Que tiene alguna de las características del terciopelo, esp. la suavidad. *Tb fig.*

aterciopelar *tr* (*lit*) Dar [a algo] alguna de las características del terciopelo, esp. la suavidad. *Tb fig*. **b)** *pr* (**~se**) Tomar [algo] alguna de las características del terciopelo, esp. la suavidad. *Tb fig.*

aterecer (*conjug* **11**) *tr* Aterir. *Frec pr* (**~se**).

aterido -da *adj* **1** *part* → ATERIR. ■ **2** Que denota o implica aterimiento.

ateridor -ra *adj* (*raro*) Que deja aterido.

aterimiento *m* Acción de aterir(se). *Tb su efecto.*

aterínido *adj* (*Zool*) [Pez] de cuerpo casi cilíndrico y con escamas grandes, de la familia del pejerrey. *Frec como n m en pl, designando este taxón zoológico.*

aterir (*normalmente solo usado en las formas en que la base es átona*) *tr* Dejar rígido [a alguien el frío o algo frío]. *Tb abs*. **b)** *pr* (**~se**) Quedarse [alguien] rígido a causa del frío. *Frec ~ DE FRÍO.*

atérmico -ca *adj* (*Fís*) Que no deja pasar el calor.

atero → HATERO.

ateroesclerosis *f* (*Med*) Aterosclerosis.

ateroesclerótico -ca *adj* (*Med*) Aterosclerótico.

ateroma *m* (*Med*) Depósito de grasa, esp. colesterol, en la pared interna de una arteria.

ateromatosis *f* (*Med*) Degeneración de las paredes arteriales con formación de ateromas.

ateromatoso -sa *adj* (*Med*) De (la) ateromatosis o de(l) ateroma.

aterosclerosis *f* (*Med*) Arterosclerosis caracterizada por la formación de ateromas.

aterosclerótico -ca *adj* (*Med*) De (la) aterosclerosis.

aterrado -da *adj* **1** *part* → ATERRAR¹. ■ **2** Que denota terror.

aterrador -ra *adj* Que aterra¹. *Frec con intención ponderativa.*

aterradoramente *adv* De manera aterradora.

aterramiento *m* Acción de aterrar(se)².

aterrar¹ *tr* Aterrorizar. *Tb abs. Tb pr* (~se). *Frec con intención ponderativa.*

aterrar² (*conjug* 6) *tr* **1** Llenar o cubrir [algo] de tierra u otra materia similar. **b)** *pr* (~se) Llenarse o cubrirse [algo] de tierra u otra materia similar. ■ **2** Aumentar el depósito de tierra o arena [de un paraje marítimo (*cd*)]. ■ **3** Derribar o tirar por tierra.

aterrazado -da *adj* **1** *part* → ATERRAZAR. ■ **2** [Edificio] dotado de terraza o terrazas.

aterrazador -ra *adj* Que aterraza.

aterrazamiento *m* Acción de aterrazar. *Tb su efecto.*

aterrazar *tr* Disponer en terrazas [un terreno].

aterrizaje I *m* **1** Acción de aterrizar. *Tb fig.* II *loc adj* **2** [Tren] **de** ~ → TREN.

aterrizar *intr* **1** Posarse [un vehículo aéreo o espacial] en el suelo u otra superficie sólida. *A veces el suj es el piloto o los ocupantes. Tb fig, referido a animales que vuelan.* ■ **2** Llegar [alguien o algo que viaja o se desplaza]. ■ **3** Empezar a tener contacto con la realidad o a familiarizarse con ella.

aterrorizado -da *adj* **1** *part* → ATERRORIZAR. ■ **2** Que denota terror.

aterrorizante *adj* Que aterroriza.

aterrorizar *tr* Causar terror [a alguien (*cd*) o a los habitantes de un lugar (*cd*)]. *Tb abs. Frec con intención ponderativa.* **b)** *pr* (~se) Pasar [alguien] a sentir terror.

atesoramiento *m* Acción de atesorar. *Tb su efecto.*

atesorar *tr* **1** Tener o poseer [algo valioso en el aspecto económico o en el moral]. ■ **2** Guardar [algo valioso en el aspecto económico o en el moral].

atestación *f* Testificación.

atestado¹ *m* Documento oficial en que la autoridad o sus agentes hacen relación circunstanciada de un suceso, esp. de un delito o accidente.

atestado² -da *adj* (*reg*) Testarudo.

atestar¹ (*conjug regular o, raro,* 6) *tr* Abarrotar o llenar por completo. *Frec en part.*

atestar² *tr* Atestiguar [algo].

atestar³ *intr* Dar con la cabeza.

atestiguar (*conjug* 1b) *tr* **1** Declarar [algo] como testigo. *Tb abs.* ■ **2** Ser [una cosa] prueba o demostración [de otra (*cd*)]. **b)** *En gral:* Demostrar o probar [algo].

atestón *m* (*reg*) Lleno total.

atetar A *tr* **1** Dar la teta [un animal a su cría]. *Tb fig.* B *intr pr* (~se) **2** (*reg*) Agarrarse a la teta [un animal].

atezado -da *adj* **1** *part* → ATEZAR. ■ **2** [Color] bronceado o moreno. *Tb n m.*

atezar *tr* **1** Tostar u oscurecer [la piel (*cd*)] algo (*suj*), esp. el sol]. ■ **2** Poner terso o lustroso [algo]. ■ **3** (*reg*) Asear o acicalar.

atiborramiento *m* Acción de atiborrar(se). *Tb su efecto.*

atiborrar *tr* **1** Hartar [a alguien de comida o bebida]. *Frec el cd es refl. Tb fig.* ■ **2** Abarrotar o llenar por completo [algo]. *Frec en part y con un compl* DE. **b)** *pr* (~se) Abarrotarse o llenarse por completo.

aticismo *m* **1** Condición de ático² [2]. ■ **2** (*hist*) En la Grecia antigua: Tendencia a utilizar el ático² [4] como lengua literaria. ■ **3** (*hist*) Palabra o rasgo idiomático propios del ático² [4] o procedentes de él.

aticista *adj* (*hist*) De(l) aticismo [2].

ático¹ *m* **1** Último piso de un edificio, gralm. de techo más bajo que los demás. *Tb* PISO ~. ■ **2** (*Arquit*) En un retablo: Parte superior de la calle central, que sobresale del último piso.

ático² -ca I *adj* **1** Del Ática (región griega). *Tb n, referido a pers.* ■ **2** Ingenioso y agudo. ■ **3** (*TLit*) En la antigüedad grecolatina: [Estilo oratorio] caracterizado por la sobriedad y la elegancia. **b)** De estilo ático. II *m* **4** (*hist*) Dialecto griego del Ática.

atienzano -na *adj* De Atienza (Guadalajara). *Tb n, referido a pers.*

atiesar *tr* Poner tieso. *Tb fig.* **b)** *pr* (~se) Ponerse tieso. *Tb fig.*

atifle *m* (*Cerám*) Utensilio que se coloca entre las piezas de cerámica, para evitar que se peguen unas a otras al cocerse en el horno.

atiforrar *tr* (*pop*) Atiborrar. *Tb pr* (~se).

atigrado -da *adj* Manchado como la piel del tigre. **b)** [Animal, esp. gato] que tiene la piel manchada como la del tigre.

atila (*a veces con mayúscula*) *m* Hombre bárbaro.

atildado -da *adj* **1** *part* → ATILDAR. ■ **2** Pulcro y elegante. *Frec con intención desp, denotando afectación o exceso.*

atildamiento *m* Cualidad de atildado.

atildar *tr* Cuidar o arreglar con esmero. *Tb fig.*

atinadamente *adv* De manera atinada.

atinado -da *adj* **1** *part* → ATINAR. ■ **2** Acertado (que tiene acierto o está hecho con acierto).

atinar A *intr* **1** Acertar [a un blanco]. *Tb sin compl.* ■ **2** Encontrar [algo que se busca (*compl* CON)], esp. a tientas o sin datos suficientes. ■ **3** Encontrar, por suerte o por intuición, lo cierto, deseado u oportuno. *A veces con un compl* EN O CON. ■ **4** Conseguir [hacer algo (A + *infin*)] o encontrar la manera [de hacerlo (A + *infin*)]. ■ **5** ~ [alguien o algo] **a** + *infin*. (*raro*) Acontecer que [alguien o algo] + *ind*. * Atinó a pasar por allí un cazador. **B** *tr* **6** Acertar.

atinente *adj* (*lit*) Que toca o atañe. *Con un compl* A.

atingente *adj* (*lit*) Atinente.

atipicidad *f* Cualidad de atípico.

atípico -ca *adj* Que se aparta de lo común o típico.

atipismo *m* Cualidad de atípico.

atiplado -da *adj* **1** *part* → ATIPLAR. ■ **2** [Voz] aguda, como de tiple. ■ **3** [Hombre] de voz atiplada [2].

atiplar **A** *tr* **1** Dar [a la voz] un tono agudo, como de tiple. **b)** *pr* (~se) Tomar [la voz] un tono agudo, como de tiple. **B** *intr pr* (~se) **2** (*raro*) Poner [un hombre] voz atiplada [2].

atirantamiento *m* Acción de atirantar(se).

atirantar *tr* **1** Poner tirante [algo]. *Tb fig*. **b)** *pr* (~se) Ponerse tirante [algo]. *Tb fig*. ■ **2** Sujetar [algo] con tirantes.

atireosis *f* (*Med*) Falta de glándula tiroides o hipofunción de la misma.

atisbadero *m* Sitio desde donde se atisba.

atisbador -ra *adj* Que atisba. *Tb n, referido a pers*.

atisbar **A** *tr* **1** Mirar u observar [algo] con atención y disimulo. ■ **2** Vislumbrar (ver de manera imprecisa). *Tb fig*. **B** *intr* **3** Mirar con atención o disimulo [hacia un lugar (*compl adv*)].

atisbo *m* Indicio o vislumbre.

atizador -ra **I** *adj* **1** Que atiza. *Tb n, referido a pers*. **II** *m* **2** Instrumento para atizar el fuego.

atizar **I** *tr* ➤ **a** *normal* **1** Hacer que [el fuego (*cd*)] arda más, esp. removiéndo[lo] o añadiéndo[le] combustible. *Frec fig*. ■ **2** Hacer que [algo no material, esp. una pasión o discordia (*cd*)] cobre mayor intensidad o violencia. ■ **3** (*col*) Dar [un golpe o una serie de golpes a alguien o algo]. *Tb abs*. ■ **4** (*col*) Hacer que [alguien (*ci*)] reciba [algo (*cd*), esp. negativo o molesto]. *Tb abs*. ➤ **b** (~se) **5** (*col*) Tomarse o beberse [algo]. **II** *interj* (*col*) **6** atiza. *Expresa sorpresa o admiración*.

atlante *m* **1** (*Arquit*) Estatua masculina que sirve de columna. ■ **2** Habitante del continente fabuloso de la Atlántida.

atlántico -ca *adj* **1** Del océano Atlántico o de los territorios que baña. ■ **2** (*Pol*) De la región del Atlántico correspondiente a los Estados Unidos y a Europa. ■ **3** (*Pol*) De la Organización del Atlántico Norte.

atlantismo *m* (*Pol*) Política e ideología de la Alianza Atlántica.

atlantista *adj* (*Pol*) De(l) atlantismo o de la Alianza Atlántica. **b)** Partidario del atlantismo. *Tb n*.

atlas¹ *m* **1** Colección de mapas, gralm. encuadernada en forma de libro. **b)** ~ **lingüístico.** Conjunto de mapas en que se consignan datos lingüísticos dialec-

tales obtenidos mediante encuestas. ■ **2** Colección de gráficos y láminas [de una disciplina determinada].

atlas² *m* (*Anat*) Primera vértebra cervical.

atleta **I** *n* **A** *m y f* **1** Pers. que practica el atletismo [1]. ■ **2** Pers. fuerte y musculosa. **B** *m* **3** (*hist*) *En la antigüedad grecolatina:* Hombre que toma parte en los juegos públicos. **II** *loc adj* **4** [Pie] **de** ~ → PIE.

atléticamente *adv* De manera atlética.

atlético -ca *adj* **1** De(l) atleta [1] o del atletismo. **b)** [Marcha] **atlética** → MARCHA. ■ **2** [Pers.] fuerte y musculosa. **b)** Propio de la pers. atlética. ■ **3** (*Psicol*) [Pers. o tipo de constitución] de estatura media y complexión vigorosa.

atletismo *m* **1** Actividad deportiva constituida esencialmente por las carreras, la marcha, los saltos y los lanzamientos. ■ **2** (*raro*) Condición de atleta.

atmósfera (*tb, raro,* **atmosfera**) *f* **1** Capa de aire que rodea a la Tierra. **b)** (*Astron*) Capa gaseosa que rodea a un astro. *Gralm con compl especificador*. **c)** (*E*) Capa gaseosa que rodea a un cuerpo cualquiera. ■ **2** Aire [de un local o de un espacio determinado]. ■ **3** Ambiente, o conjunto de circunstancias materiales y morales en que se desarrolla algo, esp. la actividad o la vida de las personas. *Frec con un adj o compl especificador*. **b)** (*raro*) *Sin especificador*: Ambiente agradable. ■ **4** Ambiente (disposición colectiva). *Gralm con adj o compl especificador*. ■ **5** (*Fís*) Unidad de presión equivalente al peso de una columna de mercurio de 760 mm de altura y 1 cm² de base, al nivel del mar.

atmosférico -ca *adj* De (la) atmósfera [1, esp. 1a].

ato → HATO.

atoar *intr* (*Mar*) Ir [dos embarcaciones] remolcando una a otra.

atocha *f* Esparto.

atochal *m* Terreno en que se cría atocha.

atocinado -da *adj* **1** *part* → ATOCINAR. ■ **2** [Pers.] muy gorda.

atocinar **A** *tr* **1** (*juv*) Amuermar. *Tb pr* (~se). *Más frec en part*. **B** *intr pr* (~se) **2** (*reg*) Enfadarse o irritarse. ■ **3** (*reg*) Engordar en exceso.

atole *m* Bebida mejicana hecha con harina, gralm. de maíz, disuelta en agua o leche hervida.

atolladero *m* **1** Lugar en que es fácil quedar atascado. **b)** Lugar encharcado o pantanoso. ■ **2** Situación apurada o comprometida de la que es difícil salir.

atollarse *intr pr* Atascarse (quedar detenido, esp. a causa del barro u otra dificultad del terreno). *Tb fig*.

atollo *m* (*raro*) Atolón.

atolón *m* Isla de coral de forma anular, con una laguna interior.

atolondradamente *adv* De manera atolondrada.

atolondrado -da *adj* **1** *part* → ATOLONDRAR. ■ **2** [Pers.] que actúa de modo precipitado e irreflexivo. *Tb n*. **b)** Propio de la pers. atolondrada.

atolondramiento *m* **1** Cualidad de atolondrado. ■ **2** Hecho de atolondrar(se).

atolondrar *tr* Aturdir u ofuscar. **b)** *pr* (~se) Aturdirse u ofuscarse.

atómico -ca *adj* **1** De(l) átomo [1 y 3]. **b)** (*Quím*) [Peso o masa] de un átomo [de un elemento], en relación con una unidad dada, gralm. la doceava parte del átomo de carbono. **c)** (*Quím*) [Número] que corresponde a la cantidad de protones del átomo [de un elemento] y que determina su número de orden en el sistema periódico. ■ **2** [Energía] que se obtiene por desintegración del átomo [1a]. **b)** De (la) energía atómica. **c)** Que utiliza la energía atómica. **d)** De (las) armas atómicas. **e)** [Hongo] ~, [pila] atómica → HONGO, PILA³. ■ **3** (*Filos*) [Proposición] simple.

atomismo *m* **1** (*Filos*) Doctrina según la cual el mundo está formado por la unión fortuita de átomos [3]. ■ **2** (*raro*) Atomización o división en partes pequeñas.

atomista *adj* (*Filos*) Partidario del atomismo [1]. *Tb n, referido a pers.*

atomístico -ca **I** *adj* **1** (*Filos*) De(l) atomismo [1].
II *f* **2** (*Quím*) Parte de la ciencia que trata del átomo [1] y de sus propiedades.

atomización *f* Acción de atomizar. *Tb su efecto.*

atomizador -ra **I** *adj* **1** Que atomiza [1].
II *n* **A** *m* **2** Aparato para atomizar [2] líquidos.
B *f* **3** Atomizador [2].

atomizar *tr* **1** Dividir [algo] en átomos o en partes muy pequeñas. *Frec en part. Frec fig.* ■ **2** Pulverizar [líquidos].

átomo *m* **1** Mínima cantidad [de un elemento químico] que puede tomar parte en una reacción. **b)** Átomo como fuente de la energía nuclear. ■ **2** Cantidad mínima o muy pequeña [de algo]. ■ **3** (*hist*) Partícula indivisible considerada como el fundamento de la materia. ■ **4** ~**-gramo.** (*Quím*) Peso atómico [de un elemento], expresado en gramos.

atonal *adj* (*Mús*) [Música] que no se ajusta a los principios clásicos de la tonalidad. **b)** De (la) música atonal.

atonalidad *f* (*Mús*) Sistema musical que no sigue las normas clásicas de la tonalidad.

atonalismo *m* (*Mús*) Atonalidad.

atonalista *adj* (*Mús*) De(l) atonalismo. *Tb n, referido a pers.*

atonía *f* **1** Falta de energía o vitalidad. *Frec fig.* **b)** Apatía o desinterés. ■ **2** (*Med*) Falta de tono o fuerza, esp. en un órgano contráctil.

atónico -ca *adj* **1** De (la) atonía. ■ **2** Que tiene o muestra atonía.

atónitamente *adv* De manera atónita.

atónito -ta *adj* Estupefacto.

átono -na *adj* **1** (*Fon*) Que se pronuncia sin acento. ■ **2** (*raro*) Falto de fuerza o de energía.

atontado -da *adj* **1** *part* → ATONTAR. ■ **2** Medio tonto. *Tb n. A veces usado como insulto.*

atontamiento *m* Acción de atontar(se). *Tb su efecto.*

atontar *tr* Aturdir. *Tb pr* (~se).

atontecer (*conjug* 11) *tr* (*raro*) Atontar. *Tb pr* (~se).

atontolinamiento *m* (*col*) Acción de atontolinar(se). *Tb su efecto.*

atontolinar *tr* (*col*) Atontar. *Tb pr* (~se).

atontonar *tr* (*reg*) Atontar. *Tb pr* (~se).

atopadizo -za *adj* (*reg*) [Lugar] agradable.

atoramiento¹ *m* Acción de atorar(se) o atascar(se). *Tb su efecto.*

atoramiento² *m* (*Taur*) Acción de atorarse o cansarse. *Tb su efecto.*

atorar **A** *tr* **1** Atascar. *Tb pr* (~se). *Tb fig.*
B *intr* *pr* (~se) **2** (*reg*) Atragantarse.

atorarse *intr* *pr* (*Taur*) Cansarse física y mentalmente [un torero] por haber actuado en un gran número de corridas. *Frec en part.*

atormentadamente *adv* De manera atormentada [2b].

atormentado -da *adj* **1** *part* → ATORMENTAR. ■ **2** [Pers.] que siente grandes angustias y escrúpulos de carácter moral. **b)** Propio de la pers. atormentada. ■ **3** (*lit*) [Cosa] de forma muy irregular o retorcida.

atormentador -ra *adj* Que atormenta [2]. *Tb n, referido a pers.*

atormentante *adj* (*lit*) Que atormenta [2].

atormentar *tr* **1** Someter [a alguien] a tormento (pena corporal). ■ **2** Causar [a alguien (cd)] tormento (sufrimiento físico o moral).

atornasolado -da *adj* **1** *part* → ATORNASOLAR. ■ **2** Tornasolado (que presenta tornasoles).

atornasolar *tr* Producir reflejos o tornasoles [en alguien o algo (cd)].

atornillador *m* Destornillador (instrumento).

atornillar **A** *tr* **1** Meter [un tornillo] dándo[le] vueltas. *Frec abs.* ■ **2** Sujetar [algo] con tornillos. ■ **3** Sujetar fuertemente. *En sent fig.* ■ **4** Enroscar.
B *intr* *pr* (~se) **5** Sujetarse [un tornillo, o algo que lleva tornillos].

atortolar (*col*) **A** *tr* **1** Enamorar o conquistar [una pers. a otra].
B *intr* *pr* (~se) **2** Enamorarse [dos perss., o una de otra (compl CON)]. ■ **3** Ponerse [dos enamorados, o uno con otro] en actitud muy cariñosa. *Frec en part.*

atortujar *tr* (*reg*) Aplastar.

atosigado -da *adj* **1** *part* → ATOSIGAR. ■ **2** Que denota o implica atosigamiento.

atosigador -ra *adj* Que atosiga.

atosigamiento *m* Acción de atosigar.

atosigante *adj* Que atosiga.

atosigar *tr* **1** Agobiar [a alguien], esp. metiéndo[le] prisa, solicitándo[le] para muchas cosas a la vez o pidiéndo[le] algo con insistencia. ■ **2** Preocupar o desasosegar. **b)** *pr* (~se) Preocuparse o desasosegarse.

atosigo *m* (*raro*) Atosigamiento.

atoxicidad *f* Cualidad de atóxico.

atóxico -ca *adj* Que no es tóxico.

ATP (*sigla; pronunc, /á-té-pé/*) *m* (*Biol*) Nucleótido presente en los tejidos y que desempeña un papel importante en el metabolismo molecular.

atrabancar *tr* (*reg*) Entorpecer. *Tb pr* (~se). *Frec en part.*

atrabiliariamente *adv* De manera atrabiliaria.

atrabiliario -ria *adj* **1** Irascible o irritable. ■ **2** Raro o extravagante.

atrabilis *f* (*hist*) Humor espeso y negro, supuestamente segregado por las cápsulas suprarrenales y causante de la melancolía e hipocondría.

atracadero *m* Lugar en que pueden atracarse[3] a tierra las embarcaciones menores.

atracador -ra *m y f* Pers. que atraca[1].

atracar[1] *tr* Asaltar [a alguien o un local] para robar[los].

atracar[2] *tr* (*col*) Hartar [de comida]. *Frec el cd es refl.*

atracar[3] **A** *tr* **1** Arrimar el costado [de una embarcación (*cd*) al de otra, al muelle o a otra parte (*compl* A o EN)]. *Tb abs.* ■ **2** Atascar. *Tb pr* (**~se**). *Tb fig.*

B *intr* **2** Arrimar [una embarcación] su costado [al de otra, al muelle o a otra parte (*compl* A o EN)].

atracción **I** *f* **1** Acción de atraer. ■ **2** Capacidad de atracción [1]. ■ **3** Pers. o cosa que atrae la atención o el interés de la gente. ■ **4** Pers. o cosa que forma parte de un espectáculo de variedades o de un programa o local de diversión. ■ **5** (*Ling*) Modificación morfológica o semántica que sufre una palabra por influjo de otra.

II *loc adj* **6** [Parque] **de ~es** → PARQUE.

atraco *m* Acción de atracar[1].

atracón *m* Hartazgo [de comida]. **b)** Hartazgo [de algo, esp. de una determinada actividad (DE + *n o infin*, o A + *infin*)].

atractivamente *adv* De manera atractiva.

atractivo -va **I** *adj* **1** Que atrae, *esp* [1 y 3]. ■ **2** De (la) atracción [1].

II *m* **3** Fuerza o capacidad de atraer, *esp* [3]. ■ **4** Cosa que atrae [2 y 3].

atraer (*conjug* **32**) *tr* **1** Hacer [una pers. o cosa] que [otra (*cd*)] se acerque a ella o al lugar en que está, mediante una fuerza física o un impulso de carácter instintivo o voluntario. ■ **2** Hacer [alguien o algo] que [la mirada o la atención (*cd*)] recaiga sobre sí. ■ **3** Hacer [una pers. o cosa] que [alguien (*cd*)] pase a tener un sentimiento de afecto, inclinación o deseo hacia ella. *Tb abs. A veces con un compl refl de interés.* ■ **4** Hacer [una pers. o cosa] que [algo (*cd*), bueno o malo, esp. un sentimiento] recaiga [sobre alguien (*ci o compl* SOBRE)]. *Frec el ci es refl.*

atrafagado -da *adj* (*lit*) **1** Lleno de tráfago o ajetreo. ■ **2** Que denota o implica tráfago.

atragantamiento *m* Acción de atragantar(se).

atragantar **A** *tr* **1** Causar ahogo [a alguien (*cd*)] algo que se queda detenido en la garganta. **b)** *pr* (**~se**) Sufrir [alguien] ahogo, por detenérsele algo en la garganta. ■ **2** Hacer que [algo que se toma (*cd*)] quede detenido en la garganta. *Frec con intención ponderativa.* **b)** *pr* (**~se**) Quedársele [a alguien] detenido en la garganta [algo que toma]. ■ **3** (*col*) Causar fastidio o enfado [a alguien (*cd*)]. *Tb abs.*

B *intr pr* (**~se**) **4** Cortarse [alguien] al hablar. ■ **5** (*col*) Hacérsele [a alguien] antipática o desagradable [una pers. o cosa]. *Frec en la constr* TENER ATRAGANTADO.

atragantón *m* (*reg*) **1** Atragantamiento. ■ **2** Apuro o dificultad.

atraillar (*conjug* **1f**) *tr* Atar con traílla. *Tb fig.*

atramparse *intr pr* (*raro*) Quedar [una puerta] sin poder ser abierta, por caerse o estropearse el pestillo.

atrancar *tr* **1** Cerrar [algo, esp. una puerta o ventana] con una tranca u otro cierre. *Tb abs.* ■ **2** Atascar. *Tb pr* (**~se**). *Tb fig.*

atranco *m* Acción de atrancar(se). *Tb su efecto.*

atrapamariposas *m* Planta perenne ornamental con flores blancas y olorosas que atrapan insectos (*Araujia sericifera*).

atrapamiento *m* Acción de atrapar.

atrapamoscas *m* **1** Planta americana cuyas hojas, provistas de pelos rígidos, se cierran al posarse en ellas un insecto (*Dionea muscipula*). *Tb se da este n a otras plantas insectívoras.* ■ **2** Utensilio para atrapar moscas y otros insectos voladores.

atrapar *tr* Coger [alguien], con rapidez, habilidad o por medio de una trampa [a alguien o algo que se mueve o puede escapar]. *Tb fig.* **b)** Impedir [algo (*suj*) a alguien o algo que se mueve (*cd*)] que se mueva o escape. *Tb fig.* **c)** Conseguir [alguien (*suj*)] algo o a alguien deseable o pretendido].

atraque **I** *m* **1** Acción de atracar[3]. *A veces referido a naves espaciales.* ■ **2** Lugar o punto de atraque [1].

II *loc v* **3 tomar ~.** (*Mar*) Atracar[3].

atrás **I** *adv* (*a veces seguido de un compl* DE) **1** Hacia el lugar que está detrás. *Precedido de prep, se sustantiva.* * Dio un paso atrás. ■ **2** En el lugar que está detrás. *Tb fig.* * Él se sentó atrás. **b)** En situación desfavorable respecto a la otra, o cosa que se toma como referencia. *Gralm con los vs* DEJAR o QUEDAR. * El hermano es guapo, pero ella no se queda atrás. ■ **3** En un punto próximo al principio, en el espacio o en el tiempo. *Gralm precedido de un adv de intensidad. Precedido de prep, se sustantiva.* * El puente queda más atrás. * Eso viene de atrás. ■ **4** *Siguiendo a una expresión cuantitativa de tiempo, indica que este es anterior, en la medida expresada, al momento de referencia. Precedido de prep, se sustantiva.* * Su madre murió cuatro años atrás. ■ **5 ni para ~.** (*col*) De ninguna manera o en absoluto. * No llueve ni para atrás.

II *interj* **6** *Se usa para mandar retroceder o para rechazar a otra pers.* * ¡Atrás! Aquí no se puede entrar.

III *loc v* **7 echar ~, echar para ~, echarse ~, tirar para ~** → ECHAR, TIRAR.

IV *adj* **8** [Marcha] **~** → MARCHA.

atrasado -da *adj* **1** *part* → ATRASAR. ■ **2** Que presenta menos desarrollo o progreso de lo común en su edad o en su época. ■ **3** Que corresponde a una fecha pasada o anterior. ■ **4** Que viene de atrás en el tiempo. *Esp referido a hambre o sueño.*

atrasar **A** *tr* **1** Poner más atrás. ■ **2** Hacer que [un reloj (*cd*)] marque una hora anterior a la que marca. **b)** Hacer que [un reloj (*cd*)] marche a menos velocidad. ■ **3** Hacer que [algo (*cd*)] venga u ocurra después del tiempo previsto. *Tb fig.* **b)** *pr* (**~se**) Venir u ocurrir [algo] después del tiempo previsto. ■ **4** Hacer que [una fecha (*cd*)] se sitúe después en el tiempo.

B *intr* **➤ a** *normal* **5** Marchar [un reloj] más despacio de lo debido. *Tb pr* (**~se**).

➤ b *pr* (**~se**) **6** Quedarse fuera del tiempo oportuno. *Frec en part.* **b)** Quedarse [un alimento] fuera del tiempo o del estado adecuado para su consumo. *Frec en part.*

atraso *m* **1** Acción de atrasar(se). *Tb su efecto.* ■ **2** Cantidad cuyo pago se ha atrasado [3]. *Normalmente en pl.* ■ **3** Hecho que implica atraso [1]. ■ **4** Estado o condición de atrasado [2].

atravesado -da *adj* **1** *part* → ATRAVESAR. ■ **2** [Pers.] de mal carácter o de mala intención. *Tb n.* **b)** Propio de la pers. atravesada. ■ **3** [Mirada] aviesa. ■ **4** Transversal.

atravesador -ra *adj* Que atraviesa. *Tb n, referido a pers.*

atravesar *(conjug 6)* **A** *tr* **1** Pasar a través [de un lugar *(cd)*], recorriéndo[lo] de parte a parte. *Tb fig.* **b)** Pasar a través [de un espacio de tiempo *(cd)*] recorriéndo[lo] de parte a parte. **c)** Pasar al otro lado [de una línea *(cd)*]. ■ **2** Pasar a través [de algo o alguien *(cd)*], penetrando [en ellos *(cd)*] de parte a parte. *Tb fig.* **b)** Hacer que [una cosa *(compl* CON)] pase a través [de alguien o algo *(cd)*]. *Tb sin compl* CON, *por consabido.* ■ **3** Estar [una cosa alargada] puesta de un lado a otro [de otra *(cd)*], formando ángulos con esos lados. ■ **4** Poner [a una pers. o cosa *(cd)* en un lugar] de manera transversal. *Cuando el lugar es un camino o un conducto, implica idea de obstaculizar.* **b)** *pr* (~**se**) Ponerse [alguien o algo] de manera transversal [en un lugar]. *Cuando el lugar es un camino o un conducto, implica obstaculización.* ■ **5** Pasar [por determinada situación o circunstancia *(cd)*]. ■ **6** *(Juegos)* Apostar.

B *intr* ➤ **a** *normal* **7** Pasar [por un lugar] atravesándo[lo] [1]. *Tb sin compl.* ■ **8** Pasar [por determinada situación o circunstancia].

➤ **b** *pr* (~**se**) **9** Surgir accidentalmente [algo que constituye un obstáculo]. ■ **10** Meterse por medio o intervenir [alguien en algo]. ■ **11** Hacérsele [a alguien] antipática o desagradable [una pers. o cosa].

atrayente *adj* Atractivo o que atrae.

atremolar *tr* *(lit, raro)* Dar [a la voz *(cd)*] un trémolo de emoción.

atresia *f* *(Med)* Oclusión de una abertura natural.

atrésico -ca *adj* *(Med)* Que tiene atresia.

atresnalar *tr* Colocar [haces] en tresnales.

atreverse *intr pr* **1** Ser [alguien] capaz [de algo *(compl* A)] venciendo el miedo o la cohibición. *A veces se omite el compl.* ■ **2** Ser capaz de enfrentarse [a una pers. o cosa *(compl* CON *o ci)*]. *Tb (lit) fig.* ■ **3** Mostrarse atrevido o audaz.

atrevidamente *adv* De manera atrevida.

atrevido -da *adj* **1** *part* → ATREVERSE. ■ **2** [Pers.] que se atreve a hacer algo excesivo o indebido, esp. de manera insolente o descarada. **b)** Propio de la pers. atrevida. ■ **3** Audaz. *Más frec referido a cosa.*

atrevimiento *m* **1** Cualidad de atrevido. ■ **2** Acción atrevida.

atrezo *(tb con las grafías* **attrezzo** *y* **atrezzo***) m* *(Escén)* Conjunto de objetos necesarios para una representación escénica.

atrial *adj* *(Zool)* En las esponjas: [Cavidad] interior.

atribución *f* **1** Acción de atribuir. ■ **2** Facultad [de una pers.] por razón de su cargo o de su función. *Frec en pl.*

atribuible *adj* Que se puede atribuir.

atribuir *(conjug* **48***) tr* **1** Considerar [una cosa *(ci)*] como causa u origen [de algo *(cd)*]. **b)** Considerar [a alguien *(ci)*] autor o responsable [de algo *(cd)*]. ■ **2** Decir o considerar que [alguien o algo *(ci)*] tiene [determinada cualidad *(cd)*]. **b)** *(Filos y Gram)* Afirmar o negar [algo *(cd)*] de un sujeto *(ci)*]. ■ **3** Establecer o considerar [un derecho o una obligación] como propios [de alguien *(ci)*].

atribuladamente *adv* De manera atribulada.

atribulado -da *adj* **1** *part* → ATRIBULAR. ■ **2** Que denota o implica tribulación.

atribular *tr* Causar pena o tribulación [a alguien *(cd)*]. *Tb abs.* **b)** *pr* (~**se**) Pasar a sentir pena o tribulación. *Gralm en part.*

atributivo -va *adj* **1** De (la) atribución [1]. ■ **2** *(Gram)* De(l) atributo [4 y 5]. ■ **3** *(Gram)* [Verbo] copulativo. **b)** [Oración] de verbo copulativo.

atributo *m* **1** Cualidad esencial [de un ser]. **b)** Cualidad propia [de alguien o algo]. ■ **2** Objeto que se usa como símbolo [de una dignidad, un carácter o una entidad abstracta]. ■ **3** *En pl:* Órganos característicos de la masculinidad o de la feminidad. ■ **4** *(Gram)* Elemento (adjetivo o sustantivo) del predicado que, normalmente siguiendo a los verbos "ser", "estar" u otro equivalente, enuncia una cualidad o suma de cualidades de lo designado en el sujeto. ■ **5** *(Gram)* Adjetivo unido inmediatamente al nombre al que se refiere.

atrición[1] *f* *(Rel catól)* Dolor de los pecados causado por el miedo al castigo o por la propia fealdad de los mismos.

atrición[2] *f* *(Med)* Contusión o aplastamiento.

atrición[3] *f* *(raro)* Desgaste. *Frec en la constr* GUERRA DE ~.

atril *m* Soporte en forma de plano inclinado, con o sin pie, en que se colocan libros o papeles para leerlos con comodidad.

atrilera *f* *(Rel catól)* Cubierta que se pone al atril en las misas solemnes.

atrincar *tr* *(col, raro)* Trincar o coger.

atrincherado -da *adj* **1** *part* → ATRINCHERAR. ■ **2** *(raro)* Que denota o implica atrincheramiento [1].

atrincheramiento *m* **1** Acción de atrincherar(se). *Tb su efecto.* ■ **2** Lugar en que alguien se atrinchera.

atrincherar **A** *tr* **1** Fortificar [un lugar] con trincheras u otra obra similar de defensa. ■ **2** Poner [a alguien] a cubierto del enemigo en trincheras o en otro tipo de defensa o fortificación. *Gralm el cd es refl.*

B *intr pr* (~**se**) **3** Encastillarse o encerrarse a la defensiva [en una idea o en una actitud]. *Frec en part.*

atrio *m* Recinto cercado y gralm. porticado, que precede a la entrada de un edificio, esp. de una iglesia.

atrochar *intr* Ir por trochas o atajos.

atrocidad *f* **1** Hecho o dicho atroz. ■ **2** **una ~.** Una cantidad muy grande.

atrofia *f* Pérdida de peso o volumen [de un órgano o parte], o falta de desarrollo normal, por defecto de nutrición o de uso o por causas patológicas. *Frec fig.*

atrofiar *(conjug* **1a***) tr* Causar atrofia [a alguien o algo]. **b)** *pr* (~**se**) Sufrir atrofia.

atrófico -ca *adj* (*E*) **1** Atrofiado. ■ **2** De (la) atrofia o que la implica.

atroje *f* (*tb, reg, m*) Troje.

atrompetado -da *adj* (*raro*) Abocinado.

atronador -ra *adj* Que atruena[1].

atronadoramente *adv* De manera atronadora.

atronante *adj* Atronador.

atronar[1] (*conjug* 4) **A** *intr* **1** Producir un ruido semejante al del trueno. *Frec fig, con intención ponderativa*.

   B *tr* **2** Perturbar [algo o a alguien] con un ruido semejante al del trueno. *Tb fig, con intención ponderativa*.

atronar[2] (*conjug* 4) *tr* (*Taur*) Descabellar.

atropar *tr* (*reg*) Reunir [algo] en montones o gavillas.

atropelladamente *adv* De manera atropellada.

atropellado -da *adj* **1** *part* → ATROPELLAR. ■ **2** [Pers.] que actúa con precipitación. ■ **3** [Cosa] que denota o implica precipitación. ■ **4** (*raro*) Decrépito o abatido por la edad o las penalidades.

atropellador -ra *adj* Que atropella, *esp* [3]. *Tb n, referido a pers*.

atropellamiento *m* Acción de atropellar(se).

atropellaplatos *f* (*raro*) Mujer que realiza las faenas caseras de manera descuidada y atropellada.

atropellar **A** *tr* **1** Pasar por encima [de alguien o algo (*cd*)] o empujar[lo] violentamente [un vehículo o alguien que se mueve con velocidad]. *Tb abs*. ■ **2** Empujar o derribar violentamente [a alguien] para abrirse paso. *Tb fig*. ■ **3** Ejercer violencia [contra alguien o algo (*cd*)] o actuar sin consideración o respeto [hacia ellos (*cd*)]. **b)** (*euf*) Violar [a una mujer]. ■ **4** Hacer que [alguien (*cd*)] actúe con precipitación. ■ **5** Hacer [algo] precipitadamente y sin el cuidado debido.

   B *pr* (**~se**) **6** Actuar o expresarse [alguien] con precipitación. ■ **7** Azararse.

atropello *m* Acción de atropellar(se), *esp* [1, 3 y 6].

atropina *f* (*Med*) Alcaloide que se obtiene de la belladona, empleado para dilatar la pupila y para otros usos.

atropinización *f* (*Med*) Intoxicación por atropina.

atroz *adj* **1** Terrible o que causa terror. *Frec con intención ponderativa*. ■ **2** Muy grande o extraordinario.

atrozmente *adv* De manera atroz.

atruchado -da *adj* Semejante a la trucha. **b)** [Lubina] atruchada → LUBINA.

ATS (*sigla; pronunc,* /á-té-ése/) *m y f* Ayudante técnico sanitario.

attaché (*fr; pronunc corriente,* /ataʃé/ o /ataĉé/) *m* Ataché (cartera).

attapulgita *f* (*Mineral*) Mineral constituido por silicato hidratado de magnesio.

atto- *r pref* (*E*) Trillonésima parte. *Antepuesta a ns de unidades de medida, forma compuestos que designan unidades un trillón de veces menores*.

attrezzo → ATREZO.

atuendo *m* **1** Conjunto de prendas que constituyen el vestido y adorno [de una pers.]. ■ **2** (*raro*) Lujo u ostentación.

atufado -da *adj* **1** *part* → ATUFAR. ■ **2** (*lit, raro*) Vanidoso u orgulloso.

atufamiento *m* Acción de atufar(se).

atufante *adj* Que atufa.

atufar **A** *tr* **1** Intoxicar [a alguien] con tufo[1] (emanación gaseosa). **b)** *pr* (**~se**) Intoxicarse con tufo[1]. ■ **2** Llenar [algo] de tufo[1] (emanación gaseosa u olor). ■ **3** (*raro*) Enfadar [a alguien]. **b)** *pr* (**~se**) Enfadarse. *Frec en part*.

   B *intr* **4** Tener [alguien o algo] un olor fuerte y desagradable. *A veces con un compl especificador con* A. ■ **5** (*col, hoy raro*) Impresionar. *Con intención ponderativa*.

atún **I** *m* **1** Pez marino de cuerpo robusto y unos 2,5 m de longitud, azul negruzco en su parte superior y plateado en la inferior, cuya carne, muy apreciada, se consume fresca o en conserva (*Thunnus thynnus*). *A veces da este n a otras especies afines*. **b)** **~ blanco.** Albacora.

   II *fórm or* **2 por ~ y a ver al duque.** (*raro*) *Fórmula con que se comenta que alguien actúa con dos finalidades*.

atunero -ra *adj* [Barco] destinado a la pesca de atún. *Frec n m*.

atura *f* (*raro*) Vulva [de la yegua].

aturdidamente *adv* De manera aturdida (→ ATURDIDO[1][2]).

aturdido[1] **-da** *adj* **1** *part* → ATURDIR. ■ **2** Que denota o implica aturdimiento [1]. ■ **3** [Pers.] atolondrada (que actúa de modo precipitado e irreflexivo). *Tb n*.

aturdido[2] *m* Acción de aturdir.

aturdidor -ra *adj* Que aturde.

aturdimiento *m* **1** Acción de aturdir(se). *Tb su efecto*. ■ **2** Cualidad de aturdido[1] [3].

aturdir *tr* Hacer [algo (*suj*)], esp. un golpe, un ruido o algo que sobrecoge o sorprende] que [alguien (*cd*)] pierda, pasajeramente y en mayor o menor grado, el uso normal de los sentidos o de la razón. *Tb abs*. **b)** Hacer que [alguien (*cd*)] pierda, pasajeramente y en mayor o menor grado, el uso normal de los sentidos o de la razón, [con algo, esp. un golpe, ruido o algo que sobrecoge o sorprende]. **c)** *pr* (**~se**) Perder [alguien] pasajeramente y en mayor o menor grado, el uso normal de los sentidos o de la razón, esp. por un golpe, ruido o algo que sobrecoge o sorprende.

aturrar *tr* (*reg*) Amodorrar. *Tb pr* (**~se**).

aturrullado -da *adj* **1** *part* → ATURRULLAR. ■ **2** Aturullado.

aturrullar *tr* Aturullar. *Tb pr* (**~se**).

aturullado -da *adj* **1** *part* → ATURULLAR. ■ **2** Que denota o implica aturullamiento.

aturullamiento *m* Acción de aturullar(se). *Tb su efecto*.

aturullar *tr* Dejar [a alguien] confuso, sin saber qué decir o hacer. **b)** *pr* (**~se**) Quedarse [alguien] confuso, sin saber qué decir o hacer.

atusar *tr* **1** Arreglar ligeramente [el pelo] pasando la mano o el peine. ■ **2** Arreglar o acicalar someramente. *Frec el cd es refl*. ■ **3** Cortar e igualar el pelo [a un animal (cd)]. ■ **4** (reg) Pasar la mano [por algo (cd)].

auca[1] adj [Indio] de la región ecuatoriana de Pastaza. Tb n. **b)** De los indios aucas.

auca[2] f (reg) Aleluya (hoja que contiene una serie de dibujos, debajo de cada uno de los cuales va impresa una aleluya).

aucense adj De Oca (Burgos). Tb n, referido a pers.

aucuba f Se da este n a varias plantas arbustivas perennes, de hojas grandes y brillantes y flores en panoja, cultivadas como ornamentales (gén Aucuba).

audacia f **1** Cualidad de audaz. ■ **2** Acción audaz.

audaz adj **1** [Pers.] que acomete acciones fuera de lo común haciendo caso omiso de las dificultades o el peligro. A veces dicho con intención desp, destacando la imprudencia. **b)** Propio de la pers. audaz. ■ **2** [Cosa] que rompe los moldes convencionales.

audazmente adv De manera audaz.

au-dessus de la mêlée (fr; pronunc corriente, /o-desú-de-la-melé/) loc adv (lit) Por encima de la contienda o en actitud de total imparcialidad.

audibilidad f Cualidad de audible.

audible adj Que se puede oír.

audición f **1** Acción de oír. **b)** Capacidad de oír. ■ **2** Concierto o recital públicos.

audiencia (gralm con mayúscula en acep 4) f **1** Acción de recibir oficialmente a alguien una alta jerarquía, para conversar o para escuchar sus peticiones o exposiciones. ■ **2** Hecho de oír o atender a alguien. **b)** (Der) Hecho de oír un juez o tribunal a las partes y testigos para decidir un pleito o una causa. **c)** (raro) Audición (acción de oír). ■ **3** Conjunto de oyentes. Tb fig, referido a las perss que prestan atención visual a algo. ■ **4** (Der) Tribunal de justicia que entiende en los pleitos y causas de un determinado territorio. Gralm con un adj especificador: NACIONAL o PROVINCIAL. Tb el territorio o el edificio correspondiente. **b)** ~ **territorial.** Tribunal colegiado con jurisdicción supraprovincial, que conoce esp. recursos de apelación en materia civil y litigios en materia administrativa. Tb designa el territorio y edificio correspondiente. ■ **5** (Der) Sesión ante un tribunal en que se procede a la vista de un pleito o causa.

audiente adj (lit, raro) Que puede oír.

audífono m Aparato que permite a los sordos percibir mejor los sonidos.

audímetro m (E) Audiómetro.

audio I m **1** (TV) Conjunto de sonidos transmitidos o recibidos por las ondas hertzianas, esp. acompañando a las imágenes. **II** adj **2** (E) Relativo a la transmisión, recepción, grabación y reproducción de sonidos.

audiocirugía f (Med) Cirugía del oído.

audiofonología f (Med) Estudio de la audición y de la fonación.

audiofrecuencia f (Fís) Frecuencia de onda de las que pueden emplearse en la transmisión de sonidos.

audiograma m (Med) Registro gráfico de la sensibilidad auditiva de un individuo.

audiolibro m Casete que contiene la lectura de un libro.

audiología f (Med) Ciencia que estudia la audición y sus trastornos.

audiológico -ca adj (Med) De (la) audiología.

audiólogo -ga m y f (Med) Especialista en audiología.

audiometría f (Med) Medida de la capacidad auditiva.

audiométrico -ca adj (Med) De (la) audiometría.

audiómetro m **1** (Med) Instrumento para medir la capacidad auditiva. ■ **2** (RTV) Aparato que se acopla a un receptor de radio o televisión, para medir el tiempo que está encendido.

audionumérico -ca adj (E) [Disco] compacto.

audioprotésico -ca adj (Med) De (la) prótesis de oído.

audioprotesista m y f (Med) Pers. que construye o aplica prótesis para el oído.

audioquirúrgico -ca adj (Med) De (la) audiocirugía.

audiovisual adj De la imagen y el sonido conjuntamente. **b)** Que utiliza conjuntamente la imagen y el sonido. Esp referido a método didáctico o medio de comunicación.

auditar tr Inspeccionar la contabilidad [de una empresa u organización (cd)].

auditivo -va adj De(l) oído o de (la) audición.

auditor -ra I adj **1** [Empresa] que realiza auditorías [1]. Tb n f. ■ **2** (lit) Oyente o que oye. Frec n, referido a pers. **II** n **A** m y f **3** Revisor de cuentas colegiado. Tb ~ CONTABLE. ■ **4** (E) Pers. que tiene como misión escuchar discos para informar sobre su calidad. **B** m **5** Funcionario del cuerpo jurídico militar que informa sobre la interpretación de las leyes y propone las resoluciones correspondientes. ■ **6** Componente de ciertos tribunales eclesiásticos, como el de la Rota. ■ **7** Aparato que en las tiendas de discos permite al cliente oírlos antes de comprarlos.

auditoría f **1** Revisión de la contabilidad de una empresa o entidad, hecha por un revisor de cuentas colegiado. Tb ~ CONTABLE. ■ **2** Empleo de auditor [5, 6 y esp. 3]. ■ **3** Despacho del auditor [3].

auditoriar (conjug 1c) tr (raro) Someter [algo] al informe de un auditor [3, 5 y 6].

auditorio m **1** Conjunto de oyentes. ■ **2** Local destinado a conciertos, conferencias y otros actos culturales.

auditórium (pl, ~s) m Auditorio [2].

auge m **1** Situación de máxima grandeza, intensidad o perfección. ■ **2** Crecimiento [de algo abstracto].

augita f (Mineral) Mineral constituido por un silicato complejo, de color negro o verde oscuro, y que es constituyente esencial de los basaltos.

augur m **1** (hist) En la antigua Roma: Sacerdote encargado de la interpretación de los presagios. ■ **2** Pers. que predice o adivina el porvenir.

augural adj De(l) augurio.

augurar *tr* **1** Ser [una cosa] presagio o augurio [de algo (*cd*)]. ■ **2** Anunciar o pronosticar [alguien algo futuro].

augurio *m* **1** Pronóstico hecho por un augur. ■ **2** Presagio o señal de algo futuro. *Frec con los adjs* BUENO *o* MALO.

augustal *adj* Del emperador romano Augusto († 14 d.C.) o de su tiempo.

augusteo -a *adj* Augustal.

augusto¹ -ta I *adj* **1** Noble o venerable. **b)** *Frec se usa como tratamiento dirigido a perss reales.*

II *m* **2** (*hist*) *En la antigua Roma, en la época de Diocleciano:* Jefe asociado al gobierno del Imperio, con autoridad máxima.

augusto² *m* Payaso de circo que aparece con nariz roja y una chaqueta larga y ancha, que actúa como pareja del clown.

aula *f* **1** *En un centro de enseñanza:* Sala en que se dan las clases. **b)** ~ **magna.** *En una universidad o, raramente, en otro centro similar:* Local destinado a los actos solemnes. ■ **2** Sala destinada a determinados actos culturales. *Normalmente con un adj o compl especificador. Tb la actividad correspondiente.* ■ **3** (*Rel catól*) Sala de asambleas [de un concilio]. *Tb la misma asamblea.*

aulaga *f* Planta arbustiva leguminosa, espinosa y de flores amarillas, propia de lugares áridos (géns. *Genista, Ulex* y otros).

aulagar *m* Lugar poblado de aulagas.

aulario *m* Edificio destinado básicamente a aulas escolares.

áulico -ca *adj* (*hist o lit*) De (la) corte. *Tb fig.*

aullador -ra *adj* Que aúlla. **b)** [Mono] ~ → MONO¹.

aullante *adj* Que aúlla.

aullar (*conjug 1f*) *intr* Dar aullidos. *Tb fig.*

aullido *m* Voz triste y prolongada del perro, el lobo u otro animal semejante. *Tb fig.* ■

aúllo *m* Aullido.

aulos *m* (*hist*) Instrumento músico griego similar a la flauta.

aumentable *adj* Que puede aumentar o ser aumentado.

aumentar A *tr* **1** Hacer que [algo (*cd*)] sea mayor. *A veces con un compl* DE *o* EN *que indica en qué aspecto. A veces con un compl* EN *que expresa cantidad. Tb abs.*

B *intr* **2** Pasar [algo] a ser mayor. *A veces con un compl* DE *o* EN *que indica en qué aspecto.*

aumentativo -va *adj* **1** (*Ling*) [Sufijo] que se usa esp. para expresar gran tamaño o intensidad, o desprecio. ■ **2** (*Ling*) [Palabra] formada con un sufijo aumentativo [1]. *Frec n m.* ■ **3** (*raro*) Que aumenta [1] o sirve para aumentar.

aumento *m* **1** Acción de aumentar. *Tb la cantidad aumentada.* ■ **2** (*Ópt*) *En pl:* Veces en que la imagen dada por un aparato óptico es mayor que la que vería el observador a simple vista.

aun (*gralm se pronuncia monosílabo,* /áun/, *cuando aparece delante del elemento al que se refiere, y bisílabo,* /a-ún/, *cuando va detrás. En las aceps 1, 2, 4 y 6 se escribe con tilde:* AÚN) I *adv* **1** Denota persistencia de un hecho hasta el momento en que se habla o de que se habla. * Aún tiene esperanzas.* ■ **2**

Acompaña a una palabra comparativa (MÁS, MENOS, MEJOR, *etc*) *para denotar que en el objeto base de la comparación se encuentra ya en grado notable la cualidad o la intensidad de que se habla.* * Al otro día tardé aún más.* ■ **3** Incluso (incluyendo también). *Frec indica que lo expresado en la palabra o sintagma a que se refiere supone un grado alto o superior a lo dicho anteriormente.* * El proyecto fue bien acogido, aun en su forma.* ■ **4** *Denota que el hecho expresado por el* v *se añade a otro hecho que ya de por sí es notable. Frec con matiz adversativo.* * El que más ganaba cien pesetas; y aún había meritorios que trabajaban gratis.* ■ **5** *Seguido de un compl adv o de un ger, denota que, a pesar de las circunstancias expresadas por estos términos, se cumple lo enunciado en la or.* * Aun en ese caso, no es posible.* ■ **6** Al menos o siquiera. * ¡Aún si supiera leer!* ■ **7 ni** ~ → NI¹.

II *prep* **8** Incluso (con inclusión de). * Todos estaban de acuerdo, aun él.*

III *conj* **9** ~ **cuando.** Aunque. * Aun cuando sea así, no me apetece.*

aunador -ra *adj* Que aúna. *Tb n, referido a pers.*

aunar (*conjug 1f*) *tr* (*lit*) **1** Concertar o coordinar [dos o más cosas o, más raro, perss.] con un fin determinado. ■ **2** Unir o reunir [dos o más perss. o cosas, o una con otra (*compl* CON *o ci*)]. **b)** *pr* (**~se**) Unirse o reunirse [dos o más perss. o cosas].

aunque (*con pronunc átona*) *conj* **1** *Introduce una prop adv* (con v en ind o subj) *que expresa un hecho considerado como obstáculo insuficiente para la realización de la acción del v pral. La prop puede ir antepuesta o pospuesta al v pral.* * Aunque protesta, acepta el diálogo.* **b)** *A veces se omite el* v *de la prop.* * Un camino que, aunque angosto, era suficiente.* ■ **2** *Introduce una or coord* (con v en ind) *destinada a matizar la anterior y que expresa una acción que se realiza sin que sea obstáculo para ello su oposición o incongruencia con respecto a la acción de la primera. La or introducida por* ~ *ocupa siempre el segundo lugar en la coordinación.* * En la temporada anterior, flojeó bastante el equipo, aunque al final reaccionó.*

aúpa (*col*) I *interj* **1** *Se usa para animar a alguien a que se levante o a que haga el esfuerzo de levantar un peso. A veces se sustantiva.* ■ **2** *Se usa para animar, esp a un equipo deportivo.*

II *loc adj* **3 de ~.** Terrible o tremendo. *Con intención ponderativa, en sent positivo o negativo. Tb adv.*

au pair (*fr; pronunc corriente,* /o-pér/) *loc adj* [Pers.] que realiza un trabajo doméstico en el seno de una familia por el alojamiento y la manutención, sin recibir sueldo alguno. *Tb adv.*

aupamiento *m* Acción de aupar.

aupar (*conjug 1f*) *tr* Levantar o elevar. *Frec en sent no físico, esp económico o social.* **b)** *pr* (**~se**) Levantarse o elevarse.

aura¹ *f* **1** Atmósfera espiritual que emana de alguien o algo y lo circunda. ■ **2** (*Parapsicol*) Irradiación luminosa que rodea a los seres vivos o a los objetos, solo perceptible para los individuos dotados de sensibilidad especial. ■ **3** (*Med*) Sensación o fenómeno particular que precede a un ataque, esp. epiléptico. ■ **4** (*lit, raro*) Viento suave y apacible. *Tb fig.* ■ **5** (*lit, raro*) Aire que se respira. ■ **6** (*lit, raro*) Crédito o prestigio.

aura² *f* Ave rapaz diurna americana, del tamaño de una gallina, con plumaje negro y cabeza desnuda (*Cathartes aura*).

auranciácea *adj* (*Bot*) [Planta] arbórea o arbustiva, de hoja perenne, pequeñas o medianas dimensiones y fruto en hesperidio. *Frec como n f en pl, designando este taxón botánico.*

aurancioidea *adj* (*Bot*) Auranciácea. *Tb n.*

aurea mediocritas (*lat; pronunc,* /áurea--mediókritas/) *loc n f* Felicidad basada en la vida tranquila y sin especiales aspiraciones.

aureana *f* Oreana (buscadora de oro en el Bierzo, León).

áureo -a I *adj* 1 (*lit*) De oro. *Frec fig, referido a edad o período.* b) De la edad de oro. ■ 2 (*lit*) Valioso o precioso. ■ 3 (*Astron*) [Número] que se obtiene dividiendo por 19 la era cristiana más 1 y que sirve para hallar la epacta.
II *m* 4 (*hist*) Denario de oro.

aureola (*tb, raro,* **auréola**) *f* 1 Círculo de luz que rodea a determinados cuerpos. b) *Esp:* Círculo luminoso que rodea la cabeza de las imágenes sagradas. ■ 2 Fama o prestigio que rodea a alguien o algo.

aureolar *tr* Rodear [una cosa a alguien o algo] como una aureola. b) Rodear [a alguien o algo] con una aureola. c) *pr* (~se) Pasar [alguien o algo] a estar rodeado por una aureola.

aureomicina (*n comercial registrado*) *f* (*Med*) Tetraciclina obtenida del *Streptomyces aureofaciens.*

aurgitano -na *adj* (*lit*) Jiennense. *Tb n.*

áurico -ca *adj* De(l) oro.

aurícula *f* (*Anat*) Cavidad superior (o anterior en los animales) del corazón. *Frec con un adj especificador:* IZQUIERDA, DERECHA.

auriculado -da *adj* (*Bot*) Provisto de una prolongación en forma de oreja.

auricular¹ I *adj* 1 De (la) oreja. ■ 2 (*Rel catól*) [Confesión] sacramental.
II *m* 3 *En el teléfono u otro aparato para percibir sonidos:* Parte o pieza que se aplica al oído o a los oídos.

auricular² *adj* (*Anat*) De (la) aurícula.

auriculoterapia *f* (*Med*) Método terapéutico derivado de la acupuntura, con el que se tratan distintas afecciones estimulando determinados puntos del pabellón de la oreja.

auriculoventricular (*tb* **aurículo-ventricular**) *adj* (*Anat*) De la aurícula y el ventrículo.

aurífero -ra *adj* 1 Que contiene o lleva oro. *Dicho esp de mineral o yacimiento.* ■ 2 Relativo a la obtención de oro.

aurificar *tr* (*lit*) Dorar.

aurífice *m* (*lit*) Orífice.

auriga *m* 1 (*lit*) Hombre que dirige las caballerías que tiran de un carruaje. ■ 2 (*hist*) *En Grecia y Roma antiguas:* Hombre que dirige los caballos en las carreras de carros del circo.

aurino -na *adj* (*lit, raro*) Dorado o de oro.

auriñaciense *adj* (*Prehist*) [Cultura o período] del comienzo del Paleolítico superior, cuyos principales vestigios corresponden a la región de Aurignac (Francia). *Tb n m.* b) De la cultura o del período auriñaciense.

aurora I *f* 1 Luz que precede a la salida del Sol. *Tb el momento en que aparece.* ■ 2 (*lit*) Amanecer o comienzo [de algo]. ■ 3 (*reg*) Canto que se entona al amanecer como comienzo de una celebración religiosa. ■ 4 ~ **polar.** Meteoro luminoso que se observa en las regiones polares. *Frec ~* AUSTRAL *o* BOREAL.
II *loc adj* 5 [Rosario] **de la** ~ → ROSARIO.
III *loc adv* 6 **como el rosario de la** ~ → ROSARIO.

auroral *adj* (*lit*) De (la) aurora, *esp* [2].

auroro *m* (*reg*) 1 Cofrade de la hermandad de la Aurora. ■ 2 Individuo que canta la aurora [3].

aurrescu (*tb con la grafía* **aurresku**) *m* Danza típica del País Vasco, ejecutada por hombres.

aurúspice *m* (*raro*) Arúspice.

auscultación *f* Acción de auscultar.

auscultador -ra *adj* Que ausculta. *Tb n, referido a pers.* b) [Aparato] que sirve para auscultar. *Tb n m.*

auscultar *tr* 1 (*Med*) Escuchar los sonidos que se producen dentro del cuerpo [de una pers. (*cd*)], esp. en el corazón y en el aparato respiratorio]. ■ 2 (*lit*) Explorar o sondear.

ausejano -na *adj* De Ausejo (Rioja). *Tb n, referido a pers.*

ausencia I *f* 1 Hecho de estar ausente [1]. *Tb el tiempo que dura.* b) Tristeza por la ausencia de alguien querido. ■ 2 Hecho de no existir [algo (*compl de posesión*)]. ■ 3 Falta de asistencia [al lugar o a la actividad debidos (*compl* DE)]. *Tb sin compl, por consabido.* ■ 4 Estado o condición de ausente [2].
II *loc v* 5 **brillar** [algo o alguien] **por su** ~. (*col*) No estar o no existir en absoluto. ■ 6 **guardar la(s)** ~(s) [a alguien]. Comportarse del modo debido o esperado cuando está ausente [1]. *Frec referido a enamorados.* ■ 7 **hacer** (o **guardar**) **buenas** (o **malas**) ~s [de alguien]. (*hoy raro*) Hablar bien (o mal) [de él] cuando está ausente [1].
III *loc adv* 8 **en** ~ [de alguien o algo]. Estando ausente [1] [esa pers. o cosa]. b) **en** ~ [de algo]. Faltando o no existiendo [esa cosa].

ausentar A *tr* 1 (*raro*) Hacer desaparecer [algo].
B *intr pr* (~se) 2 Irse o marcharse [alguien de un lugar]. *Tb sin compl, por consabido.*

ausente *adj* 1 [Pers. o cosa] que no está [en un lugar (*compl* DE) en que sería obligado o esperable que estuviese]. *Frec sin compl, por consabido. Tb n, referido a pers.* ■ 2 [Pers.] ajena o desconectada [respecto a la realidad que la rodea (*compl* DE)]. *Frec sin compl, por consabido.* b) Propio de la pers. ausente.

ausentismo *m* Absentismo.

ausetano -na *adj* 1 (*lit*) De Vic (Barcelona). *Tb n, referido a pers.* ■ 2 (*hist*) [Individuo] de un pueblo prerromano habitante de la comarca de Ausa (hoy Vic). *Tb n.*

ausión *m* (*reg*) Aspaviento. *Normalmente en pl.*

ausonense *adj* (*lit o hist*) Ausetano. *Tb n.*

auspiciador -ra *adj* Que auspicia. *Tb n, referido a pers.*

auspiciar (*conjug 1a*) *tr* Favorecer [algo].

auspicio *m* 1 Presagio o augurio. b) (*hist*) Presagio basado en la observación de las aves. ■ 2 Protección o favor. *Gralm en la constr* BAJO LOS ~S + *compl de posesión.*

austenita *f (Metal)* Solución sólida de hierro y carbono, presente en los aceros templados.

austenítico -ca *adj (Metal)* De (la) austenita o que la contiene.

austeramente *adv* De manera austera.

austeridad *f* Cualidad de austero.

austero -ra *adj* **1** [Pers.] que en su vida o costumbres se ajusta a lo estrictamente necesario, sin concesiones al placer o al lujo. **b)** [Pers.] que se ajusta rigurosamente a las normas de la moral. **c)** Propio de la pers. austera. ■ **2** [Cosa] que se ajusta a lo estrictamente necesario, sin concesiones a la belleza, a la comodidad o al lujo. ■ **3** *(lit)* [Lugar] de poca vegetación o poco placentero a los sentidos. **b)** Propio de un lugar austero. ■ **4** *(lit)* Áspero al gusto.

austracismo *m (hist)* Política expansionista de la Casa de Austria.

austracista *adj (hist)* **1** Partidario de la Casa de Austria. *Tb n, referido a pers.* ■ **2** Del austracismo.

austral[1] *adj (lit o E)* Meridional.

austral[2] *m* Unidad monetaria de la Argentina, en vigor de 1985 a 1991.

australiano -na *adj* **1** De Australia. *Tb n, referido a pers.* **b)** Aborigen de Australia. *Tb n.* ■ **2** *(Geogr)* [Región] que comprende toda Oceanía, excepto el archipiélago malayo. **b)** Propio de la región australiana.

australoide *adj (Etnogr)* [Individuo o grupo racial] propio de Australia y otras zonas del sur de Asia y de las islas del Pacífico, caracterizado por piel oscura, pelo rizado, frente ancha y estatura media.

australopitecino *adj (Zool)* [Antropoide] del grupo cuyo género más destacado es *Australopithecus. Frec como n m en pl,* designando este taxón zoológico.

australopiteco *m (Zool)* Antropoide fósil de África del Sur, que sabía tallar la piedra (gén. *Australopithecus*).

austriaco -ca *(tb austríaco) adj* **1** De Austria. *Tb n, referido a pers.* ■ **2** *(hist)* De la Casa de Austria.

austro *m (lit)* Viento del sur.

austro- *r pref* Austriaco [1].

autarquía[1] *f* Sistema económico basado en el autoabastecimiento y la supresión de importaciones, con la consiguiente independencia respecto al exterior. *Tb fig, fuera del ámbito económico.* **b)** Independencia política derivada de la autarquía económica.

autarquía[2] *f (Filos)* Dominio de sí mismo.

autárquicamente *adv* De manera autárquica.

autárquico -ca *adj* De (la) autarquía[1] o que la implica.

autenticación *f (Der)* Acción de autenticar.

auténticamente *adv* De manera auténtica.

autenticar *tr (Der)* Certificar como auténtico [1c] [algo, esp. un documento], dándo[le] validez.

autenticidad *f* Cualidad de auténtico.

auténtico -ca *adj* **1** [Pers. o cosa] que es realmente lo que parece o se dice que es. **b)** *Se usa precediendo al n, con intención enfática.* * El congreso fue un auténtico fracaso. **c)** *(Der)* [Documento o acto] que no da lugar a duda. ■ **2** [Pers.] que actúa de acuerdo con sus sentimientos o convicciones. **b)** Propio de la pers. auténtica.

autentificación *f* Acción de autentificar.

autentificador -ra *adj* Que autentifica. *Tb n, referido a pers.*

autentificar *tr* **1** Certificar como auténtico [1, esp. 1a]. ■ **2** Hacer auténtico [1a]. **b)** *pr* (~se) Hacerse auténtico.

autillo[1] *m* Ave rapaz nocturna de pequeño tamaño, de plumaje pardo grisáceo, que nidifica en los huecos de los árboles y se alimenta fundamentalmente de insectos (*Otus scops*).

autillo[2] *m (hist)* Auto[1] [3] particular del tribunal de la Inquisición.

autismo *m (Med)* Trastorno psicológico caracterizado por el ensimismamiento y la falta de interés por el mundo exterior, gralm. acompañado de aislamiento y dificultad de comunicación.

autista *adj* Que padece autismo. *Tb n.*

auto[1] **I** *m* **1** *(Der)* Resolución judicial motivada. ■ **2** *(Der) En pl:* Conjunto de actuaciones o documentos de un procedimiento judicial. ■ **3 ~ de fe.** *(hist)* Ejecución pública de una sentencia del tribunal de la Inquisición. **b)** *(lit)* Hecho de quemar algo por considerarlo inútil o perjudicial. *Tb fig.*
II *loc adj* **4 de ~s.** *(Der)* [Día u otro período de tiempo] de los hechos a que se refieren los autos [2]. *Tb fig, fuera del ámbito legal.*
III *loc v* **5 poner en ~s.** *(raro)* Informar o poner al corriente [a alguien de algo].

auto[2] *m (hoy raro)* Automóvil o coche. **b)** **~s de choque.** Coches de choque (atracción de feria) (→ COCHE).

auto[3] *m (TLit)* Composición dramática breve de carácter alegórico y con personajes bíblicos. **b) ~ sacramental** → SACRAMENTAL.

auto-[1] *r pref* **1** De o por sí mismo. * Responsabilidad autoasumida. ■ **2** Automático. * Autocortador de papel.

auto-[2] *r pref* **1** De o para automóviles. * Autotalleres. ■ **2** Automóvil. * Autocapitoné.

autoabastecerse *(conjug 11) intr pr* Abastecerse [alguien, esp. un país] con sus propios recursos.

autoabastecimiento *m* Acción de autoabastecerse.

autoadhesivo -va *adj* [Etiqueta o adminículo] que por simple contacto a presión quedan adheridos a una superficie. *Tb n m, referido a etiqueta.*

autoafirmación *f* Acción de autoafirmarse.

autoafirmarse *intr pr* Afirmar o destacar la propia personalidad.

autobanco *m* Servicio bancario que permite al cliente operar sin apearse de su automóvil.

autobiografía *f* Biografía de una persona redactada por ella misma.

autobiografiarse *(conjug 1c) intr pr* Escribir [alguien] su autobiografía.

autobiográfico -ca *adj* Que tiene carácter de autobiografía, o rasgos propios de ella.

autobiografismo *m* Tendencia a la utilización de elementos autobiográficos en la propia obra.

autobiógrafo -fa *m y f* Autor de una autobiografía.

autoblocante *adj* (*Autom*) [Diferencial] que se bloquea automáticamente permitiendo la movilidad de ambas ruedas incluso aunque una pierda la adherencia al terreno.

autobomba *f* Camión equipado con una bomba contra incendios.

autobombo *m* (*col*) Ostentación de los propios méritos. *Frec en la constr* DARSE ~. **b)** (*jerg Enseñ*) *En las oposiciones de universidad:* Ejercicio consistente en la exposición, por el opositor, de sus méritos profesionales y científicos.

autobronceador -ra *adj* [Cosmético] que broncea sin necesidad de tomar el sol. *Tb n m.*

autobús *m* Vehículo automóvil de gran capacidad para el transporte de viajeros, con trayecto fijo y frec. urbano. **b)** Autocar.

autobusero -ra *m y f* (*col*) Conductor de autobús.

autocalificarse *intr pr* Calificarse a sí mismo.

autocamión *m* (*hoy raro*) Camión.

autocar *m* Vehículo automóvil de gran capacidad, para el transporte turístico o interurbano de viajeros.

autocaravana *f* Vehículo tipo furgoneta equipado para servir de alojamiento, con camas y cocina, igual que una caravana.

autocargador -ra *adj* [Máquina o vehículo, esp. remolque] que se carga automáticamente.

autocartera *f* (*Econ*) Cartera de valores de las propias acciones [de una empresa].

autocéfalo -la *adj* (*Rel crist*) En la iglesia griega: [Iglesia] nacional independiente de la autoridad de los patriarcas.

autocensura *f* Control que uno ejerce sobre sus propias palabras o escritos, por temor a posibles juicios adversos o sanciones.

autochoque *m* (*raro*) Autos de choque (→ AUTO²).

autocine *m* Cine al aire libre en que la película se ve desde el interior de los automóviles.

autoclave *m o f* **1** Recipiente hermético en que se someten los objetos a presiones y temperaturas elevadas, para su esterilización o para otros usos. **II** *adj* **2** Que se cierra herméticamente a presión por sí mismo.

autocompadecerse (*conjug* 11) *intr pr* Sentir compasión de sí mismo.

autocompasión *f* Compasión de sí mismo.

autocomplacencia *f* Sentimiento de satisfacción por los propios logros o por las propias cualidades.

autocomplacido -da *adj* Que tiene o muestra autocomplacencia.

autoconciencia *f* Conciencia de sí mismo.

autoconstrucción *f* Acción de autoconstruir.

autoconstruir (*conjug* 48) *tr* Construir [viviendas sus futuros usuarios].

autoconsumo *m* Consumo propio.

autocontención *f* Contención de los propios impulsos.

autocontrol *m* **1** Control de las propias emociones y reacciones. ■ **2** Control propio.

autocontrolarse *intr pr* Ejercer autocontrol [1].

autocracia *f* Gobierno de una sola persona con autoridad ilimitada. **b)** Abuso opresivo de autoridad o de poder.

autócrata *m y f* Pers. que gobierna con autoridad ilimitada. *Esp referido al emperador de Rusia.*

autocráticamente *adv* De manera autocrática.

autocrático -ca *adj* De (la) autocracia o de(l) autócrata.

autocriticarse *intr pr* Ejercer la autocrítica (→ AUTOCRÍTICO [2a]).

autocrítico -ca **I** *adj* **1** De (la) autocrítica [2]. **b)** Que ejercita la autocrítica. *Tb n, referido a pers.* **II** *f* **2** Examen crítico, esp. manifestado públicamente, de sí mismo o de las propias obras. **b)** Crítica de una obra literaria por su propio autor. *Esp la que publica el autor de teatro antes del estreno de su obra.*

autocromo *m* Procedimiento litográfico para obtener reproducciones exactas de cualquier policromía.

autocross (*ing; pronunc corriente,* /autokrós/; *tb con la grafía* **auto-cross**) *m* (*Dep*) Variedad de deporte automovilístico practicada sobre terreno accidentado. *Tb la prueba de este deporte.*

autóctonamente *adv* De manera autóctona.

autoctonía *f* Cualidad de autóctono.

autóctono -na *adj* **1** [Pers. o población] nacida en el mismo lugar en que reside. *Tb n, referido a pers.* **b)** Propio de la población autóctona. ■ **2** [Especie animal o vegetal] nacida en el lugar en que se encuentra y no procedente de fuera. ■ **3** (*Geol*) Producido directamente en el lugar en que se encuentra y que no ha sido transportado.

autocue (*n comercial registrado; ing; pronunc corriente,* /autokiú/) *m* (*TV*) Dispositivo que, colocado junto al objetivo de la cámara, permite leer un texto mirando de frente, como si se improvisase.

autodefenderse (*conjug* 14) *intr pr* Defenderse a sí mismo.

autodefensa *f* Defensa de sí mismo o de sus propias ideas o actos.

autodefinición *f* Acción de autodefinirse.

autodefinido *m* Variedad de crucigrama en que las claves para rellenar las casillas se encuentran dentro de algunas de ellas.

autodefinirse *intr pr* Definirse o caracterizarse a sí mismo. *Frec con un compl* COMO. **b)** Definirse (manifestar la propia manera de pensar).

autodenominarse *intr pr* Denominarse a sí mismo.

autodepuración *f* Depuración propia.

autodestrucción *f* Destrucción propia.

autodestructivo -va *adj* Que causa autodestrucción.

autodeterminación *f* **1** Determinación del estatuto político de un país por sus propios habitantes, sin influencias o coacciones externas. ■ **2** Acción de autodeterminar(se) [2 y 4].

autodeterminador -ra *adj* De (la) autodeterminación [1].

autodeterminar **A** *tr* **1** Dotar de autodeterminación [1] [a un país o región o a sus habitantes (*cd*)]. ■ **2** Determinar autónomamente [algo]. **B** *intr pr* (**~se**) **3** Ejercer la autodeterminación [1]. ■ **4** Determinar los propios actos.

autodeterminista *adj* De (la) autodeterminación [1] o que la implica.

autodidacta *adj* Autodidacto. *Tb n, referido a pers.*

autodidáctico -ca *adj* De(l) autodidacto.

autodidactismo *m* Condición de autodidacto.

autodidacto -ta *adj* [Pers.] que se ha instruido a sí misma, sin ayuda de maestro. *Tb n.* **b)** Propio de la pers. autodidacta.

autodigestión *f* (*Biol*) Autólisis.

autodisciplina *f* Disciplina que se ejerce sobre uno mismo.

autodisolución *f* Acción de autodisolverse.

autodisolverse (*conjug 35*) *intr pr* Disolverse por sí misma [una sociedad o una colectividad].

autodominio *m* Autocontrol.

autódromo *m* Pista de pruebas o de carreras de automóviles y motocicletas.

autoedición *f* (*Informát*) Acción de componer e imprimir textos o gráficos con ordenador.

autoempleo *m* Empleo autónomo.

autoerotismo *m* (*Psicol*) Erotismo que tiene por objeto el propio cuerpo.

autoescuela (*tb con la grafía* **auto-escuela**) *f* Escuela para enseñar a conducir automóviles.

autoestable *adj* (*E*) Que está dotado de estabilidad propia y se estabiliza por sí mismo.

autoestima *f* Propia estima.

autoestop *m* Auto-stop.

autoestopismo *m* Practica del auto-stop.

autoestopista *m y f* Autostopista.

autoevaluación *f* Evaluación propia.

autoexamen *m* Examen de sí mismo.

autoexcluirse (*conjug 48*) *intr pr* Excluirse a sí mismo.

autoexclusión *f* Acción de autoexcluirse.

autoexigencia *f* Exigencia sobre uno mismo.

autoexiliarse (*conjug 1a*) *intr pr* Exiliarse voluntariamente.

autoexilio *m* Exilio voluntario.

autofagia *f* (*Biol*) Nutrición de un organismo a expensas de sus propios tejidos. *Frec fig.* **b)** Hecho de comer la propia carne.

autofinanciación *f* (*Econ*) Financiación de las inversiones por medio de los recursos obtenidos de los beneficios de la propia empresa.

autofinanciar (*conjug 1a*) **A** *tr* **1** Financiar [las inversiones] por el sistema de autofinanciación. **B** *intr pr* (**~se**) **2** Financiarse a sí mismo.

autofocus *m* (*Fotogr y Cine*) *En una cámara:* Dispositivo de enfoque automático. **b)** Cámara provista de autofocus.

autoformación *f* **1** Acción de autoformarse. ■ **2** Formación automática.

autoformarse *intr pr* Formarse a sí mismo.

autogamia *f* (*Bot*) Fecundación de una flor por medio de su propio polen.

autógamo -ma *adj* (*Bot*) [Planta o flor] cuyo polen fecunda sus propios pistilos.

autógeno -na *adj* **1** [Soldadura] que se hace sin intervención de materia extraña, fundiendo las partes que deben soldarse. *Tb n f.* ■ **2** (*Psicol*) Que se produce por la concentración del sujeto sobre sí mismo.

autogestión *f* (*Econ*) Gestión de una empresa u otra entidad, o de una actividad, por parte de los que trabajan en ella.

autogestionariamente *adv* (*Econ*) De manera autogestionaria.

autogestionario -ria *adj* (*Econ*) De (la) autogestión.

autogiro *m* (*hist*) Aparato de aviación sustentado por un rotor libre movido por la fuerza del aire.

autognosis *f* (*Filos*) Conocimiento de sí mismo.

autogobernarse (*conjug 6*) *intr pr* Gobernarse a sí misma [una entidad territorial o social].

autogobierno *m* Acción de autogobernarse. *Tb la facultad y el sistema correspondientes.*

autogol *m* (*Fút*) Gol marcado involuntariamente por un jugador contra su propio equipo.

autogolpe *m* Golpe de estado dado por quien ostenta el poder, para seguir en él.

autógrafo -fa **I** *adj* **1** [Texto] escrito de mano del autor. *Tb n m.* **II** *m* **2** Firma o dedicatoria de alguien importante o famoso. **b)** (*col, humoríst*) Firma.

autoinculpación *f* Acción de autoinculparse.

autoinculparse *intr pr* Culparse a sí mismo.

autoinducción *f* (*Electr*) Inducción engendrada en un circuito por las variaciones de la corriente que pasa por él.

autoinducir (*conjug 41*) *tr* (*Electr*) Producir [una fuerza electromotriz] por autoinducción.

autoinjerto *m* (*Med*) Injerto aplicado a una persona tomado de su propio cuerpo.

autoinmune *adj* (*Med*) De (la) autoinmunidad o caracterizado por ella.

autoinmunidad *f* (*Med*) Estado patológico por el que se producen en un organismo anticuerpos contra los constituyentes del propio organismo.

autojustificación *f* Acción de autojustificarse. *Tb su efecto.*

autojustificarse *intr pr* Justificarse ante la propia conciencia.

autoleño -ña *adj* De Autol (Rioja). *Tb n, referido a pers.*

autolesionarse *intr pr* Causarse lesiones uno mismo voluntariamente.

autolimitación *f* Acción de autolimitar(se).

autolimitar *tr* Limitar voluntariamente.

autoliquidación *f* Liquidación efectuada por un particular o una empresa de sus propios ingresos y de los tributos correspondientes.

autoliquidar *tr* Efectuar la autoliquidación [de algo (*cd*)]. *Tb abs.*

autólisis *f* (*Biol*) Desintegración espontánea de las células o de los tejidos por fermentos segregados por ellos mismos.

autólogo -ga *adj* (*Med*) Que procede del mismo organismo que lo recibe. *Dicho esp de trasplante.*

automación *f* Automatización.

automarginación *f* Acción de automarginarse.

automarginarse *intr pr* Marginarse voluntariamente.

autómata *m* **1** Mecanismo que imita la figura y los movimientos de un ser animado, esp. de una persona. *Gralm en constr de sent comparativo para ponderar la falta de voluntad o de atención con que actúa una pers.* ■ **2** (*Informát*) Sistema dotado de algunas de las propiedades de los organismos superiores, como la capacidad de autorregulación, la adaptación y el aprendizaje.

automáticamente *adv* De manera automática.

automático -ca **I** *adj* **1** [Máquina, instalación o dispositivo] capaz de actuar por sí mismo, sin intervención del hombre. **b)** [Arma de fuego] que utiliza parte de la fuerza de cada explosión en volver a cargarse y disparar. **c)** [Vehículo, esp. automóvil] cuyo cambio de marchas es automático [1a]. ■ **2** Que se produce mecánicamente, sin intervención del hombre. ■ **3** Que se realiza sin participación directa de la voluntad o de la consciencia. ■ **4** Que se produce indefectiblemente en determinadas circunstancias. ■ **5** [Cierre para ropa] constituido por dos piezas redondeadas que encajan a presión. *Gralm n m.* ■ **6** [Contestador] ~, [generación] **automática** → CONTESTADOR[1], GENERACIÓN.
II *n* **A** *m* **7** Dispositivo automático [1a] para cortar el fluido eléctrico.
B *f* **8** Ciencia que trata de la automatización de los procesos, sustituyendo total o parcialmente al operador humano. ■ **9** (*col*) Lavadora automática [1a].

automatismo *m* **1** Cualidad de automático. ■ **2** Realización de actos sin participación directa de la voluntad o de la consciencia. ■ **3** Mecanismo o sistema automático [1a].

automatización *f* Acción de automatizar(se).

automatizar *tr* **1** Dar carácter automático [1, 2 y 3] [a algo (*cd*)]. **b)** *pr* (~se) Pasar a tener carácter automático. ■ **2** Dotar de mecanismos automáticos [a algo (*cd*)].

autómato *m* (*raro*) Autómata.

automedicación *f* Hecho de tomar medicinas sin prescripción médica.

automedonte *m* (*lit, raro*) Conductor de un carruaje.

automercado *m* (*raro*) Autoservicio.

automoción *f* Actividad relativa a los vehículos automóviles.

automotor -ra (*tb f* AUTOMOTRIZ) *adj* **1** (*Ferroc*) [Máquina o tren] provisto de motor, esp. eléctrico. *Frec n m o f.* ■ **2** (*Mec*) [Vehículo o aparato] automóvil. **b)** De (los) vehículos automóviles.

automóvil **I** *adj* **1** [Vehículo o aparato] que puede trasladarse de un lugar a otro merced a un motor. **b)** De (los) vehículos automóviles.
II *m* **2** Vehículo automóvil [1], gralm. de cuatro ruedas, destinado al transporte de un número reducido de personas.

automovilismo *m* Actividad relativa a los automóviles [2]. **b)** *Esp:* Deporte del automóvil.

automovilista **I** *adj* **1** Automovilístico.
II *m y f* **2** Pers. que conduce un automóvil.

automovilístico -ca *adj* De (los) automóviles o de(l) automovilismo.

automutilación *f* Mutilación causada por alguien sobre su propio cuerpo.

automutilarse *intr pr* Causarse mutilaciones en el propio cuerpo.

autónomamente *adv* De manera autónoma.

autonombramiento *m* Acción de autonombrarse.

autonombrarse *intr pr* Nombrarse a sí mismo [algo (*predicat*)].

autonomía *f* **1** Capacidad de un estado de gobernarse por sus propias leyes. **b)** Capacidad de una región o de un organismo de gobernarse por sí mismo en determinados aspectos. **c)** Región o comunidad que tiene autonomía [1b]. ■ **2** Capacidad de un individuo o de un grupo de actuar con independencia y según su propio criterio. ■ **3** Capacidad de un mecanismo o aparato de funcionar con independencia de otros. **b)** *En gral:* Capacidad de un elemento de funcionar con independencia de otros. ■ **4** Espacio que puede recorrer o tiempo que puede funcionar, sin repostar, un vehículo con el combustible que cabe en su depósito. *Tb referido a otros aparatos.*

autonómico -ca *adj* De (la) autonomía, *esp* [1]. **b)** [Televisión] que depende del gobierno de una autonomía [1c]. *Tb n f.*

autonomismo *m* **1** Sistema de autonomía política, *esp* [1b]. ■ **2** Actitud o tendencia favorable al autonomismo [1].

autonomista *adj* Partidario del autonomismo [1]. *Tb n.*

autonomización *f* Acción de autonomizar.

autonomizador -ra *adj* Que autonomiza.

autonomizar *tr* Dar autonomía [a alguien o algo (*cd*)]. *Tb abs.*

autónomo -ma *adj* **1** Que tiene autonomía. ■ **2** [Pers.] que trabaja por su cuenta. *Tb n.* ■ **3** Propio de la pers., comunidad o aparato autónomos [1 y 2].

autoómnibus *m* (*raro*) Autobús.

autooxidación *f* (*Quím*) Combinación espontánea de un cuerpo con el oxígeno del aire.

autopatrono *m* Taxista dueño del taxi que conduce.

autopiano *m* Pianola.

autopista *f* Carretera con calzadas separadas para ambos sentidos de circulación, con dos o más carriles para cada uno y sin cruces a nivel.

autoplástico -ca *adj* (*Med*) [Intervención quirúrgica] que repara partes dañadas del organismo con tejidos procedentes del propio paciente.

autoproclamarse *intr pr* Proclamarse a sí mismo.

autopropulsado -da *adj* [Aparato o máquina] movido por su propia fuerza motriz.

autoprotección *f* Protección de sí mismo. **b)** (*Med*) Protección de sí mismo desarrollada por el organismo.

autoprotegerse *intr pr* Protegerse a sí mismo.

autopsia *f* Examen de un cadáver y disección de sus órganos para establecer las causas de la muerte.

autopsiar (*conjug* **1a**) *tr* Hacer la autopsia [a alguien (*cd*)].

autopullman (*pronunc*, /autopúlman/; *pl* normal, ~s o *invar*) *m* Autocar de lujo destinado al turismo.

autor -ra *m y f* Pers. que ha hecho [algo (*compl de posesión*)]. **b)** Pers. que ha creado [una obra literaria, artística o científica (*compl de posesión*)]. *Frec sin compl, esp referido a escritor.*

auto-radio → AUTORRADIO.

auto-reverse (*falso anglicismo; pronunc corriente,* /autoŕebérse/ o /autoŕebérs/; *tb con las grafías* **autoreverse, autorreverse**) *m* Dispositivo que pone en marcha automáticamente la grabación o la reproducción de la segunda cara de una cinta casete al terminar la de la primera.

autoría *f* **1** Condición de autor. ■ **2** Identidad del autor [de algo].

autoridad *f* **1** Potestad legal de mandar o de prohibir. ■ **2** Conjunto de perss. u organismos que ejercen la autoridad [1] en nombre del Estado. **b)** Pers. que ejerce oficialmente la autoridad. *Frec en pl.* ■ **3** Capacidad personal de hacerse obedecer o para imponerse. *Tb fig.* ■ **4** Condición moral por la que una pers. o sus palabras o hechos merecen especial crédito o consideración. *Tb* ~ MORAL. ■ **5** Prestigio y respeto en el terreno intelectual. **b)** Pers. que tiene autoridad [en una materia]. ■ **6** Texto o autor que se aduce como apoyo o respaldo de una afirmación.

autoritariamente *adv* De manera autoritaria.

autoritario -ria *adj* **1** [Pers.] que gusta de ser obedecida sin discusión. *Tb n.* **b)** Propio de la pers. autoritaria. ■ **2** [Sistema de gobierno] que carece de control democrático. **b)** Propio del sistema autoritario. ■ **3** [Cosa] que ha de ser obedecida obligatoriamente.

autoritarismo *m* **1** Cualidad de autoritario [1]. **b)** Actitud autoritaria [1b]. ■ **2** Sistema autoritario [2] de gobierno.

autoritarista *adj* (*raro*) De(l) autoritarismo.

autoritativo -va *adj* (*raro*) De autoridad.

autorizable *adj* Que se puede autorizar.

autorización *f* Acción de autorizar [1 y 2]. *Tb su efecto. Tb el documento en que consta.*

autorizadamente *adv* De manera autorizada.

autorizado -da *adj* **1** *part* → AUTORIZAR. ■ **2** [Pers.] que tiene autoridad [4 y 5]. **b)** Propio de la pers. autorizada.

autorizante *adj* Que autoriza, *esp* [2].

autorizar *tr* **1** Dar permiso o derecho [a alguien (*cd*) para hacer algo (*compl* A o PARA)]. **b)** Permitir [algo a alguien]. *El cd es normalmente un n de acción. Frec sin ci.* **c)** Permitir la entrada [a un espec-

táculo, esp. cinematográfico (*cd*), al público de determinada edad (*compl* PARA)]. *Gralm en part.* ■ **2** Dar [alguien] validez legal o moral [a algo, esp. un documento (*cd*)]. ■ **3** Apoyar o respaldar [algo] con autoridades [6].

autorradio (*tb, raro, con la grafía* **auto-radio**) *f* (*tb, semiculto, m*) Aparato de radio instalado en un automóvil y alimentado con la batería de este.

autorradiografía *f* (*Med*) Radiografía obtenida mediante la administración de una sustancia radiactiva.

autorregulación *f* Acción de autorregular(se). *Tb su efecto.*

autorregular **A** *tr* **1** Regular [alguien] por sí mismo [algo que le es propio]. **B** *intr pr* (~se) **2** Regularse a sí mismo.

autorreplicarse *intr pr* Reproducirse en elementos exactamente iguales a sí mismo.

autorretratarse *intr pr* Hacer [alguien] su autorretrato.

autorretrato *m* Retrato de una pers., esp. pintado, hecho por ella misma.

autorreverse → AUTO-REVERSE.

autosatisfacción *f* Satisfacción de sí mismo o de los propios actos.

autosatisfacer (*conjug* **11**) *tr* Satisfacer por sí mismo.

autosatisfecho -cha *adj* **1** *part* → AUTOSATISFACER. ■ **2** Satisfecho de sí mismo o de sus actos.

autosensibilización *f* (*Med*) Sensibilización de un organismo por el suero o tejido propios.

autoservicio *m* Sistema de venta o de servicio en que el cliente toma por sí mismo lo que desea. *Tb el establecimiento en que se utiliza, frec referido a supermercado.*

autosoma *m* (*Biol*) Cromosoma no sexual.

autosostenerse (*conjug* **31**) *intr pr* Sostenerse a sí mismo.

auto-stop (*falso anglicismo; pronunc corriente,* /autoestóp/; *tb con la grafía* **autostop**) *m* Hecho de hacer señas para detener un vehículo en marcha a fin de ser transportado gratuitamente. *Tb este sistema de transporte.*

autostopista (*pronunc corriente,* /autoestopísta/; *tb con la grafía* **auto-stopista**) *m y f* Pers. que hace auto-stop.

autosuficiencia *f* Cualidad de autosuficiente, *esp* [2].

autosuficiente *adj* **1** Que se basta a sí mismo. ■ **2** Suficiente o pedante.

autosugestión *f* Sugestión producida por estímulos procedentes del propio sujeto.

autosugestionarse *intr pr* Ser [alguien] objeto de autosugestión.

auto-taxi *m* (*admin*) Taxi.

autotest *m* Comprobación automática que hace una máquina sobre su propio estado.

autotomía *f* (*Zool*) Amputación espontánea que se hacen algunos animales para escapar de un peligro.

autotransformador *m* (*Electr*) Transformador que, en vez de tener dos arrollamientos, tiene uno solo con varias tomas.

autotransfusión *f* (*Med*) Transfusión de sangre procedente de una extracción anterior tomada del propio paciente.

autotrasplante *m* (*Med*) Trasplante de una porción de tejido en una persona tomándolo de su propio cuerpo.

autotrén *m* Camión automóvil de gran capacidad con uno o más remolques.

autotrófico -ca *adj* (*Biol*) Autótrofo [1a].

autotrofismo *m* (*Biol*) Alimentación autótrofa [1b].

autótrofo -fa *adj* (*Biol*) [Ser vivo] capaz de elaborar su propio alimento a partir de sustancias inorgánicas. **b)** Propio de los seres autótrofos.

autovacuna *f* (*Med*) Vacuna preparada con las secreciones del propio paciente.

autoventa A *f* **1** Venta ambulante por medio de un automóvil.
B *m* y *f* **2** Vendedor que utiliza el sistema de autoventa [1].

autovía *f* Carretera de características análogas a las de la autopista, pero con cruces a nivel.

autrigón -na *adj* (*hist*) De(l) pueblo hispánico prerromano habitante de la región comprendida entre Bilbao y la ría de Oriñón, Medina de Pomar, Miranda de Ebro, Haro y Briviesca. *Tb n, referido a pers.*

autumnal *adj* (*lit*) Otoñal.

auvernés -sa *adj* De Auvernia (región francesa). *Tb n, referido a pers.*

auxanómetro *m* (*Bot*) Aparato para medir el crecimiento de las plantas.

auxiliador -ra *adj* Que auxilia. *Tb n, referido a pers.*

auxiliar¹ I *adj* **1** [Pers. o cosa] que sirve de ayuda a otra. *Tb n m, referido a elemento.* **b)** [Mueble] complementario o que no se considera esencial en el mobiliario de un lugar. **c)** [Profesor] encargado de ayudar o suplir al catedrático titular. *Frec n.* **d)** (*Rel catól*) [Obispo] que carece de jurisdicción propia y que se nombra para que ayude en sus funciones a otro. **e)** (*Mil*) [Servicios] a que se destina a un recluta que no es considerado totalmente útil en el servicio militar. ■ **2** (*Gram*) [Verbo] más o menos vacío de significado, que se utiliza en la formación de los tiempos compuestos y de la voz pasiva, o de otras perífrasis verbales. *Tb n m.* **b)** De(l) verbo auxiliar.
II *m* y *f* **3** Pers. que ayuda a otra en un trabajo. **b)** Funcionario o empleado, técnico o administrativo, de categoría inferior. **c)** ~ **de vuelo.** Pers. encargada de atender a los pasajeros y a la tripulación de un avión. **d)** ~ **técnico sanitario.** Ayudante técnico sanitario.

auxiliar² (*conjug* 1a) A *tr* **1** Ayudar o socorrer. ■ **2** (*Gram*) Actuar [un verbo] como auxiliar¹ [2a] [de otro (*cd*)].
B *intr pr* (~**se**) **3** Tener como auxiliar¹ [algo (*compl* CON o DE)].

auxiliaría *f* Cargo de auxiliar¹ [1c].

auxilio *m* Ayuda o socorro. *Tb fig.* **b)** ~**s espirituales.** (*Rel catól*) Últimos sacramentos administrados al moribundo. **c)** ~ **social.** (*hist*) Institución estatal destinada a ayudar a los necesitados y atendida por la Sección Femenina de Falange.

auxina *f* (*Bot*) Hormona del crecimiento.

avacado -da *adj* [Caballería o toro] semejante a la vaca, esp. en el mucho vientre y poco brío.

avahado -da *adj* **1** *part* → AVAHAR. ■ **2** (*raro*) Lleno de vaho.

avahar *tr* Echar vaho [a alguien o algo (*cd*)].

aval *m* **1** (*Com*) Firma que se pone al pie de una letra de cambio u otro documento de crédito, para responder de su pago si no lo hace el titular. ■ **2** Garantía o apoyo. ■ **3** Certificación. *Tb fig.*

avalador -ra *adj* Que avala. *Tb n, referido a pers. Tb fig.*

avalancha *f* Alud. *Frec fig.*

avalante *adj* Avalador. *Tb n.*

avalar *tr* Garantizar [algo o a alguien (*cd*)] por medio de un aval.

avalista *m* y *f* Pers. que avala. *Esp en comercio.*

avalorar *tr* (*lit*) Valorizar (hacer que [algo (*cd*)] tenga valor o más valor).

avaluar (*conjug* 1d) *tr* Valuar (determinar el valor [de algo (*cd*)]).

avalúo *m* Acción de avaluar. *Tb su efecto.*

avancarga. de ~. *loc adj* (*hist*) [Arma de fuego] que se carga por la boca.

avance *m* **1** Acción de avanzar. *Tb su efecto.* ■ **2** Información que se adelanta con idea de ampliarla o precisarla posteriormente. ■ **3** Serie breve de fragmentos de una película, que se proyecta como anuncio de esta en un cine o en televisión. ■ **4** Anticipación. ■ **5** Intento de aproximación a una pers. para entablar relaciones amorosas con ella. *Gralm en pl.* ■ **6** *En una tienda de campaña:* Parte abierta que sobresale hacia adelante. ■ **7** (*Mec*) *En un motor de explosión:* Mecanismo en que salta la chispa en relación con el movimiento del émbolo. *Frec* ~ DEL ENCENDIDO.

avante (*Mar*) I *adv* **1** Adelante. *Precedido de prep, se sustantiva.* ■ **2 por ~.** Haciendo pasar la proa por la dirección del viento. *Con el v* VIRAR.
II *m* **3** Avance. *Frec en las constrs* DAR, o HACER, ~.
III *interj* **4** *Se usa para ordenar avanzar* [1].

avant la lettre (*fr; pronunc corriente,* /aván-la-létr/) *loc adj* Que es [lo expresado por un término] antes de que ese término exista o se utilice con ese significado preciso. *Tb adv.*

avanzada *f* **1** Grupo de soldados destacados para observar de cerca al enemigo. *Tb fig.* ■ **2** Vanguardia [de un movimiento ideológico o artístico]. *Frec en la loc* DE ~.

avanzadilla *f* **1** Pers. o conjunto de perss. destacadas para observar de cerca al enemigo. *Tb fig.* **b)** Pers. o conjunto de perss. que precede a un grupo mayor, para observar o tantear la situación. ■ **2** Vanguardia [de un movimiento artístico o ideológico].

avanzado -da *adj* **1** *part* → AVANZAR. ■ **2** [Punto o grado de un período de tiempo o de un proceso] próximo al fin. **b)** Que ha alcanzado un punto o grado avanzado. **c)** Que corresponde a un grado de perfección o desarrollo muy notable. ■ **3** Innovador o audaz. ■ **4** Progresista.

avanzar A *intr* **1** Ir hacia adelante. *Tb* (*raro*) *pr* (~**se**). *Tb fig.* **b)** Ir [un ejército hacia o sobre un lugar] con intención de apoderarse de él. *Tb fig.* ■ **2**

Ir más adelante en un proceso de perfección o desarrollo. ■ **3** Seguir su curso [el tiempo]. **b)** Aproximarse [un período de tiempo] a su final. ■ **4** Estar dispuesta [una cosa sobre otra] de modo que sobresalga hacia adelante.

B *tr* **5** Adelantar [algo] o mover[lo] hacia adelante. ■ **6** Adelantar o anticipar [algo, esp. una noticia].

avaramente *adv* De manera avara [3].

avarear *tr* (*reg*) Varear [olivos].

avaricia **I** *f* **1** Cualidad de avaro [1 y 2]. **II** *loc adv* **2 con ~.** (*col*) Mucho. *Gralm en constrs ponderativas de la fealdad.*

avariciosamente *adv* De manera avariciosa.

avaricioso -sa *adj* Avaro. *Tb n, referido a pers.*

avariento -ta *adj* Avaro. *Tb n, referido a pers.*

avariosis *f* (*Med*) Sífilis.

avaro -ra *adj* **1** [Pers.] que se muestra reacia a dar o a gastar, por un deseo desmedido de guardar lo que posee o de acumular riquezas. *Tb n.* ■ **2** [Pers.] que escatima [algo (*compl* DE)]. *Tb n. Tb fig, referido a cosa.* ■ **3** [Cosa] que denota o implica avaricia.

ávaro -ra *adj* (*hist*) [Individuo] del pueblo caucásico que devastó la Europa oriental desde el s. VI hasta principios del IX, en que fue sometido por Carlomagno. *Tb n.* **b)** De (los) ávaros.

avasallador -ra *adj* Que avasalla, *esp* [1b].

avasalladoramente *adv* De manera avasalladora.

avasallamiento *m* Acción de avasallar.

avasallante *adj* Avasallador.

avasallar *tr* **1** Someter o sojuzgar. **b)** Dominar por completo, sin dar lugar a resistencia. *Tb fig.* ■ **2** (*col*) Tratar [a alguien o algo] con violencia o sin consideración ni respeto. *Frec abs.*

avatar *m* **1** Vicisitud. *Gralm en pl.* ■ **2** (*lit*) Reencarnación. ■ **3** (*Rel hindú*) Encarnación de un dios.

ave[1] **I** *f* **1** Animal vertebrado de sangre caliente, ovíparo, bípedo, con el cuerpo cubierto de plumas y las extremidades anteriores transformadas en alas. *Frec con un adj o compl especificador:* DOMÉSTICA, DE CORRAL, SALVAJE, ACUÁTICA, ZANCUDA, *etc. Frec en pl, designando este taxón zoológico.* ■ **2 ~ de paso** → PASO. **b)** Pers. que se detiene poco en un lugar. ■ **3 ~ de rapiña** → RAPIÑA. **b)** Pers. ambiciosa y sin escrúpulos que se apodera de lo ajeno. ■ **4** *Con un adj o compl especificador, designa diversas especies de aves* [1]: **a) ~ del paraíso** → PARAÍSO. **b) ~ fría** → AVEFRÍA. **c) ~ lira.** Ave originaria de Australia, del tamaño de la gallina, cuyo macho posee una hermosa cola de forma semejante a la de la lira (*Menura superba*). **d) ~ tonta** (o **zonza**). Ave del tamaño del gorrión, que hace sus nidos en tierra y se deja coger con facilidad (gén. *Emberiza*, esp. *E. calandra*). ■ **5 ~ Fénix.** Ave [1] fabulosa que renace de sus propias cenizas. *Frec fig.* **II** *loc adj* **6** [Nido] **de ~** → NIDO.

ave[2] *interj* (*lit*) Expresa saludo.

avechucho *m* (*col, desp*) **1** Ave[1] [1] de figura desagradable. ■ **2** Pers. despreciable.

avecinarse *intr pr* Aproximarse [una fecha o un hecho].

avecindarse *intr pr* Establecer [alguien] su residencia [en una población] en calidad de vecino. *Frec en part.*

avefría (*tb con la grafía* **ave fría**) *f* **1** Ave zancuda de unos 30 cm, de plumaje negro verdoso y blanco, con un largo penacho y pecho negro (*Vanellus vanellus*). ■ **2** (*col*) Pers. de poca animación o viveza.

avejentamiento *m* Acción de avejentar(se).

avejentar *tr* Dar [a alguien] aspecto de viejo o de más viejo. **b)** *pr* (**~se**) Pasar [alguien] a tener aspecto de viejo o de más viejo. *Frec en part.*

avellana **I** *f* **1** Fruto seco, de forma casi esférica y de poco más de 1 cm de diámetro, con corteza dura y delgada de color marrón claro característico. **II** *adj invar* **2** [Color] marrón claro propio de la avellana [1]. *Tb n m.*

avellanado -da *adj* **1** *part* → AVELLANAR[2]. ■ **2** Propio de la avellana [1]. ■ **3** [Cabeza de tornillo] adecuada para embutirla en el taladro y evitar que sobresalga. ■ **4** [Juncia] **avellanada** → JUNCIA.

avellanar[1] *m* Avellaneda.

avellanar[2] *tr* Dar [a alguien o algo (*cd*)] el aspecto o el color de la avellana [1]. **b)** *pr* (**~se**) Pasar [alguien o algo] a tener el aspecto o el color propios de la avellana seca. *Frec en part.*

avellaneda *f* Terreno poblado de avellanos.

avellanero -ra **I** *adj* **1** Que se dedica a la producción o comercio de la avellana [1]. *Tb n, referido a pers.* **II** *m* **2** Avellano.

avellano *m* Arbusto propio de los bosques montanos, de madera dura y correosa, cuyo fruto es la avellana [1] (*Corylus avellana*). *Tb su madera.*

ave María (*gralm con la grafía* **avemaría** *en acep 1*) **I** *f* **1** Oración cristiana que comienza en español con las palabras "Dios te salve, María" y en latín con "Ave María". ■ **2** Composición musical sobre el texto del ave María [1]. **II** *interj* **3** Expresa asombro o sorpresa. *Tb ~* PURÍSIMA. ■ **4 ~ Purísima.** *Se usa como saludo, esp al entrar en determinados lugares de carácter religioso y al comenzar la confesión.*

avena *f* **1** Planta gramínea utilizada esp. como pienso para el ganado (gén. *Avena*, esp. *A. sativa*). *Diversas especies y variedades se distinguen por medio de adjs:* ~ LOCA *o* SILVESTRE (*A. fatua*), ~ MORISCA (*A. barbata*), *etc. Tb su semilla; en este caso, frec en sg con sent colectivo.* ■ **2** Avenal.

avenado -da *adj* Que tiene avena [1].

avenal *m* Terreno sembrado de avena [1].

avenamiento *m* Acción de avenar.

avenar *tr* Dar salida al agua [de un terreno (*cd*)].

avenate *m* (*reg*) Ataque de nervios o de furia. **b)** Arrebato o furia.

avenencia *f* Acuerdo o conformidad.

avenerado -da *adj* Que tiene forma de venera (concha).

avenida *f* **1** Corriente impetuosa [de un curso de agua]. ■ **2** Calle ancha normalmente con árboles a los lados. ■ **3** (*raro*) Avalancha. *Tb fig.* ■ **4** (*Arquit, hist*) Vía amplia de acceso a un templo.

aveniente *adj* **1** Que se aviene. ■ **2** Que denota o expresa avenencia.

avenimiento *m* Acción de avenir(se).

avenir (*conjug* 61) A *tr* 1 Poner de acuerdo [a dos o más perss. enfrentadas o no conformes].
B *intr pr* (~se) 2 Acceder [alguien a algo que se le pide o propone]. ■ 3 ~se bien (o mal). Tener buena (o mala) relación [dos perss., o una con otra]. *En lugar de* BIEN *o* MAL *puede aparecer otro adv equivalente. Frec en part.* b) *Sin compl adv:* Tener buena relación. c) Estar conforme (o no) [con algo]. *Frec en part.* ■ 4 Concordar o armonizar [dos cosas, o una con otra].

aventado[1] **-da** *adj* 1 *part* → AVENTAR. ■ 2 Atolondrado.

aventado[2] *m* Acción de aventar [1b].

aventador -ra *adj* Que avienta [1b]. *Tb n: m y f, referido a pers; f, referido a máquina.*

aventaja *f* (*Der, reg*) Conjunto de bienes muebles que el cónyuge sobreviviente puede detraer de la herencia antes de su partición. *Frec en pl con sent colectivo.*

aventajado -da *adj* 1 *part* → AVENTAJAR. ■ 2 [Pers. o cosa, esp. estatura] que aventaja a lo común en su clase.

aventajar *tr* Llevar o sacar ventaja [una pers. o cosa a otra (*cd*)]. *Frec con un compl* EN.

aventar (*conjug* 6) A *tr* 1 Someter [algo] a la acción del aire o del viento. b) *Esp:* Limpiar [el grano trillado] sometiéndo[lo] a la acción del aire o del viento. *Tb abs.* c) Dar aire [a alguien (*cd*)]. ■ 2 Difundir [una noticia]. ■ 3 Arrastrar [algo *cd*) el viento]. ■ 4 Ahuyentar o hacer desaparecer [algo no material]. *Tb fig.* b) Echar o expulsar [a alguien].
B *intr pr* (~se) 5 Huir o escapar.

aventi *f* (*reg*) Aventura [1].

Aventino. retirarse al ~. *loc v* Cesar [alguien] en su actividad como protesta política.

aventura I *f* 1 Suceso o conjunto de sucesos imprevistos y extraordinarios. ■ 2 Acción o conjunto de acciones que implican riesgo. ■ 3 Relación amorosa breve e informal.
II *loc adj* 4 de ~. [Deporte] que implica riesgo.
III *loc adv* 5 a la ~. Al azar o a lo que salga.

aventuradamente *adv* De manera aventurada [2].

aventurado -da *adj* 1 *part* → AVENTURAR. ■ 2 [Cosa] arriesgada. ■ 3 (*raro*) [Pers.] osada o arriesgada.

aventurar A *tr* 1 Arriesgar o poner en riesgo [algo o a alguien]. *Frec el cd es refl; en este caso, frec con un compl* A, *que expresa el riesgo.* * Se aventuró a perderlo todo. ■ 2 Proponer [una idea] a sabiendas de que puede ser rechazada o refutada.
B *intr pr* (~se) 3 Atreverse [a algo que implica riesgo]. *Tb sin compl, por consabido.* b) Atreverse a entrar [en un lugar]. c) Atreverse a ir [por un lugar].

aventurerismo *m* Aventurismo.

aventurero -ra *adj* 1 [Pers.] que ama la aventura. *Tb n.* ■ 2 [Pers.] que busca el ascenso social o el dinero de manera irregular y sin escrúpulos. *Gralm n.* ■ 3 Propio de la pers. aventurera [1 y 2]. ■ 4 (*raro*) De (las) aventuras.

aventurina *f* (*Mineral*) Venturina (variedad de cuarzo).

aventurismo *m* Tendencia a actuar de manera arriesgada o aventurada. *Esp en política.*

average (*ing; pronunc corriente,* /aberáxe/) *m* (*Dep*) Diferencia entre el número de tantos marcados y recibidos, que sirve para desempatar equipos igualados a puntos.

avergonzadamente *adv* De manera avergonzada.

avergonzado -da *adj* 1 *part* → AVERGONZAR. ■ 2 Que denota o implica vergüenza (sentimiento).

avergonzamiento *m* Acción de avergonzar(se).

avergonzar (*conjug* 4) *tr* 1 Hacer que [alguien (*cd*)] sienta vergüenza. b) *pr* (~se) Sentir vergüenza [de algo]. *Tb sin compl.*

avería I *f* 1 Alteración causada en un mecanismo o aparato, que impide o dificulta su normal funcionamiento. *Tb fig, referido al cuerpo humano.* ■ 2 Desperfecto o daño. ■ 3 (*hist*) Impuesto establecido sobre viajeros y mercaderías en el comercio con las Indias, para sufragar los gastos acarreados por su protección militar.
II *loc v* 4 hacer una ~. (*jerg*) Causar un daño o dar un disgusto.

averiar (*conjug* 1c) *tr* 1 Producir avería [1 y 2] [en algo (*cd*)]. b) *pr* (~se) Sufrir avería [1 y 2]. *Tb fig.* ■ 2 (*col*) Quitar la virginidad [a una mujer soltera (*cd*)]. *Frec en part.*

averiguación *f* Acción de averiguar. *Tb su efecto.*

averiguador -ra *adj* Que averigua. *Tb n, referido a pers.*

averiguar (*conjug* 1b) *tr* 1 Llegar a conocer [algo] haciendo las gestiones u operaciones precisas para ello. ■ 2 averígüelo Vargas → VARGAS.

averío *m* Conjunto de aves de corral.

avernal *adj* (*lit*) De(l) averno.

averno *m* (*lit*) Infierno.

averroísmo *m* (*Filos*) Doctrina de Averroes († 1198), que intenta reconciliar la filosofía de Aristóteles con el islamismo. b) Tendencia escolástica basada en la doctrina de Averroes. *Tb* ~ LATINO.

averroísta *adj* (*Filos*) De(l) averroísmo. b) Adepto al averroísmo. *Tb n.*

aversión *f* Sentimiento de rechazo [hacia alguien o algo (*compl* A *o, más raro,* POR, HACIA *o* CONTRA)].

aversivo -va *adj* Que produce aversión.

avesa *f* (*reg*) Veza o arveja (planta).

avéstico *m* (*hist*) Lengua antigua irania, de la familia indoeuropea, en que está escrito el Avesta.

avestrucismo *m* Actitud de quien se resiste a ver los peligros o problemas reales.

avestruz *m* (*tb, semiculto, f*) 1 Ave corredora de gran tamaño, con alas cortas no aptas para el vuelo (*Struthio camelus*). *Tb sus plumas y su piel.* b) *Frec se usa en constrs de sent comparativo para ponderar la resistencia de alguien a ver los peligros o problemas reales.* ■ 2 (*col*) Pers. que se resiste a ver los peligros o problemas reales.

avetorillo *m* Ave zancuda de pequeño tamaño, con plumaje negro brillante en el dorso y leonado en el vientre (*Ixobrychus minutus*).

avetoro *m* Ave zancuda de color pardo moteado y listado y pies verdes (*Botaurus stellaris*).

avezar *tr* Acostumbrar [a algo]. *Tb pr* (~se). *Gralm en part, frec sin compl por consabido.*

aviación *f* **1** Locomoción aérea por medio de aparatos más pesados que el aire. *Tb la actividad correspondiente.* ■ **2** Cuerpo militar especializado en la aviación [1].

aviadero *m* (*reg*) En una colmena: Piquera.

aviador -ra I *n* A *m y f* **1** Pers. que dirige un aparato de aviación, esp. militar.
    B *f* **2** Mujer de(l) aviador [1].
    II *adj* **3** Propio de(l) aviador [1].

aviar[1] (*conjug* 1c) *tr* (*col*) **1** Arreglar (poner [algo o a alguien] en el estado adecuado o conveniente). *Referido a pers, frec con intención irónica.* **b**) *En part, se usa en constrs como* IR, *o* ESTAR, AVIADO, *para comentar irónicamente la mala situación en que se encuentra o se encontraría alguien o algo, o lo equivocado de una previsión.* * Si piensas que se atreven conmigo, vas aviada. ■ **2** Preparar o disponer [algo, esp. la comida]. ■ **3** Arreglar o componer [algo o a alguien] de modo que su aspecto sea limpio y grato. *Frec el cd es refl.* ■ **4** Arreglar [algo estropeado o que no funciona debidamente]. **b**) *pr* (**~se**) Arreglarse [algo estropeado o que no funciona debidamente]. ■ **5** Arreglar o solucionar [un problema o una cuestión]. ■ **6** Dar término [a algo, esp. a una acción]. *Tb abs, referido a lo que se está haciendo.* ■ **7** (*jerg*) Golpear, herir o matar [a alguien].

aviar[2] *adj* De (las) aves.

aviario -ria I *adj* **1** De (las) aves.
    II *m* **2** Colección de aves, vivas o disecadas, dispuestas para su exhibición o estudio.

aviatorio -ria *adj* De (la) aviación.

avícola *adj* De (la) avicultura. *Tb n f, referido a industria.*

avicultor -ra *m y f* Pers. que se dedica a la avicultura.

avicultura *f* Cría de aves para aprovechar sus productos.

ávidamente *adv* De manera ávida.

avidez *f* Cualidad de ávido [1].

ávido -da *adj* **1** Que desea [algo (*compl* DE)] con gran intensidad o violencia. *Tb fig, referido a cosa.* ■ **2** Que denota o implica avidez.

aviejado -da *adj* **1** *part* → AVIEJAR. ■ **2** Que parece viejo o propio de la pers. o cosa vieja.

aviejar A *tr* **1** Hacer viejo o dar aspecto de viejo [a alguien o algo (*cd*)].
    B *intr* **2** Hacerse viejo o pasar a tener aspecto de viejo. *Frec pr* (**~se**).

aviércol *m* (*reg*) Trozo de ladera muy pedregoso y con vegetación escasa.

aviesamente *adv* De manera aviesa.

avieso -sa *adj* **1** Maligno o malvado. *Tb n, referido a pers.* ■ **2** Torcido. *Gralm referido a mirada.*

avifauna *f* (*Zool*) Conjunto de las aves [de un país o zona].

avilanejo *m* (*reg*) Gavilán (ave).

avilantez *f* (*lit*) Insolencia o atrevimiento.

avileño -ña *adj* [Res vacuna] de raza típica de Ávila. *Tb n.*

avilés -sa *adj* De Ávila. *Tb n, referido a pers.*

avilesino -na *adj* De Avilés (Asturias). *Tb n, referido a pers.*

avillanado -da *adj* De villano o como de villano.

avinado -da *adj* **1** *part* → AVINAR. ■ **2** (*raro*) Ebrio o borracho.

avinagrado -da *adj* **1** *part* → AVINAGRAR. ■ **2** [Pers.] de carácter áspero y adusto. *Tb n.* **b**) Propio de la pers. avinagrada. *Tb fig.* ■ **3** Que contiene vinagre.

avinagramiento *m* Acción de avinagrar(se).

avinagrar *tr* **1** Agriar, o poner agrio [algo, esp. vino]. **b**) *pr* (**~se**) Agriarse, o ponerse agrio. ■ **2** Hacer áspero o adusto [a alguien o algo (*cd*)]. **b**) *pr* (**~se**) Hacerse áspero o adusto. ■ **3** Estropear, o hacer desagradable [algo]. ■ **4** Añadir vinagre [a algo (*cd*)].

avinar *tr* (*reg*) Mojar [algo] con vino.

aviñonés -sa *adj* De Aviñón (Francia). *Tb n, referido a pers.*

avío (*col*) I *m* **1** Acción de aviar. ■ **2** Provisión de víveres, esp. los que se llevan al campo. ■ **3** Provecho o interés personal. ■ **4** Asunto. *Frec en la constr* AL ~. ■ **5** *En pl:* Útiles o utensilios. *Gralm con un compl especificador. Alguna vez en sg con sent colectivo.* **b**) Materiales que se emplean para hacer [algo (*compl de posesión*)].
    II *loc v* **6** **dar** (**el**) ~, *o* **hacer** ~. Servir [para algo]. *Tb sin compl, por consabido.* **b**) **dar** (**el**) ~ [a alguien o algo]. Atender[lo].

aviocar (*n comercial registrado*) *m* Avión bimotor de pequeño tamaño, capaz de despegar en pistas cortas, usado esp. para transportes de viajeros y mercancías en trayectos cortos.

avioletado -da *adj* Que tira a violeta.

avión[1] *m* **1** Aparato de locomoción aérea más pesado que el aire, con alas y propulsado por uno o varios motores. ■ **2** Rayuela (juego de niñas). ■ **3** (*col*) Soporte que mantiene un brazo lesionado inmovilizado y horizontal a la altura del hombro.

avión[2] *m* Pájaro semejante a la golondrina, pero de menor tamaño, con la garganta y la parte posterior del dorso blanca (*Delichon urbica*). **b**) *Con un adj especificador, designa otras especies:* ~ ROQUERO (*Hirundo rupestris*), ~ ZAPADOR (*Riparia riparia*).

avión[3]. **hacer el ~.** *loc v* (*col*) Fastidiar, o hacer una mala pasada.

avioneta *f* Avión[1] de pequeño tamaño propulsado por un motor de escasa potencia.

aviónica *f* Electrónica aplicada a la aviación.

avisado -da *adj* **1** *part* → AVISAR. ■ **2** Sagaz. ■ **3** Alerta o precavido. **b**) (*Taur*) [Res] que atiende a cuanto se mueve en la plaza, haciendo difícil y peligrosa su lidia.

avisador -ra I *adj* **1** Que avisa. *Tb n: m y f, referido a pers; m, referido a aparato.*
    II *m y f* **2** En un teatro: Pers. que avisa el momento de salir al escenario.

avisar *tr* **1** Hacer saber o hacer notar [algo a alguien]. *Frec sin ci y tb abs.* **b**) Hacer saber o notar [algo (*compl* DE) a alguien (*cd*)]. *Tb sin compl* DE. ■ **2** Hacer saber [algo a alguien] por anticipado. *Frec como amenaza.* **b**) Hacer saber [algo (*compl* DE) a alguien (*cd*)] por anticipado. *Frec abs y sin compl* DE. ■ **3** Llamar [a alguien o algo] para que preste ayuda o el servicio que le es propio. ■ **4** (*Taur*) Hacer notar [el toro al torero] su intención de coger[lo]. ■ **5** (*Taur*) Hacer avisado [3b] [al toro] por el modo de torear[lo].

aviso I *m* **1** Acción de avisar. *Tb su efecto.* **b)** Escrito en que se avisa algo. **c)** Señal o indicio [de algo futuro]. **d)** (*Taur*) Advertencia que el presidente hace al torero o al rejoneador cuando prolongan la faena más tiempo del reglamentario. ■ **2** Cualidad de avisado [2 y 3a]. ■ **3** (*Mar*) Buque de guerra pequeño y ligero, destinado a servicios auxiliares.
II *loc v* **4 estar sobre ~** [de algo]. Tener conocimiento o estar prevenido [de ello]. **b) poner sobre ~** [de algo]. Avisar o prevenir [de ello].

avispa I *f* **1** Insecto himenóptero social semejante a la abeja, cuya picadura produce inflamación y dolor (*Vespula vulgaris*). *Tb se da este n a otros insectos himenópteros, sociales o solitarios, de la misma familia.*
II *loc adj* **2 de ~.** [Cintura] muy estrecha.

avispado -da *adj* **1** *part* → AVISPARSE. ■ **2** [Pers.] lista o despierta. **b)** Propio de la pers. avispada.

avisparse *intr pr* **1** Espabilarse, o hacerse más listo y desenvuelto. ■ **2** Inquietarse o desasosegarse.

avispero I *m* **1** Nido de avispas. *Tb el conjunto de avispas.* ■ **2** Asunto o lugar que implica complicaciones y disgustos.
II *adj* **3** (*Constr*) [Cierre u otro elemento] cuya forma recuerda el panal de las avispas.
III *loc v* **4 alborotar el ~.** Causar alteración y desorden en un grupo o colectividad de perss.

avispón *m* Avispa mayor que la común, que nidifica en troncos y muros y se alimenta de abejas y fruta (*Vespa crabro*).

avistamiento *m* Acción de avistar.

avistar *tr* **1** Ver [algo o a alguien] a distancia. ■ **2** (*raro*) Entrevistar.

avitamínico -ca *adj* (*Med*) Carente de vitaminas.

avitaminosis *f* (*Med*) **1** Carencia de vitaminas. ■ **2** Enfermedad causada por carencia de vitaminas.

avitelado -da *adj* Semejante a la vitela (piel pulida).

avituallamiento *m* **1** Acción de avituallar. ■ **2** Vituallas o víveres. *Frec en pl.*

avituallar *tr* Proveer de vituallas o víveres.

avivador -ra *adj* Que aviva. *Tb n, referido a pers.*

avivamiento *m* Acción de avivar.

avivar A *tr* **1** Hacer más vivo o intenso [algo (*cd*)]. **b)** *pr* (**~se**) Hacerse [algo] más vivo o intenso. ■ **2** Hacer que [algo (*cd*)] arda más. ■ **3** Hacer más vivo (rápido). ■ **4** Animar o dar vida [a alguien o algo (*cd*)]. *Tb fig.*
B *intr* **5** Actuar más deprisa.

avizor -ra *adj* Alerta (atento y vigilante). *Frec en la constr* OJO ~.

avizoramiento *m* Acción de avizorar.

avizorante *adj* Alerta y vigilante.

avizorar *tr* **1** Descubrir [algo] mirando con atención. ■ **2** Acechar [algo o a alguien].

avocación *f* (*Der*) Acción de avocar.

avocar *tr* (*Der*) Reclamar para sí [una autoridad superior algo que es competencia de una inferior].

avoceta *f* Ave zancuda de plumaje blanco y negro y pico largo y negro curvado hacia arriba (*Recurvirostra avosetta*).

avolantado -da *adj* Que tiene volantes (tira fruncida).

avulgaramiento *m* Acción de avulgarar(se).

avulgarar *tr* Dar carácter vulgar [a algo (*cd*)]. **b)** *pr* (**~se**) Tomar carácter vulgar.

avutarda *f* Ave zancuda de gran tamaño, con cabeza y cuello gris pálido y las partes superiores rojizas y negras (*Otis tarda*).

axial *adj* (*E*) De(l) eje. *Tb* (*lit*) *fig, fuera del ámbito técn.*

axil *adj* (*E*) Axial.

axila *f* (*Anat*) **1** Concavidad que forma el arranque del brazo con el cuerpo. *Tb la parte correspondiente en algunos animales. Referido a pers, tb* (*lit*) *fuera del ámbito técn.* ■ **2** Ángulo formado por una hoja o una rama con el tallo en que se inserta.

axilar *adj* (*Anat o lit*) De (la) axila.

axiología *f* (*Filos*) Teoría o ciencia de los valores. *Tb fig, fuera del ámbito técn.*

axiológicamente *adv* (*Filos*) De manera axiológica.

axiológico -ca *adj* (*Filos*) De (la) axiología. *Tb* (*lit*) *fuera del ámbito técn.*

axioma *m* Principio general evidente e indemostrable. **b)** Principio aceptado sin discusión por la generalidad.

axiomáticamente *adv* De manera axiomática.

axiomático -ca I *adj* **1** De(l) axioma. **b)** Que tiene carácter de axioma.
II *f* **2** (*E*) Conjunto de axiomas en que se funda una teoría científica.

axiomatización *f* (*E*) Fundamentación en axiomas (de una ciencia).

axis *m* (*Anat*) Segunda vértebra cervical.

axón *m* (*Anat*) Neurita.

axonométrico -ca *adj* (*Geom*) [Perspectiva o proyección] en que la figura se proyecta en tres dimensiones.

ay I *interj* **1** *Expresa fundamentalmente dolor, pena, sorpresa o sobresalto. Frec se sustantiva como n m.* * Se oían ayes de dolor. **b)** *Seguida de un compl* DE, *expresa temor, conmiseración o amenaza.* * ¡Ay de ti si faltas!
II *loc adv* **2 en un ~.** Con dolor continuo que hace quejarse. *Gralm con el v* ESTAR. **b)** En situación de angustia o sobresalto.

aya → AYO

ayacucho *m* (*hist, desp*) Individuo del grupo político que apoyó a Espartero cuando este fue nombrado regente del reino (1840), y que en gran parte estaba constituido por los militares derrotados en la Guerra de Independencia americana.

ayalés -sa *adj* Del valle de Ayala (Vizcaya). *Tb n, referido a pers.*

ayamontino -na *adj* De Ayamonte (Huelva). *Tb n, referido a pers.*

ayatolá *m* Líder religioso de la secta islámica chiita.

ayatollah (*ár; pronunc corriente,* /ayatolá/; *pl normal,* ~s) *m* Ayatolá.

ayear *intr* Quejarse o lamentarse con ayes.

ayeaye (*tb con la grafía* **aye-aye**) *m* Mamífero prosimio de Madagascar, del tamaño de un gato, con grandes ojos y larga cola (*Daubentonia madagascariensis*).

ayer I *adv* **1** En el día anterior a hoy. *Precedido de prep, o como suj de una or cualitativa, se sustantiva.* * Vino ayer. * Ayer fue un día fatal. ■ **2** En tiempos pasados, gralm. no lejanos. *Precedido de prep, o como suj de una or cualitativa, se sustantiva.* * Costumbres de ayer y de hoy. **b)** En época muy reciente. * Durante el franquismo, es decir, ayer mismo. ■ **3** antes de ~ → ANTES.
II *m* **4** (*lit*) Tiempo pasado. *Siempre precedido de art.*
III *fórm or* **5** de ~ es la fecha, *o* ~ fue la fecha → FECHA.

ayllonés -sa *adj* De Ayllón (Segovia). *Tb n, referido a pers.*

aymara, **aymará** → AIMARA.

ayo -ya *m y f* (*hist*) Pers. encargada en una casa principal del cuidado y educación de un niño o joven.

ayorino -na *adj* De Ayora (Valencia). *Tb n, referido a pers.*

ayuda A *f* **1** Acción de ayudar. *Frec con un compl* A *y en las constrs preps* EN ~ DE *o* CON ~ DE. ■ **2** Cosa con que se ayuda [1 y 2]. ■ **3** Pers. o cosa que ayuda [1]. ■ **4** Lavativa o enema. ■ **5** (*Rel catól*) Iglesia que ayuda a una parroquia en sus ministerios. *Tb* ~ DE PARROQUIA. ■ **6** ~ de costa(s). (*hist*) Emolumento que se da, además del sueldo, a quien ejerce determinado empleo o cargo. **b)** Dinero para costear en parte algún gasto.
B *m* **7** Ayudante. **b)** (*Taur*) Individuo que está al servicio del mozo de espadas para ayudarle en todo lo relativo a la indumentaria del matador y a los trastos de torear. ■ **8** ~ de cámara. Criado que cuida del vestido de un señor.

ayudado -da *adj* **1** *part* → AYUDAR. ■ **2** (*Taur*) [Pase de muleta] que se da con las dos manos. *Frec n m.*

ayudador -ra *adj* Que ayuda. *Tb n, referido a pers.*

ayudante -ta (*la forma* AYUDANTA *solo es normal referida a oficios manuales*) *m y f* Pers. que ayuda a otra en un trabajo. *A veces en aposición.* **b)** Pers. que desempeña un cargo o función auxiliar a las órdenes de otra. *Frec con un compl especificador.* **c)** (*Mil*) Oficial destinado personalmente a las órdenes de un general o jefe superior. *Tb* ~ DE CAMPO. *Tb fig, fuera del ámbito técn.* **d)** ~ (**militar**) **de Marina.** (*Mar*) Jefe u oficial de la armada que dirige un distrito a las órdenes del comandante militar de Marina de la provincia. **e)** ~ **técnico sanitario.** Profesional titulado que, siguiendo las instrucciones del médico, atiende a los enfermos y realiza determinadas intervenciones de cirugía menor.

ayudantía *f* **1** Empleo de ayudante. ■ **2** (*Mar*) Oficina de mando de un distrito marítimo, a las órdenes de un ayudante militar de Marina. *Tb* ~ DE MARINA.

ayudar A *tr* **1** Cooperar [una pers. o cosa con otra (*cd*) en una acción (A + *infin, o* EN *o* A + *n de acción*)] de modo que esta se realice, o se haga de modo más rápido o perfecto. *Tb abs. Tb sin el 2º compl, por consabido.* **b)** Ser [una cosa] útil [a alguien (*cd*) pa-

ra algo]. **c)** ~ a misa. Colaborar con el celebrante, esp. respondiéndole y acercándole los vasos sagrados. ■ **2** Cooperar para que [alguien o algo (*cd*)] deje de estar, total o parcialmente, [en un peligro o dificultad o en una situación no deseable]. *Frec sin compl* EN, *por consabido.*
B *intr pr* (~se) **3** Utilizar [algo (*compl* CON *o* DE)] como ayuda [2]. *Tb sin compl, por consabido.*

ayunador -ra *adj* [Pers.] que ayuna. *Tb n.*

ayunante *adj* Ayunador. *Tb n.*

ayunar *intr* Abstenerse total o parcialmente de comer y beber. **b)** Abstenerse parcialmente de comer y beber, como penitencia o en cumplimiento de la norma eclesiástica.

ayunas. en ~. *loc adv* **1** Sin haber desayunado. **b)** Sin haber tomado alimento. *Tb adj.* ■ **2** (*col*) Sin haberse enterado de nada. *Gralm con los vs* ESTAR, DEJAR *o* QUEDAR.

ayuno¹ *m* Acción de ayunar.

ayuno² -na *adj* (*lit*) **1** Que no ha comido. ■ **2** Falto o carente [de algo].

ayuntador -ra *adj* (*lit, raro*) Que ayunta.

ayuntamiento (*frec con mayúscula en aceps 1 y 2*) *m* **1** Corporación que tiene a su cargo la administración y gobierno de un municipio. ■ **2** Edificio del ayuntamiento [1]. ■ **3** (*lit*) Unión sexual. ■ **4** (*lit*) Reunión.

ayuntar (*lit*) A *tr* **1** Unir o juntar.
B *intr* **2** Tener relación sexual [con alguien]. *Más frec pr* (~se).

ayuso *adv* (*lit, raro*) Abajo.

ayustar *tr* (*Mar*) Unir o juntar.

azabachado -da *adj* Semejante al azabache en el color o en el brillo.

azabache I *m* **1** Variedad de lignito, dura, compacta y de color negro brillante característico, usada en joyería y en la fabricación de objetos de adorno. **b)** *Frec se usa en constrs de sent comparativo, para ponderar la negrura.* ■ **2** Objeto de azabache [1a]. *Frec en pl.*
II *adj* **3** De color negro intenso y brillante.

azabachería *f* **1** Industria del azabache [1a]. ■ **2** Tienda o taller del azabachero.

azabachero -ra *m y f* Pers. que trabaja el azabache [1a].

azacán -na I *m y f* **1** Pers. que se ocupa en trabajos humildes y penosos. *Gralm en constrs de sent comparativo, para ponderar la dureza del trabajo o el afán con que se hace.* ■ **2** (*hist*) Aguador (pers. que vende o lleva agua).
II *adj* (*reg*) **3** [Pers.] sucia o desastrada.

azacanar *tr e intr* Azacanear. *Tb pr* (~se). *Frec en part.*

azacanear A *intr* **1** Afanarse. *Tb pr* (~se). *Frec en part.*
B *tr* **2** Agitar o mover. *Tb fig.*

azacaneo *m* Acción de azacanear(se).

azacaya *f* (*reg*) Ramal o conducto de agua. *Tb fig.*

azacuán *m* Ave migratoria americana semejante al milano (*Rosthramus socialis*).

azada¹ *f* Utensilio agrícola usado esp. para remover la tierra y constituido por una lámina cuadrangular de hierro, cortante por un extremo y encajada por el opuesto en un mango, que forma con ella un ángulo ligeramente agudo. **b) ~ motorizada.** Aparato provisto de motor que realiza funciones semejantes a las de la azada manual.

azada² *f (reg)* Medida de agua equivalente a un volumen de 10 l durante 12 horas.

azadilla *f* Azada¹ [1a] pequeña, usada esp. para escardar y trasplantar plantas pequeñas.

azadón *m* Azada¹ [1a], esp. grande.

azadonazo *m* Golpe dado con la azada¹ [1a].

azadonero *m* Hombre que trabaja con el azadón.

azafata **I** *f* **1** Mujer que atiende a los viajeros en un avión. ■ **2** Mujer que presta información y ayuda al público en ferias, exposiciones, congresos, hoteles, agencias de viajes y determinadas compañías de transporte de viajeros. ■ **3** *(TV)* Mujer que hace funciones de secretaria en un programa, ayuda al presentador o atiende a los concursantes o al público. ■ **4** *(hist)* Criada de la reina, encargada de sus vestidos y alhajas. ■ **5** *(hist)* Camarera de una casa principal. **II** *adj* **6** [Color azul] intenso sin llegar a marino. *Tb (raro) n m.*

azafate *m* **1** Canastillo o bandeja con borde de poca altura. ■ **2** Fuente (recipiente para servir alimentos).

azafato *m (col)* Hombre cuyas funciones son las mismas de la azafata [1 y 2].

azafrán *m* **1** Planta bulbosa de flores violáceas, cuyos estigmas, de color amarillo rojizo, se usan como colorante y aromatizante *(Crocus sativus).* **b)** *Con un especificador, designa otras plantas:* ~ BASTARDO *o* ROMÍ *(Carthamus tinctorius),* ~ SILVESTRE *(Colchicum autumnale), etc.* ■ **2** Condimento constituido por los estigmas del azafrán [1a]. *Frec en frases de sent comparativo, para ponderar el precio elevado.*

azafranado -da *adj* **1** *part →* AZAFRANAR. ■ **2** [Color] rojizo semejante al del azafrán. **b)** De color azafranado.

azafranal *m* Terreno sembrado de azafrán [1].

azafranar *tr* Condimentar [algo] con azafrán [2]. *Frec en part.*

azafranero -ra **I** *adj* **1** De(l) azafrán. **II** *m y f* **2** Pers. que cultiva azafrán [1].

azagar *intr* Ir [las ovejas o cabras] una tras otra en las sendas.

azagaya *f (hist)* Lanza pequeña arrojadiza.

azagón *m (reg)* Tarea fatigosa. *Frec con el v* DAR.

azagrés -sa *adj* De Azagra (Navarra). *Tb n, referido a pers.*

azahar *m* Flor del naranjo y de otros cítricos, blanca y de intenso perfume, usada en medicina como sedante.

azalá *(tb azala) m (Rel musulm)* Oración.

azalea *f* Arbusto ornamental, de hojas coriáceas frec. persistentes y flores vistosas (gén. *Rhododendron).*

azambogo *m* Variedad de cidra muy arrugada. *Tb el árbol que la produce.*

azándar *m (raro)* Sándalo (planta).

azar **I** *m* **1** Causa supuesta de los sucesos no previsibles o no intencionados. **b)** Suceso que se produce por azar.

II *loc adj* **2 de ~.** [Juego] cuyo resultado depende del azar [1]. **III** *loc adv* **3 al ~.** Sin una intención o un plan determinados. ■ **4 por ~.** De manera casual.

azaramiento *m* Acción de azarar(se). *Tb su efecto.*

azarante *adj* Que azara.

azarar *tr* Producir [en alguien *(cd)*] confusión o vergüenza. **b)** *pr (~se)* Pasar [alguien] a sentir confusión o vergüenza.

azarbe *m* Cauce al que van a parar los sobrantes de agua, esp. de los riegos.

azaro *m (col)* Azaramiento o vergüenza.

azarosamente *adv* De manera azarosa.

azaroso -sa *adj* Que implica azar [1a]. **b)** Que implica riesgos o percances.

azaúche *m (reg)* Acebuche (olivo silvestre).

azcoitiano -na *adj* De Azcoitia (Guipúzcoa). *Tb n, referido a pers.*

azcona *f (hist)* Lanza corta arrojadiza.

azconero *m (hist)* Hombre armado con azcona.

azeotrópico *→* ACEOTRÓPICO.

azerbaijano -na *adj* Azerbaiyano. *Tb n.*

azerbaiyano -na *adj* De Azerbaiyán (república de la antigua U.R.S.S. y hoy estado independiente). *Tb n, referido a pers.*

azerí **I** *adj* **1** Azerbaiyano. *Tb n.* **II** *m* **2** Lengua de Azerbaiyán (república de la antigua U.R.S.S. y hoy estado independiente).

azeuxis *f (TLit)* Secuencia, en interior de palabra, de dos vocales abiertas que a la medida del verso se mantienen pronunciadas como hiato.

azidotimidina *f (Med)* Zidovudina (sustancia antivírica usada en el tratamiento del sida).

ázigos *→* ÁCIGOS.

aziliense *adj (Prehist)* [Cultura o período] caracterizados por los arpones planos y los guijarros pintados, cuyos restos más destacados corresponden a las cuevas de Mas d'Azil (Francia). *Tb n m.* **b)** De la cultura o del período aziliense.

ázimo *→* ÁCIMO.

azimut, azimutal *→* ACIMUT, ACIMUTAL.

azoado -da *adj* Que contiene ázoe.

azocar *tr (Mar)* Atar fuertemente.

ázoe *m (Quím)* Nitrógeno.

azofaifa *f* Azufaifa.

azófar *m* Latón.

azofeifo *m* Azufaifo.

azofra *f (raro)* Prestación personal.

azogado -da *adj* **1** *part →* AZOGAR. ■ **2** Que está en continuo movimiento.

azogar **A** *tr* **1** Cubrir con azogue¹ [1a] [algo, esp. un cristal]. ■ **2** Mezclar con azogue¹ [1a] [algo]. **B** *intr pr (~se)* **3** Contraer cierta enfermedad caracterizada por un temblor continuo, por absorción de vapores de azogue¹ [1a]. *Gralm en part, frec sustantivado y en la constr* TEMBLAR COMO UN AZOGADO.

azogue¹ **I** *m* **1** Mercurio (metal). **b)** Capa de azogue [de un espejo]. ■ **2** Pers. muy activa o inquieta. *Tb adj. Gralm en la constr* SER UN ~.

II *loc v* **3 tener ~ (en el cuerpo).** Mostrarse muy inquieto o en continuo movimiento. *Gralm en constr comparativa.*

azogue² *m* (*hist*) Mercado. *Tb el lugar en que se asienta.*

azoguejo *m* (*raro*) Mercadillo.

azoguero *m* (*hist*) Explotador de una mina de azogue¹ [1a].

azoico¹ -ca *adj* (*Quím*) [Compuesto] cuya molécula contiene dos átomos de nitrógeno unidos por un enlace doble.

azoico² -ca *adj* Que carece de vida o de muestras de vida. *Esp en geología, referido a las épocas de las que no han quedado fósiles.*

azol *m* (*Quím*) Compuesto de carbono en cuya cadena uno o varios átomos de carbono han sido sustituidos por átomos de nitrógeno.

azolvar *tr* (*reg*) Atascar [un conducto].

azoospermia *f* (*Med*) Falta de espermatozoides en el semen.

azor *m* Ave rapaz diurna grande, con el dorso marrón oscuro y las partes inferiores con ondas transversales de color gris pardo (*Accipiter gentilis*).

azoramiento *m* Acción de azorar(se). *Tb su efecto.*

azorante *adj* Que azora.

azorar *tr* **1** Azarar. *Tb pr* (**~se**). ■ **2** Asustar. *Tb pr* (**~se**).

azoro *m* (*col*) Azoramiento o azaro.

azorramiento *m* (*reg*) Acción de azorrarse. *Frec su efecto.*

azorrarse *intr pr* (*reg*) Amodorrarse. *Frec en part.*

azorronar *intr pr* (*reg*) Disimular o hacerse el distraído.

azotacristos *m* (*reg*) Cierta variedad de cardo (*Picnomon acarna, Carthamus lanatus* y *Helminthia echioides*).

azotador -ra *adj* Que azota.

azotaina *f* (*col*) Serie de azotes [2b].

azotalenguas *f* Amor de hortelano (planta).

azotamiento *m* Acción de azotar.

azotaperros *m En una iglesia:* Perrero.

azotar *tr* **1** Dar azotes [2] [a alguien (*cd*)]. ■ **2** Ejercer su acción [el viento u otro agente meteorológico] de manera intensa o violenta [sobre alguien o algo (*cd*)]. *Tb abs.* **b)** Golpear [una cosa (*suj*)] repetida y violentamente [otra (*cd*)]. ■ **3** Causar un daño grave [a alguien o algo (*cd*)]. *Tb fig.*

azote *m* **1** Instrumento de castigo constituido por cuerdas anudadas y sujetas a un mango. *Tb se da este n a otros instrumentos similares.* ■ **2** Golpe dado con el azote [1]. **b)** Golpe dado con la mano abierta en las nalgas. ■ **3** Acción de azotar [2 y 3]. ■ **4** Pers. o cosa que causa un daño grave [a alguien o algo (*compl de posesión*)].

azotea *f* **1** Techo plano de un edificio, dispuesto para poder andar sobre él y delimitado por un pretil. ■ **2** (*col*) Cabeza. *Frec en la constr* ESTAR MAL DE LA ~.

azpeitiano -na *adj* De Azpeitia (Guipúzcoa). *Tb n, referido a pers.*

AZT (*sigla; pronunc,* /á-θéta-té/) *m* (*Med*) Azidotimidina.

azteca I *adj* **1** [Individuo] del pueblo indio que en la época del Descubrimiento dominaba Méjico. *Tb n.* **b)** Propio de los indios aztecas. ■ **2** (*lit*) Mejicano. **II** *m* **3** Lengua de los indios aztecas [1a].

azuagueño -ña *adj* De Azuaga (Badajoz). *Tb n, referido a pers.*

azúcar (*dim* AZUQUÍTAR) **A** *m o f* **1** Sustancia blanca cristalizada, de sabor dulce característico, que se extrae básicamente de la caña dulce y de la remolacha. *Diversas variedades se distinguen por medio de un adj o compl especificador:* BLANQUILLA, CANDE, DE LUSTRE, *etc* (→ BLANQUILLO, CANDE, LUSTRE, *etc*). **b)** *Se usa en constrs de sent comparativo para ponderar el dulzor.* **B** *m* **2** (*Quím*) Hidrato de carbono simple, soluble en agua.

azucarado¹ -da *adj* **1** *part* → AZUCARAR. ■ **2** [Sabor] propio del azúcar. **b)** De sabor azucarado. ■ **3** Dulce. *En sent fig. Frec con intención desp.* ■ **4** (*Med*) [Diabetes] caracterizada por el exceso de azúcar [2] en la sangre.

azucarado² *m* Acción de azucarar.

azucarar *tr* Poner azúcar [en algo (*cd*)]. *Tb fig.*

azucarería *f* Industria azucarera [1].

azucarero -ra I *adj* **1** De(l) azúcar [1a]. **b)** Que se dedica a la producción de azúcar. *Tb n: m y f, referido a pers; f, referido a industria.* **c)** [Planta] de la que se extrae azúcar. **II** *n* **A** *m* **2** Recipiente en que se sirve el azúcar [1a]. **B** *f* **3** (*raro*) Azucarero [2].

azucarillo *m* **1** Terrón de azúcar [1a], de forma cuadrada. ■ **2** Golosina hecha con almíbar, clara de huevo y zumo de limón.

azucena *f* Planta liliácea de grandes flores blancas muy perfumadas (*Lilium candidum*). **b)** *Con un adj o compl especificador, designa otras especies:* ~ DE MAR (*Pancratium maritimum*), ~ ROJA (*Lilium bulbiferum*), ~ SILVESTRE (*Lilium martagon*), *etc.*

azud *m* Obra construida transversalmente en un curso de agua, para hacer subir el nivel de la misma.

azuda *f* Azud.

azudense *adj* De Azuqueca de Henares (Guadalajara). *Tb n, referido a pers.*

azuela *f* Instrumento en forma de azada pequeña y con mango corto, usado esp. para desbastar madera.

azufaifa *f* Fruto del azufaifo.

azufaifo *m* Árbol mediterráneo de ramas espinosas, flores amarillentas en forma de estrella y fruto en drupa de color pardo (*Ziziphus sativa*).

azufrado¹ -da *adj* **1** *part* → AZUFRAR. ■ **2** Que contiene azufre. ■ **3** De color amarillo semejante al del azufre.

azufrado² *m* Acción de azufrar.

azufrar *tr* Aplicar azufre [a algo (*cd*)], o someter[lo] a su acción. *Tb abs.*

azufre I *m* **1** Metaloide, de número atómico 16, de color amarillo, que se electriza fácilmente por frotación y arde con llama azul produciendo un olor acre característico. **II** *loc v* **2 oler a ~.** (*col*) Ser sospechoso de herejía.

azufroso -sa *adj* Que contiene azufre.

azul I *adj* **1** [Color] propio del cielo sin nubes. *Frec con un adj o compl especificador:* CELESTE, MARINO, (DE) PRUSIA, *etc* (→ CELESTE, MARINO, PRUSIA, *etc*). *Tb n m.* **b)** De color azul. **c)** [Queso] que presenta zonas fermentadas de color azul. ▪ **2** [Pescado] graso. ▪ **3** [Día] en que son más baratos los billetes de tren. ▪ **4** (*col*) [Sangre] noble. ▪ **5** (*col*) Falangista. *Tb n.* ▪ **6** (*Pol*) Marítimo o del mar. **b)** Acuático. ▪ **7** (*Med*) Que padece cianosis. ▪ **8** [Gallo] ~, [hombre] ~, [lechuga] ~, [lengua] ~, [príncipe] ~, [zona] ~, [zorro] ~ → GALLO, HOMBRE, LECHUGA, LENGUA, PRÍNCIPE[1], ZONA[1], ZORRO.
II *m* **9** Materia colorante de color azul [1]. *Frec con un adj o compl especificador.* ▪ **10** (*col, hoy raro*) Billete de 500 pesetas.

azulado -da *adj* **1** *part* → AZULAR. ▪ **2** Que tira a azul [1a y b]. *Tb n m, referido a color.*

azular *tr* Dar color azul [a alguien o algo (*cd*)].

azuleante *adj* Que azulea.

azulear A *intr* **1** Tener o mostrar color azul o azulado. ▪ **2** Pasar a tener color azul. *Tb pr* (**~se**).
B *tr* **3** Dar color azul [a algo (*cd*)].

azulejar *tr* Revestir de azulejos[1] [algo].

azulejería *f* **1** Arte o industria del azulejo[1]. ▪ **2** Obra de azulejos[1].

azulejero -ra *adj* De(l) azulejo[1]. **b)** Que se dedica a la producción de azulejos[1]. *Tb n: m y f, referido a pers; f, referido a industria.*

azulejo[1] *m* Baldosa pequeña de alfarería vidriada, que se usa gralm. como protección o adorno de paredes.

azulejo[2] *m* **1** *Se da este n a tres pájaros de cola azul o azulada: el martín pescador* (*Alcedo atthis*), *el abejaruco* (*Merops apiaster*) *y la carraca* (*Coracias garrulus*). ▪ **2** Planta anual, con hojas estrechas y flores en capítulos, las externas azules, las internas rojizas, que crece como mala hierba pero que también se cultiva en jardines (*Centaurea cyanus*).

azulenco -ca *adj* Azulado.

azulete *m* Añil (color y pigmento).

azulgrana *adj* Azul y grana. *Esp referido al equipo de fútbol Barcelona F.C., cuya camiseta tiene estos dos colores; en este caso, tb n, referido a pers.*

azulino -na I *adj* **1** Azulado.
II *f* **2** Colorante azul derivado de la anilina. ▪ **3** Planta herbácea de flores azules (*Plumbago capensis*). *Tb su flor.*

azulón -na I *adj* **1** [Color] azul intenso y brillante. *Tb n m.* **b)** De color azulón.
II *m* **2** Ánade real (*Anas platyrhynchos*).

azuloso -sa *adj* Azulado.

azumbado -da *adj* (*reg*) Encorvado.

azúmbar *m* Planta perenne de hojas acorazonadas, flores blancas en umbela y fruto en forma de estrella (*Damasonium stellatum*).

azumbrado -da *adj* (*col*) Ebrio o borracho. *Tb n.*

azumbre *m o f* (*hoy raro*) Medida de capacidad equivalente a 2,016 l.

azuna *f* (*Rel musulm*) Ley tradicional sacada de los dichos y sentencias de Mahoma.

azuquítar *dim* → AZÚCAR.

azur *m* (*Heráld*) Color azul.

azurita *f* (*Mineral*) Mineral de color azul, constituido por carbonato de cobre.

azut *m* (*reg*) Azud.

azuzador -ra *adj* Que azuza.

azuzar *tr* **1** Instigar [a un perro] al ataque. *Frec con ci o un compl* CONTRA. **b)** Incitar o instigar [a una pers. o animal contra otros]. ▪ **2** Incitar o estimular [a alguien a algo]. *Frec sin compl* A, *por consabido.*

azuzón[1] **-na** *adj* [Pers.] amiga de azuzar o instigar a otros.

azuzón[2] *m* Planta herbácea de flores amarillas en capítulos (*Senecio pyrenaicus, S. linifolius y S. jacobea*).

b

b → BE.

baazismo *m* Movimiento baazista.

baazista *adj* Del Baaz, movimiento socialista panárabe fundado en Siria en los años cuarenta. *Tb n, referido a pers.*

baba I *f* 1 Saliva que fluye involuntariamente de la boca de las personas y de algunos animales. *Frec en pl con sent sg. A veces se menciona, con intención ponderativa, como símbolo de la estupidez.* **b)** Líquido viscoso segregado por el cuerpo de algunos animales o por algunas plantas. ■ 2 Materia viscosa y verde que se cría en las aguas estancadas y a veces en las corrientes poco caudalosas. ■ 3 *(col)* Resentimiento u odio que impulsa a la maledicencia o a la calumnia. **b)** Mentira o infamia. *Frec con el v* SOLTAR. ■ 4 **mala ~.** *(col)* Mala índole o mala intención.
II *loc adj* 5 **de ~.** *(col)* [Tonto] de capirote (→ TONTO).
III *loc v* 6 **caérsele** [a uno] **la ~.** *(col)* Embelesarse de admiración, cariño o complacencia. *A veces con un compl* CON *o* DE, *o ger.*

babá *m* Pastel de pasta ligera y con pasas, empapado en almíbar con algún licor.

babaco *m* Fruto, semejante a la papaya, producido por el árbol americano *Carica pentagona. Tb el mismo árbol.*

babanca *adj (reg)* Bobo. *Tb n.*

babar *intr (reg)* Babear. *Tb pr (~se).*

babeante *adj* Que babea.

babear A *intr* 1 Expeler baba [1a]. *Tb (reg) pr* (~se). ■ 2 *(col)* Demostrar gran admiración, cariño o complacencia [respecto a alguien, esp. un niño o una mujer *(compl* CON *o* POR)]. *Frec sin compl, por consabido.*
B *tr* 3 Expeler [algo] a modo de baba [1a] o mezclado con ella. ■ 4 Llenar [algo o a alguien] de babas [1a]. ■ 5 *(desp)* Decir [algo] babeando [1].

babel *(tb con mayúscula, esp en subacep b) m o (más frec) f* Acumulación desordenada y confusa [de perss. o cosas]. **b)** Torre de Babel (→ TORRE).

babélico -ca *adj* 1 De la torre o la ciudad de Babel. ■ 2 Evocador de la torre de Babel. *Normalmente con intención de ponderar la confusión y el desorden o las pretensiones de grandiosidad.*

babelismo *m* Mezcla y confusión de lenguas.

babeo *m* Acción de babear, *esp* [1].

babera *f (hist)* Pieza de la armadura, que cubre la boca, barba y mejillas.

babero I *m* 1 Prenda que, colgada del cuello, se pone sobre el pecho a un niño pequeño, para empapar la baba [1a] o para que no se manche al darle de comer. **b)** Prenda que se pone alrededor del cuello para evitar mancharse. ■ 2 *(hoy raro)* Babi (prenda infantil). ■ 3 *(Zool)* Mancha que tienen algunas aves en la garganta y en el pecho. ■ 4 Prenda que se pone alrededor del cuello y cubre una pequeña parte del pecho, propia de determinados clérigos y religiosos. **b)** *(col)* Hermano de las Escuelas Cristianas.
II *loc adj* 5 **del ~.** *(col)* [Hermano] de las Escuelas Cristianas.

babesiosis *f (Med)* Infección causada por protozoos del gén. *Babesia.*

babi *(tb con la grafía* **baby**) *m* Prenda infantil de tela fuerte que cubre desde el cuello hasta las rodillas para proteger la ropa. **b)** *(col)* Bata de trabajo.

Babia *(tb con inicial minúscula).* **en ~.** *loc adv (col, desp)* Sin enterarse de la realidad. *Normalmente con el v* ESTAR. **b)** En actitud distraída o ausente.

babiano -na I *adj* 1 De Babia (comarca de la provincia de León). *Tb n, referido a pers.*
II *m* 2 Dialecto leonés propio de Babia.

babieca *adj (col)* Bobo. *Frec n.*

babilla¹ *f En los cuadrúpedos:* Región formada por los músculos y tendones que articulan el fémur con la tibia y la rótula. *Tb la carne correspondiente.*

babilla² *f* Reptil americano semejante al caimán (*Caiman sclerops* y otras especies similares).

babilonia *(a veces tb con inicial mayúscula) f* 1 Gran ciudad donde prolifera el vicio. *Tb fig.* ■ 2 Desorden o confusión.

babilónico -ca *adj* 1 *(hist)* De Babilonia (antigua ciudad de Caldea). *Tb n, referido a pers.* ■ 2 *(semiculto)* Babélico.

babilonio -nia *(hist)* I *adj* 1 Babilónico [1]. *Tb n.*
II *m* 2 Lengua semítica de Babilonia.

babión -na *adj (reg)* Bobo.

bable I *adj* 1 Del bable [2].
II *m* 2 Habla de Asturias, considerada como una unidad. **b)** Variedad dialectal de las que existen en Asturias.

babón -na *adj (col, raro)* Baboso [3].

babor *m En una embarcación o una aeronave:* Costado izquierdo, mirando de popa a proa. *Se usa sin art. Tb fig, fuera de estos ámbitos.*

babosa → BABOSO.

babosear *tr* **1** Llenar de babas [1] [algo o a alguien]. ■ **2** (*raro*) Repetir [algo que está en boca de muchos].

babosería *f* **1** Cualidad de baboso [3 a 6, esp. 4]. ■ **2** Dicho o hecho propio de la pers. babosa [3 a 6, esp. 4].

baboso -sa I *adj* **1** [Pers. o animal] que echa muchas babas [1]. ■ **2** [Carne] viscosa o que rezuma un líquido pegajoso. ■ **3** (*col*) Bobo. ■ **4** (*col*) Excesivamente obsequioso. **b)** Adulador. ■ **5** [Hombre] lujurioso o lascivo. *Tb n m. A veces con intención afectiva.* **b)** Propio del hombre lujurioso. ■ **6** *Más o menos vacía de significado, se usa a veces como insulto.* II *f* **7** Molusco gasterópodo terrestre, de concha rudimentaria (géns. *Arion* y *Limax*). ■ **8** (*Taur, desp*) Toro pequeño e inofensivo. *Frec en la forma* BABOSILLA. ■ **9** (*jerg*) Camisa de seda.

babucha *f* Zapato ligero y sin talón, propio de los países orientales y norteafricanos. **b)** Zapatilla de uso doméstico, similar a la babucha.

babuino *m* Mono africano, de denso pelaje pardo, con hocico pronunciado y callosidades isquiáticas (gén. *Papio*, esp. *P. cynocephalus*).

baby¹ (*ing; pronunc corriente,* /béibi/; *pl normal,* BABIES) *m* **1** (*juv*) Chico. ■ **2** Bebé. *Tb el muñeco que tiene esa figura.*

baby² → BABI.

baby boom (*ing; pronunc corriente,* /béibi-búm/; *tb con la grafía* **baby-boom**) *m* Época de explosión demográfica.

baby boomer (*ing; pronunc corriente,* /béibi-búmer/; *pl normal,* ~s) *m y f* Niño nacido en una época de explosión demográfica.

baby crack (*ing; pronunc corriente,* /béibi-krák/; *tb con la grafía* **baby-crack**) *m* Época de recesión demográfica.

baby doll (*ing; pronunc corriente,* /béibi-dól/; *tb con la grafía* **baby-doll**) *m* Picardías (conjunto de dormir femenino).

baby-sitter (*ing; pronunc corriente,* /béibi-síter/; *tb con la grafía* **baby sitter**; *pl normal,* ~s) *m y f* Canguro (pers. que cuida niños pequeños).

baca¹ *f En un automóvil:* Portaequipajes instalado sobre el techo. **b)** (*hoy raro*) *En un vehículo grande destinado al transporte de viajeros:* Espacio situado sobre el techo, con asientos para personas.

baca² *f* (*reg*) Embarcación mayor de pesca de bajura.

bacalada *f* **1** Pieza entera de bacalao curado. ■ **2** (*reg*) Bacaladilla.

bacaladero -ra I *adj* **1** De la pesca del bacalao. *Tb n m, referido a pescador o barco.* **b)** De la salazón del bacalao. II *f* **2** (*col*) Aparato destinado a facturar los servicios o compras abonados por medio de tarjetas de crédito.

bacaladilla *f* Pez marino de la misma familia que el bacalao, de cuerpo alargado y de una longitud de hasta 4 dm, y cuya carne se usa como alimento o para la fabricación de harinas de pescado (*Micromesistius poutassou*).

bacaladillo *m* (*reg*) Bacaladilla.

bacalao¹ I *m* **1** Pez marino de más de 1 m de longitud, de color verdoso o pardo y cuya carne, de buena calidad, se consume fresca o en salazón (*Gadus morhua*). ■ **2** (*Mar*) Caseta de las dos situadas en ambos lados del puente. ■ **3** (*jerg*) Vulva. II *loc v y fórm or* **4 cortar,** *o* **partir, el ~.** (*col*) Imponer de hecho la propia voluntad a los demás. ■ **5 te conozco, ~ (aunque vengas disfrazao).** (*col*) *Fórmula con que se manifiesta a alguien que se conoce su modo de actuar o sus intenciones.*

bacalao² (*frec con la grafía* **bakalao**) *m* Música de discoteca, de ritmo repetitivo y sin melodía, realizada con sintetizadores.

bacanal *f* **1** Fiesta en que se cometen actos de desenfreno. ■ **2** (*hist*) Fiesta en honor del dios Baco. *Frec en pl.*

bacante *f* (*hist*) Sacerdotisa del dios Baco.

bacará *f* Bacarrá.

bacareño -ña *adj* De Bacares (Almería). *Tb n, referido a pers.*

bacarrá *m* Juego de cartas en que el banquero juega contra los puntos o jugadores.

baccara (*fr; pronunc corriente,* /bakará/) *m* Bacarrá.

baccarat (*fr; pronunc corriente,* /bakará/) *m* Cristal fino fabricado en Baccarat (Francia).

bacciforme *adj* (*Bot*) Que tiene forma de baya.

baceta *f* (*Naipes*) Montón de cartas que quedan después de repartidas las necesarias, y del que se roba al empezar cada baza.

bache¹ *m* **1** *En una calle o camino:* Hoyo del pavimento o del suelo, causado por el uso. ■ **2** Desigualdad en la densidad atmosférica que determina un descenso momentáneo del avión. ■ **3** Momento o fase de decaimiento o depresión. *Referido esp a la salud, al estado de ánimo o a una actividad.*

bache² *m* Sitio donde se encierra el ganado lanar para que sude, antes de esquilarlo.

bacheado¹ -da *adj* **1** *part* → BACHEAR. ■ **2** Lleno de baches¹ [1].

bacheado² *m* Bacheo.

bachear *tr* Rellenar los baches¹ [1] [de una vía pública (*cd*)]. *Tb abs.*

bacheo *m* Acción de bachear.

bachiller -ra A *m y f* (*frec se usa para f la forma m*) **1** Pers. que ha obtenido el grado que se concede al terminar la enseñanza media o secundaria. **b)** Pers. que está cursando los estudios de enseñanza media o secundaria. ■ **2** (*hist*) Pers. que ha obtenido el primer grado académico en la universidad. B *m* **3** (*col*) Bachillerato. C *f* **4** (*lit, desp*) Mujer pedante. *Tb adj.*

bachillerato *m* **1** Conjunto de estudios necesarios para obtener el grado de bachiller [1 y 2]. ■ **2** Grado o título de bachiller [1 y 2].

bachilleresco -ca *adj* De(l) bachiller, *esp* [1].

bachillería *f* (*raro*) **1** Pedantería. ■ **2** Condición de bachiller [1].

bacho *m* (*reg*) Hondonada del terreno.

bacía *f* **1** Vasija circular metálica, con una escotadura semicircular, usada por el barbero para remojar la barba. ■ **2** (*hoy raro*) Recipiente redondo, de diversos materiales y tamaños, utilizado para diferentes usos, gralm. domésticos.

báciga *f* (*Naipes*) Cierto juego en que cada jugador tiene tres cartas.

bacigote m (*Naipes*) *En la báciga:* Lance que consiste en tener de mano tres cartas iguales.

bacilar adj (*Biol* y *Med*) **1** De(l) bacilo o de (los) bacilos. ■ **2** Que se produce mediante bacilos.

bacilariofito -ta adj (*Biol*) [Organismo] autótrofo unicelular y uninucleado cuya membrana se halla dividida en dos partes. *Tb n.*

bacilífero -ra adj (*Med*) Portador de bacilos.

bacillar m (*reg*) Viña nueva.

bacilo m (*Biol* y *Med*) Bacteria en forma de bastoncillo.

bacín[1] m Orinal, esp. alto y de barro vidriado.

bacín[2] **-na** adj (*reg*) [Pers.] curiosa o entrometida. *Tb n.*

bacinear intr (*reg*) Curiosear.

bacineja f Bacinilla.

bacinería f (*reg*) Curiosidad, o deseo de enterarse de algo.

bacinete m (*hist*) Casco (pieza de la armadura, que cubre el cráneo).

bacinica f Bacinilla.

bacinilla f Bacín[1], esp. bajo y pequeño.

bacisco m (*raro*) Mineral menudo mezclado con tierra. *Tb fig.*

back (*ing; pronunc corriente,* /bák/) m (*Dep, raro*) Defensa (jugador).

backgammon (*ing; pronunc corriente,* /bakgámon/; *pl normal,* ~s) m Juego para dos personas, que se juega sobre un tablero especial y en que las piezas, semejantes a las de las damas, se mueven con dados.

background (*ing; pronunc corriente,* /bákgraun/) m Conjunto de conocimientos o experiencias que constituyen el bagaje intelectual de una pers.

backup (*ing; pronunc corriente,* /bákap/ o /bakáp/) (*Informát*) **I** m **1** Copia de seguridad.
 II adj **2** [Cinta] de copia de seguridad.

bacon (*ing; pronunc corriente,* /béikon/) m Bacón.

bacón m Tocino entreverado y ahumado.

bacoreta f Pez parecido al atún, de casi 1 m de largo, con dorso azul oscuro y manchitas negruzcas en los flancos (*Euthynnus alleteratus*).

bacteria f Vegetal unicelular microscópico, sin clorofila ni núcleo, que vive como saprofito o parásito.

bacterial adj (*Biol*) Bacteriano.

bacteriano -na adj (*Biol*) **1** De (las) bacterias. ■ **2** Producido por bacterias.

bactericida adj (*Biol*) **1** Que destruye las bacterias. *Tb n m, referido a producto.* ■ **2** Relativo a la destrucción de las bacterias.

bactérico -ca adj (*Biol*) Bacteriano.

bacteridiano adj (*Med*) [Carbunco] ocasionado por una bacteria del antiguo gén. *Bacteridia* o *Bacteridium.*

bacteriemia f (*Med*) Presencia de bacterias patógenas en la sangre.

bacteriófago m (*Biol*) Virus que destruye las bacterias.

bacteriolisina f (*Biol*) Anticuerpo capaz de destruir bacterias.

bacteriolítico -ca adj (*Biol*) **1** Que destruye las bacterias. ■ **2** Relativo a la destrucción de las bacterias.

bacteriología f (*Biol*) Estudio de las bacterias.

bacteriológicamente adv (*Biol*) En el aspecto bacteriológico.

bacteriológico -ca adj **1** (*Biol*) De la bacteriología o de su objeto. ■ **2** [Guerra o arma] en que se utilizan las bacterias para extender enfermedades en el campo enemigo.

bacteriólogo -ga m y f (*Biol*) Especialista en bacteriología.

bacteriopurpurina f (*Bot*) Pigmento rojizo de algunas bacterias, de acción similar a la de la clorofila.

bacteriorriza f (*Bot*) Asociación simbiótica de bacterias con ciertas raíces de leguminosas.

bacteriostasis f (*Biol*) Detención del desarrollo de las bacterias.

bacteriostático -ca adj (*Biol*) **1** Que impide el desarrollo de las bacterias. *Tb n m, referido a producto.* ■ **2** Relativo a la detención del desarrollo de las bacterias.

bactriano -na adj De Bactriana (antigua región de Asia central). *Tb n, referido a pers. Esp referido a una variedad de camello caracterizada por tener dos jorobas.*

baculazo m Golpe dado con el báculo [1]. *En sent fig.*

báculo m **1** Bastón largo, de remate curvo, que usan los obispos y abades como símbolo de su autoridad espiritual. *Tb ~ PASTORAL.* ■ **2** (*lit*) Cayado (de pastor). ■ **3** (*lit*) Pers. que sirve de alivio o consuelo [de un mal, esp. de la vejez]. ■ **4** (*raro*) Soporte vertical de determinados elementos de la vía pública.

badajazo m Golpe de badajo.

badajear intr (*raro*) Oscilar como un badajo.

badajo I m **1** Pieza alargada, gralm. metálica y en forma de pera, que pende en el interior de una campana o esquila y con la que se golpean estas para hacerlas sonar.
 II loc adv **2 a ~ suelto.** (*raro*) Sin parar o sin freno.

badajocense adj De Badajoz. *Tb n, referido a pers.*

badajoceño -ña adj Badajocense. *Tb n.*

badalonense adj Badalonés. *Tb n.*

badalonés -sa adj De Badalona (Barcelona). *Tb n, referido a pers.*

badana I f **1** Piel curtida de carnero u oveja. **b)** Tira de badana, esp. la que se cose en el borde interior del sombrero o forma parte de ciertos utensilios o arreos.
 II loc v **2 zurrar,** o **zumbar,** o **sacudir, la ~.** (*col*) Dar una paliza. *Tb fig.*

badanas m (*col*) Hombre flojo o sin energía. *Frec usado como insulto.*

badanudo -da adj (*Taur*) [Res] basta de piel.

badén m **1** *En una carretera o en un camino:* Depresión u hondonada. **b)** Cauce empedrado o enlosado que cruza transversalmente una carretera o un camino para dar paso a las aguas intermitentes. ■ **2** *En una acera:* Vado.

badiana *f* Árbol, a veces arbusto, de la misma familia de la magnolia, de semilla muy aromática empleada en farmacia y en la composición de algunos licores (*Illicium verum* o *I. anisatum*).

badil *m* Paleta de metal, con mango, que sirve para mover y recoger la lumbre en el hogar, en el brasero o en una chimenea. *A veces en la comparación* (*col*) MÁS SERIO QUE EL RABO DE UN ~.

badila *f* Paleta redonda de metal, con mango, que sirve para mover y recoger la lumbre en un brasero.

badilazo *m* (*raro*) Golpe dado con el badil o la badila. *Tb fig.*

badileta *f* (*reg*) Badila.

badinerie (*fr; pronunc corriente,* /badinerí/) *f* (*hist*) Danza cortesana de ritmo vivo y estilo ligero y humorístico, que suele formar parte de la suite barroca y clásica.

bádminton *m* Deporte parecido al tenis, que se juega con raquetas, redes y volante.

badulaque *adj* Tonto o bobo. *Frec n, referido a pers.*

baedeker (*al; pronunc corriente,* /baedéker/; *n comercial registrado; tb con mayúscula*) *m* (*lit*) Guía turística. *Tb fig.*

baenense *adj* De Baena (Córdoba). *Tb n, referido a pers.*

baezano -na *adj* De Baeza (Jaén). *Tb n, referido a pers.*

bafear *intr* (*reg*) Vahear, o echar vaho.

baffle (*ing; pronunc corriente,* /báfle/) *m* Bafle.

bafle *m* Conjunto formado por la membrana cónica y otras piezas móviles del altavoz. *Frec el mismo altavoz.*

bafo *m* (*reg*) Aliento o respiración.

bagaje I *m* 1 Equipaje (conjunto de maletas, bolsos y otras cosas que se llevan en un viaje). *Tb fig.* ■ 2 (*lit*) Conjunto [de conocimientos, ideas o sentimientos que se poseen (*adj o compl especificador*)]. *Tb sin compl, por consabido.* b) Conjunto acumulado [de algo (*adj o compl especificador*)]. ■ 3 (*hist*) Obligación concejil de proporcionar medios de transporte a un ejército o a una persona. II *loc adv* 4 con armas y ~s → ARMA.

bagatela *f* 1 Cosa sin importancia. ■ 2 (*Mús*) Pieza breve de carácter intimista, esp. para piano. ■ 3 (*hist*) Juego en que, sobre un tablero rematado en semicírculo, se lanzan bolas a unos agujeros numerados.

bagauda *m* (*hist*) Campesino de Galia o Hispania de los que se sublevaron repetidamente contra el gobierno romano entre los ss. III y V.

bagáudico -ca *adj* (*hist*) De los bagaudas.

bagazo *m* 1 Residuo de una materia de la que se ha extraído el licor o la sustancia. *Frec con un compl especificador.* b) Desecho [de algo que se mastica]. ■ 2 (*reg*) Orujo (aguardiente).

bagazosis *f* (*Med*) Neumoconiosis debida a la inhalación de polvo del bagazo [1] de la caña de azúcar.

bagdadí *adj* De Bagdad. *Tb n, referido a pers.*

bago *m* (*reg*) Grano de uva. *A veces designa tb el grano de cereal o de legumbre.*

baguenense *adj* De Báguena (Teruel). *Tb n, referido a pers.*

baguette (*fr; pronunc corriente,* /bagét/) *f* 1 Piedra preciosa pequeña en forma rectangular alargada. *Tb la talla correspondiente.* ■ 2 Barra de pan larga y muy estrecha.

bagullo *m* (*reg*) Hollejo de la uva.

bah *interj* Expresa desdén o indiferencia.

bahai (*persa; pronunc corriente,* /baχái/) *adj* De la creencia religiosa fundada por Bahá' Alláh († 1892), que defiende la unidad de la humanidad y la paz mundial. *Tb n, referido a pers.*

bahameño -ña *adj* De las islas Bahamas. *Tb n, referido a pers.*

bahía *f* Entrada de mar en la costa, normalmente de extensión considerable.

bahiano -na *adj* De Bahía (estado de Brasil) o de Salvador (capital de dicho estado). *Tb n, referido a pers.*

bahorrina *f* (*raro*) Conjunto de inmundicias o cosas repugnantes. *Tb fig.*

baht (*pl normal,* ~s) *m* Unidad monetaria de Tailandia.

bai bai *interj* (*juv*) Adiós.

baída (*frec con la grafía* **vaída**) *adj* (*Arquit*) [Bóveda] esférica cortada por cuatro planos verticales y perpendiculares entre sí.

baifo -fa *m y f* (*reg*) Cría de la cabra. *A veces designa tb el animal joven e incluso adulto.*

baila[1] *f* Pez de la familia de la lubina y muy similar a esta, con los flancos punteados (*Morone punctata*).

baila[2] *f* (*reg*) Baile[1]. *Referido a festejos o danzas tradicionales.*

bailable *adj* 1 [Música] compuesta para bailar [1a]. *Frec n m.* ■ 2 (*reg*) [Celebración o reunión] que se acompaña de baile[1].

bailador -ra I *adj* 1 Que baila, *esp* [1a]. *Tb n, referido a pers.* II *m y f* 2 Bailarín [2] de danzas populares. b) Bailaor.

bailante *adj* (*raro*) Bailarín [1]. *Tb n, referido a pers.*

bailaor -ra *m y f* Pers. dedicada a bailar flamenco.

bailar (*conjug 1e*) A *intr* 1 Ejecutar rítmicamente una serie de movimientos con los pies, el cuerpo y los brazos, gralm. al compás de una música. b) Moverse más o menos rítmicamente [un animal, esp. amaestrado, o un ser inanimado]. c) Moverse [un boxeador] saltando de un lado a otro. d) Dar [alguien] muestras de alegría. *Frec con los compls* DE ALEGRÍA, DE PLACER, *u otro similar.* e) Mostrar [los ojos (*suj*) de una pers. (*compl de interés*)] gran viveza o alegría. ■ 2 Moverse o agitarse [algo]. b) Oscilar o balancearse [una pers. o cosa] por no estar bien afianzada en su sitio o por moverse su punto de sustentación. c) Moverse [algo] por quedar excesivamente ancho u holgado. d) Moverse o agitarse [una cosa dentro de un lugar determinado]. *Tb fig, referido a cosas inmateriales. Referido a cosas materiales, frec indica que lo que baila es escaso o pequeño respecto al lugar.* e) Ser [algo] escaso o pequeño para el lugar en que se encuentra. ■ 3 Tener [alguien] alboroto o agitación. ■ 4 Temblar [algo, esp. una parte del cuerpo]. ■ 5 Girar sobre su eje [algo, esp. la peonza o la perinola]. ■ **6** Ponerse [un elemento del lenguaje, esp. en la escritura] en el lugar de otro, por error. *Tb pr* (**~se**). ■ **7** Oscilar entre dos o más posibilidades. ■ **8** (*Fút*) Dominar o imponerse con claridad. ■ **9 ~ al son que le tocan, ~ a poco son** → SON. ■ **10 ~ con la más fea.** (*col*) Llevarse la parte más ingrata en un asunto. *Gralm en la constr* TOCARLE [a uno] ~ CON LA MÁS FEA. ■ **11 ~ en la cuerda floja, ~ en una pata** → CUERDA, PATA[1]. ■ **12 ~ delante.** (*raro*) Halagar o complacer. ■ **13 sacar a ~** [a alguien]. (*col*) Mencionar[lo] de forma inoportuna o sin venir a cuento. ■ **14 yo me entiendo y bailo solo** → ENTENDER. **B** *tr* **15** Bailar [1a] [al compás de una música (*cd*)]. ■ **16** Bailar [1a] [un hombre (*suj*) con una mujer (*cd*)]. ■ **17** Bailar [1a] en honor [de alguien o algo (*cd*)]. ■ **18** Balancear o agitar rítmicamente [algo]. ■ **19** Hacer que [alguien o algo (*cd*)] baile [2, 5 y 6]. ■ **20** Dominar completamente [al contrincante]. *Esp en fútbol.* ■ **21** (*jerg*) Robar. *Tb fig.* ■ **22 ~ el agua, otro que tal baila** → AGUA, OTRO. ■ **23 que le** (**me, te,** *etc*) **quiten lo bailado.** (*col*) Se dice a propósito de la pers cuyo estado de infortunio actual o futuro está de algún modo compensado por lo mucho que antes disfrutó.

bailarín -na I *adj* **1** [Pers.] aficionada a bailar [1a]. ■ **2** Que baila, *esp* [1e y 2a]. **II** *n* A *m* y *f* **3** Pers. que profesa el arte de bailar [1a]. *Esp referido al baile clásico y al tradicional no flamenco.* ■ **4** (*raro*) Pers. que baila [1]. **B** *f* **5** Zapato femenino plano de piel flexible y gralm. muy escotado. **III** *loc v* **6 hacer la bailarina.** (*Cicl*) Pedalear sin apoyo en el sillín, balanceándose de un lado a otro.

baile[1] *m* **1** Acción de bailar. **b)** Arte o actividad de bailar. ■ **2** Conjunto de movimientos, reglamentados en su forma y en su ritmo, con que se baila [1a]. ■ **3** Fiesta o reunión para bailar [1a]. **b)** Local público donde se reúne la gente para bailar. ■ **4** (*TLit*) Pieza dramática muy breve, propia del s. XVII, en la que se combinan texto, mímica y música bailada, y representada generalmente entre las dos primeras jornadas de una comedia. ■ **5 ~ de San Vito.** Corea (enfermedad convulsiva). *Frec se usa humoríst para ponderar cualquier agitación corporal más o menos convulsiva o el movimiento incesante de una pers.*

baile[2] (*a veces con la grafía antigua* **bayle**) *m* (*hist*) En la Corona de Aragón: Juez ordinario.

bailenense *adj* De Bailén (Jaén). *Tb n, referido a pers.*

bailete *m* (*hist*) Baile[1] escénico.

bailía (*a veces con la grafía antigua* **baylía**) *f* (*hist*) **1** Cargo de baile[2]. ■ **2** Territorio sometido a la jurisdicción del baile[2]. ■ **3** Sede del bailío.

bailiato *m* Territorio que depende de un bailío.

bailío *m* Caballero profeso de la orden de San Juan, que en ella disfruta de encomienda. *A veces* (*hist*) *referido a otras órdenes militares.*

bailón -na *adj* (*col*) **1** Aficionado a bailar [1a]. *Frec n.* ■ **2** [Cosa] que baila [2].

bailongo *m* **1** (*col*) Baile[1] [3b] popular. *Con intención desp o humoríst.* ■ **2** Bailón [1]. *Con intención desp.*

bailotear A *intr* **1** (*col*) Bailar [1 y 2]. *Frec con intención humoríst o desp.* **b)** Bailar [1a] sin gracia o sin formalidad. **B** *tr* **2** (*desp*) Bailar [15]. *Tb fig.*

bailoteo *m* (*desp*) Acción de bailotear.

baja I *f* **1** Acción de bajar [2]. *Frec en la constr* EN ~. **b) alzas y ~s** → ALZA. **c)** (*raro*) Bajada (acción de bajar [8]). ■ **2** Cese temporal o definitivo de una pers. en un escalafón o nómina, o de un objeto o una actividad en el registro oficial correspondiente. *Tb el documento en que consta.* ■ **3** Autorización que da el médico a una persona para faltar a su trabajo o actividad normal por causa de enfermedad. *Tb el documento en que consta. Frec en la constr* DAR LA ~. **b)** Situación en que una persona está autorizada a faltar a su trabajo o actividad normal, por enfermedad o por otra causa reconocida legalmente. *Frec en la constr* ESTAR DE ~. ■ **4** Pérdida o falta de un individuo en un ejército. *Tb el mismo individuo. Tb fig, referido a cosas o con respecto a otros ámbitos.* **II** *loc v* **5 causar ~.** Ser dado de baja [6]. ■ **6 dar de ~.** Efectuar la baja [2] [de alguien o algo (*cd*)]. *Frec el cd es refl.* ■ **7 darse de ~.** Pedir y obtener [alguien] la baja [3] por enfermedad. ■ **8 ser ~.** Ser dado de baja [6]. **III** *loc adj* **9 a la ~.** [Operación mercantil o bursátil] que se realiza previendo descenso en los precios o cotizaciones. *Tb adv.* ■ **10 a la ~.** (*Econ*) Que va en sentido descendente. *Frec adv. Tb fig, fuera del ámbito técn.*

bajá *m* (*hist*) Alto funcionario turco, esp. gobernador. *Hoy se conserva como título honorífico, tb en algunos países musulmanes.*

bajada *f* **1** Acción de bajar. **b) ~ de bandera.** Hecho de poner en marcha un taxímetro. *Tb el coste correspondiente.* ■ **2** Lugar por donde se baja [1a]. ■ **3** (*jerg*) Descenso o cese de los efectos de una droga.

bajador -ra *adj* (*raro*) Que baja [1a]. *Tb n, referido a pers.*

bajamar *f* Altura mínima de la marea. *Tb el tiempo en que se produce.*

bajamente *adv* De manera baja o innoble.

bajante *m* (*o f*) Tubería de desagüe para la bajada de aguas.

bajar A *intr* ➤ *a normal* **1** Ir a un lugar más bajo que el punto de partida. *Frec se especifica el lugar, por medio de un compl* A. *Tb fig. A veces con un compl de interés.* **b)** Marchar [una corriente de agua] hacia su desembocadura. **c)** (*col*) Llegar [los alimentos] al estómago. *Frec con un compl de interés.* **d) subir y ~, sube y baja, de sube y baja** → SUBIR. ■ **2** Ponerse [algo] más bajo. *Frec fig.* **b)** Ponerse más bajo el precio [de algo (*suj*)]. **c)** Empeorar de estado, nivel o calidad. ■ **3** Salir [de un vehículo], o dejar de estar encima [de un animal o, más raro, de una persona]. *Frec sin compl, por consabido. Frec con un compl de interés.* ■ **4** Llegar [hasta un punto bajo]. **b)** Llegar [la leche] a la mama. ■ **5** Estar por debajo [de una cantidad o medida (*compl* DE)]. *Gralm en constr neg.* ➤ **b** *pr* (**~se**) **6** Desplazarse [una prenda] hacia abajo. ■ **7 ~se en marcha** → MARCHA. **B** *tr* **8** Hacer que [alguien o algo (*cd*)] baje [1a y c, 2, 3 y 4]. **b)** Derribar [un cazador (*suj*)] un ave (*cd*)]. **c) ~ los humos, ~se los pantalones** → HUMO, PANTALÓN. ■ **9** Ir [por un sitio (*cd*)] hacia abajo.

bajear *intr (reg)* Vahear. *Tb fig.*

bajel *m (hist)* Barco de vela de grandes dimensiones.

bajero -ra I *adj* 1 De abajo o de debajo. *Tb n f, referido a prenda.* b) [Rama u otra parte de la planta] que está situada en la parte baja. *Tb n: f, referido a rama u hoja; m, referido a brote.* ■ 2 *(raro)* [Monte] bajo, o de matorrales. b) De monte bajo. II *f* 3 *(reg)* Piso bajo. b) Parte baja de un edificio. ■ 4 *(pop)* Diarrea.

bajeza *f* 1 Cualidad de bajo o innoble. ■ 2 Acción baja o innoble.

bajinis *(tb* bajini *o* bajines). por lo ~. *loc adv (col)* 1 En voz baja. ■ 2 Con disimulo.

bajío[1] *m* 1 *En las aguas navegables:* Fondo elevado en que pueden encallar los barcos. ■ 2 Hondonada o terreno bajo.

bajío[2] *m (reg)* Suerte. *Gralm con los adjs* BUENO, MALO *u otro de sent equivalente.*

bajista[1] *adj (Econ)* 1 De la baja de valores. ■ 2 [Pers.] que juega a la baja. *Tb n.*

bajista[2] *m y f* Pers. que toca el contrabajo.

bajo[1] *(con pronunc átona) prep* 1 *Precede al n que designa una pers o cosa que está en posición superior con respecto a otra y en la misma vertical.* * El mercado se hacía bajo los soportales. b) *Precede al n que designa una pers o cosa que está en posición superior con respecto a otra y en distinta vertical.* * Estaba en su escritorio, bajo el retrato del Presidente. ■ 2 *Precede al n que designa una cosa que oculta a alguien o algo.* * Jesús bajo las especies eucarísticas. * Las donaciones fueron hechas bajo apariencia de contrato. ■ 3 *Precede a la palabra* NOMBRE, DESIGNACIÓN *u otra equivalente, para indicar que son los aplicados a la pers o cosa que se indica.* * Bajo el nombre de pájaros se agrupan aves pequeñas. ■ 4 *Precede al n que designa una cantidad o unas circunstancias que se toman como límite superior.* * Estamos a 15° bajo cero. * El aeropuerto está bajo mínimos. ■ 5 *Precede al n que designa una pers o cosa de la que depende otra o a la que está sometida otra.* * Conservaban su lengua y su religión bajo el dominio de los musulmanes. * Está en libertad bajo fianza. ■ 6 *Precede al n que designa una pers o un régimen político cuyo mandato o vigencia de los cuales sucede algo o existe alguien.* * Sufrió prisión y muerte bajo Diocleciano. ■ 7 *Precede al n que designa una cosa que sirve de protección o vigilancia a alguien o algo.* * Viaja bajo escolta. * Juega bajo la mirada de su madre. ■ 8 *Precede al n de una cosa de la que se sirve alguien.* * Bajo pretexto de combatir el terrorismo, persiguen a fuerzas democráticas. ■ 9 *(Com) Precede a un n que designa condición con arreglo a la cual se hace algo.* * Se hace cualquier artículo bajo encargo.

bajo[2] **-ja** I *adj* 1 Que tiene menor medida vertical de la normal o adecuada o de la que tienen otros seres que forman serie con el nombrado. * Era un hombre bajo. b) *Con un adv comparativo:* Que tiene [mayor o menor] medida vertical. * Luis era el más bajo de todos. c) [Zapato] que no tiene tacón o lo tiene muy bajo [1a] y ancho. d) [Monte] de arbustos, matas y hierbas. e) *(Boxeo)* [Guardia] que no protege la cabeza y permite fácilmente el ataque. *Frec fig, fuera del ámbito técn.* ■ 2 Que está a menor distancia en el espacio con respecto al suelo u otra superficie tomada como referencia, de la nor-

mal o de la que tienen otros seres que forman serie con el nombrado. * Había muchas nubes bajas. b) *Con un adv comparativo:* Que está a [mayor o menor] distancia con respecto al suelo u otra superficie tomada como referencia. * Entre las ramas más bajas revolotean los pájaros. c) [Astro] que se encuentra cercano a la línea del horizonte. d) Que corresponde a la parte baja [2a] o está situado en ella. e) [Piso] al nivel de la calle. *Frec como n m.* f) Que se hace o se sitúa más abajo de lo debido. g) [Golpe] ilegal, situado más abajo de la cintura. *Esp en boxeo. Frec fig.* h) *(Taur)* [Herida] que se hace al toro por debajo de las agujas. ■ 3 Que está a menor distancia en la superficie terrestre con respecto al nivel del mar, de la que se considera normal o de la que tienen otros seres que forman serie con el nombrado. * Distingue el Alto y el Bajo Egipto. b) *Con un adv comparativo:* Que está a [mayor o menor] distancia en la superficie terrestre con respecto al nivel del mar. * Ese pueblo está más bajo que este. c) De la parte baja [3a] [de un país o región]. *Precediendo a un adj o n relativo a esa región.* d) [Río o corriente de agua] que está cerca de la desembocadura. *Frec antepuesto al n propio de un río para designar esa parte de su curso.* ■ 4 Orientado hacia abajo. b) Bajado. ■ 5 Que tiene menos relieve, volumen o intensidad de lo normal o medio. * Tiene la tensión baja. * Habla en voz baja. b) *Con un adv comparativo:* Que tiene [más o menos] relieve, volumen o intensidad. * Aquí los precios son más bajos. c) [Rueda o neumático] cuya presión es inferior a la debida. ■ 6 Que tiene menos calidad o importancia de lo normal o medio. * Son provincias de baja renta. b) *Con un adv comparativo:* Que tiene [más o menos] calidad o importancia. * Su cargo es de categoría más baja que la tuya. c) [Oro o plata] que tiene más mezcla de la normal. d) De la categoría social menos poderosa. e) [Cámara] **baja** → CÁMARA. f) [Cosa] innoble. ■ 7 *En un hotel o establecimiento similar:* [Temporada] de mínima afluencia de clientes. *Tb fig, fuera del ámbito hotelero.* ■ 8 [Sonido o tono] grave. *Frec n m.* b) [Instrumento músico] caracterizado por un timbre más grave frente a otras variedades del mismo. *Tb n m.* ■ 9 De la época más tardía de un período de tiempo. *Referido esp a la Edad Media. Antepuesto al n.* b) [Latín] escrito después de la caída del Imperio romano y durante la Edad Media. *Siempre antepuesto al n.* c) **baja latinidad** → LATINIDAD. ■ 10 Que se encuentra con poca energía física o moral. *Normalmente con vs como* ESTAR *o* ENCONTRAR. b) [Hora] **baja** → HORA. ■ 11 *(Impr)* [Letra] minúscula. b) [Caja] **baja** → CAJA. ■ 12 *(Fon)* [Vocal] que se realiza cuando la lengua está lo más alejada posible del paladar, determinando una gran abertura. *Se aplica normalmente a la vocal* [a]. II *m* 13 Lugar o parte bajos [2a]. *Frec en pl.* b) Borde inferior [de una prenda de vestir]. *Frec en pl.* ■ 14 Terreno bajo [2a o 3a]. b) Hondonada. ■ 15 *En las aguas navegables:* Fondo elevado en que pueden encallar los barcos. ■ 16 Voz masculina que es la más grave de las humanas. *Frec* VOZ DE ~. ■ 17 Cantante que tiene voz de bajo [16]. ■ 18 Contrabajo (instrumento). ■ 19 ~ **cifrado.** *(Mús)* Parte de bajo [8] sobre cuyas notas se escriben signos que determinan la armonización correspondiente. ■ 20 ~ **continuo.** *(Mús)* Acompañamiento, a veces improvisado, de clave u otro instrumento. *Tb el mismo instrumento acompañante.* III *adv* 21 En voz baja [5c]. *Tb* POR LO ~. * Habla bajo. * Iba insultando a todos por lo bajo. ■ 22 *(pop)* Abajo. ■ 23 A precio más bajo [5] de lo normal. *Gralm con el v* COTIZAR. *Tb fig.* ■ **24 por ~.** Por debajo. *Normalmente con un compl* DE. **b)** (*Taur*) Por debajo de los cuernos. *Tb adj.* ■ **25 por** (**lo**) **~.** Con tendencia a quedar corto en el cálculo.

bajoaragonés -sa *adj* Del Bajo Aragón. *Tb n, referido a pers.*

bajoca *f* (*reg*) Judía o alubia.

bajomedieval *adj* De la baja Edad Media.

bajón[1] *m* **1** Baja [1], gralm. brusca e importante. **b)** Bajada o descenso brusco. ■ **2** Deterioro visible del estado físico [de una pers.]. *Frec con el v* DAR *u otro de sent equivalente.* ■ **3** (*col*) Depresión o bajada de ánimo. ■ **4** (*jerg*) Bajada [3].

bajón[2] *m* (*Mús, hist*) Instrumento de viento semejante al fagot, de sonido bajo.

bajonavarro *m* Dialecto vascuence de la Baja Navarra.

bajonazo *m* **1** *aum* → BAJÓN[1]. ■ **2** (*Taur*) Estocada muy baja. *Tb fig, fuera del ámbito taurino.*

bajoncillo *m* (*Mús, hist*) Instrumento semejante al bajón[2], pero más pequeño y de tono más agudo.

bajorrelieve (*tb, más raro, con la grafía* **bajo relieve**) *m* (*Escult*) Relieve en que las figuras resaltan poco del plano.

bajuno -na *adj* (*raro*) [Cosa] innoble.

bajura *f* **1** Lugar o parte bajos. ■ **2** Pesca que se efectúa cerca de la costa. *Tb* PESCA DE ~.

bakalao → BACALAO[2].

bakelita, bakelizar → BAQUELITA, BAQUELIZAR.

bakuninista *adj* Partidario de las ideas políticas de Bakunin († 1876). *Tb n, referido a pers.*

bala **I** *n* **A** *f* **1** Proyectil de arma de fuego. *Frec con un compl especificador. Sin compl, designa gralm la de fusil o pistola.* ■ **2** Fardo apretado [de una materia blanda]. **b)** Fardo de algodón de 480 libras de peso. ■ **3** (*Med*) Balón [de oxígeno]. **B** *m* (*más raro, f*) **4** **~ perdida.** (*col*) Individuo juerguista y de poco juicio. *Tb adj. Tb simplemente ~.* **II** *loc v* **5** **no pasarle,** *o* **no atravesarle,** [a alguien] (**ni**) **las ~s.** (*col*) No afectar[le] el frío, gralm. por ir muy abrigado. ■ **6** **tirar con ~.** (*col*) Decir indirectas con intención maligna. **III** *loc adv* **7** **como una ~,** *o* **como las ~s.** (*col*) A toda velocidad.

balacera *f* (*col*) Tiroteo. *Frec humoríst.*

balada *f* **1** Canción popular moderna de ritmo lento y tema gralm. amoroso. ■ **2** (*TLit*) Poema lírico--narrativo de forma libre y de carácter melancólico, propio de la época romántica. **b)** (*Mús*) Composición breve, esp. para piano, de carácter melancólico, escrita a veces como ilustración del texto de una balada. ■ **3** (*TLit*) Canción popular para bailar, propia de algunos países europeos, esp. de la antigua Provenza. ■ **4** (*hist*) Poema lírico culto en estrofas, con estribillo.

baladí[1] *adj* **1** (*lit*) [Cosa no material] de mínima importancia. ■ **2** (*raro*) [Cosa material] de poca calidad o de poco valor.

baladí[2] *adj* (*raro*) De la propia tierra.

balador -ra *adj* Que bala.

baladrar *intr* (*raro*) Gritar. *Tb tr.*

baladre *m* (*reg*) Adelfa (planta).

baladrero -ra *adj* (*raro*) Gritador o alborotador.

baladrón -na *adj* (*reg*) Fresco o sinvergüenza. *Tb n. Frec como reproche afectuoso.*

baladronada *f* Bravata o fanfarronada.

balafón *m* Instrumento músico africano similar al xilófono.

bálago *m* **1** Paja larga de los cereales, una vez desprovista del grano. ■ **2** (*reg*) Mies amontonada en la era.

balaguero *m* Montón grande de bálago.

balaje *m* Rubí de color morado.

balalaica (*tb con la grafía* **balalaika**) *f* Instrumento músico popular ruso, de la familia de la guitarra, con caja triangular.

bálamo *m* (*reg*) Banco [de peces].

balance *m* **1** Confrontación de ingresos y gastos para averiguar el estado [de un negocio o empresa, o de una economía]. ■ **2** Análisis comparativo de lo favorable y desfavorable [de algo]. *Tb sin compl, por consabido.* ■ **3** Resultado del balance [1 y 2]. ■ **4** Total de daños o de víctimas resultante [de un accidente]. ■ **5** Movimiento alternativo de un cuerpo hacia un lado y otro. **b)** (*Mar*) Movimiento alternativo de una embarcación hacia uno y otro costado. ■ **6** *En un aparato estereofónico:* Equilibrio entre las salidas de izquierda y derecha.

balanceado -da *adj* **1** *part* → BALANCEAR. ■ **2** Equilibrado, o que tiene justa proporción de elementos.

balanceador -ra *adj* Que balancea.

balanceante *adj* Que se balancea. *Tb fig.* **b)** Propio de la pers. o cosa que se balancea.

balancear **A** *tr* **1** Hacer que [alguien o algo (*cd*)] se balancee [2]. **B** *intr* **2** Oscilar, o inclinarse a un lado y a otro. *Normalmente pr* (**~se**). *Tb fig.*

balanceo *m* Acción de balancear(se). *Tb fig.*

balancín *m* **1** Pieza alargada, gralm. de madera, colocada en equilibrio sobre un punto de apoyo y sobre la cual se balancean dos personas puestas cada una en un extremo. ■ **2** Juguete cuya base es un bastidor curvo que sirve para balancearse. *Tb el mismo bastidor.* ■ **3** Mecedora. **b)** Asiento colgante cubierto de toldo e instalado al aire libre. *Tb* ASIENTO DE ~ *o* SOFÁ-~. ■ **4** Palo largo que usa el equilibrista para sostenerse sobre la cuerda. *Tb fig.* ■ **5** Pieza alargada de madera que sirve para equilibrio en diversos vehículos. ■ **6** Madero en que se enganchan los tirantes de las caballerías. ■ **7** *En la balanza:* Barra horizontal cuyos extremos sirven de soporte a los platillos. *Tb fig.* ■ **8** (*Mec*) Pieza de movimiento oscilatorio que sirve para regularizar otro movimiento o para darle determinada amplitud o sentido. ■ **9** (*Zool*) *En los dípteros:* Pequeño órgano que, formando pareja con otro, está situado en el tercer anillo torácico, detrás del ala.

balandra *f* Embarcación de vela, con cubierta y un solo palo.

balandrán *m* (*hist*) Ropa talar ancha, con esclavina, propia de los eclesiásticos. **b)** Abrigo largo, no eclesiástico, parecido al balandrán.

balandrismo *m* Deporte de regatas de balandros.

balandrista *m y f* Pers. que practica el balandrismo.

balandro *m* Embarcación deportiva o yate de recreo con aparejo compuesto por una vela mayor y un foque.

balanitis *f (Med)* Inflamación del bálano[1].

bálano[1] *(tb, raro,* **balano**) *m (Anat)* Glande (extremo del miembro viril).

bálano[2] *(tb* **balano**) *m* Crustáceo del tamaño aproximado de 1 cm, que vive fijo sobre las rocas litorales o sobre las conchas (gén. *Balanus).*

balanza I *f* 1 Instrumento que sirve para pesar. **b)** *Se usa frec como símbolo de la justicia.* ■ 2 *(Econ)* Estado comparativo de las cuentas acreedoras y deudoras en un ámbito o sector determinado, que permite una evaluación sintética de los resultados. *Con un adj o compl especificador.* **b)** ~ **comercial** *o* **de mercancías.** Estado comparativo de la importación y exportación [de una nación]. **c)** ~ **de pagos.** Estado comparativo de los cobros y pagos exteriores de la economía [de una nación]. ■ 3 ~ **del poder.** *(Pol)* Equilibrio internacional de fuerzas.
　II *loc adj* 4 [Maestro] **de** ~ → MAESTRO.
　III *loc v* 5 **inclinar la** ~. Hacer que el asunto se oriente [a favor o del lado de alguien o algo]. **b)** **inclinarse la** ~. Orientarse el asunto [a favor o del lado de alguien o algo].

balar *intr* Emitir balidos.

balarrasa *m y (raro) f (col)* Pers. juerguista y de poco juicio.

balasto *m (Ferroc)* Capa de piedra dura y machacada, sobre la que se asientan las traviesas de ferrocarril.

balastro *m (Ferroc)* Balasto.

balata *f* Gomorresina producida por el árbol *Manilkara bidentata,* utilizada esp. en la fabricación de aislantes eléctricos, correas de transmisión y tejidos impermeables.

balate *m* 1 Montón de tierra que gralm. sirve de borde a una acequia o de margen a un bancal. ■ 2 Terreno pendiente de poca anchura.

balausta *f (Bot)* Fruto carnoso de piel coriácea e interior dividido en celdillas de modo irregular, como el de la granada.

balaustrada *f* Barandilla o antepecho formados por una serie de balaustres.

balaustre *(tb, más raro,* **balaústre**) *m* 1 Columna corta, gralm. de piedra o madera con molduras, que con otras y con los barandales forma una barandilla o antepecho. ■ 2 Balaustrada.

balazo *m* Impacto de bala [1]. *Tb la herida causada por él.*

balboa *m* Unidad monetaria de Panamá.

balbuceante *adj* 1 Que balbucea. *Tb fig.* ■ 2 *(lit)* [Cosa] que está en sus balbuceos [2].

balbucear A *intr* 1 Hablar con pronunciación dificultosa y vacilante.
　B *tr* 2 Decir [algo] balbuceando [1].

balbucencia *f (raro)* Acción de balbucear.

balbuceo *m* 1 Acción de balbucear. *Tb su efecto.* ■ 2 *(lit) En pl:* Comienzos o primeros pasos [de algo].

balbuciente *adj (lit)* Balbuceante.

balbucir *(normalmente solo usado en las formas en que la base es átona) intr (lit)* Balbucear. *Tb tr.*

balcánico -ca *(tb, raro, con la grafía* **balkánico**) *adj* De la península de los Balcanes. *Tb n, referido a pers.*

balcanización *f* Fragmentación [de un territorio] en pequeños estados.

balcón I *m* 1 Hueco abierto al exterior desde el suelo de la habitación, con barandilla gralm. saliente. **b)** ~ **corrido.** Serie de varios balcones con una barandilla común. ■ 2 *(lit)* Punto elevado desde donde es posible, excepcionalmente, divisar un paisaje extenso. *Tb fig.* ■ 3 *(raro)* Abertura similar al balcón [1a] que da al interior de una iglesia u otro recinto.
　II *loc v* 4 **asomarse al** ~. *(Taur)* Clavar las banderillas metiendo [el torero] los brazos entre los cuernos del toro.

balconada *f* 1 Balcón corrido. ■ 2 Lugar elevado, con antepecho, desde el que se divisa un vasto horizonte.

balconado -da *adj* Que tiene balcones.

balconaje *m* Conjunto de (los) balcones.

balconcillo *m* 1 *En una plaza de toros:* Localidad con barandilla o antepecho, situada sobre una puerta o sobre la salida del toril. ■ 2 *(Mar)* Pequeña galería, cubierta o descubierta, de la popa de algunos buques de guerra.

balconera *f* Balconaje.

balconería *f (raro)* Balconaje.

balda *f* Anaquel o entrepaño.

baldamiento *m* Acción de baldar(se). *Frec su efecto.*

baldaquín *m* Baldaquino.

baldaquino *m* Obra de arquitectura o de carpintería, adornada con tapices o cortinas, instalada, a manera de cubierta, sobre un trono, una cama, un altar o una sepultura.

baldar *tr* Dejar impedida de movimientos [a una pers. o una parte de su cuerpo *(cd)*] alguien o algo, esp. una enfermedad, un accidente o una paliza]. *Frec en part, a veces sustantivado.* **b)** *pr* (~**se**) Pasar a estar impedida de movimientos [una pers. o una parte de su cuerpo].

balde[1] *m* 1 Cubo (recipiente), esp. el usado en una embarcación. ■ 2 Recipiente a modo de barreño de hojalata, usado esp. para lavar.

balde[2] *loc adv* 1 **de** ~. Gratis. *Tb adj.* ■ 2 **en** ~. En vano o inútilmente. **b)** **no en** ~. *Se usa para exponer un hecho que sirve como explicación o razón suficiente de lo que acaba de decirse.*

baldeador -ra *adj* Que baldea. *Gralm n f, referido a máquina.*

baldear *tr* 1 Regar con baldes[1] [1] [el suelo], esp. para limpiar[lo]. *Tb abs.* **b)** *En gral:* Regar [el suelo] esp. para limpiar[lo]. ■ 2 Acarrear [algo] en baldes[1] [1].

baldeo[1] *m* Acción de baldear.

baldeo[2] *(jerg)* I *m* 1 Cuchillo o navaja.
　II *loc v* 2 **pegar un** ~ [a alguien]. Acuchillar[lo] o dar[le] una puñalada.

baldés *m* Piel de oveja curtida, suave y blanda, que sirve esp. para hacer guantes.

baldíamente *adv* De manera baldía [1].

baldío -a *adj* 1 Vano o inútil. ■ 2 [Terreno] que no se labra. *Tb n m.*

baldón[1] *m* (*lit*) **1** Oprobio o afrenta. ■ **2** Pers. o cosa que causa baldón [1].

baldón[2] *m* (*reg*) Aldaba (barra con que se asegura una puerta o ventana).

baldonear *tr* (*lit*) Injuriar, o causar baldón[1] [1] [a alguien (*cd*)].

baldosa[1] *f* Pieza de material duro, de superficie plana, gralm. cuadrada o rectangular, que se usa para pavimentar.

baldosa[2] *f* (*Mús, hist*) Instrumento de cuerda similar al salterio.

baldosero *m* Individuo que tiene por oficio colocar baldosas[1].

baldosilla *f* Baldosín [1].

baldosín *m* **1** Baldosa[1] pequeña y fina. ■ **2** Azulejo (baldosa[1] pequeña de alfarería vidriada, que se usa gralm. como protección o adorno de las paredes).

baldragas *m* (*col, raro*) Hombre débil de carácter.

balduque *m* Cinta estrecha, gralm. roja, con que se atan legajos.

baleador -ra *adj* (*raro*) [Pers.] que balea[2]. *Tb n.*

balear[1] **I** *adj* **1** De las islas Baleares. *Tb n, referido a pers.*
II *m* **2** Lengua, variedad del catalán, hablada en las islas Baleares.

balear[2] *tr* (*raro*) Disparar balas [contra alguien o algo (*cd*)]. **b)** Matar a balazos.

balear[3] *tr* (*reg*) Limpiar. *Esp referido al grano de la era.*

baleárico -ca *adj* Balear[1] [1].

baleo[1] *m* (*reg*) Felpudo o esterilla.

baleo[2] *m* (*reg*) Se da este *n* a varias plantas de los *géns* Centaurea, Microlonchus y Linaria, usadas *frec* para hacer escobas. Gralm con un especificador: ~ CABEZUDO, ~ MACHO, ~ MONTESINO.

balido *m* Voz del carnero, el cordero, la oveja, la cabra, el gamo o el ciervo.

balilla *m* (*hist*) *En la época anterior a la Guerra Civil de 1936-1939:* Niño falangista.

balín *m* Bala de menor calibre que la ordinaria.

balinés -sa *adj* De la isla de Bali. *Tb n, referido a pers.*

balista *f* (*hist*) Máquina usada en asedios para arrojar piedras pesadas.

balístico -ca **I** *adj* **1** De (la) balística [4]. ■ **2** [Proyectil] autopropulsado durante la primera fase ascendente de su trayectoria, la cual se prosigue después por inercia. ■ **3** De(l) proyectil o de (los) proyectiles.
II *f* **4** Ciencia que estudia el movimiento de los proyectiles y de los ingenios sometidos exclusivamente a las fuerzas de gravitación.

baliza *f* **1** Señal fija o flotante en el mar, que sirve para indicar un peligro o una dirección. *Tb fig.* ■ **2** Señal empleada para limitar una ruta aérea o terrestre.

balizaje *m* Balizamiento.

balizamiento *m* Acción de balizar. *Frec su efecto.*

balizar *tr* Señalar con balizas. *Tb fig.*

balkánico → BALCÁNICO.

ballena **I** *f* **1** Cetáceo de hasta 30 m de longitud, de color oscuro por encima y blanquecino por debajo, y que vive en los mares fríos (*géns.* Eschrichtius, Balaenoptera, Balaena y otros). *A veces con un adj o compl especificador:* ~ AZUL (*Balaenoptera musculus*), ~ BLANCA (*Delphinapterus leucas*), ~ DE GROENLANDIA (*Balaena mysticetus*), ~ GRIS (*Eschrichtius gibbosus*), ~ VASCA o FRANCA (*Eubalaena glacialis*). ■ **2** Lámina córnea y elástica de las que tiene la ballena [1] en la mandíbula superior. ■ **3** Tira elástica obtenida de la ballena [2] o hecha a imitación suya.
II *loc adj* **4** [Esperma] de ~ → ESPERMA.

ballenato *m* **1** Cría de la ballena [1]. ■ **2** Ballena [1] de 9 m de largo como máximo, de cuerpo rechoncho y aleta dorsal con el borde posterior cóncavo (*Balaenoptera acutorostrata*).

ballenero -ra **I** *adj* **1** De (la) pesca de ballenas [1]. *Tb n m, referido a pescador o barco.*
II *f* **2** Bote ligero empleado por los barcos balleneros [1], que arponea las ballenas y remolca sus cuerpos.

ballesta **I** *f* **1** *En un vehículo:* Muelle de suspensión, consistente en varias hojas de acero superpuestas. ■ **2** Trampa para cazar pájaros, consistente en una armazón con un muelle que salta al picar el cebo. ■ **3** Arma portátil formada por una caja alargada de madera, con un canal por donde salen flechas o bodoques impulsados por la fuerza elástica de un muelle.
II *loc adj* **4** (de) ~. [Puerta] metálica plegable que se cierra lateralmente y que está compuesta por una serie de barras verticales unidas entre sí por varillas articuladas en forma de rombo.

ballestazo *m* (*hist*) Disparo de ballesta [3].

ballesteo *m* Movimiento de las ballestas [1].

ballestera *f* **1** Vedegambre o eléboro blanco (planta). ■ **2** (*hist*) Abertura en un muro o en una nave para disparar la ballesta [3].

ballestero *m* **1** Soldado o cazador cuya arma es la ballesta [3]. ■ **2** Fabricante de ballestas [3].

ballestilla *f* (*Astron, hist*) Instrumento para medir la altura de los astros, usado esp. en navegación.

ballestrinque *m* (*Mar*) Cierto nudo marinero hecho con dos vueltas redondas. *Tb* NUDO ~.

ballet (*fr; pronunc corriente, /balé/; pl normal, ~s*) *m* **1** Composición coreográfica destinada a ser representada en un escenario, con acompañamiento musical, e interpretada por uno o varios bailarines. **b)** Música compuesta para ballet [1]. ■ **2** Arte del ballet [1]. ■ **3** Compañía de ballet [2].

balletístico -ca (*pronunc, /baletístiko/*) *adj* De(l) ballet.

ballico (*tb con la grafía* **vallico**) *m* Planta gramínea usada como pasto y para formar céspedes (*Lolium italicum, L. perenne y L. multiflorum*).

balliquillo *m* Planta gramínea de hojas estrechas y espiga larga y cilíndrica (*Monerma cylindrica*).

ballottage (*fr; pronunc corriente, /balotáʃ/*) *m* (*Pol*) Balotaje.

ballueca *f* Avena loca.

balma *f* (*Geol*) Concavidad poco profunda en una escarpadura.

balneación *f* (*Med*) Administración terapéutica de baños.

balneario -ria I *adj* **1** De (los) baños con aguas mineromedicinales. ■ **2** De(l) balneario [3].

II *m* **3** Establecimiento de aguas mineromedicinales, esp. con instalaciones balnearias [1] y con alojamiento para sus usuarios.

balneoterapia *f* (*Med*) Tratamiento de las enfermedades por medio de los baños y aguas minerales.

balneoterápico -ca *adj* (*Med*) De (la) balneoterapia.

balo *m* Arbusto canario propio de terrenos arenosos cercanos al mar, con hojas filamentosas y flores pequeñas y blancas (*Plocama pendula*).

balompédico -ca *adj* (*lit*) Futbolístico.

balompié *m* (*lit*) Fútbol.

balón I *m* **1** Bola grande llena de aire y forrada de badana, que se emplea en varios deportes. *Tb designa cualquier pelota grande.* **b)** ~ **prisionero** (*o* ~ **tiro**). (*Juegos*) Juego infantil entre dos equipos, que consiste en que el jugador que tiene el balón lo tira contra otro del equipo contrario, el cual sale del campo si le roza y no lo coge. ■ **2** Recipiente destinado a contener un cuerpo gaseoso. *Con un compl especificador, frec* DE OXÍGENO. ■ **3** ~ **de oxígeno.** Recurso o ayuda con que se supera, al menos temporalmente, una situación apurada.

II *adj invar* **4** [Manga] corta esférica.

III *loc v* **5** echar (o tirar) ~es fuera. (*col*) Rehuir el enfrentarse con la cuestión planteada por el interlocutor, desviándose a otros temas.

balonazo *m* Golpe dado con un balón [1a]. **b)** Disparo de balón.

baloncestista I *m y f* **1** Jugador de baloncesto.
II *adj* **2** De(l) baloncesto.

baloncestístico -ca *adj* De(l) baloncesto.

baloncesto *m* Deporte que se juega entre dos equipos de cinco jugadores, los cuales, valiéndose de las manos, tratan de introducir el balón en la canasta del contrario.

balonmanista I *m y f* **1** Jugador de balonmano.
II *adj* **2** De(l) balonmano.

balonmanístico -ca *adj* De(l) balonmano.

balonmano *m* Deporte que se juega entre dos equipos de siete jugadores, los cuales, valiéndose de las manos, tratan de introducir el balón en la portería contraria.

balonvolea *m* Deporte entre dos equipos, gralm. de seis jugadores, que, separados por una red dispuesta verticalmente en el centro del terreno, tratan de lanzar con la mano un balón, por encima de ella, al campo enemigo.

balotada *f* Salto que da el caballo alzando las patas delanteras como si fuese a dar un par de coces.

balotaje *m* (*Pol*) *En una elección:* Segunda votación que se realiza cuando en la primera ninguno de los candidatos ha obtenido la mayoría requerida.

balsa[1] *f* **1** Plataforma constituida por un conjunto de maderas fuertemente unidos, que sirve para mantenerse a flote o navegar. ■ **2** Pequeña embarcación hinchable que se usa esp. como medio de salvamento en naufragios. ■ **3** Árbol de América del Centro y del Sur, de madera muy ligera, pero resistente y elástica (*Ochroma lagopus* y *O. boliviana*). *Frec su madera.*

balsa[2] *f* **1** Masa estable de agua acumulada en una depresión del terreno y utilizada, esp. con fines de regadío. ■ **2** (*reg*) Cieno que queda al descubierto en la bajamar. ■ **3** ~ **de aceite.** Lugar muy tranquilo o en que no se producen alborotos. *Frec en constr comparativa.*

balsámico -ca *adj* Que tiene propiedades de bálsamo [1]. *Tb fig. Tb n m, referido a medicamento.*

balsamina *f* Se da este *n* a varias plantas, esp *Momordica balsamina*, *Impatiens balsamina* y *Salvia verbenaca*.

balsamita *f* Planta herbácea vivaz de olor semejante a la hierbabuena, usada contra los gusanos intestinales (*Tanacetum vulgare*).

bálsamo *m* **1** Medicamento, frec. compuesto por sustancias aromáticas, que se aplica como remedio en heridas, llagas o afecciones de la piel. *Frec fig.* **b)** ~ **tranquilo.** Preparado hecho con aceite de oliva y varias plantas narcóticas y aromáticas, usado en fricciones. ■ **2** Sustancia aromática de ciertas plantas, que fluye espontáneamente o por incisión. **b)** ~ **del Canadá.** Resina producida por el abeto *Abies balsamifera*, usada en la técnica microscópica. **c)** ~ **del Perú.** Oleorresina del árbol americano *Myroxylon peruvianum*, usada como expectorante y excitante. **d)** ~ **de Tolú.** Exudado resinoso del árbol americano *Myroxylon toluifera*, usado como estimulante y expectorante. ■ **3** *Se da este n a varias plantas que producen bálsamo* [2], *esp. Saxifraga geranioides, S. paniculata* (~), *Pinus sylvestris* (~ DE TREMENTINA), *etc.*

balsero -ra *m y f* Pers. que viaja en una balsa[1] [1 y 2] o la conduce. *Esp referido a los cubanos que huyen del régimen de Castro en embarcaciones sumamente frágiles.*

balseta *f* (*reg*) Balsa[2] [1] pequeña.

balsón *m* Balsa[2] [1] grande.

balsurriana *f* Cierto baile popular aragonés a punta y tacón.

baltanasiego -ga *adj* De Baltanás (Palencia). *Tb n, referido a pers.*

báltico -ca I *adj* **1** Del mar Báltico. *Esp referido a los países de la orilla oriental de este mar* (*Finlandia, Estonia, Letonia y Lituania*). *Tb n, referido a pers.* ■ **2** (*hist*) Del báltico [3].

II *m* **3** (*hist*) Lengua indoeuropea muerta de la que derivan el prusiano antiguo, el letón y el lituano.

balto -ta *adj* (*hist*) [Individuo] del pueblo establecido en época prehistórica en la costa oriental del mar Báltico. *Tb n.*

baltoeslavo -va (*tb con la grafía* **balto-eslavo**) (*hist*) I *adj* **1** De los antiguos baltos y eslavos. ■ **2** Del baltoeslavo [3].

II *m* **3** Lengua indoeuropea muerta de la que se suponen derivados el báltico y el eslavo.

baluarte *m* **1** Obra de fortificación que sobresale en el encuentro de dos lienzos de muralla. ■ **2** (*lit*) Pers. o cosa que constituye defensa o apoyo seguro [de algo].

baluba *adj* De un pueblo negro africano de la parte meridional del Congo-Kinshasa. *Tb n, referido a pers.*

baluchí (*tb* **baluchi**) *adj* Del Baluchistán o Beluchistán (región de Irán y Pakistán). *Tb n, referido a pers.*

baluga *adj* De un pueblo salvaje filipino de negritos o de mestizos de negritos y malayos. *Tb n, referido a pers.*

balumba *f* Conjunto desordenado y excesivo [de cosas]. *Tb el bulto que forman.*

bamba[1] *f* Bollo redondo cortado lateralmente y relleno de nata o crema.

bamba[2] (*n comercial registrado*, Wamba) *f* Zapatilla de lona con suela de goma.

bamba[3] *f (reg)* **1** Columpio. ■ **2** Cierto cante popular andaluz.

bamba[4] *f (Taur)* Vuelo de la muleta o del capote.

bambalina *f* **1** (*Escén*) Tira de lienzo pintado que cuelga de uno a otro extremo del escenario y que constituye la parte superior del decorado. ■ **2** (*desp*) En pl: Decoración u ornamentación destinada a la pura apariencia.

bambalinesco -ca *adj* De (las) bambalinas [2].

bambara I *adj* **1** De un pueblo negroide africano que habita pralm. en Malí. *Tb n, referido a pers.* **II** *m* **2** Lengua indígena más importante de Malí, hablada en la región meridional del país.

bambarria *m y f (raro)* Pers. tonta.

bambochada *f (desp, raro)* Pintura que representa una borrachera o banquete ridículos. *Tb fig.*

bamboleante *adj* Que se bambolea.

bambolear *tr* Hacer que [una cosa (*cd*)] oscile o efectúe un movimiento de vaivén. **b)** *pr* (**~se**) Oscilar, o efectuar un movimiento de vaivén.

bamboleo *m* Acción de bambolear(se). *Tb su efecto.*

bambolla *f (col, desp)* Fausto o boato.

bambú *m* Se da este n a diversas plantas, pralm arbóreas, de clima tropical, con tallo leñoso de hasta 30 m, cuyas cañas, ligeras pero muy resistentes, sirven para construir cabañas, muebles e instrumentos (géns Bambusa, Arundinaria, Phyllostachys y otros). *Tb se llama así su madera.*

bambula *f* Tejido fino de algodón o de fibra sintética, que forma un dibujo de estrías longitudinales irregulares.

bamburrio *m (raro)* Pers. boba.

ban (*rum; pronunc corriente, /*ban*/; pl normal, ~*i) *m* Moneda rumana que vale la centésima parte de un leu.

banal *adj* Trivial o insustancial.

banalidad[1] *f* **1** Cualidad de banal. ■ **2** Cosa banal.

banalidad[2] *f (hist)* Derecho que se paga al señor por el uso del molino, el horno o el lagar.

banalización *f* Acción de banalizar(se). *Tb su efecto.*

banalizador -ra *adj* Que banaliza. *Tb n, referido a pers.*

banalizar *tr* Dar carácter banal [a algo (*cd*)]. **b)** *pr* (**~se**) Tomar carácter banal.

banana I *f* **1** (*raro*) Plátano (fruta). **II** *adj* **2** (*desp, hoy raro*) Bananero [2].

bananal *m* Terreno plantado de bananos [1].

bananero -ra I *adj* **1** De (los) plátanos. *Tb n f, referido a compañía o empresa.* ■ **2** (*desp*) [República o país] cuya economía está dominada por inte-

reses extranjeros y depende de la exportación de fruta. *Normalmente referido a países centroamericanos.* **b)** Propio de una república o país bananeros. **II** *m* **3** Platanero (frutal).

banano *m* **1** Plátano (frutal). ■ **2** Plátano (fruta).

banasta *f* Cesta de mimbre o listas de madera entretejidas, gralm. de forma oval, y que se usa como envase, esp. de frutas.

banastada *f* Contenido de una banasta.

banca[1] *f* **1** Actividad comercial que realiza operaciones con dinero depositado con ese fin por particulares. ■ **2** Conjunto de los bancos[2] [1]. ■ **3** Banco[2] [1]. ■ **4** (*Juegos*) Conjunto de las puestas de los jugadores. **b)** Jugador que tiene la banca y que juega contra los demás. ■ **5** (*Naipes*) Juego en que el que da pone una cantidad de dinero y los demás apuestan contra él la cantidad que quieren a la carta que eligen.

banca[2] *f* Banco[1] [1, 2 y 3].

banca[3] *f* Canoa de una sola pieza propia de Filipinas.

bancable *adj* (*Econ*) [Efecto] que cumple las condiciones para ser descontado por un banco en un banco central.

bancada *f* **1** (*reg*) Banco[1] [1a]. ■ **2** (*Mar*) En una embarcación a remo: Tabla que va de costado a costado y sirve de asiento a los remeros. ■ **3** (*E*) Basamento firme para una máquina.

bancal[1] *m* **1** Trozo de tierra de cultivo, que, apoyado sobre un muro de piedras, forma escalón en un terreno pendiente. ■ **2** Pedazo cuadrilongo de tierra destinado al cultivo.

bancal[2] *m* (*reg*) Prenda femenina que cubre la cabeza y que se emplea para ir a misa.

bancariamente *adv* En el aspecto bancario.

bancario -ria *adj* De (la) banca[1] [1] o de (los) bancos[2] [1]. *Tb n, designando empleado.*

bancarización *f* (*Econ*) Acción de bancarizar.

bancarizar *tr* (*Econ*) **1** Poner [algo] bajo la influencia o predominio de la banca[1] [1]. *Frec en part.* ■ **2** Dotar de bancos[2] o instituciones bancarias [a un país o a otro lugar (*cd*)]. *Frec en part.*

bancarrota *f* **1** Quiebra comercial. *Tb fig.* ■ **2** Hundimiento [de algo no material].

bancaza *f* (*Mar*) En un bote u otra embarcación: Asiento de la parte de popa.

banco[1] **I** *m* **1** Asiento, normalmente de madera o de piedra, con o sin respaldo, y en el que pueden sentarse varias personas. **b)** ~ **azul.** *En el Congreso de los Diputados:* Conjunto de asientos destinados al Gobierno. **c)** **tres pies para un ~** → PIE. ■ **2** Utensilio en forma de mesa de madera o hierro, destinado a diversas labores de artesanía y bricolaje. ■ **3** (*hoy raro*) *En el mercado:* Local de venta, de pequeñas dimensiones y sin instalación de agua. ■ **4** (*Arte*) Parte inferior del retablo. ■ **5** ~ **de pruebas.** (*Mec*) Instalación que permite determinar las características de una máquina o un motor. *Frec fig, fuera del ámbito técn.* **II** *loc adj* **6** **de pata de ~, de pie de ~** → PATA[1], PIE.

banco[2] **I** *m* **1** Establecimiento de banca[1] [1]. ■ **2** Establecimiento médico donde se conservan órganos humanos para su uso quirúrgico o para trasplantes, o sangre para transfusiones. *Seguido de un*

banco – bandería

compl DE. ■ **3** (*Informát*) Bloque de memoria de los varios en que se divide la memoria central de un ordenador. ■ **4 ~ de datos.** (*Informát*) Conjunto de toda la información de que dispone una instalación de proceso de datos. *Frec con un compl especificador.*
II *loc adj* **5** [Billete] **de ~** –➤ BILLETE.

banco[3] *m* **1** Masa [de peces de una misma especie]. ■ **2** Bajo marino de gran extensión y gralm. abundante en pesca. **b) ~ de arena.** Bajo arenoso alargado, en que pueden encallar los barcos. ■ **3** Masa [de niebla o de nubes]. ■ **4** (*Geol*) Estrato de gran espesor. ■ **5 ~ de hielo.** (*Geogr*) Banquisa (costra de hielo resultante de la congelación de la superficie de los mares polares).

banda[1] *f* **1** Cinta ancha que, como distintivo, gralm. honorífico, se lleva por lo común atravesada desde un hombro al costado opuesto. ■ **2** Dibujo en forma de línea ancha. ■ **3** Trozo largo y estrecho [de algo]. ■ **4** Distancia o espacio comprendido entre dos límites. *Frec con un adj especificador.* **b)** División de la calzada, con anchura suficiente para la circulación de una hilera de vehículos. **c) ~ de rodadura**, *o* **de rodaje.** *En un neumático:* Superficie que toma contacto con el suelo. **d) ~ magnética.** *En una tarjeta u otro objeto similar:* Espacio largo y estrecho en que van grabados magnéticamente determinados datos. **e) ~ sonora**, *o* **de sonido.** *En la película cinematográfica:* Franja longitudinal en que está registrado el sonido. *Tb la grabación del sonido, esp música, registrado en ella. A veces* (*raro*) *simplemente ~.* ■ **5** (*RTV*) Conjunto de las frecuencias comprendidas entre dos límites determinados. *Tb* ~ DE FRECUENCIA. **b) ~ ciudadana.** (*Radio*) Banda de frecuencia asignada oficialmente a los radioaficionados. ■ **6** (*Heráld*) Pieza que va del ángulo derecho del jefe al izquierdo de la punta, y que ocupa la tercera parte del escudo.

banda[2] *f* **1** Grupo organizado de gente armada. ■ **2** Conjunto numeroso [de animales] que se desplazan juntos. *Tb fig, referido a pers.* ■ **3** Conjunto de músicos que tocan instrumentos de viento y de percusión. **b)** Orquesta de música ligera.

banda[3] **I** *f* **1** Lado [de una cosa]. **b)** *En un barco:* Costado. **c)** *En un campo deportivo:* Línea lateral. **d)** *En una mesa de billar:* Borde o cerco. **II** *loc v* **2 arriar en ~.** (*Mar*) Soltar totalmente los cabos. ■ **3 cerrarse en ~** (*o, más raro,* **de ~** *o* **a la ~**). Mantenerse firme, negándose a cualquier concesión. ■ **4 coger** (*u otro v equivalente*) **por ~** [una pers. a otra]. (*col*) Coger[la] para ajustar[le] las cuentas o para hablar de algo [sin dejar[la] escapar. **III** *loc adv* **5 a dos** (**tres**, *etc*) **~s.** Interviniendo dos (tres, etc.) partes o elementos. *Tb adj.*

banda[4]. **arroz a ~** –➤ ABANDA.

bandada *f* Conjunto de aves que vuelan juntas. *Tb referido a otros animales o a cosas que se desplazan por el aire.* **b)** Conjunto numeroso y frec. bullicioso de personas que se desplazan juntas. **c)** Conjunto de peces que se desplazan juntos.

bandado -da *adj* (*raro*) Que tiene bandas[1] [2] o listas.

bandaje *m* (*Mec*) Envoltura de la llanta de la rueda.

bandarra *m y f* (*reg*) Sinvergüenza.

bandazo *m* **1** *En un vehículo, esp un barco:* Sacudida violenta hacia un costado. ■ **2** Cambio brusco en la dirección o la marcha. *Frec fig.*

bandear **A** *intr* ➤ **a** *normal* **1** Dar un bandazo. ➤ **b** *pr* (**~se**) **2** Ingeniárselas para salir de las dificultades. *Tb* ~SELAS. **B** *tr* **3** (*reg*) Agitar o sacudir [las campanas] a un lado y a otro.

bandeja **I** *f* **1** Recipiente plano, frec. metálico, con un pequeño reborde, usado esp. para servir, presentar o recoger algo. ■ **2** *En una oficina o en determinadas máquinas:* Recipiente para colocar papel. ■ **3** *En una maleta o un baúl:* Pieza movible, en forma de caja descubierta y de poca altura, que divide horizontalmente el interior. ■ **4** *En un mueble:* Cajón con la parte delantera rebajada. ■ **5** *En gral:* Recipiente o soporte más o menos amplio y normalmente plano. **II** *loc v* **6 pasar la ~.** Hacer una colecta de donativos, gralm. realizando la acción de pasar una bandeja [1]. ■ **7 servir** (*o* **poner**, *o* **dar**) **en ~** [algo a alguien]. (*col*) Dar[le] ocasión para que [con ello] luzca o tenga éxito fácilmente.

bandeo *m* (*reg*) Acción de bandear [3].

bandera **I** *f* **1** Pieza de tela, normalmente rectangular, que se asegura por uno de sus lados a un asta o una driza y que lleva los colores, a veces, el emblema representativos [de una nación o de una colectividad o agrupación (*compl de posesión*)]. *A veces se omite el compl, por consabido. Tb la misma pieza de tela, usada como colgadura.* **b)** *Frec se menciona como símbolo de la nación, colectividad o agrupación a que pertenece, o incluso como símbolo de un grupo o partido que carece de bandera.* * Fueron acusados de actos de terrorismo bajo la bandera de ETA. **c)** Nacionalidad [de un buque], que se manifiesta por la bandera [1a] que lleva. **d)** (*Mil*) *En pl:* Cuarto o sala de banderas [10]. ■ **2** Pieza rectangular de tela, unida a un asta o a una driza, que sirve de señal. **b) ~ blanca** –➤ BLANCO. ■ **3** Emblema [de alguien o algo]. ■ **4** *En un taxi:* Pequeña palanca en figura de bandera [1a], que, cuando el vehículo es alquilado, se hace girar hacia abajo, poniendo en funcionamiento el aparato taxímetro. **b) bajada de ~** –➤ BAJADA. ■ **5** *En algunos cuerpos armados:* Batallón. ■ **6 ~ azul.** Calificación positiva dada por la Comunidad Europea a las zonas costeras que cumplen determinadas condiciones de limpieza de playas y pureza del agua del mar. ■ **7 ~ española.** Planta arbustiva con flores amarillas y rojas (*Lantana camara*). ■ **8 la banderita.** (*col*) *En la lotería:* El número 7. **II** *loc adj* **9 de ~.** (*col*) Destacado o sobresaliente. **b)** [Mujer] de belleza llamativa. ■ **10 de ~s.** (*Mil*) *En un cuartel:* [Cuarto o sala] en que se custodian las banderas [1a] y en el que se reúnen los oficiales. **III** *loc v* **11 hacer la ~.** Sostenerse [un equilibrista] en posición horizontal sujetándose con las manos a un mástil o barra. ■ **12 jurar** (**la**) **~.** Ingresar formalmente en las fuerzas armadas mediante juramento de fidelidad a la bandera [1b]. ■ **13 levantar ~.** Alzarse en armas [contra alguien]. *Tb fig.* ■ **14 levantar**, *o* **izar**, **~ blanca.** Darse por vencido en la disputa o contienda. (–➤ acep. 2b.) **IV** *loc adv* **15 hasta la ~.** Totalmente. *Normalmente con el v* LLENAR(SE) *o el adj* LLENO, *referidos esp a los graderíos o localidades de un campo de deportes o una plaza de toros. Tb adj, referido al n* LLENO.

banderado -da *m y f* (*reg*) Abanderado.

banderazo *m* (*Dep*) Señal hecha agitando una bandera [2a]. *Tb fig.*

bandería *f* Bando o facción.

banderilla *f* **1** Palo delgado de unos 7 dm, rematado en una lengüeta de hierro y revestido de papel rizado de colores, y que el torero clava, por pares, en el cerviguillo del toro. **b)** ~ **de fuego**, ~ **negra** → FUEGO, NEGRO. ■ **2** Bocado compuesto por dos o más trozos pequeños de alimentos variados, ensartados en un palillo, y que se toma como acompañamiento de una bebida.

banderillear *tr* Poner banderillas [1] [al toro (*cd*)].

banderilleo *m* Acción de banderillear.

banderillero -ra I *adj* **1** De las banderillas [1]. **II** *m y f* **2** Torero que pone banderillas [1].

banderín *m* **1** Pieza de tela o de otro material semejante, de forma triangular, que, gralm. unida por su lado más corto a un asta o una driza, sirve normalmente de adorno o de recuerdo. ■ **2** Bandera [1a y 2a] pequeña. ■ **3** Bandera o símbolo de aquello por lo que se lucha. ■ **4** ~ **de enganche.** Oficina destinada a la inscripción de soldados voluntarios. **b)** Elemento que sirve para aglutinar en torno a una causa.

banderizado -da *adj* (*raro*) Dividido en banderías.

banderizo -za *adj* **1** De (una) bandería o partido. *Frec desp.* ■ **2** Fogoso o exaltado.

banderola *f* **1** Bandera pequeña, gralm. de adorno. ■ **2** Señal de tráfico consistente en un cartel informativo fijado por un lado a un mástil o poste.

bandidaje *m* Actividad de(l) bandido o de (los) bandidos.

bandido -da *m y f* **1** Malhechor que actúa a mano armada, esp. en despoblado. **b)** *En gral:* Malhechor. ■ **2** Sinvergüenza o canalla. *Tb adj. A veces con intención afectuosa.*

bandín *m* (*Mar*) *En algunas embarcaciones:* Asiento alrededor de las bandas de popa.

bandístico -ca *adj* De la banda² de música.

bando¹ *m* **1** Grupo formado por las perss. que siguen una misma opinión o que se mueven por un mismo interés. ■ **2** Bandada de aves. ■ **3** Banco de peces.

bando² *m* Disposición de la autoridad, que se hace pública por las calles. **b)** Acto de hacer público un bando.

bandó *m* **1** Banda horizontal de tela, recta o con pliegues u ondas, que cubre la parte superior de las cortinas, ocultando su soporte. ■ **2** (*hoy raro*) *En el peinado femenino de pelo largo:* Crencha que cubre la sien.

bandolera I *f* **1** Correa o banda que cruza por el pecho y la espalda, desde un hombro, gralm. el izquierdo, hasta la cadera opuesta, y que sirve para colgar un arma o una bolsa o cartera. ■ **2** Bolso para llevar en bandolera [3]. *A veces en aposición.* **II** *loc adv* **3** **en** ~. Cruzando desde un hombro hasta la cadera opuesta. *Tb adj.*

bandolerismo *m* Actividad de(l) bandolero o de (los) bandoleros.

bandolero -ra *m y f* Pers. que roba a mano armada en despoblado.

bandolina¹ *f* Mandolina (instrumento musical).

bandolina² *f* (*hist*) Líquido pastoso que sirve para mantener asentado el cabello después de peinado.

bandoneón *m* Instrumento músico parecido al acordeón, pero de menor tamaño y de forma hexagonal, propio de las orquestas de tango.

bandoneonista *m y f* Pers. que toca el bandoneón.

bandujo *m* (*reg*) Bandullo.

bandullo *m* Conjunto de las tripas, esp. de un animal. **b)** (*col, humoríst*) Vientre.

bandurria *f* Instrumento músico popular español, de forma semejante al laúd, pero de menor tamaño y con dorso plano, y con 4 o 5 cuerdas dobles que se pulsan con púa.

bandurriero -ra *m y f* Pers. que toca la bandurria.

bang (*pl normal*, ~S) *m* **1** Ruido de explosión característico del franqueamiento de la barrera del sonido. *Tb* → SÓNICO. ■ **2** Sonido de una explosión o de un disparo. *A veces usado como interj que expresa tal sonido.*

bangladesí (*tb con la grafía* **bangladeshí**) *adj* De Bangladesh. *Tb n, referido a pers.*

bango *m* Hueco, o espacio vacío que queda debajo de un objeto. *Frec en la constr* EN ~.

baniano *m* Árbol tropical de la India, con raíces aéreas (*Ficus benghalensis*).

banjo (*frec con la pronunc* /bányo/) *m* Instrumento músico formado por un bastidor circular sobre el que se tensa una membrana que actúa como resonador, y por un mango largo, con cinco a nueve cuerdas, típico del primitivo jazz y de la música folk americana.

banlón (*n comercial registrado*) *m* (*raro*) Cierta fibra sintética de gran elasticidad.

banquear *tr* (*reg*) Hacer [cimientos] formando escalón.

banquero -ra I *m y f* **1** Pers. que dirige un banco² (establecimiento de banca). ■ **2** (*Juegos*) Jugador que lleva la banca¹ (conjunto de las puestas de los jugadores). ■ **3** (*Naipes*) Jugador que tiene a su cargo la anotación de cambios de fichas. **II** *adj* **4** (*raro*) Bancario.

banqueta *f* **1** Asiento bajo, de tres o cuatro patas, sin respaldo. ■ **2** Banco corrido y sin respaldo. ■ **3** (*Constr*) Escalón o desnivel del terreno.

banquete¹ *m* **1** Comida a la que concurren muchas personas, en homenaje a alguien o para festejar algo. ■ **2** (*col*) Festín, o comida espléndida. *Frec en la constr* DARSE UN ~ o UN BANQUETAZO.

banquete² *m* (*raro*) Banqueta.

banquetear (*col*) **A** *tr* **1** Celebrar un banquete¹ [1] en homenaje [a alguien (*cd*)]. **B** *intr pr* (~**se**) **2** Celebrar un banquete¹ [1] para festejar algo. ■ **3** Darse un banquete¹ [2].

banquillo *m* **1** Banqueta o banco¹ pequeño. ■ **2** (*Dep*) Banco¹ corrido en que durante el encuentro se sientan el entrenador, el masajista y los jugadores suplentes. ■ **3** *En un juicio:* Lugar en que toma asiento el acusado. *Tb* ~ DE LOS ACUSADOS. *Gralm se menciona aludiendo al hecho de ser procesado, esp en constrs como* SENTARSE EN EL ~ o IR AL ~.

banquisa *f* (*Geogr*) Costra de hielo resultante de la congelación de la superficie de los mares polares.

banquise (*fr; pronunc corriente*, /bankís/) *f* (*Geogr*) Banquisa.

bantú I *adj* **1** [Idioma] perteneciente al grupo de lenguas habladas por diversos pueblos del África ecuatorial y meridional. *Tb n. m.* ■ **2** [Individuo] de alguno de los pueblos que hablan lenguas bantúes [1]. *Tb n.*
II *m* **3** Grupo o conjunto de las lenguas bantúes [1].

bantustán *m* Territorio destinado a la población negra en Sudáfrica.

banzo *m* **1** *En las andas:* Vara de las dos que pasan por los lados, para llevar sobre los hombros. *Tb cada uno de sus extremos.* ■ **2** *(reg)* Escalón o pequeño obstáculo en el suelo.

baña¹ *f* Bañadero.

baña² *f (jerg)* Gallina.

bañada *f (raro)* Baño (acción de bañarse).

bañadera *f (raro)* Bañera (→ BAÑERO [2]).

bañadero *m* Lugar en que suelen bañarse los animales salvajes.

bañado *m (raro)* Orinal.

bañador *m* Prenda para bañarse [1b] en público o para nadar. *Referido al femenino, designa el compuesto por una sola prenda que cubre el tronco, por oposición a* BIKINI *o* MONOBIKINI.

bañar *tr* **1** Sumergir [a alguien o algo], gralm. para limpiar[lo], en un líquido, esp. agua. *Tb fig.* **b)** *Con cd refl:* Sumergirse [alguien] en agua, para limpiarse o por simple placer. ■ **2** Cubrir [un objeto] con una capa [de una sustancia (*compl* CON o EN)], frec. mediante inmersión. *Tb abs.* ■ **3** Mojar enteramente. ■ **4** Tocar [el agua de un río o un mar (*suj*) un lugar (*cd*)]. ■ **5** *(lit)* Dar de lleno [el sol o la luz (*suj*) sobre alguien o algo (*cd*)]. ■ **6** *(col, raro)* Dar un baño¹ [11] [a alguien (*cd*)].

bañero -ra A *m y f* **1** *(hoy raro)* Pers. que está al cuidado de los que se bañan en una playa, un balneario o una piscina.
B *f* **2** Recipiente más o menos alargado e instalado normalmente en un cuarto de baño, destinado a bañar(se) [1] por aseo o como medio terapéutico. **b)** Recipiente de dimensiones variables destinado al baño¹ [1] o a otros usos. ■ **3** *(Mar) En algunos yates:* Cámara abierta en que gralm. va la rueda del timón. ■ **4 la bañera.** *(jerg)* Tortura que consiste en introducir la cabeza de alguien en agua, hasta el límite de la asfixia.

bañezano -na *adj* De La Bañeza (León). *Tb n, referido a pers.*

bañismo *m (raro)* Actividad de bañista.

bañista *m y f* Pers. que se baña en un lugar público. **b)** Pers. que toma baños en un establecimiento de aguas mineromedicinales.

baño¹ I *m* **1** Acción de bañar(se) [1, 2 y 3]. *Tb fig.* **b)** Acción de someter el cuerpo al influjo intenso [de un agente físico]. **c)** ~ **turco** → TURCO. ■ **2** Líquido o sustancia con que se baña [2] algo. **b)** Capa con que está bañado un objeto. ■ **3** Bañera (→ BAÑERO [2]). ■ **4** Cuarto de baño [9]. **b)** *(euf)* Retrete o servicio. ■ **5** *En pl:* Balneario. **b)** *(reg)* Lugar público para bañarse. ■ **6** *(reg)* Barreño. ■ **7** ~ **(de) maría** (o **María**). Sistema de calentamiento suave que consiste en mantener la sustancia que interesa calentar, dentro de un recipiente introducido en el agua contenida en otro que se pone al fuego. *Frec en la constr* AL ~ (DE) MARÍA. ■ **8** ~ **de sangre.** Matanza, o asesinato en masa.
II *loc adj* **9 de ~.** [Cuarto] que reúne las instalaciones y servicios higiénicos, esp. la bañera o la ducha. ■ **10 al ~ (de) maría.** Atenuado o desvirtuado.
III *loc v* **11 dar un** (o, *más raro*, **el**) ~ [a alguien]. *(col)* Mostrar total superioridad [sobre él] en una competición o discusión.

baño² *m (hist)* Prisión, en el norte de África, constituida por un patio rodeado de aposentos o chozas.

bañolense *adj* De Bañolas (Gerona). *Tb n, referido a pers.*

bao *m (Mar) En un buque:* Viga de las que, puestas de trecho en trecho de un costado a otro, sirven de consolidación y para soporte de las cubiertas.

baobab *(pl normal, ~s) m* Árbol tropical africano, de gran tamaño, con ramas horizontales muy largas y flores grandes y blancas (*Adansonia digitata*).

baptista *adj (Rel crist)* [Secta] que sostiene que el bautismo debe ser administrado por inmersión completa y solo a personas que han llegado al uso de razón. **b)** De la secta baptista. *Tb n, referido a pers.*

baptisterio *m* Edificio anejo a un templo y destinado a administrar en él el bautismo.

baqueano -na *adj (raro)* Baquiano o experto.

baquear *intr (Mar)* Navegar aprovechando la corriente del agua.

baquelita *(tb, raro, con la grafía **bakelita**) f* Resina sintética obtenida tratando formol con fenol, muy utilizada en la industria, esp. en la fabricación de aislantes eléctricos.

baquelizar *(tb, raro, con la grafía **bakelizar**) tr* (E) Revestir o impregnar con baquelita.

baquet *(fr; pronunc corriente, /bakét/) m En un coche deportivo o en un camión:* Asiento.

baqueta I *f* **1** Vara delgada de metal, que sirve para limpiar el cañón de un arma de fuego.
II *loc adv* **2 a (la) ~.** Con severidad o dureza. *Normalmente con el v* TRATAR.

baqueteado -da *adj* **1** *part* → BAQUETEAR. ■ **2** [Pers.] que ha pasado por muchas experiencias difíciles.

baquetear *tr* **1** Agitar o sacudir con violencia. *Tb fig.* ■ **2** Someter [algo] a uso demasiado intenso. ■ **3** Tratar con severidad o dureza [a alguien].

baqueteo *m* Acción de baquetear.

baquetón *m (Arquit)* Bocel pequeño.

baquiano -na *adj (raro)* Experto o entendido. *Frec con un compl* DE. *Tb n.*

báquico -ca *adj* **1** *(Mitol clás)* De Baco, dios del vino, o de su culto. ■ **2** *(lit)* De(l) vino.

bar¹ I *m* **1** Local público donde se despachan bebidas que se toman de pie, en la barra.
II *adj* **2 mueble-~, piano-~** → MUEBLE, PIANO--BAR.

bar² *m (Meteor) En el sistema CGS:* Unidad de medida de la presión atmosférica que equivale a un millón de dinas por centímetro cuadrado.

baraca *(tb con la grafía **baraka**) f* **1** Don divino atribuido a los jerifes o morabitos. ■ **2** *(lit)* Suerte que se atribuye a personal protección divina.

baracaldés -sa *adj* De Baracaldo (Vizcaya). *Tb n, referido a pers.*

baracalofi. de ~. *loc adv* (*jerg*) Gratis o de balde. *Tb fig.*

barafustar *intr* (*reg*) Alborotar, o armar escándalo.

barahúnda (*tb con la grafía* **baraúnda**) *f* Confusión grande, esp. de ruidos.

baraja[1] **I** *f* **1** Conjunto completo de cartas de juego. **b)** Juego con baraja. ◾ **2** Conjunto variado [de perss. o cosas de una misma especie]. **II** *loc v y fórm or* **3 jugar con dos ~s** (*raro*, **a (las) dos ~s**). Fingir alternativa o simultáneamente adhesión a una pers. o un partido y a los contrarios. ◾ **4 peinar la ~** → PEINAR. ◾ **5 romper la ~.** Romper los tratos o las negociaciones. **b) o jugamos todos o se rompe** (*o* **rompemos**) **la ~.** (*col*) Fórmula con que se expresa el deseo de una participación equitativa en el asunto de que se trata.

baraja[2] *f* (*lit*) Riña o pelea. *Gralm en pl.*

barajador -ra *adj* [Pers.] que baraja. *Tb n.*

barajadura *f* Acción de barajar, *esp* [1].

barajar *tr* **1** Entremezclar [las cartas de la baraja[1]] para variar su orden antes de repartir[las]. *Tb abs.* ◾ **2** Mezclar o entremezclar. ◾ **3** Revolver o desordenar. ◾ **4** Considerar [una cosa en alternancia con otras, o varias cosas que alternan entre sí]. ◾ **5** Manejar [un conjunto de datos o conocimientos] o disponer [de ellos (*cd*)]. ◾ **6** Sortear [un obstáculo o dificultad]. ◾ **7 paciencia y ~** → PACIENCIA.

barajear *tr* (*pop*) Barajar, *esp* [1, 4 y 5].

barajeño -ña *adj* De Barajas de Melo (Cuenca). *Tb n, referido a pers.*

barajeo *m* (*pop*) Acción de barajear.

baraka → BARACA.

barallete *m* Jerga de los afiladores gallegos. **b)** (*lit, raro*) Jerga.

baranda[1] *f* Barandilla.

baranda[2] *m* (*jerg*) Hombre dotado de autoridad. *Según la situación, designa al jefe, al director de la prisión, al comisario de policía, al gobernador, etc. Tb col, humoríst.*

barandado *m* (*raro*) Barandilla.

barandaje *m* (*raro*) Barandilla.

barandal *m* **1** Pieza larga que sujeta por arriba o por abajo balaustres u otros elementos similares. ◾ **2** Barandilla [1].

barandilla *f* **1** Armazón formada por balaustres, barras u otros elementos similares y los barandales [1] que los sujetan, y que gralm. sirve de protección frontal en los balcones y lateral en las escaleras. ◾ **2** (*jerg Econ*) *En la bolsa de valores:* Parte destinada a los inversionistas y separada del parqué por una barandilla [1]. *Frec el conjunto de perss allí instaladas.*

barandillero -ra *m y f* (*jerg Econ*) Miembro de la barandilla [2].

barangay *m* (*hist*) Grupo de hasta cincuenta familias indígenas filipinas, gobernado por un jefe.

barangayán *m* Embarcación filipina de remo y poco calado, cuyos elementos van sujetos con bejucos.

baratamente *adv* (*raro*) De manera barata.

baratear *tr* Vender [algo] por menos de su precio normal.

baratería *f* (*Der*) Engaño o fraude en el tráfico comercial. *Tb* (*lit*) *fig, fuera del ámbito técn.*

baratero -ra *m y f* **1** Vendedor de artículos a bajo precio. ◾ **2** (*reg*) *En el juego de chapas:* Pers. encargada de controlar las apuestas.

baratija *f* (*desp*) Artículo pequeño y de poco valor.

baratillero -ra *m y f* Vendedor de baratillo.

baratillo *m* **1** Conjunto de artículos de poco precio. ◾ **2** Tienda o puesto de baratillo [1].

barato -ta **I** *adj* **1** Que se vende o compra a bajo precio, o a precio más bajo del normal o esperable. *A veces con intención desp, indicando baja calidad.* **b)** Que cuesta o exige menos dinero de lo normal o esperable. ◾ **2** [Precio] bajo, o más bajo del normal o esperable. ◾ **3** [Lugar] en que los precios son baratos [2]. ◾ **4** De poca calidad. *Referido a cosas no materiales.* ◾ **5** Fácil o que no cuesta esfuerzo. **II** *m* **6** Venta de artículos a bajo precio. *Tb el lugar en que se realiza.* ◾ **7** (*hist*) Cantidad de dinero que da el que gana en el juego. **III** *loc v* **8 echar** [algo] **a ~.** Quitar[le] importancia. **b)** No hacer caso [de ello]. **IV** *loc adv* **9** A precio barato [2]. ◾ **10 de** (*o, raro,* **del**) **~.** Gratis o de balde.

báratro *m* (*lit*) Infierno. *Tb fig.*

baratura *f* Cualidad de barato [1 y 2].

baraúnda → BARAHÚNDA.

barba **I** *n* **A** *f* **1** Conjunto de pelos que nacen debajo de la boca y en las mejillas. *Tb en pl con sent sg, para ponderar el tamaño.* **b)** Barba crecida y gralm. recortada. **c)** *En algunos mamíferos:* Mechón de pelo que pende de la mandíbula inferior. ◾ **2** Barbilla [1]. ◾ **3** *En la pluma de ave:* Filamento fino de los que crecen, unidos, a uno y otro lado del eje. ◾ **4** *En la espiga:* Filamento o arista. *Gralm en pl.* ◾ **5** *En gral:* Filamento de los que forman un conjunto que recuerda la barba [1]. ◾ **6** *En pl:* Borde de un papel sin guillotinar. ◾ **7** Lámina córnea y elástica de las que tiene la mandíbula superior [de la ballena]. ◾ **8** (*col*) Aburrimiento causado por una espera prolongada. *Frec* CORRERSE UNA ~. ◾ **9** Con un adj o compl especificador, designa distintas plantas: ~ CABRUNA, DE CABRA, *o* DE CABRÓN (*Tragopogon porrifolius y T. pratensis*), ~(S) DE CAPUCHINO (*Cuscuta epithymum y Usnea barbata*), ~(S) DE JÚPITER (*Sempervivum tectorum*), *etc.* **b)** **~ de chivo, o de capuchino.** Hongo comestible de color amarillo con ramificaciones apretadas (*Ramaria, o Clavaria, flava*). **B** *m* **10 ~s.** Hombre que usa barba [1b]. *Alguna vez ~, y frec en la forma dim* BARBITAS. ◾ **11** (*hist*) Actor que hace el papel de anciano. **II** *loc adj* **12 con toda la ~.** (*col*) Que está en la plenitud de sus cualidades. *Con intención ponderativa.* ◾ **13 de ~.** [Papel] fuerte y con los bordes sin recortar. **III** *loc v* **14 subírsele** [a un superior] **a las ~s.** (*col*) Comportarse sin guardar[le] respeto. *Tb fig.* **IV** *loc adv* **15 en las ~s.** (*col*) Descaradamente cerca o en presencia [de alguien (*compl de posesión*)]. *Frec en la constr ponderativa* EN SUS PROPIAS (*o* MISMAS) ~S. ◾ **16 por ~.** (*col*) Por cabeza o por individuo. *En un reparto. Frec en la constr* TOCAR A [una cantidad] POR ~.

barbacana *f* **1** Construcción defensiva exterior de una fortaleza, esp. la doble torre levantada sobre una puerta o un puente. ■ **2** Muro bajo, esp. el situado alrededor de una iglesia o ante el atrio de la misma.

barbacoa *f* **1** Parrilla destinada a asar al aire libre carne o pescado. ■ **2** Conjunto de alimentos asados en una barbacoa [1].

barbada[1] *f Se da este n a varios peces marinos con barbillas (géns Gaidropsarus y otros, esp G. mediterraneus).*

barbada[2] *f (reg)* Tocino de la parte inferior de la cabeza del cerdo.

barbadense *adj* De las islas Barbados. *Tb n, referido a pers.*

barbado -da I *adj* **1** *part* → BARBAR. ■ **2** Que tiene barba [1].
II *m* **3** *(Agric)* Sarmiento con raíces que sirve para plantar viñas.

barbaja *f* Salsifí de España (planta).

barbar *intr* Echar barba. *Tb fig.*

Bárbara. acordarse de Santa ~ cuando truena. *loc v (col)* Tomar medidas o buscar soluciones solo cuando el problema o conflicto se ha presentado.

bárbaramente *adv* De manera bárbara [1 y 3].

barbárico -ca *adj (raro)* Bárbaro [1a y b].

barbaridad I *f* **1** Acción bárbara [1]. ■ **2** Disparate (hecho o dicho absurdo o contrario a la razón). *A veces con intención afectiva.* ■ **3** Palabra malsonante. ■ **4** *(col)* Gran cantidad [de perss. o cosas]. *Con intención ponderativa. Frec* UNA ~. *Tb sin compl, por consabido.*
II *loc adv* **5** una ~. *(col)* Muchísimo. *Con intención ponderativa.*
III *loc interj* **6** qué ~. *Expresa admiración o protesta.*

barbarie *f* Condición de bárbaro [1a, b y c].

barbarismo *m* **1** Palabra o forma de palabra que está en desacuerdo con el uso considerado correcto. **b)** Extranjerismo no incorporado totalmente a la lengua. ■ **2** *(raro)* Barbarie.

barbarización *f* Acción de barbarizar.

barbarizante *adj* Que adultera el idioma con barbarismos [1].

barbarizar A *tr* **1** Hacer bárbara [1 y 4] [una cosa].
B *intr* **2** Decir barbaridades [3].

bárbaro -ra I *adj* **1** Incivilizado o salvaje. *Tb n, referido a pers.* **b)** Inhumano o brutal. *Tb n, referido a pers.* **c)** Inculto, o que no tiene cultura. **d)** *(desp)* Incorrecto. *Referido a lenguaje.* ■ **2** *(col)* Que demuestra una gran fuerza o capacidad. *Tb n, referido a pers.* ■ **3** *(col)* Muy bueno. *Con intención ponderativa.* ■ **4** *(hist)* [Individuo] de uno de los pueblos ajenos al Imperio romano, esp. de los germanos que lo invadieron en el s. V. *Tb n. Tb fig.* **b)** *(hist)* Ajeno al mundo helénico. *Tb n, referido a pers.* **c)** *(hist)* Ajeno a la Europa occidental. *Tb n, referido a pers.* **d)** *(hist o lit)* En gral: Extranjero. *Tb n, referido a pers.* **e)** De los bárbaros.
II *adv* **5** *(col)* Muy bien. *Con intención ponderativa y frec manifestando conformidad o complacencia.*
III *loc interj* **6** qué ~. *(col)* Expresa admiración o asombro.

barbastrense *adj* Barbastrino. *Tb n.*

barbastrino -na *adj* De Barbastro (Huesca). *Tb n, referido a pers.*

barbateño -ña *adj* De Barbate (Cádiz). *Tb n, referido a pers.*

barbear *tr (Taur)* Andar [el toro] a lo largo [de las tablas *(cd)*], rozándo[las] con el hocico. *Tb abs.*

barbechar *tr* Arar [la tierra] para dejar[la] descansar. *Tb abs.*

barbechera *f* **1** Conjunto de barbechos [1]. **b)** Barbecho. ■ **2** Acción de barbechar.

barbecho I *m* **1** Tierra labrantía que temporalmente queda sin sembrar para que descanse. ■ **2** Forma de cultivo en que se deja la tierra temporalmente sin sembrar para que descanse. ■ **3** Acción de barbechar.
II *loc adv* **4** en ~. *Referido a tierra:* Sin sembrar para que descanse. *Tb adj.* **b)** Sin aprovechamiento o explotación. *Tb adj.*

barbería *f* Local donde trabaja el barbero.

barbero -ra I *adj* **1** [Navaja] de afeitar.
II *m* **2** Hombre que tiene por oficio afeitar o arreglar la barba y el bigote, y cortar el pelo.

barbián -na *adj (col, hoy raro)* **1** [Pers.] airosa y apuesta. *Frec n.* ■ **2** Simpático o gracioso. ■ **3** [Pers.] rumbosa. *Frec n.* ■ **4** Pillo. *Usado con intención afectiva, referido a niños o muchachos. Frec n.*

barbicacho *m (raro)* Barboquejo.

barbiespeso *adj (raro)* [Hombre] que tiene la barba [1a] espesa. *Tb n.*

barbilampiño -ña *adj* Que no tiene barba [1a], o apenas la tiene.

barbilindo *adj (lit, raro, desp)* [Hombre] joven que presume de hermosura. *Tb n.*

barbilla *f* **1** *En el hombre y algunos animales:* Parte de la cara que está debajo de la boca, esp. su extremo inferior. **b)** doble ~. Papada (abultamiento carnoso debajo de la barbilla). ■ **2** *En algunas aves:* Carnosidad colgante de la mandíbula inferior. ■ **3** *En la pluma de ave:* Filamento que enlaza una barba [3] con otra. ■ **4** *En algunos peces:* Apéndice filamentoso situado alrededor de la boca.

barbillear *tr* Acariciar la barbilla [1a] [a alguien *(cd)*].

barbillón *m* Barbilla [4].

barbilucio *adj (lit, raro)* Barbilindo. *Tb n.*

barbinegro *adj* [Hombre] de barba [1a] negra.

barbiponiente *adj* [Hombre joven] a quien empieza a salir la barba [1a].

barbirrojete -ta *adj (reg)* Casi borracho.

barbirrojo *adj* [Hombre] que tiene roja la barba [1a]. *Tb n.*

barbirrucio *adj* [Hombre] que tiene barba [1a] mezclada de pelos blancos y negros. *Tb n.*

barbitaheño -ña *adj (lit)* Barbirrojo.

barbitúrico -ca I *adj* **1** De (los) barbitúricos [2].
II *m* **2** Sustancia derivada de cierto ácido orgánico cristalino, que tiene propiedades sedantes e hipnóticas y que en dosis excesivas es tóxica.

barbo *m* Pez de río, comestible, de unos 60 cm, de color oscuro por el lomo y blanquecino por el vientre, y que tiene cuatro barbillas [4] en la mandíbula superior (*Barbus barbus*). *Tb designa otras especies del mismo gén.*

barbón -na I *adj* (*raro*) **1** Barbudo. *Tb n, referido a pers.*
　　II *m* **2** (*Caza*) Avutarda, esp. macho. ■ **3** *Se da este n a las plantas Tragopogon pratensis y T. porrifolius.*

barboquejo *m* Cinta o correa que, pasando por debajo de la barbilla, sirve para sujetar el sombrero, la gorra o el casco.

barbotar *tr* Barbotear.

barbote *m* (*hist*) Babera (pieza de la armadura).

barbotear *tr* Decir [algo] entre dientes y de manera ininteligible.

barboteo *m* (*Mec*) Sistema de lubricación en el que las cabezas de las bielas proyectan el aceite, a cada paso de estas, contra los órganos en movimiento.

barbotina *f* (*Cerám*) Pasta líquida hecha gralm. con creta disuelta en agua y utilizada para decorar piezas, con pincel o con molde.

barbudo -da I *adj* **1** Que tiene barba [1], esp. crecida. *Tb n, referido a pers. Tb fig.*
　　II *f* **2** Hongo comestible de sombrero cilíndrico blanco con escamas parduscas (*Coprinus comatus*). ■ **3** (*reg*) Faneca (pez).

bárbula *f* (*Zool*) Barbilla [3].

barbulla *f* (*col, raro*) Voces o gritería. *Tb fig.*

barbullar (*raro*) **A** *intr* **1** Gritar o meter bulla.
　　B *tr* **2** Farfullar (decir [algo] confusamente o con sonidos mal articulados).

barbuquejo *m* **1** Barboquejo. ■ **2** (*reg*) *En la jáquima:* Adorno que pende debajo de las orejas de la caballería.

barbusano *m* Árbol canario de la familia del laurel, de madera muy dura (*Laurus barbusana*).

barbuzano *m* Barbusano.

barca *f* **1** Embarcación pequeña, sin cubierta y normalmente de remo, dedicada esp. a la pesca costera, el tráfico fluvial o portuario y usada también como auxiliar de los buques. ■ **2** Columpio de feria, en forma de barca [1]. ■ **3** (*reg*) Banasta. ■ **4** (*reg*) Barranco poco profundo. ■ **5** (*Tex*) Recipiente para teñir, o para lavar la lana.

barcaje *m* Precio que se paga por el transporte o paso en una barca o balsa.

barcarola *f* Música en compás de seis por ocho que imita el canto de los gondoleros venecianos.

barcarroteño -ña *adj* De Barcarrota (Badajoz). *Tb n, referido a pers.*

barcaza *f* **1** Lancha grande que sirve para la carga y descarga de los buques que no pueden atracar. ■ **2** Barco de fondo plano que sirve para el transporte fluvial de mercancías, o para el desembarco de tropas y de pertrechos militares en una playa.

barcazgo *m* (*hist*) *En la Edad Media:* Tributo pagado por el paso de personas o mercancías por los ríos utilizando embarcaciones.

barcelonense *adj* (*lit*) Barcelonés [1]. *Tb n.*

barcelonés -sa I *adj* **1** De Barcelona. *Tb n, referido a pers.*
　　II *m* **2** Variedad lingüística de la ciudad de Barcelona.

barceloní *adj* (*reg*) Barcelonés. *Tb n.*

barcelonía *f* (*lit*) Barcelonismo.

barcelonismo *m* Condición de barcelonés, esp. amante de lo barcelonés.

bárcena *f* (*reg*) Lugar situado a la orilla de un río o en la confluencia de dos.

barcense *adj* De El Barco de Ávila (Ávila). *Tb n, referido a pers.*

barcia *f* (*reg*) Huerta.

barcina *f* (*reg*) Saco de malla para llevar paja, melones u otras cosas.

barcino¹ -na *adj* [Animal] de pelo blanco y pardo y a veces también rojizo. *Tb fig.*

barcino² -na *adj* (*hist*) [Pers.] nacida en América de albarazado y coyote, o de coyote y albarazada. *Tb n.*

barco I *m* **1** Embarcación grande, con cubierta y normalmente de motor o de vela. **b**) *En pl:* Juego que consiste en que cada uno de dos jugadores dibuja en un cuadrado de diez cuadrículas por lado un número determinado de barcos, y luego dice alternativamente unas coordenadas para localizar y hundir los del contrario. *Frec* BARQUITOS. **c**) ~ **diligencia.** (*hist*) Barco destinado al transporte fluvial de viajeros. ■ **2** Trozo de pan que se echa en una salsa u otro líquido para tomarlo empapado. *Frec en la forma* BARQUITO. ■ **3** (*reg*) Barranco, esp. poco profundo.
　　II *adj invar* **4** [Escote o cuello] recto de hombro a hombro.
　　III *loc v* **5 estar** (*o* **ir**) **en el mismo ~.** Participar de los mismos intereses o dificultades o estar en iguales circunstancias.

barda *f* **1** Cubierta de sarmientos, espinos o broza sobre la tapia de un corral o un huerto. **b**) Tapia. ■ **2** Zarza (arbusto espinoso).

bardaja *m* Bardaje. *Tb adj.*

bardaje *m* Sodomita pasivo. *Tb adj.*

bardal *m* **1** Barda. ■ **2** (*reg*) Lugar en que se guarda o almacena la leña.

bardalero *m* (*reg*) Cierto pájaro frecuente en los bardales. *Tb adj.*

bardaliego -ga *adj* (*reg*) [Hijo] ilegítimo. *Tb n.*

bardana *f* **1** Cadillo (planta). *Tb* ~ MENOR. ■ **2** Lampazo (planta).

bardasco *m* (*reg*) Vara flexible, usada frec. para golpear.

bardenero -ra *adj* De la comarca de las Bardenas (Zaragoza y Navarra).

bardeo *m* (*jerg*) **1** Baldeo (cuchillo o navaja). ■ **2** Cuchillada o navajazo.

bardero *m* (*reg*) Cobertizo para guardar leña.

bardial *m* (*reg*) Barda o bardal.

bardino -na *adj* [Animal] de pelaje negro y rojizo. **b**) [Perro] autóctono canario de color pardo oscuro. *Frec n.*

bardiza *f* (*reg*) Vallado de cañas.

bardo¹ *m* (*lit*) Poeta. **b**) (*hist*) Poeta y recitador de los antiguos celtas.

bardo² *m* (*reg*) Madriguera de conejo. *Esp designa la que tiene varias bocas y está cubierta de maleza.*

bardo³ *m* (*reg*) **1** Barda o tapia. ■ **2** Pared de ramaje y barro.

bárdulo → VÁRDULO.

baré *m* (*jerg*) Moneda de cinco pesetas.

baremación *f* Acción de baremar.

baremar *tr* Someter [algo] a baremo [1 y 2].

baremo *m* **1** Tabla de cuentas ajustadas. ■ **2** Conjunto de normas establecidas convencionalmente para evaluar [algo (*compl* DE)]. ■ **3** Lista de tarifas.

barero -ra *adj* De (los) bares.

bareto *m* (*juv*) Bar (establecimiento).

bargueño¹ *m* Mueble de madera con muchas gavetas, adornado con labores de talla o de taracea, propio de los ss. XVI y XVII.

bargueño² **-ña** *adj* De Bargas (Toledo). *Tb n, referido a pers.*

bariba *m* Lengua hablada en la región norte de la República de Benín (antiguo Dahomey).

baribal *m* Oso propio de América del Norte, de pelaje negro o pardo (*Euarctos americanus*). *Tb* OSO ~.

baribañuela *f* (*reg*) Alimoche (ave).

baricentro *m* (*Fís*) Centro de gravedad, que en un triángulo coincide con el punto de intersección de las tres medianas.

bárico¹ **-ca** *adj* (*Quím*) De(l) bario.

bárico² **-ca** *adj* (*Fís*) De(l) peso.

bario *m* (*Quím*) Metal, de número atómico 56, de color blanco plateado, que se oxida fácilmente y descompone el agua.

barisfera *f* (*Geol*) Endosfera.

barista *m y f* Pers. que posee o atiende un bar.

barita *f* **1** (*Quím*) Óxido de bario. ■ **2** (*Mineral*) Mineral constituido por óxido de bario, que se encuentra en masas grisáceas.

baritado -da *adj* (*Quím*) Constituido por baritina purificada.

baritina *f* (*Mineral*) Sulfato de bario natural.

baritonal *adj* (*Mús*) De barítono. **b)** De voz próxima a la de barítono.

barítono **I** *m* **1** Voz masculina intermedia entre la de tenor y la de bajo. *Gralm* VOZ DE ~. ■ **2** Cantante que tiene voz de barítono [1].
II *adj* **3** (*Mús*) [Instrumento] cuya extensión corresponde a la de la voz de barítono [1].

barján *m* (*Geol*) Duna móvil de gran tamaño, en forma de media luna.

barjuleta *f* (*lit, raro*) Bolsa que se lleva a la espalda, propia de caminantes.

barlongo -ga *adj* (*Arquit*) Que presenta de frente su lado más largo.

barlovento *m* (*Mar*) Parte de donde viene el viento. *Frec en la constr* A ~. *Tb fig.*

barman (*ing; pronunc corriente,* /bárman/; *pl normal,* ~S; *raro,* BARMEN *y* BÁRMANES) *m* **1** Dependiente de la barra de un bar. ■ **2** Especialista en cócteles o combinados.

barn *m* (*Fís*) Unidad de superficie empleada para el cálculo de la sección eficaz del núcleo de un átomo y que equivale a 10^{-28} m².

barnabense *adj* Benabarrense. *Tb n.*

barnacla *f* Ganso silvestre del hemisferio septentrional, de plumaje más adornado y cuello más fino que el de otros géneros de gansos, y pico pequeño y negro (gén. *Branta*). *Frec con un adj especificador:* ~ CANADIENSE (*B. canadensis*), ~ CARIBLANCA (*B. leucopsis*), ~ CARINEGRA (*B. bernicla*), ~ CUELLIRROJA (*B. rupicollis*).

barniz *m* **1** Disolución transparente de resinas en una sustancia volátil, que se utiliza para proteger y abrillantar la pintura o la madera, aplicándola sobre ellas. **b)** Capa protectora semejante al barniz. ■ **2** Sustancia, elaborada con plomo, con que se baña en crudo una pieza de cerámica y que se vitrifica con la cocción. ■ **3** Forma puramente superficial [de una cualidad o de un saber].

barnizado *m* Acción de barnizar. *Tb su efecto.*

barnizador -ra *adj* Que barniza. *Tb n: m y f, referido a pers; f, referido a máquina.*

barnizaje *m* **1** Barnizado. ■ **2** (*raro*) Vernissage (inauguración de una exposición).

barnizar *tr* Cubrir con barniz. *Tb abs. Tb fig.* **b)** (*raro*) Pintar [las uñas].

baró *m* (*jerg*) Hombre con mando.

barógrafo *m* (*Fís*) Barómetro registrador.

barométrico -ca *adj* **1** De(l) barómetro. ■ **2** De la presión atmosférica.

barómetro *m* **1** Instrumento que mide la presión atmosférica. ■ **2** (*lit*) Cosa sensible a las variaciones en un determinado ambiente y capaz de medir su estado.

baron (*fr; pronunc corriente,* /barón/) *m* Parte [del cordero] constituida por las dos piernas y los solomillos.

barón -nesa **A** *m y f* **1** Pers. con el título de nobleza inmediatamente inferior al de vizconde.
B *m* **2** Marido de la baronesa [1]. ■ **3** Alto personaje de un partido político o de otra organización. ■ **4** (*hist*) Gran señor. *Esp designa al señor feudal de un castillo.*
C *f* **5** Esposa del barón [1].

baronal *adj* De(l) barón [1, 2 y 4].

baronet (*ing; pronunc corriente,* /baronét/; *pl normal,* ~S) *m* Miembro de una orden británica de caballería de carácter hereditario.

baronía *f* **1** Dignidad o título de barón [1]. ■ **2** Territorio sometido a la jurisdicción de un barón [4].

barotrauma *m* (*Med*) Lesión de oído producida por cambio de la presión atmosférica.

barotropismo *m* (*Biol*) Geotropismo (tropismo debido a la influencia de la fuerza de gravedad).

barquense *adj* De El Barco (Orense). *Tb n, referido a pers.*

barqueño -ña *adj* De El Barco de Ávila (Ávila). *Tb n, referido a pers.*

barquereño -ña *adj* De San Vicente de la Barquera (Cantabria). *Tb n, referido a pers.*

barquero -ra **A** *m y f* **1** Pers. que gobierna una barca (embarcación).
B *m* **2 las verdades del ~** → VERDAD.

barqueta *f* Recipiente en forma de bandeja en que se venden envasados determinados productos.

barquía f (reg, hoy raro) Embarcación ligera de pesca, capaz de cuatro remos por banda.

barquichuela f Barca (embarcación) pequeña. A veces con intención desp.

barquichuelo m Barco (embarcación) pequeño. A veces con intención desp.

barquilla f **1** dim → BARCA. ■ **2** Habitáculo para los tripulantes de un globo.

barquillero -ra A m y f **1** Pers. que vende barquillos [2].
B f **2** Recipiente cilíndrico, de metal, en que el barquillero [1] lleva su mercancía.
C m **3** Molde para hacer barquillos [2].

barquillo I m **1** dim → BARCO. ■ **2** Hoja delgada de pasta hecha con harina sin levadura, azúcar y gralm. canela, y que suele tener forma de canuto.
II adj invar **3** Amarillo tostado.

barquinazo m Tumbo o vaivén.

barra I f **1** Pieza de material duro, esp. de metal, mucho más larga que gruesa, de sección uniforme gralm. circular o cuadrada. **b)** (Dep) Normalmente con un especificador, designa distintos aparatos gimnásticos constituidos por una o dos barras: ~ FIJA, ~ DE EQUILIBRIOS, ~S PARALELAS, ~S PARALELAS ASIMÉTRICAS. **c)** Barra sujeta a una altura determinada para hacer ejercicios de danza. **d)** Barra de hierro con la que se compite arrojándola a la mayor distancia posible. Tb el mismo juego o deporte. A veces con un adj especificador: ARAGONESA, CATALANA, CASTELLANA. **e)** En una bicicleta: Barra cilíndrica que va de la parte baja del sillín a la del manillar. ■ **2** Cosa en forma de barra [1a]. **b)** ~ de labios. Cilindro cosmético para colorear los labios. Tb sin compl, por consabido. **c)** Pieza de pan de forma alargada. **d)** (Heráld) Pieza que corta el escudo verticalmente. ■ **3** Raya oblicua, o, más raramente, vertical, con que se separan dos partes o dos partes de lo escrito en una misma línea. **b)** (Mús) Raya vertical con que se separan dos compases. ■ **4** Bloque [de oro o de plata] sin labrar. ■ **5** En un bar: Barra [1a] dispuesta horizontalmente a lo largo del mostrador. **b)** En un bar u otro establecimiento similar: Mostrador. **c)** ~ americana. Bar americano (con chicas de alterne). **d)** ~ libre. En una discoteca o en determinadas fiestas: Derecho a consumir gratis cuantas bebidas se deseen. ■ **6** Banco o bajo de arena formado a la entrada de una ría o en la embocadura de un río. ■ **7** En algunos animales: Espacio entre los incisivos y los molares. ■ **8** (Caza) Bando o bandada.
II loc v **9 apuntar** [algo] **en la ~ del hielo.** (col) Se usa, gralm en forma imperativa, para indicar que de aquello a lo que se refiere no ha de quedar memoria. Tb fig. ■ **10 pararse en ~s.** (col) Tener miramientos o reparos. Tb, raro, PARAR EN ~S. Normalmente en forma neg.

barrabás m (col) Hombre o niño que hace fechorías. Gralm dicho con intención humoríst o indulgente. Tb fig, referido a toro.

barrabasada f (col) Fechoría. Gralm dicho con intención humoríst o indulgente.

barraca f **1** En las fiestas populares: Construcción provisional desmontable, destinada a diversiones. Frec ~ DE FERIA. ■ **2** Vivienda rural típica de la región levantina, de adobe y con tejado de paja a dos aguas y muy pendiente. ■ **3** (reg) Chabola (vivienda).

barracón m Edificación grande construida toscamente y frec. con materiales ligeros, destinada normalmente a alojamiento de tropas, prisioneros o trabajadores.

barracuda f Pez marino de hasta 2 m de longitud, de cuerpo muy estilizado, fuerte dentadura y gran voracidad, que habita en el océano Atlántico (Sphyraena barracuda).

barrado adj (raro) [Cheque] cruzado.

barragán m (Tex) Tela impermeable de lana, usada esp. para abrigos de caballero.

barragana f (hist) Concubina. Tb (lit) referido a época moderna.

barraganería f (hist o lit) Barraganía.

barraganía f (hist) Amancebamiento. Tb (lit) referido a época moderna.

barrage (fr; pronunc corriente, /baráʒ/) m (Dep) En el tiro de pichón: Desempate.

barrajense adj Barrajeño. Tb n.

barrajeño -ña adj De Barrax (Albacete). Tb n, referido a pers.

barral m (reg) Botijo con dos asas laterales.

barramunda f Pez australiano de río, de hasta 2 m de longitud y que ocasionalmente puede sustituir la respiración branquial por la pulmonar (Neoceratodus forsteri).

barranca f Barranco.

barrancada f Barranco.

barrancal m Lugar en que hay barrancos.

barranco m Depresión del terreno abrupta y profunda.

barranqueño -ña adj De San Esteban del Valle (Ávila). Tb n, referido a pers.

barranquera f Barranco.

barranquero -ra adj De(l) barranco.

barranquismo m Deporte que consiste en seguir el curso de un río a través de un barranco, con técnicas de natación y escalada.

barraque. a traque ~ → TRAQUE[1].

barraquero -ra I adj **1** De (la) barraca de feria.
II m y f **2** Pers. que posee o atiende una barraca de feria.

barraquismo m (reg) Proliferación de barracas o chabolas.

barraquista m y f (reg) Habitante de una barraca o chabola.

barraquístico -ca adj (reg) De (las) barracas o chabolas.

barrastra f (reg) Utensilio para recoger la mies en la era.

barrear tr Cerrar con obstáculos [un sitio abierto].

barredero -ra I adj **1** Que barre o sirve para barrer [1a]. Tb fig. Tb n f, referido a máquina. ■ **2** [Red] que recorre el fondo del mar capturando todo cuanto encuentra. Tb n f.
II m **3** Palo largo con unos trapos en su extremo, con que se barre [1a] el horno de leña.

barredor -ra adj Que barre [1 y 3]. Tb fig. Tb n: m y f, referido a pers; f, referido a máquina; m, referido a aparato.

barreduela f (reg) Plazoleta, gralm. sin salida.

barredura *f* **1** Acción de barrer [1a]. *Tb fig.* ■ **2** *En pl:* Basura arrastrada al barrer [1a]. **b)** (*desp*) Basura. *En sent fig.*

barrena *f* **1** Instrumento de acero, con una rosca en espiral en su punta, destinado a taladrar. ■ **2** Movimiento del avión que pierde su estabilidad y cae girando sobre sí mismo. *Normalmente en la constr* CAER, *o* ENTRAR, EN ~. *Frec fig.* ■ **3** (*Taur*) Acción de barrenar [2].

barrenado -da *adj* **1** *part* → BARRENAR. ■ **2** (*col*) [Pers.] que tiene perturbadas sus facultades mentales.

barrenador -ra *adj* Que barrena [1]. *Tb n: m,* referido a obrero; f, referido a máquina.

barrenamiento *m* Acción de barrenar [1].

barrenar A *tr* **1** Horadar o agujerear [algo] con una barrena [1]. *Tb fig. Tb abs.* ■ **2** (*Taur*) Hincar la puya o el estoque [al toro] moviéndolos a modo de barrena [1]. *Tb abs.* ■ **3** Minar o socavar. *En sent moral.* ■ **4** (*col*) Pensar. *Tb abs.*
  B *intr* **5** Insistir en algo que hace daño o molesta.

barrendero -ra *m y f* Pers. que tiene por oficio barrer [1a], esp. las calles.

barrenero *m* Obrero que abre barrenos [2].

barrenillo *m* Escarabajo diminuto que vive bajo la corteza de algunos árboles, haciendo galerías en su madera (gén. *Scolytus* y otros).

barrenista *m* Barrenero.

barreno *m* **1** Barrena [1], esp. grande. ■ **2** Carga explosiva que se introduce en un agujero taladrado en la roca, para romper esta y facilitar su arranque.

barreña *f* (*reg*) Vasija grande de barro, cilíndrica y sin asas, usada esp. para amasar la carne que ha de embutirse.

barreño[1] *m* Vasija, gralm. de barro, plástico o metal, frec. más ancha por la boca que por el fondo, usada esp. para fregar.

barreño[2] **-ña** *adj* De Los Barrios (Cádiz). *Tb n,* referido a pers.

barreñón *m* (*reg*) Barreño. *A veces designa el de gran tamaño.*

barrer A *tr* **1** Quitar del suelo, con escoba u otro utensilio semejante, [el polvo o la basura]. *Frec abs.* **b)** Hacer desaparecer totalmente [de un lugar una cosa o un conjunto de cosas o perss.]. *Tb abs. Frec sin compl de lugar, por consabido.* ■ **2** Limpiar [un lugar] barriendo [1a]. *Tb fig.* **b)** Limpiar [un lugar (*cd*) de algo]. ■ **3** Pasar [un aparato electrónico (*suj*) por una zona (*cd*)] detectando lo que hay en ella. **b)** Pasar [la luz (*suj*) por una zona (*cd*)] dejando ver lo que hay en ella. **c)** Mirar minuciosa o detenidamente [una zona (*cd*)] para ver lo que hay en ella. ■ **4** Derrotar abrumadoramente [a un adversario]. *Tb abs. Tb fig.*
  B *intr* **5** ~ **para dentro.** (*col*) Aprovechar las circunstancias para favorecer los intereses propios.

barrera[1] I *f* **1** Dispositivo formado por piezas de madera o de metal, destinado a cortar el paso o a cercar un lugar. ■ **2** *En una plaza de toros:* Cerco de madera que limita el ruedo. *Tb la zona interior de la misma.* **b)** Fila de asientos inmediatamente detrás de la barrera. *Tb cada uno de esos asientos.* ■ **3** Obstáculo que dificulta o impide el paso o acceso a un lugar. **b)** Obstáculo que dificulta la relación o el intercambio. ■ **4** Parapeto tras el que se protege alguien o algo. *Tb fig.* ■ **5** (*Dep*) Fi-

la que forman los jugadores delante de su meta para protegerla del lanzamiento de un golpe franco. ■ **6** *En el parchís:* Conjunto de dos fichas iguales en un seguro, con que se impide pasar al resto de las fichas. ■ **7** Límite del que no se puede o no se debe pasar. **b)** Límite al que llega algo. ■ **8** ~ **de coral.** (*Geol*) Arrecife de coral muy largo y paralelo a la costa. *Tb* ARRECIFE ~. ■ **9** ~ **de hielo.** (*Geol*) Masa plana de hielo que emerge sobre el nivel del mar o que a veces corta el curso de una corriente. ■ **10** ~ **del sonido.** Conjunto de fenómenos aerodinámicos que se producen cuando un móvil se desplaza por la atmósfera a velocidad próxima a la del sonido.
  II *loc v* **11 ver los toros desde la** ~ → TORO[1].

barrera[2] *f* Masa de barro.

barrera[3] *f* (*reg*) Ladera de un cerro. *Tb fig.*

barrería *f* (*reg*) Alfarería (taller).

barrero -ra (*reg*) A *m* **1** Lugar de donde se saca el barro para los alfares.
  B *m y f* **2** Alfarero.

barrerón *m* Barrera[1] [1] grande.

barreta *f* (*reg*) **1** Barra pequeña. ■ **2** Dulce de caramelo con almendras, avellanas o garbanzos, típico de Granada por el Corpus.

barretina *f* Gorro de lana, en forma de manga cerrada por un extremo, típico de Cataluña.

barriada *f* Barrio [1b].

barrial *adj* (*reg*) [Terreno] arcilloso y ligero, que se encharca pronto.

barrica *f* Tonel de mediano tamaño, gralm. de capacidad entre 200 y 250 l.

barricada *f* Obstáculo improvisado que sirve de parapeto, gralm. en una revuelta callejera.

barricadero -ra *m y f* (*raro*) Revolucionario que hace barricadas.

barrida *f* Acción de barrer [1].

barrido I *m* **1** Acción de barrer, *esp* [1a y 3a].
  II *loc v* **2 servir lo mismo,** *o* **igual, para un** ~ **que para un fregado.** (*col*) Ser útil para todo.

barriga I *f* **1** Vientre [de una pers. o animal]. ■ **2** (*col*) Embarazo o preñez. ■ **3** Parte abultada o sobresaliente [de algo].
  II *loc v* **4 cargar la** ~. (*col*) Quedarse embarazada [una mujer]. ■ **5 dar cien patadas en la** ~ → PATADA. ■ **6 hacer una** ~ [a una mujer]. (*col*) Dejar[la] embarazada. ■ **7 tener** (*o* **llevar**) **gatos en la** ~ → GATO[1]. ■ **8 tocarse** (*o* **rascarse**) **la** ~. (*col*) Estar ocioso o sin hacer nada de provecho.

barrigada *f* (*reg*) *En la res:* Falda o bajo vientre.

barrigón -na *adj* (*col*) Barrigudo.

barrigudo -da *adj* Que tiene barriga [1 y 3] abultada.

barriguera *f* Correa que se pone en la barriga a la caballería de tiro y a veces también a la de montar.

barril *m* **1** Recipiente de madera o metal, normalmente cilíndrico, que se usa para envasar y transportar líquidos y otros géneros. ■ **2** Medida de capacidad del petróleo, equivalente a 158,98 l. ■ **3** (*reg*) Vasija de barro en forma de botijo o botija. ■ **4 un** ~ **de pólvora.** Cosa que amenaza con estallar en cualquier momento. *Tb fig.*

barrila[1] *f* (*reg*) Botija.

barrila[2] *f* (*jerg*) Lata o tabarra. *Gralm con el v* DAR.

barrilería *f* Conjunto de barriles [1].

barrilete *m* **1** Barril [1] pequeño. ■ **2** (*Mar*) Nudo cilíndrico que se hace en un cabo para servir de tope o apoyo. ■ **3** (*E*) *En los hornos de destilación de la hulla:* Cilindro horizontal que recoge la mayor parte del alquitrán y aguas amoniacales. ■ **4** *Se da este n a dos especies marinas: Euthynnus lineatus, de la familia del atún, y Uca tangeri, variedad de cangrejo con una pinza más grande que la otra.*

barrilla *f* **1** Planta de hojas blanquecinas y puntiagudas y flores verduzcas, que crece en terrenos salados y de cuyas cenizas se obtiene la sosa (gén. *Salsola*, pralm. *S. soda*). ■ **2** Sosa obtenida de la barrilla [1].

barrillero -ra *adj* [Planta] que produce barrilla [2].

barrillo[1] *m* Capa ligera de barro[1] [1].

barrillo[2] *m* Barro[2].

barrilote *m* Pez marino de la familia del atún, propio esp. de la región canaria (*Euthynnus pelamys*). *Tb designa otras especies similares.*

barrimiento *m* (*raro*) Acción de barrer.

barrio *m* **1** Zona de una población. **b)** Barrio de los que no pertenecen al centro de la población o están alejados de él. **c)** ~s bajos. *En algunas ciudades, esp Madrid:* Zona del casco antiguo en que predomina la población de clase popular. ■ **2 el otro ~**. (*col, humoríst*) El otro mundo. *Gralm en las constrs* MANDAR AL OTRO ~, IRSE AL OTRO ~.

barriobajero -ra *adj* **1** (*desp*) De los barrios bajos o de categoría social y económica menos poderosa. ■ **2** (*col, desp*) [Pers.] de clase popular. *Tb n.* **b)** Ordinario o ineducado. *Tb n, referido a pers.*

barrisco. a ~. *loc adv* (*reg*) En conjunto o sin distinción.

barrista[1] *m y f* Artista de circo que trabaja en las barras fijas.

barrista[2] *m y f* (*Escult*) Escultor que trabaja en barro[1] [2].

barritar *intr* Emitir barritos [el elefante]. *Tb fig, referido a pers.*

barrito *m* Voz del elefante.

barrizal *m* Lugar lleno de barro[1] [1].

barrizo -za *adj* (*reg*) [Lugar] lleno de barro[1] [1].

barro[1] *m* **1** Masa formada por la mezcla de tierra y agua, esp. la que resulta de la lluvia en el suelo. *Tb fig.* ■ **2** Mezcla de arcilla y agua, que, moldeándola y sometiéndola a cocción, sirve para fabricar diversos objetos. ■ **3** Vasija, u otro objeto, de barro [2]. **b)** *Esp:* Jarra de cerveza. ■ **4** (*Geol*) Depósito formado en el fondo del mar por una masa [de foraminíferos].

barro[2] *m* **1** Grano rojizo, menudo, que sale en la cara. ■ **2** *En el ganado:* Bulto producido por ácaros o larvas que anidan bajo la piel. **b)** Picadura de mosca o mosquito en el morro.

barrocamente *adv* De manera barroca, *esp* [2].

barroco -ca (*frec con mayúscula en acep 1a y b*) *adj* **1** [Estilo artístico] que se caracteriza por la importancia de la ornamentación y cuyo desarrollo corresponde a los ss. XVII y XVIII. *Tb n m. Tb, en gral, cualquier estilo caracterizado por la importancia de la ornamentación. Tb n m,* **b)** De(l) estilo barroco. *Tb n m,*

designando época. **c)** Cultivador del estilo barroco. *Tb n, referido a pers.* ■ **2** Recargado, o falto de sencillez y naturalidad. *Frec desp.* ■ **3** [Perla] irregular.

barrón[1] *m* Planta gramínea, con tallo derecho de cerca de 1 m y flores en panoja, que crece espontánea en las playas y detiene las arenas de las dunas (*Ammophila arenaria*).

barrón[2] *m* (*reg*) **1** Barra grande de hierro. ■ **2** Reja del arado.

barroquismo *m* **1** Tendencia barroca [1b]. ■ **2** Condición de barroco [1 y 2]. ■ **3** Fase de la evolución del arte barroco [1] en la que predomina el carácter amanerado.

barroquización *f* Acción de barroquizar(se).

barroquizante *adj* Que tiende a lo barroco [1 y 2].

barroquizar *tr* Hacer barroco [1 y 2]. **b)** *pr* (~se) Hacerse barroco.

barroso -sa *adj* **1** Que abunda en barro[1] [1]. ■ **2** (*Taur*) Jabonero muy oscuro o negruzco.

barrote *m* Barra gruesa, esp. la que con otras forma un enrejado.

barruco *m* (*reg*) Peón de albañil.

barrueco *m* (*reg*) Canchal o peñascal.

barruenda *f* Maruca (pez).

barruntador -ra *adj* Que barrunta. *Tb fig.*

barruntar *tr* **1** Conjeturar o presentir [alguien algo]. ■ **2** Anunciar [una cosa algo futuro].

barrunto *m* **1** Acción de barruntar. *Tb su efecto.* ■ **2** Primer indicio.

bartola. a la ~. *loc adv* (*col*) Con toda despreocupación. *Con el v* TUMBARSE *u otro equivalente. Frec fig, referido a la pasividad.*

bartolillo *m* Pastel hecho con masa frita de harina y huevos, y relleno de crema.

bártulos (*col*) **I** *m pl* **1** Enseres u objetos. **II** *loc v* **2 liar,** o **recoger, los,** o **sus, ~.** Disponer el equipaje para un viaje o una mudanza. *Tb fig.*

barullero -ra *adj* [Pers.] dada al barullo. *Tb n.*

barullista *adj* (*raro*) Barullero. *Tb n.*

barullo (*col*) **I** *m* **1** Confusión o desorden. ■ **2** Mezcla confusa de voces y ruidos. ■ **3** Discusión o pendencia. **II** *loc adv* **4 a ~.** En grandes cantidades. *Tb adj.*

barullón -na *adj* (*reg*) **1** [Pers.] barullera. ■ **2** [Lugar] en que abunda el barullo [1 y 2].

barzón[1] *m* (*reg*) *En el arado:* Anillo por donde pasa el timón para unirse al yugo.

barzón[2]. **dar ~es.** *loc v* (*reg*) Andar vagando o dar idas y venidas sin propósito determinado.

barzonear *intr* (*reg*) Andar vagando o dando barzones[2].

barzonera *f* (*reg*) Correa con que se ata el barzón[1] al yugo.

basa *f* (*Arquit*) *En la columna:* Pieza inferior.

basado -da *adj* **1** *part* → BASAR. ■ **2** Que tiene la base [6] [en un lugar].

basal *adj* **1** (*Anat*) Situado en la base, esp. de un órgano. ■ **2** (*Fisiol*) [Metabolismo] que se produce en un organismo cuando este se encuentra en completo reposo y en ayunas.

basalioma *m* (*Med*) Epitelioma de células basales [1].

basáltico -ca *adj* De basalto.

basalto *m* Roca volcánica de color negro o verdoso, muy dura y densa, constituida por feldespatos, piroxenos y olivino.

basamental *adj* De(l) basamento [1].

basamentarse *intr pr* Tener [algo (*compl* EN)] como basamento [1].

basamento *m* **1** Base o fundamento. *En sent material y no material.* ■ **2** (*Arquit*) Elemento o conjunto de elementos que quedan debajo del fuste de la columna.

basar A *tr* **1** Poner la base [3 y 4] [de algo (*cd*) en una cosa]. B *intr pr* (~**se**) **2** Tomar como base [3 y 4] [una cosa (*compl* EN)]. ■ **3** Tener [una cosa] su base [3 y 4] [en otra].

basáride *f* Mamífero carnívoro americano, parecido a la comadreja, pero de mayor tamaño (*Bassariscus astutus*).

basauritarra *adj* De Basauri (Vizcaya). *Tb n, referido a pers.*

basca[1] *f* **1** Náusea. ■ **2** (*col*) Ímpetu caprichoso. *Normalmente en la constr* DARLE [a alguien] LA ~. **b)** Ansia o deseo [de algo]. ■ **3** (*jerg*) Panda o pandilla. ■ **4** (*jerg*) Gente.

basca[2] *f* En un traje femenino: Faldón que baja desde el talle ceñido, cubriendo más o menos las caderas.

bascar *intr* (*raro*) Tener basca[1] [2]. *A veces con un compl* POR.

báscula *f* Aparato para medir pesos, gralm. grandes.

basculación *f* Acción de bascular.

basculador -ra *adj* [Dispositivo] que, después de haber sido afianzados sobre él [los vagones (*compl* DE)], se inclina con ellos hasta vaciarlos de su carga. *Tb n m.*

basculamiento *m* Basculación.

basculante I *adj* **1** Que bascula [1a]. ■ **2** [Vehículo de carga] provisto de basculante [3b]. *Tb n m.* II *m* **3** Dispositivo que permite bascular [1a]. **b)** *En un vehículo de carga:* Dispositivo que permite descargar de una sola vez al bascular [1] la caja sobre un eje horizontal.

bascular A *intr* **1** Moverse a un lado y a otro sobre un eje vertical u horizontal. *Tb fig.* **b)** Inclinarse excesivamente hacia un lado [alguien o algo que se mueve] de modo que puede llegar a caerse. B *tr* **2** Hacer que [algo (*cd*)] bascule [1].

basculero *m* Encargado de una báscula oficial.

base I *n* A *f* **1** Parte [de una cosa] sobre la que esta se apoya. **b)** Parte inferior [de algo]. **c)** (*Arquit*) Basa. **d)** (*Geom*) Lado o cara sobre los que se suponen apoyados una figura o un cuerpo. **e)** (*Electr*) *En un enchufe de pared:* Parte que se fija a la pared y que va provista de dos o más hembrillas. ■ **2** Cosa sobre la que [otra (*compl de posesión*)] está puesta y se apoya. ■ **3** Elemento principal o fundamental [de algo]. ■ **4** Elemento que sirve de punto de partida [a algo (*compl de posesión*)], esp. a un razonamiento o a un sistema. **b)** Origen. ■ **5** Norma de las que rigen [un concurso o algo similar (*compl de posesión*)]. ■ **6** Área militar que comprende un

conjunto de instalaciones diversas donde se alojan una o varias unidades, y que cuenta con zonas para instrucción, adiestramiento y enseñanza. *Frec con los adjs* MILITAR, NAVAL o AÉREA. **b)** *En gral, esp referido a una expedición no militar:* Punto de concentración, de alojamiento, de apoyo o de aprovisionamiento. ■ **7** Lugar desde donde se lanza algo. ~ DE LANZAMIENTO. **b)** Lugar desde donde se emite. ■ **8** Conjunto de los militantes no dirigentes [de un partido o un sindicato]. *Tb fig, referido a otras asociaciones o al pueblo en gral. Frec en pl con sent sg.* ■ **9** (*Ling*) Elemento léxico sobre el que, por adición de un sufijo, se forma un derivado. ■ **10** (*Mat*) Número en función del cual se organiza un sistema [de numeración o de logaritmos]. ■ **11** (*Mat*) Cantidad que ha de elevarse a una potencia. ■ **12** (*Quím*) Cuerpo que tiene la propiedad de combinarse con un ácido para formar una sal. ■ **13** (*Béisbol*) Esquina de las cuatro que forman un campo y que se trata de ocupar el jugador para conseguir una carrera. ■ **14** (*Informát*) Conjunto de datos organizados para una búsqueda rápida. ■ **15** ~ **imponible**, ~ **liquidable** → IMPONIBLE, LIQUIDABLE. B *m y f* **16** (*Balonc*) Jugador cuya función es organizar el juego de su equipo. II *adj invar* **17** [Salario] que sirve de referencia para la aplicación de porcentajes complementarios. ■ **18** [Crema] que se aplica antes que otro u otros productos. *A veces con un compl* DE. ■ **19** [Pelota] ~ → PELOTA[1]. ■ **20** Básico [1]. *Frec en la loc* DE ~, *referida a determinados ns, como industria o comunidad.* ■ **21 de ~s.** [Ley] general que establece el marco o la normativa esencial [de una actividad]. *A veces sin compl.* III *loc y constr adv* **22 a ~ de** + *adj m* (*pop*) = DE MANERA MUY, o EN FORMA MUY, + *el mismo adj. Con intención ponderativa.* ■ **23 a ~ de bien.** (*pop*) Francamente bien. **b)** Mucho o intensamente. IV *loc prep* **24 a ~ de.** Teniendo la base [3] de. **b)** Con o por medio de. ■ **25 en ~ a.** (*semiculto*) Tomando la base [4] de.

baseball (*ing; pronunc corriente,* /béisbol/; *tb con la grafía* **base-ball**) *m* Béisbol.

baseque *m* Lengua del grupo bantú hablada en parte de Guinea Ecuatorial.

basic (*ing; pronunc corriente,* /béisik/; *tb con las grafías* **BASIC** o **Basic**) *m* (*Informát*) Lenguaje de programación que utiliza términos del inglés común.

básicamente *adv* De manera básica [1].

basicidad *f* (*Quím*) Condición de básico [2].

básico -ca I *adj* **1** Que tiene carácter de base, o sirve de base [3 y 4]. ■ **2** (*Quím*) Propio de las bases [12], o que posee sus propiedades. **b)** [Roca] que contiene menos del 55% de sílice. II *f* **3** (*col*) Educación General Básica [1].

basidio *m* (*Bot*) *En algunos hongos:* Célula madre productora de esporas.

basidiomiceto *adj* (*Bot*) [Hongo] que se reproduce por basidios. *Frec como n m en pl, designando este taxón botánico.*

basidiospora *f* (*Bot*) Espora producida por un basidio.

basilar *adj* (*Anat*) **1** De (la) base o de (la) porción basal. ■ **2** [Membrana] que forma parte del tabique de los conductos del oído interno. ■ **3** [Tronco] constituido por la unión de las arterias cerebrales.

basileo *m* (*hist*) Emperador bizantino.

basileos m (*hist*) En la antigua Grecia: Arconte encargado de dirigir las ceremonias religiosas.

basílica[1] f 1 (*Rel catól*) Iglesia de Roma de las 13 consideradas primeras de la cristiandad y que goza de determinados privilegios. *Tb* IGLESIA ~. **b)** Iglesia notable por su antigüedad o que goza de determinados privilegios. ■ **2** (*hist*) En la antigua Roma: Edificio público, dividido en varias naves paralelas, destinado a la administración de justicia y a los tratos comerciales.

basílica[2] adj (*Anat*) [Vena] superficial situada en el lado interno del brazo. *Tb* n f.

basilical adj De (la) basílica[1].

basilio -lia adj (*Rel crist*) De alguna de las órdenes religiosas que siguen la regla de San Basilio. *Tb* n, referido a pers.

basilisco m **1** Reptil saurio americano, con cresta dorsal, semejante a la iguana pero más pequeño, y de costumbres semiacuáticas (*Basiliscus americanus*). ■ **2** Reptil fabuloso que mata con la mirada. ■ **3** Pers. furiosa. *Frec en constrs como* HECHO UN ~, o COMO UN ~.

basiófilo adj (*Anat*) Basófilo.

basket (*ing; pronunc corriente,* /básket/) m Baloncesto.

basket average (*ing; pronunc corriente,* /básket-aberáχe/) m (*Balonc*) Promedio de tantos metidos y encajados por un equipo.

basket-ball (*ing; pronunc corriente,* /básket-bol/) m Baloncesto.

basna f Carretón sin ruedas, tirado por bueyes, usado en Cantabria.

basófilo adj (*Anat*) [Leucocito] que fija colorantes básicos.

basorina f (*Quím*) Principio vegetal mucilaginoso de la goma tragacanto.

básquet m (*raro*) Basket.

basquilla f Enfermedad del ganado lanar, caracterizada por alteración del sistema nervioso y muscular.

basquiña f Falda, gralm. negra, usada por las mujeres para salir a la calle, de carácter cortesano en el s. XVII, popular en el XVIII y hoy regional.

basset (*fr e ing; pronunc corriente,* /báset/; *pl normal,* ~s) m Pachón (perro).

basta[1] f **1** (*Lab*) Hilván. ■ **2** Puntada o atadura de las que se distribuyen regularmente por el colchón para mantener la lana en su lugar.

basta[2] f (*reg*) Aparejo semejante a la albarda.

bastante I adj **1** Que basta [1a]. *Normalmente seguido de un compl* PARA. * No tiene dinero bastante para la obra. * Si no tiene ingresos bastantes puede endeudarse. **b)** (*Der*) Que cumple los requisitos legales necesarios. * La letra puede ir firmada por un apoderado con poder bastante. ■ **2** Notable en cantidad, intensidad o calidad. * El participio tiene bastante uso. **b)** *Con sent adv, ante los adjs* MÁS o MENOS (bastantes más personas = personas en cantidad bastante mayor), *a veces tb ante otros advs comparativos.* * Ahora hay bastantes menos niños. * Su piso es bastante mayor. **II** pron **3** En pl, designando seres mencionados o aludidos: Cantidad o número que bastan [1a]. *Normalmente seguido de un compl* PARA. * Faltaré solo tres días. –Bastantes para que pongan a

otro. ■ **4** *En sg:* Cantidad o cosa que basta [1a]. * Bastante hacemos con tratar de situarlos en la vida. ■ **5** *En pl, designando seres mencionados o aludidos:* Cantidad o número notables. * Si te refieres a los exaltados, de esos hay bastantes. ■ **6** *En pl, sin referencia a seres mencionados o aludidos:* Bastante [2a] gente. * Hay bastantes que piensan como tú. ■ **7** *En sg:* Cantidad notable. * Se ha escrito bastante sobre ese tema.

III adv **8** En cantidad o con intensidad, duración o frecuencia que bastan [1a]. *Gralm con un compl* PARA. *Frec* LO ~. * No duerme bastante. * Madruga lo bastante para coger el primer tren. ■ **9** En cantidad o con intensidad, duración o frecuencia notables. * Ya he soportado bastante sus malos modos. * Va bastante a verlos. **b)** *Irónicamente:* Nada. *A veces seguido de* SI. * Bastante si me importa lo que haga.

IV loc v intr impers **10** ser (o **haber**) ~. Bastar [2] [con alguien o algo]. * Con uno que se quede es bastante.

bastantear tr (*Der*) Reconocer [un abogado el poder (*cd*) otorgado para litigar] y declarar[lo] bastante [1b]. *Tb* abs.

bastanteo m (*Der*) Acción de bastantear.

bastar I intr ➤ **a** *normal* **1** Tener [una pers. o cosa], sin ayuda de otra, el poder o la capacidad necesarios [para algo]. *Frec se omite el compl, por consabido. Tb pr* (~se), *con intención enfática, y esp referido a pers. Cuando el suj es una prop, va pospuesto al v.* * Para esto basta tener la conciencia tranquila. * Me basto para llevarlo yo. **b)** ~ **y sobrar.** Tener [una pers. o cosa], sin ayuda de otra, poder o capacidad más que suficientes [para algo]. *Con intención enfática. Frec se omite el compl, por consabido. Tb pr* (~se), *esp referido a pers.*

➤ **b** *impers* **2** Haber bastante o suficiente [con alguien o algo]. * Basta con que el lector sepa que existe esa habitación secreta. **b)** ~ **y sobrar.** Haber más que suficiente [con alguien o algo]. *Con intención enfática.* ■ **3** Ser necesario detener o hacer que cese [algo (*compl* DE)]. *Frec se omite el compl, por consabido. En este caso se emplea normalmente en presente, en tono exclamativo, reclamando el cese de la acción o palabras del interlocutor.* * Basta de bromas.

II loc adv **4 hasta decir basta** → DECIR.

bastardamente adv (*lit*) Con interés bastardo [3].

bastardear tr (*lit*) Quitar [a una cosa (*cd*)] su pureza primitiva.

bastardía f **1** Condición de bastardo, *esp* [1]. ■ **2** Dicho o hecho indigno o poco noble.

bastardilla adj [Letra o escritura manual] inclinada a la derecha. *Tb* n f. **b)** (*Impr*) Cursiva. *Tb* n f.

bastardo -da adj **1** [Hijo o hermano] nacido fuera del matrimonio. *Tb* n, referido a hijo. *Dicho esp respecto a familias reales o nobles. Tb* fig. **b)** [Linaje] descendiente de un bastardo. ■ **2** [Ser vivo] que es de raza pura. *Tb* n m. **b)** *Frec se usa como especificador de distintos animales y plantas:* [Andarríos] ~, [azafrán] ~, [culebra] **bastarda**, [juncia] **bastarda**, [manzanilla] **bastarda**, [porrón] ~, *etc* → ANDARRÍOS, AZAFRÁN, CULEBRA, JUNCIA, MANZANILLA, PORRÓN[3], *etc.* ■ **3** (*lit*) [Cosa, esp. intención o interés] poco noble. ■ **4** Bastardilla [1a]. *Tb* n f. ■ **5** (*Mús*) [Trompeta] militar. ■ **6** (*Mar*) [Vela] latina grande. ■ **7** (*Mar, hist*) [Galera] mayor que la ordinaria.

bastarno -na *adj* (*hist*) De un pueblo germánico que se extendió desde el alto Vístula al bajo Danubio a partir del s. II a.C. *Tb n, referido a pers.*

baste[1] *m* (*reg*) Aparejo semejante a la albarda.

baste[2] *m* (*jerg*) Dedo.

bastecer (*conjug* 11) *tr* (*raro*) Abastecer.

bastedad *f* 1 Cualidad de basto[1]. ■ 2 Hecho o dicho basto[1].

bastetano -na *adj* 1 De Baza (Granada). *Tb n, referido a pers.* ■ 2 (*hist*) Del pueblo prerromano habitante de una zona correspondiente a parte de las provincias de Granada, Jaén y Almería. *Tb n, referido a pers.*

bastez *f* Bastedad.

bastidor I *m* 1 Armazón que sirve de soporte a algo. **b)** *Esp:* Armazón de madera que sirve para fijar sobre su hueco un lienzo sobre el que se va a bordar o a pintar. **c)** *En un vehículo:* Armazón metálica que soporta la carrocería y en la cual se inserta el motor. ■ 2 (*Escén*) Pieza de las constituidas por un lienzo o un papel pintados montados sobre un bastidor [1a] y que, colocadas mirando al público a ambos lados del escenario, forman parte de la decoración. **II** *loc adv* 3 **entre ~es.** (*Escén*) Fuera de la representación propiamente dicha. **b)** *Fuera del ámbito teatral:* Privadamente o sin que el hecho trascienda al público. *Tb adj.*

bastilla *f* (*Lab*) 1 Doblez asegurado con puntadas en el extremo de una tela para que esta no se deshilache. ■ 2 Costura semejante a un hilván de puntada corta.

bastimento *m* Provisión o vitualla. *Normalmente en pl.*

bastina *f* (*reg*) Se da este n a los peces *Myliobatis aquila, Raja miraletus, R. clavata* y *R. oxyrhinchus.*

bastión *m* 1 Fortaleza (construcción o recinto fortificados). *Tb* (*lit*) *fig.* ■ 2 Baluarte (obra de fortificación que sobresale en el encuentro de dos lienzos de muralla).

bastitano -na *adj* Bastetano [2]. *Tb n.*

basto[1] **-ta** *adj* 1 Que carece de pulimento. *Tb fig.* ■ 2 Áspero al tacto. ■ 3 De calidad poco fina o selecta.

basto[2] I *m* 1 *En la baraja española:* Figura de palo grueso, más ancho por su parte inferior, que corresponde a uno de los cuatro palos. *En pl designa el palo de esta figura.* **b)** Carta o naipe de bastos. **c)** **el ~.** El as de bastos. **II** *loc v* 2 **pintar ~s.** (*col*) Salir o presentarse mal las cosas.

bastón *m* 1 Palo con empuñadura y gralm. con contera, que se lleva en la mano para apoyarse al andar. **b)** Palo u objeto similar de color blanco, usado por los ciegos para orientarse y no tropezar al andar. ■ 2 Barra metálica, con una arandela en su parte inferior, usada para impulsarse al esquiar. ■ 3 Vara, más o menos decorada, que es símbolo de mando o autoridad en determinados grados militares o cargos civiles. *Frec* ~ DE MANDO. **b)** **~ de mando.** (*Prehist*) Objeto fabricado con asta de ciervo o reno, de 20 o 30 cm de longitud y con uno o más agujeros, que debió de ser símbolo de autoridad. ■ 4 Cuerpo de figura alargada, como la de un palo. **b)** (*Biol y Anat*) Elemento de figura alargada, esp. de los que, con los conos, forman una capa de la reti-

na. ■ 5 **el ~.** (*reg*) *En la baraja española:* El basto[2] [1c].

bastonazo *m* Golpe de bastón [1].

bastoncillo *m* 1 *dim* → BASTÓN. ■ 2 Utensilio en forma de palito con algodón en sus dos extremos, usado esp. para limpiar los oídos. ■ 3 (*Biol y Anat*) Bastón [4b].

bastoncito *m* 1 *dim* → BASTÓN. ■ 2 Bastoncillo [2].

bastonero -ra A *m y f* 1 Pers. que fabrica o vende bastones [1]. ■ 2 (*hist*) Pers. que dirige o vigila un baile. **B** *f* 3 Mueble destinado a depositar en él los bastones [1a] y paraguas.

bástulo -la *adj* (*hist*) De un pueblo indígena prerromano habitante de la región comprendida entre el estrecho de Gibraltar y la actual Almería. *Tb n, referido a pers.*

basura I *f* 1 Conjunto de desperdicios y desechos. ■ 2 Suciedad, o conjunto de cosas que ensucian. ■ 3 Excrementos. ■ 4 Cosa que produce repugnancia. ■ 5 Porquería (pers. o cosa despreciable o inútil). ■ 6 Acción sucia o indecente. **II** *adj invar* 7 De baja calidad. *Frec referido a ns como* CONTRATO, COMIDA, TELEVISIÓN, *etc.* **b)** (*jerg Econ*) [Bono] de alto rendimiento emitido por una compañía de solvencia relativa.

basurero -ra I *adj* 1 De (la) basura. **II** *n* A *m y f* 2 Pers. que retira las basuras [1]. **B** *m* 3 Lugar utilizado para arrojar en él las basuras [1]. *Tb fig.*

basuto -ta *adj* De Basutolandia (hoy Lesotho, en África). *Tb n, referido a pers.*

bata[1] I *f* 1 Prenda de vestir holgada y que cubre por lo menos hasta la rodilla, que se usa para estar en casa. ■ 2 Prenda de vestir de tela lavable, gralm. blanca, usada para el trabajo, esp. en laboratorios, clínicas o peluquerías. **b)** **~s blancas.** (*lit*) Conjunto de médicos, farmacéuticos o personal de laboratorio. ■ 3 Vestido de mujer sencillo y abierto. ■ 4 Vestido largo de mujer, propio del baile flamenco. *Frec* ~ DE COLA. **II** *loc adj* 5 **de ~ blanca.** (*lit*) Del personal médico o de laboratorio.

bata[2] *m* (*raro*) Criado filipino joven.

batacazo *m* Golpe fuerte que se da una persona al caer. *Tb fig.*

bataclán *m* (*hist*) Varietés.

bataclana *f* (*hist*) Canzonetista o cantante de varietés.

batahola (*tb, raro, con la grafía* **bataola**) *f* (*lit*) Bulla, o ruido causado por mucha gente.

batalla I *f* 1 Combate entre dos fuerzas armadas contrarias. *Tb fig.* **b)** **~ campal** → CAMPAL. **c)** **~ naval.** Barcos (juego). ■ 2 (*Mec*) *En un vehículo de cuatro ruedas:* Distancia entre los ejes delantero y trasero. ■ 3 (*Mús*) Pieza de música descriptiva para trompetería de órgano, propia de los ss. XVI y XVII. **II** *loc adj* 4 **de ~.** (*col*) [Cosa, esp. prenda] de uso ordinario. ■ 5 [Caballo] **de ~,** [campo] **de ~** → CABALLO, CAMPO. **III** *loc v* 6 **dar la ~.** Arrostrar con decisión las dificultades para conseguir algo. *A veces con un compl especificador.* ■ 7 **presentar ~.** Desplegar las tropas ante el enemigo, provocándolo al combate. *Tb fig. A veces con ci.*

batallador -ra *adj* **1** Dado a batallar. ■ **2** Batallón².

batallar *intr* Luchar o combatir. *Frec fig.*

batallita *f* (*col*) Narración sobre sucesos pasados en los que el narrador aparece como participante o protagonista. *Gralm en pl y con intención humoríst.*

batallón¹ *m* Unidad militar compuesta de varias compañías de una misma arma o cuerpo y mandada por un jefe de categoría inferior a la de coronel.

batallón² -na *adj* [Cuestión o asunto] que da lugar a muchas discusiones o que encierra muchas dificultades.

batán *m* Máquina para batir cueros o paños. *Tb el edificio en que está instalada.* **b)** **tierra de ~** → TIERRA.

batanear *tr* **1** Abatanar (hacer compacto y resistente [un tejido] mediante el batán u otro utensilio). ■ **2** Golpear [algo].

bataneo *m* Acción de batanear.

batanero *m* Hombre que trabaja en el batán.

batanga *f* (*Mar*) Armazón de madera y cañas de bambú que llevan a los costados algunas embarcaciones del Índico y del Pacífico, para mayor estabilidad.

bataola → BATAHOLA.

batasunero -ra *adj* Batasuno. *Tb n.*

batasuno -na *adj* De la coalición independentista vasca Herri Batasuna ("Pueblo Unido"). *Tb n, referido a pers.*

batata *f* Planta herbácea vivaz de tallos rastreros, hojas acorazonadas y flores blancas o purpúreas en umbela, que produce grandes tubérculos, harinosos y azucarados, usados para extraer fécula, fabricar alcohol y como alimento de personas y animales (*Ipomoea batatas*). *Tb su tubérculo.*

batatar *m* Terreno sembrado de batatas.

batatera *f* (*reg*) Batata (planta).

batatín *m* Dulce andaluz en forma de croqueta, hecho con almíbar de batata en polvo.

bátavo -va *adj* (*lit o hist*) Holandés. *Tb n.*

batayola *f* (*Mar*) Caja cubierta de tela encerada, que se construye sobre la regala y que sirve de protección y para guardar los coyes de los marineros durante el día.

batch (*ing; pronunc corriente,* /bách/) *m* (*Informát*) Sistema de proceso que consiste en la ejecución de grupos de programas subordinados en cuanto a prioridad.

bate *m* Palo usado en el béisbol y otros deportes para golpear la pelota.

batea *f* **1** Vagón descubierto, con plataforma de bordes muy bajos. ■ **2** *En un camión o remolque descubiertos:* Caja destinada a la carga. ■ **3** Balsa o plataforma de madera para la cría de mejillones. ■ **4** (*Min*) Recipiente utilizado para lavar arenas. ■ **5** (*reg*) Bandeja (recipiente para servir). **b)** Bandeja (de un vehículo).

bateador¹ -ra *m y f* (*Béisbol*) Jugador que maneja el bate.

bateador² -ra I *adj* **1** (*Ferroc*) [Máquina] para nivelar y compactar el balasto. *Tb n f.*

II *m y f* **2** (*Min*) Pers. que maneja la batea [4].

batear *tr* (*Béisbol*) Dar [a la pelota (*cd*)] con el bate. *Tb abs.*

batel *m* Bote (barco pequeño).

batelero -ra *m y f* Pers. que gobierna un batel.

batería I *n* A *f* **1** Acumulador o conjunto de acumuladores eléctricos. **b)** (*col*) *En pl:* Fuerzas de una pers. *Gralm en construc como* CARGAR, *o* RECARGAR, LAS ~S. ■ **2** *En una orquesta o conjunto de música ligera:* Conjunto de instrumentos de percusión. **b)** Conjunto de instrumentos de percusión que se montan unidos para que los toque una sola persona. ■ **3** Conjunto de vasijas que sirven para cocinar los alimentos. *Frec ~ DE COCINA.* ■ **4** Conjunto [de cosas iguales u homogéneas]. **b)** (*raro*) Conjunto [de perss. con alguna característica común]. ■ **5** (*Escén*) Fila de luces del proscenio. ■ **6** (*Mil*) Unidad del arma de artillería, constituida por cierto número de piezas y por el material y los artilleros necesarios para su servicio, y mandada por un capitán. **b)** Conjunto de piezas de artillería colocadas en disposición de hacer fuego.

B *m y f* **7** Músico que toca la batería [2b].

II *loc adv* **8** en ~. En posición paralela a una serie de elementos de la misma naturaleza que el objeto en cuestión. *Tb adj. Normalmente con referencia al aparcamiento de vehículos.*

baterista *m y f* Batería [7].

batey *m* Zona de viviendas y otras edificaciones en un ingenio antillano.

batial *adj* (*Geol*) [Región o zona] marítima comprendida entre el talud continental y la región o zona abisal. **b)** De la región o zona batial.

batiborrillo *m* (*col, raro*) Batiburrillo.

batiburrillo *m* (*col*) Mezcla desordenada de cosas dispares. *Tb fig.*

batición *f* (*raro*) Acción de batir.

baticola *f* Correa sujeta a la silla o albarda y terminada en un ojal por el que pasa la cola de la caballería, y que sirve para evitar que la montura se corra hacia adelante.

batida *f* Acción de batir [8 y 15]. **b)** Redada policial.

batidero *m* (*raro*) Terreno desigual por el que es difícil y molesto circular.

batido¹ *m* Acción de batir [1 a 5, 7, 9, 10, 11, 13 y 14].

batido² -da I *adj* **1** *part* → BATIR. ■ **2** (*Tex*) [Tejido de seda] que tiene la urdimbre de un color y la trama de otro, lo que le proporciona visos distintos.

II *m* **3** Bebida refrescante hecha con leche batida (→ BATIR [3]) junto con sustancias saborizantes.

batidor -ra I *adj* **1** Que bate, *esp* [3]. *Frec n, referido a pers.*

II *n* A *m* **2** Utensilio de cocina que sirve para batir [3]. **b)** (*raro*) Batidora [6]. ■ **3** (*Caza*) Hombre que en una batida levanta la caza. ■ **4** Soldado de caballería de los que, engalanados, encabezan un desfile. ■ **5** (*raro*) Peine claro de púas.

B *f* **6** Máquina que sirve para batir [3] o triturar alimentos reduciéndolos a una masa de consistencia homogénea.

batiente I *adj* **1** [Tambor] que se bate [1a] para que suene. *Gralm en la constr A TAMBOR ~, referida al paso triunfal de una tropa. Tb fig.*

II *m* **2** Hoja [de una puerta o ventana].

III *loc adv* **3 a mandíbula ~ –›** MANDÍBULA.

batifondo *m* (*reg*) Alboroto o barullo.

batihoja *m* Artesano que hace panes de oro o plata.

batik (*pl normal,* ~s) *m* Técnica de estampado al estilo javanés, que consiste en sumergir el tejido en el tinte, habiendo recubierto previamente con cera líquida las partes que han de permanecer sin color. *Tb el tejido así estampado.*

batimetría *f* (*Geol*) Medición de las profundidades marinas. *Tb la medida.*

batimétrico -ca *adj* (*Geol*) De (la) batimetría.

batín *m* Bata masculina para estar en casa, que gralm. llega hasta medio muslo. **b)** (*raro*) Bata femenina corta y de tela fina.

batintín *m* Disco metálico suspendido, que se toca golpeándolo con una bola forrada fija en el extremo de un palo.

batipelágico -ca *adj* (*Biol*) De las zonas profundas del mar.

batir **A** *tr* **1** Golpear repetidamente [algo]. **b)** Golpear [algo] para derribar[lo]. *Tb abs.* **c)** Hacer ruido golpeando reiteradamente [las palmas de las manos una con otra]. *En la constr* ~ PALMAS. ■ **2** Agitar reiteradamente con ímpetu [algo, esp. alas]. ■ **3** Mover y revolver [una sustancia, esp. huevo] dentro de un recipiente para que cambie su consistencia. ■ **4** Golpear o dejar sentir su impulso [una fuerza o un fenómeno (*suj*) sobre alguien o algo (*cd*)]. ■ **5** Tener [un lugar] sometido al ataque o a la amenaza de proyectiles. *Tb fig, referido a cualquier ataque o amenaza.* ■ **6** Derrotar o vencer [a un enemigo o contrincante]. ■ **7** (*Dep*) Superar [una marca o récord]. *Tb fig, fuera del ámbito deportivo.* ■ **8** Explorar o registrar minuciosamente [una zona] en busca de alguien o algo, esp. delincuentes o caza. *Tb abs.* ■ **9** (*Mil*) Tocar [marcha] con el tambor o el clarín. ■ **10** (*Metal*) Martillar una pieza [de metal (*cd*)] para reducirla a chapa. ■ **11** (*Numism*) Acuñar [moneda]. ■ **12** (*Fís*) Tener [un péndulo (*suj*)] un semiperíodo [de un segundo (*cd*)]. **B** *intr* **➤ a** *normal* **13** Golpear. *Frec con un compl adv.* ■ **14** Golpear reiteradamente [una puerta o ventana]. *Tb* (*reg*) *pr* (~se). ■ **15** (*Dep*) Golpear con el pie en el suelo para tomar impulso al saltar. ■ **16** (*raro*) Latir [el corazón]. **➤ b** *pr* (~se) **17** Combatir en duelo [dos perss., o una con otra]. **b)** (*lit*) Combatir o pelear. *Frec fig.* ■ **18 ~se en retirada.** Ceder ante el ataque enemigo sin darse por vencido. *Tb fig.*

batiscafo *m* Vehículo sumergible que permite explorar las profundidades marinas, y que funciona por un sistema semejante al del globo aerostático.

batista *f* Tejido de algodón o lino, fino y delgado.

bato *m* (*jerg*) Padre.

batolito *m* (*Geol*) Masa de roca granuda formada a gran profundidad.

batón *m* Bata ancha y larga hasta los pies.

batracio *adj* (*Zool, hoy raro*) [Animal] anfibio. *Frec como n m en pl.*

batúa *m* Forma unificada de la lengua vasca.

batueco -ca *adj* **1** De las Batuecas (valle de Salamanca). *Tb n, referido a pers.* ■ **2** (*lit, desp*) Bobalicón. *Tb n.*

baturrillo *m* (*raro*) Batiburrillo.

baturro -rra **I** *adj* **1** (*col*) Aragonés. *Tb n, referido a pers.* **b)** (*reg*) Aldeano de Aragón. *Tb n, referido a pers.* **c)** De los baturros. **II** *m* **2** Variedad rural del español hablado en Aragón.

batuta *f* **1** Vara corta que usa el director de una orquesta o banda para dirigir la ejecución de las piezas. **b)** (*lit*) Director de orquesta. ■ **2** (*lit*) Mando o dirección. *Frec con vs como* LLEVAR, EMPUÑAR, *o* TOMAR.

batutsi *adj* De un pueblo negro africano de economía básicamente pastoril, que habita en Ruanda, Burundi y algunas zonas limítrofes. *Tb n, referido a pers.*

batzarre *m* (*reg*) Reunión de los vecinos varones de un pueblo o valle para tratar de asuntos de la comunidad.

batzoki (*vasc; pronunc corriente,* /batsóki/) *m* (*reg*) Sede local del Partido Nacionalista Vasco.

baudio *m* (*Electrón e Informát*) Unidad de velocidad de transmisión equivalente a una unidad o un bit por segundo.

baúl *m* Cajón resistente, gralm. con refuerzos metálicos, en forma rectangular, provisto de tapa y cerraduras como las de una maleta y destinado a guardar objetos o a transportarlos en un viaje. **b)** ~ mundo –› MUNDO.

baulero *m* Hombre que hace o vende baúles.

bauprés *m* (*Mar*) Palo grueso casi horizontal que sobresale en la proa, en el que se afirman los estayes del trinquete y se orientan los foques.

bausán -na *m y f* Pers. boba.

bautismal *adj* Del bautismo [1a]. *Tb fig.*

bautismo *m* **1** (*Rel crist*) Sacramento por el cual la persona que lo recibe ingresa en la religión cristiana, y en el que se le impone un nombre. **b)** (*hist*) Inmersión ritual en agua, que simboliza la penitencia. *Referido a la que administraba San Juan Bautista.* ■ **2** Hecho de recibir el bautismo [1]. *Frec en constrs como* CERTIFICADO, PARTIDA, *o* FE, DE ~. *Tb fig.* ■ **3** ~ **de sangre.** (*Rel crist*) Martirio sufrido por un creyente que no ha recibido el sacramento del bautismo [1a]. ■ **4** ~ **de fuego, o de deseo.** (*Rel crist*) Acto en que se manifiesta el deseo ardiente de recibir el bautismo [1a]. ■ **5** ~ **de fuego.** (*Mil*) Entrada en combate por primera vez. ■ **6** **el** ~. (*col, raro*) La crisma. *Frec en la constr* ROMPER EL ~ [a alguien].

bautista **I** *n* **A** *m y f* **1** (*lit*) Pers. que bautiza [2]. **B** *m* **2** (*hist*) Hombre que administra el bautismo [1b]. *Designa al Precursor San Juan.* **II** *adj* **3** (*Rel crist, raro*) Baptista. *Tb n.*

bautisterio *m* (*raro*) Baptisterio.

bautizador -ra *adj* (*raro*) [Pers.] que bautiza [2]. *Tb n.*

bautizando -da *m y f* (*Rel crist*) Pers. que está siendo bautizada.

bautizar **A** *tr* **1** Administrar [a alguien (*cd*)] el bautismo [1]. *Tb abs.* ■ **2** Dar un nombre [a alguien o algo (*cd*)]. *Frec se especifica en la constr* ~ [a alguien o algo] CON EL NOMBRE DE + *n propio, o con un compl* COMO *o* DE. ■ **3** (*col*) Echar agua [al vino o a la leche (*cd*)]. **b)** Echar [un líquido (*compl* CON)] a otro (*cd*). ■ **4** (*col*) Arrojar agua u otro líquido [a alguien (*cd*)] por sorpresa o contra su voluntad.

B *intr pr* (**~se**) **5** Recibir el bautismo [1]. **b) el que tiene padrinos se bautiza** → PADRINO.

bautizo *m* **1** Acción de bautizar, *esp* [1]. **b)** Fiesta con que se celebra un bautizo religioso. ■ **2** (*lit, raro*) Ceremonia de presentación o de inauguración [de algo]. ■ **3 ~ de la Línea.** Fiesta del paso del Ecuador, que se da esp. a los que lo cruzan por primera vez.

bauxita *f* (*Mineral*) Roca sedimentaria formada pralm. por óxido hidratado de aluminio.

bauzado -da *adj* (*reg*) [Techo de cabaña] formado por maderos sin labrar de 2 a 3 m de longitud.

bávaro -ra I *adj* **1** De la región alemana, o del actual estado federado, de Baviera. *Tb n, referido a pers.* II *m* **2** Dialecto o conjunto de dialectos del alto alemán hablados en Baviera.

bavarois (*fr; pronunc corriente,* /babaruá/) *m* Postre o plato frío preparado con gelatina y diversos ingredientes.

baya *f* (*Bot*) Fruto carnoso y jugoso que contiene semillas rodeadas de pulpa. **b)** Forma de baya.

bayadera *f* **1** Bailarina de la India o de otros pueblos orientales. ■ **2** (*Tex*) Tejido de rayas multicolores en el sentido de la trama.

bayal *adj* [Variedad de lino] de hilaza más fina y blanca que el normal. *Tb referido al tejido fabricado con él.*

bayeta *f* **1** Trozo de tejido de lana, algodón u otras materias usado para fregar o limpiar. ■ **2** (*Tex*) Tela de lana, floja y poco tupida. **b)** Pieza de bayeta.

bayetón *m* **1** Bayeta [1] grande. ■ **2** (*Tex*) Tejido basto de lana, de pelo largo, usado esp. para abrigos.

bayle, **baylía** → BAILE[2], BAILÍA.

bayo -ya *adj* **1** De color dorado claro. *Normalmente referido a caballo o a su pelo. Tb n m, referido a caballo.* ■ **2** De color pardo rojizo.

bayón[1] *m* Baile de moda por los años 50 y 60.

bayón[2] *m* (*reg*) **1** Espadaña (planta, *Typha latifolia* y *T. angustifolia*). ■ **2** Planta arbustiva semejante a la retama (*Osyris quadripartita* y *O. lanceolata*).

bayonense *adj* Bayonés [1]. *Tb n.*

bayonés -sa I *adj* **1** De Bayona (Pontevedra) o de Bayona (Francia). *Tb n, referido a pers.* II *f* **2** Dulce cuadrado hecho de dos capas finas de hojaldre rellenas de cabello de ángel.

bayoneta I *f* **1** Arma blanca de infantería en forma de cuchillo, susceptible de ajustarse junto a la boca del cañón del fusil. II *loc adj* **2 de ~.** Que encaja a presión. III *loc adv* **3 a ~.** Encajando a presión una pieza en otra para su sujeción. *Tb adj.*

bayonetazo *m* Golpe o herida de bayoneta [1].

bayuelero -ra *adj* De Castillo de Bayuela (Toledo). *Tb n, referido a pers.*

bayunco *m* (*reg*) Planta semejante al junco (*Scirpus maritimus*).

baza I *f* **1** (*Naipes*) Hecho de tener la carta de más valor de las que están en la mesa, lo que implica llevarse el conjunto. *Tb el mismo conjunto. Frec con los vs* HACER *o* GANAR. ■ **2** Operación calculada para

efectuarla en un momento oportuno. *Frec como cd del v* JUGAR. **b)** Hecho o asunto en que alguien arriesga la posibilidad de salir beneficiado o perjudicado. **c)** *Con un compl* DE: Tema o asunto en quien alguien basa su posibilidad de vencer. II *loc v* **3 ganar la ~** [a alguien]. Ganar[le] en una competición. *Tb fig.* ■ **4 meter ~.** (*col*) Intervenir en la conversación. **b)** Participar [en algo].

bazar *m* **1** Tienda, gralm. de carácter popular, donde se venden artículos muy variados. ■ **2** *En algunos países del Oriente próximo:* Mercado público o lugar destinado al comercio.

bazo *m* **1** Víscera situada al lado izquierdo del estómago y que desempeña diversas funciones relacionadas con la sangre. ■ **2** (*reg*) Cierta enfermedad infecciosa del ganado.

bazofia *f* **1** Comida repugnante. *Frec usado con intención enfática.* ■ **2** Basura o porquería. *Frec fig.*

bazooka (*ing; pronunc corriente,* /baθóka/ o /baθúka/) *f* (*tb, más raro, m*) Bazuca.

baztanés -sa *adj* Del valle de Baztán (Navarra). *Tb n, referido a pers.*

bazuca (*tb con la grafía* **bazuka**) *f* (*tb, más raro, m*) Arma portátil de infantería, consistente en un tubo metálico que dispara proyectiles de propulsión a chorro y que se utiliza pralm. contra tanques.

bazuquear *tr* Revolver [un líquido] moviendo el recipiente en que está.

b-boy (*ing; pronunc corriente,* /bíboi/) *m* Joven seguidor del hip-hop.

be I *f* **1** Letra del alfabeto (*b, B*), que en español corresponde al fonema /b/. (V. PRELIM.) *A veces tb se llama así el fonema representado por esta letra.* II *loc adv* **2 ~ por ~.** (*col*) Ce por be (→ CE).

beaciense *adj* De Baeza (Jaén). *Tb n, referido a pers.*

beamontés -sa *adj* (*hist*) De la facción acaudillada por el condestable Luis de Beaumont, en Navarra (s. XV). *Tb n, referido a pers.*

bearnés -sa I *adj* **1** De la región francesa del Bearne. *Tb n, referido a pers.* ■ **2** (*Coc*) [Salsa] semejante a la mayonesa, hecha con vinagre, vino blanco, mantequilla, yemas de huevo, perejil, estragón y otros ingredientes. II *m* **3** Dialecto hablado en el Bearne.

beat (*ing; pronunc corriente,* /bit/) *adj invar* De (los) beatniks.

beata → BEATO.

beatamente *adv* (*desp*) De manera beata [2b y 3b].

beatería *f* (*desp*) **1** Condición de beato [2 y 3]. ■ **2** Acción propia de beato [2 y 3].

beaterio *m* Casa en que viven las beatas [5b] formando comunidad.

beaterío *m* (*desp*) Conjunto de (los) beatos [2].

Beat Generation (*tb con minúsculas; ing; pronunc corriente,* /bít-yeneréiʃon/) *f* Grupo de escritores norteamericanos de los años cincuenta que rechazan el sistema social y la moral occidentales.

beatificación *f* Acción de beatificar.

beatíficamente *adv* De manera beatífica.

beatificar *tr* **1** Declarar [el Papa (*suj*)] que [una pers. (*cd*)], por sus virtudes heroicas, goza de la eterna bienaventuranza, y que se le puede dar culto, pero con categoría inferior a la de los canonizados. ■ **2** Hacer que [una pers. (cd)] sea beatificada [1].

beatífico -ca adj **1** Propio de la beatitud [1 y 2]. ■ **2** [Pers.] que denota beatitud [1].

beatitud f **1** Felicidad ocasionada por un sentimiento de paz espiritual. **b)** (raro) Felicidad. ■ **2** (raro) Bienaventuranza eterna. ■ **3** Se usa como tratamiento del Papa y de algunos jerarcas máximos de otras iglesias cristianas. Normalmente precedido de adj posesivo: SU ~, VUESTRA ~. ■ **4** (raro) Condición o actitud de beato [3].

beatnik (ing; pronunc corriente, /bítnik/; pl normal, ~s) m y f Adepto de un movimiento juvenil norteamericano surgido a finales de los años cincuenta y caracterizado por el desprecio a la sociedad de consumo, lo cual exterioriza por vestido y conducta anticonvencionales.

beato -ta I adj **1** [Pers.] beatificada. Tb n. ■ **2** (desp) [Pers.] que frecuenta la iglesia y los actos de piedad externa y cuya mentalidad se atiene estrictamente a la moral religiosa tradicional. Frec n. **b)** Propio de la pers. beata. ■ **3** (desp) [Pers.] que siente veneración ciega [hacia algo (compl DE o HACIA)]. Tb n. **b)** Propio de la pers. beata. II n A m **4** (hist) Hombre que viste hábito religioso y hace vida piadosa sin vivir en comunidad ni seguir regla determinada. B f **5** Mujer que vive en un convento y viste hábito religioso, sin pertenecer propiamente a la orden. **b)** Mujer que vive con otras bajo cierta regla. A veces designa monja. ■ **6** (col, hoy raro) Peseta.

beatorro -rra adj (desp, humoríst) Beato [2]. Tb n.

beaujolais (fr; pronunc corriente, /boʒolé/) m Vino de la comarca francesa de Beaujolais.

beaumontés -sa adj (hist) Beamontés. Tb n.

beautiful people (ing; pronunc corriente, /biútiful-pípol/) f Gente guapa (→ GUAPO). Tb simplemente BEAUTIFUL.

bebe (tb **bebes**). **el ~.** m (col, humoríst) El sitio crítico. Normalmente en la constr DAR EN (TODO) EL ~.

bebé m Niño que aún no anda. Tb fig, referido humoríst al hombre que se comporta como un niño. **b)** ~ probeta → PROBETA.

bebecua f (col, raro) Bebida.

bebedero m Paraje adonde suelen ir a beber agua los animales. **b)** Pila o recipiente destinados a que beban en ellos los animales domésticos.

bebedizo m **1** Bebida a la que se atribuye la virtud de suscitar el amor a otra persona. ■ **2** Bebida que contiene veneno.

bebedor -ra I adj Que bebe [1 y esp. 5]. Tb n, referido a pers. II m **2** (reg) Bebedero [1b].

beber A tr **1** Ingerir [un líquido]. Tb abs, esp referido a agua. ■ **2** Absorber [una cosa (suj) un líquido]. Tb fig. ■ **3** Escuchar ávidamente [las palabras de alguien]. Frec con un compl de interés. ■ **4** (lit) Adquirir [informaciones, conocimientos o ideas en un lugar]. Tb abs. Frec el compl de lugar es FUENTE(S). B intr **5** Tomar bebidas alcohólicas, esp. por hábito. ■ **6** Brindar [por alguien o algo]. ■ **7** ~ **en blanco.** Tener [un caballo] blanco el belfo.

bebercio m (col, humoríst) Bebida.

beberrón -na adj (col, raro) Que bebe [5] mucho. Tb n. **b)** Propio del beberrón.

bebes → BEBE.

bebestible (col, humoríst) I adj **1** Bebible. ■ **2** De(l) beber [5]. II m **3** Bebida [2].

bebible adj Que se puede beber.

bebida f **1** Acción de beber [1 y 5]. **b)** Hábito o vicio de beber [5]. ■ **2** Líquido que se bebe [1 y 5]. **b)** ~ larga → LARGO.

bebido -da adj **1** part → BEBER. ■ **2** Embriagado.

bebienda f (col, humoríst) Bebida.

bebiente adj (raro) Que bebe [1 y 5]. Tb n.

bebitoque m (reg, humoríst) Bebida (acción de beber).

be-bop (ing; pronunc corriente, /bí-bóp/; tb con la grafía **be bop**) m (Mús) Variedad de jazz surgida en los años cuarenta y caracterizada por la complejidad rítmica y el virtuosismo instrumental.

beca f **1** Ayuda pecuniaria para realizar estudios. A veces con un compl especificador: ~ DE ESTUDIOS, ~ DE INVESTIGACIÓN. **b)** ~ salario. Beca cuyo importe se cobra mensualmente a modo de salario. ■ **2** Faja de paño de unos 20 cm de ancho que, puesta sobre el manto y cruzada por delante del pecho, pasando de un hombro a otro y descendiendo por la espalda, forma parte del atuendo propio de los estudiantes de otros siglos y del que hoy llevan los componentes de tunas estudiantiles. ■ **3** Fajín rojo de los seminaristas.

becabunga f Hierba vivaz de tallos rastreros y flores azules, usada en medicina como diurética y antiescorbútica (Veronica beccabunga).

becacina f Agachadiza (ave).

becada f (reg) Chocha (ave).

becar tr Conceder [a alguien (cd)] una beca [1]. Frec en part, a veces sustantivado.

becario -ria m y f Pers. que disfruta de una beca [1].

becerra → BECERRO.

becerrada f (Taur) Lidia o corrida de becerros [1a].

becerril adj De(l) becerro [1].

becerrista m y f (Taur) Lidiador de becerros [1a].

becerro -rra A m y f **1** Hijo de la vaca hasta que cumple uno o dos años. **b)** (Taur, desp) Res de lidia más pequeña de lo debido en presencia o en edad. B m **2** Piel de ternero curtida, que se emplea, entre otras cosas, para hacer botas y fundas. ■ **3** (col) Animal. Usado como insulto. ■ **4** (hist) En algunas iglesias y monasterios: Cartulario. A veces siguiendo, en aposición, a LIBRO. Tb LIBRO DE ~. C f **5** Dragón (planta, Antirrhinum majus). Tb HIERBA ~. A veces designa otras especies.

bechamel f Besamel. A veces tb SALSA ~.

bechamela f (raro) Besamel. A veces tb SALSA ~.

becquerel (pl normal, ~s) m (Fís) En el sistema internacional: Unidad de medida de la actividad radiactiva, equivalente a la actividad necesaria para una desintegración de átomo por segundo.

becuadro m (Mús) Signo que indica que la nota a que se refiere debe sonar con su entonación natural.

bedegar *m* Excrecencia que se forma en las ramas del rosal silvestre por la picadura de un insecto.

bedel -la *m y f* **1** *En los centros de enseñanza oficiales:* Empleado subalterno que tiene a su cargo diversos servicios, entre ellos, cuidar del orden fuera de las aulas y avisar la hora de salida de las clases. ■ **2** *En determinados centros oficiales y museos:* Empleado subalterno cuya misión es de vigilante o de ordenanza.

bedmareño -ña *adj* De Bedmar (Jaén). *Tb n, referido a pers.*

beduino -na I *adj* **1** Árabe nómada del desierto. *Frec n.* **b)** De los beduinos.
II *m* **2** *(raro)* Hombre bárbaro.

beep *(ing; pronunc corriente, /bip/; pl normal, ~s) interj* Bip. *Tb n m.*

befa *f* Burla que expresa desprecio.

béfalo *m* Bífalo (rumiante).

befar *tr* Hacer [a alguien] objeto de befa.

befo *m* Belfo [de animal].

begijense *adj* De Begíjar (Jaén). *Tb n, referido a pers.*

begonia *f Se da este n a distintas plantas del gén Begonia, de hojas carnosas y flores frec rosadas, y muy cultivadas en jardinería.*

begoniáceo -a *adj (Bot)* [Planta] angiosperma dicotiledónea perteneciente a la familia de la begonia. *Frec como n f en pl, designando este taxón botánico.*

begum *f* Princesa, o dama de alto rango, de la India musulmana.

behaviorismo *(pronunc corriente, /beχabiorísmo/) m (Psicol)* Conductismo.

behaviorista *(pronunc corriente, /beχabiorísta/) adj (Psicol)* Conductista. *Tb n.*

behetría *f* **1** *(hist) En la Edad Media:* Población cuyos vecinos pueden elegir por señor a quien quieran. *Tb el mismo derecho de elegir.* ■ **2** *(raro)* Confusión o desorden.

behíque *m (hist) Entre los taínos:* Hechicero.

beibi *f (juv)* Chica o novia. *Se usa frec como tratamiento cariñoso.*

beicon *m* Bacon o bacón.

beige *(fr; pronunc corriente, /béis/) adj invar* [Color] café con leche. *Tb n m.* **b)** De color beige.

beirutí *adj* De Beirut. *Tb n, referido a pers.*

beis *adj invar* Beige.

béisbol *m* Deporte en que dos equipos de nueve jugadores compiten por golpear una pelota lanzada por el contrario y atravesar un circuito de cuatro puestos llamados bases.

beisbolista *m y f* Jugador de béisbol.

bejarano -na *adj* **1** De Béjar (Salamanca). *Tb n, referido a pers.* ■ **2** *(hist)* De una facción de la ciudad de Badajoz durante el reinado de Sancho IV, partidaria de don Alfonso de la Cerda. *Tb n, referido a pers.*

bejuco *m Se da este n a diversas plantas tropicales, sarmentosas, cuyos tallos, largos y delgados, se arrollan a otros vegetales, y que se emplean, entre otras cosas, para hacer ligaduras, tejidos y muebles.*

belalcazareño -ña *adj* De Belalcázar (Córdoba). *Tb n, referido a pers.*

belcantismo *m (Mús)* Arte o técnica del bel canto.

belcantista *adj (Mús)* De(l) belcantismo.

bel canto *(it; pronunc, /bél-kánto/) m (Mús)* Arte del canto según las tradiciones de la ópera italiana, en las que se da especial relieve a la belleza del sonido y al virtuosismo.

beldad *f (lit)* **1** Belleza [1], esp. femenina. ■ **2** Mujer bella.

beldador -ra *adj (reg)* Que bielda. *Tb n: m y f, referido a pers; f, referido a máquina.*

beldar *(conjug 6) tr (reg)* Aventar [algo, esp. grano trillado]. *Frec abs.*

belemita *adj* Betlemita. *Tb n.*

belemnite *m (Zool)* Molusco cefalópodo de la Era Secundaria, del que se conserva fósil el extremo macizo de la concha.

belén *m* **1** Representación del nacimiento de Jesús en el portal de Belén, por medio de figuras gralm. de barro en un paisaje convencional. ■ **2** *(col)* Confusión o alboroto. ■ **3** *(col)* Asunto complicado o desagradable. *Frec en la constr* METERSE EN ~ES.

belenismo *m* Arte de montar belenes [1].

belenista *adj* Aficionado al belenismo. *Más frec n.* **b)** De (los) belenistas o del belenismo.

beleño *m* Planta herbácea anual o bienal de propiedades narcóticas (*Hyoscyamus niger* y *H. albus*). *Tb* ~ NEGRO y BLANCO, *respectivamente.*

belesa *f* Planta herbácea de flores violáceas en espiga, usada en medicina popular (*Plumbago europaea*).

belfo -fa I *adj* **1** [Pers.] que tiene más grueso el labio inferior. *Tb n.*
II *m* **2** *En algunos animales:* Labio. ■ **3** *En el hombre:* Labio inferior. **b)** *A veces designa cualquiera de los dos labios.*

belga *adj* De Bélgica. *Tb n, referido a pers.*

belgradense *adj* De Belgrado. *Tb n, referido a pers.*

bélicamente *adv (lit)* De manera bélica.

beliceño -ña *adj* De Belice (América Central). *Tb n, referido a pers.*

belicismo *m* Actitud o doctrina favorable a la guerra.

belicista *adj* De(l) belicismo. **b)** Partidario del belicismo. *Tb n.*

bélico -ca *adj* De (la) guerra.

belicosamente *adv* De manera belicosa.

belicosidad *f* Cualidad de belicoso.

belicoso -sa *adj* [Pers. o pueblo] amigo de la guerra. **b)** Propio de la pers. o el pueblo belicosos.

**belida. hierba ~ → ** HIERBA.

beliforano -na *adj* De Belorado (Burgos). *Tb n, referido a pers.*

beligerancia I *f* **1** Condición o estado de beligerante. ■ **2** Actitud combativa o luchadora.
II *loc v* **3 conceder**, *o* **dar, ~.** Atribuir [a alguien] importancia suficiente para discutir con él o tener en cuenta sus opiniones. **b)** Atribuir [a alguien o algo] importancia suficiente para tener[lo] en cuenta.

beligerante *adj* Que toma parte en la guerra. *Tb n m, referido a país o, raro, a pers. Tb fig.* **b)** Propio de quien toma parte en una guerra. *Frec fig.*

beligerantemente *adv* De manera beligerante [1b].

beligerar *intr* (*raro*) Luchar o combatir.

belígero -ra *adj* (*lit, raro*) Belicoso o guerrero.

belitre *adj* (*lit*) Pillo. *Tb n.*

bellaco -ca *adj* (*lit*) Bribón. *Tb n. Frec en la constr* MENTIR COMO UN ~. **b)** Propio de la pers. bellaca.

belladona *f* Planta muy venenosa, de tallo erecto, hojas ovales y flores violáceas acampanadas, de la cual se extrae la atropina (*Atropa belladonna*). **b)** Atropina.

bellamente *adv* De manera bella (→ BELLO[1]).

bellaquería *f* (*lit*) **1** Cualidad de bellaco. ■ **2** Hecho o dicho propio de un bellaco. **b)** Hecho o dicho propio de una pers. desvergonzada.

bellardina *f* (*raro*) Tela de lana parecida a la gabardina.

bellasombra (*tb con la grafía* **bella sombra**) *f* (*reg*) Ombú (árbol).

belle époque (*fr; pronunc corriente,* /bél-epók/) *f* Época que comprende los primeros años del s. XX, hasta la primera Guerra Mundial, y que suele considerarse caracterizada por una vida agradable y despreocupada.

belleza *f* **1** Cualidad de bello[1] [1 y 2]. ■ **2** Pers. o cosa bella. *Normalmente referido a mujeres.* ■ **3** Cuidado de la belleza [1] femenina.

bellezo *m* (*col, hoy raro*) Hombre muy guapo y apuesto. *En lenguaje femenino.*

bellezón *m* (*col*) Pers. muy bella (→ BELLO[1] [1b]).

bellido -da I *adj* **1** (*lit, raro*) Hermoso. II *loc adv* **2 por los ojos ~s** → OJO.

bello[1] -lla *adj* **1** (*lit*) [Cosa] que produce placer a la vista o al oído. **b)** [Pers.] cuyo físico, y esp. la cara, responde a ciertos cánones de belleza [1]. *Dicho esp de mujeres.* **c) bellas** [artes], **bellas** [letras], ~ [sexo] → ARTE, LETRA, SEXO. ■ **2** (*lit*) [Cosa] intelectual o moralmente agradable. ■ **3** Moralmente bueno. *En la constr* BELLA, *o* BELLÍSIMA, PERSONA.

bello[2] -lla *adj* (*hist*) Belo.

bellorita → VELLORITA.

bellota I *f* **1** Fruto de la encina, del roble o de otras plantas similares, consistente en un aquenio ovalado dentro de cuya cáscara, dura, se encierra la semilla, carnosa y comestible. ■ **2** Adorno de forma de bellota [1]. ■ **3** (*raro*) Bálano (extremo del miembro viril). ■ **4 ~ de mar.** Bálano (crustáceo). II *loc adj* **5** [Animal] **de ~** → ANIMAL.

bellotear *intr* (*reg*) Correr [las ovejas] en busca de las bellotas [1].

bellotero -ra *adj* **1** De (la) bellota [1]. **b)** Que produce bellotas. ■ **2** (*col, humoríst*) [Pers.] torpe o bruta. *Tb n.*

belmezano -na *adj* De Belmez (Córdoba). *Tb n, referido a pers.*

belmonteño -ña *adj* De Belmonte (Cuenca). *Tb n, referido a pers.*

belmontino -na *adj* De Belmonte (Cuenca) o de Belmonte (Asturias). *Tb n, referido a pers.*

belo -la *adj* (*hist*) [Individuo] de una tribu celtíbera habitante del valle del Jalón. *Tb n.*

belónido *adj* (*Zool*) [Pez] de la familia de la aguja. *Frec como n m en pl, designando este taxón zoológico.*

belorta *f* Vilorta (abrazadera del arado).

belortazo *m* (*reg*) Golpe de belorto.

belorto *m* (*reg*) Vergajo hecho al fuego con una vara flexible.

belsetán -na I *adj* **1** De Bielsa (Huesca). *Tb n, referido a pers.* II *m* **2** Habla local de Bielsa.

belsetano -na *adj* Belsetán. *Tb n.*

beluga A *m* **1** Caviar procedente del esturión gigante *Huso huso. Tb* CAVIAR ~. *Tb el mismo esturión.* B *f* **2** Ballena blanca. *Tb* BALLENA ~.

belvedere *m* Construcción ligera hecha en un lugar desde donde se disfruta de una hermosa vista sobre el paisaje.

belviseño -ña *adj* De Belvís de la Jara (Toledo). *Tb n, referido a pers.*

bemba *f* (*raro*) Labio grueso y abultado, característico de los individuos de algunas razas negras.

bembibrense *adj* De Bembibre (León). *Tb n, referido a pers.*

bembo *m* (*raro*) Bemba.

bembón -na *adj* (*raro*) **1** Que tiene labios gruesos y abultados. ■ **2** [Labio] grueso y abultado.

bemol I *adj* **1** (*Mús*) [Nota] alterada en un semitono por debajo de su sonido natural. II *m* **2** (*Mús*) Signo que indica que la nota siguiente es bemol [1]. ■ **3** (*col*) *En pl: euf por* COJONES. *Normalmente en la constr* TIENE ~ES LA COSA.

benabarrense *adj* De Benabarre (Huesca). *Tb n, referido a pers.*

benahoarita *adj* (*hist*) Benahorita. *Tb n.*

benahorita *adj* (*hist*) [Individuo] prehistórico de la isla de la Palma. *Tb n.*

benalmadeño -ña *adj* De Benalmádena (Málaga). *Tb n, referido a pers.*

benaocaceño -ña *adj* De Benaocaz (Cádiz). *Tb n, referido a pers.*

benasqués -sa I *adj* **1** De Benasque (Huesca). *Tb n, referido a pers.* II *m* **2** Habla local de Benasque.

benaventano -na *adj* De Benavente (Zamora). *Tb n, referido a pers.*

bencedrina *f* (*Med*) Anfetamina.

bencénico -ca *adj* (*Quím*) De(l) benceno.

benceno *m* (*Quím*) Hidrocarburo cíclico líquido que se extrae del alquitrán de hulla y del petróleo y que se usa como disolvente y en la industria petroquímica.

bencilo *m* (*Quím*) Radical monovalente derivado del tolueno.

bencina *f* **1** (*Quím*) Fracción ligera de la destilación del petróleo a temperaturas entre 120 y 130°, usada esp. como disolvente. ■ **2** (*raro*) Gasolina.

bendecidor -ra *adj* Que bendice, esp [1a].

bendecir (*conjug 40*) *tr* **1** (*Rel catól*) Invocar [el sacerdote] el favor o la gracia divinos [sobre alguien o algo (*cd*)] trazando en el aire la señal de la cruz y gralm. pronunciando una invocación a la Santísima Trinidad. *Tb abs.* **b)** Consagrar [una cosa] al culto divino mediante una ceremonia adecuada. **c)** *En diversas religiones:* Invocar el favor o la gracia divinos [sobre alguien o algo (*cd*)]. **d) ~ la mesa.** Invocar la gracia divina sobre los alimentos que se van a tomar, normalmente dando también gracias por ellos. ■ **2** Conceder [Dios, la Virgen o un santo] la gracia o la protección divinas [a alguien o algo (*cd*)]. **b) (que) Dios te (le,** *etc*) **bendiga.** *Fórmula con que se manifiesta gratitud por alguna buena acción o por la bondad de alguien.* ■ **3** Alabar y dar gracias [a Dios o a un santo (*cd*)]. **b)** Exaltar [a alguien o algo] para manifestar satisfacción o reconocimiento. ■ **4** (*col*) Dar [la autoridad (*suj*)] su asentimiento o consentimiento [a algo (*cd*)].

bendición *f* **1** Acción de bendecir. *Tb su efecto.* ■ **2** *En pl* (*raro, sg*): Ceremonia religiosa del matrimonio. *Gralm en la constr* ECHAR LA(S) ~(ES). ■ **3** Cosa excelente. *Frec en la constr ponderativa* QUE ES UNA ~ (DE DIOS). ■ **4** (*col*) Asentimiento o consentimiento [de una autoridad]. *Frec en pl. Tb sin compl, por consabido.*

benditera *adj* [Pila] de agua bendita. *Normalmente n f.*

bendito -ta I *adj* **1** Bendecido. *A veces en exclamaciones de aprobación o satisfacción:* ~, o ~ SEA. * La pila del agua bendita. ■ **2** Bienaventurado o santo. *A veces con intención ponderativa.* * Las Ánimas benditas. ■ **3** [Pers. o cosa] muy buena. *Tb n, referido a pers.* **b)** *Se usa irónicamente precediendo inmediatamente al n a que se refiere, para manifestar rechazo o protesta.* * Ya está con la bendita música. II *m y f* **4** Pers. muy bondadosa y sin malicia. *Frec con matiz desp. Tb adj.* III *loc adv* **5 como un ~.** (*col*) En paz y profundamente. *Con el v* DORMIR.

benedicamus *m* (*Rel catól*) *En la misa:* Rezo o cántico previo a la bendición final, constituido por las palabras "benedicamus Domino".

Benedictine (*n comercial registrado; a veces con minúscula*) *m* Benedictino [3].

benedictino -na *adj* **1** [Monje] que sigue la regla de San Benito (establecida hacia 529). *Tb n.* **b)** De (los) monjes benedictinos [1]. ■ **2** Digno de los monjes benedictinos [1]. *Se usa para ponderar la paciencia y la minuciosidad con que se realiza una tarea.* ■ **3** [Licor] de hierbas fabricado originariamente por los monjes benedictinos [1]. *Frec n m.*

benedictus *m* (*Rel catól*) **1** *En la misa:* Rezo o cántico con que termina el sanctus y que comienza con la palabra "benedictus". ■ **2** Canto que entonó Zacarías, padre de San Juan Bautista, y que se canta en las laudes.

benefactor -ra *adj* Bienhechor. *Frec n, referido a pers.*

benéficamente *adv* De manera benéfica.

beneficencia *f* Ayuda pública a los necesitados. **b)** *En gral:* Ayuda a los necesitados.

beneficiable *adj* Que puede ser beneficiado (→ BENEFICIAR).

beneficiado -da I *adj* **1** *part* → BENEFICIAR. II *n* A *m y f* **2** Pers. a quien se destina el producto de un beneficio [2].

B *m* **3** (*Rel catól*) Sacerdote, o clérigo de grado inferior, que disfruta un beneficio [1c], esp. en una catedral.

beneficiador -ra *adj* Que beneficia.

beneficial *adj* (*Rel catól*) De(l) beneficio [1c].

beneficiar (*conjug* 1a) A *tr* ➤ a *normal* **1** Proporcionar beneficio [1a] [a alguien o algo (*cd*)]. ■ **2** Explotar o aprovechar [una fuente de riqueza, esp. una mina]. *Tb fig.* **b)** Extraer [un producto]. *Tb fig.*
➤ **b** *pr* (~se) **3** (*vulg*) Realizar el acto sexual [una pers. con otra (*cd*) que no es su pareja habitual].
B *intr pr* (~se) **4** Recibir el beneficio [1a] [de algo].

beneficiario -ria *adj* [Pers. o cosa] que recibe [un beneficio [1a] o una prestación (*compl* DE)]. *A veces el compl se omite. Frec n, referido a pers.*

beneficio I *m* **1** Provecho (efecto positivo, material o moral). *Frec en la constr* A, o EN, ~ DE. **b)** Ganancia material. **c)** (*Rel catól*) Renta que percibe un eclesiástico. *Tb la situación que permite el disfrute de esa renta. Gralm* ~ ECLESIÁSTICO. ■ **2** Función de teatro, u otro espectáculo, cuyo producto se destina a una persona o a una institución. ■ **3** Explotación [de una fuente de riqueza, esp. de una mina]. **b)** Conjunto de instalaciones de una explotación. ■ **4** (*Der*) Derecho que alguien posee por ley o por privilegio. *Frec fuera del ámbito técn, en la constr* EL ~ DE LA DUDA, *aludiendo a la presunción de inocencia.* ■ **5 ~ de inventario.** (*Der*) Facultad que la ley concede al heredero para aceptar la herencia sin obligación de pagar a los acreedores del difunto más de lo que importa la misma herencia, para lo cual se compromete a hacer inventario de los bienes de esta. *Frec en la loc adv* A ~ DE INVENTARIO. II *loc adv* **6 a ~ de inventario.** Con despreocupación o no muy en serio. *Frec con el v* TOMAR *acompañado de un cd.*

beneficiosamente *adv* De manera beneficiosa.

beneficioso -sa *adj* Que beneficia [1].

benéfico -ca *adj* **1** De beneficencia. ■ **2** [Acto] organizado en beneficio [1b] de alguien o algo. ■ **3** (*lit*) Beneficioso. ■ **4** (*lit*) Que hace el bien.

benemérito -ta I *adj* **1** Digno de gran estimación por sus servicios. *Tb n, referido a pers.* **b)** Propio de la pers. benemérita. II *f* **2 la Benemérita.** La Guardia Civil.

beneplácito *m* Aprobación o conformidad. **b)** Aprobación o consentimiento de un gobierno para la designación en su territorio de un diplomático extranjero.

benévolamente *adv* De manera benévola.

benevolencia *f* Cualidad de benévolo. **b)** Actitud benévola.

benevolente *adj* (*lit*) Benévolo.

benevolentemente *adv* (*lit*) De manera benevolente.

benévolo -la *adj* [Pers.] indulgente, o que trata con suavidad a los demás. **b)** [Pers.] bien dispuesta [a favor de alguien o algo (*compl* HACIA, CON, PARA, *etc*). *Tb fig, referido a cosa.* **c)** [Cosa] propia de la pers. benévola.

bengala *f* **1** Fuego artificial que despide una luz muy viva, usado frec. en navegación para hacer señales. **b)** Palito que arde con una luz muy viva, usado esp. como juego por los muchachos.

■ **2** (*raro*) Bastón de caña. **b)** (*hist*) Bastón que sirve de insignia de mando militar.

bengalés *m* Bengalí [2].

bengalí I *adj* **1** De Bengala (región del Indostán). *Tb n, referido a pers.*
II *m* **2** Lengua de Bengala. ■ **3** Pájaro pequeño, de pico cónico, alas puntiagudas, patas delgadas y vivos colores (gén. *Estrilda*).

benicarlando -da *adj* De Benicarló (Castellón). *Tb n, referido a pers.*

benidormense *adj* De Benidorm (Alicante). *Tb n, referido a pers.*

benidormí *adj* Benidormense. *Tb n.*

benignamente *adv* De manera benigna [1].

benignidad *f* Cualidad de benigno.

benigno -na *adj* **1** Benévolo. ■ **2** Templado o suave. *Referido gralm a las circunstancias meteorológicas.* ■ **3** [Enfermedad] no grave. **b)** [Tumor] no canceroso.

benimerín *adj* (*hist*) [Individuo] de una tribu belicosa de Marruecos, que en los ss. XII y XIII fundó una dinastía en el norte de África y dominó la España musulmana después de los almohades. *Tb n.*

benito -ta *adj* Benedictino [1]. *Tb n.*

benjamín -na (*n comercial registrado, en acep 4*) A *m y f* **1** Hijo menor. **b)** Pers. más joven [de un grupo]. ■ **2** (*Dep*) Deportista de la categoría inmediatamente anterior a la de alevín. ■ **3** Cosa más pequeña [de un conjunto].
B *m* **4** Botella pequeña de champán.

benjuí *m* Bálsamo aromático que se obtiene por incisión en la corteza del árbol tropical *Styrax benzoin.*

bentónico -ca *adj* (*Biol*) Del bentos.

bentonita *f* (*Mineral*) Arcilla esméctica dotada de gran poder decolorante.

bentos *m* (*Biol*) Conjunto de organismos que viven en el fondo del mar o de un lago.

benzoato *m* (*Quím*) Sal del ácido benzoico.

benzodiacepina (*tb con la grafía* **benzodiazepina**) *f* (*Med*) Fármaco de los varios utilizados como tranquilizantes y ansiolíticos. *Frec en pl.*

benzoico *adj* (*Quím*) [Ácido] cristalino y aromático que se obtiene del benjuí.

benzoílo *m* (*Quím*) Radical monovalente derivado del ácido benzoico.

benzol *m* (*Quím*) Benceno.

benzopireno *m* Hidrocarburo de acción cancerígena, presente en el alquitrán de hulla.

beocio -cia I *adj* **1** (*hist*) De Beocia (región de la Grecia antigua). *Tb n, referido a pers.* ■ **2** (*hist*) Del beocio [4]. ■ **3** (*lit*) Estúpido.
II *n* A *m* **4** (*hist*) Dialecto griego de Beocia.
B *f* **5** (*lit*) Estupidez.

beodo -da *adj* (*lit*) Embriagado o borracho. *Tb n.* **b)** Propio de la pers. beoda.

beotuco -ca *adj* (*hist*) De un pueblo indio extinguido de Terranova (Canadá). *Tb n, referido a pers.*

beque *m* (*Mar*) *En un barco:* Retrete de la marinería.

béquico -ca *adj* (*Med*) Que combate la tos. *Tb n, referido a medicamento o remedio.*

berberecho *m* Molusco comestible, de concha robusta, estriada y casi circular, que vive cerca de las costas hundido en la arena (gén. *Cardium*, esp. *C. tuberculatum* y *C. edule*).

berberidácea *adj* (*Bot*) [Planta] angiosperma dicotiledónea de la familia del agracejo. *Frec como n f en pl, designando este taxón botánico.*

berberiles *m* Agracejo (arbusto).

berberina *f* (*Quím*) Alcaloide extraído de las raíces del agracejo y otras plantas.

berberís *m* Agracejo (arbusto).

berberisco -ca *adj* (*hist*) Beréber. *Tb n, referido a pers.*

bérbero *m* Agracejo (arbusto).

berbiquí *m* Herramienta destinada a taladrar, constituida por un manubrio en forma de doble codo, que se hace girar alrededor de un puño ajustado en una de sus extremidades, para que gire a su vez la barrena situada en la otra extremidad.

bercero -ra *m y f* (*reg*) Verdulero (pers. que vende verduras).

berchulero -ra *adj* De Bérchules (Granada). *Tb n, referido a pers.*

bercial *m* Terreno poblado de una planta gramínea similar al esparto.

berciano -na I *adj* **1** Del Bierzo (comarca de León). *Tb n, referido a pers.*
II *m* **2** Dialecto leonés hablado en el Bierzo.

beréber (*tb* bereber) I *adj* **1** De Berbería (región del África Septentrional). *Tb n, referido a pers.*
II *m* **2** Lengua hablada por los beréberes [1].

berebere *adj* Beréber. *Tb n.*

berenjena I *f* **1** Planta de huerta, de tallo erecto y ramoso y flores solitarias, violáceas, cultivada por su fruto, que es comestible, de color morado o blanco y morado (*Solanum melongena*). *Más frec su fruto.*
■ **2 ~ del diablo.** Estramonio (planta).
II *adj invar* **3** [Color] morado propio de la berenjena [1]. *Tb n m.*

berenjenado -da *adj* (*raro*) De color que tira a berenjena.

berenjenal *m* (*col*) **1** Asunto o situación complicados y dificultosos. *Frec en la constr* METER(SE) EN UN ~, *o* EN ~ES. ■ **2** (*raro*) Desorden o confusión.

berenjenero -ra *adj* De (la) berenjena [1].

berenjenilla *f* Mandrágora (planta, *Mandragora officinarum* y *M. autumnalis*).

berete *m* (*reg*) Se da este *n* a varios peces del gén *Trigla*.

bereza *f* (*reg*) Brezo común.

berezo *m* (*reg*) Brezo común.

bergadán -na *adj* De Berga (Barcelona). *Tb n: m y f, referido a pers; f* (*hist*), *referido a máquina.*

bergamasco -ca *adj* De Bérgamo (Italia). *Tb n, referido a pers.*

bergamota *f* Fruto del arbusto *Citrus bergamia*, de cuya piel se extrae un líquido o esencia amarillento de olor agradable y de sabor amargo, usado en la preparación de licores y perfumes.

bergante *m* (*raro*) Individuo pícaro o bribón.

bergantín *m* Buque de vela normalmente de dos palos. *A veces con un especificador:* ~ GOLETA, ~ COR-BETA, *etc.*

Bergmann *adj invar* (*Electr*) [Tubo] formado por una masa de cartón impregnado de líquido incombustible recubierta de una armadura de hierro, acero o latón, y que sirve para proteger el hilo de la instalación eléctrica.

beri. con las del ~ (*o* **Beri**). *loc adv* (*col, hoy raro*) De muy mal talante o de manera agresiva.

beriberi (*tb con la grafía* **beri-beri**) *m* Enfermedad debida a la carencia de vitamina B_1 y que se manifiesta pralm. por parálisis y edemas.

berícido *adj* (*Zool*) [Pez] de ojos grandes y cuerpo corto, de la familia de la palometa roja. *Frec como n m en pl, designando este taxón zoológico.*

berilio *m* (*Quím*) Metal grisáceo, de número atómico 4, ligero, duro y refractario, utilizado esp. en la industria atómica y nuclear.

beriliosis *f* (*Med*) Neumoconiosis causada por el berilio.

berilo *m* (*Mineral*) Mineral de silicato de aluminio y berilio, cuya principal variedad es la esmeralda. **b)** Variedad de berilo de color verde amarillento.

beritaco *m* (*reg*) Chorizo hecho con carne de poca calidad o con vísceras.

berkelio → BERQUELIO.

berlangueño -ña *adj* De Berlanga (Badajoz). *Tb n, referido a pers.*

berlangués -sa *adj* De Berlanga de Duero (Soria). *Tb n, referido a pers.*

berlina[1] *f* **1** Automóvil de 4 o 6 plazas y de 4 puertas. ■ **2** (*hist*) Coche de caballos, cerrado y gralm. de dos asientos.

berlina[2]. **en ~.** *loc adv* (*raro*) En ridículo. *Tb adj. Frec con los vs* ESTAR, QUEDAR *o* PONER. **b)** En situación de descrédito o menosprecio.

berlinés -sa *adj* De Berlín. *Tb n, referido a pers.*

berma *f* (*Constr*) Rellano transitable al pie de un talud o terraplén.

bermeano -na *adj* De Bermeo (Vizcaya). *Tb n, referido a pers.*

bermejal *m* Extensión grande de terreno rojizo.

bermejizo -za *adj* Que tiende a bermejo.

bermejo -ja I *adj* **1** Rojizo.
II *f* **2** (*reg*) Brezo común.

bermejuela *f* Pez de río de la familia del barbo, de hasta 12 cm de largo y de coloración encarnada en la base de las aletas pares y anal (*Rutilus arcasi*).

bermellón I *m* **1** (*Mineral*) Cinabrio terroso y de color rojizo. *Tb el cinabrio reducido a polvo y el pigmento obtenido con él.*
II *adj invar* **2** [Color] propio del bermellón [1]. *Tb n m.* **b)** De color bermellón.

bermuda *m* Bermudas.

bermudas *m o f* Pantalón deportivo que llega hasta la rodilla. *Frec en pl con sent sg. Tb* PANTALÓN ~. **b)** Bañador masculino que llega hasta la rodilla.

bernagal *m* (*reg*) Bernegal.

bernarda *f* (*col, raro*) Prostituta.

bernardinas *f pl* (*raro*) Mentiras, esp. las que fingen actos de valor o extraordinarios.

bernardo -da *adj* De la orden del Císter. *Tb n, referido a pers.*

bernegal *m* (*reg*) Tinaja que recibe el agua que destila el filtro.

bernés -sa *adj* De Berna. *Tb n, referido a pers.*

berón -na *adj* (*hist*) Del pueblo céltico habitante, en la época de la conquista romana, de parte de la actual Rioja. *Tb n, referido a pers.*

berquelio (*tb con la grafía* **berkelio**) *m* (*Quím*) Elemento transuránico radiactivo, de número atómico 97, obtenido artificialmente a partir del americio.

berra *f* (*reg*) Berro grande.

berraco *m* (*hist*) Pieza de artillería de grueso calibre y muy corta, utilizada en la defensa de fortificaciones.

berraña *f* Planta similar al berro, de hojas grandes y no comestible (*Sium latifolium*).

berrar *intr* (*reg*) Berrear.

berraza *f* Planta herbácea, común en las orillas y remansos de los riachuelos, con hojas anchas y flores blancas (*Apium nodiflorum*).

berrazal *m* Lugar poblado de berrazas.

berrea *f* Acción de berrear el ciervo u otros animales salvajes en la época de celo. *Tb la época de celo.*

berreante I *adj* **1** Que berrea.
II *m y f* **2** (*jerg*) Delator o confidente.

berrear A *intr* **1** Dar berridos [un animal]. ■ **2** (*col, desp*) Gritar [una pers.]. ■ **3** (*col*) Llorar a gritos.
B *tr* **4** (*jerg*) Decir [algo] como delator o confidente.

berrenchín *m* (*col, hoy raro*) Berrinche.

berrendo -da *adj* [Toro] blanco con manchas grandes de otro color. *A veces con un compl* EN, *que expresa el color de esas manchas. A veces referido a otros animales. Tb n.*

berreo *m* Acción de berrear [1, 2 y 3].

berreón -na *adj* Que berrea [1, 2 y 3].

berrera *f* Berraza (planta).

berrete *m* (*reg*) Mancha que queda alrededor de los labios después de haber comido o bebido. *Normalmente en pl.*

berrido *m* **1** Voz del becerro. *Tb se dice de otros animales que la tienen parecida, esp de las familias de los bóvidos y cérvidos.* ■ **2** (*col, desp*) Grito desaforado [de pers.], a veces al llorar.

berrinche *m* (*col*) Disgusto grande.

berrio *m* (*reg*) Berro (planta).

berro *m* Planta que crece en lugares aguanosos, de tallo rastrero y flores blancas, cuyas hojas, de gusto picante, se comen en ensalada (*Nasturtium officinale*). *Tb* ~ COMÚN. **b)** ~ **de prado.** Planta vivaz propia de prados húmedos, cuyas hojas tienen sabor a mostaza (*Cardamine pratensis*).

berrocal *m* Sitio lleno de berruecos.

berrocaleño -ña *adj* De Berrocal (Huelva) o de Santa María del Berrocal (Ávila). *Tb n, referido a pers.*

berrona *f* (*reg*) Alcaudón dorsirrojo.

berroqueño -ña I *adj* **1** De granito. *Tb fig. Normalmente con el n* PIEDRA.

II *m* **2** (*reg*) Granito (roca).

berrueco *m* Peñasco elevado de granito.

berrugato (*tb con la grafía* **verrugato**) *m* Pez comestible de mar (*Sciaena cirrosa*).

bersolari (*tb con la grafía* **versolari**) *m* Improvisador popular de versos en vascuence.

bertán *m* (*reg*) Brótola de fango (pez).

bertorella *f* Pez marino comestible, de cuerpo alargado de color pardo amarillento con manchas oscuras (*Gaidropsarus mediterraneus*). *Tb* (*reg*) *se da este n a otras especies del mismo gén y del gén Phycis*.

berza I *f* **1** Col (planta, *Brassica oleracea*). *A veces con un adj especificador designa otras variedades o especies*: ~ MARINA (*Brassica oleracea sylvestris*), ~ AMARGA *o* MARINA (*Calystegia soldanella*), *etc*. ■ **2** Cocido andaluz u olla gitana.
II *loc v* **3 estar con la ~**. (*col*) Estar atontado.
III *loc adv* **4 en ~**. En hierba tierna y aún sin espigar. *Referido a cereales*.

berzal *m* Terreno sembrado de berzas [1].

berzas *m y f* (*col*) Berzotas. *Tb adj*.

berzotas *m y f* (*col*) Pers. ignorante o torpe. *Tb adj*.

besada *f* (*col*) Acción de besarse públicamente numerosas parejas homosexuales.

besador -ra *adj* (*raro*) Que besa. *Tb n, referido a pers*.

besalamano *m* (*hoy raro*) Comunicación escrita breve, no firmada, en que van impresas la indicación del que la envía y la abreviatura *B. L. M.* (besa la mano), a continuación de las cuales se escriben el nombre del destinatario y el texto del mensaje. *Tb el impreso correspondiente*.

besamanos (*tb* **besamano**, *en acep 4*) *m* **1** Saludo que se hace a una dama o a una jerarquía eclesiástica acercando la boca a su mano derecha. ■ **2** Acto público de saludo a una alta autoridad. ■ **3** Acto en que se besa la palma de la mano a un sacerdote que acaba de decir su primera misa. ■ **4** Acto piadoso en que se besa la mano de una imagen, propio de Andalucía.

besamel *f* Salsa blanca que se hace con harina, leche y mantequilla. *A veces tb* SALSA ~.

besamela *f* (*raro*) Besamel. *A veces tb* SALSA ~.

besana *f* **1** Surco primero que se hace al arar. ■ **2** Trozo de tierra labrada en surcos paralelos. ■ **3** Medida agraria catalana equivalente a 2.187 centiáreas.

besante *m* (*hist*) **1** Moneda de oro acuñada por los emperadores bizantinos, con circulación por todo el Mediterráneo. ■ **2** Moneda de oro o de plata de uso en la España musulmana.

besapié (*tb* **besapiés**) *m* Acto piadoso en que se besa el pie de una imagen, propio de Andalucía.

besar *tr* **1** Tocar con los labios [a una pers. o cosa] en señal de amor, afecto o reverencia, o a veces como saludo. **b)** ~ **la mano**, ~ **los pies**, ~ **el suelo** → MANO, PIE, SUELO. ■ **2** (*lit*) Tocar [una cosa a otra].

beso I *m* **1** Acción de besar. **b)** Lamida cariñosa [de un perro]. ■ **2** (*col*) Golpe o choque. *Frec con el v* DAR. ■ **3** ~ **de la vida**. Respiración boca a boca (→ BOCA).
II *fórm or* **4 un ~**, (**muchos**) **~s**. *Se usa como fórmula de despedida cariñosa en cartas o en conversa-*

ciones telefónicas, o encomendando un saludo a una tercera persona.

bestia I *f* **1** Animal. *Normalmente designa a los cuadrúpedos, esp. de tiro o carga*. ■ **2** (*col*) Pers. bruta o bárbara. *Tb, enfático,* MALA ~, *o* ~ PARDA. ■ **3** (*col*) Animal (pers. extraordinaria). *Frec en frases exclamativas expresando admiración*. ■ **4** ~ **negra**. Pers. a quien [alguien (*compl de posesión*)] detesta especialmente. *Tb fig, referido a cosa*.
II *adj* **5** (*col*) Bruto o bárbaro. *Tb n, referido a pers*. ■ **6 de la gran ~**. (*hist*) [Uña o pezuña] de alce, estimada antiguamente como remedio de la epilepsia.
III *loc adv* **7 a lo ~**. (*col*) A lo bruto o sin miramiento. **b)** Intensamente o en grandes proporciones. *Con intención ponderativa. Tb adj*. ■ **8 como una ~**, *o* **como ~s**. (*col*) Muchísimo. *Gralm con el v* TRABAJAR *u otro equivalente*.

bestiaje *m* Conjunto de bestias de carga.

bestiajo *m* (*reg*) Hombre bruto o bárbaro.

bestial *adj* **1** Brutal o salvaje. ■ **2** (*col*) Extraordinario. *Con intención ponderativa*.

bestialidad *f* **1** Condición de animal o bestia [1]. ■ **2** Hecho o dicho bestial [1]. ■ **3** (*col*) Cantidad muy grande. *Con intención ponderativa. Normalmente precedido de* UNA, *frec adv*. ■ **4** Bestialismo [1].

bestialismo *m* **1** Acto sexual de un humano con un animal. ■ **2** Condición de bestial [1].

bestializar *tr* Dar carácter bestial [1] [a alguien o algo (*cd*)]. **b)** *pr* (**~se**) Tomar carácter bestial.

bestialmente *adv* De manera bestial [1].

bestiario *m* (*hist*) Colección de fábulas o relatos referentes a animales reales o fantásticos.

bestieza *f* (*reg*) Tontería o necedad.

best-seller (*ing; pronunc corriente*, /bés-séler/; *tb con las grafías* **best seller** *y* **bestseller**; *pl normal*, ~S) *m* Libro que figura en la cabeza de las ventas. *Tb su autor*.

besucón -na *adj* (*col*) Demasiado aficionado a besar [1].

besugo *m* **1** Pez marino de color rosado y carne muy apreciada, que llega a medir cerca de medio metro y que suele tener una mancha negra en el cuerpo, sobre las aletas torácicas o en la axila de estas (*Pagellus bogaraveo, centrodontus o cantabricus*). *Tb* ~ DEL NORTE, DE LAREDO *o* DE LA PINTA. *Con un adj especificador, designa otras especies*: ~ BLANCO *o* CHATO (*P. acarne*), ~ AMERICANO *o* REY (*Berix decactylus*). ■ **2** (*col*) Hombre majadero.

besuguera *f* Recipiente ovalado que se emplea para asar besugos u otros pescados.

besuquear *tr* (*desp*) Besar, esp. en forma reiterada o inoportuna.

besuqueo *m* (*desp*) Acción de besuquear.

beta[1] I *f* **1** Letra del alfabeto griego que representa el sonido [b]. (V. PRELIM.)
II *adj invar* **2** (*Fís*) [Partícula], constituida por un electrón, emitida en algunas desintegraciones espontáneas de sustancias radiactivas. **b)** [Radiación] constituida por partículas beta.

beta[2] (*tb con la grafía* **veta**) *f* Cuerda de esparto. **b)** (*Mar*) Cabo o cuerda.

betabloqueador -ra *adj* (*Med*) Betabloqueante. *Frec n m*.

betabloqueante *adj* (*Med*) [Medicamento o sustancia] que inhibe la actividad de los nervios que estimulan la secreción de adrenalina, disminuyendo como consecuencia la actividad del corazón. *Frec n m.*

betacismo *m* (*Fon*) Igualación de los fonemas /b/ y /v/ en /b/.

betatrón *m* (*Fís*) Acelerador de partículas que sirve para producir haces de electrones de alta energía.

betel *m* Arbusto trepador de la India y Malasia, de hojas ovales y aromáticas cuya masticación produce una ligera embriaguez y tiñe los labios y la saliva de rojo (*Piper betle*). *Tb su hoja.*

bético -ca *adj* 1 (*hist*) De la Bética (antigua región hispana que corresponde aproximadamente a la actual Andalucía). **b)** (*lit*) Andaluz. *Tb n, referido a pers.* ■ **2** De la cordillera Bética. ■ **3** Del río Guadalquivir.

betilo *m* (*Arqueol*) Piedra sagrada adorada como ídolo.

betlehemita *adj* Betlemita. *Tb n.*

betlemita *adj* **1** De Belén (Israel). *Tb n, referido a pers.* ■ **2** De la orden religiosa fundada en Guatemala por Pedro de Betencourt en el s. XVII. *Tb n, referido a pers.*

betlemítico -ca *adj* De Belén (Israel) o de los betlemitas.

betónica *f* Planta herbácea vivaz de hojas festoneadas y flores en espiga terminal purpúreas o blancas, usada en medicina, esp. para curar heridas (*Stachys officinalis*).

betulácea *adj* (*Bot*) [Planta] arbórea o arbustiva, de hoja caduca, flores masculinas y femeninas, separadas pero en la misma planta, y fruto seco, de la familia del abedul y del avellano. *Frec como n f en pl, designando este taxón botánico.*

betún I *m* **1** Mezcla de varios ingredientes, gralm. pastosa, que se usa para poner lustroso el calzado de piel. ■ **2** Sustancia natural compuesta de carbono e hidrógeno pralm., que arde con llama, humo espeso y olor fuerte característico. **b)** **~ de Judea.** Asfalto natural, que se encuentra pralm. en Judea. ■ **3** Compuesto de asfalto y de residuos de la refinación del petróleo, que se ablanda con el calor y sirve pralm. para revestimiento de carreteras. II *loc v* **4 dar ~.** (*col*) Adular. III *loc adv* **5 a la altura del ~** → ALTURA.

betunar *tr* (*raro*) Embetunar, o limpiar [algo] con betún [1].

betunería *f* (*reg*) Establecimiento donde se limpia el calzado.

betunero *m* (*reg*) Limpiabotas.

beturio -ria *adj* (*hist*) De Beturia, parte de la Bética. *Tb n, referido a pers.*

bey *m* (*hist*) *En el Imperio turco:* Gobernador de provincia o soberano vasallo del sultán. *A veces designa tb altos cargos del ejército o de la administración.*

bezante *m* (*Heráld*) Figura redonda de metal.

bezo *m* (*raro*) Labio, esp. grueso o abultado.

bezoar *m* **1** Animal semejante a la cabra, de gran cornamenta, que vive en las zonas montañosas del Asia occidental (*Capra hircus*). ■ **2** Concreción de las vías digestivas y urinarias de algunos mamífe-

ros, esp. cabras o antílopes, considerada antiguamente como antídoto y medicamento. *Tb* PIEDRA ~.

bezoárdico -ca *adj* (*raro*) [Medicamento] contra el veneno o contra enfermedades malignas. *Frec n m.*

bezudo. oso ~ → OSO.

bi- *r pref* Dos, o dos veces. * Trasplante bipulmonar. * Baltazar y Manolo, bigoleadores. **b)** (*Quím, hoy raro*) Indica la doble presencia de un átomo o grupo funcional. * Fosfato bicálcico.

biafreño -ña *adj* De Biafra. *Tb n, referido a pers.*

bianual *adj* **1** Que se produce dos veces al año. ■ **2** (*semiculto*) Bienal.

bianualmente *adv* En forma bianual.

biarrota *adj* De Biarritz (Francia). *Tb n, referido a pers.*

biatlón (*tb con la grafía* **biathlon**) *m* (*Dep*) Competición conjunta de esquí de fondo y tiro.

biatómico -ca *adj* (*Quím*) [Molécula] formada por dos átomos.

biáxico -ca *adj* (*E*) Que tiene dos ejes.

bibelot (*fr; pronunc corriente,* /bibeló/ *o* /bibelót/; *pl normal,* ~s) *m* Objeto pequeño, esp. figurita, usado como adorno.

biberón *m* **1** Vasija con tetina, que sirve para dar leche u otro líquido al lactante. *Tb su contenido.* ■ **2** Leche artificial o no materna que se da al lactante en un biberón [1]. ■ **3** (*col, humoríst*) Botella o bota de vino o de otra bebida alcohólica.

biblia I *f* **1** Obra que tiene la máxima autoridad [en una doctrina o para un grupo (*compl de posesión*)]. ■ **2 la ~ en verso,** *o* **en pasta.** (*col*) Todo lo imaginable. *Con intención ponderativa. Tb simplemente,* LA ~. II *adj invar* **3** [Papel] opaco muy delgado.

bíblicamente *adv* En sentido bíblico.

bíblico -ca *adj* De la Biblia (libro sagrado de los hebreos y de los cristianos). **b)** Propio de la Biblia, esp. por su solemnidad o grandiosidad.

biblio- *r pref* De los libros o de la bibliografía. * Publicaciones bibliodiscográficas.

bibliobús *m* Autobús acondicionado como biblioteca ambulante destinada al préstamo de libros en los barrios o en los medios rurales.

bibliofilia *f* Condición o actitud de bibliófilo [1]. **b)** Ciencia del bibliófilo.

bibliofílico -ca *adj* De (la) bibliofilia.

bibliófilo -la I *m y f* **1** Pers. aficionada a coleccionar ediciones o ejemplares raros o curiosos de libros. *Tb adj.* **b)** Pers. amante de los libros. II *adj* **2** De(l) bibliófilo [1].

bibliografía *f* **1** Repertorio de escritos publicados [de un autor o de una época, o sobre un tema (*adj o compl especificador*)]. *Tb sin compl, por consabido.* **b)** Repertorio de escritos utilizados en la confección [de un libro, un artículo o una obra de investigación]. ■ **2** Ciencia y técnica del conocimiento y descripción de escritos y ediciones publicados.

bibliográfico -ca *adj* De (la) bibliografía.

bibliógrafo -fa *m y f* Pers. versada en bibliografía [2].

bibliología *f* Estudio del libro en sus aspectos técnico e histórico.

bibliológico -ca *adj* De (la) bibliología.

bibliomancia (*tb* **bibliomancía**) *f* Arte de adivinación que consiste en abrir un libro al azar e interpretar el futuro según el pasaje que salga.

bibliomanía *f* Manía de coleccionar libros, esp. raros y antiguos.

bibliomaníaco -ca (*tb* **bibliomaniaco**) *adj* De (la) bibliomanía o que la implica.

bibliómano -na *adj* [Pers.] que tiene bibliomanía. *Frec n.*

biblioteca *f* **1** Lugar donde se guardan ordenadamente los libros. **b)** *Esp:* Biblioteca pública. ■ **2** Librería (mueble). ■ **3** Colección de libros. ■ **4** (*Informát*) Conjunto de información organizada común a varios programas y accesible desde ellos.

bibliotecario -ria I *adj* **1** De (la) biblioteca [1] o (las) bibliotecas.
II *m y f* **2** Pers. que tiene a su cargo el cuidado técnico de una biblioteca [1, esp. 1b].

bibliotecología *f* Estudio de las bibliotecas [1] en todos sus aspectos.

biblioteconomía *f* Técnica de la conservación y organización de las bibliotecas [1].

biblioteconómico -ca *adj* De (la) biblioteconomía.

biblista *m y f* Especialista en la Biblia (texto sagrado de los hebreos y los cristianos).

biblita *adj* (*hist*) De Biblos (ciudad fenicia). *Tb n, referido a pers.*

bicameral *adj* (*Pol*) De dos cámaras.

bicameralismo *m* (*Pol*) Sistema bicameral.

bicampeón -na *m y f* (*Dep*) Pers. o equipo que ha sido dos veces campeón.

bicarbonatado -da *adj* Que contiene bicarbonato.

bicarbonato *m* Sal del ácido carbónico en que este entra en doble cantidad que en los carbonatos neutros. *Frec con un adj o compl especificador.* **b)** *Sin especificador, esp:* Bicarbonato sódico.

bicarpelar *adj* (*Bot*) Que tiene dos carpelos.

bicefalia *f* (*lit*) Existencia de dos cabezas. *Gralm fig.*

bicéfalo -la *adj* (*lit*) De dos cabezas. *Tb fig.*

bicentenario -ria I *adj* **1** Que tiene doscientos años o más. **b)** *En gral:* Que tiene doscientas unidades.
II *m* **2** Día o año en que se cumplen doscientos años [de algo, esp. de un acontecimiento, o del nacimiento o la muerte de un personaje].

bíceps *adj* (*Anat*) [Músculo par] que termina en dos porciones o cabezas. *Normalmente n m. Frec con los adjs* BRAQUIAL *y* FEMORAL. **b)** *Fuera del ámbito técn:* Bíceps braquial.

bicha I *f* **1** (*col*) Culebra. *Gralm en boca de perss supersticiosas, que consideran de mal agüero la mención del n de este animal.* **b)** *Cosa de mal agüero, o que infunde temor.* **c)** *En gral designa algo innombrable por superstición.* ■ **2** (*Arte*) Animal quimérico. ■ **3** (*reg*) Hurón (animal que se emplea en la caza de conejos).
II *loc v* **4 mentar**[le] **la ~** [a alguien]. (*col*) Hablar[le] de alguien o algo que le resulta repulsivo o irritante.

bicharraco *m* (*desp*) Bicho [1, 2 y 3].

bichear *tr* (*reg*) **1** Cazar [conejos] con hurón. *Tb abs.* ■ **2** Observar a escondidas. *Tb abs.*

bichero[1] *m* (*Mar*) Asta larga, con un gancho en el extremo, que en las embarcaciones pequeñas sirve esp. para atracar y desatracar.

bichero[2] **-ra** *m y f* (*reg*) Pers. que bichea [1].

bicho (*col*) I *m* **1** Animal pequeño y molesto, esp. insecto. **b)** *En gral:* Animal. **c)** (*Taur*) Toro o res que se torea. **d)** (*reg*) Hurón (animal que se emplea en la caza de conejos). ■ **2** (*desp*) Pers. de mala intención. *Frec* MAL ~. ■ **3** (*desp*) Pers. despreciable moral o físicamente. ■ **4** (*argot Mil*) Recluta. ■ **5 ~ raro.** Pers. cuyo carácter o comportamiento se aparta de lo normal. ■ **6 todo ~ viviente.** Todo el mundo o toda la gente. *A veces tb en constr distributiva* (CADA ~ VIVIENTE) *o negativa* (NINGÚN ~ VIVIENTE). ■ **7** (*vulg*) Pene.
II *fórm or* **8 ¿qué ~ te ha picado?** (*desp*) ¿Qué te ocurre, o qué te inquieta, para que actúes así?

bici *f* (*col*) Bicicleta [1].

bicicleta *f* **1** Aparato de locomoción constituido por un caballete que se apoya sobre dos ruedas iguales movidas por pedales. **b) ~ de montaña** → MONTAÑA. **c) ~ estática.** Aparato gimnástico en forma de bicicleta [1a] sin ruedas, destinado a hacer el mismo ejercicio que montando en bicicleta. ■ **2** Movimiento de piernas como el que se hace al mover los pedales de la bicicleta [1]. *Gralm con el v* HACER.

bicicletada *f* (*raro*) Carrera ciclista de carácter popular y con gran número de participantes no profesionales.

biciclo *m* (*hist*) Velocípedo de dos ruedas.

bici-cross (*pronunc corriente,* /biθikrós/; *tb con la grafía* **bicicross**) A *m* **1** Variedad de deporte ciclista practicada en terreno accidentado.
B *f* **2** Bicicleta para practicar el bicicross [1].

bicilíndrico -ca *adj* (*Mec*) De dos cilindros.

bicoca *f* (*col*) Cosa, esp. situación o empleo, que produce buenos beneficios con poco esfuerzo. **b)** Situación envidiable o privilegiada.

bicol *m* Lengua filipina del sur de la isla de Luzón.

bicolano *m* Bicol.

bicolor *adj* De dos colores.

bicóncavo -va *adj* (*Geom*) Que tiene las dos caras cóncavas.

biconvexo -xa *adj* (*Geom*) Que tiene las dos caras convexas.

bicorne *adj* (*lit*) De dos cuernos. *Tb fig.*

bicornio *m* Sombrero de dos picos.

bicromatar *tr* (*Quím*) Tratar o combinar [algo] con bicromato.

bicromato *m* (*Quím*) Sal del ácido crómico.

bicromía *f* (*E*) Impresión o decoración en dos colores.

bicuda *f* (*reg*) Se da este n a los peces *Scomberesox saurus, Sphyraena sphyraena* y *Argentina sphyraena*.

bicultural *adj* Que posee o combina dos culturas.

biculturalidad *f* Biculturalismo.

biculturalismo *m* Condición de bicultural.

bicúspide *adj* (*Anat*) [Válvula o premolar] de dos puntas.

bidé *m* Recipiente oblongo y bajo, que sirve para las abluciones íntimas.

bidestilar *tr* Destilar [algo] dos veces. *Gralm en part.*

bidet (*fr; pronunc corriente,* /bidé/; *pl normal,* ~s) *m* Bidé.

bidimensional *adj* De dos dimensiones.

bidimensionalidad *f* Cualidad de bidimensional.

bidireccional *adj* De dos direcciones.

bidón[1] *m* Recipiente portátil y hermético, gralm. metálico, cilíndrico y de gran capacidad, para líquidos u otras sustancias que requieren aislamiento. **b)** Recipiente de cierta capacidad, de distintas materias y cerrado con tapón, para cualquier clase de líquidos.

bidón[2] *adj invar* (*Cicl*) [Escapada] hecha en momento inoportuno y que suele resultar fallida.

bidonville (*fr; pronunc corriente,* /bidombíl/) *m* Suburbio constituido por una aglomeración grande de chabolas.

biela *f* **1** (*Mec*) En una máquina: Pieza que transforma un movimiento rectilíneo en un movimiento circular, o viceversa. ■ **2** (*jerg*) Pierna.

bielda *f* **1** Utensilio de labranza semejante al bieldo, pero con más dientes. *Frec designa el mismo bieldo.* ■ **2** (*reg*) Acción de beldar.

bieldo *m* Instrumento formado por un palo largo en cuyo extremo hay atravesado otro más corto con otros cuatro fijos en él en figura de dientes, y que sirve para aventar las mieses o las legumbres trilladas.

bielga *f* (*reg*) Bielda [1].

bielgo *m* (*reg*) Bieldo.

bielo *m* (*reg*) Bieldo.

bielorruso -sa **I** *adj* **1** De Bielorrusia (república de la antigua URSS). *Tb n, referido a pers.* **II** *m* **2** Lengua bielorrusa [1].

biempensante (*tb con la grafía semiculta* **bienpensante**) *adj* **1** (*desp*) [Pers.] cuyas opiniones políticas y religiosas y cuyo comportamiento están de acuerdo con la tradición. *Tb n.* **b)** Propio de la pers. biempensante. ■ **2** [Pers.] que tiende a ver las cosas por su lado bueno, sin malicia.

bien[1] **I** *adv* **1** En la forma debida o conveniente. ■ **2** En forma satisfactoria. **b)** De manera agradable. **c)** De manera favorable. *Con vs como* HABLAR *o* PENSAR. **d)** En buena situación. *Normalmente con el v* ESTAR. *A veces con intención irónica.* **e)** Con buena salud. *Con vs como* ESTAR *o* PONERSE. ■ **3** Perfectamente o totalmente. ■ **4** Mucho o notablemente. * De todo lo demás sabía bien poco. **b)** *Frec con intención enfática, a veces con matiz de protesta u oposición respecto a lo dicho o hecho por otros. Cuando se refiere a un v, se le antepone, intercalando a veces la conj* QUE. * ¿No te gusta? Pues está bien bueno, y antes bien que te gustaba. **c)** *Seguido de la prep* DE + *sust, se sustantiva:* Buen número o buena cantidad. * Ha influido en bien de autores. ■ **5** Sin dificultad. **b)** **muy ~.** Probablemente. *Con intención ponderativa.* ■ **6** *Repetido ante dos (o más) miembros de frase, presenta estos como términos de una alternativa. A veces, reforzando una disyunción con*

o (*o con* O... O...). * Puede dictar bien directamente, bien por cinta magnetofónica. ■ **7 pues ~.** *Siguiendo, después de pausa, a una or, y precediendo, con otra ligera pausa, a otra or, denota que esta segunda continúa o desarrolla el contenido de la primera.* * Habíamos acordado reunirnos al día siguiente. Pues bien, ni al día siguiente ni al otro. ■ **8 y ~.** *Introduce una pregunta acerca de las consecuencias de lo que acaba de ser expuesto por otro. A veces,* Y ~ *solo, con entonación interrog, desempeña la misma función de esa pregunta.* * –El Madrid es campeón. –Y bien, ¿eres feliz con eso? * –Me han llamado de Londres. –¿Y bien? ■ **9 ahora ~, antes ~, de lo más ~, mal que ~, más ~** → AHORA, ANTES, MÁS, MAL[1].
II *adj invar* **10** (*col*) [Pers.] de buena posición social. *Siguiendo inmediatamente al n.* * Aquí solo viene la gente bien. **b)** Propio de la pers. de buena posición social. * Así se habla en los bares bien.
III *m* **11** (*Enseñ*) Calificación de aptitud inmediatamente superior a la de suficiente.
IV *loc v* **12 estar** (*o* **parecer**) **~** [alguien o algo]. Ser (o parecer) adecuado o satisfactorio. * No está bien irse así. **b) está ~.** *Fórmula que expresa asentimiento o aprobación.* * –¿Vienes? –Está bien, iré. **c) ya está ~.** *Fórmula de protesta con que se manifiesta el deseo de que acabe una actitud o una situación molesta.* * Rafa, ya está bien, cállate.
V *loc conj* **13 no ~, o ~** → NO[1], O[1]. ■ **14 si ~** (*lit*), *o* **~ que** (*lit, raro*). Aunque. * Son parecidos, si bien solo físicamente.
VI *interj* **15** Bueno. *Expresando asentimiento, frec en la forma* MUY ~. * –Mañana vienes antes. –Bien. ■ **16** *Se emplea para manifestar aplauso, a veces irónico, ante lo que se ve o se oye. A veces se expresa la pers o cosa aplaudida, por medio de un compl* POR. * ¡Bien por mi chico! ■ **17 qué ~.** *Expresa satisfacción, a veces irónica. En este segundo caso, frec* PUES QUÉ ~. * –Vámonos al cine. –¡Qué bien! * –Suben los impuestos. –Pues qué bien.

bien[2] **I** *m* **1** Cosa buena. *Esp en sent moral.* ■ **2** Lo bueno. *Normalmente con el art* EL. **b)** Buenas acciones. *Normalmente con el art* EL *y como cd del v* HACER *u otro equivalente.* ■ **3** Conveniencia o utilidad [de alguien o algo]. **b)** Ayuda o beneficio. ■ **4** *En pl:* Cosas materiales que se poseen. *Tb* (*lit*) ~ES DE FORTUNA. **b)** (*Econ*) Cosas aptas para la satisfacción de necesidades humanas, y disponibles para este fin.
II *loc adj* **5 de ~.** [Pers.] honrada. *Normalmente siguiendo al n* HOMBRE. **b)** [Hombría] **de ~** → HOMBRÍA.
III *loc v y fórm or* **6 que sea para ~.** (*hoy raro*) *Fórmula de felicitación y expresión de buenos deseos.* * –Voy a casar a la niña. –Que sea para bien. ■ **7 tener a ~.** Dignarse, o estimar oportuno, [hacer algo (*v en infin*)]. *Frec en estilo ceremonioso.* * Tuvo a bien recibirnos.
IV *loc adv* **8 a ~.** En buena armonía [con alguien]. *Con vs como* ESTAR *o* PONERSE. * Me gusta estar a bien con todos. ■ **9 por encima del ~ y del mal.** En situación en que nada incumbe o afecta a la pers. en cuestión. *Normalmente con el v* ESTAR.

bienal *adj* **1** De dos años. *Con idea de duración.* **b)** (*Bot*) [Planta] que vive más de un año y no pasa de dos. ■ **2** Que se produce cada dos años. *Frec n f, referido a exposición.*

bienalmente *adv* Cada dos años.

bienamado -da *adj* (*lit*) Que es objeto de especial amor.

bienandanza *f* (*lit*) **1** Buena fortuna. ■ **2** Suceso dichoso.

bienaventurado -da *adj* Feliz o dichoso. **b)** (*Rel crist*) Que disfruta de la felicidad eterna. *Frec n.*

bienaventuranza *f* (*Rel crist*) **1** Gloria o felicidad eterna. *Tb* ~ ETERNA. ■ **2** Promesa de bienaventuranza [1] formulada por Jesucristo.

biencasado -da *adj* (*raro*) [Pers. casada] que vive en armonía con su cónyuge. *Tb n.*

bienestante *adj* (*raro*) Acomodado. *En sent económico o social. Tb n, referido a pers.*

bienestar I *m* **1** Sensación de encontrarse bien o a gusto. ■ **2** Situación de holgura, abundancia o comodidad material.
II *loc adj* **3** [Estado] **de(l)** ~ → ESTADO.

bienfamado -da *adj* (*raro*) Que tiene buena fama.

biengranada *f* Planta herbácea anual, vellosa, con hojas lobuladas de color verde amarillento y flores diminutas en ramilletes, que se usan en medicina como pectorales (*Chenopodium botrys*).

bienhablado -da (*tb con la grafía* **bien hablado**) *adj* **1** [Pers.] que habla sin usar palabras malsonantes. *Tb n.* ■ **2** Que se expresa con corrección o con elegancia. *A veces con intención desp.*

bienhadado -da *adj* (*lit*) Dichoso o afortunado.

bienhechor -ra *adj* Que hace bien[2] [a alguien o algo (*compl de posesión*)]. *Tb sin compl. Frec n, referido a pers.* **b)** Que protege o ayuda, esp. en el orden material, [a alguien o algo (*compl de posesión*)]. *Frec n, referido a pers.* **c)** Propio de(l) bienhechor.

bienhumorado -da (*tb con la grafía* **bien humorado**) *adj* [Pers.] que tiene buen humor. **b)** Propio de la pers. bienhumorada.

bienintencionadamente *adv* De manera bienintencionada.

bienintencionado -da (*tb con la grafía* **bien intencionado**) *adj* Que tiene buena intención.

bienio *m* **1** Período de dos años. ■ **2** Incremento de un sueldo o salario, correspondiente a dos años de servicio activo.

bienmandado -da (*tb con la grafía* **bien mandado**) *adj* [Pers.] obediente. *Tb n.*

bienmesabe *m* (*reg*) **1** Dulce hecho con yemas de huevo, almendra molida, azúcar y ralladura de limón. ■ **2** Cazón adobado.

bienoliente *adj* (*lit*) Fragante o que huele bien.

bienpensante → BIEMPENSANTE.

bienquerer *m* (*lit*) Afecto o buena voluntad.

bienquistarse *intr pr* (*raro*) Reconciliarse [dos perss., o una con otra].

bienquisto -ta (*tb con la grafía* **bien quisto**) *adj* (*lit*) [Pers.] que disfruta de estimación o aprecio. *A veces con un compl* DE.

biensonante *adj* (*raro*) [Palabra o frase] que suena bien.

bienteveo *m* (*reg*) Choza levantada sobre estacas, desde la cual se guarda la viña.

bienvenida *f* Saludo con que se manifiesta la satisfacción por recibir al que llega.

bienvenido -da (*tb con la grafía* **bien venido**) *adj* Recibido con complacencia. **b)** Se usa como saludo cortés dirigido a una pers que acaba de llegar de fuera.

bierco *m* (*reg*) Biércol o brezo.

biércol *m* (*reg*) Brezo común (planta). *Tb* ~ MERINO.

biergo *m* (*reg*) Bieldo.

bies I *m* **1** Disposición oblicua de los hilos de una tela. *Tb fig.* ■ **2** Trozo de tela cortado al bies [3].
II *loc adv* **3 al ~.** Oblicuamente. *Tb adj.*

bifacial *adj* De dos caras o superficies. *Frec en prehistoria.*

bífalo *m* Animal híbrido de búfalo americano y vaca.

bifásico -ca *adj* **1** (*Electr*) [Corriente] constituida por dos corrientes engendradas por un mismo manantial pero desfasadas en medio período. **b)** De (la) corriente bifásica. ■ **2** (*E*) Que tiene dos fases.

bifaz *adj* (*Prehist*) [Hacha de piedra] tallada por las dos caras. *Tb n m.*

bife *m* Bistec al estilo argentino.

bífido -da *adj* **1** (*Biol*) Hendido en dos partes. ■ **2** (*Med*) [Espina] en que, por malformación congénita, una o más vértebras no se han cerrado completamente, dejando una hendidura a través de la cual salen la médula y las meninges.

bifilar *adj* (*E*) De dos hilos.

bifocal *adj* (*Ópt*) Que tiene dos focos. **b)** *Fuera del ámbito técn:* [Gafas] con lentes bifocales, por una parte de las cuales se puede ver a distancia, y por la otra, de cerca. *Tb n f pl.*

bíforo -ra *adj* (*Arquit*) [Vano, esp. ventana o puerta] dividido en dos bajo un arco de medio punto. *Tb n f.*

bifronte *adj* Que tiene dos caras. *Tb fig.*

biftec *m* (*raro*) Bistec.

bifurcación *f* **1** Acción de bifurcarse [2]. *Tb fig.* ■ **2** Lugar donde se bifurca [2] algo, esp. un camino. ■ **3** (*Informát*) Salto de un punto de un programa a otro, omitiendo la parte intermedia.

bifurcar *intr* ➤ **a** *normal* **1** (*reg*) Bifurcarse [2]. ➤ **b** *pr* (~**se**) **2** Dividirse [algo] en dos ramales o brazos.

biga *f* (*hist*) En la antigüedad grecorromana: Carro tirado por dos caballos.

bigamia *f* Estado de bígamo.

bígamo -ma *adj* Que está casado a la vez con dos personas. *Frec n.*

bigardía *f* (*raro*) Burla.

bigardo -da *adj* (*raro*) **1** Vago u holgazán. *Frec n.* ■ **2** Pícaro o sinvergüenza. *Tb n.*

bígaro *m* **1** Molusco marino de pequeño tamaño y concha oscura en forma de caracol, cuya carne es apreciada y que abunda en la costa cantábrica (*Littorina littorea*). *Tb designa otras especies.* ■ **2** Instrumento pastoril hecho de asta de vaca o de corzo, propio de Cantabria.

big band (*ing; pronunc corriente,* /bíg-bánd/; *pl normal,* ~s) *f* (*Mús*) Orquesta de jazz o de baile cuyo número de componentes es superior al del conjunto habitual.

big bang (*ing; pronunc corriente,* /bíg-bán/; *a veces con mayúscula*) *m* **1** (*Astron*) Gran explosión que dio lugar al Universo. ■ **2** (*Econ*) Proceso de informatización total de la bolsa, acaecido en Londres en

1986. ■ **3** Renovación radical [de algo]. *Frec sin compl, por consabido.*

bigeminado *adj (Med)* [Pulso] caracterizado por la sucesión rápida de dos pulsaciones, seguidas de un intervalo largo.

bigémino *adj (Anat)* [Tubérculo] de los que son gemelos en número de dos.

bignoniácea *adj (Bot)* [Planta] arbórea dicotiledónea y trepadora de la familia cuyo género más destacado es *Bignonia. Frec como n f en pl, designando este taxón botánico.*

bigornia *f* Yunque con dos puntas opuestas.

bigote I *m* **1** Conjunto de pelos que nacen sobre el labio superior. *Tb en pl, gralm para ponderar el tamaño.* **b)** *En algunos animales:* Conjunto de pelos o cerdas que sobresalen a los lados de la boca. *Gralm en pl.* ■ **2** *(col)* Parte de la cara que corresponde al bigote [1a]. ■ **3** *(col)* Mancha que queda en el bigote [2] al beber o tomar algo. *Tb en pl.* ■ **4** *(col)* Firmeza o energía. *Frec en pl y en las constrs* HOMBRE DE ~(S) *o* TENER ~S. **II** *loc adj* **5 de ~(s).** *(col)* Extraordinario en cantidad, calidad o intensidad. *Con intención ponderativa.* **III** *loc v* **6 jugarse** [alguien] **el ~.** *(col)* Arriesgar muchísimo. ■ **7 mover el ~.** *(col)* Comer. ■ **8 tener ~s.** *(col)* Ser importante [una cosa].

bigotera *f* **1** Compás pequeño en que la abertura de los brazos es regulada por medio de un tornillo. ■ **2** *(Mar)* Conjunto de olas que la proa levanta al avanzar. ■ **3** *(Zool) En las aves:* Zona donde destaca a ambos lados del pico. ■ **4** *(hist)* Tira de gamuza con que se cubren los bigotes [1a], estando en casa o en la cama, para que no se descompongan. ■ **5** *(hist) En un coche de caballos:* Asiento estrecho situado enfrente de la testera y que puede doblarse cuando no se usa.

bigotudo -da I *adj* **1** Que tiene bigote, o esp. mucho bigote [1]. **b)** [Murciélago] ~ → MURCIÉLAGO. **II** *m* **2** Ave de zonas lacustres, de unos 15 cm, de color leonado, cuyo macho tiene una mancha negra a los lados del pico (*Panurus biarmicus*).

bigudí *m (hoy raro)* Laminita de metal, larga, estrecha y forrada, utilizada por las mujeres para rizar un mechón de pelo enrollándola en ella.

bija *f* Árbol de las regiones cálidas de América, de cuyas semillas se extrae una sustancia roja usada por los indígenas para pintarse y para dar color a algunos alimentos (*Bixa orellana*). *Tb su fruto, su semilla y la sustancia obtenida de ella.*

biker *(ing; pronunc corriente,* /báiker/; *pl normal,* ~s) *m y f* Miembro de un grupo de moteros.

bikini *(tb con la grafía* **biquini**) *m* **1** Traje de baño femenino muy reducido, de dos piezas. ■ **2** Braga de tamaño muy reducido.

bilabiado -da *adj (Bot)* Constituido por dos labios.

bilabial *adj (Fon)* [Articulación o sonido] en que intervienen los dos labios. *Tb n f, referido a consonante.*

bilateral *adj* **1** Relativo a dos lados o partes, o que afecta a ambos. ■ **2** [Convenio o negociación] entre dos partes, sobre prestaciones y obligaciones mutuas. **b)** De (los) convenios o negociaciones bilaterales. ■ **3** *(Biol)* [Simetría] respecto a un plano vertical longitudinal. **b)** Que tiene simetría bilate-ral. ■ **4** *(Fon)* [Oposición] que se produce entre dos fonemas que se distinguen por un solo rasgo.

bilateralidad *f* Cualidad de bilateral.

bilateralismo *m* Actuación bilateral [2].

bilateralización *f* Acción de bilateralizar.

bilateralizar *tr* Hacer bilateral [2].

bilateralmente *adv* De manera bilateral.

bilbainismo *m (raro)* Condición de bilbaíno, esp. amante de lo bilbaíno.

bilbaíno -na I *adj* **1** De Bilbao. *Tb n, referido a pers.* **II** *f* **2** *(reg)* Boina.

bilbilitano -na *adj* **1** De Calatayud (Zaragoza). *Tb n, referido a pers.* ■ **2** *(hist)* De la antigua Bílbilis (hoy Calatayud). *Tb n, referido a pers.*

bilharziosis *f (Med)* Enfermedad tropical causada por gusanos del gén. *Bilharzia.*

biliar *adj (Anat)* De (la) bilis.

biliario -ria *adj (raro)* Que tiene bilis.

bilingüe *adj* **1** Que habla dos lenguas o que las utiliza. ■ **2** Que está o se produce en dos lenguas. ■ **3** Que explica en una lengua palabras o textos de otra.

bilingüismo *m* Condición de bilingüe [1].

biliosidad *f (Med)* Estado bilioso. *Tb fig, fuera del ámbito técn.*

bilioso -sa *adj* **1** Abundante en bilis, o caracterizado por el exceso de bilis. ■ **2** [Pers.] atrabiliaria o de mal genio. **b)** Propio de la pers. biliosa.

bilirrubina *f (Fisiol)* Pigmento disuelto en la bilis y que le da el color dorado que esta tiene al ser formada por el hígado.

bilis I *f* **1** Líquido viscoso, de color amarillento o verdoso, segregado por el hígado y que se acumula en la vesícula biliar, de donde pasa al duodeno en el momento de la digestión. ■ **2** *(col)* Cólera o irritación. *Frec con el v* ALMACENAR. **II** *loc v* **3 revolverle** *o* **alterarle** [a uno] **la ~** [alguien o algo]. *(col)* Resultarle insoportable. **b) revolvérsele** *(o* **alterársele**) [a uno] **la(s) ~.** Sentir profundo malestar o desagrado. ■ **4 tragar ~.** *(col)* Disimular la contrariedad o la irritación.

biliverdina *f (Fisiol)* Pigmento biliar verde, formado por oxidación de la bilirrubina, y que se encuentra en los cálculos biliares.

bill *(ing; pronunc corriente,* /bil/; *pl normal,* ~s) *m En los países de lengua ing:* Proyecto de ley.

billa *f (reg)* Grifo (llave para regular la salida de líquido).

billar *m* **1** Juego en que, sobre una mesa rectangular forrada de paño, se impulsan con tacos bolas de marfil o de otra materia similar. ■ **2** Mesa de billar [1]. *Tb la sala o local en que está instalada.*

billarda *f (reg)* Tala (juego).

billarista *m y f* Jugador de billar [1].

billetaje *m* Conjunto de (los) billetes [1, 2 y 3].

billete *m* **1** Papel impreso y puesto en circulación por el Estado, y que tiene valor de dinero. *Tb ~ DE* BANCO. **b)** *(col) Esp:* Billete de mil pesetas. ■ **2** Papel o cartulina impresos que dan derecho a utilizar un medio de transporte. ■ **3** Entrada, o papel impreso que sirve para entrar en determinados lugares, esp. espectáculos taurinos. ■ **4** *En la lotería:*

Papel impreso que da derecho a participar con un número entero en un sorteo. ■ **5** (*lit*) Carta personal breve. ■ **6** (*Arte*) Pieza rectangular de las que forman una decoración similar al ajedrezado, en relieve sobre fondo hueco. *Gralm en pl.*

billetero -ra I *adj* **1** De (los) billetes [2].
II *n* **A** *m* **2** Cartera de bolsillo para guardar billetes [1].
B *f* **3** Billetero [2].

billón *m* Cantidad de un millón de millones. *Gralm seguido de un compl* DE (*sin* DE *cuando se interpone otro número*).

billonario -ria *adj* **1** De billones. *Esp referido a dinero.* ■ **2** [Pers.] cuya fortuna es de billones. *Tb n.*

billonésimo -ma *adj* [Parte] que es una del billón de partes en que se considera dividida la unidad. *Tb n f.*

bilma *f* (*reg*) Bizma.

bilobado -da *adj* (*E*) Bilobulado.

bilobulado -da *adj* (*E*) Dividido en dos lóbulos.

bilocar *tr* (*raro*) Colocar a la vez en dos sitios distintos.

biloculación *f* (*Biol*) División en dos cavidades o cámaras.

biloculado -da *adj* (*Biol*) Bilocular.

bilocular *adj* (*Biol*) Dividido en dos cavidades o cámaras.

bimadora *f* (*reg*) Máquina para dar la segunda reja a las tierras de labor.

bimano -na (*tb* **bímano**) *adj* (*Zool*) [Mamífero] que tiene dos manos, de forma y función distintas a las de los pies. *Tb n.*

bimbache *adj* (*hist*) Del pueblo aborigen de la isla del Hierro. *Frec n, referido a pers.*

bimbape *adj* (*hist*) Bimbache. *Tb n.*

bimembre *adj* Que consta de dos miembros o partes.

bimensual *adj* **1** Que se produce dos veces al mes. ■ **2** (*semiculto*) Bimestral.

bimensualmente *adv* De manera bimensual.

bimestral *adj* **1** De un bimestre. *Con idea de duración.* ■ **2** Que corresponde a cada bimestre o se produce cada bimestre.

bimestralmente *adv* De manera bimestral.

bimestre *m* Período de dos meses.

bimetálico -ca *adj* (*Econ*) De(l) bimetalismo.

bimetalismo *m* (*Econ*) Sistema monetario que tiene como patrones el oro y la plata.

bimetalista *adj* (*Econ*) De(l) bimetalismo. **b)** Partidario del bimetalismo. *Tb n.*

bimilenario -ria I *adj* **1** De dos mil años.
II *m* **2** Fecha en que se cumplen los dos mil años [de algo].

bimotor *m* Avión de dos motores.

bina *f* Acción de binar [1].

binación *f* (*Rel catól*) Acción de binar [2]. *Tb fig.*

binadera *f* Instrumento o máquina para binar [1].

binado *m* Bina.

binador -ra *adj* Que bina [1]. *Tb n, m y f, referido a instrumento o máquina.*

binar A *tr* **1** Arar o cavar por segunda vez [una tierra (*cd*)], para romper la costra superficial y arrancar las hierbas. *Tb abs.*
B *intr* **2** (*Rel catól*) Celebrar [un sacerdote] dos misas en un mismo día.

binario -ria *adj* Formado por dos elementos. **b)** (*Mús*) [Compás] formado por dos unidades métricas.

binazón *f* Bina.

bineta *f* (*reg*) Arado en que el timón está sustituido por dos piezas de madera unidas a la cama, lo que permite que haga el tiro una sola caballería.

bingo I *m* **1** Juego de azar semejante a la lotería de cartones, que se juega entre varias personas gralm. en un local público, y en que los participantes, para ganar premio, han de cubrir en su cartón individual todos los números o una fila de ellos. **b)** Jugada del bingo consistente en cubrir todos los números de un cartón antes que cualquier otro jugador. *Tb el premio correspondiente. Frec con el v* CANTAR. **c)** Local público destinado al juego del bingo.
II *interj* **2** (*col*) Expresa que se ha acertado o se ha dado con la solución.

binguero -ra *adj* [Pers.] aficionada al bingo [1a]. *Frec n.*

binocular *adj* (*E*) De (los) dos ojos. **b)** (*Ópt*) [Instrumento] que sirve para mirar con los dos ojos simultáneamente. *Tb n m.*

binóculo *m* (*Ópt*) Anteojo por el que se mira con ambos ojos a la vez.

binomial *adj* **1** (*Mat*) De(l) binomio. ■ **2** (*Bot y Zool*) [Nombre o nomenclatura] que tiene dos elementos.

binomio -mia (*Mat*) I *adj* **1** (*raro*) Que consta de dos términos. **b)** *Fuera del ámbito matemático:* Que consta de dos elementos.
II *m* **2** Expresión algebraica compuesta de dos términos unidos por los signos más o menos. **b)** *Fuera del ámbito matemático:* Pareja de perss. o de elementos que actúa como una unidad.

bínubo -ba *adj* (*Der*) Casado por segunda vez. *Tb n.*

binucleado -da *adj* (*Biol*) Que tiene dos núcleos.

bio- *r pref* (*E*) Biológico. * Sigue la investigación bioespacial.

bioactivo -va *adj* (*Biol*) Que tiene efecto sobre la materia viva.

bioacumulativo -va *adj* (*Biol*) Que se acumula en los seres vivos.

bioastronáutica *f* (*Biol*) Estudio de los procesos biológicos en una nave espacial.

biobibliografía *f* Biografía y bibliografía de un escritor.

biobibliográfico -ca *adj* De (la) biobibliografía.

biocatalizador *m* (*Biol*) Sustancia orgánica indispensable para la vida del organismo, sin propiedades energéticas pero dotada de gran actividad química y que regula los procesos vitales.

biocenosis *f* (*Biol*) Comunidad de especies animales y vegetales que viven en un biotopo.

biocenótico -ca *adj* (*Biol*) De (la) biocenosis.

biochip *m* (*Electrón*) Chip fabricado con material orgánico.

biocida *adj* (*Biol*) [Sustancia] que destruye distintos tipos de seres vivos, esp. los microorganismos vegetales y animales. *Frec n m.*

bioclimático -ca *adj* (*Biol*) De la relación entre los organismos vivos y el clima. **b)** Que conjuga las condiciones climáticas y las necesidades biológicas.

biocombustible *m* (*Biol*) Combustible obtenido a partir de la materia orgánica.

biocompatibilidad *f* (*Med*) Condición de biocompatible.

biocompatible *adj* (*Med*) Tolerado por el organismo.

biodegradabilidad *f* (*Quím*) Condición de biodegradable.

biodegradable *adj* (*Quím*) [Sustancia] susceptible de ser atacada por microorganismos para convertirse en otras más simples y menos nocivas.

biodegradación *f* (*Quím*) Degradación de una sustancia por la acción de organismos vivos.

biodegradante *adj* (*Quím, raro*) Biodegradable. *Tb n m.*

biodinámico -ca *adj* **1** (*Agric*) Hecho mediante el empleo exclusivo de fertilizantes orgánicos. ■ **2** (*Biol*) De la dinámica de los seres vivos o que la implica.

biodiversidad *f* (*Biol*) Diversidad de especies animales y vegetales.

bioeléctrico -ca *adj* (*Biol*) De (la) electricidad de origen animal.

bioelectrónica *f* (*Biol*) Aplicación de la electrónica a la biología.

bioelemento *m* (*Biol*) Elemento químico que entra en la constitución de los seres vivientes.

bioenergética *f* (*Biol*) Estudio de la transformación de la energía en los organismos vivos.

bioestadística *f* (*Biol*) Método estadístico aplicado al análisis de los datos biológicos.

bioético -ca (*Biol*) **I** *adj* **1** De la bioética [2].
II *f* **2** Estudio de los aspectos éticos de la investigación biológica y de sus aplicaciones, esp. en medicina.

biofeedback (*ing; pronunc corriente, /biofídbak/*) *m* (*Psicol*) Técnica, gralm. realizada mediante aparatos eléctricos, que tiene por objeto el control de funciones físicas involuntarias o inconscientes.

biofísico -ca (*Biol*) **I** *adj* **1** De (la) biofísica [3] o de su objeto.
II *n* **A** *m y f* **2** Especialista en biofísica [3].
B *f* **3** Parte de la física que estudia los fenómenos biológicos.

biogás *m* (*Quím*) Gas combustible obtenido por fermentación anaerobia de la materia orgánica.

biogenésico -ca *adj* (*Biol*) **1** Biogénico. ■ **2** De (la) generación de seres vivos.

biogenético -ca (*Biol*) **I** *adj* **1** De (la) biogenética [2] o de su objeto.
II *f* **2** Estudio del origen y desarrollo de los seres vivos. **b)** Conjunto de fenómenos que son objeto de la biogenética.

biogénico -ca *adj* (*Biol*) [Elemento químico] constitutivo de la materia viva.

biógeno -na *adj* (*Biol*) Originador o productor de vida.

biogeografía *f* (*Biol*) Estudio de la distribución de los seres vivos sobre la Tierra.

biogeográfico -ca *adj* (*Biol*) De (la) biogeografía o de su objeto.

biografía *f* **1** Obra escrita que narra la vida [de una pers.]. **b)** Género literario constituido por las biografías. ■ **2** Transcurso de la vida [de una pers.].

biografiador -ra *m y f* Pers. que escribe una biografía o biografías [1a].

biografiar (*conjug 1c*) *tr* Escribir la biografía [1a] [de alguien (*cd*)]. *Tb abs.*

biográficamente *adv* En el aspecto biográfico.

biográfico -ca *adj* De (la) biografía o de (las) biografías.

biógrafo -fa *m y f* Autor de una biografía [1a].

bioindustria *f* (*E*) Industria basada en técnicas biológicas.

bioinformática *f* (*Biol*) Informática aplicada a la biología.

bioingeniería *f* (*Biol*) Aplicación de conocimientos avanzados de matemáticas, física y química a la medicina y a la biología.

bioingeniero -ra *m y f* (*Biol*) Especialista en bioingeniería.

biología *f* Ciencia que estudia los fenómenos comunes a todos los seres vivos. *A veces con un adj especificador:* MOLECULAR, CELULAR. **b)** Conjunto de los fenómenos que son objeto de la biología.

biológicamente *adv* En el aspecto biológico.

biológico -ca *adj* **1** De (la) biología o de su objeto. **b)** [Paro o cese temporal de la actividad pesquera] destinado a la recuperación de las especies. ■ **2** [Arma o lucha] en que se utilizan organismos vivos, como gérmenes patógenos o sustancias tóxicas producidos por estos, para dañar a las personas, los animales o las plantas.

biologismo *m* Doctrina que trata de explicar los fenómenos psicológicos o sociales desde un punto de vista estrictamente biológico. *Tb la actitud correspondiente.*

biologista *adj* De(l) biologismo o que lo implica.

biologizar *tr* Dar carácter biológico [1] [a algo (*cd*)].

biólogo -ga *m y f* Especialista en biología.

bioluminiscencia *f* (*Biol*) Emisión de luz por un organismo vivo. *Tb la luz así emitida.*

bioma *m* (*Biol*) Comunidad de organismos que ocupa un área muy amplia.

biomagnetismo *m* (*Biol*) Sensibilidad de los seres vivos a los campos magnéticos.

biomasa *f* (*Biol*) **1** Materia orgánica originada en un proceso biológico y utilizable como fuente de energía. ■ **2** Peso del conjunto de materia viva por unidad de volumen o superficie de un área determinada.

biomaterial *m* (*Med*) Material adecuado para prótesis en contacto directo con tejidos vivos.

biombo *m* Conjunto de bastidores unidos por goznes, que se puede plegar y desplegar y que, desplegado, sirve de mampara.

biomecánico -ca (*Biol*) **I** *adj* **1** De (la) biomecánica [2] o de su objeto.
II *f* **2** Ciencia que estudia la aplicación de las leyes de la mecánica a las estructuras de los seres vivos.

biomedicina *f* (*Med*) Ciencia que engloba la medicina y la biología.

biomédico -ca *adj* (*Med*) De (la) biomedicina o de su objeto.

biometría *f* (*Biol*) Estudio estadístico de los fenómenos biológicos.

biométrico -ca *adj* (*Biol*) De (la) biometría o de su objeto.

biomórfico -ca *adj* (*E*) De forma semejante a las de los organismos vivos.

biónico -ca (*Electrón*) **I** *adj* **1** De (la) biónica [3].
II *n* **A** *m y f* **2** Especialista en biónica [3].
B *f* **3** Ciencia que tiene por objeto la aplicación de los estudios de los fenómenos biológicos al proyecto y realización de dispositivos y sistemas electrónicos o mecánicos.

biopatología *f* (*Med*) Parte de la biomedicina que estudia las enfermedades.

biopatólogo -ga *m y f* (*Med*) Especialista en biopatología.

biopic (*ing; pronunc corriente, /biópik/*) *m* (*a veces f*) Película basada en una biografía.

biopolímero *m* (*Biol*) Polímero que interviene en los procesos biológicos.

biopsia *f* (*Med*) **1** Examen microscópico de un trozo de tejido tomado de un ser vivo, normalmente con fines diagnósticos. ■ **2** Muestra de tejido tomada de un ser vivo para hacer la biopsia [1].

biopsiar (*conjug* **1a**) *tr* (*Med*) Someter a biopsia [1].

biópsico -ca *adj* (*Med*) De (la) biopsia.

bioquímicamente *adv* (*Biol*) En el aspecto bioquímico.

bioquímico -ca (*Biol*) **I** *adj* **1** De (la) bioquímica [3] o de su objeto.
II *n* **A** *m y f* **2** Especialista en bioquímica [3].
B *f* **3** Parte de la química que estudia los fenómenos vitales. **b)** Conjunto de los fenómenos que son objeto de la bioquímica.

biorritmo *m* Ciclo repetido de fenómenos fisiológicos, que pueden relacionarse con estados físicos, psíquicos o de comportamiento que se repiten periódicamente.

biosensor *m* (*Med y Biol*) Sensor constituido por un chip electrónico unido a moléculas vivas, que sirve para detectar la presencia de determinados fenómenos o sustancias en un cuerpo vivo. **b)** Organismo vivo que actúa como sensor.

biosfera *f* (*Biol*) Zona de la corteza terrestre y de la atmósfera, en que se desarrolla la vida de los seres.

biosíntesis *f* (*Quím*) Producción de un compuesto químico por un organismo vivo.

biosintético -ca *adj* (*Quím*) Producido por biosíntesis.

biosistema *m* (*Biol*) Ecosistema.

biosocial *adj* (*E*) De la relación de factores biológicos y sociales.

biosociología *f* (*E*) Parte de la sociología que estudia la relación entre los fenómenos biológicos y sociales.

biota *f* (*Biol*) Conjunto de seres vivos o de fauna y flora de una región.

biotano -na *adj* De Biota (Zaragoza). *Tb n, referido a pers.*

biotecnología *f* (*Biol*) Aplicación de la tecnología a los procesos biológicos para la obtención de productos útiles.

biotecnológico -ca *adj* (*Biol*) De (la) biotecnología.

biotecnólogo -ga *m y f* (*Biol*) Especialista en biotecnología.

bioterapia *f* (*Med*) Método terapéutico mediante cultivos vivos o productos orgánicos.

biótico -ca *adj* (*Biol*) De (los) seres vivos.

biotina *f* (*Quím*) Vitamina del complejo B, presente en todas las formas de vida y esp. en la yema de huevo y en el hígado, y que es esencial en el metabolismo.

biotípico -ca *adj* (*Biol y Med*) De(l) biotipo.

biotipo *m* **1** (*Biol*) Conjunto de organismos que tienen la misma constitución genética. ■ **2** (*Psicol*) Tipo. *Tb fig, fuera del ámbito técn.*

biotipología *f* (*Psicol*) Estudio de los biotipos [2].

biotipológico -ca *adj* (*Psicol*) De (la) biotipología o de su objeto.

biotita *f* (*Mineral*) Mica negra que se encuentra en el granito y otras rocas eruptivas.

biotopo (*tb* **biótopo**) *m* (*Biol*) Zona que presenta uniformidad en cuanto a condiciones de habitabilidad y en cuanto a población animal y vegetal.

biovular *adj* (*Biol*) De dos óvulos.

bióxido *m* (*Quím*) Cuerpo resultante de la combinación de un radical con dos átomos de oxígeno. *Normalmente con un compl especificador.*

bip (*pl normal, ~s*) *interj* Imita el pitido de un aparato. *Tb n m.*

biparietal *adj* (*Med*) De las dos eminencias parietales.

bipartición *f* División en dos partes.

bipartidismo *m* (*Pol*) Sistema en que dominan exclusivamente dos grandes partidos. *Tb fig, fuera del ámbito técn.*

bipartidista *adj* (*Pol*) De(l) bipartidismo.

bipartito -ta *adj* De dos partes.

bipedestación *f* (*Biol*) Bipedismo.

bipedismo *m* (*Biol*) Modo habitual de andar y sustentarse sobre dos pies, propio del hombre y de algunos animales.

bípedo -da *adj* [Animal] que camina y se sustenta sobre dos pies. *Tb n m, esp referido al hombre. En este caso, frec humoríst, en la forma ~ IMPLUME.* **b)** Propio del animal bípedo.

bipenne *f* (*Arqueol*) Hacha de dos filos.

biplano *m* Avión cuyas alas sustentadoras forman dos planos paralelos.

biplaza *adj* [Vehículo o asiento] de dos plazas. *Tb n m, referido a vehículo.*

bípode *m* Soporte de dos pies.

bipolar adj (E) Que tiene dos polos. Tb fig.

bipolaridad f (E) Condición de bipolar.

bipolarismo m (E) Bipolaridad.

bipolarización f (Pol) Agrupación en torno a dos partidos o bloques fundamentales.

biquini → BIKINI.

birdie (ing; pronunc corriente, /bérdi/; pl normal, ~s) m (Golf) Tanteo de un golpe bajo par en un hoyo.

birgitano → VIRGITANO.

biribís m (hist) Juego de azar semejante a la ruleta.

birimbao m Instrumento músico popular formado por una lengüeta metálica unida por un extremo a un marco de metal o madera y que, puesta en vibración por el ejecutante delante de su boca, resuena dentro de esta.

birla f (reg) Bolo.

birlar[1] tr (col) Hurtar, o quitar con malas artes. Tb fig.

birlar[2] tr En el juego de bolos: Tirar por segunda vez [la bola] desde el lugar donde se detuvo la primera vez. Tb abs.

birle m (col) Acción de birlar[1].

birlibirloque. por arte de ~ → ARTE.

birlo m (reg) Utensilio en forma de clavo usado para separar las piezas que se han de cocer en el horno del alfarero.

birlocha f (reg) Cometa (juguete).

birloche m (hist) Birlocho.

birlocho m (hist) Coche descubierto, de cuatro ruedas y cuatro asientos, abierto por los costados y tirado por un caballo.

birlongo -ga adj (jerg) Cínico o descarado. Tb n.

birmano -na I adj 1 De Birmania. Tb n, referido a pers. II m 2 Lengua birmana. ■ 3 (jerg) Masaje erótico seguido de coito.

birondango. de ~. loc adj [Sopas] de tomate, pimiento, carnes y otros ingredientes, propias de Extremadura.

birra f (juv) Cerveza.

birreactor adj [Avión] de dos reactores. Tb n m.

birrefringencia f (Fís) Cualidad de birrefringente.

birrefringente adj (Fís) Que produce doble refracción del rayo luminoso.

birreme f (hist) Nave de dos órdenes de remos a cada banda.

birreta f 1 Birrete [2]. ■ 2 (raro) Gorro cuya forma recuerda la birreta [1].

birrete m 1 Gorro de forma prismática, coronado por una borla, el cual forma parte del atuendo de ceremonia del catedrático. b) Gorro con borla negra que usan los jueces y abogados en los actos solemnes. ■ 2 Bonete cuadrangular de los clérigos. ■ 3 (raro) Gorro cuya forma recuerda la del birrete [1 y 2].

birria[1] f (col) 1 Pers. o cosa fea o de mal aspecto. Tb adj. b) Pers. o cosa de aspecto pobre o raquítico. ■ 2 Cosa de poco valor o de poca calidad.

birria[2] m (reg) Individuo que baila delante de los danzantes en las fiestas populares.

birrioso -sa adj (col) Que es una birria[1].

birrocha adj (reg) Solterona. Frec n f.

biruje (tb con la grafía **viruje**) m (reg) Biruji.

biruji (tb con la grafía **viruji**) m (col) Viento frío. A veces designa el mismo frío.

bis I adv 1 Dos veces. Se usa, gralm en un texto escrito, para indicar que lo que precede debe repetirse o está repetido. II adj invar 2 Siguiendo a un número, indica que lo señalado con él sigue inmediatamente a lo señalado con el número simple. b) Segundo o de idénticas características. Pospuesto al n. Alguna vez n m. III m 3 En un concierto o en un espectáculo musical: Pieza que se ofrece como propina, a veces consistente en la repetición de un número.

bisa m (argot Mil) Bisabuelo [3].

bisabuelo -la A m y f 1 Abuelo del padre o de la madre [de una pers. (compl de posesión)]. Tb sin compl. B m 2 En pl: Conjunto formado por el bisabuelo y la bisabuela. ■ 3 (argot Mil) Soldado al que le quedan menos de tres meses para licenciarse.

bisagra A f 1 Herraje articulado con que se fija una hoja de puerta o ventana o una tapa. ■ 2 Pers. o cosa que actúa como elemento de unión entre otras. Frec en aposición, referido esp a partidos políticos. B m 3 (Pol) Partido bisagra [2]. A veces referido tb a sus militantes.

bisagrismo m (Pol) 1 Existencia de partidos bisagras [2]. ■ 2 Condición de partido bisagra.

bisanual adj (Bot, raro) Bienal.

bisar tr Repetir [algo, esp. una actuación]. b) Repetir [un número], poniendo la segunda vez la palabra "bis".

bisaya (tb con la grafía **visaya**) adj Bisayo. Tb n.

bisayo -ya (tb con la grafía **visayo**) I adj 1 De las islas Bisayas (Filipinas). Tb n, referido a pers. II m 2 Idioma de las islas Bisayas.

bisbalense adj De La Bisbal (Gerona). Tb n, referido a pers.

bisbisar tr e intr (raro) Bisbisear.

bisbiseante adj Que bisbisea. b) Propio de la pers. que bisbisea.

bisbisear A intr 1 Hablar sin voz, quedando más perceptibles los sonidos silbantes. B tr 2 Decir [algo] bisbiseando [1].

bisbiseo m Acción de bisbisear. Tb su efecto.

bisbita m o f Pájaro de color pardo listado, con las plumas rectrices blancas o blanquecinas (gén. Anthus). Diversas especies se distinguen por medio de un adj o compl: ~ COMÚN (A. pratensis), ~ ARBÓREO (A. trivialis), ~ COSTERO, RIBEREÑO o ALPINO (A. spinoletta), ~ CAMPESTRE (A. campestris), etc.

biscar (tb con la grafía **viscar**) m (reg) Espinazo. Tb HUESO ~.

biscote m Rebanada cuadrada de pan tostado al horno industrialmente y que se conserva durante mucho tiempo.

biscotte (fr; pronunc corriente, /biskóte/) m (raro) Biscote.

biscuit (*fr; pronunc corriente,* /biskuí/; *pl normal,* ~s) *m* **1** Bizcocho (dulce). ■ **2** Cierta variedad de helado muy fino. *Frec* ~ GLACÉ. ■ **3** (*Cerám*) Bizcocho (porcelana blanca sin esmaltar).

biscúter (*n comercial registrado*) *m* (*hoy raro*) Automóvil utilitario de dos plazas, muy pequeño y muy económico.

bisecar *tr* (*Geom*) Dividir en dos partes iguales.

bisector -triz *adj* (*Geom*) [Plano o recta] que divide en dos partes iguales. *Frec n f, referido a recta*.

bisel *m* Corte oblicuo que suprime la arista formada por dos superficies perpendiculares. *Frec en la constr* A ~.

biselado *m* Acción de biselar. *Tb su efecto*.

biselamiento *m* (*Mineral*) Formación de dos caras de un cristal en el lugar correspondiente a una arista.

biselar *tr* Hacer un bisel [en algo (*cd*)].

bisemanal *adj* Que se produce dos veces por semana.

bisemanario -ria *adj* [Publicación periódica] que aparece dos veces por semana. *Tb n m*.

bisex (*pl invar*) *adj* Bisexual [2].

bisexual *adj* **1** Hermafrodita (que posee ambos sexos). ■ **2** [Pers.] de conducta indistintamente heterosexual u homosexual. *Tb n*.

bisexualidad *f* Condición de bisexual, *esp* [2].

bisexualismo *m* Bisexualidad.

bisiesto *adj* [Año] de 366 días.

bisilábico -ca *adj* (*Fon y TLit*) Bisílabo.

bisílabo -ba *adj* (*Fon y TLit*) De dos sílabas.

bisindicalismo *m* (*Pol*) Sistema en que dominan exclusivamente dos grandes sindicatos.

bisinosis *f* (*Med*) Neumoconiosis debida a la inhalación de polvo de algodón.

bismutina *f* (*Mineral*) Mineral constituido por sulfuro de bismuto, que constituye la mena más común de este metal.

bismuto *m* (*Quím*) Metal brillante de reflejos rojos, de número atómico 83, muy frágil y fácilmente fusible, algunas de cuyas sales se usan en medicina.

bisnes *m* (*col*) Negocio. *Frec referido a la compraventa de drogas*.

bisnieto -ta *m y f* Biznieto.

biso *m* (*Zool*) Producto segregado por algunos moluscos, entre ellos los mejillones, el cual se endurece al contacto con el agua, tomando forma de filamentos con los que el animal se adhiere a otros cuerpos.

bisojo -ja *adj* (*col*) Bizco.

bisonte *m* Animal semejante al buey, de gran tamaño, con la parte anterior del tronco muy desarrollada y con un abultamiento en la región de las agujas (*Bison bison* y *B. bonasus*). *Tb* ~ AMERICANO y EUROPEO, *respectivamente*.

bisoñé *m* Peluca destinada a disimular la calvicie de la parte anterior del cráneo.

bisoñez *f* Condición de bisoño.

bisoño -ña *adj* Nuevo e inexperto en un trabajo o actividad. *Tb n, referido a pers. Tb fig, referido a cosa*.

bispo *m* Morcón de cerdo lleno de huesos carnosos, propio de Aragón.

bisté *m* Bistec.

bistec (*pl normal,* ~s) *m* Filete de vaca.

bistorta *f* Planta de raíz retorcida, tallos simples con escaso número de hojas, verdes por encima y claras y vellosas por el envés, y flores rosadas en espiga terminal, y cuya raíz se usa como astringente (*Polygonum bistorta*).

bistre *adj invar* (*raro*) Marrón negruzco. *Tb n m, referido a color*.

bistro (*fr; pronunc corriente,* /bistró/) *m* Bistrot.

bistró *m* Bistrot.

bistrot (*fr; pronunc corriente,* /bistró/; *pl normal,* ~s) *m* Bar popular francés, en que también se sirven comidas.

bisturí *m* Instrumento cortante, en forma de cuchillo pequeño, usado en cirugía para hacer incisiones en tejidos blandos. *Tb fig*. **b)** Instrumento de función similar a la del bisturí común, que funciona mediante electricidad o láser. *En el primer caso, tb* ~ ELÉCTRICO.

bisulco -ca *adj* (*Zool*) De pezuñas partidas.

bisulfato *m* (*Quím*) Sulfato ácido.

bisulfuro *m* Sulfuro cuya molécula contiene dos átomos de azufre.

bisurco *adj* (*Agric*) [Arado] mecánico con dos rejas, que abre dos surcos paralelos. *Tb n m*.

bisutería *f* **1** Conjunto de objetos de adorno semejantes a las joyas, pero de escaso valor material. ■ **2** Tienda dedicada a la venta de bisutería [1]. ■ **3** Industria de la bisutería [1].

bisutero -ra **I** *adj* **1** De (la) bisutería. **II** *m y f* **2** Pers. que hace o vende bisutería [1].

bit (*ing; pronunc corriente,* /bit/; *pl normal,* ~s) *m* (*Informát*) Unidad de información equivalente al resultado de la elección entre dos posibilidades igualmente probables.

bita *f* (*Mar*) Columna de acero afirmada sobre una base a cubierta, alrededor de la cual se sujetan los cabos de amarre.

bitácora (*Mar*) **I** *f* **1** *En un barco:* Caja semejante a un armario, fija a la cubierta e inmediata al timón, que contiene la aguja de marear. **II** *loc adj* **2** **de ~.** [Cuaderno] en que se apuntan el rumbo, la velocidad y demás circunstancias de la navegación. *Tb fig, fuera del ámbito naval*.

bitango. pájaro ~ → PÁJARO.

bitensión *adj invar* [Aparato eléctrico] capaz de funcionar indistintamente con tensión de 110-125 voltios y de 220-250 voltios.

bitongo -ga *adj* (*col*) Pitongo. *Siguiendo a* NIÑO. *Tb n*.

bitroque *adj* (*reg*) Bizco. *Tb n, referido a pers*.

bitter (*ing; pronunc corriente,* /bíter/) *m* Bebida roja y amarga, con o sin alcohol, que se toma esp. como aperitivo.

bituminoso -sa *adj* Que contiene betún.

biturón *m* (*reg*) Arte en forma de manga de malla usado en la pesca fluvial del sábalo y el salmón.

biunívoco -ca *adj* (*Fon*) Se dice del fonema y el sonido que se relacionan de manera que uno corresponde siempre al otro.

biuret *m* (*Quím*) Compuesto cristalino blanco que se forma al calentar la urea.

bivalente *adj* (*Quím*) Que tiene valencia 2. *Tb fig, fuera del ámbito técn.*

bivalvo -va *adj* (*Zool*) Que tiene dos valvas.

bivio *m* (*lit, raro*) Punto en que se juntan dos caminos o carreteras.

bixácea *adj* (*Bot*) [Planta] dicotiledónea de la familia de la bija. *Frec como n f en pl, designando este taxón botánico.*

bizantinamente *adv* (*lit*) De manera bizantina [1b].

bizantinismo *m* **1** (*lit*) Cultivo de la discusión o el razonamiento bizantinos [1a], o tendencia a ellos. ■ **2** (*Arte*) Tendencia o carácter bizantinos [3].

bizantinizante *adj* Que tiene cierto carácter bizantino [3].

bizantinizar *tr* Dar carácter bizantino [1 y 3] [a algo (*cd*)]. **b**) *pr* (~se) Tomar carácter bizantino. *Esp aludiendo al aislamiento político.*

bizantino -na *adj* **1** (*lit*) [Discusión o razonamiento] demasiado sutil, o que versa sobre cuestiones o aspectos demasiado sutiles e irrelevantes. **b**) Propio de la discusión bizantina. **c**) [Pers.] que cultiva la discusión bizantina. *Tb n.* ■ **2** (*Rel crist*) Griego u ortodoxo. ■ **3** (*hist*) Del imperio de Oriente, cuya capital fue Bizancio, o de la misma capital. *Tb n, referido a pers.* **b**) De(l) arte bizantino. ■ **4** (*TLit*) [Novela] de origen griego, propia del Siglo de Oro, en que se narran las aventuras de una pareja de enamorados que, tras verse separados y atravesar numerosos peligros, acaban reuniéndose felizmente. **b**) Propio de la novela bizantina.

bizarramente *adv* (*lit*) De manera bizarra.

bizarría *f* (*lit*) **1** Cualidad de bizarro [1 y 2]. ■ **2** (*raro*) Extravagancia.

bizarro -rra *adj* (*lit*) **1** Valiente o gallardo. ■ **2** Airoso o lucido. ■ **3** (*raro*) Extravagante.

bizcaitarra (*tb con las grafías* **bizkaitarra** *y* **vizcaitarra**) *adj* (*hoy raro*) Partidario de la independencia del País Vasco. *Tb n, referido a pers.*

bizcaitarrismo (*tb con la grafía* **bizkaitarrismo**) *m* (*hoy raro*) Independentismo vasco.

bizcar *tr e intr* (*raro*) Bizquear.

bizco -ca *adj* **1** [Pers.] cuyos ojos miran en direcciones convergentes. *Tb n.* **b**) [Ojo o mirada] de pers. bizca. ■ **2** (*col*) Pasmado o asombrado. *Con los vs* QUEDARSE *o* DEJAR.

bizcochada *f* Cierto dulce similar al bizcocho [1].

bizcochar *tr* (*Cerám*) Cocer [las piezas].

bizcocho *m* **1** Dulce preparado con una pasta hecha básicamente de harina, huevos y azúcar, muy blanda y esponjosa. *A veces con un adj o compl especificador:* ~ BORRACHO, ~ DE SOLETILLA (→ BORRACHO, SOLETILLA). ■ **2** (*Cerám*) Loza o porcelana que ha recibido la primera cochura, pero no barniz o esmalte. ■ **3** (*hist*) Pan sin levadura, cocido por segunda vez para que se seque y dure mucho tiempo.

bizcotela *f* Bizcocho [1] pequeño y ligero, relleno y cubierto de baños diversos.

bizkaitarra, bizkaitarrismo → BIZCAITARRA, BIZCAITARRISMO.

bizma *f* Pedazo de lienzo con emplasto, destinado a ser aplicado sobre una herida o lesión.

bizmar *tr* Poner bizmas [a alguien (*cd*)].

biznaga *f* **1** Planta de tallo liso, hojas hendidas, flores pequeñas y blancas en umbela y fruto oval (*Ammi visnaga*). ■ **2** (*reg*) Mondadientes hecho con el tallito de la flor de biznaga [1]. ■ **3** (*reg*) Ramo de jazmines.

biznaguero *m* (*reg*) Vendedor de biznagas [3].

biznieto -ta *m y f* Hijo del nieto o de la nieta [de una pers. (*compl de posesión*)]. *Tb sin compl.*

bizqueante *adj* Que bizquea.

bizquear **A** *intr* **1** Tener mirada bizca [1b]. **B** *tr* **2** Poner bizcos [los ojos o la mirada].

bizqueo *m* Acción de bizquear.

bizquera *f* Condición de bizco.

bla-bla-bla (*tb con la grafía* **blablablá**) (*col*) **I** *m* **1** Conversación ininterrumpida e insustancial. **b**) Hecho de hablar o escribir largamente sobre cosas insustanciales o sin decir nada de interés. **II** *interj* **2** Imita el ruido de la conversación ininterrumpida e insustancial.

black (*ing; pronunc corriente,* /blak/; *pl normal,* ~s) *m* Black-bass (pez).

black-bass (*ing; pronunc corriente,* /blák-bas/; *pl normal, invar*) *m* Perca americana (pez).

black-jack (*ing; pronunc corriente,* /blák-yak/; *tb con las grafías* **black jack** *y* **blackjack**; *pl normal,* ~s) *m* Juego de naipes en que gana el que hace 21 puntos o se acerca más a ellos sin pasarse.

black power (*ing; pronunc corriente,* /blák-power/) *m* Movimiento político de los negros norteamericanos, propio de los años 60, para la defensa de sus derechos civiles y para la conquista del poder político y económico.

blanco -ca **I** *adj* **1** [Cosa] que, por reflejar todas las radiaciones del espectro luminoso, no tiene el color de ninguna de ellas, como la nieve o la leche. **b**) [Color] propio de las cosas blancas. *Tb n m.* **c**) [Arroz] cocido solo con agua, que presenta color blanco. **d**) [Bandera] blanca [1a] que se enarbola para anunciar rendición o pedir tregua. **e**) [Monje] cisterciense, que usa hábito blanco [1a]. **f**) (*jerg*) [Heroína] de Tailandia. *Tb n f.* ■ **2** [Pers.] cuyos caracteres raciales más característicos son la piel clara y el cabello, de rubio a negro, siempre fino. *Tb n.* **b**) De (los) blancos. ■ **3** De color pálido próximo al blanco [1b]. ■ **4** [Cosa] de color más claro que otras de la misma especie. *Frec n m, referido a vino, o al vaso que contiene este vino.* **b**) Se emplea, siguiendo a ns, pralm de animales o plantas, para designar especies caracterizadas por su tonalidad clara, que las distingue de otras especies semejantes a ellas. * Abunda el álamo blanco. * La perdiz blanca es poco conocida. ■ **5** [Ropa] interior o de cama y mesa. ■ **6** [Carne comestible] de reses tiernas o de aves. ■ **7** [Pescado] poco graso. *Se opone a* AZUL. ■ **8** [Arma] cortante o punzante. ■ **9** Inocente o sin malicia. **b**) [Magia] que por medio de causas naturales obra efectos que parecen sobrenaturales. ■ **10** (*jerg*) Que no ha participado en delitos de sangre. **b**) Que no implica muertes o derramamiento de sangre. ■ **11** (*jerg*) [Pers.] que no tiene antecedentes penales. *Tb n.* ■ **12** (*col*) [Pers.] cobarde. *Tb n.* ■ **13** (*Dep*) De la nieve. ■ **14** (*Mús*) [Voz] no timbrada. *Se dice de la de niño.* ■ **15** (*TLit*) [Verso] que forma parte de un poema compuesto por versos sometidos a las leyes rítmicas, pero sin rima. ■ **16** (*Pol, hoy raro*) Contrarrevolucionario o de derechas. *Se opone a* ROJO. ■ **17** (*Metal*) [Fundición] en que el carbono está combinado con el hierro en forma de carburo y que se emplea esp. para fabricar hierro y acero. ■ **18** (*hist*) [Dinero] burgalés. ■ **19** [Carta] **blanca**, [hulla] **blanca**, [línea] **blanca**, [mal] ~, [metal] ~, [noche] **blanca**, [oro] ~, [peste] **blanca** → CARTA, HULLA, LÍNEA, MAL², METAL, NOCHE, ORO, PESTE.

II *n* **A** *m* **20** Parte blanca [1a] [de algo, esp. de los ojos, del huevo o de la uña]. **b)** Tocino [del jamón], o grasa [de la carne]. ■ **21** Objeto situado a cierta distancia, sobre el cual se dispara con el fin de ejercitar o probar la puntería. **b)** Pers. o cosa sobre la que se dispara. **c)** Pers. o cosa a la que se dirige [una acción (*compl* DE)]. *Gralm con el v* SER. **d)** Atracción de feria que consiste en tirar a un blanco [21a]. ■ **22** *En un escrito o un impreso:* Espacio que queda sin llenar. **b)** (*Impr*) Elemento que no lleva ningún carácter y sirve para que salga un blanco. **c)** (*Impr*) Molde con que se imprime la primera cara del pliego. *En la constr* IMPRIMIR, *o* TIRAR, EL ~. ■ **23** *En los hongos:* Micelio. ■ **24** (*reg*) Tripa rellena de carne cocida y preparada con especias y huevo. ■ **25** ~ (**de**) **España**. Carbonato de calcio usado frec. para pulir metales y para limpiar baldosines o zapatos blancos [1a]. ■ **26** ~ **y negro**. Café solo con helado de nata o mantecado. **b)** Mezcla de anís y coñac.

B *f* **27** Mujer que es objeto de tráfico con destino a la prostitución. *Normalmente en la constr* TRATA DE BLANCAS. ■ **28** (*Mús*) Nota cuyo valor es la mitad de una redonda. ■ **29** (*Dominó*) Ficha que no tiene puntos en una de sus mitades. **b)** **blanca doble**. Ficha que no tiene puntos en ninguna de sus mitades. ■ **30** (*hist*) Moneda castellana de vellón, fraccionaria del maravedí y de valor oscilante. **b)** (*col*) *Modernamente:* Ningún dinero. *En constr neg.* ■ **31** (*jerg*) Cocaína. ■ **32 la blanca**. (*argot Mil*) La cartilla militar. *Frec en las constrs* DAR LA BLANCA *o* TENER LA BLANCA *para indicar licenciamiento.*

III *loc v* **33 dar en el** ~. Acertar, o hallar la solución perfecta. ■ **34 parecerse** [dos perss., o una a otra] **en el** ~ **de los ojos**, *o* **en el** ~ **de la uña**. (*col*) No parecerse en nada.

IV *adv* **35** De modo que queda blanca [1a] la ropa. *Con el v* LAVAR. *En lenguaje publicitario.* ■ **36 de punta a** ~ → PUNTA. ■ **37 en** ~. De manera que casi se ve solo el blanco [20a] del ojo. *En constrs como* CON LOS OJOS EN ~ *o* PONER LOS OJOS EN ~, *aludiendo al asombro expresado por este gesto.* ■ **38 en** ~. Un texto escrito o sin estar pintado o dibujado. *Tb adj.* **b)** Sin especificar la opción, la pers. o el partido elegidos. *Con el v* VOTAR. *Tb adj.* ■ **39 en** ~. Sin dormir. *Tb adj, referido a* noche. *Gralm en la constr* PASAR LA NOCHE EN ~. ■ **40 en** ~. Sin ninguna actividad. *Tb adj.* ■ **41 en** ~. Sin recordar o sin pensar nada. *Frec adj, referido a* MENTE. **b)** Sin entender nada. *Frec en la constr* QUEDARSE EN ~. ■ **42 en** ~. (*Tenis*) Sin hacer ningún tanto. *Frec adj referido a* juego. ■ **43 en** ~ **y negro**. Sin colores, tan solo con blanco, negro y grises. *Referido normalmente al modo de fotografiar o filmar. Tb adj.* ■ **44 negro sobre** ~ → NEGRO.

blancor *m* (*lit*) Blancura o color blanco [1b y 3].

blancura *f* Cualidad de blanco [1b, 2, 3 y 9a].

blancuzco -ca *adj* Blanco [1a y b] sucio, o que tira a blanco.

blandamente *adv* (*lit*) De manera blanda [1a, 5a y 6].

blandear A *intr* **1** Ponerse o mostrarse blando [3 y 4]. *Tb pr* (~**se**).
B *tr* **2** (*raro*) Hacer blando, o menos duro o exigente [algo].

blandecer (*conjug* 11) *intr* (*raro*) Ponerse o mostrarse blando [3c]. *Tb pr* (~**se**).

blandengue *adj* (*desp*) Blando [1 a 4 y 5a]. *Tb n, referido a pers.*

blandenguería *f* (*desp*) Cualidad de blandengue.

blandense *adj* De Blanes (Gerona). *Tb n, referido a pers.*

blandir *tr* Mover agitando en la mano [un arma]. *Tb fig, referido a otras cosas.*

blandizal *m* (*raro*) Terreno de tierra blanda que se embarra fácilmente con la lluvia.

blando -da I *adj* **1** Que ofrece poca resistencia a la presión, o menos de la normal o debida. *Referido a pers, gralm con intención desp.* **b)** (*Mineral*) Que se raya fácilmente con la navaja. **c) muy** ~. (*Mineral*) Que se raya con la uña. **d)** [Boca] **blanda** → BOCA. ■ **2** Flexible o que se puede doblar. ■ **3** [Pers.] de poco carácter o que no sabe luchar o imponerse. **b)** [Pers.] indulgente o poco exigente. **c)** Emotivo o sentimental. *Frec con intención desp. Tb n, referido a pers.* **d)** Propio de la pers. blanda. ■ **4** Que tiene poca fuerza o energía. ■ **5** Suave o moderado. **b)** [Droga] que crea adicción débil o moderada. ■ **6** Suave o delicado. *Dicho esp de formas.* **b)** Dulce o apacible. ■ **7** Moderado o no extremista. ■ **8** [Tos] acompañada de expectoración. ■ **9** [Agua] que contiene pocas sales calcáreas y forma espuma abundante con el jabón. ■ **10** [Jabón] cuyo álcali es la potasa y que se distingue por el color oscuro y la consistencia de ungüento. ■ **11** (*Econ*) [Crédito] que se concede a largo plazo y con bajo tipo de interés. ■ **12** (*Fís*) [Rayo] poco penetrante y con gran longitud de onda. ■ **13** (*Fon*) [Fonema] en que la resistencia de los órganos de articulación al aire espirado es baja.

II *n* **A** *m pl* **14** (*Taur*) Parte del cuerpo del toro en que, al herirlo, no se tropieza en hueso. *Frec en la constr* TOMAR, *o* COGER, LOS ~S.

B *f* **15 la blanda**. (*jerg*) La cama.

blandón *m* (*hist*) Vela de cera, grande y gruesa, de un pabilo.

blandura *f* **1** Cualidad de blando, *esp* [1 a 6]. ■ **2** (*raro*) Cosa blanda [1].

blanqueado *m* Acción de blanquear [2].

blanqueador -ra *adj* Que blanquea, *esp* [1 y 4]. *Tb n: m y f, referido a pers; m, referido a producto; f, referido a máquina.*

blanqueamiento *m* Acción de blanquear [1].

blanqueante *adj* (*lit*) Que blanquea [7].

blanquear A *tr* **1** Poner blanco. **b)** *pr* (~**se**) Ponerse blanco. ■ **2** Pintar de blanco [paredes o edificios]. **b)** (*Constr*) Pintar [paredes o techos] de blanco, esp. con lechada de cal o yeso blanco. *Tb abs.* ■ **3** Limpiar y dar su color [a algo, esp. a un metal (*cd*)]. ■ **4** Legalizar [dinero negro]. ■ **5** (*Coc*) Hervir brevemente en agua [un alimento] para que se reblandezca, o para que se ponga blanco o no se oscurezca. **b)** *pr* (~**se**) Reblandecerse o tomar color claro [un alimento] al hervirlo brevemente en agua. ■ **6** (*raro*) Encubrir u ocultar [algo].

B *intr* **7** Presentar color blanco o que tira a blanco. **b)** Tomar color blanco o que tira a blanco.

blanquecedor *m* (*hist*) Encargado de blanquear [3] metales.

blanquecer (*conjug* 11) *tr* (*raro*) Blanquear [1a]. **b**) *pr* (*~se*) Blanquearse [1b].

blanquecino -na *adj* Que tira a blanco.

blanqueño -ña *adj* De Blanca (Murcia). *Tb n, referido a pers.*

blanqueo *m* Acción de blanquear [1 a 5]. *Tb su efecto.*

blanqueta[1] *f* Ragú de carne blanca.

blanqueta[2] *f* (*hist*) Tejido basto de lana.

blanqui- *r pref* Blanco. *Se antepone a otro adj de color formando un adj que significa la suma de los dos colores.* * *La bandera blanquiverde.*

blanquillo -lla *adj* **1** [Azúcar] semirrefinado de color blanco. ■ **2** [Trigo] candeal. ■ **3** *Se aplica a ciertas variedades de frutas.* ■ **4** (*reg*) [Pino] albar.

blanquinoso -sa *adj* Blanquecino.

blas *adj* (*reg*) [Caballo] de corta alzada propio para terreno montañoso. *Tb n m.*

blasé (*fr; pronunc corriente, /*blasé/) *adj* (*lit*) Hastiado o que está de vuelta de todo.

blasfemar *intr* Decir una blasfemia, o decir blasfemias. *A veces con un compl* CONTRA. *Tb* (*lit*) *fig, fuera del ámbito religioso.*

blasfematorio -ria *adj* Que contiene o implica blasfemia [1].

blasfemia *f* **1** Expresión injuriosa contra Dios, la Virgen o los santos. ■ **2** (*lit*) Expresión irreverente contra alguien o algo que todos consideran respetable.

blasfemo -ma *adj* **1** Que blasfema. *Tb n, referido a pers.* ■ **2** Que contiene o implica blasfemia.

blasón *m* **1** Escudo de armas. ■ **2** (*lit*) Motivo de orgullo. ■ **3** Heráldica (arte de explicar y describir los escudos de armas).

blasonado -da *adj* **1** *part* → BLASONAR. ■ **2** [Cosa] que tiene blasón [1]. *Tb, raro, dicho de pers.*

blasonar **A** *intr* **1** Presumir o hacer ostentación [de algo]. **B** *tr* (*Heráld*) **2** Describir [un escudo] según las reglas del blasón [3]. ■ **3** Adornar [un escudo o una parte de él].

blaster (*ing; pronunc corriente, /*bláster/) *m* (*Golf*) Palo para golpear la pelota cuando está en el bunker.

blastocele *m* (*Biol*) Cavidad central de la blástula.

blastodérmico -ca *adj* (*Biol*) De las células procedentes de la segmentación del huevo.

blastómero *m* (*Biol*) Célula resultante de la primera división del huevo fecundado.

blastomiceto *adj* (*Bot*) [Hongo] de la familia cuyo género tipo es *Saccharomyces*. *Frec como n m en pl, designando este taxón botánico.*

blastóporo *m* (*Biol*) Abertura formada por invaginación de la blástula.

blástula *f* (*Biol*) Fase del desarrollo embrionario, que sigue a la segmentación del huevo y en la que las células forman una masa esférica.

blastular *adj* (*Biol*) De (la) blástula.

blaugrana *adj* (*Fút*) Azulgrana (del Barcelona F.C.). *Tb n, referido a pers.*

blazer (*ing; pronunc corriente, /*bléiser/; *pl normal, ~s o invar*) *m* Chaqueta de sport para hombre o mujer, normalmente de franela y de color liso, y frec. con doble botonadura. *A veces en aposición con* CHAQUETA *o* AMERICANA.

blazier (*pronunc corriente, /*blasiér/; *pl normal, invar*) *m* Blazer.

bleak (*ing; pronunc corriente, /*blik/; *pl normal, ~s*) *m* Pez de agua dulce, de pequeño tamaño, que tiene un pigmento plateado recubriendo sus escamas utilizado en la fabricación de perlas artificiales (*Alburnus lucidus*). *Tb designa otras especies similares.*

bleda *adj* (*reg*) Boba. *Tb n f.*

bledo **I** *m* **1** Planta anual de tallo rastrero, hojas triangulares de color verde oscuro y flores rojas muy pequeñas, y que es comestible (*Amaranthus blitum*). *Tb designa otras especies del mismo gén.* **II** *loc adv* **2** **un ~.** (*col*) Nada. *Con intención ponderativa. Con el v* IMPORTAR.

blefaritis *f* (*Med*) Inflamación de los párpados.

blefaroplastia *f* (*Med*) Cirugía plástica de los párpados.

blefaroplasto *m* (*Biol*) Orgánulo del que se desarrollan los cilios y los flagelos.

blenda *f* (*Mineral*) Mineral de sulfuro de cinc, en cristales muy brillantes, y que constituye la mejor mena del cinc.

blénido *adj* (*Zool*) [Pez] de cuerpo alargado y cubierto de una sustancia mucosa, de la familia cuyo género más importante es *Blennius*. *Frec como n m en pl, designando este taxón zoológico.*

blenorragia *f* (*Med*) Gonorrea.

blenorrágico -ca *adj* (*Med*) **1** De (la) blenorragia. ■ **2** Que padece blenorragia.

blesa *f* Belesa (planta).

bletonense *adj* (*hist*) De un pueblo prerromano de la zona de la actual Salamanca. *Tb n, referido a pers.*

bleu (*fr; pronunc corriente, /*blö/) *adj* Azul. *Referido a una especie de zorro y a su piel.*

blindado -da *adj* **1** *part* → BLINDAR. ■ **2** [Fuerza militar] dotada de carros blindados.

blindaje *m* Acción de blindar. *Tb su efecto.*

blindar *tr* **1** Proteger [algo] con planchas metálicas. *Frec en part; en este caso, tb n m, referido a carro de combate. Tb fig.* ■ **2** Poner [en un contrato laboral (*cd*)] alguna cláusula que garantice una indemnización en caso de rescisión anticipada del mismo. *Normalmente en part.*

blinis (*fr o ing; pronunc corriente, /*blínis/; *pl normal, invar*) *m* Crêpe pequeña que se sirve con caviar o pescado ahumado.

blíster[1] *m* Envase para productos gralm. pequeños, constituido por un soporte de cartón sobre el que va pegada una lámina de plástico transparente que se ajusta a los distintos objetos. **b**) (*Farm*) Envase constituido por una lámina de aluminio a la que están adheridas una serie de cápsulas de plástico transparente, cada una de las cuales guarda una gragea o comprimido.

blíster[2] *adj invar* (*Metal*) [Cobre] impuro que tiene la superficie con granos semejantes a ampollas.

blitz (*al; pronunc corriente,* /blits/) *m* Ataque militar violento y por sorpresa.

blitzkrieg (*al; pronunc corriente,* /blítskrig/) *f* Guerra relámpago.

bloc (*pl normal,* ~S) *m* Conjunto de hojas de papel del mismo tamaño, normalmente para escribir o para dibujar, unidas por uno de sus lados de manera que se puedan desprender fácilmente.

blocaje *m* Acción de blocar. *Tb su efecto.*

blocao *m* (*Mil*) Fortín pequeño de hormigón o acero.

blocar *tr* Bloquear [2a]. **b)** (*Fút*) Detener [la pelota] sujetándo[la] con las dos manos.

block (*ing; pronunc corriente,* /blok/; *pl normal,* ~S) *m* (*hoy raro*) Bloc.

blonda *f* **1** Encaje de seda. *A veces designa encaje en gral.* ■ **2** (*Coc*) Papel taladrado imitando el encaje, que se usa para presentar determinados platos, esp. de repostería.

blondo -da *adj* (*lit*) Rubio. *Tb n, referido a pers.*

bloody Mary (*ing; pronunc corriente,* /bládi-méri/ o /blódi-méri/; *tb con la grafía* **bloody mary**; *pl normal, invar*) *m* Bebida compuesta de jugo de tomate y vodka.

bloque I *m* **1** Masa sólida, gralm. grande, de una sola pieza. ■ **2** Conjunto compacto de elementos homogéneos. **b)** Edificio grande de pisos, frec. con varios portales. **c)** Agrupación o alianza, con fines políticos, de varios estados o partidos. **d)** (*Dep*) Equipo. ■ **3** (*Mec*) *En un automóvil:* Pieza fundida que contiene todos los cilindros del motor. II *loc adv* **4 en ~.** En conjunto o en unión. **b)** De manera global.

bloqueador -ra *adj* Que bloquea. *Tb n: m y f, referido a pers; m, referido a elemento o agente.*

bloquear *tr* **1** Impedir por medios militares que [un lugar o un ejército (*cd*)] tenga comunicación con el exterior. **b)** Impedir que [un país (*cd*)] tenga relaciones comerciales con otros. ■ **2** Impedir o paralizar el movimiento o el progreso [de alguien o algo (*cd*)]. *Tb fig.* **b)** *pr* (~**se**) Quedar [alguien o algo] impedido o paralizado en su movimiento o progreso. ■ **3** Inmovilizar [la autoridad (*suj*)] créditos o bienes (*cd*)] de modo que su titular no pueda disponer de ellos. ■ **4** Impedir o paralizar [algo, esp. una acción o una actividad]. ■ **5** Impedir o paralizar la actividad o el funcionamiento [de alguien o algo (*cd*)]. **b)** *pr* (~**se**) Quedar [alguien o algo] impedido en su actividad o funcionamiento. ■ **6** Interceptar u obstruir [un paso o camino]. **b)** Interceptar u obstruir el paso [a algo (*cd*)].

bloqueo *m* Acción de bloquear. *Tb su efecto.*

blouson noir (*fr; pronunc corriente,* /blusón--nuár/; *pl normal,* BLOUSONS NOIRS) *m* (*hoy raro*) Gamberro agresivo. *Referido a Francia.*

blucher (*ing; pronunc corriente,* /blúčer/; *pl normal,* ~S) *m* Zapato abotinado atado con cordones.

blue (*pronunc corriente,* /blúe/ o /blu/) *m* Blues.

bluegrass (*ing; pronunc corriente,* /blúgras/; *tb con las grafías* **blue grass** *y* **blue-grass**) *m* Música folk norteamericana, originaria de Kentucky, interpretada con banjo y otros instrumentos de cuerda.

blue-jeans (*ing; pronunc corriente,* /blú-yins/) *m pl* Pantalones vaqueros.

blues (*ing; pronunc corriente,* /blúes/ o /blus/; *pl invar*) *m* Forma musical de origen negro norteamericano, de ritmo lento y carácter triste y sentimental.

bluesman (*ing; pronunc corriente,* /blúsman/; *pl normal,* BLUESMEN) *m* (*raro*) Intérprete de blues.

bluff (*ing; pronunc corriente,* /blaf/ o /bluf/; *pl normal,* ~S) *m* **1** Montaje propagandístico o publicitario destinado a impresionar o causar admiración respecto a una pers. o cosa sin que en estas haya méritos para ello. ■ **2** Pers. o cosa que impresiona o causa admiración sin verdadero fundamento, frec. como consecuencia de un bluff [1]. ■ **3** *En el póquer:* Farol.

blusa A *f* **1** Prenda de vestir femenina o infantil, de tela fina, que cubre la mitad superior del cuerpo. ■ **2** Prenda masculina amplia y fruncida, con mangas, de tela basta gris o negra, que gralm. llega hasta medio muslo y que es propia esp. de gente del campo. B *m* **3** Mozo que forma parte de una cuadrilla de las fiestas patronales de Vitoria. *A veces referido a otras ciudades.*

blush (*ing; pronunc corriente,* /bluʃ/) *m* (*raro*) Colorete.

blusón *m* **1** Prenda exterior femenina holgada, de tela ligera, que normalmente llega hasta la cadera. ■ **2** Prenda masculina semejante a la blusa [2], que llega hasta las rodillas.

bo *interj* Se usa para mandar a las bestias. *A veces se sustantiva como n m.*

boa (*tb, raro,* **boá** *en acep 2*) A *f* **1** Serpiente sudamericana de gran tamaño, no venenosa, que mata a su víctima comprimiéndola (*géns. Boa, Epicrates, Constrictor y otros*). B *m* **2** Prenda femenina de piel o de pluma y en forma de serpiente, que sirve de abrigo o adorno del cuello.

boardilla → BOHARDILLA.

boatiné *m* **1** Tejido guateado o acolchado. ■ **2** Bata de boatiné [1].

boato *m* Ostentación de riqueza.

boat people (*ing; pronunc corriente,* /bóut-pípol/) *m pl* Refugiados políticos o económicos que huyen de su país por mar. *Esp referido a vietnamitas.*

bob (*ing; pronunc corriente,* /bob/; *pl normal,* ~S) *m* Bobsleigh.

boba → BOBO.

bobada *f* **1** Hecho o dicho bobo [1c]. ■ **2** Cosa sin importancia.

bobaina *adj* (*col*) Bobo [1]. *Frec n, referido a pers.*

bobal *adj* (*Agric*) [Variedad de uva] vinífera tinta, propia de la zona de Utiel y Requena. *Tb n m.*

bobalías *m y f* (*col, raro*) Pers. muy boba [1a].

bobalicón -na *adj* (*col*) Bobo [1a y c]. *Con intención ponderativa. Tb n, referido a pers.*

bobaliconamente *adv* De manera bobalicona.

bobaliconería *f* Cualidad de bobalicón.

bobamente *adv* De manera boba. **b)** Tontamente, sin sentido o justificación.

bobby (*ing; pronunc corriente,* /bóbi/; *pl normal,* BOBBIES *o* ~S) *m* (*col*) Policía británico.

boberas *adj* (*col*) [Pers.] boba [1a]. *Tb n.*

bobería *f* 1 Bobada. ■ 2 Cualidad de bobo [1a y c].

bobez *f (raro)* Bobería [2].

bóbilis. de ~ (*~*). *loc adv* (*col*) De balde o gratis. *Tb fig.* **b**) Sin trabajo o esfuerzo.

bobina *f* 1 Cilindro de hilo enrollado alrededor de un canuto de cartón o de plástico. ■ 2 Rollo de un cuerpo flexible y de mucha longitud, gralm. montado sobre un soporte. ■ 3 (*Electr*) Elemento constituido por un hilo conductor arrollado repetidamente. **b**) *En el automóvil:* Bobina que transforma la corriente de la batería en corriente de alta tensión. ■ 4 Soporte alrededor del cual se forma una bobina [1, 2 y 3].

bobinado *m* Acción de bobinar. *Tb su efecto.*

bobinador -ra *adj* Que bobina. *Tb n: m y f, referido a pers; f, referido a máquina; m, referido a aparato.*

bobinaje *m* Bobinado.

bobinar *tr* 1 Arrollar [algo] en forma de bobina [1, 2 y 3] o en una bobina [4]. ■ 2 (*Electr*) Instalar la bobina [3] [a un motor o un aparato].

bobo -ba I *adj* 1 [Pers.] tonta (de poca inteligencia, retrasada mental, ingenua o estupefacta). *Tb n.* **b**) *A veces se usa, esp en lenguaje col femenino, vacío de significado, con intención cariñosa, acompañando a una rectificación o a una exhortación.* * Era broma, bobo. **c**) Propio de la pers. boba. ■ 2 (*Lab*) [Punto] en que todas las vueltas se hacen del derecho. ■ 3 [Pájaro] ~ → PÁJARO. II *n A m* 4 (*TLit*) En el teatro breve de la época clásica: Figura que hace reír por su estupidez. B *f* 5 (*hoy raro*) Chaqueta femenina de punto, que se abrocha desde el cuello. ■ 6 (*reg*) Pieza de pan esferoidal y achatada. III *loc v* 7 **comer la sopa boba,** o **andar a la sopa boba** → SOPA. IV *loc adv* 8 **a lo ~.** (*col*) A lo tonto.

bobsleigh (*ing; pronunc corriente, /bóbslei/; pl normal, ~s*) *m* Trineo articulado, dotado de dirección, para dos o más personas, que se usa en carreras de descenso de pistas de hielo o nieve. *Tb el deporte correspondiente.*

boca I *n A f* 1 Abertura anterior del tubo digestivo, situada en la cabeza. **b**) Cavidad inmediata a la boca, que contiene los dientes, la lengua y los órganos vocales. **c**) Conjunto de los dos labios. **d**) Conjunto de los dientes. **e**) Órgano del habla. *Gralm en constrs como* PIDE POR ESA ~, HABLAR POR ESA ~. **f**) **~ abierta.** *Se menciona como gesto de asombro, frec fig; gralm en la constr* QUEDARSE CON LA ~ ABIERTA. ■ 2 Pers. que habitualmente recibe alimento [en un lugar determinado, o de una determinada pers.]. ■ 3 **~ dura** (o **blanda**). *En una caballería:* Poca (o mucha) sensibilidad u obediencia a los toques del bocado. ■ 4 Agujero u orificio. ■ 5 Entrada o salida [de un lugar más o menos estrecho o de una concavidad]. **b**) Abertura o borde [de un recipiente]. **c**) Desembocadura [de un río]. *Frec en pl.* **d**) Toma de una conducción de agua. *En las constrs* ~ DE RIEGO o ~ DE INCENDIOS. ■ 6 *En un martillo u otra herramienta similar:* Cara con que se golpea. **b**) *En otras herramientas:* Parte con que se corta o aprieta. ■ 7 Pinza de algunos crustáceos. **b**) *Esp:* Pinza grande del barrilete, comestible y muy apreciada. *Tb* ~ DE LA ISLA. ■ 8 Gusto o sabor. *Referido al vino.* ■ 9 **~ de dragón** (o **de león**). Dragón (planta, *Antirrhinum majus*). *Tb designa otras especies.*

■ 10 **~ de fuego.** (*Mil*) Arma que se carga con pólvora, esp. cañón. *Tb, simplemente, ~.* ■ 11 **~ del estómago.** Parte exterior correspondiente a la entrada del estómago, situada inmediatamente debajo del esternón. ■ 12 **~ de(l) gol.** (*Fút*) Lugar que está inmediatamente delante de la meta. B *m* 13 **~ a ~.** Respiración boca a boca [15]. ■ 14 **~ a ~.** Relación o transmisión oral directa. II *loc adj* 15 **~ a ~.** [Respiración] provocada en una persona accidentada, consistente en aplicar la boca [1a] a la de esta persona para insuflarle aire con un ritmo determinado. ■ 16 **de ~.** [Bastimentos o provisiones] de comida o de alimentos. **b**) **de (la) ~.** (*hist*) [Gentilhombre] destinado originariamente a servir a la mesa del rey. ■ 17 [Telón] **de ~** → TELÓN. ■ 18 **de ~ de hacha.** [Patilla] que termina en forma de boca [6b] de hacha. ■ 19 **de buena** (o **mala**) **~.** [Pers.] bien (o mal) hablada. III *loc v* 20 **abrir** (o **hacer**) **~.** Tomar algún alimento o bebida ligeros, como estimulantes del apetito, antes de una comida o como comienzo de ella. *Frec precedido de* PARA. *Tb fig.* ■ 21 **abrir la ~,** o **decir esta ~ es mía.** (*col*) Decir algo. *Frec en constr neg.* ■ 22 **abrírsele** [a alguien] **la ~.** Acometer[le] un bostezo o bostezos, normalmente por hambre, cansancio o aburrimiento. ■ 23 **buscar** [a alguien] **la ~.** Provocar[le] haciendo que diga lo que no desearía. ■ 24 **calentársele** [a una pers.] **la ~.** (*col*) Animarse [esa pers.], a lo largo de la conversación, a hablar con más extensión o claridad de lo que pensaba o de lo que convenía. *Tb fig.* ■ 25 **callar,** o **cerrar, la ~.** (*col*) Callarse. ■ 26 **cerrarle** [a alguien] **la ~.** (*col*) Impedir[le] replicar, con un argumento aplastante. ■ 27 **decir esta ~ es mía** → acep. 21. ■ 28 **decir** [alguien] **lo que (se) le viene a la ~.** (*col*) Hablar sin reflexión ni miramiento. ■ 29 **haberle hecho** [a una pers.] **la ~ un fraile,** o **parecer que le ha hecho la ~ un fraile.** (*col*) Ser [esa pers.] sumamente pedigüeña. ■ 30 **hablar** [algo] **por ~** [de una pers.]. Manifestarse a través de las palabras [de ella]. **b**) **hablar** [alguien] **por ~** [de una pers.]. Servirse de palabras o ideas tomadas [de ella]. ■ 31 **hablar** [alguien] **por ~ de ganso.** (*col*) Decir lo que otro ha sugerido. ■ 32 **hacer ~** → acep. 20. ■ 33 **hacérsele** [a alguien] **la ~ agua.** (*col*) Sentir [alguien] deseo vehemente de probar algo muy apetecible que ve o imagina. **b**) Sentir un gran placer o contento [por algo]. ■ 34 **llenársele** [a una pers.] **la ~** [de una cosa]. (*col*) Hablar [esa pers. de esa cosa] con énfasis. ■ 35 **meterse en la ~ del lobo.** (*col*) Exponerse a un peligro seguro. ■ 36 **no caérsele** [alguien o algo a una pers.] **de la ~.** (*col*) Ser nombrados con mucha frecuencia [por esa pers.]. ■ 37 **no tener nada que llevarse a la ~.** No tener qué comer. ■ 38 **partir la ~.** (*col*) Partir la cara. *Gralm en amenazas.* ■ 39 **poner** [un dicho] **en ~** [de alguien]. Atribuir[selo]. ■ 40 **punto en ~** → PUNTO. ■ 41 **quitar** [a alguien algo] **de la ~.** Adelantárse[le] a decir[lo]. ■ 42 **quitarse** [un alimento] **de la ~.** Privarse [de él] para dárselo a otro. *Frec con intención ponderativa.* ■ 43 **taparle** [a alguien] **la ~.** (*col*) Hacer[le] callar sobornándo[le]. ■ 44 **tener la ~ blanda.** (*col*) Hablar mucho y a destiempo. ■ 45 **tener** [una pers.] **la ~ caliente.** (*col*) Usar con frecuencia palabras malsonantes. **b**) Habérsele calentado la boca [24] [a esa pers. (*suj*)]. ■ 46 **tener** [a alguien] (**sentado**) **en la ~ del estómago** → ESTÓMAGO. IV *loc adv* 47 **a ~ de jarro.** A bocajarro. *Tb adj.* ■ 48 **a pedir de ~.** Todo lo bien que se puede desear. ■ 49 **a qué quieres ~.** Satisfaciendo los menores deseos. ■ **50 ~ abajo.** Con el cuerpo tendido teniendo la cara hacia el suelo. **b)** En posición invertida. *Tb fig.* **c)** En actitud de acatamiento o sumisión absolutos. ■ **51 ~ arriba.** Con el cuerpo tendido de espaldas. **b)** Mostrando el lado que habitualmente está oculto por estar en dirección hacia el suelo. ■ **52 como ~ de lobo.** En completa oscuridad. *Se usa, con intención enfática, en la constr* ESTAR (OSCURO) COMO ~ DE LOBO. ■ **53 con la ~ chica,** o **chiquita,** o **pequeña.** (*col*) Por mero cumplido, o sin convicción. *Normalmente con el v* DECIR. ■ **54 con toda la ~.** (*col*) Absolutamente. *Con el v* MENTIR. ■ **55 de ~ en ~.** Divulgándose en conversaciones o comentarios, o en transmisión oral. *Frec con vs como* ANDAR *o* CORRER. *Tb adj.* ■ **56 de manos a ~** → MANO. ■ **57 en ~** [de alguien]. En sus comentarios o murmuraciones. *Con vs como* ANDAR, ESTAR *o* IR. ■ **58 sin** [algo] **que llevarse a la ~.** (*col*) Sin disponer [de ello] para alimentarse. *Tb fig.*

bocabajo *adv* Boca abajo.

bocacalle *f* **1** Entrada de una calle. ■ **2** Calle secundaria que afluye [a otra (*compl de posesión*)].

bocacha *f En un fusil:* Dispositivo unido a la boca y destinado a evitar que se expanda la llama del disparo.

bocadear *tr* (*raro*) Morder. *Tb fig.*

bocadillería *f* Establecimiento especializado en bocadillos [1a].

bocadillo *m* **1** Panecillo o trozo de pan partido en dos mitades entre las cuales se coloca otro alimento sólido. **b)** Alimento ligero que se toma a media mañana. **c)** Comida informal muy ligera. ■ **2** *En cómics, fotonovelas o chistes y a veces en grabados o dibujos:* Espacio redondeado, dentro de la viñeta, que encierra lo dicho o pensado por un personaje. ■ **3** (*Escén*) Intervención de un actor, consistente en unas pocas palabras.

bocadito *m* Pastelillo. *Frec con un compl especificador.*

bocado I *m* **1** Porción de comida sólida que se mete en la boca de una vez. **b)** Pequeña porción de comida. ■ **2** Manjar. *Tb fig. Frec con un compl calificador.* **b) buen ~.** (*col*) Pers. físicamente atractiva. ■ **3** Mordisco. *Tb fig.* ■ **4** Parte del freno que entra en la boca de la caballería. **b) de primer** (*o* **segundo**) **~.** [Potro] de dos años y medio a tres y medio (o de tres años y medio a cuatro y medio). ■ **5** Objeto de goma que el boxeador lleva dentro de la boca durante el combate, para proteger su dentadura. ■ **6 ~ de Adán.** Nuez (prominencia del cartílago tiroides en el cuello).
II *loc v* **7 no probar ~.** No comer absolutamente nada. ■ **8 tirar ~s** [una pers]. (*col*) Morder, o manifestar gran enojo. *Gralm en la constr* QUE TIRA ~S.
III *loc adv* **9 con el ~ en la boca.** (*col*) Inmediatamente después de comer.

bocái *f* (*jerg*) Hambre.

bocaina *f* (*Mar*) Entrada que presenta una albufera o la barra de un río.

bocairentino -na *adj* De Bocairente (Valencia). *Tb n, referido a pers.*

bocajarro. a ~. *loc adv* **1** Desde muy cerca. *Con el v* DISPARAR *u otro equivalente. Tb adj.* ■ **2** De improviso o por sorpresa. *Con vs como* DECIR *o* PREGUNTAR. *Tb adj.*

bocal *m* (*Fís*) Recipiente de cristal de cuello ancho y corto, usado esp. en laboratorios.

bocalán -na *adj* (*reg*) **1** Que habla mucho o más de lo debido. *Frec con intención desp.* ■ **2** Malhablado.

bocallave *f En la cerradura:* Parte por donde se mete la llave.

bocamanga *f* Parte de la manga que está más cerca de la muñeca, esp. por lo interior.

bocamina *f* Boca [5a] de mina. *Gralm en la constr* A ~.

bocana *f* Canal estrecho que sirve de entrada a un puerto o a una bahía.

bocanada I *f* **1** Cantidad de líquido que llega de una vez a la boca o se expulsa de ella. ■ **2** Porción de humo que al fumar se echa de una vez de la boca. ■ **3** Cantidad [de aire, olor o calor] que llega de una vez y cesa rápidamente. ■ **4** Cantidad de líquido que sale de una vez de un lugar. *Gralm en pl indicando reiteración discontinua.* ■ **5** (*raro*) Movimiento de inspiración y espiración profundas. **b) las últimas ~s.** (*pop*) Las últimas boqueadas.
II *loc adv* **6 a ~s.** Con intensidad. *Con el v* VIVIR.

bocarón *m* (*reg*) Abertura a modo de ventana o entrada.

bocarriba *adv* Boca arriba.

bocarta *f* (*reg*) Boquerón o bocarte.

bocarte *m* (*reg*) Boquerón (pez, *Engraulis encrasicolus*).

bocata *m* (*col*) Bocadillo (panecillo partido en dos).

bocatería *f* (*col*) Bocadillería.

bocatín *m* (*col*) Bocata o bocadillo pequeño.

bocaza A *f* **1** *aum* → BOCA. ■ **2** (*col*) Boca que habla más de lo debido u oportuno.
B *m y f* **3** (*col, raro*) Bocazas.

bocazas *m y f* (*col*) Pers. que habla sin discreción o con fanfarronería.

boccato di cardinale (*it; pronunc corriente,* /bokáto di kardinále/) *m* Bocado [2] exquisito. *Tb fig.*

bocel *m* (*Arquit*) Moldura convexa y lisa de sección semicircular. **b) cuarto** (*o* **medio**) **~.** Moldura convexa y lisa cuya sección es un cuarto de círculo.

bocelado -da *adj* (*Arquit*) Que tiene bocel.

boceras (*tb con la grafía* **voceras**) I *adj* **1** (*col*) [Pers.] que habla sin discreción, o que alardea de cosas que no es capaz de hacer. *Frec n.*
II *f* **2** (*col*) Restos de comida o bebida que quedan alrededor de la boca.

bocetar *tr* Hacer el boceto [de algo (*cd*)]. *Tb fig.*

bocetista *m y f* Pintor o dibujante que hace bocetos.

boceto *m* Proyecto, ejecutado solo en líneas generales, de una obra de arte. *Tb fig, fuera del ámbito técn.*

bocha *f* Bola de madera de las usadas en un juego que consiste en arrojarlas a cierta distancia, de manera que una pequeña se aproxime lo más posible a una grande. *Gralm en pl designando el juego.*

boche *adj* (*desp, hist*) *Durante la primera Guerra Mundial:* Alemán. *Tb n, referido a pers.*

bochero -ra *adj* (*col*) Bilbaíno. *Tb n, referido a pers.*

bochinche *m* (*col*) Lío o jaleo.

bochista *m y f* (*reg*) Jugador de bochas.

bochornera *f (reg)* Calor o bochorno grande.

bochorno *m* **1** Calor sofocante, propio del verano. ■ **2** Vergüenza (sentimiento de humillación ante los demás, o cosa que lo produce).

bochornoso -sa *adj* **1** De bochorno [1]. ■ **2** Que causa bochorno [2] o vergüenza.

bocina I *f* **1** Pieza de forma cónica con que se refuerza el sonido emitido. **b)** *(hist)* Micrófono [de un teléfono]. ■ **2** Dispositivo eléctrico o mecánico provisto de bocina [1], destinado a emitir sonidos que sirven de señales. ■ **3** Cuerno (instrumento músico de viento). II *loc v* **4 hacer ~** [con las manos]. Poner[las] a modo de bocina [1].

bocinar *intr (raro)* Tocar la bocina [2].

bocinazo *m* **1** Ruido producido por una bocina [2]. ■ **2** *(col)* Voz fuerte de llamada o de represión.

bocinegro *m (reg)* Pargo (pez).

bocinero[1] **-ra** *adj (Taur)* [Res] que tiene el morro negro.

bocinero[2] *m (Caza)* Individuo que toca la bocina [3].

bocio *m* Aumento de tamaño de la glándula tiroides, que produce un abultamiento de la parte anterior del cuello.

bocioso -sa *adj* **1** De(l) bocio. ■ **2** Que padece bocio. *Tb n.*

bock *(al-fr; pronunc corriente, /bok/; pl normal, ~s) m* Jarra [de cerveza]. *Tb su contenido.*

bocón -na *m y f (col)* Bocazas. *Tb adj.*

bocota *f (col)* Bocaza.

bocoy *m* Barril grande.

bocudo -da *adj* [Recipiente] de boca grande.

boda I *f* **1** Acción de casar[1] o casarse. *Tb la ceremonia correspondiente. Tb (lit) en pl, y fig, referido a cosas.* **c) las ~s de Camacho.** Una celebración con gran abundancia de comida y bebida. ■ **2** *En pl y seguido de ciertos compls, se emplea para designar un determinado aniversario de boda* [1a] *o de otro acontecimiento importante.* **a) ~s de plata.** Vigesimoquinto aniversario. **b) ~s de oro.** Quincuagésimo aniversario. **c) ~s de diamante.** Sexagésimo aniversario. **d) ~s de platino.** Septuagesimoquinto aniversario. II *loc adj* **3** [Lista] **de ~** → LISTA.

bode *m* Macho cabrío.

bodega *f* **1** Lugar donde se elabora, guarda y cría el vino. **b)** Lugar en que se produce gran cantidad de vino. ■ **2** Lugar donde se almacenan bebidas alcohólicas. **3** Establecimiento en que se venden y se sirven vinos. **b)** Taberna. *A veces en la forma dim* BODEGUILLA. ■ **4** *En algunas tiendas:* Local subterráneo que sirve de almacén. ■ **5** *En un barco o en un avión:* Parte destinada a la carga o al equipaje.

bodegón *m* **1** Taberna o bodega [3]. ■ **2** Pintura que representa cosas comestibles y vasijas.

bodegonista *m y f* Pintor de bodegones [2].

bodeguero -ra I *adj* **1** De (las) bodegas [1a]. II *n* A *m y f* **2** Dueño o encargado de una bodega [1a y 3]. B *m* **3** Encargado de los vinos.

bodigo *m* **1** *(hoy raro)* Panecillo o trozo de pan que se lleva a la iglesia como ofrenda. **b)** *En gral:*

Panecillo. ■ **2** *(reg)* Muchacho indolente e inútil. *Usado como insulto.*

bodijo *m (desp, raro)* Bodorrio.

bodocazo *m (hist)* Golpe dado con un bodoque [3].

bodón *m (reg) En un río:* Parte del cauce más honda que el resto.

bodoni *adj (Impr)* [Carácter] de tipo clásico, ancho y grueso, propio del impresor italiano Giambattista Bodoni († 1813).

bodoque *m* **1** Círculo pequeño bordado en relieve. ■ **2** *(col)* Pers. boba o de cortos alcances. ■ **3** *(hist)* Bola de barro endurecida al aire, usada para tirar con ballesta.

bodorrio *m (desp)* Boda [1a y b]. *Normalmente aludiendo a lo deslucido del acto o a lo impropio de la pareja.*

bodrio *m* **1** Relleno para embutir morcillas, hecho básicamente con sangre de cerdo, cebolla y especias. ■ **2** Guiso mal hecho. *A veces con intención humoríst.* **b)** *(hoy raro)* Caldo dado a los mendigos. ■ **3** *(col)* Producto artístico o intelectual de ínfima calidad. ■ **4** *(col)* Pers. o cosa desagradable.

body *(ing; pronunc corriente, /bódi/; pl normal,* BODIES*)* I *m* **1** *(juv)* Cuerpo. ■ **2** Prenda de lencería femenina que cubre el torso y se abrocha en la entrepierna, uniendo en una sola pieza sujetador y braga. ■ **3** Prenda exterior femenina a modo de jersey o blusa que se abrocha en la entrepierna. II *fórm or* **4 demasié** (o **demasiado**) **para el ~.** *(juv)* Fórmula con que se pondera lo exagerado de algo.

body-art *(ing; pronunc corriente, /bódi-árt/) m (Arte)* Movimiento surgido en los años sesenta, en que el artista utiliza su propio cuerpo, o el de modelos, como materia fundamental de expresión.

body body *(ing; pronunc corriente, /bódi-bódi/) m* Cuerpo a cuerpo (masaje). *Tb* MASAJE ~.

body-building *(ing; pronunc corriente, /bódi-bíldin/; tb con las grafías* **body building** *o* **bodybuilding***) m* Actividad gimnástica destinada a desarrollar los músculos de forma equilibrada.

body milk *(ing; pronunc corriente, /bódi-mílk/) f* Leche corporal (cosmético).

bóer *(pl normal, ~s) adj* **1** Descendiente de los colonos holandeses de Sudáfrica. *Tb n.* ■ **2** De los bóers [1].

bofe I *m* **1** Pulmón, esp. de una res. II *loc v* **2 echar el ~,** o **los ~s.** *(col)* Fatigarse mucho por el esfuerzo, esp. corriendo.

bofetada I *f* **1** Golpe dado en la cara con la mano abierta. ■ **2** Desaire u ofensa. ■ **3** *(col)* Accidente de tráfico, esp. grave. ■ **4** *(col)* Sensación repentina y fuerte [de calor u olor], normalmente al cambiar de lugar. II *loc v* **5 darse de ~s** [una cosa con otra]. *(col)* Desentonar entre sí. ■ **6 no tener (ni) media ~.** *(col)* Ser [alguien] insignificante por su fuerza física.

bofetón *m* Bofetada [1, 2 y 4], esp. fuerte.

bofia *(jerg)* A *f* **1** Policía (cuerpo). B *m y f* **2** Policía (miembro).

bofordo *m (hist)* Bohordo [2].

boga[1] *f* Buena aceptación o favor general de que disfruta algo temporalmente. *Frec en la constr* EN ~. **b)** Moda o gusto.

boga[2] A *f* **1** Acción de bogar [1].

B *m y f* 2 Bogador.

boga[3] *f* 1 Pez marino comestible de pequeño tamaño, de color verdoso con franjas longitudinales azules y doradas, propio del Atlántico y el Mediterráneo (*Boops boops*). ■ 2 *Se da este n a varias especies de peces de río, de unos 25 cm de longitud, hocico prominente y escamas verdes, grises y plateadas (gén Chondrostoma). Tb ~ DE RÍO.*

bogada *f* Impulso dado a la embarcación por un solo golpe de los remos.

bogador -ra *m y f* Pers. que boga [1].

bogar *intr* 1 Remar (mover el remo para impulsar una embarcación). ■ 2 Nadar con aletas [un animal].

bogavante[1] *m* Crustáceo marino decápodo, de color vivo, muy semejante a la langosta, y que tiene pinzas muy desarrolladas en el primer par de patas (*Homarus gammarus*).

bogavante[2] *m* (*hist*) Primer remero de un banco de la galera.

bogey (*ing; pronunc corriente,* /bógei/ o /bógi/; *pl normal,* BOGIES) *m* (*Golf*) Hoyo conseguido con un golpe más del par.

bogie (*ing; pronunc corriente,* /bógi/; *pl normal,* ~S) *m* (*Ferroc*) Armazón de cuatro o seis ruedas que se articula en el bastidor principal de un vagón o locomotora para facilitar la entrada en las curvas o el cambio de vía.

bogón *m* (*reg*) Pez marino de tono azulado con una banda dorada en el costado (*Atherina presbyter*).

bogotano -na *adj* De Bogotá. *Tb n, referido a pers.*

boguera *f* (*Pesca*) Red para pescar bogas.

bohardilla (*tb con la grafía* **boardilla**) *f* Buhardilla.

bohardillón *m* Bohardilla grande.

bohemio -mia I *adj* 1 De Bohemia (región de la República Checa). *Tb n, referido a pers.* ■ 2 Gitano. *Tb n, referido a pers.* ■ 3 [Pers.] de vida irregular y desordenada. *Tb n.* **b)** Propio de la pers. bohemia. II *n A m* 4 Checo (lengua). *Tb designa esp el dialecto checo de Bohemia.* B *f* 5 Mundo de los bohemios [3a]. ■ 6 Vida bohemia [3b]. ■ 7 Carácter o condición de bohemio [3].

bohío *m* Cabaña americana de madera y ramas o cañas, sin más respiradero que la puerta.

bohordo *m* 1 (*Bot*) Escapo (tallo sin hojas y con flores en el ápice). ■ 2 (*hist*) Lanza corta arrojadiza, usada en los juegos y fiestas de caballería para arrojarla contra una armazón de tablas. *Tb el mismo juego.*

boicó *m* (*raro*) Boicot.

boicot (*pl normal,* ~S) *m* Acción dirigida contra una colectividad o una pers., impidiéndole toda relación económica o social o el normal desarrollo de sus actividades, frec. como medio de coacción. **b)** Acción dirigida contra algo, impidiendo el normal desarrollo de una actividad, o de un hecho, o el tráfico o consumo libre de un producto.

boicoteador -ra *adj* 1 Que boicotea. *Tb n, referido a pers.* ■ 2 De(l) boicoteo.

boicotear *tr* Hacer el boicot [a alguien o algo (*cd*)].

boicoteo *m* Boicot.

boíl *m* (*raro*) Corral o establo donde se recogen los bueyes.

boina (*tb, reg,* **boína**) A *f* 1 Prenda de cabeza, redonda, sin visera, hecha de lana y gralm. de una sola pieza. ■ 2 ~ **verde**. (*Juegos*) Variedad del corro, cuya canción comienza con las palabras "tengo una boina verde". B *m* 3 ~ **verde**. (*col*) Miembro de un comando militar.

boinero -ra *m y f* Fabricante de boinas [1].

boira *f* (*reg*) Niebla.

boirense *adj* De Boiro (La Coruña). *Tb n, referido a pers.*

boiserie (*fr; pronunc corriente,* /buaserí/) *f* Revestimiento mural de madera con baldas y otras aplicaciones, como vitrinas o cajoneras.

boîte (*fr; pronunc corriente,* /buát/) *f* Sala de fiestas.

boj *m* 1 Arbusto de tallos derechos y muy ramosos, hojas persistentes, elípticas y duras, y flores pequeñas y blanquecinas, y que tiene una madera sumamente dura y compacta (*Buxus sempervirens*). *Tb su madera.* ■ 2 Técnica de grabado en madera de boj [1].

boja *f Se da este n a varias plantas, esp Santolina chamaecyparissus, Artemisia abrotanum* (~ COMÚN) *y A. herba-alba* (~ BLANCA, ~ DE OLOR).

bojar *tr* (*Mar*) Medir el contorno [de una isla, un cabo u otro accidente geográfico (*cd*)].

boje *m* Boj [1].

bojear *tr* (*Mar*) Navegar a lo largo [de una costa (*cd*)].

bojedal *m* Lugar poblado de bojes.

bojeral *m* (*reg*) Bojedal.

bojiganga *f* (*raro*) Compañía pequeña de cómicos.

bol[1] *m* Vasija semejante al tazón, utilizada esp. en cocina.

bol[2] *m* Arcilla rojiza disuelta en cola, usada en el arte de dorar. *Gralm* ~ DE ARMENIA.

bola I *f* 1 Cuerpo esférico, esp. macizo. **b)** Canica. **c)** (*Dep*) Pelota o balón. **d)** ~ **del mundo**. Esfera terráquea. ■ 2 (*Taur*) Pomo del estoque. *Gralm en la constr* HASTA LA ~. ■ 3 (*col*) Músculo abultado del brazo cuando se contrae. *Frec en la constr* SACAR ~. ■ 4 (*vulg*) Pecho (de mujer). *Gralm en pl.* ■ 5 (*vulg*) Testículo. *Gralm en pl.* ■ 6 (*reg*) Porción más o menos esférica de masa hecha con miga de pan y huevo, que, una vez frita, se echa al cocido. ■ 7 (*reg*) Variedad de pimiento de forma esférica. ■ 8 (*col*) Mentira. ■ 9 (*Naipes*) *En algunos juegos:* Lance que consiste en hacer uno todas las bazas. ■ 10 (*jerg*) Libertad de un detenido o preso. *Normalmente en la constr* DAR ~. ■ 11 ~ **de billar**. (*col*) *Se usa en constrs de sent comparativo para ponderar lo calva o rapada que está una cabeza.* ■ 12 ~ **de nieve**. Hongo comestible de color blanquecino, propio de setos y jardines (*Agaricus arvensis* o *Psalliota arvensis*). ■ 13 ~ **de nieve**. Noticia que va adquiriendo más detalles y más importancia al pasar de boca en boca. ■ 14 ~s **chinas**. Utensilio para la masturbación femenina, consistente en unas bolas [1a] que se introducen en la vagina. II *loc adj* 15 **de** ~. [Queso] que tiene forma de bola [1]. III *loc v* 16 **echar** ~ **negra** [a alguien o algo]. (*lit, raro*) Poner[le] el veto o votar en contra suya. *En* *sent fig.* ■ **17 escurrir la ~.** *(raro)* Huir o escapar. ■ **18 hacer correr la ~.** *(col)* Propagar una falsedad. ■ **19 no dar (ni) ~.** *(col)* No hacer (ni) caso. ■ **20 no dar pie con ~** –→ PIE. ■ **21 no rascar,** *o* **tocar, ~.** No tener oportunidad de hacer o de conseguir algo que se desea. **IV** *loc adv* **22 a su ~.** *(juv)* A lo suyo. *Con vs como* ESTAR *o* IR. ■ **23 en ~s.** *(vulg)* Sin ropa o en estado de total desnudez. *Tb adj.*

bolado *m* Azucarillo (golosina).

bolaga *f (reg)* Torvisco (arbusto).

bolandista *m* Miembro de una sociedad formada para editar críticamente los textos originales de las vidas de santos.

bolañego -ga *adj* De Bolaños de Calatrava (Ciudad Real) o de Bolaños de Campos (Valladolid). *Tb n, referido a pers.*

bolardo *m (Mar)* Pieza de hierro o acero, con la extremidad superior curvada, que se empotra en la arista exterior del muelle para amarrar las embarcaciones.

bolazo *m* Golpe dado con una bola [1a].

bolchevique *adj* **1** *(hoy raro)* De la Rusia soviética. *Tb n, referido a pers.* ■ **2** *(hist)* Comunista, o del ala radical del Partido Socialdemócrata ruso, propugnadora de la dictadura del proletariado. *Tb n, referido a pers.* **b)** *(hoy raro) En gral:* Comunista.

bolcheviquismo *m (hoy raro)* Bolchevismo.

bolchevismo *m (hoy raro)* Sistema político de los bolcheviques.

bolchevización *f (hoy raro)* Acción de bolchevizarse.

bolchevizante *adj (hoy raro)* Que tiende al bolchevismo.

bolchevizarse *intr pr (hoy raro)* Tomar carácter bolchevique.

boldo *m* **1** Arbusto perenne de hojas verdes, flores blancas y fruto comestible, con cuyas hojas se hace una infusión que se usa como remedio para las enfermedades del hígado (*Peumus boldus* o *Boldoa fragans*). *Tb sus hojas.* ■ **2** Infusión preparada con hojas de boldo [1].

boldoglucina *f (Quím)* Glucósido narcótico e hipnótico del boldo.

boleadoras *f pl* Instrumento constituido por dos o tres bolas pesadas, unidas por cuerdas o tiras de cuero, y que se usa en América meridional arrojándolo a los pies o al pescuezo de los animales para cazarlos.

boleo *m* Juego propio de la provincia de Cuenca, que consiste en que cada jugador recorre determinada distancia en un camino de tierra tirando sucesivamente una bola de hierro, y en el cual gana el que lo hace en menos tiradas.

bolera *f* Local destinado al juego de bolos[1].

bolero[1] *m* **1** Danza popular española de compás de tres por cuatro, acompañada rítmicamente por las castañuelas. *Tb su música.* ■ **2** Baile hispanoamericano derivado del bolero [1], de compás de dos por cuatro. *Tb su música.* ■ **3** Chaqueta corta femenina que no llega a la cintura y que gralm. se lleva abierta.

bolero[2] -ra *adj (col)* [Pers.] mentirosa. *Tb n.*

boleta I *f* **1** Papel que lleva escrito un nombre o un número y que, con otros, se introduce en un recipiente para sacar a suerte. **II** *loc v* **2 dar (la) ~** [a alguien]. *(col)* Despedir[lo] o expulsar[lo]. *Tb fig.*

boletín *m* **1** Publicación periódica de carácter oficial e informativo. *Frec con un compl especificador.* **b)** Publicación periódica de carácter informativo y frec. cultural o científico [de una entidad o corporación]. ■ **2** *(RTV)* Transmisión breve de noticias, hecha normalmente a horas determinadas. *Frec ~* INFORMATIVO, *o* DE NOTICIAS. **b)** **~ meteorológico,** *o* **del tiempo.** *(Per)* Información meteorológica. ■ **3** Nota informativa oficial que se hace pública. ■ **4** Cuadernillo o papel en que constan las calificaciones de un colegial y que se envía a su familia para su conocimiento. *Frec ~* DE NOTAS. ■ **5** Breve formulario impreso que, debidamente rellenado y firmado, sirve para formalizar una suscripción o solicitar una información.

boleto[1] *m* **1** *En una rifa, sorteo o apuesta:* Papeleta que acredita la participación. *Tb fig.* ■ **2** *(raro) En un transporte o un espectáculo:* Billete. ■ **3** *(raro)* Volante (hoja de papel). ■ **4** *(hist)* Cédula que se da a determinadas personas, esp. militares, para que se alojen en un lugar.

boleto[2] *m* Se da este *n* a numerosos hongos del gén *Boletus.*

boli *m (col)* Bolígrafo.

bolicha *f (reg)* Cazuela pequeña de barro.

boliche[1] *m* **1** Adorno de forma redondeada en que remata una parte saliente de un mueble. ■ **2** Bola más pequeña entre las que se emplean en el juego de la petanca o de las bochas. ■ **3** *(reg)* Bola o canica. ■ **4** *(reg)* Alubia pequeña y redonda. ■ **5** *(hoy raro)* Juguete de madera u otra materia similar, que se compone de un palo terminado en una aguja y de una o más bolas taladradas sujetas por un cordón al palo y que, lanzadas al aire, hay que tratar de ensartar en la aguja. *Tb el juego correspondiente.* ■ **6** *(hoy raro)* Gaseosa (bebida refrescante). ■ **7** *(reg)* Horno pequeño para hacer carbón de leña. ■ **8** *(reg)* Puchero pequeño de barro. ■ **9** *(reg)* Tenducho.

boliche[2] *m (Mar)* **1** Arte de pesca semejante a la jábega, pero más pequeña, para pescado menudo. ■ **2** Pescado menudo cogido con el boliche [1].

boliche[3] *m (reg)* Planta dañina de los sembrados, con flores rosadas o violáceas (*Oxalis latifolia*).

bolichero[1] *m (Mar)* Pescador o vendedor de boliche[2] [2].

bolichero[2] *m (reg)* Encargado de sacar la caja en los entierros.

bólido *m* **1** Automóvil de carreras. **b)** *(humoríst) En gral:* Automóvil. **c)** *Se usa frec en constrs de sent comparativo para ponderar la velocidad.* ■ **2** *(Astron)* Meteorito que, a manera de globo inflamado, atraviesa rápidamente la atmósfera y cae en tierra.

boligráfico -ca *adj (raro)* De(l) bolígrafo.

bolígrafo *m* Instrumento para escribir, que tiene en su interior un tubo de tinta semifluida y en la punta, en vez de pluma, una bolita metálica.

bolillero -ra A *m y f* **1** Pers. que hace labor de encaje de bolillos [1a]. *Esp referido al profesional.* **B** *m* **2** Mundillo (almohadilla para hacer encaje de bolillos).

bolillo *m* 1 Palito torneado de los que se usan para hacer encajes y pasamanería. *Frec en la constr* ENCAJE DE ~S. **b) encaje de ~s** → ENCAJE¹. ■ **2** *En pl:* Labor de bolillos [1].

bolina¹ *f* (*Mar*) 1 Acción de navegar de modo que la dirección de la quilla y la del viento formen el menor ángulo posible. ■ **2** Cordel de los que sirven para colgar los coyes.

bolina² *f* (*reg*) Planta leguminosa semejante a la aulaga (*Echinospartum boissieni*). *Tb designa otras especies de los géns Genista, Cytisus y otros.*

bolinche *m* (*reg*) Boliche¹ [1 a 6].

bolindre *m* (*reg*) Boliche¹ o canica.

bolista *m y f* Jugador de bolos¹.

bolístico -ca *adj* Del juego de bolos¹.

bolitas. ~ de nieve. *f* Arbusto ornamental con flores blancas globosas (*Symphoricarpus albus y S. racemosus*).

bolívar *m* Unidad monetaria de Venezuela.

boliviano -na I *adj* 1 De Bolivia. *Tb n, referido a pers.*
II *m* **2** Unidad monetaria de Bolivia.

bolla¹ *f* (*reg*) Panecillo.

bolla² *f* (*hist*) Impuesto, en Cataluña, sobre la venta de los tejidos de lana y seda.

bollaca *adj* (*jerg*) Lesbiana. *Tb n.*

bollacón *m* (*jerg, desp*) Mujer lesbiana.

bollería *f* 1 Establecimiento donde se hacen o venden bollos¹ [1]. ■ **2** Conjunto de bollos¹ [1].

bollero -ra I *m y f* 1 Pers. que hace o vende bollos¹ [1].
II *adj* **2** (*vulg*) [Mujer] lesbiana. *Frec n f.*

bollo¹ I *m* 1 Dulce esponjoso y relativamente pequeño, hecho con harina, azúcar y otros ingredientes, esp. leche, mantequilla y huevos. **b) ~ maimón.** Roscón de masa de bizcocho. ■ **2** Abultamiento redondeado. ■ **3** (*reg*) Porción de barro que se pone en el torno del alfarero para hacer una pieza. ■ **4** (*vulg*) Acto sexual entre lesbianas. *Frec en la constr* HACER ~S (O UN ~).
II *loc v* **5 no estar el horno para ~s** → HORNO. ■ **6 perdonar el ~ por el coscorrón.** (*col*) Renunciar a lo que se desea, por el mucho esfuerzo que cuesta lograrlo.

bollo² *m* (*col*) Abolladura (hundimiento en una superficie).

bollo³ *m* (*col*) Lío o jaleo.

bollullero -ra *adj* De Bollullos Par del Condado (Huelva). *Tb n, referido a pers.*

bolo¹ I *m* 1 Trozo de palo labrado, de forma alargada, con base plana para que se tenga en pie. **b)** *En pl:* Juego que consiste en poner derechos sobre el suelo cierto número de bolos y derribar cada jugador los que pueda, arrojándoles bolas. ■ **2** (*col*) Hombre ignorante o torpe. *Tb adj.* ■ **3** (*Caza y Pesca*) Pers. que vuelve sin cobrar ninguna pieza. *Frec en constrs como* VOLVER, *o* REGRESAR, (DE) ~. ■ **4** (*reg*) Bola (adorno de forma esférica). ■ **5** (*reg*) Canica. ■ **6** (*reg*) Piedra de gran tamaño y gralm. redondeada. ■ **7** (*vulg*) Miembro viril. ■ **8 ~ alimenticio.** (*Fisiol*) Masa de alimento masticado e insalivado, preparada para ser deglutida de una vez. ■ **9 ~ fecal.** (*Fisiol*) Masa de excremento que se expele de una vez.

II *loc v y fórm or* **10 ándate con el ~ colgando.** (*vulg*) Fórmula con que se advierte a alguien que sea precavido y no se descuide, porque puede sufrir las consecuencias. ■ **11 hacer el ~,** *o* **estar** (*o* **ponerse**) **de ~.** (*Caza*) Sentarse [el conejo o la liebre] sobre los cuartos traseros poniendo el cuerpo muy erguido. ■ **12 no dar pie con ~** → PIE.

bolo² *m* (*reg*) Se da este *n* a los peces Ammodytes lanceolatus, A. tobianus y Blennius gattorugine.

bolonio *adj* [Estudiante o graduado] del Colegio Español de Bolonia. *Frec n m.*

boloñés -sa *adj* 1 De Bolonia (Italia). *Tb n, referido a pers.* ■ **2** (*Coc*) [Salsa] preparada con varios tipos de carne picada, tomate y especias.

bolos *m pl* (*col*) 1 Serie de actuaciones que en corto número hace un artista o una compañía de teatro recorriendo diversas poblaciones. *Frec en la constr* HACER ~. ■ **2** Conjunto breve de conferencias o actuaciones similares de un profesional en distintas ciudades. ■ **3** Conjunto de partidos amistosos o de torneos breves en que participa un equipo deportivo.

bolsa¹ *f* 1 Recipiente de materia flexible, con o sin asas, abierto por arriba. **b)** Recipiente de material flexible completamente cerrado. **c)** Pieza de estera que pende entre los varales del carro para llevar objetos. ■ **2** Abultamiento fláccido formado en una prenda de vestir que no ajusta bien o que se ha deformado. **b)** Abultamiento de la piel, que se forma debajo del ojo, por la edad o por la fatiga. **c)** Abultamiento hueco en una superficie. ■ **3** (*Anat*) Cavidad o envoltura, gralm. abierta por un extremo, y destinada a contener algo. *Frec con un adj o compl especificador.* **b)** *Esp* designa la que envuelve los testículos. *Tb en pl con sent sg.* ■ **4** (*Geol*) Masa de una sustancia acumulada en una cavidad. ■ **5** (*Mil*) Parte de un ejército que queda cercada por las fuerzas enemigas. *Tb la zona en que se encuentra.* ■ **6** Zona geográfica o conjunto social caracterizado por alguna circunstancia inexistente en los que los rodean. *Con un compl especificador, esp* DE POBREZA, DE MARGINACIÓN, DE FRAUDE. ■ **7** (*hoy raro*) Bolsa [1], normalmente de cuero, para llevar las monedas. **b)** (*lit*) Modernamente se usa aludiendo a la cartera o monedero en que se lleva el dinero. **c)** (*lit*) Caudal o dinero que se tiene. ■ **8** Cantidad de dinero que una institución u organismo paga a una persona para estudios, para viajes o para otra actividad. *Frec con un compl especificador.* ■ **9** (*Dep, esp Boxeo*) Cantidad de dinero que se ofrece al que participa en un combate. ■ **10 ~ de pastor.** Planta herbácea muy común, de fruto triangular, y usada en medicina (*Capsella bursa-pastoris*).

bolsa² *f* 1 Institución económica en que se produce la contratación de toda clase de valores. *Tb ~* DE VALORES *o* DE COMERCIO. **b)** Edificio en que está instalada la bolsa. ■ **2** Conjunto de operaciones efectuadas en la bolsa [1]. ■ **3** Precio promedio del conjunto de valores cotizados en la bolsa [1]. *Gralm con los vs* SUBIR *o* BAJAR. ■ **4** Sección de anuncios destinada a transacciones de diversos tipos. *Con un compl especificador.* **b) ~ de trabajo,** *o* **de empleo.** Sección de anuncios con ofertas de empleo. ■ **5** Reunión de gente en un determinado lugar para realizar transacciones de ciertas actividades. *Con un compl especificador de estas.*

bolsada *f* (*Geol*) Acumulación en forma redondeada de un mineral en el seno de una roca.

bolsero -ra I *adj* 1 De (las) bolsas¹ [1a].

II *m y f* **2** Pers. que fabrica o vende bolsas[1] [1a y 7a].

bolsillería *f* Industria o comercio de bolsillos [2a y 3] o bolsos [1].

bolsillero -ra **I** *adj* **1** Que fabrica o vende bolsillos [2a y 3] o bolsos [1]. *Tb n, referido a pers.* **II** *m y f* **2** (*jerg*) Ladrón de bolsillos y portamonedas.

bolsillo **I** *m* **1** Parte de una prenda de vestir, destinada a llevar pequeños objetos personales, y constituida por una bolsita interior aplicada a una abertura de la tela, o por una pieza cosida sobre la misma tela. **b)** *Se usa frec aludiendo al lugar en que se lleva el dinero.* * El día 31 sacudiré mis bolsillos vacíos y diré adiós. ■ **2** Monedero o portamonedas. **b)** Caudal o dinero que se tiene. ■ **3** (*raro*) Bolso [1]. **II** *loc adj* **4 de ~.** [Objeto] de tamaño adecuado para ser llevado en el bolsillo [1]. **b)** De dimensiones mucho menores que las habituales en otras cosas de la misma especie. **III** *loc v* **5 llenarse el ~,** o **los ~s.** (*col*) Obtener ganancias en algo que no debe ser lucrativo, o de modo poco legal. **b) llenar el ~.** Ganar dinero o hacerse rico. ■ **6 meterse** [a alguien] **en el ~.** (*col*) Ganarse su voluntad. **b) meterse** [algo] **en el ~.** (*col, raro*) Conquistar[lo] o dominar[lo]. ■ **7 no echarse** [alguien] **nada en el ~.** (*col*) No conseguir ningún beneficio económico. ■ **8 rascarse el ~.** (*col*) Soltar dinero, esp. de mala gana. ■ **9 tener** [algo] **en el ~.** Haber[lo] conseguido. *A veces con intención ponderativa indicando que está prácticamente conseguido.*

bolsín *m* Lugar donde se realizan operaciones con fondos públicos de carácter local, que no tiene la categoría de bolsa[2] [1].

bolsista *m y f* Pers. que se dedica a efectuar operaciones en bolsa[2] [1].

bolsístico -ca *adj* De (la) bolsa[2] [1].

bolso **I** *m* **1** Bolsa de mano, gralm. pequeña, de piel o de otra materia flexible y resistente y con una o dos asas o correas, usada por las mujeres para llevar dinero, documentos y objetos personales. **b)** Bolsa de mano grande, de cuero, lona u otro material resistente, para viaje o compra. *Frec con un compl especificador.* ■ **2** (*reg*) Bolsillo [1]. **II** *loc v* **3 rascarse el ~.** (*reg*) Rascarse el bolsillo.

bolsón *m* **1** Bolsa[1] [1 y 3] o bolso [1] grandes. ■ **2** (*reg*) Bolsillo [1] grande. ■ **3** (*reg*) Meandro o curva grande [de un río].

bom *interj* Imita el sonido del golpe o del estallido. *Gralm se emite repetida. A veces se sustantiva como n m.*

bomba[1] **I** *f* **1** Artefacto explosivo, incendiario o que difunde humo o gases, que se hace estallar normalmente arrojándolo con la mano, o desde un avión, accionándolo con un mecanismo de relojería. *A veces con un adj o compl especificador:* ATÓMICA, DE MANO, DE RELOJERÍA. **b)** *Se usa en aposición, pospuesto al n, para indicar que lo expresado por este lleva o contiene un artefacto explosivo.* * Coche bomba. * Paquete bomba. ■ **2 ~ de palenque.** (*reg*) Cohete grande y muy ruidoso. ■ **3 ~ fétida.** Pequeño explosivo de broma, que al explotar causa muy mal olor. ■ **4** (*Geol*) Producto volcánico sólido de gran tamaño. *Tb ~ VOLCÁNICA.* ■ **5** (*col*) Pers. o cosa, esp. noticia, que causa gran impresión. **b) ~ de relojería.** Asunto destinado a causar gran conmoción en

un momento dado. ■ **6 ~ de cobalto.** (*Med*) Aparato de radiación que utiliza cobalto radiactivo. **II** *adj invar* **7** (*col*) Sensacional. ■ **8 a prueba de ~.** A prueba de cualquier cosa. *Con intención ponderativa de fortaleza o resistencia. Tb fig. Tb adv.* **III** *loc v y fórm or* **9 caer** [algo] **como una ~.** Producir gran impacto, malestar o desconcierto. ■ **10 vengan ~s,** o **que caigan ~s.** (*reg*) *Fórmula con que se manifiesta despreocupación total por lo que suceda.* **IV** *adv* **11** (*col*) Muy bien o estupendamente. *Frec en la constr* PASARLO ~. ■ **12 echando ~s.** (*col*) A una temperatura muy elevada.

bomba[2] *f* **1** Máquina o aparato para extraer, elevar o inyectar agua u otros fluidos. *Frec con un adj o compl especificador.* **b)** (*raro*) Surtidor [de gasolina]. ■ **2 ~ de calor.** (*Fís*) Dispositivo que permite calentar un cuerpo con las calorías extraídas de otro más frío que él.

bombácea *adj* (*Bot*) [Planta] arbórea o arbustiva propia de países tropicales, de la familia del baobab. *Frec como n f en pl, designando este taxón botánico.*

bombacho *adj* [Pantalón] cuyas perneras terminan en forma abombada y se cierran con botones a la altura de la pantorrilla. *Tb n m, frec en pl.* **b)** *En gral:* [Pantalón] cuyas perneras se ciñen abombadas a la pierna, por encima o por debajo de la rodilla. *Tb n m, frec en pl.*

bombarda *f* (*hist*) **1** Instrumento músico de viento, hecho de madera, de la familia del caramillo, con lengüeta doble. ■ **2** Pieza de artillería de cañón corto y de grueso calibre, cuyos proyectiles son bolas de piedra.

bombardeador -ra *adj* Que bombardea. *Tb n, referido a pers.*

bombardear *tr* **1** Arrojar bombas desde una aeronave [sobre un lugar (*cd*)]. ■ **2** Someter [un lugar] a fuego sostenido de artillería. *Tb abs.* ■ **3** Acosar o presionar psicológicamente [a alguien (*cd*) con algo que se repite con insistencia]. ■ **4** Ejercer [algo] una acción reiterada [sobre alguien o algo (*cd*)]. ■ **5** (*Fís*) Hacer incidir iones, partículas elementales o radiaciones [sobre una sustancia (*cd*)] para producir en ella reacciones nucleares.

bombardeo **I** *m* **1** Acción de bombardear. **II** *loc v* **2 apuntarse a un ~.** (*col*) Mostrarse dispuesto a participar en cualquier cosa.

bombardero -ra **I** *adj* **1** De(l) bombardeo. **II** *n* **A** *m* **2** Avión de bombardeo. **B** *m y f* **3** Tripulante de bombardero [2].

bombardino *m* **1** Instrumento músico de viento, de metal, con pistones, de sección cónica y tubo plegado sobre sí mismo. ■ **2** Músico que toca el bombardino [1].

bombástico -ca *adj* (*lit*) Grandilocuente o hinchado. *Referido al lenguaje, al estilo o a quien los emplea.*

bombazo *m* **1** Disparo o explosión de una bomba. ■ **2** (*col*) Pers. o cosa que obtiene un éxito sensacional. ■ **3** (*col*) Noticia que causa gran impresión.

bombeado *adv* (*Fút*) Bombeando[1] [2] el balón.

bombear[1] *tr* **1** Abombar [algo] o hacer que presente una forma convexa y redondeada. ■ **2** (*Fút*) Lanzar por alto [el balón] para que siga una trayectoria parabólica. *Tb abs.*

bombear[2] *tr* Sacar o impulsar [un líquido u otro fluido] con una bomba[2] [1]. *Tb abs.* **b)** Sacar o impulsar [un líquido u otro fluido (*cd*) una bomba[2] (*suj*)]. *Tb abs.*

bombear[3] *tr* (*raro*) Dar bombo [2] [a alguien o algo (*cd*)].

bombeo[1] *m* Abombamiento o convexidad.

bombeo[2] *m* Acción de bombear[2]. *Tb su efecto.*

bomber (*ing; pronunc corriente,* /bómber/; *pl normal,* ~s) *f* Cazadora de cuero al modo de las utilizadas por los pilotos militares. *Tb* CAZADORA ~.

bombero -ra **I** *n* A *m y f* **1** Operario encargado de extinguir los incendios y de otras labores de salvamento.
B *m* **2** *En un buque tanque:* Hombre que tiene a su cargo las tuberías y las bombas[2].
C *f* **3** (*raro*) Mujer del bombero [1].
II *loc adj* **4 de ~.** (*col*) Propio de pers. torpe y sin ingenio. *Gralm en la constr* TENER IDEAS DE ~.

bombeta *f* (*Mil*) **1** Esfera maciza de bronce que se dispara con el morterete para probar la fuerza de la pólvora. ■ **2** Bomba[1] [1] pequeña.

bombilla **I** *f* **1** Lámpara eléctrica de incandescencia cuya luz proviene de un filamento metálico montado dentro de un globo de cristal en que se ha hecho el vacío e intensamente calentado por el paso de la corriente. ■ **2** (*col, humoríst*) Cráneo. ■ **3** (*Balonc*) Zona marcada ante la canasta, desde la que se lanzan los tiros libres.
II *loc v* **4 encendérsele,** *o* **iluminársele,** [a alguien] **la ~.** (*col*) Ocurrírsele una buena idea.

bombillero *m* (*jerg*) Descuidero de objetos propios de escaleras de viviendas.

bombillo *m* Sifón para evitar la salida de malos olores.

bombín[1] *m* Bomba[2] [1a] pequeña.

bombín[2] *m* Sombrero hongo (→ HONGO).

bombizo -za *adj* (*reg*) **1** Abombado o abultado. ■ **2** Aturdido o atontado.

bombo **I** *m* **1** Instrumento músico del grupo de los tambores, de gran tamaño, que se toca con un mazo. ■ **2** (*col*) Elogio público exagerado. *Frec con el v* DAR. ■ **3** (*col*) Vientre hinchado por el embarazo. ■ **4** Caja esférica o cilíndrica y giratoria que sirve para contener bolas numeradas o cédulas escritas que han de sacarse a la suerte. ■ **5** Recipiente cilíndrico que frec. forma parte de determinadas máquinas o aparatos. ■ **6** Construcción semiesférica hecha de piedras superpuestas, sin yeso ni mezcla alguna, con puerta y pequeño tragaluz o chimenea, propia del campo de Tomelloso.
II *loc v* **7 hacer un ~** [a una mujer]. (*col*) Dejar[la] embarazada.
III *loc adv* **8 a** (*o, raro,* **con**) **~ y platillo.** (*col*) Con gran publicidad. ■ **9 como un ~.** (*col*) Con fuerte aturdimiento. *Referido a la cabeza, y gralm en las constrs* PONER(SE), *o* TENER, LA CABEZA COMO UN ~.

bombón **I** *m* **1** Dulce pequeño de chocolate, gralm. de forma semiesférica o cilíndrica y frec. relleno de licor o crema. ■ **2 ~ helado.** Helado recubierto de una capa de chocolate. ■ **3** (*col*) Pers., normalmente del sexo femenino, muy atractiva.
II *adj invar* **4** [Pan] muy suave y delicado, gralm. en forma de barritas redondeadas.

bombona *f* **1** Vasija metálica muy resistente, cilíndrica y de cierre hermético, que sirve para contener gases a presión y líquidos muy volátiles. ■ **2** Vasija de vidrio, loza o plástico, muy barriguda y de boca estrecha, destinada a contener líquidos. ■ **3** Recipiente metálico, cilíndrico y de poca altura, destinado a guardar gasas y algodones esterilizados.

bombonera *f* Recipiente, gralm. esférico, para bombones [1].

bombonería *f* **1** Tienda donde se venden bombones [1]. ■ **2** Bombones, o conjunto de bombones [1].

bonachón -na *adj* [Pers.] de carácter amable y blando. *Alguna vez referido a animales.* **b)** Propio de la pers. bonachona.

bonachonería *f* Cualidad de bonachón. **b)** Actitud bonachona.

bonaerense *adj* De Buenos Aires. *Tb n, referido a pers.*

bonal *m* (*reg*) Terreno encenagado por algún manantial.

bonancibilidad *f* Cualidad de bonancible.

bonancible *adj* **1** Tranquilo o sereno. *Referido normalmente al tiempo, al mar o al viento.* **b)** (*Meteor*) [Viento] de velocidad entre 20 y 28 kilómetros hora (grado 4 de la escala de Beaufort). ■ **2** [Pers., animal o cosa] apacible.

bonanza *f* **1** Tranquilidad o serenidad. *Referido al tiempo o al mar. Tb (lit) fig.* **b)** Tiempo tranquilo y sereno, esp. en el mar. *Tb (lit) fig.* ■ **2** Estado de dicha y sosiego. ■ **3** Prosperidad.

bonapartismo *m* Gobierno de la dinastía de Napoleón Bonaparte († 1821), o forma de gobierno basada en principios autoritarios y plebiscitarios propia de esta dinastía. *Tb la adhesión a esta o a su forma de gobierno.*

bonapartista *adj* De(l) bonapartismo o que lo implica. **b)** Partidario del bonapartismo. *Tb n, referido a pers.*

boncesa *f* (*raro*) Mujer budista que vive en comunidad monástica.

bondad **I** *f* **1** Cualidad de bueno. ■ **2** (*lit*) Virtud o buena cualidad [de alguien o algo]. *Gralm en pl.* ■ **3** (*lit*) Acción bondadosa.
II *fórm or* **4 tenga la ~,** *o* **si tiene la ~,** (DE + *infin*), **¿tendría,** *o* **tiene, la ~** (DE + *infin*)? *Fórmulas de petición cortés.*

bondadosamente *adv* De manera bondadosa.

bondadosidad *f* (*raro*) Cualidad de bondadoso.

bondadoso -sa *adj* [Pers.] de carácter amable y generoso. **b)** Propio de la pers. bondadosa.

bondage (*fr; pronunc corriente,* /bondáʒ/) *m* Práctica sexual sadomasoquista en que un elemento de la pareja está atado.

bonderizado *m* (*Metal*) Fosfatación de una superficie ferrosa para protegerla de la oxidación.

bonete **I** *m* **1** Gorro redondo, gralm. de cuatro picos, propio de los eclesiásticos y antiguamente de los colegiales y graduados. **b)** *En gral:* Gorro. ■ **2** (*Zool*) *En los rumiantes:* Redecilla. ■ **3** Hongo venenoso de sombrero castaño o pardo oscuro y pie blancuzco, propio de los bosques de coníferas con suelo arenoso (*Gyromitra esculenta*).
II *loc adv* **4 a tente ~.** (*raro*) Con insistencia o constantemente.

bonetería f Industria o comercio de bonetes [1].

bonetero[1] **-ra** m y f (hoy raro) Pers. que hace o vende bonetes [1].

bonetero[2] m Evónimo (planta).

bonetillo m Evónimo o bonetero (planta).

bongo[1] m Antílope africano de gran tamaño, de cuerpo estilizado, con cuernos lisos en espiral muy ensanchada y pelo rojizo con estrías y manchas blancas (*Boocercus euryceros*).

bongo[2] m Embarcación semejante a la canoa, propia de los indios de América Central y del Sur.

bongó (tb, más raro, **bongo**) m Instrumento músico de percusión, de origen cubano, formado por dos pequeños tambores yuxtapuestos, de sonido distinto, recubiertos por un solo lado, y que se golpean con los dedos.

bongosero m Músico que toca el bongó.

bonhomía f (lit) Carácter o comportamiento bonachón.

boni m Alfiler con cabeza de cristal, plástico o nácar, coloreada, que se usa en un juego de niñas consistente en ocultar varios en un montón de arena, para tratar de descubrirlos arrojando piedras sobre esta. *Frec en pl, designando el mismo juego.*

boniato m **1** Batata (planta y tubérculo). ■ **2** (jerg) Billete de mil pesetas. ■ **3** (jerg) Pene.

bonificable adj Que se puede bonificar [2].

bonificación f **1** Acción de bonificar. Tb fig. ■ **2** Cantidad con que se bonifica. ■ **3** (Dep) Descuento en el tiempo empleado en una carrera, como premio a determinados hechos.

bonificar tr **1** Conceder [a alguien] un aumento especial en la cantidad que ha de cobrar, o un descuento especial en la que ha de pagar. ■ **2** Aplicar un descuento especial [a una mercancía]. ■ **3** (Dep) Conceder [a un corredor (cd)] un descuento en el tiempo empleado, como premio a determinados hechos.

bonillero -ra adj De El Bonillo (Albacete). Tb n, referido a pers.

bonísimo → BUENO.

bonista m y f Pers. que posee bonos [2].

bonitamente adv (col) Tranquilamente o sin problemas. *Referido a una acción que se considera reprobable.*

bonitear intr (reg) Efectuar la pesca del bonito[2].

bonitero -ra adj De la pesca del bonito[2]. **b)** Destinado a la pesca del bonito[2]. Tb n: m, referido a barco; f, referido a lancha.

bonito[1] **-ta** I adj **1** [Cosa] agradable de ver u oír. **b)** [Animal] de aspecto agradable. **c)** [Pers.] guapa. *Referido esp a mujer o niño. Referido a hombre, con intención humoríst.* **d)** Se usa, esp en lenguaje femenino, como vocativo cariñoso referido a niño o a mujer. * Calla, bonita, no llores. **e) más ~ que un San Luis.** (col, humoríst) [Hombre] muy bien vestido y arreglado. ■ **2** [Cosa] intelectual o moralmente agradable. **b)** (col) Se usa con intención irónica, frec en forma exclam, para destacar la inoportunidad o inconveniencia de un hecho, o, raro, una cualidad de alguien o algo. * Hombre, muy bonito, ahora que lo arregle yo. * Bonita es ella para besuqueos. ■ **3** (Arte, Mús y TLit) [Obra] bella de proporciones reducidas. ■ **4** (col) Bueno (grande en tamaño, en cantidad o en intensidad). *Antepuesto al n. Frec con intención irónica.* ■ **5** (col, desp) [Joven] rico y presumido. *Siguiendo a* NIÑO (→ NIÑO). **b) la niña bonita** → NIÑO.

II fórm or **6 ¿te parece ~?, o te parecerá ~.** *Fórmula de reconvención o censura.* * Te parecerá bonito llegar a estas horas.

bonito[2] m **1** Pez marino de hasta 80 cm de longitud, cuerpo alargado y color azul plateado con estrías de color azul negro, que es comestible apreciado, fresco o en conserva (*Sarda sarda*). Tb (reg) ~ DEL SUR. ■ **2 ~ del Norte.** Pez semejante al bonito [1], pero con la aleta pectoral más larga y sin estrías en la piel (*Thunnus alalunga*).

bonitura f Cosa bonita [1a y 2a].

bono m **1** Tarjeta destinada a ser canjeada por determinados artículos o servicios. ■ **2** (Econ) Título de deuda emitido por una tesorería pública, un banco o una empresa, que contiene el compromiso del pago de una cantidad a un vencimiento determinado. **b) ~ basura** → BASURA.

bonobús (tb con las grafías **bono-bus** y **bono bus**) m Tarjeta que autoriza al portador para cierto número de viajes en autobús.

bonoloto (tb con la grafía **bono loto**) f (o m) Variedad de lotería primitiva con sorteo diario.

bonometro (tb con la grafía **bono-metro**) m Tarjeta que autoriza al portador para cierto número de viajes en metro.

bonotrén m Tarjeta que autoriza al portador para cierto número de viajes en tren.

bonsái m Árbol o arbusto enano, obtenido mediante atrofia de la raíz y poda de tallos y ramas, que se cultiva en un recipiente bajo.

bonus m **1** Prima o gratificación. ■ **2** (Seguros) Reducción en el importe de una prima de seguros de automóviles, al conductor que no ha tenido accidentes.

bonus-malus m (Seguros) Sistema de seguro de automóviles en el que la prima está en relación con los accidentes imputables al conductor.

bon vivant (fr; pronunc corriente, /bón-bibán/; pl normal, ~s) m Hombre que gusta de la vida fácil y placentera.

bonzo I m **1** Sacerdote de la religión budista. II loc adv **2 a lo ~.** Quemándose vivo. *Referido a la acción de suicidarse. Tb adj.*

boñiga f Excremento del ganado vacuno o de las caballerías.

boñigo m Boñiga.

boogie (ing; pronunc corriente, /búgi/) m Bugui.

boogie-woogie (ing; pronunc corriente, /búgi-búgi/) m Bugui-bugui.

bookmaker (ing; pronunc corriente, /buk-méiker/; pl normal, ~s) m Corredor profesional de apuestas, esp. en las carreras de caballos.

boom (ing; pronunc corriente, /bum/; pl normal, ~s) m Auge súbito [de algo o de alguien].

boomerang (ing; pronunc corriente, /bumerán/; pl normal, ~s) m Bumerán. Tb fig.

bop (ing; pronunc corriente, /bop/) m (Mús) Be-bop.

bopper (ing; pronunc corriente, /bóper/; pl normal, ~s) m (Mús) Músico que interpreta be-bop.

boqueada I *f* **1** Acción de abrir la boca en los últimos momentos de vida. *Frec en pl y en las constrs* DAR, *o* ESTAR DANDO, LAS (ÚLTIMAS) ~S.
II *loc v* **2 dar**, *o* **estar dando**, **las ~s**, *o* **la(s) última(s) ~(s).** (*col*) Estar acabándose [una cosa].

boqueante *adj* Que boquea.

boquear A *intr* **1** Dar las boqueadas. ■ **2** Abrir la boca. **b)** Respirar afanosamente abriendo la boca. ■ **3** Abrirse [una prenda o una parte de ella] por la parte superior.
B *tr* **4** (*raro*) Decir [algo].

boquera *f* Boca u orificio de entrada. **b)** Abertura hecha en un cauce para dar salida al agua de riego.

boqueras *m* (*jerg*) Funcionario de prisiones.

boquerón[1] *m* Pez marino comestible de pequeño tamaño y con cuerpo alargado y comprimido, que vive en grandes bancos en las costas del Atlántico y el Mediterráneo (*Engraulis encrasicholus*).

boquerón[2] *m* Boca u orificio grande. *Tb fig.*

boquerón[3] **-na** *adj* (*juv*) Que no tiene nada de dinero.

boqueta *f* (*reg*) Boquete.

boquete *m* **1** Abertura u orificio. ■ **2** Hueco o separación. *Tb fig.* ■ **3** Entrada estrecha de un paraje marino o terrestre.

boqui *m* (*jerg*) Funcionario de prisiones.

boquiabierto -ta *adj* **1** *part* → BOQUIABRIR. ■ **2** Que tiene la boca abierta, esp. por el asombro. *Frec con intención ponderativa, aludiendo a este sentimiento.*

boquiabrir (*conjug* 37) *tr* (*raro*) Dejar boquiabierto [2] [a alguien]. *Tb abs.* **b)** *pr* (~**se**) Quedar boquiabierto.

boquilla I *f* **1** Instrumento para fumar formado por un tubo pequeño que por un extremo sostiene el cigarrillo y que por el otro se lleva a la boca del fumador. **b)** Rollito de cartulina o papel que se pone en uno de los extremos de determinados cigarrillos para aspirar por allí el humo. ■ **2** Pieza pequeña adaptada al tubo de un instrumento de viento, por la que se sopla para producir el sonido. ■ **3** Pieza donde se encuentra el orificio de salida de un recipiente. ■ **4** Abertura hecha en una acequia para dar salida al agua de riego. **b)** (*Mec*) Tobera para regular un caudal de agua. ■ **5** Pieza de cierre superior de un bolso o un monedero. ■ **6** *En un aparato de gas:* Pieza donde se produce la llama. ■ **7** (*col*) Conjunto de afirmaciones o promesas que no se confirman con hechos.
II *loc adj* **8 de ~.** (*col*) De palabra, pero sin respaldo en la realidad. *Referido normalmente a la afirmación o promesa no cierta o no sincera. Tb adv.*

boquirroto -ta *adj* (*lit, raro*) [Pers.] que habla más de la cuenta. *Tb n.*

boquirrubio *m* (*lit, raro*) Joven presumido.

boquisumido -da *adj* (*lit*) Que tiene la boca hundida.

boquituerto -ta *adj* (*raro*) Que tiene la boca torcida.

bora *f* Viento impetuoso del nordeste que sopla en las costas del mar Adriático.

borácico -ca *adj* (*Quím*) Que contiene bórax.

bórax *m* (*Quím*) Sustancia blanca constituida por sal de sodio derivada del ácido bórico, usada en far-macia, en la soldadura de metales y para decorar vidrios y esmaltes.

borbollante *adj* Que borbolla.

borbollar *intr* Agitarse ruidosamente [un líquido] al hervir o al brotar o caer en chorro.

borbolleo *m* Acción de borbollar.

borbollón I *m* **1** Acción de borbollar. ■ **2** Lugar en que borbolla el agua.
II *loc adv* **3 a ~(es).** Atropellada o precipitadamente.

borbollonear *intr* Borbollar. *Tb fig.*

borbónico -ca *adj* **1** De la Casa de Borbón, esp. de los reyes pertenecientes a esta dinastía. ■ **2** Partidario de la Casa de Borbón. *Tb n, referido a pers.*

borborigmo *m* (*Fisiol*) Ruido producido en el vientre por los gases intestinales. *Tb fig, fuera del ámbito técn.*

borbotante *adj* Que borbota. *Tb* (*lit*) *fig.*

borbotar *intr* Borbollar. *Tb* (*lit*) *fig.*

borboteante *adj* Que borbotea. *Tb* (*lit*) *fig.*

borbotear *intr* Borbotar. *Tb* (*lit*) *fig.*

borboteo *m* Acción de borbotear. *Tb* (*lit*) *fig.*

borbotón I *m* **1** Acción de borbotar. *Tb* (*lit*) *fig.*
II *loc adv* **2 a ~es.** Borbotando. **b)** Precipitada o atropelladamente. *A veces implica idea de gran cantidad.*

borceguí *m* Pieza de calzado rústico, semejante a la bota y que llega hasta algo más arriba del tobillo. **b)** (*Fút*) Bota.

borceguinero -ra *m y f* Pers. que fabrica o vende borceguíes.

borda[1] I *f* **1** Canto superior del costado de una embarcación.
II *loc adj* **2 fuera de ~.** [Motor] pequeño, con hélice, que se coloca en la parte exterior de la popa de una embarcación de recreo. **b) fuera ~** → FUERA-BORDA.
III *loc v* **3 echar**, *o* **tirar**, **por la ~.** Desprenderse [de alguien o algo (*cd*)] sin consideración o desaprovechando lo logrado o empezado.

borda[2] *f* (*reg*) Choza.

bordada *f* (*Mar*) Navegación en que la dirección de la quilla forma con la del viento el menor ángulo posible de una banda y de otra, alternativamente. *Tb fig, fuera del ámbito técn.*

bordado[1] **-da** I *adj* **1** *part* → BORDAR. **b)** [Tira] **bordada** → TIRA.
II *m* **2** Labor de adorno en relieve hecha sobre un tejido u otra materia adecuada, con aguja e hilo. *A veces con un adj o compl especificador.*

bordado[2] *m* Acción de bordar.

bordador -ra *m y f* Pers. que borda [1]. *Esp referido al profesional.*

bordadura *f* Bordura.

bordar *tr* **1** Hacer [en una tela u otra materia adecuada, o en una prenda (*cd*)] labores de adorno en relieve con aguja e hilo. *Tb abs. A veces con un compl* EN, DE *o* CON, *que expresa el tipo de hilo*. ■ **2** Hacer [una figura o dibujo] bordando [1]. *Tb abs.* ■ **3** (*col*) Hacer [algo] con primor y perfección.

borde[1] I *m* **1** Línea o zona que forma la terminación [de una superficie]. ■ **2** Zona contigua [a algo,

esp. una calle o camino, o a una corriente o acumulación de agua (*compl de posesión*)]. ■ **3** Contorno de la boca de una vasija o de un orificio. *A veces en pl expresivo.*
  II *loc prep* **4 al ~ de.** Junto al borde [1, 2 y 3] de. ■ **5 al ~ de.** Extremadamente cerca de. *Frec con ns de cosas abstractas.*

borde² *adj* **1** [Planta] no cultivada, o procedente de cultivo y degenerada. *Frec se usa como especificador de distintas especies:* CAÑA ~, CIRUELO ~, TÉ ~, *etc* (→ CAÑA, CIRUELO, TÉ, *etc*). ■ **2** (*col*) [Pers.] odiosa por su comportamiento antipático y difícil, o por su mala intención. *Tb n.* **b)** Propio de la pers. borde. ■ **3** (*col*) Bruto. ■ **4** (*col*) Pesado, o que cansa.

bordeante *adj* Que bordea.

bordear *tr* **1** Pasar rodeando [una cosa] o junto al borde¹ [de ella (*cd*)]. *Tb abs.* ■ **2** Estar rodeando [una cosa] o junto al borde¹ [de ella (*cd*)]. ■ **3** Estar muy próximo [a algo no material, esp. una cualidad (*cd*)]. ■ **4** Adornar el borde¹ [de una cosa (*cd*) con otra (*compl* DE o CON)]. **b)** Adornar [una cosa] el borde¹ [de algo (*cd*)]. *Tb abs.* ■ **5** Coser o rematar el borde¹ [de algo (*cd*)]. *Tb abs.*

bordelés -sa *adj* De Burdeos (Francia). *Tb n, referido a pers.*

bordeo *m* (*raro*) Acción de bordear.

bordería *f* (*col*) **1** Cualidad de borde² [2 a 4]. ■ **2** Cosa propia de una pers. borde² [2 a 4].

bordillo *m* **1** Hilera de piedras alargadas o bloques de hormigón que separa la acera de la calzada. ■ **2** Borde¹ [1] de la pernera del pantalón.

bordo **I** *m* (*Mar*) **1** Costado exterior de la nave, desde la superficie del agua hasta la borda¹. ■ **2** Bordada.
  II *loc adj* **3 de alto** (*o* bajo) **~.** [Buque] mayor (o menor). ■ **4 de alto ~.** [Cosa] grande, o de gran envergadura. *Tb fig.* ■ **5 fuera (de) ~.** Fuera (de) borda¹.
  III *loc v* **6 rendir el ~** [en un lugar]. (*Mar*) Llegar [a él].
  IV *loc adv* **7 a ~.** En el interior [de la nave]. *Precedido de prep, se sustantiva.* **b)** *En gral:* En el interior [de un vehículo]. *Precedido de prep, se sustantiva.* ■ **8 a ~.** Al interior [de una nave].

bordón¹ *m* **1** Bastón más alto que la estatura de un hombre. ■ **2** Palabra o frase que por vicio se repite innecesariamente. ■ **3** (*TLit*) Conjunto de tres versos que se añade a una seguidilla. ■ **4** (*Mús*) Sonido grave de acompañamiento. **b)** *En un instrumento de cuerda:* Cuerda gruesa de sonido bajo. ■ **5** (*Mús*) *En el tambor:* Cuerda de tripa que se atraviesa diametralmente en la parte inferior.

bordón². (**de**) **~.** *adj* [Pana] cuyo pelo forma estrías longitudinales.

bordonal *m* (*Mar*) Parte de la almadraba que está entre el buche y el copo.

bordonasa *f* (*hist*) Lanza hueca y larga, usada en justas.

bordoneante *adj* (*lit, raro*) Que bordonea [1].

bordonear *intr* **1** Zumbar, o producir zumbido. ■ **2** Pulsar el bordón¹ [4b]. ■ **3** Vagar mendigando.

bordoneo *m* Acción de bordonear [1 y 2]. *Tb su efecto.*

bordonero -ra *m y f* (*raro*) Vagabundo.

bordura *f* **1** Seto bajo de plantas de adorno que bordea un macizo de jardín. ■ **2** Borde de adorno.

■ **3** (*Herald*) Pieza que rodea el escudo por su parte interior.

boreal *adj* (*lit o E*) Septentrional.

borgoña *m* Vino de Borgoña.

borgoñés -sa *adj* Borgoñón. *Tb n.*

borgoñón -na *adj* De Borgoña (región de Francia). *Tb n, referido a pers.*

boricado -da *adj* (*Quím*) Que contiene ácido bórico.

bórico -ca *adj* (*Quím*) De(l) boro. *Dicho esp del anhídrido y de su ácido correspondiente.*

boricua *adj* Borinqueño. *Tb n.*

borinqueño -ña *adj* Puertorriqueño. *Tb n.*

borjano -na *adj* De Borja (Zaragoza). *Tb n, referido a pers.*

borla **I** *f* **1** Adorno formado por un conjunto de hebras o cordoncillos que, unidos por un extremo y sueltos por el otro extremo o por ambos, penden en forma de cilindro o se esparcen en forma de bola o media bola. ■ **2** Utensilio de algodón o de pluma, de forma redondeada, que se emplea para aplicar polvos cosméticos. ■ **3** Bonete de doctor, que lleva en el centro una borla [1] cuyos hilos caen por los bordes. *Tb fig, referido al ámbito taurino.*
  II *loc v* **4 tomar la ~.** Graduarse de doctor.

borlón *m* Borla [1] grande.

borna *f* (*Electr*) Borne¹ [1].

borne¹ *m* **1** (*Electr*) Pieza terminal de una línea o aparato eléctrico, que sirve para efectuar la conexión con los hilos conductores. ■ **2** (*hist*) Extremo de la lanza de justar.

borne² *m* Roble borne (→ ROBLE). *Tb su madera.*

bornear *intr* (*Mar*) Virar o girar.

borneo *m* (*Mar*) Acción de bornear.

borní. halcón ~ → HALCÓN.

bornio *m* (*reg*) Alcornoque al que aún no se le ha quitado el corcho.

bornizo -za *adj* [Corcho] que se obtiene de la primera peladura de los alcornoques. *Frec n.*

boro *m* Metaloide, de número atómico 5, de color pardo oscuro, semejante al carbono y utilizado en la industria nuclear y en medicina.

borojeño -ña *adj* De Borox (Toledo). *Tb n, referido a pers.*

borona *f* **1** Pan de maíz. ■ **2** (*reg*) Maíz.

boronía *f* (*reg*) Alboronía (guiso).

borono *m* (*reg*) Alimento consistente en un amasijo de harina de maíz y sangre de cerdo.

boroña *f* (*reg*) Borona [1].

bororo¹ (*tb* bororó) *adj* De una tribu indígena del sur del Mato Grosso (Brasil). *Tb n, referido a pers.*

bororo² *adj* De un pueblo nómada africano habitante en la República del Chad, en la República Centroafricana, en el Camerún y en Nigeria. *Tb n, referido a pers.*

borosilicato *m* (*Quím*) Sal de los ácidos bórico y silícico.

borotalco (*n comercial registrado*) *m* Polvo muy fino de talco natural, usado esp. para pieles sensibles.

borra[1] *f* **1** Parte más corta de la lana. ■ **2** Pelo en bruto que se arranca de las pieles de cabra y de otras reses antes de curtirlas. *Tb el tejido hecho con él.* ■ **3** *En una planta:* Pelusa o vello. **b)** Pelusa de la semilla del algodonero. ■ **4** Pelusa que sale de las mantas, alfombras y otros productos textiles. ■ **5** Sedimento espeso del aceite, el vino y otros líquidos.

borra[2] → BORRO.

borrable *adj* Que se puede borrar.

borracha → BORRACHO.

borrachera *f* Estado de borracho [1a y 2].

borrachería *f* (*raro*) Borrachera.

borrachín -na *adj* (*col*) Borracho [1b]. *Frec n. Frec con intención benévola.*

borrachinal *m* (*reg*) Madroño (arbusto, *Arbutus unedo*).

borracho -cha I *adj* **1** Que tiene la mente trastornada o turbada por haber tomado bebidas alcohólicas con exceso. *Tb n.* **b)** Que se emborracha habitualmente. *Tb n.* **c) ni ~.** (*col*) *Se usa para expresar o subrayar enfáticamente una negación.* ■ **2** Exaltado o trastornado [por algo, esp. una fuerte sensación o emoción (*compl* DE)]. *Tb fig, referido a cosa.* ■ **3** [Bizcocho] empapado en almíbar y vino o licor. *Tb n m.* ■ **4** (*reg*) Zurrón hecho de piel de cabra, que se emplea para mecer la leche. II *f* **5** Bota para el vino.

borrachuela *f* Cizaña (planta).

borrachuelo *m* (*reg*) Pestiño en cuya masa se echa aguardiente.

borrachuzo -za *adj* (*col*) Borrachín. *Frec n.*

borrado *m* Acción de borrar(se) [1].

borrador -ra I *adj* (*raro*) **1** Que borra. II *m* **2** Texto redactado provisionalmente, que puede someterse a modificaciones para convertirlo en definitivo. **b)** (*Com*) Libro en que el comerciante hace sus apuntes para arreglar después sus cuentas. ■ **3** Goma de borrar [1a].

borraginácea *adj* (*Bot*) [Planta] dicotiledónea, gralm. herbácea y con tallos y hojas cubiertos por pelos ásperos, de la familia de la borraja. *Frec como n m en pl, designando este taxón botánico.*

borraja I *f* **1** Planta de huerta, de hojas y tallos cubiertos de pelos ásperos y punzantes, que es comestible y cuyas flores se emplean como sudorífico (*Borrago officinalis*). II *loc v* **2 quedarse,** o **convertirse,** [algo] **en agua de ~s** → AGUA.

borrajear *tr* (*raro*) Garabatear.

borrajo *m* (*reg*) Rescoldo.

borrar *tr* **1** Hacer desaparecer [algo escrito, dibujado, marcado o grabado]. *Tb fig. Tb abs.* **b)** *pr* (~se) Desaparecer [algo escrito, dibujado, marcado o grabado]. ■ **2** Hacer desaparecer el nombre [de una pers. (*cd*)] en una lista o una asociación. *Frec cd es refl.* ■ **3** *En gral:* Hacer desaparecer. *Tb fig.* **b) ~ del mapa** → MAPA. **c)** *pr* (~se) Desaparecer.

borrasca *f* **1** (*Meteor*) Área de baja presión atmosférica, que suele producir lluvias y mal tiempo. **b)** Tormenta grande, esp. marina. **c)** (*Meteor*) Viento de velocidad entre 103 y 117 kilómetros por hora (grado 11 de la escala de Beaufort). ■ **2** Riña fuerte de palabra. ■ **3** Situación en que los ánimos están irritados o en tensión.

borrascosamente *adv* De manera borrascosa.

borrascoso -sa *adj* De (la) borrasca. **b)** Agitado o violento. *Dicho esp de una reunión, una situación política o una época.*

borratajo *m* (*reg*) Garabato, o trazo torpe e ininteligible.

borregada *f* **1** Rebaño de borregos [1]. ■ **2** (*desp*) Corrida de borregos [4].

borrego -ga I *n* A *m y f* **1** Cordero de uno a dos años. ■ **2** Piel de borrego [1] o que imita la de borrego. ■ **3** (*desp*) Pers. que se deja llevar por la iniciativa ajena o por lo que hacen los demás. B *m* **4** (*Taur, desp*) Toro sin bravura. ■ **5** (*reg*) Hacina pequeña de hierba. II *adj* **6** (*Taur, desp*) De (los) borregos [4].

borreguero -ra I *adj* **1** De (los) borregos [1]. II *m y f* **2** Pers. que cuida borregos [1].

borreguez *f* (*Taur, desp*) Condición de borrego [4].

borreguil I *adj* **1** De(l) borrego [1, 3 y 4]. II *m* **2** (*reg*) Prado (terreno de hierba).

borreguillo *m* Tejido blanco que imita la piel de borrego [1].

borreguismo *m* (*desp*) Condición de borrego [3 y 4].

borrén *m* Parte de la silla de montar en que se unen el arzón y las almohadillas.

borricada *f* (*col*) Dicho o hecho propio de un borrico [2].

borrico -ca A *m y f* **1** Asno (cuadrúpedo). ■ **2** (*col*) Pers. muy bruta o torpe. *Tb adj.* B *f* **3** (*reg*) Hacina pequeña de hierba.

borrina *f* (*reg*) Niebla densa.

borriqueño -ña *adj* (*raro*) Borriquero.

borriquería *f* (*col*) Borricada.

borriquero -ra I *adj* **1** De(l) borrico [1 y 2]. ■ **2** [Cardo] ~, [mosca] **borriquera** → CARDO[1], MOSCA[1]. II *m* **3** Individuo que cuida o conduce un conjunto de borricos [1].

borriqueta *f* Armazón de cuatro patas, que, con otra, sirve de soporte a un tablero o madero.

borriquete *m* Borriqueta.

borriquillo *m* **1** *dim* → BORRICO. ■ **2** *En un molino de viento:* Torno de eje vertical que sirve para subir las aspas y poner el molino frente al aire.

borro -rra (*reg*) A *m y f* **1** Borrego [1]. B *m* **2** Morueco. C *f* **3** Oveja, esp. de un año. ■ **4** (*hist*) Tributo sobre el ganado, consistente en pagar, de cada cierto número de cabezas, una.

borrón *m* **1** Mancha producida por una gota de tinta o de pintura en el papel. *Tb fig.* ■ **2** Hecho que desluce o afea. ■ **3** Primer bosquejo para un cuadro, hecho con colores o con claro y oscuro. ■ **4 ~ y cuenta nueva.** Decisión de olvidar deudas o faltas pasadas y de actuar en lo sucesivo como si no hubieran existido. *Gralm con el v* HACER, *o como fórm or.*

borronear *tr* Emborronar. *Tb fig.*

borrosamente *adv* De manera borrosa[1].

borrosidad *f* Cualidad de borroso[1].

borroso[1] -sa *adj* Desdibujado o impreciso. *Tb fig.*

borroso[2] -sa *adj* Lleno de borra.

borsalino *adj* (*raro*) [Sombrero] masculino flexible de fieltro. *Tb n.*

borsh (*ruso; pronunc corriente,* /bors/; *tb con la grafía* **borscht**) *m o f* Sopa rusa hecha con remolacha y coles, a la que se suele añadir leche agria en el momento de servirla.

bort (*pl normal,* ~s) *m* Variedad de diamante redondeada y traslúcida, que se usa para cortar vidrio, labrar otros diamantes y perforar la roca.

borujo *m* Burujo.

boruño *m* Gurruño (pelota arrugada y apretada).

borusca *f* (*reg*) Hojarasca que cae de los árboles.

boscaje *m* Bosque pequeño. *Frec el conjunto de árboles y arbustos que lo forman.*

boscoso -sa *adj* **1** Cubierto de bosque. ■ **2** De(l) bosque.

bosniaco -ca (*tb* **bosníaco**) *adj* (*raro*) Bosnio. *Tb n.*

bosnio -nia *adj* De Bosnia (región de la antigua Yugoslavia). *Tb n, referido a pers.*

bosón *m* (*Fís*) Partícula, como el fotón o mesón, cuyo spin es cero o un número entero.

bosque I *m* **1** Terreno de cierta extensión poblado de arbolado espeso. *Tb fig.* ■ **2** (*col*) Vello púbico. *Gralm en la forma* BOSQUECILLO. **II** *loc adj* **3** [Murciélago] **de ~** → MURCIÉLAGO.

bosquejar *tr* Hacer o exponer el bosquejo [de algo (*cd*)].

bosquejo *m* Idea o forma primera y no definitiva ni detallada [de una obra o de un plan].

bosquete *m* Terreno pequeño poblado de arbolado, frec. con poca densidad.

bosquimán -na *adj* Bosquimano. *Tb n.*

bosquimano -na *adj* De un pueblo cazador y recolector del África meridional, esp. de la región de Kalahari. *Tb n, referido a pers.*

boss (*ing; pronunc corriente,* /bos/; *pl normal, invar o* ~ES) *m* (*juv o jerg*) Jefe.

bossa *f* Bossa-nova.

bossa-nova (*tb con la grafía* **bossa nova**) *f* Música brasileña moderna de ritmo vivo, semejante a la samba y con elementos de jazz. *Tb su danza.*

bosta *f* Excremento de ganado vacuno o caballar. *Tb fig.*

bostezante *adj* (*lit*) Que bosteza. *Tb n.*

bostezar *intr* Hacer involuntariamente, abriendo mucho la boca, inspiración lenta y profunda seguida de espiración a veces ruidosa, gralm. como indicio de sueño o de aburrimiento.

bostezo *m* Acción de bostezar.

boston *m* (*hist*) Vals lento originario de Estados Unidos, de moda en los finales del s. XIX y principios del XX.

bostoniano -na *adj* De Boston (Estados Unidos). *Tb n, referido a pers.*

bota[1] I *f* **1** Pieza de calzado, gralm. de cuero, que cubre el pie y parte de la pierna. *Frec con un adj o compl especificador.*

II *loc v* **2 colgar las ~s** → COLGAR. ■ **3 ponerse las ~s.** (*col*) Obtener mucho beneficio. **b)** Darse un hartazgo [de algo muy apetecido]. *Frec sin compl, por consabido.* **III** *loc adv* **4 con las ~s puestas.** En plena actividad o trabajando. *Gralm con el v* MORIR.

bota[2] *f* **1** Recipiente pequeño de cuero, impermeabilizado por dentro con pez y cosido por los bordes, con una boca pequeña en un extremo, y destinado a guardar vino que luego sale en chorro fino directamente a la boca del bebedor. ■ **2** Cuba de vino.

botador *m* Herramienta de hierro usada por los dentistas, semejante a un escoplo y dividida en dos puntas.

botadura *f* Acción de botar [2]. *Tb fig.*

botafumeiro *m* (*col, humoríst*) Adulación, o alabanza desmedida. *Frec con el v* MANEJAR.

botagueña *f* Embutido hecho con asadura de cerdo.

botalón *m* (*Mar*) Palo largo que se saca al exterior de la embarcación para diversas operaciones.

botamen *m* Conjunto de botes de una farmacia.

botana *f* Remiendo que se pone en un agujero de un odre o pellejo para que no se salga el líquido.

botánicamente *adv* En el aspecto botánico.

botánico -ca I *adj* **1** De (la) botánica [3] o de su objeto. **b)** [Jardín] **~** → JARDÍN. **II** *n* A *m y f* **2** Especialista en botánica [3]. **B** *f* **3** Ciencia que tiene por objeto el estudio de los vegetales. ■ **4** (*raro*) Vegetación.

botar A *tr* **1** Hacer que [algo (*cd*)] bote [6]. ■ **2** Echar al agua [un barco, esp. recién construido] haciéndolo resbalar por la grada. **b)** Echar al agua [un barco]. ■ **3** Echar o expulsar [a alguien]. ■ **4** (*reg*) Tirar o arrojar [a alguien o algo]. ■ **5** (*Fút*) Sacar [una falta o un córner]. **B** *intr* **6** Salir despedida [una pelota] al chocar contra una superficie dura. ■ **7** Dar saltos, o un salto. ■ **8 estar** [alguien] **que bota.** (*col*) Estar muy excitado, esp. por la ira.

botaratada *f* (*col*) Acción propia de botarate.

botarate *m* (*col*) Hombre sin juicio ni formalidad.

botarel *m* (*Arquit*) Contrafuerte.

botarga A *f* **1** (*reg*) Vestido ridículo de varios colores propio de un personaje típico de mojigangas y fiestas populares. *Tb el mismo personaje.* ■ **2** (*raro*) Cierta clase de embuchado. **B** *m* (*reg*) **3** Hombre vestido con la botarga [1]. ■ **4** Individuo que baila delante de los danzantes en las fiestas populares.

botarolo *m* (*reg*) Despilfarro o derroche.

botasilla *f* (*Mil*) Toque de caballería para que los soldados ensillen los caballos.

botavante *m* (*Mar, hist*) Asta larga herrada por uno de sus extremos, usada como arma en los abordajes.

botavara *f* (*Mar*) Palo horizontal al que se enverga una vela cangreja.

bote[1] I *m* **1** Acción de botar [1, 6 y 7]. *Tb su efecto.* ■ **2** (*hist*) Golpe dado con la lanza u otra arma similar. **II** *loc v* **3 darse el ~.** (*col*) Marcharse. **III** *loc adv* **4 a ~ pronto.** (*col*) Sobre la marcha o improvisadamente. *Tb adj.*

bote[2] I *m* 1 Vasija pequeña, cilíndrica y gralm. metálica, de cierre hermético, en que se envasan conservas. **b)** Vasija cilíndrica, frec. de porcelana o metal, con tapa, en que se guardan diversas sustancias. ■ 2 (*col*) Caja en que los dependientes de algunos establecimientos públicos, esp. bares, reúnen todas las propinas para repartírselas después. *Tb como frase nominal, para anunciar la entrega de una propina.* **b)** (*col*) Propina destinada al bote. ■ 3 *En determinados juegos de azar:* Cantidad correspondiente a premios no adjudicados y que se acumula a un sorteo posterior. ■ 4 (*Font*) Pieza semejante a un bote [1] en que desaguan varias tuberías. *Gralm* ~ SIFÓNICO. ■ 5 ~ **de humo.** Pequeño explosivo que al estallar produce una gran nube de humo.
II *loc adj* 6 [Tonto] **del** ~ → TONTO.
III *loc v* 7 **chupar del** ~. (*col*) Obtener ganancia sin trabajar.
IV *loc adv* 8 **en el** ~. (*col*) En actitud rendida. *Gralm referido a conquista amorosa y con los vs* TENER *o* ESTAR.

bote[3] *m* 1 Barca pequeña, normalmente de remo, cortada de popa y con tablones atravesados que sirven de asiento. ■ 2 (*col*) Coche o automóvil.

bote[4]. **de** – **en** ~. *loc adv* A rebosar. *Gralm con los vs* ESTAR *o* LLENAR, *o el adj* LLENO. *Referido a locales o recintos.*

boteal *m* (*raro*) Paraje en que abundan charcas de aguas manantiales.

botella I *f* 1 Recipiente, gralm. de vidrio o de plástico y de forma cilíndrica, alta y de cuello estrecho, destinado a contener líquidos. *Tb su contenido.* **b) media** ~. Botella de medio litro de vino aproximadamente. **c) la** ~. (*col*) La bebida (hábito de tomar bebidas alcohólicas). ■ 2 Recipiente de acero, cilíndrico, que se usa para transportar gases a presión. ■ 3 (*reg*) Frasco (recipiente).
II *adj invar* 4 [Color verde] muy oscuro. *Tb n m.* **b)** De color verde botella.

botellazo *m* Golpe dado con una botella [1a].

botellería *f* Conjunto de botellas [1a].

botellero -ra I *adj* 1 De (las) botellas [1a].
II *m* 2 Mueble o utensilio para contener botellas [1a].

botellín *m* 1 Botella [1a] de poca capacidad. ■ 2 Botella [1a] en miniatura.

botellón *m* Botella [1a y 2] grande.

botería *f* 1 Industria o comercio del botero[1]. ■ 2 Tienda o taller del botero[1].

botero[1] **-ra** *m y f* Pers. que fabrica o vende botas[2] [1].

botero[2] *m* (*Mar*) 1 Patrón de un bote[3]. ■ 2 Hombre que pesca en bote[3].

botica I *f* 1 (*hoy raro*) Farmacia (establecimiento en que se venden y preparan medicamentos). ■ 2 (*pop*) Medicamento, o preparado farmacéutico.
II *loc v* 3 **haber de todo como en** ~. (*col*) Haber [en un lugar] gran surtido o variedad de algo.

boticario -ria I *m y f* 1 (*hoy raro*) Pers. que rige o atiende una botica [1].
II *adj* 2 De (la) botica [1]. ■ 3 [Ojo] **de** ~ → OJO.
III *loc adv* 4 **como pedrada en ojo de** ~ → PEDRADA.

boticuero *m* (*reg*) Vasija de barro baja y con la boca ancha.

botifarra *f* (*reg*) Butifarra.

botifuera *m* (*reg*) Convite que el dueño del olivar hace a los trabajadores el día que acaba la recolección.

botiga *f* (*reg*) Tienda.

botiguero -ra *m y f* (*reg*) Tendero.

botija *f* Vasija de barro para contener agua, frec. de forma semejante a un cántaro pequeño, con una o dos asas.

botijeño -ña *adj* De Botija (Cáceres). *Tb n, referido a pers.*

botijero[1] **-ra** I *adj* 1 De (los) botijos [1].
II *m y f* 2 Pers. que fabrica o vende botijos [1]. ■ 3 (*hoy raro*) Vendedor de agua en botijo.

botijero[2] **-ra** *adj* De Dueñas (Palencia). *Tb n, referido a pers.*

botijo *m* 1 Vasija de barro poroso destinada a refrescar el agua, de vientre abultado con un asa en la parte superior, y a un lado de ella una boca para introducir el líquido y al otro un pitorro para beber. ■ 2 (*col*) Pecho grande de mujer. *Frec en pl.* ■ 3 (*col*) Coche cisterna antidisturbios. *A veces* COCHE ~. ■ 4 (*hist*) Tren que en la época de verano traslada viajeros a poblaciones costeras. *Normalmente* TREN ~. *Tb designa otros trenes especiales, organizados con fines turísticos.*

botillería *f* (*hist*) Establecimiento de bebidas y refrescos.

botillero *m* En *el juego de pelota:* Consejero del jugador, que indica a este el modo más adecuado de desarrollar su juego.

botillo[1] *m* Bota[2] [1] pequeña.

botillo[2] *m* (*reg*) Embutido a modo de chorizo grueso, hecho con carne de cerdo picada y con algunos huesos o cartílagos.

botín[1] *m* 1 Conjunto de bienes de que se apodera un ejército vencedor, pertenecientes al ejército o al pueblo vencido. *Tb fig.* ■ 2 Conjunto de bienes de que se apodera un ladrón.

botín[2] *m* 1 Prenda de paño que se ajusta sobre el zapato cubriendo el empeine y el tobillo. ■ 2 Bota ajustada que llega hasta el tobillo.

botina *f* (*raro*) Botín[2] [2].

botinero -ra *adj* (*Taur*) [Res o capa] de color claro y extremidades negras.

botiquín *m* 1 Mueble o caja donde se guardan medicinas y otros utensilios médicos. ■ 2 Habitación en un lugar público o de trabajo, en la que hay un botiquín [1] y donde se prestan algunos servicios médicos, esp. de urgencia.

botito *m* Bota masculina que se ciñe al tobillo.

boto[1] *m* Bota alta enteriza.

boto[2] *m* Odre o pellejo.

boto[3] *m* (*reg*) Se da este n a los tiburones *Galeus galeus, Squalus acanthias y S. blainvillei.*

boto[4] **-ta** *adj* (*raro*) Tonto o bobo.

botón I *m* 1 Pieza pequeña, gralm. redonda, que en una prenda de vestir sirve, entrando en un ojal o presilla, para sujetarla o cerrarla, o está cosida en ella simplemente como adorno. ■ 2 Pieza, frec. cilíndrica, que, al ser oprimida, sirve para poner en funcionamiento un aparato. ■ 3 (*Arte*) Adorno en forma de bolita o media bolita de piedra o metal.

■ 4 (*Bot*) Parte central redondeada de la inflorescencia radiada de las plantas compuestas. ■ 5 (*Bot*) Yema (renuevo escamoso que produce ramas y hojas). **b)** Brote de la flor, que todavía no ha empezado a abrirse. ■ 6 (*Zool*) Yema (prolongación que se desarrolla hasta constituir un nuevo individuo). ■ 7 (*Esgr*) Chapa metálica, pequeña y redonda, que se pone en la punta de la espada o del florete para que no haga daño. ■ 8 (*Med*) Elevación de la epidermis y la dermis, de forma redondeada y aplanada. **b)** ~ **oriental**, *o* **de Oriente.** Enfermedad contagiosa caracterizada por la aparición de una pápula, botón o furúnculo que después se convierte en úlcera y que deja una cicatriz indeleble. ■ 9 *En gral:* Cosa que tiene forma de pequeño bulto redondeado. ■ 10 ~ **de muestra.** Ejemplo aislado que se presenta como muestra. ■ 11 ~ **de oro.** Ranúnculo (planta). *Tb su flor.*
II *loc adj* 12 **de** ~ **gordo.** [Baile] de gente vulgar.

botonadura *f* Juego de botones [1]. *Gralm designa la vistosa o de precio.*

botonazo *m* (*Esgr*) Golpe dado con el botón [7].

botonero -ra A *m y f* 1 Pers. que fabrica o vende botones [1].
B *f* 2 Conjunto de botones [1 y esp. 2]. ■ 3 Planta herbácea semejante a la manzanilla y con hojas similares a las del romero (*Santolina rosmarinifolia*).

botones *m* Muchacho uniformado que en un hotel tiene por misión llevar recados y hacer otros pequeños servicios.

botonosa. fiebre ~ → FIEBRE.

botriocéfalo *m* Gusano cestodo, parásito del intestino humano, que provoca trastornos intestinales y anemia (*Diphyllobothrium latum*).

botsuano -na *adj* De Botsuana. *Tb n, referido a pers.*

botulínico -ca *adj* (*Med*) Que causa el botulismo.

botulismo *m* (*Med*) Enfermedad producida por la ingestión de alimentos envasados en malas condiciones, y que da lugar a parálisis muscular.

botuto *m* Trompeta de guerra de los indios del Orinoco.

bou *m* 1 Procedimiento de pesca en que dos embarcaciones tiran de la red arrastrándola por el fondo. ■ 2 Embarcación utilizada en la pesca de bou [1].

boudoir (*fr; pronunc corriente*, /buduár/; *pl normal*, ~s) *m* (*raro*) Habitación que sirve de tocador de una señora.

bouillabaisse (*fr; pronunc corriente*, /bulabés/) *f* Bullabesa.

boulevard (*fr; pronunc corriente*, /bulebár/; *pl normal*, ~s) I *m* 1 Bulevar.
II *loc adj* 2 **de** ~. (*Escén*) [Comedia] ligera, tradicional y bastante popular.

boulevardier (*fr; pronunc corriente*, /bulebardié/) *adj* (*Escén*) Propio de la comedia de boulevard [2].

bouquet (*fr; pronunc corriente*, /buké/; *pl normal*, ~s) *m* 1 Aroma [de un vino]. **b)** *En gral:* Aroma. ■ 2 Ramillete de flores. *Esp en bordados.*

bourbon (*ing; pronunc corriente*, /búrbon/; *pl normal*, ~s) *m* Variedad de whisky estadounidense que contiene maíz.

bourguignonne. fondue ~ → FONDUE.

bourrée (*fr; pronunc corriente*, /buřé/) *f* (*hist*) Danza popular francesa del s. XVI, de ritmo binario o ternario, que forma parte de la suite clásica.

boutade (*fr; pronunc corriente*, /butád/) *f* Afirmación u observación chocante, más o menos paradójica o ingeniosa.

boutique (*fr; pronunc corriente*, /butík/) *f* Tienda selecta de modas. **b)** *En gral:* Tienda selecta. *Con intención ponderativa.*

bouza *f* (*reg*) Terreno comunal roturado, sembrado y cosechado por los vecinos.

bouzouki (*gr; pronunc corriente*, /busúki/) *m* Instrumento musical griego de cuerda, de mástil largo, semejante a la mandolina.

bóveda *f* 1 (*Arquit*) Techo curvo que cubre el espacio comprendido entre dos muros o entre varios pilares. *A veces con un adj o compl especificador:* DE ARISTA, DE CAÑÓN, ESQUIFADA, *etc* (→ ARISTA, CAÑÓN, ESQUIFADA, *etc*). **b) falsa** ~ → FALSO. ■ 2 Superficie cóncava semejante por su forma y su función a una bóveda arquitectónica. ■ 3 (*Anat*) Pieza cóncava por su cara inferior y convexa por la superior. *Frec con los adjs* PALATINA *o* CRANEAL. ■ 4 ~ **celeste.** (*lit*) Cielo, o bóveda [1] aparente que está sobre la superficie de la Tierra.

bovedilla *f* 1 (*Constr*) Bóveda pequeña, gralm. de ladrillo, que sirve para cubrir el techo entre dos vigas. **b)** Bloque prefabricado, gralm. de hormigón, que encaja entre las viguetas del forjado de un techo. ■ 2 (*Mar*) Parte arqueada o angulosa de la popa.

bóvido *adj* (*Zool*) [Animal] mamífero ungulado rumiante con cuernos óseos permanentes. *Tb n m. Frec como n m en pl, designando este taxón zoológico.*

bóvila *f* (*reg*) Fábrica de ladrillos.

bovino -na I *adj* 1 Del toro o de la vaca. ■ 2 (*lit, desp*) Propio del toro o de la vaca. *Referido a ojo o esp mirada humana e indicando enamoramiento y sumisión.* **b)** [Pers.] que se muestra enamorada y sumisa.
II *m* 3 Res bovina [1].

bowling (*ing; pronunc corriente*, /bóulin/) *m* Variedad de juego de bolos estadounidense.

box[1] *m* 1 Compartimiento de una cuadra destinado a un solo caballo. ■ 2 *En un circuito de carreras de coches o motos:* Lugar destinado a la reparación de los vehículos que están en carrera. ■ 3 *En determinados establecimientos:* Compartimiento individual.

box[2] *m* Box-calf.

box-calf (*ing; pronunc corriente*, /bóskalf/) *m* Piel de becerro curtida al cromo, que se utiliza pralm. en calzados y bolsos.

boxeador -ra *m y f* Deportista que se dedica al boxeo.

boxear *intr* Practicar el boxeo.

boxeo *m* Deporte en que dos luchadores se golpean con los puños utilizando guantes especiales.

bóxer[1] (*pl normal*, ~s) *m* Perro guardián, parecido al dogo alemán, de pelo leonado o moteado.

bóxer[2] (*pl normal*, ~s) (*hist*) I *m y f* 1 Miembro de la sociedad secreta china que en 1900 intentó por la

violencia expulsar del país a todos los extranjeros y eliminar en él la religión cristiana.
II *adj* **2** De los bóxers [1].

bóxer[3] (*pl normal, ~s*) *m* Calzón similar al usado por los boxeadores.

bóxer[4] (*pl normal, ~s*) *m* (*Autom*) Motor con los cilindros colocados horizontalmente y enfrentados. *Tb el vehículo que tiene este motor.*

boxístico -ca *adj* De(l) boxeo.

boy *m* **1** Hombre joven que forma parte de un conjunto coreográfico en una revista o un espectáculo musical. ■ **2** Hombre joven que se dedica a la prostitución o a los espectáculos de striptease.

boya *f* **1** Cuerpo flotante sujeto al fondo del mar o de un lago, que sirve de señal. ■ **2** Corcho que se pone en la red o en el hilo de la caña de pescar, para que no se hundan. ■ **3** *En la cisterna del retrete:* Flotador.

boyada *f* Manada de bueyes y vacas.

boyal *adj* Del ganado vacuno.

boyancón *m* (*Taur, desp*) Toro excesivamente manso. *Tb adj.*

boyante *adj* **1** Próspero y pujante. ■ **2** Lucido, o de buen aspecto o apariencia. ■ **3** (*Taur*) [Res] noble y que permite una fácil ejecución de las suertes. **b)** De(l) toro boyante.

boyantía *f* (*Taur*) Cualidad de boyante [3].

boyardo *m* (*hist*) *En Rusia:* Señor feudal.

boyazo *m* (*Taur, desp*) Boyancón.

boyero -ra I *n* A *m y f* **1** Pers. que guarda o conduce bueyes.
B *f* **2** Corral o establo de bueyes.
II *adj* **3** [Lavandera] **boyera** → LAVANDERA.

boyfriend (*ing; pronunc corriente*, /bóifrend/; *pl normal, ~s*) *m* (*raro*) Novio (hombre que mantiene relaciones amorosas con una mujer).

boy-scout (*ing; pronunc corriente*, /bói-eskáut/; *pl normal, ~s*) *m* (*hoy raro*) Scout masculino.

boyuno -na *adj* Bovino [1].

boza *f* (*Mar*) Cabo o cadena que se afirma por un extremo en un punto fijo de la embarcación.

bozal[1] *m* Sujeción que se coloca al perro en el hocico para evitar que muerda. **b)** Armazón de esparto que se coloca a una caballería en la boca para evitar que dañe los sembrados o se pare a comer.

bozal[2] *adj* (*hist*) **1** [Negro] recién sacado de su país y destinado a la esclavitud. *Tb n.* ■ **2** [Habla] de los negros de Cuba o Puerto Rico que apenas saben español.

bozalera *f* (*reg*) Pequeño saco que se cuelga de la cabeza de la caballería para que de él coma el pienso.

bozo *m* **1** Vello que nace sobre el labio superior. ■ **2** Parte de la cara que corresponde al bozo [1]. **b)** Parte superior del morro de un animal. ■ **3** (*raro*) Estado o fase naciente. ■ **4** (*reg*) Bozal[1] [1a].

brabante *m* (*hist*) Lienzo fino fabricado en la región de Brabante (hoy repartida entre Bélgica y los Países Bajos).

brabantés -sa *adj* Brabanzón. *Tb n.*

brabantino -na *adj* Brabanzón. *Tb n.*

brabanzón -na *adj* De Brabante (región de Bélgica y los Países Bajos). *Tb n, referido a pers.*

bracarense *adj* **1** De Braga (Portugal). *Tb n, referido a pers.* ■ **2** (*hist*) Del pueblo prerromano habitante de la región de Braga. *Tb n, referido a pers.*

braccio (*it; pronunc corriente*, /bráčo/). **de ~.** *loc adj* (*Mús*) [Viola] da braccio (→ DA BRACCIO).

braceado -da *adj* **1** *part* → BRACEAR. ■ **2** [Acción] acompañada de braceo.

bracear *intr* **1** Mover repetidamente los brazos, esp. al caminar. *Tb fig, dicho de animales y cosas.* ■ **2** Doblar [el caballo] los brazos con soltura al caminar.

braceo *m* Acción de bracear.

bracero[1] *m* Jornalero del campo.

bracero[2]. **del ~.** *loc adv* (*col*) Del brazo. *Gralm con vs como* IR o COGERSE, *referido a la manera de ir enlazadas dos perss.*

bracete I *m* **1** *dim* → BRAZO.
II *loc adv* **2 de(l) ~.** (*col*) Del brazo. *Gralm con vs como* IR o COGER(SE), *referido a la manera de ir enlazadas dos perss.*

bracista *m y f* (*Dep*) Nadador que nada a braza.

braco -ca *adj* [Perro] perdiguero. *Tb n.*

bráctea *f* (*Bot*) Hoja pequeña en cuya axila se desarrolla el pedúnculo de la flor, y cuya función es proteger el botón floral.

bractéola *f* (*Bot*) Bráctea pequeña que se halla sobre un eje lateral de una inflorescencia.

bradicardia *f* (*Med*) Lentitud anormal del ritmo cardíaco.

bradipnea *f* (*Med*) Lentitud anormal de la respiración.

bradipsiquia *f* (*Med*) Lentitud anormal en las reacciones psíquicas o mentales.

bradiquinesia *f* (*Med*) Lentitud anormal de movimientos.

braga I *f* **1** Prenda interior de mujer y de niño pequeño, que cubre, ciñendo, desde la cintura hasta el arranque de los muslos, con dos aberturas para estos. *Más frec en pl con sent sg.* ■ **2** (*hist*) *En pl:* Calzones (prenda masculina). ■ **3** (*Mar*) Trozo de cabo, cable o cadena usado para sujetar e izar un objeto pesado o voluminoso. ■ **4** falsa ~ → FALSABRAGA.
II *loc adj* **5** hecho una ~. (*vulg*) Muy maltrecho. *Tb fig.*
III *loc adv* **6 a ~s enjutas.** (*lit*) Sin comprometerse o sin correr peligro. ■ **7 en ~s.** (*vulg*) Sin dinero. *Con vs como* ESTAR o QUEDARSE.

bragada *f* Cara interna del muslo del caballo y de otros animales.

bragado -da *adj* **1** [Pers.] valiente y resuelta. ■ **2** (*Taur*) [Res] que tiene blancas la horcajadura, la cara interna del muslo y la panza. *A veces referido a otros animales.*

bragadura *f* Entrepierna (de pers. o de animal).

bragapañal *m* Pañal de celulosa que se ciñe al cuerpo en forma de braga.

bragazas *m* (*col*) Hombre que se deja dominar con facilidad, esp. por su mujer. *Tb adj.*

braguero *m* **1** Aparato destinado a contener la hernia abdominal. ■ **2** Entrepierna (de animal).

bragueta *f* Abertura anterior del pantalón.

braguetazo *m* (*col*) Casamiento por interés con una mujer rica. *Frec con el v* DAR *u otro equivalente.*

brahmán *m* Miembro de la casta sacerdotal hindú.

brahmánico -ca *adj* De(l) brahmanismo.

brahmanismo *m* Sistema religioso y social de la India caracterizado por la supremacía de los brahmanes y la integración en lo religioso de todos los actos de la vida civil.

brahmín *m* Brahmán.

braille *m* Sistema de escritura para ciegos, por medio de puntos marcados en relieve. *Frec en aposición.*

brain drain (*ing; pronunc corriente,* /bréin-dréin/) *m* Fuga de cerebros.

brain storming (*ing; pronunc corriente,* /bréin-stórmin/; *tb con la grafía* **brainstorming**) *m* Reunión de ejecutivos de una empresa, destinada a la búsqueda de solución a un problema o a la propuesta de nuevas ideas.

brama *f* Berrea de los ciervos o de otros animales salvajes en la época de celo. *Tb la época de celo. Tb fig, referido a pers.*

bramador -ra *adj* Que brama.

bramante[1] *m* Cordel delgado de cáñamo.

bramante[2] *adj* (*lit*) Bramador.

bramar **A** *intr* **1** Emitir [el toro, el ciervo u otro animal similar] el sonido que le es propio. ■ **2** Dar gritos furiosos [una pers. o animal]. ■ **3** Producir [algo, esp. el mar o el viento] un sonido fuerte y ronco.
B *tr* **4** Decir [algo] bramando [2].

bramido *m* Acción de bramar. *Frec su efecto.*

brámido *adj* (*Zool*) [Pez] de la familia de la japuta. *Frec como n m en pl, designando este taxón zoológico.*

brancellao *m* Cierta variedad gallega de uva tinta.

brandada *f* Guiso de bacalao desmigado, mezclado con aceite, leche o nata y ajo machacado.

brandeburgo *m* Adorno de pasamanería que forma dibujos variados, usado esp. en uniformes militares.

brandeburgués -sa *adj* De Brandeburgo o Brandemburgo (ciudad o antiguo estado de Alemania).

brandy (*pl normal,* ~S *o* BRANDIES) *m* Coñac. *Legalmente se da este n al elaborado fuera de Francia.*

brannerita *f* (*Mineral*) Mineral negro brillante o verdoso, constituido por óxido de titanio y de uranio.

branque *m* (*Mar*) Roda (pieza que limita el casco de un barco a proa).

branquia *f* (*Zool*) Órgano de la respiración de los peces y de otros animales acuáticos. *Frec en pl.*

branquial *adj* (*Zool*) De (las) branquias.

braña *f* (*reg*) Prado para pasto de verano, frec. a la falda de un monte y con agua.

brañal *m* (*reg*) Pastizal en los puertos altos. *Gralm en pl.*

braquiación *f* (*Zool*) Sistema de desplazamiento, propio de algunos monos, colgándose de los brazos.

braquial *adj* (*Anat*) Del brazo.

braquicéfalo -la *adj* (*Anat*) De cráneo casi redondo por exceder su diámetro mayor en menos de un cuarto al diámetro menor.

braquidactilia *f* (*Anat*) Peculiaridad anatómica que consiste en tener los dedos muy cortos.

braquiocefálico -ca *adj* (*Anat*) De los brazos y de la cabeza.

braquiópodo *adj* (*Zool*) [Animal marino], frec. fósil, que tiene el cuerpo protegido por una concha de dos valvas y está fijado al fondo marino por un pedúnculo. *Frec como n m en pl, designando este taxón zoológico.*

braquiuro *adj* (*Zool*) [Crustáceo] que tiene el abdomen muy reducido y replegado debajo del tórax. *Frec como n m en pl, designando este taxón zoológico.*

brasa **I** *f* **1** Trozo incandescente de carbón o madera. *A veces en sg con sent colectivo.* ■ **2** Dispositivo con parrilla para asar a la brasa [3].
II *loc adj* **3 a la ~.** Asado directamente sobre las brasas [1]. *Tb adv.*

braseado *m* Acción de brasear. *Tb su efecto.*

brasear *tr* Asar a la brasa.

brasero *m* **1** Recipiente metálico, de forma circular y poco profundo, que, lleno de carbón menudo ardiendo lentamente entre ceniza, y puesto normalmente debajo de una mesa camilla, sirve como medio de calefacción. **b)** ~ **eléctrico.** Calentador eléctrico en forma de brasero. ■ **2** (*raro*) Conjunto de brasas [1].

brasil *m* **1** Árbol leguminoso, de madera dura, compacta y de color rojo encendido (gén. *Caesalpinia*). ■ **2** Tinte obtenido de la madera del brasil [1].

brasileiro -ra *adj* Brasileño. *Tb n.*

brasileñismo *m* Palabra, giro o rasgo idiomático propios del portugués del Brasil, o procedentes de él.

brasileño -ña **I** *adj* **1** Del Brasil. *Tb n, referido a pers.*
II *m* **2** Modalidad brasileña [1] de la lengua portuguesa.

brasilero -ra *adj* Brasileño. *Tb n.*

brasilete *m* Árbol semejante al brasil [1], pero cuya madera da un tinte menos colorante que este (*Haematoxylon brasiletto*). *Tb la madera y el tinte.*

braslip *m* Slip (prenda interior masculina).

brasserie (*fr; pronunc corriente,* /braserí/) *f* Cervecería.

brava → BRAVO.

bravamente *adv* De manera brava [2c].

bravata *f* (*desp*) Amenaza arrogante.

bravatero -ra *adj* [Pers.] que dice bravatas. *Tb n.*

braveza *f* (*lit*) Bravura.

bravío -a **I** *adj* **1** Indómito o bravo. *Frec fig.* ■ **2** [Planta o animal] silvestre. *Frec usado como especificador.* **b)** [Acelga] **bravía** → ACELGA.
II *n* **A** *m* **3** Cualidad de bravío [1]. ■ **4** Sabor fuerte de los animales cazados o no criados por el hombre para su consumo.
B *f* **5** Paloma bravía (→ PALOMA).

bravo -va I *adj* **1** [Animal, esp. toro] agresivo o fiero. *Tb fig, referido al mar o al viento*. **b)** Propio del animal bravo. **c)** [Fiesta] **brava** → FIESTA. ■ **2** [Pers.] valiente. **b)** *A veces con intención desp indicando exceso, presunción o arrogancia*. **c)** Propio de la pers. brava. ■ **3** [Planta o animal] silvestre. *Frec usado como especificador*. **b)** [Ganso] ~, [lino] ~ → GANSO, LINO. ■ **4** [Agua] agitada y de corrientes rápidas. **b)** [Monte] fragoso. ■ **5** [Terreno] áspero o abrupto. **b)** [Patata] frita servida con salsa picante. *Normalmente en pl. Tb n f. Tb* A LA BRAVA. ■ **7** (*lit*) Soberbio o magnífico. II *f* **8** (*jerg*) Palanqueta. III *loc adv* **9 por la(s) brava(s)** (*o, raro,* **a la(s) brava(s)**). De manera expeditiva y sin contemplaciones. IV *interj* **10** *Expresa aplauso. A veces sustantivada como n m.*

bravucón -na *adj* **1** (*desp*) [Pers.] que hace o dice bravatas. *Frec n*. **b)** Propio de la pers. bravucona. ■ **2** (*Taur*) [Toro] miedoso que se resiste a embestir y, cuando lo hace, rebrinca o se queda en medio de la suerte. **b)** Propio del toro bravucón.

bravuconada *f* (*desp*) Hecho o dicho propio de un bravucón [1a].

bravuconamente *adv* (*desp*) De manera bravucona [1b].

bravuconear *intr* (*desp*) Portarse como bravucón [1].

bravuconería *f* (*desp*) Cualidad de bravucón [1].

bravura *f* Cualidad de bravo, *esp* [1, 2 y 3].

braza[1] *f* (*Dep*) Forma de natación en que los hombros se mantienen al nivel del agua y los brazos se mueven simultáneamente de delante atrás.

braza[2] *f* **1** Medida de longitud, usada esp. en marina, equivalente a 1,6718 m. ■ **2** (*reg*) Cierta medida agraria que en zonas de Cantabria equivale a 3,86 m^2 y en zonas de Castellón a 4,155 m^2. ■ **3** (*Mar*) Cabo que sirve para hacer girar la verga horizontalmente.

brazada *f* **1** Movimiento vigoroso de los brazos, esp. al nadar. ■ **2** Brazado.

brazado *m* Cantidad [de algo] que se puede abarcar de una vez con los brazos. **b)** Cantidad grande [de algo].

brazal *m* **1** Tira de tela que ciñe el brazo por encima del codo y que sirve de distintivo. ■ **2** (*hist*) Pieza de la armadura, que cubre el brazo. ■ **3** (*reg*) Canalillo que se saca de un río o de una acequia grande para regar.

brazalete *m* **1** Aro de adorno que rodea el brazo más arriba de la muñeca. ■ **2** Brazal [1].

brazo I *m* **1** Miembro del cuerpo humano que comprende desde el hombro hasta la mano, incluyendo o no esta. **b)** Parte del brazo comprendida entre el hombro y el codo. ■ **2** *En algunos animales*: Parte de la extremidad anterior correspondiente al húmero. **b)** *En los cuadrúpedos*: Pata delantera. **c)** *En los moluscos cefalópodos*: Tentáculo. ■ **3** *En un sillón o butaca*: Pieza de las dos laterales destinadas a apoyar los brazos [1]. ■ **4** *En un árbol*: Rama. ■ **5** Pieza alargada, en posición horizontal, destinada a sostener algo. ■ **6** *En una cruz*: Mitad del palo horizontal. ■ **7** *En una balanza*: Mitad de la barra horizontal en cuyos extremos están colocados los platillos. ■ **8** (*Fís*) *En una palanca*: Distancia entre la potencia o la resistencia y el punto de apoyo. *Con*

los compls DE POTENCIA *y* DE RESISTENCIA, *respectivamente*. ■ **9** (*Fís*) *En un par de fuerzas*: Distancia entre ambas fuerzas. ■ **10** *En un río u otra corriente de agua*: Parte que se separa del cauce principal hasta reunirse de nuevo con él o desembocar en el mar. **b)** *En una acumulación de agua*: Parte que se adentra en la tierra. **c)** ~ **de mar.** Canal formado por el mar entre dos orillas próximas. **d)** ~ **de tierra.** Zona alargada de tierra que separa dos partes de mar próximas. ■ **11** *En pl*: Gente que realiza un trabajo físico colectivo. *Tb fig, referido a cualquier tipo de trabajo*. ■ **12** Pers. o colectividad que actúa obedeciendo las directrices o las órdenes [de alguien]. ■ **13** ~ **derecho.** Pers. cuya colaboración resulta [a otra (*compl de posesión*)] prácticamente imprescindible. ■ **14** ~ **de gitano.** Pieza de repostería formada por una capa de bizcocho grande y delgada, untada con crema, nata o dulce de fruta y enrollada en forma de cilindro. ■ **15** ~ **secular.** (*hist*) Conjunto de los tribunales no eclesiásticos. II *loc adj* **16 de ~.** (*Mús*) [Viola] da braccio (→ DA BRACCIO). ■ **17 de ~s caídos.** [Huelga] en que el trabajador se encuentra en su puesto de trabajo pero permaneciendo inactivo. ■ **18 hecho un ~ de mar.** (*col*) Vestido con elegancia o esmero. III *loc v* **19 cruzarse de ~s.** Tomar una actitud indiferente o pasiva en un momento en que se requiere acción. ■ **20 dar** [alguien] **su ~ a torcer.** Ceder en una opinión, actitud o propósito en que se ha mantenido firme. *Gralm en constr neg*. ■ **21 echarse en ~s** [de alguien]. Someterse confiadamente y sin reservas a [su] arbitrio. IV *loc adv* **22 a ~.** Por procedimientos manuales y no mecánicos. *Tb adj*. ■ **23 a ~ partido.** Con empeño y con todas las fuerzas. *Normalmente con el v* LUCHAR *u otro equivalente. Tb adj*. ■ **24 con los ~s abiertos.** Cordialmente. *Con los vs* RECIBIR *o* ESPERAR, *u otros equivalentes, normalmente con cd que designa pers*. ■ **25 con los ~, de ~s cruzados.** Sin hacer nada. *Frec referido a la actitud de indiferencia o pasividad en situaciones que requerirían acción*. ■ **26 del ~.** Asiendo una pers. a otra por el brazo [1]. **b) del ~** [de alguien]. Estando unido [con él] del brazo. *Tb fig*. ■ **27 en ~s** [de alguien]. De modo que recaiga el peso sobre los brazos [1] [de esa pers.]. *Con vs como* TRAER, LLEVAR, IR *o* TENER. *Frec sin compl, por consabido*. **b)** Siendo rodeado por los brazos [1a] [de esa pers.]. **c)** En relación amorosa [con esa pers.]. *Esp referido a una mujer respecto a un hombre*. **d) en (los) ~s** [de alguien]. (*lit*) Realizando el acto sexual [con él]. *Dicho de mujer*.

brazuelo *m* En un cuadrúpedo: Parte de la pata delantera entre el codo y la rodilla.

brea *f* Sustancia untuosa, de color oscuro y olor fuerte, que se obtiene por destilación del alquitrán procedente de petróleo, carbón o madera, y que se emplea en medicina y en la industria.

break[1] (*ing; pronunc corriente,* /bréik/; *pl normal,* ~S) *m* **1** (*raro*) Automóvil con carrocería semejante a la de furgoneta, pero con la parte trasera acristalada. ■ **2** (*Ferroc, hoy raro*) Vagón de compartimientos. ■ **3** (*hist*) Coche de caballos abierto, de cuatro ruedas, con bancos para varios pasajeros.

break[2] (*ing; pronunc corriente,* /brek/; *pl normal,* ~S) *m* **1** (*Boxeo*) Separación de los púgiles ordenada por el árbitro. ■ **2** (*Tenis*) Ruptura de servicio.

break[3] (*ing; pronunc corriente,* /bréik/) *m* Break dance.

break dance (*ing; pronunc corriente,* /bréik-
-dans/; *tb con la grafía* **breakdance**) *m* Baile acrobático de salón de los años ochenta.

brear[1] *tr* Embrear, o untar con brea.

brear[2] *tr* (*col*) **1** Zurrar, o dar una paliza [a al-
guien]. *Tb fig.* ■ **2** Someter [a alguien (*cd*)] a algo
reiterado y molesto]. ■ **3** (*reg*) Cansar [a alguien], o
someter[lo] a un trabajo muy duro.

brebaje *m* (*desp*) Bebida, esp. la desagradable o
que inspira poca confianza.

breca *f* Pez marino de unos 20 cm, de color rojo
y rosa y carne blanca y apreciada (*Pagellus erythrinus*).

brecha[1] **I** *f* **1** Abertura hecha en una muralla o en
otro dispositivo de defensa, normalmente como consecuencia del ataque enemigo. *Tb fig.* ■ **2** Abertura
longitudinal, esp. la producida en una pared.
■ **3** Herida abierta, esp. en la cabeza. ■ **4** Quiebra
de la unidad o de la cohesión. *Frec con el v* ABRIR.
b) Punto por el que un pensamiento o un sistema
empieza a perder su cohesión y a ser atacado. *Con el
v* ABRIR.
II *loc adv* **5 en la ~.** Luchando o trabajando con
tenacidad. *Normalmente con los vs* ESTAR *o* SEGUIR.

brecha[2] *f* (*Geol*) Masa rocosa consistente, formada
por piedras angulosas unidas con lava u otro cemento natural.

brecina *f* **1** Arbusto perenne de hojas muy pequeñas y flores diminutas, blancas o rosadas (*Erica arborea*). *Tb su flor. Tb designa otras especies del mismo gén.* ■ **2** Brezo común (*Calluna vulgaris*).

brécol *m* Variedad de col común que produce ramilletes carnosos semejantes a la coliflor (*Brassica oleracea* var. *botrytis* subvar. *cymosa*).

brecolera *f* Brécol.

bredense *adj* De Breda (Gerona). *Tb n, referido
a pers.*

breeches (*ing; pronunc corriente,* /bríces/) *m pl*
Pantalones holgados por el muslo y ceñidos de la ro-
dilla para abajo, para usarlos con botas o polainas.
Tb PANTALONES ~.

brega[1] **I** *f* **1** Acción de bregar[1]. **b)** (*Lucha canaria*)
Acción de luchar o pelear.
II *loc adj* **2** [Capote] **de ~ → CAPOTE.** ■ **3 de ~.**
(*Taur*) [Peón] que ayuda en el ruedo al buen desa-
rrollo de la lidia. *Frec fig, fuera del ámbito técn.*

brega[2] *f* (*reg*) Utensilio constituido por dos rodillos,
entre los cuales se pasa la masa de pan para que
pierda el aire.

bregador -ra *adj* Que brega[1]. *Tb n, referido
a pers.*

bregar[1] **A** *intr* **1** Trabajar con esfuerzo. *Tb fig.*
■ **2** Luchar. *Frec fig.*
B *tr* **3** (*Taur*) Realizar [con el toro (*cd*)] las diversas suertes de la lidia, excluidas las de herirle.

bregar[2] *tr* (*reg*) Pasar la masa [del pan (*cd*)] por la
brega[2]. **b)** *En gral:* Amasar [el pan].

bregmático -ca *adj* (*Anat*) De la parte superior
anterior del cráneo.

brent (*ing; pronunc corriente,* /brent/; *a veces con
mayúscula*) *adj* [Petróleo] de la parte británica del
mar del Norte, que se toma como referencia para los
precios de crudos en Europa.

breña *f* Terreno quebrado y poblado de maleza.
Frec en pl.

breñal *m* Sitio abundante en breñas.

breñoso -sa *adj* Abundante en breñas.

bresca *f* Panal de miel.

bresciano -na *adj* De Brescia (Italia). *Tb n, referido a pers.*

brete *m* Apuro o situación comprometida. *Gralm en
las constrs* PONER [a alguien] EN UN ~ *o* ESTAR [al-
guien] EN UN ~.

brétema *f* (*reg*) Niebla.

bretón[1] **-na** **I** *adj* **1** De Bretaña (región de
Francia). *Tb n, referido a pers.* ■ **2** (*TLit*) De los
pueblos célticos de Gran Bretaña y Bretaña.
II *m* **3** Lengua hablada en Bretaña.

bretón[2] *m* Brécol.

breva *f* **1** Primer fruto de la higuera, más grande
que el higo y de color morado oscuro. ■ **2** (*col*)
Ganga, o beneficio fácil deparado por la suerte. *Frec
en la frase* NO CAERÁ ESA ~. ■ **3** Cigarro puro de forma algo aplastada.

breve **I** *adj* **1** De corta duración. **b)** (*lit*) *Precediendo a un n de tiempo:* Poco. * En breves momen-
tos estará con ustedes. **c)** (*Fon*) [Vocal] [Vocal] de duración
normal o media, por oposición a la larga. *Tb referido
a la sílaba correspondiente.* ■ **2** [Escrito] de poca
longitud o extensión. **b)** (*lit*) [Cosa] pequeña.
II *m* **3** Documento pontificio redactado en forma
menos solemne que la bula y que versa sobre alguna
materia política o de gobierno de la Iglesia.
III *loc adv* **4 en ~.** Dentro de poco. *Tb* EN ~ PLAZO
(*u otro n equivalente*).

brevedad **I** *f* **1** Cualidad de breve.
II *loc adv* **2 a la mayor ~.** Lo más pronto posible.

brevemente *adv* De manera breve.

breviario *m* **1** Libro que contiene el rezo eclesiástico de todo el año. ■ **2** Compendio o epítome.

brezal *m* Sitio poblado de brezos.

brezar *tr* (*reg*) Acunar. *Tb fig.*

brezo *m* **1** Arbusto perenne de hojas muy pequeñas
y flores diminutas y rojizas (*Calluna vulgaris*). *Tb ~
COMÚN. Tb su flor.* ■ **2** Brecina (*Erica arborea*). *Tb
su madera. Tb ~ BLANCO o ALBARIZO. Tb designa
otras especies del gén Erica.*

briago -ga *m y f* (*reg*) Borracho.

brial *m* (*hist*) Vestido medieval femenino de seda o
de tela rica, ceñido por la cintura y que cubre hasta
los pies.

briba *f* (*raro*) Ambiente de holgazanes y maleantes.
Frec en la constr ANDAR A LA ~.

bribia *f* (*raro*) Briba.

bribiático -ca *adj* (*raro*) De (la) bribia.

bribón -na *adj* [Pers.] poco honrada, esp. que engaña o estafa. *Frec n. A veces usado como insulto. A
veces con intención afectiva, esp referido a niños.*

bribonada *f* Acción propia de bribón.

bribonería *f* Cualidad de bribón.

bric-à-brac (*fr; pronunc corriente,* /brik-a-brák/)
m (*lit, raro*) Revoltijo.

bricbarca *m o f* Buque de vela de tres o más palos, sin vergas de cruz en la mesana.

bricolador -ra *m y f* Pers. que hace bricolaje.

bricolage (*fr; pronunc corriente,* /bricoláχe/ *o* /bri-
coláʒ/) *m* Bricolaje.

bricolaje *m* Conjunto de pequeños trabajos manuales hechos en la propia casa, consistentes en reparaciones e instalaciones y en fabricación de diversos objetos para el hogar.

brida I *f* **1** Conjunto formado por el freno de la caballería, el correaje que lo sujeta a la cabeza y las riendas. ■ **2** (*Mec*) Abrazadera, o ligadura metálica en forma de arandela. ■ **3** (*Anat y Med*) Filamento membranoso.
II *loc adv* **4 a la ~.** Montando a caballo con estribos largos.

bridado *m* (*Coc*) Acción de bridar [2]. *Tb su efecto.*

bridar *tr* **1** (*raro*) Embridar. *Tb fig.* ■ **2** (*Coc*) Atar con bramante [una carne] para que no se deshaga o deforme en el asado o cocción. *Tb abs.*

bridge (*ing; pronunc corriente, /briĉ/*) *m* Juego de cartas para cuatro personas, dos contra dos, con baraja francesa de 52 cartas.

bridón *m* **1** Brida [1] pequeña. ■ **2** (*lit*) Caballo brioso.

brie (*fr; pronunc corriente, /bri/*) *m* Queso francés de leche de vaca, en forma de disco con costra blanca y una pasta blanda en el interior.

briefing (*ing; pronunc corriente, /brífin/; pl normal, ~s*) *m* (*Per*) Rueda informativa.

briega *f* (*reg*) Brega[1] [1a].

brigada I *n* A *f* **1** Unidad orgánica del ejército formada por dos o más regimientos, de un arma o de varias. *Frec con un adj o compl especificador.* **b)** *En algunas entidades no militares designa tb determinadas unidades orgánicas.* * *Las brigadas antidisturbios ocuparon las calles.* ■ **2** Conjunto de perss., esp. obreros, organizado para una misión específica. ■ **3** *En una cárcel:* Unidad formada por un determinado número de reclusos.
B *m y f* **4** Suboficial de grado inmediatamente superior al de sargento primero.
II *loc adj* **5** [General] **de ~** → GENERAL.

brigadier *m* (*hist*) **1** General de brigada. *Hoy usado con referencia a algunos países extranjeros.* ■ **2** Militar que desempeña las funciones de sargento mayor de brigada.

brigadilla *f* Brigada [1b y 2] pequeña. *Gralm con un compl especificador. Tb sin compl, referido a la de la Guardia Civil.*

brigadista A *m y f* **1** Miembro de una brigada [2]. ■ **2** Miembro de las Brigadas Rojas (banda terrorista italiana).
B *m* **3** (*hist*) Miembro de las Brigadas Internacionales que intervinieron en la Guerra Civil española de 1936.

brigante *m* (*hist*) Bandolero.

brigantino -na *adj* De Betanzos (La Coruña). *Tb n, referido a pers.*

bríghtico -ca (*pronunc corriente, /bráitiko/*) *adj* (*Med*) De (la) nefritis crónica.

brihuego -ga *adj* De Brihuega (Guadalajara). *Tb n, referido a pers.*

brija *f* (*jerg*) Cadena de oro.

brik (*pl normal, ~s*) *m* Tetrabrik.

brillador -ra *adj* (*lit*) Brillante [1].

brillante I *adj* **1** Que brilla.
II *m* **2** Diamante tallado en muchas facetas.

brillantemente *adv* De manera brillante. *Normalmente en sent no físico.*

brillantez *f* Cualidad de brillante. *Esp en sent no físico.*

brillantina *f* **1** Cosmético que se usa para dar brillo al cabello. ■ **2** Tejido brillante usado esp. para forros y prendas infantiles y femeninas.

brillar *intr* **1** Despedir luz propia o reflejada. ■ **2** Sobresalir provocando admiración. *Frec con un compl* POR. **b)** ~ [alguien o algo] **por su ausencia** → AUSENCIA. ■ **3** Tener [algo] la debida prestancia o relieve. ■ **4** Mostrarse [un sentimiento, esp. de alegría, o el gesto que lo expresa].

brillo *m* Hecho de brillar. *Tb su efecto.*

brilloso -sa *adj* Que tiene brillo. *En sent material.*

brin *m* (*reg*) Hebra de azafrán.

brincador -ra *adj* Que brinca.

brincar A *intr* **1** Saltar con ligereza. *Tb fig.*
B *tr* **2** Ir al otro lado [de algo (*cd*)] brincando [1]. ■ **3** (*Taur*) Señalar [las orejas (*cd*) de una res] con un corte horizontal.

brinco I *m* **1** Acción de brincar [1] una vez. ■ **2** (*hist*) Joyel femenino pequeño que pende de las tocas.
II *loc v* **3 dar,** o **pegar, un ~,** o **darle,** o **pegarle,** [a alguien] **un ~ el corazón.** (*col*) Sobresaltarse.

brindar A *intr* ➤ a *normal* **1** Manifestar, al ir a beber vino u otro licor, el bien que se desea a alguien o algo. *Gralm con un compl* POR.
➤ b *pr* (**~se**) **2** Ofrecerse voluntariamente [a hacer algo (A o PARA + *infin*)].
B *tr* **3** Ofrecer, o poner [algo] a disposición [de alguien o algo (*ci*)]. *Tb sin ci.* ■ **4** (*Taur*) Dedicar [el matador] la muerte [del toro (*cd*)] a una pers. (*ci*) presente en la plaza.

brindis *m* Acción de brindar [1 y 4]. *Tb las palabras con que se brinda.*

brinquillo *m* (*hist*) Alhaja femenina pequeña.

briñón *m* (*reg*) **1** Griñón (variedad de melocotón). ■ **2** Endrino (arbusto).

brío *m* Energía o ímpetu para actuar.

briocense *adj* De Brihuega (Guadalajara). *Tb n, referido a pers.*

brioche (*fr; pronunc corriente, /briós/* o */brióĉe/*) *m* Bollo ligero en forma de bola, hecho de masa esponjosa de harina, huevos, mantequilla y levadura.

briocherie (*fr; pronunc corriente, /brioserí/* o */brióĉerí/*) *f* Establecimiento especializado en brioches.

briofito -ta (*tb briófito*) *adj* (*Bot*) [Planta] intermedia entre las talofitas y las cormofitas. *Frec como n f en pl, designando este taxón botánico.*

brionia *f* Nueza (planta).

bríos. voto a ~. *interj* (*lit, raro*) Expresa cólera, o apoyo enfático a lo que se dice.

briosamente *adv* De manera briosa.

brioso -sa *adj* **1** Que tiene brío. ■ **2** Que denota o implica brío.

briozoo *m* (*Zool*) Animal de los que forman un grupo de los metazoos, gralm. marino y que vive en colonias fijadas en los fondos rocosos. *Frec en pl, designando este taxón zoológico.*

briqueta *f* Conglomerado de carbón u otra materia, en forma de ladrillo.

brisa *f* Viento fresco y ligero, esp. el que sopla alternativamente en sentidos opuestos. **b)** (*Meteor*) Viento de velocidad entre 1 y 5 km por hora (grado 1 de la escala de Beaufort). **c)** (*Mar*) Viento del nordeste. *Referido a la región atlántica tropical del Norte.*

brisca *f* Juego de naipes en que se dan tres cartas a cada jugador y se descubre otra que indica el palo del triunfo. **b)** *En el juego de la brisca y algunos otros:* As o tres de un palo distinto del que es triunfo.

briscar *tr* Bordar [algo] con hilo de oro o plata rizado o simplemente torcido.

brisote *m* (*Mar*) Brisa dura y persistente, con olas y chubascos.

brístol *m* (*E*) Papel fuerte y blanco, empleado en dibujo y en tarjetas de visita. *Frec en aposición con* PAPEL.

brisura *f* (*Heráld*) Pieza pequeña o ligera variación que se introduce en un escudo para distinguir las diversas ramas no primogénitas de un mismo linaje.

británico -ca *adj* De Gran Bretaña. *Tb n, referido a pers.*

britanismo *m* **1** Estilo o carácter británicos. ■ **2** Afición a lo británico.

britanizar *tr* Dar estilo o carácter británico [a alguien o algo]. **b)** *pr* (**~se**) Tomar estilo o carácter británico [alguien o algo].

britano -na *adj* **1** (*hist*) De la antigua Britania. *Tb n, referido a pers.* ■ **2** (*raro*) Británico.

britónico -ca *adj* [Dialecto] céltico de los hablados en Gran Bretaña antes de la invasión romana.

briviescano -na *adj* De Briviesca (Burgos). *Tb n, referido a pers.*

briza *f* Planta gramínea de tallo corto y flor en espiga, usada como adorno y como pasto del ganado lanar (gén. *Briza*).

brizar *tr* (*reg*) Acunar. *Tb fig.*

brizna *f* **1** Filamento o hebra de una planta. ■ **2** Porción pequeña [de algo, esp. inmaterial].

broca *f* Barrena, esp. helicoidal de boca cónica, usada para taladrar.

brocado -da I *adj* **1** [Tela] que tiene dibujos en relieve, como el del brocado [2]. II *m* **2** Tela, normalmente de seda, con dibujos en relieve, hechos frec. con hilos de oro o plata.

brocadura *f* (*lit, raro*) Mordedura o mordisco. *Tb fig.*

brocal *m* **1** Pequeña pared que rodea la boca [de un pozo]. ■ **2** Cerco de madera o de cuerno que rodea la boca [de una bota de beber]. ■ **3** (*raro*) Boca [de una vasija].

brocamantón *m* (*hist*) Joya grande a modo de broche que llevan las mujeres sobre el pecho.

brocanteur (*fr; pronunc corriente,* /brokantőr/; *pl normal,* ~s) *m* Almonedista.

brocardo *m* Adagio jurídico. *Tb fig.*

brocatel *m* (*Tex*) Tela, semejante al damasco, hecha de seda y lino, cáñamo o lana, con dibujos brillantes sobre fondo mate, y que gralm. se emplea en tapicería.

brocense *adj* De Brozas (Cáceres). *Tb n, referido a pers.*

broceño -ña *adj* Brocense. *Tb n.*

brocha I *f* **1** Utensilio constituido por un manojo más o menos grande de pelos o fibras unido a un mango, y que se usa esp. para pintar. II *loc adj* **2 de ~ gorda.** (*col*) [Pintor o pintura] de paredes, puertas y ventanas. **b)** (*desp*) Tosco o de mal gusto. *Dicho esp de obra intelectual.*

brochado¹ -da *adj* (*Tex*) [Tejido de seda] que tiene alguna labor de oro, plata o torzal de seda, formando relieve. *Tb n m.*

brochado² *m* (*Metal*) Acción de realizar agujeros de sección poligonal o de secciones complicadas. *Tb su efecto.*

brochadora *f* (*Metal*) Máquina para hacer brochados².

brochal *m* (*Constr*) Viga transversal en que se apoyan las que no pueden hacerlo en el muro por tener que dejar un hueco.

brochante *adj* (*Heráld*) [Pieza] situada sobre otra u otras.

brochar *tr* **1** Pintar [algo] con brocha [1]. *Tb abs.* ■ **2** (*reg*) Sacar brillo [a algo (*cd*)].

brochazo *m* **1** Pasada de la brocha sobre la superficie que se pinta. ■ **2** Pincelada gruesa o enérgica. *Frec con intención desp.*

broche¹ *m* **1** Objeto, gralm. de metal, formado por dos piezas, una de las cuales se engancha o encaja en la otra para juntar dos partes de una prenda, para cerrar una cosa uniendo sus extremos, o para sujetarse como adorno sobre una prenda. ■ **2** Cosa que sirve de conclusión. *Tb* ~ FINAL. **b)** ~ **de oro.** Cosa especialmente notable que sirve de conclusión.

broche² (*fr; pronunc corriente,* /bros/ o /broʃ/) *f* Varilla en que se clava lo que se quiere asar.

brochear *tr* Pintar [algo] con brocha [1]. *Tb abs.*

brochería *f* Conjunto de (las) brochas [1].

brocheta *f* Pincho en que se ensartan pedazos de carne u otros alimentos para asarlos y después comerlos directamente en él.

brocho -cha *adj* (*Taur*) [Res] que tiene las astas algo caídas y más juntas de lo normal por los extremos. *Tb fig.* **b)** [Cuerno] propio de la res brocha.

brócol *m* (*reg*) Brécol (variedad de col).

bróculi *m* (*reg*) Brécol (variedad de col).

broja *f* (*reg*) Cada² (arbusto similar al cedro).

broker (*ing; pronunc corriente,* /bróker/; *pl normal,* ~s) *m y f* (*Econ*) Agente financiero que actúa por cuenta ajena.

brollar *intr* Borbollar.

brollador -ra *adj* Que brolla.

broma¹ I *f* **1** Cosa que se dice o se hace a alguien para reírse, pero normalmente sin intención de molestar. *Frec con el v* GASTAR. **2** (*col*) Hecho que resulta oneroso o desagradable. II *loc adj* **3 de la ~.** (*reg*) Bromista. *Gralm con el v* SER. III *loc v y fórm or* **4 estar de ~.** Hablar o actuar sin seriedad o para gastar una broma [1]. *Frec en la constr* ESTÁS DE ~, *manifestando incredulidad.* ■ **5 estar para ~s.** (*col*) Estar para fiestas. *Normalmente en constrs de sent neg.* ■ **6 hasta ahí podían llegar las ~s.** (*col*) Fórmula que expresa en-

fáticamente la intención de no tolerar un posible abuso. ■ **7 menos ~s.** *Fórmula con que se manifiesta que lo dicho o hecho ha resultado molesto u ofensivo.* ■ **8 para qué las ~s.** *(col) Fórmula con que se pondera lo expresado inmediatamente antes. Normalmente en constr consecutiva.* ■ **9 ¿qué ~ es esta?** *Fórmula con que se manifiesta molestia o desconcierto ante un hecho.* ■ **10 tomar** [algo] **a** (o **en**) ~. No dar[le] importancia.
IV *loc adv* **11 en ~,** o **de ~.** Como broma [1]. ■ **12 entre ~s y veras.** Medio en broma, medio en serio. ■ **13 fuera (de) ~s, ~s aparte** → FUERA, APARTE. ■ **14 ni en** (o, *más raro,* **por**) ~. De ninguna manera. *Con intención enfática.*

broma² *f* Molusco marino que vive en el interior de las maderas sumergidas, en las cuales excava galerías (*Teredo navalis*).

bromado -da *adj* (*Quím*) Que contiene bromo.

bromar *tr* (*raro*) Roer [madera].

bromato *m* (*Quím*) Sal del ácido de bromo[1].

bromatología *f* (*Med*) Ciencia que trata de los alimentos.

bromatológico -ca *adj* (*Med*) De (la) bromatología.

bromatólogo -ga *m y f* (*Med*) Especialista en bromatología.

bromazo *m* (*col*) Broma[1] [1] pesada o molesta.

bromeador -ra *adj* Que bromea.

bromear **A** *intr* **1** Hablar en broma[1] o diciendo bromas[1]. *A veces con un compl* CON *de pers.* **b)** Gastar bromas[1] [con alguien o algo].
B *tr* (*raro*) **2** Gastar bromas[1] [a alguien (*cd*)].

bromelia *f* Planta tropical de hojas largas reunidas en roseta cerca de la base, cultivada frec. como ornamental (gén. *Bromelia*).

bromeliácea *adj* (*Bot*) [Planta] monocotiledónea herbácea, de hojas espinosas, flores en espiga o panoja con brácteas, y fruto en baya o cápsula, cultivada gralm. con fines ornamentales y cuyo género tipo es *Bromelia*. *Frec como n f en pl, designando este taxón botánico.*

bromhídrico *adj* (*Quím*) [Ácido] formado por la combinación del bromo con hidrógeno.

bromista *adj* [Pers.] aficionada a gastar bromas[1] [1]. *Tb n.* **b)** Propio de la pers. bromista.

bromo¹ *m* (*Quím*) Elemento químico, de número atómico 35, líquido a la temperatura ordinaria, de color rojo pardusco y olor fuerte y repugnante.

bromo² *m* Se da este n a diversas plantas gramíneas forrajeras del gén *Bromus.*

bromoformo *m* (*Quím*) Cuerpo químico líquido e incoloro, dotado de propiedades anestésicas, antiespasmódicas y sedantes de la tos.

bromurado -da *adj* (*Quím*) Que contiene bromuro.

bromuro *m* (*Quím*) Sal del ácido bromhídrico. *Gralm con un adj o compl especificador.* **b)** *Sin compl:* Bromuro potásico, usado en medicina como sedante.

bronca **I** *f* **1** Discusión violenta o riña. *Frec con el v* ARMAR. ■ **2** Represión severa. *Frec con el v* ECHAR o (*jerg*) DAR. ■ **3** *En un espectáculo, esp en los toros:* Protesta muy ruidosa del público. ■ **4** (*jerg*) Diversión o espectáculo destacados.
II *adj* **5** (*jerg*) Alborotador o pendenciero.

broncamente *adv* De manera bronca (→ BRONCO).

broncazo *m* (*col*) Bronca [1, 2 y 3] importante.

bronce **I** *m* **1** Aleación de cobre y estaño. ■ **2** Escultura u otro objeto hechos de bronce [1]. **b)** (*Numism*) Moneda de bronce. **c)** (*Dep*) Medalla de bronce [5]. ■ **3** Color marrón amarillento propio del bronce [1]. **b)** Color moreno. ■ **4 ~ de aluminio.** (*Metal*) Aleación de cobre y aluminio.
II *loc adj* **5 de ~.** [Medalla] de bronce [1] que corresponde al tercer galardón de una competición o un concurso. *Tb referido a otros tipos de premios.* ■ **6 del ~.** [Edad] prehistórica caracterizada por el descubrimiento y uso del bronce [1]. ■ **7 de(l) ~.** [Gente] de mal vivir.
III *loc v* **8 ligar ~.** (*col*) Broncearse.

bronceado¹ -da *adj* **1** *part* → BRONCEAR. ■ **2** Marrón amarillento propio del bronce [1]. *Tb n m.*

bronceado² *m* Acción de broncear(se). *Frec su efecto.*

bronceador -ra *adj* Que broncea. *Gralm referido a cosmético. En este sent, frec n m.*

bronceamiento *m* Bronceado².

broncear *tr* Poner morena [a una pers. o su piel], esp. por la acción de los rayos solares. *Frec el cd es refl.* **b)** *pr* (**~se**) Ponerse moreno.

broncha *f* (*hist*) Arma corta semejante al puñal.

broncho *m* (*reg*) Chorro.

broncíneo -a *adj* (*lit*) De bronce [1]. *Tb fig.*

broncista *m* Hombre que tiene por oficio trabajar el bronce [1].

broncita *f* (*Mineral*) Variedad de enstatita de color bronceado.

bronco -ca *adj* **1** [Pers.] áspera o ruda. ■ **2** [Animal] de trato difícil. **b)** (*Taur*) [Res] difícil de lidiar, que acomete de modo desigual y corneando. ■ **3** [Sonido, esp. voz] áspero o ronco. ■ **4** [Terreno] áspero o irregular. ■ **5** [Cosa] ruda (tosca o dura).

bronco- *r pref* De los bronquios. * Cáncer broncopulmonar.

broncodilatador -ra *adj* (*Med*) Que dilata los bronquios. *Tb n m, referido a medicamento o aparato.*

broncoespasmo *m* (*Med*) Broncospasmo.

bronconeumonía *f* (*Med*) Neumonía que afecta a los bronquios y bronquiolos.

broncopatía *f* (*Med*) Enfermedad de los bronquios.

broncorragia *f* (*Med*) Hemorragia bronquial.

broncoscopia *f* (*Med*) Endoscopia de los bronquios.

broncoscopio *m* (*Med*) Instrumento para examinar el interior de los bronquios.

broncospasmo *m* (*Med*) Espasmo de los músculos bronquiales.

bronquear *tr* (*raro*) Echar una bronca [a alguien (*cd*)].

bronquedad *f* Cualidad de bronco.

bronquial *adj* De (los) bronquios.

bronquiectasia *f* (*Med*) Enfermedad causada por dilatación de los bronquios o de los bronquiolos y caracterizada por tos insistente con abundante expectoración.

bronquio *m* Conducto cartilaginoso de los dos en que se bifurca la tráquea al entrar en los pulmones, y sus ramificaciones mayores.

bronquiolitis *f* (*Med*) Inflamación de los bronquiolos.

bronquiolo (*tb* **bronquíolo**) *m* (*Anat*) Pequeño conducto de los varios en que se ramifican los bronquios dentro de los pulmones.

bronquista *adj* (*col*) Que arma bronca [1]. *Tb n.*

bronquítico -ca *adj* **1** De (la) bronquitis[1]. ■ **2** Que padece bronquitis[1]. *Tb n, referido a pers.*

bronquitis[1] *f* Inflamación de la mucosa de los bronquios.

bronquitis[2] *f* (*col, humoríst*) Bronca [1].

brontosaurio *m* (*Zool*) Dinosaurio de gran talla propio del Jurásico y el Cretácico (gén. *Brontosaurus* o *Apatosaurus*).

broquel *m* (*hist*) Escudo, esp. pequeño y de madera o corcho.

broquelero *m* (*hist*) Fabricante de broqueles.

broqueta *f* Brocheta.

bróquil *m* (*reg*) Brécol (variedad de col).

brotación *f* (*Agric*) Acción de brotar [1]. *Tb su efecto.*

brótano *m* Abrótano (planta).

brotar *intr* **1** Nacer [una planta]. **b)** Nacer [en una planta (*compl* EN o DE) renuevos, hojas o flores]. **c)** Echar [una planta] renuevos, hojas o flores. ■ **2** Manar [agua u otro líquido]. ■ **3** Aparecer en el exterior [de una pers. o cosa (*compl* EN o CI) algo que procede del interior]. *Tb sin compl. Tb fig.* **b)** Manifestarse exteriormente [el sarampión, la viruela u otra enfermedad similar]. ■ **4** Surgir o aparecer [algo] de improviso. **b)** Nacer o surgir [una cosa de otra]. **c)** Nacer o pasar a existir [algo].

brote *m* **1** Acción de brotar. **b)** Aparición simultánea de numerosos casos [de una enfermedad]. ■ **2** *En una planta:* Renuevo que empieza a desarrollarse.

brótola *f* Se da este *n* a dos peces de la familia del bacalao, *Phycis phycis* y *P. blennoides, denominados tb ~ DE ROCA y ~ DE FANGO, respectivamente.*

brown sugar (*ing; pronunc corriente,* /bráun-súgar/) *m* Heroína de color marrón y baja calidad.

broza *f* **1** Conjunto de hojas, ramas, cortezas y otros restos de las plantas que se acumula en el suelo. ■ **2** Maleza (conjunto de hierbas y arbustos salvajes). *A veces en pl.* ■ **3** Porquería (suciedad o cosa despreciable). ■ **4** (*desp*) Conjunto de cosas inútiles dichas o escritas.

bruar (*conjug* **1d**) *intr* (*reg*) Aullar. *Tb fig.*

brucela *f* (*Med*) Bacteria gramnegativa y no móvil, patógena para los animales y el hombre (gén. *Brucella*).

brucelar *adj* (*Med*) De (la) brucela o causado por ella.

brucelósico -ca *adj* (*Med*) Que padece brucelosis.

brucelosis *f* (*Med*) Fiebre de Malta (→ FIEBRE).

bruces I *loc adv* **de ~. 1** Boca abajo. *Frec con vs como* CAER, ECHARSE *o* BEBER. *Tb adj.* ■ **2** De golpe o de improviso. ■ **3 de manos a ~** –> MANO.
II *loc v* **4 darse de ~** [una pers. con otra]. Chocar de frente. *Frec con intención ponderativa. Tb fig, referido a cosas.* **b) darse de ~** [una pers.]. Caerse boca abajo.

brucina *f* (*Quím*) Alcaloide tóxico presente esp. en la nuez vómica.

bruga *f* (*reg*) Brezo común (arbusto).

bruja –> BRUJO.

brujería *f* **1** Magia negra. ■ **2** Acción propia de un brujo [1]. *Tb fig, con intención ponderativa.* ■ **3** Condición de brujo [1].

brujeril *adj* De (los) brujos y brujas [1].

brujerío *m* (*reg*) Brujería [1].

brujesco -ca *adj* De (los) brujos y brujas [1]. **b)** De naturaleza o carácter brujesco.

brujístico -ca *adj* Propio de los brujos y brujas [1].

brujo -ja I *n* A *m y f* **1** Pers. que cultiva la brujería [1]. *Más frec designando a una mujer.*
B *f* **2** Personaje imaginario y maligno de los relatos tradicionales, dotado de poderes mágicos, que se representa como una mujer nariguda, desgreñada y vieja, que vuela montada en una escoba. **b)** *Se usa frec en constrs de sent comparativo para ponderar la fealdad o el aspecto desgreñado de una mujer.* **c)** *A veces se usa como vocativo afectivo referido a mujer.* **d) ~ buena.** Hada. ■ **3** Mujer malvada. *A veces usado como insulto. Tb adj.* ■ **4** Mujer astuta. *Tb adj.*
II *adj* **5** De (los) brujos y brujas [1]. ■ **6** (*lit*) Embrujador. ■ **7** [Caza] **de brujas** –> CAZA.

brujología *f* Estudio acerca de los brujos y brujas [1].

brújula *f* **1** Instrumento consistente en una caja donde una aguja imantada gira sobre un eje para señalar el norte magnético. **b)** *En un barco:* Instrumento que indica el rumbo seguido, y que consiste en dos círculos concéntricos, uno de ellos girando con una aguja imantada y otro fijo marcando la dirección de la quilla. ■ **2** (*lit*) Principio orientador [de algo]. *Frec sin compl, referido a la conducta.*

brujuleador -ra *adj* Que brujulea. *Tb n, referido a pers.*

brujulear *intr* **1** Ir de un sitio a otro, o moverse con habilidad en la esfera de alguien, para conseguir lo que se pretende. ■ **2** Dar vueltas o moverse [alrededor de algo]. *Tb fig.* ■ **3** Caminar de un lado para otro, sin rumbo fijo.

brujuleo *m* Acción de brujulear.

brulote *m* (*hist*) Barco cargado con materias inflamables que se dirige contra otro barco enemigo para incendiarlo. *Tb* (*lit*) *fig.*

bruma *f* Niebla, esp. la que se forma sobre el mar. *Tb fig.*

brumario *m* (*hist*) Segundo mes del calendario revolucionario francés, que va del 22 de octubre al 20 de noviembre.

brumazón *f* Bruma espesa.

brumosidad *f* (*raro*) **1** Cualidad de brumoso. ■ **2** Bruma.

brumoso -sa *adj* Que tiene bruma. *Tb fig.*

brunch (*ing; pronunc corriente,* /brančˈ/) *m* Comida que se toma avanzada la mañana y que combina un desayuno tardío y una comida temprana.

brunela *f* Consuelda (planta, *Prunella vulgaris*).

bruneta *adj* (*raro*) [Plata] que está sin labrar.

bruno -na *adj* (*lit*) De color oscuro.

bruñido¹ -da *adj* 1 *part* → BRUÑIR. ■ 2 (*lit*) Brillante.

bruñido² *m* Acción de bruñir. *Tb su efecto.*

bruñidor -ra *adj* 1 Que bruñe. *Tb n, m y f, referido a pers y a máquina o aparato.* ■ 2 Relativo a la acción de bruñir.

bruñir (*conjug* 53) *tr* Sacar brillo [a una cosa, esp. metálica (*cd*)]. *Tb abs.*

bruño *m* (*reg*) Endrino (arbusto).

brusca *f* (*Mar*) 1 Ramaje que se aplica ardiendo a los fondos de la embarcación para limpiarlos de broma². ■ 2 Flecha del arco que forma la sección transversal de la cubierta.

bruscadera *f* Horquilla con mango largo, que sirve para coger los haces de brusca [1].

bruscamente *adv* De manera brusca (→ BRUSCO¹).

brusco¹ -ca *adj* 1 Sumamente repentino. ■ 2 Falto de amabilidad o dulzura.

brusco² *m* Arbusto de hoja perenne, tallos derechos muy ramosos, hojas pequeñas y falsas hojas punzantes, flores verdosas o violáceas y fruto en baya globosa y roja (*Ruseus aculeatus*).

Bruselas. col de ~ → COL.

bruselense *adj* De Bruselas. *Tb n, referido a pers.*

bruselés -sa *adj* Bruselense. *Tb n.*

brusquedad *f* 1 Cualidad de brusco¹. ■ 2 Acción brusca (→ BRUSCO¹ [2]).

brut (*fr; pronunc corriente,* /brut/) *adj* [Champán¹ o cava] que tiene un contenido en azúcar inferior al 2%. *Tb n m.*

brutal *adj* 1 [Pers.] de carácter o comportamiento violento, desconsiderado o cruel. **b)** Propio de la pers. brutal. ■ 2 [Cosa] muy fuerte o muy intensa. *Con intención ponderativa.* ■ 3 (*col*) [Cosa o, más raro, pers.] extraordinaria o maravillosa. *Con intención ponderativa.*

brutalidad *f* 1 Cualidad de brutal [1]. ■ 2 Acto brutal [1b].

brutalización *f* Acción de brutalizar.

brutalizar *tr* 1 Dar carácter brutal [1] [a alguien o algo (*cd*)]. ■ 2 Tratar de manera brutal [1b].

brutalmente *adv* De manera brutal [1b y 2].

brut nature (*fr; pronunc corriente,* /brút-natúr/) *adj* [Vino] al que no se ha añadido azúcar. *Tb n m.*

bruto -ta I *adj* 1 [Pers.] que carece de inteligencia y de instrucción. *Tb n.* **b)** [Pers.] tosca o poco delicada. *Tb n.* **c)** [Pers.] que actúa sin prudencia o comedimiento. *Tb n.* **d)** (*col*) [Pers.] testaruda. *Tb n.* **e)** Propio de la pers. bruta. **f)** [Fuerza] **bruta** → FUERZA. ■ 2 (*col*) [Pers.] extraordinaria. *Tb n. Frec en frases exclamativas expresando admiración.* * Se leyó la novela en 2 horas; ¡qué bruto! ■ 3 (*lit*) Irracional. *Tb n m, frec referido al caballo.* **b) noble ~.** Caballo. ■ 4 No elaborado. *Tb fig. Tb* EN ~; *esta última forma, tb adv.* **b)** [Diamante] no pulido. *Tb* EN ~. **c)** (*Quím*) [Fórmula] no desarrollada. **d)**

[Petróleo] ~ → PETRÓLEO. ■ 5 [Cosa] en que no se ha hecho ningún descuento. *Tb* EN ~; *esta última forma, tb adv.*

II *loc adv* 6 **a lo ~.** De manera bruta [1e]. **b)** Intensamente o en grandes proporciones.

bruza *f* Cepillo de cerdas espesas y fuertes, usado esp. para limpiar.

buba *f* 1 Pústula. ■ 2 Tumor blando, comúnmente doloroso, con pus y situado en la región inguinal, y que es uno de los síntomas de la sífilis. *Frec en pl, designando esta enfermedad.*

bubango *m* (*reg*) Calabacín (planta y fruto).

bubi I *adj* 1 [Individuo] de la población indígena de Fernando Poo (Guinea Ecuatorial). *Tb n.*

II *m* 2 Lengua de los bubis [1], perteneciente al grupo bantú.

bubón *m* Abultamiento en la piel debido a la hinchazón de un ganglio linfático, característica de algunas enfermedades, esp. de la peste.

bubónica. peste ~ → PESTE.

buboso -sa *adj* Que padece bubas [2].

bubú *m* Túnica larga propia de algunos negros africanos.

bucal *adj* De la boca.

bucanero I *m* (*hist*) 1 En los ss XVII y XVIII: Pirata especializado en el saqueo de las posesiones españolas en América.

II *adj* 2 Propio de los bucaneros [1].

bucardo *m* (*reg*) Macho de la cabra montés.

búcaro *m* 1 Florero (vasija). ■ 2 (*reg*) Botijo.

buccinador *adj* (*Anat*) Bucinador. *Tb n m.*

buceador -ra *adj* [Pers.] que bucea. *Frec n, esp referido al profesional.*

bucear *intr* 1 Mantenerse [una pers.] bajo la superficie del agua, conteniendo la respiración o recibiendo oxígeno de un depósito. ■ 2 Indagar o profundizar [acerca de algo (*compl* EN)]. **b)** Buscar o indagar [en un lugar].

bucéfalo *m* (*lit*) Caballo (animal).

bucelario *m* (*hist*) *Entre los visigodos:* Hombre libre que voluntariamente se somete a un señor, a quien presta determinados servicios y del que recibe el disfrute de alguna propiedad, o a quien presta apoyo militar a cambio de protección, alimento y armas.

bucentauro *m* (*Arte*) Ser representado con medio cuerpo de hombre y medio de toro.

buceo *m* Acción de bucear.

buceta *f* (*Mar*) Embarcación pequeña usada para el tráfico interior de puerto o para ciertas faenas auxiliares.

buchaca *f* (*col*) Bolsa o bolsillo del dinero. *Frec fig.*

buchada *f* Cantidad de líquido que se toma en la boca de una vez.

buche¹ I *m* 1 *En las aves:* Bolsa membranosa que precede al estómago y en la que se reblandece el alimento. ■ 2 *En las perss y algunos animales:* Estómago. *Referido a pers, es col.* **b)** Embutido extremeño que se hace rellenando el estómago del cerdo. *Tb el guiso preparado con él.* ■ 3 Cantidad de líquido que se toma de una vez en la boca. *Tb fig.* **b)** Porción de líquido que se retiene en la boca hinchando las mejillas. ■ 4 (*Mar*) Parte de la almadraba en que quedan encerrados los atunes hasta que se sacan.

II *loc v* **5 hacer ~s.** Enguajarse la boca [con un líquido].

buche² **-cha** *m y f* Asno joven que todavía mama.

buchón **-na** *adj* [Palomo o paloma] que se caracteriza por la propiedad de inflar el buche[1]. *Tb n.*

bucinador *adj* (*Anat*) [Músculo] plano de la mejilla, que permite hinchar el carrillo y soplar. *Tb n m.*

bucle *m* **1** Rizo de cabello en forma circular. ■ **2** (*Lab*) Aro que se forma en un hilo. ■ **3** (*Constr*) Tramo curvo e inclinado que sirve para unir dos carreteras que se cruzan a distinto nivel. ■ **4** (*Grafología*) Parte redondeada de una letra. ■ **5** (*Informát*) Serie de instrucciones que se repite indefinidamente, o que se interrumpe al cumplirse una condición dada. ■ **6** (*TV*) Rizo en el magnetoscopio para diferir durante unos segundos la emisión de un programa en directo. ■ **7** (*Electrón*) Circuito de retroacción. *Tb fig, fuera del ámbito técn.*

buco¹ *m* **1** (*lit*) Cabrón (macho de la cabra). ■ **2 ~ emisario.** (*Psicol*) Pers. sobre la que se hacen recaer las faltas ajenas.

buco² *m* (*jerg*) Inyección de heroína u otra droga.

buco- *r pref* De la boca. * Cavidad bucofaríngea.

bucólica *f* (*col, humoríst, hoy raro*) Alimento o comida.

bucólicamente *adv* De manera bucólica (→ BUCÓLICO [1c]).

bucólico **-ca** *adj* (*TLit*) [Poesía] que versa sobre una vida campestre o pastoril idealizadas. **b)** [Poeta] que cultiva la poesía bucólica. *Tb n.* **c)** Propio de la poesía bucólica. **d)** Que tiene carácter bucólico [1c].

bucolismo *m* Carácter o tendencia bucólicos [1c y d].

bucranio *m* (*Arte*) Adorno que representa el cráneo de un buey, gralm. adornado de cintas y guirnaldas, propio del arte romano y renacentista.

buda *m* (*lit*) Santón (hombre muy respetado e influyente). *A veces con intención desp.*

búdico **-ca** *adj* **1** De(l) budismo. ■ **2** De Buda (s. VI a.C.) o que lo evoca.

budiero **-ra** *adj* De Budia (Guadalajara). *Tb n, referido a pers.*

budín *m* **1** Pastel de bizcocho o pan con leche, azúcar y frutas. ■ **2** Plato preparado con un picadillo de carne, pescado o verdura, cuajado con huevos en un molde.

budismo *m* Doctrina filosófica y religiosa, fundada en la India y basada en las máximas de Buda (s. VI a.C.).

budista *adj* Del budismo. **b)** Partidario o adepto del budismo. *Tb n.*

buelga *f* (*reg*) Rastro de paja que colocan los mozos desde las casas de los novios hasta la iglesia.

buen → BUENO.

buenamente *adv* **1** Dentro de las posibilidades normales. ■ **2** Por las buenas o sin coacción.

buenaventura *f* Adivinación de la suerte futura de una persona mediante el examen de las rayas de la mano.

buenazo **-za** *adj* (*col*) [Pers.] bondadosa y de buen carácter. *Tb n.*

bueno **-na** **I** *adj* (*toma la forma* BUEN *cuando precede inmediatamente a un n m sg. El superl puede ser* BUENÍSIMO *o, más raro y lit,* BONÍSIMO) **1** [Pers.] que se porta como debe. *Normalmente como predicat con* SER. **b)** [Pers.] de condición moral superior a la normal o aceptable. *Normalmente pospuesto al n.* **c)** [Cosa] propia de la pers. buena. **d) el ~ de +** *n de pers.* *Fórmula con que, con matiz de burla, se pone de relieve la honradez ingenua de la pers que se menciona.* * Se puso a leer lo escrito por el bueno de Pepe. **e)** *Precediendo a* HOMBRE, MUJER, PERSONA, CHICO, MUCHACHO, *expresa una valoración moral favorable, aunque superficial, e implicando a veces una idea de simplicidad. Usados como vocativos,* BUEN HOMBRE *y* BUENA MUJER *denotan un aire de superioridad frec desp.* * Parece buena chica. **f) buen** [hombre], [hombre] **~** → HOMBRE. ■ **2** [Pers.] que reúne en forma satisfactoria las cualidades exigibles en su actividad o condición. *El n al que precede designa a la pers de acuerdo con esa actividad o condición.* * Es un buen conductor. **b)** [Pers.] destacada por su habilidad o capacidad. *Como predicat con* SER. * Es bueno en matemáticas. **c)** [Sociedad] distinguida. *Antepuesto al n.* **d)** *Ante adj o n calificador referidos a pers, se usa ponderando la intensidad de la cualidad expresada por estos.* * Buen sinvergüenza está hecho. **e) buen** [mozo] → MOZO. ■ **3** [Cosa] que reúne en forma satisfactoria las cualidades exigibles a su naturaleza. **b)** Válido o auténtico. *Gralm en la constr* DAR COMO (*o* POR) **~.** **c)** Acertado u oportuno. **d)** Apto o útil [para algo]. **e)** [Cosa] de calidad superior a la normal o aceptable. ■ **4** [Cosa] que causa satisfacción. **b)** [Cosa] de sabor agradable. **c)** (*juv o vulg*) [Pers.] apetecible sexualmente. *Gralm como predicat con* ESTAR. **d)** [Tiempo] agradable. *Frec se sustantiva como n m al ir con el v impers* HACER. **e) buenas** [palabras], **~s** [tiempos] → PALABRA, TIEMPO. ■ **5** [Pers.] sana. *Normalmente como predicat con* ESTAR. *A veces tb irónicamente referido al estado mental.* ■ **6** [Cosa] grande en tamaño, en cantidad o en intensidad. *Tb referido al tamaño, cantidad o intensidad mismos.* **b)** *Precedido de un adj posesivo y precediendo a una expresión de cantidad, pondera la importancia de esta.* * Tardamos nuestros buenos diez minutos. ■ **7** *Se usa con intención irónica, frec en forma exclam, para destacar la inoportunidad o inconveniencia de un hecho, o la falta de suerte, de acierto o de alguna cualidad de una pers.* * No le dije nada; buena era.

II *f* **8** (*jerg*) Derecha, o lado derecho.

III *loc v y fórm v* **9 ~ es.** (*col*) *Fórmula con que se acepta lo que alguien ha ofrecido.* ■ **10 ~ está lo ~** (*tb, más raro, ~* **está**). (*col*) *Fórmula con que se manifiesta que se acepta o aprueba lo hecho o dicho hasta el momento, pero que no se está dispuesto a pasar de ahí.* ■ **11 cuánto** (*o* **tanto) ~ (por aquí).** *Fórmula de bienvenida.* ■ **12 estar,** *o* **ir, ~.** (*col*) Tener [alguien] pocas posibilidades o ninguna de salir con éxito. ■ **13 hacer buena** [una cosa (*cd*) a alguien]. Mostrar[le] que es cierta. *Tb sin ci.* ■ **14 hacerla buena** (buena la hemos hecho, *etc*) → HACER. ■ **15 saber,** *o* **ver,** [alguien] **lo que es ~.** (*col*) Conocer el aspecto incómodo o desagradable de algo que a primera vista no lo parece. *Frec en fórmulas de amenaza.* ■ **16 santo y ~** → SANTO.

IV *loc adv* **17 a la buena de Dios, de buena mañana** → DIOS, MAÑANA. ■ **18 de buenas** (*o, más raro,* **a buenas**). En disposición favorable o amistosa. *Gralm con el v* ESTAR. ■ **19 de buenas a pri-**

meras. De manera súbita o inesperada. ■ **20 por las buenas** (o, más raro, **a** (**las**) **buenas**). Sin violencia o sin coacción. **b) por las buenas.** Sin motivo o justificación aparente. **c)** Sin recurrir a medios especiales.
V interj (col) **21** Se usa expletivamente al empezar a hablar. * Bueno, chicos, me voy. ■ **22** Denota consentimiento o aquiescencia a lo que acaba de ser propuesto o afirmado. * –¿Vienes al cine? –Bueno. **b)** Irónicamente, expresa negación enfática de lo que otro acaba de decir. * –¿Y a qué otro sitio podríamos haber ido? –Bueno... ¡pues ni conozco yo sitios! ■ **23** Denota resignación. * Bueno, le rebajaré una peseta para que se lo lleve. **b)** Irónicamente, denota desagrado o impaciencia. * ¡Bueno, basta ya! ■ **24** Se usa en comienzo de frase para introducir un punto de vista que en cierto modo se opone a lo anterior. * Bueno, es mejor que nos tuteemos. **b)** Introduce una rectificación a lo que se acaba de decir. * Iba sucio, bueno, casi sucio. ■ **25 buenas.** (col) Se usa como saludo. Tb MUY BUENAS.

bueuense adj De Bueu (Pontevedra). Tb n, referido a pers.

buey[1] **I** m **1** Toro castrado. **b)** (Taur, desp) Toro manso. **c)** (raro) Toro (especie). ■ **2** Cangrejo de mar, de dimensiones notables, comestible (Cancer pagurus). Tb ~ DE MAR y ~ DE FRANCIA.
II loc adj **3** [Lengua] **de ~**, [ojo] **de ~** → LENGUA, OJO.

buey[2]. **~ de agua.** m (reg) Caudal grueso de agua.

bueyada f (Taur, desp) Corrida de toros mansos.

bueyero -ra I m y f **1** Boyero (pers. que guarda o conduce bueyes[1] [1]).
II loc adj **2** [Garcilla] **bueyera** → GARCILLA.

bueyuno -na adj Boyuno. Tb fig, desp.

buf interj (col) Expresa molestia o repugnancia.

bufa f **1** Burla. ■ **2** (reg) Borrachera.

búfalo -la A m **1** Bóvido corpulento, de largos cuernos hacia atrás, cuyas especies principales son la asiática Bubalus bubalus y las africanas Syncerus caffer y S. nanus. A veces con un adj especificador: ASIÁTICO, AFRICANO, CAFRE. Frec designa solo el macho de estas especies. ■ **2** Bisonte que vive en América del Norte.
B f **3** Hembra del búfalo [1 y 2].

bufamiento m Acción de bufarse [3].

bufanda f **1** Prenda de abrigo, consistente en una tira de tela, gralm. lana, que se pone alrededor del cuello. ■ **2** En el argot de los funcionarios: Retribución supletoria extraoficial y ocasional.

bufante adj (raro) Que bufa [1].

bufar intr ➤ **a** normal **1** Resoplar [determinados animales, esp. el gato, el toro o el caballo] en señal de enfado. ■ **2** (col) Manifestar [alguien] gran enojo. Gralm. en la constr QUE BUFA.
➤ **b** pr (**~se**) **3** Ahuecarse [una pared].

bufarda f (reg) Agujero abierto a ras de tierra en la carbonera para que esta respire mientras se hace el carbón.

bufé m Buffet.

bufete[1] m **1** Despacho de abogado. ■ **2** Clientela de abogado. ■ **3** Mesa de escribir con cajones.

bufete[2] m Buffet.

buffet (fr; pronunc corriente, /bifé/ o /bufé/; pl normal, ~S) m **1** En un hotel u otro establecimiento si-

milar: Lugar en el cual se sirven alimentos ligeros fríos o calientes. Tb los mismos alimentos. ■ **2** En una reunión social: Mesa en que se sirven bebidas y pequeños alimentos. Tb el lugar en que se encuentra y los alimentos y bebidas que se sirven.

bufido m **1** Acción de bufar [1] una vez. Tb su efecto. ■ **2** (col) Exabrupto (dicho brusco e inconveniente).

bufo -fa I adj **1** Cómico grotesco. ■ **2** [Ópera] cómica, esp. italiana.
II m pl **3** (hist) Teatro cómico italiano.

bufón -na I m y f **1** Pers. cuya misión o propósito es exclusivamente provocar la risa. **b)** (hist) Criado cuya misión exclusiva es hacer reír a los señores con sus dichos cómicos o ingeniosos.
II adj (raro) **2** Bufonesco.

bufonada f Dicho o hecho propio de bufón [1].

bufonería f Bufonada.

bufonesco -ca adj Propio de bufón [1].

buga m (juv) Coche o automóvil.

buganvilia f Buganvilla.

buganvilla f Arbusto trepador, espinoso, de hojas alternas, agudas, de color verde vivo y brillantes, y flores pequeñas, amarillentas, rodeadas de grandes brácteas de color rojo violáceo (gén. Bougainvillea).

bugati (n comercial registrado, Bugatti) m (juv) Coche o automóvil.

buglosa f Lengua de buey (planta).

bugre m (reg) Bogavante (crustáceo).

bugui[1] m Bugui-bugui.

bugui[2] m (juv) Coche o automóvil.

bugui-bugui m Estilo de interpretar el blues al piano con ritmo rápido y repetitivo. Tb su baile.

buharda f (raro) Buhardilla.

buhardilla f **1** Desván. ■ **2** Ventana de un desván, que sobresale del tejado y cuyo saliente está recubierto por un tejadillo.

buhardillón m Buhardilla grande.

búho m **1** Ave rapaz nocturna, de cuerpo robusto y macizo, cabeza grande redondeada con pico fuerte y curvado y ojos grandes sobre los cuales se encuentran dos penachos de plumas eréctiles (Asio otus). Frec ~ CHICO o COMÚN. **b)** ~ **nival.** Ave rapaz diurna, grande, de color blanco listado y ojos amarillos (Nyctea scandiaca). **c)** ~ **real** (o **grande**). Ave rapaz similar al búho común pero mucho más grande (Bubo bubo). ■ **2** (col) Autobús nocturno.

buhobús (tb con la grafía **búho-bus**) m (col) Autobús nocturno.

buhonear intr (raro) Ir de pueblo en pueblo como vendedor ambulante de pequeños objetos.

buhonería f Mercancía de buhonero.

buhonero -ra I m y f **1** Vendedor ambulante de pequeños objetos, que va de pueblo en pueblo. Tb fig.
II adj **2** De(l) buhonero [1].

buido -da adj (lit) Agudo o afilado. Frec fig.

building (ing; pronunc corriente, /búildin/; pl normal, ~S) m Gran edificio moderno de muchos pisos.

buitre m **1** Ave rapaz de grandes dimensiones, plumaje pardo, alas y cola negras, un collar blanco en la base del cuello, y cabeza y cuello cubiertos de plumón blanco, y que se alimenta de carroña (*Gyps fulvus*). *Tb* ~ COMÚN *o* ~ LEONADO. **b)** ~ **negro.** Ave similar al buitre común, con las plumas del cuello negras (*Aegypius monachus*). *Tb* ~ MONJE *o* ~ FRANCISCANO. ■ **2** (*col*) Pers. codiciosa y con pocos escrúpulos. ■ **3** Se usa *frec en constrs de sent comparativo para ponderar la furia con que alguien se ceba en alguien o algo.*

buitrear *tr* (*jerg*) Aprovecharse [de alguien (*cd*)].

buitrera *f* Lugar en que anidan los buitres [1].

buitrón *m* Pájaro muy pequeño, de pico agudo y curvado, cola corta y redondeada y color pardo manchado de oscuro (*Cisticola juncidis*).

buja *m* (*jerg*) Bujarrón.

bujalanceño -ña *adj* De Bujalance (Córdoba). *Tb n, referido a pers.*

bujarda *f* (*Constr*) Escoda (herramienta).

bujarra *m* (*jerg*) Bujarrón. **b)** *En gral:* Hombre homosexual.

bujarrón *m* (*jerg*) Sodomita activo.

bujarrona *f* (*jerg*) Hombre homosexual.

buje *m* Pieza cilíndrica que guarnece interiormente el cubo de la rueda de un vehículo.

bujedo *m* Bojedal (lugar poblado de bojes).

bujel *m* (*reg*) Cenefa tallada en el borde de las abarcas. *Gralm en pl.*

bujeo *m* (*reg*) Terreno fangoso. *Frec en la constr* TIERRA DE ~.

bujería *f* (*lit, raro*) Mercancía menuda, de metal o de vidrio, de poco valor.

bujero *m* (*pop*) Agujero.

bujía *f* **1** Vela de cera, esperma de ballena o estearina. ■ **2** *En el automóvil:* Pieza del motor, que produce la chispa en el cilindro e inflama la mezcla carburante. ■ **3** (*Fís*) Unidad de intensidad luminosa, hoy en desuso, que equivale a 1/20 violle. *Tb* ~ DECIMAL. **b)** ~ **nueva.** Candela.

bujío *m* (*jerg*) Casa, esp. pobre y pequeña.

bujón *m* (*Mar*) Espiche grande.

bul *m* (*jerg*) Trasero.

bula *f* **1** Documento pontificio expedido y autorizado con el sello del papa. **b)** Documento en el que el papa dispensa del ayuno o de la abstinencia. *Frec el sumario de este documento.* **c)** Limosna percibida por la Iglesia a cambio de la concesión de una bula de dispensa de ayuno o abstinencia o de una bula de indulgencias. ■ **2** Sello de plomo que va pendiente de un documento pontificio. *Tb* (*raro*) *referido a otros documentos.* ■ **3** (*col*) Ventaja o facilidad de que se disfruta cuando se les niegan a los demás. *Frec en la constr* TENER ~.

bulario *m* Colección de bulas [1a y b].

bulbar *adj* (*Anat*) De(l) bulbo.

bulbiforme *adj* (*E*) De forma de bulbo [1].

bulbo *m* **1** (*Bot*) Yema abultada y normalmente subterránea, con las hojas convertidas en órganos de reserva. ■ **2** ~ **raquídeo.** (*Anat*) *En el encéfalo:* Parte superior abultada de la médula espinal. *Tb simplemente* ~. ■ **3** ~ **piloso.** (*Anat*) Extremo interior abultado del pelo.

bulboso -sa *adj* **1** (*Bot*) Que tiene bulbos [1]. **b)** [Violeta] **bulbosa** → VIOLETA. ■ **2** (*E o lit*) Bulbiforme.

bulbul *m* Se da este n a varias especies de pájaros tropicales, de patas cortas, alas cortas y redondeadas, frugívoros y sociables, y algunos de ellos excelentes cantores, esp *Pycnonotus jocosus*.

buldero *m* (*hist*) Bulero.

bulé *f* (*hist*) *En la república ateniense:* Asamblea legislativa formada por los representantes de los ciudadanos.

bulerías *f pl* Cierto cante popular andaluz de ritmo vivo que se acompaña con palmas. *Tb su baile.*

bulero *m* (*hist*) Hombre encargado de la venta de bulas [1b].

bulevar *m* Calle ancha con un andén central.

búlgaro -ra I *adj* **1** De Bulgaria. *Tb n, referido a pers.*
II *m* **2** Lengua de Bulgaria.

bulge *m* (*Mar*) Pandeo o protuberancia del casco para aumentar la estabilidad.

bulimia *f* (*Med*) Hambre exagerada.

bulista *adj* (*raro*) [Pers.] que propala bulos. *Tb n.*

bulk-carrier (*ing; pronunc corriente,* /bulkárier/; *tb con la grafía* **bulkcarrier**; *pl normal,* ~s) *m* Buque de carga a granel.

bulla[1] *f* **1** Alboroto de gritos y voces. *Tb fig.* ■ **2** Agitación ruidosa, esp. causada por la muchedumbre. ■ **3** Concurrencia grande de gente.

bulla[2] (*lat; pronunc,* /búla/) *f* (*Med*) Ampolla.

bullabesa *f* Sopa de pescados y mariscos con tomate y especias, que se sirve acompañada de rebanadas de pan. *Tb* SOPA ~.

bullanga *f* (*col*) Alboroto o bullicio.

bullangueo *m* (*col, raro*) Bullanga.

bullanguero -ra *adj* (*col*) **1** [Pers.] alborotadora o bulliciosa. *Tb n.* **b)** Propio de la pers. bullanguera. ■ **2** [Cosa] que tiene alboroto o bullicio, o va acompañada de ellos.

bullarengue *m* (*col*) Trasero, esp. abultado.

bullate *m* (*jerg*) Trasero.

bulldog (*ing; pronunc corriente,* /buldóg/; *pl normal,* ~s) *m* Perro de guardia de tamaño medio, macizo, musculoso, con cabeza grande, hocico ancho, cuello corto, patas cortas y curvadas y pelo corto y gralm. leonado.

bulldozer (*ing; pronunc corriente,* /buldóθer/; *pl normal,* ~s) *m* Máquina muy potente, montada sobre tractor de oruga, utilizada en los trabajos de desmonte o explanación.

bullebulle *m* (*col*) Agitación o ir y venir constante. *Tb fig.*

bullente *adj* Que bulle. **b)** De seres que bullen [2].

bullerío *m* (*reg*) Alboroto o bullicio.

bullicio *m* **1** Ruido confuso causado por la presencia de mucha gente. **b)** Ruido confuso. ■ **2** Agitación ruidosa causada por la muchedumbre.

bulliciosamente *adv* De manera bulliciosa.

bullicioso -sa *adj* **1** Que causa bullicio. ■ **2** Que tiene bullicio, o va acompañado de él.

bullidor -ra *adj* **1** Que bulle. ■ **2** [Lugar] en que hay bullicio [1 y esp. 2].

bullir (*conjug* **53**) *intr* **1** Hervir. *Tb fig.* ▪ **2** Moverse o agitarse [algo, esp. una masa de perss., animales o cosas]. *Tb fig.* **b)** Moverse o dar señales de vida. ▪ **3** Llamar la atención [una pers.] por su mucha actividad.

bullmastiff (*ing; pronunc corriente,* /bulmástif/; *tb con la grafía* **bull mastiff**; *pl normal, invar*) *m* Perro de raza inglesa, cruce de bulldog y mastín.

bullón *m* Bulto hueco. *Frec referido al usado como adorno en las prendas de vestir.*

bulo *m* Noticia falsa, esp. transmitida por vía oral, difundida con fines interesados.

bulón *m* (*Mec*) Perno.

bulonaje *m* (*Mec*) Fijación por medio de bulones.

bulto I *m* **1** Saliente apreciable en una superficie. ▪ **2** Volumen (masa o cuerpo considerados en sus tres dimensiones). ▪ **3** Cuerpo o masa cuya forma no se distingue con precisión. ▪ **4** Paquete u otro objeto dispuesto para su transporte. ▪ **5** (*Arte*) Escultura exenta. *Tb* ~ REDONDO. *Se opone a* RELIEVE. ▪ **6** (*Taur*) Pers. o caballo que se presenta a la vista del toro. II *loc adj* **7 de** ~. [Error] de evidente importancia. **b)** (*raro*) [Cosa] destacada o llamativa. ▪ **8 de** ~. (*Arte*) [Figura] de tres dimensiones. *Tb adv.* ▪ **9 de** ~ **redondo.** (*Arte*) [Escultura] aislada o exenta. III *loc v* **10 escurrir, escabullir, rehuir,** *o* **hurtar, el** ~. (*col*) Eludir el trabajo, riesgo o compromiso. **b)** **escurrir el** ~ [a alguien o algo]. Evitar[lo]. ▪ **11 hacer** ~. (*col*) Contribuir a dar aspecto animado a una reunión por medio de la mera presencia. ▪ **12 poner de** ~. Exhibir o mostrar. IV *loc adv* **13 a** ~. Aproximadamente, o de manera imprecisa.

bululú *m* **1** (*raro*) Alboroto o escándalo. ▪ **2** (*Escén*) Actor que representa él solo una pieza breve.

bum I *interj* **1** Imita el sonido de una explosión o de un golpe. *A veces se sustantiva como n m.* II *m* **2** Boom (auge súbito).

bumerán *m* **1** Proyectil de madera, de trayectoria irregular, que vuelve al punto de partida. ▪ **2** Acto hostil que se vuelve contra el que lo hace.

bumerang (*pl normal,* ~s) *m* Bumerán.

buna *f* Caucho artificial fabricado a partir del butadieno.

bundestag (*al; pronunc corriente,* /búndestag/; *gralm con mayúscula*) *m* Parlamento alemán.

bungaló *m* Casa pequeña de una sola planta, en un lugar de vacaciones.

bungalow (*ing; pronunc corriente,* /bungalób/ *o* /bungaló/; *pl normal,* ~s) *m* Bungaló.

bunker (*ing; pronunc corriente,* /bánker/) *m* (*Golf*) Zona de arena que constituye un obstáculo en el recorrido.

búnker (*tb, raro, con la grafía* **búnquer**; *pl normal,* ~s) *m* **1** (*Mil*) Fortín. ▪ **2** (*Pol*) Actitud rígidamente inmovilista y frec. aislacionista, esp. de derechas. *Tb el grupo o grupos que mantienen esa actitud.*

bunkeriano -na (*tb, raro, con la grafía* **bunqueriano**) *adj* (*Pol*) **1** De(l) búnker [2]. ▪ **2** [Pers.] inmovilista, esp. de derechas. *Tb n.*

bunkerismo (*tb, raro, con la grafía* **bunquerismo**) *m* (*Pol*) Tendencia o actitud bunkeriana [1].

bunkerización (*tb, raro, con la grafía* **bunquerización**) *f* (*Pol*) Acción de bunkerizar(se).

bunkerizador -ra (*tb, raro, con la grafía* **bunquerizador**) *adj* (*Pol*) Que bunkeriza. *Tb n, referido a pers.*

bunkerizar (*tb, raro, con la grafía* **bunquerizar**) *tr* (*Pol*) Dar carácter bunkeriano [1] [a alguien o algo (*cd*)]. **b)** *pr* (~**se**) Tomar carácter bunkeriano [alguien o algo].

bunkero -ra (*tb, raro, con la grafía* **bunquero**) *adj* (*Pol, humoríst*) Bunkeriano. *Tb n, referido a pers.*

búnquer, bunqueriano, bunquerismo, bunquerización, bunquerizador, bunquerizar, bunquero → BÚNKER, BUNKERIANO, *etc.*

buñolada *f* (*reg*) Fiesta en que se sirven buñuelos con chocolate y otras cosas.

buñolense *adj* De Buñol (Valencia). *Tb n, referido a pers.*

buñolería *f* Tienda en que se hacen y venden buñuelos [1].

buñolero -ra *m y f* Pers. que tiene por oficio hacer o vender buñuelos [1].

buñuelero -ra *adj* De Buñuel (Navarra). *Tb n, referido a pers.*

buñuelo *m* **1** Alimento consistente en una bola de masa de harina, agua y otros ingredientes, frita y a veces rellena. **b)** ~ **de viento** → VIENTO. **c)** (*reg*) Churro (pieza de masa frita). **d)** (*reg*) Porra (pieza de masa frita). ▪ **2** (*col*) Cosa hecha chapuceramente.

BUP (*sigla*) *m* Bachillerato unificado polivalente.

buque *m* **1** Barco de cierta importancia, por su tonelaje o por la misión a que está destinado. *Frec con un adj o compl especificador:* DE CABOTAJE, DE GUERRA, MERCANTE, *etc* (→ CABOTAJE, GUERRA, *etc*). **b)** ~ **cisterna,** ~ **escolta,** ~ **escuela,** ~ **insignia** → CISTERNA, ESCOLTA, ESCUELA, INSIGNIA. ▪ **2** ~ **insignia.** Pers. o cosa que tiene la primacía y máxima representación entre las de su clase.

buqué *m* Bouquet (aroma de vino).

buraco *m* Agujero. *Tb fig.*

buratero *m* (*hist*) Fabricante de burato.

burato *m* (*hist*) Tejido de lana y seda usado para manteos y para prendas de alivio de luto.

buraz *m* (*reg*) Se da el este *n* a los peces dentón (*Dentex dentex*), aligote (*Pagellus acarne*) y besugo (*Pagellus centrodontus*).

burbuja I *f* **1** Película esférica llena de aire u otro gas, esp. la que se forma en el interior de un líquido. ▪ **2** *En cómics, fotonovelas o chistes:* Círculo que contiene los pensamientos no expresados. ▪ **3** Espacio transparente y totalmente aislado del exterior, en que se mantiene con vida un ser inmunodeficiente. II *adj invar* **4** [Niño] que vive en una burbuja [3].

burbujeante *adj* Que burbujea.

burbujear *intr* Formar burbujas [1].

burbujeo *m* Acción de burbujear. *Tb su efecto.*

burda[1] *f* (*Mar*) Elemento de la jarcia que se fija a las bandas por medio de tensores o palancas.

burda[2] *f* (*jerg*) Puerta.

burdamente *adv* De manera burda (→ BURDO).

burdégano *m* Hijo de caballo y burra.

burdel *m* Casa de prostitución.

burdeos **I** *m* **1** Vino tinto procedente de Burdeos o del departamento de la Gironda (Francia). **II** *adj invar* **2** [Color] rojizo propio del burdeos [1]. *Tb n m.* **b)** De color burdeos.

burdo -da *adj* **1** Tosco o grosero. ■ **2** Simple o elemental.

bureau *(fr; pronunc corriente, /buró/; pl normal, ~x) m* Buró.

burebano -na *adj* De la Bureba (comarca de Burgos). *Tb n, referido a pers.*

burel *m* *(Taur)* Toro.

bureo[1] *m* Juerga o diversión.

bureo[2] *(a veces con mayúscula) m (hist)* Junta encargada de resolver los expedientes administrativos de la casa real.

bureta *f* Tubo graduado de cristal, usado en laboratorios, con un dispositivo que permite verter gota a gota el líquido contenido.

burga *f (reg)* Manantial de agua caliente.

burgado *m (reg)* **1** Caracol terrestre del tamaño aproximado de una nuez. *Tb* CARACOL ~. *Frec en la forma* BURGADILLO *o* BURGAÍLLO. ■ **2** Bígaro (molusco marino). *Frec en la forma* BURGADILLO *o* BURGAÍLLO.

burgalés -sa *adj* **1** De Burgos. *Tb n, referido a pers.* ■ **2** *(hist)* [Dinero] labrado en la ceca de Burgos durante los reinados de Fernando III y Alfonso X, equivalente a 1/12 del maravedí de plata o a 1/90 del maravedí de oro. *Tb n m.*

burgalesismo *m (lit)* Condición de burgalés [1], esp. amante de lo burgalés.

burgalesista *adj (lit)* De(l) burgalesismo o que lo implica.

burgense *adj (lit)* **1** Burgalés [1]. *Tb n.* ■ **2** De El Burgo de Osma (Soria). *Tb n, referido a pers.*

burger *(ing; pronunc corriente, /búrger/; pl normal, ~s) m* Establecimiento destinado a la venta de hamburguesas.

burgher *(ing; pronunc corriente, /búrger/; pl normal, ~s) m y f* Habitante de Sri Lanka descendiente de colonos holandeses o portugueses.

burgo *m* **1** *(raro)* Aldea. ■ **2** *(hist)* Barrio o arrabal constituido por inmigrantes de una misma procedencia. ■ **3** *(hist)* Castillo.

burgomaestre *m* Alcalde de una ciudad alemana, suiza-alemana, holandesa o flamenca.

burgos *m* Queso fresco fabricado originariamente en la zona de Burgos. *Tb* QUESO DE BURGOS.

burguense *adj* De El Burgo de Osma (Soria). *Tb n, referido a pers.*

burgués -sa *adj* **1** De (la) clase media. *Tb n, referido a pers.* **b)** pequeño ~ → PEQUEÑOBURGUÉS. **c)** *(hist) En la Edad Media:* Habitante de ciudad, dedicado a la industria o al comercio. ■ **2** Que no pertenece a la clase obrera o proletaria. *Tb n, referido a pers. Frec desp.* **b)** *En la doctrina marxista:* Que pertenece a la clase que posee el poder económico. *Tb n, referido a pers.* ■ **3** Conservador. *Referido a gustos, costumbres o tendencias, o a la pers que los*

tiene. *Tb n, referido a pers. Frec desp.* ■ **4** *(desp)* Mediocre o sin inquietudes. *Tb n, referido a pers.*

burguesamente *adv* De manera burguesa, esp [3 y 4].

burguesía *f* Clase constituida por los burgueses [1 y 2].

burguesismo *m (raro)* Espíritu burgués, esp [3 y 4].

burguetano -na *adj* De Burguete (Navarra). *Tb n, referido a pers.*

burguiñón *m* Dialecto de la lengua de oïl hablado en Borgoña (región de Francia).

burgundio -dia *(hist)* **I** *adj* **1** De un antiguo pueblo de origen escandinavo que en el s. V se extendió, en Francia, por la cuenca del Saona y del Ródano. *Tb n, referido a pers.* **II** *m* **2** Lengua de los burgundios [1].

burí *m* Palmera filipina de tronco alto, grueso y recto, hojas grandes de las que se extrae un filamento textil, y flores en panoja (*Corypha umbraculifera*). *Tb* PALMA ~.

buril *m* Instrumento de acero, de formas diversas, que sirve para grabar en metal y en otras materias.

burilar *tr* Grabar con buril. *Tb fig.*

burla **I** *f* **1** Acción de burlar(se) [1, 3, 4 y esp. 6 y 7]. ■ **2** Gesto o tono de burla [1]. ■ **3** Pers. o cosa objeto de burla [1]. **II** *loc v* **4** hacer ~ [a alguien]. Convertir[lo] en objeto de risa haciendo gestos ridículos, imitándo[lo] o diciendo cosas ofensivas. **III** *loc adv* **5** ~ burlando. *(col)* Como quien no quiere la cosa, o casi inadvertidamente. ■ **6** entre ~s y veras. *(col)* Medio en broma medio en serio.

burladero *m En una plaza de toros:* Trozo de valla situado delante de la barrera y destinado a servir de refugio burlando [2] al toro.

burladés -sa *adj* De Burlada (Navarra). *Tb n, referido a pers.*

burlador -ra **I** *adj* **1** *(raro)* Que burla. *Tb n, referido a pers.* **II** *m* **2** Hombre libertino que seduce y engaña a las mujeres. *Referido a personaje literario.*

burlar **A** *tr* **1** Engañar [a alguien]. **b)** Seducir con engaño [a una mujer]. ■ **2** Esquivar [un ataque, una persecución o a alguien o algo que ataca, que persigue o que está para impedir el paso]. ■ **3** Faltar [a algo que obliga (cd)]. ■ **4** *(raro)* Gastar bromas [a alguien (cd)] o hacer[le] objeto de risa. **B** *intr* ➤ **a** normal **5** *(jerg)* Jugar dinero. ➤ **b** *pr* (~se) **6** Hacer [a alguien o algo (compl DE)] objeto de risa. ■ **7** Faltar a la consideración u obediencia debidas [a alguien o algo (compl DE)].

burle *m (jerg)* Acción de burlar [5], esp. a las cartas.

burlería *f (raro)* Acción de burlarse [6 y 7].

burlescamente *adv* De manera burlesca.

burlesco -ca *adj* De (la) burla [1] o que la implica.

burleta *f* Pequeña burla o broma.

burlete *m* Tira de tela o de otro material blando, o cilindro relleno, que se sujeta en los intersticios de puertas o ventanas para evitar que por ellos entre el aire frío.

burlón -na *adj* **1** [Pers.] que se burla [6]. *Tb n.* *Alguna vez, referido a animales.* ■ **2** Que denota o implica burla [1].

burlonamente *adv* De manera burlona.

buró *m* **1** Mueble para escribir, que tiene un cuerpo, más alto que el tablero, formado por pequeños cajones o casillas, y que puede cerrarse levantando el tablero o mediante una cubierta de tablillas articuladas. ■ **2** *En algunos organismos, esp políticos:* Mesa, o conjunto de perss. que constituyen la dirección.

burocracia *f* **1** Organización administrativa, esp. la oficial. *Frec con intención peyorativa, aludiendo a su presencia o influencia excesivas, su complicación o su lentitud.* ■ **2** Cuerpo de funcionarios.

burócrata I *m y f* **1** Funcionario. *Frec desp.* II *adj* **2** Que gusta de la burocracia [1] o que tiende a acusadamente a ella.

burocráticamente *adv* En el aspecto burocrático [1].

burocrático -ca *adj* **1** De (la) burocracia. **b)** Propio de la burocracia. ■ **2** Burócrata [2].

burocratismo *m* Predominio de la burocracia [1].

burocratización *f* Acción de burocratizar.

burocratizador -ra *adj* Que burocratiza.

burocratizante *adj* Que tiende a la burocratización.

burocratizar *tr* **1** Someter [a alguien o algo] a la burocracia [1]. ■ **2** Dar carácter burocrático [1] [a algo (*cd*)].

burofax *m* Servicio de fax en una oficina de correos.

burra → BURRO[1].

burraca *f* **1** (*jerg*) Prostituta. *Tb adj.* ■ **2** (*reg*) Urraca (ave).

burraco -ca *adj* **1** (*reg*) [Palomo] blanco con manchas negras. ■ **2** (*Taur*) [Res] negra con manchas blancas. *Tb n.*

burrada (*col*) I *f* **1** Barbaridad (acción bárbara, disparate, o palabra malsonante). ■ **2** Gran cantidad [de perss. o cosas]. *Con intención ponderativa. Frec* UNA ~. II *loc adv* **3** una ~. Muchísimo. *Con intención ponderativa.*

burrajo *m* (*reg*) Hojarasca de pino, usada como combustible.

burranco -ca *m y f* (*reg*) Asno joven.

burrear *intr* (*col*) ➤ **a** *normal* **1** Hacer el burro[1] [11b]. ➤ **b** *pr* (~se) **2** (*reg*) Burlarse [de alguien].

burreño -ña *adj* [Mulo] hijo de caballo y asna. *Tb n.*

burreo *m* (*col*) Acción de burrear(se).

burrero -ra *m y f* **1** Pers. que conduce uno o más burros[1] [1]. **b)** (*hist*) Pers. que tiene o conduce burras para vender su leche. ■ **2** Traficante de burros[1] [1].

burrez *f* (*col*) Cualidad de burro[1] [11].

burrianense *adj* De Burriana (Castellón). *Tb n, referido a pers.*

burricie *f* (*col*) Burrez.

burriciego -ga *adj* (*Taur*) [Res] que tiene visión defectuosa. *Tb n.*

burrilla *f* (*reg*) Soporte de madera.

burro[1] -rra I *n* A *m* **1** Asno (mamífero). *Tb designa solamente el macho de esta especie.* ■ **2** Juego de naipes en que se dan cuatro cartas a cada jugador, gana cada baza la mayor carta del palo con que salió el mano, y gana el juego el primero que se queda sin cartas. **b)** Juego de naipes en que se dan tres cartas a cada jugador, se descubre la carta que marca el triunfo y se juega en la misma forma que el julepe. ■ **3** Pídola (juego). ■ **4** (*col*) Pers. sobre la que otra sube o monta. ■ **5** (*reg*) Hacina grande de hierba. ■ **6** (*jerg*) Heroína (droga).
B *f* **7** Hembra del burro [1]. ■ **8** (*col*) Bicicleta. ■ **9** (*Dep*) *En la lucha canaria:* Lance que consiste en trabar con una pierna otra del contrario, para derribarlo. ■ **10** (*reg*) Lesión en la piel, en forma de cardenal o ampolla.
C *m y f* **11** (*col*) Pers. torpe o ignorante. *Tb adj.* **b)** Pers. tosca o poco delicada. *Tb adj.* **c)** Pers. obstinada. *Tb adj.* ■ **12** ~ **de carga.** (*col*) Pers. que trabaja exageradamente, esp. en sent. físico.
II *loc v* **13** apear, *o* hacer caer [a alguien], **del**, *o* de su, ~ (*o* burra). (*col*) Convencer[le] de su error. **b)** apearse, *o* caer [alguien], **del**, *o* de su, ~ (*o* burra). Ceder, o reconocer su error. ■ **14** no ver tres en un ~. (*col*) Ser muy miope. *Tb fig.* ■ **15** poner ~. (*vulg*) Excitar sexualmente [a un hombre]. ■ **16** poner [a alguien] a caer de un ~. (*col*) Llenar[le] de improperios. ■ **17** ser el amo de la burra. (*col*) Tener la capacidad de decidir. ■ **18** vender la burra [a alguien]. (*col*) Engañar[le].
III *loc adv* **19** a lo ~. A lo bruto. ■ **20** como un ~ (*o* una burra). (*col*) Mucho. *Gralm con el v* TRABAJAR.

burro[2] *m* **1** Pez marino comestible de las islas Canarias, de la familia del besugo, de unos 40 cm de largo y ojos muy grandes (*Sparus assellus*). ■ **2** Pez marino comestible, de la familia del bacalao, propio de los mares nórdicos, y que se distingue por una línea lateral oscura y por una mancha negra sobre las aletas pectorales (*Gadus aeglefinus*). *Tb* PEZ ~.

burro-taxi *m* Burro[1] [1] de alquiler para recorridos turísticos.

burruño *m* Gurruño (pelota arrugada y apretada).

bursa *f* (*Anat*) Bolsa[1].

bursátil *adj* De la bolsa[2] de valores.

bursátilmente *adv* En el aspecto bursátil.

burserácea *adj* (*Bot*) [Planta] dicotiledónea leñosa de cuya corteza se extraen resinas balsámicas y gomas, de la familia del árbol del incienso. *Frec como n f en pl, designando este taxón botánico.*

bursina *f* (*Med*) Alcaloide de la planta *Capsella bursa-pastoris*, usado como astringente y tónico.

bursitis *f* (*Med*) Inflamación de una bolsa[1].

burujo *m* Pelota arrugada y apretada [de algo, esp. papel o tela].

burundés -sa *adj* De Burundi. *Tb n, referido a pers.*

bus *m* **1** Autobús. *En señales de tráfico; tb col.* ■ **2** (*Informát*) Línea de interconexión, portadora de información.

busano (*tb* **búsano**) *m* Caracol marino comestible semejante a la cañadilla (*Murex trunculus*).

busardo *m* Aguilucho (ave).

busca[1] *f* **1** Acción de buscar [1]. *Frec en la constr* EN ~ DE. **b)** Acción de buscar algo aprovechable entre las basuras y desperdicios. ■ **2** (*raro*) Robo.

busca[2] *m* (*col*) Buscapersonas.

buscadamente *adv* De manera buscada [2].

buscado -da *adj* **1** *part* → BUSCAR. ■ **2** Artificial o voluntario, no natural o espontáneo.

buscador -ra *adj* Que busca. *Tb n: m y f, referido a pers; m, referido a aparato.*

buscapersonas *m* Pequeño aparato receptor, conectado con una centralita telefónica, que, llevado en el bolsillo por una persona, permite que esta sea avisada en cualquier punto en que se encuentre dentro de un gran recinto. **b)** Mensáfono.

buscapiés (*tb* **buscapié**) *m* Cohete sin varilla que, encendido, corre y estalla a ras de tierra.

buscar *tr* ➤ *a normal* **1** Hacer algo para encontrar [a alguien o algo (*cd*)]. **b)** Hacer [alguien] lo necesario para que ocurra [algo (*cd*)]. *Frec el cd es el pron* LA *o* LO, *con valor indefinido. Frec con un compl de interés.* ■ **2** Provocar [a alguien] para la pelea. ■ **3** Recoger [a una pers.] para llevar[la] o ir con ella a alguna parte. ➤ **b** *pr* (~**se**) **4** ~**selas** (*más raro*, ~**sela**). (*col*) Ingeniárselas para hallar medios de subsistencia.

buscarla *f* Pájaro insectívoro, muy pequeño, de color pardo, poco volador, que vive entre juncos (gén. *Locustella*). *Frec con un adj especificador:* ~ FLUVIAL (*L. fluviatilis*), ~ LANCEOLADA (*L. lanceolata*), ~ PINTOJA (*L. naevia*), ~ UNICOLOR (*L. luscinioides*).

buscarruidos *adj* (*lit, raro*) [Pers.] que arma alborotos o pendencias. *Tb n.*

buscavidas *m y f* **1** Pers. hábil para buscarse medios de vida. *Tb adj.* ■ **2** Pers. que se busca la vida como puede.

buscón -na **A** *m y f* **1** Pers. que busca [1]. **b)** Pers. que se dedica a la busca[1] [1b]. ■ **2** (*raro*) Ratero o ladrón. **B** *f* **3** Prostituta.

bushel (*ing; pronunc corriente*, /búsel/; *pl normal*, ~S) *m* Medida inglesa y norteamericana de áridos, equivalente a 36,36 l en Gran Bretaña y a 35,24 l en Estados Unidos.

bushido (*pronunc corriente*, /buʃído/) *m* (*hist*) Código moral japonés cuyos valores supremos son la valentía y el honor.

busilis *m* (*col*) Punto en que estriba la dificultad o el interés.

business (*ing; pronunc corriente*, /bísnes/) **I** *m* **1** Negocio. **II** *adj invar* **2** *En un avión:* [Clase] preferente. *Tb n f.*

business class (*ing; pronunc corriente*, /bísnes--klás/) *f En un avión:* Clase preferente.

búsqueda *f* Acción de buscar [1].

bustaca *m* (*jerg*) Cierto fármaco que contiene anfetaminas.

bustier (*fr; pronunc corriente*, /bustié/; *pl normal*, ~S) *m* Prenda de vestir femenina que cubre del pecho a la cintura, gralm. sin hombreras.

busto *m* **1** Escultura o pintura de la cabeza y parte superior del tórax. ■ **2** Parte del cuerpo de la cintura para arriba. ■ **3** Pecho, o parte anterior del tórax, de una mujer.

bustrofedon *m* (*Ling*) Manera de escribir, usada en la Grecia antigua, consistente en trazar un renglón de izquierda a derecha y el siguiente de derecha a izquierda.

butaca *f* **1** Sillón mullido y tapizado. **b)** (*raro*) Sillón. ■ **2** *En un teatro o cine:* Asiento con brazos, para un espectador. **b)** *Esp:* Butaca de patio (→ PATIO). **c)** Entrada de butaca de patio.

butacón *m* Butaca [1] grande.

butadieno *m* (*Quím*) Carburo obtenido a partir del acetileno y con el que se fabrican cauchos artificiales.

butanero -ra **I** *adj* **1** De(l) butano. **b)** Que transporta butano. *Tb n m, referido a barco.* **II** *m* **2** Repartidor de butano.

butano *m* Mezcla gaseosa de hidrocarburos obtenidos en la refinación del petróleo y que se usa principalmente como combustible doméstico. *Frec en la aposición* GAS ~.

butanoico *adj* (*Quím*) [Ácido] butírico.

bute. de ~. *loc adj* (*jerg*) De buten. *Tb adv.*

buten. de ~. *loc adj* (*jerg*) Magnífico. *Tb adv.*

buteno *m* (*Quím*) Carburo etilénico que constituye la materia prima para preparar el butadieno.

buti. de ~. *loc adj* (*jerg*) De buten. *Tb adv.*

butifarra **I** *n* **A** *f* **1** Embutido no curado, de color sonrosado, sin pimentón y con abundante tocino, típico de Cataluña y Baleares. **B** *m y f* **2** (*desp*) Miembro de la nobleza mallorquina. **II** *loc v* **3** **hacer ~.** (*reg*) Hacer un corte de mangas.

butílico -ca *adj* (*Quím*) Que contiene el radical butilo.

butilo *m* (*Quím*) Radical monovalente compuesto por 4 átomos de carbono y 9 de hidrógeno.

butino *m* (*Quím*) Carburo acetilénico de composición parecida a la del butadieno.

butírico -ca *adj* (*Quím*) [Ácido] homólogo del ácido acético y que se halla presente en la mantequilla y en algunas materias orgánicas en putrefacción. **b)** Que produce ácido butírico.

butre *m* (*reg*) Buitre.

butrón[1] *m* (*jerg*) Agujero que se hace en la pared o en el techo para entrar a robar. *Tb fig.*

butrón[2] *m* (*Pesca*) Arte en forma de manga de malla de fondo cónico.

butronero -ra *m y f* (*jerg*) Ladrón que roba por el procedimiento del butrón[1].

buyo *m* Mezcla de hojas de betel, fruto de areca y cal de concha, que mascan en algunos países orientales.

buy-out (*ing; pronunc corriente*, /bái-áut/; *pl normal*, ~S) *m* (*Econ*) Compra de acciones de una sociedad, por entero o en elevada proporción, para controlarla.

buzamiento *m* (*Geol*) Ángulo de inclinación [de un filón o de una capa de terreno].

búzano *m* (*reg*) Busano.

buzar *intr* (*Geol*) Inclinarse hacia abajo [un filón o una capa de terreno].

buzo *m* 1 Hombre que se sumerge en el agua protegido por una escafandra. ■ 2 Mono (traje de faena).

buzón *m* 1 Recipiente con una abertura longitudinal para echar cartas, publicidad y otros envíos. ■ 2 Lugar en que se depositan mensajes. ■ 3 Sección de un periódico o de un programa de radio en que publican y atienden las preguntas o peticiones de los lectores u oyentes. ■ 4 Individuo que sirve de enlace en una organización clandestina.

buzonear *tr* Repartir [publicidad u otros mensajes] por los buzones [1] particulares.

buzoneo *m* Acción de buzonear.

buzuki *m* Bouzouki (instrumento musical).

buzukista *m y f* Pers. que toca el buzuki.

bwana *(suahili; pronunc corriente, /buána/) m* Amo o señor. *Puesto en boca de servidores africanos. Tb humoríst, fuera de este caso.*

byte *(ing; pronunc corriente, /báit/ o /bíte/) m (Informát)* Secuencia de bits adyacentes, gralm. ocho, considerada como unidad.

bypass *(ing; pronunc corriente, /baipás/; tb con las grafías* **by-pass** *y* **by pass***; pl normal, invar) m* 1 *(Med)* Operación quirúrgica que consiste en salvar un segmento vascular obstruido, mediante un injerto de arteria, vena o tubo de plástico. ■ 2 *(E)* Carretera o ramal de circunvalación. ■ 3 *(E)* Tubería o canal de derivación.

C

c → CE.

ca *interj* (*col*) Denota negación o rechazo más o menos vehemente de lo que se acaba de oír.

cabal I *adj* **1** Exacto o preciso. ■ **2** Completo o entero. **b)** [Pers.] responsable, y moralmente íntegra. **c)** [Hombre] que conserva toda su potencia sexual. ■ **3** (*reg*) Entendido o experto. *Tb n.*
  II *adv* **4** (*col*) Exactamente. *Dicho para asentir a lo que acaba de oírse.* ■ **5 a carta ~** → CARTA. ■ **6 en sus ~es.** (*col*) Con las facultades mentales normales. *Frec con el v* ESTAR, *y en forma neg.*

cábala *f* **1** Conjetura o suposición sobre hechos presentes. ■ **2** Cálculo o previsión de hechos futuros. ■ **3** Corriente mística hebrea, nacida en la Edad Media, en la que se cultiva un arte de adivinación basada en la interpretación de determinadas figuras, letras y números.

cabalero -ra *m y f* (*reg*) Pers. asociada a la comunidad doméstica, pero que no pertenece a la familia.

cabalgada *f* **1** Acción de cabalgar [1a], esp. en tropel. ■ **2** (*hist*) Incursión de una tropa a caballo en territorio enemigo.

cabalgador -ra *m y f* Pers. que cabalga [1a].

cabalgadura *f* Animal sobre el que se cabalga [1a].

cabalgamiento *m* (*Geol*) Falla en que se desplazan estratos antiguos sobre otros más modernos.

cabalgante *adj* **1** Que cabalga. ■ **2** (*Geol*) De cabalgamiento.

cabalgar A *intr* **1** Caminar, o estar, montado [sobre un caballo, asno o mula (*compl* EN o SOBRE)]. *Tb referido a otro animal, o a un objeto, como bicicleta o motocicleta, sobre el que uno se puede colocar de manera semejante. Frec se omite el compl por consabido.* **b)** Subirse [a una caballería (*compl* EN o SOBRE)]. *Tb referido a otro animal, o a una bicicleta o motocicleta. Tb se omite el compl por consabido.* ■ **2** Ir o pasar [una cosa sobre otra]. **b)** Sostenerse [una cosa sobre otra]. ■ **3** (*vulg*) Realizar [dos perss.] el acto sexual poniéndose una sobre otra. ■ **4 ~ de nuevo.** (*col, humoríst*) Volver a actuar o intervenir.
  B *tr* **5** Caminar, o estar, montado [sobre una caballería (*cd*)]. *Tb referido a otro animal. Tb fig.* ■ **6** Apoyar [una cosa sobre otra]. ■ **7** (*vulg*) Realizar [una pers.] el acto sexual [con otra (*cd*)] poniéndose sobre ella.

cabalgata *f* **1** Desfile de jinetes, vehículos y conjuntos de personas a pie, que se celebra con motivo de una fiesta popular, esp. la de Reyes Magos, o con fines publicitarios. ■ **2** Cabalgada [1].

cabalista *m* Hombre que profesa la cábala [3].

cabalístico -ca I *adj* **1** De la cábala [3]. ■ **2** Misterioso o enigmático.
  II *f* **3** Arte adivinatoria de la cábala [3].

caballa¹ *f* Pez marino comestible, del mismo orden que la sardina y el atún, de 2 a 4 dm de largo, con cuerpo comprimido y hacia la cola muy estrecho y con rayas negras en el lomo (*Scomber scombrus*).

caballa² *adj* (*col*) Español de Ceuta. *Tb n, referido a pers.*

caballada *f* Fiesta típica de Atienza (Guadalajara), cuyo acto principal es una romería a caballo.

caballar *adj* De(l) caballo [1] o de (los) caballos. **b)** [Apio] ~ → APIO.

caballear *intr* (*col, raro*) Andar a caballo.

caballerato *m* (*hist*) En la Corona de Aragón: Categoría intermedia entre la nobleza y el estado llano.

caballerescamente *adv* **1** De manera caballeresca [1]. ■ **2** En el aspecto caballeresco [1].

caballeresco -ca *adj* **1** Propio de(l) caballero [7 y 11] o de (los) caballeros. ■ **2** De la caballería [3]. ■ **3** (*TLit*) [Obra literaria o género] que versa sobre hechos de caballeros [11]. **b)** De (las) obras caballerescas.

caballerete *m* (*desp, hoy raro*) Caballero [8] joven.

caballería I *f* **1** Caballo, asno o mula usados para cabalgar. ■ **2** Arma del ejército formada por las tropas a caballo, por vehículos motorizados o por helicópteros. ■ **3** (*hist*) En la Edad Media: Actividad o condición de caballero [11]. ■ **4** (*hist*) Porción de tierra asignada a un soldado que ha participado en la conquista de un territorio en Indias. **b)** *En América:* Medida agraria cuyo valor, según el lugar y la época, oscila entre 38 y 43 hectáreas.
  II *loc adj* **5** [Libro] **de ~s** → LIBRO.

caballeril *adj* (*raro*) De caballero [8, 9 y 10].

caballeriza *f* Local destinado a los caballos y las bestias de carga.

caballerizo *m* Encargado de la caballeriza. **b)** **~ mayor.** (*hist*) Oficial de palacio que tiene a su cargo las caballerizas del rey.

caballero -ra I *adj* **1** Que cabalga [1]. *Tb n.* ■ **2** (*raro*) Obstinado o terco. ■ **3** (*Geom*) [Perspectiva] que representa de modo convencional los objetos

como si se vieran oblicuamente desde lo alto, conservando la proporción de las formas y las distancias. ■ **4** (*Geol*) [Piedra] de gran tamaño que se sostiene sobre otra por una base muy estrecha. ■ **5 de ~.** [Palabra] de honor (→ PALABRA). *En boca de un hombre o con referencia a él.* ■ **6 de, o entre, ~s.** [Acuerdo] basado en el honor y no en un compromiso escrito.
II *m* **7** Hombre que se comporta con lealtad, nobleza y cortesía. ■ **8** Varón, esp. adulto. *Usado sobre todo para especificar el destinatario de un servicio o de un artículo.* Opuesto a SEÑORA. **b)** Señor. *Usado como tratamiento de cortesía dirigido a un desconocido.* ■ **9** Miembro [de una orden militar o civil]. **b)** *Se usa como denominación de los miembros de determinadas congregaciones piadosas. Con compl especificador.* **c)** *Se usa como tratamiento de los alumnos de una escuela militar u otra entidad militar análoga, precediendo al n que expresa la categoría de aquellos.* ■ **10** (*hist*) Hidalgo de superior categoría. **b)** **~ de industria.** Hombre que, haciéndose pasar por caballero, vive de la estafa. ■ **11** (*hist*) En la Edad Media: Noble de segunda categoría, que combate a caballo como vasallo del rey o de un magnate. ■ **12** (*hist*) *En la Roma antigua:* Miembro del orden o clase social inmediatamente inferior a la de los senadores, caracterizado por la riqueza y que sirve a caballo en el ejército. ■ **13** (*hist*) Noble que en una fiesta de toros lidia a caballo con rejones. ■ **14 ~ andante.** (*hist*) *En la baja Edad Media:* Hidalgo o noble que anda por el mundo en busca de ocasiones de lucir su valor y su destreza en las armas. ■ **15 ~ cubierto.** (*hist*) Grande de España, que, por serlo, goza de la prerrogativa de ponerse el sombrero en presencia del monarca. ■ **16 ~ de (la) sierra.** (*hist*) Guarda de montes que va a caballo.
III *loc v* **17 armar ~** → ARMAR.

caballerosamente *adv* De manera caballerosa.

caballerosidad *f* Cualidad de caballeroso.

caballeroso -sa *adj* **1** Que se comporta como caballero [7]. ■ **2** Propio de caballero [7].

caballete **I** *m* **1** Armazón de madera, con un soporte horizontal destinado a sostener el lienzo o tabla para pintar sobre ellos o, una vez pintados, para exponerlos. ■ **2** Soporte formado por un madero horizontal que descansa sobre dos piezas que forman vertientes. **b)** Soporte constituido por una pieza horizontal apoyada sobre dos pies. ■ **3** (*Constr*) *En un tejado:* Línea donde se juntan dos vertientes. **b)** *En una mujer:* Remate de ladrillo. ■ **4** Prominencia que forma el hueso de la nariz a media altura de esta. **b)** Pieza, normalmente arqueada, que une los dos aros de las gafas o lentes y que se apoya en la nariz por encima del caballete.
II *loc adj* **5 de ~.** [Pintura] en tabla o en lienzo.

caballista *m y f* **1** Pers. diestra en montar a caballo. **b)** (*Taur*) Rejoneador. ■ **2** Pers. que entiende de caballos.

caballito **I** *m* **1** *En pl:* Tiovivo. *Esp los caballos y coches que en él se encuentran.* ■ **2** *En pl:* Juego de azar consistente en una especie de ruleta en que gira una figura de caballo. ■ **3** Juego para entretener a un niño, que consiste en sentarlo sobre las rodillas e imitar el trote o galope del caballo. ■ **4 ~ del diablo.** Libélula de cuerpo más fino y alargado que las corrientes (*Agrion splendens*). ■ **5 ~ de mar.** Pez teleósteo de pequeño tamaño con el cuerpo protegido por capas rígidas erizadas de espinas y cuya cabeza recuerda la del caballo (gén. *Hippocampus*).

II *loc adv* **6 en el ~ de San Fernando.** (*col*) En el coche de San Fernando (→ COCHE).

caballo **I** *m* **1** Cuadrúpedo de cabeza y cuello alargados y extremidades también alargadas que se apoyan en el suelo sobre un solo dedo, y que es animal fácil de domesticar y utilizado esp. para tiro y transporte (gén. *Equus*, esp. *E. caballus*). Tb *designa solamente el macho.* **b)** (*Taur*) Suerte de varas. ■ **2** Naipe de la baraja española, que representa un caballo [1a] con su jinete. *En algunos juegos se da este n a la reina de la baraja francesa, de igual valor que el caballo.* ■ **3** Pieza del ajedrez que se caracteriza por la posibilidad de saltar sobre las demás y por moverse oblicuamente de escaque blanco a negro, o viceversa, dejando en medio otro escaque. ■ **4** (*Mec*) Unidad de potencia que corresponde a 75 kilográmetros por segundo. Tb → DE VAPOR. ■ **5** (*jerg*) Heroína (droga). **b)** **~ blanco.** Heroína en polvo, que presenta color blanco. ■ **6 ~ blanco.** (*col*) Pers. que pone dinero en un negocio poco seguro. ■ **7 ~ con arcos.** Potro gimnástico que tiene dos arcos metálicos en su parte superior. ■ **8 ~ de batalla.** Cuestión que da lugar a grandes discusiones. ■ **9 ~ de Frisia.** (*Mil*) Obstáculo móvil destinado a cortar el paso, y constituido por alambre de espino que se sujeta sobre una armazón de dos cruces de San Andrés unidas por un larguero. ■ **10 ~ de Troya.** Recurso para introducirse subrepticiamente en un medio, o para lograr indirectamente un propósito. **b)** (*Informát*) Tipo de virus que se caracteriza por estar incluido en un programa aparentemente sano y que se activa tras determinado número de operaciones o determinado tiempo.
II *loc adj* **11 de ~.** (*col*) Sumamente intenso o fuerte. *Frec referido a fiebre o a tratamiento.* ■ **12** [Patio] **de ~s,** [pie] **de ~** → PATIO, PIE.
III *loc v* **13 montar a ~** → MONTAR. ■ **14 poner a los pies de los ~s** → PIE.
IV *loc adv* **15 a ~.** Montando a horcajadas. ■ **16 a ~.** Entre dos cosas contiguas, ocupando una parte de cada una o participando de algo propio de cada una. *Normalmente con un compl DE o de lugar.* ■ **17 a mata ~** → MATACABALLO.

caballón *m* Lomo de tierra, esp. entre surco y surco. **b)** Lomo semejante al caballón de tierra, hecho con otra materia.

caballuno -na *adj* (*desp*) Que evoca al caballo [1]. *Referido a pers o a alguna parte de su cuerpo.*

cabalmente *adv* **1** De manera cabal. ■ **2** Precisamente. *Con intención enfática para marcar exactitud o coincidencia.*

cabaña *f* **1** Casa pequeña y tosca, construida gralm. de troncos o palos y con techo de ramas o paja, que sirve de refugio en el campo. ■ **2** Conjunto del ganado de un país o una región. **b)** Conjunto de los animales de una especie existentes en un país o una región. ■ **3** Rebaño de un lugar. **b)** (*reg*) Conjunto de las vacas estériles de un lugar.

cabañal *m* Cobertizo para el ganado.

cabañera *f* (*reg*) Cañada (camino de ganado).

cabañil *adj* De (la) cabaña de pastor.

cabañuelas *f pl* Pronóstico que los aldeanos hacen del tiempo del año próximo, basado en la observación de la atmósfera en los primeros días de agosto.

cabaré *m* (*raro*) Cabaret.

cabaret (*fr; pronunc corriente,* /kabaré/; *pl normal, ~s*) *m* (*hoy raro*) Sala de fiestas.

cabaretero -ra I *adj* (*hoy raro*) **1** De cabaret.
   II *f* (*hist*) **2** Mujer que actúa cantando o bailando en un cabaret. **b)** Mujer de costumbres libres.

cabás *m* **1** Estuche de material gralm. duro, con un asa, que usan las niñas pequeñas para llevar sus utensilios escolares. ■ **2** (*raro*) Maletín.

cabazo *m* (*reg*) Hórreo pequeño de construcción ligera.

cabe (*con pronunc átona*) *prep* (*lit, raro*) Junto a. *Tb, semiculto,* ~ A.

cabeceante *adj* Que cabecea.

cabecear *intr* **1** Dar cabezadas (al quedarse dormido sin tener la cabeza apoyada). **b)** Mover la cabeza arriba y abajo en señal de asentimiento o aprobación. **c)** Inclinar la cabeza como saludo cortés. **d)** Mover la cabeza a un lado y a otro en señal de negación o desaprobación. **e)** (*Taur*) Mover o agitar [el toro] la cabeza en distintas direcciones al embestir. ■ **2** Bajar y subir [una embarcación] alternativamente la proa y la popa. *Tb fig, referido a otros vehículos.* ■ **3** Moverse a un lado y a otro [algo que normalmente permanece estable]. ■ **4** Echar una cabezada (tener un sueño breve y ligero). ■ **5** (*Fút*) Impulsar el balón con la cabeza, gralm. rematando.

cabeceo *m* Acción de cabecear [1, 2 y 3].

cabecera I *n* A *f* **1** Parte [de la cama] donde se ponen las almohadas. ■ **2** *En una iglesia:* Parte donde está el altar mayor. **b)** *En una mezquita:* Quibla (lugar orientado a La Meca, hacia el que los musulmanes dirigen la vista al rezar). ■ **3** Extremo [de una sala] opuesto a su entrada. ■ **4** Lugar principal [de una mesa, un estrado o una tribuna]. ■ **5** Cabeza o población principal [de un territorio o distrito]. ■ **6** Parte próxima al nacimiento [de un río]. ■ **7** Punto de origen [de una vía de comunicación o de un trayecto]. ■ **8** *En un tren o un vagón:* Parte delantera. ■ **9** Encabezamiento [de un escrito]. **b)** Conjunto de los primeros lugares [de una lista]. **c)** Nombre que figura en primer lugar [en un cartel (*compl* DE) de toros]. *Tb la pers de ese nombre.* **d)** (*Impr*) Línea primera de una página impresa, en la cual figura el número de la página o del folio. ■ **10** (*Per*) Título [de un periódico] registrado con propiedad de una persona o una sociedad. **b)** (*Radio*) Título y otros elementos que se enuncian de manera fija al comienzo de un programa y que sirven para identificarlo. ■ **11** Adorno que se pone en la parte superior [de un impreso] o al comienzo [de una de sus partes]. ■ **12** (*Encuad*) *En un libro:* Extremo de los dos que tiene el lomo. ■ **13** (*Agric*) Extremo de los dos que tiene una tierra de labor, al principio y al final del surco. **B** *m* **14** (*reg*) Obrero principal que está al frente de las yuntas.   II *loc adj* **15 de** ~. [Médico] general que asiste habitualmente [a alguien (*compl de posesión*)]. ■ **16 de** ~. [Libro] por el que se tiene particular aprecio y que se hojea o consulta a menudo.

cabecero *m* **1** Pieza vertical [de la cama] correspondiente a la cabecera [1]. ■ **2** Varón que tiene la primogenitura [de una casa noble]. ■ **3** *En pesca:* Bote que sigue a la traíña para sostener la cabeza de la red. ■ **4** (*reg*) Tronco de árbol que se usa como combustible en una hoguera o lumbre.

cabecilla *m y f* (*desp*) Jefe de una banda o de un grupo de gente. *Frec fig.*

cabecinegra. curruca ~, **gaviota** ~ → CURRUCA, GAVIOTA.

cabellera *f* **1** (*lit*) Conjunto de los cabellos [1]. **b)** (*col, humoríst*) *Se usa en lugar de* PELO *en locs vs como* SOLTARSE LA ~, TOMAR LA ~. ■ **2** (*Astron*) Ráfaga luminosa que rodea el núcleo de un cometa. ■ **3** (*Bot*) Conjunto de las últimas ramificaciones de la raíz.

cabello I *m* **1** (*lit*) Pelo de la cabeza [1b]. *En sent individual o colectivo. Referido a pers.* ■ **2** Epítimo (planta). *Tb* ~ DE VENUS. ■ **3 ~ de ángel.** Dulce de aspecto filamentoso que se prepara con calabaza en almíbar.   II *loc v* **4 podérsele ahogar** [a una pers.] **con un** ~. Estar [esa pers.] muy desanimada o deprimida. ■ **5 tocar** [a alguien] **la punta de un** ~ → PUNTA. ■ **6 tomar** [a alguien] **el** ~. (*col, humoríst*) Tomar[le] el pelo (→ PELO).

cabelludo -da *adj* **1** (*lit*) Que tiene mucho cabello [1]. ■ **2** [Cuero] ~ → CUERO.

caber I *v* (*conjug* 12) **A** *intr* **1** Poder estar [dentro de unos límites]. *Normalmente con un compl* EN. *Tb fig.* ■ **2** Poder pasar [por dentro de unos límites]. ■ **3** Tener [algo (*suj*)] anchura suficiente para abarcar [a alguien (*ci*) o algo (*compl* EN)]. ■ **4** Ser posible [algo (*sust, v en infin o* QUE + *subj*)]. **b) si cabe.** *Se usa para ponderar una cualidad expresada comparativamente.* * *Allí adquiere más relevancia si cabe.* ■ **5** Tocar o corresponder [a alguien (*ci*) una cosa inmaterial]. ■ **6** (*col*) Participar [alguien] de un reparto [en la cantidad que se expresa (*compl* A)]. ■ **7** (*reg*) Ser preciso [algo (*v en infin, o* QUE + *subj*)]. ■ **8 meterse** [alguien algo] **por donde le quepa** → METER. ■ **9 no ~ en sí** de gozo (*u otro n equivalente*). Estar desbordante de gozo (o del sentimiento expresado). ■ **10 no ~** (**la menor, ninguna**, *etc*) **duda, qué duda cabe** → DUDA. **b) no te quepa la menor.** (*col*) No te quepa la menor duda (→ DUDA). ■ **11** (**no**) ~**le** [a alguien algo] **en la cabeza; no ~ en cabeza humana; ¿en qué cabeza (humana) cabe?** → CABEZA. ■ **12 no ~le** [a alguien] **una paja por el culo** → PAJA. ■ **13 no ~le** [a alguien] **un piñón por** (*o* **en**) **el culo** → PIÑÓN.   **B** *tr* **14** (*reg*) Tener [un recipiente (*suj*)] capacidad [para algo (*cd*)].   II *loc adj* **15 de** ~. (*reg*) Que tiene la extensión [que se expresa (*compl de medida numérica*)].   III *loc n* **16 monta y cabe** → MONTAR.

cabestraje *m* Conjunto de (los) cabestros [1a].

cabestreo *m* (*reg*) Modalidad de caza de patos, con escopeta, en la que el cazador se resguarda en un caballo amaestrado.

cabestrero -ra *m y f* Pers. que hace o vende cabestros [2] y otros artículos de cáñamo.

cabestrillo *m* Aparato o pañuelo pendiente del hombro para sostener el brazo lesionado. *Frec en la constr* EN ~.

cabestro *m* **1** Buey manso que sirve de guía en una torada. **b)** (*col*) Hombre torpe o sin inteligencia. *Tb adj. Frec usado como insulto.* ■ **2** Ramal que se ata a la cabeza de la caballería para llevarla o asegurarla.

cabeza I *n* A *f* **1** Parte superior del cuerpo humano, o superior o anterior del de los animales, en la que se encuentran la boca, los principales órganos de los sentidos, y, en el hombre y algunos animales, el cerebro. **b)** *En el hombre y algunos mamíferos:* Parte superior y posterior de la cabeza, desde la frente hasta el cuello, excluyendo la cara. **c)** (*Híp*) Longitud de una cabeza [1a] de caballo, tomada como unidad de medida. **d)** ~ **de jabalí.** Fiambre he-

cho de cabeza [1a] de jabalí o de cerdo. ■ 2 Extremo [de un objeto de forma alargada]. b) Extremo abultado o ensanchado [de un objeto de forma alargada]. c) (*Anat*) Apófisis redondeada [de un hueso]. ■ 3 Bulbo [de ajo]. ■ 4 *En una máquina:* Dispositivo que ocupa un lugar aparte o desempeña una función específica. ■ 5 Parte superior [de una cosa]. b) Tramo superior [de un río]. c) (*Anat*) Parte superior o proximal [de un músculo o de un órgano]. d) (*Encuad*) Parte superior del corte de un libro. ■ 6 Parte anterior [de una cosa]. ■ 7 ~ de puente. (*Mil*) Lugar fortificado que defiende la entrada de un puente. *Tb fig.* b) Posición fortificada que establece un ejército en la orilla de un río o del mar, en territorio enemigo, para preparar el paso del grueso de las fuerzas. c) *Fuera del ámbito militar:* Cosa, o más raramente pers., que ha de servir para preparar el camino de logros posteriores. d) ~ de playa. (*Mil*) Cabeza de puente [7b] establecida en una playa. ■ 8 Primer lugar. *Frec en las constrs* EN ~ o A LA ~. b) Pers. o cosa, o conjunto de ellas, que ocupan el primer lugar [de una serie o un grupo]. 9 Pers. más importante y con más autoridad [de una colectividad]. b) ~ visible. Pers. especialmente representativa entre las de más autoridad [de una colectividad]. c) ~ de fila. Líder, o jefe de fila. ■ 10 Población principal o centro [de un partido judicial o de otra división administrativa]. ■ 11 Res. *Frec* ~ DE GANADO. *Normalmente acompañado de una especificación cuantitativa.* ■ 12 Persona. *Se usa hablando de reparto o distribución, en la constr* POR ~. *Frec fig.* ■ 13 Vida. *Considerada como pago por una culpa. Frec fig.* ■ 14 Responsable sobre quien debe recaer un castigo. ■ 15 Mente. b) (*col*) Memoria. ■ 16 Mentalidad, o manera de pensar. b) ~ cuadrada. Mentalidad poco flexible o poco imaginativa. ■ 17 Talento. *Tb la pers que lo tiene.* ■ 18 Sensatez o cordura. ■ 19 ~ (o cabecita) loca. (*col*) Mujer de moral sexual relajada. ■ 20 mala ~. (*col*) Pers. sin formalidad o de vida desordenada.
B *m y f* 21 Pers. que ocupa el primer lugar [de un grupo]. b) ~ de familia. Jefe de la agrupación familiar que vive bajo un mismo techo. ■ 22 ~ de chorlito, o ~ a pájaros. Pers. aturdida o de poco juicio. ■ 23 ~ de turco. Pers. a quien se echa toda la culpa de un error o fracaso.
C *m* 24 ~ de huevo. (*desp, raro*) Intelectual. ■ 25 ~ rapada. Skinhead (miembro de un grupo juvenil violento de ideología nazi).
II *loc adj* 26 sin pies ni ~ → PIE.
III *loc v* 27 agachar, o bajar, la ~. (*col*) Conformarse o resignarse. ■ 28 caberle, o entrarle, [a alguien algo] en la ~. (*col*) Resultar[le] concebible o comprensible. *Normalmente en constr neg.* b) no caber en ~ humana, o ¿en qué ~ (humana) cabe? Ser incomprensible o absurdo. ■ 29 calentar la ~ [a alguien]. (*col*) Cansar[le] o abrumar[le] con lo que se [le] dice. b) (*col*) Hacer[le] concebir ilusiones o esperanzas desmedidas. ■ 30 calentarse [alguien] la ~. (*col*) Hacer un esfuerzo de reflexión. ■ 31 darle [a alguien] en la ~. (*col*) Humillar[le] o contrariar[le] intencionadamente en sus pretensiones. ■ 32 darle vueltas a la ~. (*col*) Concentrarse en una preocupación. ■ 33 escarmentar en ~ ajena. Tener presente la experiencia adversa de otro para evitar la misma suerte. ■ 34 írsele [a alguien] la ~. Empezar a sufrir un mareo. ■ 35 levantar ~. (*col*) Salir de una larga situación de pobreza, enfermedad o desgracia. ■ 36 levantar la ~. (*col*) Resucitar. *En la constr* SI [una pers.] LEVANTARA LA ~, *usada para ponderar el contraste entre el mundo o los principios de esa pers y la reali-*

dad presente. ■ 37 llevarse las manos a la ~ → MANO. ■ 38 meter [algo] en la ~ [a alguien]. (*col*) Hacér[selo] aprender, o convencer[le de ello]. ■ 39 meter la ~ [en un lugar]. (*col*) Conseguir ser admitido u ocupar un puesto [en él]. ■ 40 meter la ~ debajo del (o bajo el) ala. No querer ver la realidad o no hacerle frente. ■ 41 metérsele [algo a alguien] en la ~. (*col*) Convertírse[le] en una idea fija o en una aspiración obsesiva. ■ 42 no tener pies ni ~ → PIE. ■ 43 olerle [a alguien] la ~ a pólvora. (*col*) Encontrarse en peligro de muerte violenta. *Frec con intención enfática.* ■ 44 pasársele [a alguien algo] por la ~ → PASAR[1]. ■ 45 perder la ~. (*col*) Desmayarse o perder el conocimiento. b) Ofuscarse, o dejar de comportarse con cordura. *Frec con intención ponderativa.* c) quitar la ~. Hacer perder la cabeza [45b]. ■ 46 poner la ~ como un bombo, tener la ~ como un bombo → BOMBO. ■ 47 quitar, o sacar, [algo] de la ~ [a una pers.]. Hacer que [esa pers.] deje de pensar[lo]. b) quitarse, o sacarse, [algo] de la ~. Dejar de pensar[lo]. c) quitárselo [a alguien algo] de la ~. Borrárse[le] del pensamiento. ■ 48 romperse [alguien] la ~. (*col*) Cavilar mucho. ■ 49 sacar (o salir con) los pies fríos y la ~ caliente → PIE. ■ 50 sentar (la) ~. (*col*) Hacerse formal o juicioso. ■ 51 subirse [algo] a la ~. (*col*) Producir embriaguez. *Tb fig.* ■ 52 tener la ~ a pájaros, o tener muchos pájaros en la ~. (*col*) No tener juicio o sensatez. ■ 53 tener la ~ como una jaula, o una olla, de grillos. (*col*) Ser atolondrado.
IV *loc adv* 54 ~ abajo. En posición invertida verticalmente. ■ 55 con la ~ muy alta. Con dignidad y sin tener nada de que avergonzarse. *Frec con vs como* IR *o* DECIR. ■ 56 con las manos en la ~ → MANO. ■ 57 de ~. Con la cabeza [1a] por delante. *Gralm en sent de arriba abajo, con un v de desplazamiento.* b) (*col*) Con toda decisión, o sin titubear. ■ 58 de ~. (*col*) Con preocupaciones o con dificultades. *Normalmente con vs* ANDAR, IR, TRAER *o* LLEVAR. ■ 59 de pies a ~ → PIE. ■ 60 sin levantar ~. Trabajando afanosamente y sin interrupción. *Referido esp a trabajo sedentario.*

cabezada *f* 1 Acción de sacudir o agitar la cabeza [1]. *Frec con el v* DAR. b) Acción de mover la cabeza de arriba abajo en señal de afirmación o aprobación. *Frec con el v* DAR. c) (*col*) Inclinación de cabeza, como saludo de respeto o como expresión de condolencia. *Frec con el v* DAR. ■ 2 Movimiento brusco de la cabeza [1] hacia abajo, al quedarse uno dormido sin tenerla apoyada. *Gralm en la constr* DAR ~S. ■ 3 (*col*) Sueño breve y ligero. *Normalmente en la constr* DAR, ECHAR, UNA ~. ■ 4 Guarnición que se pone a una caballería en la cabeza [1], para afianzar el bocado. ■ 5 (*Encuad*) Cinta con que se adorna la cabecera del lomo de un libro encuadernado.

cabezal *m* 1 Almohada, esp. pequeña. ■ 2 Cabezada [4]. ■ 3 *En una armazón de madera:* Pieza transversal. ■ 4 *En un magnetófono o un vídeo:* Dispositivo que sirve para grabar, o para reproducir o borrar lo grabado en la cinta magnética.

cabezazo *m* Golpe dado con la cabeza [1b], o recibido en la cabeza. b) (*Fút*) Golpe dado al balón con la cabeza.

cabezo *m* 1 Cerro o montículo. ■ 2 Cumbre de una montaña.

cabezón[1] -na *adj* 1 Cabezudo [1]. *Tb n.* ■ 2 (*col*) Testarudo. *Tb n.* ■ 3 (*col*) [Bebida] que se sube a la cabeza.

cabezón² *m* **1** (*col*) Cabeza [1] grande. ■ **2** Cabezada [4] sencilla, para las labores del campo.

cabezonada *f* (*col*) Acto propio de una pers. cabezona[1] [2].

cabezonería *f* (*col*) Cualidad o actitud de cabezón[1] [2].

cabezorra *f* (*col, desp*) Cabeza [1] grande.

cabezorro -rra *adj* (*col*) Cabezudo [1].

cabezota *adj* (*col*) **1** [Pers.] testaruda. *Tb n.* ■ **2** Cabezudo [1].

cabezudo -da I *adj* **1** [Pers.] de cabeza grande. ■ **2** (*col*) Cabezota [1]. *Tb n.* ■ **3** [Leucisco] ~ → LEUCISCUS. II *m* **4** Pers. disfrazada con una gran cabeza de cartón y que figura en las comparsas de algunas fiestas populares.

cabezuela *f* **1** Inflorescencia cuyas flores, sin pedúnculo, surgen de un eje deprimido y ensanchado. ■ **2** Planta perenne, de tallo mimbreño y anguloso y hojas estrechas, con la que a veces se hacen escobas (*Microlonchus salmanticus*). ■ **3** Cierta harina de trigo gruesa y de baja calidad. ■ **4** *En el torno del alfarero:* Pieza sobre la que se coloca la pella de barro para darle forma.

cabezueleño -ña *adj* De Cabezuela (Cáceres). *Tb n, referido a pers.*

cabida *f* **1** Capacidad (contenido posible). *Tb fig.* ■ **2** Extensión de un terreno o de una finca. ■ **3** Admisión o inclusión. *Referido a cosas. Normalmente en las constrs* DAR ~ [a algo] *o* TENER ~ [algo].

cabila (*tb con la grafía* **kabila**; *a veces, semiculto,* **cábila** *o* **kábila**) *f* **1** Tribu de beréberes. ■ **2** (*col, desp*) Conjunto de gente.

cabildante *m* (*hist*) *En las antiguas colonias de América:* Miembro del cabildo.

cabildear *intr* (*col, raro*) Hacer cabildeos. *Tb fig.*

cabildeo *m* (*col*) Intriga, o negociación mañosa.

cabildero -ra *m y f* (*col*) Pers. que hace cabildeos.

cabildo *m* **1** Ayuntamiento (corporación). ■ **2** Conjunto de los canónigos de la iglesia catedral. ■ **3** Corporación administrativa de una isla del Archipiélago Canario. *Tb* ~ INSULAR.

cabileñismo *m* Tribalismo.

cabileño -na (*tb con la grafía* **kabileño**) *adj* **1** De (la) cabila o de (las) cabilas. *Tb n, referido a pers.* ■ **2** Tribal.

cabilismo (*tb con la grafía* **kabilismo**) *m* Tribalismo.

cabilla *f* (*Mar*) Barra corta de madera o de metal de las que sirven para manejar la rueda del timón o para amarrar los cabos.

cabina *f* **1** Departamento cerrado para uso individual de un teléfono. *Tb* ~ TELEFÓNICA, *o* DE TELÉFONO. **b)** *En un colegio electoral:* Departamento individual destinado a que los electores preparen en secreto su voto. *Tb* ~ ELECTORAL. ■ **2** Recinto pequeño anexo a una sala pública u otro espacio cerrado amplio. **b)** *En un cine:* Recinto en que están instalados los aparatos de proyección y de sonido. *Tb* ~ DE PROYECCIÓN. ■ **3** *En un vehículo terrestre o aéreo:* Recinto reservado para el conductor o piloto y sus ayudantes. **b)** *En un avión:* Recinto destinado a

los pasajeros. ■ **4** *En un barco:* Camarote. ■ **5** *En pl: En una instalación deportiva:* Vestuario.

cabinista *m y f* Encargado de una cabina [2] de proyección.

cabizbajo -ja *adj* **1** [Pers.] que está con la cabeza o la vista baja, frec. denotando abatimiento o preocupación. ■ **2** [Animal] que tiene la cabeza baja.

cabizcaído -da *adj* (*raro*) Cabizbajo.

cable¹ I *m* **1** Cordón formado por varios conductores eléctricos aislados unos de otros. ■ **2** Cuerda de alambres torcidos. ■ **3** (*Mar*) Cabo [2b] grueso. II *loc v* **4** **cruzársele** [a alguien] **los ~s.** (*col*) Nublárse[le] la mente. *Frec con intención ponderativa.* ■ **5** **echar,** *o* **tender,** [a alguien] **un ~.** (*col*) Prestar[le] ayuda para que salga de una situación difícil.

cable² *m* Cablegrama.

cableado *m* Instalación de cables¹ [1].

cableador -ra *m y f* Instalador de cables¹ [1].

cablear *tr* Proveer de cables¹ [1].

cablegrafiar (*conjug* 1c) *tr* Transmitir [un mensaje] por cable¹ [1] submarino. *Tb abs.*

cablegráficamente *adv* De manera cablegráfica.

cablegráfico -ca *adj* De(l) cablegrama.

cablegrafista *m y f* Pers. que se encarga de la transmisión y recepción de cablegramas.

cablegrama *m* Despacho transmitido por cable¹ [1] submarino.

cablero *adj* [Buque] destinado a tender y reparar cables¹ [1] submarinos. *Frec n.*

cablevisión *f* Sistema de transmisión de programas de televisión por medio de cable¹ coaxial a abonados particulares.

cabo I *m* **1** Extremo, o parte en que termina algo. **b)** Extremo de la pata [de un toro o de una caballería]. **c)** Parte pequeña que queda por consumir [de una vela]. **d)** Mango [de una herramienta]. **e)** Lado [de un lugar]. ■ **2** Hilo. **b)** Cuerda. *Esp en lenguaje marinero.* **c)** Hilo que, torcido juntamente con otros, forma con ellos otro hilo más grueso o una cuerda. ■ **3** Dato disperso que, combinado con otro u otros, contribuye a formar una idea de un asunto. **b)** ~ **suelto.** Punto o aspecto parcial de un asunto, que queda sin conectar con los demás o pendiente de explicación o de solución. ■ **4** Saliente de la costa que penetra en el mar. ■ **5** Individuo de la clase de tropa inmediatamente superior al soldado. **b)** ~ **primero** → PRIMERO. **c)** *En la policía municipal:* Miembro de categoría inmediatamente superior a la del policía. **d)** *En determinadas actividades:* Jefe o responsable de un grupo de personas que realizan un trabajo. **e)** *En algunos trabajos del campo:* Capataz. **f)** **segundo ~.** (*Mil, hist*) Oficial que ejerce la autoridad inmediatamente después del capitán general. ■ **6** ~ **de año.** (*reg*) Aniversario de un difunto]. *Tb su conmemoración, esp la función religiosa con que se celebra.* **b)** (*raro*) *En gral:* Aniversario. II *loc adj* **7** **de ~ roto.** (*TLit*) [Verso] que formando serie con otros, en composiciones de estilo festivo, tiene suprimidas las sílabas que siguen al último acento, y que rima por la sílaba final resultante. *Tb referido a la composición formada por estos versos.* III *loc v* **8** **atar ~s.** Sacar conclusiones a partir de una serie de datos aislados, entre los que se supone

una conexión. **b)** Resolver o afianzar aspectos parciales de un asunto. ■ **9 llevar a ~** [una cosa]. Realizar[la].
IV *loc adv* **10 al ~.** Al fin y al cabo (→ FIN). ■ **11 al ~ de la calle.** (*col*) Al corriente, o con conocimiento cabal. *Normalmente con el v* ESTAR. ■ **12 de ~ a rabo.** Del principio al fin, o totalmente. **b) de punta a ~** → PUNTA.
V *loc prep* **13 al ~ de.** Después de. *Seguido de una expresión de transcurso de tiempo.*

cabotaje *m* Navegación o tráfico que hacen los buques entre los puertos de un mismo país sin apartarse de la costa. *Frec en la constr* NAVEGACIÓN DE ~.

caboverdiano -na *adj* De las islas de Cabo Verde. *Tb n, referido a pers.*

cabozo *m* (*reg*) Hórreo.

cabra I *n* **A** *f* **1** Mamífero rumiante doméstico, aproximadamente de 1 m de altura, de pelo corto y áspero, cuernos curvados hacia atrás y un mechón de pelos largos bajo la mandíbula (*Capra hircus*). **b) ~ montés.** *Se da este n a varias especies salvajes del gén Capra, pralm a la C. pyrenaica y a la C. hibex.* ■ **2** Hembra de la especie cabra [1]. ■ **3** Piel de cabra [1a]. ■ **4** (*Cicl*) Bicicleta de manillar alto y con rueda delantera de menor radio que la trasera. ■ **5** Pez marino de la misma familia que el mero, que habita en los fondos rocosos, mide hasta 25 cm de largo y tiene color pardo (*Paracentropristis cabrilla*). ■ **6 ~ loca.** (*col*) Mujer frívola o poco formal. *Frec con referencia a la moral sexual.*
B *m* **7** (*col*) *euf por* CABRÓN [4].
II *adj* **8** (*col*) Loco. ■ **9** [Pie] **de ~** → PIE. ■ **10 de ~s.** [Camino] poco transitable en terreno montañoso.
III *loc v* **11 írsele** [a uno] **las ~s.** (*vulg*) Presentárse[le] eyaculación precoz. ■ **12 meter** [a alguien] **las ~s en el corral.** (*col*) Achicar[le] o infundir[le] temor.
IV *loc adv* **13 como una ~.** (*col*) En completo estado de locura. *Gralm con el v* ESTAR. *Frec con intención ponderativa.*

cabracho *m* Pez marino comestible, de unos 2 dm, de cabeza gruesa, con una aleta dorsal erizada de espinas fuertes, que le sirven para defenderse produciendo picaduras dolorosas (*Scorpaena scrofa*).

cabracoja *f* (*reg*) Terebinto (planta).

cabrada *f* Rebaño de cabras.

cabrahígo *m* Higuera silvestre (*Ficus carica caprificus*).

cabrales *m* Queso de tipo Roquefort que se fabrica en la zona de los Picos de Europa. *Tb* QUESO DE CABRALES.

cabraliego -ga *adj* De Cabrales (Asturias).

cabrarroca *f* (*reg*) Cabracho (pez).

cabreante *adj* (*col*) Que causa cabreo[1].

cabrear *tr* (*col*) Enfadar, o poner de mal humor. **b)** *pr* (~**se**) Enfadarse, o ponerse de mal humor.

cabreirés -sa *adj* De la Cabrera (comarca de León). *Tb n, referido a pers.*

cabrense *adj* De Cabra (Córdoba) o de Cabra (Tarragona). *Tb n, referido a pers.*

cabreño -ña *adj* De Cabra (Córdoba). *Tb n, referido a pers.*

cabreo[1] *m* (*col*) Hecho de cabrearse. *Tb su efecto.*

cabreo[2] *m* (*hist, reg*) *En la Edad Media:* Documento en que el enfiteuta hace constar el reconocimiento de los derechos del señor directo. *Tb el libro en que se coleccionan estos documentos.*

cabrerizo -za I *adj* **1** De (las) cabras [1].
II *n* **A** *m y f* **2** Cabrero.
B *f* **3** Choza donde se guarda el hato de cabras.

cabrero -ra *m y f* Pastor de cabras.

cabrestante *m* Torno de tambor vertical que se emplea para tirar de un cable arrastrando grandes pesos.

cabrete *m* (*reg*) Entreplanta.

cabrevación *f* (*Der, reg*) Reconocimiento en documento público de los derechos del dueño directo por parte del enfiteuta.

cabria *f* Máquina consistente en un trípode formado por tres vigas ensambladas en ángulo agudo, en cuyo vértice se dispone un aparejo de varias roldanas, y que sirve para levantar pesos.

cabrileño -ña *adj* De Cabra del Santo Cristo (Jaén). *Tb n, referido a pers.*

cabrilla *f* **1** Mancha que se forma en la pierna por estar mucho tiempo cerca del fuego. *Gralm en pl.* ■ **2** *En pl:* Espuma blanca que se forma sobre las olas cuando el mar está agitado. ■ **3** Variedad de caracol más pequeña que el burgado. ■ **4** Seta amarilla comestible propia de bosques húmedos de suelo ácido (*Cantharellus cibarius*).

cabrilleante *adj* Que cabrillea.

cabrillear *intr* **1** Formar cabrillas [2] [el mar]. ■ **2** Temblar o vibrar [la luz].

cabrilleo *m* Acción de cabrillear.

cabrio *m* (*Constr*) Madero paralelo a los pares de la armadura, en el cual se apoya la tablazón del tejado.

cabrío -a *adj* De (las) cabras. *Tb n m, designando ganado.* **b)** [Macho] **~** → MACHO[1].

cabriola *f* **1** Brinco, esp. el que se da cruzando varias veces los pies en el aire. *Tb fig.* ■ **2** Salto en que el caballo da un par de coces mientras está en el aire. *Tb, raro, referido a otros animales.*

cabriolar *intr* Hacer cabriolas.

cabriolé *m* Coche de caballos ligero, de dos ruedas, abierto por los costados y gralm. con capota.

cabriolear *intr* Cabriolar.

cabrioleo *m* Acción de cabriolear.

cabriolet (*fr; pronunc corriente,* /kabriolé/; *pl normal,* ~S) *m* (*hoy raro*) Cabriolé.

cabritada *f* (*col, euf*) Acción propia de cabrito [2].

cabritera *adj* [Navaja] de hoja casi triangular, usada esp. para desollar las reses. *Tb n f.*

cabritilla *f* Piel curtida, muy suave, de cabrito o de otro animal pequeño.

cabrito *m* **1** Cría de la cabra, desde que nace hasta que deja de mamar. ■ **2** (*col*) *euf por* CABRÓN [4]. *Tb adj. A veces usado, en vocativo, como reconvención cariñosa.* ■ **3** (*vulg*) Cliente de prostituta.

cabrón -na A *m* **1** Macho de la cabra [1]. ■ **2** (*vulg*) Hombre que consiente el adulterio de su mujer. **b)** Hombre cuya mujer o cuya amante le engaña con otro.

B *m y f* **3** (*vulg*) Pers. que aguanta cobardemente los agravios. ■ **4** (*vulg*) Pers. que actúa con mala intención o que hace malas pasadas. *Frec se usa como simple insulto, vacío de su significado. Tb adj. Frec en la forma enfática* CABRONAZO. *Tb referido a cosas personificadas.* **b)** Propio de cabrón.

cabronada *f* (*vulg*) Acción propia de cabrón [4].

cabruno -na *adj* **1** De cabra [1]. ■ **2** [Ruda] **cabruna** → RUDA.

cabuchón *m* Cabujón.

cabuérnigo -ga *adj* De Cabuérniga (Cantabria). *Tb n, referido a pers.*

cabujón *m* Piedra preciosa pulimentada, no tallada, de forma convexa.

cabuya *f* Pita (planta). *Tb su fibra.*

caca *f* (*infantil o euf col*) Heces (excremento). *Frec en la constr* HACER ~. **b)** Suciedad o basura. *Tb fig, refiriéndose a cualquier cosa despreciable o sin ningún valor. En este sent, tb ~* DE (LA) VACA. **c)** Cosa que no se debe tocar. *Se dice para disuadir a un niño pequeño de tocar algo sucio o que le puede dañar.*

cacabear *intr* Cantar [la perdiz].

cacahué (*pl, ~s o ~SES*) *m* (*pop*) Cacahuete.

cacahuero -ra *m y f* Pers. que vende cacahuetes.

cacahuet (*pl, ~s*) *m* (*semiculto*) Cacahuete.

cacahuete *m* Planta herbácea anual, de flores pequeñas y amarillas, cuyos ovarios fecundados, sostenidos por un pedúnculo, penetran en el suelo, donde madura el fruto, y cuyas semillas son comestibles y se usan también para la extracción de aceite (*Arachys hypogea*). *Tb su fruto y su semilla.*

cacao *m* **1** Árbol perenne de pequeño tamaño, de fruto en cápsula que contiene muchas semillas, con las cuales se fabrica el chocolate (*Theobroma cacao*). **b)** Alimento constituido por la semilla torrefacta y pulverizada del cacao. ■ **2** (*col*) Jaleo o alboroto. *Frec con el v* ARMAR. **b)** Contienda.

cacaotero -ra **I** *adj* **1** De(l) cacao [1a].
II *m* **2** Cacao [1a].

cacarañado -da *adj* (*lit, raro*) Picado de viruelas. *Tb fig.*

cacareador -ra *adj* Que cacarea. *Tb fig.*

cacareante *adj* (*lit*) Que cacarea. *Tb fig.*

cacarear **A** *intr* **1** Emitir repetidamente [el gallo o la gallina] la voz que le es propia.
B *tr* **2** (*col*) Ponderar exagerada o reiteradamente [algo, esp. propio].

cacareo *m* Acción de cacarear. *Tb su efecto. Tb fig.*

cacaseno -na *m y f* Pers. simple o boba. *Tb adj.*

cacatúa *f* **1** *Se da este n a diversas especies de papagayos de plumaje blanco, rojo, amarillo o negro, que tienen sobre la cabeza un penacho eréctil de colores vivaces.* ■ **2** (*col, humoríst*) Mujer vieja y fea.

cacea *f* Procedimiento de pesca que consiste en llevar el anzuelo pendiente de una lancha o bote. *Frec en la loc adv* A LA ~.

cacear *intr* Pescar a la cacea.

cacera *f* Zanja o canal de riego.

cacerense *adj* Cacereño. *Tb n.*

cacereñismo *m* Condición de cacereño, esp. amante de lo cacereño.

cacereño -ña *adj* De Cáceres. *Tb n, referido a pers.*

cacería *f* **1** Partida de caza. **b)** Salida realizada para cazar. ■ **2** (*raro*) Conjunto de animales que son objeto de caza.

cacerola *f* Vasija de metal de figura cilíndrica, de poca altura, con dos asas, y que sirve para guisar.

cacerolada *f* Protesta colectiva, gralm. de sentido político, consistente en golpear ruidosamente cacerolas y otros objetos metálicos.

cacha[1] **I** *f* **1** Pieza de las dos que cubren el mango de una navaja o la culata de una pistola. ■ **2** (*col*) Nalga. *Frec en pl.*
II *loc adv* **3** **hasta las ~s.** (*col*) Totalmente. *Referido normalmente a actos o a cualidades morales de perss.*

cacha[2] *f* (*reg*) Cachava [1a].

cachalote *m* **1** Cetáceo que alcanza hasta 24 m de longitud, de cabeza muy grande, que tiene dientes cónicos en el maxilar inferior, suele habitar en los mares cálidos y es muy apreciado por la grasa y por el ámbar gris (*Physeter macrocephalus*). ■ **2** (*col*) Pers. sumamente corpulenta.

cachar *tr* (*reg*) Arar.

cacharra *f* **1** Vasija de metal, de forma cilíndrica o troncocónica, con un asa delgada arriba, y que sirve para transportar leche. ■ **2** (*jerg*) Pistola.

cacharrazo *m* (*col*) Choque o colisión.

cacharrear *intr* (*reg*) Revolver o remover objetos.

cacharrería *f* **1** Tienda de cacharros [1], donde también se suelen vender útiles de limpieza y juguetes baratos. ■ **2** Conjunto de cacharros [1]. ■ **3** Tienda o taller de alfarería.

cacharrero -ra **I** *m y f* **1** Pers. que fabrica o vende cacharros [1]. **b)** Pers. que tiene una cacharrería [1].
II *adj* **2** De (los) cacharros [1] o de (las) cacharrerías [3].

cacharro *m* **1** Vasija de loza. **b)** *En gral:* Vasija. **c)** (*reg*) Trozo de vasija de loza rota. ■ **2** (*col*) Máquina o aparato que funciona mal. *Frec referido a automóvil.* **b)** Máquina o aparato viejo. **c)** (*desp o humoríst*) *En gral:* Máquina o aparato. ■ **3** (*vulg*) Órgano sexual masculino o femenino.

cachas *adj invar* (*col*) Robusto o fornido. *Tb n.*

cachava *f* Cayado (bastón de pastor). **b)** Bastón curvado en la parte superior.

cachavazo *m* Golpe de cachava.

cachaza *f* (*col*) Flema, o actitud calmosa y reposada.

cachazudamente *adv* (*col*) De manera cachazuda.

cachazudo -da *adj* (*col*) Que tiene cachaza. **b)** Propio de la pers. cachazuda.

caché[1] *m* Cachet.

caché[2] *m* Distinción o elegancia.

caché[3] *adj* (*Informát*) [Memoria] rápida y pequeña, situada entre la memoria principal y el procesador. *Tb n f.*

cachear *tr* Registrar tanteando [a alguien] para comprobar si lleva oculto algún objeto prohibido, esp. armas.

cachelada *f* Cachelos (guiso).

cachelos *m pl* Trozos grandes de patatas cocidas que en Galicia se toman acompañando a trozos de carne o pescado. *Tb el guiso así preparado.*

cachemir *m* Tejido fino hecho con lana de cabra de Cachemira (India y Pakistán), o con otra lana similar.

cachemira *f* Cachemir.

cachemire *(fr; pronunc corriente, /kaĉemír/) m* Cachemir.

cachemiro -ra *adj* De Cachemira. *Tb n, referido a pers.*

cacheo *m* Acción de cachear.

cacherulo *m* (*reg*) Cachirulo.

cachet *(fr; pronunc corriente, /kaĉé/) m* Remuneración, esp. de un artista, para un contrato determinado.

cachetada *f* Cachete [1].

cachete I *m* 1 Golpe dado con la mano abierta sobre alguna parte del cuerpo, esp. una mejilla o la cabeza. ■ 2 Mejilla. ■ 3 (*Taur*) Puntilla. ■ 4 (*Mar*) Amura.
 II *loc v* 5 darse de ~s [dos cosas, o una con otra]. (*col*) Desentonar u oponerse entre sí.

cachetear *tr* (*raro*) Dar un cachete [1] [a alguien (*cd*)]. *Tb fig, referido a cosa.*

cachetero *m* (*Taur*) 1 Puntillero. ■ 2 (*raro*) Puntilla.

cachetudo -da *adj* Mofletudo.

cachiberrio *m* Director de los danzantes en algunas fiestas de la Rioja.

cachicán *m* (*raro*) 1 Capataz de una finca. ■ 2 Hombre astuto.

cachicuerno -na *adj* [Navaja o cuchillo] con cachas de cuerno. *Tb n m y f.*

cachifollar *tr* (*col*) 1 Estropear o escachifollar. ■ 2 Apabullar o abatir.

cachigordo -da *(frec en la forma dim* CACHIGORDETE) *adj* (*col*) [Pers.] regordeta.

cachimba *f* Pipa (de fumar).

cachipolla *f* Efémera (insecto).

cachiporra *f* Palo cilíndrico, más abultado en su extremo inferior y que frec. se usa como arma. **b)** Extremo abultado de la cachiporra.

cachiporrazo *m* Golpe dado con cachiporra. *Frec* (*col*) *fig.*

cachiquel (*tb* **cakchiquel**) I *adj* 1 De una tribu maya del oriente de Guatemala, de gran importancia en la época precolombina. *Tb n, referido a pers.*
 II *m* 2 Lengua de los cachiqueles [1].

cachirulo *m* 1 Pañuelo que, como prenda típica, llevan arrollado a la cabeza los hombres de campo aragoneses. ■ 2 (*col*) *Se usa para designar, dentro de un contexto, cualquier objeto o pieza cuyo n no se recuerda o no es necesario decir.* ■ 3 (*col*) Amante. ■ 4 (*reg*) Cometa (juguete).

cachivache *m* (*col, desp*) Trasto (objeto o utensilio). *Frec en pl.*

cachizas. hacer ~. *loc v* (*reg*) 1 Hacer trizas [algo]. *Tb fig.* ■ 2 Hacer un estropicio, o hacer estropicios.

cachizo *adj* (*Carpint*) [Madero] grueso apto para ser serrado.

cacho¹ I *m* 1 (*pop*) Pedazo. **b)** *Se usa como equivalente de* PEDAZO *en locs como* ~ DE + *n*, HACER ~S, UN ~ DE PAN (→ PEDAZO). **c) un ~.** Un poco [de algo]. ■ 2 (*pop*) Trozo de terreno. ■ 3 (*Taur*) Terreno del toro.
 II *loc adv* 4 fuera de ~. (*Taur*) En terreno al que no llega la acción del toro. *Tb fig, fuera del ámbito taurino.*

cacho² *m* Pez de río, de cuerpo esbelto, con escamas grandes de color verde plateado, y cuya carne es poco apreciada (*Leuciscus cephalus cabeda*).

cachón *m* (*reg*) 1 *En un río:* Parte de la corriente que cae desde poca altura formando espuma. ■ 2 Jibia (molusco).

cachondada *f* (*col*) Cosa divertida.

cachondear A *tr* 1 (*vulg, reg*) Soliviantar o provocar [a alguien] excitando su apetito sexual.
 B *intr pr* (~**se**) 2 (*col*) Burlarse [de alguien o algo]. *Frec se omite el compl por consabido.* ■ 3 (*col*) Reírse o regocijarse [con algo (*compl* DE)].

cachondeo *m* (*col*) 1 Acción de burlarse. **b)** Broma o guasa. *Frec en la constr* TOMAR A ~. ■ 2 Diversión. **b)** Diversión ruidosa o juerga.

cachondería *f* (*vulg*) 1 Apetito sexual. ■ 2 Atractivo sexual.

cachondez *f* (*vulg*) 1 Apetito sexual. ■ 2 Atractivo sexual.

cachondo -da *adj* 1 (*col*) [Pers.] jovial o alegre. *Tb n. En este caso, tb* ~ MENTAL. **b)** Gracioso o divertido. **c)** Burlón. ■ 2 (*vulg*) Que tiene apetito sexual o propensión a él. **b)** [Animal] que está en celo o que tiene propensión a ello. ■ 3 (*vulg*) De(l) apetito sexual. **b)** Que denota apetito sexual. ■ 4 (*vulg*) Que atrae o excita sexualmente.

cachopo *m* Tronco seco y hueco de árbol.

cachorril *adj* (*raro*) De cachorro.

cachorrillo *m* 1 *dim de* CACHORRO. ■ 2 Pistola pequeña.

cachorro -rra A *m y f* 1 Cría del perro, o de determinados animales salvajes, como el lobo, la zorra, el león, el tigre o el oso.
 B *m* 2 (*col*) Individuo perteneciente a la generación joven que empieza a mostrarse activa en la sociedad. *Gralm en pl.*

cachucha¹ *f* (*hist*) Baile popular andaluz de compás ternario. *Tb la música y su letra.*

cachucha² *f* (*hist*) Lancha o bote.

cachucho -cha *adj* (*reg, vulg*) Cachondo [2].

cachuela *f* 1 Guisado hecho de hígado, corazón y riñones de conejo. ■ 2 Guisado extremeño hecho con hígado y estómago de cerdo.

cachuelo *m* Pez de río, de hasta 20 cm de largo, de cuerpo esbelto y con escamas plateadas, y de carne fina y apreciada (*Leuciscus cephalus pyrenaicus*).

cachupinada *f* (*col, desp*) Pequeña reunión social de clase media.

cacía *f* (*reg*) Vajilla.

cacicada *f* Acto propio de un cacique¹ [1].

cacicato *m* Cacicazgo [1].

cacicazgo *m* 1 Condición o poder de cacique¹ [1]. ■ 2 (*hist*) Dignidad de cacique¹ [2].

cacillo *m* Instrumento metálico de cocina consistente en una pieza semiesférica unida a un mango largo terminado en gancho, y que sirve para sacar líquido de las vasijas. *Tb su contenido.*

cacique[1] **-ca A** *m y f* **1** (*col*) Pers. que en un medio rural ejerce excesiva influencia en los asuntos políticos o administrativos. **b)** Pers. que gobierna a su antojo en un lugar. ■ **2** (*hist*) Señor de una comunidad o pueblo de indios. **B** *f* **3** Mujer del cacique [1a].

cacique[2] **-ca** *adj* (*col*) De la Villa de El Escorial (Madrid). *Tb n, referido a pers.*

caciquear *intr* (*col*) Actuar como cacique[1] [1].

caciqueo *m* (*col*) Acción de caciquear.

caciquil *adj* (*col*) De(l) cacique[1] [1].

caciquismo *m* (*col*) **1** Dominación o influencia de(l) cacique[1] [1]. ■ **2** Sistema en que dominan los caciques[1] [1].

caco *m* (*col*) Ladrón.

cacofonía *f* **1** (*lit*) Sonido de efecto desagradable. ■ **2** (*TLit*) Repetición de sonidos que causa efectos desagradables al oído.

cacofónico -ca *adj* Que tiene cacofonía.

cacomite *m* Planta americana de flores de color rojo escarlata y cuya raíz, tuberculosa y feculenta, se come cocida (*Tigridia pavonia*).

cacoquimio -mia *adj* (*lit, raro*) [Pers.] débil y melancólica.

cacorro *m* (*vulg*) Hombre homosexual.

cacosmia *f* (*Med*) Percepción morbosa de malos olores que no existen.

cactácea *adj* (*Bot*) [Planta] propia de zonas desérticas, gralm. desprovista de hojas o con hojas planas, cilíndricas o, sobre todo, transformadas en espinas, y con flores grandes, gralm. solitarias y de colores vivos. *Frec como n f en pl, designando este taxón botánico.*

cacto *m* Planta cactácea cultivada, esp. la perteneciente a alguna de las especies de tallo globoso provisto de espinas.

cactus *m* Cacto.

cacumen *m* (*col*) Inteligencia, esp. despierta.

cacuminal *adj* (*Fon*) [Sonido] que se articula elevando la lengua hacia el paladar o los alveolos de modo que los toque con el borde inferior de su ápice.

cacuminalización *f* (*Fon*) Articulación de un sonido como cacuminal.

cada[1] (*con pronunc átona en acep 1c; a veces tb en otras aceps del grupo I*) **I** *adj* (*ante n o pron en sg, excepto en acep 1c*) **1** *Indica que el n al que precede designa un conjunto de perss o cosas consideradas una por una.* * Que cada palo aguante su vela. **b)** *Frec ante los prons* UNO, CUAL *o* (*más raro*) QUIEN. * Cada cual a lo suyo. **c)** *Seguido de un sust en pl con determinación cuantitativa, indica que las perss o cosas son consideradas en grupos de esa cantidad de unidades.* * Cada dos minutos entra un coche. ■ **2** *Precede a un n que indica la unidad que se toma como medida en una progresión. Frec en la constr* A ~ + *n.* * A cada paso mayor mi sofoco. ■ **3** (*col*) *Se usa con intención ponderativa, seguido de prop con* QUE, *que expresa la consecuencia.* * Se ve cada espectáculo que es la monda. **b)** *A veces, pralm en ors exclams, se omite la prop consecutiva.* * Me dice cada cosa... ■ **4** (*reg*) *Precediendo a n que expresa unidad de tiempo, indica reiteración* (~ DÍA *'todos los*

días'). ■ **5** ~ **cual**, *o* (*más raro*) ~ **quien**, *o* (*col*) ~ **quisque**, *o* (*pop*) ~ **quisqui.** Cada [1] uno o cada persona. *Con matiz generalizador.* **II** *pron* **6** (*col*) Cada [1] uno. * Compró seis camisones, a 80 cada.

cada[2] *f* Arbusto similar al enebro común, con fruto de color rojizo (*Juniperus oxycedrus*).

cadahalso *m* (*hist*) Tablado que sirve de tribuna en un acto público.

cadalecho *m* Cama hecha con ramas.

cadalso *m* **1** (*hist*) Tablado levantado para la ejecución de una pena de muerte. **b)** (*lit*) Pena de muerte. *Tb su ejecución.* ■ **2** (*hist*) Baluarte de madera.

cadañal *adj* (*raro*) De cada año.

cadañero -ra *adj* De cada año.

cadáver *m* Cuerpo muerto, esp. de pers. *Tb fig, referido a cosas.*

cadavérico -ca *adj* **1** De cadáver. *Tb fig.* ■ **2** Pálido y demacrado. *Dicho de pers o de su aspecto.*

cadaverina *f* (*Quím*) Compuesto orgánico tóxico, en forma de líquido espeso y fétido, resultante de la putrefacción de un organismo animal.

cadaverización *f* (*lit, raro*) Hecho de cadaverizarse. *Frec fig.*

cadaverizarse *intr pr* (*lit, raro*) Convertirse en cadáver. *Frec fig.*

caddy (*ing; pronunc corriente,* /kádi/; *tb con la grafía* **caddie**; *pl normal,* CADDIES) *m* (*Golf*) Muchacho que lleva los palos.

cadena I *f* **1** Serie lineal de piezas, normalmente metálicas y frec. en forma de anillo, enlazadas unas con otras, que sirve de sujeción o de adorno. **b)** Serie de elementos metálicos enlazados que en una máquina sirve para transmitir un movimiento. **c)** *En pl:* Dispositivo formado por un conjunto de cadenas que se sujeta a los neumáticos de los automóviles para evitar el deslizamiento sobre la nieve o el hielo. ■ **2** Sucesión de hechos en que cada uno se produce en conexión inmediata con el anterior. ■ **3** Conjunto de transmisores y receptores de televisión coordinados entre sí, y que difunden una misma programación. ■ **4** Serie de empresas comerciales o establecimientos pertenecientes a un mismo grupo. ■ **5** Fila de perss. que transportan de un lugar a otro una serie de objetos pasándoselos de mano en mano. ■ **6** Transmisión por correo y anónimamente, de unas personas a otras, de un texto breve, gralm. una oración, con el encargo de que cada una, al recibirlo, envíe copia a otras varias. ■ **7** Cordillera. *Tb* ~ MONTAÑOSA. ■ **8** (*Quím*) Conjunto de átomos enlazados linealmente unos con otros. ■ **9** (*Arquit*) Faja vertical de piedra o de ladrillo, de las que refuerzan un muro hecho de otro material menos resistente. ■ **10** ~ **alimentaria** *o* **alimenticia.** (*Ecol*) Sucesión de organismos en la que cada uno se nutre a expensas del anterior y a su vez sirve de alimento al siguiente. ■ **11** ~ **de alta fidelidad.** Equipo de elementos en serie destinado a la reproducción sonora de alta calidad. *Tb* ~ MUSICAL, *o* (*raro*) ~ HIFI, *o simplemente* ~. ■ **12** ~ **de montaje.** *En una fábrica:* Instalación en serie en la que el producto pasa por sucesivos puntos de trabajo para ser objeto de montaje o transformación. ■ **13** ~ **hablada.** (*Ling*) Sucesión de los elementos lingüísticos en el habla. ■ **14** ~ **humana.** Serie de perss. unidas unas con otras por la mano, gralm. como forma

cadenazo – caer

de manifestación. ■ **15 ~ perpetua.** Pena máxima de prisión.

II *loc adj* **16 en ~.** Que se produce en serie o por transmisión de unos elementos a otros. *Tb adv.* **b)** (*Quím*) [Reacción] que se produce en una serie de etapas, iniciada cada una por la anterior. *Tb fig, fuera del ámbito técn.*

cadenazo *m* Golpe dado con una cadena [1a].

cadencia *f* **1** Ritmo, o repetición de determinado fenómeno a intervalos más o menos regulares. ■ **2** Distribución proporcionada de los acentos y las pausas en la elocución. **b)** (*Mús*) Ritmo, o disposición de las duraciones relativas y de los acentos en las notas de una melodía. ■ **3** Serie de sonidos que se suceden rítmicamente. ■ **4** Velocidad a la que funciona o se desarrolla algo. ■ **5** (*Fon*) Tonema descendente.

cadenciosamente *adv* De manera cadenciosa.

cadencioso -sa *adj* Que tiene cadencia [1 y 2].

cadenera *adj* [Naranja] de una variedad grande, muy jugosa, de agradable equilibrio entre dulzura y acidez y casi sin pipas.

cadeneta *f* **1** Adorno, propio de fiestas, constituido por una cadena [1a] hecha de papeles de colores. ■ **2** (*Lab*) Punto de ganchillo o de aguja que forma un dibujo semejante a una cadena [1a].

cadenza (*it; pronunc corriente,* /kadéntsa/) *f* (*Mús*) *En el concierto:* Pasaje virtuosístico para el solista, con la orquesta en silencio, al final de un movimiento, y frec. compuesto por autor distinto del de la obra o, antiguamente, improvisado por el propio solista.

cadera *f* **1** *En los humanos:* Parte saliente de las dos que haya a los lados del cuerpo, debajo de la cintura, formadas por los huesos coxales. **b)** Parte [de una prenda de vestir] destinada a cubrir la cadera. ■ **2** *En los grandes cuadrúpedos:* Parte lateral del anca. ■ **3** (*Zool*) *En los insectos:* Primer artejo de la pata.

caderamen *m* (*col*) Caderas de mujer, esp. las llamativas.

caderazo *m* (*col*) Empujón dado con la cadera [1a].

cadete A *m y f* **1** Alumno de academia militar.
  B *m* **2** *En sastrería:* Muchacho de talla intermedia entre la de hombre y la de niño. ■ **3** (*Dep*) Deportista de la categoría inmediatamente anterior a la de juvenil. ■ **4** (*hoy raro*) *En la Organización Juvenil falangista:* Muchacho de la categoría de más edad.

cadetería *f* (*col*) Conjunto de (los) cadetes [1].

cadí *m* Juez en una comunidad musulmana.

cadiera *f* (*reg*) Pequeño banco con respaldo.

cadillo *m* Planta herbácea con cabezuelas llenas de ganchos, fruto elipsoidal y hojas dentadas (*Xanthium strumarium*).

cadmiado *m* Operación de cadmiar.

cadmiar (*conjug* 1a) *tr* Proteger [una superficie metálica] con una capa de cadmio.

cadmio I *m* **1** Metal, de número atómico 48, de color blanco azulado, brillante, parecido al estaño, dúctil y maleable.
  II *adj* **2** [Color] propio del cadmio [1]. *Tb n m.*

cado *m* (*reg*) Huronera o madriguera.

cadozo *m* Remolino que se forma en una concavidad del cauce de un río.

cadre *m* Contenedor acolchado destinado al transporte de muebles.

caducar *intr* **1** Perder [una cosa] validez o vigencia. ■ **2** (*lit*) Acabarse [algo] por vejez o desgaste.

caduceo *m* (*Mitol clás*) Vara rodeada por dos serpientes entrelazadas y coronada por dos pequeñas alas, que es el atributo del dios Mercurio.

caducidad *f* **1** Hecho de haber caducado [algo (*compl de posesión*)]. **b)** ~ **de** (**la**) **instancia.** (*Der*) Presunción legal de que los litigantes han abandonado sus pretensiones. ■ **2** Condición de caduco [1, 2 y 3].

caducifolio -lia *adj* (*Bot*) [Árbol o planta] de hoja caduca [4]. *Tb n.* **b)** De (los) árboles caducifolios.

caduco -ca *adj* **1** (*lit*) Poco duradero, o efímero. ■ **2** (*lit*) Decrépito o muy viejo. ■ **3** (*lit*) Que ya no tiene validez o vigencia. ■ **4** (*Biol*) [Parte de un organismo] destinada a caer.

caedizo -za *adj* **1** [Cosa] que cae fácilmente. *Tb fig.* ■ **2** (*Bot*) Caduco [4].

caer I *v* (*conjug* 13) **A** *intr* ➤ **a** *normal* **1** Ir al suelo, o hacia abajo, por efecto de la gravedad. *Tb pr* (~**se**). *Frec se especifica el lugar adonde se cae, por un compl* EN *o* A. **b)** Pender [de una determinada forma (*compl adv*)]. **c)** Estar [una prenda por alguna parte, o esa misma parte] más baja de lo debido. **d)** Dirigirse [algo] hacia abajo (sin intervención de la ley de gravedad]. **e)** *Con un suj* f *o neutro indeterminado* (LA QUE ESTÁ CAYENDO; ESTÁ CAYENDO UNA BUENA, *etc*), *expresa enfáticamente diversos fenómenos meteorológicos, precisados por el contexto:* apretar el sol; llover, helar, nevar intensamente. **f)** **con la** (*o* **lo**) **que está cayendo** → acep. 20. **g)** ~ **del cielo** → CIELO. ■ **2** Perder [alguien o algo] el equilibrio, pasando a apoyarse sobre una base que no es la normal. *Frec pr* (~**se**). **b)** ~(**se**) **redondo** → REDONDO. ■ **3** Entrar [en una situación (*compl* EN, *o predicat*) que se considera negativa o poco deseable para la pers. o cosa de que se habla]. *A veces se omite el compl por consabido.* **b)** ~ **muy** (*u otro intensificador*) **bajo.** Llegar a una situación deshonrosa. **c) te has caído.** (*col*) *Gralm enunciado como conclusión de una hipótesis:* Saldrás malparado o fracasarás. *A veces con incrementos expresivos como* CON TODO EL EQUIPO (→ EQUIPO) *o* DE UN GUINDO. **d)** ~ **en cama,** ~ **en desgracia,** ~(**se**) **con todo el equipo** → CAMA, DESGRACIA, EQUIPO. ■ **4** Perder fuerzas o vitalidad. **b)** Bajar o perder valor [una cosa]. ■ **5** Ser derrotado o eliminado. **b)** Desaparecer o ser suprimido [alguien o algo (*suj*)] de una lista o de un programa]. *Frec pr* (~**se**). **c) caiga quien caiga.** Actuando sin miramientos o sin preocuparse de posibles consecuencias negativas. ■ **6** Morir, esp. en combate. **b)** Terminarse [el día o la tarde]. **c)** ~ **la noche.** Anochecer. ■ **7** Abalanzarse [sobre alguien o algo]. *Tb fig.* ■ **8** (*col*) Percatarse [de algo (*compl* EN)]. *Frec se omite el compl por consabido.* **b)** ~ **en la cuenta** → CUENTA. ■ **9** Ir a parar casualmente o de manera imprevista [a un lugar (*compl* EN)]. **b)** Salir por suerte, o tocar en suerte. **c)** Corresponder ocasionalmente [una fecha a un determinado día de la semana, o mes o estación del año (*compl* EN)]. **d)** ~**le** [a alguien] **el gordo** → GORDO. ■ **10** (*col*) Lograrse o conseguirse [algo]. **b)** Obtenerse [algo] como ganancia. ■ **11** ~**le bien** (*o* **mal**) (*u otro adv equivalente*) [algo a una pers. o cosa]. Sentar[le] bien (o mal), o ser[le] adecuado (o no). *Tb sin ci.* **b)**

Causar [alguien o algo] una impresión favorable (o desfavorable) [en alguien (*ci*)]. *A veces con predicat en lugar de adv.* **c)** *Sin adv:* Caer bien [11a]. **d)** **~ en gracia, ~ gordo** → GRACIA, GORDO. ■ **12** Estar situado [en un lugar (*compl adv*)]. *La situación se piensa o se expresa de manera imprecisa. Tb fig.* **b)** Estar [dentro de una determinada categoría, consideración o situación (*compl* EN, DENTRO DE, *o* BAJO, *o adv*)]. ■ **13** Aparecer o presentarse [en un lugar (*compl* POR)]. **b) estar,** *o* **andar, al ~.** (*col*) Estar a punto de presentarse. **c) no caerá esa breva** → BREVA. ■ **14 dejar ~.** (*col*) Decir [algo] como de pasada, pero intencionadamente.

➤ **b** *pr* (**~se**) **15** Desprenderse [algo] de su lugar natural o del lugar al que está adherido. ■ **16** (*col*) Estar [alguien] rendido o agotado [por algo, esp. sueño o fatiga (*compl* DE)]. *Tb fig.* ■ **17 ~se de culo, ~ de espaldas, ~ de las manos, ~ el mundo**; **~sele de la boca, ~sele la casa encima, no ~sele de las manos, no tener dónde ~se muerto** → CULO, ESPALDA, MANO, MUNDO, BOCA, CASA, MANO, TENER.

B *tr* **18** (*pop*) Dejar caer [1a]. **b)** Tirar, o hacer caer.

II *loc adv* **19 a su ~.** De manera imprevista o no preparada. ■ **20 con la** (*o* **lo**) **que está cayendo.** (*col*) En estas circunstancias tan peligrosas o tan adversas. ■ **21 de ~se** (*col*), *o* **que te caes** (*juv*). A más no poder. *Tb adj.*

cafarnaúm *m* (*reg*) Barullo o confusión.

café I *m* (*dim, col,* CAFETITO *o* CAFELITO, *en acep 2*) **1** Cafeto (planta). **b)** Semilla del cafeto. ■ **2** Infusión que se hace con café [1b]. *Tb la taza o vaso que la contienen.* **b) ~ capuchino, ~ exprés, ~ irlandés** → CAPUCHINO, EXPRÉS, IRLANDÉS. ■ **3** Establecimiento público en que se sirven café [2] y bebidas, en mesas atendidas por camareros. **b) ~ cantante.** (*hoy raro*) Establecimiento público en que se sirven bebidas y se dan actuaciones de artistas que interpretan canciones frívolas. **c) ~ teatro.** Establecimiento público en que se sirven bebidas y se representan piezas teatrales cortas de carácter frívolo. ■ **4 ~ para todos.** (*col*) Trato igual para todos, sin distinción de categorías. ■ **5 buen** (*o* **mal**) **~.** (*col, euf*) Buen (o mal) talante. *Frec en la constr* DE BUEN (*o* MAL) ~. **b)** Buena (o mala) intención.

II *adj invar* **6** [Color] oscuro propio del café [2]. *Tb n m.* **b) ~ con leche.** [Color] marrón claro semejante al del café con leche. *Tb n m.* ■ **7** Que tiene color café [6a]. **b) ~ con leche.** Que tiene color café con leche. ■ **8 de ~.** (*desp*) [Conocedor o entendido] que en tertulias alardea de un saber que en realidad no domina. *Tb referido a la materia de que se alardea.* **b)** [Estratega] **de ~** → ESTRATEGA.

cafeína *f* Alcaloide que se obtiene de la semilla del café [1] y de otros vegetales y es estimulante nervioso y cardíaco.

cafelito → CAFÉ.

cafeomancia *f* Adivinación mediante el examen de los posos del café [2].

cafetal *m* Plantación de cafetos.

cafetalero -ra *adj* De (los) cafetales. **b)** [Pers.] que posee cafetales. *Tb n.*

cafetería *f* Establecimiento público en que se sirven café, bebidas y alimentos ligeros.

cafeteril *adj* (*col*) De café [3a] o de cafetería.

cafetero -ra **I** *adj* **1** De(l) café [1, 2 y 3a]. **b)** [Pers.] aficionado al café [2 y 3a]. *Tb n.*

II *n* **A** *m y f* **2** Comerciante mayorista de café [1b]. **b)** Propietario de un café [3a] o de una cafetería. ■ **3** Empleado que sirve en la barra de una cafetería. **b)** (*hoy raro*) Camarero que sirve café [2]. **c)** (*hist*) Vendedor ambulante de café.

B *f* **4** Vasija en la que se hace o sirve café [2]. **b)** (*col, humoríst*) Se usa en constrs de sent comparativo para denotar locura, frec con intención ponderativa. **c)** Máquina que hace café. **d) cafetera exprés** → EXPRÉS. ■ **5** (*col, humoríst*) Máquina vieja o que no funciona bien. *Frec dicho de coche.*

cafetín *m* Café [3a] de poca categoría.

cafetito → CAFÉ.

cafeto *m* Arbusto perenne tropical, de frutos en drupa de color rojo que contienen dos semillas de consistencia apergaminada, de cuya elaboración se obtiene, por infusión, una bebida aromática y estimulante (*Coffea arabica*).

cáfila *f* Multitud. *Referido a perss es desp.*

cafinitrina (*n comercial registrado*) *f* Medicamento vasodilatador para la angina de pecho, compuesto de nitroglicerina y cafeína.

cafre *adj* **1** De la Cafrería (región del extremo de África meridional). *Tb n, referido a pers.* ■ **2** (*col*) Bárbaro o salvaje. *Tb n, referido a pers. Frec con intención ponderativa y usado como insulto.*

caftán *m* **1** Vestido oriental amplio y largo, parecido a una túnica. ■ **2** Vestido femenino y suelto, con mangas amplias, semejante al caftán [1].

cagaaceite *m* Zorzal charlo (pájaro, *Turdus viscivorus*).

cagada *f* (*vulg*) **1** Porción de excremento, esp. de animal. ■ **2** Desacierto, o acción inoportuna.

cagado -da *adj* (*vulg*) **1** *part* → CAGAR. ■ **2** [Pers.] cobarde o pusilánime. *Tb n.* **b)** [Pers.] muy asustada.

cagajón *m* (*vulg*) Cagada [1] de una caballería.

cagalar *m* Intestino recto. *Tb* TRIPA (DEL) ~. *Esp referido al cerdo.*

cagalera *f* (*vulg*) **1** Diarrea. ■ **2** Miedo.

cagallón *m* (*reg*) Cagajón. *Tb fig.*

cágalo *m* (*reg*) Págalo (ave).

cagalón *adj* (*reg*) [Vino] del año.

cagancho *m* (*reg*) Pájaro muy pequeño de color negro y café.

cagaprisas *m y f* (*vulg*) Pers. impaciente o que siempre anda con prisa.

cagar (*vulg*) **I** *v* **A** *intr* ➤ **a** *normal* **1** Defecar, o evacuar el vientre. ■ **2 pillar** [a alguien] **cagando.** Coger[le] desprevenido.

➤ **b** *pr* (**~se**) **3** Defecar involuntariamente. *A veces seguido de* ENCIMA, EN LOS PANTALONES, *o* EN LOS CALZONES. **b)** Defecar [en un lugar indebido o inoportuno]. ■ **4** Ser dominado por el miedo. *A veces seguido de* ENCIMA, EN LOS PANTALONES, *o* EN LOS CALZONES. ■ **5 me cago en Dios** (*euf frec, pero* **o tal**, *o, raro,* **sos**), **la hostia, la leche, la mar** (**salada,** *o* **serena**), **la puñeta, la puta de oros, mi suerte,** *etc. Fórmulas exclamativas que expresan irritación o enfado. Frec se enuncian incompletas, omitiendo el* ME *inicial, o lo que sigue al* v *o a* EN. *A veces los escritores transcriben* MECAGÜEN *o* CAGÜEN. **b) ~se en diez, la leche, la mar,** *etc. Pronunciar alguna de las fórmulas* me cago en diez, *etc.* ■ **6 me cago en tu** (*o* **su**) **madre, tu** (*o* **su**) **padre, tus** (*o* **sus**)

muertos, (*euf*) **algo malo**, *etc. Fórmulas de insulto y desprecio. Frec se enuncian omitiendo el* ME *inicial. A veces los escritores transcriben* MECAGÜEN *o* CAGÜEN. **b**) **~se en su madre, su padre,** *etc.* Pronunciar alguna de las fórmulas *me cago en tu madre*, etc. ■ **7** *Se usa, vacío de significado, en constrs ponderativas de carácter consecutivo, como* QUE TE CAGAS, DE ~SE, PARA ~SE, QUE ME CAGO POR LA PATA ABAJO.

B *tr* **8** Expulsar [algo] por el ano. ■ **9** Ensuciar o manchar [con algo (*compl* DE)]. ■ **10** Estropear [algo] con una actuación torpe. **b**) **~la**, *o* **~lo.** Cometer un error grave. **c**) **~la.** Tropezar con un contratiempo grave. *Frec dicho como comentario exclamativo en 1ª pers:* LA CAGAMOS. ■ **11** **~se los pantalones**, *o* **los calzones.** Cagarse [3a y 4].

II *loc adv* **12 cagando hostias**, *o* **leches**, *o* **rayos** → HOSTIA, LECHE, RAYO.

cagarria *f* Colmenilla (seta).

cagarrinas *f pl* (*reg*) Diarrea.

cagarro *m* (*reg*) Porción de excremento.

cagarrope *m* (*reg*) Curruca (ave).

cagarruta *f* (*col*) Porción de excremento, esp. del ganado menor.

cagarrutero *m* (*reg*) Conjunto de cagarrutas de conejo. *Tb el lugar donde se encuentra.*

cagatintas *m y f* (*col, desp*) Oficinista.

cagliaritano -na (*pronunc corriente, /kalaritáno/*) *adj* De Cagliari (Cerdeña). *Tb n, referido a pers.*

cagón -na *adj* (*vulg*) **1** Que defeca. *Tb n.* ■ **2** Cobarde. *Tb n.*

caguama *f* Tortuga marina de gran tamaño que habita en las aguas cálidas de las costas mejicanas, cuya carne y huevos son comestibles y de cuyo caparazón, de color verde oliváceo o pardo, se obtiene una materia córnea de utilidad industrial (gén. *Chelonia*, esp. *C. mydas*).

cagüen → CAGAR.

cagueta (*tb* **caguetas**) *m y f* (*vulg*) Pers. apocada o pusilánime. *Tb adj.*

cahíz *m* **1** Medida de capacidad para áridos, equivalente a unos 666 litros. ■ **2** Porción de terreno que se puede sembrar con un cahíz [1] de grano.

caíd *m* (*hist*) Funcionario marroquí con autoridad militar y administrativa.

caída *f* **1** Hecho de caer [1 a 5 y 15]. *Tb su efecto.* ■ **2** Hora en que cae [6b] [la tarde (*compl* DE)]. ■ **3** Manera de plegarse o de caer [1b] un paño o ropaje. **b**) Caída elegante o airosa. ■ **4** *En una cortina:* Parte que pende lateralmente. ■ **5** (*reg*) *En un alimento:* Parte que no tiene aprovechamiento. ■ **6** (*reg*) *En pl:* Lana que se desprende del vellón.

caído -da *adj* **1** *part* → CAER. ■ **2** Abatido o desfallecido. ■ **3** Que está en posición más baja de la normal o común. ■ **4** (*Taur*) [Estocada] ladeada que no llega a ser baja. ■ **5** (*hoy raro*) Muerto en la guerra. *En el régimen de Franco designaba esp al del bando nacional. Frec n m en pl.* ■ **6** (*reg*) Enterado o impuesto [en una materia]. ■ **7 de** + *n en pl* + **~s.** (*humoríst*) [Huelga] consistente en abstenerse de hacer funcionar [lo designado por el n.]. *Tb fig.* **b**) [Huelga] **de brazos ~s** → BRAZO.

caimán *m* **1** Reptil americano semejante al cocodrilo, pero algo más pequeño y con el hocico aplanado (gén. *Caiman*). ■ **2** (*col*) Hombre que con astucia trata siempre de sacar ventajas personales.

caimito *m* Árbol del Caribe, de fruto dulce muy apreciado, del tamaño de una manzana (*Chrysophyllum caimito*).

Caín. las de ~. *f pl* (*col*) **1** Situación angustiosa. *Gralm con el v* PASAR. ■ **2** Malas intenciones. *Frec en constrs como* VENIR CON, *o* TRAER, LAS DE ~.

cainismo *m* Actitud o comportamiento hostil [de alguien] respecto a los suyos.

cainita *adj* De(l) cainismo.

caíño *m* Cierta variedad gallega de uva tinta.

caipiriña (*tb con la grafía* **kaipiriña**) *f* Cóctel de aguardiente de caña, ron o vodka, con azúcar, limón y hielo picado.

caique *m* Barco ligero de vela, usado en el Mediterráneo oriental.

cairel *m* Fleco de adorno en la ropa. *Tb fig.*

cairelado *adj* (*Arquit*) [Arco] angrelado.

cairota *adj* De El Cairo. *Tb n, referido a pers.*

caite *m* Sandalia tosca de cuero, de los indios mejicanos.

caja **I** *f* **1** Recipiente de material rígido, fácil de transportar, gralm. con tapa y en forma de paralelepípedo, destinado a guardar objetos. ■ **2** Ataúd. ■ **3** Cubierta rígida con que se protege un aparato. **b**) **~ de cambios**, *o* **de velocidades.** *En un vehículo automóvil:* Caja que encierra el mecanismo del cambio de marchas. *Tb el mismo mecanismo.* ■ **4** (*Anat*) Cavidad más o menos cerrada, de paredes óseas, que contiene y protege un órgano. *Con un adj o compl especificador.* **b**) **~ del pecho** (*col*), *o* **~ cambio(s).** (*jerg*) Pecho (parte del cuerpo que contiene el corazón y los pulmones). ■ **5** *En un banco, una tesorería o un comercio:* Lugar destinado a recibir o guardar el dinero y a hacer pagos. **b**) Estado de las operaciones efectuadas en caja. *Frec con el v* HACER. **c**) *En un comercio:* Ingreso por ventas que se produce en un día. **d**) *En un comercio:* Mueble en que se deposita el importe de las ventas y que marca automáticamente la suma ingresada. *Tb* ~ REGISTRADORA. **e**) **~ de caudales.** Caja o mueble de material muy resistente, con cerradura de seguridad, destinado a guardar dinero y objetos de valor. **f**) **~ fuerte.** Caja de caudales empotrada en un muro. **g**) **~ de seguridad.** Pequeño compartimento, situado en la zona blindada de un banco, de los que este alquila a sus clientes para que guarden joyas, documentos o dinero. ■ **6** *En un vehículo automóvil o de tracción:* Parte superior, fijada al bastidor, en la que van los viajeros o la carga. ■ **7** Tarima de madera con un hueco en medio, para sostener el brasero. ■ **8** *En un edificio:* Hueco o espacio en que está construida [la escalera (*compl* DE)]. ■ **9** (*E*) Hueco en una pieza destinado a introducir otra. ■ **10** (*Bot*) Fruto en forma de vaina que contiene los granos. ■ **11** (*Impr, hoy raro*) Cajón en que se están distribuidos en departamentos los tipos. **b**) **~ alta.** Serie de tipos de las letras mayúsculas o versales, que están en la parte superior izquierda de la caja. *Hoy designa normalmente solo las mismas letras mayúsculas.* **c**) **~ baja.** Serie de tipos de las letras minúsculas, que están en la parte inferior de la caja. *Hoy designa normalmente solo las mismas letras minúsculas.* ■ **12** (*Impr*) Espacio de la página ocupado por la composición impresa. ■ **13** *En algunos instrumentos musicales:* Parte constituida por una armazón de madera que sirve para producir resonancia. ■ **14** Tambor (instrumento). ■ **15** **~ de ahorros.** Institución que custodia pequeños capitales privados a los que ofrece un interés. *Tb el local en que está instalada.* ■ **16 ~ de música.** Instrumento mecánico de pequeño tamaño, consistente en una caja [1] que, al abrirse, emite una melodía producida por un cilindro que funciona con un muelle de reloj. ■ **17 ~ acústica.** Altavoz, montado en una caja [1], que forma parte de una instalación estereofónica. ■ **18 ~ negra.** *En una aeronave:* Caja [1] blindada y hermética que contiene un dispositivo electrónico destinado a registrar y almacenar información sobre el desarrollo del vuelo. *Tb en otros vehículos.* ■ **19 la ~ tonta.** (*col, desp*) La televisión (aparato o programación). ■ **20 ~ de recluta.** (*Mil*) Oficina que tiene a su cargo la inscripción, clasificación y destino de los reclutas. ■ **21 ~ de resonancia.** (*Fís*) Cavidad que acompaña a un resonador y refuerza la vibración sonora. *Frec fig, fuera del ámbito técn.* ■ **22 ~ de ingletes.** (*Carpint*) Instrumento en el que se ponen los listones o molduras para cortarlos a inglete o a escuadra, por medio de unas ranuras que guían la hoja del serrucho. ■

II *loc adj* **23 a (la) ~, o ~.** [Cuello o escote] que se ajusta al nacimiento del cuello.

III *loc v* **24 abrir, o destapar, la ~ de los truenos.** Tomar medidas graves. ■ **25 entrar en ~.** Iniciar [alguien] su período de servicio militar. ■ **26 entrar en ~.** Ponerse bien [alguien o algo].

IV *loc adv* **27 a ~ y espiga.** (*Carpint*) Ensamblando de modo que los salientes de una pieza encajan en los entrantes de otra. ■ **28 con ~s destempladas.** (*col*) Con malos modales. *Con vs como* ECHAR *o* DESPEDIR.

cajero -ra A *m y f* **1** Pers. encargada de la caja [5a].

B *m* **2** Máquina que realiza algunas funciones propias del cajero [1]. *Con un compl especificador, esp* AUTOMÁTICO. ■ **3** (*reg*) Cauce de una acequia.

cajeta *f* (*reg*) *En la iglesia:* Cepillo de limosnas.

cajetilla *f* Paquete pequeño de cigarrillos o de tabaco picado.

cajetín *m* **1** Listoncillo de madera con dos o tres ranuras longitudinales, en las que se alojan separadamente los hilos eléctricos de una instalación, y sobre las que se ajusta una tapa. ■ **2** Registro (abertura que permite observar una conducción subterránea o empotrada). ■ **3** Sello con que se estampa en los documentos un texto, gralm. con espacios en blanco que han de ser rellenados con datos. ■ **4** (*Impr*) Departamento de los que constituyen la caja [11a].

cajiga *f* (*reg*) Quejigo (árbol).

cajista *m y f* (*hoy raro*) Compositor tipógrafo, esp. el que compone a mano.

cajita *f* **1** *dim de* CAJA. ■ **2 ~ china.** Instrumento músico sudamericano consistente en un tambor plano y pequeño recubierto de piel de cabra.

cajón I *m* **1** Caja [1] sin tapa que forma parte de un mueble y que se abre haciéndola resbalar fuera de este. ■ **2** Caja [1] prismática cerrada, gralm. de madera, en que se embala una mercancía. *Tb fig.* **b)** Jaula de madera en que se encierra al toro para su transporte. ■ **3** Puesto de un mercado. ■ **4** (*Arquit*) Espacio de pared que queda limitado por los machones y verdugadas. ■ **5 ~ de sastre.** Lugar en que se guardan o encasillan cosas muy heterogéneas. *Gralm en sent no material.* ■ **6 ~ de curas.** (*Taur*) Aparato de madera con el que se inmoviliza a la res para curarla o apuntillarla cuan-

do ha sido devuelta de la lidia, o a veces para someterla al afeitado.

II *loc adj* **7 de ~.** (*col*) [Cosa] obvia o que está fuera de toda discusión.

cajonera *f* **1** Mueble de sacristía, formado por grandes cajones [1], destinado a guardar las vestiduras litúrgicas y paños de altar. ■ **2** Conjunto de cajones [1] para instalar en el interior de un armario. ■ **3** *En un pupitre escolar:* Hueco, dispuesto debajo del tablero, para guardar los libros y demás material de trabajo. ■ **4** (*Agric*) Excavación protegida por madera y cristal, destinada a la germinación de semillas y al abrigo de plantitas jóvenes.

cajonería *f* Cajonera [1].

cakchiquel → CACHIQUEL.

cakewalk (*pronunc corriente,* /kakebál/; *tb con la grafía* **cake-walk**) *m* (*hist*) Baile de origen negro norteamericano, de ritmo sincopado, y que estuvo de moda alrededor de 1900. *Tb su música.*

cal I *f* **1** Sustancia blanca, ligera y cáustica, constituida por óxido de calcio, que se obtiene calentando piedra caliza a una temperatura de 1000° y que se encuentra formando parte esencial del mármol y de la mayoría de las piedras empleadas en construcción. *Tb ~* VIVA. **b)** Sustancia obtenida por hidratación de la cal. *Normalmente ~* APAGADA *o* MUERTA. ■ **2 ~ y canto.** Mezcla de piedras y argamasa utilizada en construcción. ■ **3 una de ~ y otra de arena.** (*col*) Alternancia de algo positivo o agradable con algo negativo o desagradable. *Frec con el v* DAR.

II *loc adv* **4 a ~ y canto.** Herméticamente, o con imposibilidad o prohibición absoluta de abrir. *Normalmente con el v* CERRAR *y referido a puertas, pasos o ventanas.*

cala[1] *f* **1** Agujero o excavación que se hace a modo de exploración no sistemática. *Frec fig.* ■ **2** Acción de cortar de alguna fruta, esp. un melón o una sandía, un pedazo con el fin de comprobar su calidad antes de comprarla. *Frec en las locs advs, tb adjs,* A ~ Y A PRUEBA, A ~ Y A CATA, *o* A CATA Y ~, *a veces usadas como pregón por los vendedores de melones y sandías. Tb fig.* ■ **3** Objeto impregnado en una sustancia lubrificante, que se introduce en el ano para provocar la defecación, esp. en un niño pequeño. *Frec en la forma* CALITA. ■ **4** Ensenada pequeña. ■ **5** (*Mar*) *En un barco:* Calado[2] [2].

cala[2] *f* **1** Planta herbácea vivaz, acuática, de hojas acorazonadas y flores en espádice, amarillas y en forma de cucurucho (*Zantedeschia aethiopica*). *Tb su flor.*

cala[3] *f* (*col*) Peseta.

calabacear *tr* (*col*) Dar calabazas [3] [a alguien (*cd*)].

calabacera *f* Calabaza (planta).

calabacil *adj* [Pera] de una casta que se caracteriza por ser más estrecha a media altura.

calabacín *m* **1** Calabaza [1] cuyo fruto es de pequeño tamaño, corteza verde y carne blanca (*Cucurbita pepo*). *Tb, frec, su fruto.* ■ **2** (*col, humoríst*) Calabaza [2]. **b)** (*col*) Pers. tonta. *Tb adj.*

calabacino *m* (*reg*) Calabacín [1].

calabaza I *f* **1** Planta herbácea, cultivada como hortaliza en las regiones de clima templado, con tallo rastrero, hojas grandes, flores amarillas y frutos grandes de pulpa carnosa comestible y con muchas semillas (*gén. Cucurbita*). *Tb, frec, su fruto.* ■ **2** (*col, humoríst*) Cabeza. ■ **3** (*col*) *En pl:* Calificación

calabazate – calandino

calabazate – calandino

de suspenso. **b)** Rechazo de un requerimiento amoroso. *Gralm con el v* DAR. *Tb fig.*

II *adj invar* **4** [Color] naranja intenso, semejante al de la calabaza [1]. *Tb n m.*

calabazate *m* Dulce de calabaza [1].

calabazo *m* **1** Calabaza (fruto). ■ **2** Totumo (árbol).

calabazón -na *adj* (*col*) De Don Benito (Badajoz). *Tb n, referido a pers.*

calabobos *m* (*col*) Lluvia muy menuda y persistente.

calabocero *m* (*raro*) Funcionario que tiene a su cargo a los encerrados en calabozos[1].

calabozo[1] *m* Lugar seguro en que se encierra a un detenido o un preso, esp. al que le está prohibida la comunicación.

calabozo[2] *m* Instrumento cortante de hoja ancha, destinado a podar o desmochar árboles o maleza.

calabrés -sa *adj* De Calabria (región de Italia). *Tb n, referido a pers.*

calabrote *m* (*Mar*) Cabo grueso formado por nueve cordones torcidos entre sí de tres en tres.

calaceitano -na *adj* De Calaceite (Teruel). *Tb n, referido a pers.*

calada *f* **1** Cantidad de pesca capturada. ■ **2** Chupada que se da al cigarrillo o pipa. ■ **3** (*Tex*) *En el telar:* Subida de una parte de los hilos de la urdimbre y bajada de la otra, quedando entre ambas un hueco por el que pasa la lanzadera con la trama.

caladero[1] *m* Lugar adecuado para la pesca marina.

caladero[2] **-ra** *adj* (*reg*) [Lluvia] menuda y persistente.

caladio *m* Planta herbácea tropical de América del Sur, gralm. cultivada como ornamental (gén. *Caladium*).

calado[1] **-da** *adj* **1** *part* → CALAR. ■ **2** (*Arquit*) Que presenta aberturas o agujeros que recuerdan la labor de encaje.

calado[2] *m* **1** Labor que se hace en una tela imitando el encaje. ■ **2** (*Mar*) Profundidad que alcanza en el agua la parte sumergida [de un barco]. *Tb fig, fuera del ámbito técn.* ■ **3** (*Mar*) Altura que alcanza la superficie del agua sobre el fondo.

calador -ra **A** *m y f* **1** Pers. que realiza calados[2] [1].

B *m* **2** (*Carpint*) Hierro cilíndrico por un extremo y plano y afilado por el otro, con el cual los calafates introducen las estopas en las costuras.

caladura *f* Acción de calar(se). *Tb su efecto.*

calafate *m* Hombre que tiene por oficio calafatear [1].

calafateado *m* Acción de calafatear [1]. *Tb su efecto.*

calafateador *m* Calafate. *Tb fig.*

calafatear *tr* **1** Cerrar las junturas de las maderas [de un barco (*cd*)] con estopa y brea para que no entre el agua. **b)** Cerrar [las junturas de las maderas de un barco] con estopa y brea. ■ **2** Reparar o reconfortar [a alguien o algo].

calafatería *f* Acción de calafatear [1].

calafatero *m* Calafate.

calafatín *m* Aprendiz de calafate.

calafellense *adj* De Calafell (Tarragona). *Tb n, referido a pers.*

calagurritano -na *adj* De Calahorra (Rioja). *Tb n, referido a pers.*

calahorrano -na *adj* Calagurritano. *Tb n.*

calamar *m* Molusco cefalópodo comestible, con 10 tentáculos y dos aletas laterales, que segrega un líquido negro, o tinta, cuando se ve atacado (*Loligo vulgaris*).

calambrazo *m* Calambre fuerte.

calambre *m* Contracción espasmódica dolorosa de un músculo. **b)** Efecto, semejante al calambre, causado en el cuerpo por el paso de una corriente eléctrica. *Frec con el v* DAR.

calambrojo *m* (*reg*) Fruto del escaramujo.

calambuco *m* (*reg*) Bote (vasija).

calambur *m* (*TLit*) Recurso literario consistente en hacer que las sílabas de una o varias palabras, agrupadas de otro modo, produzcan un sentido diferente del de esas palabras.

calamento[1] *m* Planta herbácea vivaz, aromática, común en bosques y lugares incultos (*Satureja calamintha*).

calamento[2] *m* Acción de echar las redes de pesca.

calamidad *f* **1** Suceso que causa grandes daños, esp. a una colectividad. *Frec fig, con intención ponderativa.* ■ **2** (*col*) Pers. inútil o que suele actuar desacertadamente. ■ **3** (*col*) Cosa que funciona muy mal.

calamina *f* Mineral de carbonato de cinc, del cual se suele extraer este metal.

calaminta *f* Calamento[1] (planta).

calamita *f* Magnetita (mineral).

calamitosamente *adv* De manera calamitosa.

calamitoso -sa *adj* Que tiene carácter de calamidad.

cálamo *m* **1** (*Bot*) Tallo herbáceo cilíndrico, sin nudos ni hojas. ■ **2** (*Zool*) Parte inferior del raquis que se inserta en la piel. ■ **3** (*hist*) Instrumento para escribir, consistente en una caña cortada oblicuamente y terminada en punta. *Modernamente, tb fig* (*lit*), *designando la pluma del escritor.*

calamocano -na *adj* (*col*) **1** Ligeramente embriagado. ■ **2** (*raro*) Alelado o atontado.

calamocha *f* Ocre amarillo de color muy bajo.

calamochear *intr* (*Taur*) Cabecear [el toro] al embestir.

calamón *m* Ave acuática, mayor que la focha, que habita en terrenos pantanosos y se caracteriza por el vivo color azul purpúreo de su parte superior (*Porphyrio porphyrio*).

calamorra *f* (*col*) Cabeza (de pers.).

calamorrazo *m* (*col*) Golpe en la cabeza.

calamus scriptorius (*lat; pronunc,* /kálamus-skriptórius/) *m* (*Anat*) Fondo del cuarto ventrículo en la base del cráneo.

calancuniar (*conjug* **1a**) *intr* (*reg*) Caminar con paso inseguro.

calandino -na *adj* De Calanda (Teruel). *Tb n, referido a pers.*

calandra *f* (*Autom*) Parte vertical de la carrocería, situada delante del radiador y gralm. en forma de rejilla.

calandrajo *m* (*reg*) Rumor o habladuría.

calandria[1] **A** *f* **1** Pájaro parecido a la alondra, pero de mayor tamaño que esta, con una mancha negra a cada lado del cuello, y de canto melodioso (*Melanocorypha calandra*). **b)** (*reg*) Alondra. ■ **2** (*col*) Peseta.
   B *m y f* **3** (*col*) Pers. boba. ■ **4** (*col*) Pers. que se finge enferma para alojarse y comer gratis en el hospital.

calandria[2] *f* (*E*) Máquina provista de un sistema de cilindros por entre los cuales se hace pasar una tela o un papel para prensarlos, satinarlos o plancharlos.

calante *adj* (*Mús*) [Nota] de entonación más baja de lo debido.

calaña *f* (*col, desp*) Índole o naturaleza. *Normalmente referido a pers.*

calañés -sa *adj* **1** De Calañas (Huelva). *Tb n, referido a pers.* ■ **2** [Sombrero] de ala vuelta hacia arriba y copa en forma de cono truncado. *Tb n.*

cálao (*tb* **calao, kalao**) *m* Ave tropical, esp. de Filipinas, de gran tamaño, con grueso pico coronado con un apéndice córneo (*géns. Dichoceros, Buceros* y otros).

calapié *m* Tope o sujeción que en el pedal de una bicicleta sirve para mantener el pie en posición correcta.

calar **A** *tr* **1** Empapar [un líquido (*suj*) un cuerpo permeable (*cd*)]. **b)** Empapar o recalar [sopas de pan]. ■ **2** Cortar un pedazo [de un melón o de otra fruta (*cd*)] para probar[los]. ■ **3** Agujerear o atravesar. **b)** (*Taur*) Cornear. ■ **4** Hacer pequeños orificios [en una lámina o una tela (*cd*)] de manera que resulte un dibujo parecido a encaje. ■ **5** (*col*) Descubrir las intenciones ocultas o la índole [de alguien (*cd*)]. **b)** Descubrir [la intención o el pensamiento ocultos (*cd*) de alguien]. ■ **6** Ponerse [un sombrero o gorra, o unas gafas] afianzados en su sitio. *Normalmente con ci refl.* ■ **7** Inclinar hacia adelante [la bayoneta armada en la boca del fusil] en posición de herir. ■ **8** (*Mar*) Echar al agua [un arte de pesca]. ■ **9** (*Mar*) Arriar o bajar [una cosa] resbalando sobre ella.
   B *intr* ➤ **a** *normal* **10** Introducirse o penetrar profundamente. *Frec en sent no material. Frec con el adv* HONDO *u otro equivalente.* ■ **11** (*Mar*) Alcanzar [un barco] la profundidad [que se indica (*compl de cantidad*)] por la parte más baja de su casco.
   ➤ **b** *pr* (**~se**) **12** Mojarse completamente [una pers.] con la lluvia. ■ **13** Pararse bruscamente [un motor de explosión] por producir una potencia inferior a la necesaria para mover el vehículo. **b)** Calársele el motor [a un vehículo (*suj*)].

calasancio[1] **-cia** *adj* Escolapio. *Tb n, referido a pers.*

calasancio[2] **-cia** *adj* De Calasanz (Huesca). *Tb n, referido a pers.*

calatorense *adj* De Calatorao (Zaragoza). *Tb n, referido a pers.*

calatraveño -ña *adj* Del Campo de Calatrava (Ciudad Real). *Tb n, referido a pers.*

calatravo -va **I** *adj* **1** De la orden militar de Calatrava. *Tb n m, referido a caballero.*

II *f* **2** Religiosa comendadora de la orden de Calatrava.

calavera **A** *f* **1** Conjunto unido de los huesos de la cabeza, esp. despojados de carne y piel.
   B *m* **2** (*col*) Hombre de costumbres disipadas. *Tb adj.*

calaverada *f* (*col*) Hecho propio de un calavera [2].

calaverón *m* **1** Calavera [1] grande. ■ **2** (*col*) Hombre muy calavera [2].

calbochero *m* (*reg*) Olla de barro agujereada por todas partes menos por la base y que sirve para asar castañas.

calcado -da *adj* **1** *part* → CALCAR. ■ **2** (*col*) Idéntico. *Con compl* DE *o* A.

calcador -ra *m y f* Pers. que calca[1] [1]. *Esp referido a quien lo tiene como profesión.*

calcamonía *f* (*pop*) Calcomanía.

calcáneo -a (*técn*) **I** *adj* **1** Del talón o del calcáneo [2].
   II *m* **2** Hueso corto en la parte posterior del pie, que forma el talón.

calcañal *m* Calcañar.

calcañar *m* Parte posterior de la planta del pie.

calcaño *m* Calcañar.

calcar[1] *tr* **1** Hacer copia [de algo dibujado o escrito (*cd*)] siguiendo sus líneas sobre el mismo papel o tela al que se traslada. ■ **2** Hacer [una cosa] con imitación servil [de otra (*compl* DE *o* EN)].

calcar[2] (*reg*) **A** *tr* **1** Apretar o empujar hacia abajo. ■ **2** Dar o pegar [un golpe].
   B *intr pr* (**~se**) **3** Hincarse o clavarse.

calcáreo -a *adj* Calizo.

calcarone (*it; pronunc corriente,* /kalkaróne/; *pl normal,* CALCARONI) *m* Horno usado en Italia para separar el azufre de su ganga.

calce[1] *m* Calzo.

calce[2] *m* (*reg*) Cauce.

calceatense *adj* De Santo Domingo de la Calzada (Rioja). *Tb n, referido a pers.*

calcedonia *f* Variedad de sílice constituida por cuarzo y ópalo de naturaleza fibrosa.

calcemia *f* (*Fisiol*) Presencia de calcio en la sangre.

calceolaria *f* Planta herbácea de origen americano, ornamental, de flores amarillas en forma de zapato (gén. *Calceolaria*).

calcés *m* (*Mar*) Parte del palo o mastelero comprendida entre el asiento de los baos y el tamborete.

calceta *f* **1** Labor de punto. *Gralm con el v* HACER. ■ **2** (*raro*) Media (prenda que cubre el pie y la pierna). ■ **3** (*hist*) Grillete del galeote.

calcetar **A** *intr* **1** Hacer calceta [1].
   B *tr* **2** Hacer [algo] con labor de calceta [1].

calcetería *f* (*Com*) Medias y calcetines.

calcetero -ra **I** *adj* **1** (*Taur*) [Toro] de capa oscura que tiene blanca la parte baja de las extremidades.
   II *m y f* **2** (*hist*) Pers. que fabrica o vende calzas y calcetas [2].

calcetín **I** *m* **1** Prenda de punto que cubre el pie y parte de la pierna, sin llegar a la rodilla. ■ **2** (*col,* *humoríst)* Lugar donde se guardan los pequeños ahorros.

  II *loc v* **3 volver como un ~ →** VOLVER.

  III *loc adv* **4 a golpe de ~ →** GOLPE.

calcetinera *f (humoríst, hoy raro)* Muchacha adolescente.

calchaquí *adj* De una tribu india habitante del valle de Calchaquí, en Tucumán (Argentina). *Tb n, referido a pers.* **b)** De los calchaquíes.

cálcico -ca *adj* De(l) calcio.

calcícola *adj (Bot)* Que se desarrolla bien sobre terreno calizo.

calcífero -ra *adj (Zool) En algunos gusanos:* [Glándula] de las que, situadas en el esófago, segregan carbonato cálcico.

calciferol *m (Med)* Vitamina D_2 cristalina.

calcificación *f (Fisiol)* Acción de calcificar(se).

calcificar *tr (Fisiol)* **1** Aportar sales de calcio [a un tejido orgánico *(cd)*]. ■ **2** Osificar. **b)** *pr* (~**se**) Osificarse.

calcífugo -ga *adj (Bot)* Que no se desarrolla en terreno calizo.

calcinación *f* Acción de calcinar.

calcinar *tr* **1** Someter [un mineral] a temperatura elevada, para que pierda sus materias volátiles. ■ **2** Convertir [un mineral calizo] en cal viva sometiéndo[lo] a temperatura elevada. ■ **3** Quemar o abrasar. *Frec con intención ponderativa.*

calcio *m* Metal blanco, de número atómico 20, que arde con llama brillante y se altera rápidamente en contacto con el aire.

calcita *f* Mineral de carbonato cálcico cristalizado.

calcitonina *f (Fisiol)* Hormona segregada por el tiroides, que regula la tasa de calcio en la sangre.

calcítrapa *f* Cardo estrellado (planta).

calco[1] *m* **1** Acción de calcar[1]. *Tb su efecto.* **b)** *(E)* Copia de un cuerpo obtenida grabando su huella sobre un material blando. ■ **2** *(col)* Pers. o cosa idéntica [a otra *(compl de posesión)*]. ■ **3** *(Ling)* Fenómeno por el que a una palabra de una lengua se le incorpora un sentido propio de la voz correspondiente en otra lengua. *Tb ~* SEMÁNTICO. *Tb la palabra afectada por ese fenómeno.* ■ **4** *(Ling)* Fenómeno por el que en una lengua se crea una palabra o expresión compuesta, para traducir una palabra o expresión compuesta extranjera, por medio de la traducción de los componentes de esta. *Tb la palabra o expresión creada por este medio.*

  II *adj invar* **5** *(Ling)* [Lengua] artificial que se utiliza, con fines exclusivamente religiosos, para traducir una lengua sagrada a una lengua viva, y que consiste fundamentalmente en el léxico de la segunda con respeto total de la sintaxis de la primera.

calco[2] *m (jerg)* Zapato.

calcografía *f* **1** Arte de estampar con láminas metálicas grabadas. ■ **2** Taller de calcografía [1].

calcográfico -ca *adj* De (la) calcografía [1].

calcolítico -ca *adj (Prehist)* Eneolítico. *Tb n m.*

calcomanía *f* **1** Estampa en colores, hecha en papel con un preparado de trementina, la cual se traspasa por contacto a otro papel u otro objeto. *Tb el papel que contiene la estampa antes de traspasarla.* ■ **2** Calco o copia [de algo].

calcopirita *f (Mineral)* Mineral de sulfuro de cobre y hierro.

calcosina *f (Mineral)* Mineral de sulfuro de cobre.

calculable *adj* Que puede calcularse.

calculación *f (raro)* Acción de calcular [1].

calculadamente *adv* Calculando [2b] la acción.

calculador -ra *adj* **1** Que calcula, *esp* [1]. *Esp referido al profesional.* **b)** [Aparato o máquina] que calcula [1] por medios electrónicos. *Tb n m y normalmente f.* ■ **2** [Pers.] que habitualmente actúa con cálculo[1] [2]. **b)** Propio de la pers. calculadora.

calculadoramente *adv* De manera calculadora [2b].

calcular *tr* **1** Averiguar [una cantidad o una magnitud] por medio de operaciones matemáticas. ■ **2** Prever [un hecho] o contar de antemano [con él *(cd)*], basándose en algunos datos reales. **b)** Sopesar o meditar los efectos [de una acción futura *(cd)*]. ■ **3** Suponer o conjeturar. **b)** *(col) En imperat, se usa para ponderar la realidad de lo que se está diciendo.* * Iban a París. ¡Calcule usted, con lo que se cuenta de París!

calculiforme *adj (E)* De forma de guijarro.

calculista *m y f* **1** Pers. que tiene habilidad para calcular [1]. ■ **2** Pers. que prepara proyectos técnicos.

cálculo[1] *m* **1** Acción de calcular. *Tb su efecto.* **b)** Conjunto de (las) operaciones aritméticas fundamentales. **c)** *~ infinitesimal. (Mat)* Parte de las matemáticas que opera con cantidades infinitamente pequeñas, y que comprende el cálculo diferencial y el integral. **d)** *~ diferencial. (Mat)* Parte del cálculo infinitesimal que se ocupa del cálculo de las derivadas. **e)** *~ integral. (Mat)* Parte del cálculo infinitesimal que tiene por objeto la integración de las funciones. ■ **2** Consideración fría de las ventajas de una acción futura, frec. implicando egoísmo.

  II *loc adj* **3** [Regla] **de ~ →** REGLA.

cálculo[2] *m (Med)* Concreción sólida, gralm. mineral, formada anormalmente en determinados órganos del cuerpo.

calculosis *f (Med)* Litiasis.

calculoso -sa *adj (Med)* **1** Relativo a los cálculos[2]. ■ **2** [Pers.] que padece cálculos[2]. *Tb n.*

calda *f* **1** Acción de echar combustible en el hogar de un horno. ■ **2** *(col, raro)* Esfuerzo o trabajo intenso. *Tb fig. Frec con el v* DAR. ■ **3** *En pl:* Aguas termales.

caldario *m (hist) En las termas romanas:* Lugar destinado al baño de agua caliente o de vapor.

caldarium *(lat; pronunc, /kaldárium/; pl invar) m (hist)* Caldario.

caldeamiento *m* Acción de caldear(se).

caldear *tr* **1** Calentar perceptiblemente [algo que estaba frío, esp. un lugar]. *Tb fig.* **b)** *pr* (~**se**) Pasar a estar caliente. *Tb fig.* ■ **2** Excitar, o hacer perder la calma. *Frec el compl es* LOS ÁNIMOS *o* EL AMBIENTE. **b)** *pr* (~**se**) Excitarse o perder la calma. ■ **3** *(Metal)* Calentar [un metal] poniéndo[lo] al rojo, para forjar[lo] o soldar[lo].

caldeirada *f* Guiso, propio de Galicia, de pescados variados.

caldense *adj* De Caldas de Reyes (Pontevedra). *Tb n, referido a pers.*

caldeo[1] *m* Caldeamiento.

caldeo[2] **-a** I *adj* (*hist*) **1** De Caldea (antigua región de Asia). *Tb n, referido a pers.* II *m* **2** Lengua de los caldeos [1].

caldera *f* **1** Recipiente de fondo redondeado y con dos asas, destinado a calentar o hacer cocer un líquido. **b)** (*Heráld*) Figura de caldera con asas levantadas que terminan en cabezas de serpiente. **2** *En una máquina de vapor:* Depósito en que se hace hervir el agua. ■ **3** (*reg*) Cráter de un antiguo volcán. ■ **4 la(s) ~(s) de Pedro Botero.** (*col*) El infierno.

calderada *f* **1** Guiso hecho en caldero [1]. ■ **2** Cantidad de líquido que cabe en un caldero [1], o contenido en un caldero.

calderería *f* **1** Oficio del calderero [1]. **b)** Taller del calderero. ■ **2** Actividad metalúrgica que consiste en trabajar la chapa de hierro o acero. **b)** Taller de calderería.

calderero *m* **1** Hombre que hace o repara calderas [1a] o recipientes semejantes. ■ **2** Hombre que trabaja en la calderería [2].

caldereta *f* **1** Recipiente pequeño de cocina, de forma de caldera [1a]. **b)** Recipiente semejante a una caldereta, para llevar el agua bendita. **c)** (*Mar*) Caldera pequeña destinada a producir vapor para diversos usos. ■ **2** Guiso de pescado con cebolla y pimiento. ■ **3** Guiso de cordero o de cabrito.

calderete *m* **1** Caldereta [2]. ■ **2** Guiso con carne de conejo o cordero, ajos, pimientos y patatas.

calderilla *f* **1** Monedas de escaso valor. **b)** Monedas, hoy no vigentes, de valor inferior a la peseta. ■ **2** (*col*) Cantidad despreciable de dinero.

calderillo *m* **1** Caldero [1] pequeño. ■ **2** Caldereta [1b]. ■ **3** Guiso de patatas, caracoles y legumbres.

calderín *m* Depósito pequeño en forma de caldera [2].

caldero I *m* **1** Recipiente semejante a la caldera [1a], pero de menor tamaño y con una sola asa, de lado a lado. **b)** (*reg*) Cubo (recipiente). ■ **2** Guiso de arroz con pescado y pimiento. II *adj invar* **3** [Color] rojizo semejante al del caldero [1] de cobre. *Tb n m.* **b)** De color caldero.

calderón *m* **1** Caldero [1a] grande. ■ **2** Cetáceo semejante al delfín, de gran tamaño, cabeza voluminosa y aletas pectorales largas y estrechas (*Globicephala melaena*). ■ **3** Signo de la escritura, en forma de dos barras verticales que llevan unido un pequeño semicírculo negro en la parte superior izquierda, y que se usa a veces como equivalente del signo de párrafo. ■ **4** (*Mús*) Signo que, colocado sobre una figura de nota o de silencio, indica que debe prolongarse su duración a gusto del ejecutante. *Tb esa misma prolongación.* ■ **5** (*reg*) Rayuela (juego de niñas).

calderoniano -na *adj* Del dramaturgo Pedro Calderón de la Barca († 1681) o de sus obras. *Esp aludiendo a sus dramas de celos y de honor conyugal.*

caldibache *m* (*raro*) Caldo de poca sustancia o mala calidad.

caldillo *m* Guiso extremeño de matanza hecho con hígado y sangre.

caldo I *m* **1** Líquido alimenticio que resulta de la cocción en agua de una vianda, y que se suele tomar caliente. **b)** (*col*) Bebida que debería estar fresca y no lo está. ■ **2** Parte líquida de un manjar, esp. del que ha sido cocido. **b)** **~ corto.** Mezcla de agua con vino blanco y otros ingredientes, que se usa para cocer pescados o mariscos. ■ **3** **~ gallego.** Potaje compuesto de verduras y de carnes de vaca y cerdo. *Tb* (*reg*) *simplemente ~, a veces fig, significando alimento en gral.* ■ **4** (*Com o lit*) Vino. ■ **5** (*Com*) Aceite. ■ **6** **~ bordelés.** (*Agric*) Sustancia formada por cal y sulfato de cobre, empleada para combatir el mildiu de la vid. ■ **7** **~ de cultivo.** (*Biol*) Líquido preparado con sustancias animales, destinado a servir de medio de cultivo de bacterias. **b)** *Fuera del ámbito técn:* Situación o ambiente propicios para el desarrollo [de algo, gralm. malo (*compl* DE o PARA)]. ■ **8** **~ de gallina.** (*col*) Cigarrillo de picadura al cuadrado, hecho de mezcla de diversas clases de tabaco y que se vende liado en papel amarillento. *Tb simplemente ~.* II *loc v* **9 cambiar,** o **mudar, el ~ a las aceitunas,** o **a los garbanzos.** (*col, humoríst*) Orinar [el hombre]. ■ **10 hacer el ~ gordo** [a alguien]. (*col*) Favorecer[le] inadvertidamente o sin tener deseo de hacerlo. **b)** Esforzarse, con halagos o adulaciones, por ser[le] grato. ■ **11 poner a ~** [a alguien]. (*col*) Reprender[le] duramente o llenar[le] de improperios. **b)** Dejar[le] maltrecho. III *loc adv* **12 a ~.** (*col, raro*) A dieta. *Tb fig.*

caldorro -rra *adj* (*col, desp*) [Bebida] que debería estar fresca y no lo está.

caldoso -sa *adj* Que tiene caldo [2a].

calé[1] *adj* (*col*) Gitano. *Tb n, referido a pers.*

calé[2] *m* (*hist*) Cuarto (moneda). *En pl, referido a dinero en gral.*

calear *tr* (*reg*) Encalar (blanquear con cal).

caledoniano -na *adj* (*Geol*) [Plegamiento] del período silúrico de la Era Primaria, que produjo las montañas de Escocia y de Escandinavia. **b)** Del plegamiento caledoniano.

calefacción *f* **1** Acción de calentar el ambiente de un edificio u otro recinto habitado. *Tb su efecto.* **b)** (*Fís*) Transmisión de calor a un cuerpo, que produce en él un cambio físico o químico. ■ **2** Sistema de calefacción [1a].

calefactar *tr* Dar calor [a perss., o a un edificio o parte de él (*cd*)] por medio de un conjunto de aparatos. *Tb abs.*

calefactor -ra I *adj* **1** [Aparato] calentador. *Tb* (*raro*) *n m.* II *m y f* **2** Pers. que instala, repara o cuida sistemas de calefacción.

caleidoscópico -ca *adj* Calidoscópico.

caleidoscopio *m* Calidoscopio.

calellense *adj* De Calella (Barcelona). *Tb n, referido a pers.*

calendárico -ca *adj* (*raro*) De(l) calendario.

calendario *m* **1** Sistema de división del tiempo por años, meses y días. ■ **2** Hoja, cuadernillo o bloque de hojas en que se registran los días del año distribuidos por meses y semanas. **b)** Dispositivo que muestra gráficamente el mes, el día del mes y el día de la semana correspondientes al momento. *En un reloj puede indicar solamente el día del mes.* ■ **3** Distribución prevista de las ocupaciones por días, meses o años.

calendas I *f pl* **1** (*lit*) Fechas o días. *Normalmente referido al pasado, y frec en constrs como* EN, *o* POR, ESTAS, *o* AQUELLAS, ~. ■ **2** (*hist*) *Entre los antiguos romanos:* Primer día del mes.
II *loc adv* **3 para las ~ griegas.** (*lit*) Para un tiempo que no ha de llegar nunca.

caléndula *f* Planta herbácea, de flores amarillas y olorosas, tallos angulosos y hojas lanceoladas y agudas, común en los campos de la región mediterránea (*Calendula officinalis*).

calentador -ra I *adj* **1** Que calienta.
II *m* **2** Utensilio o dispositivo que sirve para calentar. **b)** Calientapiernas.

calentamiento *m* Acción de calentar(se), *esp* [1, 2, 3, 8, 11, 12 y 13]. *Tb su efecto.*

calentar (*conjug* 6) **A** *tr* **1** Poner caliente o más caliente [algo o a alguien], o elevar su temperatura. *Tb abs. Tb fig.* ■ **2** Elevar la temperatura [de una máquina o de un motor (*cd*)] a la altura necesaria para su buen funcionamiento. **b) ~ motores** → MOTOR. **c)** *pr* (~**se**) Elevarse la temperatura [de una máquina o motor (*suj*)] a la altura necesaria para su buen funcionamiento. ■ **3** Preparar [algo] para su buen funcionamiento. ■ **4** (*col*) Pegar o golpear [a alguien]. ■ **5** (*col*) Alterar o excitar [a alguien]. **b)** *pr* (~**se**) (*col*) Alterarse o excitarse. ■ **6** (*col*) Excitar el apetito sexual [a alguien (*cd*)]. **b)** *pr* (~**se**) (*col*) Pasar a tener apetito sexual. ■ **7** (*col*) Causar una situación de crisis o de conflicto [en una época o lugar (*cd*)]. ■ **8** (*Econ*) Elevar artificialmente la cotización [de un título (*cd*)] haciendo que la demanda desborde la oferta del mismo. ■ **9 ~ la cabeza, ~ los cascos, ~ la sangre,** *etc* → CABEZA, CASCO, SANGRE, *etc*.
B *intr* ➤ **a** *normal* **10** Emitir o ejercer calor. ■ **11** Hacer ejercicios físicos previos a un esfuerzo especial. *Esp en deportes.*
➤ **b** *pr* (~**se**) **12** Elevarse excesivamente la temperatura [de una máquina o motor (*suj*)]. ■ **13** Ponerse [alguien] en las condiciones óptimas para un ejercicio físico. *Tb fig.*

calentero -ra *m y f* (*reg*) Churrero.

calentito *m* (*reg*) Churro (alimento).

calentón[1] *m* **1** Calentamiento fuerte y poco duradero. ■ **2** (*col*) Excitación sexual.

calentón[2] **-na** *adj* (*col*) **1** Desagradablemente caliente [1]. ■ **2** [Pers.] que tiene apetito sexual o propensión a él. **b)** Propio de la pers. calentona.

calentorro -rra *adj* (*col, desp*) **1** [Bebida] que debería estar fresca y no está. ■ **2** [Pers.] que tiene apetito sexual o propensión a él. ■ **3** [Pers.] que ha bebido demasiado y está borracha o casi borracha.

calentucho -cha *adj* (*col*) Desagradablemente caliente [1].

calentura *f* **1** Fiebre. ■ **2** Excitación o exaltación. ■ **3** (*col*) Apetito sexual. ■ **4** Erupción que se forma en un labio.

calenturiento -ta *adj* **1** Que tiene calentura [1]. **b)** De la pers. que tiene calentura. ■ **2** (*desp*) [Imaginación] desbordada o disparatada.

calenturón *m* (*col*) Calentura [1] fuerte.

caleño -ña *adj* De Cali (Colombia). *Tb n, referido a pers.*

calepino *m* (*lit, raro*) **1** Diccionario latino. *Tb fig.* ■ **2** Cuaderno de notas.

calera *f* Cantera de piedra caliza.

calerizo *m* (*reg*) Terreno calizo.

calero *m* Hombre que tiene por oficio vender cal.

calesa *f* Coche de caballos, de dos o cuatro ruedas, con la caja abierta por delante y capota de vaqueta.

calesera *f* Cante popular andaluz cuya copla es una seguidilla sin estribillo.

calesero *m* Hombre que tiene por oficio conducir una calesa.

calesín *m* Coche semejante a la calesa, pero más pequeño y ligero.

caleta *f* Cala o ensenada pequeña. **b)** Cala pequeña que se usa como refugio de embarcaciones de cabotaje y pesca.

caletón *m* (*reg*) Cala o ensenada más estrecha que la caleta.

caletre *m* (*col*) **1** Cabeza (mente). ■ **2** Cordura o inteligencia.

caleya *f* (*reg*) Camino vecinal.

calibración *f* Acción de calibrar, *esp* [1].

calibrado *m* Acción de calibrar [1].

calibrador -ra I *adj* **1** Que calibra [1]. *Tb n, referido a pers.*
II *m* **2** Instrumento para medir calibres [1].

calibrar *tr* **1** Medir el calibre [1, 2 y 3] [de algo o alguien (*cd*)]. ■ **2** Dar [a algo (*cd*)] el calibre [2 y 3] adecuado. ■ **3** Dar [a algo (*cd*)] una medida precisa. *Frec en part.*

calibre *m* **1** Diámetro interior de un tubo, esp. del cañón de un arma de fuego. **b)** Diámetro de un objeto de forma cilíndrica o esférica. ■ **2** Tamaño. ■ **3** Importancia. *Referido a cosas no materiales.* ■ **4** Instrumento, gralm. no regulable, destinado a apreciar una dimensión, esp. un diámetro. ■ **5** (*Autom*) Surtidor del carburador.

calicanto[1] *m* Cal y canto.

calicanto[2] *m* Arbusto ornamental de hojas lanceoladas y flores pequeñas, con perfume similar al del jacinto (*Calycanthus praecox*).

calicata *f* Excavación o sondeo de prueba en un terreno. *Tb fig.*

caliche *m* **1** Pequeña costra desprendida del enlucido de la pared. ■ **2** (*Cerám*) Piedra pequeña mezclada con el barro. ■ **3** (*reg*) Chita[1] (juego). ■ **4** (*reg, vulg*) Órgano sexual masculino.

caliciforme *adj* (*Anat*) Que tiene forma de copa.

calidad I *f* **1** Condición [de una pers. o cosa] determinada por sus cualidades o propiedades. *Gralm con los adjs* BUENA *o* MALA *u otro calificador. A veces* (*lit*) *en pl expresivo.* **b)** *Sin adj:* Buena calidad. ■ **2** Hecho de ser [algo (*compl* DE)]. ■ **3** (*Pint*) Representación de los materiales. *Gralm en pl.*
II *loc adj* **4 de ~.** [Voto] que, por ser de una persona de mayor autoridad, decide una votación en caso de empate. ■ **5 de ~.** (*lit*) [Pers.] de clase o categoría alta.
III *loc prep* **6 a ~ de.** (*raro*) Con la condición de. ■ **7 en ~ de.** En función de, o actuando como.

cálidamente *adv* De manera cálida.

calidez *f* (*lit*) Cualidad de cálido.

cálido -da *adj* **1** [Clima, período de tiempo, o lugar] de temperatura elevada. **b)** [Temperatura] elevada. *Con referencia al clima.* **c)** Caliente, o de elevada temperatura. *Referido normalmente a vien-*

to o masas de agua. ■ **2** Gratamente caliente. ■ **3** Grato o agradable. ■ **4** [Cosa o, más raro, pers.] llena de afecto o que da impresión de afectividad. **b)** [Cosa] entrañable o acogedora. ■ **5** (*Pint*) [Gama o conjunto de colores] en que predominan los tonos rojizos o dorados. **b)** [Color o tono] de los que constituyen la gama cálida.

calidoscópico -ca *adj* (*lit*) De(l) calidoscopio.

calidoscopio *m* **1** Juguete constituido por un tubo a través del cual se ven imágenes multiplicadas simétricamente y que varían al hacerlo girar. ■ **2** (*lit*) Conjunto de cosas abigarrado y cambiante.

calientabraguetas *f* (*vulg*) Mujer que incita sexualmente al hombre, pero se niega a llegar a la cópula. *Tb adj.*

calientapiernas *m* Prenda de abrigo femenina, consistente en un cilindro de lana que rodea la pantorrilla.

calientapiés *m* Calentador destinado a colocar sobre él los pies cuando se está sentado.

calientaplatos *m* Dispositivo de cocina destinado a mantener calientes los platos ya preparados.

calientapollas *f* (*vulg*) Mujer que incita sexualmente al hombre, pero se niega a llegar a la cópula. *Tb adj.*

caliente[1] **I** *adj* **1** Que tiene temperatura perceptiblemente elevada. **b)** [Clima o lugar] cálido, o de temperatura elevada. **c)** [Alimento o bebida] que ha de consumirse caliente. **d)** [Cuerpo] que conserva su calor natural. ■ **2** [Motor o máquina] que ha alcanzado la temperatura necesaria para su buen funcionamiento. **b)** [Motor o máquina] que ha alcanzado una temperatura más alta de lo normal o debido. ■ **3** [Habitación o ropa] que proporciona calor. ■ **4** (*col*) Excitado o alterado. ■ **5** (*col*) Excitado sexualmente. *Gralm con el v* ESTAR. **b)** Propenso a sentir apetito sexual. *Gralm con el v* SER. **c)** Propio de la pers. caliente. ■ **6** (*col*) [Pers.] que ha bebido demasiado y está borracha o casi borracha. ■ **7** (*Pol*) [Lugar o época] en que existe situación de crisis o de conflicto. ■ **8** (*CNat*) [Sangre] de temperatura estable. *Gralm en la constr* DE SANGRE ~, *referida a animal.* ■ **9** (*Pint*) Cálido [5]. **b)** De gama caliente. ■ **10** (*Econ*) [Dinero] especulador. ■ **11** [Guerra] ~, [línea] ~, [paños] ~**s**, [patata] ~, [perrito o perro] ~ → GUERRA, LÍNEA, PAÑO, PATATA, PERRO.
II *m* **12** (*reg*) Churro (alimento).
III *loc v* **13 comer ~; sacar los pies fríos y la cabeza ~** → COMER, PIE.
IV *loc adv* **14 en ~.** Estando caliente [1a y 2a] la cosa en cuestión. ■ **15 en ~.** Inmediatamente, sin dejar que pase el impulso inicial o que se olvide el motivo.
V *interj* **16** *Se usa en el juego de adivinanzas para indicar acierto muy aproximado.* * *–¿Eres bailarina? –Caliente, caliente.*

caliente[2] *m* (*jerg*) Jerga de delincuentes.

calientemente *adv* De manera caliente[1] [1 y 5c].

califa *m* (*hist*) Soberano musulmán, sucesor de Mahoma, que reúne el poder religioso y el civil.

califal *adj* **1** De(l) califa. ■ **2** Del califato. **b)** Del arte califal.

califato *m* (*hist*) **1** Dignidad de califa. ■ **2** Territorio sometido a la autoridad del califa. ■ **3** Duración del reinado de un califa. **b)** Período histórico correspondiente al régimen de los califas.

calificable *adj* Que puede ser calificado.

calificación *f* Acción de calificar. *Tb su efecto.*

calificado -da *adj* **1** *part* → CALIFICAR. ■ **2** Competente [para algo]. ■ **3** [Trabajador o profesional] cualificado (que tiene formación especializada y particular competencia). **b)** [Trabajo o profesión] que exige formación especializada y particular competencia. ■ **4** Relevante o importante. ■ **5** [Mayoría] cualificada.

calificador -ra **I** *adj* **1** Que califica, *esp* [2]. **b)** De la calificación, esp. la acción de calificar [2]. **II** *m* **2** (*hist*) Teólogo nombrado por el Tribunal de la Inquisición para censurar libros y proposiciones.

calificar *tr* **1** Expresar la calidad [1a y 2] [de alguien o algo (*cd*)]. *Gralm con un compl especificador con* DE *o* COMO. **b)** (*Der*) Determinar la naturaleza [de un acto (*cd*)] sometido a juicio. *Tb abs.* ■ **2** Apreciar o expresar el grado de suficiencia o la insuficiencia [de un estudiante o un examinando (*cd*)] demostrados en una prueba. *Tb abs.* **b)** Apreciar o expresar el grado de suficiencia o la insuficiencia mostrados por un estudiante o examinando [en una prueba (*cd*)]. ■ **3** Atribuir expresamente [a una pers. o cosa (*cd*)] la cualidad [que se indica (*compl* DE *o* COMO)]. ■ **4** (*Gram*) Acompañar [un adjetivo calificativo] como adjunto [a otra palabra].

calificativo -va *adj* (*Gram*) [Adjetivo] que significa una cualidad. *Tb n m. Frec, como n, fuera del ámbito técn, designando cualquier palabra que exprese cualidad, esp referida a pers.*

californiano -na *adj* De California (Estados Unidos). *Tb n, referido a pers.*

californio *m* (*Quím*) Elemento transuránico radiactivo, de número atómico 98, obtenido artificialmente a partir del curio.

cáliga *f* (*hist*) **1** Sandalia usada por los soldados romanos, guarnecida con clavos, que se sujeta con tiras a la pantorrilla. ■ **2** Polaina usada por los obispos.

calígine *f* (*lit*) **1** Calina [1]. *Tb fig.* ■ **2** Bochorno, o calor fuerte.

caliginoso -sa *adj* (*lit*) **1** Que tiene calígine [1]. ■ **2** Bochornoso o caluroso.

caligrafía *f* **1** Arte de escribir con letra bella, con arreglo a unas normas de estilo. **b)** (*Cine y TLit*) Perfección formal. ■ **2** Conjunto de rasgos que caracterizan una escritura.

caligrafiar (*conjug* **1c**) *tr* Escribir con caligrafía [1a]. **b)** Escribir a mano.

caligráficamente *adv* **1** De manera caligráfica. ■ **2** En el aspecto caligráfico.

caligráfico -ca *adj* De (la) caligrafía. **b)** Ajustado a la caligrafía [1a].

calígrafo -fa *m y f* **1** Pers. que escribe con caligrafía [1a]. ■ **2** Pers. entendida en caligrafía [1a y 2].

caligrama *m* (*TLit*) Forma de poesía que utiliza como recurso expresivo relevante la disposición tipográfica.

calima[1] *f* Calina.

calima[2] *adj* (*hist*) De un pueblo precolombino del Valle del Cauca (Colombia), que se distinguió en el arte de trabajar el oro. *Tb n, referido a pers.*

calimocho *m* Combinado de vino tinto y un refresco de cola.

calina *f* **1** Niebla tenue que enturbia ligeramente el aire y que suele producirse en verano. ■ **2** Bochorno, o calor fuerte.

calino -na *adj* Que contiene cal.

calinoso -sa *adj* **1** Que tiene calina o neblina. ■ **2** Bochornoso o caluroso.

calipso *m* Danza popular de dos tiempos, típica del Caribe. *Tb la música que la acompaña.*

caliqueño I *m* **1** Cigarro puro de mala calidad. II *loc v* **2 echar un ~.** (*vulg*) Realizar el acto sexual [con alguien (*ci*)].

calistenia *f* Gimnasia que tiene por objeto el desarrollo muscular y estético del cuerpo.

cáliz *m* **1** Copa grande de oro o plata que en la misa sirve para contener el vino que se ha de consagrar. ■ **2** (*lit*) Amargura o sufrimiento moral. *Frec con vs como* BEBER *o* APURAR. ■ **3** (*Bot*) Cubierta exterior, gralm. verde, de la flor. ■ **4** (*Anat*) Bolsa músculo-membranosa de las que recogen la orina de los tubos uriníferos y de donde pasa a la pelvis renal.

calizo -za *adj* **1** Que contiene cal. ■ **2** [Roca] compuesta pralm. de carbonato cálcico. *Frec n f.* **b)** Formado por roca caliza.

callacuece *m y f* (*reg, raro*) Pers. que trata de lograr sus propósitos ocultamente.

callada *f* Hecho de no contestar. *Normalmente en las locs vs* DAR LA ~ POR RESPUESTA *y* RECIBIR, *u* OBTENER, LA ~ POR RESPUESTA.

calladamente *adv* De manera callada (→ CALLADO [3]).

calladera *f* (*reg*) Mutismo.

callado -da *adj* **1** *part* → CALLAR. ■ **2** [Pers.] silenciosa o reservada. **b)** Propio de la pers. callada. ■ **3** [Pers. o cosa] silenciosa o que no hace ruido. **b)** [Cosa] que se hace con silencio o reserva.

callana *f* Vasija tosca en que los indios americanos tuestan maíz o trigo.

callao *m* (*reg*) Guijarro, o canto rodado.

callar I *v* A *intr* **1** Dejar de hablar. *Frec pr* (~**se**). **b)** (*col*) En imperat, se usa fingiendo una rectificación a lo que ha dicho el interlocutor, pero en realidad ponderándolo enfáticamente. * –Estás más joven que nunca. –¡Calla, por Dios, si ayer me querían regalar un chupete! **c)** Dejar de emitir un sonido. *Tb pr* (~**se**). **d)** Cesar [un sonido]. ■ **2** No hablar. *Tb pr* (~**se**). **b)** No protestar. *Tb pr* (~**se**). **c)** No emitir un sonido. B *tr* **3** No manifestar [algo] u ocultar[lo]. **b)** Omitir, o dejar de mencionar. ■ **4** Hacer que [alguien o algo (*cd*)] calle [1]. *Tb fig.* **b)** ~ [alguien] **la boca** [a otro (*ci*)]. (*col*) Hacer que calle. **c)** ~, *o* ~**se**, [alguien] **la boca.** (*col*) Callar [1 y 2]. II *interj* (*col*) **5 calla** (*más raro,* **calle**). *Denota sorpresa.*

calle I *f* **1** Camino entre dos alineaciones de casas de una población. **b)** Camino entre dos líneas que lo limitan por los lados, dentro de una población. **c)** Camino entre dos hileras paralelas [de cosas]. ■ **2** Carril de una carretera. ■ **3** Paso que se abre por entre un grupo de personas o cosas apartándolas a los lados. *Frec en la loc* ABRIR, *o* HACER, ~. ■ **4 la ~.** Un espacio urbano indeterminado, de tránsito. *Se opone a* CASA. ■ **5 la ~.** El pueblo en general, o la opinión pública. ■ **6** (*Per*) Recogida de información en la ciudad, fuera de la redacción. ■ **7** (*Impr*) Lí-

nea de espacios vertical u oblicua que se forma ocasionalmente en la composición. ■ **8** (*Arquit*) En un retablo: División vertical. ■ **9** (*Juegos*) En damas y ajedrez: Serie de casillas en línea recta por la cual se pueden hacer movimientos de piezas. ■ **10** (*Golf*) Parte del terreno cuidada y sin maleza, situada entre un tee y un green.

II *loc adj* **11 de ~.** [Ropa] corriente. *Se opone a* DE UNIFORME, DE VESTIR *o* DE CEREMONIA. *Tb adv.* ■ **12 de la ~.** [Mujer] que ejerce la prostitución en la calle [4]. ■ **13** [Hombre] **de la ~** → HOMBRE.

III *loc v* **14 echarse a la ~.** Salir de casa movido por un impulso fuerte o por una necesidad. **b)** Manifestarse tumultuosamente o amotinarse en una población. ■ **15 hacer la ~.** (*col*) Buscar clientes [una prostituta (*suj*)] en la vía pública. ■ **16 llevarse** [a alguien] **de ~.** (*col*) Ganárse[lo] o atraérse[lo] de manera irresistible. **b) llevarse** [a alguien o algo] **de ~.** (*col*) Dominar[lo]. ■ **17 no pisar la ~.** (*col*) No salir de casa. ■ **18 pasear,** *o* **rondar, la ~** [a una mujer]. Cortejar[la] haciendo acto de presencia habitual alrededor de su casa. ■ **19 tirar** (*o* **echar,** *o* **romper**) **por la ~ de en** (*o* **del**) **medio.** (*col*) Decidirse sin contemplaciones por una solución atrevida. ■ **20 traer** (*u otro v equivalente*) [a alguien] **por la ~ de la amargura.** (*col*) Causar[le] muchos disgustos.

IV *loc adv* **21 a la ~.** Fuera de la casa o del sitio en cuestión. *Frec con los vs* ECHAR *o* MANDAR, *y expresando expulsión definitiva. A veces* (*col*) A ESCUPIR A LA ~. ■ **22 en la ~.** Sin vivienda o sin alojamiento. ■ **23 en la ~.** En libertad. *Referido a presos o detenidos. Tb* A LA ~, *con vs de movimiento, como* SALIR. ■ **24 en la ~.** (*col*) Sin empleo por haberlo perdido. *Gralm con los vs* ESTAR, QUEDARSE, PONER, DEJAR. *Tb* A LA ~, *con vs de movimiento, como* ECHAR *o* MANDAR.

callealtero -ra *adj* De los barrios populares de Santander, situados en la parte alta de la ciudad.

calleja *f* Calle corta y estrecha.

callejeador -ra *adj* Que callejea. *Tb n.*

callejeante *adj* (*raro*) Callejeador. *Tb n.*

callejear A *intr* **1** Vagar por las calles. **b)** Circular en vehículo por las calles. B *tr* **2** Vagar por las calles [de una ciudad (*cd*)]. *Tb pr* (~**se**).

callejeo *m* Acción de callejear.

callejero -ra I *adj* **1** De las calles [1]. **b)** De las calles y demás vías públicas de la ciudad. ■ **2** Callejeador. II *m* **3** Lista de calles y demás vías públicas [de una ciudad]. ■ **4** Plano [de una ciudad].

callejo *m* **1** (*raro*) Callejón. ■ **2** (*reg*) Trampa para lobos.

callejón *m* **1** Paso estrecho entre paredes o casas. ■ **2** (*Taur*) En la plaza: Espacio que existe entre la barrera y el muro en que comienza el tendido. ■ **3** (*reg*) Calle (paso que se abre en un grupo de perss.). ■ **4 ~ sin salida.** Situación que no tiene solución o que no conduce a ninguna parte. *A veces con intención ponderativa.*

callejuela *f* Calleja.

call girl (*ing; pronunc corriente,* /kól-gerl/) *f* Prostituta que concierta sus citas por teléfono.

callicida *m* Sustancia destinada a curar o eliminar los callos [1].

callista *m y f* Pers. que tiene por oficio curar callos y otras dolencias de los pies.

callizo *m* (*reg*) Callejón [1].

callo I *m* **1** Parte de la piel, esp. en el pie o en la mano, que se ha engrosado y endurecido por el roce o la presión continuos de un cuerpo duro. ■ **2** Cicatriz formada al unirse los fragmentos de un hueso fracturado. ■ **3** (*col*) Insensibilidad o indiferencia adquirida por la costumbre. *Tb en pl. Gralm en constrs como* TENER ~, CRIAR ~, HABÉRSELE HECHO, *o* FORMADO, ~. ■ **4** (*col*) Mujer muy fea. ■ **5** *En pl:* Pedazos del estómago de la vaca o la ternera que se comen guisados. **II** *loc v* **6 dar el ~.** (*col*) Trabajar.

callosa *f* (*Bot*) Calosa.

callosidad *f* Callo [1], esp. extenso y poco abultado.

callosino -na *adj* De Callosa de Segura o de Callosa de Ensarriá (Alicante). *Tb n, referido a pers.*

calloso -sa *adj* **1** Que tiene callos [1]. *Dicho esp de la mano.* ■ **2** [Cuerpo] ~ → CUERPO.

calluezo *m* (*reg*) Alacrán cebollero.

calma I *f* **1** Serenidad o equilibrio de ánimo. **b)** Indiferencia o despreocupación ante algo que debería causar inquietud. ■ **2** Paz o tranquilidad. ■ **3** Falta de apresuramiento. ■ **4** (*Meteor y Mar*) Viento de velocidad entre 0 y 0,2 kilómetros por hora (grado 0 de la escala de Beaufort). **b)** ~ **chicha.** Quietud absoluta del aire acompañada de pesadez de la atmósfera, esp. en el mar. **c)** ~ **chicha.** (*desp*) Quietud absoluta o falta total de actividad. *Referido a la vida colectiva o a alguno de sus aspectos.* **II** *loc adj* **5 en ~.** (*Mar*) [Mar] sin oleaje (grado 0 de la escala de Douglas).

calmado -da *adj* **1** *part* → CALMAR. ■ **2** Tranquilo.

calmante *adj* Que calma [2] o elimina el dolor. *Gralm n m, designando medicamento.*

calmar A *tr* **1** Poner en calma [1a y 2] [a alguien o algo]. **b)** (~**se**) Pasar a estar [alguien] en calma [1a]. ■ **2** Aliviar o reducir [un dolor, un sufrimiento o una necesidad]. **B** *intr* **3** Serenarse o apaciguarse [el tiempo, el viento o el oleaje]. *Tb pr* (~**se**).

calmazo *m* (*Mar*) Calma [4a] casi total.

calmo -ma *adj* **1** (*lit*) Sereno o tranquilo. **b)** (*Mar*) [Mar] en calma. ■ **2** (*reg*) [Tierra] que está en barbecho.

calmosamente *adv* De manera calmosa.

calmoso -sa *adj* **1** Que tiene calma [3], o actúa o se realiza con calma. ■ **2** Sereno o tranquilo.

calmuco -ca (*tb con la grafía* **kalmuko**) *adj* De un pueblo mongol de la orilla noroccidental del mar Caspio. *Tb n, referido a pers.*

calmudo -da *adj* (*raro*) Calmoso.

caló *m* Lengua de los gitanos.

calofriante *adj* (*raro*) Que calofría.

calofriar (*conjug* **1c**) *tr* (*raro*) Producir calofríos [a alguien (*cd*)].

calofrío *m* (*raro*) Escalofrío.

calología *f* (*raro*) Estética.

calomelanos *m pl* Cloruro mercurioso natural, utilizado como medicamento.

calongense *adj* De Calonge (Gerona). *Tb n, referido a pers.*

caloña *f* (*hist*) Multa o indemnización.

calor I *m* (*tb, reg o pop, f, en aceps 1 y 6*) **1** Sensación física semejante a la que produce la proximidad al fuego o la exposición directa a los rayos del Sol. **b)** Propiedad del ambiente o de un cuerpo de producir sensación de calor. *Referido al ambiente, frec con el v* HACER; *a veces en pl con intención ponderativa.* **c)** **las ~es.** (*reg*) La época de mayor calor del año. ■ **2** (*Fís*) Forma de energía que provoca la dilatación de los cuerpos y sus cambios de estado. **b)** ~ **específico, ~ latente** → ESPECÍFICO, LATENTE. ■ **3** Temperatura natural del cuerpo humano o animal. *Tb* ~ NATURAL. **b)** Temperatura del cuerpo más alta de lo normal. ■ **4** Actitud afectuosa o acogedora. **b)** Sensación o impresión acogedora en el ambiente físico. **c)** ~ **humano.** Cordialidad en el trato colectivo o en el ambiente. ■ **5** Vehemencia o viveza. ■ **6** (*col*) *En pl:* Excitación sexual. **b)** Instinto sexual. ■ **7** ~ **negro.** Sistema de calefacción eléctrica por radiadores de rayos infrarrojos, que no presentan a la vista filamentos incandescentes y que tienen las resistencias dispuestas entre placas metálicas. **II** *loc adj* **8 pasado de ~es.** (*col*) Que ha llegado al climaterio. ■ **9** [Golpe] **de ~** → GOLPE. **III** *loc v* **10 entrar en ~.** Recuperar el calor [3] natural [una pers. que tiene frío]. *Tb fig.* **IV** *loc prep* **11 al ~ de.** Al amparo o al cobijo de.

caloría *f* (*Fís*) **1** Unidad de energía térmica equivalente a la cantidad de calor [2a] necesaria para elevar la temperatura de un gramo de agua de 14,5 °C a 15,5 °C, a la presión atmosférica de 760 mm. *Tb* ~ GRAMO *o* ~ PEQUEÑA. ■ **2** Kilocaloría. *Tb* ~ GRANDE.

calórico -ca *adj* **1** De(l) calor [2a y 3]. ■ **2** De (las) calorías.

calorífero -ra I *adj* **1** (*Fís*) Calorífico [1]. **II** *m* **2** Calientapiés.

calorificación *f* (*Fisiol*) Función del organismo en virtud de la cual el individuo posee la temperatura necesaria, independiente de la del ambiente.

calorífico -ca *adj* (*Fís*) **1** De producción de calor [2a]. ■ **2** De calor [2a].

calorifugación *f* Aislamiento térmico por medio de sustancias poco conductoras del calor.

calorifugado *m* Calorifugación.

calorifugador -ra *m y f* Especialista en calorifugación.

calorífugo -ga *adj* Que dificulta la transmisión del calor [2a].

calorimetría *f* Parte de la física que trata de la medición del calor [2a]. **b)** Medición del calor.

calorimétrico -ca *adj* De (la) calorimetría.

calorímetro *m* Instrumento destinado a medir la cantidad de calor absorbida o desprendida en una transformación física o una reacción química.

calorina *f* (*jerg*) Calor [1b] sofocante o bochornoso.

caloroso -sa *adj* (*lit, raro*) Caluroso.

calorrada *f* (*jerg*) Gitanería (pueblo gitano).

calorro -rra (*jerg*) **A** *m y f* **1** Gitano (pers.). **B** *m* **2** Caló.

calosa *f* (*Bot*) Sustancia que integra temporalmente algunas membranas interrumpiendo la circulación de la savia elaborada.

calosfrío *m* (*reg*) Escalofrío.

calostro *m* **1** Primera leche que da la hembra después del parto. *Tb* (*pop*) *en pl con sent sg*. ■ **2** *En pl:* Dulce hecho con calostro [1] de algunos animales.

calota *f* (*Anat*) Parte superior de la bóveda craneal.

caloyo *m* (*col*) Quinto o recluta.

calpense *adj* (*lit*) Gibraltareño. *Tb n, referido a pers.*

caltener (*conjug* 31) *tr* (*reg*) Mantener o conservar.

calumet (*pl,* ~s) *m* (*hist*) Pipa larga y decorada que fumaban los indios norteamericanos en actos solemnes, como los acuerdos de paz.

calumnia *f* Acción de calumniar. *Tb su efecto.*

calumniador -ra *adj* [Pers.] que calumnia. *Tb n.*

calumniar (*conjug* 1a) *tr* Acusar falsa y maliciosamente [a alguien]. *Tb abs.*

calumnioso -sa *adj* De calumnia.

calurosamente *adv* De manera calurosa.

caluroso -sa *adj* Que tiene o encierra calor [1b, 2, 3, 4a y 5]. **b)** (*col*) [Pers.] propensa a sentir calor [1a].

calva *f* **1** Parte del cuerpo, esp. cabeza, que ha quedado calva (→ CALVO [1b]). **b)** Zona pequeña del cuero cabelludo que ha quedado desprovista de pelo. ■ **2** Parte calva (→ CALVO [2]) de un terreno. ■ **3** Juego, semejante a la chita, que consiste en arrojar cantos rodados a la parte superior de una rama de árbol hincada en el suelo. **b)** Piedra con que se juega a la calva.

calvados *m* Aguardiente de sidra elaborado en el departamento francés de Calvados.

calvario *m* **1** Serie prolongada de padecimientos. ■ **2** Lugar de devoción, gralm. una explanada en las afueras de un poblado, en el que hay varias cruces.

calvatrueno *m* (*lit, raro*) Hombre alocado. *Tb adj.*

calvera *f* (*reg*) Calvero.

calverizo -za *adj* Calvo [2].

calvero *m* **1** Zona de bosque desprovista de árboles. ■ **2** Zona de un sembrado desprovista de plantas.

calvicie *f* Condición de calvo [1a].

calvijar *m* (*raro*) Calvero [1].

calvinismo *m* Doctrina del reformador Juan Calvino († 1564), extendida por Francia y otros países, y que se caracteriza por el dogma de la predestinación, la reducción de los sacramentos al bautismo y la eucaristía, y la supresión completa de las ceremonias del culto.

calvinista *adj* Del calvinismo. **b)** Adepto al calvinismo. *Tb n.*

calvo -va I *adj* **1** [Pers.] que ha perdido total o parcialmente el pelo de la parte superior de la cabeza. *Tb n.* **b)** [Parte del cuerpo, esp. la cabeza] que ha perdido el pelo. ■ **2** [Parte de un terreno] desprovista de vegetación. **II** *loc v y fórm or* **3** **ni tanto ni tan ~.** (*col*) No hay que exagerar ni por un extremo ni por el otro. ■ **4** **quedarse ~.** (*col*) Cavilar mucho. *Gralm se usa con intención irónica, en frases como* SE HABRÁ QUEDADO ~, SE HA QUEDADO ~, *para burlarse de un descubrimiento de algo demasiado obvio.*

calvorota I *adj* (*col, desp*) **1** Calvo [1a]. *Tb n.* **II** *f* (*col, humoríst*) **2** Cabeza completamente calva (→ CALVO [1b]).

calza I *f* **1** Media (prenda femenina). *Gralm con intención desp o humoríst.* **b)** Media que llega por encima de la rodilla. **c)** Calcetín largo de niño. ■ **2** (*hist*) Prenda de vestir masculina que cubre el muslo y la pierna. *Gralm en pl.* **II** *loc v* **3** **tomar las ~s de Villadiego.** (*col, raro*) Huir.

calzada *f* **1** Parte de la calle o de la carretera destinada a los vehículos y a las caballerías. ■ **2** (*hist*) Carretera empedrada construida durante la dominación romana. *Frec* ~ ROMANA.

calzadeño -ña *adj* De Calzada de Calatrava (Ciudad Real). *Tb n, referido a pers.*

calzadera *adj* [Cuerda] con que se atan las abarcas. *Frec n f.*

calzadillano -na *adj* De Calzadilla (Cáceres). *Tb n, referido a pers.*

calzado[1] *m* Conjunto de las prendas destinadas a cubrir los pies y protegerlos en su contacto con el suelo.

calzado[2] **-da** *adj* **1** *part* → CALZAR. ■ **2** [Religioso] perteneciente a una orden que normalmente, a diferencia de otra que lleva el mismo nombre, se caracteriza por el uso de zapatos. **b)** [Orden religiosa] caracterizada por el uso de zapatos. ■ **3** [Animal] cuyas extremidades, en su parte inferior, tienen color distinto del cuerpo. ■ **4** [Ave] que tiene los tarsos enteramente cubiertos de plumas. **b)** [Águila] **calzada** → ÁGUILA.

calzador *m* Instrumento de metal o de otra materia dura, con forma acanalada, que sirve para hacer que entre el pie en el zapato.

calzadora *f* Asiento bajo que se emplea para calzarse [1a].

calzadura *f* (*raro*) Acción de calzar.

calzar I *v* **A** *tr* ➤ **a** *normal* **1** Poner [a alguien (*cd*)] un calzado[1]. *Frec el cd es refl.* **b)** Poner [a alguien (*cd*)] un calzado[1] apropiado para salir de casa. *Frec el cd es refl.* **c)** Poner herraduras [a una caballería (*cd*)]. **d)** Poner cubiertas o neumáticos [a un vehículo (*cd*)]. ■ **2** Cubrir con calzado[1] [los pies]. *Normalmente con un compl que especifica el calzado.* ■ **3** Poner [un calzado[1] a alguien]. *Tb fig, referido a otras prendas o a gafas. Frec el ci es refl.* ■ **4** Hacer o suministrar el calzado[1] [a alguien (*cd*)]. ■ **5** Llevar puesto [un calzado[1]]. *Tb fig, referido a guantes o espuelas.* **b)** Llevar [un vehículo (*suj*)] determinados neumáticos o cubiertas. ■ **6** Tener [la medida de calzado que se expresa]. **b)** **~ muchos puntos** → PUNTO. ■ **7** Afianzar o sujetar con una cuña u otro objeto [algo, esp. un vehículo o un mueble]. ➤ **b** *pr* (**~se**) **8** (*vulg*) Realizar el acto sexual [con una mujer (*cd*)]. ■ **9** (*col*) Ganar o conseguir [algo]. **B** *intr* **10** **~ bien** (**o mal**, *o un adv equivalente*). Usar calzado[1] bueno o elegante (o no). **II** *loc pr* **11** **el mismo que viste y calza** → VESTIR.

calzo *m* Cuña que sirve para calzar [7].

calzón I *m* **1** Prenda deportiva que cubre desde la cintura hasta aproximadamente la mitad de los muslos, dividiéndose en dos partes correspondientes a cada uno de estos. *Tb* ~ DE DEPORTES. ■ **2** Pantalón masculino. *Gralm col o pop. Frec en pl con sent sg.* ■ **3** (*hist*) Prenda de vestir masculina que cubre desde la cintura hasta las rodillas, dividida en dos partes, a partir de la ingle, correspondientes a las dos piernas. *Modernamente se conserva en algunos trajes regionales.* **b)** Pantalón (prenda interior femenina). *Frec en pl con sent sg.*

II *loc v* **4 ensuciarse** [alguien] **(en) los ~es.** (*col*) Defecarse encima a causa del miedo.

III *loc adv* **5 a ~ quitado.** (*col*) Sin miramiento o sin reparo.

calzona *f* Pantalón para montar a caballo.

calzonazos *m* (*col*) Hombre de poca autoridad y que fácilmente se deja dominar, esp. en su casa. *Tb adj.*

calzoncillada *f En algunas fiestas de pueblo:* Carrera en que los participantes van, según el sexo, en calzoncillos o en enaguas.

calzoncillo *m* Prenda interior masculina que cubre desde la cintura hasta parte de los muslos, dividido, a partir de la ingle, en dos elementos, uno para cada pierna. *Más frec en pl con sent sg.* **b)** Calzoncillo que cubre toda la pierna. *Gralm* ~ LARGO. *Más frec en pl con sent sg.* **c)** Slip (prenda interior). *Más frec en pl con sent sg.*

cama¹ I *f* **1** Mueble destinado a dormir, o descansar, tendido sobre él. **b)** Conjunto formado por la cama y el colchón, la almohada y las ropas que se ponen sobre aquella para usarla. **c)** *Se usa aludiendo a la enfermedad que obliga a estar en la cama, en constrs como* ESTAR EN ~, GUARDAR EN ~, CAER EN ~. **d)** *Se usa aludiendo al acto sexual, frec en constrs como* LLEVAR(SE) A LA ~ [a una pers.], IRSE A LA ~ [con ella], METER[la] EN LA ~. ■ **2** *En un hospital o clínica:* Plaza para un enfermo. ■ **3** Capa de paja o de hierba seca que en el establo sirve para que descanse el ganado. ■ **4** Sitio donde se echa habitualmente un animal salvaje o silvestre para descansar. ■ **5** Porción de terreno preparada para sembrar o plantar. **b)** ~ **caliente.** (*Agric*) Zanja con estiércol en fermentación, destinada al abrigo de plantas. ■ **6** *En el carro o en la carreta:* Suelo. ■ **7** (*Coc*) Parte de un plato o guiso que se pone como base de él. ■ **8** ~ **elástica.** Aparato gimnástico consistente en una lona rectangular sujeta por soportes elásticos a un bastidor fijo y destinada a realizar saltos acrobáticos. ■ **9** ~ **redonda.** Hecho de acostarse varias perss. juntas en una misma cama [1b]. *Tb fig. Frec en la constr* HACER ~ REDONDA.

II *adj* **10** [Mueble] ~, [sofá] ~ → MUEBLE, SOFÁ. ■ **11 de ~.** [Juego] constituido por una sábana bajera, otra encimera y una funda de almohada.

III *loc v* **12 hacer**[le] **la ~** [a alguien]. (*col*) Preparar[le] discretamente un nuevo puesto o una nueva situación. **b)** Trabajar secretamente para perjudicar[le], esp. para quitar[le] el puesto.

cama² *f* Pieza encorvada, de hierro o de madera, que constituye la parte central del arado.

camacho *m* (*reg*) Pardillo (pájaro).

camachuelo *m* Se da este *n* a varias especies de *pájaros de pico corto y convexo y plumaje abundante de colores vivos y contrastados, esp Pyrrhula pyrrhula, de plumaje negro y blanco y pecho rojo, tb llamado ~* COMÚN.

camada¹ I *f* **1** Conjunto de los hijos que pare de una vez una hembra de mamífero silvestre.

II *loc adj* **2 de la misma ~.** (*desp*) [Pers.] de la misma índole o del mismo estilo.

camada² *f* (*reg*) Espacio entre dos hileras de olivos o vides.

camafeo *m* Piedra preciosa, esp. ónice, sobre la que está tallada en relieve una figura. *Tb la misma figura.*

camal *m* **1** Rama gruesa. ■ **2** (*reg*) Pernera.

camaldulense *adj* De la orden monástica fundada en el s. XI por San Romualdo. *Tb n, referido a pers.*

camaleón *m* **1** Reptil arborícola de hasta 60 cm de longitud, de patas prensiles, que se alimenta de los insectos que caza con su larga lengua viscosa, y que tiene la facultad de cambiar su color por influjo de las condiciones del medio (*Chamaeleon vulgaris*). ■ **2** (*col, desp*) Pers. que cambia de opinión o de conducta por interés.

camaleónicamente *adv* (*lit*) De manera camaleónica.

camaleónico -ca *adj* (*lit*) **1** Propio del camaleón [1]. *Esp aludiendo a su facultad de cambiar de color.* ■ **2** Que tiene carácter de camaleón [2].

camaleonismo *m* (*lit*) Condición de camaleónico.

camalote *m* Se da este *n a diversas plantas gramináceas de los géns Pontederia y Eichhornia, propias de los grandes ríos de Sudamérica, con tallo largo, hojas en forma de plato y flores azules.*

camama *f* (*col*) **1** Tontería o pamplina. ■ **2** Embuste.

camándula A *f* **1** Rosario de diez cuentas. ■ **2** (*col*) Condición o comportamiento de astuto o taimado.

B *m y f* **3** (*desp*) Camándulas.

camándulas *m y f* (*desp*) Pers. apática o indolente. *Frec se usa, más o menos vacío de significado, como simple insulto, o a veces con intención afectiva.*

camandulería *f* (*col*) Hecho o dicho propio de la pers. camandulera.

camandulero -ra *adj* (*col*) Astuto o taimado.

cámara I *n* **A** *f* **1** Espacio o recinto. *Esp en anatomía y frec con un compl especificador.* **b)** Recinto dotado de frío artificial y destinado a la conservación de alimentos u otros productos susceptibles de alterarse a la temperatura ambiente. *Frec* ~ FRIGORÍFICA. **c)** ~ **de gas.** Recinto cerrado destinado a dar muerte por medio de gases tóxicos a una o varias personas. **d)** ~ **de aire.** Espacio hueco que se deja entre dos cuerpos o en el interior de un muro o pared y que gralm. sirve de aislamiento. **e)** ~ **oscura.** (*Ópt*) Recinto de paredes opacas, en cuyo interior los rayos de luz que penetran por un pequeño orificio forman una imagen invertida de los objetos exteriores situados frente a la abertura. **f)** ~ **de combustión.** (*Autom*) Espacio comprendido entre la cabeza del pistón y la culata, en el cual se produce la ignición de los gases. ■ **2** (*raro*) Habitación. **b)** *En un barco:* Compartimiento, esp. el destinado a alojamiento de un jefe o un oficial. ■ **3** *En una casa de labranza:* Local alto destinado a recoger y guardar los granos. ■ **4** Asamblea legislativa. **b)** ~ **alta.** Senado. **c)** ~ **baja.** Congreso de los Diputados. **d)** ~ **de los Comunes.** *En Gran Bretaña y otros países de la Comunidad Británica:* Asamblea legislativa cuyos miembros son elegidos por el pueblo. **e)** ~ **de los Lores.** *En Gran Bretaña:* Asamblea legislativa constituida por los Pares del Reino y los obispos. ■ **5** Organismo oficial que regula o coordina [una actividad (*compl especificador*)]. **b)** ~ **de compensación.** Asociación de varios bancos con el fin

de simplificar el intercambio de efectos. ■ **6** Anillo tubular de goma, provisto de una válvula para inyectarle aire, y que forma parte del neumático. ■ **7** Aparato destinado a tomar fotografías. *Tb ~* FOTOGRÁFICA. ■ **8** Aparato destinado a registrar imágenes animadas para el cine o para la televisión. ■ **9 ~ lenta.** Rodaje o proyección de una película cuyas imágenes aparecen en movimiento más lento que el de la realidad. *Frec en la constr* A, o EN, *~* LENTA. ■ **10 ~ mortuoria.** Capilla ardiente.
B *m y f* **11** Pers. que maneja la cámara [8].
II *loc adj* **12 de ~.** [Agrupación de música seria] constituida por un número reducido de instrumentos. **b)** [Música] compuesta para una agrupación de cámara. **c)** [Concierto o sala] de música de cámara. ■ **13 de ~.** [Teatro] destinado a un público minoritario. ■ **14 de ~.** (*hist*) [Pers. con el cargo o función que se indica] que está al servicio del rey en palacio.
III *loc v* **15 chupar ~.** (*col*) *En televisión:* Acaparar el primer plano.
IV *loc adv* **16 a,** o **en, ~ lenta.** (*col*) En ritmo más lento de lo normal. *Tb adj.*

camarada *m y f* **1** Compañero con el que se tiene amistad y confianza. ■ **2** *En algunas asociaciones o partidos políticos:* Correligionario. **b)** (*hist*) *Durante la Guerra Civil de 1936, en la zona republicana, se usó como tratamiento habitual entre las perss del mismo bando.*

camaradería *f* Relación o trato propios de camaradas [1].

camaranchón *m* (*col, desp*) Habitación pequeña e inhóspita, esp. en un desván.

camarero -ra **A** *m y f* **1** Empleado que sirve las consumiciones en restaurantes, bares y establecimientos similares. ■ **2** Empleado que tiene a su cargo el arreglo de las habitaciones o el servicio de los clientes o viajeros en un hotel, un coche-cama o un barco.
B *m* **3** (*hist*) Jefe de la cámara del rey. *Tb ~* MAYOR.
C *f* **4** *En una cofradía o hermandad religiosa:* Mujer que tiene a su cargo el cuidado de la imagen o las imágenes. ■ **5 camarera mayor.** (*hist*) Dama de más categoría entre las que sirven a la reina.

camareta **A** *f* **1** Cámara de un barco pequeño. **b)** Cámara pequeña en un barco.
B *m* **2** *En un buque de guerra o un buque-escuela:* Marinero que sirve de asistente.

camargués -sa *adj* De la Camarga (región del sur de Francia). *Tb n, referido a pers.* **b)** [Caballo o bovino] de una raza, de pequeña talla, que se cría en la Camarga.

camarilla *f* (*desp*) Grupo de perss. que rodean a un gobernante y que influyen en las decisiones de gobierno.

camarín *m* **1** *En una iglesia:* Pequeña capilla que aloja una imagen, frec. sobre un altar. ■ **2** Camerino. ■ **3** Cabina de un ascensor.

camarina *f* Mata parecida al brezo, de florecillas de color rosa y fruto blanquecino y comestible (*Corema album*).

camariña *f* (*reg*) Camarina (planta).

camarista (*hist*) **A** *m* **1** Miembro de la Cámara del Consejo de Castilla.
B *f* **2** Criada distinguida de la reina, la princesa o una infanta.

camarlengo *m* Cardenal de la corte pontificia que administra el tesoro, preside la Cámara Apos-

tólica y, cuando la Santa Sede está vacante, se encarga del gobierno.

camarógrafo -fa *m y f* (*raro*) Cámara [11].

camarón *m* Crustáceo comestible semejante a una gamba de pequeño tamaño (*Palaemon serratus*). *Tb se da este n a otras especies similares.*

camaronero -ra *adj* Que pesca camarones. *Tb n: m, referido a pers; f, referido a red.*

camarote *m* **1** Dormitorio de barco. ■ **2** (*reg*) Desván.

camaruta *f* (*col*) Camarera de un bar de alterne.

camastro *m* (*desp*) Cama pobre e incómoda.

camastrón -na *adj* (*col, raro*) **1** [Pers.] taimada o astuta. *Tb n.* ■ **2** [Pers.] holgazana. *Tb n.*

cambada *f* (*reg*) Faja de un prado en la que se ha segado la hierba con el dalle.

cambadense *adj* Cambadés. *Tb n.*

cambadés -sa *adj* De Cambados (Pontevedra). *Tb n, referido a pers.*

cambalache *m* (*col, desp*) **1** Trueque o cambio, frec. malicioso. ■ **2** Acuerdo o trato poco confesable entre dos perss.

cambalachear (*col, desp*) **A** *intr* **1** Hacer cambalaches.
B *tr* **2** Hacer cambalache [1] [de algo (*cd*)].

cambalacheo *m* (*col, desp*) Acción de cambalachear.

cambalachero -ra *adj* (*col, desp*) Que hace cambalaches. *Tb n.*

cambaleo *m* (*Escén, hist*) Compañía de cómicos de la legua formada por cinco hombres y una mujer.

camballada *f* (*reg*) Vaivén del que está ebrio. *Tb fig.*

cámbaro *m* Cangrejo marino comestible, de caparazón verde (*Carcinus maenas*).

cambear *tr* (*pop*) Cambiar. *Tb intr.*

cambera *f* (*reg*) Sendero, o camino de carros.

cambiable *adj* Que puede cambiar(se) [1, 2, 4, 5, 7 y 8].

cambiadiscos *m* *En un tocadiscos:* Dispositivo que reemplaza automáticamente un disco por otro en el plato a medida que van siendo reproducidos.

cambiado -da *adj* **1** *part* → CAMBIAR. ■ **2** (*Taur*) [Suerte] en que el torero marca la salida al toro por un lado y después se la da por el contrario. **b)** [Larga] **cambiada** → LARGO.

cambiador *m* **1** (*hist*) Cambista. ■ **2 ~ de calor.** (*E*) Aparato usado para transmitir a un fluido el calor de otro más caliente. ■ **3 ~ iónico.** (*E*) *En un aparato depurador de agua:* Sustancia sólida que intercambia iones con el líquido para fijar las sales calizas y magnéticas.

cambial *adj* (*Econ*) [Letra] de cambio. *Tb n f.*

cambiante **I** *adj* **1** Que cambia o suele cambiar [7 y 8].
II *m pl* **2** Variedad que hace la luz en los colores o visos de algunos cuerpos.

cambiar (*conjug* **1a**) **A** *tr* **1** Dar [a una pers. o cosa] o desprenderse [de ella (*cd*)] para recibir o tomar [otra (*compl* POR)] que haga sus veces. *Frec el 2º compl no se enuncia por consabido. Con suj pl, y sin 2º compl, se usa en sent recípr.* **b)** *Con suj pl:* Emitir

y captar, o dar y recibir, alternativa o simultáneamente, [palabras, mensajes o acciones mutuos]. ■ **2** Quitar [a una pers. o cosa] para poner [a otra (*compl* POR) que haga sus veces]. *Frec el 2º compl se omite por consabido.* ■ **3** Quitar [a alguien (*cd*) una cosa (*compl* DE)] para dar[le] otra de la misma especie. *Frec el cd es refl.* **b)** Quitar [a alguien (*cd*)] la ropa que lleva puesta para poner[le] otra. *Frec el cd es refl.* *A veces con un compl* DE *que designa la ropa o prenda.* ■ **4** Dar [a alguien o algo (*cd*)] una situación, condición o apariencia diferentes de las que tiene. *A veces con un compl* DE *que especifica el aspecto en que esto ocurre.* ■ **5** Convertir [una cosa en otra]. ■ **6** ~ **el agua a las aceitunas**, *o* **al canario**; ~ **el caldo a las aceitunas**, *o* **a los garbanzos** → AGUA, CALDO.
B *intr* **7** Ser cambiada [2 y 5] [una pers. o cosa]. ■ **8** Pasar a tener [alguien o algo] otra situación, condición o apariencia. *A veces con un compl* DE *que especifica el aspecto en que esto ocurre.* ■ **9** *En un automóvil:* Pasar [el conductor (*suj*)] de una marcha o velocidad a otra]. *Tb sin compl.* ■ **10** *En una transmisión radiotelegráfica:* Invertir el sentido de la transmisión, sustituyendo la emisión por la recepción. *Tb fig.*

cambiario -ria *adj* (*Econ*) **1** Del cambio [4]. ■ **2** De la letra de cambio (→ LETRA).

cambiazo *m* (*col*) **1** Hecho de cambiar [8] de manera importante y gralm. inesperada. *Frec con el v* DAR. ■ **2** Hecho de cambiar [1a y 2] de manera fraudulenta. *Frec con el v* DAR.

cambileño -ña *adj* De Cambil (Jaén). *Tb n, referido a pers.*

cambio I *m* **1** Acción de cambiar. *Tb su efecto.* **b)** **libre ~.** (*Econ*) Sistema que defiende el libre intercambio de mercancías entre los estados. ■ **2** Vuelta (cantidad de dinero que se devuelve a quien hace un pago con moneda de valor superior al importe). **b)** Conjunto de monedas o billetes de poco valor. **3** Valor relativo de la moneda de un país con respecto a la de otro. ■ **4** (*Econ*) Precio de cotización de un valor mercantil. ■ **5** Dispositivo que, en una bifurcación de vías férreas, permite seleccionar aquella por la que debe circular un tren o un tranvía. *Tb* ~ DE VÍA. ■ **6** *En un automóvil:* Dispositivo que permite cambiar la relación entre la velocidad del motor y la del órgano movido por él. *Tb* ~ DE MARCHAS *o* DE VELOCIDADES.
  II *loc adj* **7** [Caja] **de ~s**, [letra] **de ~** → CAJA, LETRA.
  III *loc adv* **8 a ~.** Como compensación o contrapartida. *Frec con un compl* DE. ■ **9 a las primeras de ~.** A la primera ocasión, o enseguida. ■ **10 en ~.** Por el contrario. **b)** En lugar de ello.

cambista *adj* Que efectúa operaciones de cambio de moneda o de valores. *Tb n m, referido a pers.*

cámbium *m* (*Bot*) Meristemo secundario situado en la parte interior del cilindro cortical.

cambizo *m* (*reg*) Timón del trillo.

camboyano -na *adj* De Camboya. *Tb n, referido a pers.*

cambra *f* (*reg*) Cámara o granero.

cambray *m* Lienzo blanco y fino.

cambreta *f* (*reg*) Cajón para transportar toros de lidia.

cambriano -na *adj* (*Geol*) Cámbrico. *Tb n.*

cámbrico -ca *adj* (*Geol*) [Período] primero de los que constituyen la Era Primaria. *Tb n m.* **b)** Del período cámbrico.

cambrilense *adj* De Cambrils (Tarragona). *Tb n, referido a pers.*

cambrón *m* Se da este n a diversos arbustos de los géns Lycium, Catha, Genista, Rhamnus y otros, esp Catha europaea, Lycium intricatum y L. europaeum.

cambronera *f* Arbusto solanáceo sarmentoso, de ramas muy espinosas, hojas lanceoladas y fruto en baya, y que se utiliza para formar setos (*Lycium europaeum*).

cambroño *m* (*reg*) Cambrón.

cambuj *m* (*raro*) Antifaz.

cambujo -ja *adj* (*hist*) [Pers.] nacida en América de sambayo e india o de indio y sambaya. *Tb n.*

cambullonero -ra *m y f* (*reg*) Pers. que merodea por los puertos haciendo cambalaches o vendiendo productos del país.

camedrio *m* Planta de hojas parecidas a las de la encina, que se encuentra en las lindes de los bosques y en los terrenos calizos y cuyas flores tienen propiedades medicinales (*Teucrium chamaedrys*).

cámel *adj* (*raro*) [Color] camello. *Tb n m.*

camelancia *f* (*col*) Camelo.

camelar *tr* **1** (*col*) Convencer o engañar, esp. con adulaciones o halagos. ■ **2** (*jerg o reg*) Amar o querer [a una pers.]. **b)** Querer [una cosa].

camelia *f* Arbusto perenne de hojas coriáceas y flores grandes, regulares y blancas o rosadas (*Camelia japonica*). *Tb, esp, su flor.*

camélido -da *adj* Mamífero rumiante sin cuernos, de patas largas con solo dos dedos que tienen por debajo una callosidad. *Frec como n m en pl, designando este taxón zoológico.*

camelio *m* (*reg*) Camelia.

camelista *m y f* (*col*) Pers. que practica el camelo.

camelístico -ca *adj* (*col*) Que implica camelo.

camella[1] *f* Lomo de tierra que en una huerta se hace para plantar las hortalizas o para dar dirección al agua de riego.

camella[2] → CAMELLO.

camellería *f* Oficio de camellero.

camellero -ra *m y f* Pers. que conduce o monta camellos [1 y 2] o los cría.

camello -lla I *n* **A** *m* **1** Mamífero camélido, de unos 2 m de altura, de pelo largo, denso y lanoso, y con dos gibas adiposas sobre el dorso (*Camelus bactrianus*). *Tb designa solamente el macho de esta especie.* ■ **2** Dromedario. ■ **3** (*jerg*) Vendedor de droga al por menor.
  B *f* **4** Hembra del camello [1 y 2].
  II *adj* **5** [Color] beige tostado. *Tb n m.*

camellón *m* Caballón (lomo de tierra).

camelo *m* (*col*) Engaño o mentira.

cameral *adj* (*raro*) De la cámara (órgano político).

cameraman (*ing; pronunc corriente,* /kameráman/; *pl normal,* ~s *o* CAMERAMEN) *m* Operador de cine.

camerano -na *adj* De la sierra de Cameros (Rioja), o de su comarca. *Tb n, referido a pers.*

camerino *m En un teatro u otro local de espectáculos:* Habitación en que el actor se viste y maquilla para la representación.

camerista *m y f* Compositor de música de cámara.

camerístico -ca *adj* De (la) música de cámara.

camero[1] **-ra** I *adj* **1** De (la) cama (mueble para dormir). ■ **2** [Cama] de dimensiones adecuadas para una sola persona. **b)** De cama camera. II *m y f* **3** Fabricante de camas.

camero[2] **-ra** *adj* De Camas (Sevilla). *Tb n, referido a pers.*

camerunense *adj* Camerunés. *Tb n.*

camerunés -sa *adj* Del Camerún. *Tb n, referido a pers.*

camilla *f* **1** Armazón constituida por una plataforma alargada provista de brazos o de ruedas, destinada a transportar enfermos o heridos. ■ **2** Mesa armada con unos bastidores plegables y un tablero de quita y pon normalmente redondo, debajo del cual hay una tarima para brasero. *Tb* MESA ~ *o (pop)* MESA DE ~.

camillero -ra *m y f* Pers. que tiene a su cargo el transporte de heridos o enfermos en camilla [1].

camilo *m* Clérigo perteneciente a la congregación fundada por San Camilo de Lelis (s. XVI) para el cuidado de los enfermos.

caminador -ra *adj* [Pers.] que camina mucho. *Tb n.*

caminal *m (reg)* Sendero.

caminante *adj* Que camina. *Frec n, referido a pers.*

caminar A *intr* **1** Andar a pie. ■ **2** Marchar o desplazarse. *Sin expresión de lugar adonde.* **b)** Dirigirse [a un lugar (*compl* A, HACIA *o* PARA)]. *Tb fig.* B *tr* **3** Andar a pie [a través de un lugar (*cd*) o a lo largo de una distancia (*cd*)].

caminata *f* Recorrido largo a pie.

caminero -ra I *adj* **1** De(l) camino o de (los) caminos [1 y 5]. II *m* **2** Peón caminero (→ PEÓN).

camino I *m* **1** Faja de terreno allanada, limitada por los lados y destinada al tránsito. *Esp la que es estrecha y no tiene asfalto o firme.* **b)** ~ **de cabras**, ~ **de herradura**, ~ **de ronda**, ~ **de rueda(s)**, ~ **real** → CABRA, HERRADURA, RONDA, RUEDA, REAL[2]. **2** Conjunto de puntos por donde se pasa. ■ **3** Paso, o lugar por donde es posible desplazarse. *Frec con el v* ABRIR(SE). ■ **4** Dirección que ha de seguirse para llegar [a un lugar (*compl* DE)]. **b)** Dirección o rumbo del comportamiento, de la actuación o del razonamiento. *Frec precedido de los adjs* BUEN *o* MAL. ■ **5** Acción de marchar o caminar. ■ **6** ~**s**. *(col)* La carrera de Ingeniero de Caminos [12]. ■ **7** ~ **de hierro**. *(lit, raro)* Ferrocarril. ■ **8** ~ **de mesa**. Tapete alargado que cubre por adorno una parte de la mesa. *Tb simplemente* ~. ■ **9** ~ **de rosas**. Proceso u operación exentos de dificultades. *Frec en la frase* NO SER (TODO) UN ~ DE ROSAS. ■ **10** ~ **trillado**. Forma de actuar seguida por todo el mundo. *Frec con intención desp.* II *loc adj* **11** **de** ~. *(hist)* [Coche] destinado a viajar. *Se opone a* DE RÚA. ■ **12** **de** ~**s**, **(Canales y Puertos)**. [Ingeniero] especializado en proyectos, construcción y conservación de vías de comunicación y obras hidráulicas y portuarias.

III *loc v* **13** **abrir** [alguien] **el** ~. Ser el que da los primeros pasos o resuelve las primeras dificultades [en una actividad]. ■ **14** **abrirse** ~ [una pers.]. Llegar a una situación satisfactoria en la profesión o en la vida. **b)** **abrirse** ~ [una cosa]. Obtener aceptación. ■ **15** **cruzarse** [una pers.] **en el** ~ [de otra]. Estorbar los planes [de esta]. ■ **16** **echarse a los** ~**s**. Hacerse vagabundo. ■ **17** **llevar** ~, *o* **ir** ~, [de algo]. Tener como futuro previsible [lo que se expresa (*prop con* DE)]. ■ **18** **ponerse en** ~. Emprender el viaje. ■ **19** **quedarse** [alguien] **a medio** (*o* **a mitad de**) ~. No realizar por completo lo que emprendió. **b)** **quedarse** [algo] **a medio** (*o* **a mitad de**) ~. No realizarse por completo. IV *loc adv* **20** **de** ~. De paso (yendo a otro lugar). **b)** De paso (aprovechando que se hace otra cosa). ■ **21** **en** ~. Viajando en dirección al punto en cuestión, gralm. aquel en que están los interlocutores. **b)** *(col)* En gestación. *Tb adj.* V *loc prep* **22** ~ **de**. Marchando en dirección a. *Tb fig.* **b)** **en** ~ **de**. En trance de, o en situación próxima a. *Gralm con el v* ESTAR, *y seguido de infin.*

camión *m* Vehículo automóvil de cuatro o más ruedas destinado al transporte de cargas pesadas o voluminosas.

camionada *f* Carga que cabe en un camión.

camionaje *m* Camiones, o conjunto de camiones.

camionero -ra I *m y f* **1** Pers. que conduce un camión. *Esp referido al profesional.* II *adj* **2** De (los) camioneros [1].

camioneta *f* **1** Camión pequeño cuya carga útil no rebasa los 1.500 kg. ■ **2** *(pop)* Autocar.

camisa I n A *f* **1** Prenda de vestir, esp. masculina, abierta por delante, con cuello y mangas, que cubre el torso. **b)** *(col)* Se usa, con intención enfática, para referirse a lo último que se posee, en constrs como JUGARSE (HASTA) LA ~, VENDER HASTA LA ~. ■ **2** Prenda interior femenina de tela, sin cuello y sin mangas, que cubre hasta la parte alta del muslo. **b)** Prenda interior de bebé, con mangas y sin cuello, que cubre hasta la cintura. ■ **3** ~ **de dormir**, *o* **de noche**. *(raro)* Camisón. ■ **4** ~ **de fuerza**. Prenda de tejido resistente, semejante a una camisa [1a], que se cierra por detrás y que sirve para inmovilizar a la pers. afectada de locura furiosa. ■ **5** *En un libro:* Sobrecubierta. ■ **6** *En un ofidio:* Epidermis vieja que se desprende en una pieza después de haberse formado debajo de ella una nueva. ■ **7** *(Autom)* Cavidad situada entre la pared del cilindro y la culata, por la que circula el agua refrigerada previamente en el radiador. *Tb* ~ DE AGUA. ■ **8** *(hoy raro) En un aparato de alumbrado:* Revestimiento incandescente de la llama destinado a aumentar la luminosidad de esta. ■ **9** *(jerg)* Papelina de heroína. B *m* **10** ~ **negra**. *(hist)* Miembro del Fascio italiano. ■ **11** ~ **vieja**. *(hoy raro)* Miembro de Falange Española desde la época anterior a la Guerra Civil. II *loc v* **12** **meterse** [alguien] **en** ~ **de once varas**. *(col)* Inmiscuirse en un asunto que no le incumbe. ■ **13** **no llegarle** [a alguien] **la** ~ **al cuerpo**. *(col)* Pasar por un estado de temor intenso.

camisería *f* **1** Tienda del camisero [1a]. **b)** Taller o fábrica del camisero [1b]. ■ **2** Oficio de camisero [1]. ■ **3** Conjunto de camisas [1a] consideradas como artículos de comercio.

camisero -ra I *m y f* **1** Pers. que vende camisas [1a]. **b)** Pers. que hace camisas.

II *adj* **2** *En una prenda femenina:* [Cuello] característico de la camisa [1a] masculino. **b)** [Vestido o blusa] de cuello camisero. *Tb n m, referido a vestido.*

camiseta *f* **1** Prenda interior, normalmente de punto, sin cuello y con o sin mangas, que cubre el torso. ■ **2** Prenda exterior de punto, con manga corta o sin mangas, y de forma semejante a la camiseta [1]. **b)** Camiseta utilizada en la práctica de algunos deportes, cuyo color representa gralm. el equipo respectivo.

camisola *f* **1** Camisa [1a] ligera. ■ **2** Camiseta [2b]. ■ **3** Camisón [1] que llega hasta la rodilla, con botones por delante y aberturas a los lados.

camisón *m* **1** Prenda de dormir femenina, suelta, que llega hasta la rodilla o hasta los pies. *Tb* (*hist*) *prenda masculina.* ■ **2** (*reg*) Camisa [1a].

camita *adj* [Individuo] de un grupo étnico del norte de África supuestamente descendiente del personaje bíblico Cam, hijo de Noé. *Tb n.* **b)** De los camitas.

camítico -ca I *adj* **1** [Lengua] perteneciente a un grupo de lenguas norteafricanas relacionadas con las semíticas. **b)** De las lenguas camíticas. **II** *m* **2** (*hist*) Lengua de la que proceden las camíticas [1] actuales.

camomila *f* Manzanilla (planta).

camomilla *f* Camomila o manzanilla (planta).

camorra[1] *f* (*col*) Pendencia o riña. *Frec con los vs* ARMAR *o* BUSCAR.

camorra[2] (*frec con mayúscula*) *f* Organización secreta napolitana semejante a la mafia siciliana.

camorrear *intr* (*col*) Armar camorra[1] o pelearse.

camorrista[1] *adj* (*col*) Que propende a armar camorra[1]. *Tb n.*

camorrista[2] *adj* De la camorra[2]. *Tb n, referido a pers.*

camp *adj invar* (*col*) De época o gusto pasados de moda.

campa[1] *adj* [Tierra] que carece de arbolado, gralm. destinada al cultivo de cereales.

campa[2] *f* (*reg*) Pradera.

campa[3] *adj* De un pueblo indígena del Perú, habitante de la zona montañosa al norte del Cuzco. *Tb n, referido a pers.*

campal *adj* [Batalla] en campo abierto, entre dos fuerzas importantes. *Frec fig.*

campamental *adj* De(l) campamento o de (los) campamentos.

campamento *m* Conjunto de tiendas de campaña o de otras instalaciones que se montan como alojamiento temporal en despoblado.

campana I *f* **1** Instrumento constituido por una pieza hueca de metal de forma aproximada de tronco de cono y abierta por la base más ancha, en la cual se producen vibraciones resonantes golpeándola con otra pieza metálica móvil, interior o exterior. **b)** Objeto metálico, de forma distinta de la de campana, que por percusión produce un sonido parecido al de esta. ■ **2** Parte de la chimenea, ensanchada por abajo y situada encima del hogar, que sirve para recoger los humos. ■ **3** Pieza de cristal, gralm. en forma cilíndrica, cerrada por la parte superior y abierta por la inferior, que se coloca cubriendo un objeto para protegerlo del polvo. *Gralm* ~ DE CRISTAL. *Tb fig.* ■ **4** *En la máquina neumática:* Re-

cipiente en que se produce el enrarecimiento del gas. *Tb* ~ NEUMÁTICA.
II *loc adj* **5** (**de**) ~. Acampanado, o que tiene forma de campana [1a]. *Dicho de prenda de vestir o alguna parte de ella.* **b)** [Pantalón] de forma acampanada a partir de la rodilla. ■ **6 de** ~. [Vuelta] que un cuerpo da rodando sobre sí mismo y quedando en su posición inicial.
III *loc v* **7 echar las** ~**s al** (*o* **a**) **vuelo.** (*col*) Manifestar abiertamente satisfacción por un éxito. ■ **8 haber oído** ~**s** (**y no saber dónde**). (*col*) Tener una noticia vaga de algo, con desconocimiento de lo esencial.
IV *loc adv* **9 a** ~ **herida**, *o* **tañida.** A toque de campana [1a].

campanada *f* **1** Sonido emitido de un golpe por la campana [1] cuando se la hace funcionar. ■ **2** (*col*) Acto inesperado que provoca sorpresa y escándalo generales. *Frec en la constr* DAR LA ~.

campanariense *adj* De Campanario (Badajoz). *Tb n, referido a pers.*

campanario I *m* **1** Construcción elevada, gralm. torre, destinada a colocar las campanas [1a] de una iglesia.
II *loc adj* **2 de** ~. (*col, desp*) [Cosa] que se limita a lo puramente local y carece de toda visión universal.

campanazo *m* Sonido producido por un golpe en una campana [1].

campanear A *intr* **1** Hacer sonar la campana [1]. ■ **2** Oscilar, o hacer movimiento de vaivén.
B *tr* ➤ **a** *normal* **3** (*Taur*) Voltear repetidamente [el toro] entre los cuernos [a alguien o algo].
➤ **b** *pr* (~**se**) **4** ~**selas.** (*col*) Arreglárselas.

campaneo *m* Acción de campanear [1 y 2].

campanero -ra A *m y f* **1** Pers. que hace sonar la campana [1a]. *Esp referido al que lo hace por oficio.*
B *m* **2** Santateresa (insecto).

campaniense *adj* De Campania (región de Italia). *Tb n, referido a pers. Esp se refiere a un tipo de cerámica fina del s I a.C.*

campaniforme *adj* (*Arqueol*) Que tiene forma de campana [1a]. *Gralm referido al vaso y la cerámica característicos de una cultura neolítica que se supone originada en la Península Ibérica.*

campanil *m* Campanario.

campanilla I *f* **1** Campana [1a] pequeña, gralm. provista de un mango para agitarla con la mano. ■ **2** *Se da este* a diversas plantas que tienen las flores en forma de campana (*géns Campanula, Convolvulus, Ipomoea y Pharbitis, entre otros*), y tb a las mismas flores. ■ **3** Parte media y colgante del velo del paladar, de textura membranosa y muscular, que divide la entrada de la garganta en dos mitades a modo de arcos.
II *loc adj* **4 de** ~**s.** (*col*) Importante o de categoría. *A veces con intención irónica.*

campanillazo *m* Acción de agitar la campanilla [1]. *Tb su efecto.*

campanillear *intr* Sonar [algo] como una campanilla [1].

campanilleo[1] *m* Sonido de campanilla [1] o semejante al de campanilla.

campanilleo[2] *m* Sonido de campanillo.

campanillero *m* (*reg*) Miembro de un grupo que entona canciones religiosas populares con acompañamiento de campanillas, guitarras y otros instrumentos. *Frec en pl, designando el grupo.*

campanillo *m* **1** Esquila (campana pequeña). ■ **2** Cencerro en forma de campana [1a].

campanita *f* **1** *dim* → CAMPANA. ■ **2** *Se da este n a las plantas Galanthus nivalis* (~ DE LAS NIEVES), *Leucojum vernum* (~ DE PRIMAVERA) *y L. aestivum* (~ DE OTOÑO), *ornamentales y de flores blancas y fragantes.*

campano *m* **1** Cencerro grande. ■ **2** (*reg*) Vaso grande de vino.

campanólogo *m* Instrumento musical en forma de pirámide, compuesto de varias campanillas [1] que se tocan con una baqueta.

campante *adj* (*col*) Tranquilo o despreocupado. *Normalmente precedido del adv* TAN.

campanudamente *adv* (*col*) De manera campanuda.

campanudo -da *adj* **1** (*desp*) [Forma de hablar, o expresión] afectada y pomposa. ■ **2** (*desp*) [Pers.] que habla con expresión campanuda [1]. ■ **3** (*desp*) [Institución o cosa análoga] pomposa y solemne. ■ **4** De forma parecida a la de la campana [1a].

campánula *f* Planta herbácea que crece en los prados y en las orillas de los bosques, de flores en forma de campanilla azuladas (*Campanula trachelium*). *Tb su flor.*

campaña **I** *f* **1** Conjunto de operaciones bélicas que se desarrollan en una época determinada o en un espacio determinado. ■ **2** Período en que se llevan a cabo una serie de actividades de un determinado carácter o destinadas a un determinado fin. *Normalmente con un compl especificador.* **b)** Conjunto de las actividades que se llevan a cabo en una campaña. ■ **3** (*lit, raro*) Campo llano. **II** *loc adj* **4 de ~.** Propio de las operaciones militares. **b)** [Cosa] prevista o adaptada para su utilización en campo abierto, esp. en operaciones militares. **c)** [Misa] que se celebra al aire libre, esp. como ceremonia militar. ■ **5** [Tienda] **de ~** → TIENDA.

campar[1] *intr* **1** Moverse o actuar libremente. *Normalmente con un compl de lugar, y frec con la loc adv* A SUS ANCHAS. ■ **2 ~ por sus respetos** → RESPETO.

campar[2] *m* (*reg*) Campo de pasto, rodeado de monte.

campeado *adj* (*Arte*) [Esmalte] incrustado en el soporte metálico después que este se ha vaciado con buril o con una sustancia química.

campear *intr* **1** Ostentarse o estar visible. ■ **2** Pacer en el campo. ■ **3** (*raro*) Guerrear o estar en campaña.

campechanamente *adv* De manera campechana.

campechanería *f* Campechanía.

campechanía *f* Cualidad de campechano.

campechano -na *adj* Que se comporta con llaneza y sencillez, desdeñando formulismos y etiquetas. **b)** Propio de la pers. campechana.

campeche. palo ~ → PALO.

campeo *m* Salida al campo de un animal doméstico, para pastar.

campeón -na *m y f* **1** Vencedor en una competición deportiva. *Tb fig.* **b)** Vencedor en una competición no deportiva. ■ **2** (*lit*) Defensor esforzado [de una causa o de una idea].

campeonato **I** *m* **1** Competición deportiva oficial en que el vencedor obtiene el título de campeón [1a]. **b)** Título de campeón. **II** *loc adj* **2 de ~.** (*col*) Impresionante. **b)** Tremendo o terrible.

campeonísimo -ma *m y f* (*col*) Pers. o equipo que ha sido varias veces campeón [1].

camper (*ing; pronunc corriente,* /kámper/; *pl normal,* ~S) *m* (*raro*) Autocaravana.

campero -ra **I** *adj* **1** De(l) campo [1 y 2]. *Tb n, referido a pers.* **b)** [Pers.] aficionada al campo o amante de él, o que sale de excursión al campo. *Tb n.* **c)** [Traje] usado en el campo para montar a caballo. *Tb n.* ■ **2** [Ave] criada en corral, no en granja. **II** *n* **A** *m* **3** (*reg*) Cerdo que pasta en la montanera. **B** *f* **4** (*reg*) Trozo de tierra llana rodeado de monte, frec. utilizado para pasto.

campesinado *m* Conjunto o clase social de los campesinos.

campesino -na *adj* De(l) campo [1 y 2]. *Frec n, referido a pers.* **b)** De(l) campesino, o de (los) campesinos. **c)** [Musaraña] **campesina** → MUSARAÑA.

campestre *adj* De(l) campo [1 y 2]. **b)** [Lechuza] ~ → LECHUZA.

campillero -ra *adj* De Campillos (Málaga) o de Campillo de Arenas (Jaén). *Tb n, referido a pers.*

campilótropo -pa *adj* (*Bot*) [Óvulo] de forma encorvada.

campímetro *m* (*Med*) Aparato con que se mide el campo [8c] visual.

cámping (*pl normal,* ~S) *m* **1** Forma de turismo consistente en vivir al aire libre, alojándose en tienda de campaña. ■ **2** Espacio acotado al aire libre, destinado a albergar a perss. que hacen cámping [1].

campiña *f* **1** Extensión grande de terreno llano cultivable. ■ **2** (*lit*) Campo [1 y 2].

campiñense → CAMPIÑIENSE.

campiñero -ra *adj* De alguna de las comarcas o zonas denominadas la Campiña. *Tb n, referido a pers.*

campiñés -sa *adj* De alguna de las comarcas o zonas denominadas la Campiña. *Tb n, referido a pers.*

campiñiense (*tb* **campiñense**) *adj* (*Prehist*) De la época correspondiente al comienzo del Neolítico.

campirano -na *m y f* (*raro*) Campesino.

campismo *m* Cámping [1].

campista *adj* Usuario de un cámping o de los cámpings. *Frec n.*

campizal *m* (*reg*) Pradera.

campizo *m* (*reg*) Prado natural, esp. tupido.

campo **I** *m* **1** Parte de la superficie terrestre que está fuera de poblado, con vegetación. ■ **2** Parte de la superficie terrestre dedicada a la agricultura o a la ganadería. **b)** Conjunto de núcleos de población que viven fundamentalmente de la agricultura o de la ganadería. ■ **3** Trozo de tierra destinado al cultivo. *Gralm con un compl especificador.* ■ **4** Terreno llano acotado [para una actividad (*compl* DE)]. **b)** Terreno llano acotado para la práctica de uno o varios deportes. *Tb* ~ DE DEPORTES, *o con un compl que especifica el deporte.* ■ **5** Ámbito propio [de una actividad o una materia (*compl especificador*)]. **b)** Ámbito propio de la actividad o dedicación [de alguien]. ■ **6** Zona correspondiente [a uno de los beligerantes (*compl de posesión*)]. *Frec fig.* ■ **7** *En una superficie sobre la que se pinta o dibuja:* Fondo liso o de un solo color sobre el que se representan las figuras. *Esp en heráldica.* ■ **8** Área visible a través del microscopio o del anteojo. **b)** (*Fotogr y Cine*) Porción de espacio que la cámara es capaz de registrar estando en una posición fija. **c)** ~ **visual.** Espacio abarcado por la vista estando inmóvil el observador. ■ **9** (*Fís*) Zona en que se manifiesta [la acción que se expresa (*compl especificador*)]. *Tb la misma acción.* **b)** ~ **magnético.** Atracción producida por un cuerpo magnético. *Tb fig, fuera del ámbito técn.* ■ **10** (*Informát*) *En una base de datos:* Espacio delimitado en cada registro, en el que se recoge una unidad de información diferenciada. ■ **11** ~ **abonado.** Pers. o cosa que reúne condiciones óptimas [para que en ella prospere o se desarrolle algo (*compl* PARA)]. ■ **12** ~ **a través.** (*Dep*) Cross-country. ■ **13** ~ **de acción.** Espacio físico en que se actúa. ■ **14** ~ **de Agramante.** (*lit*) Lugar donde todos pelean o riñen con todos. *Tb fig.* ■ **15** ~ **de batalla.** Lugar en que combaten dos ejércitos. *Frec fig.* ■ **16** ~ **de concentración.** Terreno cercado donde se tiene recluidos a prisioneros de guerra o a determinados tipos de presos. ■ **17** ~ **de detenidos.** Campo [16] de concentración de detenidos. ■ **18** ~ **del honor.** (*lit*) Lugar en que se celebra un duelo (combate). *Tb el mismo duelo.* ■ **19** ~ **libre.** Libertad de actuación, sin competidores ni obstáculos. ■ **20** ~ **santo** → CAMPOSANTO. ■ **21** ~ **semántico.** (*Ling*) Sector del léxico que comprende los términos ligados entre sí por referirse a un mismo orden de realidades o ideas. ■ **22** ~**s Elíseos.** (*Mitol clás*) Paraíso al que son llevadas las almas de las personas virtuosas. **II** *loc adj* **23 de** ~. [Investigación] que se realiza en el terreno del objeto estudiado. ■ **24 de** ~. [Juez] de un duelo (combate). ■ **25** [Ayudante] **de** ~, [maestre] **de** ~, [mariscal] **de** ~, [mostaza] **de los** ~**s** → AYUDANTE, MAESTRE, MARISCAL, MOSTAZA. **III** *fórm or* **26 de** ~. (*col*) *Siguiendo a un sust, indica que la pers designada con él queda al margen de la cuestión que se trata, bien porque no se la tiene en consideración, bien porque ella misma se despreocupa de toda responsabilidad.* * —Eso lo hacéis vosostros. –Sí, hombre, y tú de campo. **IV** *loc adv* **27 a** ~ **traviesa, ~ a través,** *o* ~ **a traviesa.** Cruzando el campo [1], sin seguir la carretera o el camino. **V** *interj* **28 arriba el** ~. (*col, humoríst, hoy raro*) *Se usa como salutación festiva.*

campofrieño -ña *adj* De Campofrío (Huelva). *Tb n, referido a pers.*

campogibraltareño -ña *adj* De la comarca del Campo de Gibraltar (Cádiz). *Tb n, referido a pers.*

camposantero *m* (*reg*) Sepulturero.

camposanto (*tb, raro, con la grafía* **campo santo**) *m* Cementerio.

campurriano -na *adj* De la comarca de Campoo (Cantabria y Palencia). *Tb n, referido a pers.*

campus *m* Terreno, frec. ajardinado, que rodea los edificios universitarios. *Tb el terreno con los mismos edificios, o la misma universidad.*

camuesa *f* Variedad de manzana cuya forma se estrecha por la base y cuyo sabor es agridulce.

camueso *m* Variedad de manzano cuyo fruto es la camuesa.

camuflable *adj* Que puede ser camuflado.

camuflaje *m* Acción de camuflar. *Tb su efecto.* **b)** Procedimiento empleado para camuflar(se).

camuflar *tr* **1** Disimular la apariencia [de alguien o algo (*cd*)] con objeto de que no sea identificable. *Referido a pers, frec el cd es refl.* ■ **2** Esconder [a alguien o algo] o disimular su presencia. *Referido a pers, frec el cd es refl.*

camuñero -ra *adj* De Camuñas (Toledo). *Tb n, referido a pers.*

can *m* **1** (*lit o reg*) Perro. ■ **2** (*Arquit*) Canecillo.

cana[1] *f* **1** Pelo que se ha vuelto blanco. **II** *loc v* **2 echar una ~,** *o* **una canita, al aire.** (*col*) Divertirse ocasionalmente. *Frec referido al sexo.* ■ **3 peinar ~s.** (*col*) Ser viejo. *Tb fig, referido a cosa.*

cana[2] *f* Medida de longitud usada en Cataluña, equivalente a unas 2 varas castellanas.

canaca (*tb con la grafía* **kanaka**) *adj* Canaco. *Tb n.*

canaco -ca *adj* **1** Indígena de Nueva Caledonia y otras islas de Oceanía. *Tb n.* ■ **2** De Nueva Caledonia.

canadiense I *adj* **1** Del Canadá. *Tb n, referido a pers.* ■ **2** [Tienda de campaña] de sección triangular. **II** *f* **3** Chaquetón de piel vuelta de carnero.

canal I *n* **A** *m* **1** Cauce artificial para la conducción de agua u otro líquido. ■ **2** Estrecho marítimo, natural o artificial, cuyos límites navegables son visibles. **b)** Pequeño cauce natural. ■ **3** Conducto. *Esp en anatomía. Tb fig.* **b)** (*Com*) Vía o circuito [de venta o distribución]. *Tb sin compl, por consabido.* **c)** (*Electrón*) Vía para una señal electroacústica. **d)** (*Aer*) Vía establecida o señalada para la navegación aérea. ■ **4** Banda de frecuencia en que emite una estación de televisión o radio. *Tb la emisora.* **B** *m o, frec, f* **5** Concavidad longitudinal. **C** *f* **6** Recipiente donde se da la comida o la bebida al ganado. ■ **7** Paso de entrada desde el mar a un puerto. ■ **8** Res abierta en canal [11]. **II** *loc adj* **9** (*Fís*) [Rayo] que se observa en un tubo catódico detrás del cátodo cuando este ha sido perforado. ■ **10 en ~.** [Res] abierta en canal [11]. **b)** De la res en canal. **III** *loc v y fórm or* **11 abrir en ~.** Abrir [una res] de arriba abajo, despojándo[la] de sus vísceras. *A veces referido a otros animales.* ■ **12 (ni) aunque me abran en ~.** (*col*) Fórmula con que se rechaza enfáticamente una posible decisión futura de actuar en un sentido determinado.

canalé *m* Tejido de punto que forma estrías.

canalense *adj* De Canals (Valencia). *Tb n, referido a pers.*

canalera I *f* **1** (*reg*) Canalón del tejado. **II** *loc adj* **2** [Gorrión] **de** ~ → GORRIÓN.

canaleta *f* Canal [5] pequeña.

canalete *m* Remo de pala muy ancha.

canalículo *m* (*Anat*) Canal [3] pequeño.

canalillo *m* **1** *dim de* CANAL. ■ **2** Canal [5] del pecho de una mujer.

canalizable *adj* Que puede ser canalizado.

canalización *f* **1** Acción de canalizar. ■ **2** Red de canales [1].

canalizador -ra *adj* Que canaliza.

canalizar *tr* **1** Regularizar [una corriente de agua o de otro fluido]. ■ **2** Conducir por un tubo o canal [3]. **b)** *En gral:* Conducir [algo] o servir[le] de cauce.

canalla I *n* A *m y f* **1** Pers. miserable o malvada. *Tb adj.*
B *f* **2** (*lit*) Gente vil o despreciable. **b)** (*reg*) Chiquillería. ■ **3** (*lit*) Gente de malas costumbres.
II *adj* **4** Vil o despreciable. ■ **5** Vulgar o soez. ■ **6** (*lit*) Impúdico o de malas costumbres. **b)** Propio de la pers. canalla.

canallada *f* Acción propia de un canalla [1].

canallescamente *adv* De manera canallesca.

canallesco -ca *adj* Propio de(l) canalla.

canallismo *m* Condición de canalla [4, 5 y 6].

canalón *m* Conducto que recibe y vierte el agua de los tejados.

canalones *m pl* (*raro*) Caneloni.

canana *f* Cinturón o correa con compartimientos para llevar cartuchos.

cananeo -a *adj* (*hist*) De Canaán, territorio situado al oeste del río Jordán. *Tb n, referido a pers.*

canapé *m* **1** Diván (mueble). **b)** Banco de jardín, con respaldo. ■ **2** Soporte rígido y tapizado sobre el que se coloca el colchón en algunas camas que no tienen somier. ■ **3** Aperitivo consistente en una pequeña rebanada de pan que lleva encima algún alimento.

canarés *m* Lengua dravídica hablada en el sudoeste de la India, pralm. en el estado de Karnataka.

canaricultor -ra *m y f* Pers. que se dedica a la canaricultura.

canaricultura *f* Cría de canarios[2].

canariedad *f* Condición de canario[1] [1a], esp. amante de lo canario.

canariense *adj* (*lit*) Canario[1] [1a]. *Tb n.*

canario[1] -ria I *adj* **1** De las islas Canarias. *Tb n, referido a pers.* **b)** (*Dep*) [Lucha] típica de Canarias, en que el objetivo es hacer tocar el suelo al contrincante con una parte cualquiera del cuerpo que no sean los pies, cogiéndole el calzón con la mano izquierda.
II *m* **2** Variedad de la lengua española propia de las islas Canarias. ■ **3** (*hist*) *En pl:* Danza cortesana española del s. XVII, de compás ternario. *Tb su música.*

canario[2] -ria I *n* A *m* **1** Pájaro cantor de plumaje amarillo o verdoso y que se suele criar en cautividad (*Serinus canarius* y otras especies). *A veces con un adj o compl especificador:* ~ FLAUTA, ~ SALVAJE, ~ DEL MONTE. *Tb designa solamente el macho de estas especies.* ■ **2** ~ **flauta.** (*humoríst*) Hombre homosexual.
B *f* **3** Hembra del canario [1].
II *adj invar* **4** [Color amarillo] muy llamativo. ■ **5 más raro que un ~ a cuadros** → RARO.

canarión -na *adj* (*col*) Grancanario. *Tb n, referido a pers.* **b)** [Lagarto] ~ → LAGARTO.

canariote *adj* (*col*) Grancanario. *Tb n, referido a pers.*

canarismo *m* Condición de canario[1] [1a], esp. amante de lo canario.

canarista *m y f* Pers. especializada en el estudio de las islas Canarias, o defensora de lo canario.

canariuco *m* (*reg*) Verdecillo (pájaro).

canasta *f* **1** Cesta, esp. ancha y con dos asas. ■ **2** Banasta. ■ **3** (*Balonc*) Aro con red en que ha de introducirse el balón. **b)** Enceste. ■ **4** Juego de naipes con dos o más barajas francesas entre dos bandos de jugadores. **b)** *En la canasta:* Reunión de siete naipes del mismo valor. ■ **5** (*reg*) Parte ornamentada de un paso de procesión, que va sobre las andas y en la que se instala la imagen.

canastero -ra I *adj* **1** Que hace o vende canastas [1]. *Tb n.* **b)** De (los) canasteros.
II *f* **2** Pájaro insectívoro de alas largas y puntiagudas y cola ahorquillada, que mide unos 23 cm y habita en lugares fangosos o próximos al agua (*Glareola pratincola*).

canastilla *f* **1** Canastillo [1]. ■ **2** Equipo de ropa y otros objetos para un niño recién nacido. **b)** (*raro*) Equipo de novia. ■ **3** (*reg*) Canasta [5].

canastillo *m* **1** Cesto pequeño y de labor fina. ■ **2** (*reg*) Canasta [5].

canasto I *m* **1** Cesta, gralm. más alta que ancha y con dos asas. *Tb fig.* ■ **2** (*reg*) Canasta [5].
II *interj* **3** ~**s.** (*hoy raro*) Denota enfado o sorpresa.

cancaburriada *f* (*reg*) Disparate o estupidez.

cancamacola. de ~. *loc adj* (*raro*) Falso o de mentira.

cáncamo *m* **1** (*reg*) Anilla de metal sujeta a tornillo en la madera. ■ **2** (*Mar*) Pieza de metal, afirmada en cubierta o en el costado del buque, que sirve para enganchar aparejos.

cancamusa *f* (*desp*) Monserga (cosa fastidiosa y que no merece atención).

cancán *m* **1** Danza de ritmo ligero, propia de cabaret, que suele ser ejecutada por coristas. ■ **2** Especie de enagua con mucho vuelo utilizada para ahuecar la falda.

cáncano *m* (*col*) Piojo.

cancel *m* **1** Recinto formado por un techo y tres paredes, con puertas, situado entre la puerta exterior y el espacio interior, con objeto de evitar las corrientes y los ruidos de fuera. ■ **2** Verja que cierra el paso a un recinto.

cancela *f* Verja baja que cierra el paso a un recinto.

cancelación *f* Acción de cancelar.

cancelador -ra *adj* Que cancela. *Tb n: m, referido a aparato; f, referido a máquina.*

cancelar *tr* **1** Anular [algo, esp. establecido de antemano]. **b)** Poner una marca [en un sello de correos o en un pase (*cd*)] invalidándo[lo] para una utilización posterior. ■ **2** Saldar [una deuda]. *Tb fig.*

cancelario *m* (*hist*) Canciller [7].

cáncer[1] *m* **1** Tumor maligno que destruye los tejidos orgánicos animales. *Tb fig.* **b)** Enfermedad bacteriana semejante al cáncer, que se da en los vegetales. ■ **2** Corrosión. *Dicho esp de la piedra.*

cáncer[2] (*frec escrito con mayúscula*) *adj* [Pers.] nacida bajo el signo de Cáncer. *Tb n.*

cancerar *tr* Producir un cáncer[1] [1] [en alguien o algo (*cd*)]. *Tb fig.*

cancerbero -ra *m y f* **1** (*humoríst*) Portero, esp. severo. ■ **2** (*humoríst*) Guardián o vigilante, esp. severo. ■ **3** (*lit*) Guardameta.

cancerígeno -na *adj* Capaz de provocar cáncer[1] [1].

cancerización *f* Formación de tumores malignos.

cancerología *f* Estudio y tratamiento del cáncer[1] [1].

cancerológico -ca *adj* De la cancerología o del cáncer[1] [1].

cancerólogo -ga *m y f* Especialista en cancerología.

canceroso -sa *adj* **1** Afectado de cáncer[1] [1]. *Tb n, referido a pers. Tb fig.* ■ **2** Propio del cáncer[1] [1]. *Tb fig.*

cancha *f* **1** Terreno destinado a la práctica de un deporte. ■ **2** Espacio despejado. *A veces con el v* ABRIR. ■ **3** Espacio u oportunidad para desenvolverse o actuar. *Con vs como* ABRIR, DAR, TENER, QUITAR, FALTAR. **b)** Vía libre.

canchal *m* Lugar de canchos.

canchalera *f* (*reg*) Pedregal.

canchera *f* (*reg*) Llaga o herida. *Tb fig.*

cancho *m* Peñasco.

cancilla *f* Puerta en forma de verja, que cierra un corral o un huerto.

canciller **A** *m* **1** Jefe del gobierno alemán o austríaco. ■ **2** Ministro de Asuntos Exteriores. ■ **3** Jefe de la secretaría de una representación diplomática. ■ **4** Secretario de una diócesis. ■ **5** *En algunas universidades privadas o extranjeras:* Presidente o rector. ■ **6** (*hist*) *En la Edad Media:* Secretario de un soberano. ■ **7** (*hist*) *En una universidad:* Alto cargo que confiere los grados.
  B *m y f* **8** *En algunos países:* Rector honorario de una universidad.

cancilleresco -ca *adj* De la cancillería (oficina del canciller [6]).

cancillería *f* **1** Cargo de canciller [1]. ■ **2** Ministerio de Asuntos Exteriores. ■ **3** Oficina del canciller [3 y 6]. ■ **4 ~ apostólica.** Oficina de la Curia romana que expide disposiciones pontificias.

cancín *m* Cordero de un año.

canción **I** *f* **1** Pieza musical cantada. **b)** **~-protesta** → PROTESTA. ■ **2** Composición en verso hecha para ser cantada. ■ **3** Música que habitualmente acompaña a una canción [2]. *Tb fig.* ■ **4** (*TLit*) Poema lírico de carácter culto en versos endecasílabos y heptasílabos, gralm. cultivado en la época clásica. ■ **5** (*col*) Tema repetido con insistencia.
  II *fórm or* **6 esa** (*o* **eso**) **es otra ~.** (*col*) Es una cuestión distinta.

cancioneril *adj* De los cancioneros poéticos del s. XV y principios del XVI.

cancionero *m* Colección de canciones [1 y 2]. **b)** Folleto que contiene canciones [2] populares de moda.

cancionista *m y f* (*raro*) Cantante de canciones ligeras.

candado *m* Cerradura suelta contenida en una caja de metal, que sujeta por medio de armellas.

candaja *f* (*reg*) Mujer chismosa.

candajón -na *adj* (*reg*) [Pers.] aficionada a salir de casa y hacer visitas.

cándalo *m* (*reg*) Rama de pino utilizada como combustible.

candar *tr* **1** Cerrar, esp. con llave o con otro sistema de seguridad. ■ **2** Guardar.

cándara *f* (*reg*) Criba.

candasín -na *adj* Candasino. *Tb n.*

candasino -na *adj* De Candás (Asturias). *Tb n, referido a pers.*

cande *adj* [Azúcar] obtenido por evaporación lenta, en cristales grandes.

candeal *adj* **1** [Trigo] aristado, de espiga cuadrada, que da una harina muy blanca y de gran calidad. **b)** (*lit*) *Se usa en sent fig para ponderar bondad, calidad o nobleza.* ■ **2** [Pan] fabricado con trigo candeal [1a].

candela *f* **1** Vela de luz. ■ **2** (*reg*) Lumbre o fuego. *Tb fig.* ■ **3** (*Fís*) *En el sistema internacional:* Unidad de intensidad luminosa, equivalente a la intensidad, en dirección perpendicular, de $1/600.000$ m² de un cuerpo negro a la temperatura de congelación del platino bajo una presión de 101.325 newtons.
  II *loc v* **4 arrear, arrimar, atizar,** *o* **sacudir, ~** [a alguien]. (*col*) Golpear[le], o dar[le] una paliza. *Tb fig.*

candelabro *m* Candelero [1] de varios brazos.

candelada *f* (*reg*) Hoguera.

candelecho *m* Choza levantada sobre estacas para vigilar un terreno.

candeledano -na *adj* De Candeleda (Ávila). *Tb n, referido a pers.*

candelería *f* (*reg*) Conjunto de luces que iluminan el paso o las andas de una imagen.

candelero **I** *m* **1** Utensilio que sirve de soporte a una vela o candela [1]. ■ **2** Fabricante de velas. ■ **3** (*Mar*) Puntal o barra de los fijados en sentido vertical en una embarcación para formar una barandilla o sostener un toldo.
  II *loc adv* **4 en ~.** (*col*) De moda, de actualidad, o disfrutando circunstancialmente de popularidad, fama o importancia. *Tb adj.*

candelilla *f* Dulce hecho con pan, miel y azúcar tostado, típico de la Mancha.

candente *adj* **1** [Cuerpo de metal] que está al rojo. ■ **2** [Cosa] muy viva y del momento. *Gralm referido a* CUESTIÓN, TEMA, ACTUALIDAD *o* INTERÉS.

candi *adj* Cande.

cándida *f* (*Med*) Hongo semejante a una levadura, que produce diversas enfermedades en la piel o en las mucosas (gén. *Candida*, esp. *C. albicans*).

cándidamente *adv* De manera cándida (→ CÁNDIDO [1]).

candidato -ta *m y f* Pers. que aspira a la obtención de algo, esp. un cargo o puesto o una distinción, o que es propuesta para ello. *Tb fig, referido a cosa.*

candidatura *f* **1** Propuesta o presentación [de alguien] como candidato. ■ **2** Conjunto de candidatos presentados en equipo a una elección. ■ **3** Papeleta para votar en que va escrito el nombre de uno o varios candidatos.

candidez f 1 Cualidad de cándido [1]. ■ 2 Dicho o hecho propio de la pers. cándida (—> CÁNDIDO [1]).

candidiasis f (*Med*) Infección de la piel o de la mucosa, caracterizada por la presencia de manchas blanquecinas y causada por hongos del gén. *Candida*.

cándido -da adj 1 Inocente o ingenuo. ■ 2 (*lit*) Blanco.

candiel m Manjar compuesto pralm. de vino blanco, yemas de huevo y azúcar.

candil I m 1 Utensilio para alumbrar, formado por dos recipientes de metal superpuestos, de los cuales el superior lleva el aceite y la torcida, y el inferior, una varilla para colgarlo. ■ 2 Pitón de los que forman la cornamenta de los cérvidos. ■ 3 *En una falda o una cortina:* Pliegue que se va ensanchando en la parte inferior.
II *loc adj* 4 **de tres ~es.** (*hist*) [Sombrero] de tres picos.
III *loc v y fórm or* 5 **ni buscado** (*u otro v similar*) **con ~.** (*col*) *Fórmula con que se pondera algo muy rebuscado o raro. Frec con intención irónica.* * ¡Vaya un tipo, ni buscado con candil se le encuentra más fácil! ■ 6 **ser necesario,** o **haber que, buscar** [una cosa] **con ~.** Ser [esa cosa] sumamente rara o difícil de encontrar.

candilazo m 1 (*raro*) Golpe dado con un candil [1]. ■ 2 (*reg*) Rayo de sol entre nubes.

candilejas f pl Línea de luces en el proscenio de los teatros.

candilera f Planta de la familia de la albahaca, de flores amarillas (*Phlomis lychnitis*).

candiota adj De Candía o Creta. *Tb n, referido a pers.*

candombe m Culto fetichista de los negros brasileños en el que se mezclan elementos africanos, indios y católicos. *Tb, frec, la ceremonia, el canto o la danza propios de este culto.*

candomble (*tb* **candomblé**) m Candombe.

candongo -ga I adj 1 (*col*) Zalamero. ■ 2 (*col*) Holgazán. ■ 3 (*col*) Desvergonzado.
II f 4 (*col*) Burla. ■ 5 Mula de tiro.

candonguear (*col*) intr ➤ a *normal* 1 Hacer el candongo [2 y 3].
➤ b *pr* (**~se**) 2 Burlarse [de alguien].

candongueo m (*col*) Acción de candonguear(se).

candor m 1 Ingenuidad. ■ 2 Inocencia o pureza.

candora f (*hist*) Prenda militar, usada en la Guerra Civil de 1936, semejante a una gabardina sin cuello, de manga ancha, abierta por en medio y ceñida con el correaje.

candorosamente adv De manera candorosa.

candoroso -sa adj Que tiene o implica candor.

candray m (*hist*) Embarcación pequeña de vela, con dos proas, usada en algunos puertos.

cané m (*Naipes*) Juego similar al monte.

canear intr Encanecer [el cabello].

caneca f Botella de barro vidriado, usada habitualmente para ginebra. **b)** Caneca llena de agua caliente que sirve de calentador.

canecerse (*conjug* 11) pr Ponerse mohoso [algo, esp. el pan].

canecillo m 1 (*Constr*) Cabeza de viga que sobresale al exterior. ■ 2 (*Arquit*) Saliente con que se adorna por la parte inferior el vuelo de una cornisa.

caneco m Caneca.

canéfora f (*hist*) *En la antigua Grecia:* Doncella que en algunas fiestas religiosas lleva en la cabeza un canastillo con ofrendas y otros objetos rituales. *Tb modernamente, lit, fig.*

canela I f 1 Condimento muy aromático constituido por la corteza interior de la canela [2]. ■ 2 Árbol de la familia del laurel, de hojas persistentes, flores pequeñas amarillentas, fruto en drupa y corteza aromática (*Cinnamomum zeylanicum*). ■ 3 (*col*) Cosa muy fina o cosa muy buena. *Tb ~ FINA, ~ EN RAMA. Gralm usado para ponderar la calidad de perss y tb de animales.*
II *adj invar* 4 Del color de la canela [1].
III *loc v* 5 **ver,** o **saber, lo que es ~.** (*col*) Recibir una lección o un escarmiento. *En expresiones de amenaza:* VA A VER, o SABER, o LE VOY A ENSEÑAR, LO QUE ES ~.

canelero m Canela [2].

canelo¹ -la I adj 1 [Animal] canela [4]. ■ 2 (*col*) [Pers.] boba.
II *loc v* 3 **hacer** [alguien] **el ~.** (*col*) Actuar de modo que son otros los que se aprovechan de su esfuerzo.

canelo² -la adj [Individuo] de un pueblo indio habitante de la cuenca amazónica de Ecuador y Perú. *Frec n.*

canelones m pl Caneloni.

caneloni (*tb* **canelonis**) m pl Rollos de pasta de harina rellenos. *Tb la pasta preparada para hacerlos.*

canene m (*reg*) Hombre raquítico o enclenque.

canenero -ra adj De Canena (Jaén). *Tb n, referido a pers.*

canesú m Pieza superior de una prenda de vestir que recoge el delantero o la espalda, o ambos a la vez.

canete m (*reg*) Canecillo.

caney m Cobertizo que en algunos países americanos se destina a secar el tabaco.

canforáceo -a adj De(l) alcanfor. *Esp referido a olor.*

cangallero m (*jerg*) Carretero.

cangilón m Recipiente de los que sacan el agua en una noria o el barro en una draga. *Tb fig.*

cangreja adj (*Mar*) [Vela] de forma trapezoidal. *Frec n.*

cangrejada f Comida a base de cangrejos [1].

cangrejero -ra I adj 1 De(l) cangrejo [1] o de (los) cangrejos. ■ 2 [Garcilla] **cangrejera** —> GARCILLA.
II *m y f* 3 Pers. que coge o pesca cangrejos [1].

cangrejo m 1 Crustáceo decápodo. *Frec las distintas especies se mencionan con un adj o compl:* DE MAR, DE RÍO, ROJO, *etc.* **b) ~ ermitaño** —> ERMITAÑO. **c)** *Se usa en constrs de sent comparativo para ponderar el enrojecimiento de una pers.* ■ 2 (*Mar*) Verga que se ajusta al palo de la embarcación y se puede hacer girar alrededor de él o subir y bajar. ■ 3 (*jerg*) Moneda de 25 pesetas. ■ 4 (*col, hoy raro*) Emblema falangista del yugo y las flechas.

cangri *m* (*jerg*) Cangrejo [3].

cangrí *f* (*jerg*) Cárcel.

cangrilero -ra *m y f* (*jerg*) Ladrón que roba en iglesias.

canguelo *m* (*col*) Miedo.

cangués -sa *adj* De Cangas de Onís o de Cangas de Narcea (Asturias), o de Cangas de Morrazo (Pontevedra). *Tb n, referido a pers.*

canguis *m* (*col*) Canguelo o miedo.

canguro (*tb, raro, con la grafía* **kanguro** *en acep* 4) **A** *m* **1** Mamífero marsupial, herbívoro, con las patas posteriores y la cola muy desarrolladas (*Macropus giganteus* y *M. rufus*). ■ **2** Transbordador que cubre el trayecto Barcelona-Génova. ■ **3** (*jerg*) Coche celular.
B *m y f* **4** (*col*) Pers. cuyo trabajo consiste en cuidar a niños pequeños en casa de estos durante la ausencia de los padres.

caníbal I *m* **1** Antropófago. **b)** [Animal] que devora a otro de su misma especie.
II *adj* **2** De caníbales [1]. ■ **3** Feroz o inhumano.

canibalesco -ca *adj* Propio de caníbales.

canibalismo *m* Condición de caníbal [1 y 3].

canica *f* Bolita de barro o de vidrio que usan los niños para jugar.

caniche *m* Perro parecido al de aguas, de pelo rizado.

canicie *f* Cualidad de canoso.

canícula *f* Época más calurosa del año, que coincide aproximadamente con el mes de agosto.

canicular *adj* De la canícula.

cánido *adj* (*Zool*) [Animal] que pertenece a la familia del perro. *Tb como n m en pl, designando este taxón zoológico.*

canijo -ja *adj* (*col*) Raquítico. *Tb fig.*

canilero -ra *adj* De Caniles (Granada). *Tb n, referido a pers.*

canilla¹ *f* **1** Parte más delgada de la pierna. ■ **2** Pantorrilla. ■ **3** Tubo. ■ **4** Espita. ■ **5** *En las máquinas de coser o de tejer:* Carrete en que se devana el hilo y que va dentro de la lanzadera.

canilla². uva → UVA.

canillera I *adj* **1** (*Tex*) [Máquina] devanadora destinada a preparar las canillas¹ de lanzaderas. *Tb n.*
II *f* **2** (*hist*) Pieza de la armadura que protege la espinilla.

canillero -ra *adj* De Canillas de Aceituno (Málaga). *Tb n, referido a pers.*

caninez *f* (*reg*) Estado de canino [3].

canino -na I *adj* **1** De(l) perro. ■ **2** [Hambre] muy fuerte. *Tb* (*col*) *n.* ■ **3** (*reg*) Hambriento. ■ **4** (*Anat*) [Diente] puntiagudo situado entre el último incisivo y el primer molar. *Tb n.*
II *loc v* **5 estar ~.** (*reg*) No tener dinero.

canistro *m* (*raro*) Cesta de juncos.

canivete *m* (*reg*) Navaja.

canje *m* Intercambio [de perss. o cosas] bajo ciertas condiciones.

canjeable *adj* Que se puede canjear.

canjear *tr* Hacer canje [de una pers. o cosa (*cd*) por otra (*compl* POR *o, más raro,* CONTRA)].

cannabis (*lat; pronunc,* /kánabis/) *f* Cáñamo indio usado como droga.

cano -na *adj* **1** Canoso. **b)** [Cuadrúpedo] de pelo grisáceo. ■ **2** Blanco. **b)** [Migas] con leche. **c)** [Sopa] hecha con leche, pan y canela, o con leche y grasa de capón. **d)** [Gaviota] **cana**, [hierba] **cana →** GAVIOTA, HIERBA.

canoa *f* **1** Embarcación de remo muy ligera. ■ **2** Lancha motora. *Tb ~* A MOTOR.

canódromo *m* Lugar dedicado a las carreras de galgos.

canon I *m* **1** Regla, esp. la establecida por la tradición o por la aceptación general. ■ **2** Modelo ideal, o tipo que se considera perfecto en su especie. **b)** (*Arte*) Regla de las proporciones de la figura humana. ■ **3** Pago periódico establecido por la ley o por un convenio. ■ **4** Disposición establecida por la Iglesia sobre el dogma o la disciplina. ■ **5** (*Rel catól*) Catálogo de los libros que la Iglesia católica considera sagrados. ■ **6** (*Rel catól*) Parte central e invariable de la misa, desde las palabras *Te igitur* hasta el *Pater noster.* ■ **7** (*Mús*) Composición de contrapunto en que sucesivamente van entrando las voces, repitiendo cada una el canto de la anterior.
II *loc adv* **8 como mandan los ~es.** (*col*) Como debe ser. *Tb adj.*

canonesa *f* **1** Mujer que, en algunos países de Europa, vive en una comunidad religiosa en que no se hacen votos solemnes. ■ **2 ~ de San Agustín,** *o* **agustina.** Religiosa de una orden que sigue la regla de San Agustín.

canonical *adj* De(l) canónigo o de (los) canónigos.

canónicamente *adv* De manera canónica.

canonicato *m* Canonjía.

canónico -ca I *adj* **1** Establecido por los cánones [1, 2 y 4]. **b)** [Hora] **canónica →** HORA. ■ **2** Ajustado a los cánones [1, 2 y 4]. ■ **3** [Derecho] que regula la organización de la Iglesia católica.
II *m* **2** (*raro*) Canónigo [1].

canónigo -ga I *n* **A** *m* **1** Eclesiástico que tiene un cargo y disfruta una prebenda en una iglesia catedral. **b)** (*col*) *Frec se usa en constrs de sent comparativo aludiendo a la vida cómoda.* **c) ~ doctoral, ~ lectoral, ~ magistral, ~ penitenciario →** DOCTORAL, LECTORAL, MAGISTRAL, PENITENCIARIO.
B *f* **2** (*col*) Siesta que se duerme antes de comer.
II *adj* **3** (*raro*) De canónigo [1] o propio de canónigo. ■ **4** [Siesta] **del ~ →** SIESTA.

canonista *adj* [Abogado] especializado en derecho canónico. *Frec n.*

canonizable *adj* Digno de ser canonizado.

canonización *f* Acción de canonizar [1].

canonizar *tr* **1** Declarar oficialmente santa [la Iglesia o el Papa (*suj*) a una pers.]. ■ **2** Reconocer firmemente la calidad o la validez [de alguien o de algo (*cd*)]. *Esp en el terreno cultural.*

canonjía *f* **1** Cargo y prebenda de canónigo. ■ **2** (*col*) Empleo de mucho provecho y poco trabajo. **b)** Situación privilegiada.

canopo *m* (*Arqueol*) *En las tumbas egipcias:* Vaso que contiene vísceras de un cadáver momificado.

canoro -ra *adj* (*lit*) Que canta melodiosamente. *Frec fig.*

canoso -sa *adj* Que tiene canas.

canotié *m* Canotier.

canotier *m* Sombrero de paja de ala plana.

cansadamente *adv* De manera cansada.

cansado -da I *adj* **1** *part* → CANSAR. ■ **2** [Vista] afectada de presbicia. ■ **3** [Cosa] que denota cansancio. ■ **4** [Pers. o cosa] que cansa [1 y 2].
II *loc v* **5 haber nacido ~** → NACER.

cansancio *m* Hecho de cansar(se) [1 y 2]. *Tb su efecto.*

cansar A *tr* **1** Causar fatiga física [a alguien (*cd*)]. *Tb abs.* **b)** *pr* (**~se**) Pasar a sentir fatiga física. *Frec con un compl* DE. ■ **2** Causar aburrimiento o fatiga psíquica [a alguien (*cd*)]. *Tb abs.* **b)** *pr* (**~se**) Pasar a sentir aburrimiento o fatiga psíquica. *Frec con un compl* DE. ■ **3** Quitar fertilidad [a la tierra (*cd*)], gralm. por la reiteración de cultivos. **b)** *pr* (**~se**) Perder fertilidad [la tierra], gralm. por la reiteración de cultivos. ■ **4** Efectuar insistentemente una operación [sobre una cosa (*cd*)].
B *intr* **5** (*reg*) Cansarse [1b y 2b].

cansera *f* Indolencia.

cansinamente *adv* De manera cansina.

cansino -na *adj* **1** Que cansa [2]. ■ **2** Que denota cansancio. **b)** Lento.

canso -sa *adj* (*reg*) Cansado [1, 3 y 4].

canson *m* Papel de dibujo, muy blanco, fino y resistente, usado esp. para acuarelas. *Tb* PAPEL ~.

canta *f* (*reg*) Cantar².

cantábile *adj* (*Mús*) [Pasaje o instrumento] melodioso o que acentúa la expresividad. *Tb n m.*

cantable *adj* **1** Que se puede cantar.
II *m* **2** Letra de una canción de las que contiene una zarzuela u obra análoga. *Tb la misma canción.*

cantábrico -ca *adj* Del mar Cantábrico. **b)** De la zona del mar Cantábrico.

cantabrigense *adj* De Cambridge (Gran Bretaña). *Tb n, referido a pers.*

cántabro -bra *adj* **1** De la antigua provincia de Santander o actual Comunidad Autónoma de Cantabria. *Tb n, referido a pers.* **b)** De los cántabros. ■ **2** De Cantabria (antigua región del norte de la Península, de mayor extensión, por el este, el oeste y el sur, que la actual Cantabria). *Tb n, referido a pers.* ■ **3** (*lit*) Cantábrico [1b].

cantabro- *r pref* De Cantabria (región histórica o Comunidad Autónoma). * La región cántabro-galaica.

cantaclaro *adj* (*col*) [Pers.] que dice las verdades. *Tb n.*

cantada¹ *f* (*reg*) Acción de cantar¹.

cantada² *f* (*col*) Fallo o desacierto.

cantado -da *adj* **1** *part* → CANTAR¹. ■ **2** (*col*) Que se prevé como seguro. *Frec con el v* ESTAR.

cantador -ra (*raro*) I *adj* **1** Cantor. *Tb n, referido a pers.*
II *m y f* **2** Cantaor.

cantalejano -na *adj* De Cantalejo (Segovia). *Tb n, referido a pers.*

cantamañanas *m y f* (*col*) Pers. informal y que no merece crédito. *Tb adj.*

cantamisa *m* Primera misa de un sacerdote recién ordenado.

cantamisano *m* (*raro*) Misacantano. *Tb fig.*

cantante I *m y f* **1** Pers. que se dedica a cantar.
II *adj* **2** [Voz] ~ → VOZ.

cantaor -ra *m y f* Pers. dedicada a cantar flamenco.

cantar¹ I *v* A *intr* **1** Emitir [una pers.] con la voz sonidos armoniosos. ■ **2** Producir [un animal, esp. un ave] sonidos más o menos armoniosos o estridentes. ■ **3** Producir [algo] un ruido peculiar o característico. ■ **4** Presentar [algo] un argumento decisivo. ■ **5** (*col*) Oler, esp. mal. *A veces con compl* A. ■ **6 otro gallo le cantara** → GALLO.
B *tr* **7** Emitir con la voz los sonidos y la letra [de una composición musical (*cd*)]. **b)** Tararear [una composición musical]. ■ **8** Recitar [un texto en verso] acomodándo[lo] a una partitura. ■ **9** Recitar [algo] con una entonación especial. ■ **10** Anunciar o proclamar [algo] con una entonación especial. **b)** *En gral:* Anunciar. **c)** (*Naipes*) Decir en voz alta [puntos u otra circunstancia]. ■ **11** Dar por seguro [algo que aún no ha ocurrido, esp. un gol o una victoria]. ■ **12** Convertir en tema de una obra poética [a alguien o algo], gralm. para ensalzar[lo]. *Tb fig.* ■ **13** (*col*) Confesar [algo] en un interrogatorio, esp. policial. *Tb abs.* ■ **14 ~ las verdades**, *o* **~selas**, *o* **~(se)las claras**, [a alguien]. (*col*) Hablar[le] francamente haciéndo[le] los reproches que se merece. ■ **15 ~ la gallina**, **~ las cuarenta** → GALLO, CUARENTA.
II *loc adv* **16 en menos que canta un gallo** → GALLO.

cantar² I *m* **1** Pieza musical cantada (→ CANTAR¹ [7]), de carácter popular. ■ **2** Composición poética popular apta para ser cantada (→ CANTAR¹ [8]). ■ **3 ~ de gesta**. (*TLit*) Poema épico extenso de la Edad Media, de carácter juglaresco. ■ **4** (*col*) Tema repetido con mucha insistencia. *En constrs como* SIEMPRE, *o* YA ESTÁS, *o* YA VIENES, CON EL MISMO ~.
II *loc v y fórm or* **5 poner**, *o* **meter**, **en ~es**. (*col*) Hacer concebir deseos de una cosa. ■ **6 ser** [alguien o algo] **otro ~**. (*col*) Ser un caso distinto. **b) es otro ~**. *Sin suj:* La cosa cambia, o la situación es distinta.

cántara *f* **1** Cántaro de metal usado preferentemente para el transporte de leche. ■ **2** Cántaro [1]. ■ **3** Medida de capacidad equivalente aproximadamente a 1.613 cl.

cantarada *f* (*reg*) Regalo de un cántaro de vino que el mozo que quiere cortejar a una moza de distinto pueblo tiene que hacer a los mozos vecinos de esta.

cantaral *m* (*reg*) Cantarera.

cantarano *m* Canterano (mueble).

cantarela *f* (*reg*) Cantinela. *Tb fig.*

cantarelo *m* Seta amarilla comestible (*Cantharellus cibarius*).

cantarería *f* Alfarería.

cantarero -ra A *m y f* **1** Alfarero.
B *f* **2** *En las viviendas rurales:* Soporte para colocar los cántaros.

cantárida *f* Insecto coleóptero de color verde metálico (*Lytta vesicatoria*).

cantaridina *f* (*Med*) Sustancia obtenida de la cantárida y que se emplea en medicina.

cantarilla *f* **1** *dim de* CÁNTARA. ■ **2** Cántaro pequeño. ■ **3** Vasija de barro de boca redonda y del tamaño de una jarra.

cantarín -na *adj* **1** De sonido melodioso y alegre. ■ **2** Aficionado a cantar.

cantarino -na *adj* Cantarín.

cántaro I *m* **1** Recipiente de barro o metal, gralm. con una o dos asas, panzudo, estrecho de boca y pie, y que se utiliza para el transporte y conservación del agua. ■ **2** Medida de vino, de diferente capacidad según la región (entre 8 y 12 l.). ■ **II** *loc adj* **3** [Alma] **de ~** → ALMA. ■ **III** *loc adv* **4 a ~s.** Intensamente. *Con el v* LLOVER *o expr equivalente.*

cantata *f* Composición musical cantada (→ CANTAR¹ [7]) de gran extensión.

cantatriz *f* (*raro*) Cantante.

cantautor -ra *m y f* Cantante de música popular moderna que es a la vez autor de sus canciones, esp. canciones-protesta.

cantazo *m* Golpe dado con un canto² [4].

cante I *m* **1** Canto¹ popular gitano-andaluz. *Tb* ~ FLAMENCO, ~ HONDO *o* JONDO. **b)** *Diferentes formas de cante se distinguen por medio de compls o adjs:* DE LAS MINAS, GRANDE, *etc.* ■ **2** (*reg*) Acción de cantar¹ [1]. ■ **3** (*jerg*) Confesión de un delito. ■ **II** *loc v* **4 dar el ~,** *o* **ir con el ~.** (*jerg*) Denunciar o delatar algo o a alguien. ■ **5 dar el ~.** (*col*) Dar una información confidencial. ■ **6 dar el ~.** (*col*) Llamar la atención.

cantea *f* (*reg*) Pedrea (combate a pedradas).

cantear (*reg*) **A** *tr* **1** Apedrear. ■ **B** *intr pr* (**~se**) **2** Ponerse de lado.

cantera *f* **1** Sitio de donde se saca piedra. ■ **2** Lugar de donde salen personas esp. adecuadas para una actividad. ■ **3** (*reg*) Lesión o herida.

canterano *m* Mueble que sirve simultáneamente de cómoda y de escritorio.

cantería *f* **1** Oficio o técnica de labrar las piedras para las construcciones. ■ **2** Obra de piedra labrada.

canteril *adj* Del cantero [1] o de la cantería [1].

cantero *m* **1** Obrero que labra la piedra para las construcciones. ■ **2** Esquina o extremo. **b)** Esquina con mucha corteza [de una pieza de pan]. ■ **3** Trozo de tierra labrable de poca extensión.

cántica *f* (*TLit*) Cantar² [2] medieval.

cántico *m* Canto¹ [1], esp. religioso o solemne.

cantidad I *f* **1** Número de unidades que sirve para determinar una colección de cosas consideradas como conjunto, o medida de una porción de materia. * Hay gran cantidad de tiendas. ■ **2** *Sin determinante:* Una porción grande [de algo] o un número grande [de perss. o cosas]. *Frec sin compl, por consabido.* * Había cantidad de gente. * Conozco esa marca de galletas; en casa tenemos cantidad. ■ **3** Porción indeterminada de dinero. * Se da una cantidad como entrada. ■ **4** (*Filos*) Amplitud en que se toma el sujeto de una proposición. ■ **5** (*Fon*) Duración de una vocal o de una sílaba. ■ **II** *adv* **6** (*juv*) Mucho. *Pospuesto al v o al predicat.* * Le gusta cantidad. **b)** **~ de.** Muy. *Precediendo a adj.* * La pensión es cantidad de barata. ■ **7 en ~.** En abundancia.

cantidubi (*juv*) **I** *f* **1** Cantidad [2] [de perss. o cosas]. ■ **II** *adv* **2** Cantidad [6].

cantiga *f* (*TLit*) Composición poética medieval, esp. gallegoportuguesa, destinada al canto.

cantil *m* **1** Lugar que forma escalón en la costa o en el fondo del mar. ■ **2** Borde de un despeñadero.

cantilena *f* **1** Canción popular de gran sencillez. ■ **2** Cantinela.

cantillanero -ra *adj* De Cantillana (Sevilla). *Tb n, referido a pers.*

cantimplora *f* **1** Frasco aplanado, gralm. metálico y frec. revestido de cuero, paja u otro material, para llevar agua, y del cual se suele beber directamente. ■ **2** Vasija grande de metal para transportar líquidos.

cantina *f* **1** Establecimiento donde se sirven comidas y bebidas, dentro de un lugar de trabajo o una estación. ■ **2** (*pop*) Taberna.

cantinela *f* Tema o frase que se repite con gran insistencia y a veces de manera mecánica.

cantinero -ra *m y f* Propietario o encargado de una cantina.

cantiña *f* Género de cante flamenco típico de Cádiz.

cantiñear *intr* Canturrear. *Tb tr.*

cantista *adj* (*reg*) Que canta bien las coplas populares.

cantizal *m* Terreno donde hay muchos cantos² [4a].

canto¹ *m* **1** Acción de cantar¹ [1, 2, 3, 7 y 12]. *Tb su efecto.* **b)** Composición poética popular destinada al canto. ■ **2** Actividad o arte de cantar¹ [1]. ■ **3** Composición poética extensa. ■ **4** (*TLit*) Parte de aquellas en que se divide un poema épico. ■ **5 ~ de(l) cisne.** (*lit*) Última manifestación de una actividad o de una empresa. ■ **6 ~ de sirena.** (*lit*) Halago u otro recurso para atraer a alguien interesadamente. *Frec en pl.* ■ **7 ~ llano,** *o* **gregoriano.** (*Mús*) Melodía cantada al unísono sin acompañamiento, con ritmo libre, propia de la música litúrgica tradicional de la Iglesia medieval. *Tb la colección o repertorio de las obras correspondientes.*

canto² I *m* **1** Borde. **b)** Lado. **c)** Extremo o esquina. ■ **2** *En un cuerpo relativamente estrecho:* Grosor. ■ **3** *En un libro:* Corte que no corresponde al lomo. ■ **4** Piedra pequeña, esp. la alisada y redondeada por el arrastre. **b)** Roca de gran tamaño. **c)** **~ errático, ~ rodado** → ERRÁTICO, RODADO¹. ■ **II** *loc v y fórm or* **5 darse** [alguien] **con un ~ en los dientes,** *o* (*raro*) **en las pechos.** (*col*) Considerarse muy satisfecho por obtener algo mejor de lo que podía esperar. ■ **6 n + al ~.** (*col*) Indica que lo designado por el n es o sería consecuencia automática de lo que acaba de expresarse. Forma or independiente, o (*más raro*) dependiente de TENER. * Supongamos que lo de Berlín se arregla. Desengaño al canto. ■ **7 (no) haber faltado el ~ de un duro** [para algo]. (*col*) Haber faltado muy poco [para ello], o haber estado a punto de ocurrir. ■ **III** *loc adv* **8 de ~.** Sobre el canto [2]. *Se opone a* DE PLANO.

cantollanista *m y f* Pers. versada en el canto llano (→ CANTO¹ [7]).

cantón *m* **1** Esquina. ■ **2** (*Heráld*) Ángulo de los que tiene el escudo o alguna de las piezas de este.

b) Pieza que ocupa un cantón del escudo. ■ **3** *En algunas ciudades:* Callejón entre dos calles principales. ■ **4** Estado o unidad territorial de los que constituyen determinadas repúblicas federales. **b)** *(hist)* En España se dio este n a las unidades territoriales que surgieron en el movimiento cantonalista de 1873. **c)** *En algunos países:* Distrito. ■ **5** *(reg)* Canto² [4b] (roca de gran tamaño).

cantonada *f (reg)* Cantón [1].

cantonado -da *adj (Heráld)* [Pieza] que en sus cantones [2] tiene [otras *(compl* DE)].

cantonal *adj* **1** De(l) cantón [4] o de (los) cantones. ■ **2** Cantonalista [1b]. *Tb n.*

cantonalismo *m* **1** Sistema político basado en la división del estado en cantones [4]. *Esp referido al movimiento que se produjo en España en 1873, durante la primera República.* ■ **2** Cualidad de cantonalista [1b].

cantonalista *adj* Del cantonalismo [1]. **b)** Partidario del cantonalismo. *Tb n.*

cantonera *f* **1** Pieza que se pone en las esquinas de libros, muebles u otros objetos, como refuerzo o adorno. ■ **2** *(raro)* Esquinera (prostituta callejera).

cantonés -sa I *adj* **1** De Cantón (China). *Tb n, referido a pers.*
II *m* **2** Dialecto chino de Cantón.

cantor -ra I *adj* **1** [Pers.] que canta¹ [7]. *Frec n, gralm designando a la que lo hace por profesión.* ■ **2** [Pers.] que canta¹ [10a y 12]. *Tb n.* ■ **3** [Animal] que canta¹ [2]. *Referido a aves, tb n f.*
II *m* **4** *(hist)* Compositor de música de iglesia.

cantoral *m* Libro de coro.

cantoría *f (raro)* Coro (lugar y conjunto de cantantes).

cantorral *m* Cantizal.

cantú *m* Planta de jardín, de origen americano, de flores vistosas anaranjadas, y cuyo tallo y hojas tiñen de color amarillo (*Cantua buxifolia*).

cantuariense *adj* De Canterbury (Gran Bretaña). *Tb n.*

cantuesal *m* Terreno poblado de cantuesos.

cantueso *m* Planta perenne, de la familia de las labiadas, con flores moradas en espiga (*Lavandula stoechas*).

cantúo -a *adj (reg)* [Pers.] que tiene cuerpo atractivo.

canturía *(tb* **canturia**) *f* Canto¹. **b)** Canto monótono.

canturrear A *intr* **1** Cantar¹ [1] a media voz y distraídamente.
B *tr* **2** Cantar¹ [7] [algo] a media voz y distraídamente.

canturreo *m* **1** Acción de canturrear. ■ **2** Acción de cantar¹ [10] de manera monótona.

canturria *f* Acción de canturriar. *Tb su efecto.*

canturriar *(conjug* 1a) A *intr* **1** Canturrear [1].
B *tr* **2** Canturrear [2]. ■ **3** Cantar¹ [10] de manera monótona.

cantus firmus *(lat; pronunc,* /kántus-fírmus/) *m* Canto llano (→ CANTO¹ [7]).

cánula *f (Med y Fís)* Tubo corto que se emplea en diferentes operaciones de cirugía o que forma parte de aparatos físicos o quirúrgicos.

canutas. pasarlas ~. *loc v (col)* Pasarlo muy mal.

canutazo *m* Impacto de un proyectil o un chorro disparado por un canuto. *Tb fig.*

canutero -ra *m y f (jerg)* Fumador de hachís o marihuana.

canutillo I *m* **1** Tejido cuya labor forma pequeños canutos en el sentido de la urdimbre. ■ **2** Cañón de la pluma de ave. ■ **3** Sistema de encuadernación por medio de un canuto [2] de plástico. ■ **4** Pastel de hojaldre en forma de rollo relleno. ■ **5** Carbón que se fabrica con ramas delgadas.
II *loc adj* **6** de ~. [Persiana o cortina] formada por tiras de pequeños canutos [2] de madera u otro material.

canuto I *m* **1** Trozo de caña, esp. cortado entre dos nudos. ■ **2** Objeto de forma cilíndrica y alargada, gralm. hueco. **b)** *(hist)* Canuto en que se entregaba al soldado su historial con la licencia absoluta al terminar su servicio militar. ■ **3** Tubo arcilloso que forma la langosta para depositar sus huevos. ■ **4** *(jerg)* Cigarrillo de hachís. ■ **5** *(jerg)* Teléfono.
II *loc v* **6** dar el ~ [a un soldado]. *(col, hoy raro)* Licenciar[le]. ■ **7** dar el ~ [a una pers.]. *(col)* Despedir[la] o echar[la].

canzonetista *f (hoy raro)* Cantante de melodías ligeras.

caña I *f* **1** Planta gramínea propia de lugares húmedos, de tallo leñoso, hueco y flexible de unos 3 m de altura, hojas anchas y flores en panojas (*Arundo donax*). *Tb* ~ COMÚN. **b)** *Tb designa este n otras especies del mismo gén o de otros afines, que frec se distinguen por medio de compls o adjs:* AMARGA, BORDE, DE LAS INDIAS, *etc.* **c)** ~ **de azúcar**, **azucarera**, *o* **dulce**. Planta gramínea de tallo leñoso de unos 2 m de altura y flores purpúreas en panoja, y de la cual se extrae el azúcar (*Saccharum officinarum*). ■ **2** Tallo de las plantas gramíneas, esp. de las cañas [1], hueco y con nudos que lo dividen en segmentos. ■ **3** Canilla de la pierna. ■ **4** *En un cuadrúpedo:* Hueso largo de una de las extremidades. *Tb la misma extremidad.* **b)** Hueso de la pierna de la vaca. **c)** Tuétano de pierna de vaca. ■ **5** Dulce de forma cilíndrica y alargada. ■ **6** Instrumento para pescar, en forma de caña [2], de cuyo extremo más delgado pende el sedal con el anzuelo. ■ **7** *En una embarcación:* Palanca encajada en la cabeza del timón y con la cual se maneja este. *A veces tb designa a la pers que la gobierna.* ■ **8** Vaso para vino, de forma ligeramente cónica, alto y estrecho. *Frec su contenido.* **b)** Vaso para cerveza. *Frec su contenido.* ■ **9** Aguardiente de caña (→ acep. 14). ■ **10** Canción popular andaluza formada por cuatro versos y un estrambote. *Tb su música.* ■ **11** *(hist) En pl:* Fiesta de a caballo en que diferentes cuadrillas hacían escaramuzas arrojándose cañas [2]. *Normalmente* JUEGO DE ~S. ■ **12** ~ **de lomo**. Lomo embuchado. ■ **13** **media ~**. *(Constr)* Moldura cóncava semicircular.
II *loc adj* **14** de ~. [Aguardiente] obtenido por destilación de la melaza. ■ **15** de **media ~**. [Bota] que llega hasta media pantorrilla.
III *loc v* **16** dar, *o* meter *(u otro v equivalente),* ~. *(col)* Golpear o vapulear. *Frec fig, referido a ataque verbal.* ■ **17** irse de ~. *(col)* Pasarse o excederse. ■ **18** meter ~. *(col)* Tomar velocidad [un vehículo o su conductor].

cañada *f* **1** Espacio de tierra entre dos alturas poco distantes entre sí. ■ **2** Camino para los ganados trashumantes, de una anchura de 90 varas. ■ **3**

Caña [4b] de la pierna de vaca. **b)** Caña [4c] (tuétano).

cañadilla *f* Múrice comestible (*Murex brandaris*).

cañaduz *f* (*reg*) Caña de azúcar.

cañaheja *f* Planta umbelífera de unos 2 m de altura y de tallo hueco de la que se saca una gomorresina (*Ferula communis*).

cañahueca *m y f* (*desp*) Pers. habladora o que habla demasiado. *Tb adj.*

cañaílla *f* (*reg*) Cañadilla.

cañal *m* Cañaveral.

cañamar *m* Campo sembrado de cáñamo.

cañamazo *m* **1** Tela tosca de cáñamo [2]. ■ **2** Tela con sus hilos muy separados que se emplea para bordar, bien directamente sobre ella o usándola como guía sobre otra tela. *Tb fig.* ■ **3** Pauta para una acción.

cañamelar *m* Plantación de caña de azúcar.

cañamelero -ra *adj* De (la) caña de azúcar.

cañamerano -na *adj* De Cañamero (Cáceres). *Tb n, referido a pers.*

cañamiel *f* Caña de azúcar.

cañamiza *f* Desperdicios de la caña [2] del cáñamo.

cáñamo *m* **1** Planta de cuyo tallo se obtiene una fibra textil (*Cannabis sativa*). ■ **2** Fibra áspera obtenida del cáñamo [1] y que se utiliza pralm. para la fabricación de cuerdas y similares. ■ **3 ~ índico, indio** o **indiano.** Planta semejante al cáñamo [1], pero de menor tamaño, y cuyo alcaloide constituye el hachís o marihuana (*Cannabis indica*). **b)** Hachís o marihuana.

cañamón¹ *m* **1** Semilla del cáñamo [1], frec. utilizada como alimento de pájaros. ■ **2** (*col*) Pers. o cosa muy pequeña. *Tb adj.*

cañamón² *m* (*reg*) Cañón [4].

cañar *m* Cañaveral.

cañariego -ga *adj* Trashumante o de la trashumancia.

cañavera *f* Carrizo (planta).

cañaveral *m* Lugar de cañas [1] o de cañaveras.

cañazo I *m* **1** Golpe dado con una caña [2]. **II** *loc v* **2 dar ~** [a alguien]. (*col, raro*) Dar[le] un disgusto o una preocupación.

cañedo *m* Cañaveral.

cañería *f* Tubería, esp. de agua.

cañero -ra I *adj* **1** De la caña [1], esp. la de azúcar. *Tb n, referido a pers.* **II** *m* **2** Utensilio a modo de bandeja, usado en las tabernas andaluzas para servir las cañas [8a].

cañetero -ra *adj* De alguno de los pueblos denominados Cañete. *Tb n, referido a pers.*

cañí *adj* (*col*) Gitano. *Tb n, referido a pers.*

cañicense *adj* De La Cañiza (Pontevedra). *Tb n, referido a pers.*

cañista *m y f* Pescador de caña [6].

cañizal *m* Cañaveral.

cañizar *m* Cañizal.

cañizo *m* Armazón de cañas, empleada esp. para techos y cielos rasos.

caño I *m* **1** Tubo corto, esp. el que sirve de desagüe. ■ **2** Brazo de agua. ■ **3** Cañón [2]. **II** *loc adv* **4 a ~ libre.** Con toda libertad o sin ninguna limitación.

cañón I *m* **1** Pieza de artillería, de gran longitud respecto a su calibre, destinada a lanzar proyectiles pesados. ■ **2** *En un arma de fuego:* Pieza hueca y cilíndrica por donde sale el proyectil. ■ **3** *En gral:* Objeto hueco y cilíndrico, o parte hueca y cilíndrica de un objeto. ■ **4** Parte córnea y hueca de la pluma de un ave. ■ **5** Pluma que empieza a nacer. ■ **6** Pelo corto y duro [de la barba o del bigote]. ■ **7** Cañada [1] profunda abierta en el terreno por la erosión o por el curso de un río. ■ **8** (*Arquit*) Bóveda. ■ **9 ~ de nieve.** Dispositivo destinado a lanzar nieve sobre una pista de esquí. ■ **10 medio ~.** (*Arquit*) Bóveda de medio cañón [12]. **II** *adj* **11** (*col, invar*) Muy bueno o estupendo. *Frec con el v* ESTAR. ■ **12 de ~.** (*Arquit*) [Bóveda] engendrada por un arco de medio punto. *Tb* DE MEDIO ~. **III** *loc adv* **13 al pie del ~** → PIE.

cañonazo *m* Acción de disparar un cañón [1]. *Frec su efecto. Tb fig.*

cañonear *tr* Disparar cañonazos [a alguien o algo (*cd*)]. *Tb fig.*

cañoneo *m* Acción de cañonear. *Tb su efecto.*

cañonero -ra I *adj* **1** [Barco] armado de cañones [1]. *Gralm con el n* LANCHA. *Tb n f.* **II** *m* **2** Buque de guerra, de menos de 1000 t de desplazamiento, muy adecuado para operar en ríos navegables y parajes marítimos de poca profundidad.

cañota *f* Carrizo (planta).

cañuela *f* Planta gramínea utilizada como forrajera (gén. *Festuca*, esp. *F. pratensis*).

cañutillo *m* (*raro*) Canutillo.

cañuto *m* (*raro*) Canuto.

cao *adv* (*col*) Fuera de combate. *Gralm fig.*

caoba I *f* **1** Árbol cuya madera es muy apreciada en ebanistería (*Swietenia mahagoni*). ■ **2** Madera de caoba [1]. **II** *adj invar* **3** [Color] rojizo propio de la madera de caoba [1]. *Tb n m.*

caolín (*tb, raro, con la grafía* **kaolín**) *m* Arcilla blanca muy pura constituida por silicato de alúmina hidratado, que se emplea para la fabricación de la porcelana y el papel.

caolínico -ca *adj* (*Geol*) Que da lugar a la formación de caolín.

caolinita (*tb, raro, con la grafía* **kaolinita**) *f* Silicato principal del grupo del caolín que constituye un elemento típico de las arcillas.

caolinizar *tr* Transformar en caolín.

caos *m* **1** Estado de confusión que se supone anterior a la ordenación del mundo. ■ **2** Desorden o confusión extremos. *Tb el lugar en que se producen. Frec con intención enfática.* ■ **3** Grado extremo o incontrolable de una situación negativa. *Frec con intención enfática.*

caóticamente *adv* De manera caótica.

caótico -ca *adj* De(l) caos, *esp* [2 y 3].

cap *m* Cup (bebida refrescante).

capa¹ I *n* A *f* **1** Prenda de vestir sin mangas, abierta por delante, ajustada de cuello y amplia en la parte baja. **b)** [Capa] **pluvial** → PLUVIAL. ■ **2** Pieza de tela semejante a la capa [1a], de color vivo, rosáceo por fuera y amarillento por dentro, usada en la lidia por los toreros. ■ **3** Sustancia que recubre superficialmente una cosa. ■ **4** Hoja lisa de tabaco que sirve de envoltura del cigarro. ■ **5** Parte o zona diferenciada de las que, superpuestas, constituyen un todo. ■ **6** Categoría social. ■ **7** Color de un cuadrúpedo, esp. una caballería o una res vacuna.
B *m* **8** (*Taur*) Maletilla.
II *loc adj* **9 de ~ y espada.** (*TLit*) [Obra teatral, esp. del s. XVII español] de ambiente urbano con lances caballerescos. **b)** De las obras de capa y espada.
III *loc v* **10 abrirse de ~** → ABRIR. ■ **11 hacer** [alguien] **de su ~ un sayo.** (*col*) Obrar con autonomía en sus propios asuntos.
IV *loc adv* **12 a ~ y espada.** Con todo empeño. *Normalmente con el v* DEFENDER. ■ **13 bajo la ~ del cielo.** En el mundo. *En expresiones ponderativas.* ■ **14 de ~ caída.** (*col*) En decadencia.
V *loc prep* **15 so ~ de,** o **bajo ~ de.** Con la apariencia o la ficción de. *En sent moral.*

capa² *f* (*Mar*) Disposición de un barco que, en el mar y con viento fuerte, se mantiene casi parado para evitar el golpe del mar. *Gralm en las constrs* HACER ~ *o* PONERSE A LA ~.

capacete *m* (*hist*) Pieza de la armadura que protege la cabeza.

capacha *f* Capacho.

capachero -ra *m y f* (*raro*) Pers. que fabrica o vende capachos.

capacho *m* **1** Recipiente parecido a la espuerta, flexible, hecho de palma o esparto. ■ **2** Bolsa para hacer la compra diaria. ■ **3** Recipiente formado por dos piezas circulares de esparto, donde se coloca la aceituna ya molida para prensarla.

capacidad *f* **1** Cualidad de capaz. *Si lleva compl, este va introducido por* DE *o* PARA. **b)** *En pl:* Aptitudes (condiciones que hacen a alguien especialmente apto). ■ **2** (*Electr*) Cociente de dividir la carga de un condensador por la diferencia de potencial que existe entre sus armaduras.

capacitación *f* **1** Acción de capacitar. *Tb su efecto.* ■ **2** (*Biol*) Hecho de hacer al espermatozoide capaz de fecundar.

capacitancia *f* (*Electr*) Reactancia que ofrece un condensador al paso de la corriente alterna.

capacitar *tr* Hacer [a alguien o algo (*cd*)] capaz [3 y 4]. *Si lleva compl, este va introducido por* PARA.

capadocio -cia *adj* (*hist*) De la región de Capadocia (Asia Menor). *Tb n, referido a pers.*

capador -ra I *adj* **1** Que capa. *Tb fig.*
II *m* **2** Hombre que tiene el oficio de capar animales.

capadura *f* Hoja de tabaco de calidad inferior.

capar *tr* **1** Castrar [a un hombre o esp. a un animal]. ■ **2** (*col*) Quitar el rabo [a una boina (*cd*)].

caparacho *m* Caparazón.

caparazón *m* (*a veces f*) **1** Esqueleto externo o cubierta dura que protege el cuerpo de los crustáceos y quelonios y el de algunos insectos y protozoos. ■ **2** *En gral:* Capa externa, natural o artificial, que sirve de protección.

caparrón *m* (*reg*) Alubia colorada más corta y redondeada que la común.

capataz -za *m y f* **1** Pers. que dirige y vigila a un grupo de trabajadores. ■ **2** Encargado general de una explotación agrícola.

capaz *adj* **1** Que puede contener en su interior [una cantidad de perss. o cosas (*compl* PARA)]. **b)** *Sin compl:* Que puede contener mucho. ■ **2** [Pers. o cosa] que puede hacer [algo (*compl* DE)]. **b)** [Pers.] de quien se puede temer o esperar [algo (*compl* DE)]. *Tb sin compl, por consabido.* ■ **3** [Pers.] apta o con cualidades suficientes [para algo]. **b)** *Sin compl:* [Pers.] de grandes aptitudes. *Gralm precedido de un adv intensificador.* **c)** [Cosa] adecuada o con condiciones [para algo]. ■ **4** (*Der*) Apto legalmente [para algo (*compl* DE *o* PARA)]. ■ **5** Susceptible (que puede recibir o experimentar [algo (*compl* DE)]). ■ **6** (*Geom*) [Arco] tal que todos los ángulos que se pueden inscribir en él son iguales [a uno dado (*compl* DE)].

capaza *f* (*reg*) Capazo [1].

capazo *m* **1** Capacho [1 y 2]. ■ **2** Cesto con asas para llevar a un bebé.

capcioso -sa *adj* [Argumento o pregunta] planteados con habilidad para hacer caer al interlocutor.

capea *f* Lidia de becerros o novillos por aficionados, gralm. en una plaza de tienta.

capeador -ra *m y f* Pers. que capea¹.

capear¹ *tr* Torear de capa. *Tb abs.*

capear² A *tr* **1** Sortear [dificultades] con habilidad. **b)** ~ **el temporal** → TEMPORAL¹.
B *intr* **2** (*Mar*) Hacer capa² o ponerse a la capa².

capelán *m* Pez alargado como el boquerón, de color verde oliva en el lomo y plateado por los costados, de hasta 23 cm de longitud, que habita en el Atlántico septentrional y se utiliza para harinas de pescado (*Mallotus villosus*).

capelina *f* (*raro*) Pamela (sombrero).

capellán *m* **1** Sacerdote que atiende al servicio de una capilla. ■ **2** Sacerdote encargado de atender el servicio religioso de una colectividad. ■ **3** *En gral:* Sacerdote.

capellanía *f* **1** Fundación en la cual ciertos bienes quedan sujetos al cumplimiento de cultos. ■ **2** Puesto de capellán [1].

capellina *f* Manteleta.

capelo *m* **1** Sombrero rojo propio de los cardenales. ■ **2** Dignidad de cardenal. *Tb la pers que la ostenta.*

capeo *m* **1** Acción de capear¹. ■ **2** Capea.

capero I *adj* **1** [Tabaco] adecuado para capa¹ [4] de cigarro.
II *m* **2** Perchero para colgar la capa¹ [1]. ■ **3** (*Rel catól*) Eclesiástico que asiste con capa pluvial al altar, al coro o a otros actos litúrgicos.

caperol *m* (*Mar*) En una embarcación: Extremo superior de una pieza de construcción.

caperuza *f* **1** Gorro terminado en punta. ■ **2** Pieza que cubre el extremo de una cosa.

capeto -ta *adj* (*hist*) De la dinastía francesa de los Capetos, fundada por Hugo Capeto en el s. X.

capi *m* (*col*) Capitán.

capialzado *adj* (*Arquit*) [Arco o dintel] más levantado por uno de sus frentes para formar el derrame en una puerta o ventana. *Tb n.*

capibara *f* Carpincho (mamífero).

capiblanco. mirlo ~ → MIRLO.

capicúa *m* **1** Número que es igual leído al derecho que al revés. *Tb adj.* ■ **2** Billete u otro documento cuyo número es capicúa [1]. *Tb adj.*

capidengue *m* (*raro*) Pañuelo o manto pequeño para cubrirse las mujeres.

capigorrista *adj* (*hist*) Capigorrón. *Tb n m.*

capigorrón *adj* (*hist*) En los ss XVI y XVII: [Estudiante] holgazán y vagabundo, caracterizado por llevar habitualmente capa y gorra. *Tb n m.*

capilar *adj* **1** Del cabello. ■ **2** [Tubo o cilindro] de diámetro comparable al de un cabello. *Tb n m, esp referido a los vasos orgánicos.* ■ **3** (*Fís*) De la capilaridad.

capilaridad *f* (*Fís*) Propiedad de un líquido en virtud de la cual tiende a elevarse o a descender en el interior de un tubo capilar [2] según moje o no las paredes de este, dependiendo de la tensión superficial del líquido en cuestión.

capilarizarse *intr pr* (*Fisiol*) Subdividirse en tubos o vasos capilares [2].

capilla¹ **I** *f* **1** Lugar de culto instalado como dependencia de un edificio o de un determinado recinto y destinado a las personas que habitualmente ocupan estos. ■ **2** Lugar marginal de una iglesia, con un altar y con advocación propia. ■ **3** Pequeña urna de madera y cristal, gralm. portátil, que guarda una imagen. *Frec en la forma* CAPILLITA. ■ **4** Agrupación de música vocal religiosa. ■ **5** (*desp*) Capillita [2]. ■ **6** Bóveda de un horno. ■ **7** Lugar de la prisión al que es trasladado el condenado a muerte para que pase en él las horas previas a la ejecución. *Tb el tiempo que pasa allí.* ■ **8** **~ ardiente.** Lugar en que se coloca al difunto para recibir las primeras honras fúnebres.
   II *loc adj* **9** [Maestro] **de ~** → MAESTRO.
   III *loc adv* **10** **en ~.** *Referido al condenado a muerte:* En espera del cumplimiento de la sentencia. *Frec con el v* ESTAR. *Tb adj. Tb fig.* ■ **11** **en ~.** (*col*) A punto de pasar una prueba, o en espera del desenlace de un asunto importante. *Frec con el v* ESTAR.

capilla² *f* (*raro*) Capucha de un hábito religioso.

capillas (*Impr*) **I** *f pl* **1** Pliegos impresos de un libro antes de la tirada definitiva.
   II *loc adj* **2** **en ~.** [Libro] impreso y plegado, aún sin encuadernar.

capiller *m* (*reg*) Criado de una cofradía.

capillismo *m* (*desp*) Tendencia a la formación de capillitas [2].

capillita *f* **1** *dim de* CAPILLA¹. ■ **2** (*desp*) Grupo cerrado de perss. con afinidad de intereses y propósitos.

capillo *m* **1** Mantilla usada por las mujeres de algunas comarcas en las ceremonias religiosas. ■ **2** Pieza de la abarca que cubre los dedos o el talón. ■ **3** (*reg*) Trampa para cazar conejos. ■ **4** (*hist*) Prenda que cubre la cabeza.

capio *m* Brusco (planta).

capirotada. curruca ~, pardela ~ → CURRUCA, PARDELA.

capirotazo *m* Papirotazo.

capirote **I** *m* **1** Gorro puntiagudo que llevan algunos penitentes en las procesiones de Semana Santa. ■ **2** Caperuza que se pone a un ave de cetrería para

que se esté quieta. ■ **3** Pieza que cubre una cosa por la parte superior. ■ **4** (*hist*) Capucha con falda que cubre los hombros. ■ **5** (*reg*) Cogujada (pájaro).
   II *adj* **6** (*Taur*) [Toro] que tiene la cabeza de distinto color que el cuerpo. ■ **7** [Tonto] **de ~** → TONTO.
   III *loc v* **8** **hacer mangas y ~s** → MANGA¹.

capisayo *m* **1** Vestidura corta a manera de capotillo abierto. ■ **2** (*desp*) Prenda grande, mal hecha y que sienta mal.

capiscar *tr* (*col, humoríst*) Entender.

capista *m y f* (*hoy raro*) Pers. que lleva capa¹.

capitación *f* (*hist*) Impuesto por cabeza.

capital **I** *adj* **1** Principal o muy importante. **b)** (*Rel catól*) [Pecado] de los siete que se consideran fuente o raíz de todos los demás. ■ **2** [Pena] de muerte. ■ **3** [Letra] mayúscula, esp. la ornamentada que comienza un capítulo. *Tb n f.*
   II *n* **A** *m* **4** Cantidad de dinero que se posee. **b)** (*col*) Cantidad grande de dinero. ■ **5** Cantidad de dinero invertida de alguna forma para que produzca un rendimiento. **b)** Cantidad de dinero de que dispone una empresa y que está formada por los capitales invertidos en ella. ■ **6** Factor económico constituido por el dinero.
   B *f* **7** Ciudad en la que residen los organismos de la administración de un estado u otra división territorial.

capitalicio -cia *adj* Propio de capital [7].

capitalidad *f* **1** Condición de capital [7]. ■ **2** (*raro*) Capital [7].

capitalino -na *adj* De (la) capital [7]. *Tb n, referido a pers.*

capitalismo *m* **1** Sistema económico fundado en la propiedad privada de los medios de producción. ■ **2** Sistema político vinculado al capitalismo [1]. ■ **3** Conjunto de (los) capitales o (los) capitalistas.

capitalista **I** *adj* **1** Del capitalismo [1 y 2]. ■ **2** Partidario del capitalismo [1]. *Tb n.* **b)** Propio de la pers. capitalista. ■ **3** [Pers. o empresa] que aporta capital a un negocio. *Frec n.*
   II *n* **A** *m y f* **4** Pers. acaudalada.
   B *m* **5** (*Taur*) Espectador de los que, al terminar la corrida, se lanzan al ruedo para sacar en hombros al torero.

capitalizable *adj* Que puede ser capitalizado.

capitalización *f* **1** Acción de capitalizar. *Tb su efecto.* ■ **2** Determinación del capital [5] que corresponde a un determinado rendimiento.

capitalizador -ra *adj* Que capitaliza o tiene por objeto la capitalización. *Tb n f, referido a compañía.*

capitalizar *tr* **1** Convertir en capital [5]. **b)** Agregar al capital [los intereses que ha devengado]. ■ **2** Aportar capital [5] [a una fuente de riqueza (*cd*)]. *Tb abs.* ■ **3** Aprovechar [alguien un hecho] para su propio beneficio. *Esp en política.*

capitalmente *adv* De manera capital [1a].

capitán -na (*en la función n, la forma f* CAPITANA *solo se usa en aceps 4 a 7*) **I** *m y f* **1** Oficial del ejército de categoría inmediatamente superior a la de teniente e inferior a la de comandante. ■ **2** **~ general.** Oficial general que tiene el mando de una región militar. ■ **3** **~ general.** Oficial general de la categoría más alta. ■ **4** Pers. que manda una fuerza armada. *Gralm lit. Tb fig.* **b)** (*lit*) Jefe o dirigente. **c)** *En determinadas actividades:* Pers. que ejer-

ce el mando o la dirección. ■ **5** Jugador de un equipo deportivo que está al frente de este. ■ **6** *Pers.* que manda un barco. ■ **7** *Pers.* que manda un buque mercante o un barco de pasajeros. ■ **8** *Seguido de distintos compls, designa diversos grados de oficiales de la armada.* **a) ~ de corbeta.** Oficial cuyo grado equivale al de comandante del ejército. **b) ~ de fragata.** Oficial cuyo grado equivale al de teniente coronel del ejército. **c) ~ de navío.** Oficial cuyo grado equivale al de coronel del ejército. ■ **9 ~ a guerra.** (*hist*) Autoridad civil habilitada para entender en asuntos de guerra.
II *adj* **10** [Nave] en que va embarcado y arbola su insignia el jefe de una escuadra. *Tb n f.*

capitanear *tr* Hacer de capitán [4 a 7] [de algo (*cd*)]. **b)** Mandar o dirigir [un grupo de perss., una empresa u una operación]. *Tb fig, referido a animales.*

capitanía *f* **1** Condición o puesto de capitán [4 y 5]. ■ **2 ~ general.** Cargo de capitán general (→ CAPITÁN [3]). *Tb simplemente ~.* **b)** Sede (ciudad o edificio) del capitán general y de sus oficinas militares.

capitel *m* **1** (*Arquit*) *En la columna:* Parte decorada, que corona el fuste. ■ **2** (*Quím*) *En el alambique:* Tapadera de la caldera.

capitidisminución *f* Acción de capitidisminuir. *Tb su efecto.*

capitidisminuir (*conjug* 48) *tr* **1** Rebajar [a alguien] en su dignidad o en sus derechos. *Gralm en part.* ■ **2** Rebajar o mermar la calidad o la fuerza [de alguien o algo (*cd*)]. *Gralm en part.*

capitolino -na *adj* Del Capitolio de Roma.

capitolio *m* (*hist*) Acrópolis de una ciudad antigua no griega.

capitón *m* Pez marino de unos 4 cm de largo, de la misma familia que el mújol, con el que a veces es confundido (*Liza ramada*).

capitoné I *adj* **1** Acolchado. *Tb n m, referido a sillón o sofá.*
II *m* **2** Vehículo, frec. de interior acolchado, destinado al transporte de muebles.

capitoso -sa *adj* (*raro*) Embriagador.

capitoste *m* (*desp*) Dirigente o individuo importante en la sociedad o en un organismo o empresa.

capítula *f* (*Rel catól*) Lugar de la Sagrada Escritura que se reza en el oficio divino después de los salmos y antífonas.

capitulación *f* **1** Acción de capitular[1]. ■ **2** *En pl:* Conjunto de las condiciones, relativas a un asunto importante, estipuladas por escrito por las partes interesadas.

capitular[1] A *intr* **1** *En la guerra u otra confrontación armada:* Rendirse bajo determinadas condiciones. *Tb fig, referido a otro tipo de enfrentamientos.* **b)** *En gral:* Rendirse.
B *tr* **2** Pactar [algo (*cd*)] dos o más perss.].

capitular[2] I *adj* **1** Del cabildo (conjunto de los canónigos). *Tb n, referido a pers.* **b)** [Vicario] ~ → VICARIO. ■ **2** Del cabildo (ayuntamiento). *Tb n, referido a miembro.* ■ **3** Del capítulo [4]. *Tb n.* ■ **4** (*Impr*) [Letra] con que se inicia un capítulo [1]. *Tb n f.*
II *f* **5** (*hist*) Ley u ordenanza dictada por un monarca carolingio.

capítulo I *m* **1** Parte relativamente independiente, gralm. numerada y frec. con título propio, de aquellas en que se divide un escrito extenso. *Tb se aplica a partes de una producción radiofónica o televisiva. Tb fig.* ■ **2** Cuestión o aspecto parcial de un asunto. ■ **3** *En pl:* Capitulaciones [2]. ■ **4** Asamblea de los miembros de una orden o comunidad religiosa, o de ciertas asociaciones. *Tb fig.* ■ **5** Cabildo de una catedral. ■ **6** (*Bot*) Cabezuela (inflorescencia).
II *loc v* **7 llamar,** o **traer, a ~** [a alguien]. Pedir[le] cuentas de su conducta o reprender[le] por ella. ■ **8 ser,** o **merecer,** [alguien o algo] **~ aparte.** Ser un caso especial, o digno de particular atención.

capo *m En la mafia:* Jefe. **b)** (*humoríst*) *En gral:* Jefe.

capó *m En un automóvil:* Parte de la carrocería que cubre el motor o, cuando este va detrás, el maletero.

capolar *tr* (*reg*) Despedazar.

capón[1] **-na** I *adj* **1** Castrado. *Tb n. A veces usado como insulto.* **b)** [Pollo] castrado y cebado. *Más frec n.* ■ **2** (*col*) [Boina] sin rabo.
II *f* **3** *En uniformes militares:* Hombrera a modo de charretera sin flecos.

capón[2] I *m* **1** Golpe dado con los nudillos en la cabeza.
II *loc adv* **2 a ~.** (*col*) Al descuido.

caponera[1] *f* Jaula de madera en que se encierra a los capones[1] [1b] para criarlos.

caponera[2] *adj* [Yegua] que guía como cabestro las mulas o los caballos.

caporal -la (*la forma f es rara*) *m y f* **1** Pers. que hace de cabeza de un grupo de gente. **b)** Capataz. ■ **2** Pers. que lleva la voz cantante. ■ **3** (*reg*) Animal que se impone por su fuerza al resto del rebaño.

capot (*fr; pronunc corriente,* /kapó/; *pl normal,* ~s) *m* Capó.

capota *f* **1** Cubierta plegable que llevan los coches abiertos. ■ **2** Gorro infantil que se sujeta con cintas debajo de la barbilla.

capotaje *m* Acción de capotar [1].

capotar *intr* **1** Dar con la proa en tierra [una aeronave]. ■ **2** Volcar [un vehículo automóvil] quedando en posición invertida.

capotazo *m* (*Taur*) Suerte hecha con el capote [3] para ofuscar o detener al toro.

capote I *m* **1** Abrigo del uniforme militar. ■ **2** Manta usada como abrigo, con una abertura en medio para meter por ella la cabeza. *Tb ~ DE MONTE y ~ MANTA.* ■ **3** Capa[1] [2] (pieza de tela usada por el torero durante la lidia). *Tb ~ DE BREGA.* **b) ~ de paseo.** Capa corta de seda, con esclavina, bordada en oro o plata y con lentejuelas, usada por los toreros en el paseíllo. ■ **4** (*hist*) Prenda de abrigo semejante a la capa[1] [1a], con menos vuelo y con mangas. ■ **5** (*Naipes*) *En algunos juegos:* Acción de realizar todas las bazas en una mano.
II *loc v* **6 dar ~** [a alguien o algo que molesta]. (*col*) Quitárse[lo] de encima o apartar[lo]. ■ **7 decir** (*u otro v equivalente*) [alguien algo] **para su ~.** (*col*) Decir[lo] para sí o para sus adentros. ■ **8 echar un ~** [a alguien]. (*col*) Intervenir ayudando[le] en una situación difícil, esp. enmendando alguna imprudencia dicha en una conversación con un tercero.

III *loc adv* **9 a punta de ~**, *o* **con la punta del ~** → PUNTA.

capotear *tr* (*Taur*) Hacer suertes con el capote [3a] [al toro (*cd*)].

cappa → KAPPA.

capra. ~ hispánica. *f* Cabra montés.

capricho I *m* **1** Deseo o propósito sin fundamento razonable. ■ **2** Pers., animal o cosa que es, o puede ser, objeto de un capricho [1]. ■ **3** Hecho que carece de fundamento razonable. *Tb fig*. ■ **4** Obra de arte en la que predomina la fantasía.
II *loc adv* **5 a ~**. Sin fundamento.

caprichosamente *adv* De manera caprichosa.

caprichoso -sa *adj* **1** [Pers.] que tiene caprichos [1]. *Tb n*. ■ **2** Propio de la pers. caprichosa [1]. ■ **3** [Cosa] que ocurre sin motivo o fundamento.

caprichudo -da *adj* Que actúa o que se produce por capricho [1].

capricornio (*frec escrito con mayúscula*) *adj* [Pers.] nacida bajo el signo de Capricornio. *Tb n*.

cáprido *adj* (*Zool*) [Rumiante] de cuernos huecos, del grupo cuyo principal representante es la cabra. *Tb n m; frec en pl, designando este taxón zoológico*.

caprifoliácea *adj* (*Bot*) [Planta] perteneciente a la familia del saúco y la madreselva. *Frec como n f en pl, designando este taxón botánico*.

caprino -na *adj* De (la) cabra. *Tb fig, referido a voz o sonido*.

caprípedo -da *adj* (*lit*) Que tiene pies de cabra.

caprolactama *f* (*Quím*) Monómero que sirve de base para la obtención de fibras sintéticas.

capsiense *adj* (*Prehist*) **1** [Cultura] epipaleolítica del Norte de África caracterizada por el predominio de industria microlítica. *Tb n*. ■ **2** De la cultura capsiense [1]. *Tb n, referido a pers*.

cápsula *f* **1** Recipiente hermético. ■ **2** Estuche hermético soluble que contiene una dosis de un medicamento para tomarlo por vía oral. ■ **3** Tapa de metal o de plástico con que se cierra herméticamente una botella. ■ **4** *En una astronave*: Cabina cerrada y desprendible. ■ **5** *En un arma de fuego*: Cilindro que contiene la carga y el fulminante del proyectil. ■ **6** *En un tocadiscos*: Elemento del fonocaptor que contiene el transductor y la aguja reproductora. ■ **7** (*Anat*) Membrana en forma de saco cerrado que se encuentra en las articulaciones y en otras partes del cuerpo. ■ **8** (*Bot*) Recipiente hermético que contiene las semillas. ■ **9** (*Bot*) Fruto seco de varios carpelos, que se abre mediante grietas longitudinales. ■ **10** (*Quím*) Vasija de bordes muy bajos que se emplea en los laboratorios.

capsular[1] *adj* De la cápsula.

capsular[2] *tr* Cerrar herméticamente. *Frec fig*.

captable *adj* Que se puede captar.

captación *f* Acción de captar.

captador -ra *adj* Que capta. *Tb n: m y f, referido a pers; m, referido a aparato*.

captar *tr* **1** Percibir con los sentidos. ■ **2** Percibir con la mente. ■ **3** Recoger [alguien o algo (*suj*) sonidos, imágenes, datos o mensajes] para transmitir[los] o registrar[los]. ■ **4** Representar o reflejar [un artista o su obra (*suj*) algo percibido intelectualmente por aquel]. ■ **5** Recoger [una corriente de agua] para hacer uso [de ella (*cd*)]. ■ **6** Tomar [una

cosa (*suj*) algo] para sí. **b)** (*Quím*) Capturar [6]. ■ **7** Atraer para un fin [a alguien]. *Tb abs*. ■ **8** Atraer o suscitar [alguien o algo (*suj*) una actitud de interés, admiración o afecto en una o varias perss.].

captor -ra *adj* **1** Que capta. *Tb n: m y f, referido a pers; m, referido a aparato*. ■ **2** Que captura. *Tb n, referido a pers*.

captura *f* **1** Acción de capturar, *esp* [1]. *Tb su efecto*. ■ **2** Pesca capturada.

capturador -ra *adj* Que captura, *esp* [1]. *Tb n, referido a pers*.

capturar *tr* **1** Apoderarse [de alguien o algo (*cd*)]. **b)** Apresar [a alguien, esp. un delincuente]. ■ **2** Pescar. ■ **3** Captar [4] [algo (*cd*) un artista o su obra]. ■ **4** Tomar [un río (*suj*) las aguas de otro (*cd*) que inicialmente tenía otra cuenca]. ■ **5** (*Informát*) Tomar [una imagen]. ■ **6** (*Quím*) Absorber [un átomo o su núcleo (*suj*) una partícula o radiación].

capuana *f* (*col, raro*) Zurra o paliza.

capucha *f* **1** Especie de gorro en punta que va gralm. unido a una prenda de abrigo. ■ **2** Pieza que cubre y protege el extremo de una cosa.

capuchino[1] -na I *adj* **1** [Religioso] franciscano descalzo. *Tb n*. ■ **2** [Herrerillo] ~, [mono] ~ → HERRERILLO, MONO[1].
II *n* **A** *m* **3** Mono capuchino (→ MONO[1]). ■ **4** (*Autom*) Tornillo pasante que mantiene unidas las ballestas.
B *f* **5** Planta trepadora con flores anaranjadas en forma de capucha (*Tropaeolum majus*). Con un *adj especificador, designa otras especies*: ~ CANARIA (*T. peregrinum*), ~ MENOR (*T. minus*). ■ **6** Seta comestible, de sombrero gris oscuro, pie robusto y carne sólida de sabor poco acusado (*Tricholoma portentosum*). ■ **7** Cierto dulce de yema. ■ **8** (*hoy raro*) Lamparilla metálica de aceite, portátil, con un apagador en forma de capucha.

capuchino[2] *adj* (*Café*) con una pequeña porción de crema espumosa. *Tb n m*.

capucho *m* Capucha [1].

capuchón *m* **1** Capucha. ■ **2** Prenda de abrigo con capucha [1].

capudre *m* (*reg*) Serbal (árbol).

capulina *f* (*raro*) Ramera.

capullada *f* (*col*) Tontería o bobada.

capullo *m* **1** Flor que aún no se ha abierto, esp. la rosa. ■ **2** Cubierta formada por la sustancia que segregan las larvas de algunos insectos y en la cual se encierran para verificar su metamorfosis. ■ **3** (*col*) Individuo ingenuo o inexperto. *Tb adj*. ■ **4** (*col*) Individuo bobo. *Tb adj. Frec como insulto, a veces como reproche afectivo*. ■ **5** (*vulg*) Pene.

capurrio *m* (*reg*) Serbal (árbol).

capusbovense *adj* De Cabeza del Buey (Badajoz). *Tb n, referido a pers*.

caputre *m* (*reg*) Serbal (árbol).

capuz *m* **1** Especie de capa con capucha. ■ **2** Capucha.

capuzar *tr* **1** Meter [a alguien] de cabeza en el agua. ■ **2** (*Mar*) Hacer sumergir de proa [a un buque]. *Tb fig*.

caquéctico -ca *adj* (*Med*) **1** De (la) caquexia. ■ **2** Que padece caquexia. *Tb n, referido a pers*.

caquexia f (*Med*) Estado de extrema debilidad producido por una enfermedad grave. *Tb fig, fuera del ámbito técn.*

caquéxico -ca adj (*Med*) Caquéctico. *Tb n.*

caqui[1] (*tb, raro, con la grafía* **kaki**) I adj 1 [Color] que varía entre el ocre amarillento y el verde grisáceo. *Tb n m.* b) De color caqui.
  II *m* 2 (*col*) Uniforme militar de caqui [1].
  III *loc v* 3 **marcar el ~.** (*col*) Hacer el servicio militar.

caqui[2] (*tb con la grafía* **kaki**) *m* 1 Árbol de origen oriental, de hojas grandes, oscuras y brillantes, flores pequeñas de color amarillento y fruto comestible en baya esférica de color anaranjado o rojizo (*Diospyros kaki*). ■ 2 Fruto del caqui [1].

car *m* (*Mar*) Extremo inferior de la entena.

cara I *n* A *f* 1 Parte anterior de la cabeza humana, o de la de algunos animales, esp. los mamíferos. ■ 2 Fisonomía, o rasgos de la cara [1] con que se identifica a una pers. b) Persona. *Con adjs como* NUEVA *o* CONOCIDA. ■ 3 Aspecto o apariencia de la cara [1]. *Gralm con un compl especificador.* b) *Dicho de cosa:* Aspecto o apariencia. *Gralm con un compl especificador.* ■ 4 Expresión o gesto de la cara [1]. *Con un compl especificador.* b) ~ **de juez,** ~ **de palo,** ~ **de pascua,** ~ **de pocos amigos,** ~ **de póquer,** ~ **de vinagre** (JUEZ, PALO, PASCUA, AMIGO, PÓQUER, VINAGRE). ■ 5 (*col*) Cara dura (→ acep. 6). *Frec con los vs* TENER *o* ECHAR, *o en constrs ponderativas humoríst, como* TENER MÁS ~ QUE ESPALDA, TENER MÁS ~ QUE UN ELEFANTE CON PAPERAS. ■ 6 ~ **dura.** (*col*) Frescura u osadía. *Tb* ~ DE CEMENTO, *o* DE HORMIGÓN (ARMADO). ■ 7 Superficie de las dos que tiene un cuerpo laminar. b) Lado o vertiente de los dos que puede ofrecer una cosa no material. *Frec con un adj calificador, como* BUENA, MALA, POSITIVA *o* NEGATIVA. c) Lado de los que, por su orientación, se distinguen en un cuerpo. ■ 8 *En una moneda:* Cara [7a] en que está representada una figura humana. *Se opone a* CRUZ. b) Lado o vertiente positivos [de algo]. *Se opone a* CRUZ. ■ 9 (*Geom*) Plano de los que forman un ángulo diedro o poliedro. b) Plano de los que forman un sólido o poliedro. ■ 10 Entalladura hecha en un árbol. ■ 11 **la otra ~,** *o* **la ~ opuesta, de la moneda.** Pers. o cosa totalmente distinta de la mencionada.
  B *m y f* 12 (*col*) Caradura [2]. *Tb adj.* b) ~ **dura** → CARADURA.
  C *m* 13 ~ **a ~.** Encuentro entre dos perss. en que se hablan o se enfrentan abiertamente. ■ 14 ~ **o cruz** (*o, más raro,* ~ **o culo**). Juego entre dos perss. que consiste en echar al aire una moneda o una chapa apostando sobre si al caer queda a la vista el anverso o el reverso.
  II *loc pr* 15 **un ojo de la ~** → OJO.
  III *loc v y fórm or* 16 **caérse**[le a alguien] **la ~ de vergüenza.** (*col*) Sentirse muy avergonzado. *Tb* simplemente CAÉRSE[le] LA ~. ■ 17 **¿con qué ~** + *or de sent fut*? (*col*) Fórmula con que se pondera la escasa fuerza moral con que cuenta alguien para actuar en lo futuro de la manera que se expresa. * ¿Con qué cara iba a presentarse allí? ■ 18 **cruzar la ~** → CRUZAR. ■ 19 **dar ~** [a alguien]. Encararse [con él]. ■ 20 **dar la ~.** (*col*) No eludir el peligro o la responsabilidad. b) **dar la ~** [por alguien]. Responder [por él] o abonar[le]. ■ 21 **echar en ~** [algo a alguien]. Reprochár[selo]. b) **echar en ~** [a alguien un beneficio que se le ha hecho]. Recordár[selo] para reprochar[le] ingratitud. ■ 22 **echarse** [a alguien o algo] **a la ~.** (*col*) Encon-

trar[lo]. ■ 23 **escupir a** (*o* **en**) **la ~** → ESCUPIR. ■ 24 **estar con la ~.** (*col*) No tener dinero. ■ 25 **guardar la ~.** Ocultarse, o procurar no ser visto. ■ 26 **hacer ~** [a alguien o algo adverso]. (*col*) Resistir[lo] o afrontar[lo]. ■ 27 **hacer,** *o* **poner,** ~ [a alguien]. (*col*) Hacer caso o prestar oídos a sus pretensiones amorosas. ■ 28 **lavar la ~** [a algo]. (*col*) Hacer[le] un arreglo superficial para mejorar su apariencia. ■ 29 **no mirar a la ~** [a alguien]. (*col*) Negarse a tener trato [con él]. ■ 30 **no poder mirar a la ~** [a una pers.]. (*col*) Sentirse indigno de tener trato [con ella]. ■ 31 **partir** (*o* **romper**) **la ~** [a alguien]. (*col*) Dar[le] uno o varios puñetazos. b) **partirse la ~** [dos perss., o una con otra]. Pelear a puñetazos. ■ 32 **perder la ~** [al toro]. (*Taur*) Dejar de mirar[lo], o volver[le] la espalda. ■ 33 **plantar ~** [a alguien]. (*col*) Hacer[le] frente o enfrentarse [con él]. *Tb sin ci. Tb fig.* ■ 34 **poner buena** (*o* **mala**) ~ [a alguien o algo]. (*col*) Dar[le] buena (o mala) acogida. *Tb sin ci.* ■ 35 **poner la ~ colorada** [a alguien]. (*col*) Avergonzar[le] públicamente. ■ 36 **sacar la ~** [por alguien]. (*col*) Salir en defensa [suya]. ■ 37 **salvar la ~.** (*col*) Mantener a salvo la dignidad. ■ 38 **verse las ~s** [dos perss.]. (*col*) Encontrarse de nuevo, en ocasión propicia para resolver de palabra o de obra un agravio pendiente. *Gralm en futuro, en 1ª pers pl, dicho como amenaza.* * Ya nos veremos las caras.
  IV *loc adv* 39 **a ~ de perro.** (*col*) Sin concesiones o contemplaciones, o con dureza. *Referido a confrontación.* ■ 40 **a ~ descubierta.** Abiertamente, sin disimulo o sin rodeos. ■ 41 **a ~ o** (*o* **y**) **cruz.** Arrojando al aire una moneda, para decidir entre dos opciones, según quede hacia arriba, una vez en el suelo, la cara [8] o la cruz. *Gralm con el v* ECHAR *o en la constr* JUGAR(SE) [algo] A ~ O CRUZ. *Tb fig.* ■ 42 **a ~.** De manera directa, con la presencia material y ante la atención de la pers. en cuestión. *Tb fig, referido a cosa.* ■ 43 **de ~.** De frente, o incidiendo por la parte anterior del cuerpo. ■ 44 **de ~.** En disposición o actitud favorable. *Gralm con los vs* TENER *o* DARSE. ■ 45 **en la ~,** *o* **a la ~.** (*col*) Hablando directamente y sin miedo, a la pers. interesada. ■ 46 **por la ~, por su ~ bonita,** *o* **por su linda,** *o* **bella, ~.** (*col*) Sin aportar ningún mérito o esfuerzo. b) **por la ~.** Gratis.
  V *loc prep* 47 **(de) ~ a.** En posición o dirección hacia, o mirando a. ■ 48 **(de) ~ a.** Ante. ■ 49 **(de) ~ a.** Con vistas a.

caraba[1]. **la ~.** *f* (*col*) El colmo. *Designa ponderativamente una pers o cosa excepcional en alguna cualidad. Gralm con el v* SER. b) *Como remate de una enumeración, alude ponderativamente a la cantidad o magnitud de los términos que se omiten.* * Tenía gallinas, gatos, perros, loros...; ¡la caraba!

caraba[2] *f* (*reg*) Reunión festiva tener aldeanos.

caraba[3] *f* (*col, hist*) Moneda de cuproníquel de veinticinco céntimos. *Dejó de circular hacia 1940.*

cáraba *f* (*hist*) Embarcación mediterránea, dedicada pralm. al corso.

carabalí *m y f* Negro antillano, esp. el descendiente de los esclavos importados desde Calabar (Nigeria).

carabanchelero -ra adj De Carabanchel (distrito, antiguo pueblo, de Madrid). *Tb n, referido a pers.*

carabao *m* Variedad de búfalo, de color gris azulado, que se utiliza como bestia de tiro en Filipinas (*Bubalus bubalis*).

carabela *f* (*hist*) Embarcación de vela, ligera, con una sola cubierta y con tres palos.

carabelón *m* (*hist*) Carabela pequeña.

carabí *interj, vacía de significado, que se usa con función puramente sonora en canciones infantiles o, humorísticamente, en otros casos.*

carábido *adj* (*Zool*) [Insecto] coleóptero, carnívoro y muy voraz. *Tb n m en pl, designando este taxón zoológico.*

carabina I *f* 1 Arma de fuego similar al fusil, pero de menor longitud. ■ 2 (*col, hist*) Señora de edad que tiene por misión acompañar a una señorita cuando sale de casa. **b)** Pers. que, por seguridad, acompaña a una señorita a determinados sitios. II *loc v* 3 **ser** [alguien o algo] **la ~ de Ambrosio.** (*col*) No servir para nada.

carabinero *m* 1 Soldado perteneciente a un cuerpo especial destinado a la persecución del contrabando y modernamente integrado en la Guardia Civil. ■ 2 Agente uniformado de la policía chilena. ■ 3 Crustáceo comestible de la familia del langostino y muy parecido a la gamba (*Plesiopenaeus edwardsianus*).

carabiniere (*it; pl,* CARABINIERI) *m* Policía italiano de orden público.

cárabo[1] *m* 1 Ave rapaz nocturna de cuerpo robusto, plumaje rojizo o grisáceo, con el pecho listado y ojos negros (*Strix aluco*). *Con un adj especificador, designa otras especies:* ~ URALENSE (*S. uralensis*), ~ LAPÓN (*S. nebulosa*). ■ 2 Insecto coleóptero que habita debajo de las piedras y del que existen varias especies (gén. *Carabus*).

cárabo[2] (*tb* **carabo**) *m* Pequeña embarcación de vela y remo, usada actualmente en Marruecos.

caraca *adj* (*hist*) De una tribu de indios guaraníes habitante de la zona del Río de la Plata en la época de la conquista. *Tb n, referido a pers.*

caracense *adj* (*lit*) Guadalajareño. *Tb n, referido a pers.*

caracho *interj* (*reg*) *euf por* CARAJO.

caracol I *m* 1 Molusco gasterópodo de concha en espiral y con dos o cuatro tentáculos o cuernos en la cabeza, del que existen numerosas especies terrestres y acuáticas, entre las cuales las más comunes pertenecen al gén. *Helix. Diferentes especies se distinguen por medio de adjs:* BOYUNO, JUDÍO, MORO, SAPENCO. **b)** *Se usa en constrs de sent comparativo para expresar lentitud.* ■ 2 Concha del caracol [1]. **b)** Pieza de pasta o dulce en figura de caracol. ■ 3 Rizo de pelo de forma redondeada o espiral. ■ 4 Escalera de caracol [8]. ■ 5 (*Anat*) Cavidad del oído medio. ■ 6 *En pl:* Variedad de baile andaluz caracterizada por la repetición de la palabra "caracoles" como estribillo. ■ 7 (*reg*) Caracola [2b]. II *loc adj* 8 **de ~.** [Escalera o bajada] de forma espiral. III *interj* 9 **~es.** (*col*) *euf por* CARAJO.

caracola *f* 1 Caracol [1] marino, esp. el grande de forma cónica (*Triton nodifer* y otras especies). ■ 2 Concha cónica de caracola [1]. **b)** Concha cónica de caracola que, agujereada por el vértice, se usa como instrumento rústico de sonido parecido al del cuerno de caza. ■ 3 (*reg*) Caracol [1] terrestre más pequeño que el común, y de concha coloreada o blanca. ■ 4 Bollo de hojaldre en forma espiral. ■ 5 (*reg*) Parietaria (planta). *Tb su flor.*

caracolada *f* Guiso de caracoles [1].

caracoleado -da *adj* 1 *part* → CARACOLEAR. ■ 2 [Cabello] ensortijado.

caracolear *intr* Dar o iniciar vueltas sobre sí mismo [el caballo]. *Tb fig, referido a pers.* **b)** Hacer [el jinete] que el caballo caracolee.

caracoleo *m* Acción de caracolear. *Tb fig.*

caracolero -ra I *adj* 1 De(l) caracol o (los) caracoles [1]. II *n* A *m* 2 Pers. que coge o vende caracoles [1]. B *f* 3 Cesta de esparto o de mimbre en que se recogen los caracoles [1]. ■ 4 Yacimiento de caracoles [1 y 2] fósiles. ■ 5 Parietaria (planta).

caracolillo *m* 1 *dim* → CARACOL. ■ 2 Café cuyo grano es más pequeño y redondo que el común.

carácter (*pl,* CARACTERES) I *m* 1 Conjunto de las cualidades psíquicas y afectivas que condicionan el comportamiento de una persona. *A veces tb referido a animales.* ■ 2 Personaje de una obra literaria, y esp. de teatro o de cine. ■ 3 Firmeza o energía. *Frec en constrs como* HOMBRE, *o* PERSONA, DE ~. **b)** Pers. de gran firmeza. *Frec en las constrs* SER UN ~ *o* SER TODO UN ~. ■ 4 Estilo propio u originalidad de una pers. o cosa. ■ 5 Rasgo propio o peculiar de una cosa. *Frec en pl.* **b)** *Esp:* Rasgo físico común a un grupo o conjunto de seres. ■ 6 Condición o calidad de una pers. o cosa. *Gralm seguido de un adj o de un compl* DE. ■ 7 (*Rel catól*) Huella indeleble dejada en el alma por determinados sacramentos. *Gralm con el v* IMPRIMIR. **b)** *Fuera del ámbito religioso:* Huella dejada en la mente o en la personalidad por una experiencia. *Gralm con el v* IMPRIMIR. ■ 8 Signo de escritura. *Gralm en pl.* ■ 9 Tipo de imprenta. *Tb la figura de la letra correspondiente. Gralm en pl.* II *loc adj* 10 **de ~.** [Actor] que representa papeles de persona de edad. ■ 11 **de ~.** (*TLit*) [Comedia] dedicada a trazar la psicología de un personaje.

caracterial *adj* (*Psicol*) De(l) carácter [1].

característicamente *adv* De manera característica [1].

característico -ca I *adj* 1 Que caracteriza [1]. II *n* A *m* y *f* 2 Actor que representa papeles de persona de edad. B *f* 3 Cualidad o rasgo que caracteriza [1]. ■ 4 (*Mat*) Cifra o cifras que indican la parte entera de un logaritmo.

caracterización *f* Acción de caracterizar(se), *esp* [2, 3 y 4]. *Tb su efecto.*

caracterizadamente *adv* De manera caracterizada [2].

caracterizado -da *adj* 1 *part* → CARACTERIZAR. ■ 2 Que reúne de manera destacada los caracteres típicos de una situación o de una tendencia. ■ 3 Destacado.

caracterizador -ra *adj* Que caracteriza, *esp* [1 y 2]. *Tb n, referido a pers.*

caracterizante *adj* Que caracteriza.

caracterizar *tr* 1 Distinguir [un rasgo (*suj*) a una pers. o cosa frente a otras]. *Tb fig.* **b)** *pr* (**~se**) Distinguirse [una pers. o cosa frente a otras por un rasgo]. ■ 2 Dar [a una pers. o cosa (*cd*)] el carácter [5] o los caracteres adecuados. ■ 3 Exponer los caracteres [5] [de una pers. o cosa (*cd*)]. ■ 4 Maquillar o vestir [a una pers., esp. un actor, de acuerdo con el personaje que va a representar (*compl* DE)]. *A veces sin el 2º compl. Frec el cd es refl.*

caracterología *f* 1 Parte de la psicología que estudia el carácter [1]. ■ 2 Conjunto de peculiaridades que forman el carácter [1] de una persona.

caracterológicamente *adv* En el aspecto caracterológico.

caracterológico -ca *adj* De (la) caracterología o de(l) carácter [1].

caracterólogo -ga *m y f* Especialista en caracterología [1].

caracul (*tb con la grafía* **karakul**) I *adj* 1 [Carnero o raza de carneros] del Asia central que se distingue por la cola ancha y el pelo rizado. *Tb n.*
II *m* 2 Piel de los corderos de raza caracul [1], muy apreciada en peletería.

carada. dar[le a alguien] **una ~.** *loc v* (*reg*) Hablar[le] con descaro.

caradriforme *adj* (*Zool*) [Ave] de pequeño tamaño y patas y pico largos, y gralm. marina o costera. *Frec n f en pl, designando este taxón zoológico.*

caradura (*col*) A *f* 1 Cara dura (frescura u osadía).
B *m y f* 2 Pers. que tiene caradura [1]. *Tb adj.*

caraíta *adj* De una secta judía que profesa escrupulosa adhesión al texto literal de la Escritura. *Tb n, referido a pers.*

carajá *adj* De una tribu indígena del Brasil, habitante de la zona del río Araguaya. *Tb n, referido a pers.*

carajada *f* (*vulg*) Tontería o bobada.

carajillo *m* 1 (*col*) Taza de café a la que se añade una copa de coñac u otro aguardiente. ■ 2 (*reg, desp*) Chicuelo o mocoso.

carajo (*vulg*) I *m* 1 Miembro viril. ■ 2 *Vacío de significado, se emplea para reforzar o marcar la intención desp de la frase. Frec siguiendo a una palabra interrogativa.* * ¿Qué carajo de vida crees que llevo? ■ 3 Cosa fastidiosa o irritante. *Seguido de un compl DE que especifica lo así calificado.* * ¡Carajo de niño! ■ 4 (*reg*) Pers. insignificante y despreciable. *A veces con el incremento A LA VELA.*
II *loc adj* 5 **del ~.** Despreciable. ■ 6 **del ~.** Enorme o extraordinario.
III *loc pr* 7 **un ~.** Nada. *Con intención ponderativa. Tb adv. Frec con los vs IMPORTAR O VALER.*
IV *loc v y fórm or* 8 **irse al ~, mandar al ~ → IR, MANDAR. b) al ~.** *Fórmula que expresa rechazo. A veces seguida de la mención de lo que lo provoca.*
V *interj* 9 *Denota enfado o sorpresa.*

carajote -ta *adj* (*reg*) Bobo. *Tb n.*

carallo *interj euf por* CARAJO. *Tb usado en otras funciones de esta voz* (→ CARAJO).

carama *f* Escarcha.

caramanchel *m* (*Mar*) En un buque: Cubierta en forma de tejadillo con que se cierra la escotilla.

caramba (*tb, raro,* **carambas**) *interj Denota sorpresa o enfado. A veces con un compl CON, que designa el motivo del enfado o la sorpresa.* * ¡Caramba con el niño!

carámbano I *m* 1 Pedazo puntiagudo de hielo, que se forma al helarse el agua que chorrea. **b)** *Se usa en constrs de sent comparativo para ponderar la cualidad de frío.*
II *interj* 2 **~s.** (*col*) Caramba.

carambola¹ I *f* 1 Lance del juego de billar que consiste en dar con una bola a las otras dos, o a una

sola y esta a su vez a la tercera. *Tb fig.* ■ 2 (*col*) Doble efecto que resulta de una sola acción. ■ 3 (*col*) Resultado, gralm. favorable, obtenido como consecuencia de una acción, propia o ajena, encaminada a otro fin. *Gralm en la constr* POR ~.
II *interj* 4 (*col*) Caramba.

carambola² *f* Fruta del árbol tropical *Averrhoa carambola*, amarilla, de forma estrellada al ser cortada, y que es comestible, astringente y de sabor ácido.

carambolero -ra *m y f* Carambolista.

carambolista *m y f* Jugador de billar.

carambú *m* (*jerg*) Celda de castigo.

caramel *m* Pez marino mediterráneo, comestible, parecido en la primera parte de su vida a la boga, y que llega hasta una longitud de 2 dm (*Maena smaris*).

caramelero -ra *m y f* Pers. que vende caramelos.

caramelizar *tr* 1 Convertir [azúcar] en caramelo [1]. ■ 2 Recubrir de caramelo [1].

caramellas *f pl* Serenata tradicional típica de Cataluña, que dan el domingo de Pascua algunas agrupaciones corales por las calles de las ciudades.

caramelo I *m* 1 Pasta de azúcar fundido al fuego y dejado después enfriar. ■ 2 Dulce pequeño hecho a base de caramelo [1] con adición de una esencia.
II *adj invar* 3 [Color] del caramelo [1]. **b)** De color caramelo.
III *loc adv* 4 **a punto de ~ → PUNTO.**

caramilleras *f pl* (*reg*) Cadena del hogar.

caramillo *m* Instrumento músico que consiste en una o varias flautillas de caña, madera o hueso.

caramullo *m* (*reg*) Parte del contenido que sobresale del recipiente. *Tb fig.*

carancho *m* Ave de rapiña de la región del Río de la Plata, de aproximadamente medio metro de longitud, que se alimenta de animales pequeños y de carroña (*Polyborus plancus*).

carantoña *f* 1 Gesto afectuoso, acompañado de palabras y caricias en la cara, que se hace normalmente a un niño o festivamente a un adulto. ■ 2 (*reg*) Mueca.

carantoñero -ra *adj* Que hace carantoñas.

carapacho *m* (*reg*) Cuenco de corcho.

carape *interj* (*col, raro*) Caramba.

caraqueño -ña *adj* De Caracas. *Tb n, referido a pers.*

carasol *m* Lugar resguardado donde da el sol.

carat (*fr; pronunc corriente, /kará/; pl normal, ~s*) *m* Quilate.

carátula *f* 1 Máscara. *Tb fig.* ■ 2 Portada de un libro o de otra publicación impresa. ■ 3 Tapa impresa e ilustrada del estuche o funda de un disco o una casete.

caravana *f* 1 Grupo de comerciantes u otras personas que en compañía viajan por el desierto con una serie de camellos. ■ 2 Grupo de personas que viajan en compañía por tierra, utilizando caballerías o vehículos que marchan en fila. **b)** Fila de vehículos organizada para circular por carretera o por ciudad con una finalidad determinada, gralm. publicitaria. **c)** Expedición en varios vehículos o caballerías para un determinado fin. ■ 3 Fila larga de automóviles que circulan por una carretera a corta distancia unos de otros. ■ **4** Remolque de dos ruedas equipado con camas y cocina para servir de alojamiento en excursiones.

caravanero -ra I *adj* **1** De (la) caravana o de (las) caravanas, *esp* [1].
II *n* **A** *m* **2** Jefe de una caravana [1].
B *f* **3** Posada grande con patio en la que se alojan las caravanas [1].

caraváning *m* Práctica del turismo con caravana [4].

caravaqueño -ña *adj* De Caravaca (Murcia). *Tb n, referido a pers.*

caravinagre (*col*) **A** *m y f* **1** Pers. de cara avinagrada.
B *m* **2** (*desp*) Carabinero [1].

caray *interj* Denota sorpresa o enfado. *A veces con un compl* CON, *que designa el motivo del enfado o la sorpresa.* * ¡Caray con el niño!

carballés -sa *adj* De Carballo (La Coruña). *Tb n, referido a pers.*

carballinés -sa *adj* De Carballino (Orense). *Tb n, referido a pers.*

carballo (*tb, más raro, con las grafías* **carvallo** *y* **carbayo**) *m* (*reg*) Roble albar.

carbayón -na *adj* (*col*) [Pers.] de Oviedo. *Tb n.*

carbo- *r pref* (*Quím*) De(l) carbono. * Aguas carbogaseosas.

carbógeno *m* (*Med*) Mezcla gaseosa que contiene un 95 por 100 de oxígeno y un 5 por 100 de anhídrido carbónico y que se emplea como medio terapéutico.

carbohidrato *m* (*Quím*) Hidrato de carbono.

carbón I *m* **1** Sustancia combustible sólida y negra que procede de la combustión incompleta de la madera o de otros cuerpos orgánicos, o de la fosilización de la materia leñosa, y que se utiliza para producir calor. **b)** *Diferentes clases se distinguen por medio de compls o adjs:* DE COK, DE PIEDRA, VEGETAL, *etc.* ■ **2** Pedazo de carbón. ■ **3** Carboncillo. *Tb fig.* ■ **4** Tizón (hongo parásito). *Tb la enfermedad que produce.*
II *adj invar* **5** [Papel] fino untado por una cara con un pigmento oscuro y que, colocado entre dos hojas de papel normal, hace copia en la segunda de lo que en la primera se escribe con lápiz, bolígrafo o máquina de escribir.

carbonado -da I *adj* **1** (*Quím*) Que tiene uno o varios átomos de carbono.
II *m* **2** Diamante negro.

carbonara. alla ~. (*it; pronunc corriente,* /ala-karbonára/) *loc adj* (*Coc*) [Pasta italiana] preparada con bacon, huevos batidos, queso rallado y pimienta negra. *Tb simplemente ~.*

carbonario -ria *adj* (*hist*) De alguna de las sociedades secretas revolucionarias de Italia en el s. XIX. *Frec n m en pl, referido a pers.*

carbonatación *f* (*Quím*) Acción de carbonatarse [2].

carbonatar (*Quím*) **A** *tr* **1** Introducir ácido carbónico [en una sustancia (*cd*)].
B *intr pr* (~se) **2** Transformarse en carbonato.

carbonato *m* Sal del ácido carbónico.

carboncilla *f* Carbonilla.

carboncillo *m* **1** Palo delgado, carbonizado, de brezo, sauce u otra madera ligera, que sirve para dibujar. ■ **2** Dibujo hecho con carboncillo [1].

carbonear *tr* Convertir [leña] en carbón. *Frec abs.*

carboneo *m* Acción de carbonear.

carbonería *f* Tienda de carbón [1].

carbonerillo *m* **1** *dim* → CARBONERO. ■ **2** (*reg*) Carbonero garrapinos (pájaro).

carbonero -ra I *adj* **1** De(l) carbón [1]. ■ **2** [Gallo] ~ → GALLO. ■ **3 del ~.** (*desp*) [Fe] ingenua y carente de toda reflexión o crítica, propia de la persona ignorante.
II *n* **A** *m y f* **4** Pers. que hace o vende carbón [1].
B *m* **5** Pájaro insectívoro de cabeza, cuello y cola de color negro (*Parus major*). *Tb* PARO ~ *o* ~ COMÚN. **b)** *Otras especies del mismo gén se designan con un adj especificador:* ~ GARRAPINOS (*Parus ater*), ~ PALUSTRE (*P. palustris*).
C *f* **6** Lugar donde se guarda el carbón [1]. ■ **7** Pila de leña cubierta de arcilla para el carboneo. ■ **8** Seta comestible muy común, de pie blanco y grueso y sabor suave (*Russula cyanoxantha*).

carbónico -ca *adj* **1** Del carbono. ■ **2** [Nieve] **carbónica** → NIEVE.

carbonífero -ra *adj* **1** Que contiene carbón [1]. ■ **2** De la producción de carbón [1]. ■ **3** (*Geol*) [Período] durante el cual se formaron los grandes depósitos de carbón [1]. *Tb n m.* **b)** Del período carbonífero.

carbonilla *f* **1** Conjunto de partículas de carbón que quedan como residuo. ■ **2** Partícula de carbonilla [1].

carbonización *f* Acción de carbonizar(se).

carbonizar *tr* Reducir a carbón [un cuerpo orgánico (*cd*)]. **b)** *pr* (~se) Reducirse a carbón.

carbono *m* **1** Elemento no metal, de número atómico 6, muy abundante en la naturaleza, esp. en compuestos orgánicos. ■ **2 – 14.** (*Quím*) Isótopo radiactivo del carbono [1] natural, utilizado en geología y en arqueología para determinar la edad de un cuerpo.

carbonoso -sa *adj* Que contiene carbón.

carborundo (*n comercial registrado,* Carborundum) *m* Masa cristalina de carburo de silicio, de gran dureza, usada como abrasivo.

carborundum (*n comercial registrado; pronunc* /karborúndum/) *m* Carborundo.

carboxílico -ca *adj* (*Quím*) Del carboxilo.

carboxilo *m* (*Quím*) Radical orgánico monovalente, de función ácida, formado por un átomo de carbono, dos de oxígeno y uno de hidrógeno.

carbuncal *adj* De(l) carbunco.

carbunclo *m* Carbúnculo.

carbunco *m* Enfermedad grave propia del ganado que se manifiesta en forma de tumor y es transmisible al hombre.

carbuncosis *f* (*Med*) Infección carbuncosa [1].

carbuncoso -sa *adj* (*Med*) **1** De(l) carbunco. ■ **2** Afectado de carbunco.

carbúnculo *m* Variedad de rubí de color rojo oscuro.

carburación *f* Acción de carburar [1].

carburador *m* Pieza del motor de explosión donde se efectúa la carburación.

carburante *m* Mezcla de hidrocarburos que se emplea en los motores de explosión y de combustión interna.

carburar A *tr* **1** Mezclar [aire u otro gas] con un carburante para hacer a éste explosivo o detonante. **B** *intr* **2** (*col*) Dar [una pers. o cosa] el rendimiento normal. ■ **3** (*col*) Tener capacidad de discurrir o pensar.

carburero *m* Lámpara de carburo [1b].

carburo *m* **1** Combinación de carbono con un radical simple. **b)** *Esp:* Carburo de calcio. ■ **2** Lámpara que funciona con carburo [1b].

carca *adj* (*col, desp*) **1** De ideas retrógradas, esp. en religión. *Tb n.* ■ **2** (*hist*) Carlista.

carcagentino -na *adj* De Carcagente (Valencia). *Tb n, referido a pers.*

carcaj *m* (*hist*) Aljaba.

carcajada *f* Risa impetuosa y ruidosa.

carcajeante *adj* **1** Que se carcajea. ■ **2** Que provoca risa.

carcajear *intr* Reír a carcajadas. *Más frec pr* (*~se); en este caso, frec con un compl* DE.

carcajeo *m* Acción de carcajear.

carcamal *m* (*col*) Vejestorio. *Tb adj. Tb fig, referido a animal.*

carcasa *f* **1** Armazón. **b)** Soporte o envoltura de los elementos de una máquina eléctrica. ■ **2** (*col*) Cuerpo (humano). ■ **3** Cohete pirotécnico.

cárcava *f* Hoya o zanja grande, producida gralm. por las avenidas de agua.

carcavera *f* (*lit, raro*) Ramera.

cárcavo *m* (*reg*) Cárcava.

carcavón *m* Cárcava profunda.

cárcel[1] *f* **1** Edificio público destinado a la custodia de perss. privadas legalmente de libertad. *Tb fig, designando cualquier lugar donde se encierra a una pers.* ■ **2** Pena de privación de la libertad.

cárcel[2] *f* (*reg*) Unidad de medida para la venta de leña. *En Segovia, 100 pies cúbicos.*

carcelario -ria *adj* De (la) cárcel[1] [1].

carcelero -ra I *adj* **1** Carcelario. **II** *n* A *m y f* **2** Guardián de una cárcel[1] [1]. **B** *f* **3** Cante popular andaluz cuyo tema son las lamentaciones de los presos. *Normalmente en pl.*

carchelejero -ra *adj* De Carchelejo (Jaén). *Tb n, referido a pers.*

carcinogénesis *f* (*Med*) Producción de cáncer.

carcinogenético -ca *adj* (*Med*) Que produce cáncer.

carcinógeno -na *adj* (*Med*) Que produce cáncer. *Tb n m, referido a agente.*

carcinoma *m* (*Med*) Cáncer del tejido epitelial.

cárcola *f* (*Tex*) *En un telar manual:* Pedal que sube y baja la pieza en que se sujetan los lizos.

carcoma *f* **1** Insecto coleóptero cuya larva roe la madera y del que existen varias especies, pralm. de los géns. *Anobium* y *Xestobium*. *Tb fig.* ■ **2** Polvo de la madera roída por la carcoma [1].

carcomer A *tr* **1** Roer [la carcoma (*suj*) la madera]. *Tb fig, referido a otras materias.* ■ **2** Consumir poco a poco [una cosa (*suj*) algo no material]. **B** *intr pr* (*~se*) **3** Consumirse o desazonarse intensamente.

carcomiento -ta *adj* Que tiene carcoma [1]. *Tb fig.*

carcoso -sa *adj* (*col, desp*) Carca.

cárcova *f* (*reg*) Cerca con zanja por la parte exterior.

carcunda *adj* (*col, desp*) Carca. *Tb n.*

carcundia *adj* (*col, desp*) Carcunda o carca. *Tb n.*

carda I *f* **1** Instrumento en forma de cepillo con puntas de alambre, que se usa para cardar. ■ **2** Máquina empleada para la limpieza del algodón y otras fibras. ■ **3** Industria del cardado. **II** *loc adj* **4** de ~. (*Tex*) [Lana] de fibras cortas irregulares. ■ **5 de la ~.** (*lit, raro*) [Gente] de mal vivir.

cardado *m* Acción de cardar. *Tb su efecto.*

cardador -ra A *m y f* **1** Pers. cuyo oficio es cardar. **B** *m* **2** Miriápodo cilíndrico con poros laterales por los que segrega un licor fétido (gén. *Julus*).

cardal *m* Cardizal.

cardamomo *m* Planta herbácea perenne, de flores blanquecinas en espiga y fruto en cápsula, cuyas semillas, aromáticas, se usan en medicina y en la industria licorera (*Elettaria cardamomum*).

cardan (*tb* **cardán**) *m* (*Mec*) Articulación que permite la rotación de un árbol a otro cuya posición respecto al primero es variable. *Gralm en aposición.*

cardancha *f* (*reg*) Cardencha.

cardar *tr* **1** Preparar con la carda [una materia textil] para el hilado. ■ **2** Sacar el pelo con la carda [a un tejido de lana (*cd*)]. ■ **3** Peinar [el cabello] de modo que quede enredado y hueco. *Tb abs.*

cardedeuense *adj* De Cardedeu (Barcelona). *Tb n, referido a pers.*

cardelina *f* Jilguero (pájaro).

cardenal[1] *m* **1** *En la Iglesia católica:* Prelado, nombrado por el papa, que forma parte del Colegio o cuerpo cuya principal misión es la elección de nuevo papa. ■ **2** Pájaro de América Septentrional y Central, criado como ornamental en Europa, de plumaje y pico de color rojo encendido (*Richmondena cardenalis*).

cardenal[2] *m* Mancha amoratada que se produce en el cuerpo, gralm. a consecuencia de un golpe.

cardenalato *m* Dignidad de cardenal[1] [1].

cardenalicio -cia *adj* De cardenal[1] [1]. **b)** [Colegio] ~ → COLEGIO.

cardencha *f* **1** Planta bienal compuesta, de unos 2 m de altura, hojas espinosas y flores cuyos involucros terminan en figura de anzuelo (*Dipsacus fullonum* y *D. sylvestris*). ■ **2** Carda [1].

cardenillo *m* Carbonato de cobre, tóxico, de color verdoso, que se forma sobre los objetos de cobre o de las aleaciones de este.

cárdeno -na *adj* **1** Amoratado. ■ **2** (*Taur*) [Res] de pelo con mezcla de negro y blanco.

cardia *m* (*Anat*) Cardias.

cardíaco -ca (*tb* **cardiaco**) *adj* **1** Del corazón (órgano corporal). **b)** (*humoríst*) Del corazón, o relativo a los asuntos y noticias sentimentales. ■ **2** [Pers.] que padece del corazón. *Frec n.*

cardial[1] *adj* (*Med*) Cardíaco.

cardial[2] *adj* (*Arqueol*) [Cerámica] decorada con incisiones hechas con valva de cárdium.

cardias *m* (*Anat*) Orificio que comunica el esófago con el estómago.

cárdigan (*pl normal*, ~s) *m* Chaqueta de punto.

cardillo *m* Planta bienal compuesta, con flores amarillas y hojas rizadas y espinosas cuya penca tierna es comestible (*Scolymus hispanicus*). *Tb la misma parte comestible.*

cardina *f* (*Arquit*) Hoja de cardo, usada como decoración en el estilo gótico.

cardinal *adj* **1** Fundamental o capital. **b)** (*Rel crist*) [Virtud] de las cuatro que son principio de todas las virtudes morales. ■ **2** [Punto] de los cuatro que dividen el horizonte en otras tantas partes iguales, determinadas, respectivamente, por la posición del polo septentrional, la del Sol a la hora del mediodía, y por la salida y la puesta del Sol. ■ **3** (*Gram*) [Adjetivo numeral] que expresa cantidad precisa. *Tb n m.*

cardincha *f* Cardencha (planta).

cardio- *r pref* (*Med*) Del corazón. * Cardiomiopatía.

cardioangiología *f* (*Med*) Estudio del corazón y los vasos circulatorios.

cardiocirculatorio -ria *adj* (*Med*) Del corazón y los vasos sanguíneos.

cardiocirugía *f* (*Med*) Cirugía del corazón.

cardiocirujano -na *m y f* (*Med*) Cirujano especialista en cardiocirugía.

cardiogénico -ca *adj* (*Med*) Originado en el corazón.

cardiografía *f* (*Med*) Radiografía del corazón.

cardiográfico -ca *adj* (*Med*) De la cardiografía o del cardiógrafo.

cardiógrafo *m* (*Med*) Aparato que registra gráficamente la intensidad y el ritmo de los movimientos del corazón.

cardiograma *m* (*Med*) Registro obtenido con el cardiógrafo.

cardiología *f* Especialidad del cardiólogo.

cardiológico -ca *adj* De (la) cardiología.

cardiólogo -ga *m y f* Médico especialista de corazón.

cardiomegalia *f* (*Med*) Hipertrofia del corazón.

cardiópata *adj* (*Med*) [Pers.] que padece una cardiopatía. *Tb n.*

cardiopatía *f* (*Med*) Enfermedad del corazón.

cardiopulmonar *adj* (*Med*) Del corazón y los pulmones.

cardiorrespiratorio -ria *adj* (*Med*) Del corazón y la respiración.

cardiotónico -ca *adj* (*Med*) Que tonifica el corazón. *Frec n m, referido a medicamento.*

cardiovascular *adj* (*Med*) Del corazón y los vasos sanguíneos.

carditis *f* (*Med*) Inflamación del tejido muscular y las serosas del corazón.

cárdium (*lat; pl normal*, ~s) *m* (*Zool*) Lamelibranquio prehistórico, de costillas radiales muy salientes.

cardizal *m* Terreno en que abundan los cardos[1].

cardo[1] *m* **1** Planta anua, compuesta, como de 1 m de altura, flores azules en cabezuela, hojas grandes y espinosas y pencas comestibles (*Cynara cardunculus*). ■ **2** *Se da este n a diferentes plantas semejantes al cardo* [1] *y que suelen distinguirse por medio de compls o adjs:* ~ BORRIQUERO (*Onopordon acanthium*), ~ CORREDOR (*Eryngium campestre*), ~ ESTRELLADO (*Centaurea calcitrapa*), *etc.* ■ **3** (*col*) Pers. adusta y desabrida. *Tb adj.*

cardo[2] *m* (*hist*) En una ciudad o un campamento romanos: Vía o eje que sigue la dirección norte-sur. *Tb, raro, referido a una ciudad moderna.*

cardón *m* **1** Planta canaria de hasta 3 m de altura, con tallos de color verde pálido, acanalados y con púas (*Euphorbia canariensis*). ■ **2** (*reg*) Acebo (árbol).

cardoncha *f* Cardencha (planta).

cardonera *f* (*reg*) Acebo (árbol).

cardumen *m* Banco de peces.

carea **I** *f* **1** Acción de carear[2] [1]. *Frec en la constr* DE ~, *referido a perro*. **II** *adj* **2** (*reg*) [Perro] de carea [1]. *Tb n m.*

carear[1] *tr* Poner cara a cara [a una pers. (*cd*) con otra, o dos o más perss. (*cd*), cuyas declaraciones anteriores no concuerdan] con el fin de esclarecer la verdad de sus afirmaciones.

carear[2] **A** *tr* **1** Encaminar o dirigir [el ganado]. *Tb abs.* **B** *intr* **2** Pacer o pastar.

carear[3] *tr* (*semiculto*) Cariar.

carecer (*conjug* 11) *intr* No tener [algo (*compl* DE)].

carel *m* (*Mar*) Borde superior de una embarcación menor, en el que se fijan los remos.

carena *f* **1** Acción de carenar. ■ **2** (*Mar*) En una embarcación: Parte normalmente sumergida.

carenado -da **I** (*Dep*) En un vehículo de competición, esp motocicleta: [Aditamento] en forma de quilla, con fines aerodinámicos, hecho de fibra de vidrio u otro material análogo. *Gralm n m.* ■ **2** (*Bot*) [Órgano] que presenta una línea de resalte a modo de quilla.

carenar *tr* Reparar el casco [de una embarcación (*cd*)].

carencia *f* Hecho de carecer. *Normalmente con un compl* DE *o adj especificador*. **b)** Hecho de carecer temporalmente del derecho a prestaciones de un seguro. **c)** (*Med*) Hecho de carecer de algún elemento necesario en la ración alimenticia.

carencial *adj* De (la) carencia, *esp* [1c].

carente *adj* Que carece.

careo[1] *m* **1** Acción de carear[1]. ■ **2** Hecho de hablar cara a cara. ■ **3** Enfrentamiento.

careo[2] *m* **1** Acción de carear[2] o dirigir el rebaño. ■ **2** Hecho de carear[2] o pastar el rebaño. ■ **3** Dirección que sigue el rebaño al pastar.

carero -ra *adj* Que vende caro, o que cobra caro su servicio.

carestía f **1** Coste elevado [de las cosas, esp. las de primera necesidad]. *El compl es un n en pl, colectivo o de materia. Frec sin compl, o en la constr* ~ DE LA VIDA. ■ **2** Escasez [de cosas necesarias, esp. víveres].

careta I f **1** Máscara (utensilio con que se cubre el rostro para desfigurarlo, ocultarlo o protegerlo). *Tb fig.* ■ **2** Parte delantera de la cabeza del cerdo. ■ **3** (*Radio*) Conjunto combinado de palabras y música con que se presenta un programa. **b)** (*TV*) Conjunto de imágenes, palabras y música con que se presenta un programa. **c)** (*Cine y TV*) Títulos de crédito.
  II *loc v* **4 quitar**, o **arrancar**, **la** ~ [a alguien]. (*lit*) Poner al descubierto la realidad [de su persona o de sus intenciones ocultas].

careto -ta I *adj* **1** [Animal caballar o vacuno] que tiene la cara blanca y el resto de la cabeza oscuro. ■ **2** [Ánsar] ~, [ganso] ~, [lirón] ~, [negrón] ~ → ÁNSAR, GANSO, LIRÓN, NEGRÓN.
  II *m* **3** (*jerg*) Cara o rostro.

carey (*pl normal,* ~S) *m* **1** Tortuga de mar, de hasta cerca de 1 m de longitud, con las extremidades anteriores más largas que las posteriores, con la concha dividida en segmentos o escamas imbricadas, y que abunda en las costas de las Indias Orientales y del golfo de Méjico (*Eretmochelys imbricata*). ■ **2** Materia córnea, hecha con las escamas del carey [1], dura y traslúcida, con manchas amarillas, rojas y negras, susceptible de hermoso pulimento y muy apreciada para la fabricación de objetos pequeños.

carga I f **1** Acción de cargar, *esp* [1, 2, 3, 10, 16 y 17]. ■ **2** Cosa que se carga, *esp* [2, 3, 4, 16 y 18]. **b)** Porción o cantidad [de algo (*adj o compl* DE)] que una pers. o cosa lleva consigo. **c)** Unidad de medida consistente en la cantidad de producto forestal o agrícola con que habitualmente se carga [1] a un animal. **d)** Medida de capacidad para áridos, cuyo valor oscila entre 3 y 4 fanegas. ■ **3** Cantidad de explosivo destinada a una voladura. **b)** ~ **de profundidad**. Explosivo lanzado contra un objetivo submarino. *Frec fig.* ■ **4** Cantidad de electricidad. *Tb* ~ ELÉCTRICA. ■ **5** Peso que lleva una pers., una bestia o un vehículo. ■ **6** Obligación económica aneja a un estado o empleo. **b)** Obligación real de una propiedad inmueble. **c)** Tributo o imposición. ■ **7** (*Arquit*) Peso sostenido por una estructura.
  II *loc adj* **8 de** ~. [Animal o vehículo] destinado a llevar carga [2]. **b)** [Mulo] **de** ~ → MULO. ■ **9 de** ~. [Paso] muy rápido. *Frec en la loc adv* A PASO DE ~. *Tb fig.* ■ **10 de** ~. (*Mar*) [Línea] que indica la carga [2] máxima de un barco.
  III *loc v* **11 volver a la** ~. Insistir [alguien] en su empeño.

cargacera f (*reg*) Borrachera.

cargadero *m* **1** Lugar donde se cargan [1] y descargan las mercancías de los buques. ■ **2** (*Constr*) Viga o dintel que soporta el peso de la pared encima del vano de una puerta o ventana de gran abertura.

cargado -da *adj* **1** *part* → CARGAR. ■ **2** Bochornoso, o de calor pesado. *Dicho del tiempo o de la atmósfera.* ■ **3** ~ **de espaldas**, o **de hombros**. [Pers.] de espalda algo encorvada, y que lleva la cabeza y los hombros algo echados hacia delante. ■ **4** (*Lab*) [Costura] cuyos bordes se doblan sobre un solo lado y se rematan en él. ■ **5** (*Heráld*) [Pieza] sobre la que se han pintado [otra u otras (*compl* DE)].

cargador -ra I *adj* **1** Que sirve para cargar [1 y 3]. *Frec n m o f, designando aparato o máquina.*
  II *m* **2** Hombre que tiene por oficio llevar cargas [2] sobre los hombros o la espalda. ■ **3** Hombre que tiene por oficio cargar [1a] barcos de transporte. ■ **4** Hombre que tiene por misión cargar [3b] un arma de fuego. ■ **5** Bieldo para cargar [1] las pacas de paja. ■ **6** Dispositivo para cargar [3a] una pluma estilográfica. ■ **7** *En las armas de fuego:* Dispositivo en que se colocan los cartuchos. ■ **8** (*Fotogr y Cine*) Caja opaca, adaptable a la cámara, que contiene una película.

cargamento *m* Carga [2a] que transporta un barco. *Tb fig, referido a pers.*

cargante *adj* (*col*) Que carga [8].

cargar A *tr* ➤ a *normal* **1** Poner [en un vehículo o sobre un animal (*cd*)] las cosas que ha de transportar. **b)** Poner en un vehículo, o sobre un animal, [las cosas que ha de transportar]. ■ **2** Hacer recaer [sobre alguien o algo (*cd*)] un peso (*compl* CON)]. *Tb fig.* **b)** Imputar o achacar. **c)** Torcer o inclinar [algo] por el peso. **d)** Poner peso [en un dado (*cd*)] de manera que este caiga del lado que conviene. ■ **3** Proveer [a un aparato] de lo que necesita consumir para poder funcionar. **b)** Introducir el cartucho o el proyectil en la recámara o el cañón [de un arma de fuego (*cd*)]. *Tb abs.* ■ **4** Dotar o proveer [a alguien o algo (*cd*)] de una cosa] en abundancia. **b)** *pr* (~**se**) Pasar a tener [algo (*compl* DE)] en abundancia. ■ **5** Dar densidad [a algo (*cd*), esp. un líquido] o saturar[lo]. *Tb fig. Gralm en part.* ■ **6** Viciar o impurificar [el aire o la atmósfera]. ■ **7** Aumentar [una cantidad de dinero] sobre lo que hay pagar. **b)** Anotar [una cantidad] en el debe [de una cuenta (*compl* EN)]. ■ **8** (*col*) Causar fastidio o hartar. ■ **9** (*argot Enseñ*) Suspender [a alguien]. *Frec pr* (~**se**). **b)** Suspender [en una asignatura (*cd*)] a alguien (*ci*)]. ■ **10** (*Fút*) Desplazar de su sitio [un jugador a otro] mediante un choque violento con el cuerpo. *Tb abs.* ■ **11** (*Naipes*) *En la malilla:* Echar [sobre una carta jugada (*cd*)] otra que la gana. *Tb abs.* ■ **12** (*Informát*) Introducir [un programa] en un ordenador. ■ **13** ~ **los colores**, **la mano**, **el mochuelo**, **la suerte**, **las tintas** → COLOR, MANO, MOCHUELO, SUERTE, TINTA.
  ➤ b *pr* (~**se**) **14** (*col*) Matar. **b)** Romper o estropear. *Tb fig.* **c)** Destruir o hacer desaparecer [algo]. ■ **15** ~**sela**. (*col*) Sufrir un buen castigo.
  B *intr* ➤ a *normal* **16** Tomar o llevar sobre sí [algo que pesa o que es difícil de soportar (*compl* CON)]. *Frec fig, referido a pers.* **b)** Coger [algo (*compl* CON)] para llevárse[lo] y gralm. para quedarse [con ello]. **c)** ~ **con el mochuelo** → MOCHUELO. ■ **17** Tomar [un aparato] lo que necesita consumir para poder funcionar. ■ **18** Hacer recaer un peso [sobre algo]. **b)** Gravitar, o hacer actuar su peso, [una cosa sobre otra]. ■ **19** Recaer [una cosa abstracta penosa o desagradable (*suj*)] sobre alguien]. ■ **20** Acometer violentamente [las tropas o la policía (*suj*)] al enemigo o a la multitud (*compl* CONTRA o SOBRE)]. *A veces se omite el compl, por consabido.* ■ **21** (*Fon*) Recaer [el acento sobre una sílaba o una vocal].
  ➤ b *pr* (~**se**) **22** (*col*) Emborracharse. *Gralm en part.*

cargazón f **1** Pesadez sentida [en una parte del cuerpo, esp. la cabeza (*compl* DE)]. ■ **2** Aglomeración de nubes espesas. ■ **3** Carga [2], esp. abundante.

cargo I *m* **1** Función que se desempeña dentro de un organismo o empresa. **b)** Pers. que desempeña un cargo. ■ **2** Misión o responsabilidad. ■

Falta que se imputa. **b)** ~ **de conciencia.** Motivo para sentirse culpable, o sentimiento de culpabilidad. ■ **4** Cantidad con que se carga [7a] una factura. ■ **5** Carguero. ■ **6** Cargamento.

II *loc v* **7 hacer los ~s** [a alguien]. Exponer[le] consideraciones o advertencias. ■ **8 hacerse ~** [alguien a una pers. o cosa]. Responsabilizarse [de ella] o tomar[la] bajo su cuidado. ■ **9 hacerse ~** [alguien de algo]. Comprender[lo] o tomar conciencia [de ello]. *Tb sin compl* DE, *por consabido.*

III *loc adv* **10 a ~.** Bajo la responsabilidad [de alguien]. ■ **11 a ~.** (*Com*) A cuenta [de alguien]. ■ **12 al ~.** Teniendo la responsabilidad o el cuidado [de alguien o algo].

cargue *m* Acción de cargar [1b]. *Tb la instalación destinada a ello.*

carguero -ra **I** *adj* **1** [Vehículo] de carga [8]. *Frec n m, referido a buque.*

II *m y f* **2** Pers. que descarga un barco. ■ **3** Pers. que tiene por oficio transportar mercancías a los lugares de venta.

carguío *m* Carga [2].

cariacontecido -da *adj* Que tiene expresión triste.

cariancho -cha *adj* [Pers.] que tiene cara ancha.

cariar (*conjug* **1a**) *tr* Producir caries [1] [en un diente (*cd*)]. *Tb fig.* **b)** *pr* (~se) Pasar a tener caries [un diente]. *Frec en part. Tb fig.*

cariátide *f* (*Arquit*) Estatua de mujer que en un edificio sirve de columna.

cariavacado -da *adj* (*Taur*) [Res] de hocico largo.

caribe **I** *adj* **1** (*hist*) De un pueblo que hasta el s. XVI dominó una parte de las Antillas y se extendió por el norte de América Meridional. *Tb n, referido a pers.* ■ **2** Antillano. ■ **3** Del caribe [4].

II *m* **4** (*hist*) Lengua de los caribes [1].

caribeño -ña *adj* Del mar Caribe.

caribú *m* Rumiante de América Septentrional, parecido al reno, pero de estructura más robusta y cuernos más amplios (gén. *Rangifer*, esp. *R. caribu* y *R. tarandus*).

caricácea *adj* (*Bot*) [Planta] de la familia del papayo. *Frec n f en pl, designando este taxón botánico.*

caricato -ta **A** *m y f* **1** Artista que, gralm. solo, actúa hablando o cantando ante el público para hacerle reír.

B *m* **2** Personaje bufo de una ópera.

caricatura *f* **1** Retrato humorístico que exagera los rasgos característicos del retratado. ■ **2** Dibujo satírico, acompañado o no de texto, en el cual se comenta algún tema de actualidad. ■ **3** Descripción o relato en que se exageran, ridiculizándolos, algunos aspectos. ■ **4** Pers. o cosa que se ve como imagen degradada o copia torpe [de otra].

caricatural *adj* (*lit*) Caricaturesco.

caricaturalmente *adv* (*lit*) De manera caricatural.

caricaturar *tr* (*raro*) Caricaturizar.

caricaturescamente *adv* De manera caricaturesca.

caricaturesco -ca *adj* De caricatura. **b)** Que tiene carácter de caricatura.

caricaturista *m y f* Pers. que hace caricaturas. *Esp referido al profesional.*

caricaturización *f* Acción de caricaturizar.

caricaturizar *tr* Hacer una caricatura [1 y 3] [de alguien o algo (*cd*)].

caricia *f* Acción de rozar suavemente con la mano, esp. como muestra de cariño o amor. **b)** Acción de rozar o tocar suavemente.

cariciosamente *adv* (*lit*) De manera cariciosa.

caricioso -sa *adj* (*lit*) [Cosa] acariciadora (que causa una sensación suave y placentera).

caridad *f* **1** Actitud o disposición del que tiende a comprender y ayudar al prójimo. ■ **2** Sentimiento que impulsa a ayudar al necesitado. ■ **3** Ayuda al necesitado. **b)** Cosa, esp. dinero, que se da como ayuda al necesitado. ■ **4** Manjar o refrigerio que en algunas fiestas de pueblo se da al que asiste a la función religiosa. ■ **5** (*Rel crist*) Virtud que consiste en amar a Dios sobre todas las cosas y al prójimo como a sí mismo.

carie *f* (*raro*) Caries [1].

cariedón *m* Gusano que roe las nueces.

caries *f* **1** Erosión del esmalte de un diente, de origen bacteriano. *Tb fig.* ■ **2** Tizón (hongo y enfermedad de los cereales).

carifosco -ca *adj* (*Taur*) [Res] que tiene rizado el pelo del testuz. *Tb n m.*

carilla *f* **1** Plana o cara de papel de escribir. ■ **2** Careta que se pone el colmenero para protegerse al catar la colmena.

carillón *m* Conjunto de campanas, esp. de un reloj, que producen una melodía. **b)** Reloj de carillón.

carilucio -cia *adj* De cara lustrosa.

carinegro -gra *adj* [Animal] de rostro oscuro. **b)** [Barnacla] **carinegra** → BARNACLA.

carininfo -fa *adj* (*lit*) De cara afeminada.

cariñena **I** *m* **1** Vino tinto de Cariñena (Zaragoza).

II *adj* **2** [Variedad de uva] tinta que da lugar a vinos de color oscuro y algo espesos. *Frec n f.*

cariño *m* **1** Afecto o apego hacia una pers. o cosa a la que se desea cuidar y conservar. ■ **2** Expresión de cariño [1], hecha con palabras o con caricias. *En el primer caso, gralm. con el v* DECIR; *en el segundo, con el v* HACER. *Normalmente en pl.* ■ **3** Usado como vocativo: Pers. que es objeto del cariño [1] del que habla. *Normalmente en lenguaje femenino. Frec usado expletivamente.* ■ **4** Esmero o dedicación gustosa con que se hace un trabajo.

cariñosamente *adv* De manera cariñosa.

cariñoso -sa *adj* Que muestra cariño [1].

cariñosón -na *adj* (*col*) Que se muestra muy afectuoso.

cario -ria **I** *adj* (*hist*) **1** De Caria (región del Asia Menor). *Tb n, referido a pers.*

II *m* **2** Lengua de los carios [1].

carioca **I** *adj* (*col*) **1** De Río de Janeiro. *Tb n, referido a pers.* ■ **2** Brasileño. *Tb n, referido a pers.*

II *f* **3** Danza popular brasileña, de ritmo vivo, de moda en los años 30. ■ **4** (*Taur*) Forma de picar en que el picador gira en torno al toro cerrándole la salida. ■ **5** (*hist*) Juguete consistente en una serie de tiras de papel de colores unidas por un extremo con

un peso de arena, y que se lanza a volar al aire. ■
6 (*reg*) Merluza joven.

cariocinesis *f* (*Biol*) División nuclear característica de la mitosis. **b)** Mitosis.

cariocinético -ca *adj* (*Biol*) De (la) cariocinesis.

cariofiláceo -a *adj* (*Bot*) [Planta] herbácea, de tallo nudoso, hojas opuestas, enteras, lanceoladas, flores hermafroditas en cimas o solitarias, y fruto en cápsula o en baya. *Frec como n f en pl, designando este taxón botánico.*

cariofilada *f* Planta herbácea de hasta 70 cm, de flores amarillas y pequeñas y usada en perfumería y medicina (*Geum urbanum*).

cariogamia *f* (*Biol*) Fusión de los dos núcleos de las células sexuales.

cariógeno -na *adj* (*Med*) Que favorece el desarrollo de la caries [1].

cariolinfa *f* (*Biol*) Líquido que rellena los espacios existentes entre los cromosomas, en el núcleo de la célula.

carioplasma *m* (*Biol*) Protoplasma del núcleo celular.

cariópside *f* (*Bot*) Aquenio cuya semilla está soldada al pericarpio.

carioquinesis *f* (*Biol*) Cariocinesis.

cariotípico -ca *adj* (*Biol*) De(l) cariotipo.

cariotipo *m* (*Biol*) Imagen de los cromosomas de un individuo.

carirredondo -da *adj* De cara redonda.

carisma *m* **1** Facultad innata de atraer o seducir a las gentes. ■ **2** (*Rel catól*) Don particular conferido por gracia divina.

carismáticamente *adv* De manera carismática [1].

carismático -ca *adj* **1** De(l) carisma. ■ **2** Que posee carisma. *Tb n.* ■ **3** (*Rel crist*) De algunos de los movimientos cristianos que dan especial relieve a los carismas [2]. *Tb n, referido a pers.*

caristio -tia *adj* (*hist*) De un pueblo hispánico prerromano habitante de la región situada al oeste del río Deva (actuales provincias de Guipúzcoa y Vizcaya). *Tb n, referido a pers.*

caritativamente *adv* De manera caritativa.

caritativo -va *adj* Que tiene caridad [1 y 2] o que la practica. **b)** De (la) caridad.

cariz *m* Aspecto [de una cosa capaz de evolucionar, esp. un asunto].

carlanca *f* Collar con pinchos que sirve para defender el perro de las mordeduras del lobo.

carlanco *m* Cierta ave zancuda pequeña y de color azulado.

carlancón -na *m y f* (*raro*) Pers. astuta.

carlear *intr* Jadear. *Esp dicho de perros.*

carlina. ~ **angélica**. *f* Planta herbácea, común en prados de montaña, de tallo muy corto, hojas de borde espinoso, flores en capítulo y raíz de propiedades medicinales (*Carlina acaulis*).

carlinga *f En un avión:* Espacio interior destinado a los pasajeros y la tripulación.

carlismo *m* Partido de Carlos de Borbón (1788-1855), hermano de Fernando VII y pretendiente al

trono de España a la muerte de este, o de alguno de los descendientes de aquel.

carlista *adj* Del carlismo. **b)** Adepto al carlismo. *Tb n.*

carlistada *f* (*col*) Guerra carlista. *Se da este n a cada una de las tres del s XIX: 1833-39, 1845-49, 1872-76, esp a la primera.*

carlistón -na *adj* (*desp*) Carlista [1b]. *Tb n.*

carlota *f* (*reg*) Zanahoria.

carloteño -ña *adj* De La Carlota (Córdoba). *Tb n, referido a pers.*

carlotercismo *m* Época de Carlos III (1759-1788).

carlotercista *adj* Del rey Carlos III (1759-1788) o de su época.

carlovingio -gia *adj* Carolingio.

carmañola *f* (*hist*) Chaqueta corta de la época de la Revolución francesa.

carmelita *adj* **1** [Orden] del Carmelo o el Carmen, aprobada por el papa Inocencio IV en 1245. **b)** De la Orden carmelita. *Tb n, referido a pers.* ■ **2** [Color] castaño claro, semejante al del hábito de los carmelitas [1b]. **b)** De color carmelita.

carmelitano -na *adj* Carmelita [1].

carmen *m* Quinta de recreo característica de Granada.

carmesí *adj* [Color] grana. *Tb n m.* **b)** De color carmesí.

carmín I *m* **1** Pigmento o tinte de color rojo subido. ■ **2** Colorante rojo usado en repostería. ■ **3** Pintura de labios.
II *adj invar* **4** [Color] rojo subido. *Tb n m.* **b)** De color rojo subido.

carminativo -va *adj* (*Med*) Que favorece la expulsión de los gases intestinales o previene su formación. *Tb n m, referido a medicamento o remedio.*

carminoso -sa *adj* Que tira a carmín [4b].

carmonense *adj* De Carmona (Sevilla). *Tb n, referido a pers.*

carmonés -sa *adj* Carmonense. *Tb n.*

carmoniego -ga *adj* De Carmona (Cantabria). *Tb n, referido a pers.*

carnación *f* **1** (*Pint y Escult*) Coloración de la piel humana. ■ **2** (*Heráld*) Color natural y no heráldico con que se representa una parte del cuerpo humano.

carnada *f* Cebo, esp. de carne.

carnado -da *adj* Dotado de carne [1a].

carnadura *f* Cuerpo o contextura física de una pers.

carnal *adj* **1** De la carne [3, esp. 3b]. ■ **2** Corporal o físico. ■ **3** [Hermano] ~, [primo] ~, [sobrino] ~, [tío] ~ → HERMANO, PRIMO, SOBRINO, TÍO.

carnalera *f* (*reg*) Esquila mediana de los carneros.

carnalidad *f* Condición de carnal [1].

carnalita *f* Mineral de cloruro doble de potasio y magnesio.

carnalmente *adv* **1** De manera carnal [1]. ■ **2** En el aspecto carnal [1].

carnauba *f* Palmera de América meridional, de la que se extrae una cera utilizada en la fabricación de velas y de betunes para el calzado (*Copernicia cerifera*). *Tb esa cera.*

carnaval *m* **1** Serie de tres días que precede al Miércoles de Ceniza. *Frec sin art.* ■ **2** Serie de festejos populares que se celebran en carnaval [1], caracterizado por las mascaradas. *Tb sin art y en pl.* ■ **3** (*desp*) Mascarada (conjunto de actuaciones engañosas y poco serias).

carnavalada *f* (*desp*) **1** Diversión bulliciosa, esp. con máscaras, propia del carnaval [2]. ■ **2** Acción propia del carnaval [2], como el ir vestido o maquillado de manera extravagante.

carnavalero -ra *adj* Del carnaval [2].

carnavalesco -ca *adj* Propio del carnaval [2].

carnavalito *m* Música popular argentina de carácter alegre que se ejecuta con instrumentos tradicionales, frec. acompañada de canto, y que se danza en rueda. *Tb la danza.*

carnaza *f* **1** Carne [1a] de animal muerto, que sirve de alimento a determinados animales salvajes. ■ **2** Carne [1b] comestible de baja calidad por ser muy grasienta. ■ **3** (*col*) Carnes [1c] abundantes. *Frec en pl.*

carne **I** *f* **1** Parte blanda del cuerpo del hombre o de un animal. *Opuesto a* HUESOS *o* ESQUELETO. **b)** Carne comestible de mamífero o de ave, esp. de una res. *Opuesto a* PESCADO. **c)** (*col*) *En pl:* Gordura. *Gralm referido a pers.* ■ **2** (*col*) *En pl:* Cuerpo (humano). ■ **3** (*Rel crist*) Parte material del ser humano. *Opuesta a* ESPÍRITU *o* ALMA. **b)** Inclinación al placer sexual. ■ **4** Parte carnosa [3] de un órgano vegetal. **b)** Parte blanda y gralm. comestible de un fruto. **c)** ~ **de membrillo.** Dulce compacto hecho con la carne del membrillo. ■ **5** Pers. o conjunto de perss. predestinadas [a algo (*compl* DE)]. *Gralm con los compls* HORCA, PRESIDIO, PROSTÍBULO. *Ocasionalmente, con intención humoríst, con otros compls.* **b)** ~ **de cañón.** Pers. o conjunto de perss. expuestas a riesgo grave de muerte en una guerra. *Tb fig.* ■ **6** ~ **valiente.** Tendón en forma de cinta blanca y fibrosa que en la res enlaza los músculos del cuello con las agujas. ■ **7** ~ **de gallina.** Aspecto de la piel humana que la hace semejante a la de un ave desplumada y que está causado por el frío o por una emoción, esp. miedo. ■ **8** (*Juegos*) *En el juego de la taba:* Parte cóncava de la taba, opuesta a la parte lisa. **II** *adj* **9** [Color] sonrosado parecido al de la piel de la llamada raza blanca. ■ **10 de ~ y hueso.** [Pers.] real, no imaginada o representada. ■ **11 en ~ viva.** [Parte del cuerpo] despojada accidentalmente de la piel. *Tb adv.* **b)** [Recuerdo penoso o dolor moral] que por ser muy reciente excita todavía fuertemente la sensibilidad. *Tb adv.* **c)** Que tiene la sensibilidad exacerbada. ■ **12 metido en ~s.** (*col*) [Pers.] gruesa. *Frec con una modificación atenuadora.* **III** *loc v* **13 abrirle** [algo a alguien] **las ~s.** (*col*) Causar[le] horror. **b) abrírsele** [a una pers.] **las ~s.** (*col*) Horrorizarse [esa pers.]. ■ **14 hacer ~.** Hacer presa [un animal carnicero]. **b)** Cazar, o cobrar pieza, [un cazador]. **c)** Causar bajas en acción de guerra. ■ **15 hacerse ~.** (*Rel crist*) Hacerse hombre el Verbo Divino. ■ **16 no ser ni ~ ni pescado.** (*col, desp*) No tener carácter definido. ■ **17 poner toda la ~ en el asador.** (*col*) Aplicar un asunto en cuestión el máximo interés y todos los recursos posibles. **IV** *loc adv* **18 en ~ mortal.** (*Rel crist*) Referido a una aparición de la Virgen María: En su realidad física. *Tb, fuera del ámbito religioso, referido humo-*

ríst a un personaje vivo. ■ **19 en su ~.** Directa o personalmente. *Con vs como* SUFRIR *o* PADECER.

carné *m* Carnet.

carnear *tr* Descuartizar [un animal destinado a la alimentación humana]. *Tb abs. Tb fig, referido a pers.*

carnecería *f* (*pop*) Carnicería [1].

carnerero *m* Pastor de carneros.

carnerete *m* Guiso andaluz de aceite, vinagre, pimiento molido y pan rallado y en tostones.

carnero[1] **I** *m* **1** Mamífero bóvido, de dimensiones medias, con cuernos curvados hacia atrás, casi siempre ausentes en las hembras, y con el cuerpo cubierto de lana espesa, por la cual, así como por su carne, es muy apreciado (*gén. Ovis,* esp. *O. aries*). *Tb designa solo el macho adulto, por oposición a la hembra* (OVEJA) *y a la cría* (CORDERO). **II** *loc adj* **2 de ~ a medio morir.** (*col, desp*) [Ojos] de expresión melancólica o triste. ■ **3** [Siesta] **del ~** → SIESTA.

carnero[2] *m* (*raro*) Sepulcro.

carnestolendas *f pl* (*raro*) Carnaval [1 y 2].

carnet (*fr; pronunc corriente,* /karné/; *pl normal,* ~s) *m* **1** Documento de bolsillo, gralm. en forma de tarjeta, que acredita oficialmente la personalidad de su propietario, la pertenencia del mismo a un determinado organismo o asociación o la posesión de un determinado derecho. **b)** Carnet de conducir, o permiso oficial para conducir automóviles. ■ **2** Cuaderno pequeño de bolsillo para tomar notas. *Frec con un compl especificador.* **b)** ~ **de baile.** (*hist*) *En el s* XIX: Cuadernito en que una dama, en una fiesta social, anota los nombres de los caballeros a los que ha concedido un baile.

carnicería *f* **1** Tienda del carnicero [4]. ■ **2** Industria de la carne [1b]. ■ **3** Mortandad con derramamiento de sangre. ■ **4** (*col*) Herida o lesión, o conjunto de ellas, con efusión de sangre. *Frec con intención ponderativa.*

carnicero -ra **I** *adj* **1** [Animal] que da muerte a otros para comérselos. **b)** (*Zool*) *En los felinos:* [Muela] muy desarrollada, cortante y punzante, que es el cuarto premolar superior y el primer molar inferior. ■ **2** Cruel o sanguinario. *Tb n, referido a pers.* ■ **3** De (la) carnicería [2 y 3]. **II** *n* **A** *m y f* **4** Pers. que se dedica a la venta de carne [1b]. **B** *f* **5** (*reg*) Unidad de peso equivalente a algo más de 1 kg, usada para pesar carne [1b] o pescado.

cárnico -ca *adj* (*E*) De la carne [1b].

carniseco -ca *adj* [Pers. o animal] delgados.

carnitina *f* (*Fisiol*) Compuesto nitrogenado que interviene en el metabolismo energético celular, está presente en el tejido muscular, y en medicina se usa en miopatías.

carnívoro -ra *adj* **1** Que se alimenta de carne [1a y b]. ■ **2** (*Zool*) [Mamífero] con dentadura completa, caninos robustos y molares cortantes, que ataca a otros animales, de los que se nutre. *Frec como n m en pl, designando este taxón zoológico.*

carnización *f* Obtención, y preparación para su venta, de la carne de una res muerta.

carnosaurio *m* (*Zool*) Dinosaurio carnívoro del Jurásico y el Cretácico, caracterizado por la sustentación bípeda.

carnosidad *f* Carne que sobresale en una parte del cuerpo.

carnoso -sa *adj* **1** De carne [1a]. ■ **2** Que tiene carne [1a] abundante. ■ **3** (*Bot*) [Órgano] formado por tejido parenquimatoso, blando y lleno de jugo.

carnudo -da *adj* Carnoso [2 y 3].

carnuz *m* (*reg*) Carroña. *A veces usado como insulto.*

caro -ra I *adj* **1** De precio alto. *Tb fig.* **b)** [Lugar] en que los precios son altos. **c)** [Cosa] que exige o comporta mucho gasto de dinero. ■ **2** (*lit*) Querido. **b) cara** [mitad] → MITAD.
II *loc v* **3 vender ~, venderse ~** → VENDER; **vender cara su vida** → VIDA.
III *adv* **4** A precio alto. *Normalmente con vs como* VENDER *o* COMPRAR.

caroca *f* **1** Decoración de lienzos y bastidores que se pone en las calles con motivo de una fiesta. ■ **2** Cosa falsa y de pura apariencia. ■ **3** Carantoña.

carolinense *adj* De La Carolina (Jaén). *Tb n, referido a pers.*

carolingio -gia *adj* **1** Del emperador Carlomagno († 814) o de su dinastía. *Tb n, referido a pers.* ■ **2** De la época carolingia [1].

carolino¹ -na *adj* **1** De alguno de los reyes llamados Carlos. ■ **2** [Escritura] originada en el renacimiento carolingio, caracterizada por las formas redondeadas, muy regulares y con muy pocos nexos.

carolino² -na *adj* De las islas Carolinas (Micronesia). *Tb n, referido a pers.*

carolus *m* (*hist*) Duro de plata de los reinados de Carlos III y Carlos IV.

carona *f* Tela gruesa que se pone en el lomo de la caballería para que la silla o la albarda no la lastime.

caronjo *m* (*reg*) Apolilladura.

carota *m y f* (*col*) Pers. que tiene caradura o frescura. *Tb adj.*

caroteno *m* (*Quím*) Pigmento anaranjado presente en varias plantas, como la zanahoria, la patata y el tomate, y que puede ser transformado en vitamina A por los organismos animales.

carótida *adj* (*Anat*) [Arteria] de las que por el cuello llevan la sangre a la cabeza. *Frec n f.*

carotídeo -a *adj* (*Anat*) De las carótidas.

carotina *f* (*Quím*) Caroteno.

carotinoide *m* (*Quím*) Hidrocarburo del grupo a que pertenecen la carotina o caroteno y la xantofila.

carpa¹ *f* Pez de agua dulce de hasta 1 m de longitud, comestible, verdoso por encima y amarillo por debajo, con grandes escamas y con dos pequeñas barbas a los lados de la boca (*Cyprinus carpio*).

carpa² *f* Gran toldo de lona, esp. el que cubre un circo.

carpaccio (*it; pronunc corriente,* /karpáĉo/) *m* Plato consistente en filetes de carne cruda muy finos, macerados en limón y aliñados con aceite y queso parmesano.

carpancha *f* (*reg*) Cuévano.

carpancho *m* (*reg*) Cesta de mimbre o de tiras de avellano, redonda y casi plana, que se lleva sobre la cabeza.

carpanel *adj* (*Arquit*) [Arco] rebajado formado por un número impar de arcos de circunferencia.

carpanta *f* (*col*) Hambre.

carpático -ca *adj* De la cordillera de los Cárpatos.

carpaza *f* **1** Arbusto de hasta 80 cm de altura, oloroso, verde, que se cría en matorrales (*Cistus psilosepalus*). ■ **2** Mata de hasta 90 cm de altura, de flores amarillas (*Halimium alyssoides*).

carpe *m* Árbol de la familia del abedul, de corteza lisa y gris y madera blanca y dura (*Carpinus betulus*).

carpe diem (*lat; pronunc corriente,* /kárpe-díem/) *loc n* Invitación a tomar lo bueno que ofrece cada momento, sin pararse demasiado a pensar en lo que pueda traer el futuro.

carpelar *adj* (*Bot*) De(l) carpelo.

carpelo *m* (*Bot*) Elemento de naturaleza foliar de los que constituyen el ovario de la flor.

carpeño -ña *adj* De alguna de las poblaciones denominadas Carpio o El Carpio. *Tb n, referido a pers.*

carpeta *f* **1** Utensilio formado por una pieza de cartón u otro material semejante doblada por la mitad y que sirve para guardar o transportar papeles. **b)** Conjunto de dos cartones unidos por cintas, que sirve para transportar libros y papeles. ■ **2** Cartera de badana, en forma de carpeta [1], que se pone sobre la mesa de escritorio y encima de la cual se escribe. ■ **3** Funda de cartón de un disco de vinilo. ■ **4** (*Informát*) Icono que representa un directorio.

carpetano -na *adj* **1** (*hist*) Del pueblo prerromano habitante de la región correspondiente a la actual provincia de Madrid y parte de las de Guadalajara, Toledo y Ciudad Real. *Tb n, referido a pers.* ■ **2** (*lit*) Del antiguo reino de Toledo, correspondiente aproximadamente a la moderna Castilla la Nueva. *Tb n, referido a pers.*

carpetazo. dar ~. *loc v* Dar por terminado [un asunto (*ci*)] o dejar definitivamente de ocuparse [de él (*ci*)]. *Tb, raro,* DAR EL ~.

carpetería *f* Carpetas, o conjunto de carpetas.

carpetovetónico -ca *adj* **1** [Cordillera] Central. ■ **2** (*lit, humoríst*) Español. *Tb n, referido a pers. Frec con matiz desp.*

carpidor *m* Instrumento destinado a rozar o desherbar las tierras.

carpín *m* Pez de agua dulce, semejante a la carpa aunque sin barbas, y de hasta 50 cm de longitud (*Carassius carassius*).

carpincho *m* Roedor sudamericano de costumbres semiacuáticas, que vive en grupo en bosques pantanosos, puede medir hasta 1,50 m de largo y pesa más de 50 kg (*Hydrochoerus hydrochaeris*).

carpintear *intr* Trabajar en el oficio de carpintero [1].

carpintería *f* **1** Taller de carpintero [1]. ■ **2** Oficio de carpintero [1]. ■ **3** (*Arquit*) Arte de labrar los elementos de madera. ■ **4** (*Arquit*) Conjunto de elementos que en un edificio forman las puertas y ventanas. ■ **5** (*Escén*) Técnica teatral. *Referido al autor o al director. Frec ~* TEATRAL. **b)** (*TLit*) Técnica literaria. *Con un adj especificador.*

carpinteril *adj* De(l) carpintero [1] o de (la) carpintería [2].

carpintero -ra I *m y f* **1** Pers. que tiene por oficio fabricar objetos de madera. **b)** ~ **de armar,** ~ **de ribera** → ARMAR, RIBERA.
   II *adj* **2** De(l) carpintero [1] o de (la) carpintería [2]. ■ **3** [Pájaro] ~, [pico] ~ → PÁJARO, PICO.

carpir *tr* Limpiar y desherbar [el suelo].

carpo *m* (*Anat*) Parte del esqueleto de la mano que se articula con el antebrazo.

carqueja *f* Carquesa (planta).

carquesa *f* Arbusto de hasta 70 cm, muy ramificado, con tallos alados e inflorescencias anaranjadas (*Chamaespartium tridentatum*).

carquesia *f* Carquesa (planta).

carquexia *f* Carquesa (planta).

carra *f* (*Escén*) Plataforma deslizante sobre la que va montada una decoración de teatro.

carraca[1] I *f* **1** Instrumento de madera que produce con una lengüeta un sonido de repiqueteo seco y que se usa, bien en las iglesias en determinados oficios de la Semana Santa, o bien como juguete de muchachos. ■ **2** (*col*) *En constrs de sent comparativo, se usa para ponderar el deterioro o estado caduco de una pers o cosa.* ■ **3** Pájaro parecido al abejaruco, de unos 30 cm, de cabeza y pecho de color verde azulado y dorso castaño, y de canto profundo y monótono (*Coracias garrulus*).
   II *loc adj* **4** (**de**) ~. [Destornillador] cuya punta gira por presión en el mango.

carraca[2] *f* (*hist*) Embarcación grande de transporte, usada pralm. a finales de la Edad Media en el mar Mediterráneo.

carracón *m* Carraca[1] [1] grande, esp. de varias lengüetas.

Carracuca (*col*) *n de un personaje imaginario; se usa como término de comparaciones con que se pondera una cualidad o una situación negativas.* * Está más visto que Carracuca. * Pasa más hambre que Carracuca.

carral *m* Barril pequeño para vino.

carraleja *f* Aceitera (insecto).

carramarro *m* (*reg*) Cámbaro (cangrejo).

carranqueño -ña *adj* De Carranque (Toledo). *Tb n, referido a pers.*

carranzudo -da *adj* [Perro] que lleva carlanca. *Tb referido a su pescuezo.*

carrasca *f* **1** Encina. **b)** Mata de encina. ■ **2** Leña de carrasca [1].

carrascal *m* Lugar poblado de carrascas [1].

carrasco I *m* **1** Carrasca. ■ **2** (*reg*) Acebo (árbol o arbusto).
   II *adj* **3** [Pino] ~ → PINO[1].

carraspeante *adj* Que carraspea.

carraspear *intr* **1** Aclarar la garganta por medio de una espiración fuerte que produce un ruido parecido al de la tos, pero más suave y nunca de manera convulsiva. ■ **2** Emitir [una cosa] sonido ronco.

carraspeo *m* **1** Acción de carraspear. ■ **2** Sonido ronco.

carraspera *f* Aspereza de la garganta, que enronquece la voz.

carraspique *m* Planta de jardín, de la familia del alhelí, de flores blancas o violetas (gén. *Iberis*).

carrasposo -sa *adj* **1** Ronco o que tiene carraspera. **b)** Dicho con voz carrasposa. ■ **2** (*raro*) Áspero o rugoso.

carrasquear *intr* (*reg*) Rechinar.

carrasqueño -ña *adj* **1** [Aceituna], casi esférica, de una variedad de olivo de corteza oscura, ramas abiertas y hojas anchas y cortas (*Olea europaea columelia*). *Tb n f. Tb referido al olivo que la produce.* ■ **2** [Roble] ~ → ROBLE.

carrasquilla *f* **1** Variedad de aladierna de pequeñas dimensiones (*Rhamnus alaternus prostata*). ■ **2** Camedrio (planta). ■ **3** Coscoja (planta). ■ **4** Arzolla (planta). ■ **5** ~ **azul.** Mata ramosa de hasta 50 cm, de hojas vellosas y flores violáceas o azuladas (*Lithodora diffusa*).

carredano -na *adj* De Villacarriedo (Cantabria). *Tb n, referido a pers.*

carrejo *m* (*reg*) Pasillo.

carrera I *f* **1** Acción de correr. **b)** Recorrido. **c)** ~ **en pelo** → PELO. ■ **2** Carrerilla, *esp* [1]. ■ **3** Competición de velocidad. *Tb fig.* ■ **4** Servicio realizado por un vehículo de alquiler desde que el cliente lo toma hasta que lo despide. ■ **5** Camino, esp. camino real. **b)** (*reg*) Camino con anchura suficiente para el paso de carros. **c)** (*raro*) Calle. *Solo formando parte de algunos topónimos urbanos tradicionales.* * Carrera de San Jerónimo. ■ **6** Trayecto señalado para un desfile, una procesión o una comitiva. ■ **7** Trayecto marítimo. ■ **8** Conjunto de estudios a lo largo de varios años, que capacitan legalmente para ejercer una profesión. **b)** Profesión en la que se requiere un título legal. **c)** Trayectoria profesional. **d)** la ~. La carrera diplomática. ■ **9** Línea o hilera de plantas. **b)** (*reg*) Fila de granos de la espiga. ■ **10** Línea de puntos que se han soltado en un tejido de punto, esp. en una media. ■ **11** (*jerg*) Orgasmo. ■ **12** (*Mec*) Distancia que recorre un órgano de máquina animado por un movimiento de vaivén. ■ **13** (*Béisbol*) Tanto obtenido por un bateador al recorrer sin obstáculos las cuatro bases.
   II *loc v* **14** hacer ~. Lograr una situación profesional o económica satisfactoria. **b)** Prosperar [una cosa]. ■ **15** hacer ~. Lograr que [alguien (*compl* DE *o* CON)] tome la línea de conducta debida. *Frec precedido de* NO PODER. ■ **16** hacer la ~. Recorrer la calle, o situarse en ella o en otro lugar, en busca de clientes, [una pers. que ejerce la prostitución].
   III *loc adv* **17 a la ~.** A todo correr o apresuradamente. *Tb* (*reg*) A LAS ~S.

carrerilla I *f* **1** Carrera [1] corta que se efectúa con objeto de tomar impulso, esp. para dar un salto. *Gralm en las constrs* TOMAR, *o* COGER, ~, *o* ECHAR UNA ~. *Tb fig.* ■ **2** (*col*) Impulso fuerte a continuar sin pausa la acción que se está realizando. *Gralm en las constrs* TOMAR, *o* COGER, ~.
   II *loc adv* **3 de** ~. De memoria y de corrido, gralm. con poca o ninguna conciencia del contenido. *Frec con vs como* DECIR, RECITAR *o* SABER.

carrerista *m y f* Pers. que participa en una carrera [3] o en carreras.

carrero *m* Carretero.

carrerón *m* **1** Carrera [3] considerable o de calidad. ■ **2** Carrera [8c] brillante. *Frec con intención irónica.*

carreta I *f* **1** Carro alargado, de dos ruedas que no llevan llantas de hierro, y que tiene una sola lanza a la que va unido el yugo donde se uncen los animales de tiro, gralm. bueyes. *Tb fig, referido a cualquier vehículo de marcha muy lenta.* **II** *adj* **2** (*col*) [Tren] mixto de poca velocidad, que para en todas las estaciones. *Tb n m.*

carretada **I** *f* **1** Carga de una carreta o un carro. *Frec tomada como medida aproximada de volumen.* ■ **2** (*col*) Gran cantidad [de algo]. **II** *loc adv* **3 a ~s.** (*col*) En abundancia.

carrete **I** *m* **1** Cilindro de madera, metal u otra materia dura, con rebordes en sus bases y gralm. taladrado por el eje, y que sirve para mantener, arrollados en él, un hilo, un cordel, un alambre, un cable, una cinta o una película. *Tb el conjunto del cilindro y lo que se arrolla en él, o solamente el hilo, cable, etc, que en él están o han estado arrollados.* ■ **2** (*col*) Juego sexual consistente en enrollar un hilo alrededor del pene y después desenrollarlo poco a poco, produciendo un orgasmo intenso. **II** *adj* **3** [Tacón femenino] alto que se estrecha por la parte central en forma parecida a un carrete [1] de hilo. **III** *loc v* **4 dar ~** [a alguien]. (*col*) Entretener[le] o animar[le] conversando.

carretela *f* (*hist*) Coche ligero de un caballo, con cuatro asientos, caja poco profunda y cubierta plegable.

carretera **I** *f* **1** Camino ancho en zona no urbana, normalmente asfaltado, destinado al tránsito de vehículos. **II** *fórm or* **2 ~ y manta.** (*col*) Fórmula con que se alude al viaje a pie. *Alguna vez usada para exhortar a emprender la marcha.*

carretería *f* **1** Industria de fabricación de carros. **b)** Taller del fabricante de carros. ■ **2** (*hist*) Sistema de transporte de mercancías por medio de carros.

carreteril *adj* **1** De (la) carretera. ■ **2** De (los) carreteros.

carretero -ra **I** *adj* **1** [Camino] sin firme ni asfaltado, por el que pueden transitar vehículos. ■ **2** [Puerta] ancha adecuada para la entrada de carros. ■ **3** De (la) carretera. **II** *m* **4** Hombre que tiene por oficio conducir carros. *Frec se menciona como pers proverbialmente mal hablada.* ■ **5** Constructor de carros.

carretil *adj* De (la) carreta o de carretas.

carretilla **I** *f* **1** Vehículo pequeño de carga, con una rueda delantera y dos mangos en la parte posterior, por donde la agarra la persona que lo empuja. ■ **2** Carro pequeño de mano, con tres o cuatro ruedas, que en almacenes, estaciones o aeropuertos sirve para el transporte de bultos y mercancías. ■ **3 ~ elevadora.** Pequeño vehículo automóvil usado para carga y descarga en almacenes, provisto de un dispositivo elevador que permite apilar los bultos. ■ **4** Buscapiés (cohete). ■ **5** (*jerg*) Cópula en que, apoyada la mujer sobre las manos, el hombre la penetra sujetándola por detrás. **II** *loc adv* **6 de ~.** (*col*) De carrerilla [3].

carretillero *m* Hombre que trabaja manejando una carretilla.

carretillo *m* (*reg*) Carretilla [1 y 2].

carretón *m* **1** Carreta grande. ■ **2** Armazón grande provista de ruedas. ■ **3** Carro pequeño de dos ruedas, tirado por una caballería. ■ **4** Vehículo formado por un cajón con cuatro ruedas pequeñas, usado por los tullidos.

carretona. cerceta ~ → CERCETA.

carricerín *m* Pájaro parecido al carricero, del que se distingue por el menor tamaño y por el plumaje manchado con listas (*Acrocephalus schoenobaenus, A. melanopogon, A. paludicola*).

carricero *m* Pájaro pequeño, de color pardo por la parte superior y ocre claro por la inferior, que habita en los carrizales y entre la vegetación próxima al agua (*Acrocephalus scirpaceus*). **b)** ~ **tordal.** Pájaro parecido al carricero común, del que se distingue pralm. por el mayor tamaño y el canto muy sonoro (*Acrocephalus arundinaceus*).

carricoche *m* (*desp*) Coche viejo o de mal aspecto.

carril **I** *m* **1** Barra de acero, o serie de barras empalmadas, que, afianzada sobre traviesas juntamente con otra paralela, constituye con esta el camino de rodadura de los trenes, vagones o tranvías. **b)** Conjunto de los dos carriles sobre los que ruedan los trenes, vagones o tranvías. ■ **2** Camino con anchura suficiente solo para el paso de un vehículo. ■ **3** *En una vía pública:* Banda longitudinal destinada al tránsito de una sola fila de vehículos. ■ **4** (*Fút*) Banda. ■ **5** Riel (de cortina). ■ **6** (*jerg*) Indigencia o mendicidad. *Frec en las constrs* HACER EL ~ *y* ESTAR EN EL ~. **II** *loc adj* **7 de ~.** (*Taur*) [Toro] que embiste sin mala intención.

carrilada *f* Huella que deja en el camino la rueda de un carro.

carrilano -na *m y f* (*jerg*) Indigente o mendigo, esp. vagabundo.

carril-bus *m* Carril [3] reservado a los autobuses.

carrileño -ña *adj* De Carril (Pontevedra). *Tb n, referido a pers.*

carrilero -ra *m y f* (*Fút*) Defensa que corre la banda. ■ **2** (*jerg*) Carrilano.

carrillada *f* Tocino del carrillo del cerdo.

carrillera *f* **1** Correa que sujeta a la barbilla el casco o morrión del soldado. ■ **2** Quijada de animal. **b)** (*reg*) Carrillada.

carrillo **I** *m* **1** Parte carnosa de las dos que hay a los lados de la cara. **b)** (*humoríst*) Nalga. **II** *loc v* **2 dar**[le] (*o v equivalente*) [a uno] **todas en el mismo ~.** (*col*) Caer[le] desgracias una tras otra. **III** *loc adv* **3 a dos ~s.** Con voracidad. *Normalmente con el v* COMER *u otro equivalente.* **b)** (*col*) Disfrutando simultáneamente de dos o más empleos lucrativos. *A veces, hiperbólicamente, con* TRES *u otro número en lugar de* DOS.

carrillón *m* (*semiculto*) Carillón.

carrilludo -da *adj* De carrillos abultados.

carriola *f* (*reg*) Remolque de tractor. *Tb el conjunto de tractor y remolque.*

carrionés -sa *adj* De Carrión de los Condes (Palencia). *Tb n, referido a pers.*

carrista *m* Soldado que conduce un carro de combate.

carrito *m* **1** Vehículo pequeño de cuatro o dos ruedas que, empujado o tirado por una persona, sirve para trasladar pequeñas cargas a distancias cortas. ■ **2** Silla de ruedas de un inválido. *Frec ~ DE RUEDAS.*

carrizada *f* (*Mar*) Fila de pipas amarradas que se remolcan flotando. *Tb fig.*

carrizal *m* Terreno poblado de carrizos.

carrizo *m* Planta gramínea de tallo largo que se cría cerca del agua (*Phragmites communis*).

carro I *m* **1** Vehículo, gralm. de dos ruedas, destinado a ser arrastrado por animales o por personas. **b)** Carga de un carro. ■ **2** Carrito [1]. ■ **3** (*col, humoríst*) Coche (automóvil). ■ **4** Tanque (automóvil de guerra). *Frec* ~ DE COMBATE, ~ BLINDADO *o* ~ DE ASALTO. ■ **5** Pieza corrediza de la máquina de escribir en la cual se coloca el papel. ■ **6** (*col*) Gran cantidad. *Gralm en la constr* UN ~ DE + *sust.* ■ **7** Medida agraria de superficie, usada en Cantabria, cuyo lado oscila entre 44 y 48 pies. *Tb* ~ DE TIERRA.
II *loc v* **8 apearse del ~.** (*col*) Desistir de un propósito, una actitud o una acción. ■ **9 parar el ~.** (*col*) Detenerse o contenerse en lo que se está diciendo o haciendo irreflexivamente o sin consideración. *Normalmente en imperat.* ■ **10 pasar por,** *o* **aguantar, ~s y carretas.** (*col*) Aguantar sin protesta hechos que en principio no se deberían aguantar. ■ **11 poner el ~ delante de** (*o* **antes de,** *o* **antes que**) **los bueyes** (*o, raro,* **la(s) mula(s)**). (*col*) Hacer una cosa antes que otra que lógicamente debe preceder a aquella. ■ **12 subirse al ~.** (*col*) Unirse [a un proceso o una actividad (*compl* DE) que está en marcha]. ■ **13 tirar del ~.** (*col*) Soportar de manera principal o exclusiva el trabajo en que deberían participar otras personas.

carrocería *f* **1** *En un vehículo automóvil o ferroviario:* Caja (parte asentada sobre el bastidor). **b)** *En un aparato:* Parte externa, en cuyo interior se aloja el mecanismo. ■ **2** (*col, humoríst*) Cuerpo (de pers.).

carrocero -ra I *adj* **1** De (la) carrocería [1]. ■ **2** Que fabrica, monta o repara carrocerías [1]. *Tb n, referido a pers.*
II *m* **3** Constructor de carrozas.

carromatero *m* (*hist*) Hombre que conduce un carromato [2].

carromato *m* **1** Vehículo grande de cuatro ruedas destinado a ser remolcado. ■ **2** (*hist*) Carro grande con dos varas para enganchar una o más caballerías, destinado al transporte de mercancías por los caminos.

carroña *f* Carne corrompida, esp. de un animal muerto abandonado.

carroñero -ra *adj* **1** De (la) carroña. ■ **2** Que se alimenta de carroña. *Tb fig. Tb n f, referido a ave.*

carrousel (*fr; pronunc corriente,* /karusél/) *m* Carrusel.

carroza A *f* **1** Coche grande de caballos, ricamente decorado. ■ **2** Coche o carro con decoraciones, ocupado por personas disfrazadas que representan algún tema, y montado y preparado expresamente para participar en un desfile de fiesta. ■ **3** Coche fúnebre. ■ **4** (*Mar*) Armazón, cubierta con un toldo, que sirve para defender de la intemperie alguna parte de la embarcación. ■ **5** (*col*) Pers. mayor, esp. la que pretende comportarse como joven. *Tb adj.* **b)** Pers. anticuada. *Tb adj.* ■ **6** (*jerg*) Homosexual viejo.
B *m y f* **7** (*col*) Carroza [5].

carrozal *m* (*reg*) Lugar en que se guardan las castañas hasta que dejan de estar verdes.

carrozar *tr* Poner carrocería [1a] [a un vehículo (*cd*)].

carrozón -na *m y f* (*col*) Carroza [7] viejo. *Gralm con intención ponderativa. Tb adj.*

carruaje *m* (*raro*) Vehículo de ruedas, esp. para el transporte de personas.

carrucha *f* (*reg*) Garrucha.

carrusel *m* **1** Tiovivo (atracción de feria). ■ **2** Exhibición de una formación de jinetes que actúa en círculo. *Tb fig.*

cárstico -ca (*tb con la grafía* **kárstico**) *adj* (*Geol*) [Formación] caliza producida por la acción erosiva o disolvente del agua. **b)** Propio de la formación cárstica.

carta I *f* **1** Escrito particular dirigido por una pers. a otra y normalmente transmitido dentro de un sobre. **b)** ~ **de despido.** Notificación personal por escrito de la empresa al trabajador en que se le comunica haber sido despedido. **c)** ~ **abierta.** Artículo de periódico redactado en forma de carta personal, frec. de carácter polémico. **d)** ~ **pastoral.** Escrito que dirige un prelado al conjunto de sus diocesanos. ■ **2** Cartulina de las que, impresas con números o letras y con determinados dibujos, a cada una de las cuales se atribuye un valor convenido, sirven para practicar numerosos juegos de habilidad o de azar. ■ **3** Mapa. *Frec con un compl especificador.* ■ **4** *En un restaurante:* Lista de platos y bebidas que se pueden escoger. ■ **5** Constitución escrita de un Estado. *Frec* (*lit*) ~ MAGNA. *Tb fig, referido a otras colectividades.* ■ **6** Documento. *Seguido de un compl* DE *o de adj especificador.* **a)** ~ **de pago.** Documento en que el acreedor declara haber recibido del deudor la cantidad que le debía. **b)** ~ **de porte.** Documento en que se especifica el contrato de transporte terrestre. **c)** ~ **de trabajo.** Documento personal expedido por la autoridad, que permite ejercer un oficio. **d)** ~ **de vecindad.** Documento en que se reconoce a alguien como vecino de una población. **e)** ~**s credenciales.** Documento que un embajador, ministro o enviado extraordinario presenta, para ser reconocido como tal, ante el jefe del Estado adonde se le envía. ■ **7** ~ **astral.** Representación de la posición de los astros en el momento del nacimiento de una persona, la cual sirve de base al astrólogo para predecir el futuro de esta. ■ **8** ~ **blanca.** Autorización plena para actuar en un asunto según el criterio propio. ■ **9** ~ **de ajuste.** Gráfico formado por diversas líneas y figuras geométricas con toda la gama de colores, emitido por un canal de televisión antes del comienzo de la programación para que se ajusten el brillo y el contraste de la pantalla. ■ **10** ~ **de gracia.** (*Der*) Pacto de retro. ■ **11** ~ **de naturaleza.** Hecho de formar parte de algo. *Referido a cosa. Frec con el v* TOMAR. ■ **12** ~ **verde.** Seguro de daños a terceros del cual debe ir provisto el automovilista que sale a un país extranjero. ■ **13** ~ **puebla.** (*hist*) Diploma que contiene el repartimiento de tierras entre los nuevos pobladores de un lugar. ■ **14** ~ **de batalla,** *o* **de desafío.** (*hist*) Cartel de desafío. ■ **15** ~ **de examen.** (*hist*) Certificado que habilita para ejercer una profesión. ■ **16** ~ **ejecutoria** → EJECUTORIA.
II *loc adj* **17 a la ~.** [Cosa] que se sirve según el gusto del interesado. *Frec fig. Tb adv.* ■ **18 de ~.** (*hist*) [Infanzón] por concesión real.
III *loc v y fórm or* **19 ~s cantan.** *Fórmula con que se alega la existencia o se anuncia la presentación de pruebas escritas de lo que se dice.* ■ **20 echar las ~s.** Adivinar el futuro por medio de las cartas [2]. ■ **21 jugar la ~ +** *compl.* Tomar la opción [expresada en el compl.]. ■ **22 jugárselo todo a una ~.** Confiar a un solo recurso, gralm. con audacia, la so-

lución de una dificultad. ■ **23 poner las ~s boca arriba.** Declarar abiertamente las intenciones que hasta el momento se mantenían ocultas. ■ **24 saber a qué ~ quedarse,** o **qué ~ tomar.** Tener formado el juicio o tomada la determinación en un asunto dudoso. *Gralm en forma neg.* ■ **25 tomar ~s en el asunto.** Decidirse a intervenir [alguien que tiene autoridad].

IV *loc adv* **26 a ~ cabal.** De manera intachable. *Siguiendo a adj que denota cualidad moral positiva. Tb adj, siguiendo a n del mismo sent.* ■ **27 por ~ de más** (o **de menos**). Por exceso (o por defecto). *Gralm en la frase* MÁS VALE, *o* ES MEJOR, PECAR POR ~ DE MÁS QUE POR ~ DE MENOS.

cartabón *m* **1** Instrumento en forma de triángulo rectángulo, usado para el dibujo geométrico. ■ **2** (*reg*) Faja de terreno que se marca en un campo para sembrar con proporción.

cartagenero -ra I *adj* **1** De Cartagena (Murcia) o de alguna de las ciudades hispanoamericanas llamadas Cartagena. *Tb n, referido a pers.* **II** *f* **2** Cante flamenco característico de Cartagena (Murcia) y su comarca. *Frec en pl.*

cartaginense *adj* (*hist*) Cartaginés. *Tb n.*

cartaginés -sa *adj* (*hist*) **1** De la antigua Cartago (norte de África). *Tb n, referido a pers.* ■ **2** De los cartagineses [1].

cartameño -ña *adj* De Cártama (Málaga). *Tb n, referido a pers.*

cártamo *m* Planta herbácea anual, de las compuestas, con flores amarillo-rojizas en capítulos, y de cuyas semillas se extrae un aceite comestible y de sus flores secas una sustancia usada como sucedáneo del azafrán (*Carthamus tinctorius*).

cartapacio *m* **1** Carpeta grande. **b)** Conjunto de papeles guardados en un cartapacio. ■ **2** (*raro*) Cuaderno para escribir.

cartayero -ra *adj* De Cartaya (Huelva). *Tb n, referido a pers.*

carteado *adj* (*Naipes*) [Juego] que no es de envite.

cartearse *intr pr* Tener correspondencia por carta [con alguien]. *Frec con suj pl, sin compl, con sent recípr.*

cartel[1] **I** *m* **1** Papel, o lámina de otra materia, en que hay inscripciones o figuras, o ambas cosas a la vez, y que se exhibe con finalidad informativa o publicitaria. ■ **2** Prestigio o popularidad. *Frec en la constr adj* DE ~. ■ **3** (*hist*) Escrito de desafío. *Frec ~* DE DESAFÍO. **II** *loc adv* **4 en ~.** En exhibición en el momento en cuestión. *Tb adj.*

cartel[2] (*tb* **cártel**) *m* **1** Asociación internacional de empresas independientes con actividades análogas, que tiene por objeto monopolizar la producción y distribución de un producto y controlar los precios. ■ **2** Alianza o asociación de grupos que persiguen fines comunes, esp. ilegales.

cartela *f* **1** Placa fijada en la base del marco de un cuadro o en el zócalo de una estatua y que lleva una inscripción explicativa. ■ **2** Cartel[1] [1] o letrero grande. ■ **3** (*Arte*) Tablilla enmarcada, esculpida en lugar visible de un monumento, o pintada dentro de un cuadro, como motivo ornamental o destinada a contener una inscripción.

cartelera *f* **1** Sección del periódico en que se anuncian, en forma de lista, los espectáculos, excepto deportes y toros. *Frec ~* DE ESPECTÁCULOS. **b)** Se-

rie de los espectáculos que se ofrecen simultáneamente. ■ **2** Armazón o tablón en que se exhiben anuncios, esp. de una representación teatral o de una proyección cinematográfica.

cartelería *f* **1** Arte de hacer carteles[1] [1]. ■ **2** Conjunto de carteles[1] [1].

cartelero -ra *adj* **1** De (los) carteles[1] [1]. ■ **2** Que pone carteles[1] [1] por las calles. *Frec n, referido a pers.* ■ **3** Que tiene cartel[1] [2] o se hace popular.

cartelismo *m* Arte o actividad del cartelista [1].

cartelista *m y f* **1** Pers. que diseña o pinta carteles[1] [1]. ■ **2** Cartelero [2].

cartelón *m* Cartel[1] [1] de grandes dimensiones.

carteo *m* Acción de cartearse.

cárter (*pl, ~ES o ~S*) *m En el motor de explosión:* Recipiente hermético que contiene el lubricante.

cartera I *f* **1** Utensilio de forma rectangular, hecho de piel o de otro material semejante, constituido por dos partes que se abren como las tapas de un libro, que se lleva en el bolsillo y que sirve para guardar billetes de banco y documentos. **b)** (*col*) *Frec* se usa aludiendo al gasto de dinero, esp en constrs como SACAR LA ~, TIRAR DE ~. **c)** Utensilio de material flexible, de forma parecida a una cartera, destinado a llevar papeles u otros objetos de pequeño tamaño. ■ **2** Utensilio de forma rectangular, hecho de piel o de otro material semejante, dotado de un dispositivo de cierre y a veces con una o dos asas, que suele llevar en la mano y que sirve para transportar pralm. libros o papeles. ■ **3** Bolso sin asa, gralm. alargado y con solapa. ■ **4** Estuche de cartulina [de cerillas o fósforos] que se cierra con solapa. *Frec en la forma* CARTERITA. ■ **5** *En una prenda:* Tapa de bolsillo. ■ **6** Departamento ministerial. *Tb ~* MINISTERIAL. ■ **7** (*Econ*) Conjunto de valores de una empresa. *Tb ~* DE VALORES. ■ **8** **~ de clientes.** (*Com*) Clientela fija [de una empresa]. ■ **9** **~ de pedidos.** (*Com*) Conjunto de encargos [de una empresa]. **II** *loc adj* **10 de ~.** [Llavero] que se encierra en un estuche de piel u otro material semejante, al cual va unido. ■ **11 de ~.** (*Econ*) [Sociedad] que posee acciones de otras sociedades a las que controla. ■ **12** [Ministro] **sin ~ →** MINISTRO. **III** *loc adv* **13 en ~.** En estudio. *Referido a algo que se planea o proyecta.*

cartería *f* Oficina de correos en que se recibe y distribuye la correspondencia pública.

carterista *m y f* Ladrón que hurta carteras [1].

cartero -ra *m y f* Pers. cuyo oficio es repartir las cartas de correos.

carterón *m* Cartera [2] grande.

cartesianamente *adv* **1** De manera cartesiana. ■ **2** Desde el punto de vista cartesiano.

cartesianismo *m* **1** Sistema filosófico de René Descartes († 1650). ■ **2** Cualidad de cartesiano [1b y 2].

cartesiano -na *adj* **1** Del filósofo francés René Descartes († 1650). **b)** Seguidor de Descartes. *Tb n, referido a pers.* ■ **2** Que tiene alguna de las cualidades intelectuales consideradas características de Descartes, esp. el rigor lógico. ■ **3** (*Mat*) [Coordenada] rectilínea plana.

carteta *f* (*Naipes*) Juego en que se saca una carta para cada jugador, y en que gana, de ellas, la primera que hace pareja con alguna de las que van saliendo de la baraja.

carteyano -na *adj* De Nueva Carteya (Córdoba). *Tb n, referido a pers.*

cartilaginoso -sa *adj (Anat)* **1** Compuesto de cartílago, o de naturaleza de cartílago. ■ **2** De esqueleto cartilaginoso [1].

cartílago *m (Anat)* Tejido animal no vascular, resistente, elástico y ligero, que forma el esqueleto de los vertebrados inferiores y el de los embriones de los vertebrados superiores.

cartilla I *f* **1** Folleto, o libro de pocas páginas, que contiene un tratado muy elemental de una materia práctica. ■ **2** Folleto que contiene las letras y los primeros ejercicios para aprender a leer. ■ **3** Cuaderno personal destinado a que en sus hojas se hagan determinadas anotaciones de carácter oficial relativas a su titular, o a que de ellas se corten cupones para la obtención de géneros racionados. II *loc v* **4 leer** [a alguien] **la ~.** *(col)* Aleccionar[le]. **b)** Reprender[le], recordándo[le] su obligación. ■ **5 saberse la ~.** *(col)* Estar aleccionado.

cartismo *m (hist)* En Gran Bretaña, en el s XIX: Movimiento en favor de una serie de reformas políticas, esp. el sufragio universal.

cartista *adj (hist)* Del cartismo.

cartivana *f (Encuad)* Tira de papel o de tela que se pone en una lámina u hoja suelta para encuadernarla.

cartografía *f* **1** Técnica del trazado de mapas. **b)** Representación en mapas [de algo]. ■ **2** Ciencia que estudia la representación de la superficie terrestre en mapas.

cartografiar *(conjug 1c) tr* Hacer la cartografía [1b] [de algo *(cd)*].

cartográfico -ca *adj* De (la) cartografía.

cartógrafo -fa *m y f* Especialista en cartografía [1].

cartograma *m (Estad)* Mapa que ofrece información estadística por medio de símbolos.

cartola *f (reg)* **1** *En un carro:* Adral. ■ **2** *En un camión:* Lateral móvil.

cartomancia *f* Adivinación del futuro por medio de las cartas de la baraja.

cartomante *m y f* Cartomántico [2].

cartomántico -ca I *adj* **1** De (la) cartomancia. II *m y f* **2** Pers. que practica las cartomancia.

cartón I *m* **1** Materia laminar de cierto espesor y algo rígida constituida por una o varias capas de pasta de papel fuertemente comprimidas y secadas por evaporación. **b)** Hoja de cartón. ■ **2 ~ piedra.** Pasta de cartón [1a], yeso y aceite secante, que después de seca tiene gran dureza. **b)** *(lit, desp)* Artificio para dar apariencia a algo que no tiene calidad o entidad. *Frec en la loc adj* DE ~ PIEDRA. ■ **3** Envase de cartón [1a] que contiene diez paquetes [de cigarrillos]. ■ **4** Envase de cartón [1a] que contiene dos docenas y media de huevos. ■ **5** *(hoy raro)* Permiso de Circulación de un automóvil. ■ **6** *(Arte)* Dibujo que sirve de modelo para un fresco, un tapiz, un mosaico o una vidriera. ■ **7** *(Impr)* Flan. II *loc adj* **8** [Lotería] **de ~es** → LOTERÍA. III *loc adv* **9 sin trampa ni ~** → TRAMPA.

cartonaje *m* Conjunto de cartones [1b] o de objetos de cartón [1a].

cartoncillo *m* Cartón [1] delgado, más grueso que la cartulina.

cartoné. en ~. *loc adj* **1** [Encuadernación] de tapas de cartón [1a] cubiertas de papel. ■ **2** [Libro] que tiene encuadernación en cartoné [1].

cartonería *f* Fábrica de cartón [1a].

cartonero -ra *adj* De(l) cartón [1a]. *Tb n f, referido a caja o a industria.*

cartonista *m y f (Arte)* Pers. que dibuja cartones [6].

cartoteca *f* Colección de mapas. *Tb el lugar en que se almacena.*

cartuchera *f* **1** Caja de cuero destinada a llevar la provisión individual de cartuchos [1b]. ■ **2** Funda de pistola. ■ **3** *(col)* Gordura en las caderas. *Gralm en pl.*

cartuchería *f* Conjunto de cartuchos [1].

cartucho *m* **1** Receptáculo cilíndrico lleno de una materia explosiva dispuesta para ser inflamada. **b)** Conjunto constituido por un cartucho y un proyectil de arma de fuego. ■ **2** Receptáculo cerrado que contiene una carga o recambio de una máquina o instrumento. ■ **3** *(Mec)* Pieza de forma cilíndrica. ■ **4** Envoltorio cilíndrico de monedas de una misma clase y tamaño. ■ **5** Cucurucho. ■ **6** Recurso o posibilidad. *Gralm en la loc* QUEMAR EL ÚLTIMO ~.

cartuja *f* Monasterio de cartujos.

cartujano -na *adj* **1** Cartujo. *Tb n m, referido a pers.* ■ **2** [Caballo o yegua] que muestra las señales más características de la raza andaluza. *Tb n.*

cartujo -ja *adj* De la orden religiosa fundada en el s. XI por San Bruno. *Tb n, referido a pers. Frec se menciona para simbolizar la austeridad o la vida recogida.*

cartulario *m (hist)* Libro en que están copiados los privilegios y documentos de propiedad [de una iglesia o monasterio antiguos].

cartulina *f* Cartón [1] delgado y satinado. **b)** Tarjeta.

carúncula *f* **1** *(Zool)* Carnosidad eréctil, de color rojo vivo, que poseen en la cabeza algunos animales, como el gallo y el pavo. ■ **2 ~ lacrimal.** *(Anat)* Grupo de glándulas pequeñas situado en el ángulo interno del ojo.

carvallo → CARBALLO.

casa I *f* **1** Edificio. **b)** Edificio que alberga una o varias viviendas. ■ **2** Vivienda. *Entre otros casos, se usa sin art cuando, precedido de prep, designa la del propio hablante y tb, a veces, cuando designa la de la pers de quien se habla, o cuando lleva un compl* DE. * Voy a casa. * Se fue de casa. * Se fue a casa de los tíos. **b)** Conjunto de los enseres de una vivienda. ■ **3** Familia o grupo de perss. que conviven en una misma vivienda. **b)** Familia o linaje. *Se dice pralm con referencia a las familias reales o a las aristocráticas.* **c) ~ grande.** Familia rica y con mucha servidumbre. ■ **4** Conjunto de perss. que desempeñan servicios en la residencia [del rey o del jefe del Estado]. ■ **5** Local donde funciona un servicio o se desarrolla una actividad. *Normalmente con un compl especificador.* **b) ~-cuartel.** Cuartel [de la Guardia Civil] que incluye viviendas para las familias de los guardias. **c) ~ (de) cuna.** *(hist)* Inclusa. **d) ~ de la Moneda.** Fábrica de moneda. **e) ~ del Pueblo.** *(hist)* Sede del Partido Socialista Obrero Español. *Modernamente se conserva el n en el uso coloquial.* **f) ~ de salud.** *(hoy raro)* Sanatorio. **g) ~ de socorro.** *(hoy raro)* Estableci-

miento en que se prestan los primeros servicios médicos a las personas que han sufrido un accidente. ■ **6** Organismo o institución. **b) la docta ~.** (*lit*) Se da tradicionalmente este *n* a determinadas instituciones de cultura, como la Real Academia Española y el Ateneo de Madrid. ■ **7** Establecimiento industrial o mercantil. **b) ~ de citas.** Local en que se alquilan habitaciones para las relaciones sexuales. **c) ~ de comidas.** Restaurante modesto. **d) ~ de empeño(s).** Establecimiento en que se presta dinero mediante la entrega de alhajas, ropas u otros bienes muebles en prenda. **e) ~ de putas** (*vulg*), **de niñas, de mujeres, de tapadillo,** *o* (*lit*) **de lenocinio, de mala nota** *o* **de tolerancia.** Prostíbulo. ■ **8** País o territorio propio. *Se usa sin art cuando, precedido de prep, designa el del propio hablante o, a veces, el de la pers de quien se habla.* * Fascismo por fascismo, prefiere el de casa. **b)** (*Dep*) Campo propio. ■ **9** (*Astrol*) Parte de las doce en que se considera dividido el cielo. ■ **10 ~ de Dios** (*o* **del Señor**). (*lit*) Templo o iglesia cristianos. ■ **11 ~ de putas.** (*vulg*) Lugar donde reinan el desorden y la desorganización.
II *loc adj* **12 como una ~.** (*col*) [Cosa] grande o rotunda. *Con intención enfática.* ■ **13 de su ~.** [Mujer] que atiende con dedicación y eficacia al gobierno de su casa [2a]. ■ **14 para** (*o* **de**) **andar por ~.** [Cosa] hecha con poco rigor o con pocas pretensiones, o que es de poca consistencia. *Tb fig, referido a pers.* ■ **15** [Alcalde] **de ~ y corte; ~ de tócame Roque** → ALCALDE, ROQUE.
III *loc v y fórm or* **16 caérsele** [a alguien] **la ~ encima.** (*col*) Ser[le] poco llevadero el estar mucho tiempo en casa [2a]. ■ **17 echar** (*o* **tirar**) **la ~ por la ventana.** (*col*) Gastar excepcionalmente con esplendidez. ■ **18 empezar la ~ por el tejado.** Seguir, en un asunto, un orden inverso al debido. **19 estás en tu ~.** *Fórmula con que el dueño de la casa [2a] invita al visitante a hablar o actuar con libertad o sin cumplidos. Frec fig.* ■ **20 poner** [a alguien] **en ~.** (*col*) Hacer[le] un gran beneficio. ■ **21 quedar(se) todo en ~.** No trascender fuera del ámbito de la familia propia. *Tb fig.*
IV *loc adv* **22 como Pedro por su ~** → PEDRO.

casabe *m* Cazabe (harina de mandioca). *Tb la torta hecha con él.*

casaca I *f* **1** (*hist*) Prenda de vestir masculina, ceñida al cuerpo, con faldones casi hasta la corva, y adornada con bordados. ■ **2** Prenda femenina semejante en alguna forma a la casaca [1].
II *loc v* **3 cambiar la,** *o* **de, ~.** (*raro*) Pasarse a otro partido.

casación[1] *f* **1** (*Der*) Acción de casar[2] una sentencia. ■ **2** (*Econ*) Acción de casar[2] una operación de bolsa.

casación[2] *f* Composición musical propia del s. XVIII, del tipo del divertimento, gralm. destinada a ser ejecutada al aire libre y en la que predominan los instrumentos de viento.

casacón *m* (*hist*) Casaca grande.

casadero -ra *adj* **1** Que está en edad de casarse. ■ **2** [Edad] adecuada para casarse.

casado *m* (*Impr*) Acción de colocar las páginas en la platina de modo que, doblado el pliego, queden numeradas correlativamente.

casal *m* **1** Casa de construcción noble en el campo. ■ **2** Casa solariega. ■ **3** Caserío (conjunto de casas). ■ **4** (*reg*) Pareja de macho y hembra.

casalicio *m* (*lit, raro*) Casa (edificio o vivienda).

casamata *f* Emplazamiento fortificado de piezas de artillería.

casamentero -ra *adj* **1** [Pers.] dada a concertar matrimonios. **b)** [Cosa] propia de la pers. casamentera. ■ **2** (*hoy raro*) [Pers.] que se dedica por lucro a concertar matrimonios. *Tb n.*

casamiento *m* Acción de casar(se)[1].

casanense (*tb con la grafía* **cassanense**) *adj* De Cassà de la Selva (Gerona). *Tb n, referido a pers.*

casanova *m* Hombre seductor de mujeres.

casapuerta *f* (*reg*) Zaguán.

casaquilla *f* (*Taur*) Chaquetilla de torero.

casaquinta *f* (*reg*) Casal [1] con jardín.

casar[1] A *intr* ➤ **a** *normal* **1** Unirse en matrimonio [dos perss., o una con otra]. *Más frec pr* (**~se**). *Tb en sg sin compl.* ■ **2** Encajar [dos cosas entre sí, o una con otra]. *Tb fig. Tb en sg sin compl.*
➤ **b** *pr* (**~se**) **3** (*col*) Adecuar [una pers.] su actitud o sus opiniones [a las de otra (*compl* CON)]. ■ *Normalmente en la constr* NO ~SE CON NADIE. ■ **4 me caso en diez, en la mar,** *etc.* (*col*) *euf por* ME CAGO EN DIEZ, EN LA MAR, *etc* (→ CAGAR).
B *tr* **5** Disponer [una pers.] el matrimonio [de otra (*cd*) que está bajo su autoridad]. ■ **6** (*raro*) Conseguir [una pers.] que [otra (*cd*)] se case [1] con ella. ■ **7** Asistir al casamiento [de alguien (*cd*)] sus padres o quienes hacen sus veces (*suj*). **b)** Ver realizado [los padres o quienes hacen sus veces (*suj*)] el casamiento [de alguien (*cd*)]. ■ **8** Dar validez con su presencia [un sacerdote o la autoridad competente (*suj*)] al matrimonio [entre dos pers.]. ■ **9** Hacer que [dos o más cosas (*cd*)] casen [2] entre sí.

casar[2] *tr* **1** (*Der*) Anular [una sentencia]. ■ **2** (*Econ*) Cerrar [una operación de bolsa].

casar[3] *m* **1** Caserío [1b]. ■ **2** (*raro*) Solar que conserva ruinas de un edificio. ■ **3** (*reg*) Pareja de macho y hembra.

casareño -ña *adj* De alguno de los pueblos llamados Casar o Casares. *Tb n, referido a pers.*

casbah (*pronunc corriente,* /kásba/; *tb con la grafía* **kasbah**) *f* Barrio antiguo árabe, en las ciudades del Norte de África. *Tb fig.*

casca *f* Hollejo de la uva.

cascabel I *m* **1** Bola hueca de metal, con una ranura, que lleva en su interior una pieza metálica suelta que produce tintineo al chocar contra la pared de la bola cuando esta es agitada. ■ **2** (*col*) Pers. muy alegre y vivaz. ■ **3** (*hist*) Remate posterior esférico de un cañón de artillería.
II *loc v* **4 poner el ~ al gato.** (*col*) Atreverse a ejecutar una cosa difícil, cuando no se atreven los demás.

cascabeleante *adj* Que cascabelea. *Tb fig.*

cascabelear *intr* Hacer ruido de cascabeles [1], o semejante al de los cascabeles.

cascabeleo *m* Ruido de cascabeles [1], o semejante al de cascabeles.

cascabelero -ra I *adj* **1** Que hace ruido de cascabeles [1]. ■ **2** (*col*) Alegre y dicharachero. **b)** Propio de la pers. cascabelera.
II *m* **3** (*hist*) Juguete infantil consistente en un conjunto de cascabeles [1].

cascabillo *m* Órgano en forma de copa, que cubre parcialmente la bellota.

cascaciruelas *adj* (*col, raro*) [Pers.] inútil y despreciable. *Tb n. Tb fig, referido a cosa.*

cascada I *f* **1** Caída de agua desde cierta altura por rápido desnivel del cauce. *Tb fig.* ■ II *loc adj* **2** [Lavandera] **de ~** → LAVANDERA. ■ III *loc adv* **3 en ~.** En serie o en cadena. *Tb adj.*

cascadeña. lavandera ~ → LAVANDERA.

cascado -da *adj* **1** *part* → CASCAR. ■ **2** (*col*) Que se encuentra en mal estado, esp. por desgaste, vejez o avería. ■ **3** [Voz] que ha perdido la sonoridad, el vigor y la entonación naturales.

cascadura *f* (*raro*) Condición de cascado [2 y 3].

cascahueso *m* (*reg*) Terreno endurecido al secarse después de empapado, en el que han quedado marcados los cascos de las caballerías.

cascajar *m* Lugar donde hay mucho cascajo [1].

cascajera *f* Cascajar.

cascajo *m* **1** Conjunto de piedras menudas resultantes de la fragmentación de rocas. **b)** Piedra de las que forman el cascajo. ■ **2** Conjunto de avellanas, nueces y otros frutos secos. ■ **3** (*col*) Trasto inservible. *Frec con intención ponderativa. Tb fig, referido a pers.*

cascalbo *adj* [Trigo] fanfarrón con raspa blanca.

cascamazo *m* (*reg*) Golpe, esp. dado con un palo.

cascantino -na *adj* De Cascante (Navarra). *Tb n, referido a pers.*

cascanueces *m* Instrumento que sirve para partir la cáscara de la nuez o de otros frutos secos.

cascar A *tr* ➤ **a** *normal* **1** Romper [algo quebradizo, esp. una cáscara o el cuerpo que la tiene]. **b)** (*col*) Romper o estropear [un objeto]. ■ **2** (*col*) Golpear o herir [a alguien]. **b)** Matar. ■ **3** (*col*) Infligir o imponer [algo] como castigo. ■ **4** (*col*) Contar o relatar [algo que requería discreción]. ■ **5 ~la.** (*col*) Cascar [9]. ■ **6 ~sela.** (*vulg*) Masturbar [a alguien (*ci*)]. *Frec el ci es refl.* ➤ **b** *pr* (**~se**) **7** (*col*) Pasar o soportar [una situación o un período de tiempo incómodos]. ■ B *intr* **8** Romperse o quebrarse. *Frec pr* (**~se**). **b)** Romperse o estropearse. *Frec pr* (**~se**). ■ **9** (*col*) Morir. ■ **10** (*col, desp*) Hablar mucho, frec. sin sustancia.

cáscara I *f* **1** Cubierta dura y quebradiza de un huevo de ave, de un fruto seco o de un grano de cereal. *Tb fig.* ■ **2** Corteza de árbol. ■ **3** Piel gruesa de una fruta. ■ **4** Concha o caparazón de un molusco o de un crustáceo. ■ **5** Imagen externa o impresión puramente superficial. ■ **6 ~ de nuez.** (*col*) Barco. *Tb, más raro, ~.* ■ II *loc adj* **7 de la ~ amarga.** (*col, desp*) De ideas avanzadas. *Esp en política.* ■ **8 de la ~ amarga.** (*col, humoríst*) Homosexual. ■ III *loc v* **9 no haber (más) ~s.** (*col*) No haber otra solución u otra alternativa. ■ IV *interj* **10 ~s.** (*col*) Denota sorpresa.

cascarilla *f* **1** Cáscara [1] de cereal. ■ **2** Cáscara [1] tostada de la semilla del cacao, con la que se hace una infusión que se toma caliente.

cascarón I *m* **1** Cáscara [1] de huevo. ■ **2** (*desp*) Barco. ■ **3** Situación de aislamiento voluntario. *Gralm con vs como* ENCERRARSE, ROMPER, SALIR. ■ II *loc adj* **4 de ~.** (*Arquit*) [Bóveda] de horno. ■ III *loc v* **5 salir del ~.** (*col*) Dejar de estar en la edad de la adolescencia. *Frec en las constrs* RECIÉN SALIDO DEL ~ *y* NO HABER SALIDO DEL ~. *Tb fig.*

cascarrabias *m y f* (*col*) Pers. gruñona o que se enfada con facilidad. *Tb adj.*

cascarria *f* **1** Salpicadura de barro que queda en la parte baja de la ropa. *Gralm en pl.* ■ **2** Excremento que queda adherido al pelo o a la lana de un animal.

cascaruja *f* (*reg*) Cascajo [2].

casco I *m* **1** Pieza redondeada de metal, o de otro material duro, que sirve para proteger el cráneo. **b)** Secador de pelo en forma de casco. ■ **2** Conjunto de dos auriculares unidos por una pieza curvada de metal mediante la cual se ajustan a los oídos. *Tb en pl con sent sg.* ■ **3** Cabeza (cráneo). **b)** (*col*) *En pl:* Cabeza (juicio o seso). ■ **4** Cuerpo de una embarcación, excluyendo el aparejo y las máquinas. **b)** Embarcación filipina de fondo plano y costados verticales. ■ **5** Botella vaciada de su contenido. ■ **6** Conjunto de los edificios agrupados [de una ciudad]. *Frec ~* URBANO. ■ **7** Uña del pie o de la mano de una caballería. ■ **8** Tela [de la mantilla] que no es la guarnición. ■ **9** Trozo de vasija rota. *Tb fig.* ■ **10** Trozo grande cortado de patata o de determinadas frutas, como el tomate. ■ **11** (*reg*) Gajo de algunos frutos. ■ **b)** Cosa en forma de gajo de naranja. ■ **12 ~ azul.** Soldado perteneciente a las fuerzas de las Naciones Unidas. ■ II *loc adj* **13 de ~.** [Piso de zapato] de una pieza y que sobresale por los lados. ■ **14 ligera de ~s** → LIGERO. ■ III *loc v* **15 calentar** [a alguien] **los ~s.** (*col*) Encandilar[le], despertar su interés o ilusión. ■ **16 calentar, romperse,** o (*raro*) **quebrarse,** [alguien] **los ~s.** (*col*) Cavilar o reflexionar mucho. ■ **17 calentársele** [a alguien] **los ~s.** (*col*) Perder [alguien] la paciencia. ■ **18 levantar** [a alguien] **los ~s,** o **levantar**[le] **de ~s.** (*col*) Alborotar[le] o inquietar[le] por la atracción sexual.

cascote *m* Fragmento desprendido de una obra de albañilería o resultante de su derribo. **b)** Conjunto de cascotes.

casedano -na *adj* De Cáseda (Navarra). *Tb n, referido a pers.*

caseificar *tr* (*Quím*) Transformar en caseína.

caseína *f* (*Quím*) Sustancia albuminoidea de la leche, principal componente del queso y que tiene diversos usos industriales.

caseramente *adv* De manera casera.

casería *f* **1** Casa aislada en el campo, con dependencias y tierras anejas. ■ **2** Caserío [1].

caserío *m* **1** Conjunto de casas [de una población]. **b)** Conjunto de casas que no llega a formar un pueblo. ■ **2** (*reg*) Casería [1].

caserismo *m* (*Dep*) Cualidad de casero [2a].

caserna *f* (*reg*) Cuartel.

casero -ra I *adj* **1** De casa (de la vivienda u hogar, de la familia o del país propio). **b)** Apegado a la casa u hogar. ■ **2** (*Dep*) Favorable al equipo que juega en su campo. **b)** Que se produce en el campo propio. ■ **3** [Cosa] modesta o sin pretensiones. ■ **4** [Cosa] hecha por procedimientos no industriales o no científicos. ■ II *n* A *m y f* **5** Propietario de una casa alquilada. **b)** Propietario de la casa alquilada a alguien (*compl de posesión*)]. ■ **6** Pers. que cuida una casa de campo en ausencia del dueño. ■ **7** Arrendatario agrícola de tierras que forman una casería. ■ **8** (*reg*) Habitante de un caserío [2].

B *f* **9** (*reg*) Ama de cura.

caserón *m* (*desp*) Edificio grande y frec. destartalado.

caseta *f* **1** Construcción pequeña de material ligero, no destinada a habitación humana. ■ **2** (*Mar*) Departamento pequeño en la cubierta destinado a depósito de objetos o, en caso de mal tiempo, a protección de personas.

casete *m o f* **1** Cartucho de pequeño tamaño que encierra una cinta magnética en la cual se pueden leer y grabar sonidos, imágenes o datos informáticos. ■ **2** Magnetófono de casetes [1].

caseto *m* (*reg*) Caseta [1].

casetón *m* (*Arquit*) Adorno consistente en un espacio cóncavo, de forma cuadrada o poligonal, que se pone en la parte inferior de una cubierta. *Gralm en pl.*

casetonado -da *adj* (*Arquit*) Que tiene casetones.

cash (*ing; pronunc corriente,* /kaʃ/) *adv* En dinero efectivo. *Tb adj.*

cash flow (*ing; pronunc corriente,* /káʃ-flou/; *tb con la grafía* **cash-flow**) *m En una empresa:* Liquidez, o montante de las disponibilidades financieras, en un momento dado.

casi (*con pronunc normalmente átona ante las palabras* SIEMPRE, NUNCA, TODO, NADIE, NADA, NINGUN(O)) *adv* **1** No completamente, pero faltando poco para ello. *A veces* (*col*)*, por énfasis, repetido. Precediendo al v, tb* (*pop*) ~ QUE. **b**) *A veces referido a un n, al que normalmente precede.* * *Las piedras, casi peñas, las llevamos rodando.* **c**) **sin ~.** Completamente. *Siguiendo a un enunciado con ~.* * –*Está casi en la ruina. –Sin casi.* ■ **2** (*col*) *Se emplea para atenuar, por cortesía o por indecisión, el sent de la frase. A veces, por énfasis, repetido.* * *Casi me apetece más quedarme.*

casia *f Se da este n a las plantas leguminosas del gén Cassia, herbáceas o leñosas, de hojas alternas, flores en racimo y fruto en legumbre, y que son propias de regiones tropicales o subtropicales.*

casida (*tb con las grafías* **kasida** *y* **qasida**) *f* Composición poética árabe de carácter ditirámbico, que comprende tres partes: una de tema erótico, otra narrativa o descriptiva y otra de alabanza. *Tb se llaman así los poemas modernos en español compuestos a imitación de los árabes.*

casilla I *f* **1** Caseta, esp. la que sirve para resguardarse de la intemperie. ■ **2** (*reg*) Casa de peón caminero. ■ **3** Compartimiento o división de los que hay en un casillero, una estantería o un recipiente. *Tb fig.* **b**) (*Ling*) Lugar correspondiente a un elemento que sería paralelo o simétrico a otro dentro de un sistema. *Frec en el sintagma* ~ VACÍA *para referirse a la inexistencia de ese elemento.* ■ **4** Espacio de aquellos en que queda dividido un papel por rayas verticales, y a veces también horizontales, y que se destinan a la consignación de datos. ■ **5** Cuadrado de los que forman el tablero de ajedrez o de damas.
II *loc v* **6 sacar** [a alguien] **de sus ~s.** (*col*) Hacer[le] alterar su método de vida. ■ **7 sacar** [a alguien] **de sus ~s.** (*col*) Irritar[le] o encolerizar[le].

casillero *m* **1** Mueble dividido en varios compartimientos abiertos en el que se guardan, clasificados, diversos objetos. ■ **2** Esquema o sistema clasificatorio. ■ **3** Papel en que por medio de líneas y rectángulos están marcados espacios destinados a la consignación de datos. ■ **4** (*Dep*) Marcador. ■ **5** (*reg*) Peón caminero.

casimir *m* Cachemir (tejido).

casinense *adj* De la congregación benedictina fundada en Padua en 1408, o de la abadía de Montecassino, principal centro de esa congregación. *Tb n, referido a pers.*

casinero -ra *adj* De(l) casino[1]. *Tb n, referido a pers.*

casino[1] *m* **1** Local propio de una sociedad masculina de recreo, al cual acuden sus miembros a conversar, jugar o leer. ■ **2** Local de recreo donde se practican juegos de azar.

casino[2] **-na** *adj* **1** De Caso (Asturias). *Tb n, referido a pers.* ■ **2** [Res o raza vacuna] oriunda del concejo de Caso, caracterizada por el color castaño, la robustez y la buena calidad de la leche.

casis *m o f* Molusco gasterópodo, de concha robusta y globosa utilizada para la fabricación de camafeos, y que vive en el Mediterráneo y en el océano Índico (gén. *Cassis*).

casiterita *f* (*Mineral*) Mineral de bióxido de estaño, que se presenta en cristales sencillos de color negro con brillo casi metálico, o amarillento con aspecto leñoso.

caso I *m* **1** Ocasión o coyuntura. **b**) Eventualidad, o situación posible. ■ **2** Situación particular, o conjunto de circunstancias particulares. **b**) **~ de conciencia.** Problema que una persona se plantea sobre una cuestión moral. ■ **3** Sucedido o acontecimiento. **b**) Suceso o asunto que es objeto de una investigación. ■ **4** Realización individual de un fenómeno más o menos general. *Tb la pers o cosa en quien se da esa realidad.* **b**) (*col*) Pers. rara, o distinta, por su carácter, de lo normal o habitual. *Frec con intención peyorativa. Normalmente en la constr* SER UN ~, *y a veces con adjs como* CLÍNICO *o* PERDIDO. ■ **5** Obligación o necesidad [de hacer algo (*infin*)]. *Normalmente en constrs como* VERSE *o* CREERSE EN EL ~ DE + *infin.* ■ **6** (*Gram*) Forma de las varias que determinan clases de palabras pueden tomar según la función de estas.
II *loc v y fórm or* **7 el ~ es.** Ocurre. *Fórmula que, seguida de prop con* QUE, *presenta algo como objeción a lo dicho o pensado.* **b**) *Lo que importa, o el hecho que cuenta, es. Seguido de infin o prop con* QUE, *que presentan el hecho expresado a continuación como lo que verdaderamente interesa frente a lo dicho o pensado.* ■ **8 hacer ~** [a alguien o algo (*ci o compl* DE)]. Prestar[le] atención o tomar[lo] en consideración. *Tb sin compl.* **b**) **hacer ~ omiso** [de alguien o algo]. No tomar[lo] en consideración. *Tb sin compl.* **c**) **no hacer ni ~** [a alguien o algo (*ci o compl* DE)]. (*col*) No prestar[le] la más mínima atención. *Tb sin compl.* **c**) **ni ~.** (*col*) *Fórmula que expresa o aconseja la actitud de no tomar en consideración lo que alguien acaba de hacer o decir.* ■ **9 no haber ~.** No haber necesidad de tomar una determinada medida. ■ **10 poner por ~** → acep. 14. ■ **11 venir** [algo] **al ~,** *o* **hacer al ~.** Ser oportuno o ser preciso.
III *loc adv* **12 en todo ~.** A lo sumo. **b**) Como quiera que sea, o sea como fuere. ■ **13 en último ~.** Si no hubiera otro remedio. ■ **14 pongo por ~,** *o* **pongamos por ~.** Por ejemplo. ■ **15 si es ~.** (*pop*) Si acaso.

IV *loc prep* **16 (en)** ~ **de**, *o* **en el** ~ **de**. *Seguido de infin o n de acción, o prop con* QUE, *presenta el hecho por ellos expresado como condición posible o probable para el cumplimiento de lo significado en el v pral.* * Puede usarlo, caso de que sea necesario.

casoar *m* Casuar o casuario.

casón *m* Edificio señorial o pequeño palacio.

casona *f (reg)* Casa señorial.

casorio *m* Casamiento. *Frec desp.*

caspa *f* Conjunto de pequeñas escamas blancas que se forman en el nacimiento del cabello.

cáspita *interj (col, raro)* Denota sorpresa o enfado.

caspolino -na *adj* De Caspe (Zaragoza). *Tb n, referido a pers.*

casposo -sa *adj* **1** [Pers. o cabello] que tiene caspa. **b)** [Cosa] que tiene algunas escamas de caspa. ■ **2** *(desp)* Trasnochado o rancio.

casquera *f (reg)* Pedregal.

casquería *f* **1** Tienda del casquero. ■ **2** Productos de casquería [1].

casquero -ra *m y f* Pers. que vende vísceras y otras partes comestibles de la res que no son carne.

casquete I *m* **1** Prenda, sin alas, que cubre la parte superior del cráneo, ajustándose a ella. ■ **2** Parte del sombrero que no es el ala. ■ **3** Cosa que recubre algo y que por su forma cóncava recuerda un casquete [1]. ■ **4** *(hist)* Pieza de la armadura que cubre el cráneo. ■ **5** ~ **esférico.** *(Geom)* Porción de superficie esférica limitada por un plano que corta la esfera. ■ **6** ~ **polar.** *(Geog)* Parte de la superficie terrestre comprendida entre el círculo polar y el polo. ■ **7** *(vulg)* Acto sexual. *Normalmente con los vs* ECHAR *o* SOLTAR. **II** *loc adv* **8 a ~.** *(col)* A tazón. *Tb adj.* * Lleva el pelo cortado a casquete.

casquijo *m (reg)* **1** Cascajo (piedra menuda). ■ **2** Cascajo (frutos secos).

casquillo *m* **1** Funda metálica del cartucho de arma de fuego. ■ **2** Pieza metálica del portalámparas en la que se enchufa la lámpara para que esta reciba la corriente.

casquilucio -cia *adj (lit, raro)* Casquivano. *Tb n.*

casquivano -na *adj* [Pers.] frívola y poco estable en sus relaciones con las de otro sexo. *Frec referido a mujeres. Tb fig, referido a cosas.*

cassanense → CASANENSE.

cassata *(it; pronunc corriente, /kasáta/) f* Helado italiano cuya masa contiene trozos de nuez y de fruta escarchada y que está rodeado de una capa más dura de otro sabor.

cassette *(fr; pronunc corriente, /kasét/) m o f* **1** Casete. ■ **2** Tipo de estufa que se encastra en una chimenea.

cast *(pl normal, ~s) m* Plantel o elenco de actores.

casta¹ *f* **1** Linaje o estirpe. **b)** Especie o clase. *Con compl especificador.* ■ **2** Sentimiento de amor u orgullo de la propia casta [1a]. ■ **3** Sector, de base étnica, de la población de un país, el cual constituye una clase especial y no se mezcla con el resto de la población. *Tb fig, referido a sectores sociales privilegiados; tb fig referido a ciertas especies zoológicas.* ■ **4** *(Taur)* Ascendencia brava del toro. ■ **5** *(hist)* Grupo racial de población, en Hispanoamérica, de los varios resultantes de la mezcla de blancos, indios y negros.

casta² *adj (col)* [Pers.] castiza. *Tb n.*

castallense *adj* De Castalla (Alicante). *Tb n, referido a pers.*

castamente *adv* De manera casta.

castaña I *f* **1** Fruto o simiente del castaño, que tiene figura de corazón y está cubierto de una cáscara correosa de color semejante al de la caoba. **b)** ~ **pilonga** → PILONGO. ■ **2** ~ **de Indias**, *o* **loca.** Fruto o simiente del castaño de Indias. ■ **3** *(col)* Golpe. ■ **4** *(col)* Borrachera. ■ **5** *(col)* Año de edad. ■ **6** *(col)* Peseta. ■ **7** *(col)* Cosa aburrida. ■ **8** *(col)* Máquina o aparato que funciona mal. ■ **9** *(vulg)* Órgano sexual femenino. **II** *loc v* **10 parecerse como un huevo a una ~** → HUEVO. ■ **11 sacar** [a alguien] **las ~s del fuego.** *(col)* Trabajar [por él], o resolver[le] los problemas. ■ **12 tener ~s.** *(reg)* euf por TENER COJONES (→ COJÓN). **III** *loc interj* **13 toma ~.** *(col)* Expresa asentimiento complacido o confirmación enfática, frec irónica, ante algo que se acaba de oírse o decirse, esp si va dirigido contra alguien.

castañada *f* Fiesta tradicional en que se consumen castañas asadas.

castañal *m* Castañar.

castañar *m* Terreno poblado de castaños.

castañazo *m (col)* Castaña [3 y 7].

castañear *intr* Castañetear. *Tb tr.*

castañeda *f* Castañar.

castañedo *m (reg)* Castañeda.

castañeo *m* Acción de castañear.

castañero -ra A *m y f* **1** Pers. que vende castañas [1]. **B** *f* **2** *(reg)* Castañar.

castañeta *f* **1** Sonido seco producido por el choque de la yema del dedo corazón con el pulpejo de la mano, tras haberse apretado a la yema del pulgar y haber resbalado con fuerza desde ella. ■ **2** *(raro)* Castañuela [1]. ■ **3** Moña del torero. ■ **4** *(reg)* Japuta o palometa (pez).

castañeteante *adj* Que castañetea [1 y 2].

castañetear A *intr* **1** Chocar [los dientes *(suj)* de una mandíbula con los de otra] con temblor, gralm. producido por frío, miedo o nerviosismo. ■ **2** Producir chasquidos o crujidos reiterados. **b)** Hacer castañetas [1]. **B** *tr* **3** Padecer [alguien] la acción de castañetearle [1] [los dientes *(cd)*].

castañeteo *m* Acción de castañetear.

castaño¹ *m* **1** Árbol de grandes dimensiones, de tronco grueso, hojas aserradas, flores amarillentas y frutos en forma de bolas espinosas que contienen una simiente comestible (*Castanea vulgaris o C. sativa*). *Tb su madera.* ■ **2** ~ **de Indias**, *o* ~ **loco.** Árbol de grandes dimensiones, común en jardines, de flores blancas o rojizas y de fruto parecido al del castaño [1], pero de simiente no comestible (*Aesculus hippocastanum*). ■ **3** Otras especies con alguna semejanza al castaño [1] *se designan con compl:* ~ DEL JAPÓN (*Castanea crenata*), ~ DE AUSTRALIA (*Castanospermum australe*).

castaño² **-ña** I *adj* **1** [Color] de la cáscara de la castaña. *Tb n m.* **b)** De color castaño. **c)** [Pers.] de cabello castaño [1b].

II *loc v* **2 pasar** [algo] **de ~ oscuro.** (*col*) Exceder de los límites tolerables.

castañuela *f* **1** Instrumento músico de percusión, compuesto de dos piezas cóncavas de madera dura que se sujetan a los dedos de la mano, con los cuales se tañen haciéndolas chocar. **b)** (*col*) *En pl, se usa como término de comparación para ponderar la alegría.* ■ **2** Planta semejante a la juncia, que se cría en terrenos pantanosos y se utiliza para hacer techumbres (*Cyperus rotundus*). *Tb* HIERBA ~. ■ **3** (*reg*) Castañeta o japuta (pez).

castañuelo *adj* [Ajo] que tiene rojas las túnicas de sus bulbos.

castellanía¹ *f* (*lit*) Castellanidad.

castellanía² *f* (*hist*) Condición de castellano².

castellanidad *f* (*lit*) Condición de castellano¹ [1 y 2].

castellanismo *m* **1** Palabra o rasgo idiomático propios del castellano¹ [7, 8 y 9]. ■ **2** Actitud castellanista. ■ **3** Carácter o espíritu castellano¹ [1].

castellanista *adj* Partidario del castellano¹ [7] o de lo castellano¹ [1]. *Tb n.*

castellanización *f* Acción de castellanizar(se).

castellanizante *adj* Que tiende a castellanizar(se) [1].

castellanizar *tr* **1** Hacer castellano¹ [1 y 2] o asimilar a lo castellano¹. **b)** *pr* (**~se**) Hacerse castellano¹ o asimilarse a lo castellano¹. ■ **2** Dar forma castellana¹ [2b] [a una palabra (*cd*)]. ■ **3** Hacer castellanohablante [a alguien]. *Tb abs.* **b)** *pr* (**~se**) Hacerse castellanohablante.

castellano¹ **-na** I *adj* **1** De Castilla. *Tb n, referido a pers.* **b)** **~ viejo** (o **nuevo**). De Castilla la Vieja (o Nueva). *Tb n, referido a pers.* ■ **2** [Lengua] española (oficial de España y de las naciones hispanoamericanas). **b)** Del castellano [7, 8 y 9]. ■ **3** (*reg*) *Para los catalanes:* [Pers.] de una región de lengua castellana [2]. *Tb n.* ■ **4** (*reg*) *Para los gitanos:* [Pers.] no gitana. *Tb n.* ■ **5** *En una caballería:* [Paso] largo y firme. ■ **6** [Mulo] nacido de garañón y yegua.

II *m* **7** Español (lengua española). ■ **8** Variedad actual del español propia de Castilla la Vieja. ■ **9** Lengua del antiguo reino de Castilla. ■ **10** (*hist*) Moneda castellana [1] de oro cuyo valor, a finales del s. XV, es de 14 reales y 14 maravedís.

castellano² **-na** *m y f* (*hist*) Señor o alcaide de un castillo. *Tb* (*raro*), *modernamente, designando al actual propietario de un castillo antiguo.*

castellanohablante *adj* [Pers. o territorio] de lengua castellana¹ [2]. *Tb n, referido a pers.*

castellanoleonés **-sa** (*tb con la grafía* **castellano-leonés**) *adj* **1** De Castilla (esp. la Vieja) y León. *Tb n, referido a pers.* ■ **2** De la Comunidad Autónoma de Castilla y León. *Tb n, referido a pers.*

castellanomanchego **-ga** (*tb con la grafía* **castellano-manchego**) *adj* **1** De Castilla la Nueva y la Mancha. *Tb n, referido a pers.* ■ **2** De la Comunidad Autónoma de Castilla-La Mancha. *Tb n, referido a pers.*

castellanoparlante *adj* Castellanohablante. *Tb n, referido a pers.*

castellar *m* Elevación de terreno en que hay o hubo un castillo.

castellariego **-ga** *adj* De Castellar de Santisteban (Jaén). *Tb n, referido a pers.*

castellería *f* (*hist*) *En la Edad Media:* Derecho que se paga por atravesar el territorio de un castillo.

castellonense *adj* De Castellón de la Plana. *Tb n, referido a pers.*

castellotense *adj* De Castellote (Teruel). *Tb n, referido a pers.*

casticismo *m* **1** Actitud de apego a lo castizo, en oposición a lo extranjero. ■ **2** Cualidad de castizo.

casticista *adj* De(l) casticismo. **b)** Que practica el casticismo. *Tb n.*

castidad *f* Condición de casto. *Tb fig.*

castigador **-ra** *adj* [Pers.] que castiga [1, 2 y 7]. *Tb n.*

castigar *tr* **1** Infligir un daño [a alguien (*cd*)] por haber cometido una falta. ■ **2** Infligir un daño [a alguien (*ci*) por la falta cometida (*cd*)]. *Frec se omite el ci, por consabido.* ■ **3** Atacar con persistencia [una pers. o cosa a otra]. *Tb abs. Tb fig.* ■ **4** Someter a minucioso pulimento de la forma [un escrito]. ■ **5** Estimular [a una caballería] con el látigo o las espuelas para que corra más. ■ **6** (*Taur*) Dar castigo [3] [al toro (*cd*)]. ■ **7** (*col*) Tratar de enamorar [a alguien] por pasatiempo. *Tb abs.*

castigo I *m* **1** Acción de castigar, *esp* [1]. *Frec su efecto.* **b)** (*Fút*) Penalty. *Gralm ~* MÁXIMO. ■ **2** Sufrimiento o tormento. ■ **3** (*Taur*) Daño que durante la lidia se hace al toro con varas o rejones.

II *loc adj* **4 de ~.** Penoso, o difícil de soportar. ■ **5 de ~.** (*Taur*) [Banderilla] que causa un daño superior al normal, usada con los toros mansos. ■ **6 de ~.** (*Taur*) [Rejón] que utiliza el rejoneador en el primer tercio de la lidia, antes de las banderillas. ■ **7** [Golpe] **de ~** → GOLPE.

Castilla. **ancha es ~.** *fórm or* **1** *Se usa para animar a otros, o a uno mismo, a actuar sin reparar en dificultades.* ■ **2** *Se usa para criticar la desenvoltura y falta de miramientos con que alguien actúa.*

castillejano **-na** *adj* De Castilleja de la Cuesta (Sevilla). *Tb n, referido a pers.*

castillete *m* Andamio o torre que en una construcción o en una mina sirve de soporte a un montacargas o a un sistema de poleas.

castillo *m* **1** Edificio fortificado y defendido por fosos y murallas, propio de la Edad Media. **b)** *En constr de sent comparativo, se usa para ponderar la estatura o la robustez de una pers.* ■ **2** Prisión militar. ■ **3** Conjunto de elementos de la misma especie montados unos sobre otros de manera que alcancen cierta altura. ■ **4** Instalación [de fuegos artificiales] dispuesta para funcionar en un determinado momento. ■ **5** (*Mar*) *En un buque:* Parte de la cubierta que comprende desde el palo trinquete hasta la proa. ■ **6 ~s en el aire.** (*col*) Ilusiones excesivas o con poco fundamento.

cásting¹ *m* **1** Selección del elenco de una película. **b)** Elenco de una película.

cásting² *m* Juego cuyo objetivo es probar la destreza en el lanzamiento de un peso de plomo por medio de caña larga de pesca y carrete.

castizales *m y f* (*col*) Pers. castiza. *Tb adj; en este caso, tb* (*raro*) *referido a cosa.*

castizamente *adv* De manera castiza.

castizo -za *adj* **1** Genuino del país o región. *Tb n, referido a pers.* ■ **2** (*hist*) [Pers.] nacida en América de español y mestiza, o de mestizo y española. *Tb n.*

casto -ta *adj* **1** Que se abstiene de la relación sexual. **b)** Que se abstiene de los placeres carnales considerados ilícitos y de los pensamientos relacionados con ellos. **c)** Propio de la pers. casta.

castor *m* Mamífero roedor que habita en regiones septentrionales de Europa y América, caracterizado por su piel suave y brillante, muy apreciada, y por su capacidad de construir, como viviendas, diques hechos con piedras, tierra y árboles en las orillas de ríos y lagos (gén. *Castor*). **b)** Piel de castor.

castora *f* (*reg*) Sombrero de copa alta.

castoreño *m* **1** Sombrero de ala plana y copa redonda, usado por los picadores. ■ **2** Sombrero de pelo de castor, o de otra materia parecida, como el fieltro.

castóreo *m* Sustancia resinosa, de olor fuerte y desagradable, segregada por unas glándulas que tiene el castor en el abdomen.

castra *f* Operación de castrar [2, 3 y 4].

castración I *f* **1** Acción de castrar [1]. ■ **2** Inhibición causada por un complejo psíquico.
II *loc adj* **3 de ~.** (*Psicol*) [Complejo] formado en torno al temor de verse privado de los órganos genitales.

castrador -ra I *adj* **1** Castrante.
II *n* **A** *m* **2** Hombre que tiene por oficio castrar [1] a los animales.
B *m y f* **3** Pers. que castra [1] a otra.

castrametación *f* (*hist*) Arte de instalar un campamento militar.

castrante *adj* Que produce castración [2].

castrar *tr* **1** Extirpar [a una pers. o animal (*cd*)] los órganos de la generación. **b)** Quitar [a alguien o algo (*cd*)] su potencia o energía. ■ **2** Quitar [a las colmenas (*cd*)] los panales de miel. ■ **3** Arrancar o cortar [al maíz (*cd*)] las matas que sobran. ■ **4** (*reg*) Quitar [a las cepas (*cd*)] algunos racimos para que maduren más los otros.

castrato (*it; pronunc corriente,* /kastráto/; *pl normal,* CASTRATI) *m* (*Mús*) Cantante varón al que en la infancia le fueron extirpados los testículos, lo que hace que tenga voz de soprano o de contralto.

castrense *adj* **1** [Cosa] militar. ■ **2** [Cura] que desempeña su ministerio en el ejército. *Tb n m.* **b)** [Vicario general] ~ → VICARIO.

castreño¹ -ña *adj* De Castro Urdiales (Cantabria), de Castrojeriz (Burgos) o de Castro del Río (Córdoba). *Tb n, referido a pers.*

castreño² -ña *adj* (*Arqueol*) De (los) castros [1].

castrileño -ña *adj* De Castril (Granada). *Tb n, referido a pers.*

castrismo *m* Régimen marxista-leninista establecido en Cuba en 1959 por Fidel Castro. *Tb su ideología.*

castrista *adj* De Fidel Castro o del castrismo. *Tb n, referido a pers.*

castro *m* (*hist*) **1** Fortificación prerromana, esp. celta, construida sobre un alto. ■ **2** *En la Edad Media:* Núcleo fortificado.

castrón *m* **1** Hombre castrado. *Frec fig, con intención desp, esp como insulto.* ■ **2** Animal macho, esp. carnero, cerdo o macho cabrío, castrado. ■ **3** (*reg*) Macho cabrío que se deja para semental.

castúo -a I *adj* (*reg*) **1** Extremeño. *Tb n, referido a pers.*
II *m* **2** Dialecto extremeño.

casual I *adj* **1** Que ocurre sin una intención previa o sin una necesidad de orden natural. ■ **2** (*Gram*) Del caso [6].
II *m* **3** (*pop*) Casualidad [1].
III *loc adv* **4 por un ~.** (*col*) Por casualidad [4 y 5].

casualidad I *f* **1** Suceso que se produce sin una intención previa o sin una necesidad de orden natural. ■ **2** (*lit*) Supuesta causa de lo que se produce sin una intención o sin una necesidad de orden natural. *Gralm como suj de* HACER *o* QUERER.
II *loc v* **3 dar la ~.** Ocurrir casualmente [algo (*prop introducida por* DE QUE *o, col, simplemente* QUE)]. *A veces usado irónicamente.*
III *loc adv* **4 por ~.** De manera casual. *Tb* (*pop*) DE ~. ■ **5 por ~.** Acaso o tal vez. *En preguntas.*

casualmente *adv* **1** De manera casual [1]. ■ **2** Por casualidad [5].

casuar *m* Casuario.

casuarina *f* Árbol de Australia y del sudeste asiático, de madera muy dura, ramas delgadas, hojas en forma de escamas y flores en forma de espiga (gén. *Casuarina*, esp. *C. equisetifolia* o *C. cunninghamiana*).

casuarinácea *adj* (*Bot*) [Planta] del taxón cuyo género más característico es la casuarina. *Frec como n f en pl, designando este taxón botánico.*

casuario *m* Ave corredora, semejante al avestruz, pero más pequeña y con una protuberancia en la cabeza, y que habita en las islas de Oceanía y del océano Índico (gén. *Casuarius*).

casuismo *m* Casuística [2].

casuista I *adj* **1** Casuístico [1].
II *m* **2** Teólogo que cultiva la casuística [2].

casuístico -ca I *adj* **1** De (la) casuística [2 y 3].
II *f* **2** Consideración de los diversos casos particulares. ■ **3** Aplicación de los principios morales a los casos concretos de la conducta.

casulario *m* (*reg*) Caserón.

casulla I *f* **1** Vestidura que se pone el sacerdote católico para celebrar la misa, la cual va sobre las demás, carece de mangas y es abierta por los lados.
II *adj invar* **2** [Prenda femenina] abierta por los lados a modo de casulla [1].

casus belli (*lat; pronunc,* /kásus-béli/) *loc n m* Motivo de guerra.

casuta *f* (*reg*) Casa pequeña.

casutín *m* (*reg*) Casa pequeña.

cata I *f* **1** Acción de catar [2a y 3]. ■ **2** Porción de algo comestible destinada a ser probada para examinar si tiene el sabor adecuado.
II *loc adv* **3 a ~ y cala** → CALA¹.

catabólico -ca *adj* (*Fisiol*) De(l) catabolismo.

catabolismo *m* (*Fisiol*) Transformación química por la cual las células destruyen sus reservas para liberar energía.

catabolito *m* (*Fisiol*) Sustancia resultante del catabolismo.

catacaldos *m y f (lit)* **1** Pers. que emprende muchos asuntos sin fijarse en ninguno. ■ **2** Pers. entrometida.

cataclismal *adj (raro)* Cataclísmico.

cataclismático -ca *adj (raro)* Cataclísmico.

cataclísmico -ca *adj (raro)* De(l) cataclismo.

cataclismo *m* Desastre de grandes proporciones originado por un fenómeno geológico. *Frec fig, con intención ponderativa.*

catacumbal *adj* De las catacumbas.

catacumbas *f pl* **1** *(hist)* Galerías subterráneas utilizadas, en tiempo de persecución, por los cristianos de la Roma imperial, para celebrar el culto y enterrar a los muertos. ■ **2** Clandestinidad.

catadióptrico -ca *adj (Ópt)* Que produce refracción total del rayo incidente.

catador -ra *m y f* **1** Pers. que cata [2 y 3]. ■ **2** Pers. que gusta y aprecia [alimentos o bebidas]. *Tb fig, referido a otras cosas.*

catadura *f* **1** Aspecto. *Gralm (desp) referido a pers.* ■ **2** Calidad.

catafalco *m* **1** Túmulo alto y adornado que se pone en la iglesia para unas exequias solemnes. ■ **2** *(raro)* Tablado.

catafaro *(tb* **catafaros***) m* En un vehículo: Dispositivo situado en la parte trasera que refleja hacia atrás una luz roja al recibir el haz luminoso de los faros del vehículo que se le acerca.

catáfora *f (Ling)* Deixis en que se anticipa una palabra o una parte aún no emitida del discurso.

catafórico -ca *adj (Ling)* De (la) catáfora.

catafracto *m (hist)* Soldado con armadura, montado a caballo.

catalán -na I *adj* **1** De Cataluña. *Tb n, referido a pers.* ■ **2** Del catalán [3].
II *m* **3** Lengua catalana [1]. **b)** Lengua que, con distintas variedades, se habla en Cataluña, Valencia y las islas Baleares, principalmente.

catalanidad *f* Condición de catalán [1].

catalanismo *m* **1** Palabra o rasgo idiomático propios de la lengua catalana. ■ **2** Catalanidad. ■ **3** Doctrina que preconiza la autonomía para Cataluña. **b)** Condición de catalanista [1b].

catalanista *adj* Del catalanismo [3a]. **b)** Partidario del catalanismo. *Tb n.*

catalanización *f* Acción de catalanizar(se), *esp* [2].

catalanizador -ra *adj* Que cataloniza, *esp* [2].

catalanizante *adj* Que tiende a catalán [2].

catalanizar *tr* **1** Dar carácter o condición catalanes [1] [a alguien o algo *(cd)*]. **b)** *pr (~se)* Tomar carácter o condición catalanes. ■ **2** Incorporar [a alguien] al uso de la lengua catalana. **b)** Implantar [en algo *(cd)*] el uso de la lengua catalana, o adaptar[lo] a las formas del catalán.

catalanohablante *adj* [Pers. o territorio] de lengua catalana. *Tb n, referido a pers.*

catalanoparlante *adj* Catalanohablante. *Tb n, referido a pers.*

catalasa *f (Biol)* Enzima que descompone el agua oxigenada con desprendimiento de oxígeno.

cataláunico -ca *adj* De Châlons-sur-Marne (Francia). *Normalmente referido a los campos en que los romanos, burgundios y visigodos libraron batalla contra Atila en 451.*

catalejo *m* Instrumento óptico portátil, en forma de tubo, para ver a larga distancia.

catalepsia *f (Med)* Síndrome nervioso repentino caracterizado por la suspensión total del movimiento voluntario y de la sensibilidad.

cataléptico -ca *adj (Med)* **1** De (la) catalepsia. ■ **2** Que padece catalepsia. *Tb fig.*

catalina *f (col, euf)* Excremento, esp. humano.

catalino[1] -na *adj* **1** [Rueda] de dientes agudos y oblicuos que hace mover el volante de algunos relojes. ■ **2** [Reloj] que funciona con rueda catalina [1].

catalino[2] -na *adj (col, humoríst)* Catalán. *Frec n: m y f, referido a pers; m, referido a lengua.*

catálisis *f (Quím)* Aceleración o retardo en la velocidad de una reacción, causados por la presencia de determinados cuerpos que no toman parte en la reacción.

catalítico -ca *adj (Quím)* **1** De (la) catálisis. *Tb fig, fuera del ámbito técn.* ■ **2** [Estufa] que funciona por catálisis de la esencia de petróleo en presencia de un catalizador. *Tb n f.*

catalizador -ra *adj (Quím)* Que cataliza. *Frec n m, referido a cuerpo. Frec fig, fuera del ámbito técn.*

catalizar *tr (Quím)* Causar catálisis [en una reacción química *(cd)*]. *Frec fig, fuera del ámbito técn.*

catalogable *adj* Que puede ser catalogado.

catalogación *f* Acción de catalogar, *esp* [1 y 2]. *Tb su efecto.*

catalogador -ra *adj* **1** Que cataloga. *Tb n, referido a pers.* ■ **2** De (la) catalogación.

catalogar *tr* **1** Hacer catálogo [de una serie de cosas *(cd)*]. ■ **2** Incluir [algo] en un catálogo. ■ **3** Clasificar o incluir [a alguien o algo *(cd)*] en la categoría que se expresa *(compl adv)*]. *A veces se omite el 2º compl, por consabido.* **b)** Calificar [a alguien o algo en la forma que se expresa *(n o adj predicat con* COMO *o* DE)].

catálogo *m* Relación ordenada, en lista o en fichas, de una serie de cosas. *Tb fig.*

catalografía *f* Técnica de la catalogación.

catalográfico -ca *adj* De la catalografía.

catalpa *f* Árbol de hojas grandes, flores vistosas blancas, rojizas o amarillas y fruto en cápsula muy alargada, y que se cultiva como planta ornamental (gén. *Catalpa*, esp. *C. bignonioides*).

catamarán *m* Balsa ligera, propia del sudeste de Asia, y usada en deportes náuticos.

catamarcano -na *adj* De Catamarca (República Argentina). *Tb n, referido a pers.*

cataniense *adj* De Catania (Italia). *Tb n, referido a pers.*

cataplasma *f (tb, reg, m)* **1** Remedio medicinal consistente en una masa de linaza o mostaza que, calentada y envuelta en una tela, se aplica como emoliente a una parte del cuerpo. *Tb fig.* ■ **2** *(col)* Pers. pesada y aburrida. *Tb adj.*

cataplín *m (col) euf por* COJÓN. *Gralm en pl.*

cataplum *interj* (*col*) *Imita el ruido de un golpe, esp una caída, o evoca la sorpresa ante un suceso repentino.*

catapulta *f* **1** Dispositivo para lanzar aviones y permitir su despegue desde la plataforma de un barco o desde un terreno reducido. *Tb fig.* ■ **2** (*hist*) Máquina militar destinada a lanzar piedras y saetas.

catapultar *tr* **1** Lanzar por catapulta [1]. ■ **2** Lanzar o proyectar [a alguien o algo hacia un lugar material o inmaterial].

catapum I *interj* (*col*) **1** Catapún [1].
II *adj* **2** [El año] ~ → AÑO.

catapún I *interj* (*col*) **1** Cataplum.
II *adj* **2** [El año] ~ → AÑO.

catar A *tr* **1** Experimentar por primera vez el sabor [de un alimento o bebida (*cd*)]. *Frec en constr neg, con intención ponderativa.* ■ **2** Tomar una muestra o una pequeña cantidad [de algo, esp. un alimento o bebida (*cd*)] para examinar sus características. **b)** Tomar una pequeña cantidad [de un alimento o bebida (*cd*)]. *Frec en constr neg con intención ponderativa.* **c) no ~lo.** (*col*) No ser bebedor. ■ **3** Castrar [la colmena]. *Tb abs.* ■ **4** (*raro*) Ver. *Tb con compl de interés.* ■ **5 lo verás pero no lo catarás.** (*col*) *Fórmula con que se advierte la imposibilidad de lograr algo muy deseado y que se ve como muy próximo.*
B *intr pr* (~se) **6** (*reg*) Percatarse.

catarata I *f* **1** Caída brusca de una corriente grande de agua. ■ **2** Torrente o gran abundancia [de algo que afluye con ímpetu o violencia]. ■ **3** Enfermedad consistente en la opacidad del cristalino del ojo. *Frec en pl.*
II *loc adv* **4 a ~s.** Torrencialmente.

cátaro -ra *adj* (*Rel crist*) De una doctrina medieval que preconiza la existencia de un principio del Bien y otro del Mal y, como forma fundamental del culto, una extrema sencillez de costumbres. *Tb n, referido a pers.*

catarral *adj* De(l) catarro.

catarribera *m* (*hist*) Pretendiente de un cargo público.

catarrino -na *adj* (*Zool*) [Mono] del Antiguo Continente, con las aberturas nasales dirigidas hacia abajo y cola muy corta y no prensil. *Tb n m en pl, designando este taxón zoológico.*

catarro *m* **1** Inflamación de las mucosas respiratorias, acompañada de secreción. *A veces con un compl especificador:* DE NARIZ, BRONQUIAL, *etc.* ■ **2 ~ intestinal.** (*Med*) Inflamación de la mucosa del intestino.

catarrofín *m* (*reg*) Semilla de la algarroba.

catarroso -sa *adj* Que padece catarro. *Tb n.* **b)** Propio de la pers. catarrosa.

catarsis *f* **1** Sentimiento de purificación o liberación interior, nacido como resultado de una experiencia. ■ **2** (*TLit*) Efecto purificador de las pasiones ejercido sobre el espectador por la tragedia, al suscitar en él la compasión o el horror ante los males y desgracias.

catártico -ca *adj* **1** De (la) catarsis. ■ **2** [Lino] ~ → LINO.

catasalsas *m y f* (*lit, raro*) Catacaldos. *Tb adj.*

catascopio *m* (*hist*) Nave ligera usada para llevar noticias o hacer observaciones en la guerra.

catastral *adj* Del catastro [1].

catastralmente *adv* En el aspecto catastral.

catastrar *tr* Incluir en el catastro [1].

catastro *m* **1** Censo de las fincas rurales y urbanas de los pueblos. ■ **2** (*hist*) Contribución pagada por toda clase de rentas, frutos o industrias.

catástrofe I *f* **1** Suceso desgraciado y repentino que trastorna gravemente la situación. *Frec con intención ponderativa.* ■ **2** Daño grave por su importancia y extensión. ■ **3** Pers. o cosa de pésima calidad o que trae pésimas consecuencias. *Frec con intención ponderativa.*
II *loc adj* **4 de ~.** (*col*) Pésimo o lamentable. *Tb adv.*

catastróficamente *adv* De manera catastrófica.

catastrófico -ca *adj* **1** De (la) catástrofe [1 y 2]. ■ **2** Que trae pésimas consecuencias. ■ **3** De catástrofe [4].

catastrofismo *m* Actitud catastrofista.

catastrofista *adj* Que prevé una catástrofe o catástrofes [1 y 2]. *Tb n, referido a pers.*

catatonía *f* (*Med*) Forma de esquizofrenia caracterizada por la pérdida de tono muscular y de volición.

catatónico -ca *adj* (*Med*) Que padece catatonía. *Frec fig, fuera del ámbito técn, aludiendo al estupor.*

cataviento *m* (*Mar*) Hilo unido al extremo de un asta, que sirve para conocer de qué parte sopla el viento. *Tb fig, fuera del ámbito técn.*

catavino (*tb* **catavinos**) *m* Copa de cristal fino con la que se huelen y prueban los mostos y los vinos.

catch (*ing; pronunc corriente,* /kač/) *m* **1** (*Dep*) Catch-as-catch-can. ■ **2** (*Cicl*) Meta volante.

catch-as-catch-can (*ing; pronunc corriente,* /káč-as-káč-kán/) *m* (*Dep*) Lucha libre americana, en que se admiten casi todos los golpes y resulta vencedor el que sujeta al adversario con la espalda totalmente pegada a la lona o le obliga a rendirse.

catcher (*ing; pronunc corriente,* /káčer/; *pl normal,* ~s) *m* Luchador de catch-as-catch-can.

catchup (*ing; pronunc corriente,* /kátčup/) *m* Cátsup.

cate *m* **1** (*col*) Bofetada. ■ **2** (*argot Enseñ*) Calificación de suspenso.

catear[1] *tr* (*col*) Dar un cate, *esp* [2], [a alguien (*cd*)].

catear[2] *tr* (*raro*) Reconocer o examinar [algo].

catecismo *m* **1** Libro que, en forma compendiada y frec. en preguntas y respuestas, contiene la explicación de la doctrina cristiana. **b)** Catequesis [1b]. ■ **2** Compendio elemental de conocimientos [de una materia].

catecolamina *f* (*Biol*) Amina de las pertenecientes al grupo cuyo representante más importante es la adrenalina.

catecú *m* Árbol tropical de corteza rojiza, flores blancas o amarillas en espigas, y frutos en legumbre con semillas rojizas, y de cuya madera se extrae una sustancia usada en medicina, en tenería y para el tinte de las fibras textiles (*Acacia catechu*).

catecumenado *m* Estado de catecúmeno. *Tb el tiempo que dura.*

catecumenal *adj* De(l) catecúmeno [1].

catecúmeno -na I *m y f* **1** Pers. que se prepara para recibir el bautismo. *Tb fig.* ■ **2** (*lit*) Pers. que recibe instrucción o iniciación en un saber o una actividad.
II *loc adj* **3** [Misa] **de los ~s** → MISA.

cátedra I *f* **1** Puesto de profesor de la categoría más alta en la enseñanza oficial. **b)** Desempeño de la enseñanza desde la cátedra. **c)** Conjunto de profesores y actividades dependientes del titular de la cátedra. **d)** *En gral:* Actividad docente. *Tb el puesto en que se desempeña.* ■ **2** *En las universidades antiguas:* Asiento elevado desde donde el maestro explica la lección. **b)** *En el refectorio de un monasterio:* Lugar elevado destinado al lector. **c)** ~ **sagrada,** *o* **del Espíritu Santo.** (*lit*) Púlpito. ■ **3** Aula. **b)** (*lit*) Lugar donde se adquieren conocimientos [de algún aspecto de la vida]. ■ **4** (*lit*) Dignidad episcopal. ■ **5** ~ **de San Pedro,** *o* **de Roma.** (*lit*) Dignidad de Papa. ■ **6** Conjunto de los apostantes de quinielas, esp. en el juego de pelota.
II *loc v* **7 sentar ~.** Opinar con suficiencia o de manera dogmática sobre algo.

catedral I *adj* **1** [Iglesia] principal de la diócesis, en la cual tiene su sede el obispo. *Gralm n f.* ■ **2** De la iglesia catedral [1]. ■ **3 como una ~.** (*col*) Enorme.
II *f* **4** Lugar donde por excelencia se practica o cultiva [una actividad (*compl* DE)].

catedralicio -cia *adj* De (la) catedral [1].

catedrático -ca A *m y f* (*a veces se usa la forma m con valor de f*) **1** Pers. titular de una cátedra [1a].
B *f* **2** Mujer del catedrático [1].

cátedro *m* (*argot Enseñ*) Catedrático [1].

categorema *m* (*Filos*) Categoría [4a].

categoremático -ca *adj* (*Filos*) [Término] que tiene sentido por sí mismo, independientemente de su inserción en un enunciado.

categoría I *f* **1** Jerarquía o grado de los establecidos en una profesión o una carrera. ■ **2** Importancia. **b)** Clase o distinción. *Referido a pers.* ■ **3** Clase en que se reúne una serie de perss. o cosas con arreglo a los rasgos comunes que se señalan en ellas. ■ **4** (*Filos*) Noción abstracta general de las establecidas por la lógica aristotélica para clasificar la realidad. **b)** Concepto fundamental de los que según Kant hay en el entendimiento. ■ **5** (*Gram*) Clase de las que agrupan las palabras que desempeñan una misma función sintáctica. **b)** Accidente gramatical. *Tb* ~ GRAMATICAL.
II *loc adj* **6 de ~.** Importante.

categorial *adj* De (la) categoría [3 y 4].

categóricamente *adv* De manera categórica.

categórico -ca *adj* [Aserto o mandato] absoluto y sin condiciones. **b)** Que no admite duda ni discusión.

categorización *f* Acción de categorizar [1].

categorizador -ra *adj* Que categoriza [1]. *Tb n m.*

categorizar *tr* **1** Clasificar o distribuir en categorías [3 y 4]. **b)** (*Gram*) Asignar categoría [5] [a una palabra (*cd*)]. ■ **2** Dar categoría [1 y 2] [a alguien o algo (*cd*)].

catenaccio (*it; pronunc corriente, /*katenáĉo/) *m* (*Fút*) Táctica del cerrojo en que todo el equipo, a excepción de dos delanteros, actúa como defensa.

catenaria *f* (*E*) Cable del tendido eléctrico, suspendido en toda su longitud por una serie de puntos a una distancia constante del suelo. *Esp en ferrocarriles.*

catequesis *f* Acción de instruir en la doctrina cristiana. *Tb fig.* **b)** Lugar o reunión en que se hace la catequesis.

catequeta *m y f* Pers. especializada en la enseñanza de la doctrina cristiana.

catequético -ca I *adj* **1** De (la) catequesis [1a].
II *f* **2** Estudio de la técnica de la catequesis [1a].

catequista *m y f* Pers. que se dedica a la catequesis [1a].

catequístico -ca *adj* De (la) catequesis.

catequización *f* Acción de catequizar.

catequizador -ra *adj* Que catequiza. *Tb n, referido a pers.*

catequizar *tr* **1** Instruir [a alguien] en la doctrina cristiana, o atraer[le] a sus prácticas. ■ **2** Atraer [a alguien] a una actividad, a una posición o a una manera de pensar.

catering (*ing; pronunc corriente, /*káterin/; *pl normal,* ~S) *m* Servicio de alimentos para los pasajeros de los aviones.

caterpillar (*n comercial registrado; ing; pronunc corriente, /*katerpílar/; *pl normal,* ~S) *m o f* Máquina excavadora con orugas.

caterva *f* (*desp*) Conjunto desordenado [de perss. o cosas].

catéter *m* (*Med*) Tubo delgado y largo cuya luz oscila entre 1 y 3 mm, utilizado para desaguar líquidos orgánicos o para distender un paso o conducto.

cateterismo *m* (*Med*) Introducción de un catéter en un conducto o cavidad.

cateterizar *tr* (*Med*) Introducir un catéter [en una pers. o en una parte del organismo (*cd*)].

catetez *f* (*reg*) Condición de cateto[1].

catetismo *m* Condición de cateto[1].

cateto[1] -ta *adj* (*col*) [Pers.] lugareña o que se comporta como tal. *Tb n.* **b)** Propio de la pers. cateta.

cateto[2] *m* (*Geom*) Lado del triángulo rectángulo, de los dos que forman el ángulo recto.

catgut (*ing; pronunc corriente, /*kátgut/; *pl normal,* ~S) *m* Hilo hecho con intestino animal, usado esp. en suturas.

catilinaria *f* (*lit*) Discurso de represión o crítica airada.

catinga *f* (*raro*) Olor corporal desagradable.

catino *m* (*hist*) Fuente grande de barro.

catión *m* (*Fís*) Ión con carga positiva, que en la electrólisis se dirige hacia el cátodo o electrodo negativo.

catiónico -ca *adj* (*Fís*) De(l) catión.

catite *m* Sombrero semejante al calañés, con copa alta.

cativo -va *adj* (*reg*) Desgraciado o pobre.

catódico -ca *adj* (*Fís*) Del cátodo, o relativo al cátodo. **b)** [Rayo] emitido por el cátodo y atraído por el ánodo.

cátodo *m* (*Fís*) Electrodo negativo.

católicamente *adv* De manera católica [1].

catolicidad *f* **1** Condición de católico [1]. ■ **2** Mundo católico [1b].

catolicismo *m* Religión católica [1].

católico -ca *adj* **1** Cristiano que reconoce como suprema autoridad religiosa al Papa de Roma. *Tb n, referido a pers.* **b)** De los católicos o de la Iglesia católica. ■ **2** (*col*) Bueno o sano. *Frec en la frase* NO ESTAR MUY ~. *Tb fig, referido a cosa.*

catolización *f* Conversión [de una colectividad o un país] a la religión católica [1]. **b)** Intensificación de la influencia católica [en una colectividad o un país (*compl de posesión*)].

catón[1] *m* (*lit*) Crítico severo, esp. de las costumbres. *Frec con intención irónica.*

catón[2] *m* (*hist*) Cartilla para aprender a leer. *Modernamente, tb fig.*

catoniano -na *adj* (*lit*) Que tiene carácter de catón[1].

catorce I *adj* **1** *Precediendo a susts en pl:* Trece más uno. *Puede ir precedido de art o de otros determinantes, y en este caso sustantivarse.* ■ **2** *Precediendo o siguiendo a ns en sg* (*o, más raro, en pl*): Decimocuarto. *Frec el n va sobrentendido.* **II** *pron* **3** Trece más una perss. o cosas. *Siempre referido a perss o cosas mencionadas o consabidas, o que se van a mencionar.* **III** *n* **A** *m* **4** Número de la serie natural que sigue al trece. *Frec va siguiendo al n* NÚMERO. **b)** Cosa que en una serie va marcada con el número catorce. **B** *f pl* **5** Dos de la tarde. *Normalmente precedido de* LAS.

catorceavo -va *adj* **1** [Parte] que es una de las catorce en que se divide o se considera dividido un todo. *Tb n m.* ■ **2** (*semiculto*) Decimocuarto.

catorceno -na *adj* (*lit, raro*) Decimocuarto.

catral *adj* (*reg*) Enorme o tremendo.

catre *m* Cama pobre de madera, para una sola persona. **b)** (*col, humoríst*) Cama. *Frec con referencia al acto sexual.*

catrecillo *m* Silla pequeña de tijera.

cátsup *m* Salsa preparada cuyos ingredientes principales son jugos de champiñón y de tomate.

caucasiano -na *adj* Caucásico [1].

caucásico -ca *adj* **1** Del Cáucaso (cordillera o región de Asia), o relativo al Cáucaso. ■ **2** [Raza] blanca. **b)** De raza blanca.

cauce I *m* **1** Concavidad del terreno por la que corre un curso de agua. ■ **2** Conducto o vía establecidos para algo no material. **II** *loc v* **3 volver las aguas a su ~** → AGUA.

caucense *adj* De Coca (Segovia). *Tb n, referido a pers.*

cauchero -ra *adj* Del caucho. **b)** Que busca el caucho o trabaja en su explotación. *Frec n, referido a pers.*

cauchil *m* (*reg*) Arca de agua.

caucho I *m* **1** Sustancia elástica producida por la coagulación de la savia de varias plantas tropicales, esp. *Hevea brasiliensis* y *H. guyanensis*. **b)** Sustancia similar al caucho producida industrialmente. *Gralm con un compl especificador. Tb ~* SINTÉTICO. **II** *loc v* **2 quemar ~.** (*juv*) Conducir un coche a gran velocidad.

cauchutar *tr* Impermeabilizar con caucho.

caución *f* (*Der*) Seguridad que se da de cumplir lo pactado, prometido o mandado. **b)** ~ **de conducta.** Pena que obliga a presentar fiador de que no se va a cometer un delito. **c)** ~ **juratoria** → JURATORIO.

caucus *m* Mitin de los miembros de un partido norteamericano para elegir candidatos.

cauda *f* (*Rel catól*) Cola de la larga capa usada en ocasiones por cardenales y obispos.

caudal[1] **I** *m* **1** Cantidad de agua que lleva un río o que mana de una fuente. *Tb fig.* ■ **2** Conjunto de bienes, esp. dinero. *Tb fig, referido a cosas no materiales. A veces en pl con sent sg.* **II** *adj* **3** [Águila] ~, [caja] **de ~es** → ÁGUILA, CAJA.

caudal[2] *adj* De la cola (del animal).

caudalímetro *m* (*E*) Aparato que sirve para medir caudales[1] [1].

caudalosamente *adv* De manera caudalosa.

caudaloso -sa *adj* Que lleva mucho caudal[1] [1]. *Tb fig.*

caudetano -na *adj* De Caudete (Albacete). *Tb n, referido a pers.*

caudillaje *m* Mando o gobierno de un caudillo.

caudillesco -ca *adj* **1** De aspecto o carácter de caudillo. ■ **2** Del Caudillo [2].

caudillismo *m* Sistema en que manda un caudillo. **b)** Actitud de adhesión o apoyo a un caudillo.

caudillista *adj* De(l) caudillismo.

caudillo (*normalmente con mayúscula en acep 2*) *m* **1** Hombre que ostenta el mando supremo de una fuerza armada. *Tb fig, referido al ámbito civil.* ■ **2 el ~.** *En el régimen de Franco* (*1936-1975*): El Jefe del Estado.

caudinas. horcas ~ → HORCA.

caulerpa *f* Alga verde unicelular, frondosa, que forma grandes colonias (gén. *Caulerpa*).

caulescente *adj* (*Bot*) [Planta] que tiene tallo.

caulinar *adj* (*Bot*) Del tallo.

caulógeno -na *adj* (*Bot*) Que se produce en el tallo.

cauri *m* Molusco gasterópodo del sur de Asia cuya concha, blanca y brillante, se usa como moneda en algunos países asiáticos y africanos (*Cypraea moneta*).

cauriense *adj* De Coria (Cáceres). *Tb n, referido a pers.*

causa I *f* **1** Pers. o cosa que hace que [algo (*compl de posesión*)] ocurra o pase a existir. **b)** Motivo o circunstancia que justifica o determina [algo (*compl* DE *o* PARA)]. **c)** (*Filos*) Cosa que es principio de un ser e influye sobre él, y de la cual este depende existencialmente. ■ **2** Conjunto de ideales o de intereses por el que se lucha o al que se presta adhesión. ■ **3** (*Der*) Proceso. ■ **4** (*raro*) Interés. **II** *loc adj* **5 digno de mejor ~.** [Hecho o actitud] dedicado a algo que no los merece.

III *loc v* **6 hacer ~ (común).** Unirse [con alguien] con un mismo propósito. *Tb en pl sin compl.*
IV *loc adv* **7 con conocimiento de ~.** Disponiendo de información suficiente para opinar o actuar responsablemente.
V *loc prep* **8 a ~ de,** o **por ~ de.** Por. *Precediendo a sust o prop que expresan causa* [1].

causación *f* Hecho de causar.

causador -ra *adj* Causante. *Tb n, referido a pers.*

causahabiente *m y f* (*Der*) Pers. que ha sucedido o se ha subrogado en el derecho de otra.

causal **I** *adj* **1** De (la) causa [1]. **b)** (*Gram*) Que expresa causa.
II *f* **2** (*raro*) Razón o motivo.

causalidad *f* Relación de causa [1] a efecto.

causalmente *adv* En el aspecto causal.

causante **I** *adj* **1** Que causa. *Tb n, referido a pers.*
II *m y f* **2** (*Der*) Pers. de quien proviene el derecho que otra tiene.

causar (*conjug* **1e**) *tr* Ser causa [1], o actuar como causa, [de algo (*cd*)].

causativo -va *adj* (*Gram*) [Verbo] cuyo sujeto no designa a la persona que ejecuta la acción, sino a la que la hace ejecutar. **b)** De(l) verbo causativo.

causeur (*fr; pronunc corriente,* /kosór/) *m* Conversador brillante.

causia *f* (*hist*) Sombrero de fieltro de alas anchas.

causticación *f* (*Med*) Quemadura producida por un cáustico [1].

cáusticamente *adv* De manera cáustica [2].

causticidad *f* Cualidad de cáustico.

cáustico -ca **I** *adj* **1** [Sustancia] que ataca y destruye los tejidos vegetales o animales. *Tb n m.* **b)** Propio de la sustancia cáustica. **c)** [Sosa] **cáustica** → SOSA. ■ **2** Mordaz, o que ataca con burla o ironía malignas.
II *f* **3** Sosa cáustica (→ SOSA).

cautamente *adv* De manera cauta.

cautela *f* **1** Actitud cauta. ■ **2** Precaución.

cautelar *adj* De precaución. *Esp en derecho.*

cautelarmente *adv* De manera cautelar. *Esp en derecho.*

cautelarse *intr pr* Tomar precauciones para evitar [algo (*compl* DE)].

cautelosamente *adv* De manera cautelosa.

cauteloso -sa *adj* Que tiene cautela o actúa con cautela. **b)** Propio de la pers. cautelosa.

cauterio *m* (*Med*) Medio curativo consistente en quemar un tejido. *Tb fig, fuera del ámbito técn.*

cauterización *f* (*Med*) Acción de cauterizar. *Tb fig, fuera del ámbito técn.*

cauterizador -ra *adj* Que cauteriza. *Tb n, referido a pers. Tb fig, fuera del ámbito técn.*

cauterizar *tr* (*Med*) Aplicar un cauterio [a algo (*cd*)]. *Tb fig, fuera del ámbito técn.*

cautivador -ra *adj* Que cautiva, *esp* [2].

cautivante *adj* Cautivador o atrayente.

cautivar *tr* **1** Hacer cautivo [1] [a alguien]. ■ **2** Atraer de manera irresistible la simpatía o el interés [de alguien (*cd*)]. **b)** Atraer de manera irresistible [la atención (*cd*) de alguien].

cautiverio *m* Estado o condición de cautivo [1a].

cautividad *f* Estado de cautivo [1].

cautivo -va *adj* **1** (*lit*) Prisionero. *Tb n.* **b)** [Animal] que se tiene privado de libertad. ■ **2** [Objeto] retenido por un cable a otro cuerpo o a una base fija. ■ **3** (*Geol*) [Capa de agua] que está entre dos capas impermeables. ■ **4** (*Econ*) [Recursos de un banco] de los que este no puede disponer libremente. ■ **5** (*Econ*) [Sector] integrado en otro al que beneficia a expensas de su propia depresión. ■ **6** (*Pol*) [Voto] que no es libre al estar dependiendo el votante de la protección directa o indirecta de una fuerza interesada.

cauto -ta *adj* Que actúa con precaución y reserva. **b)** Propio de la pers. cauta.

cava¹ *f* Acción de cavar [1b].

cava² **A** *f* **1** Bodega subterránea en que se guardan y elaboran determinados vinos. **b)** (*hist*) Dependencia de palacio que tiene a su cargo el agua y los vinos del rey y su familia. ■ **2** (*lit*) Cueva o sótano en que se desarrollan reuniones intelectuales o artísticas.
B *m* **3** Vino espumoso elaborado al estilo del champaña francés. *Tb* VINO DE ~.

cava³ *adj* (*Anat*) [Vena] que es una de las dos que desembocan en la aurícula derecha del corazón. *Tb n f.*

cava⁴ *f* (*hist*) Foso que circunda una fortaleza.

cavada *f* Acción de cavar [1a]. *Tb su efecto.*

cavador -ra *adj* Que cava. *Tb n: m y f, referido a pers; f, referido a máquina.* **b)** Adaptado para cavar.

cavar *tr* **1** Abrir una cavidad más o menos profunda [en la tierra (*cd*)]. *Tb abs. Tb fig, referido a otro medio.* **b)** Remover con una azada [la tierra] para cultivar[la]. *Tb abs.* ■ **2** Abrir en la tierra [una cavidad más o menos profunda (*cd*)].

cavatina *f* (*Mús*) Pieza cantada de una ópera, más breve que el aria, y que a veces sirve para presentar a un personaje.

cávea *f* (*hist*) Galería de un teatro romano.

caverna *f* **1** Cavidad profunda, gralm. natural, en la tierra o entre las rocas. ■ **2** Cavidad causada en los tejidos orgánicos, esp. los pulmones, por la tuberculosis. ■ **3 la ~.** (*col, desp*) La derecha, esp. la más conservadora.

cavernario -ria *adj* (*raro*) Cavernoso.

cavernícola *adj* **1** Que habita en cavernas [1]. *Tb n, referido a pers.* **b)** Propio de las perss. o animales cavernícolas. ■ **2** (*col, desp*) De ideas retrógradas, esp. en política. *Tb n.* **b)** Propio de la pers. cavernícola.

cavernoso -sa *adj* **1** De caverna [1]. ■ **2** [Voz] de tono muy grave.

caveto *m* (*Arquit*) Nacela (moldura).

caviar *m* Manjar consistente en huevas de esturión saladas y prensadas.

cavicornio -nia *adj* (*Zool*) Bóvido, o que tiene los cuernos huecos.

cavidad *f* Espacio vacío en el interior de un cuerpo. **b)** (*Anat*) Parte hueca. *Con un adj o compl especificador.*

cavilación *f* Acción de cavilar [1]. *Esp su efecto.*

cavilador -ra *adj* Dado a la cavilación.

cavilar A *intr* **1** Pensar con insistencia, a veces con preocupación, [sobre algo]. **B** *tr* **2** Cavilar [1] [sobre algo (*cd*)].

cavilatorio -ria *adj* De (la) cavilación o (las) cavilaciones.

cavilosidad *f* Actitud cavilosa.

caviloso -sa *adj* Que cavila o está en actitud de cavilar. **b)** Propio de la pers. cavilosa.

cavitación *f* **1** Formación de cavidades llenas de vapor o de gas en el seno de un líquido en movimiento. ■ **2** (*Med*) Cavidad o caverna.

cavitario -ria *adj* (*Med*) Caracterizado por la presencia de cavidades o cavernas.

caviteño *m* Dialecto filipino del español, propio de la provincia de Cavite.

cavo -va *adj* (*Anat*) [Pie] cuya planta es más cóncava de lo normal.

cavografía *f* (*Med*) Inyección de contraste para visualizar la vena cava.

cavón *m* (*reg*) Terrón grande en una tierra de cultivo.

cayada *f* Cayado [1].

cayado *m* **1** Bastón tosco, curvado en la parte superior, propio de pastores. ■ **2** (*Anat*) Parte curva de la aorta. *Gralm* ~ DE LA AORTA.

cayapa *adj* De una tribu de indios chibchas ecuatorianos, habitante de la costa de Esmeraldas. *Tb n, referido a pers.*

cayata *f* (*reg*) Cayada.

cayena *f* Condimento muy picante, de color rojo vivo, hecho de semillas y vainas secas de algunas variedades de chile.

cayente *adj* (*raro*) Que cae.

cayo *m* Isleta casi rasa y poco saliente de la superficie del mar, y que es propia del mar de las Antillas y del golfo de Méjico.

cayuco *m* **1** Canoa pequeña de una pieza, propia del mar de las Antillas. ■ **2** Embarcación pequeña de madera, con fondo plano, que se gobierna con motor fuera borda, usada en Guinea Ecuatorial.

cayuela *f* (*reg*) Roca caliza azulada, que se descompone fácilmente en hojas o placas.

cayuquero *m* Hombre que maneja un cayuco [2].

caz *m* Canal construido para tomar agua de un río y llevarla a otro lugar.

caza I *n* A *f* **1** Acción de cazar, *esp* [1]. **b)** ~ **mayor**, ~ **menor** → MAYOR, MENOR. ■ **2** Conjunto de animales que pueden ser objeto de caza [1a]. **b)** Animal o animales cazados. *Tb su carne.* ■ **3** Búsqueda. *Frec en constrs como* ANDAR *o* IR A LA ~ [de algo]. ■ **4** Persecución. *Frec en la constr* DAR ~ [a alguien]. **b)** ~ **de brujas.** (*Pol*) Campaña encaminada a perseguir a sospechosos de simpatizar con ideologías consideradas peligrosas para el Estado. *Tb fig, fuera del ámbito político.* ■ **5** Destrucción de aviones enemigos en el aire, por medio de aviones. **B** *m* **6** Avión de caza [5]. **II** *loc v* **7 levantar la ~.** (*col*) Descubrir y publicar [alguien] un asunto que otro deseaba mantener oculto.

cazabe *m* Harina de la raíz de la mandioca. *Tb la torta hecha con ella.*

cazable *adj* Que puede cazarse.

cazabombardero *m* Avión de caza y de bombardeo.

cazacerebros *m y f* Cazatalentos.

cazadero -ra I *adj* **1** Que puede cazarse [1]. **II** *m* **2** Lugar adecuado para cazar [1].

cazador -ra I *adj* **1** Que caza [1]. *Frec n, referido a pers. Tb fig.* **b)** ~ **mayor**, ~ **menor** → MAYOR, MENOR. **c)** De(l) cazador. **II** *n* A *m* **2** Soldado de tropa ligera. ■ **3** ~ **de talentos.** Cazatalentos. **B** *f* **4** Prenda exterior de vestir, impermeable o de abrigo, que cubre hasta poco más abajo de la cintura, donde se ciñe con un elástico, y que gralm. se cierra por delante con cremallera.

cazadotes *m* (*col*) Hombre que busca el casamiento con una mujer rica.

cazalla *m o f* Aguardiente fabricado en Cazalla de la Sierra (Sevilla). *Tb la copa del mismo.*

cazallero -ra *adj* De Cazalla de la Sierra (Sevilla). *Tb n, referido a pers.*

cazamariposas *m* Instrumento constituido por una red sujeta al extremo de un mango largo, y que sirve para cazar mariposas y otros insectos voladores.

cazaminas *m* Dragaminas.

cazamoscas *m* Alguacililllo (araña).

cazar *tr* **1** Apresar o matar [un animal silvestre o salvaje] después de perseguir[lo] o buscar[lo]. *Tb abs. Tb fig, referido a pers o a cosa.* ■ **2** (*col*) Lograr, o conseguir disfrutar, [algo difícil que interesa]. **b)** Conquistar [una pers. a otra] con fines matrimoniales. ■ **3** (*col*) Encontrar [a alguien a quien se busca]. ■ **4** (*col*) Sorprender [a alguien en un error o en una acción que deseaba mantener oculta]. ■ **5** (*col*) Captar o comprender [lo dicho]. **b)** ~ **al vuelo** → VUELO. ■ **6** (*Taur*) Alcanzar [el toro al torero]. **b)** (*Boxeo*) Alcanzar con un golpe [al contrario]. ■ **7** (*Mar*) Poner tensa [una vela] para que recoja bien el viento.

cazasubmarinos *m* Buque destinado a la persecución de submarinos.

cazata *f* Cacería.

cazatalentos *m y f* Pers. que se dedica a reclutar profesionales para empresas, gralm. seleccionándolos entre los ya empleados. *Tb adj, esp referido a agencia.*

cazatesoros *m* Buscador de tesoros, esp. en barcos hundidos.

cazatorpedero *m* Buque destinado a la persecución de torpederos.

cazcarria *f* Cascarria. *Tb fig.*

cazcarrioso -sa *adj* Que tiene cazcarrias.

cazo I *m* **1** Recipiente de cocina cilíndrico, de poca altura y con mango. ■ **2** Cacillo (instrumento de cocina, de forma semiesférica y con mango largo). ■ **3** (*col*) Pers. torpe o atontada. ■ **4** (*jerg*) Proxeneta. **II** *loc v* **5 poner el ~.** (*col*) Aceptar o recibir dinero. **b)** Pedir dinero. **c)** Pedir limosna.

cazolero -ra *adj* (*raro*) [Pers.] que se ocupa de pequeñeces.

cazoleta *f* **1** Cazuela [1 y esp. 2] pequeña. **b)** *Se da este n a diversos guisos regionales que se presentan en cazoleta de barro.* ■ **2** *En la pipa:* Receptáculo para el tabaco. ■ **3** *En la espada:* Pieza de metal colocada debajo del puño para proteger la mano.

cazoletero *adj (raro)* [Hombre] aficionado a quehaceres femeninos.

cazolilla *f* Cazoleta [1].

cazolón *m* Cazuela [1] grande. *Tb fig.*

cazón *m* Tiburón de cola alargada, no semilunar, de color gris uniforme en el dorso, y que es muy apreciado en la pesca deportiva (*Galeus galeus*).

cazorleño -ña *adj* De Cazorla (Jaén). *Tb n, referido a pers.*

cazuela *f* **1** Cacerola (vasija de metal, cilíndrica, de poca altura y con dos asas). ■ **2** Recipiente de cocina, hecho de barro, ancho y poco profundo, que sirve para guisar. **b)** *Se da este n a diversos guisos regionales que se presentan en cazuela.* **c)** ~ **mohína** *o* **mojina.** Cierto dulce de almendras propio de Granada. ■ **3** Cazoleta de la pipa. ■ **4** Copa del sujetador. ■ **5** (*hist*) *En los teatros de los ss XVII y XVIII:* Espacio reservado para las mujeres espectadoras.

cazueleta *f* (*reg*) Zoqueta (pieza de madera con que el segador resguarda su mano).

cazuelo *m* (*reg*) Vasija de barro del tamaño de un tazón, de forma troncocónica y sin asas.

cazurramente *adv* De manera cazurra.

cazurrería *f* **1** Condición de cazurro. ■ **2** Hecho o dicho cazurro [2].

cazurro -rra *adj* (*col*) **1** [Pers.] callada que con astucia hace o intenta lo que le conviene. *Tb n.* ■ **2** Tosco o zafio.

CB (*sigla; pronunc, /θé-bé/*) *f* (*Radio*) Banda de frecuencias reservada oficialmente a los radioaficionados.

CD (*sigla; pronunc, /θé-dé/*) *m* Compact disc o disco compacto.

CD-ROM (*sigla; pronunc, /θé-dé-r̄óm/*) *m* Disco compacto que contiene información no modificable, y que ha de usarse con un sistema informático.

ce I *f* **1** Letra del alfabeto (*c, C*) que en español corresponde al fonema /θ/ cuando está escrita ante *e* o *i*, y al fonema /k/ en los demás casos. (V. PRELIM.) *A veces se llama así el fonema /θ/ representado por esta letra.*
II *loc adv* **2** ~ **por be.** (*col*) Detalladamente. *Con vs como* CONTAR *o* SABER.

ceajo -ja *m y f* (*reg*) Cordero o chivo que no llega a primal.

ceba *f* Acción de cebar [1].

cebada I *f* **1** Planta gramínea utilizada preferentemente en la industria de la cerveza y como alimento del ganado (gén. *Hordeum*, esp. *H. vulgare*). *Tb su semilla; en este caso, frec en sg con sent colectivo.* ■ **2** Cebadal. ■ **3** Agua de cebada (→ AGUA).
II *loc adj* **4** [Agua] **de** ~ → AGUA.

cebadal *m* Terreno sembrado de cebada [1].

cebadera[1] *f* Bolsa que, colgada de la cabeza de una caballería, contiene el pienso para que coma cuando está fuera de la cuadra.

cebadera[2] *f* (*Mar, hist*) Vela que se larga en la verga mayor del bauprés.

cebadero *m* Lugar destinado a cebar [1b] a los animales.

cebadilla *f* **1** Planta gramínea espontánea parecida a la cebada (*Hordeum murinum*). *Tb* ~ DEL CAMPO. ■ **2** Planta herbácea de origen americano, de fruto en cápsula con muchas semillas que sirven para preparar insecticidas (*Sabadilla officinarum*).

cebador -ra *adj* Que ceba [1]. *Frec referido a la pers que lo hace por oficio. Tb n.*

cebadura *f* Acción de cebar [1].

cebamiento *m* Cebadura.

cebar **A** *tr* **1** Dar comida [a un animal (*cd*)] para engordar[lo]. *Tb fig, referido a pers.* **b)** Dar la comida [a un animal (*cd*)]. *Tb fig, referido a pers.* ■ **2** Poner [en un anzuelo, red o trampa (*cd*)] un alimento capaz de atraer a los animales. *Tb abs.* ■ **3** Llenar o cargar [algo] de la materia necesaria para su funcionamiento.
B *intr pr* (~**se**) **4** Entregarse o dedicarse intensamente [a una acción (*compl* EN)]. ■ **5** Ensañarse [con alguien o algo (*compl* EN)].

cebeísta *m y f* (*argot Radio*) Radioaficionado.

cebellina *adj* [Marta] cibelina. *Tb n. Tb su piel.*

cebes *m pl* (*argot Econ*) Certificados del Banco de España.

cebiche (*tb con la grafía* **ceviche**) *m* Plato preparado con pescado o marisco crudo cortado en trozos pequeños y aderezado con limón, cebolla y ají, típico esp. de Perú.

cébido *m* (*Zool*) Mono perteneciente a la familia que comprende todos los del Nuevo Mundo excepto los titíes. *Tb en pl, designando este taxón zoológico.*

cebilla *f* (*reg*) Collar de madera con que se sujeta a una res vacuna.

cebo *m* **1** Porción de alimento con que se ceba [2]. **b)** Pers. o cosa que se utiliza para atraer a alguien a donde a uno le interesa. ■ **2** Alimento de un animal. ■ **3** Acción de cebar [1]. ■ **4** Porción de material detonante que sirve para provocar la explosión de un cartucho, un barreno u otra carga explosiva.

cebolla I *f* **1** Planta herbácea anual, de hojas alargadas, flores blanquecinas en umbelas y fruto en cápsula, cultivada por su bulbo globoso comestible (*Allium cepa*). **b)** ~ **albarrana.** Planta medicinal parecida a la cebolla, cuyo bulbo es de gran tamaño (*Urginea scilla*). ■ **2** Bulbo comestible de la cebolla [1a]. **b)** *En gral:* Bulbo (de planta).
II *adj invar* **3** [Papel] muy fino y ligero, que se ha usado pralm. para copias hechas a máquina con papel carbón.

cebollana *f* Cebollino o cebolleta.

cebollano -na *adj* De Cebolla (Toledo). *Tb n, referido a pers.*

cebollero I *adj* **1** alacrán ~, grillo ~ → ALACRÁN, GRILLO.
II *m* **2** Grillo cebollero.

cebolleta *f* **1** Planta semejante a la cebolla [1a], de bulbo ovoidal comestible (*Allium fistulosum*). *Tb su bulbo.* ■ **2** (*vulg*) Miembro viril.

cebollín *m* (*reg*) Cebollino [1].

cebollino I *m* **1** Cebolleta [1]. ■ **2** (*col*) Hombre torpe e ignorante. *Tb adj.*
II *loc v* **3** mandar a escardar ~s → MANDAR.

cebollo *m* (*col*) Cebollino (hombre torpe).

cebón -na *adj* **1** [Cerdo] cebado. *Frec n.* ■ **2** (*desp*) Gordo.

ceborrancha *f* (*reg*) Cebolla albarrana.

ceborrincha *f* (*reg*) Cebolla albarrana.

cebra *f* **1** Mamífero équido parecido en dimensiones y aspecto al caballo, pero con cabeza más maciza, tórax estrecho, vientre grueso, crin corta y erecta y, sobre todo, manto en fajas verticales negras sobre fondo claro (*Equus zebra, E. grevyi, E. granti,* etc.). ■ **2** Paso de peatones, en una vía pública, señalado con bandas anchas pintadas en el suelo en dirección perpendicular a la del peatón. *Frec* PASO DE ~. ■ **3** (*lit, raro*) Onagro.

cebrado -da *adj* **1** [Paso] de cebra [2]. ■ **2** Que tiene listas semejantes a las de la cebra [1].

cebrear *tr* (*lit*) Trazar [sobre algo (*cd*)] listas semejantes a las de la cebra [1].

cebreirés -sa *adj* De Piedrafita del Cebrero (Lugo). *Tb n, referido a pers.*

cebrereño -ña *adj* De Cebreros (Ávila). *Tb n, referido a pers.*

cebro *m* (*lit, raro*) Onagro.

cebú *m* Mamífero bovino, parecido al buey, con una gibosidad en la cruz, que vive en el sur de Asia y en África y se utiliza como animal de carga y de silla (*Bos indicus*). *Tb su piel.*

cebuano *m* Lengua de la isla de Cebú (Filipinas).

ceca[1]. **de la ~ a la meca** (*tb* **de la Ceca a la Meca**). *loc adv* (*col*) De un lado para otro.

ceca[2] *f* (*hist*) Fábrica de moneda.

cecal. apéndice ~ —→ APÉNDICE.

ceceante *adj* Que cecea. *Tb n.*

cecear *intr* Pronunciar el fonema /s/ con articulación igual o semejante a /θ/.

ceceo *m* Acción de cecear.

ceceoso -sa *adj* [Pers.] que cecea. *Tb n.* **b)** De la pers. que cecea.

cecial *adj* (*hist*) [Pescado] seco y curado al aire. *Tb n m.*

cecina *f* Carne salada y seca.

ceclavinero -ra *adj* De Ceclavín (Cáceres). *Tb n, referido a pers.*

cedacería *f* Establecimiento en que se fabrican o venden cedazos.

cedacero *m* Hombre que fabrica o vende cedazos.

cedazo *m* **1** Criba de tela muy fina. ■ **2** Arte de pesca constituido fundamentalmente por una tela metálica de malla muy fina y que se emplea para la pesca de la angula.

cedente *adj* (*lit*) Que cede [1]. *Tb n.*

ceder **A** *tr* **1** Permitir que [alguien (*ci*)] pase a disponer [de algo (*cd*)]. *A veces el cd es partitivo.* **B** *intr* **2** Disminuir [algo] en intensidad. ■ **3** Perder [algo] su resistencia o su rigidez total o parcialmente. ■ **4** Rendirse o dejar de oponerse. *Gralm con un compl* A *o* ANTE. ■ **5 no ~** [una pers. o cosa a otra, o ante otra]. (*lit*) No ser inferior [a ella]. *Frec con un compl* EN.

cederrón *m* CD-ROM.

cedí *m* Unidad monetaria de Ghana.

cedilla *f* **1** Letra constituida por el signo de *c* con un rasgo en forma de coma trazado en su parte inferior. ■ **2** Rasgo en forma de coma que forma parte de la cedilla [1].

cedista *adj* (*hist*) Del partido político CEDA (Confederación Española de Derechas Autónomas), durante la Segunda República. *Tb n, referido a pers.*

cedizo -za *adj* (*raro*) Que empieza a pudrirse.

cedral *m* Terreno poblado de cedros.

cedro *m* Árbol conífero perenne, de grandes dimensiones, de tronco recto y ramas horizontales y de madera muy compacta (gén. *Cedrus*). *Tb su madera.* **b)** *Algunas especies del mismo gén, o de otros semejantes, se designan con adj o compl especificador:* ~ DEL ATLAS (*Cedrus atlantica*), ~ DEL HIMALAYA (*C. deodora*), ~ DEL LÍBANO (*C. libani*), ~ JAPONÉS (*Cryptomeria japonica*), etc.

cedrón *m* Melisa (planta).

cédula *f* **1** Documento oficial extendido en una hoja de papel. **b)** **~ personal.** (*hist*) Documento oficial de identidad de una persona. ■ **2** Ficha (papel en que se apuntan datos). ■ **3** (*hist*) Disposición expedida por el rey, o, en su nombre, por un alto organismo. *Tb* ~ REAL.

cedulario *m* Colección de cédulas.

cedulón *m* (*raro*) Pasquín.

cefalalgia *f* (*Med*) Cefalea.

cefalea *f* (*Med*) Dolor de cabeza.

cefálico -ca *adj* (*Anat*) De (la) cabeza.

cefalización *f* (*Anat*) Disposición anatómica en la que los órganos tienden a concentrarse en la parte anterior del cuerpo.

cefalocordado *adj* (*Zool*) [Animal] procordado en el que la cuerda dorsal se prolonga en la cabeza. *Frec como n m en pl, designando este taxón zoológico.*

cefalópodo *adj* (*Zool*) [Molusco marino] de cabeza grande, muy diferenciada y rodeada de brazos o tentáculos, en el centro de los cuales se encuentra la boca, y que en gral. carece de concha. *Frec como n m en pl, designando este taxón zoológico.*

cefalorraquídeo -a *adj* (*Anat*) Del conjunto constituido por la cabeza y la columna vertebral.

cefalosporina *f* (*Med*) Antibiótico semisintético obtenido originariamente del hongo *Cephalosporium acremonium* y que es bactericida de amplio espectro.

cefalotorácico -ca *adj* (*Zool*) Del cefalotórax.

cefalotórax *m* (*Zool*) *En los arácnidos y crustáceos:* Parte anterior del cuerpo, que resulta de la soldadura de la cabeza con el tórax.

cefeida *adj* (*Astron*) [Estrella variable] cuyo período guarda relación con el brillo absoluto.

cefelina *f* (*Quím*) Alcaloide de sabor amargo, que se extrae de la raíz de la ipecacuana.

céfiro *m* **1** (*lit*) Viento suave y apacible. ■ **2** Tela de algodón casi transparente y de color.

cegador -ra *adj* Que ciega [1 a 4, esp. 1].

cegadoramente *adv* De manera cegadora.

cegamiento *m* Acción de cegar [3 y 4]. *Tb fig.*

cegar **I** *v* (*conjug 6*) **A** *tr* **1** Dejar ciego, o privado del sentido de la vista. **b)** Privar pasajeramente de la vista [a alguien o a sus ojos (*cd*)]. *Tb abs.* **c)** Nublar la vista [a alguien (*cd*)]. **d)** Deslumbrar. *Tb abs.* ■ **2** Ofuscar, o quitar la lucidez, [a alguien o a su actividad mental (*cd*)]. *Frec con intención ponderativa.* **b)** *pr* (~se) Ofuscarse o perder la lucidez.

■ **3** Obstruir [un conducto] o cerrar el paso [por él (*cd*)]. *Tb fig*. **b)** Cerrar la salida [de una cavidad (*cd*)]. ■ **4** Disminuir la profundidad [de una masa de agua (*cd*)] por acumulación de sedimentos u otros materiales en su fondo, de manera que se haga imposible la navegación. **b)** Hacer desaparecer [una masa de agua] por acumulación de sedimentos u otros materiales en su fondo. **c)** *pr* (*~se*) Pasar a estar cegada [una masa de agua]. *Tb fig*.
B *intr* ➤ **a** *normal* **5** Quedar ciega [una pers.].
➤ **b** *pr* (*~se*) **6** (*reg*) Extenuarse.
II *loc adv* **7 a ~.** (*col*) Con locura. *Con el v* QUERER.

cegatería *f* (*desp, raro*) Condición de cegato.

cegato -ta *adj* (*col*) Que tiene escasa vista. *Frec desp. Tb n, referido a pers. Frec fig*.

cegesimal *adj* (*E*) [Sistema] de medidas cuyas unidades fundamentales son el centímetro, el gramo-masa y el segundo. **b)** Del sistema cegesimal.

ceguedad *f* Ceguera.

ceguera *f* **1** Privación del sentido de la vista. ■ **2** Incapacidad para darse cuenta de una cosa patente. ■ **3** Ofuscación, o privación de la lucidez. *Frec con intención ponderativa*. **b)** Amor o afición extremadas. ■ **4 ~ psíquica** (o **mental**). (*Med*) Pérdida de la capacidad de reconocer lo ya visto. ■ **5 ~ verbal.** (*Med*) Pérdida, por lesión cerebral, de la capacidad de leer.

ceheginero -ra *adj* De Cehegín (Murcia). *Tb n, referido a pers*.

ceiba *f Se da este n a diversas especies del gén Ceiba o Eriodendron, árboles americanos, asiáticos y africanos de gran altura, de algunos de los cuales se obtiene una materia algodonosa*.

ceibo *m* Árbol americano notable por sus flores rojas y brillantes (*Erythrina cristagalli*).

ceilandés -sa *adj* Srilanqués. *Tb n, referido a pers*.

ceja **I** *f* **1** Parte saliente de la cara, sobre la cuenca del ojo, cubierta de pelo. **b)** Conjunto de pelo de la ceja. ■ **2** Parte superior de una elevación de terreno. ■ **3** Parte que sobresale. *Referido a una obra de arquitectura o carpintería o a una encuadernación*.
II *loc v* **4 quemarse las ~s.** (*col*) Estudiar con intensidad. ■ **5 tener** [algo] **entre ~ y ~.** (*col*) Estar obsesionado o empeñado [en ello]. **b) metérsele**, o **ponérsele**, [algo a alguien] **entre ~ y ~.** Pasar a tener[lo] entre ceja y ceja. ■ **6 tener** [a alguien] **entre ~ y ~.** (*col*) Sentir antipatía [hacia él].
III *loc adv* **7 hasta las ~s.** (*col*) Amplia o fuertemente. *Referido a acciones humanas*.

cejar **A** *intr* **1** Ceder en un empeño. ■ **2** Recular [un animal].
B *tr* **3** (*reg*) Hacer retroceder [a una caballería o al carro tirado por ella].

cejijunto -ta *adj* Ceñudo.

cejilla *f* Abrazadera que se pone a la guitarra en el mástil para que suba la entonación de las cuerdas.

cejo *m* **1** Corte vertical y profundo del terreno. ■ **2** Niebla ligera que se alza sobre un río o lago después de la salida del Sol.

celacanto *m* Pez marino de gran tamaño, de esqueleto óseo, aleta caudal trilobulada y aletas pectorales carnosas (*Latimeria chalumnae*).

celada¹ *f* (*lit*) Emboscada.

celada² *f* (*hist*) Casco semiesférico que cubre la cabeza y la nuca y que a menudo lleva por delante una careta móvil con rendijas, que se puede alzar.

celador¹ -ra **I** *adj* **1** Vigilante.
II *n* **A** *m y f* **2** Pers. que tiene a su cargo la vigilancia y el mantenimiento del orden en un determinado lugar. **b)** Pers. que en una asociación piadosa tiene a su cargo vigilar el cumplimiento de las obligaciones por parte de sus miembros. ■ **3** Pers. que tiene a su cargo la vigilancia y el cuidado del material.
B *f* **4** Bedela.

celador² -ra *adj* (*lit*) Que oculta o guarda oculto [algo (*compl de posesión*)].

celaje *m* **1** Cielo luminoso con nubes ligeras. ■ **2** Conjunto de nubes. *Tb en pl con sent sg*.

celajería *f* (*Mar*) Celaje [2].

celanovense *adj* De Celanova (Orense). *Tb n, referido a pers*.

celante *m* (*raro*) Celador¹ [2].

celar¹ *tr* Vigilar [algo], esp. para su buen funcionamiento.

celar² *tr* (*lit*) Ocultar, o guardar oculto. *Tb fig*.

celastráceo -a *adj* (*Bot*) [Planta] arbórea o arbustiva de la familia del bonetero. *Tb n f en pl, designando este taxón botánico*.

celda *f* **1** Aposento para un preso o un número reducido de presos. ■ **2** Dormitorio individual en un convento. ■ **3** Celdilla. ■ **4 ~ caliente.** (*Metal*) Instalación para manipular o procesar materiales radiactivos.

celdilla *f* Sección o cavidad separada dentro de un conjunto. **b)** Departamento de los que constituyen un panal.

celebérrimo → CÉLEBRE.

celebración *f* Acción de celebrar.

celebrador -ra *adj* Que celebra [2].

celebrante *m* (*Rel catól*) Sacerdote que celebra la misa.

celebrar *tr* **1** Llevar a cabo uno o varios actos públicos para dar realce [a una fecha señalada (*cd*)]. **b)** Llevar a cabo algún acto o ceremonia colectivos como recuerdo [de un acontecimiento (*cd*)]. ■ **2** Dar realce con un acto alegre [a un acontecimiento grato (*cd*)]. **b)** Tener [alguien (*suj*), dentro del período que se expresa (*compl adv*), una fecha notable (*cd*), como santo o cumpleaños, que puede dar lugar a celebración]. **c)** Alegrarse [de algo, esp. ajeno (*cd*)]. ■ **3** Alabar [a alguien o algo] o hablar [de ellos (*cd*)] con elogio o admiración. *Frec en part*. ■ **4** Realizar o llevar a cabo [un acto] con las debidas formalidades o de manera solemne. ■ **5** Realizar [una función religiosa]. **b)** Decir [misa]. *Frec abs*.

celebrativo -va *adj* De celebración.

célebre (*superl*, CELEBÉRRIMO) *adj* **1** [Pers. o cosa] muy conocida por ser citada o recordada con frecuencia. **b)** [Pers.] célebre por sus hechos dignos de admiración. ■ **2** (*col, hoy raro*) [Pers.] que se hace notar por sus dichos o hechos extravagantes.

celebridad *f* **1** Condición de célebre [1]. ■ **2** Pers. célebre [1].

celedonia *f* Celidonia (hierba).

celemín *m* **1** Medida de capacidad para áridos equivalente en Castilla a 4,625 ml. *Tb el recipiente* *con que se mide.* **b)** Porción de grano u otra materia que puede contener el celemín. ■ **2** Medida agraria equivalente en Castilla a 537 m².

celeminear *intr* (*reg*) Andar de un lado para otro.

celentéreo *adj* (*Zool*) [Animal] acuático, de simetría radial, con una cavidad digestiva que comunica con el exterior por un orificio único, y que tiene en su epidermis células urticantes. *Frec como n m en pl, designando este taxón zoológico.*

célere *adj* (*lit, raro*) Rápido. *Tb adv.*

celeridad *f* (*lit*) Rapidez.

celerífero *m* (*hist*) Vehículo constituido por dos ruedas sin pedales, fijadas una detrás de otra a un listón en el cual se puede ir sentado.

celesta *f* Instrumento músico de percusión, de aspecto exterior semejante al del armonio, que funciona con una serie de láminas de acero golpeadas por macillos accionados por teclado.

celeste *adj* **1** Del cielo o firmamento. **b)** [Esfera] ~ → ESFERA. ■ **2** [Color] azul claro. *Tb n m.* **b)** De color celeste. ■ **3** (*lit*) Celestial [3].

celestial *adj* (*lit*) **1** Del cielo (morada de Dios y de los santos). **b)** De Dios. ■ **2** Celeste [1]. ■ **3** [Pers.] sumamente bella. ■ **4** [Música] ~ → MÚSICO.

celestialmente *adv* (*lit*) De manera celestial.

celestina¹ *f* (*Mineral*) Mineral constituido por sulfato de estroncio, incoloro o azul claro y transparente.

celestina² → CELESTINO.

celestinaje *m* Celestineo.

celestinazgo *m* Celestineo.

celestinear *tr* Actuar de celestino o celestina² [con respecto a alguien o en una relación amorosa (*cd*)]. *Tb abs. Tb fig.*

celestineo *m* Acción de celestinear.

celestinesco -ca *adj* De celestina² o de celestinas.

celestino -na *m* (*raro*) *y f* Alcahuete (pers. mediadora de relaciones sexuales). *Tb fig, referido a cosa.*

celíaco -ca (*tb celiaco*) *adj* **1** (*Anat*) Del vientre. ■ **2** (*Med*) [Enfermedad] intestinal, propia esp. de la segunda infancia, caracterizada por anemia, retraso del desarrollo y diarrea abundante con grasa. *Tb n f.* ■ **3** (*Med*) [Pers.] que padece la enfermedad celíaca [2]. *Tb n.*

celiaquía *f* (*Med*) Enfermedad celíaca.

celibatario -ria *adj* (*raro*) Célibe.

celibato *m* Condición o estado de célibe.

célibe *adj* **1** Soltero. *Frec referido a los eclesiásticos que han hecho voto de castidad. Tb n.* ■ **2** [Estado] de soltero.

célico -ca *adj* (*lit*) Celeste [1].

celidonia *f* Planta papaverácea, de hojas verdes y amarillas, que contiene un látex amarillo brillante usado en medicina (*Chelidonium majus*).

celinda *f* Arbusto de flores blancas muy olorosas y tallos muy ramosos (*Philadelphus coronarius*). *Tb su flor.*

celioscopia *f* (*Med*) Examen de la cavidad peritoneal.

celioscopio *m* (*Med*) Instrumento para efectuar la celioscopia.

celista *m y f* (*raro*) Chelista.

cella (*pronunc corriente, /θéla/*) *f* (*Arquit*) En los templos griegos y romanos antiguos: Espacio cerrado destinado al dios.

cellisca *f* Precipitación de nieve menuda mezclada con agua e impulsada por fuerte viento.

cellista (*it; pronunc corriente, /čelísta/*) *m y f* Chelista.

cello¹ (*it; pronunc corriente, /čélo/*) *m* Chelo.

cello² (*n comercial registrado; pronunc corriente, /θélo/*) *m* Cinta adhesiva de plástico, gralm. transparente. *Frec* PAPEL ~.

celo I *m* **1** Diligencia o interés en la ejecución del trabajo propio. **b)** Diligencia o interés activos por algo. ■ **2** Apetito sexual. *Normalmente referido a los irracionales. Tb la época en que se presenta.* ■ **3** *En pl:* Sentimiento penoso causado por la certeza, el temor o la sospecha de que otra persona se lleva el afecto de la persona querida. *Frec con un compl* DE *que expresa la pers que lo motiva.* ■ **4** *En pl:* Sentimiento penoso causado por el mayor éxito logrado por un competidor.
II *loc adj* **5** [Huelga] **de** ~ → HUELGA.

celobiosa *f* (*Quím*) Disacárido que resulta de la hidrólisis de la celulosa.

celofán (*n comercial registrado, Cellophane*) *m* Película transparente hecha de viscosa solidificada, que se usa para envoltorios. *Tb* PAPEL (DE) ~.

celofana (*n comercial registrado, Cellophane*) *f* (*raro*) Celofán. *Tb* PAPEL (DE) ~.

celofanar *tr* Envolver en celofán.

celoma *m* (*Anat*) Cavidad general del cuerpo.

celomado -da *adj* (*Zool*) [Animal] en que existe un tubo digestivo diferenciado, separado de las paredes del cuerpo por el celoma. *Frec como n m en pl, designando este taxón zoológico.*

celosamente *adv* De manera celosa [1].

celosía *f* Enrejado de listones de madera, gralm. en una ventana, que permite ver desde dentro sin ser visto desde fuera. **b)** Enrejado semejante a la celosía.

celoso -sa *adj* **1** Que tiene celo [1]. ■ **2** Que tiene celos [3 y 4]. ■ **3** Que está en celo [2].

celota (*tb con la grafía zelota*) *m y f* (*hist*) Miembro de un grupo integrista judío del s. I que preconiza la acción violenta en defensa de la independencia nacional.

celote (*tb con la grafía zelote*) *m y f* (*hist*) Celota.

celotipia *f* (*lit*) Celos [3 y 4].

celranense *adj* De Celrá (Gerona). *Tb n, referido a pers.*

Celsius (*tb con minúscula en acep 2*) *adj* **1** [Escala] centígrada. *Más frec* DE ~. ■ **2** De la escala centígrada.

celta I *adj* **1** (*hist*) De un grupo de pueblos indoeuropeos establecidos antiguamente en Galia, las Islas Británicas, la Península Ibérica y otros territorios. *Tb n, referido a pers.* **b)** De los celtas. ■ **2** (*hist*) De la lengua celta [1b]. ■ **3** (*lit*) Gallego. *Tb n, referido a pers.*
II *m* (*hist*) **4** Lengua de los celtas [1a].

celtibérico -ca *adj* Celtíbero.

celtiberismo *m* (*desp*) Condición de celtíbero [3].

celtíbero -ra (*tb*, *raro*, **celtibero**) *adj* **1** (*hist*) Del pueblo hispánico prerromano, de lengua céltica, establecido en la Celtiberia (territorio correspondiente a las actuales provincias de Zaragoza, Teruel, Cuenca, Guadalajara y Soria). *Tb n*, *referido a pers*. ■ **2** De la Meseta o región central de la Península. *Frec n*, *referido a pers*. ■ **3** (*humoríst*) Español. *Frec n*, *referido a pers*. *Frec desp*, *aludiendo a supuestos defectos típicos de los españoles, como la rudeza, la intransigencia o la puntillosidad.*

céltico -ca *adj* **1** (*hist*) Celta. ■ **2** (*hist*) De los pueblos establecidos en la antigüedad en los actuales territorios del sur de Portugal y las provincias de Badajoz, Sevilla y Córdoba. *Tb n*, *referido a pers*. ■ **3** [Raza de ganado de cerda] caracterizada por el cuerpo largo, sin pigmentación, y las orejas anchas y caídas.

celtismo *m* **1** Carácter celta [1b]. ■ **2** Cultura celta [1b]. ■ **3** Palabra o rasgo idiomático propios de la lengua celta [1b] o procedentes de ella.

celtista *adj* **1** Especialista en la lengua y la cultura celtas. *Tb n*. ■ **2** Que defiende el origen céltico de algo, esp. de la mayoría de las lenguas modernas o de los monumentos megalíticos. *Tb n*, *referido a pers*.

célula *f* **1** Porción mínima dotada de vida, de las que constituyen un ser vivo. ■ **2** Unidad mínima que agrupa a cierto número de personas dentro de una organización. *Esp referido al Partido Comunista.* **b)** Unidad elemental de las que constituyen un todo. ■ **3** ~ **fotoeléctrica.** (*Fís*) Dispositivo que convierte la luz en corriente eléctrica.

celular *adj* **1** De (la) célula [1 y 2]. ■ **2** Constituido por células [1]. **b)** (*Bot*) [Planta] que carece de fibras y vasos. ■ **3** [Prisión] en que los presos están alojados en celdas individuales. ■ **4** [Coche] destinado al traslado de presos, gralm. dividido en compartimentos para que vayan separados. ■ **5** [Teléfono o telefonía] móvil. *Tb n m*, *referido a teléfono.* ■ **6** (*Constr*) [Material] esponjoso o poroso.

celulasa *f* (*Biol*) Fermento vegetal que transforma la celulosa en celobiosa.

celulífugo -ga *adj* (*Biol*) Que se aleja del núcleo celular.

celulípeto -ta *adj* (*Biol*) Que se dirige hacia el núcleo celular.

celulítico -ca *adj* Afectado de celulitis.

celulitis *f* Inflamación del tejido conjuntivo subcutáneo, que da a la piel un aspecto acolchado.

celuloide *m* **1** Sustancia sólida, casi transparente, elástica y muy inflamable, que se utiliza para imitar la concha y el coral y, en otro tiempo, para fabricar películas cinematográficas. ■ **2** (*lit*) Película cinematográfica. **b)** Cine (arte).

celulolipolisis (*tb* **celulolipólisis**) *f* (*Med*) Tratamiento de descomposición de la grasa del tejido celular.

celulosa *f* Hidrato de carbono que es el constituyente esencial de la membrana de la célula vegetal, muy utilizado en la industria, esp. para la fabricación del papel y de las materias plásticas.

celulósico -ca *adj* **1** De celulosa. ■ **2** De acetato de celulosa.

cemba *f* (*reg*) Montón de nieve.

cembalista *m y f* Pers. que toca el cémbalo.

cémbalo *m* Clavicémbalo.

cembo *m* (*reg*) Caballón.

cementación *f* **1** (*Metal*) Caldeo de una pieza metálica por medio de un producto que, difundido en su capa superficial, le confiere nuevas propiedades. ■ **2** (*Geol*) Transformación de los sedimentos en roca firme por precipitación del carbonato de calcio disuelto en el agua.

cementar *tr* **1** Proteger o consolidar con cemento. ■ **2** (*Geol*) Someter a cementación [2].

cementerial *adj* De(l) cementerio.

cementerio **I** *m* **1** Terreno, normalmente cercado, destinado a enterrar a los muertos. ■ **2** Terreno destinado a retirar determinados objetos o materiales desechados. *Con un compl especificador.* **II** *loc v* **3** irse al ~. (*col*) Morirse.

cementero -ra *adj* De(l) cemento. *Tb n: m, designando industrial o barco; f, designando industria.*

cementita *f* (*Metal*) Carburo de hierro, duro y quebradizo, que se presenta en la fundición del hierro.

cemento **I** *m* **1** Sustancia formada por una mezcla de arcilla y materiales calcáreos sometida a cocción y muy finamente molida, que, mezclada con agua, se convierte en una materia compacta y muy dura. ■ **2** (*E*) Sustancia que aglutina o une dos o más cuerpos. *Tb fig, fuera del ámbito técn.* ■ **3** (*Anat*) Capa ósea que recubre el marfil en la raíz de los dientes. **II** *loc adj* **4** [Cara] de ~ → CARA.

cemí *m* (*hist*) Ídolo de los indios antillanos.

cempasúchil *m* Planta herbácea de Méjico, muy olorosa, con grandes flores amarillas esp. usadas para honrar a los muertos (*Tagetes erecta*).

cena *f* Acto de cenar. *Frec como acto social.* **b)** Última cena que tomó Jesucristo con sus discípulos. *Frec* ÚLTIMA ~. **c)** (*Rel crist*) Sacramento de la eucaristía.

cenachero -ra *m y f* Pers. que lleva en cenachos pescado para venderlo.

cenacho *m* Espuerta de esparto o de palma, típica de Málaga, que sirve para llevar comestibles.

cenáculo *m* **1** Reunión o grupo poco numeroso de perss. que tienen una afinidad profesional o intelectual, esp. artistas, escritores o pensadores. ■ **2** (*hist*) Sala en que tuvo lugar la última cena de Jesucristo.

cenador *m* Espacio pequeño, gralm. circular, dentro de un jardín, y que está cubierto por enredaderas sostenidas por una armazón.

cenagal *m* Lugar lleno de cieno. *Tb* (*lit*) *fig.*

cenagoso -sa *adj* [Lugar] lleno de cieno. *Tb* (*lit*) *fig.*

cenar **A** *intr* **1** Tomar la última comida del día. **B** *tr* **2** Tomar [algo] como última comida del día.

cenceño -ña *adj* [Pers.] delgada o enjuta. *Tb, más raro, referido a animal.* **b)** Propio de la pers. o animal cenceños.

cencerra *f* (*raro*) Cencerro.

cencerrada *f* Estrépito prolongado que se hace con cencerros y otros utensilios, como serenata burlesca rústica dirigida a una o más personas, esp. recién casados viudos o de edades dispares.

cencerrear *intr* Armar ruido con cencerros [1].

cencerrero *m* Fabricante de cencerros [1].

cencerril *adj* De(l) cencerro [1] o de (los) cencerros.

cencerro I *m* **1** Campana tosca hecha de latón o de chapa de hierro, que se cuelga al pescuezo de las reses. ■ **2** (*col*) Pers. necia o alocada.
II *loc v* **3 estar como un ~.** (*col*) Estar chiflado.
III *loc adv* **4 a ~s tapados.** (*lit*) Sigilosamente.

cencibel *adj* (*Agric*) [Variedad de uva] tinta, abundante en la Mancha, de la que se obtienen vinos de calidad. *Tb n f.*

cencido -da *adj* [Hierba o terreno] no hollados.

cencío *m* (*reg*) Aire fresco.

cendal *m* Tela delgada y transparente de seda o de lino. *Frec fig.*

cendea (*tb* **céndea**) *f* Agrupación de varios pueblos navarros que componen un municipio.

cenefa *f* Banda de adorno, consistente en un motivo repetido indefinidamente, puesta en el borde de algo.

cenegal *m* (*reg*) Cenagal.

ceneque *m* (*col*) **1** Chusco (pan de munición). ■ **2** Individuo torpe.

cenestesia *f* (*Psicol*) Sensación general de la existencia y estado del propio cuerpo, resultante de la síntesis de las sensaciones de los diferentes órganos.

cenestésico -ca *adj* (*Psicol*) De (la) cenestesia.

cenetista *adj* Del sindicato anarquista CNT (Confederación Nacional del Trabajo). *Tb n, referido a pers.* **b)** Relativo a la CNT.

cenia *f* (*reg*) Azud.

cenicerense *adj* De Cenicero (Rioja). *Tb n, referido a pers.*

cenicero *m* **1** Recipiente destinado a que en él se depositen la ceniza y los residuos de cigarros y cigarrillos. ■ **2** Espacio, debajo de la rejilla del fogón o de la estufa de carbón, destinado a recoger la ceniza.

cenicienta *f* Pers. o cosa a la que se posterga injustamente en el trato o consideración.

ceniciento[1] -ta *adj* De color ceniza. *Tb fig, en sent no físico.* **b)** [Fecha] **cenicienta**, [lagartija] **cenicienta**, [pardela] **cenicienta** → FOCHA, LAGARTIJA, PARDELA.

ceniciento[2] *m* Hombre al que se posterga injustamente en el trato o consideración.

cenit (*tb, más raro,* **cénit**; *tb con las grafías* **zenit** *o* **zénit**) *m* (*Astron*) **1** Punto del cielo que corresponde verticalmente a un lugar de la Tierra. **b)** *Referido al Sol:* Mediodía. ■ **2** (*lit*) Punto culminante [de algo].

cenital *adj* **1** De(l) cenit. ■ **2** [Luz] que penetra en un recinto a través del techo.

ceniza I *f* **1** Polvo de color gris que queda como resto de algo que se ha quemado completamente. **b)** Polvo formado por pequeñas partículas de lava, desprendido de un volcán en erupción. ■ **2** *En pl:* Restos de un cadáver después de su desintegración. ■ **3** Oídio.

II *adj invar* **4** [Color] de ceniza [1a]. **b)** De color ceniza. ■ **5 de ~.** [Miércoles] siguiente al domingo de Carnaval, en el que la liturgia católica evoca, por medio de la ceniza [1a], la fugacidad de la vida corporal.

cenizal *m* Acumulación o montón de ceniza [1].

cenizo[1] *m* (*col*) **1** Pers. que atrae la mala suerte sobre los demás o sobre sí mismo. *Tb adj.* **b)** Aguafiestas. *Tb adj.* ■ **2** Capacidad de atraer la mala suerte sobre los demás o sobre sí mismo. ■ **3** Desgracia o mala suerte.

cenizo[2] *m* Planta silvestre de tallo blanquecino y hojas verdes por el haz y cenicientas por el envés (*Chenopodium album*).

cenizo[3] -za *adj* Ceniciento[1]. **b)** [Aguilucho] ~ → AGUILUCHO.

cenizoso -sa *adj* Ceniciento[1].

cenobio *m* **1** (*lit*) Monasterio. ■ **2** (*Biol*) Célula de varios núcleos, o conjunto de organismos unicelulares que se mantienen unidos por una cubierta común.

cenobita *m y f* (*lit*) Pers. que vive en el cenobio [1].

cenobítico -ca *adj* (*lit*) De(l) cenobio [1].

cenobitismo *m* (*lit*) Vida cenobítica.

cenosarco *m* (*Zool*) Tejido que reúne a los individuos de una misma colonia.

cenotafio *m* Monumento funerario en que no está enterrada la persona a quien se dedica. **b)** (*semiculto*) Monumento sepulcral.

cenote *m* Depósito de agua dulce que se encuentra en algunos lugares de Méjico y América Central.

cenoyo *m* (*reg*) Hinojo (planta). **b)** ~ **de(l) mar.** Hinojo marino.

cenozoico -ca *adj* (*Geol*) De la parte superior o más moderna de las tres en que se divide la corteza terrestre. *Tb n m, designando el tiempo geológico correspondiente.*

censal I *adj* **1** De(l) censo [1].
II *m* **2** (*Der*) Obligación de pagar indefinidamente una pensión anual a una persona y sus sucesores, en virtud del capital recibido por el que la contrae.

censar *tr* **1** Hacer censo [1a y b] [de algo (*cd*)]. ■ **2** Registrar o incluir en censo [1a y b].

censatario -ria *m y f* (*Der*) Pers. obligada a pagar el rédito de un censo [2].

censido -da *adj* (*Der*) Gravado con censo [2].

censitario -ria *adj* (*hist*) [Sufragio] en que el ciudadano ha de pagar su derecho al voto.

censo *m* **1** Padrón o lista general de los ciudadanos y sus propiedades. *Tb fig, referido a cosa.* **b)** Lista general de los ciudadanos que tienen derecho de sufragio. *Tb ~ ELECTORAL.* **c)** Conjunto de los ciudadanos inscritos en el censo [1a y b]. ■ **2** (*Der*) Contrato por el cual se sujeta un inmueble a una pensión anual, como interés de una cantidad recibida en dinero. **b)** Cantidad que se paga en virtud de un censo. ■ **3** (*hist*) Tributo feudal que se paga en especies por el arrendamiento.

censor -ra I *adj* **1** De(l) censor [2 a 5].
II *n* **A** *m y f* **2** Pers. que tiene a su cargo examinar o revisar. *Con un compl especificador.* ■ **3** Funcionario que tiene a su cargo la censura [2a]. ■ **4** Pers. que juzga o critica, esp. con severidad. ■ **5** Pers. que en una corporación tiene la misión de

velar por la observancia de los reglamentos, estatutos y acuerdos.

B *m* **6** (*hist*) Magistrado romano encargado de formar el censo [1] de la población y de velar por las costumbres del pueblo.

censorial *adj* De (la) censura [2].

censorino -na *adj* (*raro*) Censorio.

censorio -ria *adj* De (la) censura [1 y 2].

censual *adj* Del censo [1].

censualista *m y f* (*Der*) Pers. a cuyo favor se impone un censo [2] o que tiene derecho a cobrarlo.

censura *f* **1** Reprobación. ■ **2** Examen oficial de publicaciones, emisiones, espectáculos o correspondencia, con el fin de determinar si hay algún inconveniente, desde el punto de vista político o moral, para su circulación, emisión o exhibición. **b)** Organismo que ejerce la censura. ■ **3** (*lit*) Juicio u opinión sobre un escrito. ■ **4** Profesión o actividad de censor [2].

censurable *adj* Digno de censura [1].

censurador -ra *adj* Que censura [1].

censurar *tr* **1** Reprobar o criticar. ■ **2** Examinar o revisar. ■ **3** Someter a censura [2a]. *Tb fig.* ■ **4** Someter a cortes o supresiones, como consecuencia de la censura [2a], [un texto o un espectáculo].

cent (*ing; pronunc corriente, /sent/ o /θent/; pl normal, ~s*) *m* Moneda que vale la centésima parte de la unidad monetaria de algunos países, esp. de aquellos en que esta unidad es el dólar.

centaura[1] *f Se da este n a diversas plantas herbáceas, muchas de ellas medicinales; esp varias del gén Centaurea, y Centaurium minus o Erythraea centaurium. Frec con un especificador:* MENOR, MAYOR, DE LAS MONTAÑAS, *etc.*

centaura[2] *f* (*raro*) Hembra del centauro [1]. *Atribuida a este con posterioridad a la mitología clásica.*

centaurea *f* Centaura (planta).

centauro *m* **1** (*Mitol clás*) Animal que es mitad hombre y mitad caballo. ■ **2** (*lit*) Jinete muy hábil, montado sobre su caballo. **b)** Jinete de gran categoría. *Tb fig, referido a piloto motociclista.*

centavo *m* Moneda de varios países americanos, cuyo valor es la centésima parte de la unidad monetaria respectiva.

centella *f* **1** Chispa (partícula encendida, o descarga eléctrica luminosa). **b)** *Frec se emplea en constrs de sent comparativo para ponderar la rapidez.* ■ **2** Hierba vivaz de unos 40 cm, de hojas grandes y lustrosas y flores amarillas, y que crece en los prados húmedos (*Caltha palustris*). *Tb* HIERBA ~.

centelleante *adj* Que centellea. *Frec fig.*

centellear *intr* Despedir destellos vivos y rápidos. *Frec fig.*

centelleo *m* Acción de centellear. *Frec fig.*

centén *m* (*hist*) Moneda española de oro cuyo valor es de 100 reales de vellón.

centena *f* Centenar. *Frec solo con sent aproximativo.*

centenal *m* Tierra sembrada de centeno.

centenar *m* **1** Conjunto de cien unidades. *Gralm seguido de un compl* DE. *Frec solo con sent aproximativo.* ■ **2** *En pl*: Cantidades [de perss o cosas de una misma especie] que han de contarse por conjuntos de cien. *Gralm seguido de un compl* DE. *Frec con intención de ponderar la cantidad.*

centenariamente *adv* (*raro*) Cientos de veces.

centenario -ria *adj* **1** Que tiene cien años o más. *Tb n, referido a pers.* **b)** *En gral*: Que tiene cien unidades. **c)** (*Escén*) [Obra] que ha llegado a las cien representaciones o las ha superado. ■ **2** [Día o año] en que se cumplen una o varias centenas de años [de algún acontecimiento]. *Más frec n m.* **b)** [Fiesta o celebración] del centenario. *Más frec n m.*

centenero -ra *adj* De(l) centeno. *Esp dicho de terreno cultivable.*

centeno *m* Cereal muy parecido al trigo, pero de espigas más delgadas, más rústico y más resistente al frío, por lo que se cultiva en las zonas montanas, y del que se obtiene una harina panificable (*Secale cereale*). *Tb su semilla; en este caso, frec en sg con sent colectivo.*

centésima → CENTÉSIMO.

centesimal *adj* (*E*) Que tiene como base el número 100. **b)** [Cosa] determinada sobre la base de la división de la unidad en cien partes iguales.

centésimo -ma **I** *adj* **1** Que ocupa un lugar inmediatamente detrás o después del nonagesimonoveno. **b)** *Con intención enfática*: Que ocupa un lugar muy avanzado en la serie. ■ **2** [Parte] que es una de las cien en que se divide o se supone dividido un todo.
II *n* **A** *m* **3** Parte de las cien en que se divide o se supone dividido un todo. *Gralm seguido de un compl* DE. ■ **4** Moneda fraccionaria de diversos países, que vale la centésima parte de la unidad monetaria. **B** *f* **5** Parte de las cien en que se divide una unidad, esp. de medida.

centi- *r pref* Centésima parte. *Antepuesta a ns de unidades de medida, forma compuestos que designan unidades cien veces menores.*

centiárea *f* Unidad de medida agraria equivalente a una centésima de área, o un metro cuadrado.

centígrado -da *adj* **1** [Escala termométrica] dividida en cien grados y que abarca la diferencia de temperatura entre el hielo fundente y el agua hirviendo. ■ **2** De la escala centígrada [1].

centigramo *m* Unidad de peso equivalente a la centésima parte de un gramo.

centilitro *m* Unidad de capacidad equivalente a una centésima de litro.

centillero *m* Candelabro de siete brazos.

centimano -na (*tb* **centímano**) *adj* De cien manos. *Tb fig.*

centímetro *m* **1** Unidad de longitud equivalente a la centésima parte del metro. ■ **2** ~ **cuadrado.** Unidad de superficie equivalente a la de un cuadrado cuyo lado mide un centímetro. ■ **3** ~ **cúbico.** Unidad de volumen equivalente al de un cubo cuya arista mide un centímetro.

céntimo **I** *m* **1** Moneda, hoy de cuenta, que vale la centésima parte de una peseta. **b)** Moneda que vale la centésima parte de un franco. ■ **2** Cantidad mínima de dinero. *Normalmente precedido de* UN, *y en constrs negativas de intención ponderativa, como* NO TENER, NO GANAR, NO VALER, UN ~.
II *loc adv* **3 al ~.** Con rigurosa exactitud. *Referido a cuentas de dinero. Tb fig, referido a otras cuestiones.*

centinela A *m* **1** Soldado que tiene la misión de hacer vigilancia en un punto. **B** *m* y *f* **2** Pers. que vigila. **C** *f* **3** Vigilancia, esp. la del centinela [1]. *Tb fig.*

centolla *f* Crustáceo decápodo marino, de caparazón casi redondo cubierto de pelos, y con patas largas y vellosas, que vive entre las piedras y cuya carne es muy apreciada (*Maja squinado*).

centollo *m* Centolla.

centón *m* Obra literaria constituida por una colección de pasajes de distintas procedencias. *Tb fig.*

centrado *m* Acción de centrar [1].

centraje *m* (*Mec*) Operación consistente en situar una pieza exactamente en el centro de otra.

central I *adj* **1** Que está en el centro [1, 2 y 6]. **b)** (*Fút*) [Defensa] situado entre el derecha y el izquierda. *Tb* n *m.* ■ **2** [Cosa] que constituye el órgano rector o principal de un sistema o un conjunto. **b)** Principal o más importante. *Tb* n *f, referido a oficina o casa.* **c)** [Banco] emisor de moneda y ejecutor de la política monetaria del Gobierno. ■ **3** [Sistema o complejo] cuyo funcionamiento está regulado por un órgano único. **II** *f* **4** Instalación industrial que comprende todos los elementos de la producción. *Con un compl especificador.* ■ **5** Oficina en la que convergen las líneas [telefónicas o telegráficas] de una zona.

centralidad *f* Condición de central [1 y 2].

centralilla *f* Centralita.

centralismo *m* Tendencia a centralizar, *esp* [2b].

centralista *adj* Del centralismo. **b)** Partidario del centralismo. *Tb* n.

centralita *f* Aparato que conecta una o varias líneas telefónicas externas con varios teléfonos internos de un edificio o una oficina.

centralización *f* Acción de centralizar, *esp* [2b].

centralizador -ra *adj* Que centraliza, *esp* [2b]. **b)** Que tiende a centralizar.

centralizar *tr* **1** Reunir [varias cosas] en un centro [7] común. *Tb fig.* ■ **2** Hacer depender [varias cosas] de un centro [7] común. **b)** Hacer depender del poder central [2] [lo relativo a toda la nación].

centrar A *tr* **1** Poner [algo] en el centro [1, 2 y 4]. **b)** Poner [algo] en el lugar adecuado. ■ **2** Poner el centro [1 y 2] [de algo (*cd*) en un lugar]. **b)** *pr* (**~se**) Tener [algo] su centro [en un lugar]. ■ **3** Ejercer de manera primordial o exclusiva [una facultad o una actividad en un quehacer o en un lugar]. ■ **4** Ser [alguien o algo] el centro [1, 2 y 5] [de un lugar (*cd*)]. ■ **5** Hacer que [alguien (*cd*)] se encuentre psíquicamente seguro y estable en una situación o en un ambiente. **b)** *pr* (**~se**) Pasar [alguien] a encontrarse psíquicamente seguro y estable en una situación o en un ambiente. ■ **6** (*Fút*) Pasar [el balón] desde un lado del campo hacia el centro, a un compañero de equipo que se aproxima a la meta contraria. *Frec abs.* **B** *intr pr* (**~se**) **7** Centrar [3] la atención [en algo].

céntrico -ca *adj* Del centro [1, 2 y esp. 6].

centrifugación *f* Acción de centrifugar.

centrifugado *m* Centrifugación.

centrifugador -ra *adj* [Aparato o máquina] en que se aprovecha la fuerza centrífuga [1a] para deshidratar o desecar, o para separar un líquido de las partículas que contiene en suspensión o en emulsión. *Tb* n *m* y *f.*

centrifugar *tr* Someter [algo] a la acción del centrifugador o centrifugadora para desecar[lo] o separar sus componentes. *Tb abs.*

centrífugo -ga I *adj* (*E*) **1** Que aleja del centro [1, 2 y 9]. **b)** Que se aleja del centro. ■ **2** [Aparato] cuyo principio se funda en la fuerza centrífuga [1a]. **II** *f* **3** Centrifugadora.

centriolo *m* (*Biol*) Gránulo central del centrosoma.

centrípeto -ta *adj* (*E*) Que atrae o impele hacia el centro [1, 2 y 9]. **b)** Que se dirige hacia el centro. *Tb fig.*

centrismo *m* Centro [4].

centrista *adj* De(l) centro [4]. **b)** Partidario del centro. *Tb* n.

centro *m* **1** Punto o parte interiores de una cosa más alejados de todos sus bordes o extremos. ■ **2** Punto equidistante de todos los de la circunferencia o de todos los de la superficie esférica. **b)** Punto de intersección de todas las diagonales de un polígono o un poliedro regulares. **c)** ~ de simetría. (*Geom*) Punto medio de un eje de simetría. **d)** ~ de gravedad. (*Fís*) Punto de aplicación de la resultante de las fuerzas de gravedad que actúan sobre las partículas [de un cuerpo]. *Tb fig, fuera del ámbito técn.* ■ **3** Vasija que como adorno se coloca en el centro [1] de una mesa. *Frec* ~ DE MESA. ■ **4** Tendencia política intermedia entre la derecha y la izquierda. ■ **5** Pers. o cosa que atrae el interés o la atención generales. *Con un compl especificador.* ■ **6** Zona de la población, frec. situada en su centro [1], en la que hay mayor animación o actividad comercial. ■ **7** Oficina o institución en que se concentran y coordinan una serie de actividades o servicios orientados a un mismo fin. *Con un compl especificador. Tb el local en que está establecida.* ■ **8** Lugar donde se concentra de manera notable una actividad. *Con un compl especificador.* ■ **9** (*Anat*) Punto de donde parten y donde se coordinan un conjunto de actividades. *Con un compl especificador.* ■ **10** (*Fút*) Acción de centrar [6]. *Tb su efecto.*

centroafricano -na *adj* **1** Del África central. *Tb* n, *referido a pers.* ■ **2** De la República Centroafricana. *Tb* n, *referido a pers.*

centroamericano -na *adj* De Centroamérica (región que comprende los estados de Guatemala, Honduras, Belice, El Salvador, Nicaragua, Costa Rica y Panamá). *Tb* n, *referido a pers.*

centroasiático -ca *adj* Del Asia central. *Tb* n, *referido a pers.*

centrocampismo *m* (*Fút*) Táctica que consiste en jugar preferentemente a la defensiva en el centro del campo.

centrocampista (*Fút*) I *adj* **1** De(l) centrocampismo. ■ **2** De (los) centrocampistas [3]. **II** *m* y *f* **3** Jugador cuya misión es contener los avances del equipo contrario en el centro del campo y ayudar a la delantera del propio.

centroeuropeo -a *adj* De la Europa central. *Tb* n, *referido a pers.*

centrolecito -ta *adj* (*Biol*) [Huevo] que tiene el vitelo nutritivo concentrado en la zona central.

centrosfera *f* (*Biol*) Zona de la célula animal en la que está incluido el centrosoma.

centrosoma *m* (*Biol*) Corpúsculo situado en el citoplasma, cerca del núcleo de la célula, y que interviene en la mitosis.

centuplicar *tr* Multiplicar por cien. *Frec con intención ponderativa.* **b)** *pr* (~**se**) Pasar a ser cien veces mayor o más numeroso. *Frec con intención ponderativa.*

céntuplo -pla *adj* (*raro*) [Cantidad] cien veces mayor. *Más frec n m.*

centuria *f* **1** (*lit*) Siglo. ■ **2** *En los años treinta, en la Guerra Civil y en el régimen de Franco:* Unidad paramilitar de Falange Española, análoga a la compañía del Ejército. ■ **3** (*hist*) *En el ejército romano:* Compañía de cien hombres. ■ **4** (*hist*) *En la Roma antigua:* Unidad, originariamente de cien hombres, de aquellas en que está dividida, en el censo, la población masculina adulta.

centuriados *adj* (*hist*) *En la Roma antigua:* [Comicios] en que el pueblo vota por centurias [4].

centurión *m* (*hist*) *En la Roma antigua:* Oficial que manda una centuria [3].

cenurosis *f* (*Vet*) Enfermedad de los rumiantes, esp. de las ovejas, producida al alojarse en el cerebro cisticercos del gusano *Taenia coenurus.*

cenutrio *m* (*col*) Hombre rudo o torpe.

cenzaya *f* (*reg*) Niñera.

ceña *f* (*reg*) Aceña.

ceñida *f* (*Mar*) Distancia que un barco navega ciñendo [5].

ceñidamente *adv* (*lit*) De manera ceñida (→ CEÑIDO¹).

ceñideras *f pl* Prenda que sirve para cubrir los pantalones y evitar su deterioro en las faenas del campo.

ceñido¹ -da I *adj* **1** *part* → CEÑIR. ■ **2** Que se ajusta mucho al cuerpo. *Referido al vestido o a la forma de vestir.* **b)** Que lleva ropa ceñida. ■ **3** [Curva] cerrada. ■ **4** Preciso o exacto. ■ **5** [Cantidad de dinero] que apenas rebasa el mínimo previsto. II *adv* **6** (*Dep*) De forma muy ajustada o con poca holgura.

ceñido² *m* Acción de ceñir(se). *Tb su efecto.*

ceñidor *m* **1** Faja, cinta u otro objeto semejante con que se ciñe [2] una prenda al cuerpo por la cintura. ■ **2** (*hoy raro*) Prenda interior femenina consistente en una faja que ajusta el pecho.

ceñidura *f* Acción de ceñir(se).

ceñiglo *m* (*reg*) Cenizo (planta).

ceñimiento *m* Ceñidura.

ceñir (*conjug 58*) A *tr* **1** Rodear estrechamente o abrazar. *Tb fig.* **b)** Rodear [alguien su cabeza o su cuerpo (*cd*) con algo]. **c)** Ponerse [algo (*suj*)] rodeando [la cabeza o el cuerpo (*cd*) de alguien]. ■ **2** Hacer que [algo, esp. una prenda (*cd*)] rodee estrechamente el cuerpo o una parte de él. **b)** *pr* (~**se**) Rodear estrechamente el cuerpo o una parte de él [algo, esp. una prenda (*suj*)]. ■ **3** Poner [algo] rodeando la cabeza o el cuerpo. **b)** Ponerse [algo (*cd*)] rodeando la cabeza o el cuerpo. *Tb pr* (~**se**). **c)** Poner [algo] sujeto a la cintura. *Frec con ci refl.* ■ **4** Llevar [algo] rodeando la cabeza o el cuerpo.

B *intr* ➤ **a** *normal* **5** (*Mar*) Navegar de modo que la dirección de la quilla y la del viento formen el menor ángulo posible.

➤ **b** *pr* (~**se**) **6** Ceñirse [2a] [alguien] una prenda al cuerpo por la cintura [con una faja, cinta u otro objeto]. ■ **7** Arrimarse o juntarse mucho. ■ **8** Ajustarse o limitarse.

ceño *m* Gesto consistente en arrugar o fruncir el entrecejo, y que gralm. denota preocupación o disgusto. *Frec con los vs* FRUNCIR *o* ARRUGAR.

ceñudo -da *adj* **1** Que tiene ceño. ■ **2** Malhumorado u hostil. *Tb fig, referido a cosa.*

cepa I *f* **1** Parte del tronco vegetal que está dentro de tierra y unida a las raíces. ■ **2** Tronco de la vid. *Tb la misma planta.* ■ **3** Raíz o base [del cuerno o de la cola de un animal]. ■ **4** (*Fút*) Base o parte baja [de un poste de la portería]. ■ **5** (*lit*) Linaje o estirpe. *Tb fig.* ■ **6** (*Biol*) Conjunto de individuos de la misma especie y la misma colonia o cultivo y que tienen las mismas propiedades. II *loc adj* **7 de pura ~.** Auténtico. *Normalmente referido a pers.* ■ **8** [Agua] **de ~s** → AGUA.

cepear *tr* Poner cepos [1] [en un lugar (*cd*)]. *Tb abs.*

cepellón *m* Masa de tierra adherida a la raíz de la planta y con la que se trasplanta esta.

cepero *m* Hombre que pone cepos [1], esp. para cazar conejos.

cepillado *m* Acción de cepillar [1 y 2].

cepillador -ra *adj* Que cepilla [2]. *Tb n: m, referido a pers; f, referido a máquina.*

cepillar *tr* ➤ **a** *normal* **1** Limpiar frotando con un cepillo [1a]. *Tb abs.* ■ **2** Alisar y pulir [una superficie de madera, de metal o de otra materia] mediante cuchillas que arrancan virutas. ■ **3** (*col*) Matar. *Tb fig, referido a cosa. Frec pr* (~**se**). ■ **4** (*argot Enseñ*) Suspender. *Frec pr* (~**se**).

➤ **b** *pr* (~**se**) **5** (*col*) Suprimir o eliminar. ■ **6** (*col*) Despachar o liquidar [una cosa]. ■ **7** (*col*) Realizar el acto sexual [con alguien (*cd*)].

cepillo *m* **1** Utensilio formado por una serie de pequeños manojos de cerdas sujetos a una superficie plana, y que sirve para limpiar por frotamiento. **b)** Cabellera muy corta y tiesa que recuerda las cerdas de un cepillo. *Frec en las constrs* PELO A ~, CORTAR EL PELO A, *o* EN, ~. **c)** Conjunto de pelos que tiene la abeja obrera en los tarsos de las patas posteriores. ■ **2** Instrumento para cepillar [2]. ■ **3** Caja que tiene una ranura y que sirve para recibir limosnas en las iglesias.

cepo *m* **1** Trampa para cazar dotada de un dispositivo que aprisiona al animal cuando este lo toca. **b)** Dispositivo con que, sujetando una rueda, se inmoviliza un automóvil que ha cometido una infracción de tráfico. **c)** (*hist*) Dispositivo con que se aprisiona e inmoviliza a una persona. ■ **2** Cepillo [3]. ■ **3** Madero grueso asentado en tierra, que se emplea para trabajar sobre él en algunos oficios. **b)** Madero grueso en que se asienta el yunque. ■ **4** Pieza de madera o hierro fijada a la caña del ancla en sentido perpendicular a ella y al plano de los brazos y que sirve para que una de las uñas agarre más fácilmente en el fondo. ■ **5** (*reg*) Construcción hecha con vallas que sirve para aislar el ganado en el campo.

ceporrez *f* (*col*) Cualidad de ceporro [1].

ceporro I *m* (*col*) **1** Pers. torpe o bruta. *Tb adj.* ■ **2** Cepa vieja usada para quemar en la lumbre. II *loc adv* **3 como un ~.** (*col*) Profundamente. *Referido a dormir.*

cequeta *f* (*reg*) Acequia estrecha.

cequí *m* (*hist*) Moneda de oro acuñada en Italia, que circuló por toda la zona del Mediterráneo.

cera I *f* **1** Sustancia sólida y blanda, animal o vegetal, protectora de los tegumentos, constituida por un éster alcohólico monovalente. *Esp la elaborada por las abejas, usada pralm para fabricar velas.* **b)** *En constrs de sent comparativo, designa a la pers blanda y fácil de manejar.* **c)** Sustancia untuosa, preparada con cera y esencia de trementina, que sirve para abrillantar los suelos de madera. **d)** Material usado en pintura, constituido por una mezcla de cera [1a] derretida y esencia, que sirve de soporte al color. *Tb la pintura realizada con él.* **e)** *En una función religiosa:* Velas. ■ **2** Cerumen. ■ **3** Membrana que rodea la base del pico en algunas aves.
   II *loc adj* **4** **de, o a, ~(s) perdida(s).** (*Escult*) [Procedimiento de vaciado] que consiste en hacer un molde sirviéndose de un modelo de cera que luego se hace derretir para que deje el hueco en que se ha de vaciar el metal.
   III *fórm or* **5 no hay más ~ que la que arde.** *Indica que no existen alternativas a lo que se tiene en el momento.*

cerambícido *adj* (*Zool*) [Insecto coleóptero] de cuerpo alargado y estrecho y largas antenas, devorador de madera. *Frec n m en pl, designando este taxón zoológico.*

cerámico -ca I *adj* **1** De (la) cerámica [2].
   II *f* **2** Arte de fabricar vasijas y otros objetos de barro, loza y porcelana. ■ **3** Conjunto de objetos de cerámica [2]. **b)** Objeto de cerámica.

ceramista I *adj* **1** De (la) cerámica [2].
   II *m y f* **2** Pers. que fabrica objetos de cerámica [2].

cerapez *f* Mezcla de pez y cera, usada por los zapateros para encerar el hilo con que se cose la suela al zapato.

ceraste *m* Víbora del norte de África, que tiene dos cuernecillos sobre los ojos, vive oculta en la arena y es muy venenosa (*Cerastes cerastes*).

cerato *m* Ungüento compuesto de aceite, cera y otros ingredientes, usado para curar llagas y fístulas.

cerbatana *f* Arma constituida por un canuto, por uno de cuyos extremos se sopla para hacer salir por el otro el proyectil.

cerca¹ I *adv* (*palabra de sent normalmente relativo. Cuando se expresa el término de referencia, este se enuncia precedido de la prep* DE, *o* (*semiculto*) *con un posesivo*) **1** A corta distancia. *Tb Precedido de prep, se sustantiva.* * Está muy cerca de aquí. * Lo sigue de cerca. **b)** *Tb referido a tiempo, esp venidero.* * Las vacaciones están cerca.
   II *loc prep* **2 ~ de.** Casi. *Seguido de una expresión numérica de cantidad o de hora.* ■ **3 ~ de.** Ante. *Precediendo a n que designa un gobierno, una autoridad o un dirigente. Frec hablando de representaciones diplomáticas o similares.*

cerca² *f* Construcción a modo de pared, hecha de cualquier material, que sirve para limitar o proteger un terreno u otro espacio.

cercado *m* **1** Terreno cercado (→ CERCAR [1c]). ■ **2** Cerca².

cercador -ra *adj* Que cerca.

cercamiento *m* Acción de cercar. *Tb su efecto.*

cercanamente *adv* (*raro*) Cerca¹ [1]. *Más frec referido a tiempo.*

cercanía A *f* **1** Cualidad de cercano. ■ **2** Lugares cercanos. *Más frec en pl.* **b)** *pl* Trayectos ferroviarios de corta distancia.
   B *m* **3 ~s.** Tren de cercanías [2b].

cercano -na *adj* Que está cerca [de alguien o algo (*compl* A *o, más raro,* DE)]. *Frec se omite el compl, por consabido. Tb fig.* **b)** [Pariente] en uno de los primeros grados.

cercar *tr* Rodear [a alguien o algo] por todas partes. *Tb fig.* **b)** Rodear [a alguien o algo] para impedir la ayuda exterior o la huida y obtener su rendición. **c)** Rodear con una cerca².

cercén. a ~. *loc adv* Enteramente o por la base. *Referido a la acción de cortar.*

cercenamiento *m* Acción de cercenar.

cercenar *tr* **1** Mutilar [algo] o quitar[le (*cd*)] una parte. *Tb fig.* ■ **2** Cortar, o dividir con un instrumento afilado.

cerceta *f* Ave palmípeda más pequeña que el ánade, de plumaje gris, con la cabeza oscura, y que se caza por su carne, muy apreciada (*Anas crecca*). **b)** **~ carretona.** Ave palmípeda ligeramente mayor que la cerceta, con cuello más esbelto y pico más recto, y con una lista blanca en la cabeza del macho (*Anas querquedula*).

cercha *f* (*Constr*) Cimbra.

cerchar *tr* (*Agric*) Meter bajo tierra [el vástago de la vid].

cerciorarse *intr pr* Adquirir la certeza [de algo].

cerco *m* **1** Acción de cercar [1b]. *Frec en la constr* PONER ~ [a alguien o algo]. *Tb fig, referido a mujer o a algo que se codicia.* ■ **2** Cerca². ■ **3** Pieza que ciñe o rodea una cosa, esp. una puerta o ventana. ■ **4** Arte de pesca consistente en una red de unos 1.300 m de largo por 20 o 30 de ancho.

cercopiteco *m* (*Zool*) Se da este n a los simios catirrinos del gén Cercopithecus, del tamaño de un gato, hocico pequeño, ojos grandes y móviles, abazones en las mejillas, cola no prensil y pelaje denso.

cerda¹ I *f* **1** Pelo grueso y duro de animal. **b)** Pelo de cepillo o pincel, hecho o no de cerda. ■ **2** Queta de gusano. ■ **3** (*Bot*) En los musgos: Parte del esporogonio mediante la cual este se encastra en la planta madre.
   II *loc adj* **4 de ~.** [Ganado] de cerdos.

cerda² → CERDO.

cerdada *f* (*col*) Acción propia de cerdo [4]. *Esp en sent moral.*

cerdamen *m* Conjunto de cerdas¹.

cerdear *intr* (*col*) Echarse atrás o flaquear en lo emprendido.

cerdo -da A *m* **1** Mamífero doméstico, de cuerpo macizo, cabeza grande, hocico terminado en un disco en que se abren los orificios nasales, orejas grandes y puntiagudas, y patas cortas, y muy apreciado por su carne, su grasa y sus cerdas¹ (varios géns., esp. *Sus*). *Tb su piel. Tb designa solamente el macho de la especie.* ■ **2** Jabalí.
   B *f* **3** Hembra del cerdo [1].
   C *m y f* **4** (*col*) Pers. sucia. *En sent físico o moral. Tb adj. Frec se usa como insulto gral, más o menos vacío de significado.*

cerdoso -sa I *adj* **1** Cubierto de cerdas¹ [1a].

II *m* **2** Jabalí.

cereal I *adj* **1** De (los) cereales [2].

II *m* **2** Planta gramínea cultivada por su fruto, el cual se utiliza para la alimentación humana, a veces por medio de harina panificable, o para la alimentación de los animales. ■ **3** *En pl*: Alimento elaborado en porciones menudas o copos a base de un cereal [2], gralm. maíz, avena, trigo o arroz, y que se suele tomar en el desayuno.

cerealícola *adj* De (la) cerealicultura.

cerealicultura *f* Cultivo de cereales [2].

cerealista *adj* **1** Que cultiva cereales [2]. *Tb n, referido a pers.* ■ **2** De (los) cereales [2].

cerealístico -ca *adj* Cerealista.

cerebelo *m* **1** (*Anat*) Porción del encéfalo que ocupa la parte posterior de la cavidad craneal. ■ **2** (*humoríst*) Cerebro, o capacidad de pensar.

cerebeloso -sa *adj* (*Anat*) Del cerebelo [1].

cerebración *f* **1** (*Psicol*) Proceso mental resultante de la actividad cerebral [1]. ■ **2** (*Anat*) Cefalización.

cerebral *adj* **1** Del cerebro [1]. ■ **2** Exclusivamente intelectual, o ajeno a lo emocional o a lo vivo.

cerebralismo *m* **1** Condición de cerebral [2]. ■ **2** Tendencia a lo cerebral [2].

cerebro I *m* **1** Parte superior y anterior del encéfalo. ■ **2** Mente (facultad intelectiva). ■ **3** Pers. que aporta las ideas o los planes [de una operación o de una organización]. ■ **4** Pers. sobresaliente en actividades intelectuales o científicas. ■ **5 ~ electrónico.** Aparato capaz de efectuar operaciones de cálculo, traducción, gobierno de máquinas, y otras, sin intervención del cerebro [1] humano.

II *loc adj* **6** [Fuga] **de ~s**, [lavado] **de ~** → FUGA, LAVADO.

cerebroespinal (*tb, raro, con la grafía* **cerebro- -espinal**) *adj* **1** (*Anat*) Del cerebro [1] y la médula espinal. ■ **2** [Rinorrea] **~** → RINORREA.

cerebroide *adj* (*Anat*) De sustancia análoga a la del cerebro [1].

cerebrorraquídeo -a *adj* (*Anat*) Cerebroespinal.

cerebrósido *m* (*Biol*) Lípido compuesto de carbono, hidrógeno, oxígeno y nitrógeno, que se encuentra en el encéfalo y en las fibras nerviosas.

cerebrospinal *adj* (*Anat*) Cerebroespinal.

cerebrotónico -ca *adj* (*Psicol*) [Tipo psíquico] caracterizado por la inhibición y la introversión. *Tb referido a la pers que corresponde a este tipo.*

cerebrovascular *adj* (*Anat*) De los vasos sanguíneos y de la circulación sanguínea del cerebro [1].

cereceda *f* Cerezal.

cerecero -ra *adj* De (la) cereza. **b)** [Pers.] que recoge cerezas.

ceremonia I *f* **1** Acto celebrado con solemnidad y con arreglo a una forma establecida. ■ **2** Acto de respeto o de cortesía a una pers., con arreglo a una determinada forma establecida. ■ **3** Trato sumamente formal, cumplido o cortés. *Frec en pl.*

II *loc adj* **4** [Maestro] **de ~s** → MAESTRO.

ceremonial I *adj* **1** [Cosa] que tiene carácter de ceremonia [1]. ■ **2** Que pertenece a una ceremonia [1].

II *m* **3** Conjunto de normas para una ceremonia [1] o para las ceremonias. ■ **4** Conjunto de ceremonias [1]. ■ **5** Operario encargado de representar a la empresa de pompas fúnebres en un entierro.

ceremonialmente *adv* De manera ceremonial.

ceremoniático -ca *adj* Ceremonioso.

ceremoniosamente *adv* De manera ceremoniosa.

ceremoniosidad *f* Cualidad de ceremonioso.

ceremonioso -sa *adj* Que actúa con ceremonia [2 y 3]. **b)** Propio de la pers. ceremoniosa.

céreo -a *adj* **1** De cera [1a]. ■ **2** De aspecto semejante al de la cera [1a].

cerería *f* **1** Tienda dedicada a la venta de velas o cirios. ■ **2** Industria de velas o cirios. ■ **3** Velas o cirios, o conjunto de ellos.

cerero -ra *m y f* Pers. que fabrica o vende velas o cirios.

ceretano -na *adj* (*hist*) Cerretano. *Tb n.*

cereza I *f* **1** Fruto del cerezo, casi redondo, de unos 2 cm de diámetro, de piel roja y pulpa jugosa, dulce y comestible.

II *adj invar* **2** [Color] rojo oscuro propio de la cereza [1]. *Tb n m.*

cerezal *m* **1** Terreno sembrado de cerezos. ■ **2** (*reg*) Cerezo.

cerezano -na *adj* De Cerezo de Riotirón (Burgos). *Tb n, referido a pers.*

cerezo *m* Árbol de tallo alto, corteza oscura, flores blancas y fruto en drupa, comestible, y cuya madera es apreciada en ebanistería (gén. *Prunus* o *Cerasus*, esp. *P.* o *C. avium* y *P. cerasus* o *C. vulgaris*). Algunas especies se distinguen con un compl especificador: *~* DE MAHOMA o DE SANTA LUCÍA (*Prunus mahaleb*), *~* DE PISARDI (*P. cerasifera pissardii*), etc. **b)** Madera de cerezo. **c) laurel ~** → LAUREL.

cerilla *f* Trozo de papel enrollado y encerado, o de cartón, o de madera, cuyo extremo está recubierto de fósforo y se inflama por frotación, y que sirve para encender fuego.

cerillero -ra A *m y f* **1** Pers. que vende cerillas y tabaco en un café, bar o local semejante.

B *m* **2** Cerillera [1].

C *f* **3** Estuche de cerillas.

cerillo I *m* **1** (*reg*) Cerilla. ■ **2** (*raro*) Vela delgada.

II *adj* **3** [Escribano] **~** → ESCRIBANO.

cerio *m* (*Quím*) Metal del grupo de las tierras raras, de número atómico 58, y cuya aleación con el hierro sirve para fabricar piedras para encendedores.

cerla *f* (*reg*) Flor del maíz.

cermeño *m* Variedad de peral que produce una pera pequeña y muy sabrosa.

cernadero *m* (*hist*) Paño que se pone sobre la ropa para hacer la colada.

cernedor -ra *adj* Que cierne [1]. *Tb n: m y f, referido a pers; m, referido a utensilio; f, referido a máquina.*

cerneja *f* Mechón de cerdas espesas que tiene la caballería sobre las cuartillas de pies y manos.

cernejudo -da *adj* [Caballería] que tiene grandes cernejas.

cerner (*conjug* 14) **A** *tr* **1** Separar con criba o cedazo [en una materia pulverulenta o granulosa (*cd*)] las partículas gruesas de las finas, para aprovechar estas. **b)** (*lit*) Matizar o depurar.
B *intr pr* (**~se**) **2** Mantenerse en el aire [un ave] moviendo las alas sin avanzar. ■ **3** (*lit*) Amenazar de cerca [un mal (*suj*)] a alguien o algo (*compl* SOBRE)].

cernícalo *m* **1** *Se da este n a unas pocas especies pequeñas de halcón, algunas de las cuales se caracterizan por su hábito de cernerse* [2] *prolongadamente. Cada especie suele llevar un compl especificador:* ~ VULGAR (*Falco tinnunculus*), ~ PRIMILLA (*F. naumanni*), ~ PATIRROJO (*F. vespertinus*). ■ **2** (*col*) Pers. torpe e ignorante. *Tb adj.*

cernidillo *m* **1** Lluvia menuda. ■ **2** Forma de caminar con ligero contoneo. *Tb adj.*

cernido *m* Acción de cerner [1a].

cernimiento *m* (*raro*) Acción de cerner [1].

cernir (*conjug* 43) **A** *tr* **1** Cerner.
B *intr* **2** (*reg*) Caer [la flor de la vid].

cero **I** *m* **1** Cifra con que se representa la ausencia de toda cantidad, y que escrita a la derecha de un número entero lo multiplica por diez. ■ **2** Cosa que en una serie se sitúa antes o por debajo de la que va marcada con el número uno. ■ **3** (*col*) Nada. *Se usa frec en ors nominales, siguiendo a la expresión de una circunstancia o aspecto de la realidad a los que precisa cuantitativamente. A veces* ~ AL COCIENTE. ■ **4** (*Dep*) *En tiro de pichón:* Disparo fallado. ■ **5** ~ **absoluto.** (*Fís*) Temperatura mínima posible, a la cual el movimiento molecular es nulo y que corresponde a -273,15 °C. ■ **6 un ~ a la izquierda.** (*col*) Pers. inútil o que no es tenida en consideración. *Frec con el v* SER. *Tb, más raro,* UN ~. ■ **7 doble ~,** o **~~~.** (*jerg*) Hachís de la mejor calidad.
II *adj* **8** *Precediendo a un n en pl:* Ninguno. *Frec el n va sobrentendido.* ■ **9** *Siguiendo a un n en sg:* Que ocupa en una serie un lugar anterior al designado con el número uno. **b)** (*Econ*) [Crecimiento] nulo. **c)** [Punto] ~ → PUNTO. ■ **10** *Siguiendo a un n en sg:* Que marca el punto de partida. ■ **11** *Precediendo al n* HORAS, *designa aquella en que empiezan a contarse las del día.*
III *loc v* **12 partir de ~.** Empezar sin contar con ninguna base material o moral.
IV *loc adv* **13 a ~.** Sin tener ninguna cantidad, o sin tener nada. **b)** Sin debe ni haber. ■ **14 al ~.** Hasta la raíz. *Se dice del corte de pelo. Tb adj.*

cerocerismo *m* (*Fút*) Empate a cero.

ceroso -sa *adj* Céreo.

cerote *m* (*col*) Miedo.

cerquero -ra *adj* Que se dedica a la pesca de cerco. *Tb n m, referido a pers y esp a barco.*

cerquillo *m* Zona de pelo que rodea un círculo pelado o calvo en el cráneo.

cerrada → CERRADO.

cerradamente *adv* De manera cerrada.

cerradero *m* Parte de la cerradura, en forma de caja, en la cual penetra el pestillo.

cerrado -da **I** *adj* **1** *part* → CERRAR. ■ **2** [Espacio o lugar] que no tiene comunicación con el exterior, o la tiene escasa o esporádica. **b)** De acceso difícil o imposible. *Tb fig.* **c)** (*Med*) [Traumatismo o fractura] en que no se produce rotura de la piel. ■ **3** Muy poblado o compacto. **b)** Espeso o denso. **c)**

[Aplauso] nutrido y unánime. ■ **4** [Línea] que cierra completamente un espacio. ■ **5** [Curva o ángulo] de gran concavidad. ■ **6** [Texto] que no admite modificaciones. ■ **7** [Serie o conjunto] que no admite ampliación. ■ **8** *Referido a cabeza de ganado:* Que tiene ya completa la dentadura. ■ **9** Intransigente o rígido. ■ **10** [Pers.] poco comunicativa. ■ **11** [Pers.] torpe. ■ **12** [Habla] que conserva marcadamente los rasgos locales o regionales. *Tb dicho de pers. A veces como adv.* ■ **13** (*Fon*) [Vocal] en cuya articulación se deja poco paso al aire. ■ **14** (*Fon*) [Sílaba] trabada. ■ **15** (*Der*) [Testamento] que el testador entrega bajo sobre cerrado, sin revelar su última voluntad, al notario y testigos que han de autorizarlo. ■ **16** [Arca] **cerrada**, [circuito] ~, [cólico] ~, [descarga] **cerrada**, [orden] ~ → ARCA, CIRCUITO, CÓLICO, DESCARGA, ORDEN.
II *n* **A** *m* **17** Cerca² o barrera que limita un espacio. **b)** Finca o terreno cercados. **c)** Porción de dehesa cercada para guardar ganado.
B *f* **18** Cerrado [17b].

cerrador -ra *adj* Que cierra. *Tb n: m y f, referido a pers; f, referido a máquina.*

cerradura *f* **1** Mecanismo con llave que sirve para cerrar [2]. ■ **2** (*raro*) Acción de cerrar.

cerraja¹ **I** *f* **1** Lechuguilla (planta).
II *loc v* **2 quedarse,** o **convertirse,** [algo] **en agua de ~s** → AGUA.

cerraja² *f* (*reg*) Cerradura [1].

cerrajería *f* **1** Oficio o actividad de(l) cerrajero [2]. ■ **2** Taller o tienda de(l) cerrajero [2]. ■ **3** Conjunto de objetos propios de la cerrajería [1].

cerrajero -ra **I** *adj* **1** De (la) cerrajería [1].
II *m* **2** Hombre que fabrica o arregla cerraduras [1] y otros objetos de hierro.

cerrajón¹ *m* Cerro alto y escarpado.

cerrajón² *m* Se da este n a diversas variedades de cerraja¹ (*gén Sonchus*) y a algunas plantas de otros géns (*Reichardia tingitana, Crepis canariensis, etc*).

cerral *m* (*reg*) Loma, esp. su parte más elevada.

cerramiento *m* **1** Acción de cerrar, *esp* [1b]. *Tb su efecto.* ■ **2** Valla o pared con que se cerca un espacio. ■ **3** Cosa que cubre o tapa una abertura.

cerrar (*conjug* 6) **A** *tr* **1** Hacer que [algo, esp. un espacio (*cd*)] quede incomunicado con el exterior, mediante los movimientos o los utensilios adecuados. **b)** Asegurar la incomunicación de [algo (*cd*)] con el exterior mediante una llave u otro sistema. **c)** Vallar o cercar [un terreno]. ■ **2** Hacer que [una puerta u otra cosa (*cd*)] deje de comunicar algo, esp. un espacio, respecto al exterior. ■ **3** Encerrar o meter [a alguien o algo] en un sitio cerrado [1]. *Frec el cd es refl.* ■ **4** Meter por completo [un cajón u otro objeto semejante] en el hueco en que está encajado. ■ **5** Obstruir [una abertura o un conducto] o impedir el paso [por ellos (*cd*)]. ■ **6** Juntar los extremos libres de dos partes [de una cosa (*cd*)] articuladas por el otro extremo. ■ **7** Juntar todas las hojas [de un libro, un cuaderno o algo similar (*cd*)] de manera que no se puedan ver las páginas interiores. ■ **8** Formar en filas apretadas [una agrupación, esp. militar, que estaba desplegada]. ■ **9** Recoger o replegar [una cosa articulada que estaba extendida]. ■ **10** Impedir [el paso o la salida]. *Tb fig.* **b)** Cortar el paso [de un fluido (*cd*)]. ■ **11** Poner [un grifo, una llave o algo similar] en la posición adecuada para impedir el paso de un fluido. ■ **12** Poner fin a las actividades [de un organismo, un establecimiento o un servicio (cd)]. **b)** Interrumpir temporalmente el funcionamiento o las actividades [de un organismo, un establecimiento o un servicio (cd)]. ■ **13** Terminar o concluir [algo, esp. un acto, una actividad o un período de tiempo]. *Frec en forma pr* (~**se**) *pasiva.* ■ **14** Hacer que deje de funcionar [un aparato, esp. la radio o la televisión]. ■ **15** Dar por terminada la admisión de originales [en la edición (cd) de un periódico]. ■ **16** Completar o ultimar [algo que estaba avanzado en su realización]. **b)** Ultimar [un trato o un acuerdo]. ■ **17** Ir en el último lugar [de una comitiva (cd) o de cualquier sucesión de perss. o cosas]. ■ **18** Escribir [el segundo elemento de un signo ortográfico doble]. ■ **19** (*Fon*) Reducir la abertura [de una vocal (cd)]. ■ **20** ~ **el pico¹, ~ filas, ~ la boca, ~ los oídos, ~ plaza** → PICO¹, FILA¹, BOCA, OÍDO, PLAZA.

B *intr* ➤ **a** *normal* **21** Pasar a estar incomunicado o separado [algo, esp. un espacio] con respecto al exterior. *Tb pr* (~**se**). ■ **22** Pasar a estar [un cajón u otro objeto similar] encajado en su hueco. ■ **23** Servir [una puerta u otro objeto] para incomunicar o separar un espacio con respecto al exterior. ■ **24** Pasar a estar replegada [una cosa articulada que estaba extendida]. ■ **25** Servir [un objeto, esp. un grifo] para impedir el paso de un fluido. ■ **26** Cicatrizar [una herida]. *Frec pr* (~**se**). *Tb fig.* ■ **27** Dar por terminadas sus actividades [un organismo, un establecimiento o un servicio]. **b)** Interrumpir temporalmente su funcionamiento o actividades [un organismo, un establecimiento o un servicio]. ■ **28** Llegar [la noche] a su máxima oscuridad. *Tb pr* (~**se**). **b)** Llegar [la niebla] a su mayor densidad. ■ **29** Pasar [una caballería] a tener igualados todos sus dientes. ■ **30** (*Juegos*) *En el dominó:* Poner una ficha que impida seguir colocando las demás que aún tengan los jugadores. ➤ **b** *pr* (~**se**) **31** Indicar [el semáforo] que no está permitido el paso. ■ **32** Pasar [una flor] a tener juntos los pétalos. ■ **33** Ceñirse o aproximarse mucho en una curva o viraje. ■ **34** Empeñarse u obstinarse [en una idea]. ■ **35** Cubrirse de nubes [el cielo]. *Frec en part.* ■ **36** ~**se en agua, ~se en banda** → AGUA, BANDA³.

cerratense *adj* Cerrateño. *Tb n.*

cerrateño -ña *adj* De la comarca de Cerrato (Palencia). *Tb n, referido a pers.*

cerrazón *f* Cualidad o estado de cerrado, *esp* [9 y 10].

cerrero -ra *adj* [Animal] cerril [3].

cerretano -na *adj* (*hist*) Del pueblo hispánico prerromano habitante de la actual comarca de la Cerdaña (Cataluña y Francia). *Tb n, referido a pers.*

cerril *adj* **1** Tosco o torpe. ■ **2** Obstinado o que no admite razonamientos. ■ **3** [Animal caballar o vacuno] no domado.

cerrilidad *f* Cerrilismo.

cerrilismo *m* Cualidad de cerril [1 y 2].

cerrilmente *adv* De manera cerril [1].

cerro **I** *m* **1** Elevación aislada de tierra, de poca extensión pero relativamente alta. **II** *loc v* **2 irse** (*u otro v equivalente*) **por los ~s de Úbeda.** (*col*) Divagar, o desviarse del tema.

cerrojazo *m* (*col*) Acción de cerrar [12, 27 y 30].

cerrojillo. papamoscas ~ → PAPAMOSCAS.

cerrojo **I** *m* **1** Barra metálica que se corre dentro de unas armellas y que sirve para cerrar [1b], gralm.

puertas. *Frec con los vs* ECHAR, CORRER, DESCORRER. ■ **2** (*Fút*) Táctica rígidamente defensiva, que consiste pralm. en el reforzamiento de la línea de defensas. ■ **3** *En el fusil:* Pieza móvil mediante la cual se expulsa el cartucho vacío y se introduce uno nuevo en la recámara. **II** *loc v* **4 echar el ~.** (*col*) Cerrar [12 y 27].

certamen *m* **1** Concurso, esp. aquel cuya finalidad es estimular con premios una actividad. **b)** (*lit*) Competición. ■ **2** (*hist*) Acto literario en que se discute algún tema.

certeramente *adv* De manera certera.

certería *f* (*raro*) Cualidad de certero [1a].

certero -ra *adj* Acertado o que acierta. **b)** (*raro*) Preciso o seguro.

certeza *f* **1** Conocimiento seguro, o sin ninguna duda, de algo. ■ **2** Cualidad de cierto o verdadero.

certidumbre *f* Certeza [1].

certificable *adj* Que puede ser certificado.

certificación *f* Acción de certificar [1]. *Tb su efecto.* **b)** Certificado² [1].

certificadamente *adv* De manera segura o probada.

certificado¹ -da *adj* **1** *part* → CERTIFICAR. ■ **2** [Correo, o forma de envío postal] en el que se certifica [3] una carta o paquete. ■ **3** [Carta o paquete] que se envía por correo certificado [2]. *Frec n m.*

certificado² *m* **1** Documento en que se certifica [1] algo. ■ **2** ~ **de depósito.** (*Econ*) Título negociable emitido por un banco, en el cual se certifica la constitución de un depósito amortizable gralm. a corto plazo.

certificador -ra *adj* Que certifica [1].

certificar *tr* **1** Declarar en documento oficial [una pers. autorizada para ello] que [algo (cd)] es cierto o verdadero. **b)** Declarar [un documento oficial] que [algo (cd)] es cierto o verdadero. **c)** Declarar [un documento oficial] la autenticidad [de algo (cd)]. ■ **2** Servir [una cosa] de comprobación o demostración [de algo (cd)]. ■ **3** Enviar por correo [una carta o paquete] obteniendo, mediante pago, un documento que acredita el envío y garantiza la expedición.

cerúleo -a *adj* (*lit*) **1** Del color azul del cielo. ■ **2** (*semiculto*) Céreo.

cerumen *m* Secreción, parecida a la cera, que se produce en los oídos.

ceruminoso -sa *adj* (*Fisiol*) De(l) cerumen.

cerusa *f* Albayalde (carbonato básico de plomo).

cerusita *f* Mineral de carbonato de plomo.

cerval *adj* **1** [Miedo] extremado. ■ **2** [Espino] ~, [gato] ~, [jara] ~, [lengua] ~, [lobo] ~ → ESPINO, GATO¹, JARA, LENGUA, LOBO¹.

cervantesco -ca *adj* Cervantino.

cervantino -na *adj* De Miguel de Cervantes († 1616) o de sus obras.

cervantismo *m* Especialidad de los estudios literarios que versa sobre Cervantes y sus obras.

cervantista *m y f* Especialista en Cervantes y sus obras.

cervariense *adj* De Cervera (Lérida). *Tb n, referido a pers.*

cervato (*frec en la forma dim* CERVATILLO) *m* Ciervo menor de seis meses.

cervecería *f* Establecimiento público donde se sirven cerveza y otras bebidas.

cervecero -ra *adj* De (la) cerveza. **b)** Que fabrica cerveza. *Tb n: m y f, referido a pers; f, referido a fábrica o empresa.*

cerverano -na *adj* De Cervera de Pisuerga (Palencia) o de Cervera del Río Alhama (Rioja). *Tb n, referido a pers.*

cervereño -ña *adj* De Cervera del Llano (Cuenca). *Tb n, referido a pers.*

cerveza *f* Bebida alcohólica obtenida de los granos de cebada o de otros cereales fermentados en agua, y aromatizada con lúpulo. **b)** Caña o vaso de cerveza.

cervical *adj* (*Anat*) De la cerviz. *Frec n f, referido a vértebra.*

cervicitis *f* (*Med*) Inflamación del cuello uterino.

cervicofacial (*tb, raro, con la grafía* **cérvico- -facial**) *adj* (*Med*) Del cuello y la cara.

cervicotorácico -ca *adj* (*Med*) Del cuello y el tórax.

cérvido -da *adj* (*Zool*) Mamífero artiodáctilo rumiante, caracterizado por la presencia de cuernos ramificados, gralm. solo en los machos. *Frec como n m en pl, designando este taxón zoológico.*

cerviguillo *m* Morrillo (porción carnosa de la cerviz de la res).

cervina. lengua ~ → LENGUA.

cérvix *m* (*Anat*) Cuello uterino. *Tb → UTERINO.*

cerviz *f* **1** Parte posterior del cuello o del pescuezo. **b)** (*lit*) *A veces se usa para simbolizar el orgullo o la independencia, en constrs como* BAJAR, *o* DOBLAR, LA ~, LEVANTAR LA ~, SER DE DURA ~. ■ **2** (*Anat*) Cuello uterino.

cervunal *m* Pradera de cervuno [3].

cervuno -na I *adj* **1** De(l) ciervo. ■ **2** [Jara] **cervuna** → JARA.
II *n* A *m* **3** Planta herbácea que forma céspedes, propia de zonas de montaña (*Nardus stricta*).
B *f* **4** Jara cervuna (→ JARA).

cesable *adj* Que puede ser cesado [4]. *Tb n.*

cesación *f* Acción de cesar [1].

cesante *adj* Que cesa, *esp* [3]. *Tb n, referido a pers.* **b)** (*hoy raro*) [Funcionario] que ha quedado sin empleo. *Tb n.*

cesantía *f* **1** (*hoy raro*) Condición de cesante [1b]. ■ **2** Pensión que cobra un alto funcionario después de haber cesado [3].

cesar A *intr* **1** Terminarse o suspenderse [algo que se produce en el tiempo]. ■ **2** Dejar de hacer [algo que se estaba haciendo (*infin con* DE, *o n de acción con* EN)]. ■ **3** Dejar de desempeñar [un empleo o cargo (*compl* EN)]. *Frec se omite el compl, por consabido.*
B *tr* (*col*) **4** Destituir.

césar *m* **1** (*lit*) Emperador. ■ **2** (*hist*) Emperador de Roma. ■ **3** (*hist*) *En la época de Diocleciano:* Jefe asociado al gobierno del Imperio, con categoría inferior a la de augusto.

cesaraugustano -na *adj* **1** (*lit*) Zaragozano. *Tb n, referido a pers.* ■ **2** (*hist*) De la ciudad hispanorromana de Caesaraugusta (hoy Zaragoza). *Tb n, referido a pers.*

cesárea *adj* [Operación quirúrgica] consistente en abrir el útero para extraer el feto. *Gralm n f.*

cesáreo -a *adj* (*lit*) Del césar o de los césares. *Tb fig.*

cesarismo *m* Sistema político en que una persona ejerce todos los poderes en nombre de la soberanía nacional y designa sucesor.

cesarista *adj* Del cesarismo. **b)** Partidario del cesarismo. *Tb n, referido a pers.*

cesaropapismo *m* (*Pol*) Sistema en que tienden a confundirse los límites entre la jurisdicción civil y la religiosa.

cesaropapista *adj* (*Pol*) Del cesaropapismo.

cese *m* Hecho de cesar, *esp* [3]. **b)** (*admin*) Formalidad oficial con que se declara el cese de un funcionario o un empleado. *Tb la diligencia o escrito en que se hace constar.*

cesio *m* Metal alcalino, de número atómico 55, blando, de color amarillo pálido.

cesión *f* Hecho de ceder algo, o de permitir que alguien pase a disponer de ello.

cesionario -ria *m y f* (*Der*) Pers. a cuyo favor se hace una cesión.

césped *m* **1** Hierba menuda, corta y tupida que cubre el suelo. ■ **2** (*lit*) Terreno de juego de fútbol.

cespedera *f* (*reg*) Césped.

cespitoso -sa *adj* (*lit*) Tupido como el césped [1].

cesta I *f* **1** Recipiente hecho con algún material flexible entretejido, gralm. mimbre o caña, y que suele tener un asa central. ■ **2** (*Balonc*) Canasta (aro con red). **b)** Canasta (enceste). ■ **3** *En el juego de pelota:* Pala cóncava y de figura curvada, hecha de tiras de madera u otra materia trenzadas y que sirve para recoger y lanzar la pelota. ■ **4** (*Econ*) Conjunto de las unidades monetarias cuya media ponderada sirve para establecer el valor de una unidad de cuenta de referencia. ■ **5** (*hist*) Coche de cuatro asientos muy ligero, con caja de mimbre cubierta por un toldo. ■ **6 ~ de la compra.** Gasto de una casa en alimentación. ■ **7 ~ punta** → CESTAPUNTA.
II *loc v* **8 llevar** (*u otro v equivalente*) **la ~.** (*col, hoy raro*) Acompañar a una pareja de enamorados, esp. cuando se muestran afecto.

cestada *f* Cantidad de una materia que cabe en una cesta [1].

cestaño *m* (*reg*) Canastilla.

cestapunta (*tb con las grafías* **cesta punta** *y* **cesta-punta**) *f* Juego de pelota vasca que se realiza con cesta [3].

cestería *f* **1** Tienda del cestero. ■ **2** Oficio o técnica del cestero. ■ **3** Cestos [1] o cestas [1], o conjunto de ellos.

cestero -ra I *adj* **1** De (los) cestos [1] o de (las) cestas [1].
II *m y f* **2** Pers. que fabrica o vende cestos o cestas.

cestillo *m* **1** Cesto [1] pequeño de labor fina, frec. sin asas. ■ **2** (*Zool*) Cavidad de las patas posteriores de la abeja, en que almacena el polen. ■ **3 ~ de oro.** Planta de la familia del alhelí, de color gris y fruto redondeado, cultivada como ornamental (*Alyssum saxatile*).

cesto I *m* **1** Cesta [1], gralm. más alta que ancha y con dos asas. ■ **2** Recipiente en forma de cesto [1].

■ **3 ~ de los papeles.** Papelera (recipiente al que se echan los papeles inútiles). *Frec fig, con vs como* TIRAR *o* ARROJAR, *referido a cosas, esp proyectos o ideas, que se descartan o se abandonan.*
II *loc v* **4 coger el ~ de las chufas.** (*col*) Enfadarse, esp. marchándose de manera brusca.

cestodo *adj* (*Zool*) [Gusano] de cuerpo aplanado, desprovisto de aparato digestivo, que vive parásito en el tubo digestivo de los animales superiores y del hombre. *Frec como n m en pl, designando este taxón zoológico.*

cesura *f* (*TLit*) Pausa interior del verso, determinada por el ritmo.

cesureño -ña *adj* De Puentecesures (Pontevedra). *Tb n, referido a pers.*

ceta → ZETA[1].

cetáceo -a *adj* [Mamífero] acuático de forma de pez, con patas anteriores transformadas en aletas, sin patas posteriores y con aleta caudal, con piel desnuda bajo la que se encuentra una espesa capa adiposa, y cuyas especies son casi todas marinas. *Frec como n m en pl, designando este taxón zoológico.*

cetme *m* Fusil automático de asalto.

cetogénesis *f* (*Med*) Producción de cuerpos cetónicos.

cetona *f* **1** (*Quím*) Compuesto obtenido por oxidación de alcohol secundario y de constitución análoga a la de la acetona. ■ **2** (*raro*) Acetona.

cetonia *f* Insecto coleóptero de la familia del escarabajo, con reflejos metálicos, que vive sobre las flores y roe sus pétalos (gén. *Cetonia*).

cetónico -ca *adj* (*Quím*) **1** De (la) cetona. ■ **2** De función cetónica [1].

cetonuria *f* (*Med*) Presencia de cetona o acetona en la orina.

cetosa *f* (*Quím*) Glúcido que contiene una función cetónica en su molécula.

cetosis *f* (*Med*) Concentración elevada de cetona o acetona en los tejidos o en los líquidos orgánicos.

cetrería *f* **1** Caza de aves con halcones y otras aves de rapiña. ■ **2** Arte de criar y amaestrar aves de cetrería [1].

cetrero -ra **I** *adj* **1** De (la) cetrería. **II** *m y f* **2** Pers. que se dedica a la cetrería.

cetrino -na *adj* **1** [Color] entre aceitunado y amarillento. *Tb n m.* ■ **2** Que tiene color cetrino [1]. ■ **3** De aspecto adusto.

cetro **I** *m* **1** Vara ricamente ornamentada que se usa como insignia de determinadas dignidades, esp. la de monarca. **b)** Autoridad real. ■ **2** (*lit*) Primacía. **II** *loc v* **3 empuñar el ~.** (*lit*) Empezar a reinar.

ceutí *adj* De Ceuta. *Tb n, referido a pers.*

ceviche → CEBICHE.

ceviqueño -ña *adj* De Cevico de la Torre o de Cevico Navero (Palencia). *Tb n, referido a pers.*

CFC (*sigla; pronunc corriente,* /θé-éfe-θé/) *m* (*Quím*) Clorofluorocarbono.

CGS (*pronunc corriente,* /θé-χé-ése/) *adj* (*E*) [Sistema] de medidas cuyas unidades fundamentales son el centímetro, el gramo-masa y el segundo.

chabacanada *f* Chabacanería [2].

chabacanamente *adv* De manera chabacana.

chabacanería *f* **1** Cualidad de chabacano[1]. ■ **2** Dicho o hecho chabacano[1].

chabacano¹ -na *adj* Grosero o de mal gusto.

chabacano² *m* Lengua criolla hablada en algunas zonas de Filipinas, constituida por mezcla de español y diversas hablas indígenas.

chábana *f* (*reg*) Losa del pavimento.

chabisque *m* (*reg*) Tabuco o choza.

chabola *f* **1** Vivienda de construcción pobre, muy reducida y de un solo piso, edificada en un suburbio. ■ **2** (*reg*) Caseta. ■ **3** (*jerg*) Celda.

chabolero -ra *m y f* (*hoy raro*) Chabolista [2].

chabolismo *m* Abundancia de chabolas [1].

chabolista **I** *adj* **1** De (las) chabolas [1] o de(l) chabolismo. **II** *m y f* **2** Pers. que habita una chabola [1].

chabolo *m* (*jerg*) **1** Chabola (celda). ■ **2** Chabola (vivienda pobre de suburbio).

chacal *m* Mamífero, propio de algunas regiones de Asia, parecido al lobo aunque menor que él, con hocico puntiagudo, cola colgante entre las piernas y pelo denso, y que suele alimentarse de carroña (varias especies del gén. *Canis*, esp. *C. aureus*).

chácara *f* Instrumento popular canario de percusión, hecho de madera o de hueso, mayor que la castañuela.

chácena *f* (*Escén*) Prolongación del escenario por el foro, de menor anchura que la embocadura.

chacha → CHACHO.

chachachá (*tb con la grafía* **cha-cha-cha**) *m* Baile cubano moderno, derivado de la rumba y del mambo, con ritmo rápido, pasos cortos y balanceo de caderas. *Tb su música.*

cháchara *f* (*col*) Conversación ligera o intrascendente. **b)** (*desp o humoríst*) *En gral:* Conversación.

chache *m* (*col*) **1** Muchacho. *Con intención cariñosa.* ■ **2 el ~.** El que habla, un servidor.

chachi (*col*) **I** *adj invar* **1** Estupendo. **b)** Bueno. ■ **2** Auténtico. **II** *adv* **3** Estupendamente.

chacho -cha (*col*) **A** *m y f* **1** Muchacho. *Normalmente como vocat afectuoso. A veces como pura exclamación, denotando sorpresa.* ■ **2** (*pop*) Hermano, esp. hermano mayor. *Con relación a un niño pequeño.* ■ **3** (*reg*) Tío. **B** *f* **4** Sirvienta.

chacina *f* Conjunto de los embutidos hechos con carne de cerdo. *Tb en pl con sent sg.*

chacinería *f* Industria chacinera.

chacinero -ra *adj* **1** De (los) embutidos de cerdo. *Tb n f, referido a industria.* **b)** De la industria chacinera. ■ **2** [Pers.] que se dedica a la industria chacinera [1]. *Tb n.*

chacó *m* (*Mil*) Morrión de forma cilíndrica con visera.

chacolí *m* Vino ligero y algo agrio, hecho con uva poco azucarada, propio del País Vasco.

chacolinero -ra *adj* Aficionado al chacolí.

chacoloteo *m* (*raro*) Ruido producido por una herradura que está floja.

chacón *m* Lagarto de Filipinas parecido a la salamanquesa (*Platydactylus guttatus*).

chacona *f (hist)* Danza cortesana pausada, de compás de 3 por 4, de los ss. XVI y XVII. *Tb su música, que formó parte de la suite en el s XVIII.*

chacota *f* Burla. *Frec en las constrs* TOMAR A ~ [algo o a alguien], HACER ~ [de algo o alguien].

chacra *f* Finca agrícola en algunos países de América del Sur.

chadiano -na *adj* De la República del Chad. *Tb n, referido a pers.*

chador *m* Velo negro que cubre de la cabeza a los pies y que según los chiitas han de llevar las mujeres musulmanas.

chafallo *m (raro)* Remiendo mal hecho.

chafar *tr (col)* **1** Aplastar. **b)** Deshacer [algo blando] aplastándo[lo]. ■ **2** Abatir o deprimir [a alguien]. ■ **3** Dejar confundido, o sin saber qué decir, en una discusión. ■ **4** Quitar lucimiento [a alguien o algo *(cd)*]. ■ **5** Estropear [algo emprendido, proyectado o imaginado].

chafardear *(reg)* **A** *tr* **1** Cotillear. **B** *intr* **2** Chismorrear.

chafardería *f (reg)* Chisme² (cosa que se cuenta).

chafardero -ra *adj (reg)* Que chafardea. *Tb n.* **b)** Propio de la pers. chafardera.

chafarís *m (reg)* Surtidor.

chafarote *m (raro)* Cuchillo de gran tamaño.

chafarrinada *f* Chafarrinón.

chafarrinón *m* **1** *(col)* Mancha o borrón grande que desluce el sitio en que está. *Tb fig.* ■ **2** *(desp)* Obra pictórica torpe o sin calidad. *Tb fig, referido a otras artes.*

chafarrocas *m* Pez marino de pequeño tamaño y cuerpo alargado, que se adhiere a las rocas, funcionando sus aletas como ventosas (géns. *Apletodon, Diplecogaster* y *Lepadogaster*).

chaflán *m* Cara resultante de cortar por un plano una esquina.

chagrén *m* Piel labrada formando grano como el de la lija.

chagrin *(fr; pronunc corriente, /ʃagrén/) m* Chagrén.

chai *f (jerg)* Prostituta joven.

chaira *f* **1** Cuchilla usada por los zapateros para cortar la suela. ■ **2** *(col)* Navaja.

chairego -ga *adj* De la Terra Cha (comarca de Lugo). *Tb n, referido a pers.*

chaise-longue *(fr; pronunc corriente, /ʃeslón/) f* Mueble parecido a un sofá, sin respaldo ni brazos, que sirve para sentarse o para tumbarse.

chajá *m* Ave zancuda de los países del Río de la Plata, de hasta 90 cm de longitud, color gris y alas grandes con dos espolones, y cuya característica más destacada es su grito penetrante (*Chauna torquata*).

chal *m* Prenda femenina de adorno o de abrigo, que se pone sobre los hombros y que suele tener forma rectangular.

chalado -da *adj (col)* **1** *part →* CHALARSE. ■ **2** Loco o chiflado. *Tb n. Frec con intención ponderativa. A veces como reproche afectivo.*

chaladura *f (col)* Locura o chifladura. *Frec con intención ponderativa.*

chalán *m* Hombre que se dedica a la compra y venta de caballerías. **b)** Hombre que se dedica a la compra y venta de objetos diversos.

chalana *f* Embarcación menor, de fondo plano, proa aguda y popa cuadrada, que sirve para transportes en parajes de poco fondo.

chalanear *intr (col)* Actuar en una operación de compra o venta con maña propia de chalán.

chalaneo *m (col)* Acción de chalanear.

chalanería *f (col)* Actuación propia del chalán.

chalarse *intr pr (col)* Volverse loco. *Frec con intención ponderativa.*

chalaza *f* Filamento de albúmina, dispuesto en espiral, que sostiene la yema en medio de la clara del huevo.

chalé *m* Edificio unifamiliar de pequeñas dimensiones, con jardín.

chaleco *m* **1** Prenda de vestir, sin mangas, que cubre la parte superior del cuerpo hasta la cintura o hasta la cadera, y que se pone sobre otra prenda. ■ **2** Dispositivo, parecido al chaleco, que cubre el tórax con determinada finalidad protectora. *Con un adj especificador:* ANTIBALAS, SALVAVIDAS. ■ **3** *(vulg)* Prostituta.

chalequero -ra **I** *m y f* **1** Pers. que hace chalecos [1]. **II** *adj* **2** *(Taur)* [Estocada] en la parte trasera y baja del cuello del toro.

chalet *(fr; pronunc corriente, /ʃalé/; pl normal, ~s) m* Chalé.

chalina *f* Corbata ancha que se anuda en forma de lazo de caídas largas.

challenge *(ing; pronunc corriente, /ʃálenʧ/) f (Dep)* Prueba en que el vencedor obtiene un título que solo puede ostentar hasta que otro lo desposea de él.

challenger *(ing; pronunc corriente, /ʃálenyer/) m y f (Dep)* Deportista que aspira a disputar el título a un campeón.

chalota *f* Chalote.

chalote *m* Planta liliácea, con bulbos semejantes a los del ajo, blancos por dentro y rojizos por fuera, que se usan como condimento y tienen sabor parecido al de la cebolla (*Allium ascalonicum*). *Tb los mismos bulbos.*

chalupa¹ *f* Bote (embarcación).

chalupa² *adj (col, humoríst)* Chalado (loco o chiflado).

chamán *m (Rel)* Hechicero dotado de poderes sobrenaturales para invocar a los espíritus, curar o adivinar.

chamánico -ca *adj (Rel)* De(l) chamán.

chamanismo *m (Rel)* Religión de algunos pueblos asiáticos basada en la creencia de que en los sucesos humanos intervienen los espíritus, sobre los cuales solo pueden influir los chamanes.

chamarasca *f* Leña menuda que levanta mucha llama sin consistencia ni duración.

chamarilería *f* Tienda del chamarilero.

chamarilero -ra *m y f* Pers. que compra y vende objetos usados.

chamariz *m* Lugano o lúgano (pájaro).

chamarluco *m (reg)* Gracioso o personaje ridículo en algunas fiestas de pueblo.

chamarra *f* Prenda a modo de cazadora.

chamarreta *f* Prenda rústica de abrigo, semejante a la cazadora.

chamaruca *f* (*reg*) Berberecho (molusco).

chamba *f* (*col*) **1** Casualidad afortunada. **b)** Casualidad. ■ **2** Negocio con suerte.

chambado *m* (*reg*) Caseta de tres paredes y techo, hecha con ramas y cañas.

chambel *m* (*reg*) Arte de pesca parecido al palangre.

chambelán *m* (*hist*) Gentilhombre de cámara.

chambergo -ga I *adj* **1** (*hist*) [Guardia] personal del rey creada en el s. XVII.
II *m* **2** (*hist*) Sombrero de ala ancha levantada por un lado y sujeta con presilla, propio de finales del s. XVII y del XVIII. *Tb* SOMBRERO ~. ■ **3** Sombrero de ala ancha.

chamberilero -ra *adj* De Chamberí, barrio de Madrid al que por tradición se considera castizo y típico.

chambi *m* (*reg*) Helado entre dos barquillos rectangulares.

chambón -na *adj* (*col*) **1** Que acierta por casualidad, esp. en el juego. ■ **2** Torpe o poco hábil, esp. en el juego.

chambra *f* Prenda, a modo de blusa, que forma parte del traje popular de algunas regiones. **b)** (*hoy raro*) Prenda interior femenina o de bebé, a modo de blusa, que se pone sobre la camisa.

chambrana *f* **1** Travesaño que une entre sí dos patas de un mueble. ■ **2** (*Arquit*) Moldura que cerca un vano.

chamelista *m y f* Jugador de chamelo.

chamelo *m* Modalidad del juego de dominó para cuatro personas, en que cada jugador toma siete fichas.

chamelote *m* (*hist*) Tejido de seda que hace visos.

chamicera *f* (*col, raro*) Prostituta de ínfima categoría.

chamizo[1] *m* Choza. **b)** (*reg*) Choza o caseta levantada en las fiestas de pueblo.

chamizo[2] *m* Explotación minera de escasa importancia.

chamizo[3] **-za** *adj* (*hist*) [Pers.] nacida en América de indio y coyote, o de coyote e india. *Tb n*.

chamorro -rra I *adj* **1** [Habitante] de las islas Marianas (Oceanía). *Tb n*. ■ **2** Del chamorro [3].
II *m* **3** Lengua autóctona de las islas Marianas.

chamoso -sa *adj* (*reg*) [Árbol] atacado de hongos.

champagne (*fr; pronunc corriente,* /ćampán/) *m* Champán[1].

champán[1] *m* Vino blanco espumoso, originario de la región francesa de Champaña.

champán[2] *m* Sampán (embarcación).

champanero -ra I *adj* **1** De(l) champán[1].
II *f* **2** Vasija, en forma de cubo, destinada a mantener la botella de champán[1] entre hielos inmediatamente antes de abrirla.

champaña *m* (o, raro, f) Champán[1].

champañero -ra *adj* De(l) champán[1]. *Tb n m, referido a fabricante.*

champañés -sa *adj* De la región francesa de Champaña. *Tb n, referido a pers.*

champi *m* (*col*) Champiñón.

champignon (*fr; pronunc corriente,* /ćampiñón/) *m* Champiñón.

champiñón *m* Seta común, comestible (*Agaricus campestris* o *Psalliota campestris*).

champiñonero -ra *adj* De(l) champiñón. *Tb n m y f, referido a la pers que lo cultiva.*

champú *m* Preparado líquido para el lavado del cabello.

chamullar (*jerg*) **A** *intr* **1** Tener conocimientos o entender [de una materia o cuestión]. ■ **2** Hablar.
B *tr* **3** Hablar [un idioma].

chamulle *m* (*jerg*) Acción de hablar. *Tb su efecto.*

chamuscado *m* Acción de chamuscar.

chamuscadura *f* Quemadura ligera o superficial.

chamuscar *tr* Quemar ligera o superficialmente.

chamusco *m* Acción de chamuscar.

chamusquina I *f* **1** Acción de chamuscar.
II *loc v* **2 oler** [algo] **a ~.** (*col*) Inspirar sospecha o temor.

chana *f* (*reg*) Calva (juego).

chanar *intr* (*jerg*) Saber o entender [de algo].

chance (*ing; pronunc corriente,* /ćans/ o /ćánθe/) *m o f* **1** Oportunidad o posibilidad. *Frec en deportes.* ■ **2** Suerte.

chancearse *intr pr* (*lit*) **1** Burlarse [de alguien o algo]. ■ **2** Bromear.

chancero -ra *adj* (*lit*) Amigo de chanzas.

cháncharras máncharras *f pl* (*col, raro*) Rodeos o subterfugios.

chanchi (*col*) **I** *adj* (*pl gralm invar*) **1** Estupendo.
II *adv* **2** Estupendamente.

chanchullero -ra *adj* **1** [Pers.] que hace chanchullos[1]. *Tb n*. ■ **2** [Cosa] propia de la pers. chanchullera [1].

chanchullo[1] *m* (*col*) Negocio hecho con poca limpieza, aunque con apariencia legal.

chanchullo[2] *adj invar* (*hist*) *En los años veinte:* [Pantalón] bombacho usado como prenda de sport.

chancillería *f* (*hist*) Organismo supremo de la administración de justicia en el reino de Castilla.

chancla *f* Chancleta[1].

chancleta[1] **I** *f* **1** Zapatilla sin talón o con el talón doblado hacia dentro. *Frec en la constr* EN ~(S).
II *loc adv* **2 en ~.** Con el talón doblado hacia dentro. *Referido a zapatillas.*

chancleta[2] *m y f* (*col, hoy raro*) Pers. torpe.

chancletear *intr* Andar en chancletas[1].

chancleteo *m* Acción de chancletear.

chanclo *m* Zapato de goma en que se introduce el pie calzado y que sirve para proteger el zapato normal del barro y del agua.

chancro *m* **1** (*Med*) Lesión ulcerosa propia de algunas enfermedades venéreas. ■ **2** (*Agric*) Lesión ulcerosa de algunas plantas.

chándal (*pl normal,* ~ES o, raro, ~S) *m* Conjunto formado por una prenda tipo jersey o cazadora y un pantalón largo, ambos de punto y holgados, y usado en algunos ejercicios gimnásticos y entrenamientos deportivos.

chanel (*n comercial registrado*) *adj invar* [Traje femenino] de chaqueta clásico, sin cuello o con cuello cerrado. *Tb n m.* **b)** [Largo de falda] que llega ligeramente por debajo de la rodilla.

chanelar *intr* (*jerg*) Saber o entender [de algo].

chanfaina *f* **1** Guiso de carne o de asadura con diversos ingredientes. ■ **2** (*reg*) Tontería o ridiculez.

chanflón -na *adj* (*raro*) Bajo o de mala calidad.

changar *tr* (*col*) Estropear.

changarra *f* (*reg*) Cencerro.

changurro *m* (*reg*) Centolla (crustáceo). *Tb el plato vasco preparado con él.*

chanquete *m* Pez muy pequeño de mar, blanquecino, comestible, dos de cuyas aletas funcionan como ventosas para adherirse a las rocas (*Aphia minuta*).

chansonnier (*fr; pronunc corriente,* /ĉansonié/ o /ʃansonié/) *m* Artista, esp. francés, que actúa en locales públicos interpretando canciones populares propias o ajenas.

chantadino -na *adj* De Chantada (Lugo). *Tb n, referido a pers.*

chantaje *m* Presión que se ejerce sobre alguien con el fin de obtener dinero u otro beneficio, por medio de amenazas, esp. la de revelar algo que pudiera provocar un escándalo.

chantajear *tr* Ejercer chantaje [sobre alguien (*cd*)].

chantajista *adj* Que chantajea. *Tb n.*

chantar *tr* (*raro*) Plantar o fijar.

chantillí (*tb con la grafía* **chantilly**) *m* **1** Crema hecha de nata batida, usada en pastelería. *Tb* CREMA ~. ■ **2** Encaje de bolillos de malla hexagonal.

chantre *m* (*Rel catól*) Canónigo con categoría de dignidad, encargado antiguamente de la dirección del coro.

chantung (*pronunc corriente,* /ʃantún/ o /santún/) *m* Shantung.

chanza *f* (*lit*) Broma o burla sin intención de hacer daño.

chao *interj* (*col*) Adiós.

chapa I *n A f* **1** Lámina de materia dura, esp. metal. **b)** Carrocería de automóvil. ■ **2** Placa o distintivo de metal. ■ **3** Tapa metálica que cierra las botellas de algunas bebidas. **b)** *En pl:* Juego de muchachos que se realiza con chapas de botellas. ■ **4** *En pl:* Juego popular entre dos o más personas, que consiste en tirar al aire dos monedas iguales, ganando el que obtiene dos caras. ■ **5** (*col*) Cantidad mínima de dinero. *Normalmente en constrs ponderativas como* ESTAR SIN ~, NO TENER (NI) (UNA) ~. **b)** (*jerg*) Dinero. ■ **6** (*jerg*) Cópula de una prostituta. **b)** Cópula homosexual de un prostituto. ■ **7** (*Biol*) Refuerzo que tienen algunas células del tejido epitelial para evitar el desgaste causado por el roce. **B** *m* **8** (*jerg*) Agente de la policía secreta. **b)** Agente de la policía municipal. ■ **9** (*col*) Mozo de carga y descarga del mercado de abastos. **II** *loc adj* **10 de ~.** (*lit, raro*) [Pers.] formal. **III** *loc v* **11 hacer ~s.** (*jerg*) Ejercer la prostitución. **IV** *loc adv* **12 ni ~.** (*col*) Nada en absoluto.

chapacuña *f* (*reg*) Sistema de empedrado con piedras planas puestas de canto.

chapado[1] -da *adj* **1** *part* → CHAPAR. ■ **2 ~ a la antigua.** Apegado a los gustos o ideas tradicionales.

chapado[2] *m* Revestimiento de chapa [1a].

chapalear *intr* Chapotear.

chapaleo *m* Acción de chapalear. *Tb su efecto.*

chapaleteo *m* Chapaleo.

chapapote *m* (*reg*) **1** Alquitrán. ■ **2** Asfalto.

chapar *tr* **1** Cubrir con chapa [1a]. ■ **2** (*jerg*) Cerrar. **b)** Encerrar. ■ **3** (*reg, col*) Estudiar. *Tb abs.*

chaparra *f* Chaparro[1].

chaparrada *f* Chaparrón [1]. *Tb fig.*

chaparral *m* Terreno poblado de chaparros[1].

chaparrera *f* (*reg*) Chaparro[1] joven.

chaparreta *f* (*reg*) Chaparro[1] joven.

chaparro[1] *m* **1** Mata baja y muy ramosa de encina o roble. ■ **2** (*reg*) Alcornoque (árbol).

chaparro[2] -rra *adj* **1** Rechoncho. ■ **2** [Sabina] chaparra → SABINA.

chaparrón *m* **1** Lluvia muy intensa y gralm. breve. ■ **2** (*col*) Acometida o andanada. *Frec fig.*

chaparrudo[1] -da *adj* Achaparrado.

chaparrudo[2] *m* Pez marino comestible, de unos 15 cm, con ojos saltones y aletas espinosas (*Gobius niger*). *Tb se da este n a otras especies afines.*

chapatal *m* (*raro*) Lodazal.

chapeado *m* Revestimiento de chapa [1a], esp. de madera.

chapear[1] *tr* Guarnecer o revestir con chapa [1a], esp. de madera.

chapear[2] *tr* (*raro*) Podar o despejar con machete.

chapeau (*fr; pronunc corriente,* /ʃapó/, /ĉapó/ o /sapó/) *interj* Expresa aplauso y admiración.

chapela *f* Boina de mucho vuelo, propia del País Vasco.

chapelaundi *m y f* (*reg*) Pers. que usa chapela.

chapeo *m* (*lit*) Sombrero.

chapera *f* (*Constr*) Plano inclinado de madera, con travesaños superpuestos, que sirve provisionalmente de escalera.

chapería *f* Adorno hecho de chapas [1a].

chapero[1] *m* (*jerg*) Homosexual que practica la prostitución.

chapero[2] *m* (*reg*) Sombrero.

chaperona *f* (*raro*) Mujer que acompaña a una joven por conveniencias sociales o para vigilarla. *Tb fig.*

chapeta *f* Mancha rojiza en la mejilla.

chapetón *m* (*raro*) Chaparrón [1].

chapetonada *f* (*reg*) Situación difícil.

chapín *m* (*hist*) Zapato femenino de suela de corcho.

chapinero *m* (*hist*) Individuo que fabrica o vende chapines.

chapiri *m* (*col, hoy raro*) Sombrero.

chapista *m y f* Pers. que trabaja en chapas [1] de metal.

chapistería *f* **1** Taller del chapista. ■ **2** Oficio del chapista.

chapitel *m* Remate piramidal de una torre.

chapó[1] *m* Modalidad del juego de billar para dos parejas, en que se colocan cinco palos en el centro de la mesa.

chapó[2] *interj* Chapeau.

chapodar *tr* Podar o recortar. *Tb abs. Frec fig.*

chapón -na *adj* (*reg, col*) Que chapa [3] mucho. *Tb n.*

chapotear *intr* **1** Golpear [el agua u otro líquido (*compl* EN)], esp. con manos o pies, haciendo que salpique con ruido. ■ **2** Agitarse [el agua u otro líquido (*suj*)] salpicando con ruido.

chapoteo *m* Acción de chapotear. *Tb su efecto.*

chapucear *tr* (*col*) Hacer de manera chapucera.

chapuceramente *adv* De manera chapucera.

chapucería *f* **1** Cualidad de chapucero. ■ **2** Cosa hecha de manera chapucera.

chapucero -ra *adj* (*col*) **1** Que hace chapuzas [2]. *Frec n.* ■ **2** Que hace trabajos sin preparación profesional. *Tb n.* ■ **3** Que trabaja sin esmero ni habilidad. *Tb n.* ■ **4** [Cosa] hecha sin esmero ni habilidad.

chapurrar *tr* (*col, raro*) Chapurrear.

chapurrear *tr* (*col*) Hablar muy defectuosamente [una lengua ajena].

chapurreo *m* (*col*) Acción de chapurrear. *Tb su efecto.*

chapurriau *m* Habla local de Aguaviva (Teruel).

chapuz[1] *m* Acción de chapuzar(se).

chapuz[2] *m* Chapuza [2].

chapuza *f* (*col*) **1** Trabajo mal hecho. ■ **2** Trabajo de poca importancia.

chapuzar *tr* Zambullir.

chapuzas *m y f* (*col*) Chapucero [3]. *Tb adj.*

chapuzón *m* Acción de chapuzar(se). *Frec con el v* DAR(SE).

chaqué *m* Prenda masculina de etiqueta que a partir de la cintura se abre en dos faldones que se prolongan por la parte posterior.

chaqueño -ña *adj* Del Chaco (República Argentina). *Tb n, referido a pers.*

chaquet (*pronunc corriente, /čaké/; pl normal, ~S*) *m* Chaqué.

chaqueta I *f* **1** Prenda exterior de vestir, con mangas, abierta por delante, que llega hasta la cadera y que gralm. forma conjunto con el pantalón o la falda. **b)** Prenda de punto con mangas y abierta por delante, que llega hasta la cadera. *Tb ~ DE* PUNTO.
II *loc v* **2 cambiar de ~.** (*col*) Abandonar el bando o partido a que se pertenecía y pasarse a otro.

chaqueteado -da *adj* **1** *part* → CHAQUETEAR. ■ **2** (*Taur*) [Toro] que ha sido toreado anteriormente.

chaquetear *intr* (*col*) **1** Cambiar de chaqueta [2]. ■ **2** Volverse atrás, o perder el valor para mantenerse en un propósito hasta el final. **b)** (*argot Mil*) Retroceder o retirarse ante el enemigo.

chaqueteo *m* (*col*) Acción de chaquetear.

chaquetero -ra *adj* (*col*) Que chaquetea. *Tb n.*

chaquetilla *f* Prenda de vestir semejante a la chaqueta, que llega solo a la cintura.

chaquetón *m* Prenda de vestir de abrigo, semejante a la chaqueta pero más larga.

charabasca *f* (*reg*) Leña menuda.

charada[1] *f* Pasatiempo en que se propone la adivinación de una palabra por medio de la combinación de las sílabas de otras.

charada[2] *f* (*reg*) Fuego o lumbre de la cocina.

charambita *f* (*reg*) Dulzaina.

charamusca *f* (*reg*) **1** Chispa que salta del fuego de leña. ■ **2** Dulce en forma de tirabuzón.

charanga *f* **1** Banda pequeña de música. *Frec desp.* ■ **2** Música militar con instrumentos de viento. ■ **3** Cierto baile popular antillano.

charango *m* Instrumento musical sudamericano parecido a la bandurria, con cinco cuerdas y sonidos muy agudos.

charanguero -ra *adj* De (la) charanga [1].

charca *f* Laguna pequeña.

charco I *m* **1** Masa de líquido, esp. de agua, detenida en una concavidad del suelo. ■ **2 el ~.** (*col*) El océano Atlántico.
II *loc v* **3 cruzar el ~.** (*col*) Viajar a América.

charcón *m* (*reg*) Charco [1] grande de agua de lluvia.

charcutería *f* **1** Establecimiento destinado a la venta de carne de cerdo, embutidos y fiambres. ■ **2** Industria de los embutidos. ■ **3** Embutidos, o conjunto de embutidos.

charcutero -ra I *adj* **1** De (la) charcutería [2 y 3].
II *m y f* **2** Pers. que tiene una charcutería [1] o trabaja en la charcutería [1 y 2].

chardonnay (*fr; pronunc corriente, /ʃardoné/ o /čardoné/*) *adj* **1** [Variedad de uva] blanca procedente de Borgoña. *Tb n m o f.* ■ **2** [Vino] elaborado con uva chardonnay [1]. *Tb n m.*

charla *f* **1** Acción de charlar [1]. ■ **2** Disertación pública a la que se quiere dar carácter ligero y poco solemne.

charlador -ra *adj* Que charla [1]. *Tb n, referido a pers.*

charlante *adj* (*raro*) Que charla [1]. *Tb n, referido a pers.*

charlar A *intr* **1** Conversar por entretenimiento.
B *tr* **2** Contar imprudentemente [algo que se debía callar].

charlatán -na I *adj* **1** Que habla en exceso. *Tb n.*
II *m y f* **2** Vendedor callejero que anuncia y alaba su mercancía hablando mucho y a voces. ■ **3** Pers. que engaña dando enseñanzas, o prometiendo beneficios o soluciones, sin tener competencia ninguna para ello.

charlatanería *f* **1** Cualidad de charlatán [1]. ■ **2** Conjunto de cosas que dice un charlatán [1 y 3]. ■ **3** Charlatanismo.

charlatanismo *m* Actividad del charlatán [3].

charlestón *m* Baile de origen negro norteamericano, de moda en los años 20, de ritmo vivo, y caracterizado por el giro rápido de las piernas manteniendo unidas las rodillas. *Tb su música.*

charleta *f (col)* Charla [1].

charlista *m y f* Pers. que da charlas [2].

charlo. zorzal ~ → ZORZAL.

charlotada *f* Festejo taurino de carácter cómico o circense.

charlotear *intr (col)* Charlar [1] animadamente. *Frec desp.*

charloteo *m (col)* Acción de charlotear. *Frec desp.*

charmant *(fr; pronunc corriente, /ĉarmán/; pl normal, ~s) adj* Que tiene encanto o gracia.

charme *(fr; pronunc corriente, /ĉarm/) m* Encanto o gracia.

charneca *f* Lentisco (arbusto).

charnego -ga *adj (reg, desp)* Inmigrante en Cataluña procedente de una región española que no es de lengua catalana. *Frec n.* **b)** Propio de charnego.

charnela *f* **1** Bisagra (herraje articulado). *Tb fig.* ■ **2** Pequeña tira de papel adhesivo doblada con que se pegan los sellos de correos en una colección. *Tb con referencia a otros objetos coleccionables.* ■ **3** (*Zool*) En un molusco bivalvo: Zona de articulación de las valvas. ■ **4** (*Geol*) Arista o región de un pliegue en la cual se doblan las capas del terreno.

charniegos *m pl (jerg)* Grillos (de prisión).

charol *m* Cuero con barniz negro muy lustroso y permanente. **b)** Superficie barnizada de negro muy lustroso.

charola *f* Bandeja de artesanía americana.

charolado -da *adj* **1** *part* → CHAROLAR. ■ **2** De brillo propio del charol o semejante al del charol. **b)** Negro charolado.

charolar *tr* Barnizar con brillo propio del charol.

charolés -sa *adj* [Animal o ganado] de una raza de grandes dimensiones, blanca, oriunda de la región francesa de Charolais. *Tb n.*

charolista *m y f* Pers. que tiene por oficio charolar.

charrada *f* Cierto baile popular típico de los charros [1].

charrán[1] *m* Ave acuática parecida a la gaviota, pero más grácil, de ala más estrecha y de vuelo más airoso, con pico puntiagudo, cola ahorquillada y color blancuzco (gén. *Sterna*). *Diversas especies se designan por medio de adjs especificadores: ~ ÁRTICO (S. paradisea), ~ COMÚN (S. hirundo), ~ MENUDO (S. albifrons), ~ PATINEGRO (S. sandvicensis), ~ ROSADO (S. dougallii).*

charrán[2] *m (col, raro)* Hombre sin honradez ni escrúpulos. *Tb adj.*

charranada *f (col, raro)* Acción propia de un charrán[2].

charrancito *m* Ave acuática semejante al charrán[1], caracterizada por su tamaño diminuto, pico y patas amarillas y frente blanca (*Sterna albifrons*).

charrar *intr (col)* **1** Hablar contando chismes. ■ **2** Hablar o charlar.

charrasca *f (col)* Navaja de muelles.

charrasco *m (col, raro)* Sable.

charrete *m (hoy raro)* Coche ligero de dos ruedas, con dos o cuatro plazas.

charretera *f* Adorno del uniforme militar, en forma de pala, que cubre el hombro y del cual penden flecos.

charro -rra *adj* **1** Aldeano de Salamanca. *Frec n.* **b)** (*col*) Salmantino. *Tb n.* ■ **2** (*col*) Chillón o de mal gusto. *Gralm referido a color.*

charrúa *adj* **1** (*lit*) Uruguayo. *Tb n, referido a pers.* ■ **2** (*hist*) De una tribu india habitante del actual territorio de la República del Uruguay, en la época del descubrimiento. *Tb n, referido a pers.*

chart *(ing; pronunc corriente, /ĉart/; pl normal, ~s) m* (*Econ*) Gráfico o diagrama que muestra las tendencias del mercado de valores.

chárter *adj invar* **1** [Vuelo] que no corresponde a una línea regular y que es fletado por una empresa privada, gralm. con fines turísticos. *Tb n m.* ■ **2** De (los) vuelos chárter [1].

chartista *m y f* (*Econ*) Pers. que hace predicciones basándose en el análisis de los charts.

charuto *m (raro)* Cigarro puro, esp. portugués.

chas *interj* con que se imita el ruido de un chasquido o de una salpicadura.

chasca[1] *f* Leña menuda, con la que se enciende lumbre. *Tb la misma lumbre.*

chasca[2] *f (reg)* Acción de chascar[2].

chascante *adj (reg)* Charlatán (que habla mucho).

chascar[1] **A** *intr* **1** Hacer un chasquido, o hacer chasquidos, esp. al quebrarse.
B *tr* **2** Hacer que [algo (*cd*)] chasque [1]. **b)** Romper [algo] haciendo que chasque. ■ **3** (*col*) Comer.

chascar[2] *intr (reg)* Matar las hierbas cercanas a los tallos en los cultivos de algodón o de remolacha.

chascarrillo *m* Cuentecillo destinado a hacer reír.

chasco **I** *m* **1** Decepción o desengaño.
II *fórm or* **2 pa ~.** (*pop*) Expresa lo absurdo de una suposición. *Puede ir seguido de prop con v en subj o usarse como enunciado independiente.*

chasis **I** *m* **1** Pieza fundamental que sirve de soporte a los órganos de un aparato o a una serie de piezas. **b)** *En un vehículo:* Bastidor.
II *loc adv* **2 en el ~.** (*col, humoríst*) En delgadez extrema. *Tb fig.*

chaski → CHASQUI.

chasqueante *adj* Que chasquea[2].

chasquear[1] *tr* Dar un chasco [1] [a alguien (*cd*)].

chasquear[2] **A** *intr* **1** Chascar[1] [1].
B *tr* **2** Chascar[1] [2a].

chasqui *(tb con la grafía **chaski**) m* (*hist*) Mensajero o correo del Inca.

chasquido *m* Ruido seco y súbito que se produce al romperse o rajarse la madera, o al golpear el látigo. *Tb cualquier ruido semejante a estos.*

chátaro -ra *(reg)* **I** *adj* **1** (*col*) Pasiego. *Tb n, referido a pers.*
II *f* **2** Zapato rústico de cuero sin curtir.

chatarra *f* **1** Conjunto de trozos de metal viejo o de desecho, esp. de hierro, que, por medio de diversas operaciones, pueden transformarse nuevamente en material útil. **b)** Objeto de metal destrozado e inutilizado. **c)** (*col*) Conjunto de alhajas de metal, o piezas de ellas, desechadas. **d)** (*col, desp*) Conjunto de alhajas de metal de poco valor. *Frec humoríst, referido a alhajas de oro y plata o a condecoraciones.* ■ **2** (*col*) Conjunto de monedas (piezas metálicas), esp. de escaso valor.

chatarrería *f* Almacén o tienda de chatarrero [2]. **b)** Oficio de chatarrero.

chatarrero -ra I *adj* **1** De (la) chatarra [1a]. II *m y f* **2** Pers. que recoge, compra o vende chatarra [1a].

chatear *intr* (*col*) Tomar chatos [4] con los amigos en un establecimiento público.

chateaubriand (*fr; pronunc corriente,* /ʃatobrián/, /ĉatobrián/ *o* /satobrián/; *pl normal,* ~s) *m* Filete grueso de vaca a la parrilla.

chatedad *f* Cualidad de chato [1, 2 y 3].

chateo *m* (*col*) Acción de chatear.

chatez *f* (*lit*) Cualidad de chato [3].

chati I *adj* **1** (*col*) Chato [1d]. II *f* **2** (*juv*) Chica o muchacha.

chato -ta I *adj* **1** De nariz casi plana. **b)** De nariz pequeña. **c)** [Nariz] de pers. chata. **d)** (*col*) *Se usa como vocat cariñoso dirigido esp a mujer o niño.* ■ **2** [Cosa] más corta, baja o plana de lo normal. ■ **3** (*lit*) [Cosa] espiritualmente pobre, o corta de miras. II *m* **4** Vaso pequeño de vino servido en una taberna o bar. *Tb su contenido.* ■ **5** (*hist*) *Durante la Guerra Civil de 1936-1939:* Avión de caza de fabricación rusa.

chatobrián *m* Chateaubriand.

chatón *m* Piedra preciosa gruesa engastada en una alhaja.

chátterton *m* Sustancia pegajosa, compuesta de alquitrán, resina y gutapercha, que sirve de aislante en electricidad.

chatungo -ga *adj* (*col*) Chato [1b, c y d]. *Con intención afectiva. Tb n, esp f, referido a pers.*

chatura *f* Cualidad de chato [1, 2 y 3].

chau *interj* (*col*) Chao.

chau-chau *m* (*reg*) Pinzón (pájaro, *Fringilia coelebs*).

chaucháu (*tb con la grafía* **chau-chau**) *m* (*col, humoríst*) **1** Conversación. ■ **2** Habla incomprensible.

chaud-froid (*fr; pronunc corriente,* /ʃofruá/; *pl normal,* ~s *o invar*) (*Coc*) I *adj* **1** [Salsa] que se prepara con gelatina. II *m* **2** Guiso de carne, gralm. ave, que se toma frío y cubierto de salsa de gelatina o mayonesa.

chauvinismo *m* Chovinismo.

chauvinista *adj* Chovinista. *Tb n.*

chava *m y f* (*reg*) Chaval.

chaval -la *m y f* (*col*) Chico o muchacho.

chavalada *f* (*col, raro*) Chavalería.

chavalería *f* (*col*) Chavales, o conjunto de chavales.

chavea *m* (*col*) Chaval.

chaveta I *f* **1** Pasador que se pone en el agujero de una barra para impedir que se salgan las piezas colocadas en ella. II *adj invar* **2** (*col*) Loco. *Frec con intención ponderativa. Se usa como predicat con* ESTAR.

III *loc v* **3 perder la ~.** (*col*) Volverse loco. *Frec con intención ponderativa.*

chavetero *m* (*Mec*) Ranura destinada a que en ella encaje una chaveta [1].

chavo *m* (*col*) Ochavo. *Se usa en constrs negs que expresan enfáticamente la falta de dinero:* NO TENER UN ~, NO DAR UN ~, SIN UN ~.

chavó *m* (*pop, arg*) Chaval. *Frec en vocat, usado con función de interj que expresa admiración.*

che¹ *f* Combinación de las letras *c* y *h*, hasta 1994 considerada oficialmente cuarta letra del alfabeto español, y con la cual se representa el fonema /ĉ/. (V. PRELIM.)

che² *interj* que se usa para llamar la atención de una pers o para protestar ante lo que se ha dicho.

che³ *m y f* (*col, humoríst*) Valenciano. *Frec en crónicas deportivas.*

chebrón → CHEVRÓN.

checa (*tb, raro, con la grafía* **cheka**) *f* (*hist*) **1** *En la zona republicana, durante la Guerra Civil de 1936-1939:* Centro de detención perteneciente a una organización política y destinado al interrogatorio y juicio de sus detenidos. *A veces, en épocas posteriores, tb ha designado otros locales similares.* ■ **2** *En la Revolución rusa:* Policía secreta creada por el gobierno bolchevique.

checano -na *adj* De Checa (Guadalajara). *Tb n, referido a pers.*

checheno -na I *adj* **1** De un pueblo del norte del Cáucaso habitante mayoritario de Chechenia. *Tb n, referido a pers.* II *m* **2** Lengua de los chechenos [1].

chechía *f* Gorro troncocónico semejante al fez.

checo -ca I *adj* **1** De Bohemia y Moravia, o actual República Checa. *Tb n, referido a pers.* ■ **2** Checoslovaco. *Tb n, referido a pers.* II *m* **3** Lengua de los checos [1].

checoeslovaco -ca *adj* Checoslovaco. *Tb n.*

checoslovaco -ca *adj* De Checoslovaquia. *Tb n, referido a pers.*

chef (*fr; pronunc corriente,* /ĉef/; *pl normal,* ~s) *m* Jefe de cocina de un restaurante.

cheira *f* (*col*) Chaira (navaja).

cheka, chekista → CHECA, CHEQUISTA.

chelense *adj* (*Prehist*) [Período] de la Era Cuaternaria en que se desarrolla la cultura más antigua. *Tb n m.* **b)** Del período chelense.

cheli (*tb, raro, con la grafía* **chely**) (*col*) I *n* A *m y f* **1** *En los años 70:* Joven de clase popular, esp. madrileño, de tendencia anarquizante, aficionado a la música rock y al que se atribuye una jerga propia. *Frec desp.* ■ **2** Muchacho. *Frec usado en vocat con intención afectuosa.* B *m* **3** Jerga de los chelis [1]. II *adj* **4** De los chelis [1] o del cheli [3].

chelín *m* **1** Unidad monetaria austriaca. ■ **2** Moneda inglesa, en circulación hasta 1970, cuyo valor es la vigésima parte de la libra esterlina.

chelista *m y f* Violonchelista.

chelja *m* Dialecto beréber hablado en la región del Rif (Marruecos).

chelo *m* Violonchelo.

chely → CHELI.

chemin de fer (*fr; pronunc corriente,* /ʃemén-de-
-fér/ *o* /čemén-de-fér/) *m* Juego de casino, variedad
del bacará.

chepa (*col*) **A** *f* **1** Joroba o corcova.
B *m y f* **2** Pers. que tiene chepa [1].

cheposo -sa *adj* (*col*) Que tiene chepa. *Tb n.*

chepudo -da *adj* (*col*) Cheposo. *Tb n.*

cheque *m* **1** Documento por el que una persona o
entidad que tiene fondos disponibles en un banco ordena a este pagar una suma a otra persona que se
indica. **b)** ~ **barrado**, ~ **cruzado**, ~ **de viaje** →
BARRADO, CRUZADO, VIAJE. **c)** ~**regalo.** Documento
expedido por una casa comercial, canjeable por un
artículo del valor que en aquel se expresa. ■ **2** ~ **en
blanco.** Libertad de actuación que cuenta con la
confianza y el respaldo de quienes pueden darlos.

chequear *tr* Someter a chequeo.

chequeo *m* Revisión o control. **b)** Reconocimiento
médico general de una pers.

chequera *f* Talonario de cheques.

chequista (*tb, raro, con la grafía* **chekista**) *m*
(*hist*) **1** *En la Guerra Civil de 1936-1939:* Comisario
de una checa [1]. ■ **2** *En la Revolución rusa:* Miembro de la checa [2].

cheremís **I** *adj* **1** De un pueblo finés habitante de
la región rusa del medio Volga. *Tb n, referido a pers.*
II *m* **2** Lengua de los cheremises [1].

cherif *m* Jerife.

cherifiano -na *adj* Jerifiano.

cherna *f* Pez marino de la familia del mero y parecido a él, pero de color grisáceo y con una cresta horizontal sobre las agallas (*Polyprion americanum*).

cherne *m* (*reg*) Cherna (pez).

chernozem (*pl normal,* ~s) *m* Suelo rico en humus, muy fértil, propio de las praderas templadas o
frías de Rusia.

chero *m* (*reg*) Hedor.

cherokee (*ing; pronunc corriente,* /čerokí/) *adj* De
una tribu india norteamericana que habita en los
Estados de Oklahoma y Carolina del Norte. *Tb n,
referido a pers.*

cherrión *m* (*raro*) Chirrión (carro).

chertolino -na *adj* De Chert (Castellón). *Tb n,
referido a pers.*

cheslón *m o f* Chaise-longue.

cheso -sa **I** *adj* **1** Del valle de Hecho (Huesca). *Tb
n, referido a pers.* **II** *m* **2** Dialecto hablado en el valle de Hecho.

chestano -na *adj* De Cheste (Valencia). *Tb n, referido a pers.*

chéster *m* Sofá de piel, capitoné, de brazos y respaldo bajos y redondeados. *Tb, en aposición con
otros ns de muebles, o con* TRESILLO, *referido a los
que tienen las mismas características.*

chetnik (*serbio; pronunc corriente,* /čétnik/; *pl normal,* ~s) *m* Guerrillero nacionalista serbio.

cheviot (*pl normal,* ~s) *m* Tejido de lana fina escocesa, mezclado y sin dibujo.

chevrón (*tb con la grafía* **chebrón**) *m* (*Heráld*)
Pieza en forma de compás abierto cuyo vértice se
encuentra en el centro del jefe.

chemin de fer – chicharrear

cheyene (*tb con la grafía* **cheyenne**) *adj* De una
tribu de indios norteamericanos que en tiempo de la
conquista ocupaba la región comprendida entre los
Grandes Lagos. *Tb n, referido a pers.*

chianti (*it; pronunc corriente,* /kiánti/) *m* Vino tinto
de la comarca toscana de Chianti.

chibalete *m* (*Impr*) Armazón en que se colocan las
cajas de caracteres antes de componer.

chibcha (*hist*) **I** *adj* **1** De un pueblo indígena de
Colombia, habitante de las tierras altas de Bogotá y
Tunja. *Tb n, referido a pers.* **b)** De los chibchas. ■
2 Del chibcha [3].
II *m* **3** Lengua de los chibchas [1a] o familia lin-
güística constituida por esta y otras afines a ella.

chibchismo *m* Palabra o rasgo idiomático propios
del chibcha [3] o procedentes de él.

chíbiri (*tb con la grafía* **chíviri**) *m y f* (*hist, col*)
Durante la Segunda República: Miembro de las
Juventudes Socialistas.

chiborra *m* (*reg*) *En algunas fiestas populares:*
Individuo vestido ridículamente que acompaña o encabeza a los danzantes.

chic (*fr; pronunc corriente,* /čik/) **I** *adj invar* **1** Elegante y a la moda. *Referido gralm a vestido o pers, o
a lo propio de esta.*
II *m* **2** Elegancia con gracia.

chica → CHICO.

chicagüense *adj* De Chicago (Estados Unidos).
Tb n, referido a pers.

chicane (*fr; pronunc corriente,* /čikáne/) *f* (*Dep*) *En
un circuito de carreras de automóviles:* Parte del
trazado en que la línea recta se quiebra en zigzag
con el fin de reducir la velocidad.

chicano -na *adj* Estadounidense perteneciente a
la minoría de origen mejicano. *Tb n, referido a pers.*

chicaranda *f* (*raro*) Jacaranda (árbol). *Esp su
madera.*

chicarro *m* (*reg*) Zapato de niño.

chicarrón -na *m y f* (*col*) Muchacho muy robusto. *Frec* ~ DEL NORTE.

chicazo *m* (*col*) Chica que tiene modales masculinos.

chicha¹ (*col*) **I** *n* **A** *f* **1** Carne (comestible). **b)** *En
pl:* Carne picada y adobada con que se hace chorizo.
■ **2** *En pl:* Carnes (de persona). ■ **3** *En pl* (*raro en
sg*): Fuerza muscular. *Tb fig.*
B *m* **4 poca** ~ → POCACHICHA.
II *loc adj* **5 de** ~ **y nabo.** De poca importancia o
de poca entidad.

chicha² **I** *f* **1** Bebida alcohólica americana, hecha
de maíz fermentado en agua azucarada.
II *loc v* **2 no ser ni** ~ **ni limonada** (*frec,* **ni limo-
ná**). (*col*) Carecer de carácter definido.

chicha³. calma ~ → CALMA.

chícharo *m* (*reg*) Guisante.

chicharra *f* **1** Cigarra (insecto). ■ **2** Juguete en
que a un pergamino tirante va unido un cordel encerado, por el que se pasan los dedos produciendo un
ruido parecido al canto de la chicharra [1]. ■ **3**
Timbre eléctrico de sonido sordo. ■ **4** (*col*) Pers.
muy habladora. *Tb adj.*

chicharrear *intr* Hacer ruido semejante al de la
chicharra [1].

chicharrera (*col*) **I** *f* **1** Calor sofocante. *Tb el lugar en que se padece.* **II** *loc adj* **2 de ~.** Achicharrante.

chicharrero¹ *m* (*col*) Chicharrera [1].

chicharrero² **-ra** *adj* (*col*) De chicharrera [2].

chicharrero³ **-ra** *adj* (*reg, col*) De Santa Cruz de Tenerife. *Tb n, referido a pers.*

chicharrillo *m* Chicharro¹ pequeño.

chicharro¹ *m* Jurel (pez).

chicharro² *m* Chicharrón [1].

chicharro³ *m* (*argot Econ*) Valor bursátil muy barato por la baja solidez de su empresa. *Tb la misma empresa.*

chicharrón **I** *m* **1** Residuo muy frito que queda al derretir las pellas de manteca de cerdo. ■ **2** (*reg*) Trozo pequeño de pan frito. **II** *loc v* **3 hacer ~es** [a alguien, o de alguien]. (*col*) Achicharrar[le] o quemar[le].

chicheante *adj* (*Fon*) Propio del sonido de *ch* /ĉ/.

chichear *intr* Sisear.

chichi *m* (*vulg*) Vulva.

chichinabo. de ~. *loc adj* (*reg*) De chicha¹ y nabo.

chichipán *m* (*reg*) Herrerillo común (pájaro).

chichirinada *f* (*raro*) Nadería, o cosa insignificante.

chichisbeo *m* (*hist*) En el s XVIII: Trato obsequioso y continuado, de carácter puramente amistoso, de un caballero a una dama. **b)** Caballero que practica el chichisbeo.

chicho *m* (*col*) Rulo u otro utensilio similar para rizar el pelo.

chichón *m* Hinchazón en la cabeza, producida por un golpe.

chichonera *f* **1** (*hoy raro*) Gorro que se pone a los niños pequeños para preservarlos de los golpes en la cabeza. ■ **2** Casco protector. *Esp en algunos deportes.*

chiclán *adj* (*raro*) [Hombre] que tiene un solo testículo. *Tb n.*

chiclanero -ra *adj* De Chiclana de la Frontera (Cádiz) o de Chiclana de Segura (Jaén). *Tb n, referido a pers.*

chicle *m* **1** Pastilla de goma blanda, aromatizada y dulce, que por golosina se lleva en la boca masticándola y que no se consume. ■ **2** Gomorresina que se obtiene del zapote y que es la base del chicle [1].

chiclé *m* (*reg*) Chicle.

chicler *m* (*Mec*) Surtidor del carburador.

chiclero -ra *m y f* Pers. que trabaja en la industria del chicle [1].

chiclet (*pl, ~s*) *m* (*reg*) Chicle.

chico -ca (*dim,* CHIQUITO *y* CHIQUITÍN) (*col*) **I** *adj* **1** Pequeño, o que ocupa menos espacio de lo normal o de lo corriente en los seres que forman serie con el nombrado. **b)** *En una pareja o un conjunto:* Más pequeño. *Se opone a* GRANDE. **c)** De corta talla. **d)** [Agachadiza] **chica**, [andarríos] **~**, [búho] **~**, [perra] **chica** → AGACHADIZA, ANDARRÍOS, BÚHO, PERRO. ■ **2** [Cosa] pequeña, o poco importante cualitativa o cuantitativamente. **b)** [Género] **~** → GÉNERO. ■ **3** [Niño] de corta edad. *Frec en la forma dim* CHIQUITÍN. *Tb n.* **b)** *En una pareja o un conjunto:* [Niño] de menor edad. *Se opone a* MAYOR. ■ **4** [Pers.] que está en la niñez o en la adolescencia. *Frec n, y frec contrapuesto a* GRANDE. **II** *n* **A** *m y f* **5** Hijo, esp. adolescente o joven. **b)** Pers. joven. *Tb se aplica, afectivamente, a perss maduras. Más frec referido a mujeres.* **c)** *Se usa expletivamente como vocat, esp en lenguaje femenino y en tono de familiaridad. A veces sin concordancia, como interj.* * —Estás muy guapo hoy. —Como siempre, chica. * ¡Pues vaya un espectáculo! Chico, me parecéis el pelotón de la modorra. ■ **6** Adolescente que efectúa tareas subalternas en una oficina, tienda o taller. ■ **7** Pers. que pertenece [a una cuadrilla o equipo (*compl de posesión*)] o está bajo las órdenes [de alguien]. *Tb fig.* ■ **8** Pers. que trabaja en el servicio doméstico. *Gralm referido a mujer y frec con el compl* DE SERVICIO *o* DE SERVIR. **B** *m* **9** Vaso pequeño de vino. *Tb, más frec, su contenido.* **C** *f* **10** (*Naipes*) *En el mus:* Jugada que consiste en tener las cartas de menor numeración. ■ **11** (*hoy raro*) Perra chica (moneda). **III** *loc v* **12 dejar ~** (*o* **chiquito**) [a alguien]. Superar[le] o aventajar[le]. ■ **13 ponerse como el ~ del esquilador.** Hartarse de comer. **IV** *loc adv* **14 a lo ~.** De manera o al estilo varonil. *Tb adj.* ■ **15 como ~ con zapatos nuevos** → ZAPATO.

chicolear (*col*) **A** *tr* **1** Piropear o requebrar. **B** *intr* **2** Bromear coqueteando.

chicoleo *m* (*col*) Acción de chicolear. *Tb su efecto.*

chicoria *f* (*raro*) Achicoria (planta).

chicotada *f* (*reg*) *En las procesiones de Semana Santa:* Tramo de los que recorren los costaleros con el paso a cuestas.

chicotazo *m* **1** (*reg*) Latigazo. *Tb fig.* ■ **2** (*argot Mar*) Copa o trago de vino o de licor.

chicote *m* **1** (*reg*) Colilla o punta [de cigarrillo]. ■ **2** (*Mar*) Cabo de una longitud entre 0,5 y 1 m. **b)** Extremo de un cabo.

chicotear *tr* (*reg*) Dar chicotazos [1] [a alguien]. *Tb fig.*

chicotén *m* Instrumento músico popular, propio de Aragón, que se cuelga del cuello y está constituido por una serie de cuerdas que se golpean con un palillo.

chicozapote *m* Zapote (árbol).

chicuelina *f* (*Taur*) Lance de capa que se inicia con la capa sujeta con las dos manos y se remata dando una vuelta en dirección contraria a la del toro.

chifarrada *f* (*reg*) Rasguño o arañazo.

chiffon (*fr; pronunc corriente,* /ʃifón/) *m* Cierto tejido ligero y fino de algodón.

chiffonnier (*fr; pronunc corriente,* /sifonié/; *pl normal, ~s*) *m* Mueble de cajones, alto y estrecho.

chifla *f* Silbato de madera.

chiflado -da *adj* (*col*) **1** *part* → CHIFLAR. ■ **2** [Pers.] algo trastornada. *Frec con intención ponderativa, referido al enamorado o aficionado. Tb n.*

chifladura *f* (*col*) **1** Condición de chiflado [2]. ■ **2** Dicho o hecho propio de chiflado [2].

chiflar¹ (*col*) **A** *tr* **1** Volver loco [a alguien] o gustar[le] mucho [una pers. o cosa].

B *intr pr* (**~se**) **2** Trastornarse o volverse chiflado [2]. **b)** Volverse loco [por una pers. o cosa] o ser muy aficionado [a una cosa (*compl* POR)].

chiflar² A *tr* **1** Silbar [una melodía].
B *intr* **2** Silbar, o emitir un sonido semejante.

chiflato *m* Silbato.

chifle¹ *m* Silbato o pito.

chifle² *m* (*col, hoy raro*) Rizador de pelo.

chiflete *m* Chiflo [1].

chiflido *m* (*col*) Silbido.

chiflo *m* **1** Silbato. ■ **2** Instrumento músico popular semejante a la flauta dulce.

chifón *m* Chiffon.

chigre¹ *m* (*reg*) Taberna donde se despacha sidra.

chigre² *m* (*Mar*) En un barco: Máquina con el eje de giro horizontal, destinada a las operaciones de carga, descarga o atraque.

chigrero -ra *m y f* (*reg*) Propietario o encargado de un chigre¹.

chigüire *m* (*raro*) Carpincho (roedor).

chiguito -ta *m y f* (*reg*) Chico (niño o muchacho).

chihuahua *m* Perro de talla pequeña, poco mayor que una rata, de cabeza redondeada, ojos grandes, pelaje corto y color rojizo.

chií *adj* Chiita. *Tb n.*

chiísmo *m* Rama chiita del islamismo.

chiita *adj* [Musulmán] que sostiene que la sucesión legítima de Mahoma corresponde a los descendientes de su yerno Alí. *Tb n.* **b)** De los chiitas.

chilaba *f* Prenda larga de los moros, semejante a una túnica, con capucha.

chile *m* Variedad americana de pimiento, muy picante, usada esp. como condimento (*Capsicum annuum*).

chilena → CHILENO.

chilenismo *m* Palabra o rasgo idiomático propios del español de Chile o procedentes de él.

chilenizar *tr* Hacer chileno [a alguien o algo] o dar[le] carácter chileno.

chileno -na I *adj* **1** De Chile. *Tb n, referido a pers.*
II *f* **2** (*Fút*) Remate o despeje que se realiza cruzando las piernas, con el cuerpo en el aire en posición paralela al suelo.

chili *m* Salsa hecha con vaina seca de chile.

chilindrina *f* (*col*) Broma o burla ligera, de palabra.

chilindrón A *m* **1** Guiso hecho con trozos de carne, esp. pollo o cordero, en salsa de tomate, pimiento y cebolla.
B *m o f* **2** Salsa que acompaña al chilindrón [1]. *Gralm en las constrs* AL ~, A LA ~ *o* EN ~.

chilla¹ *f* Reclamo con que el cazador imita el chillido de algunos animales.

chilla² *f* (*Carpint*) Tabla delgada de baja calidad cuyas medidas son 12 cm por 2 m.

chillador -ra *adj* Que chilla.

chillar A *intr* **1** Emitir voz fuerte, aguda y estridente. **b)** Producir [algo] un sonido agudo y estridente. ■ **2** Dar gritos. ■ **3** Hablar chillando [1a

y 2]. ■ **4** Hablar [a alguien] de manera colérica y desconsiderada.
B *tr* **5** Decir [algo] chillando [1a].

chillería *f* Conjunto de chillidos o de gritos.

chillerío *m* Chillería.

chillido *m* Acción de chillar [1]. *Esp su efecto.*

chillo *m* Chilla¹.

chillón -na *adj* **1** Que chilla [1, 2 y 3]. *Tb n, referido a pers.* **b)** [Gorrión] ~ → GORRIÓN. ■ **2** [Sonido] fuerte, agudo y estridente. ■ **3** [Color] excesivamente vivo o llamativo. **b)** De colores chillones.

chillonamente *adv* De manera chillona.

chimbambas *f pl* (*col*) Quimbambas (sitio muy lejano). *Frec en la constr* ESTAR [algo] EN LAS ~.

chimbo¹ -ba *adj* (*col*) Bilbaíno. *Tb n, referido a pers.*

chimbo² *m* (*reg*) Se da este n a diversas especies de pájaros pequeños muy apreciados por los gastrónomos, esp la curruca.

chimenea *f* **1** Conducto por donde sale el humo del hogar o del fogón. **b)** (*col*) En constrs de sent comparativo, se usa para referirse a la pers que fuma mucho. **c)** ~ **de ventilación.** (*Constr*) Patio sin luz, de pequeñas dimensiones, destinado a la ventilación de aseos y cuartos de baño. ■ **2** Hogar destinado a calentar una habitación, situado en un hueco abierto en la pared, guarnecido de un marco, con una repisa y dos jambas, y dotado de una chimenea [1a] empotrada. ■ **3** (*Min*) Excavación abierta en el cielo de la mina. ■ **4** (*Mineral*) Yacimiento en forma de columna. ■ **5** ~ **de equilibrio.** (*Constr*) En una obra hidráulica: Dispositivo destinado a absorber todo aumento brusco de la presión de la tubería. ■ **6** (*col, humoríst*) Cabeza (de pers.).

chimichurri *m* Salsa picante argentina, de vinagre, cebolla y ajo, usada pralm. con las carnes asadas.

chimpancé *m* Simio antropomorfo africano, de cuerpo robusto cubierto de pelo negro, cabeza grande, manos y pies prensiles, estatura de hasta 1,50 m, y dotado de gran inteligencia (*Pan troglodytes*).

chimpún *m* (*col, desp*) Chinchín.

chimú *adj* (*hist*) Yunca (del Perú). *Tb n.*

china¹ I *f* **1** Piedra muy pequeña. **b)** En pl: Juego de niños que consiste en acertar en cuál de los dos puños cerrados de uno está escondida una china u otro objeto pequeño. ■ **2** (*jerg*) Porción de hachís suficiente para liar un cigarrillo.
II *loc v* **3** **poner**, o **colocar**, **~s** (*o* **chinitas**) [a alguien]. Suscitar[le] o presentar[le] dificultades u obstáculos para impedir su éxito. ■ **4** **tocarle** [a alguien] **la ~.** (*col*) Corresponderle [a él], entre varios, la mala suerte.

china² *f* **1** Cerámica fina y traslúcida. ■ **2** Pieza de china [1].

chinar *tr* (*jerg*) Cortar.

chinarro *m* Piedra algo mayor que una china¹ [1a].

chinato -ta I *adj* **1** De Malpartida de Plasencia (Cáceres). *Tb n, referido a pers.*
II *m* **2** Habla de Malpartida de Plasencia (Cáceres).

chinazo *m* **1** Golpe de china¹ [1a]. ■ **2** (*argot Mil*) Herida de bala, esp. poco grave.

chinchar *tr* (*col*) Molestar o fastidiar. **b)** Hacer rabiar [a alguien] o provocar su irritación. **c)** *pr* (**~se**) Rabiar o fastidiarse.

chinche **I** *n* **A** *f* **1** Insecto sin alas, de unos 5 mm de largo, de cuerpo aplanado y color rojizo, parásito de aves y mamíferos (*Cimex lectularius*). **b)** *Seguido de adj o compl especificador, designa numerosos insectos hemípteros de diversas familias.* ■ **2** Chincheta.
B *m* **3** (*reg o pop*) Chinche [1]. ■ **4** (*argot Mil*) Piojo (recluta que lleva menos de tres meses en el servicio militar). **II** *adj* **5** (*col*) [Pers.] molesta o enfadosa por sus quejas reiteradas. *Tb n.* **b)** [Pers.] excesivamente exigente en los detalles. *Tb n.*

chincheta *f* Clavo corto de cabeza plana y ancha, que se usa para fijar papeles a una superficie.

chinchetear *tr* (*raro*) Clavar con chinchetas.

chinchilla *f* Mamífero roedor de América del Sur parecido a la ardilla, y de piel suave muy apreciada (*Chinchilla laniger*). *Tb su piel.*

chin chin (*tb con la grafía* **chinchín**) *interj* (*col*) Se usa como brindis.

chinchín *m* (*col, desp*) Música de banda con abundante sonido de platillos. *Tb fig.*

chincho *m* (*reg*) Jurel pequeño (pez).

chinchón[1] *m* Aguardiente producido en Chinchón (Madrid).

chinchón[2] *m* (*Naipes*) Juego en que gana el jugador que liga las siete cartas de la mano. *Tb la jugada en que se gana.*

chinchona *f* Quina.

chinchonense *adj* De Chinchón (Madrid). *Tb n, referido a pers.*

chinchorra *f* (*reg*) Chicharrón [1].

chinchorrear (*col*) **A** *tr* **1** Molestar o fastidiar. **B** *intr* **2** Contar chismes[2].

chinchorrería *f* (*col*) **1** Hecho o dicho que manifiestan exigencia o minuciosidad exageradas. ■ **2** Frase impertinente.

chinchorrero -ra *adj* (*col*) Que chinchorrea. *Tb n.*

chinchorro[1] *m* Embarcación de remo más pequeña de las que lleva a bordo un buque.

chinchorro[2] *m* Se da este *n* a diversos parásitos de los animales domésticos.

chinchoso -sa *adj* (*col*) [Pers.] molesta y pesada.

chinchulín *m* Plato argentino consistente en un trenzado de intestino delgado de ovino o vacuno, que se prepara asado. *Frec en pl.*

chiné *m* Tela de seda de muchos colores, que se estampan en el hilo antes de tejer.

chinebro *m* (*reg*) Enebro (arbusto).

chinela *f* Zapatilla sin talón.

chinería *f* (*Arte*) Tema chinesco.

chinero *m* Armario o alacena destinado a guardar piezas de china[2] o porcelana.

chinesco -ca *adj* **1** (*Arte*) Chino[1] [1a]. ■ **2** [Linterna] **chinesca**, [sombra] **chinesca** → LINTERNA, SOMBRA.

chingada. hijo de la (gran) ~ → HIJO.

chingar **A** *tr* **1** (*col*) Fastidiar. ■ **2** (*col*) Estropear. **b)** *pr* (**~se**) Estropearse. ■ **3** (*vulg*) Realizar el acto sexual [con alguien (*cd*)]. **B** *intr* **4** (*vulg*) Fornicar.

chino[1] **-na** **I** *adj* **1** De China. *Tb n, referido a pers.* **b)** (*col*) *Se usa como n m en pl en frases de sent comparativo para ponderar la laboriosidad o el esfuerzo* pacientes. ■ **2** Del chino [4]. ■ **3** *En algunas ciudades, esp puertos:* [Barrio] en que se concentra la baja prostitución. **II** *m* **4** Lengua de China. ■ **5** (*col*) Lenguaje incomprensible. *Frec en las locs* HABLAR EN ~, SONAR A ~. ■ **6** (*col, hoy raro*) Miembro del Partido Comunista. **III** *loc adv* **7** **como a un ~.** (*col*) Enteramente y con toda facilidad. *Con el v* ENGAÑAR.

chino[2] *m* **1** (*reg*) China[1] [1a]. ■ **2** *En pl:* Juego consistente en acertar el número total de pequeños objetos escondidos en los puños cerrados de los jugadores.

chino[3] *m* Colador troncocónico de agujeros muy finos.

chino[4] *m* (*reg*) Cochino o cerdo.

chinoiserie (*fr; pronunc corriente,* /ʃinuaserí/ *o* /ĉinuaserí/) *f* (*Arte*) Chinería.

chinología *f* Sinología.

chinólogo -ga *m y f* Sinólogo.

chinorri *m y f* (*jerg*) Chico o muchacho.

chinorro *m* (*reg*) Canto rodado.

chinostra *f* (*reg*) Cabeza.

chino-tibetano -na *adj* Del grupo o familia de lenguas habladas pralm. en China, Tíbet, Birmania y Tailandia. *Tb n m, designando el grupo o familia.*

chintz (*hindi-ing; pronunc corriente,* /ĉinθ/) *m* Tela de algodón estampado usada en tapicería.

chinuk (*pl normal, ~s o invar*) **I** *adj* **1** De un pueblo indígena habitante del actual estado de Oregón, en Estados Unidos. *Tb n, referido a pers.* **II** *m* **2** Lengua de los indios chinuk [1].

chip (*pl normal, ~s*) **I** *adj* **1** [Patata] frita a la inglesa. **II** *m* **2** (*Electrón*) Lámina delgada de material semiconductor, esp. silicio, que se emplea para formar un tipo de circuito integrado. ■ **3** (*Golf*) Jugada de aproximación, hecha a una distancia de 5 a 8 m del hoyo.

chipa *f* Cierto pez de río de unos 5 cm, propio de las regiones septentrionales de España.

chipén (*col*) **I** *adj invar* **1** Estupendo o magnífico. *Frec* DE ~. *Tb adv.* **II** *f* **2 la ~.** Algo estupendo o magnífico.

chipendal *adj* Chippendale.

chipendale *adj* Chippendale.

chipendi *adj* (*col*) Chipén [1]. *Frec* ~ LERENDI. **b)** **de ~ (lerendi).** De chipén.

chipichusca *f* (*col, humoríst*) Prostituta.

chipionero -ra *adj* De Chipiona (Cádiz). *Tb n, referido a pers.*

chipirón *m* Calamar.

chippendale (*ing; pronunc corriente,* /ĉipendál/, /ĉipendále/ *o* /ĉipendeil/; *pl normal, invar*) *adj* [Mueble] de estilo inglés, propio del s. XVIII, caracterizado por la presencia de motivos ornamentales góticos, orientales o rococó. *Tb referido al estilo.*

chipriota I *adj* **1** De Chipre. *Tb n, referido a pers.* ■ **2** (*hist*) Del chipriota [3].

II *m* **3** (*hist*) Lengua del grupo aqueo hablada en Chipre en la Edad Antigua.

chiquera *f* (*reg*) Pocilga o cochiquera.

chiquero[1] **-ra** *adj* (*col*) [Pers.] que gusta de estar con los niños y sabe tratarlos.

chiquero[2] *m* **1** Compartimiento, en un toril, en que está encerrado un toro. ■ **2** (*col*) Lugar de encierro, o prisión.

chiquichanca *m* (*reg*) Zagal (pastor que está a las órdenes del rabadán).

chiquichaque *m* (*raro*) Aserrador de madera gruesa.

chiquilicuatre *m* (*col, desp*) Chiquilicuatro.

chiquilicuatro *m* (*col, desp*) Hombre joven presumido y sin sustancia.

chiquilín -na *m y f* (*col*) Niño, esp. pequeño.

chiquillada *f* Acción propia de un chiquillo. *Frec se emplea como calificación indulgente de una falta.*

chiquillería *f* (*col*) Conjunto de (los) chiquillos.

chiquillo -lla *m y f* (*col*) Niño. **b)** Pers. adulta de carácter o comportamiento infantil. *Frec dicho con intención afectuosa.*

chiquitajo -ja *adj* (*col, desp*) Pequeño. *Tb n, referido a pers. Tb con matiz afectivo.*

chiquitear *intr* (*reg, col*) Tomar chiquitos[1] o vasos de vino con los amigos en un establecimiento público.

chiquiteo *m* (*reg, col*) Acción de chiquitear.

chiquitero -ra *adj* (*reg, col*) Relativo al chiquiteo. **b)** Aficionado al chiquiteo. *Tb n.*

chiquitín → CHICO.

chiquito[1] **-ta** I *adj* **1** *dim* → CHICO. ■ **2** [Muerte] **chiquita** → MUERTE.

II *loc v* **3 andarse con chiquitas.** (*col*) Actuar con rodeos o contemplaciones. *Gralm en constr neg.*

chiquito[2] **-ta** *adj* [Individuo] de una tribu de indios habitantes de la región situada al sudeste de Bolivia. *Tb n.*

chiquitujo -ja *adj* (*col, desp*) Chiquitajo.

chireta *f* (*reg*) Embutido de vísceras.

chiri *m* (*jerg*) Porro (cigarrillo de hachís).

chiribita I *f* **1** Chispa. *Frec fig, en la constr* ECHAR, *o* HACER, ~s, *dicho de los ojos.* ■ **2** Vellorita (planta).

II *loc v* **3 echar ~s.** (*col*) Echar chispas (estar colérico).

III *loc adv* **4 echando ~s.** (*col*) Echando chispas (corriendo a gran velocidad).

chiribitil *m* (*desp*) Cuchitril.

chirigota *f* (*col*) **1** Frase de burla, gralm. sin mala intención. ■ **2** Agrupación que en los carnavales de Cádiz desfila cantando coplas humorísticas con alusiones locales o de actualidad.

chirigotear *intr* (*col*) Bromear o decir chirigotas [1].

chirigoteo *m* (*col*) Acción de chirigotear.

chirigotero -ra *adj* (*col*) **1** [Pers.] dada a bromear o a decir chirigotas [1]. *Tb n.* ■ **2** De (la) chirigota [1]. ■ **3** De las chirigotas [2].

chiriguano -na *adj* De la tribu india, de la familia guaraní, habitante al oeste de la actual provincia del Chaco (República Argentina). *Tb n, referido a pers.*

chirimbolo *m* (*col, desp*) **1** Chisme[1] (objeto que no se sabe nombrar). ■ **2** Remate de un mueble o un edificio, en forma de bola o de pináculo, a veces historiado, que sirve de adorno.

chirimía *f* Instrumento músico popular, de viento, hecho de madera, parecido al oboe, de unos 7 dm de largo, con diez agujeros y boquilla de lengüeta doble.

chirimiri *m* (*reg*) Sirimiri (llovizna).

chirimoya *f* **1** Fruto del chirimoyo. ■ **2** (*col, humoríst*) Cabeza.

chirimoyo *m* Árbol tropical, ramoso y copudo, cuyo fruto, de tamaño algo mayor que el de una manzana, es muy apreciado por su sabor (*Anona cherimolia*).

chiringo *m* (*reg*) **1** Tenderete. ■ **2** Chiringuito[1].

chiringuito[1] *m* Merendero o puesto de bebidas al aire libre.

chiringuito[2] *m* (*raro*) Chorrito.

chiripa *f* (*col*) **1** Casualidad afortunada. ■ **2** (*reg*) Suerte.

chirivía *f* Planta parecida al nabo, de raíz carnosa comestible (*Pastinaca sativa*).

chirla *f* Molusco semejante a la almeja, pero de menor tamaño y menos apreciado (*Venus gallina*).

chirlar[1] *tr* (*col*) Hacer un chirlo [a alguien (*cd*)].

chirlar[2] *intr* (*col, raro*) Hablar deprisa.

chirlata *f* **1** (*col, desp*) Timba o garito. ■ **2** (*Mar*) Pedazo de tabla con que se completa lo que falta de otra.

chirle[1] *adj* Insípido o insustancial. *Tb fig.*

chirle[2] *m* Sirle (excremento).

chirlo *m* (*col*) Herida larga en la cara, producida por una cuchillada. **b)** Cicatriz de un chirlo.

chirlomirlo *m* (*reg*) Tordo (ave).

chirona *f* (*col*) Prisión o cárcel. *En sent genérico. Normalmente sin art.*

chirpial *m* Retoño o brote de árbol o arbusto.

chirrete *m* (*reg*) Pejerrey (pez).

chirri *m* (*reg*) Hortelano de la vega de Jaén.

chirriador -ra *adj* Chirriante.

chirriante *adj* Que chirría.

chirriar (*conjug* 1c) *intr* **1** Producir ruido agudo y desapacible [algo que roza o gira sin estar engrasado]. *Tb dicho de cosas o animales que emiten ruidos semejantes.* ■ **2** Chillar [un pájaro de canto no armonioso].

chirrido *m* Sonido producido al chirriar.

chirrión *m* **1** Carro de dos ruedas, en que el eje gira juntamente con estas. ■ **2** (*reg*) *En pl:* Conjunto de las ruedas y el eje del chirrión [1].

chirrionero *m* Hombre que conduce un chirrión [1].

chirta *f* (*Mineral*) Limonita que se presenta en trozos menudos.

chirtera *f* (*Mineral*) Cavidad superficial en que abunda la chirta.

chiruca (*n comercial registrado*) *f* Bota deportiva de lona resistente y suela gruesa.

chirumen *m* (*col, hoy raro*) Inteligencia.

chis[1] *interj que se usa para llamar o para imponer silencio.*

chis[2] *m* (*col*) Orina. *Frec en la constr* HACER ~.

chiscar *intr* Sacar chispas.

chis chas (*tb con la grafía* **chischás**) *interj que imita el sonido de dos piezas metálicas que chocan reiteradamente.*

chiscón *m* (*col*) Habitación o vivienda muy reducida. *Frec desp.*

chisgarabís *m y f* (*col, desp*) Pers. entrometida y de poca formalidad. *Tb adj.*

chisguete *m* (*col*) Chorrito.

chismarraco *m* (*col, desp*) Chisme[1] grande.

chisme[1] *m* (*col*) Objeto, gralm. no grande. *Frec se usa para designar algo cuyo n no se recuerda en el momento. Frec con intención desp.*

chisme[2] *m* (*col, desp*) **1** Noticia, verdadera o no, que versa sobre la vida privada de una persona, frec. con intención de desacreditarla. ■ **2** Rumor o noticia que versa sobre asuntos menudos.

chismear *intr* (*col, desp*) Contar chismes[2].

chismero -ra *adj* (*col, raro*) Chismoso.

chismografía *f* (*col, humoríst*) Conjunto de chismes[2].

chismógrafo -fa *m y f* (*col, humoríst*) Pers. que transmite chismes[2].

chismorrear *intr* (*col, desp*) Contar chismes[2].

chismorreo *m* (*col, desp*) Acción de chismorrear. *Tb su efecto.*

chismorrería *f* (*col, desp*) Chismorreo.

chismorrero -ra *adj* (*col, desp*) Chismoso. *Tb n.*

chismoso -sa *adj* (*col, desp*) Aficionado a contar chismes[2]. *Tb n.*

chispa I *f* **1** Partícula incandescente que salta del fuego o del choque de determinados cuerpos duros. **b)** Destello o fulgor. *Frec fig.* **c)** (*lit*) Cosa que resulta desencadenante de un suceso o serie de sucesos. ■ **2** Descarga luminosa que se produce entre dos cuerpos cargados con potenciales eléctricos muy diferentes. *Tb* ~ ELÉCTRICA. **b)** Rayo. *Tb* ~ ELÉCTRICA. ■ **3** (*col*) Porción muy pequeña [de algo]. ■ **4** (*col*) Gota de lluvia menuda y escasa. ■ **5** (*col*) Viveza de ingenio. ■ **6** (*col, euf*) Borrachera.
II *adj* **7** (*col, euf*) Borracho. *Tb fig.*
III *loc v* **8 echar** ~s. (*col*) Estar colérico.
IV *loc adv* **9 echando** ~s. (*col*) Corriendo a gran velocidad. ■ **10 una** ~. (*col*) Un poco, ligeramente.

chisparse *intr pr* (*col*) Achisparse.

chispas *m* (*col*) Electricista.

chispazo *m* Acción y efecto de saltar una chispa [1 y 2]. *Frec fig.*

chispe *m* (*reg*) Hueso de aceituna molido.

chispeante *adj* **1** Que chispea [1]. *Frec fig.* ■ **2** Agudo y ocurrente.

chispear *intr* ➤ **a** *normal* **1** Echar chispas [1 y 2]. *Tb fig.*
➤ **b** *impers* **2** Caer lluvia menuda y escasa.

chispeo *m* Acción de chispear.

chispería *f* (*hist*) Chisperos[1], o conjunto de los chisperos[1] [1].

chispero[1] **-ra** (*hist*) I *m* **1** *A fines del s* XVIII: Hombre del pueblo bajo de Madrid, esp. del barrio de Maravillas.
II *adj* **2** De los chisperos [1].

chispero[2] *m* (*reg*) Chisquero o mechero.

chispo -pa *adj* (*col, euf*) Borracho.

chisporroteante *adj* Que chisporrotea. *Tb fig.*

chisporrotear *intr* Despedir chispas con ruido y repetidamente. *Tb fig.*

chisporroteo *m* Acción de chisporrotear. *Tb fig.*

chisque *m* (*col*) Chisquero.

chisquera *f* (*reg*) Hoguera.

chisquero *m* Mechero.

chist *interj que se usa para llamar o para imponer silencio.*

chistar *intr* (*col*) **1** Emitir la interjección "chist". ■ **2** Decir algo. *Normalmente en constr neg.*

chistavín *m* Chistavino [2].

chistavino -na I *adj* **1** Del valle de Gistáin (Huesca). *Tb n, referido a pers.*
II *m* **2** Habla del valle de Gistáin.

chiste I *m* **1** Cuento muy breve, comentario o dibujo destinado a hacer reír o divertir. ■ **2** Gracia, o motivo de risa.
II *loc adj* **3 de** ~. (*col*) Grotesco o ridículo.

chisteo *m* (*col*) Acción de chistar [1].

chistera *f* **1** Sombrero de copa. ■ **2** Cesta de fondo ancho y boca estrecha que usa el pescador para echar lo que ha pescado.

chisterazo *m* (*col*) Saludo que se hace quitándose la chistera [1].

chistido *m* (*col*) Acción de chistar [1]. *Tb su efecto.*

chistorra *f* Longaniza delgada típica de Navarra.

chistosamente *adv* De manera chistosa.

chistoso -sa *adj* **1** Que dice cosas ingeniosas y graciosas. ■ **2** Que tiene chiste [2].

chistu *m* Flauta popular vasca, de pico, con tres agujeros.

chistulari *m y f* Pers. que toca el chistu.

chita[1] *f* Astrágalo o taba (hueso). **b)** Juego popular consistente en tirar con piedras a una chita u otro objeto, puestos en posición vertical, para derribarlos.

chita[2]. **a la** ~ **callando.** *loc adv* Sigilosamente y con disimulo.

chita[3] *interj que se usa para llamar a los perros y otros animales.*

chiticalla. a la ~. *loc adv* A la chita callando (→ CHITA[2]).

chito[1] *m* Juego que consiste en derribar un cilindro de madera con tejos o discos de metal.

chito[2] *interj* **1** Se usa para imponer silencio. ■ **2** (*reg*) Se usa para ahuyentar o hacer callar a un perro.

chitón[1] *interj* Chito[2].

chitón² *(gr; pronunc,* /kitón/*) m (hist)* Quitón (túnica griega).

chiuj *m* Notable saharaui.

chivar *(col)* **A** *tr* **1** *(raro)* Delatar o denunciar [algo o a alguien].
B *intr pr* **(~se) 2** Delatar o denunciar [algo o a alguien *(compl* DE*)]. Frec el compl se omite, por consabido.*

chivarro -rra *m y f* Chivo que tiene entre uno y dos años.

chivata *f (reg)* Garrota de pastor.

chivatar *(col, raro)* **A** *tr* **1** Delatar [algo o a alguien].
B *intr pr* **(~se) 2** Delatar o denunciar [algo o a alguien *(compl* DE*)]. Frec el compl se omite, por consabido.*

chivatazo *m (col)* Acción y efecto de chivarse [2].

chivato -ta **A** *m y f* **1** Chivo que tiene entre seis meses y un año. ■ **2** *(col)* Delator. *Tb adj.*
B *m* **3** *(col)* Dispositivo, frec. luminoso, que llama la atención sobre algo, esp. una anomalía. ■ **4** *(jerg) En la cárcel:* Mirilla de la celda. ■ **5** *(argot Escén)* Publicación periódica oficiosa que informa sobre las recaudaciones de taquilla.

chivertense *adj* De Alcalá de Chivert (Castellón). *Tb n, referido a pers.*

chivetero *m (reg)* Chivitero.

chíviri → CHÍBIRI.

chivirraque *m (reg)* Cagancho (pájaro).

chivitero *m (reg)* Corral de cabras.

chivo -va **I** *n* **A** *m y f* **1** Cría de la cabra desde que deja de mamar hasta que es apta para la procreación. **b)** *(Taur)* Toro falto de peso. *Gralm en f.*
B *m* **2 ~ emisario,** o **expiatorio.** Pers. a quien se hacen pagar las culpas de todos. *Tb fig, referido a cosa.*
II *loc adv* **3 como un ~,** o **como una chiva.** *(col)* En estado de locura. *Gralm con el v* ESTAR. *Frec con intención ponderativa.*

chocante *adj* Que choca [3 y 7].

chocar **A** *intr* **1** Entrar en contacto físico violentamente [una pers. o cosa con otra]. ■ **2** Entrar en conflicto o en lucha [con alguien]. *Tb en pl, con sent recípr.* ■ **3** *(col)* Resultar extraño o sorprendente [un hecho a alguien]. ■ **4** *(reg)* Agradar, o caer en gracia.
B *tr* **5** Hacer chocar [1] [una cosa con otra]. ■ **6** Dar [la mano *(cd)*] a alguien *(compl* CON*)]* como saludo o en señal de acuerdo. *En este último sent, normalmente en imperat, en las formas* CHÓCALA, CHOCA ESOS CINCO *o, como abs,* CHOCA. ■ **7** Sorprender o desconcertar.

chocarrería *f* **1** Cualidad de chocarrero. ■ **2** Dicho o hecho chocarrero.

chocarrero -ra *adj* De gracia tosca o grosera. *Tb n, referido a pers.*

chocazo *m (reg)* Choque o golpe.

chocha *f* **1** Ave zancuda parecida a la perdiz, de pico largo y recto y patas cortas, que se caza por su carne muy apreciada *(Scolopax rusticola). Tb ~* PERDIZ. ■ **2** Variedad de almeja de mediano tamaño y de carne menos apreciada que la común. ■ **3** Pez comestible, de cuerpo alargado, plano y cubierto de escamas óseas, que abunda en las costas mediterráneas *(Centriscus scolopax).*

chochaperdiz *f* Chocha perdiz.

chochear *intr (col)* Estar chocho¹ [1].

chochera *f* Chochez.

chochez *f (col)* **1** Condición de chocho¹ [1]. ■ **2** Dicho o hecho propio de pers. chocha (→ CHOCHO¹ [1]).

chochín *m* Pájaro diminuto y redondo, de color pardo, con la cola levantada *(Troglodytes troglodytes).*

chocho¹ -cha *adj (col)* **1** [Pers.] que, por la mucha edad, tiene debilitada la inteligencia. ■ **2** Embobado o embelesado de cariño.

chocho² *m (vulg)* Vulva.

chocho³ *m (reg)* Altramuz.

chocholada *f (reg)* Bobada o simpleza.

chocholo -la *adj (reg)* Atontado o lelo.

choclear *intr* Chapotear.

choclo *m* Alimento, propio de algunos países americanos, hecho de una masa de maíz tierno rallado.

choco¹ *m* Se da este n a dos cefalópodos del gén *Sepia:* la jibia *(S. officinalis)* y el chopito *(S. orbignyana).*

choco² *m (reg)* Rincón. *Tb fig.*

chocolatada *f* Desayuno o merienda colectivos a base de chocolate [1b].

chocolate **I** *m* **1** Alimento constituido por una mezcla de cacao y azúcar con otros ingredientes. **b)** Bebida que se hace con chocolate cocido en agua o en leche. *Tb ~* HECHO. ■ **2 el ~ del loro.** *(col)* Ahorro insignificante en relación con la economía que se intenta. ■ **3** *(jerg)* Hachís. *Tb la pastilla o el cigarro hechos con él.*
II *adj* **4** [Color] marrón oscuro semejante al del chocolate [1a].

chocolateado -da *adj* [Dulce o golosina] recubiertos de chocolate [1a].

chocolatería *f* Establecimiento donde se sirve chocolate [1b].

chocolatero -ra **I** *adj* **1** De(l) chocolate [1]. **b)** [Pers.] aficionada a tomar chocolate.
II *n* **A** *m y f* **2** Pers. que fabrica o vende chocolate [1].
B *f* **3** Recipiente, más alto que ancho y con un mango largo, destinado a cocer chocolate [1b].

chocolatín *m (reg)* Chocolatina [1].

chocolatina *f* **1** Tableta pequeña de chocolate [1a] fino, que se toma como golosina. ■ **2** *(col)* Moneda de color dorado de cien pesetas.

chófer *(tb, hoy raro,* **chofer**) *m* Conductor asalariado de automóvil, esp. de un particular. **b)** *(hoy raro)* Conductor de automóvil.

chola¹ *f (col)* Cabeza.

chola² *f (reg)* Zapatilla.

cholla *f (col, hoy raro)* Chola¹ (cabeza).

chollo *(tb, raro, con la grafía* **choyo**) *m (col)* Ganga, o ventaja obtenida sin esfuerzo.

cholo -la *m y f* **1** Indio americano incorporado a la sociedad occidental. ■ **2** Mestizo de europeo e india americana.

chon *m (reg)* Cerdo.

chona *f (vulg)* Vulva.

choni *m y f (reg)* Extranjero, esp. de habla inglesa.

chontal *adj* De un pueblo indio habitante del estado de Tabasco (Méjico). *Tb n, referido a pers.*

chopa[1] *f* Pez marino de la familia del besugo, de algo más de 50 cm y de color gris plateado, con manchas longitudinales en los flancos (*Spondyliosoma cantharus*).

chopa[2] *f (reg)* Chopo[1], esp. aquel al que se le ha cortado el tronco a 3 o 4 m de altura para que dé muchas ramas, haciéndose árbol de sombra.

choped → CHOPPED.

chopera *f* Lugar poblado de chopos[1].

choperal *m (reg)* Chopera.

chopito *m* Cefalópodo semejante a la jibia, pero de menor tamaño (*Sepia orbignyiana*).

chopo[1] *m* Álamo (árbol). *Tb su madera. Diversas especies se distinguen por medio de compls o adjs:* ~ BLANCO (*Populus alba*), ~ NEGRO (*P. nigra*), ~ TEMBLÓN (*P. tremula*), ~ LOMBARDO *o* DE LOMBARDÍA (*P. nigra italica*), ~ CAROLINO *o* DE LA CAROLINA (*P. monilifera*).

chopo[2] *m (reg)* Choco[1] (molusco cefalópodo).

chopo[3] *m* 1 (*col*) Fusil. ■ 2 (*vulg*) Pene.

chopped (*ing; pronunc corriente, /čóped/; tb con la grafía* **choped**) *m* Embutido semicurado de carne de cerdo o de ternera, de corte redondo o cuadrado.

chopper (*ing; pronunc corriente, /čóper/; pl normal, ~s*) *m (Prehist)* Hacha del Paleolítico con un corte transversal.

choque[1] I *m* 1 Acción de chocar [1 y 2]. *Tb su efecto.* ■ 2 (*Med*) Descarga eléctrica intensa y breve.
II *loc adj* 3 de ~. [Unidad o tropa] de ataque destinada a actuar en primera línea. *Tb fig, fuera del ámbito militar.* ■ 4 de ~. (*Med*) [Dosis] fuerte inicial para combatir la enfermedad. *Tb fig, fuera del ámbito técn.* ■ 5 [Autos] de ~, [coches] de ~ → AUTO[2], COCHE.

choque[2] *m* 1 Conmoción grave y esp. repentina de carácter físico o psíquico. ■ 2 (*Med*) Estado de gran postración causado por fallo circulatorio o por descenso súbito de la presión sanguínea.

choquero -ra *adj (col)* De Huelva. *Tb n, referido a pers.*

choquetazo *m* Choque[1] o colisión.

choquezuela *f* Rótula.

choquito *m (reg)* Chopito (molusco cefalópodo).

chorar *tr (jerg)* Robar.

chorbo -ba (*tb con la grafía* **chorvo**) *m y f (juv)* 1 Chico o muchacho. **b)** Novio. ■ 2 Individuo.

chorchi *m (col)* Sorche (soldado).

chorco *m* Trampa para cazar lobos.

chori *m (col)* Chorizo[2].

choricear *tr (col)* Robar.

choriceo *m (col)* Acción de choricear.

choricero[1] **-ra** I *m y f* 1 Pers. que fabrica o vende chorizos[1].
II *adj* 2 [Pimiento] rojo y seco cuya carne se usa como condimento.

choricero[2] **-ra** *m y f (col)* Chorizo[2].

chorizada[1] *f* Merienda a base de chorizos[1].

chorizada[2] *f (col)* Acción propia de chorizo[2].

chorizar *tr (col)* Robar.

chorizo[1] *m* Embutido de carne picada y adobada, normalmente de cerdo.

chorizo[2] **-za** *m y f (col)* Ladrón, esp. de poca categoría.

chorizo[3] *m (hist)* En el s XVIII y comienzos del XIX: Componente del bando de los partidarios del teatro de la Cruz, de Madrid, en rivalidad con el de los partidarios del teatro del Príncipe.

chorla *f (reg)* Cabeza.

chorlita *f (Mineral)* Chorlo.

chorlitejo *m* Se da este *n* a varias aves zancudas del *gén* Charadrius, de longitud entre 15 y 25 cm, acuáticas y corredoras. *Diversas especies se distinguen por medio de adjs:* ~ GRANDE (*Ch. hiaticula*), ~ CHICO (*Ch. dubius*), ~ PATINEGRO (*Ch. alexandrinus*), etc.

chorlito I *m* 1 Se da este *n* a varias aves zancudas de los *géns* Pluvialis, Eudromias y Vanellus, o Charadrius y Chettusia, de longitud entre 22 y 29 cm, de cuerpo esbelto, patas cortas y alas puntiagudas, y que son objeto de caza. *Diversas especies se distinguen por medio de adjs:* ~ GRIS (*Pluvialis o Charadrius squatarola*), ~ DORADO (*Pluvialis apricaria o Charadrius apricarius*), ~ CARAMBOLO (*Endromias o Charadrius morinellus*), ~ SOCIAL (*Vanellus gregarius o Chettusia gregaria*). ■ 2 (*col*) Pers. insustancial y sin formalidad.
II *loc adj* 3 [Cabeza] de ~ → CABEZA.

chorlo *m (Mineral)* Variedad de turmalina de color negro.

choro *m (jerg)* Ladrón, esp. de poca categoría.

chorote I *adj* 1 De una tribu india de Bolivia, habitante de la margen izquierda del Pilcomayo. *Tb n, referido a pers.* ■ 2 Del chorote [3].
II *m* 3 Lengua de los chorotes [1].

chorotega (*hist*) I *adj* 1 De un pueblo amerindio habitante de parte de los actuales estados de Nicaragua y el Salvador. *Tb n, referido a pers.*
II *m* 2 Lengua de los chorotegas [1].

chorra I *f* 1 (*col*) Suerte. ■ 2 (*vulg*) Pene.
II *adj* 3 (*col*) Estúpido. *Tb n.*

chorrada *f* 1 (*col*) Imbecilidad o bobada. ■ 2 Chorro [1]. *Tb fig.* **b)** (*raro*) Porción de líquido que ha chorreado. *Tb fig.* **c)** (*hoy raro*) Porción de líquido que se sirve de propina.

chorreada *f* Chorro pequeño.

chorreado -da *adj* 1 *part* → CHORREAR. ■ 2 (*Taur*) [Res] que tiene el pelo con rayas verticales de tono más oscuro que el resto. **b)** [Pelo o capa] de la res chorreada.

chorreadura *f* Mojadura o mancha producida por un líquido que ha caído chorreando [1].

chorreante *adj* Que chorrea.

chorrear A *intr* 1 Caer [un líquido] en chorro. **b)** Caer [un líquido] a chorros. *Tb fig.*
B *tr* 2 Despedir o dejar correr [un líquido] a chorros. *Tb abs. Tb fig.*

chorreo *m* Acción de chorrear [1].

chorreón *m* Pequeña porción de líquido que ha chorreado [1].

chorrera I *f* **1** Trecho corto del curso de un río en que, por el declive, el agua corre muy rápida. ■ **2** Cascada. ■ **3** Guarnición de encaje en la abertura de la pechera de la camisa o de otra prenda de vestir.
II *fórm or* **4 y un jamón con ~s** → JAMÓN.

chorrero *m* (*reg*) Chorrera [1].

chorretada *f* Porción pequeña de líquido que se echa por añadidura.

chorretón *m* **1** Chorretada. ■ **2** Chorro grueso.

chorrillo *m* Forma de sembrar en que se echa seguido el grano en el surco. *Gralm en la constr* SEMBRAR, *o* SIEMBRA, A ~.

chorro I *m* **1** Masa de un fluido que sale de un orificio de manera continuada. *Tb fig, referido a otras sustancias o conjuntos que fluyen.* **b)** Masa de gases calientes proyectada hacia atrás por un motor de reacción. *Gralm en la constr* PROPULSIÓN A ~. **c)** ~ **de arena.** (*Mec y Constr*) Chorro de aire a presión que arrastra partículas de arena proyectándolas sobre piezas de metal o de piedra para limpiarlas por abrasión. ■ **2** (*Meteor*) Corriente constante de viento que sopla horizontalmente a una altura entre 10 y 15 km y a fuertes velocidades. *Tb* CORRIENTE EN ~.
II *loc v* **3 soltar el ~.** (*raro*) Reírse a carcajadas.
III *loc adv* **4 a ~(s).** (*col*) En abundancia. ■ **5 a ~s.** (*col*) De manera incontenible. *Frec con el v* MORIRSE. ■ **6 como los ~s del oro.** (*col*) En estado de limpieza impecable. **b)** *Se usa como refuerzo enfático del adj* LIMPIO.

chorrón *m* (*reg*) Salto de agua.

chorrotada (*reg*) I *f* **1** Chorretada.
II *loc adv* **2 a ~s.** A chorros [4].

chorrotón *m* (*reg*) **1** Chorro [1] grande. ■ **2** Chorreón (pequeña porción de líquido que ha chorreado).

chorvo → CHORBO.

chosco *m* Embutido asturiano hecho con tripa y lomo y lengua adobados.

chospar *intr* (*reg*) Brincar.

chota[1] *m y f* (*jerg*) Confidente de la policía.

chota[2] → CHOTO[1].

chotacabras *m* Ave insectívora nocturna, de ojos grandes, pico diminuto, alas largas, gran cola y plumaje con manchas y estrías negras (gén. *Caprimulgus*, esp. *europaeus*). *Diversas especies se distinguen por medio de adjs:* ~ GRIS (*C. europaeus*), ~ PARDO (*C. ruficollis*).

chotearse *intr pr* (*col*) Burlarse o guasearse [de alguien o algo].

choteo *m* (*col*) Acción de chotearse.

chotis *m* Baile popular por parejas, de compás de 4 por 4 y movimiento moderado, muy en boga en España a finales del s. XIX y en los primeros decenios del XX. *Tb su música.*

choto[1] **-ta** I *m y f* **1** Ternero, esp. el que empieza a comer. ■ **2** Cría de la cabra.
II *adj* **3 chota.** (*col*) Loco. *Frec con intención ponderativa.*
III *loc adv* **4 como una chota.** (*col*) En completa locura. *Gralm con el v* ESTAR. *Frec con intención ponderativa.*

choto[2] **-ta** *adj* (*reg*) Zurdo. *Tb n: m y f, referido a pers; f, referido a mano.*

chotuno -na *adj* De (los) chotos[1] [2]. *Gralm en la constr* OLER A ~.

chou *m* Show.

choucroute (*fr; pronunc corriente, /*sukrút*/; tb con la grafía* **choucrout**) *m o f* Plato de coles fermentadas en salmuera.

chova *f* Ave parecida al cuervo, de unos 38 cm, de plumaje negro azulado lustroso, y que anida en hendiduras de rocas o en acantilados (gén. *Pyrrhocorax*). *Sus especies se distinguen por medio de adjs:* ~ PIQUIGUALDA (*P. graculus*), ~ PIQUIRROJA (*P. pyrrhocorax*).

chovinismo *m* Patriotismo exclusivista y poco reflexivo. *Frec referido a los franceses.* **b)** Actitud de chovinismo.

chovinista *adj* De(l) chovinismo. **b)** [Pers.] que profesa o practica el chovinismo. *Tb n.*

chow-chow (*pronunc corriente, /*čáu-čáu*/ o /*čučú*/; tb con las grafías* **chow chow** *y* **chowchow**; *pl normal,* ~s) *m* Perro de una raza china caracterizada por su estatura alta, su robustez, la cabeza ancha, el hocico cónico, los ojos oblicuos y el pelaje denso.

choya *f* (*reg*) Chova (ave).

choyo → CHOLLO.

choza *f* Construcción techada, hecha toscamente y con materiales pobres, esp. palos y ramaje o paja, y que sirve de habitación. *Tb fig, con intención desp o humoríst.*

chozajo *m* (*reg*) Choza pequeña.

chozna *f* (*reg*) *En fiestas de pueblo:* Caseta o chiringuito.

chozno -na *m y f* Hijo del tataranieto [de una pers. (*compl de posesión*)].

chozo *m* Choza pequeña. *Tb fig, con intención desp.*

chozuela *f* Chozo pequeño de pastor.

christma (*pronunc corriente, /*krísma*/*) *m* Christmas.

christmas (*ing; pronunc corriente, /*krísmas*/*) *m* Tarjeta ilustrada de felicitación de Navidad.

chubasco *m* Lluvia breve e intensa, que comienza y acaba bruscamente. **b)** ~ **de nieve.** Nevada breve e intensa.

chubasquear *intr impers* (*reg*) Caer chubascos.

chubasquero *m* Impermeable corto y con capucha, hecho de plástico o de tela muy ligera.

chubesqui *m* Estufa de calefacción con paredes dobles y forma cilíndrica.

chuca *f* (*Juegos*) *En el juego de la taba:* Lado de la taba que tiene una concavidad.

chucar. perdiz ~ → PERDIZ.

chucenero -ra *adj* De Chucena (Huelva). *Tb n, referido a pers.*

chucha[1] *f* (*vulg*) Peseta.

chucha[2] *f* (*col*) Borrachera.

chucháis *m pl* (*jerg*) Pechos (de mujer).

chuchería *f* **1** Objeto de poco valor o importancia, gralm. de pequeño tamaño. ■ **2** Cosa de comer menuda y que se toma por entretenimiento.

chucho[1] **-cha** *m y f* (*desp*) Perro (animal). *Tb con intención afectiva.*

chucho[2] *m Se da este n a varios peces parecidos a la raya, pertenecientes al gén Dasyatis, esp la pastinaca (D. pastinaca).*

chuchumeco -ca *adj (col, raro)* [Pers.] pequeña y desmedrada. *A veces referido a animal.*

chuchumido -da *adj (reg)* Chuchurrío. *Tb fig.*

chuchurrío -a *adj (col)* Marchito o ajado. *Tb fig.*

chucla *f (reg)* Caramel (pez).

chucrut *m* Choucroute.

chueta I *m y f* **1** *(desp)* Pers. descendiente de judíos mallorquines. ▪ **2** *(hist)* Judío converso mallorquín.
II *adj* **3** *(desp o hist)* De los chuetas [1 y 2].

chufa[1] *f* Hierba perenne, cultivada en Levante, que tiene raíces con pequeños tubérculos comestibles, con los cuales se hace horchata (*Cyperus esculentus*). *Frec el mismo tubérculo.*

chufa[2] *f (col)* Bofetada.

chufero -ra *m y f* Vendedor de chufas[1] (tubérculos).

chufla A *f* **1** *(col)* Broma. ▪ **2** *(col)* Juerga.
B *m y f* **3** *(reg)* Pers. juerguista o que no tiene seriedad.

chuflar *intr (reg)* Silbar.

chuflearse *intr pr (col)* Burlarse [de alguien o algo].

chufleo *m (col)* Acción de chuflearse.

chufo *m (col)* Rulo u otro utensilio similar para rizar el pelo.

chukka *(hindi-ing; pronunc corriente, /ĉúka/) f (Dep)* En el polo: Período de juego seguido, gralm. de 7 minutos, que es uno de los tiempos en que se divide la partida.

chulada *f (col)* Chulería (dicho o hecho de pers. chula).

chulanga *adj (col)* Chulángano. *Tb n.*

chulángano -na I *adj (col)* **1** Chulo [7]. *Tb n.*
b) Propio de chulos.
II *m* **2** Chulo [1].

chulango *adj (col)* Chulángano. *Tb n.*

chulapería *f (col)* **1** Condición de chulapo. ▪ **2** Chulapos, o conjunto de chulapos.

chulapo -pa *(frec en la forma aum* CHULAPÓN) I *adj (col)* **1** Chulo [7]. *Frec n.*
II *m y f* **2** Chulo [6].

chulé *m (jerg)* Duro (cinco pesetas).

chulear *(col)* A *tr* **1** Explotar la prostitución [de una pers. *(cd)*]. b) Vivir [un hombre] a expensas [de su pareja *(cd)*]. c) Vivir a costa del trabajo o de los bienes [de alguien *(cd)*]. d) Abusar [de alguien *(cd)*]. ▪ **2** *(raro)* Piropear. ▪ **3** Burlarse [de alguien *(cd)*].
B *intr* ➤ a *normal* **4** Chulear [1c] [a alguien *(compl* CON)]. ▪ **5** Chulearse [6].
➤ b *pr* (~se) **6** Presumir.

chuleo *m (col)* Acción de chulear(se), *esp* [1d y 6].

chulería *f* **1** Condición de chulo [7]. ▪ **2** Jactancia, o presunción desafiante. b) Dicho o hecho que denota chulería. ▪ **3** Chulos, o conjunto de los chulos [6].

chulescamente *adv* De manera chulesca.

chulesco -ca *adj (col)* Propio de chulo [6 y 7].

chuleta[1] *f* **1** Costilla con carne [de vaca, cordero o cerdo]. ▪ **2** *(reg)* Filete (de carne). ▪ **3** *(col)* Bofetada. ▪ **4** *(argot Enseñ)* Papel en que se llevan copiadas contestaciones para hacer uso subrepticio de él en un examen. *Tb fig, fuera del ámbito estudiantil.* ▪ **5** ~ **de huerta.** *(col, hoy raro)* Patata asada.

chuleta[2] *m (col)* Chulo [1, 2, 6 y 7]. *Tb adj.*

chuletada *f* Comida campestre consistente fundamentalmente en chuletas[1] [1].

chuletón *m* Chuleta[1] de ternera.

chuli *adj (juv)* Bonito.

chulí *m (jerg)* Duro (moneda de 5 pesetas).

chulo -la I *n* A *m* **1** *(col)* Hombre que vive a costa de una o varias prostitutas. *Tb (vulg)* ~ *(DE)* PUTAS. b) Hombre que vive a expensas de su pareja. ▪ **2** *(col)* Hombre que presume de seducir a las mujeres o de atraerlas tratándolas despóticamente. ▪ **3** *(desp)* Agente de seguridad o vigilante de un establecimiento público. ▪ **4** *(Taur)* Empleado de la plaza de toros que desempeña funciones auxiliares en la lidia. ▪ **5** *(Taur, hist)* Torero de a pie.
B *m y f* **6** Pers. de clase popular que se caracteriza por la presunción en los modales y por cierta afectación en el habla. *Esp referido al pueblo madrileño.*
II *adj* **7** *(col)* Jactancioso o desafiante. *Tb n. A veces, con intención enfática, en la constr* MÁS ~ QUE UN OCHO. ▪ **8** *(col)* Bonito o elegante. ▪ **9** *(col)* [Pata] coja. *Hablando de pers o animal.*

chumarro *m (reg)* Somarro (trozo de carne asado en las brasas).

chumbera *f* Planta cactácea con los tallos en forma de palas con espinas, y cuyo fruto es el higo chumbo (*Opuntia ficus-indica*).

chumbo -ba I *adj* **1** [Higo] ~, [higuera] **chumba**
→ HIGO, HIGUERA.
II *n* A *m* **2** Higo chumbo.
B *f* **3** Higuera chumba, o chumbera.

chuminada *f (col)* Bobada, o tontería insignificante.

chumino *m (vulg)* Órgano sexual de la mujer.

chuncho -cha *adj (hist)* De un pueblo indígena de la selva peruana. *Tb n, referido a pers.*

chunchún *m (col, desp)* Música con abundancia de percusión.

chunda *m (col)* **1** Música. ▪ **2** ~ ~, *o* ~ **tachunda.** Música del himno nacional.

chunga *f (col)* Broma o guasa.

chungo -ga *adj* **1** *(col)* [Cosa] de mala calidad o de poco valor. ▪ **2** *(jerg)* [Cosa] falsa. b) [Peta] **chunga** → PETA. c) Adulterado. ▪ **3** *(col)* De mal aspecto. ▪ **4** *(col)* [Pers. o parte de su cuerpo] enferma o en mal estado. ▪ **5** *(col)* [Pers.] deprimida o triste.

chungón -na *adj (col)* Que está de chunga o que es aficionado a la chunga. *Tb n.* b) Propio de la pers. chungona.

chunguearse *intr pr (col)* Burlarse o guasearse.

chungueo *m (col)* Acción de chunguearse.

chunguero -ra *adj (col)* Chungón. *Tb n.*

chunupí I *adj* **1** [Individuo] de un pueblo indio habitante de la provincia de Corrientes (República Argentina). *Tb n.*

II *m* **2** Lengua de los chunupíes [1].

chupa I *f* **1** (*juv*) Cazadora (prenda). ■ **2** (*hist*) Prenda de vestir masculina que cubre el tronco, a veces con faldillas de la cintura para abajo y con mangas ajustadas, y usada gralm. debajo de la casaca.
II *loc v* **3 poner** [a alguien] **como ~ de dómine.** (*col*) Censurar[le] o reprender[le] duramente.

chupachú (*tb* **chupachús** *y con la grafía* **chupa--chu(s)**) *m* Chupa-chup.

chupa-chup (*n comercial registrado; tb* **chupa--chups** *y con la grafía* **chupachup(s)**) *m* Caramelo redondo sujeto con un palito.

chupacirios *m y f* (*col, desp*) Pers. que frecuenta la iglesia y los actos de piedad externa.

chupada *f* Acción de chupar una vez, esp. un cigarro o una pipa.

chupado -da *adj* **1** *part* → CHUPAR. ■ **2** (*col*) [Cara] flaca. **b)** [Pers.] de cara chupada. ■ **3** (*col*) Sumamente fácil. *Gralm con el v* ESTAR.

chupador -ra *adj* Que chupa. *En biología, tb n m, referido a órgano.*

chupadura *f* (*raro*) Acción de chupar.

chupamieles *m o f Se da este n a varias plantas medicinales, o a que se han atribuido propiedades medicinales, entre ellas la digital y la lengua de buey.*

chupano *m* (*reg*) Choza o chozo. *Tb fig.*

chupar I *v* A *tr* ➤ **a** *normal* **1** Oprimir sujetando [una cosa] entre los labios y aplicar[le] (*cd*) la lengua, para obtener su jugo o su sabor. *Tb abs.* **b)** Oprimir sujetando [algo] con los labios. **c)** Sostener con los labios [un cigarro o una pipa] aspirando el humo. **d)** Pasar la lengua [por algo (*cd*)]. **e)** **~se el dedo, ~se los dedos** → DEDO. ■ **2** Sorber o aspirar. *Tb abs.* ■ **3** Absorber. *Tb abs.* ■ **4** (*col*) Adueñarse poco a poco con habilidad [del dinero (*cd*) de alguien (*ci*)]. ■ **5** (*col*) *Seguido de n sin determinante:* Disfrutar o beneficiarse [de algo (*cd*)] de manera exagerada. *Frec referido a la notoriedad que dan los medios de comunicación.* **b)** **~ cámara** → CÁMARA. ■ **6 ~ rueda** → RUEDA. ➤ **b** *pr* (**~se**) **7** (*col*) Disfrutar [algo], esp. sin méritos o sin esfuerzo. ■ **8** (*col*) Padecer o sufrir [algo]. ■ **9 ~sela** (a un hombre). (*vulg*) Practicar la felación [con él (*ci*)]. *Tb sin ci.* **b)** **chúpamela,** *o* **me la chupas.** *Fórmula que expresa desprecio profundo hacia el interlocutor.* **B** *intr* **10** Chupar [1c] [un cigarro o una pipa (*compl* DE)]. ■ **11** (*col*) Abastecerse o alimentarse [de una fuente de recursos]. ■ **12** (*col*) Obtener provecho a costa ajena. **b)** **~ del bote** → BOTE². II *interj* **13 chúpate esa.** (*col*) Expresa satisfacción porque alguien, sea o no el interlocutor, ha encontrado la réplica o la suerte adversa que se merecía. **b)** *Subraya humorísticamente una palabra o frase que se supone debe haber impresionado al interlocutor por su sonoridad. Tb* CHÚPATE ESA MANDARINA.

chuparrueda (*tb* **chuparruedas**) *m* (*Cicl*) Ciclista que suele correr detrás de otro, gralm. para ahorrar esfuerzo.

chupasangre *m y f* (*col*) Pers. explotadora.

chupatintas *m y f* (*col, desp*) Oficinista.

chupe *m* **1** Chupada. ■ **2** (*infantil*) Chupete.

chuperretear *tr* (*col*) Chupar con insistencia.

chupeta *f* (*reg*) Chupete.

chupetazo *m* (*reg*) Chupada.

chupete *m* Objeto de goma que se da a chupar [1b] a los niños de pecho para que se entretengan.

chupetear *tr* Chupar [1 y 2] con insistencia.

chupeteo *m* Acción de chupetear.

chupetín¹ *m* (*reg*) Chupito o trago de vino.

chupetín² *m* (*hist*) Prenda de vestir sin mangas, ajustada al cuerpo y con faldillas cortas.

chupetón *m* (*col*) Chupada.

chupi (*juv*) I *adj* **1** Estupendo o magnífico. *Frec, ponderativamente, ~* GUAY.
II *adv* **2** Estupendamente. *Frec, ponderativamente, ~* GUAY.

chupinazo *m* **1** Disparo de cohete. *Esp referido al que señala el comienzo de un festejo. Tb fig.* ■ **2** (*Fút*) Chut potente.

chupitel *m* (*reg*) Carámbano.

chupito *m* **1** *dim* → CHUPE. ■ **2** (*col*) Trago (pequeña cantidad que se bebe de vino o de licor).

chupo *m* (*reg*) Chupete.

chupón -na I *adj* **1** Que chupa [1] mucho. ■ **2** (*col*) Que chupa [4]. *Tb n.*
II *m* **3** Vástago que brota en las ramas principales o en el tronco de un árbol y que les absorbe la savia. ■ **4** (*hoy raro*) Caramelo alargado de forma cilíndrica. ■ **5** Cañón [de chimenea]. ■ **6** (*E*) Émbolo de una bomba de desagüe.

chupóptero -ra *m y f* (*desp, humoríst*) Pers. que vive a costa del Estado sin trabajar.

churi *m* (*a veces f*) (*jerg*) Navaja.

churra¹ *f* **1** Ortega (ave). ■ **2** (*reg*) Ganga (ave).

churra² → CHURRO².

churrada *f* Desayuno o merienda colectivos a base de churros¹ [1].

churrascar *tr* Asar o tostar mucho.

churrasco *m* Carne asada a la brasa o a la parrilla.

churre *m* (*col*) Pringue (sustancia grasienta).

churrería *f* Establecimiento del churrero [1].

churrero -ra A *m y f* **1** Pers. que fabrica o vende churros¹ [1].
B *f* **2** Máquina para hacer churros¹ [1].

churrete *m* (*col*) Mancha producida por alguna sustancia que ha chorreado o escurrido.

churretoso -sa *adj* (*col*) **1** Que tiene churretes. ■ **2** Que tiene suciedad grasienta.

churri *adj* (*reg*) Mediocre.

churriana *f* (*raro*) Ramera.

churrianero -ra *adj* De Churriana (Málaga) o de Churriana de la Vega (Granada). *Tb n, referido a pers.*

churriento -ta *adj* (*raro*) Sucio.

churrigueresco -ca *adj* **1** (*Arquit*) [Estilo] del arquitecto José de Churriguera († 1725), cuya característica principal es la exuberancia decorativa. **b)** De(l) estilo churrigueresco. ■ **2** (*desp*) [Cosa] recargada o excesivamente ornamentada.

churriguerismo *m* (*Arquit*) Estilo o tendencia churriguerescos [1].

churrillo *m* Vino castellano de baja graduación.

churro[1] *m* **1** Pieza comestible pequeña, de forma alargada u ovalada, hecha de masa de agua, harina y sal, y frita en aceite, que se toma gralm. en desayunos y meriendas. ■ **2** (*col*) Cosa que resulta mal hecha. ■ **3** (*col*) Chiripa (casualidad afortunada).

churro[2] **-rra** **I** *adj* **1** [Oveja] de lana basta, y con las patas y la cabeza poblada de pelo grueso. *Tb* n *m* y *f*. **b)** De (las) ovejas churras. ■ **2** [Ajea] **churra** → AJEA.
II *m* y *f* **3** (*reg*) Añojo.
III *loc v* **4 mezclar churras con merinas.** (*col*) Mezclar cosas muy diferentes.

churro[3] **-rra** *adj* (*reg*) [Pers.] castellanohablante de la zona montañosa de Valencia.

churrupear *intr* (*raro*) Beber algo poco a poco y saboreándolo.

churruscar *tr* Quemar superficialmente.

churrusco *m* Trozo muy tostado [de algún alimento].

churumbel *m* (*col*) Niño pequeño gitano. *Tb, humoríst, referido a no gitanos.*

churumo *m* Sustancia o jugo.

chus. **sin decir ~ ni mus.** *loc adv* (*col*) Sin decir ni una palabra.

chuscada *f* (*col, hoy raro*) Dicho o hecho chusco[2].

chuscarrar *tr* Churruscar.

chusco[1] *m* Pieza de pan de munición.

chusco[2] **-ca** *adj* (*col, hoy raro*) Gracioso. *Tb* n, *referido a pers.* **b)** Cómico o burlón, esp. con gracia tosca. **c)** Tosco o grosero.

chusma **A** *f* **1** Conjunto de gente vulgar o despreciable. ■ **2** (*hist*) Conjunto de los galeotes que sirven en una galera. ■ **3** (*col*) Juerga.
B *m* y *f* **4** (*juv*) Pers. vulgar o despreciable.

chusquero (*desp*) **I** *adj* **1** [Militar de alguna graduación] que procede de la clase de tropa. *Tb* n. *Tb fig.*
II *m* **2** Soldado raso. *A veces usado como insulto.*

chut (*pl normal, ~s*) *m* **1** (*Fút*) Disparo fuerte. *Tb* su efecto. ■ **2** (*jerg*) Chute [1].

chuta *f* (*jerg*) Jeringuilla para inyectarse droga.

chutador -ra *adj* Que chuta [1]. *Tb* n.

chutar **A** *intr* **1** Lanzar fuertemente el balón de fútbol con el pie, gralm. hacia la meta contraria. ■ **2 ir** [alguien] **que chuta.** (*col*) Ir bien servido, o poder darse por muy satisfecho. *Tb fig, dicho de cosa.*
B *tr* **3** (*Fút*) Lanzar [un penalty]. ■ **4** (*jerg*) Inyectar droga [a alguien (*cd*)]. *Frec el cd es refl.* **b)** Inyectar [droga (*cd*)] a alguien. *Frec el ci es refl.*

chute *m* **1** (*jerg*) Inyección de droga. *Tb la dosis correspondiente.* ■ **2** (*Fút, raro*) Chut [1].

chutona *f* (*jerg*) Chuta.

chuzazo *m* Golpe dado con un chuzo.

chuzo **I** *m* **1** Palo rematado con un pincho de hierro, que sirve de arma ofensiva y defensiva, y que era característico de los serenos.
II *loc v* **2 caer ~s de punta.** (*col*) Llover con fuerza.

chuzón -na *adj* (*raro*) Burlón.

ciaboga *f* (*Mar*) Maniobra de dar vuelta en redondo una embarcación, esp. de remos.

cianamida *f* (*Quím*) Cuerpo derivado del amoníaco al reemplazar uno de sus átomos de hidrógeno por el grupo CN.

cianhídrico *adj* (*Quím*) [Ácido] que se encuentra naturalmente en las almendras amargas, líquido, incoloro, de olor fuerte y sabor amargo, y muy venenoso. *Tb* n *m*.

ciánico *adj* (*Quím*) [Ácido] que se obtiene calentando la urea con ácido fosfórico anhidro, y que es líquido, incoloro, de olor fuerte picante, muy corrosivo y poco estable. *Tb* n *m*.

cianita *f* (*Mineral*) Mineral de silicato de aluminio en cristales prismáticos azulados.

cianofícea *adj* (*Bot*) [Alga] de color verde azulado, que es unicelular y vive aislada o en colonia en el agua o en lugares húmedos. *Frec como* n *f en pl, designando este taxón botánico.*

cianófilo -la *adj* (*Biol*) Que se tiñe con los colorantes azules. *Tb* n *f, referido a célula.*

cianógeno *m* (*Quím*) Gas incoloro, tóxico, compuesto de nitrógeno y carbono.

cianosis *f* (*Med*) Coloración azulada o violada de la piel, de carácter morboso. **b)** Enfermedad congénita caracterizada por cianosis.

cianótico -ca *adj* (*Med*) Que presenta cianosis o que la padece.

cianuro *m* Sal resultante de la combinación del ácido cianhídrico con un radical.

ciao (*it; pronunc corriente, /čáo/*) *interj* Chao.

ciar (*conjug* 1c) *intr* (*Mar*) Retroceder. *Tb fig, fuera del ámbito técn.*

ciático -ca **I** *adj* (*Anat*) **1** [Nervio] que se distribuye en los músculos posteriores del muslo, en los de la pierna y en la piel de esta y del pie. *Tb* n *m*. ■ **2** De (la) ciática [4]. ■ **3** (*raro*) De la cadera.
II *f* **4** Síndrome constituido pralm. por un dolor muy vivo en la cadera y en la pierna, a lo largo del trayecto del nervio ciático [1].

cibelina *adj* [Marta] de una especie algo menor que la común, y de piel particularmente apreciada (→ MARTA). *Tb* n *f. Tb su piel.*

ciberespacio (*tb con la grafía* **cyberespacio**) *m* (*Informát*) Espacio virtual o imaginario en que se produce la comunicación.

cibernauta (*tb con la grafía* **cybernauta**) *m* y *f* (*Informát*) Pers. que utiliza el ciberespacio.

cibernético -ca **I** *adj* **1** De (la) cibernética [2]. *Tb* n, *referido a la pers que se dedica a ella.*
II *f* **2** Ciencia que estudia los sistemas de comunicación y control automático en los seres vivos y en los sistemas electrónicos y mecánicos.

ciberpunk (*tb con la grafía* **cyberpunk**) **I** *adj* **1** [Movimiento] cultural surgido en los años ochenta en torno a un género de ciencia ficción relacionado con la tecnología informática, y que se caracteriza por actitudes anticonvencionales y de rebeldía. *Tb* m. **b)** Del movimiento ciberpunk.
II *m* y *f* **2** Miembro del movimiento ciberpunk [1a].

ciborio *m* Copa metálica ornamentada. *Esp designa el copón.*

cicadácea *adj* (*Bot*) [Planta] tropical gimnosperma semejante a las palmeras y a los helechos arborescentes. *Tb como* n *f en pl, designando este taxón botánico.*

cicas *f* Planta parecida a la palmera, de tallo cilíndrico y flores agrupadas en piñas (gén. *Cycas*).

cicateramente *adv* De manera cicatera.

cicatería *f* **1** Cualidad de cicatero. ■ **2** Acción cicatera.

cicatero -ra *adj* Tacaño o mezquino.

cicatricial *adj* (*Med*) Cicatrizal.

cicatrícula *f* (*Biol*) Disco germinativo.

cicatriz *f* Señal que queda en un tejido orgánico después de cerrarse una herida. *Tb* (*lit*) *fig.*

cicatrización *f* Hecho de cicatrizar.

cicatrizal *adj* (*Med*) De (la) cicatriz.

cicatrizante *adj* Que cicatriza [2]. *Tb n m, referido a medicamento o remedio.*

cicatrizar **A** *intr* **1** Cerrarse completamente [una herida]. *Tb pr* (**~se**). *Tb fig.*
B *tr* **2** Hacer que [una herida (*cd*)] cicatrice [1]. *Tb fig.*

cícero *m* (*Impr*) Unidad de medida que equivale a 12 puntos.

cicerone *m y f* Pers. que enseña y explica a los visitantes lo más notable de una ciudad, un edificio o un museo.

cicindela *f* Insecto coleóptero de colores vivos, patas largas, cabeza ancha y mandíbulas muy desarrolladas, que se alimenta de otros insectos (gén. *Cicindela*, esp. *C. campestris*).

ciclamato *m* (*Quím*) Sal que por su sabor muy dulce se ha usado como sustituto del azúcar.

ciclamen **I** *m* **1** Planta herbácea de la familia de la prímula, perenne, cultivada por sus vistosas flores de color violáceo y a menudo rizadas (*Cyclamen persicum*). *Tb su flor. A veces designa otras plantas del mismo gén.*
II *adj invar* **2** [Color] violáceo propio de la flor del ciclamen [1]. *Tb n m.* **b)** De color ciclamen.

ciclano *m* (*Quím*) Hidrocarburo saturado de cadena cerrada.

cíclicamente *adv* De manera cíclica [1].

cíclico -ca *adj* **1** De(l) ciclo[1] [1 a 3]. **b)** Que se desarrolla en forma de ciclo[1]. ■ **2** (*Quím*) [Cuerpo o serie] cuya molécula contiene una o varias cadenas cerradas.

ciclismo *m* Deporte de la bicicleta.

ciclista *adj* **1** De (las) bicicletas o de(l) ciclismo. **b)** Que practica el ciclismo. *Frec n.* ■ **2** Que conduce una bicicleta. *Frec n.*

ciclo[1] *m* **1** Serie de hechos, de fenómenos o de objetos que se repiten ordenada y periódicamente. **b)** Serie de transformaciones por las que pasa un cuerpo hasta volver a su forma o estado inicial. **c)** Serie de transformaciones por las que pasa un ser vivo a lo largo de su existencia. *A veces con un adj:* VEGETATIVO, VITAL. ■ **2** Período de tiempo al que dan unidad determinadas características. **b)** Conjunto de actividades ordenadas dentro de un período de tiempo. **c)** Serie de cursos escolares que forman uno de los bloques o unidades establecidos dentro de un plan de estudios. ■ **3** Conjunto de obras o de manifestaciones literarias, artísticas o culturales que se producen sobre un determinado tema. ■ **4** (*Fís*) Unidad de vibración. *Normalmente designa al hercio o vibración por segundo.*

ciclo[2] *m* (*admin*) Vehículo accionado por el esfuerzo muscular del propio conductor.

ciclo-cross (*tb con la grafía* **ciclocross**) *m* (*Dep*) Variedad del deporte ciclista practicada en terreno accidentado.

ciclohexano *m* (*Quím*) Líquido obtenido por hidrogenación catalítica del benceno y que es materia prima para la fabricación del nailon.

cicloide *adj* (*Med*) Que tiene una forma leve de ciclotimia.

ciclomasaje *m* Dispositivo eléctrico incorporado a algunos sillones, que da masaje a distintas partes del cuerpo.

ciclomotor *m* Bicicleta provista de un motor de escasa potencia.

ciclomotorista *m y f* Pers. que conduce un ciclomotor.

ciclón *m* **1** Huracán. *Tb* (*lit*) *fig.* **b)** Pers. de empuje imparable. *Con intención ponderativa.* ■ **2** (*Meteor*) Masa atmosférica animada por un movimiento de rotación y acompañada de precipitaciones, vientos muy fuertes y descenso de la temperatura y la presión. ■ **3** (*Meteor*) Borrasca (área de baja presión). ■ **4** (*E*) Aparato centrifugador usado para separar las partículas sólidas que un fluido lleva en suspensión.

ciclonal *adj* Ciclónico.

ciclónico -ca *adj* De(l) ciclón [1, 2 y 3].

cíclope *m* **1** (*Mitol clás*) Gigante que tiene un solo ojo, situado en medio de la frente. ■ **2** (*lit*) Hombre gigantesco por sus proezas. ■ **3** Crustáceo de pequeño tamaño, de agua dulce, caracterizado por tener la cabeza soldada al primer segmento torácico y poseer un solo ojo (gén. *Cyclops*).

ciclópeo -a *adj* **1** (*lit*) Gigantesco. ■ **2** (*Arqueol*) [Construcción prehistórica] hecha con grandes piedras sin tallar, superpuestas sin argamasa. ■ **3** (*Constr*) [Hormigón] a cuya masa se añaden grandes piedras y que se utiliza gralm. en la construcción de presas.

ciclopía *f* (*Med*) Deformidad congénita caracterizada por la fusión más o menos completa de los ojos y por la ausencia de órganos olfatorios.

ciclopropano *m* (*Med*) Sustancia gaseosa incolora e inflamable que se emplea como anestésico general de efecto rápido y profundo.

ciclorama *m* **1** Espectáculo consistente en un gran cilindro hueco en cuya cara interior está pintada una vista y en cuyo centro hay una plataforma para el espectador. ■ **2** (*Escén*) Gran cortina semicircular de fondo, que crea la ilusión de un horizonte infinito.

ciclosporina *f* (*Med*) Sustancia, obtenida de determinados hongos o sintéticamente, inmunosupresora y empleada para contrarrestar el rechazo de trasplantes.

ciclostil *m o f* Máquina que sirve para la reproducción múltiple de escritos o dibujos por medio de un cliché.

ciclostilar *tr* Imprimir en ciclostil.

ciclostilo *m* Ciclostil.

ciclóstomo *adj* (*Zool*) [Animal vertebrado] de cuerpo cilíndrico semejante al de la anguila, con esqueleto cartilaginoso y boca sin mandíbula y en forma de ventosa. *Frec como n m en pl, designando este taxón zoológico.*

ciclotimia *f (Med)* Psicosis maniacodepresiva. *Tb fig, fuera del ámbito técn.*

ciclotímico -ca *adj (Med)* Maniacodepresivo. *Tb n, referido a pers.*

ciclotrón *m (Fís)* Acelerador de partículas electrizadas, esp. protones.

cicloturismo *m* Turismo que se realiza en bicicleta.

cicloturista I *adj* **1** De(l) cicloturismo.
II *m y f* **2** Pers. que practica el cicloturismo.

cicloturístico -ca *adj* Cicloturista [1].

cicuta *f* **1** *Se da este n a varias plantas umbelíferas herbáceas, venenosas y parecidas al perejil (géns Cicuta, Aethusa y Conium). Frec con un adj especificador:* ACUÁTICA *(Cicuta virosa)*, MAYOR *(Conium maculatum)*, MENOR *(Aethusa cynapium).* ■ **2** *Se da este n a algunas especies de setas venenosas del gén Amanita. Seguido de adj especificador:* ~ VERDE *(A. phalloides)*, ~ BLANCA *(A. verna)*, ~ FÉTIDA *(A. virosa).*

cid *m (lit)* Hombre valeroso.

cidra *f* Fruta del cidro, parecida al limón, pero de mayor tamaño, y que tiene aprovechamiento similar al de este, esp. en medicina. *Tb la jalea o dulce hechos con esta fruta.*

cidro *m* Árbol cuya fruta es la cidra *(Citrus medica).*

ciegamente *adv* De manera ciega [2, 3 y 4].

ciego -ga I *adj* **1** Privado del sentido de la vista. *Tb n, referido a pers.* **b)** Deslumbrado. **c)** *A veces se usa en constrs hiperbólicas para ponderar la falta de perspicacia de quienes no se percatan de lo evidente:* HASTA UN ~ LO VE, ESO LO VE UN ~. ■ **2** Incapaz de darse cuenta de algo. **b)** Propio de la pers. ciega. ■ **3** Ofuscado, o privado de claridad mental, [por un sentimiento fuerte *(compl* DE)]. **b)** Apasionado [por alguien o algo]. *A veces (reg) en las constrs* SER ~ POR *o* SER ~ A. **c)** *(col)* Extasiado o entusiasmado. ■ **4** *(col)* Completamente borracho. **b)** Completamente drogado. ■ **5** [Cosa no material] que se da sin reflexión y sin reservas. ■ **6** [Conducto] obstruido o sin salida. *Tb fig.* **b)** [Orificio] tapado o cerrado. ■ **7** Que no tiene ojos (órganos de la vista). **b)** [Queso] que no tiene ojos o agujeros. **c)** [Construcción] que no tiene ventanas. ■ **8** [Piedra preciosa] que no tiene transparencia. ■ **9** [Señal] que no tiene luz. *Opuesto a* LUMINOSO. **b)** [Noche] cerrada. ■ **10** *(Lab)* [Vainica] que se hace sin sacar hilos. ■ **11** *(Anat)* [Intestino] situado entre el íleon y el colon. *Frec n m.* ■ **12** *(Econ)* [Broker] que no revela la identidad de su representado. ■ **13** [Gallina o gallinita] **ciega** → GALLO. ■ **14** [Palo] **de** ~ → PALO.
II *n A m* **15 los ~s.** *(col)* La lotería de la Organización Nacional de Ciegos [1a]. ■ **16** *(jerg)* Estado similar a la embriaguez producido por el consumo de droga.
B *f* **17** Bollo en forma de casquete esférico, bañado en azúcar formando cuadritos.
III *loc adv* **18 a ciegas.** Sin ver nada. *Tb fig.*

cielo I *m* **1** Bóveda aparente, de color azul en los días despejados, que está sobre la superficie de la Tierra. **b)** Espacio ilimitado que rodea a la Tierra. ■ **2** *(Rel crist)* Lugar en que se goza la bienaventuranza eterna. *Tb en pl con sent sg. Tb la misma bie-*

naventuranza. **b) el ~** *(o, raro,* **los ~s).** Dios. ■ **3** *(col)* Pers. encantadora. *En boca de mujeres. Frec en vocat, vacío de significado, como simple expr de cariño.* ■ **4 ~ raso.** Techo liso o sin vigas aparentes. ■ **5 ~ de la boca.** Paladar (bóveda de la cavidad bucal). ■ **6 ~ abierto.** *(Min)* Explotación minera a cielo [8] abierto.
II *adj* **7** [Color azul] celeste. ■ **8 a ~ abierto.** *(Min)* [Explotación minera] que se realiza al aire libre.
III *loc v* **9 abrírsele** [a alguien] **el ~.** *(col)* Presentársele la ocasión de salir del apuro o de lograr lo deseado. ■ **10 caer** *(o* **llover) del ~.** *(col)* Surgir o acontecer de forma inesperada y gralm. muy oportuna. ■ **11 clamar** [algo] **al ~.** Ser manifiestamente injusto. ■ **12 coger**, *o* **agarrar, el ~ con las manos.** *(col)* Protestar de forma ruidosa u ostentosa. ■ **13 escupir al ~.** *(col)* Decir o hacer contra otros algo que se ha de volver en perjuicio propio. ■ **14 mover**, *o* **remover, (el) ~ y (la) tierra.** Afanarse mucho y en muchos sitios por conseguir una cosa. ■ **15 poner el grito en el ~** → GRITO. ■ **16 ver el ~ abierto.** *(col)* Hallar la ocasión de salir del apuro o de lograr lo deseado.
IV *loc adv* **17 a ~ abierto**, *o* **descubierto.** Al aire libre o a la intemperie. ■ **18 en el séptimo ~.** *(col)* En estado de completa felicidad.
V *interj* **19 ~s.** *Denota sorpresa o contrariedad.* ■ **20 santo ~**, *o* **~ santo.** *Denota asombro.*

cielorraso *m* Cielo raso (→ CIELO [4]).

ciempiés *m* **1** Miriápodo cuyos segmentos están dotados de un par de patas cada uno, y algunas de cuyas especies sueltan en su mordedura un veneno muy activo (géns. *Lithobius, Scolopendra* y otros, esp. *Lithobius forficatus).* ■ **2** *(col)* Escrito o discurso desordenado o incoherente.

ciempozueleño -ña *adj* De Ciempozuelos (Madrid). *Tb n, referido a pers.*

cien → CIENTO.

ciénaga *f* Terreno cenagoso o pantanoso. *Tb fig.*

ciénago *m (reg)* Ciénaga.

ciencia I *f* **1** Conjunto organizado de conocimientos que versa sobre un objeto determinado, tiene un método propio y se funda en relaciones objetivas comprobables. **b)** Conjunto de las ciencias. **c)** Conjunto de conocimientos que se tienen sobre las cosas. ■ **2** Conjunto de conocimientos personales adquiridos por el estudio y la reflexión. **b)** Conocimiento exacto y profundo [de algo]. **c)** Pericia o habilidad. **d)** *(col)* Necesidad de conocimientos o preparación especiales. *Frec en la constr* NO TENER ~ [algo]. ■ **3** Ciencia [1a] en que predominan la observación y el cálculo. *Frec en pl y oponiéndose a* LETRAS. **b)** *(col) En pl:* Ciencias naturales. **c) la ~.** Los hombres de ciencia [7]. **d) ~s exactas, humanas, naturales**, *etc* → EXACTO, HUMANO, NATURAL, *etc.* ■ **4 ~s ocultas.** Doctrinas y prácticas secretas que hacen intervenir fuerzas no reconocidas por la ciencia [1b] ni por la religión. ■ **5 ~ ficción** *(tb con la grafía* **~-ficción).** Género literario o cinematográfico cuyo contenido se basa en supuestos progresos científicos del mundo futuro. ■ **6 ~ cristiana.** *(Rel)* Doctrina de la iglesia denominada *Church of Christ, Scientist*, fundada en Estados Unidos en 1866, la cual preconiza la curación por el espíritu, no solo de los males morales sino también de los físicos. *Tb la misma iglesia.*
II *loc adj* **7 de ~.** [Hombre] que posee conocimientos especiales de una ciencia [3a].

III *loc adv* **8 a ~ cierta.** Con certeza o seguridad. ■ **9 a ~ y paciencia** (*o, raro,* **conciencia**). A conciencia.

cienciología *f* (*Rel*) Movimiento religioso fundado en Estados Unidos en 1951, cuyos seguidores buscan el conocimiento de sí mismos y la realización plena del espíritu por medio de diversos estudios. *Tb* IGLESIA DE LA ~.

cienciológico -ca *adj* (*Rel*) De la cienciología.

cienciólogo -ga *m y f* (*Rel*) Miembro de la Iglesia de la Cienciología.

ciencismo *m* Cientificismo.

cienmilésimo -ma *adj* [Parte] que es una de las cien mil en que se considera dividida la unidad. *Tb n f.*

cienmillonésimo -ma *adj* [Parte] que es una de los cien millones de partes en que se considera dividida la unidad. *Tb n f.*

cieno *m* Fango (mezcla de agua y sedimentos arcillosos que se forma en el fondo de las aguas detenidas).

científicamente *adv* **1** De manera científica. ■ **2** En el aspecto científico.

cientificidad *f* Carácter científico.

cientificismo *m* Tendencia a hacer prevalecer la ciencia [1b] o sus métodos en toda actividad intelectual.

cientificista *adj* Del cientificismo. **b)** Adepto al cientificismo. *Tb n.*

científico -ca *adj* De (la) ciencia [1a y b] o de las ciencias [3a]. **b)** Que utiliza un método científico. *Tb n, referido a pers.* **c)** Que se dedica a la ciencia. *Frec n, referido a pers.*

cientifismo *m* Cientificismo.

cientifista *adj* Cientificista. *Tb n.*

cientista *adj* Cientificista. *Tb n.*

ciento (*toma la forma* CIEN *siempre que va delante del n, aunque se interponga otro adj. Tb se usa esta forma, alternando con* CIENTO, *en muchos otros casos* (*salvo en las aceps 3b, 6, 9, 10, 11, 14 y 15). Se usa solo la forma* CIENTO *cuando sigue inmediatamente otro numeral que se suma:* CIENTO CINCO, CIENTO CUARENTA, *etc*) **I** *adj* **1** Precediendo a susts en pl: Noventa y nueve más uno. *Puede ir precedido de art o de otros determinantes, y en este caso sustantivarse.* * Había cien o doscientas sandías. * Costó unas dos mil pesetas, pero hoy costaría las cien mil. ■ **2** *Precediendo o siguiendo a ns en sg* (*o, más raro, en pl*): Centésimo. *Frec el n va sobrentendido.* * Artículo cien.

II *pron* **3** Noventa y nueve más una perss. o cosas. *Referido a perss o cosas mencionadas o consabidas, o que se van a mencionar. Normalmente en la forma* CIEN. * –Busco gatos. –Hay por lo menos cien ahí. **b)** **~ y la madre.** (*col*) Gran cantidad de perss. *A veces dicho de animales.* * Vinieron ciento y la madre. ■ **4 por ~.** *Precedido de un numeral* (*que a veces es sustituido provisionalmente por el pron* TANTO), *expresa que de un todo que se supone dividido en cien partes se toma o considera el número de ellas indicado por el numeral. Tb, semiculto,* POR CIEN. * El incremento es de un tres por ciento.

III *m* **5** Número de la serie natural que sigue inmediatamente al noventa y nueve. *Normalmente en la forma* CIEN. *Frec va siguiendo al n* NÚMERO. * El número premiado es el cien. ■ **6** Conjunto de cien

unidades [de una misma especie]. * Reunió doce cientos de espárragos. **b)** *En pl:* Cantidades [de perss. o cosas de una misma especie] que han de contarse por centenas. * Cientos de cláxones sonaban al mismo tiempo. ■ **7 cien por cien** (*o, raro, ~ por ~*). Totalidad. * La huelga ha sido seguida casi por el cien por cien. ■ **8 ~ por uno** (*o, raro,* **cien por uno**). Fruto cien [1] veces mayor que lo sembrado. *Tb fig.* * Recogeremos el ciento por uno. ■ **9** (*Naipes*) *En pl:* Juego que comúnmente se juega entre dos y el que gana el primero que consigue cien [1] puntos. ■ **10** (*hist*) *En pl:* Recargo establecido sobre la alcabala como pago del servicio de millones.

IV *loc v* **11 dar ~ y raya** → RAYA.

V *loc adv* **12 a cien.** (*col*) En estado de gran excitación. *Frec con los vs* ESTAR *o* PONER, *y referido al sexo.* * Estas pastillas te ponen a cien. **b)** En estado de gran irritación o enfado. * El desorden me pone a cien. ■ **13 cien por cien** (*o, raro, ~ por ~*). Totalmente o íntegramente. *Acompañando a un adj. Tb adj, acompañando a un n.* * Gris es cubista cien por cien. * Es una mujer cien por cien. ■ **14 de ~ en viento.** (*col*) De tarde en tarde o de vez en cuando. * Viene de ciento en viento. ■ **15 un ~.** (*col*) Muchísimo. * Estos incisos me crispan un ciento.

cientoengrana (*tb con la grafía* **ciento en grana**) *f* Milengrana (planta).

cientoenrama *f* Milenrama (planta).

cierna *f* (*reg*) Floración. *Referido a ciertas plantas, como la vid, el olivo y el trigo.*

cierne I *m* **1** (*raro*) Hecho de fecundarse la flor de una planta. **II** *loc adv* **2 en ~.** En flor. *Referido a ciertas plantas, como la vid, el olivo y el trigo. Tb adj.* ■ **3 en ~s** (*o, raro,* **en ~**). En fase de elaboración o de formación, o sin haber madurado. *Tb adj.*

cierre I *m* **1** Acción de cerrar(se). *Tb su efecto.* **b)** **~ patronal.** Cierre de un local de trabajo, impuesto por el patrono para presionar a los trabajadores a fin de que acepten sus condiciones. ■ **2** Cosa que sirve para cerrar. **b)** Lámina metálica o reja enrollable o replegable que cierra y defiende las puertas y escaparates de algunos establecimientos. **c)** **~ centralizado.** *En un automóvil:* Sistema mecánico que permite abrir o cerrar simultáneamente desde un solo punto todas las puertas. ■ **3** (*Per*) Última hora de la edición. **II** *loc v* **4 echar el ~** (*o los* **~s**). Cerrar el establecimiento por haber concluido la jornada. **b)** **echar el ~.** (*col*) Cesar [un empresario o una empresa] en su actividad, o dar [alguien] por concluido algo que estaba haciendo.

cierro *m* (*reg*) **1** Cercado (terreno). ■ **2** Mirador (balcón cerrado con cristales).

ciertamente *adv* De manera cierta [1 y 2].

cierto -ta I *adj* **1** Verdadero o que responde a la verdad. * Eso que dices es cierto. ■ **2** Seguro o que no tiene duda. *Normalmente con el v* ESTAR. * El hombre necesita estar cierto y saber por qué lo está. ■ **3** Alguno no determinado, no precisado o que no quiere nombrarse. *Antepuesto al n y sin art* (*o con* UN *cuando el n es sg*). * Cierto día vino a verme su padre. **b)** *Precediendo a un n propio de pers:* Un tal. *Introduce el n de alguien desconocido para el que habla o para el que escucha.* * El curandero, cierto Teodosio Rodríguez, le sanó. ■ **4** Alguno, en pequeña cantidad o intensidad. *Normalmente solo antepuesto a n en sg.* * Anda con cierta dificultad.

II *loc v* **5 estar en lo ~.** Tener razón. * Creo que estás en lo cierto. **III** *adv* **6** (*lit*) Ciertamente. *Usado como confirmación de lo dicho en la or anterior, o como refuerzo de lo que se va a decir en la siguiente.* * –Dijiste que venía hoy. –Cierto. ■ **7 de ~.** (*lit*) Con seguridad. * No se sabía de cierto quién iría. ■ **8 por ~.** A propósito. *Indica que lo que se dice está sugerido por lo que se acaba de mencionar.* * Ayer vi a Pepe. Por cierto, me dio recuerdos para ti.

ciervo -va I *n* A *m* **1** Mamífero rumiante de la familia de los cérvidos, de cuernos muy ramificados y carne sabrosa (gén. *Cervus*). *Tb designa solamente el macho de la especie respectiva.* ■ **2 ~ volante.** Insecto coleóptero cuyo macho se caracteriza por unas grandes mandíbulas que semejan cuernos de ciervo [1] (*Lucanus cervus*). **B** *f* **3** Hembra del ciervo [1]. **II** *loc adj* **4** [Lengua] **de ~** → LENGUA.

cierzo *m* Viento del norte.

ciezano -na *adj* De Cieza (Murcia). *Tb n, referido a pers.*

cifontino -na *adj* De Cifuentes (Guadalajara). *Tb n, referido a pers.*

cifosis *f* (*Med*) Curvatura anormal con convexidad posterior de la columna vertebral. *Se opone a* LORDOSIS.

cifra I *f* **1** Signo de los que se emplean para representar los nueve primeros números y el cero. ■ **2** Número (expresión de las unidades que contiene un conjunto). **b)** Cifra económica que sirve para evaluar una magnitud. ■ **3** Clave que se utiliza para trasladar un mensaje de un sistema conocido a otro secreto. ■ **4** Enlace de letras que representa abreviadamente un nombre. **II** *loc adv* **5 en ~.** De manera compendiada.

cifrado *m* Acción de cifrar [2].

cifrar *tr* **1** Evaluar en cifras [2]. ■ **2** Poner en cifra [3] [un mensaje]. *Tb fig.* **b)** (*E*) Trasladar [un mensaje] a un código para que sea sometido a un proceso, después del cual ha de ser puesto en su forma original. ■ **3** (*lit*) Hacer consistir [algo, esp. el interés o la esperanza, en una cosa]. ■ **4** [Bajo] **cifrado** → BAJO².

cigala *f* Crustáceo marino comestible, parecido al cangrejo de río y con los tres primeros pares de patas terminadas en pinzas, el primero de ellos mucho más largo y fuerte que los otros (*Nephrops norvegicus*).

cigaleño -ña *adj* De Cigales (Valladolid). *Tb n, referido a pers.*

cigarra *f* Insecto de hasta 5 cm de longitud, de dorso pardo y vientre rojizo y cónico, en la extremidad del cual tienen los machos un aparato con el que producen un ruido estridente y monótono (gén. *Cicada*, esp. *C. orni* y *C. plebeja*).

cigarral *m* Finca de recreo en las afueras de la ciudad de Toledo.

cigarralero -ra *m y f* Guarda de un cigarral.

cigarrero -ra I *adj* **1** De (los) cigarros y cigarrillos. **II** *n* A *m y f* **2** Pers. que trabaja en una fábrica de cigarros y cigarrillos. ■ **3** Pers. que vende cigarros y cigarrillos. **B** *f* **4** Caja o estuche de cigarros puros.

cigarrillo *m* Objeto cilíndrico constituido por un papel fino que envuelve una porción de tabaco picado, la cual se somete a combustión lenta para aspirar y espirar el humo por la boca. *A veces la materia quemada es otra.*

cigarro *m* **1** Objeto aproximadamente cilíndrico constituido por hojas de tabaco enrolladas que forman una masa compacta, y que se somete a combustión lenta para aspirar y espirar el humo por la boca. *Tb* ~ PURO. ■ **2** Cigarrillo.

cigarrón *m* Se da este *n* a los insectos langosta (*Locusta migratoria* y otras especies) y saltamontes (*Tettigonia viridissima* y otras especies).

cigofilácea → ZIGOFILÁCEA.

cigomático -ca (*tb con la grafía* **zigomático**) *adj* (*Anat*) Relativo a la mejilla o al pómulo.

cigomorfo → ZIGOMORFO.

cigoñal *m* Dispositivo para sacar agua de un pozo poco profundo, consistente en un palo que, apoyado en una horquilla, puede girar en todas direcciones, y que por un extremo tiene un cubo y por el otro se maneja.

cigoñino *m* Pollo de la cigüeña.

cigoto → ZIGOTO.

cigüeña I *f* **1** Ave grande, de patas y cuello largos, con pico rojo, largo y recto, y que anida en árboles o en tejados (*Ciconia ciconia*). *Tb* ~ BLANCA. **b)** *Por alusión a la tradición infantil según la cual los niños vienen al mundo transportados por una cigüeña en su pico, se menciona, frec humoríst, para referirse al parto.* * La cigüeña le trajo una hermanita. ■ **2 ~ negra.** Ave semejante a la cigüeña [1a], de la que se distingue por su plumaje negro en todo el cuerpo excepto en el vientre, que es blanco (*Ciconia nigra*). ■ **3** (*col*) Portabebés. **II** *loc adj* **4** [Ajo] **de ~,** [pico] **de ~** → AJO, PICO.

cigüeñal *m* **1** (*Mec*) En un motor de explosión: Pieza con varios codos en ángulo recto, que transforma el movimiento rectilíneo en circular. ■ **2** (*raro*) Cigoñal.

cigüeñato *m* Cigoñino.

cigüeño *m* (*reg*) Cigoñino.

cigüeñuela *f* Ave zancuda parecida a la cigüeña pero de menor tamaño, con largas patas rosadas, partes superiores negras e inferiores blancas, y que habita en lagunas o marismas (*Himantopus himantopus*).

cija *f* Cuadra donde se encierra el ganado lanar.

cilandro *m* Cilantro (planta).

cilantro *m* Planta herbácea de flores en umbela, pequeñas y rojizas o blancas, que se usa como condimento y cuya semilla tiene propiedades medicinales (*Coriandrum sativum*).

ciliado -da *adj* (*Zool*) **1** [Protozoo] caracterizado por su revestimiento de cilios y que vive en las aguas dulces o marinas. *Frec como n m en pl, designando este taxón zoológico.* ■ **2** [Larva] provista de cilios.

ciliar *adj* (*Anat*) De la ceja. **b)** [Cuerpo] ~ → CUERPO.

cilicio¹ *m* Faja de cerdas o de eslabones con púas que por mortificación se lleva ceñida al cuerpo, directamente sobre la piel.

cilicio[2] **-cia** *adj* De Cilicia (región de Asia Menor o de la actual Turquía). *Tb n, referido a pers.*

cilindrada *f* Capacidad de los cilindros de un motor de explosión, expresada en centímetros cúbicos.

cilindrado *m* (*E*) Acción de cilindrar.

cilindrar *tr* (*E*) Comprimir [algo] con cilindros o rodillos para hacer[lo] más compacto, para reducir su espesor o para alisar[lo].

cilíndrico -ca *adj* **1** De cilindro [1]. **b)** De forma de cilindro. ■ **2** (*Geom*) [Superficie] engendrada por una recta que gira alrededor de un eje, conservándose paralela y equidistante de él.

cilindrín *m* (*col, hoy raro*) Cigarrillo.

cilindro *m* **1** Cuerpo geométrico limitado por una superficie cilíndrica [2] y dos planos paralelos que la cortan. ■ **2** Objeto en forma de cilindro [1]. **b)** (*Mec*) Tubo en que se mueve el émbolo de una máquina. **c)** (*Impr*) Pieza en forma de cilindro que, girando sobre el papel, produce la impresión. **d)** (*Med*) Cuerpo en forma de cilindro que se encuentra en la orina cuando existen determinadas lesiones de las células renales.

cilindroeje *m* (*Anat*) Neurita.

cilindruria *f* (*Med*) Presencia de cilindros [2d] en la orina.

cilio *m* (*Zool*) Filamento corto, de gran movilidad, que tienen algunos microorganismos y larvas, y que les sirve para su locomoción en un medio líquido.

cilla *f* (*hist*) Casa o depósito donde se almacena el grano y los frutos de los diezmos.

cillazgo *m* (*hist*) Derecho que se paga por el almacenamiento y custodia en la cilla de los granos y los frutos de los diezmos.

cillerano -na *adj* De Cilleros (Cáceres). *Tb n, referido a pers.*

cillerero *m* (*hist*) *En algunos monasterios:* Mayordomo.

cillero *m* (*hist*) **1** Hombre que tiene a su cargo la custodia de los granos y los frutos de los diezmos en la cilla. ■ **2** Cilla.

cima I *f* **1** Parte más alta [de algo, esp. de un monte o una colina]. **b)** Culminación o punto más alto [de algo no material]. ■ **2** (*Bot*) Inflorescencia cuyo eje principal termina en una flor y produce lateralmente una o dos ramas que se desarrollan más que él y se comportan de la misma manera. ■ **3** (*Fon*) Elemento vocálico de la sílaba.
II *loc v* **4** dar ~ [a una elevación de terreno]. Alcanzar la parte más alta [de ella]. **b)** dar ~ [a una obra]. Terminar[la] o rematar[la].
III *loc adv* **5** por ~. (*pop*) Por encima. *Frec seguido de un término de referencia que va introducido por* DE.

cimacio *m* (*Arquit*) En la columna: Pieza con ábaco muy desarrollado, que va sobre el capitel.

cimarrón -na I *adj* **1** [Animal] que, perteneciendo a una especie doméstica, vive en estado salvaje. *Tb n, referido a caballo. Tb fig, referido a pers.* **b)** [Planta] de la variedad silvestre de una especie de la que existe variedad cultivada. ■ **2** (*hist*) [Esclavo negro], en las Antillas, fugitivo de la casa de su amo. *Tb n.*
II *m* **3** (*reg*) Atún (pez).

cimbalaria *f* Planta herbácea semejante a la hiedra, propia de muros y rocas, y usada en medicina como tónica y diurética (*Linaria cymbalaria*).

cimbalico *m* (*reg*) Cimbalillo.

cimbalillo *m* Campana pequeña de iglesia, esp. la que en las catedrales sirve para llamar a coro.

címbalo *m* Platillo (instrumento musical). *Tb fig.*

cimbel *m* (*Caza*) Ave que se emplea para atraer a otras. *Tb fig, fuera del ámbito técn.*

cimborio *m* (*Arquit*) Cimborrio.

cimborrio *m* (*Arquit*) Bóveda de cierta elevación.

cimbra *f* **1** (*Constr*) Armazón de madera que sirve para construir sobre ella un arco o una bóveda. ■ **2** (*Arquit*) Vuelta o curvatura de la superficie interior de un arco o una bóveda.

cimbrar *tr* (*raro*) Cimbrear.

cimbreante *adj* Que se cimbrea [2].

cimbrear A *tr* **1** Hacer ondular [un cuerpo, esp. largo y flexible].
B *intr pr* (~se) **2** Ondularse [un cuerpo, esp. largo y flexible]. **b)** Moverse [una pers. al andar, o su cuerpo] con movimiento ondulante.

cimbreño -ña *adj* (*lit*) Esbelto y de talle flexible. **b)** [Talle] flexible.

cimbreo *m* Acción de cimbrear(se).

cimbrio -bria *adj* (*hist*) Cimbro. *Tb n.*

cimbro -bra *adj* (*hist*) Del pueblo germánico que invadió Galia e Italia en el s. II a.C. *Tb n, referido a pers.*

cimbronazo *m* (*reg*) Vaivén o sacudida producidos por un golpe violento.

cimentación *f* **1** Acción de cimentar. ■ **2** Cimiento.

cimental *adj* (*raro*) Del cimiento o fundamento.

cimentar (*conjug 6; tb regular*) *tr* **1** Echar los cimientos [de una construcción (*cd*)]. *Tb abs.* ■ **2** Dar fundamento o base [a algo no material (*cd*)].

cimera *f* **1** (*Heráld*) Adorno que corona el yelmo o celada. ■ **2** (*reg*) Cima [1].

cimeriano -na *adj* (*hist*) Cimerio. *Tb n.*

cimerio -ria *adj* (*hist*) Del pueblo habitante de la región situada al este del mar de Azof. *Tb n, referido a pers.*

cimero -ra *adj* (*lit*) Que está en la cima o cerca de la cima [1]. *Frec fig.*

cimetidina *f* (*Med*) Compuesto que inhibe la secreción ácida del estómago y que se emplea en el tratamiento de úlceras gástricas y duodenales.

cimiento *m* **1** Parte de una construcción que está bajo tierra y la sostiene. ■ **2** Base o fundamento de algo no material.

cimillo *m* (*Caza*) Vara sujeta entre dos ramas de árbol en la que se ata al señuelo.

cimitarra *f* (*hist*) Sable corto, de hoja ancha y algo curvada, usado por algunos pueblos orientales.

cimógeno -na (*tb con la grafía* **zimógeno**) *adj* (*Biol*) Que produce fermentación. *Tb n m, referido a sustancia o bacteria.*

cimoso -sa *adj* (*Bot*) De cima [2].

cina *f* (*reg*) Hacina (conjunto de haces).

cinabrio *m* Mineral de sulfuro de mercurio, que se presenta en cristales de color rojo y del que se obtiene el mercurio.

cinámico *adj* (*Quím*) [Ácido] que se extrae de la canela, del bálsamo del Perú, del bálsamo de Tolú y de otras resinas aromáticas.

cinamomo *m Se da este n a dos árboles de origen oriental cultivados frec como ornamentales: Elaeagnus angustifolia y Melia azedarach.*

cinc (*tb con la grafía* **zinc**; *pl*, CINES *o* ZINES) *m* Metal blanco azulado, de número atómico 30, de estructura laminosa, que en contacto con la humedad atmosférica se cubre de una ligera capa de óxido que impide una oxidación más profunda, y que tiene, solo o en aleación, múltiples aplicaciones. **b)** Objeto, esp. lámina, hecho de cinc.

cincado (*tb con la grafía* **zincado**) *m* Acción de cincar. *Tb su efecto.*

cincar (*tb con la grafía* **zincar**) *tr* Dar [a algo (*cd*)] un baño de cinc.

cincel *m* Herramienta de boca de acero, recta y de doble bisel, que sirve para labrar piedras y metales.

cincelado *m* Acción de cincelar. *Tb su efecto.*

cincelador -ra *m y f* Pers. que tiene por oficio cincelar.

cinceladura *f* Cincelado.

cincelar *tr* Labrar [algo] con cincel. **b)** (*lit*) Componer [algo] con esmero meticuloso.

cincha I *f* **1** Faja, gralm. de cuero, con que se asegura la silla, la albarda o el aparejo al animal de montar, de carga o de tiro, ciñéndolo por debajo de la barriga. ■ **2** Banda o faja. **II** *loc adv* **3 rompiendo ~s.** (*col, hoy raro*) A toda velocidad. *Con vs como* IR, VENIR *o* SALIR.

cinchar *tr* **1** Poner la cincha [1] [a una caballería (*cd*)]. ■ **2** Atar o ceñir [algo o a alguien] con una cincha [2] o con un cincho [2 y 3]. *Tb fig.*

cincho *m* **1** Aro de hierro que asegura o refuerza algo, ciñéndolo. ■ **2** Cinturón o correa. ■ **3** Banda o faja. ■ **4** Molde para quesos y requesones.

cinchuelo *m* Cincha [1] estrecha y de adorno.

cinco I *adj* **1** *Precediendo a susts en pl:* Cuatro más uno. *Puede ir precedido de art o de otros determinantes, y en este caso sustantivarse.* * Le dio cinco duros. ■ **2** *Siguiendo a susts en sg:* Quinto. *Frec el n va sobrentendido.* * Página cinco. **II** *pron* **3** Cuatro más una perss. o cosas. *Siempre referido a perss o cosas mencionadas o consabidas, o que se van a mencionar.* * Vinieron pocos; no más de cinco. * Llegó a las doce y cinco. ■ **4** (*col*) Cantidad mínima de dinero. *En constrs de sent ponderativo:* NO TENER NI ~, ESTAR SIN ~. **III** *n A m* **5** Número de la serie natural que sigue al cuatro. *Frec va siguiendo al n* NÚMERO. * Salió premiado el cinco. **b)** Cosa que en una serie va marcada con el número cinco. * Tengo tres cincos y dos reyes. ■ **6** Equipo deportivo formado por cinco [1] jugadores. *Normalmente referido a baloncesto.* ■ **7** (*col*) En *pl:* Mano. *Normalmente precedido de* LOS *o* ESOS, *y como compl de vs como* CHOCAR, VENIR, DAR. **B** *f pl* **8** Quinta hora después de mediodía o de medianoche. *Normalmente precedido de* LAS. **IV** *loc v* **9 decir cuántas son ~, saber cuántas son ~ ~** → DECIR[1], SABER[1].

cincoenrama (*tb con la grafía* **cinco en rama**) *f* Planta herbácea de tallos rastreros, hojas compuestas de cinco folíolos y flores amarillas, usada en medicina como astringente (*Potentilla reptans*).

cinconismo *m* (*Med*) Envenenamiento por sales de quinina.

cincovillés -sa *adj* De las Cinco Villas (comarca de Zaragoza). *Tb n, referido a pers.*

cincuenta I *adj* **1** *Precediendo a susts en pl:* Cuarenta y nueve más uno. *Puede ir precedido de art o de otros determinantes, y en este caso sustantivarse.* * Vale cincuenta pesetas. ■ **2** *Precediendo o siguiendo a ns en sg* (*o, más raro, en pl*): Quincuagésimo. *Frec el n va sobrentendido.* * Página cincuenta. **II** *pron* **3** Cuarenta y nueve más una perss. o cosas. *Siempre referido a perss o cosas mencionadas o consabidas, o que se van a mencionar.* * Hay doscientos heridos, de los cuales cincuenta están graves. **III** *m* **4** Número de la serie natural que sigue al cuarenta y nueve. *Frec va siguiendo al n* NÚMERO. * Ha salido premiado el número cincuenta. **b)** Cosa que en una serie va marcada con el número cincuenta. * Le han calificado con un cincuenta. ■ **5** **los (años) ~,** *o, más raro,* **los (años) ~s.** Sexto decenio de un siglo, esp. del xx. * Ese baile estuvo de moda en los cincuenta.

cincuentena *f* **1** Conjunto de cincuenta unidades. *Gralm seguido de un compl con* DE. *Frec solo en sent aproximativo.* ■ **2** Edad comprendida entre los cincuenta y los sesenta años.

cincuentenario -ria I *adj* (*raro*) **1** [Pers.] de edad entre cincuenta y sesenta años. *Tb n.* **b)** Propio de la pers. cincuentenaria. ■ **2** [Cosa] que tiene cincuenta años de existencia. **II** *m* **3** Día (o, más raro, año) en que se cumplen cincuenta años [de un acontecimiento]. *A veces el compl designa la pers o cosa a que se refiere ese acontecimiento.*

cincuentón -na *adj* (*col*) [Pers.] que está en la cincuentena [2]. *Tb n.*

cine I *m* **1** Procedimiento o técnica que permite registrar y proyectar imágenes animadas. **b)** Arte o industria del cine. ■ **2** Aparato de cine [1]. ■ **3** Sala pública de proyección de películas de cine [1]. **b)** ~ **de las sábanas blancas.** (*col, humoríst*) Cama. *Gralm con el v* IR. ■ **4** Películas de cine [1]. **II** *loc adj* **5 de ~.** (*col*) Estupendo o maravilloso. *Con intención ponderativa. Tb adv.*

cineasta *m y f* Pers. que desarrolla una actividad creadora o técnica en la producción de cine [4], esp. en la dirección.

cinecámara *f* (*raro*) Cámara de cine o de vídeo.

cinecassette (*pronunc corriente,* /θinekasét/) *f* (*raro*) Videocasete.

cineclub (*tb con la grafía* **cine-club**; *pl normal,* ~S) *m* Asociación de aficionados al cine [1 y 4], cuyo principal objetivo es la reposición, en sesiones privadas, de películas de valor histórico o de especial calidad.

cineclubista I *m y f* **1** Miembro de un cineclub. **II** *adj* **2** De(l) cineclubista [1].

cinéfago -ga *m y f* (*humoríst*) Cinéfilo.

cinefilia *f* Condición o actitud de cinéfilo.

cinéfilo -la *m y f* Pers. aficionada al cine [1 y 4] y especializada en su conocimiento. *Tb adj.*

cinefórum (*tb con las grafías* **cine-fórum** *y* **cine fórum**; *pl normal*, ~s *o invar*) *m* Sesión cinematográfica en que tras la proyección de una película se celebra un coloquio acerca de esta.

cinegeta *m y f* (*lit, raro*) Cazador.

cinegéticamente *adv* Desde el punto de vista cinegético.

cinegético -ca (*lit*) **I** *adj* **1** De (la) caza. **II** *f* **2** Actividad de cazar.

cineísta *m y f* Cineasta.

cineístico -ca *adj* De(l) cine [1].

cinema *m* (*lit*) Cine [1, 3a y 4].

cinemascope (*n comercial registrado*) *m* Procedimiento cinematográfico con el que se obtienen proyecciones panorámicas sobre pantallas curvas de dimensión longitudinal doble de la corriente. **b)** (*col*) *Se usa en constrs como* EN ~ *o* DE ~ *para ponderar la magnitud de algo*.

cinemascópico -ca *adj* (*col*) Enorme o muy grande. *Con intención ponderativa*.

cinemateca *f* Filmoteca (archivo cinematográfico).

cinemático[1] -ca (*Fís*) **I** *adj* **1** De(l) movimiento. ■ **2** Relativo a la cinemática [3]. **II** *f* **3** Parte de la mecánica que estudia el movimiento abstrayéndolo de las causas que lo producen.

cinemático[2] -ca *adj* (*raro*) Cinematográfico.

cinematografía *f* Cine [1 y 4].

cinematografiar (*conjug* 1c) *tr* Registrar [algo o a alguien] con aparato de cine [1].

cinematográficamente *adv* **1** De manera cinematográfica. ■ **2** En el aspecto cinematográfico.

cinematográfico -ca *adj* De (la) cinematografía.

cinematografista *m y f* (*raro*) Cineasta.

cinematógrafo *m* Cine [1, 2 y 3].

cinemómetro *m* (*Fís*) Aparato para medir la velocidad.

cineol *m* (*Quím*) Eucaliptol.

cinerama (*n comercial registrado*) *m* Procedimiento cinematográfico en que, mediante el uso de una cámara triple y tres proyectores, se obtienen imágenes que cubren una pantalla curva de longitud casi triple de la normal.

cinerario -ria **I** *adj* **1** Que encierra las cenizas de un cadáver. **II** *f* **2** Planta herbácea de hojas color ceniciento y flores en corimbo de colores variados, cultivada como ornamental (*Senecio cineraria y S. cruentus*).

cinesiterapia *f* (*Med*) Método terapéutico por medio de movimientos corporales activos o pasivos.

cinesiterápico -ca *adj* (*Med*) De (la) cinesiterapia.

cinestesia *f* (*Psicol*) Sensación interna del movimiento de las partes del cuerpo.

cinestésico -ca *adj* (*Psicol*) De (la) cinestesia.

cinestético -ca *adj* (*Psicol*) Cinestésico.

cinete *adj* (*hist*) De un pueblo ibero habitante de la región sur del actual Portugal. *Tb n, referido a pers.*

cinético -ca **I** *adj* **1** (*E*) De(l) movimiento. **b)** (*Fís*) Que tiene por base el movimiento. ■ **2** (*Arte*)

[Arte, esp. escultura] cuyas obras tienen movimiento. **b)** De(l) arte cinético. **II** *f* **3** (*Fís*) Rama de la mecánica que estudia los cuerpos en movimiento. ■ **4** (*Quím*) Estudio de la velocidad a que se producen determinados procesos. ■ **5** (*E*) Conjunto de movimientos.

cinetismo *m* (*Arte*) Arte cinético [2].

cinetista *adj* (*Arte*) Adepto al cinetismo. *Tb n.*

cinetosis *f* (*Med*) Trastorno debido al movimiento en un medio de transporte.

cingalés -sa **I** *adj* **1** De Sri Lanka o Ceilán. *Tb n, referido a pers.* ■ **2** De un pueblo de origen indio que en la actualidad constituye la mayoría de la población de Sri Lanka o Ceilán. *Tb n.* **II** *m* **3** Lengua de los cingaleses [2], hoy oficial en Sri Lanka o Ceilán.

cíngaro -ra *adj* Zíngaro o gitano. *Tb n, referido a pers.*

cingla *f* (*reg*) Risco.

cinglo *m* (*reg*) Risco.

cíngulo *m* **1** (*Rel catól*) Cordón o cinta con que el sacerdote se ciñe el alba. ■ **2** (*lit*) Cordón o cinta con que se ciñe algo a la cintura. ■ **3** (*Anat*) Parte del esqueleto por la que un miembro se une al tronco.

cinia → ZINNIA.

cínicamente *adv* De manera cínica [1b].

cínico -ca *adj* **1** [Pers.] que miente con descaro, o que actúa con desvergüenza contra la moral comúnmente admitida. *Tb n.* **b)** Propio de la pers. cínica. ■ **2** (*Filos*) Perteneciente a la escuela griega fundada por Antístenes (s. V a.C.), cuya doctrina preconiza el desprecio a las convenciones sociales y a la moral comúnmente admitida. *Tb n m, referido a pers.* **b)** De los cínicos.

cínife *m* (*reg*) Mosquito.

cinismo *m* **1** Condición de cínico, *esp* [1]. **b)** Actitud cínica [1b]. ■ **2** (*Filos*) Escuela o doctrina cínica [2].

cinocéfalo *m* **1** Babuino (mono). *Tb adj.* ■ **2** (*Mitol clás*) Ser fabuloso con cabeza de perro, habitante de Libia, Etiopía y la India.

cinoglosa *f* Planta herbácea de tallo velloso, hojas lanceoladas y flores en racimo de color azul violáceo, usada en medicina como pectoral y vulneraria (*Cynoglossum officinale*).

cinológico -ca *adj* (*E*) De (los) perros.

cinorrodón *m* Fruto del escaramujo o rosal silvestre.

cinquecentista (*it; pronunc corriente*, /činkuečentísta/) *adj* Del Cinquecento. *Tb n, referido a pers.*

Cinquecento (*it; pronunc corriente*, /činkuečénto/). **el ~.** *m* El siglo XVI. *Con referencia a Italia, esp a su arte y a su cultura.*

cinquedea (*it; pronunc corriente*, /činkuedéa/) *f* (*hist*) Daga de hoja triangular y robusta, propia del Renacimiento italiano.

cinqueño -ña *adj* (*Taur*) [Res] de cinco años. *Frec n m, referido a toro.*

cinquillo *m* (*Naipes*) Juego en que se reparten todas las cartas entre los jugadores, y consiste en ir poniéndolas por orden hasta descartarse partiendo de los cincos.

cinta I *f* **1** Tira de tela que se emplea esp. para atar o para adornar. **b)** Trozo de cinta que marca la meta en una carrera o la entrada en una obra que se inaugura. ■ **2** Tira, semejante a la de tela, hecha de otro material flexible. *Frec con un especificador:* ADHESIVA, AISLANTE, MAGNETOFÓNICA, *etc, que a veces se omite por consabido.* **b)** ~ **métrica.** Tira de material flexible, que se guarda enrollada, que sirve para medir longitudes y en la que están marcados los metros y sus divisores. *Frec* ~ DE LOMO. ■ **4** Película (de cine). *Tb* ~ CINEMATOGRÁFICA. ■ **5** Dispositivo formado por una banda de material metálico articulado, o de un material flexible, la cual, movida automáticamente, sirve para trasladar, dentro de un recinto, piezas o bultos. *A veces* ~ SIN FIN *o* TRANSPORTADORA. ■ **6** Hilera de baldosas, en el solado, paralela a la pared y unida a ella. ■ **7** Planta ornamental de interior, caracterizada por las hojas en forma de cintas [1] que a veces tienen una línea blanca longitudinal, y con flores pequeñas y blancas (gén. *Chlorophytum*, esp. *Ch. comosum*). ■ **8** Pez marino, de forma alargada y plana, que habita en zonas profundas (*Cepola rubescens*). ■ **9** (*Arquit*) Adorno en forma de tira estrecha. ■ **10** (*hist*) Cinturón [1a].

   II *loc adj* **11 de ~.** [Sierra] cuyo elemento cortante es una cinta [5] sin fin montada verticalmente a través de una mesa. ■ **12 de ~.** [Aparato o utensilio] que tiene forma de cinta [2 y 5] o está constituido por ella.

cintajo *m* (*desp*) Cinta [1a] de fea apariencia.

cintarazo *m* Golpe dado con un cinturón o correa.

cintazo *m* Golpe dado con un cinturón o correa.

cintería *f* Conjunto de cintas [1a], esp. consideradas como artículo de comercio.

cintero -ra *m y f* (*raro*) Pers. que fabrica o vende cintas [1a].

cintilar *intr* (*lit, raro*) Centellear.

cintillo *m* **1** Cordoncillo o cinta [1a] de adorno que ciñe la copa del sombrero. ■ **2** (*Per*) Título, a toda plana y de una sola línea, que encabeza una página.

cinto I *m* **1** Cinturón [1a]. ■ **2** (*reg*) Terreno aprovechable en una ladera, entre peñas largas y paralelas.

   II *loc v* **3 echarse** [una cantidad de bebida] **al ~.** (*col*) Bebérse[la].

cintón *m* (*Mar*) Defensa en forma de cinturón de madera que rodea los costados de algunas embarcaciones.

cintra *f* (*Arquit*) Curvatura de un arco o de una bóveda.

cintrel *m* (*Arquit*) Cuerda o listón que se fija por un extremo en el centro de un arco o bóveda para determinar con el otro la dirección de las dovelas o de los ladrillos.

cintura I *f* **1** Parte más estrecha del tronco humano, por encima de las caderas. **b)** Parte de una prenda de vestir que corresponde a la cintura. ■ **2** Parte situada aproximadamente en la mitad de un objeto más o menos cilíndrico, a veces con estrechamiento. **b)** Parte media por donde se estrecha la caja de un instrumento de cuerda. ■ **3** (*Anat*) Anillo óseo. *Con los adjs* ESCAPULAR, TORÁCICA, PÉLVICA *o* PELVIANA. ■ **4** (*Mec*) Estructura anular de refuerzo de un neumático radial. ■ **5** (*reg*) Franja oscura

que en la superficie del mar revela la existencia de un banco de peces.

   II *loc v* **6 meter en ~** [a alguien]. (*col*) Obligar[le] a someterse al orden y a la disciplina.

cinturilla *f* Tira de tela fuerte o armada que se pone en la cintura [1b] de una prenda de vestir.

cinturón I *m* **1** Tira o banda, esp. de cuero, que sujeta a la cintura [1a] una prenda de vestir. **b)** (*Dep*) *En las artes marciales:* Banda de tela con la que se ciñe el kimono, y cuyo color es distintivo de categoría. *Seguido de adj de color, tb designa la pers que ha alcanzado la categoría correspondiente.* ■ **2** Dispositivo que se sujeta alrededor de la cintura [1a]. **b)** ~ **de castidad.** (*hist*) Dispositivo semejante a un cinturón al que va unida una pieza curvada que pasa entre las piernas de una mujer y que, cerrado con llave, sirve para impedirle las relaciones sexuales. ■ **3** Faja aproximadamente circular de una ciudad, que rodea al casco de esta. *Normalmente seguido de adj especificador.* **b)** Carretera que circunvala una población o que recorre circularmente partes concéntricas de la misma. **c)** Conjunto de murallas que rodean una ciudad. ■ **4** (*Meteor*) Faja con unas características determinadas que rodea la Tierra. *Gralm con un adj o compl especificador:* ~ CÁLIDO, ~ DE CALMAS, ~ TEMPLADO, *etc.* ■ **5** ~ **de seguridad.** Tira de fibra resistente con que el viajero se sujeta a su asiento. *Tb, simplemente,* ~. **b)** Tira de fibra resistente con que determinados obreros se sujetan por la cintura a un punto fijo, a fin de evitar caídas.

   II *loc v* **6 apretarse el ~.** (*col*) Reducir los gastos por escasez de medios.

cipayo *m* (*hist*) Soldado indio al servicio de Gran Bretaña. *Modernamente se usa en sent fig, con intención desp, para designar a quien se pone servilmente bajo las órdenes de otro.*

ciperácea *adj* (*Bot*) [Planta] monocotiledónea herbácea, de tallo triangular, hojas lineales y flores pequeñas, hermafroditas o unisexuales, de la familia cuyo género más destacado es *Cyperus*. *Frec como n f en pl,* designando este taxón botánico.

cipo *m* (*hist*) Columna o piedra en memoria de un muerto.

cipolino *adj* (*Mineral*) [Mármol] que tiene incrustaciones de mica. *Tb n m.*

cipote *m* (*vulg*) **1** Miembro viril. ■ **2** Hombre estúpido. *Tb adj.*

cipoteo *m* (*vulg*) Fornicación.

cipotero *m* (*reg*) Ribazo.

ciprea *f* Molusco gasterópodo univalvo, con concha de bordes dentados y coloración vistosa (gén. *Cypraea*).

ciprés *m* Árbol perenne, de hojas de color verde oscuro, ramas erguidas muy próximas al tronco y madera compacta de buena calidad para fabricar muebles, muy común en los cementerios (*Cupressus sempervirens*). *Con un adj o compl especificador, designa otras especies:* ~ CALVO (*Taxodium distichum*), ~ DE ARIZONA (*Cupressus arizonica*), ~ DE LAWSON (*Chamaecyparis lawsoniana*), *etc. Tb su madera.* **b)** *Se usa a veces en constrs de sent comparativo para ponderar la seriedad o la tristeza de alguien.*

cipresal *m* Lugar plantado de cipreses.

cipresillo *m* Abrótano hembra (planta).

ciprínido *adj* (*Zool*) De la familia de peces de agua dulce de cuerpo alargado y carne tierna y sabrosa cuyo tipo es la carpa. *Frec como n m en pl, designando este taxón zoológico.*

ciprino *m* Pez de agua dulce propio de los estanques (gén. *Cyprinus*).

ciprinodóntido *adj* (*Zool*) De una familia de peces de agua dulce, de pequeñas dimensiones, de cuerpo alargado y cubierto de escamas, a la que pertenecen varias especies de peces de acuario. *Frec como n m en pl, designando este taxón zoológico.*

cirate *m* (*reg*) Poyo de piedra.

cirbonero -ra *adj* De Cintruénigo (Navarra). *Tb n, referido a pers.*

circa *prep* Alrededor de. *Precede a número que expresa año.*

circadiano -na *adj* (*E*) Que ocurre cada 24 horas.

circasiano -na I *adj* 1 De Circasia (región situada al norte del Cáucaso). *Tb n, referido a pers.* II *m* 2 Lengua de Circasia.

circense *adj* De(l) circo [1]. *Tb n, referido a pers.*

circo *m* 1 Edificio, o más frec. recinto cubierto con una carpa, con graderías en torno a una pista circular destinada a la exhibición de espectáculos acrobáticos, payasos, malabaristas, animales amaestrados y otras atracciones. **b)** Espectáculo de circo. **c)** Conjunto de perss., animales y enseres con que se monta un espectáculo de circo. **d)** (*hist*) *En el Imperio Romano:* Recinto al aire libre, con graderías en torno a una pista circular destinada a espectáculos de lucha, acrobacia y otros. ■ 2 (*hist*) Plaza de toros. ■ 3 (*Geol*) *En una cordillera:* Depresión rodeada por alturas. **b)** ~ **glaciar.** Depresión en que se acumula la nieve y que es el punto de partida del glaciar. *Tb, simplemente, ~.*

circón *m* (*Mineral*) Mineral constituido por silicato de circonio, incoloro o de color amarillo, pardo o rojizo, alguna de cuyas variedades se usan en joyería.

circona *f* (*Mineral y Quím*) Óxido de circonio, en forma de polvo blanco refractario, usado a veces para fabricar lámparas eléctricas.

circonio *m* (*Metal y Quím*) Metal raro, de número atómico 40, de color negruzco, y que es absorbente poderoso de los gases.

circonita *f* Óxido de circonio obtenido artificialmente y usado en joyería como imitación del diamante.

circuir (*conjug* 48) *tr* (*lit*) Rodear [algo o a alguien] o estar alrededor [de ellos (*cd*)].

circuitería *f* Circuitos o conjunto de circuitos [2].

circuito *m* 1 Camino recorrido que vuelve al punto de partida. **b)** Trayecto en forma de curva cerrada, diseñado para determinadas carreras. **c)** (*Aer*) Vuelo de espera que realiza un avión girando en torno al aeropuerto, entre dos radiobalizas. *Tb el espacio señalado por estas.* ■ 2 (*Electr*) Sistema de conductores por el que puede pasar una corriente eléctrica. *Tb fig, fuera del ámbito técn.* **b)** ~ **impreso.** Capa de metal de forma complicada que, aplicada sobre una placa aislante, reemplaza a los cables y soldaduras de un circuito electrónico. **c)** ~ **integrado.** Conjunto diminuto de componentes electrónicos y sus conexiones dispuesto en una pequeña lámina de silicio. **d)** ~ **magnético.** Conjunto de las líneas de inducción del campo magnético engendra-

do por un circuito eléctrico. *Tb, simplemente, ~.* **e)** **corto ~** –> CORTOCIRCUITO. ■ 3 (*E*) Camino completo que recorre un fluido o una señal en una instalación. **b)** ~ **cerrado (de televisión).** (*TV*) Sistema autónomo de transmisión que solo puede ser captado por uno o más monitores en un lugar dado. **c)** ~ **regional.** (*TV*) Sistema de transmisión que solo puede ser captado en una región. *Frec, en lugar del adj* REGIONAL, *el correspondiente a la región.* ■ 4 (*Econ*) Camino completo que recorre un producto comercial. **b)** (*Cine*) Grupo de cines pertenecientes al mismo propietario o ligados a una misma empresa distribuidora. ■ 5 (*lit*) Círculo en que se desarrolla una determinada actividad. ■ 6 (*Dep*) Conjunto de pruebas de un campeonato que se disputa en diversos lugares. ■ 7 (*raro*) Contorno o entorno.

circulación I *f* 1 Hecho de circular[1]. ■ 2 Conjunto de vehículos que circulan[1] [3a]. ■ 3 Sangre que circula[1] [1] por el organismo. II *loc v* 4 **retirar** *o* **retirarse de circular**[1] [2 y 3]. ■ 5 **retirar**, *o* **hacer desaparecer**, [algo o a alguien] **de la ~.** (*col*) Hacer que desaparezca o que deje de estar presente en los lugares habituales. *Tb fig.* **b)** **retirarse**, *o* **desaparecer**, [alguien] **de la ~.** Ocultarse, o no dejarse ver en los lugares habituales. **c)** **desaparecer** [algo] **de la ~.** Desaparecer, o dejar de verse en los lugares habituales. III *loc adv* 6 **en ~.** En situación de circular[1], *esp* [2 y 3]. *Frec con el v* PONER. *Tb adj. Tb fig.*

circulante *adj* 1 Que circula. *Tb n, referido a pers.* ■ 2 (*Econ*) [Capital] que se modifica en el ciclo de producción y que puede medirse por el volumen de la oferta monetaria o del total de las disponibilidades líquidas. *Tb n m.*

circular[1] A *intr* 1 Moverse o desplazarse dentro de un circuito [1a]. ■ 2 Pasar continuamente [algo] de unas perss. o lugares a otros. *Frec con un compl* POR *o* ENTRE. **b)** Utilizarse [una moneda o un sello] con su valor legal. *Tb fig.* ■ 3 Transitar o desplazarse [una pers. o un vehículo] por una vía pública. **b)** No quedarse parado en la vía pública. 4 Moverse o desplazarse [algo por un lugar (*compl adv*)]. *Tb sin compl adv.* B *tr* 5 Hacer llegar [una orden o comunicación (*cd*) a una o a diferentes perss.].

circular[2] *adj* 1 De(l) círculo [1a]. **b)** Que tiene forma de círculo o de circunferencia. **c)** [Línea de autobús o metro] que describe en su recorrido una línea circular [1b]. *Tb n m, referido a autobús o metro.* **d)** (*Taur*) [Pase] en que el torero, inmóvil, hace girar al toro en un círculo completo. *Tb n m.* **e)** (*Geom*) [Cilindro o cono] de base circular [1b]. **f)** (*Fís*) [Movimiento] que describe una circunferencia. ■ 2 [Orden, carta o comunicación] dirigida a diferentes personas. *Frec n f.* ■ 3 (*Filos y Ling*) [Razonamiento o definición] que constituye círculo [5] vicioso.

circularidad *f* 1 Cualidad de circular[2] [1 y 3]. ■ 2 (*lit*) Condición de lo que vuelve sobre sí mismo.

circularismo *m* (*Filos y Ling*) Cualidad de circular[2] [3].

circularmente *adv* En forma circular[2] [1a].

circulatorio -ria *adj* De la circulación [1, 2 y 3].

círculo *m* 1 Porción de superficie plana limitada por una circunferencia. **b)** Objeto que tiene forma de círculo. ■ 2 Circunferencia. **b)** (*Geogr*) *En la esfera terrestre:* Línea imaginaria resultante de la intersección con la superficie terrestre de un plano que pasa por el eje o es perpendicular a él. **c)** ~ **polar.** (*Geogr*) Paralelo situado a 23° 27' del polo. ■ **3** Conjunto de perss. que se relacionan habitualmente entre sí o con las que uno se relaciona. *Normalmente con un compl especificador o de posesión.* **b)** Asociación de perss. que se reúnen para una actividad común, gralm. cultural o recreativa. *Tb el local en que se reúnen. Frec en denominaciones.* ■ **4** *En pl:* Sectores o ambientes sociales. *Con un compl especificador.* ■ **5** ~ **vicioso.** Razonamiento o definición en que dos cosas se explican recíprocamente una por otra. *Tb fig.*

circum- → CIRCUN-.

circumpolar *adj* Que está o se realiza alrededor de uno de los polos de la Tierra.

circun- (*tb con la grafía* **circum-** *ante* b o p) *pref* Alrededor. * El vuelo circunlunar. * El círculo circumpacífico.

circuncentro *m* (*Geom*) Punto en que se cortan las mediatrices de los lados de un triángulo y que equidista de los tres vértices.

circuncidar *tr* Practicar la circuncisión [a alguien (*cd*)].

circuncisión *f* Escisión total o parcial del prepucio, practicada esp. como rito religioso entre los judíos.

circunciso *adj* [Hombre] que ha sido circuncidado. *Tb n m, esp designando a los judíos.*

circundante *adj* (*lit*) Que circunda.

circundar *tr* (*lit*) Rodear (estar o poner(se) alrededor [de alguien o algo (*cd*)]).

circunferencia *f* Línea curva, cerrada y plana, cuyos puntos equidistan de uno interior. **b)** Cosa que tiene forma de circunferencia.

circunferencial *adj* De (la) circunferencia.

circunflejo -ja *adj* **1** (*Ortogr*) [Acento gráfico] en forma de *v* invertida que, en algunos idiomas, se coloca sobre determinadas vocales para indicar alguna modificación fonética o como simple signo diacrítico. *Tb n m.* ■ **2** (*Fon*) *En griego antiguo:* [Acento fónico] de carácter musical consistente en un tono creciente seguido de otro decreciente, y que se representa por medio de una tilde (línea ondulada) sobre la vocal.

circunloquial *adj* (*raro*) De(l) circunloquio o que lo implica.

circunloquio *m* Expresión de un pensamiento de manera indirecta, empleando más palabras de las que hubieran bastado para exponerlo directamente.

circunmediterráneo -a *adj* De alrededor del Mediterráneo.

circunnavegación *f* Acción de circunnavegar.

circunnavegar *tr* Navegar alrededor [de un lugar (*cd*)].

circunscribible *adj* Que se puede circunscribir.

circunscribir (*conjug* 46) *tr* **1** Limitar [una cosa (*cd*) a otra]. **b)** *pr* (~**se**) Limitarse [una cosa a otra]. ■ **2** Limitar o rodear [algo]. ■ **3** (*Geom*) Trazar [una figura (*cd*) fuera de otra (*compl* A)] de modo que sus lados sean tangentes. *Frec en part.*

circunscripción *f* **1** Demarcación o zona, normalmente establecida con fines administrativos. ■ **2** Acción de circunscribir(se).

circunscriptible *adj* Que puede ser circunscrito.

circunscriptivo -va *adj* Que circunscribe [1].

circunspección *f* Cualidad de circunspecto.

circunspectamente *adv* (*raro*) De manera circunspecta [1b].

circunspecto -ta *adj* [Pers.] comedida o reservada. *Tb fig, referido a cosa.* **b)** Propio de la pers. circunspecta.

circunstancia **I** *f* **1** Hecho o situación que acompaña a la pers., cosa o momento de que se habla. *Frec en pl. A veces en sg con sent colectivo.* ■ **2** (*lit*) Solemnidad o empaque. *En la constr* POMPA Y ~.
II *loc adj* **3 de ~s.** [Cosa] hecha o dicha para cumplir o para salir del paso en una ocasión particular. *Gralm dicho con matiz peyorativo.* **b)** [Cara] seria, afectadamente adecuada a una situación.

circunstanciadamente *adv* De manera circunstanciada.

circunstanciado -da *adj* Que contiene detalles o pormenores. *Referido esp a información.*

circunstancial *adj* Que no es permanente, sino que depende de las circunstancias [1]. ■ **2** (*raro*) De las circunstancias [1]. ■ **3** (*Gram*) [Complemento] que expresa una circunstancia [1], esp. de lugar, tiempo o modo.

circunstancialidad *f* Condición de circunstancial [1].

circunstancializar *tr* Dar carácter circunstancial [1] [a algo (*cd*)]. **b)** *pr* (~**se**) Tomar [algo] carácter circunstancial.

circunstancialmente *adv* De manera circunstancial [1].

circunstante *adj* **1** Que está presente. *Frec n, referido a pers.* ■ **2** (*Filos o lit*) Que está alrededor.

circunvalación *f* Acción de circunvalar. *Frec en constrs como* CAMINO O VÍA DE ~.

circunvalador -ra *adj* Que circunvala. *Tb n, referido a pers.*

circunvalar *tr* Rodear [un lugar].

circunvalatorio -ria *adj* De (la) circunvalación.

circunvecino -na *adj* Que está en los alrededores inmediatos. *Dicho normalmente de lugar. Tb* (*raro*) *n, referido a pers.*

circunvolar (*conjug* 4) *tr* Volar alrededor [de algo (*cd*)]. *Tb abs.*

circunvolución *f* (*Anat*) Relieve sinuoso de la corteza cerebral. *Frec* ~ CEREBRAL.

ciré (*fr; pronunc corriente, /siré/*) *adj* [Tela] impermeabilizada. *Tb n m.*

cirenaico -ca *adj* (*hist*) De Cirene (antigua ciudad griega del norte de África). *Esp referido a la escuela filosófica allí fundada por Aristipo* († 355 a.C.), *discípulo de Sócrates. Tb n, referido a pers.* **b)** De la escuela cirenaica. *Tb n, referido a pers.*

cireneo -a *adj* (*hist, raro*) Cirineo [1] o cirenaico [1a]. *Tb n.*

ciri *m o f* (*jerg*) Moneda de cien pesetas.

cirial *m* Candelero alto, sin pie, que lleva el acólito en una función religiosa.

cirigüeña *f* (*reg*) Celidonia (planta).

cirila *f (jerg)* Moneda de cien pesetas. *Tb usado como unidad de cuenta.*

cirílico -ca *adj* [Letra o escritura] eslava, cuya invención se atribuye a San Cirilo de Salónica, y que se usa en la lengua rusa, entre otras. *Tb n m, referido a alfabeto.*

cirilo -la *adj (col, raro)* Tonto o bobo. *Tb n.*

cirineo -a I *adj* 1 Cirenaico [1a]. *Tb n, referido a pers.* II *m* 2 Pers. que ayuda a otra, esp. en un trabajo penoso. *Tb fig.*

cirio *m* 1 Vela larga y gruesa, esp. de cera. **b)** ~ **pascual** → PASCUAL. ■ 2 *(col)* Alboroto o jaleo. *Frec con vs como* ARMAR *o* MONTAR.

cirolero *m* Ciruelo (árbol).

ciromancia *(tb, raro,* **ciromancía***) f* Adivinación por medio de la cera fundida.

cirpo *m Se da este n a dos plantas similares al junco: Scirpus lacustris* (~ LACUSTRE) *y S. maritimus* (~ MARINO *o* DE MAR).

cirro *m* 1 *(Meteor)* Nube alta y aislada de aspecto fibroso. ■ 2 *(Zool) En algunos crustáceos:* Tentáculo delgado y con barbillas.

cirroestrato *m (Meteor)* Nube en forma de velo tenue que gralm. forma un halo en torno de la Luna o del Sol.

cirrópodo *adj (Zool)* [Crustáceo] marino de cuerpo blando protegido por un caparazón del que salen varios pares de patas en forma de cirros [2]. *Frec como n en pl, designando este taxón zoológico.*

cirrosis *f* Enfermedad del hígado caracterizada por la degeneración progresiva de sus tejidos.

cirrótico -ca *adj (Med)* 1 De (la) cirrosis. ■ 2 Que padece cirrosis. *Tb n, referido a pers.*

cirrus *m (Meteor)* Cirro [1].

ciruela I *f* 1 Fruto del ciruelo [1]. II *adj invar* 2 [Color] verde amarillento. *Tb n m.*

ciruelo *m* 1 Árbol pequeño, de hojas ovales, flores blancas o rojizas y fruto en drupa redonda, que se cultiva en numerosas variedades como frutal (*Prunus domestica*). **b)** ~ **amargalejo, borde, endrino, montesino** *o* **silvestre.** Endrino (arbusto). ■ 2 *(vulg)* Pene. ■ 3 *(raro)* Hombre necio. *Tb adj.*

cirugía *f* Parte de la medicina que tiene por objeto la curación o reconstrucción por medio de intervención manual e instrumental. *Tb la actividad y la técnica correspondientes. Tb fig.* **b)** ~ **estética,** ~ **plástica** → ESTÉTICO, PLÁSTICO.

cirujano -na A *m y f* 1 Pers. que ejerce la cirugía. *Tb fig.* **b)** ~ **estético,** ~ **plástico** → ESTÉTICO, PLÁSTICO. B *m* 2 Pez marino comestible que tiene una espina móvil y cortante a cada lado de la cola (*Acanthurus hepatus*).

ciscado -da *adj (reg)* 1 *part* → CISCAR. ■ 2 Esparcido o separado.

ciscar *tr (reg)* Esparcir.

ciscarse *intr pr* 1 *euf por* CAGAR *(evacuar el vientre).* ■ 2 *euf por* CAGARSE *(ser dominado por el miedo).* ■ 3 **me cisco en ti,** *o* **en tu padre,** *o* **en tu madre,** *etc. Fórmulas de insulto y desprecio. A veces se omite el compl., por consabido.* **b)** ~**se** [en alguien, o en su padre, etc.]. Pronunciar alguna de las fórmulas ME CISCO EN TI, *o* EN TU PADRE, etc., o ma-

nifestar profundo desprecio [a la pers. o cosa aludidas].

cisco I *m* 1 Carbón vegetal menudo, usado principalmente para el brasero. ■ 2 *(col)* Alboroto o jaleo. *Frec con el v* ARMAR. II *loc v* 3 **hacer** ~ [a alguien o algo]. *(col)* Hacer[lo] trizas o deshacer[lo]. *Tb fig.*

cisjordano -na *adj* De la región de Cisjordania (parte de Jordania al oeste del río Jordán). *Tb n, referido a pers.*

cisma *m* Separación de una parte de los que profesan una doctrina religiosa, por alguna discrepancia en esta y con creación de una nueva iglesia o comunidad. **b)** *(lit) Fuera del ámbito religioso:* Escisión o separación.

cismáticamente *adv* De manera cismática [1a].

cismático -ca *adj* De(l) cisma. **b)** [Iglesia o comunidad] desgajada de otra por un cisma [1a]. **c)** [Pers.] que propugna un cisma [1a] o que pertenece a una iglesia o comunidad cismática.

cismontano -na *adj (lit)* De la parte de acá de los montes.

cisne I *m* 1 Ave acuática de gran tamaño, de plumaje blanco y cuello largo y flexible, común en lagos y estanques (*Cygnus olor*). *Tb* ~ COMÚN, VULGAR *o* MUDO. *Tb designa otras especies del mismo gén, esp C. cygnus* (~ CANTOR) *y C. bewickii* (~ CHICO). ■ 2 *(lit, raro)* Poeta excelente. *Gralm en la constr* EL ~ DE MANTUA, *designando a Virgilio.* ■ 3 *(lit, raro)* Ramera. II *loc adj* 4 **(de)** ~. [Cuello] alto y que se ajusta a la garganta. **b)** [Jersey] de cuello de cisne. *Tb n m.*

cispirenaico -ca *adj (lit)* Del lado de acá de los Pirineos.

cisquera *f* Lugar en que se guarda o almacena el cisco [1].

cista *f* 1 *(Prehist)* Sepultura cavada en tierra con varias piedras clavadas en posición vertical y cubierta de losas. ■ 2 *(hist)* Vaso metálico con tapa usado esp. para guardar objetos preciosos o delicados.

cistácea *adj (Bot)* [Planta] herbácea o arbustiva, de hojas opuestas y simples, flores en corimbo o panoja y fruto en cápsula, de la familia de la jara. *Frec como n f en pl, designando este taxón botánico.*

cisterciense *adj* De la orden del Cister, fundada por San Roberto en el s. XI. *Tb n, referido a fraile o monja.* ■ 2 *(Arquit)* [Estilo] propio de los monasterios cistercienses, que marca la transición al gótico y está caracterizado por una planta muy sencilla y una gran sobriedad en la decoración. *Tb n m.*

cisterna A *f* 1 Depósito de agua de un retrete. ■ 2 Vehículo destinado al transporte de líquidos. *Frec siguiendo en aposición a* CAMIÓN, VAGÓN, BARCO *o* BUQUE. ■ 3 Depósito, frec. subterráneo, donde se recoge y conserva el agua de la lluvia o de una corriente natural. ■ 4 ~ **de Pecquet.** *(Anat)* Receptáculo del quilo, de donde nace el canal torácico. B *m* 5 Barco o buque cisterna [2].

cisticerco *m (Zool)* Larva de tenia que vive enquistada en el tejido celular de un mamífero.

cisticercosis *f (Med)* Enfermedad causada por la presencia de cisticercos en el organismo.

cístico -ca *adj* 1 *(Anat)* [Conducto] que une el conducto hepático con la vesícula biliar. ■ 2 *(Med)* Quístico.

cistina *f* (*Quím*) Aminoácido presente a veces en la orina y que da lugar a cálculos especiales.

cistitis *f* (*Med*) Inflamación de la vejiga urinaria, que produce dolor y frecuente necesidad de orinar.

cisto *m* Jara (planta).

cistopatía *f* (*Med*) Enfermedad de la vejiga urinaria.

cistopielitis *f* (*Med*) Inflamación de la vejiga y de la pelvis renal.

cistoscopia *f* (*Med*) Examen del interior de la vejiga de la orina por medio del cistoscopio.

cistoscópico -ca *adj* (*Med*) De la cistoscopia.

cistoscopio *m* (*Med*) Instrumento que sirve para examinar el interior de la vejiga de la orina.

cistre *m* (*hist*) Cistro.

cistro *m* (*hist*) Instrumento músico de cuerdas pulsadas propio esp. de los ss. XVI y XVII.

cisura *f* 1 Abertura o grieta muy fina. ■ 2 (*Anat*) Surco o hendidura, esp. del cerebro.

cita I *f* 1 Acción de citar(se). *Tb su efecto.* **b)** Palabras textuales que se citan [3] [de una pers. o de un libro]. **c)** (*Mús*) Pasaje [de una obra o compositor conocidos] que se introduce, gralm. como homenaje, en una composición. II *loc adj* 2 [Casa] **de ~s** → CASA. III *loc v* 3 **darse ~** [varias perss. en un lugar]. Acudir [a él].

citable *adj* Que se puede o debe citar [3].

citación *f* 1 Acción de citar [1] oficialmente. *Tb el documento con que se realiza.* ■ 2 (*raro*) Cita [1].

citador -ra *adj* (*raro*) Que cita [3]. *Tb n, referido a pers.*

citania *f* (*hist*) Población fortificada prerromana propia esp. del noroeste de la Península Ibérica.

citar A *tr* 1 Señalar [a alguien (*cd*)] día, hora y lugar para que acuda. ■ 2 (*Taur*) Provocar [el torero al toro] para que acuda al lugar conveniente. ■ 3 Nombrar [a una pers. o un libro] o reproducir [sus palabras] en una conversación o en un escrito. B *intr pr* (~se) 4 Acordar día, hora y lugar para encontrarse. *Con compl* CON, *o, con suj pl, sin compl.*

cítara *f* Instrumento músico de tres órdenes de cuerdas que se toca con púa.

citarista *m y f* Pers. que toca la cítara.

citatorio -ria *adj* Que sirve para citar [1]. *Tb n f, referido a documento.*

cite *m* (*Taur*) Acción de citar [2].

citereo -a *adj* (*lit*) De la diosa Venus.

cítiso (*tb* **citiso**) *m* Codeso (planta).

citocentro *m* (*Biol*) Centrosoma.

citocinesis *f* (*Biol*) División del citoplasma de la célula.

citodiagnóstico *m* (*Med*) Diagnóstico basado en el examen de las células contenidas en exudados, secreciones u otros líquidos.

citodiéresis *f* (*Biol*) División de la célula.

citogenética *f* (*Biol*) Rama de la biología que estudia los cromosomas.

cítola[1] *f* Tablita que, suspendida de una cuerda, golpea constantemente la piedra del molino de harina para que la tolva vaya despidiendo el trigo.

cítola[2] *f* (*hist*) Instrumento músico de cuerdas pulsadas, usado en la Edad Media.

citología *f* 1 (*Biol*) Parte de la biología que estudia la estructura y la fisiología de la célula. ■ 2 (*Med*) Estudio de las células descamadas de un órgano fácilmente accesible, esp. de la vagina. *Tb* ~ EXFOLIATIVA.

citológico -ca *adj* (*Biol y Med*) De la citología o de la célula.

citólogo -ga *m y f* (*Biol y Med*) Especialista en citología.

citopatología *f* (*Med*) Patología celular.

citopatólogo -ga *m y f* (*Med*) Especialista en citopatología.

citoplasma *m* (*Biol*) Masa fundamental no nuclear del protoplasma de la célula.

citoplasmático -ca *adj* (*Biol*) Del citoplasma.

citoplásmico -ca *adj* (*Biol*) Citoplasmático.

citosina *f* (*Biol*) Base de las componentes de los ácidos nucleicos.

citostático -ca *adj* (*Med*) [Medicamento] que disminuye o detiene el desarrollo de las células tumorales. *Tb n m.*

citostoma *m* (*Anat*) Orificio bucal de un ser unicelular.

citotóxico -ca *adj* (*Biol*) Tóxico para las células.

citotoxina *f* (*Biol*) Sustancia tóxica para las células.

citrato *m* (*Quím*) Sal del ácido cítrico [2]. *Normalmente con un adj o compl especificador.* **b)** *Sin compl, esp:* Citrato sódico.

cítrico -ca *adj* 1 [Fruto] de sabor agrio o agridulce, como el limón y la naranja. *Tb n m.* ■ 2 (*Quím*) [Ácido] que se extrae del zumo de limón.

citrícola *adj* (*Agric*) De(l) cultivo de cítricos [1].

citricultor -ra *m y f* (*Agric*) Pers. que se dedica a la citricultura.

citricultura *f* (*Agric*) Cultivo de cítricos [1].

citrina *f* (*Med*) Compuesto vitamínico que se extrae pralm. de los cítricos [1].

citrino -na *adj* (*Mineral*) [Variedad de cuarzo] de color amarillo.

citrón *m* (*raro*) Limón.

ciudad I *f* 1 Población importante por su tamaño o por su categoría administrativa, y cuyos habitantes desarrollan primordialmente sus actividades dentro de ella y no en el campo. **b)** *En gral:* Población (conjunto de edificios y espacios que constituyen un núcleo habitado). **c)** ~ **dormitorio,** ~ **satélite** → DORMITORIO, SATÉLITE. **d)** Conjunto de los habitantes de la ciudad. ■ 2 Vida o medio urbanos. *Se opone a* CAMPO. ■ 3 Parte de la ciudad [1] caracterizada por determinadas circunstancias. *Seguido de un adj especificador.* * Vive en la ciudad vieja. **b)** Conjunto de construcciones situadas en un terreno acotado, gralm. en las afueras de una ciudad [1b]. *Seguido de un compl que especifica el carácter o la finalidad del conjunto.* * Ciudad Universitaria. **c)** ~ **jardín.** Conjunto urbano constituido por chalés. II *adj invar* 4 **gas** ~ → GAS.

ciudadanía *f* 1 Condición de ciudadano [1 y 3]. **b)** Cualidad de buen ciudadano. ■ 2 Conjunto de ciudadanos [1 y 3].

ciudadano -na I *adj* **1** De (la) ciudad [1 y 2]. *Tb n, referido a pers.* **b)** [Banda] **ciudadana** → BANDA¹. ■ **2** De los ciudadanos [1 y 3].
    II *m y f* **3** Pers. que es sujeto de derechos políticos en un Estado y normalmente habitante de él. *Frec seguido de un adj o compl que especifica ese Estado.* **b)** ~ **del mundo.** Pers. que se siente vinculada al mundo en general y no solo a su patria. ■ **4** Persona o individuo. *A veces con intención desp.*

ciudadela *f* Recinto fortificado en el interior de una plaza, gralm. en su parte más alta.

ciudadrealeño -ña *adj* De Ciudad Real. *Tb n, referido a pers.*

ciudarrealeño -ña *adj* Ciudadrealeño. *Tb n.*

ciurell → SIURELL.

civet *m* (*Coc*) Ragú con cebollas y vino tinto.

cívicamente *adv* **1** De manera cívica [1]. ■ **2** En el aspecto cívico [1].

cívico -ca *adj* **1** De(l) civismo. **b)** Que denota o implica civismo. ■ **2** [Derecho o deber] que corresponde a la condición de ciudadano de un país. ■ **3** Civil [1a].

civil I *adj* **1** Del sector de la sociedad que no es militar ni eclesiástico. **b)** No religioso. *Frec en la constr* POR LO ~, *con los vs* CASAR o ENTERRAR. ■ **2** [Pers.] que se comporta con civismo. **b)** (*lit, raro*) Civilizado. ■ **3** [Guerra] entre los habitantes de una misma nación. ■ **4** (*Der*) De las relaciones entre ciudadanos, y de los derechos de estos. **b)** [Derechos] que corresponden a una pers. como ciudadano de un país. ■ **5** [Guardia] encargada especialmente de la vigilancia de las zonas rurales, las fronteras y el tráfico por carretera. *Tb referido a sus miembros.* ■ **6** [Año] ~, [lista] ~, [muerte] ~ → AÑO, LISTA, MUERTE.
    II *m* **7** (*col*) Miembro de la Guardia Civil.

civilidad *f* Cualidad de civil [2].

civilismo *m* **1** Preponderancia del elemento civil [1a] en la política de una nación. *Se opone a* MILITARISMO. ■ **2** Tendencia o actitud favorable al civilismo [1].

civilista *m y f* Especialista en derecho civil [4].

civilización I *f* **1** Acción de civilizar [1]. ■ **2** Conjunto de los caracteres comunes a las sociedades más civilizadas o evolucionadas. *Tb el mundo constituido por esas sociedades.* ■ **3** Conjunto de ideas, conocimientos y costumbres [de una determinada sociedad]. *Con un compl de posesión o especificador. Tb la sociedad o pueblo que tiene esa civilización.*
    II *loc adj* **4** de ~. [Lengua] que sirve de vehículo a la civilización [2].

civilizadamente *adv* De manera civilizada [2].

civilizado -da *adj* **1** *part* → CIVILIZAR. ■ **2** Que se comporta de manera educada o sociable. **b)** Propio de perss. civilizadas. ■ **3** (*Pol*) [Partido o actitud] democráticos.

civilizador -ra *adj* Que civiliza [1]. *Tb n, referido a pers.*

civilizar *tr* **1** Hacer pasar [a una colectividad] de un estado primitivo a un estado social más evolucionado en el orden moral y en el material. **b)** *pr* (~**se**) Pasar [una colectividad] de un estado primitivo a otro más evolucionado en el orden moral y en el material. ■ **2** Hacer [a una pers.] más educada o sociable. ■ **3** Hacer [algo, esp. un uso] más humano o menos cruel.

civilmente *adv* **1** De manera civil [1 y 2b]. ■ **2** (*Der*) En el aspecto civil [4].

civismo *m* Comportamiento propio de la pers. consciente de sus deberes de ciudadano.

civitatense *adj* De Ciudad Rodrigo (Salamanca). *Tb n, referido a pers.*

cizalla¹ *f* **1** Máquina o instrumento para cortar metales en frío. ■ **2** Guillotina de accionamiento manual usada esp. en las imprentas. ■ **3** Aparato compuesto por una base fija y una cuchilla móvil, usado para cortar bacalao salado.

cizalla² *f* (*reg*) Paloma torcaz (ave).

cizalladura *f* (*Meteor*) Cambio brusco en la dirección dominante del viento. *Frec* ~ DE(L) VIENTO.

cizallar *tr* Cortar [algo] con la cizalla¹.

cizaña *f* **1** Planta gramínea que se cría entre los trigos y cebadas y que puede ser causa del envenenamiento de los forrajes y de las harinas (*Lolium temulentum*). ■ **2** Discordia. *Frec con los vs* SEMBRAR o METER.

cizañar *tr* (*raro*) Sembrar cizaña [2] [entre dos o varias perss. (*cd*)]. *Tb abs.*

cizañero -ra *adj* Que cizaña. *Tb n, referido a pers.*

cizañoso -sa *adj* **1** De (la) cizaña [2]. ■ **2** Que cizaña. *Tb n, referido a pers.*

cla *f* Claque.

clac *interj* Imita el sonido del aplauso o de un golpe seco.

claca *f* (*reg*) Claque.

clactoniense *adj* (*Prehist*) [Cultura paleolítica] muy primitiva con industria de lascas. **b)** De la cultura clactoniense.

cladócero *adj* (*Zool*) [Crustáceo] de los más comunes en el plancton de agua dulce, de cuerpo transparente, caparazón bivalvo y antenas nadadoras muy desarrolladas. *Frec como n m en pl, designando este taxón zoológico.*

cladodio *m* (*Bot*) En algunas plantas: Rama ensanchada con aspecto de hoja.

cladonia *f* Se da este n a varios líquenes del gén *Cladonia*, esp *C. rangiferina*, llamado también ~ DE LOS RENOS, *característico de la tundra.*

clamante *adj* (*lit*) Que clama.

clamar (*lit*) A *intr* **1** Gritar, gralm. en demanda de algo. *Frec con un compl* POR. **b)** ~ **al cielo**, ~ **en el desierto** → CIELO, DESIERTO.
    B *tr* **2** Exigir [algo] o pedir[lo] a gritos. *Tb fig. Gralm. en las constrs* ~ VENGANZA o JUSTICIA.

clámide *f* (*hist*) Capa corta y ligera usada por los griegos y romanos. *Tb* (*lit*) *fig.*

clamidia *f* (*Biol*) Bacteria patógena, alguna de cuyas especies produce el tracoma (gén. *Chlamydia*).

clamidospora *f* (*Bot*) Espora formada en el interior de una célula y que, aparte de su membrana propia, se halla recubierta por la de la célula madre.

clamor *m* **1** Grito multitudinario de entusiasmo o de protesta. *Tb lo expresado en ese grito.* **b)** (*lit*) Grito enardecido. ■ **2** (*hoy raro*) Repique de campanas. **b)** Toque de difuntos. *Normalmente en pl.* ■ **3** (*reg*) Arroyo que corre por un barranco.

clamorear A *intr* **1** Producir clamor [1].
    B *tr* **2** (*raro*) Emitir con clamor [1]. *Tb fig.*

clamoreo *m* Acción de clamorear. *Tb su efecto.*

clamorosamente *adv* De manera clamorosa.

clamoroso -sa *adj* 1 [Cosa] que suscita o produce clamor [1]. *Tb fig.* ■ 2 Que implica clamor [1]. ■ 3 Extraordinario o fuera de lo común. *Con intención ponderativa. Esp referido a éxito o triunfo.*

clamp (*pl normal*, ~s) *m* (*Med*) Pinzas de cirugía.

clan *m* 1 Agrupación social, inferior a la tribu, formada por un conjunto de familias que tienen un tronco común y obedecen a un mismo jefe. ■ 2 Grupo social cerrado, constituido por perss. de intereses o ideas comunes.

clandestinaje *m* Actividad clandestina [1a].

clandestinamente *adv* De manera clandestina [1a].

clandestinidad *f* Condición de clandestino.

clandestino -na *adj* [Cosa] que se hace o se produce ocultamente y de espaldas a la ley o a la autoridad. b) [Cosa] que funciona ocultamente y de espaldas a la ley o a la autoridad. c) [Pers. o colectividad] que actúa ocultamente y de espaldas a la ley o a la autoridad. *Tb n, referido a pers.*

clánico -ca *adj* De(l) clan.

claque (*fr; pronunc corriente,* /klak/) *f* Conjunto de perss. contratadas para aplaudir, esp. en un teatro. *Tb fig.*

claqué *m* Estilo de baile moderno surgido en EE. UU. y de moda en los años treinta, caracterizado por el golpeteo rítmico y sonoro del suelo con el tacón y la punta del zapato.

claquear *intr* (*raro*) Producir chasquidos.

claquero -ra *m y f* (*raro*) Miembro de una claque.

claqueta *f* (*Cine*) Pequeño instrumento formado por dos láminas articuladas por una bisagra, en una de las cuales están anotados los datos del plano que se va a tomar, y que sirve para señalar, a efectos de montaje, el comienzo de una toma.

clara¹ *adj* Clarisa. *Frec n.*

clara² → CLARO.

claraboya *f* Abertura, cerrada con cristales, en una cubierta o en la parte alta de una pared, y que tiene por objeto la iluminación del interior.

claramente *adv* De manera clara (→ CLARO [5, 6 y 7]).

clarea *f* (*hist*) Bebida compuesta de vino blanco con azúcar o miel, canela y otros ingredientes.

clareado -da *adj* 1 *part* → CLAREAR. ■ 2 [Lugar] que presenta una vegetación clara (→ CLARO [4]).

clareante *adj* (*raro*) Que clarea.

clarear A *tr* 1 Iluminar [algo (*cd*) el Sol, la Luna u otra fuente luminosa] o poner[lo] claro o brillante. ■ 2 Dejar traslucir [un sentimiento o intención]. ■ 3 Hacer que [algo] pase a estar más claro [4]. ■ 4 (*raro*) Aclarar [algo lavado].
    B *intr* ➤ a *normal* 5 Mostrar [algo] color claro [2] o más claro. ■ 6 Iluminarse [el día o el cielo]. ■ 7 Mostrarse o ponerse [algo] claro o más claro [4]. *Tb pr* (~se). ■ 8 Disminuir [algo] en número. *Tb pr* (~se). ■ 8 Transparentarse [un tejido o prenda], frec. por estar desgastado o excesivamente tenso. *Tb pr* (~se). b) Transparentarse o dejarse ver [algo].
    ➤ b *pr* (~se) 9 Declarar o dejar traslucir [alguien] sus intenciones o sus pensamientos.

➤ c *impers* 10 Aparecer la primera claridad del día. ■ 11 Desaparecer el nublado o dejar de llover.

clarecer (*conjug* 11) *intr* Clarear o iluminarse [el día o el cielo].

clareo *m* 1 Acción de clarear [3] un bosque. ■ 2 Espacio despejado. ■ 3 (*jerg*) Vuelta o paseo. *Gralm en la constr* DAR(SE) UN ~.

clarete *adj* [Vino] de color algo más claro que el tinto. *Frec n m.*

claretiano -na *adj* De la Congregación de Misioneros Hijos del Corazón de María, fundada en 1849 por San Antonio María Claret. *Tb n, referido a pers.*

claridad *f* 1 Cualidad de claro [1 a 8]. ■ 2 Luz, frec. tenue o que permite ver de manera imprecisa. ■ 3 (*Rel catól*) Resplandor que tiene en sí el cuerpo glorioso.

clarificación *f* Acción de clarificar.

clarificador -ra *adj* Que clarifica. *Tb n m, referido a aparato o producto.*

clarificante *adj* Que clarifica [2]. *Tb n m, referido a sustancia o producto.*

clarificar *tr* 1 Hacer o poner claro [5b, 6 y 8] [algo confuso o dudoso]. ■ 2 Depurar o limpiar [algo, esp. líquidos]. *Tb abs.* ■ 3 Hacer o poner claro [4] [algo sólido o espeso].

clarín *m* 1 Instrumento músico semejante a la trompeta, pero de menor tamaño y de sonido más agudo. b) *En el órgano:* Registro cuyos sonidos son una octava más agudos que los del registro trompeta. c) (*lit*) *A veces se usa acompañado a menciones ponderativas de triunfos o victorias.* * España entraba en Europa con clarines de victoria. ■ 2 Músico que toca el clarín [1a].

clarinada *f* Clarinazo [1].

clarinazo *m* 1 Toque de clarín [1a y b]. ■ 2 Toque de alerta o de atención. *En sent fig.* b) Suceso que se produce por sorpresa y sirve de aviso o advertencia.

clarinero -ra *m y f* Músico que toca el clarín [1a].

clarinete *m* 1 Instrumento músico de viento, de madera, con lengüeta, constituido por un tubo con agujeros que se cierran por medio de llaves. ■ 2 Clarinetista.

clarinetista *m y f* Músico que toca el clarinete [1].

clarión¹ *m* (*lit*) Porción de luz o claridad.

clarión² *m* (*hoy raro*) Barrita de yeso y greda usada para escribir, esp. sobre la pizarra.

clarisa *adj* [Religiosa] de la orden franciscana fundada por Santa Clara en el s. XIII. *Tb n f.* b) De (las) monjas clarisas.

claristorio *m* (*Arquit*) Piso alto de la nave gótica, ocupado por ventanales.

clarividencia *f* 1 Claridad o lucidez mental. ■ 2 Facultad paranormal de percibir cosas no perceptibles por el ojo normal, y de adivinar el futuro.

clarividente *adj* 1 [Pers.] que tiene clarividencia. *Tb n.* ■ 2 [Cosa] que denota o implica clarividencia.

clarividentemente *adv* De manera clarividente [2].

claro -ra I adj 1 Que tiene mucha luz. **b)** [Día, cielo o tiempo] que no tiene nubes. ■ 2 [Color o tono] más próximo al blanco que al negro. *Tb n m.* **b)** De color o tono claro. ■ 3 [Cuerpo, esp. líquido] transparente y que no muestra impurezas. ■ 4 [Cosa] menos espesa o tupida de lo habitual o debido. ■ 5 [Cosa] que se percibe o distingue perfectamente. **b)** [Cosa] que se comprende perfectamente. **c)** [Pers.] que se expresa de manera muy comprensible. ■ 6 Que no encierra dudas ni incertidumbres. **b)** Evidente. *Frec como predicat con* ESTAR. *A veces* (col) *intensificado en la comparación* MÁS ~ QUE EL AGUA, *o* TAN ~ COMO LA LUZ DEL DÍA. ■ 7 Franco, sin rodeos ni disimulo. ■ 8 Dotado de capacidad de pensar con cordura o de perspicacia. ■ 9 (lit) Ilustre. ■ 10 (Taur) [Toro] que no tiene resabios y acomete limpiamente. ■ 11 (E) [Caballo] que separa los brazos al andar, echando las manos hacia afuera. II n A m 12 Espacio libre que rompe la continuidad de un conjunto. **b)** Parte rala o despejada en un bosque. **c)** *En un hórreo:* Espacio abierto entre los barrotes o columnas laterales. ■ 13 Pausa breve y ocasional en una actividad o en un fenómeno. ■ 14 Claridad [2]. **b)** (Pint) Porción de luz que baña una parte del cuadro. ■ 15 (reg) Balcón. B f 16 Claro [12 y 13]. *Frec en la forma* CLARITA. ■ 17 Cielo despejado. ■ 18 Materia líquida, transparente y blanquecina que rodea la yema del huevo de las aves. ■ 19 *En pl* Luces del amanecer. *Frec* LAS CLARAS DEL DÍA. ■ 20 Cerveza con gaseosa. *Tb* CLARA CON LIMÓN. III *loc v y fórm or* 21 **cantarlas claras.** (col) Decir o proclamar abiertamente algo que por discreción se callaría. ■ 22 **más ~, agua.** (col) *Fórmula con que se pondera el carácter inequívoco de una frase o de un hecho.* ■ 23 **poner,** *o* **dejar, en ~** [algo]. Hacer que no quede ninguna duda o ignorancia [sobre ello]. **b) quedar en ~** [algo]. No dejar lugar a ninguna duda o ignorancia [sobre ello]. ■ 24 **tenerlo** (*o* **llevarlo**) **~.** (juv) *Se usa para ponderar la dificultad de conseguir lo que se pretende.* * *Lo llevas claro si crees que te van a hacer fijo ya.* IV *adv* 25 De manera clara [5, 6 y 7]. ■ 26 Naturalmente. *Frec se usa para asentir enfáticamente a lo que acaba de oírse, o para confirmarlo. Seguido de* QUE, *da énfasis a lo que se dice inmediatamente después.* * *–¿Te acuerdas de él? –Claro.* * *–¿Vas a verle? –Claro que sí.* **b)** *Se usa como inciso en una frase, para enfatizar lo que se acaba de decir. Frec* ~ ESTÁ. * *No por nada, claro está, él es buena persona.* ■ 27 **a las claras.** De manera patente o sin disimulo. ■ 28 **en ~,** *o* (lit) **de ~ en ~.** En vela o sin dormir. *Gralm como compl de* PASAR LA NOCHE.

claror m (a veces f) (lit) Luz o claridad.

claroscuro m (Arte, esp Pint) Contraste de luces y sombras. *Tb fig, fuera del ámbito técn.*

clase I f 1 Grupo de los que resultan de repartir los elementos de un conjunto reuniendo aquellos que tienen características comunes. **b)** (CNat) Grupo taxonómico comprendido entre el tipo y el orden o la cohorte. ■ 2 Clase [1a] de personas establecida, dentro de la sociedad, por razones económicas y culturales. *Tb* ~ SOCIAL. *Frec con un adj especificador.* **b)** ~ **media.** Categoría de personas que viven del trabajo no manual o de pequeñas rentas. **c)** ~**s pasivas.** Conjunto de personas que no realizan trabajo productivo y que perciben una pensión por jubilación, retiro, viudedad u orfandad. ■ 3 Modalidad o estilo. **b) ninguna ~.** *Se usa para ponderar la ine-*

xistencia de lo designado. * *Tenía un pecho sonrosado, sin vello de ninguna clase.* ■ 4 Calidad (condición [de una pers. o cosa] por sus cualidades o propiedades). *Gralm con los adjs* BUENA *o* MALA *u otro valorativo.* **b)** *Sin adj:* Buena calidad. **c)** Distinción o categoría personal. ■ 5 Acto o sesión docentes. **b)** Actividad docente. *Gralm en constrs como* HABER *o* TENER ~, DÍA DE ~. **c)** Enseñanza [de una materia o disciplina]. *Frec en pl.* ■ 6 Conjunto de alumnos que estudian un mismo curso en un mismo grupo. ■ 7 Aula. ■ 8 (Mil) Individuo que pertenece a alguno de los escalones intermedios entre el oficial y el soldado raso. II *loc v* 9 **dar ~.** Enseñar [una materia (compl DE)]. *Tb sin compl.* **b)** Recibir enseñanza [de una materia]. *Tb sin compl.* ■ 10 **hacer ~.** (reg) Convenir, o venir bien. ■ 11 **todavía** (*o* **aún**) **hay ~s.** (col) *Fórmula con que se pondera la superioridad.* * *Perder los modales solo es admisible en la gente baja, pero aún hay clases.* III *loc prep* 12 **en ~ de.** (raro) En calidad de.

clásicamente adv De manera clásica [11].

clasicidad f 1 Clasicismo [1]. ■ 2 Cultura clásica [1a].

clasicismo m 1 Cualidad de clásico, esp [1, 2, 5, 6, 7, 8 y 9]. ■ 2 Estilo o manera clásicos [1a, 2a, 5 y 10b]. ■ 3 Época clásica [1, 3, 4a y 5].

clasicista adj Del clasicismo [2 y 3]. **b)** Adepto al clasicismo [2]. *Tb n.*

clásico -ca I adj 1 De la antigüedad griega y romana, esp. de su cultura o de su literatura. *Tb n, referido a artista o escritor.* **b)** Que versa sobre la antigüedad griega y romana, o que la estudia. ■ 2 Que se inspira en los modelos o en las normas de la literatura o del arte clásicos [1a]. **b)** [Escritor, artista u obra] en que el equilibrado y lo racional predominan sobre lo dinámico y lo emotivo. ■ 3 *En la cultura griega:* [Período] de máximo esplendor, que corresponde al s. V a.C. ■ 4 (TLit) *En literatura latina:* [Período] de máximo esplendor, que corresponde aproximadamente a los ss. I a.C. y I d.C., esp. a la época de Augusto. **b)** *En literatura francesa:* [Período] de máximo esplendor, en que se siguen las normas de la literatura clásica latina y corresponde al s. XVII, esp. su segunda mitad. **c)** *En otras literaturas:* [Período] de máximo esplendor. ■ 5 (Mús) [Período clásico] que sigue al barroco. ■ 6 Del período clásico [3, 4 y 5]. *Tb n, referido a pers.* ■ 7 [Variedad de la lengua latina] propia del uso escrito de las personas cultas, esp. de la literatura. *Opuesto a* VULGAR. ■ 8 [Escritor, artista u obra] que se estudia en las historias de la literatura o del arte. *Tb n, referido a pers.* ■ 9 [Autor, obra o tratado] que se considera autoridad. *Tb n, referido a pers.* ■ 10 [Música] de la tradición culta occidental. *Opuesto a* LIGERA *y a* POPULAR. **b)** De (la) música clásica. *Tb n, referido a pers.* ■ 11 Consabido o habitual. **b)** Tradicional, o no caracterizado por lo novedoso o llamativo. II f 12 *En pl* (col): Filología clásica [1b]. III *loc v* 13 **conocerse** [alguien] **a sus ~s.** (col) Penetrar en los pensamientos o en las reacciones de la gente que le rodea.

clasicoide adj (desp) Que tira a clásico.

clasificable adj Que puede clasificarse.

clasificación f 1 Acción de clasificar(se). ■ 2 Lista en que están ordenados por clases [1a] los elementos de un conjunto. ■ 3 Lista en que están ordenados según un criterio dado los elementos

de una serie homogénea. **b)** ~ **periódica** → PE-
RIÓDICO.

clasificador -ra *adj* [Pers.] que clasifica. *Tb n.*
b) [Cosa] que sirve para clasificar. *Tb n, m o f, referido a aparato, máquina o carpeta.*

clasificar **A** *tr* **1** Ordenar o distribuir [algo colectivo o plural] por clases [1a]. *Frec con un compl* EN
*que expresa la clase. A veces tb con un compl
adv que expresa el criterio seguido. Tb abs.* ■ **2** Incluir [algo o a alguien] en una clase [1a]. *Frec con
un compl introducido por* COMO. ■ **3** (*Dep*) Hacer
que [alguien (*cd*)] se clasifique [5]. ■ **4** (*Pol*)
Declarar oficialmente secreto [algo, esp. un documento o una materia]. *Frec en part.*
B *intr pr* (~**se**) **5** (*Dep*) Conseguir los resultados
necesarios para participar [en una competición o en
una parte de ella (*compl* PARA)]. ■ **6** (*Dep*) Obtener
[un lugar o puesto determinado (*compl* EN)] en una
competición.

clasificatorio -ria *adj* De (la) clasificación.

clasismo *m* Tendencia o actitud clasista.

clasista *adj* De (la) diferencia de clases [2]. **b)**
Partidario de la diferencia de clases. *Tb n, referido a
pers.* **c)** Partidario de la lucha de clases o de la defensa de los intereses de clase. *Tb n, referido a pers.*

clástico -ca *adj* **1** (*Geol*) Constituido por fragmentos de rocas preexistentes. *Esp referido a roca.*
■ **2** (*E*) [Modelo] que puede dividirse en sus diferentes elementos o partes para su estudio.

clastomanía *f* (*Med*) Tendencia patológica a des-
truirlo todo.

claudia → CLAUDIO.

claudicación *f* **1** Acción de claudicar. ■ **2** (*Med*)
Trastorno o cese de una función. **b)** ~ **intermitente.** Debilidad dolorosa de las piernas tras cierto
tiempo de marcha, que desaparece con el descanso y
es debida a mala circulación.

claudicador -ra *adj* Claudicante [1].

claudicante *adj* **1** Que claudica. *Tb fig.* ■ **2**
(*Med*) [Modo de andar] cojo e inseguro, propio de
quien padece claudicación intermitente.

claudicar *intr* **1** Ceder o transigir [ante una presión o una tentación]. *Tb sin compl.* ■ **2** Abandonar
[una idea o empeño (*compl* DE)]. ■ **3** (*lit o Med*)
Cojear.

claudio -dia *adj* [Ciruela] de una variedad muy
apreciada de color verde amarillento y carne
muy dulce y jugosa. *Tb n f.* **b)** [Ciruelo] que produce las ciruelas claudias.

clauso -sa *adj* (*lit*) Cerrado. *Tb fig.*

claustra *f* (*raro*) Claustro [1].

claustral *adj* **1** De(l) claustro [1, 2 y 3]. *Tb n, referido a pers.* ■ **2** (*Rel catól*) De clausura. *Tb n, referido a pers.*

claustro *m* **1** Galería que rodea el patio de una
iglesia, convento o universidad. ■ **2** Conjunto de
los profesores de un centro de enseñanza universitaria o media. *Tb* ~ DE PROFESORES. **b)** Junta del
claustro de profesores, en la que a veces se incluyen
estudiantes y otras perss. ■ **3** (*lit*) Estado monástico. *Tb fig.* ■ **4** ~ **materno.** (*lit*) Útero o matriz.

claustrofobia *f* Temor enfermizo a permanecer
en espacios cerrados. *Frec con intención ponderativa. Tb fig.*

claustrofóbico -ca *adj* **1** De (la) claustrofobia.
Tb fig. ■ **2** Que padece claustrofobia.

cláusula *f* **1** Disposición o condición establecida
en un contrato, un testamento o un convenio. *Frec
con un adj o compl especificador.* ■ **2** (*Gram*) Parte
o división de un período. ■ **3** (*Mús*) Conclusión de
una frase musical.

clausulón *m* (*Gram, desp*) Cláusula [2] excesivamente amplia.

clausura *f* **1** *En determinados conventos:* Recinto
interior en que no pueden entrar mujeres, si el convento es masculino, o ni hombres ni mujeres, si es
femenino. **b)** Prohibición de salir de la clausura, para los religiosos del convento, o de entrar en
ella, para otras personas. *Tb el régimen de vida correspondiente.* ■ **2** Acción de cerrar. *Frec referido a
las actividades de una empresa o a un lugar público.* **b)** Acto con que se cierran las actividades [de algo, esp. una asamblea o un curso]. ■ **3** Hecho de estar cerrado o incomunicado respecto al exterior. **b)**
Encierro o incomunicación voluntarios de una pers.

clausurar *tr* Realizar la clausura [2] [de algo
(*cd*)]. **b)** (*lit, raro*) *En gral:* Cerrar. *Tb fig.*

clava *f* (*hist*) Arma consistente en un palo de aproximadamente 1 m de largo, que va engrosándose a
partir de la empuñadura.

clavacina *f* (*Med*) Antibiótico obtenido de los cultivos del hongo *Aspergillus clavatus.*

clavada *f* **1** Acción de clavar, *esp* [7 y 8]. ■ **2**
Salto al agua desde una gran altura.

clavadista *m y f* Pers. especialista en clavadas [2].

clavado¹ -da *adj* **1** *part* → CLAVAR. ■ **2** (*col*) Justo o exacto. *Frec con intención ponderativa.* ■ **3**
(*col*) Idéntico. *Gralm con intención ponderativa.*

clavado² *m* Acción de clavar [1 y 3].

clavador -ra *adj* Que clava [1 y 3]. *Tb n: m y f,
referido a pers; f, referido a máquina.*

clavar *tr* **1** Introducir [en un cuerpo (*compl adv*)]
un objeto punzante o puntiagudo]. *Tb fig.* **b)** (*Taur*)
Introducir [en el cuerpo del toro (*ci*)] las banderillas,
el estoque o el rejón]. *Tb abs.* **c)** *pr* (~**se**) Introducirse en un cuerpo [un objeto punzante o puntiagu-
do]. *Tb fig. Frec con un compl de lugar en donde.* ■
2 (*col*) Meter firme o profundamente [algo]. *Tb fig.
Frec con un compl de lugar en donde.* **b)** *pr* (~**se**)
Meterse firme o profundamente [algo]. *Tb fig.* ■ **3**
Fijar [algo] con uno o más clavos, u otros objetos
puntiagudos. ■ **4** Introducir [en algo (*cd*) objeto-
tos puntiagudos (*compl* DE)]. ■ **5** Fijar con insistencia [los ojos o la mirada]. **b)** *pr* (~**se**) Fijarse con insistencia [los ojos o la mirada]. ■ **6** Inmovilizar
[algo o a alguien]. *Tb fig. Frec con un compl de lugar en donde.* **b)** *pr* (~**se**) Quedar inmovilizado [al-
guien o algo]. *Tb fig. Frec con un compl de lugar en
donde.* ■ **7** Pescar con anzuelo. ■ **8** (*col*) Cobrar
[dinero] con exceso [por un artículo o por un servi-
cio]. *Tb abs y sin compl* POR. ■ **9** (*jerg*) Realizar [un
hombre] el acto sexual [con una mujer (*cd*)]. *Frec
con un compl de interés.* ■ **10** ~ **los codos** → CODO.

clavario -ria (*tb f* CLAVARIESA) *m y f* (*reg*) *En una
cofradía:* Pers. de las que tienen a su cargo el gobierno.

clavazón *f* Clavos, o conjunto de clavos [1].

clave¹ **I** *f* **1** Sistema de signos cuyo valor solo es conocido por un número restringido de personas y que

estas utilizan para transmitirse mensajes secretos. *Frec en la constr* EN ~. **b)** Tabla de correspondencias entre los signos de una clave y los del sistema común. **c)** ~ **de acceso.** (*Informát*) Conjunto de caracteres conocido solo por una o pocas personas, que permite acceder a los programas o datos de un ordenador. ■ **2** Dato, palabra o idea por los que alguien o algo enigmático o difícil de entender resulta comprensible. ■ **3** Punto o elemento fundamental o básico [de algo]. ■ **4** (*Arquit*) Piedra con que se cierra, por la parte superior, el arco o la bóveda. ■ **5** (*Mús*) Signo que, colocado al principio de la pauta, indica la situación de las notas en ella.
II *adj invar* (*alguna vez variable*) **6** Fundamental o básico.
III *loc adv* **7 en** ~ + *adj o compl especificador.* Teniendo [lo expresado por el adj. o compl.] como elemento fundamental.

clave[2] *m* **1** Clavicémbalo. ■ **2** Músico que toca el clave [1].

clavecímbano *m* (*raro*) Clavicémbalo.

clavecín *m* Clavicémbalo.

clavecinista *m y f* Músico que toca el clavecín.

clavel *m* **1** Planta herbácea, perenne, ornamental, que en su especie más típica tiene tallos nudosos y delgados, hojas estrechas y largas y flores solitarias perfumadas (gén. *Dianthus*). *Tb su flor. Diversas especies se distinguen por medio de un adj o compl especificador:* ~ COMÚN (*D. caryophyllus*), ~ CORONADO (*D. plumarius*), ~ CHINO (*D. chinensis*), ~ DE MONTE (*D. monspessulanus*), *etc.* ■ **2 un** ~. (*jerg*) Una mínima cantidad de dinero. *En constrs negs.*

clavelera *f* Mujer que vende claveles [1] en la calle.

clavelina *f* Clavellina.

clavelito *m* Clavel [1] de pétalos entre rosa y púrpura, que nace en setos y prados de bosque (*Dianthus superbus*).

clavellina *f* Clavel semejante al común, pero de tallos, hojas y flores más pequeños (*Dianthus monspessulanus*). *Tb su flor. Tb designa otras especies de claveles.*

clavelón *m* Planta herbácea ornamental de flores amarillas originaria de Méjico (*Tagetes erecta*).

clavero A *m* **1** (*hist*) *En algunas órdenes militares:* Caballero encargado de defender su principal castillo o convento. *Actualmente es título de uno de los miembros del gobierno de la orden.*
B *m y f* **2** (*raro*) Pers. que guarda las llaves.

claveteado *m* Acción de clavetear. *Tb su efecto.*

clavetear *tr* **1** Guarnecer o adornar con clavos [1]. *Gralm en part.* ■ **2** Clavar [1a y 3]. ■ **3** Martillear [clavos]. *Frec abs. Tb fig.*

clavicémbalo *m* Instrumento músico de tecla en que las cuerdas son punteadas mediante un mecanismo accionado por el teclado.

clavicordio *m* Instrumento músico de tecla, en que las cuerdas son golpeadas mediante martillos accionados por el teclado, y cuyo sonido es parecido al de la guitarra.

clavícula *f* Hueso largo, situado en la parte superior del pecho, que une el esternón con el hombro.

clavicular *adj* (*Anat*) De la clavícula.

claviforme *adj* (*E*) De forma de clava o porra.

clavija I *f* **1** Pieza cilíndrica, cónica o piramidal, de madera u otra materia dura, que se encaja en un taladro de otra pieza, normalmente como elemento de sujeción. ■ **2** Vástago metálico de los que sobresalen en la parte macho de un enchufe. *Tb toda la parte macho.*
II *loc v* **3 apretar las** ~**s** [a alguien]. (*col*) Tratar[le] con severidad, exigiéndo[le] un cumplimiento más estricto de sus deberes. *A veces sin ci.*

clavijero *m* **1** *En un instrumento músico de cuerda:* Extremo superior del mástil, provisto de agujeros en los que se encajan las clavijas [1]. ■ **2** *En el arado:* Parte del timón en que se encaja la clavija [1].

clavillo *m* **1** *dim* → CLAVO. ■ **2** Clavo [3].

clavista *m y f* (*raro*) Músico que toca el clave[2] o clavecín.

clavo I *m* **1** Pieza de metal alargada, terminada en punta aguda y con el extremo opuesto normalmente ensanchado en superficie por lo general plana, y que, introducida a presión en un cuerpo, sirve para sujetar otro a él, o a veces como simple adorno. ■ **2** Juego infantil que consiste en clavar un clavo [1] largo en el suelo, lanzándolo según determinadas reglas. ■ **3** Capullo seco, usado como especia, de la flor de la planta *Eugenia caryophyllata*, árbol aromático de unos 12 m con hojas persistentes y flores en racimo. *Tb* ~ DE ESPECIA *y* ~ DE OLOR. *Tb en sg con sent colectivo.* ■ **4** (*reg*) Estigma de la flor del azafrán. ■ **5** Dolor agudo de cabeza. ■ **6** (*jerg*) Pene (órgano copulador del macho). ■ **7 un** ~. (*col*) Una mínima cantidad de dinero. *En constrs negs.*
II *loc adj* **8 de** ~ **pasado.** (*col*) Evidente.
III *loc v* **9 agarrarse** (**a aferrarse**) **a un** ~ **ardiendo.** (*col*) Recurrir a alguien o algo como medio, aunque sea arriesgado e inseguro, y a falta de otro verdaderamente adecuado, para salir de una dificultad o problema. **b) agarrarse** [a una pers. o cosa] **como a un** ~ **ardiendo.** Recurrir [a ella] como medio, aunque sea arriesgado e inseguro, y a falta de otro verdaderamente adecuado, para salir de una dificultad o problema. ■ **10 dar en el** ~. (*col*) Acertar. **b) dar una en el** ~ **y ciento en la herradura.** Cometer muchos desaciertos y acertar alguna vez por casualidad. ■ **11 no dar** (**ni** *o* **un**) ~. (*col*) No trabajar en absoluto. ■ **12 remachar el** ~. (*col*) Insistir, esp. en un hecho o dicho equivocado o inconveniente. ■ **13 sacarse el** ~. (*col*) Desquitarse.
IV *loc adv* **14 a** ~ **pasado.** (*col*) Con una intención concreta o con un plan previsto. ■ **15 como un** ~. (*col*) Con rigurosa puntualidad. *Gralm con el v* ESTAR. ■ **16 de** ~. (*col*) De manera forzada o ilegítima. *Gralm con los vs* METER *o* ENTRAR.
V *interj* **17 por los** ~**s de Cristo.** Por Dios.

claxon *m* Instrumento acústico eléctrico, normalmente de sonido monótono, que se usa en los vehículos para avisar. *Tb su sonido.*

claxonar (*raro*) A *intr* **1** Tocar el claxon.
B *tr* **2** Tocar [un claxon o bocina].

claxonazo *m* Toque de claxon.

clearing (*ing; pronunc corriente,* /klírin/; *pl normal,* ~S) *m* (*Econ*) **a)** Compensación de débitos y créditos. *Esp en las relaciones internacionales.* **b)** Acuerdo de compensación.

cleistógamo -ma *adj* (*Bot*) [Flor] que se mantiene cerrada y se fecunda con el propio polen. *Tb referido a la planta correspondiente.*

clemátide *f* Planta sarmentosa que se enreda en el ramaje de los árboles, de hojas compuestas, flores blancas y fruto en aquenio (*Clematis vitalba*). *Otras especies se distinguen por medio de adjs o compls:* ~ FLÁMULA (*C. flammula*), ~ RECTA (*C. recta*), ~ DE VIRGINIA (*C. cirrhosa*).

clembuterol *m* Sustancia anabolizante usada esp. para engordar fraudulentamente a las reses.

clemencia *f* Cualidad de clemente.

clemente *adj* [Pers.] que juzga o castiga con benevolencia y evitando la dureza. *Tb fig, referido a cosa.* **b)** Propio de la pers. clemente.

clementina[1] *f* Variedad de mandarina sin pepitas y de sabor muy dulce.

clementina[2] *f* (*Rel catól*) Constitución de las dadas por Clemente V y reunidas por Juan XXII en 1317. *Normalmente con mayúscula y en pl, designando esta recopilación.*

clepsidra *f* Reloj constituido por dos recipientes de vidrio, en el cual se mide el tiempo por lo que tarda en pasar gota a gota el agua contenida en uno al otro.

cleptocracia *f* (*lit, raro*) Gobierno ejercido por ladrones. *Tb el país que tiene tal gobierno.*

cleptócrata *m y f* (*lit, raro*) Gobernante ladrón.

cleptomanía *f* (*lit*) Condición de cleptómano [1a].

cleptómano -na *m y f* (*lit*) Pers. que tiene inclinación morbosa a hurtar. **b)** (*euf, humoríst*) Ladrón. **c)** Propio de la pers. cleptómana.

clerecía I *f* **1** Clero. ■ **2** Condición de clérigo. II *loc adj* **3** [Mester] **de** ~ → MESTER.

clergyman (*ing; pronunc corriente,* /kléryiman/; *pl normal,* ~s) *m* Traje sacerdotal compuesto de chaqueta, pantalón y camisa de color gris oscuro o negro y alzacuello blanco.

clerical *adj* **1** De(l) clérigo o de (los) clérigos. ■ **2** Partidario del clero o de su influencia. ■ **3** [Cosa] que tiene carácter clerical [1] o está influida por el clero.

clericalismo *m* **1** Cualidad de clerical [2 y 3]. ■ **2** Predicamento excesivo del clero.

clericalista *adj* (*raro*) De(l) clericalismo o que lo implica.

clericalización *f* Acción de clericalizar. *Tb su efecto.*

clericalizar *tr* Hacer clerical [3].

clericalmente *adv* De manera clerical [3].

clericatura *f* Estado o condición de clérigo.

clerigalla *f* (*desp*) Clero.

clérigo *m* **1** (*Rel crist*) Hombre que ha recibido órdenes sagradas, esp. sacerdote. ■ **2** ~s **(de) boca abajo.** Aguileña (planta, *Aquilegia vulgaris*).

cleriguicia *f* (*desp, raro*) Conjunto de clérigos.

clerizonte *m* (*lit, desp*) Cura o sacerdote.

clero *m* Conjunto de los clérigos. **b)** ~ **regular,** ~ **secular** → REGULAR, SECULAR.

clerodendro *m* Planta arbustiva o arbórea, con flores de varios colores y fruto en drupa, cultivada como ornamental (gén. *Clerodendron*).

clerofobia *f* Odio al clero.

clerófobo -ba *adj* Que manifiesta odio al clero. *Tb n, referido a pers.*

cleruquía *f* (*hist*) Colonia militar griega en un lugar estratégico para la vigilancia de los aliados.

clic *interj* Se usa para imitar un ruido seco y tenue, frec metálico. *Frec se sustantiva como n m.*

cliché *m* **1** Plancha o lámina que sirve para reproducir numerosos ejemplares de los textos o imágenes grabados en ella. **b)** Negativo fotográfico, que sirve para sacar copias, ampliaciones o reducciones. ■ **2** Expresión o idea muy usadas.

cliente -ta (*a veces se usa la forma* CLIENTE *tb como f*) *m y f* **1** Pers. que compra [en una tienda (*compl de posesión*)] o utiliza, mediante pago, los servicios [de un profesional o de un establecimiento]. ■ **2** (*Pol*) Pers. que colabora con un político o con un partido a cambio de su apoyo o protección. *Tb dicho de colectividad o nación, con respecto a otras.* ■ **3** (*hist*) En la Roma antigua: Plebeyo que está bajo la protección de un patricio. *A veces aplicado, en gral, al hombre libre que sirve a un poderoso a cambio de su protección.*

clientela *f* **1** Conjunto de los clientes, *esp* [1]. ■ **2** (*Pol*) Conjunto de partidarios [de algo].

clientelar *adj* **1** De (los) clientes [1 y 2]. ■ **2** (*Pol*) Que tiene condición de cliente [2].

clientelismo *m* (*Pol*) **1** Política basada en la existencia de clientes [2]. ■ **2** Condición o actitud de cliente [2].

clientelista *adj* (*Pol*) De(l) clientelismo o que lo implica.

clima *m* **1** Conjunto de condiciones atmosféricas propias de una región. *Frec con un compl de posesión o un adj calificador.* **b)** Región caracterizada por un clima. ■ **2** Ambiente. *En sent moral.*

climácico -ca *adj* (*Bot*) De(l) clímax[2].

climatérico -ca *adj* (*Fisiol*) Del climaterio.

climaterio *m* (*Fisiol*) Período de la vida humana en que cesa la función reproductora de la mujer o la actividad testicular del hombre.

climáticamente *adv* En el aspecto climático.

climático -ca *adj* De(l) clima [1].

climatización *f* Acción de climatizar. *Tb su efecto.*

climatizador -ra *adj* Que climatiza. *Frec n m, referido a aparato.*

climatizar *tr* Dar [a un espacio limitado (*cd*)], por medios artificiales, la temperatura, la humedad del aire y a veces la presión convenientes para la comodidad o para la salud. *Gralm en part.*

climatología *f* **1** Estudio científico del clima o de los climas [1]. ■ **2** Clima [1].

climatológicamente *adv* En el aspecto climatológico.

climatológico -ca *adj* De (la) climatología.

climatólogo -ga *m y f* Especialista en climatología [1].

climatoterapia *f* (*Med*) Tratamiento de enfermedades basado en los efectos favorables de determinados climas [1].

clímax[1] *m* **1** Punto más alto o culminación de un proceso. ■ **2** (*TLit*) Gradación o expresión de intensidad ascendente. **b)** Momento culminante en el desarrollo de la acción o del tema.

clímax[2] *f (o m) (Bot)* Situación de estabilidad que alcanza una formación vegetal al término de su evolución. *A veces en la aposición* FORMACIÓN ~.

climograma *m (Meteor)* Gráfico que refleja los valores medios de pluviosidad y temperatura en un período dado.

clin[1] *f* Crin.

clin[2] *interj* Imita el sonido de una campanilla o el golpe de algo pequeño y frec metálico. *A veces se sustantiva como n m.*

clinch *(ing; pronunc corriente, /klinĉ/; pl normal, invar) m (Boxeo)* Acción de agarrarse un boxeador a otro.

clinero -ra *m y f (col)* Pers. que vende clínex en la calle.

clínex *m* Kleenex.

clinic *(ing; pronunc corriente, /klínik/; ~s) m (Dep)* Cursillo especializado para deportistas o técnicos.

clínicamente *adv* **1** En el aspecto clínico [1a]. ■ **2** De manera clínica [1a].

clínico -ca I *adj* **1** De (la) clínica [4] o de su objeto. **b)** *(Med)* [Signo o síntoma] que el médico puede conocer por simple observación. ■ **2** [Caso] ~, [historia] **clínica**, [ojo] ~ → CASO, HISTORIA, OJO. **II** *n* **A** *m y f* **3** *(Med)* Médico que se dedica a la clínica [4]. **B** *f* **4** *(Med)* Estudio y tratamiento de las enfermedades junto al lecho del enfermo. *Tb* MEDICINA CLÍNICA. ■ **5** *(Med)* Conjunto de síntomas característicos [de una enfermedad o dolencia]. ■ **6** Local donde los enfermos reciben tratamiento médico. **b)** Establecimiento hospitalario, normalmente privado, donde se interna a los enfermos para ser tratados o para ser operados quirúrgicamente. **c) clínica veterinaria.** Establecimiento privado en que se trata a los animales enfermos, o se les vacuna y vigila su estado.

clínker *m (Constr)* Granulado que resulta de cocer en un horno a alta temperatura una mezcla de caliza y arcilla y con el que se hace el cemento.

clinoeje *m (Mineral)* Eje anteroposterior que forma ángulo oblicuo con el vertical.

clinómetro *m (E)* Aparato que sirve para medir la inclinación de un cuerpo o de un punto respecto al plano vertical.

clinopodio *m* Planta de las labiadas, de hojas grandes y flores purpúreas, frecuente en matorrales y bosques (*Clinopodium vulgare*).

clip[1] *(pl normal, ~s) m* **1** Utensilio constituido por un hilo metálico doblado sobre sí mismo y que sirve, por presión, para sujetar papeles. ■ **2** En un instrumento de bolsillo, como pluma, bolígrafo, etc: Pieza que permite sujetarlo por presión al borde del bolsillo. ■ **3** Pinza, de formas diversas, que sujeta por presión. ■ **4** Pieza metálica que sirve para sujetar un objeto a una argolla y que se abre por presión y se cierra automáticamente por resorte. ■ **5** *(Med)* Instrumento metálico para unir bordes mediante presión.

clip[2] *(pl normal, ~s) m* Videoclip.

clip[3] *interj* Se usa para imitar un ruido seco y tenue, frec metálico. *Frec se sustantiva como n m.*

clípeo *m* **1** *(hist)* Escudo redondo y cóncavo. ■ **2** *(Arte)* Medallón o pieza cuya forma recuerda al clípeo [1].

clipper *(ing; pronunc corriente, /klíper/; pl normal, ~s) m (hist)* Buque de vela ligero, de navegación transoceánica.

clique *(fr; pronunc corriente, /klik/) f (Pol, desp)* Camarilla o grupo.

clisé *m* Cliché.

cliso *m (jerg)* Ojo (órgano de la vista).

clister *m (raro)* Lavativa.

clitelo *m (Zool)* En algunos gusanos: Región del cuerpo, próxima al extremo anterior, que presenta forma abultada.

clitoridiano -na *adj (Anat)* De(l) clítoris.

clítoris *m (Anat)* Pequeño órgano eréctil que forma parte de la vulva.

clitorismo *m (E)* Erección del clítoris, esp. persistente.

clitoritomía *f (Med)* Ablación del clítoris.

cloaca *f* **1** Conducto para aguas sucias o inmundicias. *Tb fig.* ■ **2** *(Zool)* En algunos vertebrados: Orificio común en el que desembocan las vías urinarias y genitales y el tubo digestivo.

cloacal *adj* De (la) cloaca.

cloasma *m (Med)* Pigmentación cutánea en manchas amarillentas e irregulares, que aparece esp. en la cara de las mujeres embarazadas.

cloc *interj* Imita un ruido seco. *A veces se sustantiva como n m.*

clochard *(fr; pronunc corriente, /kloʃár/; pl normal, ~s) m y f* Vagabundo de París. **b)** *(lit)* Vagabundo.

cloche *(fr; pronunc corriente, /kloʃ/) m (a veces f)* Sombrero femenino en forma de campana. *Tb* SOMBRERO ~.

cloisonné *(fr; pronunc corriente, /kluasoné/) adj (Arte)* [Esmalte] alveolado. *Tb n m.*

clon *m (Biol)* Serie de células o de organismos idénticos descendientes de una célula originaria por reproducción asexual. *Tb cada organismo.*

clonación *f (Biol)* Reproducción en laboratorio de células, individuos, genes o fragmentos de ADN idénticos, a partir de una célula originaria.

clonaje *m (Biol)* Clonación.

clonal *adj (Biol)* De(l) clon.

clonar *tr (Biol)* Producir [genes, células u organismos] por clonación.

clónico[1] **-ca** *adj* **1** *(Biol)* Producido por clonación. ■ **2** [Objeto, esp. ordenador] que es copia idéntica de otro. *Tb fig, referido a pers.*

clónico[2] **-ca** *adj (Med)* [Espasmo o convulsión] en que alternan la contracción y relajación de los músculos.

cloning *(ing; pronunc corriente, /klónin/; pl normal, ~s) m (Biol)* Clonación.

cloque *m (Mar)* Utensilio a modo de garfio, usado para enganchar los atunes en la almadraba.

cloquear *intr* **1** Cacarear. *Dicho esp de la gallina clueca.* ■ **2** Producir un sonido repetido de cloc, cloc.

cloqueo *m* Acción de cloquear, *esp* [1]. *Tb su efecto. Tb fig.*

cloquera *f* Estado de clueca. *Esp referido a gallina.*

cloración *f* Acción de clorar.

clorado -da *adj* **1** *part* → CLORAR. ■ **2** (*Quím*) Que contiene cloro. *Tb n m, referido a producto.*

clorador -ra *adj* Que sirve para clorar. *Tb n m, referido a aparato.*

cloral *m* (*Quím*) Líquido obtenido por la acción del cloro sobre el alcohol, usado en medicina como anestésico.

cloramfenicol → CLORANFENICOL.

cloramina *f* (*Quím*) Compuesto de cloro y nitrógeno, que se usa como antiséptico.

cloranfenicol (*tb con la grafía* **cloramfenicol**) *m* (*Med*) Cloromicetina.

clorar *tr* Tratar con cloro [el agua] para mejorar sus condiciones higiénicas.

cloratado -da *adj* (*Quím*) Que contiene clorato.

cloratita *f* (*Quím*) Explosivo fabricado con clorato potásico, azufre y polvo de aluminio.

clorato *m* (*Quím*) Sal formada por la combinación del ácido clórico con una base. *Gralm con un adj especificador.* **b)** (*col*) *Sin especificador:* Clorato potásico.

clorela *f* Alga verde unicelular microscópica, aprovechable para la alimentación humana (*gén. Chlorella*).

clorhidrato *m* (*Quím*) Sal formada por la combinación del ácido clorhídrico con una base.

clorhídrico *adj* (*Quím*) [Ácido] resultante de la combinación del cloro y el hidrógeno.

clórico -ca *adj* (*Quím*) De(l) cloro pentavalente.

clorita *f* (*Mineral*) Se da este n a varios minerales de color verde oscuro y semejantes a la mica, constituidos por silicato hidratado de aluminio, magnesio y hierro.

clorito *m* (*Quím*) Sal derivada del ácido cloroso.

cloro *m* Metaloide gaseoso, de número atómico 17, de color amarillo verdoso y de acción oxidante, sofocante y tóxica.

clorofícea *adj* (*Bot*) [Alga] de color verde puro. *Frec como n f en pl, designando este taxón botánico.*

clorofila *f* (*Bot*) Pigmento verde de las plantas, presente especialmente en las hojas.

clorofilado -da *adj* Que contiene clorofila.

clorofílico -ca *adj* (*Bot*) De (la) clorofila. **b)** [Función] por la que las plantas con clorofila transforman sustancias simples en complejas debido a la acción de la luz. **c)** Que se realiza mediante la función clorofílica.

clorofluorocarbono *m* (*Quím*) Cuerpo de los que forman un grupo de compuestos gaseosos de carbono, hidrógeno, cloro y flúor, usados como refrigerantes o como propelentes de aerosoles, y algunos de los cuales, muy volátiles, dañan la capa de ozono de la atmósfera.

cloroformizar *tr* Anestesiar con cloroformo. *Frec fig.*

cloroformo *m* Líquido incoloro compuesto de carbono, hidrógeno y cloro, cuyos vapores, inhalados, producen inconsciencia. *Tb fig.*

clorogás *m* (*Quím*) Cloro en estado gaseoso.

cloromicetina *f* (*Med*) Antibiótico obtenido del cultivo del hongo *Streptomyces venezuelae*, y que también se obtiene sintéticamente.

cloropicrina *f* (*Quím*) Líquido incoloro y tóxico, usado esp. como insecticida y, en la guerra, como gas sofocante.

cloroplasto *m* (*Bot*) Plasto que contiene clorofila.

cloropromacina *f* (*Med*) Clorpromacina.

cloroquina *f* (*Med*) Sustancia utilizada en el tratamiento de la malaria y de algunas amebiasis intestinales.

clorosis *f* **1** (*Med*) Anemia, hoy rara, caracterizada por la palidez verdosa del rostro y propia esp. de jovencitas. ■ **2** (*Bot*) Enfermedad de las plantas caracterizada por el color amarillento que toman las partes verdes.

cloroso -sa *adj* (*Quím*) De(l) cloro trivalente.

clorosulfónico *adj* (*Quím*) [Ácido] que se obtiene tratando ácido sulfúrico con ácido clorhídrico, muy utilizado en la industria química.

clorótico -ca *adj* (*Med*) Que padece clorosis [1]. *Tb n, referido a pers.*

clorovaporización *f* (*Bot*) Transpiración que se produce en la planta por efecto de la luz solar.

cloroyoduro *m* (*Quím*) Combinación de un cloruro con un yoduro.

clorpromacina *f* (*Med*) Medicamento que se emplea como tranquilizante y como potenciador de la anestesia general.

clorurado -da *adj* (*Quím*) Que contiene cloruro de sodio. *Gralm referido al agua.*

cloruro *m* (*Quím*) Combinación del cloro con un metal. *Gralm con un adj especificador.*

clostridio *m* (*Med*) Bacilo patógeno perteneciente al gén. *Clostridium*, entre cuyas especies figuran los agentes de la gangrena gaseosa, el botulismo y el tétanos.

clou (*fr; pronunc corriente,* /klu/) *m* (*hoy raro*) Parte más notable y atractiva de un espectáculo.

clown (*ing; pronunc corriente,* /klon/; *pl normal,* ~s) *m* **1** Payaso de circo. *Esp designa el que aparece con la cara pintada de blanco y que actúa como más inteligente al lado del augusto.* ■ **2** (*desp*) Payaso (*pers. poco seria en su comportamiento*).

cloxacilina *f* (*Med*) Penicilina semisintética resistente a la acción antagónica de algunas bacterias.

clu *m* (*raro*) Clou.

club[1] (*pl normal,* ~s *o* ~es) *m* **1** Sociedad deportiva. *Tb el local correspondiente.* ■ **2** Círculo recreativo o cultural de carácter privado. *Tb el local correspondiente.* **b)** Círculo privado en que se discute sobre temas políticos. *Tb fig, referido a Estados.* ■ **3** Establecimiento, gralm. nocturno, en que se sirven bebidas, con música y a veces también con baile, algún espectáculo y chicas de alterne. *A veces con un especificador:* ~ NOCTURNO, ~ DE ALTERNE.

club[2] (*ing; pronunc corriente,* /klab/; *pl normal,* ~s) *m* (*Golf*) Palo.

clubman (*ing; pronunc corriente,* /klábman/; *pl normal,* CLUBMEN) *m* (*hoy raro*) Miembro de un club[1] [2a].

clueco -ca *adj* **1** [Ave hembra] que está en situación de empollar. *Frec n f, esp referido a la gallina que empolla o que cuida los pollos recién nacidos.* ■ **2** (*col*) [Pers.] que está muy pendiente del cuidado de los que están a su alrededor. *Normalmente referido a mujer. Tb n f. Tb fig.*

cluniacense *adj* (*hist*) Del monasterio o de la congregación de benedictinos de Cluny (Francia). *Tb n, referido a pers.*

cluniense *adj* **1** De Coruña del Conde (Burgos). *Tb n, referido a pers.* ■ **2** (*hist*) De Clunia, ciudad de los arévacos, hoy Coruña del Conde.

clupeido *adj* (*Zool*) [Pez] perteneciente a la familia de la sardina y el arenque. *Tb n m en pl, designando este taxón zoológico.*

cnidario *adj* (*Zool*) [Celentéreo] provisto de órganos urticantes y que presenta normalmente alternancia de formas sexuadas libres y formas asexuadas fijas. *Frec como n m en pl, designando este taxón zoológico.*

cnidoblasto *m* (*Anat*) Órgano urticante de los celentéreos.

cnidocilo *m* (*Anat*) Parte exterior del cnidoblasto.

co- *pref* **1** Antepuesto a n o adj: Que es conjuntamente con otro(s) [lo que el n. o adj. indica]. * El codemandado. ■ **2** Antepuesto a v o a n de acción: [Acción] que se realiza conjuntamente con otro(s). * Ha coayudado a matar. ■ **3** Antepuesto a n: [Condición o circunstancia] que se tiene conjuntamente con otro(s). * La coimplicación con el sistema.

coacción[1] *f* Acción de forzar a alguien a actuar o hablar de determinada manera.

coacción[2] *f* (*Biol*) Influencia que ejercen unos organismos sobre otros dentro de un biotopo.

coaccionar *tr* Ejercer coacción[1] [sobre alguien (*cd*)]. *Tb abs.*

coacervación *f* (*Quím*) Paso de sol a gel con carácter reversible.

coach (*ing; pronunc corriente,* /kóuč/; *pl normal,* ~S) *m* (*Dep*) Entrenador.

coactivamente *adv* De manera coactiva.

coactividad *f* Condición de coactivo.

coactivo -va *adj* De (la) coacción[1] o que la implica.

coacusado -da *adj* (*Der*) [Pers.] acusada con otra u otras. *Tb n.*

coadjutor -ra I *adj* **1** (*raro*) Auxiliar. ■ **2** (*Rel catól*) [Obispo] adjunto a otro, con derecho a sucederle o sin él. *Frec n m.*
II *m* **3** (*Rel catól*) Sacerdote auxiliar del párroco.

coadjutoría *f* Cargo de coadjutor [2 y 3].

coadunar *tr* (*lit*) Unir o aunar. **b)** *pr* (~se) Unirse o aunarse.

coadyuvante *adj* Que coadyuva. *Tb n, referido a pers o elemento.* **b)** (*Der*) [Parte] que interviene como tercera en una contienda judicial, apoyando a una de las dos partes enfrentadas. *Tb n.*

coadyuvar *intr* Cooperar [con alguien o algo para un fin (*compl* A)]. *A veces se omite alguno de los compls.*

coagulabilidad *f* Cualidad de coagulable.

coagulable *adj* Que puede coagularse [2].

coagulación *f* Acción de coagular(se).

coagulador -ra *adj* Coagulante. *Tb n m, referido a sustancia. Tb fig.*

coagulante *adj* Que coagula. *Tb n m, referido a sustancia.*

coagular A *tr* **1** Hacer que [algo (*cd*)] se coagule [2].
B *intr* **2** Transformarse [una sustancia orgánica líquida] en sólida. *Frec pr* (~se).

coágulo *m* **1** Masa unida de sustancia coagulada. ■ **2** (*raro*) Coagulación.

coagulopatía *f* (*Med*) Trastorno causado por carencia o alteración de los factores que intervienen en la coagulación de la sangre.

coalescencia *f* (*lit o E*) Unión o fusión.

coalición *f* (*Pol*) Agrupación circunstancial de países, partidos o personas movidos por un interés común. *Tb fig, fuera del ámbito político.*

coalicionista *m y f* (*Pol*) Miembro de una coalición o partidario de ella.

coaligarse *intr pr* (*Pol*) Formar coalición [dos o más países, perss. o partidos, o uno(s) con otro(s)]. *Tb fig.*

coana *f* (*Anat*) Orificio de los dos que comunican las fosas nasales con la parte superior de la faringe.

coanocito *m* (*Zool*) En los espongiarios: Célula provista de flagelo cuya función es cooperar en la circulación del agua necesaria para la vida del individuo.

coaptación *f* (*raro*) Adaptación.

coartación *f* (*Med*) Estrechez, esp. de la aorta.

coartada *f* **1** Demostración [de una pers.] de haber estado ausente del lugar de un delito, por su presencia en otro lugar en el momento de cometerse. ■ **2** Excusa o justificación.

coartar *tr* Estorbar o limitar por medios no físicos [la acción, la potestad o la voluntad de alguien]. **b)** Estorbar o limitar la acción, la potestad o la voluntad [de alguien (*cd*)].

coatí *m* Mamífero carnívoro americano, de hocico alargado, patas cortas y robustas con dedos largos y uñas curvadas, y cola larga y peluda (gén. *Nasua*).

coautor -ra *m y f* Autor [de una obra o de una acción] juntamente con otro u otros.

coaxial *adj* (*E*) [Conjunto de elementos] que tienen un eje común. *Tb referido a uno de esos elementos, respecto al conjunto.* **b)** (*Telec*) [Cable] constituido por dos conductores, uno tubular y otro filiforme, mantenido en el eje del primero.

coba (*col*) I *f* **1** Palabras o expresiones de halago o adulación.
II *loc v* **2** dar ~ [a alguien]. Adular[le] o halagar[le]. *Tb sin ci. A veces, en lugar de* DAR, *se usa otro v equivalente.* **b)** dar ~ [a algo]. Elogiar[lo]. ■ **3** dar ~ [a algo]. Alargar[lo], o dedicar[le] más tiempo o espacio, voluntariamente.

cobalto I *m* **1** Metal, de número atómico 27, de color blanco rojizo, duro y de difícil fusión, cuyo óxido forma la base azul de las pinturas.
II *adj invar* **2** [Color] azul algo grisáceo, característico del óxido de cobalto [1]. *Tb n m. Tb* AZUL ~. **b)** De color cobalto. ■ **3** [Bomba] de ~ → BOMBA[1].

cobaltoso -sa *adj* (*Quím*) De cobalto bivalente.

cobaltoterapia *f* (*Med*) Tratamiento radiactivo con bomba de cobalto.

cobarde *adj* [Pers.] que siente miedo ante los posibles peligros o en medio de ellos. *Tb n. Frec se usa como insulto. A veces referido a animales.* **b)** [Pers.] falta de decisión o de arranque. *Tb n.* **c)** Propio de la pers. cobarde.

cobardear *intr* Mostrar cobardía [1].

cobardemente *adv* De manera cobarde [1c].

cobardía *f* **1** Cualidad de cobarde. ■ **2** Acción cobarde [1c].

cobardica *m y f* (*col*) Pers. cobarde. *Tb adj.*

cobaya *m o f* Conejillo de Indias (animal frec. utilizado para experimentos médicos o biológicos). **b)** Pers. sobre la que se realiza un experimento médico o biológico. *Frec ~* HUMANO. *Tb fig.*

cobayo *m* Cobaya.

cobertero -ra I *adj* **1** (*Zool*) [Pluma] corta de las que cubren la mayor parte del cuerpo de las aves. *Tb n f.*
　　II *n* A *f* **2** (*hoy raro*) Tapadera de olla o cacerola. *Tb fig.* ■ **3** (*Agric*) Capa de abono con que se cubre la tierra después de sembrada. *Frec en la loc* ABONO DE COBERTERA.
　　B *m* **4** (*reg*) Cobertera [2].

cobertizo *m* Construcción formada por un techo sostenido por pilastras o pies derechos y destinada a proteger de la lluvia o del sol.

cobertor *m* (*hoy raro*) **1** Manta de cama. ■ **2** Colcha. ■ **3** Cubierta, o cosa que cubre.

cobertora *adj* (*Zool*) [Pluma] cobertera. *Tb n f.*

cobertura I *f* **1** Acción de cubrir. *Tb su efecto.* ■ **2** Cubierta, o cosa que cubre. ■ **3** Extensión territorial que abarcan determinados servicios, esp. de telecomunicaciones. ■ **4** (*Dep, esp Fút*) Defensa (acción y línea de jugadores). ■ **5** (*Econ*) Metálico, divisas u otros valores que sirven de garantía para las operaciones financieras o comerciales.
　　II *loc adj* **6 de ~.** (*Coc*) [Chocolate] especial para cubrir y decorar dulces.

cobete *m* (*pop*) Cohete.

cobija *f* **1** Cubierta, o cosa que cubre. **b)** Teja con la concavidad hacia abajo, que abraza dos canales del tejado. ■ **2** (*reg*) Manta de cama. ■ **3** Mantilla corta que cubre la cabeza, propia del traje tradicional de algunos pueblos de Cádiz.

cobijada *f* Mujer que cubre la cabeza y el rostro con la cobija [3].

cobijador -ra *adj* Que cobija [1].

cobijar A *tr* **1** Dar refugio o albergue [a alguien o algo (*cd*)]. *Tb fig.* **b)** Servir [un lugar] de refugio o albergue [a alguien o algo (*cd*)]. **c)** Albergar [una cosa (*suj*) otra (*cd*)] en su interior. **d)** Cubrir [una cosa (*suj*) otra (*cd*)] o estar encima [de ella (*cd*)].
　　B *intr pr* (*~se*) **2** Buscar refugio o albergue. *Tb fig.*

cobijo *m* **1** Acción de cobijar(se). *Tb su efecto.* ■ **2** Lugar que sirve para cobijar(se).

cobista *m y f* (*col*) Pers. que da coba. *Tb adj.*

cobítido *adj* (*Zool*) [Pez] de agua dulce, de cuerpo alargado y barbas numerosas, de la familia de la lo-

cha. *Frec como n m en pl, designando este taxón zoológico.*

cobla *f* Conjunto instrumental propio de la música popular catalana, constituido por varios instrumentos de viento y un contrabajo.

cobo *m* Antílope africano semejante al gamo (gén. *Kobus*).

cobol (*gralm con mayúscula*) *m* (*Informát*) Lenguaje de alto nivel destinado a programas de gestión y aplicaciones comerciales.

cobra[1] *f* Reptil del sudeste de Asia y también de África, dotado de una gran glándula venenosa cuyo veneno produce rápidamente la muerte (gén. *Naja*).

cobra[2] *f* **1** (*Caza*) Acción de cobrar [4]. *Tb su efecto.* ■ **2** (*reg*) Cobranza [1].

cobra[3] *f* Conjunto de yeguas unidas para la trilla.

cobrable *adj* Que se puede cobrar [1].

cobradero -ra *adj* Que se puede o esp. debe cobrar [1a y b]. *Normalmente con un compl de modo o de tiempo.*

cobrador -ra I *m y f* **1** Pers. que tiene por oficio cobrar [1a y b].
　　II *adj* **2** (*Caza*) [Perro] especializado en cobrar [4b] piezas. *Tb n.*

cobranza *f* **1** Acción de cobrar [1], esp. impuestos. ■ **2** (*Caza*) Cobra[2] [1].

cobrar A *tr* ➤ **a** *normal* **1** Recibir [algo, gralm. dinero] como pago. *Frec abs. A veces con un compl* POR o DE, *que frec se omite por consabido, esp referido a trabajo o sueldo. A veces con un compl* EN, *que expresa el modo de pago. Frec* (*col*) *con compl de interés.* **b)** Recibir el dinero correspondiente al pago [de algo (*cd*)]. **c)** Pedir [una cantidad de dinero] como precio [por algo]. *Tb sin compl* POR. ■ **2** Tomar o adquirir [algo no material]. *Tb fig. A veces con compl de interés.* ■ **3** Causar [víctimas algo (*suj*) o, raro, alguien]. *Frec con compl de interés.* ■ **4** (*Caza*) Obtener [una pieza de caza]. **b)** Coger [el perro una pieza herida o muerta] y llevársе[la] al cazador. *Tb abs.* ■ **5** Tirar [de una cuerda o cosa similar (*cd*)] e ir recogiéndo[la]. *Esp en marina. Tb abs.* **b)** Tirar de la cuerda o cosa similar que sujeta [algo (*cd*)] para recoger[lo]. ■ **6** (*Taur*) Realizar [una estocada].
　　➤ **b** *pr* (*~se*) **7** Resarcirse [por un servicio o favor (*cd*)].
　　B *intr* ➤ **a** *normal* **8** Pedir un precio [alto o bajo (*compl adv*)]. ■ **9** (*col*) Recibir un golpe o una paliza. ■ **10** Tirar [de una cuerda]. *Esp en marina.*
　　➤ **b** *pr* (*~se*) **11** (*raro*) Recobrar [alguien] el conocimiento o volver en sí.

cobratorio -ria *adj* De(l) cobro o de (la) cobranza [1].

cobre I *m* **1** Metal, de número atómico 29, tenaz, maleable y dúctil, de color rojo pardo y brillante. ■ **2** Objeto o conjunto de objetos de cobre [1]. ■ **3** (*hist*) Moneda de cobre [1].
　　II *adj* **4** [Color] rojizo propio del cobre [1]. *Tb n m.* ■ **5 de ~.** (*TLit*) En literatura latina: [Edad o época] de esplendor inferior al de la edad de plata.
　　III *loc v* **6 batir(se) el ~.** (*col*) Luchar con denuedo. *Tb fig.*

cobreado *m* Acción de cobrear [1].

cobrear *tr* **1** Recubrir [algo] con una capa de cobre [1]. ■ **2** (*lit*) Dar [a algo (*cd*)] color de cobre [1].

cobrizo -za *adj* **1** [Color] parecido al del cobre [1]. **b)** De color cobrizo. ■ **2** [Raza] propia de los indios de América del Norte, caracterizada por la piel rojiza. ■ **3** De cobre [1].

cobro I *m* **1** Acción de cobrar [1 y 4].

II *loc v* **2 poner en ~** [a alguien o algo]. Poner[lo] en lugar seguro.

coca[1] *f* **1** Arbusto tropical americano, de hojas elípticas, membranosas, ricas en cocaína, usadas como masticatorio por los indios del Perú y de Bolivia y en medicina para preparar anestésicos y estupefacientes, y de flores pequeñas y blanquecinas (*Erythroxylon coca*). **b)** Sustancia estimulante extraída de la hoja de coca. ■ **2 ~ de Levante.** Fruto seco de la planta *Anamirta cocculus* o *Cocculus indicus*, arbusto tropical de la India, con semillas tóxicas. *Tb* → DEL ÍNDICO. *Tb la planta*. ■ **3 ~ piojera.** Albarraz (planta).

coca[2] *f* Bucle o aro que en el galón superior de la bocamanga llevan como distintivo los jefes y oficiales de la marina de guerra.

coca[3] *f* (*col*) Cocaína.

coca[4] *f* (*reg*) Alimento preparado con una masa de harina y diversos ingredientes, dulces o salados, gralm. ovalado y plano, cocido al horno.

coca[5] *f* (*reg*) Tarasca del Corpus.

coca[6] *f* (*hist*) Porción de las dos en que se divide el cabello en determinados peinados femeninos.

coca[7] *f* (*hist*) Navío de dos palos, de mucha manga, bordas altas y dos o tres cubiertas, usado en la marina mercante.

cocada *f* Dulce preparado pralm. con coco rallado.

cocaína *f* Alcaloide de la coca[1] [1], que se usa como anestésico, como estupefaciente y como droga.

cocainismo *m* (*Med*) Intoxicación crónica por cocaína.

cocainomanía *f* Adicción a la cocaína.

cocainómano -na *adj* Que padece cocainomanía. *Tb n.*

cocal *m* Terreno sembrado de coca[1] [1].

cocalero -ra *adj* [Región] de cocales.

cóccido *adj* (*Zool*) [Insecto] hemíptero, parásito de los vegetales, de la familia de la cochinilla. *Frec como n m en pl, designando este taxón zoológico.*

coccígeo -a *adj* (*Anat*) De(l) cóccix.

cocción *f* Acción de cocer(se) [1, 2, 4a y b, 5, 6 y 7].

cóccix *m* (*Anat*) Coxis.

coceador -ra *adj* Que cocea.

cocear A *intr* **1** Dar coces. *A veces con un compl de lugar. Tb fig.*

B *tr* **2** Dar coces [a alguien o algo (*cd*)].

cocedero *m* **1** Lugar donde se cuece [1, 2 y 7]. **b) ~ de mariscos.** Establecimiento en que se cuecen, venden y consumen mariscos. ■ **2** (*col*) Lugar donde hace mucho calor.

cocedor *m* **1** Utensilio de cocina que sirve para cocer. ■ **2** Operario que se ocupa de la cocción.

cocedura *f* Acción de cocer(se) [1, 2 y 7]. *Tb su efecto.*

cocer (*conjug 18*) A *tr* **1** Guisar o preparar [un alimento] teniéndo[lo] el tiempo preciso [en agua u otro líquido hirviendo]. *Tb sin compl* EN. **b)** Hacer hervir [un líquido (*cd*)]. ■ **2** Someter [algo, esp. pan o piezas de arcilla] a alta temperatura en un horno,

para completar su fabricación. *Tb abs.* ■ **3** Servir [un líquido] para cocer [1a] [un alimento (*cd*)].

B *intr* ➤ **a** *normal* **4** Hervir [un líquido (*suj*)]. **b)** Hervir [algo (*suj*)] en un líquido. **c)** Hervir el contenido [de un recipiente (*suj*)]. ■ **5** Fermentar [un líquido]. ■ **6** Ser cocido [2].

➤ **b** *pr* (**~se**) **7** Cocer [4a y b, 5 y 6]. *Tb fig.* **b)** Sufrir los efectos de una temperatura elevada. ■ **8** (*col*) Prepararse o tramarse [algo]. **b)** Producirse o desarrollarse [algo].

cochabambino -na *adj* De Cochabamba (Bolivia). *Tb n, referido a pers.*

cochambre *f* (*col*) **1** Suciedad o mugre. ■ **2** (*desp*) Porquería (cosa despreciable).

cochambrería *f* (*col, raro*) Suciedad o porquería.

cochambroso -sa *adj* (*col*) **1** Lleno de cochambre. ■ **2** Despreciable o muy malo.

cochastro *m* Jabalí lechal.

coche I *m* **1** Vehículo ligero de motor, con cuatro ruedas, destinado al transporte de personas. *Frec con un n en aposición o un adj o compl especificador que expresan los distintos usos a que se destina:* ~ BOMBA, ~ BOTIJO, ~ CELULAR, ~ DE CAMINO, ~ DE PUNTO, ~ ESTUFA, ~ PATRULLA, ~ RADIOPATRULLA, *etc* → BOMBA[1], BOTIJO, CELULAR, CAMINO, *etc*. **b)** Vehículo de una flota o una línea de autobuses, autocares, tranvías o trolebuses. **c) ~ de línea.** Autocar que hace el servicio regular de transporte de viajeros entre dos o más poblaciones. *Tb, simplemente, ~.* **d) ~s de choque.** Atracción de feria que consiste en pequeños automóviles eléctricos que se deslizan sobre una plataforma chocando frecuentemente entre sí. ■ **2** Vehículo de ruedas, tirado por caballerías, destinado al transporte de personas. *Frec* ~ DE CABALLOS. **b) ~ de línea.** (*hist*) Diligencia (vehículo). ■ **3** Vagón de ferrocarril destinado a personas. **b) ~ cama, ~ restaurante, ~ salón** → COCHE-CAMA, COCHE-RESTAURANTE, COCHE-SALÓN. ■ **4** Vehículo, constituido por una pequeña cuna o silla con ruedas, destinado a transportar tumbado o sentado a un niño que aún no sabe andar. *Frec en la forma* COCHECITO. ■ **5** Silla con ruedas especialmente construida para que en ella se pueda desplazar una persona inválida. *Frec* ~ DE INVÁLIDO. ■ **6 ~ parado.** (*hoy raro*) Balcón, ventana o mirador desde donde se puede contemplar el movimiento de la calle.

II *loc adj* **7 para echar ~.** (*col*) Muy cuantioso o importante. *Gralm referido a sueldo o paga.*

III *loc adv* **8 en el ~ de San Fernando.** (*col*) A pie.

coche-cama (*tb con la grafía* **coche cama**; *pl*, COCHES-CAMA *o* COCHES-CAMAS) *m* En un tren: Vagón con compartimientos cerrados en que los asientos son convertibles en camas.

coche-restaurante (*tb con la grafía* **coche restaurante**; *pl*, COCHES-RESTAURANTES *o* COCHES-RESTAURANTE) *m* En un tren: Vagón acondicionado como restaurante.

cochero[1] **-ra** I *adj* **1** De (los) coches.

II *n* A *m* **2** Hombre que tiene por oficio guiar un coche [2].

B *f* **3** Recinto destinado a guardar los coches [1b, 2, 3 y (*raro*) 1a].

III *loc v* **4 quedar como un ~.** (*col, hoy raro*) Quedar mal o groseramente.

cochero[2] **-ra** *adj* (*raro*) Que se cuece bien. *Esp referido a garbanzo.*

cocherón *m* Cochera grande (recinto destinado a guardar coches).

coche-salón (*tb con la grafía* **coche salón**) *m En un tren de lujo:* Vagón dispuesto y amueblado en forma de salón.

cochifrito *m* Guisado de cabrito o de cordero medio cocido y después frito.

cochinada *f* (*col*) Acción cochina [1]. **b)** *En pl:* Acciones relacionadas con el placer sexual, esp. el acto sexual.

cochinamente *adv* (*col*) De manera cochina [1].

cochinchino -na *adj* De Cochinchina (hoy Vietnam del Sur). *Tb n, referido a pers.*

cochinería *f* (*col*) Cochinada.

cochinero -ra I *adj* (*col*) **1** De(l) cochino [3]. **b)** [Fruto] de inferior calidad, que se destina a la alimentación de los cochinos. ■ **2** [Trote] corto y apresurado.
 II *n* A *f* **3** Cochiquera o pocilga. *Tb fig.*
 B *m y f* **4** Pers. que cría y vende cochinos [3].

cochinilla *f* **1** *Se da este n a numerosas especies de insectos hemípteros, algunas de las cuales poseen glándulas que producen laca, sustancias colorantes o cera y que frec causan graves enfermedades en las plantas* (*gén Coccus y otros*). ■ **2** Crustáceo terrestre de cuerpo segmentado y de color gris oscuro, que se enrosca en forma de bola cuando se le toca (*géns. Oniscus y Porcellio*). *Tb* ~ DE (LA) HUMEDAD. ■ **3** Materia colorante roja que se obtiene de la cochinilla [1] *Coccus cacti*.

cochinillo *m* Cría de cerdo que aún mama. *Esp el que se consume a esa edad.*

cochino -na I *adj* (*col*) **1** Sucio. *Tb fig. Tb n, referido a pers.* **b)** Deshonesto o indecente. *Tb n, referido a pers.* ■ **2** [Cosa] despreciable. *Gralm antepuesto al n.* **b)** *Se usa como elemento enfático siguiendo a* MENTIRA.
 II *n* A *m* **3** Cerdo (mamífero). *Tb designa solamente el macho de esta especie.* ■ **4** Jabalí.
 B *f* **5** Hembra del cochino [3 y 4].

cochiquera *f* Pocilga. *Tb fig.*

cochitril *m* (*raro*) Cuchitril.

cochura *f* Cocción en horno. *Tb su efecto.*

coci *m* (*col*) Cocido[1] [3 y 4].

cocido[1] -da I *adj* **1** *part* → COCER. ■ **2** (*col*) Borracho.
 II *m* **3** Guiso de garbanzos, carne, tocino, verdura y otros ingredientes. ■ **4** (*col*) Sustento o alimentación.

cocido[2] *m* **1** Acción de cocer [1 y 2]. ■ **2** Cocimiento.

cociente *m* **1** Resultado de la operación aritmética de dividir. ■ **2** ~ **intelectual.** (*Psicol*) Relación entre la edad mental y la edad real [de un individuo]. ■ **3** ~ **respiratorio.** (*Biol*) Relación entre el anhídrido carbónico expelido y el oxígeno inhalado en la respiración.

cocimiento *m* Líquido, frec. medicinal, resultante de cocer [1] una sustancia en agua.

cocina *f* **1** Habitación destinada a guisar y preparar la comida. ■ **2** Aparato, fijo o portátil, en que, por medio de la combustión de carbón, leña o gas, o del calor de una resistencia eléctrica, se calientan, cuecen o fríen los alimentos. **b)** ~ **económica** → ECONÓMICO. ■ **3** Arte de guisar y preparar los ali-

mentos. *Tb los mismos alimentos preparados. Frec con un adj calificador o especificador.* ■ **4** (*col*) Lugar donde se cuece o trama [algo (*compl* DE)]. ■ **5** (*reg*) Casa campestre pequeña y de una sola habitación.

cocinado[1] -da *adj* **1** *part* → COCINAR. ■ **2** [Alimento o plato] que se vende ya cocinado [1]. *Tb n m.*

cocinado[2] *m* (*raro*) Acción de cocinar.

cocinar *tr* **1** Preparar [los alimentos] para su ingestión, por medio del calor del fuego o de una resistencia eléctrica. *Frec abs.* ■ **2** (*col*) Preparar o disponer [algo, esp. un asunto]. ■ **3** (*jerg*) Elaborar [drogas].

cocineril *adj* (*raro*) De (la) cocina [3].

cocinero -ra I *adj* **1** De (la) cocina [3].
 II *m y f* **2** Pers. que guisa y prepara los alimentos. *Esp referido al profesional.* ■ **3** (*col o jerg*) Pers. que cocina [2 y 3].

cocinilla A *f* **1** *dim* → COCINA. ■ **2** Cocina [2] pequeña portátil.
 B *m* **3** (*desp*) Hombre que se entromete en los quehaceres propios de mujeres. *Tb adj.*

coción *m* (*reg*) Vasija grande de barro con una espita o agujero en la parte baja.

cocioso -sa *adj* (*reg*) [Caballería] que cocea mucho.

cocitorio *m* (*reg*) Cocimiento.

cócker (*pl normal,* ~s *o invar*) *m y f* Perro pequeño de caza parecido al podenco, de orejas largas y caídas. *Tb* PERRO ~.

cocktail (*ing; pronunc corriente,* /kóktel/; *tb con la grafía* **cock-tail**; *pl normal,* ~s) I *m* **1** Cóctel.
 II *loc adj* **2 de** ~. [Traje o vestido] de cóctel.

cocktail-bar (*ing; pronunc corriente,* /kóktel-bár/) *m* Cóctel-bar.

cocktail party (*ing; pronunc corriente,* /kóktel-párti/) *m* Cóctel [2].

cóclea *f* (*Anat*) Caracol (parte del oído).

coclear *adj* (*Anat*) De la cóclea.

coclearia *f* Planta herbácea medicinal, de hojas inferiores semejantes a cucharas y flores blancas en racimo, usada esp. como antiescorbútica (*Cochlearia officinalis*). *Tb designa otras especies del mismo gén.*

cocleta *f* (*pop*) Croqueta.

coco[1] I *m* **1** Fruto del cocotero, formado por una capa externa coriácea, una capa fibrosa y otra interna leñosa, que encierra la semilla comestible, constituida por una pulpa blanca y un líquido azucarado. *Tb la pulpa comestible.* ■ **2** Fibra obtenida del coco [1]. *Tb el tejido hecho con ella.* ■ **3** (*col*) Cabeza (de pers.).
 II *loc adj* **4** [Nuez] **de** ~ → NUEZ. ■ **5 de** ~ **y huevo.** (*reg*) Impresionante o tremendo. *Con intención ponderativa.*
 III *loc v* **6 comer el** ~ [a alguien]. (*col*) Convencer[le] o hacer que cambie de idea(s). **b) comerse** [alguien] **el** ~. Obsesionarse [con algo].

coco[2] *m* Gorgojo (insecto).

coco[3] *m* Cuentecilla agujereada de las que se usan para hacer rosarios.

coco[4] (*a veces con mayúscula en acep 1a*) *m* (*col*) **1** **el** ~. El fantasma que asusta a los niños. **b)** Pers. o cosa que asusta. ■ **2 un** ~. Una pers. muy fea. *Normalmente como predicat.*

coco⁵ *m* (*Biol*) Bacteria de forma esférica.

coco⁶ *m* (*col, humoríst*) Miembro del sindicato Comisiones Obreras.

cocobacilo *m* (*Biol*) Bacilo más grueso y corto que los normales y que por ello presenta alguna semejanza con los cocos⁵.

cococha *f* Protuberancia carnosa de las dos que existen en la parte baja de la cabeza de la merluza y del bacalao, y que son manjar apreciado.

cocodrilo I *m* **1** Reptil ovíparo de cuerpo alargado, patas cortas, piel revestida de placas córneas, dientes cónicos muy robustos y hocico alargado, y que habita en ríos y pantanos de los países tropicales (gén. *Crocodilus*). *Tb su piel*. **b)** (*Zool*) Reptil de los pertenecientes al mismo orden que el cocodrilo. ■ **2** (*col*) Pers. que se lamenta falsamente. ■ **3** (*raro*) Caimán (hombre astuto). II *loc adj* **4** [Lágrimas] **de ~** → LÁGRIMA.

cocooner (*ing; pronunc corriente,* /kokúner/; *pl normal,* ~s) *m y f* Pers. amante de la vida casera y hogareña, sin interés por el trato social.

cocooning (*ing; pronunc corriente,* /kokúnin/) *m* Estilo de vida del cocooner. *A veces en aposición*.

cócora *m y f* (*raro*) Pers. impertinente o molesta.

cocorocó *m* (*reg*) Orgullo o altivez.

cocorota *f* (*col*) **1** Coronilla, o parte más alta del cráneo. ■ **2** Cabeza (de pers.).

cocorote *m* (*reg*) Cocorota.

cocoso -sa *adj* (*reg*) Que tiene coco² o gorgojo.

cocota *f* (*raro*) Cocotte¹ (prostituta).

cocotazo *m* (*col*) Golpe dado en la cabeza.

cocotera *f* (*raro*) Cazuela redonda y sin tapa.

cocotero *m* Palmera propia de regiones tropicales, esp. costeras, cuyo fruto es el coco¹ [1] (*Cocos nucifera*).

cocotología *f* (*raro*) Papiroflexia.

cocotón *m* (*reg*) Golpe dado en la cabeza.

cocotte¹ (*fr; pronunc corriente,* /kokót/) *f* Prostituta distinguida.

cocotte² (*fr; pronunc corriente,* /kokót/) (*Coc*) I *f* **1** Cazuela redonda y sin tapa. *Frec en la loc* EN ~. II *adj* **2** Hecho en cocotte [1].

cocoyé *m* Baile popular cubano de origen haitiano.

cóctel (*tb, raro,* **coctel**) I *m* **1** Bebida preparada por la mezcla de varios licores y otros ingredientes. ■ **2** Reunión social de tarde, en que gralm. se sirven cócteles [1] y licores. ■ **3** Plato constituido por gambas, langostinos u otro marisco semejante, con lechuga y salsa marisquera. *Con un compl que especifica el marisco empleado* (DE GAMBAS, *etc*)*, o con el compl* DE MARISCOS*, si lleva varios*. ■ **4** Mezcla de cosas diversas. *Frec con un compl especificador*. ■ **5 ~ Molotov**. Arma incendiaria constituida por una botella llena de gasolina, con una mecha. II *loc adj* **6 de ~**. [Vestido o traje] femenino de fiesta corto.

cóctel-bar *m* Bar de copas.

coctelera *f* Vasija para preparar cócteles [1]. **b)** Lugar en que se produce la mezcla de elementos heterogéneos.

coctelería *f* **1** Establecimiento en que se sirven cócteles [1]. ■ **2** Arte de preparar cócteles [1].

cocuyo *m* Insecto coleóptero de la América tropical que por la noche emite una luz azulada (gén. *Pyrophorus*).

coda *f* **1** (*Mús*) Remate o final de una pieza de música. ■ **2** (*Gram*) Consonante o grupo de consonantes con que se termina una sílaba. ■ **3** (*lit*) Remate o final.

codal *m* **1** (*Carpint*) Listón de los dos en que se asegura la hoja de la sierra. ■ **2** (*hist*) Pieza de la armadura destinada a cubrir el codo.

codaste *m* (*Mar*) Madero vertical que limita la parte posterior del buque y sostiene el timón y la armazón de la popa.

codazo *m* Golpe dado con el codo [1].

códea *f* (*reg*) Corteza de pan.

codear A *tr* **1** (*raro*) Dar un codazo [a alguien o algo (*cd*)]. *Tb abs*. B *intr pr* (**~se**) **2** Mantener trato de igualdad [con alguien]. *Tb con suj pl, con sent recípr, sin compl*.

codefensor -ra *m y f* (*Der*) Defensor junto con otro u otros.

codeína *f* (*Med*) Alcaloide del opio, de propiedades narcóticas, frec. usado como calmante de la tos.

codeo *m* Acción de codear(se).

codera *f* **1** Remiendo o pieza de refuerzo que se pone en la manga en la parte del codo [1]. ■ **2** Venda, gralm. elástica, con que se sujeta el codo [1].

codeso *m* Se da este *n* a varios arbustos del gén *Cytisus*, esp al *C. hirsutus*.

códice *m* Libro manuscrito antiguo.

codicia *f* **1** Deseo de poseer mucho. ■ **2** Deseo vehemente de poseer [algo (*compl* DE)]. *Tb sin compl, por consabido. Tb fig*. **b)** (*lit*) Deseo sexual. ■ **3** (*Taur y Dep*) Acometividad, o ímpetu en el ataque.

codiciable *adj* Que merece ser codiciado, o susceptible de ser codiciado.

codiciadero -ra *adj* (*lit*) Codiciable.

codiciar (*conjug* **1a**) *tr* Desear con codicia [1 y 2].

codicilo *m* (*Der, hist o reg*) Disposición de última voluntad hecha como testamento o como adición a un testamento.

codiciosamente *adv* De manera codiciosa [2].

codicioso -sa *adj* **1** [Pers. o animal] que tiene o muestra codicia. ■ **2** [Cosa] que denota o implica codicia.

codicológico -ca *adj* (*Bibl*) De(l) estudio de los códices.

codificación *f* Acción de codificar.

codificador -ra *adj* **1** Que codifica. *Tb n: m y f, referido a pers; m, referido a aparato*. ■ **2** De (la) codificación.

codificar *tr* **1** Reunir u organizar [leyes] en forma de código [1]. ■ **2** Formular [algo] en forma de código [2]. ■ **3** Enunciar [un mensaje] en la forma determinada por un código [3a]. **b)** Emitir [un programa de televisión] en un código solo accesible a los abonados. *Gralm en part*.

código *m* **1** Colección ordenada y metódica de leyes. *Frec con un adj o compl especificador:* ~ CIVIL, ~ PENAL, *etc. Tb el libro que lo contiene*. ■ **2** Conjunto ordenado de preceptos [sobre una materia (*compl o adj especificador*)]. *Tb sin especificador, por consabido*. **b)** Conjunto de normas de conducta. *Frec con* *un adj o compl especificador.* ■ **3** Sistema de signos, y de reglas para el uso de estos, que sirve para formular y comprender un mensaje. *Frec con un adj o compl especificador:* ~ DE BARRAS, ~ DE SEÑALES, ~ MORSE, *etc.* **b)** Signo o conjunto de signos que tiene un determinado valor dentro de un código. *Frec con un adj o compl especificador.* **c)** *(Informát)* Conjunto de caracteres que expresan una orden o una información. **d)** ~ **de barras.** Conjunto impreso de barras de distinto grosor y de números asignados a ellas, que sirve para la identificación de un producto comercial mediante lectura óptica. ■ **4** ~ **genético.** *(Biol)* Información contenida dentro de los genes, que determina el desarrollo del ser vivo. ■ **5** *(raro)* Códice.

codillear *intr (Taur)* Pegar los codos al cuerpo al manejar el capote o la muleta.

codilleo *m (Taur)* Acción de codillear.

codillero -ra *adj (Taur)* [Torero] que codillea. **b)** Propio del torero codillero.

codillo I *m* **1** *En un cuadrúpedo:* Coyuntura del brazo próxima al pecho. *Tb la parte del brazo comprendida entre esta coyuntura y la rodilla, y tb la correspondiente en la pierna.* ■ **2** *(Naipes)* Lance en que pierde el que ha entrado, por haber hecho más bazas que él alguno de los otros jugadores. *Frec en la constr* DAR ~. ■ **3** *(Constr)* Recodo que forman dos paredes de fachada. ■ **4** *(E)* Pieza en forma de ángulo.
II *loc v* **5 tirar** [a alguien] **al ~.** *(raro)* Procurar hacer[le] el mayor daño posible.

codirector -ra *m y f* Director [de algo] juntamente con otro u otros.

codirigir *tr* Dirigir [algo] conjuntamente con otro u otros.

codo I *m* **1** Parte posterior de la articulación del brazo con el antebrazo. **b)** Parte de la manga correspondiente al codo. **c)** ~ **de tenista** *(o* **de tenis).** Inflamación del codo [1a] debida a esfuerzo excesivo del antebrazo. ■ **2** Pieza, de tubo o algo similar, que forma curva o ángulo. **b)** *(Geol)* Cambio de dirección en forma de curva o ángulo pronunciados. *Tb la parte correspondiente.* ■ **3** Medida de longitud, teóricamente correspondiente a la distancia entre el codo [1a] y la punta de los dedos, y que en Castilla equivale a 418 mm, o sea, la mitad de una vara. ■ **4** ~ **a** ~. Lucha o competencia sostenida entre dos partes muy igualadas.
II *loc v* **5 comerse los ~s (de hambre).** *(col)* Tener mucha hambre. *Frec fig.* ■ **6 dar** [a alguien] **con el** ~ *(o, más raro,* **de** ~**).** Hacer[le] una seña golpeándo[le] ligeramente con el codo [1a]. ■ **7 empinar el** ~, raro, **darle al** ~. *(col)* Beber (tomar bebidas alcohólicas). ■ **8 clavar, hincar, apretar,** o **romperse, los** ~**s.** *(col)* Estudiar con mucha aplicación.
III *loc adv* **9** ~ **a** ~ *(o* ~ **con** ~**).** En unión o en alianza. ■ **10** ~ **con** ~. En unión o compañía muy estrecha o rozándose uno los codos [1a]. ■ **11** ~ **con** ~. Con los codos [1a] atados a la espalda. *Referido al que va detenido.* ■ **12 hasta el** ~ *(o* **los** ~**s).** Profundamente. *Con el v* METER. *Tb fig.* ■ **13 por los** ~**s.** *(col)* De manera exagerada. *Con vs como* HABLAR *o* CHARLAR.

codón *m (Biol)* Conjunto de tres nucleótidos consecutivos, que es parte del código genético y que determina la síntesis de determinado aminoácido.

codornicero -ra I *adj* **1** De (las) codornices.
II *m y f* **2** Cazador de codornices.

codornicesco -ca *adj (raro)* **1** De (las) codornices. ■ **2** De la revista *La Codorniz* (1941-1978) o de su característico humor basado en el absurdo.

codorniz *f* **1** Ave migradora, de unos 20 cm de longitud, cuerpo macizo, cabeza pequeña, pico corto y ligeramente curvado *(Coturnix coturnix).* ■ **2 guión de codornices** → GUIÓN.

codujón *m (reg) En determinados objetos, como colchones, serones o alforjas:* Punta que forma la costura.

coedición *f* Edición realizada conjuntamente por dos o más personas o entidades.

coeditar *tr* Editar conjuntamente con otro u otros.

coeducación *f* Sistema educativo en que reciben enseñanza juntos los niños o jóvenes de ambos sexos.

coeficiente *m* **1** *(E)* Factor que se aplica a una magnitud. *Tb fig.* **b)** *(Econ)* Factor constante. *Se opone a* VARIABLE. ■ **2** *(Fís)* Valor numérico que caracteriza a una determinada propiedad de una sustancia. *Gralm con un compl especificador.* ■ **3** Expresión de una relación matemática. **b)** ~ **intelectual** *o* **de inteligencia.** *(Psicol)* Cociente intelectual. ■ **4** *(Mat)* Número que multiplica el valor de la parte literal de un monomio.

coéfora *f (hist) Entre los antiguos griegos:* Mujer que lleva las ofrendas destinadas a los muertos.

coendú *m* Roedor americano semejante al puercoespín, con una larga cola prensil *(Coendou prehensilis).*

coenzima *m o f (Biol)* Sustancia no proteica asociada a una enzima, de la que puede separarse por diálisis.

coequipier *(pl normal,* ~S) *m (Dep)* Compañero de equipo.

coercer *tr (lit, raro)* Refrenar o reprimir.

coerción *f (lit)* Acción de refrenar o reprimir.

coercitivo -va *adj* De (la) coerción o que la implica.

coetáneamente *adv* De manera coetánea [2].

coetaneidad *f (lit)* Condición de coetáneo.

coetáneo -a *adj* **1** [Pers.] que tiene la misma edad, o aproximadamente la misma edad, [que otra *(compl de posesión)].* *Tb n.* ■ **2** [Pers. o cosa] contemporánea [de otra]. *Tb n, referido a pers.*

coeterno -na *adj (Rel crist)* Igualmente eterno. *A veces con un compl* CON.

coexistencia *f* Hecho de coexistir. **b)** *(Pol)* Tolerancia recíproca de los bloques contrapuestos. *Frec* ~ PACÍFICA. *Tb fig.*

coexistencial *adj (Pol)* De (la) coexistencia [1b].

coexistencialismo *m (Pol, hoy raro)* Tendencia a la coexistencia [1b].

coexistencialista *adj (Pol, hoy raro)* Del coexistencialismo. *Tb fig.*

coexistente *adj* Que coexiste.

coexistir *intr* Existir simultáneamente y de manera compatible [dos o más perss. o cosas, o una(s) con otra(s)].

cofa[1] *f (Mar) En una embarcación de vela:* Plataforma colocada en la parte alta de un palo, que sirve esp. como puesto de observación y para facilitar la maniobra de las velas altas.

cofa[2] *f* (*jerg*) Culo. *Gralm en las constrs* DAR, *o* TO-MAR, POR ~.

cofaina *f* (*reg*) Jofaina.

cofia *f* **1** Prenda femenina que forma parte del uniforme de enfermera, camarera o sirvienta y que consiste en una pieza de tela que recoge parcialmente el cabello. **b)** (*hist*) Redecilla para recoger el pelo, usada por hombres y mujeres. ■ **2** (*Bot*) Capa dura, en forma de dedal, que protege el extremo de la raíz. ■ **3** (*Bot*) Cubierta de la cápsula del musgo, que se origina por la ruptura del vientre del arquegonio.

cofín *m* (*raro*) Canasto de esparto, mimbre o madera usado esp. para llevar fruta.

cofinanciación *f* Acción de cofinanciar.

cofinanciar (*conjug* 1a) *tr* Financiar conjuntamente [algo dos o más perss. o entidades, o una(s) con otra(s)].

cofrade *m y f* **1** Miembro de una cofradía [1, 2 y 3]. ■ **2** (*humoríst*) Compañero.

cofradía *f* **1** Asociación piadosa cuyo fin es rendir culto a una imagen o realizar actividades benéficas o de ayuda mutua. *Tb fig, humoríst, fuera del ámbito religioso.* ■ **2** Gremio o asociación [de pescadores]. ■ **3** (*hist*) Asociación de individuos pertenecientes a una misma profesión. ■ **4** (*hist*) Unión de determinados pueblos para participar de ciertos privilegios.

cofradiero -ra *adj* De (la) cofradía [1].

cofre *m* **1** Caja sólida de madera o metal, con tapa gralm. cóncava y con cerradura, destinada normalmente a guardar objetos de valor. ■ **2** Pez cubierto de placas óseas que se unen hasta formar una caja rígida (gén. *Ostracion*). *Frec* PEZ ~.

cofrero -ra *m y f* (*raro*) Pers. que fabrica o vende cofres [1].

cofundador -ra *m y f* Fundador [de algo] juntamente con otro u otros.

cogedor *m* Utensilio, gralm. en forma de pala, que se emplea para recoger la basura.

cogeneración *f* (*E*) Acción de cogenerar. *Tb su efecto.*

cogenerar *tr* (*E*) Generar simultáneamente [dos tipos de energía (*cd*)].

coger A *tr* **1** Sujetar [a una pers. o cosa] mediante la acción de las manos o de un instrumento que haga sus veces. *Tb fig.* **b) no haber por dónde ~** [a alguien o algo] → HABER[1]. ■ **2** Pasar a tener [algo no material, esp. una cualidad, un sentimiento o una costumbre]. **b)** Pasar a tener o padecer [una enfermedad, una borrachera o un disgusto]. *Tb pr* (~se). ■ **3** Pasar a tener [algo o a alguien en determinada situación o condición]. *Gralm con un compl especificador, que a veces se omite por consabido.* **b)** Pasar a tener [un empleado o un subordinado]. **c)** Pasar a tener [algo] en préstamo o alquiler. *Gralm con un adj o compl especificador.* **d)** (*col*) Comprar. ■ **4** Apoderarse [de algo ajeno (*cd*)] sin permiso del dueño. *A veces con ci de pers, que expresa el dueño.* **b)** Apoderarse [un estado físico o anímico (*suj*) de alguien (*cd*)]. ■ **5** Atrapar [a alguien o algo]. **b)** Alcanzar y herir [a alguien (*cd*) algo que se mueve hacia él]. **c)** (*pop*) Cubrir [el macho a la hembra]. **d) aquí te cojo (y) aquí te mato.** (*col*) *Fórmula con que se expresa el deseo o el hecho de aprovechar de un modo inmediato una ocasión pro-*

picia. ■ **6** (*col*) Captar (percibir con los sentidos o con la inteligencia). **b)** Captar [imágenes, sonidos, ondas o emisoras]. **c)** ~ **al vuelo** → VUELO. ■ **7** Registrar [algo] fijándo[lo] en la memoria o en un medio físico. ■ **8** Recoger [algo o a alguien caído]. **b)** Recoger o cosechar. ■ **9** Aceptar [alguien algo que se le ofrece]. ■ **10** Recibir o tomar [algo de una determinada manera]. ■ **11** (*col*) Ocupar [cierto espacio o tiempo]. ■ **12** (*col*) Poder contener. ■ **13** Ejercer sus efectos [sobre alguien (*cd*) un agente físico, esp. el sol]. ■ **14** Empezar a hacer uso [de algo (*cd*)]. **b)** Hacer uso [de algo (*cd*)]. ■ **15** Empezar a seguir [una dirección determinada]. ■ **16** Hallar o encontrar [alguien o algo (*suj*)] a alguien (*cd*) en una determinada situación anímica o circunstancial]. *A veces se omite la mención de la situación, cuando esta es indebida o se desea mantener oculta.* **b)** Llegar a encontrarse o a participar [en un acontecimiento (*cd*)]. ■ **17** ~**la** [con una pers. o cosa]. (*col*) Tomarla [con ella]. *A veces con un adj predicat en f.* ■ **18** (*col*) Seguido de Y + *v*, se usa para poner de relieve la acción expresada por ese *v*. * *Coge y se va sin despedirse.*

B *intr* ➤ **a** *normal* **19** (*col*) Empezar a seguir [una dirección determinada (*compl* POR *o* HACIA)]. ■ **20** (*col*) Resultar [un hecho o un lugar de una determinada manera respecto a la pers. mencionada en el ci. o a otro punto de referencia]. *Tb sin ci. Tb fig.* ■ **21** (*pop*) Caber (poder estar dentro de unos límites). ➤ **b** *pr* (~se) **22** Sujetarse [a alguien o algo (*compl* A *o* DE)], esp. para afianzarse.

cogerito -ta *m y f* (*reg*) Pers. que recoge aceitunas.

cogestión *f* Gestión conjunta. *Esp referido a participación de obreros y patronos en la gestión de una empresa.*

cogestionar *tr* Gestionar conjuntamente.

cogida *f* **1** Acción de coger [1, 5b y 8b]. *Tb su efecto.* ■ **2** (*jerg*) Infección venérea.

cogido -da *adj* **1** *part* → COGER. ■ **2** (*col*) Enfermo, esp. de gripe, catarro o tuberculosis. *Gralm con un cuantitativo.* ■ **3** (*col*) Abrumado de trabajo o de compromisos. *Gralm con un cuantitativo.*

cogitabilidad *f* (*Filos*) Condición de poder ser pensado.

cogitabundo -da *adj* (*lit*) [Pers.] pensativa. **b)** Propio de la pers. pensativa.

cogitación *f* (*Filos o lit*) Acción de pensar o reflexionar. *Tb su efecto.*

cogitativo -va I *adj* **1** (*Filos o lit*) De (la) cogitación o que la implica.
II *f* **2** (*Filos*) Facultad de pensar.

cognac (*fr; pronunc corriente,* /koñák/; *pl normal,* ~S) *m* (*raro*) Coñac.

cognación *f* (*Der*) Parentesco de consanguinidad por línea femenina.

cognado -da *adj* **1** (*Der*) [Pariente] consanguíneo por línea femenina. *Tb n.* ■ **2** (*Gram*) Semejante.

cognición *f* (*lit o E*) Conocimiento (acción y efecto de conocer).

cognicional *adj* (*lit o E*) De (la) cognición.

cognitivo -va *adj* (*lit o E*) De (la) cognición.

cognomen *m* (*hist*) En la Roma antigua: Nombre que se añade a continuación del nombre de familia.

cognomento *m* (*lit*) Sobrenombre dado a una pers. o una población, por determinadas circunstancias particulares.

cognoscente *adj* (*Filos*) **1** Que conoce. *Tb n m, referido a ser.* ■ **2** De(l) conocimiento.

cognoscibilidad *f* (*Filos*) Cualidad de cognoscible.

cognoscible *adj* (*Filos*) Conocible (que se puede conocer).

cognoscitivamente *adv* (*Filos*) **1** En el aspecto cognoscitivo. ■ **2** De manera cognoscitiva.

cognoscitivo -va *adj* (*Filos*) De(l) conocimiento.

cogolla *f* (*raro*) Cogulla.

cogollano -na *adj* De San Millán de la Cogolla (Rioja). *Tb n, referido a pers.*

cogollo *m* **1** *En determinadas hortalizas:* Parte interior y más maciza, que corresponde a la yema apical muy desarrollada. *A veces designa el brote de cualquier vegetal.* ■ **2** Parte central y más importante [de algo].

cogolludense *adj* De Cogolludo (Guadalajara). *Tb n, referido a pers.*

cogón *m* Planta gramínea caracterizada por su panoja densa y lanosa, que por su riqueza en celulosa se utiliza para la fabricación de papel y que los indígenas filipinos usan para techar las chozas (*Imperata cylindrica* o *I. arundinacea*).

cogorza *f* (*col*) Borrachera.

cogote *m* Parte posterior y superior del cuello e inferior de la cabeza. **b)** (*Coc*) Parte posterior [de un pescado, esp. merluza].

cogotera *f* **1** Trozo de tela que, sujeto a la parte posterior de un sombrero o prenda similar, sirve para proteger el cogote del sol o de la lluvia. ■ **2** Pieza que se pone sobre el pescuezo de una bestia de tiro como protección o como adorno.

cogotudo -da *adj* **1** De cogote [1a] pronunciado. ■ **2** (*reg*) [Pers.] vanidosa. *Tb n.*

coguionista *m y f* Guionista [de una película] juntamente con otro u otros.

cogujada *f* Ave semejante a la alondra, con un penacho eréctil sobre la cabeza (*Galerida cristata* y *G. theklae*). *Tb* ~ COMÚN y ~ MONTESINA, *respectivamente.*

cogulla I *f* **1** (*raro*) Capucha del hábito de monje. *Tb el mismo hábito. Tb fig.*
II *loc adj* **2 de ~.** [Culebra] venenosa caracterizada por una mancha oscura en la zona de la nuca, que recuerda una capucha (*Macroprotodon cucullatus*).

cogumela *f* (*reg*) Cucumela (seta).

coguta *f* (*reg*) Cogujada (ave).

cohabitación *f* Acción de cohabitar. *Tb fig.*

cohabitar *intr* **1** Habitar conjuntamente [dos o más perss., o una(s) con otra(s)]. ■ **2** Hacer vida marital [dos perss., o una con otra]. ■ **3** (*Pol*) Coexistir en el poder [individuos o grupos de ideología distinta, o unos con otros].

cohechar *tr* (*Agric*) Alzar [el barbecho], o dar la última vuelta [a la tierra (*cd*)] antes de sembrar. *Tb abs.*

cohecho[1] *m* (*Der*) Soborno a un funcionario público.

cohecho[2] *m* (*Agric*) Acción de cohechar.

coheredero -ra *m y f* (*Der*) Heredero juntamente con otro u otros.

coherencia *f* Cualidad de coherente.

coherente *adj* **1** [Cosa] que tiene relación lógica y sin contradicciones [con otra]. *Tb sin compl.* ■ [Pers.] consecuente consigo misma o con sus propios principios o conducta. **b)** Propio de la pers. coherente. ■ **3** (*Fís*) [Luz] cuya diferencia de fase permanece constante. ■ **4** (*Fís*) [Cuerpo o sustancia] que tiene cohesión.

coherentemente *adv* De manera coherente [1 y 2b].

cohermano -na *m y f* (*raro*) Hermanastro.

cohesión *f* Unión entre los elementos de un todo. *En sent fís o moral.* **b)** (*Fís*) Fuerza de atracción que mantiene unidas las moléculas de un cuerpo.

cohesionador -ra *adj* Que cohesiona.

cohesionar *tr* Dar cohesión [a algo (*cd*)]. **b)** *pr* (~se) Tomar cohesión.

cohesivo -va *adj* Que cohesiona.

cohetada *f* (*raro*) Cohetes o conjunto de cohetes [1] que se hacen estallar consecutivamente.

cohete *m* **1** Tubo o cartucho relleno de pólvora u otro explosivo y provisto de una varilla, y que, una vez prendido, sale disparado y hace explosión en pleno vuelo, produciendo centellas. **b)** (*col*) *Se usa en constrs de sent comparativo para ponderar la rapidez.* ■ **2** Dispositivo de propulsión a chorro, utilizado esp. en el lanzamiento, dirección y frenado de vehículos espaciales, como arma de guerra y como instrumento de investigación científica. *Frec con un adj especificador.*

cohetería *f* **1** Industria o fabricación de cohetes. ■ **2** Cohetes, o conjunto de cohetes. ■ **3** Conjunto de hechos o dichos llamativos y brillantes, pero carentes de contenido o importancia.

cohetero -ra *m y f* Pers. que fabrica o vende cohetes [1].

cohibición *f* Acción de cohibir(se). *Tb su efecto.*

cohibido -da *adj* **1** *part* → COHIBIR. ■ **2** Falto de desenvoltura o naturalidad.

cohibidor -ra *adj* Que cohíbe, *esp* [1a].

cohibir *tr* **1** Impedir o dificultar que [alguien (*cd*)] actúe con desenvoltura y naturalidad. **b)** *pr* (~se) Sentirse [alguien] turbado e impedido para actuar con desenvoltura y naturalidad. ■ **2** Refrenar o reprimir [algo]. **b)** (*Med*) Cortar [una hemorragia].

cohombrillo. ~ **amargo.** *m* Planta vivaz de tallos gruesos, flores de color amarillo y fruto en forma de pepino pequeño, que es purgante enérgico (*Ecballium elaterium*).

cohombro *m* **1** Variedad de pepino de fruto largo y retorcido. *Tb su fruto.* ■ **2** (*reg*) Churro (alimento). ■ **3** ~ **de mar.** Holoturia (equinodermo).

cohonestación *f* (*lit*) Acción de cohonestar.

cohonestar *tr* (*lit*) **1** Hacer compatibles [cosas no materiales, o una(s) con otra(s)]. ■ **2** Justificar, o hacer aparecer como bueno, [algo reprobable].

cohorte *f* **1** (*lit*) Serie numerosa. ■ **2** (*CNat*) Grupo taxonómico comprendido entre la clase y el orden. ■ **3** (*hist*) Unidad del ejército romano que es la décima parte de una legión.

coima *f (col, raro)* **1** Manceba o concubina. ■ **2** Ramera o prostituta.

coime *m (col, raro)* Hombre que tiene una coima [1] o coimas [2].

coincidencia *f* **1** Hecho de coincidir. ■ **2** Aspecto en que coinciden dos o más perss. o cosas.

coincidente *adj* Que coincide.

coincidentemente *adv (raro)* De manera coincidente.

coincidir *intr* **1** Encontrarse casualmente [una pers. *(suj)*] en el mismo lugar [que otra *(compl* CON)]. *Tb sin compl* CON, *con suj pl. A veces con un compl* EN. **b)** Encontrarse [una cosa *(suj)*] en el mismo lugar [que otra *(compl* CON)]. *Tb sin compl* CON, *con suj pl. A veces con un compl* EN. ■ **2** Suceder o tener lugar [una cosa] al mismo tiempo [que otra *(compl* CON)]. *Tb sin compl* CON, *con suj pl.* ■ **3** Tener [una pers.] la misma actitud u opinión [que otra *(compl* CON)]. *Tb sin compl* CON, *con suj pl. Gralm con un compl* EN. ■ **4** Ser igual [una cosa, frec. un dato o una información, a otra *(compl* CON)]. *Tb sin compl* CON, *con suj pl. A veces con un compl* EN.

coiné → KOINÉ.

coineño -ña *adj* De Coín (Málaga). *Tb n, referido a pers.*

coipo *m* Roedor sudamericano semejante al castor, de orejas redondas, hocico largo y con barbas, patas anteriores cortas y con fuertes garras, cola gruesa y pelaje pardo oscuro, que se cría en cautividad por aprovechar su piel *(Myocastor coypus)*.

coital *adj* De(l) coito.

coito *m* Cópula, esp. entre hombre y mujer.

coitus interruptus *(lat; pronunc, /kóitus-inteɾúptus/) loc n m* Sistema anticonceptivo que consiste en sacar el pene de la vagina antes de la eyaculación.

cojal *m* Pellejo que el cardador se pone en la rodilla para hacer su trabajo.

cojeante *adj* Que cojea.

cojear *intr* **1** Andar como cojo [1]. **b) saber de qué pie cojea** [alguien] → PIE. ■ **2** Balancearse [un mueble] porque sus patas no se apoyan simultáneamente. ■ **3** *(col)* Fallar o mostrar deficiencias.

cojera *f* Condición de cojo [1 a 4, esp. 1].

cojetada *f (reg)* Paso de un cojo [1].

cojijo *m (col, raro)* Disgusto.

cojín *m* **1** Objeto de tela a modo de saco cerrado, frec. cuadrado, relleno de una materia blanda y que se utiliza para sentarse o apoyarse sobre él y a veces como simple adorno. ■ **2 ~ de aire.** Masa de aire a presión que sostiene al aerodeslizador y otros vehículos acuáticos.

cojinete *m* **1** *(Mec)* Pieza cilíndrica y hueca que sirve de apoyo a un eje. ■ **2** *(hist)* Cojín o almohadilla.

cojitranco -ca *adj (desp)* Cojo [1 y 2]. *Tb n, referido a pers.*

cojitranquear *intr (desp, raro)* Cojear [1].

cojo -ja I *adj* **1** [Pers.] que camina con dificultad por carecer de un pie o de una pierna, o por tenerlos dañados o inutilizados. *Tb n.* **b)** [Animal] que camina con dificultad por carecer de un pie, una mano o una pata, o por tenerlos dañados o inutilizados. ■ **2** [Mueble] que se balancea porque sus patas no se apoyan simultáneamente. ■ **3** [Extremidad o pata] que motiva el estar cojo [1 y 2]. ■ **4** *(col)* [Cosa] incompleta o defectuosa. ■ **5 de coja.** *(humoríst)* [Zapato femenino] de plataforma.

II *loc adv* **6 a (la) pata coja, a pie cojito** → PATA[1], PIE.

cojolite *m* Ave mejicana parecida al faisán *(Penelope purpurescens)*.

cojón *(vulg)* I *m* **1** Testículo. **b)** *En pl, se usa para simbolizar la hombría o el valor. Tb, más enfáticamente, referido a una mujer.* * *Cuando hay que pelear tenemos más cojones que nadie.* **c)** *Se usa para simbolizar el carácter excesivamente tranquilo. Frec en la forma* COJONAZOS. * *Tienes unos cojones...* ■ **2** *En pl y vacío de significado, se emplea para reforzar o marcar la intención desp de la frase. En constrs como* QUÉ ~ES, *o* NI + *n* + NI + ~ES.

II *loc adj* **3 de ~,** *o* **de (tres pares de) ~es.** Extraordinario. *A veces con intención irónica. A veces* DE ~ DE PATO, *o* DE ~ DE MICO. *Tb adv.* ■ **4 de los ~es.** *Se emplea, siguiendo a un n de pers o cosa, para referirse a ellos despectivamente.* * *El niño de los cojones no deja de llorar.*

III *loc v y fórm or* **5 hinchársele** [a alguien] **los ~es.** Perder la paciencia y enfurecerse. ■ **6 importar** [algo o alguien] **tres ~es** [a alguien]. No importar[le] en absoluto. ■ **7 mandar ~es** → aceps. 12 y 27. ■ **8 no haber** *(o* **no tener) más ~es.** No haber *(o* no tener) más remedio. ■ **9 pasarse** [alguien *(suj)*] algo] **por los ~es.** No prestar[le] ninguna atención. ■ **10 poner los ~es encima de la mesa.** Imponerse cuando hay discrepancia de pareceres. ■ **11 salirle** [algo a alguien] **de los ~es.** Antojárse[le]. ■ **12 tener** *(o* **mandar) ~es** [algo]. Ser sorprendente o llamativo. *Se usa con intención enfática comentando algo negativo.* ■ **13 tener** [alguien] *(o* **ponérsele** [a alguien]) **los ~es por corbata.** Estar *(o* ponerse) muy asustado o atemorizado. ■ **14 tener pelos en los ~es.** *(reg)* Ser un hombre adulto y valeroso. ■ **15 tocar los ~es.** Molestar o fastidiar. ■ **16 tocarse los ~es.** No hacer nada de provecho. **b)** *En imperat, se usa para manifestar rechazo despectivo a alguien.* * *–¡Callaos de una vez! –Tócate los cojones.*

IV *loc adv* **17 como una patada en los ~es** → PATADA. ■ **18 de ~es.** Mucho. ■ **19 de ~es.** Extraordinariamente o muy bien. ■ **20 hasta los ~es.** En situación de hartura total. *Gralm con el v* ESTAR. **b)** En grado máximo. ■ **21 por ~es.** A la fuerza o sin razón razonable. ■ **22 un ~.** Mucho.

V *interj* **23 ~es,** *o* **qué ~es.** *Expresa enfado o protesta.* ■ **24 ~es,** *o* **los ~es.** *Expresa negación con desprecio hacia lo que se acaba de oír.* ■ **25 ole** *(u* **olé) tus ~es.** *Expresa admiración o aplauso.* ■ **26 por los ~es.** *Expresa negación con desprecio a lo que se acaba de oír.* ■ **27 tócate los ~es** *(o* **manda ~es).** *Expresa admiración ante algo negativo.*

cojona *interj (vulg)* Cojones. *Expresa protesta o enfado.*

cojonera I *adj* **1** [Mosca] ~ → MOSCA.

II *f (vulg)* **2** Pieza protectora de los testículos. ■ **3** Genitales masculinos.

cojonudamente *adv (vulg)* De manera cojonuda [1].

cojonudo -da *adj (vulg)* **1** Estupendo o extraordinario. ■ **2** [Hombre] valiente.

cojudo *m* [Animal macho] no castrado.

cojuelo. [Diablo] ~ → DIABLO.

cok (*pl, ~s o ~es*) *m* **1** Combustible sólido, esponjoso y negro, que se obtiene por destilación parcial de la hulla. *Tb* CARBÓN DE ~. ■ **2** ~ **de petróleo.** Subproducto de la destilación fraccionada del petróleo, poroso y negruzco, que se utiliza como combustible y como materia prima para fabricar electrodos y otros productos.

col *f* Planta herbácea, hortícola, de hojas en cogollo, comestibles, de color verde claro, y flores amarillas o blancas en racimo (*Brassica oleracea*). *Tb la parte comestible. Con un adj especificador, designa otras variedades o especies:* ~ DE MILÁN (*Brassica oleracea*, var. *capitata rubra*), ~ MARINA (*Calystegia soldanella*), ~ RIZADA (*Brassica oleracea*, var. *acephala*), *etc.* **b)** ~ **de Bruselas.** Variedad de col de tallo alto, cubierto de brotes comestibles en forma de bola (*Brassica oleracea*, var. *gemmifera*). *Tb cada brote.*

cola[1] **I** *f* **1** *En los cuadrúpedos, reptiles y peces:* Apéndice, en la parte posterior del cuerpo, que es prolongación de la espina dorsal. **b)** *En las aves:* Conjunto de plumas largas, de la parte posterior del cuerpo. ■ **2** Apéndice alargado [de una cosa], esp. en su parte inferior o posterior. **b)** Parte [de un vestido] que cuelga por detrás y cae sobre el suelo. ■ **3** Final, o extremo [de una cosa] opuesto a su cabeza o parte delantera. **b)** Parte posterior [de un avión]. **c)** Parte [de un pantano] opuesta a la presa. ■ **4** Serie de personas puestas una detrás de otra esperando turno. *Tb fig, referido a cosa.* ■ **5** (*col*) Pene. *Frec, esp en lenguaje infantil,* COLITA, COLINA o COLILLA. ■ **6** *Seguido de un compl* DE + *n de animal, designa varias plantas:* ~ DE ARDILLA (*Clematis flammula*), ~ DE CABALLO (*Equisetum arvense y otras especies del mismo gén*), ~ DE LIEBRE (*Lagurus ovatus*), ~ DE PERRO (*Cynosurus echinatus*), ~ DE RATÓN (*Myosurus minimus*), *etc.* ■ **7** ~ **de caballo.** Peinado en que el cabello va recogido en la parte alta de la cabeza y a partir de ahí cae suelto hacia atrás. *Tb, simplemente,* ~. **b)** Cascada en que el agua cae en un chorro grueso y compacto, que recuerda la cola [1a] de un caballo. **c)** (*Anat*) Extremo de la médula espinal. ■ **8** ~ **de rata.** Tralla (aparejo de pesca).
II *loc adj* **9 arrimado a la** ~. (*col, raro*) Corto de alcances. ■ **10 de** ~. [Piano] cuyas cuerdas y caja de resonancia están en posición horizontal. ■ **11** [Furgón] **de** ~, [gato] **de siete** (*o* **de nueve**) ~**s** → FURGÓN, GATO[1].
III *loc v* **12 apearse por la** ~. (*col*) Decir despropósitos. ■ **13 morderse la** ~. (*col*) Terminar [algo] de la misma manera que empezó. *Tb fig.* ■ **14 traer** ~ [un hecho]. Tener consecuencias.

cola[2] **I** *f* **1** Sustancia fluida, hecha con resinas sintéticas o por medio de la cocción de pieles y huesos de animales, que se aplica entre dos cosas y que, una vez endurecida, las mantiene unidas. ■ **2** ~ **de pescado.** Gelatina fabricada con vejiga de esturión y utilizada para hacer jaleas, para pegar o para dar apresto.
II *loc v* **3 no pegar** [algo] **ni con** ~ → PEGAR.
III *loc adv* **4 a la** ~. Al temple. *Con el v* PINTAR. *Tb adj, con el n* PINTURA.

cola[3] (*tb, raro, con la grafía* **kola**) **I** *f* **1** Planta arbórea tropical, de hojas ovales, flores pequeñas y amarillas en racimos, y frutos en estrella de los que se extrae una sustancia excitante (*gén. Cola*). ■ **2** Sustancia excitante extraída de la cola [1]. ■ **3** Refresco de cola [2].
II *loc adj* **4** [Nuez] **de** ~ → NUEZ.

colaboración *f* **1** Acción de colaborar. *Tb su efecto. Frec en la constr* EN ~ CON. ■ **2** Artículo de periódico escrito por un colaborador.

colaboracionismo *m* (*Pol*) Colaboración [1] con el enemigo ocupante del país, o con el régimen establecido ilegalmente en este. *Tb fig, fuera del ámbito político.*

colaboracionista *adj* (*Pol*) De(l) colaboracionismo o que lo implica. **b)** Que practica o propugna el colaboracionismo. *Tb n.*

colaborador -ra *adj* **1** Que colabora. *Gralm n, referido a pers. Tb fig, referido a cosa.* ■ **2** De (la) colaboración [1].

colaborante *adj* Que colabora [1].

colaborar *intr* **1** Ayudar, esp. con el propio esfuerzo o trabajo, [a que alguien (*compl* CON) haga algo (*compl* EN *o, raro,* A)]. *A veces sin compls. Tb fig, referido a cosa.* ■ **2** Publicar artículos habitualmente [en un periódico a cuya plantilla no se pertenece].

colaborativo -va *adj* De (la) colaboración.

colación I *f* **1** Acto de conferir [un grado universitario o un beneficio eclesiástico (*compl* DE)]. ■ **2** (*lit*) Comida ligera. **b)** (*Rel catól*) Cena del día de ayuno. ■ **3** (*Filol*) Cotejo [de dos versiones de un mismo texto]. ■ **4** (*Der*) Declaración que, al partirse una herencia, hace uno de los herederos de los bienes que recibió del causante en vida de este, para que, a los efectos de la partición, se consideren acumulados a la masa común. ■ **5** (*hist*) En los monasterios: Coloquio espiritual. ■ **6** (*hist*) Territorio correspondiente a una parroquia.
II *loc v* **7 traer,** *o* **sacar,** [algo] **a** ~. Introducir[lo] en la conversación o en la exposición. ■ **8 venir** [algo] **a** ~. Venir a cuento o ser oportuno.

colacionable *adj* (*Der*) Que debe ser colacionado [2].

colacionar A *tr* **1** Hacer colación [1 y 3] [de algo (*cd*)]. ■ **2** (*Der*) Incluir [algo] en la colación [4].
B *intr pr* (~**se**) **3** Recibir colación [1] [de algo].

colada *f* **1** Operación de lavar la ropa. *Tb la misma ropa.* **b)** (*hoy raro*) Operación de blanquear, con lejía u otra sustancia análoga, la ropa ya lavada. ■ **2** (*E*) Acción de colar [3]. ■ **3** (*Geol*) Masa de lava que discurre y se solidifica por las pendientes de un volcán. ■ **4** (*raro*) Faja de terreno por la que está permitido el paso del ganado de unos pastos a otros. ■ **5** (*Dep, esp Fút*) Acción de colarse [6a] por entre las líneas contrarias. ■ **6** (*Taur*) Acción de tomar mal el toro el engaño, pasando más cerca de lo normal del cuerpo del diestro.

coladera *f* (*raro*) Colador.

coladero *m* **1** Lugar por el que es fácil colarse [6]. ■ **2** (*Enseñ, col*) Centro o asignatura donde es sumamente fácil obtener el aprobado. ■ **3** (*Min*) Pozo interior y estrecho por el que se echan los minerales a un piso inferior para su transporte. ■ **4** (*raro*) Colador. *Tb fig.*

colado[1] **-da** *adj* **1** *part* → COLAR. ■ **2** [Hierro] fundido por segunda vez y no afinado. ■ **3** (*reg*) [Paso de una caballería] en que esta mete mucho las patas. ■ **4** [Aire] ~ → AIRE.

colado[2] *m* Acción de colar [1 y 3].

colador *m* Utensilio que sirve para colar [1], constituido gralm. por una tela metálica o una chapa con agujeros. **b)** *Se usa frec en constrs de sent com-*

parativo para ponderar el número de agujeros que tiene algo. Tb fig. * Dejaron su camisa como un colador. * La Seguridad Social, hecha un colador.

coladura *f* (*col*) Acción de colarse [7].

colagénico -ca *adj* (*Biol*) De(l) colágeno [2].

colágeno -na (*Biol*) **I** *adj* **1** De(l) colágeno [2].
II *n* **A** *m* **2** Proteína que forma parte de los tejidos conjuntivo, adiposo, cartilaginoso y óseo, que por cocción se transforma en cola o gelatina y que se usa frec. en tratamientos de belleza. **B** *f* **3** Colágeno [2].

colagogo -ga *adj* (*Med*) Que activa la secreción biliar. *Tb n m, referido a medicamento o sustancia.*

colapiscis *m* (*raro*) Cola de pescado (gelatina). *Tb fig.*

colapsar *tr* Producir colapso [a alguien o algo (*cd*)]. **b)** *pr* (**~se**) Sufrir colapso [alguien o algo].

colapso *m* **1** Estado de postración extrema, con insuficiencia circulatoria y debilidad de las funciones cardíacas. ■ **2** Paralización [de una actividad, esp. del tráfico]. ■ **3** Ruina o destrucción [de un sistema o una institución]. ■ **4** (*Med*) Disminución del volumen de un órgano, esp. por pérdida de su presión interna o del tono de sus paredes. ■ **5** (*E*) Deformación o destrucción brusca de un cuerpo por efecto de una fuerza.

colapsoterapia *f* (*Med*) Producción quirúrgica de colapso [4] pulmonar, como tratamiento de la tuberculosis.

colar (*conjug* 4) **A** *tr* **1** Hacer pasar [un líquido o una pasta (*cd*)] por un utensilio adecuado para despojar[los] de las partículas sólidas que contienen. ■ **2** (*col*) Hacer pasar [a alguien o algo (*cd*)] furtivamente o con habilidad a donde no debía o no se le esperaba. ■ **3** (*E*) Verter [una materia en estado de fusión]. ■ **4** (*hoy raro*) Blanquear [la ropa ya lavada] con ceniza, lejía u otra sustancia análoga. **B** *intr* ➤ *a normal* **5** (*col*) Ser admitida o creída [una trampa o una falsedad]. ➤ **b)** *pr* (**~se**) **6** (*col*) Pasar [alguien] furtivamente o con habilidad a donde no debía o no se le esperaba. **b)** Penetrar [algo], gralm. contra lo esperable, por lugar estrecho o difícil. *Tb fig.* ■ **7** (*col*) Equivocarse, o cometer un error. ■ **8** (*col*) Enamorarse intensamente [de alguien (*compl* POR)]. *Frec en part.*

colateral *adj* **1** [Cosa] de las que están a uno y otro lado de otra principal. **b)** [Cosa] lateral, o conectada con otra principal. ■ **2** [Pariente] que no lo es por línea directa. *Tb n. Tb referido a la línea familiar correspondiente.* ■ **3** (*Med*) [Circulación] que se efectúa por conductos secundarios, por obstrucción del principal.

colateralmente *adv* De manera colateral [1].

colbertismo *m* (*Econ*) Variedad de mercantilismo debida al economista francés J. B. Colbert († 1683).

colcha *f* Cobertura exterior de la cama, gralm. no guateada y que sirve esp. de adorno.

colchicina *f* (*Quím, raro*) Colquicina.

cólchico *m* (*raro*) Cólquico (planta).

colchón *m* **1** Saco rectangular de tela, cerrado, aplanado, y relleno de una materia blanda o elástica, que gralm. se instala sobre la armazón de la cama. *Frec con un compl especificador de la materia de que está hecho.* ■ **2** Dinero, medios o elementos

que sirven para paliar situaciones difíciles o de necesidad.

colchonería *f* Establecimiento en que se fabrican, venden o arreglan colchones [1].

colchonero -ra **I** *adj* **1** De (los) colchones [1]. ■ **2** (*col*) Del Club Atlético de Madrid. *Tb n, referido a pers.* **II** *m y f* **3** Pers. que fabrica, vende o arregla colchones [1].

colchoneta *f* **1** Colchón [1] delgado y estrecho. ■ **2** (*Dep*) Pieza rectangular de espuma u otra materia elástica, usada esp. para amortiguar las caídas en determinados saltos.

cold cream (*ing; pronunc corriente,* /kolkrém/; *tb con la grafía* **coldcream**; *pl normal,* ~s) *m* (*a veces f*) (*hoy raro*) Crema cosmética de cera blanca y aceite de almendras dulces.

cole[1] *m* (*col*) Colegio.

cole[2] *m* (*reg*) Chapuzón.

coleante *adj* Que colea.

colear **I** *v* **A** *intr* **1** Mover la cola [un animal]. ■ **2** Desviarse a derecha e izquierda [un vehículo] por su parte posterior. *Tb fig.* ■ **3** (*col*) Durar o mantenerse [una cosa]. *Gralm con* TODAVÍA *o* AÚN. **B** *tr* **4** (*Taur*) Tirar [al toro] de la cola. **II** *loc adj* **5** **vivito y coleando** → VIVO.

colecalciferol *m* (*Med*) Vitamina D$_3$.

colección *f* **1** Conjunto de cosas, esp. objetos, de la misma clase reunidas por alguien. *Normalmente con un compl especificador.* **b)** Conjunto [de obras o publicaciones] de características comunes. **c)** Conjunto de modelos de alta costura que presenta juntos un diseñador. ■ **2** Conjunto numeroso [de perss. o cosas]. ■ **3** (*Med*) Acumulación [de una sustancia].

coleccionable *adj* Que puede coleccionarse [1]. *Tb n m, referido a cuadernillo o fascículo, o a serie de ellos.*

coleccionador -ra *m y f* Coleccionista.

coleccionar **A** *tr* **1** Reunir una colección [1] [de objetos (*cd*)]. *Tb fig.* **B** *intr pr* (**~se**) **2** (*Med*) Formar colección [3].

coleccionismo *m* Afición a coleccionar [1].

coleccionista **I** *m y f* **1** Pers. que colecciona [1]. **II** *adj* **2** Del coleccionismo o de(l) coleccionista [1].

colecistectomía *f* (*Med*) Extirpación de la vesícula biliar.

colecistitis *f* (*Med*) Inflamación de la vesícula biliar.

colecta *f* **1** Recogida de donativos. ■ **2** (*lit*) Colección o reunión. ■ **3** (*Rel catól*) Oración de la que el sacerdote reza antes de la epístola de la misa. **b)** Oración que reza el sacerdote en la misa, mandada por el obispo.

colectánea *f* (*raro*) Colección o colecta [2].

colectar *tr* **1** Recaudar en colecta [1]. *Tb fig.* ■ **2** Reunir o recoger. ■ **3** Recolectar [plantas o frutos]. *Tb fig.*

colecticio -cia *adj* [Libro] formado por una colección de trabajos que se habían publicado en lugares diversos.

colectivamente *adv* De manera colectiva [1].

colectividad *f* Conjunto de individuos agrupados naturalmente o para un fin común.

colectivismo *m* Sistema económico en que la propiedad de los medios de producción corresponde a la colectividad y no a individuos o grupos particulares.

colectivista *adj* De(l) colectivismo. **b)** Partidario del colectivismo. *Tb n, referido a pers.*

colectivización *f* Acción de colectivizar.

colectivizar *tr* Dar carácter colectivo [1] [a algo (*cd*), esp. a los medios de producción].

colectivo -va I *adj* **1** De un conjunto de perss. o de una colectividad. **b)** Constituido por un conjunto o colectividad de perss. ■ **2** (*Gram*) Que significa conjunto.
II *n* A *m* **3** Grupo de perss. unidas por una actividad o un interés comunes.
B *f* **4** (*Arte*) Exposición de varios artistas a la vez.

colector -ra I *adj* **1** Que colecta [2]. *Tb n: m y f, referido a pers; m, referido a dispositivo o aparato.* ■ **2** [Conducto o punto] en que confluyen los líquidos de varios conductos. *Tb n m.*
II *m* **3** (*Electr*) En un dinamo: Elemento que rectifica la corriente alterna inducida y la transforma en continua.

colédoco *m* (*Anat*) Conducto por el que se vierte la bilis en el duodeno. *Tb* CONDUCTO ~.

colega *m y f* **1** Compañero de profesión, esp. en actividades intelectuales. *Tb fig, como m, empleado en textos de periódico para referirse a otro periódico.* ■ **2** (*juv*) Amigo.

colegatario -ria *m y f* (*Der*) Pers. que es legataria junto con otra u otras.

colegiación *f* Acción de colegiar(se). *Tb su efecto.*

colegiadamente *adv* De manera colegiada [4].

colegiado -da I *adj* **1** *part* → COLEGIAR. ■ **2** [Corporación] de individuos de igual categoría. ■ **3** [Cargo o responsabilidad] desempeñados conjuntamente por tres o más personas de igual categoría. ■ **4** [Cosa] que se realiza conjuntamente entre individuos de igual categoría. *Tb fig.*
II *m y f* **5** (*lit*) Árbitro de fútbol.

colegial -la (*la forma f solo se usa en aceps 4 y 5*) I *adj* **1** De colegio [1 y 3a]. ■ **2** Colegiado [3 y 4]. ■ **3** [Iglesia] colegiata. *Tb n f.* **b)** De (la) iglesia colegial.
II *n* A *m y f* **4** Niño que estudia en un colegio [1]. **b)** *Se emplea en constrs de sent comparativo para ponderar la inexperiencia o la ingenuidad.* * *Te comportas como un colegial.* ■ **5** Estudiante que reside en un colegio mayor.
B *m* **6** (*hist*) Miembro de un colegio [7].

colegialidad *f* Condición de colegial [2].

colegialmente *adv* De manera colegial [2].

colegiar (*conjug* 1a) *tr* Inscribir [a alguien] en un colegio profesional. *Frec el cd es refl. Frec en part sustantivado. Tb fig.*

colegiata *adj* [Iglesia] que, no siendo catedral, se compone de dignidades y canónigos. *Gralm n f.*

colegio (*con mayúscula en acep 3c*) *m* **1** Centro privado de enseñanza primaria o media. **b)** Centro de enseñanza primaria. ■ **2** (*euf*) Reformatorio. ■ **3** Asociación oficial de personas de una misma profesión, que defiende los intereses colectivos de sus miembros y autoriza a estos a ejercer la actividad

profesional. **b)** (*hist*) En la Roma antigua: Asociación profesional o gremio. **c)** sacro ~ o ~ de Cardenales (*o* **Cardenalicio**). (*Rel catól*) Conjunto de los cardenales. ■ **4** ~ electoral. Local donde se realiza la votación para elecciones de cargos públicos. *Tb, simplemente, ~.* ■ **5** ~ mayor. Residencia de estudiantes universitarios dependiente de un organismo oficial o privado. **b)** ~ menor. Residencia de estudiantes de grado medio dependiente de un organismo oficial o privado. ■ **6** ~ universitario. Centro oficial dependiente de una universidad y que funciona como sucursal de ella para absorber una parte de su alumnado. ■ **7** (*hist*) Establecimiento universitario en que se dan las lecciones y en que residen profesores y alumnos.

colegir (*conjug* 62) *tr* (*lit*) Deducir o inferir. *Frec con un compl* DE.

colegislador -ra *adj* Que legisla juntamente con otro u otros.

colegui *m y f* (*juv*) Colega.

colelitiasis *f* (*Med*) Formación o presencia de cálculos biliares.

colémbolo *adj* (*Zool*) [Insecto] áptero, con seis segmentos abdominales y habitualmente provisto de un órgano saltador. *Frec como n m en pl, designando este taxón zoológico.*

colemia *f* (*Med*) Presencia de bilis o de compuestos biliares en la sangre.

colénquima *m* (*Bot*) Tejido, constituido por células vivas de paredes espesas, que sirve para dar rigidez y resistencia a la planta.

colenquimatoso -sa *adj* (*Bot*) De(l) colénquima.

coleo *m* Acción de colear. *Tb su efecto.*

cóleo *m* Planta ornamental de hojas dentadas, gralm. verdes y rojizas, y flores pequeñas en racimo (gén. *Coleus*).

coleóptero *adj* (*Zool*) [Insecto] de dos pares de alas, el primero endurecido y fuerte, el segundo membranoso y flexible, y aparato bucal masticador. *Frec como n m en pl, designando este taxón zoológico.*

cólera[1] I *f* **1** Ira (sentimiento).
II *loc v* **2** montar en ~. Ponerse colérico[1] [1].

cólera[2] *m* Enfermedad infecciosa epidémica caracterizada por vómitos, fuerte diarrea y calambres. *Tb* ~ MORBO.

colérico[1] **-ca** *adj* **1** [Pers.] llena de cólera[1] [1]. ■ **2** [Pers.] propensa a la cólera[1] [1]. ■ **3** Propio de la pers. colérica [1 y 2]. ■ **4** De (la) cólera[1] [1].

colérico[2] **-ca** *adj* **1** De(l) cólera[2]. ■ **2** Que padece cólera[2]. *Tb n, referido a pers.*

coleriforme *adj* (*Med*) [Enfermedad] de síntomas semejantes a los del cólera[2].

colerina *f* (*Med*) Enfermedad semejante al cólera[2], pero de menor gravedad, caracterizada por diarrea.

colesterina *f* (*Biol*) Colesterol.

colesterinemia *f* (*Fisiol*) Tasa de colesterol en la sangre.

colesterol *m* (*Biol*) Sustancia que se encuentra en la bilis, en la sangre y en el tejido nervioso, y cuyo aumento en sangre está relacionado con la arteriosclerosis.

coleta I *n* A *f* **1** Porción de pelo que se recoge en forma de trenza, o se sujeta a los lados o en la parte posterior de la cabeza y se deja caer suelto. **b)** (*Taur*) Trenza en la parte posterior de la cabeza, característica del torero. ■ **2** (*raro*) Coletilla.
B *m* **3** (*Taur*) Matador de toros.
II *loc v* **4 cortarse la ~.** Retirarse [un torero] de su oficio. *Tb fig, referido a otras actividades.* ■ **5 traer ~** [algo]. (*raro*) Traer cola o tener consecuencias.

coletazo *m* **1** Golpe dado con la cola[1] [1]. **b)** Sacudida que da con la cola un pez, esp. moribundo. **2** *En pl:* Últimas manifestaciones de actividad de algo que se extingue. *Frec en la constr* DAR LOS (ÚLTIMOS) ~S. ■ **3** Sacudida brusca a derecha e izquierda de un vehículo por su parte posterior.

coletear *intr* Agitar la cola[1] [1, 2a y 3a y b].

coleteo *m* Acción de coletear. *Tb su efecto.*

coletero[1] *m* Utensilio para recoger el pelo en coleta [1a].

coletero[2] **-ra** *m y f* (*hist*) Pers. que hace o vende coletos [1].

coletilla *f* (*col*) Añadidura breve al final de lo escrito o dicho.

coleto I *m* **1** (*hist*) Prenda de vestir de piel que se ajusta al cuerpo hasta la cintura y tiene unos faldoncillos que llegan hasta las caderas.
II *loc v* **2 echar(se)** (*o* **tirarse**) [algo] **al ~.** (*col*) Bebérse[lo] o comérse[lo]. *Tb fig.*
III *loc adv* **3 para su ~.** En su fuero interno. *Frec con los vs* DECIR *o* PENSAR.

coletudo *m* (*Taur*) Torero.

colgable *adj* Que puede colgarse [1].

colgadero -ra I *adj* **1** Que cuelga [9].
II *m* **2** Utensilio para colgar [1] algo en él.

colgadizo *m* Tejadillo adosado a una pared.

colgado[1] **-da** *adj* **1** *part* → COLGAR. ■ **2** (*jerg*) [Pers.] que se encuentra sin amigos, sin dinero, o sin droga. *Tb n.* ■ **3** (*jerg*) Chiflado o loco.

colgado[2] *m* Acción de colgar, *esp* [1].

colgador *m* Utensilio que sirve para colgar [1].

colgadura *f* **1** Tela que se cuelga [1] como adorno en un balcón, con motivo de una celebración pública. **b)** Tela con que se cubre, por adorno, una pared interior. ■ **2** Acción de colgar, *esp* [1].

colgajo *m* Cosa que cuelga [9]. *Gralm con intención desp.* **b)** (*Med*) Porción de piel que cuelga de una herida.

colgandero -ra *adj* Colgante [1].

colgante I *adj* **1** Que cuelga [9]. ■ **2** [Puente] cuyo soporte está constituido esencialmente por dos cables o sistemas de cables laterales anclados en las orillas, de los cuales penden barras verticales que sostienen las vigas de la pista. ■ **3** (*raro*) [Jardín] escalonado o en terrazas.
II *m* **4** Objeto de adorno, frec. de joyería, que se lleva o pone colgado [9]. ■ **5** (*vulg*) Testículo.

colgar (*conjug* 4) A *tr* **1** Sujetar [a alguien o algo] por una parte [a una cosa fija (*compl* DE *o* EN)], quedando libre la parte inferior. *Tb sin compl de lugar.* ■ **2** (*col*) Ahorcar. *Tb fig.* ■ **3** Colocar el auricular [del teléfono (*cd*)] sobre su soporte, dejando cortada la comunicación. *Frec abs.* ■ **4** Hacer una exposición [de pinturas, dibujos o fotografías (*cd*)]. *Tb abs.* ■ **5** (*col*) Abandonar [una actividad o profesión]. *El*

cd puede ser el n de un objeto que simbolice esa actividad: LOS LIBROS (*el estudio*), LA SOTANA (*el sacerdocio*), LOS HÁBITOS (*la profesión religiosa*), LAS BOTAS (*el fútbol*), LOS GUANTES (*el boxeo*), *etc.* ■ **6** (*col*) Abandonar [a alguien] defraudando las expectativas que se le habían creado. *Normalmente en part, en las constrs* DEJAR COLGADO *o* QUEDAR(SE) COLGADO. ■ **7** (*col*) Achacar o atribuir [a alguien (*ci*) algo que no ha hecho o dicho o que no le corresponde]. ■ **8** (*col*) Hacer [una droga (*suj*)] que [su consumidor (*cd*)] pierda el control de sí mismo.
B *intr* ➤ a *normal* **9** Estar [algo] colgado [1]. **b)** Estar [un edificio] al borde de un desnivel notable. ■ **10** (*col*) Seguir [algo] pendiente o sin solución definitiva. ■ **11** (*col*) Ser [una prenda] más larga [por una parte].
➤ b (**~se**) **12** Agarrarse [a algo (*compl* DE)] descansando el peso sobre ello. *Tb fig.* ■ **13** (*col*) Ponerse a hablar largamente [por teléfono (*compl* DE)]. *Normalmente en part.* ■ **14** (*col*) Pasar a estar bajo los efectos de la droga. *Frec en part.* ■ **15** (*col*) Hacerse adicto a las drogas. *Frec en part. A veces con un compl* DE. ■ **16** (*col*) Enamorarse. *Gralm en la constr* ESTAR COLGADO POR *o* CON. ■ **17** (*argot Informát*) Bloquearse [un ordenador]. *Frec* QUEDARSE COLGADO.

colgarizo *m* (*reg*) Tejadillo que sobresale de una pared interior del corral.

colgón -na *adj* (*reg, desp*) Que cuelga [9] por no tener la dureza y consistencia debidas.

coli- *r pref* De cola.

colibacilar *adj* (*Med*) De(l) colibacilo o causado por él.

colibacilo *m* (*Biol y Med*) Bacilo que habita en el intestino del hombre y de algunos animales, patógeno en muchas ocasiones (*Escherichia coli*).

colibacilosis *f* (*Med*) Infección producida por el colibacilo.

colibacteria *f* (*Biol y Med*) Colibacilo.

colibrí *m* Se da este *n* a numerosas aves de América tropical, muy pequeñas, de pico delgado, patas cortas y plumaje vistoso de colores metálicos, y que vuelan haciendo vibrar las alas con altísima frecuencia.

cólico[1] **-ca** I *adj* **1** (*Anat*) Del colon.
II *m* **2** Trastorno orgánico producido por contracciones espasmódicas del intestino, con dolores agudos y con diarrea o vómitos. **b)** ~ **cerrado**, *o* **miserere**. Obstrucción intestinal. **c)** ~ **saturnino**. (*Med*) Saturnismo (intoxicación causada por el plomo). ■ **3** Trastorno con dolores agudos en un órgano abdominal que no es el intestino. *Con un compl especificador:* NEFRÍTICO, HEPÁTICO, BILIAR, *etc.*

cólico[2] *adj* (*Quím*) [Ácido] presente en la bilis del hombre y de los animales.

colíder *m y f* (*Dep*) Líder con otro u otros.

colidir *intr* (*lit, raro*) Colisionar.

coliflor *f* Variedad de col, de hojas grandes que envuelven la inflorescencia, globosa, carnosa, de color blanco amarillento y comestible (*Brassica oleracea*, var. *botrytis*).

coliforme *adj* (*Biol y Med*) Semejante al colibacilo. *Tb n m, referido a bacilo.*

coligación *f* Acción de coligarse. *Tb su efecto.*

coligarse *intr pr* (*Pol*) Formar coalición [dos o más países, perss., grupos o partidos, o uno(s) con otro(s)]. *Tb fig.*

colilargo -ga *adj* De cola larga. **b)** [Lagartija] **colilarga** → LAGARTIJA.

colilla *f* **1** *dim* → COLA¹. ■ **2** Punta que queda sin fumar de un cigarrillo o un cigarro.

colillero -ra *m y f* Pers. que recoge colillas [2] para aprovechar el tabaco que queda en ellas.

colimación *f* (*Fís*) Obtención de un haz de rayos paralelos a partir de un foco luminoso.

colimador *m* (*Fís*) Parte del espectroscopio en que se concentra la luz para su observación.

colimbo *m* Ave nadadora que habita en las costas, de gran tamaño, parecida al somormujo pero de cuerpo más alargado y cuello más grueso (gén. *Gavia*).

colín¹ *m* Pieza de pan alargada y de muy poco diámetro, sin miga.

colín² *m* Ave parecida a la codorniz, oriunda de Estados Unidos (gén. *Colinus* y otros).

colín³ -na *adj* [Animal] de cola cortada o muy corta.

colina¹ *f* Pequeña elevación del terreno de forma redondeada.

colina² *f* (*Quím*) Compuesto hidrosoluble presente en los tejidos animales y vegetales, importante para el metabolismo de los lípidos y la fisiología del sistema nervioso.

colina³ → COLA¹.

colindancia *f* Condición de colindante.

colindante *adj* Que colinda.

colindar *intr* Lindar [dos fincas o terrenos, o uno con otro (*compl* CON *o, más raro,* A)].

colindrés -sa *adj* De Colindres (Cantabria). *Tb n, referido a pers.*

colinegro -gra *adj* [Ave] de cola negra. *Usado frec como especificador.*

colinérgico -ca *adj* (*Biol y Med*) Estimulado o transmitido por la acetilcolina.

colinesterasa *f* (*Biol*) Enzima que por hidrólisis inactiva los ésteres de la colina².

colineta *f* (*reg*) Tarta casera de almendra.

colino -na *adj* Colín³.

colipavo -va *adj* [Paloma] de cola más ancha que la normal.

colipinta. aguja ~ → AGUJA.

colipoterra *f* (*lit, raro*) Prostituta.

coliridiano -na *adj* (*hist*) De una secta herética de los ss. IV y V, que se desarrolló pralm. en Arabia y cuya característica externa más saliente era el empleo de sacerdotisas para ofrecer sacrificios de pan a la Virgen María. *Tb n, referido a pers.*

colirio *m* Medicamento líquido para los ojos que se aplica en forma de gotas.

colirrojo -ja I *m* **1** Pájaro de unos 14 cm, de cola rojiza, que agita constantemente, y obispillo del mismo color (gén. *Phoenicurus*). *A veces con un adj especificador:* ~ REAL (*P. phoenicurus*), ~ TIZÓN *o* NEGRO (*P. ochruros*).
II *adj* **2** [Lagartija] **colirroja** → LAGARTIJA.

colirrubio *m* (*reg*) Pájaro de unos 15 cm, de color rojizo y gran cola en abanico (*Cercotrichas galactotes*).

coliseo *m* (*lit*) Teatro (edificio).

colisión *f* **1** Choque, o encuentro violento. **b)** (*Fís*) Choque entre partículas atómicas. ■ **2** Conflicto u oposición [de una cosa con otra, o entre dos cosas].

colisionador *m* (*Fís*) Aparato para producir colisiones [1b].

colisionar *intr* Entrar en colisión.

colista *adj* (*Dep*) [Pers. o equipo] que está a la cola o al final de una clasificación. *Frec n.*

coliteja *adj* [Paloma] cuya cola tiene forma de teja árabe. *Tb n f.*

colítico -ca *adj* Que padece colitis. *Tb n, referido a pers.*

colitis *f* **1** (*Med*) Inflamación del colon, que gralm. presenta como síntoma la diarrea. ■ **2** (*col*) Diarrea.

colla¹ *f* Cuadrilla, esp. de jornaleros. **b)** Conjunto de perss. que actúan juntas en determinados bailes y festejos populares catalanes.

colla² *f* (*Mar*) Estopa que se embute en las costuras.

collada¹ *f* (*Mar*) Viento persistente de una misma parte.

collada² *f* (*reg*) Collado.

collado *m* Colina¹ (pequeña elevación).

collage (*fr; pronunc corriente,* /koláʃ/ *o* /kolás/) *m* (*Pint*) Técnica de composición a base de recortes de papel pegados sobre el lienzo. *Tb el cuadro realizado con esa técnica. Tb fig, fuera del ámbito técn.*

collalba *f* Pájaro de unos 14 a 18 cm, de cabeza grande, pico delgado, cola corta y plumaje suave y abundante, común en España (gén. *Oenanthe*). *A veces con un adj especificador:* ~ GRIS (*O. oenanthe*), ~ NEGRA (*O. leucura*), ~ RUBIA (*O. hispanica*), *etc.*

collar I *m* **1** Objeto de adorno que se pone alrededor del cuello, gralm. colgando por delante. **b)** Condecoración en forma de collar. *Con un compl* DE. ■ **2** Aro de cuero u otra materia resistente que se pone alrededor del cuello de algunos animales, esp. los perros, para poder sujetarlos. **b)** Parte de la guarnición de una caballería que rodea el cuello, usada gralm. como adorno. ■ **3** Parte de piel o plumas de distinto color que el resto, que rodea el cuello de algunos animales. ■ **4** Cosa o parte en forma de aro. **b)** Abrazadera (pieza para sujetar). ■ **5** ~ de Venus. (*Med*) Manifestación pigmentaria de la sífilis, que ocupa pralm. las partes laterales del cuello.
II *loc adj* **6** [Culebra] de ~, [mirlo] de ~, [papamoscas] de ~, *etc* → CULEBRA, MIRLO, PAPAMOSCAS, *etc.*

collareta *f* **1** (*raro*) Collar [3]. ■ **2** (*hist*) Collarín [4].

collarín *m* **1** Collar [2]. ■ **2** Gargantilla (collar [1a] corto). ■ **3** Aparato ortopédico que rodea el cuello, destinado a curar lesiones cervicales. ■ **4** (*hist*) Cuello sobrepuesto a otro.

collarino¹ *m* (*Arquit*) Anillo que remata el fuste de la columna y sobre el cual descansa el capitel.

collarino². papamoscas ~ → PAPAMOSCAS.

collarón *m* **1** Collera¹. ■ **2** *En algunas aves:* Faja de plumas de distinto color que rodea el cuello. ■ **3** (*raro*) Adorno en forma de collar [1] grande.

collazo *m* (*hist*) Labrador adscrito de algún modo a la tierra.

college (*ing; pronunc corriente,* /kóliĉ/) *m Esp en Gran Bretaña:* Institución docente que forma parte de una universidad. *Tb fig.*

colleja[1] *f* Planta herbácea, común en lugares no cultivados, de hojas verdes y flores blancas, y cuyos brotes, cocidos, son comestibles (*Silene inflata*).

colleja[2] *f* (*col*) Golpe dado con la mano abierta en el cogote.

collera[1] *f* Pieza de cuero o lona, ancha y rellena, que se pone al cuello de las caballerías de tiro.

collera[2] *f* 1 (*reg*) Pareja [de animales]. ■ 2 (*reg*) Pareja [de perss. que trabajan o van juntas]. **b)** (*Taur*) Pareja de rejoneadores que lidian juntos una res, o de jinetes que acosan juntos a una res en el campo.

collerón *m* Collera[1].

Colles. de ~. *loc adj* (*Med*) [Fractura] del tercio inferior del radio y el cúbito, que da a la mano aspecto de dorso de tenedor, por desplazamiento de los fragmentos hacia atrás.

collie (*ing; pronunc corriente,* /kóli/) *m* Perro pastor escocés, alto, esbelto, de hocico estrecho y largo y pelo largo y suave de color leonado con manchas blancas o negras.

collón -na *adj* (*lit, raro*) [Pers.] cobarde o pusilánime. *Tb n.*

colmadamente *adv* Plena o completamente.

colmado[1] **-da** *adj* 1 *part* → COLMAR. ■ 2 Pleno o completo.

colmado[2] *m* (*reg*) 1 Taberna. ■ 2 Tienda de comestibles.

colmar A *tr* 1 Llenar [algo] con colmo[1] [1]. *Frec en part.* ■ 2 Llenar totalmente [algo o a alguien]. *Frec con un compl* DE. ■ 3 Satisfacer plenamente [algo o a alguien]. **B** *intr* 4 Llegar [alguien o algo] a la plenitud. *Tb pr* (~**se**).

colmatación *f* (*Geol*) Acción de colmatar. *Tb su efecto.*

colmatado *m* (*Geol*) Colmatación.

colmatar *tr* (*Geol*) Rellenar [una depresión del terreno] con sedimentos arrastrados por el agua o el viento.

colme *adj* (*reg*) Lleno o colmado[1]. *Tb fig.*

colmena *f* 1 Refugio hecho para servir de habitación a las abejas. *Tb la sociedad de abejas que lo habita.* ■ 2 Ciudad o edificio en que vive mucha gente apiñada.

colmenar *m* Lugar en que están instaladas colmenas [1].

colmenareño -ña *adj* De Colmenar Viejo (Madrid), de Colmenar de Oreja (Madrid) o de Colmenar (Málaga). *Tb n, referido a pers.*

colmenarete -ta *adj* De Colmenar de Oreja (Madrid). *Tb n, referido a pers.*

colmenero -ra I *adj* 1 De (las) colmenas [1]. **II** *m y f* 2 Pers. que posee, explota o cuida colmenas [1].

colmenilla *f* Hongo comestible cuyo sombrerillo recuerda la forma del panal (gén. *Morchella*).

colmillada *f* Herida de colmillo. *Tb fig.*

colmillazo *m* Colmillada.

colmilleja *f* Pez de agua dulce, de cuerpo alargado y con seis barbitas en el labio superior (*Cobitis taenia*).

colmillo I *m* 1 Diente en punta situado entre el último incisivo y el primer molar. ■ 2 Incisivo de los dos prolongados en forma de cuerno que tienen los elefantes en la mandíbula superior. ■ 3 ~ **retorcido.** (*col*) Astucia. *Normalmente en las locs* DE ~ RETORCIDO *y* TENER EL ~ RETORCIDO. **II** *loc v* 4 **enseñar los ~s.** (*col*) Mostrar las propias fuerzas con la intención de hacerse respetar o temer.

colmilludo -da *adj* De grandes colmillos.

colmo[1] **I** *m* 1 Parte de una masa, o de una sustancia en granos o partículas, que queda amontonada más arriba de los bordes del recipiente que la contiene. ■ 2 Grado o punto más alto [de algo no material]. **b) el ~.** (*col*) Lo que ya no se puede superar, esp. en lo negativo. *A veces, enfáticamente,* EL ~ DE LOS ~S. *Frec en exclamaciones de asombro o protesta.* * *Esto ya es el colmo.* **c)** (*hoy raro*) Acertijo que versa humorísticamente sobre una situación o actitud extrema de alguien o algo. **II** *loc adv* 3 **a ~.** Al grado máximo de perfección o terminación. *En las constrs* LLEGAR, *o* LLEVAR, [algo] A ~. ■ 4 **a(l) ~.** Llenando de manera que quede colmo [1]. *Tb adj. Tb fig.* ■ 5 **para ~.** Por añadidura, o por si fuera poco. *A veces* PARA ~ DE MALES (*u otro término equivalente*).

colmo[2] *m* (*reg*) Paja que se utiliza para techar. *Tb el mismo techo de paja.*

colocable *adj* Que puede ser colocado.

colocación *f* 1 Acción de colocar(se). *Tb su efecto.* ■ 2 Empleo o trabajo. ■ 3 (*Híp*) Condición de colocado [2].

colocado -da I *adj* 1 *part* → COLOCAR. ■ 2 (*Híp*) [Caballo] que llega a la meta en segundo lugar. **II** *m y f* 3 (*jerg*) Novato o principiante.

colocador -ra I *adj* 1 Que coloca. *Frec n, referido a pers.* **II** *m* 2 Aparato que sirve para colocar [1].

colocar A *tr* 1 Poner [a alguien o algo en un lugar o en una situación o posición]. *Tb sin compl adv, esp referido al lugar, situación o posición adecuados.* **b)** *pr* (~**se**) Ponerse [algo o alguien en un lugar o en una situación o posición]. ■ 2 Dar empleo o trabajo [a una pers. (*cd*)]. ■ 3 Casar [los padres o quienes hacen sus veces (*suj*) a una pers., esp. una muchacha]. ■ 4 Conseguir comprador [para una mercancía (*cd*)]. ■ 5 Invertir [un capital en algo que produzca intereses]. *Tb sin compl* EN. ■ 6 (*col*) Hacer que [alguien (*ci*)] reciba [algo (*cd*)] contra su voluntad. ■ 7 (*col*) Producir [una droga o bebida en alguien (*cd*)] su efecto característico, esp. euforia. *Frec abs. Tb fig.* **b)** *pr* (~**se**) Pasar a estar [alguien] bajo los efectos de una droga o una bebida. ■ 8 (*jerg*) Apresar o detener [a alguien]. **B** *intr pr* (~**se**) 9 Tomar un empleo. *Frec con un compl* DE *o* COMO. ■ 10 Encontrar [una pers.] esposo o amante, esp. para que la ayude social o económicamente.

colocasia *f* Planta herbácea ornamental, de hojas grandes, cuya raíz, cocida, es comestible (*Colocasia antiquorum*).

colocón *m* (*col*) Estado producido por una droga o una bebida.

colocutor -ra *m y f* (*lit, raro*) Pers. que habla con otra u otras.

colodión *m* Disolución de nitrocelulosa en una mezcla de alcohol y éter, usada esp. en la fabricación de explosivos y de emulsiones fotográficas.

colodra *f* Vaso hecho de cuerno.

colodrillo *m* (*col*) **1** Parte posterior de la cabeza. ■ **2** Cabeza. *Tb fig.*

colofón *m* **1** Nota impresa en la última página de un libro, en que se indican el nombre del impresor y el lugar y la fecha en que se terminó de imprimir. ■ **2** Remate o conclusión.

colofonia *f* Resina amarilla y traslúcida que se obtiene como residuo de la destilación de la trementina.

cologaritmo *m* (*Mat*) Logaritmo del número inverso [de otro número dado]. *Tb* (*lit*) *fig.*

coloidal *adj* (*Quím*) **1** De (los) coloides [1]. ■ **2** Que está en estado coloidal [1].

coloidalmente *adv* (*Quím*) De manera coloidal [1].

coloide *m* **1** (*Quím*) Sustancia que al disgregarse en un líquido se difunde muy lentamente y no atraviesa los filtros. ■ **2** (*Fisiol*) Sustancia segregada por las vesículas de la glándula tiroidea.

colombiano -na *adj* De Colombia. *Tb n, referido a pers.*

colombicultor -ra **I** *adj* **1** De (la) colombicultura. **II** *m y f* **2** Pers. que se dedica a la colombicultura.

colombicultura *f* **1** Cría de palomas. ■ **2** Colombofilia.

colombina *f* Pers. disfrazada de Colombina (personaje de la pantomima), con falda vaporosa.

colombino¹ -na *adj* De Cristóbal Colón († 1506).

colombino² -na *adj* (*lit*) De paloma.

colombofilia *f* Cría y adiestramiento de palomas mensajeras con fines deportivos.

colombófilo -la **I** *adj* **1** De (la) colombofilia. **II** *m y f* **2** Pers. que se dedica a la colombofilia.

colombroño -ña *m y f* (*raro*) Tocayo.

colomense *adj* De Santa Coloma de Gramanet (Barcelona). *Tb n, referido a pers.*

colon¹ *m* Parte del intestino grueso comprendida entre el ciego y el recto.

colon² *m* (*TLit*) En la poesía grecolatina: Verso que no se puede descomponer en pies o metros iguales.

colón¹ *m* Unidad monetaria de Costa Rica y El Salvador.

colón² *m* Pieza de pan candeal de forma alargada.

colón³ -na *adj* (*col*) [Pers.] que se cuela o pasa furtivamente o con habilidad. *Tb n.*

colonato *m* Sistema de explotación agrícola por medio de colonos.

colonia¹ *f* **1** Territorio administrado por un Estado, situado fuera de las fronteras de este y dependiente totalmente de él. ■ **2** Colectividad de perss. de una tierra o nación que residen en otra. *Normalmente con un compl especificador.* **b)** Colectividad de perss. de una tierra establecidos en otro ocupado por aquel. *Tb el lugar de establecimiento.* **c)** (*hist*) Colectividad de perss. procedentes de un mismo país y establecidas en un lugar distante para habitarlo y explotarlo, manteniendo o no vinculación con el país de origen. *Tb el lugar de establecimiento.* **d)** (*hist*) Colectividad de perss., nacionales o extranjeras, que se establecen en un lugar para poblarlo y cultivarlo. ■ **3** Conjunto de perss. que pasan una temporada de vacaciones simultáneamente en un mismo lugar. *Tb el mismo lugar.* **b)** Conjunto de niños que pasan sus vacaciones juntos al cuidado de monitores en una residencia. *Tb la misma residencia.* ■ **4** (*Biol*) Agrupación numerosa de seres de la misma especie, pequeños o microscópicos, que viven juntos en un lugar. **b)** (*Med*) Conjunto de células que en su ciclo evolutivo forman agrupaciones. ■ **5** Conjunto urbanístico constituido por construcciones similares. *Gralm en denominaciones.*

colonia² *f* Agua de colonia (→ AGUA).

coloniaje *m* Condición de colonia¹ [1]. *Tb el tiempo que dura.*

colonial *adj* **1** De (la) colonia¹ o de (las) colonias¹ [1 y 2b]. **b)** (*hoy raro*) [Producto] procedente de las antiguas colonias¹ [1] españolas. *Frec n m en pl. Más modernamente designa esp comestibles.* ■ **2** [Arte o estilo] surgido en las colonias¹ [1]. *Esp referido a las españolas.* **b)** De(l) arte o estilo colonial. ■ **3** [País o territorio] que tiene carácter de colonia¹ [1]. ■ **4** (*Biol*) [Ser] que vive en colonia¹ [4].

colonialismo *m* Sistema político que propugna el establecimiento o el mantenimiento de colonias¹ [1]. *Tb fig, fuera del ámbito político.*

colonialista *adj* De(l) colonialismo. **b)** Partidario del colonialismo. *Tb n.*

colónico -ca *adj* (*Anat y Med*) De(l) colon¹.

coloniense *adj* De Colonia (Alemania). *Tb n, referido a pers.*

colonización *f* Acción de colonizar.

colonizador -ra *adj* **1** Que coloniza. *Tb n.* ■ **2** De (la) colonización.

colonizar **A** *tr* **1** Convertir [un país] en colonia¹ [1]. *Tb fig.* **b)** Convertir en colonia¹ [2d] [un territorio inculto o abandonado]. ■ **2** Formar colonia¹ [4] [en un lugar (*cd*), esp. en un ser vivo o en una parte de él]. **B** *intr* **3** Formar colonia¹ [4].

colono *m* **1** Arrendatario de una finca de labor, que la cultiva y vive en ella. ■ **2** Habitante de una colonia¹ [2b, c y d].

colonoscopia *f* (*Med*) Examen de colon¹ practicado con el colonoscopio.

colonoscopio *m* (*Med*) Instrumento para hacer reconocimientos de colon¹.

coloño *m* (*reg*) **1** Haz de leña, hierba o varas que puede ser cargado por una persona. *Tb la medida correspondiente.* ■ **2** Cesto.

coloque *m* (*jerg*) Estado producido por una droga o una bebida.

coloqueta *f* (*jerg*) Detención.

coloquial *adj* Propio de la conversación corriente.

coloquialismo *m* Rasgo o carácter coloquial.

coloquialmente *adv* De manera coloquial.

coloquiante *adj* (*raro*) **1** [Pers.] que coloquia. *Tb n.* ■ **2** Dialogante, o abierto al diálogo.

coloquiar (*conjug* **1a**) *intr* (*raro*) Dialogar.

coloquíntida *f* Planta herbácea anual de tallo rastrero y fruto en pepónide, que se emplea como purgante (*Citrullus colocynthis*). *Tb su fruto*.

coloquio *m* **1** Conversación. ■ **2** Reunión, gralm. pública, en que un pequeño grupo de personas, especialmente convocadas para ello, debaten un determinado tema. ■ **3** Turno de preguntas u observaciones que se concede al término de una conferencia. ■ **4** (*TLit*) Diálogo (obra o género literarios).

color I *m* (*tb, lit y raro, f*) **1** Cualidad de los seres materiales, ajena a su forma y a su tamaño, por la cual impresionan de determinada manera la retina del ojo que los ve, según los rayos de la luz que sean absorbidos por ellos. ■ **2** Sustancia preparada para pintar de un determinado color [1]. ■ **3** Color [1] natural de la piel humana. **b)** Color sonrosado de las mejillas o del rostro. *Frec en pl*. **c)** los ~es. (*col*) El rubor. *En constrs como* SACARLE, *o* SALIRLE [a alguien] LOS ~ES. ■ **4** Conjunto de colores [1] [de algo] y modo de estar combinados. **b)** (*Dep*) *En pl*: Color o colores que en la bandera, o en las prendas de vestir usadas en el juego, se usan como distintivo de un club o un equipo. *Tb el mismo club o equipo*. ■ **5** Conjunto de rasgos externos, gralm. llamativos, [de una cosa], que le dan peculiaridad o interés. **b)** *En una obra literaria o musical*: Animación o viveza. ■ **6** Modo de ver o presentar la realidad. *Con un adj especificador*: ALEGRE, SOMBRÍO, HALAGÜEÑO, *etc*. *Frec con los vs* VER o PRESENTARSE. ■ **7** Tendencia ideológica o política. ■ **8** (*Naipes*) Jugada que consiste en tener todas las cartas del mismo palo, sin que sean de valor correlativo. ■ **9** (*Mús*) Timbre. ■ **10** (*col*) Comparación posible. *En constrs negs*: NO HAY ~, SIN ~, NI ~. ■ **11** (*jerg*) Interés. *Gralm con el v* TENER.
II *loc adj* **12 a todo ~.** [Dibujo, ilustración, reportaje o cosa similar] que tiene gran variedad de colores [1]. *Tb adv*. ■ **13 de ~.** De un color [1] que no es blanco, negro o gris. *Tb adv*. **b)** De un color que no es blanco. *Referido esp a ropa*. ■ **14 de ~.** [Pers.] de raza negra o mulata. ■ **15 de ~ de rosa.** Halagüeño u optimista. *Frec con los vs* VER o PRESENTARSE. ■ **16 del ~.** (*raro*) [Revista] del corazón. ■ **17 de todos los ~es.** De todas clases. ■ **18 en ~.** [Fotografía, dibujo, película, cine o televisión] que reproduce los colores [1]. *Opuesto a* EN BLANCO Y NEGRO. *Tb adv*. ■ **19 subido de ~.** (*euf*) [Relato o chiste] picante u obsceno.
III *loc v y fórm or* **20 cargar los ~es.** (*col*) Cargar las tintas (exagerar). ■ **21 tener** [algo] (**otro**) ~. Variar o mejorar sus condiciones o circunstancias. ■ **22 un ~ se le iba y otro** (**se**) **le venía.** (*col*) Fórmula con que se comenta la gran impresión o incomodidad que ha causado en alguien lo que acaba de oír o de ver. ■ **23 verlas de todos los ~es.** (*col*) Pasar muchas penalidades.
IV *loc adv* **24 de mil ~es**, o **de todos los ~es.** Alternativamente rojo o pálido, como efecto de una gran impresión o cohibición. *Gralm con los vs* ESTAR o PONERSE.
V *loc prep* **25 so** (o **bajo**) ~ **de.** Con la apariencia o el pretexto de.

coloración *f* **1** Acción de dar color [1]. ■ **2** Color [1] que se da a una cosa o que toma esa cosa. ■ **3** Tonalidad de color [1]. ■ **4** Colorido [1] [1] o conjunto de colores [1].

colorado¹ -da I *adj* **1** [Color] rojo (semejante al de la sangre). *Tb n m*. **b)** De color rojo. *Usado a veces como especificador de animales y plantas*. **c)** [Pato] buceador rechoncho, de cabeza grande color castaño y de pico rojo, que habita en lagos de agua dulce o lagunas salobres (→ PATO). *Tb n m*. **d)** (*Taur*) [Res] de color más o menos rojo. *Tb n m*. ■ **2** [Pers.] de rostro habitualmente enrojecido, esp. como señal de salud. **b)** Ruborizado. *Gralm con el v* PONER(SE) *y frec con el refuerzo comparativo* COMO UN TOMATE. ■ **3** Rubio muy encendido.
II *n* A *m* **4** (*jerg*) Oro.
B *f* **5 la colorada.** (*col*) La lengua.
III *loc v* **6 poner** ~ [a alguien]. (*col*) Reprender[le] severamente o avergonzar[le].

colorado² **-da** *adj* De una tribu amerindia, de la familia lingüística chibcha, que habita en Ecuador. *Frec n, referido a pers*.

colorante *adj* [Sustancia] que da color [1], esp. artificial. *Tb n m*.

colorar *tr* (*raro*) Dar color [1] [a algo (*cd*)].

colorativo -va *adj* (*raro*) Colorante.

coloratura I *f* (*Mús*) **1** Adorno virtuosista del canto en las notas altas, por medio de trinos y escalas. ■ **2** Pasaje de gran dificultad técnica, apto para el virtuosismo de la voz de soprano. ■ **3** Conjunto de colores [9].
II *adj invar* **4** [Soprano] especializada en coloraturas [1]. *Tb n f*. *Tb* DE ~.

coloreable *adj* Que se puede colorear.

coloreado¹ -da *adj* **1** *part* → COLOREAR. ■ **2** [Cosa] que tiene color o colores [1]. **b)** Que tiene vivos colores.

coloreado² *m* Acción de colorear.

colorear A *tr* **1** Dar color o colores [1] [a algo (*cd*)]. *Frec con un compl* DE o EN *que especifica el color*. *Tb fig*. *Tb abs*. **b)** *pr* (~**se**) Tomar color. *Frec con un compl* DE o EN *que especifica el color*. ■ **2** Dar color rojo [a las mejillas o al rostro]. **b)** *pr* (~**se**) Tomar color rojo [las mejillas o el rostro]. ■ **3** (*lit*) Dar color o animación [a algo (*cd*)]. **b)** *pr* (~**se**) Tomar color o animación.
B *intr* **4** Ponerse rojo [algo, esp. un fruto] o tomar el color [1] que le es propio. *Tb fig*.

colorero -ra *m y f* (*hist*) Pers. que fabrica o vende colores [2] o tintes.

colorete *m* Cosmético que sirve para colorear [2] las mejillas.

colorido¹ *m* **1** Color o conjunto de colores [1] [de algo]. ■ **2** Variedad y animación de colores [1]. *Tb fig*. ■ **3** Color [5].

colorido² -da *adj* (*lit*) **1** *part* → COLORIR. ■ **2** Coloreado¹ [2].

colorimetría *f* (*Fís*) Análisis cuantitativo de la intensidad de color [1] de una sustancia o de un cuerpo.

colorimétrico -ca *adj* (*Fís*) De (la) colorimetría.

colorímetro *m* (*Fís*) Aparato para medir la intensidad de color [1] de una sustancia o de un cuerpo.

colorín I *m* **1** Color [1] vivo y chillón. *Normalmente en pl y frec con intención desp*. ■ **2** (*humoríst*) Revista del corazón. **b)** Suplemento dominical de un periódico. ■ **3** Jilguero (pájaro). ■ **4** (*reg*) Petirrojo (pájaro). ■ **5** (*pop*) Sarampión.
II *loc adj* **6 de ~es.** (*humoríst*) [Revista] del corazón.
III *fórm or* **7** ~, **colorado, (este cuento se ha acabado).** *Fórmula con que se terminan los cuentos infantiles*. *Tb fig, referido a otro tipo de narraciones*.

colorinesco -ca *adj* De colorines [1]. *Frec con intención desp.*

colorir *tr* (*lit, raro*) Colorear [1].

colorismo *m* **1** Cualidad de colorista [1]. ■ **2** (*Pint*) Tendencia a la utilización destacada de variedad de colores [1].

colorista **I** *adj* **1** Que destaca por el colorido. ■ **2** (*Pint*) De(l) colorismo [2].
II *m y f* **3** Pers. especializada en la preparación de colores [2]. ■ **4** (*Pint*) Pintor que se distingue en el uso del color [1]. *Frec con un adj calificador.*

colorístico -ca *adj* (*raro*) Colorista [1].

colosal *adj* **1** De dimensiones que exceden con mucho a las normales o habituales. *Tb fig. Frec con intención ponderativa.* **b)** [Dimensión o tamaño] extraordinariamente grande. *Tb fig. Frec con intención ponderativa.* ■ **2** Magnífico o extraordinario. *Tb* (*col*) *adv.*

colosalismo *m* **1** Condición de colosal [1]. ■ **2** Tendencia a lo colosal [1]. *Esp en arte.*

colosalista *adj* De(l) colosalismo o que lo implica. **b)** Partidario del colosalismo [2].

colosalmente *adv* De manera colosal.

colosense *adj* (*hist*) De la ciudad de Colosas (Asia Menor). *Tb n, referido a pers.*

coloso *m* **1** Escultura de dimensiones gigantescas. ■ **2** Pers., animal o cosa de gran tamaño. *Frec fig, con intención ponderativa.* ■ **3** Pers. excepcional en su género.

colostomía *f* (*Med*) Formación quirúrgica de una abertura artificial permanente en el colon[1].

colpitis *f* (*Med*) Inflamación de la vagina.

colposcopia *f* (*Med*) Examen de la vagina.

colposcópico -ca *adj* (*Med*) De (la) colposcopia.

colposcopio *m* (*Med*) Instrumento que sirve para practicar la colposcopia.

colpotomía *f* (*Med*) Incisión quirúrgica de la vagina.

colquicina *f* (*Quím*) Alcaloide contenido en las semillas del cólquico.

cólquico *m* Planta herbácea, perenne, común en los prados, de flores grandes rojo-violáceas y frutos en cápsula cuyas semillas, amargas, tienen aplicación en medicina (*Colchicum autumnale*).

colúbrido *adj* (*Zool*) [Reptil ofidio] de cabeza cubierta de placas y separada del tronco por un cuello estrecho. *Tb como n m en pl, designando este taxón zoológico.*

columbario *m* Construcción en que se reúnen los nichos destinados a guardar urnas cinerarias.

colúmbido -da *adj* (*Zool*) [Ave] columbiforme de tronco fuerte, músculos pectorales muy desarrollados, y pico duro en su parte terminal y más blando en su comienzo, donde se abren las fosas nasales. *Frec como n, m o f, en pl, designando este taxón zoológico.*

columbiforme *adj* (*Zool*) [Ave] de mediano tamaño, con cabeza redondeada, pico corto y delgado y cuello y patas cortas, del orden de las palomas. *Frec como n f en pl, designando este taxón zoológico.*

columbrador -ra *adj* Que columbra. *Tb n.*

columbrar *tr* **1** Divisar, o ver desde lejos con poca nitidez. ■ **2** Ver o percibir [algo]. ■ **3** Adivinar [algo] por indicios.

columela *f* (*Anat*) Eje central de varias estructuras, esp. del oído interno.

columelar *adj* (*Zool*) [Músculo] por el que el caracol se une a su concha.

columna **I** *f* **1** Pieza arquitectónica de forma alargada, vertical, gralm. cilíndrica, que sirve de sostén a una parte de la construcción, o bien de elemento ornamental. ■ **2** Cosa de forma alargada y disposición vertical, iguales o similares a las de la columna [1]. **b)** *En un termómetro u otro aparato similar:* Cantidad de líquido que asciende o desciende por el tubo destinado a ello. **c)** *En un aparato de sonido:* Bafle. ■ **3** ~ **vertebral.** *En los vertebrados:* Eje del neuroesqueleto, situado a lo largo de la línea media dorsal del cuerpo y formado por una serie de huesos cortos, cada uno en articulación semifija con el siguiente. *Tb, simplemente, ~.* **b)** Base o fundamento [de algo no material]. *Tb, simplemente, ~.* ■ **4** Parte de las comprendidas entre dos blancos o líneas verticales, en que está dividida una página impresa, esp. de periódico, o escrita a mano. **b)** Sección fija de un comentarista en un periódico. ■ **5** (*Mil*) Conjunto de soldados o de unidades militares que se sitúan unos detrás de otros. *Tb fig, fuera del ámbito militar.* **b)** **quinta ~.** Grupo organizado que en un país en guerra actúa clandestinamente en favor del enemigo. *Tb fig.* ■ **6** (*Mec*) *En el automóvil:* Pieza cilíndrica que el conductor hace girar por medio del volante para accionar la dirección. *Tb* ~ DE DIRECCIÓN.
II *loc adj* **7 de ~.** Que tiene forma alargada y disposición vertical.

columnar *adj* De (la) columna [1].

columnario -ria **I** *adj* **1** (*raro*) De (las) columnas [1]. ■ **2** (*hist*) [Moneda] de plata acuñada en la América española durante el s. XVIII, en cuyo reverso figuran dos columnas [1].
II *m* **3** (*raro*) Columnata.

columnata *f* Hilera de columnas [1].

columnilla *f* (*Zool*) Parte de la concha del caracol que está en contacto con el eje de arrollamiento.

columnista *m y f* **1** Pers. que tiene una columna [4b]. ■ **2** Pers. que forma parte de una columna [5].

columpiar (*conjug* 1a) **A** *tr* **1** Balancear [a alguien] en un columpio. *Frec el cd es refl.* **b)** Balancear. *Frec el cd es refl.*
B *intr pr* (~**se**) **2** Balancearse u oscilar a un lado y a otro. ■ **3** (*col*) Cometer una equivocación.

columpio *m* **1** Dispositivo formado por un asiento suspendido de un punto alto por dos cuerdas o barras, y que permite balancearse. ■ **2** Pieza alargada de madera o metal colocada en equilibrio sobre un punto de apoyo y sobre la cual se balancean dos personas puestas cada una en un extremo. ■ **3** *En una jaula:* Pieza a modo de trapecio para que se pose y balancee el pájaro.

colusión *f* (*Der*) Acuerdo o pacto entre dos perss. o grupos en perjuicio de un tercero. *Tb fig, fuera del ámbito técn.*

colutorio *m* Enjuagatorio (acción y líquido).

coluvión *m* (*Geol*) Aluvión constituido por los granos más finos del limo y de la arena transportados a corta distancia por el agua.

colza *f* **1** Variedad de nabo cuyas semillas producen un aceite usado como lubrificante o, refinado, como condimento (*Brassica napus* var. *arvensis*). ■ **2** Aceite de colza [1].

coma[1] **I** *f* **1** Signo ortográfico, en forma de pequeño arco abierto a la izquierda, que indica pausa de corta duración y que se emplea dentro de la oración para aislar o separar elementos de esta. **b)** Signo matemático, igual a la coma ortográfica, que sirve para señalar la separación entre enteros y decimales en una cantidad. **c) punto y ~ →** PUNTO. ■ **2** (*Biol*) Vibrión (bacteria de forma encorvada).
    II *loc adv* **3 con puntos y ~s →** PUNTO. ■ **4 sin faltar una ~**, o **hasta la última ~**. Con todo detalle y exactitud. *Referido esp a un relato o una descripción.*

coma[2] *m* Pérdida prolongada de conciencia, sensibilidad y movimiento, causada por un estado patológico grave. *A veces con un adj especificador.*

comadre *f* **1** (*col*) Mujer que se reúne con otras para contar chismes o murmurar. *Frec en pl.* ■ **2** Se da este *n* a la madre o madrina de una pers, con respecto a la madrina, la madre o el padrino de esa pers.

comadrear (*col*) **A** *intr* **1** Contar chismes o murmurar. *Gralm dicho de mujeres.*
    B *tr* **2** Decir [algo] murmurando.

comadreja *f* Mamífero carnicero, de unos 25 cm de largo, de cuerpo y patas delgados y pelaje rojizo, que se alimenta de animales pequeños, esp. crías de aves (*Mustela nivalis*).

comadreo *m* (*col*) Acción de comadrear. *Tb su efecto.*

comadrón -na *m* (*hoy raro*) y *f* Pers. que tiene título facultativo para asistir a las parturientas.

comanche *adj* (*hist*) De la tribu india habitante de la región septentrional del Estado de Tejas (Estados Unidos). *Tb n, referido a pers.*

comanda *f* (*raro*) Pedido que se hace al camarero.

comandancia *f* **1** Empleo de comandante. ■ **2** Edificio o local donde tiene su oficina el comandante. ■ **3** *En la Guardia Civil:* Conjunto de dos o más compañías al mando de un teniente coronel. ■ **4 ~ de Marina.** Subdivisión de un departamento marítimo.

comandante -ta A *m* y (*raro*) *f* (*normalmente se usa para el f la misma forma del m*) **1** Jefe del ejército que tiene categoría inmediatamente superior a la de capitán e inferior a la de teniente coronel. ■ **2** Militar que ejerce el mando en un puesto o un destacamento. **b) ~ general.** Oficial general que ejerce el mando sobre cierto cuerpo de ejército de las tres armas. **c) ~ en jefe →** JEFE. ■ **3** Piloto que tiene el mando de una aeronave.
    B *f* **4** Mujer del comandante [1].

comandar *tr* **1** Mandar [una fuerza, un puesto o una plaza militares]. ■ **2** Tener [un piloto] el mando [de una aeronave (*cd*)]. ■ **3** (*lit*) Encabezar [la clasificación de una competición].

comandita I *f* **1** (*Com*) Sociedad en comandita [3]. ■ **2** (*col*) Fondo común del que participan a partes iguales varias perss.
    II *loc adj* **3 en ~**. (*Com*) [Sociedad] en que una parte de los socios tiene limitada a cierta cuantía su interés y su responsabilidad en el negocio. *Tb adv.*

III *loc adv* **4 en ~**. (*col*) Formando grupo o asociación.

comanditar *tr* (*Com*) Proporcionar el capital [para una empresa (*cd*)] sin contraer obligaciones mercantiles. *A veces, fuera del ámbito técn, se usa en el sent amplio de 'financiar'.*

comanditario -ria *adj* (*Com*) **1** [Sociedad] en comandita [3]. ■ **2** [Socio] de una sociedad en comandita [3]. *Tb n.*

comando *m* **1** Pequeño grupo de tropas de choque destinado a hacer incursiones ofensivas en terreno enemigo. **b)** Pequeño grupo de miembros de una organización clandestina destinado a realizar operaciones terroristas. ■ **2** Miembro de un comando [1]. ■ **3** (*hoy raro*) Prenda corta de lluvia, de corte militar. ■ **4** (*Informát*) Orden dada al ordenador.

comarca *f* Extensión pequeña de terreno que abarca varias poblaciones y que tiene carácter unitario.

comarcal *adj* De (la) comarca. **b)** [Carretera] pequeña destinada a unir puntos dentro de una misma comarca. *Tb n f.*

comarcalización *f* Acción de comarcalizar.

comarcalizar *tr* Dar carácter o ámbito comarcal [a algo (*cd*)].

comarcalmente *adv* En el aspecto comarcal.

comarcano -na *adj* De la misma comarca. *Tb n, referido a pers.*

cómaro *m* (*reg*) **1** Loma o pequeño desnivel. ■ **2** Seto que separa una finca de otra.

comatoso -sa *adj* **1** De(l) coma[2]. ■ **2** [Pers.] que está en estado de coma[2].

comátula *f* Equinodermo de diez brazos en forma de plumas (*Comatula mediterranea*).

comba I *f* **1** Juego de niñas que consiste en saltar con una cuerda. *Frec en la constr* JUGAR, o SALTAR, A LA ~. *Tb la misma cuerda.* ■ **2** Curvatura, esp. la que forma un cuerpo alargado en su parte central al estar sostenido por sus dos extremos. **b)** (*lit*) Curva [de un camino]. **c)** (*lit*) Espacio cóncavo. *Esp referido al cielo.*
    II *loc v* **3 coger (la) ~**. (*col*) Habituarse o amoldarse. ■ **4 hacer ~s.** (*raro*) Balancear el cuerpo al andar. ■ **5 perder ~**. (*col*) Dejar pasar una oportunidad. *Gralm en constr neg.* **b) no perder(se) ~**. No perder(se) detalle.

combado[1] **-da** *adj* **1** *part →* COMBAR. ■ **2** Curvo.

combado[2] *m* (*Arquit*) Nervio curvo [de una bóveda].

combar *tr* Dar forma curva [a algo (*cd*)]. **b)** *pr* (*~se*) Tomar [algo] forma curva.

combate I *m* **1** Acción de combatir. **b)** (*Dep*) Encuentro de boxeo o de lucha. ■ **2 fuera de ~**. (*Boxeo*) Derrota por haber permanecido derribado más de 10 segundos.
    II *loc adv* **3 fuera de ~**. Sin posibilidad de continuar el combate [1]. *Tb fig.* **b)** (*Boxeo*) En derrota por haber permanecido derribado durante más de 10 segundos. **c)** (*col*) Sin posibilidad de funcionar normalmente.

combatidor -ra *adj* (*raro*) Que combate [3]. *Tb n, referido a pers.*

combatiente I *adj* **1** Que combate [1]. *Frec n, referido a pers.*

II *m* **2** Ave, común en las marismas, cuyos machos combaten encarnizadamente por la posesión de la hembra *(Philomachus pugnax)*.

combatir A *intr* **1** Luchar. *A veces con un compl* CONTRA, CON *o* POR.

B *tr* **2** Luchar (contra alguien (*cd*)]. ■ **3** Oponerse [a alguien o algo], tratando de destruir[lo] o neutralizar[lo]. ■ **4** Eliminar o hacer desaparecer [algo]. ■ **5** Golpear [algo (*cd*)] con fuerza [el viento o el oleaje *(suj)*]. *Tb abs.*

combatividad *f* Cualidad de combativo.

combativo -va *adj* **1** Que tiene inclinación o tendencia natural a combatir [1]. **b)** Propio de la pers. o animal combativos. ■ **2** De combate [1].

combés *m (Mar)* Parte de cubierta por la zona media de un buque. **b)** *(hist)* Espacio de cubierta entre el palo trinquete y el mayor.

combi[1] *adj* **1** [Frigorífico] de dos puertas y normalmente dos compresores, combinado de frigorífico normal y congelador. *Frec n m.* ■ **2** [Vehículo, esp. furgoneta o furgón] que sirve al mismo tiempo para el transporte de personas y de mercancías. *Tb n m.*

combi[2] *f (col, hoy raro)* Combinación [7]. *Normalmente en lenguaje femenino.*

combina *f (col, hoy raro)* **1** Combinación o mezcla. ■ **2** Plan.

combinable *adj* Que puede combinarse [1, 3 y 6].

combinación *f* **1** Acción de combinar(se). *Tb su efecto. A veces en la constr* EN ≏ CON. **b)** *(TLit)* Modo de combinar [1a] versos. ■ **2** Conjunto de los que se pueden formar con cierto número de elementos, tomando cada vez igual número de ellos pero disponiéndolos de distinta manera. ■ **3** Conjunto de dos o más letras que da comienzo a una serie de palabras. *Tb la serie de palabras.* ■ **4** Clave numérica que sirve para abrir o hacer funcionar ciertos dispositivos o aparatos. ■ **5** Cóctel o combinado [3]. ■ **6** Posibilidad de viajar en uno o más medios de transporte público. ■ **7** Prenda interior femenina que cubre desde los hombros, a veces desde la cintura, hasta cerca del borde de la falda. *Cuando es desde la cintura, frec* MEDIA ≏. ■ **8** *(hist)* Formación de un gobierno.

combinadamente *adv* De manera combinada [2c].

combinado -da I *adj* **1** *part* → COMBINAR. ■ **2** [Cosa] constituida por la combinación [1a] de otras dos o más. *Tb n m.* **b)** [Plato] constituido por alimentos variados y que se toma como comida completa. *Tb n m.* **c)** [Cosa] que implica combinación [1a].

II *m* **3** Cóctel (bebida). ■ **4** *(Dep)* Equipo formado ocasionalmente con jugadores procedentes de dos o más formaciones.

combinador -ra *adj* Que combina [1a]. *Tb n m, referido a aparato.*

combinar A *tr* **1** Unir [varias cosas, o una(s) con otra(s)], esp. de manera armónica o adecuada. **b)** Utilizar al mismo tiempo [dos o más cosas, o una(s) con otra(s)]. ■ **2** Organizar o disponer [una operación que requiere varias fases]. *En deportes, tb abs.* ■ **3** *(Quím)* Unir [varias sustancias, o una(s) con otra(s)] para formar un compuesto.

B *intr* ➤ **a** *normal* **4** Unirse [dos o más cosas entre sí, o una(s) con otra(s)], esp. de manera armónica o adecuada. *Tb pr* (≈se). **b)** Hacer buen efecto al unirse [dos o más cosas, o una(s) con otra(s)].

➤ **b** *pr* (≈se) **5** Ponerse de acuerdo [varias perss., o una(s) con otra(s)] para una acción conjunta. ■ **6** *(Quím)* Formar [dos o más sustancias, o una(s) con otra(s)] un compuesto.

combinatorio -ria I *adj* **1** De la combinación [1].

II *f* **2** Cálculo matemático de las combinaciones [2] posibles.

combleza *f (lit, raro)* Querida o amante de un hombre casado.

combo[1] -ba *adj (lit)* Combado[1] o curvo.

combo[2] *m* Conjunto musical.

comboniano -na *adj* De la orden religiosa misionera fundada en el s. XIX por Daniel Comboni. *Tb n, referido a pers.*

combretácea *adj (Bot)* [Planta] dicotiledónea leñosa, de hojas opuestas sin estípulas, flores en espiga o racimo y fruto gralm. seco. *Frec como n f en pl, designando este taxón botánico.*

combro[1] *m (jerg)* Cuartel de la Guardia Civil.

combro[2] *m (reg)* Cohombro (churro).

comburente *adj (Fís)* Que provoca o activa la combustión de un cuerpo. *Frec n m.*

combustibilidad *f* Cualidad de combustible.

combustible *adj* [Materia] que puede arder, esp. con facilidad. *Tb n m; en este caso, tb fig.* **b)** Que hace arder para aprovechar el calor producido. *Frec n m; en este caso, tb fig.*

combustión *f* Hecho de arder. **b)** *(Quím)* Oxidación u otro proceso químico en que se produce desprendimiento de calor y a veces también de luz.

comecocos *m (col)* **1** Pers. o cosa que convence o seduce anulando la capacidad de reflexión. *Tb adj.* ■ **2** Cierto juego electrónico que funciona pulsando diversos botones.

comecome *m (col)* Comezón o desazón. *Esp en sent no fís.*

comecuras *m y f (col)* Pers. anticlerical.

comedera *f (reg)* Comedero [1].

comedero *m* **1** Recipiente o lugar donde se pone la comida a los animales. ■ **2** *(humoríst)* Comedor [3].

comedia *f* **1** Obra de teatro extensa, de acción gralm. alegre y final feliz. *Tb el género constituido por estas obras. Frec con un adj o compl especificador:* DE CAPA Y ESPADA, DE CARÁCTER, DE ENREDO, MUSICAL, *etc* (→ CAPA[1], CARÁCTER, *etc*). **b)** *(hist) En gral:* Obra de teatro extensa. **c)** ≈ **del Arte.** *(TLit)* Commedia dell'Arte. ■ **2** Película de tono y contenido semejantes a los de la comedia [1a]. ■ **3** Farsa o fingimiento. *Frec con el v* HACER.

comediante -ta *m y f* **1** Actor. *Frec con intención desp.* ■ **2** *(col)* Pers. que hace comedia [3]. *Tb adj.*

comedidamente *adv* De manera comedida [2b].

comedido -da *adj* **1** *part* → COMEDIRSE. ■ **2** [Pers.] prudente o que no se excede. *Tb fig, referido a animales.* **b)** [Cosa] propia de la pers. comedida.

comedieta *f* Comedia [1a y 2] ligera y alegre.

comedimiento *m* Cualidad de comedido [2]. **b)** Actitud comedida [2b].

comedio *m (lit)* Parte central o que está a la mitad. *Referido a espacio o tiempo.*

comediógrafo -fa *m y f* Autor de comedias [1a y b].

comedirse (*conjug* **62**) *intr pr* (*raro*) Moderarse en el comportamiento.

comediscos *m* **1** Juke-box (tragaperras de discos). ■ **2** Reproductor portátil de discos sencillos.

comedón *m* Espinilla (grano).

comedor -ra I *adj* **1** Que come. *Frec n. Normalmente con un compl* DE, *que designa lo comido, o un adj como* BUEN *o* MAL. ■ **2 de ~.** [Mozo o ayudante] destinado a servir en el comedor [3].
II *m* **3** Habitación destinada a comer [1] en ella. *Tb su mobiliario.* **b)** Local o establecimiento destinado a servir comidas al público o esp. a una colectividad determinada. *Frec en pl.* ■ **4 ~ infantil.** (*col, humoríst*) Pecho de la mujer que está criando. *Tb* ~ES INFANTILES.

comedura *f* (*col*) Acción de comer el coco (→ COCO¹). *Tb ~* DE COCO *o* DE TARRO.

comendador *m* **1** *En una Orden civil:* Miembro con dignidad superior a la de caballero. ■ **2** (*hist*) *En una Orden militar:* Miembro que tiene a su cargo y bajo su jurisdicción una casa o convento y su correspondiente distrito. *En algunas órdenes designa al ayudante o consejero del gran maestre. En la actualidad tiene carácter puramente honorífico.*

comendadora *f* Monja perteneciente a un convento de alguna de las Órdenes militares.

comendatario *m* (*Rel catól*) Eclesiástico secular que tiene un beneficio regular en encomienda.

comensal *m y f* **1** Pers. de las que comen juntas a la misma mesa. **b)** Pers. que come [con otra (*compl de posesión*)] invitada por ella. ■ **2** (*Biol*) Ser que obtiene su alimento gracias a otro, que no sale beneficiado ni perjudicado por ello.

comensalía *f* (*raro*) Conjunto de (los) comensales [1].

comensalismo *m* (*Biol*) Asociación biológica en que uno de los asociados obtiene su alimento gracias al otro, que no sale beneficiado ni perjudicado por ello.

comentable *adj* Que puede o merece comentarse.

comentador -ra *m y f* Pers. que comenta.

comentar *tr* **1** Hablar [de algo (*cd*)] expresando opiniones sobre ello. *Tb abs. A veces con un compl* CON, *que expresa pers.* **b)** Hablar o escribir [de una obra, un autor o un texto (*cd*)] para su análisis, explicación o crítica. ■ **2** Decir [algo] comentando [1a] la situación o lo que se acaba de oír. *A veces con ci de pers.* ■ **3** (*col*) Informar [de algo (*cd*)] o decir[lo].

comentario I *m* **1** Acción de comentar. *Frec su efecto.* **b)** Escrito en que se comenta [1b] [a un autor o una obra (*compl* DE *o* A)]. *Normalmente en pl.*
II *fórm or* **2 sin ~s.** Se usa como respuesta a una pregunta que no se quiere contestar, o para marcar el carácter llamativo o chocante de algo que se acaba de mencionar.
III *loc adv* **3 sin más ~s.** Sin dar explicaciones o sin decir nada.

comentarista *m y f* **1** Pers. que expone habitualmente comentarios [1a] en un medio de comunicación. *Frec con un adj o compl especificador:* POLÍTICO, DEPORTIVO, DE CINE, *etc.* ■ **2** Autor de comentarios [1b] [de un escritor o de una obra].

comento *m* (*lit*) Comentario [1a].

comenzar (*conjug* **6**) **A** *intr* **1** Empezar (pasar a suceder o presentarse [algo (*suj*)]). **b)** **~ a** + *infin* = EMPEZAR A + *el mismo infin. A veces se omite el infin, por consabido.* **c)** Pasar a actuar [con respecto a algo (*compl* EN *o* CON)]. *A veces sin compl, por consabido.* **d) comienza y no acaba.** *Fórmula con que se pondera lo mucho que alguien se extiende en una exposición.* ■ **2** Empezar [por un elemento de una serie, esp. por una determinada acción o circunstancia (*ger*, POR + *infin, o* POR *o* CON + *sust*)].
B *tr* **3** Empezar (pasar a actuar [con respecto a algo (*cd*)]). *El tipo de actuación gralm no se precisa por consabido. Tb abs.*

comer I *v* **A** *tr* ➤ **a** *normal* **1** Tomar [alimento] por la boca. *Tb abs.* **b)** Tomar [alimento sólido]. *Tb abs.* **c)** (*jerg*) Ingerir [una droga]. *Gralm con compl de interés.* **d) estar diciendo cómeme** → DECIR. ■ **2** Tomar [algo] en la comida de mediodía. **b)** (*reg*) Tomar [algo] en la cena. ■ **3** Consumir o destruir [algo (*cd*) un agente físico o químico]. *Tb con compl de interés.* **b)** Empalidecer o apagar [los colores (*cd*) un agente físico (*suj*)]. *Tb con compl de interés.* **b)** (*col*) Aniquilar o destruir. *Con intención ponderativa. Tb con compl de interés.* **b)** Causar un grave quebranto [a alguien o algo (*cd*)]. *Tb abs.* ■ **5** Prevalecer a la vista o a la atención [una cosa sobre otra (*cd*)], haciendo que parezca más pequeña o insignificante. *Tb con compl de interés.* ■ **6** Inquietar intensamente [un sentimiento a alguien]. ■ **7** (*col*) Omitir [algo], gralm. sin querer, al hablar o al escribir. *Gralm con compl de interés.* ■ **8** (*Juegos*) Eliminar [una ficha o pieza del adversario]. *Tb abs. Tb con compl de interés.* ■ **9 ~le** [el órgano sexual a un hombre o a una mujer]. (*jerg*) Hacer[le] la felación o el cunnilinguo. ■ **10 ¿con qué se come?** (*col*) ¿Qué es? *Normalmente referido a algo abstracto.* ■ **11 lo comido por lo servido.** (*col*) *Fórmula con que se comenta lo poco rentable que resulta algo, ya que la ganancia obtenida sirve exclusivamente para compensar el esfuerzo o el gasto realizados.* ■ **12 ~ el coco, ~ la moral, ~ el tarro, ~ (el) terreno, ~(se) con los ojos, haberle comido** [a alguien] **la lengua el gato, parecer que** [alguien] **ha comido lengua** → COCO¹, MORAL¹, TARRO¹, TERRENO, OJO, LENGUA.
➤ **b** *pr* (**~se**) **13** Comer [1] [algo] completamente. ■ **14** Gastar [dinero o bienes] en comida o en vivir. ■ **15** (*col*) Llevar [los calcetines] de modo que se van cayendo y metiendo dentro de los zapatos. ■ **16** (*col*) Pasarse o saltarse [una señal de detención]. ■ **17** (*col*) Ponerse muy cerca [de algo (*cd*)] o acercárse[lo] mucho a la cara. ■ **18** (*Taur*) Mostrar [el toro] un afán extraordinario [por el engaño o el torero (*cd*)]. ■ **19** (*jerg*) Sufrir o padecer [prisión] o las consecuencias negativas de un hecho (*cd*)]. **b)** **~se el** (*o* **un**) **marrón** → MARRÓN². ■ **20 ~se el mundo, ~se los codos** (**de hambre**), **~se los santos** → MUNDO, CODO, SANTO.
B *intr* **21** Tomar la comida del mediodía. **b)** (*reg*) Cenar. ■ **22 haber que dar,** *o* **echar, de ~ aparte** [a alguien]. (*col*) Ser necesario considerar[le] fuera de lo corriente. *Tb fig, referido a cosa.* ■ **23 ~ caliente.** Tomar comida. *Frec con intención ponderativa indicando el hecho de comer* [1] *bien y en abundancia.* **b)** (*col*) Alcanzar a cubrir unas necesidades vitales mínimas [alguien que vive en situación miserable]. ■ **24 ¿cuándo hemos comido juntos** (*o* **en el mismo plato**)? (*col*) *Se dice para atajar a alguien que empieza a tratarle a uno con excesiva confianza.* ■ **25 ser** [alguien] **de buen ~.** Tener buen apetito. **b)** **ser** [algo] **de buen ~,** *o* **tener buen ~.** Ser grato al paladar.

II *loc adv* **26 para ~(se)la.** (*col*) Con aspecto muy deseable. *Normalmente con* ESTAR. *Referido a mujer.* **b) para ~(se)lo.** Con aspecto encantador. *Normalmente con* ESTAR. *Referido a niño pequeño.* ■ **27 sin ~lo ni beberlo.** (*col*) Sin haber hecho nada para merecerlo. *Normalmente referido a algún mal.*

comerciable *adj* [Género o artículo] con el que se puede comerciar.

comercial *adj* **1** De(l) comercio. *Tb n f, referido a empresa.* ■ **2** Que tiene fácil aceptación en el mercado. *En literatura y artes, referido a autor o a obra, se usa frec con intención desp, aludiendo a supuesta mala calidad.*

comercialidad *f* (*raro*) Cualidad de comercial [2].

comercialismo *m* Tendencia a lo comercial [2]. *Tb la actitud correspondiente. Frec con intención desp.*

comercializable *adj* Que se puede comercializar.

comercialización *f* Acción de comercializar(se).

comercializador -ra *adj* Que comercializa [1]. *Tb n: m y f, referido a pers; f, referido a empresa.*

comercializar *tr* **1** Organizar el comercio [1] [de algo (*cd*)]. ■ **2** Dar carácter comercial [2] [a alguien o algo (*cd*)]. *Referido a pers, frec el cd es refl. Frec con intención desp.* **b) pr** (**~se**) Tomar carácter comercial.

comercialmente *adv* En el aspecto comercial.

comerciante *adj* Que comercia. *Frec n, referido a pers.* **b)** Que posee un comercio [2a]. *Frec n.*

comerciar (*conjug* 1a) *intr* Dedicarse al comercio [1]. *Frec con un compl* EN *o* CON, *que expresa la mercancía.*

comercio *m* **1** Actividad que tiene por objeto la venta, o más raramente intercambio, de géneros o de artículos. ■ **2** Establecimiento de comercio [1]. **b)** Conjunto de los comercios. ■ **3** (*lit*) Trato o relación. ■ **4** (*lit*) Trato sexual. *Frec* ~ SEXUAL *o* CARNAL.

comestibilidad *f* Cualidad de comestible [1].

comestible **I** *adj* **1** Adecuado para ser comido [1] o alimento. **II** *m* **2** Cosa destinada a servir de alimento. *Gralm en pl.* ■ **3** (*hoy raro*) En pl: Tienda de comestibles [2].

cometa[1] *m* Astro de órbita parabólica, que presenta un núcleo brillante y un rastro gaseoso, a veces luminoso.

cometa[2] *f* Juguete formado por una armazón ligera que sostiene una tela o papel tensos, de la que pende una cola de cintas o trozos de papel y que se hace elevar y flotar a impulsos del viento.

cometario -ria *adj* (*Astron*) De(l) cometa[1].

cometer *tr* Realizar [un delito, una falta o un error].

cometido *m* Función o acción propia [de alguien o algo].

comezón *f* **1** Desazón interior causada por impaciencia, deseo o preocupación. ■ **2** Picazón persistente que produce desasosiego.

comible *adj* (*col*) Que se puede comer [1].

cómic (*pl normal,* ~s) *m* Revista de historietas o cuentos breves en forma de viñetas, esp. destinada a jóvenes. *Tb el género correspondiente.*

cómicamente *adv* De manera cómica [2].

comicastro -tra *m y f* (*raro*) Mal cómico [3].

comicial *adj* (*Med*) De la epilepsia. *En las constrs* MORBO ~ *o* GRAN MAL ~.

comicidad *f* Cualidad de cómico [2].

comicios *m pl* **1** (*lit*) Elecciones políticas. *Tb fig.* ■ **2** (*raro*) Mitin electoral. ■ **3** (*hist*) En la Roma antigua: Asamblea del pueblo.

cómico -ca **I** *adj* **1** De (la) comedia (obra de teatro alegre). **b)** [Autor] de comedias. *Tb n. Referido a época antigua.* **c)** [Actor] de comedias. *Tb n.* ■ **2** Que hace reír, o propio para hacer reír. **II** *m y f* **3** Actor. *Frec con intención desp.* **b) ~s de la legua** → LEGUA.

comida **I** *f* **1** Conjunto de cosas que sirven para alimentarse. **b) ~ basura** → BASURA. ■ **2** Conjunto de alimentos que se toman de una vez en una de las horas del día gralm. establecidas para ello. ■ **3** Comida [2] del mediodía. **b)** (*reg*) Cena. ■ **4** Acto de tomar la comida [2]. **b)** Acto de tomar la comida de mediodía. *Frec como acto social.* **II** *loc adj* **5** [Casa] **de ~s** → CASA.

comidilla *f* (*col*) Tema de comentario o murmuración.

comidita *f* **1** *dim* → COMIDA. ■ **2** *En pl:* Juego de niñas que consiste en preparar comidas con cosas diversas, gralm. imaginarias o no comestibles. *Gralm* JUGAR A LAS ~S.

comido -da **I** *adj* **1** *part* → COMER. ■ **2** Que ha comido a mediodía. ■ **3** Alimentado. *Gralm con los advs* BIEN *o* MAL. **II** *fórm or* **4 lo ~ por lo servido** → COMER.

comiente *adj* (*raro*) Que come.

comienzo **I** *m* **1** Hecho de comenzar. ■ **2** Tiempo en que comienza o se comienza [algo (*compl de posesión*)]. *Frec en pl y en la constr* A ~S DE, *seguida de un n que significa o implica tiempo.* ■ **3** Lugar por donde comienza o se comienza [algo (*compl de posesión*)]. **II** *loc v* **4 dar ~** [una cosa (*suj*)]. Comenzar. ■ **5 dar ~** [a una cosa (*ci*)]. Comenzar[la]. **III** *loc adv* **6 al ~**, o **en un ~**. Al principio o en los primeros momentos. *La loc* AL ~ *puede ir seguida de un compl* DE. ■ **7 desde el** (*o* **un**) **~**. Desde el principio o desde el primer momento. *La loc* DESDE EL ~ *puede llevar el refuerzo* MISMO.

comijo *m* (*reg*) Comida o alimento.

comilla *f* **1** *En pl:* Signo ortográfico constituido por dos comas juntas puestas en la parte alta de la línea, o por dos pequeños ángulos paralelos, que se escriben precediendo y siguiendo a una palabra o una frase para indicar, gralm., que estas son presentadas como cita literal o como título. *Tb el conjunto del signo que precede y el que sigue a la palabra o frase en cuestión.* ■ **2** Signo ortográfico constituido por una coma puesta en la parte alta de la línea, que se escribe precediendo y siguiendo a una palabra o una frase para indicar, gralm., que estas expresan el sentido de otras citadas, o para desempeñar la misma función que las comillas [1] dentro de un pasaje que ya está entrecomillado. *Tb* ~ SIMPLE.

comillano -na *adj* De Comillas (Cantabria). *Tb n, referido a pers.*

comillés -sa *adj* Comillano. *Tb n.*

comilón -na *adj* (*col*) Aficionado a comer mucho. *Tb n, referido a pers.*

comilona *f* (*col*) Comida [2, 3 y 4] muy abundante. *Gralm referido a la de mediodía.*

cominear *intr* (*desp*) Meterse en menudencias.

comineo *m* (*desp*) Acción de cominear.

cominería *f* (*desp*) **1** Cualidad de cominero. ■ **2** Pequeñez o minucia.

cominero -ra *adj* (*desp*) Que da demasiada importancia a las pequeñeces. *Tb n, referido a pers.*

cominillo *m* Cizaña (planta). *Frec, con un adj o compl especificador, designa otras especies:* ~ DE PLUMA *o* SILVESTRE (*Lagoecia cuminoides*), ~s GRANDES (*Spergularia media*), ~s MARINOS (*Spergularia marina*).

comino I *m* **1** Planta herbácea anual, propia de las regiones mediterráneas, de hojas alargadas y flores blancas o rojizas, y cuyo fruto, aromático, se usa en medicina, en licorería y como condimento (*Cuminum cyminum*). *Tb* ~ COMÚN, FINO *u* HORTENSE. *Tb su fruto.* **b)** *Con otro especificador, designa distintas especies:* ~ DE PRADO (*Carum carvi*), ~ RÚSTICO (*Laserpitium siler*), *etc.* ■ **2** (*col*) Pers. pequeña, esp. niño. *Gralm con intención afectuosa.* **II** *loc adv* **3 un** ~ (*o* **tres ~s**). (*col*) Nada. *Con intención ponderativa. Tb pron. Con los vs* IMPORTAR *o* VALER.

comiquería *f* (*desp, raro*) Gesto o actitud cómicos.

comís (*tb* **comis**) *m* (*raro*) *En un restaurante o bar:* Ayudante de camarero.

comisaría *f* **1** Cargo de comisario [1 y 2]. ■ **2** Oficina del comisario [1 y 2].

comisariado *m* Comisaría (cargo u oficina del comisario [1]).

comisario -ria *m y f* **1** Pers. comisionada por la autoridad superior para un cargo o función. *Gralm con un compl especificador.* **b) alto** ~. *Hasta 1956:* Delegado general del Gobierno español en el protectorado de Marruecos. **c)** ~ **político.** *En la Guerra Civil española de 1936-1939:* Representante del Par-tido Comunista adscrito a los mandos militares para intervenir en sus decisiones. ■ **2** Oficial de policía, de rango superior al de inspector, que normalmente está a su cargo el mantenimiento del orden público en una demarcación urbana. *Tb* ~ DE POLICÍA. ■ **3** (*Der*) Pers. apoderada por otra para hacer por ella testamento. *Tb* ~ TESTAMENTARIO. *Frec en la constr* TESTAMENTO POR ~.

comiscar *tr* Comisquear.

comisión I *f* **1** Acción de cometer. ■ **2** Misión encargada a alguien. **b)** Encargo o recado. ■ **3** Conjunto de perss. elegidas o designadas para actuar en representación de un grupo o una entidad en algún asunto. *Gralm con un adj o compl especificador.* ■ **4** Cantidad que se percibe por llevar a cabo una operación comercial, esp. el tanto por ciento del que se negocia una compraventa. ■ **5** ~ **de servicio.** (*admin*) Situación de un funcionario que presta temporalmente sus servicios fuera de su puesto habitual. *Frec en la constr* EN ~ DE SERVICIO. ■ **6** ~ **rogatoria.** (*Der*) Comunicación entre tribunales de distintos países para la práctica de diligencias judiciales.
II *loc adj* **7 de** ~. (*Rel catól*) [Pecado] que consiste en hacer algo prohibido.
III *loc adv* **8 a** ~. Cobrando comisión [4]. *Tb adj.*

comisionado *m* (*raro*) Comisión [3].

comisionar *tr* Encargar [a alguien (*cd*)] una comisión [2a]. *Se especifica en qué consiste la comisión mediante un compl* PARA. *Frec como part sustantivado.*

comisionista *m y f* Pers. que trabaja como representante de una casa comercial o que actúa como intermediario en determinados negocios, esp. de compraventa, a cambio de una comisión [4]. *Tb fig.*

comiso *m* (*Der*) **1** Confiscación o decomiso. ■ **2** Pena en que incurre el enfiteuta que falta a las condiciones del contrato, por la cual la finca vuelve al dueño directo.

comisorio -ria *adj* (*Der*) Obligatorio o válido por determinado tiempo.

comisquear *tr* Comer de cuando en cuando en pequeñas cantidades. *Tb abs.*

comistrajear *intr* (*desp*) Tomar comistrajos.

comistrajo *m* (*desp*) Comida mala o extravagante.

comisura *f* **1** Punto de reunión de los bordes [de una abertura del cuerpo]. **b)** *Sin compl:* Comisura de los labios. ■ **2** (*Anat*) Tejido que une partes correspondientes de la derecha y la izquierda.

comisural *adj* (*Anat*) De la comisura [2].

comité *m* Conjunto poco numeroso de perss. elegidas o designadas para actuar en un asunto, esp. en representación de una colectividad. **b)** ~ **de empresa.** Conjunto de trabajadores elegidos legalmente por sus compañeros para que los representen en las relaciones con la empresa.

comitiva *f* **1** Conjunto de perss. que acompañan [a un personaje (*compl de posesión*)]. ■ **2** Conjunto de perss. que van juntas a algún sitio.

comitragedia *f* (*raro*) Tragicomedia.

cómitre *m* (*hist*) *En una galera:* Oficial que manda a los remeros.

cómix *m* Cómic underground.

comiza *f* Pez del mismo género que el barbo, de menor tamaño, que habita en los ríos de la mitad sur de la Península (*Barbus comiza*). *Tb* BARBO ~.

comizo *m* Comiza. *Tb* BARBO ~.

Commedia dell'Arte (*it; pronunc corriente, /kómédia-del-árte/*) *f* Tipo de comedia popular desarrollado en Italia de los ss. XVI al XVIII, con personajes fijos que improvisan en el escenario sobre una trama esquemática.

comme il faut (*fr; pronunc corriente, /komíl-fó/*) *loc adj* De buen tono.

commelinácea *adj* (*Bot*) [Planta] monocotiledónea, herbácea, de tallos articulados, hojas enteras y alternas, flores hermafroditas en cimas y fruto en cápsula, de la familia cuyo género tipo es *Commelina. Frec como n f en pl, designando este taxón botánico.*

como (*con pronunc átona*) **I** *adv* **A** *relat* (*conj*) **1** *Compara dos acciones denotando igualdad o semejanza en cuanto al modo.* * *Los riscos resplandecían como la cal.* **b)** *Con el n antecedente* MODO, MANERA *o*

cómo – compactar

FORMA. * Fue de esta forma como se enteró. **c) así ~, tal ~** —> ASÍ, TAL. **d)** *Precedido de un v en subj y seguido del mismo v en subj, forma una prop concesiva:* sea como sea '(aunque) sea de la manera que sea'. * Actúa como si estuviera en su casa. * Parecía serio, como que estuviera ausente. * Se levantó como despertando sobresaltado. * Permanecíamos como en audiencia. **e) ~ si** (raro, **~ que**) + v en subj; o ~ + v en ger; o ~ + compl adv. *Introduce un segundo término que expresa hecho o circunstancia irreales o supuestos.* **f) ~ si** + v en subj. (col) *Usado irónicamente, expresa neg enfática.* ■ **2** *Compara dos nociones denotando igualdad o semejanza en cuanto a la calidad.* * Marcelo es como un chico. ■ **3** *Compara dos nociones denotando igualdad o semejanza en cuanto a la cantidad o intensidad.* * Los avestruces corren como ninguna otra ave. **b) tanto ~** —> TANTO. ■ **4** *Denota condición:* Si. *Seguido de v en subj. La prop ocupa el primer lugar en la frase.* * Como no te calles, te la ganas. ■ **5** *Denota causa de lo que se va a expresar:* Puesto que, o en vista de que. *La prop ocupa el primer lugar en la frase. Tb* (lit y admin) ~ QUIERA QUE (—> COMOQUIERA), *y* (reg) ~ QUE o ~ SEA QUE. *El v va normalmente en ind; a veces* (lit) *en subj.* * Como es verano, hace calor. * Como su madre le mirara duramente, añadió: si es posible. **b)** *Introduce una or exclam independiente que se dice para justificar lo expresado en la or anterior.* * Le llaman treintarrobas. ¡Como está tan gordo! ■ **6 ~ que.** *Denota causa evidente de lo que se ha expresado:* Naturalmente, porque. *La or ocupa el segundo lugar en la frase. El v va en ind.* * Vaya que si lo sabía. Como que sucedió estando yo presente. **b)** (col) *Usado irónicamente:* De ninguna manera. * ¡Como que me van a dejar ir sola, sabiendo que él está allí! ■ **7** v en ger + ~ + el mismo v en ind. *Denota causa poniendo de relieve la realidad de lo expresado por el ger.* * Conociéndote como te conozco, jamás lo hubiera creído. ■ **8 ~ para** + infin (o ~ **para que** + subj). *Denota consecuencia no real, pero esperable o justificable, de lo que se acaba de exponer.* * Hace un día como para irse al campo. * Llovió bastante como para que nacieran setas. **B** no relat **9** Más o menos, medio. * Hacía las cosas como en secreto. ■ **10** *Usado expletivamente para atenuar la idea expresada a continuación.* * Prefiere como ver venir las cosas. ■ **11** Aproximadamente. *Precediendo a una expresión de cantidad.* * Estaría como una hora. ■ **12** Por ejemplo. * Había algunos insectos, como moscas, mosquitos. ■ **13** *Seguido de ciertos advs o adjs* (MUCHO, POCO, PRONTO, MÁXIMO, MÍNIMO, *etc*), *forma constrs que señalan límite máximo o mínimo.* * Haré, como mucho, algún viaje corto. ■ **14 ~ si tal, ~ si tal cosa** —> TAL, COSA. **II** prep **15** En calidad de. * Cumple como marido. ■ **16** Por la condición de. *Seguido de un adj o un n.* * Estas flores, como nacidas de las piedras, lo dominaban todo. ■ **17** En el papel de. * Trabaja en la obra como padre de la protagonista. ■ **18** A manera de. *Se emplea designando de modo impreciso un objeto:* ~ una mesa, 'una especie de mesa'.

cómo (con pronunc tónica; en acep 6 tb puede darse la pronunc átona y la grafía sin tilde) **I** adv interrog **1** ¿De qué manera? *Tb exclam.* * ¿Cómo te llamas? * ¡Cómo iba a atreverse! ■ **2** ¿Qué has dicho, o qué ha dicho usted? *Formando or nominal. Se dice ante algo enunciado por el interlocutor y que no se ha percibido bien. A veces denota sorpresa o protesta; en este caso, frec en forma exclam.* * –¿Sabes lo que me pasa? Que soy un bailón. –¿Cómo? * –¿A mí ya no me quieres? –¡Cómo! ■ **3** ¿Cuánto? *Tb exclam.*

* ¿Cómo está de animado el baile? * ¡Cómo deseé que fuera cierto! **b) ¿a ~?** ¿A cuánto? *Referido a precio.* * ¿A cómo están las uvas? ■ **4** ¿Por qué? * ¿Cómo te acuerdas ahora de eso? ■ **5 ¿~ no?** o ~ **no.** Naturalmente. * Espera, cómo no, seguir triunfando.
II conj **6** Que. * Verás como no viene. * Oí cómo entraba.
III m **7** Modo. *Siempre precedido del art* EL. * Quiere saber el cómo y el cuándo.

cómoda f Mueble algo más alto que una mesa, con tablero superior y tres o cuatro cajones grandes que ocupan todo el frente.

cómodamente adv De manera cómoda (—> CÓMODO).

comodante m y f (Der) Pers. que presta algo en comodato.

comodatario -ria m y f (Der) Pers. que recibe una cosa en comodato.

comodato m (Der) Contrato por el que se da o toma prestada una cosa por tiempo determinado, para servirse de ella y con obligación de restituirla.

comodidad f **1** Cualidad o condición de cómodo. ■ **2** Cosa que hace sentirse cómodo [2]. *Frec en pl.*

comodín m **1** *En algunos juegos de naipes o dados:* Carta, o cara del dado, que toma el valor que en el momento le conviene al jugador. ■ **2** Cosa, esp. no material, que puede utilizarse a conveniencia en distintas circunstancias. ■ **3** Pers. capaz de desempeñar su función en distintas circunstancias o situaciones. **b)** (Fút) Futbolista capaz de jugar en puestos diferentes. ■ **4** Mueble semejante a la cómoda, pero de dimensiones reducidas.

cómodo -da adj **1** [Cosa] que proporciona descanso, o exime de esfuerzo, tensión o molestia. **b)** (Taur) [Toro] que no es peligroso o no plantea problemas. ■ **2** [Pers.] que se encuentra en situación cómoda [1a]. ■ **3** [Pers.] que prefiere y busca siempre lo cómodo [1a].

comodón -na adj (col) [Pers.] que prefiere y busca siempre lo cómodo [1a]. *Tb n.*

comodoro m En algunos países: Oficial de marina de grado inmediatamente inferior al de contraalmirante y superior al de capitán.

comoquiera (tb con la grafía **como quiera**) (lit) **I** adv (raro) **1** De cualquier manera. *Gralm seguido de prop adj con* QUE. * Comoquiera que lo haga estará bien.
II loc conj **2 ~ que.** Como (puesto que). *La prop va siempre al comienzo de la or. El v va gralm en ind.* * Comoquiera que el incidente ha sido manipulado, es necesaria una aclaración.
III fórm or **3 ~ que sea,** o **sea ~.** En cualquier caso. * Como quiera que sea, el influjo de los clásicos es evidente.

compa m y f (juv) Compañero.

compacidad f Cualidad de compacto [1a].

compact (ing; pronunc corriente /kómpak/; pl normal, ~s o invar) **I** adj **1** [Equipo] compacto [3].
II m **2** Compact disc.

compactación f Acción de compactar(se).

compactador -ra adj Que compacta. *Tb n m o f, referido a aparato o máquina.*

compactar tr Hacer compacto [1] [algo, esp. el terreno]. *Tb abs.* **b)** pr (~se) Hacerse compacto [algo, esp. el terreno].

compact disc (*ing; pronunc corriente,* /kómpak-dísk/; *tb con la grafía* **compact-disc**; *pl normal,* ~s *o invar*) *m* **1** Disco compacto [2]. ■ **2** Aparato de reproducción de discos compactos [2].

compactibilidad *f* Cualidad de compacto, *esp* [4].

compacto -ta *adj* **1** Denso o apretado. *Referido normalmente a cuerpo o masa sólidos.* **b)** [Polvos cosméticos] que se presentan formando una masa sólida y compacta. **c)** [Cosa no material] sin divisiones o fisuras. ■ **2** [Disco] que contiene información acústica o visual y que se graba y reproduce mediante láser. *Tb n m.* ■ **3** [Equipo] que reúne varios aparatos de reproducción de sonido. *Tb n m.* ■ **4** [Máquina o vehículo] de dimensiones relativamente pequeñas. *Tb n m, referido a automóvil.* ■ **5** (*Fon*) [Articulación] caracterizada por la mayor concentración de energía en la zona central del espectro acústico. *Se opone a* DIFUSO.

compadecer (*conjug* 11) **A** *tr* **1** Sentir lástima [de alguien (*cd*)].
B *intr pr* (~**se**) **2** Sentir lástima [de alguien]. ■ **3** (*lit*) Armonizarse o estar de acuerdo [dos cosas, o una con otra]. *Frec con los advs* BIEN *o* MAL.

compadrazgo *m* **1** (*desp*) Alianza entre dos o más perss. para ayudarse mutuamente por medios poco limpios. ■ **2** Relación entre compadres.

compadre *m* **1** (*col*) Amigo o compañero. *Gralm como vocat.* ■ **2** *Se da este n al padre o padrino de una pers, con respecto al padrino, el padre o la madrina de esa pers.*

compadrear *intr* **1** Tratarse amistosa y familiarmente [dos o más perss., o una(s) con otra(s)]. *Tb fig.* ■ **2** (*desp*) Hacer compadrazgo [1] [dos o más perss., o una(s) con otra(s)].

compadreo *m* Acción de compadrear.

compaginable *adj* Que puede compaginarse.

compaginación *f* Acción de compaginar(se).

compaginador -ra *m y f* (*Impr*) Operario que compagina [2].

compaginar **A** *tr* **1** Hacer compatible [una cosa con otra]. **b)** *pr* (~**se**) Resultar compatible [una cosa con otra]. ■ **2** (*Impr*) Disponer y combinar las galeradas para formar las páginas [de un libro, periódico u otro texto (*cd*)].
B *intr pr* (~**se**) **3** Resultar acordes [dos cosas, o una con otra]. *Frec con los advs* BIEN *o* MAL.

compaisano -na *adj* (*raro*) [Pers.] paisana [de otra(s)]. *Tb n.*

companaje *m* (*reg*) Comida que se toma con pan, esp. en el trabajo o en el campo. *Tb* (*lit*) *fig.*

compango **I** *m* (*reg*) **1** Trozo de carne, chorizo, tocino u otras cosas similares que se echan al cocido u otros guisos. *A veces en sg con sent colectivo.* ■ **2** Alimento sólido que se come con pan.
II *loc adv* **3 a ~.** Con contrato según el cual se recibe parte del salario en dinero y parte en trigo. *Gralm con el v* ESTAR.

compaña (*normalmente con mayúscula en acep* 2) **I** *f* **1** (*col*) Compañía [1 y 2]. *Se usa normalmente en la constr* Y LA ~ *para designar a la pers o perss acompañantes.* ■ **2** **Santa ~.** *En la mitología pop gallega:* Procesión nocturna de almas en pena.
II *loc adv* **3 en amor y ~** → AMOR.

compañerismo *m* Actitud leal y servicial propia de compañeros [1].

compañero -ra **A** *m y f* **1** Pers. que está o que realiza alguna actividad, esp. de manera habitual, al lado [de otra (*compl de posesión*)]. *Frec con un compl especificador con* DE. **b)** ~ **de fatigas** → FATIGA. ■ **2** Pers. que lleva vida marital [con otra (*compl de posesión*)]. *Tb* ~ SENTIMENTAL. *Tb fig.* ■ **3** Cosa que hace juego o forma pareja [con otra (*compl de posesión*)]. ■ **4** ~ **de viaje.** (*Pol*) Pers. que, sin pertenecer a un partido, colabora consciente o inconscientemente con él. *Esp referido al Partido Comunista.*
B *m* **5** (*reg*) Pastor de rango inmediatamente inferior al de rabadán.

compañía **I** *f* **1** Hecho de acompañar (ir o estar con alguien o algo). ■ **2** Pers. o conjunto de perss. que acompaña. ■ **3** Conjunto de actores de teatro que se han asociado para actuar. ■ **4** Sociedad mercantil. ■ **5** Unidad militar que forma parte del batallón y está mandada por un capitán. *A veces referido o otros cuerpos armados.* ■ **6 miseria y ~** → MISERIA.
II *loc adj* **7 de ~.** [Animal] que se tiene en casa por el solo placer de su compañía [1]. ■ **8 de ~.** (*hoy raro*) [Señorita o señora] que por un sueldo acompaña a otra que no puede salir sola. ■ **9 de ~.** (*Mat*) [Regla] que permite calcular un reparto proporcional.
III *loc prep* **10 en ~ de.** Con, o siendo acompañado por.

compañón *m* **1** Testículo. *Frec usado como euf por* COJÓN. **b)** ~ **de perro.** Testículo de perro (variedad de orquídea). ■ **2** (*raro*) Compañero [1a]. *Tb fig.*

comparabilidad *f* Condición de comparable.

comparable *adj* Que puede compararse. *Frec con un compl* A *o* CON. **b)** Que ofrece alguna semejanza [con alguien o algo (*compl* A *o* CON)].

comparación **I** *f* **1** Acción de comparar. *Tb su efecto. Frec con un compl* CON *o* ENTRE. **b)** (*TLit*) Símil (expresión literaria en que se comparan dos o más perss. o cosas).
II *loc v y fórm or* **2 no tener ~** [dos perss. o cosas], *o* **no haber ~** (**posible**) [entre ellas]. Ser muy superior [una a otra]. *Con intención ponderativa.* ■ **3 ni ~,** *o* **ni punto de ~,** *o* **sin ~.** *Fórmulas que se usan para ponderar la calidad de alguien o algo.* * A mí me gusta más este. Sin comparación.
III *loc adv* **4 en ~** [con alguien o algo]. Comparando [con ellos]. *Tb sin compl* CON, *por consabido.*

comparado -da **I** *adj* **1** *part* → COMPARAR. ■ **2** [Ciencia] que estudia las relaciones entre sus objetos de estudio.
II *fórm or* **3 mal ~.** (*col*) *Acompaña a una afirmación que podría resultar ofensiva o molesta para el oyente.* * El hombre, mal comparado, es como los animales.

comparador -ra *adj* Que compara. *Tb n: m y f, referido a pers; m, referido a aparato.*

comparancia *f* (*reg*) Comparación [1a].

comparanza *f* (*pop*) Comparación [1a].

comparar *tr* **1** Examinar atentamente [una cosa o a una pers.] para establecer sus diferencias o semejanzas [con otra]. *Tb sin el segundo compl y con cd pl.* **b)** (*Gram*) Establecer [un elemento gramatical] relación de semejanza o diferencia [respecto a una o varias cualidades (*cd*)]. ■ **2** Expresar la semejanza que se encuentra [entre una pers. o cosa (*cd*) y otra (*compl* A *o* CON)].

comparatismo *m* Escuela comparatista [2]. *Esp en lingüística.*

comparatista *adj* **1** Comparativo [1a]. ■ **2** De la ciencia comparada [2]. **b)** [Pers.] que cultiva una ciencia comparada. *Tb n.*

comparativamente *adv* De manera comparativa [1a y b] o en comparación [4].

comparativismo *m* Comparatismo.

comparativo -va *adj* De (la) comparación [1a]. **b)** Expresado en forma de comparación. **c)** [Agravio] que resulta de comparar situaciones iguales o similares pero que reciben un trato muy distinto. **d)** (*Gram*) Que expresa comparación. *Tb n m, referido a término o forma.*

comparecencia *f* Acción de comparecer.

comparecer (*conjug* 11) *intr* (*Der*) Presentarse [una pers.] en un lugar para un acto formal en calidad de actor o de testigo. **b)** *En gral:* Presentarse [una pers.] en un lugar al que ha sido convocada o citada, o en donde se la espera.

compareciente *adj* [Pers.] que comparece. *Frec n.*

compariente *m y f* Pers. que tiene un pariente común [con otra (*compl de posesión*)].

comparsa **A** *f* **1** *En el teatro:* Conjunto de perss. que sale a escena y no habla. *Tb fig.* ■ **2** Cuadrilla de perss. disfrazadas que desfila en un festejo público. **b)** (*Taur, hist*) Conjunto de perss. que salen al ruedo vestidas de la misma manera y burlan a la res de forma cómica y desenfadada. ■ **3** (*reg*) Conjunto de perss. que acompañan como espectadores de un hecho.
B *m y f* **4** Pers. que forma parte de la comparsa [1]. *Frec fig. A veces en aposición.* **b)** *En cine:* Extra. *Tb fig.*

comparsería *f* **1** Conjunto de (los) comparsas [4]. *Tb fig.* ■ **2** Actividad de comparsa [4].

comparsista *m y f* Miembro de una comparsa [2].

compartible *adj* Que se puede compartir.

compartido -da *adj* **1** *part* → COMPARTIR. ■ **2** Que implica el hecho de compartir.

compartimentación *f* Acción de compartimentar. *Tb su efecto.*

compartimentar *tr* Dividir [algo] en compartimientos. *Tb fig.*

compartimento *m* Compartimiento.

compartimiento *m* **1** Parte de las que resultan de dividir un espacio. **b)** Parte de las que, separadas por tabiques, resultan de la subdivisión de un vagón u otro espacio para viajeros. ■ **2** ~ **estanco.** Departamento de un buque delimitado por mamparos estancos. *Frec fig, denotando incomunicación o aislamiento.*

compartir *tr* Tener o usar una parte [de algo (*cd*)] al mismo tiempo que [otro u otros (*compl* CON)]. *Tb sin el 2º compl, con suj pl.* **b)** Poseer [algo] en común [con otro u otros]. *Tb sin el 2º compl, con suj pl.* **c)** Realizar [una actividad] dividiendo el tiempo y la dedicación [con otra].

compás **I** *m* **1** Instrumento de dibujo formado por dos patas articuladas entre sí por uno de sus extremos y que sirve para trazar circunferencias, medir ángulos o transportar longitudes. ■ **2** Ángulo que forman las piernas de una persona en pie. ■ **3** Ritmo. *Tb fig.* **b)** (*Mús*) División del tiempo en partes iguales. **c)** (*Mús*) Espacio del pentagrama comprendido entre dos líneas verticales y que corresponde a cada una de las partes en que se divide el tiempo. *Tb el conjunto de notas contenido en ese espacio.* **d)** ~ **de compasillo** → COMPASILLO. ■ **4** (*lit, raro*) Rato (porción indeterminada de tiempo). **b)** ~ **de espera.** Detención temporal o pausa en una actividad. ■ **5** (*Mar*) Brújula convenientemente suspendida y protegida para que señale con precisión el norte magnético. ■ **6** (*reg*) Atrio o lonja [de una iglesia o convento].
II *loc v* **7** **coger el** ~ [a alguien o algo]. Coger[le] el aire.
III *loc adv* **8** **a** ~**.** Al mismo compás [3a].
IV *loc prep* **9** **a** ~ **de.** Según, o de acuerdo con.

compasar *tr* (*raro*) Acompasar. *Tb fig.*

compasillo *m* (*Mús*) Compás [3b] que tiene la duración asignada a 4 negras. *Tb* COMPÁS DE ~. *Tb fig.*

compasión *f* Lástima (sentimiento de tristeza causado por el dolor ajeno). *A veces* ~ DE SÍ MISMO, *referido a la pers que la siente.*

compasivamente *adv* De manera compasiva [1b].

compasivo -va *adj* [Pers.] que siente compasión o es propensa a sentirla. **b)** Propio de la pers. compasiva.

compatibilidad *f* Condición de compatible.

compatibilización *f* Acción de compatibilizar.

compatibilizar *tr* Hacer compatibles [dos cosas, o una con otra].

compatible *adj* Que puede estar o coexistir sin impedimento [con otra pers. o cosa]. **b)** (*Informát*) [Software o hardware] intercambiable con otro sin necesidad de modificación. *Tb n m, referido a ordenador.*

compatricio -cia *m y f* (*lit*) Compatriota.

compatriota *m y f* Pers. de la misma nación [que otra (*compl de posesión*)].

compatrono -na *m y f* Patrono juntamente con otro u otros.

compeler *tr* (*lit*) Obligar [a alguien (*cd*)] a una acción (*compl* A)]. *Tb abs.*

compelir *tr* (*lit, raro*) Compeler.

compendiar (*conjug* 1a) *tr* Reducir a compendio [1].

compendio *m* **1** Síntesis o resumen [de varias cosas o de algo complejo]. *Frec referido a un libro.* ■ **2** Pers. o cosa que presenta la esencia [de algo].

compendiosamente *adv* De manera compendiosa.

compendioso -sa *adj* Que sintetiza o resume.

compenetración *f* Acción de compenetrarse. *Esp su efecto.*

compenetrarse *intr pr* **1** Armonizarse o identificarse [una pers. o cosa con otra]. *Tb sin compl, con suj pl.* ■ **2** Penetrar las partículas de una sustancia [entre las de otra (*compl* CON)]. *Tb sin compl, con suj pl.*

compensable *adj* Que puede ser compensado [1 y 4].

compensación **I** *f* **1** Acción de compensar. *Tb su efecto.*
II *loc adj* **2** [Cámara] **de** ~ → CÁMARA.

compensador -ra *adj* Que compensa. *Tb n m, referido a dispositivo o aparato.*

compensar *tr* **1** Contrarrestar [una cosa, esp. mala o negativa (*cd*) con otra (*compl adv*), esp. buena o positiva]. **b)** Contrarrestar [una cosa buena o positiva (*suj*) otra mala o negativa (*cd*)]. ■ **2** Dar algo [a alguien (*cd*) por un daño, perjuicio o gasto que se le ha causado (*compl* DE o POR)]. ■ **3** Ser suficiente [una cosa] para que [alguien (*cd*)] no considere infructuoso o poco útil el esfuerzo o gasto realizado o la penalidad sufrida. *Tb abs. A veces con un compl* DE. ■ **4** (*Com*) Liquidar [débitos y créditos recíprocos].

compensativo -va *adj* Compensatorio.

compensatorio -ria *adj* **1** Que sirve para compensar. ■ **2** De (la) compensación.

competencia[1] *f* **1** Cualidad o condición de competente [1 y 2]. ■ **2** Cosa que compete [a alguien (*compl de posesión*)]. *Tb sin compl.*

competencia[2] **I** *f* **1** Hecho de competir [1]. **b)** (*raro*) Competición deportiva. ■ **2** *En algunas actividades, esp en el comercio:* Conjunto de los competidores.
II *loc v* **3** **hacer la ~** [a una pers. o cosa]. Competir [con ella].

competencial *adj* De (la) competencia[1].

competente **I** *adj* **1** [Pers. o entidad] a la que compete una responsabilidad. ■ **2** [Pers.] que tiene capacidad y preparación para el desarrollo de su actividad. **b)** Propio de la pers. competente.
II *m y f* **3** (*hist*) *En el cristianismo primitivo:* Catecúmeno considerado ya apto para el bautismo.

competentemente *adv* De manera competente [2b].

competeño -ña *adj* De Cómpeta (Málaga). *Tb n, referido a pers.*

competer *intr* Corresponder [a alguien una obligación o responsabilidad].

competición *f* **1** Hecho de competir [1]. ■ **2** Prueba o conjunto de pruebas deportivas en las que compiten [1] varios participantes.

competido -da *adj* **1** *part* → COMPETIR. ■ **2** Que implica competencia[2] [1a].

competidor -ra *adj* Que compite [1]. *Tb n.*

competir (*conjug* 62) *intr* **1** Oponerse [a otro u otros (*compl* CON)] para tratar de imponer o de probar la propia superioridad. *Tb sin el compl, con suj pl.* **b)** Oponerse [a otro u otros (*compl* CON)] para conseguir [algo (*compl* POR)]. *Tb sin compl* CON, *por consabido o por ir con suj pl.* ■ **2** Ser comparable o equiparable [a otro (*compl* CON) en algo]. *Tb sin compl* CON, *con suj pl.*

competitivamente *adv* De manera competitiva.

competitividad *f* Cualidad de competitivo [2 y 3].

competitivo -va *adj* **1** De (la) competición. ■ **2** Que compite [1] o tiene tendencia a competir. ■ **3** Capaz de competir [1]. *Esp en economía.*

compi *m y f* (*juv*) Compañero o amigo.

compilación *f* **1** Acción de compilar. ■ **2** Obra en que se reúnen, gralm. por orden cronológico, disposiciones o doctrinas publicadas antes separadamente.

compilador -ra **I** *adj* **1** Que compila. *Tb n, referido a pers.*
II *m* **2** (*Informát*) Traductor que convierte un programa en lenguaje simbólico en un programa en lenguaje de máquina, capaz de ser interpretado por el sistema.

compilar *tr* Reunir en una sola obra [otras, o partes de otras, o una serie de informaciones, relativas a una misma materia]. *A veces con un compl* EN. **b)** Realizar [una obra (*cd*) en la que se reúnen otras, o partes de otras, o una serie de informaciones, relativas a una misma materia].

compincharse *intr pr* Ponerse de acuerdo [dos o más perss., o una(s) con otra(s)] como compinches [para algo]. *Tb sin compl. Frec en part.*

compinche -cha (*gralm se usa la forma* COMPINCHE *tb para el f*) *m y f* (*col*) Compañero, esp. en actividades poco honradas.

compinchería *f* Condición de compinche. *Tb la actitud correspondiente.*

complacedor -ra *adj* Complaciente.

complacencia *f* **1** Satisfacción o placer. ■ **2** Acción de complacer(se).

complacer (*conjug* 11) **A** *tr* **1** Causar placer o satisfacción [a alguien o algo]. *Tb abs* **b)** Hacer lo que [alguien (*cd*)] pide o desea. *A veces con un compl* EN. **c)** Satisfacer [un deseo].
B *intr pr* (~se) **2** Encontrar placer o satisfacción [en algo]. *Tb fig.*

complacidamente *adv* De manera complacida [3].

complacido -da *adj* **1** *part* → COMPLACER. ■ **2** [Pers.] que tiene o muestra complacencia [1]. *A veces con un compl* DE. *Tb fig.* ■ **3** [Cosa] que denota o implica complacencia [1].

complaciente *adj* **1** [Pers.] que procura complacer [1a y b]. **b)** [Pers., esp. mujer] que atiende a los deseos sexuales de otra. **c)** Propio de la pers. complaciente. ■ **2** [Cosa] que causa complacencia [1]. ■ **3** [Marido] que consiente las infidelidades de su mujer.

complacientemente *adv* De manera complaciente [1c y 2].

complañirse *intr pr* (*raro*) Llorar o lamentarse.

compleción *f* (*lit*) **1** Condición de completo. ■ **2** Acción de completar.

complejidad *f* Cualidad de complejo [1 y 2].

complejificable *adj* (*lit o* E) Que puede complejificarse.

complejificación *f* (*lit o* E) Acción de complejificar(se).

complejificar *tr* (*lit o* E) Complejizar. *Tb pr* (~se).

complejización *f* (*lit, raro*) Acción de complejizar(se).

complejizar *tr* (*lit, raro*) Hacer complejo o más complejo [1a y 2] [algo]. **b)** *pr* (~se) Hacerse complejo o más complejo [algo].

complejo -ja **I** *adj* **1** Que se compone de elementos diversos. **b)** [Oración] **compleja** → ORACIÓN. **c)** (*Mat*) [Número] expresado por unidades reales y por unidades imaginarias. *Tb n m.* ■ **2** Complicado o difícil.

II *m* **3** Conjunto de cosas diversas que constituyen una unidad. **b)** Conjunto de establecimientos industriales o comerciales agrupados en una misma zona y constituyendo una cierta unidad. *Gralm con un adj especificador.* ■ **4** (*Psicol*) Conjunto de rasgos personales adquiridos en la infancia, dotados de poder afectivo y gralm. inconscientes, que condicionan la conducta. *Frec con un adj o compl especificador.* **b)** ~ **de castración**, ~ **de Edipo** → CASTRACIÓN, EDIPO. **c)** (*col*) Sentimiento de quien cree poseer una virtud o un defecto que le hace superior o inferior a los demás. *Frec con un adj o compl especificador. Tb en pl, referido esp a los que hacen sentirse inferior.*

complementación *f* Acción de complementar.

complementar *tr* Dar complemento, *esp* [1a] [a algo (*cd*)]. **b)** Servir [una cosa] de complemento [a otra (*cd*)].

complementariamente *adv* De manera complementaria [1a y 2b].

complementaridad *f* (*semiculto*) Complementariedad.

complementariedad *f* Cualidad de complementario.

complementario -ria *adj* **1** Que sirve de complemento, o es complemento [de algo]. *Usado con n en pl, sin compl, frec tiene sent recípr.* **b)** *En la lotería primitiva:* [Número] que, unido a cinco premiados, sirve para formar la combinación correspondiente al segundo premio. *Tb n m.* ■ **2** (*Fís y Pint*) [Color] cuya unión [con otro (*compl de posesión*)] produce el color blanco. *Usado con n en pl, sin compl, tiene sent recípr. Tb n m.* **b)** De (los) colores complementarios.

complemento **I** *m* **1** Cosa que completa [a otra (*compl de posesión*)]. **b)** Pieza del atuendo que no es propiamente vestido. **c)** Cantidad que se paga a un trabajador por determinados conceptos y con independencia del sueldo base. ■ **2** (*Geom*) Ángulo que sumado [con otro (*compl de posesión*)] forma uno recto. ■ **3** (*Gram*) Palabra, sintagma o proposición que depende sintácticamente [de un elemento (*compl de posesión* de la oración). **b)** ~ **directo**, ~ **indirecto**, ~ **circunstancial**, ~ **de interés**, *etc* → DIRECTO, INDIRECTO, CIRCUNSTANCIAL, INTERÉS, *etc.*

II *loc adj* **4 de** ~. (*Mil*) [Escala] formada por jefes, oficiales y suboficiales no profesionales del ejército, que pueden ser llamados a filas cuando el alto mando lo estime conveniente. *Tb referido a los grados correspondientes a dicha escala.*

completador -ra *adj* Que completa.

completamente *adv* De manera completa [1a].

completar *tr* **1** Hacer que [algo] esté completo [1a, 2 y 3]. **b)** *pr* (~**se**) Pasar [algo o alguien] a estar completo. ■ **2** Añadir [a una cosa (*cd*) otra (*compl* CON)] formando conjunto con ella.

completitud *f* (*raro*) Condición de completo.

completiva *adj* (*Gram*) [Oración] subordinada sustantiva. *Tb n f. Tb referido a la conjunción que la introduce. Normalmente en latín y griego.*

completo -ta I *adj* **1** [Cosa] que tiene todas las condiciones, elementos o partes que normalmente le corresponden. **b)** [Cuarto de baño] con bañera y bidé. **c)** [Pensión] que incluye todas las comidas del día. *Referido a establecimientos hoteleros.* **d)** *Entre prostitutas:* [Servicio] que incluye el coito. *Tb n m.*

■ **2** Perfecto, o dotado de todas las buenas cualidades. ■ **3** [Lugar] en que están ocupadas todas las plazas.

II *n* **A** *m* **4** Asistencia de todos los miembros de una colectividad. ■ **5** Prenda de vestir de una pieza que cubre todo el cuerpo. **b)** (*raro*) Terno (conjunto de chaqueta, chaleco y pantalón de la misma tela).

B *f pl* **6** (*Rel catól*) Última hora canónica, que se canta por la noche. **b)** Pieza musical compuesta para las completas.

III *fórm or* **7 el** ~. (*col*) Se usa para indicar que algo negativo ha llegado al límite en cantidad o intensidad. * ¡Vaya día, el completo!

IV *loc adv* **8 al** ~. Sin faltar nadie. *Tb adj.* ■ **9 por** ~. Completamente.

complexión *f* Constitución física de la persona.

complicación *f* **1** Acción de complicar(se). ■ **2** Cosa que complica [1]. **b)** (*Med*) Fenómeno que se presenta en el curso de una enfermedad, sin ser propio de ella y gralm. agravándola. ■ **3** Cualidad de complicado [2 y 3].

complicadamente *adv* De manera complicada [3].

complicado -da *adj* **1** *part* → COMPLICAR. ■ **2** Compuesto de gran número de elementos o partes. ■ **3** Difícil de entender, de tratar o de resolver.

complicar A *tr* **1** Quitar sencillez o facilidad [a algo (*cd*)]. *Tb abs.* **b)** *pr* (~**se**) Perder [algo] sencillez o facilidad. **c)** ~ **la existencia**, ~ **la vida** → EXISTENCIA, VIDA. ■ **2** Unir o mezclar [una cosa con otra] de modo que pierda su sencillez o facilidad o adquiera gravedad. **b)** *pr* (~**se**) Unirse o mezclarse [una cosa con otra] perdiendo sencillez o facilidad o adquiriendo gravedad. ■ **3** Comprometer [a alguien en un asunto].

B *intr* **4** Buscar [a alguien] problemas innecesarios. *Frec el ci es refl.*

cómplice I *m y f* **1** Pers. que acompaña o ayuda [a otra (*compl de posesión*)] en la comisión de un delito o de un hecho considerado reprobable (*compl* DE o EN)]. *Frec se omite uno o los dos compls, por consabidos.*

II *adj* **2** (*lit*) [Cosa] que ayuda como cómplice [1]. **b)** (*TLit*) [Lector] que, en la lectura, colabora con el autor en precisar el sentido de la obra. ■ **3** (*lit*) [Cosa] que denota o implica un entendimiento secreto.

complicidad *f* Condición de cómplice. *Tb la actitud correspondiente.*

compló *m* Complot.

complot (*pl normal*, ~**s**) *m* Conspiración [contra alguien, esp. contra el poder]. *Tb sin compl. Tb fig.*

complotador -ra *adj* (*raro*) [Pers.] que prepara un complot o complots. *Tb n.*

complotar *intr* Tramar un complot. *Tb pr* (~**se**). *Frec como part, a veces sustantivado.*

complutense *adj* **1** De Alcalá de Henares (Madrid). *Tb n, referido a pers.* ■ **2** De la Universidad Complutense (antes Universidad Central de Madrid).

compoblano -na *adj* [Pers.] que es del mismo pueblo [que otra (*compl de posesión*)]. *Tb n.*

componado -da *adj* (*Heráld*) Ajedrezado (formado por cuadros de colores alternados).

componedor -ra A *m y f* **1** Pers. cuya decisión se comprometen a aceptar las partes interesadas en una divergencia o litigio. *Normalmente con el adj*

AMIGABLE. **b)** Pers. que arregla enfrentamientos o conflictos. ■ **2** (*reg*) Pers. que arregla dislocaciones y fracturas de huesos.

B *m* **3** (*Impr*) Regla sobre la que se compone [3] un renglón. ■ **4** (*reg*) Individuo que compone [5] cacharros de cocina y otros útiles o herramientas, gralm. de forma ambulante.

componenda *f* **1** Arreglo provisional de una situación difícil. ■ **2** Arreglo de dudosa legalidad o moralidad entre varias personas.

componente I *adj* **1** Que compone [1]. *Tb* n: *m* y *f, referido a pers; m, referido a cosa.* II *m* o *f* **2** (*Meteor*) Ingrediente característico [de un viento].

componer (*conjug* 21) *tr* ➤ **a** *normal* **1** Formar o constituir [varias perss. o cosas (*suj*), o una (*suj*) unida con otras, una nueva y única cosa]. **b)** *pr* (**~se**) Estar formada o constituida [una cosa (*suj*) por varias perss. o cosas (*compl* DE)]. ■ **2** Formar o constituir [alguien una cosa] reuniendo varias perss. o cosas. **b)** Disponer de una manera determinada [los elementos de un conjunto (*cd*)]. ■ **3** (*Impr*) Formar [las palabras, líneas y planas], juntando los caracteres. *Tb abs.* ■ **4** Escribir [una obra, gralm. artística y esp. musical]. *Tb abs.* ■ **5** Reparar [algo estropeado]. ■ **6** Poner [algo o a alguien] de modo que su aspecto sea adecuado o grato. *Referido a pers, frec el cd es refl.* **b)** Adornar o engalanar [a una pers.]. *Más frec el cd es refl.* **c) compuesta y sin novio** (*o* **compuesto y sin novia**) → NOVIO. ■ **7** Poner deliberadamente [un gesto o una pose]. ■ **8** (*Fís*) Buscar la resultante [de dos o más fuerzas (*pl*)].

➤ **b** *pr* **9** ~**selas.** (*col*) Arreglárselas o ingeniárselas [para algo]. **b)** *Sin compl:* Vivir o desenvolverse. *Gralm con un compl de modo.*

componible *adj* Que puede componerse [2].

comporta *f* (*reg*) Compuerta.

comportamental *adj* (*Psicol*) Del comportamiento.

comportamiento *m* Manera de comportarse [2 y 3]. **b)** (*Psicol*) Conjunto de los actos encaminados al cuidado, mantenimiento y desarrollo de la propia vida.

comportar A *tr* **1** Llevar consigo [una cosa (*suj*)] otra (*cd*)].

B *intr pr* (~**se**) **2** Actuar [una pers.] con relación a los demás. *Con un compl de modo.* **b)** *Sin compl de modo:* Comportarse con corrección o urbanidad. ■ **3** Funcionar o actuar [una cosa]. *Con un compl de modo.*

comportón *m* (*reg*) Recipiente grande de forma troncocónica, con la boca más ancha que la base, usado para transportar uvas.

composible *adj* (*lit, raro*) Compatible.

composición I *f* **1** Acción de componer [1, 2, 3 y 4]. *Tb su efecto.* **b)** Obra artística escrita, esp. musical. **c)** (*Ferroc*) Tren (conjunto de los vagones y la locomotora). ■ **2** Número de ingredientes [de un compuesto] y modo de estar combinados. **b)** Especificación de los ingredientes [de una sustancia] con sus proporciones. ■ **3** (*Arte*) Manera de disponer los elementos de un conjunto. *Tb el mismo conjunto y la técnica correspondiente.* ■ **4** (*Mús*) Parte de la enseñanza musical que versa sobre la técnica de componer [4]. ■ **5** (*Ling*) Procedimiento de formación de palabras mediante la unión de otras palabras, o de raíces afijas, o de una palabra

con una raíz afija o con un prefijo. ■ **6** (*Enseñ*) Ejercicio de redacción. ■ **7** (*raro*) Convenio entre dos o más perss. ■ **8** ~ **de lugar.** (*Rel*) Fase preparatoria de la meditación que consiste en centrar el pensamiento en las distintas circunstancias que acompañan a aquello sobre lo que se va a meditar.

II *loc v* **9 hacer,** *o* **formar,** [uno] **su ~ de lugar.** Reflexionar sobre las circunstancias de un asunto para obrar en consecuencia. *Tb* HACERSE, *o* FORMARSE, LA (*u otro determinante*) ~ DE LUGAR.

compositivo -va *adj* De la composición.

compositor -ra *m* y *f* **1** Pers. que compone [4] música. *A veces* ~ MUSICAL *o* DE MÚSICA. ■ **2** (*Impr*) Pers. que compone [3]. ■ **3** (*Arte*) Pers. que compone [2b].

compost (*ing; pronunc corriente,* /kómpost/ *o* /kompós/) *m* Abono formado por la mezcla fermentada de residuos orgánicos con materias minerales.

compostaje *m* Tratamiento de los residuos orgánicos para su transformación en compost.

compostelano -na *adj* De Santiago de Compostela (La Coruña). *Tb n, referido a pers.*

compostura *f* **1** Acción de componer [2b y esp. 5]. *Tb su efecto.* ■ **2** Circunspección o comedimiento. **b)** Dignidad externa.

composturero -ra *m* y *f* Pers. que hace composturas o arreglos de ropa.

compota *f* Dulce hecho con una fruta partida en trozos y cocida con agua y azúcar. *Frec con un compl especificador.*

compotera *f* Vasija para guardar o servir la compota.

compound (*ing; pronunc corriente,* /kómpaund/) *adj* (*Mec y Electr*) Compuesto.

compra I *f* **1** Acción de comprar. **b)** Acción de comprar los alimentos necesarios para la casa. *Frec en las constrs* IR A LA ~ *o* HACER LA ~. ■ **2** Cosa comprada [1]. **b)** Conjunto de alimentos de la compra [1b].

II *loc adj* **3** [Cesta] **de la ~** → CESTA.

comprador -ra *adj* **1** Que compra. *Frec n, referido a pers.* ■ **2** Relativo a la acción de comprar [1].

comprar *tr* **1** Obtener [algo] mediante la entrega de dinero. ■ **2** Conseguir la decisión o actuación favorable [de alguien (*cd*)] mediante la entrega de una recompensa. ■ **3** (*jerg*) Observar o escuchar. *Tb abs.*

compraventa (*tb con la grafía* **compra-venta**) **A** *f* **1** Acto o actividad de comprar y vender. **B** *m* y *f* **2** Pers. que se dedica a la compraventa [1] de cosas usadas.

comprehensivo -va *adj* (*Filos o lit*) Amplio o abarcador.

comprender *tr* **1** Percibir mentalmente [algo]. *Tb abs.* **b)** Percibir mentalmente lo que dice [una pers. o *cd*)]. **c)** Captar el significado [de algo (*cd*)]. **d)** **¿comprendes?,** *o* **¿me comprendes?** (*col*) Fórmulas, frec expletivas, con que se pide al interlocutor comprensión sobre el verdadero sentido de lo que se dice. * No es por vanidad, ¿comprendes? **e)** **¿comprendes?,** *o* **¿comprendido?** (*col*) Fórmulas con que se insiste enfáticamente en una aseveración. * Aquí no vuelvas. ¿Comprendido? **f)** **comprendido.** (*col*) Se usa para manifestar aquiescencia. ■ **2** Encontrar explicable [algo]. **b)** Encontrar explicable el comportamiento o la personalidad [de alguien (*cd*)]. **c) compréndelo.** (*col*) *Fórmula con que se acompaña a la justificación de un hecho que resulta molesto o poco esperable.* * No podía negarme, compréndelo. **d) como tú comprenderás.** (*col*) *Fórmula que acompaña, a modo de justificación, a la mención de un hecho.* * A mí, como tú comprenderás, ni me va ni me viene. ■ **3** Entender con claridad lo que quiere decir [alguien (*cd*)]. *Frec el cd es recípr.* ■ **4** Abarcar, o tener [una cosa (*suj*)] algo (*cd*)] entre sus límites. *Frec con un compl adv. Tb como abs, con un compl adv que expresa los límites.*

comprensibilidad *f* Cualidad de comprensible.

comprensible *adj* Que se puede comprender [1 y 2].

comprensiblemente *adv* De manera comprensible.

comprensión *f* **1** Acción de comprender. *Tb su efecto.* **b)** (*Filos*) Conjunto de notas que se hallan incluidas en un concepto. ■ **2** Cualidad de comprensivo [1].

comprensivamente *adv* De manera comprensiva, *esp* [1b].

comprensividad *f* (*Enseñ*) Cualidad de comprensivo [3].

comprensivo -va *adj* **1** [Pers.] que es o se muestra inclinada a comprender [2]. **b)** Propio de la pers. comprensiva. ■ **2** Que comprende [4]. *Con un compl* DE. ■ **3** De la acción de comprender [4] o que la implica.

comprero -ra *m y f* (*reg*) Comprador.

compresa *f* Almohadilla de algodón, o de gasa u otro tejido, que se aplica sobre una parte del cuerpo con fines curativos o higiénicos. **b)** Pieza alargada de celulosa u otra materia absorbente usada por las mujeres durante la menstruación. *Tb* ~ HIGIÉNICA.

compresibilidad *f* Cualidad de compresible.

compresible *adj* Que se puede comprimir.

compresión *f* Acción de comprimir [1, 2 y 3]. *Tb su efecto.* **b)** (*Mec*) *En un motor de explosión:* Tiempo en que la mezcla carburante es comprimida a fin de acelerar la combustión.

compresivo -va *adj* Que comprime [1, 2 y 3].

compresor -ra *adj* [Máquina o aparato] que sirve para reducir el volumen de un gas aumentando la presión ejercida sobre él. *Tb n m o, más raro, f.*

comprimario -ria *m y f* (*Mús*) Cantante de teatro que hace segundos papeles.

comprimido -da I *adj* **1** *part* → COMPRIMIR. ■ **2** (*Zool*) Estrechado lateralmente.
II *m* **3** Pastilla, normalmente de medicamento, fabricada por compresión de sus ingredientes previamente reducidos a polvo.

comprimir *tr* **1** Presionar [algo] haciendo que ocupe menos espacio. **b)** *pr* (~se) Pasar [algo] a ocupar menos espacio, por efecto de la presión. ■ **2** Hacer que [algo o alguien] se reduzca u ocupe menos espacio. *Referido a pers, frec el cd es refl.* **b)** *pr* (~se) Reducirse [algo o alguien] u ocupar menos espacio. ■ **3** Oprimir o apretar. ■ **4** Refrenar o contener.

comprobable *adj* Que puede comprobarse.

comprobación *f* Acción de comprobar. *Tb su efecto.*

comprobadamente *adv* (*raro*) De manera comprobada.

comprobador -ra *adj* Que comprueba. *Tb n m y f, referido a pers, y a aparato o máquina.*

comprobante *adj* Que sirve para comprobar. *Frec n m, designando documento, esp de pago.*

comprobar (*conjug* 4) *tr* **1** Pasar a conocer con certeza [algo que se duda o se supone]. ■ **2** Pasar a conocer [algo] con datos exactos.

comprobatorio -ria *adj* **1** De (la) comprobación. ■ **2** [Cosa] que comprueba o sirve para comprobar.

comprometedor -ra *adj* Que compromete [1 y 2]. *Tb n, referido a pers.*

comprometer A *tr* **1** Poner [a alguien o algo (*cd*)] en una situación arriesgada o difícil. **b)** Poner [algo] al servicio [de un objetivo o empresa (*compl* EN) que implica riesgo]. **c)** Poner [algo, esp. el honor o la palabra] como garantía [de algo (*compl* EN)]. *Tb sin el 2º compl, por consabido.* ■ **2** Hacer que [alguien (*cd*)] se comprometa [4]. *Tb abs.* **b)** Hacer que [alguien (*cd*)] aparezca como participante [en algo indebido o no deseable]. **c)** Poner en entredicho el honor [de una pers. (*cd*), esp. de una mujer]. ■ **3** Acordar formalmente la realización [de algo (*cd*)]. **b)** Acordar formalmente una operación comercial [sobre algo (*cd*)].
B *intr pr* (~se) **4** Contraer [una obligación (*compl* A)], frec. por iniciativa propia. **b)** Contraer la obligación de participar [en algo]. **c)** *En el terreno ideológico:* Tomar partido. ■ **5** Acordar formalmente [con otra pers.] contraer matrimonio con ella. *Tb sin compl, con suj pl.*

comprometidamente *adv* De manera comprometida [2 y 3a].

comprometido -da *adj* **1** *part* → COMPROMETER. ■ **2** [Pers. o cosa] que tiene o muestra compromiso [1] ideológico. ■ **3** [Cosa] que implica compromiso [1 y 2]. **b)** [Situación] arriesgada o de compromiso [2].

comprometimiento *m* (*raro*) Acción de comprometer(se).

compromisario -ria *m y f* Pers. designada, esp. por elección, para representar a un grupo o entidad en otra elección ulterior.

compromiso I *m* **1** Obligación contraída por quien se compromete o es comprometido. ■ **2** Situación arriesgada o difícil. ■ **3** Convenio por el que los litigantes se comprometen a aceptar el fallo de un mediador. ■ **4** Acuerdo al que se llega con concesiones mutuas. *Frec en las constrs* FÓRMULA DE ~ *o* SOLUCIÓN DE ~. ■ **5** Ceremonia o solemnidad. *Gralm en las constrs* DE ~ *o* SIN ~.
II *loc adj* **6** de ~. [Literatura, arte o cine] en que el compromiso [1] político es un factor primordial. ■ **7** de ~. [Pers.], esp. invitado] a quien hay que tratar con esmero y sin confianzas.
III *loc adv* **8** sin ~. (*Com*) Sin que se derive compromiso [1] alguno para el posible cliente. *Tb adj.* ■ **9** sin ~. Sin novio. *Frec adj. Frec en la constr* SOLTERO Y SIN ~.

comprovinciano -na *adj* Que pertenece a la misma provincia [que otro (*compl de posesión*)]. *A veces el compl se omite, por consabido. Tb n, referido a pers.*

comptoir (*fr; pronunc corriente*, /kontuár/; *pl normal*, ~S) *m En un hotel:* Recepción.

compuerta *f* Puerta que en un canal o una presa se abre y cierra verticalmente para dar salida o cerrar el paso a las aguas o para regular su gasto. *Tb fig.*

compuesto -ta *adj* **1** *part* → COMPONER. ■ **2** Formado por dos o más elementos simples. *Tb n m, esp designando sustancias químicas.* **b)** (*Ling*) [Palabra] formada por composición. *Tb n m.* **c)** (*Mat*) [Regla de tres] que consta de varias reglas de tres simples. **d)** [Flor] **compuesta**, [oración] **compuesta** → FLOR, ORACIÓN. ■ **3** (*Arquit*) [Orden] que en el capitel de sus columnas reúne las volutas del jónico con las hojas de acanto del corintio. *Tb se aplica a los elementos de este orden.* ■ **4** (*Mat*) [Número] divisible por otro. ■ **5** (*Mat*) [Interés] de un capital al que se van acumulando sus réditos para que produzcan otros. ■ **6** (*Bot*) [Planta] angiosperma, dicotiledónea, que se distingue por sus hojas simples y sus flores reunidas en cabezuelas sobre un receptáculo común. *Tb n f en pl, designando este taxón botánico.* ■ **7** (*lit*) Que implica compostura o comedimiento.

compulsa *f* Acción de compulsar.

compulsar *tr* Comparar o cotejar [un texto o un dato con el original de donde está copiado, o con otro que lo confirme].

compulsión *f* **1** Exigencia imperiosa. ■ **2** (*Psicol*) Impulso irresistible a ejecutar un acto contrario al juicio o voluntad de quien lo realiza. *Tb* (*lit*) *fig, fuera del ámbito técn.*

compulsivamente *adv* (*Psicol o lit*) De manera compulsiva.

compulsivo -va *adj* **1** Que implica compulsión, esp [2]. ■ **2** (*Psicol*) [Pers.] que tiene o muestra compulsión [2].

compunción *f* (*lit*) Pena o aflicción. **b)** (*raro*) Dolor por los pecados.

compungido -da *adj* **1** *part* → COMPUNGIR. ■ **2** Que denota compunción.

compungir A *tr* **1** Causar [a alguien (*cd*)] una profunda pena. **B** *intr pr* (**~se**) **2** Empezar a mostrar profunda pena. **b)** Apenarse o entristecerse.

computabilidad *f* Cualidad de computable.

computable *adj* Que puede computarse.

computación *f* **1** Acción de computar. ■ **2** (*Informát*) Informática.

computacional *adj* (*Informát*) De la computación [2] o basado en ella.

computador -ra (*Informát*) **I** *adj* **1** [Máquina] capaz de cálculos matemáticos, operaciones lógicas y tratamiento de información con gran rapidez. **II** *n* **A** *f* **2** Ordenador. *Tb* (*hoy raro*) COMPUTADORA ELECTRÓNICA. **B** *m* **3** Computadora [2] u ordenador. *Tb* (*hoy raro*) ~ ELECTRÓNICO.

computadorización *f* (*Informát*) Acción de computadorizar. *Tb su efecto.*

computadorizado -da *adj* (*Informát*) **1** *part* → COMPUTADORIZAR. ■ **2** Computarizado o que funciona por computadora.

computadorizar *tr* (*Informát*) Computarizar. *Frec en part.*

computar *tr* **1** Hacer que [algo] entre en un cálculo o cuenta. *Frec con un compl de modo o tiempo.* ■ **2** Contar o calcular [algo]. *A veces con un compl* EN, *que expresa la unidad de medida.*

computarización *f* (*Informát*) Acción de computarizar.

computarizado -da *adj* **1** *part* → COMPUTARIZAR. ■ **2** Que funciona por computadora [2].

computarizar *tr* (*Informát*) Someter [algo] a tratamiento o control de computadora [2]. *Frec en part.*

computer (*ing; pronunc corriente, /*kompiúter/*; pl normal, ~*s) *m* (*Informát*) Ordenador o computadora.

computerización *f* (*Informát*) Acción de computarizar.

computerizado -da *adj* (*Informát*) **1** *part* → COMPUTERIZAR. ■ **2** Computarizado [2].

computerizar *tr* (*Informát*) Computarizar. *Frec en part.*

cómputo *m* Acción de contar (determinar la cantidad exacta). *Tb su efecto.*

comulgador -ra *m y f* Pers. que comulga [1].

comulgante *adj* **1** Que comulga [1]. *Frec n, referido a pers.* ■ **2** Que comulga [2] [con algo].

comulgar A *intr* **1** Recibir el sacramento de la comunión. ■ **2** Estar [alguien] de acuerdo [con algo, esp. ideas]. **b)** Tener ideas o sentimientos comunes [con otra u otras perss.]. ■ **3** ~ **con ruedas de molino** → RUEDA. **B** *tr* **4** (*raro*) Dar el sacramento de la comunión [a alguien (*cd*)].

comulgatorio *m* En una iglesia: Lugar en que se sitúan los fieles para recibir la comunión.

común I *adj* **1** Que se tiene o se usa a la vez por dos o más perss. o cosas, o por una generalidad de perss. o cosas. *A veces con un compl* A, DE *o* PARA. ■ **2** Corriente u ordinario. *Frec como especificador en ciencias naturales.* ■ **3** (*Gram*) [Nombre] que sirve para designar a uno cualquiera de los seres de una misma especie. ■ **4** (*Gram*) [Nombre] que designa pers. en el cual la indicación del sexo no se hace por medio de la terminación, sino por el género de las palabras que al nombre se refieren. *Tb* ~ EN CUANTO AL GÉNERO. **b)** (*hoy raro*) En algunas gramáticas: [Género gramatical] que se atribuye a los nombres comunes en cuanto al género. ■ **5** [Lugar] ~, [sentido] ~ → LUGAR, SENTIDO[2]. **II** *m* **6** Generalidad [de las perss.]. ■ **7** Conjunto de los vecinos del pueblo. **b)** Ayuntamiento. *Referido a algunos países extranjeros.* ■ **8** (*raro*) Retrete. **III** *loc adv* **9 en ~.** Con otro u otros. *Tb adj.* **b)** Formando un todo único. ■ **10 por lo ~.** Normalmente o de manera común [2].

comuna[1] *f* **1** Grupo de perss. de diversa procedencia asociadas para hacer vida en común compartiendo propiedades y responsabilidades. ■ **2** *En el sistema comunista chino:* Unidad administrativa y económica constituida por la agrupación de varias aldeas en régimen de control y propiedad colectivos, con el fin de mejorar la producción agrícola. *Tb* ~ POPULAR. ■ **3** (*hist*) Municipio o ayuntamiento.

comuna[2] *adj* (*Agric*) [Almendra] de la variedad común [2].

comunal I *adj* **1** Del común [6 y esp. 7]. ■ **2** De (la) comuna[1]. ■ **3** (*hist*) De la Comuna de París (1871). **II** *m* **4** (*reg*) Terreno comunal [1].

comunalmente *adv* De manera comunal [1].

comunero -ra I *adj* **1** De la comunidad [3], o de una comunidad de pueblos. *Tb n, referido a pers.* ■ **2** (*hist*) Del partido de las Comunidades, sublevado en 1520 contra el rey Carlos I en Castilla. *Tb n, referido a pers.* **b)** De (los) comuneros. ■ **3** (*hist*) De la sociedad secreta denominada Confederación de Caballeros Comuneros, surgida durante el trienio constitucional de 1820-1823. *Tb n, referido a pers.* ■ **4** (*hist*) De la Comuna de París (1871). *Tb n, referido a pers.*
II *m y f* **5** (*Der*) Miembro de una comunidad [2] de bienes.

comunicabilidad *f* Capacidad de comunicarse [9] con los demás.

comunicable *adj* Que puede ser comunicado (→ COMUNICAR [1 y 2]).

comunicación I *f* **1** Acción de comunicar(se). ■ **2** Medio por el cual un punto se comunica [3] con otros. *Frec en pl.* ■ **3** Parte por la que un lugar se comunica [6a] con otro. ■ **4** Informe escrito. **b)** Escrito que se lee públicamente ante un congreso o reunión de especialistas y en el que se expone un tema relacionado con la especialidad. ■ **5** Visita a un preso en la prisión. ■ **6** (*Der*) Propiedad en común [de algo].
II *loc adj* **7** [Medios] **de ~** → MEDIO.

comunicacional *adj* De (la) comunicación, *esp* [1].

comunicado¹ -da *adj* **1** *part* → COMUNICAR. ■ **2** [Lugar] que dispone de medios de transporte público. ■ **3** [Prisión] que lleva consigo derecho a comunicación [5]. ■ **4** (*Der*) [Bien] poseído en común.

comunicado² *m* Texto destinado a hacerse público.

comunicador -ra I *adj* **1** Que comunica [1 y 5].
II *m y f* **2** Pers. con capacidad para hacer llegar a la gente los mensajes que quiere transmitir. *Frec con los adjs* BUENO o MALO. **b)** Profesional de radio o televisión con capacidad para conectar con los oyentes o telespectadores.

comunicante I *adj* **1** Que comunica o se comunica. **b)** [Vasos] **~s** → VASO.
II *m y f* **2** Pers. que escribe o telefonea espontáneamente a un periódico o a una emisora para exponer una noticia, una consulta o una opinión.

comunicar A *tr* **1** Hacer saber [algo a alguien]. *Frec sin ci. Tb abs.* ■ **2** Transmitir [algo no material, esp. una cualidad, a alguien o algo]. *Frec sin ci.* ■ **3** Unir o poner en contacto [a dos perss. o cosas, o una con otra]. **b)** Servir [una puerta, un conducto, o algo similar] de unión [entre dos espacios (*cd*), o entre uno (*cd*) y otro (*compl* CON)].
B *intr* **➤ a** *normal* **4** Relacionarse [con alguien] de palabra o por escrito, para transmitir o recibir información. *Tb pr* (**~se**). ■ **5** Ser [una pers.] capaz de comunicar a la gente los mensajes que quiere transmitir. *Tb pr* (**~se**). *Frec con los advs* BIEN o MAL. ■ **6** Tener [un lugar] posibilidad de acceso [a otro (*compl* CON)]. *Tb pr* (**~se**). **b)** Servir [una puerta o algo similar] de acceso [a un lugar (*compl* CON)]. **c)** Tener [alguien] acceso [a un lugar (*compl* CON)]. ■ **7** Dar [un teléfono] la señal de que la línea está ocupada. ■ **8** Entrevistarse [con un preso] en la cárcel. *Tb sin compl.*
➤ b *pr* (**~se**) **9** Relacionarse [una pers. con otras] para manifestar o compartir sus ideas y sentimientos. *Tb sin compl. A veces referido a animal.* ■ **10** Propagarse [algo a un lugar próximo].

comunicativamente *adv* (*raro*) De manera comunicativa [1 y 2b].

comunicatividad *f* **1** Cualidad de comunicativo. ■ **2** Facilidad de comunicación o expresión.

comunicativo -va *adj* **1** De la comunicación [1]. ■ **2** [Pers.] dada a entablar conversación con los demás. **b)** Propio de la pers. comunicativa.

comunicología *f* (*Per*) Estudio de los medios de comunicación social.

comunicólogo -ga *m y f* (*Per*) Especialista en comunicología.

comunidad *f* **1** Condición de común [1]. ■ **2** Propiedad [de algo] en común. ■ **3** Colectividad, o conjunto de perss. unidas por un interés o unas circunstancias comunes. *Frec en denominaciones.* **b) ~ autónoma.** Entidad territorial dotada de autonomía dentro del marco constitucional del Estado español. *Tb, simplemente, ~.* ■ **4** Conjunto de religiosos que viven en un mismo convento. ■ **5** (*Bot*) Conjunto más o menos homogéneo de plantas que viven en un área determinada. *Tb ~ VEGETAL.* ■ **6** (*hist*) Municipio.

comunión I *f* **1** Sacramento de la Eucaristía. **b)** Acción de recibir la comunión. **c) primera ~.** Acción de recibir la comunión por vez primera. *Tb, simplemente, ~. Tb la celebración correspondiente.* **d) ~ espiritual.** (*Rel catól*) Oración que se reza cuando no se comulga sacramentalmente, para pedir la venida espiritual de Dios al alma. ■ **2** (*Rel catól*) Parte de la misa que sigue a la consagración y que está constituida básicamente por la comunión [1b] del sacerdote y de los fieles. ■ **3** Unión espiritual.
II *loc adj* **4 de ~.** [Niño] vestido con el traje habitual de la primera comunión [1c]. *Tb adv.*

comunismo *m* **1** Doctrina y sistema económicos y políticos que preconizan una sociedad sin clases en la que esté abolida la propiedad privada y en la que pertenezcan a la comunidad los medios de producción y de subsistencia. ■ **2** Comunismo [1] marxista.

comunista *adj* Del comunismo. **b)** Partidario o adepto del comunismo. *Tb n, referido a pers.*

comunistización *f* Acción de comunistizar.

comunistizante *adj* Que tiende a comunista.

comunistizar *tr* Dar carácter comunista [a alguien o algo (*cd*)].

comunistoide *adj* (*desp*) De tendencia afín al comunismo. *Tb n, referido a pers.*

comunitariamente *adv* De manera comunitaria.

comunitario -ria *adj* De (la) comunidad [3 y 4]. *Tb n, referido a pers.* **b)** De la Comunidad Económica Europea o Mercado Común (desde 1992, Unión Europea).

comunizante *adj* (*raro*) Comunistizante.

comunizar *tr* (*raro*) Comunistizar.

comúnmente *adv* De manera común, *esp* [2].

con (*con pronunc átona; ante los prons* MÍ, TI, SÍ, *se escribe unida a ellos formando las palabras* CONMIGO, CONTIGO, CONSIGO) *prep* **➤ a** *con diversas denotaciones* **1** *Introduce un compl que expresa compañía, contigüidad o cooperación.* * El chico quería venir con nosotros. * Está en el cajón con las servilletas. * Prepara un libro con su hermano. ■ **2** *Introduce* *un compl que expresa contenido, propiedad o cualidad.* * Trae una cazuela con agua. * Hace falta alguien con más arranques. ■ **3** *Introduce un compl que expresa el momento en que ocurre la acción.* * Con el alba salieron de casa. **b)** *El momento se expresa con la mención de algo relacionado con él de modo característico.* * Se acuesta con las gallinas. ■ **4** *Expresa objeto o término de una relación.* * Se escribe con mi tío. ■ **5** *Introduce un compl que expresa instrumento o medio.* * Tuvo que ayudarse con las manos. ■ **6** *Introduce un compl que expresa modo.* * Anda con cierta desgana. ■ **7** *Introduce un compl que expresa causa.* * No puedo ir. Pues con eso ya, dice que no lo quiero. **b)** ~ *lo que, o* ~ *lo + adj o adv +* **que.** *Introduce una prop que expresa enfáticamente causa.* * Con lo flaca que está, un día se la lleva el aire. ■ **8** *Expresa condición. Frec por medio de una prop* QUE + *subj.* * Con que le prestaran atención, tan contento. ■ **9** *Expresa oposición u obstáculo ineficaces.* * Es raro con lo que hayáis conocido, con tantas veces como viene. **b)** ~ *lo que, o* ~ *lo + adj o adv +* **que.** *Introduce una frase exclam que expresa decepción ante la ineficacia o el fracaso de lo enunciado.* * ¡Con lo que nos ha costado llegar, y ahora no hay nadie!

➤ **b** *con funciones puramente gramaticales* **10** *Es la introductora característica del compl propio de determinadas palabras o de determinadas aceps de palabras:* BASTAR, COMPARAR, COMPENETRARSE, CONFORMARSE, CONGRACIARSE, CONTAR, CONTENTARSE, TERMINAR, *etc* (→ BASTAR, COMPARAR, *etc*).

➤ **c** *como componente de locs y constrs* **11** *fórm or: interj + ~ + n. Denota admiración ante lo designado por el n, a veces implicando queja o protesta.* * ¡Caramba con el gorro, qué precio! ■ **12** *loc y constr adv* **a)** *Forma locs advs:* ~ **mucho, ni ~ mucho,** ~ **todo** → MUCHO, TODO. **b)** *n sin art + ~ + el mismo n. Indica que los objetos designados por los ns están en contacto.* * Iban codo con codo. ■ **13** *loc prep* **a) para ~** → PARA. **b)** ~ **objeto de,** ~ **relación a,** ~ **respecto a,** ~ **tal de** → OBJETO, RELACIÓN, RESPECTO, TAL. ■ **14** *loc conj:* ~ **tal (de) que** → TAL.

conacho *m* (*reg*) Canasto de mimbre.

conativo -va *adj* (*Ling*) [Función] apelativa, esp. la dirigida a imponer sobre el destinatario un comportamiento determinado.

conato *m* **1** Comienzo [de algo, esp. un hecho] que no pasa a pleno desarrollo. ■ **2** (*lit*) Propósito o intento. ■ **3** (*lit*) Empeño o esfuerzo.

cóncano -na (*tb* **concano**) *adj* (*hist*) De cierto pueblo prerromano habitante de la región de Cantabria. *Frec n, referido a pers.*

concatedral *adj* [Iglesia] que tiene dignidad de catedral, pero no tiene cabildo y está unida a otra catedral. *Frec n f.*

concatenación *f* **1** Acción de concatenar(se). *Tb su efecto.* ■ **2** (*TLit*) Enlace de dos enunciados por medio de la repetición de un término común, esp. cuando este es final del primero e inicial del segundo.

concatenar *tr* Unir o relacionar estrechamente [dos hechos o dos realidades], esp. en el tiempo. **b)** *pr* (**~se**) Unirse o enlazarse en el tiempo [dos hechos].

concausa *f* Causa que actúa conjuntamente con otra.

concavidad *f* **1** Cualidad de cóncavo. ■ **2** Parte cóncava [1b].

cóncavo -va I *adj* **1** [Línea, superficie o figura] curva que presenta, respecto del que la mira, su parte más deprimida en el centro. **b)** De figura cóncava. ■ **2** (*Geom*) [Ángulo] mayor que un llano. ■ **3** (*Geom*) [Polígono] en el que algún lado prolongado pasa por su interior, o alguna recta corta el contorno en más de dos puntos.
II *m* **4** Concavidad [2].

concavoconvexo -xa *adj* Que tiene una parte cóncava y otra convexa.

concebible *adj* Que se puede concebir, *esp* [3].

concebir (*conjug* 62) *tr* **1** Empezar [una hembra] a formar en su útero [un hijo (*cd*)]. *Tb abs.* ■ **2** Comenzar a experimentar [un sentimiento]. ■ **3** Formar [una idea o un proyecto]. **b)** Formar la idea [de algo (*cd*)]. *Con un compl adv, frec introducido por* COMO, *o con un predicat.* **c)** Comprender o explicarse [algo (*cd*)]. *Frec en constr neg.* ■ **4** (*lit*) Redactar [un escrito]. *Normalmente en part.*

concedente *adj* (*raro*) Que concede.

conceder *tr* **1** Dar [a alguien (*ci*) algo deseado o pedido]. *Tb sin ci.* **b)** Acceder [a algo que se pide (*cd*)]. ■ **2** Dar o atribuir [importancia a algo]. ■ **3** Admitir [una opinión] o convenir [en ella (*cd*)]. *A veces con un ci que expresa la pers que propone tal opinión.*

concejal -la (*a veces la forma* CONCEJAL *se usa tb como f*) **A** *m y f* **1** Miembro de la corporación municipal.
B *f* **2** (*hoy raro*) Esposa de un concejal [1].

concejalía *f* **1** Cargo de(l) concejal [1]. *Tb el tiempo que dura su mandato.* ■ **2** Oficina de(l) concejal [1].

concejil *adj* **1** Del concejo o ayuntamiento. ■ **2** (*reg*) Expósito.

concejo *m* **1** Ayuntamiento, o corporación municipal. ■ **2** Reunión de todos los vecinos de un pueblo presididos por el alcalde. **b)** ~ **abierto** → ABIERTO. ■ **3** Territorio sometido a la autoridad del concejo [1].

concelebración *f* (*Rel catól*) **1** Acción de concelebrar. ■ **2** Misa concelebrada.

concelebrante *adj* (*Rel catól*) [Sacerdote] que concelebra. *Frec n. Tb fig, referido a los fieles.*

concelebrar *tr* (*Rel catól*) Celebrar conjuntamente [la misa dos o más sacerdotes].

concentrable *adj* Que puede ser concentrado o concentrarse [1 a 6].

concentración I *f* **1** Acción de concentrar(se). *Tb su efecto.* **b)** ~ **parcelaria.** Hecho de reunir la autoridad competente en grandes fincas numerosas parcelas de los mismos dueños, a fin de evitar el minifundio. *Tb* (*col*), *simplemente,* ~. **c)** Reunión pública de numerosas perss. en un lugar, como manifestación de apoyo, protesta o reivindicación de carácter político o laboral.
II *loc adj* **2 de** ~. [Gobierno] constituido por representantes de todos los partidos nacionales, por tiempo limitado y con una finalidad especial. ■ **3** [Campo] **de** ~ → CAMPO.

concentracionario -ria *adj* (*raro*) De (los) campos de concentración.

concentrado -da I *adj* **1** *part* → CONCENTRAR. ■ **2** [Producto alimenticio] en que, por evaporación, se ha suprimido parte del agua que contiene naturalmente, con el fin de reducir su peso o volumen o de aumentar su gusto. *Tb n m.* ■ **3** [Pers.] reservada, o dada a concentrarse [8]. **b)** Propio de la pers. concentrada. ■ **4** (*Quím*) [Disolución] que contiene gran cantidad de cuerpo disuelto.

II *m* **5** (*Med*) Sustancia cuya concentración se ha aumentado por evaporación de sus partes inactivas. *Gralm con un compl especificador.*

concentrador -ra *adj* **1** Que concentra. *Tb n m, referido a aparato.* ■ **2** De (la) concentración [1].

concentrar A *tr* **1** Reunir [en un solo punto (*compl* EN) elementos dispersos]. *Tb sin compl* EN. *Referido a pers, frec el cd es refl.* **b)** *pr* (**~se**) Reunirse [elementos dispersos (*suj*) en un solo punto]. ■ **2** Encaminar [a un solo punto (*compl* EN) la atención o el pensamiento]. **b)** *pr* (**~se**) Encaminarse [a un solo punto (*compl* EN) la atención o el pensamiento]. ■ **3** Aumentar [en una disolución (*cd*)] la proporción de la materia disuelta. **b)** *pr* (**~se**) Sufrir [una disolución] aumento de la proporción de la materia disuelta. ■ **4** Hacer sólido o más espeso [un alimento más o menos líquido] por evaporación del agua que contiene. ■ **5** (*Min*) Aumentar la riqueza [de un mineral (*cd*)] eliminando parte de su ganga. ■ **6** (*Dep*) Llevar [a uno o varios deportistas a un lugar retirado (*compl* EN81)], como preparación para un encuentro. ■ **7** (*raro*) Hacer que [alguien (*cd*)] se concentre [8].

B *intr pr* (**~se**) **8** Concentrar [2] la propia atención o el propio pensamiento. *A veces con un compl* EN.

concéntricamente *adv* De manera concéntrica [1b].

concentricidad *f* Cualidad de concéntrico.

concéntrico -ca *adj* (*Geom*) [Curva, circunferencia o esfera] que tiene el mismo centro [que otra (*compl* CON)]. *Tb, referido a varias, sin compl. Frec fig, fuera del ámbito técn.* **b)** [Cosa] cuyo desarrollo se produce por curvas concéntricas.

concepción *f* Acción de concebir. *Tb su efecto.*

concepcionista *adj* **1** De alguna de las congregaciones religiosas de la Inmaculada Concepción. *Tb n, referido a pers.* ■ **2** De la Inmaculada Concepción.

conceptáculo *m* (*Bot*) Bolsita en que se encuentran los filamentos reproductores.

conceptismo *m* (*TLit*) Tendencia que se basa en el empleo del concepto [4] y que fue especialmente cultivada en España en el s. XVII.

conceptista *adj* (*TLit*) Del conceptismo o que lo implica. **b)** Seguidor o adepto del conceptismo. *Tb n.*

conceptivo -va *adj* (*raro*) De (la) concepción.

concepto I *m* **1** Representación intelectual y abstracta [de alguien o algo]. **b)** Opinión o juicio [sobre alguien o algo (*compl* DE)]. *Tb sin compl.* ■ **2** Cosa a que hace referencia cada una de las partidas de una cuenta o un presupuesto. ■ **3** Motivo o justificación. *Frec en frases de afirmación o neg rotundas, como* POR TODOS LOS ~S *o* BAJO NINGÚN ~. ■ **4** (*TLit*) Forma literaria de expresión en la que trata de reflejarse la realidad a través de asociaciones ingeniosas entre ideas o palabras, valiéndose de recursos como el equívoco, la paronomasia o el contraste. ■ **5** (*semiculto*) Término o palabra.

II *loc prep* **6 en ~ de.** En calidad de o justificándose como.

conceptuación *f* Acción de conceptuar. *Tb su efecto.*

conceptual *adj* **1** Del concepto [1]. ■ **2** Intelectual y abstracto.

conceptualidad *f* Cualidad de conceptual.

conceptualismo *m* (*Filos*) Doctrina, intermedia entre el realismo y el nominalismo, que sostiene la realidad de las nociones universales y abstractas, en cuanto son conceptos de la mente, aunque no les conceda existencia positiva y separada fuera de ella.

conceptualista *adj* (*Filos*) De(l) conceptualismo. **b)** Partidario del conceptualismo. *Tb n, referido a pers.*

conceptualización *f* (*lit*) Acción de conceptualizar.

conceptualizar *tr* (*lit*) Reducir a concepto [1a] [algo (*cd*)]. *Tb abs.*

conceptualmente *adv* **1** En el aspecto conceptual. ■ **2** De manera conceptual.

conceptuar (*conjug* **1d**) *tr* Formar concepto u opinión [de alguien o algo (*cd*)]. *Con un compl adv o, más raro, con un predicat.*

conceptuosamente *adv* De manera conceptuosa [1b].

conceptuosidad *f* Cualidad de conceptuoso.

conceptuoso -sa *adj* [Pers.] que se expresa por medio de agudezas rebuscadas. **b)** Propio de la pers. conceptuosa.

concernencia *f* (*raro*) Hecho de concernir.

concerniente *adj* Que concierne.

concernir (*conjug* **43**) **A** *intr* **1** Tocar [a una pers. o cosa] o tener relación [con ellas (*ci*)]. **B** *tr* **2** (*lit*) Afectar [a alguien o algo].

concertación *f* Acción de concertar(se) [1 y 5].

concertadamente *adv* De manera concertada [2].

concertado -da *adj* **1** *part* → CONCERTAR. ■ **2** [Cosa] que implica concierto o acuerdo.

concertador -ra *adj* Que concierta [1 y 2].

concertante *adj* (*Mús*) [Música orquestal o composición] que cuenta con varios instrumentos solistas. *Tb n m, designando pieza.* **b)** [Sinfonía] ~ → SINFONÍA.

concertar (*conjug* **6**) **A** *tr* **1** Acordar o convenir [algo]. *Tb abs.* ■ **2** Armonizar, o hacer que actúen en forma conjuntada [dos o más perss. o cosas (*cd*)]. ■ **3** (*Gram*) Hacer que concierte [4] [una palabra (*cd*) con otra, o dos palabras (*cd*) entre sí].

B *intr* **➤ a** *normal* **4** (*Gram*) Tener concordancia [una palabra con otra, o dos palabras entre sí]. **➤ b** *pr* (**~se**) **5** Ponerse de acuerdo [dos o más perss., o una(s) con otra(s), para hacer algo].

concertato (*it; pronunc corriente,* /končertáto/; *pl normal,* CONCERTATI) *m* (*Mús*) En los ss XVI a XVIII: Contraste entre instrumentos solistas, orquesta y coro.

concertina *f* Instrumento musical semejante al acordeón, de fuelle muy largo y con las caras de forma hexagonal.

concertino *m* (*Mús*) **1** Violinista primero de la orquesta, que toca los solos y partes difíciles. *Tb en aposición con* VIOLÍN *o* VIOLINISTA. ■ **2** *En el concerto grosso:* Grupo de los solistas.

concertista *m y f* Pers. que da conciertos como solista.

concerto (*it; pronunc corriente,* /konĉérto/; *pl normal,* CONCERTI) *m* (*Mús*) Concerto grosso.

concerto grosso (*it; pronunc corriente,* /konĉérto-gróso/; *pl normal,* CONCERTI GROSSI) *m* (*Mús*) Composición orquestal, propia del s. XVIII, en la que los solistas dialogan con la orquesta.

concesión I *f* **1** Acción de conceder. ■ **2** Hecho de ceder en una posición o actitud. **b)** Abandono del modo de actuar habitual para adaptarse al gusto general o a las exigencias de algo. *Frec en constrs de sent humoríst. Gralm con un compl* A. ■ **3** Permiso gubernativo o de una entidad a una empresa o pers. particular cediéndole la explotación de alguno de sus bienes o servicios. *Tb lo concedido de esta forma.* ■ **4** (*hist*) Territorio cuya soberanía ha sido cedida en parte por un estado a otro, mediante acuerdo entre ambos. **II** *loc adv* **5 sin ~s.** De manera inflexible. *Tb adj.*

concesionario -ria *adj* Que tiene una concesión [3]. *Gralm n m y f, referido a pers y a empresa.*

concesivo -va *adj* **1** De (la) concesión [1] o que la implica. ■ **2** (*Gram*) [Proposición] en la que se expresa la existencia de una oposición al hecho expresado en la oración, y al mismo tiempo la ineficacia de esa oposición. **b)** [Oración o período] que contiene una proposición concesiva. **c)** [Conjunción] que introduce una proposición concesiva.

concha I *f* **1** Cubierta córnea de un molusco. ■ **2 ~ de peregrino.** Vieira (molusco). *Tb su concha* [1]. ■ **3** Cosa en forma de concha [1 y esp. 2]. **b)** Concavidad del terreno en forma de concha. **c)** (*Arquit*) Adorno en forma de concha. **d)** (*Coc*) Guiso preparado con carne blanca o pescado y salsa besamel u otra similar, servido en una concha [2] o en un recipiente con esa forma. ■ **4** Carey (caparazón de tortuga). ■ **5** (*reg*) Costra de cal, barro o algo semejante). ■ **6** (*col*) Retiro o aislamiento. *Frec en constrs como* METERSE EN SU ~ *o* SALIR DE SU ~. ■ **7** (*Escén*) Mueble bajo, situado en el centro del proscenio, que oculta al apuntador. *Frec* ~ DEL APUNTADOR. ■ **8** (*Anat*) Cavidad en la cara externa del pabellón de la oreja, donde se abre el conducto auditivo externo. ■ **9** (*Taur*) Pieza que protege la rodilla del que lidia a caballo. **II** *loc v* **10 tener más ~s que un galápago.** (*col*) Ser astuto y disimulado.

conchabanza *f* (*col*) Acción de conchabar.

conchabarse *intr pr* (*col*) Ponerse de acuerdo [una pers. con otra(s), o varias perss. entre sí], normalmente con fin poco honrado.

conchero *m* (*Prehist*) Depósito de conchas [1] y otros restos de moluscos y peces que han servido de alimento a hombres prehistóricos.

concho[1] *interj euf por* COÑO.

concho[2] *m* (*reg*) Corteza exterior de la nuez verde.

concía *f* (*reg*) Parte acotada de un monte.

conciencia I *f* **1** Conocimiento inmediato o espontáneo [de una realidad (*compl o adj especificador*)]. *A veces sin compl.* **b)** Conocimiento claro de la realidad, esp. asumiendo la responsabilidad consiguiente. *Frec en las constrs* TOMAR ~ *y* TOMA DE ~. **c)** ~ **de clase.** (*Pol*) Conocimiento claro de las condiciones sociales y económicas del grupo social al que uno pertenece. *Esp como actitud hostil del proletariado frente a las clases dominantes.* ■ **2** Facultad

de relacionarse con la realidad exterior. ■ **3** Conocimiento inmediato de sí mismo y de la propia actividad. ■ **4** Facultad de juzgar moralmente los propios actos. **b)** Sentido moral. ■ **5 mala ~.** Sentimiento penoso de no haber actuado con honradez. **II** *loc adj* **6** [Cargo] **de ~,** [caso] **de ~,** [examen] **de ~** → CARGO, CASO, EXAMEN. ■ **7 de ~.** [Preso o prisionero] que lo es a causa de sus ideas. ■ **8 de ~.** (*Der*) [Cláusula] que exime del cumplimiento de una ley o precepto por motivos de conciencia [4]. **III** *loc adv* **9 a ~.** Concienzudamente. ■ **10 a ciencia y ~** → CIENCIA. ■ **11 en ~.** De acuerdo con lo que dicta la conciencia [4].

concienciación *f* Acción de concienciar(se). *Tb su efecto.*

concienciador -ra *adj* **1** Que conciencia. *Tb n, referido a pers.* ■ **2** De (la) concienciación.

concienciar (*conjug* 1a) *tr* Hacer que [alguien (*cd*)] tome conciencia [1b]. **b)** *pr* (**~se**) Tomar conciencia.

concientización *f* (*semiculto, raro*) Concienciación.

concientizador -ra *adj* (*semiculto, raro*) Concienciador.

concientizar *tr* (*semiculto, raro*) Concienciar. *Tb pr* (**~se**).

concienzudamente *adv* De manera concienzuda [2].

concienzudo -da *adj* **1** [Pers.] que actúa con esmero y cuidado minucioso. ■ **2** [Cosa] que implica esmero y cuidado minucioso. *Tb fig.*

concierto I *m* **1** Acción de concertar(se) (acordar o ponerse de acuerdo). **b)** Documento en que consta un concierto o acuerdo. ■ **2** (*lit*) Convivencia, o relación pacífica [de colectividades]. ■ **3** Buen orden u organización. ■ **4** Ejecución en público de obras musicales instrumentales. **b)** Recital de un cantante o un grupo de música ligera. *Frec en la constr* EN ~. ■ **5** Composición musical para orquesta y uno o varios instrumentos solistas. **II** *loc adv* **6 sin orden ni ~** → ORDEN[1].

conciliable *adj* Que se puede conciliar[1] [1].

conciliábulo *m* Reunión reservada de pocas personas para tratar un asunto, esp. con fines poco limpios.

conciliación *f* Acción de conciliar[1] [1].

conciliador -ra *adj* Que procura conciliar[1] [1] voluntades o criterios. *Tb n, referido a pers.* **b)** Propio de la pers. conciliadora.

conciliadoramente *adv* De manera conciliadora.

conciliante *adj* Conciliador.

conciliar[1] (*conjug* 1a) *tr* **1** Poner en armonía o de acuerdo [a dos o más perss. o cosas (*cd*), o una(s) (*cd*) con otra(s)]. **b)** Hacer compatibles [dos o más cosas, o una(s) con otra(s)]. ■ **2 ~ el sueño** → SUEÑO.

conciliar[2] *adj* **1** De(l) concilio. *Tb n, referido a pers.* ■ **2** [Padre] **~,** [seminario] **~** → PADRE, SEMINARIO.

conciliarismo *m* (*Rel catól*) Doctrina que afirma la superioridad del concilio ecuménico sobre el papa.

conciliatorio -ria *adj* [Cosa] que tiene por finalidad conciliar[1] [1] voluntades o criterios.

concilio *m* **1** (*Rel catól*) Asamblea de prelados para tratar cuestiones importantes relativas a la Iglesia. *Frec con los adjs* ECUMÉNICO *o* GENERAL, NACIONAL *y* PROVINCIAL. ■ **2** (*lit o humoríst*) Congregación o reunión.

concisamente *adv* De manera concisa.

concisión *f* Cualidad de conciso.

conciso -sa *adj* **1** [Pers.] que se expresa con pocas palabras. **b)** [Expresión] que tiene pocas palabras, o que no tiene más que las necesarias. **c)** Propio de la pers. o la expresión concisa. ■ **2** (*raro*) Breve o de poca extensión.

concitador -ra *adj* Que concita. *Tb n, referido a pers.*

concitar *tr* **1** Provocar o suscitar. ■ **2** Reunir o congregar. *Referido a pers, frec el cd es refl.* **b)** *pr* (~se) Reunirse o congregarse.

conciudadano -na *m y f* **1** Pers. de la misma ciudad [que otra (*compl de posesión*)]. *A veces el compl se omite, por consabido.* ■ **2** Compatriota.

cónclave (*tb, raro,* **conclave**) *m* **1** (*Rel catól*) Asamblea de los cardenales reunida para elegir papa. **b)** Conjunto de los cardenales reunidos en cónclave. ■ **2** (*col*) Reunión de varias perss. para tratar un asunto. **b)** Conjunto de perss. que asisten a un acto.

conclavista *m* (*Rel catól*) Familiar o acompañante del cardenal que asiste al cónclave [1a].

concluir (*conjug 48*) **A** *intr* **1** Acabar, o llegar [algo] a su fin. *Tb pr* (~se). **b) se ha concluido.** *Fórmula con que se da por acabada imperativamente una discusión.* ■ **2** Desembocar [un hecho (*suj*)] en otro (*compl* EN *o* CON)]. ■ **3** Pasar en último lugar [por una determinada acción o circunstancia (POR + *infin o n de acción, o ger*)]. ■ **4** Llegar al final [de una acción (DE + *infin*)]. *Frec el compl se omite, por consabido.*

B *tr* **5** Hacer que [algo (*cd*)] quede completamente hecho. ■ **6** Llegar [a un acuerdo (*cd*)] como resultado final de una negociación. ■ **7** Llegar [a una idea o una afirmación (*cd*)] como resultado de un razonamiento. *Tb abs.*

conclusión **I** *f* **1** Acción de concluir [1, 5, 6 y 7]. ■ **2** Idea o afirmación que se concluye [7]. **b)** (*Der*) Afirmación de las expuestas en el escrito de calificación penal. ■ **3** (*hist*) Proposición defendida en una universidad. *Gralm en pl.*

II *loc adv* **4 en ~.** En resumen o como conclusión [2a].

conclusivo -va *adj* Que concluye [5, 6 y 7].

concluso -sa *adj* (*lit*) Concluido [5] o terminado.

concluyente *adj* **1** Que concluye [7]. ■ **2** [Cosa, esp. prueba] que no admite duda o contradicción.

concluyentemente *adv* De manera concluyente [2].

concoideo -a *adj* **1** (*lit*) Parecido a la concha. ■ **2** (*Miner*) [Fractura] en forma de concha.

concomer *tr* (*raro*) Causar [algo] comezón o inquietud [a alguien (*cd*)].

concomio *m* (*raro*) Comezón o inquietud.

concomitancia *f* **1** Condición de concomitante. ■ **2** Hecho o aspecto concomitante. ■ **3** Relación o conexión.

concomitante *adj* [Cosa] que se presenta y actúa conjuntamente [con otra]. *Tb sin compl, referido a un n en pl.*

concomitantemente *adv* De manera concomitante.

concordador -ra *adj* Que concuerda [4]. *Tb n, referido a pers.*

concordancia *f* **1** Correspondencia o armonía [entre dos cosas (*compl* ENTRE *o* DE), o de una con otra]. ■ **2** Aspecto en que concuerdan [1] dos o más perss. o cosas. ■ **3** Texto concordante [2]. ■ **4** (*Gram*) Variación morfológica determinada en una palabra por otra. ■ **5** *En pl:* Índice alfabético de las palabras de un texto, con indicación de los pasajes en que se encuentran.

concordante *adj* **1** Que tiene concordancia [1 y 4]. ■ **2** [Texto] que presenta analogía o conformidad con el texto en cuestión. *Esp en derecho. Tb n m.* ■ **3** (*Geol*) [Estratificación] en que todas las capas son paralelas.

concordar (*conjug 4*) **A** *intr* **1** Estar de acuerdo o en armonía [dos o más perss. o cosas, o una(s) con otra(s)]. *Tb sin compl, por consabido. A veces con un compl* EN. **b)** Coincidir [dos cosas, o una con otra]. ■ **2** Ponerse de acuerdo [sobre algo]. **b)** Firmar un concordato. ■ **3** (*Gram*) Tener concordancia [4] [un elemento con otro, o dos elementos entre sí]. *A veces con un compl* EN.

B *tr* **4** Armonizar o poner de acuerdo [a dos o más perss. o cosas, o a una(s) con otra(s)]. ■ **5** Acordar o convenir [algo]. **b)** Convenir [algo] en un concordato. ■ **6** (*Gram*) Hacer que tengan concordancia [4] [dos elementos entre sí (*cd*), o uno con otro]. *A veces con un compl* EN.

concordatariamente *adv* **1** De manera concordataria. ■ **2** En el aspecto concordatario.

concordatario -ria *adj* Del concordato. **b)** Establecido por el concordato.

concordato *m* Tratado sobre asuntos eclesiásticos entre un Estado y la Santa Sede.

concorde *adj* Que está de acuerdo. *Con compl* CON, *o sin compl, referido a n en pl.*

concordemente *adv* De manera concorde.

concordia *f* **1** Acuerdo o armonía, esp. entre perss. o grupos divergentes. ■ **2** Acuerdo legalmente autorizado, que contiene lo convenido entre dos o más partes.

concorvado -da *adj* (*raro*) Corcovado.

concreción *f* **1** Acción de concretar(se). *Tb su efecto.* **b)** Masa sólida resultante de una solidificación o de una acumulación de partículas. ■ **2** Condición de concreto [1 y 2].

concrecionarse *intr pr* Formar concreción [1b].

concretamente *adv* De manera concreta [2].

concretar **A** *tr* **1** Determinar [algo] de modo concreto [2]. *Tb abs.* ■ **2** Hacer concreto o más concreto [1 y esp. esp. 2a] [algo]. **b)** *pr* (~se) Hacerse concreto o más concreto.

B *intr pr* (~se) **3** Referirse [a algo] de un modo concreto [2]. ■ **4** Solidificarse [algo].

concretización *f* Acción de concretizarse.

concretizar *tr* Concretar [2]. *Tb pr* (~se).

concreto -ta **I** *adj* **1** [Ser, esp. cosa] que tiene existencia real y física. *Se opone a* ABSTRACTO. **b)** Propio de los seres o cosas concretos. ■ **2** [Pers. o cosa] individualizada o diferenciada con respecto a las restantes de su especie. **b)** Conocido o manifestado con exactitud, sin oscilaciones ni aproximaciones. ■ **3** (*Gram*) [Nombre] que designa un ser concreto [1a]. ■ **4** (*Mat*) [Número] que expresa cantidad de una especie determinada. ■ **5** (*Mús*) [Música] producida por medio de la manipulación de un sonido o un ruido con ayuda de aparatos eléctricos.

II *loc adv* **6 en ~.** De manera concreta [1 y esp. 2]. **b)** En definitiva o en conclusión.

concubinato *m* Vida marital de un hombre y una mujer sin mediar matrimonio.

concubino -na *m* (*raro*) *y f* Pers. que vive en concubinato [con otra (*compl de posesión*)].

concúbito *m* (*lit*) Coito.

conculcación *f* (*lit*) Acción de conculcar.

conculcador -ra *adj* (*lit*) Que conculca. *Tb n, referido a pers.*

conculcar *tr* (*lit*) Quebrantar [una ley, una obligación o un principio].

concuñado -da *m y f* Cónyuge del hermano o hermana del cónyuge [de una pers. (*compl de posesión*)], o hermano o hermana del cónyuge del hermano o hermana [de una pers. (*compl de posesión*)].

concupiscencia *f* (*lit*) **1** Deseo de placer sexual. ■ **2** Deseo de bienes materiales.

concupiscente *adj* (*lit*) Que tiene concupiscencia.

concupiscible *adj* (*Psicol*) [Cosa] que tiende al bien sensible.

concurrencia *f* **1** Acción de concurrir. **b)** Hecho de coincidir en el espacio o en el tiempo dos o más perss. o cosas. ■ **2** Conjunto de perss. que asisten a un acto o reunión. ■ **3** Competencia o rivalidad. *Esp en economía.*

concurrencial *adj* De (la) concurrencia [3].

concurrente *adj* **1** Que concurre. *Tb n, referido a pers.* ■ **2** Que está en concurrencia [3].

concurrido -da *adj* **1** *part* → CONCURRIR. ■ **2** [Lugar o acto] al que concurre [1] gente.

concurrir *intr* **1** Acudir [a un lugar o un acto en que se reúnen varias perss.]. *Tb sin compl, por consabido. Tb fig.* ■ **2** Ir a parar [varias perss. o cosas a un mismo lugar (*compl* EN)]. ■ **3** Encontrarse [en una pers. o cosa varias cualidades o circunstancias]. ■ **4** Influir conjuntamente [en un hecho (*compl* EN o A, o *infin* o *prop con* A)]. ■ **5** Presentarse [a un concurso o certamen].

concursal *adj* De(l) concurso [1b y c y 5].

concursante *adj* Que concursa [1]. *Tb n, referido a pers.*

concursar A *intr* **1** Presentarse a un concurso [1]. *A veces con un compl* A *o* EN.

B *tr* **2** (*Der*) Declarar legalmente el estado de insolvencia [de un deudor (*cd*) que tiene varios acreedores]. *Frec en part sustantivado.* ■ **3** (*admin*) Convocar concurso [1b] [para algo (*cd*)].

concursillo *m* (*admin*) Concurso [1c] restringido.

concurso *m* **1** Competición entre varias perss. para obtener un premio. *Frec el programa de radio o televisión basado en este hecho.* **b)** (*admin*) Procedimiento para adjudicar una contrata, en el cual se acepta la oferta que presente condiciones más favorables. **c)** (*admin*) Procedimiento para cubrir un empleo, en el cual es seleccionada entre los aspirantes la persona que presente más méritos u ofrezca mejores condiciones. **d)** **~-oposición.** Procedimiento para cubrir un empleo, en que se combinan el concurso y la oposición. ■ **2** Conjunto de perss. reunidas. ■ **3** Acción de concurrir [2]. ■ **4** Cooperación. ■ **5** **~ de acreedores.** (*Der*) Juicio para la aplicación de los haberes de un deudor no comerciante al pago de sus acreedores. *Tb, simplemente, ~.*

concusión *f* **1** (*Der*) Exacción hecha por un funcionario público en provecho propio. ■ **2** (*E*) Sacudida violenta.

concusionario -ria *adj* (*Der*) [Pers.] que comete concusión [1]. *Tb n.*

condado *m* **1** Título de conde. ■ **2** Territorio históricamente vinculado a un título de conde [1] o sometido a la autoridad de un conde [2]. ■ **3** *En algunos países anglosajones:* Cierta circunscripción administrativa.

condal *adj* De(l) conde o de(l) condado.

conde -sa A *m y f* **1** Pers. con título de nobleza inmediatamente inferior al de marqués.

B *m* **2** (*hist*) *En la Edad Media:* Pers. que gobierna, de manera delegada o independiente, cierta demarcación territorial, que en ocasiones es un distrito administrativo y otras un auténtico estado. ■ **3** Marido de la condesa [1].

C *f* **4** Mujer del conde [1 y 2].

condecir (*conjug* 55) *intr* (*raro*) Armonizar o estar en consonancia [una cosa con otra].

condecoración *f* Insignia de una orden honorífica.

condecorar *tr* Conceder o imponer una condecoración [a alguien (*cd*)].

condena *f* Acción de condenar [1 y 2]. **b)** Pena impuesta por un juez o un tribunal. *Tb fig.*

condenable *adj* **1** Que merece ser condenado (→ CONDENAR [2]). ■ **2** Que puede ser condenado (→ CONDENAR [1]).

condenación *f* **1** Acción de condenar [2]. ■ **2** (*Rel catól*) Hecho de condenarse [4]. **b)** Castigo del infierno. *Frec ~ ETERNA.* ■ **3** (*col*) Causa continua de irritación o fastidio.

condenado -da I *adj* **1** *part* → CONDENAR. ■ **2** (*col*) Maldito o endiablado. *Referido a pers, gralm con intención afectuosa.*

II *loc adv* **3 como un ~,** o **como ~s.** (*col*) Terriblemente. *Referido a perss o animales.*

condenador -ra *adj* Que condena [2]. *Tb n, referido a pers.*

condenar A *tr* **1** Decidir [un juez o tribunal] que [alguien (*cd*)] reciba un castigo. *Frec el castigo se especifica mediante un compl* A. *Tb fig.* **b)** (*Rel catól*) Castigar con la pena del infierno. **c)** (*Taur*) Decidir [el presidente de la corrida] que se le pongan [al toro (*cd*) banderillas negras (*compl* A)]. ■ **2** Censurar, o rechazar moralmente [a alguien o algo]. *Tb abs.* ■ **3** Tapiar o cerrar permanentemente, [una ventana o una puerta].

B *intr pr* (**~se**) **4** (*Rel catól*) Ir al infierno.

condenatorio -ria *adj* Que condena o sirve para condenar [1 y esp. 2].

condensable *adj* Que puede condensarse, *esp* [1 y 2].

condensación – condolerse

condensación *f* Acción de condensar(se). *Tb su efecto.*

condensado -da *adj* **1** *part* → CONDENSAR. ■ **2** [Leche] que ha sido condensada (→ CONDENSAR [2a]) y a la que se ha añadido azúcar para su conservación. *Tb n f.*

condensador -ra **I** *adj* **1** Que condensa. **b)** (*Ópt*) [Lente] que concentra los rayos sobre un objeto. **II** *m* **2** (*Electr*) Sistema de dos conductores separados por una lámina aislante, que sirven para almacenar cargas eléctricas. *Tb* ~ ELÉCTRICO. ■ **3** (*Ópt*) Lente condensadora [1b].

condensar *tr* **1** Convertir [un vapor] en líquido o sólido. **b)** *pr* (~**se**) Convertirse [un vapor] en líquido o sólido. ■ **2** Concentrar [una disolución] haciendo[la] más o menos espesa o sólida. **b)** *pr* (~**se**) Concentrarse [una disolución] haciéndose más o menos espesa o sólida. ■ **3** Concentrar [elementos dispersos]. ■ **4** Resumir o sintetizar.

condesado *m* (*raro*) Condado (título).

condescendencia *f* Actitud condescendiente [1b].

condescender (*conjug* 14) *intr* **1** Acomodarse, por amabilidad, [a los deseos de otro]. *Tb sin compl.* ■ **2** Rebajarse [a algo (A + *infin*)].

condescendiente *adj* **1** [Pers.] que condesciende. *Frec con un compl* CON. *Tb fig.* **b)** Propio de la pers. condescendiente. ■ **2** [Norma] tolerante o poco estricta.

condescendientemente *adv* De manera condescendiente [1b].

condestable *m* (*hist*) **1** *En la Edad Media:* Jefe supremo del ejército real. ■ **2** *En la Marina de guerra:* Suboficial artillero.

condición **I** *f* **1** Hecho cuyo cumplimiento es necesario para que se verifique otro. **b)** Acuerdo de los que se establecen en un pacto o contrato. **c)** (*Filos*) Prótasis. ■ **2** Hecho de ser [algo (*compl* DE)]. **b)** Naturaleza (conjunto de caracteres que constituyen la esencia de un ser). **c)** Índole (manera natural de ser). *Gralm con un adj calificativo.* ■ **3** Categoría social. *Tb* ~ SOCIAL. ■ **4** *En pl:* Cualidades (elementos perceptibles y no medibles, en la naturaleza de alguien o algo, que hacen que sea lo que es y como es). *Frec con un compl* PARA. ■ **5** *En pl:* Circunstancias (hechos o situaciones que acompañan a la pers., cosa o momento de que se habla). **b)** Estado (manera de estar). *Frec con los adjs* BUENAS *o* MALAS. **II** *loc adj* **6 en ~es.** Que tiene las condiciones [4] adecuadas. **III** *loc adv* **7 en ~es.** En las circunstancias o el estado adecuados [para algo (*compl* DE *o* PARA)]. *Tb sin compl, por consabido. Tb adj.* ■ **8 sin ~es.** Sin poner ninguna condición [1b]. *Tb adj. Normalmente con* RENDIRSE *o* RENDICIÓN. **IV** *loc prep* **9 a ~ de.** Si se cumple la condición [1a] de. *Seguido de prop* QUE + *subj, o de prop de infin.*

condicionable *adj* Que puede condicionarse [1].

condicionado¹ -da **I** *adj* **1** *part* → CONDICIONAR. ■ **3** [Acto, esp. reflejo] que se produce por asociación con un hecho exterior que no tiene relación inmediata con él. **II** *m* **4** (*Filos*) Apódosis.

condicionado² *m* Conjunto de condiciones [1] establecidas para algo.

condicionador -ra *adj* Que condiciona. *Tb n m, referido a elemento.*

condicional *adj* **1** [Cosa] sometida a una o varias condiciones [1a y b]. **b)** (*Der*) [Libertad] que se concede al penado antes de llegar al cumplimiento de su condena, por buena conducta y con la condición de que la siga observando. ■ **2** (*Gram*) [Proposición] en que se expone un hecho como condición [1a] para que se realice el hecho expresado por la oración. *Tb n f.* **b)** Propio de la proposición condicional. **c)** [Oración o período] que tiene proposición condicional. **d)** [Conjunción] que introduce una proposición condicional. *Tb n m.* ■ **3** (*Gram*) [Tiempo] potencial. *Tb n m.*

condicionalidad *f* Cualidad de condicional [1].

condicionalmente *adv* De manera condicional [1a].

condicionamiento *m* Acción de condicionar, esp [2 y 3]. *Tb su efecto. Frec en pl.*

condicionante *adj* [Cosa] que condiciona [2 y 3]. *Tb n: m, referido a factor; (raro) f, referido a circunstancia.*

condicionar *tr* **1** Hacer depender [algo (*cd*) de una o varias condiciones [1] (*compl* A). *A veces se omite el 2º compl.* ■ **2** Determinar [una cosa] la existencia o las condiciones [4] [de otra (*cd*)]. ■ **3** Determinar [alguien o algo] la actuación [de una pers. (*cd*)]. *Tb abs.* **b)** Limitar [algo] la libertad de actuación [de alguien (*cd*)]. *Tb abs.*

condignamente *adv* (*lit*) De manera condigna [1].

condigno -na *adj* **1** (*lit*) [Cosa] correspondiente o consiguiente. ■ **2 de ~.** (*Rel catól*) [Mérito] obtenido en virtud de las buenas obras realizadas por el que está en gracia de Dios. *Tb adv.*

cóndilo *m* (*Anat*) Parte saliente y redondeada de un hueso, que forma articulación encajando en el hueco correspondiente de otro.

condiloma *m* (*Med*) Excrecencia en forma de verruga, que se produce cerca del ano, de la vulva o del pene.

condimentación *f* Acción de condimentar. *Tb su efecto.*

condimentar *tr* Aderezar [la comida] con condimentos.

condimento *m* Sustancia o conjunto de sustancias que se añaden a la comida para hacerla más agradable al paladar.

condiscípulo -la *m y f* Discípulo del mismo maestro o de los mismos maestros [que otro (*compl de posesión*)].

conditio sine qua non (*lat; pronunc* /kondítio-sine-kua-nón/) *loc n f* Condición imprescindible.

condolencia *f* (*lit*) Manifestación de dolor por una desgracia ajena, esp. por la muerte de un ser querido, hecha a quien padece tal desgracia. *Frec en pl. A veces con un compl* POR.

condolerse (*conjug* 18) *intr pr* **1** Manifestar condolencia [por alguien o algo (*compl* DE *o* POR)]. *Tb sin compl.* ■ **2** Compadecerse o sentir lástima [de alguien o algo (*compl* DE *o* POR)]. *Tb sin compl.*

condolido -da *adj* **1** *part* → CONDOLERSE. ■ **2** [Cosa] que denota o implica condolencia.

condominio *m* (*Der*) Dominio que dos o más personas ejercen en común sobre una cosa.

condómino -na *adj* (*Der*) Condueño (pers. que participa en un condominio).

condón *m* Preservativo.

condonación *f* (*Der*) Acción de condonar.

condonar *tr* (*Der*) Perdonar [una pena, esp. de muerte, o una deuda].

cóndor *m* Ave rapaz americana semejante al buitre y propia de los Andes (*Vultur gryphus*). Con un *adj o compl especificador, designa otras especies:* ~ DE CALIFORNIA (*Gymnogyps californianus*), ~ REAL (*Sarcorhamphus papa*).

condotiero *m* (*hist*) En la época del Renacimiento: General o jefe italiano de soldados mercenarios.

condottiero (*it; pronunc corriente,* /kondotiéro/; *pl normal,* CONDOTTIERI) *m* (*hist*) Condotiero.

condrila *f* Achicoria dulce (planta).

condrina *f* (*Biol*) Sustancia intercelular del tejido cartilaginoso.

condrioconte *m* (*Biol*) Filamento, en forma de bastoncito, del citoplasma celular.

condrioma *m* (*Biol*) Conjunto de corpúsculos del citoplasma celular.

condriomito *m* (*Biol*) Filamento de aspecto arrosariado del citoplasma celular.

condriosoma *m* (*Biol*) Corpúsculo del condrioma.

condroblasto *m* (*Biol*) Célula cartilaginosa.

condroma *m* (*Med*) Tumor de tejido cartilaginoso.

condromucina *f* (*Biol*) Condrina.

condrostoma *m* (*Zool*) Pez de agua dulce de la familia del ciprino (gén. *Chondrostoma*).

conducator (*rum; pronunc corriente,* /konduká-tor/) *m* Dictador rumano. *Tb fig, referido a otros países.*

conducción *f* **1** Acción de conducir [1 a 4]. **b)** Traslado de un difunto al cementerio. *Frec* ~ DEL CADÁVER. **c)** Traslado de un detenido, de una población a otra, por la Guardia Civil. ■ **2** Instalación para conducir [4] un fluido. ■ **3** (*reg*) Iguala (convenio entre una pers. y un médico u otro profesional).

conducente *adj* [Cosa] que conduce [1c y d] [a algo].

conducido -da *adj* **1** *part* → CONDUCIR. ■ **2** (*reg*) Pers. que tiene una conducción o iguala.

conducir (*conjug* 41) **A** *tr* **1** Llevar [a alguien] por el camino que debe seguir [o por el que se expresa]. *Frec con un compl* A, HACIA *o* HASTA. *Tb fig.* **b)** Llevar [a alguien o algo (*cd*) a un lugar (*compl* A, HASTA *o* HACIA)]. *Tb sin compl adv. Tb fig.* **c)** Llevar [a alguien o algo (*cd*) a un estado, situación o actuación determinados]. *Tb abs.* **d)** Servir [algo, esp. un camino, cauce o vía] para que [alguien o algo (*cd*)] siga la dirección adecuada [o la que se expresa (*compl* A, HACIA *o* HASTA)]. ■ **2** Dirigir [a un grupo de perss. que actúan, o la actuación de esas perss.]. **b)** Presentar [un programa de radio o televisión]. ■ **3** Manejar [un vehículo] haciendo que marche. *Frec abs, esp referido a automóvil.* ■ **4** (*Fís*) Propagar o transmitir.

B *intr pr* (~**se**) **5** Portarse o comportarse [de un modo determinado (*compl adv*)].

conducta *f* **1** Manera de actuar o de comportarse una pers. con relación a los demás. **b)** (*Psicol*) Aspecto observable externamente del comportamiento de una pers. ■ **2** (*Biol*) Modo que tiene un organismo de realizar sus funciones vitales y de responder a un estímulo. ■ **3** (*reg*) Conducción o dirección.

conductancia *f* (*Electr*) Facilidad que presenta un conductor al paso de la corriente. *Se opone a* RESISTENCIA.

conductibilidad *f* **1** (*Fís*) Conductividad. ■ **2** (*Biol*) Capacidad para conducir estímulos.

conductímetro *m* (*Electr*) Aparato para medir la conductividad.

conductismo *m* (*Psicol*) Doctrina que sostiene como único método válido en psicología el estudio de los aspectos observables objetivamente en la conducta humana.

conductista *adj* (*Psicol*) Del conductismo. **b)** Partidario o adepto del conductismo. *Tb n.*

conductividad *f* (*Fís*) Propiedad de conducir [4], esp. el calor o la electricidad.

conductivo -va *adj* (*Fís*) De (la) conducción [1].

conducto *m* **1** Tubo o elemento similar dispuesto para la circulación de un fluido. ■ **2** Camino o vía por los que algo llega o debe llegar a su destino. *Frec en la constr* POR ~ [de alguien o algo (*compl de posesión*)].

conductor -ra **I** *adj* **1** Que conduce [1, 2 y 4]. *Tb n: m y f, referido a pers; m, referido a cable o cordón eléctrico.*
II *m y f* **2** Pers. que conduce [3].

conductual *adj* (*Psicol*) De la conducta [1b].

condueño -ña *m y f* Dueño juntamente con otras perss.

conduerma *f* (*raro*) Modorra o adormecimiento.

condumio *m* (*col*) **1** Guiso o comida. ■ **2** Comida (hecho de comer).

conectable *adj* Que puede ser conectado [1 y 2].

conectador -ra *adj* Que conecta [1 y esp. 2]. *Tb ń m, referido a dispositivo.*

conectar **A** *tr* **1** Unir o juntar por sus extremos [dos cosas, o una con otra o a otra] de modo que formen una sola o queden en contacto. *A veces se omite el 2º compl, por consabido.* **b)** Unir o poner en comunicación [dos lugares, o uno con otro]. **c)** Unir o poner en relación [dos perss. o cosas, o una con otra]. ■ **2** Poner [algo o a alguien] en contacto [con una red o sistema de alimentación]. *Referido a red eléctrica, el compl adv se suele omitir por consabido.* ■ **3** (*Boxeo*) Dar [un golpe] con acierto.
B *intr* **4** Establecer relación [con alguien o algo]. *Tb pr* (~**se**). **b)** Llegar [alguien] a una comunicación de ideas o sentimientos [con otra pers. o con una colectividad]. *Tb sin compl* CON, *con suj pl.*

conectividad *f* **1** (*E*) Cualidad de conectivo. ■ **2** (*Informát*) Capacidad de conexión entre sistemas.

conectivo -va **I** *adj* **1** (*E*) Que sirve para conectar [1]. *Tb n m, referido a elemento biológico.*
II *f* **2** (*Filos y Ling*) Conector [2 y 3].

conector -ra **I** *adj* **1** (*E*) Que conecta o sirve para conectar [1 y 2]. *Frec n m, referido a utensilio o elemento.*

II *f* **2** (*Filos*) Elemento lógico de conexión. ■ **3** (*Ling*) Palabra o grupo de palabras cuya función es enlazar unidades lingüísticas.

conejar *m* Lugar destinado a la cría de conejos [1a].

conejear *intr* (*reg*) Cazar conejos [1a].

conejero -ra I *adj* **1** Que sirve para cazar conejos [1a]. ■ **2** [Zona] abundante en conejos [1a]. II *f* **3** Lugar, frec. jaula, destinado a la cría de conejos [1a]. ■ **4** Madriguera de conejos [1a]. *Frec se usa para designar otros túneles o galerías semejantes.*

conejil *adj* De conejo [1a].

conejillo *m* **1** *dim* → CONEJO. ■ **2** Conejito [2]. *Tb* ~s.

conejito *m* **1** *dim* → CONEJO. ■ **2** Dragón (planta, *Antirrhinum majus*). *Tb* ~s. *A veces designa otras especies.*

conejo -ja I *n* A *m* **1** *Se da este n a diversas especies de mamíferos roedores de largas orejas, pelo suave y hocico redondeado, criadas frec en cautividad por su carne y por su piel, y d las cuales la especie salvaje* (Oryctolagus cuniculus) *se caracteriza por ser muy prolífica y por excavar largas galerías en el subsuelo. Tb designa solo el macho de cada especie.* **b)** *A veces se usa en constrs de sent comparativo para ponderar la velocidad con que alguien corre, frec a causa del miedo.* ■ **2** ~ (o **conejillo**) **de Indias**. Mamífero roedor de 20 a 30 cm de longitud, de cuerpo macizo, cabeza pequeña y puntiaguda y pelo corto, el cual es utilizado frec. para experimentos de patología y biología (*Cavia cobaya*). **b)** Pers. sobre la que se realizan experimentos médicos o biológicos. *Frec fig.* ■ **3** Piel de conejo [1a]. ■ **4** (*vulg*) Órgano sexual femenino.
B *f* **5** Hembra del conejo [1a]. ■ **6** (*col*) Mujer que pare con mucha frecuencia.
II *loc adj* **7 de ~**. (*col*) [Risa] forzada o poco franca.

conera *f* (*Tex*) Bobinadora (máquina).

conexión *f* **1** Acción de conectar. *Tb su efecto.* ■ **2** Dispositivo para conectar [2]. ■ **3** Pers. o conjunto de perss. mediante las cuales se establece una relación, esp. en una red de delincuencia.

conexionado -da *adj* **1** *part* → CONEXIONAR. ■ **2** Que tiene conexión [1] o relación.

conexionador -ra *adj* Que conexiona. *Frec n, referido a pers.*

conexionar *tr* Poner en conexión [1] [dos o más cosas entre sí, o una(s) con otra(s) (*compl* CON o A)].

conexo -xa *adj* Conectado o relacionado.

confabulación *f* Acción de confabularse. *Tb su efecto.*

confabulador -ra *m y f* (*raro*) Pers. que se confabula.

confabularse *intr pr* Ponerse de acuerdo [dos o más perss, o una(s) con otra(s) para algo o contra alguien]. *Frec fig, referido a cosas. A veces se omiten los compls, por consabidos.*

confalón *m* (*lit*) Estandarte o bandera. *Tb fig.*

confección I *f* **1** Acción de confeccionar. *Tb su efecto.* **b)** *Esp*: Acción de confeccionar prendas de vestir. *Tb su efecto.* ■ **2** *En un libro o periódico*: Realización de la maqueta. ■ **3** Prendas de confec-

ción [4]. *Frec en pl.* **b)** *En pl*: Tienda o taller de confección [4b].
II *loc adj* **4 de ~**. [Prenda de vestir] que se vende hecha y normalmente fabricada en serie. **b)** [Tienda o taller] de prendas de confección.

confeccionable *adj* Que puede confeccionarse.

confeccionador -ra I *adj* **1** Que confecciona. *Tb n: m y f, referido a pers; f, referido a máquina.*
II *m y f* **2** *En un libro o periódico*: Realizador de la maqueta.

confeccionar *tr* Hacer o fabricar [una cosa, esp. material y constituida por varias partes].

confeccionista *adj* Que se dedica a la fabricación o al comercio de prendas de confección [4]. *Frec n, referido a pers.*

confederación *f* Agrupación de perss., colectividades, organismos o estados para la defensa de intereses comunes. *Frec en denominaciones.*

confederado -da *adj* **1** *part* → CONFEDERARSE. ■ **2** Que forma parte una confederación. *Tb n, referido a pers.*

confederal *adj* **1** De (la) confederación. ■ **2** Que tiene carácter de confederación.

confederarse *intr pr* Unirse en confederación.

confederativo -va *adj* De (la) confederación.

conferencia *f* **1** Exposición oral en público de carácter didáctico. **b)** ~-**coloquio**. Conferencia seguida de un coloquio. ■ **2** Comunicación telefónica de una ciudad a otra. ■ **3** Reunión de varias perss. para tratar asuntos de cierta importancia, normalmente de carácter político o científico. **b)** ~ **episcopal**. Asamblea de los obispos, que se reúne periódicamente para tratar los asuntos eclesiásticos [de un país]. ■ **4** ~ **de prensa**. Reunión de una pers. con los representantes de los medios de comunicación para hacer declaraciones y a veces someterse a sus preguntas.

conferenciante I *adj* **1** Que participa en una conferencia [3].
II *m y f* **2** Pers. que da una conferencia [1].

conferenciar (*conjug* 1a) *intr* **1** Tener una conferencia [3a] [dos o más perss., o una(s) con otra(s), sobre algo]. *Tb sin compls.* ■ **2** Dar una conferencia [1] [sobre algo].

conferir (*conjug* 60) *tr* Dar o conceder [a una pers. o cosa algo no material, esp. una cualidad o una dignidad].

confesable *adj* [Cosa] que puede ser confesada (→ CONFESAR [1a y 2]).

confesadamente *adv* **1** De manera confesada o reconocida. ■ **2** Según propia confesión [1].

confesado -da *adj* **1** *part* → CONFESAR. ■ **2** *Acompañando a un adj o n*: Que se reconoce como tal.

confesante *adj* Que confiesa, *esp* [5]. *Tb n, referido a pers.*

confesar (*conjug* 6) A *tr* **1** Declarar o manifestar [algo que se mantenía secreto]. *Frec con ci de pers.* **b)** (*Rel catól*) Declarar [un pecado] en el sacramento de la penitencia. ■ **2** Reconocer [un hecho propio afirmado o conocido por otros]. **b)** Reconocer [alguien una falta de que se le acusa]. *Tb abs.* ■ **3** Proclamar la adhesión [a una religión] o a una divinidad (*cd*)]. ■ **4** (*Rel catól*) Escuchar [un sacerdote a alguien] en el sacramento de la penitencia. *Tb abs.*

B *intr* ➤ **a** *normal* **5** (*Rel catól*) Manifestar [una pers.] sus pecados al sacerdote en el sacramento de la penitencia. *A veces con un compl* CON, *que designa el sacerdote. Tb pr* (**~se**). **b)** Manifestar [una pers.] ante otra(s) sus faltas.
➤ **b** *pr* (**~se**) **6** (*Rel catól*) Manifestar [una pers. determinados pecados (*compl* DE)] al sacerdote en el sacramento de la penitencia. ■ **7** Reconocer ser [lo que se expresa (*predicat*)]. ■ **8** Proclamar ser [lo que se expresa (*predicat*)].

confesión *f* **1** Acción de confesar(se). ■ **2** Cosa o conjunto de cosas que se confiesan o se han confesado [1 a 3]. *Tb el documento en que constan.* **b)** *En pl:* Autobiografía en que el autor dice no ocultar sus errores ni sus faltas. *Gralm en títulos de obras.* ■ **3** Creencia religiosa. *Tb fig, referido a otro tipo de creencias.* **b)** Conjunto de perss. que profesan una confesión. ■ **4** (*Rel catól*) Sacramento de la penitencia. ■ **5 ~ general.** (*Rel catól*) Oración del "Yo pecador", en que se manifiesta arrepentimiento por los pecados.

confesional *adj* **1** Perteneciente a una confesión [3] y que actúa de acuerdo con esa pertenencia. ■ **2** (*Rel catól*) De (la) confesión [4]. ■ **3** De (las) confesiones [2b].

confesionalidad *f* Condición de confesional [1].

confesionalismo *m* **1** Confesionalidad. ■ **2** Actitud propia de la pers. o colectividad confesional [1].

confesionalmente *adv* En lo referente a la confesión [3].

confesionario *m* **1** Confesonario. ■ **2** Tratado sobre la confesión [4].

confeso -sa *adj* **1** Que ha confesado [2b] su delito o falta. ■ **2** (*lit*) Confesado o declarado.

confesonario *m* Mueble de iglesia en cuyo interior se coloca el sacerdote para confesar [4].

confesor *m* **1** Sacerdote que confiesa [4]. **b)** Sacerdote que confiesa habitualmente [a una pers. (*compl de posesión*)]. ■ **2** (*Rel crist*) Cristiano que, sin ser mártir, ha muerto en santidad confesando [3] su fe.

confeti *m* **1** Conjunto de trozos menudos y redondos de papel de color que se arrojan unas personas a otras en los carnavales y en otros festejos. ■ **2** Trozo de papel de los que constituyen el confeti [1].

confetti (*it; pronunc corriente,* /konféti/) *m* Confeti [1].

confiable *adj* Que se puede confiar [6].

confiadamente *adv* De manera confiada.

confiado -da *adj* **1** *part* → CONFIAR. ■ **2** [Pers.] que tiene confianza [1]. **b)** Propenso a confiar [1, 2 y 3] en exceso. **c)** Propio de la pers. confiada [2a y b].

confianza **I** *f* **1** Acción de confiar [1, 2 y 3]. **b)** Sentimiento derivado del hecho de confiar. *Cuando el objeto de ese sentimiento es alguien o algo determinado, suele expresarse con un compl* EN. **c)** Sentimiento de seguridad. ■ **2** Familiaridad o falta de cohibición. **b)** *En pl:* Hechos o dichos que denotan familiaridad, gralm. excesiva. *Normalmente en las constrs* DAR, *o* TOMARSE, ~S. *A veces en sg en constr neg.* ■ **3** (*Der*) Encargo confidencial que

se hace a un heredero para que dé un determinado destino a la herencia.

II *loc adj* **4** de ~. [Pers. o cosa] en la que se puede confiar [1]. **b)** [Pers.] que es la más inmediata colaboradora de otra y en la que esta descansa gran parte de sus problemas. **c)** (*Taur*) [Peón] en que el matador deposita su confianza [1], esp. por su experiencia en el oficio. **d)** (*Pol*) [Voto] de aprobación que una asamblea da a los dirigentes, o de autorización para que obren libremente en un asunto. *Tb fig. Tb referido a votación.* ■ **5** de ~. [Pers.] con la que se tiene un trato familiar o sin cumplidos. **b)** De perss. de confianza. ■ **6** de ~. (*Der*) [Heredero] fiduciario.

III *loc adv* **7** en ~. Sin ceremonias o cumplidos. *Tb adj.* ■ **8** en ~. Entre personas de confianza [5a]. ■ **9** en ~. De manera reservada.

confianzudamente *adv* De manera confianzuda.

confianzudo -da *adj* [Pers.] que gusta, en el trato, de una familiaridad superior a la normal. *A veces dicho con intención peyorativa.* **b)** Propio de la pers. confianzuda.

confiar (*conjug* **1c**) **A** *intr* ➤ **a** *normal* **1** Estar convencido de la bondad o de la validez [de alguien o algo (*compl* EN)]. *A veces sin compl.* ■ **2** Tener [alguien] la esperanza de que [alguien o algo (*compl* EN)] le ayude o le favorezca. ■ **3** Tener la esperanza [de que se produzca un hecho (*compl* EN)]. *A veces sin compl.*
➤ **b** *pr* (**~se**) **4** Comunicar [una pers.] sus problemas [a otra (*compl* A)]. *Tb sin compl.* ■ **5** Dejar de lado toda precaución.

B *tr* **6** Encargar [a alguien (*ci*)] el cuidado o la atención [de una pers. o cosa (*cd*)]. *Tb fig.* **b)** Dar [algo a alguien en quien se confía [1]]. **c)** Comunicar [algo a alguien en quien se confía [1]]. **d)** Hacer o dejar [alguien] que [una cosa (*cd*)] dependa [de otra (*ci*)] sin poner nada de su parte. ■ **7** Tener la esperanza [de que se produzca un hecho (*cd*)].

confidencia *f* Manifestación reservada de algo secreto, esp. concerniente a uno mismo.

confidencial *adj* **1** Propio de la confidencia. **b)** Reservado o secreto. ■ **2** Que tiene carácter de confidencia.

confidencialidad *f* Cualidad de confidencial.

confidencialmente *adv* De manera confidencial [1].

confidenciar (*conjug* **1a**) (*raro*) **A** *tr* **1** Decir [algo] como confidencia.
B *intr* **2** Hacer confidencias.

confidente -ta (*la forma* CONFIDENTA *es rara; gralm se usa la forma* CONFIDENTE *tb para el f*) **I** *n* **A** *m y f* **1** Pers. a la que [otra (*compl de posesión*)] confía sus preocupaciones íntimas. *Tb sin compl.* ■ **2** Pers. que hace confidencias relativas a otras perss.
B *m* **3** Mueble constituido por dos o tres sillones unidos y dispuestos en forma de S, propio de la segunda mitad del s. XIX.
II *adj* **4** (*raro*) Confidencial [1].

configurable *adj* Que se puede configurar.

configuración *f* **1** Acción de configurar. *Tb su efecto.* ■ **2** Forma [de una cosa o, raramente, de una pers.] determinada por la disposición de sus partes. ■ **3** (*Informát*) Conjunto de unidades interconectadas que constituyen un sistema informático.

configurador -ra *adj* Que configura [1a]. **b)** Propio de la pers. o cosa que configura.

configurar *tr* **1** Dar figura o forma [a algo o, raramente, a alguien (*cd*)]. *Tb fig.* **b)** *pr* (**~se**) Tomar forma o figura. ■ **2** (*Informát*) Conectar [un elemento o el conjunto de elementos de un sistema informático] de manera que pueda funcionar del modo deseado.

confín *m* (*lit*) Límite o frontera. *Frec en pl. Tb fig.* **b) los ~es de la Tierra** (*u otro n equivalente*), o **los últimos ~es.** *Se emplea con intención enfática para designar lugares sumamente lejanos.*

confinamiento *m* **1** Acción de confinar [1 a 3]. *Tb su efecto.* ■ **2** (*Fís*) Hecho de concentrar un plasma muy caliente en la parte central de una cámara de vacío, para que pueda dar lugar a reacciones de fusión nuclear sin fundir las paredes.

confinante *adj* Que confina [4].

confinar A *tr* **1** Castigar [a alguien (*cd*)] obligándo[le] a permanecer [dentro de ciertos límites (*compl* EN o A)]. *Tb fig.* ■ **2** Encerrar dentro de ciertos límites. ■ **3** Viciar [el aire]. *Normalmente en part.* B *intr* **4** (*lit*) Limitar [un territorio o terreno (*suj*)] con otro]. *A veces referido a sus habitantes. Tb fig.*

confirmación *f* **1** Acción de confirmar(se). *Tb su efecto.* ■ **2** (*Rel catól*) Sacramento por el que se confirma [2a] la condición de cristiano adquirida en el bautismo.

confirmador -ra *adj* Que confirma.

confirmando -da *m y f* (*Rel catól*) Pers. que va a recibir el sacramento de la confirmación [2].

confirmar *tr* **1** Asegurar la veracidad [de algo (*cd*) dicho o intuido]. **b)** Comprobar la veracidad [de algo (*cd*)]. **c)** Servir [una cosa (*suj*)] como prueba de que [algo dicho o intuido (*cd*)] es cierto. **d)** *pr* (**~se**) Pasar a ser cierto [algo dicho o intuido con anterioridad]. ■ **2** Dar [a alguien (*cd*)] certeza de una suposición (*compl* EN)]. **b)** *pr* (**~se**) Adquirir certeza [acerca de una suposición (*compl* EN)]. ■ **3** Reiterar la validez [de algo ya establecido (*cd*)]. **b)** Dar validez definitiva [a algo provisional (*cd*)]. **c)** (*Taur*) Volver a tomar [la alternativa] en la plaza Monumental de Las Ventas, de Madrid. *Tb fig, fuera del ámbito taurino.* ■ **4** Renovar el mandato [de una pers. (*cd*) que ha ejercido un cargo]. *Frec en constr ~* [a alguien] EN SU CARGO. ■ **5** (*Rel catól*) Administrar el sacramento de la confirmación [2] [a alguien (*cd*)]. **b)** *pr* (**~se**) Recibir el sacramento de la confirmación.

confirmativo -va *adj* Confirmatorio.

confirmatorio -ria *adj* **1** [Cosa] que confirma [1c, 2a y 3a y b]. ■ **2** De (la) confirmación [1].

confiscación *f* Acción de confiscar.

confiscar *tr* Apoderarse [la autoridad competente de bienes (*cd*)] para poner[los] a disposición del fisco. *Tb fig.*

confiscatorio -ria *adj* De (la) confiscación.

confit (*fr; pronunc corriente,* /konfí/; *pl normal, ~s*) *m* Carne guisada y conservada en su propia grasa.

confitar *tr* Recubrir con un baño de azúcar [frutas o frutos secos].

confite *m* **1** Golosina pequeña hecha con azúcar, esp. fruto seco confitado. ■ **2** (*jerg*) Confidente de la policía.

confíteor *m* (*Rel catól*) Oración latina que comienza con la palabra *confiteor* y que equivale a la del "yo pecador".

confitería *f* **1** Tienda donde se venden dulces. ■ **2** Industria u oficio del confitero [2]. ■ **3** Dulces, o conjunto de dulces.

confitero -ra I *adj* **1** De (la) confitería [2]. II *m y f* **2** Pers. que fabrica o vende dulces.

confitura *f* Fruta confitada, escarchada o en mermelada.

conflagración *f* **1** Guerra entre estados. ■ **2** (*raro*) Incendio.

conflictividad *f* Conjunto de conflictos [2].

conflictivo -va *adj* **1** De(l) conflicto. ■ **2** Que plantea conflicto.

conflicto *m* **1** Oposición o antagonismo entre perss. o cosas. ■ **2** Movimiento de indisciplina o rebeldía de una colectividad, por motivos laborales, económicos o políticos. ■ **~ colectivo.** Conflicto laboral que afecta a intereses generales de los trabajadores de una entidad. ■ **3** Guerra (lucha armada). *Tb ~* BÉLICO. ■ **4** (*Psicol*) Acción simultánea, en un individuo, de impulsos o tendencias opuestos entre sí. ■ **5** Problema de difícil solución.

conflictuado -da *adj* (*raro*) Que tiene conflictos o un conflicto.

conflictual *adj* (*raro*) Conflictivo.

confluencia *f* **1** Hecho de confluir. ■ **2** Punto en que confluyen dos o más cosas, esp. calles o ríos.

confluente *adj* **1** Que confluye. ■ **2** De (la) confluencia [1]. ■ **3** (*Med*) [Erupción] de las que se presentan muy juntas y en gran cantidad.

confluir (*conjug* 48) *intr* Ir a parar [dos o más perss. o cosas a un mismo lugar (*compl* EN o A)]. *Con suj pl, o con suj y un compl* CON.

confluyente *adj* Que confluye.

conformación *f* **1** Acción de conformar(se) [1 y 2]. ■ **2** Forma o estructura [de algo]. **b)** Constitución [de alguien o de una parte de su cuerpo].

conformadizo -za *adj* Que se conforma [5] fácilmente. *Tb fig.*

conformado -da *adj* **1** *part* → CONFORMAR. ■ **2** (*raro*) Resignado o que se conforma [5] fácilmente. ■ **3 bien** (*o* **mal**) **~.** Que tiene buena (o mala) conformación [2b].

conformador -ra *adj* Que conforma [1]. *Tb n, referido a pers.*

conformar I *v* A *tr* **1** Dar forma [a algo o a alguien (*cd*)]. *Tb fig.* **b)** *pr* (**~se**) Tomar forma. *Tb fig.* ■ **2** Adaptar o acomodar [una cosa a otra (*compl* A o CON)]. **b)** *pr* (**~se**) Adaptarse o acomodarse [una cosa a otra (*compl* A o CON)]. ■ **3** Formar o constituir [algo]. ■ **4** (*Com*) Estampar [un banco en un cheque (*cd*)] su conformidad, garantizando su pago. B *intr pr* (**~se**) **5** Darse por contento [con algo] sin pedir más. II *loc adj* **6 de buen** (*o* **mal**) **~.** (*col*) [Pers.] que se conforma [5] fácilmente (o difícilmente).

conformativo -va *adj* Que conforma o sirve para conformar [1].

conforme (*con pronunc átona en los grupos III y IV*) I *adj* **1** Que corresponde o es propio (*compl* CON)]. ■ **2** Acorde. *Gralm seguido de un compl* CON *o, a veces,* EN. **b)** *A veces se usa sin verbo, para expresar aprobación de lo que se acaba de oír; en forma interrogativa, se usa para pedir aprobación.* * –La carta será de puro trámite. –Conforme.

* –Nos vemos mañana, ¿conforme? –Por mí sí. ■ **3** Satisfecho. *Gralm seguido de un compl* CON.
II *m* **4** Manifestación de asentimiento.
III *prep* **5 ~ a** (*raro*, **~**). Con arreglo a.
IV *conj* **6** Con arreglo a como. ■ **7** De la misma manera que. ■ **8** A medida que. ■ **9** Según o mientras. ■ **10 según y ~ →** SEGÚN.

conformidad **I** *f* **1** Condición de conforme [1]. ■ **2** Hecho de estar conforme [2]. *Tb la expresión de ese hecho y el documento en que consta. Tb fig.* ■ **3** Hecho de conformarse [5]. *Tb la cualidad correspondiente.*
II *loc prep* **4 de** (*o* **en**) **~ con.** Conforme a.

conformismo *m* Actitud pasiva de conformidad [2] con las ideas y los usos establecidos.

conformista *adj* De(l) conformismo. **b)** Que tiene actitud conformista. *Tb n, referido a pers.*

confort (*fr; pronunc corriente,* /konfór/; *pl normal,* ~s) *m* Comodidad material. *Tb fig.*

confortabilidad *f* **1** Cualidad de confortable. *Tb fig.* ■ **2** (*raro*) Comodidad (cosa que hace sentirse cómodo). *Frec en pl.*

confortable *adj* Que proporciona confort. *Tb fig.*

confortablemente *adv* De manera confortable.

confortación *f* Acción de confortar. *Tb su efecto.*

confortador -ra *adj* Que conforta.

confortante *adj* Que conforta.

confortar *tr* **1** Dar ánimo o fuerza espiritual [a alguien (*cd*)]. ■ **2** Reparar o reavivar las fuerzas [de alguien (*cd*)].

confortativo -va *adj* (*raro*) Que tiene la virtud de confortar.

confraternar *intr* (*raro*) Confraternizar.

confraternidad *f* Relación o trato fraternal.

confraternización *f* Acción de confraternizar.

confraternizar *intr* Establecer trato de camaradería o amistad [con alguien, esp. con perss. de otro grupo social o de intereses]. *Tb sin compl, con suj pl.*

confrontación *f* Acción de confrontar(se). *Tb su efecto.*

confrontamiento *m* (*raro*) Confrontación.

confrontar **A** *tr* **1** Poner frente a frente [a una pers. o cosa con otra] para comparar[las] o para oponer[las]. *Tb sin compl* CON, *con cd pl.*
B *intr* **➤ a** *normal* **2** Estar o ponerse [una pers. o cosa] frente [a otra (*compl* CON)]. *En sent físico.*
➤ b *pr* (**~se**) **3** Enfrentarse [con alguien] luchando o haciéndo[le] frente.

confucianismo *m* (*Rel*) Sistema religioso de Confucio (s. v a.C.), extendido por algunos países orientales y en el que se preconiza el amor a la familia, la paz y la justicia.

confucianista *adj* (*Rel*) De(l) confucianismo.

confuciano -na *adj* (*Rel*) Adepto al confucianismo. *Tb n, referido a pers.*

confucionismo *m* (*Rel*) Confucianismo.

confucionista *adj* (*Rel*) Confucianista.

confundente *adj* Confundidor.

confundible *adj* Que puede ser confundido.

confundido -da *adj* **1** *part →* CONFUNDIR. ■ **2** Que implica confusión.

confundidor -ra *adj* Que confunde. *Tb n, referido a pers.*

confundir **A** *tr* **1** Tomar, por error, [a una pers. o cosa (*cd*) por otra (*compl* CON)]. *Tb sin compl* CON, *frec con cd pl.* ■ **2** Hacer que [alguien (*cd*)] se confunda [5]. ■ **3** Causar confusión [2] [a alguien o algo (*cd*)]. ■ **4** Vencer o dejar sin réplica [a alguien] en una disputa.
B *intr pr* (**~se**) **5** Equivocarse. ■ **6** Reunirse [cosas diversas, o una(s) con otra(s)] formando aparentemente una unidad. ■ **7** Hacerse indistinguibles [dos o más perss. o cosas, o una(s) de otra(s) (*compl* CON)]. ■ **8** Mezclarse [varias cosas, o una(s) con otra(s)] sin formar un todo homogéneo.

confusamente *adv* De manera confusa.

confusión **I** *f* **1** Acción de confundir(se), *esp* [1 y 5]. **b)** (*Der*) Hecho de reunirse en una misma persona dos cualidades opuestas, esp. la de acreedor y deudor en un mismo asunto. ■ **2** Cualidad de confuso. **b) ~ mental.** (*Med*) Estado patológico caracterizado por desorientación, desórdenes sensorios, incoherencia en el lenguaje y oscurecimiento de las ideas. *Tb fig, fuera del ámbito técn.*
II *loc v* **3 ser** (*o* **estar hecho**) **un mar de ~es** *→* MAR[1].

confusional *adj* (*Med*) De (la) confusión [2b] mental.

confusionario -ria *adj* Que siembra confusión. *Tb n, referido a pers.*

confusionismo *m* Falta de claridad en ideas o lenguaje, producida en general deliberadamente. *Tb la actitud o tendencia que lo promueve.*

confusionista *adj* Que produce confusionismo.

confuso -sa *adj* **1** [Pers.] que no sabe qué pensar, decir o hacer. **b)** Propio de la pers. confusa. ■ **2** [Cosa] poco clara o difícil de comprender. **b)** [Cosa] poco clara o difícil de distinguir. **c)** [Pers.] que se expresa de manera poco comprensible. ■ **3** Falto de orden.

confutar *tr* (*lit, raro*) Impugnar de modo convincente [una opinión].

conga *f* **1** Danza afrocubana de compás 3/4, que se ejecuta en grupos colocados en fila, levantando alternativamente las piernas cada tres pasos. *Tb su música.* ■ **2** (*raro*) Cierto tipo de tambor.

congelación *f* Accion de congelar(se). *Tb su efecto.*

congelado -da *adj* **1** *part →* CONGELAR. ■ **2** Sumamente frío. *Con intención ponderativa.*

congelador -ra **I** *adj* **1** Que congela, *esp* [1 y 2]. *Tb n: f, referido a cámara; más frec m, referido a compartimiento de un frigorífico o a aparato frigorífico.*
II *m* **2** Pesquero provisto de instalaciones para la congelación y conservación del pescado.

congelamiento *m* (*raro*) Congelación.

congelante *adj* Que congela.

congelar *tr* **1** Solidificar [un líquido (*cd*)] el frío (*suj*), o alguien (*suj*) por medio del frío. **b)** *pr* (**~se**) Solidificarse por el frío [un líquido]. ■ **2** Someter [algo, esp. un alimento] a temperatura inferior a 0° para que pueda conservarse largo tiempo. *Frec en part, a veces sustantivado en m, designando alimento. Tb abs.* ■ **3** Helar, o poner a la temperatura del hielo. *Frec con intención ponderativa.* **b)** *pr* (**~se**) Helarse. ■ **4** Producir necrosis [de una parte del cuerpo (*cd*) expuesta a muy baja temperatura]. *A veces referido al organismo entero.* **b)** *pr* (**~se**) Sufrir necrosis [una parte del cuerpo expuesta a baja temperatura]. *A veces referido al organismo entero.* ■ **5** Declarar inmodificable [un precio, un salario o un valor] por disposición oficial. **b)** Declarar inmodificable por disposición oficial el precio o valor [de algo (*cd*)]. **c)** (*Econ*) Inmovilizar [fondos] por disposición oficial, impidiendo operar con ellos. ■ **6** Suspender temporalmente [un proyecto, un proceso en marcha o una actividad]. ■ **7** Detener la evolución o progreso [de alguien (*cd*)]. **b)** (*Dep*) Detener la evolución o marcha [de un partido (*cd*)] haciendo que el resultado se mantenga invariable. ■ **8** (*Cine y TV*) Inmovilizar [un plano o una imagen]. *Tb abs. Tb fig, fuera del ámbito técn.*

congénere *adj* Que pertenece al mismo género o clase [que otro (*compl de posesión*)]. *Frec n, esp referido a pers; en este último caso, frec humoríst o desp.*

congenial *adj* (*raro*) Adecuado [al carácter o características de alguien].

congenialidad *f* (*raro*) Cualidad de congenial.

congeniar (*conjug* **1a**) *intr* Concordar en carácter o inclinaciones [dos perss., o una con otra].

congénito -ta *adj* [Cosa] que se tiene ya al nacer.

congerie (*tb, raro,* **congeries**) *f* (*lit*) Montón o cúmulo.

congestión *f* **1** Acumulación anormal de sangre en una parte del cuerpo, esp. en la cabeza. ■ **2** Afluencia o concurrencia excesivas. ■ **3** Acumulación excesiva de personas [en un lugar].

congestionado -da *adj* **1** *part* → CONGESTIONAR. ■ **2** Que muestra o aparenta congestión [1]. *Tb fig.*

congestionar **A** *tr* **1** Hacer que [algo o alguien (*cd*)] sufra congestión. **b)** *pr* (**~se**) Sufrir congestión. **B** *intr pr* (**~se**) **2** Acumularse [la sangre].

congestivo -va *adj* **1** De (la) congestión o que la implica. ■ **2** Que presenta congestión de modo permanente. **b)** [Pers.] de aspecto congestivo.

conglomeración *f* Acción de conglomerar(se). *Tb su efecto. Tb fig.*

conglomerado *m* **1** Masa formada por conglomeración. *Frec fig.* ■ **2** (*Geol*) Roca formada por elementos distintos unidos por un cemento.

conglomerante *adj* Que conglomera. *Tb n m, referido a sustancia o producto. Tb fig.*

conglomerar *tr* Unir [muchas partículas] de manera que formen una masa compacta. *Frec fig.* **b)** *pr* (**~se**) Unirse [muchas partículas] formando una masa compacta. *Frec fig.*

congo -ga *adj* (*raro*) Congoleño. *Tb n.*

congoja *f* Pena intensa, esp. la manifestada con llanto.

congojo *m* (*humoríst*) *euf por* COJÓN. *Normalmente en la loc* TENER LOS ~S EN LA GARGANTA, *'estar acojonado'.*

congojoso -sa *adj* (*lit*) Que causa congoja.

congoleño -ña *adj* De la región del Congo, o de alguno de los países que han llevado o llevan el nombre del Congo. *Tb n, referido a pers.*

congolés -sa *adj* Congoleño. *Tb n.*

congosto *m* (*reg*) Desfiladero.

congostra *f* (*reg*) Camino estrecho.

congraciamiento *m* (*raro*) Acción de congraciarse.

congraciarse (*conjug* **1a**) *intr pr* Atraerse la simpatía o buena disposición [de alguien (*compl* CON)]. *Tb sin compl, por consabido. Tb fig.*

congratulación *f* Acción de congratular(se).

congratular **A** *tr* (*raro*) **1** Felicitar, o dar la enhorabuena, [a alguien (*cd*)]. ■ **2** Alegrar [a alguien]. *Tb abs.* **B** *intr pr* (**~se**) **3** Felicitarse o alegrarse [de algo]. *Tb sin compl, por consabido.* ■ **4** (*semiculto*) Congraciarse.

congratulatorio -ria *adj* [Cosa] que expresa congratulación.

congregación *f* **1** Acción de congregar(se). *Tb su efecto. Tb fig, referido a cosas.* ■ **2** (*Rel catól*) Asociación piadosa seglar. *Tb su sede.* ■ **3** (*Rel catól*) Comunidad de sacerdotes seculares. ■ **4** (*Rel catól*) Junta de cardenales y prelados que en la corte pontificia tiene a su cargo el despacho de un sector de asuntos. *Gralm con un compl especificador.* **b)** *En un concilio:* Asamblea o junta.

congregacional *adj* (*Rel catól*) De (la) congregación.

congregador -ra *adj* Que congrega.

congregante *m y f* Miembro de una congregación [2].

congregar *tr* Reunir o agrupar [perss.]. *Frec el cd es refl.*

congresional *adj* (*raro*) Congresual.

congresista **I** *m y f* **1** Pers. que toma parte en un congreso [3]. ■ **2** *En algunos países:* Miembro del Congreso [1]. **II** *adj* **3** De(l) Congreso [1 y 3].

congreso (*con mayúscula en aceps 1 y 2, y frec en las demás*) *m* **1** Cuerpo legislativo compuesto por los representantes elegidos por el pueblo. *En España, tb* ~ DE LOS DIPUTADOS. ■ **2** Edificio en que se reúne el Congreso [1]. *En España, tb* ~ DE LOS DIPUTADOS. ■ **3** Reunión, gralm. periódica, de los miembros de una asociación, para exponer informes y comunicaciones o para tratar cuestiones previamente fijadas. ■ **4** (*hist*) Reunión diplomática en que los representantes de varias naciones tratan de la resolución de problemas internacionales.

congresual *adj* De(l) Congreso.

congria *f* (*reg*) Congrio conservado en seco.

cóngrido *adj* (*Zool*) [Pez] de la familia del congrio, con cuerpo cilíndrico y muy alargado, piel desnuda y aleta dorsal muy larga. *Frec como n m en pl, designando este taxón zoológico.*

congrillo *m* (*reg*) Congrio joven.

congrio *m* Pez de cuerpo cilíndrico de hasta 3 m de longitud, sin escamas, pardo en el dorso y blanquecino en el vientre (*Conger conger*).

congrua → CONGRUO.

congruencia *f* **1** Cualidad de congruente. ■ **2** (*Mat*) Expresión algebraica de la igualdad de restos de dos números congruentes [2].

congruente *adj* **1** Que está en concordancia o en correspondencia, esp. lógica, [con algo]. *Frec el compl se omite, por consabido.* ■ **2** (*Mat*) [Números] que divididos por otro dan el mismo resto.

congruentemente *adv* De manera congruente [1].

congruo -grua I *adj* 1 (*Der o lit*) Adecuado. ■ 2 de ~. (*Rel catól*) [Mérito] de las buenas obras realizadas por el que está en pecado mortal. *Tb adv.* II *f* 3 (*Rel catól*) Porción congrua (→ PORCIÓN).

cónico -ca I *adj* 1 De(l) cono (cuerpo geométrico). b) De forma de cono. ■ 2 [Perspectiva] que resulta al proyectar sobre el plano el cono formado por las visuales que parten del ojo y pasan por todos los puntos del objeto. II *f* 3 (*Geom*) Sección resultante de cortar un cono por un plano que no pasa por el vértice.

conidia *f* (*Bot*) Conidio.

conidio *m* (*Bot*) En los hongos: Espora de origen externo que nace por gemación sobre un aparato esporífero accesorio.

conidióforo *m* (*Bot*) Órgano en que se forman los conidios.

conidiospora *f* (*Bot*) Conidio.

coniferina *f* (*Quím*) Glucósido que se obtiene evaporando la savia de las coníferas.

conífero -ra *adj* (*Bot*) [Planta] de la clase a que pertenecen el pino y el ciprés, caracterizada por las hojas persistentes y el fruto en cono o piña. *Frec como n f en pl, designando este taxón botánico.*

conificar *tr* (*raro*) Dar [a algo (*cd*)] forma cónica. b) *pr* (~se) Tomar forma cónica.

conileño -ña *adj* De Conil (Cádiz). *Tb n, referido a pers.*

conirrostro *adj* (*Zool*) [Pájaro] de pico corto, fuerte y cónico. *Frec como n m en pl, designando este taxón zoológico.*

conisco -ca *adj* (*hist*) De un pueblo prerromano establecido en la zona correspondiente a la actual Cantabria. *Frec n, referido a pers.*

conjetura *f* Suposición basada en algún indicio u observación.

conjetural *adj* Fundado en conjeturas.

conjeturalmente *adv* De manera conjetural.

conjeturar *tr* Suponer [algo] por conjeturas.

conjugable *adj* Que puede conjugarse.

conjugación *f* 1 Acción de conjugar(se). ■ 2 (*Gram*) Manera de conjugarse un verbo. ■ 3 (*Gram*) Grupo a que pertenece un verbo según la terminación de su infinitivo, y que determina su manera de conjugarse. ■ 4 (*Gram*) Conjunto de todas las formas de un verbo.

conjugado -da *adj* 1 *part* → CONJUGAR. ■ 2 (*Bot*) [Alga] caracterizada por la reproducción sexual mediante copulación de dos gametos inmóviles. *Frec como n f en pl, designando este taxón botánico.* ■ 3 (*Fís*) [Foco] que está relacionado con otro de tal manera que la imagen del primero está en el segundo y viceversa. ■ 4 (*Quím*) [Ácido o base] que se relacionan por la diferencia de un protón. ■ 5 (*Mat*) [Línea o cantidad] relacionada con otra por una ley determinada.

conjugar *tr* 1 Unir o combinar [varias cosas, o una(s) con otra(s)]. b) *pr* (~se) Unirse o combinarse [varias cosas, o una(s) con otra(s)]. ■ 2 (*Gram*) Exponer o usar [un verbo] en sus distintas formas. *Tb abs.*

conjunción *f* 1 Acción de conjuntar(se). *Tb su efecto.* ■ 2 (*Astron*) Situación relativa de dos o más astros cuando tienen la misma longitud. b) (*Astrol*) Aspecto de dos astros que ocupan una misma casa celeste. ■ 3 (*Gram*) Palabra invariable que introduce en la frase una proposición o un elemento sintácticamente equivalente al que precede.

conjuntado -da *adj* 1 *part* → CONJUNTAR. ■ 2 [Pers.] cuya indumentaria forma un conjunto [2] armónico. *Frec con el v* IR.

conjuntamente I *adv* 1 De manera conjunta [1]. II *loc prep* 2 ~ con. Con o junto con.

conjuntar *tr* Hacer que [dos o más elementos] formen un conjunto [2] orgánico o armónico. *Gralm en part.* b) *pr* (~se) Formar [dos o más elementos, o uno(s) con otro(s)] un conjunto orgánico o armónico.

conjuntero -ra *m y f* (*col*) Componente de un conjunto [3b] musical.

conjuntiva → CONJUNTIVO.

conjuntival *adj* (*Anat*) De la conjuntiva [3].

conjuntivitis *f* Inflamación de la conjuntiva [3], gralm. acompañada de enrojecimiento.

conjuntivo -va I *adj* 1 (*Gram*) De (la) conjunción [3]. b) Que desempeña papel de conjunción. ■ 2 (*Biol*) Que une o sostiene varios elementos del organismo. *Gralm referido a tejido.* II *f* 3 (*Anat*) Membrana mucosa que reviste la cara interna del párpado y cubre parte del globo del ojo.

conjunto -ta I *adj* 1 [Cosa] en que actúan o intervienen simultánea y armónicamente dos o más perss., entidades o cosas. b) [Cosa] que se refiere a un conjunto [2]. c) [Cosa] formada por un conjunto [2]. II *m* 2 Dos o más elementos considerados como una unidad. *Frec con compl que especifica la naturaleza o el núm de los elementos.* b) Unidad constituida por todos los elementos [de algo]. ■ 3 Conjunto [2a] de perss. que actúan tocando música, bailando o cantando en un espectáculo. b) Orquesta formada por un pequeño número de ejecutantes de música ligera. c) (*Dep*) Equipo. ■ 4 Conjunto [2a] de dos o más prendas de vestir que hacen juego. ■ 5 (*Mat*) Conjunto [2a] de los entes que tienen en común una determinada propiedad. III *loc adv* 6 en ~. Teniendo en cuenta el todo y no las partes.

conjura *f* Conjuración.

conjuración *f* Acción de conjurar[2].

conjurador -ra *adj* Que conjura[1]. *Tb fig.*

conjuramentarse *intr pr* Juramentarse (comprometerse mediante juramento).

conjurar[1] *tr* 1 Alejar [un daño o un peligro]. ■ 2 Exorcizar [al demonio]. *Tb fig.* ■ 3 (*lit*) Conminar [a alguien].

conjurar[2] *intr* Conspirar. *Normalmente pr* (~se). *Frec en part sustantivado.*

conjuro *m* 1 Acción de conjurar[1]. ■ 2 Fórmula con que se conjura[1]. ■ 3 Llamada o reclamación imperiosa. *Frec fig. Gralm en la constr* AL ~ DE.

conllevancia *f* (*raro*) Acción de conllevar [2].

conllevar *tr* 1 Comportar, o llevar consigo. ■ 2 Llevar con paciencia, o tratando de atenuarlos, los inconvenientes o molestias [de alguien o algo (*cd*)]. **b)** Sufrir o soportar [algo penoso o molesto].

conmemorable *adj* Digno de ser conmemorado.

conmemoración *f* Acción de conmemorar.

conmemorar *tr* Celebrar o solemnizar el recuerdo [de alguien o algo (*cd*)]. **b)** Celebrar [una fecha señalada].

conmemorativo -va *adj* De (la) conmemoración.

conmensurable *adj* (*Mat*) [Cantidad] que tiene una unidad de medida o un factor común con otra. *Gralm referido a ns en pl.*

conmensurar *tr* (*raro*) Adecuar o proporcionar en magnitud [dos cosas, o una a otra]. **b)** *pr* (~se) Adecuarse en magnitud [dos cosas, o una a otra].

conmigo → YO.

conmilitón *m* (*lit*) Compañero de armas en la guerra.

conminación *f* Acción de conminar.

conminar *tr* **1** Exigir [a alguien (*cd*) que haga algo (*compl* A)] bajo amenaza de castigo. ■ **2** Ordenar [algo (*cd*) la autoridad competente] de manera perentoria.

conminativo -va *adj* Conminatorio.

conminatorio -ria *adj* [Cosa] que conmina o sirve para conminar.

conminuta *adj* (*Med*) [Fractura] en que el hueso se divide en muchos fragmentos.

conmiseración *f* Compasión o lástima.

conmiserativamente *adv* De manera conmiserativa [1 y 2b].

conmiserativo -va *adj* **1** De (la) conmiseración o que la implica. ■ **2** [Pers.] que siente o muestra conmiseración. **b)** Propio de la pers. conmiserativa.

conmixtión *f* (*lit, raro*) Mezcla de varias cosas.

conmoción *f* **1** Acción de conmover(se) [1 y esp. 2]. *Tb su efecto.* ■ **2** Sacudida o movimiento violentos. ■ **3** (*Med*) Trastorno funcional de un órgano o parte por un golpe o contusión violentos. *Frec con un adj o compl especificador:* TESTICULAR, DE LA MÉDULA, DE LA RETINA, *etc.* **b)** *Esp:* Estado patológico causado por un golpe o trauma violento en la cabeza. *Gralm* ~ CEREBRAL.

conmocionante *adj* Que conmociona.

conmocionar *tr* Causar conmoción, *esp* [1 y 3], [a alguien o algo (*cd*)].

conmoriencia *f* (*Der*) Hecho de morir al mismo tiempo dos o más personas.

conmovedor -ra *adj* Que conmueve [1 y 2].

conmovedoramente *adv* De manera conmovedora.

conmover (*conjug* **18**) *tr* **1** Emocionar [a alguien]. *Tb abs.* **b)** *pr* (~se) Emocionarse. ■ **2** Impresionar [a una pers. o su ánimo]. *Tb abs.* **b)** *pr* (~se) Impresionarse [una pers. o su ánimo]. ■ **3** Sacudir o hacer temblar [algo o a alguien]. *Tb fig.*

conmovible *adj* Que puede conmoverse [1 y 2].

conmovido -da *adj* **1** *part* → CONMOVER. ■ **2** Que denota conmoción [1]. ■ **3** (*raro*) Que causa o implica conmoción [1].

conmutable *adj* Que se puede conmutar.

conmutación *f* **1** Acción de conmutar. ■ **2** (*Electr*) Cambio de conexión. ■ **3** (*Telec*) Establecimiento de la comunicación entre dos aparatos telefónicos o telegráficos.

conmutador -ra **I** *adj* **1** (*Electr y Telec*) De (la) conmutación [2 y 3].
II *m* **2** (*Electr*) Dispositivo de contactos múltiples con el que se puede sustituir una porción de circuito por otra, o modificar sucesivamente las conexiones de varios circuitos. ■ **3** (*Informát*) Dispositivo que conecta un conductor de entrada a uno o varios de los conductores de salida.

conmutar *tr* Sustituir [una pena por otra menos grave]. *Tb sin compl* POR.

conmutatividad *f* (*Mat*) Cualidad de conmutativo.

conmutativo -va *adj* **1** [Justicia] que inclina a mantener la igualdad entre lo que se da y lo que se recibe. ■ **2** (*Mat*) [Propiedad] según la cual no varía el resultado de una operación cambiando el orden de los términos de esta.

conmutatriz *f* (*Electr*) Dispositivo que sirve para transformar la corriente continua en alterna, o viceversa.

connacional *m y f* Pers. de la misma nación [que otra (*compl de posesión*)]. *Tb sin compl.*

connaisseur (*fr; pronunc corriente,* /konesőr/) *m* Conocedor o experto.

connatural *adj* [Cosa] propia de la naturaleza del ser o cosa en cuestión. *Frec en la constr* SER ~ A.

connaturalidad *f* Cualidad de connatural.

connaturalizar *tr* Hacer connatural [una cosa].

connaturalmente *adv* De manera connatural.

connivencia *f* **1** Acuerdo o complicidad [con alguien]. *Tb fig.* ■ **2** Tolerancia para las faltas de que se es testigo.

connivente *adj* **1** (*raro*) Que está en connivencia [1]. ■ **2** Que muestra connivencia [2]. ■ **3** (*Anat*) [Válvula] del intestino delgado.

connotación *f* **1** Idea que, por asociación, es sugerida por una palabra o frase. *Tb fig.* ■ **2** (*Ling*) Nota o conjunto de notas subjetivas del significado.

connotador -ra *adj* Que connota.

connotar *tr* **1** Llevar [una palabra o frase] como connotación [una idea (*cd*)]. ■ **2** (*Ling*) Tener [una palabra o expresión la connotación [2] que se expresa (*cd*)].

connotativo -va *adj* **1** Que connota. ■ **2** De (la) connotación.

connovicio -cia *m y f* Compañero de noviciado [de una pers.].

connubio *m* (*lit*) Matrimonio (unión legítima entre hombre y mujer). *Tb la ceremonia correspondiente.*

cono *m* **1** (*Geom*) Cuerpo limitado por la superficie engendrada por la revolución completa de un triángulo rectángulo alrededor de uno de sus catetos. ■ **2** Cosa en forma de cono [1]. **b)** (*Bot*) Fruto en forma más o menos cónica, característico de las plantas pertenecientes a la clase del pino y el ciprés. **c)** Montaña de forma cónica, constituida por lavas y cenizas volcánicas. *Frec* ~ VOLCÁNICO. **d)** (*Electr*) Diafragma cónico de un altavoz. **e)** (*Anat*) Célula de las que forman la retina, caracterizada por una prolongación en forma cónica. **f)** ~ **de deyección.** (*Geol*) Depósito de materiales, de forma gralm. cónica, que se origina en el curso bajo de una corriente de agua por la pérdida de velocidad de esta. **g)** ~ **de sombra.** (*Astron*) Sombra en forma de cono [1] proyectada por un planeta o un satélite en dirección opuesta a la del Sol. ■ **3** (*reg*) Recipiente grande de barro para contener vino o aceitunas.

conocedor -ra I *adj* **1** Que conoce [2 y 4]. *Frec n, referido a pers.*
II *m* **2** (*reg*) Mayoral de una ganadería.

conocencia *f* (*pop*) Conocimiento.

conocer (*conjug* 11) A *tr* **1** Tener en la mente la representación [de alguien o algo (*cd*)]. *Tb abs.* ■ **2** Conocer [1] la manera de ser [de alguien (*cd*)] o las características [de algo (*cd*)]. ■ **3** Reconocer o distinguir [a alguien o algo (*cd*)] entre otros semejantes. *Tb abs.* ■ **4** Haber visto u oído [a alguien o algo] o haber oído hablar [de ellos (*cd*)]. *Frec en constrs como* ~ DE VISTA *o* ~ DE OÍDAS. **b)** Haber estado [en un lugar (*cd*)]. ■ **5** Ver o tratar por primera vez [a una pers. (*cd*)]. **b)** Ver o visitar por primera vez [un lugar]. ■ **6** Haber visto [a una pers.] y hablado o tratado con ella. ■ **7** (*lit*) Tener trato sexual [con alguien (*cd*)]. *Gralm en las constrs* ~ VARÓN *o* ~ MUJER. ■ **8** Experimentar [algo] o ser objeto [de ello (*cd*)]. ■ **9** Tener [una cosa (*suj*) algo (*cd*)], o existir [en una cosa (*suj*) algo (*cd*)]. **b)** *En constr neg se usa a veces para ponderar la falta total de algo.* ■ **10** Considerar [algo (*compl* POR *o* COMO) a alguien (*cd*)]. ■ **11** ~ [a alguien o algo] **por el nombre de,** *o* **con el nombre de,** *o por, o como,* + *n.* Llamar [a esa pers. o cosa con el n. que se indica]. *Frec en part o en constr impers.* ■ **12 se conoce.** Parece evidente. *Seguido de una prop con* QUE.
B *intr* ➤ **a** *normal* **13** (*Der*) Ocuparse [de un asunto].
➤ **b** *pr* (~**se**) **14** Conocer [5 y 6] [a alguien (*compl* CON)].

conocible *adj* (*raro*) Que se puede conocer [1 a 6].

conocidamente *adv* De manera conocida [2].

conocido -da I *adj* **1** *part* → CONOCER. ■ **2** [Pers. o cosa] de cuya existencia tiene noticia mucha gente. **b) muy conocido en su casa** (**a las horas de comer**). (*col, humoríst*) [Pers.] muy poco conocida.
II *m y f* **3** Pers. con la que [otra (*compl de posesión*)] tiene un trato que no llega a amistad.

conocimiento I *m* **1** Hecho de conocer(se). *Tb su efecto.* ■ **2** Facultad de conocer [1]. **b)** Entendimiento o razón natural. ■ **3** Conciencia o conocimiento [1] de la propia existencia. *Normalmente con los vs* PERDER *o* RECOBRAR. ■ **4** Conocido [3]. *Frec en pl. En sg es pop.* ■ **5** *En pl:* Cosas que se conocen [1]. ■ **6** (*Com*) Documento que da el capitán de un buque mercante en que declara tener embarcada en él una determinada mercancía.
II *loc adv* **7 con ~ de causa** → CAUSA.

conoide *adj* (*Geom*) [Superficie] engendrada por una recta que se mueve apoyada en una curva y en otra recta y conservándose paralela a un plano. *Tb n m o f.*

conopial *adj* (*Arquit*) [Arco] formado por cuatro arcos de circunferencia, dos de ellos cóncavos hacia arriba, en la parte superior, y los otros dos cóncavos hacia abajo, en la parte inferior.

conopio *m* (*Arquit*) Arco conopial.

conque¹ (*con pronunc átona*) *conj* **1** Así que. *Indica que lo que se expresa a continuación es consecuencia, resumen o conclusión de lo que precede.* * Esto tiene que estar cerrado. ¡Conque fuera! ■ **2** (*col*) *En una narración, introduce la continuación del relato.* * El sargento nos formó en el patio. Conque se llegó a mi lado y me dijo que ya estaba cumplido. ■ **3** (*col*) *Introduce como or independiente, con matiz de sorpresa, la enunciación o el comentario de algo que se acaba de conocer. Frec en forma exclam.* * Conque tiene un pisito, ¿eh? ■ **4** (*col*) *Introduce como or independiente, con matiz desp, la mención de las palabras o las intenciones de otro, para señalar el poco crédito o aprecio que merecen. En forma interrog o exclam.* * ¡Conque esas tenemos!

conque² (*con pronunc tónica*) *m* (*col*) **1** Inconveniente o pega. ■ **2** Quid de la cuestión.

conqué *m* (*col*) *Siempre precedido de* EL *o de posesivo.* **1** Medios, esp. de subsistencia. ■ **2** Excusa o pretexto.

conquense *adj* De Cuenca. *Tb n, referido a pers.*

conquiolina *f* (*Quím*) Sustancia parecida a la queratina y que se encuentra en la concha de algunos moluscos.

conquista *f* **1** Acción de conquistar. *Tb fig.* ■ **2** Cosa conquistada [2]. ■ **3** Pers. conquistada [3b].

conquistador -ra *adj* **1** Que conquista. *Frec n, referido a pers.* ■ **2** De (la) conquista [1].

conquistar *tr* **1** Obtener por la fuerza de las armas [un territorio, una población o una posición]. ■ **2** Conseguir [algo] gracias a un esfuerzo. *Tb fig.* ■ **3** Ganarse la voluntad, la adhesión o el afecto [de alguien (*cd*)]. *Tb fig.* **b)** Conseguir el amor [de alguien (*cd*)]. *Tb abs.* ■ **4** (*col*) Convencer [a alguien para que haga algo]. *Frec se omite el compl* PARA, *por consabido.*

consabido -da *adj* **1** Conocido o habitual. ■ **2** Sabido por todos los que intervienen en el acto de la comunicación.

consaburense *adj* De Consuegra (Toledo). *Tb n, referido a pers.*

consagración *f* **1** Acción de consagrar(se). *Tb las palabras con que se consagra.* ■ **2** (*Rel catól*) Parte de la misa en que se consagran [1b] el pan y el vino.

consagrador -ra *adj* Que consagra, *esp* [1a y 4]. *Tb n, referido a pers.*

consagrante *adj* (*Rel catól*) Que consagra [1b y c]. *Tb n.*

consagrar A *tr* **1** Hacer o declarar sagrado [algo o a alguien]. **b)** (*Rel catól*) *En la misa:* Pronunciar [el sacerdote] las palabras rituales [sobre el pan y el vino (*cd*)] para que se transformen en el cuerpo y la sangre de Jesucristo. **c)** (*Rel catól*) Hacer solemnemente [obispo o sacerdote (*predicat*) a alguien (*cd*)]. ■ **2** Dedicar [a una pers. o cosa (*cd*)] a algo o a alguien]. ■ **3** Dar [a alguien o algo] prestigio duradero o preeminencia en su actividad o en su especie. *Frec en part.* **b)** *pr* (~**se**) Pasar [alguien] a tener prestigio duradero o preeminencia en su actividad. ■ **4** Establecer [algo] de forma firme o duradera.
B *intr pr* (~**se**) **5** Dedicarse plenamente [a alguien o algo].

consagratorio -ria *adj* Que sirve para consagrar [3].

consanguineidad *f* Consanguinidad.

consanguíneo – conservable

consanguíneo -a *adj* **1** [Pers.] que tiene parentesco natural [con otra (*compl de posesión*)] por descender del mismo tronco. *Tb n.* **b)** De (los) consanguíneos. ■ **2** (*Der*) [Hermano] que solo lo es por parte de padre. *Tb n.*

consanguinidad *f* Condición de consanguíneo.

consciencia *f* **1** Conocimiento inmediato o espontáneo [de una realidad]. *A veces sin compl.* ■ **2** Facultad de relacionarse con la realidad exterior. ■ **3** Cualidad de consciente [2 y 3].

consciente *adj* **1** [Pers.] que tiene consciencia [2]. ■ **2** [Pers.] que actúa sabiendo lo que hace y su alcance. **b)** [Pers.] que se da cuenta [de algo]. ■ **3** Propio de la pers. consciente [1 y 2].

conscientemente *adv* De manera consciente [3].

conscripción *f* (*lit, raro*) Servicio militar.

conscripto I *adj* **1** [Padre] ~ → PADRE.
II *m* **2** (*lit, raro*) Soldado que cumple el servicio militar.

consecratorio -ria *adj* (*Rel catól*) De (la) consagración (del pan y el vino).

consecución *f* Acción de conseguir.

consecuencia I *f* **1** Hecho que resulta [de otro, o de la acción de algo]. *Frec se omite el compl, por consabido.* ■ **2** Idea que resulta lógicamente [de otra]. *Frec se omite el compl, por consabido.* ■ **3** Cualidad de consecuente [1 a 3, esp. 1].
II *loc v* **4 pagar las ~s** → PAGAR.
III *loc adv* **5 en ~.** Como consecuencia [1]. ■ **6 sin ~s.** Sin consecuencias [1] graves o dignas de mención. *Tb adj.*
IV *loc prep* **7 a ~ de.** Como consecuencia [1] de o como resultado de.

consecuente I *adj* **1** [Pers.] fiel, en sus actos, [a sus principios o ideas (*compl* CON)]. *A veces se omite el compl, por consabido.* **b)** [Pers.] que actúa de acuerdo [con algo] o ajustándose [a ello (*compl* CON)]. **c)** Propio de la pers. consecuente. ■ **2** [Cosa] que sigue una ilación lógica. ■ **3** [Cosa] consiguiente (que se sigue o es consecuencia).
II *m* **4** (*E*) Segundo elemento de una relación binaria. **b)** (*Filos*) Apódosis. **c)** (*Mat*) Segundo término de una razón.

consecuentemente *adv* De manera consecuente [1c, 2 y 3].

consecutivamente *adv* De manera consecutiva.

consecutivo -va *adj* **1** Que sigue inmediatamente [a algo], frec. como consecuencia [de ello]. *Tb sin compl, referido a n en pl.* **b)** (*Geom*) [Ángulos] que tienen el mismo vértice y un lado común. ■ **2** (*Gram*) Que expresa consecuencia.

conseguible *adj* Que puede conseguirse.

conseguido -da *adj* **1** *part* → CONSEGUIR. ■ **2** [Cosa] bien hecha o que responde con acierto a lo que puede exigirse de ella. *Frec con intención ponderativa.*

conseguidor -ra *adj* Que consigue. *Frec n, referido a pers.*

conseguir (*conjug* **62**) *tr* Llegar a tener [algo que se desea], o a hacer [algo que se intenta].

conseja *f* Cuento o relato tradicional de aldea.

consejería *f* **1** Cargo de consejero [2, 3 y 4]. ■ **2** Oficina del consejero [2, 3 y 4].

consejero -ra I *m y f* **1** Pers. que da consejos [1]. **b)** Asesor (pers. encargada de informar y aconsejar). ■ **2** Pers. que forma parte de un consejo [2a]. ■ **3** *En un gobierno autonómico:* Pers. que desempeña un cargo análogo al de ministro del gobierno estatal. ■ **4** Diplomático con categoría intermedia entre ministro de tercera y primer secretario.
II *adj* **5** (*raro*) De(l) consejero [1a].

consejillo *m* (*col*) Reunión informal de un consejo [2a].

consejo *m* **1** Opinión que se da a alguien sobre cómo debe actuar. ■ **2** Cuerpo formado por un conjunto de perss. y que tiene por misión asesorar o decidir en los asuntos de gobierno o administración de una entidad. *Gralm con compl o adj especificador de los componentes, la competencia o la entidad.* **b)** ~ **de Estado** → ESTADO. **c)** Reunión del consejo [2a]. ■ **3** ~ **de guerra.** Tribunal que entiende en causas de la jurisdicción militar. **b)** Juicio llevado a cabo por un consejo de guerra. ■ **4** ~ **colateral.** (*hist*) Tribunal supremo de Nápoles o de Flandes.

consenso *m* **1** (*lit o Der*) Acción de consentir [4]. ■ **2** Asentimiento o aprobación [de todas las perss. que componen una corporación o colectividad]. *Esp en política.*

consensual *adj* **1** De(l) consenso. ■ **2** (*Der*) [Contrato] que se perfecciona por el mero consentimiento.

consensuar (*conjug* **1d**) A *tr* **1** Aprobar [algo] por consenso. *Esp en política.*
B *intr* **2** Llegar a un consenso [varias perss. o entidades, o una(s) con otra(s)]. *Esp en política.*

consensus (*pl invar*) *m* (*lit*) Consenso [2].

consentido -da *adj* **1** *part* → CONSENTIR. ■ **2** [Marido] consentidor. *Tb n.* ■ **3** Mimoso.

consentidor -ra *adj* [Pers.] que consiente algo que no debe. **b)** [Marido] que consiente [1] que su mujer le sea infiel.

consentimiento *m* Acción de consentir [1 y esp. 4]. *Tb su efecto.*

consentir (*conjug* **60**) A *tr* **1** Permitir [una pers. algo que no es o no le parece bueno]. *Frec con ci de pers.* **b)** Permitir [a otra pers. algo que esta desea y que le estaba más o menos vedado]. *Tb sin ci.* **c)** Permitir [algo (*suj*) que se produzca un hecho o una circunstancia]. ■ **2** Ser [una pers.] excesivamente blanda [con otra (*cd*) que está bajo su tutela]. *Frec en part, a veces sustantivado.* ■ **3** (*Taur*) Admitir [el torero] las embestidas [del toro (*cd*)] desde muy cerca para que se confíe en su acometida. *Tb abs.*
B *intr* **4** Aceptar [alguien un hecho que se le pide o propone (*compl* EN)].

conserje *m y f* Portero o subalterno principal en un edificio oficial o en un hotel. **b)** *En gral:* Portero de un edificio.

conserjería *f* **1** Lugar en que trabaja el conserje. ■ **2** Puesto o empleo de conserje.

conserva *f* **1** Procedimiento de conservación de alimentos en envase hermético y sometidos a una determinada preparación, que permite que mantengan su posibilidad de consumo durante un largo período de tiempo. *Frec en la loc adv o adj* EN ~. *Tb fig.* ■ **2** Alimento que se guarda en conserva [1]. ■ **3** (*Mar*) Unión o compañía de dos o más buques durante la navegación.

conservable *adj* **1** Que se puede conservar, *esp* [3]. ■ **2** Que se debe conservar, *esp* [3].

conservación *f* Acción de conservar(se). *Tb su efecto*.

conservacionismo *m* Tendencia a dar prioridad a la idea de la conservación, esp. de la naturaleza. *Tb la actitud correspondiente*.

conservacionista *adj* De(l) conservacionismo o que lo implica. **b)** Partidario del conservacionismo. *Tb n, referido a pers*.

conservador -ra I *adj* **1** Que conserva. **b)** *Esp:* Que conserva [3c] alimentos. *Tb n: m, referido a producto; o m o f, referido a aparato o máquina*. ■ **2** Que tiende a mantener la tradición y detener las innovaciones o las reformas. *Frec referido a política. Tb n, referido a pers*. **b)** De la política o el partido conservadores.
    II *m y f* **3** Técnico encargado de la conservación de los fondos de un museo o de una sección de un museo.

conservadurismo *m* Tendencia conservadora [2].

conservadurista *adj* (*raro*) De(l) conservadurismo o que lo implica.

conservante *adj* Que conserva [3c]. *Frec n m, referido a sustancia o producto*.

conservar A *tr* **1** Tener guardado. *Tb abs*. ■ **2** Tener permanentemente. **b)** Seguir teniendo. ■ **3** Hacer que [alguien o algo (*cd*)] siga existiendo. **b)** Hacer que [alguien o algo (*cd*)] siga estando [en una determinada forma o situación (*predicat o compl adv*)]. **c)** *Sin predicat o compl adv:* Hacer que [alguien o algo (*cd*)] siga estando bien o en buen estado. *Tb abs*.
    B *intr pr* (~**se**) **4** Seguir existiendo. **b)** Seguir estando [en una determinada forma o situación (*predicat o compl adv*)]. **c)** *Sin predicat o compl adv:* Seguir estando bien o en buen estado.

conservatismo *m* Conservadurismo.

conservativo -va *adj* (*raro*) [Cosa] conservadora, o que tiende a mantener la tradición.

conservatorio *m* Centro oficial de enseñanza de música y a veces también de ballet y arte dramático.

conservería *f* Actividad relativa a la fabricación de conservas [2].

conservero -ra *adj* De (las) conservas [2]. *Tb n, referido a industrial*.

considerable *adj* [Cosa] bastante notable o importante.

considerablemente *adv* De manera considerable.

consideración I *f* **1** Acción de considerar. *Tb su efecto*. ■ **2** Sentimiento [hacia una pers. o cosa] que lleva a tener en cuenta su dignidad o su condición. *Tb la actitud correspondiente*.
    II *loc adj* **3 de** ~. Considerable.
    III *loc v* **4 tener**, o **tomar, en** ~ [a alguien o algo]. Dedicar[le] atención.

considerado -da *adj* **1** *part* → CONSIDERAR. ■ **2** Que se porta con consideración [2]. **b)** Propio de la pers. considerada.

considerador -ra *adj* Que considera. *Tb n, referido a pers*.

considerando *m* (*Der*) En una disposición o en una sentencia: Razón de las que sirven de fundamento, encabezada por la palabra "considerando".

considerante *adj* (*raro*) Considerador.

considerar *tr* **1** Tener [a alguien o algo en el concepto que se indica (*adj o n predicat, a veces introducido por* COMO)]. ■ **2** Reflexionar [sobre algo (*cd*)] para valorar[lo] o calibrar[lo]. **b)** Estudiar la posibilidad [de una acción (*cd*)]. ■ **3** Mirar [a alguien o algo] estudiándo[lo]. ■ **4** Dedicar atención [a alguien o algo (*cd*)]. ■ **5** Tratar con consideración [2] [a alguien].

consigna *f* **1** Orden, o norma de conducta, que no figura en las leyes o reglamentos, sino que se da directamente a un subordinado o a los integrantes de una colectividad. ■ **2** Fórmula breve y contundente utilizada como expresión de una idea política. ■ **3** Contraseña (para darse a conocer o tener libre acceso a un lugar). ■ **4** *En una estación o en un aeropuerto:* Lugar donde se puede dejar depositado temporalmente el equipaje.

consignación *f* **1** Acción de consignar. ■ **2** Cantidad de dinero consignada [2].

consignar *tr* **1** Hacer constar [un dato] por escrito. **b)** Señalar o hacer constar [algo]. ■ **2** Señalar [una cantidad para alguien o algo (*ci*)] en un presupuesto. ■ **3** Asignar [algo a alguien]. ■ **4** (*Com*) Remitir [una mercancía a alguien]. ■ **5** (*Mar*) Dirigir [un barco] a un consignatario [1].

consignatario -ria *adj* **1** (*Mar*) [Pers. o empresa] a quien el armador envía un barco o una mercancía. *Frec n*. ■ **2** (*Com*) [Pers.] a quien va consignada [3] una mercancía. *Frec n*.

consigo → SE¹.

consiguiente I *adj* **1** Que se sigue o es consecuencia.
    II *m* **2** (*Filos*) Juicio que se deriva de otro.
    III *loc adv* **3 por** ~ (o, *raro*, **de** ~). Como consecuencia de lo dicho o hecho.

consiguientemente *adv* Por consiguiente.

consiliario -ria A *m y f* **1** (*raro*) Consejero.
    B *m* **2** (*Rel catól*) *En determinadas corporaciones y asociaciones:* Eclesiástico consejero.

consistencia *f* Condición de consistente [2].

consistente *adj* **1** Que consiste. *Seguida de compl* EN. ■ **2** Que tiene solidez o firmeza. *En sent físico o moral*.

consistir *intr* **1** Ser [una cosa (*suj*) otra (*compl* EN)]. ■ **2** Estar [una cosa] formada o constituida [por otra (*compl* EN)]. ■ **3** Tener como causa [una cosa (*suj*) otra (*compl* EN)].

consistorial *adj* **1** De(l) consistorio [1]. ■ **2** (*Rel catól*) [Cargo] proclamado en consistorio [2]. *Tb referido a quien ocupa tal cargo*.

consistorio *m* **1** Ayuntamiento (corporación municipal o edificio de esta). ■ **2** (*Rel catól*) Consejo o junta de los cardenales presididos por el papa.

consocio -cia *m y f* Pers. que pertenece a la misma sociedad o asociación [que otra (*compl de posesión*)].

consola *f* **1** Mueble de adorno en forma de mesa alargada que se adosa a la pared para servir de soporte a objetos decorativos. ■ **2** *En determinados aparatos:* Parte en forma de tablero o mesa en que están montados los instrumentos de control. **b)** *En un vehículo:* Tablero de mandos. ■ **3** Microordenador especial para juegos de vídeo. ■ **4** (*Informát*) *En un ordenador:* Parte destinada a la comunicación entre el operador y la máquina y que normalmente está constituida por un teclado y una pantalla. ■ **5** (*Mús*) Parte del órgano en que se hallan los registros, el teclado y los pedales.

consolable *adj* Que se puede consolar.

consolación I *f* **1** Consuelo.
II *loc adj* **2 de ~.** [Premio o algo similar] que se ofrece a quienes no han tenido suerte en un reparto o en una competición.

consolador -ra I *adj* **1** Que consuela. *Tb n, referido a pers.*
II *m* **2** Utensilio en forma de pene destinado a la masturbación femenina.

consoladoramente *adv* De manera consoladora [1].

consolar (*conjug* 4) A *tr* **1** Aliviar el sufrimiento moral o el disgusto [de alguien (*cd*)]. *Tb abs.* **b)** *pr* (**~se**) Sentirse [alguien] aliviado en el sufrimiento moral. *Frec con un compl* DE. ■ **2** Aliviar [un sufrimiento moral]. ■ **3** (*col*) Aliviar [una molestia física]. *A veces el cd es la parte en que se produce tal molestia o la pers que la sufre.*
B *intr pr* (**~se**) **4** (*col*) Olvidar [alguien] una decepción amorosa [con un nuevo amor].

consolidable *adj* Que se puede consolidar.

consolidación *f* **1** Acción de consolidar(se). ■ **2** (*Econ*) Proceso por el que una deuda o un crédito a corto plazo se transforma en una deuda o un crédito a largo plazo.

consolidar A *tr* **1** Dar solidez o estabilidad [a algo (*cd*)]. **b)** *pr* (**~se**) Tomar [algo] solidez o estabilidad. ■ **2** (*Constr*) Reforzar los cimientos, muros u otro elemento [de un edificio o construcción (*cd*)]. ■ **3** (*E*) Unir o pegar las partes [de una fractura o grieta (*cd*)], o fragmentos dispersos (*cd*)].
B *intr* ➤ **a** *normal* **4** (*E*) Unirse o pegarse las partes [de una fractura o grieta (*suj*)] o fragmentos dispersos (*suj*)]. *Tb pr* (**~se**).
➤ **b** *pr* (**~se**) **5** (*Geol*) Solidificarse.

consomé *m* Caldo de carne, huesos y verduras, que se toma gralm. como plato, añadiéndole a veces yema de huevo o jerez.

consonador -ra *adj* (*Fon*) [Sonido consonántico] oclusivo o fricativo, en el que no hay rasgo vocálico alguno. *Se opone a* SONANTE.

consonancia *f* **1** Relación de armonía o conformidad entre dos cosas. *Normalmente en la constr* EN ~ CON. ■ **2** (*Mús*) Combinación de sonidos que produce sensación agradable. ■ **3** (*TLit*) Rima consonante.

consonante *adj* **1** [Cosa] conforme o acorde. ■ **2** [Sonido del lenguaje] producido por el contacto, completo o relajado, de dos órganos de articulación. *Tb referido a la letra que representa este sonido. Más frec n f.* ■ **3** (*TLit*) [Rima] en que coinciden todos los sonidos vocales y consonantes [2]. *Tb n m.* **b)** [Verso] que presenta rima consonante.

consonántico -ca *adj* De (las) consonantes [2]. **b)** [Letra] que tiene valor de consonante.

consonantismo *m* (*Fon*) Sistema consonántico [1a].

consonantización *f* (*Fon*) Acción de consonantizarse.

consonantizarse *intr pr* (*Fon*) Transformarse en consonante [una vocal o semivocal].

consonar (*conjug* 4) *intr* (*raro*) Estar en consonancia [1].

consorciar (*conjug* 1a) *tr* **1** Unir en consorcio [1]. ■ **2** Actuar [sobre algo (*cd*)] en consorcio [1]. *Frec en part y esp referido a montes.*

consorcio *m* **1** Asociación de carácter económico entre perss. o entidades. ■ **2** (*raro*) Unión de dos perss. que viven juntas. *Esp referido al matrimonio.*

consorte *m y f* (*admin*) Pers. casada [con otra (*compl de posesión*)]. *Tb sin compl. Tb en pl, designando la pareja.* **b)** Siguiendo en aposición a un título como REY, CONDE, DUQUE, *etc, designa a la pers que lo posee por matrimonio con quien lo tiene en propiedad.*

conspicuamente *adv* (*lit*) De manera conspicua.

conspicuo -cua *adj* (*lit*) **1** Sobresaliente o destacado. *Gralm referido a pers.* ■ **2** Visible o llamativo.

conspiración *f* Acción de conspirar [1]. *Tb su efecto.*

conspirador -ra *m y f* Pers. que conspira, *esp* [1a].

conspirar *intr* **1** Unirse en secreto para actuar [contra alguien, esp. contra el poder]. *A veces con un compl* CON *de pers. Tb sin compls.* **b)** (*col*) Tramar algo secretamente. ■ **2** (*lit*) Cooperar [a un fin (*compl adv, gralm con* A, HACIA *o* PARA)].

conspirativo -va *adj* (*raro*) De (la) conspiración.

conspiratorio -ria *adj* De (la) conspiración.

constancia *f* **1** Cualidad de constante [1 a 3, esp. 1]. ■ **2** Hecho de constar [2]. ■ **3** Prueba o testimonio [de algo]. *Gralm con el v* DEJAR. ■ **4** Escrito en que consta un hecho o que sirve para certificarlo. ■ **5** Certeza o conocimiento seguro.

constante I *adj* **1** [Pers.] que mantiene duraderamente su actitud o su actividad. ■ **2** [Cosa] que se mantiene en forma duradera. **b)** [Cosa] que se mantiene sin interrupción. **c)** (*Der*) Seguido de *n, forma con él una constr adv:* Existiendo de manera estable [lo designado por el n.]. ■ **3** [Cosa] que no varía. ■ **4** (*raro*) Que consta [2].
II *f* **5** Hecho o circunstancia que se repite en el tiempo de manera permanente. ■ **6** Elemento o factor fijo. ■ **7** (*Mat*) Variable que tiene un valor fijo. ■ **8 ~s vitales.** (*Med*) Datos relativos a las funciones del organismo y cuyo valor debe mantenerse dentro de ciertos límites para que la vida prosiga en condiciones normales. *Tb, simplemente, ~s.*

constantemente *adv* De manera constante [2a y b y 3].

constantiniano -na *adj* **1** Del emperador romano Constantino el Grande († 337). ■ **2** Del constantinismo. *Tb n, referido a pers.*

constantinismo *m* Política de protección del Estado a la Iglesia, con intervención más o menos directa en sus asuntos.

constantinopolitano -na *adj* **1** De Estambul. *Tb n, referido a pers.* ■ **2** (*hist*) De la antigua Constantinopla (hoy Estambul). *Tb n, referido a pers.*

constar *intr* **1** Estar formado [por diversos elementos (*compl* DE)]. ■ **2** Estar registrado [en un documento]. ■ **3** Ser [algo] sabido. **b)** Ser [algo] un hecho cierto [para alguien (*ci*)].

constatable *adj* Que se puede constatar [1a].

constatación *f* Acción de constatar. *Tb su efecto.*

constatar *tr* **1** Comprobar [un hecho que se duda o se supone]. **b)** Observar [algo] o darse clara cuenta [de ello (*cd*)]. **c)** Reconocer la existencia [de algo (*cd*)]. ■ **2** Demostrar [algo].

constelación *f* **1** Grupo aparente de estrellas que tiene una forma determinada. ■ **2** (*lit*) Grupo o serie [de perss. o cosas].

constelar *tr* (*lit*) **1** Cubrir o sembrar [algo (*cd*) de objetos o luces brillantes]. *Tb fig.* **b)** Cubrir o sembrar [una cosa de otras]. *Tb fig.* ■ **2** Llenar [muchas cosas (*suj*) otra] como una constelación [2].

consternación *f* Pena o abatimiento profundos producidos por un hecho lamentable.

consternado -da *adj* **1** *part* → CONSTERNAR. ■ **2** Que denota o implica consternación.

consternador -ra *adj* [Cosa] que consterna.

consternar *tr* Causar consternación [a alguien (*cd*)]. *Gralm en part.*

constipación *f* (*Med*) Estreñimiento.

constipado *m* Catarro o resfriado.

constiparse *intr pr* Contraer un constipado.

constitución (*en acep 3, gralm con mayúscula*) *f* **1** Acción de constituir(se). ■ **2** Forma en que está constituido [algo (*compl de posesión*)]. **b)** Conjunto de los caracteres físicos [de un individuo]. ■ **3** Ley fundamental de un Estado. ■ **4** Ordenanza o estatuto de los numerosos con que se gobierna una institución. *Gralm en pl.* ■ **5** Ley dictada por el Papa a toda la Iglesia. *Gralm* ~ APOSTÓLICA.

constitucional *adj* **1** De la constitución o de las constituciones, *esp* [2, 3 y 4]. ■ **2** [Sistema de gobierno] basado en la existencia y primacía de la Constitución [3]. **b)** [Cargo] ejercido de acuerdo con la Constitución. ■ **3** [Tribunal] que juzga cuestiones relativas a la Constitución [3]. *Tb n m.* ■ **4** [Cosa] que se deriva de la Constitución [3]. **b)** [Cosa] que se ajusta a lo establecido en la Constitución. **c)** [Garantías] ~es → GARANTÍA. ■ **5** Partidario de la Constitución [3], esp. de la de Cádiz de 1812. *Frec n.* ■ **6** (*hist*) [Período de tres años (1820-1823)] en que estuvo restablecida la Constitución de Cádiz.

constitucionalidad *f* Cualidad de constitucional [4b].

constitucionalismo *m* Tendencia o ideología que defiende el sistema constitucional [2a].

constitucionalista I *adj* **1** Del constitucionalismo o que lo implica. **b)** Partidario del constitucionalismo. *Tb n.* ■ **2** (*Psicol*) Que estudia los tipos constitucionales de individuos. *Tb n, referido a pers.* II *m y f* **3** Especialista en la Constitución o en Constituciones [3].

constitucionalizar *tr* Dar carácter constitucional [4] [a algo (*cd*)].

constitucionalmente *adv* **1** De manera constitucional [4b]. ■ **2** Desde el punto de vista constitucional [1].

constituir (*conjug* **48**) A *tr* **1** Formar [varias perss. o cosas (*suj*) un todo]. **b)** Ser [una pers. o cosa] el único componente [de algo (*cd*)]. **c)** Ser [una pers. o cosa (*suj*) algo (*predicat*)] o tener el carácter [de lo que se expresa (*predicat*)]. ■ **2** Establecer o fundar. ■ **3** Dar [a alguien o algo (*cd*)] la condición o carácter [de lo que se expresa (*predicat, o compl* EN)]. **b)** *pr* (~se) Tomar [alguien o algo] la condición

o carácter [de lo que se expresa (*predicat, o compl* EN)]. ■ **4** (*admin*) Imponer [a alguien (*cd*) una obligación (*compl* EN)]. ■ **5** (*admin*) Depositar [una cantidad de dinero].

B *intr pr* (~se) **6** (*admin*) Reunirse [un tribunal o una junta directiva]. ■ **7** (*admin*) Presentarse [alguien en el lugar donde ha de actuar].

constitutivamente *adv* En el aspecto constitutivo [2].

constitutivo -va *adj* **1** Que constituye [1, 2 y 3]. *Tb n m, designando elemento.* ■ **2** De (la) constitución [2].

constituyente *adj* **1** Que constituye [1]. *Frec n m, designando elemento.* ■ **2** Que elabora o reforma una Constitución [3]. *Gralm referido a asamblea. Tb n f.* **b)** [Miembro] de una asamblea constituyente. *Tb n.* **c)** Propio de la asamblea constituyente.

constreñimiento *m* Acción de constreñir(se), *esp* [1, 2 y 4]. *Tb su efecto.*

constreñir (*conjug* **58**) A *tr* **1** Quitar libertad [a alguien (*cd*)] o cohibir[le]. ■ **2** Obligar o forzar [a algo]. ■ **3** Apretar u oprimir.

B *intr pr* (~se) **4** Limitarse [alguien a una acción].

constricción *f* Acción de constreñir, *esp* [3].

constrictivo -va *adj* **1** Que constriñe [1 a 3]. ■ **2** (*Fon*) Fricativo. *Tb n f.*

constrictor -ra *adj* Que constriñe, *esp* [3].

construcción I *f* **1** Acción de construir. ■ **2** Actividad de construir edificios o cosas similares. ■ **3** Cosa construida. **b)** *Esp:* Edificio o cosa similar. **c)** (*Gram*) Conjunto de palabras que constituyen una unidad sintáctica. ■ **4** Juego infantil constituido por numerosas piezas que se combinan de formas diferentes para hacer edificios o cosas similares. *Frec en pl.* ■ **5** *En pl, se usa frec en denominaciones de empresas constructoras.*

II *loc adj* **6** de ~. (*TLit*) [Figura] que se basa en los modos de construcción [1] gramatical.

construccionismo *m* (*Arte*) Constructivismo [1].

constructivamente *adv* De manera constructiva.

constructivismo *m* (*Arte*) **1** Movimiento artístico, nacido dentro de la corriente abstracta, caracterizado por el uso de materiales mecánicos. ■ **2** Tendencia a la perfección formal de la construcción artística.

constructivista *adj* (*Arte*) Del constructivismo [1]. **b)** Partidario o adepto del constructivismo. *Tb n.*

constructivo -va *adj* **1** De (la) construcción. ■ **2** Que sirve para construir [1a]. *Se opone a* DESTRUCTIVO. **b)** [Crítica] que tiene por objeto mejorar lo criticado y no condenarlo o desprestigiarlo. *Tb referido a quien la ejerce.* **c)** Propio de lo que construye.

constructor -ra *adj* **1** Que construye, esp. en arquitectura o ingeniería. *Tb n: m y f, referido a pers; f, referido a empresa. Tb fig.* ■ **2** De (la) construcción.

construible *adj* Que se puede construir.

construir (*conjug* **48**) *tr* **1** Hacer [algo material o inmaterial] juntando o combinando los elementos necesarios. **b)** Hacer [un edificio o algo similar, o una parte de ellos]. *Tb abs, referido a edificio.* ■ **2** (*Gram*) Formar [algo, esp. una oración o un sintagma]. ■ **3** (*Gram*) Usar en el enunciado [una palabra en compañía de otra (*compl* CON) o de un modo determinado (*compl adv*)].

consubstanciación, consubstancial, consubstancialidad, consubstancialmente, consubstanciarse → CONSUSTANCIACIÓN, CONSUSTANCIAL, *etc.*

consuegrero -ra *adj* De Consuegra (Toledo). *Tb n, referido a pers.*

consuegro -gra *m y f* Pers. que es suegro o suegra del hijo o hija [de otra pers.].

consuelda *f Se da este n a varias plantas herbáceas de los géns Symphytum, Ajuga, Prunella, Saxifraga, Delphinium, Potentilla y otros, esp a la Symphytum officinale* (~ MAYOR), *S. tuberosum* (~ MENOR) *y Ajuga reptans* (~ MEDIA).

consuelo *m* **1** Acción de consolar(se). *Tb su efecto.* ■ **2** Pers. o cosa que consuela.

consueta *m* (*raro*) Apuntador (de teatro).

consueto -ta *adj* (*lit, raro*) Habitual.

consuetud *f* (*lit, raro*) Hábito o costumbre.

consuetudinariamente *adv* De manera consuetudinaria.

consuetudinario -ria *adj* De (la) costumbre o de (las) costumbres. **b)** (*Der*) Basado en la costumbre.

cónsul *m* **1** Agente diplomático [de una nación] cuya misión es la protección de las personas e intereses de su país en una ciudad extranjera. **b)** ~ **general.** Jefe del servicio de los cónsules [de una nación] en un país extranjero. **c)** ~ **general.** (*lit*) Representante [de una actividad] reconocido por todos. ■ **2** (*hist*) Miembro de un consulado [4]. ■ **3** (*hist*) *En la República romana:* Magistrado de los dos investidos, por un año, de la máxima autoridad.

consulado *m* **1** Cargo de cónsul [1a y b, 2 y 3]. *Tb el tiempo que dura.* ■ **2** Oficina del cónsul [1a y b]. ■ **3** Representación diplomática ostentada por un cónsul [1]. ■ **4** (*hist*) *En los ss XIII-XIX:* Tribunal de comercio encargado de resolver los pleitos de los comerciantes de mar y tierra.

consular *adj* **1** De(l) cónsul o de (los) cónsules [1a, 2 y 3]. **b)** [Pers.] que tiene condición de cónsul [1a]. ■ **2** Del consulado.

consulta *f* **1** Acción de consultar. *Tb su efecto.* ■ **2** Hecho de recibir o atender el médico a los enfermos. *Gralm con los vs PASAR o TENER.* **b)** Local donde el médico pasa consulta. ■ **3** (*hist*) Dictamen emitido por un cuerpo consultivo del Estado.

consultable *adj* Que puede consultarse.

consultante *adj* Que consulta. *Frec n.*

consultar *tr* **1** Exponer [un asunto (*cd*)] a alguien (*ci o compl* CON)] para conocer su opinión o dictamen. *Tb sin alguno de los dos compls, o sin los dos.* **b)** ~ **con la almohada** → ALMOHADA. ■ **2** Pedir opinión o dictamen [a alguien (*cd*)]. ■ **3** Examinar [algo, esp. un texto] para obtener información. ■ **4** Buscar [una información en un texto].

consulting (*ing; pronunc corriente*, /konsúltin/; *pl normal*, ~S) *m* Consultoría. *Tb la empresa correspondiente.*

consultivo -va *adj* [Organismo] destinado a ser consultado [2]. **b)** Propio de un organismo consultivo.

consultor -ra I *adj* **1** [Pers. o empresa] dedicada a atender consultas [1] especializadas. *Tb n: m y f, referido a pers; f, referido a empresa.*

II *n* A *m y f* **2** Pers. que en una entidad u organismo tiene por misión atender las consultas [1] que se le hagan.

B *m* **3** (*Rel catól*) Miembro de una congregación de la curia romana que no es cardenal.

consultoría *f* Asesoramiento técnico o profesional. *Tb la empresa correspondiente.*

consultorio *m* **1** Local en que uno o más médicos reciben a los pacientes. ■ **2** Establecimiento u oficina privados donde se atienden consultas sobre una materia determinada. ■ **3** Sección de un periódico o de una emisora en que se resuelven consultas del público.

consumación *f* **1** Acción de consumar(se). ■ **2** **la ~ de los siglos.** (*lit*) El fin del mundo.

consumado -da I *adj* **1** *part* → CONSUMAR. ■ **2** [Pers.] perfecta [en una actividad (*n que expresa la pers que realiza esa actividad*)]. *Alguna vez referido a animales.* * Es un cazador consumado. ■ **3** [Hecho] ~ → HECHO.

II *m* (*jerg*) **4** Botín de un robo. ■ **5** Responsabilidad o culpa de un delito. *Frec en la constr* COMERSE EL ~.

consumador -ra *adj* Que consuma. *Tb n, referido a pers.*

consumar *tr* **1** Llevar a cabo totalmente [una acción]. **b)** *pr* (~se) Llegar [una acción] a su realización total. ■ **2** (*Der*) Completar [los esposos el matrimonio] realizando el primer acto sexual.

consumero *m* Hasta 1964: Empleado municipal encargado de cobrar el impuesto de consumos [3].

consumible *adj* Que se puede consumir. **b)** [Producto] que se consume [3] con el uso. *Frec como n m en pl.*

consumición *f* **1** Acción de consumir(se). ■ **2** Conjunto de cosas tomadas en un bar u otro establecimiento similar.

consumidor -ra I *adj* **1** Que consume, *esp* [1, 2 y 3]. *Frec n, referido a pers. A veces con un compl de posesión.*

II *m y f* **2** Pers. que compra o consume productos agrícolas o industriales, o hace uso de servicios. *Se opone a* PRODUCTOR.

III *loc adv* **3** **a gusto** (o **según el gusto**) **del ~.** Según el gusto de cada cual.

consumir A *tr* **1** Emplear [alguien o algo (*suj*)], esp. para el propio mantenimiento o funcionamiento, [una cosa (*cd*)] que con ello se destruye o deja de ser lo que era]. ■ **2** Ingerir [un alimento]. *Implicando acción habitual.* **b)** Tomar [algo] en un café, un bar u otro establecimiento similar. **c)** (*Rel catól*) Tomar [el sacerdote las especies consagradas]. *Tb abs.* ■ **3** Gastar (hacer uso [de algo (*cd*)] que con ello disminuye o se agota]. *Tb abs.* **b)** Gastar o desgastar. **c)** Hacer uso [de algo (*cd*)] como mercancía o producto comercial. ■ **4** Poner [a alguien] muy delgado y débil. **b)** *pr* (~se) Ponerse [alguien] muy delgado y débil. ■ **5** Desazonar o inquietar intensamente [a alguien]. **b)** *pr* (~se) Pasar [alguien] a estar intensamente desazonado o inquieto. **c)** ~ **la vida** → VIDA. ■ **6** Destruir o agotar. **b)** *pr* (~se) Destruirse o agotarse [una pers. o cosa].

B *intr pr* (~se) **7** Concentrarse [algo, esp. un caldo o salsa] al perder agua por efecto de la cocción.

consumismo *m* Tendencia al consumo [1] excesivo e injustificado.

consumista *adj* De(l) consumismo. **b)** Adepto al consumismo. *Tb n, referido a pers.*

consumístico -ca *adj* De consumo [1, 4 y 5].

consummatum est (*lat; pronunc, /*konsumátum-ést/) *fórm or* Todo se ha acabado.

consumo I *m* **1** Acción de consumir [1, 2 y 3]. *Tb su efecto.* ■ **2** (*raro*) Consumición [2]. ■ **3** *En pl, hasta 1964:* Impuesto municipal cobrado a la entrada de una población sobre comestibles y otras mercancías. *Tb la oficina en que se cobran.*
II *loc adj* **4 de ~.** [Bienes] destinados a satisfacer directamente necesidades humanas. ■ **5 de ~.** [Sociedad] caracterizada por el estímulo del consumo [1] excesivo e injustificado.

consunción *f* Acción de consumir(se) [4, 5 y 6].

consuno. de ~. *loc adv* (*lit*) Conjuntamente o en unión.

consuntivo -va *adj* **1** De (la) consunción. ■ **2** De(l) consumo [1].

consunto -ta *adj* (*lit, raro*) Consumido.

consustanciación (*tb, más raro,* **consubstanciación**) *f* Acción de consustanciarse.

consustancial (*tb, más raro,* **consubstancial**) *adj* **1** Que pertenece a la propia sustancia o naturaleza [de alguien o algo (*compl* EN, CON o A)]. ■ **2** (*Rel catól*) De la misma sustancia. *A veces con un compl* CON.

consustancialidad (*tb, más raro,* **consubstancialidad**) *f* Cualidad de consustancial.

consustancialmente (*tb, más raro,* **consubstancialmente**) *adv* De manera consustancial.

consustanciarse (*tb, más raro,* **consubstanciarse**) (*conjug* **1a**) *intr pr* Unirse íntimamente [una pers. o cosa con otra] hasta ser una misma sustancia.

contabilidad *f* **1** Anotación ordenada de las cuentas de una oficina o un negocio en los libros correspondientes. *Tb fig.* ■ **2** Técnica de registro de la actividad económica de una pers. o colectividad o de una empresa o negocio. ■ **3** Actividad de contable[1] [4]. *Tb la oficina o departamento correspondiente.*

contabilizable *adj* Que puede ser contabilizado.

contabilización *f* Acción de contabilizar.

contabilizador -ra *adj* Que contabiliza. *Tb n f, referido a máquina.*

contabilizar *tr* **1** Registrar [una operación o una cantidad] en los libros de cuentas. *Frec fig.* ■ **2** Contar[1] [perss. o cosas] o determinar la cantidad exacta [de ellas (*cd*)]. ■ **3** Contar[1] o incluir [a alguien o algo (*cd*)] entre las perss. o cosas de que se trata.

contable[1] I *adj* **1** De (la) contabilidad. ■ **2** (*Ling*) [Nombre] que designa entidades discontinuas o que se pueden separar en unidades. ■ **3** [Auditor] ~, [auditoría] ~ → AUDITOR, AUDITORÍA.
II *m y f* **4** Pers. que tiene a su cargo los libros de cuentas [de una oficina o un negocio]. *Tb sin compl.*

contable[2] *adj* Que puede ser contado[2] o narrado.

contactar A *intr* **1** Ponerse en contacto [2] [con alguien]. ■ **2** Estar en contacto [1a y b] [con algo].
B *tr* **3** Ponerse en contacto [2] [con alguien (*cd*)].

contacto I *m* **1** Hecho de tocar físicamente una pers. o cosa a otra. *Frec en la constr* EN ~ CON. **b)** Hecho de tocarse dos conductores eléctricos, estableciendo una corriente. **c)** Mecanismo utilizado para producir un contacto [1b]. ■ **2** Trato o comunicación. *Frec en las constrs* PONERSE o ESTAR EN ~ CON y TENER o TOMAR ~ CON. *Tb fig.* **b)** *En pl:* Sección de un periódico en que se anuncian posibles relaciones sexuales. ■ **3** Pers. que sirve de enlace o relación con un determinado medio.
II *loc adj* **4 de ~.** [Lente] pequeña que se aplica directamente sobre la córnea para la corrección de defectos visuales. *Frec en pl.*

contactología *f* (*Ópt*) Especialidad óptica que versa sobre las lentes de contacto.

contactológico -ca *adj* (*Ópt*) De la contactología.

contactólogo -ga *m y f* (*Ópt*) Especialista en contactología.

contactor *m* (*Electr*) Aparato destinado a conectar e interrumpir un circuito eléctrico potente.

contado -da I *adj* **1** *part* → CONTAR. ■ **2** [Cosa] en cantidad limitada al mínimo suficiente. ■ **3** *Referido a un n en pl:* Pocos o escasos.
II *adv* **4 al ~.** Con pago inmediato. *Tb adj.* ■ **5 al ~.** (*reg*) Al instante.

contador -ra I *adj* **1** Que cuenta[1] [1]. *Tb n, m y f, referido a pers y a utensilio o máquina.*
II *n* A *m* **2** Aparato que sirve para contar[1], medir y registrar ciertas magnitudes o efectos mecánicos. *Frec con un compl especificador.* **b)** *Esp:* Aparato para medir la cantidad de fluido, esp. agua, gas o electricidad, que pasa por un punto en un tiempo determinado. **c)** Reloj que permite medir fracciones de tiempo muy pequeñas. *Tb* CRONÓMETRO ~. **d)** (*Electrón e Informát*) Dispositivo digital que almacena un número y lo aumenta o disminuye en respuesta a una señal de entrada. **e)** ~ **Geiger** (o **de Geiger**). (*Fís*) Aparato para detectar y medir partículas radiactivas, consistente en un tubo hermético que contiene en su interior un gas enrarecido y un filamento en su eje.
B *m y f* **3** Pers. que cuenta[1] [1]. ■ **4** (*admin*) Pers., esp. funcionario, que tiene a su cargo el control de cuentas.

contaduría *f* **1** (*admin*) Oficina del contador [4]. ■ **2** *En un local de espectáculos:* Oficina de administración en que se expenden entradas con antelación.

contagiable *adj* [Cosa] que puede sufrir contagio.

contagiante *adj* Que produce contagio. *Tb n, referido a pers.*

contagiar (*conjug* **1a**) *tr* **1** Transmitir [alguien (*suj*) una enfermedad (*cd*) a otro (*ci*)]. *Tb fig, referido a cosa, esp cualidad.* **b)** *pr* (**~se**) Pasar [una enfermedad (*suj*)] a otro individuo distinto del que la padece. *Frec sin compl. Tb fig, referido a cosa, esp. cualidad.* ■ **2** Transmitir o pasar [a alguien (*cd*)] una enfermedad (*compl* DE)]. *Tb fig, referido a cosa, esp cualidad. Frec sin compl* DE, *por consabido.* **b)** *pr* (**~se**) Pasar a tener [alguien (*suj*)] una enfermedad (*compl* DE) de alguien o algo]. *Frec sin compl, por consabido. Tb fig, referido a cosa, esp cualidad.*

contagio *m* **1** Acción de contagiar(se). ■ **2** (*Informát*) Transmisión de virus a un ordenador.

contagiosidad *f* Cualidad de contagioso.

contagioso -sa *adj* **1** [Enfermedad] que se contagia con facilidad. *Tb fig, esp referido a cosa.* ■ **2**

container – contender

[Individuo] capaz de contagiar una enfermedad. *Tb n, referido a pers.* ■ **3** [Tiempo] en que es posible el contagio de una enfermedad.

container *(ing; pronunc corriente, /kontáiner/ o /kontéiner/; pl normal, ~s) m* **1** Contenedor (recipiente). ■ **2** Barco destinado al transporte de mercancías en containers [1].

containerización *f* Utilización de containers para el transporte de mercancías.

contaje *m* Acción de contar[1] [1].

contaminable *adj* Que se puede contaminar.

contaminación *f* Acción de contaminar(se), *esp* [2]. *Tb su efecto. Frec con un adj especificador. Tb fig.*

contaminador -ra *adj* Que contamina [1a]. **b)** Contaminante. *Tb n m.*

contaminante *adj* Que contamina [2]. *Tb n m, referido a agente o producto.*

contaminar *tr* **1** Transmitir [a alguien (*cd*)] un mal, esp. inmaterial. *A veces con un compl* DE. **b)** *pr* (~se) Sufrir [alguien] la transmisión de un mal. *Frec con un compl* DE *o* CON. ■ **2** Transmitir [a algo, esp. a un alimento, al agua o a la atmósfera (*cd*)] elementos capaces de perjudicar la salud de los seres vivos. *Tb abs.* **b)** *pr* (~se) Sufrir [algo, esp. un alimento, el agua o la atmósfera] la transmisión de elementos capaces de perjudicar la salud de los seres vivos. *Frec en part.*

contante *adj* [Dinero] efectivo. *Frec* ~ Y SONANTE.

contar[1] I *v (conjug 4)* A *tr* **1** Determinar la cantidad exacta [de perss. o cosas (*cd*)] dando a cada una un número correlativo. *Tb abs.* ■ **2** Tener [una pers. o cosa (*suj*)] un número de años de edad o de antigüedad (*cd*)]. **b)** Tener [una cosa (*suj*) otra (*cd*)]. ■ **3** Incluir [a alguien o algo] entre las perss. o cosas de que se trata. ■ **4** Considerar [a alguien o algo (*cd*)] en calidad de algo (*compl* POR *o* COMO)]. ■ **5 y pare usted** (*o* para) de ~ → PARAR.
B *intr* ➤ **a** *normal* **6** Decir la serie de los números. ■ **7** Tener [una pers. o cosa (*suj*)] a otra (*compl* CON)] o disponer [de ella (*compl* CON)]. ■ **8** Tener la seguridad de que se podrá disponer [de alguien o algo (*compl* CON)]. ■ **9** Dar por seguro o muy probable [algo futuro (*compl* CON)]. ■ **10** Tener presente [a alguien o algo (*compl* CON)] para algo que se proyecta. ■ **11** Tener valor [una cosa] o ser tenida en consideración. **b)** Tener importancia o merecer consideración [una pers.].
➤ **b** *pr* (~se) **12** Estar o encontrarse [entre un grupo de perss. o cosas].
II *loc adv* **13 por sus pasos contados** → PASO.
III *loc prep* **14 a – de** (*o* desde). Desde. *Seguido de una expresión de tiempo, esp una fecha.*

contar[2] *(conjug 4)* A *tr* **1** Decir [un hecho o una serie de hechos sucedidos o imaginarios]. *Tb abs.* ■ **2 ¿a mí qué me cuentas?** *(col) Fórmula con que uno se desentiende del problema que el interlocutor le expone.* ■ **3 -lo.** *(col) Salir con vida. Normalmente en pres y en forma neg.* **b) quedar para -lo.** *Resultar superviviente. Normalmente en pasado y en forma neg.* ■ **4** ~ **y no acabar** [de una pers. o cosa]. *Ponderar[la] extraordinariamente.* ■ **5 cuéntaselo a tu abuela,** *o* **a tu tía,** *o* **a un guardia** → ABUELO, TÍO, GUARDIA. ■ **6 me lo vas a – a mí, qué me vas a ~,** *o* **a quien se lo vas a ~.** *(col) Fórmulas que expresan que uno ya tiene experiencia sobrada de hechos como el que comenta el interlocutor.* * –Tiene un carácter insufrible. –Me lo vas a con-

tar a mí. ■ **7 no me cuentes tu vida** → VIDA. ■ **8 (para) qué te voy a ~, (para) qué te (lo) cuento, ni te cuento.** *(col) Fórmulas ponderativas. Frec introducidas por* QUE. * Hace un frío que ni te cuento. ■ **9 ¿qué (te) cuentas?** *(col) Fórmula de cortesía con que se inicia conversación después del saludo.* ■ **10 ya me contarás.** *(col) Fórmula que subraya enfáticamente lo dicho, invitando al interlocutor a juzgar por sí mismo sobre ello.* * Ya me contarás para qué podía querer esa foto.
B *intr* **11** Contar [1] [algo (*compl* DE) o hablar [de ello]].

contario *m (Arquit)* Adorno en forma de cuentas o bolitas colocadas en bandas o franjas.

contemplable *adj* Que se puede contemplar.

contemplación *f* **1** Acción de contemplar [1 y 2]. ■ **2** Miramiento o consideración. *Frec en pl y en la constr* SIN ~ES. ■ **3** *(Rel)* Meditación sobre la divinidad y las cuestiones religiosas. **b)** Vida de oración y meditación. ■ **4** Actitud de quien especula o teoriza. *Se opone a* ACCIÓN.

contemplador -ra *adj* Que contempla. *Tb n, referido a pers.*

contemplar A *tr* **1** Fijar con atención la mirada [en alguien o algo (*cd*)]. ■ **2** Considerar o tener en cuenta. **b)** Considerar o tener [a alguien o algo en el concepto que se indica (*compl de modo*)]. ■ **3** Tratar con mimos y miramientos [a alguien].
B *intr* **4** Dedicarse a la contemplación [4]].

contemplativamente *adv* De manera contemplativa.

contemplativo -va *adj* **1** De (la) contemplación [3]. *Tb fig.* **b)** Que se dedica a la contemplación. *Tb n, referido a pers.* ■ **2** Que se limita a observar sin actuar. ■ **3** Contemplador o que contempla [1].

contemporáneamente *adv* **1** Al mismo tiempo. *Frec con un compl* A. ■ **2** En la época contemporánea [2a].

contemporaneidad *f* **1** Condición de contemporáneo. ■ **2** Época contemporánea.

contemporáneo -a *adj* **1** [Pers. o cosa] de la misma época o del mismo tiempo [que otra (*compl de posesión*)]. *Tb sin compl, referido a n en pl. Tb n, referido a pers.* ■ **2** [Época] actual. *Frec se hace abarcar desde comienzos del s* XIX *hasta nuestros días.* **b)** De la época contemporánea.

contemporización *f* Acción de contemporizar.

contemporizador -ra *adj* **1** Que contemporiza. *Tb n, referido a pers.* ■ **2** [Cosa] que denota o implica contemporización.

contemporizar *intr* Tener tolerancia [con alguien o algo] para evitar choques. *Tb sin compl.*

contención *f* **1** Acción de contener(se). *Tb su efecto.* ■ **2** Cualidad de contenido[1] [2 y 3].

contencioso -sa *adj (Der)* **1** [Asunto, proceso o recurso] que es objeto de litigio con oposición entre partes. *Frec n m.* **b)** De los recursos contenciosos. ■ **2** ~ **administrativo** *o* **~-administrativo.** [Proceso o recurso] que se sigue contra actos de la Administración pública. **b)** De los recursos contencioso-administrativos.

contender *(conjug 14) intr* Luchar [dos o más perss., o una(s) con otra(s)], esp. para conseguir [algo (*compl* POR, *o prop introducida por* PARA *o* POR)]. *Tb sin el 2º compl. Tb fig.*

contendiente *adj* Que contiende o toma parte en una contienda. *Tb n, referido a pers.*

contenedor -ra I *adj* **1** Que contiene [1]. *Frec con un compl* DE.

II *m* **2** Recipiente muy grande y resistente, de dimensiones normalizadas, provisto de ganchos o argollas para facilitar su carga y descarga por medio de grúas, y destinado al transporte de mercancías a gran distancia. **b)** *En gral:* Recipiente resistente, de forma y dimensiones normalizadas, destinado al almacenamiento temporal y posterior transporte de determinados materiales. **c)** *(raro)* Recipiente en que se vende una mercancía.

contenencia *f (raro)* **1** Suspensión momentánea del vuelo del ave en el aire. ■ **2** Hecho de contener [1].

contener *(conjug 31)* **A** *tr* **1** Tener [algo *(suj)*] dentro de sí [una o varias cosas]. *Tb fig.* ■ **2** Impedir que [alguien o algo *(cd)*] avance o progrese libremente. *Tb fig.* ■ **3** Impedir temporalmente el desarrollo [de una acción o un proceso *(cd)*]. ■ **4** Dominar la libre expresión [del gesto *(cd)*].
B *intr* (~se) **5** Dominarse [una pers.], o sujetar sus sentimientos o deseos a la propia voluntad. ■ **6** Frenar [algo] su propia acción o actividad.

contenible *adj* Que se puede contener [2 y 3].

contenidamente *adv* De manera contenida (→ CONTENIDO[1] [3]).

contenidista *adj (Arte y TLit)* Contenutista.

contenido[1] -da *adj* **1** *part* → CONTENER. ■ **2** [Pers.] que se contiene o domina, o que tiende a ello. ■ **3** [Cosa] que denota o implica contención [1].

contenido[2] *m* **1** Cosa contenida (→ CONTENER [1]) [en otra *(compl de posesión)*]. *Tb sin compl. Tb fig.* ■ **2** Cosa o conjunto de cosas dichas [en un texto, un discurso o una conversación *(compl de posesión)*]. ■ **3** Tema o argumento [de una obra literaria, teatral o cinematográfica]. ■ **4** Conjunto de temas o actuaciones que se desarrollan [en un programa de radio o de televisión *(compl de posesión)*]. ■ **5** *(Ling)* Significado. *Se opone a* EXPRESIÓN. *Tb (lit) fuera del ámbito técn.* ■ **6** ~ **lógico.** *(Filos)* Concepto, juicio o razonamiento.

contenta *f (reg)* Propina que el ganadero da al guarda de un campo para que permita el descanso del ganado en este.

contentación *f (raro)* Contentamiento.

contentadizo -za *adj* [Pers.] fácil de contentar.

contentamiento *m* Acción de contentar(se). *Tb su efecto.*

contentar A *tr* **1** Satisfacer [a alguien] proporcionándo[le] placer o lo que necesita o desea. ■ **2** Poner contento[1] [a alguien enfadado o triste]. **b)** *pr* (~se) Ponerse contento[1] [alguien enfadado o triste].
B *intr pr* (~se) **3** Conformarse o darse por satisfecho [con algo].

contento[1] -ta I *adj* **1** Que tiene un estado de ánimo placentero con tendencia a la animación y a la risa, por una causa determinada. *Frec con un compl* CON, DE O POR, *que expresa la causa.* ■ **2** Conforme, o que no siente necesidad de más. *Frec con un compl* CON, *que expresa pers o cosa.* **b)** **no** ~ [con algo]. *Constr de sent adv que precede a una o para enfatizar el carácter excesivo de lo expresado en ella.* * No contento con esto, quiso que me expulsaran.* ■ **3** *(col)* Ligeramente ebrio. *Frec como euf.*

II *loc v y fórm or* **4** ~ **me tienes.** *(col) Fórmula con que se manifiesta enfado.* ■ **5 quedarse tan ~.** *(col)* No inmutarse. ■ **6 y tan ~s.** *(col) Fórmula con que se manifiesta la falta de problemas o discrepancias ante el hecho que se acaba de mencionar.* * Si hiciese falta, se ponía una contribución, y tan contentos.*

contento[2] I *m* **1** Alegría o satisfacción.
II *loc adv* **2 que es un ~.** *(col)* Mucho. *Con intención ponderativa. Pospuesto a un v.*

contenutismo *m (Arte y TLit)* Tendencia a prestar atención primordial al contenido o sentido de la obra.

contenutista *adj (Arte y TLit)* De(l) contenutismo o que lo implica.

conteo *m (raro)* Recuento.

contera I *f* **1** Pieza de material resistente, que como protección recubre la punta de un bastón o paraguas, un lápiz u otros objetos.
II *loc v* **2 echar la** ~ [a algo]. *(raro)* Concluir[lo] o finalizar[lo].
III *loc adv* **3 por** (o **de**) ~. *(col)* Para colmo o como remate.

conterazo *m* Golpe dado con la contera del bastón o de otro objeto semejante.

conterráneo -a *m y f* Coterráneo.

contertulio -lia *m y f* Pers. que asiste a una tertulia. **b)** Pers. que asiste a la misma tertulia [que otra *(compl de posesión)*].

contestable *adj* Que puede ser contestado (→ CONTESTAR[2]).

contestación[1] *f* **1** Acción de contestar[1]. *Frec su efecto.* ■ **2** *(Der)* Escrito en que el demandado alega motivos contra la demanda.

contestación[2] *f* Acción de contestar[2].

contestador[1] -ra A *m y f* **1** Pers. que contesta[1].
B *m* **2** Dispositivo que, aplicado a un aparato telefónico, transmite automáticamente un mensaje grabado, cada vez que se recibe una llamada, y graba a su vez el que deja el comunicante. *Frec* ~ AUTOMÁTICO.

contestador[2] -ra *adj* Contestatario. *Tb n.*

contestano -na *adj* **1** De Cocentaina (Alicante). *Tb n, referido a pers.* ■ **2** *(hist)* Del pueblo ibérico habitante de la Contestania, región que comprendía la actual provincia de Alicante, el sur de la de Valencia y parte de la de Murcia. *Tb n, referido a pers.*

contestar[1] A *tr* **1** Decir o escribir [algo a alguien] para resolver su pregunta, para comentar o rebatir lo que ha dicho, o para atender a una comunicación suya. *Tb abs.* **b)** Decir [algo a un superior] a manera de protesta ante una orden o advertencia. *Frec abs.* ■ **2** Hablar o escribir a una pers. atendiendo [a una comunicación suya *(cd)*]. **b)** Exponer lo solicitado [en una pregunta *(cd)*]. ■ **3** Hablar o escribir [a alguien *(cd)*] para resolver su pregunta, para comentar o rebatir lo que ha dicho o para atender a una comunicación suya.
B *intr* **4** Hablar o escribir [a alguien *(ci)*] para resolver su pregunta, para comentar o rebatir lo que ha dicho o para atender a una comunicación suya. ■ **5** Decir o escribir algo para resolver [una pregunta *(ci)*] o para comentar o rebatir [una expresión *(ci)*]. **b)** Hablar o escribir a una pers. atendiendo [a una comunicación suya *(ci)*]. **c)** Atender la llamada [de alguien o algo *(ci)*]. *Tb sin ci.* ■ **6** Actuar [de

un modo determinado (*compl adv*) ante una acción ajena o ante la pers. que la realiza (*ci*)]. *Tb sin compls.*

contestar² *tr* Manifestar oposición o protesta, frec. en forma ostentosa o violenta, [contra alguien o algo, esp. las autoridades, las formas de vida o las ideas establecidas (*cd*)]. *Tb abs.*

contestatario -ria *adj* [Pers.] que contesta². *Tb n.* **b)** Propio del contestatario o de los contestatarios.

conteste *adj* (*lit*) **1** Que atestigua lo mismo. ■ **2** Que está de acuerdo. *A veces con un compl* EN. *Gralm referido a n en pl.*

contestón -na *adj* (*col*) [Pers.] que por hábito contesta¹ [1b] de malos modos a un superior. *Tb n.*

contexto **I** *m* **1** Texto del que forma parte una frase, una palabra o una unidad fonológica. ■ **2** Conjunto de las circunstancias en que está situado algo, esp. un hecho. *Frec con un adj especificador:* CULTURAL, HISTÓRICO, SOCIAL, *etc.* **II** *loc adj* **3 fuera de ~.** [Frase o palabra] separada del texto al que pertenece originariamente y privada por ello de su verdadero sentido. *Tb adv.*

contextual *adj* Del contexto.

contextualizar *tr* Situar [algo] en un contexto [2].

contextura *f* **1** Disposición de los elementos constitutivos [de un todo, esp. de un cuerpo]. *Tb fig.* **b)** Constitución física [de una pers.]. ■ **2 ~ moral.** Calidad moral [de una pers.].

conticinio *m* (*lit, raro*) Hora de la noche en que todo está en silencio.

contienda *f* Acción de contender. *Tb fig.* **b)** Guerra, o lucha armada. **c)** (*Dep*) Encuentro.

contigo → TÚ.

contiguamente *adv* En el lugar contiguo.

contigüidad *f* **1** Condición de contiguo. ■ **2** Lugar contiguo.

contiguo -gua *adj* Que está al lado u ocupa lugar inmediato. *A veces con un compl* A.

continencia *f* Hecho de contener(se). **b)** *Esp:* Abstinencia del placer sexual.

continental¹ *adj* **1** De(l) continente¹. **b)** [Plataforma] ~, [talud] ~ → PLATAFORMA, TALUD. ■ **2** (*Meteor*) [Clima] correspondiente a regiones alejadas de la costa y exento, por tanto, de la influencia del mar, con grandes oscilaciones de temperatura. ■ **3** (*Geogr*) [Mar] situado en el interior de un continente y comunicado con el océano por un estrecho. ■ **4** (*Geol*) [Aguas] que se encuentran sobre la superficie de los continentes¹. ■ **5** (*Geol*) [Glaciar] que cubre un área extensa y se mueve en varias direcciones. ■ **6** *En un establecimiento hotelero:* [Desayuno] compuesto de café y pan o bollería.

continental² *m* (*hist*) **1** *Hasta finales de los años veinte:* Agencia pública de mensajería en el interior de una población. ■ **2** Mensaje enviado a través de un continental [1].

continentalidad *f* (*Meteor*) Condición de continental¹ [2].

continentalizado -da *adj* (*raro*) **1** *part* → CONTINENTALIZAR. ■ **2** (*Meteor*) [Clima] que tiene características semejantes a las del continental¹ [2].

continentalizar *tr* (*raro*) Dar carácter continental¹ [1] [a algo].

continente¹ *m* Gran extensión de tierra limitada por uno o varios océanos. *A veces se contrapone a* ISLA.

continente² *adj* **1** [Cosa] que contiene [1]. *Frec n m. Tb fig.* ■ **2** Que tiene o muestra continencia [1b].

continente³ *m* (*lit*) Presencia o aspecto [de una pers.]. *Esp con intención laudatoria.*

contingencia *f* **1** Cualidad de contingente². ■ **2** Suceso posible e imprevisto, de carácter negativo o que se ve como tal.

contingentación *f* Acción de contingentar.

contingentar *tr* (*Econ*) Someter [algo] a un contingente¹ [4] o cupo. *Tb fig, fuera del ámbito técn.*

contingente¹ *m* **1** Grupo o conjunto [de perss. o cosas]. ■ **2** (*Mil*) Conjunto de tropas. *Tb ~* MILITAR *o* DE TROPAS. ■ **3** (*Mil*) Conjunto de los hombres llamados al servicio militar para un período determinado. ■ **4** (*Econ*) Cuota o cantidad máxima establecida. *Esp referido a importación.*

contingente² *adj* **1** Que puede producirse o no. ■ **2** (*Filos*) [Ser] no necesario, o que no tiene en sí la causa de su ser.

contingentemente *adv* De manera contingente² [1].

contingentismo *m* (*Filos*) Doctrina según la cual la relación entre causa y efecto no es de necesidad, sino de contingencia [1].

contingible *adj* (*lit, raro*) Posible, o que puede suceder.

continuación **I** *f* **1** Acción de continuar. ■ **2** Cosa con la que [otra (*compl de posesión*)] se continúa. **II** *loc adv* **3 a ~.** Inmediatamente después, en el espacio o en el tiempo.

continuadamente *adv* De manera continuada [2].

continuado -da *adj* **1** *part* → CONTINUAR. ■ **2** Continuo [1a y 2a].

continuador -ra *adj* Que continúa [1] [algo (*compl de posesión*)]. *Tb sin compl, por consabido. Tb n, referido a pers.* **b)** [Pers.] que continúa la obra o el pensamiento [de otra].

continuamente *adv* De manera continua [1a].

continuar (*conjug* 1d) **A** *tr* **1** No interrumpir [lo que uno estaba realizando], o cesar en la interrupción [de ello (*cd*)]. **B** *intr* ➤ **a** *normal* **2** No interrumpirse [en una determinada situación o actividad (*predicat, compl adv o ger*)], o cesar en la interrupción [de ella (*predicat, compl adv o ger*)]. *Tb sin compl, por consabido.* **b)** Estar todavía [en un sitio]. *A veces el compl se omite, por consabido.* ➤ **b** *pr* (**~se**) **3** Ir [algo] más adelante, en el espacio o en el tiempo. *Con un compl adv.*

continuativo -va *adj* **1** De (la) continuación [1] o que la implica. ■ **2** (*Gram*) [Conjunción] que expresa continuación.

continuidad *f* Cualidad de continuo.

continuismo *m* (*Pol*) Tendencia a permanecer indefinidamente un gobernante o un sistema.

continuista *adj* (*Pol*) De(l) continuismo. **b)** Partidario del continuismo. *Tb n, referido a pers.*

continuo -nua **I** *adj* **1** Que se produce sin interrupción temporal. **b)** [Sesión cinematográfica] en que los pases se suceden sin interrupción, las localidades no están numeradas y los espectadores pueden permanecer sin limitación de tiempo. *Tb* (*col*) *n f. A veces referido a otros espectáculos.* **c)** [Máquina o aparato] que trabaja ininterrumpidamente. *Tb n f.* **d)** [Bajo] ~ –> BAJO². ■ **2** Que se presenta sin interrupción espacial. **b)** [Papel] que se presenta enrollado o plegado sin dividir en hojas, o con la división simplemente marcada. *Tb n m.* **c)** [Borde] que no presenta entrantes ni salientes. ■ **3** (*E*) Compuesto de unidades o partes que no están separadas unas de otras. *Esp referido a cantidad o magnitud. Se opone a* DISCRETO *o* DISCONTINUO. ■ **4** (*Electr*) [Corriente] que no cambia de sentido ni de intensidad. ■ **5** (*Fon*) [Sonido] en cuya pronunciación hay un paso continuo [1a] de aire. ■ **6** (*Ling*) [Nombre] no contable. ■ **7** (*Mat*) [Proporción] en la que los dos medios o los dos extremos son iguales. **II** *m* **8** (*E*) Serie o totalidad continua [3] en la que ninguna parte se percibe como distinta de las adyacentes. ■ **9** (*Mús*) Bajo continuo (–> BAJO²). **III** *loc adv* **10 de ~.** De manera continua [1a].

contínuum (*pl normal*, ~s *o invar*) *m* (*E*) Serie o totalidad continua en la que ninguna parte se percibe como distinta de las adyacentes.

contonearse *intr pr* Mover los hombros y esp. las caderas de manera afectada o llamativa al andar.

contoneo *m* Acción de contonearse.

contorcerse (*conjug* 18) *intr pr* (*raro*) Hacer contorsiones.

contorna *f* (*reg*) Contorno o alrededores.

contornada *f* (*reg*) Contorno o alrededores.

contornar *tr* Contornear.

contorneado -da *adj* **1** *part* –> CONTORNEAR. ■ **2** (*Anat*) De figura curva que se enrolla sobre sí misma.

contornear *tr* Trazar el contorno [1] [de algo (*cd*)]. *Tb fig.*

contorno *m* **1** Línea formada por el límite [de una figura o de una superficie]. ■ **2** Conjunto de rasgos que sirven para delimitar [algo no material, esp. un concepto (*compl de posesión*)]. *Frec en pl.* ■ **3** Conjunto de los terrenos o territorios vecinos. *Frec en pl.* ■ **4** (*Fon*) Conjunto constituido por el sonido que precede y el que sigue inmediatamente [a otro (*compl de posesión*)]. ■ **5** (*Ling*) Parte de la definición lexicográfica que informa sobre el contexto habitual de la palabra.

contorsión *f* Movimiento por el que el cuerpo se retuerce violentamente. *Tb fig.*

contorsionado -da *adj* **1** *part* –> CONTORSIONARSE. ■ **2** Que implica contorsión o contorsiones. *Tb fig.*

contorsionarse *intr pr* Hacer contorsiones.

contorsionismo *m* Habilidad de contorsionista.

contorsionista *m y f* Artista de circo que hace contorsiones difíciles.

contra¹ (*con pronunc átona*) **I** *prep* **1** En oposición a, o en contraposición con. * Peca contra todos los mandamientos. * Apuesto doble contra sencillo a que es así. ■ **2** *Precede al compl que expresa la cosa sobre la que se produce un golpe o choque.* * Se abrió la cabeza contra el muro. ■ **3** Frente a, o mirando a. * Lo miró contra el sol. ■ **4** Haciendo presión sobre. * Estaba recostado contra un árbol. ■ **5** Pegando a. * Tenía las palmas mojadas contra sus me-

jillas. ■ **6** A cambio de. * Quiere canjear a su rehén contra un salvoconducto. ■ **7** (*Com*) Con cargo a. * Los bancos rechazan el papel girado contra él. ■ **8** (*reg*) Hacia, o cerca de. * Despertó contra la madrugada. **II** *adv* **9** (*pop*) Antepuesto a un adv o adj de comparación: Cuanto. * Contra más, mejor.

contra² **I** *n* **A** *f* **1** Inconveniente o dificultad. ■ **2** (*Boxeo*) Golpe de lado, no directo. **B** *m* **3** Aspecto desfavorable o negativo [de algo]. *Normalmente en la constr* EL PRO Y EL ~, *o* LOS PROS Y LOS ~S. **II** *loc v* **4 llevar** (*o* **hacer**) **la ~.** Llevar la contraria. **III** *loc adv* **5 a ~.** En sentido contrario. *Con un compl de posesión.* ■ **6 a la ~.** Llevando la contraria. *Tb adj.* **b)** (*Naipes*) *En el tute subastado:* Jugando contra la mano. *Normalmente con el v* IR. ■ **7 en ~.** Al contrario, o en sentido contrario. *Cuando se expresa el término de referencia, este se enuncia mediante un compl de posesión.* ■ **8 por ~.** En cambio. **IV** *interj* **9** *euf por* COÑO.

contra³ *f* Contratapa.

contra⁴ *f* Contraventana.

contra⁵ **I** *f* **1** Guerrilla contrarrevolucionaria nicaragüense. **II** *adj* **2** Perteneciente a la contra [1]. *Tb n, referido a pers.*

contra- *pref* Denota acción contraria, sentido contrario o reacción en sentido contrario. * Contraargumentación.

contraalisio (*tb con la grafía* **contralisio**) *adj* [Viento] que sopla a más altura que el alisio y en dirección contraria. *Tb n. Gralm en pl.*

contraalmirante (*tb con la grafía* **contralmirante**) *m* Oficial de la armada, de grado inmediatamente inferior al de vicealmirante.

contraanálisis *m* (*Dep*) Análisis que se hace para comprobar los resultados de otro anterior que ha dado positivo en dopaje.

contraatacar *tr* **1** Atacar [al adversario] como respuesta a un ataque o avance previo. *Frec abs. Tb fig.* ■ **2** Rebatir o refutar [un argumento].

contraataque *m* Acción de contraatacar.

contrabajista *m y f* Músico que toca el contrabajo [1].

contrabajo **A** *m* **1** Instrumento músico de cuerda y arco, de sonido más grave que el del violonchelo y de altura aproximada a la de un hombre. **B** *m y f* **2** Contrabajista.

contrabalancear *tr* Compensar o contrapesar.

contrabalanceo *m* Acción de contrabalancear.

contrabandear *tr* Hacer contrabando [de una mercancía (*cd*)]. *Frec abs.*

contrabandeo *m* Acción de contrabandear.

contrabandismo *m* Actividad de contrabandista.

contrabandista **I** *m y f* **1** Pers. que se dedica al contrabando [1]. *Tb adj.* **II** *adj* **2** De(l) contrabando.

contrabando *m* **1** Introducción ilegal de mercancías en un país. *Tb fig.* ■ **2** Mercancía introducida de contrabando [1].

contrabarrera *f En la plaza de toros:* Segunda fila de asientos, inmediatamente detrás de la barrera. *Tb cada uno de esos asientos.*

contrabatería *f* (*Mil*) Batería dispuesta contra otra del enemigo.

contrabreterado -da *adj* (*Heráld*) Que lleva a cada lado una fila de almenas esmaltadas de diferente color.

contraburra *f* (*Dep*) *En la lucha canaria:* Lance utilizado para anular la burra.

contracaja *f* (*Impr*) Lugar en que se guardan los tipos especiales o de poco uso.

contracambio *m* (*raro*) Compensación o trueque.

contracanal *f* (*Arquit*) *En una columna:* Junquillo que se deja en la parte inferior de cada canal o estría.

contracara *f* (*raro*) Lado o aspecto negativo.

contracarros *adj* (*Mil*) Destinado a atacar o resistir a los carros de combate. *Tb n m, designando cuerpo.*

contracción *f* Acción de contraer(se). *Tb su efecto.* **b)** (*Econ*) Reducción o disminución.

contracepción *f* Anticoncepción.

contraceptivo -va *adj* Anticonceptivo. *Tb n m.*

contrachapado¹ -da *adj* Compuesto de dos o más tableros encolados entre sí y con las fibras cruzadas. *Tb n m, referido a tablero.*

**contrachapado² ** *m* Fabricación de tableros contrachapados¹.

contrachapeado -da *adj* Contrachapado¹. *Tb n m.*

contracogida *f* (*Dep*) *En la lucha canaria:* Lance utilizado para anular una cogida.

contraconcepción *f* Anticoncepción.

contraconceptivo -va *adj* Anticonceptivo. *Tb n m.*

contracorriente. a ~. *loc adv* Contra corriente (→ CORRIENTE). *A veces con un compl DE.*

contractibilidad *f* Contractilidad.

contráctil *adj* Que puede contraerse [1].

contractilidad *f* Condición de contráctil.

contractivo -va *adj* (*Econ*) De (la) contracción [1b].

contracto -ta *adj* (*Gram*) Contraído.

contractual *adj* De(l) contrato. **b)** Basado en contrato.

contractualista *adj* Basado en el principio del contrato. **b)** Basado en el principio del contrato social.

contractualmente *adv* De manera contractual.

contractura *f* (*Med*) Contracción involuntaria y permanente de uno o más grupos musculares, que mantiene la parte correspondiente en posición anormal.

contracubierta *f* Última página de un folleto o revista.

contracultura *f* Cultura alternativa contrapuesta a las formas de la cultura dominante.

contracultural *adj* De (la) contracultura.

contracurva *f* Curva que sigue a otra, pero en sentido contrario.

contradanza *f* (*hist*) Danza de origen inglés, propia esp. de los ss. XVII y XVIII, en que las parejas, gralm. enfrentadas, hacen distintas figuras. *Tb su música.* **b)** **danza(s) y ~(s)** → DANZA.

contradecir (*conjug* 55) *tr* **1** Decir que no es cierto o no es exacto [algo (*cd*), esp. dicho por otro]. **b)** Demostrar [una cosa (*suj*)] que [algo (*cd*), esp. lo que se ha dicho o se dice] no es cierto o no es exacto. ■ **2** Decir algo que desmiente en todo o en parte algo dicho [por otro o por uno mismo (*cd*)].

contradeclaración *f* Declaración contraria a otra hecha anteriormente.

contradicción *f* **1** Acción de contradecir(se). **b)** Oposición respecto a lo que se dice. ■ **2** Pareja de afirmaciones que se contradicen mutuamente.

contradicente *m y f* (*raro*) Contradictor.

contradictor -ra *m y f* Pers. que contradice. *Frec con un compl de posesión.*

contradictoriamente *adv* De manera contradictoria [1a].

contradictoriedad *f* Condición de contradictorio.

contradictorio -ria *adj* **1** [Cosa] que tiene o implica contradicción [1]. *Frec con n en pl, expresando relación recíproca.* **b)** (*Filos*) [Oposición] entre dos conceptos, uno de los cuales es la negación del otro. **c)** (*Filos*) [Proposición] que se opone [a otra (*compl* CON)] por la cantidad y la cualidad. ■ **2** [Pers.] que incurre habitualmente en contradicciones [1]. ■ **3** (*Der*) [Juicio] cuya finalidad es justificar el merecimiento de una recompensa. **b)** [Juicio] en que se permite impugnar lo que en él se pretende. *Tb fig.*

contradiós *m* (*col*) Disparate (cosa absurda o contraria a la razón).

contradique *m* Segundo dique, que se construye como refuerzo del principal.

contraejemplo *m* Ejemplo que contradice lo expuesto en otro.

contraer (*conjug* 32) *tr* **1** Reducir la longitud [de algo (*cd*)], esp. de un músculo o parte del organismo], disminuyendo su volumen o tamaño. **b)** *pr* (**~se**) Reducir su longitud [algo, esp. un músculo o parte del cuerpo], disminuyendo su volumen o su tamaño. ■ **2** Arrugar [la cara o una parte de ella]. ■ **3** Limitar o reducir [a alguien o algo (*cd*) a solo una determinada cosa]. *Tb sin compl* A. **b)** *pr* (**~se**) Limitarse o reducirse [a solo una determinada cosa]. **4** Pasar a tener [una enfermedad, una deuda, un compromiso, una relación o un mérito]. ■ **5** Celebrar contrato [de matrimonio (*cd*)]. *Frec* → MATRIMONIO (*admin y lit*) *se usa en gral por 'casarse'.*

contraespía *m y f* (*raro*) Pers. que se dedica al contraespionaje.

contraespionaje *m* Actividad destinada a la vigilancia de los espías extranjeros en territorio nacional.

contraetiqueta *f En una botella de vino:* Papelito que se pega en la parte contraria a la etiqueta y en la que consta la denominación de origen, la añada, la forma de crianza y el número de control.

contrafagot **A** *m* **1** Instrumento músico de viento, el más grave de la familia del fagot.

B *m y f* **2** Músico que toca el contrafagot [1].

contrafallar *intr* (*Naipes*) Echar un triunfo superior al que ha echado quien falló antes.

contrafigura *f* Pers. de apariencia muy semejante [a la de otra (*compl de posesión*)], de modo que puede ser confundida con esta. *Tb fig.*

contrafilo *m* *En un arma blanca de un solo filo:* Filo que se saca en la parte opuesta al corte.

contrafoque *m* (*Mar*) Vela triangular más pequeña que el foque principal y que se enverga por su cara de popa.

contrafoso *m* 1 *En un teatro:* Segundo foso, practicado debajo del primero. ■ 2 *En una fortificación:* Foso de la parte exterior, gralm. más estrecho que el principal y comunicado con él.

contrafuero *m* Quebrantamiento de fuero. *Tb fig.* **b)** *En el régimen de Franco:* Quebrantamiento de las Leyes Fundamentales.

contrafuerte *m* 1 Pieza de cuero con que se refuerza el calzado por la parte del talón. ■ 2 (*Arquit e Ingen*) Trozo de muro adosado en ángulo recto a otro muro y que sirve para que este contrarreste un empuje lateral. ■ 3 (*Geogr*) Cadena montañosa secundaria que arranca del flanco de otra principal. ■ 4 (*raro*) Elemento de soporte o refuerzo. *Tb fig.*

contragolpe *m* 1 Golpe de Estado producido como reacción contra otro. *Tb* ~ DE ESTADO. ■ 2 (*Dep*) Contraataque. ■ 3 (*raro*) Consecuencia indirecta.

contragolpear *intr* (*Dep*) Contraatacar.

contraguerrilla *f* (*Mil*) Tropa ligera organizada para operar contra las guerrillas.

contrahacer (*conjug* 16) *tr* 1 Hacer una copia o representación [de algo (*cd*)] de modo que apenas se distinga del original. ■ 2 Imitar o remedar. *A veces con un compl* A. ■ 3 Deformar.

contrahechizo *m* Acción que deshace un hechizo.

contrahecho -cha *adj* 1 *part* → CONTRAHACER. ■ 2 [Pers. o cuerpo] físicamente mal formados. *Tb n, referido a pers.* **b)** [Cosa] de forma irregular o retorcida. ■ 3 Falso o imitado.

contrahechura *f* 1 Acción de contrahacer. *Tb su efecto.* ■ 2 Falsificación.

contraindicación *f* 1 Acción de contraindicar. ■ 2 Caso o circunstancia en que algo, esp. un medicamento, es o está contraindicado (→ CONTRAINDICAR). *Tb fig.*

contraindicado -da *adj* 1 *part* → CONTRAINDICAR. ■ 2 [Cosa] perjudicial o contraproducente.

contraindicar *tr* 1 Señalar como perjudicial [un medicamento, un alimento o una acción] en determinados casos. *Frec en part.* ■ 2 Hacer [una cosa (*suj*)] que [otra (*cd*)] sea peligrosa o contraproducente.

contrainforme *m* Informe destinado a anular los efectos de otro previo.

contrainsurgencia *f* Lucha contra cualquier tipo de insurgencia.

contrainteligencia *f* Contraespionaje.

contralateral *adj* (*Med*) Del lado opuesto al de una lesión.

contralisio → CONTRAALISIO.

contralmirante → CONTRAALMIRANTE.

contralor *m* 1 *En algunos países hispanoamericanos:* Controlador del gasto público o de las garantías constitucionales, a distintos niveles. ■ 2 (*hist*) *En la monarquía de los Austrias:* Funcionario de la casa real que tiene a su cargo la intervención de cuentas.

contraloría *f* Cargo de contralor [1].

contralto (*Mús*) **I** *n* **A** *m* 1 Voz media entre la de soprano y la de tenor, y que es la más grave de las voces femeninas. *Gralm.* VOZ DE ~. **B** *m y f* 2 Cantante que tiene voz de contralto [1]. **II** *adj* 3 [Instrumento musical] cuya extensión corresponde a la de la voz de contralto [1].

contraluz **I** *m* 1 Aspecto de un objeto o de una figura vistos desde el lado opuesto a la luz. *Tb la pintura o la fotografía que lo reproduce.* **II** *loc adv* 2 a ~. Mirando el objeto o figura por el lado opuesto al que recibe la luz.

contramaestre *m* 1 *En un barco:* Encargado de dirigir las faenas de a bordo. ■ 2 *En un taller:* Jefe o encargado.

contramanifestación *f* Manifestación organizada contra otra.

contramanifestante *adj* [Pers.] que participa en una contramanifestación. *Frec n.*

contramano. a ~. *loc adv* En dirección contraria a la normal o debida. *Tb fig.*

contramarca *f* Segunda marca que se pone en un artículo de comercio para distinguirlo de los que no llevan más que la primera.

contramarcha **I** *f* 1 Retroceso, o vuelta atrás. *Esp en milicia. Tb fig. Frec en oposición a* MARCHA. ■ 2 (*Mec*) *En una máquina herramienta:* Sistema de poleas o de engranajes que permite invertir la marcha y efectuar cambios de velocidades. **II** *loc adv* 3 a ~. En dirección contraria a la marcha.

contramarco *m* (*Carpint*) Segundo marco que se clava sobre el principal y sirve para colocar las vidrieras.

contramedida *f* (*Mil*) Medio electrónico para impedir o dificultar las telecomunicaciones o el funcionamiento de determinados sistemas de acción o de detección del enemigo. *Frec* ~S ELECTRÓNICAS.

contramina *f* (*Min*) Comunicación de dos o más minas mediante galerías para limpiarlas y extraer los minerales.

contramuelle *m* *En un puerto:* Muelle opuesto a otro principal.

contramuslo *m* *En las aves, esp el pollo:* Parte trasera inmediata al muslo.

contra natura → NATURA.

contranatural *adj* Antinatural.

contraofensiva *f* (*Mil*) Ofensiva que se emprende para contrarrestar la del enemigo, haciéndole pasar a la defensiva. *Tb fig, fuera del ámbito militar.*

contraoferta *f* Oferta que se hace como respuesta a otra previa.

contraorden *f* Orden con que se revoca otra que se ha dado recientemente.

contrapar *m* (*Arquit*) Viga dispuesta sobre los pares en sentido perpendicular a ellos, sobre la cual apoya directamente la tablazón de la cubierta.

contrapariente -ta *m y f* Pariente de un pariente [de una pers. (*compl de posesión*)].

contrapartida I *f* **1** Cosa que sirve de compensación [a otra (*compl de posesión*)]. ▪ **2** (*Com*) Asiento del haber que tiene su compensación en el debe, o viceversa.
II *loc adv* **3 en ~.** Como contrapartida [1].

contrapear *tr* Colocar [objetos] unos sobre otros en posición alternada.

contrapelo. a ~. *loc adv* **1** En dirección opuesta a la natural del pelo. ▪ **2** En sentido opuesto al natural. **b)** En sentido opuesto [a algo (*compl* DE)]. *Tb adj.* ▪ **3** A la fuerza.

contrapesar *tr* **1** Servir de contrapeso [1] [a algo (*cd*)]. ▪ **2** Compensar o contrarrestar.

contrapeso *m* **1** Peso que se pone a la parte contraria de otro para que queden en equilibrio. ▪ **2** Cosa que compensa o contrarresta [a otra].

contrapicado *m* (*Cine y TV*) Toma efectuada por la cámara inclinada de abajo arriba.

contrapié. a ~. *loc adv* Con el pie mal colocado para dar el paso debido. *Frec fig.*

contraplacado -da *adj* Contrachapado[1]. *Tb n m.*

contraplano *m* (*Cine y TV*) Plano tomado desde la situación opuesta a la del plano que le precede inmediatamente.

contrapoder *m* Poder que se opone a otro establecido.

contraponer (*conjug 21*) A *tr* **1** Poner [una cosa (*cd*) contra otra (*compl* A)] para estorbar o impedir su acción. ▪ **2** Oponer [dos perss. o cosas, o una a otra] para señalar su contraste.
B *intr pr* (*~se*) **3** Ser [una pers. o cosa] contraria u opuesta [a otra]. *Tb sin compl* A*, con suj pl.*

contraportada *f* En una publicación periódica: Última página.

contraposición *f* Acción de contraponer(se). *Tb su efecto. Frec en las constrs* EN ~ A *o* CON*, y* POR ~ A.

contraprestación *f* (*Der*) Prestación que se da a cambio de la que se recibe. *Tb fig.*

contraproducente *adj* [Hecho o dicho] cuyo efecto es contrario al que con él se buscaba.

contraprogramación *f* Programación de una cadena de televisión, pensada para hacer competencia a otra u otras dadas.

contraproposición *f* Contrapropuesta.

contrapropuesta *f* Propuesta que se hace para modificar o sustituir la hecha por la parte contraria.

contraproyecto *m* Proyecto dispuesto para sustituir a otro.

contrapuerta *f* **1** Puerta situada inmediatamente detrás de otra. ▪ **2** En un frigorífico: Parte interior de la puerta.

contrapuesto -ta *adj* **1** *part* → CONTRAPONER. ▪ **2** [Pers. o cosa] que presenta la mayor diferencia posible [respecto a otra (*compl* A)]. *Tb sin compl, esp referido a un n en pl.*

contrapuntear *tr* **1** Servir de contrapunto [2 y 3] [a algo (*cd*)]. ▪ **2** Poner contrapunto [3] [a una cosa (*cd*) con otra].

contrapuntístico -ca *adj* (*Mús*) De(l) contrapunto [1 y 2].

contrapunto *m* **1** (*Mús*) Arte de componer superponiendo varias líneas melódicas. ▪ **2** (*Mús*) Melodía o voz que se combina con otra. *Tb fig, fuera del ámbito musical.* ▪ **3** Cosa que contrasta con otra simultánea a ella.

contraquilla *f* (*Mar*) Pieza que recubre la quilla por la parte interior del barco.

contrariado -da *adj* **1** *part* → CONTRARIAR. ▪ **2** [Cosa] que denota o expresa contrariedad [2].

contrariamente *adv* De manera contraria [1a]. *Gralm con un compl* A.

contrariar (*conjug 1c*) *tr* **1** Mostrar resistencia a los deseos [de alguien (*cd*)]. **b)** Mostrar resistencia [a los deseos (*cd*) de alguien]. ▪ **2** Disgustar, o poner de mal humor, [a alguien]. **b)** *pr* (*~se*) Disgustarse, o ponerse de mal humor. ▪ **3** Oponerse [a algo] o estar en desacuerdo [con ello (*cd*)].

contrariedad *f* **1** Cosa que contraría [2] o disgusta. ▪ **2** Ligero disgusto o mal humor. ▪ **3** (*Filos*) Condición de contrario [1b y c].

contrario -ria I *adj* **1** [Pers. o cosa] que presenta la mayor diferencia posible [respecto a otra (*compl* A *o* DE)]. *Tb sin compl, esp referido a un n en pl.* **b)** (*Filos*) [Oposición] entre dos conceptos extremos dentro del mismo género. **c)** (*Filos*) [Proposición] que se opone [a otra] por la cualidad, siendo ambas universales. ▪ **2** [Pers. o cosa] que está en desacuerdo total [con algo (*compl* A)]. ▪ **3** *En una rivalidad, competición o lucha:* [Pers. o grupo] que defiende los intereses ajenos [a los de la pers. o grupo en cuestión (*compl de posesión*)]. *Tb n, referido a pers.* ▪ **4** [Cosa] que denota o implica oposición [a alguien o algo].
II *f* **5** (*col, humoríst*) Esposa o mujer.
III *loc v* **6 llevar la contraria.** Decir o hacer lo contrario [1a] de lo que [otro (*ci*)] dice o desea. *Tb sin ci.*
IV *loc adv* **7 al ~,** o **por el** (*o* lo) **~,** o **todo lo ~.** De manera contraria [1a] a la mencionada o aludida. ▪ **8 antes al ~** → ANTES. ▪ **9 de lo ~.** De no ser así, o en caso contrario [1a]. ▪ **10 en ~.** En contra. *Referido a opinión o intención. Tb adj.*

contrarreforma (*en acep 2, normalmente con mayúscula*) *f* **1** Movimiento de oposición a una reforma. ▪ **2** (*hist*) Movimiento de la Iglesia católica surgido en el s. XVI como reacción frente a la Reforma protestante.

contrarreformista *adj* De la Contrarreforma [2].

contrarreloj *adj invar* (*Cicl*) [Etapa o carrera] contra reloj (→ RELOJ). *Frec n f. Tb fig.*

contrarrelojista *m y f* (*Cicl*) Corredor con especiales dotes para las etapas contra reloj.

contrarréplica *f* Réplica a una réplica.

contrarrestar *tr* Anular o desvirtuar [alguien o algo], con su acción, los efectos, frec. negativos, [de algo (*cd*)]. *Tb abs.* **b)** Anular o desvirtuar [alguien] los efectos negativos [de una cosa (*cd*) con otra (*compl* CON *o* ger)].

contrarresto *m* **1** Acción de contrarrestar. ▪ **2** (*Dep*) En el juego de pelota: Pers. destinada a devolver la pelota de saque.

contrarrevolución *f* Movimiento encaminado a combatir una revolución política, social, económica o moral.

contrarrevolucionario -ria *adj* De (la) contrarrevolución. **b)** Partidario o adepto de la contrarrevolución. *Tb n.*

contrasentido *m* Falta contra la lógica. *Tb aquello que la implica.*

contraseña *f* **1** Frase o seña convenida y secreta que sirve para darse a conocer y obtener paso libre a un lugar vedado. ■ **2** Señal, a veces disimulada, que se pone en un objeto para reconocerlo entre otros. ■ **3** (*Mar*) Bandera o gallardete particular del naviero o armador de un buque mercante.

contraseñado *m* Acción de contraseñar.

contraseñar *tr* Poner contraseña [2] [a algo (*cd*)]. *Tb fig.*

contrasol. a ~. *loc adv* En dirección contraria a los rayos del Sol.

contrastable *adj* Que puede contrastarse [3].

contrastación *f* Acción de contrastar [3 y 4].

contrastado -da *adj* **1** *part* → CONTRASTAR. ■ **2** Que tiene o muestra contraste [1].

contrastador -ra *adj* Que contrasta [1].

contrastante *adj* Que contrasta [1].

contrastar A *intr* **1** Mostrar [una pers. o cosa] diferencia muy visible [con otra]. ■ **2** (*Fon*) Estar [un sonido] en relación tal [con otro] que la sustitución de uno por otro en un mismo contorno produce un cambio de significación o una palabra irreconocible. *Tb sin compl, con suj pl.*
B *tr* **3** Comprobar formalmente la exactitud o el valor [de algo (*cd*)]. ■ **4** Comparar [dos cosas, o una con otra]. ■ **5** Hacer que [dos o más cosas (*cd*)] contrasten [1].

contraste *m* **1** Hecho de contrastar. *Frec en las constrs* EN ~ (CON), *o* POR ~. **b)** (*Cine y Fotogr*) Diferencia de intensidad de iluminación en la gama de los blancos y negros o en la de otros colores de una imagen. ■ **2** Sustancia que, introducida en el organismo, hace visibles a través de rayos X u otro método exploratorio las vísceras y otras partes del organismo. *Tb* MEDIO *o* SUSTANCIA DE ~. *Tb fig.* ■ **3** Marca grabada en un objeto de metal noble como garantía de haber sido contrastado [3]. ■ **4** (*hist*) Comprobación oficial de los pesos y medidas y de la ley de monedas o de metales nobles. ■ **5** (*hist*) Individuo encargado del contraste [4]. *Tb la oficina correspondiente.*

contrastivo -va *adj* (*Ling*) De(l) contraste [1].

contrata *f* Contrato para ejecutar una obra o prestar un servicio por un precio determinado.

contratable *adj* Que puede contratarse.

contratación *f* Acción de contratar.

contratante *adj* **1** Que hace un contrato. *Tb n, referido a pers.* ■ **2** Que contrata. *Tb n, referido a pers.*

contratapa *f En un animal vacuno:* Parte que está entre la babilla y la tapa.

contratar A *tr* **1** Tomar [alguien a una o más perss.] para que le hagan un trabajo bajo condiciones convenidas. ■ **2** Convenir [con alguien la realización de un servicio o trabajo (*cd*)]. *Tb sin el primer compl.*
B *intr* ➤ **a** *normal* **3** (*Der*) Hacer contratos o contratas.

➤ **b** *pr* (~se) **4** Firmar contrato al servicio [de alguien (*compl* CON)] o en calidad [de lo que se expresa (*compl* COMO)].

contratenor *m* (*Mús*) **1** Voz masculina que corresponde a la femenina de contralto. *Gralm* VOZ DE ~. ■ **2** Cantante que tiene voz de contratenor [1].

contraterrorista *adj* Antiterrorista.

contratiempo I *m* **1** Inconveniente o dificultad.
II *loc adv* **2 a ~.** (*Mús*) De manera que la duración de una nota se extiende a dos tiempos del compás, comprendiendo solo una parte del primero.

contratista *adj* Que realiza una obra o presta un servicio por contrata. *Frec n, referido a pers.*

contrato *m* Convenio oral o escrito, hecho de manera formal, entre dos o más partes que se obligan sobre una materia determinada. *Si es escrito, tb el documento en que consta.* **b)** ~ **basura** → BASURA. **c)** ~ **social.** *En la doctrina de Rousseau* († *1778*): Convenio mediante el cual una multiplicidad de individuos libres e independientes se constituye en sociedad.

contratorpedero *m* Cazatorpedero.

contravalor *m* (*Com*) Valor de cambio de una cosa por otra.

contravención *f* Acción de contravenir.

contraveneno *m* Medicamento o sustancia que sirve para contrarrestar los efectos de un veneno.

contravenir (*conjug* 61) *tr* Obrar en contra [de una ley, norma o disposición (*cd*)].

contraventana *f* Puerta de madera que se cierra sobre la vidriera de la ventana para que no entre la luz.

contraventor -ra *adj* Que contraviene. *Frec n. Frec con un compl* DE.

contrayente *m y f* Pers. que contrae matrimonio. *Normalmente en pl, designando la pareja. Tb adj.*

contreras *m y f* (*col*) Pers. propensa a llevar la contraria. *Tb adj.*

contribución I *f* **1** Acción de contribuir. ■ **2** Cosa con que se contribuye. **b)** *Se usa frec en títulos de determinados estudios para indicar que estos no son exhaustivos.* * Contribución al estudio de la lengua. ■ **3** Pago con que el ciudadano está obligado a contribuir a los gastos de la Administración. *A veces con un adj especificador.*
II *loc v* **4 poner** [algo, normalmente no material] **a ~.** Aplicar[lo] al fin propuesto.

contribuidor -ra *adj* Que contribuye. *Tb n, referido a pers.*

contribuir (*conjug* 48) *intr* **1** Dar, juntamente con otros, [una cantidad de dinero (*compl* CON) para un fin determinado (*compl* A)]. *A veces sin compls.* ■ **2** Ayudar o cooperar [a algo].

contributivo -va *adj* De (la) contribución [3].

contribuyente *m y f* Pers. que paga contribución [3].

contrición *f* (*Rel catól*) Arrepentimiento de haber ofendido a Dios, por ser quien es. **b)** *En gral:* Arrepentimiento de haber obrado mal.

contrincante *adj* Que pretende algo en competencia [con otro (*compl de posesión*)]. *Frec n, referido a pers.*

contristado -da *adj* (*lit*) **1** *part* → CONTRISTAR. ■ **2** Que expresa tristeza o aflicción.

contristar *tr* (*lit*) Afligir o entristecer. **b)** *pr* (~se) Afligirse o entristecerse.

contritamente *adv* De manera contrita [1b].

contrito -ta *adj* Que siente contrición. *Tb n, referido a pers.* **b)** Propio de la pers. contrita.

control I *m* **1** Inspección o comprobación. **b)** (*Enseñ*) Ejercicio o examen sobre una parte [de una materia] mediante el cual el profesor comprueba la marcha de los alumnos. ■ **2** Dominio o dirección. ■ **3** Hecho de evitar la libre propagación o la libre producción [de algo]. ■ **4** Puesto u oficina donde se realiza un control [1a y 2]. ■ **5** Dispositivo de control [2] de un proceso, operación o máquina. *Tb el panel en que se encuentra.* ■ **6** Elemento de control [2] moral.
II *fórm or* **7 todo bajo ~.** *Fórmula con que se indica que no hay motivo de preocupación porque todo sucede según lo debido o deseado.*

controlable *adj* Que se puede controlar [1 y 2].

controladamente *adv* De manera controlada [2 y 3b].

controlado -da *adj* **1** *part* → CONTROLAR. ■ **2** [Cosa] que se hace bajo control [2]. ■ **3** [Pers.] que tiene o muestra control [2] de sí mismo. **b)** Propio de la pers. controlada.

controlador -ra I *adj* **1** Que controla [1 y 2]. *Tb n m y f, referido a pers y a máquina o instrumento.*
II *m y f* **2 ~ aéreo.** *En un aeropuerto:* Técnico que tiene a su cargo la regulación del despegue y aterrizaje de aviones. *Tb, simplemente, ~.*

controlar A *tr* **1** Llevar a cabo el control [1] [de alguien o de algo (*cd*)]. ■ **2** Ejercer el control [2] [sobre alguien o algo (*cd*)]. *Tb abs.* **b)** (*Fút*) Marcar [a un jugador]. **c)** (*Fút*) Dominar [el balón]. *Tb abs.*
B *intr pr* (~se) **3** Someter [alguien] sus sentimientos o pasiones al propio control [2].

controller (*ing; pronunc corriente,* /kontróler/; *pl normal,* ~s) *m y f* (*Econ*) Controlador de cuentas o jefe de contabilidad de una empresa.

controversia *f* Debate o discusión prolongados.

controversista *m y f* Pers. que toma parte en una controversia.

controvertible *adj* Que puede ser controvertido [1].

controvertir (*conjug 60*) A *tr* **1** Discutir [algo], o someter[lo] a discusión. *Frec en part.*
B *intr* **2** (*raro*) Discutir [sobre algo]. *Tb sin compl.*

contubernio *m* (*desp*) **1** Alianza o asociación. ■ **2** Cohabitación marital ilícita.

contumacia *f* Cualidad de contumaz.

contumaz *adj* **1** [Pers.] obstinada o incorregible. **b)** Propio de la pers. contumaz. ■ **2** [Cosa] que se mantiene o repite durante largo tiempo. *Esp referido a sequía.*

contumazmente *adv* De manera contumaz [1b y 2].

contumelia *f* (*lit*) Insulto dicho en la cara a una pers.

contundencia *f* Cualidad de contundente.

contundente *adj* **1** Que sirve para golpear. ■ **2** Rotundo o firme. **b)** Terminante o indiscutible.

contundentemente *adv* De manera contundente.

contundir *tr* Golpear o hacer daño [a alguien o una parte del cuerpo (*cd*)]. *Tb fig.*

conturbación *f* Acción de conturbar(se). *Tb su efecto.*

conturbado -da *adj* **1** *part* → CONTURBAR. ■ **2** Que denota o implica conturbación.

conturbador -ra *adj* Que conturba.

conturbar *tr* (*lit*) Turbar o inquietar. **b)** *pr* (~se) Turbarse o inquietarse.

contusión *f* Daño corporal causado por un golpe, sin herida exterior.

contusionar *tr* Causar contusión [a una pers. o una parte del cuerpo (*cd*)]. *Referido a pers, frec en part, a veces sustantivado.*

contusivo -va *adj* De (la) contusión o que la implica.

contuso -sa *adj* **1** Que padece contusión. *Tb n, referido a pers.* ■ **2** [Herida] acompañada de contusión.

conurbación *f* (*E*) Conjunto de varios núcleos urbanos, alrededor de una gran ciudad, inicialmente independientes entre sí pero vecinos, que, al crecer, han constituido una unidad funcional.

convalaria *f* Muguete (planta).

convalecencia *f* **1** Hecho de convalecer. *Tb el tiempo que dura. Tb fig.* ■ **2** Estado de convaleciente.

convalecer (*conjug 11*) *intr* Recuperar las fuerzas después de una enfermedad. *Tb fig.*

convaleciente *adj* Que convalece. *Tb n. Tb fig.*

convalecimiento *m* (*raro*) Convalecencia.

convalidación *f* Acción de convalidar.

convalidar *tr* Declarar válido a unos efectos [algo (*cd*) que lo era para otros]. *Frec referido a estudios.*

convección *f* **1** (*Fís*) Propagación del calor por masas móviles de un fluido a causa de las diferencias de densidad. ■ **2** (*Meteor*) Movimiento vertical del aire.

convecinal *adj* De (los) convecinos.

convecino -na *m y f* Vecino de la misma población [que alguien (*compl de posesión*)].

convectivo -va *adj* (*Meteor*) De (la) convección [2].

convector *m* Aparato de calefacción que calienta por convección [1].

convencedor -ra *adj* (*raro*) Que convence.

convencer A *tr* **1** Conseguir [una pers. (*suj*)], con razones, que [otra (*cd*)] crea o haga [lo que se expresa (DE + *sust o prop con* QUE, *o* PARA + *infin o* QUE + *subj*)]. *Tb sin el segundo compl, por consabido.* **b)** Conseguir [algo (*suj*), esp. un hecho o razón] que [alguien (*cd*)] crea [algo (*compl* DE)]. *Tb abs.* **c)** Conseguir [algo, esp. un hecho o razón (*suj*)] parecer razonable o aceptable [a alguien (*cd*)]. **d)** Hacer creer [una pers. o un grupo (*suj*) a otra pers. o al público (*cd*)] que [actúa bien o conforme a lo deseado o esperable. *Frec abs. Frec en deportes.*
B *intr pr* (~se) **2** Llegar a saber o creer con seguridad por la propia reflexión [algo (*compl* DE)]. *Tb sin compl. A veces se usa en imperat para subrayar enfáticamente una afirmación.* * Convéncete, eso no puede ser.

convencido -da *adj* **1** *part* → CONVENCER. ■ **2** Que denota o implica convencimiento.

convencimiento *m* Acción de convencer(se). *Frec su efecto.*

convención (*con mayúscula en acep 4*) *f* **1** Acuerdo o convenio. *Esp en política internacional.* ■ **2** Convencionalismo. ■ **3** Reunión general de un partido político o de otra agrupación de perss. **b)** Asamblea preelectoral estadounidense en que se designan los candidatos a la presidencia y a la vicepresidencia. ■ **4 ~ Nacional.** (*hist*) *En la Revolución Francesa:* Asamblea constituyente que proclamó la República y gobernó de 1792 a 1795. *Tb, simplemente, ~; en este caso, tb el período correspondiente.*

convencional *adj* **1** [Cosa] que resulta de un convenio o acuerdo. ■ **2** [Cosa] formularia o falta de convicción o sentimiento. ■ **3** [Cosa] corriente o tradicional. ■ **4** [Pers.] que en sus actitudes o comportamiento se atiene a los usos tradicionales. ■ **5** (*hist*) De la Convención [4]. *Tb n, referido a pers.*

convencionalidad *f* Cualidad de convencional [1 a 4].

convencionalismo *m* Principio que por conveniencia [1] social se tiene por bueno.

convencionalmente *adv* De manera convencional [1, 2 y 3].

conveniencia I *f* **1** Hecho de convenir [1, 3 y 5]. ■ **2** Cosa que conviene [1] [a alguien (*compl de posesión*)]. *Frec en la constr adv* A, *o* SEGÚN, SU ~. ■ **3** Convencionalismo. *Tb ~* SOCIAL. *Gralm en pl.* ■ **4** (*pop*) Comodidad o acomodo.
II *loc adj* **5 de ~.** [Matrimonio] que se hace por dinero u otro interés.

conveniente *adj* Que conviene [1].

convenientemente *adv* De manera conveniente.

convenio *m* Acuerdo o pacto. **b) ~ colectivo.** Acuerdo entre la patronal y los sindicatos sobre las condiciones de trabajo y los salarios. *Tb, simplemente, ~.*

convenir (*conjug 61*) **A** *intr* **1** Ser bueno o útil [para algo (*ci o compl* A *o* PARA) o alguien (*ci*)]. *Frec se omite el compl, por consabido.* ■ **2** Acordar [algo (*compl* EN) dos perss., o una con otra]. ■ **3** Coincidir o estar conformes [en algo dos o más cosas, o una(s) con otra(s)]. *Tb sin compl* EN. ■ **4** Reconocer o admitir [algo (*compl* EN) sostenido por otro (*compl* CON)]. *Frec el segundo compl se omite, por consabido.* ■ **5** Corresponder o pertenecer [una cosa a otra].
B *tr* **6** Acordar [algo (*cd*) dos perss., o una con otra].

conventículo *m* Agrupación reducida y clandestina de perss.

conventillo *m* (*lit, raro*) Casa de vecindad.

convento *m* **1** Casa en que vive una comunidad de frailes o de monjas. *Tb la misma comunidad.* ■ **2** Vida monástica. ■ **3 ~ jurídico.** (*hist*) *En el Imperio Romano:* Distrito judicial. *Tb, simplemente, ~.*

conventual I *adj* **1** De(l) convento [1]. **b)** (*Rel catól*) [Misa] que se celebra diariamente en los conventos y en otras iglesias obligadas al coro. ■ **2** [Religioso de la orden de San Francisco] perteneciente a la rama que posee rentas. *Tb n m.*

II *m* **3** (*hist*) Conjunto de iglesia y convento [1] de una orden militar.

convergencia *f* **1** Hecho de converger. ■ **2** Cualidad de convergente.

convergente *adj* **1** Que converge. ■ **2** (*Ópt*) [Lente] que tiene la propiedad de hacer converger los rayos luminosos.

converger *intr* **1** Dirigirse [dos o más líneas, o cosas de estructura lineal, o cosas en movimiento] a encontrarse [en un punto (*compl* HACIA, A *o* SOBRE)]. *Tb fig, dicho de cosas no materiales.* ■ **2** Reunirse [en un punto dos o más líneas, o cosas de estructura lineal o cosas en movimiento]. *Tb fig, dicho de cosas no materiales. Tb sin compl.*

convergir *intr* Converger.

conversa *f* (*col*) Conversación.

conversable *adj* (*lit*) [Pers.] tratable, o capaz de conversación.

conversación *f* Acción de conversar. **b)** *En pl:* Reuniones, frec. políticas, para hablar de un tema determinado.

conversacional *adj* De (la) conversación corriente o familiar. *Esp referido al lenguaje.*

conversador -ra *adj* **1** [Pers.] dada a conversar o que conversa con amenidad. *Gralm n.* ■ **2** [Pers.] que conversa. *Gralm n.*

conversar *intr* Hablar [dos o más perss., o una(s) con otra(s)], esp. en tono corriente o familiar. *A veces con un compl* SOBRE *o* ACERCA DE.

conversión *f* Acción de convertir(se). *Frec con un compl* EN *o* A. **b)** (*Econ*) Sustitución de títulos de Deuda Pública por otros de otra emisión o con condiciones distintas.

converso -sa *adj* **1** [Pers.] que se ha convertido [2]. *Frec n. Tb fig, referido al ámbito político.* **b)** Propio de la pers. conversa. ■ **2** (*Rel catól*) *En algunas órdenes religiosas:* Lego.

conversor *m* Sistema o aparato que sirve para convertir [1a].

convertibilidad *f* Cualidad de convertible.

convertible *adj* Que puede convertirse [1a]. **b)** (*Econ*) [Moneda] que puede convertirse en oro o en divisas pagaderas en oro.

convertidor -ra I *adj* **1** Que convierte o sirve para convertir [1a y 3]. *Tb n m, referido a aparato.* **b)** (*Electr*) [Máquina o dispositivo] destinado a cambiar la índole de una corriente eléctrica y adaptarla a diferentes usos. *Tb n m.*
II *m* **2** (*Electrón*) Circuito electrónico que se acopla a un receptor de radio o televisión para permitirle captar emisiones de longitud de onda diferentes. ■ **3 ~ de par.** (*Mec*) Aparato que sirve de cambio de velocidades progresivo.

convertir (*conjug 60*) *tr* **1** Hacer que [alguien o algo (*cd*)] pase a ser [lo que se expresa (*compl* EN)]. **b)** *pr* (~**se**) Pasar [alguien o algo] a ser [lo que se expresa (*compl* EN)]. ■ **2** Hacer que [alguien (*cd*)] adopte [una religión (*compl* A)]. *Frec el segundo compl se omite, por consabido.* **b)** *pr* (~**se**) Adoptar [una religión (*compl* A)]. *Frec el compl se omite, por consabido.* ■ **3** Pasar [una cosa (*cd*)] de un sistema a otro]. ■ **4** (*Balonc*) Hacer que [un tiro libre (*cd*)] termine en tanto. ■ **5** (*Filos*) Permutar los elementos [en una proposición (*cd*)] sin que se altere la verdad de esta.

convexidad *f* 1 Cualidad de convexo. ■ 2 Parte convexa [1b].

convexo -xa *adj* 1 [Línea, superficie o figura] curva que presenta, respecto del que la mira, su parte más saliente en el centro. b) De figura convexa. ■ 2 (*Geom*) [Ángulo] menor que un llano. ■ 3 (*Geom*) [Polígono] en el que cualquier lado prolongado no pasa por su interior, o cualquier recta no corta el contorno en más de dos puntos.

convicción *f* 1 Convencimiento. ■ 2 Idea religiosa, ética o política fuertemente arraigada [en una pers. (*compl de posesión*)]. *Gralm en pl.*

convicto -ta I *adj* 1 [Reo] cuyo delito está probado. *Frec n.* ■ 2 (*lit, raro*) Convencido.
II *m y f* 3 Presidiario.

convidada *f* Invitación a una ronda de bebida.

convidado -da I *adj* 1 *part* → CONVIDAR.
II *m y f* 2 ~ **de piedra**. (*col*) Pers. que está presente pero se mantiene en completo silencio.

convidador -ra *adj* [Pers.] que convida o es dada a convidar. *Tb n.*

convidar *tr* 1 Pedir en acto de cortesía o de amistad [a alguien (*cd*)] que esté presente [en un determinado acto o lugar (*compl* A)]. *Tb abs. Tb sin compl* A, *por consabido.* ■ 2 Pagar [a alguien (*cd*)], en muestra de cortesía o de amistad, [algo (*compl* A)] que le proporcione un placer]. *Gralm referido a comida o bebida. Tb abs. Tb sin compl* A, *por consabido.* ■ 3 Agasajar [a alguien con algo de comer o beber] en muestra de cortesía o de amistad. ■ 4 Mover o estimular [a una acción].

convincente *adj* Que convence.

convincentemente *adv* De manera convincente.

convite *m* Acción de convidar [1, 2 y 3].

convival *adj* (*lit, raro*) De(l) convite.

convivencia *f* Acción de convivir. *Frec con compl* CON. b) Reunión de compañerismo o confraternidad. *Gralm en pl.*

convivencial *adj* De (la) convivencia.

convivente *adj* 1 Conviviente. *Tb n, referido a pers.* ■ 2 De (la) convivencia.

convivial[1] *adj* (*lit, raro*) Convival o de(l) convite.

convivial[2] *adj* (*semiculto*) Convivencial.

convivible *adj* (*raro*) Capaz de convivencia.

conviviente *adj* Que convive. *Tb n, referido a pers.*

convivio *m* (*lit*) Banquete.

convivir A *intr* 1 Vivir en compañía [de otro u otros seres (*compl* CON)]. *Tb con suj pl, sin compl.* b) Vivir en armonía [con otra u otras perss. (*compl* CON)]. *Tb con suj pl, sin compl. Tb fig.*
B *tr* (*raro*) 2 Convivir [1] [durante cierto tiempo (*cd*)]. ■ 3 Vivir [algo (*cd*) con alguien], o participar [con él de ello (*cd*)].

convocación *f* (*raro*) Acción de convocar.

convocador -ra *adj* Que convoca. *Tb n, referido a pers.*

convocante *adj* Que convoca. *Tb n, referido a pers.*

convocar *tr* 1 Llamar [a una pers. o esp. a una serie de perss. (*cd*)] para que acudan [a un lugar o a una reunión o actividad conjunta (*compl* A)]. *Tb sin compl* A, *por consabido. Tb fig.* b) Hacer que [una serie de perss. (*cd*)] acudan a un lugar o a una reunión o actividad conjunta. ■ 2 Anunciar [una reunión o una actividad conjunta] llamando a los que han de participar en ella. b) Anunciar [un concurso o competición] para que acudan los interesados.

convocatoria *f* Acción de convocar. *Tb el anuncio con que se convoca.*

convolvulácea *adj* (*Bot*) [Planta] dicotiledónea, con flores en forma de embudo y fruto en cápsula, de la familia cuyo género tipo es *Convolvulus. Frec como n f en pl, designando este taxón botánico.*

convolvulina *f* (*Quím*) Resina obtenida de la jalapa.

convoy *m* 1 Tren (conjunto de locomotora y vagones). ■ 2 Conjunto de vehículos terrestres o barcos de transporte acompañados de escolta. b) Escolta de un transporte por mar o por tierra. ■ 3 Vinagreras. *Tb* ~ DE MESA.

convoyar *tr* Escoltar [a alguien o algo, esp. un convoy [2]]. *Tb fig.*

convulsamente *adv* De manera convulsa [1b y 2].

convulsión *f* 1 Contracción y extensión bruscas, violentas e involuntarias de un músculo, de origen patológico. ■ 2 Agitación o sacudida violenta, esp. en la vida social. ■ 3 (*Geol*) Sacudida sísmica.

convulsionador -ra *adj* Que convulsiona.

convulsionante *adj* Que convulsiona.

convulsionar A *tr* 1 Causar una convulsión o convulsiones.
B *intr pr* (~**se**) 2 Sufrir convulsión o convulsiones [1].

convulsionario -ria *m y f* Pers. que padece convulsiones [1]. *Esp* (*hist*) *la que las sufre por supuesta intervención sobrenatural.*

convulsivamente *adv* De manera convulsiva.

convulsivante *adj* (*Med*) Que causa convulsiones [1]. *Tb n m, referido a agente o sustancia.*

convulsivo -va *adj* De (la) convulsión o que la implica.

convulso -sa *adj* 1 Que padece convulsiones [1]. *Tb n, referido a pers.* b) Propio de quien padece convulsiones. ■ 2 Que tiene o muestra convulsiones [2].

conyugal *adj* De los cónyuges.

conyugalidad *f* (*raro*) Condición de cónyuge.

conyugalmente *adv* De manera conyugal.

cónyuge *m y f* (*admin*) Pers. casada [con otra (*compl de posesión*)]. *Tb sin compl. Frec en pl, designando a la pareja. Tb* (*col*) *con intención humoríst.*

coña (*vulg*) I *f* 1 Broma o guasa. ■ 2 Cosa molesta. *Tb* ~ MARINERA.
II *loc v* 3 **dar la** ~ [a alguien]. Burlarse o reírse [de él].
III *loc adv* 4 **ni de** ~. De ningún modo.
IV *interj* 5 *euf por* COÑO.

coñá *m* (*o, pop, f*) Coñac.

coñac (*pl normal,* ~S) *m* (*o, pop, f*) Aguardiente de graduación elevada, que se obtiene por la destilación de vinos flojos y se madura en toneles de roble, imitando el procedimiento usado en la ciudad francesa de Cognac. *Tb la copa de este licor.*

coñazo (*vulg*) **I** *m* **1** Pers. o cosa molesta. **b)** Pers. o cosa pesada. *Tb adj.* **II** *loc v* **2 dar el ~.** Dar la lata o causar fastidio. *Frec con ci de pers.*

coñe *interj* (*rur*) *euf por* COÑO.

coñearse *intr pr* (*vulg*) Burlarse [de alguien]. *Tb sin compl* DE.

coñeo *m* (*vulg*) Acción de coñearse.

coñi *interj* (*reg*) *euf por* COÑO.

coño (*vulg*) **I** *m* **1** Órgano sexual de la mujer. ■ **2** *Vacío de significado, y a veces en pl, se usa siguiendo a un término normalmente interrog para reforzar o marcar la intención desp de la frase.* * ¿*Qué coño haces aquí?* ■ **3 el quinto ~.** Lugar muy distante. **II** *loc v* **4 comer el ~** [a una mujer]. Hacer[le] el cunnilingus. ■ **5 estar** [una mujer] **hasta el** (**mismísimo**) **~** [de alguien o algo]. Estar harta [de ellos]. **III** *interj* **6** *Expresa gralm enfado, protesta o sorpresa.* ■ **7** (**qué**) **~.** *Se usa como refuerzo de lo que se acaba de decir.* * *También tenemos nuestra dignidad, ¡qué coño!*

coñón -na *adj* (*vulg*) Burlón o guasón. *Tb n, referido a pers.*

cooficial *adj* [Lengua] que es oficial junto con otra u otras.

cooficialidad *f* Condición de cooficial.

cool (*ing; pronunc corriente,* /kul/) *adj* [Jazz] en que se restringe el papel de la emoción y la improvisación. *Tb n m.*

cooperación *f* Acción de cooperar.

cooperador -ra *adj* Que coopera. *Tb n, referido a pers.*

cooperante *adj* Que coopera. *Tb n, referido a pers.*

cooperar *intr* Actuar juntamente [con otra u otras perss. o cosas, para un mismo fin (*compl* A, PARA *o* EN)]. *Tb sin compls.*

cooperativa → COOPERATIVO.

cooperativamente *adv* De manera cooperativa (→ COOPERATIVO [1]).

cooperativismo *m* **1** Tendencia favorable a las cooperativas (→ COOPERATIVO [2]). *Tb el sistema correspondiente.* ■ **2** Tendencia favorable a la cooperación. *Tb el sistema correspondiente.*

cooperativista *adj* **1** De(l) cooperativismo. ■ **2** Que es socio de una cooperativa (→ COOPERATIVO [2a]). *Tb n.*

cooperativizar *tr* Organizar en cooperativas (→ COOPERATIVO [2a]).

cooperativo -va *adj* **1** De (la) cooperación o que la implica. ■ **2** [Sociedad] constituida por productores, vendedores o compradores en beneficio común de los socios. *Frec n f.* **b)** De (la) sociedad cooperativa.

cooptación *f* Acción de cooptar.

cooptar *tr* Elegir [a un individuo] como miembro de una corporación mediante el voto de quienes ya son miembros de ella.

coordenado -da **I** *adj* **1** (*Geom*) [Ejes] que se cortan en un punto de un plano y se trazan en él para determinar la posición de los demás puntos del mismo plano por medio de líneas paralelas a los ejes.

II *f* **2** (*Geom*) Línea paralela a uno de los ejes coordenados [1] y que sirve para determinar la posición de un punto. *Gralm en pl.* **b) coordenada cartesiana** → CARTESIANO. **c) coordenadas geográficas** (*o* **terrestres**). Longitud y latitud de un punto, que sirven para determinar su posición geográfica. *Tb, simplemente,* COORDENADAS. ■ **3** *En pl:* Líneas maestras o básicas [de algo]. ■ **4** *En pl:* Circunstancias espaciales, temporales o materiales en que se da una realidad.

coordinación *f* **1** Acción de coordinar(se). *Tb su efecto.* ■ **2** Relación entre dos elementos coordinados.

coordinadamente *adv* De manera coordinada [2].

coordinado -da *adj* **1** *part* → COORDINAR. ■ **2** [Cosa] que denota o implica coordinación. ■ **3** [Cosa] unida [a otra] o relacionada [con ella (*compl* A)]. ■ **4** (*Gram*) [Oración] independiente unida por conjunción a otra independiente. *Tb n f.* ■ **5** (*Filos*) [Concepto] que está en el mismo nivel de subordinación [que otro (*compl* CON)]. *Tb sin compl, referido a n en pl.*

coordinador -ra *adj* Que coordina. *Tb n: m y f, referido a pers; f, referido a junta o comisión.*

coordinante *adj* Que coordina. *Esp en gramática.*

coordinar *tr* **1** Combinar [varias cosas, o una(s) con otra(s)] de modo que cooperen a un resultado. **b)** Combinar [dos o más prendas, o una(s) con otra(s)] de modo que formen un todo armónico. *Frec en part, a veces sustantivado.* **c)** Dirigir [una serie de elementos dispersos] dándo[les] unidad. *Tb abs.* **d)** Unir [los pensamientos] con lógica. *Tb abs.* ■ **2** (*Gram*) Unir [dos o más elementos de igual categoría sintáctica].

coordinativo -va *adj* Coordinante.

coordinatorio -ria *adj* Que coordina o sirve para coordinar.

copa **I** *f* **1** Vasija para beber constituida por una parte de forma acampanada que reposa sobre un pie. **b)** Porción de bebida, normalmente alcohólica, contenida en una copa. **c)** Bebida alcohólica servida en copa o vaso. *Frec en constrs como* TOMAR ~S *o* UNA(S) ~(S), IR DE ~S, LLEVAR DOS (*o* UNAS) ~S DE MÁS. ■ **2** Trofeo constituido por una copa [1a] decorativa, gralm. grande y de metal, que se da como premio en una competición deportiva. **b)** Competición deportiva cuyo premio es una copa y en que los contendientes se van eliminando sucesivamente hasta un encuentro final entre dos de ellos, del cual resulta el campeón. ■ **3** (*Naipes*) *En la baraja española:* Figura que representa una copa [1a], que corresponde a uno de los cuatro palos. *En pl designa el palo de esta figura.* **b)** Carta o naipe de copas. **c) la ~.** El as de copas. ■ **4** Cosa de forma acampanada que recuerda la de una copa [1a]. **b)** Pieza cóncava de las dos que constituyen la parte principal del sujetador femenino. **c)** Cubierta metálica cóncava que cubre el brasero. *A veces designa el brasero completo.* ■ **5** *En un sombrero:* Parte hueca en la que entra la cabeza. ■ **6** *En un árbol:* Conjunto de ramas y hojas que forma la parte superior. **II** *loc adj* **7 como la ~ de un pino.** (*col*) Enorme. *Gralm referido a ns calificativos.* ■ **8 de ~.** [Sombrero] de copa [5] alta, cilíndrica y rematada en forma plana. ■ **9 de ~s.** [Bar] en que se sirven preferentemente combinados y bebidas alcohólicas, con música y con horario nocturno.

III *loc v* **10 estar con la ~.** (*col, raro*) Estar borracho. ■ **11 irse de ~s.** (*col, raro*) Ventosear. ■ **12 levantar** [alguien] **su ~** [por alguien o algo]. (*lit*) Brindar [por ellos].

copaiba *f* Árbol de América tropical de cuyo tronco se extrae una oleorresina usada como antiséptico urinario (*Copaifera officinalis*). *Tb designa otras especies del mismo gén.*

copal *m* Resina que se extrae de diversos árboles, usada esp. para sahumerios y para la fabricación de barnices. *Tb los árboles que la producen.*

copar *tr* **1** Conseguir totalmente [algo o, raro, a alguien] en competencia con otros. **b)** Ocupar totalmente [determinados puestos]. *Tb fig.* ■ **2** (*Mil*) Cercar por sorpresa [a alguien o un lugar], cortando la retirada. *Tb fig, fuera del ámbito técn.* ■ **3** (*Juegos*) Hacer una puesta equivalente a todo el dinero [de la banca (*cd*)].

coparticipación *f* Hecho de participar [en algo] juntamente con otro u otros.

copartícipe *adj* Partícipe [de algo] juntamente con otro u otros. *Tb n.*

copatrocinador -ra *adj* Que copatrocina. *Tb n.*

copatrocinar *tr* Patrocinar [algo o a alguien] juntamente con otro u otros.

copatrón -na *m y f* Patrón [de un lugar] juntamente con otro u otros.

copatrono -na *m y f* Patrono [de un lugar] juntamente con otro u otros.

copazo *m* (*col*) Copa [1c].

copear *intr* (*col*) Tomar copas [1c] con los amigos en un establecimiento público.

copejear *intr* (*Pesca, reg*) Recoger el copo[3].

copeo *m* (*col*) **1** Acción de copear. ■ **2** Despacho o venta de bebida por copas [1b y c]. *Frec en la constr* AL ~.

copépodo *adj* (*Zool*) [Crustáceo] de pequeño tamaño, de agua dulce o salada, que forma parte del plancton. *Tb como n m en pl, designando este taxón zoológico.*

copernicano -na *adj* **1** Del astrónomo Nicolás Copérnico († 1543). ■ **2** [Giro] total en una situación.

copero -ra **I** *adj* **1** De (la) copa [2b]. **II** *m* **2** (*hist*) Cortesano cuyo oficio es traer la copa [1a] y servirla al señor. **b)** **~ mayor.** Dignatario encargado de servir la copa a los reyes en las comidas solemnes.

copete **I** *m* **1** Mechón de pelo que se levanta sobre la frente. ■ **2** Pieza de adorno que se pone en la parte superior de un objeto, esp. un mueble. ■ **3** Parte del contenido de una vasija que rebasa por encima del borde. ■ **4** Parte superior de la pala del zapato. **II** *loc adj* **5 de alto ~, de mucho** (*o* **gran**) **~,** *o* **de ~.** (*col*) [Pers.] de alta categoría. **III** *loc v* **6 estar hasta el ~.** (*col*) Estar harto.

copetín *m* (*col*) **1** Cóctel (reunión social). ■ **2** Copa [1b y c].

copetudo -da *adj* (*raro*) **1** Vanidoso o altanero. ■ **2** De alto copete [5].

copey *m* Árbol tropical de gran ramaje, flores amarillas y rojas y fruto redondo y venenoso,

y de cuya corteza se extrae una resina que se utiliza como la brea (*gén. Clusia*). *Tb su flor.*

copia[1] *f* **1** Acción de copiar. ■ **2** Escrito, imagen o figura copiados (→ COPIAR [1a y 2a]). ■ **3** Ejemplar [de un impreso o esp. una grabación]. ■ **4** Reproducción exacta [de algo]. ■ **5** (*Biol*) Ser o elemento idéntico [a otro (*compl de posesión*)]. ■ **6** Cosa que copia [4] [a otra (*compl de posesión*)].

copia[2] *f* (*lit*) Abundancia.

copiado *m* Acción de copiar [2].

copiador -ra *adj* **1** Que copia. *Tb n, referido a pers.* ■ **2** Que sirve para copiar [2]. *Frec n f, referido a máquina.* ■ **3** (*Com*) [Libro] en que se copia [1a] la correspondencia. *Tb n m.*

copiar (*conjug* 1a) *tr* **1** Reproducir a mano, o por medio de la mano, y más o menos fielmente [un escrito, imagen o figura]. *Tb abs.* **b)** *En un examen:* Reproducir más o menos exactamente [lo que se mira subrepticiamente de un libro, de apuntes o de lo escrito por un compañero]. *Frec abs.* ■ **2** Reproducir mecánicamente y con exactitud [escritos, imágenes, objetos o sonidos]. *Tb abs.* ■ **3** (*Biol*) Reproducir en laboratorio [seres o elementos idénticos a otros originales]. ■ **4** Imitar [algo o a alguien].

copichuela *f* (*col*) **1** Copa (bebida alcohólica servida en copa o en vaso). ■ **2** Cóctel (reunión social).

copieteo *m* (*col*) Acción de copiar [1b] en los exámenes.

copihue *m* Planta ornamental americana, de tallo voluble, con flores rojas o blancas y fruto en baya (*Lapageria rosea*).

copilación *f* (*raro*) Compilación.

copilador -ra *adj* (*raro*) Compilador. *Tb n, referido a pers.*

copilar *tr* (*raro*) Compilar.

copiloto *m y f* Piloto auxiliar.

copión[1] **-na** *adj* (*col, desp*) [Pers.] que copia o imita lo hecho por otros. *Frec n.*

copión[2] *m* (*Cine y TV*) Copia[1] de la filmación, empleada para el montaje.

copiosamente *adv* (*lit*) De manera copiosa.

copioso -sa *adj* (*lit*) Abundante.

copismo *m* (*desp*) Tendencia a copiar o imitar.

copista *m y f* **1** Pers. que tiene por oficio copiar textos ajenos. ■ **2** Pers. que hace copias[1] de obras de arte.

copistería *f* Establecimiento donde se hacen mecánicamente copias[1] de textos o de imágenes sobre papel. **b)** Taller en que se hacen a mano copias de partituras.

copla[1] **I** *f* **1** Composición poética de arte menor, gralm. constituida por una copla [5], una redondilla o una seguidilla, y que suele servir de letra de canción popular. *Tb la misma canción.* ■ **2** (*pop*) Canción (pieza musical cantada). ■ **3** (*col*) Tema de conversación. **b)** Asunto o cuestión. *Frec en la constr* LA MISMA ~. ■ **4** (*col*) *En pl:* Palabras que no merecen atención. *Frec en la loc* DEJARSE DE ~S. **b)** **las ~s de Calaínos.** (*hoy raro*) Un tema que no interesa a nadie o del que nadie hace caso. ■ **5** (*TLit*) Estrofa de cuatro versos de arte menor en la que riman en asonante el segundo y el cuarto, quedando libres los otros dos. ■ **6 ~ manriqueña** *o* **de pie quebrado.** (*TLit*) Estrofa de seis versos, tetrasílabos el tercero y el sexto y octosílabos los demás, que riman en consonante primero con cuarto, segundo con quinto y tercero con sexto. ■ **7 ~ de arte mayor.** (*TLit*) Estrofa de ocho versos dodecasílabos que riman en consonante primero, cuarto, quinto y octavo; segundo y tercero, y sexto y séptimo.

II *loc v* **8 andar** [algo o alguien] **en ~s.** (*col*) Ser objeto de murmuraciones o habladurías. ■ **9 quedarse con la ~.** (*col*) No olvidarse de lo dicho, o quedar bien enterado de ello.

copla² *f* (*raro*) Pareja (conjunto de dos personas, animales o cosas).

coplanario -ria *adj* (*Geom*) [Puntos o líneas] situados en un mismo plano.

coplero -ra I *m y f* **1** Autor de coplas¹ [1]. ■ **2** (*col*) Mal poeta. ■ **3** (*hoy raro*) Pers. informal o que anda con coplas¹ [4].

II *adj* **4** (*raro*) De (la) copla¹ [1].

copleta *f* (*reg*) Coplilla.

coplilla *f* Copla¹ [1] de carácter humorístico o satírico.

coplista *m y f* Coplero.

coplón *m* (*desp, raro*) Mala composición poética. *Normalmente en pl.*

copo¹ *m* **1** Cristal complejo de agua congelada de los que constituyen la nieve. **b) ~s de nieve.** Defecto de recepción de imágenes televisivas, en que la pantalla aparece salpicada de numerosos puntos blancos en movimiento. ■ **2** Partícula [de una sustancia] que presenta alguna semejanza con el copo [1a]. ■ **3** Cantidad o masa de lana, lino, algodón o cáñamo dispuesta para ser hilada.

copo² *m* Acción de copar.

copo³ *m* (*Pesca*) **1** Parte de la red, en forma de saco, en que se concentra la pesca capturada. *Tb la misma red.* ■ **2** División de la almadraba en donde se efectúa la matanza de los atunes.

copolimerización *f* (*Quím*) Formación de copolímeros.

copolímero -ra *adj* (*Quím*) [Polímero] formado por la unión de dos o más monómeros. *Tb n m.*

copón I *m* **1** (*raro*) Copa (vasija) grande. **b)** (*Rel catól*) Copa grande de metal en que se tienen las hostias consagradas y que se guarda en el sagrario. ■ **2 el ~ (de la baraja).** (*vulg*) El colmo, o lo que ya no se puede superar. ■ **3 y todo el ~.** (*vulg*) Concluyendo una or, pone énfasis en lo que se acaba de enunciar. * Acudió la gran banca, la gente guapa y todo el copón.

II *loc adj* **4 del ~.** (*vulg*) Muy grande o extraordinario. *Con intención ponderativa.*

coposesión *f* Posesión juntamente con otro u otros.

copra *f* Médula de coco desecada.

copresidente -ta *m y f* Presidente conjuntamente con otro u otros.

copríncipe *m* Individuo de los dos que comparten la jefatura del Estado en el Principado de Andorra.

coprocultivo *m* (*Med*) Cultivo de los gérmenes de las heces.

coproducción *f* **1** Acción de coproducir. ■ **2** Producción realizada conjuntamente por dos o más entidades. *Frec referido a cine.*

coproducir (*conjug 41*) *tr* Producir [algo] juntamente con otro u otros. *Frec referido a cine.*

coproductor -ra *adj* Que coproduce. *Tb n.*

coprofagia *f* (*lit o Med*) Ingestión de excrementos. *Tb fig.*

coprófago -ga *adj* (*lit o Med*) Que ingiere excrementos. *Tb n, referido a pers. Tb fig.*

coprofilia *f* (*lit o Med*) Interés patológico por los excrementos.

coprófilo -la *adj* (*lit o Med*) **1** De (la) coprofilia. ■ **2** Que padece coprofilia. *Tb n, referido a pers.*

coprolalia *f* (*lit o Med*) Tendencia patológica a decir obscenidades, esp. referidas a los excrementos.

coprolito *m* (*Geol*) Excremento fósil.

coprológico -ca *adj* (*lit*) De (los) excrementos.

copropiedad *f* Propiedad compartida por dos o más perss. o entidades.

copropietario -ria *adj* Propietario juntamente con otro u otros. *Frec n, referido a pers.*

coprotagonista *m y f* Protagonista juntamente con otro u otros.

coprotagonizar *tr* Protagonizar [algo] juntamente con otro u otros.

copto -ta I *adj* **1** Cristiano de Egipto y Etiopía. *Tb n, referido a pers.* ■ **2** Del copto [3].

II *m* **3** Lengua hablada en Egipto hasta 1600 aproximadamente y que después se ha conservado como lengua de la Iglesia copta [1].

copudo -da *adj* [Árbol] que tiene mucha copa.

cópula *f* **1** Unión sexual. ■ **2** (*Filos y Gram*) Término que une el predicado con el sujeto.

copulación *f* **1** Acción de copular [1]. ■ **2** (*Gram*) Coordinación copulativa.

copulador -ra *adj* De (la) copulación [1].

copular A *intr* **1** Realizar la cópula [1].

B *tr* **2** (*Gram*) Unir mediante coordinación copulativa.

copulativo -va *adj* **1** De (la) copulación [1]. ■ **2** (*Gram*) [Conjunción] que enlaza dos palabras u oraciones cuyos significados se suman. ■ **3** (*Gram*) [Oración] coordinada con otra a la que suma su significado. ■ **4** (*Gram*) [Verbo] que enlaza el sujeto con el adjetivo o sustantivo predicativo.

copulatorio -ria *adj* De (la) copulación [1].

copy *m* Copyright.

copyright (*ing; pronunc corriente, /*kópiřait*/; pl normal, ~s*) *m* Derecho de propiedad intelectual o artística.

coque *m* Cok.

coqueficable *adj* Coquizable.

coqueluche *f* (*Med*) Tos ferina.

coquera *f* (*Constr*) Oquedad en una masa de piedra, o en el mortero u hormigón.

coqueta *f* Mueble de dormitorio, en forma de mesa, con espejo y gralm. con cajones, para peinarse y maquillarse.

coquetamente *adv* De manera coqueta (→ COQUETO [1b y 2]).

coquetear *intr* **1** Conversar ligeramente o bromear [con una pers. de otro sexo], o hacer[le (*compl* CON)] gestos insinuantes, tratando de despertar su interés. *Tb* (*lit*) *fig.* ■ **2** Tener una relación superficial [con una pers. de otro sexo] por puro pasatiempo. ■ **3** Tener trato superficial y sin importancia [con una actividad, una ideología o un grupo].

coqueteo *m* Acción de coquetear.

coquetería *f* **1** Cualidad de coqueto. ■ **2** Acción o comportamiento propios de pers. coqueta.

coquetismo *m* (*raro*) Coquetería.

coqueto -ta *adj* **1** [Pers.] que procura atraer a las de otro sexo por vanidad y por pasatiempo. *Gralm referido a mujer. Tb n.* **b)** Propio de la pers. coqueta. ■ **2** [Cosa] que presenta un atractivo sencillo y gracioso.

coquetón -na *adj* (*col*) Coqueto, esp [2]. *Tb n.*

coquetonamente *adv* De manera coquetona.

coquí *m* Pequeña rana de Puerto Rico, que canta armoniosamente al atardecer (*Xylodes martinicensis*).

coquificable *adj* Coquizable.

coquilla[1] *f* (*Dep*) Pieza protectora del bajo vientre usada en algunos deportes. *Tb el propio bajo vientre.*

coquilla[2] *f* (*Metal*) Molde metálico permanente.

coquillo *m* Cierto dulce frito típico de Extremadura.

coquina *f* Molusco comestible de valvas finas, ovaladas y aplastadas, típico de la costa sudoeste de Andalucía (*Donax trunculus*).

coquinario -ria (*lit*) **I** *adj* **1** De (la) cocina. **II** *f* **2** Cocina (arte de guisar).

coquinero -ra I *m y f* **1** Pers. que coge o vende coquinas. **II** *adj* **2** (*col, reg*) Del Puerto de Santa María (Cádiz). *Tb n, referido a pers.*

coquito *m* Pasta o dulce de coco.

coquizable *adj* [Carbón] útil para la obtención de cok.

cora *f* División territorial de poca extensión, en un país árabe. *Tb* (*hist*) *referido a la España musulmana.*

coracero *m* Soldado de caballería armado de coraza.

coracha *f* (*hist*) Saco de cuero usado para traer géneros de América.

coraciforme *adj* (*Zool*) [Ave] del orden al que pertenecen el abejaruco y el martín pescador. *Frec como n f en pl, designando este taxón zoológico.*

coracina *f* (*hist*) Coraza pequeña y ligera.

coracoideo -a *adj* (*Anat*) [Apófisis] del omóplato, encorvada, que contribuye a formar la cavidad de la articulación del hombro.

coracoides *m* (*Anat*) *En las aves y reptiles:* Hueso cilíndrico de la parte correspondiente al hombro.

coraje I *m* **1** Valor o acometividad. ■ **2** Irritación o rabia. *Frec con el v* DAR. ■ **3** (*reg*) Antipatía. **II** *loc v* **4** **dar ~.** (*col*) Apetecer. *En constrs como* LO QUE MÁS ~ TE DÉ *o* DONDE MÁS ~ TE DÉ.

corajina *f* (*col*) Coraje [2].

corajinoso -sa *adj* (*col, raro*) Que tiene o muestra coraje.

corajudamente *adv* De manera corajuda [1b].

corajudo -da *adj* [Pers.] que tiene coraje [1]. **b)** Propio de la pers. corajuda.

coral[1] **I** *adj* **1** De(l) coro. **b)** [Masa] ~ → MASA. ■ **2** Que se realiza a coro o entre varias perss. a la vez. ■ **3** [Poesía] que expresa los sentimientos de la colectividad. **b)** (*hist*) [Poesía] que expresa sentimientos colectivos y se canta a coro con motivo de festividades religiosas o políticas. *Tb a veces referido a su autor.* **II** *n* **A** *f* **4** Conjunto coral [1] o coro. **B** *m* **5** (*Mús*) Composición religiosa para coro, propia del culto protestante. *Tb la composición instrumental inspirada en ella.*

coral[2] **I** *m* **1** Celentéreo antozoo marino que vive en colonias y tiene esqueleto calcáreo y córneo. **b)** Coral de esqueleto rojo más o menos intenso, usado en joyería (gén. *Corallium*). *Tb ~* ROJO. ■ **2** Pieza de joyería hecha del esqueleto pulimentado del coral [1b]. ■ **3** *En pl:* Carnosidad roja de la cabeza y el cuello del pavo. **II** *adj invar* **4** [Color] rojo intenso como el del coral [1b]. *Tb n m. A veces en aposición con* ROJO.

coralero -ra I *adj* **1** [Barco] destinado a la extracción de coral[2] [1]. *Tb n m.* **II** *m y f* **2** Pers. que se dedica a extracción o venta de coral[2] [1].

coralífero -ra *adj* **1** Que tiene corales[2] [1]. ■ **2** De (los) corales[2] [1].

coraliforme *adj* (*E*) De forma de coral[2] [1].

coralígeno -na *adj* (*E*) Que da lugar a la formación de arrecifes coralinos.

coralinácea *f* (*Bot*) [Alga] de la familia cuyo tipo es la coralina (→ CORALINO [2]). *Frec como n f en pl, designando este taxón botánico.*

coralino -na I *adj* **1** De coral[2] [1]. **b)** Propio del coral[2] [1b]. **II** *f* **2** Alga ramosa, articulada, de color rojizo, gelatinosa y cubierta gralm. con una costra de caliza blanca (gén. *Corallina*).

coralista *m y f* Miembro de una agrupación coral[1] [1].

corambre *f* **1** Piel o pellejo, curtido o sin curtir. *Tb fig, referido a pers.* ■ **2** Odre.

corambrero *m* Hombre que se dedica a la industria y al comercio de corambres.

coramina (*n comercial registrado*) *f* Fármaco estimulante del corazón y de los centros respiratorios, constituido por una amida nicotínica.

coram populo (*lat; pronunc,* /kóram-pópulo/) *loc adv* En público.

coránico -ca *adj* Del Corán (libro sagrado de los musulmanes).

corasmio -mia *adj* (*hist*) De un pueblo escita de Asia. *Tb n, referido a pers.*

coraza *f* **1** (*hist*) Arma defensiva que cubre el pecho y la espalda. *Frec fig, referido a época moderna.* ■ **2** Blindaje [de un barco de guerra, de un carro de combate o de un elemento eléctrico].

corazón I *m* **1** Órgano muscular impulsor de la circulación de la sangre. **b)** Latidos del corazón. **c)** *Se usa como vocativo dirigido a una pers. querida, gralm en el habla femenina.* * *Duerme tranquilo, corazón.* ■ **2** Figura convencional del corazón [1a] constituida por dos lóbulos redondeados en la parte superior que se unen en un punto en la parte inferior. **b)** *Tb la talla correspondiente.* ■ **3** Palo de la baraja francesa cuya figura representa un corazón [2]. *Gralm en*

pl. ■ **4** Sentimientos. *Opuesto a* CABEZA *'pensamiento'. Frec en constrs como* TENER BUEN, *o* MAL, ~, NO TENER ~, DURO DE ~, *etc.* **b) todo ~.** Pers. de gran bondad y generosidad. *Normalmente como predicat.* ■ **5** Valor o ánimo. ■ **6** Parte central [de una cosa]. *Tb fig.* **b)** *En algunas frutas:* Parte central que encierra las semillas. **c)** *En un árbol:* Médula. ■ **7** Parte esencial [de una cosa].
II *adj* **8** [Dedo] tercero o medio de la mano. *Tb n m.* ■ **9** [Dolor] **de ~** → DOLOR. ■ **10 del ~.** [Revista o prensa] especializada en la información sobre la vida sentimental y social de personas importantes y populares. *A veces tb referido a periodista.* ■ **11 de mi ~.** *Siguiendo a n de pers,* expresa cariño hacia esta. *Gralm en el habla femenina.* * ¡Hijo de mi corazón, cómo vienes! **b)** *A veces tb para expresar reproche o disgusto.* * ¡Lola de mi corazón, cómo puedes decir esas tonterías!
III *loc v* **12 darle,** *o* **decirle,** [a uno] **el ~** [una cosa]. *(col)* Tener [uno] el presentimiento [de ella *(prop con* QUE)]. ■ **13 darle** [a alguien] **un vuelco el ~** → VUELCO. ■ **14 encoger el ~** [a alguien]. *(col)* Sobrecoger[le]. *Tb sin compl.* **b) encogérsele** [a uno] **el ~.** *(col)* Sentirse [uno] sobrecogido. ■ **15 ganarse el ~** [de alguien]. Conquistar su afecto. ■ **16 hacer de tripas ~** → TRIPA. ■ **17 hacer latir el ~** [de alguien]. Emocionar[le] o hacer[le] sentir amor. ■ **18 meter** (*o* **poner**) **el ~ en un puño** [a alguien]. *(col)* Intimidar[le] o amedrentar[le]. ■ **19 partir** (*o* **romper**) **el ~** [a alguien]. *(col)* Causar[le] mucha lástima. *Tb sin compl.* **b) partírsele** (*o* **rompérsele**) [a uno] **el ~.** *(col)* Sentir [uno] mucha lástima. ■ **20 salirle** [a uno] **del ~** [una cosa]. Ser sinceramente sentida [por él]. ■ **21 tener** (**también**) [alguien] **su ~** (*o, más frec,* **su corazoncito**). *(col)* Ser sensible o tener sentimientos.
IV *loc adv* **22 con el ~ en la boca.** Con gran ansiedad y cansancio. ■ **23 con el ~ en un puño.** Con mucha angustia o intranquilidad. ■ **24 con la mano en el ~** (*o* **con el ~ en la mano**) → MANO. ■ **25 de (todo) ~.** Con sinceridad y afecto.

corazonada *f* **1** Presentimiento. ■ **2** Impulso momentáneo que mueve a hacer algo.

corazoncillo *m* Planta herbácea medicinal, de tallo ramoso en la parte superior, flores amarillas y frutos acorazonados y resinosos (*Hypericum perforatum*).

corazonista *adj* Del Sagrado Corazón de Jesús o de los Sagrados Corazones de Jesús y María. **b)** De la orden religiosa de los Sagrados Corazones. *Tb n, referido a pers.*

corbachada *f (raro)* Vergajazo.

corbata[1] **I** *n A f* **1** Prenda de adorno, esp. masculina, consistente en una banda de tela que se pone alrededor del cuello y se ata en nudo o lazo por delante. ■ **2** *(Dep) En la lucha:* Presa que consiste en rodear el cuello del adversario con el brazo.
B *m* **3** *(hist)* Militar de carrera.
II *loc v* **4 tenerlos** (*o* **tener los huevos, los cojones** *o* **las vísceras**) **por** (*o* **de**) **~,** *o* **estar con los huevos, los cojones** *o* **las vísceras por** (*o* **de**) **~.** *(vulg)* Estar muy asustado.

corbata[2] *f (Escén) En un teatro:* Parte comprendida entre el borde del escenario y la línea del telón.

corbatería *f* **1** Confección o comercio de corbatas[1] [1]. ■ **2** Corbatas o conjunto de corbatas[1] [1].

corbatero -ra I *adj* **1** De las corbatas[1] [1]. ■ **2** Que se dedica a la corbatería [1]. *Tb n, referido a pers.*

II *m* **3** Percha o utensilio especial para colgar corbatas[1] [1].

corbatín *m* Corbata[1] [1] corta que se ajusta por detrás con un broche o por delante con un lazo.

corbela *f* Alga marina, que vive en colonias, de talo aplanado, con ramas de color anaranjado-pardo u oliváceo y que se usa para abonos y para la extracción de sustancias químicas (*Fucus vesiculosus*).

corbella *f (raro)* Cestillo.

corbelo *m (reg)* Corvina (pez). *A veces designa tb el abadejo.*

corbeta *f* **1** Buque destinado a la escolta de convoyes y caza submarina, armado con cañones de pequeño calibre y con cargas de profundidad. ■ **2** *(hist)* Buque de guerra, de vela, menor que la fragata.

corcel *m* Caballo ligero de gran alzada.

corcha *(reg)* **I** *f* **1** Corcho [1, 2 y 3].
II *loc adv* **2 hasta la ~.** Hasta la bandera.

corchea *f (Mús)* Nota cuyo valor es la mitad de una negra.

corchero -ra I *adj* **1** De(l) corcho [1]. *Tb n f, referido a fábrica.* **b)** [Árbol] que produce corcho.
II *n A m y f* **2** Pers. que trabaja en descorchar alcornoques.
B *f* **3** Cubeta de corcho [1] o madera, usada esp. para poner a refrescar las bebidas. ■ **4** *(Dep) En un piscina de competición:* Línea de trozos de corcho [1] unidos por una cuerda, que sirve para separar una calle de otra.

corchete *m* **1** Broche formado por dos piezas de alambre, una de ellas en figura de gancho y la otra de presilla en que se engancha la primera. ■ **2** Signo de la escritura formado por una recta vertical y otras dos cortas formando ángulo recto con ella en sus extremos, y que tiene función semejante a la del paréntesis. ■ **3** Llave (signo de la escritura). ■ **4** *(hist)* Agente de la justicia encargado de prender a los delincuentes.

corcho I *m* **1** Tejido poroso, impermeable y muy ligero, que se encuentra en la zona periférica del tronco, las ramas y las raíces gruesas, esp. en la corteza del alcornoque. ■ **2** Tapón de corcho [1]. ■ **3** Colmena de corcho [1].
II *loc adj* **4 de ~.** *(col)* [Pers.] insensible.
III *interj (col)* **5** *euf por* COÑO.

córcholis *interj (col) euf por* COÑO.

corchoso -sa *adj* De(l) corcho [1].

corchotaponero -ra *adj* De (la) fabricación de tapones de corcho [1].

corcova *f* Curvatura anómala en el pecho o en la espalda, debida a una malformación del sistema óseo del tronco.

corcovado -da *adj* **1** *part* → CORCOVAR. ■ **2** [Pers.] que tiene corcova. *Tb n.* ■ **3** [Cosa] que tiene una curvatura anormal.

corcovar *tr (raro)* Hacer que [alguien *(cd)*] tenga corcova.

corcovear *intr* Dar uno o más corcovos.

corcovo *m* Salto que da un animal encorvando el lomo. *Tb fig.*

corcubionés -sa *adj* De Corcubión (La Coruña). *Tb n, referido a pers.*

corcusido *m (desp)* Acción de corcusir. *Frec su efecto. Tb fig.*

corcusir tr (desp) Zurcir o coser [algo] con puntadas mal dadas. Tb fig.

cordada f Grupo de montañeros sujetos por la misma cuerda.

cordado -da adj 1 (Zool) [Animal] perteneciente al tipo que comprende los procordados y los vertebrados. *Normalmente como n m en pl, designando este taxón zoológico.* ■ 2 (Geol) [Lava] de superficie ondulada con aspecto de cuerdas. ■ 3 (Heráld) [Figura con cuerdas] en que estas son de distinto esmalte.

cordaje m Conjunto de cuerdas. b) (Mar) Jarcia.

cordal m 1 (Mús) En los instrumentos de cuerda: Pieza de la parte inferior de la tapa, que sirve para atar las cuerdas. ■ 2 (reg) Cordillera pequeña.

cordel I m 1 Cuerda delgada. ■ 2 Camino para los ganados trashumantes, de una anchura de 45 varas.
II loc adj 3 de ~. (hoy raro) [Mozo] de cuerda. ■ 4 de ~. (hist) [Pliego] que contiene, impresas, obras de literatura popular y que se vende suelto colgado de un cordel [1] en portales y tiendas. b) [Obra o conjunto de obras literarias] propias de los pliegos de cordel.
III loc v 5 dar ~. (col) Entretener [a alguien] con palabras que no comprometen.
IV loc adv 6 a ~. En línea recta. Gralm con los vs TRAZAR o TIRAR. ■ 7 a hurta ~. (raro) Repentina o inesperadamente.

cordelería f 1 Oficio de cordelero [1]. ■ 2 Establecimiento en que se venden cordeles y otros objetos de cáñamo. ■ 3 Cordeles o conjunto de cordeles [1].

cordelero -ra m y f 1 Pers. cuyo oficio es fabricar cordeles [1] y otros objetos de cáñamo. ■ 2 Pastor trashumante que pasa la mayor parte del año en los cordeles [2] y cañadas.

cordellate m Tejido basto de lana, cuya trama forma cordoncillo.

corderil adj De(l) cordero.

cordero -ra I n A m 1 Hijo de la oveja, con edad inferior a un año. Tb designa solamente el macho. ■ 2 Piel de cordero [1].
B f 3 Hembra del cordero [1].
C m y f 4 Se usa como vocativo afectuoso referido a pers. * Lo eres todo, cordero mío. ■ 5 (raro) Pers. dócil y humilde.
II loc adj 6 [Pie] de ~ → PIE.

cordial adj 1 [Pers.] que se expresa o manifiesta de manera amistosa y franca. b) Propio de la pers. cordial. ■ 2 Afectivo (de(l) afecto). b) [Cosa] que brota del corazón, como sede ideal del sentimiento. ■ 3 Del corazón. b) [Medicamento] que sirve para fortalecer el corazón. Frec n m. ■ 4 [Dedo] corazón. Tb n m.

cordialidad f Cualidad de cordial [1].

cordialmente adv 1 De manera cordial [1b]. ■ 2 En el aspecto cordial [2a].

cordicia f (Vet) Enfermedad del corazón.

cordiforme adj (E) De forma de corazón.

cordilla f (raro) Desperdicio de tripas que se da como comida a los gatos.

cordillera f Cadena montañosa de gran extensión.

cordillerano -na adj De (la) cordillera. b) De los Andes.

cordimariano -na adj (Rel catól) Del Corazón de María. b) De alguna de las congregaciones del Corazón de María. Tb n, referido a pers.

corditis f (Med) Inflamación de las cuerdas vocales.

córdoba m Unidad monetaria de Nicaragua.

cordobán m Piel curtida de cabra, frec. repujada y pintada.

cordobana. a la ~. loc adv (col, raro) En cueros. Tb fig.

cordobanero m Fabricante de cordobanes.

cordobés -sa adj 1 De Córdoba. Tb n, referido a pers. ■ 2 [Sombrero] de fieltro de ala ancha y plana, con copa baja y cilíndrica. Tb n m. ■ 3 (Taur) [Larga] que se remata en caída del capote sobre el hombro derecho del torero. ■ 4 De Córdoba (ciudad o provincia de Argentina, o departamento de Colombia).

cordón I m 1 Conjunto de hilos o fibras retorcidos en forma de cuerpo largo, delgado y redondo, que sirve para sujetar y frec. como adorno. *A veces con un compl especificador de la materia.* b) Cordón de adorno que cruza el pecho y se sujeta en el hombro, y que forma parte de algunos uniformes o constituye una condecoración. *En este último caso, normalmente precedido de* CON. *Tb la pers. condecorada.* ■ 2 Conductor eléctrico muy flexible, formado por numerosos hilos finos de cobre torcidos y cubiertos por una capa protectora. ■ 3 Línea de gente, gralm. policías, estacionada con el fin de cortar el paso. *Frec* ~ POLICIAL *o* ~ DE SEGURIDAD. ■ 4 (reg) Cordillera pequeña. ■ 5 (Anat) Parte u órgano largo, redondeado y flexible. *Frec con un adj especificador:* ESPERMÁTICO, MEDULAR, NERVIOSO, *etc, que a veces se omite, por consabido.* ■ 6 ~ umbilical. Conjunto de vasos que unen la placenta de la madre con el vientre del feto para la nutrición de este hasta el momento del parto. b) Elemento que sirve de unión entre una entidad y otra de la que esta depende. ■ 7 ~ litoral. (Geol) Barra de sedimentos arrastrados por las corrientes, que se forma en la desembocadura de un río o en la boca de un golfo. ■ 8 ~ sanitario. (Med) Conjunto de medidas administrativas y materiales para impedir la propagación de una epidemia o de una enfermedad infecciosa. Tb fig.
II loc adv 9 en ~. En línea, o junto al bordillo. Referido a estacionamiento.

cordonazo. ~ de San Francisco. m (Mar) Temporal que suele presentarse en las proximidades del día de San Francisco de Asís (4 de octubre).

cordon bleu (fr; pronunc corriente, /kordón-bló/) m Cocinero de primera categoría.

cordoncillo m Bordado o adorno de un tejido que imitan la forma de un cordón [1]. *En labores, tb* PUNTO DE ~.

cordonería f 1 Arte u oficio de fabricar cordones [1a]. ■ 2 Establecimiento en que se fabrican o venden cordones [1a]. ■ 3 Cordones o conjunto de cordones [1a].

cordura f Cualidad de cuerdo.

corea f (Med) Enfermedad del sistema nervioso central, que se manifiesta por movimientos involuntarios, desordenados y bruscos, de los miembros y de la cabeza. *A veces con un adj o compl especificador de las distintas variedades.*

coreanista m y f Pers. que estudia la lengua y la cultura coreanas [1].

coreano -na I *adj* **1** De Corea.

  II *n* A *m* **2** Lengua coreana [1].

  B *f* **3** Chaquetón de nailon guateado y con capucha.

corear *tr* **1** Acompañar a coro [a un cantante o una canción]. ■ **2** Repetir [algo] a coro. **b)** Repetir [alguien] lo dicho [por otro (*cd*)]. ■ **3** Aplaudir [algo] o manifestar aprobación [ante ello (*cd*)].

coreico -ca *adj* (*Med*) De la corea.

corellano -na *adj* De Corella (Navarra). *Tb n, referido a pers.*

coreo *m* (*raro*) Acción de corear.

coreodrama *m* (*Escén*) Drama coreográfico.

coreografía *f* **1** Arte de componer danzas destinadas a ser representadas con música en un escenario. ■ **2** Conjunto de pasos y secuencias de un ballet.

coreografiar (*conjug* **1c**) *tr* Crear una coreografía [2] [para una obra musical (*cd*)].

coreográfico -ca *adj* De (la) coreografía.

coreógrafo -fa *m y f* Pers. que se dedica a la coreografía [1].

coreuta *m y f* (*hist*) En la tragedia griega: Miembro del coro. *Tb fig* (*lit y humoríst*), *referido a época moderna.*

coriáceo -a *adj* De consistencia o aspecto parecidos a los del cuero. *Frec en botánica. Tb fig.*

corial *adj* (*Anat*) De(l) corion.

coriámbico *adj* (*TLit*) En la poesía grecolatina: [Verso] formado por dos sílabas breves entre dos largas. **b)** De(l) verso coriámbico.

coriandro *m* Cilantro (planta).

coriano -na *adj* De Coria (Cáceres) o de Coria del Río (Sevilla). *Tb n, referido a pers.*

coriaria *f* Roldón o emborrachacabras (planta).

coriariácea *adj* (*Bot*) [Planta] del gén. *Coriaria*, caracterizada por tener diversos principios tóxicos. *Frec como n f en pl, designando este taxón botánico.*

coribante *m* (*hist*) En la antigua Grecia: Sacerdote de la diosa Cibeles, que en sus fiestas danzaba con movimientos desenfrenados.

corifénido *adj* (*Zool*) [Pez] de cabeza grande, cuerpo alargado y comprimido y aleta dorsal única, de la familia de la llampuga. *Frec como n m en pl, designando este taxón zoológico.*

corifeo *m* **1** Portavoz o cabecilla de una tendencia o una ideología. ■ **2** Seguidor. *Gralm en pl.* ■ **3** (*hist*) En la tragedia griega: Director del coro.

corimbiforme *adj* (*Bot*) De forma de corimbo.

corimbo *m* (*Bot*) Inflorescencia en que los pedúnculos nacen en distintas alturas del eje y terminan a la misma altura.

corindón *m* (*Mineral*) Mineral de alúmina cristalizada, que sigue en dureza al diamante y algunas de cuyas variedades son piedras preciosas.

corinocarpácea *adj* (*Bot*) [Planta] arbórea del gén. *Corynocarpus*, propia de Nueva Zelanda. *Frec como n f en pl, designando este taxón botánico.*

corintio -tia *adj* De Corinto (Grecia). *Tb n, referido a pers.* ■ **2** (*Arquit*) [Orden] caracterizado por la columna con capitel adornado con hojas de acanto. **b)** De(l) orden corintio.

corinto[1] *adj invar* [Color] rojo oscuro, tirando a violáceo, como el de las pasas de Corinto[2]. *Tb n m.* **b)** Que tiene color corinto.

Corinto[2]. **de ~.** *loc adj* [Pasa] pequeña y sin pepitas, propia de Corinto (Grecia).

corion *m* (*Anat*) **1** En los mamíferos: Membrana exterior del embrión. ■ **2** En otros animales: Revestimiento del huevo.

coriónico -ca *adj* (*Anat*) De(l) corion.

coripétalo -la *adj* (*Bot*) Dialipétalo. *Tb n f.*

corista A *m y f* **1** Pers. que en obras teatrales musicales canta formando parte del coro. ■ **2** (*Rel catól*) Pers. que participa en el canto de las horas canónicas en una iglesia o convento.

  B *f* **3** Mujer que en una revista musical o espectáculo semejante forma parte del conjunto que canta y baila.

  C *m* **4** (*Rel catól*) Religioso destinado al coro desde que profesa hasta que se ordena sacerdote.

corito -ta *adj* (*pop*) Desnudo. *Tb fig.*

coriza[1] *f* (*raro, m*) (*Med*) Catarro nasal.

coriza[2] *f* (*reg*) Calzado rústico de cuero sin curtir.

cormo *m* (*Bot*) Aparato vegetativo de las plantas que tienen raíz, tallo y hojas.

cormofítico -ca *adj* (*Bot*) Cormofito.

cormofito -ta (*tb* **cormófito**) *adj* (*Bot*) [Planta] cuyo aparato vegetativo es el cormo. *Frec como n f en pl, designando este taxón botánico.*

cormorán *m* Ave acuática de tamaño, en general, mayor que el de los patos, que habita en las costas y es buena nadadora y buceadora (gén. *Phalacrocorax*). *A veces con un adj especificador:* ~ GRANDE (*P. carbo*), ~ MOÑUDO (*P. aristotelis*), ~ PIGMEO (*P. pygmaeus*).

cornac *m* (*raro*) Individuo que doma, guía y cuida a un elefante.

cornácea *adj* (*Bot*) [Planta] de la familia del cornejo y cuyo género tipo es *Cornus*. *Frec como n f en pl, designando este taxón botánico.*

cornada I *f* **1** Herida penetrante causada por cuerno de res vacuna. ■ **2** (*Esgr*) Estocada dada de abajo arriba.

  II *loc v* **3 no morir de ~ de burro.** (*raro*) Ser muy cobarde y poco arriesgado.

cornado *m* (*hist*) Moneda castellana de vellón con la cabeza coronada del rey en el anverso, acuñada con valores diversos desde Sancho IV a Juan II.

cornal *m* Correa de cuero con que se sujeta el yugo a los cuernos de los bueyes o vacas.

cornalina *f* (*Mineral*) Variedad de calcedonia de color rojo.

cornalón -na *adj* [Res, esp. vacuna] de grandes cuernos.

cornamenta *f* Conjunto de los dos cuernos de un animal bóvido, cabrío o cérvido.

cornamusa[1] *f* (*Mús*) Instrumento semejante a la gaita gallega, de la que se diferencia por no tener roncón.

cornamusa[2] *f* (*Mar*) Pieza de madera o metal de forma algo curvada que, fija en sitios adecuados, sirve para sujetar a ella los cabos.

córnea *f* (*Anat*) Parte anterior, transparente, de la membrana externa del globo ocular.

corneal *adj* (*Anat y Ópt*) De la córnea.

corneano -na *adj* (*Ópt*) Corneal.

cornear *tr* Dar una o varias cornadas [a alguien (*cd*)].

corned beef (*ing; pronunc corriente,* /kórned-bíf/) *m* Conserva de carne de vacuno curada con sal.

corneja *f* **1** Ave semejante al cuervo, pero de menor tamaño, pico mayor y cola redondeada (*Corvus corone*). *Tb* ~ NEGRA. ■ **2** Ave rapaz nocturna semejante al búho, pero mucho más pequeña, y con dos largas plumas en la cabeza en forma de cuernecillos (*Asio otus*).

cornejal *m* (*reg*) Cornijal¹ [1].

cornejo *m* **1** Arbusto muy ramoso de corteza roja en invierno, flores blancas y fruto en drupa comestible de color rojo oscuro (*Cornus sanguinea*). *Tb* ~ HEMBRA o ENCARNADO. ■ **2** ~ **macho.** Durillo (planta).

córneo -a *adj* **1** De cuerno. *Tb fig.* ■ **2** Que tiene aspecto o naturaleza de cuerno.

córner (*pl*, ~s o ~ES) *m* (*Fút*) **1** Salida del balón del campo cruzando la línea de meta tras haber sido tocado en último lugar por un jugador del equipo al que corresponde esa meta. ■ **2** Saque efectuado tras un córner [1], desde una esquina del campo, por un jugador del equipo contrario al de la meta de ese lado.

cornerina *f* (*Mineral*) Cornalina.

corneta¹ **I** *n* **A** *f* **1** Instrumento músico de viento constituido por un tubo enrollado, de sección cónica, que acaba en un pabellón y es usado frec. para toques militares. **b)** *En un órgano:* Registro cuyo sonido es semejante al de la corneta.
B *m* **2** Soldado que toca la corneta [1a].
II *loc adv* **3 a toque de ~** → TOQUE.

corneta² *f* Toca de alas anchas usada hasta los años sesenta por las Hermanas de la Caridad.

cornete¹ *m* (*Anat*) Lámina ósea encorvada de las que se encuentran en las fosas nasales.

cornete² *m* Helado de cucurucho envasado.

cornetín *m* **1** Instrumento de viento parecido a la corneta¹ y de sonido similar al del clarín. ■ **2** ~ **de órdenes.** (*Mil*) Soldado encargado de transmitir a la tropa, con el cornetín [1], los toques de mando. *Tb, simplemente,* ~.

cornezuelo *m* Hongo parásito de las gramíneas, esp. del centeno, y que posee propiedades tóxicas y terapéuticas (*Claviceps purpurea*). *Gralm* ~ DEL CENTENO. **b)** Cuerpo en forma de cuerno pequeño originado por transformación del micelio del cornezuelo.

corn flakes (*ing; pronunc corriente,* /kórn-fleiks/; *tb con la grafía* **corn-flakes**) *m pl* Copos de maíz tostado. *A veces designa los de otros cereales tostados.*

corniabierto -ta *adj* (*Taur*) [Res] que tiene los cuernos muy separados. *Tb fig, fuera del ámbito técn.*

cornialto -ta *adj* (*Taur*) [Res] que tiene las astas largas y levantadas, aunque menos que la corniveleta.

corniancho -cha *adj* (*Taur*) Corniabierto.

cornicabra *f* **1** Terebinto (planta). ■ **2** Higuera silvestre. ■ **3** Variedad de aceituna larga y puntia-

guda. *Tb adj. Tb referido al árbol que la produce. Tb* DE ~.

cornicorto -ta *adj* (*Taur*) [Res] de astas cortas y pequeñas.

cornidelantero -ra *adj* (*Taur*) [Res] que tiene los cuernos hacia delante.

corniforme *adj* (*lit*) Que tiene forma de cuerno.

cornigacho -cha *adj* (*Taur*) [Res] de cuernos gachos o que arrancan de más abajo de lo normal.

cornijal¹ *m* Ángulo o esquina.

cornijal² *m* (*Rel catól*) Lienzo con el que se seca las manos el sacerdote en la misa.

cornisa *f* **1** Conjunto de molduras que forma el remate superior de un edificio. **b)** (*Arquit*) Parte superior del entablamento. ■ **2** Faja horizontal estrecha al borde de un precipicio. ■ **3** Faja costera montañosa.

cornisamento *m* (*Arquit*) Conjunto formado por el arquitrabe, el friso y la cornisa.

cornisamiento *m* (*Arquit*) Cornisamento.

corniveleto -ta *adj* (*Taur*) [Res] de cuernos altos y derechos.

cornivuelto -ta *adj* (*Taur*) [Res] que tiene las puntas de los cuernos vueltas hacia atrás.

cornizo *m* Cornejo (arbusto).

corno *m* **1** Trompa (instrumento músico). ■ **2** ~ **inglés.** Instrumento músico de la familia del oboe, mayor que este y de registro más grave. **b)** Músico que toca el corno inglés.

cornucopia *f* **1** Espejo de marco dorado y tallado, con decoración barroca. **b)** Marco de cornucopia. ■ **2** (*Mitol clás*) Cuerno de la abundancia. ■ **3** (*col, humoríst*) Cuernos. *Frec en la loc* PONER LA ~.

cornudo -da *adj* **1** Que tiene cuernos. **b)** [Adormidera] **cornuda**, [focha] **cornuda**, [víbora] **cornuda** → ADORMIDERA, FOCHA, VÍBORA. ■ **2** (*col*) [Marido] cuya mujer le es infiel. *Tb n m.* **b)** *Frec, vacío de significado, se usa como insulto dirigido a un hombre. Tb n m.*

cornúpeta **A** *m y f* **1** Animal con cuernos, esp. toro de lidia.
B *m* **2** (*col*) Marido cornudo [2].

cornúpeto *m* (*Taur*) Cornúpeta [1].

coro¹ **I** *m* **1** Conjunto de personas que cantan simultáneamente una pieza musical. ■ **2** Conjunto organizado de cantores, de tres o cuatro voces. ■ **3** *En una obra de teatro musical:* Conjunto de personas que cantan juntas determinadas piezas. **b)** *En una revista musical o espectáculo semejante:* Conjunto de personas que cantan y bailan juntas determinadas piezas. ■ **4** (*hist*) *En el teatro grecorromano:* Conjunto de actores que canta o recita al unísono para comentar o subrayar la acción. *Modernamente, alguna vez referido a teatro de esta época.* ■ **5** Pieza musical o poética compuesta para ser cantada o recitada por un coro [2, 3 y 4]. ■ **6** Conjunto de personas que dicen lo mismo simultáneamente. **b)** Conjunto de personas que coinciden en exponer una opinión, frec. dictada por ira. ■ **7** Tribuna, situada a los pies de la iglesia, en que actúa el coro [1 y 2] que canta en la misa. ■ **8** Parte de la iglesia en que se reúne el clero para cantar los oficios divinos. ■ **9** (*Rel catól*) Rezo o canto de las horas canónicas en una iglesia o en un convento.

10 (*Rel catól*) Orden o grado de ángeles de los tres que constituyen una jerarquía. ■ **II** *loc adj* **11 de ~.** [Libro] que contiene el texto y la música de los salmos y antífonas del rezo del coro [9]. ■ **12** [Infante] **de ~** → INFANTE. ■ **III** *loc adv* **13 a ~.** Simultáneamente entre varias personas. *Gralm con vs como* CANTAR, DECIR, PEDIR *u otros similares*.

coro². **de ~.** *loc adv* (*lit*) De memoria. *Gralm con los vs* DECIR *o* SABER.

corográfico -ca *adj* (*raro*) De (la) descripción de un país o territorio.

coroideo -a *adj* (*Anat*) Abundante en vasos sanguíneos.

coroides *f* (*Anat*) Membrana situada entre la esclerótica y la retina del ojo, muy abundante en vasos sanguíneos.

coroiditis *f* (*Med*) Inflamación de la coroides.

corola *f* (*Bot*) Parte de la flor que rodea los órganos sexuales y está constituida por hojas de tejido delicado y gralm. de vivos colores.

corolario *m* Aserto que, sin necesidad de prueba particular, se deduce fácilmente de lo que ha quedado sentado antes.

coroliforme *adj* (*E*) Que tiene forma de corola.

corona **I** *f* **1** Adorno en forma de aro destinado a ser colocado en la cabeza como signo de dignidad, esp. real, o como premio. **b)** (*raro*) Se usa como vocativo cariñoso dirigido a niños. ■ **2** Figura de corona [1a] con que se simboliza la monarquía, la casa real o un grado de nobleza. *Esp en heráldica y frec con un adj especificador:* IMPERIAL, REAL, DUCAL, *etc.* **b)** (*lit*) Pers. que posee un título nobiliario. ■ **3** Dignidad real. **b) la ~.** (*lit*) El rey. ■ **4** Monarquía, o institución monárquica. ■ **5** (*hist*) Reino o monarquía. ■ **6** *En determinados deportes y certámenes:* Puesto o categoría de vencedor, que a veces se materializa con la imposición de una corona [1a]. ■ **7** Aureola de los santos. ■ **8** Ruedecilla dentada que sirve para dar cuerda a un reloj o para ponerlo en hora. ■ **9** Conjunto que rodea algo en forma de circunferencia. ■ **10** Conjunto de flores u hojas, o de ambas, dispuestas en círculo, esp. como homenaje a un muerto. ■ **11** (*Agric*) Conjunto de las hojas superiores de la planta del tabaco. ■ **12** Remate o culminación. ■ **13** (*Constr*) Coronamiento o remate de una construcción. ■ **14** (*Geom*) Porción de plano comprendida entre dos circunferencias concéntricas. *Frec ~* CIRCULAR. ■ **15** (*Mec*) Pieza metálica en forma de corona [14] que lleva tallado un engranaje. ■ **16** (*Anat*) Parte visible del diente. *Tb la pieza artificial con que se cubre o sustituye.* ■ **17** (*Fon*) Zona de la lengua intermedia entre el ápice y el predorso. ■ **18** (*Rel catól*) Rosario de siete dieces que se reza a la Virgen. *Tb la sarta de cuentas con que se reza.* ■ **19 ~ de luz.** Pieza circular que sirve en algunas iglesias para sostener las lámparas. ■ **20 ~ solar.** (*Astron*) Atmósfera difusa que rodea al Sol. ■ **21** Con un adj o compl especificador, designa distintas plantas: *~ DE* FRAILE (*Cirsium eriophorum*), *~ DE* REY (*Saxifraga longifolia, Calendula officinalis, Globularia alypum y otras*), *~* IMPERIAL (*Fritillaria imperialis y F. pyrenaica*), *~* REAL (*Globularia alypum y Helianthus annuus*). ■ **22** Unidad monetaria de Suecia, Noruega, Dinamarca y algunos otros países. ■ **23** (*hist*) Se ha dado este *n* a distintas monedas cuya característica común era la de llevar una corona [2a] en su cuño.

■ **II** *loc adj* **24 de ~.** (*Agric*) [Injerto] que se realiza cortando el tallo del patrón horizontalmente e introduciendo a su alrededor varias ramas jóvenes con yemas.

coronación *f* **1** Acción de coronar [1 y 5]. ■ **2** Coronamiento. ■ **3** Adorno que corona [4] algo, frec. un edificio.

coronado -da *adj* **1** *part* → CORONAR. ■ **2** [Testa] **coronada** → TESTA.

coronador -ra *adj* Que corona [1]. *Tb n, referido a pers.*

coronal *adj* **1** (*Fon*) [Sonido] que se articula con la corona [17]. ■ **2** (*Anat*) Frontal. *Tb n m, referido a hueso.* **b)** [Sutura] del frontal y los dos parietales.

coronamiento *m* Remate superior de una construcción. **b)** Remate o terminación [de algo material o no material].

coronar *tr* **1** Poner [a alguien (*cd*)] una corona [1a] en la cabeza. **b)** Poner [a alguien (*cd*)] una corona para proclamar[le] oficialmente [algo, esp. rey, emperador o papa (*predic*)]. ■ **2** (*col, humoríst*) Engañar o ser infiel [la mujer al marido]. *A veces en part sustantivado.* ■ **3** Llegar a la parte más alta [de algo (*cd*)]. **b)** Llegar [a la parte más alta (*cd*)]. ■ **4** Encontrarse [una cosa (*suj*)] en la parte más alta [de otra (*cd*)]. ■ **5** Completar o rematar [una obra, o una actividad o quehacer].

coronario -ria **I** *adj* **1** (*Anat*) Que rodea a modo de corona. *Normalmente referido a las arterias que nacen de la aorta y se distribuyen por el corazón. En este caso, frec n f.* **b)** (*Med*) De las arterias coronarias. **c)** (*Med*) [Pers.] que padece alguna afección en las arterias coronarias. ■ **2** (*raro*) [Oro] muy fino y de muchos quilates. *Tb fig.* ■ **II** *f* **3** Planta vivaz de tallo robusto y grandes flores rojas con largo pedúnculo (*Lychnis coronaria*). *Tb ~* PURPÚREA.

coronariografía *f* (*Med*) Radiografía de las arterias coronarias.

coronariopatía *f* (*Med*) Afección de la arteria coronaria.

corondel *m* (*Impr*) Separación entre dos columnas en sentido vertical. *Tb la regleta o listón con que se marca.*

coroneja *f* (*reg*) Rayuela (juego de niñas).

coronel¹ -la (*frec la forma* CORONEL *se usa tb como f en acep 1*) **I** *n* **A** *m y f* **1** Jefe militar de categoría inmediatamente inferior a la de general de brigada y superior a la de teniente coronel. **b) teniente ~** → TENIENTE. **B** *f* **2** (*col*) Mujer del coronel [1]. ■ **II** *adj* **3** De(l) coronel [1]. *Frec n f, referido a bandera.*

coronel² *m* (*Heráld*) Corona [2a].

coronela. **~ europea.** *f* Culebra de longitud entre 50 y 70 cm, con escamas corporales lisas, propia de terrenos abiertos y soleados (*Coronella austriaca*).

coronelato *m* Grado o condición de coronel¹ [1a].

coronelía *f* (*Mil, hist*) Regimiento.

coronilla **I** *f* **1** Punto, en la parte alta posterior de la cabeza, de donde arranca en varias direcciones el cabello. ■ **2** Tonsura redonda en la coronilla [1], propia de los clérigos. ■ **3** Pastel redondo típico de Pamplona. ■ **4** *Con un adj o compl especificador, designa diversas plantas: ~ DE* FRAILE, DE REY *o* REAL

(*Globularia alypum*), ~ REAL (*Melilotus officinalis*), ~ DE HOJA FINA (*Coronilla juncea*), etc.
II *loc v* **5 andar**, *o* **bailar**, **de ~** [por alguien o algo]. (*col*) Desvivirse [por ellos]. ■ **6 estar hasta la ~** [de alguien o algo]. (*col*) Estar harto o cansado [de ellos]. *Tb sin compl.* ■ **7 traer** (*o* **llevar**) **de ~**. (*col*) Traer de cabeza.

corónimo *m* (*Ling*) Nombre propio de un territorio.

coronio *m* (*Quím*) Supuesto elemento existente en la corona solar.

coroplastia *f* (*Arte*) Arte y técnica de modelar el barro.

coroza *f* **1** Capa de paja o junco, con capucha, usada por los campesinos gallegos para protegerse de la lluvia. ■ **2** (*hist*) Capirote cónico puesto como afrenta en la cabeza de algunos condenados por la Inquisición.

corpa *f* (*Mineral*) Fragmento de mineral en bruto.

corpachón *m* (*col*) Cuerpo grande. *Esp referido al cuerpo humano.*

corpiño *m* **1** Prenda de vestir femenina, ajustada, escotada y sin mangas, que cubre de los hombros a la cintura y es propia del traje tradicional. **b)** Prenda de vestir femenina semejante al corpiño tradicional. ■ **2** Sujetador femenino semejante al corpiño [1a].

corporación *f* **1** Asociación creada por una ley que determina sus fines, estructura y funcionamiento. *Tb* ~ DE DERECHO PÚBLICO. **b) la docta ~**. (*lit*) Se da tradicionalmente este *n* a la Real Academia *Española*. ■ **2** Órgano colegiado de carácter representativo, al que corresponde el gobierno y la administración de un ente local. *Tb* ~ LOCAL. *Gralm designa al Ayuntamiento o a la Diputación Provincial.* ■ **3** Entidad de carácter asociativo dedicada a defender los intereses de los asociados. ■ **4** (*Econ*) Sociedad, gralm. promovida por los poderes públicos, que no tiene configuración de anónima y que no cifra su capital social. ■ **5** ~ **financiera.** (*Econ*) Organización en que una entidad, bancaria o no, actúa como sociedad de cartera de las participaciones en un cierto número de entidades industriales o financieras especializadas.

corporal I *adj* **1** Del cuerpo, esp. humano. **b)** [Expresión] ~ –→ EXPRESIÓN[1]. **c)** Destinado al cuerpo. ■ **2** Que tiene cuerpo.
II *m pl* **3** (*Rel catól*) Paños que en la misa se extienden sobre el altar para depositar en ellos la hostia y el cáliz.

corporalidad *f* Parte o aspecto corporal [1a].

corporalista *adj* (*Filos*) Que da prioridad a lo corporal [1a].

corporalmente *adv* **1** De manera corporal [1a]. ■ **2** En el aspecto corporal [1a].

corporativamente *adv* De manera corporativa.

corporativismo *m* **1** Actitud de defensa de los derechos o intereses corporativos [1b]. ■ **2** (*Pol*) Sistema que se propone la superación de la lucha de clases por la acción autoritaria del Estado y la constitución de corporaciones de las diversas categorías económicas.

corporativista *adj* Del corporativismo. **b)** Partidario del corporativismo. *Tb n.*

corporativo -va *adj* De (la) corporación o de (las) corporaciones. *Tb n m, referido a pers.* **b)** *Esp*: De una corporación profesional.

corporeidad *f* Cualidad de corpóreo.

corpore insepulto (*lat; pronunc,* /kórpore-insepúlto/) **I** *loc adj* **1** [Misa o funeral] que se celebra antes del entierro. *Tb* (*semiculto*) DE ~.
II *loc adv* **2** (*raro*) Con el cuerpo sin sepultar.

corporeización *f* Acción de corporeizar(se). *Tb su efecto.*

corporeizar (*conjug* 1f) *tr* Dar cuerpo [a algo (*cd*), frec. a un personaje teatral]. **b)** *pr* (~**se**) Tomar cuerpo.

corpóreo -a *adj* **1** Del cuerpo. ■ **2** Que tiene cuerpo o consistencia material.

corporificar *tr* (*raro*) Corporeizar.

corporizar *tr* Corporeizar. *Tb pr* (~**se**).

corps. de ~. *loc adj* (*hist*) **1** [Guardia] encargada de proteger a la persona del rey. *Tb referido a sus miembros.* ■ **2** [Sumiller] que tiene a su cargo el cuidado de la real cámara.

corpudo -da *adj* (*raro*) Corpulento.

corpulencia *f* Cualidad de corpulento.

corpulento -ta *adj* Grande. *Dicho de pers, animal o planta.*

cor pulmonale (*lat; pronunc,* /kór-pulmonále/) *m* (*Med*) Conjunto de trastornos circulatorios secundarios a procesos pulmonares crónicos.

corpus (*pl normal, invar*) *m* **1** Colección de textos de un mismo carácter, esp. la formada como base para un estudio. ■ **2** (*lit*) Conjunto o colección de cosas de un mismo carácter.

Corpus Christi (*lat; pronunc,* /kórpus-krísti/) *m* (*Rel catól*) Fiesta en que se conmemora la institución de la Eucaristía. *Tb, simplemente,* CORPUS.

corpuscular *adj* De (los) corpúsculos.

corpúsculo *m* Parte muy pequeña de materia, esp. microscópica. *Esp en anatomía.*

corquete *m* (*reg*) Cuchilla en forma de gancho usada para vendimiar.

corral I *m* **1** Espacio cercado, descubierto, en el campo o frec. adosado a una casa rural, en que se tiene a los animales domésticos. **b)** Terreno cercado y descubierto a la entrada de la casa, propio esp. de Cantabria. ■ **2** Adosado a una plaza de toros, el de los que sirven para apartar las reses que se van a lidiar. ■ **3** Espacio cercado en un río o en la costa para encerrar la pesca y capturarla. ■ **4** (*reg*) Corrala. ■ **5** (*reg*) Zona de pastizal y arbolado entre dos dunas. ■ **6** (*hist*) Teatro, originariamente al aire libre, instalado en un patio cerrado.
II *loc adv* **7 como gallina en ~ ajeno** –→ GALLO.

corrala *f* Conjunto formado por dos o tres casas de vecindad en torno a un gran patio, con muchas viviendas reducidas a las que se accede por corredores.

corralada *f* Corral [1a], esp. grande. **b)** Terreno cercado y descubierto a la entrada de la casa, propio esp. de Cantabria.

corralear *tr* (*Taur*) Cambiar de corral [a un toro]. *Tb fig, denotando experiencia.* * Es un viejo zorro corraleado.

corraleño -ña *adj* De Corral de Almaguer (Toledo) o de Corral de Calatrava (Ciudad Real). *Tb n, referido a pers.*

corralero -ra I *adj* **1** De(l) corral [1a]. ■ **2** *En el cante andaluz:* [Sevillana] propia originariamente de los corrales [4]. *Tb n f.*
II *m y f* **3** Pers. encargada de los corrales [2].

corraleta *f (reg y Taur)* Corral [1 y 2] pequeño.

corraliega *f* Corralada [1b].

corraliego -ga *adj* De Los Corrales de Buelna (Cantabria). *Tb n, referido a pers.*

corralillo *m (pop)* Cementerio civil.

corralito *m* Parque (recinto para los niños que aún no andan).

corraliza *f* **1** Corral [1a]. ■ **2** *(reg)* Terreno con pastos y corral [1a], dedicado a la cría de ganado.

corrasión *f (Geol)* Erosión producida por la arena que transporta el viento.

correa[1] *f* **1** Tira de cuero, esp. la que sirve para sujetar. **b)** Cinturón de cuero. ■ **2** Tira de cuero, caucho u otra materia que, unida por sus extremos y girando en torno a dos poleas, sirve para transmitir un movimiento o transportar materiales. *Frec con un adj o compl especificador:* ~ VIBRADORA, ~ DE TRANSMISIÓN, ~ DEL VENTILADOR, *etc.* **b) ~ de transmisión.** Elemento transmisor de ideas o consignas. ■ **3** Flexibilidad o elasticidad. ■ **4** *(col)* Aguante o paciencia, esp. para las bromas. **b)** Aguante o resistencia. ■ **5** Capa dura con aspecto de musgo que se forma sobre la cornamenta del ciervo joven.

correa[2] → CORREO.

correaje *m* **1** Conjunto de correas[1] [1a] que forman parte del uniforme de los individuos de un cuerpo armado. ■ **2** Conjunto de correas[1] [1a] que sirven para sujetar algo.

correazo *m* Golpe dado con una correa[1] [1b].

correcalles *m (reg)* **1** *En una fiesta popular:* Acción de recorrer los mozos y mozas las calles de la población tocando música y bailando. ■ **2** Juego infantil en que cada jugador salta por encima de otro y se agacha para que los demás salten sobre él.

correcaminos A *m* **1** Ave trepadora mejicana *(Geococcyx mexicanus).*
B *m y f* **2** Pers. que viaja mucho y por muchos lugares.

corrección *f* **1** Acción de corregir. **b) ~ fraterna.** *(Rel catól)* Reconvención hecha privadamente a una pers. para apartarla de una falta o pecado. ■ **2** *(Mil)* Lugar en que un soldado arrestado cumple su castigo. ■ **3** Cualidad de correcto.

correccional I *adj* **1** De (la) corrección [1a]. ■ **2** Que sirve de corrección o castigo.
II *m* **3** Establecimiento donde se recluye a los menores que han cometido algún delito. *Tb* ~ DE MENORES.

correctamente *adv* De manera correcta.

correctivo -va I *adj* **1** [Cosa] que sirve o se usa para corregir [1, 2 y 3]. ■ **2** De (la) corrección [1].
II *m* **3** Castigo, esp. leve. ■ **4** Acción o elemento que sirve para corregir [1]. ■ **5** *(Med)* Agente que modifica la acción de una droga o el sabor de una sustancia.

correcto -ta I *adj* **1** Que se ajusta a la norma o modelo considerados válidos en un campo determinado. **b)** Que se ajusta a las normas de la buena educación. **c)** Que se ajusta a la norma moral. ■ **2** Que se ajusta a la verdad. ■ **3** Adecuado o apropiado. ■ **4** Satisfactorio. *Frec con matiz desp.*
II *adv* **5** *(col)* Cierto. *Usado como confirmación de lo que se acaba de decir.* ■ **6** *(col)* Muy bien o de acuerdo. *Usado como respuesta.* ■ **7** *(raro)* Correctamente.

corrector -ra I *adj* **1** [Cosa] que sirve para corregir. *Tb n m.* ■ **2** De (la) corrección [1].
II *n* A *m y f* **3** Pers. que corrige, esp. pruebas de imprenta.
B *m* **4** *(Mec)* En un motor de explosión: Dispositivo que gradúa la riqueza de la mezcla en el carburador.

corredentor -ra *adj (Rel catól)* Que redime juntamente con otro. *Tb n, referido a pers. Frec designa a la Virgen (en este caso se escribe con mayúscula).*

corredero -ra I *adj* **1** [Puerta o ventana] montada sobre carriles o guías y que se abre o cierra lateralmente, deslizándose sobre ellos. *Tb n f.* ■ **2** *(Mec)* Que puede correrse o deslizarse longitudinalmente.
II *n* A *m* **3** Lugar en que se celebran las carreras de galgos. **b)** Lugar utilizado para el acoso y derribo de reses vacunas.
B *f* **4** Carril o ranura por donde se desplaza resbalando una pieza. *Tb la misma pieza.* ■ **5** *(E) En una máquina de vapor:* Pieza que abre y cierra alternativamente los agujeros por donde entra y sale el vapor en los cilindros. ■ **6** *(E) En un arma de fuego:* Órgano móvil que se desliza por una escala graduada y permite dar al cañón la inclinación adecuada. ■ **7** *(Mar)* Instrumento para medir la velocidad de una embarcación. ■ **8** *Nombre tradicional dado a determinadas calles.* * Vive en la Corredera de San Pablo.

corredizo -za *adj* **1** [Nudo o lazada] que se hace pasando un extremo de la cuerda por una anilla formada en el otro extremo, lo cual permite ajustarlo a voluntad. ■ **2** Que se abre o cierra deslizándose por carriles o ranuras.

corredoira *f* Camino estrecho para carretas, típico de Galicia.

corredor -ra I *adj* **1** Que corre. *Tb n, referido a pers.* **b)** [Cardo] ~, [sapo] ~ → CARDO[1], SAPO. ■ **2** *(Zool)* [Ave] dotada para la carrera y no para el vuelo, de gran tamaño y con esternón sin quilla. *Tb como n f en pl, designando este taxón zoológico.*
II *n* A *m y f* **3** Pers. que toma parte en una carrera deportiva. ■ **4** Pers. que corre en un encierro de toros. ■ **5** Pers. que por profesión actúa como intermediario en operaciones comerciales. *Con compl especificador.* **b)** Agente de seguros.
B *m* **6** Pasillo (pieza o lugar de paso). **b)** Franja de tierra que permite el acceso de un lugar a otro cuando no existe entre ellos comunicación normal. **c)** *En una fortaleza:* Camino cubierto. ■ **7** Galería, abierta o cerrada, que corre alrededor del patio o de la fachada de algunas casas u otros edificios. ■ **8** Ave de color de arena pálido con alas negras, de vuelo rápido y dotada para la carrera, que habita en zonas arenosas *(Cursorius cursor).*

correduría *f* Agencia de seguros.

correero -ra *m y f* Pers. que se dedica a la fabricación o venta de correas[1].

corregible *adj* Que puede ser corregido.

corregidor *m (hist) Hasta 1835:* Representante de la autoridad real en una localidad o en una zona, con funciones de justicia y de gobierno. **b)** ~ **de Indias.** *Hasta el s XVIII:* Funcionario puesto como jefe de pueblos de españoles y de indios, con funciones de dirección, administración, vigilancia, justicia y gobierno.

corregimiento *m* (*hist*) **1** Cargo de corregidor. ■ **2** Territorio sometido a la jurisdicción del corregidor.

corregir (*conjug* **62**) **A** *tr* **1** Quitar [de algo (*cd*)] uno o varios errores, inexactitudes o imperfecciones. *A veces con un compl* DE. **b)** Quitar [un error, inexactitud o imperfección] o hacer que desaparezca. **c)** ~ **la plana** → PLANA. ■ **2** Hacer, con palabras o con obras, que [alguien (*cd*)] se aparte de su creencia o su conducta equivocadas. *Tb abs.* **b)** Castigar [a alguien]. ■ **3** Contrarrestar o neutralizar [un hecho que se aparta de lo debido, normal o deseado]. ■ **4** (*Enseñ*) Leer [ejercicios] para calificar[los]. *Tb abs.*
B *intr pr* (~**se**) **5** Quitarse [un defecto moral (*compl* DE)].

corregüela *f* Correhuela.

correhuela *f* Planta herbácea, muy frecuente en los campos y en los lugares no cultivados, de tallo delgado voluble y hojas oblongas (*Convolvulus arvensis*). Con un adj o compl especificador, designa otras plantas: ~ DE LOS CAMINOS (*Polygonum aviculare*), ~ MARINA (*P. maritimum*), ~ MAYOR (*Calystegia sepium*), etc.

correlación *f* **1** Relación recíproca [entre dos o más cosas, o de una(s) con otra(s)]. *Tb sin compl.* **b)** (*Mat*) Relación mutua entre dos variables. *Tb su medida.* ■ **2** (*Ling*) Conjunto de dos series de fonemas opuestas por un mismo rasgo distintivo. *Tb la relación que se establece entre dichas series.*

correlacionar **A** *tr* **1** Establecer correlación [1] [entre dos o más cosas (*cd*), o de una(s) (*cd*) con otra(s)].
B *intr* **2** (*E*) Tener correlación [1] [dos o más cosas entre sí, o una(s) con otra(s)].

correlativamente *adv* De manera correlativa [1 y 2].

correlativo -va **I** *adj* **1** [Cosa] que está en correlación [1] [con otra (*compl* CON o A)]. *Frec sin compl.* **b)** Propio de las cosas correlativas. ■ **2** Que va en sucesión inmediata.
II *f* **3** (*Juegos*) Cierta variedad del dominó.

correlato *m* Elemento que está en correlación [1] [con otro (*compl de posesión*)].

correligionario -ria *adj* **1** [Pers.] que profesa la misma religión [que otra (*compl de posesión*)]. *Frec n.* ■ **2** [Pers.] que tiene la misma ideología o pertenece al mismo partido político [que otra (*compl de posesión*)]. *Frec n.*

correlimos *m* Ave del norte de Europa que migra hacia el sur en la estación fría y habita en marismas y playas (gén. *Calidris*). *A veces designa tb algunas especies de los géns Crocethia y Limicola.*

corremundos *m y f* (*col*) Trotamundos.

correndero -ra *adj* (*raro*) Que corretea mucho.

correndilla *f* (*col*) Acción de correr un corto espacio.

correntía *f* **1** (*col, raro*) Diarrea. ■ **2** (*raro*) Corriente pequeña y rápida de agua.

correntón -na *adj* (*raro*) Coretón (que corretea). *Tb fig.*

correo -a (*a veces en acep 7 se usa la forma* CORREO *tb para el f*) **I** *n* **A** *m* **1** Servicio público de transporte de la correspondencia. **b)** ~ **certificado** → CERTIFICADO¹. ■ **2** Conjunto de cartas u otros envíos transportados por correo [1a]. ■ **3** Vehículo, esp. tren, que transporta el correo [2]. *Frec en aposición.* ■ **4** ~ **electrónico.** Aplicación mediante la cual pueden enviarse y recibirse mensajes a través del ordenador. ■ **5** (*hist*) Mensajero particular que transporta cartas.
B *m y f* **6** (*rur*) Cartero. ■ **7** (*jerg*) Pers. que transporta droga de un país a otro.
C *f* **8** Mujer del correo [6].
II *loc adv* **9 a vuelta de** ~ → VUELTA.

correón *m* Correa¹ o tira de cuero grande.

correos (*frec con mayúscula*) **I** *m* **1** Servicio público de transporte de la correspondencia. **b)** Edificio de Correos.
II *loc adj* **2** [Lista] **de** ~**s** → LISTA.

correoso -sa *adj* **1** Que tiene la elasticidad propia de la correa¹. *Tb fig. Frec con intención desp.* ■ **2** [Alimento] blando y flexible, con cierta elasticidad, pero difícil de cortar. *Normalmente con intención desp. Tb fig.* ■ **3** [Pers.] de gran aguante o resistencia. *Tb fig.* **b)** (*Dep*) [Equipo] resistente y que dificulta en extremo la acción del contrario. **c)** Propio de la pers. o del equipo correosos.

correr **I** *v* **A** *intr* ➤ **a** *normal* **1** Marchar rápidamente [una pers.] de manera que se levanta un pie del suelo antes de apoyar el otro. *Tb referido a animales.* ■ **2** Ir deprisa [alguien o algo, esp. un vehículo]. **b)** Ir [alguien] a gran velocidad en un vehículo o en una caballería. ■ **3** Darse prisa [a hacer algo]. *Gralm el compl se omite, por consabido.* ■ **4** Moverse o desplazarse [algo]. **b)** Circular [un fluido]. ■ **5** Funcionar [una fuente o un grifo] haciendo correr [4b] el agua. **b)** Estar en funcionamiento [el contador] registrando el consumo de fluido. ■ **6** Circular, o pasar de unos a otros, [algo, esp. una noticia o una opinión]. **b)** Pasar [de mano en mano]. ■ **7** Pasar [el turno] al siguiente. ■ **8** Pasar o transcurrir [tiempo o plazo de tiempo]. *Frec en constrs como* AL ~ DEL TIEMPO *o* AL ~ DE LOS AÑOS. ■ **9** Ser devengada [una cantidad como sueldo, alquiler o interés] con el paso del tiempo. ■ **10** Desarrollarse o producirse [algo de un modo determinado]. ■ **11** Extenderse [algo a lo largo de una línea]. ■ **12** Tomar o tener [alguien] a su cargo [algo (*compl* CON)]. ■ **13** Estar [algo a cargo de alguien, o por cuenta de alguien]. *Tb fig.* ■ **14** Interesarse sobremanera [por algo (*compl* TRAS, DETRÁS DE o POR)]. ■ **15 dejar** ~, **fíate de la Virgen y no corras** → DEJAR, VIRGEN.
➤ **b** *pr* (~**se**) **16** Moverse ligeramente de su sitio [una pers. o cosa]. **b)** Desplazarse [algo, esp. colores, pinturas o cosméticos] de su lugar adecuado. ■ **17** (*col*) Mostrarse generoso o espléndido. ■ **18** (*vulg*) Tener orgasmo. **b)** Sentir extraordinario placer.
B *tr* **19** Hacer [un trayecto] corriendo [1 y 2]. ■ **20** Participar [en una carrera deportiva (*cd*)]. *Tb fig.* **b)** Celebrar [una carrera de algo]. **c)** Hacer carreras [con un vehículo (*cd*)]. ■ **21** Recorrer. **b)** ~ **mundo** → MUNDO. **c)** (*hist*) Recorrer en son de guerra [un territorio]. ■ **22** (*Dep*) Correr [1] [por la banda (*cd*)] o por la línea (*cd* de banda) para realizar un ataque. ■ **23** Perseguir [a alguien] haciéndo[le] correr [1]. **b)** Meter prisa [a alguien]. ■ **24** Hacer correr [1] [toros (*cd*)] por las calles u otro lugar, como forma de festejo popular. **b)** (*Taur*) Hacer

[el torero] que [el toro (cd)] corra [1] tras él, con el fin de poner[lo] en determinada posición o de ver su modo de acometer. ■ **25** Hacer que [algo (cd)] se mueva o se desplace. ■ **26** Hacer que se cierre o abra [algo] corriéndo[lo] [25]. ■ **27** Hacer que [los colores (cd)] se corran [16b]. ■ **28** Hacer correr [6] [una noticia]. ■ **29** Actuar como corredor o representante [de artículos de comercio (cd)]. **b)** Actuar como corredor o agente [de seguros (cd)]. ■ **30** Pasar o experimentar [una aventura, un peligro o una suerte]. ■ **31** (col) Pasar o disfrutar [una juerga]. *Frec con compl de interés.* **b)** ~**la.** Divertirse, esp. de manera excesiva o contraria a la moral. ■ **32** (Constr) Forjar [molduras]. ■ **33** ~ **la pólvora, ~ las amonestaciones, ~ prisa, ~ sortijas, ~ tinta, ~ un tupido velo** → PÓLVORA, AMONESTACIÓN, PRISA, SORTIJA, TINTA, VELO.
    II *loc adv* **34 a todo ~.** Corriendo [1 y 2] a toda velocidad. **b)** A toda velocidad o muy deprisa.

correría f **1** Andanza o aventura. ■ **2** Andanza, o acción de andar de un lado para otro. ■ **3** Servicio que realiza la pareja de la Guardia Civil recorriendo a pie varios pueblos y sus caminos o carreteras. *Normalmente en pl.* ■ **4** (hist) Expedición armada de saqueo y destrucción.

correspondencia f **1** Acción de corresponder(se). **b)** Palabra o texto que corresponde [1] a otros de otro idioma o de otro texto. ■ **2** Relación entre dos o más personas por escrito. **b)** Conjunto de cartas y otros escritos que se envían o reciben por correo. ■ **3** Posibilidad de transbordo.

corresponder A *intr* **1** Ser adecuado o apropiado [a alguien o algo]. **b)** Estar en consonancia [con algo (ci o compl CON)]. *Tb pr* (~**se**). *Tb sin compl.* ■ **2** Estar en la misma línea o posición [dos elementos, o uno con otro]. *Tb pr* (~**se**). ■ **3** Ser [algo] debido [a alguien] por derecho. **b)** Ser debida [una cosa a otra]. ■ **4** Recaer [sobre alguien (ci) la obligación o la necesidad que se expresa (suj)]. **b)** Ir a parar [a alguien o algo un premio o algo similar]. ■ **5** Pertenecer [algo a una pers. o cosa] o ser [de ella (ci)]. ■ **6** Dar [con algo, esp. hechos (compl adv)] respuesta adecuada [al trato recibido]. *A veces los compls se omiten, por consabidos.*
    B *tr* **7** Manifestar reciprocidad [a un sentimiento]. *Gralm en constr pasiva.* **b)** Manifestar sentimientos recíprocos [a alguien]. *Gralm en constr pasiva.*

correspondiente *adj* **1** Que corresponde [1, 3 y 5]. ■ **2** Que tiene correspondencia [2a] [con alguien (compl de posesión)]. *Tb n, referido a pers.* ■ **3** [Miembro] no numerario [de una corporación], gralm. residente fuera de la ciudad de esta y cuya misión es colaborar con ella por correspondencia [2a]. *Frec n.* ■ **4** (Geom) [Ángulo] de los dos del mismo lado formados al cortar una recta transversal a otras dos, uno entre ellas y el otro exterior.

correspondientemente *adv* De manera correspondiente [1].

corresponsabilidad f Condición de corresponsable.

corresponsabilización f Acción de corresponsabilizar(se).

corresponsabilizar *tr* Hacer corresponsable [a alguien]. *Frec el cd es refl.*

corresponsable *adj* Que participa de la responsabilidad con otro u otros.

corresponsal m y f **1** Periodista que reside en otra ciudad u otro país y envía desde ellos informa-

ciones a su periódico o emisora. ■ **2** Pers. que tiene correspondencia [2a] [con otra (compl de posesión)]. ■ **3** ~ **bancario** o **de banco.** (Econ) Entidad crediticia que, previo cobro de una comisión, presta servicio a otros bancos que no disponen de oficina en un lugar dado. *Tb fig.*

corresponsalía f Puesto o cargo de corresponsal [1].

corretaje m Comisión que cobra el corredor de comercio u otro intermediario en operaciones mercantiles.

corretear *intr* (col) **1** Dar pequeñas carreras dentro de un espacio limitado. ■ **2** Andar de calle en calle o de casa en casa.

correteo m Acción de corretear.

corretón -na *adj* (col) Que corretea o es amigo de corretear [1 y 2]. **b)** (Taur) [Toro] que corre por la plaza sin prestar atención al engaño.

correturnos m y f Trabajador cuya misión es sustituir, con carácter regular, a uno o más empleados de plaza fija cuando estos libran.

correúdo -da *adj* (reg) Correoso.

correvedile m y f (col, raro) Correveidile.

correveidile m y f (col) **1** Pers. chismosa. *Tb adj.* ■ **2** (desp) Recadero.

corri-corri m Danza popular asturiana acompañada de canto, propia de la comarca de los Picos de Europa.

corrida f **1** Acción de correr. **b)** (col) Persecución. *Gralm ~* EN PELO *y con el v* DAR *o equivalentes.* **c)** (vulg) Orgasmo. ■ **2** Espectáculo que consiste en lidiar toros en una plaza destinada a ese fin. *Frec ~* DE TOROS. **b)** Conjunto de los toros que se han de lidiar en una corrida. ■ **3** Playera (cante popular andaluz).

corrido¹ -da **I** *adj* **1** *part* → CORRER. ■ **2** Avergonzado o violento. *A veces* (col) ~ COMO UNA MONA, *o* MÁS ~ QUE UNA MONA. ■ **3** [Pers.] que tiene mucha experiencia, esp. en el terreno sexual. *Esp referido a hombre.* ■ **4** Que pasa de la medida justa. *Siguiendo a una expresión numérica normalmente de peso.* ■ **5** [Elemento de construcción] que va de un lado a otro sin interrupción. **b)** [Balcón] ~ → BALCÓN. ■ **6** [Mueble u otra cosa] de longitud mayor de lo normal. ■ **7** (Impr) [Texto] continuo y uniforme, sin títulos ni subtítulos.
    II m **8** Canción mejicana de carácter narrativo, con letra en forma de romance o parecida a un romance. ■ **9** Cobertizo hecho a lo largo de las paredes de un patio o corral.
    III *loc adv* **10 de ~.** Todo seguido o sin interrupciones. *Referido normalmente a la acción de relatar, enumerar o escribir.* **b)** De memoria. *Con el v* SABER.

corrido² m Acción de correrse los colores o algo similar.

corridón m (Taur) Corrida [2] de gran calidad.

corriente **I** *adj* **1** Común u ordinario. *A veces* (col) *se destaca enfáticamente en las constrs* ~ Y MOLIENTE, *o* VULGAR Y ~. **b)** Usual o habitual. **c)** (raro) [Pers.] de trato llano y familiar. **d)** [Cuenta] ~ → CUENTA. ■ **2** [Agua] que corre o se desplaza. **b)** [Agua] suministrada por tuberías a una casa. ■ **3** [Año o mes] en que se está. *Frec n m, en sg, referido a mes o año; en pl, referido a mes y año.*

II *f* **4** Masa de un fluido que circula, esp. de aire, agua o electricidad. *Frec con un adj o compl especificador.* **b)** Movimiento del fluido que circula. ■ **5** Movimiento de personas o cosas en una dirección. *Tb fig.* ■ **6** Tendencia intelectual, ideológica o estética.
III *loc v* **7 dejarse llevar por la ~.** Tomar una actitud pasiva o conformista ante los acontecimientos. ■ **8 llevarle,** o **seguirle,** [a alguien] **la ~.** No contradecirle, aunque no se esté de acuerdo con él.
IV *adv* **9** (*hoy raro*) Bien, o de acuerdo. *Expresa conformidad con lo que se acaba de oír.* ■ **10** (*col*) De manera corriente [1a]. ■ **11 al ~.** Al día o sin retraso. *A veces con un compl* DE. ■ **12 al ~.** Con perfecto conocimiento de una noticia. *A veces con un compl* DE. *Gralm con los vs* ESTAR *o* PONER. ■ **13 contra ~.** En dirección contraria a la de la corriente [4] del agua. *Gralm con los vs* NADAR, NAVEGAR *o* IR. **b)** En contra de las ideas o costumbres predominantes. *Gralm con los vs* NADAR, NAVEGAR *o* IR.

corrientemente *adv* De manera corriente [1a y b].

corrigenda *f* Palabra o palabras escritas en que debe enmendarse uno o varios errores.

corrigüela *f* (*reg*) Corregüela o correhuela (planta).

corrillo *m* Corro¹ [1] de personas formado espontáneamente para comentar.

corrimiento *m* **1** Acción de correr(se) o desplazar(se). ■ **2** (*Agric*) Enfermedad de la vid, que consiste en la no fecundación de la flor con la consiguiente falta de fruto, debida a causas constitucionales o meteorológicas.

corrionero -ra *m y f* (*reg*) Guarnicionero.

corro¹ I *m* **1** Grupo de personas que forman círculo en torno de alguien o algo. ■ **2** Reunión de agentes o apoderados, en el salón de operaciones de la Bolsa, durante las horas de contratación, para intercambiar las ofertas y demandas de una clase de valores. *Tb la clase de dichos valores.* ■ **3** Juego de niñas en el que, cogidas de las manos, se mueven en círculo cantando. ■ **4** Espacio más o menos circular que se destaca del resto por alguna característica, frec. por el tipo de vegetación.
II *loc v* **5 hacer ~ aparte.** Reunirse [varias perss.] en un grupo pequeño dentro de una reunión mayor, para hablar entre sí excluyendo a los demás.

corro² *m* (*reg*) Pato doméstico.

corrobla *f* (*reg*) Corrobra.

corroboración *f* Acción de corroborar [1].

corroborador -ra *adj* Que corrobora [1].

corroborante *adj* Que corrobora [1].

corroborar A *tr* **1** Confirmar o apoyar [algo dicho].
B *intr pr* (*~se*) **2** (*raro*) Cobrar [algo] mayor fuerza.

corroborativo -va *adj* Que sirve para corroborar [1].

corrobra *f* (*hoy raro*) Juerga o reunión de gente para comer, beber y divertirse.

corroer (*conjug 25*) *tr* **1** Destruir lentamente [un agente extraño (*suj*) una cosa material o un organismo]. *Tb fig.* **b)** *Esp:* Atacar superficialmente [un metal (*cd*)] y destruir[lo] progresivamente [un agente químico]. ■ **2** Causar [algo] inquietud o sufrimiento continuos [a una pers. o a su espíritu (*cd*)].

corromper *tr* **1** Pudrir, o hacer que se descomponga, [un cuerpo o sustancia orgánicos (*cd*)]. **b)** *pr* (*~se*) Pudrirse o descomponerse. ■ **2** Impurificar [la atmósfera o el agua] haciéndo[las] inutilizables. **b)** *pr* (*~se*) Impurificarse, haciéndose inutilizable, [la atmósfera o el agua]. ■ **3** Hacer que [alguien (*cd*)] se aparte de los principios morales o de la conducta honrada. **b)** *pr* (*~se*) Apartarse de los principios morales o de la conducta honrada. ■ **4** Hacer que [alguien (*cd*)] se comporte de manera deshonesta o ilegal por dinero. **b)** *pr* (*~se*) Comportarse [alguien] de manera deshonesta o ilegal por dinero. ■ **5** Alterar o estropear [algo no material, esp. una lengua o un elemento de ella]. **b)** *pr* (*~se*) Alterarse o estropearse [algo no material, esp. una lengua o un elemento de ella].

corrompidamente *adv* De manera corrompida [2 y 3].

corrompido -da *adj* **1** *part* → CORROMPER. ■ **2** Que tiene o muestra falta de honradez. *Frec referido a autoridad o a quien la representa.* ■ **3** [Cosa] inmoral o deshonesta. *Gralm referido a costumbres.*

corrosión *f* Acción de corroer [1, esp. 1b]. *Tb fig. Tb su efecto.*

corrosivo -va *adj* **1** Que corroe. *Tb n m, referido a agente. Tb fig.* ■ **2** Sumamente mordaz o hiriente. ■ **3** (*Med*) Causado por agentes corrosivos [1].

corruco *m* Pasta de harina y almendras tostada al horno, propia de Málaga.

corrugar *tr* Dotar [a una superficie lisa (*cd*)] de estrías o resaltos de forma regular para asegurar la inmovilidad de otra inmediata, protegerla o facilitar su adherencia. *Frec en part, a veces sustantivado como n m referido a cartón.*

corrupción *f* **1** Acción de corromper(se). *Tb su efecto.* ■ **2** Forma que resulta de corromper(se) [5] una palabra.

corrupia. fiera ~ → FIERO.

corruptela *f* Costumbre abusiva que se ha introducido contra la ley.

corruptible *adj* Que puede corromperse, *esp* [1, 3 y 4].

corruptivo -va *adj* (*raro*) Que tiene la virtud de corromper, *esp* [3a].

corrupto -ta *adj* Corrompido. *Tb n, referido a pers.*

corruptor -ra *adj* **1** Que corrompe [3a y 4a]. *Tb n, referido a pers.* ■ **2** De la acción de corromper [3a y 4a].

corrusco *m* **1** Trozo de la parte más tostada del pan, de los extremos o del borde. ■ **2** Trozo de pan duro.

corsariamente *adv* (*raro*) De manera corsaria [2].

corsario -ria I *adj* **1** [Pantalón] pirata. *Tb n m.* ■ **2** (*raro*) Propio de los corsarios [3b y 4]. ■ **3** (*hist*) [Embarcación] que navega al corso². **b)** De una embarcación corsaria. *Gralm n m, referido a capitán o tripulante.*
II *m* **4** (*lit*) Pirata (individuo que asalta y roba barcos en el mar).

corsé *m* **1** Aparato ortopédico que sirve para corregir desviaciones de la columna vertebral. *Tb ~* ORTOPÉDICO. ■ **2** (*hist*) Prenda interior femenina, armada con ballenas, con que se ciñe el cuerpo para sujetar el pecho y las caderas. ■ **3** (*lit*) Limitación estrecha.

corselete *m* Faja-sujetador.

corsetería *f* **1** Tienda dedicada a la venta de fajas, sujetadores y en general ropa interior femenina. ■ **2** Comercio o industria de los artículos que se venden en corseterías [1]. ■ **3** Conjunto de artículos que se venden en corseterías [1].

corsetero -ra I *adj* **1** De (la) corsetería [2 y 3]. II *m y f* **2** Pers. que fabrica o vende corsetería [3].

corso¹ -sa *adj* De Córcega. *Tb n, referido a pers.*

corso² I *m* **1** (*hist*) Navegación que hace un buque mercante armado y con patente de su nación para perseguir barcos piratas o enemigos. II *loc adj* **2** [Patente] **de ~** → PATENTE.

corta *f* **1** Acción de cortar [1c] árboles o arbustos. ■ **2** (*reg*) Canal (de agua). ■ **3** (*reg*) Yacimiento minero al aire libre.

cortaalambres *m* Herramienta, parecida a los alicates, que sirve para cortar [1a] alambres.

cortaángulos *m* (*Carpint*) Caja de ingletes (→ CAJA).

cortable *adj* Que se puede cortar [1].

cortabolsas *m y f* (*lit, raro*) Ratero (ladrón).

cortacésped *m* Máquina para recortar el césped. *Tb en aposición con* MÁQUINA.

cortacircuito *m* (*pop*) Cortocircuito.

cortacircuitos *m* Dispositivo mediante el cual se interrumpe automáticamente la corriente eléctrica en caso de sobrecarga.

cortacristales *m* Utensilio para cortar cristales.

cortada *f* **1** Acción de cortar o atajar. ■ **2** Desnivel del terreno. ■ **3** (*reg*) Cortadura (herida). ■ **4** (*reg*) Rebanada.

cortadillo I *m* **1** Pastelillo de los que resultan al dividir en porciones cierto dulce relleno, esp. de cabello de ángel. ■ **2** (*hoy raro*) Vaso pequeño, gralm. cilíndrico, usado esp. para vino. *Tb su contenido.* ■ **3** (*col*) Relación amorosa pasajera. *Tb la pers. con quien se mantiene.* II *adj* **4** [Azúcar] que se presenta en terrones. *Tb* DE ~. *Tb n m.*

cortadito *m* Cortadillo [1].

cortado¹ -da *adj* **1** *part* → CORTAR. ■ **2** Cohibido. ■ **3** Entrecortado. **b)** [Estilo literario] de frases cortas. ■ **4** [Café] con unas gotas de leche. *Frec n m.* ■ **5** [Roca] que presenta un corte vertical. *Tb* ~ A PICO. ■ **6** (*Heráld*) [Escudo] dividido en dos partes iguales por una línea horizontal. ■ **7** (*Numism*) [Moneda] que no tiene adorno ni leyenda en el canto. ■ **8** [Palo] ~ → PALO.

cortado² *m* **1** Acción de cortar [1a, b, c, d y 2]. ■ **2** Desnivel o declive del terreno. ■ **3** (*col*) Cortadillo [3].

cortador -ra I *adj* **1** Que corta [1]. *Tb n m y f, referido a pers y a aparato o máquina.* II *m y f* **2** Pers. que corta [2] prendas de vestir. ■ **3** Pers. que corta [1b y c] árboles o frutos. **b)** (*reg*) Encargado de cortar o podar olivos. ■ **4** (*reg*) Carnicero.

cortadura *f* **1** Herida causada con un objeto afilado. ■ **2** Tajo, o paso entre montañas.

cortafiambres *m* Máquina manual o frec. eléctrica para cortar [1a] fiambres.

cortafrío (*frec* **cortafríos**) *m* Instrumento que sirve para cortar el hierro frío y abrir agujeros en las paredes golpeándolo con el martillo.

cortafuego (*frec* **cortafuegos**) *m* **1** Vereda ancha que se abre en los sembrados o esp. en los montes para evitar que se propaguen los incendios. ■ **2** Muro grueso de fábrica destinado a evitar la propagación de los incendios. *Tb* MURO ~.

cortante I *adj* **1** Que corta o puede cortar [1a]. *Tb fig.* ■ **2** Que corta o cohíbe. ■ **3** Que corta o causa intensa sensación de frío. ■ **4** [Herida] producida por un objeto cortante [1]. II *n* A *m y f* **5** (*reg*) Carnicero. B *m* **6** (*hist o reg*) Instrumento cortante [1].

cortapajas *adj* (*Agric*) [Utensilio] de cuchillas rotativas que sirve para cortar [1a] en fragmentos pequeños la paja y el heno. *Tb n m.*

cortapapeles *m* Plegadera (instrumento para cortar papel).

cortapastas *m* (*Coc*) Molde para cortar pastas.

cortapatillas *m* Dispositivo que en una afeitadora eléctrica sirve para cortar las patillas.

cortapichas *m* (*vulg*) Tijereta (insecto).

cortapisa *f* Restricción o limitación para actuar.

cortapisar *tr* (*raro*) Imponer cortapisas [a algo o a alguien (*cd*)].

cortaplumas *m* Navaja pequeña.

cortapuros *m* Instrumento que sirve para cortar la punta del cigarro puro.

cortar A *tr* ➤ **a** *normal* **1** Dividir o partir [una cosa] por medio de un filo. *Tb abs.* **b)** Separar con un objeto afilado [una parte (*cd*) de un todo, o una cosa (*cd*) de otra a la que está unida]. *Tb fig.* **c)** Separar con un objeto afilado la parte aérea [de una planta (*cd*), esp. de un árbol] de su raíz. **d)** Quitar, con un objeto afilado, lo sobrante [de algo que crece (*cd*)]. **e)** (*Taur*) Conseguir [el torero] como galardón [una o dos orejas, o dos orejas y el rabo] que se le cortan [1b] al toro lidiado. ■ **2** Sacar, cortando [1b] en un trozo de alguna materia, [una pieza de una determinada forma]. *Tb abs.* **b)** Sacar, cortándolas de un trozo de tela u otro material, las piezas necesarias para hacer [una prenda (*cd*)]. *Tb abs.* ■ **3** *En gral:* Dividir o partir. *Tb fig.* **b)** Atravesar [el agua o el aire]. **c)** (*Naipes*) Levantar una parte [de la baraja (*cd*)] para colocarla debajo de la otra, antes de empezar a repartir las cartas. *Frec abs.* **d)** (*Geom*) Atravesar [una línea (*suj*) a otra (*cd*)] por un punto, o [un plano (*suj*) a otro (*cd*)] por una línea. ■ **4** Causar [a alguien o a una parte del cuerpo (*cd*)] una herida con un objeto afilado. ■ **5** Producir pequeñas grietas o escamas [en la piel (*cd*), o en la piel de una parte del cuerpo (*cd*), un agente, esp. el frío (*suj*)]. **b)** *pr* (**~se**) Sufrir pequeñas grietas o escamas [la piel (*suj*)], o la piel de una parte del cuerpo (*suj*)], a causa del frío u otro agente (*compl* CON, POR o A CAUSA DE)]. ■ **6** Causar intensa sensación de frío [en el cuerpo (*cd*)]. *Más frec abs.* **b)** *pr* (**~se**) Sufrir [el cuerpo o una parte de él] una intensa sensación de frío. ■ **7** Impedir que [alguien o algo (*cd*)] continúe. *Tb abs.* **b)** *pr* (**~se**) Interrumpirse o cesar. **c)** *En determinadas situaciones, normalmente se sobrentiende el cd o el suj:* ~ [la discusión], ~ [la amistad], ~ o ~SE [la comunicación], *etc.* **d)** **~ por lo sano.** (*col*) Impedir, de manera expeditiva y sin contemplaciones, que [una cosa poco deseable (*cd*)] continúe. *Frec abs.* **e)** **corta.** (*col*) Se emplea para

manifestar rechazo o desinterés hacia el interlocutor o lo que este dice. *A veces con un incremento humoríst.* ■ **8** Cohibir [a alguien] impidiendo o dificultando que actúe con desenvoltura o naturalidad. **b)** *pr (~se)* Cohibirse [alguien]. ■ **9** Impedir u obstruir [el paso *(cd)*]. **b)** Impedir el paso [de algo, esp. un fluido *(cd)*]. **c)** Impedir u obstruir el paso [por un camino *(cd)*]. ■ **10** Impedir que [el jabón *(cd)*] haga espuma. ■ **11** Hacer que [la leche *(cd)*] se cuaje. **b)** *pr (~se)* Cuajarse [la leche]. ■ **12** Hacer que [una salsa o algo similar *(cd)*] pierda su homogeneidad o cohesión. **b)** *pr (~se)* Perder [una salsa o algo similar] su homogeneidad o cohesión. ■ **13** Mezclar [una sustancia con otra]. **b)** Mezclar [droga con alguna sustancia que disminuye su calidad y pureza]. *Frec sin compl* CON. *Frec en part.* ■ **14** Echar [en la taza de café *(cd)*] unas gotas de leche. *Más frec en part.* ■ **15** Castrar [las colmenas] o quitar [su miel]. ■ **16** **~ el bacalao, ~ el terreno, ~ un pelo en el aire, ~ un traje** → BACALAO, TERRENO, PELO, TRAJE.
➤ **b** *pr* ➤ **~sela.** *(vulg)* Siguiendo a una prop condicional, pondera la actitud desesperada que asumiría un hombre, de cumplirse lo expresado en la prop. * Si no consigo que venga, me la corto. ■ **18** **~se la coleta** → COLETA.
B *intr* ➤ **a** *normal* **19** Ir atajando en línea recta. ■ **20** Cesar en el uso o consumo de algo. ■ **21 no pinchar ni ~** → PINCHAR.
➤ **b** *pr (~se)* **22** Dejar de afluir [la leche] a las mamas. *Normalmente con un compl de interés.* ■ **23** *(Cicl)* Quedarse atrás [un corredor].

cortarraíces *m (Agric)* Máquina para cortar [1a] en fragmentos pequeños las raíces destinadas a la alimentación del hombre y de los animales.

cortasetos *adj* [Tijera o utensilio] para recortar setos. *Tb n m.*

cortaúñas *m* Utensilio en forma de tenacilla, alicates o pinzas con la boca afilada y curvada hacia dentro, que sirve para cortar [1d] las uñas.

cortavidrio *(tb* **cortavidrios)** *m* Diamante para cortar el vidrio.

corte[1] **I** *m* **1** Acción de cortar(se). *Tb su efecto.* **b)** *(RTV)* Espacio publicitario que se intercala en la programación. **c)** *En un concurso o competición:* Nivel que se establece entre los clasificados y no clasificados para la ronda siguiente. ■ **2** *En un instrumento o máquina:* Borde o pieza que sirve para cortar [1a]. **b)** *(jerg)* Navaja. ■ **3** Arte de cortar [2] prendas de vestir. **b)** Manera en que está cortada una prenda. **c)** Pieza de tela u otra materia del tamaño necesario para confeccionar una prenda. *Gralm con un compl especificador.* ■ **4** Traza o estilo. ■ **5** Forma del perfil y de los rasgos esenciales [de la cara]. ■ **6** Sección (dibujo del perfil que resultaría de cortar un cuerpo por un plano). ■ **7** *En un libro o cuaderno:* Parte de las tres constituidas por los bordes cortados y no cosidos ni encolados. ■ **8** Desnivel pronunciado del terreno. ■ **9** *(col)* Réplica o acontecimiento inesperados que dejan al interlocutor sin saber qué hacer o decir. *Frec en las constrs* DAR UN ~, LLEVARSE UN ~. ■ **10** *(col)* Chasco o decepción. *Frec con el v* LLEVARSE. ■ **11** *(col)* Vergüenza o apuro. *Frec con el v* DAR. ■ **12** **~ de mangas** *(o, raro,* **manga)**. *(col)* Gesto grosero hecho con los brazos para manifestar desprecio. *Tb fig. Gralm con los vs* DAR *o* HACER. ■ **13** *(pop)* Trabajo o quehacer. *Tb el lugar del mismo.* **b)** *(reg)* Tierra en que se está realizando una labor y hay trabajadores.

II *loc adj* **14 de,** *o* **al, ~.** [Helado] que se corta de un bloque alargado en porciones cuadradas y se sirve entre dos barquillos también cuadrados.

corte[2] *(frec con mayúscula en aceps 1, 6 y 7)* **I** *f* **1** Ciudad donde tiene su residencia el monarca. **b)** *(raro)* Capital (de una nación). ■ **2** Conjunto de personas constituido por el monarca, su familia y los funcionarios y servidores palaciegos. **b)** Conjunto de personas constituido por la familia del monarca y los funcionarios y servidores palaciegos. **c)** **~ pontificia.** *(Rel catól)* Conjunto de personas constituido por el Papa y los altos dignatarios de la Iglesia. ■ **3** **~ celestial.** *(Rel catól)* Conjunto formado por Dios y todos los seres que habitan con él en el Cielo. ■ **4** Conjunto de damas de honor de una reina de las fiestas o de una miss. *Frec ~* DE HONOR. ■ **5** Séquito o acompañamiento. ■ **6** *En pl:* Cámara o conjunto de cámaras legislativas. ■ **7** *En algunos países:* Tribunal de justicia.
II *loc adj* **8** [Alcalde] **de casa y ~,** *o* **de ~,** [paseante] **en ~** → ALCALDE, PASEANTE.
III *loc v* **9 hacer la ~.** Cortejar [1 y 2] [a alguien, esp. a una mujer].

corte[3] *f* Establo. *Tb los animales correspondientes.* **b)** Pocilga.

cortedad *f* Cualidad de corto.

cortejador -ra *adj* Que corteja [1]. *Tb n, referido a pers.*

cortejante *adj (raro)* Que corteja.

cortejar **A** *tr* **1** Tratar de ganarse el amor [de una mujer *(cd)*], esp. acompañándo[la] y conversando [con ella] asiduamente. *Tb fig.* **b)** Estar de conversación [un hombre *(suj)*] con la mujer por la que se interesa *(cd)*]. **c)** Intentar [un animal] atraer [a la hembra] para el apareamiento. ■ **2** Tratar [a alguien] de manera obsequiosa con fines interesados.
B *intr* **3** *(reg)* Relacionarse [con una pers., o con perss., de otro sexo] con fines más o menos abiertamente amorosos. *A veces se omite el compl, por consabido.*

cortejo *m* **1** Acción de cortejar. **b)** *(hist) En el s XVIII:* Chichisbeo (trato obsequioso y continuado a una dama). *Tb el que lo practica.* ■ **2** Séquito o acompañamiento. ■ **3** Conjunto de perss. que marchan solemnemente en un acto público. ■ **4** Conjunto de cosas que acompañan [a otra *(compl de posesión)*]. *Tb sin compl.* ■ **5** *(reg)* Galán.

cortés *adj* **1** Atento o bien educado. ■ **2** *(hist)* [Amor] idealista propio de la poesía trovadoresca.

cortesanamente *adv (lit, raro)* Cortésmente.

cortesanía *f (lit)* **1** Cortesía [1]. ■ **2** Conjunto de cualidades que caracterizan a la figura ideal del cortesano [1b].

cortesano -na **I** *adj* **1** De la corte[2] [2]. **b)** [Pers.] que pertenece a la corte[2] o la frecuenta con asiduidad. *Tb n.* ■ **2** *(Paleogr)* [Letra] cursiva pequeña y adornada, propia de los ss. XV y XVI.
II *f* **3** *(lit)* Prostituta elegante o distinguida.

cortesía *f* **1** Cualidad de cortés [1]. **b)** Actitud o comportamiento cortés. ■ **2** Conjunto de normas de comportamiento propias de las personas corteses o bien educadas. ■ **3** Dicho o hecho cortés [1]. ■ **4** Regalo, cesión u ofrecimiento hecho por cortesía [1] [de alguien]. ■ **5** Plazo prudencial de espera que, en una reunión, se respeta a favor de los que no han llegado a la hora señalada. *Frec en la constr* DE ~.

cortésmente *adv* De manera cortés [1].

córtex *m* (*Anat*) Corteza cerebral.

corteza[1] *f* **1** Capa externa y dura del tronco o de las ramas de un árbol o arbusto. **b**) (*Bot*) Capa externa del tallo o de la raíz de una planta. ■ **2** Capa externa o superficie dura del pan, el queso, algunas frutas y otros alimentos. **b**) Piel seca frita del cerdo. *Tb* ~ DE TOCINO *o* DE CERDO. ■ **3** (*Anat*) Capa externa [de un órgano]. *Gralm con un adj especificador:* CEREBRAL, RENAL, SUPRARRENAL. ■ **4** (*Geol*) Capa sólida, de un espesor de hasta 35 km aproximadamente, que recubre la Tierra. *Tb* ~ TERRESTRE. ■ **5** (*Fís*) Parte exterior del átomo, constituida por electrones distribuidos en órbita alrededor del núcleo. ■ **6** *En gral:* Capa o parte exterior [de algo]. **b**) (*lit*) Aspecto superficial o apariencia [de algo no material].

corteza[2] *f* Ortega (ave).

cortezoso -sa *adj* **1** Que tiene mucha corteza[1] [1, 2a y 6a]. ■ **2** Que tiene consistencia semejante a la de la corteza[1] [1 y 2a].

cortezudo -da *adj* Cortezoso.

cortical *adj* (*E*) De (la) corteza[1], *esp* [1 y 3].

corticoide *adj* (*Biol*) [Esteroide] semejante al producido por la corteza[1] [3] suprarrenal. *Tb n m.*

corticosteroide *m* (*Biol*) Corticoide.

corticosuprarrenal *adj* (*Anat*) De la corteza[1] de las glándulas suprarrenales.

corticotrófico -ca *adj* (*Biol*) De (la) corticotrofina.

corticotrofina *f* (*Biol*) Corticotropina.

corticotropina *f* (*Biol*) Hormona del lóbulo anterior de la hipófisis, que estimula la síntesis y secreción de esteroides y hormonas de la corteza suprarrenal.

cortijada *f* Conjunto de viviendas y otras edificaciones de un cortijo. *Tb el mismo cortijo.*

cortijero -ra I *adj* **1** De(l) cortijo. II *m y f* **2** Pers. que trabaja en un cortijo. ■ **3** Propietario de un cortijo.

cortijo *m* Finca rústica, propia de Andalucía y Extremadura, con viviendas para el propietario y los trabajadores.

cortil *m* (*reg*) Corral.

cortina *f* **1** Pieza, normalmente de tela, que se cuelga para cubrir una puerta o ventana o para separar dos partes de una estancia o local. ■ **2** Elemento que sirve de separación o de ocultación. *Tb fig.* **b**) ~ **de agua.** Masa densa de lluvia que impide la visibilidad. **c**) ~ **de humo.** Asunto con que interesadamente se distrae la atención general respecto a otro. ■ **3** (*Constr*) Muro de sostenimiento. *A veces en aposición.* **b**) ~ **de(l) muelle.** Muro de sostenimiento a la orilla de un mar o de un río, para facilitar el embarque y desembarque. ■ **4** *En una fortificación:* Parte de muralla comprendida entre dos baluartes. ■ **5** (*reg*) Tapia o cerca de un terreno. **b**) Pedazo de tierra de cultivo, cercado, gralm. inmediato a una casa o al pueblo. ■ **6** (*Bot*) Tejido constituido por filamentos, semejante a la telaraña, que se encuentra en el sombrerillo de la cortinaria.

cortinaje *m* Cortina o conjunto de cortinas [1], esp. lujosas. *Frec en pl.*

cortinal *m* (*reg*) Pedazo de tierra de cultivo, cercado, gralm. inmediato a una casa o al pueblo.

cortinaria *f* Se da este n a varias especies de hongos basidiomicetos del gén Cortinarius, caracterizados por la presencia de cortina [6].

cortinilla *f* **1** Cortina [1] pequeña que cubre una ventanilla, esp. de un tren u otro vehículo. ■ **2** (*RTV*) Efecto musical o de cambio de plano o imagen, usado para pasar de una situación a otra.

cortinón *m* Cortina [1] grande, esp. de tejido fuerte.

cortisol *m* (*Biol*) Hormona principal segregada por la corteza[1] suprarrenal.

cortisona *f* (*Biol*) Sustancia de la corteza[1] suprarrenal u obtenida sintéticamente, que ejerce efectos hormonales sobre el metabolismo de los hidratos de carbono y se usa en medicina en la insuficiencia suprarrenal, reúma crónico y alergias.

cortisónico -ca *adj* (*Biol*) De (la) cortisona.

corto -ta I *adj* **1** Que tiene menos longitud (medida lineal) de lo normal o adecuada o de la que tienen otros seres que forman serie con el nombrado. * Usa falda corta. **b**) *Con un adv de comparación:* Que tiene [más o menos] longitud. * Ahora se llevan las faldas más cortas. **c**) [Cosa] de poco alcance. **d**) [Arma de fuego individual] de corto alcance, como la pistola. **e**) [Nueve] ~ → NUEVE. **f**) [Traje] masculino cuya chaqueta llega solo hasta la cintura. **g**) (*Cine y TV*) [Plano] que recoge un grupo reducido de personas, sin el escenario en que se desenvuelven. ■ **2** Que dura menos tiempo del normal. * Dio un timbrazo corto y otro largo. **b**) *Con un adv de comparación:* Que tiene [más o menos] tiempo. * Su gripe fue más corta. **c**) (*lit*) *Precediendo a ns de tiempo:* Poco. **d**) [Hora] **corta** → HORA. ■ **3** Pequeño o de poca entidad. **b**) (*col*) De dosis inferior a la media. *Referido a café, frec sustantivado.* **c**) [Tonelada] **corta** → TONELADA. ■ **4** [Vista] afectada de miopía. **b**) ~ **de vista.** [Pers.] miope. *Tb n.* ■ **5** Escaso. ■ **6** (*col*) [Pers.] poco inteligente. ■ **7** [Pers.] encogida o apocada. ■ **8** (*Taur*) [Torero] de escasa variedad en su repertorio. ■ **9** (*Der*) [Legítima] estricta. II *m* **10** (*Cine*) Cortometraje. ■ **11** Vaso corto [1a] de vino o esp. de cerveza. ■ **12** (*hoy raro*) Tren de cercanías. III *loc v* **13** atar ~ → ATAR. ■ **14** **quedarse ~.** No llegar [una pers. o cosa] hasta donde debía o podía llegar. *Frec fig.* IV *adv* **15** (*raro*) Con poca intensidad. ■ **16 a ~ plazo** → PLAZO. ■ **17 a la corta o a la larga.** Tarde o temprano. ■ **18 de ~.** Con ropa corta [1a] o que no llega hasta los pies. *Gralm con vs como* IR *o* VESTIRSE *y referido a mujeres.* ■ **19 en ~.** Desde cerca. ■ **20 en ~ y por derecho.** (*Taur*) Citando al toro muy cerca y entrando derecho a matar. *Frec fig, fuera del ámbito técn.* ■ **21 ni ~ ni perezoso.** Sin vacilaciones. *Se usa gralm precediendo al v.*

cortocircuitar *tr* Actuar adelantándose [a algo (*cd*)], en un sentido imprevisto.

cortocircuito (*tb con la grafía* **corto circuito**) *m* **1** Circuito eléctrico que se produce accidentalmente por contacto entre los conductores y que suele determinar una descarga. ■ **2** Desviación u obstaculización [de un plan o programa].

cortometraje *m* Película cuya duración no supera los 45 minutos.

coruja *f* (*reg*) Lechuza (ave).

corujo *m* (*reg*) Se da este n a los peces Scophthalmus maximus y S. rhombus.

corulla f (*Mar, hist*) *En una galera:* Interior de la arrumbada.

coruñés -sa adj De La Coruña. *Tb n, referido a pers.*

coruscación f (*Med*) Sensación de luces o destellos delante de los ojos.

coruscante adj (*lit*) Brillante o reluciente. *Tb fig.*

corva f Parte por donde se dobla la pierna, opuesta a la rodilla.

corval m (*reg*) Correa con que se sujetan las abarcas a las piernas.

corvar tr (*raro*) Encorvar.

corvejón m 1 *En los cuadrúpedos:* Articulación de la extremidad posterior, entre el muslo y la caña. ■ 2 (*col*) Corva.

corveta f Movimiento o postura del caballo que consiste en sostenerse sobre las patas traseras, teniendo las delanteras en el aire. *Frec con los vs* HACER *o* PEGAR.

corvetear intr Hacer corvetas [el caballo]. *A veces dicho de otros cuadrúpedos.*

córvido adj (*Zool*) [Ave] de la familia a que pertenecen el cuervo y la urraca. *Tb n m, frec en pl, designando este taxón zoológico.*

corvilla f (*reg*) Hoz (instrumento para segar).

corvina f Pez marino comestible, de color gris azulado por el dorso y blanco por el vientre, con todo el cuerpo plateado, y que alcanza hasta 2 m (*Johnius regius* o *Argyrosomus regius*).

corvinato m Berrugato (pez).

corvinero -ra adj (*Red*) para la pesca de la corvina. *Tb n f.*

corvino -na adj Que se asemeja al cuervo por alguna de sus características.

corvo -va adj Curvo o encorvado.

corzo -za A m 1 Mamífero rumiante de la familia del ciervo, más pequeño que este, de pelo pardo rojizo, sin rabo y con cuernos cortos (*Capreolus capreolus*). *Tb designa solamente el macho de esta especie.* B f 2 Hembra del corzo [1].

cosa (*palabra de uso predominantemente coloquial en la mayoría de sus aceps*) I f 1 *Designa cualquier objeto existente de cualquier orden que sea, material o inmaterial, animado o inanimado.* * Mis sentidos son capaces de mostrarme ejemplares concretos de las cosas, por ejemplo, un león, una montaña, un trueno. **b)** **la ~ en sí.** (*Filos*) Lo que existe independientemente de nuestro conocimiento. ■ 2 *Designa provisionalmente una realidad más o menos consabida que no se acierta a nombrar o que no se cree que valga la pena molestarse en precisar. A veces con valor expletivo, para rematar vago de una enumeración.* * Estos grupos hacen cosas muy interesantes. * Lleva el respaldo de un gran nombre, lo que siempre da una dignidad, una seriedad y una cosa. ■ 3 *Designa de manera genérica cualquier ser inanimado.* * Los nombres designan personas, animales o cosas. ■ 4 Objeto material. ■ 5 Asunto o materia. **b)** Problema o cuestión. ■ 6 Hecho o suceso. ■ 7 Producto del entendimiento, de la reflexión o del arte. ■ 8 **~ fina.** Algo primoroso o digno de ver o de apreciar. ■ 9 **~ mala.** Pers. o cosa [1a] exagerada o que se sale de lo corriente. *Normalmente como predicat y con connotación neg.* ■ 10 **la ~ pública.** (*lit*) Los asuntos del gobierno o de la ad-ministración del país. ■ 11 *En pl:* Rarezas u ocurrencias. *Frec con el v* TENER. **b)** Defectos. *Con intención atenuadora. Frec con un posesivo.* ■ 12 Aprensión o recelo. **b)** Reparo. ■ 13 (*euf*) Órgano sexual, esp. masculino. ■ 14 (*euf*) Menstruación. *Frec, con un posesivo, en pl con sent sg.* ■ 15 (*euf*) *En pl:* Necesidades fisiológicas. *Con un posesivo.* ■ 16 *En gral se usa como euf ocasional para evitar ns concretos o abstractos de realidades socialmente mal vistas.* * Cualquier liviandad la convertiría en una profesional de la cosa a los ojos de la opinión pública. ■ 17 Pers. querida. *Gralm en vocativo y frec en la forma* COSITA. ■ 18 **poquita**, *o* **poca, ~.** Pers. o animal menudos o que aparentan poca fortaleza física. *Tb adj. Tb fig, en sent moral.*

II pron 19 (*raro*) Nada. **b)** **~ que lo valga.** Nada parecido. *En constr neg.*

III loc v y fórm or 20 **a otra ~.** Fórmula que expresa que se da por terminado un asunto y que huelga hablar más de ello. *Tb, humoríst,* A OTRA **~,** MARIPOSA. * Cuando no podía más, se aprovechaba de Elena y a otra cosa. ■ 21 **cambiar las ~s de sitio.** (*humoríst*) Robar. ■ 22 **decirle** [a uno] **cuatro ~s** (**bien dichas**) → DECIR. ■ 23 **decir una ~ por otra**, *o* **decir otra ~.** (*euf*) Mentir. ■ 24 **hacer cositas.** (*euf*) Realizar el acto sexual. **b)** **hacer cositas** [a alguien]. Proporcionar[le] placer sexual. ■ 25 **las ~s como son.** Fórmula con que se expresa el reconocimiento de un hecho, aunque no guste, o la necesidad de ser realistas. * También a mí me gustó darles el pego, las cosas como son. ■ 26 (**las**) **~s** (**que pasan**, *o* **de la vida**). Fórmula con que se comenta la fatalidad de los sucesos humanos, y que a veces se utiliza para eludir una respuesta. * ¿Por qué rompisteis? —Cosas de la vida. ■ 27 **lo que son las ~s.** Fórmula con que se comenta lo curioso o extraño de aquello que se dice. * Acaba por hacerse atractivo, lo que son las cosas. ■ 28 **no haber ~ con ~.** No existir relación entre una cosa [1a] y otra de las mencionadas. ■ 29 **ser ~.** Convenir o ser oportuno [hacer algo (*prop con* DE)]. **b)** **no ser ~.** No ser razonable [hacer algo (*prop con* DE)]. ■ 30 **ser** [alguien o algo] **otra ~.** Ser mejor o de categoría superior. **b)** (*más raro*) Ser peor o de categoría inferior. ■ 31 **vaya ~.** Fórmula exclam con que se expresa el poco valor o importancia que se concede a lo que se acaba de oír o ver. * —Tengo 38 de fiebre. —¡Vaya cosa! ■ 32 **y** (**todas**) **esas** (*o* **las**) **~s.** Fórmula que se usa expletivamente, como una especie de resumen vago de cosas [1a] afines a la que acaba de mencionarse. * Le conté que me ayudaste a aprobar y todas esas cosas.

IV loc adv 33 **a ~ hecha.** Con el éxito asegurado, sin necesidad de vencer obstáculos. ■ 34 **como quien** (*o* **el que**) **no quiere la ~.** De manera aparentemente inconsciente. ■ 35 **como si tal ~.** Como si no hubiera pasado, o no pasara, nada. ■ 36 **~ seria.** Admirablemente. ■ 37 **gran ~.** Mucho. *Normalmente en ors negs.* ■ 38 (**una**) **~ mala.** Muchísimo.

V loc prep 39 **~ de.** Alrededor de. *Precede a expresiones de medida, denotando aproximación.*

VI loc conj 40 **no sea ~** (**de**) **que.** Previniendo la eventualidad de que. *Seguido de v en subj.*

VII interj 41 **qué ~s.** Expresa extrañeza ante lo que se acaba de oír o ver.

cosaco -ca I adj 1 De los pueblos nómadas habitantes de las estepas del sur de Rusia. *Tb n, referido a pers.*

II m 2 Soldado de infantería o de caballería reclutado entre los cosacos [1] y muy valorado en el ejército ruso y soviético.

III *loc v* **3 beber como un ~.** (*col*) Tomar bebidas alcohólicas en gran cantidad.

cosa nostra (*frec con mayúscula*) *f* Mafia norteamericana.

cosario *m* (*hoy raro*) Recadero.

coscarana *f* Torta delgada, seca y crujiente propia de Aragón.

coscarse *intr pr* (*col*) Darse cuenta o percatarse [de algo].

coscoja *f* **1** Árbol achaparrado semejante a la encina (*Quercus coccifera*). ■ **2** Hoja seca de la encina. *Tb con sent colectivo.* ■ **3** (*raro*) Chapa de hierro de algunas hebillas, que permite correr con facilidad la correa.

coscojal *m* Terreno poblado de coscojas [1].

coscojar *m* Coscojal.

coscorrón **I** *m* **1** (*col*) Golpe en la cabeza contra algo, o con los nudillos. **II** *loc v* **2 perdonar el bollo por el ~** → BOLLO[1].

coscurro *m* Pedazo de pan duro.

cosecante *f* (*Geom*) Secante del complemento [de un ángulo o de un arco].

cosecha **I** *f* **1** Conjunto de frutos, gralm. de un cultivo, que se recogen del campo al llegar a la sazón. **b)** Producto que se obtiene de algunos frutos tras la elaboración adecuada, esp. vino o aceite. ■ **2** Conjunto de lo obtenido como resultado de los hechos propios o de los sucesos. ■ **3** Acción de cosechar. *Tb el tiempo en que se realiza.* **II** *loc adj* **4 de su ~.** (*col*) De su propia invención. *Tb adv.*

cosechador -ra *adj* Que cosecha [1]. *Tb n, referido a pers.* **b)** [Máquina] que sirve para cosechar determinados frutos, esp. mieses. *Frec n f.*

cosechar *tr* **1** Recoger la cosecha [1] [de algo (*cd*)]. *Tb abs.* ■ **2** Obtener [algo], gralm. como resultado de un esfuerzo.

cosechero -ra *adj* **1** De (la) cosecha, *esp* [1 y 3]. ■ **2** [Pers.] que cosecha, *esp* [1]. *Frec n.*

cosechón *m* (*col*) Cosecha [1] muy abundante.

cosedor -ra *adj* **1** [Pers.] que cose [1 y 2]. *Tb n.* ■ **2** [Cosa, esp. máquina] que sirve para coser [1 y 2]. *Tb n f, referido a máquina.*

coselete *m* (*hist*) **1** Coraza ligera, gralm. de cuero, usada por soldados de infantería. ■ **2** Soldado que lleva coselete [1].

coseno *m* (*Geom*) Seno del complemento [de un ángulo o de un arco].

coser **A** *tr* **1** Unir con hilo, normalmente enhebrado en aguja, [dos partes o piezas (*cd*) de tela u otra materia, o una prenda (*cd*) hecha con ellas]. *Tb abs.* ■ **2** Unir [algo en una prenda o parte de ella (*compl* EN o A)] cosiendo [1]. *Tb sin compl* EN o A*, por consabido.* ■ **3** Arreglar cosiendo [1] [una prenda o parte de ella (*cd*) que está descosida o rota]. ■ **4** (*Coc*) Unir con hilo y aguja [un ave u otra pieza previamente abiertas (*cd*), o los bordes de tal abertura (*cd*)]. ■ **5** Unir mediante puntos o grapas [los bordes de una herida (*cd*), o el cuerpo o parte de él (*cd*) en que está tal herida]. *Tb abs.* ■ **6** *En gral:* Unir estrechamente [dos o más cosas, o una a otra]. *Tb fig.* ■ **7** Causar [a alguien (*cd*)] numerosas heridas con arma punzante o de fuego. *Con un compl* A. *A veces referido a otro tipo de daño.*

B *intr* **8** Hacer labores con aguja e hilo, incluidas las de coser [1, 2 y 3]. ■ **9 ser** [algo] **~ y cantar.** (*col*) No ofrecer ninguna dificultad en su ejecución.

coseta *f* (*E*) Picadillo a que se reduce la remolacha para extraer su jugo azucarado.

cosetano -na *adj* (*hist*) De un pueblo prerromano habitante del territorio correspondiente aproximadamente a la actual provincia de Tarragona. *Tb n, referido a pers.*

cosido *m* Acción de coser [1 a 5, esp. 1]. *Tb su efecto.*

cosificación *f* (*Filos o lit*) Acción de cosificar(se).

cosificador -ra *adj* (*Filos o lit*) Que cosifica.

cosificar *tr* (*Filos*) Transformar en cosa [a una pers.], o en cosa concreta [una cosa abstracta]. *Frec* (*lit*) *fuera del ámbito técn.* **b)** *pr* (*~se*) Transformarse en cosa [una pers.], o en cosa concreta [una cosa abstracta].

cosmético -ca **I** *adj* **1** [Producto] que se aplica a la piel o al cabello para embellecerlos. *Frec n m.* **b)** (*raro*) [Producto] que se destina a embellecer el cuerpo o a disimular algún defecto. **c)** De los productos cosméticos. **II** *f* **2** Técnica de embellecimiento mediante el uso de cosméticos [1a]. *Frec n. Tb fig.* ■ **3** Industria de cosméticos [1a]. ■ **4** Productos cosméticos [1a].

cosmetología *f* (*E*) Cosmética (→ COSMÉTICO [2 y 3]).

cosmetológico -ca *adj* De la cosmetología o de los cosméticos.

cosmetólogo -ga *m y f* (*E*) Especialista en cosmetología o cosmética.

cósmicamente *adv* Desde un punto de vista cósmico [1].

cósmico -ca *adj* **1** De(l) cosmos [1]. ■ **2** Inmenso o inconmensurable. *Con intención ponderativa.*

cosmocéntrico -ca *adj* (*Filos*) Que tiene como centro de referencia al cosmos [1].

cosmódromo *m* Base de lanzamiento de cosmonaves. *Esp referido a la antigua URSS.*

cosmogénesis *f* Origen del universo.

cosmogenético -ca *adj* De (la) cosmogénesis.

cosmogonía *f* Estudio o teoría del origen del universo.

cosmogónico -ca *adj* De la cosmogonía o de su objeto.

cosmografía *f* Astronomía descriptiva, esp. del sistema solar.

cosmógrafo -fa *m y f* Especialista en cosmografía.

cosmología *f* **1** Rama de la astronomía que se refiere a la evolución y estructura del universo. ■ **2** (*Filos*) Estudio o doctrina del universo en su totalidad.

cosmológicamente *adv* En el aspecto cosmológico.

cosmológico -ca *adj* De (la) cosmología.

cosmólogo -ga *m y f* Especialista en cosmología.

cosmonauta *m y f* Astronauta.

cosmonáutico -ca *adj* Astronáutico. *Tb n f.*

cosmonave *f* Astronave.

cosmópolis *f* **1** Ciudad muy populosa, con importante sector de población flotante de procedencia internacional. ■ **2** (*lit*) Ciudad universal.

cosmopolita *adj* **1** De (la) cosmópolis. ■ **2** De gente o cultura de muchas partes del mundo. ■ **3** [Pers.] familiarizada con lugares y costumbres de muchas partes del mundo y frec. sin conexión afectiva especial con su propia patria. *Tb n.* ■ **4** Ampliamente difundido por toda la Tierra. **b)** (*Biol*) [Especie animal o vegetal] que vive naturalmente en todos o en la mayor parte de los lugares de la Tierra.

cosmopolitismo *m* Condición de cosmopolita.

cosmoquímica *f* (*Quím*) Ciencia que estudia las propiedades y procesos químicos en el cosmos.

cosmorama *m* Espectáculo consistente en una cámara oscura en que se exhiben diversas vistas iluminadas.

cosmos *m* **1** Universo (conjunto de todo lo que tiene existencia material). *Frec fig.* ■ **2** (*lit*) Orden o armonía.

cosmotrón *m* (*Fís*) Acelerador de partículas que confiere a estas una energía comparable a la de las partículas de los rayos cósmicos.

cosmovisión *f* Visión o concepción del universo.

coso[1] *m* (*lit*) **1** Plaza de toros. *Frec ~* TAURINO. ■ **2** (*raro*) Lugar de una ciudad que en ocasiones se habilita para festejos.

coso[2] *m* (*col*) Chisme (cosa cuyo nombre no se recuerda en el momento).

coso[3] *m* (*reg*) Agujero [de la aguja].

cospel *m* (*Numism*) Disco de metal dispuesto para recibir la acuñación.

cosque *m* (*reg*) Coscorrón (golpe en la cabeza).

cosqui *m* (*reg*) Coscorrón.

cosquillas **I** *f pl* **1** Excitación nerviosa causada por un roce leve en la piel de algunas partes del cuerpo y que provoca una risa involuntaria. *Frec con el v* HACER. *Tb fig.* ■ **2** Sensibilidad a las cosquillas [1]. *Gralm con el v* TENER.
II *loc v* **3** **buscarle las ~s** [a alguien]. (*col*) Provocar[le] para la pelea o buscar[le] complicaciones. ■ **4** **hacer** [algo] **~s** [a alguien]. (*col*) Resultarle sugestivo o ilusionarle.

cosquilleante *adj* Que cosquillea. *Frec fig.*

cosquillear *tr* **1** Hacer cosquillas [1] [a alguien (*cd*) o a una parte de su cuerpo (*cd*)]. *Tb fig.* ■ **2** Desasosegar o inquietar.

cosquilleo *m* Sensación semejante a la de las cosquillas [1].

cosquilloso -sa *adj* **1** Que tiene cosquillas [2]. ■ **2** (*col*) Quisquilloso (dado a ofenderse con poco motivo).

costa[1] *f* Faja de tierra que está a la orilla del mar. *Tb la zona, de mar o tierra, próxima a ella.* **b)** Orilla [de un lago o pantano]. *Gralm ~* INTERIOR.

costa[2] **I** *f* **1** (*reg*) Manutención o alimento que se da al asalariado aparte del jornal. ■ **2** *En pl:* Gastos judiciales.
II *loc adj* **3** [Ayuda] **de ~s** → AYUDA.
III *loc adv* **4** **a poca ~.** Con poco esfuerzo. ■ **5** **a toda** (*o* **a cualquier**) **~.** Por encima de todo, pese a cualquier obstáculo o dificultad.

IV *loc prep* **6** **a ~ de.** Con el dinero o la aportación de. *Referido a pers o entidad. La constr* DE + *sust puede sustituirse por un adj posesivo.* * *El arreglo se hizo a su costa.* **b)** A cambio de, o pagando el precio de. *Referido a cosa. Frec fig.* **c)** Teniendo como base u origen a. *Referido a pers o cosa.* **d)** A base de o por medio de. *Referido a cosa.*

costadillo. de ~. *loc adv* (*col*) De costado o de lado. ■ **b)** (*Taur*) Dando el costado al toro. *Tb adj.*

costado **I** *m* **1** Parte derecha o izquierda [de alguien o algo]. **b)** *En el cuerpo humano:* Parte lateral del tronco, esp. la comprendida entre la axila y la cintura. ■ **2** Lado (parte, más o menos diferenciable, del contorno de una cosa). *Frec en la constr* POR LOS CUATRO ~S. ■ **3** Faceta o aspecto. ■ **4** Rama familiar. *Frec en la constr* POR LOS CUATRO ~S.
II *loc adj* **5** **de cuatro ~s.** (*hist*) [Hidalgo] por los cuatro costados [4]. ■ **6** [Hermano] **de un ~** → HERMANO.
III *loc v* **7** **ir de ~.** (*col*) Ir listo (tener pocas posibilidades o ninguna de salir con éxito).
IV *loc adv* **8** **al ~,** *o* **de ~.** (*Taur*) De costadillo. *Tb adj.* ■ **9** **por los cuatro ~s.** Por todas partes. *Tb fig.*

costal[1] *m* **1** Saco grande de arpillera u otro tejido basto, que se usa esp. para transportar harina o granos. **b)** Costal a medio llenar que lleva sobre la cabeza y cayendo por la espalda el costalero, para apoyar el peso del paso procesional. ■ **2** Conjunto o montón [de cosas, esp. de sentimientos o palabras].

costal[2] *adj* (*Anat*) De (las) costillas.

costalada *f* (*col*) Caída violenta de espaldas o de costado.

costalazo *m* (*col*) Costalada.

costalero **I** *m* **1** Hombre de los que llevan a hombros los pasos de las procesiones andaluzas de Semana Santa, soportando el peso con un costal[1] [1b].
II *adj* **2** De (los) costaleros [1].

costamarfileño -ña *adj* De Costa de Marfil. *Tb n, referido a pers.*

costana *f* (*reg*) Calle en cuesta.

costanero -ra *adj* De (la) costa[1].

costanilla *f* Calle corta en cuesta.

costar **I** *v* (*conjug 4*) *intr* **1** Ser comprado o pagado [algo], o tener que serlo, [por el precio que se expresa (*compl adv*)]. ■ **2** Llevar [una cosa] consigo [el inconveniente, el sacrificio o la pérdida que se expresan (*compl adv*)]. ■ **3** Resultar [algo] trabajoso, difícil o doloroso. ■ **4** **~ cara** [a alguien una cosa]. Suponer[le] un gran perjuicio o daño. ■ **5** **~ un huevo, ~ un ojo de la cara** → HUEVO, OJO.
II *loc adv* **6** **cueste lo que cueste.** A toda costa.

costarricense *adj* De Costa Rica. *Tb n, referido a pers.*

costarrón *m* (*reg*) Cuesta larga y pendiente.

costasoleño -ña *adj* De la Costa del Sol (Málaga). *Tb n, referido a pers.*

coste *m* **1** Gasto necesario para la obtención, disfrute o adquisición [de algo]. *Tb sin compl, por consabido. Esp en economía y frec referido al coste de producción.* ■ **2** **~ de** (**la**) **vida.** Precio relativo de un conjunto determinado y representativo de bienes de consumo.

costeable *adj* Que puede costearse[1].

costeador -ra *adj* Que costea[1]. *Tb n, referido a pers.*

costear[1] *tr* Pagar los gastos [de alguien o algo (*cd*), o de los servicios de alguien (*cd*)].

costear[2] *tr* **1** Navegar a lo largo de la costa[1] [de un lugar (*cd*)] sin perderla de vista. *Tb abs.* ■ **2** Bordear [un lugar] o ir alrededor [de él (*cd*)].

costeño -ña *adj* De la región de la costa[1]. *Tb n, referido a pers.*

costero[1] **-ra I** *adj* **1** De (la) costa[1]. **b)** [Bisbita] **costera** → BISBITA. **c)** (*Mar*) [Embarcación] destinada a la navegación en las cercanías de la costa[1]. **II** *f* **2** (*Pesca*) Temporada de pesca [de una especie marítima].

costero[2] **-ra I** *adj* **1** Que está al lado. *A veces con un compl* A. **II** *m* **2** (*Min*) Hastial (cara lateral de una excavación). ■ **3** (*Carpint*) Parte de las cuatro inmediatas a la corteza que quedan a lo largo del tronco al escuadrar este con la sierra.

costilla I *f* **1** Hueso largo y arqueado de los que se articulan en la columna vertebral y en su mayoría se sueldan por su otro extremo en el esternón. ■ **2** Costilla [1], esp. de cerdo, con la carne que la envuelve. **b)** (*reg*) Chuleta. ■ **3** (*col*) *En pl*: Espalda. ■ **4** Cosa de aspecto o función semejantes a los de las costillas [1]. **b)** *En el yugo*: Pieza vertical de madera de las cuatro que, unidas de dos en dos, sirven para meter el cuello del animal. *A veces en la constr* YUGO DE ~S. ■ **5** Línea o parte saliente, paralela a otras, en una superficie. ■ **6** (*col*) Esposa (o mujer). *Normalmente con un posesivo.* **II** *loc v* **7 medir las ~s** [a alguien]. (*col*) Dar[le] una paliza, esp. como castigo. **III** *loc adv* **8 a ~s.** (*reg*) A cuestas.

costillaje *m* (*Mar*) Costillar [2].

costillar *m* **1** Conjunto de costillas [1]. **b)** *En las reses de consumo*: Parte alargada que contiene las costillas de un lado. ■ **2** (*Mar*) Conjunto de cuadernas [de una embarcación].

costillazo *m* (*reg*) Costalada.

costo[1] **I** *m* **1** Coste [1]. ■ **2** (*reg*) Comida que el peón lleva para tomar en el tajo. **II** *loc adv* **3 al ~.** A precio de costo [1].

costo[2] *m* (*jerg*) Hachís.

costosamente *adv* De manera costosa.

costoso -sa *adj* Que cuesta [1 y 3] mucho.

costra *f* **1** Capa dura que se forma sobre una herida cuando esta se seca. ■ **2** Capa dura que se forma superficialmente al secarse una sustancia húmeda. *Esp en cocina.* ■ **3** Capa externa. *Tb fig.* ■ **4 ~ láctea** (*o* **de leche**). (*Med*) Seborrea del cuero cabelludo de los niños pequeños.

costrada *f* Plato semejante a una tarta o empanada, cubierto por una costra [2], gralm. dulce.

costrar *tr* Hacer que [algo (*cd*)] forme costra [2]. **b)** *pr* (~**se**) Formar costra [algo].

costro *m* (*reg*) Sapo o escuerzo. *Tb* SAPO ~.

costrón *m* **1** Costra [1 y 3] grande. ■ **2** Trozo de pan frito.

costroso -sa *adj* **1** Que tiene costras [1 y 2]. ■ **2** Sucio o cochambroso.

costumbrar *tr* (*reg*) Acostumbrar. *Tb pr* (~**se**).

costumbre I *f* **1** Manera habitual de obrar [una pers. o animal, o una colectividad (*compl de posesión*)]. *Tb sin compl.* **b)** *Esp*: Costumbre tradicional [de un pueblo o región]. ■ **2** (*Der*) Práctica muy usada que ha adquirido fuerza de precepto. **II** *loc adj* **3 de ~.** Acostumbrado o habitual. *Tb adv.* ■ **4 de ~s.** [Pers.] de costumbres [1a] fijas. **5 de ~s.** (*TLit*) [Obra] que trata o describe los usos sociales.

costumbrismo *m* **1** (*TLit*) Tendencia literaria caracterizada por el reflejo de las costumbres [1b] de un país o región. ■ **2** Conjunto de costumbres, *esp* [1b].

costumbrista *adj* **1** De (las) costumbres [1b]. ■ **2** (*TLit*) De(l) costumbrismo [1]. **b)** Adepto al costumbrismo. *Tb n, referido a pers.*

costura I *f* **1** Acción de coser (unir con hilo). ■ **2** Oficio o actividad de confeccionar prendas de vestir femeninas o infantiles. **b) alta ~.** Moda femenina creada por un diseñador o modisto. ■ **3** Unión de dos piezas que se cosen. **b)** Línea de puntadas que unen dos piezas cosidas. **c)** (*Lab*) Anchura que se deja en la costura [3a] por la parte interior de la línea por donde se cose. ■ **4** Unión hecha entre dos piezas. *Tb la línea o señal correspondiente.* **II** *loc v* **5 sentar las ~s** [a alguien]. (*col*) Sentar[le] la mano o dar[le] su merecido. **III** *loc adv* **6 como piojos en ~** → PIOJO.

costurero -ra A *m y f* **1** Pers. que se dedica a la costura [2a]. *Normalmente referido a mujer.* **b)** *Esp*: Pers. que confecciona prendas sencillas y cose o arregla prendas en general. *Normalmente referido a mujer.* **B** *m* **2** Caja, cestillo o mueble en que se guardan los utensilios de la costura [1]. ■ **3** (*hoy raro*) Cuarto de costura [1].

costurón *m* (*col*) Cicatriz muy visible de una herida o de una intervención quirúrgica. *Tb la misma herida o sutura.*

cota[1] *f* **1** Número que en un plano topográfico o en un mapa indica la altura de un punto. ■ **2** Altura [de un punto]. **b)** Altura máxima [de un punto]. **c)** Cima de un monte o de otra elevación del terreno. ■ **3** Nivel cuantitativo o cualitativo.

cota[2] *f* (*hist*) Arma defensiva que cubre el cuerpo, gralm. de cuero guarnecido con puntas de clavos, anillas o mallas de hierro.

cotangente *f* (*Geom*) Tangente del complemento [de un ángulo o de un arco].

cotarra *f* (*reg*) Montículo, esp. su parte más elevada.

cotarro[1] *m* (*desp*) **1** Conjunto o reunión de personas que hablan o arman ruido. ■ **2** Conjunto o colectividad de personas con características o actividad comunes. ■ **3** Situación. *En constrs como* HACERSE DUEÑO (*o* AMO) DEL ~, ADUEÑARSE DEL ~, *o* SER EL DUEÑO *o* AMO DEL ~. ■ **4** Asunto o actividad. *Frec con vs como* MANEJAR, DOMINAR *o* DIRIGIR.

cotarro[2] *m* (*reg*) Monte o elevación del terreno.

cotejable *adj* Que puede cotejarse.

cotejar *tr* Confrontar [una cosa con otra, esp. una copia con su original] para apreciar su igualdad o su diferencia. *Tb sin compl* CON, *por consabido, o con cd pl.*

cotejo *m* Acción de cotejar.

cotera *f* (*reg*) Cerro u otero.

cotero[1] *m* Encargado de un coto[1] de caza.

cotero[2] *m* (*reg*) Cerro u otero.

coterráneo -a *m y f* Pers. del mismo país [que otra (*compl de posesión*)].

cotidianamente *adv* De manera cotidiana [1b].

cotidianeidad *f* (*semiculto*) Cotidianidad.

cotidianidad *f* **1** Condición de cotidiano. ■ **2** Vida cotidiana.

cotidiano -na *adj* De todos los días. **b)** Que ocurre o transcurre todos los días de manera rutinaria.

cotiledón *m* (*Bot*) Primera hoja, o una de las dos primeras, que brota en el embrión de una planta fanerógama.

cotilla *m y f* (*col, desp*) **1** Pers. amiga de transmitir chismes y murmuraciones. *Tb adj.* ■ **2** Pers. amiga de fisgar o curiosear. *Tb adj.*

cotillear (*col, desp*) **A** *intr* **1** Chismorrear, o contar chismes.
B *tr* **2** Fisgar o curiosear [algo]. *Tb abs.*

cotilleo *m* (*col, desp*) **1** Acción de cotillear [1]. ■ **2** Cuento o chisme.

cotillería *f* (*col, desp*) Cotilleo.

cotillo *m* En el hacha, la azada y otras herramientas de corte: Parte opuesta al filo.

cotillón *m* **1** Fiesta con baile, propia esp. de fin de año. ■ **2** Conjunto de serpentinas, confeti y cosas similares que usan en el cotillón [1].

cotilo *m* (*Anat*) Cavidad de un hueso en que encaja la cabeza de otro.

cotiloideo -a *adj* (*Anat*) [Cavidad] articular profunda, esp. la iliaca, en la que se articula el fémur.

cotitular *adj* Titular junto con otro u otros. *Frec n.*

cotiza *f* (*Heráld*) Banda estrecha.

cotizable *adj* Que se puede cotizar [1, 2 y 3].

cotización *f* **1** Acción de cotizar(se). ■ **2** Precio o valor con que alguien o algo se cotiza [2 y 4]. ■ **3** Cuota que se paga.

cotizado -da *adj* (*Heráld*) Que tiene diez cotizas, cinco de metal y cinco de color.

cotizante *adj* Que cotiza [1]. *Tb n, referido a pers.*

cotizar A *tr* **1** Pagar [una cuota]. *Tb abs.* ■ **2** Valorar o apreciar económicamente [algo o a alguien]. *Tb fig.* **b)** Valorar o estimar [algo o a alguien]. *Tb abs.* ■ **3** (*Econ*) Hacer que [algo (*cd*)] cotice [5].
B *intr* **4** (*Econ*) Alcanzar [algo (*suj*)] determinado valor (*compl adv, esp* A)] en el mercado bursátil o en otro mercado en que se ofrece precio. *Tb pr* (*~se*). ■ **5** (*Econ*) Participar en el mercado bursátil [sociedades, acciones, bonos, divisas u otros valores]. **b)** Variar de valor [al alza o a la baja].

coto[1] **I** *m* **1** Terreno acotado. *A veces con un adj o compl especificador, que frec se omite por consabido, esp referido a caza.* ■ **2 ~ redondo.** Conjunto de fincas rústicas unidas pertenecientes a un mismo dueño. ■ **3 ~ cerrado.** Asociación que no admite como miembro sino a quien reúna determinadas condiciones muy estrictas.
II *loc v* **4 poner ~** [a un vicio o un abuso]. Impedir que continúe.

coto[2] *m* (*reg*) Cerro o montículo.

cotolengo *m* (*raro*) Casa de caridad en que se acoge a enfermos y necesitados.

cotón *m* (*raro*) Tela de algodón.

cotonada *f* (*hist*) Tela de algodón con flores tejidas en realce.

cotoneáster *m* Planta arbórea o arbustiva, de hojas enteras y coriáceas, flores pequeñas blancas o rosadas y fruto en drupa roja (gen. *Cotoneaster*).

cotonía *f* Cierto tejido de algodón, gralm. con dibujo de cordoncillo, usado actualmente para toldos y velas.

cotorra *f* **1** *Se da este n a numerosas aves prensoras americanas, de alas y cola largas y puntiagudas y plumaje de colores variados, entre los que predomina el verde, y que tienen la facultad de imitar la voz humana, esp Myiopsitta monacha.* **b)** (*desp*) *Se usa frec en constrs de sent comparativo para ponderar que alguien habla mucho y sin sustancia o que repite lo dicho por otros.* * *Charla como una cotorra.* ■ **2** (*col, desp*) Pers. habladora.

cotorrear *intr* (*col, desp*) Hablar sin parar y sin decir nada interesante, a menudo murmurando.

cotorreo *m* (*col, desp*) Acción de cotorrear. *Tb su efecto.*

cotorro *m* (*reg*) Pico o cumbre de una sierra.

cotorrón -na *adj* (*col, desp*) [Pers.] que cotorrea. *Tb n.*

cotoya *f* (*reg*) Tojo (planta).

cottage (*ing; pronunc corriente,* /kótič/) *m* Casa de campo típica de Inglaterra.

cotufa **I** *f* (*reg*) **1** Chufa (tubérculo). ■ **2** Mujer vieja y arrugada.
II *loc v* **3 pedir ~s en el golfo.** (*lit*) Pretender imposibles.

coturnicultura *f* Cría industrial de codornices.

coturno **I** *m* (*hist*) **1** Zapato de suela de corcho muy gruesa, usado por los actores de tragedias grecolatinas con el fin de realzar su estatura. ■ **2** Calzado de origen griego que cubría hasta la pantorrilla.
II *loc adj* **3 de alto ~.** (*lit*) De categoría elevada.

COU (*sigla*) *m* Curso de orientación universitaria.

couché (*fr; pronunc corriente,* /kučé/) *adj* Cuché. *Tb n m. En este caso, a veces (*humoríst*) referido a revistas, esp del corazón.*

couchette (*fr; pronunc corriente,* /kušét/) *f* (*raro*) *En un tren de viajeros:* Litera.

country (*ing; pronunc corriente,* /kántri/) **I** *m* Género de música pop, nacido en el sur de los Estados Unidos y que es una variedad de música folk. *Frec en aposición.*
II *adj* **2** De gusto rural, estilizado según el modo norteamericano.

country-rock (*ing; pronunc corriente,* /kántri-řók/) *m* Variedad de música rock con influencia del country [1].

coupage (*fr; pronunc corriente,* /kupáž/) *m* Mezcla de vinos.

coupé (*fr; pronunc corriente,* /kupé/) *m* Cupé. *Frec en aposición.*

courante (*fr; pronunc corriente,* /kuránt/) *f* (*hist*) Danza de origen francés, de compás de 3 por 4 o de 6 por 4 y de ritmo alegre, que suele formar parte de la suite clásica.

court (*ing; pronunc corriente,* /kort/) *m* (*Tenis*) Pista.

courtelle (*fr; pronunc corriente,* /kurtél/; *n comercial registrado*) *m* Fibra acrílica sintética semejante a la lana.

covacha *f* **1** Cueva pequeña. ■ **2** (*desp*) Vivienda pequeña, oscura e incómoda.

covachero -ra *adj* De Cuevas del Valle (Ávila). *Tb n, referido a pers.*

covachuela *f* **1** Covacha. ■ **2** (*desp, raro*) Establecimiento situado en los sótanos de algunos edificios. ■ **3** (*desp, raro*) Oficina pública.

covachuelismo *m* (*desp, raro*) Funcionariado público.

covachuelista (*desp, raro*) **I** *m y f* **1** Empleado de oficina pública.
II *adj* **2** De los covachuelistas [1].

covada *f* (*E*) Simulación del parto por el padre, con la cual se pretende asegurar el bienestar del niño. *Tb fig.*

covalente *adj* (*Quím*) [Enlace] que se produce entre átomos que comparten pares de electrones.

covanillo *m* Cuévano pequeño.

covano *m* (*reg*) Cuévano.

covarrón *m* (*reg*) Cueva grande.

covarrubiano -na *adj* De Covarrubias (Burgos). *Tb n, referido a pers.*

covarrubiense *adj* Covarrubiano. *Tb n.*

covatilla *f* Cueva muy pequeña.

cover (*ing; pronunc corriente,* /kóber/; *pl normal,* ~s) *m* Nueva versión grabada, con distintos intérpretes, de una canción de éxito. *Tb la grabación.*

cover-girl (*ing; pronunc corriente,* /kóber-gérl/; *pl normal,* ~s) *f* Muchacha, esp. atractiva, que aparece con frecuencia en las portadas de las revistas.

cover story (*ing; pronunc corriente,* /kóber-stóri/; *tb con la grafía* **cover-story**) *f* (*Per*) Reportaje que acompaña o se refiere a la portada de una revista.

cowboy (*ing; pronunc corriente,* /kóuboi/; *tb con la grafía* **cow-boy**; *pl normal,* ~s) *m* Vaquero del Oeste norteamericano.

cowpox (*ing; pronunc corriente,* /kóupoks/; *tb con la grafía* **cow-pox**) *m* (*Med*) Viruela de las vacas, de la cual se obtiene la vacuna antivariólica.

coxal *adj* (*Anat*) [Hueso] plano de los dos que forman la pelvis y que se articulan entre sí a los lados del cuerpo y también con el sacro y los dos fémures. *Tb n m.*

coxalgia *f* (*Med*) Afección muy dolorosa de la cadera, frec. de origen tuberculoso.

coxígeo -a *adj* (*Anat*) Del coxis.

coxis *m* (*Anat*) Hueso último de la columna vertebral, formado por cuatro vértebras rudimentarias soldadas.

coxofemoral *adj* (*Anat*) Relativo a la cadera y al muslo.

coy *m* (*Mar*) Hamaca de lona que sirve de cama a los marineros.

coya *f* (*hist*) Entre los antiguos incas: Mujer del emperador.

coyantino -na *adj* De Valencia de Don Juan (León). *Tb n, referido a pers.*

coyote[1] *m* Mamífero carnívoro parecido al lobo, pero de menor tamaño, que ataca a los animales domésticos y habita en las praderas de América septentrional (*Canis latrans*).

coyote[2] *adj* (*hist*) [Pers.] nacida en América de barcino y mulata, o de mulato y barcina. *Tb n.* **b)** ~ **mestizo.** [Pers.] nacida en América de mestizo y chamiza, o de chamizo y mestiza. *Tb n.*

coyunda *f* **1** Correa o soga con que se uncen los bueyes al yugo. **b)** *En gral:* Correa o soga para atar. ■ **2** (*lit*) Unión conyugal. ■ **3** (*lit*) Unión sexual. *Tb fig.* ■ **4** (*lit*) Unión.

coyuntar *intr* (*reg*) Asociarse [un labrador que no tiene más que una res o caballería, con otro de las mismas condiciones] para poder labrar con una yunta entera.

coyuntura *f* **1** Situación o circunstancia. **b)** Situación que reclama [la acción que se expresa (*compl* DE)]. **c)** Oportunidad, o circunstancia oportuna. ■ **2** Combinación de factores y circunstancias del momento [en un determinado sector, esp. político o económico (*compl especificador*)]. ■ **3** Unión de dos huesos por la que se puede flexionar un miembro.

coyuntural *adj* Que depende de la coyuntura [1 y 2].

coyunturalismo *m* Tendencia a atenerse excesivamente a la coyuntura [2].

coyunturalmente *adv* De manera coyuntural.

coz **I** *f* **1** Golpe que da una caballería o un toro con una pata o con las dos traseras. *Frec con vs como* DAR, PEGAR *o* TIRAR. **b)** (*col*) Puntapié brutal. ■ **2** (*col*) Dicho o hecho grosero y desconsiderado.
II *loc v* **3 dar coces contra el aguijón.** Empeñarse en resistirse contra un poder superior.

crac[1] *interj* Imita el ruido seco de algo que cruje o se quiebra. *A veces se sustantiva como n m.*

crac[2] *m* (*Econ*) Crack[1].

crack[1] (*ing; pronunc corriente,* /krak/; *pl normal,* ~s) *m* (*Econ*) Quiebra. *Esp referido a la bolsa. Esp* (*hist*), *la gran quiebra mundial de 1929.*

crack[2] (*ing; pronunc corriente,* /krak/; *pl normal,* ~s) *m* Cocaína tratada, que se presenta en píldoras y se consume en pipa.

crack[3] (*ing; pronunc corriente,* /krak/; *pl normal,* ~s) *m* **1** (*Dep*) As, o figura destacada. ■ **2** (*Híp*) Caballo favorito.

cracker (*ing; pronunc corriente,* /kráker/; *pl normal,* ~s) *m* Galleta delgada tostada, gralm. sin azúcar. *Frec* GALLETA ~.

cracking (*ing; pronunc corriente,* /krákin/; *pl normal,* ~s) *m* (*Quím*) **1** Craqueo. ■ **2** Instalación para craqueo.

cracoviano -na **I** *adj* **1** De Cracovia (Polonia). *Tb n, referido a pers.*
II *f* **2** (*hist*) Baile de origen polaco muy en boga a mediados del s. XIX.

crampón *m* (*Dep*) Suela con pinchos metálicos que se ajusta a la bota para afianzarse al caminar sobre hielo o al escalar.

cran *m* (*Impr*) Muesca que el tipo tiene para que el cajista pueda conocer si lo coloca en la posición correcta.

craneal *adj* (*Anat*) Del cráneo.

craneano -na *adj* (*Anat*) Craneal.

cráneo I *m* **1** Conjunto de los huesos que forman la parte superior y posterior de la cabeza y en cuyo interior se encuentra el encéfalo.
II *loc v* **2 ir**, o **andar**, **de ~**. (*col*) Marchar mal, o tener dificultades. *A veces se sobrentiende el v.*

craneocerebral *adj* (*Med*) Del cráneo y el cerebro.

craneoencefálico -ca *adj* (*Med*) Del cráneo y el encéfalo.

craneoestenosis *f* (*Med*) Contracción de las hendiduras y agujeros craneales por hipertrofia de los huesos del cráneo.

craneofacial *adj* (*Med*) Del cráneo y la cara.

craneópago -ga *adj* (*Med*) [Gemelos] que nacen unidos por el cráneo. *Tb n.*

craneotomía *f* (*Med*) Perforación o trepanación del cráneo.

craniectomía *f* (*Med*) Escisión de una parte del cráneo.

crápula (*lit*) A *f* **1** Libertinaje o comportamiento licencioso.
B *m* **2** Hombre de vida licenciosa. *Tb adj.*

crapuloso -sa *adj* (*lit*) De (la) crápula [1]. **b)** [Pers.] dada a la crápula. *Tb n.*

craquelado *m* (*E*) Acción de craquelar(se). *Tb su efecto.*

craquelar *tr* (*E*) Producir una fina red de fisuras en la superficie [de algo (*cd*)]. *Esp como procedimiento decorativo referido a porcelana.* **b)** *pr* (*~se*) Cuartearse o sufrir fisuras la superficie [de algo (*suj*)].

craqueo *m* (*Quím*) Procedimiento de refinación que permite aumentar la proporción de gasolina y otras fracciones ligeras extraídas del petróleo bruto.

crascitar *intr* (*raro*) Graznar [el cuervo]. *Tb fig.*

crash (*ing; pronunc corriente,* /kraʃ/; *pl normal, invar*) *m* (*Econ*) Crack[1].

crash test (*ing; pronunc corriente,* /kráʃ-tést/; *pl normal, ~s o invar*) *m* Prueba de resistencia y seguridad a que se somete un automóvil, haciéndolo chocar a distintas velocidades y en distintas situaciones.

crasitud *f* (*lit o E*) Cualidad de craso.

craso -sa *adj* **1** (*lit*) Gordo o grueso. ■ **2** (*lit*) [Error, o algo que lo implica] burdo o grosero. **b)** [Ignorancia] de la que no se desea salir. ■ **3** (*Bot*) [Planta] propia de lugares secos, de tallo u hojas muy desarrollados por el almacenamiento de agua en ellos. ■ **4** (*lit o E*) Graso o untuoso.

crasulácea *adj* (*Bot*) [Planta] herbácea de hojas carnosas, flores en cima y frutos en cápsula, propia de climas secos. *Tb n f en pl, designando este taxón botánico.*

cráter *m* **1** Depresión situada en la parte superior de un volcán, por la que salen humos, cenizas, lavas y otras materias volcánicas. ■ **2** Cavidad redondeada cuya forma recuerda la del cráter [1].

crátera *f* (*hist*) *Entre los griegos y romanos:* Vasija grande y ancha para mezclar el vino con agua antes de servirlo en las copas.

crateriforme *adj* (*E*) De aspecto de cráter [1].

cratón *m* (*Geol*) Masa de la corteza terrestre con tal rigidez que no puede plegarse.

crawl (*ing; pronunc corriente,* /krol/) *m* (*Dep*) Crol.

crawling peg (*ing; pronunc corriente,* /króling-pég/) *m* (*Econ*) Sistema de control de cambios que consiste en devaluaciones frecuentes y de poca entidad.

crayola *f* (*hoy raro*) Tiza de color.

crayón *m* Carboncillo de dibujo.

creación (*gralm con mayúscula en acep 2b*) *f* **1** Acción de crear. ■ **2** Cosa creada [1, 2 y 3]. **b) la ~**. El mundo, creado por Dios.

creacional *adj* De (la) creación (acción de crear [2 y esp. 3]).

creacionismo *m* **1** (*Filos*) Doctrina que asigna a la creación divina el origen de todas las cosas. **b)** Doctrina según la cual el alma humana individual es creada directamente por Dios. ■ **2** (*TLit*) Movimiento poético de vanguardia surgido a principios del s. XX, según el cual la poesía ha de ser creación absoluta y no imitación o reflejo de la naturaleza.

creacionista *adj* (*Filos y TLit*) Del creacionismo. **b)** Adepto al creacionismo. *Tb n, referido a pers.*

creador -ra *adj* **1** Que crea [1, 2 y 3]. *Tb n, referido a pers. Frec con mayúscula, referido a Dios.* ■ **2** De (la) creación [1] o que la implica.

creadoramente *adv* De manera creadora.

cream (*ing; pronunc corriente,* /krim/; *pl normal, invar*) *m* Cierto tipo de jerez dulce.

crear *tr* **1** Hacer que empiece a existir [algo (*cd*)] que no existía ni en la realidad ni en potencia]. *Tb abs.* ■ **2** Hacer que empiece a existir [algo (*cd*)] que no existía en la realidad pero sí en potencia]. **b)** *pr* (*~se*) Pasar a existir [algo que no existía en la realidad pero sí en potencia]. ■ **3** Inventar o imaginar [algo que no existe o no se corresponde con la realidad]. **b)** Hacer [una obra de arte]. *Tb abs.* ■ **4** Elegir o designar [a alguien (*cd*)] papa o cardenal (*predicat*)]. *A veces referido a títulos de nobleza.* **b)** Designar o nombrar [un cardenal].

creatina *f* (*Quím*) Compuesto nitrogenado del organismo, presente en el tejido muscular, en la sangre y en la orina.

creatinina *f* (*Quím*) Compuesto orgánico derivado de la creatina, que se encuentra en la sangre y se elimina por la orina.

creatividad *f* Capacidad de crear [3].

creativo -va *adj* **1** De crear [3]. **b)** Que estimula la capacidad de crear. ■ **2** [Pers.] capaz de crear [3]. **b)** Propio de la pers. creativa. ■ **3** (*E*) [Pers.] encargada de crear [3] una campaña publicitaria. *Frec n.*

creatura *f* (*lit, raro*) Criatura o creación [2a].

crecedero -ra *adj* **1** [Prenda de vestir] que puede seguir sirviendo al usuario aunque este crezca [2a]. ■ **2** (*raro*) Que crece o puede crecer [1a].

crecepelo *m* Producto o remedio destinado a hacer crecer pelo en zonas de la cabeza que han quedado o están quedando calvas.

crecer (*conjug 11*) A *intr* ➤ **a** *normal* **1** Hacerse más grande, o aumentar de tamaño. **b)** Hincharse o aumentar de volumen [una cosa, esp. una masa o la madera]. ■ **2** Hacerse más alto. **b)** Aumentar de nivel [una corriente o una masa de agua, o el oleaje del mar]. ■ **3** Hacerse más largo [el pelo o las uñas]. ■ **4** Aumentar [algo] en cantidad, intensidad o importancia. ■ **5** Nacer y desarrollarse [algo o un lugar]. ■ **6** Llegar [alguien] a su desarrollo completo o su madurez.

➤ **b** *pr* (~**se**) **7** Tomar más ánimo o atrevimiento.

B *tr* **8** *En labores de punto o similares:* Aumentar [los puntos]. *Tb abs.* ■ **9** (*raro*) Hacer que [algo (*cd*)] crezca [1 a 6].

creces. con ~. *loc adv* Con exceso o rebasando la medida. *Tb fig.*

crecida *f* **1** Hecho de crecer [2b] un río. ■ **2** (*raro*) Acción de crecer [4].

crecidamente *adv* (*raro*) De manera grande o importante.

crecido[1] **-da** *adj* **1** *part* → CRECER. ■ **2** [Ser vivo] desarrollado, o que ha rebasado la fase principal de su desarrollo. *A veces en forma dim, con intención irónica. Tb fig.* ■ **3** [Cantidad o retribución] alta o grande.

crecido[2] *m* Acción de crecer [2, 6 y 8]. *Tb su efecto.*

creciente I *adj* **1** Que crece [4]. ■ **2** *En la Luna:* [Cuarto] durante el cual va aumentando la zona iluminada visible desde la Tierra. *Tb n m.* ■ **3** (*Fon*) [Diptongo o hiato] constituido por una vocal cerrada seguida de una abierta. **b)** Propio del diptongo o del hiato creciente.

II *m* **4** Subida del agua [del mar] por efecto de la marea. ■ **5** (*lit*) Luna en cuarto creciente [2]. **b)** (*Heráld*) Figura que representa una luna en cuarto creciente, con las puntas hacia arriba.

crecientemente *adv* De manera creciente.

crecimiento *m* Hecho de crecer [1 a 6].

credencia *f* **1** (*Rel catól*) Mesa pequeña o repisa inmediata al altar en la que se colocan las vinajeras y otros utensilios de la misa. ■ **2** (*raro*) Aparador.

credencial I *adj* **1** [Cosa] que acredita o da fe. **b)** [Cartas] ~**es** → CARTA.

II *f* **2** Documento en que consta el nombramiento de una pers. para un empleo o el permiso para una actuación. *Tb fig.* **b)** *En pl:* Cartas credenciales (→ CARTA).

credenza (*it; pronunc corriente,* /kredéntsa/) *f* (*raro*) Credencia [2].

credibilidad *f* Cualidad de creíble.

crediticio -cia *adj* Del crédito [4 y 5].

crédito I *m* **1** Hecho de considerar como cierta una cosa o veraz a una persona. **b)** Confianza en las posibilidades de algo o de alguien. ■ **2** Reputación o fama. ■ **3** Reputación de solvente. ■ **4** Posibilidad de obtener dinero prestado, o de adquirir algo sin pagarlo al contado. **b)** Préstamo con garantía. ■ **5** Cantidad que uno puede cobrar como acreedor. ■ **6** (*Enseñ*) *En determinados estudios, normalmente superiores:* Unidad de valoración de una asignatura o de un curso, para obtener una titulación dada. ■ **7** *En pl:* Relación detallada de los responsables y colaboradores de una película. *Gralm en la constr* TÍTULOS DE ~. **b)** Relación detallada de los responsables de un libro. *Gralm en la constr* PÁGINA DE ~S.

II *loc adj* **8** [Tarjeta] **de** ~ → TARJETA.

III *loc v* **9 dar** (*o* **prestar**) ~ [a una pers. o cosa]. Creer[la] [1].

IV *loc adv* **10 a** ~. Con pago aplazado. *Referido a la acción de comprar o de vender.*

credo (*gralm con mayúscula en acep 1*) **I** *m* **1** (*Rel catól*) Oración en que se proclaman los principales dogmas de la religión católica. **b)** *En la misa:* Rezo o cántico del credo. *Tb la música con que se canta y la parte correspondiente de la misa.* ■ **2** Conjunto de principios sobre los que se basa la creencia o la conducta [de alguien, esp. de una colectividad].

II *loc adv* **3 en un** ~. En breve espacio de tiempo.

credulidad *f* Cualidad de crédulo.

crédulo -la *adj* [Pers.] que cree [1a] ingenuamente cualquier cosa. *A veces con intención desp.* **b)** Propio de la pers. crédula.

cree (*ing; pronunc corriente,* /kri/) *adj* De un pueblo indio habitante de las provincias canadienses de Ontario, Saskatchewan y Manitoba. *Tb n: m y f, referido a pers; m, referido a lengua.*

creedor -ra *adj* (*raro*) Que cree [en algo].

creek (*ing; pronunc corriente,* /krik/; *pl normal,* ~**s** *o invar*) *adj* De una confederación de pueblos indios norteamericanos, antiguos habitantes de los Estados de Georgia y Alabama y actualmente de Oklahoma. *Tb n, referido a pers.*

creencia *f* **1** Acción de creer [1, 2, 3, 6 y 7]. ■ **2** Cosa que se cree [1a] o en que se cree [6a]. **b)** Fe religiosa. **c)** *En pl:* Conjunto de cosas en las que se cree [6a], esp. en materia religiosa.

creer (*conjug 17*) **A** *tr* ➤ **a** *normal* **1** Tomar [alguien] como cierta [una cosa (*cd*) que se le comunica y de la que no tiene conocimiento directo]. *Tb abs.* **b)** Tomar como cierto lo comunicado [por una pers. (*cd*)]. ■ **2** Opinar [una cosa (*cd*)]. **b)** Tener la impresión [de un hecho (*cd*)]. *Tb, pop, como pr* (~**se**). **c) ya lo creo**. *Fórmula de asentimiento o confirmación enfáticos.* * Tenía razón. ¡Ya lo creo que tenía razón! **d) ¿tú crees?** *Fórmula con que se pide confirmación de algo que se acaba de oír. A veces expresa simple incredulidad.* * −Pronto te ascenderán. −¿Tú crees? **e) no** (**te**) **creas**, *o* **no** (**te**) **vayas a** ~. (*col*) *Fórmulas con que se trata de matizar una afirmación o de quitar importancia a lo expresado en ella.* * Siempre, oiga, no crea que viva ni dos. ■ **3** Tener la íntima convicción de que [alguien o algo (*cd*)] es [de una determinada manera (*predicat*)], o de que está [en un determinado lugar o circunstancia (*predicat o compl adv*)].

➤ **b** *pr* (~**se**) **4** Tomar [alguien] ingenuamente como cierta [una cosa que se le dice]. **b) no poderse** ~ [alguien algo]. Resultar[le] inadmisible a la razón o totalmente asombroso. *Con intención ponderativa. Gralm en la constr* NO ME LO PUEDO ~. **c) eso no te lo crees ni tú.** (*col*) *Fórmula con que se niega enfáticamente lo que alguien acaba de decir.* **d) que te crees tú eso,** *o* **que te lo has creído.** (*col*) *Fórmulas que se emplean para negar enfáticamente lo que alguien acaba de decir, o para comentar lo equivocada que está la pers que lo ha dicho.* * −Ese ya no vuelve. −¡Que te lo has creído! **e) ¿qué te crees?, ¿qué te has creído?, ¿qué se habrá creído?,** *etc.* (*col*) *Fórmulas con que se protesta de la actitud injusta o abusiva (real o imaginada) de la pers mencionada en ella.* * ¿Qué te has creído, que esto es Jauja? ■ **5 tenerse** [alguien] (**muy**) **creída** [una cualidad o una circunstancia positiva] (*o, más raro,* **haberse creído** [esa cualidad o circunstancia]). Mostrarse convencido de poseer[la] en muy alto grado. *Normalmente el cd es el pron* LO, *aludiendo a la inteligencia o a la belleza.*

B *intr* **6** Creer que [alguien o algo (*compl* EN)] tiene verdadera existencia. **b)** *Sin compl:* Tener creencias religiosas. ■ **7** Estar convencido de la bondad o validez [de alguien o algo (*compl* EN)]. *A veces no se* *expresa el compl, por consabido.* **b)** Estar convencido de la veracidad [de alguien o algo (*compl* EN)].

creíble *adj* Que puede ser creído [1], o en que se puede creer [6a y 7].

creído -da *adj* **1** *part* → CREER. ■ **2** [Pers.] engreída o vanidosa. *Tb n.* ■ **3** Confiado o convencido [de algo no seguro o no cierto (*compl* DE)].

crema[1] **I** *f* **1** Materia grasa de la leche. ■ **2** Guiso a modo de puré muy fino, hecho de distintos alimentos. *Gralm con un compl especificador.* ■ **3** Pasta hecha de leche, harina, huevos y azúcar que sirve de relleno en los pasteles. *Tb* ~ PASTELERA. **b)** *En gral:* Pasta dulce semejante a la crema pastelera, a la que se añaden otros ingredientes. **c)** ~ **catalana.** Plato dulce semejante a las natillas, con azúcar tostado por encima. ■ **4** Cosmético o medicamento de consistencia pastosa. ■ **5** Pasta hecha gralm. de cera, que sirve para la limpieza de pieles curtidas. ■ **6** Licor dulce de consistencia de jarabe. ■ **7** Conjunto de las perss. más distinguidas [de un lugar o un ambiente]. *Tb sin compl.*
II *adj* (*a veces invar en pl*) **8** [Color] blanco amarillento propio de la crema [1]. *Tb n m.* **b)** De color crema.

crema[2] *f* (*Ortogr*) Diéresis (signo ortográfico).

cremá *f* Acto de quemar una falla[2].

cremación *f* Incineración [de un cadáver].

cremallera *f* **1** Cierre que se aplica a una abertura longitudinal y que consiste en dos tiras flexibles guarnecidas de dientes que se traban o destraban según el sentido en que se haga deslizar una abrazadera que sujeta ambas tiras. ■ **2** (*Mec*) Barra metálica con dientes en uno de sus cantos, destinados a engranar con un piñón y convertir un movimiento circular en rectilíneo o viceversa. **b)** *En un ferrocarril:* Riel dentado que se dispone entre los dos de una vía ordinaria y en el cual engrana un piñón de la locomotora. *Frec en la constr* TREN (DE) ~.

cremallo *m* (*reg*) Cadena de la que cuelga el caldero en el hogar.

cremar *tr* (*raro*) Incinerar [un cadáver].

crematístico -ca *adj* De(l) dinero.

crematorio -ria *adj* Que sirve para efectuar la cremación. *Tb n m, referido a horno.*

crème (*fr; pronunc corriente,* /krem/) *f* Crema[1] [7]. *Frec* LA ~ DE LA ~.

cremería *f* (*raro*) Productos lácteos, o conjunto de productos lácteos.

cremonense *adj* Cremonés. *Tb n.*

cremonés -sa *adj* De Cremona (Italia). *Tb n, referido a pers.*

crémor *m* (*Quím*) Tartrato de potasa, usado en medicina y en industria, que se encuentra en la uva y en otros frutos. *Tb* ~ TÁRTARO.

cremosidad *f* Cualidad de cremoso. *Tb fig.*

cremoso -sa *adj* **1** De crema[1] [1]. **b)** De aspecto, carácter o consistencia de crema. ■ **2** [Color] que tira a crema[1] [8]. **b)** De color cremoso.

crencha *f* Parte de las dos en que queda dividido el cabello por la raya.

crenoterapia *f* (*Med*) Tratamiento por aguas minerales.

crenoterápico -ca *adj* (*Med*) De (la) crenoterapia.

creolina *f* (*Med*) Preparado líquido, negruzco y espeso de creosota de hulla, usado como antiséptico, desodorizante y parasiticida.

creosota *f* (*Quím*) Líquido oleoso, incoloro y transparente, obtenido por destilación de alquitranes de hulla y de madera de haya, usado esp. en dermatología y para preservar la madera.

creosotar *tr* (*E*) Impregnar [madera] con creosota para evitar que se pudra.

crep (*pl normal,* ~S) *m* Tejido fino, gralm. de lana, seda o algodón, de superficie rizada u ondulada.

crepe (*ing; pronunc corriente,* /krep/) *m* Crepé[1] (goma).

crêpe[1] (*fr; pronunc corriente,* /krep/) *f* (*a veces m*) Tortita muy fina enrollada con relleno.

crêpe[2] (*fr; pronunc corriente,* /krep/) *m* Crep (tejido).

crepé[1] *m* **1** Crep (tejido). ■ **2** Goma en láminas rugosas de color blanquecino, que se usa para hacer suelas de calzado.

crepé[2] *f* (*a veces m*) Crêpe[1] (tortita).

crepería *f* Establecimiento donde se preparan y sirven crêpes[1].

crêperie (*fr; pronunc corriente,* /kreperí/) *f* Crepería.

crepitación *f* Hecho de crepitar. *Tb su efecto.*

crepitáculo *m* (*Mús*) Instrumento de percusión que se hace sonar en las manos.

crepitante *adj* Que crepita.

crepitar *intr* Producir [el fuego, o algo que se quema] ruido semejante al de chasquidos. *Tb fig, dicho de otras cosas.*

crepuscular *adj* **1** De(l) crepúsculo [1]. **b)** (*Zool*) [Animal] que busca su alimento pralm. durante el crepúsculo. **c)** Propio del animal crepuscular. ■ **2** (*lit*) Decadente. **b)** Decadentista. ■ **3** (*Med*) [Estado] intermedio entre la consciencia y la inconsciencia, en que el individuo ejecuta actos que luego no recuerda.

crepúsculo *m* **1** Claridad que precede a la salida del Sol o que queda después de su puesta. *A veces con los adjs* MATUTINO *o* VESPERTINO. **b)** *Esp:* Claridad que queda después de la puesta del Sol. ■ **2** (*lit*) Decadencia o declinación.

cresatén *m* Tejido que presenta una cara satinada y brillante y la otra con las características del crespón.

crescendo (*it; pronunc corriente,* /kreʃéndo/ *o* /kresčéndo/) *m* (*Mús*) Incremento gradual de la intensidad sonora. *Tb fig, referido a sonidos no musicales.* **b)** (*lit*) Incremento gradual.

creso (*a veces con mayúscula*) *m* (*lit*) Hombre que posee grandes riquezas.

cresol *m* (*Quím*) Fenol obtenido de la brea de hulla y usado como desinfectante.

crespina *f* (*hist*) Redecilla usada por las mujeres para recoger el pelo.

crespo -pa *adj* **1** [Pelo] rizado o ensortijado. **b)** De pelo crespo. ■ **2** Retorcido. *Referido a planta u hoja.* ■ **3** Alborotado. *Referido a mar u olas.*

crespón *m* **1** Tejido de hilo muy torcido con superficie de aspecto ondulado. ■ **2** Paño de crespón [1] negro, usado en señal de luto. *A veces seguido del adj* NEGRO.

cresta I *f* **1** Carnosidad roja que tienen algunas especies de aves sobre la cabeza. **b)** *En algunas aves:* Moño de plumas. **c)** (*col*) Parte que sobresale en lo alto de la cabellera. ■ **2** Parte más alta [de una ola]. **b)** (*Fís*) *En el movimiento ondulatorio:* Parte más alta de una onda. ■ **3** Cima peñascosa [de una montaña]. **b)** (*Geol*) Relieve submarino de gran longitud, que divide el fondo del océano. ■ **4** (*Anat*) Parte saliente, esp. estrecha y alargada. ■ **5** (*hist*) En la armadura: Crestón [2]. ■ **6 ~ de gallo.** Se da este *n a varias plantas, esp Onobrychis caput-galli y Rinanthus minor.* ■ **7 ~ de gallo.** (*Med*) Papiloma de origen venéreo en el surco del bálano y el prepucio.
   II *loc v* **8 dar en la ~** [a alguien]. (*col*) Humillar[le] o desengañar[le] cuando está seguro o satisfecho de sí mismo. ■ **9 picar la ~** [a alguien]. (*raro*) Provocar[le].
   III *loc adv* **10 en la ~ de la ola.** En un momento de popularidad.

crestado -da *adj* Que tiene cresta, *esp* [1a y b]. *Usado frec como especificador.* **b)** [Mérgulo] ~ → MÉRGULO.

crestería *f* **1** Conjunto de crestas [3a]. ■ **2** (*Arquit*) Adorno de calados usado en algunos estilos como coronamiento de los edificios.

crestomatía *f* Colección de textos seleccionados para la enseñanza.

crestón *m* **1** Parte superior y sobresaliente de una masa de rocas. ■ **2** (*hist*) *En la armadura:* Reborde superior del casco, en que se colocan las plumas.

crestudo -da *adj* (*raro*) Orgulloso y arrogante.

creta *f* Roca de grano fino, permeable y blanca, constituida por carbonato cálcico.

cretáceo -a *adj* (*Geol*) Cretácico. *Tb n m.*

cretácico -ca *adj* (*Geol*) [Período] último de la Era Secundaria, caracterizado por la formación de creta. *Tb n m.* **b)** Del período cretácico. *Tb n m, referido a terreno.*

cretense I *adj* **1** De la isla de Creta. *Tb n m, referido a pers. Esp referido a la época antigua.*
   II *m* **2** Dialecto del griego antiguo hablado en Creta.

cretinada *f* Hecho o dicho propio de cretino [2].

cretinez *f* **1** Cualidad de cretino [2]. ■ **2** Hecho o dicho propio de cretino [2].

cretínico -ca *adj* (*Med*) **1** De(l) cretinismo. ■ **2** De(l) cretino [1].

cretinismo *m* **1** (*Med*) Enfermedad congénita debida a disfunción o ausencia del tiroides, y caracterizada por la detención del desarrollo físico y mental y por deformidades múltiples. ■ **2** Cualidad de cretino [2].

cretino -na *adj* **1** [Pers.] que padece cretinismo [1]. *Tb n.* ■ **2** [Pers.] estúpida o imbécil. *Frec n.* **b)** Propio de la pers. cretina.

cretinoide *adj* Que tira a cretino, *esp* [2].

cretona *f* Tela de algodón, gralm. estampada, que se usa esp. en decoración.

crevillentino -na *adj* De Crevillente (Alicante). *Tb n, referido a pers.*

creyente *adj* **1** Que cree en la existencia de Dios. **b)** (*raro*) Que cree [en alguien o algo]. ■ **2** [Pers.]

que profesa la religión considerada verdadera. *Se opone a* INFIEL. *Dicho esp desde el punto de vista de los católicos o de los musulmanes. Tb n.*

cri *adj* Cree. *Tb n.*

cría[1] I *f* **1** Acción de criar [3a y 5]. ■ **2** Animal en edad de criarse [6]. **b)** (*lit, raro*) Hijo o niño. ■ **3** Conjunto de animales que cría [5] una hembra.
   II *loc adj* **4** [Ama] **de ~** → AMA[1].

cría[2] → CRÍO.

criada → CRIADO.

criadera *f* (*reg*) Bota o cuba dedicada a la crianza de vino.

criadero *m* **1** Lugar en que se cría [7] espontáneamente [algo (*compl de posesión*)]. **b)** (*Min*) Lugar en que se encuentra [un mineral o roca (*compl de posesión*)]. ■ **2** Lugar destinado a la cría [1] [de animales]. *Tb ~ ARTIFICIAL.*

criadilla *f* **1** *En los animales de matadero:* Testículo. **b)** (*col*) *En gral:* Testículo. ■ **2** Hongo comestible, de forma redondeada, negruzco por fuera y blanquecino o pardo por dentro (*Tuber cibarium*). *Tb ~ DE TIERRA.* ■ **3** (*reg*) Tubérculo semejante a la patata.

criado -da I *m y f* **1** Pers. que a cambio de un salario realiza para otra un trabajo de tipo corporal, esp. doméstico.
   II *loc v* **2 salir la criada respondona.** (*col*) Salir mal el asunto en cuestión.

criador -ra *adj* Que cría [3a, 4 y 5]. *Tb n, referido a pers, esp la que cría por oficio animales o vino.*

críalo *m* Ave de la misma familia del cuco, de casi 40 cm, con un penacho muy visible en la cabeza, con las partes superiores de color pardo moteado de blanco y las inferiores blancas (*Clamator glandarius*).

crianza *f* **1** Acción de criar [1 a 4, esp. 3a]. **b)** (*E*) Envejecimiento del vino durante un período que oscila entre el año y medio y los tres años. *Frec en la loc* DE ~. ■ **2 buena** (o **mala**) **~.** (*lit*) Buena (o mala) educación.

criar I *v* (*conjug* 1c) A *tr* **1** Alimentar con leche, esp. materna, [al niño o a otro mamífero] durante la fase de su vida inmediata al nacimiento. *Tb abs, dicho de madre o nodriza.* ■ **2** Alimentar [a un niño o a un animal] y atender a su desarrollo. ■ **3** Procurar el nacimiento y desarrollo [de animales, plantas o frutos], gralm. con fines económicos. **b)** Producir o dar lugar al nacimiento o desarrollo [de algo (*cd*)]. **c)** ~ **malvas, mandar a ~ malvas** → MALVA. ■ **4** Someter [el vino] a las operaciones y cuidados necesarios después de la fermentación durante un período determinado.
   B *intr* ➤ **a** *normal* **5** Parir o tener hijos [una hembra].
   ➤ **b** *pr* (~**se**) **6** Crecer o desarrollarse [una pers. o un animal], esp. en la época en que son criados [1]. *Gralm con un predicat o un adv.* ■ **7** Producirse o vivir espontáneamente [animales o vegetales]. **b)** Producirse [algo].
   II *loc adj* **8 que te crió.** (*col*) Que se presenta inmediatamente como resultado natural o lógico. *Formando con el n precedente una frase nominal.* * Pleito que te crió.

criatura *f* **1** Niño pequeño. *Tb, col, designando pers joven. A veces en forma exclam, con intención afectiva o conmiserativa.* * Criatura, ¿dónde vas con este calor? ■ **2** (*Filos o lit*) Ser^2 creado, esp. humano. **b)** (*lit, raro*) Creación, o cosa creada.

criazón *f* (*raro*) Crianza [1].

criba *f* **1** Utensilio que consiste fundamentalmente en una malla o en una plancha agujereada y que sirve para separar granos o partículas de diferentes tamaños. *Tb fig.* **b)** *Se usa en constrs de sent comparativo, referido a cosas muy agujereadas.* ■ **2** (*Bot*) Tabique membranoso de los situados en el interior de los vasos liberianos y que tienen pequeños orificios por los que pasa la savia descendente. ■ **3** Acción de cribar [2].

cribado *m* **1** Acción de cribar [1]. ■ **2** (*Agric*) Enfermedad de los frutales de hueso producida por el hongo *Clasterosporium carpophilum* y que se manifiesta por perforaciones en las hojas.

cribador -ra *adj* Que criba [1]. *Tb n: m y f, referido a pers; f, referido a máquina.*

cribaje *m* Acción de cribar [1].

cribar *tr* **1** Limpiar [el grano u otra sustancia], por medio de la criba [1], de las impurezas que están en forma de partículas. *Tb abs.* ■ **2** Someter a selección [un conjunto de perss. o cosas].

cribero -ra *m y f* Pers. que hace o vende cribas [1].

cribo *m* (*reg*) Criba [1].

cribón *m* Criba [1] grande de base metálica para limpiar el grano de las impurezas más gruesas.

criboso -sa *adj* **1** (*Anat*) Perforado por numerosos orificios. ■ **2** (*Bot*) Que tiene cribas [2].

cric *m* (*Mec*) Gato^2 (aparato para levantar pesos a poca altura).

crica *f* (*raro*) Hendidura.

cricoaritenoideo -a *adj* (*Anat*) Del cartílago cricoides y el aritenoides.

cricofaríngeo -a *adj* (*Anat*) Del cartílago cricoides y la faringe.

cricoides *adj* (*Anat*) [Cartílago] anular inferior de la laringe. *Tb n m.*

cricotiroideo -a *adj* (*Anat*) Del cartílago cricoides y el tiroides.

cricket (*ing; pronunc corriente,* /kríket/) *m* Críquet.

cri-cri (*tb con la grafía* **cricrí**) *interj* Imita el canto del grillo. *Tb sustantivada como n m.*

crilor *m* Crylor (fibra textil).

crimen **I** *m* **1** Asesinato. ■ **2** Delito, esp. grave. *Tb fig, con intención ponderativa.* **II** *loc adj* **3** [Alcalde] **del ~** → ALCALDE.

criminal *adj* **1** [Pers.] que ha cometido un crimen, esp [1]. *Frec n.* ■ **2** De(l) crimen. *Esp en derecho, referido al crimen* [2]. ■ **3** Que implica o supone crimen. ■ **4** (*col*) Sumamente reprobable.

criminalidad *f* **1** Cualidad de criminal. ■ **2** Hecho de existir crímenes. **b)** Número proporcional de crímenes cometidos en un territorio y tiempo determinados.

criminalista *adj* [Abogado] especialista en asuntos relacionados con el derecho penal. *Frec n.*

criminalización *f* Acción de criminalizar.

criminalizador -ra *adj* Que criminaliza.

criminalizar *tr* Dar o atribuir carácter criminal [1 y 2] [a alguien o algo (*cd*)].

criminalmente *adv* **1** De manera criminal [3 y 4]. *Tb fig.* ■ **2** En el aspecto criminal [2]. ■ **3** (*Der*) Por la vía criminal [2].

criminaloide *adj* Que tiene características parecidas a las del criminal [1]. *Tb n.*

criminar *tr* (*raro*) Acusar [a alguien] de un delito.

criminógeno -na *adj* [Cosa] que favorece la comisión del crimen.

criminología *f* Ciencia o estudio teórico del delito.

criminológico -ca *adj* De la criminología o del crimen.

criminólogo -ga *m y f* **1** Especialista en criminología. ■ **2** Especialista en investigación criminal.

criminoso -sa **I** *adj* **1** Delictivo. **II** *m y f* **2** Delincuente.

crin *f* **1** Conjunto de pelos fuertes que las caballerías y algunos otros animales tienen en la parte superior del cuello. *Tb en pl. Tb* (*humoríst*) *referido a pers.* ■ **2** Fibra extraída de plantas u obtenida industrialmente que reemplaza a la crin [1] en algunas aplicaciones. *Gralm con los adjs* VEGETAL *o* ARTIFICIAL.

crinoideo *adj* (*Zool*) [Equinodermo] que tiene brazos ramificados laterales en los que se desarrollan internamente las gónadas y que vive adherido al fondo marino. *Tb como n m en pl, designando este taxón zoológico.*

crinolina *f* **1** (*Tex*) Tejido de algodón y crin, usado esp. para reforzar solapas. ■ **2** (*hist*) Miriñaque (armadura para ahuecar la falda).

crío -a *m y f* (*col*) **1** Niño (pers. que está en la niñez), esp. pequeño. **b)** Hijo de corta edad. ■ **2** Pers. joven o que tiene pocos años. *Tb adj. A veces con intención desp.* ■ **3** (*col*) Pers. adulta cuyo comportamiento es el propio de un niño, esp. por su ingenuidad o falta de madurez. *Tb adj.*

criobiología *f* (*Biol*) Parte de la biología que estudia el efecto de las bajas temperaturas en los organismos y su uso para la conservación de células vivas.

criobiológico -ca *adj* (*Biol*) De (la) criobiología.

criocirugía *f* (*Med*) Cirugía que practica la destrucción local de tejidos por congelación rápida.

criocoagulación *f* (*Med*) Coagulación mediante el frío.

criófilo -la *adj* (*Bot*) [Planta] que prefiere las bajas temperaturas.

criogenia *f* (*Fís*) Rama que versa sobre la producción de temperaturas muy bajas y sobre los fenómenos que se producen a esas temperaturas. *Tb la práctica correspondiente.*

criogénico -ca *adj* (*Fís*) De (la) criogenia.

criogenina *f* (*Med*) Antitérmico empleado en la tuberculosis.

criogenización *f* (*Med*) Acción de congelar a un ser vivo y mantenerlo a bajísimas temperaturas para una futura reanimación.

crioglobulina *f* (*Quím*) Globulina que precipita o cristaliza a bajas temperaturas.

criolita *f* (*Mineral*) Mineral blanco o incoloro constituido por fluoruro doble de aluminio y sodio, que se utiliza para la obtención de aluminio.

criollaje *m* Conjunto de los criollos.

criollismo *m* **1** Condición de criollo. ■ **2** (*hist*) Conjunto de los criollos [2a].

criollo -lla *adj* **1** [Pers.] nacida en un país hispanoamericano, sea descendiente de extranjeros o de nativos. *Tb n.* **b)** Autóctono o propio de un país hispanoamericano. ■ **2** (*hist*) *En la época colonial:* [Pers.] nacida de padres españoles o de origen español, en una colonia española de América. **b)** Propio de los criollos. ■ **3** [Pers.] negra de Guinea Ecuatorial descendiente de antepasados nacidos en América. *Tb n.* ■ **4** [Lengua] americana de las formadas en antiguas colonias europeas sobre base española, portuguesa, francesa, inglesa u holandesa, con mezcla de elementos africanos o indígenas. *Tb n m. A veces referido a otra lengua similar de otras colonias europeas.*

criología *f* (*Fís*) Criogenia.

criónico -ca **I** *adj* **1** De (la) criónica [2].
    II *f* **2** Práctica de la congelación de los cadáveres humanos con la esperanza de una futura restitución de la vida.

criopreservación *f* (*Med*) Acción de criopreservar.

criopreservar *tr* (*Med*) Preservar [células o tejidos] mediante bajas temperaturas.

crioprotector -ra *adj* (*Med*) Que protege mediante el frío. *Tb n m, referido a producto.*

crioquímico -ca *adj* (*Quím*) [Efecto] químico que se produce a temperaturas muy bajas.

crioscopia *f* (*Fís y Quím*) Determinación de la temperatura de congelación de las disoluciones, usada esp. para conocer los pesos moleculares.

crioscópico -ca *adj* (*Fís y Quím*) De (la) crioscopia o de su objeto.

criosonda *f* (*Med*) Sonda usada en criocirugía.

criostato *m* (*Fís*) Aparato destinado a mantener una temperatura baja constante.

criotecnología *f* (*Fís*) Tecnología de las bajas temperaturas.

crioterapia *f* (*Med*) Método curativo basado en la aplicación de temperaturas muy bajas.

cripta *f* **1** Capilla o panteón subterráneos. ■ **2** Pieza subterránea en un café u otro local público. ■ **3** (*Anat y Bot*) Oquedad más o menos profunda en el parénquima.

criptanense *adj* De Campo de Criptana (Ciudad Real). *Tb n, referido a pers.*

criptano -na *adj* De Campo de Criptana (Ciudad Real). *Tb n, referido a pers.*

criptestesia *f* (*Parapsicol*) Percepción extrasensorial.

crípticamente *adv* (*lit*) De manera críptica (→ CRÍPTICO[1] [1 y 2]).

cripticismo *m* Cualidad de críptico[1] [1 y 2].

críptico[1] -ca *adj* **1** (*lit*) Oscuro, o difícil de comprender. ■ **2** (*lit*) Secreto. ■ **3** (*Zool*) [Plumaje, pelaje o coloración] difícil de distinguir del medio en que se encuentra. **b)** De plumaje, pelaje o coloración crípticos.

críptico[2] -ca *adj* De (la) cripta [1].

criptocomunista *adj* (*Pol*) De ideología comunista encubierta o no declarada. *Tb n, referido a pers.*

criptogamia *f* (*Bot*) Grupo constituido por las plantas criptógamas. *Tb su estudio.*

criptogamicida *adj* (*Bot*) Que destruye o elimina las criptógamas parásitas. *Tb n m, referido a producto.*

criptogámico -ca *adj* (*Bot*) De (las) criptógamas, o producido por ellas.

criptógamo -ma *adj* (*Bot*) [Planta] que carece de flores. *Frec como n f en pl, designando este taxón botánico.*

criptografía *f* Arte de componer o descifrar mensajes escritos con clave secreta. *Tb fig.*

criptografiar (*conjug* **1c**) *tr* Cifrar [un mensaje].

criptográfico -ca *adj* De (la) criptografía. *Tb fig.*

criptograma *m* Damero (pasatiempo).

criptojudaísmo *m* (*hist*) Práctica secreta del judaísmo por los judíos conversos.

criptojudío -a *adj* (*hist*) [Judío] bautizado que practica secretamente el judaísmo. *Tb n.* **b)** De (los) criptojudíos.

criptomeria *f* Planta conífera cultivada frec. en jardinería (gén. *Cryptomeria*).

criptómetro *m* (*Fís*) Instrumento para medir la opacidad de un tinte o una pintura.

criptón (*tb con la grafía* **kriptón**) *m* (*Quím*) Elemento de número atómico 36, que es uno de los gases nobles de la atmósfera.

criptónimo *m* Denominación bajo la cual se disimula el nombre verdadero de una persona.

criptopórtico *m* (*Arquit*) Pórtico cubierto y parcialmente subterráneo, propio de la arquitectura romana.

criptorquidia *f* (*Med*) Ausencia de uno o los dos testículos en el escroto, por estar alojados dentro del abdomen.

criptorquídico -ca *adj* (*Med*) **1** De (la) criptorquidia. ■ **2** Que padece criptorquidia. *Tb n.*

críquet *m* Deporte, típico de Gran Bretaña, que se practica sobre un campo de césped entre dos equipos de 11 jugadores, con bates, una pelota y dos pequeñas armazones en forma de rastrillo.

cris (*frec con la grafía* **kris**; *pl normal, invar*) *m* Puñal malayo de hoja sinuosa.

crisálida *f* (*Zool*) Ninfa de insecto lepidóptero.

crisalidar *intr* (*Zool*) Convertirse en crisálida [una oruga].

crisantemo *m* Planta herbácea que da en otoño flores grandes y vistosas, blancas, rosadas o moradas, de pétalos alargados y apiñados formando una especie de borla (gén. *Chrysanthemum*). *Frec su flor.*

criselefantino -na *adj* De oro y marfil.

crisis *f* **1** Situación difícil o delicada. ■ **2** Momento en que se produce un cambio importante. **b)** (*Med*) Cambio rápido e importante en la evolución de la fiebre o de una enfermedad, en sentido favorable o adverso. *Frec en la constr* HACER ~. *Tb fig, fuera del ámbito técn. Se opone a* LISIS. ■ **3** (*Pol*) Situación en que uno o varios miembros del gobierno han dimitido o han sido destituidos y aún no han sido designados su sucesor o sucesores. *Tb* ~ DE GOBIERNO *o* MINISTERIAL.

crisma[1] *f (col)* Cráneo. *Normalmente en constrs como* ROMPER *o* PARTIR LA ~.

crisma[2] *m (Rel catól)* Mezcla de aceite y bálsamo usada para ungir en el bautismo, la confirmación, la ordenación de sacerdotes y la consagración de obispos.

crisma[3] *m* Christmas (tarjeta de Navidad).

crismación *f (Rel catól)* Acción de ungir con el crisma[2].

crismal *adj (Rel catól)* [Misa] en que se consagra el crisma[2].

crismazo *m (raro)* Golpe fuerte en la cabeza.

crismera *f (Rel catól)* Recipiente en que se guarda el crisma[2].

crismón *m (Rel crist)* Monograma de Cristo.

crisoberilo *m* **1** *(Mineral)* Mineral de aluminato de berilo, muy duro, de color verde amarillento, que se utiliza como piedra preciosa. ■ **2** *(raro)* Color del crisoberilo [1].

crisol *m* **1** Recipiente de material refractario, que se emplea para fundir o purificar determinadas materias a temperatura muy elevada. ■ **2** *(Metal)* Parte inferior de un alto horno, en la cual se acumula el hierro fundido. ■ **3** *(lit)* Lugar en que se funden o mezclan cosas diversas. ■ **4** *(lit)* Cosa, esp. lugar o circunstancia, en que se purifica o depura algo abstracto.

crisolita *f (Mineral)* Variedad de peridoto de color verde amarillento, usada en joyería.

crisoprasa *f (Mineral)* Calcedonia de color verde manzana.

crisóstomo *m (lit, raro)* Orador. *Con intención humoríst.*

crispación *f* Acción de crispar(se), *esp* [2]. *Tb su efecto.*

crispadamente *adv* De manera crispada [2 y 3].

crispado -da *adj* **1** *part* → CRISPAR. ■ **2** Que presenta crispación. ■ **3** Que denota o implica crispación. ■ **4** *(Bot)* Rizado.

crispadura *f* Crispación.

crispamiento *m (raro)* Crispación. *Tb fig.*

crispante *adj* Que crispa, *esp* [2].

crispar *tr* **1** Causar contracción repentina y pasajera [a un músculo o una parte del cuerpo *(cd)*]. **b)** *pr* (~se) Sufrir contracción repentina y pasajera [un músculo o una parte del cuerpo]. ■ **2** Irritar o exasperar. **b)** *pr* (~se) Irritarse o exasperarse. *Tb fig.* ■ **3** ~ los nervios → NERVIO.

crispilla *f Se da este n a dos hongos comestibles: Morchella vulgaris y Marasmius oreades.*

cristal I *m* **1** Vidrio (sustancia dura, frágil y gralm. transparente, de brillo especial). **b)** Vidrio muy límpido que se usa esp. para labores talladas. ■ **2** Pieza u objeto de cristal [1]. **b)** Lámina de cristal [1a] que se usa para cubrir una ventana u otro vano, una vitrina o un cuadro, o para hacer un espejo. **c)** *(raro)* Vaso de cristal [1a]. *Tb su contenido.* ■ **3** Fragmento de cristal [1]. ■ **4** Cuerpo con aspecto de cristal [1a]. ■ **5** *En gafas o aparatos ópticos:* Lente. ■ **6** *(Mineral)* Poliedro de una sustancia mineral, resultante de la disposición natural de sus átomos. ■ **7** *(Quím)* Sólido constituido por la unión

de varios átomos dispuestos según una forma geométrica propia de cada sustancia. ■ **8** ~ **de roca.** Cuarzo cristalizado, incoloro y transparente. ■ **9** ~ **líquido.** Materia orgánica líquida que se comporta ópticamente como si fuera cristalina y que se usa esp. para fabricar pantallas de ordenadores portátiles.

II *loc adj* **10 de** ~. *(hoy raro)* [Media] femenina de tejido muy fino y transparente.

cristalera → CRISTALERO.

cristalería *f* **1** Establecimiento del cristalero [2]. ■ **2** Industria o comercio del cristal [1]. ■ **3** Parte de la vajilla constituida por los vasos, copas y jarras de cristal [1]. ■ **4** Conjunto de cristales [2a y b].

cristalero -ra I *adj* **1** De(l) cristal [1 y 2b]. *Tb f, referido a industria.* ■ **2** [Pers.] que trabaja en la industria o en la instalación de cristales [1 y 2b]. *Frec n.*

II *f* **3** Bastidor con cristales [2b] con que se cierra una puerta o un espacio abierto.

cristalinamente *adv (lit)* De manera cristalina [1].

cristalinidad *f (lit, raro)* Cualidad de cristalino [1b].

cristalino -na I *adj* **1** Propio del cristal [1]. **b)** Que tiene cualidades del cristal, esp. la transparencia. *Frec fig.* **c)** [Voz] limpia y clara. ■ **2** *(Mineral y Quím)* De(l) cristal [6 y 7]. **b)** Que tiene los caracteres de(l) cristal. **c)** *(Mineral)* De estructura cristalina [2a] no manifiesta externamente. ■ **3** *(Geol)* [Terreno] constituido por granito u otras rocas de estructura semejante. ■ **4** *(Fís)* [Fusión] en que se produce directamente el paso de sólido a líquido.

II *m* **5** *(Anat)* Elemento del ojo, situado detrás de la pupila, a través del cual convergen los rayos luminosos sobre la retina.

cristalizable *adj* Que puede cristalizar(se), *esp* [1].

cristalización *f* Acción de cristalizar(se), *esp* [1]. *Tb su efecto.*

cristalizado[1] **-da** *adj* **1** *part* → CRISTALIZAR. ■ **2** *(Mineral)* De estructura cristalina [2a] visible exteriormente en formas geométricas poliédricas.

cristalizado[2] *m* Operación de cristalizar [5].

cristalizador -ra I *adj* **1** Que cristaliza [3 a 5].

II *m* **2** *(Quím)* Recipiente usado en los laboratorios para efectuar cristalizaciones.

cristalizar A *intr* **1** Adoptar [una sustancia] forma o estructura cristalina [2a]. *Gralm con un compl* EN. ■ **2** *(lit)* Tomar [algo] forma o expresión. *Gralm con un compl* EN.

B *tr* **3** Hacer que [una sustancia *(cd)*] cristalice [1]. ■ **4** *(lit)* Dar forma o expresión [a algo *(cd)*]. ■ **5** Dar un pulimento brillante [a un suelo de terrazo o de materia similar *(cd)*].

cristalofílico -ca *adj (Geol)* [Roca] constituida por estratos cristalinos.

cristalografía *f (Mineral)* Ciencia que tiene por objeto la descripción de los cristales [6].

cristalográficamente *adv (Mineral)* En el aspecto cristalográfico.

cristalográfico -ca *adj (Mineral)* De (la) cristalografía o de su objeto.

cristalógrafo -fa *m y f (Mineral)* Especialista en cristalografía.

cristaloide *adj* (*Quím*) [Sustancia] que al disgregarse en un líquido atraviesa los filtros, a diferencia de los coloides. *Frec n m.*

cristalomancia (*tb* **cristalomancía**) *f* (*raro*) Adivinación por medio de un espejo o de un cristal.

cristaloquímica *f* (*Mineral y Quím*) Estudio de las relaciones entre la forma de los cristales [6 y 7] de los cuerpos y sus propiedades químicas.

cristaluria *f* (*Med*) Presencia de cristales [7] en la orina.

cristazo *m* (*col, raro*) Golpe dado con un crucifijo. *Frec fig y en la loc* A ~ LIMPIO.

cristianamente *adv* De manera cristiana [1c].

cristianar I *v* A *tr* **1** Bautizar, o administrar el bautismo, [a alguien (*cd*)]. **b)** (*col*) Bautizar, o dar nombre, [a alguien o algo (*cd*)]. **c)** (*col*) Bautizar, o echar agua, [al vino (*cd*)]. ■ **2** Cristianizar. *Tb abs.*
B *intr pr* (~**se**) **3** Bautizarse, o recibir el bautismo.
II *loc adj* **4** de ~. [Ropa] con que se viste al niño para llevarlo a bautizar. **b)** (*col*) [Ropa] más elegante que se tiene. *Gralm con el n* TRAPITOS.

cristiandad *f* **1** Conjunto de los países de religión cristiana [1b]. ■ **2** Conjunto de los cristianos [1a] [de un país]. **b)** Comunidad cristiana [1c]. ■ **3** Condición de cristiano [1a].

cristianía *f* (*Esquí*) Técnica de frenada por medio de un giro parcial brusco de los esquís.

cristianísimo -ma *adj* (*hist*) *Se aplica como tratamiento a los reyes de Francia. Tb n m.*

cristianismo (*a veces con mayúscula*) *m* Religión cristiana [1b].

cristianización *f* Acción de cristianizar.

cristianizador -ra *adj* Que cristianiza. *Tb n, referido a pers.*

cristianizar *tr* Hacer cristiano [1] [a alguien o algo].

cristiano -na I *adj* **1** De la religión de Jesucristo. *Tb n, referido a pers.* **b)** [Religión] de Jesucristo. **c)** De los cristianos o de la religión cristiana. **d)** ~ **viejo**, ~ **nuevo** → VIEJO, NUEVO. ■ **2** [Era] que comienza a contarse desde el nacimiento de Jesucristo. ■ **3** [Ciencia] **cristiana**, [democracia] **cristiana**, [demócrata] ~ → CIENCIA, DEMOCRACIA, DEMÓCRATA.
II *n* A *m* **4** (*col*) Persona. *Referido a ser humano indeterminado.* ■ **5** (*col*) Lengua española. *Opuesto a* LENGUA EXTRANJERA. *Frec con vs como* HABLAR *o* DECIR. **b)** Lenguaje fácilmente comprensible. *Frec con vs como* HABLAR *o* DECIR.
B *m y f* **6** (*reg*) *Se usa como vocativo de respeto o afecto.*

cristianodemocracia *f* Democracia cristiana (→ DEMOCRACIA).

cristianodemócrata *adj* Demócrata cristiano (→ DEMÓCRATA). *Tb n, referido a pers.*

cristianosocial *adj* (*Pol*) Que se basa en principios inspirados en el mensaje social y ético del Evangelio. *Dicho de partido, de su doctrina o de sus miembros. Tb n, referido a pers.*

cristina *f* Bollo redondo con almendra molida por encima.

cristino -na *adj* (*hist*) **1** Defensor o partidario de Isabel II durante la regencia de María Cristina, frente al pretendiente Carlos de Borbón. *Tb n, refe-*

rido a pers. ■ **2** Partidario de la reina regente María Cristina, durante la menor edad de Alfonso XIII. *Tb n, referido a pers.*

cristo (*gralm con mayúscula en aceps 1 y 4 a 8*) I *m* **1** Crucifijo. *Tb* SANTO ~. **b)** Imagen de Jesucristo. ■ **2** (*col*) Persona. *Con neg, para expresar enfáticamente la ausencia de toda persona:* NI ~; NO HAY ~ QUE... **b) todo** ~. Todo el mundo. ■ **3** (*col*) Alboroto o tumulto. *Gralm con el v* ARMAR.
II *loc adj* **4 hecho un** ~. (*col*) Que presenta un aspecto lastimoso. *Gralm referido a pers.*
III *loc v* **5 pegar como a un** ~ **dos pistolas** → PEGAR. ■ **6 sacar el** ~. (*col, raro*) Recurrir al último extremo de persuasión.
IV *loc adv* **7 donde** ~ **dio las tres voces**, *o* **donde** ~ **perdió el gorro.** (*col*) En un lugar muy remoto. ■ **8 ni** ~ **que lo fundó.** (*col*) *Se añade a una neg como refuerzo enfático.* * Ni tenía ovejas ni Cristo que lo fundó.

cristobitas *m pl* Muñecos de guiñol.

cristología *f* Estudio histórico o teológico de Jesucristo.

cristológico -ca *adj* **1** De (la) cristología. ■ **2** Relativo a Cristo.

criterio *m* **1** Norma intelectual para juzgar o para decidir. ■ **2** Capacidad personal para juzgar o apreciar. ■ **3** Juicio u opinión.

criteriología *f* **1** (*Filos*) Parte de la lógica que estudia los criterios [1] para el conocimiento de la verdad. ■ **2** Conjunto de criterios [1].

criteriológico -ca *adj* De (la) criteriología.

critérium (*pl normal*, ~**s**) *m* (*Dep*) Prueba reservada a determinadas categorías.

crítica → CRÍTICO.

criticable *adj* Que se puede criticar, *esp* [1].

críticamente *adv* De manera crítica [1].

criticar *tr* **1** Hacer comentarios negativos [sobre alguien o algo (*cd*)]. *Tb abs.* ■ **2** Ejercer la crítica [7 y 8b] [sobre algo (*cd*)]. *Tb abs.*

criticastro -tra *m y f* (*desp*) Crítico [6] incompetente o parcial.

criticidad *f* Condición de crítico [1b].

criticismo *m* **1** (*Filos*) Doctrina fundada en la crítica [7] del conocimiento. *Esp referido a la doctrina de Kant.* ■ **2** (*lit*) Actitud o tendencia crítica [1].

criticista *adj* (*Filos o lit*) De(l) criticismo o que lo implica. **b)** Adepto al criticismo. *Tb n.*

crítico -ca I *adj* **1** De (la) crítica [7, 8 y 9]. **b)** Que tiene o muestra una actitud de crítica [7 y 9]. ■ **2** (*E*) [Valor o punto] a partir del cual se inicia un cambio en una propiedad de un cuerpo o en el desarrollo de un fenómeno. ■ **3** Sumamente delicado o grave. **b)** [Momento] justo o preciso. *A veces con intención irónica, denotando inoportunidad. Frec antepuesto al n.* ■ **4** [Edad] del climaterio. ■ **5** (*euf*) [Días] de la menstruación.
II *n* A *m y f* **6** Pers. que ejerce la crítica [8b, 9 y 10].
B *f* **7** Examen a que la razón somete algo o a alguien para determinar su verdadero valor o calidad. ■ **8** Expresión de un juicio sobre algo, esp. una obra literaria o artística. *Tb, frec, su forma escrita.* **b)** Actividad o profesión del que escribe críticas. **c)** Conjunto de los críticos [6] o de sus escritos. ■ **9** Ataque o censura. ■ **10 crítica textual.** (*TLit*)

Conjunto de operaciones necesarias para editar filológicamente un texto.

criticón -na *adj (col)* [Pers.] dada a criticar [1]. *Frec n.* **b)** Propio de la pers. criticona.

critiqueo *m (desp)* Acción de criticar [1] o murmurar.

croar *intr* Cantar, o emitir su grito característico, [la rana].

croasán *m* Cruasán.

croata I *adj* **1** De Croacia (república federada de Yugoslavia). *Tb n, referido a pers.* ■ **2** Del croata [3].
II *m* **3** Lengua de Croacia.

crocant *(cat; pronunc corriente, /krokán/) m* Crocanti.

crocante *adj* Que cruje al ser masticado. *Tb fig.*

crocanti *m* Pasta de almendras o avellanas endurecidas con caramelo.

croché *m* Ganchillo (labor).

crochet *(fr; pronunc corriente, /kroĉé/; en acep 2, tb /króĉet/; pl normal, ~s) m* **1** Croché. ■ **2** *(Boxeo)* Gancho.

croco *m (raro)* Azafrán.

croissant *(fr; pronunc corriente, /kruasán/; pl normal, ~s) m* Cruasán.

croissanterie *(fr; pronunc corriente, /kruasanterí/) f* Establecimiento en que se fabrican y sirven cruasanes y otros bollos.

crol *m (Dep)* Estilo de natación que consiste en mover alternativamente los brazos, sacándolos del agua, llevando la cabeza parcialmente sumergida y los pies en continuo movimiento.

cromado *m* Acción de cromar. *Tb su efecto.*

cromar *tr* Cubrir [un metal, o un objeto de metal] con un baño de cromo[1]. *Frec en part, a veces sustantivado.*

cromáticamente *adv* **1** De manera cromática. ■ **2** En el aspecto cromático.

cromático -ca *adj* **1** De(l) color o de (los) colores. ■ **2** *(Mús)* [Escala] de 12 semitonos. **b)** De la escala cromática. **c)** [Instrumento] que da la escala cromática.

cromátida *f (Biol)* Parte de las dos en que se divide el cromosoma en la mitosis.

cromatina *f (Biol)* Sustancia en forma de granos que forma parte del núcleo de la célula y que presenta gran afinidad con algunos colorantes.

cromatismo *m* **1** *(lit)* Colorido. *Tb fig.* ■ **2** *(Mús)* Cualidad de cromático [2b].

cromatizar *tr (lit)* Dar colores [a algo *(cd)*].

cromato *m (Quím)* Sal derivada del ácido crómico.

cromatóforo *m (Biol)* Célula pigmentaria.

cromatografía *f (Quím)* Método de análisis que permite la separación de gases o líquidos de una mezcla por adsorción selectiva.

cromatográfico -ca *adj (Quím)* De (la) cromatografía.

cromatógrafo *m (Quím)* Instrumento para llevar a cabo la cromatografía.

cromatograma *m (Quím)* Dibujo formado en el medio adsorbido por las capas de los componentes separados por la cromatografía.

cromía *f (lit)* Colorido.

crómico -ca *adj (Quím)* De(l) cromo[1].

crominancia *f (TV)* Información cromática de una imagen.

crómlech *(tb con la grafía* **cromlech***; pronunc corriente, /krónlek/; pl normal, ~s) m (Prehist)* Agrupación de menhires dispuestos en círculo o semicírculo. *Tb fig.*

cromo[1] *m* Metal, de número atómico 24, de color blanco gris, capaz de hermoso pulimento y muy resistente a los agentes corrosivos.

cromo[2] *m* **1** Reproducción en colores de una figura, basada en el uso de varias planchas litográficas. *Frec se usa con intención desp para designar una pintura de mal gusto y colorido llamativo.* **b)** *Esp designa las de pequeño tamaño destinadas a colecciones y juegos infantiles.* ■ **2** *(col)* Se usa referido a alguien muy arreglado o de muy buena presencia. *Frec en la constr* HECHO UN ~. *Frec con intención irónica.*

cromógeno -na *adj (E)* Que produce o hace aparecer colores o materias colorantes. *Tb n m, referido a sustancia.*

cromómero *m (Biol)* Cadena de gránulos dispuesta a lo largo del cromosoma.

cromonema *m (Biol)* Filamento en espiral que se encuentra en el interior del cromosoma.

cromoplasto *m (Bot)* Plasto que contiene pigmentos.

cromoproteido *m (Biol)* Proteido constituido por una albúmina y por una sustancia coloreada.

cromorno *m (Mús)* Instrumento antiguo de viento, hecho de madera, con lengüeta doble.

cromosfera *f (Astron)* Zona superior de la envoltura gaseosa del Sol, de color rojizo y constituida pralm. por hidrógeno.

cromosoma *m (Biol)* Corpúsculo en forma de filamento del núcleo de la célula, cuyo número es constante para una especie determinada.

cromosómico -ca *adj (Biol)* De (los) cromosomas.

crónica *f* **1** Narración de acontecimientos históricos por el orden de su sucesión en el tiempo. ■ **2** *En un periódico u otro medio de comunicación:* Sección dedicada a una materia [sobre una materia *(compl especificador)*]. **b)** ~ **negra.** Conjunto de informaciones sobre crímenes, catástrofes y accidentes. ■ **3** *En un periódico u otro medio de comunicación:* Artículo firmado de carácter informativo sobre cuestiones de actualidad.

crónicamente *adv* De manera crónica (→ CRÓNICO).

cronicidad *f* Cualidad de crónico.

crónico -ca *adj* **1** [Enfermedad] que se prolonga por mucho tiempo. **b)** Propio de la enfermedad crónica. **c)** Que padece una enfermedad crónica. ■ **2** [Cosa, esp. vicio, defecto o inconveniente] que data de mucho tiempo atrás. **b)** Que tiene un vicio, defecto o inconveniente crónicos.

cronicón *m* Crónica [1] breve de época medieval.

cronificarse *intr pr* Hacerse crónico [alguien o algo, esp. una enfermedad].

cronista *m y f* Pers. que escribe una crónica [1] o que escribe crónicas [3].

cronístico -ca *adj* De (la) crónica o de (las) crónicas.

crono *m* (*Dep*) **1** Cronómetro. ■ **2** *En una carrera:* Tiempo conseguido por un corredor.

cronobiología *f* (*Biol*) Estudio de los ritmos biológicos.

cronobiológico -ca *adj* (*Biol*) De (la) cronobiología o de su objeto.

cronoescalada *f* (*Cicl*) Etapa con subida contra reloj.

cronografía *f* (*raro*) Crónica (narración de acontecimientos históricos).

cronógrafo *m* Reloj que registra con exactitud fracciones de segundo y permite detener o registrar su indicación.

cronología *f* **1** Orden en que se suceden los hechos en el tiempo. ■ **2** Determinación de las fechas en que se produce algo, esp. los acontecimientos históricos. *Tb la ciencia correspondiente.*

cronológicamente *adv* **1** En el aspecto cronológico. ■ **2** Por orden cronológico.

cronológico -ca *adj* De (la) cronología o de su objeto.

cronometrable *adj* Que puede ser cronometrado.

cronometrador -ra *adj* Que cronometra. *Frec n, referido a pers, esp en deportes.*

cronometraje *m* Acción de cronometrar.

cronometrar *tr* Medir o calcular con precisión el tiempo [de algo (*cd*)]. **b)** (*Dep*) Medir con precisión los tiempos [en una prueba (*cd*)]. *Frec en la constr* PRUEBA CRONOMETRADA, *que a veces se reduce a* CRONOMETRADA, *como n f.*

cronometría *f* **1** Parte de la mecánica que estudia la medida exacta del tiempo. ■ **2** Industria o comercio de cronómetros.

cronométricamente *adv* Con exactitud cronométrica [1a].

cronométrico -ca *adj* **1** De(l) cronómetro. **b)** De calidad de cronómetro. ■ **2** De (la) cronometría.

cronómetro *m* Tipo de reloj construido para señalar el tiempo con alta precisión.

cronopatía *f* (*Med*) Alteración del crecimiento en un momento evolutivo de este.

crooner (*ing; pronunc corriente,* /krúner/; *pl normal,* ~s) *m* Cantante de melodías modernas de estilo suave y sentimental.

croque[1] *m* (*reg*) Coscorrón, o golpe en la cabeza.

croque[2] *m* (*reg*) Berberecho (molusco).

cróquet *m* Juego para dos o cuatro perss. que consiste en hacer pasar unas bolas de madera, por medio de mazos, debajo de unos arcos clavados en el suelo, siguiendo un trayecto determinado.

croqueta *f* Pieza cilíndrica, pequeña, hecha con una pasta de leche, harina y carne, pescado u otros complementos desmenuzados, rebozada y frita.

croquis *m* Dibujo esquemático.

croquización *f* (*E*) Realización de croquis.

cross (*ing; pronunc corriente,* /kros/) *m* (*Dep*) Carrera pedestre en campo abierto por terreno desigual.

cross-country (*ing; pronunc corriente,* /krós-kántri/ *o* /krós-kóntri/; *tb con la grafía* **cross country**) *m* (*Dep*) Cross.

crossing-over (*ing; pronunc corriente,* /krósin-óber/) *m* (*Biol*) Intercambio de genes o segmentos entre cromosomas homólogos.

crótalo *m* **1** (*lit*) Castañuela (instrumento de percusión). *Tb fig.* **b)** (*hist*) Antiguo instrumento músico de percusión semejante a la castañuela, propio de Grecia, Roma y Egipto. ■ **2** Serpiente de cascabel (gén. *Crotalus*).

crotalogía *f* (*Mús*) Arte de tocar las castañuelas.

crotón *m* **1** Planta semejante al ricino de la que se extrae un aceite muy purgante (*Croton tiglium*). *Tb su aceite. Tb designa otras especies del mismo gén.* ■ **2** Planta ornamental de interior, cultivada por la variedad de sus hojas y su colorido (*Codiaeum variegatum*).

crotorar *intr* Hacer [la cigüeña] el ruido característico producido por el choque repetido de la pieza superior y la inferior del pico.

crotoreo *m* Acción de crotorar. *Tb su efecto.*

croupier (*fr; pronunc corriente,* /krupiér/; *pl normal,* ~s) *m y f* Crupier.

cruasán *m* Bollo de pasta hojaldrada y forma que recuerda a la luna creciente.

cruce I *m* **1** Acción de cruzar(se), *esp* [1, 2, 3, 4, 7, 8, 9 y 13 a 18]. *Tb fig.* **b)** Animal procedente de cruce (→ CRUZAR [8]). ■ **2** Interferencia de comunicaciones telefónicas o radiofónicas. ■ **3** Contaminación de una palabra, una forma lingüística o un relato tradicional con otros. ■ **4** Punto en que dos cosas se cruzan [16]. *Tb fig.* ■ **5** Lugar destinado para que los peatones crucen [1b] la calle.
II *loc adj* **6** de ~. *En un vehículo:* [Luz] de potencia adecuada para no deslumbrar a los conductores que vienen en sentido contrario.

cruceiro *m* Unidad monetaria del Brasil.

cruceño -ña *adj* De alguna de las poblaciones que se llaman Cruz, Santa Cruz o Cruces, en España o en América. *Tb n, referido a pers.*

crucera → CRUCERO.

crucería *f* (*Arquit*) Sistema de construcción, propio del gótico, en el cual la forma de la bóveda se logra mediante el cruce de arcos diagonales. *Gralm en la constr* BÓVEDA DE ~.

crucerista *m y f* Pers. que realiza un crucero [6].

crucero -ra I *adj* **1** (*Arquit*) [Arco o nervio] que une diagonalmente dos ángulos de una bóveda. ■ **2** (*Dep, esp Boxeo*) [Peso] cuyo límite superior es de 86,1 kg. *Tb referido al deportista de ese peso; en este caso, frec como n m en pl.* ■ **3** de ~. (*Aer*) [Velocidad] óptima en cuanto a rapidez y consumo de combustible. *A veces referido a otros vehículos.* ■ **4** (**de**) ~. (*Mil*) [Misil] subsónico, alimentado y guiado continuamente a lo largo de su vuelo y portador de una cabeza explosiva.
II *n* **A** *m* **5** Buque de guerra de armamento inferior al del acorazado, pero de velocidad muy superior. ■ **6** Viaje marítimo de placer en que se hace escala en varios lugares. ■ **7** Cruz de piedra, sobre una plataforma con peldaños, levantada en un cruce de caminos o en un atrio. ■ **8** *En una iglesia:* Lugar en que se cruzan la nave principal y la transversal. ■ **9** (*raro*) Encrucijada de caminos. *Tb fig.* ■ **10** (*Mineral*) Plano paralelo a las caras de un cris-

tal, por el cual es fácil la división. *Tb* PLANO DE ~. ■
11 (*Aer*) Velocidad de crucero [3].
B *f* **12** *En una caballería:* Lugar donde nacen las agujas.

cruceta *f* **1** Pieza, utensilio o elemento en forma de cruz. **b)** (*Mec*) Pieza en forma de cruz que sirve de articulación entre la biela y el vástago del émbolo, o entre los dos árboles de una junta cardán. ■ **2** (*Taur*) Pieza metálica perpendicular a la punta del verduguillo, de la puya o del rejón, que sirve para que ninguno de estos instrumentos penetre demasiado en el toro. ■ **3** (*Telec*) *En un poste telefónico o telegráfico:* Travesaño que sostiene los hilos. ■ **4** (*Mar*) *En un barco:* Plataforma más pequeña que la cofa, situada en la cabeza de un mastelero.

crucial *adj* Decisivo. *Frec con intención ponderativa.*

cruciferario *m* (*Rel catól*) Individuo que lleva la cruz en determinados actos.

crucífero -ra *adj* **1** (*lit*) Que lleva la señal de la cruz. ■ **2** (*Bot*) [Planta] dicotiledónea, gralm. herbácea, cuya flor tiene corola de cuatro pétalos dispuestos en cruz. *Frec como n f en pl, designando este taxón botánico.*

crucificación *f* Crucifixión.

crucificado -da **I** *adj* **1** *part* → CRUCIFICAR.
II *m* **2** Imagen de Cristo crucificado (→ CRUCIFICAR [1]).

crucificador -ra *adj* Que crucifica [1]. *Tb n, referido a pers.*

crucificar *tr* **1** Clavar [a alguien] en una cruz para atormentar[le] o para matar[le]. *Frec en part, a veces sustantivado, esp refiriéndose a Jesucristo. En este caso, con mayúscula.* ■ **2** Someter [a alguien] a un suplicio muy duro. *Tb fig.* ■ **3** Criticar [a alguien] con la máxima dureza.

crucifijo *m* Imagen de Cristo crucificado (→ CRUCIFICAR [1]).

crucifixión *f* Acción de crucificar [1].

cruciforme *adj* (*lit o E*) De forma de cruz.

crucigrama *m* **1** Dibujo consistente en un casillero que, como pasatiempo, hay que rellenar con letras siguiendo una clave que le acompaña, de manera que con ellas se formen palabras horizontales y verticales cruzadas entre sí. ■ **2** (*lit*) Misterio, o cosa que no se comprende.

crucigramista *m y f* Pers. que compone o que resuelve crucigramas [1].

crudamente *adv* De manera cruda [9 y 10].

crudelísimo → CRUEL.

crudez *f* (*raro*) Crudeza.

crudeza *f* **1** Cualidad de crudo [9, 10, 11 y 13]. ■ **2** (*raro*) Cosa cruda [10].

crudillo *m* (*Tex*) Tela fuerte de lino, cáñamo o algodón, usada esp. para entretelas y fundas.

crudités (*fr; pronunc corriente,* /krudités/) *f pl* (*lit, raro*) Legumbres, hortalizas y otros productos consumidos crudos [1].

crudívoro -ra *adj* (*E*) **1** Que se alimenta con productos crudos [1a]. ■ **2** [Alimentación] que consiste exclusivamente en alimentos crudos [1a].

crudo -da **I** *adj* **1** [Alimento u otra materia] que no han sido sometidos a preparación por medio de la acción del fuego, o que no lo han sido suficientemen-
te. **b)** [Alimentación] que consiste exclusivamente en alimentos crudos. ■ **2** No suficientemente maduro. *Gralm fig.* ■ **3** [Seda u otra fibra] que no ha sido lavada ni teñida. *Tb referido al tejido hecho con ellas.* ■ **4** [Petróleo] no refinado. *Frec n m.* ■ **5** [Madera] sin pintar o sin barnizar. **b)** De madera sin pintar ni barnizar. ■ **6** (*E*) [Material] que no ha sido sometida a tratamiento, esp. con agua caliente, vapor o calor. ■ **7** (*Ling*) [Extranjerismo] usado sin someterlo a ninguna adaptación formal. ■ **8** [Color] blanco amarillento. *Tb* BLANCO ~. ■ **9** [Tiempo o clima] frío e inclemente. **b)** [Frío] intenso. ■ **10** [Cosa] que se manifiesta tal cual es, sin nada que la atenúe o dulcifique. **b)** Duro o desagradable. **c)** [Obra literaria, película, pasaje o descripción] que presenta sin atenuación un suceso o escena capaz de herir la sensibilidad del lector o espectador. **d)** [Lenguaje o modo de expresión] no eufemístico o educado y que puede incluso herir la sensibilidad del oyente o lector. *Tb referido a la pers que lo usa.* ■ **11** Que implica penalidades o sufrimientos. ■ **12** (*col*) Difícil. *Frec en constrs como* TENERLO, o LLEVARLO, ~. ■ **13** (*lit, raro*) Cruel o despiadado. ■ **14** (*lit, raro*) Bravucón o pendenciero.
II *loc adv* **15 en ~.** Sin haber sido sometido a la acción del fuego. *Tb adj.* ■ **16 en ~.** De manera cruda [10a] o sin miramientos. ■ **17 en ~.** (*col*) En efectivo.

cruel (*superl* CRUELÍSIMO o, *lit,* CRUDELÍSIMO) *adj* **1** [Pers.] que no tiene piedad ante el dolor ajeno, e incluso lo provoca voluntariamente. *Tb fig, referido a animal o cosa.* **b)** Propio de la pers. cruel. ■ **2** [Cosa] que causa gran sufrimiento.

crueldad *f* **1** Cualidad de cruel. ■ **2** Acción cruel.

cruelmente *adv* De manera cruel [1b y 2].

cruentamente *adv* De manera cruenta [1].

cruento -ta *adj* **1** [Cosa] que lleva consigo derramamiento de sangre. *Tb fig.* ■ **2** (*Med*) [Superficie] que rezuma sangre.

crujía *f* **1** Situación difícil o penosa. *Frec con el v* PASAR. ■ **2** (*Arquit*) Pieza larga de paso que da acceso a las habitaciones laterales. *Gralm referido a las de los patios o claustros.* ■ **3** (*Arquit*) Espacio comprendido entre dos muros de carga. ■ **4** (*Mar*) *En una embarcación:* Línea central de la cubierta, de proa a popa y paralela a la quilla. **b)** (*hist*) *En una galera:* Corredor de popa a proa entre los bancos de los remeros.

crujido *m* Ruido seco producido por un tallo al quebrarse, por la madera al ceder, por el papel o la seda al rozarse o plegarse, o por los dientes al chocar entre sí, u otro ruido semejante.

crujiente *adj* **1** Que cruje. ■ **2** (*lit, raro*) [Mujer] joven y agraciada.

crujir *intr* Producir [algo (*suj*)] uno o más crujidos. *Tb fig.*

crupier *m y f* *En una casa de juego:* Empleado que dirige el juego, reparte las cartas y paga y recoge el dinero por cuenta de la casa.

crupón *m* (*Peletería*) Parte de la piel de una res vacuna, constituida por el rectángulo que queda al suprimir los salientes laterales y el anterior y posterior.

crural *adj* (*Anat*) Del muslo.

crustáceo *adj* **1** (*Zool*) [Animal] artrópodo, gralm. acuático y con caparazón, con dos pares de antenas y respiración branquial o cutánea. *Frec como n m en* *pl,* designando este taxón zoológico. ∎ **2** (*Bot*) [Liquen] cuyo talo tiene costra o aspecto de costra.

cruz I *f* **1** Armazón constituida por dos maderos unidos perpendicularmente, que, hincada en tierra uno de sus extremos, sirve para sujetar a una persona por los brazos a los palos horizontales, con el fin de atormentarla o matarla. *Frec designa la cruz en que murió Jesucristo y cualquier representación de ella, como símbolo o emblema de la religión cristiana; en este caso, frec con mayúscula.* **b)** ~ **alzada** → ALZADO¹. ∎ **2** Figura formada por dos líneas rectas, vertical y horizontal, que se cortan perpendicularmente. *En matemáticas significa 'más'; precediendo o siguiendo a un n de pers, 'muerto'; precediendo a una fecha, 'muerto en'.* **b)** ~ **gamada, griega, latina,** *etc* → GAMADO, GRIEGO, LATINO, *etc.* **c)** Condecoración constituida fundamentalmente por una figura de cruz. *Normalmente con compl especificador.* **d) gran** ~. *En una Orden civil:* Grado más alto de una condecoración. *Tb la pers que lo posee.* ∎ **3** ~ **de San Andrés.** Figura formada por dos líneas rectas que se cortan formando una X. **b)** (*Mar*) Aparejo de pesca del coral, formado por dos maderos en aspa. *Tb, simplemente,* ~. ∎ **4** ~ **de Malta.** (*Mec*) Mecanismo que sirve para transformar un movimiento circular continuo en otro movimiento circular intermitente. ∎ **5** *En una balanza:* Palanca horizontal que soporta los dos platillos. ∎ **6** *En algunos cuadrúpedos:* Parte más alta del lomo, donde se unen los huesos de las extremidades anteriores con el espinazo. ∎ **7** *En una moneda o una medalla:* Reverso, en donde se suele representar un escudo o emblema. *Opuesto a* CARA. **b)** Lado o vertiente negativos [de algo]. *Opuesto a* CARA. **c) cara o** ~ → CARA. ∎ **8** Penalidad o sufrimiento. *Gralm con intención ponderativa.* ∎ **9** (*reg*) *En pl:* Vía crucis (ejercicio piadoso).

II *loc adj* **10 en** ~. [Brazos] extendidos horizontalmente. *Tb adv.*

III *loc v y fórm or* **11 hacerse cruces.** (*col*) Manifestar asombro o escándalo, a veces santiguándose. ∎ **12** ~ **y raya.** (*col*) *Expresa el firme propósito de no volver a tener relación con alguien o con algo.* * El cante para mí, cruz y raya.

IV *loc adv* **13 a cara o** ~ → CARA. ∎ **14 de la** ~ **a la fecha.** Del principio al fin. *Referido a un escrito.* ∎ **15 en** ~ **y en cuadro.** (*reg*) Sin nada de lo que tenía. *Con vs como* DEJAR *o* QUEDARSE.

cruza *f* (*reg*) Cruce (de animales).

cruzada (*gralm con mayúscula en acep* 1) *f* **1** (*hist*) Expedición militar cristiana contra los infieles, esp. para liberar los Santos Lugares, convocada por el Papa concediendo indulgencias a los participantes. **b)** Guerra a la que se atribuye el carácter de defensa de la religión cristiana. *Se dio este n esp al Alzamiento nacional de 1936.* ∎ **2** Campaña promovida con un fin normalmente noble.

cruzadillo *m* Cierto tejido blanco de algodón que forma líneas diagonales.

cruzado -da I *adj* **1** *part* → CRUZAR. ∎ **2** [Prenda o traje] que tiene el ancho necesario para poder sobreponer un delantero al otro. *A veces referido al mismo delantero.* ∎ **3** [Cheque] que lleva trazadas en el anverso dos rayas paralelas, entre las cuales suele escribirse el nombre de un banco determinado, y que solo puede cobrarse ingresándolo en una cuenta bancaria. **b)** (*Bot*) [Polinización] en que el estigma recibe el polen de una flor ajena. ∎ **4** [Cosa] que denota o implica cruce. **b)** (*Bot*) [Polinización] en que el estigma recibe el polen de una flor ajena. ∎ **5** [Animal o planta] que procede de cruzar [8] otros de especies o varie-

dades diferentes. ∎ **6** [Fuego] que converge en un mismo punto disparado desde lugares diversos. *Tb fig.* ∎ **7** [Caballero] que tiene o lleva la cruz de una orden militar. ∎ **8** (*Heráld*) [Pieza] que lleva una cruz sobrepuesta. ∎ **9** (*Med*) Que tiene forma de cruz [2]. ∎ **10** (*hist*) Que participa en una cruzada [1]. *Frec n m.* **b)** (*raro*) De (los) cruzados. ∎ **11** [Palabras] **cruzadas** → PALABRA.

II *m* **12** (*hist*) Moneda de plata de baja ley acuñada por Enrique II de Castilla con una cruz en el reverso y con el valor de un maravedí. *Tb designa otras monedas que llevan una cruz en el reverso.* ∎ **13** *Entre 1986 y 1990:* Unidad monetaria del Brasil.

cruzamiento *m* Acción de cruzar(se), *esp* [2, 3, 4, 8, 15 y 16].

cruzar A *tr* ➤ **a** *normal* **1** Pasar [por un lugar (*cd*)] recorriéndo[lo] de un extremo al otro. *Tb fig.* **b)** Pasar de un lado a otro [de una calle, un río, una línea o algo similar (*cd*)]. **c)** Ayudar [a alguien] a cruzar [1b]. ∎ **2** Estar [una cosa alargada] puesta de un lado a otro [de otra (*cd*)], formando una cruz [2] o ángulos con esos lados. ∎ **3** Poner [dos cosas, o una (*cd*) sobre otra] formando cruz [2] o ángulos. **b)** Poner [a alguien o algo (*cd*)] en un lugar] en disposición transversal. *Cuando el lugar es un camino o un conducto, implica idea de obstaculizar. Tb sin compl de lugar.* **c)** Dar [a algo] dirección transversal. ∎ **4** Poner [los brazos] apoyados uno sobre otro, delante del pecho. **b)** Poner [las piernas] apoyada una sobre otra cuando se está sentado. **c)** Poner [una prenda] de modo que uno de sus delanteros quede sobrepuesto al otro. ∎ **5** Trazar [en algo (*cd*)] una o más rayas transversales (*compl* CON). **b)** Trazar [en un cheque (*cd*)] dos rayas paralelas para que solo pueda cobrarse por medio de una cuenta corriente. **c)** Escribir transversalmente [algo (*compl* CON) en un lugar (*cd*)]. ∎ **6** Dar [en la cara (*cd*) a alguien] dos bofetadas o un latigazo. ∎ **7** Intercambiar [dos perss. entre sí, o una con otra, palabras, mensajes, gestos o regalos]. * Apenas cruzamos unas palabras. **b)** *Frec en constr pasiva y con un compl* ENTRE. * Desconoce el contenido de los informes cruzados entre la caja y la Administración. ∎ **8** Juntar [dos razas o variedades distintas de animales o plantas, o individuos de ellas] para obtener una nueva variedad. **b)** *pr* (~**se**) Unirse sexualmente dos individuos de distinta raza o variedad. *Tb, a veces humoríst, referido a pers.* ∎ **9** Concertar [dos o más perss. una apuesta]. ∎ **10** (*lit*) Combatir [con las armas o los puños (*cd*)]. *Tb fig.* ∎ **11** (*hist*) Investir [a alguien] con la cruz y el hábito de una orden militar, o como cruzado [10].

➤ **b** *pr* (~**se**) **12** Pasar [una pers. o cosa] al lado [de otra (*cd*)] que marcha en sentido opuesto.

B *intr* ➤ **a** *normal* **13** Pasar [por un lugar (*compl adv*)] cruzándo[lo] [1]. *Tb sin compl.* ∎ **14** (*Taur*) Dirigirse [el torero] al pitón contrario al de su dirección original. *Frec pr* (~**se**).

➤ **b** *pr* (~**se**) **15** Pasar [una pers. o cosa] al lado [de otra (*compl* CON) que marcha en sentido opuesto]. *Tb sin compl, con suj pl.* **b)** Circular [dos perss. o dos cosas, esp. cartas] al mismo tiempo en sentidos opuestos. ∎ **16** Estar [una cosa alargada] puesta de un lado a otro [de otra (*compl* CON)], formando una cruz [2] o ángulos con esos lados. *Tb sin compl, con suj pl.* **b)** ~**sele** [a alguien] **los cables** → CABLE. ∎ **17** Atravesarse o surgir incidentalmente [algo que constituye un obstáculo]. ∎ **18** (*Ling*) Sufrir [una palabra o una forma gramatical] el influjo formal [de otra más o menos sinónima (*compl* CON)].

Tb sin compl, con suj pl. **b)** Confundirse o mezclarse [dos sentidos, o uno con otro].

cruzeiro *(port; pronunc corriente, /kruθéiro/) m* Cruceiro (moneda).

crylor *(n comercial registrado; pronunc corriente, /krilór/) m* Fibra sintética acrílica incombustible de patente francesa.

ctenóforo *adj (Zool)* [Celentéreo] de organización muy simple, con cuerpo gelatinoso, sin esqueleto, de forma gralm. globosa con simetría bilateral doble, que puede contraerse y dilatarse y que forma parte del plancton. *Tb como n m en pl, designando este taxón zoológico.*

ctónico -ca *adj (Mitol clás)* De los infiernos.

cu *f* Letra del alfabeto *(q, Q)*, que en español se escribe siempre seguida de *u* para representar el fonema /k/ ante *e o i.* (V. PRELIM.) **2** *(Naipes) En la baraja francesa:* Reina (carta marcada con la letra *Q*). *Tb, en los dados de póquer, la cara que representa esta figura.*

cuaderna[1] *f En un barco:* Pieza de las que simétricamente suben desde la quilla a una y otra banda, formando el esqueleto del casco.

cuaderna[2]. **~ vía** → VÍA.

cuadernillo *m* **1** Conjunto de cinco pliegos de papel. ■ **2** Conjunto de pliegos, con encuadernación propia, de los que constituyen un ejemplar completo del periódico.

cuaderno *m* **1** Conjunto, encuadernado o cosido, de hojas o pliegos de papel, que sirve para escribir ejercicios escolares, cuentas u otras anotaciones. **b)** **~ de bitácora** → BITÁCORA. ■ **2** *(Bibl e Impr)* Conjunto de pliegos impresos doblados y dispuestos en forma de libro. ■ **3** *(Bibl e Impr)* Conjunto de cuatro pliegos metidos uno dentro de otro.

cuado -da *(tb con la grafía* **quado**) *adj (hist)* De un pueblo suevo habitante del sudeste de la antigua Germania. *Tb n, referido a pers.*

cuadra[1] *f* **1** Lugar cerrado y cubierto donde son alojadas las caballerías y, a veces, reses vacunas u otros animales domésticos. **b)** *Frec se emplea en constrs de sent comparativo para ponderar la suciedad y el desorden de una habitación o vivienda.* * Esta habitación parece una cuadra. ■ **2** Conjunto de los caballos, esp. de carreras, criados [por una pers. o entidad *(compl de posesión)*]. **b)** *A veces se aplica a otro tipo de animales de carreras.* ■ **3** *(Dep)* Conjunto de deportistas que dependen profesionalmente [de un manager] o económicamente [de una entidad]. ■ **4** *(col)* Conjunto de perss. que pertenecen a un mismo grupo dentro de una actividad. ■ **5** *(hist) En un cuartel, hospital o prisión:* Sala grande en que duermen muchas personas.

cuadra[2] *f (Mar)* Dirección perpendicular a la quilla o rumbo de la embarcación. *Frec en la constr* A LA ~.

cuadradillo *m (Metal)* Barra laminada de acero de sección cuadrada.

cuadrado -da I *adj* **1** De(l) cuadrado [8 y 9]. **b)** De forma de cuadrado. ■ **2** De base o planta cuadrada [1b]. ■ **2** De forma parecida a la de un cuadrado [8 y 9], por tener casi tanta anchura como altura. **b)** [Pers.] muy fuerte y robusta. ■ **3** Que tiene o evoca la forma de los ángulos rectos. ■ **4** [Unidad de medida de superficie] constituida por un cuadrado [8] que tiene de lado [la unidad lineal que se expresa]. **b)** [Metro] ~, [kilómetro] ~, [decímetro] ~, *etc* → METRO[1], KILÓMETRO, DECÍMETRO, *etc.* ■ **5** *(Mat)*

[Raíz] que, multiplicada una vez por sí misma, da [un número determinado *(compl de posesión)*]. ■ **6** *(Anat)* [Hueso] de forma aproximadamente cuadrada [1], de los que forman la segunda fila del carpo. *Tb n m.* ■ **7 al ~.** *(hoy raro)* [Cigarrillo] hecho con tabaco picado en partículas.

II *m* **8** Figura plana cerrada formada por cuatro rectas iguales que forman ángulos rectos. ■ **9** Cuerpo cuyos lados y sección son cuadrados [8]. ■ **10** *(Mat)* Cantidad que resulta de multiplicar [otra *(compl de posesión)*] por sí misma. ■

III *loc v* **11 elevar al ~** [una cantidad]. *(Mat)* Multiplicar[la] por sí misma. ■ **12 tenerlos ~s.** *(vulg)* Ser valiente.

cuadrafónico -ca *adj (Acúst)* De la técnica de registro y reproducción del sonido por cuatro canales.

cuadragenario -ria *adj (raro)* [Pers.] de edad entre cuarenta y cincuenta años. *Tb n.*

cuadragésimo -ma *adj (lit)* Que ocupa un lugar inmediatamente detrás o después del trigesimonoveno. *Seguido de los ordinales* PRIMERO *a* NOVENO, *forma los adjs ordinales correspondientes a los números 41 a 49.*

cuadragesimo- *r pref (lit) Unida sin guión a los ordinales* PRIMERO, SEGUNDO, TERCERO, CUARTO, QUINTO, SEXTO, SÉPTIMO, OCTAVO, NOVENO (*o* NONO), *forma los adjs ordinales correspondientes a los números 41 a 49.*

cuadrangular *adj* **1** *(Geom)* De cuatro ángulos. ■ **2** *(Dep)* [Torneo] de cuatro participantes. *Tb n m.* ■ **3** *(Ling)* [Sistema vocálico] que posee dos vocales de máxima abertura pero de diferente localización.

cuadrante *m* **1** Almohada cuadrada [1b]. ■ **2** *(Geom)* Cuarta parte de la circunferencia o del círculo, comprendida entre dos radios perpendiculares. **b)** *(Mar y Meteor)* Parte de las cuatro en que se considera dividida la rosa de los vientos y que se numeran del 1° al 4°, contando desde el norte hacia el este. ■ **3** *(Fís)* Escala graduada en forma de arco, que sirve para medir. ■ **4** *(raro)* Reloj de sol. ■ **5** *(hist)* Moneda romana de bronce, de valor equivalente a la cuarta parte de un as.

cuadrar A *intr* ➤ **a** *normal* **1** Ser adecuado o convenir [algo *(suj)*] a una pers. o cosa [*ci o compl* CON]. **b)** Resultar cómodo o venir bien [algo a alguien]. ■ **2** Tener iguales [una cuenta] las sumas del debe y el haber. ■ **3** *(Taur)* Pararse [el diestro] ante la cara del toro. *Tb pr (~se).* ■ **4** *(Taur)* Ponerse [el toro o el caballo] con las cuatro patas firmes, sin adelantar ni atrasar ninguna. *Frec pr (~se).*

➤ **b** *pr (~se)* **5** Ponerse [un soldado] en posición de firmes, como actitud de respeto ante un superior o ante la bandera. *Tb fig, referido a no militares. Gralm con un compl* ANTE *o, más raro, ci.*

B *tr* **6** *(Taur)* Hacer que [el toro *(cd)*] se cuadre [4], para matarlo. *Tb abs. Tb fig.* ■ **7** *(Carpint y Mar)* Trabajar [las piezas de madera] en ángulo recto.

cuadrático -ca *adj* **1** *(Mat)* De potencia dos, o que tiene la potencia dos como la más alta. ■ **2** *(Mineral)* [Sistema] tetragonal.

cuadratín *m (Impr)* Figura de cuadrado [8], del mismo cuerpo de la línea en que se encuentra. *Tb el tipo correspondiente.* **b)** Texto impreso que sigue a un cuadratín.

515

cuadratura *f* (*Geom*) Reducción [de una figura] a un cuadrado de área exactamente igual. **b)** ~ **del círculo.** Construcción de un cuadrado geométrico cuya superficie sea exactamente igual a la de un círculo dado. *Gralm se menciona como término de comparación para ponderar lo irrealizable de una pretensión.*

cuadrear *tr* (*Constr*) Dar forma cuadrada [a algo].

cuadrero *m* (*reg*) Individuo que cuida las yuntas por la noche.

cuádriceps (*tb* **cuadríceps**) *adj* (*Anat*) [Músculo] cuyo extremo se escinde en cuatro porciones o cabezas y que está situado en el plano anterior del muslo. *Tb n m.*

cuádrico -ca *adj* (*Mat*) [Superficie] representada por ecuaciones de segundo grado. *Tb n f.*

cuadrícula *f* **1** Conjunto de cuadrados resultante de cortarse perpendicularmente dos series de rectas paralelas. ■ **2** Cuadrado que forma parte de una cuadrícula [1].

cuadriculación *f* Acción de cuadricular. *Tb fig.*

cuadriculado[1] -da *adj* **1** *part* → CUADRICULAR. ■ **2** Que tiene forma de cuadrícula [1]. ■ **3** [Mentalidad o conducta] rígida o poco flexible.

cuadriculado[2] *m* **1** Cuadriculación. ■ **2** Cuadrícula [1].

cuadricular *tr* **1** Dividir [algo] en forma de cuadrícula [1]. *Frec en part, esp referido a papel.* ■ **2** Disponer [cosas] formando cuadrícula [1].

cuadrienal *adj* Cuatrienal.

cuadrienio *m* Cuatrienio.

cuadrifolia *f* (*Arte*) Ornamentación de cuatro arcos de círculo dispuestos como los pétalos de una flor o como un trébol de cuatro hojas, o representación esquemática de cuatro hojas.

cuadriforme *adj* (*lit o E*) De forma cuadrada.

cuadrifronte *adj* (*Arte*) De cuatro caras que forman un rectángulo.

cuadriga *f* (*hist*) En la Roma antigua: Carro tirado por cuatro caballos de frente, esp. el usado en carreras.

cuadrigémino *adj* (*Anat*) [Tubérculo] de los que son gemelos en número de cuatro.

cuadril *m* **1** *En algunos animales, esp en caballerías:* Anca. ■ **2** (*col*) *En una pers:* Cadera.

cuadrilátero -ra I *adj* **1** (*Geom*) Que tiene cuatro lados.
II *m* **2** (*Geom*) Polígono de cuatro lados. ■ **3** Superficie o recinto en forma de cuadrilátero [2]. **b)** (*Boxeo y Lucha*) Cuadrilátero elevado y cercado de cuerdas en el que se celebra el combate.

cuadrilla I *f* **1** Conjunto de peones que realizan juntos un trabajo. *Frec con un compl especificador.* ■ **2** (*Taur*) Conjunto de toreros de a caballo y de a pie que actúan a las órdenes [de un matador]. ■ **3** Pandilla (grupo de amigos que se divierten en común). ■ **4** Conjunto de perss. que actúan en común. *Frec con intención desp.* ■ **5** (*Der*) Concurrencia de más de tres malhechores armados en la comisión de un delito. ■ **6** (*hist o reg*) Cierta división administrativa que agrupa varias poblaciones. ■ **7** (*hist*) Baile de salón ejecutado entre cuatro parejas cruzadas.
II *loc adj* **8** [Patio] **de ~s** → PATIO.

cuadrillero *m* **1** (*Taur, raro*) Miembro de una cuadrilla [2]. ■ **2** (*hist*) Individuo armado de la Santa Hermandad.

cuadrillo *m* En el traje regional femenino de Ansó (*Huesca*): Cuadro de tela que cubre la parte inferior de la axila.

cuadrilongo -ga *adj* (*lit*) Rectangular.

cuadrimestre *m* (*raro*) Cuatrimestre.

cuadringentésimo -ma *adj* (*lit*) Que ocupa un lugar inmediatamente detrás o después del tricentésimo nonagesimonoveno.

cuadrinieto -ta *m y f* Hijo del tataranieto [de una pers. (*compl de posesión*)].

cuadriplicar *tr* (*raro*) Cuadruplicar.

cuadrivio *m* Quadrívium.

cuadro I *m* **1** Cuadrado (figura plana), esp. el que forma serie con otros. ■ **2** Espacio de forma más o menos cuadrada. **b)** (*Cine y TV*) Espacio limitado correspondiente a la parte de la realidad captada por la cámara. ■ **3** Trozo de tierra de forma aproximadamente cuadrada, delimitado dentro de un huerto o un jardín. ■ **4** Armazón o bastidor de forma cuadrada. **b)** *En una bicicleta o motocicleta:* Armazón. ■ **5** Pieza de forma más o menos cuadrada, de madera u otra materia, en que se fijan o escriben noticias o avisos. ■ **6** Tablero en que está colocada una serie de dispositivos o aparatos. ■ **7** (*reg*) *En algunos animales, esp las vacas:* Pelvis. ■ **8** Pintura, dibujo o grabado, ejecutados en tabla, tela o papel, gralm. colocados en un marco, y destinados a colgarse como adorno en las paredes. ■ **9** (*col, desp*) Pers. mal arreglada. *Frec en la constr* HECHO UN ~. ■ **10** Espectáculo o escena (suceso o situación que suscita la contemplación). **b)** (*jerg*) Juego sexual, frec. de carácter lésbico, realizado por dos o más prostitutas para satisfacer el capricho de determinados clientes. ■ **11** Situación o conjunto de circunstancias. ■ **12** (*TLit*) División de una obra dramática semejante al acto, pero más breve, y que a veces es subdivisión de él. ■ **13** ~ **de costumbres** o **costumbrista.** (*TLit*) Forma narrativa o dramática menor en que una trama muy superficial sirve de pretexto para describir una escena de la vida popular. ■ **14** Descripción [de algo, esp. de un ambiente o una situación]. ■ **15** Resumen de una clasificación u organización, cuyos elementos aparecen escritos en una plana dentro de un sistema de líneas horizontales y verticales o de llaves. *Frec* ~ SINÓPTICO. **b)** Resumen de los elementos que constituyen [un conjunto (*compl especificador*)]. ■ **16** Conjunto de perss. que constituyen un equipo de trabajo, artístico o deportivo. ■ **17** Conjunto de perss. que tienen mando o autoridad [en un organismo o en una empresa (*compl de posesión*)]. *Gralm en pl.* **b)** Pers. que pertenece a un cuadro. ■ **18** (*Med*) Conjunto de síntomas.
II *loc adv* **19** **en ~.** En número muy inferior al normal o al habitual. *Gralm con los vs* QUEDAR(SE) *o* ESTAR. ■ **20** **en ~.** En ángulo recto.

cuadrumano -na (*tb* **cuadrúmano**) *adj* (*Zool*) [Mamífero] en cuyas cuatro extremidades el dedo pulgar es oponible a los restantes. *Frec n m.*

cuadrupedante *adj* (*raro*) Cuadrúpedo.

cuadrúpedo -da *adj* [Animal] de cuatro patas. *Esp referido a caballería. Frec n m. Alguna vez fig, referido a cosa.* **b)** Propio del animal cuadrúpedo.

cuádruple I *adj* **1** Cuatro veces mayor en cantidad o en intensidad. *Frec seguido de un término de comparación introducido por* QUE *o* DE. ■ **2** [Cosa] formada por cuatro elementos gemelos. **b)** ~ + *n* = CUATRO + *el mismo n en pl.* * Vamos a someter el problema a una cuádruple consideración. II *m* **3** Cantidad cuatro veces mayor. *Frec precedido de* EL *y seguido de un término de comparación introducido por* QUE *o* DE. III *adv* **4** el ~ (*o, simplemente, ~*). En cantidad o intensidad cuatro veces mayor. *Frec seguido de un término de comparación introducido por* QUE *o* DE.

cuadruplicación *f* Acción de cuadruplicar(se).

cuadruplicado -da I *adj* **1** *part* → CUADRUPLICAR. ■ **2** Cuarto de los elementos [de una cosa cuádruple [2a]]. *Tb n m.* II *loc adv* **3** por ~. Cuatro veces, o en cuatro copias. *Tb adj.*

cuadruplicar *tr* **1** Multiplicar por cuatro [algo]. *Tb fig, con intención ponderativa.* **b)** *pr* (**~se**) Pasar [algo] a ser cuatro veces mayor. ■ **2** Ser [una cosa] cuatro veces mayor en número o medida [que otra (*cd*)]. ■ **3** Hacer [algo] cuádruple [2].

cuadruplicidad *f* Condición de cuádruple.

cuádruplo -pla *adj* (*raro*) [Cantidad] cuatro veces mayor. *Más frec n m.*

cuaja *f* (*reg*) Hecho de cuajar[1] [3]. *Tb su efecto.*

cuajada *f* Producto lácteo de consistencia cremosa, obtenido al cuajar[1] [6] la leche y separar el suero, y que suele tomarse como postre. *Tb la ración individual envasada.*

cuajadera *f* Vasija de barro vidriado y de fondo ancho que sirve para hacer cuajado[1] [4].

cuajado[1] -da I *adj* **1** *part* → CUAJAR[1]. ■ **2** (*raro*) Inmóvil o paralizado. ■ **3** (*Bibl*) [Lomo] decorado con muchos dorados. II *m* **4** Dulce casero andaluz, cocido al horno, en el que entran huevo, azúcar, almendras y otros ingredientes.

cuajado[2] *m* Hecho de cuajar[1] [3a].

cuajaleche (*tb* **cuajaleches**) *m* Galio (planta, *Galium verum y G. aparine*).

cuajar[1] A *intr* **1** Tomar [una sustancia (*suj*) líquida o pastosa] consistencia más o menos sólida. *Tb pr* (**~se**). **b)** (*lit*) Tomar cuerpo o consistencia [algo no material]. **c)** Solidificarse. *Tb fig.* ■ **2** Formar [la nieve] una capa sobre el suelo. ■ **3** Nacer y formarse [la flor o el fruto]. **b)** Nacer o formarse [algo no material]. ■ **4** Dar [una cosa (*suj*)] como fruto [algo (*compl* EN)]. ■ **5** Alcanzar [alguien o algo] pleno desarrollo. *Tb pr* (**~se**). **b)** Llegar a buen término [algo]. *Tb pr* (**~se**). **c)** Convertirse [en algo] como término de un proceso. B *tr* **6** Hacer que [algo (*cd*)] cuaje [1, 3b y 5]. ■ **7** Llenar [algo (*cd*)] de un conjunto numeroso de cosas]. *Frec en part.* **b)** *pr* (**~se**) Llenarse [algo de un conjunto numeroso de perss. o cosas].

cuajar[2] *m* (*Anat*) Cuarta y última cavidad del estómago de un rumiante.

cuajarón *m* Porción coagulada [de un líquido]. *Sin compl, designa normalmente el de sangre. Tb* (*lit*) *fig.*

cuaje *m* Hecho de cuajar[1] [3a] el fruto.

cuajo I *m* **1** Fermento que existe en la mucosa del estómago de los mamíferos en el período de lactancia y sirve para cuajar[1] [6] la leche. ■ **2** Cuajar[2]. ■

3 (*col*) Calma o flema. ■ **4** (*col*) Valor (fuerza moral o atrevimiento). ■ **5** (*Taur*) Condición del toro que ha llegado al pleno desarrollo. II *loc adv* **6** de ~. De raíz. *Con vs como* ARRANCAR, CORTAR, SUPRIMIR *o equivalentes. Tb fig.*

cuakerismo, cuákero → CUAQUERISMO, CUÁQUERO.

cual[1] (*con pronunc átona*) I *pron relat* (*sin art*) **1** *Sin antecedente* (*lit*): De la calidad que. * Las bodas fueron cuales correspondían a su alcurnia. **b)** El que. *En constrs con v en subj*: SEA ~ SEA, SEA ~ FUERE, FUERA ~ FUERA, FUESE ~ FUESE. ■ **2** *Con antecedente* (*lit*): Que. *Inicia la explicación o ejemplificación de lo mencionado en el antecedente.* * Hay bienes puramente externos, cuales son las riquezas. II *conj* **3** (*lit*) Como, o de la misma manera que. * Le sentó cual te puedes figurar. **b)** *En correlación con* TAN(TO): Como, o cuanto. * Un poeta tan destacado cual Lorca. **c)** ~ si. Como si. *Seguido de v en subj.* * Estas figuras aparecen cual si estuviesen vivas. III *locs* **4** tal ~ → TAL.

cual[2] (*con pronunc tónica*) I *pron relat* **1** el ~, la ~, lo ~. (El) que, (la) que, (lo) que. *Cuando funciona como suj, solo se usa introduciendo props explicativas. Precedido de prep, puede usarse introduciendo props especificativas. Si sigue a una pausa mayor* (*punto*), *equivale a* ESTE, ESTA, ESTO. * Aquí se recoge el agua, la cual es luego distribuida por cañerías. * Rebatió la opinión de un conferenciante, según el cual la maternidad es tarea absorbente. * La madre regañó al niño. Visto lo cual, el padre intervino. **b)** lo ~ que. (*pop o humoríst*) Lo cual. *A veces se emplea con puro valor de conj, denotando vagamente una idea de consecuencia.* * Abría todas las cartas, lo cual que nos costó algún disgusto. II *adj relat* **2** el (o la) ~ + *n* = *n* + QUE. *Si sigue a una pausa mayor* (*punto*), *equivale a* ESTE, ESTA, *o* DICHO, DICHA, *o* EL MENCIONADO, LA MENCIONADA. * Conoce muchas historias. Las cuales historias no siempre son edificantes. III *locs* **3** cada ~ → CADA; **tal para ~**; **que si tal, que si ~** → TAL.

cuál (*a veces, pop y rur, en las formas* CUÁLO, CUÁLA; *frec, en acep 7, con la grafía* **cual**) I *pron* A *interrog* **1** *Se usa para preguntar por la identidad de una pers o cosa individual entre dos o más posibles.* * Se parecen tanto que no sé cuál es una y cuál es otra. ■ **2** (*pop*) Qué. *Se usa para preguntar por la clase de cosa aludida.* * —Eso está muy feo. –¿Cuál está feo? B *indef* **3** ~... ~... (*lit*) Uno... otro... * Cuáles en una cosa, cuáles en otra, todos colaboraban. C *cuantitativo* **4** ~ más ~ menos. (*lit*) Todo el mundo, unos más y otros menos. * Todos, cuál más cuál menos, colaboraron. II *adj interrog* **5** Qué. *Seguido de n de pers o cosa. Se usa para preguntar por la identidad de una pers o cosa individual dentro de la clase designada por el n.* * ¿Cuál fruta prefieres? III *adv* **6** (*pop*) Cómo. –¿Eres periodista? –¿Cuál? ■ **7** a ~ más. Mucho o muy. *Gralm precediendo a un adj en sg* (*semiculto, en pl*) *o a un adv. Denota expresivamente que las perss o cosas aludidas compiten en el alto grado de posesión de la cualidad, el modo o la circunstancia.* * Hay varias sugerencias, a cuál más interesante. IV *fórm or* **8** ¿~ no será (*o* sería) + *n*? (*lit*) *Se usa para ponderar la importancia de lo designado en el n.* * ¿Cuál no sería su asombro al verle llegar?

cualesquier, cualesquiera → CUALQUIERA.

cualidad *f* **1** Elemento perceptible y no medible, en la naturaleza de alguien o algo, que hace que sea lo que es y como es. **b)** Buena cualidad. *Esp referido a pers.* ■ **2** (*raro*) Calidad (condición o clase).

cualificación *f* **1** Acción de cualificar(se). ■ **2** Cualidad de cualificado [2 y 3].

cualificado -da *adj* **1** *part* → CUALIFICAR. ■ **2** [Trabajador o profesional] que tiene formación especializada y particular competencia. **b)** [Trabajo o profesión] que exige formación especializada y particular competencia. ■ **3** [Pers.] competente [en una actividad o para algo]. **b)** Propio de la pers. cualificada. ■ **4** Relevante o importante. ■ **5** [Mayoría] representada por una fracción de votos superior a la mitad, como dos tercios o tres cuartos.

cualificador -ra *adj* Que cualifica, *esp* [1].

cualificar *tr* **1** Determinar las cualidades [1] [de algo (*cd*)]. ■ **2** Hacer cualificado [2] [a alguien]. ■ **3** Dar [a alguien o algo (*cd*)] cualidades [1] o condiciones adecuadas. *Tb abs.* **b)** *pr* (**~se**) Adquirir cualidades o condiciones [de algo (*compl* COMO)].

cualisquiera (*como adj, normalmente se apocopa en la forma* CUALISQUIER *cuando precede al sust*) *adj y pron invar* (*rur*) Cualquiera.

cualitativamente *adv* En el aspecto cualitativo [1].

cualitativo -va *adj* **1** Relativo a la cualidad o a las cualidades. ■ **2** (*Quím*) [Análisis] que tiene por objeto determinar la naturaleza de los elementos constitutivos de un cuerpo compuesto. *Tb referido a la fórmula que lo expresa.* ■ **3** (*Gram*) [Oración] atributiva o de verbo copulativo.

cualquiera (*como adj, normalmente se apocopa en la forma* CUALQUIER *cuando precede al sust; como adj antepuesto, el pl es* CUALESQUIER *o* CUALESQUIERA; *como adj pospuesto o como pron, el pl es* CUALESQUIE-RA; *y como n, el pl es* ~S *o cualquier; pero en el nivel col se usa, para el pl del adj y del pron, la misma forma del sg; y, por el contrario, existe un uso semiculto de* CUALESQUIER *y* CUALESQUIERA *para el sg*) **I** *adj* **1** [Pers. o cosa] indistinta o indiferente. *Antepuesto al sust, no le precede ningún determinante; cuando va pospuesto, si el sust es un n, este va precedido de un determinante.* * Cualquier hoja me vale. * Coge un libro cualquiera. **b)** Corriente o sin importancia. *Pospuesto al n.* * Era una ama de casa cualquiera. **II** *pron* **2** Una pers. indistinta o indiferente. *Siempre en sg.* * Cualquiera tiene un momento de debilidad. **b)** *Denota impersonalidad.* * ¡Cualquiera diría que eres el dueño! **c)** *Irónicamente expresa la imposibilidad de que nadie realice la acción del v que sigue.* * –¿Quién ha sido? –Cualquiera sabe. **d)** *Con compl* DE *o* ENTRE, *designa pers o cosa indistinta o indiferente dentro de la pluralidad mencionada o que se va a mencionar.* * Es una ciudad a la altura de cualquiera de las principales capitales del mundo. **e)** ~ **que sea** (o **fuera**, o **fuere**). *Con matiz concesivo, expresa indiferencia respecto a las perss o cosas individuales que pertenecen a la categoría o clase designada por el sust que sigue.* * Pueden participar todos, cualquiera que sea su nacionalidad. **III** *n* **A** *m* **3** Pers. vulgar y sin importancia. *Gralm precedido de* UN. * Le trató como a un cualquiera. **B** *m y f* **4** Pers. de malas costumbres o mala reputación. *Más frec dicho de mujer. Siempre precedido de* UN *o* UNA. * Vestida así, pareces una cualquiera.

cuan, cuán → CUANTO[1], CUÁNTO.

cuando[1] (*con pronunc átona*) **I** *adv* **A** *relat* (*conj*) **1** En el tiempo o momento en que, o al mismo tiempo que. * Salió de casa cuando amanecía. **b)** *Precedido de prep:* El momento en que. * Hablamos de cuando éramos niños. ■ **2** Después que. * Cuando vuelva, iré a verte. ■ **3** Donde. * Después de esa coma es cuando falta algo. ■ **4** Siendo así que. * Le das demasiada importancia, cuando en realidad no la tiene. ■ **5** Puesto que. * Cuando él lo dice, será cierto. ■ **6** ~ **quiera que**. (*lit*) En cualquier momento en que. * Cuando quiera que venga, será bien acogido. ■ **7** ~ **no**. (*lit*) Si no. * La película peca de monótona, cuando no de lenta.
B *no relat* **8** ~ **más**, o ~ **mucho**. Como cantidad o intensidad máxima presumible. * Habría sesenta personas cuando mucho. ■ **9** ~ **menos**. Por lo menos. * Con esto, cuando menos, saldremos del paso. ■ **10** ~ **quiera**. (*lit*) Siempre, o en cualquier momento. * Cuando quiera es hora para que se le dedique un recuerdo.
II *prep* **11** En el tiempo o momento de. * La conocí cuando la boda. **b)** **de ~**. Del tiempo de, o del momento de. * Cuenta historias de cuando la guerra.

cuando[2] (*con pronunc tónica*). **de ~ en ~**, o (*raro*) **de ~ en vez**. *loc adv* De vez en cuando (→ VEZ).

cuando[3] (*con pronunc tónica*) *m* (*hist*) Baile popular argentino de ritmo lento al principio y muy rápido al final. *Tb su música.*

cuándo (*en acep 3, a veces escrito sin tilde*) **I** *adv* **A** *interrog* **1** ¿En qué momento, o en qué tiempo? *A veces usado exclamativamente.* * ¿Cuándo vienes? * ¡Cuándo dejará de sufrir! ■ **2** ¿**de ~ acá?**, o ¿**de ~?** *Usado en interrogación retórica, expresa enfáticamente negación.* * ¿De cuándo ha usado ella ese lenguaje?
B *no interrog* **3** ~..., ~... (*a veces* **cuando...**, **cuando...**). Unas veces..., otras veces... * Tenía los ojos extraños, cuándo azules, cuándo verdes.
II *m* **4** Tiempo o momento. *Precedido del art* EL. * Quiere saber el cómo y el cuándo de cada cosa.

cuantía *f* **1** Cantidad o número. ■ **2** Importancia. *Gralm en los sintagmas* DE MAYOR ~, DE MENOR ~, DE PEQUEÑA ~.

cuántico -ca (*tb con la grafía* **quántico**) *adj* Del cuanto[2].

cuantificable *adj* Que se puede cuantificar[1].

cuantificación *f* **1** Acción de cuantificar[1] [1]. *Tb su efecto.* ■ **2** (*Ling*) Expresión de cantidad.

cuantificador -ra *adj* (*Ling*) Que expresa cantidad. *Frec n m, referido a elemento.*

cuantificante *adj* (*Ling*) Cuantificador. *Tb n m.*

cuantificar[1] *tr* **1** Determinar la cantidad [de algo (*cd*)]. ■ **2** (*Ling*) Expresar la cantidad [de lo designado por un lexema (*cd*)].

cuantificar[2] *tr* (*Fís*) Imponer [a una magnitud (*cd*)] una variación discontinua, por cantidades distintas, que son múltiplos de un cuanto[2].

cuantiosamente *adv* De manera cuantiosa [1].

cuantioso -sa *adj* **1** Grande en cantidad. ■ **2** (*hist*) [Caballero] hacendado con obligación de mantener armas y caballo para acudir a la guerra.

cuantitativamente *adv* En el aspecto cuantitativo [1].

cuantitativo -va *adj* **1** De la cantidad. ■ **2** (*Quím*) [Análisis] que tiene por objeto determinar la cantidad de cada elemento constitutivo de un cuerpo compuesto. *Tb referido a la fórmula que lo expresa.*

cuanto[1] **-ta** *(con pronunc átona; en acep 6c se apocopa en la forma* CUAN*)* **I** *adj relat* **1** Todo el + *n* + *que. Tb* TODO *(o* TANTO*)... ~.* * Cuantos esfuerzos hacía resultaban inútiles. * Venció a todos cuantos rivales le presentaron. ■ **2** *Se usa antepuesto a los adjs o prons* MÁS o MENOS, *en correlación con una expr comparativa que denota consecuencia.* * Cuanto menos bulto, más claridad. * Cuantos menos, mejor.

II *pron* **A** *relat* **3** *Con antecedente m o f:* Todo el que. * Come hierba, cuanta quiere. **b)** *Sin antecedente, en pl:* Todos los que. *Tb* TODOS *(o* TANTOS*)* ~S. * Pueden venir cuantos quieran. **c)** *Sin antecedente, en sg, tiene sent neutro y forma m:* Todo lo que. *Tb con antecedente neutro:* TODO ~ *o* TANTO ~. * Niega cuanto dices. * Niega todo cuanto dices.

B *no relat* **4** *En m:* Cantidad, gralm. de dinero, que no se quiere o no se puede precisar. *Usado como alternativa o variación frente a* TANTO. * El traje vale tanto; la camisa cuanto. ■ **5 tanto y** ~ → TANTO.

III *adv* **A** *relat (conj)* **6** *Sin antecedente:* Todo lo que. *Tb* TODO *(o* TANTO*)* ~. * Inclinó el cuerpo cuanto pudo. **b)** **tan(to)** + *adj o adv* + ~ + *otro adj o adv.* Tan(to)... como. * Habló tan oportuna cuanto justamente. **c) cuan largo** *(o* **alto)***.* Todo lo largo *(o* alto*)* que. *Seguido del v* SER. * Se hallaba tendido cuan largo era. ■ **7** *Se usa antepuesto a un adv de comparación (*MÁS, MENOS, ANTES, MEJOR, PEOR*), o a los adjs* MEJOR, PEOR, MAYOR, MENOR, *en correlación con una expr, tb de forma comparativa, que denota consecuencia.* * El remedio será más eficaz cuanto antes se aplique. ■ **8** *(lit)* Tanto como, o así como. * Largo de pluma cuanto corto de ideas. ■ **9** *en* ~ *(o, col,* **en** ~ **que)***.* Inmediatamente después que, o tan pronto como. *A veces (col) se intensifica la idea de inmediatez en la forma* EN CUANTITO. * En cuanto vuelva, te llamo. ■ **10 por** ~, *o* **en** ~ **(que)***. (lit)* Porque. * La propiedad no es ilimitada, por cuanto puede reducirse. * Es una enfermedad grave, en cuanto que comporta la ceguera. ■ **11** ~ **más que.** Con más motivo teniendo en cuenta que. * Es poco rentable, cuanto más que han bajado los precios. **b) tanto más** ~ **que** → TANTO.

B *no relat* **12** ~ **antes.** Lo más pronto posible. * Ven cuanto antes. ■ **13** ~ **más.** Con más motivo. *Tb (pop)* ~ NI MÁS. * Si puede matar a un hombre, cuanto más a un niño. ■ **14** ~ **más.** *(semiculto)* Cuando más. * Había, cuanto más, diez personas. **b)** ~ **menos.** *(semiculto)* Cuando menos, o por lo menos. * Con esto, cuanto menos, saldremos del paso. ■ **15 de tanto en** ~ → TANTO. ■ **16 ni por** ~ **hay.** *(reg)* Por nada del mundo.

IV *loc prep* **17 en** ~ *(o, raro,* **en** ~ **que)***.* En calidad de, o en el aspecto de. * Virtudes que la mujer posee en cuanto mujer. ■ **18 en** ~ **a** *(o, lit, raro,* ~ **a)***.* Por lo que respecta a, o en lo que se refiere a. * En cuanto a ese tema, prefiero no hablar.

cuanto[2] *(con pronunc tónica; tb, raro, con la grafía* **quanto)** *m (Fís)* Cantidad discreta de energía de un átomo o molécula, proporcional a la frecuencia de la radiación emitida o absorbida por estos. *Tb* ~ DE ENERGÍA.

cuánto -ta *(se escribe sin tilde en aceps 3 y 6; en acep 7b se apocopa en la forma* CUÁN*)* **I** *adj* **A** *interrog* **1** ¿Qué cantidad de...? *Tb exclam.* * ¿Cuánto tiempo estarás? * ¡Cuánto frío! **b)** *Con n en pl:* ¿Qué número de...? * ¿Cuántos invitados tienes?

B *no interrog* **2 no sé** ~. *Denota cantidad indefinida, gralm grande. Gralm con intención ponderativa.* * Ha ido a no sé cuántos médicos. ■ **3 unos** ~**s.** Algunos (no muchos). * Se quedará unos cuantos días.

II *pron* **A** *interrog* **4** ¿Qué cantidad? *Tb exclam.* * ¿Cuánto queda? **b)** *En pl:* ¿Qué número de perss. o cosas? * ¿Cuántos somos? **c)** *En sg, en la forma m:* ¿Qué precio? * ¿A cuánto sale cada pieza? **d)** ~ **bueno** → BUENO.

B *no interrog* **5 no sé** ~. *Denota cantidad indefinida, gralm grande. Gralm con intención ponderativa.* * Ha pagado no sé cuánto por la casa. ■ **6 unos** ~**s.** Algunos (no muchos). * Conozco a unos cuantos que te ayudarían.

III *adv* **A** *interrog* **7** ¿En qué cantidad? *Tb exclam.* * ¿Cuánto piensas quedarte? * ¡Cuánto ofendemos a Dios! **b)** ¿Con qué intensidad? *Tb exclam. En este último uso toma la forma* CUÁN *ante adj o adv (excepto* MEJOR, PEOR, MAYOR, MENOR, MÁS, MENOS*).* * Pensé cuánto le disgustaba aquello. * ¡Cuán descorté́s fue su respuesta!

B *no interrog* **8 ni por** ~. *(reg)* Por nada del mundo. *Usado como neg enfática.*

IV *m* **9** Cantidad. *Precedido del art* EL. * Lo que le preocupa no es el cómo, es el cuánto. ■ **10 no sé** ~**s.** *Sustituye provisionalmente al n, que no se puede o no se quiere precisar, de una pers o cosa.* * Vino el señor no sé cuántos.

V *loc v y fórms ors* **11** ¿**a** ~ **s estamos?** ¿Qué día del mes es hoy? ■ **12 mira por** ~ → MIRAR.

cuantómetro *m (Fís)* Instrumento que se utiliza en la industria para el análisis espectral rápido de muestras metálicas.

cuaquerismo *(tb, más raro, con la grafía* **cuakerismo)** *m* Doctrina o religión de los cuáqueros.

cuáquero -ra *(tb, más raro, con la grafía* **cuákero)** *adj* De la secta cristiana fundada en Inglaterra por George Fox en el s. XVII, caracterizada por la doctrina de la Luz Interior y el rechazo del culto externo y de la jerarquía eclesiástica. *Tb n, referido a pers.*

cuarcífero -ra *adj (Geol)* Que contiene cuarzo.

cuarcina *f (Mineral)* Variedad fibrosa del cuarzo.

cuarcita *f (Mineral)* Roca metamórfica constituida esencialmente por granos de cuarzo.

cuarenta **I** *adj* **1** *Precediendo a susts en pl:* Treinta y nueve más uno. *Puede ir precedido de art o de otros determinantes, y en este caso sustantivarse.* * Han nombrado cuarenta altos cargos. * Desde los cuarenta para arriba es difícil hacer amigos. ■ **2** *Precediendo o siguiendo a ns en sg (o, más raro, en pl):* Cuadragésimo. *Frec el n va sobrentendido.* * Artículo cuarenta. * Es un coche del cuarenta y seis.

II *pron* **3** Treinta y nueve más una perss. o cosas. *Siempre referido a perss o cosas mencionadas o consabidas, o que se van a mencionar.* * Tiene muchos nietos, más de cuarenta. * Cuarenta de los invitados no acudieron.

III *n* **A** *m* **4** Número de la serie natural que sigue al treinta y nueve. *Frec va siguiendo al n* NÚMERO. * El número premiado ha sido el cuarenta. **b)** Cosa que en una serie va marcada con el número cuarenta. * Le han calificado con un cuarenta. ■ **5 los (años)** ~, *o, más raro,* **los (años)** ~**s.** Quinto decenio de un siglo, esp. del XX. * Pertenece a la década de los cuarenta.

B *f pl* **6** *(col)* Hora muy avanzada. *Siempre precedido de* LAS. * Llega siempre a las cuarenta. ■ **7** *En*

ciertos juegos de naipes: Cuarenta puntos que gana el jugador que reúne el rey y el caballo (o la sota) del palo que pinta. *Siempre precedido de* LAS *y frec, con el v* CANTAR. ■ **8 las ~ horas** → HORA.
IV *loc v* **9 cantar** [a uno] **las ~.** *(col)* Exponer[le] los reproches que merece.

cuarentañero -ra *adj* [Pers.] que tiene cuarenta años o poco más. *Tb n.*

cuarentañismo *m (Pol, col)* Dictadura del General Franco († 1975).

cuarentena *f* **1** Conjunto de cuarenta unidades. *Gralm seguido de un compl* DE. *Frec solo con sent aproximativo.* ■ **2** Edad comprendida entre los cuarenta y los cincuenta años. ■ **3** Espacio de tiempo en que está aislada y vigilada una pers. o cosa portadora o posible portadora de algún mal contagioso. **b)** Aislamiento vigilado durante el espacio de tiempo en que se considera a alguien o algo capaz de contagiar un mal. **c)** *En gral:* Aislamiento, frec. vigilado, en que se tiene provisionalmente una cosa. ■ **4** Suspensión provisional de la aceptación de una pers. o cosa, esp. de una noticia. *Frec con el v* PONER.

cuarentenario *m (raro)* Día o año en que se cumplen cuarenta años [de un acontecimiento, esp. el nacimiento o la muerte de una pers.].

cuarentón -na *adj (col)* [Pers.] que está en la cuarentena [2]. *Tb n. Tb fig, referido a cosa.*

cuaresma *(frec con mayúscula) f (Rel crist)* Período comprendido entre el Miércoles de Ceniza y el Domingo de Resurrección, y que se señala como tiempo de penitencia y ayuno.

cuaresmal *adj (Rel crist)* De (la) cuaresma.

cuark *(pl normal, ~*s*) m (Fís)* Quark.

cuarta → CUARTO.

cuartal *m (reg)* **1** Pieza de pan equivalente a la cuarta parte de la hogaza. ■ **2** Medida de capacidad para áridos, equivalente a la cuarta parte de la fanega. ■ **3** Medida agraria equivalente a la cuarta parte de la fanega.

cuartana *adj* [Fiebre] intermitente cuyo acceso se repite cada cuatro días. *Frec n f.*

cuartar *tr (Agric)* Dar la cuarta labor [a las tierras de cereales *(cd)*]. *Tb abs.*

cuarteamiento *m* Acción de cuartear(se), *esp* [3]. *Tb fig.*

cuartear A *tr* **1** Dividir en cuartos [7] [reses o aves]. ■ **2** Partir en fragmentos. ■ **3** Producir grietas [en algo *(cd)*]. **b)** *pr* (*~*se) Agrietarse. *Tb fig.* ■ **4** *(Mar)* Decir en voz alta [el rumbo] según las cuartas (→ CUARTO [24]) de la rosa náutica.
B *intr (Taur)* Hacer [el torero] un movimiento en curva para evitar el derrote. *Tb pr* (*~*se).

cuartel I *m* **1** Edificio destinado a alojamiento de la tropa. **b)** **~es de invierno.** Campamento o conjunto de edificios en que pasa el invierno un ejército en campaña. *Tb fig, fuera del ámbito militar.* ■ **2** *(lit)* Alojamiento o refugio. ■ **3** *En pl:* Base de operaciones. *Frec fig.* ■ **4** **~ general.** Población, campamento o edificio donde se halla establecido el estado mayor de los Ejércitos o de la Armada, o el jefe de los mismos o de una división. *Tb fig.* **b)** Lugar donde establece su sede una organización o un conjunto unitario de personas, o el cabeza de ellos. **c)** Residencia temporal que se utiliza como base para una serie de viajes o excursiones por la región. ■ **5** Perdón o benevolencia que se conceden al enemigo

que se rinde o cae prisionero. *Frec con el v* DAR. *Frec fig.* ■ **6** *(Mil)* Servicio de cuartelero [2]. *Frec en la constr* ESTAR DE ~. ■ **7** Porción acotada de terreno. ■ **8** *(Heráld)* Parte de las cuatro que tiene un escudo dividido en cruz. ■ **9** *(Mar)* Sección de las establecidas en una embarcación. ■ **10** *(Mar) En un barco:* Tablón de los empleados en cerrar la boca de una escotilla.
II *loc v* **11 dar** *(u otro v equivalente)* ~ [a alguien]. *(col)* Dar[le] facilidades. *Tb fig.*
III *loc adv* **12 de ~.** *(Mil)* Sin empleo y disfrutando menos sueldo. *Referido a la situación de militares con graduación.* ■ **13 sin ~.** Sin perdonar la vida a los prisioneros. *Frec con el v* LUCHAR *o equivalentes. Frec adj, referido a* GUERRA *o* LUCHA. *Tb fig.*

cuartelada[1] *f (desp)* Pronunciamiento militar.

cuartelada[2] *f (Mar)* Parte de las dos en que se divide la red o arte de pesca.

cuartelar *tr (Heráld)* Dividir [el escudo] en cuarteles [8]. *Normalmente en part.*

cuartelario -ria *adj (desp)* Propio de(l) cuartel [1].

cuartelazo *m (desp)* Cuartelada[1].

cuartelero -ra I *adj* **1** De(l) cuartel [1]. *Frec con intención desp, referido a lenguaje.*
II *m* **2** *(Mil)* Soldado que tiene a su cargo el aseo y seguridad del dormitorio de su compañía. ■ **3** *(Mar) En un buque de guerra:* Marinero o soldado encargado del orden y limpieza de un sollado.

cuartelillo I *m* **1** Edificio destinado a alojamiento de una sección de tropa. *Esp referido a la Guardia Civil.* ■ **2** Edificio destinado a una sección de bomberos.
II *loc v* **3 dar ~** [a alguien]. *(pop)* Ayudar[le] o dar[le] facilidades.

cuarteo I *m* **1** Acción de cuartear(se), *esp* [3 y 5].
II *loc adv* **2 al ~.** *(Taur)* Cuarteando [5].

cuartera *f* Cierta medida catalana para áridos usada especialmente en Baleares y equivalente a unos 70 l.

cuarterada *f* Medida agraria de las islas Baleares equivalente a 7103 m².

cuarterola *f* Recipiente en forma de tonel pequeño.

cuarterón[1] *m* **1** Cuadro de los que se labran para adorno en una puerta o ventana de madera. ■ **2** Contraventana o postigo. ■ **3** Parte de las cuatro en que se divide un todo. ■ **4** *(hoy raro)* Paquete de tabaco picado cuyo contenido pesa un cuarto de libra. ■ **5** *(raro)* Cuarta parte de una libra.

cuarterón[2] **-na** *adj* [Pers.] nacida en América de mestizo y española o de español y mestiza. *Tb n.*

cuarteta *f (TLit)* Estrofa de cuatro versos, esp. la de arte menor en que riman en consonante el primero con el tercero y el segundo con el cuarto.

cuartetista *(Mús)* **I** *adj* **1** De(l) cuarteto [1b y 3].
II *m y f* **2** Pers. que forma parte de un cuarteto [1b].

cuarteto *m* **1** Grupo de cuatro perss. o cosas. **b)** Conjunto de cuatro instrumentos o cantantes. ■ **2** *(TLit)* Estrofa de cuatro versos de arte mayor, de los cuales normalmente riman en consonante el primero con el cuarto y el segundo con el tercero. ■ **3** *(Mús)* Composición o parte musical para cuatro instrumentos o para cuatro cantantes.

cuartico *m* (*hist*) Moneda equivalente a la cuarta parte de un real. *Referido a la América colonial.*

cuartilla *f* **1** Hoja de papel para escribir del tamaño de la cuarta parte de un pliego, equivalente a 22 por 16 cm. *A veces en aposición con* TAMAÑO. **b)** Hoja de papel en que se escribe un original, con independencia de su tamaño. ■ **2** Medida de capacidad para líquidos que equivale a la cuarta parte de la cántara. ■ **3** Medida para áridos que equivale a la cuarta parte de la fanega. ■ **4** Medida de peso o capacidad equivalente a la cuarta parte de la arroba. ■ **5** *En una caballería:* Parte de la pata inmediatamente anterior al nacimiento del casco. ■ **6** (*hoy raro*) *En algunas aldeas:* Cantidad que paga para invitar a los mozos el forastero que se casa con una muchacha del pueblo, o el muchacho que pasa a ser mozo. ■ **7** (*hist*) Cierta moneda de cobre de escaso valor.

cuartillo *m* **1** Medida de capacidad para líquidos que equivale a la cuarta parte de una azumbre, aproximadamente medio litro. ■ **2** Medida de capacidad para áridos que equivale a la cuarta parte de una fanega. ■ **3** (*argot Econ*) Cuarta parte de un entero o de un punto. ■ **4** (*hist*) Moneda equivalente a la cuarta parte de un real.

cuarto -ta **I** *adj* **1** Que ocupa un lugar inmediatamente detrás o después del tercero. *Frec el n va sobrentendido.* ■ **2** [Parte] que es una de las cuatro en que se divide o se supone dividido un todo. ■ **3** **de tres al ~** → TRES. ■ **4 de tres ~s.** (*Rugby*) [Línea] trasera. ■ **5 tres ~s.** (*Moda*) Que cubre aproximadamente tres cuartas partes de lo normal. *Referido esp a abrigos o mangas. Tb n m, referido a abrigo.*
II *n* **A** *m* **6** Parte de las cuatro en que se divide o se supone dividido un todo. *Gralm seguido de un compl* DE (*a veces, pop, sin* DE). *Frec se omite, por consabido, referido a kilo o litro.* **b)** *Sin compl:* Cuarto de hora. *Gralm con vs como* DAR *o* SONAR. **c)** (*reg*) Cuarta parte de una finca. ■ **7** Parte de las cuatro en que se divide o se considera dividida una res o un ave, esp. de consumo. **b) ~ delantero.** Parte anterior del cuerpo de un cuadrúpedo, esp. la paletilla. *Más frec en pl.* **c) ~ trasero** (*o, raro, ~ de atrás*). Parte posterior del cuerpo de un cuadrúpedo, esp. las ancas. *Más frec en pl. Tb fig, con intención burlesca, referido a pers.* ■ **8** Parte de las cuatro en que se considera dividido un vestido, abrigo, chaqueta o blusa. *Gralm con los adjs* DELANTERO *y* TRASERO. ■ **9** *En un libro, folleto, etc:* Tamaño de la cuarta [2] parte de un pliego, aproximadamente. *Gralm precedido de la prep* EN. ■ **10** Fase de las cuatro de la Luna, esp. la creciente y la menguante. ■ **11 ~ proporcional.** (*Mat*) Cuarta [27] proporcional. ■ **12 ~s de final.** (*Dep*) Conjunto de los cuatro antepenúltimos encuentros en un campeonato que se gana por eliminación del contrario y no por puntos. ■ **13 tres ~s de lo mismo.** (*col*) Casi exactamente lo mismo. ■ **14** Pieza o habitación de aquellas en que se divide una vivienda. *Gralm acompañado de un adj o compl especificador:* DE ASEO, DE BAÑO, TRASTERO, *etc* (→ ASEO, BAÑO, TRASTERO, *etc*). **b)** Dormitorio. *Gralm con un compl de posesión. Tb su mobiliario.* **c)** (*raro*) *En un hotel o establecimiento similar:* Habitación o dormitorio. **d)** *En un edificio o embarcación:* Habitación destinada a un determinado servicio. *Gralm con un adj o compl especificador:* DE BANDERAS, DE DERROTA, *etc* (→ BANDERA, DERROTA², *etc*). **e) ~ de estar.** *En una vivienda:* Habitación destinada a convivir y estar juntos los miembros de la familia. **f) ~ oscuro.**

Habitación sin luz donde se amenaza con encerrar a los niños que se portan mal. ■ **15** *En un edificio:* Parte de las destinadas a vivienda de una familia. ■ **16** *En pl* (*col*): Dinero. **b) dos,** *o* **cuatro, ~s.** Cantidad insignificante de dinero. **c)** *En ors negs:* **un ~,** *o* **ni un ~.** Ninguna cantidad de dinero. ■ **17** (*hist*) Se ha dado este *n* a distintas monedas de vellón y de cobre, de valor variable según las épocas, cuyo último valor fue el de un cuarto [6] de real. ■ **18 ~ militar.** Personal militar al servicio inmediato del Rey. ■ **19 tres ~s.** (*Rugby*) Jugador de la línea de tres cuartos [4].
B *f* **20** (*Der*) Parte de las cuatro en que se supone dividida la herencia. ■ **21** Palmo, o cuarta [2] parte de la vara, que equivale a unos 21 cm. *Frec se usa solo con valor aproximativo.* ■ **22** (*reg*) Cuarta [3] parte de una arroba. ■ **23** (*reg*) Medida agraria equivalente a la sexta parte de una obrada. ■ **24** (*Mar*) Parte de las 32 en que se divide la rosa náutica, equivalente a 11° 15'. ■ **25** (*Naipes*) Escalera de cuatro cartas. ■ **26** (*Mús*) Intervalo que consta de dos tonos y un semitono mayor. ■ **27 cuarta proporcional.** (*Mat*) Cuarto [1] término de una proporción de la que se conocen los otros tres.
III *loc v* **28 dar tres ~s** (*o* **un ~**) **al pregonero.** (*col*) Publicar lo que debería mantenerse en la intimidad o en un ámbito privado. ■ **29 echar** [uno] **su ~ a espadas.** (*col*) Intervenir en una conversación o discusión exponiendo su parecer. *Tb fig.* ■ **30 saber** [uno] **con quién se gasta** (*o se juega*) **los ~s.** (*col*) Tener idea de la identidad o de la calidad de la pers. con quien se está tratando.
IV *adv* **31** En cuarto [1] lugar. ■ **32 de tres ~s.** (*Arte*) En posición intermedia entre la de perfil y la de frente. ■ **33 qué** + *n* + **ni qué ocho ~s.** (*col*) Fórmula con que se rechaza enfáticamente lo expresado por el *n* y que acaba de ser propuesto por otro. * –¿Nos vamos a Torrejón? –¿Qué Torrejón ni que ocho cuartos? ¡A casa!

cuartofinalista *adj* (*Dep*) Que participa en los cuartos de final. *Tb n.*

cuartón *m* **1** Madero de los cuatro que resultan de aserrar en cruz una pieza enteriza. *Tb la viga constituida por él.* ■ **2** Medida agraria catalana, de valor variable según las comarcas, y equivalente a la cuarta parte de la medida principal que se toma como referencia.

cuarzo **I** *m* **1** Mineral de sílice, muy duro, capaz de rayar el acero, incoloro cuando es puro, y de brillo vítreo. **b) ~ hialino.** Cristal de roca.
II *loc adj* **2** [Lámpara] **de ~** → LÁMPARA.

cuarzoso -sa *adj* Que contiene cuarzo.

cuasar, cuásar → QUÁSAR.

cuasi *adv* Casi. *Precede a adj o n, implicando semejanza o apariencia en la cualidad o en la función.* **b)** (*raro*) Casi. *En sent gral.*

cuasi- *r pref* Casi. * Cuasipariente.

cuasicontrato *m* (*Der*) Hecho lícito del cual, sin ser contrato, derivan nexos jurídicos.

cuasidelito *m* (*Der*) Acción u omisión que causa mal a otro, sin ánimo de dañar pero con culpa o negligencia.

cuate *m* (*col, raro*) Camarada o compinche.

cuaternario -ria *adj* **1** Cuarto o de cuarto grado. *Normalmente solo se usa en series de muy pocos elementos, contraponiéndose a* PRIMARIO, SECUNDARIO, TERCIARIO. **b)** (*Geol*) [Era] más moderna, que sigue inmediatamente a la Terciaria. *Tb n m.* **c)**

Perteneciente a la Era Cuaternaria. ■ **2** Formado por cuatro elementos. ■ **3** (*Quím*) Que resulta de la sustitución de cuatro átomos o grupos.

cuatralbo -ba *adj* [Animal, esp. caballería] que tiene blancos los cuatro pies.

cuatreada *f* Cierto tipo de estameña que se fabrica en Segovia.

cuatrear *tr* Robar [ganado].

cuatrena *f* (*reg, hoy raro*) Moneda de cinco céntimos.

cuatreño -ña *adj* [Animal, esp. vacuno] que tiene cuatro años. *Tb n m, referido a toro.*

cuatrero -ra *m y f* Ladrón de ganado, esp. de caballerías. *Tb fig.*

cuatricentenario -ria I *adj* **1** Que tiene cuatrocientos años o más.

 II *m* **2** Día o año en que se cumplen los cuatrocientos años [de algo, esp. de un acontecimiento o del nacimiento o la muerte de un personaje].

cuatricolor *adj* De cuatro colores. *Tb fig.*

cuatricromía *f* (*Impr*) Impresión en cuatro colores.

cuatrienal *adj* **1** De cuatro años. *Con idea de duración.* ■ **2** Que se produce cada cuatro años.

cuatrienio *m* Período de cuatro años.

cuatrifolio *m* (*Arte*) Cuadrifolia.

cuatrillizo -za *adj* [Pers.] nacida del mismo parto que otras tres. *Más frec como n y en pl.*

cuatrillón *m* Cantidad de un millón de trillones. *Gralm seguido de un compl* DE (*sin* DE *cuando se interpone otro número*).

cuatrimestral *adj* **1** De un cuatrimestre. *Con idea de duración.* ■ **2** Que corresponde a cada cuatrimestre o se produce cada cuatrimestre.

cuatrimestre *m* Período de cuatro meses.

cuatrimotor *m* Avión provisto de cuatro motores.

cuatrinca *f* Agrupación de cuatro personas.

cuatripartito -ta *adj* **1** Dividido en cuatro partes. ■ **2** Que se hace entre cuatro elementos o partes.

cuatrirreactor *m* Avión provisto de cuatro reactores.

cuatro I *adj* **1** *Precediendo a susts en pl:* Tres más uno. *Puede ir precedido de art o de otros determinantes, y en este caso sustantivarse.* * El tejado es a cuatro aguas. ■ **2** Unos pocos. *Ponderando poca cantidad.* * Suelta cuatro tacos y se queda tan ancho. **b)** *Precedido de art o de otro determinante:* Pocos. * Vendió las cuatro tierras que heredó. **c) más de ~.** (*col*) Muchos. * Más de cuatro compradores se volvieron atrás. ■ **3** *Siguiendo a susts en sg:* Cuarto. *Frec el n va sobrentendido.* * Página cuatro. * Murió en el cincuenta y cuatro.

 II *pron* **4** Tres más una perss. o cosas. *Siempre referido a perss o cosas mencionadas o consabidas, o que se van a mencionar.* * Pasaron unas campesinas; eran cuatro. * Cuatro de los invitados no acudieron. **b) más de ~.** (*col*) Muchos. * Mas de cuatro se han arrepentido.

 III *n* A *m* **5** Número que en la serie natural sigue al tres. *Frec va siguiendo al n* NÚMERO. * El número premiado es el cuatro. **b)** Cosa que en una serie va marcada con el número cuatro. * Conviene quitar

los doses, treses y cuatros. ■ **6** Instrumento venezolano en forma de guitarra pequeña de cuatro cuerdas.

 B *f pl* **7** Cuarta hora después de mediodía o de medianoche. *Normalmente precedido de* LAS. * Te espero a las cuatro.

cuatrocentismo *m* Siglo XV.

cuatrocentista *adj* Del siglo XV. *Tb n, referido a pers.*

cuatrocientos -tas I *adj* **1** *Precediendo a susts en pl:* Trescientos noventa y nueve más uno. *Puede ir precedido de art o de otros determinantes, y en este caso sustantivarse.* * Llevo cuatrocientas pesetas. ■ **2** *Precediendo o siguiendo a ns en sg* (*o, más raro, en pl*): Cuadringentésimo. *Frec el n va sobrentendido.* * Celebran el cuatrocientos aniversario.

 II *pron* **3** Trescientas noventa y nueve más una perss. o cosas. *Siempre referido a perss o cosas mencionadas o consabidas, o que se van a mencionar.* * Esta casa tiene doce vecinos, y el bloque, cuatrocientos.

 III *m* **4** Número de la serie natural que sigue al trescientos noventa y nueve. *Frec va siguiendo al n* NÚMERO. * Ha salido premiado el cuatrocientos. ■ **5** Siglo XV. * Ese autor vivió en el cuatrocientos.

cuatropea *f* En una feria: Lugar en que se vende el ganado.

cuba *f* **1** Recipiente grande de madera, de forma casi cilíndrica, con bases circulares y superficie lateral abombada, que sirve para guardar un líquido, esp. vino. **b)** (*col*) *Se emplea en constrs de sent comparativo para ponderar la borrachera de una pers.* * Está como una cuba. ■ **2** *En algunos electrodomésticos:* Espacio interior destinado a alojar los objetos que se someten al tratamiento del aparato. ■ **3** Cubeta (de laboratorio). ■ **4** (*Mec*) En un motor de explosión: Depósito cilíndrico del carburador. ■ **5** (*Metal*) Tronco de cono que constituye la parte superior de un alto horno. ■ **6** (*E*) Pila de obra de fábrica, metal o madera, destinada a distintos usos.

cubalibre (*tb con las grafías* **cuba libre** y **cuba-libre**; *pl,* ~s *o* CUBAS-LIBRES) *m* Bebida compuesta por Coca-Cola y ron o ginebra, o alguna vez coñac.

cubanización *f* (*Pol*) Adopción de un sistema político semejante al implantado por Fidel Castro en Cuba (1959).

cubano -na *adj* De Cuba. *Tb n, referido a pers.*

cubanón *m* (*reg*) Viento templado que trae lluvia cuando hay nevada.

cubata *m* (*col*) Cubalibre.

cubería *f* Taller o tienda del cubero [1].

cubero I *m* **1** Hombre que hace o vende cubas [1a]. II *loc adv* **2 a ojo de buen ~** → OJO.

cubertada *f* (*Mar*) Cargamento sobre la cubierta principal de una embarcación.

cubertería *f* Conjunto de cucharas, tenedores, cuchillos y utensilios de servir usados en la mesa.

cubertero *m* Recipiente para guardar cubiertos [4].

cubertura *f* (*raro*) Cobertura.

cubeta *f* **1** Recipiente, gralm. cilíndrico, abierto por arriba, destinado al transporte de materiales. ■ **2** Recipiente, gralm. rectangular, usado en laboratorios, esp. fotográficos. ■ **3** (*Fís*) En determinados barómetros: Recipiente pequeño que contiene el mercurio. ■ **4** (*Geol*) Depresión del terreno, gralm.

ocupada por un lago o por una llanura pantanosa. ■ **5** (*Constr*) *En una ducha, pila o piscina:* Concavidad en que se recoge el agua. ■ **6** (*Constr*) Taza de inodoro.

cubicación *f* **1** Acción de cubicar. *Tb el volumen o la expresión numérica del resultado de cubicar.* ■ **2** (*Mat*) Acción de elevar una cantidad a la tercera potencia.

cubicaje *m* (*Mec*) Cilindrada.

cubicar *tr* **1** Calcular el volumen o la capacidad [de algo (*cd*)] en unidades cúbicas. ■ **2** Tener [algo (*suj*)] de volumen o capacidad [cierto número de unidades cúbicas].

cúbico -ca *adj* **1** De forma de cubo² (cuerpo geométrico). **b)** [Pirita] **cúbica** → PIRITA. ■ **2** [Unidad de medida de volumen o de capacidad] constituida por un cubo² [1] que tiene de arista [la unidad lineal que se expresa]. **b)** [Metro] ~, [kilómetro] ~, [centímetro] ~, *etc* → METRO¹, KILÓMETRO, CENTÍMETRO, *etc.* ■ **3** (*Mat*) [Raíz] que, multiplicada dos veces por sí misma, da [un número determinado (*compl de posesión*)]. ■ **4** (*Mineral*) [Sistema] caracterizado por la existencia de varios ejes principales y cuya malla presenta forma de cubo² [1].

cubiculario *m* (*hist*) Criado que está al servicio inmediato de un gran señor.

cubículo *m* (*Mec*) Recinto muy reducido.

cubierta *f* **1** Superficie que sirve para cubrir. ■ **2** Parte superior y exterior que cubre [1b] un edificio. *Tb la estructura que la soporta.* ■ **3** Forro de papel, cartón u otro material más o menos rígido que cubre [1b] el conjunto de los pliegos del libro. **b)** *En una revista:* Portada. ■ **4** Envoltura gruesa hecha de caucho reforzado con otros materiales y que cubre y protege la cámara de aire en la rueda de un automóvil, una motocicleta o una bicicleta. ■ **5** Suelo o piso de los que dividen horizontalmente un barco. *A veces con un compl especificador, que normalmente se omite cuando se refiere a la superior.*

cubierto -ta I *adj* **1** *part* → CUBRIR. ■ **2** [Vino] de color oscuro. ■ **3** [Caballero] ~ → CABALLERO. II *m* **4** Juego de cuchara, tenedor y cuchillo. ■ **5** Servicio completo para un comensal. ■ **6** *En un restaurante:* Comida constituida por determinados platos y que se sirve por un precio fijo. ■ **7** (*raro*) Cubierta o techumbre. ■ **8** (*reg*) Cobertizo. III *loc adv* **9 a ~.** Bajo techado y protegido de las inclemencias del tiempo. ■ **10 a ~.** En lugar o situación en que se está protegido [de peligro o daño]. *Tb sin compl, por consabido.*

cubil *m* **1** Guarida de una fiera. *Tb fig.* ■ **2** (*desp*) Habitación de dimensiones muy reducidas. ■ **3** (*reg*) Pocilga o cochiquera.

cubilete *m* **1** Pequeño recipiente, profundo y más ancho por la boca que por el fondo, hecho frec. de cuero y usado para jugar a los dados y para ciertos juegos de manos. ■ **2** Pequeño recipiente cilíndrico, a veces abultado en el centro, usado para tirar los dados en el parchís y otros juegos similares. ■ **3** Pequeño recipiente de forma cilíndrica o troncocónica, destinado a diversos usos.

cubiletear *intr* Hacer combinaciones hábiles y gralm. poco honradas para lograr un propósito.

cubileteo *m* Acción de cubiletear.

cubilote *m* Horno pequeño donde se refunde el hierro colado procedente del alto horno.

cubismo *m* (*Arte*) Tendencia de las artes plásticas, propia del primer tercio del s. XX, caracterizada por la combinación de formas naturales y geométricas y la representación de los objetos simultáneamente de frente y de perfil.

cubista *adj* (*Arte*) De(l) cubismo. **b)** Partidario o cultivador del cubismo. *Tb n.*

cubital *adj* (*Anat*) Del cúbito. *Tb n m, referido a músculo.*

cubitera *f* Recipiente para conservar y servir los cubitos de hielo.

cubito *m* Cuerpo en forma de cubo² [1] de pequeño tamaño. *Con un compl especificador, que frec se omite por consabido.*

cúbito *m* (*Anat*) Hueso más largo de los dos que forman el antebrazo.

cubo¹ I *m* **1** Recipiente, gralm. en forma de tronco de cono, más alto que ancho, cerrado por la base más pequeña, y con una sola asa de un lado a otro de la parte abierta, usado esp. para contener o transportar líquidos. *Tb su contenido.* **b)** (*col*) *Frec se usa en constrs de sent comparativo para ponderar la ingenuidad.* * Es más infeliz que un cubo. ■ **2** *En una rueda:* Pieza central, en la cual se insertan los radios. ■ **3** *En una fortaleza:* Torreón de forma normalmente cilíndrica. ■ **4** *En un molino:* Pozo o estanque en que se recoge el agua. II *loc adv* **5 a ~s.** A cántaros. *Con el v* LLOVER *u otro equivalente.*

cubo² *m* **1** Cuerpo geométrico formado por seis cuadrados iguales. ■ **2** (*Mat*) Tercera potencia.

cuboflash (*pronunc corriente, /kubóflás/; pl normal, ~ES o ~*) *m* (*Fotogr*) Lámpara de flash en forma de cubo² [1], capaz para cuatro disparos.

cuboides *adj* (*Anat*) [Hueso del tarso] situado en el borde externo del pie. *Tb n m.*

cubre *m* (*argot de laboratorios*) Cubreobjetos.

cubre- *r pref* Cosa que cubre [lo expresado en el segundo elemento del compuesto]. * Cubrebotas.

cubrebandejas *m* Pañito, gralm. bordado, con que se cubre una bandeja.

cubrebotón *m* Adorno que se aplica sobre el botón en la manga de la camisa dándole apariencia de gemelo. *Gralm en pl.*

cubrecabeza (*tb* **cubrecabezas**) *m* Prenda destinada a cubrir o proteger la cabeza.

cubrecama (*tb* **cubrecamas**) *m* Colcha, esp. la segunda que se pone encima de la colcha ordinaria.

cubrecorsé *m* (*hist*) Prenda interior femenina que se pone sobre el corsé y cubre hasta el busto.

cubrecosturas *m* Galón que se usa en labores como adorno y para cubrir una costura. *Gralm* GALÓN ~.

cubrefuego *m* (*hist*) Toque que señala la hora de retirarse a casa y apagar las luces.

cubremantillas *m* (*hoy raro*) Prenda rectangular que se pone sobre la mantilla de un niño pequeño.

cubreobjetos (*tb* **cubreobjeto**) *m* Lámina delgada de cristal que se coloca sobre la preparación microscópica.

cubrepán *m* Pieza de hierro en figura de escuadra que usan los pastores para cubrir con brasas las tortas que asan.

cubrepuntos *m* (*Mil, hoy raro*) Pieza que se coloca sobre el punto de mira de un arma portátil para protegerlo cuando no se hace uso de ella.

cubrerradiador *m* Mueble, gralm. rematado por una repisa, destinado a cubrir un radiador de calefacción.

cubrición *f* **1** Acción de cubrir [1a y 14]. ■ **2** Cubierta [2].

cubriente *adj* Que cubre [1a y b]. *Tb n m, referido a material.*

cubrimiento *m* Acción de cubrir [1a].

cubrir (*conjug* 37) **A** *tr* **1** Poner [algo (*compl* CON o, más raro, DE)] delante o encima [de una pers. o cosa (*cd*)], normalmente para ocultar[la] o proteger[la]. *Tb sin compl.* **b)** Estar [alguien o algo] delante o encima [de una pers. o cosa (*cd*)], normalmente ocultándo[la] o protegiéndo[la]. **c)** (*Boxeo*) Poner [el boxeador] los brazos y los guantes delante [del cuerpo o de una parte de él (*cd*)] para protegerse. *Frec con cd refl, implicando toda la parte superior del cuerpo.* **d)** (*Pint*) Poner una capa [de color sobre algo (*cd*)]. ■ **2** Ocultar. *Tb fig.* **b)** No permitir [una pintura o algo similar (*suj*)] que se transparente [lo que hay debajo]. *Tb abs.* ■ **3** Poner el techo o tejado [a un edificio o a parte de él (*cd*)]. ■ **4** Llegar [el agua en que alguien (*cd*) se baña o se mete, hasta cierta altura (*compl adv*)]. *Sin compl, denota hasta más arriba de la cabeza. Frec abs.* ■ **5** Llenar [a una pers. o cosa de algo]. *Tb fig. Tb sin compl.* **b)** *pr* (~se) Llenarse [de algo]. *Tb fig.* ■ **6** Situarse [soldados o guardias] a ambos lados y a lo largo [de la carrera o trayecto (*cd*) de un desfile, procesión o cortejo]. ■ **7** *En un combate:* Proteger la acción ofensiva o defensiva [de alguien (*cd*)]. **b)** Proteger [una acción ofensiva o defensiva, esp. la retirada]. *Tb fig.* **c)** (*Dep*) Defender [la portería]. ■ **8** Ocupar [un puesto de trabajo o un cargo]. **b)** Ocupar el lugar [de una baja (*cd*)]. **c)** Ocupar [alguien o algo un espacio o un tiempo]. ■ **9** Compensar o llenar [un vacío o una carencia]. ■ **10** Compensar o contrarrestar [una diferencia o un déficit]. ■ **11** Pagar o satisfacer [un gasto o una deuda]. **b)** Llegar a ganar la cantidad correspondiente [a un gasto (*cd*)]. *Gralm en la constr ~ GASTOS o COSTES.* ■ **12** Satisfacer [necesidades, esp. de carácter económico]. ■ **13** (*Econ*) Suscribir enteramente [una emisión de títulos de deuda o de un valor comercial]. *Gralm en constr pasiva.* ■ **14** Fecundar [el macho a la hembra]. *Tb abs. Tb fig, referido a pers.* ■ **15** Recorrer [una distancia]. ■ **16** Tener [algo (*suj*) la extensión que se expresa]. ■ **17** Tener [alguien o algo] bajo su radio de acción [una zona]. ■ **18** Encargarse [un reportero, fotógrafo o cámara] de recoger [la información (*cd*) de un suceso] para un medio de comunicación. *El cd puede ser tb el mismo suceso.* ■ **19** ~ aguas, ~ el expediente, ~ las apariencias, ~ las espaldas → AGUA, EXPEDIENTE, APARIENCIA, ESPALDA. **B** *intr pr* (~se) **20** Pasar a estar [alguien o algo] debajo de una capa [de algo] que los oculta. ■ **21** Nublarse [el cielo]. *Frec se omite el suj, por consabido.* ■ **22** Ponerse el sombrero u otra prenda similar. **b)** (*hist*) Ponerse el sombrero en presencia del rey, como ceremonia por la que uno es investido grande de España. ■ **23** Llevar [alguien] puestas [determinadas prendas (*compl* CON o, más raro, DE)]. ■ **24** Protegerse o defenderse [de alguien o algo]. *Tb sin compl, por consabido.* ■ **25** *En la formación militar:* Formar correctamente en columna poniendo la mano, con el brazo extendido en ángulo recto, so-

bre el hombro del individuo que está delante. *A veces tb fuera del ámbito militar.*

cuca[1] *f* (*col*) Cucaracha.

cuca[2] *f* (*col*) Peseta.

cuca[3] *f* (*col*) **1** Órgano sexual masculino. ■ **2** (*raro*) Órgano sexual femenino.

cucada *f* (*col*) Cosa linda o graciosa. *Esp en lenguaje femenino.*

cucamente *adv* (*col*) De manera cuca (→ CUCO[2]) o astuta.

cucamona *f* (*col*) Zalamería o carantoña. *Gralm en pl. Tb fig.*

cucanda *adj* (*reg*) Cuco[2] o taimado.

cucaña *f* Palo largo, impregnado de una sustancia resbaladiza, que se fija en posición vertical u horizontal con un premio en su extremo para el que consigue llegar hasta este. *Tb fig. Tb el juego correspondiente.*

cucañero -ra *m y f* Pers. hábil en el juego de la cucaña.

cucar[1] *tr* Guiñar [el ojo].

cucar[2] *intr* (*reg*) Formarse enteramente el fruto [del nogal (*suj*)]. **b)** Formarse enteramente [la nuez].

cucaracha *f* Se da este *n* a diversos insectos de cuerpo deprimido, alas plegadas sobre el abdomen, aunque rara vez vuelan, antenas largas y delgadas, y color negro o pardo, omnívoros, nocturnos y buenos corredores, que viven en el suelo (*Blatta orientalis, Periplaneta americana, Blatella germanica*).

cucha *interj* (*reg*) Mira o fíjate.

cuchar *m* (*reg*) Cuchara [1].

cuchara I *n* **A** *f* **1** Utensilio formado por una pieza cóncava y ovalada y por un mango, que sirve para llevar a la boca desde el plato alimentos líquidos, blandos o con caldo. **b)** Cantidad [de una sustancia] que cabe en una cuchara [1a]. ■ **2** Utensilio de forma semejante a la cuchara [1a]. ■ **3** Cucharilla (arte de pesca). ■ **4** *En algunas máquinas, como tractores, grúas, excavadoras y dragas:* Mecanismo, con un sistema de apertura y cierre, destinado a tomar materiales o cargas y trasladarlos de un sitio a otro o transbordarlos. *A veces en aposición o en la constr* DE ~. ■ **5** (*Metal*) En un horno: Recipiente metálico destinado a transportar el metal en fusión. *A veces en aposición o en la constr* DE ~. ■ **6 ~ de pastor.** Planta vivaz de pequeño tamaño, de hojas verdosas por arriba y blanquecinas por debajo, con flores purpúreas en capítulo y propia de pedregales calizos (*Leuzea conifera*).

B *m y f* **7 media ~.** (*raro*) Pers. de mediano entendimiento o capacidad.

II *adj* **8** [Pato] que se distingue por su gran pico en forma de espátula y por su hábito gralm. en marismas y charcas (→ PATO). *Tb n m.* ■ **9 de ~.** (*argot Mil*) [Militar de graduación] que procede de la tropa y no de Academia militar. *Tb fig, referido a otras profesiones.* ■ **11** (*Carrera*) de militar de cuchara.

III *loc v* **10 entregar la ~.** (*col*) Morir. *Tb fig.* ■ **11 meter (la) ~.** (*col*) Introducirse en una conversación o en un asunto ajenos.

cucharada *f* Cantidad que se coge con una cuchara [1a y 4].

cucharadita *f* Cantidad [de una sustancia] que cabe en una cucharilla [1].

cucharal *m* Bolsa de piel que lleva el pastor para guardar las cucharas [1a].

cucharear A *tr* **1** Tomar o servir [algo] con cuchara [1a].
B *intr* **2** Meter y sacar la cuchara [1a].

cuchareo *m* Acción de cucharear.

cucharero *m* Utensilio para colgar las cucharas [1a] y otros cubiertos.

cuchareta *f* Espátula (ave, *Platalea leucorodia* y *Spatula clypeata*).

cucharilla *f* **1** Utensilio de igual forma que la cuchara [1a], pero de menor tamaño, utilizado para café u otras infusiones o para dulces. ▪ **2** Artificio, usado en la pesca con caña, que tiene varios anzuelos y está provisto de una pieza metálica que con su brillo y movimiento atrae a los peces.

cucharón *m* **1** Utensilio de forma semejante a la de la cuchara [1a], pero de mayor tamaño, que se emplea en la mesa para repartir en los platos algunos alimentos. **b)** Cantidad [de una sustancia] que cabe en un cucharón. ▪ **2** Cuchara [4] grande.

cucharrena *f* (*reg*) Utensilio de cocina consistente en una paleta de hierro, a veces con agujeros, que se emplea esp. para los fritos.

cuché *adj* [Papel] satinado y barnizado, usado esp. en revistas y libros con grabados y fotografías. *Tb n m.*

cuchi *f* (*reg*) Lavandera (ave). *Frec* ~ CANARIERA, designando la de pecho amarillo.

cuchicheante *adj* Que cuchichea.

cuchichear A *intr* **1** Hablar en voz baja con otra pers., de manera que los demás no se enteren.
B *tr* **2** Decir [algo] cuchicheando [1].

cuchicheo *m* Acción de cuchichear. *Tb su efecto.*

cuchichi *m y f* (*jerg*) Pers. mezcla de gitano y payo.

cuchichiar (*conjug* **1c**) *intr* Cantar [la perdiz].

cuchi-cuchi (*col*) I *interj* **1** *Se usa para dirigirse cariñosamente a un niño, gralm acompañando a una caricia. A veces, humoríst, referido a perss mayores.*
II *m* **2** *Usado como vocativo:* Pers. que es objeto del cariño del que habla.

cuchifrito *m* (*reg*) Cochifrito (guiso).

cuchilla *f* **1** Instrumento cortante semejante al cuchillo [1], pero más pequeño. ▪ **2** *En determinadas máquinas o utensilios:* Órgano cortante. **b)** *En el arado:* Pieza que corta verticalmente la tierra. ▪ **3** Hoja de afeitar. ▪ **4** Lámina metálica que, dispuesta verticalmente, forma parte del patín con que se patina sobre hielo. ▪ **5** *En la balanza:* Prisma de los tres situados en la cruz, uno en el centro y los otros dos en los extremos de los brazos.

cuchillada *f* Corte o herida hechos con un cuchillo [1] o con un arma semejante.

cuchillar *m* Montaña con varias elevaciones escarpadas.

cuchillería *f* **1** Tienda o fábrica de cuchillos [1]. ▪ **2** Industria del cuchillo [1]. ▪ **3** Cuchillos, o conjunto de cuchillos [1].

cuchillero -ra I *adj* **1** De(l) cuchillo o de (los) cuchillos [1].
II *m y f* **2** Pers. que fabrica o vende cuchillos [1].

cuchillo I *m* **1** Instrumento formado por una hoja normalmente de metal, con un solo filo, inserta en un mango, y que sirve para cortar. *A veces con un adj o compl especificador.* ▪ **2** (*Mil*) Bayoneta. ▪ **3** *En el jabalí:* Colmillo. ▪ **4** Corriente de aire frío que se cuela por una rendija. *Frec* ~ DE AIRE. ▪ **5** Parte o pieza de forma triangular o que termina en ángulo agudo. *Tb fig.* **b)** Tabla cortada al sesgo. **c)** (*reg*) Parte del pie del olivo, de forma alargada y terminada en dos puntas, que queda sin labrar. ▪ **6** (*Geol*) Cresta en forma de cuña entre dos surcos excavados por la erosión de las aguas. ▪ **7** (*Constr*) Armadura de hormigón para sostener la cubierta de un edificio o el pie de un puente.
II *loc v* **8 pasar a ~.** Matar con arma blanca [a un conjunto de perss.]. *Esp en la guerra.*

cuchipanda *f* (*col*) Reunión para comer y divertirse.

cuchitril *m* (*desp*) Habitación o vivienda muy pequeña.

cucho -cha *adj* (*reg*) Zurdo. *Tb n.*

cuchufleta *f* (*col*) Frase breve pronunciada con intención de hacer reír. **b)** Broma o chanza.

cuchufletero -ra *adj* (*col*) Aficionado a la cuchufleta.

cucli *m* (*argot Mil*) Recluta.

cuclillas. en ~. *loc adv* Con las piernas dobladas, descansando las nalgas sobre los talones.

cuclillo I *m* **1** Cuco[1] (ave, *Cuculus canorus*).
II *loc adj* **2** [Flor] **del ~**, [pan] **de ~** → FLOR, PAN.

cuco[1] I *m* **1** Ave trepadora de cabeza pequeña y plumaje gris, que habita en los bosques, y que se caracteriza por su canto y porque la hembra pone los huevos en los nidos de otras aves (*Cuculus canorus*). *Con un adj especificador, designa otras especies:* ~ MOÑUDO, MOÑÓN o REAL (*Clamator glandarius*), ~ PIQUIGUALDO (*Coccyzus americanus*). ▪ **2** Reloj de cuco [4]. ▪ **3** (*reg*) Rubio (pez).
II *loc adj* **4 de ~.** [Reloj] que da la hora por medio de un sonido semejante al canto del cuco [1], al mismo tiempo que hace asomar una figurilla de pájaro. ▪ **5** [Flor] **del ~**, [pan] **de ~** → FLOR, PAN.

cuco[2] -ca *adj* (*col*) Astuto o taimado. *Tb n, referido a pers.*

cuco[3] -ca *adj* (*col*) [Cosa] linda y graciosa. *Frec en lenguaje femenino.*

cuco[4] *m* (*col*) Cuna portátil que suele formar parte del cochecito infantil.

cuco[5] *m* (*reg*) Fruto pequeño de forma redonda.

cuco[6] *m* (*reg*) Lombriz.

cuco[7] *m* (*reg*) Braga (prenda interior femenina). *Gralm en pl.*

cucú I *interj* **1** *Imita el canto del cuco[1]* [1]. *Tb se sustantiva como n m.*
II *m* **2** (*reg*) Cuco[1] (ave).

cucúlido -da *adj* (*Zool*) [Ave] de la familia del cuco[1], de cuerpo esbelto, plumaje de colores vivos y patas con cuatro dedos, de los cuales el primero y el cuarto están situados hacia atrás. *Frec como n, m o f, en pl, designando este taxón zoológico.*

cucumela *f* Seta comestible, de sombrero gris, con pie blanco o gris pálido, sin anillo y hueco, con carne blanca, y común en los hayedos (*Amanita vaginata*).

cucuné *m* (*reg*) Moño.

cucúrbita *f* (*Quím*) Retorta, esp. la del alambique.

cucurbitácea *adj* (*Bot*) [Planta] dicotiledónea, herbácea o arbustiva, trepadora o rastrera, con zarcillos, de fruto comestible, y perteneciente a la familia de la calabaza, el melón y el pepino. *Tb como n f, y frec en pl, designando este taxón botánico.*

cucurucho *m* **1** Papel o cartulina enrollados en forma cónica que sirve esp. para llevar dulces u otros alimentos menudos. ■ **2** Barquillo cónico sobre el que se sirve una bola de helado. *Tb el conjunto. Frec* HELADO DE ~. ■ **3** (*col*) Capirote (de penitente). **b)** Gorro de forma cónica propio de adivinos. **c)** (*hist*) Tocado en forma cónica, usado por las mujeres en la Edad Media. ■ **4** (*col*) *En una pluma estilográfica, un bolígrafo o utensilio similar:* Pieza cilíndrica o cónica que cubre la punta. ■ **5** Pieza cónica del apagavelas o matacandelas. ■ **6** *En gral:* Cosa de forma cónica.

cucuyo *m* Cocuyo (insecto).

cudón *m* (*reg*) Canto grande y afilado.

cudú (*frec con la grafía* **kudú**; *tb* **kudu**) *m* Antílope africano de cuernos en espiral (*Tragelaphus strepsiceros* y *T. imberbis*). *Tb* ~ MAYOR (*o* GRAN ~) *y* ~ MENOR, *respectivamente.*

cueca *f* Baile popular del oeste de América Meridional, de pareja suelta, que se danza con un pañuelo en la mano derecha. *Tb su música.*

cueceleches *m* Vasija metálica, cilíndrica, más alta que ancha, destinada a hervir la leche y gralm. dotada de un dispositivo para evitar que esta se salga.

cuegle *m* (*Mitol cánt*) Dragón (animal fabuloso).

cuelga *f* **1** Acción de colgar, esp. frutos u otros alimentos para su conservación. *Frec en la constr* DE ~. ■ **2** Conjunto de frutos que se mantienen colgados para conservarlos. ■ **3** (*Arte*) Exposición de pintura o de fotografía.

cuelgue *m* **1** Acción de colgar. ■ **2** (*col*) Efecto de colgarse con una droga.

cuellarano -na *adj* De Cuéllar (Segovia). *Tb n, referido a pers.*

cuellicorto -ta *adj* De cuello [1a] corto.

cuellierguido -da *adj* De cuello [1a] tieso o erguido. *Tb fig.*

cuellinegro -gra *adj* [Animal] de cuello [1a] negro. *Usado como especificador de algunas especies zoológicas:* ZAMPULLÍN ~, *etc* (→ ZAMPULLÍN, *etc*).

cuellirrojo -ja *adj* [Animal] de cuello [1a] rojo. *Usado como especificador de algunas especies zoológicas:* BARNACLA CUELLIRROJA, ZAMPULLÍN ~, *etc* (→ BARNACLA, ZAMPULLÍN, *etc*).

cuello I *m* **1** Parte del cuerpo que une la cabeza con el tronco. **b)** Parte [de una prenda], a veces postiza, que rodea el cuello. ■ **2** *En una vasija:* Parte superior y más estrecha. ■ **3** Estrechamiento o parte más estrecha [de algo]. *Frec en anatomía.* ■ **4** ~ **de botella.** Punto de una calle o una carretera en que, por estrechamiento u otra circunstancia, se originan habitualmente retenciones de tráfico. **II** *loc v* **5 hablar** [una pers.] **para el** ~ **de su camisa,** *o* **no oír** [a una pers.] **ni el** ~ **de su camisa.** (*col*) Hablar [esa pers.] en voz muy baja. ■ **6 salirse,** *o* **escaparse,** [alguien] **por el** ~ **de la camisa.** (*col*) Estar muy delgado.

III *loc adv* **7 a voz en** ~ → VOZ. ■ **8 hasta el** ~. En situación económica apurada. *Con el v* ESTAR. ■ **9 hasta el** ~. Completamente. *Con el v* METERSE *u otro semejante. Frec fig.*

cuenca *f* **1** Cavidad del esqueleto de la cabeza en la cual se encuentra el ojo. ■ **2** Concavidad o parte cóncava. ■ **3** Conjunto de tierras que envía sus aguas [a un río, lago o mar (*compl de posesión*)]. ■ **4** (*Mineral*) Yacimiento importante o grupo de yacimientos que forman una unidad geográfica o geológica. ■ **5** (*Geol*) Depresión o concavidad extensa. ■ **6** ~ **de recepción.** (*Geol*) Parte superior de un torrente.

cuenco *m* **1** Vasija semiesférica, sin pie ni reborde y gralm. de barro. *Tb su contenido.* ■ **2** Concavidad o parte cóncava.

cuenta I *f* **1** Acción de contar[1] (determinar la cantidad exacta). *Tb su efecto.* **b)** ~ **atrás.** Verificación sucesiva de las operaciones de lanzamiento de un cohete, que termina con la palabra "cero" señaladora de la partida. **c)** ~ **atrás.** Espacio limitado de tiempo que precede inmediatamente al momento prefijado para un acontecimiento. ■ **2** Cálculo u operación aritmética. **b) la** ~ **de la vieja.** (*col*) Un cálculo hecho por procedimientos rudimentarios. ■ **3** *En pl:* Cálculos o previsiones. **b)** ~**s galanas.** (*col*) Cálculos optimistas con poco fundamento. ■ **4** Relación detallada de ingresos y gastos. *Frec en pl.* **b) las** ~**s del Gran Capitán.** (*col, humoríst*) Detalle de gastos en que las partidas son arbitrarias o no están debidamente justificadas. ■ **5** Cantidad total de dinero que constituye una deuda. **b)** Nota de la cantidad que hay que pagar, con detalle de las diversas partidas. **c)** ~ **pendiente.** Deuda, daño o agravio de los que se piensa pedir satisfacción. *Frec en pl.* ■ **6** Dinero depositado [en un banco]. **b)** ~ **corriente.** Cantidad depositada en un banco, de la que el titular puede retirar a la vista parte de sus saldos favorables. ■ **7** Utilidad o interés. *Normalmente en la constr* TENERLE (*o* TRAERLE) ~ [a alguien una cosa], *o* (*reg*) SALIRLE A ~. *Tb sin ci.* ■ **8** Responsabilidad o incumbencia particular [de una pers.]. *Frec en las constrs* ES ~ MÍA, CORRE DE MI ~, DÉJALO DE MI ~. ■ **9** Justificación o explicación [de un gasto o de un acto]. *Gralm con los vs* DAR, RENDIR, PEDIR, *y frec en pl.* ■ **10** Bolita que, junto con otras, va ensartada en un hilo, y que en algunos casos, como en el rosario, sirve para contar[1].

II *loc adj* **11 de** ~. [Moneda] imaginaria que se utiliza para hacer cuentas [2, 4 y 5] de dinero. ■ **12 de** ~. (*Mar*) [Pieza] de las principales que constituyen un buque. ■ **13** [Ajuste] **de** ~**s,** [pájaro] **de** ~, [Tribunal] **de** ~**s** → AJUSTE, PÁJARO, TRIBUNAL.

III *loc v y fórm or* **14 ajustar,** *o* **arreglar, las** ~**s** [a alguien]. (*col*) Dar[le] su merecido por una mala acción. *Frec en fut, en son de amenaza. A veces irónicamente.* ■ **15 caer en la** ~. Percatarse [de una realidad que antes había pasado inadvertida]. *Tb sin compl.* ■ **16 correr** [algo] **de** ~. (*acep. 8.*) → acep. 8. ■ **17 dar** ~ (*o* ~ **y razón**) [de un hecho]. Informar [sobre él]. *Tb sin compl.* **b) dar** ~**s** → acep. 9. ■ **18 dar** (**buena**) ~ [de una comida o bebida]. (*col*) Liquidar[la] o despachar[la]. **b) dar** (**buena,** *o* **mala**) ~ [de alguien]. Liquidar[le] o acabar [con él]. *Tb fig.* ■ **19 dar la** ~ [a alguien]. (*pop*) Despedir[le] (del trabajo). ■ **20 darse** ~ [de algo]. Llegar al conocimiento [de ello] o comprender[lo]. *Tb sin compl. A veces* (*col*), *si el compl es una prop, se omite la prep. Tb* (*col*), *en imperat y gralm sin compl, se usa para dar relieve a lo que se expone.*

* Se santiguaba, date cuenta, pero con los ojos en

blanco. ■ **21 dejar** [algo] **de** ~ [de alguien] →
acep. 8. ■ **22 echar** ~ [a alguien (*ci*) o algo (*ci o
compl* DE)]. (*reg*) Hacer[le] caso o tener[lo] en consideración. ■ **23 estar fuera de** ~ (*o de* ~s). Haber
cumplido ya [una mujer] los nueve meses de embarazo. **b) salir de** ~ (*o de* ~s). Cumplir los nueve
meses de embarazo. ■ **24 habida** ~. (*lit*) Teniendo
presente o en consideración [algo (*compl* DE + *n, o*
DE QUE + *v*)]. ■ **25 hacer(se)** ~ [de algo]. (*col*) Imaginar[lo] o considerar[lo] como un hecho. *El compl
es una prop con* QUE *o* DE QUE. **b)** Hacerse cargo [de
ello] o comprender[lo]. *Tb sin compl. A veces, en imperat, se usa para dar relieve a lo que se expone.*
* Te daría más, pero tengo que pagar a los jornaleros, hazte cuenta. ■ **26 ir a** ~s. (*col*) Fijarse o reflexionar. *Frec en la forma exhortativa* VAMOS A ~S. ■
27 pasar la ~. (*col*) Reclamar recompensa o reciprocidad por un favor anterior. ■ **28 pedir** ~s →
acep. 9. ■ **29 pedir la** ~. (*pop*) Anunciar [el trabajador al patrón] que se despide del trabajo. ■ **30 rendir** ~s → acep. 9. ■ **31 salir a** ~ → acep. 7. ■ **32
ser** [algo] ~ [de alguien] → acep. 8. ■ **33 tener** ~
→ acep. 7. ■ **34 tener**, *o* **tomar, en** ~ [a alguien *o*
algo]. Tener[lo] presente o en consideración → **35
traer** ~ → acep. 7.

IV *loc adv* **36 a** ~. Como pago parcial anticipado.
Tb adj. Frec con compl DE *especificador.* ■ **37 a**
(**buena**) ~. Sin duda. ■ **38 a** (*o* **en**) **fin de** ~s →
FIN. ■ **39 a la** ~, *o* **por la** ~, *o* **según la** ~. Según
parece. ■ **40 con** (**su**) ~ **y razón.** Con moderación,
o con las debidas precauciones. ■ **41 con su** ~ **y
razón.** Con sus motivos. ■ **42 en resumidas** ~s.
En resumen. ■ **43 más** (*o* **menos**) **de la** ~. Más
(o menos) de lo debido o razonable. *Tb adj y pron.* ■
44 por ~ **ajena.** (*admin*) Como asalariado. *Tb adj.
Normalmente con el v* TRABAJAR *o los ns* TRABAJADOR
o TRABAJO. ■ **45 por** ~ **propia.** (*admin*) Como no
asalariado. *Tb adj. Normalmente con el v* TRABAJAR *o
los ns* TRABAJADOR *o* TRABAJO. ■ **46 por su** ~ (**y
riesgo**). Por iniciativa propia o con autonomía. ■
47 según esa ~. De acuerdo con esa afirmación.

V *loc prep* **48 a** ~ **de** (*o, raro,* **a la** ~ **de**). Con
motivo de, o a costa de. ■ **49 por** ~ **de.** A costa o
cargo de.

cuentacorrentista *m y f* Pers. que tiene cuenta corriente en un banco.

cuentadante *m y f* (*reg*) Administrador.

cuentagotas **I** *m* **1** Utensilio que sirve para verter un líquido gota a gota.
II *loc adv* **2 con** ~. Muy poco a poco. *Tb* (*raro*) A ~.

cuentakilómetros *m* **1** Instrumento que marca los kilómetros recorridos por un vehículo. ■ **2**
Velocímetro.

cuentapartícipe *m y f* Pers. que tiene participación en los beneficios de una renta inmobiliaria.

cuentapasos *m* Podómetro.

cuentarrevoluciones *m* Instrumento que registra la velocidad de rotación de un órgano mecánico.

cuentavueltas *m* Cuentarrevoluciones.

cuentero -ra *adj* **1** (*desp*) [Pers.] que lleva cuentos o chismes. *Frec n.* ■ **2** (*col*) Cuentista [3].

cuentista **I** *m y f* **1** Autor de cuentos[1] [1b y c].
II *adj* **2** (*col*) Que dice cuentos[1] [2a]. *Tb n.* ■ **3**
(*col*) Que tiene mucho cuento[1] [2c]. *Tb n.*

cuentístico -ca (*TLit*) **I** *adj* **1** De(l) cuento[1] (género literario).

II *f* **2** Género cuentístico [1]. *Tb el conjunto de
obras de este género.*

cuento[1] **I** *m* **1** Relato o narración (acción de relatar, o su efecto). **b)** Relato fantástico, esp. destinado a entretener. **c)** Obra literaria narrativa en
prosa y de corta extensión. *Tb el género correspondiente.* ■ **2** (*col*) Mentira. *A veces, con intención enfática,* ~ CHINO. *Tb, con la misma intención, se usa
la constr* TENER MÁS ~ QUE CALLEJA. **b)** Pretensión, o
afirmación de veracidad no demostrada. **c)** Afectación o fingimiento con que alguien trata de exagerar
la importancia propia, o de lo que hace, o de lo que
le pasa. *A veces en la constr* ECHARLE ~ [a algo]. **d)**
Apariencias. **e)** ~ **largo.** (*jerg*) Relato falso con que
se comete un timo. *Tb el mismo timo.* ■ **3** (*col*)
Chisme, o noticia desfavorable acerca de una pers.
Tb, raro, ~ DE HORNO. *Normalmente en la constr* IR
[a alguien] CON EL ~, *o* CON ~S. ■ **4** (*col*) Cosa dicha
inútil o fastidiosa. *Frec en las constrs* DEJARSE DE ~S
y VENIR CON ~S. ■ **5** (*col*) Lección o enseñanza moral. *Frec en constrs como* APLÍCATE EL ~ *o* APRÉNDETE
EL ~. ■ **6 el** ~ **de la buena pipa.** (*col*) Una cuestión o problema que se replantea indefinidamente,
sin terminar de resolverse. ■ **7 el** ~ **de la lechera.**
(*col*) Un proyecto ambicioso que resulta quimérico.
■ **8 el** ~ **de nunca acabar.** (*col*) Un asunto cuyo
término o solución se retrasa indefinidamente. *Normalmente se usa como predicat.*

II *loc v y fórm* **9 estar en el** ~. (*raro*) Estar informado. ■ **10 traer** [algo] **a** ~. (*col*) Introducir[lo]
en una conversación o exposición. ■ **11 va de** ~.
(*pop*) Fórmula con que se anuncia el comienzo de
una anécdota o historieta. ■ **12 venir a** ~. Ser
oportuno o a propósito. *A veces con compl* DE. ■ **13
vivir del** ~. (*col*) Llevar una vida confortable sin
trabajar.

III *loc adv* **14 ¿a** ~ **de qué?** (*col*) ¿Por qué? *Con
matiz de protesta.* ■ **15 por** ~. (*reg*) Sin hacer caso.
Con el v OÍR.

IV *loc prep* **16 a** ~ **de.** A propósito de.

cuento[2] **I** *m* **1** (*raro*) Cómputo.
II *loc adj* **2 sin** ~. (*lit*) Innumerables. *Siguiendo a
un n en pl.*

cuera *f* Piel de animal. **b)** Chaqueta o prenda similar de piel de animal.

cuerada *f* (*reg*) Paliza.

cuerda **I** *f* **1** Cuerpo delgado y muy alargado, formado por un conjunto de hilos o fibras retorcidos,
gralm. de cáñamo o esparto, y que sirve para atar o
sujetar. *Tb el trozo del mismo.* **b)** Comba (juego). ■
2 Hilo de tripa, metal o nailon de los que en determinados instrumentos musicales suena por vibración. **b)** *En una orquesta:* Conjunto de instrumentos de cuerda. ■ **3** Resorte o muelle que pone en
funcionamiento un mecanismo. **b)** Impulso o potencia acumulados por la cuerda. *Gralm en las constrs*
DAR ~, TENER ~, ACABÁRSELE LA ~. *Frec fig, referido a
pers.* ■ **4** Conjunto de penados que son conducidos,
atados unos con otro, a un presidio. *Frec* ~ DE PRESOS.
■ **5** Grupo de perss. de tendencias o ideas afines.
Frec con intención desp. ■ **6** Paciencia o aguante.
■ **7** Borde de un estrato de roca que queda descubierto en la falda de una montaña. ■ **8** Talla normal del ganado caballar, que se cifra en 7 cuartas
(1,47 m). ■ **9** Medida agraria equivalente aproximadamente a una fanega (64 áreas y 596 miliáreas). ■ **10** (*Mús*) Voz de las cuatro fundamentales
de bajo, tenor, contralto y soprano. *Tb fig.* **b)**
Extensión de la voz. ■ **11** (*Cicl*) Línea de color azul
trazada a 20 cm del borde inferior de la pista, nu-

merada cada 10 m, que determina la longitud de esta. ■ **12** (*Geom*) Recta que une dos puntos de un arco. ■ **13 ~ floja.** *En el circo:* Alambre poco tenso sobre el que actúa el funámbulo. ■ **14 ~s vocales.** (*Anat*) Repliegue membranoso, situado en la laringe, cuya vibración produce la voz. ■ **15 ~ dorsal.** (*Zool*) Notocordo.

   II *loc adj* **16 de ~.** (*hoy raro*) [Mozo (servidor)] que tiene por oficio transportar a mano o sobre sus espaldas bultos pesados.

   III *loc v* **17 andar, bailar, estar,** *o* **moverse, en la ~ floja.** Mantenerse en equilibrio inestable sin decidirse por ninguna de las actitudes, opiniones o tendencias contrapuestas. ■ **18 dar ~** [a alguien]. (*col*) Animar[le] a seguir hablando. ■ **19 tirar de la ~.** (*col*) Reducir gastos o hacer economías.

   IV *loc adv* **20 contra las ~s.** En situación extremadamente difícil. *Frec en constrs como* ESTAR, PONER, TENER CONTRA LAS ~S. ■ **21 bajo ~.** De manera encubierta. *Tb, raro,* POR BAJO ~.

cuerdamente *adv* De manera cuerda (→ CUERDO [2]).

cuerdo -da *adj* **1** [Pers.] que tiene normales sus facultades mentales. ■ **2** Prudente o sensato.

cueritatis (*tb* **cueritates**). **en ~.** *loc adv* (*col*) En cueros [5]. *Tb adj.*

cuerna *f* **1** Cornamenta, esp. de ciervo. **b)** Cuerno de ciervo. ■ **2** Recipiente rústico usado por los pastores, hecho con un cuerno de res vacuna, o hecho de latón en forma alargada y estrecha. ■ **3** Cuerno (instrumento de viento).

cuérnago *m* (*reg*) Canal o cauce.

cuernecillo *m* Planta herbácea leguminosa, utilizada como forrajera, cuyas flores tienen propiedades medicinales (*Lotus corniculatus*).

cuerno **I** *m* **1** Apéndice óseo de los que, formando par, tienen algunos rumiantes en la región frontal. *Tb la materia de que está formado.* **b)** *En el rinoceronte:* Apéndice óseo situado sobre el hocico. **c)** *En el caracol:* Tentáculo de los que en número de cuatro tiene la cabeza. ■ **2** (*col*) *En pl,* atribuido a pers, *esp a varón, se usa para simbolizar el hecho de ser víctima de infidelidad sexual. Tb fig, con intención humoríst. Frec en la constr* PONER LOS ~S [a alguien], *a veces especificando la pers con la que se comete la infidelidad* (*compl* CON). ■ **3** Instrumento de viento hecho de cuerno [1a] de vacuno. **b)** Sirena [de una factoría]. ■ **4** Cosa, o parte de una cosa, que tiene forma semejante a la de un cuerno [1a]. **b)** Extremo en punta [de una cosa]. **c)** Punta de las dos que presenta la Luna en cuarto creciente o en cuarto menguante. **d)** (*Anat*) Extremo superior o inferior del borde posterior del cartílago tiroides. ■ **5** (*lit*) Lado o extremo derecho o izquierdo [de algo]. ■ **6 ~ de la abundancia.** (*Mitol clás*) Recipiente en forma de cuerno [1a] lleno de frutas y flores, que representa la abundancia. **b)** Seta con sombrerillo de unos 12 cm en forma de embudo, que habita en bosques de coníferas (*Craterellus cornucopioides*).

   II *loc v* **7 coger,** *o* **asir,** [algo] **por los ~s.** (*col*) Enfrentarse [a ello] con decisión. **b) coger el toro por los ~s** → TORO. ■ **8 irse al ~, mandar al ~** → IR, MANDAR. ■ **9 oler a ~ quemado.** (*col*) Inspirar recelo [algo a alguien]. ■ **10 meter un ~** [a alguien]. (*argot Mil*) Arrestar[le]. ■ **11 poner** [a alguien] **en, por,** *o* **sobre, los ~s de la Luna,** *o* **levantar[le] hasta los ~s de la Luna.** (*col*) Alabar[le] extraordinariamente. ■ **12 romperse,** *o* **partirse, los ~s.** (*col*) Trabajar en forma agotadora.

Con un compl adv que expresa el objeto del trabajo (*ger, o* EN *o* CON + *sust*). ■ **13 saberle** [algo a alguien] **a ~ (quemado).** (*col*) Causar[le] desagrado o disgusto. ■ **14 ver los ~s al toro,** *o* **verse en los ~s del toro.** (*col*) Sentirse en un peligro inmediato.

   III *loc adv* **15 un ~.** (*col*) En absoluto, o de ningún modo. *Usado como respuesta.*

   IV *interj* **16** (*col*) Expresa sorpresa, protesta o admiración.

cuero **I** *m* **1** Piel de animal curtida y preparada, usada como material para diversas industrias. **b)** Chaqueta o prenda similar de cuero. **c)** Artículo, o conjunto de artículos, de cuero empleados en prácticas sadomasoquistas. **d)** Bota de vino. ■ **2** Piel humana. **b) ~ cabelludo.** Piel del cráneo, en la que nace el cabello. ■ **3** (*Dep, lit*) Balón.

   II *adj* **4** [Color] marrón claro propio del cuero [1a]. *Tb n.*

   III *loc adv* **5 en ~s.** (*col*) Sin ninguna ropa o en total desnudez. *A veces, con intención enfática, se añade el adj* VIVOS. *Tb adj. Tb fig.*

cuerpo **I** *m* **1** Conjunto de la estructura física de un ser humano, un animal o un vegetal. **b)** (*juv*) *Se usa en vocativo como tratamiento afectuoso.* **c)** (*col*) Persona o individuo. **d) mal ~.** (*col*) Malestar físico, esp. digestivo. ■ **2** Tronco, o cuerpo [1a] humano o animal considerado sin cabeza, extremidades ni, en los animales, cola. ■ **3** Parte de un vestido que cubre desde los hombros hasta la cintura. ■ **4** Longitud de un cuerpo [1a], tomada como unidad de medida para distancias. *Esp en carreras de animales.* **b)** Dimensiones o volumen medios de un cuerpo humano, tomados como unidad de medida para determinados muebles. ■ **5** Pers. o animal muertos. ■ **6** Objeto o sustancia que tiene tres dimensiones y masa y que se puede distinguir de los objetos que lo rodean. **b) ~ del delito.** Objeto con el cual o sobre el cual se ha cometido un delito, y en el que hay alguna huella de este. ■ **7** (*raro*) Volumen, o libro considerado desde el punto de vista material. ■ **8** Parte de las varias, gralm. de importancia o tamaño semejantes, que se pueden distinguir claramente en un todo. ■ **9** Parte principal o mayor [de una cosa]. **b)** Parte principal o central [de un escrito], prescindiendo de preliminares, notas, apéndices e índices. ■ **10** Colectividad. *Con compl especificador.* **b)** Conjunto de perss. que pertenecen a una misma profesión, considerado como una unidad. **c) ~ de ejército.** (*Mil*) Unidad integrada por dos o más divisiones. **d) ~ de baile.** Conjunto de bailarines y bailarinas de un teatro. **e) ~ de seguridad.** → SEGURIDAD. ■ **11** Colección [de leyes]. ■ **12** Volumen o tamaño. **b)** (*Impr*) Tamaño del tipo, determinado por la longitud de su base. ■ **13** Grueso de un tejido o de otra sustancia de estructura laminar. ■ **14** Consistencia. **b)** *En un vino:* Calidad determinada por la densidad y el contenido de alcohol o tanino. *Frec con los adjs* MUCHO *o* POCO. **c)** *Sin adj:* Mucho cuerpo. *Frec con vs como* DAR *y* TOMAR. ■ **16 ~ a ~.** Lucha cuerpo a cuerpo [35]. **b)** Masaje erótico que se realiza deslizando un cuerpo [1a] sobre otro. ■ **17 ~ de doctrina.** Sistema o conjunto orgánico de ideas. ■ **18 ~ de guardia.** *En un acuartelamiento o una prisión:* Recinto destinado a la guardia. ■ **19 ~ de casa.** Conjunto de tareas domésticas, excluida la cocina, asignadas a una sirvienta. **b)** Sirvienta que tiene a su cargo el cuerpo de casa. ■ **20 ~ astral.** (*Parapsicol*) Aura[1] o ectoplasma que se supone que rodea al cuerpo [1a] humano. ■ **21 ~ amarillo,** *o* **lúteo.** (*Anat*) Masa de células amarillas que se forma en el ovario después de la ovulación. ■ **22 ~ calloso.** (*Anat*) Conexión de los dos hemisferios cerebrales. ■ **23 ~ ciliar.** (*Anat*) Porción de la zona vascular del ojo, en la que se encuentran los músculos ciliares.

II *loc adj* **24** [Espíritu] **de ~ →** ESPÍRITU. ■ **25 de ~ entero.** Cabal o perfecto. ■ **26 de ~ presente.** [Misa] que se celebra por un difunto antes del entierro.

III *loc v* **27 hacer,** *o* **formar, ~** [una cosa con otra]. Estar incorporada [a ella] formando unidad. *Tb con suj pl, sin compl.* ■ **28 hacer de(1) ~.** (*pop*) Defecar. *Tb* (*reg*) DAR DE ~. ■ **29 meter el miedo,** *o* **el susto, en el ~** [a alguien]. (*col*) Decir[le] algo que le hace sentir aprensión o temor. ■ **30 pedirle el ~** [algo a una pers.]. (*col*) Sentirse [esa pers.] con ganas [de ello]. ■ **31 revolver el ~ →** REVOLVER.

IV *loc adv* **32 a ~.** Sin abrigo u otra prenda exterior de forma o función semejantes. *Tb, humoríst,* A ~ GENTIL. ■ **33 a ~ de rey.** Con todo refinamiento y comodidad. *Con vs como* TRATAR *o* VIVIR. ■ **34 a ~ limpio.** Llevando el cuerpo [1a] sin ninguna protección en una actividad arriesgada. *Tb fig.* ■ **35 ~ a ~.** Empleando directamente sus fuerzas físicas dos o más contendientes y en contacto el uno con el otro. *Tb adj, referido a* LUCHA *o* PELEA. *Tb fig.* ■ **36 de ~ presente.** En la cámara mortuoria, o en el tiempo que precede al entierro. *Referido a un cadáver.* **b)** (*col, humoríst*) Delante, o presenciando la escena. ■ **37 en ~ y alma.** Enteramente o con dedicación total. *Con vs como* ENTREGARSE *o* DEDICARSE.

V *interj* **38 ~ de Dios.** (*lit, humoríst*) Se usa como simple ponderación de lo que se dice.

cuerva[1] *f* (*reg*) Sangría (bebida refrescante).

cuerva[2] *f* Pez marino muy parecido a la caballa, con ojos y escamas mayores que los de esta y manchas laterales de color gris azulado (*Scomber colias* o *S. japonicus*).

cuervera *f* (*reg*) Barreño que sirve para hacer la cuerva[1] y que tiene en su borde soportes para los jarrillos en que se bebe.

cuervo *m* **1** Pájaro omnívoro de gran tamaño, cuerpo macizo y plumaje negro, que habita gralm. en acantilados y montañas (*Corvus corax*). ■ **2** (*jerg*) Cura[2] (sacerdote).

cuesco *m* **1** Hueso de una fruta. *Frec* (*lit*) *fig.* ■ **2** (*vulg*) Ventosidad ruidosa. ■ **3 ~ de lobo.** Pedo de lobo (hongo).

cuesta I *f* **1** Terreno o camino que está en plano inclinado. ■ **2 la ~ de enero.** (*col*) Las dificultades económicas del mes de enero, consiguientes a los gastos extraordinarios de las Navidades.

II *loc adj* **3 ~ arriba.** Dificultoso. *Frec en la constr* HACÉRSELE [algo a alguien] ~ ARRIBA.

III *loc adv* **4 a ~s.** Sobre las espaldas o sobre los hombros. *Frec fig.* ■ **5 ~ abajo.** En sentido descendente. *Frec fig.* ■ **6 ~ arriba.** En sentido ascendente. *Tb adj.* ■ **7 en ~.** En plano inclinado. *Referido a terreno o a camino. Tb adj.*

cuestación *f* Petición de donativos para un fin benéfico u otros de interés colectivo.

cuestión I *f* **1** Asunto o materia. **b)** Punto o materia de discusión. ■ **2** (*col*) Discusión o riña. ■ **3 ~ personal.** Enfrentamiento o motivo de enemistad [de una pers. con otra, o entre dos perss.]. ■ **4** Pregunta de las que constituyen un cuestionario en una prueba o una encuesta. ■ **5** Término o plazo. *Frec implicando que este es corto. Sin art y seguido de compl* DE *especificador, y gralm en la constr* EN ~ DE.

II *loc adj* **6** [Estado] **de la ~ →** ESTADO. ■ **7 en ~.** [Pers. o cosa] de que se trata.

III *loc v* **8 hacer** [una idea o propuesta (*cd o compl* DE)] **~ de gabinete.** Defender[la] como de importancia vital. ■ **9 hacerse ~** [de algo]. Plantearse[lo] como objeto de reflexión. ■ **10 poner en ~** [algo]. Cuestionar[lo] [1]. ■ **11 ser ~** [de algo]. Consistir [en ello] o depender [de ello]. ■ **12 ser ~** [de hacer algo]. Convenir o ser oportuno [hacerlo].

cuestionabilidad *f* Condición de cuestionable.

cuestionable *adj* Que puede o debe cuestionarse.

cuestionador -ra *adj* Que cuestiona [1].

cuestionamiento *m* Acción de cuestionar.

cuestionar A *tr* **1** Poner en duda la validez o el fundamento [de algo (*cd*)]. ■ **2** Someter [algo] a discusión.

B *intr* **3** (*col*) Discutir, o tener una disputa.

cuestionario *m* **1** Lista de preguntas. ■ **2** Programa o conjunto de temas que se establece obligatoriamente para un curso de una asignatura o para un examen.

cuestor *m* (*hist*) En la antigua Roma: Magistrado cuya principal función es la recaudación de fondos públicos.

cuestura *f* (*hist*) En la antigua Roma: Cargo de cuestor.

cueto *m* Colina cónica, normalmente peñascosa.

cueva I *f* **1** Cavidad profunda, gralm. natural, en la tierra o entre las rocas. ■ **2** Vivienda excavada en el subsuelo o en la falda de una montaña. ■ **3** Sótano, esp. dedicado a almacén. ■ **4 ~ de ladrones.** (*col*) Lugar donde se saca el dinero a la gente de manera abusiva.

II *loc adj* **5** [Murciélago] **de ~ →** MURCIÉLAGO.

cuevano -na *adj* De Cuevas de Almanzora (Almería). *Tb n, referido a pers.*

cuévano *m* **1** Cesto grande y hondo, más ancho por arriba que por abajo, tejido de mimbres, a veces con asas que permiten colgarlo a la espalda. ■ **2** *En pl:* Aguaderas.

cuevero -ra *adj* **1** De (las) cuevas [2]. ■ **2** Que habita en una cueva [2]. *Tb n.*

cuezo I *m* **1** *Se da este n a diversos recipientes, de madera, barro o metal, anchos y sin cuello, utilizados para distintos fines.*

II *loc v* **2 meter el ~.** (*col*) Entrometerse en lo que están tratando otros. ■ **3 meter el ~.** (*col*) Cometer un error.

cúfico -ca *adj* **1** [Escritura o alfabeto] árabes propios de los cuatro primeros siglos del Islam. ■ **2** Escrito en caracteres cúficos [1].

cuidado I *m* **1** Acción de cuidar[1]. **b)** *En pl:* Atenciones con que se cuida[1] a una pers. delicada o enferma. ■ **2** Atención o vigilancia para hacer bien las cosas o para evitar un error que puede traer inconvenientes o daños. ■ **3** Preocupación.

II *loc adj* **4 de ~.** Peligroso o que exige cautela. **b) de mucho ~.** (*col*) Muy considerable. *Gralm ponderando cualidades negs.* ■ **5 de ~.** De gravedad. *Tb adv.*

III *loc v* **6 traer,** *o* **tener,** [algo a alguien] **sin ~.** No interesar[le] nada en absoluto.

IV *interj* **7** *Se usa como aviso de un peligro o de un posible error, o como amenaza.* ■ **8** *Seguido de prop introducida por* QUE, *o de n gralm precedido por* CON, *expresa admiración ante lo que se mencio-*

na o lo destaca enfáticamente. * ¡Cuidado que eres listo! * Cuidado con el niño, lo guapo que es.

cuidador -ra *m y f* Pers. que tiene bajo su cuidado [a alguien o algo (*compl de posesión*)]. *Tb adj.*

cuidadosamente *adv* De manera cuidadosa [1b].

cuidadoso -sa *adj* [Pers.] que tiene cuidado [2]. **b)** Propio de la pers. cuidadosa.

cuidar[1] **A** *tr* **1** Atender [a alguien o algo] para que se mantenga bien. *Frec el cd es refl.* ■ **2** Poner esmero en que [algo (*cd*)] quede bien hecho.
B *intr* ➤ **a** *normal* **3** Cuidar [1] [a alguien o algo (*compl* DE)]. **b)** Prestar atención o cuidados [1b] [a alguien (*compl* DE)]. ■ **4** Hacerse cargo [de alguien o algo]. *Tb pr* (**~se**). ■ **5** Procurar con atención [algo (*compl* DE)] o preocuparse [de ello]. *Tb pr* (**~se**).
➤ **b** *pr* (**~se**) **6** Tener cautela o precaverse [respecto a alguien o algo (*compl* DE)].

cuidar[2] *tr* (*raro*) Creer o pensar.

cuido *m* (*pop*) Acción de cuidar[1].

cuidoso -sa *adj* (*raro*) Cuidadoso.

cuita *f* (*lit*) Pena, o dolor moral. *Tb fig.*

cuitado -da *adj* (*lit*) **1** Desventurado, o digno de lástima. ■ **2** Encogido o apocado. ■ **3** [Pers.] boba o corta de facultades. *Tb n.*

cuja *f* (*raro*) Armadura de la cama.

culada *f* (*col*) Golpe en el culo.

culantrillo *m* **1** Helecho de hojas grandes con folíolos pequeños, espontáneo en lugares húmedos (*Adiantum capillus-veneris* o *Asplenium capillus-veneris*). *Tb* ~ DE POZO. ■ **2** ~ **negro** o **mayor.** Helecho de hasta 50 cm, espontáneo en rocas y muros viejos (*Asplenium adiantum-nigrum*). ■ **3** ~ **blanco.** Helecho de hasta 20 cm, espontáneo en rocas calizas y muros viejos (*Asplenium ruta-muraria*).

culantro *m* Cilantro (planta).

cular *adj* **1** De(l) culo. ■ **2** [Chorizo o morcilla] hechos con la tripa del cagalar. ■ **3** (*reg*) [Tripa] del cagalar. *Tb n f.*

culata I *f* **1** Parte posterior de la caja de un arma de fuego portátil, en la cual esta se afianza al disparar. **b)** Parte posterior de una cosa. ■ **2** *En un mamífero, esp una caballería:* Ancas. ■ **3** (*Mec*) Pieza metálica que se ajusta al bloque del motor de explosión y cierra el cuerpo de los cilindros.
II *loc v* **4 salir**[le a alguien] **el tiro por la** ~ → TIRO.

culatazo *m* Golpe dado con la culata [1a].

culatín *m* Culata [1a] pequeña, esp. plegable.

cul-de-sac (*fr; pronunc corriente,* /kül-de-sák/; *tb con la grafía* **cul de sac**) *m* Callejón sin salida. *Tb fig.*

culé *adj* (*col*) Del Club de Fútbol Barcelona. *Tb n, referido a pers; y esp a socio o seguidor.*

culear *intr* (*col*) Mover el culo. **b)** Mover [un automóvil] su parte posterior a derecha e izquierda por falta de estabilidad o por velocidad excesiva.

culebra *f* **1** *Se da este n a una serie de serpientes, esp de tamaño pequeño y mediano. Diversas especies se distinguen por medio de adj o compl especificador:* ~ BASTARDA (*Malpolon monspessulanus*), ~ DE AGUA o DE COLLAR (*Natrix natrix*), ~ DE COGULLA

(*Macroprotodon cucullatus*), ~ DE ESCALERA (*Elaphe scalaris*), ~ DE ESCULAPIO (*Elaphe longissima*), ~ DE HERRADURA (*Coluber hippocrepis*), ~ LISA (EUROPEA) (*Coronella austriaca*), ~ LISA MERIDIONAL (*Coronella girondica*), ~ VIPERINA (*Natrix maura*), etc. ■ **2** (*raro*) Grupo de perss. que alborota en medio de gente pacífica.

culebreante *adj* Que culebrea. *Tb fig.*

culebrear *intr* Serpentear. *Tb fig.*

culebreo *m* Acción de culebrear. *Tb fig.*

culebrero -ra *adj* Que caza culebras. *Tb n, referido a pers.* **b)** [Águila] **culebrera** → ÁGUILA.

culebrilla *f* **1** Adorno o dibujo en forma de zigzag. ■ **2** Culebrina [1]. ■ **3** Herpes.

culebrina *f* **1** Relámpago en línea sinuosa. ■ **2** (*hist*) Pieza larga de artillería de poco calibre.

culebrino -na *adj* (*raro*) De (la) culebra [1].

culebrón *m* **1** Culebra [1] grande. ■ **2** (*col*) Telenovela de numerosos capítulos. *Frec fig.*

culera I *f* **1** Parte del pantalón que cubre las nalgas. **b)** Remiendo o pieza que se pone en el pantalón en la zona de la culera. ■ **2** (*reg*) Zona del trasero.
II *adj* **3** (*col*) Cobarde.

culero -ra *m y f* (*jerg*) Traficante de droga que oculta en el recto su mercancía.

culetazo *m* (*reg*) Empujón dado con el trasero.

culialto -ta *adj* (*col*) [Pers.] de piernas largas y trasero más alto de lo normal. *Esp dicho de mujer. Tb n.*

culibajo -ja *adj* (*col*) [Pers.] de piernas cortas y trasero más bajo de lo normal. *Esp dicho de mujer. Tb n.*

culiblanco. sacristán ~, **vencejo** ~ → SACRISTÁN, VENCEJO.

culín → CULO.

culinario -ria I *adj* **1** De la actividad o arte de guisar.
II *f* **2** Actividad o arte de guisar.

cullar *intr* (*reg*) Gotear.

cullarense *adj* De Cúllar-Baza (Granada). *Tb n, referido a pers.*

cullarino -na *adj* Cuellarano. *Tb n.*

cullerense *adj* De Cullera (Valencia). *Tb n, referido a pers.*

culmen *m* (*lit*) Punto culminante.

culminación *f* **1** Acción de culminar. ■ **2** Punto culminante. **b)** (*Astron*) Momento en que un astro ocupa el punto más alto a que puede llegar sobre el horizonte.

culminante *adj* **1** Que está en el lugar más alto. ■ **2** Principal o más importante.

culminar A *intr* **1** Llegar [algo] al punto o grado más alto. **b)** Llegar [algo] a su remate. ■ **2** (*Astron*) Pasar [un astro] por el meridiano superior del observador.
B *tr* **3** Poner remate [a algo (*cd*)].

culo (*col*) **I** *m* **1** Parte del cuerpo humano constituida por las nalgas. *Tb* (*reg*) *en pl con sent sg.* **b)** Parte del cuerpo del animal en torno al ano. **c)** Ano. ■ **2** Extremo posterior, esp. de un objeto alargado. ■ **3** *En un recipiente:* Fondo. **b)** Cantidad pequeña de líquido que queda en el fondo de un recipiente. *Frec en las formas* CULÍN *y* CULITO. **c)** Porción pequeña de bebida que se sirve en un vaso o una copa. *Frec en la forma* CULÍN. ■ **4** *En algunos frutos:* Parte opuesta al rabo. ■ **5** *En una moneda:* Cruz. **b) cara o ~ → CARA.** ■ **6** *(Juegos)* En el juego de la taba: Parte lisa de la taba. ■ **7 ~ del mundo.** Lugar sumamente apartado y sin relación con el mundo civilizado. ■ **8 ~ de pollo.** Cosido mal hecho, juntando los bordes de un roto. ■ **9 ~ de saco.** Callejón o pasillo sin salida. ■ **10 ~ de vaso.** Piedra usada en bisutería imitando una piedra preciosa. ■ **11 ~ inquieto.** Inquietud o inestabilidad de carácter o de comportamiento. ■ **12 ~** (*o* **culillo) de mal asiento.** Pers. que no gusta de mantenerse mucho tiempo en una misma ciudad, una misma casa o un mismo empleo.

II *loc adj* **13** [Ojo] **del ~,** [tonto] **del ~ →** OJO, TONTO.

III *loc v* **14 caerse de ~.** Quedar impresionado. **b) tirar de ~.** Dejar impresionado. **c) caer(se) de ~ →** acep. 33. ■ **15 confundir el ~ con las témporas, qué tendrá que ver el ~ con las témporas,** *etc.* *Fórmulas con que se comenta despectivamente la falta de fundamento con que alguien relaciona dos ideas o dos hechos dispares.* ■ **16 ~** (*o* **culito) veo, ~** (*o* **culito) quiero.** *Fórmula con que se critica a una pers antojadiza.* ■ **17 dar por** (**el) ~** [a alguien]. (*vulg*) Realizar [con él] la cópula anal como sujeto activo. **b)** Vejar[le], o matratar[le] humillándo[le]. **c) dar por el ~** [a alguien]. Fastidiar[le] o molestar[le] mucho. **d) que le den por** (**el) ~.** *Fórmula con que se expresa desprecio o indiferencia hacia la pers o cosa aludida.* **e) irse a tomar por** (**el) ~, mandar a tomar por** (**el) ~ →** IRSE, MANDAR. **f) a tomar por** (**el) ~.** *Se usa como fórmula de rechazo.* ■ **18 hacérsele** [a alguien] **el ~ agua.** Sentir [alguien] deseo vehemente de algo que ve o imagina. *Tb, humoríst,* HACÉRSELE EL ~ PEPSICOLA. ■ **19 lamer el ~** [a alguien]. Comportarse [con él (*ci*)] de manera servil o adular[le]. ■ **20 meterse** [algo] **en** (*raro,* **por) el ~.** Guardárse[lo]. *Se usa gralm en forma imperat para expresar enfáticamente la no aceptación de algo real o supuestamente ofrecido.* **b) meterse la lengua en el ~ →** LENGUA. ■ **21 mojarse el ~.** Decir o hacer algo que implica un compromiso o una toma de postura. ■ **22 mover el ~.** Moverse (andar o actuar). ■ **23 nacer** (*o* **haber nacido) con una flor en el ~, no caberle** [a alguien] **una paja por el ~, no caberle** [a alguien] **un piñón por** (*o* **en) el ~ →** NACER, PAJA, PIÑÓN[1]. ■ **24 pasarse** [algo] **por el ~.** Despreciar[lo] olímpicamente. ■ **25 pensar** (*o* **entender) por el ~.** Ser incapaz de pensar (o de entender). ■ **26 perder el ~.** Correr, o marchar a toda prisa. **b) perder el ~** [por algo]. Procurar[lo] con afán, o desvivirse [por ello]. ■ **27 ser ~ y mierda** [dos o más perss.]. (*reg, desp*) Ser inseparables.

IV *loc adv* **28 a ~ pajarero.** Con el culo [1a] desnudo. ■ **29 con el ~ al aire.** En situación desairada o apurada. *Normalmente con el v* QUEDAR. ■ **30 con el ~ en las goteras.** En estado de pobreza. ■ **31 con el ~ prieto.** Sin valor o sin ánimo. ■ **32 con la hora pegada al ~ →** HORA. ■ **33 de ~.** De espaldas. *Normalmente con el v* CAER(SE). **b)** Marcha atrás. *Referido a un vehículo.* **c)** En situación difícil o apurada. *Normalmente con los vs* IR *o* ANDAR.

culombímetro *m* (*Electr*) Instrumento con que se mide la cantidad de electricidad que pasa por un conductor.

culombio *m* (*Electr*) En el sistema internacional: Unidad de cantidad de electricidad, equivalente a la cantidad de electricidad transportada en un segundo por la corriente de un amperio.

culón -na *adj* (*col*) Que tiene culo [1a y b y 3a] grande. **b)** (*reg*) [Ternero o ternera] de una clase caracterizada por las ancas gruesas y que se cría para carne. *Frec n.*

culote[1] *m* Parte posterior del cartucho, en cuyo centro se coloca la cápsula fulminante.

culote[2] *m* (*Cicl*) Calzón deportivo del ciclista.

culotte (*fr; pronunc corriente,* /kulót/ *o* /kulóte/) *m* (*hoy raro*) Prenda interior femenina en forma de pantalón corto.

culotte de cheval (*fr; pronunc corriente,* /kulót-de-ĉebál/) *m* Gordura de los muslos.

culpa **I** *f* **1** Responsabilidad [de un hecho o suceso malos]. *Tb, irónicamente, referido a un hecho o suceso buenos. Frec con los vs* TENER *o* ECHAR. **b)** Hecho de ser causante [de algo malo]. *Frec con los vs* TENER *o* ECHAR. ■ **2** Falta, o acto contra las normas establecidas.

II *loc prep* **3 por ~ de.** Por causa de. *Introduce un compl que expresa el responsable o causante del hecho neg que precede.*

culpabilidad *f* Condición de culpable.

culpabilización *f* Acción de culpabilizar.

culpabilizar *tr* Considerar culpable [a alguien (*cd*)].

culpable *adj* **1** Que tiene culpa [1 y 2]. *Tb n.* ■ **2** Que implica culpa [1 y 2].

culpablemente *adv* De manera culpable [2].

culpar *tr* Atribuir [a alguien o algo (*cd*)] la culpa [1] [de algo].

culposamente *adv* (*Der*) De manera culposa.

culposo -sa *adj* (*Der*) Que implica culpa [1a].

cultamente *adv* De manera culta (→ CULTO[1]).

cultedad *f* (*raro, desp*) Excesiva condición de culto[1].

culteranismo *m* (*TLit*) Tendencia, principalmente poética, caracterizada por el uso intenso de latinismos léxicos y sintácticos y del lenguaje metafórico, y esp. cultivada en España en el s. XVII.

culterano -na *adj* (*TLit*) Del culteranismo. **b)** Seguidor o adepto del culteranismo. *Tb n.*

cultiparlante *adj* (*desp*) Que emplea un lenguaje marcadamente culto[1]. *Tb n.* **b)** Propio de la pers. cultiparlante.

cultismo *m* Forma lingüística culta (→ CULTO[1] [2]).

cultista *adj* **1** De carácter culto[1] [1]. ■ **2** De(l) cultismo.

cultivable *adj* Que puede cultivarse [1 y 2].

cultivado -da *adj* **1** *part →* CULTIVAR. ■ **2** Culto[1] [1]. ■ **3** [Perla] natural cuya formación ha sido provocada artificialmente.

cultivador -ra *adj* Que cultiva. *Tb n m y f, referido a pers o máquina.*

cultivar *tr* **1** Trabajar [la tierra] para que produzca plantas. *Tb abs.* ■ **2** Hacer que se produzca y se críe [una planta (*cd*)]. ■ **3** Criar [determinados seres vivos] en un medio adecuado, con fines médicos, científicos o industriales. ■ **4** Mantener o frecuentar [el trato con alguien]. ■ **5** Dedicarse [a una actividad, esp. intelectual o artística (*cd*)]. ■ **6** Cuidar el desarrollo [de una capacidad (*cd*)]. ■ **7** Dar cultura [a alguien (*cd*)].

cultivo I *m* **1** Acción de cultivar. ■ **2** Tierra cultivada. *Frec en pl.* ■ **3** Producto cultivado (→ CULTIVAR [2 y 3]). ■ **4** Conjunto de microorganismos cultivados (→ CULTIVAR [3]). **b)** Caldo de cultivo (→ CALDO).
    II *loc adj* **5 de ~.** Sometido a cultivo [1]. ■ **6** [Caldo] **de ~** → CALDO.

culto¹ -ta *adj* **1** Que tiene un nivel cultural elevado. *Tb n, referido a pers.* **b)** Propio de la pers. culta. *Frec se opone a* VULGAR *o* POPULAR. **c)** [Lengua] que sirve de vehículo a una cultura [2] desarrollada. ■ **2** (*Ling*) [Palabra] tomada tardíamente del latín o del griego, o formada con elementos de estas lenguas.

culto² *m* **1** Homenaje o respeto religiosos tributados [a alguien o algo (*compl* DE *o* A)]. *Tb fig, con intención ponderativa.* **b)** Religión. **c)** Conjunto de ritos o ceremonias de culto. ■ **2** Aprecio sumamente grande [de alguien o algo (*compl* DE *o* A)]. ■ **3 ~ a** (*o* **de**) **la personalidad.** (*desp*) Exaltación pública de la imagen de un líder, esp. político, con sumisión servil a sus directrices.

cultor -ra *adj* (*lit*) Que cultiva, *esp* [5]. *Frec n.*

cultrún (*tb con la grafía* **kultrún**) *m* Tambor constituido por un plato de madera cubierto por una piel de animal, propio de los indios araucanos de Chile.

cultual *adj* (*lit*) Del culto² [1].

cultura I *f* **1** Conjunto de conocimientos adquiridos por la persona que permiten desarrollar el sentido crítico y el juicio. **b)** Instrucción, o conjunto de conocimientos no especializados que se supone debe poseer toda persona educada. *Frec ~* GENERAL. ■ **2** Conjunto de modos de vida, conocimientos y grado de desarrollo de una colectividad humana o de una época. ■ **3** (*lit, raro*) Cultivo (de la tierra o de las plantas). ■ **4 ~ física.** Educación física.
    II *loc adj* **5 de ~.** [Lengua] que sirve de vehículo a una cultura [2] desarrollada.

cultural *adj* **1** De (la) cultura [1 y 2]. ■ **2** (*raro*) De(l) cultivo (de la tierra o de las plantas).

culturalismo *m* **1** Ostentación vacua de cultura. ■ **2** Atención absorbente a lo cultural frente a lo vital o humano. ■ **3** Presencia notable de alusiones filosóficas, literarias, artísticas e históricas en la creación literaria, esp. en la poesía.

culturalista *adj* De(l) culturalismo. **b)** Que practica el culturalismo [2]. *Tb n, referido a pers.*

culturalizar *tr* Culturizar.

culturalmente *adv* En el aspecto cultural [1].

cultureta *f* (*desp*) Actividad cultural de poca altura.

culturismo *m* Cultura física orientada al desarrollo ostensible de los músculos.

culturista *adj* Del culturismo. **b)** Que practica el culturismo. *Tb n.*

culturización *f* Acción de culturizar.

culturizar *tr* Dar cultura [1] [a alguien (*cd*)]. *Tb abs.* **b)** *pr* (~**se**) Adquirir cultura.

cumanagoto -ta I *adj* **1** Del pueblo indígena de la región de Cumaná (Venezuela). *Tb n, referido a pers.* ■ **2** Del cumanagoto [3].
    II *m* **3** Lengua cumanagota [1].

cumanés -sa *adj* De la antigua región de Cumaná (Venezuela). *Tb n, referido a pers.*

cumano -na *adj* (*hist*) De la ciudad de Cumas (Italia). *Normalmente referido a la Sibila que allí habitaba.*

cumarina *f* (*Quím*) Compuesto aromático usado en perfumería, y en medicina como anticoagulante.

cumbia *f* Cierta danza colombiana, antes popular, hoy de salón, en compás de 3 por 4.

cumbre I *f* **1** Cima de montaña o de otra elevación del terreno. ■ **2** Grado máximo a que se puede llegar.
    II *adj* **3** [Cosa] de máxima importancia en su género. ■ **4** [Conferencia o reunión] de jefes de Estado o de gobierno. *Frec n f.*

cumbreño¹ -ña *adj* De la cumbre o las cumbres [1].

cumbreño² -ña *adj* De La Cumbre (Cáceres) o de Cumbres Mayores (Huelva). *Tb n, referido a pers.*

cumbrero -ra I *adj* **1** Cumbreño¹.
    II *f* **2** Caballete (del tejado). ■ **3** Dintel. ■ **4** Cumbre [1].

cúmel (*tb con la grafía* **kummel**) *m* Bebida alcohólica muy dulce a base de comino. *Tb el mismo comino.*

cum laude (*lat; pronunc,* /kum-láude/) *loc adj* (*invar*) Con elogio. *Siguiendo a la calificación de sobresaliente en un grado académico, para expresar especial excelencia y opción a premio extraordinario. Tb adv, con vs como* GRADUARSE *o* DOCTORARSE.

cumple *m* (*col*) Cumpleaños.

cumpleaños *m* Día del aniversario del nacimiento [de una pers.]. *Tb fig, referido a cosa.*

cumplemeses *m* (*col*) Día en que [una pers., esp. un bebé (*compl de posesión*)] cumple meses. *Tb fig, referido a cosa.*

cumplesiglo *m* (*col*) Día o año en que se cumple un siglo [de algo, o del nacimiento de alguien].

cumplesiglos *m* (*col*) Día o año en que se cumplen varios siglos [de algo].

cumplidamente *adv* De manera cumplida (→ CUMPLIDO¹ [4]).

cumplidero -ra *adj* Que se ha de cumplir [1].

cumplido¹ -da *adj* **1** *part* → CUMPLIR. ■ **2** Que ha cumplido (→ CUMPLIR [2b]) [el servicio militar (*compl* DE)]. ■ **3** Que se esmera en cumplir todas las reglas de cortesía. ■ **4** Cabal o perfecto. **b)** Satisfactorio. ■ **5** Algo mayor de lo habitual o de lo que corresponde. **b)** *Acompañando a expr numérica de espacio o de tiempo:* Pasado (que va más allá de la medida indicada). **c)** Grande.

cumplido² I *m* **1** Acto o frase de especial amabilidad o consideración.
    II *loc adj* **2 de ~.** Que por razones de nivel social requiere especial consideración o etiqueta. ■ **3 de ~.** De pura fórmula o de pura cortesía.

cumplidor -ra *adj* Que cumple [1, 2, 3 y 5]. *Tb n, referido a pers.*

cumplimentar *tr* **1** Cumplir [1, 2 y 3]. ■ **2** Saludar o visitar por formalidad y cortesía [a una pers. importante]. ■ **3** Escribir [en un impreso (*cd*)] los datos que en él se piden.

cumplimentero -ra *adj* De(l) cumplido[2], o de (los) cumplidos.

cumplimiento *m* Acción de cumplir [1, 2, 3, 5 y 8].

cumplir I *v* **A** *tr* **1** Hacer lo que determina [un precepto, una orden o un castigo (*cd*)]. *Tb abs.* ■ **2** Desempeñar o realizar [una función, un quehacer o una obligación]. *Tb abs. Tb fig.* **b)** Terminar de cumplir [el servicio militar o una pena de prisión]. *Tb abs.* ■ **3** Actuar [según lo prometido o convenido (*cd*)]. *Tb abs.* **b)** Ajustarse o acomodarse [a determinadas condiciones (*cd*)]. ■ **4** Llegar a tener [el número exacto de años (o de otras unidades de tiempo) que se expresa]. **b)** **no ~** [alguien] (**ya**) [los años que se expresan]. (*col*) Haber[los] rebasado.
B *intr* **5** Cumplir [1, 2 y 3] [algo (*compl* CON)]. **b)** Satisfacer el deber de cortesía [con alguien]. *Frec sin compl.* **c)** Realizar el acto sexual [satisfaciendo a la pareja (*compl* CON)]. *Tb sin compl.* **d)** *En gral:* Realizar el acto sexual. *Tb referido a animales.* ■ **6** (*lit, raro*) Corresponder o tocar [un deber a alguien]. **b)** **cúmpleme** (o **cúmplenos**) + *infin. Se usa como fórmula de cortesía para introducir una información.* **c)** Ser necesario o ser preciso [hacer algo (*suj infin,* o QUE + *subj*)]. *A veces se omite el suj, por consabido.* ■ **7** Apetecer [algo (*suj*) a alguien]. ■ **8** Vencer [un plazo (*suj*)].
II *loc adv* **9 por ~**. Por pura fórmula o por pura cortesía.

cumulativo -va *adj* Acumulativo.

cumuliforme *adj* (*Meteor*) De forma semejante a la de cúmulo [2].

cúmulo *m* **1** Gran cantidad de cosas o perss. acumuladas. ■ **2** (*Meteor*) Conjunto de nubes redondeadas y blancas, con base plana. ■ **3** (*Astron*) Agrupación densa de estrellas. *Tb ~ ESTELAR.*

cumulonimbo *m* (*Meteor*) Masa de nubes oscuras que avanzan en un frente muy alto y provocan violentas tormentas.

cumulonimbus *m* (*Meteor*) Cumulonimbo.

cuna[1] *f* **1** Cama para niño pequeño, gralm. con barandillas altas y con dispositivo que permite mecerla. ■ **2** (*lit*) Lugar donde [alguien o algo (*compl de posesión*)] ha nacido. **b)** Origen o estirpe. ■ **3** (*Mec*) Armazón de forma conveniente para servir de asiento a una máquina o a un órgano mecánico. ■ **4** (*reg, hist*) Inclusa. *Tb* CASA (DE) ~ (→ CASA).

cuna[2] I *adj* **1** De una tribu india habitante de parte de Panamá y de Colombia. *Tb n, referido a pers.*
II *m* **2** Lengua cuna [1].

cunca *f* (*reg*) Taza (vasija).

cundidor -ra *adj* Que cunde.

cundir *intr* **1** Rendir o dar de sí. ■ **2** Extenderse o propagarse [una cosa, esp. inmaterial].

cunear *tr* (*raro*) Acunar.

cuneiforme *adj* **1** (*CNat*) De forma de cuña [1a]. *Dicho esp de algunas partes de la planta y de tres huesos del pie.* ■ **2** (*hist*) [Carácter de escritura] en forma de cuña o clavo. *Tb referido al sistema de escritura; en este caso, tb n m.*

cunero -ra *adj* (*desp*) **1** [Candidato o diputado] extraño al distrito y patrocinado por el gobierno. ■ **2** (*reg*) Expósito. *Tb n.* **b)** (*Taur*) [Toro] de ganadería desconocida. *Tb fig.*

cuneta I *f* **1** Zanja cavada a cada lado de un camino o una carretera para recoger las aguas de la lluvia.
II *loc adv* **2 en la ~**. Fuera de la vida activa.

cunícola *adj* **1** De (la) cunicultura. **b)** De (los) conejos.

cunicular *adj* Cunícola [1b].

cunicultor -ra *m y f* Pers. que se dedica a la cunicultura.

cunicultura *f* Cría de conejos.

cunini *m* (*reg*) Toque de campana en el entierro de un niño pequeño. *En la constr* TOCAR A ~.

cunnilingus *m* Actividad sexual en que los órganos genitales de la mujer son estimulados por los labios y la lengua de su pareja.

cuña *f* **1** Pieza de material duro que por un extremo forma un ángulo diedro muy agudo y que sirve pralm. para hendir cuerpos sólidos. **b)** Tacón en forma de cuña. **c)** Calce, o pieza que sirve para afianzar las ruedas de un vehículo detenido. **d)** (*Anat*) Hueso cuneiforme [1] del pie. ■ **2** Elemento que avanza o penetra en ángulo agudo en una dirección o en un lugar. *Tb fig.* ■ **3** Recipiente de poca altura destinado a recoger los excrementos del enfermo que no puede abandonar la cama. ■ **4** Espacio publicitario muy breve en radio o televisión. ■ **5** (*col*) Hecho de irrumpir en una conversación o una discusión. *En constrs como* METER ~ o METERSE EN ~. ■ **6** (*col*) Influencia.

cuñadismo *m* (*col*) Nepotismo que recae sobre un cuñado.

cuñado -da *m y f* **1** Hermano del cónyuge [de una pers. (*compl de posesión*)]. *Tb sin compl, frec con suj pl.* ■ **2** Cónyuge del hermano [de una pers. (*compl de posesión*)]. *Tb sin compl, frec con suj pl.* ■ **3** Cónyuge del cuñado o de la cuñada [1].

cuño I *m* **1** Troquel con que se sellan las monedas y las medallas. *Tb su impresión o señal.* **b)** Acuñación. *Tb fig.* ■ **2** Matasellos. ■ **3** (*lit*) Sello (carácter peculiar o distintivo).
II *loc adj* **4 de nuevo ~**. Nuevo o reciente. *Frec con matiz desp.*

cuota[1] *f* **1** Cantidad que le corresponde pagar a cada uno. **b)** Parte que le toca a uno de un todo. ■ **2** Proporción establecida [de perss. o cosas]. ■ **3** (*Econ*) Cantidad máxima establecida. *Esp referido a la importación.* ■ **4** (*hist*) Pago en metálico mediante el cual un recluta goza de determinadas ventajas, entre ellas la reducción del tiempo de su servicio militar. *Frec en la loc adj* DE ~.

cuota[2] *m* (*hist*) Soldado de cuota[1] [4].

cuotidiano -na *adj* (*raro*) Cotidiano.

cup (*ing; pronunc corriente,* /kap/; *pl normal,* ~s) *m* Bebida refrescante hecha a base de vino blanco, licores, esp. coñac, y fruta.

cupé *m* **1** Automóvil cerrado de línea aerodinámica, de dos o cuatro plazas y con dos puertas. *Frec en aposición.* ■ **2** (*hist*) Carruaje de tiro, cerrado, de dos asientos.

cuplé *m* (*hist*) Canción ligera, frec. picante, propia de los espectáculos de variedades y en boga durante el primer tercio del s. XX.

cupletero -ra (*hist*) I *adj* **1** De(l) cuplé.
II *f* **2** Artista que canta cuplés.

cupletista *f* (*hist*) Artista que canta cuplés.

cupo I *m* **1** Parte [de algo] asignada o reservada. ■ **2** Grupo o conjunto [de perss. o cosas]. **II** *loc adj* **3 excedente de** ~ → EXCEDENTE.

cupón *m* **1** Impreso que, debidamente relleno, da derecho a tomar parte en un concurso o un sorteo o a obtener un descuento o regalo. ■ **2** (*Econ*) Parte que se corta de un documento de la deuda pública o de una sociedad de crédito, para presentar al cobro de los intereses vencidos. ■ **3** Trozo de papel de los que forman una colección que sirve para arrancar uno de ellos cada vez que se hace uso del derecho a que corresponden. ■ **4** Participación [de la lotería de la Organización Nacional de Ciegos]. *Frec* ~ DE LOS CIEGOS *o* DE LA ONCE.

cuponario -ria *adj* (*Econ*) De (los) cupones [2].

cupresácea *adj* (*Bot*) [Planta] arbustiva o arbórea, muy ramificada, de hojas persistentes, de la familia del ciprés. *Tb n f en pl, designando este taxón botánico.*

cúprico -ca *adj* **1** De cobre. ■ **2** (*Quím*) [Óxido] de cobre con más cantidad de oxígeno. *Tb referido a la sal que se forma con ese óxido.*

cuprífero -ra *adj* **1** Que produce cobre. ■ **2** (*Mineral*) Que contiene cobre.

cuprita *f* (*Mineral*) Mineral formado por óxido de cobre, que se presenta gralm. en cristales traslúcidos de color rojo.

cuproníquel *m* Aleación de cobre con níquel, utilizada en la fabricación de monedas. **b)** Moneda de cuproníquel, esp. la antigua de 25 céntimos.

cuproso -sa *adj* (*Quím*) [Óxido] de cobre con menos cantidad de oxígeno. *Tb referido a la sal que se forma con ese óxido.*

cúpula *f* **1** Bóveda hemisférica o casi hemisférica. **b) falsa** ~ → FALSO. **c)** *En un observatorio astronómico:* Cubierta giratoria semejante a una cúpula y con una abertura que permite la observación de los astros. ■ **2** (*Bot*) Involucro, en forma parecida a una copa, que cubre parcialmente determinados frutos. ■ **3** (*raro*) Copa (de sujetador). ■ **4** Conjunto de perss. que ocupa los puestos más altos en un organismo. *Normalmente con un adj o compl especificador.*

cupular[1] *adj* De (la) cúpula [1a]. **b)** De forma de cúpula.

cupular[2] *tr* Cubrir con cúpula [1a]. *Gralm en part.*

cupulífera *adj* (*Bot*) [Planta] de la familia del haya, con hojas simples, gralm. caducas, y frutos envueltos por la cúpula [2]. *Frec como n f en pl, designando este taxón botánico.*

cupuliforme *adj* (*E*) Que tiene forma de cúpula [1a].

cupulín *m* Cuerpo superior, con linterna, con que se remata una cúpula [1a].

cuquería *f* (*col*) **1** Cualidad de cuco[2] (astuto o pillo). ■ **2** Hecho o dicho propio de la pers. cuca.

cuquero -ra *m y f* (*reg*) Pipero (vendedor de pipas[2] y otras golosinas).

cura[1] I *f* **1** Acción de curar [1 y 2]. *Tb fig.* **b)** Hecho de curarse [7b]. ■ **2** Acción de curar [5] determinados alimentos. ■ **3** (*lit, raro*) Cuidado. ■ **4** ~ **de almas.** Función, propia del párroco, de atender a sus feligreses en el aspecto religioso. *A veces* (*raro*) *simplemente* ~. **II** *loc adj* **5** [Cajón] **de** ~**s** → CAJÓN.

cura[2] I *m* **1** Sacerdote que tiene a su cargo una parroquia. *Frec* ~ PÁRROCO, *o* (*raro*) ~ DE ALMAS. **b)** (*col*) Sacerdote cristiano, esp. católico. **II** *loc pr* **2 este** ~. (*col, humoríst*) Yo, el que habla. *El v concuerda en 3ª pers.*

curable *adj* Que puede ser curado (→ CURAR [1]).

curaca *m* *En algunas tribus indias de América Meridional:* Cacique.

curaçao → CURASAO.

curación *f* **1** Acción de curar(se) [1, 2 y 7a y b]. *Tb su efecto.* ■ **2** Acción de curar [4] una materia. ■ **3** Acción de curar [5] determinados alimentos.

curado *m* Acción de curar [4 y 5].

curador -ra I *adj* **1** [Pers.] que cura [2]. *Frec n.* **b)** De(l) curador. ■ **2** (*lit*) [Pers.] que cuida. *Frec n.* **II** *m y f* **3** (*Der*) Pers. designada para cuidar de los bienes o negocios de alguien que legalmente no puede hacerlo por sí mismo.

cural *adj* [Casa] del párroco.

curalotodo *m* (*col*) **1** Sanalotodo (remedio para todos los males). *Tb adj. Tb fig.* ■ **2** Médico que cura todas las enfermedades.

curanderil *adj* De (los) curanderos.

curanderismo *m* Actividad o conjunto de prácticas del curandero.

curandero -ra *m y f* **1** Pers. que, sin estudios médicos, pretende curar sirviéndose de procedimientos empíricos o rituales. ■ **2** Pers. que ejerce la medicina sin tener título oficial.

curángano *m* (*desp*) Cura[2] [1].

curar A *tr* **1** Devolver el estado de salud [a una pers. o un animal enfermos o heridos (*cd*)]. *Tb fig, referido a cosa. A veces con un compl* DE *que designa la enfermedad o el mal.* **b)** Hacer desaparecer [una enfermedad o una herida]. *Tb fig.* ■ **2** Aplicar los remedios necesarios para curar [1a] [a una pers. o un animal]. **b)** Aplicar [a una pers. o un animal (*ci*)] los remedios necesarios para curar[le] [1b] [una enfermedad o una herida (*cd*)]. ■ **3** (*reg*) Curarse [7a] [una pers. o un animal (*suj*) de una enfermedad (*cd*)]. ■ **4** Preparar [una materia] para que pueda servir a su uso específico. ■ **5** Someter [determinados alimentos] a la acción del frío, el humo o la sal, o de las tres cosas, para que se conserven durante mucho tiempo. **b)** Secar [el frío (*suj*)] determinados alimentos preparados] facilitando su conservación. ■ **6** Hacer madurar [una planta o un fruto]. **B** *intr* **7** Recobrar la salud [una pers. o animal]. *Tb fig. Frec pr* (~**se**). *A veces con un compl* DE *que designa la enfermedad o el mal.* **b)** Desaparecer [una enfermedad o una herida]. *Tb fig. Frec pr* (~**se**). **c)** ~**se en salud** → SALUD. ■ **8** (*lit, raro*) Cuidar [de alguien o de algo].

curare *m* Sustancia resinosa extraída de la corteza de árboles del gén. *Strychnos,* muy venenosa, usada por los indios salvajes sudamericanos para emponzoñar sus flechas.

curasao (*tb con la grafía* **curaçao**) *m* Licor hecho con aguardiente, corteza de naranja amarga y azúcar.

curatela *f* (*Der*) Condición de curador [3].

curativo -va *adj* [Cosa] que sirve para curar [1].

curato *m* **1** Cargo de cura párroco. ▪ **2** Parroquia (territorio que depende espiritualmente de un cura párroco). ▪ **3** Casa del cura párroco.

curazoleño -ña *adj* De la isla de Curaçao o de su lengua (el papiamento). *Tb n, referido a pers.*

cúrcuma *f* Planta del Asia tropical y de Australia, herbácea, ornamental y de cuyas raíces se obtienen sustancias alimenticias y colorantes (gén. *Curcuma*).

curcusilla *f* (*col*) Rabadilla.

curda (*col*) **I** *f* **1** Borrachera.
II *adj* **2** Borracho. *Tb n.*

curdela *adj* (*col*) Curda [2]. *Tb n.*

curdo → KURDO.

cureña *f* Armazón con ruedas, propia de la pieza de artillería, sobre la que se monta el cañón.

curete *m* (*Mitol clás*) Sacerdote de la isla de Creta, de los que cuidaron a Zeus niño.

curia *f* **1** Conjunto de congregaciones y tribunales de la corte pontificia. *Frec* ~ ROMANA o PONTIFICIA. **b)** Órgano auxiliar del obispo en sus funciones de gobierno de la diócesis. ▪ **2** (*hist*) *En la antigua Roma:* División de las diez que constituyen la tribu. **b)** *En el Imperio Romano:* Lugar de reunión de la asamblea del pueblo.

curiados *adj* (*hist*) *En la antigua Roma:* [Comicios] reunidos por curias [2a].

curial I *adj* **1** De la curia [1]. *Tb n, referido a pers.*
II *m* **2** Funcionario judicial.

curialesco -ca *adj* De (los) curiales. **b)** Propio de (los) curiales.

curiana *f* Cucaracha (insecto).

curiara *f* Embarcación ligera de vela y remo, usada por algunos pueblos indígenas de América del Sur.

curica *m* (*reg*) Herrerillo (pájaro).

curieterapia (*pronunc corriente,* /kuriterápia/) *f* (*Med*) Radiumterapia.

curil *adj* (*col*) De(l) cura[2].

curio *m* (*Quím*) **1** Elemento transuránico radiactivo, de número atómico 96, obtenido artificialmente a partir del plutonio. ▪ **2** (*Fís*) Unidad empleada en física nuclear para medir la actividad de los radionúclidos.

curiosamente *adv* **1** De manera curiosa. ▪ **2** Cuidadosamente.

curioseador -ra *adj* Que curiosea. *Frec n.*

curiosear *tr* Mirar [algo] por pura curiosidad y sin interés concreto. *Tb abs.*

curioseo *m* Acción de curiosear.

curiosidad *f* **1** Cualidad de curioso. ▪ **2** Cosa curiosa [2].

curioso -sa *adj* **1** Deseoso de saber cosas ajenas, sin un fin determinado. **b)** Deseoso de saber o adquirir conocimiento. **c)** Propio de la pers. curiosa. ▪ **2** Notable, o que llama la atención por su rareza u originalidad. ▪ **3** Aseado o limpio. ▪ **4** (*col*) De aspecto, calidad o importancia aceptables. *Normalmente usado como atenuación.*

curista *m y f* Pers. que hace una cura[1] [2] en una estación termal.

curling (*ing; pronunc corriente,* /kúrlin/) *m* Juego sobre hielo consistente en hacer deslizar piedras provistas de un asa hacia una meta.

curpiel *m* Cierto material sintético que imita la piel.

curra *f* (*jerg*) Paliza.

currador *m* (*jerg*) Trilero.

currante -ta (*tb f* CURRANTE) *m y f* (*col*) Trabajador, esp. por cuenta ajena.

currar A *intr* (*col*) **1** Trabajar, esp. por cuenta ajena. ▪ **2** (*jerg*) Pegar o golpear.
B *tr* **3** Trabajar concienzudamente [en algo (*cd*)]. ▪ **4** Trabajar para conquistar [a alguien o algo]. *Frec con un compl de interés.*

curre *m* (*col*) Trabajo (acción de trabajar).

currela *m* (*col*) Trabajador.

currelante *m* (*col*) Trabajador.

currelar *intr* (*col*) Trabajar.

currele *m* (*col*) Trabajo (acción de trabajar).

currelo *m* (*col*) Trabajo (acción de trabajar).

curricán *m* (*Pesca*) Aparejo de un solo anzuelo, que se larga por la popa o por los costados de la embarcación prendido en unas varas.

curricular *adj* De(l) currículum [1a y 2].

currículo *m* Currículum.

currículum (*pl invar o* CURRÍCULA) *m* **1** Curriculum vitae [1a]. **b)** Historial, o conjunto de actuaciones profesionales de una persona. *Frec fig, referido a actividades poco honradas.* ▪ **2** Plan de estudios.

curriculum vitae (*lat; pronunc corriente,* /kurríkulum-bíte/; *pl invar*) *m* Relación o serie de datos personales, formación, actividades profesionales y méritos de una persona. **b)** Currículum [1b].

currinche *m* (*col*) **1** Aprendiz de periodista. *Tb, humoríst o desp, designa al periodista en gral.* ▪ **2** Individuo de poca categoría.

curripé *m* (*jerg*) Paliza.

currito *m* (*col*) **1** *En un lugar de trabajo:* Trabajador del nivel inferior. ▪ **2** Golpe. *Tb fig.* ▪ **3** Muñeco de guiñol.

curro[1] *m* (*col*) **1** Trabajo. ▪ **2** Paliza.

curro[2] *m* (*reg*) Recinto cercado adonde se conducen los caballos criados en libertad, para marcarlos con hierro. *Tb la fiesta que allí y con este motivo se celebra.*

curruca *f* Se da este n a varios pájaros del gén *Sylvia,* de pequeño tamaño, cabeza redonda, pico fino, cola erecta y plumaje oscuro. *Las diversas especies se distinguen por medio de un adj especificador:* ~ CABECINEGRA (*S. melanocephala*), ~ CAPIROTADA (*S. atricapilla*), ~ CARRASQUEÑA (*S. cantillans*), ~ MIRLONA (*S. hortensis*), ~ MOSQUITERA (*S. borin*), ~ RABILARGA (*S. undata*), ~ ZARCERA (*S. communis*).

currulao *m* Baile popular colombiano por parejas, en que los hombres y mujeres se juntan y separan repetidamente en movimientos rápidos.

currusco *m* Corrusco (de pan).

currutaco *m* (*lit, raro*) Joven que va a la moda.

curry *m* Salsa picante hecha con pimienta y otras especias. **b)** Plato preparado con curry.

cursar A *tr* **1** Estudiar [una materia o un ciclo de enseñanza]. *Tb abs.* ■ **2** Dar curso [a un mensaje o un documento (*cd*)].
   B *intr* **3** (*Med*) Desarrollarse o seguir su curso [una enfermedad o un síntoma].

cursi *adj* (*desp*) **1** Afectadamente elegante o refinado. *Tb n, referido a pers.* ■ **2** Remilgado. *Tb n.*

cursilada *f* (*desp*) Cosa cursi.

cursilear *tr* (*desp*) Tratar [algo] con cursilería [1].

cursilería *f* (*desp*) **1** Cualidad de cursi. ■ **2** Cosa cursi.

cursillista *m y f* Pers. que hace un cursillo.

cursillo *m* Curso breve, gralm. de formación complementaria.

cursilón -na *adj* (*desp*) Sumamente cursi. *Tb n, referido a pers.*

cursivo -va *adj* **1** [Letra de imprenta] inclinada a la derecha. *Frec n f.* ■ **2** [Letra o escritura manual] hecha sin especial esmero y enlazando los rasgos.

curso I *m* **1** Camino que sigue una corriente de agua. ■ **2** Camino que recorre un astro. ■ **3** Marcha o evolución que sigue una cosa. ■ **4** Circulación, o hecho de pasar de unas manos a otras. *Referido gralm a valores.* ■ **5** Período docente que comienza en septiembre u octubre y dura hasta la misma fecha del año natural siguiente. *Tb ~ ESCO-LAR.* **b)** Período de clases en un centro de enseñanza entre dos vacaciones de verano. **c)** Período de actividades en una institución que coinciden con el curso docente. ■ **6** Conjunto de materias que en un plan de estudios corresponde a un curso [5a]. **b)** Conjunto de estudiantes que siguen en un mismo grupo o simultáneamente un curso. ■ **7** Libro en que se expone metódicamente el estudio general de una materia. ■ **8** Serie de clases sobre una o varias materias establecida con arreglo a un programa y que tiene duración variable. ■ **9** (*Econ*) Cotización.
   II *loc adj* **10** en ~. [Mes o año] corriente o presente.
   III *loc v* **11** dar ~ [a algo]. Encaminar[lo] hacia su destino final. *Dicho gralm de documento.*

cursor *m* **1** (*E*) *En algunos instrumentos o aparatos:* Pieza corredera pequeña que se desliza a lo largo de otra mayor. ■ **2** (*Informát*) Marca móvil que indica en la pantalla del ordenador en qué sector de ella o sobre qué objeto está trabajando el usuario.

cursus honorum (*lat; pronunc,* /kúrsus-onó-rum/) *m* Serie de cargos públicos que una persona ha de desempeñar sucesivamente hasta alcanzar un puesto político de relieve. *Tb fig.*

curtición *f* Curtido² [1].

curtido¹ -da I *adj* **1** *part* → CURTIR.
   II *m* **2** Piel de animal curtida (→ CURTIR [1]).

curtido² *m* **1** Acción de curtir [1]. ■ **2** Corteza de árbol.

curtidor -ra *m y f* Pers. que trabaja en el curtido² [1].

curtiente *adj* [Materia] usada para curtir [1]. *Frec n m.* **b)** Propio de la materia curtiente.

curtimiento *m* Acción de curtir(se) [3 y 4].

curtir *tr* **1** Adobar [una piel de animal] para conservar[la] y hacer[la] flexible, de manera que se pueda utilizar en la fabricación de diversos objetos. ■ **2** Tostar y endurecer [el sol y el aire (*suj*)] la piel

(*cd*)]. **b)** *pr* (~se) Pasar a estar curtida [una pers. o su piel]. ■ **3** Acostumbrar [a alguien] a sufrir inconvenientes o penalidades. **b)** *pr* (~se) Acostumbrarse a sufrir inconvenientes o penalidades. *Frec en part.* ■ **4** Hacer que [alguien (*cd*)] adquiera experiencia [en un trabajo]. **b)** *pr* (~se) Adquirir experiencia [en un trabajo]. *Frec en part.*

curto -ta *adj* (*reg*) Rabón.

curul *adj* **1** (*raro*) [Silla] destinada a la persona de mayor dignidad. ■ **2** (*hist*) *En la Roma antigua:* [Silla] de marfil destinada a un edil de clase patricia. **b)** [Edil] de clase patricia.

cururú *m* Batracio de la América tropical que se caracteriza porque la hembra conserva los huevos en repliegues de su dorso (*Pipa pipa*).

curva → CURVO.

curvado -da *adj* **1** *part* → CURVAR. ■ **2** Curvo [4].

curvadura *f* Curvatura.

curvar *tr* Dar forma curva (→ CURVO [3]) [a algo (*cd*)]. **b)** *pr* (~se) Tomar forma curva.

curvatura *f* **1** Cualidad de curvo [4]. ■ **2** (*E*) Desviación de los puntos de una curva (→ CURVO [1 y 5]) respecto a los de una recta tomada como referencia.

curvilíneo -a *adj* Formado por líneas curvas.

curvímetro *m* (*Geom*) Instrumento para medir la longitud de las líneas curvas trazadas en un plano.

curvinervio -via *adj* (*Bot*) [Hoja] cuyos nervios, divergentes en el nacimiento, se aproximan al acercarse al ápice.

curvo -va I *adj* **1** [Línea] que no tiene ninguna porción recta. *Tb n f.* ■ **2** [Superficie] que no tiene ninguna porción plana. ■ **3** De (la) línea o de (la) superficie curva [1 y 2]. ■ **4** [Cosa] de forma semejante a una línea o una superficie curva [1 y 2].
   II *f* **5** Tramo curvo [4] [de una cosa de estructura lineal, esp. un camino o carretera]. ■ **6** Parte redondeada del cuerpo femenino. ■ **7** *En un mapa:* Línea que une los puntos que presentan una misma característica. ■ **8** Representación gráfica en una cuadrícula, por medio de una línea, de la evolución de una variable. *Tb fig.* ■ **9** - de la felicidad. (*humoríst*) Estómago abultado, frec. en los hombres de edad madura.
   III *fórm or* **10** agárrate, que viene(n), *o* hay, curva(s) → AGARRAR.

cusano -na *adj* De Cusa o Kues (Alemania). *Gralm dicho del filósofo Nicolás de Cusa († 1464).*

cusca. hacer la ~. *loc v* (*col*) *euf por* HACER LA PU-ÑETA.

cuscurro *m* Corrusco.

cuscús (*tb con la grafía* **kuskús**) *m* Cuzcuz.

cuscuta (*tb* **cúscuta**) *f* Planta herbácea, parásita de muchas plantas forrajeras y hortenses, especialmente de la alfalfa, y que carece de clorofila (gén. *Cuscuta*).

cusita *adj* [Lengua o grupo de lenguas] de Somalia, Etiopía y regiones limítrofes. *Tb n m.*

cuspe *m* (*reg*) Saliva.

cúspide *f* **1** Cumbre. *Tb fig.* **b)** Parte más alta [de algo], terminada en punta.

cusqui. hacer la ~. *loc v* (*col*) Hacer la cusca (→ CUSCA).

custodia *f* **1** Acción de custodiar. ■ **2** (*Rel catól*) Recipiente de oro o plata, o de otro metal, destinado a exponer el Santísimo Sacramento a la veneración de los fieles.

custodiador -ra *adj* Que custodia. *Tb n.*

custodiar (*conjug* **1a**) *tr* **1** Vigilar o guardar [algo] con las precauciones necesarias para que no sea robado. ■ **2** Vigilar o guardar [un lugar] para evitar que sea asaltado o para controlar la entrada en él. ■ **3** Vigilar [a alguien] para que no se escape.

custodio I *m* **1** (*lit*) Vigilante o guardián. *Tb fig, referido a cosa.*
II *adj* **2** (*Rel catól*) [Ángel] de la guarda.

cutáneo -a *adj* **1** Del cutis [1]. ■ **2** (*Anat*) [Músculo] situado en la región anterior y lateral del cuello, inmediatamente debajo de la piel, y que actúa sobre la barbilla y el labio inferior.

cutí *m* Tela gruesa de algodón, que se emplea para colchones y almohadas.

cutícula *f* (*Biol*) Película o membrana que envuelve un organismo animal o vegetal.

cuticular *adj* (*Biol*) De (la) cutícula.

cutina *f* (*Bot*) Sustancia grasa resultante de la transformación de la membrana externa de los vegetales, y que cubre las hojas y tallos jóvenes.

cutinización *f* (*Bot*) Acción de cutinizar(se).

cutinizar *tr* (*Bot*) Transformar en cutina. **b)** *pr* (**~se**) Transformarse en cutina. *Frec en part.*

cutio -tia *adj* (*reg*) **1** Insistente. *Tb adv.* ■ **2 de ~.** Cotidiano u ordinario. *Tb adv.* **b)** [Día] de diario o de trabajo.

cutis *m* **1** *En los seres humanos:* Piel, esp. de la cara. ■ **2** (*col*) Cara dura.

cuto *m* (*reg*) Cerdo.

cutre *adj* (*col, desp*) **1** Pobre o mezquino, o de mala apariencia. *Más o menos vacío de significado, se usa como insulto.* ■ **2** Tacaño.

cutrerío *m* (*col*) Cualidad de cutre.

cutrez *f* (*col, desp*) Cosa cutre.

cutter (*ing; pronunc corriente,* /kúter/; *pl normal,* ~s *o invar*) *m* Instrumento para cortar provisto de una cuchilla extensible.

cuyo -ya (*con pronunc átona*) *adj relat* **1** Del cual o de la cual. *Precede inmediatamente al n con el que concuerda.* * Un amigo, cuyo padre era escritor, me introdujo en estos temas. **b)** (*lit*) *Funcionando como predicat, se intercala entre él y el n el v* SER. * Menéndez Pidal, cuyas son las palabras transcritas, deduce lo siguiente. ■ **2** (*semiculto*) El cual o la cual. * Ha recibido una oferta a través de un amigo, cuya oferta procede de Italia.

cúyo -ya (*con pronunc tónica*) *adj interrog* (*lit*) ¿De quién? *Funciona como predicat.* * La leyenda de la sepultura declara cúyos eran los restos que contuvo.

cuza *f* (*reg*) Perra pequeña.

cuzco *m* Gozque (perro pequeño).

cuzcuz *m* Manjar de los moros consistente en una pasta de harina y miel que, reducida a granitos, se cuece al vapor.

cuzqueño -ña *adj* De Cuzco (Perú). *Tb n, referido a pers.*

cyan (*ing; pronunc corriente,* /θian/) *adj* [Color] azul verdoso. *Tb n m.*

cyberespacio, cybernauta, cyberpunk
→ CIBERESPACIO, CIBERNAUTA, CIBERPUNK.

cyborg (*ing; pronunc corriente,* /θíbor/ *o* /sáibor/; *pl normal,* ~s) *m En ciencia ficción:* Ser humano dotado de órganos mecánicos o electrónicos, con capacidades sobrehumanas.

czarda (*húng; pronunc corriente,* /θárda/; *tb, más raro, con la grafía* **zarda**) *f* Danza húngara que consta de una parte lenta y otra rápida. *Tb la música compuesta para esta danza.*

d

d → DE[2].

dable *adj* (*lit*) Posible. *En la constr* SER ~.

da braccio (*it; pronunc corriente,* /da-bráĉo/) *loc adj* (*Mús*) [Viola] que se toca sosteniéndola con el brazo en posición horizontal, propia de la música barroca.

dabute *adj invar* (*jerg*) Magnífico. *Tb adv.*

dabuti *adj invar* (*jerg*) Magnífico. *Tb adv.*

daca. toma y ~ → TOMAR.

da capo (*it; pronunc corriente,* /da-kápo/) *loc adv* (*Mús*) Repitiendo desde el principio.

dacha[1] *f* Casa de campo. *Referido a Rusia.*

dacha[2] *f* Tejido sintético de pelo largo, usado esp. para alfombras o zapatillas.

dacio -cia *adj* (*hist*) De Dacia (antigua región europea correspondiente a la actual Rumanía). *Tb n, referido a pers.*

dación *f* (*Der*) **1** Acción de dar (hacer que [alguien] pase a tener [algo]). *Tb su efecto.* ■ **2** ~ **personal.** Costumbre aragonesa que incluye en la sociedad familiar a los solteros y viudos mientras se mantengan en tal estado y se comprometan a trabajar para la casa que los acepta así.

dacriocistitis *f* (*Med*) Inflamación del saco lacrimal.

dacrón (*n comercial registrado*) *m* Fibra sintética de poliéster de patente estadounidense.

dactilar *adj* De (los) dedos. *Esp referido a huella.* **b)** De (las) huellas dactilares.

dactílico -ca *adj* **1** (*TLit*) De(l) dáctilo. **b)** [Verso] cuyo elemento fundamental es el dáctilo. **c)** [Verso endecasílabo] acentuado en las sílabas 4ª y 7ª. ■ **2** (*Fon, raro*) Esdrújulo.

dactilo *m* Planta gramínea frecuente en los pastizales (*Dactylis glomerata*).

dáctilo *m* (*TLit*) En la poesía grecolatina: Pie formado por una sílaba larga seguida de dos breves.

dactilográfico -ca *adj* (*raro*) Mecanográfico.

dactilológico -ca *adj* [Método de expresión o comunicación] que se basa en el uso del alfabeto manual.

dactiloscopia *f* Procedimiento de identificación por las huellas dactilares.

dactiloscópicamente *adv* De manera dactiloscópica.

dactiloscópico -ca *adj* De (la) dactiloscopia.

dadá (*tb con la grafía* **dada**) **I** *m* **1** Dadaísmo. **II** *adj invar* **2** Dadaísta.

dadaísmo *m* Movimiento artístico y literario surgido en Europa y Estados Unidos en 1916 y basado en la irracionalidad, la incongruencia y el desprecio por los criterios estéticos establecidos.

dadaísta *adj* De(l) dadaísmo. **b)** Adepto al dadaísmo. *Tb n.*

dádiva *f* Cosa que se da gratuitamente, esp. por alguien de alta jerarquía.

dadivosamente *adv* De manera dadivosa.

dadivosidad *f* Cualidad de dadivoso.

dadivoso -sa *adj* Generoso o desprendido. *Tb fig.*

dado[1] **-da I** *adj* **1** *part* → DAR. ■ **2** Propenso o inclinado [a algo]. ■ **3** Determinado o prefijado. ■ **4** *Calificando a un n, forma con él un compl que expresa causa.* * Es un traslado difícil, dado el intenso tráfico.
II *loc v* **5 ir ~.** (*col*) Tener [alguien] pocas posibilidades o ninguna de salir con éxito.
III *loc conj* **6** ~ **que.** Puesto que. *Con el v en ind.* ■ **7** ~ **que.** Si o siempre que. *Con el v en subj.*

dado[2] *m* **1** Pieza cúbica, empleada en diversos juegos, que lleva en cada una de las caras un número diferente de puntos (del uno al seis) o una figura distinta. **b)** *En pl:* Juego que consiste en tirar los dados de modo que salga la combinación de puntos o figuras más valorada. ■ **2** *En gral:* Cosa que tiene forma cúbica.

dador -ra *adj* Que da. *Tb n, referido a pers.*

daga *f* (*hist*) Arma blanca semejante a una espada corta.

dagal -la *m y f* (*reg*) Zagal.

da gamba (*it; pronunc corriente,* /da-gámba/) *loc adj* (*Mús*) [Viola] que se toca apoyándola en el suelo y sujetándola con la pierna, propia de la música barroca.

dagga (*ing; pronunc corriente,* /dága/) *f* Cáñamo indio que se fuma como narcótico.

daguero *m* (*hist*) Fabricante de dagas.

daguerrotipar *tr* Fijar [una imagen fotográfica] mediante el daguerrotipo [1].

daguerrotipo *m* **1** Aparato fotográfico primitivo en que las imágenes se fijan sobre una plancha metálica. ■ **2** Fotografía hecha con daguerrotipo [1]. ■ **3** Procedimiento de fijar imágenes mediante el daguerrotipo [1].

dahír *m* Decreto del rey de Marruecos.

dahomeyano -na *adj* De Dahomey (hoy Benín). *Tb n, referido a pers.*

daifa *f* (*lit*) Prostituta.

daimieleño -ña *adj* De Daimiel (Ciudad Real). *Tb n, referido a pers.*

daimio *m* (*hist*) Señor feudal japonés.

daiquiri *m* Bebida preparada con ron, zumo de limón y azúcar.

dakota *adj* Del pueblo amerindio que habita en los estados de Dakota, Montana y Nebraska (Estados Unidos). *Tb n, referido a pers.*

dala *f* (*Mar*) Canal de madera que lleva a los imbornales el agua extraída por las bombas.

dalaga *f* (*raro*) Muchacha o joven soltera filipina.

Dalai Lama *m* Sumo sacerdote del lamaísmo.

dalia *f* Planta herbácea de la familia de las compuestas, muchas de cuyas variedades se cultivan como ornamentales (*gén. Dahlia*). *Tb su flor.*

dalla *f* (*reg*) Dalle.

dallador -ra *m y f* Pers. que siega con el dalle.

dalle *m* Guadaña.

dallear *tr* Segar [hierba] con el dalle. *Tb abs.*

dálmata I *adj* 1 De Dalmacia (región de la antigua Yugoslavia). *Tb n, referido a pers.* ■ 2 [Perro] de pelo corto y blanco con manchas negras u oscuras. *Tb n.* ■ 3 De(l) dálmata [4]. II *m* 4 Lengua románica, extinguida, de la región de Dalmacia.

dalmática *f* 1 (*Rel crist*) Ornamento sagrado semejante a una casulla con mangas anchas y abiertas. ■ 2 Túnica abierta por los lados y de mangas anchas y cortas, usada antiguamente por altos personajes y hoy por heraldos y maceros en algunas ceremonias.

dalton (*ing; pronunc corriente, /dálton/; pl normal, ~s*) *m* Unidad de masa atómica, equivalente a 1/16 de la masa del átomo de oxígeno.

daltoniano -na *adj* Daltónico. *Tb n.*

daltónico -ca *adj* Que padece daltonismo. *Tb n.*

daltonismo *m* Defecto visual que consiste en no percibir determinados colores o confundir otros, esp. rojo y verde. *Tb fig.*

dama[1] I *f* 1 Mujer noble o distinguida. **b)** Mujer que en su porte o en su comportamiento manifiesta distinción o dignidad. **c)** (*lit*) Señora. **d)** *Se usa como denominación de los miembros de determinadas congregaciones piadosas u órdenes civiles. Con compl especificador.* **e) primera ~.** Esposa de un presidente de república. *A veces se aplica tb a esposas de otros políticos que llevan título de presidente.* ■ 2 (*lit*) Mujer galanteada o amada por un hombre (*compl de posesión*)]. *Tb ~ DE SUS PENSAMIENTOS.* ■ 3 Actriz que hace el papel principal. *Frec con un adj especificador:* PRIMERA ~, ~ JOVEN. ■ 4 (*hist*) Señora que acompaña y sirve a una reina, princesa o infanta. **b)** ~ **de honor.** (*hist*) Señora de cargo inferior al de dama [4a]. **c)** ~ **de honor.** Joven que acompaña a una reina de la belleza o de una fiesta, o a la novia en una boda. *Tb, simplemente, ~.* ■ 5 *En pl:* Juego para dos jugadores, que se disputa sobre un tablero dividido en 64 escaques con 12 fichas redondas y planas para cada uno. *Tb* JUEGO DE ~S. **b)** *En el juego de damas:* Pieza que, por haber llegado a la primera línea del contrario, se corona con otra pieza y

puede correr toda la línea. ■ 6 *En la baraja francesa:* Carta, marcada con la letra Q, que lleva representada la figura de una reina. *Tb, en los dados de póquer, la cara que representa esta figura.* ■ 7 (*Ajedrez*) Reina. ■ 8 ~ **blanca.** (*lit*) Cocaína. ■ 9 ~ **de noche.** Planta de flores blancas, muy olorosas durante la noche (*Cestrum nocturnum*). II *loc adj* 10 [Amor] **de ~** → AMOR.

dama[2]. **gacela ~** → GACELA.

damajuana *f* Garrafa.

damasceno -na *adj* De Damasco. *Tb n, referido a pers.* **b)** [Neguilla] **damascena** → NEGUILLA.

damasco *m* 1 Tejido, gralm. de seda o algodón, hecho con hilos de un solo color, que forma dibujos con zonas mates y brillantes, las cuales se presentan invertidas en el derecho y en el revés. ■ 2 Cierta variedad de albaricoquero. *Tb su fruto.*

damasquina *f* Planta herbácea ornamental de flores purpúreas, originaria de Méjico (*Tagetes patula*).

damasquinado *m* Labor de adorno que se realiza embutiendo oro u otro metal fino en hierro o acero.

damasquinador -ra *adj* Que damasquina. *Tb n, referido a pers.*

damasquinar *tr* Hacer labores de damasquinado [en algo (*cd*)]. *Gralm en part.*

dame coiffée (*fr; pronunc corriente, /dám-kuafé/*) *f* (*Geol*) Columna arcillosa cuya parte superior es una roca que la ha preservado de la erosión.

damería *f* (*lit, raro*) Delicadeza o melindre.

damero *m* 1 Tablero del juego de damas. ■ 2 Superficie dividida en cuadrados iguales. ■ 3 Pasatiempo parecido al crucigrama, en el cual una serie de conceptos se han de sustituir por palabras que los signifiquen y cuyas letras sirven para componer una frase.

damerograma *m* Damero [3].

damisela *f* 1 (*desp*) Señorita. ■ 2 [Grulla] ~ → GRULLA.

damnificación *f* Acción de damnificar. *Tb su efecto.*

damnificador -ra *adj* Que damnifica. *Tb n, referido a pers.*

damnificar *tr* Causar daño [a alguien o algo (*cd*)]. *Gralm en part, frec sustantivado, esp referido a los afectados por un daño grave de carácter colectivo.*

d'amore (*it; pronunc corriente, /damóre/*) *adj* (*Mús*) [Oboe] que suena una tercera menor inferior al normal, propio de la música barroca.

dan *m* (*Yudo*) Grado de los doce en que se subdivide la categoría de cinturón negro. *Precedido de un ordinal.*

dancaire *m* (*jerg*) Jugador que juega por otro con dinero de este.

dance *m* (*reg*) Danza de espadas. *Tb la composición poética que se recita en este baile.*

dancing (*ing; pronunc corriente, /dánθin/*) *m* (hoy raro) Establecimiento público en que se baila.

dancístico -ca *adj* De (la) danza.

dandi (*frec con la grafía* **dandy**) *m* Hombre que se distingue por su extremada elegancia en el vestir y en los modales. *A veces con intención desp, denotando exceso o vacuidad.*

dandismo (*tb con la grafía* **dandysmo**) *m* Cualidad de dandi.

dandy, dandysmo → DANDI, DANDISMO.

danés -sa I *adj* **1** De Dinamarca. *Tb n, referido a pers.* ■ **2** [Perro] de una raza originaria de Dinamarca, alto, robusto y de pelo corto, frec. pardo o negro y a veces blanco con manchas negras. *Tb n.* II *m* **3** Lengua de Dinamarca.

danio *m* Pez tropical de colores, de la familia de los ciprínidos, muy común en acuarios (*gén. Danio*).

danone (*n comercial registrado*) *adj invar* (*col, humoríst*) [Cuerpo] esbelto.

danta *f* Tapir (mamífero).

dante *m* (*humoríst*) Homosexual activo. *Se opone a* TOMANTE.

dantesco -ca *adj* **1** Del poeta italiano Dante Alighieri († 1321). ■ **2** Terrible o espantoso. *Esp referido a escena o espectáculo.*

dantismo *m* (*TLit*) Influjo del poeta italiano Dante Alighieri († 1321) o de sus obras.

dantista *m y f* Especialista en el poeta italiano Dante Alighieri († 1321).

dantzari → DANZARI.

danubiano -na *adj* Del río Danubio.

danza *f* **1** Acción de danzar. **b)** ~(s) **y contradanza(s).** (*desp*) Baile (acción de bailar). ■ **2** Baile (conjunto de movimientos, reglamentados en su forma y en su ritmo, con que se baila). *Normalmente referido a los artísticos o tradicionales. Frec con un adj o compl especificador.* **b)** ~ **prima.** Baile tradicional de Asturias y Galicia, que se baila en corro y en que uno entona una canción y el resto responde con el estribillo. ■ **3** (*col*) Actividad o movimiento. *Gralm en la constr* EN ~, *con vs como* ESTAR, ANDAR, ENTRAR *o* METER. ■ **4** (*col*) Lío o enredo. *Gralm en la constr* METER EN LA ~. ■ **5** (*reg*) Mujer encargada de tocar el tambor en las danzas [2a] tradicionales.

danzadera *f* (*lit*) Bailarina. *Esp referido a la Edad Media.*

danzado -da *adj* **1** *part* → DANZAR. ■ **2** Que se realiza danzando [1].

danzador -ra *adj* Danzante [1]. *Más frec n.*

danzante *adj* **1** Que danza [1]. *Más frec n, referido a pers.* **b)** (*raro*) Que danza [2]. ■ **2** (*col*) Enredador o zascandil. *Tb n.* ■ **3** De (la) danza [1]. ■ **4** [Té] ~ → TÉ.

danzar A *intr* **1** Bailar (ejecutar rítmicamente una serie de movimientos con los pies, el cuerpo y los brazos, gralm. al compás de una música). *Normalmente referido a bailes artísticos o tradicionales.* ■ **2** (*col*) Ir o moverse [alguien o algo] de un lado para otro. **b)** Zascandilear. B *tr* **3** Ejecutar [un baile] o danzar [1] [al compás de una música (*cd*)].

danzari (*tb con la grafía* **dantzari**) *m* (*reg*) Danzante [1] de danzas tradicionales vascas.

danzarín -na *adj* Danzante, *esp* [1]. *Tb n, referido a pers.*

danzón *m* Baile cubano semejante a la habanera. *Tb su música.*

dañador -ra *adj* Que daña. *Tb n, referido a pers.*

dañar *tr* Causar daño [a alguien o algo (*cd*)]. *Tb abs.* **b)** *pr* (~se) Sufrir daño [alguien o algo, esp. un fruto].

dañino -na *adj* Que causa daño, *esp* [1 y 2].

daño I *m* **1** Efecto causado en alguien o algo, que le hace estar peor. *Frec con vs como* HACER *o* CAUSAR. **b)** ~ **emergente** → EMERGENTE. **c)** ~s **y perjuicios.** (*Der*) Cantidad que debe pagarse en compensación de los daños causados. *Tb fig, fuera del ámbito técn.* ■ **2** Alteración causada en algo, esp. un órgano o un organismo, que supone mal estado, mal funcionamiento o dolor. ■ **3** Dolor, físico o moral, debido a una causa externa. *Gralm con vs como* HACER *o* CAUSAR. II *loc adj* **4** **de** ~. (*Rel catól*) [Pena] que consiste en la privación eterna de Dios en la otra vida.

dañoso -sa *adj* Dañino o perjudicial.

dapsona *f* (*Med*) Sulfona utilizada en el tratamiento de la lepra.

daque *adj* (*reg*) Alguno.

dar I *v* (*conjug* 7) A *tr* ➤ **a** *normal* **1** Hacer que [alguien o algo (*ci*)] pase a tener [algo (*cd*)] o a disponer [de ello (*cd*)]. **b)** **ser dado.** Ser permitido. **c)** ~ **de comer** [a alguien]. Proporcionar[le] alimento, a veces acercándoselo a los labios. *Tb fig. En vez de* COMER *puede presentarse otro v similar.* **d)** ~ **de comer aparte** → COMER. ■ **2** Repartir [las cartas]. *Más frec abs.* ■ **3** Aplicar [una sustancia]. ■ **4** Atribuir. **b)** ~ [a alguien cierto tiempo]. Considerar que durará [ese tiempo]. ■ **5** Ofrecer [a otro (*ci*)] la mano (*cd*)] estrechando la suya, esp. como saludo. **b)** Ofrecer [algo (*cd*)] u obsequiar [con ello (*cd*)]. ■ **6** *Seguido de un n que expresa o implica período de tiempo:* Ser [alguien o algo] la causa de que [un tiempo (*cd*)] transcurra de modo desagradable. ■ **7** Exponer o presentar. **b)** ~ **a conocer** [algo o a alguien (*cd*)]. Hacer que sea conocido. **c)** ~ **a entender** [algo]. Decir[lo] de una manera velada. ■ **8** Promulgar [una ley]. ■ **9** Exhibir [un espectáculo]. ■ **10** Comunicar o mostrar [algo (*cd*)] la radio o la televisión (*suj*). **b)** Comunicar o mostrar [algo (*cd*)] por radio o televisión (*compl* POR *o* EN)]. ■ **11** Decir. *En constrs como* ~ LOS BUENOS DÍAS, ~ LAS BUENAS NOCHES, ~ LAS GRACIAS. ■ **12** Aparentar. ■ **13** Llegar [alguien o algo a una determinada medida (*cd*)]. **b)** ~ **de sí.** Ser capaz de rendir o producir [algo]. ■ **14** Considerar [a una pers. o cosa (*cd*)] lo que se indica (POR + *adj o part*)]. **b)** Declarar [a una pers. o cosa (*cd*)] lo que se indica (POR + *adj o part*)]. *A veces una (cd) lo que se indica* (POR + *adj o part*)]. ■ **15** Producir [algo] como fruto o resultado. *Tb abs.* **b)** Producir o causar [una sensación o una emoción]. **c)** *Seguido de* QUE + *infin, indica que lo mencionado en el sujeto es causa de que se realice la acción expresada por el infin.* * Los toros dieron lo suyo que hablar y que escribir. ■ **16** Soltar [una cosa] o desprender[la] de sí. ■ **17** Hacer o realizar [una acción]. ■ **18** Hacer sufrir [una agresión]. *A veces, en pl, el compl es partitivo. Tb abs.* * Le dio una torta. * Le dieron de bofetadas. **b)** **aquí,** *o* **ahí, me las den todas** → TODO. ■ **19** Trabajar [sobre una asignatura o un texto (*cd*)]. ■ **20** Poner en funcionamiento. ■ **21** Indicar [un reloj], esp. mediante campanadas, [una hora (*cd*)]. **b)** *En part explic, indica que algo es más de la hora que se expresa.* * Eran las dos dadas. ■ **22** Frotar o untar [a alguien o algo (*cd*)] con una cosa (*compl* CON *o* DE)]. ■ **23** (*raro*) Tratar [a alguien (*cd*)] con un determinado título (*compl* DE)]. ■ **24 no** ~ **una.** (*col*) No acertar nunca. ■ **25** ~ **aire** [a algo], ~ **clase,** ~ **de alta,** ~ **de baja,** ~ **de mano,** ~ **gasto** [a algo], ~ **importan-**

cia, ~ lecciones (o una lección), ~ oídos, ~ su palabra, etc → AIRE, CLASE, ALTA, BAJA, MANO, GUSTO, IMPORTANCIA, LECCIÓN, OÍDO, PALABRA, etc.

➤ b pr (~se) 26 Entregarse sexualmente [una mujer]. ■ 27 Tener [maña o arte, un aire o un parecido]. ■ 28 ~sela [a alguien]. Engañar[le]. ■ 29 ~selas. (col) Presumir [de algo]. ■ 30 ~selas. (jerg) Marcharse o huir. ■ 31 ~se aires, ~se cuenta, ~se el bote, ~se el lote, ~se el filete, ~se el pico, ~se el pire, ~se importancia, ~se la fiesta, ~se la lengua, ~se prisa, etc → AIRE, CUENTA, BOTE[1], LOTE, FILETE, PICO[1], PIRE, IMPORTANCIA, FIESTA, LENGUA, PRISA, etc.

➤ c impers 32 Haber [tiempo].

B intr ➤ a normal 33 Producir ganancia. Frec con un compl PARA. ■ 34 Producirse [en alguien (ci)] una determinada sensación o emoción (suj)]. b) ~ la gana → GANA. ■ 35 ~ de sí. Tener capacidad [para algo]. Tb simplemente ~. ■ 36 ~ de sí [una prenda o una materia]. Ceder en su contextura alargándose o ensanchándose. Tb (más raro) simplemente ~. Tb pr (~se). ■ 37 ~le [a una cosa]. Insistir [sobre ella]. b) dale que dale, dale que te pego, etc. (col) Fórmulas con que se expresa enfáticamente la reiteración. * Él, dale que dale, todo el día trabajando. c) y dale. (col) Fórmula con que se critica la machaconería de otro sobre un tema. Normalmente con un compl CON. * Y dale con el campo. ¡Qué pesado! ■ 38 ~le [a algo]. Realizar [con ello] la acción que le es propia. ■ 39 Accionar o poner en funcionamiento [una cosa (ci)]. ■ 40 Chocar [contra un punto (compl CONTRA o EN)] algo que realiza un recorrido bajo los efectos de un impulso]. Tb pr (~se), referido a seres animados. ■ 41 Hacer [alguien] que un proyectil choque [contra un punto (compl EN, A, o CONTRA)]. ■ 42 ~ [con una pers. o cosa] en el suelo (o en tierra). Hacer[la] caer o dejar[la] caer. ■ 43 Apoyarse o tocar [en algo (compl EN o A)]. ■ 44 Tener [un agente (suj) a alguien o algo (ci o compl de lugar)] bajo su exposición. ■ 45 Encontrar [a alguien o algo (compl CON)]. ■ 46 Sonar [una hora (suj)]. b) Ser [una hora (suj)]. c) ~le [a alguien una hora en determinadas circunstancias]. Llegar [esa hora encontrándose en esas circunstancias]. Tb sin compl adv, por consabido. ■ 47 Acabar [alguien o algo en un lugar o en una situación]. b) ~ en + infin = PONERSE A + el mismo infin. * Dio en pensar que todo sucedía por su culpa. ■ 48 Ir a parar [a un lugar]. ■ 49 Estar [algo] orientado [hacia una parte (compl A)]. ■ 50 Parecer [algo (predicat)]. ■ 51 ~ bien (o mal). Resultar bien (o mal) en fotografía o en película. En lugar de BIEN o MAL puede aparecer otro adv equivalente. ■ 52 Importar. En constrs como DA LO MISMO, DA IGUAL, TANTO DA, ¿QUÉ MAS DA?, etc. Tb pr (~se). ■ 53 que le vayan dando, o le pueden ir dando, o que le den. (col) Fórmulas de rechazo o desprecio. ■ 54 ~ con los huesos [en un lugar], ~ en hueso, ~ de vientre, ~ la casualidad, ~ por el culo, ~ por el saco, etc → HUESO, VIENTRE, CASUALIDAD, CULO, SACO[1], etc.

➤ b pr (~se) 55 Presentarse o producirse. ■ 56 (reg) Enflaquecer [una pers. o animal]. ■ 57 Dedicarse [a algo], esp. de una manera absorbente. ■ 58 ~sele [a uno (ci)] bien (o mal) [una pers. o cosa (suj)]. Resultarle bien (o mal). En lugar de BIEN o MAL puede aparecer otro adv equivalente. b) Tener [alguien (ci)] buenas (o malas) condiciones para actuar [sobre una pers. o cosa (suj) o respecto a ella]. c) Sin adv: Dársele bien. ■ 59 ~se de manos [dos cosas] → MANO. ■ 60 ~se de menos. (reg) Considerarse rebajado o humillado [por algo (compl DE)].

➤ c impers 61 ~le [a alguien por una cosa o pers.]. Ser [esa cosa o pers.] temporalmente su obsesión o dedicación primordial. ■ 62 Presentarse [en una pers. (ci)] temporalmente [un estado o disposición de ánimo (adj o compl adv)]. A veces tb sin compl.

II loc adv 63 para ~ y tomar. (col) En gran abundancia.

dardeante adj Que dardea.

dardear tr Herir con dardos. Frec fig.

dardo m 1 Arma arrojadiza, pequeña, alargada y acabada en punta más o menos aguda, que se lanza con la mano. Algunas variedades se utilizan en juegos. ■ 2 (lit) Dicho agresivo o satírico.

dares. ~ y tomares. loc n m pl (raro) Cuestiones o problemas.

dárico m (hist) Moneda persa de oro mandada acuñar por Darío.

darocense adj De Daroca (Zaragoza). Tb n, referido a pers.

darro m (reg) Alcantarilla.

dársena f Parte abrigada de un puerto, limitada por muelles o malecones.

dartros m Enfermedad de la piel, esp. eccema, herpes o psoriasis.

darwiniano -na adj Darwinista. Tb n, referido a pers.

darwinismo m 1 Teoría biológica de Charles Darwin († 1882), según la cual las especies proceden unas de otras por evolución, a través de un proceso de selección natural. b) Selección natural. ■ 2 Condición de darwinista [1b].

darwinista adj De Charles Darwin († 1882) o del darwinismo [1]. b) Adepto al darwinismo. Tb n, referido a pers.

dasocrático -ca adj (Econ) Relativo a la ordenación de los montes para obtener su mayor rendimiento.

data f 1 Indicación de lugar y tiempo que se pone al principio o al final [de un documento]. b) Fecha [de algo]. ■ 2 Datación.

datable adj Que se puede datar [1].

datación f Acción de datar. Tb su efecto.

datáfono m (Informát) Aparato para la transmisión de datos a través del teléfono, que posibilita la utilización directa de las tarjetas de crédito.

datar A tr 1 Poner la fecha [a algo (cd)], esp. un documento]. b) Establecer la fecha [de algo (cd)].

B intr 2 Tener [una cosa] su fecha o su principio [en un momento determinado (compl DE)].

dataría f (Rel catól, hist) Tribunal de la curia romana encargado de despachar las provisiones de beneficios, las dispensas y las enajenaciones de bienes eclesiásticos.

datario m (Rel catól, hist) Prelado que preside la dataría.

dátil[1] m 1 Fruto comestible de la palmera, de unos 4 cm de largo, forma elíptica, color parduzco y carne dulce. ■ 2 ~ de mar. Molusco lamelibranquio comestible cuya forma recuerda al dátil [1] (Lithodomus lithophagus).

dátil[2] m (col) Dedo (de pers.). Frec en pl.

datilado -da *adj* (*raro*) De color marrón amarillento propio del dátil[1] [1].

datilera *adj* [Palmera] que produce dátiles[1] [1]. *Tb n f.*

datismo *m* (*TLit*) Uso innecesario de palabras sinónimas.

dativo -va *adj* **1** (*Gram*) [Caso] que corresponde a la función de complemento indirecto. *Más frec como n m; entonces puede designar tb el sust que va en dicho caso.* **b)** ~ **de interés**, ~ **ético** → INTERÉS, ÉTICO[2]. ■ **2** (*Der*) [Tutela, tutor o albacea] establecidos por el consejo de familia o el juez y no por disposición testamentaria o legal.

dato *m* **1** Noticia parcial que sirve de base para llegar a un conocimiento. ■ **2** (*Informát*) Información codificada.

datura *f* Se da este n a varias plantas del gén *Datura*, esp la *D. stramonium*, de grandes flores blancas y tubulosas y propiedades narcóticas. *Tb su flor.*

daturina *f* (*Quím*) Alcaloide que se extrae de la datura o estramonio.

davaoeño *m* Dialecto filipino del español, propio de la provincia de Davao.

davídico -ca *adj* De David (rey de Israel).

dazibao *m* En la *República Popular China*: Periódico mural expuesto en lugares públicos. *Tb fig.*

DDT (*sigla; pronunc,* /dé-de-té/ o /de-de-té/) *m* Insecticida muy eficaz, tóxico para los animales y que se acumula en los tejidos.

de[1] (*con pronunc átona*) *prep* ➤ **a** con diversas denotaciones **1** *Introduce un compl que designa el poseedor.* * Desgarró el rostro de su hermana. ■ **2** *Introduce un compl que designa la pers o cosa con la que tiene relación o vinculación la mencionada.* * ¿Tú eras de los alemanes o de los otros? **b)** *El compl expresa una cualidad o una actividad caracterizadoras.* * Es un hombre de negocios. **c)** *Introduce el compl subjetivo de un n abstracto o un adj de acción.* * Variación semanal de cambios. **d)** *Introduce el compl objetivo de un n abstracto o un adj de acción.* * Por amor de su oficio, él mismo pintaba los mojones. **e)** *Siguiendo a* SEÑORA *o a* SEÑORES, *precede al apellido del marido.* * Vino la señora de Pérez. ■ **3** *Introduce un compl que especifica la entidad de lo mencionado.* * Utilizó el argumento de que Carranza era feo. **b)** *Precede al n prop de la cosa designada por el genérico que precede.* * Visitaron la ciudad de Gerona. ■ **4** *Introduce un compl que designa pers o cosa a la que se atribuye ponderativamente la naturaleza o la cualidad enunciadas antes.* * Es un sol de chica. ■ **5** *Introduce un compl que indica el aspecto en que se cumple la cualidad del adj.* * Es algo cargado de espaldas. **b)** *El compl expresa el aspecto en que se evalúa a alguien o algo. Con intención ponderativa, puede formar exclam o completarse con una subordinación consecutiva.* * Todos verán cómo eres de limpio. * ¡Se portó de bien! * Cómo será de recatada que no levanta los ojos del suelo. ■ **6** *Introduce un compl que expresa el punto de origen o procedencia, en el espacio (real o fig) o en el tiempo.* * De aquí se infiere lo siguiente. * El reloj data de los años de la República. **b)** *El compl expresa punto de partida de un proceso o transformación.* * Hay que hacer del trabajo un acto creador. ■ **7** *Introduce un compl que expresa la pers o cosa con respecto a la cual se produce una separación.* * Si me saca de la Puerta del Sol, me pierdo. * Tenías que irte de con tu padre. ■ **8** *Introduce un*

compl que designa el todo o el conjunto del cual es parte lo designado. * Alejandro es de los que a ti te gustan. **b)** *Denota que de una totalidad teórica de cosas se considera una cantidad o una variedad grandes.* * Los chicos tienen de todo. **c)** *Denota participación en el todo o conjunto.* * Se guisa la caldereda, de la que comen todos. ■ **9** *Introduce un compl que expresa materia, elemento integrante o componente, o contenido material.* * Tortilla de patatas. * Una botella de vino. **b)** *El compl expresa asunto o materia del habla o del conocimiento.* * No se habló más de aquello. * Lo sabe todo de espuelas. ■ **10** *Introduce un compl que expresa la parte de una pers o cosa sobre la cual se realiza la acción.* * La llevaba de la mano. * Lo colgó del asa. ■ **11** *Introduce el compl agente de una constr pasiva.* * No quería ser reconocido del barquero. ■ **12** *Introduce un compl que expresa causa.* * Está cansado de trabajar. **b)** *La causa es la cualidad o condición expresada por un adj o un adv.* * De puro buena, es tonta. ■ **13** *Introduce un compl que, con intención enfática, expresa posible consecuencia.* * Es un chiste de partirse el pecho. ■ **14** *Introduce un compl que expresa instrumento o medio.* * Molino de viento. * Estufa de carbón. ■ **15** *Introduce un compl que expresa finalidad u objeto.* * Máquina de escribir. ■ **16** *Introduce un compl que expresa modo.* * Lo tomó de un sorbo. ■ **17** *Introduce un compl que expresa situación o estado circunstancial. Normalmente con v de estado.* * Está de vacaciones. **b)** *Introduce un compl que expresa una actividad circunstancial o el objeto o centro de ella. Normalmente con v de movimiento.* * Iban de visita. * Vámonos de vinos. ■ **18** *Introduce un compl que expresa función, condición o papel.* * Está de médico en un pueblo. * Va de listo por la vida. **b)** *Introduce un compl que expresa etapa pasada de la vida, expresada por medio del n que designa pers en esa etapa.* * Estuvo en Cuba de joven. ■ **19** *Introduce compls que expresan determinadas partes del día (mañana, día, noche, madrugada).* * Se despertó de madrugada. ■ **20** *Introduce un compl que expresa lugar poco preciso, a modo de orientación (lado, parte).* * La escuela está del otro lado.

➤ **b** *con funciones puramente gramaticales* **21** *Introduce el término de referencia de una expr de cantidad o medida, con* MÁS, MENOS, MAYOR, MENOR. * Mide algo más de un metro. **b)** *Introduce el término de referencia de una expr de cualidad, con* MÁS, MENOS, MEJOR, PEOR. * Salió mejor de lo que creíamos. ■ **22** *Es la introductora característica del compl propio de determinadas palabras o de determinadas aceps de palabras: de vs como* ABSTENERSE, ACABAR, APODERARSE, ARREPENTIRSE, ENTERARSE, FIARSE, OLVIDARSE, PRIVAR, TERMINAR; *o de adjs como* CAPAZ, FÁCIL, LIBRE, PROPIO, SATISFECHO, SEGURO; *o de la interj* AY (→ ABSTENERSE, *etc*). **b)** (*pop o semiculto*) *A veces se usa introduciendo el compl de vs que normalmente llevarían cd.* * No me haga usted de reír.

➤ **c** *como componente de locs y constrs* **23** *constr v y or* **a)** *Con determinados vs, forma perífrasis verbales:* HABER, TENER, DEBER, SER + *infin* (→ HABER, TENER, DEBER, SER). **b)** *Forma locs vs:* ECHAR ~ MENOS, ESTAR ~ MÁS, HACER ~ MENOS, NO PODER POR MENOS ~, *etc* (→ ECHAR, ESTAR, HACER, PODER, *etc*). ■ **24** *loc y constr adv* **a)** *Forma locs advs:* ~ BRUCES, ~ BUENAS, ~ IMPROVISO, ~ PAR EN PAR, ~ TARDE EN TARDE, ~ UN MOMENTO A OTRO, ~ UNA VEZ, ~ VEZ EN CUANDO, *etc* (→ BRUCES, BUENO, IMPROVISO, *etc*). **b)** ~ **lo más** → MÁS. **c)** ~ + *n* + **en** + *el mismo n. Denota movimiento a lo largo de una serie de elementos de* la misma naturaleza. * Cruzó saltando de piedra en piedra. **d)** ~ + *número* + **en** + *el mismo número* (*o, más raro,* ~ **a** + *número*). En grupos de + *el mismo número.* * Las hojas se cortan de dos en dos. **e)** **yo** + ~ + *n o pron* (→ YO). **f)** ~ + *infin. Forma una prop adv que expresa hipótesis.* * De seguir así no llegamos. ■ **25** *Con determinados advs, forma locs preps:* ANTES ~, DESPUÉS ~, DELANTE ~, DETRÁS ~, ENCIMA ~, DEBAJO ~, CERCA ~, LEJOS ~, *etc* (→ ANTES, DESPUÉS, DELANTE, DETRÁS, *etc*). ■ **26** *loc conj* ~ **que.** (*pop*) Tan pronto como, o en cuanto. * De que llegó, se puso a dar órdenes.

de² *f* Letra del alfabeto (*d, D*), que en español corresponde al fonema /d/. (V. PRELIM.) *A veces tb se llama así el fonema representado por esta letra.* **b) el día D** → DÍA.

de- *pref Ante v o ante n de acción, denota anulación de una acción ya realizada, o acción contraria o inversa de la significada por la base; o eliminación de la cosa expresada por esta.* * Demodular * Decoloración. **b)** *Ante adj o n de agente, denota pers o cosa que actúa en sent contrario o inverso al de la acción significada por la base.* * Demodulador.

dea *f* (*lit*) Diosa.

deal (*ing; pronunc corriente,* /dil/; *pl normal,* ~S) *m* Acuerdo o pacto.

dealer (*ing; pronunc corriente,* /díler/; *pl normal,* ~S) *m y f* **1** (*jerg*) Vendedor de droga, esp. mayorista. ■ **2** (*Econ*) Agente financiero que actúa por cuenta propia o ajena.

deambulación *f* Acción de deambular. *Tb fig.*

deambulador -ra *adj* Que deambula. *Tb fig.*

deambulante *adj* Que deambula. *Tb fig.*

deambular *intr* Andar sin rumbo determinado [por un lugar, esp. no demasiado extenso]. *Tb fig.*

deambulatorio -ria **I** *adj* **1** De (la) deambulación. **II** *m* **2** (*Arquit*) Girola (pasillo que rodea la parte trasera del presbiterio).

deambuleo *m* Acción de deambular.

deán *m* (*Rel catól*) Canónigo que ostenta la dignidad catedralicia inmediatamente inferior al obispo.

debacle *f* Ruina o desastre.

débâcle (*fr; pronunc corriente,* /debákl/) *f* Debacle.

debajo (*palabra de sent normalmente relativo. Cuando se expresa el término de referencia, este se enuncia precedido de la prep* DE *o* (*semiculto*) *en forma de posesivo pospuesto*) **I** *adv* **1** En posición inferior y en la misma vertical con respecto a algo. *Tb sustantivado, precedido de prep.* * Debajo del teléfono había un mueble. * Sacó algo de debajo del fregadero. **b)** En posición inferior y en distinta vertical con respecto a algo. * El lago queda por debajo. **c)** En una situación interior con respecto a algo. * Sentía fría mi piel, aun debajo del abrigo. **d)** *En sent no espacial o no físico. Frec* POR ~. * La vena popular bulle por debajo de las formas cortesanas. ■ **2** En nivel, categoría, calidad o consideración inferior. *Más frec* POR ~. * Está muy por debajo de sus compañeros. ■ **3 por ~.** En cantidad o intensidad inferior. *Más frec seguido de un compl* DE. * El precio de tasa está por debajo del precio de mercado. **II** *loc prep* **4 por ~ de.** Antes del límite de algo. * Esta enfermedad es rara por debajo de los 40 años. **b)** En medida inferior a. * Se dan valores por debajo de la micra. ■ **5 por ~ de.** (*lit*) A pesar de. * Por deba-

jo de sus diferencias hay entre sus rostros una profunda armonía.

debate *m* Acción de debatir [1].

debatible *adj* Que se puede debatir.

debatiente *m y f* (*raro*) Pers. que toma parte en un debate.

debatir **A** *tr* **1** Discutir [un tema (*cd*) dos o más interlocutores que mantienen opiniones distintas]. *Frec referido a política.* **B** *intr* **2** Luchar. *Frec pr* (~se), *esp en sent fig. A veces con un compl* EN *o* POR. ■ **3** Discutir o argumentar.

debe *m* En una cuenta corriente: Columna en que se anotan las cantidades negativas. *Tb la suma de esas cantidades. Se opone a* HABER. *Tb fig.*

debelación *f* (*lit*) Acción de debelar.

debelador -ra *adj* (*lit*) Que debela. *Tb n, referido a pers.*

debelar *tr* (*lit*) **1** Vencer o sojuzgar. ■ **2** Combatir.

deber¹ **I** *v* **A** *aux* **1** *Precede a un infin para expresar la obligación o necesidad de que se cumpla lo expresado en el infin. Tb* (*pop*) ~ DE + *infin.* * Debemos apoyar al director. **b)** *Cuando el v va en las formas* DEBERÍA, DEBÍA *o* DEBIERA, *la obligación o necesidad se presenta como deseo.* * El Estado debía dar solución a estos casos. ■ **2** ~ **de** (*o* ~ *solo*) + *infin* = SER PROBABLE QUE + *suj* + *subj.* * La víctima debió de sufrir un mareo. **B** *tr* **3** Estar obligado a pagar [una cantidad]. *El cd puede ser tb el objeto por que hay que pagar. Tb fig.* **b)** Tener que agradecer [algo a alguien]. **c)** Tener la obligación de dar [algo de orden moral]. **C** *intr pr* (~se) **4** Tener que dedicarse preferentemente [a alguien o algo]. ■ **5 ser** [algo] **debido,** *o* **deberse, a.** Estar motivado por. **b)** Haber sido realizado por. **II** *loc adv* **6 como si te lo debieran y no te lo pagaran.** (*col*) Con aire de disgusto u ofensa recibida.

deber² *m* **1** Obligación (cosa que se está obligado a hacer). ■ **2** *En pl:* Ejercicios o tareas que un niño ha de realizar fuera de clase, como complemento de lo explicado en ella.

debidamente *adv* De manera debida [2].

debido -da **I** *adj* **1** *part* → DEBER¹. ■ **2** Que se ajusta o responde a una norma u obligación. *Frec antepuesto al n.* **II** *loc adv* **3 como es ~.** De manera debida [2]. *Tb adj.* **III** *loc prep* **4 ~ a.** A causa de.

débil *adj* **1** Que tiene poca fuerza o poca resistencia. *Tb fig.* **b)** [Punto] ~, [sexo] ~ → PUNTO, SEXO. ■ **2** Poco intenso. ■ **3** [Pers.] poco enérgica o que se deja arrastrar o dominar fácilmente por alguien o algo. **a)** Propio de la pers. débil. **c) de ~es.** (*Rel catól*) [Escándalo] que se produce a causa de la poca formación del escandalizado. ■ **4** Poco poderoso. *Tb n, referido a pers.* **b) económicamente ~.** (*euf*) Pobre. *Tb n.* ■ **5** (*Fon*) [Vocal] cerrada. ■ **6** (*Quím*) [Ácido o base] cuyo grado de ionización es poco importante. ■ **7 ~ mental.** (*Med*) Que tiene debilidad mental. *A veces usado como insulto.*

debilidad *f* **1** Cualidad o condición de débil, *esp* [1 y 3]. ■ **2** Aspecto en que [alguien o algo (*compl de posesión*)] se muestra débil [1 y 3]. ■ **3** Afición o inclinación especial [por alguien o algo]. **b)** Pers.

o cosa por la que [alguien (*compl de posesión*)] siente debilidad. ■ **4 ~ mental.** (*Med*) Deficiencia mental, esp. aquella en que el nivel intelectual corresponde al de un niño de 7 a 9 años de edad y a un coeficiente de 50 o 70.

debilitación *f* Debilitamiento.

debilitador -ra *adj* Que debilita.

debilitamiento *m* Acción de debilitar(se). *Tb su efecto.*

debilitante *adj* Que debilita.

debilitar *tr* Hacer débil o más débil [1 a 4] [a alguien o algo]. *Tb abs.* **b)** *pr* (**~se**) Hacerse débil o más débil [alguien o algo].

débilmente *adv* De manera débil [1, 2 y 3].

debitar *tr* (*raro*) Adeudar o cargar.

débito *m* **1** Deuda. ■ **2 ~ conyugal** (*o, raro,* **matrimonial**). Mutua obligación de los cónyuges para la procreación. *Tb, simplemente, ~.*

debla *f* Canción popular andaluza, de carácter melancólico y con copla de cuatro versos.

deble *adj* (*raro*) Endeble.

debruzarse *intr pr* (*reg*) Inclinarse o ponerse de bruces. *Tb fig.*

debú *m* Debut.

debut (*pronunc,* /debút/ *o* /debú/; *a veces, raro, con la grafía fr* **début**; *pl normal,* **~s**) *m* Presentación [de un artista o de un espectáculo]. *Tb fig.*

debutante I *adj* **1** Que debuta. *Tb n, referido a pers.* ■ **2** Principiante. *Más frec n.* II *f* **3** Muchacha que se presenta en sociedad.

debutar *intr* Presentarse por primera vez ante el público [un artista o una compañía]. *Tb fig.*

deca *m* (*reg*) Vaso.

deca- *r pref* Diez. *Antepuesto a ns de unidades de medida, forma compuestos que designan unidades diez veces mayores.* * Huella decadactilar.

decacordo *m* (*Mús, hist*) Salterio de diez cuerdas.

década *f* Decenio. *Gralm designando decena de años de un siglo.*

decadencia *f* **1** Acción de decaer [1]. *Tb su efecto. Esp en el aspecto cultural o moral.* ■ **2** Época de decadencia [1].

decadente *adj* **1** Que decae [1]. ■ **2** De una época de decadencia. *Esp en arte o literatura. Tb n, referido a pers.* ■ **3** Decadentista.

decadentemente *adv* De manera decadente [2 y 3].

decadentismo *m* Tendencia estética de finales del s. XIX, caracterizada por la concepción de la cultura como un fin en sí misma y el gusto por las formas más exquisitas y refinadas.

decadentista *adj* De(l) decadentismo. **b)** Adepto al decadentismo. *Tb n.*

decádico -ca *adj* (*Mat*) Decimal (que tiene como base el número 10).

decadracma *f* (*o m*) (*hist*) Moneda griega equivalente a diez dracmas.

decaedro *m* (*Geom*) Sólido de diez caras.

decaer (*conjug 13*) *intr* ➤ **a** *normal* **1** Perder [alguien o algo] fuerza, importancia o valor. **b) que no decaiga.** (*col*) Fórmula con que se expresa el deseo de que algo, esp la alegría o la animación, conti-

núe. ■ **2** Convertirse [en algo] al decaer [1a]. ■ **3** (*Der*) Caducar.
➤ **b** *pr* (**~se**) **4** (*reg*) Debilitarse [una pers.].

decágono *m* (*Geom*) Polígono de diez lados.

decagramo *m* Unidad de peso que equivale a 10 g.

decaído -da *adj* **1** *part* → DECAER. ■ **2** [Pers.] que muestra debilidad física o abatimiento. **b)** Propio de la pers. decaída.

decaimiento *m* **1** Acción de decaer [1]. *Tb su efecto.* ■ **2** Estado de decaído [2a].

décalage (*fr; pronunc corriente,* /dekaláʒ/) *m* Decalaje.

decalaje *m* Desajuste.

decalcificación *f* Descalcificación.

decalco *m* Calco (acción de calcar).

decalcomanía *f* Procedimiento por el que se pasan a una superficie que se quiere decorar dibujos hechos sobre un papel especial. *Tb la obra así obtenida.*

decalina *f* (*Quím*) Carburo de hidrógeno, que se obtiene por hidrogenación del naftaleno en presencia de níquel.

decalitro *m* Unidad de capacidad equivalente a 10 l.

decálogo *m* Conjunto de los diez mandamientos de la ley de Dios. **b)** Conjunto de diez mandamientos o preceptos.

decalvación *f* Acción de decalvar. *Tb fig, referido a montes.*

decalvar *tr* Rasurar todo el cabello [a alguien (*cd*)].

decámetro *m* **1** Unidad de longitud equivalente a 10 m. **b)** Instrumento en que va marcado un decámetro y que se emplea para medir. ■ **2 ~ cuadrado.** Unidad de superficie equivalente a la de un cuadrado cuyo lado mide un decámetro [1a]. ■ **3 ~ cúbico.** Unidad de volumen equivalente al de un cubo cuya arista mide un decámetro [1a].

decanal *adj* De(l) decano [2].

decanato[1] *m* **1** Cargo o dignidad de decano [2 y 3]. *Tb el tiempo que dura.* ■ **2** Oficina del decano [2 y 3].

decanato[2] *m* Decena de grados de cada signo del zodiaco.

decano -na I *adj* **1** Que es el más antiguo o el de más edad del grupo o colectividad de que forma parte. *Tb n, referido a pers.*
II *n A m y f* **2** Pers. que ostenta la máxima autoridad [de una facultad universitaria]. ■ **3** Presidente [de una corporación de determinadas profesiones universitarias].
B *m* **4** (*raro*) Deán.

decantación *f* Acción de decantar(se). *Tb su efecto.*

decantador -ra *adj* Que sirve para decantar [1]. *Frec n m o f, referido a aparato o instalación.*

decantar *tr* **1** Limpiar [un líquido] dejando que por efecto de la gravedad se separen las partículas que lleva en suspensión, que caerán al fondo o subirán a la superficie. ■ **2** Inclinar. *En sent no material.* **b)** *pr* (**~se**) Inclinarse [por alguien o algo (*compl* POR o A)]. *Tb sin compl.* ■ **3** Definir o preci-

sar. **b)** *pr* (**~se**) Definirse o precisarse [una cosa]. ■
4 (*lit*) Ponderar o exagerar.

decapado *m* (*E*) Acción de decapar.

decapador *m* (*E*) Aparato que sirve para decapar.

decapante *adj* (*E*) Que decapa o sirve para decapar. *Más frec n m, referido a sustancia.*

decapar *tr* (*E*) Limpiar [un objeto] de la capa de óxido, impurezas o pintura que lo cubre.

decapitación *f* Acción de decapitar.

decapitador -ra *adj* Que decapita. *Tb n, referido a pers. Tb fig.*

decapitar *tr* **1** Cortar la cabeza [a alguien]. *Tb fig.* **b)** (*lit*) Destituir [a alguien]. ■ **2** (*Geol*) Apoderarse [un río] de las aguas [de otro (*cd*)] separándo[lo] de su cabecera.

decápodo *adj* (*Zool*) **1** [Crustáceo] que tiene cinco pares de patas ambulatorias y tres maxilares. *Frec como n m en pl, designando este taxón zoológico.* ■ **2** [Molusco cefalópodo] que tiene diez tentáculos, dos de ellos más largos y prensiles. *Frec como n m en pl, designando este taxón zoológico.*

decárea *f* Medida de superficie equivalente a diez áreas.

decasílabo -ba *adj* (*TLit*) De diez sílabas. *Tb n m, referido a verso.*

decathlon → DECATLÓN.

decatleta *m y f* (*Dep*) Deportista que participa en una prueba de decatlón.

decatlón (*tb con la grafía* **decathlon**) *m* (*Dep*) Conjunto de diez ejercicios olímpicos.

decatloniano -na *adj* (*Dep*) [Atleta] de decatlón. *Tb n.*

decayente *adj* Que decae.

deceleración *f* Desaceleración.

decembrino -na *adj* De diciembre.

decembrista *adj* (*hist*) Participante en la revuelta de diciembre de 1825 contra el zar Nicolás I. *Tb n.*

decena *f* Conjunto de diez unidades. *Gralm seguido de un compl* DE. *Frec solo con sent aproximativo.* * VI Decena de Música. **b)** *En algunas actividades se usa sin compl especificador, designando un conjunto de diez seres o cosas consabidos (personas, días, avemarías, etc).* * Reza todos los días el rosario, pero solo cinco decenas.

decenal *adj* **1** De(l) decenio. **b)** Que dura un decenio. ■ **2** De (la) decena. **b)** [Publicación] que aparece cada diez días. **c)** Que se produce cada diez días.

decenario *m* (*raro*) Periódico que se publica cada diez días.

decencia *adj* Cualidad de decente.

decenio *m* Período de diez años.

decente *adj* **1** Honrado o moralmente bueno. ■ **2** Honesto o moral en el aspecto sexual. *Frec referido a mujeres o vestidos.* ■ **3** Limpio y arreglado, aunque sin lujo. ■ **4** De calidad suficiente, aunque no excesiva. *A veces en la constr* MUY ~, *usada con intención ponderativa.* ■ **5** [Sueldo, o cosa similar] suficiente, aunque no excesivo. *A veces en la constr* MUY ~, *usada con intención ponderativa.*

decentemente *adv* De manera decente.

decenviro *m* (*hist*) En la antigua Roma: Magistrado de un cuerpo o comisión de diez miembros.

Esp referido a los encargados de la redacción de la ley de las Doce Tablas.

decepción *f* **1** Sentimiento de disgusto causado por alguien o algo que no responde a lo que se esperaba. **b)** Pers. o cosa que causa decepción. ■ **2** (*raro*) Engaño.

decepcionante *adj* Que decepciona.

decepcionar *tr* **1** Causar decepción [1a] [a alguien (*cd*)]. *Tb abs.* **b)** *pr* (**~se**) Sufrir [alguien] una decepción. ■ **2** Frustrar [una esperanza o algo que la implica].

deceso *m* (*lit o Der*) Muerte.

dechado *m* **1** Ejemplo o modelo. *Frec en la constr* ~ DE PERFECCIONES, *usada a veces con intención irónica.* ■ **2** (*hoy raro*) Modelo que se copia. ■ **3** (*hoy raro*) Pañito con muestras de distintas labores o bordados.

deci- *r pref* Décima parte. *Antepuesto a ns de unidades de medida, forma compuestos que designan unidades diez veces menores.*

decibel *m* (*Acúst*) Decibelio.

decibelio *m* (*Acúst*) Unidad para medir la intensidad del sonido.

decible *adj* (*raro*) Que se puede decir o expresar.

decidero -ra *adj* (*raro*) Que se puede decir sin reparo.

decididamente *adv* De manera decidida [2b y esp. 3].

decidido -da *adj* **1** *part* → DECIDIR. ■ **2** [Pers.] que no tiene vacilaciones. **b)** Propio de la pers. decidida. ■ **3** Claro o que no deja lugar a dudas.

decididor -ra *adj* (*raro*) Que decide.

decidir A *tr* **1** Formar el propósito firme [de hacer algo (*cd*)], esp. como consecuencia de una reflexión. ■ **2** Hacer que [alguien (*cd*)] forme el propósito firme [de hacer algo (*compl* A)]. ■ **3** Exponer de manera definitiva [un parecer], esp. como consecuencia de una reflexión. ■ **4** Resolver, o hacer que se resuelva, de manera definitiva [una cuestión dudosa o una disputa].

B *intr* ➤ **a** *normal* **5** Tomar una resolución [sobre algo].

➤ **b** *pr* (**~se**) **6** Formar el propósito firme [de hacer algo (A + *infin*)], esp. como consecuencia de una reflexión. *Tb sin compl, por consabido.* ■ **7** Elegir [a alguien o algo (*compl* POR)] como consecuencia de una reflexión.

decidor -ra *adj* Que habla con soltura y con gracia.

deciduo -dua I *adj* **1** (*E*) Caduco, o destinado a caer.

II *f* **2** (*Anat*) Mucosa que tapiza el útero de algunos mamíferos durante la gestación y que se expulsa con la placenta en el parto.

decigramo *m* Unidad de peso equivalente a una décima de gramo.

decilitro *m* Unidad de capacidad equivalente a una décima de litro.

decilo *m* (*Estad*) Décima parte de un conjunto de datos clasificados en un orden determinado.

décima → DÉCIMO.

decimal *adj* **1** Que tiene como base el número diez. ■ **2** (*Mat*) [Fracción] cuyo denominador es 10 o un múltiplo de 10. **b)** [Número] que expresa una fracción decimal, constituido por una parte entera, que puede ser cero, y, a continuación de una coma, la parte que expresa un valor inferior a la unidad. **c)** *En un número decimal:* Situado a la derecha de la coma. *Frec n m, referido a cifra.* ■ **3** (*hist*) De (los) diezmos.

decimalización *f* Acción de decimalizar.

decimalizar *tr* Reducir [algo] al sistema decimal [1].

decimalmente *adv* De manera decimal [1].

decimétrico -ca *adj* (*E*) Del orden de un decímetro.

decímetro *m* **1** Unidad de longitud equivalente a la décima parte del metro. **b)** Instrumento en que va marcado un decímetro y que se emplea para medir. ■ **2 ~ cuadrado.** Unidad de superficie equivalente a la de un cuadrado cuyo lado mide un decímetro [1a]. ■ **3 ~ cúbico.** Unidad de volumen equivalente al de un cubo cuya arista mide un decímetro [1a].

décimo -ma I *adj* **1** Que ocupa un lugar inmediatamente detrás o después del noveno. *Frec el n va sobrentendido.* * Ocupa el décimo lugar. **b)** (*raro*) *Seguido de* TERCERO, CUARTO, QUINTO, SEXTO, SÉPTIMO, OCTAVO, NOVENO (*tb, semiculto,* PRIMERO *y* SEGUNDO), *forma los adjs ordinales correspondientes a los números 13 a 19* (*y, semicultos, 11 y 12*) (→ DÉCIMO-). ■ **2** [Parte] que es una de las diez en que se divide o se supone dividido un todo. * Te corresponde la décima parte.

II *n A m* **3** Parte de las diez en que se divide o se supone dividido un todo. *Gralm seguido de un compl* DE. * Un décimo de la población no trabaja. **b)** *Sin compl:* Décima parte de un billete de lotería. * Compró un décimo y le tocó.

B *f* **4** Parte de las diez en que se divide una unidad, esp. de medida. *Frec seguido de un compl* DE. * Le ganó por una décima de segundo. **b)** *Sin compl:* Décima parte de un grado del termómetro clínico. * Tenía unas décimas. ■ **5** (*TLit*) Combinación de diez versos octosílabos que riman en consonante, 1º con 4º y 5º; 2º con 3º; 6º con 7º y 10º, y 8º con 9º. ■ **6** (*hist*) Moneda de cobre equivalente a la décima parte de un real de vellón.

III *adv* **7** En décimo lugar.

decimo- *r pref que, unida sin guión a los ordinales* TERCERO (*lit,* TERCIO), CUARTO, QUINTO, SEXTO, SÉPTIMO, OCTAVO, NOVENO (*lit,* NONO), *forma los adjs ordinales correspondientes a los números 13 a 19. Tb* (*semiculto*) *forma* DECIMOPRIMERO *y* DECIMOSEGUNDO, *por* UNDÉCIMO *y* DUODÉCIMO. *Las formas f normales son* DECIMOTERCERA, DECIMOCUARTA, DECIMOCTAVA, *etc* (*muy raras,* DECIMATERCERA, DECIMACUARTA, *etc*). (*Existe tb, rara, la formación en dos palabras, tanto para m como para f:* DÉCIMO QUINTO, DÉCIMA QUINTA; DÉCIMO SEXTO, DÉCIMA SEXTA, *etc* → DÉCIMO.)

decimonónico -ca *adj* Del s. XIX. *Frec con intención desp para denotar la idea de anticuado o pasado de moda.*

decir[1] **I** *v* (*conjug 42*) **a** *tr* ➤ **a** *normal* **1** Comunicar [algo] por medio del lenguaje articulado (oral o escrito). *Tb abs, con adv de modo. A veces con un pron refl enfático.* **b)** dicho. Mencionado. *Cuando va delante del n, siempre sin art* (dicho señor = el mencionado señor). **c)** ~ **para sí,** *o* ~**se.** Pensar o considerar. ■ **2** Comunicar [algo] por medio de gestos, señales o indicios. ■ **3** Murmurar o comentar. *Frec abs.* ■ **4** Realizar [un sacerdote] la ceremonia [de la misa (*cd*)]. ■ **5** Recitar o cantar. *Frec con un compl*

de modo. **b)** Rezar. ■ **6** Llamar [a alguien (*cd*) con un determinado nombre (*predicat*)]. **b) propiamente dicho.** Que lleva con verdadera propiedad la denominación citada. *Siguiendo a un n.* ■ **7** Producir [un sonido (*cd*), o los sonidos correspondientes a algo (*cd*)]. *Tb* (*lit*) *fig.*

➤ **b** *impers* **8** Haber [algo (*cd*)] escrito [en un lugar].

➤ **c** *en loc y fórm or* **9 a** + *infin* + **se ha dicho.** (*col*) *Fórmula con que se expresa la decisión de emprender la acción significada por el infin.* * A correr se ha dicho. ■ **10 a mí que no me digan.** (*col*) *Expresa rechazo e incredulidad ante lo que se dice o se insinúa.* * Eso no es posible; a mí que no me digan. ■ **11 aunque** (**me**) **esté mal el ~lo.** (*col*) *Fórmula de modestia con que se acompaña a la mención de algo positivo relativo al que habla.* * Aunque me esté mal el decirlo, yo también participé en la obra. ■ **12 como decía** (*o* dijo) **el otro** (*o* aquel). (*col*) *Fórmula con que se apoya algo que se da como evidente.* * No es que pasen hambre, pero necesidad sí, como decía el otro. ■ **13 como quien** (*o* **aquel que**) **dice,** *o* **como si dijéramos,** *o* **por así ~,** *o* **por ~lo así.** *Fórmulas que expresan el carácter meramente aproximativo con que está empleado el término al que acompañan.* * El verano, como quien dice, ya ha llegado. ■ **14 como te digo una cosa te digo otra,** *o* **lo mismo que te digo una cosa te digo otra.** (*col*) *Fórmulas con que el hablante pondera su sinceridad.* * Como te digo una cosa te digo otra, no me gusta nada. ■ **15 como te lo digo** → acep. 32. ■ **16 cómo te lo diría,** *o* **te diré.** (*col*) *Fórmulas con que se afirma enfáticamente lo que se acaba de decir.* * –¿Eso significa mucho para ti? –Te diré. ■ **17 con ~te que...** (*col*) *Fórmula que introduce una prop con que se pondera la importancia de lo dicho antes.* * Aquí casi nunca hace frío. Con decirte que no tengo abrigo. ■ **18 cualquiera** (*o* **nadie,** *o* **quién**) **diría** *o* **iba a ~,** *o* **había de ~**). *Fórmulas que expresan extrañeza por la incongruencia observada entre la apariencia o suposición y la realidad.* * No pareces hija suya, quién lo diría. **b) cualquiera diría que...** *Fórmula con que se pondera la apariencia de verdad de lo expresado a continuación.* * Salvo alguna lechuza sobresaltada, cualquiera diría que el campo duerme. ■ **19 ~** [a uno] **cuántas son cinco,** *o* **cuántas son dos y dos,** *o* **cuántas son tres y dos,** *o* **cuatro cosas bien dichas.** (*col*) Exponer[le] abiertamente las quejas que se tienen de él. ■ **20 dicho y hecho.** *Fórmula que expresa la prontitud con que se realiza la acción expuesta.* * –¿Te puso tu padre el gallinero? –Dicho y hecho, oiga. ■ **21 diga,** *o* **dígame.** *Se usa para contestar al teléfono.* ■ **22 digamos.** *Expresa el carácter provisional* (*aproximativo, de hipótesis o de ejemplo*) *del término o de la idea que se exponen a continuación. Normalmente intercalado en la frase a manera de paréntesis.* * Tendrá, digamos, unos 30 vecinos. ■ **23 digo** → acep. 33. ■ **24 dímelo a mí,** *o* **que me lo digan a mí.** (*col*) *Fórmulas que expresan que la pers que habla tiene, por su experiencia en la materia, particular autoridad para opinar sobre lo que acaba de oír.* * –Este trabajo es muy duro. –Dímelo a mí. ■ **25 di que sí.** (*col*) *Fórmula con que se anima a alguien a seguir en su opinión o actitud.* * ¡Hace muy bien, diga usted que sí! **b) di que sí** (*o* **que no**). *Fórmula con que se afirma* (*o niega*) *enfáticamente lo que otro acaba de decir.* * –Es la más lista de la clase. –Diga usted que no. **c) di que.** *Fórmula con que se exhorta al oyente a no dar crédito a lo que otro acaba de decir.* * No le hagas caso; di que nadie va a matar al perro. **d) di que**

no... *Se usa para poner de relieve lo que se dice a continuación.* * Di que no queda bien, tío. **e) di que...** *Introduce la expresión de algo que es motivo de que no se cumpla lo enunciado en una segunda prop, introducida gralm por* QUE SI NO... * Di que porque trabaja contigo, que si no ya lo habían despedido. ■ **26 diría,** *o* **yo diría.** *Introduce una afirmación, atenuándola.* * Diría que va a llover. ■ **27 es mucho ~.** *(col) Fórmula con que se matiza o refuta lo que se ha dicho anteriormente.* * –Bueno, ya has terminado. –Es mucho decir. Aún quedan flecos. ■ **28 estar** [una cosa] **diciendo comedme** (*o* **cómeme**). *Tener aspecto muy apetitoso. Tb fig.* ■ **29 he dicho.** *Fórmula con que se pone fin a un discurso. Tb, humoríst, referido a una conversación normal.* ■ **30 lo mismo digo.** *Fórmula con que se responde a una frase amable o la mención de un buen deseo, o a lo contrario.* * –Recuerdos en casa. –Lo mismo digo. ■ **31 lo que se dice.** *Fórmula con que se pone de relieve lo que sigue, para precisarlo con exactitud o para ponderarlo.* * Esta botella está dando lo que se dice las boqueadas. ■ **32 lo que yo te diga,** *o* **como te lo digo.** *(col) Se usa para ratificar lo que se acaba de decir o insinuar y que ha resultado sorprendente al interlocutor.* * –¿Que se casan? –Como te lo digo. ■ **33 mejor dicho,** *o (col)* **digo,** *o (pop)* **que me diga,** *o (lit)* **por mejor decir.** *Fórmulas que acompañan, gralm precediéndola, a una rectificación de lo que se acaba de decir.* * El lunes, mejor dicho, el martes, viene por aquí. ■ **34 ¿me lo dices o me lo cuentas?** *(hoy raro) Fórmula con que se manifiesta incredulidad o negación ante lo que se acaba de oír.* * –Hay muchas que te dan sopas con honda. –¿Me lo dices o me lo cuentas? ■ **35 nadie diría** → acep. 18. ■ **36 ni que ~ tiene.** Por supuesto. *Frec precediendo a una prop con* QUE. ■ **37 ni que lo digas** → acep. 66. ■ **38 no ~ nada** [una cosa]. No suscitar interés o no llamar la atención. **b)** No tener sentido o significado. ■ **39 no digamos.** *(col) Fórmula que pondera la mayor intensidad de una cualidad o una circunstancia en una pers o cosa con respecto a otra de que se ha hablado antes.* * El exceso de comida, y no digamos de bebida, causa accidentes fatales. **b)** *Fórmula con que se expresa que lo que decimos a continuación no es totalmente cierto o exacto, pero le falta poco.* * No digamos que es una belleza, pero está muy bien. ■ **40 no es que yo diga...** *Fórmula con que se resta fuerza a la afirmación que sigue.* * No es que se diga que Pepe fuese un ideal de hombre, ni hablar. ■ **41 no es que,** *o* **porque, yo lo diga.** *(col) Fórmula con que se comenta que lo que se dice es evidente o de dominio público.* * No es que yo lo diga, pero mi niño es precioso. ■ **42 no has dicho (tú) nada.** *(col) Fórmula con que se pondera la importancia de lo dicho.* * –Hay que terminarlo hoy. –No has dicho tú nada. ■ **43 no he dicho nada.** *(col) Me desdigo de todo lo que he expuesto.* ■ **44 no me digas.** *(col) Fórmula que denota sorpresa incrédula ante lo que se acaba de oír o suponer. En este último caso le sigue una prop con* QUE, *que enuncia lo supuesto.* * ¡No me digas que ya has acabado! **b) no (me) digas.** *Fórmula que, anticipándose a una hipotética objeción del interlocutor, apoya enfáticamente lo dicho.* * El guitarrista era un poco manazas, no digas. ■ **45 no (me) digas más.** *(col) Fórmula con que se expresa que uno ya sabe a qué se refiere el interlocutor, o que acaba de caer en la cuenta de algo.* * –Creo que se apellida Pérez. –No me digas más. Ya lo entiendo todo. ■ **46 no me digas que...** *(col) Fórmula con que se pregunta admirativamente por algo que resultaría sorprendente.* * ¡No me digas que

también has logrado hablar con el jefe! ■ **47 no ser** [algo] **para dicho.** *(lit)* Ser indescriptible. ■ **48 no (te) digo nada** (*o* **más**). *(col) Fórmula con que se pondera lo expuesto o lo que se va a exponer.* * Hacían corro para oírla, no te digo más. ■ **49 para que** (**luego,** *o* **después**) **digan.** *(col) Fórmula con que se enfatiza algo inesperado en la pers o cosa a que se refiere.* * El único que le ayudó fue un drogata. Para que luego digan. ■ **50 por así ~,** *o* **por ~lo así** → acep. 13. ■ **51 por mejor ~** → acep. 33. ■ **52 que digamos.** *(col) Fórmula con que se subraya el carácter neg de una o neg precedente.* * El año no ha sido muy bueno que digamos. ■ **53 que lo digas** → acep. 66. ■ **54 que me diga** → acep. 33. ■ **55 que me lo digan a mí** → acep. 24. ■ **56 qué me vas a ~ (que yo no sepa).** *(col) Fórmula con que se comenta que se tiene mucho conocimiento o experiencia de la cosa de que se trata.* * –Nada es bastante. –¡Qué me va usted a decir! **b) qué te voy a ~.** *Fórmula con que se comenta que el interlocutor conoce de sobra lo que se acaba de decir.* * Me gusta, qué te voy a decir, pero preferiría que fuese más alto. ■ **57 que no se diga.** *(col) Fórmula que se usa para animar a otro, o para justificar por qué hace uno algo.* * ¡Vamos, que no se diga, valiente! * Yo, por los amigos, hombre, que no se diga. ■ **58 querer ~** → QUERER. ■ **59 que ya es ~,** *o* **y ya es ~.** *(col) Fórmula con que se pondera lo que se acaba de decir.* * Fríe el pescadito como en Cádiz, que es decir. ■ **60 quién diría** → acep. 18. ■ **61 se dice pronto.** *(col) Fórmula con que se pondera la trascendencia de una realidad en contraste con la simplicidad de su mención.* * Lleva veinte años esperando, que se dice pronto. ■ **62 te digo que...** *(col) Fórmula que introduce enfáticamente la reiteración de algo que se ha dicho, o bien una afirmación gral que es consecuencia de lo tratado.* * Escúpeme. Te digo que me escupas. ■ **63 te diré.** *(col) Expresa reserva ante lo enunciado por el interlocutor y a veces introduce una matización de ello.* * –Al Real Cinema va la aristocracia de verdad. –Te diré. **b) te diré** → acep. 16. ■ **64 te lo digo (yo).** *(col) Fórmula con que se refuerza enfáticamente lo que se dice.* * Estos se pegan. Te lo digo yo. ■ **65 tú (me) dirás,** *o* **ya me dirás (tú).** *(col) Fórmula que subraya enfáticamente lo dicho invitando al interlocutor a juzgar por sí mismo sobre ello.* * El que tiene padrinos se bautiza, pero si no, ya me dirás. ■ **66 (y) que lo digas,** *o* **ni que lo digas.** *(col) Fórmula con que se manifiesta aprobación a lo dicho por el interlocutor.* * –La vida hay que ventilársela alegremente. –Y que lo digas. ■ **67 y ya es ~** → acep. 59.

B *intr* ➤ **a** *normal* **68** Armonizar. *Frec* ~ BIEN. *Con un compl* CON. ■ **69** Hablar [de algo o alguien]. **b)** ~ **de** + *infin.* Proponer [lo expresado por el infin.] o manifestar intención [de ello]. ■ **70** ~ [una cosa (*suj*)] **mucho** (*o* **poco**) **a favor** [de una pers.], *o* ~ **bien** (*o* **mal**) [de ella]. Redundar en la buena (o mala) opinión de ella.

➤ **b** *pr* (**~se**) **71** Recibir [un n. determinado (*predicat*)].

II *loc n m* **72 el qué dirán** → QUÉ.

III *loc adv* **73 al ~** [de alguien]. Según dice [alguien]. *Tb (raro)* A SU ~. ■ **74 es ~** → SER¹. ■ **75 hasta ~ basta.** En grado sumo.

IV *interj* **76 digo.** *(reg) Expresa sorpresa, aprobación o énfasis.* ■ **77 ¿no te digo?,** *o* **¿no te digo lo que hay?,** *o, más raro,* **¿no te lo digo?** *(col) Expresa irritación ante algo que se considera absurdo.* **b)** *(pop) A veces expresa simple énfasis.* ■ **78 le digo a usted,** ((**señor) guardia**). *Expresa resignación ante algo sorprendente y negativo.* ■ **79 qué (me) dices.**

Expresa sorpresa. ■ **80 te digo que te adoro.** (*hoy raro*) Le digo a usted... (→ acep. 78).

decir² I *m* **1** Dicho (cosa que se dice o modismo). ■ **2** Modo de decir¹.

II *fórm or* **3 es un ~.** (*col*) *Fórmula que expresa el carácter aproximativo o de hipótesis del término o de la idea a que acompaña.* * Cuando acabe, es un decir, piensa recorrer el mundo. **b)** *A veces se usa para matizar el significado o la intención de un término que puede resultar ofensivo.* * Que en lo de bruto no haya molestia. Es un decir.

decisión I *f* **1** Acción de decidir(se). *Tb su efecto. Frec con el v* TOMAR. ■ **2** Cualidad de decidido (que no vacila).

II *loc adv* **3 por ~.** (*Dep*) Por puntos. *Con el v* GANAR *u otro equivalente.*

decisional *adj* De (la) decisión [1].

decisionismo *m* (*raro*) Capacidad de tomar decisiones rápidamente.

decisionista *adj* (*raro*) De(l) decisionismo.

decisivamente *adv* De manera decisiva.

decisivo -va *adj* **1** [Cosa] que decide o resuelve, o que ayuda a decidir o resolver. ■ **2** [Cosa] trascendental o de gran importancia.

decisoriamente *adv* Decisivamente.

decisorio -ria *adj* De (la) decisión [1] o que la implica.

declamación *f* Acción de declamar, *esp* [1]. *Tb la actividad correspondiente.*

declamador -ra *adj* Que declama. *Tb n, referido a pers.*

declamar A *tr* **1** Recitar [algo, esp. versos] con la entonación adecuada. *Tb abs.*

B *intr* **2** Hablar con ardor o vehemencia.

declamatoriamente *adv* De manera declamatoria.

declamatorio -ria *adj* **1** De (la) declamación. ■ **2** Grandilocuente o enfático.

declarable *adj* Que puede ser declarado (→ DECLARAR [1 a 5]).

declaración *f* **1** Acción de declarar(se). *Frec su efecto.* ■ **2** Escrito formal en que se declara [1 a 4] algo.

declaradamente *adv* De manera declarada [2].

declarado -da *adj* **1** *part* → DECLARAR. ■ **2** Claro o notorio. **b)** *Siguiendo a un adj o n:* Que se reconoce como tal.

declarante *adj* Que declara, *esp* [2 y 6]. *Más frec n.*

declarar A *tr* **1** Dar a conocer [algo, esp. reservado, como un sentimiento o deseo o una verdad]. **b)** Decir [algo (*cd*) el acusado o el testigo] ante el juez o el tribunal, o [un ciudadano] ante la autoridad competente. **c)** Hacer pública la decisión de iniciar [una acción hostil (*cd*)]. **d) ~ la guerra** → GUERRA. ■ **2** Dar a conocer [a la autoridad u organismo competente] la existencia [de alguien o algo (*cd*) sujetos a gravamen o control]. *Tb abs.* ■ **3** Dar a conocer pública u oficialmente [que alguien o algo (*cd*) es [lo que se expresa (*predicat*)] o está [en determinada circunstancia]. **b)** *Con cd refl:* Decir [alguien] que es [lo que se expresa (*predicat*)] o que está [en determinada circunstancia]. ■ **4** Establecer oficialmente [algo abstracto]. ■ **5** (*hoy raro*) Explicar [algo] o dar a conocer su significado.

B *intr* ➤ **a** *normal* **6** Decir [el acusado o el testigo] lo que sabe acerca de los hechos que se juzgan, o [un ciudadano] lo que sabe acerca de los hechos que se investigan.

➤ **b** *pr* (**~se**) **7** Declarar [1] [una pers.] su amor [a otra]. *Tb sin compl, por consabido.* ■ **8** Comenzar a manifestarse [determinados fenómenos, esp. un incendio o enfermedad].

declarativo -va *adj* De (la) declaración o de (las) declaraciones. **b)** (*Der*) Que contiene declaración acerca de la existencia de cierta situación o relación jurídica, o se refiere a ella. **c)** (*Der*) [Juicio] que versa sobre los hechos dudosos y controvertidos que deben ser determinados por el juez, mediante declaración inequívoca al respecto.

declaratorio -ria *adj* **1** De (la) declaración. ■ **2** *En derecho:* [Cosa] que, sin mandamiento ejecutivo, proclama la existencia o inexistencia de una relación jurídica.

déclassé (*fr; pronunc corriente,* /deklasé/) *adj* [Pers.] que ha bajado de clase social. *Tb n.*

declinable *adj* (*Gram*) Que se puede declinar [4].

declinación *f* **1** Acción de declinar. ■ **2** (*Gram*) Conjunto de formas que puede presentar una palabra variable que no sea verbo, de acuerdo con su función gramatical. **b)** Conjunto de palabras que tienen un mismo sistema de declinación. ■ **3** (*Astron*) Distancia angular [de un astro o un punto celeste] al ecuador. ■ **4 ~ magnética.** (*Geogr*) Ángulo formado por el meridiano geográfico y el magnético [en un punto de la superficie terrestre (*compl de posesión*)]. *Tb, simplemente, ~.*

declinante *adj* Que declina [1]. *Tb fig.*

declinar A *intr* **1** Decaer o disminuir. **b)** Aproximarse [algo, esp. el día] a su final o a su ocaso. *Tb fig.* ■ **2** (*lit, raro*) Inclinarse. *Tb fig.*

B *tr* **3** Rechazar o no aceptar [algo, esp. una invitación o un ofrecimiento], gralm. de manera cortés. **b)** Rechazar hacer [algo (*cd*), esp. declaraciones]. **c)** Ceder [algo en favor de alguien (*compl* EN *o* EN FAVOR DE)]. *Tb sin compl.* ■ **4** (*Gram*) Formar la declinación [2a] [de una palabra (*cd*)]. *Tb abs.* ■ **5** (*lit, raro*) Inclinar [una cosa hacia otra (*compl* A)]. *Tb fig.*

declinatoria. ~ de jurisdicción. *f* (*Der*) Cuestión de competencia que se propone ante un tribunal que se considera incompetente, pidiéndole que remita los autos al que se tiene por competente.

declive *m* **1** Inclinación del terreno o de otra superficie. *Frec en la constr* EN ~. ■ **2** Acción de declinar [1]. *Tb su efecto. Frec en la constr* EN ~.

declivio *m* (*lit, raro*) Declive.

decocción *f* Acción de cocer sustancias en un líquido para extraer sus principios solubles. *Tb el líquido obtenido.*

decodificación *f* Acción de decodificar.

decodificador -ra *adj* Que decodifica o sirve para decodificar. *Tb n m, referido a aparato.*

decodificar *tr* Descodificar. *Tb fig.*

decoletado -da *adj* (*Metal*) Fabricado por decoletaje.

decoletaje *m* (*Metal*) Fabricación de piezas metálicas torneadas a partir de barras o hilos metálicos.

decolorable *adj* Que se puede decolorar.

decoloración *f* Acción de decolorar(se).

decolorante *adj* Que decolora. *Tb n m, referido a producto.*

decolorar *tr* Quitar (el) color [a algo (*cd*)]. *Tb abs.* **b)** *pr* (~**se**) Perder [algo] (el) color.

decomisable *adj* Que se debe decomisar.

decomisar *tr* Confiscar (apoderarse [de bienes (*cd*)] para ponerlos a disposición del fisco).

decomiso *m* **1** Acción de decomisar. ■ **2** Cosa decomisada. *Frec en pl.*

decompresión *f* (*raro*) Descompresión.

deconstrucción *f* (*Filos y TLit*) Método de análisis crítico de la expresión, en el cual se parte de negar la adecuación entre signo y referente y la posibilidad de descubrir el verdadero sentido de un texto, cuya lectura es plural en todo caso.

deconstructivista *adj* (*Filos y TLit*) Partidario o seguidor de la deconstrucción. *Frec n.*

decoración *f* **1** Acción de decorar. **b)** Arte o actividad de decorar, normalmente interiores. **c)** Conjunto de cosas que decoran. ■ **2** Decorado [1]. ■ **3** (*raro*) Condecoración.

decorado *m* **1** Representación figurada del lugar en que se desarrolla una acción teatral o cinematográfica. *Tb fig, fuera del ámbito técn.* ■ **2** Decoración [1].

decorador -ra I *adj* **1** (*raro*) Que decora [1b]. II *m y f* **2** Pers. que hace trabajos de decoración [1a y b]. *Esp referido al profesional.* **b)** Escenógrafo.

decorar *tr* Dotar [a algo, esp. a un lugar (*cd*)] de accesorios que [lo] embellecen. *Tb fig.* **b)** Embellecer o servir de adorno [a algo (*cd*)]. *Tb abs.*

decoratividad *f* (*raro*) Cualidad de decorativo.

decorativismo *m* (*Arte*) Tendencia al predominio de lo decorativo.

decorativista *adj* (*Arte*) De(l) decorativismo. **b)** Adepto al decorativismo. *Tb n.*

decorativo -va *adj* **1** De (la) decoración [1]. ■ **2** Que decora o sirve para decorar [1b]. ■ **3** [Pers.] que posee cualidades externas que hacen agradable o atractiva su presencia. *Frec con intención desp.* **b)** [Figura] **decorativa** → FIGURA.

decoro *m* **1** Decencia o dignidad. ■ **2** (*lit, raro*) Honra u honor.

decorosamente *adv* De manera decorosa.

decorosidad *f* (*raro*) Cualidad de decoroso.

decoroso -sa *adj* **1** Que tiene o muestra decoro [1]. ■ **2** Decente (suficiente, aunque no excesivo).

de corpore insepulto → CORPORE INSEPULTO.

decorticación *f* **1** (*Bot*) Acción de quitar la corteza, o caída natural de la misma. ■ **2** (*Med*) Separación quirúrgica de la envoltura normal o patológica de un órgano.

decrecer (*conjug* 11) *intr* Disminuir (pasar a ser menor).

decreciente *adj* **1** Que decrece. ■ **2** (*Fon*) [Diptongo o hiato] constituido por una vocal abierta seguida de una cerrada. **b)** Propio del diptongo o del hiato decreciente.

decrecimiento *m* Acción de decrecer.

decremento *m* (*E*) Disminución.

decrepitar *intr* (*Quím*) Producir [ciertas sales] ruidos semejantes a chasquidos, por efecto del calor.

decrépito -ta *adj* [Pers.] que se encuentra en un estado de gran decadencia física debido a su vejez. *Tb fig, referido a cosa.* **b)** Propio de la pers. decrépita. *Tb fig.*

decrepitud *f* Estado o condición de decrépito.

decretador -ra *adj* Que decreta. *Frec n, referido a pers.*

decretal *f* (*Rel catól*) Carta que contiene una decisión pontificia. *Frec en pl, designando un conjunto o compilación de las mismas.*

decretar *tr* Decidir u ordenar [algo (*cd*)] la autoridad competente]. *Tb fig.* **b)** (*Der*) Decidir [algo el juez].

decreto I *m* **1** Disposición o resolución dada por la autoridad en asuntos de su competencia. *Esp las emanadas del poder ejecutivo.* **b) real ~.** *En el régimen monárquico constitucional:* Decreto aprobado por el Consejo de Ministros y firmado por el Rey. **c) ~-ley.** Disposición de carácter legislativo que, sin ser sometida al órgano adecuado, promulga el poder ejecutivo. ■ **2** Decisión o imposición [de alguien o algo que actúa con autoridad]. *Tb fig.*
II *loc adv* **3 por** (**real**) **~.** De forma inapelable.

decúbito *m* (*Med*) Posición del cuerpo en reposo sobre un plano horizontal. *Frec con un adj especificador:* LATERAL, DORSAL, PRONO, SUPINO.

decumano *m* (*hist*) *En una ciudad o un campamento romanos:* Vía o eje que· sigue la dirección este-oeste. *Tb, raro, referido a una ciudad moderna.*

decuplar *tr* Decuplicar.

decuplicar *tr* Multiplicar por diez [algo]. *Tb fig, con intención ponderativa.* **b)** *pr* (~**se**) Pasar [algo] a ser diez veces mayor.

décuplo -pla *adj* (*raro*) [Cantidad] diez veces mayor. *Frec n m.*

decuria *f* (*hist*) *En la antigua milicia romana:* Escuadra de diez soldados mandada por un jefe. *Tb fig, referido a época moderna.*

decurión *m* (*hist*) **1** Jefe de una decuria. *Tb fig, referido a época moderna.* ■ **2** *En las colonias o municipios romanos:* Individuo de la clase gobernante.

decurrente *adj* (*Bot*) Que se prolonga hacia la base en que se inserta.

decurso *m* **1** (*lit*) Transcurso. ■ **2** (*Ling*) Texto (conjunto analizable de signos).

decusación *f* (*Med*) Cruzamiento en aspa.

decusado -da *adj* (*E*) Dispuesto en forma de aspa.

dedada *f* Cantidad que se puede tomar con un dedo. *Tb fig.*

dedal *m* **1** Utensilio cilíndrico y gralm. de metal, para proteger la punta del dedo que empuja la aguja al coser. **b)** *A veces se da este n a otras cosas cuya forma recuerda la del dedal.* ■ **2** Cantidad mínima [de líquido].

dedalera *f* Digital (planta).

dédalo *m* (*lit*) Laberinto. *Esp referido a calles.*

dedeté *m* DDT.

dedicación *f* **1** Acción de dedicar(se) [1, 3 y esp. 4]. **b) ~ exclusiva** → EXCLUSIVO. ■ **2** Cosa a que [alguien (*compl de posesión*)] se dedica [4].

dedicar A *tr* **1** Destinar [algo a un determinado fin o empleo]. **b)** Destinar [un templo o altar] al culto [de una divinidad o un santo *(ci)*] o poner[lo] bajo su advocación. **c)** Tener [a alguien *(ci)*] como destinatario [de lo que se hace, se dice, se piensa o se siente *(cd)*]. ■ **2** Ofrecer [a alguien una obra, esp. artística] como muestra de afecto o respeto. **b)** Firmar [algo, esp. un regalo], gralm. añadiendo algunas palabras de afecto. ■ **3** Hacer o decir [algo] teniendo [a una pers. o cosa *(ci)* por objeto].

B *intr pr* **(~se)** **4** Tener [alguien algo *(compl* A)] como actividad. **b)** Tener [alguien a una pers. o cosa *(compl* A)] como objeto de su actividad.

dedicatorio -ria I *adj* **1** *(raro)* Que sirve para dedicar [2].

II *f* **2** Palabras con que se dedica [2] algo.

dedil *m* Funda, frec. de cuero, que se pone en un dedo para protegerlo.

dedillo. al ~. *loc adv* *(col)* Perfectamente o con todo detalle. *Con el v* SABER *u otro equivalente.*

dedo I *m* **1** Prolongación de las cinco en que termina la mano o el pie del hombre, o de las varias en que termina la pata de algunos animales. *Referido a los de la mano, frec con un adj o n en aposición:* PEQUEÑO *o* MEÑIQUE, ANULAR, MEDIO *o* CORAZÓN, ÍNDICE *y* GORDO *o* PULGAR. **b)** *En una prenda, esp un guante:* Parte correspondiente al dedo. ■ **2** Medida que equivale aproximadamente a la anchura de un dedo [1] de la mano. **b)** Pequeña cantidad [de líquido]. *Frec en la forma* DEDITO. **c)** **dos ~s de frente.** *(col)* Un mínimo de inteligencia. *Frec en la constr* NO TENER DOS ~S DE FRENTE. **d)** *(reg)* Cierta medida para las caballerías. ■ **3** *Se da este n a algunas cosas cuya forma recuerda la de los dedos* [1] *de la mano.* **b)** *(Mec)* Pieza, de dimensiones y forma variables, cuyo extremo puntiagudo o redondeado sirve para empujar otra pieza. **c)** **~ de santo.** Planta de tallos carnosos y flores cuya corola se ensancha en cinco lóbulos soldados en su extremo (gén. *Ceropegia*). ■ **4** Mano. *En constrs como* IRSE DE LOS ~S, TENER LOS ~S MUY LARGOS, DAR UN ~ [por algo]. ■ **5** *(col)* Modo de designación autoritario y arbitrario. *Frec en la constr* A ~. ■ **6** *(col)* Auto-stop. *En constrs como* A ~, HACER ~.

II *loc adj* **7 de ~.** Designado a dedo [5].

III *loc v* **8 antojársele los ~s huéspedes** → acep. 17. ■ **9 chuparse** (*o* **mamarse**) **el ~.** *(col)* Ser tonto o bobo. ■ **10 chuparse los ~s.** *(col)* *Fórmula con que se pondera lo mucho que gusta alguien o algo. Frec en las constrs* (ESTAR) DE CHUPARSE LOS ~S, *o* (COMO) PARA CHUPARSE LOS ~S. ■ **11 cogerse** (*o* **pillarse**) **los ~s.** *(col)* Salir perjudicado [en una acción o actuación], esp. por improvisación o descuido. ■ **12 cruzar los ~s.** *(col)* Desear que algo que se espera salga bien. ■ **13 dar gusto al ~** → GUSTO. ■ **14 echar** [algo] **a ~s.** Sortear[lo] adivinando el número de dedos [1a] que sacan los contendientes. ■ **15 figurársele los ~s huéspedes** → acep. 17. ■ **16 hacer ~s.** Practicar ejercicios con los dedos [1a]. *Esp referido al piano.* ■ **17 hacérsele** (*o* **antojársele**, *o* **figurársele**) [a alguien] **los ~s huéspedes.** *(col)* Estar receloso o suspicaz. ■ **18 mamarse el ~** → acep. 9. ■ **19 métele el ~ en la boca.** *(col)* *Fórmula con que se manifiesta que alguien no es tonto.* * *Ciego, pero no tonto.* Métele el dedo en la boca. ■ **20 meterle** [a alguien] **los ~s en la boca.** *(col)* Hacer[le] hablar. ■ **21 mover un ~** [por alguien o algo]. *(col)* Hacer el mínimo esfuerzo en su favor. *Gralm en constr neg.* **b) no mover** (**ni**) **un ~.** No hacer nada. ■ **22 pillarse los ~s** → acep. 11. ■ **23**

poderse contar [perss. o cosas] **con los ~s de la mano.** *(col)* Ser muy escasas. ■ **24 poner el ~ en la llaga.** *(col)* Acertar con el punto delicado o difícil de algo. ■ **25 señalar** [a alguien] **con el ~.** Hacer[le] objeto de murmuración pública. ■ **26 tener** [algo] **en la punta de los ~s** → PUNTA. ■ **27 tocar** [algo] **con el ~.** *(col)* Ver[lo] o percibir[lo] claramente.

IV *loc adv* **28 a dos ~s.** *(col)* Muy cerca. *Frec con un compl* DE. ■ **29 con un ~.** *(col)* Con suma facilidad. *Con vs como* TIRAR *o* DERRIBAR, *ponderando la endeblez de la pers o cosa de que se trata.* ■ **30 cuando San Juan baje el ~.** *(col)* Nunca. ■ **31 más que comer con los ~s.** *(col)* Muchísimo. *Normalmente con el v* GUSTAR.

dedocracia *f* *(col, humoríst)* Sistema de nombramiento de cargos a dedo [5].

dedocrático -ca *adj* *(col, humoríst)* De (la) dedocracia.

deducción *f* Acción de deducir. **b)** Cosa deducida.

deducibilidad *f* Cualidad de deducible.

deducible *adj* Que se puede deducir.

deducir *(conjug 41) tr* **1** *(Filos)* Llegar [a una verdad particular *(cd)*] partiendo de otra general. **b)** *Fuera del ámbito técn:* Llegar [a una idea *(cd)*] partiendo de otra o de un hecho. ■ **2** Descontar [una cantidad]. ■ **3** *(Der)* Alegar o presentar.

deductivo -va *adj* De (la) deducción. *Esp en filosofía.* **b)** Que procede por deducción. *Esp en filosofía.*

de facto *(lat; pronunc, /de-fákto/) loc adv* De hecho. *Se opone a* DE JURE. *Tb adj.*

defasado *m* *(Electr)* Desfase.

defasar *tr* *(Electr)* Desfasar. *Tb pr* **(~se)**.

defatigante *adj* Que quita la fatiga. *Tb n m, referido a producto.*

defecación *f* **1** *(Fisiol o lit)* Acción de defecar [1]. ■ **2** *(Quím)* Acción de quitar impurezas de una solución, esp. de azúcar.

defecador -ra *adj* *(lit)* Que defeca.

defecar *(Fisiol o lit)* A *intr* **1** Expeler excrementos por el ano. *A veces euf humoríst; en este caso, tb pr* **(~se)**.

B *tr* **2** *(euf, humoríst)* Expeler [excrementos] por el ano.

defección *f* Abandono de una causa, de un partido o asociación o de un compromiso. *Tb fig.*

defectibilidad *f* Cualidad de defectible.

defectible *adj* Que puede faltar.

defectividad *f* *(Gram)* Condición de defectivo [1b].

defectivo -va *adj* Que tiene o implica defecto [1]. **b)** *(Gram)* [Verbo] que no se usa en todas las formas de conjugación del tipo a que pertenece.

defecto *m* **1** Falta o carencia. *Gralm en la constr* EN ~ DE, *o* EN SU ~. **b)** Diferencia, en menos, en una cosa respecto a otra tomada como referencia. *Frec en la constr* POR ~. ■ **2** Hecho o cualidad por los que una pers. o cosa no es perfecta o no se ajusta al modelo exigido o deseado.

defectuosamente *adv* De manera defectuosa.

defectuoso -sa *adj* Que tiene o implica defecto [2]. *Dicho normalmente de cosa.*

defender (*conjug* 14) **A** *tr* **1** Proteger (evitar que [alguien o algo (*cd*)] sufra daño). *Frec con un compl* DE *o* CONTRA, *que expresa el daño o la pers o cosa que lo causa. Frec el cd es refl.* **b)** *Con cd refl:* Excusarse [de algo comprometido o peligroso]. ■ **2** Luchar a favor [de alguien o algo (*cd*) atacado por otros]. *Frec el cd es refl.* **b)** Luchar a favor [de algo o de alguien (*cd*) que tiene competidores]. **c)** Luchar para evitar que [alguien o algo (*cd*)] sea tomado o arrebatado. ■ **3** Argumentar a favor [de alguien o algo (*cd*)]. *Tb abs.* **b)** (*Enseñ*) Exponer [un doctorando] las características [de su tesis (*cd*)] y contestar a las preguntas y objeciones del tribunal, con el fin de obtener el grado de doctor. ■ **4** (*col*) Ocuparse [de una empresa o negocio (*cd*)] o sacar[los] adelante.

B *intr pr* (~**se**) **5** (*col*) Desenvolverse de un modo aceptable. **b)** Vivir [alguien] con justeza en cuanto a medios o salud. *Gralm como euf de modestia, y frec como respuesta a una pregunta cortés.*

defendible *adj* [Cosa] que se puede defender.

defenestración *f* Acción de defenestrar.

defenestrador -ra *adj* Que defenestra. *Tb n, referido a pers.*

defenestrar *tr* **1** Arrojar [a alguien o algo] por la ventana. *Tb fig.* ■ **2** Destituir o expulsar [a alguien de un puesto o cargo]. *Tb sin compl* DE.

defensa A *f* **1** Acción de defender(se) [1, 2 y 3]. **b)** ~ **personal.** Modo de defenderse [2a] sin armas, mediante golpes y llaves de boxeo, lucha y artes marciales. **c) legítima** ~. (*Der*) Circunstancia eximente de determinados delitos, cuando estos se cometen por defenderse [2a]. ■ **2** Cosa que sirve para defender(se) [1 y 2]. *Esp designa los cuernos o los colmillos de algunos animales.* **b)** Medio con que el organismo se defiende de los diversos agentes que lo atacan. *Frec en pl.* **c)** (*reg*) Parachoques. ■ **3** (*Dep, esp Fút*) Conjunto de jugadores cuya misión es proteger la propia meta. ■ **4** Abogado defensor [1].

B *m y f* **5** Jugador de la defensa [3].

defensibilidad *f* (*raro*) Cualidad de defensible.

defensible *adj* (*raro*) Defendible.

defensión *f* (*raro*) Defensa [1].

defensivo -va I *adj* **1** De (la) defensa [1]. *Se opone a* OFENSIVO.

II *f* **2** Actitud de defensa [1]. *En la constr* A LA DEFENSIVA, *gralm con vs como* ESTAR *o* PONERSE. ■ **3** Operación de defensa [1].

defensor -ra I *adj* **1** Que defiende [1 y esp. 2 y 3a]. *Tb n, referido a pers.* ■ **2** De (la) defensa [1].

II *m y f* **3 ~ del pueblo.** Funcionario público cuya misión es defender los derechos del ciudadano frente a los posibles abusos de la administración.

deferencia *f* Atención o amabilidad.

deferencial *adj* De (la) deferencia.

deferente[1] *adj* Atento o amable.

deferente[2] *adj* (*Anat*) [Conducto] excretor del testículo.

deferentemente *adv* De manera deferente[1].

deferir (*conjug* 60) *tr* (*Der*) Transmitir [algo, esp. una herencia].

deficiencia *f* **1** Cualidad de deficiente. ■ **2** Falta o carencia de algo debido o conveniente. *A veces con un compl especificador.* ■ **3** ~ **mental.** Defecto del desarrollo intelectual. *Tb, simplemente,* ~.

deficiente I *adj* **1** Incompleto o que carece de algo debido o conveniente. ■ **2** Insuficiente o que no alcanza el grado o nivel debido o conveniente. ■ **3** ~ **mental.** Que padece deficiencia mental. *Tb, simplemente,* ~.

II *m* **4 muy** ~. (*Enseñ*) Calificación mínima del suspenso. *A veces referido a la pers que obtiene esa calificación.*

deficientemente *adv* De manera deficiente.

déficit (*pl invar o* ~S) *m* **1** (*Econ*) Exceso del debe sobre el haber. ■ **2** Insuficiencia o escasez [de algo debido o necesario].

deficitariamente *adv* De manera deficitaria.

deficitario -ria *adj* **1** Que tiene o implica déficit. ■ **2** Deficiente (incompleto o insuficiente).

definible *adj* Que puede ser definido.

definición I *f* **1** Acción de definir(se). **b)** Enunciado con que se define. ■ **2** (*Ópt*) Capacidad de ofrecer una imagen nítida.

II *loc adv* **3 por** ~. Según se deduce del concepto habitual o general.

definidamente *adv* De manera definida [2].

definido -da *adj* **1** *part* → DEFINIR. ■ **2** Claro o preciso. ■ **3** (*Gram*) [Artículo] determinado. ■ **4** (*Bot*) [Inflorescencia] cuyo eje principal termina en una flor.

definidor -ra I *adj* **1** Que define [a alguien o algo (*compl de posesión*)]. *Tb n, referido a pers.*

II *m* **2** (*Rel catól*) Religioso que colabora con el general en el gobierno de una orden.

definiéndum *m* (*Filos*) Término que se ha de definir [1].

definir A *tr* **1** Explicar de manera precisa lo que es [una pers. o cosa (*cd*)]. **b)** Explicar de manera precisa lo que significa [una palabra (*cd*)]. *Tb abs.* **c)** Precisar, o manifestar con exactitud [un pensamiento o sentimiento]. **d)** Servir [algo (*suj*)] para precisar lo que es [una pers. o cosa (*cd*)]. ■ **2** (*Rel catól*) Decidir [el Papa o el Concilio (*suj*)] lo que hay que creer]. *Tb abs.*

B *intr pr* (~**se**) **3** Manifestar [una pers.] su manera de pensar. *Esp en una controversia.* **b)** Decidirse a actuar en un sentido o en otro. ■ **4** Caracterizarse o distinguirse [una cosa por algo].

definitivamente *adv* De manera definitiva.

definitivo -va I *adj* **1** [Cosa o pers.] que no es o no se considera susceptible de cambio posterior. **b)** [Cosa o pers.] que hace considerar innecesaria cualquier otra posterior de su especie.

II *loc adv* **2 en definitiva.** En resumidas cuentas o en conclusión.

definitorio -ria *adj* Que sirve para definir.

deflación *f* **1** (*Econ*) Disminución del nivel general de precios. *Se opone a* INFLACIÓN. ■ **2** (*Geol*) Arrastre por el viento de las partículas pétreas resultantes de la acción de la intemperie.

deflacionario -ria *adj* (*Econ*) De (la) deflación o que la implica.

deflacionista *adj* (*Econ*) De (la) deflación [1]. **b)** Que fomenta la deflación.

deflactación *f* (*Econ*) Acción de deflactar.

deflactar *tr* (*Econ*) Pasar [una cantidad (*cd*) expresada en su valor nominal] a otra expresada en términos reales o en moneda constante.

deflactor *m* (*Econ*) Coeficiente utilizado para deflactar.

deflagración *f* Acción de deflagrar. *Tb su efecto. Tb fig.*

deflagrar *intr* Arder súbitamente y con llama [una sustancia]. **b)** Estallar. *Tb fig, referido a guerra.*

deflector -ra *adj* (*Fís*) Que produce deflexión. *Frec n m, referido a dispositivo.*

deflexión *f* (*Fís*) Desviación.

defoliación *f* (*Bot*) Caída de la hoja. *Esp referido a la causada por enfermedad, plaga o influjo atmosférico.*

defoliante *adj* (*Bot*) Que causa defoliación. *Tb n m, referido a producto.*

defoliar (*conjug* 1a) *tr* (*Bot*) Provocar la caída anormal de las hojas.

deforestación *f* Acción de deforestar. *Tb su efecto.*

deforestador -ra *adj* 1 Que tala o destruye el bosque. *Tb n, referido a pers.* ■ **2** De (la) deforestación.

deforestar *tr* Talar o destruir los árboles [de un territorio (*cd*)].

deformabilidad *f* Cualidad de deformable.

deformable *adj* Que se puede deformar.

deformación *f* Acción de deformar(se). *Tb su efecto.*

deformador -ra *adj* Que deforma.

deformante *adj* Que deforma.

deformar *tr* 1 Alterar la forma [de algo (*cd*)]. *Tb abs.* **b)** *pr* (**~se**) Perder [algo] su forma original. ■ **2** Alterar o cambiar [algo o a alguien], esp. haciendo que se aparte de lo correcto o deseable.

deformativo -va *adj* Que deforma o sirve para deformar.

deforme *adj* [Pers. o cosa] cuya forma se aparta de lo normal o debido.

deformidad *f* 1 Anormalidad en la forma de algo, esp. de un órgano o una parte del cuerpo. ■ **2** Cualidad o condición de deforme.

defraudación *f* 1 Acción de defraudar [2]. ■ **2** Decepción (sentimiento de disgusto).

defraudador -ra *adj* [Pers.] que defrauda [2]. *Tb n.* **b)** Propio de la pers. que defrauda.

defraudante *adj* Que defrauda [1].

defraudar (*conjug* 1e) *tr* 1 Decepcionar [a alguien]. **b)** Frustrar [esperanzas o ilusiones]. ■ **2** Cometer fraude [contra alguien (*cd*)]. **b)** Cometer fraude [en algo (*cd*)]. **c)** Dejar de pagar [determinada cantidad] mediante fraude. *Tb abs.*

defraudatorio -ria *adj* De (la) defraudación [1].

defuera *adv* (*lit, raro*) Fuera. *Frec en la constr* POR ~.

defunción *f* Muerte [de una pers.]. *Tb* (*lit*) *fig.* **b)** Cantidad que se abona a la muerte de una persona a los familiares de la misma.

defuncionar *intr* (*col, humoríst*) Morir. *Tb pr* (**~se**).

degaullismo (*pronunc*, /degolísmo/) *m* (*Pol*) Gaullismo.

degaullista (*pronunc*, /degolísta/) *adj* (*Pol*) Gaullista. *Tb n, referido a pers.*

degeneración *f* Hecho de degenerar. *Tb su efecto.*

degenerado -da *adj* 1 *part* → DEGENERAR. ■ **2** [Pers.] de comportamiento moral despreciable. *Tb n.* ■ **3** (*Med*) [Pers.] de constitución física o mental degenerada (→ DEGENERAR [1]).

degenerar *intr* 1 Perder [alguien o algo] sus cualidades primitivas o de la raza o clase a que pertenece. ■ **2** Transformarse [en algo que se considera peor]. ■ **3** (*Biol*) Alterarse [células, tejidos u órganos] en su estructura o función.

degenerativo -va *adj* Que implica o causa degeneración. *Esp en medicina.*

deglución *f* Acción de deglutir.

deglutidor -ra *adj* 1 Que deglute. *Tb n, referido a pers.* ■ **2** De (la) deglución. *Tb fig.*

deglutir *tr* Tragar (hacer pasar al interior del tubo digestivo [algo (*cd*) que se tiene en la boca]). *Tb abs.*

deglutorio -ria *adj* De (la) deglución.

degollación *f* Acción de degollar.

degollada *f* (*reg*) Garganta o depresión del terreno entre montañas.

degolladero *m* Lugar destinado a degollar reses. *Tb fig, esp en la constr* IR, *o* LLEVAR, AL ~.

degollado -da I *adj* 1 *part* → DEGOLLAR. ■ **2** (*Taur*) [Res] que tiene poca papada.
    II *m* **3** Se da este *n a* varias especies de pájaros con una mancha roja en el cuello.

degollador -ra *adj* Que degüella. *Tb n, referido a pers.*

degollamiento *m* (*raro*) Degollación.

degollar (*conjug* 4) *tr* 1 Matar [a una pers. o animal] cortándo[le] el cuello. ■ **2** (*Taur*) Matar [al toro] de manera inadecuada, de modo que echa sangre por la boca. *Tb abs.* ■ **3** (*col*) Arruinar o malograr [un trabajo].

degollina *f* 1 Matanza [de perss. o animales]. **b)** Mortandad. ■ **2** (*col*) Escabechina o destrozo grande. *Esp referido a exámenes.*

degradable *adj* (*Quím*) Que se puede degradar [5].

degradación *f* Acción de degradar(se). *Tb su efecto.*

degradado -da *adj* 1 *part* → DEGRADAR. ■ **2** Que implica degradación.

degradador -ra *adj* Que degrada.

degradamiento *m* Degradación.

degradante *adj* Que degrada, *esp* [2].

degradar *tr* 1 Rebajar [a alguien] en su empleo, dignidad u honores. *Esp en milicia.* ■ **2** Envilecer [a alguien] o hacer[le] perder su dignidad u honor. **b)** *pr* (**~se**) Envilecerse o perder la dignidad o el honor. ■ **3** Hacer que [alguien o algo (*cd*)] pierda su calidad original. **b)** *pr* (**~se**) Perder [alguien o algo] su calidad original. ■ **4** Reducir gradualmente la fuerza, intensidad o tamaño [de algo (*cd*), esp. de la luz o del color]. **b)** *pr* (**~se**) Perder gradualmente fuerza, intensidad o tamaño [algo (*suj*), esp. la luz o el color]. ■ **5** (*Quím*) Transformar [un cuerpo complejo] en otro de estructura más sencilla.

degradativo -va *adj* De (la) degradación.

dégradé -dée (*fr; pronunc corriente, /degradé/*) **I** *adj* **1** [Color] cuya intensidad disminuye progresivamente.
II *m* **2** Debilitamiento progresivo de un color.

degresión *f* Disminución.

degüelle *m* (*E*) Acción de extraer las impurezas depositadas en el cuello de la botella de un vino embotellado para su crianza.

degüello **I** *m* **1** Degollación. ■ **2** (*E*) Degüelle.
II *loc adv* **3 a ~.** (*col*) Procurando causar el mayor daño posible. *Con vs como* ENTRAR *o* TIRAR. *Tb adj.*

degustación *f* Acción de degustar.

degustador -ra *adj* Que degusta. *Tb n, referido a pers.*

degustar *tr* **1** Probar [un alimento o bebida], para valorar su sabor. ■ **2** Saborear. *Tb fig.*

degustativo -va *adj* De (la) degustación.

dehesa *f* Terreno, frec. acotado, destinado a pastos.

dehesero *m* Guarda de una dehesa.

dehiscencia *f* (*Bot y Med*) Apertura espontánea de un órgano o parte.

dehiscente *adj* (*Bot y Med*) Que se abre espontáneamente.

dehoniano -na *adj* De la orden de los sacerdotes del Sagrado Corazón, fundada por Léon Dehon (s. XIX). *Tb n, referido a pers.*

deicida *adj* Que comete deicidio. *Tb n, referido a pers.*

deicidio *m* Acción de matar a Dios. *Gralm referido a la crucifixión de Jesucristo.*

deícticamente *adv* (*Ling*) De manera deíctica.

deíctico -ca *adj* (*Ling*) Señalador. *Tb n m, referido a elemento.*

deidad *f* Dios o divinidad. *Esp referido a los paganos.*

deificación *f* Acción de deificar(se).

deificante *adj* Que deifica.

deificar *tr* (*lit*) **1** Convertir [a alguien o algo] en dios. *Tb fig.* **b)** *pr* (~se) Convertirse en dios [alguien o algo]. ■ **2** *En la teología mística:* Dar [a alguien o algo (*cd*)] carácter divino por participación de la gracia. ■ **3** Ensalzar excesivamente.

deífico *adj* (*lit*) Divino. *Referido al Corazón de Jesús.*

deísmo *m* (*Rel*) Doctrina que admite la existencia de Dios, pero no la revelación ni el culto externo.

deísta *adj* (*Rel*) De(l) deísmo. **b)** Adepto al deísmo. *Tb n.*

deitano -na *adj* (*hist*) Del pueblo prerromano habitante de la región correspondiente a la actual provincia de Murcia. *Tb n, referido a pers.*

de iure → DE JURE.

deixis (*tb* **deíxis**) *f* (*Ling*) Señalamiento.

dejación *f* **1** Acción de dejar(se). *Tb su efecto. Esp en derecho.* ■ **2** Dejadez [1].

dejada *f* (*Dep, esp tenis*) Acción de dejar caer la pelota casi sin fuerza, de modo que es muy difícil devolverla.

dejadez *f* **1** Condición de dejado [2]. ■ **2** Abandono (hecho de abandonarse).

dejado -da *adj* **1** *part* → DEJAR. ■ **2** [Pers.] descuidada, esp. en su aspecto. *Tb n.*

dejar **I** *v* **A** *tr* **1** Hacer que [una pers. o cosa (*cd*)] quede [en un sitio] al cesar la sujeción (física o moral) ejercida sobre ella. **b)** Soltar [algo o a alguien que se lleva sujeto]. ■ **2** Abandonar [algo o a alguien]. *Tb fig, como euf referido a la muerte.* **b)** Romper las relaciones amorosas [con alguien (*cd*)]. **c)** **~lo.** (*col*) Terminar o interrumpir [dos perss.] sus relaciones amorosas. ■ **3** Abstenerse de actuar [sobre una pers. o cosa (*cd*)]. **b)** No comer [alguien algo de lo que se le ha servido o que está comiendo]. *Frec con un compl de interés.* **c)** *En imperat, se usa como abs para exhortar cortésmente a alguien a que no se moleste en hacer o decir algo.* * Deja, yo llevo suelto. **d)** **dejémoslo.** *Fórmula con que se manifiesta el deseo de no tratar o no seguir tratando un tema molesto.* * –Si no le importa el niño, ¿qué le importa entonces? –Dejémoslo. **e)** **~ estar** (*o* **correr**) [una cosa]. Despreocuparse [de ella]. ■ **4** Olvidar u omitir [algo]. ■ **5** Hacer que [algo (*cd*)] pase a estar o continúe estando [en un determinado lugar o situación (*adj o compl adv*)]. **b)** Hacer que [alguien (*cd*)] quede [de determinada manera (*compl adv*)]. **c)** **~ seco, ~ en el sitio** → SECO, SITIO¹. ■ **6** Hacer [una pers. o cosa] que quede [algo (*cd*)] al faltar o estar ausente [ella]. **b)** *Seguido del part de un v tr, indica que la pers designada en el suj, antes de ausentarse, ha realizado la acción expresada por el part.* * Dejó dicho que volvería pronto. **c)** Legar [una cosa (*cd*)] alguien que se ausenta o muere]. ■ **7** Hacer que [algo (*cd*)] quede a disposición [de otra pers. (*ci*)]. **b)** Prestar (dar [una pers.] algo a otra] con idea de que se lo devuelva). ■ **8** Considerar [algo (*compl de lugar en donde*)] como límite adecuado [para algo (*cd*)]. *Gralm en la constr* DEJÉMOSLO EN..., DEJÉMOSLO AQUÍ *o* AHÍ. **b)** Vender [algo a alguien en una cantidad (*compl* EN *o* POR)] que se presenta como último precio]. ■ **9** Producir [ganancia]. *Tb abs.* ■ **10** (*col*) Quedarse [sin algo (*cd*)] gastándo[lo en un sitio o en una cosa]. *Frec con compl refl.* ■ **11** Permitir [algo (*infin o prop con* QUE)]. **b)** Permitir que crezca [el pelo, la barba, etc. (*cd*)]. *Normalmente con compl refl.* **c)** **~se** *+ infin.* Indica que una pers o cosa es o se muestra adecuada o propicia para que se realice en ella la acción expresada por el infin. * Este vinillo se deja beber. **d)** **~se querer** → QUERER¹. ■ **12 ~ caer.** Abandonar [algo (*cd*)] a la fuerza de la gravedad. *Frec con compl refl.* **b)** (*col*) Decir [algo] como de pasada, pero intencionadamente. ■ **13 ~ que desear.** Ser poco satisfactorio. *Gralm con los advs* MUCHO, BASTANTE, *etc.*

B *intr* ➤ **a** *normal* **14 ~ de** *+ infin.* No hacer [lo expresado por el infin., esp. cuando ya se estaba haciendo]. ■ **15 no ~ de** *+ infin.* Fórmula con que, de manera atenuada, se afirma lo expresado por el infin. * Su propuesta no deja de alegrarme. **b)** **ni me gusta ni me deja de gustar.** *Se usa para manifestar indiferencia. En vez de* GUSTAR *puede aparecer otro v equivalente.*

➤ **b** *pr* (~se) **16** Abandonarse física o espiritualmente. ■ **17** Abstenerse o alejarse [de alguien o algo]. *Frec en imperat.* **b)** **déjate** (*o* **déjate estar**). *Fórmula con que se exhorta a alguien a desechar la idea que acaba de exponer.* * –¿Por qué no salimos un poco? –Déjate estar, con el calor que hace. ■ **18 ~se caer** [con algo]. (*col*) Insinuar[lo]. **b)** **~se caer.** Mostrarse generoso o espléndido. ■ **19**

~se caer (*o* **ver**). (*col*) Aparecer o presentarse [en un lugar (*compl* POR)]. *Tb sin compl.*

II *loc adv* **20 hasta ~lo de sobra,** *o* **hasta ~selo sobrado.** (*col*) En grado sumo.

dejativo -va *adj* (*lit*) Que tiene o muestra dejadez o abandono.

deje *m* Entonación peculiar en el habla.

dejo *m* **1** Deje. ■ **2** Inflexión con que termina cada emisión de voz en el canto. ■ **3** Gusto peculiar que deja una cosa. *Tb fig.*

de jure (*lat; pronunc,* /de-yúre/; *tb con la grafía de* **iure**) *loc adv* De derecho. *Se opone a* DE FACTO. *Tb adj.*

del → EL.

delación *f* **1** Acción de delatar. ■ **2** (*Der*) Llamamiento a aceptar o repudiar una herencia, asignación o legado.

delantal **I** *m* **1** Prenda de trabajo que se pone en la parte delantera del cuerpo, encima de la ropa normal, para protegerla. **b)** Prenda que cubre todo el cuerpo y que se pone sobre la ropa normal para protegerla. ■ **2** (*Per*) Artículo o editorial que se coloca en la primera página.

II *loc adj* **3 de ~.** (*Taur*) [Verónica] ejecutada con los pies juntos y en la que el capote se aproxima al cuerpo del torero.

delante (*palabra de sent mayormente relativo. Cuando se expresa el término de referencia, este se enuncia precedido de la prep* DE *o* (*semiculto*) *en forma de posesivo pospuesto*) **I** *adv* **1** En el lugar que está más a la vista del observador, desde una perspectiva habitual o que se considera la más normal. *Precedido de prep, se sustantiva.* * Iba delante de nosotros. * El vestido va abierto por delante. **b)** En un lugar que, en una serie o sucesión, aparece más cerca del principio. *Precedido de prep, se sustantiva.* * Estaba en la cola del cine y se puso a hablar con la chica de delante. ■ **2** Enfrente. *Precedido de prep, se sustantiva.* * Pasó un camión por delante de la casa. ■ **3** En presencia. *A veces* POR ~, *con el v* DECIR, *y gralm contrapuesto a* POR DETRÁS. * No hables así delante del niño. ■ **4** Con antelación o anticipadamente. *Más frec* POR ~. **b) con la verdad por ~** → VERDAD.

II *loc v* **5 echar por ~, echarse para ~, llevarse por ~, no ponérsele** [a alguien] **nada por ~** → ECHAR, LLEVAR, PONER. ■ **6 ir por ~.** Ser anticipados [una noticia o un dato]. *Gralm en la constr* VAYA POR ~, *precediendo a una explicación.* ■ **7 tener** [un tiempo] **por ~.** Disponer [de él] en el futuro.

delantero -ra **I** *adj* **1** De delante. **b)** Que está delante. **c)** (*Dep*) [Línea de jugadores] que ocupa la posición más avanzada. *Tb n f.* ■ **2** (*Taur*) [Puyazo, pinchazo o par de banderillas] colocado delante del alto de las agujas. ■ **3** (*Taur*) [Res] que tiene los cuernos desarrollados hacia delante.

II *n* **A** *m y f* **4** (*Dep*) Jugador que forma parte de la línea delantera [1c].

B *m* **5** Pieza de una prenda de vestir que corresponde a la parte anterior del cuerpo. ■ **6** *En el juego de pelota por parejas:* Jugador que hace los saques y juega en la parte delantera [1] del frontón.

C *f* **7** Parte delantera [1a] [de una cosa]. **b)** *En un local de espectáculos:* Asiento o serie de asientos situados en la parte delantera de algunos sectores de localidades. **c)** (*col*) Pechos de mujer. ■ **8** Ventaja (situación más adelantada). *Con el v* LLEVAR. ■ **9** Pieza de cuero o piel que cubre a modo de delantal

la parte anterior del cuerpo, separando ambas piernas. *Frec en pl.*

III *loc v* **10 tomar,** *o* **coger, la delantera** [a alguien]. Adelantárse[le]. *Tb sin ci.* ■ **11 llevar la delantera.** Ocupar de momento el primer puesto [en una competición].

delatador -ra *adj* Que delata. *Esp referido a cosa.*

delatar *tr* **1** Denunciar, esp. de forma secreta o anónima, [a alguien que ha cometido o va a cometer un delito o falta (*cd*), a la autoridad que puede castigarlo (*ci*)]. *Tb sin ci, por consabido.* ■ **2** Descubrir [a alguien que trata de ocultarse o de disimular algo, esp. sus sentimientos]. ■ **3** Poner de manifiesto o dejar traslucir [algo oculto o que no se quiere exteriorizar]. **b)** *pr* (~se) Ponerse de manifiesto o traslucirse [algo oculto o que no se quiere exteriorizar]. ■ **4** Dar a conocer [algo oculto o que se quiere mantener oculto].

delator -ra *adj* Que delata. *Tb n, referido a pers.*

délavé (*fr; pronunc corriente,* /delabé/) *adj* [Tejido o prenda] deslavado.

delco (*n comercial registrado*) *m* (*Mec*) Distribuidor (conmutador rotativo que distribuye la corriente de alta tensión a las bujías).

dele *m* (*Impr*) Signo con que se indica que algo debe ser suprimido.

deleble *adj* (*raro*) Que puede borrarse.

delección *f* (*raro*) Delectación.

delectable *adj* (*lit, raro*) Deleitable.

delectación *f* (*lit*) Deleite o complacencia.

delectante *adj* (*lit, raro*) Que deleita.

delectar *tr* (*lit, raro*) Deleitar.

delegable *adj* Que se puede delegar.

delegación *f* **1** Acción de delegar. *Tb su efecto.* ■ **2** Conjunto de delegados [4]. ■ **3** Cargo de delegado [4]. **b)** Oficina del delegado. **c)** Oficina, pública o comercial, que funciona como filial o sucursal de la principal.

delegado -da **I** *adj* **1** *part* → DELEGAR. ■ **2** [Pers. o conjunto de perss.] que actúa por delegación [1]. ■ **3** [Cosa] que es delegación [1 y 3b] de otra.

II *m y f* **4** Pers. cuyo cargo consiste en actuar por delegación [1] [de otra u otras, o de un gobierno]. *A veces sin compl, por consabido.* **b)** **~ de curso.** (*Enseñ*) Alumno elegido por sus compañeros como su representante ante las autoridades docentes.

delegante *adj* Que delega. *Tb n, referido a pers.*

delegar *tr* **1** Autorizar [una pers. a otra (*cd*)] para que actúe en su lugar o en representación suya. ■ **2** Autorizar [una pers. a otra (*compl* EN)] para que se haga cargo [de algo (*cd*)] en su lugar o en representación suya. *Frec abs.*

deleitable *adj* Que causa deleite.

deleitación *f* Acción de deleitar(se). *Tb su efecto.*

deleitante *adj* Que deleita.

deleitar *tr* Causar deleite [a alguien o a alguno de sus sentidos (*cd*)]. *Tb abs.* **b)** *pr* (~se) Sentir deleite [con algo (*compl* EN, CON o ger*)].

deleite *m* Placer[1] (físico o espiritual).

deleitosamente *adv* De manera deleitosa.

deleitoso -sa *adj* Que causa deleite.

delenda est (*lat; pronunc,* /delénda-ést/) *loc v* Hay que destruir. *Seguido de un sust.*

deletéreo -a *adj* (*lit*) Mortífero. *Tb fig.*

deletrear *tr* Decir una por una las letras [de una palabra o de un alfabeto (*cd*)]. **b)** Decir separadamente las sílabas [de una palabra (*cd*)]. *Tb fig.*

de levi (*lat; pronunc,* /de-lébi/) *loc adv* (*hist*) En los *juicios de la Inquisición:* De error leve o poco notorio. *Con el v* ABJURAR. *Tb adj.*

deleznable *adj* 1 Que se disgrega o deshace fácilmente. **b)** De poca consistencia. *Frec fig.* ■ 2 De poco valor o importancia. ■ 3 Despreciable o reprobable.

délfico -ca *adj* De Delfos (Grecia). **b)** De(l) oráculo de Delfos.

delfín[1] *m* Cetáceo de hasta 3 m de largo, cuya cabeza se prolonga en forma de pico (*Delphinus delphis*). **b)** ~ piloto. Calderón (cetáceo).

delfín[2] *m* 1 Heredero o sucesor [de un jefe de estado o de una pers. o familia importante]. ■ 2 (*hist*) Primogénito del rey de Francia.

delfina *f* (*hist*) Esposa del delfín[2] [2].

delfinario *m* Acuario para delfines[1].

delfinato *m* Condición de delfín[2] [1].

delfínido *adj* (*Zool*) [Cetáceo] de la familia del delfín[1]. *Frec como n m en pl, designando este taxón zoológico.*

delfinio *m* Se da este n a diversas plantas del gén *Delphinium,* algunas de cuyas variedades se cultivan como ornamentales.

delga *f* (*Electr*) Lámina de cobre de las que constituyen el colector de un motor de corriente continua.

delgadamente *adv* (*lit, raro*) Delicadamente.

delgadez *f* Cualidad de delgado.

delgado -da I *adj* 1 Que tiene un grosor inferior al normal o al de otros seres que forman serie con el nombrado. ■ 2 [Pers., animal o parte de su cuerpo] que tiene poca carne. ■ 3 [Agua] que tiene en disolución pocas sales. ■ 4 (*lit*) [Cosa] delicada, o grata por su suavidad. ■ 5 (*lit*) [Aire] fino y penetrante. ■ 6 (*lit, raro*) [Cosa] aguda o sutil.
II *loc v* 7 hilar ~ → HILAR.

deliberación *f* Acción de deliberar. *Tb su efecto.*

deliberadamente *adv* De manera deliberada.

deliberado -da *adj* 1 *part* → DELIBERAR. ■ 2 Voluntario o intencionado.

deliberador -ra *adj* Que delibera.

deliberante *adj* 1 Que delibera. *Tb n, referido a pers.* ■ 2 De (la) deliberación.

deliberar A *intr* 1 Pensar detenidamente [sobre algo dos o más perss.] para tomar una decisión o emitir un juicio. *Tb sin compl, por consabido.* **b)** Pensar o reflexionar [alguien] antes de actuar.
B *tr* 2 Decidir [algo (*cd*)] después de deliberar [1].

deliberativo -va *adj* De (la) deliberación. **b)** (*Der*) [Voto] que sirve para la resolución del tema que se trata.

deliberatorio -ria *adj* Que sirve para deliberar.

delicadamente *adv* De manera delicada [1, 3 y 4c].

delicadeza *f* 1 Cualidad de delicado. ■ 2 Acción delicada [4c]. ■ 3 Objeto delicado [1].

delicado -da *adj* 1 [Cosa] grata por su suavidad o falta de brusquedad o violencia. **b)** [Cosa] exquisita, o que destaca por su calidad o perfección. ■ 2 [Cosa] fácil de estropear o dañar. **b)** [Pers.] débil o enfermiza. **c)** Ligeramente enfermo. *A veces con un compl* DE. ■ 3 [Pers. o cosa] que requiere tacto o cuidado especial. ■ 4 [Pers.] dotada de gran sensibilidad. **b)** [Pers.] que en sus modales o en su comportamiento muestra atención a los sentimientos ajenos, procurando no ofender o molestar. **c)** [Cosa] propia de la pers. delicada [4a y b].

delicatessen (*al-ing; pronunc,* /delikatésen/) *f pl* Manjares refinados o selectos, normalmente de importación, que se venden preparados. *Tb fig.*

delicia I *f* 1 Placer vivo. ■ 2 Pers. o cosa que causa delicia [1]. *Referido a cosa, frec en la constr ponderativa* QUE ES UNA ~. **b)** *En pl,* designa distintos platos.
II *loc v* 3 hacer las ~s [de alguien]. Causar[le] un gran placer o gozo.

deliciosamente *adv* De manera deliciosa.

delicioso -sa *adj* Que causa delicia [1]. **b)** Encantador o sumamente agradable.

delictivo -va *adj* De(l) delito. **b)** Que tiene carácter de delito.

delictual *adj* (*Der*) Delictivo.

delictuoso -sa *adj* (*raro*) Delictivo.

delicuescencia *f* Cualidad de delicuescente. *Tb fig. Frec en pl expresivo.*

delicuescente *adj* 1 [Sustancia] que absorbe la humedad del aire hasta formar una disolución acuosa. ■ 2 (*lit*) Evanescente.

delimitable *adj* Que se puede delimitar.

delimitación *f* Acción de delimitar. *Tb su efecto.*

delimitador -ra *adj* Que delimita.

delimitar *tr* Señalar o determinar los límites [de algo (*cd*)]. **b)** *pr* (~se) Determinarse los límites [de algo (*suj*)].

delincuencia *f* 1 Hecho de cometer(se) delitos. ■ 2 (*Estad*) Número de delitos registrados.

delincuencial *adj* De la delincuencia.

delincuente *adj* [Pers.] que comete un delito. *Gralm n.* **b)** Propio de la pers. o perss. delincuentes.

delineación *f* Acción de delinear. **b)** Actividad de delineante.

delineador *m* Lápiz o líquido para marcar la línea de los ojos.

delineamiento *m* Delineación [1a].

delineante *m y f* Pers. que tiene por oficio trazar planos.

delinear *tr* 1 Trazar las líneas [de un dibujo o figura, esp. de un plano (*cd*)]. ■ 2 Dibujar o perfilar. *En sent no material.* **b)** *pr* (~se) Dibujarse o perfilarse.

delinquir *intr* Cometer un delito.

deliquio *m* (*lit*) Éxtasis o arrobamiento.

delirante *adj* 1 Que delira. *Tb n.* **b)** Enloquecido. *Con intención ponderativa.* ■ 2 Que denota o implica delirio. *Frec con intención ponderativa.*

delirantemente *adv* De manera delirante [2].

delirar A *intr* **1** Decir cosas incoherentes o absurdas como consecuencia de una obnubilación pasajera de la conciencia, frec. debida a fiebre alta. **b)** (*col*) Decir o pensar cosas disparatadas o insensatas.
B *tr* (*raro*) **2** Decir [cosas incoherentes o absurdas] como consecuencia de una obnubilación pasajera de la conciencia, frec. debida a fiebre alta.

delirio *m* **1** Acción de delirar. *Tb su efecto.* **b)** ~(**s**) **de grandeza** → GRANDEZA. ■ **2** Locura, o entusiasmo desmedido. ■ **3** Exaltación o desbordamiento.

delirium tremens (*lat; pronunc,* /delírium-trémens/) *m* Delirio [1a] acompañado de temblor, ansiedad y alucinaciones, propio de los alcohólicos y algunos toxicómanos.

delito I *m* **1** Acción u omisión penada por la ley. *A veces con un adj o compl especificador.* **b)** ~ **de lesa majestad** → MAJESTAD.
II *loc v* **2 tener** ~ [una cosa]. (*col*) *Se usa en constrs como* TIENE ~, *o* NO CREAS QUE NO TIENE ~, *para ponderar lo injusto o inadecuado de un hecho.*

delta A *f* **1** Letra del alfabeto griego que representa el sonido [d]. (V. PRELIM.) ■ **2 ala** ~ → ALA.
B *m* **3** Terreno comprendido entre los brazos de un río en su desembocadura.

deltaico -ca *adj* (*raro*) De(l) delta [3].

déltico -ca *adj* (*raro*) De(l) delta [3].

deltoideo -a *adj* (*Anat*) Del músculo deltoides.

deltoides *adj* (*Anat*) [Músculo] triangular de la cara superior del hombro, que une la clavícula y el omóplato con el húmero y sirve para elevar el brazo. *Frec n m.*

delusivo -va *adj* (*lit, raro*) Engañoso.

demacración *f* Condición de demacrado.

demacrado -da *adj* Pálido y delgado, esp. por desnutrición o enfermedad. **b)** Propio de la pers. demacrada.

demagogia *f* **1** Actitud política de halago interesado de las masas. ■ **2** (*hist*) Gobierno tiránico de la plebe.

demagógicamente *adv* De manera demagógica.

demagógico -ca *adj* De (la) demagogia [1] o que la implica.

demagogo -ga I *adj* **1** [Pers.] que actúa con demagogia [1]. *Frec n.*
II *m* **2** (*hist*) Caudillo de una facción popular.

demanda *f* Acción de demandar. *Tb su efecto.* **b)** (*Com*) Hecho de estar solicitada una mercancía. ■ **2** Busca. *Gralm en la constr* EN ~ DE.

demandadero -ra *m y f* Pers. que hace los recados en un convento o una cárcel.

demandador -ra *adj* (*lit*) [Pers.] que demanda [1]. *Frec n.*

demandante *adj* Que demanda. *Frec n, esp en derecho.*

demandar *tr* **1** (*lit*) Pedir [algo (*cd*)] una pers. o cosa. **b)** (*Com*) Mostrarse dispuesto a comprar [algo]. ■ **2** (*Der*) Presentar querella [contra alguien (*cd*)]. *Frec en part sustantivado.* ■ **3** (*lit*) Preguntar.

demanial *adj* (*Der*) Real[1] (de las cosas).

demaquillador -ra *adj* Desmaquillador (que desmaquilla o sirve para desmaquillar).

demaquillaje *m* Desmaquillado (acción de desmaquillar).

demarcación *f* **1** Acción de demarcar. ■ **2** Terreno demarcado. ■ **3** Territorio o zona que está bajo una determinada autoridad o jurisdicción. ■ **4** (*Fút*) Puesto [de un jugador] en el terreno de juego.

demarcador -ra *adj* **1** Que demarca. ■ **2** De (la) demarcación [1].

demarcar *tr* Marcar los límites [de algo (*cd*)].

demarco *m* (*hist*) En la antigua Grecia: Magistrado jefe de un demos.

démarrage (*fr; pronunc corriente,* /demaráʒ/) *m* (*Cicl*) Demarraje.

demarraje *m* (*Cicl*) Acción de demarrar.

demarrar *intr* (*Cicl*) Tomar [un corredor] de pronto gran velocidad, despegándose del grupo o del pelotón. *Tb fig, fuera del ámbito técn.*

demás I *adj invar* (*ante ns en pl o ante ciertos ns colectivos en sg*) **1** Restante. *Frec sustantivado con art.* * Cubría sus demás necesidades con actividades artesanas. * A los demás que los parta un rayo. ■ **2 por** ~. Demasiado. *Con el v* SER. * ¿Has visto que calor? Es por demás. **b)** Inútil. *Con el v* SER. * Es por demás cualquier esfuerzo.
II *pron invar* **3** (*col*) Las restantes perss. o cosas. *Gralm al final de una enumeración, en la forma* Y ~, *frec con carácter expletivo.* * Me tocó tratar con albañiles y demás.
III *adv* **4 por lo** ~. Aparte de lo dicho. * Salvo alguna molestia, por lo demás está bien. ■ **5 por** ~. Mucho. *Con intención ponderativa.* * Su comentario fue por demás expresivo. ■ **6** (*pop*) Demasiado [4]. *Tb* ~ DE, *seguido de adj o adv.* * No conviene tomar las cosas demás de frías.

demasía I *f* **1** Exceso (acción de excederse). **b)** Abuso o atropello. **c)** Atrevimiento o insolencia. **2** (*col*) Cosa excesiva o que sobrepasa el límite de lo razonable. *Frec con intención ponderativa.*
II *loc adv* **3 en** ~. En exceso o demasiado.

demasiadamente *adv* Demasiado [4].

demasiado -da I *adj* (*siempre antepuesto al n*) **1** Que está o se produce en mayor cantidad o intensidad de lo necesario o conveniente. * Hay demasiado ruido. ■ **2** (*invar*) (*juv*) Tremendo o impresionante. *Con intención ponderativa.* * Eres demasiado.
II *pron invar* **3** Cosa excesiva. * Tantos líos son demasiado para mí.
III *adv* **4** Más de lo necesario o conveniente. *Tb* (*pop*) ~ DE, *seguido de adj o adv.* * Llueve demasiado. * Eres demasiado de buena.

demasié (*juv*) I *adj* **1** Demasiado [2].
II *adv* **2** Mucho o a modo. *Tb* EN ~.

demediar (*conjug 1a*) *tr* (*lit, raro*) Reducir a la mitad. *Tb fig.*

demencia *f* Locura, o trastorno mental. **b)** (*Med*) Estado mental de deterioro y pérdida de las funciones psíquicas, por razones patológicas o de envejecimiento. *A veces con un adj especificador:* EPILÉPTICA, SENIL.

demenciado -da *adj* Loco o demente. *Tb n, referido a pers. Tb fig.*

demencial *adj* **1** De (la) demencia. ■ **2** Que denota o implica demencia. *Frec con intención ponderativa.*

demencialmente *adv* De manera demencial.

dementar *tr (raro)* Enloquecer. *Tb pr* (~**se**).

demente *adj* **1** [Pers.] loca o que ha perdido el juicio. *Tb n.* **b)** Propio de la pers. loca. ■ **2** [Cosa] que denota o implica locura.

demérito *m* Acción o cualidad que hace perder valor o aprecio. *Se opone a* MÉRITO.

demersal *adj (Biol)* De (las) aguas profundas o del fondo del mar o de un lago.

demi-mondaine *(fr; pronunc corriente,* /demimondén/) *f (hist)* Mujer del demi-monde.

demi-monde *(fr; pronunc corriente,* /demimónd/) *m (hist)* Ambiente social de las mujeres ligeras y de quienes frecuentan su trato. *Referido esp al París de finales del s XIX y primeras décadas del XX.*

demineralización *f (E)* Desmineralización.

demisión *f (raro)* Abatimiento.

demiurgia *f (lit)* Actividad propia de(l) demiurgo.

demiúrgico -ca *adj (Filos o lit)* De(l) demiurgo.

demiurgo *m (Filos)* Dios o principio creador del universo. *Tb (lit) fuera del ámbito técn.*

democracia *f* **1** Régimen de gobierno en que la soberanía reside en el pueblo, el cual la ejerce directamente o a través de sus representantes elegidos por votación. *Tb fig, fuera del ámbito político.* **b)** Estado cuya forma de gobierno es una democracia. *Tb fig, fuera del ámbito político.* ■ **2** ~ **cristiana.** Partido político cuyo programa se basa en la doctrina social cristiana. ■ **3** ~ **popular.** Sistema político inspirado en el régimen soviético. ■ **4** ~ **orgánica** → ORGÁNICO.

demócrata *adj* **1** Partidario de la democracia [1a]. *Tb n.* ■ **2** ~ **cristiano.** De (la) democracia cristiana. **b)** Adepto a la democracia cristiana. *Tb n, referido a pers.* ■ **3** *En Estados Unidos:* [Partido] de tendencia progresista. **b)** De(l) partido demócrata. *Tb n, referido a pers.*

democratacristiano -na *adj* Demócrata cristiano. *Tb n, referido a pers.*

democráticamente *adv* **1** De manera democrática. ■ **2** En el aspecto democrático.

democrático -ca *adj* **1** De (la) democracia [1a]. **b)** Acorde con los principios de la democracia. **c)** Que se rige por una democracia. ■ **2** Propio del pueblo en general y no solo de las clases privilegiadas.

democratismo *m* Espíritu democrático.

democratización *f* Acción de democratizar(se).

democratizador -ra *adj* **1** Que democratiza. *Tb n, referido a pers.* ■ **2** De (la) democratización.

democratizante *adj* Democratizador.

democratizar *tr* Dar carácter democrático [a algo (*cd*)]. **b)** *pr* (~**se**) Tomar [algo] carácter democrático.

democristiano -na *adj* Demócrata cristiano. *Tb n, referido a pers.*

demodé *adj* Pasado de moda.

démodé -dée *(fr; pronunc corriente,* /demodé/) *adj* Pasado de moda.

demografía *f* **1** Estudio estadístico de la población. ■ **2** Población [de un lugar].

demográficamente *adv* En el aspecto demográfico.

demográfico -ca *adj* De (la) demografía.

demógrafo -fa *m y f* Especialista en demografía [1].

demoledor -ra *adj* Que demuele, *esp* [1b]. *Tb n, referido a pers.*

demoler *(conjug 18) tr* Derribar o destruir [un edificio o construcción], esp. mediante la piqueta u otro instrumento. **b)** Destruir totalmente [algo no material].

demoliberal *adj (Pol)* Del demoliberalismo. **b)** Adepto al demoliberalismo. *Tb n.*

demoliberalismo *m (Pol)* Liberalismo democrático.

demolición *f* Acción de demoler.

demoníaco -ca *(tb* **demoniaco**) *adj* **1** De(l) demonio [1a]. **b)** Propio del demonio. ■ **2** [Pers.] que tiene alguna de las cualidades del demonio [1a], esp. su astucia o su maldad. *Tb n.*

demonio **I** *m* **1** *(Rel crist y jud)* Ángel rebelado contra Dios y en el que reside el espíritu del mal. *Frec designa solo a su príncipe, Lucifer o Satán.* **b)** *Se usa a veces para personificar un defecto o una tendencia negativa propios de una pers o colectividad. En este segundo caso, tb* ~s FAMILIARES. * Un pueblo maltrecho, víctima de sus propios demonios. * Esa ley abre la puerta a los viejos demonios familiares del caciquismo en sus diferentes formas. **c)** *Se usa frec en constrs de sent comparativo para ponderar la listeza o la maldad de alguien.* * La cría es lista como un demonio. ■ **2** Pers. sumamente mala, traviesa o astuta. *Frec en la constr* SER EL (MISMO, *o* MISMÍSIMO) ~. *A veces referido a animales.* **b)** ~ **de.** *(col) Antepuesto al n de una pers o cosa, se usa para referirse a ella despectivamente.* * Demonio de niño, no para. ■ **3** *(col) Vacía de significado y gralm en pl, se emplea en constr exclam o interrog para reforzar o marcar la intención desp de la frase.* * ¿Dónde demonios has ido?
II *loc adj* **4 como un** ~, *o* **hecho un** ~. *(col)* Muy irritado o enfadado. ■ **5 del** ~ (*o* **de los** ~**s**). *(col) Se emplea, siguiendo al n de una pers o cosa, para referirse a ella despectivamente.* * Esperaremos a que pase esta ventolera del demonio. ■ **6 del** ~ (*o* **de** (**todos**) **los** ~**s**). *(col)* Terrible. *Con intención ponderativa.*
III *loc v y fórm or* **7 al** ~. *(col) Fórmula que se usa para manifestar rechazo. Gralm seguido de un n de pers o cosa. En este caso, frec en la constr* AL ~ CON. * ¡Al demonio el trabajo! * ¡Al demonio con los libros! ■ **8 al** ~ **se le ocurre** + *infin.* *(col) Fórmula con que se pondera lo inadecuado de la acción expresada por el infin.* * Al demonio se le ocurre salir ahora. ■ **9 darse a** (**todos**) **los** ~**s**. Ponerse muy enfadado. ■ **10 el** ~ **que** + *v en pres de subj. Fórmula que se usa para marcar enfáticamente la imposibilidad de hacer lo expresado por el v.* * El demonio que le entienda. ■ **11 irse al** ~, **mandar al** ~ → IR, MANDAR. ■ **12 llevar(se)** [a una pers.] **los** ~**s** (*o* **el** ~, *o* **todos los** ~**s**). *(col)* Irritarse o encolerizarse [esa pers.]. ■ **13 meter** [a alguien] **el** ~ **en el cuerpo.** *(col)* Inquietar[le] o hacer que se preocupe. ■ **14 ser** (**de**) **la piel del** ~ → PIEL. ■ **15 tener** [alguien] **el** ~ (*o* **los** ~**s**) **en el cuerpo.** Ser o estar muy inquieto o travieso.
IV *loc adv* **16 a** ~**s.** *(col)* Muy mal. *Con vs como* SABER *u* OLER. ■ **17 como el** (*o* **un**) ~, *o* **como** ~**s.** *(col)* Mucho. *Con intención ponderativa y esp referido a algo que se considera negativo.* * Es coqueta como el demonio. * Comen como demonios.

V *interj* **18** ~(**s**), *o* **qué** ~(**s**). (*col*) *Expresa sorpresa, enfado o protesta.*

demoniólatra *m y f* (*Rel*) Pers. que practica la demoniolatría.

demoniolatría *f* (*Rel*) Culto al demonio [1a].

demonización *f* Acción de demonizar.

demonizar *tr* Dar carácter demoníaco [1] [a alguien o algo (*cd*)].

demonología *f* Estudio del demonio [1a].

demonológico -ca *adj* De (la) demonología.

demonólogo -ga *m y f* Especialista en demonología.

demonomancia (*tb* **demonomancía**) *f* Adivinación por inspiración del demonio [1a].

demontre (*col*) **I** *m* **1** *euf por* DEMONIO. *Gralm en constr exclam o interrog, para marcar o reforzar la intención desp de la frase.*
II *interj* **2** ~, *o* **qué** ~. Demonio, o qué demonio(s).

demora *f* Acción de demorar(se). *Tb su efecto.*

demoradamente *adv* De manera demorada.

demorado -da *adj* **1** *part* → DEMORAR. ■ **2** Que implica demora o detenimiento. ■ **3** Lento o que se retrasa.

demorar A *tr* **1** Retrasar (hacer que [algo (*cd*)] venga u ocurra después del tiempo previsto). **B** *intr* **2** Tardar o retrasarse. *Tb pr* (~**se**). ■ **3** Detenerse o entretenerse. *Tb pr* (~**se**). ■ **4** Tardar [determinado tiempo (*compl adv*)]. ■ **5** (*Mar*) Estar [algo] en determinado rumbo o dirección respecto al buque desde el cual se observa, o respecto a otro punto.

demos *m* (*hist*) *En la antigua Grecia:* Distrito territorial.

demoscópico -ca *adj* De (los) sondeos de opinión.

demosofía *f* (*lit, raro*) Sabiduría popular.

demóstenes *m* Hombre muy elocuente. *Frec con intención humoríst.*

demostrabilidad *f* Cualidad de demostrable.

demostrable *adj* Que se puede demostrar.

demostración *f* **1** Acción de demostrar. *Tb su efecto.* ■ **2** Cosa que demuestra [algo (*compl de posesión*)]. ■ **3** Muestra o exhibición. *Referido esp a habilidades gimnásticas o al funcionamiento de máquinas o aparatos.*

demostrador -ra *m y f* Pers. que hace demostraciones [3] del funcionamiento de máquinas o aparatos.

demostrar (*conjug* 4) *tr* **1** Hacer ver la verdad [de algo (*cd*)] mediante un razonamiento riguroso o hechos evidentes. ■ **2** Mostrar (hacer ver o dejar ver).

demostrativamente *adv* (*raro*) De manera demostrativa [1].

demostrativo -va *adj* **1** Que demuestra o sirve para demostrar. *Frec con un compl* DE. ■ **2** De (la) demostración [1]. ■ **3** (*raro*) [Pers.] expresiva o dada a exteriorizar sus sentimientos. ■ **4** (*Gram*) [Pronombre o adjetivo] que sirve para mostrar o señalar lo designado por el nombre al que sustituye o acompaña. *Tb n m.* **b**) Propio del adjetivo o pronombre demostrativo.

demótico -ca *adj* (*hist*) [Tipo de escritura egipcia] popular. *Tb n m.*

demudado -da *adj* **1** *part* → DEMUDAR. ■ **2** Propio de la pers. demudada.

demudar *tr* **1** Alterar el color y la expresión [de una pers. o de su rostro (*cd*)]. **b**) *pr* (~**se**) Alterarse el color y la expresión [de una pers. o de su rostro (*suj*)]. ■ **2** Alterar [el gesto, la expresión o la voz]. **b**) *pr* (~**se**) Alterarse [el gesto, la expresión o la voz].

demultiplicación *f* (*Mec*) Desmultiplicación.

denantes *adv* (*pop*) Antes.

denario *m* (*hist*) Moneda romana de plata. *En alguna época se fabricó tb de oro.*

denatalidad *f* (*Estad*) Disminución de la natalidad.

dendrita *f* **1** (*Anat*) Prolongación protoplásmica ramificada de la neurona. ■ **2** (*Mineral*) Cristal de forma muy ramificada, al infiltrarse en grietas o fisuras de otro mineral o roca.

dendrítico -ca *adj* (*E*) **1** De (la) dendrita, *esp* [1]. ■ **2** Que tiene forma arbórea o ramificada.

dendrofobia *f* (*lit*) Aversión a los árboles.

dendrotráquea *f* (*Zool*) *En los insectos, miriápodos y algunos arácnidos:* Conducto ramificado de la respiración.

denegación *f* Acción de denegar.

denegador -ra *adj* Que deniega.

denegamiento *m* (*raro*) Denegación.

denegar (*conjug* 6) **A** *tr* **1** Negar [algo que se pide]. **B** *intr* **2** Negar o decir que no.

denegativo -va *adj* De (la) denegación.

denegatorio -ria *adj* **1** Que deniega o sirve para denegar. ■ **2** De (la) denegación.

denegrido -da *adj* Renegrido o que tira a negro.

denén *adv* (*col, hoy raro*) No. *Usado como neg enfática.*

dengoso -sa *adj* Melindroso.

dengue I *m* **1** Melindre o remilgo. ■ **2** Esclavina de paño que se cruza en el pecho y se ata a la espalda, propia de algunos trajes regionales femeninos. ■ **3** Enfermedad febril, epidémica e infecciosa, caracterizada por dolores de cabeza y musculares, fenómenos catarrales y exantema. *Frec designa cualquier enfermedad epidémica leve, esp la gripe.* ■ **4** (*Naipes*) *En el tresillo:* Jugada que consiste en reunir el as de espadas y el de bastos.
II *adj* **5** Dengoso o melindroso.

denguear *intr* Hacer dengues [1]. *Tb fig.*

denier (*fr; pronunc corriente, /denér/; pl normal, ~s*) *m* Unidad de medida de la finura de una fibra textil.

denigración *f* Acción de denigrar.

denigrador -ra *adj* Que denigra. *Tb n, referido a pers.*

denigrante *adj* [Cosa] que denigra.

denigrar *tr* **1** Desacreditar [a una pers. o cosa] o expresar un juicio peyorativo [sobre ellas (*cd*)]. ■ **2** Ofender u ultrajar.

denigratorio -ria *adj* Que denigra o sirve para denigrar.

denodadamente *adv* (*lit*) De manera denodada. *Gralm con el v* LUCHAR.

denodado -da *adj* **1** *(lit)* [Cosa] que denota o implica denuedo. *Gralm referido a esfuerzo.* ■ **2** *(hoy raro)* [Pers.] que lucha o actúa con denuedo.

denominación *f* Palabra o conjunto de palabras que sirven para denominar a alguien o algo. **b)** ~ **de origen.** Nombre oficialmente reconocido a un producto, que garantiza su procedencia y su calidad.

denominador -ra I *adj* **1** Que denomina.
II *m* **2** *(Mat)* Número que, en un quebrado, expresa las partes iguales en que se considera dividida la unidad. ■ **3 común** ~ (o ~ **común**). Característica común [de una serie de perss. o cosas].

denominar *tr* *(lit)* Designar [a alguien o algo *(cd)*] por el n. o el calificativo que se expresan *(predicat)*. *A veces con compl de modo en lugar de predicat, esp cuando la or es interrog.*

denominativo -va *adj* Que sirve para denominar.

denostable *adj* *(raro)* Digno de ser denostado.

denostación *f* Acción de denostar.

denostador -ra *adj* Que denuesta. *Tb n, referido a pers.*

denostar *(conjug* 4*)* *tr* Decir cosas injuriosas u ofensivas [contra alguien o algo *(cd)*].

denotación *f* **1** Acción de denotar. ■ **2** *(Ling)* Nota o conjunto de notas objetivas del significado.

denotar *tr* **1** Ser signo o síntoma [de algo *(cd)*]. ■ **2** *(Ling)* Tener [una palabra o expresión la denotación [2] que se expresa *(cd)*].

denotativo -va *adj* Que denota. ■ **2** De (la) denotación.

de novo *(lat; pronunc corriente, /de-nóbo/)* *loc adv* Partiendo de cero.

densamente *adv* De manera densa.

densidad *f* **1** Cualidad de denso [1 y 2]. **b)** Número de habitantes por kilómetro cuadrado. *Frec* ~ DE POBLACIÓN. ■ **2** *(Fís)* Relación entre la masa y el volumen de un cuerpo, tomando como referencia la del agua para sólidos y líquidos y la del aire para gases. **b)** *En gral:* Cantidad total [de una magnitud física] por unidad de volumen, de superficie o de longitud. ■ **3** *(Ópt)* Grado de opacidad de un medio. ■ **4** *(lit)* Peso o importancia [de alguien o algo].

densificación *f* Acción de densificar(se). *Tb su efecto.*

densificar *tr* Hacer denso o más denso [algo]. **b)** *pr* (~**se**) Hacerse denso o más denso.

densímetro *m* *(Fís)* Aparato para medir la densidad [2] de un líquido.

densitometría *f* **1** *(Ópt)* Técnica para medir la densidad óptica de un medio. ■ **2** *(Med)* Técnica para medir la densidad ósea. *Tb* ~ ÓSEA. *Tb la medición correspondiente.*

densitómetro *m* **1** *(Ópt)* Instrumento para medir la densidad óptica por transparencia o por reflexión. ■ **2** *(Med)* Aparato para medir la densidad ósea.

denso -sa *adj* **1** [Cosa] que tiene mucha masa en relación con el volumen. **b)** Que consta de muchos elementos, muy próximos entre sí. **c)** Que contiene muchas cosas en poco espacio. ■ **2** [Líquido] espeso. ■ **3** *(Fís)* Que tiene determinada densidad [2].

dentabrón *m* Helecho macho.

dentado[1] **-da** *adj* **1** *part* → DENTAR. ■ **2** Que tiene dientes (entrantes y salientes).

dentado[2] *m* *(E)* Conjunto de los dientes del borde de un sello de correos. *Frec seguido de un número que indica cuántos dientes hay cada 2 cm.*

dentadura *f* **1** Conjunto de los dientes [de una pers. o animal]. **b)** Prótesis que suple la dentadura humana original. *Frec* ~ POSTIZA. ■ **2** Conjunto de dientes (entrantes y salientes) [de algo, esp. de un objeto].

dentaje *m* *(reg)* Dentadura [1a] [de un animal].

dental[1] *adj* **1** De (los) dientes. ■ **2** *(Fon)* [Articulación o sonido] que se produce aplicando o acercando la lengua a la cara interior de los incisivos superiores. *Tb n f, referido a consonante.*

dental[2] *m* En el arado: Palo en que encaja la reja.

dentamen *m* *(reg)* Dentadura [1].

dentar *tr* *(raro)* Dotar de dientes [a algo *(cd)*].

dentario -ria *adj* *(Anat)* De (los) dientes.

dente → AL DENTE.

dentelaria *f* Belesa (planta).

dentellada *f* Acción de clavar los dientes. *Tb su efecto. Frec en la loc* A ~S. *Tb fig.*

dentellado[1] **-da** *adj* Dentado[1] (que tiene entrantes y salientes).

dentellado[2] *m* *(Heráld)* Reborde de dientes menudos separados entre sí por espacios circulares.

dentellear *tr* Dar dentelladas [a algo *(cd)*].

dentellón *m* **1** *(Arquit)* Dentículo [2]. ■ **2** *(reg)* Parte de la lanza del carro en que se sujeta el yugo.

dentera *f* **1** Sensación desagradable en los dientes y encías, que se produce esp. al comer o ver comer cosas ácidas, al oír ruidos chirriantes o tocar determinados cuerpos. ■ **2** Sensación desagradable producida por alguien o algo. *Gralm con el v* DAR. ■ **3** Envidia.

denteroso -sa *adj* *(reg)* Que produce dentera [1].

denticina *f* Medicamento destinado a facilitar la dentición en los niños.

dentición *f* **1** Acción de echar los dientes. ■ **2** *(Anat)* Conjunto de los dientes.

denticulado -da *adj* *(E)* Que tiene dentículos.

denticular *adj* Que presenta dientes (entrantes y salientes).

dentículo *m* **1** *(Anat)* Diente pequeño o saliente en forma de diente pequeño. ■ **2** *(Arquit)* Adorno en forma de paralelepípedo rectángulo, que, formando serie, se usa esp. en la decoración del friso jónico.

dentífrico -ca *adj* [Sustancia, esp. pasta] que sirve para limpiar los dientes por fricción. *Tb n m.*

dentina *f* *(Anat)* Marfil de los dientes.

dentirrostro *adj* *(Zool)* *(hoy raro)* [Pájaro] cuyo pico termina en una prominencia en forma de diente en la mandíbula superior. *Tb como n m en pl, designando este taxón zoológico.*

dentista *m y f* Médico especialista en las enfermedades de los dientes. **b) mecánico** ~ → MECÁNICO.

dentón[1] **-na** I *adj* **1** De dientes grandes y prominentes.
II *m* **2** Pez marino comestible, de hasta 80 cm de largo y con grandes dientes *(Dentex dentex)*.

dentón[2] *m* (*raro*) Diente grande.

dentro I *adv* (*tiene sent normalmente relativo. Cuando se expresa el término de referencia, este se enuncia precedido de la prep* DE) **1** *Expresa un lugar, real o figurado, que está en otro limitado que se toma como referencia.* * Se fundirían los ataúdes, con los huesos dentro. * Está dentro de la ley. **b)** *Precedido de prep, o como suj de una or cualitativa, se sustantiva.* * La pala debe volverse hacia dentro. ■ **2** En la parte que está debajo de la superficie. *Frec* POR ~. *Tb fig.* * El bollo tiene chocolate por dentro. **b)** En la intimidad de la conciencia. *Más frec* POR ~. * Una cosa es lo que dice y otra lo que piensa por dentro. **c)** *Precedido de prep, se sustantiva.* * Confiésate; no esperes a que te salga de dentro. II *loc prep* **3** ~ **de.** Con arreglo a o con sumisión a. * Todo se desarrolla dentro de su plan. ■ **4** ~ **de.** En el plazo de. * La presentación de documentos se hará dentro de los quince primeros días. ■ **5** ~ **de.** Al cabo de. *Seguido de un sust que expresa tiempo.* * Prepara una nueva etapa para dentro de unos meses. III *interj* **6** (*Mar*) Voz con que se ordena dejar los remos en el bote al dar por terminada la acción de remar.

dentuza *f* (*reg*) Llave de dentista.

denudación *f* (*Med y Geol*) Acción de denudar.

denudar *tr* (*Med y Geol*) Privar [a algo (*cd*)] de su cubierta natural.

denuedo *m* (*lit*) Brío o ímpetu.

denuesto *m* (*lit*) Dicho ofensivo o injurioso.

denuncia *f* Acción de denunciar. **b)** Documento en que se denuncia [1, 4 y 5].

denunciable *adj* Que se puede o debe denunciar.

denunciador -ra *adj* Que denuncia, *esp* [2]. *Tb n, referido a pers.*

denunciante *adj* **1** Que denuncia, *esp* [1]. *Frec n, referido a pers.* ■ **2** De (la) denuncia [1a].

denunciar (*conjug* 1a) *tr* **1** Notificar oficialmente [un delito o daño] a la autoridad pertinente. **b)** Notificar oficialmente que [alguien (*cd*)] ha cometido o va a cometer un delito. ■ **2** Dar a conocer públicamente [un hecho negativo, irregular o abusivo]. ■ **3** Poner de manifiesto [algo, esp. oculto o que no se percibe a primera vista]. ■ **4** (*Der*) Notificar [una de las partes] la rescisión [de un contrato o convenio (*cd*)]. ■ **5** (*Min*) Notificar la existencia [de una mina (*cd*)] para reservar el derecho de explotación.

denunciatorio -ria *adj* De (la) denuncia [1a].

denuncio *m* (*Min*) Acción de denunciar [5] una mina. *Tb la misma mina.*

de ocultis *loc adv* Oculta o secretamente.

Deo favente (*lat; pronunc,* /déo-fabénte/) *loc adv* (*lit*) Con la protección de Dios.

deóntico -ca *adj* (*Filos*) Relativo a conceptos éticos como obligación o permisividad. *Frec referido a lógica.*

deontología *f* Parte de la ética que trata de los deberes. *Esp referido al terreno profesional.*

deontológicamente *adv* En el aspecto deontológico.

deontológico -ca *adj* De (la) deontología.

deontólogo -ga *m y f* Especialista en deontología.

Deo volente (*lat; pronunc,* /déo-bolénte/) *loc adv* (*lit*) Dios mediante o si Dios quiere.

deparar *tr* (*lit*) Proporcionar. *Esp referido a la fortuna o el destino.*

departamental *adj* De(l) departamento, *esp* [2 y 4].

departamentalización *f* Organización por departamentos [2].

departamento *m* **1** Parte de aquellas en que se divide un espacio mediante paredes u otro medio de separación. ■ **2** Sección o parte diferenciada [de un todo, esp. de una organización]. **b)** *En una universidad:* Sección destinada a la enseñanza e investigación de una materia y constituida por una o varias cátedras. ■ **3** Zona que está bajo el mando de un capitán general de marina. ■ **4** Provincia. *Referido esp a Francia o a algunos países americanos. Referido a España es hist.* ■ **5** Apartamento (vivienda). ■ **6** (*reg*) Habitación [de una pers.].

departir *intr* (*lit*) Hablar o conversar [con alguien].

depasar *tr* (*reg*) Rebasar o sobrepasar. *Tb fig.*

depauperación *f* Acción de depauperar(se). *Tb su efecto.*

depauperador -ra *adj* Que depaupera.

depauperante *adj* Que depaupera.

depauperar *tr* **1** Empobrecer. *Tb fig. Frec en part.* ■ **2** (*Med*) Debilitar. **b)** *pr* (~**se**) Debilitarse.

dependencia *f* **1** Hecho de depender. ■ **2** Habituación al consumo de determinadas sustancias, esp. drogas. ■ **3** Sección o departamento que depende [de un poder u organización superior]. ■ **4** Habitación o local [de un edificio grande o de un organismo]. *Frec en pl.* ■ **5** Edificio o instalación que pertenece [a un conjunto (*compl de posesión*)]. ■ **6** Conjunto de dependientes [2 y 3]. ■ **7** (*Taur*) En *pl:* Conjunto de empleados que intervienen en un festejo taurino, pero no en la lidia.

depender *intr* **1** Estar [una cosa] condicionada o determinada [por alguien o algo (*compl* DE)]. **b)** (**eso**) **depende.** *Se usa como contestación o comentario, para manifestar reserva o duda.* * –¿Estarías conforme? –Depende. **c)** (*Gram*) Tener [un elemento] condicionada su función [a otro (*compl* DE)]. ■ **2** Estar bajo la autoridad o la atención [de alguien o de una institución]. ■ **3** Tener [una pers. o cosa a otra (*compl* DE)] como base de recursos para su sustento o funcionamiento. ■ **4** Tener [una pers.] necesidad [de otra o de una cosa] para su normal funcionamiento psíquico o físico. ■ **5** (*raro*) Pender o colgar [de algo].

dependiente -ta (*la forma f, solo en aceps 2 y 3*) I *adj* **1** Que depende. II *m y f* **2** Pers. encargada de atender a los clientes en una tienda. **b)** (*raro*) Pers. encargada de atender a los clientes en otro tipo de establecimientos. ■ **3** (*hoy raro*) Subordinado o inferior jerárquico.

depilación *f* Acción de depilar.

depilado *m* Depilación.

depilador -ra *adj* Que depila. *Tb n, m y f, referido a máquina o aparato.*

depilar *tr* Quitar el pelo o el vello [a alguien o a una parte de su cuerpo (*cd*)]. *Tb abs.*

depilatorio -ria *adj* [Producto] que sirve para depilar. *Tb n m.*

depistaje *m* (*Med, raro*) Despistaje.

deplección *f* (*E*) Pérdida o disminución.

deplorable *adj* (*lit*) Lamentable, o digno de ser deplorado. *Frec con intención ponderativa.*

deplorablemente *adv* (*lit*) De manera deplorable.

deplorar *tr* (*lit*) Lamentar.

deponente *adj* (*Ling*) [Verbo latino] de forma pasiva y significado activo, o viceversa.

deponer (*conjug* 21) **I** *tr* **1** Privar [a una pers. del puesto que desempeña]. *Tb sin compl* DE. *Tb fig.* ■ **2** Dejar o abandonar [algo, esp. las armas o una actitud]. **b)** Depositar. **II** *intr* **3** Declarar [un acusado o un testigo]. ■ **4** Evacuar el vientre.

deportación *f* **1** Acción de deportar. ■ **2** Conjunto de (los) deportados [1].

deportar **A** *tr* **1** Desterrar [a alguien a un lugar lejano, esp. ultramarino]. **B** *intr pr* (**~se**) (*raro*) **2** Recrearse.

deporte **I** *m* **1** Actividad física individual o colectiva, realizada como ejercicio o placer, con sujeción a ciertas reglas y gralm. de carácter competitivo. *Frec en sg con sent colectivo.* **II** *loc adv* **2 por ~.** Por gusto o sin necesidad.

deportista *adj* [Pers.] aficionada al deporte o que lo practica. *Frec n.*

deportivamente *adv* **1** De manera deportiva [1a y 2]. ■ **2** En el aspecto deportivo [1].

deportividad *f* **1** Cualidad de deportivo [2]. *Tb fig.* ■ **2** Afición al deporte.

deportivismo *m* Gusto por lo deportivo [1].

deportivista *adj* De(l) deportivismo o que lo implica.

deportivo -va **I** *adj* **1** De(l) deporte. **b)** [Vestido o calzado] adecuado para la práctica del deporte. *Frec designa en gral los de carácter informal o de sport.* **c)** [Actividad o deporte] que tiene carácter competitivo. **d)** [Automóvil] de línea semejante a los de competición. *Tb n m.* ■ **2** Que respeta la sana competencia del deporte o acepta de buen grado una derrota. **II** *n* **A** *m* **3** Zapato deportivo [1b]. *Gralm en pl.* **B** *f* **4** Zapatilla deportiva [1b]. *Gralm en pl.* ■ **5** Cazadora deportiva [1b].

deposición *f* Acción de deponer. *Tb su efecto.*

depositante *adj* Que deposita [2]. *Frec n, referido a pers.*

depositar *tr* **1** Poner [algo material en un lugar]. **b)** Poner [algo no material en alguien o algo]. ■ **2** Poner [algo de valor o de importancia en un lugar en que quede guardado o bajo la custodia de alguien que queda obligado a devolverlo]. ■ **3** (*Der*) Poner judicialmente [a una pers., esp. una mujer, en un lugar] para proteger su libertad o seguridad. ■ **4** Dejar [un fluido (*suj*) en un lugar algo (*cd*) que lleva en suspensión]. *Frec se omite el compl de lugar.* **b)** *pr* (**~se**) Quedar [en un lugar algo que está en suspensión en un fluido]. ■ **5** (*raro*) Registrar [una marca]. ■ **6** (*raro*) Encerrar o contener.

depositaría *f* Oficina en que se hacen y se guardan los depósitos [1 y 2] de dinero.

depositario -ria **I** *adj* **1** Que contiene o encierra [algo (*compl de posesión*)]. **II** *m y f* **2** Pers. a cuyo cargo se deposita [1, 2 y 3] [algo o a alguien (*compl de posesión*)]. *Tb sin compl.* **b)** Pers. que tiene a su cargo los caudales de una depositaría.

depósito **I** *m* **1** Acción de depositar. **b)** **~ legal** → LEGAL. ■ **2** Cosa o conjunto de cosas depositadas. **b)** (*Der*) Pers. depositada [3]. ■ **3** Lugar destinado a depositar o guardar algo. *A veces con un adj o compl especificador, que frec se omite por consabido.* **b)** Lugar en que se depositan los cadáveres que, por investigación judicial o científica, no se entierran en el tiempo habitual. *Frec ~* DE CADÁVERES *o ~* JUDICIAL. **II** *loc adj* **4** [Certificado] **de ~** → CERTIFICADO. **III** *loc adv* **5 en ~.** *Referido al modo de tomar la mercancía un comerciante:* Sin pagar la mercancía a su dueño o distribuidor hasta que se venda, y con la posibilidad de devolverla si no se vende. *Tb fig, fuera del ámbito comercial.*

depravación *f* **1** Acción de depravar. ■ **2** Condición de depravado [2].

depravado -da *adj* **1** *part* → DEPRAVAR. ■ **2** [Pers.] de costumbres viciosas y escandalosas. *Tb n.* **b)** Propio de la pers. depravada.

depravar *tr* (*raro*) Corromper o pervertir moralmente. *Tb abs.*

depre (*col*) **I** *f* **1** Depresión (estado anímico). **II** *adj* **2** Deprimido (triste o abatido).

deprecación *f* (*lit*) Súplica o ruego. **b)** (*TLit*) Figura retórica que consiste en dirigir una súplica.

deprecante *adj* (*lit*) Que suplica o ruega.

deprecativo -va *adj* (*lit*) De (la) deprecación.

deprecatorio -ria *adj* (*lit*) Deprecativo.

depreciable *adj* Que se puede depreciar.

depreciación *f* Acción de depreciar(se).

depreciador -ra *adj* Que deprecia.

depreciar (*conjug* **1a**) *tr* Disminuir o rebajar el valor [de algo]. *Tb fig, en sent moral.* **b)** *pr* (**~se**) Perder valor. *Tb fig.*

depreciativo -va *adj* De (la) depreciación.

depredación *f* Acción de depredar.

depredador -ra *adj* **1** Que depreda. *Tb n, referido a pers y esp a animal.* ■ **2** De (la) depredación.

depredar *tr* **1** Robar o saquear. *Tb fig.* ■ **2** Cazar [un animal a otro] para su subsistencia.

depredatorio -ria *adj* De (la) depredación.

depremio *m* (*Econ*) Pérdida de valor dada a determinadas monedas.

depresión *f* **1** Hundimiento o concavidad. *Esp referido a accidentes geográficos. Tb fig.* ■ **2** Tristeza o desánimo. **b)** (*Med*) Estado anímico caracterizado esp. por tristeza, disminución de la autoestima, inhibición, debilidad y abandono. ■ **3** Disminución de actividad o desarrollo. **b)** (*Econ*) Período de baja actividad económica, caracterizado por desempleo, deflación y bajo nivel de inversiones. **c)** (*Med*) Disminución de la actividad vital en una parte o en la totalidad del organismo. ■ **4** (*Meteor*) Descenso de la presión atmosférica. *Frec designa una masa atmosférica de presión inferior a la normal.* ■ **5** (*Mec*)

En un motor: Vacío parcial creado en el cilindro y tuberías de admisión por el movimiento descendente del émbolo. ■ **6** *(Astron)* Ángulo que forma con el horizonte del lugar la visual de un astro situado por debajo del mismo.

depresionar *tr (E)* Quitar (la) presión [a un recipiente *(cd)*].

depresionario -ria *adj (Meteor)* De (la) depresión [4].

depresivo -va *adj* **1** Que deprime [2 y esp. 1]. *Tb n m, referido a producto.* ■ **2** Que tiende a la depresión [2]. *Tb n, referido a pers.* ■ **3** De la depresión [2] o que la implica.

depresor -ra *adj* Que deprime [2 y 3]. *Esp en medicina. Tb n m, referido a agente o instrumento.*

deprimente *adj* Que deprime [2 y esp. 1].

deprimido -da *adj* **1** *part* → DEPRIMIR. ■ **2** [Pers.] que tiene o muestra depresión [2]. *Tb n.* **b)** Propio de la pers. deprimida. **c)** Que denota o implica depresión. ■ **3** [Cosa] que tiene o muestra depresión(es) [1]. ■ **4** *(Anat)* Aplastado en el plano frontal. ■ **5** *(Econ)* Pobre o poco desarrollado. *Tb fig, fuera del ámbito técn.* **b)** Que presenta poca actividad.

deprimir *tr* **1** Entristecer o desanimar. *Tb abs.* **b)** *pr* (~se) Entristecerse o desanimarse. ■ **2** Reducir la actividad o el desarrollo [de algo *(cd)*]. *Esp en economía y medicina.* ■ **3** Hundir o aplastar [un cuerpo o parte de él]. ■ **4** *(raro)* Rebajar [algo o a alguien].

deprisa *(tb, raro, con la grafía* **de prisa***) adv* **1** Con rapidez. ■ **2** Sin detenimiento. ■ **3** ~ **y corriendo.** Precipitadamente.

deprivación *f* Privación. *Esp en medicina.*

de profundis *(lat; pronunc, /de-profúndis/) m* Salmo penitencial que comienza por las palabras "De profundis clamavi ad te, Domine" (desde lo profundo clamé a ti, Señor). *Tb el acto de cantarlo o rezarlo.*

depurable *adj* Que se puede depurar.

depuración *f* Acción de depurar.

depuradamente *adv (raro)* De manera depurada.

depurado -da *adj* **1** *part* → DEPURAR. ■ **2** Que ha alcanzado un grado de gran perfección.

depurador -ra *adj* **1** Que depura, *esp* [1]. *Tb n, m y f, referido a pers y a aparato o instalación.* ■ **2** De (la) depuración.

depurar *tr* **1** Limpiar [una sustancia] de impurezas. ■ **2** Limpiar [algo] de errores o imperfecciones. *A veces con un compl* DE. **b)** *pr* (~se) Perfeccionarse. ■ **3** Someter [algo] al control o censura a fin de eliminar lo que se considera negativo o inadecuado. ■ **4** Someter a investigación [una corporación o un organismo] para eliminar de ellos a los miembros disidentes. **b)** Someter [a alguien] a expediente sancionador por motivos políticos. ■ **5** Esclarecer [responsabilidades].

depurativo -va *adj* **1** De (la) depuración. ■ **2** [Sustancia o medicamento] que sirve para depurar o purificar los humores. *Frec n m.*

depuratorio -ria *adj* De (la) depuración.

dequeísmo *m (Gram)* Uso sintáctico de la construcción con *de que* en casos en que el uso normal exige *que*.

dequeísta *adj (Gram)* Que incurre en dequeísmo. *Tb n, referido a pers.*

derbi → DERBY.

derbuka *f* Tambor árabe constituido por una piel tensa sobre un cilindro de tierra cocida o, más raramente, de metal.

derbuquista *m* Músico que toca la derbuka.

derby *(tb con la grafía* **derbi***; pl normal, ~s) m* **1** Carrera de caballos anual y de especial importancia. ■ **2** *(Dep)* Competición entre equipos de la misma ciudad o región.

derecha → DERECHO.

derechamente *adv (lit)* **1** Directamente. ■ **2** Recta o adecuadamente.

derechazo *m* **1** *(Dep)* Golpe dado con la mano o la pierna derecha. ■ **2** *(Taur)* Pase de muleta ejecutado con la mano derecha.

derechera *f* Senda derecha.

derechismo *m (Pol)* Condición de derechista [1].

derechista *adj* **1** *(Pol)* De derechas [12]. *Tb n, referido a pers.* ■ **2** *(Taur)* Que se caracteriza por los pases por el lado derecho.

derechización *f (Pol)* Acción de derechizar(se). *Tb su efecto.*

derechizar *tr (Pol)* Dar carácter derechista [1] [a alguien o algo *(cd)*]. **b)** *pr* (~se) Tomar carácter derechista [alguien o algo].

derecho -cha *(en acep 2d alternan las formas* DERECHO *y* DERECHA *referidas a n m)* **I** *adj* **1** [Órgano o parte del cuerpo] que está en la mitad opuesta a la izquierda. *Tb n f, designando mano o, más raro, pierna.* **b)** [Brazo] ~, [mano] **derecha**, [ojo u ojito] ~ → BRAZO, MANO, OJO. **c)** [Cosa] correspondiente a la mitad derecha del cuerpo. **d)** [Cosa] situada hacia la parte derecha del cuerpo del observador. *Tb n f, designando lugar.* ■ **2** *En una cosa que tiene orientación:* [Parte] que corresponde al lado derecho [1] de una pers. orientada de la misma manera. *Tb n f.* **b)** *En una cosa que avanza real o figuradamente:* [Parte] situada a la derecha de la pers. que mira en el sentido de la marcha. *Tb n f.* **c)** [Cosa] situada hacia la parte derecha [de una cosa]. *Tb n f, designando lugar.* **d)** *(Dep)* En fútbol y otros deportes similares: [Jugador] que desarrolla su juego en la parte derecha del campo. ■ **3** Recto, o que no se tuerce a un lado o a otro. **b)** Directo, o que no tiene interrupciones o desviaciones. ■ **4** Que está en posición vertical. **b)** [Pie] ~ → PIE.

II *n* **A** *m* **5** *En una cosa plana o laminar:* Cara o lado principal. *Se opone a* REVÉS. *Tb fig.* ■ **6** Conjunto de principios y preceptos a que están sometidas las relaciones humanas. *Frec con un adj especificador:* CIVIL, PENAL, CANÓNICO, INTERNACIONAL, *etc.* **b)** Ciencia que estudia el derecho. ■ **7** Posibilidad legal o moral [de algo *(compl* A *o* DE*)*]. ■ **8** Cosa exigible o permitida [para alguien *(compl de posesión)*] según un principio moral o social, o según una ley establecida. **b)** ~s pasivos → PASIVO. ■ **9** *En pl:* Suma de dinero que hay que pagar por un servicio o una autorización. **b)** Cantidad que cobra el autor de una obra por su publicación, ejecución o reproducción. *Frec* ~S DE AUTOR. ■ **10** *(Econ)* Valor materializado de un título o de un cupón, que representa la facultad otorgada al accionista de una sociedad para recibir acciones suplementarias en virtud de un derecho [7] de adjudicación o de suscripción. ■

11 ~ especial de giro. (*Econ*) Unidad de cuenta del Fondo Monetario Internacional. **B** *f* **12** (*Pol*) Conjunto de perss. o de partidos de ideas conservadoras. *Tb en pl, con sent sg. Frec en la constr* DE ~S. ■ **13** (*col*) Hecho indiscutible. *Normalmente en la constr* ESTA (*o* ESA) ES LA DERECHA. ■ **14** (*Taur, hoy raro*) Derechazo [2]. **III** *loc v* **15 estar** [alguien] **en su** ~. Tener derecho [7]. ■ **16 no haber** ~ [a una cosa]. No ser justa [esa cosa]. *Frec se omite el compl, por consabido. A veces en interrogación retórica:* ¿HAY ~ A ESTO? **IV** *adv* **17** En línea recta. ■ **18 a derechas.** Hacia el lado derecho [1d] o en el mismo sentido que las manecillas del reloj. ■ **19 a derechas.** Bien o como es debido. *Tb adj.* ■ **20 al** (*o* **del**) ~. Del modo normal, debido o esperado. ■ **21 de** ~. De acuerdo con la ley o los principios establecidos. *Se opone a* DE HECHO. *Tb adj.* ■ **22 por** ~. (*Taur*) Rectamente o sin desviarse. *Referido al modo de ejecutar las suertes el torero o de embestir el toro. Tb fig, fuera del ámbito técn.* ■ **23 por** ~. Legalmente o de acuerdo con la ley. ■ **24 por** (**lo**) ~. Bien o como es debido.

derechohabiente *adj* (*Der*) [Pers.] cuyo derecho deriva [de otra]. *Tb n.*

derechura **I** *f* **1** Cualidad de derecho [3]. **II** *loc adv* **2 en** ~. (*lit*) Directamente.

derelicción *f* (*lit, raro*) Abandono.

derelicto *m* (*Mar*) Derrelicto. *Tb fig.*

deriva **I** *f* **1** Desvío del rumbo [de un barco o avión], por efecto del viento o de las corrientes. *Tb referido a otros vehículos.* **b)** Desvío respecto a la dirección original o esperable. *Tb fig.* **c)** Desplazamiento respecto a un punto dado. ■ **2** (*Mar*) Procedimiento de pesca que consiste en tirar de una red entre dos barcos, dejándose estos ir de costado con el viento o la corriente. **II** *loc adv* **3 a la** ~. A merced del viento o de las corrientes. *Gralm con vs como* IR *o* NAVEGAR. *Tb adj.* **b)** Sin rumbo o a merced de las circunstancias.

derivable *adj* Que se puede derivar.

derivabrisas *adj En un vehículo:* [Ventanilla o cristal] que puede orientarse para dirigir el aire que entra. *Tb n m.*

derivación **I** *f* **1** Acción de derivar(se), *excepto* [2]. ■ **2** Cosa que se deriva [1] [de otra]. ■ **3** Toma o conductor que sirve para derivar [6]. ■ **4** (*Gram*) Procedimiento de formación de palabras que consiste en la modificación de un término base mediante adición de afijos. **II** *loc adj* **5 en** ~. (*Electr*) En paralelo. *Tb adv.*

derivado -da **I** *adj* **1** *part* → DERIVAR. ■ **2** [Cosa] que se deriva [de otra]. *Tb n m, esp referido a término o a producto.* **b)** (*E*) [Unidad o magnitud] que no es fundamental. **II** *f* **3** (*Mat*) Límite hacia el que tiende la razón entre el incremento de la función y el que se atribuye a la variable cuando este último tiende a cero.

derivar **A** *intr* **1** Tener [una cosa] su origen [en otra (*compl* DE)]. *Tb pr* (*~se*). ■ **2** Desviarse [un barco o un avión, o sus ocupantes] de su rumbo, por efecto del viento o las corrientes. *Frec con un compl* HACIA. ■ **3** Desviarse [algo o alguien] del rumbo o dirección original. *Frec con un compl* HACIA. **b)** Desembocar o acabar [en algo]. **c)** Evolucionar [una pers. o cosa] hasta transformarse [en otra (*compl* A)]. **B** *tr* **4** Hacer que [algo (*cd*)] derive [3]. ■ **5** Sacar [una idea o palabra de otra que es su origen]. **b)** Considerar que [una cosa (*cd*), esp. una palabra] tie-

ne su origen [en otra (*compl* DE)]. ■ **6** Separar [una corriente o de un conducto una parte que se dispone en otra dirección]. **b)** (*Electr*) Establecer una comunicación [de corriente (*cd*)] por medio de un segundo conductor, o, accidentalmente, con la tierra o masa. ■ **7** (*Mat*) Buscar la derivada [de una función (*cd*)]. *Tb abs.*

derivativo -va *adj* **1** (*Gram*) De (la) derivación [4]. ■ **2** (*Med*) [Medicamento] que aparta de la zona afectada por una enfermedad los humores o sustancias que la determinan. *Tb n. Tb fig.*

dermatitis *f* (*Med*) Inflamación de la piel.

dermatoesqueleto *m* (*Anat*) Esqueleto cutáneo o externo.

dermatofito (*tb* **dermatófito**) *m* (*Med*) Hongo parásito de la piel.

dermatología *f* Parte de la medicina que estudia las enfermedades de la piel.

dermatológicamente *adv* En el aspecto dermatológico.

dermatológico -ca *adj* De (la) dermatología.

dermatólogo -ga *m y f* Especialista en dermatología.

dermatomicosis *f* (*Med*) Enfermedad de la piel causada por hongos.

dermátomo *m* (*Med*) Aparato para cortar la piel o los colgajos de piel.

dermatopatología *f* (*Med*) Patología de la piel.

dermatosis *f* (*Med*) Enfermedad de la piel.

dermatótropo -pa *adj* (*Med*) Que tiene afinidad con la piel o se fija en ella electivamente. *Dicho esp de virus o medicamentos.*

dérmico -ca *adj* De (la) dermis.

dermis *f* Capa profunda de la piel, constituida por tejido conjuntivo. *Tb designa la piel en su conjunto.*

dermitis *f* (*Med*) Dermatitis.

dermofarmacéutico -ca *adj* (*Farm*) De (la) dermofarmacia.

dermofarmacia *f* (*Farm*) Rama de la farmacia relativa a los cosméticos no relacionados con patologías.

dermográfico -ca *adj* [Lápiz] que se utiliza para dibujar en la piel.

dermografismo *m* (*Med*) Fenómeno por el que los trazos hechos en la piel con la uña o con un objeto agudo dan lugar a la formación de marcas elevadas más o menos duraderas.

dermopatía *f* (*Med*) Enfermedad de la piel.

dernier cri (*fr; pronunc corriente,* /dernié-krí/) *m* Último grito o última novedad.

derogable *adj* Que se puede derogar.

derogación *f* Acción de derogar.

derogar *tr* Abolir [una ley] o modificar[la] parcialmente.

derogatorio -ria *adj* Que deroga o sirve para derogar.

derrabe *m* (*reg*) Desprendimiento inesperado de carbón en la mina.

derrama *f* **1** Acción de derramar [5]. *Tb su efecto.* ■ **2** Contribución temporal o extraordinaria.

derramador -ra *adj* Que derrama.

derramamiento *m* Acción de derramar(se) [1 a 4, esp. 1 y 3b]. *Tb fig.*

derramar A *tr* **1** Hacer que [algo, esp. un líquido (*cd*)] salga del recipiente en que está y se esparza. **b)** *pr* (**~se**) Salirse [algo, esp. un líquido] del recipiente en que está y esparcirse. ■ **2** Echar [un líquido en un lugar] de modo que se esparza. ■ **3** Despedir [una pers. o cosa (*suj*) (*cd*), esp. un líquido, que sale de ella]. **b)** Hacer que salga [la sangre (*cd*) de alguien] hiriéndo[lo] o matándo[lo]. ■ **4** Extender o esparcir [algo, esp. no material, sobre alguien o algo]. **b)** *pr* (**~se**) Extenderse o esparcirse. ■ **5** Repartir o distribuir [un impuesto o un gasto entre varios]. **B** *intr pr* (**~se**) **6** Desembocar [una corriente de agua en un lugar (*compl* A)].

derrame *m* **1** Acción de derramar(se) [1]. **b)** *Esp:* Acumulación anormal de un líquido en una cavidad, o salida del mismo fuera del cuerpo. ■ **2** Corte oblicuo en el muro para dar mayor entrada de luz a una puerta o ventana. ■ **3** Declive del terreno por el que corre o puede correr agua. ■ **4** (*Mar*) Salida del viento por la parte de sotavento después de haber actuado sobre una vela.

derrapaje *m* Acción de derrapar.

derrapar *intr* Patinar [un vehículo o una rueda].

derrape *m* Acción de derrapar.

derredor. en ~. *loc adv* (*lit*) Alrededor (en el lugar que está rodeando a una pers. o cosa). *Cuando se expresa el término de referencia, este se enuncia precedido de la prep* DE *o en forma de posesivo pospuesto* (*más raro, antepuesto*).

derrelicto *m* (*Mar*) Objeto abandonado en el mar.

derrengar *tr* **1** Dañar gravemente [a alguien] en la espina dorsal por la zona de los riñones. **b)** *pr* (**~se**) Lastimarse gravemente [alguien] en la espina dorsal por la zona de los riñones. ■ **2** Cansar hasta el agotamiento. *Gralm en part. Con intención ponderativa.* ■ **3** Hacer que [alguien (*cd*)] caiga sin fuerza, como quien tiene la espina dorsal dañada. **b)** *pr* (**~se**) Caer o dejarse caer sin fuerza, como quien tiene la espina dorsal dañada. ■ **4** Estropear [algo, esp. un mueble] haciendo que pierda estabilidad o que se incline hacia los lados. **b)** *pr* (**~se**) Estropearse [algo] perdiendo estabilidad o inclinándose hacia los lados. *Gralm en part.*

derretido -da *adj* **1** *part* → DERRETIR. ■ **2** Sumamente amoroso.

derretimiento *m* Hecho de derretir(se).

derretir (*conjug* 62) A *tr* **1** Fundir [algo sólido o pastoso] mediante calor. **b)** *pr* (**~se**) Fundirse [algo sólido o pastoso] a causa del calor. ■ **2** Hacer que [una pers. o su espíritu (*cd*)] sienta gran placer. **b)** *pr* (**~se**) Sentir gran placer. **B** *intr pr* (**~se**) **3** Deshacerse o desaparecer [algo no material]. ■ **4** Mostrarse [alguien] sumamente amoroso o solícito.

derribable *adj* Que se puede derribar.

derribado -da *adj* **1** *part* → DERRIBAR. ■ **2** [Parte del cuerpo] más baja o caída de lo normal.

derribador -ra *adj* Que derriba. *Tb n, referido a pers.*

derribar A *tr* **1** Hacer caer al suelo [un edificio o construcción]. ■ **2** Hacer caer al suelo [algo o a alguien que está erguido, de pie o en alto]. **b)** (*Taur*) Hacer caer al suelo [al caballo y al picador]. *Gralm abs.* ■ **3** Hacer caer [a alguien (*cd*), esp. a un jefe de gobierno] de la posición o cargo en que está. ■ **4** Hacer caer [a un gobierno o a un régimen político]. ■ **5** *En gral:* Hacer caer [algo]. **B** *intr pr* (**~se**) **6** Dejarse caer [en un lugar]. ■ **7** (*lit, raro*) Humillarse o tirarse al suelo. *Tb fig.*

derribista *m y f* Pers. que se dedica al derribo de edificios y aprovechamiento de los materiales de desecho.

derribo *m* Acción de derribar. **b)** **acoso y ~** → ACOSO.

derrick (*ing; pronunc corriente,* /déric/; *pl normal,* ~s) *m* **1** Torre metálica de sonda para perforar pozos petrolíferos. ■ **2** (*Constr*) Grúa de brazo giratorio.

derrière (*fr; pronunc corriente,* /deriér/) *m* (*euf, raro*) Trasero.

derrocadero *m* Lugar accidentado o rocoso en que es fácil caerse o despeñarse.

derrocamiento *m* Acción de derrocar [1 y 2].

derrocar *tr* **1** Hacer caer [a un gobierno o un sistema de gobierno]. *Tb abs. Tb fig.* ■ **2** Hacer caer [a alguien (*cd*), esp. a un jefe de gobierno] de la posición o cargo en que está. *A veces con un compl* DE. ■ **3** (*raro*) Derribar o derruir [un edificio o construcción].

derrochador -ra *adj* Que derrocha [1]. *Tb n, referido a pers.*

derrochar *tr* **1** Gastar [dinero] de manera excesiva o incontrolada. *Tb abs.* **b)** Gastar [algo, frec. no material] en cantidad excesiva o no dar[le (*cd*)] el uso adecuado. ■ **2** Hacer uso [de algo (*cd*)] en gran cantidad. **b)** Dar [algo] en gran cantidad. **c)** Dar muestras de tener en gran abundancia [algo positivo, esp. una cualidad].

derroche *m* Acción de derrochar.

derrochón -na *adj* [Pers.] que derrocha [1a]. *Tb n.*

derrota[1] *f* Acción de derrotar[1] [1 y 2]. *Tb su efecto.*

derrota[2] **I** *f* **1** (*Mar y Aer*) Rumbo. **b)** (*lit*) Fuera del ámbito técn: Rumbo o camino. **II** *loc adj* **2** **de ~.** (*Mar*) En un barco: [Cuarto] destinado a guardar las cartas e instrumentos náuticos.

derrotado -da *adj* **1** *part* → DERROTAR[1]. ■ **2** [Pers.] que tiene o muestra derrota[1]. **b)** Propio de la pers. derrotada.

derrotar[1] *tr* **1** Vencer [al enemigo o contrincante]. *Tb fig, referido a cosa.* ■ **2** Vencer o hundir moralmente [a alguien]. *Gralm en part.* ■ **3** Agotar, o cansar en extremo. *Frec en part.* ■ **4** (*raro*) Destrozar [hacienda, vestidos o muebles]. ■ **5** (*jerg*) Confesar [algo, esp. un delito]. *Tb abs.* **b)** *pr* (**~se**) Confesarse autor de un delito.

derrotar[2] *intr* (*Taur*) Dar derrotes. *Tb* (*lit*) *fig.*

derrote *m* (*Taur*) Golpe que da el toro levantando la cabeza. *Frec con el v* TIRAR.

derrotero *m* (*Mar y Aer*) Rumbo. *Tb el itinerario marcado en la carta de navegación.* **b)** (*lit*) Fuera del ámbito técn: Camino o rumbo. *Frec fig.*

derrotismo *m* Tendencia a una postura negativa o pesimista ante los acontecimientos.

derrotista *adj* Que tiene o muestra derrotismo. *Tb n, referido a pers.*

derrubio – desacorde

derrubio *m* Tierra que se desprende de las riberas, tapias u otra parte por efecto del agua.

derruir (*conjug 48*) *tr* Derribar [un edificio o construcción]. **b)** *pr* (**~se**) Caerse o venirse abajo [un edificio o construcción].

derrumbadero *m* Despeñadero o precipicio.

derrumbamiento *m* Acción de derrumbar(se). *Tb su efecto.*

derrumbar *tr* **1** Derribar [un edificio o construcción]. **b)** *pr* (**~se**) Caerse o venirse abajo [un edificio o construcción]. ■ **2** Derribar [algo o a alguien que está erguido o derecho]. **b)** *pr* (**~se**) Caerse o dejarse caer [algo o alguien que está erguido o derecho]. *Tb fig.* ■ **3** *En gral:* Hundir o hacer que se venga abajo [alguien o algo]. *Esp en sent no material.* **b)** *pr* (**~se**) Hundirse o venirse abajo [alguien o algo]. *Esp en sent no material.*

derrumbe *m* **1** Acción de derrumbar(se). *Tb su efecto.* ■ **2** Derrumbadero.

derviche *m* Miembro de una orden ascética musulmana, alguna de cuyas modalidades busca la unión mística con Dios mediante la danza giratoria.

des- *pref* **1** *Ante v o ante n de acción, denota anulación de una acción ya realizada, o acción contraria o inversa de la significada por la base.* * Desadiestrar. * Desadicción. **b)** *Ante adj o n de agente, denota pers o cosa que actúa en sentido contrario o inverso al de la acción significada por la base.* * Desalienante. * Desprofesionalizador. ■ **2** *Ante adj o part-adj, denota pers o cosa que carece de la cualidad significada por la base.* * Desadinerado. **b)** *Ante n abstracto de cualidad, denota carencia de la cualidad significada por la base.* * Desconmiseración. ■ **3** *Ante adj en* -DO, *denota carencia o privación de lo significado por la base.* * Desgafado.

desabastecer (*conjug 11*) *tr* Dejar sin abastecimiento [a una pers. o lugar, esp. a una población]. **b)** *pr* (**~se**) Quedar sin abastecimiento [una pers. o un lugar].

desabastecimiento *m* Acción de desabastecer(se). *Tb su efecto.*

desabollar *tr* Quitar los bollos o abolladuras [a una cosa de metal].

desaborición *f* (*col*) **1** Cualidad de desaborido. ■ **2** Pers. o cosa desaborida.

desaborido -da *adj* (*col*) Soso o sin gracia. *Tb n, referido a pers. A veces se usa como descalificador general.*

desabotonar *tr* Soltar los botones [a una prenda o parte de ella, o a la pers. que la lleva (*cd*)]. **b)** *pr* (**~se**) Soltarse los botones [de una prenda o parte de ella (*suj*)].

desabridamente *adv* De manera desabrida.

desabrido -da *adj* **1** *part* → DESABRIR. ■ **2** [Comida, esp. fruta] insípida o de sabor desagradable. ■ **3** Áspero o desagradable. *Frec referido a pers o a su carácter o actitud.*

desabrigado -da *adj* Que no tiene abrigo o que tiene poco abrigo.

desabrimiento *m* Cualidad de desabrido. *Esp referido a pers, o a su carácter o actitud.*

desabrir *intr* (*lit, raro*) Disgustar o desagradar.

desabrochado -da *adj* **1** *part* → DESABRO-CHAR. ■ **2** Suelto o no abrochado.

desabrochar *tr* Soltar [un botón, corchete u otra cosa con que se cierra o ajusta la ropa]. **b)** Soltar los botones o cierres [a una prenda o parte de ella, o a la pers. que la lleva (*cd*)]. **c)** *pr* (**~se**) Soltarse [un botón u otro cierre, o la prenda en que está (*suj*)].

desacarreo *m* (*reg*) Trastorno o molestia.

desacatador -ra *adj* Que desacata. *Tb n, referido a pers.*

desacatar *tr* **1** Desobedecer o no acatar [una ley u orden]. ■ **2** Desobedecer o faltar al respeto debido [a una pers.].

desacato *m* Acción de desacatar. **b)** (*Der*) Delito que comete quien calumnia, injuria, insulta o amenaza, de palabra, obra o por escrito, a una autoridad en el ejercicio de sus funciones o con ocasión de las mismas.

desaceleración *f* Acción de desacelerar(se).

desacelerar A *tr* **1** Disminuir progresivamente la velocidad [de un móvil (*cd*)]. ■ **2** Disminuir el ritmo de desarrollo [de algo (*cd*)]. *Esp en economía.* **b)** *pr* (**~se**) Disminuir [algo (*suj*)] su ritmo de desarrollo. **B** *intr* **3** Disminuir progresivamente de velocidad [un móvil (*suj*)]. ■ **4** Disminuir [alguien] la velocidad del móvil que conduce.

desacertadamente *adv* De manera desacertada [3].

desacertado -da *adj* **1** *part* → DESACERTAR. ■ **2** [Pers.] que piensa o actúa con desacierto [1]. ■ **3** [Cosa] que denota o implica desacierto [1].

desacertar (*conjug 6*) *intr* (*raro*) Errar o equivocarse.

desacierto *m* **1** Falta de acierto en lo que se dice o hace. ■ **2** Hecho o dicho que denota o implica desacierto [1].

desacomodación *f* Acción de desacomodar. *Tb su efecto.*

desacomodado -da *adj* **1** *part* → DESACOMODAR. ■ **2** (*hoy raro*) [Criado] que no tiene empleo.

desacomodar *tr* Hacer que [alguien o algo (*cd*)] deje de estar acomodado.

desacomodo *m* Falta de acomodo.

desacompasadamente *adv* De manera desacompasada.

desacompasado -da *adj* Que no se ajusta a un ritmo o compás.

desaconsejable *adj* Que se debe desaconsejar.

desaconsejadamente *adv* (*lit, raro*) Desacertadamente o sin cordura.

desaconsejar *tr* Decir o indicar que no conviene [algo]. *A veces como euf por* PROHIBIR.

desacoplamiento *m* Acción de desacoplar(se).

desacoplar *tr* Hacer que [alguien o algo (*cd*)] deje de estar acoplado. **b)** *pr* (**~se**) Dejar de estar acoplado.

desacople *m* Acción de desacoplar(se).

desacordadamente *adv* (*lit*) De manera desacordada.

desacordado -da *adj* (*lit*) Desacorde.

desacorde *adj* **1** [Pers.] que no está de acuerdo [con alguien o algo]. ■ **2** [Cosa] falta de acuerdo o armonía.

desacostumbradamente *adv* De manera desacostumbrada.

desacostumbrado -da *adj* 1 *part* → DESACOSTUMBRAR. ■ 2 Desusado o no acostumbrado. **b)** Que se sale de lo común.

desacostumbrar *tr* Hacer que [alguien (*cd*)] pierda la costumbre [de algo (*compl* A)]. *Tb sin compl, por consabido*. **b)** *pr* (~se) Perder la costumbre [de algo (*compl* A)]. *Tb sin compl, por consabido*.

desacralización *f* Acción de desacralizar(se).

desacralizador -ra *adj* Que desacraliza.

desacralizar *tr* Quitar el carácter sagrado [a alguien o algo]. **b)** *pr* (~se) Perder el carácter sagrado [alguien o algo].

desacreditador -ra *adj* Que desacredita.

desacreditar *tr* Hacer que [alguien o algo (*cd*)] pierda su crédito o reputación. **b)** *pr* (~se) Perder [alguien o algo] su crédito o reputación. *Frec en part*.

desactivación *f* Acción de desactivar(se).

desactivador -ra *adj* Que desactiva.

desactivar *tr* Anular la actividad [de algo, esp. de un explosivo (*cd*)]. **b)** *pr* (~se) Perder [algo, esp. un explosivo] su actividad.

desacuartelar *tr* Sacar [tropas] de los cuarteles.

desacuerdo *m* Disconformidad o falta de acuerdo. *Frec en la constr* ESTAR EN ~.

desadaptación *f* Falta de adaptación.

desadormecer (*conjug* 11) (*raro*) *tr* Despertar, o quitar el adormecimiento [a alguien (*cd*)]. **b)** *pr* (~se) Despertarse, o perder el adormecimiento.

desafección *f* Condición de desafecto[1].

desafectación *f* (*Der*) Acción de desafectar.

desafectado -da *adj* (*reg*) Despegado o indiferente.

desafectar *tr* Hacer que [algo (*cd*)] cambie de destino o de uso, o deje de tener uno anterior.

desafecto[1] -ta *adj* Que no siente afecto [por alguien o algo (*compl* A)], o se muestra contrario [a ellos]. *Esp referido a personajes o regímenes políticos. Tb sin compl, por consabido*.

desafecto[2] *m* Falta de afecto o estima.

desaferrar *tr* (*Mar*) Soltar [algo aferrado o sujeto].

desafiador -ra *adj* 1 Que desafía. *Tb n, referido a pers. Tb fig*. ■ 2 Que denota o implica desafío.

desafiadoramente *adv* De manera desafiadora.

desafiamiento *m* (*raro*) Desafío.

desafiante *adj* 1 Que desafía. *Tb n, referido a pers*. ■ 2 Que denota o implica desafío.

desafiar (*conjug* 1c) *tr* 1 Retar. *Frec sin compl, esp referido a la lucha por cuestiones de honor. Tb fig*. ■ 2 Enfrentarse [a algo (*cd*)] que es un peligro o encierra en sí un riesgo]. **b)** ~ **a la suerte** → SUERTE.

desaficionarse *intr pr* Perder la afición [a algo].

desafinación *f* Acción de desafinar. *Tb su efecto*.

desafinado -da *adj* 1 *part* → DESAFINAR. ■ 2 Que tiene o muestra desafinación. *Tb fig*.

desafinamiento *m* Desafinación.

desafinar A *intr* 1 (*Mús*) Apartarse del tono justo. ■ 2 Desentonar (contrastar negativa o desagradablemente).
B *tr* 3 Hacer que [un instrumento (*cd*)] pierda la afinación justa.

desafío *m* Accion de desafiar.

desaforadamente *adv* De manera desaforada.

desaforado -da *adj* 1 *part* → DESAFORAR. ■ 2 [Cosa] exagerada o excesivamente grande. *Con intención ponderativa*. ■ 3 Que está fuera de sí o fuera de quicio. **b)** Que actúa con violencia o ímpetu irrefrenable. ■ 4 Que denota o implica atrevimiento o desmesura.

desaforamiento *m* (*raro*) Desmesura.

desaforar *tr* (*raro*) 1 Desmesurar o sacar de quicio. ■ 2 Quitar los fueros o privilegios [a alguien (*cd*)].

desafortunadamente *adv* De manera desafortunada.

desafortunado -da *adj* Desgraciado o no afortunado.

desafuero *m* Abuso o atropello contra la ley, la justicia o la razón.

desageración *f* (*pop*) Exageración.

desagerado -da *adj* (*pop*) Exagerado.

desagradable *adj* Que desagrada o que no es agradable.

desagradablemente *adv* De manera desagradable.

desagradar *intr* Causar desagrado [a alguien]. *Tb sin compl*.

desagradecido -da *adj* [Pers.] que no agradece debidamente lo que se hace por ella. *Tb n*.

desagradecimiento *m* Ingratitud o falta de agradecimiento.

desagrado *m* Sensación negativa causada por algo que no se desea o que no se desearía.

desagraviar (*conjug* 1a) *tr* Reparar un agravio hecho [a alguien (*cd*)]. **b)** Reparar [un agravio].

desagravio *m* Acción de desagraviar.

desagregación *f* (*raro*) Separación. **b)** Disgregación.

desaguadero *m* Desagüe [2]. *Tb fig*.

desaguar (*conjug* 1b) A *tr* 1 Extraer o hacer salir el agua [de un lugar (*cd*)]. ■ 2 (*lit*) Dar salida [a algo material]. ■ 3 (*raro*) Evacuar [excrementos o humores].
B *intr* 4 Desembocar [en un lugar una corriente de agua, un conducto o una calle o camino]. *A veces el suj es la pers o cosa que va por ese conducto o camino. Tb fig*. ■ 5 Desembocar [una cosa en otra] o tener[la (*compl* EN)] como desenlace. ■ 6 Vaciarse [un recipiente] o dar salida al agua que contiene.

desagüe *m* 1 Acción de desaguar. ■ 2 Orificio o conducto por donde se da salida a las aguas. *Tb fig*.

desaguisado *m* Acción que lleva consigo destrozo o daño grandes. *Tb el destrozo o daño*. **b)** Fechoría.

desaguiso *m* (*reg*) Desaguisado.

desahijar (*conjug* 1f) *tr* Apartar [una cría] de la madre.

desahogadamente *adv* De manera desahogada, *esp* [3].

desahogado – desangramiento

desahogado -da *adj* **1** *part* → DESAHOGAR. ■ **2** Amplio o espacioso. ■ **3** Holgado, o que carece de problemas económicos. ■ **4** Que carece de problemas por disponer de aquello que precisa, en cantidad superior a la estrictamente necesaria. ■ **5** [Pers.] desvergonzada. *Tb n.*

desahogar A *tr* **1** Dejar que se manifieste abiertamente [un sentimiento o una pasión (*cd*)]. ■ **2** Aliviar [a alguien (*cd*)] de una angustia o desasosiego [la abierta manifestación de un sentimiento (*suj*)]. *Tb abs.*
B *intr pr* (**~se**) **3** Aliviarse [una pers.] de una angustia o desasosiego exponiéndoselos [a otra (*compl* CON)]. *Tb sin compl.* **b)** Liberarse [alguien] de la presión interior que le causan una pasión o un sentimiento reprimidos. *Frec con un compl adv.*

desahogo *m* **1** Acción de desahogar(se). *Tb su efecto.* **b)** Cosa que sirve para desahogar(se). ■ **2** Cualidad o condición de desahogado. ■ **3** Hecho de dar holgura o amplitud a algo. **b)** Cosa que sirve para dar holgura o amplitud.

desahuciar (*conjug* **1a** *y* **1e**) *tr* **1** Quitar [a un enfermo (*cd*)] toda esperanza de curación. *Frec en part.* ■ **2** (*raro*) Quitar [a alguien (*cd*)] las esperanzas de algo deseado. ■ **3** Echar [a un inquilino o arrendatario] por procedimiento judicial.

desahucio *m* Acción de desahuciar [3].

desairado -da *adj* **1** *part* → DESAIRAR. ■ **2** Que denota o implica desaire.

desairar (*conjug* **1e**) *tr* Humillar [a alguien] no atendiéndo[le] debidamente, despreciándo[le] algún regalo u ofrecimiento o haciéndo[le] quedar en ridículo.

desaire *m* Acción de desairar. *Tb su efecto.*

desajustar *tr* Hacer que [algo (*cd*)] deje de estar ajustado. **b)** *pr* (**~se**) Dejar [algo] de estar ajustado.

desajuste *m* **1** Unión defectuosa entre dos piezas que deben ir ajustadas. ■ **2** Falta de armonía o de exacta correspondencia [entre dos o más cosas]. *Tb sin compl.*

desalación *f* Acción de desalar.

desaladamente *adv* (*lit*) De manera desalada.

desalado -da *adj* (*lit*) Muy apresurado o presuroso.

desalador -ra *adj* Que desala.

desalar *tr* Quitar la sal [a algo (*cd*)].

desalbardar *tr* Quitar la albarda [a una caballería (*cd*)].

desalentadamente *adv* De manera desalentada.

desalentado -da *adj* **1** *part* → DESALENTAR. ■ **2** [Pers.] que tiene o muestra desaliento. ■ **3** [Cosa] que denota o implica desaliento.

desalentador -ra *adj* Que desalienta.

desalentar (*conjug* **6**) *tr* **1** Desanimar o quitar el ánimo [a una pers. (*cd*)]. *Tb abs.* **b)** *pr* (**~se**) Desanimarse o perder el ánimo [una pers.]. ■ **2** Quitar el ánimo [para algo (*cd*)].

desaliento *m* Pérdida de ánimo o coraje.

desalinización *f* Acción de desalinizar.

desalinizador -ra *adj* Que desaliniza.

desalinizar *tr* Quitar la sal [al agua del mar (*cd*)].

desaliñadamente *adv* De manera desaliñada.

desaliñado -da *adj* Descuidado. *Referido al aspecto o aseo.*

desaliño *m* Descuido. *Referido al aspecto o aseo.*

desalmado -da *adj* **1** *part* → DESALMAR. ■ **2** [Pers.] malvada o cruel. *Tb n.* **b)** (*raro*) Propio de la pers. desalmada.

desalmar *tr* (*raro*) Quitar el alma [a alguien o algo (*cd*)].

desalmidonar *tr* Quitar [a una tela o prenda (*cd*)] el almidón que se le ha dado. *Tb fig.*

desalojamiento *m* Desalojo.

desalojar *tr* **1** Dejar vacío [un lugar] marchándose [de él]. *Tb abs.* ■ **2** Vaciar [un lugar de alguien o algo que lo ocupa]. ■ **3** Sacar o hacer salir [algo o a alguien de un lugar].

desalojo *m* Acción de desalojar, esp. por orden de la autoridad.

desalquilado -da *adj* Que no está alquilado. **b)** (*lit*) Vacío o sin habitantes.

desalterar *tr* (*lit, raro*) Aliviar [a alguien de una molestia física].

desamar *tr* (*raro*) Dejar de amar, o no amar.

desamarrar *tr* Quitar o soltar las amarras [de un barco (*cd*)]. *Tb fig.*

desambientar *tr* Sacar [algo o a alguien] de su ambiente. *Frec en part.*

desambiguación *f* (*Ling*) Acción de desambiguar.

desambiguar (*conjug* **1b**) *tr* (*Ling*) Hacer que [algo (*cd*)] deje de ser ambiguo.

desaminación *f* (*Quím*) Eliminación de aminas en un compuesto.

desamor *m* (*lit*) **1** Falta de amor. ■ **2** Aversión o antipatía.

desamoradamente *adv* (*lit*) De manera desamorada.

desamorado -da *adj* (*lit*) Que tiene o muestra desamor.

desamortizable *adj* Que se puede desamortizar.

desamortización *f* Acción de desamortizar. *Esp designa la realizada por Mendizábal (s XIX). Tb fig.*

desamortizador -ra *adj* **1** Que desamortiza. *Tb n, referido a pers.* ■ **2** De (la) desamortización.

desamortizar *tr* Expropiar y poner en venta [bienes en poder de manos muertas].

desamparado -da *adj* **1** *part* → DESAMPARAR. ■ **2** Que carece de amparo o protección. *Tb fig.*

desamparar *tr* Abandonar o dejar sin amparo [a alguien o algo (*cd*)].

desamparo *m* Falta de amparo o protección.

desamueblado -da *adj* **1** Que no tiene muebles. ■ **2** (*lit*) [Cabeza] vacía o poco lúcida. *Se opone a* BIEN AMUEBLADA. ■ **3** (*raro*) [Terreno] carente de relieve y de arbolado.

desanclar *intr* (*Mar*) Levar anclas.

desandar (*conjug* **5**) *tr* Recorrer en sentido inverso [un trayecto recorrido]. *Frec el cd es* LO ANDADO. *Tb fig.*

desangelado -da *adj* Falto de gracia o atractivo.

desangramiento *m* Acción de desangrar(se). *Tb fig.*

desangrar *tr* **1** Hacer que [alguien (*cd*)] pierda mucha o toda la sangre. **b)** *pr* (**~se**) Perder [alguien] mucha o toda la sangre. ■ **2** Extraer el líquido o jugo [de una planta (*cd*)]. **b)** *pr* (**~se**) Perder el líquido o jugo [una planta]. ■ **3** Quitar mucha o toda el agua [a una corriente o acumulación de agua (*cd*)]. ■ **4** Hacer que [alguien o algo (*cd*)] sufra una sangría o pérdida. **b)** *pr* (**~se**) Sufrir [alguien o algo] una sangría o pérdida.

desanimación *f* Falta de animación.

desanimado -da *adj* **1** *part* → DESANIMAR. ■ **2** Falto de animación. ■ **3** [Pers.] que tiene o muestra desánimo. *Tb n.* ■ **4** [Cosa] que denota o implica desánimo.

desanimar *tr* **1** Quitar el ánimo o los ánimos [a alguien (*cd*)]. **b)** *pr* (**~se**) Perder el ánimo o los ánimos. ■ **2** Quitar el ánimo [para algo (*cd*)].

desánimo *m* Falta de ánimo o coraje. **b)** Pérdida de ánimo o coraje.

desanudar *tr* Desatar [un nudo o algo atado con nudos]. *Tb (lit) fig.* **b)** *pr* (**~se**) Desatarse [un nudo o algo atado con nudos]. *Tb (lit) fig.*

desanzuelar *tr* Quitar el anzuelo [al pez que lo ha mordido (*cd*)].

desañudar *tr* (*reg o lit*) Desanudar. *Tb pr* (**~se**).

desapacibilidad *f* (*raro*) Cualidad de desapacible.

desapacible *adj* Desagradable. *Esp referido a tiempo meteorológico.*

desaparcar *tr* Quitar [un vehículo] del lugar en que está aparcado. *Tb abs.*

desaparecer (*conjug 11*) *intr* **1** Dejar de estar a la vista. **b)** Dejar de estar [en un lugar (*compl* DE)]. *Tb sin compl, por consabido.* **c)** Pasar a estar [alguien o algo] en un lugar que se ignora. *Frec en part, a veces sustantivado referido a pers.* **d)** (*euf*) Ser robado [algo]. *Gralm con un compl de interés.* ■ **2** Dejar de existir. **b)** (*lit*) Morir. *Gralm en part, frec sustantivado referido a pers.*

desaparecimiento *m* (*raro*) Desaparición.

desaparejar *tr* Quitar el aparejo [a una caballería (*cd*)].

desaparición *f* Hecho de desaparecer.

desapasionadamente *adv* De manera desapasionada.

desapasionado -da *adj* Falto de apasionamiento.

desapasionamiento *m* Falta de apasionamiento.

desapegarse *intr pr* Despegarse o apartarse afectivamente [de alguien o algo].

desapego *m* Despego (falta de afecto o de interés).

desapercibido -da *adj* Inadvertido. *Frec en la constr* PASAR ~.

desaplicación *f* Falta de aplicación (acción de aplicarse).

desaplicado -da *adj* Que no se aplica en el trabajo, esp. en el estudio.

desapoderado -da *adj* **1** *part* → DESAPODERAR. ■ **2** (*raro*) Desenfrenado o incontenible.

desapoderar *tr* **1** Desposeer o despojar [a alguien de algo]. ■ **2** Quitar [a alguien (*cd*)] el poder que se le ha dado para actuar en representación de otro.

desaprender *tr* (*raro*) Olvidar [algo que se ha aprendido].

desaprensión *f* Falta de escrúpulos o miramientos.

desaprensivamente *adv* De manera desaprensiva.

desaprensivo -va *adj* **1** [Pers.] que tiene o muestra desaprensión. *Tb n.* ■ **2** [Cosa] que denota o implica desaprensión.

desaprobación *f* Hecho de desaprobar.

desaprobador -ra *adj* Que desaprueba [1].

desaprobar (*conjug 4*) *tr* **1** No aprobar o no dar por bueno [algo]. *Tb abs.* **b)** No aprobar [algo que se somete a aprobación]. ■ **2** (*raro*) Suspender o no aprobar [a alguien].

desaprobatorio -ria *adj* De (la) desaprobación.

desapropiación *f* Renuncia a algo que se posee.

desaprovechamiento *m* Acción de desaprovechar.

desaprovechar *tr* No aprovechar [algo (*cd*)] o aprovechar[lo] de modo imperfecto.

desapuntar *tr* Borrar [a alguien de algo a lo que está apuntado]. *Frec el cd es refl.*

desarar *tr* (*reg*) Aricar. *Tb abs.*

desarbolado -da *adj* **1** *part* → DESARBOLAR. ■ **2** Que carece de árboles.

desarbolar *tr* **1** Quitar o romper los mástiles [a un barco (*cd*)]. ■ **2** Desmontar o echar por tierra [algo, esp. un plan o una idea]. ■ **3** Derrumbar [a alguien o algo] o hacer que se venga abajo. *Frec en part y en sent fig.* ■ **4** (*Fút*) Derrotar ampliamente.

desare *m* (*reg*) Acción de desarar.

desarenar *tr* Quitar la arena [de algo o de un lugar (*cd*)].

desarmable *adj* Que se puede desarmar [4].

desarmado -da *adj* **1** *part* → DESARMAR. ■ **2** Que no lleva o no tiene armas.

desarmante *adj* Que desarma [3].

desarmar **A** *tr* **1** Quitar, o hacer entregar, las armas [a alguien (*cd*)]. **b)** (*Taur*) Quitar [el toro al torero] los trastos de matar. ■ **2** Reducir la capacidad ofensiva o defensiva [de un país o región (*cd*)]. ■ **3** Dejar [a alguien] sin fuerzas o argumentos para discutir o reñir. **b)** Anular o dejar sin fuerza [algo, esp. un sentimiento hostil]. ■ **4** Desmontar [un objeto] separando sus piezas. **b)** *pr* (**~se**) Desmontarse [un objeto] separándose sus piezas. *Tb fig.* ■ **5** (*Mar*) Quitar [a una embarcación (*cd*)] lo que se le puso para un determinado cometido. **B** *intr pr* (**~se**) **6** (*Fút*) Perder ímpetu o venirse abajo [un equipo].

desarme *m* **1** Acción de desarmar [1 y 2]. ■ **2** (*Com*) Supresión de las barreras comerciales, frec. de los aranceles de aduanas.

desarmonía *f* Falta de armonía.

desarmonizar *tr* Quitar armonía [a algo (*cd*)].

desarraigado -da *adj* **1** *part* → DESARRAIGAR. ■ **2** [Pers.] que carece de lazos afectivos que la liguen a un lugar o ambiente social. *Tb n.* ■ **3** [Cosa] que denota o implica desarraigo.

desarraigamiento *m* (*raro*) Desarraigo.

desarraigar (*conjug* **1e**) *tr* **1** Arrancar de raíz [una planta]. ■ **2** Separar [a alguien] del lugar en que vive y de su ambiente social y afectivo. **b)** *pr* (~**se**) Separarse afectivamente [una pers.] del lugar o del ambiente social en que vive. ■ **3** Extirpar o quitar completamente [un uso, una costumbre o un vicio].

desarraigo *m* Acción de desarraigar(se), *esp* [2]. *Tb su efecto.*

desarranchar *tr* (*Mar*) Revolver o desordenar.

desarrapadamente, desarrapado, desarrapamiento → DESHARRAPADAMENTE, DESHARRAPADO, DESHARRAPAMIENTO.

desarrebujar *tr* (*raro*) Desenvolver o liberar [algo que está arrebujado]. *Tb fig.*

desarreglado -da *adj* **1** *part* → DESARREGLAR. ■ **2** Que no está arreglado. ■ **3** [Cosa] que denota o implica desarreglo.

desarreglar *tr* Estropear [algo] o hacer que deje de estar en el estado u orden debidos. **b)** Hacer que [alguien (*cd*)] deje de estar arreglado. *Referido al arreglo personal.*

desarreglo *m* **1** Acción de desarreglar. *Tb su efecto.* **b)** (*Med*) Alteración o trastorno. ■ **2** Falta de arreglo. ■ **3** Desorden o exceso.

desarrendar (*conjug* **6**) *tr* Quitar la rienda [a una caballería (*cd*)].

desarrimado -da *adj* **1** *part* → DESARRIMAR. ■ **2** (*raro*) Que carece de arrimo.

desarrimar *tr* Separar [algo] o hacer que deje de estar arrimado.

desarrollable *adj* Que se puede desarrollar, *esp* [6].

desarrollado -da *adj* **1** *part* → DESARROLLAR. ■ **2** Que ha alcanzado un alto grado de desarrollo. *Referido a país o región, gralm alude al aspecto económico.* ■ **3** (*Quím*) [Fórmula] en que se indica el modo en que cada átomo está enlazado con los demás.

desarrollador -ra *adj* Que desarrolla.

desarrollante *adj* Que desarrolla.

desarrollar A *tr* **1** Dar mayor magnitud o importancia [a algo (*cd*)]. *Referido a países o regiones, gralm alude al aspecto económico.* **b)** *pr* (~**se**) Aumentar en magnitud o importancia [algo]. ■ **2** Exponer [un tema] con amplitud y detalle. ■ **3** Realizar [algo, esp. una idea o proyecto]. ■ **4** Crear o producir. **b)** *pr* (~**se**) Producirse o pasar a existir. ■ **5** (*Mat*) Efectuar las operaciones indicadas [en un cálculo o expresión (*cd*)]. ■ **6** Extender [algo enrollado o plegado, o que tiene forma de rollo]. **b)** (*Geom*) Representar en un plano las diversas caras [de un cuerpo (*cd*)].
B *intr* ➤ **a** *normal* **7** Crecer [un organismo] hasta alcanzar el grado de madurez o perfección. *Tb fig. Frec pr* (~**se**).
➤ **b** *pr* (~**se**) **8** Suceder o tener lugar [un hecho].

desarrollismo *m* (*Econ*) Política de desarrollo [1b]. *A veces con intención peyorativa, indicando desinterés por los aspectos negativos que pueda conllevar.*

desarrollista *adj* (*Econ*) De(l) desarrollismo. **b)** Partidario del desarrollismo. *Tb n, referido a pers.*

desarrollo *m* **1** Acción de desarrollar(se). *Tb su efecto.* **b)** (*Econ*) Expansión de un sistema económico, que comporta un incremento de la producción y de la renta y una mejor distribución de esta. ■ **2** (*Cicl*) Distancia que recorre una bicicleta por cada vuelta de pedal. *Tb cada una de las posiciones relativas del mecanismo que regula tal recorrido.*

desarropar *tr* Quitar [a alguien (*cd*)] la ropa que le cubre o envuelve. *Tb fig.*

desarrugar *tr* Quitar la arruga o las arrugas [de algo (*cd*)]. **b)** *pr* (~**se**) Perder la arruga o las arrugas.

desarticulación *f* Acción de desarticular.

desarticulado -da *adj* **1** *part* → DESARTICULAR. ■ **2** Falto de articulación o conexión.

desarticular *tr* **1** Destruir las articulaciones [de alguien o de sus huesos o miembros (*cd*)]. ■ **2** Desmontar [un objeto] separando sus piezas. ■ **3** Desorganizar [algo, esp. un plan o una banda de malhechores], o destruir su coordinación.

desartillar *tr* Quitar la artillería [a un buque o fortaleza (*cd*)].

desarzonamiento *m* Acción de desarzonar.

desarzonar *tr* Hacer que [el jinete (*cd*)] salga violentamente de la silla.

desaseado -da *adj* Falto de aseo.

desaseo *m* Falta de aseo.

desasimiento *m* Desprendimiento o despego.

desasimilación *f* (*Fisiol*) Catabolismo.

desasimilar *tr* (*Fisiol*) Eliminar por desasimilación.

desasimilativo -va *adj* (*Fisiol*) De (la) desasimilación.

desasir (*conjug* **39**) **A** *tr* **1** Soltar o desprender [algo sujeto]. *A veces con un compl* DE. *Frec el cd es refl. Tb fig.*
B *intr pr* (~**se**) **2** Desprenderse o dejar de estar apegado [a algo (*compl* DE)].

desasistencia *f* Falta de asistencia o apoyo.

desasistido -da *adj* **1** *part* → DESASISTIR. ■ **2** Falto de asistencia o apoyo. ■ **3** (*lit*) Carente o falto [de algo].

desasistir *tr* No prestar asistencia o apoyo [a alguien o algo (*cd*)].

desasnar *tr* (*col*) Educar o enseñar [a alguien]. **b)** *pr* (~**se**) Educarse o recibir formación.

desasociar (*conjug* **1a**) *tr* (*raro*) Disociar o separar.

desasosegado -da *adj* **1** *part* → DESASOSEGAR. ■ **2** Que denota o implica desasosiego.

desasosegador -ra *adj* Que desasosiega.

desasosegante *adj* Que desasosiega.

desasosegar (*conjug* **6**) *tr* Causar desasosiego [a alguien (*cd*)]. **b)** *pr* (~**se**) Pasar [alguien] a tener desasosiego.

desasosiego *m* Falta de sosiego.

desastillar *tr* (*reg*) Sacar astillas [de los olivos viejos (*cd*)]. *Tb abs.*

desastillo *m* (*reg*) Acción de desastillar.

desastrado -da *adj* **1** Sucio y descuidado. ■ **2** (*lit*) [Cosa] desgraciada o lamentable.

desastre I *m* **1** Suceso que causa o implica grave daño o destrucción. ■ **2** Fracaso total. *Con intención ponderativa.* ■ **3** (*col*) Cosa mala por sus características, su resultado o su funcionamiento. *Con intención ponderativa.* **b)** Pers. descuidada, con poca habilidad o con poca suerte. *Con intención ponderativa.*
II *loc adj* **4 de ~.** Desastroso.

desastrosamente *adv* De manera desastrosa.

desastroso -sa *adj* **1** Que implica o causa desastre [1 y 2]. ■ **2** Que es un desastre [3].

desatado -da *adj* **1** *part* → DESATAR. ■ **2** Falto de mesura o moderación.

desatamiento *m* (*raro*) Acción de desatar(se).

desatar A *tr* **1** Hacer que [alguien o algo (*cd*)] deje de estar atado. *Tb abs.* ■ **2** Dejar en libertad o hacer que se ponga en actividad [algo contenido o sujeto (*cd*)]. **b)** *pr* (**~se**) Quedar en libertad o ponerse en actividad [algo contenido o sujeto]. ■ **3** Producir [algo que implica violencia]. **b)** *pr* (**~se**) Producirse [algo que implica violencia].
B *intr pr* (**~se**) **4** Perder [alguien] la moderación o la mesura. **b)** Prorrumpir [en insultos] perdiendo la moderación.

desatascador *m* Instrumento o producto para desatascar cañerías.

desatascamiento *m* Desatasco.

desatascar *tr* Hacer que [algo, esp. un paso o un conducto] deje de estar atascado.

desatasco *m* Acción de desatascar.

desate *m* (*raro*) Acción de desatar(se).

desatención *f* **1** Acción de desatender. ■ **2** Falta de atención o de interés. ■ **3** Acto de descortesía.

desatender (*conjug* 14) *tr* **1** No atender [a una pers. o cosa (*cd*)] o no ocuparse [de ella (*cd*)]. ■ **2** No atender [a las peticiones, consejos o argumentos (*cd*)] de alguien]. **b)** No atender a las peticiones, consejos o argumentos [de alguien (*cd*)].

desatentado -da *adj* (*lit*) Desatinado.

desatentamente *adv* De manera desatenta.

desatento -ta *adj* **1** Que no pone atención. ■ **2** Descortés o poco amable.

desatinadamente *adv* De manera desatinada.

desatinado -da *adj* **1** *part* → DESATINAR. ■ **2** [Pers.] que está fuera de sí o actúa con desatino [1]. ■ **3** [Cosa] que denota o implica desatino [1].

desatinar *intr* (*raro*) **1** Hacer o decir desatinos [2]. ■ **2** Equivocarse o no acertar.

desatino *m* **1** Falta de tino (acierto, juicio o moderación). ■ **2** Cosa, esp. dicho o hecho, que denota o implica desatino [1].

desatollar *tr* Sacar [a alguien o algo] del atolladero. *Tb abs.*

desatorar *tr* Desatascar [algo atorado].

desatornillar *tr* **1** Sacar [un tornillo] dándo[le] vueltas. *Tb abs.* ■ **2** Quitar los tornillos [a algo (*cd*) sujeto con ellos].

desatracar A *tr* **1** Separar [una embarcación] de un muelle u otro sitio en que está atracada. *Frec abs.*

B *intr* **2** Separarse [una embarcación de otra o del sitio en que está atracada].

desatrancar *tr* **1** Dejar expedito [un paso o conducto atrancado]. ■ **2** Abrir [una puerta o ventana atrancada]. **b)** *pr* (**~se**) Abrirse [una puerta o ventana atrancada].

desatranco *m* Acción de desatrancar [1].

desatranque *m* Acción de desatrancar [1].

desatraque *m* Acción de desatracar.

desautorización *f* Acción de desautorizar.

desautorizar *tr* **1** Quitar [a alguien (*cd*)] autoridad moral. **b)** Declarar [alguien] que [una pers. o cosa (*cd*)] no cuenta con su respaldo o consentimiento. ■ **2** Retirar o negar la autorización [para algo (*cd*)].

desavenencia *f* Falta de avenencia o armonía entre personas o colectividades.

desavenido -da *adj* Que está en desavenencia con otro(s). *Tb n, referido a pers.*

desavío *m* (*reg*) Trastorno o molestia.

desavisado -da *adj* (*lit*) [Pers.] poco avisada o poco despierta. *Tb n.*

desayunar A *intr* ➤ **a** *normal* **1** Tomar el desayuno. *Tb pr* (**~se**). **b)** Tomar [algo (*compl* CON) como desayuno. *Frec pr* (**~se**).
➤ **b** *pr* (**~se**) **2** (*col*) Enterarse [de algo (*compl* DE o CON)]. *Frec sin compl.*
B *tr* **3** Tomar [algo (*cd*)] como desayuno. *Tb pr* (**~se**).

desayuno *m* Primera comida del día, que se toma por la mañana.

desazogar *tr* Quitar el azogue [a un espejo (*cd*)]. *Gralm en part.*

desazón *f* (*o, pop, m*) **1** Desasosiego causado por una perturbación física o moral. ■ **2** Picor continuado. ■ **3** (*raro*) Disgusto o pesar.

desazonadamente *adv* (*raro*) De manera desazonada [3].

desazonado -da *adj* **1** *part* → DESAZONAR. ■ **2** Que tiene o muestra desazón [1]. ■ **3** Que denota o implica desazón [1].

desazonador -ra *adj* Que desazona.

desazonante *adj* Que desazona.

desazonar *tr* Causar desazón [1] [a alguien (*cd*)]. *Tb abs.* **b)** *pr* (**~se**) Pasar a tener desazón.

desballestar *tr* Romper o estropear las ballestas [a un vehículo (*cd*)]. *Tb fig.* **b)** *pr* (**~se**) Romperse o estropearse las ballestas [de un vehículo (*suj*)].

desbancamiento *m* Acción de desbancar, *esp* [1].

desbancar *tr* **1** Pasar [una pers. o cosa] a ocupar el puesto o la situación [de otra (*cd*)] venciéndo[la] en una confrontación o competencia. ■ **2** (*Juegos*) Hacer saltar [la banca (*cd*)].

desbandada I *f* **1** Acción de desbandarse.
II *loc adv* **2 en** (*o* **a la**) **~.** En desorden. *Con el v* HUIR *u otro equivalente. Tb adj.*

desbandarse *intr pr* Separarse marchándose en distintas direcciones [perss. o animales que iban o estaban juntos]. **b)** Separarse o disgregarse [un grupo].

desbarajustar *tr* Causar desorden o confusión [en algo (*cd*)]. **b)** *pr* (*~se*) Sufrir desorden o confusión.

desbarajuste *m* Desorden o confusión.

desbaratado -da *adj* **1** *part* → DESBARATAR. ■ **2** Descompuesto o desordenado.

desbaratamiento *m* Hecho de desbaratar(se).

desbaratar *tr* **1** Deshacer [algo]. *Gralm implica desorden o dispersión.* **b)** *pr* (*~se*) Deshacerse. ■ **2** Frustrar [algo, esp. planes]. **b)** *pr* (*~se*) Frustrarse. ■ **3** Poner [al enemigo] en fuga desordenada. ■ **4** (*reg*) Deshacer [a alguien] a golpes. *Frec como amenaza.*

desbarate *m* **1** Acción de desbaratar(se). *Tb su efecto.* ■ **2** Desbarajuste o desorden.

desbarato *m* (*raro*) Desbarate.

desbarbador -ra *adj* Que desbarba. *Frec n, m y f, referido a pers y a máquina o aparato.*

desbarbar *tr* Quitar las barbas o rebabas [de algo (*cd*)].

desbarrar *intr* **1** Decir disparates. ■ **2** Salirse de control [un animal o una cosa].

desbarre *m* Acción de desbarrar. *Tb su efecto.*

desbarrigar *tr* (*col, raro*) Abrir el vientre [a alguien (*cd*)].

desbarro *m* (*raro*) Desbarre.

desbastado *m* Acción de desbastar.

desbastador -ra *adj* Que desbasta [1]. *Tb n, m y f, referido a aparato o máquina.*

desbastar *tr* **1** Quitar las partes más bastas o ásperas [a una pieza (*cd*)] o labrar[la] someramente. ■ **2** Quitar [al agua (*cd*)] las impurezas más gruesas. ■ **3** Quitar [a alguien (*cd*)] su tosquedad o rudeza.

desbaste *m* **1** Acción de desbastar. ■ **2** Pieza desbastada [1].

desbautizar *tr* Quitar [a alguien o algo (*cd*)] el nombre con que había sido bautizado.

desbazadero *m* (*raro*) Lugar húmedo y resbaladizo.

desbeber *intr* (*col, euf humoríst*) Orinar. *Tb pr* (*~se*).

desbezar *tr* (*reg*) Destetar.

desbloquear *tr* **1** Hacer que [algo (*cd*)] deje de estar bloqueado o paralizado. ■ **2** Volver a dejar expedito el paso [a un lugar al que se le había obstruido o interceptado (*cd*)].

desbloqueo *m* Acción de desbloquear.

desbocado -da *adj* **1** *part* → DESBOCAR. ■ **2** [Cuello] más abierto de lo normal. ■ **3** Carente de freno o control.

desbocamiento *m* Acción de desbocar(se).

desbocar A *tr* **1** Hacer que [alguien o algo (*cd*)] se desboque [2, 3 y 4].
B *intr pr* (*~se*) **2** Dejar [una caballería] de obedecer al freno y echarse a galopar alocadamente. ■ **3** Perder [alguien o algo] el freno, la contención o el control. ■ **4** Abrirse más de lo normal o debido [un cuello, o una prenda por la parte del cuello].

desboque *m* Desbocamiento.

desbordado -da *adj* **1** *part* → DESBORDAR. ■ **2** Que sobrepasa los límites de lo normal o moderado. *Referido esp a imaginación, alegría o entusiasmo.*

desbordamiento *m* Acción de desbordar(se), *esp* [6 y 7].

desbordante *adj* Que desborda o se desborda, *esp* [5 y 6].

desbordar A *tr* **1** Sobrepasar [algo] los bordes [de un cauce o de un recipiente (*cd*)] derramándose por ellos. *Tb fig.* **b)** Llenar [algo un recipiente] hasta los bordes. *Tb fig.* ■ **2** Hacer que [algo (*cd*)] se desborde [6 y 7]. ■ **3** Sobrepasar [límites]. **b)** Sobrepasar el límite o los límites [de algo (*cd*)]. **c)** Sobrepasar [a alguien] o ir más allá del punto en que está situado. *Tb fig.* **d)** Sobrepasar la capacidad o las previsiones [de alguien (*cd*)].
B *intr* ➤ **a** *normal* **4** Salirse [algo de aquello que lo contiene] por sobrepasar sus bordes. *Tb fig.* *Tb fig.* ■ **5** Estar lleno [de algo] hasta rebosar por los bordes. *Frec fig y con intención ponderativa.* ■ **6** Sobrepasar [algo, esp. la alegría o el entusiasmo] los límites de lo normal o moderado. *Gralm pr* (*~se*).
➤ *pr* (*~se*) **7** Salirse de su cauce [un río u otra corriente de agua]. ■ **8** Llenarse excesivamente [un recipiente] de modo que su contenido se derrama por los bordes. *Tb fig.*

desborde *m* (*raro*) Desbordamiento.

desborrado *m* Desborraje.

desborraje *m* Acción de desborrar.

desborrar A *tr* **1** Quitar la borra [a algo (*cd*)].
B *intr* **2** (*reg*) Echar yemas [una planta].

desborregarse *intr pr* (*reg*) Caerse [alguien o algo] deslizándose por una pendiente.

desbotonar *tr* (*raro*) Desabotonar.

desbragar *tr* (*reg*) Cavar alrededor [de una cepa (*cd*)] para quitar las raíces superficiales y recoger los brotes para injertos. *Tb abs.*

desbraguetado -da *adj* **1** *part* → DESBRAGUETARSE. ■ **2** Que lleva desabrochada la bragueta.

desbraguetarse *intr pr* Desabrocharse la bragueta.

desbravador *m* Hombre que se dedica a desbravar potros.

desbravar A *tr* **1** Amansar [una caballería cerril]. **b)** Domar [a alguien salvaje]. ■ **2** Hacer perder su ímpetu o su bravura [a alguien o algo (*cd*)]. **b)** *pr* (*~se*) Perder [alguien o algo] su ímpetu o su bravura.
B *intr pr* (*~se*) **3** Perder su fuerza [un vino o licor].

desbridado -da *adj* (*raro*) Desatado o desenfrenado.

desbridamiento *m* **1** (*raro*) Desenfreno. ■ **2** (*Med*) Corte de bridas o filamentos membranosos.

desbridar *tr* (*Med*) Cortar las bridas o filamentos fibrosos [de una herida o una parte dañada (*cd*)].

desbroce *m* Acción de desbrozar.

desbrozador -ra *adj* Que desbroza. *Tb n f, referido a máquina.*

desbrozamiento *m* Desbroce.

desbrozar *tr* Limpiar o quitar la broza [a algo (*cd*)]. *A veces con un compl* DE. *Tb abs. Tb fig.* **b)** Quitar o limpiar [broza].

desbrozo *m* Desbroce.

desbruzarse *intr pr* (*reg*) Debruzarse o ponerse de bruces.

desburocratización *f* Acción de desburocratizar.

desburocratizar *tr* Simplificar o eliminar la burocracia [de algo (*cd*)].

descabalado -da *adj* **1** *part* → DESCABALAR. ■ **2** [Pieza] que está sin otra u otras con las que forma conjunto. **b)** (*col, humoríst*) [Pers.] que está sin pareja.

descabalar *tr* **1** Dejar incompleto [algo constituido por dos o más elementos o piezas]. **b)** *pr* (~se) Quedar incompleto [algo constituido por dos o más elementos o piezas]. *Frec en part.* ■ **2** Desajustar [algo en que intervienen varios factores o elementos]. **b)** *pr* (~se) Desajustarse [algo en que intervienen varios factores o elementos].

descabalgamiento *m* (*lit, raro*) Acción de descabalgar.

descabalgar A *intr* ➤ **a** *normal* **1** Bajarse [alguien] de una caballería. *A veces con un compl* DE. *Tb pr* (~se). **b)** Bajarse de un vehículo de dos ruedas.
➤ **b** *pr* (~se) **2** (*lit*) Desistir [de algo].
B *tr* **3** (*raro*) Bajarse [alguien de una caballería (*cd*)]. ■ **4** (*lit*) Echar [a alguien de un puesto o posición elevados]. *A veces con un compl* DE. ■ **5** (*lit*) Hacer que [alguien (*cd*)] desista [de algo].

descabelladamente *adv* De manera descabellada[1].

descabellado[1] -da *adj* Disparatado o contrario a la razón.

descabellado[2] -da *adj* (*raro*) Despeinado o desgreñado.

descabellar *tr* **1** (*Taur*) Matar [al toro] clavándo[le] la punta del estoque en la cerviz. *Tb abs.* ■ **2** (*lit, raro*) Matar [a una pers. o animal].

descabello *m* (*Taur*) Acción de descabellar [1].

descabezado[1] -da *adj* **1** *part* → DESCABEZAR. ■ **2** (*raro*) Alocado o insensato.

descabezado[2] *m* Acción de descabezar.

descabezamiento *m* Acción de descabezar. *Tb fig.*

descabezar *tr* **1** Cortar o arrancar la cabeza [a una pers. o animal (*cd*)]. **b)** Quitar la cabeza o el extremo [a algo (*cd*)]. ■ **2** ~ **un sueño** → SUEÑO.

descacharrante *adj* (*col*) [Cosa] muy divertida o graciosa.

descacharrar *tr* (*col*) Escacharrar o estropear. *Tb pr* (~se). *Tb fig.*

descaecer (*conjug* 11) *intr* (*lit, raro*) Decaer, o ir a menos. *Tb pr* (~se).

descaecido -da *adj* **1** *part* → DESCAECER. ■ **2** (*lit, raro*) Débil, o falto de vigor.

descaecimiento *m* (*lit, raro*) Acción de descaecer. *Tb su efecto. Tb fig.*

descafeinar (*conjug* 1f) *tr* **1** Quitar la cafeína [al café (*cd*)]. *Gralm en part, frec sustantivado.* ■ **2** (*col*) Quitar [a algo no material (*cd*)] su fuerza o sus características fundamentales. *Gralm en part.*

descagarruciarse (*conjug* 1a) *intr pr* (*vulg*) Escagarruciarse, o evacuar el vientre de modo involuntario.

descalabradura *f* Herida en la cabeza.

descalabrar *tr* **1** Hacer [a alguien (*cd*)] una herida en la cabeza. **b)** Hacer una herida [en la cabeza o en la frente (*cd*)]. **c)** *pr* (~se) Sufrir [alguien] una herida en la cabeza. ■ **2** Causar un perjuicio o daño grave [a alguien o algo (*cd*)]. **b)** *pr* (~se) Sufrir [alguien o algo] un perjuicio o daño grave.

descalabro *m* Acción de descalabrar(se). *Tb su efecto.*

descalcez *f* (*raro*) **1** Condición de descalzo. ■ **2** Regla de los religiosos descalzos.

descalcificación *f* Acción de descalcificar(se). *Tb su efecto.*

descalcificador -ra *adj* Que descalcifica. *Tb n, m o f, referido a aparato o instalación.*

descalcificar *tr* Eliminar o disminuir el calcio o las sustancias calcáreas [de algo (*cd*), esp. del agua o los huesos]. **b)** *pr* (~se) Perder (el) calcio o (las) sustancias calcáreas [algo, esp. el agua o los huesos].

descalificación *f* Acción de descalificar.

descalificador -ra *adj* Que descalifica.

descalificante *adj* Que descalifica.

descalificar *tr* **1** Desacreditar o desprestigiar. *A veces como euf por* INSULTAR. ■ **2** Desautorizar, o quitar autoridad moral, [a alguien (*cd*)]. **b)** Desautorizar, o negar respaldo, [a alguien o algo]. ■ **3** Eliminar [a alguien] de un concurso o de una competición por faltar a las normas establecidas. *Esp en deportes.*

descalificatorio -ria *adj* Que descalifica o sirve para descalificar.

descalostrado -da *adj* [Cría] que ha pasado ya los días del calostro.

descalzadora *f* Asiento bajo que forma parte del mobiliario de un dormitorio y sirve para calzarse y descalzarse.

descalzar *tr* **1** Quitar el calzado [a alguien (*cd*)]. *Frec el cd es refl.* **b)** Quitar [un calzado (*compl* DE) a alguien (*cd*)]. *Frec el cd es refl.* **c)** *no valer* (*u otro v equivalente*) (**ni**) **para** ~ [a otro]. Ser inferior [a él]. ■ **2** Quitar [un calzado a alguien]. *Tb fig, referido a guantes. Frec el ci es refl.* ■ **3** (*raro*) Socavar, o excavar por debajo.

descalzo -za *adj* **1** Que no lleva calzado. ■ **2** [Religioso] que, por imposición de su regla, va sin medias ni calcetines y con sandalias. *Tb n.* **b)** [Orden religiosa] caracterizada por el uso de sandalias sin medias o calcetines. ■ **3** Desprovisto o mal provisto de calzado. *Frec con intención ponderativa.*

descamación *f* Acción de descamar(se). *Tb su efecto.*

descamante *adj* Que descama o se descama [1].

descamar *tr* **1** Hacer que [la piel (*cd*)] se desprenda en forma de escamas. **b)** *pr* (~se) Desprenderse [la piel, las mucosas o las células epiteliales] en forma de escamas. ■ **2** Quitar las escamas [al pescado].

descamativo -va *adj* (*Med*) De la descamación o que la implica.

descambiar (*conjug* 1a) *tr* (*pop*) Cambiar [algo comprado o cambiado].

descaminado -da *adj* Equivocado en el modo de pensar o de actuar. *Con vs como* IR, ANDAR *o* ESTAR.

descamisado -da *adj* **1** *part* → DESCAMISAR. ■ **2** [Pers.] que no lleva camisa o la lleva descuidadamente fuera de los pantalones. *Tb n.* ■ **3** [Pers.] pobre o miserable. *Tb n. Frec referido a la Argentina.*

descamisamiento *m* (*raro*) Acción de descamisar(se).

descamisar *tr* (*raro*) Quitar [a alguien (*cd*)] la camisa o sacársela descuidadamente de los pantalones. *Frec el cd es refl.*

descampado -da *adj* [Terreno] inculto, libre de árboles y de casas, en las cercanías, o a veces en el interior, de una población. *Gralm n m.*

descansadero *m* Paraje en que se descansa o se puede descansar cuando se va de camino.

descansado -da *adj* **1** *part* → DESCANSAR. ■ **2** Que no produce cansancio.

descansador -ra *adj* Que proporciona descanso.

descansar A *intr* **1** Reponerse del cansancio. *Tb fig, referido a cosa.* ■ **2** Dormir. **b)** ~ **en el Señor**, ~ **en paz**, ~ **en la paz del Señor** → SEÑOR, PAZ. ■ **3** Cesar en un esfuerzo. ■ **4** Interrumpir temporalmente [una pers.] el trabajo habitual. **b)** Interrumpir temporalmente [alguien] la acción que está realizando. **c)** Interrumpirse temporalmente [una cosa]. ■ **5** Desahogarse confiando [a alguien (*compl* EN)] una preocupación. **b)** Confiar [en alguien]. ■ **6** Quedarse tranquilo al desaparecer un dolor o una preocupación. ■ **7** Estar en cultivo, uno o más años, [la tierra de labor], o sin ser pastado [un prado]. ■ **8** (*lit*) Yacer o estar enterrado [en un lugar]. ■ **9** Apoyarse [una cosa sobre otra]. *Tb fig.* **B** *tr* **10** Quitar el cansancio [de una pers. o de una parte del cuerpo (*cd*)]. *Tb abs. Tb fig.* ■ **11** Abandonar [algo no material, esp. un deber u obligación] en manos [de alguien de confianza (*compl* EN)]. ■ **12** Apoyar [una cosa sobre o en otra]. *A veces se omite el compl de lugar, por consabido.* **b)** Apoyar [el soldado las armas] en el suelo.

descansillo *m* Espacio llano entre dos tramos de escalera.

descanso *m* **1** Acto de descansar, *esp* [1 a 6]. **b)** Posición militar, de pie y con las manos una sobre otra, en que el cuerpo descansa sobre la pierna derecha ligeramente retrasada. *Gralm usado como voz de mando, o en la forma* POSICIÓN DE ~. **c) eterno ~.** (*lit*) Bienaventuranza eterna. ■ **2** Estado de la tierra que descansa [7]. ■ **3** Tiempo en que se descansa [4]. **b)** *Esp:* Tiempo en que se descansa entre dos partes de un espectáculo. ■ **4** Descansillo. ■ **5** (*Juegos*) En el avión o rayuela: Lugar en que se pueden apoyar los dos pies.

descantarrear *intr* (*raro*) Gruñir.

descaperuzar *tr* (*raro*) Quitar [a alguien (*cd*)] la caperuza de la cabeza.

descapitalización *f* Acción de descapitalizar(se). *Tb su efecto.*

descapitalizar *tr* Privar de capital [a una fuente de riqueza (*cd*)]. *Tb fig.* **b)** *pr* (~**se**) Quedarse sin capital [una fuente de riqueza].

descapotable *adj* [Vehículo] que se puede descapotar. *Tb n m, referido a automóvil.*

descapotado *m* Acción de descapotar.

descapotar *tr* Plegar la capota [de un vehículo (*cd*)].

descapsulador *m* Instrumento para abrir recipientes cerrados con cápsulas.

descapsular *tr* Abrir [una botella u otro recipiente cerrado con cápsula].

descapullar *tr* (*vulg*) Descubrir [el glande]. *Frec abs.*

descaradamente *adv* De manera descarada [3 y 4]. *Tb fig.*

descarado -da I *adj* **1** *part* → DESCARARSE. ■ **2** [Pers.] que tiene descaro. *Tb n. Tb fig, referido a animales.* ■ **3** [Cosa] que denota o implica descaro. ■ **4** [Cosa] llamativa o que se sale de lo normal. **b)** [Luz] más intensa de lo normal o adecuado. ■ **5** [Lugar] muy expuesto a la vista del público. ■ **6** (*Taur*) [Res] que tiene los cuernos grandes. **II** *loc adv* **7 a la descarada.** Descaradamente.

descararse *intr pr* Hablar o actuar con descaro.

descarboxilación *f* (*Quím*) Acción de descarboxilar.

descarboxilar *tr* (*Quím*) Separar anhídrido carbónico [de un compuesto (*cd*)].

descarboxilasa *f* (*Biol*) Enzima que cataliza la descarboxilación.

descarburar *tr* (*Quím*) Eliminar el carbono [de un cuerpo (*cd*)].

descarga *f* **1** Acción de descargar(se). ■ **2** Conjunto de disparos simultáneos de varias armas. *Frec* ~ CERRADA. ■ **3** Paso brusco de una carga eléctrica de un conductor a otro, o a través de un cuerpo aislante, esp. aire o gas. *Frec* ~ ELÉCTRICA. ■ **4 ~ nerviosa.** (*Fisiol*) Desprendimiento de energía por las células nerviosas. *Tb simplemente* ~. ■ **5** (*Constr*) Evacuación de agua.

descargado -da *adj* **1** *part* → DESCARGAR. ■ **2** Que no está cargado.

descargador -ra *adj* Que descarga, *esp* [1]. *Frec n, m y f, referido a pers y a máquina o aparato.*

descargar A *tr* **1** Quitar [a alguien o algo (*cd*)] (la) carga que lleva o tiene. *Tb abs. A veces con un compl* DE, *que expresa la carga. Tb fig.* **b)** Quitar [una carga]. *Frec con un compl* DE *o* EN, *que expresan de dónde se quita y dónde se pone, respectivamente.* ■ **2** Dejar caer [algo que va como carga]. **b)** Dejar caer [lluvia, nieve, granizo o rayos (*cd*)] una nube o una tormenta]. *Frec abs. Tb fig.* ■ **3** Dar [un golpe] dejando caer con fuerza la mano o el arma. **b)** Dejar caer con fuerza [la mano o el arma con que se golpea]. ■ **4** Hacer que recaigan [en alguien las propias responsabilidades u obligaciones (*cd*)]. *Tb sin compl* EN. **b)** Hacer que recaigan [sobre alguien (*compl* SOBRE, EN *o* CONTRA)] los efectos [de la ira o enfado (*cd*)]. *Tb sin el compl de lugar.* ■ **5** Liberar [a alguien (*cd*)] de una preocupación, obligación o molestia]. **b)** Liberar [a alguien (*ci*)] de una tensión (*cd*)]. *Tb sin ci.* ■ **6** Liberar [a una pers. o a su conciencia (*cd*)] de una culpa o del peso moral que [las] oprime. **b)** Liberarse [alguien] o liberar su conciencia [de una culpa o un peso moral (*cd*)]. ■ **7** Quitar [a alguien o algo (*cd*)] lo inútil o superfluo (*compl* DE). *Tb sin compl* DE, *por consabido.* **b)** (*euf*) Exonerar [el vientre] (→ VIENTRE). *Tb abs.* ■ **8** Quitar [a algo (*cd*)] lo que debe contener para funcionar. *Esp referido a armas de fuego o baterías.* **b)** *pr* (~**se**) Perder [algo] lo que debe contener para funcionar. ■ **9** Disparar [un arma de fuego] hasta vaciar el cargador.

B *intr* ➤ **a** *normal* **10** Caer [lluvia, nieve, granizo o algo similar]. ■ **11** Perder (la) carga eléctrica [algo, esp. una batería]. *Tb pr* (**~se**). ■ **12** Desembocar [una corriente de agua en otra, en un lago o en el mar (*compl* EN *o ci*)].

➤ **b** *pr* (**~se**) **13** Perder [un lago] parte del agua que contiene.

descargo *m* **1** Acción de descargar [5 y 6]. ■ **2** Cosa que sirve para descargar [5 y 6]. *Frec en la constr* PLIEGO DE ~(S).

descarnadamente *adv* (*lit*) De manera descarnada [3].

descarnado -da *adj* **1** *part* → DESCARNAR. ■ **2** (*lit*) Muy delgado. *Referido a pers o a su cuerpo*. ■ **3** (*lit*) Crudo o duramente realista. **b)** Que se hace sin disimulo o sin miramientos. ■ **4** (*lit*) [Terreno o paisaje] que deja ver las rocas, sin cobertura de tierra o plantas.

descarnador *m* Instrumento usado por los dentistas para separar la encía de la raíz de los dientes.

descarnadura *f* Acción de descarnar(se). *Frec su efecto*.

descarnar *tr* **1** Quitar [a un hueso (*cd*)] la carne que lo recubre. **b)** *pr* (**~se**) Quedar [un hueso] al descubierto. ■ **2** Arrancar o desprender la capa superficial [de algo (*cd*)]. **b)** *pr* (**~se**) Arrancarse o desprenderse la capa superficial [de algo (*suj*)]. *Frec en part*.

descaro *m* Falta de vergüenza o miramientos.

descarriar (*conjug* 1c) **A** *tr* **1** Apartar [a alguien] del camino debido o conveniente. *En sent moral*. **b)** *pr* (**~se**) Apartarse [alguien] del camino debido o conveniente. *En sent moral. Frec en part, a veces sustantivado*.

B *intr pr* (**~se**) **2** Apartarse [una res] del rebaño. **b)** (*raro*) Apartarse [una o más perss.] de otras con las que iban. ■ **3** Apartarse [alguien o algo] de lo justo o razonable. ■ **4** (*raro*) Equivocarse, o apartarse de lo cierto. ■ **5** (*raro*) Apartarse o desviarse [de algo].

descarrilamiento *m* Acción de descarrilar. *Tb fig*.

descarrilar *intr* Salirse del carril [un tren u otro vehículo que va sobre carriles].

descarrío *m* Acción de descarriar(se). *Tb su efecto*.

descartable *adj* Que se puede descartar [1].

descartar **A** *tr* **1** Excluir o eliminar. **b)** Rechazar [una pers.] como imposible [algo]. **c)** Eliminar [una cosa] la posibilidad [de algo (*cd*)]. ■ **2** (*Naipes*) Descartarse [3] [de una o más cartas (*cd*)].

B *intr pr* (**~se**) **3** (*Naipes*) Desprenderse [un jugador de alguna o de todas las cartas que tiene], esp. para sustituirlas por otras. *Tb sin compl* DE.

descarte *m* **1** Acción de descartar(se), *esp* [2 y 3]. ■ **2** (*Naipes*) Carta o conjunto de cartas que se descartan [2]. ■ **3** (*Dep*) Jugador eliminado de una alineación.

Descartes. diablillo de ~ → DIABLILLO.

descasarse *intr pr* Divorciarse.

descascarado *m* Acción de descascarar [1].

descascarador -ra *adj* Que descascara [1]. *Tb n m, referido a aparato*.

descargo – descentralizador

descascarar *tr* **1** Quitar la cáscara [a algo (*cd*)]. ■ **2** (*raro*) Descascarillar [2]. *Tb pr* (**~se**).

descascarillado *m* Acción de descascarillar(se). *Tb su efecto*.

descascarillar *tr* **1** Quitar la cáscara o cascarilla [a algo (*cd*)], esp. a los granos de cereal]. ■ **2** Hacer que caiga o se desprenda en pequeñas partículas la superficie [de algo (*cd*)]. **b)** *pr* (**~se**) Caer o desprenderse en pequeñas partículas la superficie [de algo (*suj*)]. *Tb fig*.

descasque *m* Acción de quitar la corteza a los árboles, esp. a los alcornoques.

descastado -da *adj* **1** *part* → DESCASTAR. ■ **2** [Pers.] que manifiesta poco afecto a sus parientes. *Tb n*. ■ **3** [Animal, esp. toro] que no tiene casta.

descastar **A** *tr* **1** Exterminar [una especie animal en un lugar]. *Frec se omite el compl de lugar, por consabido*. **b)** *pr* (**~se**) Extinguirse [una especie animal en un lugar]. *Frec se omite el compl de lugar, por consabido*. ■ **2** Hacer que [algo (*cd*)] desaparezca [de un lugar].

B *intr pr* (**~se**) **3** Perder [alguien] el afecto hacia sus parientes y sus raíces.

descaste *m* Acción de descastar [1a y 2].

descatalogar *tr* Retirar [algo, esp. un libro o un disco] del catálogo del que forma parte. *Gralm en part*.

descatolización *f* Hecho de apartar(se) de la religión católica.

descebo *m* Acción de quitar el cebo [a un arma o a un artefacto explosivo (*compl de posesión*)].

descegar (*conjug* 6) *tr* (*reg*) Desatascar [una tubería].

descendencia *f* **1** Hecho de descender [3]. ■ **2** Conjunto de descendientes. *Tb fig*.

descendente *adj* **1** Que desciende [1]. *Tb n, referido a pers*. ■ **2** De(l) descenso. ■ **3** [Tren] que va del interior a la costa, o del centro a la periferia. *Tb n*.

descender (*conjug* 14) **A** *intr* **1** Bajar (ir o pasar de un lugar o situación a otros más bajos). *Frec con un compl de lugar* A. ■ **2** Ocuparse [de algo de poco valor o importancia (*compl* A)]. ■ **3** Proceder [una pers. o una especie] por generación natural [de otra]. *Tb fig, referido a cosas*.

B *tr* **4** (*raro*) Hacer que [alguien o algo (*cd*)] descienda [1]. ■ **5** Bajar [por un lugar (*cd*)].

descendiente *adj* Que desciende [3]. *Gralm n, referido a pers. Tb fig, referido a cosa*.

descendimiento *m* Acción de descender [1 y 4]. *Esp referido al del cuerpo de Cristo. Tb su representación*.

descensión *f* (*raro*) Descendimiento.

descenso *m* Acción de descender [1, 2, 4 y 5].

descensor -ra *adj* Que desciende [1 y 4]. *Tb n: m y f, referido a pers; frec m, referido a aparato*.

descentrado -da *adj* **1** *part* → DESCENTRAR. ■ **2** Que tiene su centro fuera de la posición normal. *Tb fig*. ■ **3** [Pers.] que no está centrada en una situación o en un ambiente.

descentralización *f* Acción de descentralizar.

descentralizador -ra *adj* Que descentraliza o tiende a descentralizar.

descentralizar *tr* Hacer que [algo (*cd*)] deje de estar centralizado.

descentramiento *m* Acción de descentrar(se). *Tb su efecto.*

descentrar *tr* **1** Hacer que el centro [de algo (*cd*)] no ocupe su posición normal. **b)** *pr* (~**se**) Pasar [algo] a tener su centro fuera de la posición normal. ■ **2** Hacer que [alguien (*cd*)] deje de estar centrado en una situación o en un ambiente. **b)** *pr* (~**se**) Dejar [alguien] de estar centrado en una situación o en un ambiente.

desceñido -da *adj* **1** *part* → DESCEÑIR. ■ **2** Que no está ceñido.

desceñir (*conjug* **58**) *tr* Soltar [algo ceñido o sujeto]. **b)** ~**se la espada** → ESPADA.

descepar *tr* Arrancar de raíz [las cepas o los árboles]. **b)** Arrancar de raíz las cepas o los árboles [de un terreno (*cd*)].

descepe *m* Acción de descepar.

descercado -da *adj* [Lugar] abierto o que no tiene cerca.

descerco *m* Acción de levantar el cerco.

descerebelar *tr* (*Med*) Extirpar el cerebelo [a alguien (*cd*)].

descerebración *f* (*Med*) Acción de descerebrar. *Tb su efecto.*

descerebrado -da *adj* **1** *part* → DESCEREBRAR. ■ **2** [Pers.] que no tiene cerebro o inteligencia. *Con intención ponderativa. Tb n.* **b)** Propio de la pers. descerebrada.

descerebramiento *m* Condición de descerebrado [2].

descerebrar *tr* (*Med*) Extirpar el cerebro [a alguien (*cd*)] o causar[le] su inactividad funcional.

descerrajar *tr* **1** Arrancar o abrir por la fuerza la cerradura [de una puerta o algo similar (*cd*)]. **b)** Arrancar o abrir por la fuerza la cerradura de la puerta [de un recinto (*cd*)]. ■ **2** Disparar [un tiro].

descerrar (*conjug* **6**) *tr* (*raro*) Abrir.

deschinador -ra *adj* Que limpia de chinas y tierra. *Tb n f, referido a máquina.*

desciegue *m* (*reg*) Acción de descegar o desatascar.

descifrable *adj* Que se puede descifrar.

descifrador -ra *adj* Que descifra. *Tb n, referido a pers.*

desciframiento *m* Acción de descifrar.

descifrar *tr* **1** Descubrir [una cifra o clave, o algo que las contiene]. **b)** Descubrir el valor de los signos [de una escritura desconocida, o de algo escrito en ella (*cd*)]. **c)** Descubrir lo que dice [algo escrito de modo casi ilegible]. *Tb fig, referido a lo que se oye con dificultad.* ■ **2** Descubrir el significado [de algo oculto o difícil de comprender (*cd*)]. ■ **3** (*raro*) Resolver [un crucigrama o algo similar].

descinchar *tr* Quitar o soltar las cinchas [a un animal (*cd*)].

desclasamiento *m* Acción de desclasarse. *Frec su efecto.*

desclasarse *intr pr* Dejar [alguien] de pertenecer a la clase social que le corresponde, o perder su conciencia de clase. *Frec en part, frec sustantivado.*

desclasificación *f* (*Pol*) Acción de desclasificar.

desclasificar *tr* (*Pol*) Hacer que [algo (*cd*)] deje de estar clasificado como secreto.

desclavar *tr* **1** Sacar [un objeto punzante o puntiagudo previamente clavado]. ■ **2** Soltar [algo o a alguien fijado con clavos u otros objetos puntiagudos]. **b)** *pr* (~**se**) Soltarse [algo fijado con clavos u otros objetos puntiagudos].

descobijar *tr* (*raro*) Descubrir o destapar.

descocadamente *adv* (*col*) De manera descocada.

descocado -da *adj* **1** *part* → DESCOCARSE. ■ **2** (*col*) [Pers., esp. mujer] falta de pudor, esp. en lo relativo al vestir. **b)** Propio de la pers. descocada. *Tb fig.*

descocarse *intr pr* (*raro*) Mostrarse descocada [2] [una pers., esp. una mujer].

descocedura *f* (*raro*) Digestión. *Tb fig.*

descoco *m* (*col*) Falta de pudor.

descodificación *f* Acción de descodificar.

descodificador *m* Dispositivo que sirve para descodificar.

descodificar *tr* Aplicar inversamente [a un mensaje codificado (*cd*)] las reglas de su código para obtener la forma primitiva del mensaje.

descogollar *tr* Quitar el cogollo [a una planta o a una parte de ella (*cd*)].

descojonante *adj* (*vulg*) [Cosa] muy divertida o graciosa.

descojonarse *intr pr* (*vulg*) Morirse de risa. *Tb* ~ DE RISA.

descojone *m* (*vulg*) Cosa muy divertida o graciosa.

descolgado[1] **-da** *adj* **1** *part* → DESCOLGAR. ■ **2** [Carne] que pende flácida. *Tb referido a quien la tiene.*

descolgado[2] *m* Acción de descolgar, *esp* [1 y 2].

descolgamiento *m* **1** Acción de descolgar(se). ■ **2** Condición de descolgado[1] [2].

descolgar (*conjug* **4**) **A** *tr* **1** Quitar [algo o a alguien] del sitio en que está colgado. **b)** *pr* (~**se**) Soltarse [algo] de donde está colgado. ■ **2** Levantar de su soporte el auricular [del teléfono (*cd*)] para establecer la comunicación. *Tb abs.* ■ **3** Bajar o dejar caer [algo o a alguien] sujetándo[lo] desde arriba con cuerdas o algo similar. ■ **4** Abatir [aves de caza]. ■ **5** Dejar caer [algo inesperado]. ■ **6** (*Dep, esp Cicl*) Dejar atrás [a alguien]. **b)** *pr* (~**se**) Quedarse atrás. ■ **7** Apartar o dejar fuera [de algo colectivo, esp. de una actividad]. **b)** *pr* (~**se**) Apartarse o quedarse fuera [de algo colectivo, esp. de una actividad].

B *intr pr* (~**se**) **8** Bajar(se) o dejarse caer [alguien o algo de un lugar alto]. *Tb sin compl* DE. ■ **9** (*col*) Presentarse o dejarse caer [alguien por un lugar] de forma inesperada o imprevisible. ■ **10** (*col*) Salir [con algo inesperado o imprevisible].

descollante *adj* Que descuella.

descollar (*conjug* **4**) *intr* Destacar o sobresalir. *Esp en sent no material.*

descolmillar *tr* (*raro*) Quitar o romper los colmillos [a alguien (*cd*)].

descolocación *f* Acción de descolocar(se). *Frec su efecto.*

descolocar *tr* **1** Quitar [algo o a alguien] del lugar o la posición adecuados o habituales. **b)** *pr* (**~se**) Ponerse [alguien o algo] fuera del lugar o de la posición adecuados o habituales. ■ **2** (*col*) Desconcertar o dejar confuso [a alguien]. *Frec en part.*

descolonizable *adj* Que se puede descolonizar.

descolonización *f* Acción de descolonizar.

descolonizador -ra *adj* De (la) descolonización.

descolonizar *tr* Hacer que [un territorio (*cd*)] deje de ser colonia.

descolorido -da *adj* Que tiene poco color, esp. por haberlo perdido.

descombrado *m* Acción de descombrar.

descombrar *tr* Desescombrar.

descombro *m* Acción de descombrar.

descomedidamente *adv* (*lit*) De manera descomedida.

descomedido -da *adj* (*lit*) **1** [Pers.] no comedida. **b)** Propio de la pers. descomedida. ■ **2** [Cosa] desmesurada.

descomedimiento *m* (*lit*) Cualidad de descomedido.

descomer *intr* (*col, euf humoríst*) Evacuar el vientre.

descompasado -da *adj* (*lit*) Desmedido o desproporcionado.

descompensación *f* Acción de descompensar(se). *Frec su efecto.*

descompensado -da *adj* **1** *part* → DESCOMPENSAR. ■ **2** Que tiene o muestra descompensación.

descompensar *tr* Hacer que [algo (*cd*)] deje de estar compensado o equilibrado. **b)** *pr* (**~se**) Dejar de estar compensado o equilibrado.

descomponer (*conjug 21*) **A** *tr* **1** Separar las diversas partes [de un todo, esp. de un compuesto (*cd*)]. **b)** *pr* (**~se**) Separarse las diversas partes [de un todo, esp. de un compuesto (*suj*)]. *Frec con un compl* EN. ■ **2** Hacer que se separen los componentes [de una sustancia orgánica muerta (*cd*)]. **b)** *pr* (**~se**) Separarse los componentes [de una sustancia orgánica muerta (*suj*)]. ■ **3** Dividir [algo en determinadas partes]. **b)** *pr* (**~se**) Dividirse [algo en determinadas partes]. ■ **4** Alterar o trastornar [algo]. **b)** *pr* (**~se**) Alterarse o trastornarse [algo]. ■ **5** Estropear o hacer que deje de funcionar [algo (*cd*)]. **b)** *pr* (**~se**) Estropearse o dejar de funcionar [algo]. *Tb fig.* ■ **6** Producir diarrea [una pers. o al vientre (*cd*)]. **b)** *pr* (**~se**) Pasar a tener diarrea [una pers. o el vientre]. ■ **7** Hacer que [alguien (*cd*)] pierda la serenidad o la tranquilidad habitual. **b)** *pr* (**~se**) Perder [alguien] la serenidad o la tranquilidad habitual.

B *intr pr* (**~se**) **8** (*Taur*) Ponerse inquieto [el toro], corneando y acometiendo sin fijeza.

descomponible *adj* Que se puede descomponer [1, 2 y 3].

descomposición *f* **1** Acción de descomponer(se) [1 a 4]. *Tb su efecto.* ■ **2** Diarrea (evacuación intestinal líquida y frecuente).

descompostura *f* Falta de compostura o comedimiento.

descompresión *f* Acción de descomprimir. *Tb su efecto.*

descomprimir *tr* Quitar (la) compresión [a algo (*cd*)].

descompuesto -ta *adj* **1** *part* → DESCOMPONER. ■ **2** Falto de compostura o comedimiento. *Tb fig.* ■ **3** Falto de orden o armonía.

descomulgar *tr* (*pop*) Excomulgar.

descomunal *adj* Muy grande.

descomunalmente *adv* De manera descomunal.

descomunión *f* (*pop*) Excomunión.

desconcentración *f* Acción de desconcentrar.

desconcentrado -da *adj* **1** *part* → DESCONCENTRAR. ■ **2** Falto de concentración.

desconcentrar *tr* Suprimir la concentración que afecta [a algo (*cd*)]. *Frec en part.*

desconcertadamente *adv* De manera desconcertada.

desconcertado -da *adj* **1** *part* → DESCONCERTAR. ■ **2** [Cosa] que denota o implica desconcierto.

desconcertante *adj* Que desconcierta [1a].

desconcertantemente *adv* De manera desconcertante.

desconcertar (*conjug 6*) *tr* **1** Dejar [a alguien] sin saber qué pensar, decir o hacer. **b)** *pr* (**~se**) Quedarse [alguien] sin saber qué pensar, decir o hacer. ■ **2** (*raro*) Dislocar [un hueso o una extremidad].

desconchado *m* Acción de desconchar(se). *Esp su efecto.*

desconchadura *f* Desconchado.

desconchar *tr* Hacer que [algo (*cd*), esp. una pared o una pieza de cerámica o de porcelana] pierda parte de su capa superficial. **b)** *pr* (**~se**) Perder [algo, esp. una pared o una pieza de cerámica o de porcelana] parte de su capa superficial.

desconche *m* Desconchado.

desconchón *m* Efecto de desconchar(se).

desconcierto *m* **1** Estado en que una persona no sabe qué pensar, decir o hacer. ■ **2** Falta de orden o concierto.

desconectado -da *adj* **1** *part* → DESCONECTAR. ■ **2** Que no está conectado o no tiene conexión.

desconectador -ra *adj* Que desconecta. *Tb n m, referido a aparato.*

desconectar **A** *tr* **1** Cortar o interrumpir la conexión [de algo (*cd*)]. *Tb abs, esp referido a aparatos eléctricos; tb* (*col*), *fig, referido al oído o la atención.* **b)** *pr* (**~se**) Interrumpirse la conexión [de algo (*suj*)]. ■ **2** Hacer que [alguien (*cd*)] deje de estar conectado a los aparatos que prolongan su vida artificialmente. ■ **3** Hacer que [alguien (*cd*)] pierda la conexión [con algo (*compl* DE), esp. con la realidad]. *Tb abs.*

B *intr* **4** Dejar de tener conexión [con alguien o algo (*compl* DE)]. *Tb pr* (**~se**). *Frec sin compl, referido a los problemas habituales.*

desconexión *f* **1** Acción de desconectar. ■ **2** Falta de conexión.

desconexo -xa *adj* (*raro*) Falto de conexión.

desconfiado -da *adj* **1** *part* → DESCONFIAR. ■ **2** [Pers.] que desconfía. **b)** [Pers.] propensa a desconfiar. **c)** Propio de la pers. desconfiada.

desconfianza – descorazonar

desconfianza *f* Hecho de desconfiar. *Tb el senti- miento derivado de esa acción.*

desconfiar (*conjug* 1c) *intr* No confiar [en alguien o algo (*compl* DE)]. *A veces sin compl.*

desconformidad *f* (*raro*) Disconformidad.

descongelación *f* Acción de descongelar(se).

descongelador -ra *adj* Que descongela. *Tb n m, referido a aparato o producto.*

descongelar *tr* **1** Hacer que [algo (*cd*)] deje de estar congelado. **b)** *pr* (~se) Dejar [algo] de estar congelado. ■ **2** Hacer desaparecer la capa de hielo o escarcha que se forma en determinadas partes [de un frigorífico o de una instalación (*cd*)].

descongestión *f* Acción de descongestionar(se).

descongestionamiento *m* (*raro*) Descon- gestión.

descongestionante *adj* Que descongestiona. *Tb n m, referido a producto.*

decongestionar *tr* Quitar (la) congestión [a al- go o a alguien (*cd*)]. *Tb abs.* **b)** *pr* (~se) Perder (la) congestión.

descongestivo -va *adj* Que descongestiona. *Esp en medicina.*

desconocedor -ra *adj* Que desconoce, *esp* [1].

desconocer (*conjug* 11) *tr* **1** No conocer [a una pers. o cosa]. **b)** No reconocer [a alguien o algo] por encontrar[lo] muy cambiado en su aspecto o en su modo de actuar. *Normalmente con intención enfáti- ca.* ■ **2** Hacer caso omiso [de algo (*cd*), esp. de una norma].

desconocido -da I *adj* **1** *part* → DESCONOCER. ■ **2** [Pers. o cosa] de cuya existencia no se tiene no- ticia. *A veces con intención ponderativa. A veces con un compl* PARA, *que indica quién no conoce. Frec n, referido a pers.* **b)** [Pers. o cosa] irreconocible por haber cambiado mucho. *Frec con intención pondera- tiva.* ■ **3** [Cosa] inusitada o no usual. II *m y f* **ese ~.** *Sigue al n de una pers o cosa pa- ra indicar que es conocido de manera muy superfi- cial o imperfecta.* * El ajo, ese desconocido.

desconocimiento *m* Hecho de desconocer. *Tb su efecto.*

desconsideración *f* **1** Falta de consideración o respeto. ■ **2** Acción desconsiderada.

desconsideradamente *adv* **1** De manera desconsiderada. ■ **2** Sin moderación.

desconsiderado -da *adj* **1** *part* → DESCONSI- DERAR. ■ **2** Falto de consideración o respeto. *Tb fig. Tb n, referido a pers.*

desconsiderar *tr* No considerar [algo].

desconsoladamente *adv* De manera descon- solada.

desconsolado -da *adj* **1** *part* → DESCONSOLAR. ■ **2** [Pers.] que tiene o muestra desconsuelo. ■ **3** [Cosa] que denota o implica desconsuelo.

desconsolador -ra *adj* Que desconsuela.

desconsolar (*conjug* 4) *tr* Causar desconsuelo [a alguien (*cd*)].

desconsuelo *m* Pena muy profunda y que se siente como insuperable.

descontable *adj* (*Com*) Que se puede descontar.

descontado -da I *adj* **1** *part* → DESCONTAR.

II *loc v* **2 dar por ~** [algo]. Considerar[lo] seguro o indiscutible.

III *loc adv* **3 por ~.** Por supuesto o sin duda. *Pue- de funcionar como or independiente.*

descontaminación *f* Acción de descontaminar.

descontaminador -ra *adj* Que descontamina. *Tb n m, referido a producto.*

descontaminante *adj* Que descontamina. *Tb n m, referido a producto.*

descontaminar *tr* Quitar la contaminación [a algo o a alguien (*cd*)].

descontar (*conjug* 4) **A** *tr* **1** Quitar [una canti- dad] de otra, esp. de un precio o medida. **b)** (*Dep*) Añadir al final del tiempo reglamentario [los minu- tos en que el juego estuvo interrumpido]. ■ **2** Qui- tar determinada cantidad [de otra, (*cd*)]. **b)** (*Com*) Abonar al contado [una letra u otro documento no vencido] quitando cierta cantidad en concepto de in- tereses del dinero que se anticipa. **B** *intr pr* (~se) **3** (*reg*) Equivocarse en la cuenta, o perder la cuenta.

descontentadizo -za *adj* Que se descontenta con facilidad o es difícil de contentar.

descontentar *tr* Causar descontento[2] [a alguien (*cd*)].

descontento[1] -ta *adj* Que no está contento o sa- tisfecho. *Frec con un compl* DE *o* CON. *Tb n, referido a pers.*

descontento[2] *m* Estado o condición de descon- tento[1].

descontextualización *f* Acción de descontex- tualizar.

descontextualizar *tr* Sacar [algo] de su con- texto.

descontrol *m* Falta de control (dominio).

descontroladamente *adv* De manera descon- trolada [2].

descontrolado -da *adj* **1** *part* → DESCONTRO- LAR. ■ **2** Que denota o implica descontrol.

descontrolar *tr* **1** Poner [algo] fuera de control (dominio). **b)** *pr* (~se) Ponerse [algo] fuera de con- trol. ■ **2** Hacer que [alguien (*cd*)] pierda el control (dominio). **b)** *pr* (~se) Perder [alguien] el control.

desconveniencia *f* (*raro*) Inconveniente o mo- lestia.

desconvocar *tr* Anular la convocatoria [de una huelga, una reunión o algo similar (*cd*)].

desconvocatoria *f* Acción de desconvocar.

descoordinación *f* Falta de coordinación.

descoordinado -da *adj* Falto de coordinación.

descoque *m* (*col*) Descoco.

descorazonadamente *adv* De manera desco- razonada.

descorazonado -da *adj* **1** *part* → DESCORAZO- NAR. ■ **2** Que denota o implica descorazonamiento.

descorazonador -ra *adj* Que descorazona.

descorazonamiento *m* Hecho de descorazo- nar(se). *Tb su efecto.*

descorazonar *tr* Hacer que [alguien (*cd*)] pierda el ánimo o la esperanza. **b)** *pr* (~se) Perder el áni- mo o la esperanza.

descorbatado -da *adj* Que no lleva o no usa corbata.

descorchado *m* Acción de descorchar.

descorchador -ra *adj* Que descorcha [2]. *Gralm m, referido a pers.*

descorchar *tr* **1** Quitar el corcho [a una botella (*cd*)]. ■ **2** Quitar el corcho [al alcornoque (*cd*)]. *Tb abs.* **b)** Quitar el corcho a los alcornoques [de un terreno (*cd*)].

descorche *m* **1** Acción de descorchar. ■ **2** *En los bares de alterne:* Trabajo a comisión que consiste en inducir al cliente a consumir bebidas.

descordar *tr* (*Taur*) Herir [al toro] en la médula espinal. *Tb abs.*

descornar (*conjug* 4) *tr* Romper o quitar los cuernos [a un animal (*cd*)]. *Tb fig.* **b)** *pr* (~se) Romperse o perder los cuernos [un animal]. *Frec fig.*

descoronado *m* (*Agric*) Acción de descoronar.

descoronadora *f* (*Agric*) Máquina para descoronar remolacha.

descoronar *tr* (*Agric*) Quitar las hojas [a la remolacha (*cd*)].

descorregirse (*conjug* 62) *intr pr* (*raro*) Dejar de estar en el estado o posición correctos.

descorrer *tr* Abrir [una cortina, un cerrojo o algo similar] corriéndo[lo].

descortés *adj* Falto de cortesía.

descortesía *f* **1** Falta de cortesía. ■ **2** Acción descortés.

descortezación *f* Descortezamiento.

descortezador -ra *adj* Que decorteza. *Tb n f, referido a máquina.*

descortezamiento *m* Acción de descortezar.

descortezar *tr* Quitar la corteza [a algo (*cd*), esp. a un árbol].

descoser **A** *tr* **1** Soltar [algo cosido]. **b)** *pr* (~se) Soltarse [algo cosido]. **B** *intr pr* (~se) **2** (*raro*) Expeler ventosidades.

descosido -da **I** *adj* **1** *part* → DESCOSER. ■ **2** [Pers.] que lleva la ropa descosida (→ DESCOSER [1]) y descuidada. **II** *m* **3** Parte descosida (→ DESCOSER [1]) de una prenda. **III** *loc v* **4** **servir** (*o* **valer**) **lo mismo para un roto que para un** ~ → ROTO. **IV** *loc adv* **5** **como un** ~. (*col*) Mucho. *Frec con vs como* HABLAR *o* GRITAR.

descostrar *tr* Quitar la costra [a algo (*cd*)]. *Tb abs.*

descotado -da *adj* (*raro*) **1** *part* → DESCOTAR. ■ **2** Escotado.

descotar *tr* (*raro*) Escotar¹. *Tb pr* (~se).

descote *m* (*raro*) Escote¹.

descoyuntado -da *adj* **1** *part* → DESCOYUNTAR. ■ **2** Que denota o implica descoyuntamiento. *Frec fig.*

descoyuntamiento *m* Acción de descoyuntar(se). *Tb su efecto. Tb fig.*

descoyuntar *tr* **1** Sacar [un hueso] de su articulación. **b)** *pr* (~se) Salirse [un hueso] de su articulación. ■ **2** Sacar de su articulación uno o más huesos [de alguien o de una parte del cuerpo (*cd*)]. **b)**

pr (~se) Salirse de su articulación uno o más huesos [de alguien o de una parte del cuerpo (*suj*)]. ■ **3** Sacar [algo] de su posición normal. ■ **4** Desbaratar o descomponer.

descrecer (*conjug* 11) *intr* (*raro*) Decrecer.

descrédito *m* Situación de desacreditado.

descreencia *f* (*raro*) Hecho de descreer. *Tb su efecto.*

descreer (*conjug* 22) *intr* **1** No creer. *A veces con un compl* EN. **b)** Dejar de creer. *A veces con un compl* EN. ■ **2** Dudar o desconfiar [de algo].

descreído -da *adj* **1** *part* → DESCREER. ■ **2** Falto de fe religiosa. ■ **3** (*raro*) Incrédulo o que no cree lo que se le dice. ■ **4** Propio de la pers. descreída [2 y 3].

descreimiento *m* Hecho de descreer. *Esp referido a la fe religiosa.*

descremar *tr* Quitar la crema o grasa [a la leche o sus derivados (*cd*)]. *Gralm en part.*

describible *adj* Que se puede describir.

describir (*conjug* 46) *tr* **1** Explicar o dar a conocer por medio del lenguaje las características [de algo o de alguien (*cd*)]. ■ **2** Trazar [alguien o algo una línea (*cd*)] en su movimiento o desarrollo.

descripción *f* Acción de describir [1]. *Tb su efecto.*

descripcionismo *m* (*raro*) Descriptivismo.

descriptación *f* (*raro*) Acción de descriptar.

descriptar *tr* (*raro*) Descodificar [un mensaje cifrado] sin conocer la clave.

descriptible *adj* Que se puede describir [1].

descriptivismo *m* Tendencia a lo descriptivo.

descriptivista *adj* De(l) descriptivismo o que lo implica.

descriptivo -va *adj* **1** Que describe o sirve para describir [1]. ■ **2** De (la) descripción. ■ **3** Que se basa fundamentalmente en la descripción. **b)** (*Ling*) [Gramática] que tiene por objeto la descripción sincrónica de una lengua. ■ **4** [Geometría] que permite la proyección de figuras de tres dimensiones en una superficie plana.

descriptor -ra **I** *adj* **1** Que describe [1]. *Tb n, referido a pers.* **II** *m* **2** (*Informát*) Término o dato usado como identificador.

descrismar *tr* (*col*) Romper la crisma. *Gralm el cd es refl. Tb fig.*

descristianización *f* Acción de descristianizar(se).

descristianizar *tr* Apartar de la fe cristiana.

descrucificar *tr* Quitar [a alguien, esp. a Cristo] de la cruz.

descruzar *tr* Hacer que [algunas cosas, esp. brazos o piernas] dejen de estar cruzadas.

descuadernar *tr* (*raro*) Desbaratar o descomponer.

descuadrar *intr* ➤ **a** *normal* **1** No cuadrar [una cuenta]. ➤ **b** *pr* (~se) **2** Perder [algo] la posición vertical correcta, o inclinarse hacia los lados. *Tb fig.*

descuadrillado -da *adj* (*raro*) Desunido.

descuajar *tr* Arrancar de cuajo o raíz [algo, esp. árboles]. *Tb fig.* **b)** Arrancar de cuajo o raíz las plantas, esp. árboles [de un terreno (*cd*)].

descuajaringar *tr* (*col*) **1** Estropear [algo] haciendo que sus partes queden desunidas o desordenadas. *Tb fig.* **b)** *pr* (~se) Estropearse [algo] quedando sus partes desunidas o desordenadas. *Tb fig.* ■ **2** Descoyuntar [a alguien] o dejar[le] como descoyuntado de agotamiento. **b)** *pr* (~se) Descoyuntarse [alguien] o quedar como descoyuntado de agotamiento. *Frec* ~SE DE RISA.

descuajaringue *m* (*col*) Acción de descuajaringar(se).

descuaje *m* Acción de descuajar.

descuajeringar *tr* (*col*) Descuajaringar. *Tb pr* (~se).

descuajo *m* Acción de descuajar.

descuartizador -ra *adj* Que descuartiza. *Tb n, referido a pers. Tb fig.*

descuartizamiento *m* Acción de descuartizar.

descuartizar *tr* **1** Dividir en cuartos o trozos [a una pers. o animal]. ■ **2** Dividir en trozos [algo], frec. para repartir[lo].

descube *m* Acción de sacar el vino de las cubas después de su fermentación.

descubierta *f* **1** (*Mil*) Salida de reconocimiento que hace la tropa. *Tb fig, fuera del ámbito militar.* ■ **2** (*raro*) Acción de descubrir [1].

descubiertamente *adv* De manera descubierta o no oculta.

descubierto -ta I *adj* **1** *part* → DESCUBRIR. ■ **2** Que no está cubierto u oculto. **b)** [Vehículo] que no lleva techo o capota. ■ **3** [Pers.] que no lleva sombrero u otra prenda que le cubra la cabeza. **b)** [Parte del cuerpo] que no va cubierta por la prenda correspondiente. ■ **4** [Lugar] abierto o despejado. ■ **5** (*Naipes*) [Carta] que está boca arriba, con la figura a la vista. **b)** [Póker] en que se dan las cartas descubiertas. **II** *m* **6** Importe de una deuda o gasto que excede a las disponibilidades del deudor. **III** *loc adv* **7 a cara descubierta, a pecho ~** → CARA, PECHO. ■ **8 al ~.** Sin cubrir con nada. *Frec con vs como* ESTAR, QUEDAR *o* DEJAR. *Tb adj.* **b)** En situación de poder ser visto o conocido por todos. *Frec con vs como* PONER, DEJAR *o* ESTAR. *Tb adj.* **c)** Abiertamente, sin nada que cubra u oculte. ■ **9 en ~.** Sin poder satisfacer un cargo o deuda. *Tb adj.* ■ **10 en** (*o* **al**) **~.** En situación de poder ser objeto de un ataque o acusación, o de no poder responder a ellos.

descubrible *adj* Que se puede descubrir.

descubrición *f* (*raro*) Descubrimiento.

descubridor -ra *adj* **1** Que descubre. *Frec n, referido a pers.* ■ **2** De(l) descubrimiento.

descubrimiento *m* **1** Acción de descubrir. ■ **2** Pers. o cosa descubierta (→ DESCUBRIR [3 y 4]). **b)** Pers. o cosa que, después de conocida, se ve como de calidad extraordinaria.

descubrir (*conjug 37*) *tr* **1** Hacer que [alguien o algo (*cd*)] deje de estar cubierto o tapado. ■ **2** Quitar [a alguien (*cd*)] el sombrero u otra prenda que le cubre la cabeza, como saludo o en señal de respeto. *Gralm el cd es refl. Frec fig, en la forma* ~SE ANTE [alguien o algo], *para manifestar admiración.* ■ **3** Hacer que [algo o alguien (*cd*)] deje de ser desconocido o de estar oculto. **b)** Hacer que se conozca la

identidad, el paradero, las acciones o intenciones [de alguien (*cd*)] que trata de mantenerlos ocultos]. **c)** Quitar la cortina que cubre [una lápida o un monumento conmemorativo] en la ceremonia de su inauguración. ■ **4** Pasar a conocer [algo oculto o desconocido]. **b)** Pasar a conocer la identidad, el paradero, las acciones o intenciones [de alguien (*cd*)] que trata de mantenerlos ocultos]. **c)** Darse cuenta de la presencia o de la existencia [de alguien o algo (*cd*)] que gralm. habían pasado inadvertidos. **d)** Darse cuenta [de un hecho que se ignoraba o que había pasado inadvertido (*cd*)]. ■ **5** Alcanzar a ver [algo].

descuelgue *m* Acción de descolgar(se) (de algo colectivo o de un lugar alto).

descuento *m* Acción de descontar. **b)** Cantidad que se descuenta. **c)** (*Dep*) Tiempo que se descuenta.

descuerar *tr* (*raro*) **1** Desollar o despellejar. *Tb fig.* ■ **2** Desnudar.

descuidadamente *adv* De manera descuidada [2b y 3].

descuidado -da *adj* **1** *part* → DESCUIDAR. ■ **2** [Pers.] que tiene o muestra falta de cuidado en lo que hace, o en el arreglo de su persona y de sus cosas. **b)** Propio de la pers. descuidada. ■ **3** [Cosa] que denota o implica falta de cuidado. ■ **4** Despreocupado o tranquilo. ■ **5** Desprevenido.

descuidar A *tr* **1** No prestar [a alguien o algo (*cd*)] el cuidado debido o necesario. ■ **2** (*jerg*) Robar. ■ **3** (*reg*) Olvidar [algo].
B *intr* ➤ **a** *normal* **4** No tener cuidado o preocupación. *Usado en imperat y frec como respuesta a una orden, una advertencia o una petición.* * –Procura llegar pronto. –Descuida.
➤ **b** *pr* (~se) **5** No prestar [alguien] el cuidado debido o necesario [a algo (*compl* EN *o* DE)]. *Frec sin compl, por consabido y en la constr* SI TE DESCUIDAS... ■ **6** (*reg*) Olvidarse [de alguien o algo].

descuidero -ra *m y f* (*jerg*) Ladrón que roba aprovechando el descuido ajeno.

descuido I *m* **1** Falta de cuidado. ■ **2** Acción que implica o denota descuido [1]. ■ **3** (*jerg*) Robo que se realiza aprovechando el descuido [1] ajeno. *Tb lo robado de ese modo.* **II** *loc adv* **4 por ~.** (*col*) Por casualidad.

descular (*vulg*) A *tr* **1** Quitar o romper el culo [a algo (*cd*), esp. a una vasija]. B *intr pr* (~se) **2** Desvivirse o perder el culo [por algo].

desde (*con pronunc átona*) I *prep* **1** *Introduce un compl que expresa punto de partida en el espacio o en el tiempo. Frec el compl precedido de ~ va en correlación con otro precedido de* HASTA *o* A. * *Alguien gritó desde la torre.* * *Dura desde las 4 hasta las 7.* **b)** *Referido a tiempo, el término de la prep puede ser una prop introducida por* QUE. * *Está así desde que llegó.* ■ **2** ~ + *sust* + **hasta** (*o* **a**) + *sust. Designa la totalidad o la generalidad de una serie de elementos cuyos extremos son los designados por los susts.* * *Todos me regañaban, desde la abuela a los tíos.* ■ **3** *Introduce un compl que expresa enfoque, aspecto o punto de vista, en las constrs* ~ EL PUNTO DE VISTA *o* ~ LA PERSPECTIVA. **II** *loc adv* **4 ~ luego, ~ ya** → LUEGO, YA.

desdecir (*conjug 55*) A *intr* ➤ **a** *normal* **1** Desmerecer o desentonar. *A veces con un compl* DE.

➤ **b** *pr* (**~se**) **2** Negar [lo dicho antes (*compl* DE)] o decir lo contrario [de ello]. **B** *tr* **3** (*raro*) Desmentir [una cosa] o negar su autenticidad. **b)** Desmentir [a alguien].

desdén *m* **1** Indiferencia despectiva. ■ **2** Acto de desdén [1].

desdentado -da *adj* **1** *part* → DESDENTAR. ■ **2** Que no tiene dientes. *Tb n, referido a pers, y frec como n m en pl, designando un antiguo taxón zoológico.*

desdentar *tr* (*raro*) Quitar o romper los dientes [a alguien o algo (*cd*)]. *Tb fig.*

desdeñable *adj* Que merece ser desdeñado.

desdeñar *tr* Tratar con desdén [1] [a alguien], o mostrar desdén [1] [hacia alguien o algo (*cd*)]. *Tb fig.* **b)** No conceder importancia [a alguien o algo (*cd*)].

desdeño *m* (*raro*) Desdén.

desdeñosamente *adv* De manera desdeñosa.

desdeñoso -sa *adj* **1** [Pers.] que tiene o muestra desdén [1]. ■ **2** [Cosa] que denota o implica desdén.

desdibujado -da *adj* **1** *part* → DESDIBUJAR. ■ **2** Falto de precisión o definición en la forma o trazado. *Tb fig.* ■ **3** (*Fút*) [Equipo] que juega por debajo de su capacidad.

desdibujar *tr* Hacer que [algo (*cd*)], esp. un contorno] pierda su precisión o definición. *Tb fig.* **b)** *pr* (**~se**) Perder [algo, esp. un contorno] su precisión o definición.

desdicha I *f* **1** Desgracia (suceso que causa un daño o una pena grandes). **II** *loc adv* **2 por ~.** Desdichadamente.

desdichadamente *adv* De manera desdichada [2 y 3].

desdichado -da *adj* **1** Que sufre desdichas o una desdicha [1]. *Frec con intención conmiserativa. Tb n, referido a pers.* ■ **2** Que causa o implica desdicha. ■ **3** Lamentable o desafortunado.

desdiferenciación *f* (*Biol*) Pérdida de caracteres diferenciadores en las células de un tejido diferencial.

desdinerarse *intr pr* (*raro*) Empobrecerse [un país] quedándose sin dinero.

desdoblamiento *m* Acción de desdoblar(se). *Tb su efecto.*

desdoblar **A** *tr* **1** Hacer que [algo (*cd*)] deje de estar doblado. ■ **2** Dividir [algo] en dos o más elementos de la misma entidad. *Tb fig. Frec con un compl* EN. **b)** *pr* (**~se**) Dividirse [algo] en dos o más elementos de la misma entidad. *Tb fig.* **B** *intr pr* (**~se**) **3** (*Fút*) Jugar sucesivamente [un jugador (*suj*) o los jugadores de un equipo (*suj*)] en su posición habitual y en otra más adelantada o más atrasada.

desdoble *m* Acción de desdoblar(se). **b)** (*Econ*) *En una ampliación de capital:* Separación de acción y cupón, que pasan a cotizarse independientemente.

desdolido -da *adj* (*lit, raro*) Duro o falto de miramientos.

desdonado -da *adj* (*raro*) Falto de dones o gracias. *Tb n, referido a pers.*

desdoncellar *tr* (*raro*) Desvirgar.

desdorar *tr* Deslucir o menoscabar.

desdoro *m* **1** Menoscabo, esp. en prestigio o reputación. ■ **2** Cosa que supone desdoro [1].

desdoroso -sa *adj* (*raro*) Que desdora o implica desdoro.

desdramatización *f* Acción de desdramatizar.

desdramatizador -ra *adj* Que desdramatiza.

desdramatizar *tr* Quitar dramatismo [a algo (*cd*)].

deseabilidad *f* (*raro*) Cualidad de deseable.

deseable *adj* **1** Que se debe desear [1]. ■ **2** Que se puede desear [1 y 2]. ■ **3** [Pers.] cuyo trato es recomendable debido a sus cualidades morales. *Gralm en constr neg.*

deseablemente *adv* De manera deseable [1].

deseador -ra *adj* (*raro*) Que desea. *Tb n, referido a pers.*

desear *tr* ➤ **a** *normal* **1** Querer [algo] o tender con la mente a su obtención o realización. ■ **2** Sentir atracción sexual [hacia una pers. (*cd*)]. ■ **3 dejar que ~, ser de ~** → DEJAR, SER. ➤ **b** *pr* (**~se**) **4 vérse(las) y deseárse(las)** → VER.

desecación *f* Acción de desecar(se).

desecador -ra *adj* Que deseca. *Tb n m, referido a aparato o instalación, o a producto.*

desecamiento *m* Desecación.

desecante *adj* Que deseca. *Tb n m, referido a producto.*

desecar *tr* Secar [algo] o eliminar el agua o la humedad [de algo (*cd*)]. *Esp en lenguaje técn. Tb (lit) fig.* **b)** *pr* (**~se**) Secarse [algo], o perder el agua o la humedad.

desecha → DESHECHA.

desechable *adj* Que se puede o debe desechar. *Gralm referido a objetos de un solo uso.*

desechar *tr* **1** Dejar o tirar como inútil [algo]. **b)** Retirar del uso [algo, esp. una prenda]. ■ **2** Apartar de sí [una idea o temor]. ■ **3** Rechazar o no admitir [algo]. ■ **4** (*raro*) Hacer que [una llave o un cerrojo (*cd*)] dejen de estar echados.

desecho *m* **1** Acción de desechar [1]. ■ **2** Cosa o conjunto de cosas que se desechan [1]. *Tb fig.* ■ **3 ~ de tienta (y cerrado).** (*Taur*) Porción de ganado que no supera la tienta y se lidia en novilladas. *Tb fig.*

deseducación *f* Acción de deseducar.

deseducador -ra *adj* Que deseduca.

deseducar *tr* Quitar o desvirtuar la educación [a alguien (*cd*)]. *Tb abs.*

deseguida *adv* (*pop*) Enseguida.

deselectrizar *tr* Descargar de electricidad [algo].

desembalaje *m* Acción de desembalar.

desembalar *tr* Sacar [algo] de su embalaje.

desembalsar *tr* Dar salida [a agua embalsada].

desembalse *m* Acción de desembalsar.

desembarazadamente *adv* (*lit*) De manera desembarazada [2].

desembarazado -da *adj* (*lit*) **1** *part* → DESEMBARAZAR. ■ **2** Falto de embarazo o inhibición. ■ **3** Libre de embarazos o estorbos.

desembarazar *tr* (*lit*) Dejar [a una pers. o cosa] libre [de otra que es un embarazo o estorbo]. *Frec el cd es refl.*

desembarazo *m* (*lit*) Soltura o falta de embarazo.

desembarcadero *m* Lugar costero adecuado para desembarcar [1 y 2] de una embarcación.

desembarcar A *tr* **1** Hacer salir, o sacar, [viajeros o mercancías (*cd*)] de una embarcación. **b)** Hacer salir, o sacar, [viajeros o mercancías (*cd*)] de un aparato aéreo o de un tren. **c)** (*Taur*) Sacar [a los toros] del medio de transporte en que han viajado hasta la plaza. **B** *intr* **2** Bajar de una embarcación. *Tb pr* (~**se**). *A veces con un compl* EN. *Tb fig.* **b)** Bajar de un aparato aéreo o de un tren. *Tb pr* (~**se**). *A veces con un compl* EN. ■ **3** Llegar [a un lugar (*compl* EN) alguien o algo, esp. una empresa]. *Tb sin compl, por consabido.*

desembarco *m* Acción de desembarcar(se).

desembargar *tr* **1** Levantar el embargo [a algo (*cd*)]. ■ **2** (*raro*) Desembarazar.

desembarque *m* Acción de desembarcar [1 y 2].

desembarrar *tr* Limpiar de barro [algo]. *Tb abs.*

desembaular (*conjug* **1f** o **1e**) *tr* (*raro*) Decir [algo que se tenía callado].

desemblantarse *intr pr* (*raro*) Demudarse [una pers. o su rostro].

desembocadura *f* **1** Lugar en que desemboca una corriente de agua, un conducto o una calle o camino. ■ **2** Cosa en que desemboca [2] otra.

desembocar *intr* **1** Terminar [en un lugar una corriente de agua, un conducto o una calle o camino]. *A veces el suj es la pers o cosa que va por ese conducto o camino.* ■ **2** Terminar [una cosa en otra] o tener[la (*compl* EN)] como desenlace.

desembolsar *tr* Pagar o entregar [una cantidad de dinero].

desembolso *m* Acción de desembolsar. *Tb su efecto.*

desemboque *m* (*raro*) Desembocadura [1].

desemborrachar *tr* (*raro*) Quitar la borrachera [a alguien (*cd*)].

desembozadamente *adv* Claramente o sin embozo.

desembozar *tr* Destapar o descubrir [a alguien que estaba embozado]. *Frec el cd es refl. Tb fig.*

desembragar (*Mec*) A *tr* **1** Desconectar [un eje] de un motor mediante el embrague. **b)** Desconectar [un motor] del eje que debe mover, mediante el embrague. **B** *intr* **2** Desconectar un motor del eje que debe mover.

desembrague *m* (*Mec*) Acción de desembragar.

desembridar *tr* Quitar las bridas [a una caballería (*cd*)].

desembrujamiento *m* Acción de desembrujar(se). *Tb su efecto.*

desembrujar *tr* Hacer que [alguien o algo (*cd*)] deje de estar embrujado. *Tb abs. Tb fig.* **b)** *pr* (~**se**) Dejar de estar embrujado [alguien o algo].

desembuchar *tr* (*col*) Decir [alguien lo que sabe y tiene callado]. *Frec abs.*

desemejante *adj* (*lit*) Diferente.

desemejanza *f* (*lit*) Diferencia.

desemejar *tr* (*lit*) Diferenciar o hacer diferente. *Tb abs.*

desempalagar *tr* Quitar [a alguien (*cd*)] el empalago [de algo]. *Tb fig.*

desempañador *m* Dispositivo para desempañar los cristales de un vehículo.

desempañar *tr* Quitar el empañamiento [de algo (*cd*)].

desempapelar *tr* Quitar el papel que recubre y decora las paredes [de un lugar (*cd*)].

desempaquetar *tr* Abrir el paquete que contiene [algo].

desemparejado -da *adj* Desparejado.

desempatar A *intr* **1** Deshacer un empate. **B** *tr* **2** Deshacer el empate [en una confrontación (*cd*)].

desempate *m* Acción de desempatar.

desempedrar (*conjug* **6**) *tr* Arrancar las piedras [a algo empedrado (*cd*), esp. a una calle]. **b)** *En ger y con vs como* IR *o* PASAR *se usa para ponderar velocidad. Frec abs.*

desempeñar A *tr* **1** Recuperar [una prenda empeñada] pagando la cantidad correspondiente. ■ **2** Realizar [alguien] las acciones correspondientes [a un oficio o cargo (*cd*)]. **b)** Realizar [alguien o algo (*suj*)] un papel o función (*cd*)]. **c)** (*raro*) Hacer o realizar [una obra artística o intelectual]. ■ **3** Hacer que [alguien (*cd*)] deje de estar empeñado o endeudado]. *Frec el cd es refl.* **B** *intr pr* (~**se**) **4** Desenvolverse [alguien de un modo determinado].

desempeño *m* Acción de desempeñar [1 y 2]. *Tb su efecto.*

desempleado -da *adj* [Pers.] que no tiene empleo. *Frec n.*

desempleo *m* **1** Paro (circunstancia de no tener trabajo). ■ **2** Paro (conjunto de individuos sin trabajo y en situación de buscarlo). ■ **3** Paro (subsidio).

desempolvar *tr* **1** Quitar el polvo [a algo (*cd*)]. ■ **2** Rescatar [algo] del olvido o de la inactividad.

desemponzoñar *tr* Quitar la ponzoña o veneno [a algo o a alguien (*cd*)].

desempotrar *tr* Sacar [algo o a alguien] del lugar en que estaba empotrado.

desenamorarse *intr pr* Perder el amor, o dejar de estar enamorado.

desencadenador -ra *adj* Que desencadena [2].

desencadenamiento *m* Acción de desencadenar(se) [2].

desencadenante *adj* Que desencadena [2]. *Tb n m, referido a fenómeno o agente.*

desencadenar *tr* **1** Hacer que [alguien o algo (*cd*)] deje de estar encadenado. ■ **2** Producir [algo, esp. violencia o algo que la implica]. **b)** *pr* (~**se**) Producirse [algo, esp. violencia o algo que la implica].

desencajado -da *adj* **1** *part* → DESENCAJAR. ■ **2** Propio de la pers. desencajada (→ DESENCAJAR [2]).

desencajar A *tr* **1** Hacer que [alguien o algo (*cd*)] deje de estar encajado. *Tb fig.*
■ **B** *intr pr* (**~se**) **2** Alterarse la expresión [de una pers., o de su rostro o sus ojos (*suj*)], esp. por enfermedad o sufrimiento intensos. *Gralm en part.*

desencaje *m* Acción de desencajar(se). *Tb su efecto.*

desencajonamiento *m* (*Taur*) Acción de desencajonar.

desencajonar *tr* (*Taur*) Hacer salir [a la res (*cd*)] del cajón, o jaula de madera, en que ha sido transportada hasta la plaza.

desencallar *tr* Poner a flote [una embarcación encallada]. *Tb* (*lit*) *fig.*

desencaminado -da *adj* Descaminado. *Con vs como* IR O ANDAR.

desencamisar *tr* (*raro*) Quitar la camisa o funda [a algo (*cd*)].

desencantado -da *adj* **1** *part* → DESENCANTAR. ■ **2** [Cosa] que denota o implica desencanto [1].

desencantamiento *m* (*raro*) Desencanto.

desencantar *tr* **1** Hacer que [alguien o algo (*cd*)] deje de estar sometido a encantamiento mágico. ■ **2** Decepcionar o desilusionar. *Tb abs.* **b)** *pr* (**~se**) Decepcionarse o desilusionarse. *A veces con un compl* DE.

desencanto *m* **1** Decepción o desilusión. ■ **2** (*raro*) Acción de desencantar [1]. *Tb su efecto.*

desencapillar *tr* (*Mar*) Soltar [algo encapillado].

desencarnarse *intr pr* Desprenderse de la carne para centrarse exclusivamente en el espíritu.

desenchufar *tr* Hacer que [algo (*cd*), esp. un aparato eléctrico] deje de estar enchufado.

desencinchar *tr* Descinchar.

desencofrado *m* Acción de quitar el encofrado, una vez endurecido el hormigón.

desencolar *tr* Despegar [algo pegado con cola]. **b)** *pr* (**~se**) Despegarse [algo pegado con cola].

desencolerizar *tr* Apaciguar [a alguien encolerizado].

desencuadernar *tr* **1** Deshacer o estropear la encuadernación [de algo, esp. un libro (*cd*)]. **b)** *pr* (**~se**) Deshacerse o estropearse la encuadernación [de algo (*suj*)]. ■ **2** (*col*) Romper o estropear la unión entre las distintas partes [de una cosa o del cuerpo de una pers. (*cd*)]. **b)** *pr* (**~se**) Romperse o estropearse la unión entre las distintas partes [de una cosa o del cuerpo de una pers. (*suj*)]. *Frec en part.*

desencuaderne *m* (*col*) Acción de desencuadernar(se). *Tb su efecto.*

desencuentro *m* (*lit*) Falta de entendimiento o acuerdo, esp. cuando estos eran esperados o deseados.

desencuevar *tr* Sacar [a un animal] de su cueva.

desenfadadamente *adv* De manera desenfadada.

desenfadado -da *adj* **1** [Pers.] que tiene o muestra desenfado. ■ **2** [Cosa] que denota o implica desenfado.

desenfado *m* Falta de seriedad o de inhibición, con tendencia al buen humor.

desenfilar *tr* **1** Hacer que [alguien o algo (*cd*)] deje de estar alineado. ■ **2** (*Mil*) Hacer que [alguien o algo (*cd*)] quede fuera del alcance de los disparos enemigos. *Frec el cd es refl. Tb fig.*

desenfocado -da *adj* **1** *part* → DESENFOCAR. ■ **2** [Imagen o asunto] falto del enfoque debido.

desenfocar *tr* Hacer que [una imagen o un asunto (*cd*)] pierda el enfoque debido. *Tb fig.* **b)** *pr* (**~se**) Perder el enfoque debido [una imagen o un asunto (*suj*)]. *Tb fig.*

desenfoque *m* Falta del enfoque debido.

desenfrenadamente *adv* De manera desenfrenada.

desenfrenado -da *adj* **1** *part* → DESENFRENAR. ■ **2** Falto de freno o moderación. *Tb n, referido a pers.* ■ **3** [Velocidad] extremada. **b)** Que se produce a velocidad extremada. *Tb fig.* **c)** Que corre a velocidad extremada. *Tb fig.*

desenfrenar A *tr* **1** Quitar el freno [a algo]. *Frec fig.* ■ **2** Lanzar [un vehículo] a toda velocidad.
■ **B** *intr pr* (**~se**) **3** Lanzarse [una caballería sin freno] a toda velocidad.

desenfreno *m* Falta de freno o moderación. *Esp referido a costumbres o pasiones.*

desenfundable *adj* Que se puede desenfundar.

desenfundar *tr* Quitar la funda [a algo (*cd*)]. **b)** Sacar [un arma] de su funda. *Tb abs.*

desenfurruñar *tr* Hacer que [alguien (*cd*)] deje de estar enfurruñado. **b)** *pr* (**~se**) Dejar de estar enfurruñado.

desenganchar *tr* **1** Hacer que [alguien o algo (*cd*)] deje de estar enganchado o sujeto. **b)** *pr* (**~se**) Dejar de estar enganchado o sujeto. ■ **2** Liberar [a alguien de algo que sujeta moralmente, esp. de un compromiso]. *Tb sin el 2º compl, por consabido. Frec el cd es refl.* ■ **3** (*col*) Hacer que [alguien (*cd*)] abandone [una adicción (*compl* DE)]. *Frec sin compl* DE, *esp referido a drogas.* **b)** *pr* (**~se**) Abandonar [una adicción (*compl* DE)]. *Frec sin compl, esp referido a drogas.*

desenganche *m* Acción de desenganchar(se).

desengañadamente *adv* (*raro*) De manera desengañada [2b].

desengañado -da *adj* **1** *part* → DESENGAÑAR. ■ **2** [Pers.] falta de fe o de ilusión por haber sufrido algún desengaño [1]. *A veces con un compl* DE *que expresa aquello que ha causado el desengaño.* **b)** Propio de la pers. desengañada.

desengañador -ra *adj* (*raro*) Que desengaña.

desengañar *tr* **1** Hacer ver [a alguien (*cd*)] que la idea favorable que tiene respecto a una pers. o cosa es equivocada. **b)** *pr* (**~se**) Darse cuenta [alguien] de que la idea favorable que tenía de una pers. o cosa era equivocada. *A veces se usa en imperat para destacar enfáticamente una afirmación.* * Defendió a los pobres sin hacerse rico, y esto, desengáñese, tiene un valor. ■ **2** Decir [a alguien (*cd*)] la verdad acerca de alguien o algo para evitar que se forme ideas equivocadas. ■ **3** Quitar la esperanza o ilusión [a alguien (*cd*)]. **b)** *pr* (**~se**) Perder la esperanza o ilusión. ■ **4** Causar desengaño [1] [a alguien (*cd*)].

desengaño *m* **1** Impresión negativa que se recibe al comprobar que una pers. o cosa no responde a lo que se esperaba de ella. *Frec con los vs* SUFRIR *o* LLE-VARSE. ■ **2** Condición de desengañado [2a].

desengarzar *tr* Sacar o desprender [algo que estaba engarzado].

desengomar *tr* Quitar la goma¹ [a algo (*cd*)].

desengranar *tr* Sacar [algo] de su engranaje.

desengrasado -da *adj* **1** *part* → DESENGRASAR. ■ **2** Falto de engrase.

desengrasante *adj* Que desengrasa. *Tb n m, referido a producto.*

desengrasar **A** *tr* **1** Quitar la grasa [a algo (*cd*)] o limpiar[lo] de grasa. *Tb abs.*
B *intr* **2** Quitar el sabor o la sensación de cosa grasa. *Frec en la constr* PARA ~. ■ **3** Variar, o evitar la pesadez o la monotonía. *En la constr* PARA ~, *frec con intención irónica.*

desengrase *m* Acción de desengrasar.

desenjaezado -da *adj* [Caballería] que no lleva jaeces.

desenjalmado -da *adj* [Caballería] que no lleva enjalma.

desenjaular (*conjug* **1e**) *tr* Sacar [a alguien o algo] de la jaula.

desenjaule *m* Acción de desenjaular. *Gralm referido a toros.*

desenlace *m* Final [de un suceso, o de una obra narrativa o dramática]. **b)** (*euf*) Muerte. *Gralm* FATAL ~.

desenlazar *tr* **1** Hacer que [alguien o algo (*cd*)] deje de estar enlazado. ■ **2** Dar desenlace [a algo (*cd*)], esp. a una obra narrativa o dramática. **b)** *pr* (~**se**) Tener desenlace [algo, esp. una obra narrativa o dramática].

desenmarañar *tr* Hacer que [algo o alguien (*cd*)] deje de estar enmarañado.

desenmascarador -ra *adj* Que desenmascara. *Tb n, referido a pers.*

desenmascaramiento *m* Acción de desenmascarar.

desenmascarar *tr* Hacer que se conozca [a alguien] tal cual es, descubriendo su identidad, su carácter o sus intenciones. **b)** Hacer que se conozca tal cual es [algo enmascarado u oculto].

desenraizamiento *m* Acción de desenraizar. *Tb su efecto.*

desenraizar (*conjug* **1f**) *tr* Desarraigar, o arrancar de raíz, [una planta]. *Tb fig.*

desenredar *tr* Hacer que [alguien o algo (*cd*)] deje de estar enredado. *Tb fig.* **b)** *pr* (~**se**) Dejar de estar enredado.

desenrollar *tr* Hacer que [algo (*cd*)] deje de estar enrollado o en forma de rollo.

desenroscar *tr* Hacer que [algo (*cd*)] deje de estar enroscado. *Tb fig.*

desensamblar *tr* Hacer que [algo (*cd*)] deje de estar ensamblado.

desensibilización *f* (*Med*) Acción de desensibilizar.

desensibilizante *adj* (*Med*) Que desensibiliza. *Tb n m, referido a producto o agente.*

desensibilizar *tr* (*Med*) Reducir o anular la sensibilidad [de alguien o algo (*cd*)].

desensillado -da *adj* **1** *part* → DESENSILLAR. ■ **2** [Caballería] que no lleva puesta silla.

desensillar *tr* Quitar la silla [a una caballería (*cd*)].

desensimismar *tr* Hacer que [alguien (*cd*)] deje de estar ensimismado.

desentenderse (*conjug* **14**) *intr pr* No prestar atención [a alguien o algo (*compl* DE)] o no ocuparse [de ellos].

desentendido -da **I** *adj* **1** *part* → DESENTENDERSE. ■ **2** (*raro*) Propio de la pers. que ignora, no comprende o no presta atención.
II *loc v* **3** **hacerse el ~**. Afectar ignorancia o falta de atención o de comprensión.

desentendimiento *m* Acción de desentenderse.

desenterrador -ra *adj* Que desentierra. *Tb n, referido a pers.*

desenterramiento *m* Acción de desenterrar.

desenterrar (*conjug* **6**) *tr* **1** Sacar [a alguien o algo] del lugar en que está enterrado. ■ **2** Sacar a la luz o traer a la memoria [algo o a alguien olvidado].

desentonación *f* Acción de desentonar. *Tb su efecto.*

desentonar *intr* **1** (*Mús*) Apartarse del tono justo. ■ **2** Contrastar negativa o desagradablemente [una pers. o cosa con otras que la rodean o acompañan, o en un lugar o ambiente]. *Tb sin compl, por consabido.*

desentrañador -ra *adj* Que desentraña [1]. *Tb n, referido a pers.*

desentrañamiento *m* Acción de desentrañar [1].

desentrañar *tr* **1** Descubrir o penetrar [algo recóndito o secreto]. ■ **2** Sacar las entrañas [a un animal (*cd*)]. *Tb fig.*

desentrenamiento *m* Acción de desentrenarse. *Tb su efecto.* **b)** Falta de entrenamiento.

desentrenarse *intr pr* Perder el entrenamiento. *Frec en part. Tb fig.*

desentreno *m* Desentrenamiento.

desentumecedor -ra *adj* Que desentumece.

desentumecer (*conjug* **11**) *tr* Quitar el entumecimiento [a alguien o algo (*cd*)]. *Tb fig.* **b)** *pr* (~**se**) Perder el entumecimiento [alguien o algo].

desentumecimiento *m* Acción de desentumecer(se). *Tb su efecto.*

desentumir *tr* (*raro*) Desentumecer. *Tb pr* (~**se**).

desenvainar (*conjug* **1e**) *tr* Sacar [un arma blanca] de la vaina.

desenvoltura *f* Cualidad de desenvuelto [2].

desenvolver (*conjug* **35**) **A** *tr* **1** Quitar la envoltura [a algo (*cd*)]. ■ **2** Desenrollar [algo]. ■ **3** Desarrollar. **b)** *pr* (~**se**) Desarrollarse.
B *intr pr* (~**se**) **4** Actuar o comportarse. *Con un compl adv de modo.* **b)** *Sin compl:* Actuar o comportarse adecuadamente.

desenvolvimiento *m* Acción de desenvolver(se), *esp* [3]. *Tb su efecto.*

desenvueltamente *adv* De manera desenvuelta [2b].

desenvuelto -ta *adj* **1** *part* → DESENVOLVER. ■ **2** [Pers.] que muestra facilidad y falta de encogimiento o timidez en su modo de actuar, expresarse o moverse. *A veces* (*lit*) *con intención peyorativa, denotando exceso de atrevimiento o descaro, esp referido a mujeres.* **b)** Propio de la pers. desenvuelta.

desenzarzar *tr* (*raro*) Desenredar.

deseo I *m* **1** Acción de desear o querer. **b)** Cosa que se desea. ■ **2** Apetito sexual. II *loc adj* **3** [Bautismo] **de ~** → BAUTISMO.

deseoso -sa *adj* Que tiene o muestra deseo [de algo]. *Tb fig.*

desequilibradamente *adv* De manera desequilibrada [1].

desequilibrado -da *adj* **1** *part* → DESEQUILIBRAR. ■ **2** Falto de equilibrio. ■ **3** [Pers.] que padece desequilibrio psíquico. *Tb n.* **b)** Propio de la pers. desequilibrada. ■ **4** (*Electr*) [Corriente polifásica] que no está exactamente desfasada o no tiene la misma intensidad eficaz.

desequilibrador -ra *adj* Que desequilibra.

desequilibrar *tr* **1** Hacer que [alguien o algo (*cd*)] pierda el equilibrio. **b)** *pr* (**~se**) Perder el equilibrio [alguien o algo]. ■ **2** Causar desequilibrio mental [a alguien (*cd*)]. **b)** *pr* (**~se**) Perder el equilibrio mental. *A veces con intención ponderativa.*

desequilibrio *m* **1** Falta de equilibrio. ■ **2** Estado psíquico caracterizado por trastornos mentales o afectivos, que no llega a la locura.

deserción *f* Acción de desertar.

deserta *f* (*Bot*) Conjunto de las plantas de talla mínima capaces de soportar condiciones extremas.

desertar A *intr* **1** Abandonar [un soldado] el ejército sin permiso. ■ **2** Abandonar [una causa (*compl* DE) o algo que implica compromiso]. *Tb sin compl, por consabido.* **3** Dejar de concurrir [a un lugar (*compl* DE)]. B *tr* **4** Abandonar [un lugar] o dejar de concurrir [a él (*cd*)].

desértico -ca *adj* **1** De(l) desierto. **b)** [Clima] seco todo el año y con grandes variaciones de temperatura del día a la noche, propio de los desiertos próximos a los trópicos. ■ **2** Que tiene carácter de desierto.

desertificación *f* Desertización.

desertificar *tr* Desertizar. *Tb pr* (**~se**).

desertización *f* Acción de desertizar(se). *Tb fig.*

desertizador -ra *adj* Que desertiza.

desertizar *tr* Transformar en desierto [un lugar]. **b)** *pr* (**~se**) Convertirse en desierto [un lugar].

desertor -ra *adj* [Pers.] que deserta. *Tb n.* **b)** Propio de la pers. que deserta.

deservicio *m* (*lit*) Falta que se comete contra alguien a quien se tiene obligación de servir.

desescalada *f* Disminución en la extensión, intensidad o magnitud [de algo, esp. de la lucha o la violencia].

desescalar *tr* Disminuir la extensión, intensidad o magnitud [de algo (*cd*), esp. de la lucha o la violencia].

desescamar *tr* Descamar. *Tb pr* (**~se**).

desescombrar *tr* Limpiar de escombros [un lugar]. *Tb abs.*

desescombro *m* Acción de desescombrar.

desesperación *f* **1** Hecho de desesperar(se). *Tb su efecto.* **b)** (*Rel catól*) Falta de esperanza en la salvación eterna o en los medios para conseguirla. ■ **2** Cosa que desespera [2]. *Gralm como predicat.*

desesperadamente *adv* De manera desesperada [2]. *A veces con intención ponderativa.*

desesperado -da I *adj* **1** *part* → DESESPERAR. ■ **2** Que denota o implica desesperación. ■ **3** Que no permite concebir esperanzas. II *loc adv* **4** **a la desesperada.** Como recurso extremo y apenas sin esperanzas. *Tb adj. Tb fig.*

desesperante *adj* Que desespera [2].

desesperantemente *adv* De manera desesperante.

desesperanza *f* Falta de esperanza.

desesperanzado -da *adj* **1** *part* → DESESPERANZAR. ■ **2** Que denota o implica desesperanza.

desesperanzador -ra *adj* Que desesperanza.

desesperanzar *tr* Quitar la esperanza [a alguien (*cd*)]. **b)** *pr* (**~se**) Perder [alguien] la esperanza.

desesperar A *intr* **1** Perder la esperanza [de algo (*compl* DE). *A veces sin compl. Frec en part, a veces sustantivado.* B *tr* **2** Hacer perder el sosiego o la tranquilidad [a alguien (*cd*)]. **b)** *pr* (**~se**) Perder el sosiego o la tranquilidad.

desespero *m* Desesperación [1a].

desespinar *tr* Quitar las espinas [al pescado (*cd*)].

desesposar *tr* Quitar las esposas [a alguien (*cd*)].

desestabilización *f* Acción de desestabilizar.

desestabilizador -ra *adj* Que desestabiliza. *Tb n, referido a pers.*

desestabilizar *tr* Alterar la estabilidad [de algo (*cd*)]. *Esp en política.*

desestalinización *f* (*Pol*) Acción de desestalinizar.

desestalinizar *tr* (*Pol*) Eliminar la orientación y el influjo stalinista [de un régimen político (*cd*)]. *Referido a la URSS.*

desestero *m* Operación de retirar las esteras que cubren el suelo.

desestiba *f* (*Mar*) Acción de sacar el cargamento de la bodega de una embarcación y disponerlo para la descarga.

desestimable *adj* Que se puede o debe desestimar.

desestimación *f* Acción de desestimar. *Tb su efecto.*

desestimar *tr* **1** Denegar o rechazar [algo, esp. una petición]. *Esp en derecho.* ■ **2** Despreciar o tener en poco [algo].

desestimatorio -ria *adj* Que desestima [1].

desfacedor -ra. **~ de entuertos.** *m y f* (*lit, humoríst*) Pers. que deshace o venga agravios.

desfacer (*conjug* 16) *tr* (*lit, humoríst*) Deshacer. *En la constr* ~ ENTUERTOS.

desfachatado -da *adj* Descarado.

desfachatez *f* Descaro (falta de vergüenza o miramientos).

desfajar *tr* Quitar la faja [a alguien, esp. a un niño, o a algo (*cd*)].

desfalcador -ra *adj* Que comete un desfalco. *Tb n, referido a pers.*

desfalco *m* Hecho de apoderarse alguien de dinero o bienes que están bajo su custodia o administración.

desfallecer (*conjug* 11) **A** *intr* **1** Quedarse completamente sin fuerzas, esp. por cansancio o por una emoción. *Tb fig.* ■ **2** Perder el aliento o el ánimo. ■ **3** Decaer [algo, esp. las fuerzas o el ánimo]. **B** *tr* **4** (*raro*) Hacer que [alguien o algo (*cd*)] desfallezca [1].

desfallecido -da *adj* **1** *part* → DESFALLECER. ■ **2** (*lit*) Que denota o implica desfallecimiento.

desfalleciente *adj* (*lit*) Que desfallece. *Tb fig.*

desfallecimiento *m* Acción de desfallecer. *Tb su efecto.* **b)** (*Med*) Pérdida brusca y más o menos grave de las fuerzas físicas y psíquicas.

desfasado -da *adj* **1** *part* → DESFASAR. ■ **2** Que tiene o muestra desfase.

desfasaje *m* (*raro*) Desfase.

desfasamiento *m* Desfase [1].

desfasar *tr* Producir desfase [en alguien o algo (*cd*)]. **b)** *pr* (~**se**) Pasar a tener desfase [alguien o algo].

desfase *m* **1** Falta de ajuste o correspondencia temporal entre una pers. o cosa y otra, o respecto al ambiente y circunstancias de un momento dado. ■ **2** (*Electr*) Diferencia de fase.

desfavor. en ~. *loc adv* (*raro*) En disfavor o en contra. *Normalmente con un compl de posesión.*

desfavorable *adj* Negativo o no favorable.

desfavorablemente *adv* De manera desfavorable.

desfavorecer (*conjug* 11) *tr* Perjudicar. **b)** No favorecer.

desfecha *f* (*TLit*) Deshecha.

desfenestrar *tr* (*semiculto*) Defenestrar. *Tb fig.*

desfibrado -da *adj* **1** Que no tiene fibras o filamentos. ■ **2** (*lit*) Que no tiene fibra o energía.

desfibrilador *m* (*Med*) Instrumento para detener la fibrilación cardíaca.

desfiguración *f* Acción de desfigurar.

desfigurador -ra *adj* Que desfigura. *Tb n, referido a pers.*

desfigurar *tr* **1** Deformar la figura o las facciones [de una pers. o de su rostro (*cd*)]. *Tb fig.* ■ **2** Alterar o deformar [algo, esp. verdades o hechos].

desfijar *tr* (*raro*) Quitar [algo] del sitio en que está fijado.

desfilachar *tr* (*reg*) Deshilachar. *Tb pr* (~**se**).

desfiladero *m* Paso estrecho entre montañas.

desfilar *intr* **1** Marchar en formación [soldados u otros componentes de una unidad militar, ante alguien o algo, esp. un personaje importante]. ■ **2** Pasar unas tras otras [numerosas perss. o cosas] para ser vistas por el público. **b)** Pasar [un modelo] por la pasarela luciendo ropa de moda. **c)** Pasar por las calles en procesión, con el acompañamiento ordenado de sus cofrades o de los fieles, [una imagen o un paso de Semana Santa]. ■ **3** Pasar una tras otra [numerosas perss. o cosas]. ■ **4** (*col*) Marcharse.

desfile *m* Acción de desfilar.

desflecado -da *adj* **1** *part* → DESFLECAR. ■ **2** Que se divide como en flecos. *Tb* (*lit*) *fig.*

desflecar *tr* **1** Formar flecos [en algo (*cd*)]. *Tb* (*lit*) *fig.* **b)** *pr* (~**se**) Formarse flecos [en algo (*suj*)]. *Tb* (*lit*) *fig.* ■ **2** (*lit*) Dividir [algo] en partes a modo de flecos. *Tb fig.* **b)** *pr* (~**se**) Dividirse [algo] en partes a modo de flecos. *Tb fig.* ■ **3** (*lit*) Deshacer. *En sent fig.* **b)** *pr* (~**se**) Deshacerse. *En sent fig.*

desfloración *f* Acción de desflorar [1].

desfloramiento *m* Acción de desflorar [1].

desflorar *tr* **1** Quitar la virginidad [a una mujer (*cd*)]. *Alguna vez referido a hombre.* **b)** (*lit*) Estrenar. *En sent fig.* ■ **2** Quitar la flor [a una planta (*cd*)]. **b)** Quitar las flores a las plantas [de un lugar (*cd*)]. ■ **3** Esbozar [un tema o una sonrisa]. ■ **4** Ajar o deslustrar. *Frec en part.*

desfogamiento *m* Acción de desfogar(se).

desfogar A *tr* **1** Desahogar [un sentimiento o una pasión]. **B** *intr pr* (~**se**) **2** Desahogarse [una pers.]. *Tb fig.* ■ **3** Lanzar al exterior [un volcán] el fuego y las materias incandescentes.

desfogue *m* Acción de desfogar(se).

desfoliación *f* (*Bot*) Acción de desfoliar(se).

desfoliante *adj* (*Bot*) [Sustancia] que produce la caída de las hojas. *Tb n m.*

desfoliar (*conjug* 1a) *tr* (*Bot*) Defoliar o deshojar. *Tb pr* (~**se**). *A veces con intención humorist.*

desfondamiento *m* Acción de desfondar(se), esp [2]. *Tb su efecto.*

desfondar *tr* **1** Quitar o romper el fondo [a algo (*cd*), esp. a una vasija]. *Frec en part.* ■ **2** Quitar o hacer perder las fuerzas [a alguien (*cd*)]. *Esp en deportes.* **b)** *pr* (~**se**) Perder las fuerzas. ■ **3** Quitar el ánimo [a alguien (*cd*)]. **b)** *pr* (~**se**) Perder el ánimo. ■ **4** Labrar profundamente [la tierra] para destruir raíces perjudiciales y airear las capas inferiores.

desfonde *m* Acción de desfondar(se). *Tb su efecto.*

desfondo *m* Acción de desfondar [4]. *Tb su efecto.*

desforestación *f* Deforestación.

desforestar *tr* Deforestar. *Frec en part.*

desfrenar *tr* Quitar o soltar el freno [a algo (*cd*)]. *Tb abs.* **b)** *pr* (~**se**) Perder [algo] el freno.

desfreno *m* Acción de desfrenar.

desfruncir *tr* Quitar el fruncimiento o el fruncido [de algo (*cd*)].

desgaire I *m* **1** Descuido o despreocupación, frec. estudiados. ■ **2** Falta de garbo en el modo de andar o de moverse. **II** *loc adv* **3 al ~.** Con descuido o despreocupación, frec. estudiados. *Tb adj.*

desgajadura *f* Acción de desgajar(se). *Tb su efecto.*

desgajamiento *m* Acción de desgajar(se).

desgajar *tr* **1** Arrancar o separar [una rama] del tronco al que está unida. *Tb fig.* **b)** *pr* (~**se**) Separarse [una rama] del tronco al que está unida. *Tb fig.* ■ **2** Arrancar o separar [algo o a alguien de un todo del que forma parte]. *Tb fig.* **b)** *pr* (~**se**) Separararse [algo o alguien de un todo del que forma parte]. *Tb fig.* ■ **3** Separar [una cosa de otra]. *Tb sin compl* DE*, por consabido.* **b)** *pr* (**~se**) Separarse [una cosa de otra].

desgaje *m* Desgajamiento.

desgalgadero *m* **1** Pedregal en pendiente. ■ **2** Despeñadero.

desgalgarse *intr pr* Despeñarse o precipitarse.

desgalichado -da *adj* (*col*) Desgarbado.

desgalichamiento *m* Cualidad de desgalichado.

desgana *f* **1** Falta de gana o interés por las cosas en general, o por alguna en particular. ■ **2** Inapetencia.

desganadamente *adv* De manera desganada.

desganado -da *adj* **1** Que tiene desgana, *esp* [2]. ■ **2** Que denota o implica desgana, *esp* [1].

desgañitado -da *adj* **1** *part* → DESGAÑITARSE. ■ **2** Que denota o implica desgañitamiento.

desgañitamiento *m* Acción de desgañitarse. *Tb fig.*

desgañitarse *intr pr* Gritar o vocear forzando mucho la voz. *Tb fig.*

desgañotado -da *adj* (*reg*) Que no tiene cuello o gañote.

desgarbadamente *adv* De manera desgarbada.

desgarbado -da *adj* Falto de garbo.

desgarbilado -da *adj* (*reg*) Desgarbado.

desgarbo *m* Falta de garbo.

desgargantarse *intr pr* (*raro*) Desgañitarse.

desgarradamente *adv* De manera desgarrada.

desgarrado -da *adj* **1** *part* → DESGARRAR. ■ **2** Que tiene o muestra desgarro [2]. ■ **3** Que denota o implica un gran dolor o sufrimiento. ■ **4** (*raro*) [Pers.] de moral sexual libre.

desgarrador -ra *adj* Que desgarra, *esp* [3].

desgarradoramente *adv* De manera desgarradora.

desgarradura *f* Acción de desgarrar(se) [1 y 2]. *Tb su efecto.*

desgarramiento *m* Acción de desgarrar(se). *Tb su efecto.*

desgarrante *adj* Que desgarra.

desgarrar *tr* **1** Romper o rasgar [algo, esp. papel, tela o tejidos orgánicos] tirando con fuerza y produciendo una rotura de bordes irregulares. *Tb abs. Tb fig.* **b)** *pr* (**~se**) Romperse o rasgarse [algo] quedando una rotura de bordes irregulares. ■ **2** Causar [a alguien o algo (*cd*)] una dolorosa ruptura moral. ■ **3** Causar un gran dolor moral [a alguien o algo (*cd*), esp. al corazón o al alma].

desgarre *m* Desgarro.

desgarro *m* **1** Acción de desgarrar(se). *Tb su efecto. Esp referido a tejidos musculares.* ■ **2** Descaro o desvergüenza, en la expresión o en los modales.

desgarrón *m* Rotura hecha al desgarrar(se) [1]. *Esp referido a tela. Tb* (*lit*) *fig.*

desgasificación *f* Acción de desgasificar.

desgasificador *m* Dispositivo para desgasificar.

desgasificar *tr* Extraer el gas [de algo (*cd*)].

desgasolinización *f* (*Quím*) Proceso por el que se extraen de un gas natural los hidrocarburos líquidos que contiene en suspensión.

desgastador -ra *adj* Que desgasta.

desgastar *tr* **1** Hacer que [algo (*cd*)] pierda parte de su superficie por el roce o el uso, frec. alterando su aspecto. **b)** *pr* (**~se**) Perder [algo] parte de su superficie por el roce o el uso, frec. alterando su aspecto. *Frec en part.* ■ **2** Hacer que [alguien o algo (*cd*)] pierda fuerza o poder. *Tb abs.* **b)** *pr* (**~se**) Perder [alguien o algo] fuerza o poder.

desgaste *m* **1** Acción de desgastar(se). *Tb su efecto.* ■ **2** Merma o disminución.

desglosable *adj* Que se puede desglosar.

desglosar *tr* **1** Separar [algo de un conjunto] para estudiar[lo] o considerar[lo] aparte. **b)** Separar [algo de un conjunto] dándo[le] autonomía. ■ **2** Dividir [algo] en elementos distintos. **b)** *pr* (**~se**) Dividirse [algo] en elementos distintos.

desglose *m* Acción de desglosar. *Tb su efecto.*

desgobernado -da *adj* **1** *part* → DESGOBERNAR. ■ **2** [Cosa] que no funciona debidamente.

desgobernar (*conjug* 6) **A** *tr* **1** Gobernar mal, dejando que reine el desorden y la indisciplina. **B** *intr pr* (**~se**) **2** Desmandarse o desordenarse. *Tb fig.*

desgobierno *m* Desorden o falta de gobierno. *Tb fig.*

desgonzar *tr* (*raro*) Desgoznar. *Tb pr* (**~se**).

desgorrarse *intr pr* (*raro*) Quitarse la gorra.

desgoznar *tr* Quitar o desencajar los goznes [de algo (*cd*)]. **b)** *pr* (**~se**) Romperse o desencajarse los goznes [de algo (*suj*)].

desgracia **I** *f* **1** Suceso que causa un daño o una pena grandes. *Frec con intención ponderativa.* **b)** Suceso en que alguien resulta herido o muerto. **c)** **~ personales.** Víctimas humanas. *Esp en un accidente.* ■ **2** Hecho de no ser feliz o de encontrarse en situación lamentable. **b)** Mala suerte. ■ **3** Situación de la pers. o cosa a quien le ocurren frecuentes desgracias [1a] o contratiempos. *Gralm en la constr* ESTAR EN ~. ■ **4** Situación de quien ha perdido la gracia o favor [de alguien]. *Frec en constrs como* ESTAR, O CAER, EN ~. **II** *loc adv* **5** **por ~.** Desgraciadamente.

desgraciadamente *adv* De manera desgraciada [5]. *Gralm precede o sigue a la mención de un hecho, para manifestar que se considera desgraciado o lamentable.* * Desgraciadamente es una edición poco conocida.

desgraciado -da *adj* **1** *part* → DESGRACIAR. ■ **2** Que sufre desgracias o una desgracia [1]. **b)** [Pers.] que no es feliz. **c)** [Pers.] que no es afortunada. ■ **3** [Pers.] que se encuentra en una situación lamentable, esp. en el aspecto económico. *Tb n.* ■ **4** (*col*) [Pers.] despreciable. *Tb n. Frec se usa como insulto.* ■ **5** [Cosa] que causa o implica desgracia [1 y 2]. **b)** Desacertado o inoportuno. ■ **6** Que carece de gracia o atractivo.

desgraciar (*conjug* 1a) **A** *tr* **1** Estropear [algo] o causar[le] grave daño. **b)** *pr* (**~se**) Estropearse o sufrir grave daño. ■ **2** Matar o causar un grave daño físico [a alguien (*cd*)]. **b)** *pr* (**~se**) Morirse o sufrir un grave daño físico. ■ **3** Malograr. **b)** *pr* (**~se**) Malograrse. ■ **4** (*col*) Deshonrar [a una mujer]. **B** *intr pr* (**~se**) **5** (*reg*) Ventosear.

desgranado *m* Acción de desgranar.

desgranador -ra *adj* Que desgrana. *Tb n f, referido a máquina.*

desgranar *tr* **1** Sacar o quitar los granos [de un fruto (*cd*)]. **b)** *pr* (**~se**) Desprenderse los granos [de un fruto (*suj*)]. ■ **2** Pasar una a una [una serie de cosas, esp. cuentas de rosario]. ■ **3** (*lit*) Ofrecer o presentar [algo que supone el paso sucesivo de una serie de elementos, o el paso reiterado o progresivo de uno solo]. **b)** *pr* (**~se**) Ofrecerse o presentarse [algo que supone el paso sucesivo de una serie de elementos, o el paso reiterado o progresivo de uno solo].

desgrane *m* Acción de desgranar(se) [1].

desgrasar *tr* Quitar la grasa [a algo (*cd*)].

desgravable *adj* Que se puede desgravar.

desgravación *f* Acción de desgravar.

desgravar *tr* Deducir [algo] en la cuota tributaria. *Frec abs.*

desgreñado -da *adj* **1** *part* → DESGREÑAR. ■ **2** [Pers. o cabeza] que tiene el pelo enredado o despeinado.

desgreñar *tr* Despeinar o enredar [el pelo]. **b)** *pr* (**~se**) Despeinarse o enredarse [el pelo]. *Frec en part.*

desgreño *m* Condición de desgreñado.

desguace *m* **1** Acción de desguazar. *Tb fig.* ■ **2** Local en que se desguazan vehículos y se venden sus piezas útiles.

desgualdrajar *tr* (*reg*) Desvencijar. *Tb pr* (**~se**).

desgualdramillar *tr* (*reg*) Desvencijar. *Tb pr* (**~se**).

desguarnecer (*conjug* 11) *tr* Privar [a un lugar (*cd*) de tropas que lo defiendan]. *Tb sin compl* DE. *Normalmente en part.*

desguarnecido -da *adj* **1** *part* → DESGUARNECER. ■ **2** Desprotegido. *A veces con un compl* DE.

desguazador -ra *adj* Que desguaza. *Tb n: m y f, referido a pers; f, referido a empresa.*

desguazamiento *m* Acción de desguazar. *En sent fig.*

desguazar *tr* **1** Desmontar o deshacer [algo, esp. un barco u otro vehículo] gralm. para aprovechar sus materiales. *Tb fig.* ■ **2** (*Carpint*) Desbastar [tablones] con un hacha u otra herramienta apropiada.

deshabillé (*fr; pronunc corriente, /desabiyé/*) *m* Salto de cama.

deshabitación *f* (*raro*) Condición de deshabitado.

deshabitado -da *adj* **1** *part* → DESHABITAR. ■ **2** Que no está habitado. **b)** Temporalmente vacío de personas.

deshabitar *tr* (*raro*) Dejar sin habitantes [un lugar].

deshábito *m* Falta de hábito o costumbre.

deshabituación *f* Acción de deshabituar(se).

deshabituamiento *m* (*raro*) Deshabituación.

deshabituar (*conjug* 1d) *tr* Hacer que [alguien (*cd*)] deje de estar habituado [a algo, esp. a una droga]. *Frec sin compl.* **b)** *pr* (**~se**) Dejar de estar habituado [a algo, esp. una droga]. *Frec sin compl.*

deshacedor -ra *adj* (*raro*) Que deshace.

deshacer (*conjug* 16) A *tr* **1** Hacer que [algo (*cd*)] deje de estar hecho. *Tb abs.* **b)** *pr* (**~se**) Dejar de estar hecho. ■ **2** Desandar [un camino]. ■ **3** Hacer que [algo (*cd*)] deje de existir. **b)** *pr* (**~se**) Dejar de existir [algo]. ■ **4** Hacer que [algo previamente acordado] no llegue a realizarse. **b)** *pr* (**~se**) No llegar a realizarse [algo previamente acordado]. ■ **5** Destruir totalmente. *Frec con intención ponderativa.* **b)** Causar [a alguien (*cd*)] un grave quebranto físico o moral. *Frec en part.* ■ **6** Descomponer [algo] en partes. ■ **7** Convertir en líquido [algo sólido]. **b)** *pr* (**~se**) Convertirse en líquido [algo sólido]. ■ **8** Disolver [un sólido en un líquido]. **b)** *pr* (**~se**) Disolverse [un sólido en un líquido]. B *intr pr* (**~se**) **9** Realizar con gran intensidad o vehemencia [actos que manifiestan afecto o estado de ánimo (*compl* EN)]. *Tb sin compl, por consabido.* ■ **10** Desvivirse [por algo]. ■ **11** Dar o vender [algo (*compl* DE), frec. inútil o molesto]. ■ **12** Librarse [de alguien o algo importuno o molesto], frec. haciendo[lo] desaparecer.

deshacimiento *m* (*lit, raro*) Inquietud o desasosiego.

desharrapadamente (*tb con la grafía* **desarrapadamente**) *adv* De manera desharrapada.

desharrapado -da (*tb con la grafía* **desarrapado**) *adj* **1** Harapiento o andrajoso. *Tb n, referido a pers.* ■ **2** [Pers.] que carece de medios para vivir con decoro. *Tb n.*

desharrapamiento (*tb con la grafía* **desarrapamiento**) *m* **1** Cualidad de desharrapado. ■ **2** Miseria o pobreza.

deshebrar *tr* (*raro*) **1** Sacar la(s) hebra(s) [de algo (*cd*)]. *Tb fig.* ■ **2** Deshacer [algo] en partes semejantes a hebras.

deshecha (*tb con la grafía* **desecha**) *f* (*TLit*) Poema breve, en forma de copla, canción o villancico, que sirve de resumen o conclusión de otro poema.

deshechizar *tr* Hacer que [alguien o algo (*cd*)] deje de estar hechizado. *Tb abs.*

deshecho -cha *adj* **1** *part* → DESHACER. ■ **2** (*lit*) [Lluvia o tempestad] muy fuerte o violenta.

deshelar (*conjug* 6) *tr* Hacer que [algo (*cd*)] deje de estar helado. *Tb fig.* **b)** *pr* (**~se**) Dejar de estar helado [algo].

desherbado *m* Deshierbado.

desheredación *f* Acción de desheredar.

desheredado -da *adj* **1** *part* → DESHEREDAR. ■ **2** Pobre o carente de medios de fortuna. *Tb n, referido a pers.*

desheredar *tr* Privar de la herencia [a un heredero forzoso] mediante testamento y con causa justificada. *Tb fig.*

desherrar (*conjug* 6) *tr* (*raro*) Liberar [a alguien] de los hierros o cadenas que le aprisionan.

deshidratación *f* Acción de deshidratar(se). *Tb su efecto.*

deshidratado *m* Acción de deshidratar. *Tb su efecto.*

deshidratador -ra *adj* Que deshidrata. *Frec n f, referido a industria o máquina.*

deshidratante *adj* **1** Que deshidrata. *Tb n m, referido a agente o producto.* ■ **2** De (la) deshidratación.

deshidratar *tr* **1** Hacer que [un organismo o parte de él (*cd*)] pierda total o parcialmente el agua de constitución de los tejidos. **b)** *pr* (**~se**) Perder [un organismo o parte de él] total o parcialmente el agua de constitución de los tejidos. ■ **2** (*Quím*) Privar [a un cuerpo (*cd*)] del agua que contiene.

deshidrogenación *f* (*Quím*) Acción de deshidrogenar.

deshidrogenar *tr* (*Quím*) Separar el hidrógeno [de un compuesto (*cd*)].

deshidrogenasa *f* (*Biol*) Enzima que separa el hidrógeno de las moléculas orgánicas que se utilizan como material respiratorio.

deshielo *m* **1** Acción de deshelar(se). *Esp referido a nieve o hielo.* ■ **2** Relajación de la rigidez o dureza de un sistema político o de la tensión u hostilidad de una relación.

deshierbado *m* Acción de deshierbar.

deshierbar *tr* Limpiar [algo] de hierbas, esp. perjudiciales.

deshijado *m* (*reg*) Acción de quitar los chupones a las plantas.

deshilachado *m* Acción de deshilachar(se) [1]. *Tb su efecto.*

deshilachadura *f* Acción de deshilachar(se) [1]. *Tb su efecto.*

deshilachar *tr* **1** Deshilar [una tela (*cd*)] por los bordes formando hilachas. **b)** *pr* (**~se**) Deshilarse [una tela]. ■ **2** Dividir [algo] en partes a modo de hilachas. **b)** *pr* (**~se**) Dividirse [algo] en partes a modo de hilachas. *Tb fig.*

deshilado[1] **-da** *adj* **1** *part* → DESHILAR. ■ **2** (*raro*) Deshilvanado [2].

deshilado[2] *m* **1** Acción de deshilar(se). *Tb su efecto.* ■ **2** Labor que se hace sacando previamente hilos y formando calados.

deshiladura *f* Acción de deshilar(se). *Tb su efecto. Tb fig.*

deshilar *tr* Sacar hilos [de una tela (*cd*)], frec. por el borde para formar flecos. **b)** *pr* (**~se**) Salirse hilos del borde [de una tela (*suj*)].

deshilvanadamente *adv* De manera deshilvanada [2].

deshilvanado -da *adj* **1** *part* → DESHILVANAR. ■ **2** Falto de ilación o conexión. *Esp referido a ideas o palabras.*

deshilvanar *tr* **1** Quitar los hilvanes [a algo (*cd*)] que ya se ha cosido]. *Tb abs.* ■ **2** (*raro*) Descoser.

deshinchamiento *m* Acción de deshinchar(se).

deshinchar *tr* Hacer que [algo (*cd*)] deje de estar hinchado. **b)** *pr* (**~se**) Dejar de estar hinchado.

deshoja *f* (*reg*) Acción de deshojar las panojas de maíz.

deshojado *m* Acción de deshojar.

deshojador -ra *adj* Que deshoja. *Tb n f, referido a máquina.*

deshojar *tr* **1** Arrancar las hojas [a algo (*cd*)], esp. a una planta o una flor]. *Tb abs.* **b)** *pr* (**~se**) Perder las hojas [algo (*suj*)], esp. una planta o una flor]. ■ **2 ~ la margarita** → MARGARITA.

deshoje *m* Acción de deshojar(se).

deshollinador *m* **1** Hombre que se dedica a deshollinar chimeneas. ■ **2** Utensilio a modo de escoba larga para deshollinar chimeneas.

deshollinar *tr* Limpiar de hollín [algo, esp. una chimenea].

deshonestamente *adv* De manera deshonesta.

deshonestidad *f* Cualidad de deshonesto.

deshonesto -ta *adj* **1** Que no es honesto en lo relativo a la moral sexual. ■ **2** Que no es honesto u honrado. *Tb n, referido a pers.*

deshonor *m* Deshonra.

deshonra *f* **1** Pérdida de la honra o el honor. ■ **2** Cosa que deshonra.

deshonrabuenos *m y f* (*raro*) Pers. que deshonra o desacredita a otros injustamente.

deshonrar *tr* Quitar la honra o el honor [a alguien (*cd*)]. *Tb abs.* **b)** Quitar la honra [a una mujer (*cd*)].

deshonroso -sa *adj* [Cosa] que deshonra [1a].

deshora I *f* **1** (*lit*) Hora inoportuna o desacostumbrada.
II *loc adv* **2 a ~(s)**. A hora inoportuna o desacostumbrada. *Tb adj. Tb fig.*

deshuesado *m* Acción de deshuesar.

deshuesador -ra *adj* Que deshuesa. *Tb n: m y f, referido a pers; f, referido a máquina.*

deshuesar *tr* Quitar los huesos [a algo (*cd*), esp. carne o frutos].

deshuevarse *intr pr* (*vulg*) Morirse de risa. *Tb ~ DE RISA.*

deshumanar *tr* (*raro*) Deshumanizar. *Tb pr* (**~se**).

deshumanización *f* Acción de deshumanizar(se). *Tb su efecto.*

deshumanizadamente *adv* De manera deshumanizada [2].

deshumanizado -da *adj* **1** *part* → DESHUMANIZAR. ■ **2** Falto de sentido humano o que no tiene en cuenta al ser humano.

deshumanizador -ra *adj* Que deshumaniza.

deshumanizante *adj* Deshumanizador.

deshumanizar *tr* Quitar humanidad o carácter humano [a alguien o algo (*cd*)]. **b)** *pr* (**~se**) Perder humanidad o carácter humano.

deshumano -na *adj* (*raro*) Inhumano.

deshumidificación *f* Eliminación de la humedad ambiente.

deshumidificador -ra *adj* Que elimina la humedad ambiente. *Gralm n m, referido a aparato.*

desideologización *f* Acción de desideologizar.

desideologizado -da *adj* **1** *part* → DESIDEOLOGIZAR. ■ **2** Que carece de ideología.

desideologizador -ra *adj* Que desideologiza.

desideologizar *tr* Privar de ideología [a alguien o algo (*cd*)].

desiderata[1] *f* Conjunto de cosas que se desean. *Gralm referido a lista de objetos, esp libros, cuya adquisición se propone.*

desiderata[2] → DESIDERÁTUM.

desiderativo -va *adj* Que expresa o indica deseo.

desiderátum (*pl*, ~ *o* DESIDERATA) *m* 1 Aspiración o ideal. ■ 2 **el ~**. (*col*) El colmo.

desidia *f* Pereza o abandono.

desidioso -sa *adj* 1 [Pers.] que tiene o muestra desidia. *Tb n.* ■ 2 [Cosa] que denota o implica desidia.

desierto -ta I *adj* 1 [Lugar] que no está habitado o en que no hay gente. *Frec con intención ponderativa.* ■ 2 [Premio, concurso o subasta] en que no hay participantes o, lo más frec., en que ningún participante resulta ganador. ■ 3 [Ganga] **del ~** → GANGA³.
II *m* 4 Región muy árida y carente total o casi totalmente de vegetación y de habitantes. **b)** Lugar poco habitado y poco fértil. **c)** Lugar en que no hay gente. **d)** Lugar carente de vida en un aspecto determinado. *Con un adj o compl especificador.* ■ 5 (*Rel catól*) Residencia penitencial carmelita. ■ 6 (*lit*) Época de gran dureza y penuria en la existencia de un político o de un partido político. *En las constrs* TRAVESÍA DEL ~, *o* ATRAVESAR EL ~.
III *loc v* 7 **predicar en (el) ~**, *o* **clamar en el ~**. Tratar inútilmente de convencer a alguien que no presta la menor atención o no está dispuesto a dejarse convencer.

design (*ing*; *pronunc corriente*, /disáin/) *m* Diseño.

designación *f* 1 Acción de designar. ■ 2 Palabra o conjunto de palabras que sirven para designar [3] a alguien o algo.

designar *tr* 1 Señalar o determinar. ■ 2 Señalar [a alguien (*cd*)] para que sea [el que desempeñe (*predicat*) un cargo o función]. *Tb fig, referido a cosa.* ■ 3 Representar [a alguien o algo] por medio de una o más palabras. *Frec con un compl* COMO *o*, *más raro, con un predicat; o en las constrs* CON (*o POR*) EL NOMBRE DE, *o* CON LA LETRA X, *o* EL NÚMERO X.

designativo -va *adj* (*raro*) Que sirve para designar. *Tb n m, referido a término.*

designio *m* Propósito o intención.

desigual *adj* 1 De distintas características. *Con n en pl, o, raro, con un compl* A. **b)** De distinto valor. ■ 2 Que muestra o implica cambios o variaciones. **b)** [Terreno o superficie] que presenta cambios de nivel. **c)** Que presenta irregularidades o entrantes y salientes. **d)** Falto de equidad. ■ 3 [Lucha o batalla] que se produce entre fuerzas desiguales [1]. ■ 4 [Matrimonio] de perss. de distinta clase social.

desigualar A *tr* 1 Romper la igualdad [de algo (*cd*)]. **b)** *pr* (~**se**) Romperse la igualdad [de algo (*suj*)].
B *intr* 2 (*raro*) Romper la igualdad [en algo].

desigualdad *f* 1 Cualidad o condición de desigual. ■ 2 Cambio de nivel en un terreno o superficie]. *Gralm en pl.* ■ 3 (*Mat*) Expresión que representa la falta de igualdad de dos cantidades o expresiones.

desigualmente *adv* De manera desigual.

desilusión *f* 1 Decepción o desengaño. ■ 2 Falta de ilusión o de ilusiones.

desilusionadamente *adv* De manera desilusionada [2].

desilusionado -da *adj* 1 *part* → DESILUSIONAR. ■ 2 Que denota o implica desilusión.

desilusionador -ra *adj* Que desilusiona.

desilusionante *adj* Que desilusiona.

desilusionar *tr* 1 Causar desilusión [1] [a alguien (*cd*)]. **b)** *pr* (~**se**) Sufrir [alguien] una desilusión. ■ 2 Quitar [a alguien (*cd*)] la ilusión o las ilusiones. **b)** *pr* (~**se**) Perder la ilusión o las ilusiones.

desimanar *tr* Desimantar.

desimantación *f* Acción de desimantar.

desimantar *tr* Hacer que [algo (*cd*)] pierda la imantación. *Tb* (*lit*) *fig*.

desincentivación *f* Acción de desincentivar.

desincentivador -ra *adj* Que desincentiva.

desincentivar *tr* Quitar incentivo o estímulo [a alguien o algo (*cd*)].

desincronía *f* Falta de sincronía.

desincronización *f* Acción de desincronizar.

desincronizar *tr* Hacer que [algo (*cd*)] deje de estar sincronizado. *Gralm en part.*

desincrustación *f* Acción de desincrustar.

desincrustante *adj* Que desincrusta. *Tb n m, referido a producto.*

desincrustar *tr* Limpiar o disolver [la suciedad o impurezas incrustadas en una superficie]. *Tb abs.*

desindustrialización *f* Acción de desindustrializar(se). *Tb su efecto.*

desindustrializar *tr* Hacer que [un país, una región u otro lugar (*cd*)] deje de estar industrializado. **b)** *pr* (~**se**) Dejar de estar industrializado [un país, una región u otro lugar].

desinencia *f* (*Ling*) Morfema flexivo.

desinencial *adj* (*Ling*) De (la) desinencia.

desinente *adj* (*Gram*) Perfectivo.

desinfección *f* Acción de desinfectar.

desinfectación *f* (*raro*) Desinfección.

desinfectador -ra *adj* Que desinfecta. *Tb n, referido a pers.*

desinfectante *adj* Que desinfecta. *Tb n m, referido a sustancia o producto.*

desinfectar *tr* Destruir los gérmenes nocivos [de algo (*cd*)].

desinflación *f* (*Econ*) Deflación.

desinflado *m* Acción de desinflar(se) [1]. *Tb su efecto.*

desinflamar *tr* Deshinchar o hacer que [algo (*cd*)] pierda la inflamación. *Tb pr* (~**se**).

desinflamiento *m* (*col*) Acción de desinflar(se) [2]. *Tb su efecto.*

desinflar *tr* 1 Hacer que [alguien o algo (*cd*)] deje de estar inflado. **b)** *pr* (~**se**) Dejar de estar inflado. ■ 2 (*col*) Quitar [a alguien (*cd*)] el ánimo o el impulso. **b)** *pr* (~**se**) Perder [alguien] el ánimo o el impulso. *Frec en part.*

desinfle *m* (*col*) Acción de desinflar(se) [2]. *Tb su efecto.*

desinformación *f* 1 Acción de desinformar. ■ 2 Falta de información.

desinformado -da *adj* 1 *part* → DESINFORMAR. ■ 2 [Pers.] mal informada o falta de información. *Tb n.*

desinformar *tr* Informar [a alguien] alterando u ocultando datos tendenciosamente. *Tb abs.*

desinhibición *f* Falta de inhibición.

desinhibido -da *adj* 1 *part* → DESINHIBIR. ■ 2 [Pers.] que carece de inhibiciones o prejuicios en su comportamiento. *Tb n.* ■ 3 [Cosa] que denota o implica desinhibición.

desinhibir *tr* Hacer que [alguien (*cd*)] deje de estar inhibido. **b)** *pr* (~se) Dejar [alguien] de estar inhibido.

desinsectación *f* Acción de desinsectar.

desinsectante *adj* Que desinsecta. *Tb n m, referido a sustancia o producto.*

desinsectar *tr* Limpiar de insectos [algo o a alguien].

desintegración *f* Acción de desintegrar(se). **b)** (*Fís*) Transformación, espontánea o provocada, que experimenta un núcleo atómico al emitir alguna partícula, al captar un electrón o al romperse en dos o más fragmentos. *Frec* ~ ATÓMICA o DEL ÁTOMO.

desintegrado -da *adj* 1 *part* → DESINTEGRAR. ■ 2 Falto o carente de integración.

desintegrador -ra *adj* Que desintegra. *Tb n m, referido a aparato.*

desintegrante *adj* Que desintegra.

desintegrar *tr* Dividir [algo] en fragmentos o en sus distintos componentes. *Frec, en física, referido al átomo.* **b)** *pr* (~se) Dividirse [algo] en fragmentos o en sus distintos componentes. *Frec fig, con idea de destrucción total.*

desinterés *m* 1 Falta de interés [hacia o por alguien o algo]. *Tb sin compl.* ■ 2 Actitud de quien actúa sin buscar una utilidad o provecho.

desinteresadamente *adv* De manera desinteresada [3].

desinteresado -da *adj* 1 *part* → DESINTERESARSE. ■ 2 [Pers.] que tiene o muestra desinterés, *esp* [2]. ■ 3 [Cosa] que denota o implica desinterés, *esp* [2].

desinteresarse *intr pr* Dejar de tener interés [por alguien o algo (*compl* DE)]. *Tb sin compl, por consabido.*

desintermediación *f* (*Econ*) Supresión de intermediarios.

desintoxicación *f* Acción de desintoxicar(se).

desintoxicador -ra *adj* (*raro*) Que desintoxica.

desintoxicante *adj* Que desintoxica.

desintoxicar *tr* 1 Librar [a alguien de una intoxicación]. *Tb fig. Tb abs.* **b)** *pr* (~se) Librarse [de una intoxicación]. *Tb fig.* ■ 2 Apartar [a alguien] de una adicción o toxicomanía por medio de un tratamiento adecuado. **b)** *pr* (~se) Apartarse de una adicción o toxicomanía. ■ 3 Limpiar [algo] de sustancias tóxicas.

desinversión *f* (*Econ*) Acción de desinvertir.

desinversor -ra *adj* (*Econ*) 1 Que desinvierte. *Tb n, referido a pers.* ■ 2 De (la) desinversión.

desinvertir *(conjug 60) tr* (*Econ*) Retirar [un capital invertido].

desistimiento *m* Acción de desistir.

desistir *intr* 1 Abandonar [una idea o propósito o una actitud (*compl* DE)]. *Tb sin compl.* ■ 2 (*Der*) Renunciar [a un derecho o a una acción legal (*compl* DE)]. *Tb sin compl.*

desjarretadera *f* Instrumento constituido por una media luna de acero cortante sujeta a una vara, que sirve para desjarretar toros.

desjarretar *tr* Cortar [a una res (*cd*)] las patas por el jarrete. *Tb fig, esp referido a otro daño grave en las patas.*

desjarrete *m* Acción de desjarretar.

desjugado -da *adj* (*raro*) Falto de jugo.

desjuntar *tr* (*raro*) Separar. *Tb pr* (~se).

deslabonar *tr* (*raro*) Desunir [eslabones o piezas]. *Tb pr* (~se).

deslacrar *tr* Romper el lacre [de un sobre o paquete (*cd*)].

deslastrar *tr* Quitar el lastre [a algo (*cd*)], esp. a una embarcación].

deslateralizarse *intr pr* (*Fon*) Transformarse [una consonante lateral] en otra que no lo es.

deslavado -da *adj* 1 *part* → DESLAVAR. ■ 2 Falto de sustancia, fuerza o color. *Tb fig.* ■ 3 [Tejido o prenda] a los que se ha quitado parcialmente el color mediante el lavado. *Tb n m.*

deslavar *tr* 1 Quitar [a algo (*cd*)] sustancia, fuerza o color. ■ 2 Lavar ligeramente.

deslavazado -da *adj* 1 Insulso. *Tb fig.* ■ 2 Falto de ilación o conexión.

deslavazamiento *m* Condición de deslavazado.

deslazar *tr* (*raro*) Desenlazar.

desleal *adj* Que no es leal. *A veces con un compl* A, CON o PARA CON.

deslealmente *adv* De manera desleal.

deslealtad *f* 1 Cualidad de desleal. ■ 2 Acción desleal.

deslechugar *tr* Limpiar [viñas] de lechuguillas y otras hierbas.

deslegalizar *tr* Hacer que [algo (*cd*)] deje de ser legal.

deslegitimación *f* Acción de deslegitimar. *Tb su efecto.*

deslegitimador -ra *adj* Que deslegitima.

deslegitimar *tr* Hacer que [alguien o algo (*cd*)] deje de ser legítimo o de estar legitimado.

desleír *(conjug 57) tr* Disolver [un cuerpo sólido o pastoso en un líquido (*compl* EN o CON)]. *Tb abs. Tb sin compl adv.* **b)** *pr* (~se) Disolverse [un cuerpo sólido o pastoso] en un líquido.

deslendrar *(conjug 6) tr* Quitar las liendres [a alguien o algo (*cd*)].

deslenguado -da *adj* 1 *part* → DESLENGUARSE. ■ 2 [Pers.] de lenguaje grosero o desvergonzado. *Tb n.*

deslenguamiento *m* Acción de deslenguarse.

deslenguarse *(conjug 1b) intr pr* Perder la compostura hablando de un modo grosero o desvergonzado.

desliar *(conjug 1c) tr* 1 Hacer que [algo o alguien (*cd*)] deje de estar liado (atado o envuelto). ■ 2 Hacer que [algo (*cd*)] deje de estar liado o enredado.

desligado -da *adj* 1 *part* → DESLIGAR. ■ 2 Falto de unión o conexión.

desligamiento *m* Acción de desligar(se).

desligar – desmande

desligar *tr* **1** Hacer que [alguien (*cd*)] deje de estar ligado moral, afectiva o legalmente [a alguien o algo (*compl* DE)]. *Frec el cd es refl. Tb sin compl* DE, *por consabido.* **b)** *pr* (~**se**) Dejar [alguien] de estar ligado moral, afectiva o legalmente [a alguien o algo (*compl* DE)]. *Frec en part.* ■ **2** Separar [una cosa de otra a la que está o se presenta unida]. **b)** *pr* (~**se**) Separarse [una cosa de otra a la que está o se presenta unida].

deslindar *tr* Señalar o determinar los límites [de una cosa (*cd*), entre varias cosas (*cd*), o entre una cosa (*cd*) y otras (*compl* DE)].

deslinde *m* Acción de deslindar.

deslío *m* Acción de quitar las heces o lías al vino.

desliz *m* **1** Error o equivocación debidos a descuido o falta de reflexión. **b)** (*euf*) Hecho de quedar embarazada involuntariamente una mujer, fuera del matrimonio o de una relación sexual estable. ■ **2** Acción de deslizarse.

deslizable *adj* [Cosa] que se puede deslizar, *esp* [1a].

deslizadero *m* Lugar en que es fácil deslizarse [4 y 5].

deslizador -ra *adj* [Cosa] que se desliza [4]. *Tb n m, referido a utensilio.*

deslizamiento *m* Acción de deslizar(se), *esp* [1, 4 y 5]. *Tb fig.*

deslizante *adj* **1** Que se desliza [1a y 5]. ■ **2** [Lugar] en que es fácil deslizarse [4 y 5].

deslizar **A** *tr* **1** Mover [una cosa] suavemente sobre la superficie [de otra (*compl adv*)]. *Tb sin compl adv, por consabido.* **b)** Mover [la mirada o los ojos] pasándo[los] de manera continuada [por un lugar, o por todo lo que se encuentra entre el punto de origen y el objeto de la mirada (*compl adv*)]. ■ **2** Meter o introducir [algo o a alguien] haciendo que se deslice [4 y 5]. *Referido a pers, frec el cd es refl.* **b)** Meter o introducir [algo] disimuladamente. **c)** Introducir como al descuido [palabras o frases intencionadas]. ■ **3** (*Lab*) Pasar [un punto] sin trabajar. **B** *intr* ➤ **a** *normal* **4** Moverse [una cosa] suavemente sobre la superficie [de otra (*compl adv*)]. *Más frec pr* (~**se**). *Tb sin compl.* ➤ **b** *pr* (~**se**) **5** Moverse [alguien] sobre la superficie [de algo (*compl adv*)] arrastrándose o dejándose ir. *Tb sin compl adv.* ■ **6** Moverse o avanzar suavemente [una corriente de agua] por su cauce. **b)** Desplazarse [alguien] disimuladamente. ■ **7** Transcurrir o pasar [el tiempo] sin ningún suceso destacable. *Gralm con un compl de modo.* **b)** Desarrollarse o transcurrir [algo]. ■ **8** Introducirse inadvertidamente [algo]. ■ **9** Cometer un error o falta, o salirse de la norma.

deslomadura *f* Acción de deslomar(se). *Tb su efecto.*

deslomar *tr* (*col*) Romper la espalda o el lomo [a alguien (*cd*)], esp. a golpes. *Gralm con intención ponderativa.* **b)** *pr* (~**se**) Romperse [alguien] la espalda trabajando o haciendo algún esfuerzo. *Gralm con intención ponderativa.*

deslucido -da *adj* **1** *part* → DESLUCIR. ■ **2** Falto de lucimiento, o que no es lucido.

deslucimiento *m* Acción de deslucir(se).

deslucir (*conjug* 51) *tr* Hacer que [algo o alguien (*cd*)] pierda su brillantez o buena apariencia. **b)** *pr* (~**se**) Perder [algo o alguien] su brillantez o buena apariencia.

deslumbrado -da *adj* **1** *part* → DESLUMBRAR. ■ **2** Que denota o implica deslumbramiento.

deslumbrador -ra *adj* Que deslumbra.

deslumbramiento *m* Acción de deslumbrar(se). *Tb su efecto.*

deslumbrante *adj* Que deslumbra.

deslumbrantemente *adv* De manera deslumbrante.

deslumbrar *tr* **1** Dejar momentáneamente sin vista [a alguien (*cd*)] una luz muy intensa, o alguien o algo que la produce o la refleja. **b)** *pr* (~**se**) Quedar [alguien] momentáneamente sin vista por una luz muy intensa. ■ **2** Admirar o impresionar vivamente [a una pers. el esplendor o la brillantez o alguien o algo que los posee]. *Tb abs.*

deslumbre *m* Deslumbramiento.

deslustrar *tr* **1** Quitar lustre [a algo (*cd*)]. **b)** *pr* (~**se**) Perder lustre. ■ **2** Quitar la transparencia [al vidrio o cristal]. *Frec en part.*

deslustre *m* Acción de deslustrar(se). *Tb su efecto.*

desmacelarse *intr pr* (*raro*) Abatirse o desanimarse.

desmadejadamente *adv* De manera desmadejada [3].

desmadejado -da *adj* **1** *part* → DESMADEJAR. ■ **2** [Pers. o parte del cuerpo] floja o sin firmeza por falta de fuerza. ■ **3** [Cosa] que denota o implica desmadejamiento. *Tb fig.*

desmadejamiento *m* **1** Acción de desmadejar(se). *Tb su efecto.* ■ **2** Condición de desmadejado. *Tb fig.*

desmadejar *tr* **1** Dejar [a alguien o alguna parte de su cuerpo] flojo o sin firmeza por falta de fuerza. *Tb fig.* **b)** *pr* (~**se**) Quedar [alguien o una parte de su cuerpo] flojo o sin firmeza por falta de fuerza. ■ **2** (*raro*) Deshacer la madeja [de algo (*cd*)].

desmadrado -da *adj* **1** *part* → DESMADRAR. ■ **2** [Animal] abandonado por la madre. *Tb fig.* ■ **3** (*col*) [Cosa] que denota o implica desmadre.

desmadrar **A** *tr* **1** (*raro*) Hacer que [algo (*cd*)] se desmadre [3]. **B** *intr pr* (~**se**) **2** Salirse de madre [una corriente de agua]. ■ **3** (*col*) Salirse de madre, o sobrepasar los límites de lo normal o razonable [una pers. o cosa].

desmadre *m* (*col*) Acción de desmadrarse [3]. *Tb su efecto.*

desmán[1] *m* Acción que implica exceso, abuso o desorden.

desmán[2] *m* Mamífero insectívoro semejante al topo, con hocico en forma de trompa y pies palmeados (*Desmana moschata* y *Galemys pyrenaicus*). *Tb* ~ ALMIZCLADO *y* ~ DE LOS PIRINEOS, *respectivamente.*

desmanchar *tr* (*raro*) Quitar manchas [a algo (*cd*)].

desmandado -da *adj* **1** *part* → DESMANDARSE. ■ **2** Indisciplinado.

desmandarse *intr pr* Salirse [alguien] del orden o la disciplina establecidos. *Tb fig, referido a cosa.* **b)** Apartarse [un animal] de la manada o rebaño.

desmande *m* (*raro*) Acción de desmandarse.

desmando *m* (*raro*) Acción de desmandarse.

desmangado -da *adj* Que no tiene mangas.

desmanillado *m* Acción de desmanillar.

desmanillar *tr* Separar en manos [los plátanos].

desmano. a ~. *loc adv* A trasmano (fuera de los caminos habituales o frecuentados).

desmanotadamente *adv* De manera desmanotada [2].

desmanotado -da *adj* 1 [Pers.] torpe de manos. *Tb n.* ■ 2 [Cosa] hecha con torpeza o que denota torpeza.

desmantelador -ra *adj* Que desmantela. *Tb n, referido a pers.*

desmantelamiento *m* Acción de desmantelar.

desmantelar *tr* 1 Dejar fuera de servicio [algo] desmontando o retirando, total o parcialmente, sus instalaciones o enseres. ■ 2 Destruir o echar abajo [algo no material].

desmantele *m* (*col*) Desmantelamiento.

desmaña *f* Falta de maña o habilidad.

desmañadamente *adv* De manera desmañada.

desmañado -da *adj* 1 [Pers.] falta de maña o habilidad. ■ 2 [Cosa] que denota desmaña.

desmaño *m* Desmaña.

desmaquillado¹ -da *adj* 1 *part* → DESMAQUILLAR. ■ 2 Que no está maquillado.

desmaquillado² *m* Acción de desmaquillar.

desmaquillador -ra *adj* Que desmaquilla o sirve para desmaquillar. *Tb n m, referido a producto.*

desmaquillante *adj* Desmaquillador. *Tb n m.*

desmaquillar *tr* Quitar o limpiar el maquillaje [a una pers. o a su rostro (*cd*)]. *Tb abs.*

desmarcarse *intr pr* (*Dep*) Librarse [un jugador de otro que le marca]. *Tb fig, fuera del ámbito deportivo.*

desmarque *m* Acción de desmarcarse.

desmasificación *f* Acción de desmasificar(se).

desmasificar *tr* Hacer que [algo (*cd*)] deje de estar masificado. **b)** *pr* (*~se*) Dejar de estar masificado.

desmatar *tr* 1 Limpiar de matas [un campo]. ■ 2 Arrancar [matas].

desmaterializar *tr* Quitar [a algo] el carácter material. **b)** *pr* (*~se*) Perder [algo] el carácter material.

desmayadamente *adv* De manera desmayada [2].

desmayado -da *adj* 1 *part* → DESMAYAR. ■ 2 Que tiene o muestra desmayo [3]. ■ 3 Lacio o flácido. ■ 4 Triste o mortecino. ■ 5 [Color] pálido o desvaído.

desmayar A *intr* ➤ **a** *normal* 1 Perder [alguien] el ánimo o la energía. ■ 2 Decaer o perder fuerza [algo]. *Tb fig. Tb pr* (*~se*).
➤ **b** *pr* (*~se*) 3 Sufrir un desmayo [1]. ■ 4 Caer lacio o flácido [algo].
B *tr* (*raro*) 5 Causar desmayo [1]. ■ 6 (*lit*) Quitar fuerza [a algo (*cd*)]. *Tb fig.*

desmayo *m* 1 Desvanecimiento, o pérdida del sentido. ■ 2 Pérdida de las fuerzas o del ánimo. ■

3 Falta de fuerza o energía. *Tb fig.* ■ 4 Flacidez. ■ 5 Variedad de almendro con ramificaciones péndulas y almendra grande, aplanada y semidura, muy resistente a las heladas. *Tb referido a la almendra.*

desmazalado -da *adj* (*raro*) Abatido o desanimado.

desmedidamente *adv* De manera desmedida.

desmedido -da *adj* Exagerado o desmesurado.

desmedimiento *m* (*raro*) Cualidad de desmedido.

desmedrado -da *adj* 1 *part* → DESMEDRAR. ■ 2 [Pers., animal o planta] poco desarrollado y falto de robustez o vigor. *Tb fig, referido a cosa.* **b)** Propio del ser desmedrado.

desmedrar *intr* Deteriorarse o ir a menos. *Tb pr* (*~se*).

desmedulado -da *adj* 1 *part* → DESMEDULAR. ■ 2 Falto de médula. *Frec fig.*

desmedular *tr* Quitar la médula [a algo o a alguien (*cd*)]. *Frec fig.*

desmejoramiento *m* Acción de desmejorar(se). *Tb su efecto.*

desmejorar *intr* Sufrir [alguien] una pérdida de salud o de vitalidad que se refleja en su aspecto. *Tb pr* (*~se*). *Frec en part.*

desmelenadamente *adv* De manera desmelenada.

desmelenado -da *adj* 1 *part* → DESMELENAR. ■ 2 Que tiene la melena suelta y alborotada. ■ 3 (*col*) Que denota o implica impetuosidad o falta de mesura.

desmelenamiento *m* Acción de desmelenar(se), *esp* [2]. *Tb su efecto.*

desmelenar A *tr* 1 (*raro*) Soltar y alborotar la melena [a alguien (*cd*)].
B *intr pr* (*~se*) 2 (*col*) Dejar [alguien] de estar cohibido, actuando impetuosamente y gralm. sin mesura o moderación. *Tb fig.*

desmelene *m* (*col*) Desmelenamiento.

desmembración *f* Acción de desmembrar(se).

desmembramiento *m* Desmembración.

desmembrar (*conjug 6 o regular*) *tr* 1 Dividir y separar los miembros o partes [de un cuerpo o de un organismo (*cd*)]. *Frec fig.* **b)** *pr* (*~se*) Dividirse [un organismo] en distintas partes. *Tb fig.* ■ 2 Separar [un miembro o una parte del todo al que pertenece]. *Tb sin compl* DE, *por consabido.*

desmemoria *f* (*lit*) Falta de memoria.

desmemoriado -da *adj* 1 [Pers.] que tiene mala memoria, o que no tiene memoria. *Tb n.* ■ 2 (*lit*) [Cosa] falta de memoria o recuerdo.

desmentido *m* Acción de desmentir [1]. *Tb su efecto y el comunicado en que se desmiente.*

desmentir (*conjug 60*) A *tr* 1 Decir o mostrar [una pers. o cosa] que [algo (*cd*)] es mentira. **b)** Decir o mostrar [una pers. o cosa] que lo dicho [por alguien (*cd*)] es mentira. ■ 2 Apartarse [una pers. o cosa de lo normal o esperable (*cd*)].
B *intr* 3 (*raro*) Apartarse [una cosa] de la línea o dirección que le corresponde respecto a otra.

desmenuzable *adj* Que se puede desmenuzar.

desmenuzado -da *adj* 1 *part* → DESMENUZAR. ■ 2 Pormenorizado.

desmenuzador -ra *adj* Que desmenuza.

desmenuzamiento *m* Acción de desmenuzar(se). *Tb su efecto.*

desmenuzar *tr* 1 Dividir [algo] en fragmentos muy pequeños, esp. con los dedos. *Tb fig.* **b)** *pr* (~se) Dividirse [algo] en fragmentos muy pequeños. ■ 2 Desmontar [algo] por completo, separando sus partes. ■ 3 Estudiar o examinar [algo] pormenorizadamente.

desmerecedor -ra *adj* 1 Que desmerece. ■ 2 Que hace desmerecer.

desmerecer (*conjug* 11) *intr* 1 Perder [alguien] mérito o estima. **b)** Perder [algo] valor. ■ 2 Resultar [una pers. o cosa] inferior [a otra u otras con que se compara (*compl* DE)]. *Tb sin compl.*

desmerecimiento *m* Hecho de desmerecer. *Tb su efecto.*

desmesura *f* 1 Cualidad de desmesurado [2]. ■ 2 Hecho o dicho desmesurado [2a]. **b)** Actitud desmesurada.

desmesuradamente *adv* De manera desmesurada [2].

desmesurado -da *adj* 1 *part* → DESMESURAR. ■ 2 Exagerado, o que sobrepasa los límites de lo normal, justo o conveniente. **b)** Excesivamente grande en tamaño.

desmesuramiento *m* (*raro*) Desmesura [1].

desmesurar *tr* 1 Exagerar (presentar [algo] como más grande o más importante de lo que es en realidad). ■ 2 Exagerar (hacer que [algo (*cd*)] sobrepase los límites de lo normal o alcance un nivel extremo o muy alto).

desmigajamiento *m* Acción de desmigajar(se).

desmigajar *tr* Desmenuzar [algo, esp. pan u otro alimento]. *Tb fig.* **b)** *pr* (~se) Desmenuzarse. *Tb fig.*

desmigar *tr* Desmenuzar [pan u otro alimento].

desmiguen. el ~. *m* (*col*) El colmo o el acabose.

desmilitarización *f* Acción de desmilitarizar(se).

desmilitarizar *tr* 1 Quitar el carácter militar [a algo (*cd*)]. **b)** *pr* (~se) Perder [algo] el carácter militar. ■ 2 Prohibir toda clase de fuerzas e instalaciones militares [en una zona (*cd*)] o retirarlas [de ella (*cd*)], por acuerdo internacional. *Frec en part.*

desmineralización *f* Acción de desmineralizar(se). *Tb su efecto.*

desmineralizador -ra *adj* Que desmineraliza. *Tb n m, referido a aparato.*

desmineralizar *tr* Eliminar o disminuir las sales minerales [de algo (*cd*), esp. del agua o los huesos]. **b)** *pr* (~se) Perder (las) sales minerales [algo, esp. el agua o los huesos].

desmirriado -da *adj* Esmirriado o raquítico. *Tb fig. Tb n, referido a pers.*

desmitificable *adj* Que se puede desmitificar.

desmitificación *f* Acción de desmitificar.

desmitificador -ra *adj* Que desmitifica. *Tb n, referido a pers.*

desmitificar *tr* Quitar carácter de mito [a alguien o algo (*cd*)]. *Tb abs.*

desmitologización *f* Acción de desmitologizar.

desmitologizador -ra *adj* Que desmitologiza. *Tb n, referido a pers.*

desmitologizar *tr* Quitar carácter mitológico [a alguien o algo (*cd*)].

desmochar *tr* Dejar mocho [algo, esp. un árbol, una torre o a un animal cornudo] cortándo[le] o quitándo[le] la punta o parte superior. *Tb fig.*

desmoche *m* Acción de desmochar.

desmogue *m* Muda de los cuernos del venado o de otros animales.

desmolasa *f* (*Biol*) Enzima que rompe las cadenas carbonadas de las moléculas, liberando energía.

desmoldar *tr* Sacar [algo] del molde en que se ha hecho. *Tb abs.*

desmonetización *f* (*Econ*) Acción de desmonetizar.

desmonetizar *tr* (*Econ*) Quitar valor monetario [a algo, esp. a un metal].

desmonopolización *f* (*Econ*) Acción de desmonopolizar.

desmonopolizador -ra *adj* (*Econ*) Que desmonopoliza.

desmonopolizar *tr* (*Econ*) Hacer que [algo (*cd*)] deje de ser un monopolio.

desmontable I *adj* 1 Que se puede desmontar[1] [1]. II *m* 2 (*Mec*) Palanca para desmontar[1] la cubierta de los neumáticos.

desmontado -da *adj* 1 *part* → DESMONTAR. ■ 2 Que no está montado.

desmontador -ra *adj* Que desmonta[2]. *Tb n, referido a pers.*

desmontaje *m* Acción de desmontar[1] [1, 2 y 4].

desmontar[1] A *tr* 1 Quitar del lugar adecuado [una pieza (*cd*) o el conjunto de las piezas de algo (*cd*)]. **b)** *pr* (~se) Salirse del lugar adecuado [una pieza (*suj*) o el conjunto de las piezas [de algo (*suj*)]. ■ 2 Hacer que [algo] deje de estar montado (instalado, organizado o dispuesto para algo). **b)** Deshacer. ■ 3 Bajar o derribar [a alguien de la caballería o del vehículo de dos ruedas en que va montado]. *Frec se omite el compl adv por consabido.* ■ 4 Derribar o echar por tierra [algo]. *Tb fig.* B *intr* 5 Bajarse [alguien de la caballería o del vehículo de dos ruedas en que va montado]. *Frec se omite el compl adv por consabido. Tb pr* (~se).

desmontar[2] *tr* 1 Limpiar [un monte u otro terreno] de árboles o matas para poner[lo] en cultivo. ■ 2 Rebajar [un terreno] para nivelar[lo]. ■ 3 Deshacer [un montón de tierra, piedras o algo similar].

desmonte[1] *m* 1 Acción de desmontar[2]. ■ 2 Terreno en que se ha realizado algún desmonte [1]. *Frec en pl.*

desmonte[2] *m* (*raro*) Desmontaje.

desmonterado -da *adj* (*Taur*) 1 *part* → DESMONTERARSE. ■ 2 Que no lleva montera.

desmonterarse *intr pr* (*Taur*) Quitarse la montera [el torero].

desmoralización *f* Acción de desmoralizar(se). *Tb su efecto.*

desmoralizador -ra *adj* Que desmoraliza.

desmoralizante *adj* Que desmoraliza.

desmoralizar *tr* **1** Quitar la moral o el ánimo [a alguien (*cd*)]. *Tb abs.* **b)** *pr* (**~se**) Perder [alguien] la moral o el ánimo. ■ **2** Destruir o dañar la moral o los principios morales [de alguien (*cd*)].

desmoronamiento *m* Acción de desmoronar(se). *Tb su efecto.*

desmoronar *tr* **1** Deshacer [algo] disgregando los elementos que lo integran. **b)** *pr* (**~se**) Deshacerse [algo] disgregándose sus elementos. ■ **2** Destruir [algo no material] minando su fortaleza. **b)** *pr* (**~se**) Destruirse [algo no material]. ■ **3** Hacer que [alguien (*cd*)] pierda su fortaleza física o moral. **b)** *pr* (**~se**) Perder [alguien] su fortaleza física o moral.

desmotado *m* Acción de desmotar.

desmotador -ra *adj* Que desmota. *Tb n: m y f, referido a pers; f, referido a máquina o industria.*

desmotar *tr* Quitar las motas o cuerpos extraños [a algo (*cd*)], esp. quitar las semillas [al algodón (*cd*)]. **b)** Quitar [una mota o cuerpo extraño].

desmotivación *f* Falta de motivación o estímulo.

desmotivado -da *adj* **1** *part* → DESMOTIVAR. ■ **2** Falto de motivación o estímulo.

desmotivar *tr* Quitar [a alguien (*cd*)] motivación o estímulo.

desmotropía *f* (*Quím*) Tautomería.

desmovilización *f* Acción de desmovilizar.

desmovilizar *tr* Devolver a la vida civil [a perss. o colectividades que han sido movilizadas]. **b)** Retirar de la lucha [a perss. o colectividades movilizadas].

desmultiplicación *f* **1** (*Mec*) Acción de desmultiplicar. ■ **2** ~ **de frecuencia.** (*Electr*) Proceso de producción de una corriente cuya frecuencia es un submúltiplo exacto de otra.

desmultiplicar *tr* (*Mec*) Disminuir la velocidad [de algo (*cd*)] mediante un sistema de transmisión.

desmutizar *tr* (*Med*) Hacer que [alguien (*cd*)] deje de ser mudo, enseñándo[le] el lenguaje de los labios o de los dedos.

desnacionalización *f* Acción de desnacionalizar.

desnacionalizar *tr* Quitar [a alguien o algo (*cd*)] el carácter nacional o la condición de nacionalizado.

desnarigado -da *adj* **1** *part* → DESNARIGAR. ■ **2** Que no tiene narices. *Tb fig.*

desnarigar *tr* Quitar las narices [a alguien (*cd*)]. *Tb fig.*

desnatado *m* Acción de desnatar.

desnatador -ra *adj* Que desnata. *Tb n f, referido a máquina.*

desnatar *tr* Quitar la nata o grasa [a la leche o sus derivados (*cd*)]. *Gralm en part.*

desnaturalización *f* Acción de desnaturalizar(se).

desnaturalizado -da *adj* **1** *part* → DESNATURALIZAR. ■ **2** [Madre] que carece de instinto maternal o que no muestra hacia sus hijos el cariño natural. *Frec con intención humoríst y ponderativa. Tb humoríst, referido a padre u otro elemento familiar.*

desnaturalizar A *tr* **1** Quitar [a algo (*cd*)] sus características o propiedades naturales. **b)** *pr* (**~se**) Perder [algo] sus características o propiedades naturales. ■ **2** Alterar [una sustancia] haciéndo[la] inadecuada para determinados usos, esp. para el consumo humano.
   B *intr pr* (**~se**) **3** (*hist*) Dejar o perder [un noble] su condición de vasallo, abandonando el servicio y las tierras del rey.

desnaturarse *intr pr* (*hist*) Desnaturalizarse [3]. *Tb fig* (*lit*), *referido a época moderna.*

desnevado -da *adj* (*raro*) Que no tiene nieve. *Dicho de cosas, esp lugares, que la tienen habitual o previsiblemente.*

desnitrificación *f* (*Quím*) Eliminación o pérdida de nitrógeno de una sustancia.

desnitrificante *adj* (*Quím*) [Bacteria] que produce desnitrificación.

desnivel I *m* **1** Diferencia de nivel. *Tb fig.* ■ **2** Parte del terreno o del suelo en que hay un cambio de nivel.
   II *loc adj* **3 a ~.** [Paso] en que un ferrocarril se cruza con una carretera o camino a distinto nivel.

desnivelación *f* Acción de desnivelar(se). *Tb su efecto.*

desnivelado -da *adj* **1** *part* → DESNIVELAR. ■ **2** Que presenta desnivel [1]. *Tb fig.*

desnivelar *tr* Hacer que [algo o alguien (*cd*)] deje de estar nivelado. **b)** *pr* (**~se**) Dejar [algo o alguien] de estar nivelado.

desnortarse *intr pr* (*lit*) Desorientarse. *Tb fig. Gralm en part.*

desnorte *m* (*lit, raro*) Desorientación. *Tb fig.*

desnucamiento *m* Acción de desnucar(se). *Tb su efecto.*

desnucar *tr* Romper la nuca [a alguien (*cd*)]. **b)** *pr* (**~se**) Romperse la nuca [alguien]. *Tb fig.*

desnuclearización *f* Acción de desnuclearizar.

desnuclearizar *tr* Prohibir armas o instalaciones nucleares [en una zona (*cd*)] o retirarlas [de ella (*cd*)] por acuerdo internacional. *Frec en part.*

desnudador -ra *adj* Que desnuda.

desnudamente *adv* Al desnudo [7].

desnudamiento *m* Acción de desnudar(se). *Tb fig.*

desnudar *tr* **1** Quitar [a una pers. o a una parte del cuerpo (*cd*)] la ropa o prendas que la cubren. *Gralm el cd es refl.* **b)** Quitar [a alguien (*cd*)] la ropa elegante que lleva para poner[le] otra más ordinaria. *Gralm el cd es refl.* **c)** (*raro*) Quitar [a alguien (*ci*)] la ropa o prendas que le cubren (*cd*)]. ■ **2** Quitar [a algo (*cd*)] los elementos que lo cubren y adornan. *A veces con un compl* DE. **b)** *pr* (**~se**) Perder [algo] los elementos que lo cubren y adornan. ■ **3** (*lit*) Despojar [a alguien de algo que forma parte de su ser]. *Gralm el cd es refl.* ■ **4** (*lit*) Sacar [la espada u otra arma semejante] de la vaina. ■ **5** (*lit*) [algo] Poner al desnudo [6] [algo].

desnudez *f* **1** Condición de desnudo [1, 2 y 3]. ■ **2** Parte del cuerpo desnuda [1a].

desnudismo *m* Nudismo.

desnudista *adj* Nudista. *Tb n, referido a pers.*

desnudo -da I *adj* **1** [Pers. o parte del cuerpo] que no está cubierta por ningún vestido. **b)** *Se usa* *frec con intención ponderativa para referirse a quien va poco abrigado o lleva ropa escasa o indecente.* **c)** [Pers.] que carece de vestidos. *Tb n. Frec con intención ponderativa.* ■ **2** [Cosa] que no tiene cobertura o la tiene tenue o poco consistente. **b)** (*lit*) [Espada u otra arma semejante] que está fuera de su vaina. ■ **3** [Cosa] falta de los elementos que habitualmente la cubren o adornan. *Tb fig, referido a cosas inmateriales.* **b)** [Terreno] falto de vegetación. **c)** (*Bot*) [Flor] que carece de cáliz y corola. ■ **4** (*lit*) Falto o desprovisto [de algo]. *Tb sin compl, por consabido, esp referido a bienes o fortuna.* **II** *m* **5** Hecho de estar o de ir desnudo [1a]. **b)** Cuerpo desnudo. ■ **6** (*Arte*) Figura humana desnuda [1a]. **b)** Género que consiste en pintar o esculpir el cuerpo humano desnudo. **III** *loc adv* **7 al ~.** Al descubierto o sin cubrir con nada. **b)** Sin nada que desfigure la realidad.

desnutrición *f* Acción de desnutrirse. *Tb su efecto.*

desnutrirse *intr pr* Pasar a padecer [un ser vivo] defecto de nutrición. *Frec en part.*

desobedecer (*conjug 11*) *tr* No hacer [una pers.] lo que le manda [otra pers., una indicación o un precepto (*cd*)].

desobediencia *f* **1** Hecho de desobedecer. *A veces con un compl* A. ■ **2** Cualidad de desobediente.

desobediente *adj* Que no obedece. *Tb n, referido a pers. A veces con un compl* A. **b)** Propio de la pers. desobediente.

desobligar *tr* (*raro*) Liberar [a alguien] de una obligación.

desobstrucción *f* Acción de desobstruir. *Esp en medicina.*

desobstruir (*conjug 48*) *tr* Hacer que [algo (*cd*)] deje de estar obstruido. *Esp en medicina.*

desocupación *f* **1** Acción de desocupar(se). ■ **2** Falta de trabajo u ocupación.

desocupado -da *adj* **1** *part →* DESOCUPAR. ■ **2** Que no está ocupado. *Tb n, referido a pers.*

desocupar **A** *tr* **1** Marcharse [alguien de un lugar (*cd*) en que vive o está instalado]. **b)** Marcharse [de un lugar (*cd*) ocupado por la fuerza]. ■ **2** Vaciar [un recinto o un recipiente]. **B** *intr pr* (*~se*) **3** Quedar [alguien] libre de trabajo u ocupación.

desocupo *m* (*raro*) Desocupación [1].

desodorante *adj* Que quita el mal olor, esp. del cuerpo o del ambiente. *Frec n m, referido a producto.*

desodorar *tr* Quitar el mal olor [a algo o a alguien (*cd*)].

desodorización *f* Acción de desodorizar.

desodorizador -ra *adj* Que desodoriza. *Tb n m, referido a aparato o producto.*

desodorizante *adj* Que desodoriza. *Tb n m, referido a producto.*

desodorizar *tr* Desodorar. *Frec abs.*

desoír (*conjug 54*) *tr* **1** Desatender [peticiones, consejos o argumentos]. **b)** Desatender las peticiones, consejos o argumentos [de alguien (*cd*)]. ■ **2** Desobedecer [un precepto o una norma].

desojarse *intr pr* Estropearse [alguien] la vista por someterla a un trabajo excesivo. *Frec con intención ponderativa denotando interés o dedicación.*

desolación *f* **1** Tristeza o aflicción muy intensas. ■ **2** Ruina o destrucción. *Referido a lugares, implica falta de vida y vegetación.*

desoladamente *adv* De manera desolada [3].

desolado -da *adj* **1** *part →* DESOLAR. ■ **2** Que tiene o muestra desolación, *esp* [2]. *Tb* (*lit*) *fig.* ■ **3** [Cosa] que denota o implica desolación, *esp* [1].

desolador -ra *adj* Que causa desolación, *esp* [1].

desolar¹ (*conjug regular, o a veces, lit,* **4**) *tr* Causar desolación [a alguien o a algo (*cd*)]. **b)** *pr* (*~se*) Pasar a tener o mostrar desolación.

desolar² (*conjug regular, o a veces, lit,* **4**) *tr* (*raro*) Levantar [un suelo].

desolidarizarse *intr pr* Dejar de ser solidario [de alguien].

desolladero *m* Lugar destinado a desollar reses.

desollador -ra *adj* Que desuella. *Tb n, referido a pers.*

desolladura *f* Acción de desollar [1]. *Frec su efecto.*

desollamiento *m* Desolladura.

desollar (*conjug 4*) *tr* **1** Arrancar la piel [a una pers. o animal o a una parte del cuerpo (*cd*)]. **b)** **quedar** (**faltar** *o* **estar**) **el rabo por ~** *→* RABO. ■ **2** (*col*) Criticar duramente [a alguien]. *Frec ~ VIVO.*

desollón *m* Efecto de desollar [1].

desopilante *adj* (*lit*) Divertido o que causa risa.

desopilar *tr* (*raro*) Desobstruir. *Tb abs.*

desorbitación *f* **1** Acción de desorbitar [2]. ■ **2** Exageración o cosa desorbitada.

desorbitadamente *adv* De manera desorbitada [2].

desorbitado -da *adj* **1** *part →* DESORBITAR. ■ **2** Excesivo o exagerado.

desorbitar *tr* **1** Sacar [los ojos] de sus órbitas. *Frec con intención enfática.* **b)** *pr* (*~se*) Salirse [los ojos] de sus órbitas. ■ **2** Exagerar [algo o sacar[lo] de quicio. ■ **3** Sacar de quicio [a alguien]. *Gralm en part. Tb fig.*

desorden **I** *m* **1** Falta de orden o de disposición correcta. ■ **2** Falta de orden o de funcionamiento normal. **b)** Alteración del orden público. *Frec en pl.* **c)** Irregularidad de costumbres. *Frec en pl.* **d)** (*Med*) Trastorno. **II** *loc adv* **3 en ~.** Desordenadamente. *Tb adj.*

desordenadamente *adv* De manera desordenada [4].

desordenado -da *adj* **1** *part →* DESORDENAR. ■ **2** [Pers.] que tiende al desorden [1]. ■ **3** [Pers.] que actúa con desorden [2c y d]. *Tb n. Tb fig.* ■ **4** [Cosa] que denota o implica desorden [1 y 2].

desordenador -ra *adj* (*raro*) Que desordena. *Tb n, referido a pers.*

desordenamiento *m* (*raro*) Desorden.

desordenar *tr* Poner en desorden. *Tb abs.* **b)** *pr* (*~se*) Ponerse en desorden.

desorejado -da *adj* **1** *part →* DESOREJAR. ■ **2** Que no tiene orejas. ■ **3** Vil o infame. *Frec referido a prostituta, a veces en la constr* PUTÓN *~.*

desorejamiento *m* Acción de desorejar.

desorejar *tr* Cortar las orejas [a una pers. o animal (*cd*)].

desorganización *f* **1** Acción de desorganizar(se). ■ **2** Falta de organización.

desorganizado -da *adj* **1** *part* → DESORGANIZAR. ■ **2** Falto de organización.

desorganizador -ra *adj* Que desorganiza. *Tb n, referido a pers.*

desorganizar *tr* Destruir o alterar la organización [de algo (*cd*)]. **b)** *pr* (~se) Destruirse o alterarse la organización [de algo (*suj*)].

desorientación *f* **1** Acción de desorientar(se). ■ **2** Falta de orientación.

desorientado -da *adj* **1** *part* → DESORIENTAR. ■ **2** Que denota o implica desorientación.

desorientador -ra *adj* Que desorienta.

desorientamiento *m* (*raro*) Desorientación.

desorientar *tr* **1** Hacer que [alguien (*cd*)] pierda la orientación respecto al lugar en que está o el camino que debe seguir. *Tb abs.* **b)** *pr* (~se) Perder [alguien] la orientación respecto al lugar en que está o al camino que debe seguir. ■ **2** Confundir o desconcertar. **b)** *pr* (~se) Quedar confuso o desconcertado.

desorillar *tr* Quitar la orilla [a algo (*cd*), esp. un tejido o papel].

desosegar (*conjug* 6) *tr* (*raro*) Desasosegar. *Tb pr* (~se).

desotro -tra *adj* (*reg*) Otro o siguiente.

desovar *intr* Depositar los huevos [las hembras de los peces, anfibios, moluscos, crustáceos o insectos].

desove *m* Acción de desovar. *Tb la época en que se realiza.*

desovillar *tr* (*raro*) Desenredar [algo enmarañado]. *Tb fig.* **b)** *pr* (~se) Desenredarse [algo]. *Tb fig.*

desoxidante *adj* Que desoxida. *Tb n m, referido a producto.*

desoxidar *tr* Limpiar de óxido [un metal o algo que lleva metal].

desoxigenación *f* (*Quím*) Acción de desoxigenar.

desoxigenar *tr* (*Quím*) Quitar el oxígeno [a algo (*cd*)].

desoxirribonucleico *adj* (*Biol*) [Ácido] nucleico que es el principal componente de los cromosomas y constituye la base de la transmisión genética y de la herencia biológica.

desoxirribosa *f* (*Quím*) Pentosa obtenida por hidrólisis del ácido desoxirribonucleico.

despabiladeras *f pl* **1** Espabiladeras (tijeras). ■ **2** (*col*) Modo desenvuelto o desconsiderado de tratar a los demás.

despabilado -da *adj* **1** *part* → DESPABILAR. ■ **2** Espabilado.

despabilador -ra *adj* Espabilador.

despabilar *tr e intr* Espabilar. *Tb pr* (~se).

despabilo *m* (*raro*) Cualidad de despabilado.

despachaderas *f pl* (*col*) **1** Facilidad para despachar [1] asuntos o resolver dificultades. ■ **2** Descaro o desvergüenza.

despachador -ra *adj* (*raro*) Que despacha [3]. *Tb n, referido a pers.*

despachante I *adj* **1** Que despacha [4b]. *Tb n, referido a pers.*
II *m y f* **2** ~ **de aduanas.** Agente de aduanas. *Tb adj.*

despachar **A** *tr* **1** Resolver o solucionar [un asunto]. *Frec con un adv o compl adv que expresan rapidez o falta de detalle.* **b)** Tratar [algo] de un modo indebidamente somero. ■ **2** Terminar [un trabajo o quehacer]. *Tb abs.* **b)** Hacer completamente [en o con algo (*cd*)] la acción adecuada. *Frec con un adv o un compl adv que expresa rapidez. Tb pr* (~se). ■ **3** Vender [algo] al público. *Tb abs.* **b)** Atender [a un cliente]. ■ **4** Dar salida oficial [a algo (*cd*)]. **b)** (*Mar*) Autorizar oficialmente [a una embarcación] para entrar en un puerto o salir de él. **c)** (*Aer*) Dar salida [a un vuelo, o a los viajeros o carga (*cd*)]. ■ **5** Enviar [algo o a alguien, esp. un mensaje o a un mensajero]. ■ **6** (*col*) Echar o despedir [a alguien]. ■ **7** (*col*) Matar [a alguien]. *Tb pr* (~se). **b)** (*Taur*) Matar [al toro]. *Tb abs.* **c)** (*col*) Eliminar [algo o a alguien].
B *intr* ➤ **a** *normal* **8** Resolver o tratar asuntos o negocios [con alguien]. *Tb sin compl por consabido, o con suj pl.*
➤ **b** *pr* (~se) **9** (*col*) Hablar o actuar con libertad y sin miramientos. *Gralm* ~SE A (SU) GUSTO. *Tb fig.*

despacho I *m* **1** Acción de despachar [1, 3, 4 y 8]. ■ **2** Lugar en que se vende o despacha [algo (*compl especificador*)]. *Tb sin compl.* ■ **3** Lugar destinado al trabajo intelectual o burocrático y en que se reciben clientes o visitas de carácter profesional. *Tb su mobiliario.* **b)** Oficina de abogado. *Frec ~ DE ABOGADOS.* ■ **4** Comunicación oficial, esp. entre un gobierno y sus representantes diplomáticos. ■ **5** Comunicación transmitida por teléfono, telégrafo o télex, esp. por una agencia de información. ■ **6** Título [de un empleo]. *Esp en milicia.*
II *loc adj* **7** [Secretario] **de** ~ → SECRETARIO.

despachurrar *tr* (*col*) Aplastar [algo] apretándo[lo] o golpeándo[lo] con fuerza. **b)** *pr* (~se) Aplastarse [algo].

despacio I *adv* **1** Lentamente. *Tb* (*reg*) CON ~. ■ **2** Con detenimiento. *Tb* (*reg*) CON ~. ■ **3** (*col*) Suavemente. ■ **4** (*pop*) Silenciosamente o en voz baja. ■ **5** sin ~. (*reg*) Rápidamente.
II *fórm or* **6** *Se usa para contener al que se precipita en palabras o hechos.* * –¿Y qué quiere usted de mí? –Despacio, muchacho, que el que pregunta soy yo.

despaciosamente *adv* (*lit*) Despacio [1 y 2].

despacioso -sa *adj* (*lit*) Lento o pausado.

despacito I *adv* **1** *dim* → DESPACIO.
II *fórm or* **2** ~ **y buena letra.** *Se usa para recomendar o comentar el modo de hacer las cosas despacio para evitar errores.*

despajar *tr* Limpiar de paja [el grano].

despalillador -ra *adj* Que despalilla. *Tb n: m y f, referido a pers; f, referido a máquina.*

despalillar *tr* Quitar los palillos [a las hojas del tabaco o a los racimos de uvas (*cd*)].

despampanación. la ~. *f* (*col*) El colmo o el acabose.

despampanado *m* Acción de quitar pámpanos a las vides.

despampanante *adj* (*col*) Que deja atónito. *Normalmente referido a mujer, para ponderar su atractivo.*

despampanar *tr* **1** Quitar pámpanos [a las vides (*cd*)]. ■ **2** (*col*) Dejar atónito.

despamplonear *tr* (*reg*) Espantar [a alguien o algo (*cd*)] o hacer que se vaya.

despancijar *tr* (*col, raro*) Despanzurrar. *Tb pr* (~**se**).

despanojar *intr* (*reg*) Recoger las panojas del maíz o separarlas del tallo.

despanzurramiento *m* (*col*) Acción de despanzurrar(se).

despanzurrar *tr* (*col*) **1** Matar [a una pers. o animal] abriéndo[le] el vientre. ■ **2** Matar [a una pers. o animal] de modo que se muestren sus vísceras o mucha sangre. **b)** *pr* (~**se**) Morir [una pers. o animal] aplastado o reventado. ■ **3** Romper [algo] de modo que se vea su interior. **b)** *pr* (~**se**) Romperse [algo] de modo que se vea su interior.

despapar *tr* Levantar [la cabeza el caballo]. *Tb* (*lit*) *fig.*

desparasitación *f* Acción de desparasitar.

desparasitar *tr* Eliminar los parásitos [de alguien (*cd*)], esp. de un animal doméstico].

desparejado -da *adj* **1** *part* → DESPAREJAR. ■ **2** Que no tiene pareja.

desparejar *tr* Hacer que [dos perss. o cosas (*cd*)] dejen de formar pareja o de ir en pareja. **b)** *pr* (~**se**) Dejar de formar pareja o de ir en pareja [dos perss. o cosas].

desparejo -ja *adj* Dispar o disparejo.

desparpajado -da *adj* **1** [Pers.] que tiene o muestra desparpajo. ■ **2** [Cosa] que denota o implica desparpajo.

desparpajo *m* Desenvoltura o falta de timidez en el modo de actuar o de expresarse. *A veces con intención peyorativa, denotando exceso de atrevimiento o descaro.*

desparramado -da *adj* **1** *part* → DESPARRAMAR. ■ **2** Amplio o extenso.

desparramamiento *m* Acción de desparramar(se). *Tb su efecto.*

desparramar *tr* **1** Extender o esparcir [algo que está junto o amontonado]. **b)** *pr* (~**se**) Extenderse o esparcirse [algo que está junto o amontonado]. *Tb fig.* ■ **2** Hacer que [algo (*cd*), esp. la mirada o la atención] llegue a muchos sitios. *Frec con un compl adv.* **b)** *pr* (~**se**) Llegar [algo] a muchos sitios.

desparrame *m* (*col*) Desparramamiento.

desparramo *m* (*jerg*) Lío o desbarajuste.

despatarrar *tr* **1** Abrir de piernas [a alguien]. *Frec el cd es refl. Referido a mujer, a veces* (*vulg*) *con intención obscena.* **b)** *pr* (~**se**) Pasar a estar [alguien] con las piernas abiertas, esp. por efecto de una caída. ■ **2** (*col*) Llenar de asombro o espanto. *Normalmente en constrs como* DEJAR, *o* QUEDAR, DESPATARRADO.

despavoridamente *adv* De manera despavorida [2].

despavorido -da *adj* **1** [Pers.] que tiene o muestra pavor. ■ **2** [Cosa] que denota o implica pavor.

despeadura *f* Acción de despearse.

despearse *intr pr* Dañarse los pies [una pers. o animal] por caminar mucho.

despechado -da *adj* **1** [Pers.] que siente despecho. ■ **2** [Cosa] que denota o implica despecho.

despecho **I** *m* **1** Sentimiento causado por un fracaso o desengaño y que impulsa a la venganza. **II** *loc prep* **2 a ~ de.** (*lit*) A pesar de.

despechugado -da *adj* **1** *part* → DESPECHUGARSE. ■ **2** [Pers.] que muestra el pecho o parte de él, por llevar la ropa desabrochada o muy escotada. ■ **3** [Prenda de vestir] que deja al descubierto el pecho o parte de él, por ir desabrochada o ser muy escotada.

despechugarse *intr pr* Desabrocharse la ropa dejando al descubierto el pecho.

despectivamente *adv* De manera despectiva [2].

despectivo -va *adj* **1** [Pers.] que muestra desprecio. *Tb* (*lit*) *fig.* ■ **2** [Cosa] que denota o implica desprecio. *Frec referido a palabras o* (*Gram*) *a sufijos.*

despedazamiento *m* Acción de despedazar.

despedazar *tr* Hacer pedazos [algo o a alguien]. *Frec fig, con intención ponderativa.*

despedida *f* **1** Acción de despedir(se) [1, 2, 3, 4, 8, 9 y 10]. **b)** Palabras o gestos que se usan para despedir(se) [1 y 8]. **c)** Cosa con que alguien se despide [9]. ■ **2 ~ de soltero.** Fiesta que celebra un novio con sus amigos en vísperas de su boda.

despedir (*conjug* 62) **A** *tr* **1** Acompañar por cortesía [hasta un determinado punto (*compl de lugar*) a alguien que se marcha]. *Frec se omite el primer compl, por consabido.* **b)** Separarse [una pers. de otra que se marcha (*cd*)] con las palabras o gestos propios de tales ocasiones. *Frec con un compl de modo.* **c)** Servir [un gesto o acción (*suj*)] para despedir [1b] [a alguien (*cd*)]. ■ **2** Decir [una pers. a otra (*compl* DE)] que [alguien que se marcha (*cd*)] le envía saludos. ■ **3** Terminar [alguien o algo un programa de radio o televisión o algún espectáculo]. **b)** Decir [un locutor] que [un espacio o emisión (*cd*)] ha terminado, o el título [de lo que se acaba de emitir (*cd*)]. ■ **4** Celebrar el final [de algo, esp. del año (*cd*)]. ■ **5** Decir [a alguien (*cd*)] que se vaya. **b)** Echar [a alguien de su empleo o puesto de trabajo]. *Tb sin compl* DE, *por consabido.* ■ **6** Lanzar o impulsar hacia fuera. ■ **7** Desprender [una pers. o cosa algo que sale de ella].

B *intr pr* (~**se**) **8** Separarse [dos perss., o una de otra] con las palabras o gestos propios de tales ocasiones. *Frec con un compl adv de modo.* **b)** Decir [una pers. a otra (*compl* DE)] que se marcha, con las palabras o gestos propios de tales ocasiones. *Tb sin compl, por consabido. Tb fig, referido a animales o cosas.* ■ **9** Ejercer [alguien] por última vez la actividad que le es propia. *A veces con un compl* DE. ■ **10** Presentarse por última vez [un espectáculo o un programa de radio o televisión]. *A veces con un compl* DE. ■ **11** Dar por perdido o no conseguido [algo (*compl* DE)]. ■ **12** Marcharse [alguien de su empleo o puesto de trabajo] rompiendo voluntariamente la relación laboral. *Tb sin compl, por consabido.*

despedregado *m* Acción de despedregar.

despedregamiento *m* Acción de despedregar.

despedregar *tr* Limpiar de piedras [la tierra]. *Tb abs.*

despegable *adj* Que se puede despegar [1].

despegado -da *adj* 1 *part* → DESPEGAR(SE). ■ 2 Que no está pegado o está más separado de lo normal. ■ 3 Que tiene o muestra despego.

despegamiento *m* (*raro*) Acción de despegar(se) [1 y 4].

despegar A *tr* 1 Separar [dos cosas pegadas o unidas, o una de otra]. *En el segundo caso, frec se omite el compl* DE, *por consabido.* b) *pr* (~**se**) Separarse [dos perss. o cosas pegadas o unidas, o una de otra].
B *intr* ➤ **a** *normal* 2 Separarse [un aparato de aviación] del suelo o del mar al iniciar el vuelo. ■ 3 Cobrar impulso o desarrollo [una actividad, o una pers. en una actividad, esp. económica] tras una etapa de rodaje.
➤ **b** *pr* (~**se**) 4 Apartarse o separarse afectivamente [de alguien o algo].

despego *m* Falta de afecto o de interés.

despegue *m* Acción de despegar, *esp* [2 y 3].

despeinado -da *adj* 1 *part* → DESPEINAR. ■ 2 Que no se ha peinado. ■ 3 (*lit*) Que recuerda el pelo despeinado [2].

despeinar I *v* A *tr* 1 Estropear el peinado o alborotar el pelo [a alguien (*cd*)]. b) *pr* (~**se**) Estropeársele el peinado o alborotársele el pelo [a alguien (*suj*)].
B *intr pr* (~**se**) 2 Alborotarse [el pelo].
II *loc adv* 3 **sin** ~**se**. (*col*) Sin esfuerzo. *Esp en deportes.*

despejadamente *adv* De manera despejada [2 y 3].

despejado -da *adj* 1 *part* → DESPEJAR. ■ 2 Libre o que no tiene estorbos. *Tb fig.* ■ 3 Ancho o espacioso. *Esp referido a la frente.* ■ 4 [Cielo o tiempo] que no tiene nubes. ■ 5 Espabilado o despierto. ■ 6 Que no tiene sueño o pesadez.

despejar A *tr* 1 Dejar libre [un lugar (*cd*) de las perss. o cosas que lo ocupan y que constituyen un estorbo o un peligro]. *Frec sin el segundo compl, por consabido.* b) Marcharse [alguien del lugar que ocupa (*cd*)]. *Tb abs. Frec en imperat, como orden de la autoridad.* * *Por favor, despejen.* ■ 2 Aclarar [una duda o una incógnita]. ■ 3 (*Mat*) Separar [una incógnita] de los restantes miembros de una ecuación para determinar su valor. ■ 4 Hacer que [una pers. o su cabeza (*cd*)] recupere la claridad mental. *Tb abs.* b) *pr* (~**se**) Recuperar [una pers. o su cabeza] la claridad mental. ■ 5 Hacer que [algo negativo o molesto (*cd*), esp. el sueño] desaparezca. ■ 6 (*Dep, esp Fút*) Alejar [la pelota] de la meta. *Frec abs.*
B *intr* ➤ **a** *normal* 7 Aclararse [el tiempo o el cielo]. *Tb pr* (~**se**).
➤ **b** *pr* (~**se**) 8 Aclararse, o quedar menos tupido o denso.

despeje *m* 1 Acción de despejar [1, 2 y 6]. b) (*Taur*) Acción de recorrer los alguacilillos el ruedo antes de la corrida, para que no quede en él nadie que no haya de tomar parte en la lidia. ■ 2 Cualidad de despejado, *esp* [5]. ■ 3 Lugar despejado [3].

despejo *m* 1 Despeje [1]. ■ 2 Cualidad de despejado [5]. ■ 3 Soltura o desembarazo.

despellejador -ra *adj* Que despelleja. *Tb n: m y f, referido a pers; f, referido a máquina.*

despellejar *tr* 1 Quitar o arrancar la piel o el pellejo [a alguien o algo (*cd*)]. ■ 2 (*col*) Criticar duramente [a alguien].

despelotarse *intr pr* (*col*) 1 Desnudarse, esp. públicamente. ■ 2 Morirse de risa.

despelote *m* (*col*) Acción de despelotarse.

despelucar *tr* 1 (*raro*) Quitar la peluca [a alguien]. *Frec en part.* ■ 2 (*reg*) Despeluzar [1]. *Frec en part.*

despeluchar *tr* (*col*) Despeluzar [1 y esp. 3]. *Tb pr* (~**se**). *Gralm en part.*

despeluche *m* (*col*) Acción de despeluchar(se). *Tb su efecto.*

despelujar *tr* (*col*) Despeluzar [1 y esp. 3]. *Tb pr* (~**se**). *Gralm en part.*

despeluje *m* (*col*) Acción de despelujar(se).

despeluzamiento *m* Acción de despeluzar(se).

despeluzar *tr* 1 Revolver o desordenar el pelo [a alguien o algo (*cd*)]. b) *pr* (~**se**) Revolverse o desordenarse el pelo [de alguien o algo (*suj*)]. *Gralm en part.* ■ 2 Erizar [el pelo]. *El cd puede ser la pers o cosa cuyo pelo se eriza.* b) *pr* (~**se**) Erizarse [el pelo]. *El suj puede ser la pers o cosa cuyo pelo se eriza. Gralm en part.* ■ 3 Dejar [algo o a alguien] sin pelo, o hacer que lo tenga escaso y deslucido. b) *pr* (~**se**) Quedarse [alguien o algo] sin pelo, o pasar a tenerlo escaso o deslucido. *Gralm en part.*

despeluznar *tr* Despeluzar [1 y 2]. *Tb pr* (~**se**).

despenador -ra *adj* (*raro*) Que quita las penas.

despenalización *f* Acción de despenalizar.

despenalizador -ra *adj* Que despenaliza.

despenalizar *tr* Establecer legalmente que [un hecho (*cd*) sometido a sanción penal] deje de estarlo.

despenar *tr* 1 (*col*) Matar. ■ 2 (*raro*) Sacar [a alguien] de una situación penosa. *Tb fig.*

despendolado -da *adj* (*col*) 1 *part* → DESPENDOLARSE. ■ 2 Que tiene o muestra falta de control o contención.

despendolamiento *m* (*col*) Acción de despendolarse. *Tb su efecto.*

despendolarse *intr pr* (*col*) Perder [alguien o algo] el control o la contención.

despendole *m* (*col*) Acción de despendolarse. *Tb su efecto.*

despensa *f* 1 Habitación pequeña en que se guardan alimentos. b) Reserva de alimentos. ■ 2 **la(s) llave(s) de la ~.** (*col*) Los medios de vida o sustento de una familia o de una colectividad. *Gralm con los vs* TENER *o* LLEVARSE. *Tb fig.*

despensero -ra *m y f* Pers. encargada de la despensa de una casa grande o de una colectividad.

despeñadero *m* Precipicio. *Tb fig.*

despeñadura *f* (*raro*) Despeñamiento. *Tb fig.*

despeñamiento *m* Acción de despeñar(se).

despeñar *tr* Arrojar [a alguien o algo] desde un precipicio u otro lugar alto. b) *pr* (~**se**) Caer [alguien o algo] desde un precipicio u otro lugar alto.

despeño *m* Despeñamiento.

despepitado -da *adj* (*col*) 1 *part* → DESPEPITARSE. ■ 2 Que denota o implica despepitamiento.

despepitamiento *m* (*col*) Acción de despepitarse.

despepitar *tr* Quitar las pepitas [a un fruto].

despepitarse *intr pr (col)* **1** Hablar o gritar forzando mucho la voz. ■ **2** Perder [alguien] el freno o la contención. *Frec en part.* ■ **3** Morirse o volverse loco [por algo].

desperdiciar *(conjug 1a) tr* No aprovechar [algo] o no aprovechar[lo] debidamente.

desperdicio I *m* **1** Acción de desperdiciar(se). ■ **2** Parte inservible o no aprovechada [de algo]. *Tb sin compl. Frec en pl. A veces en sg con sent colectivo.*
II *loc v* **3 no tener ~** [una pers. o cosa]. Ser totalmente válida o provechosa. *Frec con intención ponderativa y a veces irónica.*

desperdigado -da *adj* **1** *part* → DESPERDIGAR. ■ **2** Que se presenta de manera muy aislada y discontinua.

desperdigar *tr* Extender [perss. o cosas juntas o amontonadas], esp. dejando gran separación entre ellas. *Tb fig.* **b)** *pr* (~se) Extenderse [perss. o cosas que están juntas o amontonadas], esp. quedando gran separación entre ellas.

desperezamiento *m* Desperezo.

desperezar A *tr* **1** Estirar [los miembros] para desentumecer[los]. *Tb (lit) fig.* ■ **2** Sacar [a alguien] del sueño o la modorra. *Tb (lit) fig.*
B *intr pr* (~se) **3** Estirar los miembros, esp. los brazos, para desentumecerse o quitarse la pereza. *Tb (lit) fig.*

desperezo *m* Acción de desperezar(se). *Tb (lit) fig.*

desperfecto *m* **1** Daño o deterioro, esp. leve. *Referido a cosas. Frec con el v* SUFRIR. ■ **2** *(raro)* Fallo o falta.

desperfilar *tr* Suavizar o disimular los perfiles [de algo *(cd)*].

desperfollar *tr (reg)* Deshojar [las panochas de maíz]. *Tb fig, humoríst.*

desperfollo *m (reg)* **1** Acción de desperfollar. *Tb fig.* ■ **2** Desbarajuste.

despernarse *(conjug 6) intr pr* Cansarse de andar o de mover las piernas. *Frec en part.*

despersonalización *f* Acción de despersonalizar(se).

despersonalizado -da *adj* **1** *part* → DESPERSONALIZAR. ■ **2** Que carece de personalidad. ■ **3** Que prescinde de la personalidad individual o la anula.

despersonalizador -ra *adj* Que despersonaliza.

despersonalizante *adj* Que despersonaliza.

despersonalizar *tr* **1** Quitar la personalidad [a alguien *(cd)*]. **b)** *pr* (~se) Perder [alguien] la personalidad. ■ **2** Quitar el carácter personal [a algo *(cd)*]. **b)** *pr* (~se) Perder [algo] el carácter personal.

despertada *f (reg)* Hecho de despertar[1] [1] a la gente con música y alboroto por las calles, a primeras horas de un día de fiesta.

despertador -ra *adj* Que despierta[1] [1 a 3]. *Tb n, referido a pers.* **b)** [Reloj] dotado de un timbre o alarma que suena a la hora prefijada. *Frec n m.*

despertar[1] *(conjug 6)* A *tr* **1** Hacer que [alguien *(cd)*] deje de estar dormido. **b)** Hacer que [alguien *(cd)*] vuelva a la vida tras un estado de anestesia, hibernación o muerte aparente. *Tb ~ A LA VIDA.* ■ **2** Hacer que [alguien *(cd)*] salga del estado de ilusión o engaño en que se encuentra y tome conciencia real de las cosas. *A veces con un compl* DE. ■ **3** Producir [algo no material, esp. un sentimiento o deseo], o hacer que se manifieste si estaba latente.
B *intr* **4** Dejar [alguien] de estar dormido. *Tb pr* (~se). *Tb fig.* **b)** Recuperar la conciencia [tras un sueño *(compl* DE)]. ■ **5** Salir [alguien] del estado de ilusión o engaño en que se encuentra y tomar conciencia real de las cosas. *A veces con un compl* DE. ■ **6** Producirse [en alguien algo no material, esp. un sentimiento o deseo], o manifestarse si estaba latente. *Frec pr* (~se). ■ **7** Comenzar a tener las primeras vivencias o impresiones [de algo *(compl* A)]. *Tb pr* (~se).

despertar[2] *m* **1** Hecho de despertar(se)[1]. ■ **2** Manera de despertar(se)[1] [4]. *A veces en pl con sent sg.*

despesca *f* Recogida de los peces en las almadrabas y en las salinas.

despesque *m* Despesca.

despezar *(conjug 6) tr (Arquit)* Despiezar [algo, esp. un arco, una bóveda o un muro].

despiadadamente *adv* De manera despiadada [2].

despiadado -da *adj* **1** [Pers.] que no tiene piedad o compasión. *Tb fig, referido a cosas.* ■ **2** [Cosa] que denota o implica falta de piedad o compasión.

despicar *tr (raro)* Calmar o satisfacer.

despidiente *adj (raro)* Que despide o dice adiós. *Tb n, referido a pers.*

despido *m* Acción de despedir del trabajo. **b)** Indemnización que percibe la pers. despedida.

despiece *m* Acción de despiezar. *Tb su efecto.*

despiedad *f (raro)* Falta de piedad.

despierto -ta *adj* **1** Que no está dormido. ■ **2** Que no tiene o no muestra sueño o pesadez. *Tb fig.* ■ **3** [Pers., esp. niño o joven] de mente clara y ágil. **b)** Propio de la pers. despierta.

despiezador -ra *adj* Que despieza. *Tb n, referido a pers.*

despiezar *tr* Dividir [algo] en piezas.

despiezo *m (Arquit)* Acción de despiezar. *Tb su efecto.*

despilfarrador -ra *adj* Que despilfarra. *Tb n, referido a pers.*

despilfarrar *tr* Derrochar (gastar o usar [algo] de manera excesiva o incontrolada). *Tb abs.*

despilfarro *m* Acción de despilfarrar. *Tb su efecto.*

despintar A *tr* **1** Quitar la pintura [a algo *(cd)*].
B *intr* ➤ **a** *normal* **2** Apartarse o diferenciarse [de algo]. *Tb pr* (~se).
➤ **b** *pr* (~se) **3** Perder [algo] la pintura. *Frec en part.* ■ **4** Borrarse o desdibujarse [algo]. **b)** Borrárse[le a alguien] la imagen [de una pers. o cosa *(suj)*]. *Normalmente en constr neg.* ■ **5** *(raro)* Marcharse o apartarse [una pers.] del lado [de otra *(ci)*]. *Gralm en constr neg.*

despinzar *tr* Quitar con pinzas las motas o cuerpos extraños [a los paños o pieles *(cd)*].

despiojar *tr* Quitar los piojos [a alguien *(cd)*]. *Frec el cd es refl.*

despioje *m* Acción de despiojar(se).

despiporre. el ~. *m (col)* El despiporren.

despiporren. el ~. *m* (*col*) El colmo o el acabose.

despique *m* (*raro*) Venganza que se toma de una ofensa o desprecio.

despistadamente *adv* De manera despistada [3].

despistado -da *adj* 1 *part* → DESPISTAR. ■ 2 [Pers.] que tiene o muestra falta de atención o de conocimiento cabal de la situación. *Tb n. Frec con vs como* IR *o* ESTAR. *A veces* (*col, humoríst*) *con un incremento expresivo:* MÁS ~ QUE UN PULPO (*o* UN CHIVO, *o* UNA VACA) EN UN GARAJE. **b)** [Pers.] que por naturaleza tiende a prestar poca atención a cuanto la rodea. *Tb n.* ■ 3 [Cosa] que denota o implica despiste.

despistador -ra *adj* (*raro*) Que despista[1].

despistaje *m* (*Med*) Acción de despistar[2].

despistante *adj* Que despista[1].

despistar[1] A *tr* 1 Desorientar [a quien sigue una pista]. **b)** Hacer [una pers.] deje de seguirla o acompañarla. *Tb fig.* ■ 2 Desorientar o desconcertar [a alguien]. *Frec abs.* ■ 3 Disimular o hacer menos visible [algo]. *Tb abs. Tb fig.* **b)** Disimular u ocultar [algo].
  B *intr* ➤ **a** *normal* 4 Disimular (fingir [alguien] indiferencia o falta de atención respecto a lo que se dice o sucede en su presencia).
  ➤ **b** *pr* (~se) 5 Desorientarse [alguien] respecto al lugar en que está o al camino que ha de seguir. *Tb fig.* **b)** Aparecer casualmente [en un lugar (*compl* POR)]. *Tb sin compl, por consabido.* ■ 6 Distraerse o confundirse. ■ 7 (*col*) Escapar [alguien] temporalmente del control de sus superiores. *Esp en milicia.*

despistar[2] *tr* (*Med*) Descubrir o detectar [algo, esp. una enfermedad].

despiste *m* 1 Acción de despistar(se)[1], *esp* [5 a 7]. *Tb su efecto.* ■ 2 Cualidad o condición de despistado [2].

desplacer[1] *m* (*lit*) Disgusto o desagrado.

desplacer[2] (*conjug* 11) *intr* (*lit*) Disgustar o desagradar.

desplaciente *adj* (*lit*) Que desplace.

desplanchar *tr* (*raro*) Arrugar [algo planchado]. *Tb pr* (~se).

desplantarse *intr pr* (*raro*) Hacer un desplante [1b].

desplante *m* Dicho o hecho arrogante o descarado. **b)** Movimiento brusco del cuerpo, que expresa arrogancia.

desplatar *tr* Separar la plata [de un metal (*cd*) con el que está mezclada].

desplazable *adj* Que se puede desplazar [1].

desplazado -da *adj* 1 *part* → DESPLAZAR. ■ 2 [Pers.] descentrada o mal adaptada. *Tb n.* ■ 3 [Cosa] que no corresponde al lugar o situación dados o que está fuera de lugar.

desplazamiento *m* 1 Acción de desplazar(se). *Tb su efecto.* ■ 2 (*Mar*) Peso del volumen de agua desalojada por un navío, que corresponde al peso de este. **b)** (*lit, raro*) Volumen o tamaño.

desplazar A *tr* 1 Mover [a una pers. o cosa] del lugar en que está. *Tb fig. Frec con compls de lugar que expresan origen o dirección.* **b)** *pr* (~se) Moverse [una pers. o cosa] del lugar en que está. *Tb fig.* ■

2 Hacer que [alguien o algo (*cd*)] abandone [un puesto o lugar (*compl* DE)], esp. sustituyéndo[lo] en él. *Tb sin compl* DE, *por consabido.* **b)** Sustituir [una cosa (*suj*) a otra]. ■ 3 (*Mar*) Desalojar [una embarcación determinado volumen de agua].
  B *intr pr* (~se) 4 Moverse [de un sitio a otro]. *Frec sin compl* DE. ■ 5 Ir [a un lugar].

desplegable *adj* Que se puede desplegar, *esp* [1]. *Tb n m, referido a página o folleto.*

desplegar (*conjug* 6) *tr* 1 Extender [algo plegado]. *Tb abs.* **b)** *pr* (~se) Extenderse [algo plegado]. ■ 2 Abrir [los labios]. ■ 3 Extender o disponer en mayor extensión [algo, esp. tropas]. *Referido a tropa, frec el cd es refl.* **b)** *pr* (~se) Extenderse [algo] o disponerse en mayor amplitud. *Tb fig.* ■ 4 Llevar a cabo [una actividad] o manifestar activamente [una cualidad o una actitud]. ■ 5 Usar o utilizar [algo], esp. de modo ostentoso.

despliegue *m* Acción de desplegar(se). *Tb su efecto.*

desplomar A *tr* 1 Hacer que [algo o alguien (*cd*)] se desplome [2 a 5].
  B *intr pr* (~se) 2 Caerse [un edificio o construcción]. **b)** Perder [una pared o una construcción] la posición vertical. **c)** Caer en declive [un terreno]. ■ 3 Caer a plomo [algo o alguien]. ■ 4 Caer inerte [alguien]. ■ 5 Hundirse o venirse abajo [algo no material].

desplome *m* Acción de desplomarse. *Tb su efecto.*

desplomo *m* Acción de desplomarse [2].

desplumado -da *adj* 1 *part* → DESPLUMAR. ■ 2 (*col*) Que no tiene dinero.

desplumador -ra *adj* Que despluma. *Tb n, referido a pers.*

desplumar *tr* 1 Quitar las plumas [a un ave o a algo que las tenga (*cd*)]. ■ 2 (*col*) Despojar [a alguien] de cuanto tiene, esp. en el juego.

desplume *m* Acción de desplumar.

despoblación *f* Acción de despoblar(se). *Tb su efecto.*

despoblado -da I *adj* 1 *part* → DESPOBLAR. ■ 2 [Lugar] que no está poblado. *Frec n m, esp en la constr* EN ~. **b)** [Lugar] en que no hay gente. *Gralm con intención ponderativa. Tb n.*
  II *m* 3 Lugar en que en otro tiempo existió una población.

despoblador -ra *adj* 1 Que despuebla. *Tb n, referido a pers.* ■ 2 De (la) despoblación.

despoblamiento *m* Despoblación.

despoblar (*conjug* 4) *tr* 1 Dejar sin población [un lugar (*cd*)]. **b)** *pr* (~se) Quedarse sin población [un lugar]. ■ 2 Dejar [algo] sin los elementos, la vegetación, el follaje o el pelo habituales. *A veces con un compl especificador con* DE. **b)** *pr* (~se) Quedar [algo] sin los elementos, la vegetación, el follaje o el pelo habituales. *A veces con un compl especificador con* DE.

despoetizar *tr* Quitar poesía o carácter poético [a algo (*cd*)].

despojamiento *m* Acción de despojar(se).

despojante *adj* Que despoja. *Tb n, referido a pers.*

despojar A *tr* 1 Privar [a alguien (*cd*) de algo] con violencia. *Tb sin compl* DE, *por consabido.* ■ 2 Quitar [algo (*compl* DE)] a una pers. o cosa (*cd*)].

despojo – desprogramador

Referido a prendas, frec el cd es refl. Tb sin compl DE, *por consabido.* ■ **3** (*Ling*) Leer [un texto o a un autor] sacando citas.

B *intr pr* (~**se**) **4** Desprenderse voluntariamente [de algo] o renunciar [a ello (*compl* DE)].

despojo *m* **1** Acción de despojar(se). ■ **2** Conjunto de cosas que se arrebatan al vencido o caído. *Frec en pl. Tb fig.* ■ **3** Conjunto formado por la cabeza, patas, alones y molleja de las aves, o por la cabeza, patas, vientre y asadura de las reses. *Más frec en pl.* ■ **4** Resto (parte [de un todo] aún no destruida, gastada o desaparecida). *Frec en pl. Tb fig.* **b)** (*lit*) *En pl:* Restos mortales [de una pers.].

despolitización *f* Acción de despolitizar(se). *Tb su efecto.*

despolitizar *tr* Apartar [a alguien o algo] de la política o de las ideas políticas. **b)** *pr* (~**se**) Apartarse de la política o de las ideas políticas.

despolvar *tr* (*raro*) Desempolvar.

desportillar *tr* Deteriorar [algo, esp. una vasija] rompiendo parte del borde. *Tb* (*lit*) *fig.* **b)** *pr* (~**se**) Deteriorarse [algo, esp. una vasija] rompiéndose parte del borde. *Frec en part. Tb* (*lit*) *fig.*

desposado -da *adj* **1** *part* → DESPOSAR. ■ **2** (*lit*) Recién casado.

desposar (*lit*) **A** *tr* **1** Casarse [con alguien (*cd*)]. ■ **2** Casar [a alguien].

B *intr pr* (~**se**) **3** Contraer esponsales (promesa de matrimonio, o matrimonio).

desposeer (*conjug* 17) *tr* Privar o despojar [a alguien de lo que posee]. *Tb sin el segundo compl, por consabido.* **b)** Privar [a una cosa de otra].

desposesión *f* Acción de desposeer.

desposorio *m* Acción de desposarse [3].

déspota **A** *m y f* **1** Pers. que usa arbitraria u opresivamente su autoridad o de su poder. *Tb adj.* ■ **2** (*hist*) Pers. partidaria del despotismo [2].

B *m* **3** (*hist*) Soberano absoluto.

despóticamente *adv* De manera despótica [1].

despótico -ca *adj* **1** De(l) déspota [1 y 3] o de(l) despotismo. ■ **2** [Pers.] que tiene carácter de déspota [1 y 3].

despotismo *m* **1** Condición de déspota. ■ **2** (*hist*) Gobierno absoluto. *Frec en la constr* ~ ILUSTRADO, *designando el modo de gobierno propio de la Ilustración. Tb fig, referido a época moderna.*

despotricante *adj* (*raro*) Que despotrica.

despotricar *intr* (*col*) Proferir insultos o protestas. *A veces con un compl* CONTRA.

despreciable *adj* **1** Digno de desprecio[1]. ■ **2** Que se puede despreciar [2] por su insignificancia. *Esp referido a cantidades o magnitudes.* **b)** *En constr neg se usa para ponderar importancia.* * Gana un sueldo nada despreciable.

despreciablemente *adv* De manera despreciable.

despreciador -ra *adj* Que desprecia.

despreciar (*conjug* 1a) *tr* **1** Tratar con desprecio[1] [a alguien], o mostrar desprecio[1] [hacia alguien o algo (*cd*)]. ■ **2** No conceder valor o importancia [a algo, esp. una cantidad (*cd*)], o no tener[lo] en cuenta. ■ **3** Rechazar [alguien algo que se le ofrece].

despreciativamente *adv* Despectivamente.

despreciativo -va *adj* Despectivo.

desprecintado *m* Acción de desprecintar.

desprecintar *tr* Quitar el precinto [a algo (*cd*)].

desprecio[1] *m* **1** Sentimiento negativo causado por una pers. o cosa a la que se considera indigna de estima o moralmente rechazable. *A veces con un compl* A, HACIA *o* POR. ■ **2** Acción de despreciar. **b)** ~ **de sexo.** (*Der*) Circunstancia agravante que consiste en el hecho de que el ofendido sea mujer.

desprecio[2]**. a ~.** *loc adv* (*reg*) A bajo precio.

desprender **A** *tr* **1** Hacer que [una pers. o cosa (*cd*)] deje de estar unida o sujeta [a algo (*compl* DE)]. *Tb sin compl* DE, *por consabido.* **b)** *pr* (~**se**) Dejar [una pers. o cosa] de estar unida o sujeta [a algo (*compl* DE)]. *Tb sin compl, por consabido.* ■ **2** Desligar afectivamente [a alguien de algo]. ■ **3** Producir [una pers. o cosa algo (*cd*)] que sale de ella. **b)** *pr* (~**se**) Producirse [algo (*suj*)] que sale de una pers. o cosa (*compl* DE)]. *Tb sin compl, por consabido.*

B *intr pr* (~**se**) **4** Dejar voluntariamente de ser el poseedor [de algo]. ■ **5** Dejar de llevar puesto o encima [algo (*compl* DE)]. ■ **6** Deshacerse o librarse [de alguien o algo]. ■ **7** Deducirse o inferirse [una cosa de otra].

desprendible *adj* Que se puede desprender [1].

desprendido -da *adj* **1** *part* → DESPRENDER. ■ **2** Generoso o desinteresado. ■ **3** (*Taur*) [Estocada o banderilla] que no profundiza lo suficiente.

desprendimiento *m* **1** Acción de desprender(se). ■ **2** Generosidad o desinterés.

despreocupación *f* Falta de preocupación [por alguien o algo]. *Frec sin compl, aludiendo en gral a las propias obligaciones o responsabilidades o a la observancia de las normas de conducta establecidas.*

despreocupadamente *adv* De manera despreocupada.

despreocupado -da *adj* **1** *part* → DESPREOCUPARSE. ■ **2** [Pers.] que tiene o muestra despreocupación. ■ **3** [Cosa] que denota o implica despreocupación.

despreocuparse *intr pr* Dejar de preocuparse [de alguien o algo], o no preocuparse [de ellos]. *Tb sin compl, por consabido.*

desprestigiar (*conjug* 1a) *tr* Quitar prestigio [a alguien o algo (*cd*)].

desprestigio *m* **1** Acción de desprestigiar. *Tb su efecto.* ■ **2** Cosa, esp. hecho, que desprestigia.

despresurización *f* Acción de despresurizar.

despresurizar *tr* Eliminar o reducir la presión atmosférica [en un recinto cerrado (*cd*), esp. un avión o vehículo espacial].

desprevención *f* Falta de prevención.

desprevenido -da *adj* [Pers.] que no está prevenida o preparada. *Frec con los vs* COGER *o* PILLAR.

desprivatización *f* Acción de desprivatizar.

desprivatizar *tr* Convertir en pública [una empresa privada].

desprofesionalización *f* Pérdida del carácter profesional.

desprogramación *f* Acción de desprogramar.

desprogramador -ra *adj* Que desprograma. *Tb n, referido a pers.*

desprogramar *tr* Hacer que [una pers. (*cd*)] abandone un sistema de creencias y valores que previamente le ha sido imbuido.

desproletarización *f* Acción de desproletarizar(se).

desproletarizar *tr* Quitar el carácter proletario [a alguien o algo (*cd*)]. **b)** *pr* (~**se**) Perder el carácter proletario.

despropiar (*conjug* 1a) *tr* (*raro*) Expropiar.

desproporción *f* Falta de proporción o relación adecuada.

desproporcionadamente *adv* De manera desproporcionada.

desproporcionado -da *adj* **1** [Pers. o cosa] cuyas medidas no guardan proporción. ■ **2** [Cosa] que no guarda proporción [con otra (*compl* A)]. *Tb sin compl, con suj pl.* **b)** Sumamente grande. *Con intención ponderativa.*

desproporcionar *tr* Quitar la proporción o las proporciones adecuadas [a algo (*cd*)].

despropósito *m* Dicho o hecho inoportuno o no razonable.

desprotección *f* Falta de protección.

desproteger *tr* Dejar [algo o a alguien] sin protección.

desprotegido -da *adj* **1** *part* → DESPROTEGER. ■ **2** Falto de protección.

desproveer (*conjug* 22) *tr* Despojar [a una pers. o cosa de algo].

desprovisto -ta *adj* **1** *part* → DESPROVEER. ■ **2** Que carece [de algo].

despueble *m* (*raro*) Despoblación.

después **I** *adv* **1** En un momento o tiempo venidero con respecto a aquel en que se habla o del que se habla. *El tiempo que se toma como referencia puede estar expresado por medio de un término precedido de* DE *o* QUE. * Ahora no puedo; iré después. * Eso fue después de morir su madre. **b)** *Precedido de prep:* El momento o el tiempo venidero con respecto a aquel en que se habla o del que se habla. * Me preocupa lo de después del examen. **c)** *Cuando sigue a un compl adv de tiempo, este expresa la duración del lapso que separa el momento venidero y el que se toma como referencia.* * Poco tiempo después le devolvieron el libro. **d)** *A veces con matiz concesivo.* * ¡El muy sinvergüenza! Después de habernos desvivido por él. ■ **2** En un lugar que está más adelante. *Frec seguido de un término de comparación introducido por* QUE *o* DE. * Está en la lista después que tú. **b)** *Precedido de prep:* El lugar que está a continuación o más adelante. * Los pueblos de después del puerto son más bonitos. ■ **3** ~ **de todo** → TODO.
II *adj* **4** Siguiente. *Siguiendo a determinados ns que expresan tiempo.* * El día después fue terrible.
III *m* **5** **el** ~. El tiempo o la situación posterior. * Preguntan sobre el antes y el después de la Ley de Prensa.

despulgar *tr* Quitar las pulgas [a alguien (*cd*)]. *Frec el cd es refl.*

despuntador -ra *adj* Que despunta [1]. *Tb n, referido a pers.*

despuntar **A** *tr* **1** Cortar o romper la punta [a algo (*cd*)]. **b)** *pr* (~**se**) Romperse la punta [de algo (*suj*)]. ■ **2** (*Taur*) Cortar las puntas de los cuernos [a una res (*cd*)].
B *intr* **3** Comenzar a aparecer o manifestarse [algo, esp. el Sol o el día]. ■ **4** Destacar o sobresalir. *Tb fig.*

despunte *m* Acción de despuntar(se).

desque *conj* (*reg*) Después que.

desquebrajar *tr* (*raro*) Resquebrajar. *Tb pr* (~**se**).

desquiciado -da *adj* **1** *part* → DESQUICIAR. ■ **2** Que denota o implica desquiciamiento.

desquiciamiento *m* Acción de desquiciar(se), *esp* [2]. *Tb su efecto.*

desquiciante *adj* Que desquicia [2] o enloquece.

desquiciar (*conjug* 1a) *tr* **1** Sacar de quicio [una puerta o ventana]. ■ **2** Sacar de quicio [algo o a alguien]. **b)** *pr* (~**se**) Salirse de quicio [alguien o algo]. *Frec en part.*

desquicio *m* (*raro*) Desquiciamiento.

desquijarar *tr* Dislocar las quijadas [a alguien (*cd*)].

desquitar **A** *tr* **1** Descontar [una cantidad].
B *intr pr* (~**se**) **2** Resarcirse o tomar compensación [de un daño o algo negativo, o de quien lo causa]. *Tb sin compl, por consabido.*

desquite *m* Acción de desquitarse [2]. *Tb su efecto.*

desrabar *tr* Cortar el rabo [a los corderos (*cd*)]. *Tb abs.*

desraberar *tr* (*reg*) Limpiar el suelo [de la parva (*cd*)].

desraizamiento *m* Desenraizamiento.

desramar *tr* Quitar las ramas [a un árbol (*cd*)].

desramillar *tr* Quitar las ramitas y hojas inútiles [a una planta o a una rama (*cd*)].

desrastrojado *m* (*Agric*) Acción de desrastrojar.

desrastrojar *intr* (*Agric*) Quitar el rastrojo.

desratización *f* Acción de desratizar.

desratizador -ra *adj* **1** Que desratiza. *Tb n, referido a pers.* ■ **2** De (la) desratización.

desratizar *tr* Limpiar de ratas y ratones [un lugar].

desrealización *f* Acción de desrealizar.

desrealizar *tr* Quitar realismo [a algo (*cd*)].

desreglado -da *adj* (*Mec*) [Luz o faro] que no está en la posición adecuada.

desregulación *f* Acción de desregular. *Tb su efecto.*

desregular *tr* Hacer que [algo (*cd*)] deje de estar regulado o sometido a regla.

desriñonar *tr* Derrengar (dañar gravemente [a alguien] en la espina dorsal por la zona de los riñones). *Frec con intención ponderativa.* **b)** *pr* (~**se**) Derrengarse (lastimarse [alguien] gravemente en la espina dorsal por la zona de los riñones). *Frec con intención ponderativa.*

desriscar *tr* (*reg*) Tirar o dejar caer [algo o a alguien] desde un precipicio u otro lugar alto.

desrizado *m* Acción de desrizar(se).

desrizar *tr* Alisar [el pelo rizado]. **b)** *pr* (~**se**) Alisarse [el pelo rizado].

desruralizar *tr* Quitar el carácter rural [a alguien o algo (*cd*)]. **b)** *pr* (**~se**) Perder el carácter rural [alguien o algo].

destacable *adj* Digno de ser destacado [2].

destacadamente *adv* De manera destacada.

destacado -da *adj* **1** *part* → DESTACAR. ■ **2** Que destaca [3]. **b)** Importante.

destacador -ra *adj* Que destaca [2].

destacamento *m* Cuerpo de tropa destacado (→ DESTACAR [1a]). *Tb fig.*

destacante *adj* Que destaca [3].

destacar A *tr* **1** Situar o colocar [una tropa o una fuerza armada en un lugar apartado de su base] para una determinada misión. *A veces con un compl de dirección y no de lugar en donde.* **b)** Situar o colocar [a alguien en un lugar apartado de la sede central] para una determinada misión. ■ **2** Hacer que [algo (*cd*)] destaque [3]. **b)** Hacer notar [algo] o llamar la atención sobre la importancia [de alguien o algo (*cd*)].
B *intr* **3** Exceder [una pers. o cosa] en tamaño, intensidad o importancia respecto a lo que la rodea o forma serie con ella. *A veces con un compl* DE *o* ENTRE. *Tb pr* (**~se**). **b)** Aparecer [una pers. o cosa] más visible o llamativa que lo que la rodea. *Tb pr* (**~se**).

destaconar *tr* Gastar los tacones [del calzado (*cd*)].

destajero -ra *m y f* Destajista.

destajismo *m* Sistema de trabajo a destajo.

destajista *m y f* Pers. que trabaja a destajo.

destajo I *m* **1** Trabajo que se contrata por un tanto alzado.
II *loc adv* **2 a ~.** Por un tanto alzado. *Tb adj, referido a trabajo.* **b)** Deprisa y con mucho afán.

destalonar *tr* Romper el talón [del calzado (*cd*)].

destapado -da *adj* **1** *part* → DESTAPAR. ■ **2** Que no está tapado.

destapar A *tr* **1** Hacer que [algo, esp. un recipiente (*cd*)] deje de estar tapado o cerrado. ■ **2** Hacer que [alguien o algo (*cd*)] deje de estar tapado o cubierto. ■ **3** Desnudar públicamente. *Normalmente el cd es refl.* ■ **4** Poner de manifiesto [algo oculto o que había pasado inadvertido]. **b)** *pr* (**~se**) Manifestarse [algo oculto o que había pasado inadvertido]. ■ **5** Poner de manifiesto las actividades ocultas [de alguien (*cd*)]. **b)** Dar a conocer la identidad [de un tapado (*cd*)]. *Frec referido a Méjico.*
B *intr pr* (**~se**) **6** Manifestarse [alguien] tal cual es, descubriendo su verdadero carácter, o sus sentimientos o intenciones.

destape *m* Acción de destapar(se), *esp* [3].

destaque *m* (*raro*) Acción de destacar.

destarar *tr* Rebajar la tara o peso [de un envase o envoltura (*cd*)].

destartalado -da *adj* **1** Desproporcionado y falto de armonía. *Dicho esp de lugar.* **b)** Desarreglado o desordenado. ■ **2** [Vehículo] viejo y mal acondicionado.

destartalamiento *m* Destártalo.

destártalo *m* Condición de destartalado [1].

destazador -ra *adj* Que destaza. *Frec n, referido a pers.*

destazar *tr* Dividir en distintas piezas [una res muerta]. *Tb abs.*

destechar *tr* Quitar o destruir el techo [de un edificio o habitación (*cd*)].

destejar *tr* Quitar las tejas [a un tejado o construcción (*cd*)]. *Tb abs.*

destejer *tr* Deshacer [algo tejido]. *Tb abs. Frec fig, esp en la constr* TEJER Y ~.

destellante *adj* Que destella.

destellar A *intr* **1** Despedir destellos. *Tb fig.*
B *tr* **2** Despedir destellos [de luz (*cd*)].

destelleante *adj* (*raro*) Destellante.

destellear *intr* (*raro*) Destellar. *Tb fig.*

destello *m* **1** Resplandor de corta duración. **b)** Brillo momentáneo. ■ **2** (*lit*) Muestra fugaz [de una cualidad].

destemido -da *adj* (*reg*) Valiente o audaz.

destempladamente *adv* De manera destemplada [3].

destemplado -da *adj* **1** *part* → DESTEMPLAR. ■ **2** [Pers.] que tiene o muestra destemplanza [1]. *Tb fig.* ■ **3** [Cosa] que denota o implica destemplanza [1]. ■ **4** Que siente destemplanza [3]. ■ **5** [Sonido] desagradable o falto de armonía. ■ **6** [Tiempo] desapacible.

destemplamiento *m* (*raro*) Hecho de destemplarse [3]. *Tb su efecto.*

destemplanza *f* **1** Falta de templanza o moderación, esp. en el modo de hablar o de actuar. ■ **2** Dicho o hecho que denota o implica destemplanza [1]. ■ **3** Sensación general de malestar, acompañada de escalofríos o fiebre ligera. *Tb fig.*

destemplar A *tr* **1** Hacer que [un instrumento músico (*cd*)] pierda el tono adecuado. **b)** *pr* (**~se**) Perder [un instrumento músico] el tono adecuado. *Frec en part.* ■ **2** (*Metal*) Hacer perder el temple [al acero o al hierro (*cd*)].
B *intr pr* (**~se**) **3** Perder [alguien] la templanza o moderación.

destemple *m* (*raro*) Destemplanza, *esp* [1].

destensar *tr* Hacer que [alguien o algo (*cd*)] deje de estar tenso. **b)** *pr* (**~se**) Dejar de estar tenso.

desteñido -da *adj* **1** *part* → DESTEÑIR. ■ **2** (*lit*) Pálido o bajo de color.

desteñir (*conjug 58*) A *tr* **1** Hacer que [algo (*cd*)] pierda el tinte o color con que está teñido. *Tb fig.* ■ **2** Hacer que [un color o pintura (*cd*)] pierda intensidad. ■ **3** Manchar [una cosa (*suj*)] otra] al perder su color. ■ **4** (*lit*) Dejar [influjo o rastro sobre algo].
B *intr* **5** Perder o soltar [una cosa] el tinte o color con que está teñida. *Tb pr* (**~se**). *Tb fig.* ■ **6** Perder intensidad [un color o pintura]. ■ **7** (*lit*) Dejar influjo o rastro [sobre algo].

desternillamiento *m* (*col*) Acción de desternillarse.

desternillante *adj* (*col*) Que causa mucha risa.

desternillarse *intr pr* (*col*) Reírse mucho y de manera incontenible. *Frec ~* DE RISA.

desterrar (*conjug 6*) *tr* **1** Expulsar [a alguien] de un país o territorio [la autoridad competente]. *A veces con un compl de origen o de dirección.* **b)** *pr* (**~se**) Marcharse [alguien] de un país o territorio, voluntariamente o por necesidad. ■ **2** Desechar apartar [algo inmaterial]. *Frec con un compl* DE. **b)** Desechar o retirar del uso [algo, frec. material].

desterronador -ra *adj* Que desterrona. *Tb n, m y f, referido a aparato o máquina.*

desterronar *tr* Deshacer los terrones [de algo (*cd*), esp. de un terreno].

destetar *tr* Hacer que [un niño o una cría de animal (*cd*)] abandone definitivamente la lactancia.

destete *m* Acción de destetar.

destiempo. a ~. *loc adv* En tiempo o momento inoportuno. *Tb adj.*

destierre *m* Acción de quitar tierra a algo.

destierro *m* **1** Acción de desterrar(se), *esp* [1]. *Tb fig.* ▪ **2** Estado o condición de desterrado (→ DESTERRAR [1]). ▪ **3** (*col*) Lugar muy apartado.

destilación *f* **1** Proceso de separación de las sustancias volátiles de una mezcla líquida o de un sólido, mediante evaporación y ulterior condensación de las mismas. ▪ **2** Acción de destilar [4 y 7].

destiladera *f* (*reg*) Piedra arenisca usada para filtrar agua. *Tb el mueble que contiene dicha piedra, el bernegal y el jarro para beber.*

destilado -da I *adj* **1** *part* → DESTILAR.
   II *m* **2** Producto obtenido por destilación [1].

destilador -ra *adj* Que destila [1 y 2]. *Tb n: m y f, referido a pers; m, referido a aparato.*

destilar A *tr* **1** Someter a destilación [1]. ▪ **2** Obtener [una sustancia] por destilación [1]. ▪ **3** Reducir [algo] a su esencia. ▪ **4** Segregar [una sustancia] gota a gota. *Tb abs. Tb fig.*
   B *intr* **5** Separarse [una sustancia] por destilación [1]. ▪ **6** Sufrir destilación [1] [una mezcla líquida o un sólido]. ▪ **7** Salir o desprenderse [un líquido] gota a gota. *Tb fig.*

destilatorio *m* **1** Lugar en que se hacen destilaciones [1]. ▪ **2** Destilador (aparato).

destilería *f* Establecimiento industrial o lugar en que se hacen destilaciones, esp. de licores.

destinación *f* (*raro*) Destino [1].

destinar¹ *tr* **1** Determinar que [algo (*cd*)] tenga [un uso o empleo (*compl* A o PARA)]. ▪ **2** Determinar que [alguien (*cd*)] desempeñe [un cargo o una función (*compl* A)]. **b)** Determinar que [alguien (*cd*)] desempeñe su cargo o empleo [en un lugar (*compl* A)]. ▪ **3** Determinar que [alguien o algo (*cd*)] tenga [un destino [5] dado (*compl* A)]. * Los ángeles fueron destinados a un fin sobrenatural. ▪ **4** Dirigir [algo, esp. un escrito o envío, a alguien]. **b)** (*raro*) Dirigir [un sobre] o poner[le (*cd*)] la dirección.

destinar² *intr* (*reg*) Perder [alguien] el camino.

destinatario -ria *adj* [Pers. o cosa] a la que se destina¹ o dirige algo. *A veces con un compl especificador con* DE, *que frec se omite por consabido referido a escritos. Gralm n, referido a pers.*

destino (*tb con mayúscula en acep 4*) *m* **1** Uso o empleo a que se destina¹ [1] algo. *Frec con un compl de posesión.* ▪ **2** Cargo o función a que se destina¹ [2a] a alguien. *Frec con un compl de posesión.* **b)** Lugar a que se destina¹ [2b] a alguien. ▪ **3** Lugar que es término de un viaje o de un desplazamiento. *Frec en la constr* CON ~ A. *Tb fig.* **b)** Lugar al que se dirige una carta o un envío. *Tb fig.* ▪ **4** Fuerza, ajena a la voluntad humana, que determina de modo inexorable el curso de los acontecimientos. ▪ **5** Conjunto de acontecimientos de la existencia de una pers. o cosa, que se consideran determinados por el destino [4]. *Gralm con un compl de posesión. Frec designa el último de tales acontecimientos.* ▪ **6** Porvenir o futuro [de una pers.].

destinte *m* Hecho de perder el tinte. *Frec su efecto.*

destitución *f* Acción de destituir.

destituidor -ra *adj* Que destituye. *Tb n, referido a pers.*

destituir (*conjug* 48) *tr* Expulsar [a alguien] de su cargo. *A veces se expresa el cargo mediante un compl* DE.

destocado -da *adj* **1** *part* → DESTOCAR. ▪ **2** Que no lleva sombrero u otra prenda que le cubra la cabeza.

destocar *tr* Quitar [a alguien (*cd*)] el sombrero u otra prenda que le cubre la cabeza. *Gralm el cd es refl. A veces con un compl* DE *que expresa la prenda.* **b)** Quitar [a alguien (*ci*)] el sombrero u otra prenda que le cubre la cabeza]. *Gralm el ci es refl.*

destorear *intr* (*Taur, desp*) Torear sin consumar debidamente las suertes.

destornillado -da *adj* **1** *part* → DESTORNILLAR. ▪ **2** (*col*) [Pers.] trastornada o que tiene alteradas sus facultades mentales.

destornillador *m* **1** Instrumento que sirve para atornillar y destornillar. ▪ **2** Combinado de vodka y naranja.

destornillar A *tr* **1** Desatornillar.
   B *intr pr* (~**se**) **2** (*pop*) Desternillarse. *Frec* ~ DE RISA.

destoserse *intr pr* (*reg*) Toser sin necesidad, o fingir tos.

destrabar *tr* Quitar las trabas o ligaduras [a alguien o algo (*cd*)].

destral *m o f* Hacha pequeña que gralm. se maneja con una mano.

destraleja *f* Destral pequeño.

destrenzar *tr* Deshacer la trenza [del cabello o de una fibra (*cd*)]. **b)** Deshacer [una trenza]. **c)** Deshacer [un trenzado]. *Tb fig.*

destreza *f* **1** Cualidad de diestro (hábil). ▪ **2** (*raro*) Habilidad (cosa para la que alguien es hábil). *Frec en pl.*

destrío *m* (*reg*) Conjunto de frutos de baja calidad o pequeño tamaño de una cosecha.

destripador -ra *adj* Que destripa. *Frec n m, referido a criminal.*

destripamiento *m* Acción de destripar.

destripar *tr* **1** Sacar las tripas [a una pers. o animal (*cd*)]. ▪ **2** Matar [a alguien] abriéndo[le] el vientre. **b)** *pr* (~**se**) (*raro*) Morir [alguien] abriéndosele el vientre. ▪ **3** Romper [algo] para ver o sacar lo que tiene dentro. *Tb fig.* ▪ **4** Romper o deshacer [algo]. ▪ **5** (*col*) Malograr el efecto [de algo (*cd*), esp. de un relato] descubriendo anticipadamente el desenlace o la solución.

destripaterrones *m* (*desp*) Hombre que trabaja la tierra.

destriunfar *intr* (*Naipes*) Dejar sin triunfos a los contrarios. **b)** Arrastrar con triunfo para dejar sin triunfos a los contrarios.

destrizar *tr* Hacer trizas.

destronamiento *m* Acción de destronar.

destronar *tr* Deponer [a un monarca]. **b)** Deponer [a alguien] de un puesto preeminente. *Tb fig.*

destroncar *tr* (*Taur*) Descoyuntar o privar de fuerzas [al toro].

destroyer (*ing; pronunc corriente, /destróyer/; pl normal, ~s*) *m* Destructor (buque).

destrozador -ra *adj* Que destroza. *Tb n, referido a pers.*

destrozar A *tr* **1** Dejar [algo] inservible, por rotura o por el uso. **b)** *pr* (**~se**) Quedar [algo] inservible, por rotura o por el uso. ■ **2** Destruir o aniquilar [algo inmaterial]. ■ **3** Causar grave daño [a algo (*cd*)]. ■ **4** Causar [a alguien (*cd*)] grave quebranto físico o moral. *Frec en part.* **b)** Derrotar completamente [a alguien].
B *intr pr* (**~se**) **5** Matarse [haciendo algo (*ger, o* A + *infin*)]. *Con intención ponderativa. A veces se omite el compl, por consabido.*

destrozo *m* Acción de destrozar(se) [1 a 4]. *Tb su efecto.*

destrozón -na I *adj* **1** Que destroza [1a] mucho. *Tb n, referido a pers.*
II *f* **2** Máscara carnavalesca de mujer desharrapada.

destrucción *f* Acción de destruir. *Tb su efecto.*

destructibilidad *f* Cualidad de destructible.

destructible *adj* Que se puede destruir.

destructividad *f* Cualidad de destructivo.

destructivo -va *adj* **1** Que destruye o puede destruir. **b)** [Crítica] que destaca solo los aspectos negativos. **c)** Propio de lo que destruye. ■ **2** De (la) destrucción.

destructor -ra I *adj* **1** Que destruye. *Tb n: m y f, referido a pers; f, referido a máquina.* ■ **2** De (la) destrucción.
II *m* **3** Buque de guerra de tonelaje medio y uso polivalente, hoy armado gralm. de misiles, torpedos y cargas submarinas.

destruible *adj* Destructible.

destruidor -ra *adj* (*raro*) Destructor [1 y 2].

destruir (*conjug 48*) *tr* **1** Hacer que [algo material (*cd*)] deje de existir como tal, reduciéndo[lo] a trozos o partes o haciéndo[lo] desaparecer completamente. **b)** Hacer que [algo inmaterial] desaparezca o deje de existir. **c)** Matar [a un ser vivo] o hacer que deje de existir. ■ **2** Destrozar o causar grave daño [a alguien o algo (*cd*)].

destupidor *m* (*reg*) Utensilio utilizado para destupir.

destupir *tr* (*reg*) Desobstruir.

desubstanciado, desubstanciar → DESUSTANCIADO, DESUSTANCIAR.

desuello *m* Acción de desollar.

desuerado *m* Acción de desuerar.

desuerar *tr* Quitar el suero [a algo (*cd*)].

desueto -ta *adj* (*lit, raro*) Desusado.

desulfuración *f* (*Quím*) Acción de desulfurar.

desulfurar *tr* (*Quím*) Quitar [a una sustancia (*cd*)] el azufre que contiene.

desuncir *tr* Quitar el yugo [a una yunta (*cd*)].

desunión *f* Acción de desunir(se). *Tb su efecto.*

desunir *tr* Hacer que [una pers. o cosa (*cd*)] deje de estar unida [a otra (*compl* DE)]. *Más frec los dos compls aparecen como un solo cd, pl o colectivo. Tb fig.* **b)** *pr* (**~se**) Dejar [una pers. o cosa] de estar unida [a otra (*compl* DE)]. *Frec sin compl* DE, *con suj pl o colectivo.*

desuñarse *intr pr* (*raro*) Dejarse las uñas o poner el máximo esfuerzo [para algo].

desurbanizado -da *adj* Que no está urbanizado.

desusadamente *adv* De manera desusada [2].

desusado -da *adj* **1** Que ya no se usa. ■ **2** Que no es usual o acostumbrado.

desuso *m* Falta de uso. *Frec en la constr* EN ~. **b)** (*Der*) Falta de aplicación u observancia de una ley que no ha sido derogada.

desustanciado -da (*tb, raro,* **desubstanciado**) *adj* **1** *part* → DESUSTANCIAR. ■ **2** Falto de sustancia. *Tb fig.*

desustanciar (*tb, raro,* **desubstanciar**; *conjug* 1a) *tr* Quitar la sustancia [a algo (*cd*)]. *Tb fig.* **b)** *pr* (**~se**) Perder [algo] la sustancia. *Tb fig.*

desusual *adj* (*raro*) Desusado o no usual.

desvaídamente *adv* (*raro*) De manera desvaída.

desvaído -da *adj* **1** *part* → DESVAÍR. ■ **2** Apagado o falto de fuerza. *Esp referido a color.* ■ **3** Flojo, o falto de fuerza.

desvainar (*conjug* 1e) *tr* (*raro*) Desenvainar.

desvaír (*conjug* 48; *normalmente solo usado en las formas en que la base es átona*) *tr* Quitar fuerza o intensidad [a algo (*cd*)]. *Tb fig.* **b)** *pr* (**~se**) Perder [algo] fuerza o intensidad. *Tb fig.*

desvalido -da *adj* [Pers.] que precisa de ayuda o protección y carece de ellas. *Tb n.* **b)** Propio de la pers. desvalida.

desvalijador -ra *adj* Que desvalija. *Tb n, referido a pers.*

desvalijamiento *m* Acción de desvalijar.

desvalijar *tr* Robar todas las cosas de valor [de un lugar (*cd*)], o todo lo que tiene o lleva encima [una pers. (*cd*)]. *Tb fig.*

desvalimiento *m* Condición de desvalido.

desvalorar *tr* Quitar valor o estimación [a algo (*cd*)].

desvalorización *f* Acción de desvalorizar(se). *Tb su efecto.*

desvalorizar *tr* **1** Hacer que [algo (*cd*)] pierda valor. **b)** *pr* (**~se**) Perder valor [algo]. ■ **2** Devaluar [una moneda].

desván *m* En una casa: Espacio situado inmediatamente debajo del tejado, destinado normalmente a guardar objetos en desuso. *Tb fig.*

desvanecedor -ra *adj* Que desvanece.

desvanecer (*conjug* 11) A *tr* **1** Hacer que [algo (*cd*)] pierda intensidad gradualmente hasta desaparecer. **b)** *pr* (**~se**) Perder [algo] intensidad gradualmente hasta desaparecer. ■ **2** Hacer que [algo (*cd*)] desaparezca o deje de existir. **b)** *pr* (**~se**) Desaparecer o dejar de existir. ■ **3** (*raro*) Envanecer o poner vanidoso. **b)** *pr* (**~se**) Envanecerse o ponerse vanidoso.
B *intr pr* (**~se**) **4** Perder [alguien] el conocimiento o el sentido.

desvanecido -da *adj* 1 *part* → DESVANECER. ▪ 2 Que denota o expresa desvanecimiento.

desvanecimiento *m* Acción de desvanecer(se). *Tb su efecto.* **b)** (*Telec*) Disminución temporal de la intensidad de las señales.

desvaretar *tr* (*reg*) Quitar los chupones [a los árboles (*cd*), esp. a los olivos]. *Tb abs.*

desvarete *m* (*reg*) Acción de desvaretar.

desvareto *m* (*reg*) Acción de desvaretar.

desvariante *adj* 1 [Pers.] que desvaría. ▪ 2 [Cosa] que denota o implica desvarío.

desvariar (*conjug* 1c) *intr* Decir cosas incoherentes o absurdas como consecuencia de una obnubilación pasajera de la conciencia. **b)** Decir o pensar cosas disparatadas o insensatas.

desvarío *m* Acción de desvariar. *Tb su efecto.*

desveda *f* Acción de desvedar.

desvedar *tr* Levantar la veda [de algo (*cd*)].

desvede *m* (*reg*) Desveda.

desvelación *f* Desvelamiento.

desvelador -ra *adj* Que desvela².

desvelamiento *m* Acción de desvelar².

desvelar¹ **A** *tr* 1 Quitar [algo (*suj*), esp. una preocupación o una sustancia] el sueño [a alguien (*cd*)]. *Tb abs.* **b)** *pr* (~se) Perder [alguien] el sueño o no poder conciliarlo. *Frec en part.* **B** *intr pr* (~se) 2 Desvivirse [por alguien o algo].

desvelar² *tr* Descubrir o poner de manifiesto [algo oculto, desconocido o secreto]. **b)** *pr* (~se) Descubrirse o ponerse de manifiesto [algo oculto, desconocido o secreto].

desvelo *m* Acción de desvelar(se)¹, *esp* [2]. *Tb su efecto.*

desvenado *m* Operación de limpiar de venas o fibras las hojas de tabaco.

desvencijamiento *m* Acción de desvencijar(se). *Tb su efecto.*

desvencijar *tr* Aflojar y desencajar las partes [de algo (*cd*)], haciendo que pierda firmeza o se descomponga. *Tb fig.* **b)** *pr* (~se) Aflojarse y desencajarse las partes [de algo (*suj*)], perdiendo firmeza o descomponiéndose. *Frec en part. Tb fig.*

desvendar *tr* Quitar la venda [a algo (*cd*)]. *Tb fig.*

desventaja *f* 1 Situación desfavorable [de una pers. o cosa respecto a otra]. *Frec en la constr* ESTAR EN ~. ▪ 2 Condición desfavorable [de una pers. o cosa respecto a otra].

desventajosamente *adv* De manera desventajosa.

desventajoso -sa *adj* Que implica desventaja.

desventío *m* (*reg*) Precipicio.

desventrar (*conjug* 6; *normalmente solo usado en las formas en que la base es átona*) *tr* 1 Destripar (sacar las tripas o matar abriendo el vientre). *Tb fig. Frec en part.* ▪ 2 Destripar (romper o deshacer). *Frec en part.*

desventura *tr* (*lit*) 1 Desgracia (suceso que causa un daño o una pena grandes). ▪ 2 Desgracia, o situación desgraciada.

desventuradamente *adv* (*lit*) Desgraciadamente.

desventurado -da *adj* (*lit*) 1 Desgraciado o desdichado. *Referido a pers, tb n y frec con intención conmiserativa.* ▪ 2 Que denota o implica desventura.

desvergonzadamente *adv* De manera desvergonzada.

desvergonzado -da *adj* 1 [Pers.] que tiene o muestra desvergüenza [1]. *Tb n.* ▪ 2 [Cosa] que denota o implica desvergüenza [1].

desvergüenza *f* 1 Falta de vergüenza, comedimiento o pudor. ▪ 2 Hecho o dicho que denota o implica desvergüenza [1].

desvertebración *f* Acción de desvertebrar(se).

desvertebrado -da *adj* 1 *part* → DESVERTEBRAR. ▪ 2 Falto de vértebras. ▪ 3 Falto de vertebración. *En sent fig.*

desvertebrar **A** *tr* 1 Romper la columna vertebral [a alguien (*cd*)]. *Tb fig.* **B** *intr pr* (~se) 2 Dejar [algo] de estar vertebrado. *En sent fig. Gralm en part.*

desvestir (*conjug* 62) *tr* Desnudar o quitar la ropa [a alguien (*cd*)]. *Gralm el cd es refl. Tb fig.*

desviación *f* 1 Acción de desviar(se). *Tb su efecto.* **b)** (*Econ*) Variación [de un valor] respecto a su media, o respecto a otro valor tomado como referencia. ▪ 2 Desvío [2 y 3]. ▪ 3 Anormalidad o irregularidad respecto a la norma convencional de conducta.

desviacionismo *m* Actitud que se aparta de la norma ortodoxa o convencional. *Esp en política.*

desviacionista *adj* Que se aparta de la norma ortodoxa o convencional. *Esp en política. Tb n, referido a pers.*

desviado -da *adj* 1 *part* → DESVIAR. ▪ 2 Que tiene o muestra desviación [1]. ▪ 3 Que denota o implica desviación [1 y esp. 3].

desviador -ra *adj* Que desvía.

desviar (*conjug* 1c) *tr* 1 Hacer que [alguien o algo (*cd*)] siga un camino o dirección distintos de los que llevaba, o de los habituales o convenientes. *Tb fig. Frec con un compl de separación o de dirección.* **b)** *pr* (~se) Seguir [alguien o algo] un camino o dirección distintos de los que llevaba, o de los habituales o convenientes. *Tb fig. Frec con un compl de separación o de dirección.* ▪ 2 Apartar [a alguien o algo de algo no material, esp. de una norma o modelo]. **b)** *pr* (~se) Apartarse [alguien o algo de algo no material, esp. de una norma o modelo]. ▪ 3 Hacer que [algo (*cd*), esp. dinero] vaya a parar a un destino distinto del original o declarado. *A veces con un compl de dirección.* ▪ 4 (*Econ*) Hacer que [un valor (*cd*)] varíe respecto a su media, o respecto a otro valor tomado como referencia. **b)** *pr* (~se) Variar [un valor] respecto a su media, o respecto a otro valor tomado como referencia.

desviatorio -ria *adj* (*raro*) Que desvía o sirve para desviar.

desvieje *m* Acción de apartar del rebaño las ovejas viejas. *A veces referido a otro ganado.*

desvinculación *f* Acción de desvincular(se). *Tb su efecto.*

desvinculado -da *adj* 1 *part* → DESVINCULAR. ▪ 2 Que no está vinculado.

desvincular *tr* Hacer que [una pers. o cosa (*cd*)] deje de estar vinculada [a otra (*compl* DE)]. *Referido* *a pers, frec el cd es refl.* **b)** *pr* (**~se**) Dejar [una cosa] de estar vinculada [a otra (*compl* DE)].

desvío *m* **1** Acción de desviar(se). *Tb su efecto.* ■ **2** Vía, camino o canal que salen y se apartan de otros, gralm. más importantes. ■ **3** Camino distinto del habitual, que es obligatorio seguir por determinadas circunstancias. ■ **4** (*lit*) Despego o frialdad.

desvirgamiento *m* Acción de desvirgar.

desvirgar *tr* **1** Quitar la virginidad [a una mujer (*cd*)]. ■ **2** (*col*) Estrenar [algo].

desvirgue *m* (*col*) Desvirgamiento.

desvirtuación *f* Acción de desvirtuar(se).

desvirtuador -ra *adj* Que desvirtúa.

desvirtuamiento *m* Desvirtuación.

desvirtuar (*conjug* **1d**) *tr* Hacer que [algo (*cd*)] pierda sus propiedades o su valor. **b)** *pr* (**~se**) Perder [algo] sus propiedades o su valor.

desvisceración *f* Acción de desviscerar.

desviscerar *tr* Quitar las vísceras [a alguien (*cd*)].

desvitalización *f* Acción de desvitalizar.

desvitalizar *tr* Quitar la vitalidad [a algo (*cd*)].

desvitaminizar *tr* Privar de vitaminas [a alguien o algo (*cd*)].

desvivirse *intr pr* Ocuparse con gran solicitud [de alguien o algo (*compl* POR)].

desyemado *m* (*Agric*) Acción de quitar las yemas a las plantas.

desyerbar *tr* Deshierbar.

detall. al ~. *loc adv* (*Com*) Al por menor. *Tb adj.*

detalladamente *adv* De manera detallada.

detallado -da *adj* **1** *part* → DETALLAR. ■ **2** Que incluye muchos detalles [1]. ■ **3** Que se hace atendiendo a los detalles [1].

detallar *tr* **1** Contar o exponer [algo] con detalles [1]. *Tb abs.* ■ **2** (*lit*) Observar [algo] atendiendo a los detalles [1].

detalle **I** *m* **1** Aspecto parcial [de algo]. *A veces en sg con sent colectivo.* **b)** Aspecto o circunstancia poco importantes o no esenciales. **c)** Hecho de poca importancia, pero que ayuda a conocer a alguien o algo. ■ **2** Adorno pequeño. ■ **3** Delicadeza o atención. *Frec con el v* TENER. **b)** Regalo, esp. de poca importancia. *Frec en la forma* DETALLITO. ■ **4** (*col*) Acto de comportamiento. *Normalmente con un calificativo.* ■ **5** Relación que incluye todos los detalles [1] [de algo]. ■ **6** Venta al por menor. **II** *loc v* **7 no perder(se)** ~ [de algo]. Prestar[le] la máxima atención. **III** *loc adv* **8 al ~,** *o* **en ~.** Con todos los detalles [1]. ■ **9 al ~.** Al por menor. *Referido al comercio. Tb adj.* ■ **10 con ~.** Atendiendo a los detalles [1].

detallismo *m* Tendencia a cuidar o a resaltar los detalles [1].

detallista *adj* **1** De(l) detallismo o que lo implica. ■ **2** [Pers.] que se preocupa por los detalles [1 y 3]. *Tb n.* **b)** Propio de la pers. detallista. ■ **3** [Comercio] al por menor. **b)** [Pers.] que vende al por menor. *Tb n.*

detalloso -sa *adj* [Pers.] detallista o que tiene detalles [3].

detección *f* Acción de detectar.

detectable *adj* Que se puede detectar.

detectación *f* (*raro*) Detección.

detectador -ra *adj* (*raro*) Detector.

detectar *tr* **1** Descubrir la presencia o la existencia [de algo o alguien oculto o que pasa inadvertido (*cd*)]. *Esp en lenguaje técn.* **b)** *En gral:* Descubrir [algo oculto o que no se percibe a simple vista]. ■ **2** (*RTV*) Captar y rectificar [ondas moduladas] para restituir las señales que portan.

detective *m y f* Oficial de policía que investiga crímenes u otros delitos. **b)** Pers. particular que se contrata para hacer investigaciones de interés personal. *Frec* ~ PRIVADO.

detectivesco -ca *adj* De(l) detective.

detector -ra *adj* Que detecta. *Tb n m, referido a aparato.*

detención *f* Acción de detener(se). *Tb su efecto.*

detener (*conjug* **31**) **A** *tr* **1** Hacer que [alguien o algo (*cd*)] deje de moverse, de avanzar o de actuar. *Tb fig.* **b)** *pr* (**~se**) Dejar [alguien o algo] de moverse, de avanzar o de actuar. ■ **2** Hacer que cese [una acción (*cd*)]. **b)** *pr* (**~se**) Cesar [una acción]. ■ **3** Privar de libertad [a una pers. la autoridad competente], tomándo[la] bajo su custodia. **B** *intr pr* (**~se**) **4** Dedicar tiempo y atención [a alguien o algo (EN *o* CON + *sust,* o A + *infin*)].

detenidamente *adv* De manera detenida [2].

detenido -da *adj* **1** *part* → DETENER. ■ **2** Que denota o implica detenimiento. ■ **3** [Campo] **de ~s** → CAMPO.

detenimiento *m* Acción de detenerse [4].

detentación *f* Acción de detentar.

detentador -ra *adj* Que detenta. *Tb n, referido a pers.*

detentar *tr* **1** Poseer [algo] o disponer [de ello (*cd*)] ilegítimamente. *Esp referido a bienes o poder.* **b)** Ocupar o desempeñar ilegítimamente [un cargo o una dignidad]. ■ **2** (*semiculto*) Poseer [algo] o disponer [de ello (*cd*)]. **b)** Ocupar o desempeñar [un cargo o una dignidad].

detente *m* (*hist*) Trozo de tela con la imagen del Corazón de Jesús y la leyenda "detente bala".

détente (*fr; pronunc corriente,* /detánt/) *f* (*Pol*) Distensión.

detentor -ra *adj* Detentador. *Tb n.*

detergencia *f* (*Quím*) Propiedad que tienen determinadas sustancias de separar las partículas de suciedad adheridas a un cuerpo y de conservarlas en disolución o en suspensión.

detergente *m* Que limpia, esp. disolviendo las impurezas. *Frec n m, referido a sustancia o producto químico.*

deteriorable *adj* Que se puede deteriorar.

deterioración *f* Deterioro.

deteriorar *tr* Poner [algo o a alguien] en mal estado, o en peor estado del que tenía. **b)** *pr* (**~se**) Ponerse [algo o alguien] en mal estado, o en peor estado del que tenía.

deteriorización *f* Deterioración o deterioro.

deterioro *m* Acción de deteriorar(se). *Tb su efecto.*

determinable *adj* Que se puede determinar.

determinación *f* 1 Acción de determinar(se). *Tb su efecto.* ■ 2 Decisión (cualidad).

determinadamente *adv* 1 De manera determinada [2]. ■ 2 Con determinación [2].

determinado -da *adj* 1 *part* → DETERMINAR. ■ 2 Preciso o concreto. *Puede seguir o preceder al n.* ■ 3 Alguno que no se quiere mencionar. *Precediendo al n.* ■ 4 (*Gram*) [Artículo] que denota ser conocido o consabido lo designado por el sustantivo al que precede.

determinador -ra *adj* Que determina.

determinante I *adj* 1 Que determina [3]. *Tb n, m o f, referido a motivo, factor o causa.* ■ 2 (*Gram*) Que determina [6]. *Tb n m, referido a término o elemento.* b) [Artículo] determinado [4].
II *m* (*o f*) 3 (*Mat*) Polinomio que se forma a partir de los elementos de una matriz cuadrada aplicando determinadas reglas.

determinar A *tr* 1 Decidir [algo]. ■ 2 Hacer que [alguien (*cd*)] decida [algo (*compl* A)]. ■ 3 Ser causa o motivo necesarios de que [algo (*cd*)] suceda, o de que [alguien (*cd*)] actúe de un modo concreto. ■ 4 Establecer [algo] como norma o precepto. ■ 5 Indicar o expresar [algo] con precisión. b) Descubrir o llegar a conocer con precisión [algo] como consecuencia de una investigación. ■ 6 (*Gram*) Ser [una palabra] adjunta [de otra (*cd*)] precisando circunstancias de su significación.
B *intr pr* (~se) 7 Decidirse [alguien a algo]. *Tb sin compl, por consabido.* ■ 8 Decidirse [por algo].

determinativo -va *adj* Que determina [4, 5 y esp. 6]. *Tb n m, referido a elemento gramatical.*

determinio *m* (*reg*) Determinación.

determinismo *m* (*Filos*) Doctrina según la cual todo lo que sucede está determinado por la voluntad divina, por acontecimientos o circunstancias anteriores o por leyes naturales, y no por la voluntad humana.

determinista *adj* (*Filos*) De(l) determinismo. b) Partidario del determinismo. *Tb n.*

detersión *f* (*lit*) Acción de limpiar.

detersorio -ria *adj* (*lit*) Detergente. *Tb n m.*

detestable *adj* 1 Que merece ser detestado. ■ 2 Sumamente malo.

detestar *tr* Sentir fuerte antipatía [hacia alguien o algo (*cd*)].

detonación *f* Acción de detonar[1]. *Tb su efecto.*

detonador[1] -ra *adj* 1 Que detona[1] [2]. *Gralm n m, referido a artificio o dispositivo. Tb fig.* ■ 2 [Pistola] que hace ruido pero no dispara balas. *Tb n f.*

detonador[2] -ra *adj* Que detona[2].

detonancia *f* (*raro*) 1 Condición de detonante[2]. ■ 2 Hecho o dicho detonante[2].

detonante[1] *adj* Que detona[1]. *Tb n m, referido a agente y esp a explosivo. Tb fig.*

detonante[2] *adj* Que detona[2].

detonar[1] A *intr* 1 Explotar o estallar [algo, esp. un explosivo], por combustión rápida acompañada de ondas de choque. b) Producir un ruido semejante al de una explosión o un estallido.
B *tr* 2 Hacer que [algo, esp. un explosivo (*cd*)] detone [1a].

detonar[2] *intr* 1 Destacarse o llamar la atención. ■ 2 Desentonar (contrastar negativa o desagradablemente).

detoxificación *f* (*raro*) Acción de detoxificar.

detoxificar *tr* (*raro*) Eliminar los elementos tóxicos [de algo (*cd*)].

detracción *f* 1 Acción de detraer. ■ 2 (*Rel crist*) Revelación deliberada e injustificada de un defecto o falta ajenos.

detractar *tr* (*raro*) Criticar [algo o a alguien] o manifestar un juicio peyorativo [sobre ellos (*cd*)].

detractor -ra *adj* 1 [Pers.] que critica [algo o alguien (*compl de posesión*)] o manifiesta un juicio peyorativo [sobre ellos (*compl de posesión*)]. *Tb sin compl. Gralm n.* b) Propio de la pers. detractora. *Gralm n.* ■ 2 (*Rel crist*) [Pers.] que comete detracción [2]. *Gralm n.*

detraer (*conjug 32*) *tr* Restar o sustraer [algo, esp. una cantidad de dinero].

detrás (*palabra de sent netamente relativo. Cuando se expresa el término de referencia, este se enuncia precedido de la prep* DE *o (semiculto) en forma de posesivo pospuesto*) I *adv* 1 En un lugar opuesto al de delante. *Precedido de prep, se sustantiva.* * La luz estaba detrás de mí. * Por detrás los coxales se articulan con el sacro. b) En un lugar que, en una serie o sucesión, aparece después. *Precedido de prep, se sustantiva.* * Echó a andar detrás de él. ■ 2 En un segundo término con respecto a algo que está delante. *Tb fig.* * Ha caído detrás de la silla. ■ 3 En ausencia [de una pers.]. *Tb* POR ~. * Es de las que hablan por detrás. ■ 4 Después o a continuación. * La próxima guardia te toca a ti, y detrás de ti voy yo. ■ 5 En el pasado. * No podía olvidar que tenía una condena por asesinato detrás. ■ 6 Tratando de alcanzar o conseguir [a alguien o algo (*compl* DE)]. *Tb sin compl, por consabido. Con vs como* IR *o* ANDAR. * Anda detrás de ese puesto.
II *m* 7 (*col, raro*) Trasero.

detrimento *m* Daño o perjuicio. *Frec en la constr* EN ~ DE.

detrítico -ca *adj* (*Geol*) Constituido por detritus. *Esp referido a roca.*

detrito *m* Detritus. *Tb fig. A veces en sg con sent colectivo.*

detritus *m* 1 Residuo procedente de la disgregación de una masa sólida, esp. de una roca. ■ 2 Residuo o desperdicio. *Tb fig. A veces en sg con sent colectivo.*

deturpación *f* (*lit*) Acción de deturpar. *Tb su efecto.*

deturpar *tr* (*lit*) Desfigurar o deformar.

deuce (*ing; pronunc corriente,* /diús/) *m* (*Tenis*) Tanteo que obliga a un jugador a hacer dos tantos seguidos para ganar el juego.

deuda *f* 1 Obligación de devolver o pagar algo, esp. una cantidad de dinero. *Frec la misma cantidad.* b) Obligación moral de corresponder a algo. ■ 2 ~ (**pública**, *o* **del Estado**). Conjunto de obligaciones financieras emitidas por un gobierno por medio de títulos que devengan intereses y que gralm. cotizan en bolsa. *Frec con un adj especificador:* AMORTIZABLE, CONSOLIDADA, INTERNA, EXTERIOR, PERPETUA, *etc.* ■ 3 (*Rel catól*) En el antiguo padrenuestro: Falta o culpa.

deudo *m* (*lit*) Pariente o familiar. *Gralm en pl.*

deudor -ra I *adj* **1** Que tiene una deuda [1]. *Frec n, referido a pers. Tb fig.* **b)** De(l) deudor. ■ **2** (*Com*) [Saldo o cantidad] que en una cuenta ha de anotarse en el debe. *Tb fig.* **b)** De saldo deudor. II *m* **3** (*Rel catól*) En el antiguo padrenuestro: Pers. que tiene una deuda [3].

deus ex machina (*lat; pronunc,* /déus-eks-mákina/) *loc n m* (*TLit y Escén*) Pers. o cosa cuya intervención, poco verosímil, resuelve una situación difícil. **b)** (*lit*) Pers. o cosa que resuelve situaciones difíciles o complejas.

deuteragonista *m y f* (*TLit*) Personaje que sigue en importancia al protagonista.

deuterio *m* (*Quím*) Isótopo del hidrógeno cuyo núcleo contiene un protón y un neutrón.

deutón *m* (*Quím*) Núcleo del átomo de deuterio, constituido por un protón y un neutrón.

deutoplasma *m* (*Biol*) Conjunto de productos inertes de la célula, esp. los destinados a servir de alimento al embrión durante su desarrollo.

deutoplasmático -ca *adj* (*Biol*) De(l) deutoplasma.

deutoplásmico -ca *adj* (*Biol*) Deutoplasmático.

devaginarse *intr pr* (*Biol*) Desplegarse [algo que estaba invaginado].

devaloración *f* (*raro*) Acción de devalorar. *Tb su efecto.*

devalorar *tr* (*raro*) Desvalorar o desvalorizar.

devaluación *f* Acción de devaluar. *Tb su efecto.*

devaluador -ra *adj* **1** Que devalúa. *Tb n, referido a pers.* ■ **2** De (la) devaluación.

devaluar (*conjug* 1d) *tr* **1** Rebajar el valor de cambio [de una moneda (*cd*)]. **b)** *pr* (**~se**) Perder valor de cambio [una moneda]. ■ **2** *En gral:* Hacer que [algo (*cd*)] pierda valor.

devaluatorio -ria *adj* De (la) devaluación.

devanadera *f* Utensilio giratorio empleado para devanar [1]. **b)** *Frec se usa en constrs de sent comparativo, para ponderar agitación o movimiento.*

devanado *m* **1** Acción de devanar [1]. ■ **2** (*Electr*) Bobina.

devanador -ra *adj* Que devana [1]. *Tb n, m y f, referido a pers y a máquina o aparato.*

devanagari *m* Forma de escritura silábica del sánscrito, el hindi y otras lenguas de la India. *Tb adj.*

devanar *tr* **1** Enrollar [un hilo o algo similar] alrededor de un eje o formando ovillos o madejas. *Tb abs.* **b)** Transformar en ovillo [una madeja]. ■ **2** (*lit*) Desgranar [algo que supone el paso sucesivo de una serie de elementos, o el paso reiterado o progresivo de uno solo]. ■ **3 ~se los sesos** → SESO[1].

devaneo *m* **1** Acción intrascendente o de puro pasatiempo. ■ **2** Relación amorosa informal y pasajera. *Frec ~ AMOROSO.*

devantal *m* (*reg, raro*) Delantal.

devastación *f* Acción de devastar. *Tb su efecto.*

devastador -ra *adj* Que devasta.

devastar *tr* Destruir o arruinar por completo [un lugar]. *Tb* (*lit*) *fig.*

de vehementi (*lat; pronunc,* /de-beeménti/) *loc adv* (*hist*) En los juicios de la Inquisición: De error grave. *Con el v* ABJURAR. *Tb adj.*

develador -ra *adj* (*lit*) Que devela. *Tb n, referido a pers.*

develar *tr* (*lit*) Descubrir o revelar [algo secreto o desconocido].

devengar *tr* Adquirir [alguien] derecho [a una percepción o retribución, esp. intereses o impuestos (*cd*)]. **b)** Dar [algo] derecho [a una percepción o retribución, esp. intereses o impuestos (*cd*)].

devengo *m* Acción de devengar. *Tb su efecto.*

devenir[1] (*conjug* 61) *intr* **1** Hacerse, o pasar a ser, [algo]. **b)** Convertirse o transformarse [en algo]. ■ **2** (*raro*) Suceder.

devenir[2] *m* **1** (*Filos*) Cambio o proceso. *Se opone a* SER[1]. *Tb* (*lit*) *fuera del ámbito técn.* ■ **2** (*lit*) Transcurso o desarrollo.

de visu (*lat; pronunc,* /de-bísu/) *loc adv* Viendo o habiendo visto con los propios ojos algo de que se trata. *Frec con vs como* CONOCER *o* COMPROBAR.

devoción I *f* **1** Fervor religioso. **b)** (*Rel catól*) Prontitud para hacer la voluntad de Dios. ■ **2** Amor intenso hacia alguien o algo sagrado, que gralm. se manifiesta mediante la oración u otros actos de culto. *Frec con un compl* A. **b)** Inclinación o afecto, gralm. intensos y entusiastas, hacia alguien o algo. *Frec con un compl* A, HACIA *o* POR. ■ **3** Oración o práctica religiosa. *Frec en pl.* II *loc v* **4 ser santo de la ~** [de alguien] → SANTO.

devocional *adj* De (la) devoción.

devocionalmente *adv* (*raro*) **1** En el aspecto devocional. ■ **2** Con devoción [2].

devocionario *m* Libro o conjunto de devociones [3].

devolución *f* Acción de devolver, *excepto* [10].

devolutivo -va *adj* De (la) devolución.

devolver (*conjug* 35) *tr* **1** Hacer que [alguien o algo (*cd*)] vuelva a su lugar de origen. *A veces con ci o con un compl* A. ■ **2** Hacer que [algo (*cd*) prestado, robado o quitado de algún modo] vuelva a su dueño o al lugar en que estaba. *A veces el cd puede ser pers.* ■ **3** Hacer que [algo perdido (*cd*)] vuelva [a la pers. o cosa que lo tenía (*ci*)]. ■ **4** Hacer que [algo comprado y que no satisface (*cd*)] vuelva a poder de quien lo vendió, cambiándo[lo] o recuperando el importe. ■ **5** Dar de nuevo [a un cliente el dinero que había pagado por una compra o un servicio]. ■ **6** Dar [a la pers. que hace un pago la cantidad que excede del importe justo]. ■ **7** Rechazar o no admitir [algo] haciendo que vuelva a la pers. o lugar de donde procede. ■ **8** Dar o hacer [una cosa] a cambio de otra igual recibida antes. **b)** Dar o hacer [una cosa] a cambio [de otra (*compl* POR)]. ■ **9** Volver a poner o a alguien en el estado o situación en que estaba (*compl* A). ■ **10** Vomitar [lo contenido en el estómago]. *Frec abs.*

devón *m* Cebo artificial que consiste en un trozo alargado de metal con varios anzuelos, frec. en forma de pez.

devoniano -na *adj* (*Geol*) Devónico. *Tb n m.*

devónico -ca *adj* (*Geol*) [Período] tercero de la Era Primaria. *Tb n m.* **b)** Del período devónico. *Tb n m, referido a terreno.*

devoración *f* (*raro*) Acción de devorar.

devorador -ra *adj* Que devora. *Tb n, referido a pers.*

devorante *adj* (*lit*) Devorador.

devorar *tr* **1** Comerse [un animal a otro o a una pers.]. **b)** Comer. *Con matiz desp, denotando avidez o exceso.* **c)** ~ [a alguien] **con los ojos** → OJO. ■ **2** Destruir o consumir totalmente [esp. el fuego (*suj*)]. ■ **3** Consumir o gastar. *Tb fig. Con intención ponderativa, denotando rapidez o exceso.* ■ **4** Leer con avidez. ■ **5** Recorrer [kilómetros] a gran velocidad. ■ **6** (*lit*) Consumir o atormentar [a alguien].

devotamente *adv* De manera devota [3].

devotería *f* (*desp, raro*) Devoción [3].

devoto -ta *adj* **1** De (la) devoción. **b)** [Cosa, esp. imagen o lugar] que mueve a devoción [1 y 2a]. ■ **2** [Pers.] que tiene o muestra devoción [1 y 2]. *Tb n.* **b)** (*lit, raro*) Se usa en fórmulas de cortesía, esp en cartas. ■ **3** [Cosa] que denota o implica devoción [1 y 2].

dextralidad *f* (*Psicol*) Tendencia a utilizar preferentemente la mano derecha.

dextrano *m* (*Quím*) Polisacárido usado como sustitutivo del plasma sanguíneo en el tratamiento de hemorragias.

dextrina *f* (*Quím*) Sustancia blanca y amorfa, obtenida por hidrólisis del almidón y usada esp. en pastelería y en la fabricación de gomas y aprestos.

dextrógiro -ra *adj* **1** (*Fís*) Que desvía hacia la derecha la luz polarizada. ■ **2** (E) Que se desvía hacia la derecha.

dextrorso -sa *adj* (*Fís*) Que gira a derechas. *Tb* (*lit*) fuera del ámbito técn. Tb n m.*

dextrosa *f* (*Quím*) Glucosa.

dey *m* (*hist*) Gobernador turco de Argelia o de Túnez.

deyección *f* **1** (*Fisiol*) Acción de expeler los excrementos. **b)** *En pl:* Excrementos. ■ **2** (*Geol*) Depósito de los materiales arrastrados por un torrente. *En la constr* CONO DE ~. ■ **3** (*Geol*) Conjunto de materias expulsadas por un volcán. *Frec en pl.*

deyectar *intr* (*raro*) Expeler los excrementos.

dezano -na *adj* De Deza (Soria). *Tb n, referido a pers.*

di- *r pref* (E) Denota duplicidad o repetición. * Difonemático. **b)** (*Quím*) Indica doble presencia de un grupo funcional. * Disilicato.

día I *m* **1** Porción de tiempo que corresponde a un giro completo de la Tierra sobre su eje, normalmente contada de doce de la noche a doce de la noche. **b) el** ~. El mismo día en que se habla o de que se habla. **c)** Día [1a] en que [una pers. (*compl de posesión*)] está en condiciones óptimas para actuar o para que le salgan bien las cosas. **d)** Día [1a] destinado a festejar o conmemorar [algo o a alguien (*compl especificador*)]. **e) el** ~ **D**. La fecha fijada para una operación militar en gran escala. *Frec fig.* **f) cuatro ~s.** Cantidad muy breve de tiempo. ■ **2** Parte del día [1a] en la que hay luz solar. **b) el** ~ **y la noche.** (*col*) Nada. *Se usa para ponderar la extrema pobreza de alguien.* ■ **3** Tiempo meteorológico que hace en el día [1a y 2a] de que se habla. ■ **4** Día [1a] del santo o del cumpleaños [de una pers.]. ■ **5** Momento o punto determinado en el tiempo. ■ **del Juicio (final).** (*Rel crist*) Término de los tiempos, en el cual Jesucristo juzgará a los vivos y a los muertos. *Tb fig, fuera del ámbito religioso, desig-*

nando enfáticamente una fecha muy lejana o que nunca llegará, frec en la constr humoríst EL ~ DEL JUICIO POR LA TARDE. ■ **7** *En pl:* Época (porción extensa y determinada de tiempo). *Con un compl de posesión.* **b)** Vida [de una pers.]. *Con un compl de posesión.* **c) ~s de vino y rosas.** (*lit*) Época feliz y de perfecta armonía entre dos o más perss. ■ **8** (*col*) *En pl:* Menstruación. *Tb* ~S CRÍTICOS. ■ **9 ~ de bueyes.** Medida agraria asturiana equivalente a 1257 centiáreas.

II *loc adj* **10 de ~s.** Que hace pocos días [1a] que ha nacido. ■ **11 del ~.** De actualidad. ■ **12 entrado en ~s** → ENTRADO. ■ **13** [Orden] **del ~** → ORDEN¹ y ORDEN².

III *loc v y fórm or* **14 buenos ~s.** Fórmula de saludo que se usa durante la mañana. *A veces,* BUENOS ~S NOS DÉ DIOS, *o* BUEN ~. **b) dar los buenos ~s,** *o* (*reg*) **dar los ~s.** Saludar por la mañana. ■ **15 hacerse de ~.** Amanecer. ■ **16 hasta otro ~.** (*col*) *Fórmula de despedida por tiempo indeterminado.* ■ **17 hay más ~s que longaniza(s).** (*col*) *Fórmula con que se expresa la falta de urgencia para hacer o decir algo.* * No tengas prisa, que hay más días que longaniza. ■ **18 mañana será otro ~** → MAÑANA. ■ **19 no pasar (los) ~s** [por una pers. o cosa]. No notarse [en ella] el paso del tiempo. ■ **20 no verse,** *o* **no oírse,** [una cosa] **todos los ~s.** Ser insólita. ■ **21 tal ~ como hoy.** *Se usa para mencionar la fecha en que se cumple un aniversario u otro tiempo de un hecho.* * Tal día como hoy, hace 30 años, se casaron. ■ **22 tal ~ hizo un año.** (*col*) *Fórmula con que se expresa la poca importancia que se concede a un hecho.* * ¿Que va mal? Vuelvo a casa y tal día hizo un año. ■ **23 tener ~s** [una pers. o cosa]. Ser vieja. ■ **24 tener ~s** [una pers. o cosa]. Ser desigual o tener alternativas. ■ **25 un ~ es un ~.** (*col*) *Fórmula con que uno indica que existe un motivo especial para apartarse por una vez de sus costumbres.* * Venga, anímate, un día es un día. ■ **26 vivir al ~.** Emplear en el gasto diario todo el dinero que se tiene, sin ahorrar nada.

IV *loc adv* **27 a ~s.** Unos días [1a] sí y otros no. **b)** Algunos días. ■ **28 al ~.** Al corriente o al tanto [de la actualidad]. *Frec con vs como* ESTAR *o* PONER. **b)** Al uso o moda del momento en que se vive. **c)** En situación de disponible o dispuesto en cualquier momento, sin retrasos. ■ **29 al tercer ~, al tercer ~ y al del medio** → acep. 36. ■ **30 como del ~ a la noche** (*o* **como de la noche al ~**). *Fórmula con que se pondera la gran diferencia que hay entre dos términos comparados.* * Es una diferencia enorme; como del día a la noche. ■ **31 cualquier ~, un buen ~,** *o* **menos pensado,** *o* **el mejor ~.** Cualquier día [1a] imprevisto. *Referido a un hecho venidero;* UN BUEN ~ *tb puede referirse a un hecho pasado;* EL MEJOR ~, *siempre referido a un hecho que se teme.* ■ **32 de ~.** Después de salir el Sol, o antes de ponerse. **b)** *Emparejado con* DE NOCHE, *se usa frec en constrs que indican continuidad.* * La luz no se apaga ni de día ni de noche. ■ **33 de ~ en ~,** *o* **por ~s.** De manera continua y progresiva. ■ **34 de ~ y de noche** → acep. 37. ■ **35 de un ~ a (o para) otro.** De manera inmediata o inminente. *Tb, más raro,* DEL ~ A LA NOCHE. ■ **36 ~ sí ~ no, un ~ sí y otro no,** *o* **al tercer ~.** En días [1a] alternos. *Frec con intención irónica denotando continuidad.* *Frec con la constr* UN ~ SÍ Y OTRO TAMBIÉN, *o* AL TERCER ~ Y AL DEL MEDIO. ■ **37 ~ y noche** (*o* **noche y ~**), *o* **de ~ y de noche** (*o* **de noche y de ~**). Sin descanso, durante el día y la noche. *Frec con intención ponderativa.* * Trabaja día y noche. ■ **38 el ~ de mañana.** En el tiempo venidero. ■ **39 el ~ menos pensado, el mejor ~**

→ acep. 31. ■ **40 en mis ~s**, *o* **en (todos) los ~s de mi vida.** (*lit*) Jamás. *En ors de sent neg.* ■ **41 en su ~.** En la fecha correspondiente. ■ **42 hoy ~, hoy en ~** → HOY. ■ **43 por ~s** → acep. 33. ■ **44 todo el (santo) ~**, *o* **todo el ~ de Dios.** Constantemente. ■ **45 un buen ~** → acep. 31. ■ **46 un ~ sí y otro no, un ~ sí y otro también** → acep. 36.

diabasa *f* (*Mineral*) Roca volcánica perteneciente al grupo de la diorita, que gralm. se encuentra alterada.

diabetes *f* Se da este *n* a varias afecciones caracterizadas por excesiva secreción de orina y sed intensa. *Frec con un adj especificador, como* INSÍPIDA, SACARINA, MELLITUS, *etc.* **b)** *Sin compl, designa esp la ~* SACARINA *o* MELLITUS, *caracterizada por un exceso de azúcar en la sangre y por su eliminación en la orina.*

diabético -ca *adj* **1** De (la) diabetes. ■ **2** Que padece diabetes. *Tb n.*

diabetógeno -na *adj* (*Med*) Que produce diabetes.

diabetología *f* (*Med*) Especialidad que trata de la diabetes.

diabetológico -ca *adj* (*Med*) De (la) diabetología.

diabetólogo -ga *m y f* (*Med*) Especialista en diabetología.

diabla **I** *f* **1** (*Escén*) Batería de luces que cuelga entre las bambalinas. **II** *loc adv* **2 a la ~.** (*lit*) De manera descuidada o sin esmero.

diablear *intr* (*raro*) Hacer diabluras.

diablejo *m* (*desp*) Diablo [1].

diablería *f* (*raro*) Conjunto de diablos [1].

diablesa → DIABLO.

diablesco -ca *adj* Diabólico.

diablillo *m* **1** Pers. traviesa y enredadora. *Con intención afectiva y gralm referido a niños.* ■ **2 ~ de Descartes.** (*Fís*) Ludión.

diablismo *m* Diabolismo.

diablo -blesa (*la forma f solo en acep 1*) **I** *n* **A** *m y f* **1** Demonio (espíritu del mal). **b)** *Se usa frec en constrs de sent comparativo para ponderar la listeza de alguien.*
B *m* **2** Pers. sumamente mala, traviesa o astuta. *A veces referido a animales.* ■ **3** Hombre disfrazado de forma extravagante, de los que salen en cuadrilla en algunos pueblos por la fiesta de San Blas. ■ **4 ~ cojuelo.** Diablo [1 y 2] enredador y travieso. ■ **5 pobre ~.** Pobre hombre. ■ **6** (*col*) *Vacío de significado y gralm en pl, se emplea en constr exclam o interrog para reforzar o marcar la intención desp de la frase.* *¿Quién diablos te enseñó eso?*
II *loc adj* **7 del ~**, **de (todos) los ~s**, *o* **de mil (pares de) ~s.** (*col*) Terrible. *Con intención ponderativa.* ■ **8** [Abogado] **del ~**, [altramuz] **del ~**, [berenjena] **del ~**, [caballito] **del ~**, [higuera] **del ~**, [pepinillo] **del ~**, [tomatillo] **del ~**, *etc* → ABOGADO, ALTRAMUZ, BERENJENA, CABALLITO, HIGUERA, PEPINILLO, TOMATILLO, *etc.*
III *loc v y fórm or* **9 al ~.** (*col*) *Se usa para manifestar rechazo. Gralm seguido de un n de pers o cosa. En este caso, frec en la constr* AL ~ CON. * *¡Al diablo con la inflación!* ■ **10 darse al ~** (*o* **a todos los ~s).** (*col*) Ponerse muy enfadado. ■ **11 el ~ que +** *v en pres de subj.* (*lit*) *Fórmula que se usa para marcar enfáticamente la imposibilidad de hacer lo ex-*presado por el *v.* * *El diablo que te entienda.* ■ **12 estar**, *o* **andar, el ~ suelto.** (*col*) Haber líos o inquietudes. ■ **13 irse al ~**, **mandar al ~** → IR, MANDAR. ■ **14 las carga el ~.** (*col*) *Fórmula que expresa el temor a que se dispare accidentalmente un arma de fuego. Frec fig, referido a algo aparentemente inocuo que se teme pueda resultar peligroso.* * *Los niños no deben jugar con esas cosas; ya sabes, las carga el diablo.* ■ **15 llevarse** [algo] **el ~.** (*col*) Malograrse [esa cosa] o no dar el resultado apetecido. ■ **16 no sea** (*o* **fuera**) **el ~ que +** *v en subj.* (*col*) *Fórmula que expresa prevención y temor ante la posibilidad de que suceda lo expresado en la prop.* * *Cogeré la ropa, no sea el diablo que llueva.* ■ **17 poner una vela a Dios y otra al ~**, **ser (de) la piel del ~** → VELA, PIEL. ■ **18 tener** [alguien] **el ~ en el cuerpo.** (*col*) Ser o estar muy inquieto o travieso.
IV *loc adv* **19 como el** (*o* **un**) **~**, *o* **como ~s.** (*col*) Mucho. *Con intención ponderativa y esp referido a algo que se considera negativo.* ■ **20 como alma que lleva el ~**, **por arte del ~**, **sin encomendarse a Dios ni al ~** → ALMA, ARTE, DIOS.
V *interj* **21 ~(s)**, *o* **qué ~(s).** (*col*) *Expresa sorpresa, enfado o protesta.*

diablura *f* Acción propia de un diablo [1 y 2]. **b)** Travesura.

diabólicamente *adv* De manera diabólica.

diabólico -ca *adj* **1** Propio del diablo [1]. *Frec se emplea para ponderar maldad o astucia.* **b)** Que tiene carácter diabólico. *Tb n, referido a pers.* ■ **2** Endiablado o enrevesado.

diabolismo *m* **1** Culto al diablo [1]. ■ **2** Carácter o conducta diabólicos [1a].

diábolo (*tb, raro, con la grafía* **diávolo**) *m* Juguete que consiste en dos conos unidos por el vértice, que se hace girar y se lanza al aire con un cordón sujeto a dos varillas que se manejan con las manos.

diacético *adj* (*Quím*) [Ácido] producido por oxidación incompleta de las grasas, presente en la orina de los diabéticos.

diacetilmorfina *f* (*Quím*) Heroína.

diacitrón *m* (*raro*) Cidra confitada.

diaclasa *f* (*Geol*) Grieta.

diaconado *m* (*Rel crist*) Orden de diácono [1].

diaconal *adj* (*Rel crist*) De(l) diácono.

diaconía *f* (*hist*) Distrito al cuidado de un diácono [2], de los varios en que se dividían las iglesias para el cuidado de los pobres.

diácono -nisa *m y f* (*Rel crist*) **1** Pers. que ha recibido la segunda de las órdenes mayores, inmediatamente inferior al sacerdocio. *En la religión católica, solo aplicado a hombre.* ■ **2** (*hist*) *En la Iglesia primitiva:* Pers. encargada de atender a los pobres y de ayudar en determinados ministerios sagrados.

diacrítico -ca *adj* (*Ling*) Que sirve para distinguir. *Esp en lingüística. Referido a signo, tb n m.*

diacronía *f* **1** (*lit*) Cualidad de diacrónico [1]. ■ **2** (*Ling*) Método de estudio diacrónico [2].

diacrónicamente *adv* (*lit*) De manera diacrónica.

diacrónico -ca *adj* **1** (*lit*) Que sucede a lo largo del tiempo. ■ **2** (*Ling*) Que tiene por objeto todos los momentos sucesivos de una evolución.

díada *f* (*Filos*) Conjunto de dos principios que se complementan recíprocamente.

diadelfo -fa adj (Bot) [Estambre] que está soldado a otros por el filamento formando dos haces. Gralm en pl. Tb dicho de la flor o planta que tiene este tipo de estambres.

diadema f 1 Adorno femenino de cabeza, gralm. de metal noble, en forma de media corona abierta por detrás. ■ 2 Aro abierto, de diversos materiales, usado por las mujeres para sujetar el pelo hacia atrás. ■ 3 Arco de los que cierran algunas coronas por la parte superior. ■ 4 Corona (conjunto que rodea en forma de circunferencia). ■ 5 (hist) Cinta que ciñe la cabeza de los monarcas como insignia de su dignidad. Tb (lit) la misma dignidad. ■ 6 (Boxeo) Corona (puesto o categoría de vencedor).

diademado -da adj Que tiene diadema.

diádico -ca adj (Filos) De (la) díada.

diádoco -ca (tb diadoco) A m y f 1 Príncipe heredero griego. Tb (lit) fig. B m 2 (hist) Heredero inmediato de Alejandro Magno.

diáfanamente adv De manera diáfana [2].

diafanidad f Cualidad de diáfano.

diafanizar tr Hacer diáfano [algo]. b) pr (~se) Hacerse diáfano [algo].

diáfano -na adj 1 [Cuerpo] que deja pasar la luz. b) [Zona marina] iluminada, por penetrar hasta ella los rayos luminosos. ■ 2 Completamente claro. Tb fig. ■ 3 [Espacio] que no tiene elementos de separación.

diafásico -ca adj (Ling) [Diferencia lingüística] determinada por la diversidad de registros o estilos en un idiolecto.

diafisario -ria adj (Anat) De (la) diáfisis.

diáfisis f (Anat) Parte media de un hueso largo.

diafonía f (Mús) Forma polifónica semejante al órganum, pero más libre. A veces se usa como sinónimo total de órganum.

diaforético -ca adj (Med) Sudorífico.

diafragma m 1 Membrana muscular que, en los mamíferos, separa la cavidad torácica de la abdominal. ■ 2 En un aparato óptico: Disco provisto de una abertura fija o regulable, que controla la entrada de luz. ■ 3 En un aparato acústico: Membrana vibrante usada para convertir señales acústicas en eléctricas o al revés. ■ 4 Membrana de goma u otra materia, que se coloca delante del cuello uterino para impedir la entrada de esperma. ■ 5 (E) En gral: Membrana o tabique de separación.

diafragmar tr (Fotogr) Regular el diafragma [2] [de un aparato óptico (cd)]. Tb abs.

diafragmático -ca adj De(l) diafragma.

diagnosis f Acción de diagnosticar [1 y 2].

diagnosticable adj Que se puede diagnosticar, esp [1].

diagnósticamente adv (Med) 1 De manera diagnóstica [1]. ■ 2 En el aspecto diagnóstico [1].

diagnosticar tr 1 Determinar la existencia [de una enfermedad (cd)] mediante el examen de sus síntomas o de determinados datos. b) Determinar [la enfermedad (cd) que alguien (ci) padece] mediante el examen de sus síntomas. c) Determinar la enfermedad [que alguien (cd) padece] mediante el examen de sus síntomas. ■ 2 Determinar [algo] tras los exámenes, análisis o consideraciones oportunos.

Tb abs. ■ 3 Señalar [una cosa (suj)] la existencia o naturaleza [de otra (cd)].

diagnóstico -ca I adj 1 (Med) De (la) diagnosis o de(l) diagnóstico [2]. II m 2 Acción de diagnosticar [1 y 2]. Frec su efecto. ■ 3 (Informát) Detección de errores de funcionamiento. Tb el mensaje correspondiente.

diagonal I adj 1 (Geom) [Línea recta] que une dos vértices no contiguos de un polígono, o de distinta cara en un poliedro. Gralm n f. ■ 2 Oblicuo (que se aparta de la horizontalidad o de la verticalidad). b) [Línea o calle] que corta oblicuamente a otras paralelas. Tb n f. c) De dibujo oblicuo. Esp referido a tejido. II loc adv 3 en ~. Oblicuamente.

diagonalmente adv De manera diagonal [2].

diagrama m (E) 1 Representación gráfica de una función o del desarrollo de un fenómeno. ■ 2 Gráfico que muestra de modo esquemático las partes de un conjunto y su disposición relativa. ■ 3 Esquema de la distribución de una composición tipográfica.

diagramación f (E) Acción de diagramar. Tb su efecto.

diagramador -ra m y f (E) Pers. que se dedica a la diagramación. Esp referido al profesional.

diagramar tr (E) Hacer el diagrama [de algo (cd), esp. de un libro u otra publicación].

diagramático -ca adj (E) De(l) diagrama.

diaguita (hist) I adj 1 [Individuo] del pueblo indio que en la época de la conquista habitaba la región noroeste de la Argentina. Tb n. b) De los indios diaguitas. II m 2 Lengua de los indios diaguitas [1a].

dial m Superficie graduada en que se mueve un indicador que señala determinada magnitud. b) Esp: Escala graduada que en un receptor de radio señala la longitud de onda y la frecuencia y que sirve para seleccionar las emisoras.

dialaga f (Mineral) Mineral verdoso constituido por silicato de calcio, hierro y magnesio, perteneciente al grupo de los piroxenos.

dialectal adj De(l) dialecto.

dialectalismo m Palabra o rasgo idiomático propios de un dialecto.

dialectalización f (Ling) Acción de dialectalizarse. Tb su efecto.

dialectalizarse intr pr (Ling) Dividirse en dialectos [una lengua o una zona lingüística].

dialécticamente adv De manera dialéctica [1].

dialéctico -ca I adj 1 De (la) dialéctica [3 a 6] o que la implica. b) [Materialismo] ~ → MATERIALISMO. ■ 2 [Pers.] que profesa la dialéctica, esp [3], o tiene especiales aptitudes para ella. Frec n. II f 3 Arte de discutir o argumentar. Tb fig. ■ 4 (hist) Arte de razonar. ■ 5 (Filos) En la doctrina de Hegel: Proceso por el que dos contrarios, tesis y antítesis, en el pensamiento o en la realidad, se desarrollan unitariamente, resolviéndose en una fase superior o síntesis. ■ 6 Oposición o confrontación de contrarios.

dialectización f (Ling) Dialectalización.

dialectizar tr Dar carácter dialéctico [1] [a algo (cd)]. b) pr (~se) Tomar carácter dialéctico [algo].

dialecto *m* **1** Variedad regional de una lengua. ■ **2** (*hoy raro*) Lengua regional o local. ■ **3 ~ social.** (*Ling*) Sistema de signos y reglas sintácticas utilizados en un grupo social dado.

dialectología *f* **1** Estudio de los dialectos. ■ **2** Conjunto de (los) dialectos.

dialectólogo -ga *m y f* Especialista en dialectología [1].

dialefa *f* (*TLit*) Hiato (secuencia de dos vocales pertenecientes a sílabas distintas).

dialelo *m* (*Filos*) Círculo vicioso.

dialicarpelar *adj* (*Bot*) Que tiene los carpelos separados, formando cada uno un ovario independiente.

dialipétalo -la *adj* (*Bot*) [Flor] de pétalos libres o independientes. *Tb referido a planta. En este caso, tb como n f en pl, designando este taxón botánico.*

dialisépalo -la *adj* (*Bot*) Que tiene los sépalos libres o independientes.

diálisis *f* (*Quím*) Separación de sustancias en disolución, por ósmosis a través de una membrana semipermeable. **b)** (*Med*) Depuración artificial de la sangre.

dializable *adj* (*Quím y Med*) Que se puede dializar.

dializador *m* (*Quím y Med*) Aparato para dializar.

dializar *tr* (*Quím y Med*) Someter a diálisis [algo o a alguien].

dialogado -da *adj* **1** *part* → DIALOGAR. ■ **2** De(l) diálogo [1a]. ■ **3** Que se presenta en forma de diálogo [1a].

dialogador -ra *adj* (*raro*) Que dialoga [1]. *Frec n.*

dialogal *adj* De(l) diálogo.

dialogante I *adj* **1** Que dialoga [1]. *Gralm n.* ■ **2** Abierto al diálogo [1b]. ■ **II** *m y f* **3** Pers. que dialoga [1] [con otra (*compl de posesión*)].

dialogar A *intr* **1** Hablar, o mantener un diálogo [1]. *Tb fig.* **B** *tr* **2** Dar forma de diálogo [1a] [a algo (*cd*)].

dialógicamente *adv* (*lit*) De manera dialógica.

dialógico -ca *adj* (*lit*) **1** De(l) diálogo. ■ **2** Que se presenta en forma de diálogo [1a].

dialogismo *m* (*TLit*) Expresión literaria en forma de diálogo.

diálogo *m* **1** Hecho de hablar entre sí dos o más perss., esp. intercambiando ideas u opiniones. *Tb fig.* **b)** Hecho de hablar entre sí dos o más perss. discrepantes o enfrentadas, para intentar llegar a un acuerdo. **c) ~ de sordos.** Conversación en que nadie se entiende, porque cada cual atiende a sus intereses sin escuchar a los demás. **d) ~ para** (*o* **de**) **besugos.** (*humoríst*) Conversación en que cada interlocutor dice cosas totalmente desconectadas de las de los otros. ■ **2** Parte hablada por distintos personajes de una obra dramática o de ficción. ■ **3** (*TLit*) Obra literaria, en prosa o en verso, que se presenta en forma de diálogo [1a]. *Tb el género correspondiente.* ■ **4** (*Mús*) Composición con texto en forma de diálogo [1a].

dialoguista *m y f* Escritor de diálogos [1a].

diamagnético -ca *adj* (*Fís*) [Cuerpo] que, al ser sometido a un campo magnético, se imanta ligeramente y en sentido inverso al del inductor, por lo que es repelido por los imanes.

diamantado -da *adj* (*E*) Que tiene alguna de las cualidades del diamante [1].

diamante I *m* **1** Carbono puro cristalizado, muy duro y gralm. incoloro, que es la piedra preciosa más estimada. ■ **2 ~ en bruto.** Pers. o cosa valiosa en potencia, pero sin pulir o refinar. *Frec con intención irónica.* ■ **3** Palo de la baraja francesa cuya figura representa un diamante [1]. *Gralm en pl.* ■ **4** (*Béisbol*) Campo de juego. ■ **5** *Se da este n a numerosos pájaros exóticos, gralm de plumaje vistoso:* ~ DE BABETT (*Poephila acuticauda*), ~ DE BICHENOV (*Stizoptera bichenovii*), ~ DE GOULD (*Chloebia gouldiae*), ~ MOTEADO (*Staganopleura guttata*), *etc.* ■ **II** *loc adj* **6** [Bodas] **de ~,** [punta] **de ~** → BODA, PUNTA.

diamantífero -ra *adj* **1** Que contiene diamantes [1]. ■ **2** De(l) diamante [1].

diamantinamente *adv* (*lit*) De manera diamantina [2].

diamantino -na *adj* **1** De(l) diamante. *Esp referido al brillo o dureza. Tb* (*lit*) *fig.* ■ **2** Que tiene el brillo o la dureza del diamante [1]. *Tb* (*lit*) *fig.*

diamantista *m y f* Pers. que trabaja diamantes [1] o comercia con ellos.

diametral *adj* (*Geom*) De(l) diámetro.

diametralmente *adv* **1** Completa o totalmente. *Con el adj* OPUESTO *u otro equivalente.* ■ **2** (*Geom*) Según el diámetro.

diámetro *m* Recta que une dos puntos de una circunferencia, una curva cerrada o una esfera, pasando por su centro. *Tb su medida.* **b)** Anchura máxima de un cuerpo circular o de sección circular.

diamida *f* (*Quím*) Compuesto que posee dos veces la función amida.

diana I *f* **1** Toque militar por la mañana, para que la tropa se levante. *Tb* TOQUE DE ~. ■ **2** *En fiestas populares:* Ronda de música que se hace por la mañana, para que la gente se levante. *Tb la música.* ■ **3** Punto central de un blanco de tiro. *Tb fig.* **b)** Blanco para ejercitar la puntería, consistente en una pieza circular en que alternan varias franjas concéntricas blancas y negras alrededor de un círculo central de color blanco. ■ **4** (*Biol y Quím*) Objetivo a que se dirige la acción de un cuerpo o una sustancia. ■ **II** *loc v* **5 dar** (*o* **acertar**) **en la ~,** *o* **hacer ~.** Dar en el blanco o acertar plenamente. ■ **6 tocar ~.** Dar voces o hacer ruido para que otros se despierten y se levanten.

diancre *m* (*reg*) *euf por* DIABLO.

dianense *adj* De Denia (Alicante). *Tb n, referido a pers.*

dianoético -ca *adj* (*Filos*) De(l) conocimiento, esp. discursivo.

diantre (*col*) **I** *m* **1** *euf por* DIABLO. *Gralm en constr exclam o interrog, para marcar o reforzar la intención desp de la frase.* * *¿Dónde diantres estás?* ■ **II** *loc adj* **2 de todos los ~s.** De todos los diablos. ■ **III** *interj* **3** ~, *o* **qué ~(s).** Diablo, o qué diablo(s).

diaño *m* (*reg*) *euf por* DIABLO. *Tb interj.*

diapasón *m* **1** (*Mús*) Instrumento en forma de horquilla con pie, que al ser golpeado da un *la* fijado actualmente en 440 vibraciones por segundo. ■ **2** (*Mús*) Frecuencia tipo asignada a un sonido, que regula y condiciona la de los restantes de un sistema musical. ■ **3** (*lit*) Tono de voz. *Tb fig.* ■ **4** (*Mús*) *En algunos instrumentos de cuerda:* Trozo de madera que cubre el mástil y sobre el cual se pisan las cuerdas.

diapausa *f* (*Zool*) Período de inactividad más o menos completa en el desarrollo de algunos insectos y otros animales.

diapédesis *f* (*Biol*) Paso de los leucocitos u otras células sanguíneas a través de las paredes de los vasos.

diapírico -ca *adj* (*Geol*) De (los) diapiros.

diapiro *m* (*Geol*) Estructura en forma de cúpula o columna, formada por una roca ligera que ha atravesado otra más densa de abajo arriba.

diaporama *m* (*E*) Sistema audiovisual basado en el uso simultáneo o consecutivo de diapositivas sobre una o varias pantallas, mediante varios proyectores combinados. *Tb la actividad correspondiente y el lugar en que se realiza.*

diapositiva *f* Imagen positiva en soporte transparente, que puede observarse por transparencia o proyectada sobre una pantalla.

diaquenio *m* (*Bot*) Fruto compuesto de dos aquenios unidos.

diarca *m* (*hist*) Rey que comparte el poder con otro. *Tb fig, referido a época moderna.*

diariamente *adv* Todos los días.

diario -ria **I** *adj* **1** De todos los días, o de cada día. ■ **2 de ~.** [Día] normal o no festivo. ■ **3 de ~.** De los días normales o no festivos. *Esp referido a ropa. En este caso, tb adv.* **b) para ~.** Para los días normales o no festivos. **II** *m* **4** Periódico que se publica todos los días. **b)** **~ hablado.** Noticiario radiofónico. **c)** (*hist*) Publicación periódica que informa sobre asuntos sobresalientes en uno o varios campos. ■ **5** Libro en que se anotan los sucesos de cada día. *A veces con un adj o compl especificador:* ÍNTIMO, DE NAVEGACIÓN, DE OPERACIONES, DE SESIONES, *que frec se omite por consabido.* ■ **6** Gasto diario [1] habitual. **III** *loc adv* **7 a ~.** Todos los días.

diarismo *m* (*raro*) Periodismo.

diarista **A** *m y f* **1** (*raro*) Pers. que escribe un diario [5] íntimo. **B** *m* **2** (*hist*) Autor o editor de un diario [4c]. *Gralm referido al s XVIII.*

diarquía *f* Sistema de gobierno en que el poder está ejercido simultáneamente por dos perss. o dos instituciones.

diarrea *f* **1** Evacuación intestinal líquida y frecuente. ■ **2 ~ mental** (*o, más raro,* **cerebral**). (*col, humoríst*) Confusión mental que se manifiesta por la expresión profusa de ideas poco consistentes.

diarreico -ca *adj* De (la) diarrea [1].

diartrosis *f* (*Anat*) Articulación móvil.

diáscopo *m* (*E*) Proyector de diapositivas.

diasistema *m* (*Ling*) Sistema de un nivel superior que comprende dos o más sistemas con semejanzas parciales.

diáspora *f* **1** (*hist*) Dispersión del pueblo judío. ■ **2** (*lit*) Dispersión de un pueblo o de una colectividad.

diastasa *f* (*Biol*) Enzima o fermento. **b)** *Esp:* Fermento presente en la saliva, el jugo pancreático y algunas semillas, que transforma el almidón en azúcar.

diastásico -ca *adj* (*Biol*) De (la) diastasa.

diastasis *f* (*Med*) Separación de dos huesos u órganos normalmente unidos.

diastema *m* (*Zool*) *En algunos mamíferos:* Espacio que separa un tipo de piezas dentarias de otro.

diástole *f* (*tb, semiculto, m*) (*Fisiol*) Movimiento de dilatación del corazón.

diastólico -ca *adj* (*Fisiol*) De la diástole.

diastrático -ca *adj* (*Ling*) [Diferencia lingüística] determinada por el diverso nivel sociocultural de los hablantes.

diatermia *f* (*Med*) Método terapéutico o quirúrgico que utiliza el paso de una corriente de alta frecuencia para producir calor en los tejidos.

diátesis *f* **1** (*Med*) Predisposición orgánica, frec. hereditaria, a contraer determinadas enfermedades. ■ **2** (*Gram*) Voz verbal.

diatomáceo -a *adj* (*Bot*) De (las) diatomeas.

diatomea *adj* (*Bot*) [Alga] unicelular microscópica, de agua dulce o salada, provista de un caparazón silíceo de doble valva. *Frec como n f en pl, designando este taxón botánico.*

diatomina *f* (*Bot y Quím*) Complejo de pigmentos que, asociados a la clorofila, se presentan en las diatomeas.

diatónico -ca *adj* (*Mús*) [Escala] compuesta de cinco tonos y dos semitonos.

diatonismo *m* (*Mús*) Sistema de composición caracterizado por la disposición de las notas según la escala diatónica.

diatópico -ca *adj* (*Ling*) [Diferencia lingüística] determinada por la diversa procedencia geográfica de los hablantes.

diatrema *f* (*Geol*) Orificio producido en el magma volcánico por efecto de la presión de los gases, gralm. relleno de una roca en que se encuentran incrustados los diamantes.

diatriba *f* Ataque o crítica violentos contra alguien o algo.

diatribar *intr* (*raro*) Proferir diatribas.

diávolo → DIÁBOLO.

dibujante (*en f, como n, tb* DIBUJANTA, *col*) **I** *adj* **1** Que dibuja [1]. **II** *m y f* **2** Pers. que tiene por oficio dibujar [1]. ■ **3** Pers. que domina el arte de dibujar [1].

dibujar **A** *tr* **1** Dar forma gráfica [a algo (*cd*)] marcando las líneas de su figura sobre una superficie. *Tb abs.* ■ **2** Describir [algo] con palabras. ■ **3** (*lit*) Hacer o marcar [un gesto]. **B** *intr pr* (**~se**) **4** Mostrarse o aparecer. **b)** Perfilarse (aparecer de manera clara o definida).

dibujístico -ca *adj* De(l) dibujo [1].

dibujo **I** *m* **1** Acción de dibujar [1]. *Frec su efecto. A veces con un adj especificador:* ARTÍSTICO, LINEAL, TÉCNICO. **b)** Arte de dibujar. **c)** Modo de dibujar. **d)** **~s** (**animados**). Procedimiento cinematográfico en que las distintas fases de un movimiento son reproducidas por otros tantos dibujos [1a] en vez de fotografías. *Tb la película hecha con este procedimiento.* ■ **2** Acción de dibujar(se) [2, 3 y 4]. *Tb su* *efecto*. ■ **3** Figura o conjunto de figuras que forman el adorno de un tejido, un bordado u otra labor, o que sugieren determinadas líneas naturales. ■ **4** (*lit*) Forma o figura.

   II *loc v* **5 meterse en ~s.** (*col*) Meterse en honduras o complicaciones innecesarias. *Gralm en constr neg.*

dicacidad *f* (*lit, raro*) Cualidad de dicaz.

dicar *tr* (*jerg*) Mirar.

dicasterio *m* (*Rel catól*) Organismo de los varios que integran la Curia Romana.

dicaz *adj* (*lit, raro*) Ingenioso y mordaz.

dicción **I** *f* **1** Modo de hablar o de expresarse. **b)** Modo de pronunciar. ■ **2** (*raro*) Palabra.

   II *loc adj* **3 de ~.** (*TLit*) [Figura] que se basa solo en las palabras, esp. por repetición, adición o supresión, o por analogía fonética.

diccionaresco -ca *adj* De(l) diccionario.

diccionario **I** *m* **1** Libro en que se recogen las palabras de una lengua, colocadas según un orden dado, gralm. alfabético, y acompañadas de su definición, explicación o equivalencia. *Frec con un adj o compl especificador:* GENERAL, ETIMOLÓGICO, BILINGÜE, *etc.* **b)** *Con un compl especificador:* Libro en que se recogen las palabras [de una materia determinada], por orden alfabético y acompañadas de su definición, explicación o equivalencia. **c)** *Sin compl:* Diccionario enciclopédico (→ ENCICLOPÉDICO).

   II *adj invar* **2** [Catálogo] mixto de autores, materias y títulos, ordenado alfabéticamente.

diccionarista *m y f* Lexicógrafo.

dicha *f* Felicidad. **b)** Suerte feliz.

dicharachero -ra *adj* [Pers.] de conversación animada y chispeante. **b)** Propio de la pers. dicharachera.

dicharacho *m* Dicho popular chocante o gracioso.

dicho -cha **I** *adj* **1** *part* → DECIR. ■ **2** Citado antes. *Antepuesto al n sin art.*

   II *m* **3** Cosa que se dice. ■ **4** Frase, modismo o proverbio popular. *Frec ~* POPULAR.

dichosamente *adv* De manera dichosa [1].

dichoso -sa *adj* **1** Feliz. ■ **2** (*col*) *Se usa precediendo o siguiendo inmediatamente al n al que se refiere, para manifestar rechazo o protesta.* * *¡Dichoso niño, qué guerra da!*

diciembre *m* Duodécimo mes del año. *Se usa normalmente sin art.*

diclorado -da *adj* (*Quím*) [Cuerpo] en que se han reemplazado dos átomos de hidrógeno por dos de cloro.

dicloro-difenil-tricloroetano (*tb* **-tricloretano**; *tb escrito sin guiones*) *m* (*Quím*) DDT.

dicotiledónea *adj* (*Bot*) [Planta] cuyo embrión posee dos cotiledones. *Frec como n f en pl, designando este taxón botánico.*

dicotomía *f* (*E o lit*) División en dos elementos o partes, esp. cuando estos son opuestos o netamente diferenciados.

dicotómicamente *adv* (*E o lit*) De manera dicotómica.

dicotómico -ca *adj* (*E o lit*) De (la) dicotomía o que la implica.

dicótomo -ma *adj* (*E*) Que se divide en dos.

dictablanda *f* (*humoríst*) Dictadura poco rigurosa.

dictado **I** *m* **1** Acción de dictar, *esp* [1 y 2]. ■ **2** Ejercicio escolar que consiste en escribir un texto dictado [1]. *Tb el mismo texto.* **b)** **~ musical.** (*Mús*) Ejercicio que consiste en escribir música a medida que se oye. ■ **3** Cosa dictada (→ DICTAR [2]) [por alguien o algo (*compl de posesión*)]. *Gralm en pl.* ■ **4** Nombre o calificativo que se da a una persona.

   II *loc v* **5 escribir al ~.** Escribir lo que otro dicta [1]. *Tb fig.*

dictador -ra **I** *n* **A** *m* **1** Gobernante que ejerce el poder de manera absoluta, sin limitación o control. *Tb fig.* **b)** (*hist*) *En la antigua Roma:* Magistrado supremo dotado de poderes absolutos, nombrado por acuerdo del Senado en los momentos de peligro.

   B *m y f* **2** Pers. que actúa de modo autoritario o tiránico. ■ **3** Pers. cuyos dictados se siguen sumisamente.

   II *adj* **4** (*raro*) De(l) dictador [1] o de (la) dictadura [1].

dictadura *f* **1** Régimen de gobierno autoritario que concentra todo el poder en manos de una sola persona, un órgano colegiado o una clase. *Tb fig, fuera del ámbito político.* **b)** Estado cuya forma de gobierno es una dictadura. *Tb fig, fuera del ámbito político.* ■ **2** Cargo o dignidad de dictador. *Tb el tiempo que dura.*

dictáfono (*n comercial registrado*) *m* **1** Magnetófono para grabar cartas u otros textos que luego se han de escribir. ■ **2** (*raro*) Interfono.

dictamen *m* Juicio u opinión que emite sobre algo [alguien con autoridad en la materia (*compl especificador o de posesión*)]. **b)** Juicio u opinión [de una pers. o de su conciencia].

dictaminador -ra *adj* (*raro*) Que dictamina.

dictaminar **A** *intr* **1** Emitir un dictamen [sobre algo].

   B *tr* **2** Decir [algo] como dictamen.

díctamo *m* Arbusto perenne de ramas vellosas, hojas blandas y flores rosadas o blancas en espiga, que despide un olor fuerte (*Dictamnus albus*). *Tb ~* BLANCO.

dictar *tr* **1** Decir o leer [algo a alguien] para que [lo] escriba. *Tb abs.* ■ **2** Decir [a alguien lo que debe decir o hacer]. **b)** Inspirar o sugerir [una cosa (*suj*) algo, esp. un comportamiento, a alguien]. ■ **3** Dar o establecer [una ley o norma]. **b)** Emitir [un fallo o una sentencia]. **c)** Establecer o determinar [una verdad o una aseveración]. ■ **4** Dar [un curso o una lección o conferencia]. *Tb abs.*

dictatorial *adj* De(l) dictador o de (la) dictadura. **b)** De carácter dictatorial.

dictatorialmente *adv* De manera dictatorial [1a].

dicterio *m* (*lit*) Palabra o frase insultante.

dictum (*lat; pronunc,* /díktum/) *m* (*Ling*) Contenido de lo que se dice.

dicumarina *f* (*Quím*) Compuesto orgánico oxigenado de acción anticoagulante.

dicumarínico -ca *adj* (*Quím*) Que contiene dicumarina. *Frec n m, referido a medicamento o sustancia.*

didacta *m y f* (*lit, raro*) Profesor o enseñante.

didácticamente *adv* De manera didáctica [1].

didacticismo *m* Didactismo.

didáctico -ca I *adj* **1** De (la) enseñanza. **b)** [Cosa] adecuada o buena para la enseñanza. **c)** [Pers.] que se expresa de modo didáctico [1b]. ∎ **2** [Obra, género o autor] que tiene como objetivo primordial la enseñanza. *Tb n, referido a pers.* **II** *f* **3** Enseñanza (actividad de enseñar). **b)** Parte de la pedagogía que tiene por objeto el estudio de los métodos de enseñanza.

didactismo *m* **1** Cualidad de didáctico. ∎ **2** Tendencia o intención didáctica [1a]. *A veces con intención desp, denotando exceso.*

didascalia *f* (*lit*) Enseñanza (actividad de enseñar).

didascálico -ca *adj* (*lit*) De (la) didascalia o que la implica.

dídimo *m* (*raro*) Testículo.

didracma *m* (*hist*) Moneda griega equivalente a dos dracmas.

diecinueve I *adj* **1** *Precediendo a sust en pl:* Dieciocho más uno. *Puede ir precedido de art o de otros determinantes, y en este caso sustantivarse.* * Tiene diecinueve alumnos. * Los diecinueve ya no los cumple. ∎ **2** *Precediendo o siguiendo a ns en sg (o, más raro, en pl):* Decimonoveno. *Frec el n va sobrentendido.* * Página diecinueve. **II** *pron* **3** Dieciocho más una perss. o cosas. *Siempre referido a perss o cosas mencionadas o consabidas, o que se van a mencionar.* * Diecinueve de los detenidos ya están en libertad. **III** *n* A *m* **4** Número de la serie natural que sigue al dieciocho. *Frec va siguiendo al n* NÚMERO. * El número premiado es el diecinueve. **b)** Cosa que en una serie va marcada con el número diecinueve. * Le calificaron con un diecinueve. **B** *f pl* **5** Siete de la tarde. *Normalmente precedido de* LAS.

dieciochesco -ca *adj* Del siglo XVIII. **b)** Propio del siglo XVIII.

dieciochista *adj* Dieciochesco.

dieciocho I *adj* **1** *Precediendo a susts en pl:* Diecisiete más uno. *Puede ir precedido de art o de otros determinantes, y en este caso sustantivarse.* * Tiene dieciocho años. * Mañana cumple los dieciocho. ∎ **2** *Precediendo o siguiendo a ns en sg (o, más raro, en pl):* Decimoctavo. *Frec el n va sobrentendido.* * Página dieciocho. **II** *pron* **3** Diecisiete más una perss. o cosas. *Siempre referido a perss o cosas mencionadas o consabidas, o que se van a mencionar.* * El de francés suspendió a dieciocho de veintidós. **III** *n* A *m* **4** Número de la serie natural que sigue al diecisiete. *Frec va siguiendo al n* NÚMERO. * El número premiado es el dieciocho. **b)** Cosa que en una serie va marcada con el número dieciocho. * Le calificaron con un dieciocho. **B** *f pl* **5** Seis de la tarde. *Normalmente precedido de* LAS.

dieciséis I *adj* **1** *Precediendo a susts en pl:* Quince más uno. *Puede ir precedido de art o de otros determinantes, y en este caso sustantivarse.* * Tengo dieciséis años. * Mañana cumple los dieciséis. ∎ **2** *Precediendo o siguiendo a ns en sg (o, más raro, en pl):* Decimosexto. *Frec el n va sobrentendido.* * Página dieciséis. **II** *pron* **3** Quince más una perss. o cosas. *Siempre referido a perss o cosas mencionadas o consabidas, o*

que se van a mencionar. * Dieciséis de los invitados llegaron tarde. **III** *n* A *m* **4** Número de la serie natural que sigue al quince. *Frec va siguiendo al n* NÚMERO. * El número premiado es el dieciséis. **b)** Cosa que en una serie va marcada con el número dieciséis. * Le calificaron con un dieciséis. **B** *f pl* **5** Cuatro de la tarde. *Normalmente precedido de* LAS.

dieciseisavo -va I *adj* **1** [Parte] que es una de las dieciséis en que se divide o se considera dividido un todo. *Tb n m.* **II** *m* **2** *En un libro, folleto, etc:* Tamaño que corresponde a la dieciseisava [1] parte de un pliego. ∎ **3** **~s de final** (*o* **~s**). (*Dep*) Conjunto de los dieciséis encuentros cuyos ganadores pasan a los octavos de final en un campeonato que se gana por eliminación del contrario y no por puntos.

diecisiete I *adj* **1** *Precediendo a susts en pl:* Dieciséis más uno. *Puede ir precedido de art o de otros determinantes, y en este caso sustantivarse.* * Tiene diecisiete años. * Mañana cumple los diecisiete. ∎ **2** *Precediendo o siguiendo a ns en sg (o, más raro, en pl):* Decimoséptimo. *Frec el n va sobrentendido.* * Página diecisiete. **II** *pron* **3** Dieciséis más una perss. o cosas. *Siempre referido a perss o cosas mencionadas o consabidas, o que se van a mencionar.* * En la fiesta éramos diecisiete. **III** *n* A *m* **4** Número de la serie natural que sigue al dieciséis. *Frec va siguiendo al n* NÚMERO. * El número premiado es el diecisiete. **b)** Cosa que en una serie va marcada con el número diecisiete. * Le calificaron con un diecisiete. **B** *f pl* **5** Cinco de la tarde. *Normalmente precedido de* LAS.

diédrico -ca *adj* (*Geom*) De(l) diedro.

diedro *adj* (*Geom*) [Ángulo] formado por dos planos que parten de la misma recta. *Tb n m.*

diefembaquia *f* Planta siempre verde propia de América tropical, cultivada como ornamental por la belleza de sus hojas (gén. *Dieffenbachia*).

diégesis *f* (*TLit*) Desarrollo narrativo de una obra, frec. teatral o cinematográfica.

dieléctrico -ca *adj* (*Fís*) [Cuerpo] que es mal conductor de la electricidad. *Tb n m.*

diencefálico -ca *adj* (*Anat*) De(l) diencéfalo.

diencéfalo *m* (*Anat*) Parte intermedia del encéfalo, que comprende el tálamo, el hipotálamo y zonas anejas.

dieno *m* (*Quím*) Hidrocarburo no saturado con dos enlaces dobles.

diente I *m* **1** Cuerpo duro y blanquecino de los que están implantados en las mandíbulas del hombre y otros animales y que sirven esp. para comer. **b)** *Esp* designa los situados en la parte delantera de la mandíbula. *Se opone a* COLMILLO *y* MUELA. **c)** **~ de leche** → LECHE. ∎ **2** Punta o saliente en el borde de una cosa, gralm. formando serie. **b)** **~s de sierra.** Serie alternada de entrantes y salientes. *Tb fig. Alguna vez en sg.* ∎ **3** Parte de las que, separadas por una envoltura particular, constituyen una cabeza de ajos. *Frec ~* DE AJO. ∎ **4** Edad [de las ovejas]. *En constrs como* DE TODO ~, *o* A ~, *referidas al modo de venta o arrendamiento.* ∎ **5** **buen ~.** (*col*) Buen apetito. ∎ **6** **~ de león.** Planta herbácea perenne y muy frecuente, con flores amarillas y característicos vilanos blancos (*Taraxacum officinale*). ∎ **7** **~ de**

perro. Planta liliácea con flor solitaria rojiza o blanca, cultivada a veces como ornamental (*Erythronium dens-canis*). ■ **8 ~ de perro.** (*raro*) Variedad de bordado que forma como dos filas de dientes [1] alternados.

II *loc adj* **9 de ~s.** Destinado a limpiar los dientes [1a].

III *loc v* **10 dar**(**le**) **al ~.** (*col*) Comer. ■ **11 dar ~ con ~.** Tiritar de frío o de miedo. ■ **12 darse con un canto en los ~s** → CANTO². ■ **13 dejarse los ~s.** (*col*) Trabajar con ahínco. ■ **14 enseñar** (*o* **mostrar**) [a alguien] **los ~s.** Hacer[le] frente o amenazar[le]. *Tb sin ci.* ■ **15 haber echado** [alguien] (*o* **haberle salido** [a alguien]) **los ~s** [en un lugar o en una actividad]. Llevar en ese lugar o en esa actividad desde edad muy temprana. ■ **16 hincar** (*o* **meter**) **el ~** [a algo dificultoso]. Acometer[lo]. ■ **17 no llegar** [una comida] (**ni**) **a un ~,** *o* **no haber** (*o* **tener**) (**ni**) **para un ~.** Ser muy escasa o insuficiente. ■ **18 poner los ~s largos** [a alguien]. Causar[le] envidia. ■ **19 rechinar los ~s** [de una pers.], *o* **rechinar**[**le**] **los ~s** [a una pers.]. Sentir [esa pers.] malestar moral ante algo, frec. por envidia.

IV *loc adv* **20 a ~.** Con los dientes [1a]. ■ **21 a ~.** (*col*) En ayunas o sin haber comido. ■ **22 con uñas y ~s** → UÑA. ■ **23 de ~s (para) afuera.** (*col*) Sin convicción o con poca sinceridad. *Tb adj.* ■ **24 entre ~s.** Con articulación confusa y poco perceptible. *Gralm con los vs* HABLAR *o* DECIR. ■ **25 hasta los ~s.** (*col*) Mucho. *Con el v* ARMAR.

diéresis *f* **1** Pronunciación en sílabas distintas de dos vocales que normalmente forman diptongo. ■ **2** Signo ortográfico que se pone sobre la *u* de las sílabas *gue, gui* para indicar que debe pronunciarse, y a veces, en poesía, sobre la primera vocal de un diptongo para indicar que este debe deshacerse.

diesel (*al; pronunc corriente, /diésel/*) *adj invar* [Motor] de combustión interna y de compresión elevada, que consume aceite pesado o gasoil. *Tb n m.* **b)** De motor diesel. *Tb n m, referido a vehículo.*

dieselización *f* Sustitución de las locomotoras de una línea o red ferroviaria por locomotoras diesel.

dies irae (*lat; pronunc, /díes-íre/ o /díes-írae/*) *m* (*Rel catól*) Secuencia de las misas de difuntos que comienza con las palabras "dies irae".

diestramente *adv* De manera diestra [3b y c].

diestro -tra I *adj* **1** (*lit*) [Mano o parte] derecha. *Tb n f.* ■ **2** [Pers.] que usa preferentemente la mano derecha. *Tb n.* ■ **3** [Pers.] hábil y experta. *Frec con un compl* EN. **b)** [Cosa] propia de la pers. diestra. **c)** [Cosa] que denota habilidad o destreza.

II *m* **4** Torero, o matador de toros. ■ **5** (*hoy raro*) Hombre hábil en el manejo de las armas. ■ **6** Ramal o ronzal.

III *loc adv* **7 a diestra y (a) siniestra.** A derecha e izquierda. ■ **8 a ~ y siniestro.** (*col*) En todas direcciones y en gran cantidad.

dieta¹ *f* **1** Alimentación metódica basada en el uso exclusivo de determinados alimentos o en la exclusión de otros, gralm. con fines médicos o de control de peso. *A veces con un adj o compl especificador.* **b)** Alimentación habitual. ■ **2** Privación total o parcial de alimentos. *A veces con un compl* DE *que expresa aquello que puede tomarse.* ■ **3** Privación o abstinencia [de algo]. *Tb sin compl, por consabido.*

dieta² *f* Cantidad diaria que se paga a una pers. que realiza un trabajo u otra actividad fuera de su residencia. *Gralm en pl.*

dieta³ *f* (*hist*) **1** Asamblea política de algunos países de Europa, esp. de Alemania. ■ **2** Reunión de una dieta [1].

dietario *m* **1** Libro en que se anotan los ingresos y gastos de cada día. *Tb la parte correspondiente de una agenda.* ■ **2** Diario (libro en que se anotan los sucesos de cada día).

dietéticamente *adv* En el aspecto dietético.

dietético -ca I *adj* **1** De (la) dietética [3]. **b)** Que se ajusta a las normas de la dietética. ■ **2** De (la) dieta¹ [1].

II *n* **A** *f* **3** Parte de la medicina que estudia las dietas¹ alimenticias y sus relaciones con el metabolismo, tanto en la salud como en la enfermedad.

B *m y f* **4** Dietista.

dietista *m y f* Especialista en dietética [3].

dietología *f* (*Med*) Dietética [3].

diez I *adj* **1** *Precediendo a susts en pl:* Nueve más uno. *Puede ir precedido de art o de otros determinantes, y en este caso sustantivarse.* * Tiene diez años. * Hoy cumple los diez. ■ **2** *Siguiendo a un n en sg:* Décimo. *Frec el n va sobrentendido.* * Página diez.

II *pron* **3** Nueve más una perss. o cosas. *Siempre referido a perss o cosas mencionadas o consabidas, o que se van a mencionar.* * Éramos diez a comer.

III *n* **A** *m* **4** Número que en la serie natural sigue al nueve. *Frec va siguiendo al n* NÚMERO. * El número premiado es el diez. **b)** Cosa que en una serie va marcada con el número diez. * Le calificaron con un diez. ■ **5 los** (**años**)**.** Segundo decenio de un siglo, esp. del XX. ■ **6** Misterio del rosario. **b)** Rosario que consta solo de diez [1] cuentas. ■ **7** (*col*) *En determinadas fórmulas de maldición:* euf por DIOS. * ¡Mecachis en diez!

B *f pl* **8** Décima hora después de mediodía o de medianoche. *Normalmente precedida de* LAS. ■ **9 las ~ de últimas** (*o, raro,* **las ~ últimas**). (*Naipes*) Diez [1] tantos que gana el que hace la última baza. ■ **10** (*reg*) Refrigerio que se toma sobre las diez de la mañana. *Gralm en constrs como* ECHAR, *o* HACER, LAS ~.

IV *loc v* **11 hacer las ~ de últimas** (*o, raro,* **hacer las ~ últimas**). (*col*) Actuar de manera que al final se pierde toda esperanza de lograr lo que se pretendía.

diezmador -ra *adj* Que diezma [1].

diezmar *tr* **1** Causar gran mortandad [en una colectividad (*cd*) de perss., animales o, más raro, plantas]. ■ **2** (*hist*) Pagar diezmo [de algo (*cd*)]. *Tb abs.* **b)** Pagar [algo] como diezmo.

diezmero -ra (*hist*) **I** *adj* **1** [Casa] de vecino hacendado, elegida para percibir los diezmos [1a] del rey o señor.

II *m y f* **2** Pers. que paga diezmos. ■ **3** Pers. que percibe diezmos.

diezmilésimo -ma *adj* [Parte] que es una de las diez mil en que se considera dividida la unidad. *Tb n f.*

diezmillonésimo -ma *adj* [Parte] que es una de los diez millones de partes en que se considera dividida la unidad. *Tb n f.*

diezmilmillonésimo -ma *adj* [Parte] que es una de los diez mil millones de partes en que se considera dividida la unidad. *Frec n f.*

diezmo *m* (*hist*) Derecho del diez por ciento pagado por ciertos conceptos. *Tb fig, referido a época moder-*

na. **b)** Tributo pagado a la Iglesia consistente en general en la décima parte de los frutos.

difamación *f* Acción de difamar.

difamador -ra *adj* **1** Que difama. *Tb n, referido a pers.* ■ **2** De (la) difamación.

difamar *tr* Hablar o escribir en perjuicio de la buena fama [de alguien (*cd*)].

difamatorio -ria *adj* [Cosa] que difama o sirve para difamar.

difamia *f* (*raro*) Difamación.

difenilamina *f* (*Quím*) Sustancia derivada de la anilina, usada esp. como reactivo del ácido nítrico y para fabricar colorantes y estabilizar explosivos.

difenilhidantoína *f* (*Quím*) Derivado de la hidantoína usado en el tratamiento de la epilepsia y de ciertas arritmias.

diferencia I *f* **1** Cualidad o circunstancia, o conjunto de ellas, que hacen que una pers. o cosa sea diferente [1] de otra. *A veces con un compl especificador con* DE. ■ **2** (*Filos*) Concepto universal que expresa la parte de esencia propia de una especie, por la que se distingue de otras del mismo género. *Tb ~* ESPECÍFICA. ■ **3** Cantidad que es el resultado de comparar otras dos. *Frec ~* EN MÁS *o* EN MENOS, POR EXCESO *o* POR DEFECTO. **b)** Resto (resultado de la resta). ■ **4** Desacuerdo o discrepancia. *Frec en pl.* ■ **5** (*Mús*) Variación. *Frec en pl.* II *loc v* **6** hacer ~(s) [entre dos o más perss. o cosas]. Tratar[las] de modo distinto. *Gralm en constr neg.* ■ **7** partir la ~. Terminar una discusión o un trato en un punto intermedio entre lo que pretende cada parte. III *loc adv* **8** con (mucha) ~. (*col*) Mucho. *En frases que expresan comparación.* IV *loc prep* **9** a ~ de. De modo diferente a.

diferenciable *adj* Que se puede diferenciar [1].

diferenciación *f* **1** Acción de diferenciar(se). *Tb su efecto.* ■ **2** (*Mat*) Operación por la que se determina la diferencial [6] de una función.

diferenciadamente *adv* De manera diferenciada.

diferenciado -da *adj* **1** *part* → DIFERENCIAR. ■ **2** Que tiene o muestra diferencias [1] respecto a otros. ■ **3** Que denota o implica diferencias [1].

diferenciador -ra *adj* **1** Que diferencia [2]. ■ **2** De (la) diferenciación [1].

diferencial I *adj* **1** De (la) diferencia o que la implica. **b)** Que constituye una diferencia [1]. **c)** Que establece una diferencia [1]. ■ **2** (*Mec*) [Mecanismo] que enlaza tres móviles cuyas velocidades simultáneas son proporcionales a la suma o a la diferencia de las otras dos. *Gralm n m (o, más raro, f).* ■ **3** (*Geol*) [Relieve] constituido por rocas de resistencia desigual a la erosión. ■ **4** [Cálculo] ~ → CÁLCULO[1]. II *n* A *m* **5** Diferencia [3]. **b)** En pl: Diferencia salarial debida a tipo de ocupación o a categoría. B *f* **6** (*Mat*) Producto de la derivada de una función por el incremento de la variable independiente.

diferencialmente *adv* (*raro*) De manera diferencial [1].

diferenciar (*conjug* 1a) A *tr* **1** Percibir o establecer diferencia [1] [entre dos perss. o cosas (*cd*), o entre una (*cd*) y otra (*compl* DE)]. ■ **2** Constituir [algo] la diferencia [1] [entre dos perss. o cosas (*cd*), o entre una (*cd*) y otra (*compl* DE)].

B *intr pr* (~se) **3** Ser diferente [en algo (*compl* EN *o* POR) una pers. o cosa de otra]. *Tb sin compl* DE, *con suj pl.* ■ **4** Aparecer [algo] como diferente de lo que le rodea.

diferendo *m* (*raro*) Diferencia o desacuerdo.

diferente I *adj* **1** No igual. *Cuando se expresa el término de referencia, este se enuncia precedido de las preps* DE *o* A. * Este vestido es diferente al tuyo. ■ **2** Otro, no el mismo. *Cuando se expresa el término de referencia, este se enuncia precedido de las preps* DE *o* A. * Está en un lugar diferente al habitual. ■ **3** (*lit*) En pl: Varios. * Visitó Francia en diferentes ocasiones. II *pron* **4** (*col*) Otra cosa. * Los libros es diferente, cada cual tiene los suyos. III *adv* **5** (*col*) De manera no igual. * El jilguero y el canario cantan diferente.

diferentemente *adv* De manera diferente [1].

diferido *m* (*RTV*) Modo de emisión que se realiza con posterioridad al momento en que se captan las imágenes o los sonidos. *Gralm en la constr* EN ~. *Se opone a* DIRECTO.

diferir (*conjug* 60) A *tr* **1** Retrasar o aplazar [algo]. B *intr* **2** Diferenciarse o ser diferente [en algo (*compl* EN *o* POR) una pers. o cosa de otra]. *Tb sin compl* DE, *con suj pl.*

difícil *adj* **1** Que exige esfuerzo, habilidad, formación o inteligencia especiales. *A veces con un compl* (DE + *infin*) *que expresa el aspecto concreto que presenta tal exigencia, y que frec se omite por consabido.* **b)** ~ de pelar → PELAR. **c)** [Pers.] difícil [1a] de tratar o de complacer. ■ **2** Poco probable. *Gralm como predicat de una prop constituida por* QUE + *subj.* ■ **3** (*col*) Raro o poco frecuente.

difícilmente *adv* De manera difícil.

dificultad *f* **1** Cualidad de difícil. ■ **2** Condición o circunstancia que dificulta [algo (*compl* PARA *o* DE)]. *Frec sin compl. Frec en pl.* **b)** Reparo (advertencia de oposición o disconformidad). **c)** Dificultad [2a] de trato o de relación [con alguien]. *Frec en pl.*

dificultar *tr* **1** Hacer difícil [1a] [algo]. **b)** *pr* (~se) Hacerse difícil [algo]. ■ **2** (*raro*) Considerar difícil [2] [algo].

dificultosamente *adv* De manera dificultosa.

dificultoso -sa *adj* Que implica dificultad.

difidencia *f* (*lit*) Desconfianza.

difidente *adj* (*lit*) Desconfiado.

difluencia *f* (E *o lit*) **1** Cualidad de difluente. ■ **2** Extensión o ensanchamiento.

difluente *adj* (E *o lit*) Que se extiende o ensancha.

difluir (*conjug* 48) *intr* (E *o lit*) Extenderse o ensancharse. *Tb fig.*

difracción *f* (*Fís*) Desviación que sufre cualquier tipo de onda al chocar con un cuerpo opaco o al pasar a través de una abertura.

difractar *tr* (*Fís*) Producir difracción [en algo (*cd*)].

difteria *f* Enfermedad infecciosa aguda, caracterizada por la aparición de falsas membranas, esp. en las mucosas de las vías respiratorias.

diftérico -ca *adj* De (la) difteria.

difteroide *adj* (*Med*) Semejante a la difteria o a lo diftérico.

difumar *tr* (*raro*) Difuminar.

difuminación *f* Acción de difuminar(se).

difuminado -da *adj* 1 *part* → DIFUMINAR. ■ 2 De perfiles o contornos imprecisos o poco claros. *Tb fig.*

difuminar *tr* 1 Extender [las manchas de lápiz o de color de un dibujo o pintura] para hacer[las] menos intensas o para sombrear. *El cd puede ser el mismo dibujo.* ■ 2 Hacer que [algo (*cd*), esp. un perfil] pierda nitidez o claridad. **b)** *pr* (~**se**) Perder [algo] nitidez o claridad. *Tb fig.*

difumino *m* Rollito de papel poroso o de piel, que sirve para difuminar [1].

difundidor -ra *adj* (*raro*) Que difunde [2].

difundir *tr* 1 Hacer que [algo (*cd*), esp. la luz u otro fluido] se extienda en todas direcciones. **b)** *pr* (~**se**) Extenderse [algo, esp. la luz u otro fluido] en todas direcciones. ■ 2 Extender o propagar [algo, esp. ideas o noticias]. **b)** *pr* (~**se**) Extenderse o propagarse [algo, esp. una idea o noticia]. ■ 3 Emitir [algo] por radio.

difunto -ta I *adj* 1 (*lit*) [Pers.] muerta. *Frec n. Tb* (*lit, raro*) *referido a animales.* **b)** *Precedido de posesivo, se usa frec para referirse al cónyuge fallecido. Frec* (*col*) *n.* * *Siempre está hablando de su difunto.* ■ 2 **de ~s.** (*Rel catól*) [Misa, oficio u oración] destinados a los difuntos [1a].
II *fórm or* 3 **el ~ era mayor** (*o* **menor**). (*col*) *Se usa para comentar que alguien lleva una prenda mayor* (*o menor*) *que lo que le correspondería.*

difusamente *adv* De manera difusa.

difusibilidad *f* (*E*) Cualidad de difusible.

difusible *adj* (*E*) Que se difunde [1b] con facilidad.

difusión *f* 1 Acción de difundir(se). *Tb su efecto.* ■ 2 Cualidad de difuso [2b].

difusionismo *m* Teoría antropológica según la cual todas o la mayor parte de las semejanzas culturales se deben a difusión [1].

difusionista *adj* De(l) difusionismo. **b)** Adepto al difusionismo. *Tb n.*

difusivo -va *adj* Que se difunde o tiende a la difusión [1].

difuso -sa *adj* 1 Que se extiende por una zona amplia. **b)** [Luz] que se extiende en un ángulo muy amplio a partir del foco emisor. ■ 2 Extenso y poco preciso. **b)** [Estilo o autor] prolijo o falto de concisión. ■ 3 Vago o impreciso. ■ 4 (*Fon*) [Articulación] caracterizada por la menor concentración de energía en la zona central del espectro acústico. *Se opone a* COMPACTO.

difusor -ra I *adj* 1 Que difunde. *Frec n: m y f, referido a pers; m, referido a aparato.*
II *m* 2 (*Mec*) Parte del carburador en que se mezclan el aire y la gasolina.

digástrico *adj* (*Anat*) [Músculo] constituido por dos partes carnosas y un tendón intermedio, que interviene en el movimiento de la mandíbula inferior. *Tb n m.*

digerible *adj* Que se puede digerir.

digerir (*conjug* 60) *tr* 1 Transformar [los alimentos] en sustancias asimilables. *Tb abs.* ■ 2 Entender o asimilar mentalmente. ■ 3 Aceptar o asimilar [algo, esp. negativo o molesto]. ■ 4 (*Quím*) Transformar [residuos] en sustancias fertilizantes.

digest (*ing; pronunc corriente,* /díχest/ *o* /dáiyest/) *m* (*desp*) Digesto.

digestibilidad *f* Cualidad de digestible.

digestible *adj* Que se puede digerir, *esp* [1].

digestión *f* 1 Hecho de digerir [1]. *A veces con un adj especificador:* BUCAL, GÁSTRICA, INTESTINAL. ■ 2 (*raro*) Acción de digerir [2, 3 y 4].

digestivo -va *adj* 1 De (la) digestión [1]. ■ 2 De(l) aparato digestivo [1]. ■ 3 Que facilita la digestión [1]. *Frec n m, referido a producto.* ■ 4 Digestible.

digesto *m* Resumen muy condensado. *Frec con intención desp.*

digestólogo -ga *m y f* (*Med*) Especialista en las afecciones del aparato digestivo [1].

digestónico -ca *adj* (*raro*) Digestivo [3]. *Tb n m.*

digestor *m* (*E*) Aparato usado para cocer o descomponer determinadas sustancias.

digitación *f* 1 Movimiento de los dedos. *Esp en música.* ■ 2 (*E*) Prolongación en forma semejante a los dedos de la mano.

digital[1] *adj* 1 De los dedos. ■ 2 (*humoríst*) [Método de nombramiento] a dedo. **b)** De(l) nombramiento digital.

digital[2] *adj* (*E*) De (los) dígitos o que se expresa por medio de dígitos. **b)** [Máquina o aparato] que proporciona sus datos por medio de dígitos. **c)** Que opera mediante el uso de señales discretas para representar datos en forma de números o letras.

digital[3] *f* (*a veces m*) Planta herbácea de flores purpúreas, cuyas hojas se utilizan en medicina como tónico cardíaco (*Digitalis purpurea*). *Tb se da este n a otras especies del mismo género.*

digitálico -ca *adj* De (la) digital[3]. *Tb n m, referido a sustancia.*

digitalina *f* (*Quím*) Glucósido obtenido de las hojas de la digital[3], usado como tónico cardíaco.

digitalismo *m* (*humoríst*) Práctica del nombramiento a dedo.

digitalización *f* (*E*) Acción de digitalizar. *Tb su efecto.*

digitalizador *m* (*E*) Aparato que sirve para digitalizar.

digitalizar *tr* (*E*) Dar forma digital[2] [a algo (*cd*)].

digitalmente *adv* De manera digital[1].

digitar *tr* (*humoríst*) Nombrar [a alguien] a dedo.

digitiforme *adj* (*E*) Que tiene forma de dedo.

digitígrado -da *adj* (*Zool*) [Animal] que al andar apoya solamente los dedos. *Tb n m.*

dígito I *adj* 1 (*Mat*) [Número] que puede expresarse con una sola cifra.
II *m* 2 (*Mat*) Cifra (signo de los que se emplean para representar los nueve primeros números y el cero). ■ 3 (*Informát*) Número entero, no negativo, más pequeño que la base de un sistema de numeración dado.

digitopuntura *f* (*E*) Práctica terapéutica basada en la presión de los dedos en determinados puntos del cuerpo.

diglosia *f* (*Ling*) Bilingüismo en que una de las dos lenguas corresponde a una condición social y política inferior. **b)** Bilingüismo.

dignación *f* (*lit, raro*) Condescendencia.

dignamente *adv* De manera digna [2a y 3c].

dignarse A *tr pr* **1** Condescender [alguien de alto rango o dignidad a un deseo (*infin*) manifestado por un inferior] o hacer espontáneamente [algo (*infin*) que supone una muestra de atención o de afecto hacia este]. *Frec en frases de cortesía, y tb, gralm en constr neg, con intención irónica, denotando orgullo o desprecio.*
B *intr pr* **2** (*semiculto*) Dignarse [1] [algo (A + *infin*)].

dignatario *m* Hombre investido de una dignidad [2].

dignidad A *f* **1** Cualidad de digno, *esp* [3]. ■ **2** Cargo honorífico y de autoridad. **b)** Cargo o condición que implica honor. **c)** Cargo preeminente en el cabildo de una catedral. ■ **3** Pers. que tiene una dignidad [2a y b].
B *m o f* **4** Eclesiástico que tiene una dignidad [2c].

dignificación *f* Acción de dignificar.

dignificador -ra *adj* (*raro*) Que dignifica.

dignificante *adj* Que dignifica.

dignificar *tr* Hacer digno o más digno [a alguien o algo (*cd*)]. **b)** *pr* (~se) Hacerse digno o más digno [alguien o algo].

digno -na *adj* **1** Que merece [algo (*compl* DE)]. ■ **2** Acorde con las cualidades o la condición [de alguien o algo]. **b)** ~ **de mejor causa** → CAUSA. ■ **3** [Pers.] que merece respeto y estima por sus cualidades y su comportamiento. **b)** [Pers.] que tiene o muestra respeto por sí misma y no se humilla ni tolera que la humillen. *A veces con intención irónica.* **c)** Propio de la pers. digna. ■ **4** Decente (de calidad o importancia suficientes). *A veces en la constr* MUY ~, *usada con intención ponderativa.*

digo → DECIR[1].

dígrafo *m* (*Ling*) Grupo de dos letras que representan un solo sonido.

digresión *f* **1** *En un discurso o exposición:* Apartamiento del tema principal para tratar de algo incidental. ■ **2** (*Astron*) Distancia angular de un planeta al Sol, o de las estrellas circumpolares respecto a la dirección del Norte.

dihíbrido -da *adj* (*Biol*) [Individuo] que desciende de padres que difieren en dos rasgos constitucionales.

dije *m* **1** Joya pequeña o relicario que se lleva colgando, esp. de una cadena o una pulsera. ■ **2** (*col, hoy raro*) Joya (pers. o cosa de gran valía).

dikdik (*ing; pronunc corriente, /díkdik/*) *m* Pequeño antílope propio de las regiones semiáridas de África (gén. *Madoqua*).

diktat (*al; pronunc corriente, /diktát/*) *m* Imposición inapelable de alguien que está en situación claramente ventajosa. *Esp en política.*

dilacerante *adj* (*lit*) Que dilacera. *Tb fig.*

dilacerar *tr* (*lit o Med*) Desgarrar [a una pers. o animal, o una parte de su cuerpo]. *Tb pr* (~se).

dilación *f* Retraso o aplazamiento. *Frec en la constr* SIN ~.

dilapidación *f* Acción de dilapidar.

dilapidador -ra *adj* Que dilapida. *Tb n, referido a pers.*

dilapidar *tr* Derrochar o despilfarrar. *Tb abs. Tb fig.*

dilatable *adj* Que se puede dilatar[1].

dilatación *f* **1** Acción de dilatar(se)[1]. *Tb su efecto.* **b)** (*Fís*) Aumento de volumen o de longitud de un cuerpo, por efecto del calor. ■ **2** Parte en que [algo (*compl de posesión*)] se dilata o ensancha. *Tb sin compl.*

dilatadamente *adv* De manera dilatada [2].

dilatado -da *adj* **1** *part* → DILATAR. ■ **2** Extenso (que tiene mucha extensión).

dilatador -ra *adj* Que dilata[1] [1 y 2]. *Tb n m, referido a producto, instrumento o músculo.*

dilatante *adj* (*raro*) De (la) dilatación.

dilatar[1] A *tr* **1** Hacer que [algo, esp. un cuerpo (*cd*)] aumente de volumen o tamaño. **b)** *pr* (~se) Aumentar [algo] de volumen o tamaño. ■ **2** Ensanchar [un orificio o conducto]. **b)** *pr* (~se) Ensancharse [un orificio o conducto]. ■ **3** Extender [algo], o hacer que llegue lejos o más lejos de lo normal o previsto, en el espacio o en el tiempo. **b)** *pr* (~se) Extenderse [algo], o llegar lejos o más lejos de lo normal o previsto, en el espacio o en el tiempo. *Tb fig.* ■ **4** Sufrir [una mujer] ensanchamiento del útero durante el parto [en la medida que se indica (*cd*)].
B *intr* **5** Sufrir [una mujer] ensanchamiento del útero durante el parto.

dilatar[2] A *tr* **1** Retrasar o aplazar [algo].
B *intr pr* (~se) **2** (*lit*) Extenderse mucho en un discurso o exposición. ■ **3** (*reg*) Demorarse o entretenerse.

dilatómetro *m* (*Fís*) Instrumento para medir la dilatación de los cuerpos.

dilatorio -ria *adj* Que dilata o sirve para dilatar[2] [1]. *Esp en derecho.*

dilección *f* (*lit*) Afecto o cariño especial.

dilecto -ta *adj* (*lit*) Querido con dilección.

dilema *m* **1** Situación en que es preciso elegir entre dos posibilidades igualmente buenas o malas. ■ **2** (*Filos*) Razonamiento en que, partiendo de una disyunción, se demuestra que todos los términos de esta conducen a la misma conclusión.

dileniácea *adj* (*Bot*) [Planta], gralm. arbórea o arbustiva, de una familia propia de zonas cálidas entre cuyos géneros se encuentra *Dillenia. Frec como n f en pl,* designando este taxón botánico.

díler (*pl normal,* ~s) *m y f* (*jerg*) Dealer (vendedor de droga, esp. mayorista).

diletante *adj* (*lit*) Aficionado (que se dedica a una actividad sin ser profesional en ella). *Tb n. Frec con intención peyorativa.*

diletantismo *m* (*lit*) Condición de diletante.

dilettante (*it; pronunc corriente, /diletánte/; pl normal,* DILETTANTI, *o, semiculto,* ~s) *adj* (*lit*) Diletante. *Tb n.*

dilettantismo (*it; pronunc corriente, /diletantísmo/*) *m* (*lit*) Diletantismo.

diligencia I *f* **1** Cualidad de diligente [1]. ■ **2** Gestión (acción que se realiza para la consecución o resolución de algo). *Frec en derecho. Frec en pl.* **b)** (*admin*) Trámite administrativo. *Tb la constancia escrita de haberse realizado. Tb fig.* ■ **3** (*hist*) Coche grande de caballos destinado al transporte de viajeros. **b) barco ~** → BARCO.
II *loc v* **4 hacer una ~.** (*euf, hoy raro*) Evacuar el vientre.

diligenciación *f* (*admin y Der*) Acción de diligenciar.

diligenciamiento *m* (*admin y Der*) Acción de diligenciar.

diligenciar (*conjug* 1a) *tr* (*admin y Der*) Hacer las diligencias [2, esp. b] [de algo (*cd*)]. *Tb* (*lit*) *fuera del ámbito técn.*

diligente *adj* 1 [Pers.] que actúa o trabaja con prontitud y cuidado. *Tb fig, referido a animales.* ■ 2 [Cosa] que denota o implica diligencia [1].

diligentemente *adv* De manera diligente [2].

dilogía *f* (*TLit*) Uso de una palabra en dos sentidos a la vez.

dilógico -ca *adj* (*TLit*) De (la) dilogía o que la implica.

dilucidación *f* Acción de dilucidar.

dilucidador -ra *adj* Que dilucida. *Tb n.*

dilucidar *tr* Esclarecer o poner en claro [algo]. **b)** Discutir [algo] para aclarar[lo].

dilución *f* Acción de diluir, *esp* [1 y 2]. *Tb su efecto.*

diluido -da *adj* 1 *part* → DILUIR. ■ 2 (*Quím*) [Disolución] que contiene poca cantidad de cuerpo disuelto.

diluidor -ra *adj* Que diluye [1]. *Tb n, m o f, referido a máquina o aparato.*

diluir (*conjug* 48) *tr* 1 Hacer menos concentrada [una disolución] añadiéndole [líquido disolvente (*compl* EN)]. *Tb sin compl* EN. **b)** Hacer [un disolvente (*suj*)] menos concentrada [una disolución (*cd*)]. **c)** *pr* (~se) Hacerse menos concentrada [una disolución]. ■ 2 Disolver [una sustancia en un líquido]. **b)** *pr* (~se) Disolverse [una sustancia en un líquido]. *Tb fig.* ■ 3 Hacer que [alguien o algo (*cd*)] pierda fuerza o entidad, esp. hasta desaparecer o hacerse imperceptible. *Frec con un compl de lugar en donde. Tb fig.* **b)** *pr* (~se) Perder [alguien o algo] fuerza o entidad, esp. hasta desaparecer o hacerse imperceptible. *Frec con un compl de lugar en donde. Tb fig.*

diluvial *adj* 1 De(l) diluvio. ■ 2 (*Geol*) [Depósito o terreno] constituido por materias arrastradas por grandes corrientes de agua. *Tb n m, referido a terreno.*

diluviano -na *adj* De(l) diluvio [1].

diluviar (*conjug* 1a) *intr impers* Llover muy intensamente.

diluvio (*frec con mayúscula en acep 1*) *m* 1 Inundación causada por lluvias excepcionalmente copiosas. *Normalmente referido al universal descrito en la Biblia.* ■ 2 Lluvia muy intensa. *Tb fig.*

diluyente *adj* Que diluye [1]. *Tb n m, referido a producto.*

dimanante *adj* Que dimana.

dimanar *intr* Proceder [una cosa, gralm. abstracta, de otra] o derivarse [de ella].

dimensión *f* 1 Magnitud de las que se suponen en el espacio para determinar el tamaño de los seres materiales. *Tb su medida.* ■ 2 Tamaño (hecho de ser más o menos grande). *Frec en pl con sent sg. Tb fig, referido a cosas inmateriales.* ■ 3 Aspecto o consideración. ■ 4 (*Fís*) Producto o cociente de las magnitudes físicas fundamentales (masa, longitud y tiempo), que sirve para definir otra unidad física derivada.

dimensionado -da *adj* 1 *part* → DIMENSIONAR. ■ 2 Que tiene determinada dimensión [2].

dimensional *adj* De la dimensión o de las dimensiones.

dimensionalmente *adv* 1 En el aspecto dimensional. ■ 2 (*Fís*) Mediante el cálculo dimensional.

dimensionamiento *m* Acción de dimensionar. *Tb su efecto.*

dimensionar *tr* Establecer la dimensión o las dimensiones [2] [de algo (*cd*)]. **b)** Dar más dimensión [a algo (*cd*)].

dímero -ra *adj* (*Quím*) Polímero cuyo peso molecular es doble de otro. *Tb n m.*

dimes y diretes *m pl* (*col*) 1 Habladurías o comentarios. ■ 2 Conjunto de réplicas y contrarréplicas entre dos perss. que discuten sin acritud.

dímetro *m* (*TLit*) En la poesía grecolatina: Verso que consta de dos grupos de dos pies.

diminutivamente *adv* (*raro*) Mediante un diminutivo [2].

diminutivo -va *adj* (*Ling*) 1 [Sufijo] que se usa esp. para expresar pequeñez o afecto. ■ 2 [Palabra] formada con un sufijo diminutivo [1]. *Frec n m.*

diminuto -ta *adj* 1 Muy pequeño. ■ 2 (*lit, raro*) Imperfecto o defectuoso.

dimisión *f* Acción de dimitir, *esp* [1a]. *Frec con el v* PRESENTAR.

dimisionario -ria *adj* 1 [Pers.] que ha presentado su dimisión. *Tb n.* ■ 2 De (la) dimisión.

dimisorias *f pl* (*Rel crist*) Cartas en las que un obispo autoriza a un súbdito para recibir las sagradas órdenes fuera de su diócesis.

dimitente *adj* Que dimite [1a]. *Tb n.*

dimitir **A** *intr* 1 Renunciar [alguien al cargo que ocupa (*compl* DE)]. *Frec sin compl.* **b)** Renunciar [a algo (*compl* DE)]. Hacer dejación [de algo]. **B** *tr* 2 Dimitir [1] [de algo (*cd*)]. ■ 3 (*col*) Hacer que [alguien (*cd*)] dimita [1a]. *Frec euf por* DESTITUIR.

dimorfismo *m* (*Biol y Geol*) Propiedad de los animales, las plantas o las sustancias de presentar dos formas diferentes. *Referido a animales, frec* ~ SEXUAL.

DIN (*sigla*) *m* Formato normalizado de los distintos tamaños de hojas de papel.

dina *f* (*Fís*) En el sistema CGS: Unidad de fuerza equivalente a la fuerza que produce una aceleración de 1 cm por segundo en 1 g masa.

dinamarqués -sa *adj* Danés. *Tb n.*

dinámica → DINÁMICO.

dinámicamente *adv* 1 De manera dinámica [3]. ■ 2 En el aspecto dinámico [4].

dinamicidad *f* Cualidad de dinámico [1, 2 y 3].

dinámico -ca **I** *adj* 1 Que se mueve o no está fijo en un sitio. **b)** De(l) movimiento. ■ 2 Que cambia o se altera. **b)** De(l) cambio. ■ 3 [Pers. o cosa] que destaca por su gran actividad. **b)** Propio de la pers. o cosa dinámica. ■ 4 De (la) dinámica [6]. ■ 5 (*Mús*) Relativo a los distintos grados de intensidad del sonido. **II** *f* 6 (*Fís*) Parte de la mecánica, que trata del movimiento en relación con las fuerzas que lo producen. ■ **7** Sucesión de hechos o fenómenos encadenados entre sí.

dinamismo *m* **1** Cualidad de dinámico, *esp* [3]. ■ **2** (*Filos*) Doctrina filosófica que considera la fuerza como la esencia de la materia y explica los fenómenos por esa fuerza.

dinamista *adj* (*Filos*) Adepto al dinamismo [2]. *Tb n.*

dinamita *f* **1** Explosivo compuesto por una mezcla de nitroglicerina y otras sustancias activas o inertes. ■ **2** (*col*) Pers. o cosa explosiva.

dinamitación *f* Acción de dinamitar.

dinamitador -ra *adj* **1** Que dinamita [1b]. *Tb n, referido a pers.* ■ **2** De (la) dinamitación.

dinamitar *tr* Volar [algo] con dinamita [1]. **b)** Destruir por completo [algo no material].

dinamitero -ra I *adj* **1** (*raro*) Subversivo o revolucionario.
II *m* **2** Obrero especializado en voladuras con dinamita [1]. ■ **3** Individuo que ataca o que comete atentados con dinamita [1].

dinamización *f* Acción de dinamizar(se).

dinamizador -ra *adj* Que dinamiza, *esp* [1a]. *Tb n, referido a pers.*

dinamizar *tr* **1** Imprimir dinamismo [a alguien o algo (*cd*)]. **b)** *pr* (*~se*) Adquirir dinamismo. ■ **2** (*Med*) Agitar [una sustancia o medicamento] para aumentar su actividad.

dinamo (*tb* **dínamo**) *f* Máquina que transforma la energía mecánica en eléctrica. **b)** Generador de corriente continua.

dinamoeléctrico -ca *adj* (*Electr*) [Máquina] que transforma energía mecánica en eléctrica.

dinamógeno -na *adj* (*lit o E*) Que produce fuerza o energía. *Tb n m, referido a sustancia o producto.*

dinamometría *f* (*E*) Medición de la fuerza.

dinamométrico -ca *adj* (*E*) De (la) dinamometría o de(l) dinamómetro.

dinamómetro *m* (*E*) Instrumento para medir fuerzas.

dinamopoyesis *f* (*Fisiol*) Producción de fuerza.

dinantiense *adj* (*Geol*) Del Carbonífero más antiguo. *Tb n m, referido a piso o terreno.*

dinar *m* **1** Unidad monetaria de Argelia, Bahréin, Irak, Jordania, Kuwait, Libia, Túnez, República Popular Democrática del Yemen y la antigua Yugoslavia. ■ **2** Moneda iraní cuyo valor es la centésima parte del rial. ■ **3** (*hist*) Antigua moneda árabe de oro, cuyo peso osciló entre 5,45 y 4 g.

dinárico -ca *adj* **1** (*Etnogr*) Alpino. ■ **2** (*Geogr*) De los Alpes Dináricos (en la antigua Yugoslavia).

dinarín *m* (*hist*) Moneda de oro almohade, de 2,30 g de peso.

dinasta *adj* Que pertenece a una dinastía con derecho de sucesión al trono. *Tb n.*

dinastía *f* **1** Serie de gobernantes hereditarios de una misma familia. ■ **2** Serie de elementos destacados en una determinada actividad y pertenecientes a la misma familia.

dinásticamente *adv* De manera dinástica [1].

dinástico -ca *adj* **1** De la dinastía [1]. ■ **2** Partidario de una dinastía [1]. *Tb n.*

dinastismo *m* Adhesión a una dinastía [1].

dineral *m* Cantidad grande de dinero [1a].

dinerariamente *adv* **1** De manera dineraria. ■ **2** En el aspecto dinerario.

dinerario -ria *adj* De(l) dinero [1a y esp. 2].

dinero *m* **1** Conjunto de monedas o billetes de curso legal. *Tb en pl con sent sg.* **b)** Fortuna o bienes, considerados en su valor monetario. **c)** Cantidad importante de dinero [1b]. *Frec* UN ~. **d)** ~ **de plástico**, ~ **negro** → PLÁSTICO, NEGRO. ■ **2** (*Econ*) Medio de cambio y pago de general aceptación, constituido por monedas, billetes y otros instrumentos fiduciarios. ■ **3** (*hist*) Denario. ■ **4** (*hist*) Se dio este n a distintas monedas acuñadas en varios reinos durante la Edad Media. Frec con un adj especificador: BURGALÉS, PRIETO, BLANCO.

ding dong *interj* Imita el sonido de la campana. A veces se sustantiva.

dingolondango *m* (*raro*) Arrumaco o zalamería. *Gralm en pl.*

dinitrofenol *m* (*Quím*) Compuesto de ácido nítrico y fenol, que sirve para preparar colorantes y como explosivo.

dink (*ing; pronunc corriente, /*dink/*; pl normal, ~s*) *m* Pareja acomodada y sin hijos, en que los dos obtienen dinero por su trabajo.

dino *m* (*col, raro*) Dinosaurio.

dinoflagelado -da *adj* (*Bot y Zool*) [Organismo] acuático caracterizado por tener dos flagelos, que forma parte del plancton y puede considerarse como protozoo o como alga. *Frec como n m y f en pl, designando este taxón zoológico o botánico.*

dinomanía *f* Afición generalizada a los dinosaurios.

dinosaurio *m* **1** Reptil fósil gigantesco, propio de la Era Secundaria, con cabeza pequeña, cuello y cola largos y las patas posteriores gralm. más largas que las anteriores. *Frec en pl, designando este taxón zoológico.* ■ **2** (*Pol, desp*) Político importante en el pasado y que aún mantiene su actividad.

dinosauro *m* (*raro*) Dinosaurio [1].

dinosaurología *f* (*Zool*) Estudio de los dinosaurios [1].

dinosaurólogo -ga *m y f* (*Zool*) Especialista en dinosaurología.

dintel *m* **1** Parte superior de una puerta, ventana u otro hueco, que descansa sobre soportes verticales. ■ **2** (*semiculto*) Umbral (parte contrapuesta al dintel [1]). ■ **3** (*E*) Cantidad máxima de estímulo que se puede captar.

dintorno *m* (*Arte*) Parte [de una figura] contenida dentro del contorno. *Frec (lit) fig.*

diñar *tr* ➤ **a** *normal* **1** ~**la(s)**. (*col*) Morir. ■ **2** (*jerg*) Dar.
➤ **b** *pr* **3** ~**sela** [a alguien]. (*jerg*) Dársela o engañarle.

diñelar *tr* (*jerg*) Dar.

diocesano -na *adj* **1** De (la) diócesis. *Tb n, referido a pers.* ■ **2** [Obispo] que tiene diócesis [1]. *Tb n.*

diócesis *f* **1** (*Rel crist*) Territorio bajo la autoridad de un obispo o un arzobispo. ■ **2** (*hist*) En el Imperio Romano: Circunscripción de aquellas en que se divide una provincia o una prefectura.

diodo (*tb* **díodo**) *m* (*Electr*) Válvula electrónica que consta de un ánodo frío y un cátodo caliente, usada como detector y rectificador.

diodóntido *adj* (*Zool*) [Pez] de una familia que se caracteriza por la piel cubierta de espinas y por su capacidad de hincharse tomando el aspecto de un erizo. *Frec como* n *m en* pl, *designando este taxón zoológico*.

dioico -ca *adj* **1** (*Bot*) [Planta] que tiene las flores de cada sexo en pies separados. ■ **2** (*Zool*) Que presenta los órganos masculinos y femeninos en individuos separados.

dionea *f* Atrapamoscas (planta).

dionisíaco -ca (*tb* **dionisiaco**) *adj* **1** De Dioniso, dios del vino y del entusiasmo vital. ■ **2** (*lit*) Caracterizado por el desenfreno, el ímpetu y la fuerza vital. *Se opone a* APOLÍNEO.

diópsido *m* (*Mineral*) Piroxeno transparente, incoloro o verdoso, constituido por silicato de magnesio, calcio y hierro, que cristaliza en el sistema monoclínico.

dioptasa *f* (*Mineral*) Mineral de color verde esmeralda, constituido por silicato hidratado de cobre.

dioptría *f* (*Ópt*) Unidad de convergencia, correspondiente a la de una lente que tiene 1 m de distancia focal. **b)** Grado de defecto de un ojo, que se corrige con una lente de una dioptría. *Tb fig*.

dióptrico -ca *adj* (*Ópt*) Que tiene dioptrías [1b].

dioptrio *m* (*Ópt*) Sistema óptico formado por dos medios de distinto índice de refracción separados por una superficie plana o esférica.

diorama *m* Montaje escenográfico en que, merced a diversos trucos de formas, perspectivas y luces, se da al espectador la idea de encontrarse frente a un panorama real.

diorámico -ca *adj* (*raro*) De(l) diorama.

diorita *f* (*Mineral*) Roca eruptiva de aspecto granudo, formada por feldespato y minerales como anfíbol, mica y piroxeno.

dios -sa (*con mayúscula en todas las aceps excepto en* 3, 4 *y* 8, *en que normalmente se escribe con minúscula*) **I** n **A** *m* **1** En las religiones monoteístas: Ser supremo, creador, conservador y rector de todo el universo. ■ **2** ~ **y ayuda**. (*col*) Mucho esfuerzo. *Con* vs *como* COSTAR *o* NECESITAR.
B *m y f* **3** En las religiones politeístas: Ser inmortal dotado de atributos sobrenaturales. **b)** Imagen que representa un dios. ■ **4** Pers. o cosa a la que se tributa especial consideración o veneración. **b)** Pers. de cualidades excepcionales. *Frec con intención desp, denotando engreimiento*. **c)** Pers. que tiene el poder supremo. *Gralm con intención desp*.
C *f* ■ **5 la de ~ (es Cristo)**. (*col*) Una bronca o alboroto muy grande. *Con* vs *como* ARMAR *o* LIAR.
II *loc pr* **6** ~ **y su madre** (*o* **su padre**). (*col*) Todo el mundo. ■ **7 ni ~**. (*col*) Nadie. ■ **8 todo ~**. (*col*) Todo el mundo.
III *loc adj* **9 de ~**. (*col*) Acompaña a un n para expresar afectividad o como simple elemento expletivo. * Las dictaduras nacen como setas por esos mundos de Dios. * Maldito de Dios lo que le importa. ■ **10 de ~**. (*col*) Enorme o extraordinario. ■ **11** [Ministro] **de ~** → MINISTRO.
IV *loc v y fórm or* **12 armar la de ~ (es Cristo)** → acep. 5. ■ **13 bien sabe ~**. (*col*) Fórmula con que se pondera lo expresado mediante el pr LO o una prop con QUE. * No fui yo, bien lo sabe Dios. ■ **14**

como hay ~ (*o* **como ~ está en los cielos**). (*col*) Fórmula con que se asegura enfáticamente lo que se dice. * ¡Como hay Dios que te mato! ■ **15 costar ~ y acep**. 2. ■ **16 de menos nos** (*o* **lo**) **hizo ~**. (*col*) Fórmula con que se comenta que todo es posible, aunque parezca difícil o improbable. * –No creo que se atreva a tanto. –De menos lo hizo Dios. ■ **17 ~ dirá**. (*col*) Fórmula con que se confía a la Providencia divina un hecho futuro y dudoso. * –Puede que lo consiga. –Dios dirá. ■ **18 ~ guarde a usted** (*u otro pron equivalente*) (**muchos años**). *Fórmula de despedida, hoy desusada, en instancias u otros escritos administrativos*. **b) cuya vida guarde ~ muchos años**. *Fórmula de despedida en instancias u otros escritos administrativos. Sigue como prop apl la pron designador del destinatario*. ■ **19 ~ le ampare, ~ me perdone**, *etc* → aceps. 41 y 42. ■ **20 ~ lo quiera** (*o* **no lo quiera ~**). *Fórmula con que se expresa el deseo de que suceda* (*o no*) *lo mencionado antes*. * –Creo que habrá tormenta. –Dios no lo quiera. **b) ~ quiera**, *o* **quiera ~** (*o* **no quiera ~**). *Expresa el deseo de que suceda* (*o no*) *lo que se menciona a continuación* (*prop con* QUE). * Quiera Dios que salga con bien. ■ **21 ~ los cría** (**y ellos se juntan**). (*col*) Fórmula con que se comenta la unión de perss de caracteres similares. *Con intención desp o humoríst*. ■ **22 ~ mediante**. *Si Dios quiere* (→ acep. 52). ■ **23 ~ me libre**. (*col*) Fórmula con que se niega enfáticamente algo no deseado, o se manifiesta oposición radical a una idea. * –¿No quieres subir a la montaña rusa? –¡Dios me libre! **b) ~ te libre**. (*col*) Fórmula de amenaza. *Frec con un compl* DE. * Dios te libre de levantarle la voz. ■ **24 ~ nos asista**, *o* **nos coja confesados**. (*col*) Fórmula con que se comenta la inminencia de un mal grave e inevitable. *Frec con intención humoríst*. * –Esta tarde viene tu tía. –¡Dios nos coja confesados! ■ **25 ~ proveerá**. (*lit*) Fórmula con que se expresa la confianza en que la Providencia resuelva los problemas. * No te preocupes por nada, Dios proveerá. ■ **26 ~ sabe**, *o* **sabe ~**, *o* **solo ~ sabe**. *Fórmula con que se pondera lo dudoso de un hecho*. * ¡Dios sabe lo que ocurría allí dentro! **b) (solo) ~ sabe**. *Fórmula con que se pondera la importancia o magnitud de algo*. * Solo Dios sabe lo que ha sufrido. ■ **27 ~ sobre todo**. (*col*) Fórmula con que se expresa resignación y confianza ante algo dudoso. * Tranquila, hija, Dios sobre todo. ■ **28 estar** [algo, esp. negativo] **de ~**. (*col*) Estar predeterminado por el destino o la Providencia. ■ **29 estar dejado de la mano de ~** → MANO. ■ **30 liar la de ~ (es Cristo)** → acep. 5. ■ **31 llamar a ~ de tú**. (*col*) Actuar con excesiva desenvoltura. ■ **32 llamar ~** [a alguien] **por un camino**. Tener [esa pers.] aptitudes o vocación para algo. ■ **33 llevarse ~** [a alguien]. (*lit*) Morir [esa pers.]. ■ **34 necesitar ~ y ayuda** → acep. 2. ■ **35 ni ~ que lo fundó** (*o* **lo hizo**). (*col*) Fórmula que refuerza enfáticamente una negación. * Allí no había punta ni Dios que lo fundó. ■ **36 no haber ~ que** + *v en subj*. (*col*) Fórmula con que se niega la posibilidad del hecho expresado por la prop que sigue. *Tb* (*con minúscula*) NO HABER UN ~ QUE. * Aquí no hay Dios que se aclare. ■ **37 no tener perdón de ~** → PERDÓN. ■ **38 para servir a ~ y a usted** → SERVIR. ■ **39 permita ~**. Quiera Dios (→ acep. 20b). *Seguido de prop con* QUE, *o de infin*. ■ **40 queda con ~**. (*pop*) Fórmula de despedida que dice la pers que se va. ■ **41 (que) ~ le ampare**. *Fórmula con que se despide a un mendigo cuando no se le socorre*. ■ **42 (que) ~ me perdone**. (*col*) Fórmula que antecede a la expresión de una sospecha o a la afirmación de algo negativo sobre alguien

o algo. ■ Que Dios me perdone, pero creo que engañaba a su mujer. ■ **43 que ~ reparta suerte.** *Fórmula con que se desea suerte a varias personas.* ■ –Nos examinamos mañana. –¡Que Dios reparta suerte! ■ **44 (que) ~ te lo pague.** *Fórmula de agradecimiento humilde, esp por una limosna.* ■ **45 que ~ tenga en su gloria,** *o* **que ~ haya.** *Fórmulas que siguen a la mención de una pers muerta. Tb, a veces, como o independiente, en la fórmula ~* LE TENGA EN SU GLORIA. ■ El abuelo, que Dios tenga en su gloria, murió a los 80. ■ **46 (que) ~ te oiga.** *(col) Fórmula con que se manifiesta el deseo de que se cumpla lo que ~ que otro acaba de decir.* ■ –Seguro que sale bien. –¡Dios te oiga! ■ **47 (que) sea lo que ~ quiera.** *Fórmula con que se manifiesta conformidad previa ante algo futuro que puede ser negativo.* ■ Que sea lo que Dios quiera, yo ya no puedo hacer más. ■ **48 que venga ~ y lo vea.** *(col) Fórmula con que se niega enfáticamente lo expresado en una prop condicional.* ■ Si esto es compañerismo, que venga Dios y lo vea. ■ **49 quiera ~** → acep. 20b. ■ **50 sabe ~** → acep. 26. ■ **51 si ~ no lo remedia.** *(col) Fórmula con que se anuncia como inevitable un hecho negativo.* ■ Si Dios no lo remedia, esta tarde hay tormenta. ■ **52 si ~ quiere.** *Fórmula con que se anuncia, frec como deseado, un hecho futuro.* ■ Si Dios quiere, pronto nos mudaremos de casa. **b)** *Fórmula que acompaña a la mención del tiempo correspondiente a un deseo o proyecto.* ■ El año que viene, si Dios quiere, vuelve definitivamente. **c)** *Fórmula que completa la de "hasta mañana" o sirve para contestar a esta.* ■ –Hasta mañana. –Si Dios quiere. ■ **53 todo sea por ~.** *(col) Fórmula que expresa conformidad ante algo negativo.* ■ –Hay que llevar de nuevo el coche al taller. –Todo sea por Dios. ■ **54 venir ~ a ver** [a alguien o, más raro, a algo]. *(col) Suceder[le] algo bueno e inesperado.* ■ **55 ve(te)** *(u otro imperat equivalente)* **con ~.** *(pop) Fórmula de despedida que dice la pers que se queda.* **b) ve(te)** *(u otro imperat equivalente)* **bendito de ~.** *Fórmula de despedida dirigida o referida a alguien inoportuno o molesto que se marcha.* ■ –Me voy a jugar a la calle. –Vete, bendito de Dios.
　V *loc adv* **56 a ~ dar (agua).** *(reg) Muchísimo.* Con el v LLOVER. ■ **57 a la buena de ~.** *(col) De manera improvisada o que no se ajusta a un plan previo.* **b)** *Sin malicia o sin intención.* ■ **58 como ~.** *(col) Muy bien.* ■ **59 como ~ le da a entender** [a alguien]. *Como puede o se le ocurre, pero no del modo debido.* ■ **60 como ~ manda.** *Del modo debido. Tb adj.* ■ **61 como ~ quiera.** *De cualquier modo, pero no del debido o deseado.* ■ **62 cuando ~ quiera.** *En un momento futuro indeterminado, frec. posterior al debido o deseado.* ■ **63 más +** *adj* **+ que ~.** *(col) Sumamente + el mismo adj.* ■ Estaba más firme que Dios. ■ **64 ni para ~.** *(col) De ningún modo o en absoluto.* ■ **65 por (el) amor de ~** → AMOR. ■ **66 si ~ tiene qué.** *Muchísimo.* ■ **67 sin encomendarse (ni) a ~ ni al diablo.** *Sin detenerse a pensar o reflexionar.* ■ **68 toda la vida de ~** → VIDA.
　VI *interj* **69 alabado** *(o* **bendito) sea ~.** *Expresa satisfacción, admiración o sorpresa.* ■ Alabado sea Dios, cuánto tiempo sin verte. ■ **70 anda (con) ~.** *(col) Expresa sorpresa.* ■ Anda, Dios, qué cara se le ha quedado. ■ **71 con ~.** *(pop) –Hasta luego.* –Con Dios. ■ **72 ~, ~ mío,** o **~ santo** *(o* **santo ~).** *Expresa admiración o sorpresa.* ■ ¡Santo Dios, cómo ha crecido! ■ **73 ~ mío.** *Expresa queja o dolor.* ■ ¡Dios mío, qué duro es esto! ■ **74 hombre de ~** → HOMBRE. ■ **75 por ~.** *Expresa súplica o protesta.*

Tb, más raro, POR ~ BENDITO. ■ Por Dios bendito, no digas bobadas. **b) por (el) amor de ~ →** AMOR. ■ **76 válgame ~.** *Expresa admiración, disgusto o sorpresa.* ■ ¡Válgame Dios, quién llega! ■ **77 vaya por ~.** *Expresa disgusto o lástima.* ■ Vaya por Dios, se ha vuelto a caer. ■ **78 vive ~.** *(lit, humoríst) Expresa enfado o se usa como simple ponderación de lo dicho.* ■ Vive Dios que no te entiendo.

diosa *f (Quím)* Glúcido que contiene en su molécula dos átomos de carbono.

diosla *interj (pop) euf por* DIOS [72].

dióxido *m (Quím)* Bióxido.

dioxina *f (Quím)* Compuesto orgánico nitrogenado, altamente tóxico.

diplejía *f (Med)* Parálisis que afecta a partes iguales de cada lado del cuerpo.

diplobionte *adj (Biol)* [Especie] cuya existencia transcurre toda, o pralm., en la fase diploide [1b].

diploclamídeo -a *adj (Bot)* De periantio doble.

diplococo *m (Biol)* Variedad de coco[5] que se presenta agrupado por pares.

diplodoco *m* Diplodocus.

diplodocus *m* Dinosaurio propio del Jurásico superior de América del Norte.

diplofase *f (Bot)* Fase diploide [1b].

diploide *adj (Biol)* [Número] doble de cromosomas. **b)** Que contiene un número diploide de cromosomas.

diploma *m* **1** Documento autorizado con sello y armas de un soberano. *Tb se da este n a otros documentos importantes.* ■ **2** Documento expedido por un centro de enseñanza o una corporación, para acreditar un título o grado, una prerrogativa o un premio.

diplomacia *f* **1** Rama de la política relativa a las relaciones internacionales. ■ **2** Carrera o profesión de diplomático [1b]. ■ **3** Tacto o habilidad para tratar perss. o asuntos delicados.

diplomado -da *adj* **1** *part →* DIPLOMAR. ■ **2** [Pers.] que ha obtenido la diplomatura o un diploma [2]. *Tb n.*

diplomar *tr* Conceder [a alguien *(cd)*] diploma [2] de aptitud. **b)** *pr* **(~se)** Obtener [alguien] diploma de aptitud. *Frec con un compl* EN.

diplomáticamente *adv* De manera diplomática, *esp* [2].

diplomático -ca I *adj* **1** [Representación] oficial de un Estado en otro. **b)** [Pers.] cuya función es representar oficialmente a un Estado en otro. *Tb n.* **c)** De (los) diplomáticos [1b]. **d)** [Traje] con o sin rayas claras. **e)** [Valija] **diplomática** → VALIJA. ■ **2** Que tiene o muestra diplomacia [3]. ■ **3** De (los) diplomas [1].
　II *f* **4** Estudio científico de los diplomas [1]. ■ **5** *(raro)* Conjunto de diplomas [1].

diplomatura *f* Grado universitario inmediatamente inferior a la licenciatura.

diplopía *f (Med)* Trastorno visual que consiste en ver dobles los objetos.

diplosoma *m (Biol)* Centrosoma o centriolo doble.

dipnoo *adj (Zool)* [Pez] de agua dulce de Australia, África y América meridional, que presenta una invaginación del abdomen, la cual puede funcionar como pulmón. *Frec como n m en pl, designando este taxón zoológico.*

dipolar *adj (E)* De(l) dipolo.

dipolo *m* **1** (*Fís*) Conjunto de dos polos eléctricos o magnéticos de igual magnitud y signo contrario, situados a poca distancia. ■ **2** (*Quím*) Molécula en que el centro de las cargas positivas no coincide con el de las negativas. ■ **3** (*Radio*) Antena constituida por un conductor aéreo recto, de media longitud de onda o menos, cuyo punto de conexión se sitúa en el centro. *Tb* ANTENA ~.

dipsacácea *adj (Bot)* [Planta] dicotiledónea, herbácea, de flores gralm. en cabezuela y fruto en aquenio, de la familia de la cardencha. *Frec como n f en pl, designando este taxón botánico.*

dipsaco *m* Cardencha (planta, *Dipsacus fullonum*).

dipsomanía *f (Med)* Impulso morboso e irresistible al abuso de bebidas alcohólicas, que se manifiesta en forma de accesos periódicos.

dipsomaníaco -ca (*tb* **dipsomaniaco**) *adj (Med)* Que padece dipsomanía. *Tb n.*

dipsómano -na *adj (Med)* Dipsomaníaco. *Tb n.*

díptero -ra *adj (Zool)* [Insecto] caracterizado por tener dos alas membranosas, boca chupadora y metamorfosis completa. *Frec como n m en pl, designando este taxón zoológico.*

díptico *m* **1** Obra de pintura o escultura compuesta de dos paneles que se cierran a modo de libro. ■ **2** Obra literaria o de otro arte dividida en dos partes. ■ **3** Documento o prospecto constituido por una hoja que se dobla en dos partes.

diptongación *f (Fon)* Acción de diptongar.

diptongar (*Fon*) **A** *tr* **1** Transformar en diptongo [una vocal o dos vocales]. **B** *intr* **2** Transformarse en diptongo [una vocal].

diptongo *m (Fon)* Conjunto de dos vocales diferentes que se pronuncian en una sola sílaba.

diputación (*normalmente con mayúscula en aceps 1 a 5*) *f* **1** Corporación elegida para dirigir y administrar los intereses de una provincia. *Frec* ~ PROVINCIAL. **b)** Edificio en que tiene su sede una Diputación provincial. *Tb* ~ PROVINCIAL. ■ **2** ~ **foral.** Órgano de gobierno de Navarra o de las provincias del País Vasco. ■ **3** ~ **general de Aragón.** Órgano de gobierno de Aragón. ■ **4** ~ **permanente.** Comisión representativa de las Cortes. ■ **5** (*hist*) Se dio este n a varias corporaciones de los reinos de la Corona de Aragón, Navarra y Castilla, surgidas como delegación o emanación de las respectivas Cortes. ■ **6** (*raro*) Condición de diputado [1].

diputado -da (*alguna vez se usa la forma* DIPUTADO *referida a mujer*) *m y f* **1** Pers. elegida como representante en una Cámara única, o en la popular si hay dos. ■ **2** Pers. nombrada por una corporación para que la represente. ■ **3** ~ **provincial.** Miembro de una Diputación provincial.

diputar *tr* (*lit*) **1** Conceptuar o reputar. *Con un predicat, o un compl* POR *o* COMO. ■ **2** Elegir [a una pers. o cosa para algo].

dique I *m* **1** Muro construido para contener el empuje de las aguas. *Tb fig, referido a cosas inmateriales.* ■ **2** Construcción hecha a orillas de una dársena para limpiar o carenar embarcaciones. *Gralm con los adjs* SECO *o* FLOTANTE. *Tb fig, referido a pers en mal estado físico.* ■ **3** (*Geol*) Filón de roca eruptiva que rellena una grieta y, al erosionarse las rocas circundantes, se alza en el suelo como un muro. **II** *loc adv* **4 en (el)** ~ **seco.** En situación de inactividad. *Gralm referido a deportista lesionado.*

diquelar *tr* (*jerg*) **1** Mirar u observar. ■ **2** Ver.

diquiera *adv* (*reg*) Desde aquel momento.

dire *m y f* (*col*) Director [3].

dirección *f* **1** Acción de dirigir(se), *esp* [5 y 6]. *Tb su efecto.* ■ **2** Línea a lo largo de la cual se mueve un cuerpo o se ejerce una fuerza. **b)** Línea imaginaria que seguiría, si se moviese, un cuerpo, o que habría que seguir para ir a un lugar dado. *Frec en la constr* EN ~ A. *Tb fig.* **c)** Sentido [de un movimiento]. *Tb fig.* **d)** Punto hacia el que se dirige [7 y 9] [alguien o algo (*compl de posesión*)]. *Tb sin compl.* ■ **3** Mecanismo que sirve para dirigir [1] [algo, esp. un vehículo (*compl de posesión*)]. *Frec sin compl, por consabido.* **b)** ~ **asistida.** → ASISTIDO. ■ **4** Nombre y domicilio de una pers. o entidad, que se escriben en un sobre u otro envío para indicar que es su destinataria. **b)** Domicilio o señas [de una pers. o entidad]. ■ **5** Cargo o función de director [3]. *Tb el tiempo que dura.* **b)** Pers. o conjunto de perss. que dirigen [6]. **c)** Oficina de la dirección. ■ **6** ~ **general.** Departamento de los varios principales que se divide un ministerio. *Gralm con un compl especificador.* ■ **7** (*Informát*) Valor que expresa la ubicación de un elemento en la memoria del ordenador.

direccional I *adj* **1** De (la) dirección [1, 2, 3 y 5]. ■ **2** (*E*) Que actúa única o preferentemente en una dirección [2]. **b)** (*Radio*) Que emite ondas en forma de un haz estrecho y en determinada dirección. **II** *m* **3** (*Aer*) Instrumento que indica la dirección [2] de un aparato aéreo.

direccionalidad *f* Cualidad de direccional. *Tb fig.*

directamente *adv* De manera directa, *esp* [1, 2, 3, 4 y 8].

directividad *f (E)* Grado en que una antena direccional [2a] concentra las ondas.

directivo -va I *adj* **1** De (la) dirección [1]. ■ **2** Que tiene función de dirigir [6]. *Tb n: m y f, referido a pers (esp en empresas o equipos deportivos); f, referido a junta.* **II** *f* **3** Directriz o línea normativa. ■ **4** *En algunos organismos internacionales:* Disposición que han de cumplir todos sus miembros.

directo -ta I *adj* **1** Derecho o que va en línea recta. **b)** (*Boxeo*) [Golpe] que se da proyectando el puño en línea recta. *Gralm n m.* ■ **2** Que no tiene interrupciones o desviaciones. **b)** [Tren] que solo se detiene en estaciones muy importantes. *Tb n m.* ■ **3** Que no tiene intermediarios. **b)** *En un vehículo de motor:* [Marcha o velocidad] en que la transmisión se produce de un modo directo entre el árbol primario y el secundario, y a cada vuelta de uno corresponde otra del otro. *Frec n f. Tb fig.* **c)** [Impuesto] que se paga por el hecho de percibir una renta. **d)** (*Dep, esp Fút*) [Tiro] a la portería contraria como castigo a una falta, en que el jugador dispara sin intermediarios. **e)** [Acción] **directa** → ACCIÓN[1]. ■ **4** [Acto] que se dirige primariamente a un objetivo determinado. ■ **5** [Pers.] que actúa o se expresa afrontando abiertamente por sí misma las dificultades. **b)** [Lenguaje o modo de expresión] que refleja con claridad y sin circunloquios el pensamiento del hablante. ■ **6** Del mismo sentido u orientación. *Se opone a* INVERSO. **b)** (*Astron*) [Movi

miento] que se realiza en el mismo sentido que los terrestres, contrario al de las agujas del reloj. *Se opone a* RETRÓGRADO. ■ **7** [Traducción] de una lengua a la propia. ■ **8** (*Mat*) [Razón o relación] según la cual el aumento o disminución de una magnitud supone el aumento o disminución de otra. **b)** [Regla de tres] de proporción directa. ■ **9** (*Gram*) [Complemento verbal, u objeto] que, cuando está constituido por un pronombre personal, toma, en la lengua normal, las formas *le, lo, la* en singular y *los, las* en plural, y cuando está constituido por un nombre, lleva la preposición *a* o ninguna preposición; y que pasa a ser sujeto si se da a la oración forma pasiva. **b)** (*raro*) [Oración reflexiva] en que el pronombre es complemento directo. ■ **10** (*Ling*) [Estilo] en que el narrador reproduce textualmente las palabras de otro. **b)** [Interrogación o pregunta] que se formula en estilo directo. ■ **11** (*Der*) [Dominio] que corresponde al propietario de una cosa cuyo dominio útil ha cedido por enfiteusis.
II **12** (*RTV*) Modo de emisión que se realiza sin grabación previa. *Frec en la constr* EN ~. *Se opone a* DIFERIDO.
III *adv* **13** De manera directa [1, 2 y 3]. ■ **14 en** ~. Directamente u sin intermediarios.

director -triz (*f* DIRECTORA *en acep 3*) **I** *adj* **1** Que dirige [1, 2, 5 y 6]. *Tb fig.* ■ **2** De (la) dirección [1].
II *n* **A** *m y f* **3** Pers. encargada de dirigir [5 y 6]. *Frec con un adj o compl especificador.* **b)** ~ **espiritual.** Sacerdote, gralm. confesor, que aconseja en asuntos de conciencia [a una pers. (*compl de posesión*)]. **c)** ~ **espiritual.** Sacerdote que se ocupa de la formación espiritual de los alumnos [de un centro].
B *f* **4** Línea normativa. *Gralm en pl.* ■ **5** (*Geom*) Línea fija de referencia, situada en el lado convexo de una sección cónica, que permite definirla o calcular su excentricidad.

directorial *adj* De(l) director [3].

directorio (*con mayúscula en aceps, 4, 5 y frec 6*) **I** *m* **1** Conjunto de normas o instrucciones. *Gralm con un compl especificador.* ■ **2** Guía o lista de direcciones o de otros datos. **b)** (*Informát*) Índice de los archivos o programas almacenados en el mismo lugar del disco. ■ **3** Junta directiva [de una asociación o partido]. ■ **4** (*hist*) *En la Dictadura de Primo de Rivera:* Junta de gobierno de la nación. ■ **5** (*hist*) Consejo de cinco miembros, encargado del poder ejecutivo en Francia de 1795 a 1799. **b)** Período de la historia de Francia correspondiente al Directorio.
II *adj invar* **6** [Estilo o moda] de la época del Directorio [5]. **b)** De estilo Directorio.

dirham (*pronunc corriente,* /dírχam/; *pl normal,* ~s) *m* Unidad monetaria de Marruecos.

dirhem (*pronunc corriente,* /dírχem/; *pl normal,* ~s) *m* (*hist*) Unidad monetaria de plata entre los musulmanes, equivalente a la décima parte del dinar.

dirigencia *f* (*raro*) Conjunto de dirigentes [3].

dirigente **I** *adj* **1** Que dirige [6]. ■ **2** Directivo [1].
II *m y f* **3** Pers. que desempeña una función o cargo directivos [1]. *Gralm en política.*

dirigible *adj* Que se puede dirigir. **b)** [Globo] provisto de motores que permiten dirigirlo en la dirección deseada. *Frec n m.*

dirigido -da *adj* **1** *part* → DIRIGIR. ■ **2** Que obedece a unas directrices o normas dictadas por la au-

toridad. *Frec referido a economía. Se opone a* LIBRE. ■ **3** Que tiene determinada dirección [2b]. *Frec con un compl* HACIA. ■ **4** Que tiene determinado fin u objetivo. *Con un compl* A. ■ **5** (*E*) Dotado de dirección [2 y 3].

dirigir **A** *tr* **1** Hacer que [alguien o algo (*cd*)] vaya [a un lugar (*compl* A, HACIA *o* CONTRA)]. *Tb sin compl de lugar. Tb fig.* ■ **2** Poner [algo en determinada dirección [2b] (*compl* A *o* HACIA)]. ■ **3** Hacer que [algo (*cd*)] tenga como destino u objetivo [a alguien o algo (*ci o compl* HACIA *o* CONTRA)]. **b)** (*raro*) Poner la dirección [4a] [a un sobre u otra cosa similar (*cd*)]. ■ **4** Indicar [a alguien (*cd*)] el camino que debe seguir. *Frec con un compl de lugar por donde.* ■ **5** Indicar u ordenar [a alguien (*cd*)] el modo de actuar o de comportarse. *Tb fig.* ■ **6** Disponer [alguien], esp. como responsable, el modo de realizarse, desarrollarse o funcionar [algo (*cd*)].
B *intr pr* (~**se**) **7** Ir [alguien o algo a un lugar (*compl* A, HACIA *o* CONTRA)]. ■ **8** Hacer [a alguien o algo (*ci*)] destinatario de lo que se dice o escribe. ■ **9** Tener como destino u objetivo [algo (*compl* A)].

dirigismo *m* Intervención estatal en la dirección de los mecanismos económicos. *Tb el sistema correspondiente.* **b)** Tendencia a una dirección excesivamente coactiva en determinada actividad.

dirigista *adj* De(l) dirigismo o que lo implica.

dirimente *adj* **1** Que dirime. ■ **2** (*Der*) [Impedimento] que hace imposible la celebración de un matrimonio, o lo anula si ya se ha celebrado.

dirimir *tr* Resolver definitivamente [una contienda o discusión].

disacarasa *f* (*Biol*) Enzima que hidroliza los disacáridos.

disacárido *m* (*Quím*) Hidrato de carbono constituido por dos monosacáridos unidos entre sí.

disarmonía *f* (*Med*) Trastorno funcional de un órgano a consecuencia de lesiones en otros.

disartria *f* (*Med*) Trastorno en la articulación del lenguaje debido a lesiones orgánicas del sistema nervioso central.

disbacteriosis *f* (*Med*) Modificación de las proporciones normales de la flora bacteriana intestinal.

discal *adj* (*Anat*) De(l) disco[1] [8], esp. intervertebral.

discalculia *f* (*Med*) Dificultad acentuada para el aprendizaje del cálculo.

discante *m* (*Mús*) Discanto.

discantista *m* (*Mús*) Pers. que compone o ejecuta discantos.

discanto *m* (*Mús*) *En la polifonía primitiva:* Contrapunto añadido sobre una melodía básica. *Tb fig.*

discantor *m* (*Mús*) Discantista.

discantus *m* (*Mús*) Discanto.

discapacidad *f* Condición de discapacitado.

discapacitado -da *adj* [Pers.] que padece una incapacidad física o psíquica, esp. adquirida. *Tb n.*

discente *adj* (*lit*) **1** Que recibe enseñanza. *Tb n, referido a pers.* ■ **2** De (los) discentes o alumnos.

discernible *adj* Que se puede discernir.

discernidor -ra *adj* Que discierne.

discernimiento *m* **1** Acción de discernir, *esp* [2 y 4]. ■ **2** Capacidad para discernir [2 y 4].

discernir (*conjug* 43) **A** *tr* **1** Percibir o distinguir con claridad [algo]. *En sent intelectual.* ■ **2** Distinguir o diferenciar [algo, esp. varias cosas, o una de otra]. ■ **3** (*lit*) Conceder u otorgar [un premio u honor].
  B *intr* **4** Percibir diferencia [entre dos o más cosas]. *Tb sin compl.*

disciplina *f* **1** Sujeción de una pers. o una colectividad a unas normas de conducta establecidas. **b)** Conjunto de normas que rigen la conducta de una pers. o una colectividad. ■ **2** Rama de conocimiento o de instrucción. ■ **3** Acción de disciplinar(se)[1] [3]. *Tb su efecto.* ■ **4** Instrumento constituido por varias cuerdas, que sirve para azotar. *Gralm en pl con sent sg.* ■ **5** Masoquismo (perversión sexual). *Frec* ~ INGLESA.

disciplinable *adj* (*raro*) Que se puede disciplinar[1] [1].

disciplinadamente *adv* De manera disciplinada [3].

disciplinado -da *adj* **1** *part* → DISCIPLINAR[1]. ■ **2** [Pers.] que tiene o muestra disciplina [1a]. ■ **3** [Cosa] que denota o implica disciplina [1a].

disciplinal *adj* (*raro*) De (la) disciplina [1].

disciplinante *m* Penitente que, normalmente en las procesiones de Semana Santa, se azota con disciplinas [4].

disciplinar[1] *tr* **1** Someter [a alguien] a disciplina [1]. *Tb fig, referido a cosa.* **b)** Someter [algo] a norma o regla. ■ **2** Castigar [a alguien que ha faltado a la disciplina [1]]. ■ **3** Mortificar físicamente [a alguien], esp. con azotes. *Frec el cd es refl.*

disciplinar[2] *adj* De (la) disciplina [1 y 2].

disciplinariamente *adv* De manera disciplinaria.

disciplinario -ria *adj* De (la) disciplina [1]. *Esp referido a medidas o castigos.*

discipulado *m* **1** Conjunto de discípulos. ■ **2** Condición de discípulo.

discipular *adj* De(l) discípulo.

discípulo -la *m y f* Pers. que recibe o ha recibido enseñanza [de un maestro]. **b)** Pers. que sigue las ideas, doctrinas o métodos [de un maestro].

disc-jockey (*ing; pronunc corriente*, /disyókei/; *tb con la grafía* **disc jockey**) *m y f* Pinchadiscos.

disclímax *f* (*Bot*) Clímax alterada por el hombre o los animales domésticos.

disco[1] **I** *m* **1** Objeto o pieza de forma plana y circular. ■ **2** Pieza circular, antiguamente de piedra o metal y en la actualidad de madera con cerco metálico, que se lanza en competiciones deportivas. ■ **3** Placa circular, gralm. de materia plástica, utilizada para grabar y reproducir sonidos. *Frec con un adj especificador:* COMPACTO (→ COMPACTO), DE VINILO, *etc.* **b)** (*col*) Exposición o tema que resultan pesados, esp. por su reiteración. *Frec en constrs como* METER, *o* SOLTAR, EL ~, *o* CAMBIAR DE (*o* EL) ~. **c)** ~ **rayado.** (*col*) Cosa que se repite continuamente. *Frec en constr comparativa referido a pers.* ■ **4** (*Informát*) Soporte de información en forma de disco [1]. *Frec con un adj especificador:* DURO, FLEXIBLE, *etc.* ■ **5** Disco [1] metálico en que está pintada una señal de tráfico. ■ **6** Círculo luminoso de los tres de que consta un semáforo. *Tb el mismo semáforo.* **b)** ~ **verde.** Luz verde o autorización. ■ **7** Figura circular [de un astro]. ■ **8** (*Anat y Biol*) Órgano o par-

te redondeados y planos. *Gralm con un adj especificador.* ■ **9** (*Bot*) Receptáculo plano de las flores compuestas.
  II *loc adj* **10 de ~.** (*Mec*) [Freno] de zapatas planas que se aplican sobre los lados, también planos, de un disco [1]. ■ **11 de ~(s).** (*Agric*) [Grada] que desmenuza la tierra mediante discos [1] giratorios. ■ **12 de ~.** (*Med*) [Hernia] producida por protrusión de un disco [8] intervertebral.

disco[2] **I** *f* **1** (*col*) Discoteca [2].
  II *adj invar* **2** De (la) discoteca [2]. *Esp referido a música.*

discobar (*tb con la grafía* **disco-bar**) *m* Bar discoteca.

discóbolo -la *m y f* (*Dep*) Lanzador de disco[1] [2].

discóforo *adj* (*Zool*) Hirudínido. *Frec como n m en pl.*

discografía *f* **1** Producción de discos[1] [3]. ■ **2** Conjunto de discos[1] [3] [de un autor o de un intérprete].

discográfico -ca *adj* De (la) discografía o de(l) disco[1] [3]. *Tb n f, referido a casa o empresa.*

discoidal *adj* Que tiene forma de disco[1] [1].

discoideo -a *adj* Discoidal.

díscolo -la *adj* [Pers.] desobediente y revoltosa. *Tb n. Tb fig, referido a animales o cosas.* **b)** Propio de la pers. díscola.

disconforme *adj* [Pers. o cosa] que no está conforme. *Tb n, referido a pers.*

disconformidad *f* Cualidad o condición de disconforme.

disconformismo *m* (*raro*) Inconformismo.

discontinuación *f* Acción de discontinuar.

discontinuamente *adv* De manera discontinua [1].

discontinuar (*conjug* 1d) *tr* (*raro*) Romper la continuación o continuidad [de algo (*cd*)].

discontinuidad *f* Cualidad de discontinuo.

discontinuo -nua **I** *adj* **1** Que no es continuo. *En sent temporal o espacial.* ■ **2** (*E*) Discreto o no continuo. ■ **3** (*Ling*) [Nombre] contable[1].
  II *m* **4** (*E*) Conjunto discontinuo [2].

disconveniencia *f* (*raro*) Cualidad de disconveniente.

disconveniente *adj* (*raro*) Que no es conveniente.

disco-pub (*pronunc*, /disko-páb/; *pl normal*, ~s) *m* Pub discoteca.

discordancia *adj* **1** Cualidad de discordante. ■ **2** (*Gram*) Falta de concordancia.

discordante *adj* **1** Que no está de acuerdo o en armonía. **b)** [Nota] ~ → NOTA. ■ **2** (*Geol*) [Estratificación] en que se ha roto el paralelismo de las capas.

discordar (*conjug* 4) *intr* (*raro*) No concordar (no estar de acuerdo o en armonía).

discorde *adj* **1** Discordante. ■ **2** Disonante (que suena de modo inarmónico o desagradable).

discordia **I** *f* **1** Falta de acuerdo o armonía entre perss. o grupos. ■ **2** (*Der*) Falta de mayoría en un tribunal para dictar sentencia, por división de opiniones.

II *loc adj* **3** [Manzana] **de la ~,** [tercero] **en ~** → MANZANA[1], TERCERO.

discoteca *f* **1** Colección de discos[1] [3] y a veces también de otras grabaciones. *Tb el mueble o el local en que se guarda.* ■ **2** Local público en que se baila al son de música grabada.

discoteque *f* (*col, hoy raro*) Discoteca [2].

discotequero -ra *adj* De (la) discoteca [2].

discothèque (*fr; pronunc corriente, /*diskoték/ *o* /diskotéke/) *f* Discoteca [2].

discreción I *f* **1** Cualidad de discreto, *esp* [1 y 2]. **b)** Reserva o secreto. **II** *loc adv* **2 a ~.** Según el criterio o el gusto [de alguien]. **b)** Del modo o esp. en la cantidad que se juzguen oportunos. *Tb adj.* **c)** Sin condiciones. *Con vs como* ENTREGARSE *o* RENDIRSE. **d)** (*Mil*) *Referido a postura del soldado:* En el sitio, pero con posibilidad de mover la cabeza y hablar. *Tb adj.*

discrecional *adj* Que no está sometido a regla, sino que depende del criterio de una pers. o autoridad dada. **b)** [Servicio] que presta una empresa de transportes autorizada, según sus intereses y la conveniencia de los usuarios.

discrecionalidad *f* Cualidad de discrecional [1a].

discrecionalmente *adv* De manera discrecional [1a].

discrepancia *f* **1** Hecho de discrepar. ■ **2** Punto o aspecto sobre el que se produce discrepancia [1].

discrepante *adj* Que discrepa. *Tb n, referido a pers.*

discrepar *intr* Estar en desacuerdo [dos cosas, o una con otra (*compl* DE)]. **b)** Estar en desacuerdo [dos perss., o una con otra (*compl* DE) o con sus ideas u opiniones (*compl* DE)]. *A veces con un compl* EN, *que expresa el punto de desacuerdo.* **c)** Estar en desacuerdo [una pers. con algo (*compl* DE)].

discretamente *adv* De manera discreta.

discretear *intr* (*lit*) Dialogar con ingenio.

discreteo *m* **1** Cuchicheo. ■ **2** (*lit*) Diálogo o comentario ingenioso.

discreto -ta *adj* **1** [Pers.] que habla o se comporta con prudencia y reserva, esp. sin divulgar secretos o confidencias y sin entrometerse impertinentemente en asuntos ajenos. **b)** Propio de la pers. discreta. ■ **2** Que no llama la atención en ningún sentido. ■ **3** Mediano o de nivel medio en calidad, cantidad o importancia. *A veces con intención eufemística o ponderativa.* ■ **4** [Lugar] poco concurrido, tranquilo y que permite cierta intimidad. ■ **5** [Cosa] oculta o fuera de miradas indiscretas. ■ **6** [Cosa] moderada o prudente. ■ **7** (*lit*) [Pers.] sensata y juiciosa. *Tb n.* ■ **8** (E) Compuesto de unidades físicamente distintas e indivisibles. *Esp referido a cantidad o magnitud. Se opone a* CONTINUO.

discriminable *adj* Que se puede discriminar [1].

discriminación *f* Acción de discriminar, *esp* [2].

discriminadamente *adv* De manera discriminada [2].

discriminado -da *adj* **1** *part* → DISCRIMINAR. ■ **2** Que denota o implica discriminación.

discriminador -ra *adj* Que discrimina. *Tb n, referido a pers.* **2** (E) [Dispositivo] constituido por un circuito electrónico que transforma las variaciones de frecuencia de las señales recibidas en variaciones de intensidad. *Tb n.*

discriminante *adj* Que discrimina.

discriminar *tr* **1** Distinguir o diferenciar [varias cosas, o una de otra]. ■ **2** Dar trato de inferioridad [a una pers. o colectividad (*cd*)], esp. por motivos raciales, políticos o religiosos.

discriminativo -va *adj* Discriminatorio.

discriminatoriamente *adv* De manera discriminatoria.

discriminatorio -ria *adj* [Cosa] que discrimina o implica discriminación.

discromatopsia *f* (*Med*) Incapacidad para distinguir los colores.

discuento *m* (*reg*) Noticia o razón.

disculpa *f* **1** Acción de disculpar [1 y 2]. *Frec en la constr* PEDIR ~S. ■ **2** Motivo que se alega para justificar algo o a alguien. ■ **3** *En pl:* Excusas (manifestación cortés de pesar por un comportamiento incorrecto). *Frec con el v* PRESENTAR.

disculpable *adj* Que se puede disculpar.

disculpar *tr* **1** Alegar motivos que justifican [algo o a alguien (*cd*)]. *Cuando el cd designa pers, frec es refl y va acompañado de un compl* DE *o* POR, *que expresa aquello que se trata de justificar, o un compl* CON, *que expresa la pers ante quien se justifica.* **b)** Ser [una cosa] motivo que justifica [algo o a alguien]. ■ **2** Perdonar o considerar justificado [algo, esp. una incorrección o molestia, o a la pers. responsable de ellas]. *Tb abs. Usado frec en imperat, como fórmula de cortesía para pedir perdón.* * Disculpe, no quise molestarle. ■ **3** Excusar o eximir [a alguien de algo].

discurrir A *intr* **1** Pensar o razonar. **b)** Exponer [alguien] con cierta extensión lo que piensa o razona [sobre algo]. *Tb sin compl.* ■ **2** Transcurrir [el tiempo o algo que se desarrolla en el tiempo]. **b)** Desarrollarse [un hecho]. ■ **3** Correr [un líquido o una corriente de agua]. ■ **4** Correr o extenderse [algo a lo largo de una línea]. ■ **5** Moverse [algo] en su actuación o en su desarrollo [por unos cauces o sobre unas bases determinados]. ■ **6** Moverse [alguien o algo por un lugar]. **b)** (*raro*) Pasar [por algo]. **B** *tr* **7** Pensar o idear [algo].

discurseador -ra *adj* (*col*) Que discursea. *Tb n, referido a pers.*

discurseante *adj* (*col*) Discurseador. *Tb n.*

discursear *intr* (*col*) Pronunciar discursos [4].

discurseo *m* (*col*) Acción de discursear.

discursivo -va *adj* **1** De(l) discurso [1]. *Frec se opone a* INTUITIVO. ■ **2** Razonador o reflexivo.

discurso *m* **1** Acción de discurrir [1]. **b)** Capacidad de discurrir o pensar. ■ **2** Pensamiento o ideas. **b)** (*Pol*) Conjunto de ideas que manifiesta un político o un grupo político. ■ **3** Expresión verbal del pensamiento. **b)** Modo de expresarse. ■ **4** Exposición amplia y formal sobre un tema determinado, pronunciada en público o destinada a ello. **b)** Exposición oral de cierta amplitud y gralm. de carácter aleccionador o persuasivo, que una pers. dirige a otras. *Frec con intención irónica o humoríst, denotando longitud excesiva o pesadez.* ■ **5** (*TLit*) Escrito literario de carácter didáctico, que desarrolla un tema metódicamente. ■ **6** (*Ling*) Enunciado. **b)** Estilo (forma de la oración que depende de la manera de reproducir palabras o pensamientos ajenos o propios). *Con los adjs* DIRECTO *o* INDIRECTO.

discusión I *f* **1** Acción de discutir, *esp* [4 y 5]. **II** *loc adv* **2 sin ~.** Indiscutible o indudablemente. *Tb adj.*

discutible *adj* Que se puede discutir [1, 2 y 3]. *Referido a la acep 3, frec tiene valor euf.*

discutiblemente *adv* De manera discutible.

discutidor -ra *adj* **1** Que discute. *Tb n, referido a pers.* ■ **2** Aficionado a discutir. *Tb n.*

discutir A *tr* **1** Hablar [dos o más perss. sobre algo (*cd*)] exponiendo cada cual su opinión y tratando de alcanzar una solución o un acuerdo. ■ **2** Manifestar crítica u oposición [a algo o a alguien (*cd*)]. *Tb abs.* ■ **3** Poner en duda o en tela de juicio [algo]. **B** *intr* **4** Hablar [dos o más perss., o una(s) con otra(s), sobre algo (*compl* SOBRE, DE, ACERCA DE *o* A PROPÓSITO DE)] manteniendo ideas distintas, frec. con vehemencia. *Tb sin compl.* ■ **5** Reñir o enfrentarse de palabra [dos o más perss., o una(s) con otra(s)].

disecación *f* Acción de disecar [1].

disecador -ra *m y f* Pers. que diseca [1].

disecar *tr* **1** Preparar [un animal muerto] para que conserve su apariencia de vivo. **b)** Preparar [una planta], esp. prensándo[la], para que, seca, mantenga en lo posible su aspecto de viva. ■ **2** (*Med*) Cortar o dividir. *Tb abs.* ■ **3** (*Biol*) Dividir metódicamente en partes [una planta o el cadáver de un animal] para estudiar su estructura o sus alteraciones orgánicas.

disección *f* **1** Acción de disecar [3]. ■ **2** Análisis minucioso [de algo, esp. de una obra literaria].

diseccionador -ra *adj* **1** Que disecciona. *Tb n, referido a pers.* ■ **2** De (la) disección [2].

diseccionar *tr* Hacer la disección [de algo (*cd*)].

disector -ra *m y f* Pers. que hace disecciones, *esp* [1].

diseminación *f* Acción de diseminar(se). *Tb su efecto.*

diseminado -da *adj* **1** *part* → DISEMINAR. ■ **2** [Cosa colectiva o plural] cuyos elementos se encuentran muy separados entre sí. ■ **3** (*Med*) Que afecta a partes separadas entre sí.

diseminar *tr* **1** Extender [algo colectivo o plural] de modo que sus componentes queden muy separados. *Frec con un compl* POR. *Referido a pers, frec el cd es refl.* **b)** *pr* (**~se**) Extenderse [algo colectivo o plural] de modo que sus componentes queden muy separados. ■ **2** Extender [una especie animal o vegetal] por una zona amplia. *Frec el cd es refl.*

disensión *f* Desavenencia o falta de acuerdo entre perss.

disenso *m* **1** Falta de acuerdo o armonía entre perss. *Gralm en política. Se opone a* CONSENSO. ■ **2** (*Der*) Conformidad de las partes en dejar sin efecto un contrato u obligación. *Frec* MUTUO ~.

disentería *f* (*Med*) Enfermedad infecciosa aguda, caracterizada por lesiones inflamatorias y ulcerosas del intestino grueso y frecuentes evacuaciones de materias mucosas y sanguinolentas. *A veces con un adj especificador.*

disentérico -ca *adj* (*Med*) **1** De (la) disentería. ■ **2** Que padece disentería. *Tb n.*

disentimiento *m* Acción de disentir.

disentir (*conjug* **60**) *intr* Tener o manifestar desacuerdo [con alguien o algo (*compl* DE), o en algo].

diseñador -ra *m y f* Pers. que diseña, *esp* [1]. *Frec referido a moda.*

diseñar *tr* **1** Hacer el dibujo o boceto [de algo que ha de fabricarse después (*cd*)]. ■ **2** Idear y dar forma [a algo, esp. a un proyecto].

diseño I *m* **1** Acción de diseñar. *Tb su efecto. Tb la actividad correspondiente. Frec referido a moda.* **II** *loc adj* **2 de ~.** [Artículo] de forma o diseño [1] original. *Con intención ponderativa.* ■ **3 de ~.** [Droga] sintética o de laboratorio.

disertación *f* Acción de disertar. *Tb su efecto.*

disertante *adj* Que diserta. *Frec n.*

disertar *intr* Tratar de modo extenso y autorizado [un tema (*compl* SOBRE)], esp. hablando públicamente. *Tb sin compl* SOBRE.

diserto -ta *adj* (*lit*) Elocuente.

disestesia *f* (*Med*) Trastorno de la sensibilidad.

disfagia *f* (*Med*) Dificultad para tragar.

disfasia *f* (*Med*) Trastorno del lenguaje causado por una lesión cerebral y consistente en una coordinación deficiente.

disfavor I *m* **1** Enemistad o falta de favor [de un poderoso]. **II** *loc adv* **2 en ~.** En contra [de alguien o algo].

disfemia *f* (*Med*) Tartamudez.

disfonía *f* (*Med*) Trastorno de la fonación, esp. ronquera.

disforia *f* (*Med*) Oscilación del estado de ánimo. *Frec se opone a* EUFORIA.

disforme *adj* **1** Deforme o monstruoso. ■ **2** Enorme o desproporcionado.

disfraz *m* Vestido u otro objeto o medio que sirve para disfrazar.

disfrazar *tr* **1** Vestir [a alguien] de modo que no se le reconozca o que parezca [otra pers. o cosa (*compl* DE)]. ■ **2** Hacer que [una pers. o cosa (*cd*)] parezca [otra (*compl* DE), o simplemente distinta de como es en realidad].

disfrutable *adj* (*raro*) Que se puede disfrutar [1 y 2].

disfrutador -ra *adj* (*raro*) Que disfruta. *Tb n.*

disfrutar A *tr* **1** Experimentar gozo o placer [a causa de alguien o algo (*cd*)]. ■ **2** Tener o poseer [algo bueno o grato]. **B** *intr* **3** Experimentar gozo o placer [a causa de alguien o algo (*compl adv, esp con* DE, CON *o ger*)]. *Tb sin compl.* ■ **4** Tener o poseer [algo bueno o grato (*compl* DE)].

disfrute *m* Acción de disfrutar.

disfunción *f* (*Med*) Alteración de una función orgánica. *Tb fig, fuera del ámbito médico.*

disfuncional *adj* (*Med*) De (la) disfunción o que la implica. *Frec fig, fuera del ámbito médico.*

disfuncionalidad *f* (*Med*) Alteración de funcionamiento. *Frec fig, fuera del ámbito médico.*

disgrafia (*tb* **disgrafía**) *f* (*Med*) Trastorno de la facultad de escribir, esp. debido a lesión cerebral.

disgráfico -ca *adj* (*Med*) De (la) disgrafia.

disgregable *adj* Que se puede disgregar.

disgregación *f* Acción de disgregar(se). *Tb su efecto*.

disgregado -da *adj* **1** *part* → DISGREGAR. ■ **2** Que denota o implica disgregación.

disgregador -ra *adj* **1** Que disgrega. ■ **2** De (la) disgregación.

disgregante *adj* Que disgrega.

disgregar *tr* **1** Dividir en partículas [una materia compacta]. **b)** *pr* (~se) Dividirse en partículas [una materia compacta]. ■ **2** Separar los elementos o partes [de algo colectivo o plural (*cd*)]. **b)** *pr* (~se) Separarse los elementos o partes [de algo colectivo o plural (*suj*)].

disgustante *adj* (*raro*) Que disgusta [1].

disgustar **A** *tr* **1** Causar un disgusto o disgustos [1] [a alguien (*cd*)]. **b)** *pr* (~se) Pasar a tener sentimiento de disgusto.
B *intr* ➤ **a** *normal* **2** Causar disgusto [a alguien (*ci*)], o no resultar[le] agradable. **b) no** ~ [algo a alguien]. Gustar[le] o resultar[le] agradable. *Con intención atenuadora*.
➤ **b** *pr* (~se) **3** Enfadarse (romper la relación de armonía [con una pers.]) *Tb sin compl, con suj pl*.

disgusto **I** *m* **1** Sensación o sentimiento negativos causados por una pers. o cosa que no se ajusta a nuestros deseos o esperanzas. ■ **2** Cosa, esp. hecho, que causa disgusto [1]. ■ **3** Discusión o enfrentamiento.
II *loc adv* **4 a** ~. Contra la voluntad o el deseo propios. ■ **5 a** ~. Con incomodidad. ■ **6 a** ~. En disconformidad [con algo].

disidencia *f* **1** Cualidad o condición de disidente. ■ **2** Actitud disidente.

disidente *adj* Que se aparta de la doctrina o el sistema establecidos. *Frec n, referido a pers*. **b)** Que se aparta [de una doctrina o sistema]. *Tb n, referido a pers*.

disilábico -ca *adj* (*Fon y TLit*) Bisílabo o bisilábico.

disimetría *f* (*E*) Falta de simetría.

disimétrico -ca *adj* (*E*) Que tiene disimetría.

disímil *adj* (*lit*) Diferente o no igual.

disimilación *f* (*Fon*) Alteración de la articulación de un sonido, diferenciándolo de otro igual o semejante, contiguo o cercano.

disimilarse *intr pr* (*Fon*) Sufrir disimilación.

disimilativo -va *adj* (*Fon*) De (la) disimilación.

disimilatorio -ria *adj* (*Fon*) De (la) disimilación.

disimilitud *f* (*lit*) Diferencia, o falta de similitud.

disimulable *adj* Que se puede disimular [3].

disimulación *f* (*raro*) Acción de disimular.

disimuladamente *adv* De manera disimulada [2].

disimulado -da *adj* **1** *part* → DISIMULAR. ■ **2** Que denota o implica disimulo.

disimulador -ra *adj* Que disimula.

disimular **A** *tr* **1** Ocultar hábilmente [lo que se piensa o siente] o dar una idea falsa [de ello (*cd*)]. *Frec abs*. ■ **2** Ocultar o hacer menos visible [algo o a alguien]. **b)** Hacer [alguien] menos patente o notorio para sí mismo [algo negativo o que se ve como tal]. ■ **3** Perdonar o disculpar [algo]. *Tb abs. Usado*

---

disgregación – dismenorrea

frec en imperat, como fórmula col de cortesía para pedir perdón.
B *intr* **4** Fingir [alguien] indiferencia o falta de atención respecto a lo que se dice o sucede en su presencia.

disimulo *m* Acción de disimular [1 y 2]. **b)** Actitud o comportamiento de la pers. que disimula [1].

disipación *f* **1** Acción de disipar(se). ■ **2** Frivolidad o excesiva dedicación a placeres y diversiones.

disipadamente *adv* De manera disipada [2].

disipado -da *adj* **1** *part* → DISIPAR. ■ **2** Frívolo o excesivamente dedicado a placeres y diversiones. *Tb n, referido a pers*.

disipador -ra **I** *adj* **1** Que disipa.
II *m* **2** (*Fís*) Dispositivo para producir disipación voluntaria de energía. *Tb* ~ DE ENERGÍA.

disipar *tr* **1** Hacer que [algo físico (*cd*)] desaparezca progresivamente, esp. por evaporación. **b)** *pr* (~se) Desaparecer [algo] progresivamente, esp. por evaporación. ■ **2** Hacer que [algo inmaterial (*cd*), esp. una duda o sospecha] desaparezca o deje de existir. **b)** *pr* (~se) Desaparecer o dejar de existir [algo inmaterial, esp. una duda o sospecha]. ■ **3** Malgastar [hacienda o bienes]. ■ **4** (*Fís*) Perder [energía], esp. en forma de calor. **b)** *pr* (~se) Perderse [energía], esp. en forma de calor. ■ **5** (*raro*) Distraer o entretener.

diskette (*ing; pronunc corriente,* /diskéte/ o /diskét/) *m* (*Informát*) Disquete.

dislacerar *tr* (*lit o Med*) Dilacerar o desgarrar. *Tb pr* (~se).

dislalia *f* (*Med*) Trastorno de la pronunciación por afección de los órganos vocales.

dislálico -ca *adj* (*Med*) Que padece dislalia. *Tb n*.

dislate *m* (*lit*) Disparate (cosa absurda o contraria a la razón). *Frec con intención ponderativa, aludiendo a error grave*. **b)** *Se usa en forma exclam para manifestar negación o desaprobación enfáticas*. * –Por eso sin duda lo prohibió la Inquisición. –Qué dislate. La Inquisición jamás se metió en eso.

dislexia *f* (*Med*) Trastorno de la capacidad de leer y comprender un texto, debido a una lesión cerebral.

disléxico -ca *adj* (*Med*) **1** De (la) dislexia. ■ **2** Que padece dislexia. *Tb n*.

dislipemia *f* (*Med*) Alteración de los niveles normales de lípidos circulantes.

dislocación *f* Acción de dislocar(se). *Tb su efecto*.

dislocado -da *adj* **1** *part* → DISLOCAR. ■ **2** Que denota o implica dislocación. *Tb fig*.

dislocadura *f* Dislocación. *Referido a huesos*.

dislocamiento *m* (*raro*) Dislocación. *Gralm fig*.

dislocante *adj* Que disloca. *Gralm fig*.

dislocar *tr* Sacar [algo, esp. un hueso o el miembro correspondiente] de su lugar o posición habitual. *Tb fig*. **b)** *pr* (~se) Salirse [algo, esp. un hueso o el miembro correspondiente] de su lugar o posición habitual.

disloque *m* **1 el** ~. (*col*) El colmo o el acabose. *Gralm en la constr* SER EL ~. ■ **2** (*raro*) Dislocamiento. *En sent fig*.

dismenorrea *f* (*Med*) Menstruación difícil o dolorosa.

dismetría *f* (*Med*) Diferencia de longitud de huesos o miembros que debían ser iguales.

disminución *f* **1** Acción de disminuir. *Tb la cantidad disminuida*. ▪ **2** Condición de disminuido [2].

disminuible *adj* Que puede disminuir o ser disminuido.

disminuido -da *adj* **1** *part* → DISMINUIR. ▪ **2** [Pers.] que padece alguna deficiencia, física o mental. *Tb n. Frec con los adjs* FÍSICO *y* PSÍQUICO *o* MENTAL.

disminuir (*conjug* 48) **A** *tr* **1** Hacer que [algo (*cd*)] sea menor. *A veces con un compl* DE *o* EN, *que indica en qué aspecto. A veces con un compl* EN, *que expresa cantidad*. ▪ **2** Despreciar o hacer de menos [a alguien]. *Gralm en part.*
B *intr* **3** Pasar [algo] a ser menor. *A veces con un compl* DE *o* EN, *que indica en qué aspecto. A veces con un compl* EN, *que expresa cantidad*.

dismnesia *f* (*Med*) Trastorno de la capacidad de fijación de la memoria.

disnea *f* (*Med*) Dificultad de respirar.

disneico -ca *adj* (*Med*) De (la) disnea.

disociable *adj* Que se puede disociar.

disociación *f* Acción de disociar(se). **b)** (*Psicol*) Separación de un grupo de procesos mentales o de ideas del resto de la personalidad, de modo que adquieren existencia independiente.

disociador -ra *adj* Que disocia.

disociar (*conjug* 1a) *tr* **1** Separar [dos cosas unidas, más raro perss., o una de otra]. *Referido a pers., frec el cd es refl.* **b)** *pr* (**~se**) Separarse [dos cosas, o una de otra]. ▪ **2** (*Quím*) Descomponer [una sustancia o una molécula] en moléculas más sencillas, en átomos o en iones. **b)** *pr* (**~se**) Descomponerse [una sustancia o una molécula] en moléculas más sencillas, en átomos o en iones.

disociativo -va *adj* De (la) disociación.

disoluble *adj* Que se puede disolver.

disolución *f* **1** Acción de disolver(se). ▪ **2** Mezcla que resulta de disolver(se) [1] un cuerpo en otro, esp. en un líquido. ▪ **3** (*lit*) Relajación moral.

disoluto -ta *adj* (*lit*) Relajado o licencioso.

disolvente *adj* **1** Que disuelve [1]. *Frec n m, referido a sustancia o producto.* ▪ **2** De (la) disolución [1]. **b)** (*lit*) De (la) disolución [3]. ▪ **3** (*lit*) Subversivo.

disolver (*conjug* 35) *tr* **1** Separar las partículas o moléculas [de un cuerpo (*cd*)] en otro, esp. en un líquido] de modo que queden incorporadas a este. **b)** Separar [un líquido (*suj*)] las partículas o moléculas [de un cuerpo (*cd*)] de modo que queden incorporadas a aquel. **c)** *pr* (**~se**) Separarse las partículas o moléculas [de un cuerpo (*suj*)] en otro, esp. en un líquido] quedando incorporadas a este. ▪ **2** Deshacer [algo] separando sus componentes. **b)** *pr* (**~se**) Deshacerse [algo] separándose sus componentes. ▪ **3** Separar [los componentes de un conjunto o una colectividad]. **b)** *pr* (**~se**) Separarse [los componentes de un conjunto o una colectividad]. ▪ **4** Poner fin legalmente [a un matrimonio, una asociación o una asamblea]. **b)** *pr* (**~se**) Dejar legalmente de existir o de funcionar [un matrimonio, una asociación o una asamblea]. ▪ **5** Hacer que [algo (*cd*)] desaparezca o deje de existir. **b)** *pr* (**~se**) Desaparecer o dejar de existir. ▪ **6** (*lit*) Aniquilar. *En sent fig.*

disonancia *f* **1** Combinación de sonidos que producen un efecto desagradable. ▪ **2** Cualidad de disonante.

disonante *adj* Que disuena.

disonar (*conjug* 4) *intr* **1** Sonar de modo inarmónico o desagradable. ▪ **2** Resultar chocante o fuera de tono. ▪ **3** Resultar chocante o extraño. ▪ **4** Estar en desacuerdo [una cosa con otra (*compl* DE)].

disortografía *f* (*Med*) Trastorno del aprendizaje de la ortografía, frec. asociado a dislexia.

dispar *adj* (*lit*) Diferente o no igual.

disparadamente *adv* (*raro*) Con precipitación.

disparadero. poner [a alguien] **en el ~.** *loc v* Poner[le] en situación de perder la contención y hacer o decir algo que no desearía. *A veces con un compl* DE.

disparador -ra **I** *adj* **1** Que dispara. *Tb n, referido a pers.*
II *m* **2** Dispositivo o pieza que sirve para disparar [1 y 4]. *Tb fig.*

disparar **A** *tr* **1** Hacer que [un arma (*cd*)] lance el proyectil con que está cargada. *Frec abs. A veces con ci o compl* SOBRE *o* CONTRA *que expresa el objetivo.* **b)** *pr* (**~se**) Lanzar [un arma] el proyectil con que está cargada. ▪ **2** Lanzar [un proyectil (*cd*)] alguien o algo, esp. un arma o alguien con un arma]. *Tb abs.* ▪ **3** Hacer que se produzca [un tiro (*cd*)]. ▪ **4** Soltar el mecanismo que libera o pone en funcionamiento [una máquina, esp. fotográfica]. *Tb abs.* **b)** *pr* (**~se**) Soltarse el mecanismo que libera o pone en funcionamiento [una máquina o aparato (*suj*)]. ▪ **5** Lanzar [un golpe, o una acometida verbal]. ▪ **6** Hacer que [algo (*cd*)] se dispare [9].
B *intr* ➤ **a** *normal* **7** (*Fút*) Chutar.
➤ **b** *pr* (**~se**) **8** Salir o lanzarse a gran velocidad. *Frec en part y en la constr* SALIR DISPARADO. ▪ **9** Perder [alguien o algo] la contención o moderación.

disparatadamente *adv* De manera disparatada [2 y 4].

disparatado -da *adj* **1** *part* → DISPARATAR. ▪ **2** [Cosa] absurda o contraria a la razón. ▪ **3** [Pers.] que hace o dice disparates [1a]. ▪ **4** (*col*) Enorme o desmesurado.

disparatar *intr* Decir disparates [1a y 2].

disparate **I** *m* **1** Cosa, esp. dicho o hecho, absurda o contraria a la razón. *Frec con intención ponderativa aludiendo a error grave. Tb fig, referido a pers.* **b)** *Se usa en forma exclam para manifestar negación o desaprobación enfáticas.* * –*Vendrás con nosotros, claro.* –*¡Qué disparate! Yo no me muevo de casa.* **c)** *En pl:* Juego que consiste en hacer distintas preguntas y unir sus respuestas de modo que resulte un disparate [1a]. ▪ **2** Palabra malsonante. **3 un ~.** (*col*) Gran cantidad [de perss. o cosas]. *Con intención ponderativa. Tb sin compl, por consabido.*
II *loc adv* **4 un ~.** (*col*) Muchísimo.

disparatorio *m* (*raro*) Conjunto de (los) disparates [1a].

disparejo -ja *adj* Desigual.

dispareunia *f* (*Med*) Coito difícil o doloroso.

disparidad *f* (*lit*) Cualidad de dispar.

disparo *m* Acción de disparar(se), *esp* [1, 4 y 7]. **b)** Impacto que produce el disparo de un arma de fuego.

dispendiador -ra *adj* (*raro*) Derrochador o despilfarrador. *Tb n.*

dispendio *m* Gasto, esp. grande y frec. excesivo.

dispendioso -sa *adj* 1 Derrochador o despilfarrador. *Tb fig.* ■ 2 Costoso o que implica dispendio.

dispensa[1] *f* Acción de dispensar [3]. *Tb el documento en que consta.*

dispensa[2] *f* (*reg*) Despensa.

dispensabilidad *f* Cualidad de dispensable.

dispensable *adj* Que se puede dispensar, *esp* [2].

dispensación *f* Acción de dispensar [2].

dispensador -ra *adj* Que dispensa. *Tb n: m y f, referido a pers; m, referido a aparato.*

dispensar *tr* 1 Otorgar o conceder [algo, esp. favor, honor, atención, afecto o algo que los implica]. ■ 2 Suministrar [algo, esp. productos farmacéuticos]. ■ 3 Eximir [a alguien, o, raro, a algo, de una obligación o de la sujeción a cierta norma]. **b)** Eximir [de algo (*cd*)]. ■ 4 Disculpar o excusar [algo o a alguien]. *Tb abs. Usado frec en imperat, como fórmula de cortesía para pedir perdón.* * –¿Tiene fuego? –No. –Dispense.

dispensarial *adj* De(l) dispensario.

dispensario *m* Establecimiento en que se presta asistencia médica y farmacéutica, gratuita o no, a enfermos que no se alojan en él.

dispepsia *f* (*Med*) Trastorno digestivo, esp. de carácter crónico.

dispéptico -ca *adj* (*Med*) 1 De (la) dispepsia. ■ 2 Que padece dispepsia. *Tb n.*

dispersador -ra *adj* Que dispersa. *Tb n m, referido a aparato.*

dispersamente *adv* De manera dispersa [2 y 3].

dispersante *adj* 1 Que dispersa. ■ 2 (*Quím*) Que produce dispersión [4]. *Tb n m, referido a agente o producto.* **b)** *En una dispersión*: [Medio o fase] que se encuentra en mayor proporción.

dispersar A *tr* 1 Dividir [algo colectivo o plural] de modo que sus componentes queden separados. *Frec el cd es refl.* ■ 2 Dividir [la atención o la actividad] en múltiples direcciones. *A veces el cd designa pers y es refl.* * Procura no dispersarte. ■ 3 Extender [una especie animal o vegetal] por una zona amplia. *Frec el cd es refl.* ■ 4 (*Quím*) Mezclar [una sustancia con otra (*compl* EN)] de modo que formen una dispersión [4]. **b)** *pr* (~se) Mezclarse [una sustancia con otra (*compl* EN)] formando una dispersión. ■ 5 (*raro*) Hacer desaparecer [algo]. **b)** *pr* (~se) Desvanecerse o desaparecer. B *intr pr* (~se) 6 (*Fís*) Descomponerse [la luz] en los distintos colores del espectro.

dispersativo -va *adj* (*Quím*) Dispersante [2].

dispersión *f* 1 Acción de dispersar(se) [1, 2 y 3]. *Tb su efecto.* ■ 2 Condición de disperso [2]. ■ 3 Condición de la pers. que divide su atención o su actividad en múltiples direcciones. ■ 4 (*Quím*) Mezcla en que uno de los cuerpos es mucho más abundante que el otro. *Esp designa aquella en que el cuerpo disperso está en forma de granos sólidos o de gotitas.* ■ 5 (*Fís*) Descomposición [de la luz] en los distintos colores del espectro.

dispersivo -va *adj* 1 Que dispersa, *esp* [1]. ■ 2 De (la) dispersión [1].

disperso -sa *adj* 1 Dispersado. ■ 2 [Cosa colectiva o plural] cuyos elementos se encuentran separados entre sí, o se presentan de manera aislada o discontinua. ■ 3 De (la) dispersión [1]. ■ 4 (*Quím*) [Sistema] resultante de una dispersión [4]. **b)** *En una dispersión*: [Medio o fase] que se encuentra en menor proporción.

dispersoide *m* (*Quím*) Dispersión cuyas partículas son visibles con el ultramicroscopio y pasan a través de los filtros.

displacer *m* (*lit*) Desplacer (disgusto o desagrado).

displasia *f* (*Med*) Anomalía en el desarrollo de un órgano.

displásico -ca *adj* (*Med*) 1 De (la) displasia. ■ 2 Que padece displasia. *Tb n.*

display (*ing; pronunc corriente,* /displéi/; *pl normal,* ~s) *m* 1 Despliegue o exhibición. ■ 2 (*E*) Pantalla u otro dispositivo para la representación visual de información. *Tb la misma representación.* ■ 3 (*E*) Cartel u otro objeto publicitario similar.

displicencia *f* Indiferencia despectiva.

displicente *adj* 1 [Pers.] que tiene o muestra displicencia. **b)** Propio de la pers. displicente. ■ 2 (*raro*) Que desagrada o desplace.

displicentemente *adv* De manera displicente [1b].

disponente *m* (*Der*) Que dispone [3 y 5b]. *Frec n, referido a pers.*

disponer (*conjug* 21) A *tr* 1 Poner o colocar [a una pers. o cosa]. *Frec con un compl adv de modo o de lugar.* **b)** *pr* (~se) Ponerse o colocarse. ■ 2 Preparar. *Frec con un compl refl seguido de* A + *infin.* ■ 3 Ordenar o mandar. B *intr* 4 Poder servirse [de una pers. o cosa]. * Con los cheques de viajes usted dispone de una cuenta corriente en todas partes. ■ 5 Servirse [de una pers. o cosa]. * Puedes disponer de mi coche. **b)** (*Der*) Hacer [alguien de una cosa] lo que desee, pudiéndo[la] vender, gravar o donar, sin más limitación que lo establecido por la ley. *Tb sin compl.* ■ 6 Tener [una cosa (*compl* DE)] o estar dotado [de ella].

disponibilidad *f* 1 Cualidad de disponible. ■ 2 *En pl:* Cosas o medios disponibles.

disponible *adj* [Pers. o cosa] de la que se puede disponer [5]. **b)** [Militar] en servicio activo y sin destino, que puede ser destinado en cualquier momento.

disposición I *f* 1 Acción de disponer. *Tb su efecto.* ■ 2 Estado, físico o psíquico, apropiado [para algo (*compl* DE + *infin,* o DE QUE + *subj*)]. *Gralm en la constr* EN ~. **b)** Estado psíquico. *A veces con un compl especificador. Tb* ~ DE ÁNIMO. ■ 3 Condición de dispuesto [2]. ■ 4 Aptitud [para algo]. II *loc adv* 5 a ~ [de alguien (*compl de posesión*)]. En situación de que [esa pers.] disponga [3 y 5]. *Frec en fórmulas de cortesía.*

disposicional *adj* (*E*) De (la) disposición.

dispositivo -va I *adj* 1 De (la) disposición [1]. II *m* 2 Mecanismo dispuesto para obtener un resultado, gralm. automático. ■ 3 Conjunto de cosas dispuestas [para un fin (*adj o compl especificador*)]. *Tb en pl con sent sg.*

dispuesto -ta *adj* 1 *part* → DISPONER. ■ 2 Que está en disposición [2] [de algo (*compl* A)]. *Tb sin compl, por consabido.* **b) bien** (*o* **mal**) ~. Con ánimo favorable (o desfavorable). ■ **3** [*Pers.*] diligente y capaz.

disputa I *f* **1** Acción de disputar. **II** *loc adv* **2 sin ~.** Sin discusión.

disputable *adj* Que se puede disputar.

disputación *f* (*hist*) *En las universidades:* Disputa o discusión pública.

disputante *adj* Que disputa. *Tb n.*

disputar A *tr* **1** Luchar para conseguir [algo o a alguien (*cd*) que otro (*ci*) tiene o también desea conseguir]. *Tb sin ci, por consabido.* ■ **2** Celebrar [una competición deportiva]. ■ **3** (*hist*) Discutir públicamente [una tesis o cuestión] como ejercicio universitario.
B *intr* **4** Discutir [de o sobre algo dos o más perss., o una(s) con otra(s)]. ■ **5** Discutir o enfrentarse de palabra [dos o más perss., o una(s) con otra(s)].

disquero *m* (*raro*) Pinchadiscos.

disquete *m* (*Informát*) Disco flexible.

disquetera *f* (*Informát*) Dispositivo en que se introduce el disquete para trabajar con él.

disquinesia *f* (*Med*) Trastorno, dificultad o falta de coordinación de los movimientos.

disquisición *f* Examen minucioso y sutil de un tema. *Frec con intención irónica, denotando exceso de sutileza o trascendencia, esp en la constr ~ES FILOSÓFICAS.*

disquisitivo -va *adj* De (la) disquisición.

disrupción *f* (*E*) Ruptura o interrupción brusca.

disruptivo -va *adj* (*E*) Que causa disrupción.

distal *adj* (*Anat o Med*) Alejado del centro, de la línea media o del punto de origen.

distanasia *f* (*Med*) Hecho de alargar la vida artificialmente a un enfermo incurable.

distancia I *f* **1** Espacio que hay [entre una pers. o cosa y otra]. *Tb su medida. Tb fig. Cuando se especifican los dos seres de referencia, se emplea gralm una de estas constrs:* ENTRE A Y B, DE A A B, DESDE A HASTA B. **b)** Tiempo que media [entre dos hechos, o entre dos perss. o cosas]. *Si se especifican los dos elementos, cf subacep a.* **c)** (*Geom*) Longitud de la línea recta que une [dos puntos (*compl* ENTRE, *o de* posesión)]. *Cuando se especifican los dos puntos, cf subacep a.* **d)** Espacio que debe recorrerse en una carrera. *Alguna vez fig, referido a otros deportes, indicando el número de juegos, asaltos, u otra medida similar, a que estos se disputan.* ■ **2** Diferencia [entre dos perss. o cosas]. ■ **3** Lejanía. ■ **4** Cualidad de distante [3].
II *loc adj* **5 a ~.** Que se realiza con cierta distancia [1] respecto al punto de referencia. **b)** [Mando] que funciona sin cable a cierta distancia del aparato correspondiente. **c)** [Estudios universitarios o de bachillerato] que se realizan por correo o a través de los medios de comunicación, sin la asistencia habitual de los alumnos a clase. *Tb referido a los centros correspondientes.*
III *loc v* **6 guardar,** *o* **mantener, (las) ~s.** Controlar [una pers.] su trato con otra a fin de no llegar a una familiaridad excesiva. ■ **7 marcar** [alguien] **sus ~s** [con alguien o algo]. Hacer notar las diferencias o discrepancias [respecto a ellos].
IV *loc adv* **8 a ~.** Desde una distancia [1a y b] considerable. ■ **9 salvando las ~s.** Aun reconociendo las diferencias [entre dos o más perss. o cosas]. *Frec sin compl.*

distanciable *adj* Que puede ser distanciado.

distanciación *f* (*raro*) Distanciamiento.

distanciadamente *adv* (*raro*) De manera distanciada [2].

distanciado -da *adj* **1** *part* → DISTANCIAR. ■ **2** (*raro*) Distante.

distanciador -ra *adj* Que distancia.

distanciamiento *m* **1** Acción de distanciar(se). *Tb su efecto.* ■ **2** Actitud o comportamiento distante [3b].

distanciar (*conjug* 1a) *tr* **1** Hacer que estén a distancia o a más distancia [1a, b y c] [dos perss. o cosas (*cd*), o una (*cd*) respecto a otra (*compl* DE)]. *Tb sin compl* DE*, por consabido. Referido a pers, frec el cd es refl. Tb fig.* **b)** *pr* (*~se*) Pasar a estar [una pers. o cosa] a distancia o a más distancia [respecto a otra (*compl* DE)]. ■ **2** Enfriar la relación [entre dos perss. (*cd*), o entre una (*cd*) y otra (*compl* DE)]. **b)** *pr* (*~se*) Enfriarse la relación [entre dos perss. (*suj*), o de una (*suj*) con otra (*compl* DE)].

distante *adj* **1** Que está [a determinada distancia [1a, b y c] (*compl adv*)]. *Tb fig.* **b)** *Sin compl adv:* Que está a gran distancia. ■ **2** Diferente. ■ **3** [*Pers.*] que elude la familiaridad. **b)** Propio de la pers. distante.

distar *intr* Estar [una pers. o cosa a determinada distancia [1a, b y c] (*compl adv*) de otra]. *Tb fig.* **b)** *Sin compl adv:* Estar a gran distancia. *Tb fig.*

distena *f* (*Mineral*) Cianita.

distender (*conjug* 14) *tr* **1** Hacer que [alguien o algo (*cd*)] deje de estar tenso. *Tb abs. Tb fig.* **b)** *pr* (*~se*) Dejar [alguien o algo] de estar tenso. ■ **2** Estirar o dilatar [algo]. **b)** *pr* (*~se*) Estirarse o dilatarse.

distendidamente *adv* De manera distendida [3].

distendido -da *adj* **1** *part* → DISTENDER. ■ **2** Que no está tenso. *Tb fig.* ■ **3** Falto de tensión o crispación.

distensibilidad *f* Cualidad de distensible.

distensible *adj* Que se puede distender [2].

distensión *f* **1** Acción de distender(se). *Tb su efecto.* **b)** (*Med*) Estiramiento violento, esp. de los tejidos y ligamentos de una articulación. **c)** (*Fon*) Fase final de la articulación de un fonema, durante la cual los órganos fonadores adoptan la posición de reposo. ■ **2** Falta de tensión o crispación. *Esp en política.*

distensivo -va *adj* De (la) distensión.

distenso -sa *adj* (*lit*) Distendido.

dístico *m* (*TLit*) *En la poesía grecolatina:* Estrofa de dos versos.

distimia *f* (*Med*) Forma de psicosis caracterizada por exageración del estado afectivo, en sentido de exaltación o depresión.

distímico -ca *adj* (*Med*) **1** De (la) distimia. ■ **2** Que padece distimia. *Tb n.*

distinción I *f* **1** Acción de distinguir(se). *Tb su efecto.* ■ **2** Premio u honor con que se distingue [5]. ■ **3** Cualidad de distinguido [2].
II *loc adv* **4 sin ~.** Indistinta o indiscriminadamente.

distingo *m* Distinción [1], esp. sutil. *Frec en pl y con intención desp.*

distinguible – distributivo

distinguible *adj* Que se puede distinguir.

distinguido -da *adj* **1** *part* → DISTINGUIR. ■ **2** [Pers.] refinada en sus modales y en su aspecto. **b)** Propio de la pers. distinguida. ■ **3** [Pers. o colectividad, o, raro, cosa] que se distingue o destaca entre las de su clase. ■ **4** *Se usa en fórmulas de cortesía epistolar, dirigidas a alguien con quien no se tiene confianza.* * Distinguido amigo. * Reciba el testimonio de mi consideración más distinguida.

distinguidor -ra *adj* Que distingue.

distinguir A *tr* **1** Percibir la diferencia [entre dos perss. o cosas (*cd*), o entre una (*cd*) y otra (*compl* DE)]. ■ **2** Percibir [algo] con claridad, a partir de los datos suministrados por los sentidos. ■ **3** Hacer diferente [a una pers. o cosa de otra(s)]. *Tb sin compl* DE. **b)** *Sin compl:* Hacer [un rasgo o cualidad] que [alguien o algo (*cd*)] sea diferente a los demás. ■ **4** Marcar o señalar [partes o elementos diferentes (*cd*)] en algo]. **b)** Dividir [algo (*cd*)] en partes o elementos diferentes]. ■ **5** Conceder [a alguien (*cd*)] un premio o un honor (*compl* CON)]. *Frec en frases de cortesía, referido a amistad o afecto.* * Don Ramón le distinguió con su amistad. ■ **6** Tratar con preferencia o estimación especial [a alguien].

B *intr* ➤ **a** *normal* **7** Percibir la diferencia [entre una pers. o cosa y otra].

➤ **b** *pr* (**~se**) **8** Destacar o sobresalir. *Frec con un compl* EN, POR *o* COMO + *adj o n*.

distintamente *adv* (*lit*) De manera distinta [3].

distintividad *f* Cualidad de distintivo.

distintivo -va I *adj* **1** Que distingue o sirve para distinguir [3].
II *m* **2** Señal u objeto que sirve para distinguir [3]. ■ **3** Carácter distintivo [1].

distinto -ta I *adj* **1** No igual. *Cuando se expresa el término de referencia, este se enuncia precedido de las preps* DE *o* A. * Es distinto a todos. ■ **2** Otro, no el mismo. *Cuando se expresa el término de referencia, este se enuncia precedido de las preps* DE *o* A. * Las acompañantes de hoy eran distintas a las de ayer. ■ **3** (*lit*) Que se percibe con claridad. ■ **4** (*lit*) En pl: Varios. * Se lo he dicho en distintas ocasiones.
II *pron* **5** Otra cosa. * Con los libros es distinto; cada uno tiene los suyos.
III *adv* **6** De manera distinta [1]. * Cantan muy distinto.

distocia *f* (*Med*) Parto anormal o patológico.

distócico -ca *adj* (*Med*) De (la) distocia.

dístoma *m* (*Zool*) Se da este *n* a varios géneros de gusanos trematodos, esp parásitos del hígado y de la sangre.

distonía *f* (*Med*) Alteración de la tonicidad de un tejido u órgano, o del equilibrio neurovegetativo.

distónico -ca *adj* (*Med*) De (la) distonía.

distopía *f* (*lit*) Situación imaginaria en que todo es lo peor que puede ser. *Se opone a* UTOPÍA.

distorsión *f* **1** Alteración o deformación. **b)** Alteración de las ondas luminosas o sonoras, que impide la percepción con fidelidad de imágenes o sonidos. ■ **2** (*Med*) Torcedura o esguince. ■ **3** (*Med*) Malformación adquirida o congénita por torsión de una parte.

distorsionador -ra *adj* Que distorsiona.

distorsionante *adj* Que distorsiona.

distorsionar *tr* Causar distorsión [1] [en algo (*cd*)].

distorsivo -va *adj* (*raro*) Distorsionante.

distracción *f* **1** Acción de distraer(se). *Tb su efecto.* ■ **2** Cosa que distrae [1]. ■ **3** (*Med*) Tracción ejercida para separar superficies normalmente en contacto.

distraer (*conjug* 32) *tr* **1** Ocupar la atención [de alguien (*cd*)] de modo grato o placentero. *Tb abs.* **b)** *pr* (**~se**) Ocupar [alguien] su atención de modo grato y placentero. *Gralm con un ger o un compl* CON *o* EN. ■ **2** Ocupar [un tiempo con alguien (*ger*, *compl* EN *o* CON)] de modo grato o placentero. ■ **3** Desviar [la atención]. *A veces con un compl* DE. ■ **4** Desviar la atención [de alguien (*cd*)]. *A veces con un compl* DE. **b)** *pr* (**~se**) Perder [alguien] la atención o la concentración. *A veces con un compl* DE. ■ **5** Calmar parcialmente [una sensación o necesidad, o la parte que las siente], o apartar la atención [de ellas (*cd*)]. ■ **6** Apartar o desviar [a una pers. o cosa de su lugar o destino propios]. ■ **7** (*col*) Hurtar.

distraídamente *adv* De manera distraída [3].

distraído -da I *adj* **1** *part* → DISTRAER. ■ **2** [Pers.] que se distrae [4b] con facilidad, o actúa sin darse cuenta cabal de lo que hace o de lo que sucede a su alrededor. *Alguna vez referido a animales.* ■ **3** [Cosa] que denota distracción o falta de atención. ■ **4** [Cosa] que distrae [1].
II *loc v* **5 hacerse** [alguien] **el ~.** Fingir no darse cuenta de algo que no le interesa.

distress (*ing; pronunc corriente,* /distrés/; *pl normal, invar*) *m* (*Med*) Problema. *Gralm en la constr* ~ RESPIRATORIO.

distribución *f* **1** Acción de distribuir(se). *Tb su efecto.* **b)** (*Impr*) Acción de deshacer los moldes y colocar en su caja respectiva los tipos móviles. ■ **2** (*Mec*) Conjunto de piezas que regulan la entrada de la mezcla de gasolina y aire en el cilindro y la salida de los gases producidos en la explosión.

distribuidor -ra I *adj* **1** Que distribuye. *Tb n, m y f, referido a pers y a máquina o aparato.* **b)** [Pers. o empresa] que se dedica a distribuir [2b] una mercancía, esp. películas cinematográficas. *Frec n: m y f, referido a pers; f, referido a empresa.* ■ **2** De (la) distribución [1].
II *m* **3** (*Mec*) Conmutador rotativo que distribuye la corriente de alta tensión a las bujías. ■ **4** *En un edificio:* Pieza que da acceso a distintas habitaciones.

distribuir (*conjug* 48) *tr* **1** Repartir (dividir [algo] dando a cada parte un destino determinado). **b)** *pr* (**~se**) Repartirse (estar [algo] dividido [de un modo determinado]). ■ **2** Repartir (hacer llegar [algo a distintas perss. o lugares diferentes (*ci o compl* POR *o* ENTRE)]). **b)** Hacer que [una mercancía (*cd*)] llegue a distintos lugares de venta o exhibición. ■ **3** Colocar [algo] extendiéndo[lo] o distanciándo[lo]. **b)** *pr* (**~se**) Repartirse (estar [algo] extendido o distanciado).

distributivamente *adv* En el aspecto distributivo [1].

distributivo -va *adj* **1** De (la) distribución [1]. ■ **2** [Justicia] que inclina a dar a cada uno lo que le corresponde según sus méritos. ■ **3** (*Gram*) Que expresa idea de distribución [1]. *Tb n m, referido a adjetivo.* ■ **4** (*Mat*) [Ley de la multiplicación o división] que establece que para multiplicar o dividir una suma o diferencia por un número, basta con multiplicar o dividir cada término por ese número y sumar o restar los resultados.

distrital *adj* (*raro*) De(l) distrito.

distrito *m* Demarcación administrativa en que se subdivide un territorio o una población. *Frec con un adj especificador.*

distrofia *f* (*Med*) Trastorno que afecta a la nutrición y al crecimiento.

distrófico -ca *adj* (*Med*) Que padece distrofia. *Tb n, referido a pers.*

disturbar *tr* (*raro*) **1** Alterar o trastornar. ■ **2** Molestar [a alguien].

disturbio *m* **1** Alteración, normalmente grave, del orden público. *Frec en pl.* ■ **2** (*Med*) Trastorno. ■ **3** (*RTV*) Trastorno o perturbación en la recepción.

disuadir *tr* **1** Inducir [a alguien] a desistir [de algo]. *Tb abs y sin compl* DE. ■ **2** (*semiculto*) Evitar [algo] o hacer desistir [de ello (*cd*)].

disuasión *f* Acción de disuadir.

disuasivo -va *adj* De (la) disuasión o que la implica.

disuasor -ra *adj* Disuasorio.

disuasorio -ria *adj* Que disuade o sirve para disuadir.

disuria *f* (*Med*) Emisión dolorosa o difícil de la orina.

disyunción *f* **1** (*lit o E*) División o separación. ■ **2** (*Gram y Filos*) Relación entre dos o más términos, cada uno de los cuales excluye al otro. *Tb la expresión de tal relación.*

disyuntivamente *adv* (*raro*) De manera que implica disyuntiva [2].

disyuntivo -va I *adj* **1** (*Gram y Filos*) Que establece o expresa disyunción [2]. II *f* **2** Situación de tener que elegir entre dos posibilidades que se excluyen entre sí.

disyunto -ta *adj* (*E*) **1** Separado o distante. ■ **2** (*raro*) De (la) disyunción.

disyuntor *m* **1** (*Electr*) Interruptor automático de corriente eléctrica. ■ **2** (*Filos*) Símbolo de enlace de una disyunción [2].

dita *f* (*reg*) Préstamo a elevado interés, pagadero por días con el capital. *Gralm en la constr* A (o DE) ~, *con vs como* COMPRAR o VENDER.

ditero -ra *m y f* (*reg*) Pers. que vende o presta a dita.

ditirámbico -ca *adj* (*lit*) **1** De(l) ditirambo, *esp* [1]. ■ **2** Que elogia de modo entusiástico y exagerado.

ditirambo *m* **1** (*lit*) Elogio entusiasta y exagerado. ■ **2** (*hist*) En la antigüedad clásica: Composición poética en honor de Dionisos o Baco.

ditisco *m* Insecto coleóptero acuático, carnívoro y muy voraz (*gén.* Dytiscus).

diu (*tb con la grafía* DIU, *sigla*) *m* Dispositivo intrauterino anticonceptivo.

diuca *f* Pájaro de la región andina, de color grisáceo con una raya blanca en el vientre (*Fringilla diuca*).

diuresis *f* (*Fisiol*) Secreción de la orina.

diurético -ca *adj* (*Fisiol y Med*) Que favorece la diuresis. *Tb n m, referido a agente o medicamento.*

diurno -na *adj* De(l) día. **b)** [Animal o planta] que desarrolla sus principales funciones o actividades durante el día. **c)** (*raro*) [Local] que funciona de día. **d)** (*raro*) Que actúa de día.

diuturno -na *adj* (*lit, raro*) Que dura mucho tiempo.

divagación *f* Acción de divagar. *Tb su efecto.*

divagador -ra *adj* Que divaga.

divagante *adj* (*lit*) Que divaga. *Tb fig.*

divagar *intr* **1** Pensar o expresarse sin ajustarse a un tema concreto, sin seguir una línea rigurosa o sin precisar las ideas. ■ **2** (*lit*) Moverse libremente y sin una dirección precisa [por un lugar]. *Tb sin compl. Tb fig.*

divagatorio -ria *adj* De (la) divagación o que la implica.

divalente *adj* (*Quím*) Bivalente.

diván[1] *m* Asiento largo y mullido, con o sin brazos y gralm. sin respaldo, frec. para recostarse o tumbarse. **b)** ~-cama. (*raro*) Diván transformable en cama.

diván[2] *m* (*TLit*) Colección de poemas de carácter oriental, gralm. en árabe, hebreo o persa.

diván[3] *m* (*hist*) En los antiguos califatos: Departamento administrativo de los varios que constituyen el gobierno.

díver *adj* (*juv*) Divertido.

divergencia *f* **1** Acción de divergir [1]. *Tb su efecto.* ■ **2** Discrepancia.

divergente *adj* **1** Que diverge. ■ **2** (*Ópt*) [Lente] que hace divergir [1] los rayos de luz paralelos.

diverger *tr* (*raro*) Divergir.

divergir *intr* **1** Irse alejando progresivamente [dos o más cosas originariamente próximas o con un mismo punto de partida, o una de otra]. ■ **2** Estar en desacuerdo [dos perss. o cosas, o una con otra (*compl* DE) en algo]. *Tb sin compls.*

diversamente *adv* De manera diversa [1].

diversidad *f* **1** Condición de diverso. ■ **2** Conjunto diverso [2].

diversificación *f* Acción de diversificar(se). *Tb su efecto.*

diversificado -da *adj* **1** *part* → DIVERSIFICAR. ■ **2** Diverso o variado.

diversificador -ra *adj* Que diversifica.

diversificar *tr* Hacer diverso [1 y 2] [algo]. **b)** *pr* (~se) Hacerse diverso [algo].

diversiforme *adj* (*E*) Que presenta diversas formas.

diversión *f* **1** Acción de divertir(se). *Tb su efecto.* ■ **2** Cosa que divierte [1a]. ■ **3** Cualidad de divertido. ■ **4** Hecho de distraer la atención del enemigo o del contrario.

diversivo -va *adj* **1** De (la) diversión [4]. ■ **2** (*hoy raro*) [Medicamento] destinado a desviar humores del lugar con que dañan.

diverso -sa *adj* **1** (*lit*) Diferente o distinto. *Cuando se expresa el término de referencia, este se enuncia precedido de la prep* DE. ■ **2** (*lit*) Variado (formado por elementos distintos). ■ **3** *En pl*: Varios.

diverticular *adj* (*Anat*) De(l) divertículo.

diverticulectomía *f* (*Med*) Extirpación de uno o más divertículos, esp. del tubo digestivo.

diverticulitis *f* (*Med*) Inflamación de un divertículo.

divertículo *m* (*Anat*) Apéndice hueco en forma de saco, de una cavidad o tubo principal.

divertidamente *adv* De manera divertida.

divertido -da *adj* **1** *part* → DIVERTIR. ■ **2** [Cosa] que divierte [1a]. **b)** [Pers.] graciosa y animada. **c)** [Lugar] en que abundan las diversiones [2] o en que es fácil divertirse [1b]. ■ **3** [Cosa] graciosa y desenfadada. *Gralm referido a prendas de vestir.* ■ **4** [Cosa] que denota diversión [1].

divertidor -ra *adj* (*raro*) Que divierte.

divertimento¹ *m* (*Mús*) Composición instrumental similar a la suite, sin forma predeterminada.

divertimento² *m* (*raro*) Divertimiento.

divertimiento *m* (*lit*) Diversión [1 y 2]. *Tb fig.*

divertir (*conjug 60*) **A** *tr* **1** Hacer disfrutar [a alguien (*cd*)], esp. causándo[le] un estado de ánimo alegre o propenso a la risa. *Tb abs.* **b)** *pr* (~se) Disfrutar, esp. experimentando un estado de ánimo alegre o propenso a la risa. *Frec con un ger o compl* CON. ■ **2 estar divertido**. *Se usa irónicamente para comentar fastidio o aburrimiento.*

B *intr pr* (~se) **3** Tener relaciones amorosas [con alguien] sin asumir ninguna responsabilidad. *Tb sin compl.*

divette (*fr; pronunc corriente, /*dibét*/; pl normal, ~*s*) *f* (*hoy raro*) Cupletista.

dividendo *m* **1** (*Mat*) Cantidad que ha de dividirse [2a] por otra. ■ **2** (*Econ*) Parte de los beneficios de una sociedad de capitales que se paga por cada acción. *Tb* ~ ACTIVO. **b)** (*col*) Beneficio o rentabilidad que produce algo. *Esp en apuestas. Tb fig.*

dividir *tr* **1** Partir (hacer partes [de un todo (*cd*)]). *A veces con un compl* EN, *que expresa el número de partes*. **b)** *pr* (~se) Partirse (hacerse partes [un todo]). ■ **2** (*Mat*) Averiguar cuántas veces contiene [una cantidad a otra (*compl* POR o ENTRE)]. *Tb sin compls*. **b)** Estar contenida [una cantidad (*suj*)] un número exacto de veces [en otra (*cd*)]. ■ **3** Repartir [algo entre varios]. ■ **4** Separar [cosas contiguas, o una de otra]. ■ **5** Desunir, o poner en discordia.

divieso *m* **1** Forúnculo. ■ **2** (*col, raro*) Pers. despreciable. *A veces usado como insulto.*

divinal *adj* (*lit*) Divino [1].

divinamente *adv* **1** De manera divina [1]. ■ **2** (*col*) Muy bien. *Con intención ponderativa.*

divinidad *f* **1** Naturaleza divina [1]. ■ **2** Dios, o ser divino. ■ **3** (*col*) Pers. o cosa excepcionalmente bella o buena. *Con intención ponderativa.*

divinización *f* Acción de divinizar(se).

divinizador -ra *adj* **1** Que diviniza. *Tb n, referido a pers.* ■ **2** De (la) divinización.

divinizar *tr* **1** Dar carácter divino [1a] [a alguien o algo (*cd*)]. *Tb fig.* **b)** *pr* (~se) Tomar carácter divino. ■ **2** (*TLit*) Transformar a lo divino [5] [algo].

divino -na I *adj* **1** De Dios, de un dios o de los dioses. **b) lo** ~ **y lo humano**. (*col*) Todo. **c) oficio** ~ → OFICIO. ■ **2** Que tiene naturaleza divina [1]. ■ **3** (*col*) Muy bueno o muy bello. *Con intención ponderativa.* ■ **4** *A veces se usa como epíteto referido a determinados artistas excelentes en su género.* * Luis

---

de Morales, "el Divino". ■ **5 a lo** ~. (*TLit*) [Forma literaria, esp. poesía] que traslada al ámbito religioso temas y formas profanos. *Tb referido a su autor. Tb adv.*

II *adv* **6** (*col*) Muy bien. *Con intención ponderativa.*

divisa¹ *f* **1** Señal u objeto distintivo. **b)** (*Taur*) Lazo de cintas de colores con que en las corridas se distinguen los toros de las distintas ganaderías. *Tb la misma ganadería*. ■ **2** (*Heráld*) Lema o mote [de un escudo]. *Tb fig.* ■ **3** (*reg*) Mojonera.

divisa² *f* Moneda (unidad monetaria), considerada con referencia a otras. **b)** Moneda extranjera. *Gralm en pl.*

divisable *adj* Que se puede divisar¹.

divisar¹ *tr* Ver [algo lejano o muy extenso]. **b)** Ver confusamente [algo].

divisar² *tr* (*hist*) Designar [las armas que han de usarse en un duelo o un torneo].

divisibilidad *f* Cualidad de divisible.

divisible *adj* Que se puede dividir.

división I *f* **1** Acción de dividir(se). *Tb su efecto.* ■ **2** Parte de las que se establecen en un todo. **b)** (*Dep, esp Fút*) Conjunto de equipos del mismo nivel, que compiten entre sí. *Normalmente con un ordinal.* **c)** (*Mil*) Unidad formada por dos o más regimientos homogéneos. **d)** *En algunos colegios religiosos:* Grupo de alumnos del mismo nivel. ■ **3** Trazo o elemento que divide [1 y 4]. ■ **4** Desunión o discordia. ■ **5** ~ **de opiniones**. (*Taur*) Opiniones encontradas a favor o en contra de algo, esp. de una decisión de la presidencia o de la valoración de una faena. *Frec fuera del ámbito taurino.*

II *loc adj* **6** [General] **de** ~. → GENERAL. ■ **7 de primera** ~. (*col*) De categoría.

divisional *adj* De (la) división [1 y 2].

divisionario -ria *adj* **1** De (la) división, *esp* [2c]. *Tb n, referido a pers.* ■ **2** (*Econ*) [Moneda] fraccionaria.

divisionismo *m* **1** (*Pint*) Puntillismo. ■ **2** Tendencia a la división [1 y 4].

divisionista *adj* De(l) divisionismo. **b)** (*Pint*) Adepto al divisionismo [1]. *Tb n.*

divisivo -va *adj* (*raro*) Que sirve para dividir.

divismo *m* Condición de divo.

diviso -sa *adj* (*lit, raro*) Dividido.

divisor -ra I *adj* **1** Que divide. *Frec n f, referido a máquina.*

II *m* **2** (*Mat*) Cantidad por la que ha de dividirse otra. ■ **3** (*Mat*) Cantidad que está contenida un número exacto de veces [en otra (*compl de posesión*)]. *Frec la unidad de medida que corresponde a esa cantidad.*

divisorio -ria *adj* **1** Que divide o separa. *Tb n, m y f, referido a línea, pieza o elemento.* **b)** (*Geol*) [Línea] que separa la cuenca de dos ríos. *Tb n f.* ■ **2** De (la) división [1].

divo -va *m y f* Cantante de ópera, de calidad excepcional. *A veces con intención desp, denotando capricho o engreimiento.* **b)** Pers. famosa en el mundo del espectáculo. *A veces con intención desp, denotando capricho o engreimiento.*

divorciar (*conjug 1a*) **A** *tr* **1** Deshacer [un juez] el vínculo matrimonial [entre dos perss. (*cd*)]. ■ **2** Separar [cosas unidas o relacionadas entre sí, o una(s) de otra(s)]. **b)** *pr* (**~se**) Separarse [cosas unidas o relacionadas entre sí].

B *intr pr* (**~se**) **3** Obtener el divorcio [1] [dos perss., o una de otra]. *Frec en part, frec sustantivado.* ■ **4** (*raro*) Obtener [un hijo] la separación legal [de sus padres].

divorcio *m* **1** Disolución legal del vínculo matrimonial. ■ **2** Separación o apartamiento. *En sent no material.* ■ **3** (*raro*) Acción de divorciarse [4].

divorcismo *m* Actitud divorcista [1].

divorcista *adj* **1** Partidario de la implantación de una ley de divorcio [1]. *Tb n, referido a pers.* ■ **2** De(l) divorcio [1]. **b)** [Abogado] especializado en divorcios.

divulgable *adj* Que se puede divulgar.

divulgación *f* Acción de divulgar(se).

divulgador -ra *adj* **1** Que divulga. *Tb n, referido a pers.* ■ **2** De (la) divulgación.

divulgar *tr* Hacer llegar a conocimiento de un gran número de perss. o del público en general [algo, esp. secreto o propio de una minoría]. **b)** *pr* (**~se**) Llegar a conocimiento de un gran número de perss. o del público en general [algo, esp. secreto o propio de una minoría].

divulgativo -va *adj* De (la) divulgación, esp. científica.

Dixie (*ing; pronunc corriente,* /díksi/; *a veces con minúscula*) *m* Dixieland.

Dixieland (*ing; pronunc corriente,* /díksiland/; *a veces con minúscula*) *m* Modalidad de jazz de Nueva Orleans, caracterizada por la mayor importancia de la melodía. *Frec en aposición con* JAZZ.

dixit (*lat; pronunc,* /díksit/) *tr* Dijo. *Se usa para mencionar humorísticamente al autor de la frase que se acaba de citar.* * Sartre dixit.

diz *tr impers* (*lit o pop*) Se dice. *Normalmente en la constr* ~ QUE.

DNA (*sigla; pronunc,* /dé-éne-á/) *m* (*Biol*) Ácido desoxirribonucleico.

DNI (*sigla; pronunc,* /dé-éne-í/) *m* Documento nacional de identidad.

do[1] *m* **1** Primera nota de la escala musical. ■ **2** ~ **de pecho.** Nota más aguda que puede dar un tenor. **b)** Muestra culminante de pujanza. *Normalmente con el v* DAR.

do[2] *adv* (*lit, raro*) Donde.

dó *adv* (*lit, raro*) Dónde.

dóberman (*tb con la grafía* **dóbermann**; *pl normal,* ~s) *m* Perro guardián y de defensa, de estatura notable, cuerpo esbelto y musculoso, orejas pequeñas y pelo corto y brillante. *Tb adj.*

dobla[1] **I** *f* **1** (*hist*) Moneda de oro castellana de la baja Edad Media. *A veces con un compl especificador.*

II *loc adv* **2 de** (*o* **a la**) **~.** (*reg*) Con pago doble del importe. *Referido a la limpieza de ríos y acequias, cuando no se hace en el plazo reglamentario.*

dobla[2] *f* (*reg*) Pieza que une el yugo al carro.

doblada *f* (*reg*) Oblada (pez).

dobladillo *m* Doblez cosido que se hace como remate en el borde de una prenda.

doblado[1] **-da I** *adj* **1** *part* → DOBLAR. ■ **2** Hipócrita. ■ **3** (*Arquit*) [Arco] al que se sobrepone otro mayor.

II *loc v* **4 metérsela doblada** → METER.

doblado[2] *m* Acción de doblar, *esp* [1].

doblado[3] *m* (*reg*) Desván.

doblador -ra I *adj* **1** Que dobla [1 y 5]. *Tb n, m y f, referido a pers y a máquina o aparato.* ■ **2** (*Caza*) [Cazador] que hace doblete. *Tb n.*

II *n* **A** *m y f* **3** (*Cine y TV*) Actor de doblaje [1].

B *m* **4** (*Taur*) En un encierro: Peón encargado de atraer a la manada de toros y cabestros hacia la puerta de corrales cuando entran en el ruedo.

dobladura *f* **1** Acción de doblar [1]. ■ **2** (*Arquit*) Arco sobrepuesto, de los dos que constituyen un arco doblado.

doblaje *m* **1** Acción de doblar [8a y b]. *Tb su efecto.* ■ **2** (*raro*) *En gral:* Acción de doblar(se).

doblamiento *m* (*raro*) Acción de doblar(se), *esp* [1].

doblar A *tr* **1** Hacer que [algo o alguien (*cd*)] pase a tener una parte totalmente sobre otra o a formar curva o ángulo. *Referido a pers, frec el cd es refl.* **b)** ~ **la rodilla** → RODILLA. ■ **2** Pasar, cambiando de dirección, al otro lado [de una esquina, de un cabo o de algo similar (*cd*)]. ■ **3** (*Taur*) Hacer [el torero], dando un cambio brusco de dirección al engaño, [que el toro (*cd*)] se revuelva siguiendo a este. ■ **4** (*col*) Causar [a alguien (*cd*)] un gran daño. *Tb fig.* ■ **5** Hacer doble[1] [algo] o pasar a tener[lo] doble[1] [1]. *Tb fig, con intención ponderativa.* **b)** *pr* (**~se**) Hacerse doble[1]. ■ **6** Tener [una pers. o cosa algo] doble[1] [1] [que otra (*ci*)]. ■ **7** (*Dep*) *En carreras:* Sacar [a alguien (*cd*)] una ventaja de una vuelta completa al circuito. ■ **8** (*Cine y TV*) Sustituir la voz [de un actor (*cd*)]. **b)** Sustituir las voces de los actores [de una película (*cd*)]. *Frec con un compl* EN, *que expresa el idioma al que se traducen los diálogos.* **c)** Sustituir [al actor titular] en determinadas escenas. ■ **9** Hacer que [un cordero (*cd*)] mame a la vez de dos ovejas. *Tb abs.* ■ **10** ~**la(s).** (*col*) Morir.

B *intr* ➤ **a** *normal* **11** Pasar [algo o alguien] a tener una parte sobre otra o a formar curva o ángulo. *Más frec pr* (**~se**). ■ **12** Cambiar [alguien o algo] de dirección. *Frec con un compl* A *o* HACIA, *que expresa la nueva dirección.* ■ **13** (*Taur*) Revolverse [el toro] siguiendo el engaño, cuando el torero da a este un cambio brusco de dirección. ■ **14** (*Taur*) Echarse [el toro agonizante] doblando [1] primero las manos. **b)** (*col*) Morir. ■ **15** Sonar [las campanas] con ritmo lento que denota duelo. *Frec* ~ A MUERTO *y con un compl* POR, *que expresa la pers fallecida.* ■ **16** Realizar [alguien] dos veces el trabajo o función que le son propios.

➤ **b** *pr* (**~se**) **17** (*Taur*) Hacer [el torero] que [el toro (*compl* CON)] doble [13]. ■ **18** Tener [una pers. o cosa (*suj*)] algo (*compl* DE *o* EN) como segunda función. *Gralm en part.*

doble[1] **I** *adj* **1** Dos veces mayor en cantidad o en intensidad. *Frec seguido de un término de comparación introducido por* QUE *o* DE. **b)** [Bebida] en cantidad dos veces mayor de lo corriente. *Frec* ~ *m.* **c)** Que tiene capacidad para dos perss. **d)** [Espía] que trabaja simultáneamente al servicio de dos partes rivales o enemigas entre sí. ■ **2** [Cosa] formada por dos elementos gemelos. **b)** ~ + *n* = DOS + *el mismo n en pl.* * Espada de doble filo. **c)** (*Dominó*) [Ficha] que en los dos cuadrados de su anverso lleva igual número de puntos. *Tb n m.* **d)** (*Mús*) [Concierto] para dos instrumentos solistas y orquesta. **e)** ~ [cero], ~ [fila] → CERO, FILA¹. ■ **3** [Cosa] que tiene más cuerpo de lo normal en su especie. **b)** [Flor] que tiene más pétalos de lo corriente en su especie. ■ **4** (*Rel catól*) [Fiesta o rito] de mayor categoría litúrgica. *Tb n m.*

II *n A m* **5** Cantidad dos veces mayor. *Frec precedido de* EL *y seguido de un término de comparación introducido por* QUE *o* DE. * Tiene el doble que tú. ■ **6** (*Tenis*) Modalidad que se juega entre cuatro jugadores. *Gralm en pl.* ■ **7** (*raro*) Doblez¹. ■ **8** (*hist*) Excelente (moneda). ■ **9** (*hist*) *En el antiguo Egipto:* Alma del muerto, que se supone que vive al lado del cuerpo mientras este no se destruye.

B *m y f* **10** Pers. de gran parecido físico con otra y que por esto a veces se hace pasar por ella. *Gralm acompañado de un compl de posesión.* **b)** (*Cine*) Actor que sustituye al titular en determinadas escenas o en ausencia de este. **c)** ~ **de luces** → LUZ.

III *adv* **11 el ~** (*o, simplemente, ~*). En cantidad o intensidad dos veces mayor. *Frec seguido de un término de comparación introducido por* QUE *o* DE. *A veces se usa con simple valor ponderativo.* * En el pueblo se divierte doble que aquí.

doble² *m* Acción de doblar las campanas.

doblegamiento *m* Acción de doblegar(se).

doblegar *tr* **1** Doblar [1] [algo o, raro, a alguien que ofrece resistencia]. *Tb fig.* ■ **2** Someter [a alguien (*cd*)] o vencer [su voluntad, orgullo o resistencia (*cd*)]. *Tb fig.* **b)** *pr* (*~se*) Pasar a estar sometido o vencido. *Tb fig.*

doblemente *adv* De manera doble¹ [1a y 2a]. *Frec se usa con simple valor ponderativo.*

doblero *m* (*hist*) Moneda mallorquina del s. XVIII, equivalente a dos dineros. *A veces* (*reg*) *en pl, designa dinero en general.*

doblete *m* **1** Hecho de conseguir o realizar algo dos veces. **b)** (*Caza*) Hecho de matar dos piezas disparando sucesivamente los dos tiros de la escopeta. ■ **2** (*Ling*) Conjunto de dos palabras, una de evolución culta y otra de evolución popular, con un mismo origen etimológico. ■ **3** ~ **electrónico.** (*Fís*) Par de electrones comunes a dos átomos.

doblez¹ *m* (*raro, f*) Acción de doblar [1]. *Tb su efecto. Frec la señal que queda.*

doblez² *f* (*raro, m*) (*lit*) Hipocresía o falsedad.

doblilla *f* (*hist*) Antigua moneda de oro castellana cuyo valor inicial era de 20 reales.

doblista *m y f* (*Tenis*) Jugador de dobles¹ [6].

doblón¹ *m* **1** Moneda de oro española, acuñada en toda la Edad Moderna y hasta mediados del s. XIX, de distinto peso y valor según las épocas. *A veces con un compl especificador:* DE A CUATRO, DE A OCHO, DE A CIENTO. **b)** ~ **sencillo** (*o* **calesero**). Moneda imaginaria equivalente a 60 reales o 15 pesetas. *Tb* (*reg*) *simplemente* ~. ■ **2** (*lit*) *En pl:* Dinero (conjunto de monedas o billetes de curso legal). ■ **3** (*reg*) Caléndula (flor).

doblón² *m* (*Taur*) Pase para hacer doblar [13] al toro.

doce (*frec con mayúscula en acep 1b*) **I** *adj* **1** *Precediendo a susts en pl:* Once más uno. *Puede ir precedido de art o de otros determinantes, y en este caso sustantivarse.* * Tiene doce años. * Mañana cumple los doce. **b) los ~.** Conjunto de los doce países pertenecientes a la Comunidad Económica Europea entre 1986 y 1992. ■ **2** *Precediendo o siguiendo a ns*

en sg (*o, más raro, en pl*): Duodécimo. *Frec el n va sobrentendido.* * Página doce.

II *pron* **3** Once más una perss. o cosas. *Siempre referido a perss o cosas mencionadas o consabidas, o que se van a mencionar.* * Doce de los invitados no acudieron.

III *n A m* **4** Número de la serie natural que sigue al once. *Frec va siguiendo al n* NÚMERO. * El número premiado es el doce. **b)** Cosa que, en una serie, va marcada con el número doce. * Le calificaron con un doce.

B *f pl* **5** Hora de mediodía o de medianoche. *Normalmente precedido de* LAS.

doceañero -ra *adj* (*raro*) [Pers.] que tiene alrededor de los doce años. *Tb n.*

doceañista *adj* (*hist*) Partidario de la Constitución de 1812. *Frec n.* **b)** De los doceañistas.

doceavo -va *adj* **1** [Parte] que es una de las doce en que se divide o se considera dividido un todo. *Tb n m.* ■ **2** (*semiculto*) Duodécimo.

docena I *f* **1** Conjunto de doce unidades. *Gralm seguido de un compl* DE. *Frec solo con sent aproximativo.* **b)** ~ **de(l) fraile.** (*col*) Conjunto de trece unidades. ■ **2** (*Mús*) Intervalo de doce sonidos diatónicos. *Tb el registro correspondiente en el órgano.* ■ **3** (*col*) *En pl:* Cantidad grande [de algo]. *Tb sin compl, por consabido.*

II *loc v* **4 entrar pocos en ~.** (*col*) Ser muy contadas o raras [las pers. o cosas iguales o semejantes a la mencionada]. *A veces el v va sobrentendido.*

III *loc adv* **5 a ~s.** (*col*) En gran cantidad.

docencia *f* Enseñanza (actividad).

docente *adj* **1** Que enseña o da enseñanza. *Tb n, referido a pers.* ■ **2** De (los) docentes o profesores. ■ **3** De (la) enseñanza (actividad).

docetismo *m* (*Rel, hist*) Herejía de los primeros siglos cristianos, según la cual el cuerpo humano de Cristo no era real sino aparente.

docetista *adj* (*Rel, hist*) De(l) docetismo. **b)** Adepto al docetismo. *Tb n.*

dócil *adj* **1** [Pers. o animal] que sigue de buen grado las indicaciones u órdenes que se le dan. *Tb fig. A veces con un compl* A. **b)** Propio de la pers. o del animal dócil. ■ **2** [Materia, esp. metal] que se deja labrar o modelar con facilidad. *A veces con un compl* A.

docilidad *f* Cualidad de dócil, *esp* [1].

dócilmente *adv* De manera dócil [1b].

dock (*ing; pronunc corriente,* /dok/; *pl normal,* ~S) *m* (*Mar*) Dársena con sus muelles y almacenes.

docmio *adj* (*TLit*) *En la poesía grecolatina:* [Verso] de cinco sílabas.

doctamente *adv* (*lit*) De manera docta [1b].

docto -ta *adj* (*lit*) [Pers.] de amplio saber, esp. en materias literarias e históricas. *Tb n.* **b)** Propio de la pers. docta. **c) docta** [casa], **docta** [corporación] → CASA, CORPORACIÓN.

doctor -ra A *m y f* **1** Pers. que ha obtenido el doctorado [1]. *Frec con un compl* EN. *A veces en aposición con un título profesional:* ~ ARQUITECTO, ~ INGENIERO. **b)** ~ **honoris causa** → HONORIS CAUSA. **c)** (*Taur*) Torero que ha tomado la alternativa. *Tb* ~ EN TAUROMAQUIA. ■ **2** Médico. *Frec usado como tratamiento.* ■ **3** Pers. de grandes conocimientos en una materia. *Frec con un compl* EN. *A veces con intención irónica.* **b)** (*Rel crist*) Pers. cuyas enseñanzas han

influido profundamente en la ortodoxia cristiana y a quien la Iglesia ha concedido el título de doctor.
B *m* **4** *Entre judíos y musulmanes:* Sabio intérprete de la ley. *Tb* ~ DE LA LEY.

doctorado *m* **1** Grado máximo concedido por la universidad o por determinadas escuelas técnicas superiores. **b)** ~ **honoris causa** → HONORIS CAUSA. ■ **2** Estudios necesarios para obtener el doctorado [1a]. ■ **3** Acción de doctorar(se). *Tb su efecto.* ■ **4** Condición de doctor [3b]. ■ **5** (*raro*) Conocimiento extraordinario en alguna materia. *A veces con intención humoríst.*

doctoral *adj* **1** De(l) doctor [1 y 2] o de(l) doctorado [1 y 3]. ■ **2** Enfático y solemne. *Con intención irónica.* ■ **3** [Canónigo] que tiene por función la de ser asesor jurídico del cabildo. *Tb n m.*

doctoralmente *adv* De manera doctoral [2].

doctorando -da *m y f* Pers. que se doctora [1].

doctorar *tr* **1** Conceder [a alguien (*cd*)] el grado o título de doctor [1 y 3]. **b)** *pr* (**~se**) Obtener [alguien] el grado o título de doctor. ■ **2** (*Taur*) Dar la alternativa [a un torero (*cd*)]. **b)** *pr* (**~se**) Tomar la alternativa.

doctrina (*con mayúscula en acep 5*) *f* **1** Conjunto orgánico de principios fundamentales de un movimiento intelectual o moral, esp. religioso, político o filosófico. **b)** Principio que forma parte de una doctrina. ■ **2** Conjunto de conocimientos de carácter teórico o científico. ■ **3** (*hoy raro*) Catequesis. ■ **4** (*hoy raro*) Jurisprudencia. *Tb* ~ LEGAL. ■ **5** ~ **Cristiana.** Congregación religiosa fundada en Francia en el s. XVII por San Juan Bautista de la Salle, para catequizar al pueblo.

doctrinal *adj* **1** De (la) doctrina [1]. ■ **2** Didáctico.

doctrinalmente *adv* **1** De manera doctrinal [1]. ■ **2** En el aspecto doctrinal [1].

doctrinante *adj* (*raro*) Que doctrina. *Tb n, referido a pers.*

doctrinar *tr* (*raro*) Adoctrinar o instruir.

doctrinario -ria *adj* **1** De (la) doctrina [1]. ■ **2** Que se ajusta de modo acrítico y dogmático a una doctrina [1]. *Tb n, referido a pers.* ■ **3** De(l) doctrinarismo [2]. **b)** Adepto al doctrinarismo. *Tb n.*

doctrinarismo *m* **1** Cualidad o condición de doctrinario [1, 2 y 3b]. ■ **2** (*hist*) Doctrina liberal surgida en Francia bajo la Restauración, que propugna una concepción intermedia entre la soberanía de derecho divino y la popular.

doctrinero *m* (*hist*) *En la colonización americana:* Sacerdote a cargo de un pueblo de indios.

doctrino *m* (*hist*) Niño del hospicio. *Modernamente se usa en constrs de sent comparativo, esp para ponderar timidez o sumisión.* * *Se comportaban como doctrinos.*

docudrama *m* Pieza cinematográfica, televisiva, radiofónica, teatral o novelesca, que participa a la vez de las características del documento [2] y del drama. *Tb el género correspondiente.*

documentación *f* **1** Acción de documentar(se). *Tb su efecto.* ■ **2** Conjunto de documentos [1] relativos [a alguien o algo (*compl de posesión*)]. *Frec sin compl, esp referido a los relativos a la identidad de una pers.* ■ **3** Conjunto de documentos con que se prueba o apoya algo.

documentadamente *adv* De manera documentada [2].

documentado -da *adj* **1** *part* → DOCUMENTAR. ■ **2** Que denota o implica documentación [1]. ■ **3** [Pers.] que tiene conocimientos sólidos [en una materia]. *Tb sin compl, por consabido.* ■ **4** (*raro*) [Pers.] que tiene la documentación personal en regla.

documentador -ra *adj* Que documenta. *Tb n, referido a pers.*

documental *adj* **1** De(l) documento o de (los) documentos. ■ **2** [Cine o película] de carácter informativo o didáctico, compuesta básica o exclusivamente con imágenes reales. *Frec n m, referido a película.* ■ **3** [Obra literaria o artística] compuesta básica o exclusivamente con documentación real.

documentalismo *m* **1** Cine documental [2]. ■ **2** Tendencia a la obra documental [3]. ■ **3** Interés por el estudio documental [1] de determinada materia.

documentalista I *adj* **1** De(l) documentalismo. **II** *m y f* **2** Pers. que hace cine documental [2]. ■ **3** Pers. que hace obra documental [3]. ■ **4** Pers. que se dedica al estudio o a la preparación de datos y documentos sobre determinada materia.

documentalmente *adv* De manera documental [1].

documentar *tr* **1** Probar o apoyar [algo] con documentos. **b)** Probar la existencia [de algo (*cd*)] con documentos. ■ **2** Informar [a alguien] de datos o noticias [sobre algo], normalmente con documentos. *Frec el cd es refl. Tb sin el segundo compl, por consabido.*

documentario -ria *adj* **1** Documental [1]. ■ **2** (*Econ*) [Letra o efecto] que acompaña a documentos.

documento *m* **1** Escrito que sirve de prueba o testimonio o que proporciona una información, esp. de carácter histórico, oficial o legal. ■ **2** Cosa que sirve de prueba o testimonio o que proporciona alguna información, esp. de carácter histórico.

dodecaedro *m* (*Geom*) Sólido de doce caras.

dodecafonía *f* (*Mús*) Sistema dodecafónico.

dodecafónico -ca *adj* (*Mús*) Que utiliza indistintamente los doce sonidos de la escala cromática, dispuestos en serie. *Tb n m, referido a pers.*

dodecafonismo *m* (*Mús*) Dodecafonía.

dodecafonista *adj* (*Mús*) Dodecafónico. *Tb n.*

dodecagonal *adj* (*Geom*) Que tiene forma de dodecágono.

dodecágono *m* (*Geom*) Polígono de doce lados.

dodecasílabo -ba *adj* (*TLit*) De doce sílabas. *Tb n m, referido a verso.*

dodo *m* (*hist*) Ave columbiforme de la isla de San Mauricio, extinguida a finales del s. XVII (*Raphus cucullatus*).

dodotis (*n comercial registrado*) *m* Pañal de celulosa.

dogado *m* (*hist*) Cargo o dignidad de dogo².

dogal *m* Cuerda con que se ata a las caballerías por el cuello. *Frec fig, aludiendo a algo que causa agobio o atadura moral.*

dogaresa (*tb con mayúscula*) *f* (*hist*) Mujer del dogo².

dogma *m* **1** Verdad establecida como indiscutible en una doctrina, esp. religiosa. **b)** Verdad indiscutible. ■ **2** Conjunto de dogmas [1a] [de una doctrina].

dogmáticamente *adv* **1** De manera dogmática [2b]. ■ **2** En el aspecto dogmático [1].

dogmático -ca I *adj* **1** De(l) dogma. **b)** Que se atiene rigurosamente al dogma [2]. ■ **2** [Pers.] que considera sus opiniones como verdades indiscutibles. *Tb n.* **b)** Propio de la pers. dogmática. ■ **3** (*Filos*) Que admite dogmas o principios ciertos. *Tb n, referido a pers.*
II *f* **4** Dogma [2].

dogmatismo *m* **1** Tendencia o actitud dogmática [1b y 2b]. ■ **2** (*Filos*) Doctrina que admite la posibilidad de alcanzar la verdad y que se basa en la afirmación de dogmas o principios ciertos. *Se opone a* ESCEPTICISMO.

dogmatizador -ra *adj* Que dogmatiza.

dogmatizante *adj* Que dogmatiza.

dogmatizar A *intr* **1** Exponer las propias opiniones como dogmas [1b].
B *tr* **2** (*raro*) Afirmar [algo] como dogma [1b].

dogo[1] *m* Perro robusto, de hocico corto y cuadrado, usado esp. para defensa. *Tb adj.*

dogo[2] (*tb con mayúscula*) *m* (*hist*) Dux.

dogón (*pl invar*) *adj* [Individuo] de un pueblo africano de la región de Malí. *Frec n.* **b)** De los dogón.

dojo (*jap; pronunc corriente,* /dóyo/) *m* (*Dep*) Sala en que se practican el yudo y otras artes marciales similares.

dola *f* (*col*) Pídola (juego infantil).

dolaje *m* Vino absorbido por la madera de las cubas en que se guarda.

dolama *f* (*raro*) Achaque.

dólar I *m* **1** Unidad monetaria de los Estados Unidos y otros países, entre ellos Australia, Canadá, Nueva Zelanda, Puerto Rico y Taiwán. *A veces con un adj o compl especificador. Sin compl, normalmente designa el estadounidense.*
II *loc v* **2 estar montado en el ~** → MONTAR.

dolarización *f* (*Econ*) Hecho de pasar una economía a tener el dólar estadounidense como patrón monetario.

dolby (*n comercial registrado; ing; pronunc corriente,* /dólbi/; *gralm con mayúscula*) *m* Dispositivo para eliminar ruido de fondo en aparatos electroacústicos, esp. magnetófonos.

dolce far niente (*it; pronunc corriente,* /dólĉe-fár-niénte/) *m* (*lit*) Ociosidad placentera.

dolce vita (*it; pronunc corriente,* /dólĉe-bíta/) *f* (*lit*) Vida de ocio y diversión refinada y libertina.

dolencia *f* Enfermedad, esp. de carácter crónico. *Tb fig.*

doler (*conjug 18*) *intr* ➤ **a** *normal* **1** Causar dolor [1 y 2] [a alguien (*ci*)]. *Tb sin ci.* **b)** Hacer sentir dolor [2] [a alguien (*ci*) una parte del cuerpo]. *A veces sin ci. Tb fig.* **c)** Causar dolor [2] [a alguien (*ci*) una pers. o cosa]. ■ **2 ahí le duele.** (*col*) Fórmula con que se expresa que lo que acaba de mencionar el interlocutor es el quid de la cuestión. * *–El problema capital son los celos, la envidia. –¡Ahí le duele!*
➤ **b** *pr* (~**se**) **3** Sentir dolor [2] [de algo]. ■ **4** Quejarse o manifestar dolor [1 y 2] [de algo]. *Tb sin compl.* **b)** (*Taur*) Quejarse o manifestar dolor [el to-

ro] por el castigo recibido. ■ **5** Compadecerse [de alguien]. ■ **6** Arrepentirse [de algo].

dolicocefalia *f* (*Anat*) Condición de dolicocéfalo.

dolicocefálico -ca *adj* (*Anat*) Dolicocéfalo.

dolicocéfalo -la *adj* (*Anat*) De cráneo oval por exceder su diámetro mayor en más de un cuarto al diámetro menor. **b)** De (la) pers. dolicocéfala.

dolicocolon *m* (*Med*) Colon anormalmente largo.

dolido -da *adj* **1** *part* → DOLER. ■ **2** [Pers.] que tiene o muestra dolor [2], esp. por una acción ajena. ■ **3** [Cosa] que denota o implica dolor [2].

doliente I *adj* (*lit*) **1** Enfermo. *Frec n.* ■ **2** Que padece dolor [1 y esp. 2]. **b)** (*raro*) Afectado por un fallecimiento reciente. ■ **3** [Cosa] que denota o implica dolor [1 y esp. 2].
II *m y f* **4** En un duelo o entierro: Pariente del difunto. *Tb fig* (*humoríst*).

dolina *f* (*Geol*) Torca pequeña.

dolio *m* (*hist*) Vasija romana a modo de gran tinaja, utilizada para guardar sólidos y líquidos.

dolmán *m* Chaqueta de uniforme militar usada pralm. por los húsares.

dolmen *m* (*Arqueol*) Monumento megalítico constituido por varias piedras verticales sobre las que descansa una gran losa horizontal.

dolménico -ca *adj* (*Arqueol*) De(l) dolmen.

dolo *m* (*Der*) Engaño o fraude.

dolomía *f* (*Mineral*) Roca constituida por carbonato de calcio y magnesio.

dolomita *f* (*Mineral*) Mineral constituido por carbonato doble de calcio y magnesio, que es el principal componente de la dolomía.

dolomítico -ca *adj* (*Mineral*) De (la) dolomita.

dolondón *m* Sonido [de los cencerros].

dolor I *m* **1** Sensación física desagradable y más o menos aguda, causada por una enfermedad o alteración orgánica o por una acción exterior. ■ **2** Sentimiento que se deriva de la insatisfacción de un deseo o una necesidad o de la presencia de algo que se considera malo y no se desea que continúe. **b)** Arrepentimiento. *Tb* ~ DE CORAZÓN. **c)** ~ **de cabeza.** Preocupación. *Frec en pl.* ■ **3** Cosa que causa dolor [1 y 2]. *Frec en frases de sent ponderativo.* * El campo languidece que es un dolor.
II *loc adj* **4** [Lecho] **del ~** → LECHO.

dolora *f* (*TLit*) Composición poética de mediana extensión, creada por Ramón de Campoamor († 1901), de carácter lírico y narrativo y que encierra una enseñanza moral.

doloridamente *adv* De manera dolorida [2].

dolorido -da *adj* **1** Que padece dolor [1 y 2]. ■ **2** [Cosa] que denota o implica dolor [1 y 2].

dolorimetría *f* (*Med*) Procedimiento de medida objetiva de la intensidad del dolor [1].

dolorimiento *m* (*Med*) Dolor físico poco intenso.

dolorosamente *adv* De manera dolorosa.

doloroso -sa (*normalmente con mayúscula en acep 2b*) I *adj* **1** Que causa dolor [1 y 2]. ■ **2** Que expresa dolor [1 y 2]. **b)** [Virgen] que llora la muerte de Jesús. *Gralm n f. Frec en frases de sent comparativo para ponderar la aflicción.* ■ **3** De(l) dolor [1 y 2].

dolosamente – dominguillo

II *f* **4 la dolorosa.** (*col*) La cuenta. *En un restaurante u otro establecimiento similar.*

dolosamente *adv* (*Der*) De manera dolosa.

doloso -sa *adj* (*Der*) Que implica dolo.

dom (*con pronunc átona*) *m* Se usa, antepuesto al n o al apellido, como tratamiento dirigido a los monjes benedictinos, cartujos y trapenses.

doma *f* Acción de domar. *Tb su efecto.*

domable *adj* Que se puede domar.

domador -ra *m y f* Pers. que doma animales. *Tb fig.* **b)** Pers. que se exhibe en un circo con bestias salvajes domadas por ella.

domar *tr* **1** Hacer que [un animal (*cd*), frec. salvaje] obedezca al hombre. ■ **2** Hacer que [alguien (*cd*)] pierda su rebeldía o su espíritu independiente. **b)** Someter [a alguien o algo] a la propia autoridad o voluntad. *Tb fig.* ■ **3** Hacer que [algo rígido o duro (*cd*)] se adapte a una determinada forma o adquiera flexibilidad.

dombenitense *adj* De Don Benito (Badajoz). *Tb n, referido a pers.*

domeñable *adj* (*lit*) Que se puede domeñar.

domeñar *tr* (*lit*) Dominar.

domesticable *adj* Que se puede domesticar.

domesticación *f* Acción de domesticar. *Tb su efecto.*

domesticado -da *adj* **1** *part* → DOMESTICAR. ■ **2** Que denota o implica domesticación.

domesticador -ra *adj* Que domestica. *Tb n, referido a pers.*

domesticar *tr* **1** Hacer doméstico [2] [a un animal]. ■ **2** Domar [1 y esp. 2]. *Tb fig.*

domesticidad *f* **1** Estado o condición de doméstico [1 y esp. 2]. ■ **2** (*lit*) Ambiente doméstico.

doméstico -ca I *adj* **1** De (la) casa o de(l) hogar. ■ **2** [Animal] que vive en compañía del hombre, bajo su cuidado o explotación. **b)** Propio del animal doméstico. ■ **3** [Criado] que hace los trabajos de la casa. *Frec n.* ■ **4** Interno, o del ámbito de que se trata. **b)** Nacional. *Se opone a* INTERNACIONAL. ■ **5** (*Rel catól*) [Prelado] que no tiene jurisdicción y está honoríficamente adscrito al servicio del Papa. *Tb n m.* II *m* **6** (*Cicl*) Corredor cuya misión es ayudar al principal de su equipo.

domiciliación *f* Acción de domiciliar(se).

domiciliar (*conjug* 1a) A *tr* **1** Señalar [alguien] la cuenta bancaria en que han de realizarse [determinados pagos o cobros (*cd*)] a su nombre. *A veces con un compl* EN, *que expresa la cuenta o la entidad bancaria.* B *intr pr* (~se) **2** Establecer [una pers. o una entidad] su domicilio [1] [en un lugar]. *Frec en part.*

domiciliario -ria *adj* **1** De(l) domicilio [1]. ■ **2** Que se lleva a cabo en el domicilio [1] del interesado. ■ **3** Que actúa o trabaja en el domicilio [1] del interesado. *Tb n.*

domicilio I *m* **1** Vivienda (lugar en que se vive). *Esp en lenguaje admin. Tb fig.* **b)** Local donde está instalada [una entidad (*compl de posesión*)]. ■ **2** Conjunto de datos relativos a la ubicación exacta del domicilio [1] [de una pers. o una entidad].

II *loc adv* **3** a ~. En el domicilio [1] del propio interesado. *Tb adj. Tb fig.* **b)** (*Dep*) En el terreno o en el país propios. *Tb adj.*

dominable *adj* Que se puede dominar.

dominación *f* **1** Acción de dominar [1 y 9]. *Tb el tiempo que dura.* ■ **2** (*Rel crist*) Espíritu celeste de los que constituyen el primer coro de la segunda jerarquía. *Gralm en pl.*

dominado *m* (*hist*) En la antigua Roma: Época del Imperio, a partir de Diocleciano († 313), caracterizada por el gobierno absoluto y una amplia burocracia de funcionarios.

dominador -ra *adj* **1** Que domina. *Frec n, referido a pers.* **b)** (*Taur*) [Torero] capaz de dominar [2] al toro durante la lidia. ■ **2** [Cosa] que denota dominio [1].

dominancia *f* (*E*) Condición de dominante [1].

dominante (*tb col f* DOMINANTA *en acep* 2) *adj* **1** Que domina, *esp* [11]. **b)** [Nota] ~ → NOTA. **c)** (*Biol*) [Carácter] que se manifiesta siempre en el fenotipo del individuo que lo posee. **d)** (*Der*) [Predio] a cuyo favor se constituye una servidumbre. ■ **2** [Pers.] que tiende a imponerse despóticamente a los demás. **b)** Propio de la pers. dominante.

dominar A *tr* **1** Tener [una pers. o un Estado (*suj*) a otros o un territorio (*cd*)] bajo su autoridad. ■ **2** Tener [una pers. (*suj*) a alguien o algo (*cd*)] sometidos a su voluntad. *Tb fig, referido a cosa.* ■ **3** Sujetar [alguien sus impulsos o sentimientos] a la propia voluntad. ■ **4** Hacer que [algo negativo y violento (*cd*)] deje de producirse libremente y pase a hacerlo de un modo más o menos acorde con la propia voluntad, o que cese del todo. ■ **5** Ejercer [una pers. o cosa] una influencia decisiva [sobre otra (*cd*)]. ■ **6** Conocer a la perfección [algo, esp. un tema o una materia]. ■ **7** Ser [algo, esp. una pers. o una construcción] el punto más alto [de un lugar (*cd*)]. ■ **8** Tener accesible a la vista [algo, esp. un lugar]. B *intr* ➤ a *normal* **9** Tener [una pers. o un Estado (*suj*)] a otros o un territorio (*compl de lugar en donde*)] bajo su autoridad. ■ **10** Tener [una pers. (*suj*)] a alguien o algo (*compl de lugar en donde*)] sometidos a su voluntad. *Tb sin compl.* **b)** (*Dep*) Llevar [alguien] la iniciativa, haciendo que el adversario actúe sometiéndose a la forma de actuación impuesta por él. ■ **11** Ser lo más importante, destacado o abundante [en un lugar]. ➤ b *pr* (~se) **12** Sujetar [alguien sus sentimientos o pasiones] a la propia voluntad.

dominativo -va *adj* (*raro*) Dominante [1a].

dómine I *m* **1** (*lit*) Maestro. *Frec desp o humoríst.* ■ **2** (*hist*) Maestro de latín. II *loc v* **3** poner [a alguien] **como chupa de ~** → CHUPA.

dominga *f* (*vulg*) Pecho (de mujer). *Frec en pl.*

domingada *f* (*raro*) Fiesta que se celebra el domingo [1].

domingo *m* **1** Primer día de la semana (o último, según el cómputo popular), que entre los cristianos es festivo y está dedicado a Dios. ■ **2** (*col*) Día de fiesta. *Frec en la constr* IR (VESTIDO) DE ~.

dominguero -ra *adj* **1** De(l) domingo. ■ **2** (*desp*) [Pers.] que solo sale a divertirse los domingos o días de fiesta. *Frec referido a automovilistas. Tb n.*

dominguillo *m* (*desp*) **1** Pers. que va continuamente de un lado para otro, esp. haciendo encargos ajenos. *Gralm en constrs como* TRAER, *o* TENER, COMO UN ~. ■ **2** Pers. que se deja dominar o manejar con facilidad.

domínica *(tb, frec, **dominica**) f (Rel catól)* **1** Domingo [1]. ■ **2** Textos de la Escritura que en el oficio divino corresponden a cada domingo [1].

dominical *adj* **1** De(l) domingo [1]. **b)** [Suplemento] especial que se vende con algunos periódicos los domingos. *Tb n m.* **c)** *(Rel catól)* [Precepto] que obliga a oír misa el domingo. **d)** [Oración] ~ → ORACIÓN. ■ **2** *(Der)* De(l) señor o dueño. ■ **3** *(hist)* Señorial o de(l) señor.

dominicano¹ -na *adj* De la República Dominicana. *Tb n, referido a pers.*

dominicano² -na *adj* [Orden] de Santo Domingo o de Predicadores, fundada por Santo Domingo de Guzmán en 1215. **b)** Dominico. *Raro, referido a pers.*

dominico -ca *adj* De la Orden de Santo Domingo o de Predicadores, fundada por Santo Domingo de Guzmán en 1215. *Tb n, referido a pers.*

dominio I *m* **1** Hecho de dominar. ■ **2** Facultad de dominarse [12]. *Tb* ~ DE SÍ MISMO. ■ **3** *(Der)* Derecho de usar y disponer de una cosa. *Frec con un adj especificador:* DIRECTO, PLENO, PÚBLICO, ÚTIL. ■ **4** Territorio sometido a la autoridad de un rey o señor, o de un Estado. *Normalmente en pl. Frec fig.* **b)** *(lit)* En pl: Zona, o espacio caracterizado por diversas circunstancias. ■ **5** *(hist)* Territorio con gobierno autónomo, pero que tiene cierta dependencia de otro estado. ■ **6** Territorio en que se habla [una lengua o dialecto *(compl de posesión)*]. ■ **7** Ámbito o campo. *Gralm con un adj o compl especificador.* II *loc adj* **8** de(l) ~ **público.** [Cosa] conocida por todos. *Gralm con el v* SER.

dominista *m y f* Jugador de dominó¹ [1].

dominó¹ I *m* **1** Juego que se realiza con 28 fichas rectangulares, divididas en su cara superior en dos partes iguales, blancas o marcadas con puntos del uno al seis, y que consiste en colocarlas según determinadas reglas. *Tb el conjunto de fichas.* ■ **2** *(jerg)* Condón o preservativo. *A veces,* FICHA DE ~. II *adj invar* **3** [Efecto] que consiste en una sucesión encadenada de acontecimientos derivada de un hecho inicial.

dominó² *m* Capa larga con capucha, usada como disfraz.

domo *m* **1** *(Arquit)* Cúpula. ■ **2** *(Geol)* Anticlinal corto, ancho y de pendientes suaves. ■ **3** *(Mec)* Pieza cilíndrica de alimentación de determinadas instalaciones. ■ **4** *(Mineral)* Forma cristalina en que dos caras cortan al eje vertical y a uno de los horizontales.

domótico -ca I *adj* **1** [Local] dotado de los adelantos de la domótica [2]. II *n* A *f* **2** Técnica que se ocupa de la aplicación de la informática y la electrónica a la vivienda y otros edificios. B *m y f* **3** Especialista en domótica [2].

dompedro *m* **1** Dondiego (planta). ■ **2** *(reg)* Orinal.

don¹, doña *m y f* **1** *(con pronunc átona)* Tratamiento de cortesía que precede, sin art, a la mención del *n* y apellido de una pers. A veces se le antepone el tratamiento "señor", esp en la dirección de una carta. * Uno de los asistentes, don José García, salió al escenario. **b)** *Se usa, por respeto, antepuesto al n de*

una pers con autoridad o de cierta edad. * Este sitio está reservado para don Rafael. **c)** *Precediendo a un adj sustantivado o a un n en pl, se usa para ridiculizar a la pers designada por medio de estos.* * Ya llegó doña remilgos. **d)** **un ~ nadie** → NADIE. ■ **2** *(con pronunc tónica)* *(reg)* Señor (persona de posición). * Llevarás corbata, como un hijo de don. **b)** *(reg)* Se usa, sin mención de n o apellido, como tratamiento de respeto.* * Usted, doña, hágase cargo del niño.

don² *m* **1** Cosa que se da gratuitamente, esp. por Dios o por alguien de alta jerarquía. ■ **2** Buena cualidad. *A veces con intención irónica.* **b)** ~ **de gentes.** Habilidad para tratar con otras perss.

don³ *m En la mafia:* Jefe.

donación *f (lit o Der)* **1** Acción de donar. ■ **2** Cosa donada.

donado -da *m y f (Rel catól)* Pers. que ha entrado como sirviente en una orden religiosa y usa cierto hábito, pero no ha profesado.

donador -ra *adj* **1** *(lit)* Donante [1]. *Frec n.* ■ **2** *(E)* Que cede o da. *Tb n m, referido a elemento.*

donaire I *m (lit)* **1** Gracia o ingenio en el modo de expresarse. **b)** Dicho gracioso o ingenioso. **c)** Broma o burla. II *loc adj* **2** [Figura] del ~ → FIGURA.

donairoso -sa *adj (lit)* **1** [Pers.] que tiene o muestra donaire. ■ **2** [Cosa] que denota o implica donaire.

donante I *adj* **1** *(lit o Der)* Que dona [1]. *Más frec n, referido a pers.* ■ **2** [Pers.] que proporciona sangre u órganos de su propio cuerpo para transfusiones o trasplantes, esp. de modo voluntario y gratuito. *Frec n.* **b)** De (la) pers. donante. II *m y f* **3** *(Arte, hist)* Pers. que costea una obra de arte, en la cual suele aparecer representada en actitud orante.

donar *tr* **1** *(lit o Der)* Dar [algo] gratuitamente. **b)** *(lit)* Dar o conceder. ■ **2** Dar [alguien] voluntariamente [sangre u órganos de su propio cuerpo], para transfusiones o trasplantes. *Referido a órganos, el cd puede expresar los de un pariente fallecido.* ■ **3** *(E)* Ceder o dar.

donatario -ria *m y f (Der)* Pers. que recibe una donación.

donatismo *m (Rel crist)* Doctrina herética y cismática surgida en el norte de África en el s. IV, que negaba validez a los sacramentos administrados por ministros indignos.

donatista *adj (Rel crist)* De(l) donatismo. **b)** Adepto al donatismo. *Tb n.*

donativo *m* **1** Acción de donar algo, esp. dinero, con fines altruistas o benéficos. **b)** *(raro)* Donación [1]. ■ **2** Cosa, esp. cantidad de dinero, de que se hace donativo [1]. *Tb fig.*

doncel I *m* **1** *(lit)* Joven o muchacho. ■ **2** *(lit, raro)* [Hombre] virgen. ■ **3** *(hist)* Joven noble que aún no ha sido armado caballero. ■ **4** *(hist)* Joven noble que, tras haberse criado en la Corte como paje, pasaba a formar parte de una escolta real escogida. II *adj* **5** *(raro)* [Alimento o bebida] suave al paladar. ■ **6** [Pino] piñonero (→ PINO).

doncella I *adj* **1** *(lit)* [Mujer] virgen. *Tb n.* ■ **2** **verde ~.** [Manzana] de color verde claro y carne dura, dulce y jugosa. ■ **3** [Hierba] ~ → HIERBA.

II *f* **4** Sirvienta destinada a los trabajos más delicados de la casa, esp. a la atención personal de los señores. ■ **5** Julia (pez).

doncellez *f* Condición de doncella [1].

doncellona *adj* (*raro*) Solterona. *Frec n f.*

donde (*con pronunc átona*) **I** *adv* **A** *relat* (*conj*) ➤ **a** *sin antecedente* **1** En el lugar en que. *Tb fig.* * Me escuece donde me dio la pezuña. **b**) *Precedido de prep*: El lugar (en) que. *Tb fig.* * Se volvió hacia donde estaba su padre. **c**) En lo que. * Donde tampoco estamos de acuerdo es en el reparto. **d**) **a ~** → ADONDE. ■ **2** Al lugar al que. *Tb fig.* * Gracias a las vacas ha llegado donde ha llegado. ➤ **b** *con antecedente* **3** En el cual, en la cual, en lo cual. * Gritó desde la torre, donde le dejaban refugiarse. **b**) *Precedido de prep*: El cual, la cual, lo cual. * El gobierno ha decretado amnistía, de donde se deduce su puesta en libertad. ■ **4** Al cual, a la cual, a lo cual. * Íbamos primero a la playa, donde llegábamos con tiempo de ver salir el Sol. ■ **5** (*pop*) En casa del cual. * Los parientes donde estaba no sabían nada. ■ **6** (*pop*) A casa del cual. * Este amigo donde vamos ¿qué es? ■ **7 ~ quiera que** → DONDEQUIERA.
B *no relat* **8 ~ quiera** → DONDEQUIERA.
II *prep* **9** (*pop*) En casa de, o en el sitio (habitual o fijo) de. * Quería estar donde Pepe. **b**) *Precedido de prep*: La casa de, o el sitio (habitual o fijo) de. * Fui con él a una finca que tenía por donde Badajoz. **10** (*pop*) A casa de, o al sitio (habitual o fijo) de. * Iba a ir donde el herrero.
III *fórm or* **11 ~ los haya** → HABER[1].

dónde (*con pronunc tónica*) **I** *adv interrog* **1** ¿En qué lugar? *Tb fig.* * ¿Dónde está el servicio? **b**) *Precedido de prep*: ¿Qué lugar? *Tb fig.* * ¿De dónde vienes? ■ **2** ¿A qué lugar? *Tb fig.* * ¿Dónde se fue? ■ **3 ¿de ~?** ¿Por qué? *Frec* (*col*) *implica negación.* * ¿Él es más listo que tú? ¿De dónde?
II *m* **4** Lugar. *Precedido del art* EL. * Falta saber el dónde y el cuándo.
III *fórm or* **5 ~ va, ~ vas; ~ va a parar; mira por ~** → IR, PARAR, MIRAR.

dondequiera (*tb con la grafía* **donde quiera**) *adv* **1** En cualquier parte o en todas partes. *Gralm seguido de prop adj con* QUE. * Dondequiera que esté, triunfará. **b**) *Precedido de prep*: Cualquier parte o todas partes. * Está mal por dondequiera. ■ **2** A cualquier parte o a todas partes. *Gralm seguido de prop adj con* QUE. * Lo llevaba consigo dondequiera que fuese.

dondiego (*tb, raro, con la grafía* **don Diego**) *m* **1** Planta herbácea de flores en corimbo, frec. blancas, rojas o amarillas, que se abren después de ponerse el sol (*Mirabilis jalapa*). *Tb ~* DE NOCHE. ■ **2** Maravilla, planta herbácea de tallos rastreros y flores azules, que se abren de día y se cierran de noche (*Convolvulus tricolor*). *Tb ~* DE DÍA.

dong (*pl normal, ~s*) *m* Unidad monetaria de la República Democrática de Vietnam.

dóngola *f* Piel semejante a la del cabrito, hecha de cabra, oveja o ternera.

donguindo (*tb con la grafía* **don Guindo**). **de ~.** *loc adj* [Pera] grande de forma irregular, color amarillento y carne jugosa y dulce. *Tb referido al peral que la produce.*

donjuán[1] (*tb con la grafía* **don Juan**) *m* Hombre seductor o conquistador. *Tb adj.*

donjuán[2] *m* Dondiego de noche. *Tb ~* DE NOCHE.

donjuanesco -ca *adj* De(l) donjuán[1].

donjuanismo *m* **1** Condición de donjuán[1]. ■ **2** Actitud donjuanesca.

don Nicanor *m* Pito de madera que termina en un muñequito que toca el tambor.

donosamente *adv* (*lit*) De manera donosa.

donosiña *f* (*reg*) Comadreja (mamífero).

donoso -sa *adj* (*lit*) **1** Que tiene gracia o donaire. ■ **2** Que tiene gracia o atractivo.

donostiarra *adj* De San Sebastián. *Tb n, referido a pers.*

donosura *f* (*lit*) Cualidad de donoso.

donquijotesco -ca *adj* Quijotesco.

dontancredismo *m* (*Pol*) Tancredismo. *Tb fig.*

doña → DON[1].

doñear *tr* (*lit, raro*) Cortejar [a una mujer].

DOPA (*sigla; tb con la grafía* **dopa**) *f* (*Quím y Med*) Sustancia precursora de la dopamina, que contribuye a la síntesis de la melanina y se utiliza en el tratamiento de la enfermedad de Parkinson.

dopaje *m* (*Dep*) Acción de dopar(se).

dopamina *f* (*Fisiol*) Sustancia que actúa como transmisora nerviosa en diversas áreas cerebrales y a cuya carencia se atribuye la enfermedad de Parkinson.

dopante *adj* (*Med*) [Sustancia] estimulante.

dopar *tr* (*Dep*) Drogar [a una pers. o animal] con sustancias estimulantes para aumentar su rendimiento en una competición. *Frec el cd es refl. Tb fig, fuera del ámbito técn.*

doping (*ing; pronunc corriente, /dópin/; pl normal, invar*) *m* (*Dep*) Dopaje.

Doppler (*ing; pronunc corriente, /dópler/; a veces con minúscula*) *adj invar* **1** (*E*) [Efecto] que se produce en la frecuencia aparente de ondas sonoras o electromagnéticas, cuando el manantial de que proceden se acerca o aleja del observador. ■ **2** (*Med*) Basado en el efecto Doppler [1]. *Frec referido a ecografía por ultrasonidos, que sirve, entre otras cosas, para medir la velocidad del flujo sanguíneo. En este caso, tb n m.*

doquiera (*tb* **doquier** *en acep 2*) *adv* (*lit*) **1** Dondequiera. *Gralm seguido de prop adj con* QUE. * Lo sabrá, doquiera que esté. ■ **2 por ~,** o **por doquier.** Por todas partes. * Las hojas caídas se amontonan por doquier.

dorada → DORADO[1].

doradilla *f* Helecho de frondes divididas, verde mate por la cara superior y con escamitas brillantes por la inferior, usado contra la tos y como astringente y diurético (*Ceterach officinarum*).

dorado[1] **-da I** *adj* **1** *part* → DORAR. ■ **2** [Color] semejante al oro. **b**) Que tiene color dorado. **c**) [Lluvia] **dorada** → LLUVIA. ■ **3** [Objeto o parte] de latón, o de metal cubierto de oro o de color de oro. *Frec n m en pl.* ■ **4** [Época o edad] de máximo esplendor. **b**) [Época vital] feliz, caracterizada esp. por la ausencia de problemas. ■ **5 sueño ~** → SUEÑO.
II *n* **A** *m* **6** Llampuga (pez).
B *f* **7** Pez marino de hasta 50 cm de longitud y 10 kg de peso, con escamas doradas en los costados (*Sparus aurata*).

dorado[2] *m* Acción de dorar [1]. *Tb su efecto.*

dorador -ra _m y f_ Pers. que tiene por oficio dorar [1].

dorar A _tr_ **1** Cubrir con una capa de oro [algo, esp. un objeto o una superficie de metal]. _Tb abs. Frec en part._ **b)** _pr_ (~se) Cubrirse con una capa de oro [algo]. ■ **2** Dar color dorado[1] [2] [a algo]. **b)** Asar o freír [algo] hasta que tome color dorado[1]. **c)** _pr_ (~se) Tomar color dorado[1]. ■ **3 ~ la píldora** → PÍLDORA. **B** _intr_ **4** (_reg_) Tomar [algo] color dorado[1] [2].

dordoñés -sa _adj_ De la Dordoña (departamento de Francia). _Tb n, referido a pers._

dórico -ca _adj_ **1** (_hist_) De (los) dorios [1a]. ■ **2** (_Arquit_) [Orden] caracterizado por la columna sin basa, con fuste acanalado en arista viva y capitel sin adornos. _Tb n m._ **b)** De(l) orden dórico. ■ **3** (_Mús_) [Modo o escala] que entre los griegos empezaba en la nota mi y en el sistema medieval en la nota re.

dorífora _m_ (_Zool_) Escarabajo de la patata.

dorio -ria I _adj_ **1** (_hist_) [Individuo] del pueblo heleno que invadió Grecia hacia 1100 a.C. y se estableció principalmente en la Dóride y el Peloponeso. _Tb n._ **b)** De (los) dorios. ■ **2** De(l) dorio [4]. ■ **3** (_Mús_) Dórico [3]. **II** _m_ **4** Dialecto o conjunto de dialectos griegos de los dorios [1a].

dormán _m_ Dolmán.

dormición _f_ (_lit, raro_) **1** Acción de dormir. ■ **2** (_Rel catól_) Tránsito [de la Virgen]. _Tb fig._

dormida _f_ **1** Hecho de dormir [1 y 2]. _Tb fig._ **b)** Hecho de pasar la noche completa con una prostituta. _Frec en constrs como_ IR, _o_ QUEDARSE, DE ~. **c)** Hecho de pasar la noche durmiendo a la intemperie en señal de protesta. ■ **2** Lugar en que duermen [2] los animales en el campo.

dormidero -ra I _adj_ **1** (_raro_) Que hace dormir. **II** _n_ A _m_ **2** Lugar en que duermen [2] los animales en el campo. **B** _f_ **3** Adormidera (planta y fruto).

dormido -da _adj_ **1** _part_ → DORMIR. ■ **2** Poco activo o poco animado.

dormilón -na I _adj_ **1** Que duerme [1] mucho o tiene tendencia a ello. _Tb n, referido a pers._ ■ **2** (_lit_) Que denota o implica sueño. _Tb fig._ **II** _m_ **3** Pequeño resalte de los que se ponen de trecho en trecho en la calzada, para obligar a los vehículos a disminuir la velocidad.

dormir I _v_ (_conjug_ **44**) A _intr_ ➤ a _normal_ **1** Estar [una pers. o animal] en el estado natural y periódico en que se suspende la actividad consciente y de relación. ■ **2** Dormir [1] durante la noche [en un lugar]. ■ **3** Realizar el acto sexual [con alguien]. _Tb sin compl, con suj pl._ ■ **4** (_lit_) Estar [algo] inmóvil o sin la actividad que le es propia. ■ **5** (_Naipes_) En el tresillo: Quedar [determinado número de cartas] en la baceta. ■ **6 ~ en el Señor, echarse a ~** → SEÑOR, ECHAR. ➤ **b** _pr_ (~se) **7** Quedarse [alguien] dormido [1]. ■ **8** Quedárse[le a alguien un miembro] temporalmente sin actividad, moviéndose con torpeza y produciendo sensación de hormigueo. ■ **9** Actuar con poca solicitud o diligencia. ■ **10** (_Taur_) Quedar [el toro] inmóvil acometiendo al caballo y sin dolerse del castigo. ■ **11 ~se en** (o sobre) **los laureles, ~se en las pajas** → LAUREL, PAJA. **B** _tr_ **12** Hacer que [alguien (_cd_)] se quede dormido [1]. _Frec con intención irónica ponderando pesadez o_

aburrimiento. ■ **13** Dejar inconsciente [a una pers.] o insensible [una parte del cuerpo] mediante anestesia. ■ **14** (_Boxeo_) Dejar inconsciente [al contrario]. ■ **15** (_col_) Dormir [1] después [de una borrachera (_cd_)]. _Frec_ ~LA. ■ **16 ~** [alguien] **el sueño eterno.** (_lit_) Estar enterrado. **II** _loc adj_ **17** [Camisa] **de ~,** [saco] **de ~** → CAMISA, SACO.

dormitante _adj_ Que dormita.

dormitar _intr_ Dormir [1] con sueño discontinuo y poco profundo. _Tb_ (_lit_) _fig._

dormitorio I _m_ **1** Habitación destinada a dormir [1 y 2] en ella. _Tb su mobiliario._ **b)** Lugar en que duerme el ganado. **II** _adj invar_ **2** [Ciudad o barrio] cuyos habitantes trabajan normalmente en un centro urbano principal del cual dependen.

dormivela _m o f_ (_raro_) Duermevela.

dorna _f_ Embarcación pesquera de vela trapezoidal, propia de las costas gallegas.

dornajo _m_ **1** Recipiente de madera en que se da de comer a los cerdos. ■ **2** (_reg_) Dornillo.

dornillo _m_ (_reg_) Cuenco de madera o de barro, esp. para el gazpacho.

dorónico _m_ Planta compuesta propia de zonas montañosas (gén. _Doronicum_).

dorsal I _adj_ **1** De(l) dorso. **b)** Que está situado en el dorso. **c)** (_Anat_) [Vértebra] de las doce que, con las costillas, forman la pared posterior del tórax. **d)** **gran ~,** o **~ mayor.** (_Anat_) [Músculo] de la parte posterior e inferior del tronco, que mueve el brazo hacia atrás. _Tb n m._ **e)** [Cuerda] **~,** [espina] **~** → CUERDA, ESPINA. ■ **2** (_Fon_) [Articulación o sonido] que se realiza mediante la aproximación del dorso de la lengua al paladar. _Tb la letra que representa este sonido. Tb n f._ **II** _m_ **3** (_Dep_) Número que se coloca a la espalda de un corredor o en la parte posterior de un vehículo, para su identificación.

dorsalmente _adv_ (_Anat_) En la parte dorsal [1a].

dorsirrojo. alcaudón ~ → ALCAUDÓN.

dorso _m_ **1** Parte posterior del tronco [de una pers. o animal]. ■ **2** Parte superior y convexa [de un órgano]. ■ **3** Parte posterior [de algo laminar].

dorsolumbar _adj_ (_Anat_) De la espalda y la región lumbar.

dorsopalatal _adj_ (_Fon_) [Articulación] en que el órgano activo es el dorso de la lengua, y el punto de articulación, el paladar.

dos[1] I _adj_ **1** _Precediendo a susts en pl:_ Uno más uno. _Puede ir precedido de art o de otros determinantes, y en este caso sustantivarse._ * Tiene dos añitos. * Apostaron a ver quién de los dos saltaba más. ■ **2** Muy pocos. * Ponme al menos dos letras. ■ **3** _Siguiendo a susts en sg:_ Segundo. _Frec el n va sobrentendido._ * Página dos. **II** _pron_ **4** Una más una perss. o cosas. _Siempre referido a perss o cosas mencionadas o consabidas, o que se van a mencionar._ * Llegaron tres individuos, dos de los cuales iban armados. **III** _n_ A _m_ **5** Número que en la serie natural sigue al uno. _Frec va siguiendo al n_ NÚMERO. * Mi número favorito es el dos. **b)** Cosa que en una serie va marcada con el número dos. * Conviene descartarse de los doses.

B *f pl* **6** Segunda hora después de mediodía o de medianoche. *Normalmente precedido de* LAS.

IV *loc v* **7 coger** (*o* **tomar**) **el ~.** (*col*) Irse o marcharse. *Frec usado expletivamente.* ■ **8 dar el ~.** (*col*) Despedir.

V *loc adv* **9 cada ~ por tres**, *o* (*más raro*) **a cada ~ por tres.** (*col*) Con mucha frecuencia. ■ **10 como ~ y ~ son cuatro.** (*col*) Con toda seguridad. ■ **11 en un ~ por tres.** (*col*) En muy poco tiempo.

DOS[2] (*sigla; pronunc*, /dos/ *o, más raro* /dé-ó-ése/) *m* (*Informát*) Sistema operativo en disco.

dosaje *m* (*raro*) Dosificación.

doscientos -tas I *adj* **1** *Precediendo a susts en pl*: Ciento noventa y nueve más uno. *Puede ir precedido de art o de otros determinantes, y en este caso sustantivarse.* * Tengo doscientas pesetas. ■ **2** *Precediendo o siguiendo a susts en sg* (*o, más raro, en pl*): Ducentésimo. *Frec el n va sobrentendido.* * Página doscientas.
II *pron* **3** Ciento noventa y nueve más una perss. o cosas. *Siempre referido a perss o cosas mencionadas o consabidas, o que se van a mencionar.* * En la boda estuvimos doscientos.
III *m* **4** Número de la serie natural que sigue al ciento noventa y nueve. *Frec va siguiendo al n* NÚMERO. * Salió premiado el doscientos.

dosel *m* Cubierta ornamental, fija a la pared o con columnas y frec. con colgaduras, que decora y ennoblece determinados objetos, esp. una cama, un trono o una imagen.

doselete *m* (*Arte*) Dosel típico de la arquitectura gótica, frec. en forma de templete con pináculos.

dosificación *f* Acción de dosificar.

dosificador -ra *adj* Que dosifica. *Tb n, referido a pers.* **b)** [Objeto, esp. dispositivo o aparato] que sirve para dosificar. *Frec n m* (*raro, f*).

dosificar *tr* **1** Establecer la dosis adecuada [de algo (*cd*)]. ■ **2** Dividir [algo] en dosis.

dosillo *m* (*Naipes*) Juego semejante al tresillo, que se juega entre dos personas.

dosimetría *f* (*Fís y Med*) Medida de la intensidad de una radiación.

dosimétrico -ca *adj* (*Fís y Med*) De (la) dosimetría.

dosímetro *m* (*Fís y Med*) Aparato para medir la intensidad de una radiación.

dosis *f* **1** Cantidad [de un medicamento o de un agente terapéutico] que se administra de una vez o a intervalos precisos. *Tb fig.* ■ **2** Cantidad [de droga] que se toma de una vez. *Tb fig.* ■ **3** Cantidad [de algo físico que se toma o se aplica]. ■ **4** Cantidad [de algo inmaterial].

dossier (*fr; pronunc corriente,* /dosiér/; *pl normal,* ~S) *m* Conjunto de documentos relativos a un asunto o a una pers. determinados. *Tb la carpeta que los contiene.*

dotación *f* **1** Acción de dotar. ■ **2** Conjunto de todo aquello con que [alguien o algo (*compl de posesión*)] está dotado (→ DOTAR [2, 3 y 4]). **b)** Conjunto de perss. con que está dotado [algo, esp. una institución o empresa (*compl de posesión*)]. **c)** Conjunto de perss. al servicio [de un buque o de otro vehículo, esp. militar o policial]. **d)** (*Mil*) Conjunto de municiones y material asignado a una pers.

dotacional *adj* De (la) dotación.

dotado -da *adj* **1** *part* → DOTAR. ■ **2** Que tiene [una determinada cualidad (*compl* DE)]. **b)** [Pers.] que tiene dotes o cualidades especiales. *Frec con un compl* PARA. **c) bien ~.** [Pers. o animal] que tiene buenas cualidades físicas. *Gralm con intención ponderativa y referido a los caracteres sexuales.*

dotal *adj* (*Der*) De (la) dote [1]. **b)** [Régimen matrimonial] en que los únicos bienes sujetos a la administración del marido son los dotales y no los parafernales.

dotar *tr* **1** Otorgar dote [1] [a una mujer (*cd*)]. *Tb abs.* ■ **2** Hacer que [algo (*cd*), esp. una institución o una empresa] disponga de los recursos y del personal necesarios para su funcionamiento. ■ **3** Asignar [una cantidad determinada de dinero (*compl* CON) a un premio o a un puesto (*cd*)]. ■ **4** Hacer que [alguien o algo (*cd*)] pase a tener [algo (*compl* DE *o* CON)].

dote A *f* (*o, más raro, m*) **1** Conjunto de bienes o dinero que aporta una mujer al matrimonio. **b)** Conjunto de bienes o dinero que entrega al convento una religiosa al profesar. **c)** Cantidad extraordinaria que recibe una mujer al cesar en su trabajo por razón de matrimonio.
B *f pl* **2** Cualidades [de una pers.].

doublé (*fr; pronunc corriente,* /dublé/) *m* Metal dorado o plateado.

do ut des (*lat; pronunc,* /dó-ut-dés/) *fórm or* Indica que el móvil de la acción es la esperanza de reciprocidad. * Esta negociación tiene el riesgo del "do ut des".

dovela *f* (*Arquit*) Pieza en forma de cuña de las que constituyen un arco o una bóveda.

dovelado -da *adj* (*Arquit*) Que tiene arco con dovelas.

dovelaje *m* (*Arquit*) Conjunto de (las) dovelas.

Down. síndrome de ~ → SÍNDROME.

doxología *f* (*Rel crist*) Himno o fórmula de glorificación a Dios, esp. a la Santísima Trinidad.

doxológico -ca *adj* (*Rel crist*) De (la) doxología.

dozavo -va I *adj* **1** (*raro*) Doceavo. *Tb n m.*
II *m* **2** *En un libro, folleto, etc*: Tamaño de la doceava parte de un pliego, aproximadamente. *Gralm precedido de la prep* EN.

dracena *f* Se da este *n* a varias plantas del gén *Dracaena*, cultivadas frec como ornamentales.

dracma *f* (*o m*) **1** Unidad monetaria griega. ■ **2** (*hist*) Moneda de plata de la antigua Grecia, usada también en Roma.

draconiano -na *adj* [Ley o medida gubernativa] muy severa o cruel.

draconítico -ca *adj* (*Astron*) [Mes o revolución lunar] que transcurre entre dos pasos consecutivos de la Luna por su nodo ascendente.

draft (*ing; pronunc corriente,* /draft/) *m* **1** (*Balonc*) Selección de jugadores para pasar a formar parte del equipo de la NBA (Asociación Nacional de Baloncesto de Estados Unidos). ■ **2** (*Informát*) Borrador.

draga *f* **1** Aparato para excavar y limpiar la arena, grava o cieno del fondo de una masa o corriente de agua. *Tb la embarcación en que está instalado.* ■ **2** (*Pesca*) Red en forma de bolsa, provista de un rascador en su parte inferior, usada para pescar molusco.

dragado *m* Acción de dragar.

dragalina *f* Máquina excavadora y transportadora, que se usa esp. para dragar el lecho de los ríos y beneficiar bancos de arena y grava.

dragaminas *m* Buque destinado a recoger y destruir minas[1] (explosivos).

dragante[1] *m* (*Mar*) Madero grueso y cuadrado al pie del palo trinquete, en el que descansa el bauprés.

dragante[2] *m* (*Heráld*) Cabeza de dragón con la boca abierta, mordiendo o tragando algo.

dragar *tr* Excavar o limpiar con draga [1] [un lugar]. *Tb abs.*

drago *m* Árbol de gran tamaño, típico de Canarias, con hojas en penacho en el extremo del tallo, flores en panoja y fruto en baya, del que se extrae una resina rojiza usada en medicina (*Dracaena draco*).

dragón *m* **1** Animal fabuloso de gran tamaño y ferocidad, con forma de reptil con alas y garras y que vomita fuego. *A veces en la iconografía cristiana simboliza al demonio.* ■ **2** Reptil saurio de pequeño tamaño, con dos expansiones cutáneas laterales a modo de alas (*Draco volans*). *Tb* ~ VOLANTE. ■ **3** Planta perenne de hojas lanceoladas y flores en racimo frec. de color rosado, aunque en jardinería se cultivan variedades de todos los colores (*Antirrhinum majus*). ■ **4** Pez marino de cuerpo alargado, cabeza grande con dos ojos en el dorso y grandes aletas dorsales (*Calliokymus pusillus* o *C. admirabilis*). *Tb* ~ MARINO. *Tb designa algunas especies del gén Trachinus.* ■ **5** (*Mar*) Velero de regatas con aparejo de balandro, con una eslora total de 8,90 m, manga de 1,96 m y desplazamiento de 1.960 kg. ■ **6** (*hist*) Soldado de caballería, que combate también a pie.

dragoncillo *m* Dragón (planta, *Antirrhinum majus*). *Tb designa otras especies del mismo gén y otros.*

dragontea *f* Se da este *n* a las plantas herbáceas *Arum dracunculus* y *Arisarum vulgare, tb* ~ MAYOR *y* MENOR, *respectivamente.*

draisiana *f* (*hist*) Instrumento de locomoción de dos ruedas, antecedente de la bicicleta.

drakar (*sueco; pronunc corriente,* /drákar/; *tb con la grafía* **drakkar**; *pl normal,* ~s) *m* (*hist*) Embarcación escandinava de vela y remo, característica de los vikingos.

dralón (*n comercial registrado*) *m* Fibra textil artificial acrílica.

drama I *m* **1** Obra literaria escrita para ser representada. **b)** ~ **litúrgico** → LITÚRGICO. ■ **2** Obra teatral de tono serio. *Tb el género constituido por estas obras.* ■ **3** Suceso o situación lamentable. II *loc v* **4** **hacer un** ~ [de algo]. (*col*) Considerar[lo] un drama [3] cuando en realidad tiene poca importancia.

dramáticamente *adv* De manera dramática [1, 2 y 3].

dramaticidad *f* Dramatismo.

dramático -ca I *adj* **1** De(l) drama. **b)** De (la) creación de dramas [1 y 2]. ■ **2** Que tiene carácter de drama [3]. *Frec con intención ponderativa.* ■ **3** Que emociona o conmueve vivamente. ■ **4** (*TLit*) [Poesía] en que se expone una acción o un conflicto a través de unos personajes que normalmente los representan en un escenario. ■ **5** (*TLit*) [Comedia] que tiene elementos de drama [2]. ■ **6** Espectacular. II *f* **7** (*TLit*) Género dramático [1].

dramatismo *m* Cualidad de dramático, *esp* [1, 2 y 3].

dramatis personae (*lat; pronunc,* /drámatis-persóne/) *loc n* **A** *f pl* **1** Personajes de una obra teatral. *Tb fig.* **B** *m* **2** Lista de los personajes de una obra teatral.

dramatizable *adj* Que se puede dramatizar.

dramatización *f* Acción de dramatizar. *Tb su efecto.*

dramatizante *adj* Que dramatiza.

dramatizar *tr* **1** Dar forma de drama [1] [a algo (*cd*)]. ■ **2** Hacer dramático [2 y 3] [algo (*cd*)]. *Tb abs. Frec con intención desp, denotando exageración.*

dramaturgia *f* **1** Arte de escribir dramas [1]. ■ **2** Conjunto de dramas [1 y 2] [de un autor o de una época]. ■ **3** Adaptación y montaje de una obra teatral.

dramatúrgico -ca *adj* De (la) dramaturgia.

dramaturgo -ga *m y f* **1** Autor de dramas [1 y esp. 2]. ■ **2** Pers. que adapta y monta una obra de teatro.

dramón *m* (*col, desp*) Drama [2 y 3] en que se exageran los aspectos penosos.

drapeado *m* Acción de drapear. *Tb su efecto.*

drapear *tr* Hacer pliegues sueltos y armoniosos [en una prenda o en un tejido (*cd*)]. *Frec en part.*

drásticamente *adv* De manera drástica [1].

drástico -ca I *adj* **1** Sumamente enérgico. *Dicho esp de medida o remedio.* **b)** Muy estricto o riguroso. **c)** Muy importante o sustancial. *Dicho esp de rebaja.* II *m* **2** (*Med*) Purgante enérgico.

drávida *adj* [Individuo] no indoeuropeo aborigen de la India, del pueblo que en la actualidad ocupa la región del sur. *Tb n.*

dravidiano -na *adj* Dravídico.

dravídico -ca I *adj* **1** De (los) drávidas. *Esp referido a lengua.* II *m* **2** Lengua dravídica [1].

dravita *f* (*Mineral*) Variedad de turmalina de color pardo rojizo o negruzco.

drawback (*ing; pronunc corriente,* /dróbak/; *tb con la grafía* **draw-back**) *m* (*Econ*) Devolución, en el momento de exportar un producto, de los derechos arancelarios correspondientes a las materias primas empleadas en él.

drea *f* (*col*) Pedrea (pelea a pedradas).

dream team (*ing; pronunc corriente,* /drím-tím/) *m* (*Dep*) Equipo formado por jugadores estrella. *Tb fig, fuera del ámbito técn.*

drear *tr* (*col*) Apedrear.

drecera *f* (*raro*) Fila o hilera en línea recta.

dren *m* (*Constr*) Tubería con la superficie superior permeable, que se utiliza para sanear un terreno.

drenaje *m* **1** Acción de drenar. *Tb su efecto.* ■ **2** Tubo o conjunto de tubos u otros medios para drenar. ■ **3** Salida o pérdida continuada [de algo]. *Tb sin compl, por consabido.*

drenar A *tr* **1** Sanear [un terreno] dando salida al exceso de agua. ■ **2** (*Med*) Asegurar la salida de líquidos [de una herida, un absceso o una cavidad (*cd*)]. ■ **3** Sacar [el agua excesiva o inconveniente (*cd*) de un lugar]. ■ **4** (*lit*) Dar salida [a algo negativo o perjudicial (*cd*)]. **B** *intr* **5** Tener [un terreno (*suj*)] buena salida del agua sobrante.

dríada *f* (*Mitol clás*) Dríade.

dríade *f* (*Mitol clás*) Ninfa de los árboles. *Frec se la identifica con la hamadríade.*

driblar *tr* **1** (*Fút*) Sortear hábilmente [al adversario], controlando la pelota e impulsándola con pequeños toques. *Tb abs. A veces en otros deportes de balón.* ■ **2** *En gral:* Sortear o esquivar.

dribling (*pronunc corriente, /dríblin/; pl normal, ~s*) *m* (*Fút*) Acción de driblar. *A veces en otros deportes de balón.*

dril *m* Tela fuerte, de hilo de algodón, con ligamento de sarga.

drink (*ing; pronunc corriente, /drink/; pl normal, ~s*) *m* Copa o trago.

dripping (*ing; pronunc corriente, /drípin/*) *m* (*Pint*) Técnica que consiste en verter colores fluidos sobre la tela extendida en el suelo. *Tb el cuadro así realizado.*

drive (*ing; pronunc corriente, /dráib/; pl normal, ~s*) *m* (*Dep, esp tenis y golf*) Golpe fuerte y directo.

drive-in (*ing; pronunc corriente, /dráibin/; pl invar*) *m* Establecimiento público, esp. cine o restaurante, en que los clientes permanecen en sus automóviles mientras utilizan los servicios correspondientes. *A veces en aposición.*

driver (*ing; pronunc corriente, /dráiber/; pl normal, ~s*) *m* **1** (*Golf*) Palo de madera con que se da el primer golpe. ■ **2** (*Informát*) Programa asociado a un periférico, esp. a una impresora, y que permite el control del mismo.

driza *f* (*Mar*) Cuerda empleada para izar y arriar velas, vergas, banderas o gallardetes.

droga *f* **1** Sustancia química, natural o sintética, esp. estimulante o narcótica, capaz de provocar alteraciones en el equilibrio psicofísico de quien la consume. *Esp designa la que crea hábito.* **b)** Pers. o cosa grata que acaba por convertirse en un hábito de efectos negativos al que es muy difícil renunciar. *Frec con intención ponderativa.* **c)** ~ **del amor.** Éxtasis (droga). ■ **2** Sustancia empleada en farmacia, pintura, limpieza y ciertos usos industriales. ■ **3** (*raro*) Medicamento. ■ **4** (*raro*) Embuste o mentira.

drogadicción *f* Adicción a las drogas [1a].

drogadicto -ta *adj* [Pers.] adicta a la droga [1a]. *Tb n.*

drogado *m* Acción de drogar.

drogar *tr* Administrar droga [1a] [a alguien (*cd*)]. *Frec el cd es refl.*

drogata (*jerg*) A *m y f* **1** Pers. adicta a la droga [1a]. **B** *m* **2** Argot de los drogadictos.

drogodependencia *f* Drogadicción.

drogodependiente *adj* Drogadicto. *Tb n.*

drogomanía *f* (*raro*) Drogadicción.

drogota (*jerg*) A *m y f* **1** Drogata o drogadicto. **B** *m* **2** Drogata, o argot de los drogadictos.

droguería *f* **1** Establecimiento en que se venden productos químicos y esp. de limpieza e higiene. ■ **2** Industria o comercio de las drogas [2]. ■ **3** Drogas, o conjunto de drogas [2].

droguero -ra *m y f* Pers. que posee o atiende una droguería [1].

droguete *m* (*Tex*) Tela de seda adornada con un dibujo producido por un hilo suplementario.

dromedario *m* Mamífero de la familia del camello, con una sola giba, usado en Arabia y en el norte de África como animal de silla o carga (*Camelus dromedarius*).

drop (*ing; pronunc corriente, /drop/; pl normal, ~s*) *m* (*Rugby*) Disparo con el pie al botar la pelota en el suelo.

dropar *tr* (*Golf*) Dejar caer verticalmente [la pelota] cuando ha caído en un lugar en el que es imposible golpearla. *Tb abs.*

drope *m* (*raro*) Hombre despreciable.

drop-out (*ing; pronunc corriente, /dróp-aut/; pl normal, ~s*) *m* (*raro*) Marginado.

drosera (*tb drósera*) *f* Planta herbácea carnívora, propia de lugares pantanosos (gén. *Drosera*, esp. *D. rotundifolia*).

droserácea *adj* (*Bot*) [Planta] de la familia de la drosera, cuyas especies pertenecen mayoritariamente al gén. *Drosera. Frec como n f en pl, designando este taxón botánico.*

drugstore (*ing; pronunc corriente, /drástor/*) *m* (*hoy raro*) Centro comercial, que incluye restaurante y cafetería, abierto día y noche.

druida *m* (*hist*) Sacerdote de los antiguos celtas. *Frec en pl, designando su casta.*

druídico -ca *adj* (*hist*) De (los) druidas.

druidismo *m* (*hist*) Religión de los druidas.

drupa *f* (*Bot*) Fruto indehiscente y carnoso con endocarpio leñoso, que encierra una sola semilla.

drusa *f* (*Mineral*) Agregado de cristales en el interior de una cavidad de un mineral o de una roca.

druso -sa *adj* [Individuo] de una comunidad étnico-religiosa de Siria y el Líbano, que profesa una religión similar a la musulmana. *Tb n.* **b)** De (los) drusos.

dry (*ing; pronunc corriente, /drái/*) *m* Combinación de vermut blanco seco y ginebra. *Gralm* ~ MARTINI (*o* MARTINI).

dry farming (*ing; pronunc corriente, /drái-fármin/*) *m* (*Agric*) Sistema de cultivo de zonas áridas o semiáridas, basado esp. en la reducción de la evaporación.

dseta *f* Letra del alfabeto griego que representa el sonido [ds]. (V. PRELIM.)

dual *adj* **1** Que se refiere a dos individuos o elementos, o está constituido por ellos. **b)** Que tiene doble finalidad. **c)** (*TV*) [Sistema] que al emitir películas permite seleccionar la banda de sonido en versión original o doblada. *Tb n m.* ■ **2** (*Ling*) [Número] que expresa dos perss. o cosas. *Frec n m.*

dualidad *f* Condición de dual [1]. **b)** Coexistencia de dos elementos distintos.

dualismo *m* **1** (*Filos y Rel*) Doctrina que admite la existencia de dos principios esencialmente irreductibles. ■ **2** Dualidad.

dualista *adj* De(l) dualismo o que lo implica. **b)** (*Filos y Rel*) Adepto al dualismo [1]. *Tb n.*

dualización *f* (*raro*) Acción de dualizar. *Tb su efecto.*

dualizar *tr* (*raro*) Dividir [algo] en dos.

duatleta *m y f* (*Dep*) Atleta que compite en un duatlón.

duatlón *m* (*Dep*) Prueba atlética que consiste en una carrera dividida en dos fases, una a pie y otra en bicicleta.

dubio *m* (*Der, esp eclesiástico*) Duda o asunto cuestionable.

dubitable *adj* (*lit*) Dudoso o que ofrece duda.

dubitación *f* (*lit*) Duda (hecho de dudar).

dubitado -da *adj* **1** *part* → DUBITAR. ■ **2** (*lit*) Dudoso o que ofrece duda.

dubitante *adj* (*lit*) **1** [Pers.] que tiene o muestra duda. ■ **2** [Cosa] que denota o implica duda.

dubitar *intr* (*lit, raro*) Dudar.

dubitativamente *adv* De manera dubitativa [2].

dubitativo -va *adj* **1** [Pers.] que tiene o muestra duda. ■ **2** [Cosa] que denota o implica duda.

duble *m* (*Juegos*) Variedad del juego de la comba, en que en determinados momentos se mueve la cuerda con más velocidad y es preciso salvarla con un salto especial. *Gralm en pl.*

dublinense *adj* Dublinés. *Tb n.*

dublinés -sa *adj* De Dublín. *Tb n, referido a pers.*

ducado[1] *m* **1** Título de duque. ■ **2** Territorio vinculado a un título de duque [1 y 2] o sometido a la autoridad de un duque [4].

ducado[2] *m* (*hist*) **1** Moneda de oro acuñada por los venecianos en el s. XIII e imitada en distintos estados, entre ellos en Castilla a partir de los Reyes Católicos. **b)** Unidad de cuenta, de valor variable según las épocas.

ducal *adj* De(l) duque [1, 2 y 4].

ducentésimo -ma *adj* (*lit*) Que ocupa un lugar inmediatamente detrás o después del centésimo nonagesimonoveno.

ducha *f* **1** Proyección de agua (o a veces otro líquido) sobre el cuerpo, en forma de lluvia o chorro, con fines higiénicos o terapéuticos. **b)** Proyección de agua que moja completamente a alguien o algo. *Frec con intención humoríst, denotando inoportunidad.* **c)** ~ **escocesa** → ESCOCÉS. ■ **2** Instalación o aparato destinado a la ducha [1a]. **b)** ~ (**de**) **teléfono** → TELÉFONO. ■ **3** ~ (**de agua**) **fría.** Dicho o hecho que apaga el entusiasmo o la ilusión.

duchar *tr* Dar una ducha [1] [a alguien (*cd*)]. *Frec el cd es refl.*

ducho -cha *adj* Experto [en algo].

duco (*n comercial registrado*) *m* Laca de nitrocelulosa, utilizada en pintura con pistola. *Frec en la constr* PINTURA AL ~.

dúctil *adj* **1** [Metal] que se puede estirar en hilos o sufrir otras deformaciones mecánicas sin romperse. ■ **2** [Pers.] que sabe acomodarse o adaptarse con facilidad. **b)** [Cosa] que puede acomodarse o adaptarse con facilidad.

ductilidad *f* Cualidad de dúctil.

ductor -triz *m y f* (*lit, raro*) Conductor o guía.

duda **I** *f* **1** Estado anímico propio de quien no sabe qué creer o cómo actuar. *A veces con un compl* DE, SOBRE, ACERCA DE *o* ENTRE, *que expresa aquello que produce tal estado. Tb en pl con intención expresiva.* **b)** Actitud mental propia de quien no acepta ni rechaza los grandes dogmas de carácter religioso o filosófico. ■ **2** Cuestión que implica duda [1].
II *loc v y fórm or* **3 la ~ ofende.** (*col*) Fórmula con que se confirma enfáticamente algo sugerido como duda [2]. * –¿Tú también vienes? –La duda ofende. ■ **4 no caber** (*o* **haber**) ~ (*o* **la menor, la más mínima,** *o* **ninguna, ~**) [de algo]. Ser [eso] absolutamente cierto. *A veces* (*col*), *cuando el compl es una prop, no lleva prep. A veces se omite el compl, por consabido. Frec con un compl de interés.* **b) qué ~ cabe** [de algo (*prop con* QUE)]. No cabe duda [de ello]. *A veces* (*col*) *el compl no lleva prep. A veces se omite el compl, por consabido.* ■ **5 poner en ~** [algo]. Dudar [2] [de ello]. ■ **6 salir de ~s.** Adquirir certeza absoluta. ■ **7 ser** (*o* **estar hecho**) **un mar de ~s** → MAR[1].
III *loc adv* **8 fuera de** (**toda**) **~.** En situación de absoluta certeza o seguridad. *Gralm con los vs* ESTAR *o* QUEDAR. ■ **9 sin ~.** Con toda seguridad. *Tb* SIN LA MENOR ~, *esp con intención enfática.* **b)** Con toda probabilidad. ■ **10 sin lugar a ~s** → LUGAR.

dudable *adj* (*raro*) Que se puede dudar [1].

dudar **I** *v* **A** *tr* **1** Tener duda [1] [de algo (*cd*)]. *A veces el cd es una prop con* QUE *o* SI. **b) lo dudo.** *Fórmula con que se manifiesta incredulidad ante lo dicho por otro.* * –Mañana entregan el trabajo. –Lo dudo; ayer les faltaba bastante. **c) no lo dudes.** *Fórmula con que se confirma lo dicho por uno mismo o por otro, o se estimula a otro a la acción.* * Pepe, no lo dudes, es el hombre indicado. **d) no lo dudo.** *Fórmula con que se manifiesta adhesión a lo que otro acaba de decir o con que se reafirma lo dicho por uno mismo.* * Es buena persona, no lo dudo, pero un poco tramposo. **e) quién lo duda.** *Se usa como afirmación o asentimiento enfáticos.* * Poco trabajo y buen sueldo. ¿Quién lo duda? Eso lo queremos todos.
B *intr* **2** Tener duda [1] [de algo (*compl* DE, SOBRE, ACERCA DE, ENTRE *o* EN)]. *Tb sin compl, por consabido.* ■ **3** Tener duda [1] acerca de la honradez o sinceridad [de alguien]. ■ **4** Mostrar indecisión al actuar.
II *loc adv* **5 a no ~(lo).** (*lit*) Sin duda.

dudosamente *adv* De manera dudosa [2]. *Se usa eufemísticamente antepuesto a un adj que expresa una cualidad positiva, para denotar justamente lo contrario.* * Un negocio dudosamente legal.

dudoso -sa *adj* **1** [Pers.] que tiene o muestra duda [1]. ■ **2** [Cosa] que causa duda [1]. **b)** *Se usa eufemísticamente precediendo a un n que expresa algo positivo, para denotar justamente lo contrario.* ■ **3** [Cosa] que denota o implica duda [1].

duela[1] *f* Tabla de las que forman la parte curva de una cuba o barril.

duela[2] *f* Gusano que vive parásito en el hígado del carnero y del toro (*Fasciola hepatica*). *Tb* ~ DEL HÍGADO.

duelista *m* (*hist*) Hombre que combate en duelo[2] [1].

duelístico -ca *adj* (*hist o lit*) De(l) duelo[2].

duelo[1] **I** *m* **1** Pena o dolor por la muerte de alguien. *Tb su manifestación formal.* **b)** *En gral:* Pena o do-

lor. **c)** ~ **sobre** ~. Acumulación de sucesos tristes. ■ **2** Conjunto de perss. que asisten al entierro o funerales de alguien. ■ **3** ~**s y quebrantos**. (*hist*) Fritada de huevos y torreznos o sesos.
II *loc adv* **4 sin** ~. Sin tasa ni miramiento.

duelo[2] *m* **1** (*hist*) Combate entre dos individuos, con arreglo a unas normas establecidas, para resolver una cuestión de honor. ■ **2** (*lit*) Lucha o enfrentamiento entre dos perss. o partes. *Frec el enfrentamiento es dialéctico. Tb fig.*

duende *m* **1** Espíritu que la gente cree que habita en determinados lugares, causando ruidos o trastornos o haciendo travesuras. **b)** ~ **de imprenta**. (*humoríst*) Ser imaginario a quien se atribuye la responsabilidad de las erratas o errores tipográficos. **2** Personaje propio de los cuentos infantiles, en forma de hombrecillo viejo o de niño, que con sus travesuras altera, para bien o para mal, la vida de los hombres. *Frec en la forma* DUENDECILLO. ■ **3** (*col*) Gracia o encanto especial.

duendo -da *adj* (*reg*) [Vaca o novillo] manso. *Tb fig, referido a pers.*

dueño -ña I *n* **A** *m y f* **1** Pers. que tiene la facultad legal de usar o disponer a su voluntad [de algo o de alguien (*compl de posesión*)]. *Referido a pers, hoy solo en sent fig. Tb en la constr ponderativa* ~ Y SEÑOR. **b)** Pers. que tiene o posee [algo (*compl de posesión*)]. ■ **2** Pers. que puede imponer su voluntad [en un lugar o unas circunstancias determinados (*compl de posesión*)]. *Frec en la constr* ~ DE LA SITUACIÓN. *Tb en la constr ponderativa* ~ Y SEÑOR.
B *f* **3** (*hist*) Mujer de cierta edad, encargada de servir y acompañar a la señora o a las jóvenes de una casa principal, o estar al frente de la servidumbre. ■ **4** (*reg*) Doncella (sirvienta).
II *adj* **5** ~ **de sí** (*mismo*). [Pers.] capaz de dominar sus emociones o impulsos y actuar con reflexión. *Frec con el v* SER. ■ **6** ~ **de sus actos**. [Pers.] consciente y responsable de su propio comportamiento. *Frec con el v* SER.
III *loc v* **7 poner** [a alguien o algo] cual (*o* como) **digan** (*o* **no digan**) **dueñas**. (*lit*) Hablar muy mal [de ellos]. ■ **8 ser** [alguien] (**muy**) ~ [de hacer algo]. Tener perfecto derecho [a ello]. *En frases de crítica o aprobación de determinada conducta.*

duermevela *m o f* Sueño ligero en que no se termina de perder la consciencia, o que se interrumpe a menudo.

duerno *m* (*Bibl e Impr*) Conjunto de dos pliegos metidos uno dentro de otro.

dueto *m* (*Mús*) **1** Dúo cantado. ■ **2** Conjunto formado por dos instrumentos musicales.

duetto (*it; pronunc corriente, /duéto/*) *m* (*Mús*) Dueto.

duffle-coat (*ing; pronunc corriente, /dáfel-kout/; pl normal,* ~s) *m* (*raro*) Trenca (prenda de abrigo).

dugón *m* Mamífero acuático propio del océano Índico, semejante al manatí pero con cola bilobulada (*Dugong dugon*).

dugongo *m* Dugón.

dujo *m* (*reg*) **1** Colmena hecha con un tronco de árbol. ■ **2** Cierto recipiente de cerámica destinado a varios usos.

dula *f* **1** Conjunto de cabezas de ganado, esp. caballar, que los vecinos de un pueblo envían a pastar a un terreno comunal. ■ **2** (*reg*) Turno de riego.

dular *adj* De (la) dula.

dulcamara *f* Planta trepadora, de flores violáceas en corimbos y fruto en baya roja del tamaño de un guisante, usada en medicina como depurativo (*Solanum dulcamara*).

dulce I *adj* **1** [Sabor] suave y agradable, típico del azúcar o de la miel. *Tb n m.* **b)** Que tiene sabor dulce. ■ **2** [Cosa, esp. alimento o bebida] que, respecto a otras del mismo tipo, tiene un sabor más suave o más azucarado. **b)** [Agua] de bajo contenido en sal. *Se opone a* SALADA. **c)** [Caña] ~ –> CAÑA. ■ **3** Grato o agradable, esp. por su suavidad. ■ **4** Suave (poco intenso, o carente de brusquedad o violencia). ■ **5** [Pers.] de trato afectuoso y modales suaves. **b)** Propio de la pers. dulce. ■ **6** [Hueso] del cóccix. ■ **7** [Flauta] que se toca soplando en la dirección de su longitud. ■ **8** [Metal] purificado, dúctil y maleable, que se labra con facilidad. ■ **9** [Talla] hecha sobre metal con buril. ■ **10** (*Med*) [Técnica] que se considera menos arriesgada o dañina que la tradicional. ■ **11 de** ~. (*col*) Muy bueno. *Tb adv.* ■ **12 en** ~. [Jamón] cocido en vino blanco, que se toma como fiambre. *A veces,* JAMÓN ~. ■ **13** [Pera o perita] **en** ~ –> PERA.
II *m* **14** Cosa de comer hecha con azúcar o miel. ■ **15** Fruta cocida con azúcar o almíbar. *Alguna vez se da este n a preparados similares hechos con huevo.*

dulceacuícola *adj* (*E*) Que vive en agua dulce [2b].

dulceamargo -ga *adj* (*lit*) Que es a la vez dulce y amargo. *Tb fig.*

dulcedumbre *f* (*lit*) Dulzura. *Esp en sent fig.*

dulcémele *m* (*Mús, hist*) Instrumento medieval parecido al salterio y que se toca con dos palillos.

dulcemelos *m* (*Mús, hist*) Dulcémele.

dulcemente *adv* De manera dulce [3, 4 y 5b].

dulcería *f* Confitería.

dulcero -ra I *adj* **1** Aficionado a los dulces [14].
II *n* **A** *m y f* **2** Confitero (pers. que fabrica o vende dulces).
B *f* **3** Vasija, gralm. de cristal, en que se guarda y sirve dulce [15].

dulciamargo -ga *adj* (*lit*) Dulceamargo. *Tb fig.*

dulcificación *f* Acción de dulcificar(se).

dulcificante *adj* Que dulcifica.

dulcificar *tr* Hacer dulce o más dulce [3, 4 y 5] [algo o a alguien (*cd*)]. **b)** *pr* (~**se**) Hacerse dulce o más dulce.

dulcimer *m* Instrumento folclórico estadounidense, de forma elíptica y con tres o cuatro cuerdas, que se pulsan o rasguean.

dulero *m* Pastor o guarda de la dula [1].

dulía *f* (*Rel catól*) Culto que se da a los santos y a los ángeles.

dulleta *f* (*hoy raro*) Prenda eclesiástica de abrigo, que se usa encima de la sotana.

dulzaina[1] *f* Instrumento músico de viento, de carácter popular, semejante al oboe y de sonido muy penetrante.

dulzaina[2] *f* (*desp, raro*) Dulce o golosina.

dulzainero -ra *m y f* Pers. que toca la dulzaina[1].

dulzaino -na *adj* (*desp*) Dulce o que tira a dulce [1].

dulzarrón -na *adj* (*desp*) Muy dulce [1, 3, 4 y 5].

dulzón -na *adj* (*desp*) Dulce [1, 3, 4 y 5].

dulzonamente *adv* (*desp*) De manera dulzona.

dulzor *m* Cualidad de dulce [1 y, raro, 3, 4 y 5].

dulzura *f* Cualidad de dulce [3, 4, 5 y, más raro, 1].

duma (*gralm con mayúscula*) *f* Asamblea legislativa rusa. **b)** (*hist*) Asamblea legislativa establecida por el Zar Nicolás II en 1905.

dum-dum *adj invar* [Bala] que se fragmenta en el momento del impacto y produce terribles heridas.

dumio *m* (*Bibl*) Libro ficticio que sirve para señalar en los estantes las divisiones de materias de los libros, o para suplir un libro real que ha sido retirado temporalmente.

dummy (*ing; pronunc corriente,* /dúmi/; *pl normal,* DUMMIES *o invar*) *m* (*Autom*) Muñeco utilizado en las pruebas de choques de automóviles.

dumper (*ing; pronunc corriente,* /dúmper/; *pl normal,* ~s) *m* Volquete.

dumping (*ing; pronunc corriente,* /dúmpin/) *m* (*Econ*) Venta de un producto en el mercado exterior a un precio inferior al del interior, y a veces incluso al de coste, a fin de eliminar competencia. *Tb fig.*

duna *f* Montículo de arena causado por el empuje del viento en las playas o desiertos arenosos.

dunar *adj* De (las) dunas.

dunita *f* (*Mineral*) Roca cristalina básica, compuesta esencialmente de olivino.

dúo I *m* **1** Composición o parte musical que se canta o toca entre dos. ▪ **2** Conjunto de dos personas que cantan o tocan a dúo [4]. ▪ **3** (*Metal*) Laminador que solamente consta de dos cilindros. **II** *loc adv* **4 a ~.** Entre dos perss. *Referido a tocar o cantar. Tb adj. Tb fig, fuera del ámbito musical.* **b)** Diciendo o haciendo la misma cosa dos personas a la vez.

duodécimo -ma I *adj* **1** Que ocupa un lugar inmediatamente detrás o después del undécimo. *Frec el n va sobrentendido.* **II** *f* **2** (*TLit*) Estrofa de doce versos. **III** *adv* **3** En duodécimo [1] lugar.

duodenal *adj* (*Anat*) De(l) duodeno.

duodeno *m* (*Anat*) *En los mamíferos:* Primera porción del intestino delgado.

duopolio *m* (*Econ*) Régimen en que dos empresas o grupos de empresas explotan una industria o comercio.

dupion (*ing; pronunc corriente,* /dúpion/) *m* Tejido de seda hecho de los hilos de capullos dobles.

dúplex *adj* **1** Doble. **b)** [Piso o apartamento] constituido por dos superpuestos y con escalera interior. *Gralm n m.* **c)** [Relación sexual] entre un hombre y dos mujeres, o viceversa. *Frec n m.* ▪ **2** [Sistema técnico, esp. de comunicación] que puede actuar simultáneamente en ambas direcciones. *Tb n m.*

dúplica *f* (*Der*) Contestación a la réplica del demandante. *Frec fig, fuera del ámbito técn.*

duplicación *f* Acción de duplicar(se).

duplicado -da I *adj* **1** *part* → DUPLICAR. ▪ **2** Segundo de los elementos [de una cosa doble]. *Tb n m, esp referido a la copia o ejemplar doble de un documento.* **II** *loc adv* **3 por ~.** Dos veces, o en dos copias. *Tb adj.*

duplicador -ra *adj* Que duplica, *esp* [3]. *Frec n, m y f, referido a pers y esp a máquina o aparato.*

duplicar A *tr* **1** Multiplicar por dos [algo]. *Tb fig, con intención ponderativa.* **b)** *pr* (~se) Pasar [algo] a ser dos veces mayor. *Tb fig, con intención ponderativa.* ▪ **2** Ser [una cantidad] dos veces mayor [que otra (*cd*)]. ▪ **3** Hacer [algo] doble (formado por dos elementos gemelos). **b)** Hacer copia [de algo (*cd*), esp. de un documento]. B *intr* **4** (*Der*) Hacer una dúplica. *Tb fig, fuera del ámbito técn.*

dúplice *adj* (*lit*) Doble. **b)** (*hist*) [Monasterio o convento] en que existe una comunidad de monjes y otra de monjas.

duplicidad *f* Condición de dúplice.

duplo -pla *adj* (*raro*) [Cantidad] dos veces mayor. *Más frec como n m.*

duque -sa A *m y f* **1** Pers. con el título de nobleza más alto. ▪ **2 gran ~.** Príncipe de la familia imperial rusa. B *m* **3** Marido de la duquesa [1 y 2]. ▪ **4** (*hist*) *En la Edad Media:* Pers. que gobierna una circunscripción administrativa de gran extensión. ▪ **5 gran ~.** Búho real. C *f* **6** Mujer del duque [1, 2 y 4].

durabilidad *f* Cualidad de durable.

durable *adj* Que puede durar mucho.

duración *f* Hecho de durar.

duraderamente *adv* De manera duradera.

duradero -ra *adj* Que dura o puede durar mucho.

dural[1] *m* (*Metal*) Duraluminio.

dural[2] *adj* (*Anat*) De la duramadre.

duralex (*n comercial registrado*) *m* Material plástico de gran resistencia y de aspecto semejante al del vidrio, utilizado esp. para vajilla. *Tb el conjunto de objetos fabricados con él.*

duraluminio (*n comercial registrado*) *m* Aleación de aluminio, cobre, magnesio, manganeso y silicio, de gran resistencia mecánica.

duramadre *f* (*Anat*) Meninge externa.

duramáter (*tb con la grafía* **dura mater**) *f* (*Anat*) Duramadre.

duramen *m* (*Bot*) Parte interna, más dura y oscura del tronco de un árbol, correspondiente a la zona ya muerta del leño.

duramente *adv* De manera dura [5, 7 y 8].

durandarte *m* (*col, hoy raro*) Duro (moneda).

durangués -sa *adj* De Durango (Vizcaya). *Tb n, referido a pers.*

durante (*con pronunc átona*) *prep* A lo largo de. *Seguido de una expresión de transcurso de tiempo.*

durar A *tr* **1** Abarcar [algo, esp. un hecho (*suj*)] una porción de tiempo (*cd*)]. *Tb abs, implicando mucho tiempo.* ▪ **2** Mantenerse o conservarse [alguien o algo a lo largo de una porción de tiempo (*cd*)]. *Tb abs, implicando mucho tiempo.* B *intr* **3** Abarcar [una porción de tiempo (*compl adv*)]. ▪ **4** (*lit*) Existir a lo largo del tiempo.

durativo -va *adj* (*Ling*) Que implica o expresa duración o continuidad.

duraznillo *m* Persicaria o pejiguera (planta).

durazno *m* Variedad de melocotón, más pequeño que el común. *A veces se identifica con este. Tb el árbol que lo produce.*

durdo *m* (*reg*) Maragota (pez).

dureza *f* **1** Cualidad de duro. **b)** (*Mineral*) Resistencia que ofrece un cuerpo a ser rayado. ■ **2** Parte dura [1a] respecto a lo que la rodea. *Esp designa las que se forman en la piel de los pies.*

duricia *f* (*raro*) Dureza [2].

duriense *adj* (*lit*) De(l) río Duero.

durillo *m* Arbusto perenne con flores blancas en corimbos y frutos azulados en drupa, cultivado a veces con fines ornamentales (*Viburnum tinus*).

durina *f* (*Vet*) Enfermedad contagiosa de los caballos, caracterizada por tumefacción de los ganglios linfáticos, inflamación genital y parálisis de los miembros posteriores.

durmiente I *adj* **1** Que duerme. *Tb n, referido a pers. Tb* (*lit*) *fig.*
II *m* **2** (E) Madero dispuesto horizontalmente para servir de apoyo a algo.

duro -ra I *adj* **1** Que ofrece mucha resistencia a la presión, o más de la normal o debida. **b)** [Huevo] cocido. **c)** [Trigo] de grano muy duro [1a], usado esp. para pastas y sémolas. **d)** (*vulg*) [Pene] en erección. *Frec en la constr* PONÉRSELE [a alguien] DURA. **e)** (*Mineral*) Que no puede ser rayado con la navaja. **f) muy ~.** (*Mineral*) Que raya el vidrio. ■ **2** Rígido o que no se puede doblar. **b)** (*Informát*) [Disco] de soporte rígido o no flexible. ■ **3** Fuerte o resistente. ■ **4** Que ofrece resistencia a la acción. **b)** Poco sensible [respecto a un sentido, esp. el oído, o respecto a una parte del cuerpo (*compl* DE)]. *A veces dicho del propio sentido o parte.* **c)** [Cabeza] torpe. *Frec en las constrs* ~ DE MOLLERA *o* DE CABEZA. **d)** [Cabeza] difícil de convencer. **e)** [Boca] **dura** → BOCA. ■ **5** Que implica penalidades o sufrimiento. **b)** Que exige gran esfuerzo o energía. **c)** Difícil. **d) ~ de pelar** → PELAR. ■ **6** Falto de suavidad o delicadeza. *Dicho esp de formas.* **b)** [Sonido] desagradable por su falta de armonía. ■ **7** Violento o intenso. **b)** [Rock] rítmicamente simple y que acentúa los caracteres propios de este género. **c)** *Se usa para ponderar lo extremadamente fuerte de lo significado por el n. A veces con intención humoríst.* ■ **8** [Pers.] exigente e inflexible. *Frec n.* **b)** Insensible o falto de indulgencia. **c)** Que actúa con violencia o falta de miramientos. **d)** Propio de la pers. dura. ■ **9** [Droga] que produce fuerte adicción. ■ **10** [Agua] que contiene exceso de sales, esp. calcáreas. ■ **11** [Jabón] de gran consistencia cuyo álcali es la sosa. ■ **12** (*Meteor*) [Viento] de velocidad entre 62 y 74 km por hora (grado 8 de la escala de Beaufort).

b) muy ~. [Viento] de velocidad entre 75 y 88 km por hora (grado 9 de la escala de Beaufort). ■ **13** (*Fís*) [Rayo] muy penetrante y con poca longitud de onda. ■ **14** (*Fon*) [Fonema] en que la resistencia de los órganos de articulación al aire espirado es alta. ■ **15** [Cara] **dura**, [mano] **dura**, [peso] ~ → CARA, MANO, PESO².
II *m* **16** Moneda (o billete) de 5 pesetas. *Frec* (*col*) *se utiliza como unidad de cuenta.* **b) ~ amadeo.** (*hist*) Moneda de plata de 5 pesetas con la efigie del rey Amadeo (1870-1873). **c) ~ sevillano.** (*hist*) Moneda falsa de plata de 5 pesetas, del reinado de Alfonso XIII (1886-1931). ■ **17** Cantidad mínima de dinero. *Gralm precedido de* UN *y en constrs negs de intención ponderativa.* ■ **18** (*col, hoy raro*) Veinte años de edad.
III *loc v y fórm or* **19 ~ que te pego.** (*col*) *Fórmula con que se expresa enfáticamente la reiteración.* * *Se pasa todo el día duro que te pego con lo mismo.* ■ **20 estar a las duras y a las maduras.** (*col*) Aceptar igualmente los aspectos positivos y negativos de algo. ■ **21 lo que faltaba para el ~.** (*col*) *Fórmula con que se comenta la presencia inesperada de un nuevo problema u otra contrariedad. A veces con un compl de interés.* * *Lo que nos faltaba para el duro, ahora la peste porcina.* ■ **22 que le den dos ~s.** (*col*) *Fórmula con que se manifiesta rechazo hacia alguien.* * *No te preocupes por él; que le den dos duros.*
IV *adv* **23** De manera dura [5, 7 y 8d]. *Alguna vez* DE ~. ■ **24 en (lo) ~.** (*Taur*) En hueso. *Gralm con el v* PINCHAR. *Tb adj.*
V *interj* **25** *Se usa para estimular a pelear o a atacar. Frec con un compl introducido por* CON. * *¡Duro con él, que ya es tuyo!*

durómetro *m* (*Fís*) Aparato para medir la dureza de los metales.

duty-free (*ing; pronunc corriente,* /diúti-fríl/; *frec con la grafía* **duty free**; *pl normal, invar*) *adj* Libre de impuestos. *Tb n, m o f, referido a tienda o comercio.*

duunvirato *m* (*hist*) Régimen de gobierno en que el poder reside en los duunviros. *Tb fig, referido a época moderna.*

duunviro *m* (*hist*) En la antigua Roma: Miembro de un gobierno compuesto por dos magistrados. *Tb fig, referido a época moderna.*

duvetina *f* (*Tex*) Tejido ligero, esp. de lana, de superficie aterciopelada.

dux (*pl normal, invar o, raro,* DUCES) *m* (*hist*) *En las repúblicas de Venecia y Génova:* Magistrado supremo.

duz *adj* (*lit, raro*) Dulce.

e

e¹ → Y.

e² *f* Letra del alfabeto (*e*, *E*), que en español corresponde al fonema /e/. (V. PRELIM.) *A veces tb se llama así el fonema representado por esta letra.*

ea *interj* **1** *Se usa para exhortar o animar.* * Ea, vámonos. ■ **2** *Se usa repetida para calmar o dormir a un niño pequeño.* * Ea, ea, chiquitín, que no es nada. ■ **3** *Se usa para apoyar enfáticamente lo que se dice.* * Que me caso este mes, ea. ■ **4** (*reg*) *Expresa asentimiento.* * –¿Esperando a tu marido? –Ea.

eagle (*ing; pronunc corriente,* /ígel/) *m* (*Golf*) Tanteo de dos golpes bajo par en un hoyo.

easonense *adj* (*lit*) Donostiarra. *Tb n.*

ebanista *m y f* Carpintero que hace muebles y otros trabajos en maderas finas.

ebanistería *f* **1** Oficio de ebanista. ■ **2** Taller de ebanista.

ébano *m* **1** *Se da este n a varios árboles del gén Diospyros, esp al D. ebenum, de madera negra y dura, muy apreciada para muebles e instrumentos de música. Tb su madera.* ■ **2** (*hist*) Esclavos negros.

ebionita *adj* (*Rel crist*) Partidario de las doctrinas de Ebión (hereje del s. I, que negaba la divinidad de Jesucristo). *Tb n.*

eblaíta *adj* (*hist*) [Lengua] semítica descubierta en tablillas en Ebla (antigua ciudad de Siria). *Tb n m.*

ebolitano -na *adj* De Éboli (Italia). *Tb n, referido a pers.*

ebonita *f* Materia plástica negra y dura, obtenida por vulcanización del caucho y utilizada esp. como aislante eléctrico.

eborario -ria **I** *adj* **1** De(l) marfil. ■ **2** [Pers.] que trabaja en marfil. *Tb n.* **II** *f* **3** Arte de trabajar en marfil.

ebriedad *f* (*lit*) Estado de ebrio.

ebrio -bria *adj* (*lit*) **1** [Pers.] que tiene la mente trastornada o turbada por haber tomado bebidas alcohólicas con exceso. *Tb n.* **b)** Propio de la pers. ebria. ■ **2** Exaltado o trastornado [por algo, esp. una fuerte sensación o emoción (*compl* DE)].

ebullente *adj* (*lit, raro*) Que está en ebullición. *Frec fig.*

ebullición *f* Acción de hervir. *Tb fig.*

ebulloscopia *f* (*Fís y Quím*) Medida de la temperatura de ebullición de un líquido.

ebulloscópico -ca *adj* (*Fís y Quím*) De (la) ebulloscopia.

ebúrneo -a *adj* (*lit*) De(l) marfil. **b)** Semejante al marfil.

eburón *adj* (*hist*) De un pueblo germánico habitante de la región comprendida entre el Rin y el Mosa. *Frec n m en pl, referido a pers.*

ebusitano -na *adj* (*lit*) De Ibiza. *Tb n, referido a pers.*

ecarté *m* (*Naipes, hist*) Juego en que cada jugador, de acuerdo con el adversario, puede descartarse de las cartas que no le interesan y recibir otras.

eccehomo (*tb con la grafía* **Ecce Homo**) *m* Imagen de Jesús azotado y coronado de espinas. **b)** *Frec se usa en constrs de sent comparativo para ponderar el aspecto maltrecho y lastimoso de una pers.*

eccema (*tb con la grafía* **eczema**) *m* (*raro, f*) Afección cutánea caracterizada por vejiguillas, rojeces y descamación.

eccematización (*tb con la grafía* **eczematización**) *f* (*Med*) Transformación en eccema.

eccematoso -sa (*tb con la grafía* **eczematoso**) *adj* De(l) eccema.

ecclesia *f* (*hist*) En la república ateniense: Asamblea constituida por todos los ciudadanos.

ecdótico -ca (*TLit*) **I** *adj* **1** De (la) crítica textual. **II** *f* **2** Crítica textual.

ecesis *f* (*Bot*) Proceso de germinación, crecimiento y reproducción de la planta.

echacantos *m* (*raro*) Hombre despreciable.

echada *f* Acción de echar(se).

echadero *m* Lugar a propósito para echarse a dormir o descansar.

echadizo -za *adj* **1** (*raro*) [Pers.] enviada disimuladamente para averiguar, hacer o divulgar algo. *Tb n.* ■ **2** (*Constr*) [Escombro o tierra] que se acumula en un lugar. *Tb n m.*

echado -da *adj* **1** *part* → ECHAR. ■ **2** Propio de la pers. echada o tumbada. ■ **3** ~ **para (a)delante.** (*col*) Atrevido o decidido. *Tb n.*

echador -ra **I** *adj* **1** Que echa, *esp* [5]. ■ **2** (*raro*) Fanfarrón. **II** *m y f* **3** ~ **de cartas.** Pers. que adivina el porvenir mediante las cartas de la baraja.

echar **A** *tr* ➤ **a** *normal* **1** Hacer salir [a alguien o algo (*cd*) de un sitio]. *Tb sin compl* DE, *por consabido.* **b)** Hacer que [alguien (*cd*)] deje de realizar [un trabajo (*compl* DE)]. *Frec sin compl* DE, *por consabido.* ■ **2** Despedir de sí [algo]. *Tb fig.* **b)** (*pop*) Parir [una hembra (*suj*) uno o más hijos]. **c)** Vomitar [algo que está en el estómago]. ■ **3** Producir o empezar a tener [un organismo (*suj*) algo (*cd*) que forma o pasa a formar parte de su naturaleza]. **b)** (*col*) Pasar a tener o usar [coche]. ■ **4** Hacer que [alguien o algo (*cd*)] vaya [a alguna parte]. **b)** Tirar o lanzar [algo a alguien o a un lugar (*ci o compl adv*)]. *Tb sin ci o compl adv, por consabido. Tb abs.* **c)** Inclinar. *Frec con compls como* PARA DELANTE, PARA ATRÁS. *Frec el cd es refl.* ■ **5** Poner [algo en un lugar (*compl adv*)], o hacer que pase a estar [en él (*compl adv*)], *normalmente dejando que caiga.* *Tb sin compl adv, por consabido.* **b)** (*Naipes*) Poner [una carta] sobre la mesa. *Tb abs.* **c)** Dejar o poner [algo en un sitio]. *Normalmente con intención desp, indicando descuido o inconsciencia.* ■ **6** Poner [una cosa a alguien o algo], o hacer que pase a tener[la]. **b)** Poner o añadir [algo]. *Frec con ci.* **c)** Poner [una cosa a alguien o algo] para que ejerza sus efectos [sobre ellos (*ci*)]. **d)** *Tb en sent moral, frec con un ci indeterminado que designa vagamente la situación.* * Hay que echarle mucha imaginación a la cosa. ■ **7** Poner [algo] al alcance [de alguien (*ci*)] para que se lo coma o beba, o actúe con ello a su placer. **b)** Dar [alimento a los animales]. ~ COMIDA, o DE COMER, *referido a perss, es humoríst.* ■ **8** Poner [la hembra (*cd*)] al alcance [del macho (*ci*)] para que la fecunde. **b)** Poner [un animal macho (*cd*) con una o más hembras (*ci*)] para que las fecunde. ■ **9** (*col*) Poner [algo o a alguien a unas pers. (*ci*)] para que se enfrente [con ellos (*cd*)]. *Tb fig.* ■ **10** Depositar [una carta o algo similar en el buzón (*compl* A o EN)]. *Frec sin compl de lugar.* ■ **11** (*pop*) Presentar [una solicitud o algo similar]. ■ **12** Tender o tumbar [a alguien en un sitio]. *Tb sin compl de lugar, por consabido. Frec el cd es refl.* ■ **13** Hacer que [algo o alguien] recaiga [sobre alguien o algo (*ci*)]. ■ **14** (*col*) Gastar [tiempo o dinero en algo]. **b)** Jugar [una cantidad a la lotería u otro juego de azar]. *Frec abs.* **c)** Trabajar [durante períodos de tiempo determinados (*cd*)]. **d)** ~**la.** Invertir tiempo. *En constrs como* ~LA LARGA (→ LARGO) o ~LA HASTA LAS TANTAS (→ TANTO). ■ **15** *Seguido de n de acción, o de n de cosa que la implica, indica que se lleva a cabo la acción expresada o implicada por esos ns. A veces con un compl de interés.* * Se volvió para echarle un vistazo a la cesta. **b)** *Seguido de determinados ns que designan cosas que se dicen:* Decir. * Les echó un verdadero discurso. * Echáis cada pecado que como se entere don Dimas os descomulga. ■ **16** Cerrar [una llave, una cerradura o algo similar]. ■ **17** Correr [las cortinas] de modo que queden extendidas. ■ **18** Bajar [las persianas]. ■ **19** (*pop*) Exhibir o presentar [un espectáculo]. *Normalmente con suj indeterminado, en 3ª pers pl.* ■ **20** (*col*) Calcular hipotéticamente [los años, el peso o el precio de alguien o algo (*ci*)]. ■ **21** Tomar o considerar [algo (*cd*) de una determinada manera]. *Con compls de modo como* A BROMA, A RISA, A JUEGO. ■ **22** Hacer que [alguien (*cd*)] se dedique [a algo negativo]. *Gralm el cd es refl. Tb fig.* ■ **23** (*raro*) ~ a + *infin* = PONER A + *infin.* * No quiere intervenir cuando las Leyes de Sucesión echen a andar la maquinaria que está preparada. ■ **24** ~ **abajo.** Derribar [algo]. *Tb fig.* ■ **25** ~ **a perder.** Estropear [algo] inutilizándo[lo]. **b)** *pr* (~**se**) Estropearse [una materia, esp. un alimento]. ■ **26** ~ **a perder.** Enfermar o dañar [una parte del cuerpo]. **b)** *pr* (~**se**) Enfermar [alguien o una parte de su cuerpo]. *Gralm en part.* ■ **27** ~ **a perder.** Pervertir [a alguien]. *A veces con intención ponderativa.* **b)** *pr* (~**se**) Perder [alguien] las buenas cualidades que tenía. ■ **28** ~ **a rodar.** Desbaratar o frustrar. ■ **29** ~ **atrás.** Re-

chazar [un proyecto o idea]. **b)** Hacer que [alguien (*cd*)] desista de su propósito. ■ **30** ~ **de menos** (o (*reg*) **a faltar**). Notar la falta [de alguien o algo (*cd*)], frec. con sentimiento. **b)** ~ **de más.** (*col, humoríst*) Notar que [alguien o algo (*cd*)] sobra. *Se usa en oposición a* ECHAR DE MENOS. ■ **31** ~ **de ver.** Observar o advertir. ■ **32** ~ **para atrás.** Resultar repulsivo [a alguien (*cd*)]. *Gralm abs.* ■ **33** ~ **por delante.** Hacer que [alguien (*cd*)] actúe en primer lugar para facilitar la acción posterior de otro. ■ **34** *Forma numerosas locs:* ~ A PIQUE, ~ A UN LADO, ~ DE COMER APARTE, ~ EL GUANTE, ~ LAS CAMPANAS AL VUELO, ~ LAS CARTAS, ~ MANO, ~ TIERRA, ~ POR TIERRA, *etc* → PIQUE[2], LADO, COMER, GUANTE, CAMPANA, CARTA, MANO, TIERRA, *etc.* ➤ **b** *pr* **35** ~**selas.** (*col*) Presumir [de algo]. *Tb fig.* ■ **36** Llegar a tener [un novio o un amigo]. **b)** *En constr exclam se usa referido a perss con las que se tiene cualquier tipo de relación.* * ¡Vaya jefe que te has echado! **B** *intr* ➤ **a** *normal* **37** ~ **a** + *infin* = PONERSE o EMPEZAR A + *infin. Frec pr* (~**se**) (*con algunos infins, como* REÍR, LLORAR, *solo pr* (~**se**)). * Echó a andar calle abajo. * Se echó a reír. ■ **38** Tomar [una dirección]. *Con un compl de lugar, gralm con* POR. ➤ **b** *pr* (~**se**) **39** Abalanzarse [sobre alguien o algo (*ci o compl* A o SOBRE)]. *Tb* ~SE ENCIMA [de alguien (*ci*)], *a veces sin compl. Tb fig.* ■ **40** Salir de un lugar [a otro], esp. de manera rápida y decidida. ■ **41** Ponerse [un ave] sobre los huevos. ■ **42** Calmarse o sosegarse [el viento]. ■ **43** Bajar [el Sol] o calentar menos. ■ **44** Llegar [la noche]. ■ **45** ~**se a dormir.** (*col*) Descuidarse de una cosa o desatenderla. ■ **46** ~**se (para) atrás.** Retirar lo dicho o renunciar a la actitud que se había tomado. ■ **47** ~**se detrás** [de alguien (*compl* DE o *ci*)]. Comenzar a perseguir[le]. ■ **48** ~**se encima.** Llegar [un período de tiempo] de manera que resulta súbita o demasiado rápida. *Frec con un compl de interés.* **b)** Cumplirse [un plazo] de manera que resulta súbita o demasiado rápida. *Frec con un compl de interés.* ■ **49** ~**se fuera.** (*col*) Desentenderse o desembarazarse de un compromiso. *Frec en tauromaquia.* ■ **50** ~**se para (a)delante.** (*col*) Decidirse. ■ **51** *Forma numerosas locs:* ~SE A LA CALLE, ~SE A LA CARA, ~SE AL COLETO, ~SE AL MONTE, ~SE EL TIEMPO ENCIMA, ~SE LA HORA ENCIMA, ~SE UN PEGOTE, *etc* → CALLE, CARA, COLETO, MONTE, TIEMPO, HORA, PEGOTE, *etc.* **II** *interj* **52** **échale.** (*col*) *Se usa para ponderar lo que se acaba de decir.* * Eso venía de atrás, de cuando los moros, échale.

echarpe *m* Prenda femenina en forma de banda larga y estrecha que se pone sobre la espalda y los hombros.

echavino *m y f* (*reg*) Pers. encargada de dar de beber a los que participan en las labores de esquileo.

ecijano -na *adj* De Écija (Sevilla). *Tb n, referido a pers.*

eclampsia *f* (*Med*) Enfermedad de tipo convulsivo que suelen padecer los niños y esp. las mujeres embarazadas.

eclecticismo *m* **1** Actitud ecléctica [1]. ■ **2** (*Filos*) Escuela filosófica que preconiza conciliar las mejores doctrinas de diversos sistemas.

ecléctico -ca *adj* **1** Que combina elementos de varios estilos, ideas o posibilidades. *Tb n, referido a pers.* ■ **2** (*Filos*) De(l) eclecticismo [2]. **b)** Adepto al eclecticismo. *Tb n.*

eclesial *adj* (*Rel crist*) De la Iglesia (conjunto de los fieles).

eclesiásticamente *adv* En el aspecto eclesiástico.

eclesiástico -ca I *adj* **1** De la Iglesia (organización). ■ **2** [Año] litúrgico.
II *m* **3** Hombre que ha recibido las órdenes sagradas.

eclesiología *f* (*Rel crist*) Doctrina teológica acerca del origen, naturaleza y estructura de la Iglesia. *Tb fig, fuera del ámbito religioso.*

eclesiológico -ca *adj* (*Rel crist*) De (la) eclesiología.

eclesiólogo -ga *m y f* (*Rel crist*) Especialista en eclesiología.

eclipsante *adj* Que eclipsa.

eclipsar A *tr* **1** Causar el eclipse [de alguien o algo (*cd*)]. **b)** *pr* (~**se**) Sufrir eclipse [alguien o algo]. ■ **2** Hacer [una pers. o cosa] que [otra (*cd*)] resulte invisible o sin brillo cuando ella está presente. *Frec fig.*
B *intr pr* (~**se**) **3** (*col*) Desaparecer o ausentarse.

eclipse *m* **1** Ocultación transitoria de un astro, causada por la interposición de otro cuerpo celeste entre este astro y su fuente de luz o el punto de observación. *Frec con los adjs* SOLAR *o* DE SOL, LUNAR *o* DE LUNA. ■ **2** Desaparición de una pers. o cosa del plano de la actualidad, o ensombrecimiento de su fama o importancia. **b)** Desaparición.

eclipsis *f* (*Gram, raro*) Elipsis.

eclíptico -ca (*Astron*) I *f* **1** Círculo máximo de la esfera celeste, que señala el curso aparente del Sol durante el año.
II *adj* **2** De (la) eclíptica [1].

eclosión *f* **1** (*CNat*) Acción de abrirse [una flor o un huevo (*compl de posesión*)] o de salir del huevo [un animal (*compl de posesión*)]. *Tb* (*lit*) *fig.* ■ **2** (*lit*) Aparición o nacimiento [de algo, esp. no material].

eclosionar *intr* Hacer eclosión.

eclosivo -va *adj* De (la) eclosión.

eco[1] I *m* **1** Fenómeno de repetición del sonido, producido al ser reflejadas las ondas sonoras por un obstáculo. *Tb el sonido así repetido.* ■ **2** Sonido lejano y confuso. **b)** Sonido que perdura. *Tb fig.* ■ **3** Noticia vaga o imprecisa. **b)** *En pl:* Noticias [de un ambiente]. *En el título de determinadas secciones periodísticas. Alguna vez sin adj o compl especificador.* ■ **4** Resonancia o difusión [de algo, esp. una noticia o un hecho]. ■ **5** Repercusión o efecto que continúa tras la desaparición de la causa. **b)** Influjo [de una pers. o cosa]. ■ **6** (*TLit*) Repetición de ciertos sonidos o sílabas en un verso. ■ **7** (*Mús*) Repetición débil y en otro plano sonoro de una frase musical. ■ **8** (*Fís*) Reflexión de ondas eléctricas o electromagnéticas, que da lugar a la repetición de las señales transmitidas. *Tb la onda así reflejada.*
II *loc v* **9 hacerse** ~ [de algo]. Difundir[lo]. **b)** Hablar [de ello].

eco[2] *f* (*col*) Ecografía.

eco- *r pref* Ecológico. * Ecobús. * Ecoeducación.

ecocardiografía *f* (*Med*) Procedimiento que permite el examen del corazón mediante el uso de ultrasonidos. *Tb el examen correspondiente.*

ecocardiograma *m* (*Med*) Imagen obtenida por ecocardiografía.

ecocida *adj* (*raro*) Que causa destrucción ecológica.

ecocidio *m* (*raro*) Destrucción ecológica.

ecodesarrollo *m* Desarrollo que tiene en cuenta la conservación del medio ambiente.

ecodoppler (*tb con la grafía* **eco-doppler**) *m* (*Med*) Técnica para determinar la velocidad de la sangre mediante el uso de ultrasonidos.

ecografía *f* Técnica médica que utiliza los ultrasonidos en el examen del interior del cuerpo. *Tb el examen y la imagen correspondiente.*

ecográfico -ca *adj* De (la) ecografía.

ecografista *m y f* (*Med*) Especialista en ecografía.

ecógrafo *m* (*Med*) Aparato para realizar ecografías.

ecoico -ca *adj* De(l) eco[1]. *Tb fig.*

ecolalia *f* (*Med*) Repetición automática de palabras o frases pronunciadas por uno mismo o por otro.

ecología *f* **1** Estudio de la relación entre los seres vivos y el medio ambiente en que viven. ■ **2** Medio ambiente.

ecológicamente *adv* En el aspecto ecológico [1].

ecológico -ca *adj* **1** De (la) ecología. ■ **2** Que respeta el medio ambiente. **b)** [Papel] reciclado.

ecologismo *m* Movimiento de defensa del medio ambiente y de solución de los problemas ecológicos.

ecologista *adj* De(l) ecologismo. **b)** Partidario del ecologismo. *Tb n.*

ecologístico -ca *adj* De (los) ecologistas o de(l) ecologismo.

ecologizar *tr* Hacer ecológico [2a] [a alguien o algo (*cd*)].

ecólogo -ga *m y f* Especialista en ecología [1].

ecomuseo *m* Museo de una colectividad humana presentada en su propio entorno.

economato *m* Establecimiento en que se vende a precios reducidos, esp. artículos de primera necesidad, y destinado a los miembros de determinados cuerpos o empresas.

econométra *m y f* (*Econ*) Especialista en econometría.

econometría *f* (*Econ*) Ciencia que aplica las técnicas matemáticas y estadísticas a los problemas y teorías económicos.

econométrico -ca *adj* (*Econ*) De (la) econometría.

econometrista *m y f* (*Econ*) Económetra.

economía *f* **1** Administración adecuada y prudente de los bienes. ■ **2** Ciencia que tiene por objeto el conocimiento de los fenómenos de producción, distribución y consumo de bienes materiales en la sociedad humana. *Tb* ~ POLÍTICA. ■ **3** Conjunto de actividades relativas a la producción, distribución y consumo de bienes materiales en la sociedad humana. **b)** ~ **de mercado**, ~ **sumergida** → MERCADO, SUMERGIDO. ■ **4** Estado de riqueza [de un país, una entidad o una pers.]. ■ **5** Poco gasto. **b)** Uso adecuado [de algo] para conseguir el máximo rendimiento con el mínimo gasto o esfuerzo. ■ **6** Reducción de gasto. *Frec en pl y con el v* HACER. **b)** ~ **de escala.** (*Econ*) Disminución del coste medio de un producto al aumentar el nivel de producción. *Gralm en pl.* ■ **7** *En pl:* Ahorros (cantidad ahorrada). ■ **8** (*E*) Organización u ordenada interacción entre las partes de un sistema o estructura.

económicamente *adv* **1** En el aspecto económico [1]. ■ **2** De manera económica [2, 3 y 4].

economicidad *f* Cualidad de económico [3].

economicismo *m* (*Econ*) Tendencia a dar a la economía un papel preponderante en las actividades humanas. *Tb la actitud correspondiente.*

economicista *adj* (*Econ*) De(l) economicismo o que lo implica.

económico -ca *adj* **1** De (la) economía. **b)** [Geografía] que estudia la producción y usos de los bienes de la Tierra. ■ **2** [Pers.] que gasta con prudencia. *A veces con intención desp, denotando tacañería.* **b)** Propio de la pers. económica. ■ **3** Barato. ■ **4** Acorde con las normas de la economía [1 y 2]. ■ **5** [Cocina] de fundición, de hogar especialmente diseñado para que consuma poco carbón o leña, y que comunica el calor a otros compartimentos, gralm. un horno y un termo.

economista *m y f* Especialista en economía [2].

economización *f* Acción de economizar.

economizador -ra *adj* Que economiza. *Tb n: m y f, referido a pers; m, referido a aparato.*

economizar *tr* **1** Reducir el gasto [de algo (*cd*)]. *Frec abs, referido a dinero.* ■ **2** Escatimar [esfuerzos o sacrificios]. *En constr neg.*

ecónomo -ma (*Rel catól*) **I** *adj* **1** [Eclesiástico] que desempeña interinamente un cargo vacante o que, por razones legales, no puede ser desempeñado por su propietario. *Frec n m.*
II *m y f* **2** Eclesiástico o religioso que administra los bienes de una diócesis, una iglesia o un convento.

ecopacifista *adj* Ecologista y pacifista. *Tb n, referido a pers.*

ecosistema *m* (*Biol*) Sistema ecológico constituido por un medio y los seres que viven en él, interrelacionándose mutuamente.

ecotasa *f* Impuesto ecológico que grava las energías más contaminantes.

ecotipo *m* (*CNat*) Subespecie propia de un hábitat determinado.

ecotoxicidad *f* (*E*) Cualidad de ecotóxico.

ecotóxico -ca *adj* (*E*) Tóxico para el medio ambiente.

ecotoxicología *f* (*E*) Estudio de los efectos tóxicos de los contaminantes sobre los ecosistemas.

ecoturismo *m* Turismo ecológico o que respeta la naturaleza.

ectasia *f* (*Med*) Dilatación.

ectima *m o f* (*Med*) Enfermedad de la piel, caracterizada por la erupción de pústulas anchas y redondeadas que dejan manchas de cicatrización.

ectodérmico -ca *adj* (*Biol*) De(l) ectodermo.

ectodermo *m* (*Biol*) Pared externa de la gástrula.

ectomorfia *f* (*Psicol*) Tipo de constitución humana caracterizado por la delgadez del cuerpo.

ectomorfo -fa *adj* (*Psicol*) [Pers. o tipo de constitución] caracterizados por la delgadez del cuerpo.

ectópago *m* (*Med*) Monstruo fetal doble, unido lateralmente por el tórax.

ectoparásito -ta *adj* (*Biol*) [Parásito] que vive en la superficie del huésped. *Tb n m.*

ectopia *f* (*Med*) Anomalía de situación o de posición de un órgano, esp. congénita.

ectópico -ca *adj* (*Med*) Que está o se produce fuera del sitio normal.

ectoplasma *m* (*Parapsicol*) **1** Emanación visible del cuerpo del médium. *Tb fig.* ■ **2** (*Biol*) Capa exterior del citoplasma.

ectoplasmático -ca *adj* (*Parapsicol*) Que tiene carácter de ectoplasma [1].

ectotermo -ma *adj* (*Biol*) [Animal] de sangre fría.

ectótrofo -fa *adj* (*Biol*) [Hongo o micorriza] que no penetra en las células del huésped.

ectropión *m* (*Med*) Inversión hacia fuera del párpado inferior.

ecu *m* Unidad monetaria de cuenta de la Comunidad Económica Europea.

ecuación *f* **1** (*Mat*) Igualdad que contiene una o más incógnitas. ■ **2** (*Quím*) Representación de una reacción a semejanza de las igualdades matemáticas. ■ **3** (*lit*) Igualdad o equivalencia.

ecuacional *adj* (*Mat y Quím*) De (la) ecuación.

ecuador (*frec con mayúscula en acep 1*) **I** *m* **1** *En la esfera terrestre:* Círculo máximo perpendicular al eje de rotación y equidistante de los polos. **b)** *En la esfera celeste:* Círculo máximo perpendicular al eje de la Tierra. *Gralm* ~ CELESTE. **c)** (*E*) *En una esfera o cuerpo similar:* Círculo máximo que la divide en dos partes iguales. **d)** ~ **magnético.** Línea formada por todos los puntos de la superficie terrestre en que la inclinación de la aguja imantada es nula. ■ **2** Punto equidistante de dos extremos. *Frec referido a procesos temporales.*
II *loc adj* **3** [Paso] **del** ~ → PASO.

ecualización *f* **1** Acción de ecualizar. ■ **2** (*raro*) Igualación o equiparación.

ecualizador *m* Dispositivo que sirve para ecualizar sonidos.

ecualizar *tr* Ajustar o corregir la frecuencia de reproducción [de un sonido (*cd*)] a fin de igualar su nivel original.

ecuánime *adj* Sereno y equilibrado. **b)** Desapasionado e imparcial.

ecuánimemente *adv* De manera ecuánime.

ecuanimidad *f* Cualidad de ecuánime.

ecuatoguineano -na *adj* De Guinea Ecuatorial. *Tb n, referido a pers.*

ecuatorial *adj* **1** De(l) ecuador. **b)** [Clima] propio de las zonas próximas al ecuador [1a], caracterizado por elevada humedad atmosférica, precipitaciones abundantes y altas temperaturas durante todo el año. ■ **2** (*Astron*) [Instrumento óptico] provisto de una montura especial que permite medir la ascensión recta y la declinación de los astros. *Tb n m.*

ecuatorialmente *adv* (*E*) En la zona ecuatorial [1a].

ecuatoriano -na *adj* De la República del Ecuador. *Tb n, referido a pers.*

ecuestre *adj* **1** De (la) equitación. ■ **2** (*Arte*) Que representa a una pers. montada a caballo. ■ **3** (*hist*) De los caballeros.

ecúmene (*tb* **ecumene**) *f* (*alguna vez m*) (*lit*) **1** Parte habitada de la Tierra. ■ **2** Comunidad universal.

ecuménicamente *adv* De manera ecuménica.

ecumenicidad *f* Cualidad de ecuménico.

ecuménico -ca *adj* Universal. **b**) (*Rel catól*) [Concilio] al que se convocan los obispos de todo el mundo católico.

ecumenismo *m* (*Rel*) **1** Doctrina o tendencia que preconiza la unión de todas las iglesias cristianas. ■ **2** Condición de ecuménico.

ecumenista *adj* (*Rel*) De(l) ecumenismo [1] o que lo implica. **b**) Partidario del ecumenismo [1]. *Tb n.*

ecuyere *f* Écuyère.

écuyère (*fr; pronunc corriente,* /ekuyér/) *f* Mujer que hace ejercicios de equitación en un circo.

eczema, eczematización, eczematoso → ECCEMA, ECCEMATIZACIÓN, ECCEMATOSO.

edad **I** *f* **1** Tiempo, medido normalmente en años, que ha vivido [un ser vivo (*compl de posesión*), esp. una pers.] hasta el momento en que se habla o de que se habla. **b**) Tiempo de existencia [de algo] hasta el momento en que se habla o de que se habla. **c**) **la ~ de Cristo.** *En la lotería:* El número 33. **d**) **mayor** (*o* **menor**) **~.** Mayoría (o minoría) de edad (→ MAYORÍA, MINORÍA). **e**) **~ mental.** Grado de desarrollo intelectual, medido en años, de una pers., en relación con su edad [1a], según determinadas pruebas de inteligencia. ■ **2** Período de los varios en que se considera dividida la vida humana. *Frec con un adj especificador:* INFANTIL, JUVENIL, MADURA. **b**) **~ del pavo** → PAVO[1]. **c**) **~ de merecer.** Edad [1a] adecuada para iniciar un noviazgo. *Normalmente referido a mujer.* **d**) **tercera ~.** Vejez. *Tb el conjunto de perss que están en este período de su vida.* ■ **3** Espacio amplio de tiempo, constituido por varios siglos, de aquellos en que se divide la historia y la prehistoria. *Frec con un adj o compl especificador:* ~ ANTIGUA, ~ MEDIA, ~ MODERNA, ~ CONTEMPORÁNEA, ~ DE (LA) PIEDRA, ~ DEL BRONCE, ~ DE LOS METALES, ~ DE ORO, ~ DE PLATA, *etc* (→ ANTIGUO, MEDIO, MODERNO, *etc*). **b**) (*Geol*) Espacio amplio de tiempo inferior a la época. ■ **4** (*lit, raro*) Tiempo (transcurso). ■ **5 ~ de la Luna.** (*Astron*) Número de días transcurridos desde el último novilunio.

II *loc adj* **6 de ~.** [Pers.] anciana. ■ **7** [Mayor] **de ~,** [mayoría] **de ~,** [menor] **de ~,** [minoría] **de ~** → MAYOR, MAYORÍA, MENOR, MINORÍA.

III *loc adv* **8 en ~.** En la edad [1a] adecuada para casarse.

edáfico -ca *adj* (*Geol*) De(l) suelo, esp. en su relación con los fenómenos biológicos.

edafología *f* (*Geol*) Ciencia que estudia las propiedades físicas y químicas del suelo, esp. en relación con los fenómenos biológicos.

edafológico -ca *adj* De (la) edafología o de su objeto.

edafólogo -ga *m y f* (*Geol*) Especialista en edafología.

edda (*gralm con mayúscula*) *f* Se da este *n* a dos colecciones poéticas medievales escandinavas.

edecán *m* (*Mil, hist*) Ayudante de campo. *Tb fig.*

edelweiss (*al; pronunc corriente,* /edelbáis/) *m* Pie de león (planta, *Leontopodium alpinum*).

edema *m* (*Med*) Acumulación excesiva de líquido en el tejido celular.

edematoso -sa *adj* (*Med*) **1** De(l) edema. ■ **2** Que padece edema. *Tb n, referido a pers.*

edén (*gralm con mayúscula en acep 1*) *m* **1** Paraíso terrenal (lugar en que Dios colocó a Adán y Eva). ■ **2** Paraíso (lugar sumamente grato o agradable).

edénico -ca *adj* De(l) edén.

edetano -na *adj* (*hist*) Del pueblo prerromano habitante de la Edetania (región que comprendía el norte de la provincia de Valencia, parte de las de Castellón y Teruel y el sudeste de la de Zaragoza). *Tb n, referido a pers.*

edición *f* **1** Acción de editar. **b**) Actividad comercial relativa a la edición de libros. ■ **2** Conjunto de ejemplares editados [1a] a la vez, con los mismos moldes. **b**) Ejemplar [de una determinada edición]. **c**) (*Per*) Número correspondiente a una fecha determinada. ■ **3** Emisión [de un programa informativo de radio o televisión] de las varias que se producen en un mismo día. *Gralm con un adj ordinal o equivalente.* ■ **4** Celebración [de una actividad cultural o recreativa periódica. *Frec con un adj ordinal o equivalente.*

edicto *m* **1** Aviso de un juzgado o tribunal, que se expone en su sede y se publica en los periódicos, para conocimiento de las personas interesadas cuyo domicilio se desconoce. ■ **2** (*hist*) Decreto publicado por un soberano.

edícula *f* (*Arte*) Edículo.

edículo *m* (*Arte*) **1** Templo o capilla de dimensiones muy reducidas. ■ **2** Templete.

edificabilidad *f* Cualidad de edificable. *Tb su medida.*

edificable *adj* Que se puede edificar [1b].

edificación *f* **1** Acción de edificar. ■ **2** Edificio. ■ **3** Conjunto de edificios.

edificador -ra *adj* Que edifica [1]. *Tb n: m y f, referido a pers; f, referido a empresa.*

edificante *adj* Que edifica [3].

edificantemente *adv* De manera edificante.

edificar *tr* **1** Hacer [un edificio]. *Tb abs, frec con un compl de lugar.* **b**) Hacer uno o más edificios [en un lugar (*cd*)]. ■ **2** Construir o montar [algo inmaterial]. ■ **3** Infundir [en alguien (*cd*)] sentimientos religiosos o morales.

edificatorio -ria *adj* De (la) construcción de edificios.

edificio *m* Obra, gralm. de albañilería, destinada a albergar perss., animales o cosas. *Esp se aplica a los que destacan por su magnitud o importancia.* **b**) (*raro*) Construcción (cosa construida).

edil -la (*frec se usa* EDIL *como f*) **A** *m y f* **1** (*lit*) Concejal.

B *m* **2** (*hist*) En la antigua Roma: Magistrado encargado del abastecimiento y cuidado de la ciudad.

edilicio -cia *adj* De(l) edil o de (los) ediles.

edilidad *f* (*raro*) **1** Cargo de edil. *Tb el tiempo que dura.* ■ **2** Conjunto de los ediles [1].

edimburgués -sa *adj* De Edimburgo (Escocia). *Tb n, referido a pers.*

edipiano -na *adj* (*Psicol*) **1** [Complejo] de Edipo (→ EDIPO). ■ **2** Edípico.

edípico -ca *adj* (*Psicol*) Relativo al complejo de Edipo (→ EDIPO).

Edipo. de ~. *loc adj* (*Psicol*) [Complejo] caracterizado por la vinculación erótica de un niño al padre del sexo contrario.

editable *adj* Que se puede editar.

editaje *m* Edición [1a].

editar *tr* **1** Hacer que [algo (*cd*)] llegue al público mediante la imprenta u otro procedimiento gráfico de reproducción. **b)** Realizar [una pers. o una empresa] la publicación y comercialización [de un texto u otra obra gráfica (*cd*)]. **c)** Publicar [un autor su obra]. **d)** Publicar [una obra ajena] encargándose de la preparación y cuidado del texto. ■ **2** Grabar y comercializar [un disco (*cd*) una empresa o un artista (*suj*)]. ■ **3** (*Per*) Dirigir [un suplemento o una sección de periódico, o un programa informativo de radio o televisión]. ■ **4** (*Informát*) Preparar [un texto o datos] para su impresión. ■ **5** (*E*) Montar (una cinta magnética o una película).

édito -ta *adj* (*raro*) Editado.

editor -ra I *adj* **1** Que edita [1b y d, 2 y 3]. *Tb n: m y f, referido a pers; f, referido a empresa.* ■ **2** De (la) edición [1].
II *m y f* **3** En una editorial: Pers. que tiene a su cargo una colección.

editorial *adj* **1** De (la) edición [1]. *Frec n f, referido a empresa.* ■ **2** De(l) editor o de la editorial [1]. **b)** [Pie] ~ → PIE. ■ **3** [Artículo] publicado sin firma en un periódico o revista y que expresa la opinión de la dirección. *Gralm n m* (*raro, f*).

editorialista *m y f* Pers. que escribe editoriales [3].

editorializar *intr* Publicar un editorial [3].

editorialmente *adv* (*raro*) **1** Desde el punto de vista editorial [2]. ■ **2** Por medio de un editorial [3].

edrar *tr* (*reg*) Cavar [la tierra], frec. para arrancar las malas hierbas.

edredón *m* Cubierta acolchada de cama.

educable *adj* Que se puede educar.

educación *f* **1** Acción de educar(se). *Tb su efecto. A veces con un adj especificador.* **b)** ~ **física.** Gimnasia. ■ **2** Adecuación del comportamiento de una pers. a las normas de trato social. *Frec con los adjs* BUENA o MALA. **b)** *Sin adj:* Buena educación.

educacional *adj* De (la) educación [1].

educacionalmente *adv* **1** De manera educacional. ■ **2** En el aspecto educacional.

educadamente *adv* De manera educada.

educado -da *adj* **1** *part* → EDUCAR. ■ **2** [Pers.] que tiene educación [2]. *Frec con los advs* BIEN o MAL. **b)** *Sin adv:* Bien educado. **c)** Propio de la pers. educada [2b].

educador -ra *adj* **1** Que educa, *esp* [1a]. *Tb n, referido a pers.* ■ **2** De (la) educación [1a].

educando -da *m y f* Pers. que está siendo educada (→ EDUCAR [1]). *Alguna vez adj.*

educar *tr* **1** Formar intelectual y moralmente [a una pers.] para convivir en sociedad. **b)** *pr* (~**se**) Recibir formación intelectual y moral. ■ **2** Enseñar buenos modales [a alguien (*cd*)]. ■ **3** Acostumbrar [a una pers. o animal o a un órgano] a actuar de una determinada manera. ■ **4** Desarrollar o perfeccionar [una facultad o capacidad].

educativo -va *adj* **1** De (la) educación [1a]. ■ **2** Que sirve para educar.

educción *f* (*lit*) Acción de educir.

educir (*conjug* 41) *tr* (*lit*) Extraer o sacar. *Tb fig.*

edulcoración *f* (*E*) Acción de edulcorar.

edulcorante *adj* (*E*) Que edulcora. *Frec n m, referido a sustancia.*

edulcorar *tr* (*E*) Endulzar. *Tb* (*lit*) *fig, fuera del ámbito técn.*

efe *f* Letra del alfabeto (*f, F*), que en español corresponde al fonema /f/. (V. PRELIM.) *A veces tb se llama así el fonema representado por esta letra.*

efebía *f* (*lit*) Adolescencia.

efébico -ca *adj* (*lit*) De(l) efebo [1]. **b)** Que tiene caracteres de efebo [1].

efebo *m* (*lit*) **1** Adolescente. *Normalmente referido a la antigua Grecia.* **b)** Adolescente de aspecto afeminado. ■ **2** Adolescente prostituto homosexual.

efectismo *m* **1** Cualidad de efectista. ■ **2** Procedimiento o recurso efectista.

efectista *adj* Que busca producir gran efecto o impresión en el ánimo.

efectivamente *adv* En realidad o de manera efectiva [1]. **b)** *Se usa para asentir a algo dicho por otro o para confirmar algo dicho o pensado por uno mismo.* * Pensé que estarías aquí, y efectivamente no me he equivocado.

efectividad *f* Cualidad de efectivo.

efectivo -va I *adj* **1** Real y verdadero. **b)** [Valor] real de venta de un efecto. *Tb n m.* ■ **2** [Dinero] en monedas o billetes. *Tb n m. Frec en la constr* EN ~, *con vs como* PAGAR o COBRAR. ■ **3** [Cosa] eficaz o que causa efecto.
II *m* **4** En pl: Fuerzas. *Referido a cuerpos militares o semejantes.* **b)** (*semiculto*) Precedido de un numeral: Componentes de una fuerza. ■ **5** En pl: Conjunto de componentes de una plantilla.
III *loc v* **6 hacer ~.** Realizar, o llevar a efecto. ■ **7 hacer ~** [el deudor una deuda o un documento de crédito]. Pagar[los]. **b) hacer ~** [el acreedor una deuda o un documento de crédito]. Cobrar[los].

efecto I *m* **1** Cosa producida por una causa. *Frec con un compl de posesión que expresa la causa.* ■ **2** Efecto [1] causado en el ánimo o en los sentidos. ■ **3** Efecto [2] estético buscado mediante el empleo de ciertas técnicas. **b)** ~**s especiales.** (*Escén*) Conjunto de acciones o medios que producen efectos [2] visuales o sonoros similares a la realidad. ■ **4** Fenómeno físico que se produce en determinadas condiciones. *Gralm con un adj o compl especificador:* ~ FARADAY, ~ FOEHN, ~ INVERNADERO, *etc* (→ FARADAY, FOEHN, INVERNADERO, *etc*). ■ **5** Objetivo o finalidad. *En constrs como* AL ~ DE, A (LOS) ~S DE, A ESTE ~ o A ESTOS ~S. ■ **6** Poder o capacidad de producir efecto [1]. ■ **7** Movimiento de rotación que se imprime a una bola o pelota para que se desvíe de su trayectoria normal. ■ **8** (*Com*) Documento o valor mercantil. **b)** Sello de correos considerado como valor de curso legal. ■ **9** En pl: Cosas u objetos. *Frec* ~S PERSONALES.
II *loc adj* **10** [Golpe] de ~ → GOLPE.

III *loc v* **11 llevar a ~**, o (*raro*) **poner en ~**. Ejecutar o realizar. ■ **12 tener ~**. (*reg*) Ocurrir o tener lugar.

IV *loc adv* **13 en ~**. En realidad o efectivamente. **b)** *Se usa para asentir a algo dicho por otro o para confirmar algo dicho o pensado por uno mismo.* * *Parece que no habrá pelea. En efecto, su marido acepta el diálogo.* ■ **14 para los ~s**. En la práctica. **V** *loc prep* **15 por ~ de**. Como consecuencia de.

efector -ra *adj* (*Anat y Fisiol*) [Órgano, elemento o impulso] que produce una acción fisiológica de contracción o secreción. **b)** Propio de un órgano, elemento o impulso efector.

efectual *adj* (*raro*) Efectivo [1].

efectuar (*conjug* **1d**) *tr* Hacer o realizar [una acción]. **b)** *pr* (**~se**) Realizarse o suceder [una acción].

efedra *f* Arbusto propio de suelos áridos de las regiones templadas y cálidas, cuyos frutos contienen alcaloides usados en medicina (gén. *Ephedra*).

efedrácea *adj* (*Bot*) [Planta] leñosa, propia de los países cálidos de zonas templadas, de la familia de la efedra. *Frec como n f en pl, designando este taxón botánico.*

efedrina *f* (*Quím*) Alcaloide obtenido de plantas del género *Ephedra*, usado en medicina, frec. en el tratamiento del asma y de la fiebre del heno.

efémera *f* Insecto semejante a la libélula, que, en estado adulto, vive gralm. solo algunas horas (géns. *Ephemera* y otros).

efeméride *f* Efemérides [1].

efemérides **I** *f* **1** Conmemoración de un hecho notable en su aniversario. *Tb el mismo hecho.* ■ **2** (*Astron*) Tabla que contiene distintos datos relativos a los astros, como posición, hora de salida o puesta y eclipses. *Tb los mismos datos.*
 II *loc adj* **3 de ~**. (*Astron*) [Tiempo] uniforme que se emplea en el cálculo de las posiciones futuras del Sol y los planetas.

efemérido *adj* (*Zool*) [Insecto] de la familia de la efémera, con marcas pardas en las alas. *Frec como n m en pl, designando este taxón zoológico.*

eferencia *f* (*Anat y Psicol*) Transmisión o salida de un órgano o centro a la periferia.

eferente *adj* (*Anat y Psicol*) **1** Que va o sale de un órgano o centro a la periferia. ■ **2** De (la) eferencia.

efervescencia *f* **1** Desprendimiento de burbujas gaseosas en un líquido. ■ **2** Agitación o excitación.

efervescente *adj* **1** Que está o puede estar en efervescencia [1]. *Tb n m, referido a producto.* ■ **2** Agitado o excitado.

efesio -sia *adj* (*hist*) De Éfeso (antigua ciudad de Asia Menor). *Tb n, referido a pers.*

efetonina *f* (*Quím*) Efedrina sintética.

eficacia *f* Cualidad de eficaz.

eficaz *adj* **1** [Cosa] que produce el efecto propio o esperado. ■ **2** [Pers.] que sirve para su función o para lo que se espera de ella. **b)** Propio de la pers. eficaz. ■ **3** (*Electr*) [Fuerza, intensidad, tensión o valor] medios de una corriente alterna, equivalentes a los precisos de una corriente continua para producir el mismo efecto.

eficazmente *adv* De manera eficaz [1].

eficiencia *f* Cualidad de eficiente.

eficiente *adj* **1** [Pers.] competente y que rinde en su actividad. **b)** Propio de la pers. eficiente. ■ **2** [Cosa] eficaz [1]. ■ **3** (*Filos*) [Causa] que con su acción produce un efecto. *Tb fig, fuera del ámbito técn.*

eficientemente *adv* De manera eficiente [1b y 2].

efigiar (*conjug* **1a**) *tr* Representar la efigie [de alguien (*cd*)].

efigie *f* (*lit*) Imagen o representación [de una pers.].

efímera → EFÍMERO.

efímeramente *adv* (*lit*) De manera efímera (→ EFÍMERO [1]).

efimeridad *f* (*lit, raro*) Cualidad de efímero.

efímero -ra **I** *adj* **1** (*lit*) Breve o de corta duración.
 II *f* **2** Efémera (insecto).

efira *f* (*Zool*) Larva de medusa que se separa por estrobilación.

eflorescencia *f* **1** (*Quím*) Acción de eflorescer. *Tb el polvo resultante.* ■ **2** (*Biol*) Formación de hongos sobre sustancias orgánicas.

eflorescente *adj* (*Quím*) Que efloresce.

eflorescer (*solo se usa en las formas en que la* c *va seguida de* e *o* i) *intr* (*Quím*) Convertirse en polvo [una sal] al perder el agua de cristalización.

efluente *m* (*E*) **1** Caudal de aguas residuales. ■ **2** Desecho líquido o gaseoso dotado de radiactividad.

efluvio *m* **1** Emanación que se desprende de un cuerpo. *Tb fig.* ■ **2** (*Electr*) Descarga eléctrica en el aire que rodea a un conductor.

efod *m* (*hist*) Vestidura de lino fino, corta y sin mangas, usada por los sacerdotes israelitas.

éforo *m* (*hist*) *En la antigua Esparta:* Magistrado de los cinco elegidos anualmente para contrapesar el poder del rey y del senado.

efracción *f* (*raro*) Fractura o rotura.

efraimita *adj* (*hist*) De la tribu israelita de Efraím, o del territorio ocupado por ella. *Tb n, referido a pers.*

efugio *m* (*lit*) Recurso o evasiva para salir de una situación comprometida o no deseada.

efundir *tr* (*lit, raro*) Derramar. *Tb fig.*

efusión *f* **1** Salida o derramamiento [de un líquido, esp. sangre]. ■ **2** Manifestación ostensible de afecto o amor.

efusivamente *adv* De manera efusiva [1b].

efusividad *f* **1** Cualidad de efusivo [1]. ■ **2** Efusión [2].

efusivo -va *adj* **1** [Pers.] que manifiesta ostensiblemente sus sentimientos de afecto. **b)** Propio de la pers. efusiva. ■ **2** (*Geol*) [Roca] formada por solidificación del magma en contacto con el aire o con el agua. **b)** Propio de las rocas efusivas.

egabrense *adj* De Cabra (Córdoba). *Tb n, referido a pers.*

egagrópila *f* (*Zool*) Bola de residuos digestivos de algunas rapaces pequeñas.

egarense *adj* (*lit*) De Tarrasa (Barcelona). *Tb n, referido a pers.*

EGB (*sigla; pronunc corriente,* /é-ǰé-bé/) *f* Educación general básica.

egeo -a adj **1** Del mar Egeo. ■ **2** (hist) [Cultura] de las desarrolladas en la región del mar Egeo. **b)** De (las) culturas egeas.

égida (tb **egida**) f **1** (lit) Protección o amparo. ■ **2** (Mitol clás) Escudo de Zeus y Atenea, hecho con la piel de la cabra Amaltea.

egipán m (Mitol clás) Ser fabuloso, mitad hombre y mitad cabra.

egipciaco -ca (tb **egipcíaco**) adj (raro) Egipcio [1]. Tb n. **b)** (hist) [Ungüento] preparado con miel, cardenillo y vinagre, usado para curar determinadas llagas.

egipciano -na adj (raro) Egipcio [1]. Tb n.

egipcio -cia **I** adj **1** De Egipto. Tb n, referido a pers. **b)** De (los) egipcios. ■ **2** (Impr) [Letra] de trazo uniforme con remates cuadrangulares. Tb n f.
II m **3** (hist) Lengua de los antiguos egipcios [1a], del grupo afroasiático, que hoy sobrevive en el copto.

egiptología f Estudio de la cultura del antiguo Egipto.

egiptológico -ca adj De (la) egiptología.

egiptólogo -ga m y f Especialista en egiptología.

eglantina f Se da este n a las plantas Rosa eglanteria, R. rubiginosa y a veces tb R. canina. Tb su flor.

eglefino m Pez semejante al bacalao, de color pardo y amarillo, con una mancha oscura sobre las aletas dorsales (Gadus aeglefinus o Melanogrammus aeglefinus)

égloga f (TLit) Poema pastoral o campestre.

eglógico -ca adj (TLit) De (la) égloga. Tb (lit) fig, fuera del ámbito técn.

ego m Yo (personalidad individual propia).

egocéntrico -ca adj [Pers.] que considera todas las cosas solo en relación con ella misma. Tb n. **b)** Propio de la pers. egocéntrica.

egocentrismo m Cualidad de egocéntrico. Tb la actitud correspondiente.

egocentrista adj Egocéntrico. Tb n, referido a pers.

egócero (tb **egocero**) m Mamífero rumiante de la familia del antílope, con cuernos anillados y encorvados hacia atrás (Hippotragus niger).

egoísmo m Cualidad o actitud de quien piensa solo en su propio interés.

egoísta adj [Pers.] que piensa solo en su propio interés. Tb n. **b)** Propio de la pers. egoísta.

egoístamente adv De manera egoísta.

ególatra adj Que tiene o muestra egolatría. Tb n, referido a pers.

egolatría f Excesivo aprecio de sí mismo.

egolátrico -ca adj De (la) egolatría o que la implica.

egótico -ca adj (Psicol) **1** De(l) egotismo o que lo implica. ■ **2** Que tiene o muestra egotismo. Tb n, referido a pers.

egotismo m (Psicol) Estima exagerada del propio yo, que inclina a analizarse y hablar de sí continuamente.

egotista adj (Psicol) De(l) egotismo o que lo implica.

egregiamente adv (lit) De manera egregia.

egregio -gia adj (lit) **1** [Pers.] ilustre o insigne. **b)** Propio de la pers. egregia. ■ **2** [Cosa] sobresaliente o distinguida.

egresar intr (raro) Salir graduado [de una universidad u otro centro docente]. A veces en part sustantivado.

egreso m (raro) Gasto, o partida de descuento en una cuenta. Se opone a INGRESO.

eh interj **1** Con entonación exclam, se usa para llamar la atención. * ¡Eh, oiga, están aquí! ■ **2** Con entonación interrog o exclam, se usa para subrayar una advertencia. * ¡Mucho ojo, eh! ■ **3** Con entonación interrog, se usa aislada para pedir la repetición de lo que se acaba de oír y no se ha entendido. * ¿Eh? ¿Qué dices? ■ **4** Con entonación interrog, se usa al final de una advertencia o un comentario para pedir el asentimiento del interlocutor. * Si no llega, me avisas, ¿eh?

eibarrés -sa adj De Éibar (Guipúzcoa). Tb n, referido a pers.

éider m Pato de gran tamaño, propio de las regiones boreales, cuyo plumaje es muy apreciado para la fabricación de edredones (Somateria mollissima). A veces con un compl especificador, designando otras especies: ~ REAL (S. spectabilis), ~ DE FISCHER (S. fischeri), ~ DE STELLER (Polysticta stelleri).

eidético -ca adj (Filos) Que se refiere a la esencia, con abstracción de la existencia.

eidetismo m **1** (Filos) Presentación eidética. ■ **2** (Psicol) Capacidad de visualizar o describir con detalle algo visto, cuando ya no está presente.

einstenio m (Quím) Elemento transuránico radiactivo, de número atómico 99, obtenido artificialmente a partir del uranio.

ejarbe m (reg) Crecida [de un río]. Frec en la constr EN ~.

eje **I** m **1** Barra que pasa por el centro de una pieza giratoria, para servirle de soporte o para arrastrarla en su propio movimiento giratorio. **b)** Línea imaginaria alrededor de la cual se efectúa una rotación. ■ **2** Línea que pasa por el centro [de una figura o un cuerpo]. **b)** Línea que divide una figura en dos partes simétricas. **c)** Parte central [de un cuerpo] alrededor de la cual se desarrollan otros elementos secundarios. ■ **3** Pers. o cosa alrededor de la cual gira o se desarrolla [algo (compl de posesión)]. **b)** Dirección o rumbo [de una acción]. ■ **4** (Geom) Línea de las dos o de las tres que se usan para localizar un punto en un plano o en el espacio. ■ **5** (Pol) Alianza entre varios estados para coordinar su política exterior. Normalmente referido a la Segunda Guerra Mundial.
II loc v **6 partir por el ~** [a alguien o, raro, algo]. Destrozar[le] o causar[le] un gran perjuicio.

ejeano -na adj De Ejea de los Caballeros (Zaragoza). Tb n, referido a pers.

ejecución **I** f **1** Acción de ejecutar.
II loc v **2 poner en ~.** Ejecutar o realizar.

ejecutabilidad f Cualidad de ejecutable.

ejecutable adj Que se puede ejecutar.

ejecutante **I** adj **1** Que ejecuta [1 y 3]. Tb n, referido a pers.
II m y f **2** (Mús) Pers. que toca un instrumento o una pieza musical. Frec con un compl especificador.

ejecutar *tr* **1** Realizar [algo concebido previamente o que se ajusta a un plan o a unas reglas]. **b)** Realizar o cumplir [una orden, una sentencia o un castigo]. **c)** *En gral:* Hacer o realizar. ■ **2** Matar [a alguien] en cumplimiento de una sentencia. ■ **3** (*Der*) Reclamar [una deuda] por vía ejecutiva [4b]. **b)** Reclamar [a alguien (*cd*)] su deuda por vía ejecutiva [4b].

ejecutivamente *adv* De manera ejecutiva [1 y 4].

ejecutividad *f* (*Der*) Cualidad de ejecutivo [4].

ejecutivo -va *adj* **1** De la ejecución o realización. ■ **2** [Poder] de gobernar y hacer observar las leyes. **b)** [Organismo] que tiene poder ejecutivo. *Frec n m, designando el gobierno.* ■ **3** Que tiene responsabilidad en la dirección [de una empresa o de una asociación o corporación]. *Frec n: m y f, referido a pers; f, referido a junta o comisión.* ■ **4** (*Der*) Que debe ejecutarse [1] sin dilación. **b)** [Vía o procedimiento] de cobro de una deuda judicialmente, por lo general con embargo de bienes del deudor.

ejecutor -ra *adj* Que ejecuta. *Tb n, referido a pers.*

ejecutoria *f* **1** Trayectoria (línea de conducta o actuación). ■ **2** Historial. ■ **3** Título en que consta legalmente la nobleza de una persona o familia. *Tb* CARTA ~. ■ **4** (*Der*) Documento público y solemne en que se consigna una sentencia firme.

ejecutoriedad *f* (*Der*) Cualidad de ejecutorio [1].

ejecutorio -ria *adj* (*Der*) **1** Que debe ser puesto en ejecución. ■ **2** De (la) ejecución.

ejem *interj* Imita el sonido del carraspeo y se usa esp para llamar la atención discretamente o para expresar duda o indecisión. *A veces se sustantiva como n m.*

ejemplar I *adj* **1** Que sirve de ejemplo [1 y 2]. ■ **2** (*Der*) [Sustitución o tutela] de un incapacitado mental. **b)** Que ejerce la sustitución o tutela ejemplar.
II *m* **3** Individuo o elemento [de una determinada clase o especie]. *Frec se omite el compl por consabido.* **b)** Objeto, esp. libro o impreso, de los hechos con los mismos moldes o planchas [de un determinado original]. ■ **4** (*raro*) Prototipo o modelo.

ejemplaridad *f* Cualidad de ejemplar [1].

ejemplario *m* Conjunto de ejemplos.

ejemplarizador -ra *adj* Que ejemplariza.

ejemplarizante *adj* Que ejemplariza, *esp* [1].

ejemplarizar *tr* **1** Dar ejemplo [a alguien (*cd*)]. ■ **2** Ser ejemplo [de algo (*cd*)]. ■ **3** Poner [algo] como ejemplo.

ejemplarmente *adv* De manera ejemplar [1 y 2].

ejemplificación *f* Acción de ejemplificar.

ejemplificador -ra *adj* Ejemplarizador.

ejemplificar *tr* **1** Apoyar o ilustrar [algo] con ejemplos [3]. *Tb abs.* ■ **2** Mostrar ejemplos [de algo (*cd*)].

ejemplo I *m* **1** Cosa que se imita o se debe imitar. **b)** Pers. cuyo comportamiento se imita o se debe imitar. **c)** Pers. o cosa que posee [una cualidad (*compl* DE)] en alto grado y es por ello digna de imitación. ■ **2** Cosa de la que se extrae una enseñanza o lección. ■ **3** Individuo o cosa que posee las características típicas de la clase a la que pertenece, y que sirve para ilustrar o precisar el concepto de esta. **b)** Pers. o cosa que representa de modo destacado o notable [una cualidad o condición (*compl* DE)]. **c)** Cosa que se aduce como ilustración o apoyo de una explicación o afirmación.
II *loc v* **4 dar ~.** Actuar de una manera que debe ser imitada [por otros (*ci*)]. *Frec se omite el ci.* ■ **5 tomar ~.** Actuar a imitación [de otro]. *Frec sin compl, por consabido.*
III *loc adv* **6 por ~.** Se usa para introducir o acompañar la mención de un ejemplo [3b]. *Tb* (*pop*) POR UN ~. * Decía, por ejemplo, que no hay un hombre bueno. **b)** Se usa para restar rotundidad a una afirmación o darle carácter provisional. * –¿Cuándo vienes? –Mañana, por ejemplo.
IV *loc prep* **7 a ~ de.** Siguiendo el ejemplo [1] de.

ejercer A *tr* **1** Realizar las acciones propias [de una profesión u oficio (*cd*)]. *Tb abs.* ■ **2** Hacer que actúe o se realice [algo (*cd*)] que existe o se posee en potencia.
B *intr* **3** Realizar las acciones propias [de un profesional (*compl* DE o COMO)]. *Tb sin compl. Tb fig.*

ejercicio I *m* **1** Acción de ejercer. ■ **2** Actividad física encaminada al desarrollo muscular o al mantenimiento del buen estado físico. *Tb* ~ FÍSICO. ■ **3** Acción o conjunto de acciones destinadas a adquirir, conservar o demostrar soltura o práctica [en una determinada actividad (*compl especificador*)]. *Frec se omite el compl por consabido. Tb fig.* **b)** Acción tendente a desarrollar [una cualidad o virtud (*compl especificador*)]. **c)** Trabajo práctico, esp. escrito, encaminado al aprendizaje [de algo]. *Frec se omite el compl por consabido.* ■ **4** Prueba de examen. ■ **5** (*Rel catól*) Práctica piadosa. **b)** *En pl:* Práctica religiosa consistente en unos días de oración y meditación en grupo bajo la dirección de un sacerdote. *Frec* ~S ESPIRITUALES. ■ **6** (*Econ*) Período comprendido entre dos presupuestos o inventarios.
II *loc adj* **7 en ~.** Que ejerce. *Siguiendo a un n que designa a un profesional.*

ejerciente *adj* Que ejerce.

ejercitación *f* Acción de ejercitar(se).

ejercitador -ra *adj* (*raro*) Que ejercita o se ejercita.

ejercitante I *adj* **1** Que ejercita, *esp* [2].
II *m y f* **2** (*Rel catól*) Pers. que hace ejercicios espirituales.

ejercitar *tr* **1** Someter [a alguien o algo] a ejercicios [3] para que adquiera soltura o práctica. **b)** *pr* (~**se**) Adquirir práctica o soltura [en una actividad]. ■ **2** Practicar [algo]. ■ **3** Ejercer [2].

ejército *m* **1** Organización estatal encargada de los asuntos de guerra y defensa nacional, compuesta por secciones terrestres, marítimas y aéreas. *Frec con los compls* DE TIERRA, DE MAR *o* DEL AIRE, *designando esas secciones.* ■ **2** Conjunto importante de tropas reunidas para el combate. ■ **3** Conjunto numeroso [de perss., animales o cosas], esp. organizado para un fin.

ejidense *adj* De El Ejido (Almería). *Tb n, referido a pers.*

ejido *m* Campo común de todos los vecinos de un pueblo y cercano a él, destinado a eras o al ganado.

ekuele *m* Unidad monetaria de Guinea Ecuatorial.

el, la (*con pronunc átona. Pl,* LOS, LAS. *La forma* EL *se usa no solo ante n m, sino ante n f que comienza por* /a/ *tónica:* el hambre. *Precedido* EL *de las preps* A *y* DE, *se producen las contracciones* AL *y* DEL) *art* **1**

Precede al n que designa una pers o cosa consabida. * En el sótano existe un taller de planchado. **b)** *La pers o cosa puede estar designada por un adj, prop adj o compl con prep sustantivados.* * El equipo español venció al de Alemania. **c)** *Precede a un compl especificador del n inmediatamente anterior.* * Toni el de Abrés, el carrero. ■ **2** *Precede a un n cuyo sent está especificado por algún compl (adj, prop adj, compl con prep, etc).* * Trata de no perder el margen de holgura conquistado. **b)** *Precede a una constr de sent superlativo relativo.* * Aquello le pareció la cosa más horrible. ■ **3** *Precede al n de un ente abstracto o a un n de pers o cosa considerada genéricamente.* * La siega es la faena más dura del campo. ■ **4** *En m sg, precede a una prop sust, sobre todo cuando esta funciona como suj.* * Está de moda el que las figuras de ficción extravierten sus problemas. ■ **5** ~ **cual,** ~ **que** → CUAL², QUE¹. ■ **6** *Precede a los ns propios de mares, ríos, montañas y comarcas, y en gral de cosas en que está sobrentendido el n genérico correspondiente.* * Aníbal atravesó los Alpes. **b)** *En m, precede al n de un autor o de una editorial, utilizado para designar el libro suyo más característico en el ámbito en que es mencionado.* * No les faltaba más que haberse traído el Espasa. ■ **7** *Precede a determinados ns propios de países, regiones y ciudades.* * La Coruña es una ciudad importante. ■ **8** *Precede normalmente a los ns de los astros* TIERRA, SOL *y* LUNA. * La Tierra tiene un satélite, que es la Luna. ■ **9** *(pop) Precede al n de pila, aplicado o sobrenombre de una pers conocida.* * A la Desi no le salía la voz del cuerpo. **b)** *(desp) Precede al n de una pers hacia la que se siente cierta antipatía.* * Vino con la perla del Julito Viñas. ■ **10** *Precede a los apellidos de determinados escritores o artistas italianos de la Edad Media y el Renacimiento. Tb se usa a veces con el n de pila* DANTE. * Leyó unos versos del Petrarca. ■ **11** *En f, precede al apellido de una mujer cuando se la nombra solamente por él, esp si es artista o escritora.* * Está leyendo a la Pardo Bazán. ■ **12** *En pl, precede a un n propio para designar un conjunto de individuos que lo llevan.* * Son muchos los Fernández que figuran en la guía. **b)** *Precede al apellido del marido para designar al matrimonio.* * Los García me mandaron flores. ■ **13** *Precede a ns propios de pers o lugar acompañados de adj o de otro compl (excepto cuando el adj forma parte del mismo n propio).* * Pidió el empleo para el sobrino Eusebio. * El Chile femenino no permanece al margen. ■ **14 la de +** *n* **+ prop adj.** *(col) Or independiente, con entonación exclam, con la que se pondera la cantidad de las perss o cosas designadas por el n.* * ¡La de veces que habré pensado en ello!

él, ella *(pl,* ELLOS, ELLAS*)* **I** *pron pers* **1** *Designa a cualquier pers o cosa que no sea quien enuncia la frase o a quien esta se dirige. Toma las formas* LE, LA, LO *(pl* LES, LAS, LOS*) –que se pronuncian átonas– cuando funciona como cd o ci; cuando estas formas átonas van inmediatamente después del v, se escriben unidas a él en una sola palabra.* * Ella no quiso ir. * Mírala bien y dile algo. **b)** *Toma la forma* SE *cuando funciona como cd seguido de un cd* LO, LA, LOS, LAS. * Se lo ruego, venga pronto. ■ **2 de ellos** *(o* ellas*)...,* **de ellos** *(o* ellas*)... (lit) Unos..., otros...*

II *loc v y fórm or* **3** *Las formas átonas* LA, LAS *constituyen con determinados vs distintas locs:* GANÁRSELA, HABÉRSELAS CON, HACERLA BUENA, NO TENERLAS TODAS CONSIGO, TOMARLA CON, VERLAS VENIR, *etc* (→ GANAR, HABER, HACER, *etc*). ■ **4 allí,** *o* **entonces** *(u otro adv de lugar o tiempo),* **será** *(o* **fue**) **ella.** *Se usa para ponderar la magnitud o la grave-* dad de lo que ocurrirá *(u ocurrió).* * Mañana será ella.

elaboración *f* Acción de elaborar.

elaborador -ra *adj* **1** Que elabora. *Tb n, referido a pers.* ■ **2** De (la) elaboración.

elaborar *tr* **1** Producir [algo] mediante una serie de acciones o transformaciones. **b)** Hacer o fabricar [algo] por procedimientos industriales. **c)** Producir [algo], o hacer que exista. ■ **2** Someter [algo] a las acciones o transformaciones necesarias para obtener un producto dado. ■ **3** Idear o crear [algo complejo].

elación *f (lit)* Elevación o exaltación. *Normalmente referido al espíritu.*

elaiotecnia, elaiotécnico → ELAYOTECNIA, ELAYOTÉCNICO.

elamita *adj (hist)* **1** De Elam (antiguo reino al este del río Tigris). *Tb n, referido a pers.* ■ **2** De lengua elamita [1].

élan *(fr; pronunc corriente,* /elán/*) m (lit)* Impulso o fuerza. *Frec fig.*

eland *(ing; pronunc corriente,* /éland/*; pl normal,* ~s) *m* Bóvido africano de largos cuernos en espiral (*Taurotragus oryx* y *T. derbianus*).

elanio. ~ **azul.** Ave rapaz de pequeño tamaño, con cabeza y cola blancuzcas y las partes superiores grises azuladas (*Elanus caeruleus*).

elasmobranquio *adj (Zool)* [Pez] de esqueleto cartilaginoso, boca ventral y piel dotada de dentículos dérmicos. *Frec como n m en pl, designando este taxón zoológico.*

elástica → ELÁSTICO.

elásticamente *adv* De manera elástica, *esp* [1a]. *Tb fig.*

elasticidad *f* **1** Cualidad de elástico. ■ **2** *(Econ)* Variación que experimenta una variable al cambiar otra.

elástico -ca I *adj* **1** Que puede recobrar su forma original tras ser estirado o deformado. **b)** [Goma] **elástica** → GOMA¹. **c)** *(Fís)* [Fluido] que puede expandirse espontáneamente. ■ **2** Que puede entenderse o aplicarse con cierto margen de variabilidad. **b)** *(col)* Discutible. ■ **3** Ágil y flexible. *Dicho esp de pers o parte del cuerpo.*

II *n A m* **4** Tejido elástico [1a], frec. por llevar intercalados hilos de goma. **b)** *En una prenda:* Parte hecha de tejido elástico [1a] o a la que se añade una goma para que se ajuste. ■ **5** *(reg)* Prenda de vestir masculina, de lana, en forma de jersey sin mangas. **B** *f* **6** Camiseta (prenda interior o deportiva).

elastina *f (Biol)* Proteína que es el constituyente esencial de las fibras y tejidos elásticos [1a].

elastómero -ra *adj (E)* Elástico [1a]. *Frec n m, referido a material.*

elatérido *adj (Zool)* [Insecto] coleóptero de cuerpo largo y estrecho, cuyas larvas dañan los cultivos. *Frec como n m en pl, designando este taxón zoológico.*

elativo *adj (Gram)* [Superlativo] absoluto. *Tb n m.*

elayotecnia *(tb con la grafía* **elaiotecnia**) *f (E)* Técnica de fabricar aceites vegetales.

elayotécnico -ca *(tb con la grafía* **elaiotécnico**) *adj (E)* De (la) elayotecnia.

eldense *adj* De Elda (Alicante). *Tb n, referido a pers.*

ele¹ *interj* (*col*) *Expresa aplauso, esp ante lo dicho por otro. A veces se sustantiva como n m.* * ¡Ele mi niño!

ele² *f* Letra del alfabeto (*l, L*), que en español corresponde al fonema /l/. (V. PRELIM.) *A veces tb se llama así el fonema representado por esta letra.*

eleata *adj* (*Filos*) Eleático [1b]. *Tb n.*

eleático -ca *adj* (*Filos*) De Elea (ciudad de la Italia antigua). *Esp referido a la escuela filosófica allí fundada en el s VI a.C.* **b)** De la escuela eleática. *Tb n, referido a pers.*

eleatismo *m* (*Filos*) Doctrina eleática [1b].

eléboro (*tb con la grafía* **heléboro**) *m* **1** *Se da este n a varias plantas ranunculáceas del gén Helleborus, esp H. niger* (~ NEGRO), *H. foetidus* (~ FÉTIDO), *H. viridis* (~ VERDE), *etc.* ■ **2** ~ **blanco.** Planta herbácea venenosa, propia de prados y pastos de montaña (*Veratrum album*).

elección *f* **1** Acción de elegir. **b)** *En pl:* Acción de elegir uno o más cargos, frec. políticos. *Alguna vez en sg.* ■ **2** Posibilidad de elegir.

electividad *f* (*raro*) Cualidad de electivo.

electivo -va *adj* **1** De (la) elección. ■ **2** Que depende de una elección [1]. **b)** Optativo, o que puede ser elegido voluntariamente. ■ **3** (*Biol*) Que se fija sobre un elemento celular más que sobre otro.

electo -ta *adj* **1** Que ha sido elegido pero aún no ha tomado posesión. *Siguiendo a un n que designa pers que tiene un cargo o dignidad.* ■ **2** (*raro*) Elegido.

elector -ra *adj* Que elige o tiene derecho a elegir [2]. *Frec en.* **b)** (*hist*) *En el Sacro Imperio Germánico:* [Príncipe] con derecho a participar en la elección de emperador. *Tb n m.*

electorado *m* **1** Conjunto de electores [1a]. ■ **2** (*hist*) Estado alemán cuyo príncipe es elector [1b].

electoral *adj* De (las) elecciones o de (los) electores.

electoralismo *m* Tendencia o actuación que busca ante todo el éxito electoral.

electoralista *adj* De(l) electoralismo o que lo implica. **b)** Que practica el electoralismo. *Tb n, referido a pers.*

electoralmente *adv* En el aspecto electoral.

electorero -ra (*desp*) **I** *adj* **1** Electoral. **II** *m y f* **2** Muñidor de elecciones.

eléctricamente *adv* **1** De manera eléctrica. ■ **2** En el aspecto eléctrico [1].

electricidad *f* **1** Forma de energía que se manifiesta por numerosos fenómenos, esp. luminosos, mecánicos, caloríficos, de atracción y repulsión y químicos. ■ **2** Parte de la física que estudia la energía eléctrica. ■ **3** Corriente eléctrica. ■ **4** Instalación eléctrica. ■ **5** Luz eléctrica. ■ **6** Tensión o excitación emocional, esp. entre varias personas.

electricista *m y f* Pers. especializada en energía o instalaciones eléctricas. *A veces en aposición.*

eléctrico -ca **I** *adj* **1** De (la) electricidad [1]. *Tb n f, referido a empresa.* ■ **2** Que funciona con electricidad [1]. **b)** [Instrumento musical] cuyo sonido se amplifica por medio de la electricidad. **c)** De instrumentos musicales eléctricos. ■ **3** Que produce o

manifiesta electricidad [1, y, raro, 6]. ■ **4** [Color, esp. azul] intenso y brillante. **b)** De color azul eléctrico.
II *m y f* **5** (*Escén*) Electricista. *Tb, raro, fuera del ámbito técn.*

electrificación *f* Acción de electrificar.

electrificado -da *adj* **1** *part →* ELECTRIFICAR. ■ **2** Que dispone de electricidad [1].

electrificar *tr* **1** Hacer que [algo (*cd*)] funcione mediante electricidad [1]. ■ **2** Dotar de electricidad [1] [a un lugar (*cd*)].

electrización *f* Acción de electrizar(se).

electrizado -da *adj* **1** *part →* ELECTRIZAR. ■ **2** Que tiene electricidad [6].

electrizante *adj* Que electriza, *esp* [2].

electrizar *tr* **1** Producir electricidad [1] [en un cuerpo (*cd*)]. **b)** *pr* (~**se**) Pasar [un cuerpo] a tener electricidad. ■ **2** Excitar o inflamar [a alguien]. **b)** *pr* (~**se**) Excitarse o inflamarse [alguien].

electro *m* (*col*) Electrocardiograma.

electro- *r pref* Eléctrico. * Electrobalanza. * Masaje electrofacial.

electroacústico -ca **I** *adj* **1** De (la) electroacústica [2]. **b)** [Música] compuesta para ser ejecutada por aparatos electroacústicos.
II *f* **2** Técnica de la producción, transmisión, grabación y reproducción de sonidos por medios eléctricos.

electrobomba *f* Bomba hidráulica que lleva incorporado un motor eléctrico. *Frec* GRUPO ~.

electrocardiografía *f* (*Med*) Exploración de la función cardiaca mediante electrocardiogramas.

electrocardiográfico -ca *adj* (*Med*) De (la) electrocardiografía.

electrocardiógrafo *m* (*Med*) Aparato que registra las corrientes eléctricas producidas por la acción del músculo cardiaco.

electrocardiograma *m* Gráfico obtenido por el electrocardiógrafo.

electrochoque *m* (*Med*) Tratamiento psiquiátrico consistente en aplicar una descarga eléctrica a través del cerebro. *Tb lit, fig, fuera del ámbito técn.*

electrocinética *f* (*Fís*) Estudio del movimiento de la corriente eléctrica o de las partículas cargadas.

electrocoagulación *f* (*Med*) Desorganización de tejidos vivos mediante corrientes eléctricas de alta frecuencia.

electrocución *f* Acción de electrocutar(se).

electrocutar *tr* Matar [a alguien] mediante una descarga eléctrica. *Tb abs.* **b)** *pr* (~**se**) Morir [alguien] por una descarga eléctrica.

electrodiagnóstico *m* (*Med*) Diagnóstico mediante el uso de la electricidad.

electrodinámico -ca (*Fís*) **I** *adj* **1** De (la) electrodinámica [2].
II *f* **2** Parte de la física que trata de la acción dinámica de las corrientes eléctricas.

electrodo *m* (*Electr*) Extremo de un circuito eléctrico, por el que una corriente llega a un medio o sale de él.

electrodoméstico *adj* [Aparato] eléctrico destinado al servicio de las actividades domésticas. *Frec* se aplica a cualquier aparato eléctrico de uso doméstico, excepto los de iluminación. *Frec n m.*

electroencefalografía *f (Med)* Exploración de la función encefálica mediante electroencefalogramas.

electroencefalográfico -ca *adj (Med)* De (la) electroencefalografía.

electroencefalógrafo *m (Med)* Aparato que registra las corrientes eléctricas producidas por la actividad del encéfalo.

electroencefalograma *m* Gráfico obtenido por el electroencefalógrafo.

electroerosión *f (Metal)* Procedimiento para labrar piezas metálicas mediante descargas eléctricas.

electroescultura *f (E)* Modelación corporal mediante electricidad.

electrofisiología *f (Fisiol)* Estudio de las reacciones eléctricas del cuerpo humano y de otros organismos vivos.

electrofónico -ca *adj (raro)* De(l) electrófono.

electrófono *m (hoy raro)* Aparato para la reproducción de sonidos grabados en disco o en cinta magnética.

electroforesis *f (Quím)* Desplazamiento hacia los electrodos de las partículas en suspensión en una solución coloidal bajo la acción de un campo eléctrico. *Tb la técnica analítica basada en este fenómeno.*

electroforético -ca *adj (Quím)* De (la) electroforesis.

electróforo *m (Electr)* Aparato para producir electricidad estática, consistente en un disco de resina o de otra materia aislante que se electriza por frotación.

electrógeno -na I *adj* 1 Que produce electricidad.
II *m* 2 Generador eléctrico.

electrografía *f (E)* Reproducción de imágenes a distancia por medios eléctricos. *Tb las mismas imágenes.*

electroimán *m* Imán temporal obtenido por la acción de la corriente eléctrica sobre un núcleo de hierro dulce.

electrólisis *(tb* **electrolisis***) f* 1 *(Quím)* Descomposición química de una sustancia en fusión o en disolución, mediante el paso de una corriente eléctrica. ■ 2 *(Med)* Desintegración orgánica producida por una corriente eléctrica.

electrolítico -ca *adj (Quím)* 1 De (la) electrólisis. ■ 2 Que se hace o se obtiene por electrólisis.

electrólito *(tb* **electrolito***) m (Quím)* Sustancia fundida o disuelta que puede descomponerse por el paso de una corriente eléctrica.

electrolizar *tr (Quím)* Descomponer por electrólisis.

electrología *f (Fís y Med)* Estudio de los fenómenos eléctricos y de otros relacionados con ellos.

electromagnético -ca *adj (Fís)* 1 De(l) electromagnetismo o que lo implica. ■ 2 Que funciona por medio de electroimanes.

electromagnetismo *m (Fís)* Estudio de los fenómenos producidos por las interacciones entre corrientes eléctricas y campos magnéticos. *Tb los mismos fenómenos.*

electromecánico -ca *(Fís)* I *adj* 1 [Aparato] mecánico que funciona por electricidad. ■ 2 De (la) electromecánica [3]. *Tb n, referido a pers.*
II *f* 3 Estudio de las aplicaciones de la electricidad a la mecánica.

electromedicina *f (Med)* Medicina basada en el empleo de la electricidad.

electromédico -ca *adj (Med)* De (la) electromedicina.

electrométrico -ca *adj (Fís)* De (la) medida de magnitudes eléctricas.

electrómetro *m (Fís)* Aparato para medir magnitudes eléctricas, esp. diferencias de potencial.

electromiógrafo *m (Med)* Aparato para registrar las corrientes eléctricas producidas por la contracción muscular, o la reacción de un músculo al estímulo eléctrico.

electromontaje *m (Electr)* Montaje eléctrico.

electromotor -ra *(tb f* **electromotriz** *en acep 3) adj (Fís)* 1 Que transforma la energía eléctrica en trabajo mecánico. *Tb n m, referido a aparato.* ■ 2 Que genera electricidad mediante acciones mecánicas o químicas. ■ 3 [Fuerza] que impulsa a los electrones dentro del circuito y que expresa la diferencia de potencial entre los dos polos de un generador eléctrico.

electrón[1] *m (Fís)* Partícula elemental estable y cargada negativamente, que se encuentra girando alrededor del núcleo del átomo en un número fijo y característico igual al número atómico.

electrón[2] *m (raro)* 1 Ámbar. ■ 2 Mezcla nativa de oro con un 20% o más de plata.

electronegativo -va *adj (Electr)* Que tiene carga eléctrica negativa.

electrónica → ELECTRÓNICO.

electrónicamente *adv* 1 De manera electrónica. ■ 2 En el aspecto electrónico [1].

electrónico -ca I *adj* 1 De(l) electrón[1] o de (los) electrones[1]. ■ 2 De (la) electrónica [4]. ■ 3 [Dispositivo] basado en el movimiento de electrones libres en el vacío, en gases rarificados o en semiconductores. b) Que funciona o se produce mediante dispositivos electrónicos. c) [Lápiz] ~ → LÁPIZ.
II *n* A *f* 4 Parte de la física que estudia los electrones, su comportamiento en el vacío, en gases o en semiconductores, y la aplicación técnica de tales fenómenos.
B *m y f* 5 Especialista en electrónica [4].

electronizar *tr (raro)* Hacer que [algo (cd)] funcione mediante dispositivos electrónicos.

electronvoltio *m (Fís)* Unidad de energía equivalente a la energía cinética que adquiere un electrón al atravesar en el vacío una diferencia de potencial de un voltio.

electropositivo -va *adj (Electr)* Que tiene carga eléctrica positiva.

electropulido *m (Metal)* Pulimento electrolítico.

electropuntura *f (Med)* Acupuntura que se practica con una aguja que funciona como electrodo.

electroquímico -ca *(Electr y Quím)* I *adj* 1 De (la) electroquímica [2] o de su objeto.
II *f* 2 Estudio y técnica de las reacciones y otros procesos engendrados por la electricidad.

electrorradiología *f* (*Med*) Empleo terapéutico de la electricidad y de los rayos X.

electroscopio *m* (*Fís*) Instrumento que sirve para detectar cargas eléctricas y determinar su signo.

electroshock (*ing; pronunc corriente,* /elektrosók/; *pl normal,* ~s) *m* Electrochoque. *Tb fig.*

electroshockterapia (*pronunc corriente,* /elektrosokterápia/) *f* (*Med*) Tratamiento por electroshock.

electrosoldar (*conjug* 4) *tr* (*Metal*) Soldar por soldadura eléctrica.

electrostática → ELECTROSTÁTICO.

electrostáticamente *adv* (*Fís*) De manera electrostática.

electrostático -ca (*Fís*) **I** *adj* **1** De (la) electrostática [2] o de su objeto.
II *f* **2** Parte de la física que estudia la electricidad estática.

electrotecnia *f* (*Electr*) Estudio de las aplicaciones técnicas de la electricidad.

electrotécnico -ca *adj* (*Electr*) De (la) electrotecnia.

electroterapia *f* (*Med*) Empleo de la electricidad en el tratamiento de las enfermedades.

electrotrén *m* Tren eléctrico rápido de viajeros.

electroválvula *f* (*Mec*) Válvula accionada por un electroimán.

electroventilador *m* (*E*) Camión del servicio de bomberos que aspira los humos y suministra aire fresco.

electuario *m* (*Med*) Preparación farmacéutica hecha con miel o jarabe y una sustancia reducida a polvo.

elefancíaco -ca (*tb* **elefanciaco**) *adj* Que padece elefantiasis. *Tb n, referido a pers. Tb fig.*

elefante -ta I *n* **A** *m* **1** Mamífero proboscídeo de gran tamaño, de grandes orejas colgantes, nariz en forma de larga trompa prensil y largos colmillos de marfil (*Loxodonta africana y Elephas maximus*). *Tb* ~ AFRICANO *y* ASIÁTICO, *respectivamente. Tb designa solo el macho.* ■ **2** ~ **marino**. Mamífero marino de la familia de la foca, cuyo macho está dotado de un largo hocico (*Mirounga leonina y M. angustirostris*). **B** *f* **3** Hembra de elefante [1].
C *m y f* **4** (*col*) Pers. grande y torpe.
II *loc adj* **5 de ~**. (*col*) [Memoria] muy buena. ■ **6** [Pata] **de ~** → PATA[1].

elefantíaco -ca (*tb* **elefantiaco**) *adj* (*raro*) Propio del elefante [1].

elefantiásicamente *adv* (*lit o Med*) De manera elefantiásica.

elefantiásico -ca *adj* (*lit o Med*) De (la) elefantiasis.

elefantiasis (*tb* **elefantíasis**) *f* **1** (*Med*) Aumento enorme de algunas partes del cuerpo, esp. las extremidades inferiores y los genitales, causado gralm. por parásitos. ■ **2** (*lit*) Aumento excesivo de tamaño.

elefantino -na *adj* De(l) elefante [1].

elegancia *f* Cualidad de elegante.

elegante *adj* **1** Que tiene gracia y armonía. ■ **2** [Pers.] que en su vestido, en su porte o en su comportamiento denota buen gusto o distinción. **b)**

Propio de la pers. elegante. ■ **3** Que se ajusta a la moda o al gusto del momento. *Tb n, referido a pers.* ■ **4** Lujoso.

elegantemente *adv* De manera elegante.

elegantización *f* Acción de elegantizar(se).

elegantizar *tr* Hacer elegante [a alguien o algo].

elegantoso -sa *adj* (*col*) Elegante. *Gralm con intención desp.*

elegía *f* **1** (*TLit*) Composición lírica que expresa un sentimiento de dolor o de melancolía. ■ **2** (*Mús*) Composición de corta duración, de carácter triste y melancólico.

elegíacamente (*tb* **elegiacamente**) *adv* (*lit*) De manera elegíaca.

elegíaco -ca (*tb* **elegiaco**) *adj* **1** (*TLit y Mús*) De (la) elegía. ■ **2** (*lit*) Triste o lastimero.

elegibilidad *f* Cualidad de elegible.

elegible *adj* Que puede ser elegido. *Tb n, referido a pers.*

elegir (*conjug* 62) *tr* **1** Preferir [a una pers. o cosa entre varias para un fin determinado]. *Tb abs.* ■ **2** Nombrar o designar [a alguien] por votación [para algo, esp. un cargo (*compl* PARA *o predicat*)]. *Tb sin compl o predicat, por consabido.*

élego -ga *adj* (*lit, raro*) Elegíaco [2].

elementa → ELEMENTO.

elemental *adj* **1** Básico o fundamental. ■ **2** Sencillo o sin complicaciones. *A veces con intención desp.* ■ **3** (*Quím*) [Elemento] puro o no combinado. ■ **4** (*Fís*) [Partícula] subatómica considerada indivisible.

elementalidad *f* **1** Cualidad de elemental [1 y esp. 2]. ■ **2** Cosa elemental [1 y 2].

elementalizar *tr* Dar carácter elemental [1 y 2] [a alguien o algo (*cd*)]. **b)** *pr* (~**se**) Tomar [alguien o algo] carácter elemental [1 y 2].

elementalmente *adv* De manera elemental [1 y esp. 2].

elemento -ta (*en acep 9 frec se usa la forma m referida a mujer*) **A** *m* **1** Parte constitutiva [de algo]. ■ **2** Componente [de una agrupación, esp. humana]. *Frec en sg con sent colectivo.* ■ **3** Cosa de las necesarias [para algo (*adj o compl especificador*)]. *Gralm en pl.* ■ **4** (*Quím*) Cuerpo simple. **b)** Principio químico que constituye las distintas variedades de un mismo cuerpo simple. ■ **5** (*Filos*) Sustancia de las cuatro constituyentes del universo: tierra, agua, aire y fuego. **b) el líquido ~**. (*lit*) El agua. ■ **6** Medio adecuado [para un ser vivo (*compl de posesión*)]. **b)** Ambiente en que una persona se encuentra a gusto o se desenvuelve bien. *Gralm en la constr* ESTAR EN SU ~. ■ **7** *En pl*: Fuerzas naturales, esp. atmosféricas. ■ **8** *En pl*: Fundamentos [de una ciencia o arte].
B *m y f* **9** Individuo. *Con un adj o compl calificador. Sin ellos gralm tiene valor desp.* * *Jugaba de maravilla el elemento aquel.* * *¿Su cuñado? Vaya elemento.*
C *f* **10** (*col*) Prostituta.

elenco *m* **1** Conjunto de actores que constituyen una compañía teatral o el reparto de una obra. *Tb fig.* ■ **2** Catálogo o relación. **b)** Conjunto o serie [de individuos o de cosas].

eleo *m* (*hist*) Dialecto griego de la Élide (región de la antigua Grecia).

Eleonor. halcón de ~ → HALCÓN.

elepé (*tb con la grafía* LP) *m* Disco de larga duración.

eleusino -na *adj* De Eleusis (Grecia). *Esp* (*hist*) *referido al culto o misterios de Ceres. Tb n, referido a pers.*

elevable *adj* Que puede ser elevado.

elevación I *f* 1 Acción de elevar(se), *esp* [1, 2, 3 y 6]. **b)** (*Rel catól*) *En la misa:* Acción de alzar la hostia y el cáliz consagrados. *Tb la parte correspondiente de la misa.* ■ 2 Parte o zona más alta que lo que la rodea. *Frec referido a terreno.* ■ 3 Cualidad de elevado.
II *loc adv* 4 **por ~.** Describiendo en el aire una curva elevada. *Con vs como* TIRAR *o* ENVIAR. *Tb fig.*

elevado -da *adj* 1 *part* → ELEVAR. ■ 2 Que está a cierta altura (distancia respecto al suelo). ■ 3 De altura (medida vertical) superior a la normal. ■ 4 De valor o importancia grandes o superiores a lo normal. ■ 5 De calidad superior en el aspecto intelectual o moral. ■ 6 [Estilo o lenguaje] que aspira a ser elegante.

elevador -ra I *adj* 1 Que eleva o sirve para elevar [1a y 2b]. **b)** (*Anat*) [Músculo] cuya misión es elevar [1a] la parte en que se inserta. *Tb n m.*
II *n A m* 2 Transformador para elevar el voltaje o tensión de una corriente eléctrica. ■ 3 Aparato o dispositivo que sirve para elevar [1a], esp. materias a granel o cargas. **b)** (*raro*) Ascensor.
B *f* 4 Elevador [3a].

elevalunas *m* Dispositivo para subir y bajar los cristales de un vehículo.

elevar A *tr* 1 Mover [a alguien o algo] hacia arriba, o poner[lo] en un lugar más alto. *Tb fig.* **b)** Dirigir hacia arriba [algo, esp. los ojos o la mirada]. **c)** *pr* (~se) Moverse hacia arriba, o dirigirse hacia arriba. ■ 2 Hacer [algo] más alto de lo que es. **b)** Aumentar el valor o la importancia [de algo (*cd*)]. **c)** Aumentar el volumen [de la voz o de un sonido (*cd*)]. *Tb fig.* ■ 3 Colocar [a alguien en un puesto o empleo (*compl* A) de importancia, o de importancia superior a la del que ocupaba]. **b)** ~ **a los altares** → ALTAR. **c)** Pasar [algo (*cd*) a un estado o condición superior a aquellos en que está]. ■ 4 Dirigir [un escrito o petición a una autoridad]. ■ 5 Construir o edificar. ■ 6 (*Mat*) Multiplicar [un número] por sí mismo tantas veces como indique [su exponente (*compl* A)]. **b)** ~ **a potencia** → POTENCIA.
B *intr pr* (~se) 7 Llegar [algo a una altura determinada (*compl* A o HASTA)]. **b)** Llegar [una cuenta o un cómputo a un total determinado]. ■ 8 Sobresalir del suelo [una construcción o un relieve].

elfo *m* (*Mitol nórd*) Genio del aire.

elgoibarrés -sa *adj* De Elgóibar (Guipúzcoa). *Tb n, referido a pers.*

elícito -ta *adj* (*Filos*) [Acto] realizado directamente por la voluntad.

elidir *tr* 1 (*Ling*) Suprimir [una vocal, esp. aquella con que acaba una palabra cuando la que sigue empieza por vocal]. ■ 2 (*TLit*) Someter a elipsis [2].

eliminable *adj* Que se puede eliminar.

eliminación *f* Acción de eliminar.

eliminador -ra *adj* Que elimina. *Tb n: m y f, referido a pers; m, referido a aparato.*

eliminar *tr* 1 Hacer que [alguien o algo (*cd*)] deje de contar a efectos operativos tras una selección o

confrontación. ■ 2 Hacer que [algo (*cd*)] deje de existir. **b)** Matar [a alguien]. **c)** (*Mat*) Hacer desaparecer [una incógnita] de una ecuación. ■ 3 Expeler [el organismo una sustancia].

eliminatorio -ria *adj* Que sirve para eliminar [1]. *Frec n f, referido a prueba o competición.*

elipse *f* (*Geom*) Curva plana y cerrada en la que la suma de las distancias de cada uno de sus puntos a otros dos puntos interiores o focos es constante.

elipsis *f* 1 (*Gram*) Omisión de una o varias palabras en la frase, sin que afecte a la claridad del sentido. ■ 2 (*TLit*) *En técnica narrativa o dramática:* Salto temporal.

elipsógrafo *m* (*Geom*) Instrumento para trazar elipses.

elipsoidal *adj* (*Geom*) De forma de elipsoide.

elipsoide *m* (*Geom*) Sólido cuyas secciones planas son todas elipses o círculos.

elíptico[1] -ca *adj* De (la) elipse. **b)** De forma de elipse.

elíptico[2] -ca *adj* (*Gram*) De (la) elipsis [1]. **b)** Sobrentendido u omitido por elipsis [1].

elíseo -a *adj* (*lit, raro*) 1 Celestial. ■ 2 [Campos] ~s → CAMPO.

elisión *f* (*Ling*) Acción de elidir. *Tb su efecto.*

elite *f* Minoría selecta. *A veces con intención desp.*

élite[1] (*fr; pronunc corriente,* /elít/) *f* Elite.

élite[2] (*pronunc,* /élite/) *f* (*semiculto*) Elite.

elitismo *m* (*desp*) Tendencia a favorecer o a dar preferencia a las elites. *Tb la actitud correspondiente.*

elitista *adj* (*desp*) 1 De elite. ■ 2 [Pers.] perteneciente a una elite o partidaria del predominio de ella o de las elites. *Tb n.* **b)** Propio de la pers. elitista.

élitro *m* (*Zool*) *En algunos insectos:* Ala dura que cubre y protege el ala membranosa.

elitroideo -a *adj* (*Zool*) Semejante a los élitros.

elixir *m* 1 Preparación farmacéutica compuesta de distintas sustancias medicinales disueltas gralm. en alcohol, éter o vino. ■ 2 Licor maravilloso. *Tb fig.*

ella → ÉL.

elle *f* Combinación de dos letras *l*, hasta 1994 considerada oficialmente decimocuarta letra del alfabeto español, con la cual se representa el fonema /ḷ/. (V. PRELIM.) *A veces tb se llama así el fonema representado por esta combinación.*

ello I *pron pers sg* 1 *Designa un hecho, un conjunto de cosas o una cosa poco precisada que han sido mencionados antes. Toma las formas* LO *y* LE (*que se pronuncian átonas*) *cuando funciona, respectivamente, como cd y ci sin prep; cuando estas formas van inmediatamente después del v, se escriben unidas a él en una sola palabra.* * *Si se pretendía proteger el paisaje, ello no será posible ya.* * *Se adicionan las claras mezclándolo todo con una espátula.* **b)** *A veces anticipa algo que se va a mencionar a continuación.* * *Estos lo saben todo.* ■ 2 *Funcionando como predicat en la forma* LO, *se refiere a un sust o adj enunciado antes.* * *Inteligente lo es un rato largo.* ■ 3 (*lit*) El hecho. *En la constr* ~ ES (FUE, *o* ERA) *seguida de una prop con* QUE. * *No sé si vivimos una hora de tránsito. Ello es que la juventud está desconcertada.*

II *m* **4** (*Psicol*) Instancia psíquica que es origen de los impulsos reprimidos y que se rige por el placer.

elocución *f* Manera de hablar o de expresarse.

elocuencia *f* **1** Facultad de hablar o expresarse con fluidez y persuasión. **b)** Arte de persuadir o conmover por la palabra. ■ **2** Capacidad o fuerza expresiva [de algo].

elocuente *adj* Que tiene o muestra elocuencia.

elocuentemente *adv* De manera elocuente.

elocutivo -va *adj* De (la) elocución.

elodea *f* Planta acuática del gén. *Elodea* o *Helodea*, esp. *E. canadensis*.

elogiable *adj* Que se debe elogiar.

elogiador -ra *adj* Que elogia. *Tb n, referido a pers.*

elogiar (*conjug* **1a**) *tr* Alabar [a alguien o algo], o ponderar sus virtudes o méritos.

elogio *m* **1** Acción de elogiar. ■ **2** Expresión con que se elogia.

elogiosamente *adv* De manera elogiosa.

elogioso -sa *adj* Que expresa o implica elogio.

elongación *f* **1** (*Astron*) Diferencia de longitud entre un planeta y el Sol. ■ **2** (*Fís*) Desplazamiento de un móvil respecto a su posición de equilibrio. ■ **3** (*Fís*) Alargamiento de una pieza sometida a tracción.

elongar *tr* (*Med*) Estirar o alargar.

elorriano -na *adj* De Elorrio (Vizcaya). *Tb n, referido a pers.*

elucidación *f* Acción de elucidar. *Tb su efecto.*

elucidar *tr* Aclarar [algo oscuro o difícil].

elucubración *f* Acción de elucubrar. *Esp su efecto. A veces con intención desp.*

elucubrante *adj* Que elucubra.

elucubrar *tr* Producir [ideas] con meditación y estudio. *A veces con intención desp, ponderando la extravagancia o falta de lógica de esas ideas. Frec abs.*

eludible *adj* Que se puede eludir.

eludir *tr* Evitar [algo] o librarse [de ello (*cd*)], esp. con astucia o habilidad.

elusión *f* Acción de eludir.

elusivo -va *adj* Que elude. *Tb fig.*

elvense *adj* De Elvas (Portugal). *Tb n, referido a pers.*

elzeviriano -na *adj* (*Impr*) [Carácter] de pie triangular, propio de los Elzevir (impresores holandeses de los ss. XVI y XVII) o que lo imita.

emaciación *f* (*Med*) Adelgazamiento extremo por enfermedad.

emaciado -da *adj* (*Med o lit*) [Pers.] que presenta emaciación. **b)** Propio de la pers. emaciada.

emanación *f* Acción de emanar. *Frec su efecto. Tb fig.*

emanador -ra *adj* Que emana [3]. *Frec fig.*

emanante *adj* Que emana [1 y 2].

emanar **A** *intr* **1** Proceder [una cosa de otra], o tener su origen [en ella (*compl* DE)]. ■ **2** Desprenderse [de un cuerpo un olor, una radiación o una sustancia volátil]. *Tb fig.*

B *tr* **3** Desprender o producir [un olor, una radiación o una sustancia volátil]. *Frec fig.*

emanatismo *m* (*Filos*) Doctrina filosófica según la cual todas las cosas proceden de Dios por emanación.

emanatista *adj* (*Filos*) De(l) emanatismo o que lo implica.

emancipación *f* Acción de emancipar(se).

emancipador -ra *adj* **1** Que emancipa. *Tb n, referido a pers.* ■ **2** De (la) emancipación.

emancipar *tr* Liberar [a alguien] de la patria potestad, de la tutela o de la esclavitud. **b)** Liberar [a alguien] de un sometimiento o una dependencia. *Frec el cd es refl.*

emasculación *f* (*lit o Med*) Acción de emascular.

emascular *tr* (*lit o Med*) Castrar [a alguien], o extirpar[le] los órganos de la generación.

embadurnador -ra *adj* Que embadurna. *Tb n.*

embadurnamiento *m* Acción de embadurnar.

embadurnar *tr* Extender [sobre alguien o algo (*cd*) una sustancia pegajosa o que mancha (*compl* DE o CON)]. *Frec desp, referido a pintura.*

embaidor -ra *adj* (*raro*) Embelesador.

embaimiento *m* (*raro*) Embeleso.

embaír (*conjug* **48**; *solo usado en las formas en que la base es átona*) *tr* (*raro*) **1** Embelesar. ■ **2** Engañar o embaucar.

embajada *f* **1** Cargo o misión de embajador [1]. ■ **2** Oficina o residencia oficial del embajador [1]. ■ **3** Conjunto constituido por el embajador [1] y el personal a sus órdenes. ■ **4** Conjunto de perss. que llevan un mensaje. ■ **5** Mensaje enviado por medio de un embajador [1 y esp. 2]. ■ **6** Comunicación o recado inconveniente o sorprendente.

embajador -ra *m y f* **1** Diplomático del más alto rango, acreditado como representante permanente de un estado en otro extranjero. **b)** Diplomático del más alto rango enviado para una misión especial. *Tb ~ EXTRAORDINARIO.* ■ **2** Emisario o mensajero. ■ **3** Cónyuge del embajador [1]. *Frec en pl, designando la pareja.*

embalado -da *adj* **1** *part* → EMBALAR. ■ **2** (*col*) Lanzado (audaz e impulsivo).

embalador -ra *adj* Que embala[1]. *Frec n: m y f, referido a pers; f, referido a máquina o empresa.*

embalaje *m* **1** Acción de embalar[1]. ■ **2** Caja o envoltura con que se embala[1].

embalar[1] *tr* Envolver o empaquetar para que no se estropee [algo que se ha de transportar o almacenar]. *Tb abs.*

embalar[2] *intr* Lanzarse, o adquirir gran impulso o velocidad. *Normalmente pr (~se). Frec fig.*

embaldosado *m* **1** Suelo de baldosas. ■ **2** Acción de embaldosar.

embaldosamiento *m* Acción de embaldosar.

embaldosar *tr* Cubrir con baldosas el suelo [de algo (*cd*)].

emballenar *tr* (*hoy raro*) Armar con ballenas [una prenda de vestir].

embalsable *adj* Que se puede embalsar.

embalsamado -da *adj* **1** *part* → EMBALSAMAR. ■ **2** (*lit*) Perfumado o fragante.

embalsamador -ra *adj* Que embalsama [1]. *Tb n, referido a pers.*

embalsamamiento *m* Acción de embalsamar [1].

embalsamar *tr* **1** Preparar [un cadáver] con determinadas sustancias para que no se descomponga. *Tb abs.* ■ **2** (*lit*) Perfumar o aromatizar. *Tb fig.*

embalsamiento *m* Acción de embalsar(se).

embalsar *tr* **1** Recoger [agua] en una balsa² o pantano. **b)** *pr* (**~se**) Recogerse [agua] formando una balsa². ■ **2** Recoger [un embalse o pantano (*suj*)] cierta cantidad de agua (*cd*).

embalse *m* **1** Acción de embalsar(se). *Tb su efecto. Tb* (*lit*) *fig.* ■ **2** Depósito artificial de agua que se forma cerrando un valle con una presa o un dique.

embanastar *tr* Meter [algo] en banastas. *Tb fig.*

embanderar *tr* Adornar [algo] con banderas.

embarazadamente *adv* De manera embarazada [3].

embarazado -da *adj* **1** *part* → EMBARAZAR. ■ **2** [Mujer] que va a tener un hijo. *A veces con un compl* DE *que designa al padre. Tb n.* ■ **3** (*lit*) Cohibido, o falto de desenvoltura.

embarazador -ra *adj* Que embaraza. *Tb n, referido a pers.*

embarazar *tr* **1** Fecundar [a una mujer]. **b)** *pr* (**~se**) Quedar fecundada [una mujer]. ■ **2** (*lit*) Impedir que [alguien o algo (*cd*)] actúe o se mueva con soltura o normalidad. *Tb abs.* **b)** Impedir que [algo (*cd*)] se produzca con facilidad o normalidad.

embarazo *m* **1** Estado de embarazada [2]. ■ **2** (*lit*) Cohibición o turbación. ■ **3** (*lit*) Acción de embarazar [2]. ■ **4** (*lit*) Cosa que embaraza [2].

embarazosamente *adv* (*lit*) De manera embarazosa.

embarazoso -sa *adj* (*lit*) **1** Que embaraza [2]. ■ **2** Que implica o produce embarazo [2].

embarcación *f* Construcción cóncava flotante, destinada al transporte sobre el agua.

embarcadero *m* Lugar a propósito para embarcar perss. o cosas.

embarcador -ra *m y f* Pers. que embarca [1] efectos o mercancías.

embarcar A *tr* **1** Introducir [viajeros o mercancías] en una embarcación. **b)** Introducir [viajeros o mercancías] en un tren o en un aparato aéreo. ■ **2** Meter [a alguien en una empresa arriesgada o difícil]. *Frec el cd es refl. A veces se omite el 2º compl.* ■ **3** (*Taur*) Dirigir [al toro o su embestida] con la muleta o la capa. **B** *intr* **4** Subir a una embarcación. *Tb pr* (**~se**). **b)** Subir en un tren o en un aparato de navegación aérea.

embarco *m* Acción de embarcar [1a y 4a].

embardar A *tr* **1** Poner bardas [a algo (*cd*)]. **B** *intr pr* (**~se**) **2** (*reg*) Esconderse entre matas.

embargable *adj* Que se puede embargar [1].

embargador -ra *adj* (*raro*) Que embarga. *Tb n, referido a pers.*

embargante *adj* (*raro*) Que embaraza o dificulta.

embargar *tr* **1** Retener [bienes (*cd*)] la autoridad competente] para asegurar el pago de una deuda o la responsabilidad derivada de un delito o falta. **b)** Retener [la autoridad competente (*suj*)] bienes [de alguien (*cd*)] para asegurar el pago de una deuda o la responsabilidad derivada de un delito o falta. ■ **2** Adueñarse [de alguien (*cd*)] un sentimiento o una sensación].

embargo I *m* **1** Acción de embargar [1]. ■ **2** Medida de coacción contra un país, consistente en impedir respecto a él la exportación o comercio de una o más mercancías. ■ **3** (*Per*) Prohibición o aplazamiento de la publicación [de una información que se posee]. **II** *loc adv* **4** sin ~. A pesar de ello. **III** *loc prep* **5** sin ~ de. (*lit*) A pesar de.

embargue *m* (*raro*) Embargo [1].

embarnecer (*conjug* 11) *intr* Engordar.

embarnizar *tr* (*raro*) Barnizar.

embarque *m* **1** Acción de embarcar [1 y 4]. ■ **2** (*col*) Asunto o situación difícil o desagradable en que alguien se ve metido. ■ **3** (*jerg*) Hecho de no pagar los servicios a una prostituta.

embarrancamiento *m* Acción de embarrancar. *Tb* (*lit*) *fig.*

embarrancar A *intr* **1** Quedar detenida [una embarcación] en un fondo de arena o fango. *Tb* (*lit*) *fig.* **B** *tr* **2** Hacer que [una embarcación (*cd*)] embarranque [1]. *Tb* (*lit*) *fig.*

embarrar A *tr* **1** Manchar o ensuciar de barro. ■ **2** Llenar o cubrir de barro. *Gralm en part.* **B** *intr pr* (**~se**) **3** Encenagarse [en algo]. *En sent fig.* ■ **4** (*reg*) Engancharse [la red (*suj*) o la red de un barco (*suj*)] en un banco de arena o fango.

embarre *m* (*reg*) Acción de embarrar [4].

embarrizar *tr* Embarrar (manchar o llenar de barro). *Gralm en part.*

embarulladamente *adv* De manera embarullada.

embarullado -da I *adj* **1** *part* → EMBARULLAR. ■ **2** Atropellado y descuidado o confuso. **II** *adv* **3** De manera confusa.

embarullador -ra *adj* Que embarulla.

embarullamiento *m* Acción de embarullar(se). *Tb su efecto.*

embarullar *tr* **1** Confundir o mezclar desordenadamente [varias cosas o unas con otras]. **b)** *pr* (**~se**) Confundirse o mezclarse desordenadamente [varias cosas o unas con otras]. ■ **2** Confundir o aturdir [a alguien]. **b)** *pr* (**~se**) Confundirse o aturdirse, actuando por ello de manera atropellada y descuidada.

embastar¹ *tr* Poner bastas [a un colchón].

embastar² *tr* Aparejar [a una caballería de carga].

embastecer (*conjug* 11) *tr* (*raro*) Hacer o poner basto o tosco [a alguien o algo (*cd*)].

embasurar *tr* (*Agric*) Estercolar.

embate *m* Acometida o ataque. *Esp referido al mar o a cosas inmateriales.*

embaucador -ra *adj* Que embauca. *Tb n, referido a pers.*

embaucamiento *m* Acción de embaucar.

embaucar (*conjug* 1e) *tr* **1** Engañar o persuadir [a alguien] con argucias o halagos. ■ **2** (*raro*) Dejar suspensa [a una pers. o su atención].

embaular (*conjug* 1f *o* 1e) *tr* (*col*) **1** Engullir o tragar. *Tb fig.* ■ **2** Embolsar [dinero]. *Gralm con un compl de interés.*

embazar (*raro*) **A** *tr* **1** Embarazar o dificultar. ■ **2** Paralizar o detener.
B *intr pr* (~**se**) **3** Atascarse en el fango. *Tb fig.*

embebecer (*conjug* 11) *tr* Embelesar. **b)** *pr* (~**se**) Embelesarse.

embebecimiento *m* Acción de embebecer(se).

embebedor -ra *adj* Que embebe.

embeber A *tr* **1** Absorber [un líquido]. ■ **2** Empapar o impregnar [un líquido algo (*suj*)]. **b)** Empapar o impregnar [algo en un líquido]. ■ **3** Contener o encerrar [una cosa (*suj*)] dentro de sí [otra (*cd*)]. ■ **4** (*Lab*) Disminuir la anchura [de algo (*cd*)] encogiéndolo sobre sí mismo. *Tb abs.* ■ **5** Absorber [algo] la atención o el interés [de alguien (*cd*)]. **b)** Hacer que [alguien (*cd*)] dedique toda su atención o interés [a algo (*compl* EN)]. **c)** *pr* (~**se**) Dedicar [alguien] toda su atención e interés [a algo (*compl* EN)].
B *intr pr* (~**se**) **6** Impregnarse [de una idea o sentimiento].

embebimiento *m* (*raro*) Acción de embeber(se).

embeleco *m* **1** Engaño artificioso. ■ **2** Cosa molesta o enfadosa. ■ **3** (*reg*) Botijo de 4 o 5 litros de capacidad.

embelesador -ra *adj* Que embelesa.

embelesamiento *m* Embeleso.

embelesar *tr* Suspender o cautivar los sentidos [a alguien (*cd*)]. **b)** *pr* (~**se**) Quedar con el ánimo o los sentidos suspensos.

embeleso *m* Hecho de embelesar(se). *Frec su efecto.*

embellecedor -ra I *adj* **1** Que embellece.
II *m* **2** Pieza o elemento cuya misión es embellecer.

embellecer (*conjug* 11) **A** *tr* **1** Hacer que [una pers. o cosa (*cd*)] sea bella o más bella.
B *intr* **2** Hacerse bella o más bella [una pers. o cosa].

embellecimiento *m* Acción de embellecer.

embeodar *tr* (*raro*) Emborrachar. *Tb pr* (~**se**).

embernía *f* (*reg*) Tazón de barro vidriado para poner la leche al relente a fin de que se forme nata.

embero *m* Madera de color marrón grisáceo, muy apreciada, producida por árboles del gén. *Lovoa*, propios del África ecuatorial, esp. *L. trichilioides*. *Tb los mismos árboles.*

emberrenchinamiento *m* Acción de emberrenchinarse.

emberrenchinarse *intr pr* **1** Encolerizarse o coger un berrinche. ■ **2** Irritarse o enconarse [una llaga].

embestida *f* Acción de embestir.

embestidor -ra *adj* Que embiste.

embestir (*conjug* 62) **A** *tr* **1** Atacar [el toro, u otro animal con cuernos o defensas, a alguien o algo]. *Tb abs.* **b)** *En gral*: Atacar (lanzarse [contra una pers. o cosa (*cd*)] para causarle algún daño). *Tb fig.* ■ **2** Chocar [un vehículo o su conductor (*suj*)] contra algo, esp. otro vehículo (*cd*)].
B *intr* **3** Lanzarse con ímpetu [contra alguien o algo].

embetunar *tr* **1** Untar [algo] con betún. ■ **2** Limpiar [algo, esp. calzado] con betún.

embicar *tr* (*Mar*) Embocar [algo] o entrar [por ello (*cd*)].

embigotado -da *adj* Que tiene bigote.

embizcar *tr* (*raro*) Poner bizcos [los ojos].

emblanquecer (*conjug* 11) **A** *tr* **1** Poner blanco o más blanco [a alguien o algo].
B *intr* **2** Ponerse blanco o más blanco. *Tb pr* (~**se**).

emblema *m* **1** Figura, gralm. acompañada de un lema o leyenda, que se adopta como distintivo de una pers. o colectividad. ■ **2** Símbolo o representación [de algo]. ■ **3** (*Arte y TLit*) Figura alegórica, gralm. acompañada de un lema o leyenda, que encierra una lección moral.

emblemática → EMBLEMÁTICO.

emblemáticamente *adv* De manera emblemática.

emblemático -ca I *adj* **1** De(l) emblema. ■ **2** Que tiene carácter de emblema [1 y esp. 2].
II *f* **3** (*Arte y TLit*) Género de los emblemas [3].

emblematizar *tr* Ser emblema [de algo (*cd*)].

embobadamente *adv* Con embobamiento.

embobamiento *m* Acción de embobar(se). *Tb su efecto.*

embobar *tr* Dejar suspenso o admirado [a alguien]. *Tb abs.* **b)** *pr* (~**se**) Quedarse suspenso o admirado.

embobecido -da *adj* (*raro*) Atontado.

embobinado *m* (*E*) Bobinado.

embobinar *tr* (*E*) Bobinar. *Tb fig.*

embocado[1] *adj* [Vino] abocado (que tiene mezcla de seco y dulce).

embocado[2] **-da** *adj* **1** *part* → EMBOCAR. ■ **2** (*Taur*) [Caballo] que tiene buena boca.

embocadura *f* **1** Boca o entrada [de un lugar estrecho]. **b)** *En gral* (*raro*): Entrada. ■ **2** (*Escén*) Hueco por el que queda visible el escenario cuando se levanta el telón. ■ **3** (*Mús*) Boquilla [de un instrumento de viento].

embocar A *tr* **1** Meter [algo] en la boca. ■ **2** Entrar o meterse [por una calle o un lugar estrecho (*cd*)].
B *intr* **3** (*Golf*) Meter [la pelota en el hoyo. ■ **4** (*reg*) *En el juego de bolos*: Pasar la bola la raya por detrás del emboque [2] o derribarlo.

embodegar *tr* Meter o guardar [algo, esp. vino] en una bodega.

emboinado -da *adj* (*raro*) Que lleva boina.

embolada *f* (*Mec*) Movimiento de vaivén del émbolo.

embolado *m* (*col*) Asunto desairado o desagradable al que hay que hacer frente.

embolar *tr* Poner bolas de madera u otra protección [en los cuernos (*cd*) de una res] para evitar que hieran. **b)** Proteger los cuernos [de una res (*cd*)] para evitar que hiera. *Frec en part, a veces sustantivado.* **c)** (*raro*) Poner una bola u otra protección en la punta [algo (*cd*)] para evitar que pinche.

embolia *f* Obstrucción causada en un vaso por un cuerpo arrastrado por la corriente sanguínea. *Frec con un adj especificador.*

embolicar *tr* (*reg*) Embrollar o enredar.

embólico -ca *adj* (*Med*) De (la) embolia.

embolismático -ca *adj* (*lit*) Confuso o ininteligible.

embolísmico *adj* (*Astron*) [Año lunar] compuesto de trece meses.

embolismo[1] *m* (*lit*) Mezcla o confusión.

embolismo[2] *m* (*Med*) Embolia.

émbolo *m* **1** (*Mec*) Pieza cilíndrica con movimiento de vaivén dentro de un cuerpo de bomba o de un cilindro de máquina o motor, con el fin de transformar en energía mecánica la presión de un gas, o para comprimir o impeler un fluido. ■ **2** (*Med*) Coágulo, burbuja de aire u otro cuerpo extraño que, arrastrado por la corriente sanguínea, causa la embolia.

embolsado *m* Acción de embolsar [1]. *Tb su efecto.*

embolsamiento *m* Acción de embolsar(se). *Tb fig.*

embolsar *tr* **1** Meter [algo] en una bolsa o en bolsas. ■ **2** Ganar u obtener [dinero]. *Gralm con un compl de interés.* ■ **3** (*Mil*) Cercar [parte de un ejército].

embolsillar *tr* (*raro*) Guardar [algo] en el bolsillo. *Gralm con un compl de interés.*

embón *m* (*Mar*) Tablón empleado para forrar el casco de un buque, a fin de aumentar su manga y darle más estabilidad.

emboque *m* **1** Embocadura o entrada. ■ **2** (*reg*) *En el juego de bolos:* Bolo más pequeño que los otros nueve, que tiene valor convencional. ■ **3** (*reg*) *En el juego de bolos:* Acción de embocar [4].

emboquillado *m* Acción de emboquillar. *Tb su efecto.*

emboquillar *tr* **1** Poner boquilla [a los cigarrillos (*cd*)]. *Frec en part, frec sustantivado.* ■ **2** Abrir o preparar la entrada [de una galería o un túnel (*cd*)].

embornar *tr* (*Electr*) Conectar mediante bornes.

emborrachacabras *f* Roldón (planta).

emborrachador -ra *adj* Que emborracha. *Tb n, referido a pers.*

emborrachar *tr* **1** Poner ebrio o borracho [a alguien]. *Tb abs. Tb fig.* **b)** *pr* (~se) Ponerse borracho. *Tb fig.* ■ **2** Empapar [un dulce con almíbar, normalmente mezclado con vino o licor (*compl DE o CON*)]. ■ **3** Suministrar exceso de combustible [a algo (*cd*), esp. al carburador]. **b)** *pr* (~se) Pasar a tener exceso de combustible.

emborrascar **A** *tr* **1** (*raro*) Alterar o irritar. **B** *intr pr* (~se) **2** Ponerse borrascoso. *Tb fig.*

emborrillar *tr* (*reg*) Empedrar con cantos rodados.

emborrizar *tr* **1** Cardar [lana]. ■ **2** (*reg*) Bañar o rebozar [alimentos]. *Tb fig.*

emborronador -ra *adj* Que emborrona. *Tb n, referido a pers.*

emborronamiento *m* Acción de emborronar(se). *Tb su efecto.*

emborronar *tr* **1** Hacer o echar borrones [en un papel, un dibujo o un escrito (*cd*)]. ■ **2** Manchar [un papel] con dibujos o garabatos. *Frec desp, referido a escribir.* ■ **3** Correr la tinta [de algo escrito

(*cd*)] haciéndolo borroso o ininteligible. **b)** *pr* (~se) Correrse la tinta [de algo escrito (*suj*)]. ■ **4** Hacer borroso o impreciso. ■ **5** Deslucir o manchar. *Esp fig.*

emboscada *f* **1** Trampa que consiste en ocultarse para atacar por sorpresa. *Tb fig.* ■ **2** Intriga o asechanza.

emboscar **A** *intr pr* (~se) **1** Ocultarse para atacar por sorpresa. *Tb fig.* ■ **2** Ocultarse en la espesura. ■ **3** (*desp*) Escudarse en una ocupación cómoda esquivando otras más duras. *Esp referido a militares en tiempo de guerra. Frec en part, frec sustantivado.* ■ **4** Camuflar o disimular [alguien] su auténtica condición en un ambiente hostil. *Frec en part, frec sustantivado.* **B** *tr* **5** (*raro*) Tender una emboscada [a alguien (*cd*)]. *Tb fig.*

embotador -ra *adj* Que embota.

embotamiento *m* Acción de embotar(se). *Tb efecto.*

embotar *tr* **1** Quitar intensidad o agudeza [a los sentidos o las facultades (*cd*)]. **b)** *pr* (~se) Perder intensidad o agudeza [los sentidos o las facultades]. ■ **2** Quitar intensidad o agudeza a los sentidos o las facultades [de alguien (*cd*)]. **b)** *pr* (~se) Perder [alguien] intensidad o agudeza en sus sentidos o facultades. ■ **3** Quitar agudeza a la punta o filo [de un arma o herramienta (*cd*)]. **b)** *pr* (~se) Perder agudeza en la punta o filo [un arma o herramienta].

embotellado *m* Acción de embotellar [1].

embotellador -ra *adj* Que embotella [1]. *Tb n: m y f, referido a pers; f, referido a máquina o planta.*

embotellamiento *m* **1** Acción de embotellar [1]. ■ **2** Afluencia o concurrencia excesiva, que causa enlentecimiento o paralización. *Gralm referido a tráfico.*

embotellar *tr* **1** Meter [algo] en una botella o en botellas. ■ **2** Congestionar el tráfico [en un lugar (*cd*)]. ■ **3** (*Mar*) Detener [embarcaciones] en el lugar en que están fondeadas, impidiendo su salida al mar.

embotijar **A** *tr* **1** (*raro*) Meter o guardar [algo] en botijos o botijas. *Tb fig.* **B** *intr pr* (~se) **2** (*col, raro*) Enfadarse.

embovedado *m* (*Constr*) **1** Bóveda o conjunto de bóvedas. ■ **2** Acción de embovedar.

embovedamiento *m* (*Constr*) Bóveda.

embovedar *tr* (*Constr*) Cubrir [algo] con una bóveda.

embozada *f* (*reg*) Cantidad que puede cogerse con las dos manos juntas.

embozado -da *adj* **1** *part* → EMBOZAR. ■ **2** Que implica ocultación o disimulo.

embozalar *tr* Poner el bozal [a un animal (*cd*)]. *Tb fig.*

embozar *tr* **1** Tapar [a una pers. o su rostro] hasta la nariz o los ojos. *Frec el cd es refl. Frec en part, a veces sustantivado.* ■ **2** Ocultar o disimular. ■ **3** (*reg*) Obstruir o atascar. **b)** *pr* (~se) Obstruirse o atascarse.

embozo *m* **1** Parte de la sábana encimera que se dobla sobre el resto de la ropa por la parte que está en contacto con el rostro. ■ **2** (*hoy raro*) Prenda de vestir, o parte de ella, con que se cubre el rostro. ■ **3** (*lit, raro*) Ocultación.

embracilar (*reg*) **A** *tr* **1** Abrazar.
B *intr pr* (**~se**) **2** Cogerse del brazo [de alguien (*compl* CON)].

embragar A *tr* **1** Conectar [un eje] a un motor, mediante el embrague [1]. **b)** Conectar [un motor] al eje que debe mover, mediante el embrague [1].
B *intr* **2** Conectar un motor con el eje que debe mover.

embrague *m* **1** Dispositivo que permite acoplar o desacoplar un eje al movimiento de otro, sin cambiar la velocidad de este último. *Tb el pedal con que se acciona.* ■ **2** Acción de embragar.

embraguetarse *intr pr* (*Taur*) Ceñirse mucho [el torero] al toro.

embravecerse (*conjug* 11) *intr pr* Ponerse agresivo o fiero. *Tb fig.*

embrazar *tr* **1** Sujetar [algo o a alguien] con el brazo. ■ **2** (*hist*) Meter el brazo por el asa [del escudo (*cd*)].

embrear *tr* Untar [algo o a alguien] con brea.

embriagador -ra *adj* (*lit*) Que embriaga. *Esp referido a perfume.*

embriagante *adj* (*lit*) Que embriaga. *Frec fig.*

embriagar *tr* (*lit*) Poner ebrio o borracho [a alguien]. *Frec fig.* **b)** *pr* (**~se**) Ponerse ebrio o borracho. *Frec fig.*

embriaguez *f* (*lit*) Borrachera. *Frec fig.*

embridar *tr* **1** Poner la brida [a una caballería (*cd*)]. ■ **2** Sujetar o refrenar. *Frec fig.*

embriogenia *f* (*Biol*) Formación y desarrollo del embrión.

embriología *f* (*Biol*) Estudio del desarrollo del embrión.

embriológicamente *adv* (*Biol*) En el aspecto embriológico.

embriológico -ca *adj* (*Biol*) De (la) embriología o de su objeto.

embrión *m* **1** Ser vivo en las primeras etapas de desarrollo, desde que comienza la división del huevo hasta que adquiere la capacidad para llevar vida libre. *Referido a la especie humana, designa el producto de la concepción hasta la octava semana de embarazo.* ■ **2** Principio informe o poco desarrollado [de algo]. *Frec en la constr* EN ~.

embrionado -da *adj* (*Biol*) Que tiene embrión. *Dicho esp de huevos incubados.*

embrionariamente *adv* En estado embrionario.

embrionario -ria *adj* De(l) embrión.

embriopatía *f* (*Med*) Afección del embrión, que se manifiesta al nacer, o más tarde, con determinadas malformaciones.

embrisar *tr* (*reg*) Echar [al vino (*cd*)] orujo de distinta calidad para darle sabor.

embrocación *f* (*Med*) Medicamento líquido de uso externo.

embrocar[1] *tr* (*Taur*) Enfilar [el toro a alguien] con los cuernos. *Tb abs.*

embrocar[2] *tr* (*reg*) Vaciar o poner boca abajo [algo, esp. una vasija].

embrollado -da *adj* **1** *part* → EMBROLLAR. ■ **2** [Cosa] complicada.

embrollar *tr* Enredar o complicar [algo]. **b)** *pr* (**~se**) Enredarse o complicarse.

embrollo *m* Lío o enredo.

embrollón -na *adj* Que embrolla o tiene tendencia a embrollar. *Tb n, referido a pers.*

embromar *tr* Gastar o decir bromas o una broma [a alguien (*cd*)].

embroque *m* (*Taur*) Acción de embrocar.

embrujador -ra *adj* Que embruja, *esp* [2].

embrujamiento *m* Acción de embrujar. *Tb su efecto.*

embrujar *tr* **1** Ejercer [sobre alguien o algo (*cd*)] una acción mágica dañina. ■ **2** Ejercer [alguien o algo] una atracción irresistible [sobre una pers. (*cd*)].

embrujo *m* **1** Embrujamiento. ■ **2** Atractivo irresistible.

embrumar *tr* (*raro*) Cubrir de bruma. *Tb fig.*

embrutecedor -ra *adj* Que embrutece.

embrutecer (*conjug* 11) *tr* Entorpecer las facultades intelectuales [de una pers. (*cd*)]. *Tb abs.* **b)** *pr* (**~se**) Sufrir [una pers.] entorpecimiento de sus facultades intelectuales.

embrutecimiento *m* Acción de embrutecer(se). *Tb su efecto.*

embuchado[1] **-da I** *adj* **1** *part* → EMBUCHAR.
II *m* **2** Lomo de cerdo embuchado (→ EMBUCHAR [1]). ■ **3** Tripa rellena de carne picada y distintas especias. ■ **4** Cosa embuchada (→ EMBUCHAR [2a]) dentro de otra.

embuchado[2] *m* **1** Acción de embuchar [2]. ■ **2** (*hist*) Introducción fraudulenta de votos en las urnas electorales.

embuchador -ra *adj* Que embucha [2]. *Frec n, referido a pers.*

embuchar *tr* **1** Meter [lomo de cerdo] en una tripa para curarlo. *Frec en part.* ■ **2** Meter o introducir. **b)** Meter [propaganda] en sobres. **c)** (*Impr*) Colocar [hojas o cuadernillos] unos dentro de otros. *Tb abs.* ■ **3** (*col*) Meter o ingerir [alimento o bebida]. *Frec con un compl de interés.* ■ **4** Cebar [un ave]. *Tb fig, referido a pers.* ■ **5** (*reg*) Embolsar o guardar.

embudillo *m* (*E*) Hueco cónico que tienen algunos pernos en el extremo para que puedan ser remachados con facilidad.

embudo I *m* **1** Utensilio en forma de cono con el vértice prolongado en un tubo, que sirve para trasvasar líquidos. ■ **2** Cosa cuya forma recuerda la del embudo [1]. **b)** (*Zool*) En el calamar y otros cefalópodos: Tubo por el que salen la tinta y el agua. ■ **3** Lugar por el que el tránsito o la salida son lentos.
II *loc adj* **4** [Ley] del ~ → LEY[1].

embufandado -da *adj* Que lleva bufanda.

emburrarse *intr pr* (*reg*) Enfadarse.

emburujar *tr* (*reg*) Confundir o enredar.

embuste *m* Mentira (cosa contraria a la verdad).

embustero -ra *adj* Mentiroso. *Tb n, referido a pers.*

embuten. de ~. *loc adv* (*jerg*) Muy bien.

embutición *f* (*Metal*) Acción de embutir [5].

embutido[1] **-da I** *adj* **1** *part* → EMBUTIR.

II *m* **2** Alimento que consiste en una tripa rellena con carne, gralm. picada, o sangre, grasa y diversas especias. ■ **3** Pieza de madera, marfil, metal u otra materia, que se embute [2] en otra formando dibujos o adornos.

embutido² *m* Acción de embutir, *esp* [5].

embutidor -ra *adj* Que embute [1 y 5]. *Tb n: m y f, referido a pers; f, referido a máquina.*

embutir *tr* **1** Meter [picadillo de carne u otro relleno en una tripa]. **b)** Fabricar [un embutido¹] metiendo el relleno correspondiente en una tripa. ■ **2** Meter [una cosa dentro de otra] de modo que quede apretada o sujeta. *Tb fig.* **b)** Rellenar [una cosa con otra (*compl* DE)]. ■ **3** Poner [a alguien (*cd*) una prenda de vestir (*compl* EN) que le envuelve por completo, esp. ajustándose mucho]. *Frec el cd es refl.* **b)** Poner [a alguien (*ci*) una prenda (*cd*) que le envuelve por completo, esp. ajustándose mucho]. *Frec el ci es refl.* ■ **4** (*col*) Meter o ingerir [alimento o bebida]. *Frec con un compl de interés.* ■ **5** (*Metal*) Labrar con martillo o prensa [una placa de metal] para darle forma en hueco o en relieve, normalmente mediante molde.

eme *f* **1** Letra del alfabeto (*m, M*), que en español corresponde al fonema /m/. (V. PRELIM.) *A veces tb se llama así el fonema representado por esta letra.* ■ **2** (*col*) *euf por* MIERDA. *Frec en la loc* MANDAR A LA ~.

emenagógico -ca *adj* (*Med*) Emenagogo.

emenagogo -ga *adj* (*Med*) Que provoca la menstruación. *Tb n m, referido a medicamento o agente.*

emergencia I *f* **1** Acción de emerger. ■ **2** Suceso o situación imprevistos que requieren remedio o acción inmediatos.
II *loc adj* **3 de ~.** [Puerta o salida] prevista para ser utilizada solo en caso de emergencia [2]. ■ **4 de ~.** [Situación] de peligro o desastre, en que es necesario actuar con urgencia. **b)** [Estado] **de ~ →** ESTADO.

emergente *adj* **1** Que emerge. **b)** (*Fís*) [Rayo] que sale de un medio tras haberlo atravesado. ■ **2** [Daño] derivado del incumplimiento de una obligación.

emerger *intr* **1** Salir a la superficie del agua u otro líquido. **b)** *En gral:* Salir a la superficie de otro medio distinto del agua. ■ **2** Surgir o aparecer. **b)** Surgir o brotar. ■ **3** Sobresalir o destacarse [de algo].

emergido -da *adj* **1** *part →* EMERGER. ■ **2** (*Bot*) [Planta o parte de ella] que sobresale de la superficie del agua.

emeritense *adj* De Mérida (Badajoz). *Tb n, referido a pers.*

emérito -ta I *adj* **1** [Pers.] que se ha retirado de un empleo o cargo y disfruta algún premio por sus buenos servicios. *Normalmente referido a profesor. Tb n.* **b)** [Profesor] jubilado al que se le prorroga su función docente en atención a sus méritos. *Tb n.*
II *m* **2** (*hist*) *En la antigua Roma:* Soldado que ha cumplido el tiempo de servicio.

emersión *f* Acción de emerger. **b)** (*Astron*) Reaparición de un astro que ha sido eclipsado por otro.

emesis *f* (*Med*) Vómito.

emético -ca *adj* (*Med*) Que provoca vómito. *Frec n m, referido a medicamento o agente. Tb (lit) fig.*

emetina *f* (*Med*) Alcaloide blanco y amargo que se extrae de la ipecacuana y que se emplea como emético y contra las infecciones amebianas.

emétrope *adj* (*Med*) [Ojo] de visión normal.

emigración *f* Acción de emigrar.

emigrante *adj* Que emigra. *Tb n, referido a pers.*

emigrar *intr* **1** Salir [alguien] de su país para establecerse en otro extranjero. *Frec con un compl adv de dirección con* A. *Frec en part, a menudo sustantivado.* **b)** Salir [alguien] de su pueblo o ciudad para establecerse en otros de su propio país, en busca de trabajo o de mejores medios de vida. *Frec con un compl adv de dirección con* A. *Frec en part, frec sustantivado.* ■ **2** Trasladarse de lugar [los animales] por causas climáticas o de reproducción. *Frec con un compl adv de dirección con* A. ■ **3** Salir [algo o alguien] del lugar en que está para establecerse en otro. *Frec con un compl de dirección con* A *o, más raro,* HACIA. **b)** (*col*) Marcharse [alguien] del lugar en que está.

emigratorio -ria *adj* De (la) emigración.

emilianense *adj* De San Millán de la Cogolla (Rioja). *Esp referido a las Glosas del s* X.

eminencia *f* **1** Cualidad de eminente, *esp* [2]. ■ **2** Lugar o parte eminente [1]. ■ **3** Pers. eminente [2] [en un campo o una profesión]. *Frec sin compl.* ■ **4** *Se usa como tratamiento dirigido a un cardenal.* ■ **5 ~ gris.** Pers. que, en la sombra, inspira las decisiones de un personaje o un grupo. *Frec con un compl especificador.*

eminencial *adj* (*Filos*) De (la) eminencia [1].

eminente *adj* **1** Que destaca en altura respecto a lo que le rodea. ■ **2** Que sobresale o destaca por su calidad o importancia.

eminentemente *adv* De manera eminente [2].

eminentísimo -ma *adj* **1** *superl de* EMINENTE. ■ **2** *Se usa como tratamiento referido a un cardenal.*

emir *m* Príncipe o caudillo árabe.

emirato *m* Territorio gobernado por un emir.

emisario -ria A *m y f* **1** Pers. enviada [por otra (*adj o compl especificador*)] para llevar un mensaje, informarse de algo o tratar un asunto en su nombre.
B *m* **2** Corriente de agua que sale de un lago, un glaciar o un estanque. ■ **3** Conducto que recoge las aguas del alcantarillado y las conduce a la estación depuradora o las vierte en un río o en el mar.

emisión *f* **1** Acción de emitir. *Tb su efecto.* ■ **2** Programa de radio o televisión, o conjunto de programas con unidad temporal.

emisor -ra I *adj* **1** Que emite. **b)** (*TComunic*) [Individuo] que emite [3] un mensaje. *Gralm n m.* ■ **2** De (la) emisión [1].
II *n* A *m* **3** Dispositivo que emite ondas electromagnéticas. ■ **4** (*RTV*) Centro emisor [1] de programas de radio o televisión.
B *f* **5** Instalación que emite ondas electromagnéticas, esp. de radio o televisión. *Tb la entidad propietaria o gestora.*

emitir *tr* **1** Producir [una pers. o cosa (*suj*)] algo (*cd*) que sale de ella]. ■ **2** Poner en circulación [dinero o efectos públicos]. ■ **3** Manifestar o hacer público [algo, esp. un mensaje, un juicio o un dictamen]. ■ **4** Transmitir o difundir [algo] mediante ondas electromagnéticas. *Tb abs.*

emoción *f* Estado afectivo de intensa alteración, esp. de alegría, pesar o ansiedad.

emocionadamente *adv* De manera emocionada.

emocionado -da *adj* **1** *part* → EMOCIONAR. ■ **2** Que denota o implica emoción.

emocionador -ra *adj* (*raro*) Emocionante.

emocional *adj* **1** De (la) emoción o de (las) emociones. ■ **2** Que tiende a producir emoción o emociones.

emocionalidad *f* Cualidad de emocional.

emocionalismo *m* **1** Cualidad de emocional. ■ **2** Tendencia a dejarse llevar de las emociones o a conceder a estas una importancia capital.

emocionalmente *adv* En el aspecto emocional [1].

emocionante *adj* Que emociona.

emocionar *tr* Causar emoción [a alguien (*cd*)]. *Tb abs.* **b)** *pr* (**~se**) Sentir emoción.

emoliente *adj* (*Med*) Que sirve para ablandar. *Tb n m, referido a medicamento o producto. Tb fig.*

emolumento *m* Retribución de un empleo o cargo. *Gralm en pl.*

emotivamente *adv* De manera emotiva.

emotividad *f* Cualidad de emotivo [2 y 3].

emotivismo *m* Emocionalismo.

emotivo -va *adj* **1** De (la) emoción o de (las) emociones. ■ **2** Que produce emoción. ■ **3** [Pers.] que se deja llevar de las emociones.

empacado *m* Acción de empacar [1].

empacador -ra *adj* Que empaca [1]. *Tb n f, referido a máquina.*

empacar *tr* **1** Poner [algo] en pacas o fardos. *Tb abs.* ■ **2** (*raro*) Empaquetar o embutir [a alguien en una prenda].

empachar *tr* **1** Causar indigestión. *Frec fig.* **b)** *pr* (**~se**) Pasar a padecer indigestión. *Frec fig.* ■ **2** Hartar o saciar. *Frec fig.* **b)** *pr* (**~se**) Hartarse o saciarse. *Frec fig.*

empachera *f* (*reg*) Empacho [1]. *Tb fig.*

empacho *m* **1** Indigestión. *Tb fig.* ■ **2** Cohibición o vergüenza.

empachoso -sa *adj* **1** Que causa empacho. ■ **2** Fastidioso o molesto.

empadronamiento *m* Acción de empadronar(se).

empadronar *tr* Inscribir [a alguien] en un padrón. *A veces con sent factitivo, frec con cd refl.*

empajar *tr* Cubrir o rellenar [algo] con paja.

empalador -ra *adj* [Pers.] que empala[1] [1]. *Frec n.*

empalagar *tr* **1** Desagradar o cansar [un alimento] por excesivamente dulce. *Tb abs. Tb fig.* ■ **2** Desagradar o cansar [alguien o algo], frec. por zalamero o por excesivamente sentimental. *Tb abs.*

empalago *m* Acción de empalagar.

empalagoso -sa *adj* Que empalaga. *Tb n, referido a pers.*

empalamiento *m* Acción de empalar[1].

empalar[1] *tr* **1** Ensartar o clavar, esp. en un palo. ■ **2** *En ciertos actos de religiosidad popular:* Poner [a alguien], por penitencia, el timón del arado sujeto fuertemente a los hombros, de modo que quede como crucificado. *Normalmente con sent factitivo y cd refl. Frec en part, gralm sustantivado.* ■ **3** (*reg*) Hacer con palos o maderos la armazón [de una construcción (*cd*)].

empalar[2] *tr* (*Dep*) *En el juego de pelota:* Golpear [la pelota] con la pala. *Tb abs.*

empale *m* (*Dep*) Acción de empalar[2].

empalidecer (*conjug* 11) **A** *tr* **1** Hacer que [algo (*cd*)] palidezca. *Tb fig.* **B** *intr* **2** Palidecer.

empalillar *tr* (*raro*) Clavar [algo] en un palillo.

empalizada **I** *f* **1** Cerca de palos o de tablas. **II** *loc adj* **2** **en ~.** (*Bot*) [Parénquima] de células alargadas dispuestas unas junto a otras paralelamente.

empalizamiento *m* Acción de empalizar.

empalizar *tr* Rodear [algo] con empalizadas. *Tb fig.*

empalmador -ra *adj* Que empalma [1]. *Frec n: m y f, referido a pers; m, referido a aparato.*

empalmar **A** *tr* **1** Unir o juntar por los extremos [dos cosas, o una con otra o a otra] de modo que formen una sola o queden en contacto. ■ **2** Unir o enlazar [dos cosas consecutivas en el tiempo, o una con otra]. ■ **3** (*vulg*) Excitar sexualmente [al hombre]. **B** *intr* ➤ **a** *normal* **4** Unirse o juntarse [dos cosas o una con otra]. *Tb pr* (**~se**). ■ **5** Unirse o enlazar [dos cosas consecutivas en el tiempo, o una con otra]. *Tb pr* (**~se**). ■ **6** (*vulg*) Pasar [el hombre o un animal macho] a tener el pene en erección. *Frec pr* (**~se**). ➤ **b** *pr* (**~se**) **7** (*jerg*) Ocultar [alguien] la navaja abierta en la palma de la mano para acometer de improviso. ■ **8** (*jerg*) Sacar o preparar [alguien] un arma de fuego. *A veces con un compl* CON. ■ **9** (*col*) Copular [animales].

empalme *m* **1** Acción de empalmar(se). ■ **2** Punto en que empalman o se empalman [4] dos cosas, esp. dos vías de comunicación. ■ **3** Cosa que sirve para empalmar [1].

empalmillar *tr* (*E*) Pegar las palmillas.

empanada *f* **1** Plato consistente en una masa rellena, gralm. de carne o pescado, y cocida al horno. ■ **2** (*col*) Mezcla o confusión. **b)** **~ mental.** Lío o confusión mental.

empanadilla *f* Empanada [1] pequeña y semicircular, frec. frita.

empanar *tr* Rebozar [algo] con pan rallado.

empanelación *f* Acción de empanelar.

empanelado *m* Acción de empanelar.

empanelar *tr* Recubrir con panel.

empanetado *m* (*Mar*) Conjunto de tablas levadizas que forman el suelo de una embarcación menor.

empantallar *tr* **1** Cubrir [algo] con una pantalla. *Tb fig.* ■ **2** (*raro*) Hacer pantalla [sobre los ojos (*cd*)].

empantanamiento *m* Acción de empantanar(se).

empantanar *tr* **1** Convertir en pantano [un terreno]. **b)** *pr* (**~se**) Convertirse en pantano [un terreno]. ■ **2** Atascar o dejar detenido [a alguien] en un pantano o lodazal. *Tb fig. Frec con un compl* EN. **b)** *pr* (**~se**) Atascarse o quedar detenido en un pantano o lodazal. *Frec fig. Frec con un compl* EN. ■ **3** Detener o paralizar [un asunto o quehacer]. ■ **4** (*reg*) Detener o entretener [a alguien].

empanzar *tr* Herir [a un animal] en el vientre.

empañamiento *m* Acción de empañar(se). *Tb su efecto.*

empañar *tr* **1** Quitar brillo o transparencia [a algo (*cd*), esp. a un metal o a un cristal]. **b)** *pr* (**~se**) Perder brillo o transparencia [algo, esp. un metal o un cristal]. ■ **2** (*lit*) Quitar mérito o valor [a algo, esp. al nombre o fama]. ■ **3** Quitar claridad [a la voz (*cd*) algo, esp. el llanto o la emoción]. **b)** *pr* (**~se**) Perder claridad [la voz, esp. a causa del llanto o la emoción].

empañolado -da *adj* (*raro*) Que lleva pañuelo.

empapador -ra **I** *adj* **1** Que empapa [1].
II *m* **2** (*hoy raro*) Prenda de tela muy absorbente que se pone esp. en la cuna o cama de los niños pequeños.

empapamiento *m* Acción de empapar(se).

empapante **I** *adj* **1** Que empapa. *Tb n m.*
II *m* **2** (*raro*) Tapa que se sirve con una copa o chato de vino.

empapar **A** *tr* **1** Absorber [un cuerpo sólido (*suj*) un líquido]. *Tb abs.* ■ **2** Recoger o limpiar [un líquido con algo que lo absorba]. ■ **3** Impregnar completamente [un líquido (*suj*) un cuerpo sólido]. *Tb abs.* **b)** Impregnar [algo en un líquido (*compl* EN, DE o CON)]. *Tb sin compl, por consabido. Frec con intención ponderativa.* **c)** *pr* (**~se**) Impregnarse completamente [de un líquido]. *Tb fig. Frec se omite el compl, por consabido.* ■ **4** Impregnar [algo o a alguien (*cd*) una idea o sentimiento]. **b)** Impregnar [algo o a alguien (*cd*) de una idea o sentimiento]. ■ **5** (*Taur*) Hacer que [el toro (*cd*)] centre toda su atención [en el engaño]. *Tb sin compl adv. Tb fig.*
B *intr pr* (**~se**) **6** (*col*) Enterarse bien [de algo]. *Tb sin compl, por consabido.* ■ **7** (*raro*) Embeberse [en algo] o dedicar[le (*compl* EN)] toda la atención o el interés.

empapelado *m* **1** Acción de empapelar [1]. ■ **2** Papel que recubre una pared u otra superficie.

empapelador -ra *m y f* Pers. que empapela [1].

empapelamiento *m* (*raro*) Acción de empapelar [3].

empapelar *tr* **1** Recubrir de papel [las paredes de una habitación, u otra superficie]. *Tb abs.* ■ **2** Envolver en papel. ■ **3** (*col*) Abrir expediente [a un funcionario] o procesar [a alguien].

empapele *m* (*jerg*) Acción de empapelar [3].

empapujar *tr* (*reg*) Empapar o empapuzar. *Tb pr* (**~se**).

empapuzar **A** *tr* (*col, desp*) **1** Empapar o mojar. ■ **2** Hartar o atiborrar.
B *intr pr* (**~se**) **3** Empaparse o enterarse.

empaque[1] *m* **1** Señorío o distinción en la forma o en los modales. *A veces con intención desp, denotando afectación.* ■ **2** (*raro*) Aire o aspecto.

empaque[2] *m* (E) Envoltura o paquete. *Tb el conjunto de materiales que los forman.*

empaquetado *m* Acción de empaquetar [1].

empaquetador -ra *adj* Que empaqueta [1]. *Tb n: m y f, referido a pers; f, referido a máquina o empresa.*

empaquetadura *f* (E) Cáñamo, amianto, goma u otro material que se pone en las juntas para evitar el escape de fluidos.

empaquetamiento *m* Acción de empaquetar [1, 2 y 5].

empaquetar *tr* **1** Poner [algo] en un paquete o en paquetes. ■ **2** Envolver o embutir [a alguien en una prenda]. ■ **3** Meter [perss. en un lugar que resulta estrecho]. ■ **4** (*col*) Sancionar o castigar. *Esp en milicia.* ■ **5** Adornar o acicalar. *Frec con intención desp, denotando exceso o afectación. Referido a pers, gralm el cd es refl. Frec en part. Tb fig.* ■ **6** (*col, humoríst*) Enviar o mandar [a alguien a un sitio] como si fuera un paquete.

empardecerse (*conjug* 11) *intr pr* (*reg*) Ponerse pardo.

emparedado *m* Conjunto de dos rebanadas pequeñas de pan de molde con fiambre u otro alimento sólido entre ambas. *Frec con un compl especificador.*

emparedamiento *m* Acción de emparedar.

emparedar *tr* **1** Encerrar [a alguien] entre paredes, sin comunicación alguna. *Tb fig.* ■ **2** Encerrar [algo o a alguien] entre dos límites, impidiéndole el movimiento. ■ **3** Ocultar [algo] entre dos paredes o en el espesor de una pared.

emparejado -da *adj* **1** *part* → EMPAREJAR. ■ **2** (*reg*) [Oveja] que va acompañada de su cría.

emparejamiento *m* Acción de emparejar(se).

emparejar **A** *tr* **1** Unir en pareja [dos perss., animales o cosas, o uno con otro]. *Referido a perss o animales, frec en sent sexual.* ■ **2** Poner al mismo nivel [dos perss. o cosas, o una con otra]. ■ **3** Igualar o hacer parejo.
B *intr* **4** Unirse en pareja [dos perss., animales o cosas, o uno con otro o a otro]. *Tb pr* (**~se**). *Referido a perss o animales, frec en sent sexual. Alguna vez con suj sg y sin compl.* ■ **5** Ponerse al mismo nivel [dos perss. o cosas, o una con otra]. *Tb pr* (**~se**). *Alguna vez con suj sg y sin compl.* ■ **6** Combinar o armonizar [dos cosas, o una con otra].

emparentado -da *adj* **1** *part* → EMPARENTAR. ■ **2** [Pers.] que tiene parentesco [con otra] por tener ascendencia común o por vínculos matrimoniales. *Tb sin compl, referido a perss en pl. Frec con el v* ESTAR. ■ **3** [Cosa] que tiene relación o parentesco [con otra]. *Tb sin compl, referido a cosas en pl. Frec con el v* ESTAR.

emparentamiento *m* Acción de emparentar. *Tb su efecto. Tb fig.*

emparentar (*conjug regular o, más raro*, 6) **A** *intr* **1** Contraer parentesco [dos perss. o familias, o una con otra] mediante casamiento.
B *tr* **2** Hacer que [dos perss. o familias (*cd*)] emparenten [1]. ■ **3** Establecer relación o parentesco [entre dos cosas (*cd*) o de una (*cd*) con otra].

emparrado *m* Conjunto formado por una o varias parras y su soporte.

emparrar *tr* **1** Disponer [vides] en forma de parra. ■ **2** Cubrir [algo] con emparrado.

emparrillado *m* (*Constr*) Conjunto de elementos metálicos, de madera o de hormigón, que se entrecruzan para formar la armadura de los cimientos.

emparrillar *tr* Asar en parrilla.

emparvar *tr* Cubrir [la era] con la parva.

empastado[1] **-da** *adj* **1** *part* → EMPASTAR. ■ **2** Pastoso.

empastado[2] *m* Acción de empastar [1]. *Tb su efecto.*

empastador -ra *adj* Que empasta. *Tb n, referido a pers.*

empastar A *tr* **1** Cubrir [algo] con una pasta. *Frec con un compl especificador.* ■ **2** Curar [una pieza dental] rellenando con pasta el hueco producido por una caries. ■ **3** (*Encuad*) Encuadernar en pasta [un libro]. ■ **4** (*Pint*) Extender la pasta de color [en un cuadro (*cd*)], esp. en cantidad suficiente para que no se vea la imprimación ni el primer dibujo. ■ **5** (*Pint*) Mezclar [colores] en la paleta. ■ **6** (*Mús*) Ligar o combinar de modo agradable [sonidos o instrumentos de timbre diferente]. *Tb abs.*
B *intr pr* (**~se**) **7** (*raro*) Hacerse pastoso.

empaste *m* Acción de empastar, *esp* [2 a 6]. *Tb su efecto.*

empastelamiento *m* (*Impr*) Acción de empastelar(se).

empastelar *tr* (*Impr*) Mezclar [tipos (*cd*), o los tipos que componen algo (*cd*)]. **b)** *pr* (**~se**) Mezclarse [tipos (*suj*), o los tipos que componen algo (*suj*)].

empastizamiento *m* Acción de empastizarse.

empastizarse *intr pr* Cubrirse de pasto [un terreno].

empatadera *f* (*raro*) Disyuntiva en que es muy difícil decidir.

empatar[1] **A** *intr* **1** Obtener [dos o más perss. o colectividades] el mismo número de votos, tantos o puntos en una confrontación. *Frec con un compl* CON *que expresa la pers o cosa con que se confronta, y otro compl* A *que expresa número. Tb fig.* * El Rayo Vallecano empató a cero goles con el Mallorca.
B *tr* **2** Obtener el mismo número de votos, tantos o puntos [en una confrontación (*cd*)].

empatar[2] (*reg*) **A** *tr* **1** Unir o empalmar.
B *intr* **2** Unirse o empalmar.

empate *m* Acción de empatar[1].

empatía *f* (*Psicol*) Identificación afectiva con una realidad ajena.

empatonarse *intr pr* (*reg*) Enredarse. *Tb fig.*

empavesada *f* (*Mar*) Conjunto de banderas, gallardetes y otros adornos con que se engalana una embarcación.

empavesar *tr* (*Mar*) Engalanar [una embarcación] con banderas, gallardetes y otros adornos. **b)** (*raro*) Adornar o engalanar.

empavonado *m* Acción de empavonar.

empavonar *tr* Pavonar.

empavorecedor -ra *adj* Que empavorece.

empavorecer (*conjug* 11) **A** *tr* **1** Llenar de pavor. *Tb abs.*
B *intr* **2** Llenarse de pavor. *Tb pr* (**~se**). *Más frec en part.*

empavorecido -da *adj* **1** *part* → EMPAVORECER. ■ **2** Que denota o expresa pavor.

empecatado -da *adj* (*lit*) **1** *part* → EMPECATARSE. ■ **2** Impenitente.

empecatamiento *m* (*lit*) Acción de empecatarse. *Tb su efecto.*

empecatarse *intr pr* (*lit*) Empecinarse [en algo, esp. negativo o pecaminoso].

empecer (*conjug* 11) (*lit*) **A** *tr* **1** Impedir u obstaculizar [algo].
B *intr* **2** Impedir o ser obstáculo [para algo (*compl* A *o* PARA)].

empecinadamente *adv* De manera empecinada.

empecinado -da *adj* **1** *part* → EMPECINARSE. ■ **2** Terco u obstinado. *Tb fig.*

empecinamiento *m* Hecho de empecinarse. *Tb su efecto.*

empecinar *tr* Manchar de pecina. *Frec en part.*

empecinarse *intr pr* Obstinarse [en algo]. *Tb sin compl, por consabido.*

empedernido -da *adj* **1** *part* → EMPEDERNIRSE. ■ **2** [Pers.] incorregible, o que tiene muy arraigado un vicio.

empedernirse (*solo usado en las formas en que la base es átona*) *intr pr* (*raro*) **1** Endurecerse [algo]. ■ **2** Endurecerse o insensibilizarse [alguien o algo].

empedradillo *m* (*reg*) Guiso de judías o lentejas con arroz.

empedrado *m* **1** Acción de empedrar [1]. ■ **2** Pavimento de piedras.

empedrador *m* Individuo que tiene por oficio empedrar [1 y 2].

empedrar (*conjug* 6) *tr* **1** Pavimentar con piedras. ■ **2** Poner piedras [a un trillo (*cd*)]. ■ **3** Adornar [algo] con piedras preciosas o semipreciosas. *Frec con un compl* DE. ■ **4** Plagar o llenar [de algo]. *Frec en part.*

empedregar *tr* (*raro*) Cubrir o llenar de piedras [un lugar].

empega *f* Marca o señal que se hace con pez al ganado lanar. *Tb el instrumento con que se hace.*

empegar *tr* **1** Bañar o cubrir con pez u otra sustancia similar. ■ **2** Marcar con pez [el ganado lanar].

empeine[1] *m* En las perss: Parte superior del pie comprendida entre los dedos y el comienzo de la pierna. **b)** Parte [del calzado, o de la media o calcetín] correspondiente al empeine.

empeine[2] *m* En las perss: Parte inferior del vientre.

empeine[3] *m* (*Med*) Impétigo.

empeine[4] *m* Planta briofita propia de lugares sombríos y húmedos (*Marchantia polymorpha*).

empelar *intr* Pelechar [un animal].

empella *f* (*E*) Pala del calzado.

empellar *tr* (*raro*) Empujar, o dar empellones.

empellicar *tr* Cubrir [una cría] con la piel de otra muerta, para que la madre de esta dé de mamar a la primera, que no es suya.

empellón *m* Empujón (golpe). *Tb fig.*

empelotar *tr* (*col*) Desnudar o dejar en pelota. *Gralm el cd es refl.*

empelucado -da *adj* Que lleva peluca.

empenachado -da *adj* **1** *part* → EMPENACHAR.
■ **2** Que tiene forma de penacho.

empenachar *tr* Adornar con penachos. *Gralm en part.*

empenta *f* (*reg*) Empuje.

empentón *m* (*reg*) Empujón o empellón. *Tb fig.*

empeñadamente *adv* De manera empeñada [2].

empeñado -da *adj* **1** *part* → EMPEÑAR. ■ **2** [Cosa] que denota o implica empeño [2a]. ■ **3** [Cosa] reñida o que implica competencia.

empeñar **A** *tr* **1** Dar [algo] en prenda para obtener un préstamo. ■ **2** Dar o comprometer [alguien su palabra]. ■ **3** Endeudar. *Gralm el cd es refl.*
B *intr pr* (~se) **4** Obstinarse [en algo]. ■ **5** Meterse [en una lucha] con la firme decisión de vencer. *Tb fig.*

empeño **I** *m* **1** Acción de empeñar [1]. ■ **2** Deseo vehemente de algo, acompañado del esfuerzo por conseguirlo. *Frec con un compl* EN, DE *o* POR. **b)** Cosa que se desea conseguir. **c)** Esfuerzo realizado para hacer o conseguir algo. ■ **3** (*raro*) Ayuda o recomendación.
II *loc adj* **4** [Casa] **de ~(s)** → CASA.

empeñosamente *adv* De manera empeñosa.

empeñoso -sa *adj* [Pers.] que tiene empeño [2a].
b) Propio de la pers. empeñosa.

empeorable *adj* Que puede empeorar o ser empeorado.

empeoramiento *m* Acción de empeorar(se).

empeorar **A** *tr* **1** Hacer peor [a alguien o algo].
b) Poner peor [a alguien o algo].
B *intr* **2** Hacerse peor. **b)** Ponerse peor. *Frec referido a salud.*

empequeñecer (*conjug* 11) **A** *tr* **1** Hacer más pequeño [a alguien o algo]. *Tb fig.*
B *intr* **2** Hacerse [alguien o algo] más pequeño. *Frec pr* (~se).

empequeñecimiento *m* Acción de empequeñecer(se).

emperador -triz **A** *m y f* **1** Soberano a quien están sometidos otros soberanos o grandes príncipes, o que domina extensos territorios. *Es título que se considera de mayor dignidad que el de* REY. *Gralm con un compl especificador.* **b)** *Sin compl,* designa esp. en determinadas épocas, al emperador de Roma, al del Sacro Imperio Romano Germánico o al de Alemania.
B *f* **2** Mujer del emperador [1].
C *m* **3** Pez marino de gran tamaño y carne apreciada (*Luvarus imperialis*). *Tb* (*reg*) designa al pez espada (→ PEZ¹).

emperchar *tr* Colgar o enganchar en una percha.

emperejilar¹ *tr* (*col, frec desp*) Acicalar [a alguien]. *Gralm el cd es refl. Frec en part.* **b)** (*raro*) Adornar [algo].

emperejilar² *tr* (*raro*) Aderezar [algo] con perejil.

emperezar **A** *intr pr* (~se) **1** Dejarse dominar por la pereza. *Frec en part. Tb fig.*
B *tr* **2** Causar pereza [a alguien (*cd*)]. *Tb fig.*

empericosar *tr* (*reg*) Subir o encaramar a un lugar alto. *Frec el cd es refl.*

emperifollar *tr* (*col, desp*) Adornar o arreglar [a alguien o algo] en exceso. *Referido a pers, gralm el cd es refl.*

empernar *tr* Dar forma a la parte que cubre la pierna [de una bota o de una media (*cd*)].

empero (*lit*) **I** *adv* **1** Sin embargo.
II *prep* **2** No obstante, o a pesar de.

emperradamente *adv* (*col, raro*) Con emperramiento u obstinación.

emperramiento *m* (*col*) Acción de emperrarse. *Tb su efecto.*

emperrarse *intr pr* (*col*) Obstinarse [en algo].

empersianado -da *adj* Que tiene persianas.

empestillarse *intr pr* (*reg*) **1** Obstinarse [en algo]. ■ **2** ~le [algo a alguien]. Metérsele en la cabeza.

empezar **I** *v* (*conjug* 6) **A** *intr* **1** Pasar a suceder o presentarse [algo (*suj*)]. **b)** ~ **a** + *infin* = PASAR A + el mismo *infin*. *A veces se omite el* infin *por consabido.* * Empieza a pasear nerviosamente. **c)** Pasar a actuar [con respecto a algo (*compl* EN *o* CON)]. *A veces sin compl, por consabido.* * ¿Empezaste pronto con el gallinero? **d)** *Seguido de* A + *n de acción en* pl, *expresa que se pasa a realizar esa acción de una manera brusca.* * Empezó a gritos con él por una bobada. **e) empieza y no acaba.** *Fórmula con que se pondera lo mucho que alguien se extiende en una exposición.* ■ **2** Pasar en primer lugar [por un elemento de una serie, esp. por una determinada acción o circunstancia (*ger,* POR + *infin, o* POR *o* CON + *sust*)]. **b)** *Seguido de* POR + *infin, indica que el hecho expresado por este es la circunstancia que aparece como decisiva en la pers o cosa designada por el suj.* * Empieza por no saber leer. **c) empezando** [por alguien o algo]. *Se usa para ponderar la importancia de que se produzca en esa pers o cosa lo predicado de todo el conjunto.* * Todos en casa, empezando por mi madre, estábamos intranquilos. **d) por algo se empieza.** *Fórmula con que se anima a proseguir en una acción a pesar de que los comienzos no sean satisfactorios.* * No te ha salido muy bien, pero por algo se empieza. ■ **3 no tener** [alguien] (**ni**) **para ~** [con alguien o algo]. (*col*) Ser [esa pers. o cosa] muy inferior a su capacidad o a su energía. **b)** Ser [esa pers. o cosa] muy inferior a sus necesidades o deseos.
B *tr* **4** Pasar a actuar [con respecto a algo (*cd*)]. *El tipo de actuación gralm no se precisa por consabido. Tb abs.* * No sé cómo empezar el artículo. **b)** Pasar a consumir o gastar [una cosa (*cd*)].
II *loc adv* **5 para ~.** En primer lugar.

empicarse *intr pr* (*reg*) Aficionarse [a algo o a alguien (*compl* EN, CON *o* A)].

empicorotar *tr* (*raro*) Subir o encaramar [a un lugar alto (*compl* EN *o* SOBRE)]. *Gralm el cd es refl.*

empicotar *tr* (*hist*) Poner [a alguien] en la picota (columna destinada antiguamente a exponer los reos a la vergüenza pública).

empiece *m* (*col*) **1** Acción de empezar. ■ **2** Lugar por donde empieza o se empieza algo.

empiedro *m* (*reg*) *En un molino de aceite o de harina:* Conjunto formado por la piedra inferior y uno o más rulos.

empiema *m* (*Med*) Acumulación de pus en una cavidad, esp. en la pleura.

empijamado -da *adj* Que lleva pijama.

empilador -ra *adj* Que empila. *Tb n, referido a pers.*

empilar *tr* Apilar.

empiltrarse *(vulg)* **A** *intr pr* **1** Acostarse, o meterse en la cama. *Frec con un compl* CON *y aludiendo a la intención de tener relaciones sexuales.*
B *tr pr* **2** Llevarse a la cama [a una pers.] para tener relaciones sexuales con ella.

empinación *f* Acción de empinar(se).

empinada **I** *f* **1** Acción de empinar(se) [1a, 5 y 7].
II *loc v* **2** **irse a la ~.** Encabritarse [un caballo]. *Tb fig.*

empinado -da *adj* **1** *part* → EMPINAR. ■ **2** De pendiente muy pronunciada. ■ **3** Alto o elevado. ■ **4** De alta categoría social.

empinador -ra *adj* *(raro)* [Pers.] que empina [4] o bebe mucho. *Tb n.*

empinadura *f* Empinamiento.

empinamiento *m* Acción de empinar(se), *esp* [1a y 5]. *Tb su efecto.*

empinante *adj* *(Heráld)* Que se empina [7].

empinar **A** *tr* **1** Alzar o levantar. *Tb (lit) fig.* **b)** ~ **el codo** → CODO. ■ **2** Alzar e inclinar [una vasija] para beber. ■ **3** *(jerg)* Poner en erección [el miembro viril]. *Frec el cd es el pron* LA. *Normalmente con compl de interés.* **b)** Poner en erección el miembro viril [de alguien *(cd)*].
B *intr* ➤ **a** *normal* **4** *(col)* Beber (tomar bebidas alcohólicas).
➤ **b** *pr* (~**se**) **5** Alzarse o elevarse. ■ **6** Ponerse [alguien sobre las puntas de los pies]. *Frec sin compl.* ■ **7** Ponerse [un cuadrúpedo] sobre los pies, alzando las manos. ■ **8** *(jerg)* Ponerse en erección [el miembro viril]. *Frec no se menciona el suj. Normalmente con compl de interés.*

empingorotado -da *adj* **1** *part* → EMPINGOROTAR. ■ **2** *(col, desp)* De categoría social elevada. ■ **3** *(col, desp)* Importante.

empingorotar *tr* **1** *(raro)* Alzar o poner en alto. **b)** *pr* (~**se**) Alzarse o ponerse en alto. ■ **2** *(col, desp)* Arreglar o acicalar. *Gralm el cd es refl. Frec en part.*

empiñonado *m* Dulce hecho con azúcar y piñones incrustados.

empipar *tr* *(jerg)* Encarcelar.

empíreo *(tb con mayúscula) m (lit)* Cielo o paraíso. *Tb en pl con sent sg.* **b)** Cielo o espacio cósmico. *Frec en pl con sent sg. Tb* CIELO ~.

empireumático -ca *adj* *(Med)* Propio de las materias orgánicas sometidas a fuego violento.

empiria *f (Filos)* Experiencia. *Se opone a* CIENCIA PURA *o* TEORÍA.

empíricamente *adv* De manera empírica [1].

empírico -ca *adj* **1** De (la) experiencia o basado en ella. ■ **2** [Pers.] que actúa de manera empírica [1]. *Tb n.* ■ **3** *(Filos)* Partidario del empirismo [2]. *Tb n.* ■ **4** *(Filos)* [Proposición] que, al menos en teoría, está sujeta a verificación. ■ **5** *(Quím)* [Fórmula] que expresa la proporción de cada elemento en una molécula, pero no la forma en que se enlaza con los demás.

empiriocriticismo *m (Filos)* Doctrina que consiste básicamente en una crítica de la experiencia pura.

empirismo *m* **1** Procedimiento empírico [1]. ■ **2** *(Filos)* Doctrina según la cual todo conocimiento deriva de la experiencia.

empirista *adj* De(l) empirismo. **b)** Adepto al empirismo. *Tb n.*

empitonar *tr* Coger con los cuernos [el toro al torero]. *Tb (lit) fig.*

empizarrado *m* Cubierta de pizarra.

empizarrar *tr* Cubrir con pizarra.

emplastar *tr* **1** Poner un emplasto [a alguien o algo *(cd)*]. ■ **2** Embadurnar o manchar con algo pegajoso.

emplastecer *(conjug 11) tr* Igualar con plaste [una superficie que se ha de pintar]. *Frec abs.*

emplastecido *m* Acción de emplastecer.

emplastero -ra *m y f (reg)* Pers. que cura poniendo emplastos.

emplasto *m* Preparado medicinal de uso externo, hecho esp. con materias grasas y resinas, que se reblandece con el calor y se adhiere a la parte en que se aplica.

emplazador -ra *adj* Que emplaza[1]. *Tb fig.*

emplazamiento[1] *m* Acción de emplazar[1].

emplazamiento[2] *m* Acción de emplazar(se)[2]. *Tb su efecto.*

emplazar[1] *tr* Citar [a alguien] para que comparezca en fecha y lugar determinados, esp. para responder de algo.

emplazar[2] **A** *tr* **1** Situar [algo o a alguien en un lugar]. *Tb fig.*
B *intr pr* (~**se**) **2** Estar situado. *Frec en part.* ■ **3** *(Taur)* Plantarse [el toro] en los medios de la plaza, sin querer acometer ni acercarse a la barrera.

empleado -da **I** *adj* **1** *part* → EMPLEAR.
II *m y f* **2** Pers. que trabaja a sueldo en una oficina o lugar similar. ■ **3** Obrero (trabajador manual). **b)** ~ **de hogar.** Pers. que realiza trabajos domésticos a sueldo.

empleador -ra *adj* Que emplea o da trabajo. *Tb n.*

emplear **A** *tr* **1** Usar o utilizar. **b)** Aprovechar [una cosa *(cd)*] o dar[le] aplicación. *Frec con un compl* EN *o* PARA. **c)** Consumir o gastar. *Frec con un compl* EN *o* PARA. ■ **2** Dar trabajo [a alguien *(cd)*]. ■ **3** Poner [a alguien *(cd)*] a trabajar [en un lugar]. *Frec el cd es refl.* ■ **4** **dar** [algo negativo] **por bien empleado.** Considerar que vale la pena, teniendo en cuenta lo que se consigue a cambio. ■ **5 estar bien empleado** [algo a alguien]. Ser consecuencia adecuada a su actitud o comportamiento. *Frec con un compl* POR. *Normalmente como réplica a un comentario o a una queja.*
B *intr pr* (~**se**) **6** Poner esfuerzo o interés [en una determinada acción]. *Frec* ~SE A FONDO. **b)** Dedicarse [a una obra o a un trabajo *(compl* EN*)*]. **c)** *(Taur)* Embestir [el toro] con codicia [en una suerte].

emplebeyecer *(conjug 11) tr* Dar carácter plebeyo [a alguien o algo *(cd)*].

empleita *f* Pleita.

empleitero -ra *m y f* Pers. que trabaja la pleita.

empleo *m* **1** Acción de emplear(se). ■ **2** Trabajo remunerado, esp. no manual. ■ **3** *(Mil)* Jerarquía o categoría.

empleomanía f (*humoríst, hoy raro*) Afán de conseguir un empleo público.

emplomado m Acción de emplomar. *Tb su efecto.*

emplomar tr **1** Soldar [cristales] con plomo. *Frec en part.* ■ **2** Cubrir o revestir con plomo. *Frec en part.*

emplumar A tr **1** Poner plumas [a algo (*cd*)], esp. como adorno. ■ **2** (*hist*) Pegar plumas en el cuerpo [a alguien (*cd*)] como castigo afrentoso. **b) que** (*o así*) **te** (**le, os,** *etc*) **emplumen.** (*col*) Fórmula con que se manifiesta desprecio o desinterés por alguien. * ¡Anda y que te emplumen! ■ **3** (*jerg*) Detener o arrestar. ■ **4** (*jerg*) Abrir expediente [a un funcionario] o procesar [a alguien].
  B *intr* **5** Echar plumas [las aves]. *Tb pr* (~**se**).

empobrecedor -ra *adj* Que empobrece [1].

empobrecer (*conjug* 11) A tr **1** Hacer pobre o más pobre [a alguien o algo]. *Tb fig.*
  B *intr* **2** Hacerse pobre o más pobre [alguien o algo]. *Frec pr* (~**se**). *Tb fig.*

empobrecimiento m Acción de empobrecer(se).

empocharse *intr pr* (*raro*) Ponerse pocho.

empochecer (*conjug* 11) tr (*raro*) Poner pocho. **b)** *pr* (~**se**) Ponerse pocho.

empollación f (*col*) Acción de empollar(se) [2 y 3]. *Tb su efecto.*

empolladura f Acción de empollar [1]. *Tb su efecto.*

empollar A tr **1** Incubar [un ave los huevos]. *Frec abs.* ■ **2** (*col*) Estudiar intensamente [una materia]. *Frec abs. Frec con intención desp.*
  B *intr* ➤ **3** (*col*) Adquirir grandes conocimientos [de una materia (*compl* EN)]. *Frec en la constr* ESTAR EMPOLLADO.

empollinar *intr* (*reg*) Desarrollarse [un muchacho]. *Tb pr* (~**se**).

empollón -na *adj* (*col*) [Pers.] que empolla [2] mucho. *Frec con intención desp, denotando que destaca más por la aplicación que por el talento. Tb n.*

empolvamiento m Acción de empolvar.

empolvar tr **1** Cubrir de polvo. *Tb fig.* **b)** *pr* (~**se**) Cubrirse de polvo. *Frec en part.* ■ **2** Poner polvos cosméticos [a una pers. o a una parte de su cuerpo]. *Frec el cd es refl.*

emponzoñado -da *adj* **1** *part* → EMPONZOÑAR. ■ **2** Ponzoñoso. *Tb fig.*

emponzoñador -ra *adj* Que emponzoña. *Tb n, referido a pers.*

emponzoñar tr Envenenar. *Tb fig.*

empopada f (*Mar*) Navegación con el viento en popa, gralm. de bastante intensidad.

empopar (*Mar*) A tr **1** Poner la popa [al viento o a la corriente (*cd*)].
  B *intr* **2** Calar mucho de popa [una embarcación]. *Frec en part.*

emporcar (*conjug* 4) tr Ensuciar o manchar. *Tb fig.* **b)** *pr* (~**se**) Ensuciarse o mancharse.

emporio m **1** Lugar de gran importancia comercial, económica o cultural. *Con un adj o compl especificador.* **b)** *Sin especificador:* Lugar de gran importancia comercial. ■ **2** (*hist*) Mercado o plaza de comercio.

emporitano -na *adj* (*hist*) De Emporion (antigua ciudad griega en la costa catalana, hoy Ampurias). *Tb n, referido a pers.*

emporrarse *intr pr* (*col*) Drogarse con porros (cigarrillos de hachís o marihuana). *Frec en part.*

empotrable *adj* Que se puede empotrar.

empotrar tr Meter o encajar [algo, esp. un mueble, en una pared u otro sitio] de modo que quede fijo. *Tb fig.* **b)** *pr* (~**se**) Encajarse completamente [dos cosas, o una en otra].

empotre m (*reg*) Soporte, gralm. de piedra y yeso o cemento, con que se aseguran las tinajas en una bodega.

empozar tr **1** Meter o echar en un pozo. ■ **2** Poner a macerar [mimbres, cáñamo o lino].

emprendedor -ra *adj* [Pers.] que tiene capacidad para emprender [1] cosas nuevas. *Tb n.* **b)** Propio de la pers. emprendedora.

emprender tr **1** Poner en marcha [un proyecto, esp. dificultoso]. **b)** Empezar o iniciar [una obra, una acción o una actividad]. ■ **2 ~la** [con alguien o algo]. Hacer[le] objeto de un ataque. *Cuando este es físico, normalmente con un compl* A *que expresa el golpe o modo de ataque. Tb fig.* * La emprendió a tortas con él.

emprendimiento m Acción de emprender. *Tb su efecto.*

empreñador -ra *adj* (*reg*) Fastidioso o molesto.

empreñar A tr **1** Poner preñado (lleno o abultado). ■ **2** (*reg*) Fastidiar o molestar. *Tb abs.*
  B *intr* ➤ **a** *normal* **3** Quedar preñada [una hembra]. *Tb pr* (~**se**).
  ➤ **b** *pr* (~**se**) **4** (*reg*) Enfadarse o irritarse.

empresa I f **1** Cosa que se emprende. ■ **2** Entidad de carácter comercial destinada a la producción de bienes o prestación de servicios. *Frec con un adj especificador.* **b)** Empresario. ■ **3** Lema que expresa el ideal de conducta o de acción. **b)** (*TLit*) Figura alegórica, gralm. acompañada de un lema o leyenda, que encierra un ideal de conducta o de acción.
  II *loc adj* **4** [Comité] **de ~,** [jurado] **de ~ →** COMITÉ, JURADO.

empresariado m Conjunto de los empresarios.

empresarial *adj* De la empresa [2] o del empresario. **b)** [Ciencias] económicas orientadas a la gestión de empresas [2]. *Frec n f en pl.*

empresario -ria m y f Pers. que está al frente de una empresa [2a].

emprestar tr (*raro*) **1** Prestar o dar prestado. *Tb fig.* ■ **2** Tomar prestado.

empréstito m Préstamo, esp. el que toma el Estado o una corporación o empresa y está representado por títulos negociables en bolsa, nominativos o al portador.

empringar tr (*reg*) Pringar o manchar. *Tb fig.*

emproar tr (*raro*) Dirigir [algo hacia un lugar].

empuercar tr (*reg*) Emporcar o ensuciar. *Tb fig.*

empujador -ra *adj* Que empuja. *Frec n m, referido a dispositivo.*

empujar A tr **1** Hacer fuerza, por presión o choque, [contra alguien o algo (*cd*)] de modo que se mueva. *Tb abs. Tb fig. A veces con un compl de dirección.* ■ **2** Estimular o inducir [a alguien (*cd*)] a una acción]. *Tb sin el segundo compl, por consabido.*

B *intr* **3** Crecer o desarrollarse. ▪ **4** (*jerg*) Fornicar [un hombre].

empuje *m* **1** Acción de empujar. *Tb su efecto.* **b)** (*Constr*) Fuerza que ejerce un elemento de construcción sobre otro que lo sostiene. **c)** (*Fís*) Fuerza que se ejerce hacia arriba sobre un cuerpo sumergido en un fluido. **d)** (*Aer*) Fuerza de propulsión [de un reactor]. ▪ **2** Ánimo o resolución para actuar.

empujón *m* **1** Golpe que se da a una pers. o cosa, moviéndola o intentando moverla. ▪ **2** Avance rápido que se da a una obra trabajando intensamente. **b)** Avance rápido en una evolución o en un progreso.

empulgar *tr* Encajar [una flecha] en la ballesta.

empuntar *tr* (*reg*) Encaminar o dirigir. *Tb pr* (~**se**).

empuñadura *f* Parte por donde se empuña algo, esp. un arma.

empuñar *tr* Sujetar con la mano cerrada [un arma, un utensilio o, raramente, otra cosa].

empurar *tr* (*jerg*) Imponer una sanción o castigo [a alguien (*cd*)].

empurpurado -da *adj* (*lit*) **1** *part* → EMPURPURAR. ▪ **2** De color de púrpura.

empurpurar *tr* (*lit*) Enrojecer o colorear de púrpura. **b)** *pr* (~**se**) Enrojecerse.

emputecedor -ra *adj* (*vulg*) Que emputece.

emputecer (*conjug* 11) *tr* (*vulg*) Prostituir. *Frec el cd es refl.*

emputecimiento *m* (*vulg*) Acción de emputecer(se). *Tb su efecto.*

emú *m* Ave semejante al avestruz, propia de Australia (*Dromiceius novaehollandiae*).

emulación *f* **1** Acción de emular. ▪ **2** Sentimiento que impulsa a emular. ▪ **3** (*Informát*) Posibilidad de emular [1b].

emulador -ra *adj* **1** Que emula. *Tb n: m y f, referido a pers; m, referido a dispositivo o programa.* ▪ **2** De (la) emulación.

emular *tr* Imitar [a alguien o algo] procurando igualar[lo] y aun superar[lo]. *Frec con un compl* EN. **b)** (*Informát*) Reproducir [determinado software o hardware (*suj*)] la acción [de otro distinto (*cd*)].

emulativo -va *adj* De (la) emulación o que la implica.

emulgente *adj* (*Quím*) Emulsionante.

émulo -la *adj* (*lit*) [Pers.] que emula [a otra (*compl de posesión*)]. *Frec n.*

emulsina *f* (*Biol*) Enzima contenida en las almendras amargas y otras semillas.

emulsión *f* **1** (*Quím*) Líquido constituido por otros dos no miscibles, uno de los cuales se halla en forma de gotas finísimas. ▪ **2** (*Fotogr*) Compuesto sensible a la luz, formado por sales de plata y gelatina, que sirve para impresionar fotografías. *Tb* ~ SENSIBLE. ▪ **3** Acción de emulsionar. *Tb su efecto.*

emulsionador -ra *adj* Que emulsiona [1]. *Tb n, m y f, referido a aparato o máquina.*

emulsionante *adj* (*Quím*) [Sustancia] que permite conseguir una emulsión [1] o estabilizarla. *Tb n m.*

emulsionar *tr* **1** (*Quím*) Poner en estado de emulsión [1] [una sustancia, esp. grasa]. ▪ **2** (*Fo-*

togr) Cubrir [algo] con emulsión sensible. ▪ **3** (*lit*) Mezclar.

emulsoide *m* (*Quím*) Disolución coloidal de un líquido en otro.

emulsor -ra *adj* Que emulsiona. *Tb n m, referido a aparato.*

en (*con pronunc átona*) *prep* ➤ **a** *como simple prep* **1** Introduce un compl que expresa el lugar (*material o inmaterial*) dentro del cual, o sobre el cual, está o sucede lo mencionado. * Eso está en Asturias. * Se sentó en el sofá. ▪ **2** Introduce un compl que expresa situación en que se encuentra temporalmente una pers o cosa. * Está en pleno desarrollo. ▪ **3** Introduce un compl que expresa el transcurso de tiempo durante el cual ocurre el hecho. * Aprendió a leer en las largas noches de invierno. ▪ **4** Introduce un compl que expresa el tiempo que dura el hecho. * Hace seis metros de encaje en ocho días. ▪ **5** Introduce un compl que expresa forma, disposición, actitud o alguna característica externa. * Tiene un dedo en martillo. * El traje es blanco con solapas en marino. ▪ **6** Introduce un compl que expresa el aspecto en que es cierto lo enunciado antes. * Era experto en mulas. ▪ **7** Introduce un compl que expresa causa. * Había adivinado el insulto en la manera que tuvo de preguntarme. ▪ **8** Introduce un compl que expresa medio o instrumento. * Le gusta viajar en tren. ▪ **9** Introduce un compl que expresa la materia de que está hecha una cosa. * Juego de cama rústico en lino crudo. ▪ **10** Introduce un compl que expresa precio. * Lo vendieron en 10.000 pesetas. ▪ **11** Introduce un compl que expresa finalidad. * Este modelo de avión es usado en misiones de transporte. ▪ **12** Precede a un n que funciona como predicat en ors que expresan acción. * Azorín siente a España en casticista. ▪ **13** Precede a un n o adj que expresa una cualidad con que se matiza o precisa lo enunciado antes. * Se parece a su hermana, pero en guapo. * Es un Ironside, pero en mujer. ▪ **14** Es la introductora característica del compl propio de determinadas palabras o aceps de las mismas: CONSENTIR, EMPEÑARSE, ENTRAR, INCURRIR, INSISTIR, PENSAR, TRANSFORMAR, *etc.* ➤ **b** *como componente de locs y constrs* **15** Forma locs y constrs advs y adjs: ~ COLOR, ~ CONFIANZA, ~ CONJUNTO, ~ FILA, ~ ORDEN, ~ SECRETO, ~ SERIE, *etc.* **b)** ~ **casa.** (*pop*) A casa. *Dependiendo del v* IR, VENIR, *u otro equivalente. Frec con un compl* DE. ▪ **16** Forma locs preps: ~ CASO DE, ~ CONTRA DE, ~ ORDEN A, ~ PRO DE, ~ VIRTUD DE, *etc* → CASO, CONTRA, *etc.* **17** Forma locs conjs: ~ CUANTO, ~ LO QUE, ~ TANTO (QUE) → CUANTO, QUE², TANTO. ▪ **18** ~ + *ger* = TAN PRONTO COMO + *ind o subj.* * En llegando a casa, te llamo. **b)** ~ + *ger* = SI + *ind o subj.* * Las damas, en llegando a los sesenta y cinco kilos, no deben ponerse pantalones.

enagua *f* **1** Falda interior femenina, a veces con cuerpo, gralm. blanca y con adornos de puntilla o encaje. *Normalmente como parte de un traje típico o antiguo.* ▪ **2** Enagüilla. *Frec en pl.*

enaguachar *tr* Llenar de agua [algo, esp. un guiso, que no conviene que tenga tanta].

enaguazar *tr* Encharcar o llenar de agua [la tierra].

enagüilla *f* Falda corta semejante a la enagua [1], que ponen a veces a las imágenes de Cristo crucificado o forma parte de algunos trajes típicos masculinos. *Frec en pl.*

enajenable *adj* Que se puede enajenar [1].

enajenación f Acción de enajenar(se). **b)** ~ **mental.** Locura, o pérdida de la razón.

enajenado -da adj **1** part → ENAJENAR. ■ **2** Loco o demente. Tb ~ MENTAL.

enajenador -ra adj Que enajena, esp [2a]. Tb n, referido a pers.

enajenamiento m Enajenación.

enajenante adj Que enajena. Tb n, referido a pers.

enajenar tr **1** Transmitir [alguien] el dominio u otro derecho [sobre algo (cd)]. Tb fig. ■ **2** Trastornar [a una pers., o la razón o los sentidos (cd)]. Frec con intención ponderativa. **b)** (col) Volver loco o gustar mucho [algo a alguien (cd)]. ■ **3** (hoy raro) Alienar. ■ **4** Hacer perder [a alguien (ci) algo inmaterial, esp. amistades o simpatías]. Frec el ci es refl. **b)** Perder [alguien algo no material, esp. amistades o simpatías]. **c)** Perder la amistad o simpatía [de alguien (cd)]. Gralm con un compl de interés.

enálage f (TLit) Construcción gramatical que con fines expresivos está en desacuerdo con la lógica y que consiste esp. en cambiar las partes de la oración o sus accidentes.

enalbar tr Poner [hierro] al rojo blanco. Tb (lit) fig.

enaltecedor -ra adj Que enaltece. Tb n, referido a pers.

enaltecer (conjug **11**) tr **1** Ensalzar o elogiar. ■ **2** Hacer [a alguien o algo] digno, o más digno, de estimación. Tb abs.

enaltecido -da adj **1** part → ENALTECER. ■ **2** Que denota o implica enaltecimiento.

enaltecimiento m Acción de enaltecer.

enamoradamente adv (lit) De manera enamorada [4].

enamoradizo -za adj [Pers.] que se enamora fácilmente. Tb n.

enamorado -da adj **1** part → ENAMORAR. ■ **2** [Pers.] que siente amor o atracción sexual [por otra (compl de posesión)]. Tb n. ■ **3** [Pers.] que siente afición o inclinación [por alguien o algo (compl de posesión)]. Tb n. ■ **4** Que denota o implica enamoramiento.

enamorador -ra adj Que enamora.

enamoramiento m Hecho de enamorar(se). Tb su efecto.

enamorar A tr **1** Suscitar [una pers. en otra (cd)] amor, o atracción sexual. **b)** Intentar conquistar [a alguien]. ■ **2** Suscitar [una pers. o cosa en alguien (cd)] amor o inclinación. Tb abs. B intr pr (~se) **3** Pasar [una pers.] a sentir amor, o atracción sexual, [por otra (compl DE)]. Tb sin compl. ■ **4** Pasar [una pers.] a sentir amor o inclinación [por alguien o algo (compl DE)].

enamoricarse intr pr (desp) Enamorarse.

enamoriscarse intr pr (desp) Enamorarse.

enancarse intr pr (raro) Montarse a las ancas [en una caballería].

enanez f (desp) Cualidad de enano [1].

enanismo m (Med) Trastorno del crecimiento caracterizado por una talla muy inferior a la media.

enano -na I adj **1** [Pers.] de talla anormalmente pequeña. Frec n. Tb fig, con intención desp. ■ **2** [Animal o cosa] de tamaño muy inferior al normal.

Frec usado como especificador. **b)** [Gaviota] **enana,** [lechetrezna] **enana,** [musaraña] **enana,** [palmera] **enana,** etc → GAVIOTA, LECHETREZNA, etc. II n A m **3** Personaje propio de los cuentos infantiles, con figura de hombre muy pequeño. Frec en la forma ENANITO. ■ **4** el ~ de la venta. (hoy raro) Alguien imaginario que hace amenazas que no puede cumplir. Gralm en constrs de sent comparativo. B m y f **5** (col) Niño. III loc adv **6** como un ~, o como ~s. (col) Mucho. Frec con vs como DISFRUTAR o DIVERTIRSE. **b)** Muy bien. Frec con el v PASARLO.

enantes adv (pop) Antes (en el tiempo o en el espacio).

enantiomorfo -fa adj (E) Que está formado por las mismas partes dispuestas en orden inverso, de modo que son idénticas pero no superponibles. Tb n m.

enarbolamiento m Acción de enarbolar(se).

enarbolar A tr **1** Levantar en alto [una bandera o algo similar]. **b)** Levantar en alto [un arma o algo con que se amenaza]. Tb fig. B intr pr (~se) **2** Alterarse o enfurecerse.

enarcar tr Arquear, o poner en forma de arco. Gralm referido a cejas.

enardecedor -ra adj Que enardece.

enardecer (conjug **11**) tr Excitar o inflamar [un sentimiento o una pasión, o a la pers. que los tiene]. **b)** pr (~se) Excitarse o inflamarse [un sentimiento o una pasión, o la pers. que los tiene].

enardecidamente adv De manera enardecida.

enardecido -da adj **1** part → ENARDECER. ■ **2** Que expresa o denota enardecimiento.

enardecimiento m Acción de enardecer(se).

enarenado¹ -da I adj **1** part → ENARENAR. ■ **2** Que tiene arena o está cubierto de arena. ■ **3** [Cultivo] que se realiza en terreno cubierto de arena. II m **4** Terreno de cultivo cubierto de arena.

enarenado² m Acción de enarenar.

enarenar tr Llenar o cubrir de arena.

enarmónico -ca adj (Mús) [Género] basado en dos semitonos menores y uno mayor.

enasar tr Poner asa [a una vasija (cd)].

encabado -da adj (Heráld) [Herramienta] que tiene el mango de esmalte diferente al resto de la figura.

encabalgamiento m **1** Acción de encabalgarse. Tb su efecto. ■ **2** (TLit) Hecho de distribuirse una frase entre un verso y el comienzo del siguiente.

encabalgarse intr pr Superponerse [una cosa sobre otra]. Tb sin compl. Tb fig.

encaballamiento m Acción de encaballarse. Tb su efecto.

encaballarse intr pr Encabalgarse o superponerse.

encabezado m **1** Acción de encabezar [3]. ■ **2** Encabezamiento.

encabezamiento m Palabra o conjunto de palabras o frases con que se encabeza [1a] un escrito.

encabezar tr **1** Poner al comienzo [de un escrito (cd)] alguna palabra o frase (compl CON) que sirve de introducción o de identificación]. Tb sin el segundo compl. **b)** Constituir [una palabra o frase] el encabezamiento [de un escrito (cd)]. ■ **2** Ir o figurar [una pers. o cosa] en cabeza [de algo (cd)]. **b)** Dirigir o gobernar. ■ **3** (E) Aumentar la fuerza [de un vino (cd)] añadiéndole alcohol u otro vino más fuerte.

encabezonarse intr pr (raro) Obstinarse o ponerse cabezón [con algo].

encabritar A intr pr (~se) **1** Ponerse [el caballo u otro animal] sobre los pies, alzando las manos. ■ **2** Ponerse [un vehículo] con la parte delantera levantada. ■ **3** Enfurecerse. Tb fig. ■ **4** Alterarse o alborotarse.
B tr **5** (raro) Hacer que [alguien o algo (cd)] se encabrite [1, 2 y 3].

encabronar tr (vulg) **1** Enfadar o enojar. **b)** pr (~se) Enfadarse o enojarse. ■ **2** Torcer o estropear [algo]. **b)** pr (~se) Torcerse o estropearse [algo].

encachado m (Constr) **1** Empedrado. ■ **2** Pavimento de hormigón fluido y coloreado sobre el que se ajustan piezas irregulares de mármol o de granito. Tb la baldosa fabricada así.

encachar tr (Constr) Empedrar [el suelo] o cubrir[lo] con encachado [2].

encadenado¹ -da adj **1** part → ENCADENAR. ■ **2** Que forma una cadena o serie ininterrumpida. ■ **3** (TLit) [Terceto] cuyo segundo verso rima con el primero y el tercero del siguiente.

encadenado² m Acción de encadenar [4]. Tb su efecto.

encadenador -ra adj (raro) Que encadena.

encadenamiento m Acción de encadenar(se). Tb su efecto.

encadenar tr **1** Sujetar con cadenas. Frec con un compl A. ■ **2** Unir o ligar inseparablemente [dos perss. o cosas, o una a otra], quitándoles autonomía o libertad. ■ **3** Sujetar o someter [algo o a alguien]. ■ **4** Unir o enlazar [cosas], esp. en una sucesión temporal o lógica. **b)** pr (~se) Unirse o enlazarse [cosas].

encainada f (reg) Niebla (fenómeno atmosférico).

encajable adj Que se puede encajar, esp [1].

encajado m Acción de encajar [1 y 2].

encajador -ra adj Que encaja [4]. Tb n. **b)** (Boxeo) [Boxeador] que encaja [4b] bien los golpes. Frec n. Tb fig, fuera del ámbito fisico.

encajamiento m Acción de encajar(se) [1, 5 y 8].

encajar A tr **1** Meter [una cosa dentro de otra (compl EN o, más raro, DENTRO DE o ENTRE)] de modo que quede ajustada. Tb fig. A veces sin compl adv, por consabido. **b)** Poner [una cosa, esp. una prenda, sobre algo o alrededor de algo (compl EN)] de modo que quede ajustada. Frec sin compl EN, por consabido. ■ **2** (raro) Meter [algo] en una caja o en cajas. ■ **3** Hacer que [alguien (ci)] reciba [algo negativo o molesto (cd)]. ■ **4** Recibir [algo negativo o molesto, esp. un golpe físico o moral]. Tb abs. **b)** Reaccionar [ante algo negativo o molesto que se recibe (cd)]. Gralm con un adv de modo. **c)** Aceptar [algo negativo o costoso] o adaptarse [a ello (cd)].
B intr ➤ **a** normal **5** Entrar y ajustarse [una cosa dentro de otra (compl EN o DENTRO DE)]. Tb fig. Tb sin compl, por consabido. **b)** Ajustarse [una cosa, esp. una prenda, alrededor de algo (compl EN)]. Frec sin compl EN, por consabido. ■ **6** Ser [algo] adecuado u oportuno [en un lugar]. **b)** Tener [alguien] las cualidades necesarias u oportunas para ser acepta-

do y encontrarse cómodo [en un lugar]. ■ **7** Ajustarse o coincidir [dos cosas, o una con otra]. **b)** Ajustarse o armonizar en tendencias o caracteres [dos perss., o una con otra].
➤ **b** pr (~se) **8** Pasar a estar [una pers. o cosa] tan ajustada [dentro de algo (compl EN)] que resulta difícil o imposible el movimiento. Tb sin compl EN, por consabido.

encaje¹ m Tejido de mallas, muy fino y calado, con dibujos y gralm. con bordes ondulados. Frec con un adj o compl especificador. Tb fig. **b)** Tira o pañito de encaje. **c)** ~ **de bolillos.** Trabajo o labor de gran primor, delicadeza y gralm. dificultad. Normalmente con el v HACER.

encaje² m **1** Acción de encajar. ■ **2** (Econ) Dinero que un banco tiene en caja.

encajería f Encaje¹ o conjunto de encajes¹. Tb fig.

encajero -ra I m y f **1** Pers. que hace encaje¹.
II adj **2** (raro) De(l) encaje¹.

encajetillado m Acción de encajetillar.

encajetillar tr Poner [tabaco] en cajetillas. Tb abs.

encajonado -da adj **1** part → ENCAJONAR. ■ **2** [Lugar] estrecho y hondo.

encajonamiento m Acción de encajonar(se). Tb su efecto.

encajonar tr **1** Meter [algo] en un cajón o en cajones. Tb fig. ■ **2** Meter [algo o a alguien] en un lugar muy estrecho. Frec el cd es refl, esp referido a ríos o viento. Tb fig.

encalabrinar tr **1** Excitar o soliviantar. Tb abs. **b)** pr (~se) Excitarse o soliviantarse. ■ **2** Excitar sexualmente [a alguien]. **b)** pr (~se) Excitarse sexualmente.

encalado m Acción de encalar. Tb su efecto.

encalador -ra m y f Pers. que encala [1].

encaladura f Encalado.

encalamiento m (raro) Encalado.

encalar tr **1** Pintar con cal. ■ **2** Tratar [algo] con cal.

encallada f Acción de encallar.

encallamiento m Acción de encallar.

encallar intr Quedar detenida [una embarcación] en un fondo de arena o entre piedras. Tb pr (~se). Tb (lit) fig.

encallarse intr pr Endurecerse [un alimento, esp. legumbres] por interrumpirse su cocción.

encallecer (conjug 11) tr Endurecer [algo] o hacer que críe callo. Tb fig. **b)** pr (~se) Endurecerse o criar callo. Tb fig.

encallejonar tr Meter en un callejón o paso estrecho.

encalmada f Ausencia de viento.

encalmado -da adj **1** part → ENCALMAR. ■ **2** Tranquilo o que está en calma.

encalmar A tr **1** Calmar o sosegar. Tb abs.
B intr ➤ **a** normal **2** Calmarse. Gralm pr (~se).
➤ **b** pr (~se) **3** (raro) Sofocarse por exceso de calor o trabajo.

encalo m Encalado.

encalomar tr (jerg) **1** Esconder. **b)** Con cd refl: Esconderse en un sitio cerrado para robar. ■ **2** Colocar o poner cómodo. *Con cd refl.* ■ **3** Endilgar o endosar [algo a alguien]. ■ **4** Someter [a alguien] a la acción de la policía o de la justicia. ■ **5** ~**sela** [a una pers.]. Copular [con ella].

encalomo *m* (*jerg*) Acción de encalomarse [1b].

encamado *m* Acción de tumbarse las mieses por crecer muy juntas, por exceso de humedad o por alguna enfermedad criptogámica.

encamar **A** *tr* **1** Meter en la cama. *Gralm el cd es refl. Frec aludiendo a enfermedad o al acto sexual.* ■ **2** (*Agric*) Tumbar [las mieses (*cd*)] esp. el exceso de agua].
B *intr* ➤ *a normal* **3** Echarse [los animales salvajes] en los sitios que buscan para su descanso. *Tb pr* (~**se**).
➤ **b** *pr* (~**se**) **4** Agazaparse [la liebre u otro animal similar]. ■ **5** (*Agric*) Tumbarse las mieses por exceso de humedad, por crecer muy juntas o por alguna enfermedad criptogámica.

encambrar *tr* (*reg*) Poner [maderas] unas encima de otras con espacio para que se aireen.

encame *m* **1** Acción de encamar(se). ■ **2** Lugar en que encaman [3] los animales salvajes.

encaminado -da *adj* **1** *part* → ENCAMINAR. ■ **2** Que tiene como objetivo o finalidad [algo (*compl* A)].

encaminamiento *m* Acción de encaminar(se).

encaminar **A** *tr* **1** Dirigir [a alguien o algo (*cd*) a o hacia un lugar u objetivo determinado]. ■ **2** Indicar [a alguien (*cd*)] el camino que debe seguir.
B *intr pr* (~**se**) **3** Dirigirse [alguien o algo a o hacia un lugar u objetivo determinado].

encamisada *f* (*reg*) Acción de encamisar [1].

encamisado *m* (*Mec*) Acción de encamisar [3].

encamisar *tr* **1** Cubrir [a alguien] con una camisa o disfraz. ■ **2** Poner [una prenda]. *Normalmente con ci refl.* ■ **3** (*Mec*) Cubrir [cilindros] con una camisa o funda.

encampanado -da *adj* **1** *part* → ENCAMPANAR. ■ **2** Propio de la pers. encampanada o envalentonada.

encampanar **A** *intr pr* (~**se**) **1** Envalentonarse. ■ **2** (*Taur*) Levantar la cabeza [el toro], esp. en actitud desafiante.
B *tr* **3** (*Taur*) Levantar [el toro la cabeza], esp. en actitud desafiante. ■ **4** (*raro*) Hacer que [alguien (*cd*)] se encampane [1].

encanallado -da *adj* **1** *part* → ENCANALLAR. ■ **2** Propio de(l) canalla o de la canalla.

encanallamiento *m* Acción de encanallar(se). *Tb su efecto.*

encanallar *tr* Hacer canalla. *Tb abs.* **b)** *pr* (~**se**) Hacerse canalla.

encanarse *intr pr* **1** Quedarse rígido y con la boca abierta, por un ataque de llanto o de risa. ■ **2** (*reg*) Pasmarse o quedar absorto. *Frec con un compl* EN.

encandecer (*conjug* 11) *tr* (*raro*) Encender [algo] hasta que quede como blanco. *Tb* (*lit*) *fig.*

encandilador -ra *adj* Que encandila [2, 3 y 4].

encandilamiento *m* Acción de encandilar(se) [2, 3 y 4].

encandilante *adj* Que encandila, *esp* [1 a 4].

encandilar *tr* **1** Deslumbrar. ■ **2** Impresionar grata y vivamente [a alguien]. ■ **3** Hacer que [al-

guien] conciba deseos o ilusiones. ■ **4** Enamorar [a alguien] o despertar deseo sexual [en él (*cd*)]. **b)** *pr* (~**se**) Enamorarse o pasar a sentir deseo sexual. *Con un compl* CON. ■ **5** Encender o animar. **b)** *pr* (~**se**) Encenderse o animarse. ■ **6** Iluminar [una cosa] o dar[le (*cd*)] luz. ■ **7** Avivar [la lumbre o algo que arde].

encanecer (*conjug* 11) **A** *intr* ➤ *a normal* **1** Ponerse canoso.
➤ **b** *pr* (~**se**) **2** Enmohecerse o ponerse mohoso.
B *tr* **3** Poner canoso. *Tb abs.*

encanijado -da *adj* (*col*) **1** *part* → ENCANIJAR. ■ **2** Canijo. *Tb fig.*

encanijamiento *m* (*col*) Acción de encanijar(se). *Tb su efecto.*

encanijar *tr* (*col*) Hacer o dejar canijo [a alguien o algo]. **b)** *pr* (~**se**) Hacerse o quedarse canijo. *Frec en part.*

encantación *f* (*raro*) Encantamiento.

encantado -da *adj* **1** *part* → ENCANTAR. ■ **2** Que se encuentra muy a gusto en la situación que se expresa. *Frec con un compl* DE o CON. **b)** *Se usa como fórmula para responder como saludo a una presentación.* * –Le presento a mi hermano. –Encantado. **c)** *Se usa como fórmula de asentimiento cortés a una petición.* * –Podías llevarle a la cama un vaso de leche. –Encantada. Ahora se lo subo. ■ **3** [Príncipe] ~ → PRÍNCIPE¹.

encantador -ra **I** *adj* **1** Sumamente agradable, o que encanta [2].
II *m y f* **2** Pers. que encanta [1].

encantadoramente *adv* De manera encantadora [1].

encantamiento **I** *m* **1** Acción de encantar [1]. *Tb su efecto.* ■ **2** (*raro*) Encanto [2 y 3].
II *loc adv* **3 por arte de ~** → ARTE.

encantar *tr* **1** Someter [a alguien o algo] a una acción que sobrepasa lo natural por medio de la magia. ■ **2** Gustar o complacer extraordinariamente [a alguien (*cd*)].

encante *m* (*reg*) Baratillo o tienda de ocasión. *Normalmente en pl.*

encanto **I** *m* **1** Encantamiento [1]. *Tb fig.* ■ **2** Cualidad o conjunto de cualidades que hacen sumamente atractiva o agradable a una pers. o cosa. **b)** *En pl:* Atractivo físico. *Gralm referido a mujer.* ■ **3** (*col*) Pers. o cosa sumamente atractiva o agradable. **b)** *Se usa como vocativo cariñoso. Esp en lenguaje femenino y a veces con intención irónica.*
II *loc adv* **4 como por ~.** De manera repentina e inesperada.

encanutar *tr* Dar forma de canuto [a algo (*cd*)].

encañada *f* Cañada o paso entre dos montes.

encañado¹ *m* **1** Acción de encañar¹. ■ **2** Enrejado de cañas.

encañado² *m* Conducto o conjunto de conductos para encañar² el agua.

encañador -ra *m y f* (*reg*) Pers. que hace curas o vendajes.

encañar¹ **A** *intr* **1** Empezar a formar caña [los cereales].
B *tr* **2** Cubrir o entretejer con cañas.

encañar² *tr* Hacer pasar [agua] por caños o conductos.

encañizada *f* Cerco de cañas para atrapar peces.

encaño *m* Encañado².

encañonado *m* Acción de encañonar [3]. *Frec su efecto.*

encañonar A *tr* **1** Introducir en un cañón o conducto estrecho. *Tb fig. Frec el cd es refl.* ■ **2** Apuntar [a alguien o algo] con un arma de fuego. *Tb fig.* ■ **3** Planchar [algo] formando pequeños canales. *Tb abs.*
B *intr* **4** Echar cañones [las aves].

encapado -da *adj* Que lleva capa.

encaperuzar *tr* Poner (la) caperuza [a alguien o algo (*cd*)].

encapillar *tr* **1** (*Mar*) Enganchar o sujetar [un cabo o algo que entra de arriba abajo]. ■ **2** Vestirse o ponerse [una prenda]. *Frec en marina.*

encapirotar *tr* Poner (el) capirote [a las aves de cetrería (*cd*)].

encapotamiento *m* Acción de encapotarse. *Tb su efecto.*

encapotarse *intr pr* Cubrirse [el cielo] de nubes oscuras. *Tb fig. Frec en part.*

encaprichamiento *m* Acción de encapricharse.

encapricharse *intr pr* Concebir el capricho [de alguien o algo (*compl* CON, DE o POR)]. **b)** Enamorarse frívolamente [de alguien (*compl* CON, DE o POR)].

encapsular *tr* Encerrar [algo] en una cápsula. *Frec con un compl de lugar. Tb fig.*

encapuchar *tr* Poner (la) capucha [a alguien o algo].

encaracolado -da *adj* Rizado formando caracoles.

encarado -da *adj* **1** *part* → ENCARAR. ■ **2** Frontero o que está enfrente. *Frec con un compl* A. ■ **3** **mal ~** → MALENCARADO.

encaramadura *f* (*raro*) Altura o elevación.

encaramar *tr* **1** Subir [algo o a alguien (*cd*)] a un lugar elevado (*compl* A, SOBRE O EN). *Tb fig.* ■ **2** (*col*) Ascender [a alguien] a un puesto destacado o importante]. *Frec el cd es refl.*

encarambanarse *intr pr* (*reg*) Ponerse frío como un carámbano.

encaramiento *m* Acción de encararse [5].

encarar A *tr* **1** Ponerse enfrente [de alguien o algo (*cd*)] mirándo[lo]. **b)** Estar [una pers. o cosa] enfrente [de otra (*cd*)]. ■ **2** Hacer frente [a algo, esp. un problema o dificultad]. ■ **3** (*Lab*) Poner cara con cara [dos piezas] para cortarlas o coserlas iguales. *Tb abs.* ■ **4** Acercar a la cara [un arma (*cd*)] para apuntar. *Normalmente con compl de interés. Tb fig.* **b)** Apuntar [a alguien (*ci*) con un arma (*cd*)].
B *intr pr* (**~se**) **5** Ponerse cara a cara [con alguien (*compl* CON o *ci*)] mirándolo y gralm. en actitud de reto u oposición. *Tb fig.* **b)** Enfrentarse u oponerse [a alguien (*compl* CON, o *ci*)]. *Tb fig.* **c)** Hacer frente [a algo, esp. un problema o una dificultad (*compl* CON)].

encarcelación *f* Encarcelamiento.

encarcelamiento *m* Acción de encarcelar.

encarcelar *tr* Meter [a una pers. (*cd*)] en la cárcel. *Tb fig.*

encare *m* (*raro*) **1** Encaramiento. ■ **2** Parte de la culata que se apoya en la mejilla al apuntar.

encarecedor -ra *adj* Que encarece.

encarecer (*conjug* 11) A *tr* **1** Aumentar el precio [de algo (*cd*)]. ■ **2** Pedir o rogar [algo a alguien (*ci* o *compl* DE)] con interés o insistencia. ■ **3** Alabar o ponderar.
B *intr* **4** Aumentar [algo] de precio. *Tb pr* (**~se**).

encarecidamente *adv* De manera encarecida.

encarecido -da *adj* **1** *part* → ENCARECER. ■ **2** Que expresa o denota encarecimiento (interés o ponderación).

encarecimiento *m* Acción de encarecer(se). **b)** Insistencia o interés con que se pide o ruega algo.

encargado -da I *adj* **1** *part* → ENCARGAR. ■ **2** [Pers. o cosa] que tiene [algo (*compl* DE)] como misión.
II *m y f* **3** Pers. que está al cargo [de algo] por disposición de sus superiores. **b)** Pers. que está al cargo [de algo, esp. un negocio] en representación del dueño o interesado. *Frec sin compl, por consabido.* ■ **4 ~ de curso.** (*Enseñ*) Profesor no numerario, pero que no tiene la condición de interino, a quien se encomienda por un año académico la explicación de una asignatura. ■ **5 ~ de negocios.** Agente diplomático de rango inferior al ministro residente.

encargante *adj* Que encarga [3a y esp. 4]. *Tb n, referido a pers.*

encargar A *tr* **1** Poner [a alguien] al cargo [de alguien o algo]. ■ **2** Poner [algo o a alguien] bajo el cuidado o la responsabilidad [de alguien (*ci*)]. ■ **3** Mandar u ordenar [a alguien (*ci*)] que realice [un trabajo o una función (*cd*)]. **b)** Pedir o rogar [algo a alguien]. ■ **4** Pedir [a alguien (*ci*)] que sirva o suministre [algo (*cd*)]. *A veces sin ci.* **b)** (*euf*) Engendrar [un hijo].
B *intr pr* (**~se**) **5** Tomar [alguien (*suj*) a una pers. o cosa (*compl* DE)] a su cargo. *Tb fig.* **b)** Tener [una pers. o cosa (*suj*)] algo (*compl* DE)] como misión. *Tb fig.*

encargo I *m* **1** Acción de encargar [3 y 4]. ■ **2** Cosa que se encarga [3 y 4]. ■ **3** Recado o aviso. ■ **4** (*Enseñ*) Cargo de encargado de curso.
II *loc adj* **5 de ~.** [Cosa] hecha con arreglo a las necesidades o al deseo de quien la encarga. *Tb adv. Frec en frases de intención ponderativa como* NI (HE-CHO) DE ~, *o* COMO (HECHO) DE ~. ■ **6 sobre ~.** (*semiculto*) Hecho por encargo [1].

encariñamiento *m* Acción de encariñarse. *Tb su efecto.*

encariñarse *intr pr* Coger cariño [a alguien o algo (*compl* CON)].

encarnación *f* **1** Acción de encarnar(se), *esp* [4b]. ■ **2** Pers. o cosa que encarna [1].

encarnado -da I *adj* **1** *part* → ENCARNAR. ■ **2** Rojo o colorado. *Tb n m, referido a color.*
II *m* **3** (*Escult*) Color de carne.

encarnador -ra *adj* **1** Que encarna. ■ **2** (*Rel crist*) De (la) encarnación del Verbo Divino.

encarnadura *f* **1** Disposición de los tejidos orgánicos para cicatrizar. *Gralm con los adjs* BUENA o MALA. **b)** Disposición para reponerse de las enfermedades. ■ **2** (*raro*) Impresión o efecto.

encarnar A *tr* **1** Personificar o representar. ■ **2** Representar [un personaje]. ■ **3** Colocar la carnada [en el anzuelo (*cd*)].
B *intr* ➤ **a** *normal* **4** Tomar cuerpo o forma física [algo inmaterial, esp. un espíritu o idea]. *Tb pr*

(~se). *Frec con un compl* EN. **b)** (*Rel crist*) Hacerse hombre [el Verbo Divino].

➤ **b** *pr* (~se) **5** Introducirse anormalmente [la uña] en la carne que la rodea. *Frec en part.*

encarnizadamente *adv* De manera encarnizada [2].

encarnizado -da *adj* **1** *part* → ENCARNIZAR. ▪ **2** Que denota o implica encarnizamiento. ▪ **3** Feroz o que actúa con encarnizamiento. ▪ **4** (*raro*) [Ojo] enrojecido o inyectado en sangre.

encarnizamiento *m* Acción de encarnizarse. *Tb su efecto.* **b)** ~ **terapéutico.** Prolongación artificial de la vida de un paciente sin posibilidades de recuperación.

encarnizar A *intr pr* (~se) **1** Cebarse [en alguien o algo (*compl* EN *o* CON)]. *Tb sin compl.*

B *tr* **2** (*raro*) Irritar o enfurecer.

encarpetar *tr* Guardar [algo] en una carpeta o en carpetas.

encarrilamiento *m* Acción de encarrilar.

encarrilar A *tr* **1** Encaminar o dirigir [a alguien o algo hacia un lugar u objetivo determinado]. **b)** *Sin compl de dirección:* Encaminar o dirigir adecuadamente [algo o a alguien] para que siga el rumbo debido, o lo recupere si lo había perdido. ▪ **2** Poner sobre un carril [un vehículo o una rueda].

B *intr pr* (~se) **3** Ir [alguien o algo por el carril o camino que se expresa]. *Frec fig.* **b)** *Sin compl:* Ir [alguien o algo] por el carril o camino adecuado. *Frec fig.*

encartado -da *adj* **1** *part* → ENCARTAR. ▪ **2** De las Encartaciones (comarca de Vizcaya). *Tb n, referido a pers.*

encartamiento *m* (*Der*) Acción de encartar [1].

encartar A *tr* **1** (*Der*) Procesar. *Frec en part, frec sustantivado.* ▪ **2** (*Naipes*) Ser [una carta] del palo adecuado para que [otro jugador (*cd*)] la siga y esp. la mate. ▪ **3** (*Impr*) Incluir [algo] como encarte [2]. ▪ **4** (*raro*) Incluir [a una o más perss. entre otras o en un lugar].

B *intr* **5** (*reg*) Terciarse [algo], o presentarse la oportunidad [de ello (*suj*)]. *Frec pr* (~se). **b)** Presentarse [alguien o algo]. *Frec pr* (~se).

encarte *m* **1** (*Naipes*) Acción de encartar [2]. ▪ **2** (*Impr*) Hoja o pliego que se inserta, suelto, en un libro o en una revista o periódico.

encartelamiento *m* Acción de encartelar(se).

encartelar *tr* Poner carteles [en un lugar o en una pers. (*cd*)]. *Referido a pers, gralm el cd es refl.*

encartonado *m* Acción de encartonar.

encartonador -ra *adj* Que encartona. *Tb n: m y f, referido a pers; f, referido a máquina.*

encartonar *tr* Proteger o reforzar [algo] con cartón. *Tb abs.* **b)** Poner [cajetillas de tabaco] en cartones.

encartuchar *tr* Meter [pólvora] en cartuchos.

encasamiento *m* (*Arte*) Recuadro de los varios en que se divide una obra que hay que decorar.

encascar *tr* Teñir [artes de pesca] con la corteza de ciertos árboles.

encasillable *adj* Que puede ser encasillado.

encasillado *m* **1** Conjunto de casillas trazadas en un papel. ▪ **2** (*Pol, hist*) Hecho de señalar el gobierno, a un candidato adicto, el distrito en que se

ha de presentar para las elecciones a diputados. *Tb la lista de candidatos señalados.*

encasillador -ra *adj* Que encasilla. *Tb n, referido a pers.*

encasillamiento *m* Acción de encasillar(se). *Tb su efecto.*

encasillar *tr* **1** Incluir [a alguien o algo en una casilla de clasificación]. *Frec fig.* **b)** Suponer [a alguien], con poco fundamento, incluido dentro de un grupo o una ideología. *Frec con un compl* EN. ▪ **2** Situar [a alguien o algo en un esquema o estructura muy rígidos o cerrados]. *Referido a pers, frec el cd es refl.*

encasquetar *tr* **1** Meter o encajar [algo] en la cabeza. *Gralm con ci refl.* ▪ **2** (*col*) Hacer que [alguien (*ci*)] reciba [algo, frec. negativo o molesto (*cd*)].

encasquillarse *intr pr* Atascarse [un arma de fuego] con el casquillo de la bala al disparar. **b)** Atascarse [algo, o más raro, alguien], o quedar detenido en su acción o función. *Tb fig.* **c)** Atascarse [alguien] al hablar o trabárse[le] la lengua.

encastado -da *adj* **1** *part* → ENCASTAR[1]. ▪ **2** (*Taur*) Que tiene casta, o que tiene las características típicas de su casta.

encastar[1] *tr* Mejorar de casta [animales] cruzándo[los]. *Tb fig.*

encastar[2] *tr* (*raro*) Encastrar.

encaste[1] *m* Acción de encastar[1]. *Frec su efecto.*

encaste[2] *m* (*raro*) Acción de encastar[2].

encastillado -da *adj* **1** *part* → ENCASTILLAR. ▪ **2** [Cosa] obstinada.

encastillamiento *m* Acción de encastillar(se), esp [3].

encastillar A *tr* **1** (*raro*) Apilar.

B *intr pr* (~se) **2** Refugiarse [en un castillo o en un paraje alto o de difícil acceso]. *Frec fig.* ▪ **3** Mantenerse firme y obstinadamente [en algo, esp. en una idea o doctrina].

encastrable *adj* Que se puede encastrar. *Tb n m, referido a aparato.*

encastrar *tr* Encajar o empotrar. **b)** *pr* (~se) Encajarse o empotrarse.

encastre *m* Acción de encastrar(se). *Tb su efecto.*

encatastrar *tr* (*reg*) Inscribir [propiedades] en el catastro.

encausamiento *m* Acción de encausar.

encausar (*conjug* 1e) *tr* Formar causa judicial [a alguien (*cd*)]. *Frec en part, frec sustantivado.*

encáustica *f* (*Pint*) Pintura hecha al encausto.

encáustico *m* **1** Preparado de cera que sirve para preservar de la humedad y dar brillo. ▪ **2** (*Pint*) Encáustica.

encausto *m* (*Pint*) Procedimiento de pintura con ceras de colores o esmaltes que se aplican en caliente.

encauzador -ra *adj* Que encauza. *Tb n, referido a pers.*

encauzamiento *m* Acción de encauzar. *Tb su efecto.*

encauzar (*conjug* 1e) *tr* **1** Dirigir por un cauce [una corriente de agua]. ▪ **2** Dirigir o encarrilar [algo]

encebollado *m* Guiso, esp. de carne o pescado, con abundante cebolla.

encebollar *tr* Guisar [algo, esp. carne o pescado] con abundante cebolla. *Gralm en part.*

encefálico -ca *adj* De(l) encéfalo.

encefalina *f* (*Quím*) Polipéptido producido por el cerebro, de acción similar a la de la morfina.

encefalítico -ca *adj* (*Med*) De (la) encefalitis.

encefalitis *f* (*Med*) Inflamación del encéfalo. *A veces con un adj especificador:* HEMORRÁGICA, INFANTIL, LETÁRGICA, *etc.*

encéfalo *m* Conjunto de órganos nerviosos contenidos en el cráneo.

encefalografía *f* (*Med*) Radiografía del encéfalo.

encefalograma *m* (*Med*) Electroencefalograma. *Tb fig, fuera del ámbito técn.*

encefalomielitis *f* (*Med*) Encefalitis y mielitis combinadas. *A veces con un adj especificador:* AGUDA, EQUINA, GRANULOMATOSA.

encefalopatía *f* (*Med*) Enfermedad del encéfalo.

encefalorraquídeo -a *adj* (*Med*) Cerebroespinal.

enceguecer (*conjug* 11) A *tr* 1 Cegar, o dejar ciego. *Tb fig. Tb abs.*
     B *intr* 2 Cegar, o quedar ciego.

enceguecido -da *adj* 1 *part* → ENCEGUECER. ■ 2 Ciego. *Tb fig.*

encelamiento *m* Acción de encelar(se)[1]. *Tb su efecto.*

encelar[1] *tr* 1 Dar celos [a alguien (*cd*)]. **b)** *pr* (~**se**) Pasar a sentir celos. ■ 2 Poner en celo [a alguien]. **b)** *pr* (~**se**) Ponerse en celo. *Frec en part.* ■ 3 Interesar [algo a alguien]. **b)** Provocar o atraer [la curiosidad o el interés (*cd*) de alguien]. ■ 4 (*Taur*) Incitar [al toro] o hacer que embista. *A veces con un compl* EN.

encelar[2] *tr* (*raro*) Ocultar.

enceldar *tr* Encerrar en una celda.

encella *f* Molde para hacer queso o requesón.

encelofanar *tr* Celofanar.

encementación *f* Acción de encementar.

encementar *tr* Cubrir o pavimentar con cemento.

encenagar *tr* 1 Cubrir o llenar de cieno. *Frec en part. Tb fig.* ■ 2 Meter en el cieno. *Gralm fig. Referido a pers, frec el cd es refl.* **b)** *pr* (~**se**) Meterse en el cieno. *Gralm fig.*

encencerrado -da *adj* Que lleva cencerro.

encendedor *m* Aparato para encender [1], esp. para uso de fumadores.

encender (*conjug* 14) A *tr* 1 Hacer que [algo (*cd*)] empiece a arder. *Tb abs.* **b)** Producir [fuego]. **c)** Hacer fuego [en un lugar o aparato (*cd*) destinado a ello]. ■ 2 Poner en funcionamiento [una luz o un aparato eléctricos]. *Tb abs.* ■ 3 Iluminar, esp. con luz eléctrica. ■ 4 Poner brillantes [los ojos (*cd*) algo, esp. un sentimiento o pasión]. *Frec en part.* ■ 5 Causar o producir [una guerra o una disputa]. **b)** *pr* (~**se**) Producirse [una guerra o una disputa]. ■ 6 Causar o intensificar [un sentimiento o una pasión]. ■ 7 Animar o enardecer. ■ 8 Excitar sexualmente. **b)** *pr* (~**se**) Excitarse sexualmente. ■ 9 Exasperar o irritar. **b)** ~ **la sangre** → SANGRE. ■ 10 Enrojecer o ruborizar. **b)** *pr* (~**se**) Enrojecerse o ruborizar-

se. ■ 11 Avivar [un color (*cd*) o el color de algo (*cd*)]. **b)** *pr* (~**se**) Avivarse [un color (*suj*) o el color de algo (*suj*)].
     B *intr* 12 Empezar a arder. *Tb pr* (~**se**). ■ 13 Ponerse en funcionamiento [una luz o un aparato eléctricos]. *Tb pr. Tb pr* (~**se**).

encendidamente *adv* De manera encendida [3].

encendido[1] **-da** *adj* 1 *part* → ENCENDER. ■ 2 [Color, esp. rojo] vivo o intenso. **b)** De color encendido. ■ 3 Que denota enardecimiento o entusiasmo. ■ 4 Que denota o implica excitación sexual.

encendido[2] *m* Acción de encender [1 y 2]. **b)** *En un motor de explosión:* Inflamación de la mezcla formada en el carburador. *Tb el conjunto de dispositivos que la producen.*

encendimiento *m* Acción de encender(se), *esp* [6, 7 y 8].

encenizar *tr* Cubrir de ceniza.

encentar *tr* 1 Empezar [algo que se come o consume]. ■ 2 Ulcerar o llagar.

encepar *intr* Echar raíces o formar cepa [una planta]. *Tb pr* (~**se**).

encerable *adj* Que se puede encerar.

encerado[1] **-da** I *adj* 1 *part* → ENCERAR. ■ 2 De color de cera. ■ 3 [Tejido] impermeabilizado con cera u otras sustancias. *Tb n m.*
     II *m* 4 Superficie pintada adecuadamente para escribir sobre ella, usada esp. en las aulas.

encerado[2] *m* 1 Acción de encerar. ■ 2 Capa de cera o encáustico con que se cubren los suelos o los muebles.

encerador -ra *adj* Que encera. *Tb n: m y f, referido a pers; f, referido a máquina, y m, referido a producto.*

encerar A *tr* 1 Dar cera [a algo (*cd*)]. *Tb abs.* **b)** Recubrir con cera.
     B *intr pr* (~**se**) 2 Amarillear o madurar [la mies].

encerradero *m* Sitio en que se encierra [1] el ganado, esp. cuando se esquila o cuando hace frío.

encerramiento *m* Acción de encerrar(se).

encerrar (*conjug* 6) A *tr* 1 Meter [a alguien o algo en un sitio cerrado] de manera que no pueda salir o ser sacado sin consentimiento del que lo metió. *Tb fig. Tb sin compl* EN. **b)** *A veces el hecho se realiza sin intervención de una voluntad. Gralm en forma de part.* * El metro se averió y los viajeros quedaron encerrados durante bastantes minutos. **c)** Meter [a alguien en un lugar] privándo[le] de libertad. ■ 2 Meter [a alguien o algo en un lugar cerrado]. *Referido a pers, frec el cd es refl.* **b)** *Con cd refl:* Meterse [una pers. en un lugar cerrado] con intención de buscar intimidad o aislamiento. **c)** *Con cd refl:* Meterse [una pers. o una colectividad en un lugar cerrado] con intención de manifestar públicamente una protesta o una petición. ■ 3 *En la escritura:* Poner [algo entre determinados signos (*compl* ENTRE o EN)]. ■ 4 Contener, o tener dentro de sí. *Tb fig.* **b)** *pr* (~**se**) Estar contenido [en algo]. *Tb fig.* ■ 5 (*hist o jerg*) Seguir [a alguien] hasta su casa para conocer su domicilio.
     B *intr pr* (~**se**) 6 Perseverar obstinadamente [en una idea o propósito].

encerrizar *tr* (*reg*) Hacer que [alguien (*cd*)] se obstine.

encerrona *f* **1** Hecho de quedar [alguien] encerrado a merced del enemigo. ■ **2** (*col*) Situación premeditada en que se coloca a alguien para obligarle a hacer algo. ■ **3** (*col*) Ejercicio de una oposición en cuya preparación el opositor queda completamente incomunicado. ■ **4** (*Dominó*) Cierre que se realiza cuando las fichas que quedan por colocar suman muchos tantos.

encestado -da I *adj* **1** *part* → ENCESTAR. ■ **2** (*Arquit*) Que tiene dibujo similar al entrecruzado de las cestas de mimbre.
II *m* **2** (*Arquit*) Dibujo que recuerda el entrecruzado de las cestas de mimbre.

encestador -ra *adj* (*Balonc*) **1** Que encesta [2]. *Más frec n.* ■ **2** Relativo al enceste.

encestar A *tr* **1** Meter [algo] en un cesto o una cesta.
B *intr* **2** (*Balonc*) Introducir el balón en la cesta o canasta.

enceste *m* (*Balonc*) Acción de encestar [2].

encetar *tr* (*reg*) Encentar o empezar [algo que se come o consume].

enchalecado -da *adj* Que lleva chaleco.

enchancletado -da *adj* Que lleva chancletas.

enchapado *m* Chapado (revestimiento de chapa).

enchapador -ra *adj* Que enchapa. *Tb n, referido a pers.*

enchapar *tr* Chapar o chapear.

enchaquetado -da *adj* Que lleva chaqueta.

encharcada *f* (*raro*) Charco o charca.

encharcado -da *adj* **1** *part* → ENCHARCAR. ■ **2** [Terreno] que tiene exceso de agua o está cubierto por ella.

encharcamiento *m* Acción de encharcar(se). *Tb su efecto.*

encharcar A *tr* **1** Cubrir de charcos o de agua [un terreno]. **b)** *pr* (~se) Cubrirse de charcos o de agua [un terreno]. ■ **2** Llenar de excesivo líquido [una parte del cuerpo]. **b)** *pr* (~se) Llenarse de excesivo líquido [una parte del cuerpo]. ■ **3** Meter en un charco. *Frec fig.*
B *intr pr* (~se) **4** Detenerse o paralizarse [el agua u otro líquido].

encharolar *tr* Dar brillo de charol [a algo]. *Tb fig.*

enchascar *tr* (*reg*) Extender la mies [en la era (*cd*)].

enchegar *tr* (*reg*) Poner en marcha [algo, esp. un aparato]. *Tb abs.*

enchilada *f* Tortita de maíz doblada o enrollada y rellena de salsa de chile con otros condimentos, propia de Méjico y algunos países centroamericanos.

enchilar *tr* (*raro*) Aderezar con chile.

enchinar *tr* (*reg*) Cubrir o decorar [algo] con chinas o piedras.

enchiquelar *tr* (*jerg*) Encarcelar.

enchiqueramiento *m* Acción de enchiquerar. *Tb fig.*

enchiquerar *tr* **1** Meter [toros] en el chiquero. ■ **2** (*col*) Encerrar o encarcelar.

enchironar *tr* (*col*) Encerrar o encarcelar.

enchisparse *intr pr* (*col*) Achisparse.

enchisterado -da *adj* Que lleva chistera.

enchufable *adj* Que se puede enchufar, *esp* [1].

enchufado -da *adj* **1** *part* → ENCHUFAR. ■ **2** [Pers.] que tiene enchufe [3]. *Tb n. Gralm con intención desp.*

enchufar *tr* **1** Conectar [un aparato eléctrico] mediante el enchufe [1]. *Tb abs.* ■ **2** Conectar [un tubo a otro] encajándo[lo]. ■ **3** Encajar o acoplar las partes salientes y entrantes [de dos piezas (*cd*)]. ■ **4** (*col*) Proporcionar un enchufe [3] [a alguien (*cd*)]. **b)** *pr* (~se) Obtener [alguien] un enchufe. ■ **5** (*col*) Enfocar [algo o a alguien]. ■ **6** (*col*) Endilgar o encasquetar.

enchufe *m* **1** Dispositivo para conectar un aparato eléctrico a la red, compuesto de dos elementos que encajan. *Normalmente designa solo el elemento conectado a la red, que gralm va fijo a la pared.* ■ **2** Sitio por donde se conectan y encajan dos tubos. ■ **3** (*col*) Destino o situación ventajosa que se obtiene por recomendación. **b)** Recomendación o influencia.

enchufismo *m* (*col, desp*) Actitud que favorece los enchufes [3].

enchufista (*col, desp*) I *m y f* **1** Pers. que tiene enchufe o esp. enchufes [3].
II *adj* **2** (*raro*) De(l) enchufismo o que lo implica.

enchulamiento *m* (*col*) Acción de enchularse.

enchularse *intr pr* (*col*) **1** Convertirse en chulo o rufián. ■ **2** Unirse [un hombre con una mujer] haciéndose su chulo. **b)** Unirse [una mujer con un hombre] haciéndole su chulo.

encía *f* Parte carnosa de la boca en que están encajados los dientes.

encíclica *f* (*Rel catól*) Carta dirigida por el papa a todos los obispos.

enciclopedia *f* **1** Conjunto de todas las ciencias. ■ **2** Obra en que se trata de muchas ciencias. **b)** Obra que trata de todas las materias [de una ciencia o arte]. *Tb fig.* **c)** Diccionario enciclopédico. **d)** *Frec se usa en constrs de sent comparativo para ponderar la amplitud y variedad de conocimientos de una pers.*

enciclopédico -ca *adj* **1** De (la) enciclopedia. **b)** [Diccionario] que abarca el conjunto de las ciencias y tiene como objetivo definir las cosas, no las palabras. ■ **2** Que tiene carácter de enciclopedia [2a]. ■ **3** (*raro*) [Pers.] de grandes y variados conocimientos. *Tb n.* ■ **4** (*col, raro*) Enorme o muy grande. *Con intención despectiva.*

enciclopedismo *m* Conjunto de ideas o doctrinas expuestas en la *Enciclopedia* (1751-1772) de Diderot y D'Alembert, esp. la crítica de la religión y de la monarquía.

enciclopedista *adj* **1** De la *Enciclopedia* (1751-1772) de Diderot y D'Alembert. *Tb n m, referido a pers que colaboró en su redacción.* ■ **2** De(l) enciclopedismo. **b)** Adepto al enciclopedismo. *Tb n.*

encierro *m* **1** Acción de encerrar(se). **b)** Acción de llevar los toros a encerrar en el toril. *Tb el festejo correspondiente.* ■ **2** Lugar en que se encierra algo o a alguien. ■ **3** (*Taur*) Conjunto de reses que participan en un encierro [1b].

encima (*palabra de sent normalmente relativo; cuando se expresa el término de referencia, este se enuncia precedido de la prep* DE *o (semiculto) acompañado de un posesivo*) I *adv* **1** En posición superior y en la misma vertical con respecto a algo que actúa o no como base de sustentación. *Tb sustanti-*

vado, precedido de prep. * El bocadillo está encima de la mesa. * Le pasó un coche por encima. **b)** En posición superior y en distinta vertical con respecto a algo. * La montaña está encima y aquí no llueve nunca. **c)** *En sent no espacial o no físico. Frec* ~. * Por encima de las ciencias independientes subsiste la filosofía. ■ **2** En rango, categoría, calidad o consideración superior. *Más frec* POR ~. * El Presidente no puede estar por encima de la Constitución. ■ **3** En situación de vencedor. *Normalmente con el v* QUEDAR. *Frec* POR ~. * Ella siempre ha de quedar por encima. ■ **4** Recayendo o pesando sobre el ánimo, la responsabilidad, la atención o la paciencia de una pers. *Tb sustantivado, precedido de prep. Tb fig.* * Ya tiene uno encima bastantes penas. * No sabía cómo sacudírselo de encima. ■ **5** Consigo. *Gralm con los vs* LLEVAR o TENER. * Dijo que le diese todo lo que llevase encima. ■ **6** (*col*) Involuntariamente y sin quitarse la ropa. *Con vs como* ORINARSE, HACÉRSELO *o equivalentes.* * Estuvo a punto de hacérselo encima. ■ **7** En situación inmediata. *Referido a un movimiento de aproximación en el espacio o en el tiempo.* * Los exámenes están encima. ■ **8** En actitud vigilante con respecto a una pers. * Es como un niño, hay que estar continuamente encima de él. ■ **9** Por añadidura, o además. * Encima del ridículo, la guasa. ■ **10 por** ~. Superficialmente. * Leía los periódicos por encima. ■ **11 por** ~ **de todo** → TODO.

II *loc prep* **12 por** ~ **de.** Más allá de. *En sent no espacial.* * Por encima de los treinta años, la cosa cambia mucho. ■ **13 por** ~ **de.** A pesar de. * Iré por encima de cualquier prohibición.

III *loc v* **14** *Forma parte de numerosas locs:* ECHAR LA VISTA ~, ECHAR TIERRA ~, ECHARSE ~, PONER LA MANO ~, QUITAR DE ~, QUITAR UN PESO DE ~, VENIRSE ~, *etc* → VISTA, TIERRA, ECHAR, MANO, QUITAR, PESO[1], VENIR, *etc.*

encimado -da *adj* **1** *part* → ENCIMAR. ■ **2** Alto o que está encima.

encimar *tr* **1** Poner [algo o a alguien] encima. *Referido a pers, frec el cd es refl. Tb fig.* ■ **2** Estar [una cosa] encima [de otra (*cd*)]. ■ **3** Alcanzar la cima [de algo (*cd*)]. ■ **4** (*Naipes*) *En el tresillo:* Añadir [una puesta] a la que ya había en el plato.

encimero -ra I *adj* **1** De encima. *Esp referido a sábana.*

II *f* **2** Parte superior [de algo, esp. de un mueble bajo de cocina].

encimismo *m* (*Taur*) Práctica del toreo excesivamente cerca de la cara del toro.

encimista *adj* (*Taur*) [Toreo] que se realiza excesivamente cerca de la cara del toro.

encina *f* **1** Árbol de hoja perenne y coriácea y madera muy dura, cuyo fruto es la bellota (*Quercus ilex*). *Tb su madera.* ■ **2** (*reg*) Bellota (fruto de la encina [1]). ■ **3** ~ **marina.** Corbela (alga).

encinal I *m* **1** Encinar [1].

II *adj* **2** (*raro*) De (la) encina [1] o de(l) encinar [1].

encinar I *m* **1** Lugar poblado de encinas [1]. *Tb las mismas encinas.*

II *adj* **2** (*raro*) De (la) encina [1] o de(l) encinar [1].

encinchar *tr* Cinchar. *Tb fig.*

encino *m* (*reg*) Encina [1].

encinta *adj* [Mujer] embarazada.

encintado *m* **1** Adorno de cintas. ■ **2** (*Constr*) Acción de encintar[1] [2]. *Tb su efecto.* ■ **3** (*Constr*) Bordillo de una acera.

encintar[1] *tr* **1** Adornar con cintas. ■ **2** (*Constr*) Unir [ladrillos u otro material] dejando una franja de mortero en las junturas.

encintar[2] *tr* (*raro*) Empreñar o poner preñado.

enciscar (*reg*) **A** *tr* **1** Liar o encizañar. *Tb abs.*

B *intr pr* (~**se**) **2** Meterse en un lío o contienda.

encismador -ra *adj* Que encisma.

encismar *tr* Encizañar. *Tb abs.*

encizañador -ra *adj* Que encizaña. *Tb n, referido a pers.*

encizañar *tr* Sembrar cizaña o discordia [entre varias perss. o en alguien o algo (*cd*)]. *Tb abs.*

enclaustramiento *m* Acción de enclaustrar(se).

enclaustrar *tr* **1** Encerrar [a alguien] en un claustro. *Frec el cd es refl.* ■ **2** Encerrar [algo o a alguien]. *Referido a pers, frec el cd es refl.*

enclavado -da *adj* **1** *part* → ENCLAVAR[1] y ENCLAVAR[2]. ■ **2** [Lugar] encerrado dentro de otro o entre otros. *Tb n m.*

enclavamiento[1] *m* **1** Acción de enclavar[1] [2]. ■ **2** (*Mec*) Dispositivo para mantener fijo un órgano móvil, o para mantener fija la posición de las agujas o señales de una línea férrea.

enclavamiento[2] *m* (*raro*) Lugar en que se enclava[2] [1] algo.

enclavar[1] *tr* **1** Sujetar con clavos. ■ **2** Encajar o inmovilizar. **b)** *pr* (~**se**) Encajarse o inmovilizarse.

enclavar[2] **A** *intr pr* (~**se**) **1** Estar situado [un lugar dentro de otro (*compl* EN)]. *Normalmente en part y con vs como* ESTAR, HALLARSE *o* ENCONTRARSE. **b)** Estar situado [una cosa dentro de otra o entre otras]. *Normalmente en part.*

B *tr* **2** (*raro*) Situar [algo].

enclave *m* **1** Territorio situado dentro [de otro (*compl* EN) con características esp. administrativas, políticas o geográficas diferentes]. *Tb sin compl.* ■ **2** Grupo étnico o ideológico inserto [en otro más amplio y de características diferentes]. ■ **3** Situación [de un lugar o una cosa dentro de otros].

enclavijar *tr* **1** Encajar o sujetar. **b)** *pr* (~**se**) Encajarse o quedar sin movimiento. ■ **2** Unir [dos cosas] enlazando[las] o entrecruzando[las].

enclenque *adj* Débil o enfermizo. *Tb n, referido a pers.*

enclisis *f* (*Ling*) Unión prosódica de un término no acentuado con el que le precede.

enclítico -ca *adj* (*Ling*) [Término] que se une a otro en enclisis. *Tb n m.*

encobijar *tr* (*reg*) Cobijar.

encochinar (*reg*) **A** *tr* **1** Ensuciar. *Tb fig.*

B *intr pr* (~**se**) **2** Obstinarse [en algo].

encocoramiento *m* (*col*) Acción de encocorar. *Tb su efecto.*

encocorar *tr* (*col*) Irritar o exasperar.

encofrado *m* **1** Molde de madera o chapa que sirve para dar forma al hormigón hasta que fragua. ■ **2** Acción de encofrar[1]. *Tb su efecto.*

encofrador -ra *adj* Que encofra[1]. *Tb n, referido a pers.*

encofrar – encontrar

encofrar¹ *tr* Montar los moldes [de algo (*cd*)], en los que se ha de vaciar el hormigón. *Frec abs.* **b)** Construir [algo] con hormigón vaciado en moldes.

encofrar² *tr* (*raro*) Guardar [algo] en un cofre.

encoger A *tr* **1** Doblar o contraer [a alguien o algo, esp. el cuerpo o una parte de él]. *A veces el cd es refl. Tb fig.* **b)** Arrugar [la nariz]. **c)** ~ los hombros, *o* ~se de hombros → HOMBRO. ■ **2** Achicar o hacer más pequeño [algo]. **b)** Hacer que [algo (*cd*)] encoja [5]. ■ **3** Hacer que [alguien o algo (*cd*)] ocupe poco espacio o menos espacio. *A veces el cd es refl.* ■ **4** Quitar energía o decisión [a una pers. o a su ánimo (*cd*)]. *Tb abs.*
B *intr* ➤ a *normal* **5** Hacerse [algo o alguien] más pequeño de tamaño, esp. en longitud. *Tb pr* (~se). ➤ **b** *pr* (~se) **6** Quedar [una prenda o parte de ella] recogida o sin extenderse totalmente. ■ **7** Perder energía o decisión [una pers. o su ánimo]. ■ **8** ~sele [a alguien] el ombligo, ~sele [a alguien] la(s) tripa(s) → OMBLIGO, TRIPA.

encogido¹ -da *adj* **1** *part* → ENCOGER. ■ **2** [Pers.] que en su actuación o comportamiento muestra poca energía o decisión. **b)** Propio de la pers. encogida.

encogido² *m* Acción de encoger(se), *esp* [5]. *Tb su efecto.*

encogimiento *m* **1** Acción de encoger(se), *esp* [1, 2 y 5]. *Tb su efecto.* ■ **2** Cualidad de encogido¹ [2].

encogorzar *tr* (*col*) Emborrachar. *Tb pr* (~se).

encolado *m* Acción de encolar¹. *Tb su efecto.*

encoladura *f* Encolado. *Tb fig.*

encolar¹ *tr* **1** Pegar [algo] con cola. *Tb fig.* ■ **2** Dar cola [a algo (*cd*)] o impregnar[lo] de cola.

encolar² (*conjug* 4) *tr* Hacer que [algo que se tira (*cd*)] quede detenido [en un sitio de difícil acceso]. *Tb sin compl* EN.

encolerizadamente *adv* De manera encolerizada.

encolerizado -da *adj* **1** *part* → ENCOLERIZAR. ■ **2** Propio de la pers. encolerizada.

encolerizar *tr* Poner colérico. **b)** *pr* (~se) Ponerse colérico.

encomendar I *v* (*conjug* 6) *tr* **1** Poner [algo o a alguien] bajo el cuidado o la responsabilidad [de alguien (*ci*)]. ■ **2** Invocar el amparo o la protección [de alguien (*ci*)] para alguien o algo (*cd*)]. *Frec el cd es refl.* ■ **3** Poner [a una pers. o cosa en las manos de alguien] para que la ampare o proteja.
II *loc adv* **4 sin ~se a Dios ni al Diablo** → DIOS.

encomendero *m* **1** (*raro*) Encargado. ■ **2** (*hist*) Hombre que tiene una encomienda [4].

encomiable *adj* Que se puede o debe encomiar.

encomiar (*conjug* 1a) *tr* **1** Alabar encarecidamente. ■ **2** (*raro*) Ponderar o enfatizar.

encomiasta *m y f* (*lit, raro*) Panegirista.

encomiásticamente *adv* De manera encomiástica.

encomiástico -ca *adj* De(l) encomio o que lo implica.

encomienda *f* **1** Encargo (cosa que se encarga). ■ **2** *En una Orden civil o militar:* Dignidad de comendador. ■ **3** (*hist*) *En algunas Órdenes militares:* Casa o convento, con el correspondiente distrito, sometidos a la jurisdicción de un superior. ■ **4**

(*hist*) *Durante la colonización española en América:* Encargo hecho a una persona de ocuparse del cuidado y evangelización de determinado número de indios a cambio de aprovechar su trabajo o sus tributos.

encomio *m* Alabanza encarecida.

enconadamente *adv* De manera enconada [2].

enconado -da *adj* **1** *part* → ENCONAR. ■ **2** Que denota o implica enconamiento o encono.

enconamiento *m* Acción de enconar(se). *Tb su efecto.*

enconar A *intr pr* (~se) **1** Ponerse peor [una herida o una parte dañada]. ■ **2** Hacerse más duro o intenso [un sentimiento de odio o un enfrentamiento]. ■ **3** Pasar a sentir odio o rencor.
B *tr* **4** Hacer que [alguien o algo (*cd*)] se encone [1, 2 y 3]. ■ **5** Irritar o exasperar [a alguien].

enconcharse *intr pr* (*raro*) Meterse en la propia concha. *Frec fig.*

encono *m* **1** Rencor o animadversión. ■ **2** Fuerza o violencia con que se lucha o actúa. ■ **3** (*raro*) Enconamiento [de una herida o un daño].

encontrable *adj* Que se puede encontrar [1].

encontradizo -za. hacerse el ~ [con una pers.]. *loc v* Simular un encuentro casual [con ella] cuando en realidad se la iba buscando. *Tb* (*lit*) *fig. Tb sin compl* CON, *por consabido.*

encontrado -da *adj* **1** *part* → ENCONTRAR. ■ **2** Opuesto o contrario.

encontrar (*conjug* 4) **A** *tr* **1** Llegar a ver o localizar [a una pers. o cosa (*cd*)], o llegar a juntarse [con ella (*cd*)], después de haberlo procurado. *Tb fig. A veces con cd refl con sent recíproco.* **b)** Conseguir [algo o a alguien no concreto que se busca o desea]. *El cd referido a pers no lleva prep.* ■ **2** Ver [alguien a una pers. o cosa] o llegar a juntarse [con ella (*cd*)] sin haberlo procurado. *A veces con cd refl con sent recíproco. A veces con un compl de interés.* **b)** Juntarse o entrar en contacto casualmente [una cosa con otra (*cd*)]. *A veces con cd refl con sent recíproco.* **c)** ~selo todo hecho. No tener que enfrentarse con problemas o dificultades porque alguien ya los solucionó antes. ■ **3** Llegar [a una pers. o cosa (*cd*)] viendo que está [de una determinada manera (*predicat o compl adv*)]. ■ **4** Ver o percibir [algo o a alguien en determinado estado o circunstancia (*predicat o compl adv*)]. **b)** Sentir [un hecho] o darse cuenta [de él (*cd*)]. ■ **5** Juzgar o considerar [a alguien o algo de una determinada manera (*predicat o compl adv*)], como resultado de una observación o examen. **b)** Llegar [a un resultado o conclusión (*cd*)]. ■ **6** ~ **a faltar.** (*reg*) Echar de menos.
B *intr* ➤ a *pr* (~se) **7** Llegar a juntarse [con una pers. o cosa] después de haberlo procurado. ■ **8** Ver [alguien a una pers. o cosa (*compl* CON)] o llegar a juntarse [con ella] sin haberlo procurado. **b)** Juntarse o entrar en contacto casualmente [una cosa con otra]. ■ **9** Darse cuenta [alguien de que está [en determinado estado o circunstancia (*compl* CON)]. **b)** Percibir o conocer [un hecho inesperado o desconocido (*compl* CON)]. **c)** Ver que [alguien o algo (*compl* CON)] está [en un lugar o dentro de un conjunto]. ■ **10** Chocar, o tener una colisión, [dos perss. o cosas, o una con otra]. **b)** Enfrentarse o luchar [dos o más perss., o una(s) con otra(s)]. ■ **11** Estar [en un determinado lugar, real o fig.]. **b)** Existir [algo en un lugar]. ■ **12** Estar [de una determinada manera (*predicat o compl adv*)]. **b)** Sen-

tirse cómoda o bien [una pers. en determinadas circunstancias]. *Normalmente en constrs negs. Tb sin compl adv, por consabido.*
➤ **b** *normal* **13** ¿**no encuentras?** (*raro*) ¿No te parece?

encontronazo *m* Choque o colisión violentos. *Tb fig.*

encoñamiento *m* (*vulg*) Acción de encoñar(se).

encoñar (*vulg*) **A** *tr* **1** Dominar o someter [una mujer a un hombre] con el sexo.
B *intr pr* (~**se**) **2** Encapricharse u obsesionarse sexualmente [un hombre con una mujer]. *Tb fig. Gralm en part.* **b)** Enamorarse o sentirse muy atraído sexualmente [por alguien (*compl* DE)]. *Tb sin compl* DE.

encopetado -da *adj* (*desp*) **1** *part* → ENCOPETAR. ■ **2** [Pers.] de alta categoría. *Tb fig.* ■ **3** [Pers.] vestida y arreglada con lujo.

encopetar *tr* (*desp, raro*) Elevar socialmente.

encopresis *f* (*Med*) Incontinencia de las heces.

encorajar *tr* (*raro*) Encorajinar. *Tb pr* (~**se**).

encorajinar *tr* Encolerizar o poner furioso. **b)** *pr* (~**se**) Encolerizarse o ponerse furioso.

encorambrado -da *adj* [Res sacrificada para el consumo] que está sin desollar.

encoramiento *m* Acción de encorar.

encorar (*conjug 4*) *tr* Cicatrizar [una herida (*cd*)] o hacer que críe piel nueva.

encorbatado -da *adj* Que lleva corbata.

encorchado *m* Acción de encorchar.

encorchador -ra *adj* Que encorcha. *Frec n f, referido a máquina.*

encorchar *tr* Poner corcho [a algo (*cd*), esp. a una botella o a las artes de pesca].

encordado *m* Acción de encordar. *Tb su efecto.*

encordar (*conjug 4*) *tr* **1** Poner cuerdas [a algo (*cd*), esp. a un instrumento músico]. ■ **2** Recubrir [algo] con una cuerda que da vueltas a su alrededor. ■ **3** Atar [algo o a alguien] con cuerdas. *Referido a pers, frec el cd es refl.*

encordelado *m* (*Taur*) En la garrocha: Parte constituida por un cordel encolado que sirve para sujetar la puya a la vara.

encordelar *tr* Atar o recubrir [algo] con un cordel.

encordonar *tr* (*raro*) Poner un cordón o cordones [a algo (*cd*)] como adorno o sujeción.

encornado -da *adj* **1** *part* → ENCORNAR. ■ **2 bien** *o* (**mal**) ~. (*Taur*) Que tiene buena (o mala) encornadura.

encornadura *f* (*Taur*) Cornamenta. *Tb su forma o disposición.*

encornar (*conjug 4*) *tr* **1** Coger o herir con los cuernos. ■ **2** (*vulg*) Hacer cornudo [a un hombre].

encorozar *tr* (*hist*) Poner [a alguien (*cd*)] la coroza. *Frec en part, a veces sustantivado.*

encorrer *tr* (*reg*) Perseguir [a alguien].

encorsetado -da *adj* **1** *part* → ENCORSETAR. ■ **2** Rígido o que no permite soltura de movimientos. *Tb fig.*

encorsetar *tr* Ceñir con corsé. *Gralm fig.*

encortamiento *m* (*col, raro*) Corte o vergüenza.

encortar *tr* (*reg*) Encerrar [una res que pasta en terreno ajeno].

encortinar *tr* Poner cortinas [a algo (*cd*)] o adornar[lo] con cortinas.

encorvado -da *adj* **1** *part* → ENCORVAR. ■ **2** Curvado o curvo.

encorvadura *f* Acción de encorvar(se). *Tb su efecto.*

encorvamiento *m* Acción de encorvar(se). *Tb su efecto.*

encorvar A *tr* **1** Curvar [algo o a alguien] o dar[le (*cd*)] forma curva. *Tb abs.* **b)** *pr* (~**se**) Curvarse, o tomar forma curva. *A veces con un compl* HACIA.
B *intr pr* (~**se**) **2** Inclinarse [una pers.] doblando la espalda o la cintura.

encostado¹ -da *adj* (*reg*) Cercano a la costa.

encostado² -da *adj* (*reg*) Que está en cuesta.

encostrar *intr* Formar costra [algo]. *Tb pr* (~**se**).

encovar (*conjug 4 o regular*) *tr* Meter en una cueva. *Frec el cd es refl.*

encrespado -da *adj* **1** *part* → ENCRESPAR. ■ **2** [Pelo] crespo o rizado. ■ **3** Furioso o violento. *Tb fig.*

encrespadura *f* Acción de encresparse, *esp* [5]. *Frec su efecto.*

encrespamiento *m* Acción de encrespar(se).

encrespar *tr* **1** Alborotar [el mar o las olas]. *Tb fig.* **b)** *pr* (~**se**) Alborotarse [el mar o las olas]. *Tb fig.* ■ **2** Alterar o soliviantar [a alguien o el ánimo]. **b)** *pr* (~**se**) Alterarse o soliviantarse [alguien o el ánimo]. ■ **3** (*lit*) Poner violento [algo]. *En sent fig.* **b)** *pr* (~**se**) Ponerse violento [algo]. *En sent fig.* ■ **4** Rizar con rizos menudos. **b)** *pr* (~**se**) Rizarse con rizos menudos. ■ **5** Levantar, o poner erguido o derecho [algo, esp. el pelo o las plumas]. *Tb fig.* **b)** *pr* (~**se**) Levantarse o ponerse erguido o derecho. *Tb fig.*

encriptado *m* (*Informát*) Codificación según una clave secreta.

encristalamiento *m* Acción de encristalar.

encristalar *tr* Poner cristales [a una puerta, ventana u otro cierre]. *Frec en part.* **b)** Cerrar [un espacio] con cristales. *Frec en part.*

encronización *f* (*E*) Acción de encronizarse.

encronizarse *intr pr* (*E*) Hacerse crónico [algo].

encrucijada *f* Lugar en que se cruzan dos o más calles o caminos. *Frec fig.*

encuadernable *adj* Que se puede encuadernar.

encuadernación *f* **1** Acción de encuadernar. *Tb su efecto.* ■ **2** Taller en que se encuaderna. ■ **3** Oficio de encuadernador.

encuadernador -ra *adj* **1** Que encuaderna. *Tb n: m y f, referido a pers; f, referido a máquina.* ■ **2** De (la) encuadernación [1].

encuadernar *tr* Coser o pegar [hojas o pliegos] y poner[les] tapas. **b)** Coser o pegar los pliegos [de un libro (*cd*)] y poner[le] tapas. *Frec con un compl* EN *que expresa el tipo de tapa.*

encuadramiento *m* Acción de encuadrar [1, 2 y 3]. *Tb su efecto.*

encuadrar¹ *tr* **1** Enmarcar o poner [algo dentro de un marco]. *Gralm fig.* **b)** *pr* (~**se**) Situarse o desarrollarse [algo dentro de un marco determinado]. ■ **2** Enmarcar [algo] o servir[le] de marco. ■ **3** Incluir [a una pers. o cosa en un esquema de clasificación]. **b)** Incluir [a alguien en un esquema de organización, esp. militar o política]. ■ **4** (*Fotogr y Cine*) Delimitar el campo abarcado por el objetivo, situando las imágenes en el lugar deseado. ■ **5** (*E*) Ajustar [una cosa dentro de otra]. *Tb abs.*

encuadrar² *tr* (*reg*) Meter [un animal] en la cuadra.

encuadre *m* Acción de encuadrar, *esp* [4].

encuarte *m* (*hist*) Yunta o caballería que se añade como refuerzo al tiro habitual en las cuestas o pasos dificultosos.

encubar *intr* (*reg*) Quedar preñada [una res].

encubiertamente *adv* De manera encubierta.

encubierto -ta *adj* **1** *part* → ENCUBRIR. ■ **2** Oculto o no manifiesto.

encubridizo -za *adj* Que se encubre fácilmente.

encubridor -ra **I** *adj* **1** Que encubre, *esp* [2]. *Tb n, referido a pers.* **II** *m y f* **2** Alcahuete (pers. mediadora de relaciones amorosas o sexuales irregulares).

encubrimiento *m* Acción de encubrir.

encubrir (*conjug 37*) *tr* **1** Ocultar [algo o a alguien], o impedir que sea visible. *Tb fig. Tb abs. Referido a pers, frec el cd es refl.* ■ **2** Ocultar, o impedir que sea conocido, [algo, esp. un delito o falta o la pers. que lo comete (*cd*)]. *Tb abs.*

encuclillar *tr* (*raro*) Acuclillar, o poner en cuclillas. *Gralm el cd es refl.*

encuentro **I** *m* **1** Acción de encontrar(se). **b)** Entrevista o reunión. **c)** Reunión organizada de profesionales o especialistas. *A veces en pl con sent sg. Con un adj o compl especificador.* ■ **2** Enfrentamiento deportivo. ■ **3** *En pl: En algunos cuadrúpedos:* Parte en que se unen al cuello el húmero y la clavícula. **II** *loc v* **4 salir** (*o* **ir, marchar,** *u otro v equivalente*) **al ~.** Dirigirse [hacia alguien que se aproxima (*compl de posesión o ci*)], para encontrarse con él. *Tb fig.* ■ **5 salir al ~.** Prevenir o atajar [un hecho o dicho (*compl de posesión o ci*)].

encuerar *tr* **1** Desnudar o dejar en cueros. *Frec el cd es refl.* ■ **2** Vestir de cuero. *Frec en part.*

encuesta *f* Consulta hecha a numerosas personas, para conocer determinadas circunstancias políticas, sociales o económicas, o el estado de opinión sobre un tema.

encuestador -ra *m y f* Pers. que encuesta.

encuestar *tr* Preguntar [a alguien (*cd*)] una encuesta. *Frec en part, a veces sustantivado.*

encuevar *tr* Meter o encerrar en una cueva o hueco. *Frec el cd es refl.*

enculamiento *m* (*jerg*) Acción de encular.

encular *tr* (*jerg*) Penetrar [a alguien] por el ano.

encumbrado -da *adj* **1** *part* → ENCUMBRAR. ■ **2** [Cosa] alta o elevada. **b)** [Cosa] que está situada en un lugar alto o elevado. ■ **3** [Posición social] elevada o importante. **b)** [Pers.] que está en una posición social elevada o importante. *Tb n.*

encumbramiento *m* **1** Acción de encumbrar. *Tb su efecto.* ■ **2** Altura o elevación.

encumbrar *tr* **1** Poner en situación elevada o importante. ■ **2** Poner en lugar alto.

encunar *tr* **1** (*raro*) Meter [al niño] en la cuna. *Tb* (*lit*) *fig.* ■ **2** (*Taur*) Coger [el toro al torero] entre las astas.

encurtido -da **I** *adj* **1** *part* → ENCURTIR. **II** *m* **2** Fruto o legumbre que han sido encurtidos.

encurtir *tr* Conservar en vinagre [frutos o legumbres].

ende. por ~. *loc adv* (*lit*) Por tanto.

endeble *adj* **1** Débil o poco resistente. *Tb fig.* ■ **2** Flojo (inferior a lo normal en calidad).

endeblez *f* Cualidad de endeble.

endecasilábico -ca *adj* (*TLit*) De(l) verso endecasílabo.

endecasílabo -ba *adj* (*TLit*) **1** De once sílabas. *Tb n m, referido a verso.* ■ **2** De(l) verso endecasílabo [1].

endecha *f* **1** (*TLit*) Composición poética de asunto triste, con versos de 5, 6 o 7 sílabas. ■ **2** (*TLit*) Romance de versos heptasílabos. ■ **3** Canción popular canaria de Nochebuena.

endechar *tr* (*lit, raro*) Cantar endechas [a alguien (*cd*)].

endechero -ra *adj* (*lit, raro*) Triste o lastimero.

endemia *f* (*Med*) Enfermedad propia de un país o región y que se manifiesta de modo constante o en épocas determinadas. *Tb* (*lit*) *fig.*

endémicamente *adv* De manera endémica [2].

endémico -ca *adj* **1** [Enfermedad] que tiene carácter de endemia. ■ **2** [Cosa negativa] habitual y constante en un país o en un medio. ■ **3** (*Biol*) [Animal o planta] propios de un país o región.

endemismo *m* (*Biol*) Especie endémica [3].

endemita *adj* (*Biol*) Endémico [3]. *Tb n m.*

endemoniadamente *adv* De manera endemoniada [3].

endemoniado -da *adj* **1** [Pers. o, raramente, cosa] poseída por el demonio. *Tb n, referido a pers. Frec con intención ponderativa, referido a alguien maligno o muy travieso.* ■ **2** Se usa en gral para ponderar algo negativo, esp malo, fastidioso o difícil. * El terreno es tortuoso, endemoniado. ■ **3** Muy grande o extraordinario. *Gralm referido a cosas negativas.*

endemoniamiento *m* Posesión demoníaca.

endentado -da *adj* **1** *part* → ENDENTAR. ■ **2** (*Heráld*) Que tiene numerosos dientes menudos y triangulares.

endentar *tr* Encajar por medio de dientes. *Tb abs. Tb fig.*

endeño *m* (*Pesca*) Rastro para almejas y otros mariscos, propio de Galicia.

enderezador -ra *adj* Que endereza o pone recto. *Tb n f, referido a máquina.*

enderezamiento *m* Acción de enderezar.

enderezar *tr* **1** Poner derecho (recto o vertical). **b)** *pr* (**~se**) Ponerse derecho. ■ **2** Corregir [a alguien] haciendo que su conducta sea satisfactoria. ■ **3** Arreglar [algo] haciendo que evolucione positivamente. ■ **4** Dirigir [algo a alguien (*ci*)]. ■ **5** Dirigir [a alguien o algo a un lugar u objetivo determinado (*compl* A *o* HACIA)]. **b)** *pr* (**~se**) Dirigirse [a un lugar u objetivo determinado (*compl* A o HA-CIA)]. ■ **6** (*raro*) Dirigir o gobernar [algo o a alguien]. *Tb fig.*

endeudamiento *m* Acción de endeudar(se). *Tb su efecto.*

endeudar *tr* Hacer que [una pers., colectividad o empresa (*cd*)] contraiga deudas. *Gralm el cd es refl.*

endiablada *f* **1** Festejo popular tradicional en que numerosas personas se disfrazan de diablos y hacen sonar instrumentos ruidosos. ■ **2** Corporación de las personas que se disfrazan de diablos para la endiablada [1].

endiabladamente *adv* De manera endiablada (→ ENDIABLADO [2]).

endiablado -da *adj* **1** Se usa en gral para ponderar algo negativo, esp malo, feo, fastidioso o difícil. * Tiene un carácter endiablado. ■ **2** Muy grande o extraordinario. *Frec referido a cosas negativas.*

endíadis → HENDÍADIS.

endibia (*tb con la grafía* **endivia**) *f* Variedad de achicoria cultivada de un modo especial y usada esp. en ensalada (*Cichorium endivia*).

endilgar *tr* (*col*) Hacer que [alguien (*ci*)] reciba [algo, esp. negativo o molesto (*cd*)]. *Tb fig.*

endino -na *adj* (*pop*) Indino o maldito. *A veces dicho con intención afectuosa. Tb n, referido a pers.*

endiñar *tr* (*col*) **1** Dar [un golpe a alguien]. *Tb abs. Tb fig.* ■ **2** Hacer que [alguien (*ci*)] reciba [algo, esp. negativo o molesto (*cd*)]. ■ **3** Meter [algo] o hacer que pase a estar dentro. *Tb fig.*

endiosado -da *adj* **1** *part* → ENDIOSAR. ■ **2** Que denota o implica endiosamiento.

endiosamiento *m* Acción de endiosar(se). *Tb su efecto.*

endiosar **A** *tr* **1** Ensalzar desmesuradamente [a alguien] o tratar[le] como a un dios. **B** *intr pr* (**~se**) **2** Envanecerse [alguien] o considerarse un dios. *Frec en part.*

endiquelar *tr* (*reg*) Diquelar o mirar.

endivia → ENDIBIA.

endoabdominal *adj* (*Anat*) Que se sitúa u ocurre en el interior del abdomen.

endoblado -da *adj* (*reg*) [Cordero] que se cría mamando de dos ovejas.

endocardio *m* (*Anat*) Membrana que tapiza el interior de las cavidades y válvulas del corazón.

endocarditis *f* (*Med*) Inflamación del endocardio.

endocarpio *m* (*Bot*) Capa interna de las tres que forman el pericarpio.

endocarpo *m* (*Bot*) Endocarpio.

endocraneal *adj* (*Anat*) Del interior del cráneo.

endocrino[1] -na *adj* (*Fisiol*) [Glándula u órgano] cuyos productos son vertidos directamente a la sangre o a la linfa. **b)** De (las) glándulas endocrinas o de sus productos.

endocrino[2] -na *m y f* (*col*) Endocrinólogo.

endocrinología *f* (*Med*) Estudio de las glándulas endocrinas[1] y sus secreciones.

endocrinológico -ca *adj* (*Med*) De (la) endocrinología o de su objeto.

endocrinólogo -ga *m y f* (*Med*) Especialista en endocrinología.

endocrinopatía *f* (*Med*) Enfermedad causada por alteraciones endocrinas[1].

endodermo *m* **1** (*Biol*) Pared interna de la gástrula. ■ **2** (*Bot*) Capa más interna de la corteza del tallo o de la raíz.

endodoncia *f* (*Med*) Tratamiento de los conductos de las raíces de una pieza dentaria.

endoérgico -ca *adj* (*Fís y Quím*) Que absorbe energía.

endoesqueleto *m* (*Anat*) Esqueleto interno.

endogamia *f* **1** (*Biol*) Unión sexual entre individuos de ascendencia común, o entre perss. pertenecientes al mismo grupo social. *Tb fig, fuera del ámbito técn.* ■ **2** (*Enseñ*) Sistema de nombramiento de profesores titulares de universidad mediante el cual, en oposiciones libres, resultan seleccionados los que ya ocupan interinamente una plaza en el centro en que se convoca la vacante.

endogámico -ca *adj* (*Biol*) De (la) endogamia. *Tb fig, fuera del ámbito técn.*

endógeno -na *adj* (*E*) Que se origina en el interior. **b)** Que procede del propio organismo. **c)** Propio de los elementos endógenos [1a y b].

endolaríngeo -a *adj* (*Med*) Que se sitúa u ocurre dentro de la laringe.

endolinfa *f* (*Fisiol*) Líquido contenido en el interior del laberinto membranoso del oído interno.

endolinfático -ca *adj* (*Fisiol*) De (la) endolinfa.

endometrial *adj* (*Anat*) De(l) endometrio.

endometrio *m* (*Anat*) Membrana mucosa del útero.

endometriosis *f* (*Med*) Ectopia del tejido del endometrio.

endometritis *f* (*Med*) Inflamación del endometrio.

endomingar *tr* Vestir [a alguien] con ropa de fiesta. *Frec el cd es refl. Tb fig.*

endomisio *m* (*Anat*) Membrana de tejido conjuntivo que envuelve los fascículos o haces primarios de fibras musculares.

endomorfia *f* (*Psicol*) Tipo de constitución humana caracterizado por la corpulencia y la tendencia a la obesidad.

endomorfo -fa *adj* (*Psicol*) [Pers. o tipo de constitución] corpulentos, rechonchos y tendentes a la obesidad.

endonasal *adj* (*Med*) Que se sitúa u ocurre dentro de la nariz.

endoparásito -ta *adj* (*Biol*) [Parásito] que vive en el interior del huésped. *Tb n m.*

endopatía *f* (*Psicol*) Empatía.

endoplasma *m* (*Biol*) Parte interna del citoplasma.

endorfina *f* (*Quím*) Polipéptido del sistema nervioso, de acción similar a la de la morfina.

endorreico -ca *adj* (*Geol*) [Cuenca o río] que vierte sus aguas en una laguna o lago interior. **b)** De una cuenca endorreica.

endosable *adj* Que se puede endosar[1] [1].

endosante *adj* (*Econ*) Que endosa[1] [1]. *Frec n.*

endosar¹ *tr* **1** Transmitir [a alguien una letra de cambio u otro documento de crédito] haciendo que conste en el dorso. ■ **2** Trasladar [a alguien algo negativo o molesto]. ■ **3** (*raro*) Poner [una prenda de vestir]. ■ **4** (*raro*) Asumir o aceptar.

endosar² *tr* (*Naipes*) En el tresillo: Hacer que [el jugador que no hace la contra (*cd*)] haga una segunda baza. *Tb abs*.

endosatario -ria *m y f* (*Econ*) Pers. a cuyo favor se endosa¹ [1] un documento de crédito.

endoscopia *f* (*Med*) Exploración interna por medio del endoscopio. *Tb la técnica correspondiente*.

endoscópico -ca *adj* (*Med*) De (la) endoscopia o de(l) endoscopio.

endoscopio *m* (*Med*) Instrumento para la exploración visual de cavidades o conductos internos del organismo.

endoscopista *m y f* (*Med*) Especialista en endoscopia.

endoselado -da *adj* (*raro*) Que tiene dosel.

endosfera *f* (*Geol*) Parte interior de la Tierra.

endósmosis (*tb, más raro*, **endosmosis**) *f* **1** (*Fís*) Corriente de fuera adentro que se establece entre dos líquidos de distinta densidad separados por una membrana semipermeable. ■ **2** (*lit, raro*) Penetración o influjo hacia dentro.

endoso *m* Acción de endosar¹ [1 y 2].

endospermo *m* (*Bot*) Tejido de reserva de algunas semillas, procedente del saco embrionario.

endotecio *m* (*Bot*) Envoltura interna del arquesporio, intermedia entre el exotecio y el tapete.

endotelial *adj* (*Anat*) De(l) endotelio.

endotelio *m* (*Anat*) Tejido constituido por una sola capa de células aplanadas, que tapiza interiormente el corazón, los vasos sanguíneos y linfáticos y algunas otras cavidades.

endotérmico -ca *adj* (*Quím*) [Reacción o compuesto] que se produce con absorción de calor.

endotermo -ma *adj* (*Biol*) [Animal] de sangre caliente.

endotóxico -ca *adj* (*Biol*) De (la) endotoxina.

endotoxina *f* (*Biol*) Toxina que permanece en el interior de la bacteria y que solo se libera con la disgregación de esta.

endotraqueal *adj* (*Med*) Que se sitúa u ocurre dentro de la tráquea.

endótrofo -fa *adj* (*Biol*) [Hongo o micorriza] que penetra en las células del huésped.

endovenosamente *adv* (*Med*) De manera endovenosa.

endovenoso -sa *adj* (*Med*) Intravenoso.

endowment (*ing; pronunc corriente*, /éndóumen/) *m* (*Econ*) Crédito hipotecario, gralm. a muy largo plazo, concedido esp. por cajas de ahorro, sociedades inmobiliarias o compañías de seguros.

endriago *m* Monstruo fabuloso, mezcla de elementos humanos y de varias fieras. **b)** (*lit*) Monstruo.

endrina *f* Fruto del endrino¹.

endrinera *f* Endrino¹.

endrino¹ *m* Arbusto espinoso, común en setos y bosques, con pequeñas flores blancas y frutos en drupa, de color negro azulado y sabor ácido (*Prunus spinosa*). *Tb su madera*.

endrino² -na *adj* De color negro azulado, parecido al de la endrina.

endulzar *tr* Hacer dulce o más dulce [algo]. *Tb fig*. **b)** *pr* (~**se**) Hacerse dulce o más dulce.

endurecedor -ra *adj* Que endurece. *Tb n m, referido a producto*.

endurecer (*conjug* 11) **A** *tr* **1** Hacer duro o más duro [algo o a alguien]. *Tb fig*.
   B *intr* **2** Hacerse duro o más duro [algo o alguien]. *Más frec pr* (~**se**).

endurecido -da *adj* **1** *part* → ENDURECER. ■ **2** Duro. *Tb fig*.

endurecimiento *m* Acción de endurecer(se).

enduro *m* (*Dep*) Carrera de resistencia sobre un circuito natural de larga distancia, para vehículos de motor, esp. motocicletas.

ene *f* **1** Letra del alfabeto (*n, N*), que en español corresponde al fonema /n/. (V. PRELIM.) *A veces tb se llama así el fonema representado por esta letra*. ■ **2** (*Mat*) Cantidad indeterminada. *Tb adj*.

enea *f* Anea o espadaña (planta).

eneágono *m* (*Geom*) Polígono de nueve lados.

eneasílabo -ba *adj* (*TLit*) **1** De nueve sílabas. *Tb n m, referido a verso*. ■ **2** De(l) verso eneasílabo [1].

enebral *m* Lugar poblado de enebros.

enebrina *f* Fruto del enebro.

enebro *m* Arbusto de hojas perennes, lineales, aguzadas y de color verde ceniciento, cuyo fruto, de color negro azulado, se usa en medicina y como aromatizante (*Juniperus communis*). *Tb* ~ COMÚN, ALBAR, ESPINOSO, MORISQUILLO, RASTRERO *o* REAL. *Tb su madera*. **b)** ~ **de la miera**. Arbusto similar al cedro común, con fruto de color rojizo (*Juniperus oxycedrus*). *Tb* ~ MAYOR. **c)** *A veces, con o sin especificador, designa otras especies o subespecies*.

enejar *tr* Poner [algo] en el eje.

eneldo *m* Planta herbácea y aromática anual, de flores amarillas en umbela, cuyo fruto se usa en medicina como estomacal, carminativo y diurético (*Anethum graveolens*).

enema *m* (*alguna vez f*) **1** (*Med*) Inyección de líquido en el recto, esp. para limpiar el vientre. *Tb el mismo líquido*. ■ **2** *En el ámbito erótico*: Enema [1] utilizado para proporcionar placer sexual.

enemiga *f* (*lit*) Enemistad o animadversión.

enemigo -ga (*gralm con mayúscula en acep* 7) **I** *adj* **1** [Pers.] que tiene mala voluntad [hacia otra (*compl de posesión*)] y le desea o le hace mal. *Frec n*. **b)** [Pers., colectividad o entidad] con la que otra (*compl de posesión*) está en relación de discordia o falta de armonía. **c)** *En una guerra*: [Pers. o colectividad] contra la que se lucha. *Frec n; en este caso, frec en sg con sent colectivo*. ■ **2** [Pers., animal o cosa] que actúa o está en contra [de alguien o algo]. *Frec n m*. ■ **3** (*lit*) [Cosa] desapacible o poco grata. ■ **4** De(l) enemigo [1, 2, 5 y 6].
   II *m* **5** (*Dep*) Rival. *Frec en la constr* NO TENER ~, *indicando superioridad*. ■ **6** (*lit*) Toro. *Con relación al torero*. ■ **7 el ~ (malo)**. (*Rel crist*) El Diablo o el Demonio.
   III *loc v* **8 pasarse al ~**. Cambiar de bando en una lucha o contienda. *Frec fig*.

enemistad *f* Relación o sentimiento de enemigo [1].

enemistar *tr* Hacer que [dos o más perss. o colectividades (*cd*), o una con otra] sean enemigas o pierdan su amistad. **b)** *pr* (~**se**) Hacerse enemigas o perder la amistad [dos o más perss. o colectividades, o una con otra].

eneolítico -ca *adj* (*Prehist*) [Período] de transición de la Edad de Piedra a la de los Metales. *Frec n m; en este caso, gralm con inicial mayúscula.* **b)** De(l) período eneolítico.

energéticamente *adv* En el aspecto energético [1].

energético -ca I *adj* **1** De (la) energía [1]. **b)** Que produce energía. ■ **2** Que tiene energía [1 y 2]. **II** *f* **3** (*Fís*) Ciencia que trata de la energía [1].

energía *f* **1** Fuerza (capacidad física para realizar un trabajo o un movimiento). *Referido a perss o animales, frec en pl, con intención expresiva.* **b)** (*Fís*) Capacidad de un cuerpo o sistema para efectuar un trabajo. *Distintas variedades se especifican por medio de un adj:* CINÉTICA, POTENCIAL, ATÓMICA, ELÉCTRICA, HIDRÁULICA, TÉRMICA, *etc.* ■ **2** Capacidad [de una pers.] para mantenerse firme en sus decisiones o para actuar a pesar de oposiciones u obstáculos. *Tb en pl, con intención expresiva.* ■ **3** Fuerza o intensidad.

enérgicamente *adv* De manera enérgica [2].

enérgico -ca *adj* **1** [Pers.] que tiene energía [2]. ■ **2** Que denota o implica energía [2 y 3]. ■ **3** Fuerte o más activo de lo normal.

enérgida *f* (*Biol*) Unidad constituida por un núcleo celular y su protoplasma correspondiente.

energizar *tr* (*Fís*) Suministrar energía [a un aparato].

energuménico -ca *adj* **1** De(l) energúmeno [1a]. ■ **2** Desmesurado o fuera de lo normal. ■ **3** Energúmeno [1].

energumenismo *m* Cualidad de energúmeno [1].

energúmeno -na *adj* **1** [Pers.] violenta o colérica. *Frec n.* **b)** *Se usa en constrs de sent comparativo para ponderar la cólera o violencia de alguien.* **c)** Propio de la pers. energúmena. ■ **2** (*raro*) [Pers.] endemoniada o posesa. *Tb n.*

enero *m* Primer mes del año. *Se usa normalmente sin art.*

enervación *f* Acción de enervar. *Tb su efecto.*

enervador -ra *adj* Que enerva.

enervamiento *m* Acción de enervar. *Tb su efecto.*

enervante *adj* Que enerva.

enervar *tr* **1** Debilitar o quitar fuerza [a alguien o algo (*cd*)]. *Tb fig.* ■ **2** (*Der*) Disminuir la fuerza o eficacia [de algo (*cd*)]. ■ **3** Irritar o poner nervioso.

enervatorio -ria *adj* (*Der*) Que sirve para enervar [2].

enerve *adj* (*lit, raro*) Débil o falto de fuerzas.

enésimo -ma *adj* **1** Que ocupa un lugar indeterminado pero muy elevado dentro de una serie. ■ **2** (*Mat*) Que corresponde a un número *n*.

enfadar A *tr* **1** Causar [a alguien (*cd*)] sentimiento de desagrado o rechazo. **b)** *pr* (~**se**) Pasar a tener sentimiento de desagrado o rechazo. **B** *intr pr* (~**se**) **2** Romper la relación de armonía [con una pers.]. *Tb sin compl, con suj pl.*

enfado *m* **1** Acción de enfadar(se). *Tb su efecto.* ■ **2** (*raro*) Cosa que fastidia o molesta.

enfadosamente *adv* De manera enfadosa.

enfadoso -sa *adj* **1** Que enfada. ■ **2** (*raro*) Que se enfada con facilidad.

enfajar *tr* **1** Fajar, o poner faja [a una pers. o a una parte de su cuerpo (*cd*)]. ■ **2** Envolver o sujetar [algo] con una faja o tira de papel. ■ **3** (*lit*) Envolver o rodear.

enfaldo *m* Falda [de un monte].

enfangamiento *m* Acción de enfangar(se).

enfangar A *tr* **1** Cubrir o llenar de fango. *Tb fig.* **b)** *pr* (~**se**) Cubrirse o llenarse de fango. *Tb fig.* ■ **2** Meter en el fango. *Gralm fig. Referido a pers, frec el cd es refl.* **b)** *pr* (~**se**) Meterse [algo] en el fango. *Gralm fig.* **B** *intr pr* (~**se**) **3** Quedar detenido o atrapado en el fango. *Gralm fig.*

enfant terrible (*fr; pronunc corriente,* /anfán-teȓíbl/) *m* Pers. que destaca por su carácter independiente y su conducta no convencional.

enfardado *m* Acción de enfardar [1].

enfardador -ra *adj* Que enfarda [1]. *Tb n: m y f, referido a pers; f, referido a máquina.*

enfardar *tr* **1** Poner [algo] en un fardo o en fardos. *Tb abs.* ■ **2** Envolver [algo o a alguien] como un fardo.

enfardelado *m* Enfardado.

enfardelar *tr* Enfardar. *Tb abs.*

énfasis I *m* **1** Fuerza de expresión o de entonación con que se quiere enfatizar lo que se dice. *A veces con intención desp, denotando afectación.* **b)** Fuerza expresiva. ■ **2** Fuerza o intensidad. **II** *loc v* **3** **hacer**, o **poner**, ~ [en algo], o **dar** ~ [a algo]. Realzar[lo] o destacar[lo].

enfáticamente *adv* De manera enfática.

enfático -ca *adj* **1** De(l) énfasis. ■ **2** Que tiene o muestra énfasis. ■ **3** (*TLit*) [Endecasílabo] acentuado en la primera, sexta y décima sílabas.

enfatización *f* Acción de enfatizar.

enfatizar A *tr* **1** Dar énfasis [1] [a algo (*cd*)]. ■ **2** Realzar o destacar [algo]. **B** *intr* **3** Hablar con énfasis [1].

enfatuado -da *adj* Engreído.

enfatuamiento *m* Engreimiento.

enfebrecer (*conjug 11*) *tr* Causar fiebre (elevación de temperatura, o excitación). **b)** *pr* (~**se**) Pasar a tener fiebre. *Tb fig.*

enfebrecido -da *adj* **1** *part* → ENFEBRECER. ■ **2** Febril.

enfebrecimiento *m* Acción de enfebrecer(se). *Tb su efecto.*

enfeltramiento *m* Acción de enfeltrarse.

enfeltrarse (*conjug 6*) *intr pr* Tomar [un tejido o prenda] aspecto o consistencia de fieltro.

enfermable *adj* (*Med*) Capaz de enfermar [1]. *Tb n, referido a pers.*

enfermante *adj* Que enferma [2].

enfermar A *intr* **1** Ponerse enfermo [1]. *Tb* (*reg*) *pr* (**~se**). *A veces con un compl* DE.
B *tr* **2** Poner enfermo [1 y 2] [a alguien o algo]. *A veces con un compl* DE *o, raro,* CON.

enfermedad *f* **1** Alteración fisiológica [de un ser vivo o de una parte de él]. ■ **2** Con un adj o compl especificador, designa distintas enfermedades [1] que se manifiestan por síntomas y signos característicos y cuya evolución es más o menos previsible. **a)** ~ **de Hansen.** (*Med*) Lepra. **b)** ~ **del legionario.** Legionella. **c)** ~ **del sueño.** Enfermedad caracterizada por debilidad, tendencia al sueño, temblores y estupor, producida por el *Trypanosoma gambiense.* **d)** ~ **de Parkinson** → PARKINSON. **e)** ~ **sagrada.** Epilepsia. ■ **3** Alteración del normal funcionamiento o estado [de alguien o algo]. *Gralm en sent mental o moral.* **b)** Alteración de la evolución bioquímica [de algo]. ■ **4** Estado de enfermo.

enfermería *f* **1** *En algunos lugares, como colegios, fábricas, plazas de toros, etc:* Departamento destinado a atender enfermos o heridos. ■ **2** Conjunto de (los) enfermos [1a]. ■ **3** Profesión u oficio de enfermero.

enfermero -ra *m y f* Pers. que se dedica profesionalmente a cuidar enfermos bajo las órdenes de un médico. **b)** Pers. que cuida a un enfermo.

enfermizo -za *adj* **1** [Pers. o animal] que tiene predisposición a las enfermedades [1]. **b)** Propio de la pers. o del animal enfermizos. ■ **2** Propio de la pers. mentalmente poco equilibrada. *Frec con intención ponderativa.* ■ **3** Que causa enfermedad. ■ **4** (*raro*) Que tiene aspecto de enfermo [1].

enfermo -ma *adj* **1** Que padece enfermedad [1, 2 y 3]. *Frec n, referido a pers. A veces con un compl* DE. **b)** Propio de(l) enfermo. ■ **2** (*col*) [Pers.] alterada o fuera de quicio. *Gralm en la constr* PONER ~.

enfervorizar *tr* Despertar fervor o entusiasmo [en alguien (*cd*)]. **b)** *pr* (**~se**) Pasar a sentir fervor o entusiasmo.

enfeudación *f* (*hist*) Acción de enfeudar.

enfeudar *tr* (*hist*) Dar como feudo [un territorio]. *Tb fig.*

enfigarse *intr pr* (*vulg, reg*) Encoñarse.

enfilación *f* (*E*) Acción de enfilar[1] [1a].

enfilar[1] A *tr* **1** Dirigir la mirada, la orientación o el movimiento [hacia alguien o algo (*cd*)]. **b)** Tomar [una calle u otra vía de paso] para recorrerla. ■ **2** Dirigir directamente [una cosa hacia alguien o algo (*compl* A, HACIA *o* POR)]. *A veces sin el segundo compl, por consabido.* ■ **3** Pasar [algo] por un hilo o algo similar. ■ **4** Poner en fila. ■ **5** (*raro*) Meter o poner [una prenda de vestir]. *Gralm con un compl de interés.*
B *intr* **6** Dirigirse directamente [a un lugar o en una dirección (*compl* A, HACIA *o* POR)].

enfilar[2] *tr* (*col*) Coger fila[2] o manía [a alguien (*cd*)]. *Frec en la constr* TENER ENFILADO.

enfisema *m* (*Med*) Presencia anormal de aire en un tejido, esp. en el pulmonar.

enfisematoso -sa *adj* **1** (*Med*) De(l) enfisema o que lo implica. ■ **2** Que padece enfisema. *Tb n, referido a pers.*

enfiteusis *f* (*Der*) Cesión perpetua o por largo tiempo, del dominio útil de un inmueble, mediante el pago de un canon anual que se abona al cedente, el cual conserva el dominio directo.

enfiteuta *m y f* (*Der*) Pers. que tiene el dominio útil en la enfiteusis.

enfitéutico -ca *adj* (*Der*) **1** De (la) enfiteusis. ■ **2** Dado en enfiteusis.

enflaquecer (*conjug* 11) *intr* **1** Adelgazar [alguien]. ■ **2** Debilitarse o desfallecer. *Tb pr* (**~se**).

enflaquecimiento *m* Acción de enflaquecer(se).

enflorar *intr* (*raro*) Florecer [una planta].

enfocar *tr* **1** Dirigir [un foco luminoso (*suj*)] su luz [hacia alguien o algo (*cd*)]. **b)** Dirigir [alguien un foco luminoso (*compl* CON) hacia alguien o algo (*cd*)]. ■ **2** Dirigir [un aparato óptico (*suj*)] su objetivo [hacia alguien o algo (*cd*)]. **b)** Dirigir [alguien los ojos, la mirada o un aparato óptico (*cd*)] hacia alguien o algo (*ci o compl* A *o* HACIA)]. ■ **3** (*Ópt*) Hacer que [la imagen de un objeto (*cd*)] se forme en el punto adecuado para que se perciba con nitidez. *Tb abs.* ■ **4** Considerar o estudiar [un asunto, esp. desde cierto ángulo o punto de vista]. **b)** Dirigir la atención [hacia alguien o algo (*cd*)].

enfollonamiento *m* Acción de enfollonar. *Tb su efecto.*

enfollonar (*col*) **A** *tr* **1** Liar o enredar [algo o a alguien].
B *intr* **2** Armar follón.

enfoque *m* Acción de enfocar, *esp* [3 y 4].

enfoscado *m* (*Constr*) Acción de enfoscar[1]. *Tb su efecto.*

enfoscar[1] *tr* (*Constr*) Cubrir con mortero [un muro].

enfoscar[2] *tr* (*raro*) Hacer o poner hosco [a alguien]. *Tb fig.* **b)** *pr* (**~se**) Hacerse o ponerse hosco [alguien]. *Tb fig.*

enfranque *m* (*E*) Parte más estrecha de la suela del calzado, entre la planta y el tacón.

enfrascar *tr* **1** Meter [algo] en un frasco o en frascos. ■ **2** Sumergir [a alguien en una actividad]. *Gralm el cd es refl.*

enfrenamiento *m* Freno o contención. *Tb fig.*

enfrentado -da *adj* **1** *part* → ENFRENTAR. ■ **2** Frontero o que está enfrente [1].

enfrentamiento *m* Acción de enfrentar(se), *esp* [6 y 7]. *Tb su efecto.*

enfrentar A *tr* **1** Ponerse enfrente [1] [de alguien o algo (*cd*)] mirándolo. ■ **2** Hacer que se enfrenten [4 a 7] [dos perss. o cosas, o una con otra (*ci o compl* CON)]. ■ **3** Hacer frente [a algo, esp. a un problema o una dificultad (*cd*)].
B *intr pr* (**~se**) **4** Ponerse enfrente [1] [de alguien o algo (*ci o compl* CON)] mirándolo. **b)** Estar [una pers. o cosa] enfrente [1] [de otra (*ci o compl* CON)]. ■ **5** Encontrarse [frente a algo no material (*compl* CON)] o tropezar [con ello]. ■ **6** Adoptar una actitud de oposición, reto o rebeldía [contra alguien o algo (*ci o compl* CON)]. *Tb sin compl, con suj pl.* ■ **7** Luchar o competir [contra alguien o algo (*ci o compl* CON)]. *Tb sin compl, con suj pl. Tb fig.* ■ **8** Hacer frente [a algo, esp. a un problema o dificultad (*ci o compl* CON)].

enfrente (*palabra de sent normalmente relativo; cuando se expresa el término de referencia, este se enuncia precedido de la prep* DE *o* (*semiculto*) *acom-*

pañado de un posesivo) adv **1** A cierta distancia, presentando la cara o el frente en dirección a los de la pers. o cosa que se toma como referencia. * El hombre que tenía enfrente era un criminal. **b)** A cierta distancia delante de la cara o del frente. * La luz estaba a su espalda, la oscuridad enfrente. **c)** *Precedido de prep, o como suj de una o cualitativa, se sustantiva:* El lugar que está enfrente [1a y b]. * Miró hacia la acera de enfrente. ■ **2** En contra. * En uno de los ataques a bayoneta, le tocó enfrente un hombre gigantesco. **b)** *Precedido de prep, se sustantiva:* La posición contraria. * El enemigo de enfrente no era realmente el pueblo, sino las ideas.

enfriador -ra *adj* Que enfría [1]. *Tb n, m y f, referido a máquina o aparato.*

enfriamiento *m* **1** Acción de enfriar(se). ■ **2** Indisposición debida a la acción del frío. **b)** Resfriado.

enfriar *(conjug* 1c*)* **A** *tr* **1** Poner frío o más frío [a alguien o algo]. *Tb abs. Tb fig.* ■ **2** Hacer que pierda fuerza o intensidad [algo no material, esp. un sentimiento, relación o pasión]. **b)** *pr* (~se) Perder fuerza o intensidad [algo no material, esp. un sentimiento, relación o pasión]. ■ **3** Hacer disminuir el crecimiento excesivo de la economía o de la actividad económica (*cd*)]. **b)** *pr* (~se) Disminuir su crecimiento excesivo [la economía o la actividad económica (*suj*)].

B *intr* ➤ **a** *normal* **4** Ponerse frío o más frío. *Normalmente pr* (~se). *Tb fig.*
➤ **b** *pr* (~se) **5** Enfermar [alguien] por quedarse frío o por coger frío. ■ **6** Perder [alguien] el ánimo, el entusiasmo o el interés.

enfrío *m* (*raro*) Enfriamiento.

enfrontar *tr* (*raro*) Enfrentar [a dos perss., o a una con otra]. **b)** *pr* (~se) Enfrentarse [dos perss., o una con otra].

enfrontilar *tr* (*reg y Taur*) Golpear [el toro u otro animal (*suj*)] con el testuz.

enfrutecer *(conjug* 11*)* *tr* (*reg*) Llenar de fruta.

enfundado *m* Acción de enfundar.

enfundador -ra *adj* Que enfunda. *Tb n f, referido a máquina.*

enfundar *tr* Meter [algo] en una funda, o cubrir[lo] con ella. *Tb fig.*

enfurecer *(conjug* 11*)* *tr* Poner furioso [a alguien]. **b)** *pr* (~se) Ponerse furioso. *Tb fig, dicho de cosa.*

enfurecidamente *adv* Furiosamente.

enfurecimiento *m* Acción de enfurecer(se). *Tb su efecto.*

enfurrunchar *tr* (*reg*) Enfadar o enfurruñar. *Frec pr* (~se).

enfurruñado -da *adj* **1** *part* → ENFURRUÑAR. ■ **2** Que expresa o denota enfado.

enfurruñar (*col*) **A** *tr* **1** Enfadar [a alguien]. **b)** *pr* (~se) Enfadarse [alguien].
B *intr pr* (~se) **2** Enfadarse [dos perss., o una con otra].

enfurruño *m* (*col*) Acción de enfurruñarse. *Tb su efecto.*

enfurruscar *tr* (*reg*) Enfadar o enfurruñar. *Frec pr* (~se).

engabanado *adj* Que lleva gabán.

engabardinado -da *adj* Que lleva gabardina.

engagé -gée (*fr; pronunc corriente,* /angaʒé/) *adj* Comprometido con una idea o una causa.

engagement (*fr; pronunc corriente,* /angaʒemán/) *m* Compromiso con una idea o una causa.

engaitador -ra *adj* (*raro*) Que engaita.

engaitar *(conjug* 1e*)* *tr* Engañar [a alguien] o hacer que conciba falsas esperanzas, con promesas o halagos.

engalanado *m* (*Mar*) Acción de engalanar.

engalanamiento *m* Acción de engalanar. *Tb su efecto.*

engalanar *tr* Adornar o embellecer.

engalba *f* (*Cerám*) Engobe.

engalgar *tr* (*reg*) Perseguir [a alguien]. *Tb fig.*

engallado -da *adj* **1** *part* → ENGALLAR. ■ **2** Engreído o arrogante. *Tb fig.*

engallamiento *m* Acción de engallar(se). *Tb su efecto.*

engallar **A** *tr* **1** Poner erguido o derecho [el cuerpo, esp. la cabeza], gralm. con actitud arrogante. ■ **2** Hacer que [alguien (*cd*)] se engalle [3].
B *intr pr* (~se) **3** Adoptar una actitud de reto o rebeldía. **b)** Comportarse con arrogancia o presunción.

enganchada *f* (*reg*) Acción de enganchar(se) [1 y 9].

enganchador -ra *adj* Que engancha [1 y 2]. *Tb n, referido a pers.*

enganchar **A** *tr* **1** Sujetar [algo o a alguien con un gancho o algo similar (*compl* CON, EN o A)]. *Frec se omite el 2º compl, por consabido.* **b)** Sujetar [algo o a alguien un gancho (*suj*) o algo similar]. **c)** (*Taur*) Sujetar [el toro algo o a alguien] con los cuernos, levantándo[lo]. **d)** (*raro*) *En gral:* Sujetar. ■ **2** Sujetar [un animal o una máquina de tracción (*cd*)] a algo (*compl* A o EN), esp. a un carruaje para que tire de ello. *Frec se omite el 2º compl, por consabido.* **b)** Sujetar [algo (*cd*), esp. un carruaje o una herramienta, a un animal o máquina de tracción (*compl* A o EN)] para ser arrastrado por ellos. *Tb sin el 2º compl, por consabido.* ■ **3** (*col*) Conectar [agua, teléfono, luz o gas]. ■ **4** (*col*) Coger o agarrar. **b)** ~la. Coger una borrachera. ■ **5** (*col*) Conquistar [a alguien, esp. en sentido amoroso]. ■ **6** (*col*) Crear adicción [una droga en alguien (*cd*)]. *Frec abs. Tb fig.* ■ **7** Alistar. *Gralm el cd es refl.* ■ **8** Enrolar o inscribir [en una organización o en una empresa (*compl* EN o A)].
B *intr* ➤ **a** *normal* **9** Quedar sujeto [en un gancho o algo similar (*compl* CON, EN o A)]. *Más frec pr* (~se). *A veces se omite el compl, por consabido.*
➤ **b** *pr* (~se) **10** (*col*) Hacerse adicto [a una droga o a un vicio (*compl* A o CON)]. *Frec sin compl, por consabido. Frec en part, a veces sustantivado.* **b)** Quedar prendado [de algo, esp. de una actividad (*compl* A o CON)] hasta el punto de no poder prescindir de ello. *Frec con intención ponderativa.* ■ **11** (*col*) Liarse o amancebarse. ■ **12** (*col*) Pegarse o pelearse.

enganche *m* **1** Acción de enganchar(se), *esp* [1, 2, 3, 6, 7, 8 y 9]. ■ **2** Pieza o dispositivo que sirve para enganchar [1 y 2]. ■ **3** Conjunto de caballerías que se enganchan [2a] a un carruaje para que tiren de él. ■ **4** (*reg*) Artefacto usado en las minas para subir la tierra.

enganchón *m* Acción de enganchar(se) [1 y 9]. *Tb su efecto.*

engangrenamiento *m* Acción de engangrenarse.

engangrenarse *intr pr* Gangrenarse. *Tb fig.*

engañabobos *m* (*desp*) **1** Cosa para engañar a las personas ingenuas. ■ **2** (*raro*) Pers. que pretende engañar a otros.

engañador -ra *adj* **1** Que engaña [1]. *Tb n, referido a pers.* ■ **2** (*raro*) Zalamero.

engañapastor *m* (*reg*) Chotacabras (ave).

engañar *tr* **1** Hacer creer [a alguien (*cd*)] algo que no es verdad. *Tb abs.* **b)** *Con cd refl:* Negarse [alguien] a conocer la verdad. *Frec en constrs como* PARA QUÉ VAMOS A ENGAÑARNOS, *indicando la aceptación de la realidad, aunque esta sea desagradable.* **c)** *pr* (~se) Creer [alguien] algo que no es verdad. ■ **2** Ser infiel [al cónyuge, novio o amante (*cd*)]. *Tb fig, con intención humoríst. Alguna vez abs.* ■ **3** Seducir sexualmente [a alguien]. ■ **4** Distraer la atención [de alguien, esp. de un niño (*cd*)] para que no advierta algo que le disgusta. ■ **5** Calmar parcialmente [una sensación o necesidad, o la parte que las siente], o apartar la atención [de ellas (*cd*)]. ■ **6** Hacer más agradable [una comida o bebida] acompañándola de otras.

engañifa *f* (*desp*) Engaño [1 y esp. 2a].

engaño I *m* **1** Acción de engañar(se), *esp* [1]. ■ **2** Cosa que engaña o con que se engaña [1]. **b)** Aparejo o arte de pesca. **c)** (*Taur*) Capa o muleta de torear. **II** *loc v* **3 llamarse a ~.** Lamentarse o volverse atrás por considerarse engañado.

engañosamente *adv* De manera engañosa.

engañoso -sa *adj* Que engaña [1] o induce a engaño [1].

engarabitamiento *m* Acción de engarabitar(se).

engarabitar A *tr* **1** Poner [algo, esp. los dedos o la mano] en forma de gancho o garabato. ■ **2** Agarrotar o entumecer. ■ **3** (*reg*) Excitar o alterar. **B** *intr pr* (~se) **4** Trepar o encaramarse. *Tb fig.*

engarce *m* **1** Acción de engarzar. *Tb su efecto.* ■ **2** Pieza de metal en que encaja lo que se engarza.

engargolado -da *adj* (*Carpint*) Que tiene gárgoles o ranuras.

engaritar *tr* (*col, raro*) Engañar con astucia.

engarmarse *intr pr* (*reg*) Enredarse en el fondo [el aparejo de pesca].

engarrarse *intr pr* (*reg*) Pelearse [dos perss. o animales].

engarzar *tr* **1** Unir [piezas] enganchándo[las] entre sí, esp. mediante un hilo metálico. *Tb fig.* ■ **2** Unir o enlazar. **b)** *pr* (~se) Unirse o enlazarse. ■ **3** Engastar.

engastado *m* Acción de engastar.

engastador -ra *adj* Que engasta. *Gralm n, referido a pers.*

engastar *tr* Encajar o embutir [una piedra preciosa en un metal]. *Tb* (*lit*) *fig.*

engaste *m* **1** Acción de engastar. ■ **2** Pieza de metal en que encaja lo que se engasta.

engatado -da *adj* (*raro*) [Pers.] habituada a robar.

engatillado *m* (*E*) Obra de madera cuyos elementos van trabados con piezas de hierro.

engatillar *tr* **1** (*Metal*) Unir [chapas] doblando conjuntamente sus bordes y machacando el doblez. ■ **2** (*Pint*) Reforzar [un cuadro] mediante un engatillado. ■ **3** (*jerg*) Detener o apresar [a alguien].

engatusador -ra *adj* Que engatusa. *Tb n, referido a pers.*

engatusamiento *m* (*raro*) Acción de engatusar.

engatusar *tr* Ganar la voluntad [de alguien (*cd*)] con argucias o halagos. *A veces con un compl* PARA. **b)** Engañar o seducir [a una mujer]. **c)** Conquistar [una cosa (*suj*)] a alguien (*cd*)].

engavillado *m* Acción de engavillar.

engavillador -ra *adj* Que engavilla. *Tb n f, referido a máquina.*

engavillar *tr* Agavillar (atar o reunir en gavillas). *Tb abs.*

engelamiento *m* (*Meteor*) Formación de costras de hielo sobre las aeronaves.

engelante *adj* (*Meteor*) [Niebla] que, al rozar los perfiles de las alas de las aeronaves, se solidifica formando costras de hielo.

engendrador -ra *adj* Que engendra. *Tb n, referido a pers.*

engendramiento *m* Acción de engendrar. *Tb su efecto.*

engendrante *adj* Que engendra.

engendrar *tr* **1** Producir [una pers. o animal seres de su misma especie]. *Tb abs.* ■ **2** Producir o causar. **b)** *pr* (~se) Producirse.

engendro *m* (*desp*) Ser, o producto humano, feo, repulsivo o mal concebido.

engero *m* (*reg*) Palo largo del arado, que se ata al yugo.

engineering (*ing; pronunc corriente,* /enyinírin/) *m* (*E*) Ingeniería.

englantina *f* Flor de oro que en los juegos florales catalanes se entrega al autor de la mejor poesía patriótica. *Tb* ~ DE ORO.

englobador -ra *adj* Que engloba.

englobamiento *m* Acción de englobar.

englobante *adj* Que engloba.

englobar *tr* **1** Incluir o reunir en un conjunto [varias cosas]. ■ **2** Incluir o reunir [algo (*suj*)] dentro de sí [un conjunto de perss. o cosas]. ■ **3** (*Biol*) Encerrar [algo] en un glóbulo o cuerpo esférico. ■ **4** (*jerg*) Producir [una droga] su efecto [en alguien (*cd*)].

engloriar (*conjug* 1c) (*reg*) *intr* ➤ *a normal* **1** Dar gloria o gusto [algo]. ➤ **b** *pr* (~se) **2** Deleitarse [en algo (*compl* EN *o* CON)].

englutir *tr* (*raro*) Engullir o tragar.

engobe *m* (*Cerám*) Baño terroso que se aplica a la arcilla para cubrir su color natural.

engodo *m* (*reg*) Cebo para pescar.

engolado¹ -da *adj* **1** *part* → ENGOLAR. ■ **2** Afectado o enfático.

engolado² -da *adj* (*Heráld*) [Banda u otra pieza] cuyos extremos entran en la boca de un animal.

engolamiento *m* Cualidad de engolado¹.

engolar *tr* **1** Dar resonancia gutural [a la voz (*cd*)]. ■ **2** Dar énfasis o afectación [a algo (*cd*)].

engolfarse *intr pr* **1** Meterse en alta mar de modo que no se divise la costa. *Frec fig.* ■ **2** Abstraerse o enfrascarse [en algo].

engolliparse *intr pr* (*reg*) Atragantarse.

engolosinar *tr* Excitar el deseo o la apetencia [en alguien (*cd*)]. **b)** *pr* (~**se**) Sentir deseo o apetencia [de alguien o algo (*compl* CON)].

engomado¹ -da I *adj* **1** *part* → ENGOMAR. ■ **2** (*raro*) [Hombre] gomoso. *Tb n.* II *m* **3** Papel engomado.

engomado² *m* Acción de engomar. *Tb su efecto.*

engomador -ra *adj* Que engoma. *Tb n: m y f, referido a pers; f, referido a máquina.*

engomar *tr* **1** Dar o aplicar goma¹ [a algo (*cd*)]. **b)** Engominar. ■ **2** (*raro*) Humedecer la goma del borde [de un sobre (*cd*)] o del papel [de un cigarrillo (*cd*)] para pegarlos.

engominar *tr* Dar gomina [al pelo (*cd*)]. **b)** Dar gomina al pelo [de una pers. (*cd*)]. *Frec el cd es refl.*

engoñiparse *intr pr* (*reg*) Atragantarse.

engordar A *intr* **1** Ponerse gordos [una pers. o animal o una parte de su cuerpo]. ■ **2** Aumentar [algo] de volumen o tamaño. ■ **3** (*Mar*) Crecer [el mar] en volumen de oleaje. ■ **4** (*Coc*) Espesarse [una salsa]. *Tb pr* (~**se**).

B *tr* **5** Hacer que [alguien o algo (*cd*)] engorde [1 y 2]. *Tb abs.* **b)** Cebar [a un animal]. *Tb fig, referido a pers.* ■ **6** Aumentar [alguien un peso determinado]. ■ **7** (*raro*) Agradar o satisfacer.

engorde *m* Acción de engordar [1, 2, 5 y 6].

engordecer (*conjug* 11) *tr* (*raro*) Engordar.

engorra *f* (*reg*) Piel con que se cubre la pierna, a modo de polaina.

engorrinar *tr* Enguarrar o ensuciar. *Tb fig.*

engorro *m* (*col*) Embarazo o molestia.

engorronado *m* Acción de engorronar. *Tb su efecto.*

engorronar *tr* Empedrar con guijarros.

engorroso -sa *adj* (*col*) Embarazoso o molesto.

engoznar *tr* Fijar [algo] con goznes.

engrama *m* (*Psicol*) Huella dejada en el cerebro por los impulsos nerviosos y que se considera la base fisiológica de la memoria.

engranaje *m* (*Mec*) **1** Sistema de ruedas provistas de dientes que encajan entre sí y permiten transmitir el movimiento. *Frec fig, fuera del ámbito técn.* ■ **2** Acción de engranar.

engranar (*Mec*) A *intr* **1** Encajar [dos piezas dentadas, o una en otra (*compl* EN o CON)]. *Tb pr* (~**se**). *Frec fig, fuera del ámbito técn.*

B *tr* **2** Hacer que engranen [1] [dos piezas (*cd*), o una (*cd*) en otra]. *Frec fig, fuera del ámbito técn.* **b)** *En un vehículo:* Meter [una marcha].

engrandar *tr* (*raro*) Agrandar.

engrandecedor -ra *adj* Que engrandece.

engrandecer (*conjug* 11) *tr* Hacer más grande. *Gralm en sent no material. Tb abs.* **b)** *pr* (~**se**) Hacerse más grande.

engrandecimiento *m* Acción de engrandecer(se).

engrane *m* (*Mec*) Engranaje.

engrapadora *adj* Grapadora. *Gralm n f.*

engrapar *tr* Grapar (unir o sujetar con grapas).

engrasado *m* Acción de engrasar [1 y 2].

engrasador -ra *adj* Que engrasa [1 y 2]. *Tb n: m y f, referido a pers; m, referido a dispositivo o aparato.*

engrasar *tr* **1** Untar de grasa [algo o a alguien]. **b)** *pr* (~**se**) Untarse de grasa. ■ **2** Poner grasa [a algo o a alguien (*cd*)]. *Tb abs.* **b)** Poner lubricante [a un mecanismo (*cd*)] para que se deslice con suavidad. ■ **3** (*col*) Sobornar.

engrase *m* Acción de engrasar(se) [1 y 2, esp. 2b].

engráulido *adj* (*Zool*) [Pez] perteneciente a la familia del boquerón. *Frec como n m en pl, designando este taxón zoológico.*

engravillar *tr* (*Constr*) Cubrir de gravilla. *Frec en part.*

engreído -da *adj* **1** *part* → ENGREÍR. ■ **2** [Pers.] orgullosa que se siente superior a los demás. *Tb* (*lit*) referido a cosa.

engreimiento *m* **1** Cualidad de engreído. ■ **2** Acción de engreír(se).

engreír (*conjug* 57) *tr* (*raro*) Enorgullecer [a alguien], esp. haciéndole sentirse superior. **b)** *pr* (~**se**) Enorgullecerse [alguien], esp. sintiéndose superior.

engrescar A *tr* **1** Incitar [a alguien] a que riña o pelee.

B *intr pr* (~**se**) **2** (*reg*) Excitarse o exaltarse.

engrifar A *tr* **1** (*raro*) Erizar. **b)** *pr* (~**se**) Erizarse.

B *intr pr* (~**se**) **2** Empinarse, o alzarse de manos [una caballería].

engrillar *tr* Sujetar o aprisionar con grillos o grilletes¹. *Tb fig.*

engrilletar *tr* Sujetar o aprisionar con grilletes¹.

engrosamiento *m* Acción de engrosar(se). *Tb su efecto.*

engrosar (*conjug regular o, más raro,* 4) A *tr* **1** Aumentar el grosor o el volumen [de algo (*cd*)]. *Tb fig.* ■ **2** Aumentar o hacer más abundante o numeroso [un conjunto].

B *intr* **3** Aumentar [algo] en grosor o volumen. *Tb fig.* ■ **4** Aumentar o hacerse más abundante o numeroso [un conjunto].

engrudización *f* (*Quím*) Acción de engrudizar.

engrudizar *tr* (*Quím*) Transformar en engrudo [el almidón].

engrudo *m* Masa hecha con harina o almidón y agua, que se usa esp. para pegar papel.

engruesar *tr e intr* Engrosar. *Tb pr* (~**se**).

engrupido -da *adj* (*raro*) Engreído.

enguachinar A *tr* **1** Aguachinar [algo] o llenar[lo] de agua.

B *intr pr* (**~se**) **2** Volverse agua o perder cuerpo [un líquido o un guiso]. *Con intención ponderativa.*

engualdrapar *tr* Poner gualdrapa [a una caballería (*cd*)]. *Tb fig, humoríst.*

enguantado -da *adj* Que lleva guantes.

enguapecer (*conjug* 11) *tr* Poner guapo o más guapo. *Frec el cd es refl.*

enguarrar *tr* (*col*) Ensuciar. *Tb fig.*

enguatar *tr* Guatear (forrar o rellenar con guata). *Tb fig.*

enguerino -na *adj* De Enguera (Valencia). *Tb n, referido a pers.*

enguijarrar *tr* Empedrar con guijarros.

enguilar A *tr* **1** Penetrar [el perro a la hembra]. *Tb* (*vulg*) *referido a pers.*

B *intr pr* (**~se**) **2** Unirse en cópula sexual [el perro a la hembra]. *Tb sin compl, con suj pl.*

enguirnaldar *tr* Adornar con guirnaldas.

enguizgar *tr* (*raro*) Incitar o estimular. *Tb fig.*

engullidor -ra *adj* Que engulle. *Tb n, referido a pers.*

engullir (*conjug* 53) *tr* (*col*) **1** Comer o tragar. *Frec con intención desp, denotando avidez o exceso. Tb fig. Tb con compl de interés.* ■ **2** Tragar [algo que se tiene en la boca].

engurruñar A *tr* **1** Arrugar o encoger. **b)** *pr* (**~se**) Arrugarse o encogerse.

B *intr pr* (**~se**) **2** Entristecerse.

engurruñir (*conjug* 53) *tr* Engurruñar. *Tb abs. Tb pr* (**~se**).

enharinar *tr* Rebozar con harina. **b)** Manchar con harina.

enhebrado *m* Acción de enhebrar [1].

enhebrador -ra *adj* Que enhebra [1]. *Tb n: m y f, referido a pers; m, referido a aparato.*

enhebrar *tr* **1** Pasar la hebra por el ojo [de la aguja (*cd*)]. *Tb abs.* ■ **2** Ensartar o atravesar. ■ **3** Unir o enlazar [una serie de cosas, esp. palabras o frases]. *Tb fig.*

enhechizamiento *m* (*raro*) Acción de enhechizar. *Tb su efecto.*

enhechizar *tr* (*raro*) Hechizar. *Gralm fig.*

enhestar (*conjug* 6) *tr* (*lit*) Poner enhiesto.

enhiesto -ta *adj* (*lit*) Erguido o derecho.

enhollinar *tr* Manchar de hollín.

enhorabuena (*tb* **en hora buena** *en acep* 3) **I** *f* **1** Felicitación. *Frec en la constr* DAR LA ~.

II *adv* **2 de ~.** En situación afortunada que merece felicitación. *Normalmente con el v* ESTAR.

III *interj* **3** Se usa para felicitar a alguien. *Tb en la fórmula* QUE SEA ~.

enhornar *tr* Meter [algo] en el horno.

enhornero -ra *m y f* (*reg*) Propietario de un horno alfarero, que se ocupa de la cochura de las piezas.

enhuevar *tr* (*raro*) Rebozar con huevo.

enigma *m* **1** Cosa expuesta en términos oscuros, cuyo significado hay que adivinar. ■ **2** Pers. o cosa difícil de entender o de explicar.

enigmáticamente *adv* De manera enigmática.

enigmático -ca *adj* **1** De(l) enigma o que lo implica. ■ **2** Que tiene carácter de enigma.

enigmatizar *intr* Hablar enigmáticamente.

enjabonado *m* Acción de enjabonar [1].

enjabonamiento *m* Acción de enjabonar [1].

enjabonar *tr* **1** Dar jabón [a alguien o algo (*cd*)], gralm. para lavar[lo] o para hacer[lo] resbaladizo. ■ **2** (*col*) Adular o dar jabón [a alguien (*cd*)].

enjaezar *tr* Poner jaeces [a una caballería (*cd*)]. *Tb fig, referido a otro animal, o a pers o cosa. Gralm en part.*

enjalbegado *m* Acción de enjalbegar [1]. *Tb su efecto.*

enjalbegar *tr* **1** Blanquear [paredes], esp. con cal. ■ **2** (*col, humoríst*) Maquillar [a una pers. o su rostro].

enjalbegue *m* Enjalbegado.

enjalbiego *m* Enjalbegado.

enjalbiegue *m* Enjalbegado. *Tb fig.*

enjalma *f* Albarda ligera (aparejo).

enjambrar *intr* Constituir un enjambre [las abejas]. *Tb fig. Tb pr* (**~se**).

enjambrazón *f* Acción de enjambrar.

enjambre *m* **1** Conjunto de abejas con una reina que salen de una colmena para formar otra nueva. ■ **2** Conjunto numeroso de perss., animales o cosas que gralm. se mueven conjuntamente.

enjardinar *tr* Disponer [árboles] como en un jardín.

enjaretar *tr* **1** Hacer [algo] deprisa. *Frec con intención desp, denotando descuido.* ■ **2** Hacer que [alguien (*ci*)] reciba [algo (*cd*), esp. negativo o molesto]. *Tb sin ci.* ■ **3** (*raro*) Encajar [una cosa en otra].

enjarjado *adj* (*Arquit*) [Arco, o despiezo del mismo] que tiene las dovelas horizontales o en hilera hasta una determinada altura.

enjarrarse *intr pr* (*raro*) Ponerse en jarras.

enjaulamiento *m* Acción de enjaular. *Tb fig.*

enjaular (*conjug* 1e) *tr* **1** Encerrar [a una pers. o animal] en una jaula. **b)** Encerrar [algo] en una estructura similar a una jaula. ■ **2** (*col*) Encarcelar [a alguien].

enjoyar *tr* Adornar [algo o a alguien] con joyas. *Referido a pers, frec el cd es refl.* **b)** Adornar. *Tb fig.*

enjuagadientes *m* (*raro*) Líquido para enjuagarse los dientes. *A veces en aposición.*

enjuagar *tr* **1** Limpiar con agua [algo, esp. enjabonado o fregado]. ■ **2** Limpiar [la boca con agua u otro líquido]. *Frec con ci refl. Frec sin compl* CON. **b)** Limpiar la boca [de alguien (*cd*)] con agua u otro líquido. *Gralm el cd es refl.* **c)** Con cd refl: Mover [alguien (*suj*) un líquido (*compl* CON)] por la boca, tragándolo o no. ■ **3** (*Mar, reg*) Sacar [el copo] del agua.

enjuagatorio *m* **1** Acción de enjuagar(se) [2]. ■ **2** Líquido que sirve para enjuagar(se) [2].

enjuague *m* **1** Acción de enjuagar, *esp* [2]. ■ **2** (*col, desp*) Mezcla de distintos líquidos. ■ **3** (*col*) Trapicheo.

enjugador -ra *adj* Que enjuga. *Tb n, referido a pers.*

enjugar *tr* **1** Secar [algo o a alguien mojado]. **b)** Secar [algo que moja, esp. lágrimas o sudor (*cd*)]. ■ **2** Hacer que desaparezca [una deuda o déficit].

enjuiciable *adj* Que se puede enjuiciar.

enjuiciador -ra *adj* [Pers.] que enjuicia. *Tb n.* **b)** Propio de la pers. que enjuicia.

enjuiciamiento *m* Acción de enjuiciar.

enjuiciar (*conjug* **1a**) *tr* **1** Formar y gralm. expresar una opinión o juicio [sobre alguien o algo (*cd*)]. *Tb abs.* ■ **2** (*Der*) Someter a juicio [a alguien o algo].

enjulio *m* (*Tex*) En un telar: Cilindro horizontal en que se enrolla la urdimbre.

enjumar *tr* (*col*) Emborrachar. *Frec pr* (**~se**).

enjundia *f* **1** Grasa [de un ave u otro animal]. ■ **2** Sustancia o importancia.

enjundioso -sa *adj* Que tiene enjundia.

enjuta *f* (*Arquit*) Espacio triangular que deja en un cuadrado un círculo inscrito en él.

enjutar *tr* (*lit, raro*) Poner enjuto [1 y 2]. **b)** *pr* (**~se**) Ponerse enjuto.

enjutez *f* (*lit*) Cualidad de enjuto.

enjuto -ta (*lit*) **I** *adj* **1** Delgado o flaco. ■ **2** Seco (carente de agua o de humedad). ■ **3** Seco o desabrido. ■ **4** Escaso o limitado. **II** *loc adv* **5** a pie ~ → PIE.

enlabiador -ra *adj* Que enlabia. *Tb n, referido a pers.*

enlabiar (*conjug* **1a**) *tr* Seducir o atraer.

enlabio *m* (*raro*) Seducción.

enlace **A** *m* **1** Acción de enlazar. *Tb su efecto.* **b)** Boda o casamiento. *Tb* ~ MATRIMONIAL. **c)** (*Quím*) Unión entre dos átomos o iones, debida a la existencia de alguna fuerza atractiva entre ellos. ■ **2** Cosa o pers. que sirve para enlazar. **B** *m y f* **3** Pers. que sirve para mantener la comunicación entre dos o más perss. o entidades que no se relacionan directamente. **b)** ~ **sindical**. Delegado de los trabajadores ante la empresa. *Tb simplemente* ~.

enladrillado *m* Suelo de ladrillo.

enladrillar *tr* Pavimentar con ladrillos.

enlagunarse *intr pr* Convertirse en laguna.

enlanchar *tr* (*reg*) Enlosar.

enlatado¹ -da *adj* **1** *part* → ENLATAR. ■ **2** [Música, o programa de radio o televisión] que se ofrece en grabación y no en directo. *Tb n m, referido a programa.*

enlatado² *m* Acción de enlatar¹.

enlatador -ra *adj* Que enlata¹. *Tb n f, referido a máquina.*

enlatar¹ *tr* Envasar [algo, esp. conservas] en lata.

enlatar² *tr* (*Constr*) Poner tablas o listones [en techos o paredes (*cd*)], dejando cierta separación para que agarre el yeso. *Tb abs.*

enlazamiento *m* (*raro*) Acción de enlazar.

enlazar **A** *tr* **1** Unir, o poner en relación o conexión, [dos o más perss. o cosas, o una con otra (*compl* CON *o* A)]. **b)** Unir o juntar [dos cosas, o una con otra (*compl* CON *o* A)]. **c)** Unir o sujetar [dos cosas, o una con otra (*compl* CON *o* A)]. ■ **2** Sujetar con lazo [a un animal]. ■ **3** Rodear [a alguien] con el brazo. **B** *intr* **4** Unirse, o entrar en relación o conexión, [dos o más perss. o cosas, o una con otra]. *Tb pr* (**~se**). **b)** Coincidir en un lugar y en un tiempo relativamente próximo [dos medios de transporte, o uno con otro] de modo que es posible dejar uno y seguir viaje en el otro.

enlentecer (*conjug* **11**) *tr* Hacer lento o más lento [algo]. **b)** *pr* (**~se**) Hacerse lento o más lento.

enlentecimiento *m* Acción de enlentecer(se).

enlevitado -da *adj* Que lleva levita.

enligar *tr* (*raro*) Atrapar [pájaros] con liga. *Tb* (*lit*) *fig.*

enlistar *tr* (*raro*) Inscribir en una lista.

enllano *m* (*reg*) Llano o llanura.

enlobreguecer (*conjug* **11**) *tr* Hacer o poner lóbrego. *Tb fig.*

enlodar *tr* **1** Manchar o ensuciar de lodo. *Tb fig.* ■ **2** Llenar o cubrir de lodo. *Gralm en part.*

enlojar *tr* (*reg*) Ensuciar o enturbiar [el agua].

enloquecedor -ra *adj* Que enloquece [2].

enloquecer (*conjug* **11**) **A** *intr* **1** Volverse loco [alguien] o perder la capacidad de razonar. *Tb pr* (**~se**). *Frec con intención ponderativa.* **b)** Volverse loco de contento o de alegría. **B** *tr* **2** Volver loco [a alguien] o hacer que pierda la capacidad de razonar. *Tb fig.* **b)** Volver loco [a alguien o cosa] o gustar[le] mucho. **c)** Volver loco [a un aparato o máquina] haciendo que deje de funcionar normalmente.

enloquecidamente *adv* De manera enloquecida.

enloquecido -da *adj* **1** *part* → ENLOQUECER. ■ **2** Propio de la pers. enloquecida o loca.

enloquecimiento *m* Hecho de enloquecer. *Tb su efecto.*

enlosado *m* Suelo de losas.

enlosar *tr* Cubrir con losas el suelo [de algo (*cd*)]. **b)** Cubrir con losas [el suelo (*cd*) de algo].

enlosetado *m* Suelo de losetas.

enlosetar *tr* Cubrir con losetas el suelo [de algo (*cd*)].

enlucido *m* (*Constr*) Acción de enlucir. *Tb su efecto.*

enlucidor -ra *m y f* (*Constr*) Pers. que enluce.

enlucir (*conjug* **51**) *tr* (*Constr*) Recubrir [paredes o materiales] con una capa de yeso, cemento u otra mezcla, frec. sobre el enfoscado.

enlutado -da *adj* **1** *part* → ENLUTAR. ■ **2** Que implica o denota luto.

enlutar *tr* Vestir de luto. *Tb fig.*

enlutecer (*conjug* **11**) *tr* (*raro*) Enlutar. *Tb fig.*

enmaderar *tr* Cubrir con madera [algo, esp. techos o paredes].

enmadrarse *intr pr* Encariñarse en exceso con la madre. *Frec en part.*

enmagrecer (*conjug* 11) *intr* (*lit*) Enflaquecer. *Tb fig.*

enmallado -da *adj* 1 *part* → ENMALLARSE. ■ 2 Que lleva malla.

enmallarse *intr pr* (*Pesca*) Quedar [un pez] sujeto en las mallas de la red.

enmalle *m* (*Pesca*) Arte de pesca en forma de red vertical.

enmandilado -da *adj* 1 *part* → ENMANDILAR. ■ 2 Que lleva mandil.

enmandilamiento *m* (*reg*) Acción de enmandilar.

enmandilar *tr* (*reg*) Poner mandil [al morueco (*cd*)] para que no pueda fecundar.

enmangamiento *m* Acción de enmangar.

enmangar *tr* Poner mango [a un utensilio o instrumento (*cd*)].

enmantar *tr* Cubrir o envolver con una manta.

enmantillado -da *adj* Que lleva mantilla.

enmarañamiento *m* Acción de enmarañar(se).

enmarañar A *tr* 1 Enredar [algo] o hacer que forme una maraña. *Tb fig.* b) *pr* (**~se**) Enredarse o formar una maraña. *Tb fig.* ■ 2 Cubrir [algo] con una maraña. *Frec en part.*
B *intr pr* (**~se**) 3 Enredarse en una maraña. *Frec fig.*

enmarcación *f* Acción de enmarcar [1].

enmarcador -ra *adj* Que enmarca. *Tb n, referido a pers.*

enmarcaje *m* Acción de enmarcar [1].

enmarcamiento *m* Acción de enmarcar(se). *Tb su efecto.*

enmarcar *tr* 1 Poner [algo o a alguien] dentro de un marco (cerco de protección y adorno). ■ 2 Poner o situar [algo] dentro de un marco (espacio real o figurado en que se desarrolla algo). b) *pr* (**~se**) Situarse o desarrollarse [algo] dentro de un marco determinado. ■ 3 Servir de marco o cerco [a algo (*cd*)].

enmaridar *tr* (*raro*) Casar, o unir en matrimonio. *Tb fig.*

enmaromar *tr* Atar con maromas [a un animal, esp. a un toro].

enmascarador -ra *adj* Que enmascara [2]. *Tb n m, referido a producto.*

enmascaramiento *m* Acción de enmascarar, esp [2]. *Tb su efecto.*

enmascarar *tr* 1 Cubrir [a alguien o su rostro] con una máscara. *Frec en part, a veces sustantivado. Tb fig.* ■ 2 Ocultar o disimular [algo].

enmasillado *m* Acción de enmasillar. *Tb su efecto.*

enmasillar *tr* Cubrir o sujetar [algo] con masilla. *Tb abs.*

enmelado -da *adj* 1 *part* → ENMELAR. ■ 2 De color de miel.

enmelar (*conjug* 6) *tr* Aderezar [algo] con miel.

enmelenado -da *adj* 1 [Pers.] que lleva melena. ■ 2 [Pelo] que tiene forma de melena.

enmendable *adj* Que se puede enmendar.

enmendadura *f* (*raro*) Enmienda.

enmendante *adj* Que enmienda. *Tb n, referido a pers.*

enmendar (*conjug* 6) A *tr* 1 Arreglar o corregir [algo]. b) **~ la plana** → PLANA. ■ 2 Modificar [un texto] mediante enmiendas [2].
B *intr pr* (**~se**) 3 Corregirse [alguien de un defecto moral]. *Frec sin compl.*

enmerdar (*conjug* 6) *tr* (*vulg*) Emporcar o ensuciar. *Tb fig.* b) *pr* (**~se**) Emporcarse o ensuciarse. *Tb fig.*

enmienda *f* 1 Acción de enmendar(se). *Tb su efecto.* ■ 2 Propuesta de modificación de un texto sometido a votación en una asamblea.

enmierdar *tr* (*vulg*) Enmerdar. *Tb pr* (**~se**). *Tb fig.*

enmitonado -da *adj* (*raro*) Que lleva mitones.

enmohecer (*conjug* 11) *tr* Poner mohoso. *Tb fig. Tb abs.* b) *pr* (**~se**) Ponerse mohoso. *Tb fig.*

enmohecimiento *m* Acción de enmohecer(se). *Tb su efecto.*

enmollecerse (*conjug* 11) *intr pr* Ablandarse. *Gralm fig.*

enmonterado -da *adj* Que lleva montera. *Tb n, referido a pers.*

enmoquetado *m* Suelo de moqueta.

enmoquetar *tr* Cubrir de moqueta.

enmorrillado -da *adj* (*Taur*) [Res] que tiene mucho morrillo. *Tb n.*

enmudecedor -ra *adj* Que enmudece [2].

enmudecer (*conjug* 11) A *intr* 1 Quedar [alguien] mudo (que no habla o que no puede hablar), frec. por efecto de una emoción. *Tb fig.*
B *tr* 2 Dejar mudo o hacer callar [a alguien (*cd*)]. *Tb fig.*

enmustiar (*conjug* 1a) *tr* (*raro*) Mustiar. *Tb pr* (**~se**).

enneblinado -da *adj* Que tiene neblina. *Frec* (*lit*) *fig.*

enneciar (*conjug* 1a) *tr* (*raro*) Volver necio [a alguien]. *Tb abs.*

ennegrecer (*conjug* 11) A *tr* 1 Poner [algo] de color negro o más negro. ■ 2 (*lit, raro*) Oscurecer [algo]. *En sent moral.* ■ 3 (*lit, raro*) Dar tinte triste o pesimista [a algo].
B *intr* 4 Ponerse [algo] de color negro o más negro. *Tb pr* (**~se**).

ennegrecimiento *m* Acción de ennegrecer(se).

ennoblecedor -ra *adj* Que ennoblece.

ennoblecer (*conjug* 11) *tr* Dar carácter noble [a alguien o algo (*cd*)]. *Tb abs. Gralm en sent moral.* b) *pr* (**~se**) Tomar carácter noble.

ennoblecimiento *m* Acción de ennoblecer(se).

ennoviarse (*conjug* 1a) *intr pr* Hacerse novia [una pers. de otra (*compl* CON)]. *Tb sin compl, esp con suj pl.*

ennubarrado -da *adj* Lleno de nubarrones.

enófilo -la *adj* (*lit*) Amante del vino. *Tb n, referido a pers.*

enojado -da *adj* (*lit*) 1 *part* → ENOJAR. ■ 2 Que denota o implica enojo.

enojar *tr* (*lit*) Enfadar. *Tb pr* (**~se**).

699

enojo *m* (*lit*) **1** Acción de enojar(se). *Tb su efecto.* ■ **2** (*raro*) Cosa que enoja o molesta.

enojosamente *adv* (*lit*) De manera enojosa.

enojoso -sa *adj* (*lit*) Que enoja.

enología *f* Ciencia y técnica de la fabricación y conservación del vino.

enológico -ca *adj* De (la) enología.

enólogo -ga *m y f* Especialista en enología.

enomancia (*tb, raro,* **enomancía**) *f* Adivinación por medio del vino.

enorgullecedor -ra *adj* Que enorgullece.

enorgullecer (*conjug* **11**) *tr* Hacer que [alguien (*cd*)] sienta orgullo. **b)** *pr* (~**se**) Sentir orgullo [de algo o de alguien].

enorme *adj* **1** Excepcional o anormalmente grande en tamaño, cuantía, intensidad o importancia. *Frec con intención ponderativa.* **b)** [Tamaño, cuantía, intensidad o importancia] muy superiores a lo normal. *Frec con intención ponderativa.* ■ **2** (*col*) [Pers.] excepcional o extraordinaria, frec. por su ingenio. *Con intención ponderativa.*

enormemente *adv* De manera enorme [1].

enormidad **I** *f* **1** Cualidad de enorme [1]. ■ **2** Cantidad enorme [1]. ■ **3** Dicho o hecho tremendo o disparatado. **II** *loc adv* **4** **una ~.** (*col*) Muchísimo. *Con intención ponderativa.*

enormizar *tr* (*raro*) Hacer enorme [algo]. **b)** *pr* (~**se**) Hacerse enorme [algo].

enosis *f* (*Pol*) Unión política de Grecia y Chipre.

enovense *adj* De Enova (Valencia). *Tb n, referido a pers.*

enquiciar (*conjug* **1a**) *tr* Poner [algo] en su quicio.

enquisa *f* (*lit, raro*) Investigación.

enquistamiento *m* Acción de enquistar(se). *Tb su efecto.*

enquistarse *intr pr* Formar un quiste [algo, esp. un cuerpo extraño, en un organismo]. *Tb* (*lit*) *fig.*

enrabiar (*conjug* **1a**) *tr* Poner colérico o rabioso [a alguien]. **b)** *pr* (~**se**) Ponerse colérico o rabioso.

enrabietar *tr* Hacer que [alguien (*cd*)] coja una rabieta. **b)** *pr* (~**se**) Coger una rabieta.

enrabiscarse *intr pr* Ponerse rabioso o furioso.

enrachado -da *adj* Que tiene una buena racha.

enracimarse *intr pr* Arracimarse.

enragé -gée (*fr; pronunc corriente,* /anr̃aʒé/) *adj* (*lit*) Furibundo o rabioso. *En sent fig.*

enraizamiento *m* Acción de enraizar(se).

enraizar (*conjug* **1f**) *intr* Echar raíces. *Tb fig. Tb pr* (~**se**).

enramada *f* Conjunto tupido de ramas entrelazadas.

enramar **A** *tr* **1** Cubrir o adornar con ramas. ■ **2** (*reg*) Poner ramos, flores o frutos a la puerta [de una mujer (*cd*)]. **B** *intr* ➤ **a** *normal* **3** Echar ramas [una planta]. ➤ **b** *pr* (~**se**) **4** Ocultarse entre las ramas.

enramarse *intr pr* (*reg*) Enrojecerse [los ojos]. *Frec en part.*

enrame *m* Acción de enramar.

enranciamiento *m* Acción de enranciar(se).

enranciar (*conjug* **1a**) **A** *tr* **1** Poner rancio [un alimento]. **B** *intr* **2** Ponerse rancio [un alimento]. *Gralm pr* (~**se**).

enrarecer (*conjug* **11**) *tr* **1** Hacer raro o poco abundante [algo]. **b)** *pr* (~**se**) Hacerse raro o poco abundante. ■ **2** Hacer menos denso [un gas]. **b)** *pr* (~**se**) Hacerse menos denso [un gas]. ■ **3** Impurificar [el aire o la atmósfera]. *Tb fig.* ■ **4** Hacer que disminuya la cordialidad o el entendimiento [en un ambiente o en una relación (*cd*)]. **b)** *pr* (~**se**) Disminuir la cordialidad o el entendimiento [en un ambiente o en una relación (*suj*)].

enrarecimiento *m* Acción de enrarecer(se).

enrasado -da *adj* **1** *part* → ENRASAR. ■ **2** [Campo] raso o llano. ■ **3** [Cielo o tiempo] raso o sin nubes.

enrasar **A** *tr* **1** Llenar [un recipiente] justo hasta el borde. **b)** *pr* (~**se**) Llenarse [un recipiente] justo hasta el borde. **B** *intr* **2** Coincidir o llegar al mismo nivel [dos cosas, o una con otra]. ■ **3** Ponerse raso [el cielo o el tiempo].

enrase *m* (*Fís*) *En ciertos aparatos de medida:* Nivel.

enrasillar *tr* (*Constr*) Cubrir de rasillas [algo, esp. el forjado del suelo].

enrayarse *intr pr* Enredarse [una rueda] por sus radios [con algo que dificulta o impide su movimiento].

enrazado -da *adj* [Animal] de raza. *Tb fig, referido a cosa.*

enreciar (*conjug* **1a**) *tr* Hacer más recio.

enreda *m y f* (*col*) Pers. enredadora.

enredadera *f* Se da este *n* a varias plantas trepadoras, esp de los géns Convolvulus e Ipomoea.

enredador -ra *adj* [Pers.] que enreda [7, 8 y 9]. *Tb n.* **b)** Propio de la pers. enredadora.

enredar **A** *tr* **1** Entrecruzar de manera complicada o desordenada [cosas de estructura lineal]. ■ **2** Complicar [un asunto]. ■ **3** Hacer que [alguien (*cd*)] participe [en algo que no pensaba], esp. mediante engaño. *Tb sin compl* EN, *por consabido.* ■ **4** Confundir o embarullar [a alguien]. ■ **5** Entretener o hacer perder el tiempo [a alguien]. ■ **6** Capturar [algo] con red. **B** *intr* ➤ **a** *normal* **7** Intrigar o meter discordia. ■ **8** Mostrarse inquieta [una pers., esp. un niño] revolviendo cosas o moviéndose continuamente de un sitio a otro. **b)** Revolver o desordenar las cosas [en un lugar]. *Frec sin compl* EN. ■ **9** Molestar o causar problemas. ■ **10** Hacer cosas sin importancia, sin un objetivo determinado o con poca seriedad. *A veces con intención desp.* ➤ **b** *pr* (~**se**) **11** Entrecruzarse de manera complicada o desordenada [cosas de estructura lineal]. *Tb fig.* **b)** Entrecruzarse [con algo (*compl* EN o CON) una cosa de estructura lineal]. **c)** Quedar [alguien o algo] sujeto o aprisionado [en algo de estructura lineal (*compl* EN, ENTRE o CON) que se entrecruza con ellos]. *Tb sin compl, por consabido.* **d)** Trabarse [la lengua]. ■ **12** Complicarse [un asunto]. ■ **13** Meterse en algo que complica o entretiene. ■ **14** Entretenerse o perder el tiempo. ■ **15** (*col*) Amancebarse. ■ **16** (*col, raro*) Liarse [a algo].

enredica *adj* (*reg*) Enredador. *Tb n.*

enredijo *m* (*desp*) Enredo o maraña. *Tb fig.*

enredo I *m* 1 Acción de enredar(se) [1, 2, 3, 7, 10, 11 y 12]. *Tb su efecto.* ■ 2 Asunto o acción confusos o complicados. ■ 3 (*col*) Amancebamiento. II *loc adj* 4 **de ~.** (*TLit*) [Comedia] de trama ingeniosa y complicada constituida por varios sucesos entrelazados.

enredón -na *adj* Enredador.

enredoso -sa *adj* Complicado o difícil.

enrejado[1] **-da** *adj* 1 *part* → ENREJAR. ■ 2 Que tiene forma de reja[1].

enrejado[2] *m* 1 Reja o conjunto de rejas[1] [de un lugar]. ■ 2 Labor o producto laminar formado con un conjunto de varillas, cañas u otra cosa de estructura laminar que se entrecruzan.

enrejar *tr* 1 Cerrar [algo] con una reja o con rejas[1]. *Frec en part.* ■ 2 Disponer [maderos u otra cosa similar] cruzándo[los] de modo que queden huecos para la circulación del aire. ■ 3 (*col*) Encarcelar.

enrejillado *m* 1 Rejilla o conjunto de rejillas [de un lugar]. ■ 2 Obra o labor en forma de rejilla.

enrejillar *tr* Cerrar [algo] con una rejilla o con rejillas. *Frec en part.*

enrevesadamente *adv* De manera enrevesada.

enrevesado -da *adj* 1 Complicado o difícil. ■ 2 (*raro*) Intrincado, o que tiene muchos entrecruzamientos.

enriado *m* (*Tex*) Acción de enriar.

enriar (*conjug* 1c) *tr* (*Tex*) Macerar en agua [lino, cáñamo o esparto].

enrique *m* (*hist*) Moneda de oro mandada acuñar por Enrique IV de Castilla († 1474).

enriquecedor -ra *adj* Que enriquece.

enriquecer (*conjug* 11) A *tr* 1 Hacer [a una pers. o colectividad] rica o más rica (poseedora de dinero o bienes). b) *pr* (~**se**) Hacerse rico o más rico. ■ 2 Hacer [a alguien] rico o más rico en conocimientos o experiencias. b) *pr* (~**se**) Hacerse [alguien] rico o más rico en conocimientos o experiencias. ■ 3 Hacer [algo (*cd*)] rico o más rico (valioso o lujoso). *Tb fig.* ■ 4 Hacer más rico o abundante [algo]. b) Hacer más rico o fértil [el suelo]. c) Hacer [una materia o un producto (*cd*)] más ricos en principios útiles, mediante concentración o adición de estos. *Frec en part.* d) Añadir [algo positivo (*compl* CON) a una cosa (*cd*)].
B *intr* 5 Hacerse [algo] más rico (lujoso, valioso o abundante). *Normalmente pr* (~**se**).

enriquecimiento *m* Acción de enriquecer(se).

enriscado -da *adj* Lleno de riscos.

enriscamiento *m* Condición de enriscado.

enristrar[1] *tr* Poner en ristras [algo, esp. ajos o cebollas].

enristrar[2] *tr* (*hist*) Poner [la lanza] en el ristre.

enrobinar *tr* (*reg*) Oxidar [un metal o algo metálico]. b) *pr* (~**se**) Oxidarse [un metal o algo metálico]. *Frec en part.*

enrocar *intr* (*Ajedrez*) Mover al mismo tiempo el rey y la torre, colocando esta al otro lado del rey. *Tb pr* (~**se**).

enrojar *tr* (*raro*) Calentar [el horno]. *Tb* (*lit*) *fig.*

enrojecer (*conjug* 11) A *tr* 1 Poner rojo [algo o a alguien].
B *intr* 2 Ponerse rojo [alguien o algo]. *Tb pr* (~**se**).

enrojecimiento *m* Acción de enrojecer(se). *Tb su efecto.*

enrolamiento *m* Acción de enrolar(se).

enrolar *tr* 1 Inscribir [a alguien] en el rol [de un barco (*compl* EN), esp. mercante]. *Gralm el cd es refl. Tb sin compl* EN, *por consabido.* ■ 2 Inscribir [a alguien en el ejército u otra organización]. *Gralm el cd es refl. A veces sin compl* EN, *por consabido.* ■ 3 Hacer que [alguien (*cd*)] pase a participar [en algo, esp. una actividad]. *Gralm el cd es refl.*

enrollable *adj* Que se puede enrollar [1].

enrollacables *adj* [Dispositivo o aparato] que sirve para enrollar [1] cables. *Frec n m.*

enrollado[1] **-da** *adj* 1 *part* → ENROLLAR. ■ 2 Que tiene forma de línea que gira sobre sí misma.

enrollado[2] *m* Acción de enrollar [1].

enrollador -ra *adj* 1 Que enrolla [1]. *Tb n m,* referido a utensilio o aparato. ■ 2 (*jerg*) Que gusta o enrolla [3].

enrollamiento *m* Acción de enrollar(se) [1]. *Tb su efecto.*

enrollar A *tr* 1 Poner [una cosa] en forma de rollo, haciéndola girar [sobre sí misma, o alrededor de otra (*compl* SOBRE, A, EN o ALREDEDOR DE)]. *Frec sin compl, por consabido.* b) *pr* (~**se**) Ponerse [una cosa] en forma de rollo, girando [sobre sí misma, o alrededor de otra (*compl* SOBRE, A, EN o ALREDEDOR DE)]. *Frec sin compl, por consabido.* ■ 2 (*jerg*) Liar o enredar [a alguien].
B *intr* ➤ a *normal* 3 (*jerg*) Gustar.
➤ b *pr* (~**se**) 4 (*col*) Extenderse mucho al hablar. *Frec* ~SE COMO LAS PERSIANAS, o COMO UNA PERSIANA. b) **no te enrolles, Charles Boyer.** *Fórmula con que se pide a alguien que deje de hablar.* ■ 5 (*col*) Trabar conversación [con alguien]. ■ 6 (*jerg*) Relacionarse o sintonizar con los demás. *Gralm con los advs* BIEN o MAL. b) ~**se bien** (o **mal**) [con alguien]. Tratar[le] de manera amistosa (u hostil). ■ 7 (*jerg*) Liarse o amancebarse. b) Tener una relación amorosa o sexual ocasional o más o menos transitoria. ■ 8 (*jerg*) Abstraerse o concentrarse [en algo, esp. en lo que se hace]. *Tb sin compl* EN, *por consabido.* b) Ocuparse o entretenerse [en algo (*compl* EN o CON)]. ■ 9 (*jerg*) Participar en el rollo (movimiento contracultural).

enrolle *m* Acción de enrollar(se), *esp* [3 a 9].

enronquecer (*conjug* 11) A *tr* 1 Poner ronco o más ronco.
B *intr* 2 Ponerse ronco o más ronco. *Tb pr* (~**se**).

enronquecido -da *adj* 1 *part* → ENRONQUECER. ■ 2 Propio de la pers. o de la voz ronca.

enroñecerse (*conjug* 11) *intr pr* Oxidarse o llenarse de roña.

enroque *m* (*Ajedrez*) Acción de enrocar.

enroscado -da *adj* 1 *part* → ENROSCAR. ■ 2 Que tiene forma de rosca.

enroscamiento *m* Acción de enroscar(se). *Tb su efecto.*

enroscar *tr* 1 Poner [algo] en forma de rosca, haciéndolo girar [sobre sí mismo o alrededor de alguien o algo (*compl* A, EN, SOBRE o ALREDEDOR DE)]. *Referido a animal, gralm el cd es refl.* b) *pr* (~**se**)

Ponerse [algo] en forma de rosca, girando [sobre sí mismo o alrededor de alguien o algo (*compl* A, EN, SOBRE *o* ALREDEDOR DE)]. *Tb fig.* ■ **2** Poner [una pieza que tiene rosca], dándo[le] vueltas.

enrubiar (*conjug* **1a**) *tr* Poner rubio o más rubio.

enrular *tr* (*raro*) Rizar [el pelo].

enrumbar *tr* (*raro*) Encaminar o poner en rumbo.

enruna *f* (*reg*) Conjunto de escombros o de cualquier cosa que ensucia.

ensabanado -da *adj* **1** *part* → ENSABANAR. ■ **2** (*Taur*) [Res] de color blanco, o que tiene la cabeza y las patas oscuras y el resto del cuerpo blanco.

ensabanar *tr* Cubrir o envolver con una sábana. *Tb* (*lit*) *fig.*

ensacado *m* Acción de ensacar.

ensacador -ra *adj* Que ensaca. *Tb* n: *m y f, referido a pers; f, referido a máquina.*

ensacar *tr* Meter en un saco o en sacos.

ensaimada *f* Bollo de pasta hojaldrada en forma de espiral.

ensalada *f* **1** Plato preparado con una o varias hortalizas, gralm. crudas, y aderezado básicamente con aceite, vinagre y sal. *Frec con un compl especificador o en la loc* EN ~. ■ **2** Plato frío preparado con legumbres, huevos, carne u otros ingredientes y aderezado con vinagreta. *Frec con un compl especificador o en la loc* EN ~. ■ **3** Plato compuesto por varias frutas troceadas y revueltas, con zumo o almíbar. *Normalmente* ~ DE FRUTAS. ■ **4** ~ **rusa**. Ensaladilla rusa. ■ **5** (*col*) Mezcla confusa de cosas heterogéneas. *Tb* ~ RUSA. **b)** Lío o confusión. **c)** Pelea o combate. **d)** ~ **de tiros**. Tiroteo. ■ **6** (*TLit, hist*) Composición poética formada con versos de otras poesías. ■ **7** (*Mús, hist*) Composición humorística a varias voces, en cuya letra se mezclan varios idiomas. ■ **8** (*reg*) Vegetal apropiado para comerlo en ensalada [1].

ensaladera *f* **1** Recipiente en que se sirve la ensalada [1]. ■ **2** (*argot Tenis*) Trofeo, de forma semejante a una ensaladera [1], que constituye el primer premio de determinados torneos.

ensaladilla *f* **1** Plato frío preparado básicamente con patatas, guisantes, zanahorias y huevos, todo cocido, troceado y aderezado con mayonesa. *Frec* ~ RUSA. *Tb* (*hist*) ~ NACIONAL *o* IMPERIAL. ■ **2** Ensalada [1].

ensalivar *tr* Untar o empapar con saliva.

ensalmador -ra *m y f* Pers. que cura con ensalmos, esp. huesos dislocados.

ensalmo I *m* **1** Rezo o práctica mágica para curar enfermedades.
II *loc adv* **2** (**como**) **por ~.** De manera muy rápida y sorprendente.

ensalzador -ra *adj* Que ensalza.

ensalzamiento *m* Acción de ensalzar.

ensalzar *tr* **1** Alabar o elogiar. ■ **2** (*raro*) Alzar o elevar. *Tb en sent moral.*

ensamblado *m* Ensamblaje.

ensamblador -ra I *adj* **1** (*Informát*) [Lenguaje] formado por expresiones simbólicas en lenguaje de máquina, en las que existe una correspondencia aproximada de uno a uno con los formatos de las instrucciones y los formatos de datos del ordenador. *Tb* n *m*.
II *m y f* **2** Pers. que tiene por oficio ensamblar piezas.

ensambladura *f* Acción de ensamblar. *Tb su efecto. Tb fig.*

ensamblaje *m* Acción de ensamblar. *Tb su efecto.*

ensamblar *tr* **1** Unir [dos o más piezas] encajándo[las] entre sí. **b)** Unir o juntar. ■ **2** (*Informát*) Trasladar [un programa] de un lenguaje simbólico a lenguaje de máquina. *Tb abs.*

ensamble *m* Ensamblaje o ensambladura. *Tb fig.*

ensanchado -da *adj* **1** *part* → ENSANCHAR. ■ **2** [Parte] ancha, con relación a otras, [de una cosa].

ensanchador *m* Instrumento para ensanchar [1].

ensanchamiento *m* **1** Acción de ensanchar(se). *Tb su efecto.* ■ **2** Parte en que [algo (*compl de posesión*)] se ensancha.

ensanchar A *tr* **1** Hacer más ancho. *Tb fig.* **b)** (*reg*) Hacer [la levadura (*suj*)] que aumente de volumen [la masa (*cd*)].
B *intr* **2** Hacerse más ancho. *Más frec pr* (~**se**). *Tb fig.*

ensanche *m* **1** Ensanchamiento. **b)** Zona de nuevas edificaciones fuera del casco antiguo de una ciudad. ■ **2** (*reg*) Conjunto de tierras que rodean el caserío de un cortijo. ■ **3** (*reg*) Porción de masa que se reserva para levadura.

ensangrentar (*conjug* **6**) *tr* Manchar de sangre. *Tb fig.*

ensañado -da *adj* **1** *part* → ENSAÑARSE. ■ **2** Que tiene o denota ensañamiento.

ensañamiento *m* Acción de ensañarse.

ensañarse *intr pr* Dedicarse con saña a causar daño [a alguien o algo (*compl* CON *o* EN)]. *Tb sin compl.*

ensartado *m* Acción de ensartar.

ensartar *tr* **1** Poner en sarta [algo, esp. cuentas]. ■ **2** Atravesar [algo] con un arma u objeto puntiagudos. **b)** (*vulg*) Penetrar [el macho a la hembra]. ■ **3** Unir o enlazar [dos o más cosas, frec. palabras o frases, o una con otra].

ensayado -da *adj* **1** *part* → ENSAYAR. ■ **2** Que ha ensayado [1]. *Con un adv cuantitativo.* ■ **3** [Peso] ~ → PESO².

ensayador -ra *m y f* Pers. que tiene por oficio ensayar metales preciosos.

ensayante *adj* Que ensaya [1].

ensayar A *tr* **1** Realizar [algo, esp. una obra teatral o musical] como práctica antes de su ejecución definitiva. *Frec abs.* **b)** (*raro*) Dirigir [a alguien que ensaya]. ■ **2** Probar [algo] para ver si funciona adecuadamente o cumple los requisitos deseados. ■ **3** Probar o intentar [algo]. *Tb abs.* ■ **4** (*E*) Someter [minerales o metales preciosos] a determinadas pruebas para verificar sus cualidades.
B *intr* **5** (*Rugby*) Realizar un ensayo [3]. ■ **6** (*raro*) Probar o intentar [algo A + *infin*]. *Tb pr* (~**se**).

ensayismo *m* (*TLit*) Género literario del ensayo [2].

ensayista *m y f* (*TLit*) Escritor de ensayos [2].

ensayístico -ca I *adj* **1** De(l) ensayo [2].
II *f* **2** Género ensayístico [1].

ensayo I *m* **1** Acción de ensayar [1 a 4]. *Tb su efecto.* **b)** ~ **general.** (*Escén*) Representación total de una obra, con trajes y decorados, previa al estreno. *Tb fig, fuera del ámbito técn.* ■ **2** (*TLit*) Obra literaria en prosa y gralm. breve, que consiste en una serie de reflexiones sobre un tema, sin pretensiones sistemáticas y gralm. sin aparato bibliográfico. *Tb el género correspondiente.* ■ **3** (*Rugby*) Jugada que consiste en poner o tocar el balón en el suelo en la zona de marca de la meta contraria.
    II *loc adj* **4 de ~.** [Tubo] de cristal cerrado por uno de sus extremos, que se utiliza en pruebas y análisis químicos.

ensebar *tr* Untar [algo] con sebo.

enseguida (*tb con la grafía* **en seguida**) *adv* Inmediatamente a continuación. *El término de referencia puede estar expresado por medio de un compl con* DE *o* QUE.

ensemble (*fr; pronunc corriente,* /ansámble/) *m* (*raro*) Conjunto músico vocal o instrumental.

ensenada *f* Entrante del mar en forma de seno o concavidad, que a veces sirve de abrigo natural a las embarcaciones.

enseña *f* (*lit*) **1** Bandera. *Tb fig.* ■ **2** Insignia o distintivo.

enseñable *adj* Que se puede enseñar.

enseñamiento *m* (*raro*) Enseñanza [1a].

enseñante *adj* [Pers.] que enseña [5]. *Tb n.*

enseñanza *f* **1** Acción de enseñar [3a y b]. **b)** Actividad de enseñar [3a y b]. **c)** Método o sistema de enseñar [3a y b]. ■ **2** Cosa que se enseña [2 y esp. 3a]. **b)** Cosa que se aprende por la propia experiencia.

enseñar A *tr* **1** Poner [algo (*cd*)] ante alguien (*ci*)] de manera que lo vea. *A veces se omite el ci.* **b)** Tener visible [algo]. **c)** Dejar ver [algo]. **d)** ~ **los dientes, ~ la oreja,** *etc* → DIENTE, OREJA, *etc.* ■ **2** Hacer saber o hacer ver [algo abstracto (*cd*)] a alguien (*ci*)]. *A veces se omite el ci.* **b)** Decir [algo (*cd*)] una doctrina o su creador o defensor]. ■ **3** Hacer que [una pers. (*ci*)] aprenda [una cosa (*cd*)]. *Tb abs. Frec sin ci.* **b)** Hacer que [una pers. o animal (*cd*)] aprenda [a hacer algo (A + *infin*)]. **c)** *pr* (~**se**) (*pop*) Aprender. ■ **4** Habituar o acostumbrar [a algo]. **b)** *pr* (~**se**) Habituarse o acostumbrarse [a algo]. *Frec en la constr* ESTAR ENSEÑADO.
    B *intr* **5** Ejercer la enseñanza [1a y b].

enseñoramiento *m* (*raro*) Acción de enseñorear(se).

enseñoreamiento *m* (*raro*) Acción de enseñorear(se).

enseñorear A *tr* **1** Dominar [algo] o ser señor [de algo (*cd*)]. *Tb fig.*
    B *intr pr* (~**se**) **2** Hacerse dueño y señor [de algo]. *Tb fig.*

enser *m* Objeto de los necesarios para el servicio de una casa o para el ejercicio de una profesión o actividad. *Normalmente en pl.*

enseriar (*conjug* **1a**) *tr* (*raro*) Poner serio. **b)** *pr* (~**se**) Ponerse serio.

ensiforme *adj* (*E*) De forma de espada.

ensilado *m* Acción de ensilar [1].

ensilador -ra *adj* Que ensila [1]. *Tb n f, referido a máquina.*

ensilaje *m* Acción de ensilar [1].

ensilar *tr* **1** Guardar [algo, esp. forraje] en silos. ■ **2** (*raro*) Tragar o engullir. *Tb abs.*

ensillado -da *adj* **1** *part* → ENSILLAR. ■ **2** [Caballería o res vacuna] de lomo hundido. *Tb referido a su cuerpo y a veces a pers.*

ensilladura *f* (*raro*) Entrante de la columna vertebral en la región lumbar.

ensillar *tr* Poner la silla [a una caballería (*cd*)].

ensimaje *m* (*Tex*) Engrasado de fibras textiles para facilitar las labores de hilatura. *Tb el producto utilizado para ello.*

ensimismación *f* (*raro*) Ensimismamiento.

ensimismadamente *adv* De manera ensimismada.

ensimismado -da *adj* **1** *part* → ENSIMISMAR. ■ **2** Que expresa o denota ensimismamiento.

ensimismamiento *m* Acción de ensimismarse. *Tb fig.*

ensimismar A *intr pr* (~**se**) **1** Abstraerse, o apartar [alguien] la atención de lo que le rodea, concentrándola en su propio pensamiento. *A veces con un compl* EN. *Tb fig.*
    B *tr* **2** (*raro*) Hacer que [alguien (*cd*)] se ensimisme [1].

ensoberbecer (*conjug* **11**) A *intr pr* (~**se**) **1** Ponerse soberbio [alguien]. ■ **2** (*lit*) Alborotarse o encresparse [el mar, el agua o las olas]. *Tb fig.*
    B *tr* **3** (*raro*) Hacer que [alguien (*cd*)] se ensoberbezca [1].

ensoberbecimiento *m* Acción de ensoberbecerse. *Tb su efecto.*

ensobrador -ra *adj* Que ensobra. *Tb n f, referido a máquina.*

ensobramiento *m* Acción de ensobrar.

ensobrar *tr* Meter [algo] en un sobre o en sobres.

ensogar *tr* Atar [algo o a alguien] con una soga. **b)** Sujetar [una res vacuna] con una soga para correrla por las calles.

ensombrar *tr* (*raro*) Ensombrecer. *Tb pr* (~**se**).

ensombrecedor -ra *adj* Que ensombrece.

ensombrecer (*conjug* **11**) *tr* **1** Oscurecer o cubrir de sombra. *Tb fig.* **b)** *pr* (~**se**) Oscurecerse o cubrirse de sombra. *Tb fig.* ■ **2** Poner sombrío (triste o pesimista). **b)** *pr* (~**se**) Ponerse sombrío.

ensombrecimiento *m* Acción de ensombrecer(se).

ensombrerado -da *adj* Que lleva sombrero.

ensoñación I *f* **1** Acción de ensoñar(se). *Tb su efecto.*
    II *loc adv* **2 ni por ~.** (*reg*) Ni por soñación, o de ninguna manera.

ensoñado -da *adj* **1** *part* → ENSOÑAR. ■ **2** Que expresa o denota ensoñación.

ensoñador -ra *adj* **1** Que ensueña. ■ **2** Que expresa o denota ensoñación.

ensoñamiento *m* (*raro*) Ensoñación [1].

ensoñar (*conjug* **4**) A *intr* ➤ **a** *normal* **1** Imaginar como posibles o reales cosas que no lo son.
    ➤ **b** *pr* (~**se**) **2** Abstraerse en sueños o fantasías.
    B *tr* **3** Imaginar como posible o real [algo grato o apetecible].

ensoñiscar *tr* (*reg*) Adormecer. *Tb pr* (~se).

ensopado *m* Acción de ensopar. *Tb su efecto.*

ensopar *tr* **1** Hacer sopas [de algo (*cd*), esp. de pan en vino]. *Tb abs.* ■ **2** Empapar, o poner hecho una sopa.

ensordecedor -ra *adj* Que ensordece [1]. *Frec con intención ponderativa, referido a ruido o sonido.*

ensordecedoramente *adv* De manera ensordecedora.

ensordecer (*conjug* 11) *tr* **1** Dejar sordo [a alguien]. *Frec con intención ponderativa.* ■ **2** (*Fon*) Hacer sorda [una consonante sonora]. **b)** *pr* (~se) Hacerse sorda [una consonante sonora].

ensordecimiento *m* Acción de ensordecer(se).

ensordinar *tr* Poner sordina [a un sonido (*cd*)]. *Frec fig.*

ensortijado -da *adj* **1** *part* → ENSORTIJAR. ■ **2** [Pelo] rizado que forma sortijas.

ensortijar *tr* Rizar [algo, esp. pelo] formando sortijas. **b)** *pr* (~se) Rizarse formando sortijas.

ensotanado -da *adj* **1** *part* → ENSOTANAR. ■ **2** [Pers.] que lleva sotana. **b)** De (la) pers. ensotanada.

ensotanar *tr* (*raro*) Poner sotana [a alguien (*cd*)]. *Tb fig.*

ensotarse *intr pr* (*raro*) Meterse en un soto. *Tb fig.*

enstatita *f* (*Mineral*) Mineral de color blanco grisáceo, verdoso o pardo, constituido por silicato de magnesio.

ensuciador -ra *adj* Que ensucia. *Tb n, referido a pers.*

ensuciamiento *m* Acción de ensuciar(se).

ensuciar (*conjug* 1a) **A** *tr* **1** Poner sucio [algo o a alguien]. *Tb en sent moral. A veces con un compl* DE *o* CON. *Tb abs.* **b)** *pr* (~se) Ponerse sucio. *Tb en sent moral.*
B *intr* ➤ **a** *normal* **2** Defecar [un animal]. ➤ **b** *pr* (~se) **3** Defecar [una pers. en un lugar]. *Frec sin compl de lugar, por consabido.*

ensueño I *m* **1** Acción de ensoñar. *Tb su efecto.* **b)** Cosa que se ensueña. ■ **2** Sueño (cosa que se sueña mientras se duerme).
II *loc adj* **3 de ~.** Fantástico o maravilloso. *Con intención ponderativa. Normalmente en lenguaje femenino.*

entablación *f* (*Carpint*) Acción de cubrir, cercar o asegurar con tablas. *Tb su efecto.*

entablado *m* Suelo o armazón de tablas.

entablamento *m* (*Arquit*) Conjunto de elementos que coronan un edificio o construcción, esp. el formado por arquitrabe, friso y cornisa.

entablar A *tr* **1** Iniciar [una conversación, una relación, o una lucha o disputa]. **b)** *pr* (~se) Iniciarse [una conversación, una relación, o una lucha o disputa].
B *intr* **2** (*Ajedrez*) Quedar en tablas.

entablarse *intr pr* (*Mar*) Afirmarse [el viento] en la dirección en que está soplando.

entablerarse *intr pr* (*Taur*) Refugiarse [el toro] en las tablas.

entablillado¹ *m* **1** Conjunto de tablillas. ■ **2** Revestimiento de tablas estrechas de suelos o paredes.

entablillado² *m* Acción de entablillar.

entablillar *tr* Sujetar con tablillas y vendaje [un miembro roto].

entablonar *tr* (*raro*) Cubrir o asegurar con tablones.

entaconado -da *adj* Que lleva tacones.

entado *adj* (*Heráld*) [Escudo] que lleva un triángulo en la parte inferior o en la superior. *Tb ~* EN PUNTA *o* EN JEFE, *respectivamente.*

entalegar *tr* **1** Meter [algo] en un talego o en talegos. *Tb abs.* ■ **2** (*reg*) Meter [a alguien] en un saco o talego, para competir en una carrera. *Frec en part, frec sustantivado.* ■ **3** (*jerg*) Encarcelar.

entalingar *tr* (*Mar*) Asegurar [un cable o cadena] al arganeo o grillete del ancla.

entallado¹ -da *adj* **1** *part* → ENTALLAR¹. ■ **2** [Prenda] que se ajusta al talle. *Tb referido a su corte o forma.* ■ **3** [Pers.] que lleva prendas entalladas [2].

entallado² *m* (*E*) Acción de entallar².

entallador¹ -ra *adj* (*raro*) Que entalla¹.

entallador² -ra *adj* (*E*) Que entalla². *Gralm n: m y f, referido a pers; f, referido a máquina.*

entalladura *f* **1** (*E*) Acción de entallar². *Tb su efecto. Tb fig.* ■ **2** (*raro*) Corte del terreno.

entallar¹ A *tr* **1** Ajustar [una prenda] al talle.
B *intr* **2** Ajustarse al talle [una prenda]. *Tb pr* (~se).

entallar² *tr* (*E*) **1** Tallar o esculpir. ■ **2** Hacer cortes o incisiones [en algo (*cd*)], esp. en un árbol o en una pieza.

entalle¹ *m* Acción de entallar¹. *Tb su efecto.*

entalle² *m* (*E*) Acción de entallar². *Tb su efecto.*

entallecer (*conjug* 11) *intr* Echar tallos [una planta]. *Tb pr* (~se).

entalpía *f* (*Fís*) En un sistema termodinámico: Magnitud equivalente a la suma de su energía interna más el producto de su volumen por la presión exterior.

entaponar *tr* (*reg*) Taponar u obstruir. **b)** *pr* (~se) Obstruirse o quedar taponado.

entarimado¹ -da *adj* **1** *part* → ENTARIMAR. ■ **2** [Suelo] de tarima. *Frec n m.*

entarimado² *m* Acción de entarimar.

entarimador *m* Individuo que tiene por oficio entarimar.

entarimar *tr* Cubrir [un lugar] con tarima o suelo de madera. *Tb fig.*

entarquinar *tr* (*raro*) Manchar con légamo.

éntasis *f* (*Arquit*) Engrosamiento del fuste de una columna, gralm. en su parte central.

ente *m* **1** (*Filos*) Lo que existe, de manera material o mental. *Tb lit fig, fuera del ámbito técn.* **b)** **~ de razón** → RAZÓN. ■ **2** (*col, desp*) Pers. ridícula o extravagante. ■ **3** (*admin*) Organismo o institución. *Frec referido a Televisión Española.*

entecado -da *adj* (*reg*) Enfermo.

entechar *tr* (*raro*) Techar, o poner techo [a algo (*cd*)].

enteco -ca *adj* (*lit*) Endeble o raquítico. *Tb fig.*

entejar *tr* Tejar [un edificio o construcción].

entelado *m* Acción de entelar. *Tb su efecto.*

entelar *tr* Cubrir o reforzar [algo] con tela.

entelarañar *tr* (*raro*) Cubrir de telarañas. *Frec en part.*

entelarse *intr pr* (*reg*) Sufrir inflamación del vientre [el ganado vacuno] por comer mucha hierba verde o beber mucha agua.

entelequia *f* **1** Cosa irreal. ■ **2** (*Filos*) Principio que determina el modo de existencia de un ser y hace que tienda por sí mismo a cumplirlo.

enteléquico -ca *adj* De la entelequia o que la implica.

entelerido -da *adj* Aterido de frío. *Tb fig.*

entena *f* Vara o palo de gran longitud. *Esp designa la que sirve de soporte a la vela latina.*

entenado -da *m y f* (*raro*) Hijastro. *Tb alguna vez adj.*

entendederas *f pl* (*col*) Entendimiento (facultad humana de entender y razonar). *Gralm con matiz peyorativo.*

entendedor -ra *adj* [Pers.] que entiende, esp [1]. *Tb n.*

entender I *v* (*conjug 14*) A *tr* ➤ **a** *normal* **1** Comprender, o percibir mentalmente, [algo]. *Tb abs.* **b)** Comprender, o percibir mentalmente, lo que dice [una pers. (*cd*)]. **c) dar a ~** → DAR. ■ **2** Captar el significado [de algo (*cd*)]. *Frec con los advs* BIEN *o* MAL. **b)** Atribuir [un significado (*compl de modo*) a algo (*cd*)]. **c)** Atribuir [un significado (*cd*) a algo (*compl POR*)]. * ¿Qué entiendes por colaborar? ■ **3** Formarse [alguien la idea que se expresa (*prop con* QUE)]. **b)** Considerar o tener [algo en el concepto que se indica (*predicat*)]. * La reversión se entenderá otorgada a favor de los testamentarios. ■ **4** Encontrar explicable [algo]. **b)** Encontrar explicable el comportamiento o la personalidad [de alguien (*cd*)]. ■ **5** Saber cómo tratar [a alguien o algo]. ■ **6** Opinar [algo] o tener [determinada opinión]. ■ **7** Percibir con claridad [signos acústicos o gráficos], esp. oír con claridad [palabras]. **b)** Percibir con claridad lo que dice o escribe [una pers. (*cd*)]. ■ **8 entendido.** *Se usa para manifestar aquiescencia.* ■ **9 entiéndelo.** *Fórmula con que se acompaña a la justificación de un hecho que resulta molesto o poco esperable.* * Entiéndelo, mujer, no podía dejar al niño para venir contigo. ■ **10 entiéndeme.** *Precede a la explicación de algo dicho anteriormente.* * La casa es buena, entiéndeme, te dejan salir mucho y no te tratan mal. ■ **11 entiéndeme,** *o* **¿(me) entiendes?** (*col*) *Fórmulas, frec expletivas, con que se pide comprensión al interlocutor sobre el verdadero sentido de lo que se dice.* * Estaba como al acecho, ¿entiendes? ■ **12 ¿entiendes?,** *o* **¿entendido?** (*col*) *Fórmulas con que se insiste enfáticamente en una aseveración.* * No pienso ir, ¿entendido? ■ **13 para ~nos,** *o* **para que me entiendas.** *Fórmulas que normalmente siguen a una explicación o a una expresión de más fácil comprensión.* * El jol, vaya, el recibidor, para que me entienda. ■ **14 se entiende.** *Sigue a la mención de algo que precisa lo dicho anteriormente.* * Por aquí hay 22 pies de calado; en bajamar, se entiende. ■ **15 tener entendido** [algo]. Tener noticia [de ello] pero sin plena confirmación. *Frec usado para manifestar reserva.* ■ **16 ya me entiendes,** *o* **tú (ya) me entiendes.** *Fórmulas con que se comenta lo innecesario de cualquier explicación complementaria y que por tal se omite.* * Su familia era un poco así, de medio pelo, ya me entiendes. ■ **17 yo me entiendo (y bailo solo).** *Fórmula con que alguien elude una explicación de algo dicho o hecho por él y que los demás no entienden* [1 y 2]. * –No sé por qué haces eso. –Yo me entiendo.

➤ **b** *pr* **18 ~selas** [con algo]. Enfrentarse [a ello] o actuar [respecto a ello].

B *intr* ➤ **a** *normal* **19** Tener conocimientos [acerca de algo (*compl* DE)]. ■ **20** (*Der*) Ocuparse [de un asunto (*compl* EN *o* DE)]. ■ **21** (*jerg*) Ser homosexual.

➤ **b** *pr* (**~se**) **22** Avenirse o estar de acuerdo [dos perss., o una con otra]. **b)** **~se bien** (*o* **mal**). Tener buena (o mala) relación [con alguien]. *En lugar de* BIEN *o* MAL *puede presentarse otro compl adv equivalente. Tb sin compl* CON, *con suj pl.* ■ **23** (*col*) Mantener relaciones amorosas irregulares [dos perss., o una con otra]. ■ **24** Comunicarse [dos perss. o entidades, o una con otra]. ■ **25** Percibir con claridad lo que dice [alguien (*compl* CON)]. *Tb sin compl, normalmente con suj pl.* ■ **26** Tratar o negociar [con alguien]. ■ **27** Ocuparse o encargarse [de alguien o algo (*compl* CON)].

II *loc adv* **28 a mi (tu, su,** *etc*) **~.** Según mi (tu, su, etc.) opinión. ■ **29 como Dios le da a ~;** **según su leal saber y ~** → DIOS, SABER[1].

entendible *adj* Que se puede entender.

entendido -da I *adj* **1** *part* → ENTENDER. ■ **2** [Pers.] experta o con conocimiento [en algo]. *Frec sin compl, por consabido. Tb n.* ■ **3 bien** (*o* **mal**) **~.** [Cosa] auténtica (o no), o que se considera correctamente (o no).

II *loc conj* **4 bien ~ que.** Aunque hay que tener en cuenta que. *Tb* (*más raro*) EN EL BIEN ~ DE QUE.

entendimiento *m* **1** Facultad humana de entender [1] y razonar. ■ **2** Acción de entender(se), *esp* [1 y 22]. *Tb su efecto.* **b)** (*raro*) Sentido o significación.

entenebrecer (*conjug 11*) *tr* Oscurecer o hacer tenebroso [algo]. *Tb fig.* **b)** *pr* (**~se**) Oscurecerse o hacerse tenebroso. *Tb fig.*

entenebrecimiento *m* Acción de entenebrecer(se).

entente *f* (*Pol*) Acuerdo o entendimiento. *Tb fig, fuera del ámbito técn.*

enterado -da I *adj* **1** *part* → ENTERAR. ■ **2** [Pers.] experta o con conocimientos en una materia (*compl* EN *o* DE). *Tb sin compl, por consabido. Tb n. A veces con intención desp, esp en la forma* ENTERADILLO.

II *m* **3** Diligencia en que, con la palabra *enterado* y la firma, la persona indicada hace constar su conocimiento del contenido de un documento.

enteral *adj* (*Anat*) Entérico o intestinal.

enteralgia *f* (*Med*) Dolor intestinal.

enteramente *adv* Completamente.

enterar A *tr* **1** Hacer que [alguien (*cd*)] pase a tener conocimiento [de algo]. *Tb abs. A veces se omite el segundo compl por consabido.*

B *intr pr* (**~se**) **2** Pasar [alguien] a tener conocimiento [de algo]. *Tb sin compl, por consabido. A veces* (*col*) *la prep* DE *del compl se omite ante una prop con* QUE. **b)** Comprender o entender [algo (*compl*

DE)]. *Tb sin compl, por consabido.* **c)** Darse cuenta [de algo]. *Gralm en constr neg.* ■ **3 darse por enterado.** Mostrar haberse enterado [2]. *Frec en constr neg denotando desinterés o desentendimiento.* ■ **4 para que te enteres** (*o* **se entere**, *etc*). (*col*) *Fórmula con que se pone de relieve lo dicho, con intención de desengañar al interlocutor.* * El abuelo era de los de la uña larga, para que usted se entere. **b)** *Fórmula con que se recalca algo que se cree que molesta o contraría a la pers a que se dirige.* * No te lo dejo, para que te enteres. ■ **5 te vas** (*o* **se va,** *etc*) **a ~.** (*col*) *Se usa como fórmula de amenaza.* * Como lo coja, se va a enterar. **b)** **~se de lo que vale un peine** → PEINE.

entercarse *intr pr* Obstinarse [en algo].

entereza *f* Fortaleza de ánimo.

entérico -ca *adj* (*Anat*) Intestinal.

enteritis *f* (*Med*) Inflamación del intestino, esp. del delgado.

enterizo -za *adj* **1** De una sola pieza. *Dicho esp de prendas de vestir.* ■ **2** Entero [2, 3 y esp. 4]. *Tb fig.*

enternecedor -ra *adj* Que enternece [1].

enternecedoramente *adv* De manera enternecedora.

enternecer (*conjug* 11) *tr* **1** Producir un sentimiento de ternura [en alguien (*cd*)]. **b)** *pr* (**~se**) Pasar a tener un sentimiento de ternura. ■ **2** Hacer tierno o más tierno [un alimento]. **b)** *pr* (**~se**) Hacerse tierno o más tierno [un alimento].

enternecido -da *adj* **1** *part* → ENTERNECER. ■ **2** (*lit*) Tierno o sentimental.

enternecimiento *m* Acción de enternecer(se), esp [1]. *Tb su efecto.*

entero -ra **I** *adj* **1** Completo (que tiene todas las condiciones, elementos o partes que normalmente le corresponden). *A veces en la constr ~ Y VERDADERO, usada con intención ponderativa.* **b)** Que no ha sido partido o dividido. **c)** Que no ha sufrido daño o deterioro. ■ **2** [Pers.] que conserva la fortaleza de espíritu en los momentos difíciles. ■ **3** Que conserva toda la fuerza y vigor. ■ **4** Duro. *Referido esp a frutas, arroz, legumbres o pasta, denotando falta de maduración o de cocción.* ■ **5** Virgen. *Esp referido a mujer.* ■ **6** [Animal] no castrado. ■ **7** (*Bot*) [Hoja] de borde liso, sin escotaduras, entrantes o salientes. ■ **8** (*Mat*) [Número] que contiene la unidad un número exacto de veces. *Tb n.* **b)** De(l) número entero. **c)** [Expresión] racional que no tiene denominador literal ni exponentes negativos que afecten a las letras. ■ **9** (*Taur*) [Estocada] en que el estoque queda totalmente dentro del animal. *Tb n f.* **II** *m* **10** (*Econ*) Centésima parte del valor nominal de un título. *Tb fig, fuera del ámbito técn.* ■ **11** Sobre, tarjeta postal o cosa similar que lleva el sello incorporado. *Tb* → POSTAL. **III** *loc adv* **12 por ~.** Completamente.

enterobacteria *f* (*Med*) Bacteria gramnegativa de las que producen la descomposición de los hidratos de carbono y viven como saprofitas en el intestino humano, en el suelo y en el agua, y algunas de las cuales son patógenas.

enterocinasa *f* (*Biol*) Fermento del jugo intestinal que transforma el tripsinógeno en tripsina.

enterocolitis *f* (*Med*) Inflamación del intestino delgado y del colon.

enteropatía *f* (*Med*) Enfermedad intestinal.

enteroquinasa *f* (*Biol*) Enterocinasa.

enterotoxina *f* (*Med*) Toxina producida en el intestino.

enterovirus *m* (*Med*) Virus que se puede aislar en el aparato digestivo de los vertebrados y que suele producir diversas infecciones.

enterrado *m* Acción de enterrar [1].

enterrador -ra **I** *adj* **1** (*raro*) Que entierra. *Tb n, referido a pers.* **II** *m* **2** Hombre que tiene por oficio enterrar muertos.

enterramiento *m* **1** Acción de enterrar [1, 2 y 3]. ■ **2** Sepultura (lugar, excavado en el suelo o levantado sobre él, en que se deposita definitivamente un cadáver).

enterrar (*conjug* 6) *tr* **1** Poner [algo] bajo tierra. ■ **2** Poner [un cadáver] en una sepultura. **b)** Asistir al entierro [de alguien (*cd*)]. **c)** **~se en vida** → VIDA. ■ **3** Sepultar (cubrir [algo o a alguien] de modo que desaparezca totalmente). **b)** (*Taur*) Clavar [la espada] totalmente, en la suerte de matar. ■ **4** Causar la muerte [de alguien (*cd*)]. *Tb fig. Con intención ponderativa.* ■ **5** (*col*) Sobrevivir [a alguien (*cd*)].

enterrollo *m* (*reg*) Collarón de paja que se pone a las bestias para el tiro.

entertainment (*ing; pronunc corriente,* /enterteínment/) *m* (*raro*) Espectáculo de puro entretenimiento.

entibación *f* (*Min y Constr*) Acción de entibar. *Tb su efecto.*

entibado *m* (*Min y Constr*) Entibación.

entibador -ra (*Min y Constr*) **I** *adj* **1** De (la) entibación. **II** *m* **2** Operario cuyo oficio es entibar.

entibar *tr* (*Min y Constr*) Apuntalar [una excavación o galería o una pared] para evitar su hundimiento.

entibiar (*conjug* 1a) *tr* **1** Poner tibio o templado. **b)** *pr* (**~se**) Ponerse tibio o templado. ■ **2** Enfriar ligeramente [un afecto o pasión]. **b)** *pr* (**~se**) Enfriarse ligeramente [un afecto o pasión].

entibo *m* (*Min y Constr*) Madero para entibar o para servir de apoyo.

entidad *f* **1** Importancia o relieve. ■ **2** Institución u organismo. ■ **3** (*Filos o lit*) Ente o ser. **b)** (*lit*) Realidad (cosa real). ■ **4** (*Filos*) Condición de ente [1].

entierro (*con mayúscula en acep 1c*) *m* **1** Acción de enterrar [2]. **b)** **~ de la sardina.** Fiesta de carnaval celebrada el miércoles de ceniza, en que se entierra burlescamente una figura de sardina. **c)** **Santo ~.** (*Rel catól*) Paso de Semana Santa que representa el entierro [1a] de Jesucristo. ■ **2** Comitiva fúnebre. ■ **3** Tumba o sepultura. ■ **4** **~ de tercera.** (*col*) Reunión aburrida o sin animación. *Normalmente en constr comparativa.*

entiesar *tr* Atiesar. *Tb pr* (**~se**).

entificación *f* (*Filos*) Hecho de dar carácter de ente [a algo (*compl de posesión*)].

entigrecer (*conjug* 11) *tr* (*raro*) Hacer [a alguien] fiero como un tigre. **b)** *pr* (**~se**) Hacerse [alguien] fiero como un tigre.

entimema *m* (*Filos*) Silogismo abreviado en que se suprime, por sobrentendida, una de las premisas.

entinajar *tr* Meter en una tinaja o en tinajas.

entintado *m* Acción de entintar. *Tb su efecto.*

entintar *tr* Impregnar de tinta.

entitativamente *adv* (*Filos o lit*) De manera entitativa.

entitativo -va *adj* (*Filos o lit*) De (la) entidad [3 y 4].

entizna *f* (*reg*) Acción de entiznar.

entiznar *tr* (*reg*) Tiznar.

entoallar *tr* Envolver [a alguien] en una toalla. *Gralm el cd es refl.*

entodavía (*más raro con la grafía* **en todavía**) *adv* (*pop*) Todavía.

entoldado *m* Toldo o conjunto de toldos. **b)** Lugar cubierto con toldos. **c)** (*reg*) Lugar cubierto de toldos, guirnaldas y otros adornos, destinado a bailes populares.

entoldamiento *m* Acción de entoldar(se).

entoldar *tr* **1** Cubrir con un toldo o con toldos. ■ **2** Cubrir o nublar. **b)** *pr* (**~se**) Cubrirse o nublarse. ■ **3** (*lit, raro*) Cubrir o tapar.

entomatada *f* (*reg*) Tomatada.

entomatar *tr* (*raro*) Aderezar con tomate.

entomizarse *intr pr* (*jerg*) Ponerse en erección [el miembro viril].

entomófago -ga *adj* (*Biol*) [Animal o planta] que se alimenta de insectos. *Tb n.*

entomofauna *f* (*Zool*) Conjunto de los insectos [de un país o zona o de un medio determinados].

entomófilo -la *adj* (*Bot*) [Planta] cuya polinización se realiza por medio de insectos. **b)** [Polinización] hecha por insectos.

entomógamo -ma *adj* (*Bot*) Entomófilo.

entomología *f* (*Zool*) Estudio de los insectos.

entomológico -ca *adj* (*Zool*) De (la) entomología.

entomólogo -ga *m y f* (*Zool*) Especialista en entomología.

entomostráceo *adj* (*Zool*) [Crustáceo] que no posee un número fijo de segmentos. *Frec como n m en pl, designando este taxón zoológico.*

entonación *f* **1** Acción de producir un sonido musical en el tono adecuado. ■ **2** Serie de alturas musicales relativas, característica de una lengua, una pers. o una colectividad, o de un modo de expresión, y que refleja una intención expresiva o un estado de ánimo. **b)** Modulación de la voz, adecuada al sentido de la frase. ■ **3** Armonización de colores. **b)** Tonalidad (impresión general producida por un conjunto de tonos).

entonadamente *adv* Con entonación musical.

entonado -da *adj* **1** *part* → ENTONAR. ■ **2** Que tiene la entonación [2b] justa. ■ **3** De tono. *Referido al nivel o trato social.* ■ **4** De tono elevado o formal. ■ **5** Que está a tono (en forma o estado satisfactorios). ■ **6** [Color o cosa que tiene color] armonioso o que entona [5]. **b)** [Pers.] cuyo atuendo entona.

entonador -ra *m y f* Pers. que mueve los fuelles del órgano para que pueda sonar.

entonamiento *m* **1** Acción de entonar(se) [2]. ■ **2** Cualidad de entonado [3 y 4].

entonar **A** *tr* **1** Cantar [algo] con el tono debido. **b)** Cantar [algo]. ■ **2** Poner a tono (en forma o estado satisfactorios). *Tb abs.* **b)** *pr* (**~se**) Ponerse a tono. ■ **3** Armonizar [varios colores (*cd*) o cosas que tienen color, o unos con otros]. **B** *intr* **4** Cantar con el tono debido. ■ **5** Armonizar [varios colores (*suj*) o cosas que tienen color, o unos con otros].

entonces *adv* **1** En aquel momento o en aquel tiempo. *Referido al pasado o al futuro.* * Entonces comprendí que hice mal. * Entonces llegará la paz. **b)** *Precedido de prep, o como suj de una o cualitativa, se sustantiva:* Aquel momento o aquel tiempo. * Se ponen en cultivo terrenos hasta entonces yermos. **c)** **aquel ~**. Aquella época. *Precedido de las preps* EN *o* POR. *Tb* (*pop*) *en pl.* * Por aquel entonces no había teléfono. ■ **2** En ese caso. * –Está despierto. –Entonces voy a verle. **b)** *Usado como réplica, formando or por sí solo, y frec con entonación exclam, expresa que lo que acaba de decir el interlocutor es un argumento involuntario que lo aclara todo. Frec* PUES **~**. * –Oye, que yo no pinto nada. –¡Pues entonces! ■ **3** Una vez sentado lo anterior. *Introduce una oración cuyo contenido es continuación, y en algún aspecto consecuencia, de lo que acaba de exponerse.* * –Soy contrario al doblaje. –Entonces, una película francesa debe exhibirse en francés, una inglesa en inglés...

entonelar *tr* Meter en un tonel o en toneles.

entongar *tr* (*reg*) Apilar o amontonar.

entono *m* Entonamiento [2].

entontecer (*conjug 11*) **A** *tr* **1** Poner tonto [a alguien]. **B** *intr* **2** Volverse tonto. *Frec pr* (**~se**).

entontecido -da *adj* **1** *part* → ENTONTECER. ■ **2** Que denota o implica entontecimiento.

entontecimiento *m* Acción de entontecer(se). *Tb su efecto.*

entoñar *tr* (*reg*) Enterrar o soterrar.

entoquillado -da *adj* Que lleva toquilla (prenda de punto). *Esp referido a mujer.*

entorchado *m* **1** Bordado en oro o plata que llevan en las mangas como distintivo los militares y algunos altos funcionarios. *Gralm en pl.* ■ **2** Título o galardón. ■ **3** Adorno en espiral.

entorchar *tr* (*raro*) Adornar con entorchados [2].

entorilar *tr* Meter [al toro] en el toril. *Tb* (*lit*) *fig.*

entornar¹ **A** *tr* **1** Cerrar parcialmente [una puerta o ventana, o los ojos]. *Tb abs.* **b)** Cerrar parcialmente las ventanas [de un lugar (*cd*)]. **B** *intr* **2** (*reg*) Inclinarse y volcar.

entornar² *tr* (*raro*) Rodear o servir de entorno [a alguien o algo (*cd*)].

entorno *m* **1** Conjunto de perss. o cosas que rodean [a alguien o algo (*compl de posesión*)]. **b)** Conjunto de cosas relacionadas [con otra (*adj o compl especificador*)]. ■ **2** Medio ambiente. ■ **3** (*Informát*) Programa o conjunto de ellos que gestiona un ordenador o, más gralm., otros programas.

entorpecedor -ra *adj* Que entorpece.

entorpecedoramente *adv* De manera entorpecedora.

entorpecer *(conjug* 11) *tr* **1** Hacer torpe (lento o falto de soltura) [a alguien o algo]. *Tb abs.* **b)** *pr* (~**se**) Hacerse torpe (lento o falto de soltura). ■ **2** Dificultar u obstaculizar. *Tb abs.*

entorpecimiento *m* Acción de entorpecer(se). *Tb su efecto.*

entourage *(fr; pronunc corriente,* /anturáʒ/) *m* Entorno [1].

entrada I *f* **1** Acción de entrar, *esp* [1, 2, 8, 10, 13, 16, 21 y 22]. ■ **2** Posibilidad o derecho de entrar [1 y 5]. **b)** *(hist)* Prerrogativa de ciertas dignidades o empleos de entrar en determinadas habitaciones de palacio. **c)** Oportunidad que se da a alguien para hablar o actuar. *Gralm con los vs* DAR *o* TENER. ■ **3** Papel impreso que sirve para entrar en determinados lugares, esp. espectáculos o museos. ■ **4** Conjunto de perss. que asisten a un espectáculo. ■ **5** Sitio por donde se entra [1]. **b)** Parte [de una casa] en la que está la puerta de acceso a ella. ■ **6** Entrante, esp. parte de las dos desprovistas de pelo que prolongan la frente hacia arriba. ■ **7** Comienzo [de un período de tiempo]. **b)** Parte inicial [de una canción popular]. ■ **8** Momento en que empieza la intervención de un actor, un cantante o un instrumento. *Tb la señal correspondiente.* ■ **9** Plato que inicia una comida. ■ **10** Cantidad inicial que se abona en una compra a plazos. ■ **11** Cantidad que entra en caja. ■ **b)** Recaudación por la venta de localidades de un espectáculo. ■ **12** *En un diccionario u otra obra similar:* Palabra o sintagma que encabeza un artículo. *Tb el mismo artículo.* ■ **13** *(Juegos)* En el tresillo: Jugada que precisa al n al descarte.
II *loc adv* **14 de ~.** En situación de reciente ingreso en un organismo o en un escalafón. *Tb adj.* **b)** En un primer momento. **c)** Para empezar, o en primer lugar.

entradilla *f* **1** *(Per)* Primer párrafo de una información, a veces impreso en tipografía destacada. **b)** *(RTV)* Frases iniciales de una información, en las que se resume o se presenta el tema. ■ **2** *(hoy raro)* Danza popular castellana que se baila en las bodas en honor de los novios. *Tb su música.*

entrado -da *adj* **1** *part* → ENTRAR. ■ **2 ~ en años** (*o* **en días,** *o* **en edad**). De edad avanzada.

entradón *m* **1** *(col)* Entrada [4] muy numerosa. ■ **2** *(Dep)* Entrada o acometida muy violenta.

entrador *m* *(E)* Individuo que lleva las reses al matadero.

entramado *m* **1** Armazón de madera, hierro u hormigón, que se rellena para hacer una pared o un suelo, o que forma la estructura de un edificio. ■ **2** Trama (estructura entrecruzada o reticular). *Tb fig.* **b)** Conjunto de relaciones, frec. hechos o circunstancias, que se entrecruzan. *Gralm con un adj o compl especificador.* ■ **3** Trama (armazón argumental).

entramar *tr* Formar el entramado [de algo *(cd)*].

entrambos -bas *(tb, más raro, ~ a dos) (lit)* I *adj pl* **1** Los dos. * Entrambas casas son del siglo XVI.
II *pron pl* **2** Las dos perss. o cosas. *Referido a perss o cosas mencionadas o consabidas, o que se van a mencionar.* * Tiene dos casas, entrambas antiguas.

entrampamiento *m* *(col)* Acción de entrampar(se). *Tb su efecto.*

entrampar *tr* **1** *(col)* Endeudar. *Gralm el cd es refl.* ■ **2** Coger [a un animal] en una trampa.

entrampillar *tr* **1** Atrapar [a alguien]. ■ **2** *(Taur)* Coger [a alguien un toro].

entrante I *adj* **1** Que entra, *esp* [1 y 6]. ■ **2** [Parte] que está más adentro, respecto a la línea o al plano que se toman como referencia.
II *m* **3** Parte entrante [2]. *Frec en contraposición con* SALIENTE. ■ **4** Entrada, o plato que inicia una comida.

entraña I *f* **1** Conjunto de los órganos contenidos en el abdomen [del hombre o de los animales]. *Gralm en pl.* **b)** *(lit)* Órganos femeninos de la gestación. *Gralm en pl.* ■ **2** Parte más profunda o interna [de algo]. ■ **3** Corazón o sentimientos. *Gralm con los adjs* BUENA *o* MALA, *o en constrs como* NO TENER ~S, *o* SIN ~S.
II *loc adj* **4 de mis ~s.** Siguiendo al n HIJO, *o al n propio de un hijo, expresa cariño hacia él. Gralm como vocativo.*

entrañabilidad *f (lit, raro)* Cualidad de entrañable.

entrañable *adj* **1** Íntimo o profundo. *Gralm referido a cariño o afecto.* ■ **2** [Pers. o cosa] que inspira o es capaz de inspirar un cariño o afecto entrañable [1].

entrañablemente *adv* De manera entrañable.

entrañado -da *adj* **1** *part* → ENTRAÑAR. ■ **2** *(lit, raro)* Profundo. *En sent fig.*

entrañamiento *m* Acción de entrañar(se) [2 y 3].

entrañar A *tr* **1** Implicar o llevar consigo. ■ **2** Unir entrañablemente [a una pers. con alguien o algo]. **b)** *pr* (~**se**) Unirse entrañablemente [con alguien o algo].
B *intr pr* (~**se**) **3** Penetrar profundamente [en alguien o algo].

entrapajar *tr (desp)* Envolver con trapos. *Frec en part.*

entrar A *intr* **1** Pasar del exterior al interior [de un lugar limitado o cerrado *(compl* EN *o, más raro,* A)]. *Tb fig. Tb pr* (~**se**). *En este caso, con suj pers expresa enfáticamente la voluntariedad del hecho. Tb sin compl, por consabido.* **b)** Comenzar el trabajo habitual. *Gralm con un compl de tiempo.* **c)** *(Caza)* Pasar a estar [la presa] en el campo de tiro del cazador. ■ **2** Penetrar [en un cuerpo]. ■ **3** Caber [una pers. o cosa en o por un lugar]. *Tb fig.* **b)** Caber [cierto número de unidades en una medida]. ■ **4** Permitir [una cosa *(suj)*] que [alguien *(ci)*] o algo *(compl* EN)] quepa en ella. * El anillo solo le entra en el dedo pequeño. ■ **5** Ser admitido o tener autorización para entrar [1] [en alguna parte]. ■ **6** Empezar [un período de tiempo *(suj)*]. *Frec en part, expresando que ya ha transcurrido una parte de él.* * Entrado enero, volveré. ■ **7** Empezar a producirse [algo]. ■ **8** Empezar [a algo (A + *infin*)]. **b)** **~ a matar.** *(Taur)* Dirigirse [el torero] hacia el toro para clavarle el estoque. *A veces con ci.* **c)** *Sin infin:* Empezar a hablar [un actor] o a intervenir [un cantante o un instrumento músico] en el momento que le corresponde. ■ **9** Pasar a tratar [un tema *(compl* EN)]. **b)** **~ en materia** → MATERIA. ■ **10** Pasar a estar [en un tiempo o en una situación]. **b)** Pasar a estar [en una situación o estado *(compl* EN + *n sin art*)]. *Con ns como* VIGOR, SERVICIO, FUNCIONAMIENTO, TRANCE. **c)** **~ en razón, ~ en vereda** → RAZÓN, VEREDA. ■ **11** Empezar a sentir [calor *(compl* EN)]. ■ **12** Empezar a hacerse sentir [una sensación o una disposición de ánimo en alguien *(ci)*]. **b)** Empezar a manifestarse [en alguien (*ci*) un fenómeno físico, frec. un síntoma de enfermedad o, más raro, determinada enfermedad]. ■ **13** Incorporarse [a algo, esp. una asociación, colectividad, actividad o empresa, o a un lugar de estudio o trabajo (*compl* EN)]. ■ **14** Formar parte [de algo (*compl* EN), esp. de un compuesto, o de una colectividad o clase (*compl* EN o ENTRE)]. *Tb sin compl, por consabido*. **b)** Formar parte [algo] del conjunto que corresponde a una unidad de medida o a un lote. **c)** ~ **pocos en kilo** (*o* **docena**, *etc*). *Se usa para ponderar el carácter extraordinario de alguien o algo*. * De estos entran pocos en docena. ■ **15** Estar incluida [una cosa (*suj*)] en otra]. ■ **16** Intervenir o tomar parte [en algo, esp. una acción]. *Tb sin compl, por consabido*. **b)** **no ~ ni salir** [en algo]. (*col*) No intervenir [en ello]. *Tb sin compl, por consabido*. ■ **17** Responder [un animal a un señuelo]. ■ **18** (*col*) Ser [una pers.] agradable o simpática [a otra]. *Gralm en constr neg*. **b)** Resultar agradable o posible [a alguien] la ingestión [de un alimento o bebida (*suj*)]. *Tb fig. Tb sin ci*. ■ **19** (*col*) Ser asimilado [por alguien (*ci*) un conocimiento (*suj*)]. *Frec en constr neg*. **b)** Ser creíble o comprensible [para alguien (*ci*) una cosa]. *Frec en constr neg*. ~ EN LA CABEZA. ■ **20** Transigir [con algo, esp. un uso o costumbre (*compl* POR)]. **b)** ~ **por el aro** → ARO[1]. ■ **21** Abordar [a una pers. (*ci*)]. ■ **22** (*Dep*) Acometer violentamente [a alguien (*ci*)]. ■ **23** (*jerg*) Fornicar [el hombre]. **B** *tr* **24** Introducir o meter. ■ **25** (*pop*) Estrechar o acortar [una prenda].

entre (*con pronunc átona*) *prep* ➤ **a** *como simple prep* **1** *Precediendo a dos susts unidos por* Y *o a un sust en pl, denota situación dentro del espacio real o fig delimitado por los elementos designados*. * Entre las piedras florece la valeriana. * Los musgos establecen la transición entre las talofitas y las cormofitas. **b)** *Denota tránsito por el espacio delimitado por los elementos designados. En este caso puede combinarse con* POR, *con intención expresiva*. * El sol se colaba entre las rendijas. * El tren corría por entre los viñedos. **c)** *Precede al sust que designa el grupo del que alguien o algo forma parte. En este caso puede combinarse con* DE, *con intención expresiva*. * Los caballos asturcones fueron muy celebrados entre los équites romanos. * De entre los tipos chilenos destaca el "roto". **d)** *Precede al sust que designa la sociedad o colectividad en que se localiza un hecho*. * Entre los antiguos egipcios hallamos elementos totemistas. **e)** *Precediendo a un n no contable, denota situación en el interior de lo designado*. * Se acostaba entre la torvisca. **f)** ~ **sí** (*o* **mí**). (*lit*) En su (*o* mi) interior, o para sus (o mis) adentros. ■ **2** *Precediendo a dos ns iguales unidos por* Y *o a un n en pl, expresa circunstancia reiterada o continuada que acompaña a la acción del v*. * Entre vaso y vaso, contó la historia. ■ **3** *Precediendo a dos susts unidos por* Y, *expresa los límites de extensión, tiempo o medida en que se produce un fenómeno o un hecho*. * El hecho tuvo lugar entre el 20 y el 30 de diciembre. ■ **4** *Precediendo a dos adjs unidos por* Y, *expresa una cualidad que participa por igual de las designadas por los adjs*. * Lo dijo en un tono entre imperativo y galante. ■ **5** *Precede a dos o más susts o a un sust en pl que designan elementos puestos en relación*. * Establece entre ambos hechos una correlación. **b)** ~ **sí**, *o* ~ **ellos** (*u otro pron pers en pl*). Mutuamente o uno con otro. * Hablan mucho entre ellos. ■ **6** *Precede a dos o más susts o a un sust en pl que designan perss que comparten un secreto*. * Esto es algo que siempre queda entre dos. **b)** ~ **nosotros** → NOSOTROS. ■ **7** *Precediendo a dos o*

más susts unidos por Y *o a un sust en pl, denota cooperación de los elementos designados por los susts, como agentes de un hecho*. * Entre la madre y los hijos lograron encerrarle. **b)** *Denota acumulación o suma de los elementos que conducen a un resultado*. * Entre quintos y veteranos habría 50. ■ **8** *Precede a dos o más susts o a un sust en pl que designan los elementos que pueden ser objeto de una elección o una diferenciación*. * Tienes que elegir entre los dos. ■ **9** *Precede a un sust en pl o colectivo que designa el destinatario de una distribución*. * Reparte los regalos entre sus amigos. **b)** *En la operación aritmética de la división*: Dividido por. * Treinta entre seis, a cinco.

➤ **b** *como componente de locs* **10** *Forma locs advs y conjs*: ~ DIENTES, ~ MEDIAS, ~ TANTO, *etc* → DIENTE, MEDIO, TANTO, *etc*.

entreabrir (*conjug 37*) *tr* Abrir un poco. *Tb fig*. **b)** *pr* (**~se**) Abrirse un poco.

entreacto *m* Intermedio de una representación dramática. *Tb fig*.

entrealma *f* (*reg*) Tocino de la parte inferior del vientre. *Frec* TOCINO DE ~.

entreayudarse *tr pr* (*raro*) Ayudarse mutuamente.

entrebarrera *f En una plaza de toros*: Espacio comprendido entre la barrera y el muro que sostiene las localidades de tendido. *Gralm en pl*.

entrebastidores *m pl* (*lit, raro*) Parte íntima [de algo], que no trasciende al público.

entrebatirse *intr pr* (*raro*) Luchar entre sí.

entrecalle *f* (*Arquit*) Espacio hueco entre dos molduras. **b)** *En un retablo*: División vertical estrecha entre dos calles.

entrecano -na *adj* Parcialmente canoso.

entrecava *f* (*Agric*) Cava[1] ligera y poco profunda.

entrecejo *m* Espacio comprendido entre las cejas. **b)** *Frec con vs como* FRUNCIR *o* ARRUGAR, *expresando el gesto de preocupación o de disgusto*.

entrecerrar (*conjug 6*) *tr* Cerrar [algo, esp. los ojos] de modo incompleto.

entrechocar *intr* Chocar entre sí [dos cosas, o una con otra]. *Tb pr* (**~se**). *Tb fig*.

entreclaro -ra *adj* Medianamente claro.

entrecó *m* Entrecot.

entrecomar *tr* Poner entre comas.

entrecomillado *m* Palabra o texto citados entre comillas.

entrecomillar *tr* Poner entre comillas.

entrecortadamente *adv* De manera entrecortada.

entrecortado -da *adj* **1** *part* → ENTRECORTAR. ■ **2** [Cosa, esp. voz, palabra o respiración] discontinua.

entrecortar *tr* Hacer discontinuo o entrecortado [algo]. **b)** *pr* (**~se**) Hacerse discontinuo o entrecortado [algo].

entrecot (*pl normal*, ~ES *o* ~S) *m* Filete de vacuno cortado de entre las costillas.

entrecote *m* Entrecot.

entrecôte (*fr; pronunc corriente*, /antrekót/; *pl normal*, ~S) *m* Entrecot.

entrecruce *m* **1** Acción de entrecruzar(se). *Tb su efecto.* ■ **2** Punto en que se entrecruzan dos cosas.

entrecruzado *m* (*Arte*) Adorno de líneas que se entrecruzan.

entrecruzamiento *m* Acción de entrecruzar(se). *Tb su efecto.*

entrecruzar *tr* Cruzar entre sí [varias cosas o, más raro, perss., o unas con otras]. *Referido a pers, gralm el cd es refl.* **b)** *pr* (**~se**) Cruzarse entre sí [varias cosas, o unas con otras].

entrecuesto *m* (*raro*) Espinazo. *Tb fig.*

entredecir (*conjug 42*) *tr* (*raro*) Musitar.

entredicho *m* **1** Situación de duda sobre el crédito o la conveniencia [de alguien o algo]. *Gralm en constrs como* PONER, *o* ESTAR, EN ~. ■ **2** (*Rel catól*) Censura eclesiástica por la que se prohíbe, a ciertas personas o en algunos lugares, el uso de los divinos oficios y de algunos sacramentos, y la sepultura eclesiástica. *A veces en la constr* PONER EN ~.

entredormirse (*conjug 44*) *intr pr* (*raro*) Dormirse a medias.

entredós *m* **1** Tira bordada o de encaje que se pone como adorno entre dos piezas de tela. ■ **2** Armario de poca altura que suele colocarse entre dos balcones de una habitación.

entrefino -na *adj* **1** Intermedio entre fino y grueso. ■ **2** Intermedio entre fino y basto. ■ **3** [Oveja] mezcla de churra y merina. *Tb n m y f.* **b)** De (las) ovejas entrefinas.

entreforro *m* (*raro*) Entretela [de una prenda].

entrega *f* **1** Acción de entregar(se). *Tb su efecto.* ■ **2** Actitud propia de quien se entrega [4] con sacrificio o generosidad. ■ **3** Conjunto poco numeroso de pliegos, de aparición periódica, de una obra que se publica y vende por partes. *Esp en la loc adj* POR ~S, *dicha la obra así publicada y a veces tb de su autor.* ■ **4** Número [de una revista, esp. literaria].

entregadamente *adv* (*raro*) De manera entregada.

entregado -da *adj* **1** *part* → ENTREGAR. ■ **2** Que expresa o denota entrega [1 y 2].

entregador *m* (*hist*) *En el Concejo de la Mesta:* Funcionario encargado de las cuestiones de relación y que en algunos momentos tuvo facultades para administrar e imponer justicia. *Tb* ALCALDE ~.

entregar A *tr* **1** Dar [algo a alguien] para que lo tenga o para que disponga de ello. *Frec sin ci, por consabido.* **b)** Poner [a alguien o algo] bajo el poder o la responsabilidad [de alguien (*ci*)]. *Frec sin ci, por consabido.* **c)** Poner [a una pers. (*cd*)] en manos [de su enemigo (*ci*)]. *Tb fig. Frec sin ci, por consabido.* ■ **2** Desprenderse [de algo que se tiene (*cd*)]. *Sin ci.* ■ **3** **-la.** (*jerg*) Morir. **B** *intr pr* (**~se**) **4** Dedicarse [a una pers. o cosa] con especial interés o desmedidamente. ■ **5** Realizar voluntariamente [una mujer] el acto sexual [con un hombre (*ci*)]. *Tb fig, referido a animales.* ■ **6** Dejar [alguien] de ofrecer oposición o resistencia. **7** Quedar sin fuerzas para continuar lo que se estaba haciendo. ■ **8** (*Constr*) Apoyarse o sustentarse.

entrego *m* (*raro*) Entrega (acción de entregar).

entreguerras (*tb, raro,* **entreguerra**) *f* Período comprendido entre dos guerras consecutivas. *Gralm designa el comprendido entre la primera y la segunda Guerra Mundial. Gralm en la loc* DE ~.

entreguismo *m* Actitud de entrega o abandono, renunciando a la lucha.

entreguista *adj* De(l) entreguismo o que lo implica. **b)** Partidario del entreguismo. *Tb n.*

entrehierro *m* (*Fís*) *En un circuito magnético cerrado:* Espacio en que el flujo circula fuera del hierro.

entrelargo -ga *adj* (*reg*) Más largo que ancho.

entrelazado *m* **1** Acción de entrelazar(se). *Tb su efecto.* ■ **2** Adorno de líneas o cintas que se entrelazan.

entrelazamiento *m* Acción de entrelazar(se). *Tb su efecto.*

entrelazar *tr* Enlazar entre sí [varias cosas, o unas con otras]. *Tb fig.* **b)** *pr* (**~se**) Enlazarse entre sí [varias cosas, o unas con otras].

entrelazo *m* (*raro*) Entrelazado [2].

entrelínea *f* Espacio comprendido entre dos líneas de escritura. *Tb lo escrito en él. Frec fig.*

entreliño *m* Espacio comprendido entre dos liños.

entrelubricán *m* (*lit, raro*) Crepúsculo vespertino.

entrematar *tr* Meter u ocultar entre matas. *Frec el cd es refl.*

entrematarse *tr pr* Matarse entre sí.

entremedias → MEDIO.

entremedio *adv* En medio.

entremés *m* **1** Plato que se sirve delante de los platos principales. *Gralm en pl.* ■ **2** (*TLit*) Pieza dramática cómica, representada como complemento de una comedia. **b)** (*hist*) Pieza dramática jocosa de un solo acto, que solía representarse entre una y otra jornada de la comedia.

entremesera *f* Recipiente para servir entremeses [1].

entremesero *m* Entremesera.

entremesil *adj* (*TLit*) De(l) entremés [2].

entremesista *m y f* (*TLit*) Pers. que compone o representa entremeses [2].

entremeter A *tr* **1** Meter [una cosa entre otras (*compl de lugar en donde*)]. *Referido a animales, gralm el cd es refl.* **b)** *pr* (**~se**) Meterse [una cosa entre otras (*compl de lugar en donde*)]. **B** *intr pr* (**~se**) **2** Entrometerse, o intervenir [alguien] indiscretamente [en algo que no le incumbe].

entremetido -da *adj* **1** *part* → ENTREMETER. ■ **2** Entrometido. *Tb n.*

entremezclar *tr* Mezclar entre sí [varias cosas, o unas con otras]. **b)** *pr* (**~se**) Mezclarse entre sí [varias cosas, o unas con otras].

entremijo *m* (*reg*) Mesa para hacer queso.

entremiso *m* (*reg*) Mesa para hacer queso.

entrenador -ra A *m y f* **1** Pers. que entrena [1]. **B** *m* **2** (*Aer*) Cabina que sirve para entrenar en tierra pilotos aeronáuticos. *Tb* ~ DE PILOTAJE, *o* DE VUELO. **b)** Avión de entrenamiento.

entrenamiento *m* Acción de entrenar(se). *Tb su efecto.*

entrenar A *tr* **1** Preparar [perss. o animales] para una actividad, esp. para un deporte, mediante los ejercicios adecuados. *Tb fig.*

B *intr* **2** Realizar ejercicios adecuados para prepararse para una actividad, esp. un deporte. *Tb pr* (~se). *Tb fig.*

entreno *m* Entrenamiento.

entrenudo *m* (*Bot*) Parte del tallo comprendida entre dos nudos.

entreoír (*conjug* 54) *tr* Oír [algo] a medias o sin entenderlo bien.

entrepanes *m pl* (*raro*) Tierras no sembradas entre otras que lo están.

entrepaño *m* **1** *En un armario o estantería:* Tabla horizontal para colocar cosas sobre ella. ■ **2** (*Arquit*) Parte de la pared comprendida entre dos pilastras o columnas, o entre dos vanos.

entrepechado -da *adj* (*reg*) [Pers.] desmedrada. *Tb n.*

entrepelado -da *adj* Que tiene mezcla de pelos blancos. *Esp referido a toros y caballos.*

entrepierna **I** *f* **1** Parte del cuerpo constituida por las caras interiores de los muslos. *Gralm con referencia a los órganos sexuales.* **b)** Parte [de una prenda de vestir] correspondiente a la entrepierna. **II** *loc v* **2** **pasarse** [algo o a alguien] **por la ~.** (*col*) No dar[le] ninguna importancia o despreciar[lo] totalmente.

entrepiso *m* Entreplanta.

entreplanta *f* Planta que se construye quitando parte de la altura de otra, y que queda entre esta y la superior.

entrepuente *m* (*Mar*) Espacio comprendido entre dos cubiertas.

entresaca *f* Acción de entresacar, *esp* [2]. *Tb su efecto.*

entresacar *tr* **1** Seleccionar [una cosa] sacándo[la] de un todo. ■ **2** Eliminar elementos o partes [de un todo (*cd*)], esp. de un monte o una cabellera] para que el resto quede más espaciado.

entresaque *m* Entresaca.

entresijo *m* **1** Mesenterio (repliegue del peritoneo que une el intestino con las paredes abdominales). ■ **2** *En pl:* Interioridades.

entresoñar (*conjug* 4) *tr* Imaginar [algo] medio en sueños.

entresuelo *m* **1** Piso situado entre la planta baja y el principal. ■ **2** *En un teatro o un cine:* Conjunto de localidades situadas en el primer piso sobre el patio de butacas.

entretanto **I** *adv* **1** Entre tanto (→ TANTO). **II** *m* **2** Tiempo que transcurre mientras se realiza o hasta que termina de realizarse un hecho.

entretejer *tr* **1** Meter [en un tejido (*cd*)] un hilo u otro material distinto de los básicos (*compl* CON)] para formar una labor especial. *Tb fig.* ■ **2** Entrelazar o entrecruzar [hilos u otra cosa de estructura lineal]. *Tb fig.* ■ **3** Tejer o formar [algo].

entretejimiento *m* Acción de entretejer. *Tb su efecto.*

entretela *f* **1** Tejido fuerte que se pone entre la tela y el forro de algunas partes de las prendas de vestir, para darles rigidez. ■ **2** *En pl:* Parte más interna [de algo]. ■ **3** (*col*) *En pl:* Entrañas o corazón. *Gralm en la loc* DE MIS ~S.

entretenedor -ra *adj* Que entretiene [4]. *Tb n,* *referido a pers.*

entretener (*conjug* 31) *tr* **1** Hacer que [alguien o algo (*cd*)] se retrase o detenga más tiempo del normal o deseado. *A veces con un ger o un compl* EN *o* CON. **b)** *pr* (~se) Retrasarse o detenerse más tiempo del normal o deseado. *A veces con ger o un compl* EN *o* CON. ■ **2** Tener [a alguien] esperando con pretextos o falsas promesas. ■ **3** Distraer la atención [de alguien (*cd*)], esp. para engañar[lo]. ■ **4** Divertir o distraer. *Tb abs.* **b)** *pr* (~se) Divertirse o distraerse [con algo (*ger o compl* EN *o* CON)]. *Tb sin compl.* ■ **5** Hacer que [algo (*cd*)] sea agradable o menos molesto. **b)** Pasar [alguien] agradablemente o sin aburrirse [un período de tiempo]. ■ **6** Mantener o sostener.

entretenido -da **I** *adj* **1** *part* → ENTRETENER. ■ **2** [Cosa o, más raro, pers.] que entretiene o divierte. ■ **3** [Trabajo] que exige mucho tiempo. **II** *f* **4** Mujer cuyos gastos son sufragados por su amante.

entretenimiento *m* **1** Acción de entretener(se), *esp* [4, 5 y 6]. ■ **2** Cosa que entretiene [1 y esp. 4].

entretiempo *m* Tiempo intermedio entre los períodos de frío y calor rigurosos. *Gralm en la loc* DE ~, *referida a prendas de vestir.*

entrever (*conjug* 34) *tr* Ver de manera imprecisa. *Tb fig.*

entreverado -da *adj* **1** *part* → ENTREVERAR. ■ **2** Que tiene mezcla. **b)** [Tocino] que tiene vetas de magro. **c)** (*raro*) [Carne] que tiene tocino o grasa.

entreverar *tr* Entremezclar [varias cosas, o una con otra]. *Tb abs.* **b)** Entremezclarse [una cosa (*suj*) con otra (*cd*)]. **c)** *pr* (~se) Entremezclarse [varias cosas, o una con otra].

entrevero *m* Acción de entreverar(se). *Frec su efecto.*

entrevía *f* Espacio comprendido entre dos vías de ferrocarril.

entrevisión *f* Acción de entrever. *Tb su efecto.*

entrevista *f* **1** Encuentro entre dos o más perss. para tratar de un asunto. ■ **2** Conversación con una o varias perss. a las que se somete a distintas preguntas. *Esp en el ámbito periodístico.*

entrevistador -ra *m y f* Pers. que entrevista [1].

entrevistar **A** *tr* **1** Hacer una entrevista [2] [a alguien (*cd*)]. *Frec en part sustantivado.* **B** *intr pr* (~se) **2** Tener una entrevista [1] [dos perss., o una con otra].

entrillar *tr* (*reg*) Pillar (atrapar o aprisionar).

entripado *m* **1** Empacho o indigestión. ■ **2** (*col*) Disgusto o berrinche.

entripar *tr* Meter en tripa.

entristecedor -ra *adj* Que entristece.

entristecer (*conjug* 11) *tr* **1** Poner triste [a alguien (*cd*)]. *Tb abs.* **b)** *pr* (~se) Ponerse triste [alguien]. ■ **2** Dar aspecto o carácter triste [a algo (*cd*)]. **b)** *pr* (~se) Pasar a tener un aspecto o carácter triste [algo].

entristecimiento *m* Acción de entristecer(se). *Tb su efecto.*

entrizar *tr* (*reg*) Meter en un sitio estrecho.

entrojar *tr* Guardar [la cosecha] en las trojes. *Tb abs.*

entrometerse *intr pr* **1** Intervenir [alguien] indiscretamente [en un asunto que no le incumbe]. ■ **2** Entremeterse [una cosa en otra].

entrometido -da *adj* **1** *part* → ENTROMETERSE. ■ **2** [Pers.] que se entromete [1]. *Tb n.*

entrometimiento *m* Acción de entrometerse.

entrompar *tr* (*col*) Emborrachar. **b)** *pr* (~se) Emborracharse.

entroncamiento *m* Acción de entroncar. *Tb su efecto.*

entroncar A *tr* **1** Unir por parentesco [a una pers. con una o familia]. ■ **2** Unir o relacionar [una cosa con otra].
    B *intr* **3** Unirse por parentesco [una pers. con un linaje o familia]. ■ **4** Unirse o relacionarse [una cosa con otra]. *Tb pr* (~se). ■ **5** Unirse o enlazarse [una cosa con otra].

entronización *f* Acción de entronizar.

entronizador -ra *adj* **1** Que entroniza. *Tb n, referido a pers.* ■ **2** De (la) entronización.

entronizar *tr* **1** Colocar [a alguien] en un trono. ■ **2** Poner [algo o a alguien] en una posición o dignidad elevada. ■ **3** Instalar solemnemente [una imagen] en un lugar de culto.

entronque *m* Acción de entroncar. *Tb su efecto.*

entropía *f* **1** (*Fís*) Magnitud termodinámica que expresa el grado de desorden o degradación de la materia. *Tb fig, fuera del ámbito técn.* ■ **2** (*lit*) Desorden o degradación.

entrópico -ca *adj* (*Fís* o *lit*) De (la) entropía o que la implica.

entropión *m* (*Med*) Inversión hacia dentro del borde de los párpados.

entubación *f* Acción de entubar [1 y 2]. *Tb su efecto.*

entubado *m* Entubación.

entubamiento *m* Entubación.

entubar *tr* **1** Meter [algo] en tubos o en un tubo. ■ **2** Poner tubos o un tubo [a algo (*cd*)]. **b)** (*Med*) Intubar. ■ **3** (*jerg*) Arrestar o castigar.

entuertar *intr* Quedar tuerto.

entuerto *m* (*lit*) Agravio. *Gralm en la constr* DESHACER ~S, *refiriéndose o aludiendo a don Quijote.*

entullirse (*conjug* 53) *intr pr* (*reg*) Llenarse exageradamente.

entumecer (*conjug* 11) *tr* (*raro*) Entorpecer [algo, esp. el frío o la inmovilidad (*suj*)] el movimiento [de un miembro (*cd*)]. *Tb abs. Tb fig.* **b)** *pr* (~se) Entorpecerse o quedar sin movimiento [un miembro], esp. a causa del frío o la inmovilidad. *Tb fig.*

entumecimiento *m* Acción de entumecer(se). *Tb su efecto.*

entumir *tr* Entumecer. *Frec pr* (~se). *Tb fig.*

entunicado -da *adj* Que lleva túnica.

entupir *tr* Obstruir o cerrar.

enturbantado -da *adj* Que lleva turbante.

enturbiamiento *m* Acción de enturbiar(se).

enturbiar (*conjug* 1a) *tr* **1** Poner turbio [algo, esp. un líquido]. **b)** *pr* (~se) Ponerse turbio [algo, esp. un líquido]. ■ **2** Turbar o ensombrecer. **b)** *pr* (~se) Turbarse o ensombrecerse.

entusiasmado -da *adj* **1** *part* → ENTUSIASMAR. ■ **2** Que denota o implica entusiasmo.

entusiasmante *adj* (*raro*) Que entusiasma.

entusiasmar *tr* **1** Causar entusiasmo [a una pers. o colectividad (*cd*)]. **b)** *pr* (~se) Pasar [alguien] a sentir entusiasmo [por alguien o algo (*compl* POR o CON, o *ger*)]. *Tb sin compl.* ■ **2** Gustar mucho [a alguien (*cd*)] una pers. o cosa (*suj*)]. *Con intención ponderativa.*

entusiasmo *m* Sentimiento intenso y estimulante de interés o adhesión [hacia alguien o algo (*compl* POR)]. *Tb sin compl.*

entusiasta *adj* **1** [Pers. o colectividad] que tiene entusiasmo. *Tb n, referido a pers.* ■ **2** [Cosa] que expresa o denota entusiasmo.

entusiastamente *adv* De manera entusiasta [2].

entusiásticamente *adv* De manera entusiástica.

entusiástico -ca *adj* [Cosa] que expresa o denota entusiasmo.

entutorar *tr* Poner un tutor o soporte [a una planta (*cd*)]. *Tb abs.*

enucleación *f* (*Med*) Acción de enuclear.

enuclear *tr* (*Med*) Extirpar [un tumor, una glándula o el globo ocular] liberándo[los] de sus adherencias o envolturas.

énula *f* Helenio (planta). *Gralm* ~ CAMPANA.

enumeración *f* Acción de enumerar. *Tb su efecto.*

enumerar *tr* Citar o nombrar una a una [varias cosas].

enumerativo -va *adj* De (la) enumeración o que la implica.

enunciación *f* Acción de enunciar. *Tb su efecto.* **b)** (*Ling, hoy raro, y Filos*) Expresión afirmativa o negativa.

enunciado *m* Efecto de enunciar. **b)** (*Ling*) Secuencia finita de palabras delimitada por silencios marcados. **c)** (*E*) Exposición de los datos [de un problema].

enunciador -ra *adj* Que enuncia.

enunciar (*conjug* 1a) *tr* Expresar de manera precisa y con concisión.

enunciativamente *adv* De manera enunciativa.

enunciativo -va *adj* De (la) enunciación. **b)** (*Ling*) [Oración] que afirma o niega.

enuresis *f* (*Med*) Emisión involuntaria de la orina.

enurético -ca *adj* (*Med*) Que padece enuresis.

envaguecer (*conjug* 11) *tr* Hacer vago o difuminar.

envainador -ra *adj* Que envaina. *Tb n, referido a pers.* **b)** (*Bot*) Que rodea total o parcialmente un órgano. *Dicho esp de hoja.*

envainar (*conjug* 1e) *tr* ➤ **a** *normal* **1** Meter [un arma blanca] en la vaina. ■ **2** Envolver [algo] en una vaina. *Tb fig.*
    ➤ **b** *pr* (~se) **3** (*col*) Retractarse o volverse atrás [de algo (*cd*)]. *Frec en la constr* ENVAINÁRSELA.

envalentonamiento *m* Acción de envalentonar(se). *Tb su efecto.*

envalentonar *tr* Infundir valentía o atrevimiento [a alguien (*cd*)]. *Frec con intención desp.* **b)** *pr* (~**se**) Cobrar valentía o atrevimiento. *Frec con intención desp.*

envanecedor -ra *adj* Que envanece.

envanecer (*conjug* 11) *tr* Poner vanidoso [a alguien]. **b)** *pr* (~**se**) Ponerse vanidoso. *Frec con un compl* CON, DE *o* POR.

envanecido -da *adj* **1** *part* → ENVANECER. ■ **2** Que expresa o denota envanecimiento.

envanecimiento *m* Acción de envanecer(se). *Tb su efecto.*

envarado -da *adj* **1** *part* → ENVARAR. ■ **2** Rígido o tieso. *Tb fig.* ■ **3** [Pers.] estirada u orgullosa. **b)** Propio de la pers. envarada.

envaramiento *m* Acción de envarar(se). *Tb su efecto.*

envarar *tr* **1** Poner rígido o tieso [a alguien o algo], a veces entorpeciendo sus movimientos. *Tb fig.* **b)** *pr* (~**se**) Ponerse rígido o tieso [alguien o algo], a veces entorpeciéndose sus movimientos. ■ **2** Poner estirado u orgulloso [a alguien]. **b)** *pr* (~**se**) Ponerse estirado u orgulloso.

envarbascar *tr* Infectar [las aguas] para atontar a los peces.

envaronar *intr* (*raro*) Crecer o desarrollarse. *Tb pr* (~**se**).

envasado¹ -da *adj* **1** *part* → ENVASAR. ■ **2** [Producto] que se vende envasado. *Tb n m.*

envasado² *m* Acción de envasar [1].

envasador -ra *adj* Que envasa [1]. *Tb n: m y f, referido a pers; f, referido a máquina o instalación.*

envasar *tr* **1** Meter [algo] en un envase [1]. *Tb* (*lit*) *fig. Tb abs.* ■ **2** (*raro*) Beber. *Gralm con un compl de interés.*

envase *m* **1** Recipiente para conservar o transportar determinados productos, esp. mercancías. ■ **2** Envasado².

envasijar *tr* (*raro*) Envasar.

envejecedor -ra *adj* Que envejece [1]. *Tb n, referido a pers.*

envejecer (*conjug* 11) **A** *tr* **1** Hacer viejo [a alguien o algo]. **b)** Dar aspecto viejo [a alguien o algo (*cd*)]. *Tb abs.*
B *intr* **2** Hacerse viejo [alguien o algo]. *Tb pr* (~**se**). **b)** Tomar aspecto viejo. *Tb pr* (~**se**).

envejecido -da *adj* **1** *part* → ENVEJECER. ■ **2** Propio de la pers. o cosa vieja.

envejecimiento *m* Acción de envejecer(se). *Tb su efecto.*

envelado -da *adj* **1** *part* → ENVELAR. ■ **2** [Mujer] que lleva velo.

envelar *tr* (*lit*) Cubrir [algo] con un velo. *Gralm fig.*

envenenador -ra *adj* Que envenena. *Tb n, referido a pers.*

envenenamiento *m* Acción de envenenar(se). *Tb su efecto. Tb fig.*

envenenar *tr* **1** Administrar veneno [a alguien (*cd*)]. **b)** Poner o aplicar veneno [a algo (*cd*)]. **c)** *pr* (~**se**) Pasar [alguien o algo] a tener veneno o a sufrir sus efectos. ■ **2** Hacer que [alguien o algo (*cd*)] pierda su estado de bondad o de sosiego. **b)** *pr* (~**se**)

Perder [alguien o algo] su estado de bondad o de sosiego.

enverado *adj* [Vino] elaborado con uvas sin madurar.

enverdecer (*conjug* 11) **A** *intr* **1** Reverdecer, o volver a ponerse verde [una planta].
B *tr* **2** Hacer que [algo (*cd*)] muestre color verde.

enveredar *tr* (*raro*) **1** Encaminar o dirigir. *Tb fig.* ■ **2** Meter en vereda.

envergadura *f* **1** Distancia entre las puntas de las alas [de un ave], cuando están completamente extendidas. *Tb referido a otros animales con alas.* **b)** Distancia entre las alas [de un avión]. **c)** Distancia entre los brazos humanos extendidos. ■ **2** Anchura [de un animal o una cosa]. ■ **3** Corpulencia [de una pers.]. **b)** Tamaño [de una cosa]. ■ **4** Importancia o trascendencia.

envergar *tr* (*Mar*) Sujetar [una vela] a la verga.

enverjado *m* Verja o conjunto de verjas.

enverjar *tr* Cercar [algo] con una verja.

envero *m* Cambio de color de las uvas y otras frutas cuando empiezan a madurar. *Tb el mismo color.*

envés *m* **1** *En una cosa plana o laminar:* Cara opuesta al haz. *Tb fig.* **b)** Reverso o cruz. *Tb fig.* ■ **2** (*raro*) Espalda.

enviado -da *adj* **1** *part* → ENVIAR. ■ **2** Periodista enviado a un lugar para una información. *Tb ~* ESPECIAL. ■ **3** – **extraordinario.** Agente diplomático de categoría igual a la de ministro plenipotenciario.

enviar (*conjug* 1c) *tr* Hacer que [alguien (*cd*)] vaya [a un lugar o a una pers. distante], esp. con una misión. *Tb sin el 2º compl. Frec en part sustantivado.* **b)** Hacer que [algo o alguien (*cd*)] sea llevado o llegue [a un lugar o a una pers. distante]. *Tb sin el 2º compl.* **c)** Hacer que [alguien (*cd*)] vaya o sea llevado [a la muerte, o a un lugar o situación que implica muerte, daño o castigo]. **d)** (*col*) A veces se usa como alternativa de MANDAR *en constrs como ~* A HACER GÁRGARAS, A TOMAR VIENTO, *etc.*

enviciar (*conjug* 1a) *tr* Hacer que [alguien (*cd*)] adquiera [algo (*compl* EN *o* CON)] como vicio. *Tb sin compl.* **b)** *pr* (~**se**) Adquirir [alguien una cosa (*compl* EN *o* CON)] como vicio. *Tb sin compl.*

envidar *tr* (*Juegos*) Hacer un envite [1] [a algo (*cd*)]. *Frec abs. Tb fig.*

envidia *f* **1** Sentimiento de tristeza o irritación causado porque alguien posee algo que uno no tiene o desearía solo para sí. ■ **2** Deseo de conseguir algo que otro tiene.

envidiable *adj* Digno de envidia [2]. *Frec con intención ponderativa.*

envidiablemente *adv* De manera envidiable.

envidiar (*conjug* 1a) *tr* **1** Tener envidia [de alguien o algo (*cd*)]. ■ **2 no tener (nada**, *o* **mucho) que ~**, *o* **tener poco que ~** [una pers. o cosa a otra]. Ser casi igual a ella.

envidiosamente *adv* De manera envidiosa [2].

envidioso -sa *adj* **1** Que tiene envidia. *Tb n, referido a pers.* ■ **2** Que expresa o denota envidia.

envigado *m* Conjunto de vigas [de una construcción].

envigar *tr* Poner vigas [a un techo u otra obra (*cd*)].

envilecedor -ra *adj* Que envilece.

envilecer (*conjug* 11) *tr* **1** Hacer vil o despreciable [a alguien o algo]. **b)** *pr* (**~se**) Hacerse vil o despreciable. ■ **2** Depreciar o devaluar.

envilecimiento *m* Acción de envilecer(se). *Tb su efecto.*

envinar *tr* **1** Adaptar [una bota o tonel] para la crianza o almacenamiento de vino, haciendo que contenga durante algún tiempo un vino que absorba las sustancias resinosas. ■ **2** Empapar en vino [algo]. *Tb fig.*

envío *m* **1** Acción de enviar. ■ **2** Cosa enviada.

enviscar[1] *tr* **1** Azuzar [a un perro]. ■ **2** Enfrentar [a dos perss.] o poner [a una contra otra]. **b)** *pr* (**~se**) Enfrentarse [dos perss.] o ponerse [una contra otra].

enviscar[2] *tr* Atrapar [pájaros] con liga. *Tb fig.*

envite *m* **1** (*Juegos*) Apuesta que se hace por encima de la ordinaria. *Tb fig.* **b)** (*raro*) *En gral:* Apuesta. ■ **2** Empujón. *Tb fig.* **b)** Impulso (acción). ■ **3** Ataque. *En sent fig.* ■ **4** (*Taur*) Hecho de citar al toro. ■ **5** (*Naipes*) Cierto juego típico de Canarias.

enviudar *intr* Quedar viudo [de alguien]. *Frec sin compl.*

enviveramiento *m* Acción de enviverar.

enviverar *tr* Plantar [algo] en un vivero.

envoltorio *m* **1** Cosa o conjunto de cosas envueltas [2a]. ■ **2** Envoltura [1]. *Tb fig.*

envoltura *f* **1** Cosa que envuelve [1a] o con que se envuelve [2a]. ■ **2** Acción de envolver [2a].

envolvedor -ra *adj* Que envuelve [2a]. *Tb n f, referido a máquina.*

envolvente I *adj* **1** Que envuelve. **b)** [Pers.] que envuelve o rodea con su afecto. *Alguna vez con intención desp.* **c)** (*Moda*) [Prenda] amplia que cubre el cuerpo sin ajustarse. *Tb referido a su línea.* **II** *f* **2** (*Mil*) Acción de envolver [3]. *Tb fig, fuera del ámbito militar.*

envolver (*conjug* 35) *tr* **1** Estar [una cosa] cubriendo o rodeando [algo o a alguien (*cd*)]. *Tb fig.* **b)** Contener o encerrar [una cosa no material (*suj*) otra]. ■ **2** Cubrir o rodear [a una pers. o cosa con algo (*compl* EN o CON), esp. papel u otra materia flexible]. *Frec se omite el 2º compl, por consabido. Tb abs. Tb fig.* **b)** Vestir [a un niño con pañales (*compl* EN o CON)]. ■ **3** (*Mil*) Rodear [al enemigo]. ■ **4** Atrapar o acorralar [a alguien] dejándo[le] confundido o indefenso. ■ **5** Complicar o comprometer [a alguien o algo en un asunto]. *Tb sin compl* EN. ■ **6** Mezclar [varias cosas, o una con otra].

envolvimiento *m* Acción de envolver.

envuelta *f* Envoltura [1].

enxebre (*gall; pronunc corriente,* /enʃébre/) *adj* Auténtico o castizo.

enyerbarse *intr pr* (*raro*) Cubrirse de hierba [algo].

enyesado *m* Acción de enyesar. *Tb su efecto.*

enyesar *tr* **1** Tapar o enlucir con yeso. **b)** Impregnar con yeso. ■ **2** Escayolar [a alguien o a una parte de su cuerpo]. ■ **3** (*E*) Agregar yeso [al vino o a las tierras de labor (*cd*)].

enyescar *tr* (*raro*) Encender [algo] con un mechero.

enyesque *m* (*reg*) Tapa o aperitivo.

enyugar *tr* Uncir, o unir mediante el yugo [animales de labranza]. *Tb fig.*

enzarzado -da *adj* **1** *part* → ENZARZAR. ■ **2** Complicado o enredado.

enzarzar A *tr* **1** Meter entre zarzas. ■ **2** Enredar [a alguien en un asunto]. ■ **3** Sembrar discordia o disensión [entre dos o más perss. (*cd*)]. *Tb abs.* **B** *intr pr* (**~se**) **4** Enredarse [cosas de estructura lineal] entrecruzándose de manera complicada o desordenada. ■ **5** Enredarse [en algo que complica o entretiene]. *Tb sin compl, por consabido.* ■ **6** (*col*) Liarse [a algo]. **b)** Liarse a golpes o a pelear [con alguien]. *Tb sin compl, con suj pl.* **c)** Liarse [con algo].

enzima *m* o *f* (*Biol*) Fermento.

enzimático -ca *adj* (*Biol*) De (las) enzimas.

enzimología *f* (*Biol*) Ciencia que estudia las enzimas.

enzimólogo -ga *m y f* (*Biol*) Especialista en enzimología.

enzimopatía *f* (*Med*) Enfermedad causada por alteración funcional de una o varias enzimas.

enzoótico -ca *adj* (*Vet*) [Enfermedad] de los animales que es propia de determinada zona o localidad. **b)** Propio de (la) enfermedad enzoótica.

enzurizar *tr* (*raro*) Azuzar.

enzurronarse *intr pr* (*reg*) Quedarse sin granar debidamente [los cereales] por exceso de calor y falta de humedad.

eñe *f* Letra del alfabeto español (ñ, Ñ), que corresponde al fonema /ñ/. (V. PRELIM.) *A veces tb se llama así el fonema representado por esta letra.*

eoceno -na *adj* (*Geol*) [Período] más antiguo de la Era Terciaria. *Tb n m.* **b)** De(l) período eoceno. *Tb n m, referido a terreno.*

eo ipso (*lat; pronunc,* /éo-ípso/) *loc adv* (*lit*) Por ello mismo.

eólico -ca *adj* (*Geol*) De(l) viento. **b)** [Máquina] que funciona por el viento. **c)** De máquinas eólicas.

eolio -lia *adj* (*hist*) De Eolia, Eólide o Eólida (antigua región de Asia Menor). *Tb n, referido a pers.* **b)** [Grupo de dialectos griegos] propio de Eolia. *Tb n m.*

eolito *m* (*Prehist*) Piedra usada en su forma natural como instrumento por el hombre primitivo.

eón[1] *m* (*Filos*) *En el agnosticismo:* Entidad divina emanada del ser supremo.

eón[2] *m* (*Geol*) Período de mil millones de años.

eonismo *m* (*lit*) Travestismo, o adopción de ropas y actitudes propias del sexo contrario.

eonista *m y f* (*lit*) Pers. que practica el eonismo.

eosina *f* (*Quím*) Materia colorante roja derivada de la fluoresceína.

eosinofilia *f* (*Med*) Presencia de numerosos leucocitos eosinófilos.

eosinófilo -la *adj* (*Anat*) [Célula, esp. leucocito] que se impregna fácilmente de eosina. *Tb n m.*

epacta *f* **1** (*Astron*) Número de días transcurridos, el 1 de enero, desde el último novilunio. ■ **2** (*Rel catól*) Calendario eclesiástico que señala el orden y rito del oficio divino para todo el año.

épagneul (*fr; pronunc corriente,* /epañél/; *pl normal,* ~s) *m* Perro de caza francés, de origen español, de orejas largas y colgantes y pelo sedoso. *Tb adj.*

epagómeno *adj* (*hist*) En el calendario egipcio y otros: [Día] de los añadidos al año civil para hacerlo coincidir con el solar.

epanadiplosis *f* (*TLit*) Figura retórica que consiste en repetir al final de una cláusula o frase la misma palabra con que empieza.

epanalepsis *f* (*TLit*) Epanadiplosis.

epanástrofe *f* (*TLit*) Figura retórica consistente en la repetición, al principio de una cláusula, de la última palabra de la cláusula anterior.

epanortosis *f* (*TLit*) Figura retórica en la que se da relieve a la idea expuesta, diciendo, inmediatamente después de enunciada, otra expresión más acertada.

epatante *adj* 1 Que epata. ■ 2 Relativo a la acción de epatar.

epatar *tr* Asombrar o deslumbrar [a alguien]. *Tb abs.*

epeira *f* (*Zool*) Se da este n a varias arañas del gén *Epeira,* esp a la E. diademata o araña de jardín.

epéndimo *m* (*Anat*) Membrana que tapiza los ventrículos cerebrales y el conducto central de la médula.

epéntesis *f* (*Ling*) Adición de un sonido en el interior de una palabra, esp. para facilitar su pronunciación.

epentético -ca *adj* (*Ling*) De (la) epéntesis o que la implica.

eperlano *m* Pez semejante a la trucha, propio de las aguas costeras y los estuarios del norte de Europa (*Osmerus eperlanus*).

épica → ÉPICO.

epicanto *m* (*Med*) Anomalía congénita en la que un pliegue de la piel cubre el ángulo interno y carúncula del ojo.

epicarpio *m* (*Bot*) Capa externa de las tres que forman el pericarpio.

epicarpo *m* (*Bot*) Epicarpio.

epiceno *adj* 1 (*Gram*) [Nombre apelativo de animal o de pers.] que, siempre con un mismo género gramatical, designa indistintamente al individuo de sexo masculino o al de sexo femenino. **b)** (*hoy raro*) [Género o grupo] constituido por los nombres epicenos. **c)** (*hoy raro*) En algunas gramáticas: [Género gramatical] que se atribuye a los nombres epicenos. ■ 2 (*lit, raro*) Ambiguo o equívoco.

epicentral *adj* (*Geol o lit*) De(l) epicentro.

epicentro *m* 1 (*Geol*) Zona de la superficie terrestre situada en la vertical del punto de origen de un movimiento sísmico, y donde este alcanza mayor intensidad. ■ 2 (*lit*) Centro o zona de máxima intensidad [de algo].

epicicloidal *adj* (*Geom*) De (la) epicicloide o que la implica.

epicicloide *f* (*Geom*) Curva que describe un punto de una circunferencia cuando rueda sobre otra sin resbalar. *Tb fig, fuera del ámbito técn.*

epicidad *f* (*raro*) Cualidad de épico.

epiclesis *f* (*Rel catól*) En la misa: Oración en que el sacerdote pide a Dios que se produzca la transustanciación.

épico -ca I *adj* 1 [Género de poesía] narrativa en que el autor gralm. se propone exaltar sentimientos de tipo colectivo. **b)** [Poeta] que cultiva la poesía épica. *Tb n.* **c)** De (la) poesía épica. **d)** Que tiene carácter propio o característico de la poesía épica. **e)** [Epíteto] ~ → EPÍTETO. ■ 2 (*TLit*) [Género literario] narrativo. ■ 3 (*lit*) Heroico, o de héroe. ■ 4 Extraordinario o tremendo. *Con intención ponderativa.*
II *f* 5 Poesía épica [1a]. **b)** Conjunto de obras de poesía épica [1a]. ■ 6 (*TLit*) Género literario narrativo.

épico-burlesco -ca *adj* (*TLit*) Que constituye una parodia de la poesía épica.

epicondilitis *f* (*Med*) Inflamación del epicóndilo, o dolor de los músculos que se insertan en él, por esfuerzo excesivo del antebrazo.

epicóndilo *m* (*Anat*) Saliente externo de la extremidad inferior del húmero.

epicontinental *adj* (*Geogr*) [Mar] poco profundo situado sobre la plataforma continental.

epicotíleo -a *adj* (*Bot*) Situado encima de los cotiledones. *Tb n m, referido a tallo o eje.*

epicraneal *adj* (*Anat*) Que está situado encima del cráneo.

epicrisis *f* (*Med*) Juicio científico de una enfermedad.

epicureísmo *m* 1 (*Filos*) Doctrina del filósofo griego Epicuro († 270 a.C.), según el cual el mayor bien es el placer. ■ 2 Actitud de búsqueda exclusiva del placer.

epicúreo -a *adj* 1 (*Filos*) De Epicuro o del epicureísmo. **b)** Partidario del epicureísmo [1]. *Tb n.* ■ 2 [Pers.] que solo busca el placer. *Tb n.* **b)** Propio de la pers. epicúrea.

epidemia *f* 1 Enfermedad infecciosa que ataca al mismo tiempo y en la misma región a un gran número de individuos. ■ 2 Cosa, esp. negativa, que aumenta o se propaga rápidamente.

epidémico -ca *adj* De (la) epidemia. **b)** Que tiene carácter de epidemia.

epidemiología *f* (*Med*) Estudio de las epidemias [1]. **b)** Estudio [de una enfermedad epidémica].

epidemiológicamente *adv* (*Med*) 1 De manera epidemiológica. ■ 2 Desde el punto de vista epidemiológico.

epidemiológico -ca *adj* (*Med*) De (la) epidemiología.

epidemiólogo -ga *m y f* (*Med*) Especialista en epidemiología.

epidérmicamente *adv* De manera epidérmica [2].

epidérmico -ca *adj* 1 De (la) epidermis [1 y 2]. ■ 2 Superficial o poco profundo.

epidermis *f* 1 Capa superficial de la piel de los animales, constituida por tejido epitelial. ■ 2 (*Bot*) Capa que recubre la superficie de las plantas. ■ 3 (*lit*) Parte superficial o más externa [de algo].

epidiáscopo *m* (*Fís*) Aparato que permite proyectar imágenes transparentes u opacas.

epidíctico -ca *adj* (*TLit*) [Discurso o poema] cuyo tema es la alabanza o el vituperio de una persona. *Tb el género correspondiente.*

epididimitis *f* (*Med*) Inflamación del epidídimo.

epidídimo *m* (*Anat*) Cuerpo alargado de la parte superior del testículo.

epidural *adj* **1** (*Anat*) Situado encima de la duramadre. ■ **2** (*Med*) Relativo a la zona epidural [1]. **b)** [Anestesia] que se aplica en la zona epidural de la médula.

epifanía (*con mayúscula en acep* 1) *f* **1** Festividad que la Iglesia católica celebra el día 6 de enero, en conmemoración de la adoración de Jesús por los Reyes Magos. ■ **2** (*lit*) Manifestación o aparición.

epifenómeno *m* **1** (*Filos*) Fenómeno secundario o adicional. ■ **2** (*Med*) Síntoma secundario o accesorio.

epifisario -ria *adj* (*Anat*) De (la) epífisis.

epífisis *f* (*Anat*) **1** Extremo ensanchado de un hueso largo. ■ **2** Glándula pineal (→ PINEAL).

epifito -ta (*tb* **epífito**) *adj* (*Bot*) [Planta] que vive sobre otra sin sacar de ella su alimento. *Tb n m y f.*

epifonema *m* (*TLit*) Exclamación o consideración con que se cierra un discurso.

epífora *f* (*TLit*) Figura retórica que consiste en la repetición de una o varias palabras al final de diversas frases en un período.

epifragma *m* (*Zool*) Disco calcáreo que cierra la concha del caracol y algunos otros moluscos, durante el invierno y cuando las circunstancias son desfavorables.

epigastralgia *f* (*Med*) Dolor en la región epigástrica.

epigástrico -ca *adj* (*Anat*) De(l) epigastrio.

epigastrio *m* (*Anat*) Parte del abdomen comprendida entre el esternón y el ombligo.

epigénesis *f* **1** (*Biol*) Desarrollo que consiste en una gradual diversificación y diferenciación de una célula germen no diferenciada inicialmente. *Se opone a* PREFORMACIÓN. ■ **2** (*Geol*) Fenómeno por el que un río forma una garganta o valle estrecho sobre una roca dura subyacente.

epigeo -a *adj* (*Bot*) Que se desarrolla sobre el suelo.

epigino -na *adj* (*Bot*) [Periantio o androceo] que semeja insertarse sobre el ovario. *Tb dicho de la flor.*

epiglotis *f* (*Anat*) Lámina cartilaginosa que cierra la glotis durante la deglución.

epigonal *adj* (*lit*) **1** De(l) epígono. ■ **2** Que tiene carácter de epígono.

epigónico -ca *adj* (*lit*) Epigonal.

epigonismo *m* (*lit*) Condición de epígono.

epígono *m* (*lit*) Artista o pensador que sigue a un autor, un estilo o una escuela anterior. *Tb fig.*

epígrafe *m* **1** Texto que figura a la cabeza de un libro o un capítulo, o de otro escrito, sugiriendo su idea o su contenido. **b)** Apartado o capítulo. ■ **2** Palabra o palabras que sirven de encabezamiento en una clasificación o catalogación. ■ **3** Título o denominación. ■ **4** Inscripción, esp. en piedra o metal.

epigrafía *f* **1** Estudio de las inscripciones, esp. antiguas. ■ **2** Conjunto de inscripciones. ■ **3** Arte de hacer epígrafes o inscripciones.

epigrafiar (*conjug* **1c**) *tr* Poner epígrafe, *esp* [4], [a algo (*cd*)].

epigráfico -ca *adj* De (la) epigrafía.

epigrafista *m y f* Especialista en epigrafía [1].

epigrama *m* **1** Poema breve de carácter ingenioso y gralm. satírico, propio esp. de la literatura latina. ■ **2** Frase o expresión breve e ingeniosa y gralm. satírica.

epigramático -ca *adj* **1** De(l) epigrama. ■ **2** Que tiene carácter de epigrama.

epigramatismo *m* Tendencia al uso de epigramas.

epilense *adj* De Épila (Zaragoza). *Tb n, referido a pers.*

epilepsia *f* Enfermedad nerviosa caracterizada por bruscos ataques con pérdida del conocimiento y gralm. convulsiones.

epiléptico -ca *adj* **1** De (la) epilepsia. ■ **2** Que padece epilepsia. *Tb n.* ■ **3** (*raro*) Desordenado o violento.

epileptiforme *adj* (*Med*) Semejante a la epilepsia.

epileptoide *adj* (*Med*) Que tira a epiléptico. *Tb n, referido a pers.*

epilobio *m* Se da este *n* a varias plantas del *gén* Epilobium, caracterizadas por sus semillas, provistas de largos pelos.

epilogal *adj* Que tiene carácter de epílogo.

epilogar *tr* **1** Poner epílogo [a algo (*cd*)]. ■ **2** Servir de epílogo [a algo (*cd*)].

epílogo *m* **1** Parte final [de un escrito o de un discurso], que resume todo lo anterior. ■ **2** Última parte [de una novela o de una obra teatral o cinematográfica] que presenta acontecimientos posteriores a la acción principal y su definitivo desenlace. ■ **3** Parte final añadida [a algo ya acabado, esp. a una celebración]. ■ **4** Final o desenlace.

epímone *f* (*TLit*) Figura que consiste en intercalar más de una vez un mismo verso o una frase dentro de una composición.

epinefrina *f* (*Biol*) Adrenalina (hormona).

epineuro *m* (*Anat*) Envoltura de tejido conjuntivo que rodea los nervios.

epinicio *m* Himno triunfal. *Si no es referido a los compuestos por Píndaro, es lit.*

epipaleolítico -ca *adj* (*Prehist*) Mesolítico. *Tb n.*

epiplón *m* (*Anat*) Repliegue del peritoneo que une las vísceras entre sí.

epiquerema *m* (*Filos*) Silogismo en el que una o todas las premisas van acompañadas de una justificación causal.

epiqueya *f* (*Der*) Interpretación moderada y prudente de la ley, según las circunstancias de tiempo, lugar y persona.

epirogénesis *f* (*Geol*) Elevación o hundimiento de una parte considerable de la corteza terrestre, como resultado de reajustes de nivel generalizados.

epirogénico -ca *adj* (*Geol*) De (la) epirogénesis.

episcopado *m* **1** Dignidad o autoridad de obispo. ■ **2** Conjunto de (los) obispos [de la Iglesia o de un país].

episcopal *adj* **1** De(l) obispo o de (los) obispos. ■ **2** [Iglesia] que constituye una rama autónoma de la anglicana en Escocia y Estados Unidos. **b)** De la iglesia episcopal.

episcopaliano -na *adj* De la iglesia episcopal [2]. *Tb n, referido a pers.*

episcopio[1] *m* (*Fís*) Aparato para proyectar cuerpos opacos.

episcopio[2] *m* (*raro*) Residencia episcopal.

episcopologio *m* (*Rel crist*) Catálogo de los obispos [de una iglesia].

episiotomía *f* (*Med*) Incisión lateral de la vulva en el momento del parto, para evitar el desgarro de periné.

episódicamente *adv* De manera episódica.

episódico -ca *adj* Incidental o secundario.

episodio *m* **1** *En una obra literaria:* Suceso accesorio ligado más o menos naturalmente a la acción principal. **b)** Acción o suceso de los que constituyen el conjunto [de una obra]. **c)** Parte que constituye una emisión [de una novela o serie de radio o televisión]. ■ **2** Suceso, apreciable por separado, de los que constituyen un conjunto. *Gralm con un compl especificador.* **b)** Suceso accesorio más o menos relacionado con un conjunto. **c)** Suceso que interrumpe o altera el desarrollo ordinario de los acontecimientos. **d)** (*Med*) Incidente que altera el estado normal de salud. *Gralm con un adj o compl especificador.* ■ **3** *En gral:* Hecho o suceso.

epistates *m* (*hist*) *En la república ateniense:* Presidente de los prítanos.

epistaxis *f* (*Med*) Hemorragia nasal.

episteme *f* (*Filos o lit*) Conocimiento.

epistémico -ca *adj* (*Filos o lit*) De (la) episteme.

epistemología *f* (*Filos*) Estudio de los fundamentos y métodos del conocimiento científico.

epistemológico -ca *adj* (*Filos*) De (la) epistemología.

epístola I *f* **1** (*lit o humoríst*) Carta (escrito dirigido a una pers.). ■ **2** (*TLit*) Composición poética, gralm. de carácter moralizador o satírico, en que el autor se dirige a alguien real o imaginario. ■ **3** (*Rel catól*) Parte de la misa, que sigue a las primeras oraciones y precede al gradual, en que gralm. se leen fragmentos de las cartas apostólicas.
II *loc adj* **4 de la ~.** (*Rel catól*) *En una iglesia:* [Lado] derecho, desde el punto de vista de los fieles.

epistolar *adj* De (la) epístola [1 y 2]. **b)** (*TLit*) [Obra literaria] que se presenta o desarrolla en forma de cartas. *Tb referido al género correspondiente.*

epistolario *m* Colección de epístolas [1].

epistolarmente *adv* (*lit*) De manera epistolar.

epistolografía *f* (*TLit*) Arte de escribir cartas.

epistológrafo -fa *m y f* (*TLit*) Escritor de epístolas [1].

epitáfico -ca *adj* De(l) epitafio o que lo implica.

epitafio *m* Inscripción funeraria.

epitalámico -ca *adj* (*TLit*) De(l) epitalamio.

epitalamio *m* (*TLit*) Composición poética en conmemoración de una boda.

epitelial *adj* **1** (*Anat*) De(l) epitelio. ■ **2** (*lit*) Superficial o poco profundo.

epitelialmente *adv* (*lit*) De manera epitelial [2].

epitelio *m* (*Anat*) Tejido animal constituido por una o varias capas de células sólidamente unidas, que recubre las superficies externas e internas y forma órganos glandulares. *Frec con un adj o compl especificador.*

epitelioma *m* (*Med*) Tumor canceroso de tejido epitelial.

epíteto *m* **1** (*Gram*) Adjetivo explicativo, esp. empleado con intención estilística, y normalmente antepuesto al nombre. **b)** Adjetivo que expresa una cualidad ya contenida en la significación del nombre. ■ **2** Adjetivo o sustantivo usado como sobrenombre habitual siguiendo al nombre propio de una pers. o cosa. **b)** *En la poesía épica tradicional:* Sintagma sustantivo o adjetivo, de forma fija y de sentido caracterizador, que sigue habitualmente al nombre de un personaje. *Frec ~ ÉPICO.* ■ **3** Adjetivo usado para elogiar. **b)** Insulto. ■ **4** (*raro*) Adjetivo especificativo.

epítimo *m* Planta de tallos en forma de filamentos rojizos y flores pequeñas de color blanquecino o rosado, que vive sobre el tomillo, el espliego, el romero y otras plantas (*Cuscuta epithymum*).

epitomar *tr* (*raro*) Hacer el epítome [de algo (*cd*)].

epítome *m* Obra que contiene resumido lo fundamental [de una materia o de una obra más extensa].

epitomizador -ra *adj* (*raro*) Que epitomiza. *Tb n, referido a pers.*

epitomizar *tr* (*raro*) Epitomar. *Tb fig.*

epitróclea *f* (*Anat*) Saliente interno de la extremidad inferior del húmero.

epizootia *f* (*Vet*) Epidemia que afecta a los animales.

epizoótico -ca *adj* (*Vet*) De (la) epizootia.

epizootiología *f* (*Vet*) Estudio de las epizootias.

época I *f* **1** Porción extensa de tiempo determinada por la coincidencia con algo o por unos límites cronológicos, o caracterizada por un cierto estado de cosas. **b)** (*Geol*) Subdivisión de un período. **c)** *bella ~.* (*lit, raro*) Belle époque. ■ **2** Período, o porción de tiempo. **b)** Parte de la existencia de alguien o algo. *Normalmente con un adj o compl que expresa su duración, o la actividad, cualidad o circunstancias que la caracterizan.* ■ **3** Parte del año. *Normalmente con un adj o compl especificador que expresa estación, o circunstancias meteorológicas, actividades o productos que la caracterizan.* ■ **4** Tiempo o momento en que se produce [algo (*compl especificador*)].
II *loc adj* **5 de ~.** Antiguo, esp. de una antigüedad aproximada de un siglo. *Tb adv.*
III *loc v* **6 hacer ~.** Dejar larga memoria. *Frec con intención ponderativa.*

epocal *adj* (*lit*) De época [5].

epoda (*tb* **époda**) *f* (*TLit*) Epodo.

epodo (*tb* **épodo**) *m* (*TLit*) *En la poesía griega y latina:* Combinación métrica compuesta de un verso largo y otro corto. *Tb el poema escrito con ella.*

epónimo -ma *adj* (*lit*) [Pers. o cosa] que da su nombre [a otra (*compl de posesión*)]. *Más frec n m.* **b)** (*hist*) *En la antigua Grecia:* [Arconte] que da su nombre al año de su mandato. *Más frec n m.*

epopeya *f* **1** (*TLit*) Poema épico extenso, de tono elevado, que celebra a un héroe o un hecho memorable. *Tb el género constituido por estos poemas.* ■ **2** (*lit*) Hecho o conjunto de hechos de carácter heroico. *Frec con intención ponderativa.*

epopéyico -ca *adj* (*lit*) **1** Heroico. ■ **2** Épico (extraordinario o tremendo).

epos *m* (*lit*) Poesía épica. *Frec fig.*

epoxi (*tb con la grafía* **epoxy**) *adj invar* (*Quím*) [Resina] sintética, dura y resistente, que contiene un grupo constituido por dos átomos de carbono pertenecientes a una cadena, unidos a un átomo de oxígeno ajeno a la misma.

epoxídico -ca *adj* (*Quím*) [Resina] epoxi.

epoxy → EPOXI.

épsilon (*tb* **epsilón**) *f* Letra del alfabeto griego que representa el sonido [e] breve. (V. PRELIM.)

epsomita *f* (*Mineral*) Mineral constituido por sulfato hidratado de magnesio.

eptaedro, eptano, eptasílabo → HEPTAEDRO, HEPTANO, HEPTASÍLABO.

epulón *m* (*lit*) **1** Hombre comilón. ■ **2** Hombre rico.

equiángulo -la *adj* (*Geom*) De ángulos iguales.

equidad *f* Cualidad [de una pers.] de juzgar o tratar con imparcialidad y según un sentido natural de la justicia. **b)** Cualidad [de una cosa] de ajustarse a la equidad.

equidiferencia *f* (*Mat*) Igualdad de dos razones por diferencia.

equidistancia *f* Cualidad de equidistante.

equidistante *adj* Que equidista. *Tb fig.*

equidistantemente *adv* De manera equidistante.

equidistar *intr* Estar a igual distancia [dos perss. o cosas (*suj*) con respecto a otra (*compl* DE), o una pers. o cosa con respecto a otras]. *Tb fig.*

equidistribución *f* (*Econ*) Distribución equitativa.

equidna *m* Mamífero monotrema semejante al erizo, propio de la región australiana (*Tachyglossus aculeatus* o *Echidna aculeata*).

équido *adj* (*Zool*) [Mamífero] de la familia del caballo, cuyas extremidades terminan en un solo dedo. *Frec como n m en pl, designando este taxón zoológico.*

equiforme *adj* (*E*) Que tiene la misma forma.

equilátero -ra *adj* (*Geom*) De lados iguales. **b)** [Hipérbola] de ejes iguales y cuyas asíntotas se cortan perpendicularmente.

équili *adv* (*col*) Equilicuá.

equilibradamente *adv* De manera equilibrada (→ EQUILIBRADO[1] [3]).

equilibrado[1] -da *adj* **1** *part* → EQUILIBRAR. ■ **2** Que tiene equilibrio [4, 5 y 6]. ■ **3** Que denota o implica equilibrio [4, 5 y 6].

equilibrado[2] *m* Acción de equilibrar, *esp* [2].

equilibrador -ra *adj* Que equilibra. *Tb n m y f, referido a máquina o dispositivo.*

equilibrante *adj* Que equilibra.

equilibrar *tr* **1** Poner en equilibrio [1, 2, 4 y 6]. **b)** *pr* (**~se**) Pasar a estar en equilibrio. ■ **2** Hacer que el eje de rotación [de un órgano giratorio (*cd*)] pase por el centro de gravedad del mismo. *Tb abs.* ■ **3** Contrarrestar o anular [una fuerza].

equilibrio **I** *m* **1** Estado de inmovilidad de un cuerpo sometido a distintas fuerzas que se contrarrestan o anulan entre sí. **b)** Situación estable de algo sometido a influencias diversas que se contrarrestan o anulan entre sí. **c)** (*Quím*) Estado de los cuerpos cuya composición no se altera, por no existir reacción alguna o por compensarse los efectos de reacciones inversas. ■ **2** Posición vertical estable, esp. sobre una pequeña base de sustentación. *Frec con vs como* PERDER *o* MANTENER. *Normalmente referido a pers.* ■ **3** Ejercicio que consiste en mantenerse, o mantener objetos, en posiciones difíciles. *Normalmente en pl. Frec en la constr* HACER ~S. **b)** Movimientos para mantener el equilibrio [2]. *Normalmente en pl y en la constr* HACER ~S. **c)** Acción hábil o prudente para salir airoso en una situación difícil. *Normalmente en pl. Frec en la constr* HACER ~S. ■ **4** Relación entre dos o más cosas, que consiste en que ninguna de ellas prevalece sobre otra. *Frec con un compl especificador.* ■ **5** Justa proporción de los elementos [de algo]. ■ **6** Armonía psíquica que se traduce en un comportamiento normal. **b)** Cualidad de la persona que no se deja dominar por sus pasiones o afectos.
II *loc adv* **7 en ~.** En equilibrio [2a] poco estable o poco seguro.

equilibrismo *m* Actividad de equilibrista. *Tb fig.*

equilibrista *adj* Que hace equilibrios [3a]. *Tb fig. Frec n, referido a pers.* **b)** (*raro*) Propio de equilibrista.

equilicuá *adv* (*col*) Expresa asentimiento o conformidad.

equilicual *adv* (*reg*) Igual o lo mismo.

equimolecular *adj* (*Quím*) De igual número de moléculas.

equimosis *f* (*Med*) Cardenal (mancha amoratada que se produce en el cuerpo).

equínido *adj* (*Zool*) [Equinodermo] de la clase cuyo tipo es el erizo de mar. *Frec como n m en pl, designando este taxón zoológico.*

equino[1] -na *adj* **1** De(l) caballo. *Tb n m, referido a ganado.* ■ **2** (*Med*) [Pie] deforme que solo puede apoyarse sobre los dedos.

equino[2] *m* (*Arquit*) Moldura convexa característica del capitel dórico.

equinoccial *adj* **1** (*Astron*) De(l) equinoccio [1]. ■ **2** (*Astron y Geogr*) Del ecuador. *Esp referido a línea.*

equinoccio **I** *m* **1** (*Astron*) Momento en la trayectoria aparente del Sol en que este cruza el ecuador y los días son iguales a las noches. ■ **2** (*raro*) Ecuador terrestre.
II *loc v* **3 pasar el ~.** (*reg*) Sufrir.

equinococo *m* (*Zool*) Tenia que vive parásita en el intestino del perro y otros carnívoros y en estado larvario en el hombre, causando el quiste hidatídico (gén. *Echinococcus*). *Tb* TENIA ~.

equinococosis *f* (*Med*) Enfermedad producida por equinococos.

equinodermo *adj* (*Zool*) [Animal] marino con simetría radial, dermatoesqueleto calcáreo y pies ambulacrales. *Gralm como n m en pl, designando este taxón zoológico.*

equinoideo *adj (Zool)* Equínido. *Tb n.*

equinovaro *adj (Med)* [Pie] deforme que es una combinación de equino y varo.

equipaje *m* Conjunto de maletas, bolsos y otros objetos transportables que se llevan en un viaje. **b)** *(lit)* Bagaje [de ideas o conocimientos *(adj o compl especificador)*].

equipamiento *m* **1** Acción de equipar. ■ **2** Conjunto de utensilios, material o ropas con que se equipa algo o a alguien.

equipar *tr* Proveer [a alguien o algo] de lo necesario. **b)** Proveer [a alguien] de la ropa necesaria. **c)** Proveer [a una pers. o cosa *(cd)*] de algo *(compl* DE *o* CON)].

equiparable *adj* Que se puede equiparar.

equiparación *f* Acción de equiparar.

equiparar *tr* Considerar iguales o equivalentes [dos perss. o cosas, o una a otra *(compl* A *o* CON)].

equipier *(pl normal, ~s) m (Dep)* Miembro de un equipo [2]. *Tb fig.*

equipo I *m* **1** Grupo de perss. que trabajan unidas en una empresa común. ■ **2** Conjunto de perss. que practican un deporte o juego y compiten unidas. ■ **3** Conjunto de ropas y objetos de uso personal necesarios para una pers., una novia, un bebé, un colegial o un soldado. *Frec con un compl especificador.* ■ **4** Conjunto de utensilios o material necesarios en un trabajo o actividad o en una máquina o instalación. *Gralm con un adj o compl especificador, que frec se omite por consabido.* **b)** Objeto o conjunto de objetos de que se entrega provisto algo, esp. un vehículo o un aparato. ■ **5** ~ **quirúrgico.** Centro de asistencia médica de urgencia provisto de dotación quirúrgica.
II *loc adj* **6 de** ~**.** *(Econ)* [Bienes] que producen objetos materiales y aseguran los servicios.
III *loc v* **7 caer(se) con todo el** ~**.** *(col)* Fracasar rotundamente.

equipolente *adj (Fís)* [Vector] paralelo [a otro *(compl* A *o* DE)] y de igual magnitud y dirección. *Tb sin compl, referido a un n en pl.*

equipotencial *adj (Electr)* [Línea o superficie] cuyos puntos tienen todos igual potencial.

equipotente *adj (E)* Equivalente en poder o efecto.

equis I *n* A *f* **1** Letra del alfabeto *(x, X)*, que en español corresponde a la unión de los fonemas /k/ y /s/, o solo a /s/ cuando precede a otra consonante. (V. PRELIM.) *A veces, tb se llama así el fonema representado por esa letra.* **b)** Figura de la letra *x.* **c)** *(Mat)* Se usa como signo que representa la incógnita. * Designemos por equis el peso del un libro. **d)** Representa un *n* identificador, esp *n* propio, desconocido o que no interesa precisar. *Siguiendo en aposición a un n común.* * Hablaban de un señor equis.
B *m* **2** *(jerg)* Éxtasis (droga). **b)** Pastilla de éxtasis.
II *adj invar* **3** No determinado. *Referido a una cantidad o a una medida. Normalmente se usa en lugar de un número que se desconoce o que no interesa precisar. Gralm antepuesto al n.* * Vende el agua a equis pesetas la pipa. * Cada equis tiempo. ■ **4** [Rayos] de muy corta longitud de onda producidos por emisión de electrones y que atraviesan ciertos cuerpos, originan impresiones fotográficas y se

utilizan en medicina como medio de investigación y de tratamiento. ■ **5** [Película] pornográfica. **b)** [Cine] en que se proyectan películas pornográficas.

equisetácea *adj (Bot)* [Planta] de la familia del equiseto. *Gralm como n f en pl, designando este taxón botánico.*

equisetal *adj (Bot)* [Planta] pteridofita cuyo tipo es el equiseto. *Frec como n m en pl, designando este taxón botánico.*

equiseto *m* Planta pteridofita de tallos huecos y nudosos con espiga terminal, propia de lugares húmedos (gén. *Equisetum*). *A veces con un adj especificador.*

equitación *f* Actividad o deporte de montar a caballo.

equitativamente *adv* De manera equitativa.

equitativo -va *adj* Que tiene equidad.

équite *m* **1** *(lit)* Jinete. ■ **2** *(hist)* En la antigua Roma: Caballero.

equivalencia *f* **1** Condición de equivalente. ■ **2** Pers. o cosa equivalente [a otra *(compl de posesión)*].

equivalente I *adj* **1** [Pers. o cosa] que equivale [a otra *(compl* A *o de posesión)*]. *Tb sin compl, esp referido a un n en pl. Tb n m.* **b)** *(Geom)* De igual área o volumen, pero de distinta forma.
II *m* **2** *(Quím)* Cantidad [de una sustancia] que cede o desplaza un mol de átomos o grupos de átomos monovalentes, o reacciona con ellos. *Tb* ~ QUÍMICO. **b)** ~-**gramo** *(o* ~ **gramo)**. Equivalente químico expresado en gramos, y que es el cociente de su peso atómico por su valencia.

equivalentemente *adv* De manera equivalente.

equivaler *(conjug 33) intr* Ser [una cosa o pers.] igual [a otra] en valor, efecto o significado. *Tb sin compl, con suj pl.*

equivocación *f* **1** Acción de equivocar(se). ■ **2** Cosa, esp. acción, desacertada.

equivocadamente *adv* De manera equivocada [2].

equivocado -da *adj* **1** *part* → EQUIVOCAR. ■ **2** [Cosa] que implica equivocación [1]. **b)** [Pers. o cosa] que no es la adecuada o apropiada.

equívocamente *adv* De manera equívoca.

equivocar A *tr* **1** Tomar [algo] por verdadero o apropiado sin serlo. ■ **2** Hacer que [alguien *(cd)*] equivoque [3, 4 y 5].
B *intr pr* (~**se**) **3** Tomar [algo o a alguien *(compl* DE)] por verdadero o apropiado sin serlo. *Tb sin compl, por consabido.* ■ **4** Juzgar desacertadamente [algo o a alguien *(compl* CON)]. *Tb sin compl.* ■ **5** Actuar o hablar desacertadamente en algo *(compl* EN *o* CON; AL + *infin, o ger)*]. *Tb sin compl, por consabido.* **b) o mucho me equivoco o**...; *o* **si no me equivoco.** *Fórmulas que se usan para introducir una aseveración sobre cuya verdad se deja algún resquicio de duda formal.* * Si no me equivoco, ese chico es un fresco.

equivocidad *f* Condición de equívoco [1].

equívoco -ca I *adj* **1** Que puede interpretarse en varios sentidos. *Tb fig.* **b)** Propio del término equívoco. **c)** [Generación] **equívoca** → GENERACIÓN. ■ **2** Dudoso o sospechoso. *Frec (euf) referido a moral sexual.*

II *m* **3** Equivocación o confusión. ■ **4** Término o expresión equívocos [1]. **b)** (*TLit*) Figura retórica que consiste en usar términos o expresiones equívocas [1]. ■ **5** Situación equívoca [1].

era¹ *f* **1** Lugar limpio y firme, gralm. cubierto de hierba, donde se trillan y limpian las mieses. ■ **2** (*Agric*) Cuadro pequeño de tierra destinado esp. al cultivo de flores u hortalizas. ■ **3** (*Min*) Compartimento en que se evapora el agua en una salina.

era² (*frec con mayúscula en aceps 1a y 3*) *f* **1** Período de tiempo para cuyo cómputo se ha tomado como punto de partida la fecha de un determinado suceso importante. *Gralm con un adj o compl especificador.* **b)** Fecha de un suceso importante tomado como punto de partida para un cómputo del tiempo. **c)** (*hist*) Año de la Era española (→ ESPAÑOL). ■ **2** Período histórico de gran extensión, caracterizado por algún acontecimiento o personaje importante. ■ **3** (*Geol*) Subdivisión primera y más importante de los tiempos geológicos.

eraje *m* (*reg*) Miel virgen.

eral -la *adj* [Res vacuna] de dos años de edad. *Frec n.*

erario *m* Conjunto de bienes públicos [de un estado, una provincia o un municipio]. *Frec ~* PÚBLICO, *con referencia al del Estado.*

erasmiano -na *adj* **1** Del humanista Erasmo de Rotterdam († 1536). **b)** [Tipo de pronunciación griega], atribuido a Erasmo, que mantiene los diptongos como tales y la eta como /e/. ■ **2** Erasmista. *Tb n.*

erasmismo *m* Doctrina filosófica de Erasmo de Rotterdam († 1536), partidario de un cristianismo más auténtico y tolerante.

erasmista *adj* De Erasmo o del erasmismo. **b)** Partidario del erasmismo. *Tb n.*

ere *f* (*raro*) Erre (letra). *A veces tb se llama así el fonema /r/ representado por esta letra.*

Érebo (*tb* **Erebo**) *m* (*Mitol clás*) Infierno, o lugar en que habitan las almas de los muertos.

erección *f* **1** Acción de erigir(se). ■ **2** Acción de ponerse erecto. *Esp referido al pene.* ■ **3** Estado o condición de erecto.

eréctil *adj* Que puede ponerse erecto.

erecto -ta *adj* **1** Erguido o derecho. **b)** [Veza] **erecta** → VEZA. ■ **2** Levantado y rígido. *Referido esp a órganos.*

erector -ra *adj* **1** Que erige. *Tb n, referido a pers.* ■ **2** (*Anat*) Que produce erección [2].

eremita *m* Ermitaño (hombre que profesa la vida solitaria).

eremítico -ca *adj* De(l) eremita. *Tb* (*lit*) *fig.*

eremitorio *m* Lugar en que reside un eremita o en que hay una ermita.

erepsina *f* (*Biol*) Enzima del jugo intestinal que transforma los péptidos.

eretismo *m* (*Med*) Excitación o sensibilidad exagerada [de un órgano o parte del cuerpo].

erg¹ *m* (*Fís*) Ergio.

erg² *m* (*Geogr*) Zona de dunas propia de la región sahariana.

erga omnes (*lat; pronunc, /erga-ómnes/*) *loc adj* (*Der*) Que afecta a todos.

ergástula *f* (*hist*) *En la antigua Roma:* Cárcel de esclavos. *Tb* (*lit*) *fig.*

ergástulo *m* (*raro*) Ergástula.

ergio *m* (*Fís*) *En el sistema CGS:* Unidad de trabajo equivalente al realizado por la fuerza de una dina cuando su punto de aplicación se desplaza un centímetro en la dirección de la fuerza.

ergo I *conj* (*con pronunc gralm átona*) **1** (*lit, frec humoríst*) Luego, por tanto.
    II *m* **2** (*desp*) Argumentación silogística.

ergocalciferol *m* (*Quím*) Vitamina D_2.

ergoftalmología *f* (*Med*) Especialidad de la oftalmología que estudia los problemas del ojo en relación con el trabajo.

ergogénico -ca *adj* (*E*) Que favorece la capacidad de trabajo corporal o mental, esp. eliminando los síntomas de fatiga.

ergógrafo *m* (*Med*) Aparato que mide y registra el trabajo muscular.

ergología *f* Parte de la etnología que estudia la cultura laboral de los pueblos primitivos.

ergometría *f* (*Med*) Medida del trabajo muscular mediante el ergómetro.

ergométrico -ca *adj* (*Med*) De (la) ergometría o de(l) ergómetro.

ergómetro *m* (*Med*) Aparato para medir el trabajo muscular.

ergonomía *f* (*E*) **1** Estudio de las relaciones entre el trabajador y su ambiente e instrumentos de trabajo, para obtener la mayor eficacia con el mínimo esfuerzo. ■ **2** Cualidad de ergonómico.

ergonómicamente *adv* (*E*) De manera ergonómica.

ergonómico -ca *adj* (*E*) De (la) ergonomía. **b)** Acorde con la ergonomía.

ergosterina *f* (*Quím*) Ergosterol.

ergosterol *m* (*Quím*) Sustancia presente en varios tejidos animales y vegetales, que se transforma en vitamina D por acción de los rayos ultravioletas.

ergotamina *f* (*Quím*) Alcaloide del cornezuelo del centeno, que se usa frec. en el tratamiento de la jaqueca.

ergoterapia *f* (*Med*) Método terapéutico basado en el trabajo físico.

ergotina *f* (*Quím*) Sustancia extraída del cornezuelo del centeno, usada esp. contra las hemorragias uterinas.

ergotismo¹ *m* (*Med*) Intoxicación por cornezuelo del centeno.

ergotismo² *m* (*lit*) Tendencia abusiva a la argumentación silogística.

ergotista *adj* (*lit*) Que ergotiza. *Tb n.*

ergotizar *intr* (*lit*) Argumentar por medio de silogismos. *Gralm con intención desp.*

ergotoxina *f* (*Quím*) Producto cristalino aislado del cornezuelo del centeno, que produce vasoconstricción y contracción uterina.

erguido -da *adj* **1** *part* → ERGUIR. ■ **2** Vertical o derecho.

erguir (*conjug 45*) **A** *tr* **1** Poner vertical o derecho [a alguien o algo, esp. a sí mismo o la cabeza].

B *intr pr* (~**se**) **2** Alzarse [una construcción o algo que destaca en altura]. *Tb fig.*

ería *f* (*reg*) **1** Terreno labrantío, frec. de gran extensión. ■ **2** Terreno erial.

erial *adj* [Terreno] que no se labra ni cultiva. *Frec n m. Tb fig.*

eriazo -za *adj* Erial. *Tb n m.*

ericáceo -a *adj* (*Bot*) [Planta] de la familia del brezo y el madroño. *Frec como n f en pl, designando este taxón botánico.*

erigeron *m Se da este n a varias plantas herbáceas del gén Erigeron, esp E. alpinus y E. canadensis.*

erigir *tr* **1** Construir o levantar [un edificio o monumento]. ■ **2** Fundar o crear [algo]. ■ **3** Dar [a alguien o algo (*cd*)] la condición o carácter [de lo que se expresa (*predicat, o compl* EN)]. **b)** *pr* (~**se**) Tomar [alguien o algo] la condición o carácter [de lo que se expresa (*predicat, o compl* EN)].

erina *f* (*Med*) Instrumento metálico en forma de gancho, usado en operaciones y disecciones para sostener o separar ciertas partes.

eringe *m* Cardo corredor.

eringio *m* Cardo corredor. **b)** ~ **marítimo.** Planta semejante al cardo corredor, propia de los arenales marítimos (*Eryngium maritimum*). *Tb simplemente ~.*

Erinia *f* (*Mitol clás*) Furia. *Gralm en pl.*

erinosis *f* (*Bot*) Enfermedad de la vid, causada por el ácaro *Eriophyes vitis*.

erío -a *adj* Erial. *Tb n m.*

erísimo (*tb* **erisimo**) *m* Planta herbácea anual de flores pequeñas amarillas, usada como estimulante y contra la tos (*Erysimum o Sisymbrium officinale*).

erisipela *f* Enfermedad febril y eruptiva causada por el *Streptococcus pyogenes* y caracterizada por la aparición de una o varias placas rojas y dolorosas en la piel.

erístico -ca (*Filos o lit*) **I** *adj* **1** De (la) disputa o controversia. **II** *f* **2** Arte de la disputa o controversia.

eritema *m* (*Med*) Enrojecimiento patológico de la piel, frec. en manchas, producido por congestión de los capilares, que desaparece momentáneamente por presión.

eritematoso -sa *adj* (*Med*) **1** Que tiene carácter de eritema. ■ **2** [Enfermedad] que va acompañada de eritema.

eritreo -a *adj* **1** De Eritrea (provincia de Etiopía). *Tb n, referido a pers.* ■ **2** (*hist*) De Eritreas (ciudad de la antigua Grecia).

eritrocito *m* (*Anat*) Glóbulo rojo de la sangre.

eritrofobia *f* (*Med*) Temor a ruborizarse, que va acompañado de enrojecimiento facial.

eritromicina *f* (*Med*) Antibiótico que se obtiene a partir de cultivos de *Streptomyces erythreus*, de efectos similares a los de la penicilina.

eritronio *m* (*Quím, hoy raro*) Vanadio.

eritropoyetina *f* (*Biol*) Hormona segregada por el hígado y el riñón y que estimula la producción de glóbulos rojos. *Frec el fármaco que la contiene.*

eritrosina *f* (*Quím*) Sustancia colorante rojiza, usada en histología y en la industria alimenticia y textil.

eritroxilácea *adj* (*Bot*) [Planta] dicotiledónea de la familia, propia de América meridional y Madagascar, cuyo género principal es *Erythroxylon*. *Frec como n f en pl, designando este taxón botánico.*

erizado -da *adj* **1** *part* –> ERIZAR. ■ **2** Lleno [de espinas, de obstáculos o de otra cosa similar]. *A veces sin compl, por consabido.*

erizamiento *m* Acción de erizar(se).

erizar *tr* **1** Poner rígido y levantado [el pelo o algo similar]. **b)** *pr* (~**se**) Ponerse rígido y levantado [el pelo o algo similar]. ■ **2** Poner [algo, esp. el frío o el miedo] rígido o levantado el pelo [de alguien o algo (*cd*)]. *Frec con intención ponderativa.* **b)** *pr* (~**se**) Ponerse [alguien o algo] con el pelo rígido y levantado. *Frec con intención ponderativa.* ■ **3** Llenar [algo (*cd*) de púas, espinas u obstáculos]. **b)** *pr* (~**se**) Llenarse [algo de púas, espinas o algo que sobresale]. ■ **4** Excitar o soliviantar.

erizo -za (*la forma f es rara*) **A** *m* **1** Mamífero insectívoro de unos 30 cm de longitud, con el dorso y los costados cubiertos de púas (*Erinaceus europaeus*). *Tb designa otras especies.* ■ **2** Equinodermo de forma globosa y cubierto de púas (*Echinus esculentus* y otras especies). *Tb ~ DE MAR.* ■ **3** Corteza espinosa que envuelve la castaña y algunos otros frutos. ■ **4 pez ~** –> PEZ[1].

B *m y f* **5** Pers. huraña e insociable. *Tb adj.*

ermita *f* Iglesia, gralm. pequeña, situada en despoblado o a las afueras de una población.

ermitaño -ña **I** *n* **A** *m y f* **1** Pers. que vive en una ermita y cuida de ella. ■ **2** Pers. que vive en soledad, sin trato con los demás. *Frec con intención ponderativa.*

B *m* **3** Hombre religioso que profesa la vida solitaria. ■ **4** Cangrejo que protege su abdomen en conchas vacías de gasterópodos (*Eupagurus bernhardus*). *Tb designa otras especies similares. Tb* CANGREJO ~. ■ **5** (*hist*) Dialecto filipino del español, hoy extinguido, propio de la región de Manila. **II** *adj* **6** De(l) ermitaño [3].

ermitorio *m* Eremitorio.

erógeno -na *adj* Que produce sensaciones eróticas.

eros *m* (*Psicol*) Conjunto de impulsos sexuales.

erosión *f* **1** Desgaste producido en la corteza terrestre por los agentes externos, esp. agua y viento. ■ **2** Desgaste producido en la superficie de un cuerpo por el roce o la acción de otro. ■ **3** Lesión superficial de la piel causada por un agente externo. ■ **4** Desgaste o deterioro. *Tb fig.*

erosionante *adj* Que erosiona.

erosionar *tr* Causar erosión [en algo (*cd*)]. *Tb abs.* **b)** *pr* (~**se**) Sufrir erosión [algo].

erosivo -va *adj* De (la) erosión o que la implica.

eróticamente *adv* **1** En el aspecto erótico [1]. ■ **2** De manera erótica [1a y 2a].

erótico -ca **I** *adj* **1** De(l) amor o del placer sexuales, frec. con independencia del acto de la procreación. **b)** Que tiene como objeto el amor o el placer sexuales. ■ **2** Que excita el deseo sexual o produce placer sexual. *Tb fig.* **b)** [Teléfono o línea telefónica] de carácter comercial en que se mantienen conversaciones eróticas. ■ **3** Caracterizado por el impulso o deseo sexual. ■ **4** (*TLit*) Amatorio, o de(l) amor.

II *f* **5** Erotismo. *Tb fig.* ■ **6** Atracción intensa, similar a la sexual, producida [por algo, esp. el poder (*compl* DE)].

erotismo *m* **1** Tendencia o comportamiento eróticos [1a]. ■ **2** Cualidad o condición de erótico, *esp* [2a].

erotización *adj* Acción de erotizar(se).

erotizante *adj* Que erotiza.

erotizar *tr* Dar carácter erótico [a alguien o algo (*cd*)]. **b)** *pr* (~se) Tomar carácter erótico.

erotología *f* (*E*) Estudio del erotismo [1].

erotólogo -ga *m y f* (*E*) Especialista en erotología.

erotomanía *f* (*Med*) Obsesión sexual.

erotómano -na *adj* (*Med*) [Pers.] que padece obsesión sexual. *Tb n.*

errabundaje *m* (*raro*) Vida errabunda.

errabundear *intr* (*raro*) Andar errabundo.

errabundez *f* (*raro*) Condición de errabundo.

errabundo -da *adj* Errante. *Tb fig. Tb n, referido a pers.*

erradicación *f* Acción de erradicar.

erradicar *tr* Arrancar o extirpar de raíz. *Gralm fig.*

erradizo -za *adj* (*raro*) Errante.

errado -da *adj* **1** *part* → ERRAR. ■ **2** Equivocado, o que implica equivocación.

erraj (*tb con la grafía* **herraj**) *m* Cisco hecho con huesos de aceitunas prensadas en el molino.

errancia *f* Hecho de errar².

errante *adj* **1** Que va de un lado a otro sin asiento o residencia fijos. *Tb n, referido a pers.* **b)** (*Med*) Que se mueve libremente o es anormalmente móvil. ■ **2** Que se desarrolla cambiando de lugar, sin emplazamiento fijo.

errar¹ (*conjug 8*) **A** *tr* **1** Equivocar [algo], o tomar[lo] por verdadero o apropiado sin serlo. ■ **2** No acertar [un golpe o disparo, o el blanco u objetivo apetecido].

B *intr* **3** Equivocarse [en algo]. *Tb sin compl, por consabido.*

errar² (*conjug 8 o regular*) *tr* Vagar (recorrer distintas partes [de un lugar (*compl* POR)] sin detenerse especialmente en ninguna). *Tb sin compl. Tb fig.*

errata *f* Equivocación tipográfica cometida en un escrito.

errático -ca *adj* **1** Errante. *Tb n. Tb fig.* **b)** (*Geol*) [Roca o bloque] de naturaleza distinta a la del terreno en que se encuentra, que ha sido arrastrado por algún glaciar. **c)** (*Bot*) Que no está fijo a un sustrato determinado. ■ **2** Que cambia de actitud o de opinión con excesiva facilidad. **b)** Propio de la pers. errática.

errátil *adj* (*lit*) Errante [1]. *Tb fig.*

erre **I** *f* **1** Letra del alfabeto (*r, R*), que en español corresponde al fonema /r̄/ cuando se escribe duplicada, o al comienzo de palabra, o siguiendo a *l, n o s;* y al fonema /r/ en todos los demás casos. (V. PRELIM.) *A veces tb se llaman así los fonemas (esp /r̄/) representados por esta letra.*

II *loc adv* **2** ~ **que** ~. (*col*) En actitud terca.

erreca *m* (*reg*) Arroyo o regato.

erróneamente *adv* De manera errónea.

erróneo -a *adj* Que encierra o implica error. **b)** [Conciencia] que con ignorancia juzga como bueno lo que es malo, o viceversa.

error *m* **1** Idea que no se ajusta a la verdad. ■ **2** Hecho, o esp. acción, que no se ajusta a lo debido, oportuno o deseado. **b)** Acción involuntaria que no se ajusta a lo debido. ■ **3** Dato que no se ajusta a la realidad. ■ **4** Diferencia entre un resultado o valor dados y los verdaderos o correctos. ■ **5** Estado de quien tiene una creencia que se aparta de lo verdadero o correcto.

ersatz (*al; pronunc corriente,* /ersáts/; *pl normal, invar*) *m* (*lit*) Sucedáneo.

ertzaina (*vasc; pronunc corriente,* /ertsáina/ *o* /erθáina/; *gralm con mayúscula en acep 2*) **A** *m y f* **1** Miembro de la ertzaintza.

B *f* (*hoy raro*) Ertzaintza [1].

ertzaintza (*vasc; pronunc corriente,* /ertsáintsa/ *o* /erĉáinĉa/; *gralm con mayúscula en acep 1*) (*raro*) **A** *f* **1** Policía autonómica vasca.

B *m y f* **2** Ertzaina [1].

ertzantza (*vasc; pronunc corriente,* /ertsántsa/ *o* /erĉánĉa/; *gralm con mayúscula*) *f* Ertzaintza [1].

eructar **A** *intr* **1** Expeler por la boca gases del estómago.

B *tr* **2** (*raro*) Expeler por la boca [gases del estómago].

eructo *m* Acción de eructar. *Frec su efecto.*

erudición *f* **1** Conjunto amplio de conocimientos basados en el estudio de textos o fuentes históricas. ■ **2** Conjunto de informaciones o comentarios eruditos [2]. *Alguna vez en pl.* ■ **3** Conjunto de estudios eruditos [2].

eruditamente *adv* De manera erudita [2].

eruditismo *m* (*lit, raro*) Cualidad de erudito.

erudito -ta **I** *adj* **1** [Pers.] que tiene erudición [1]. *Tb n.* **b)** De(l) erudito o de (los) eruditos. ■ **2** De (la) erudición [1]. **b)** Que implica o denota erudición.

II *m y f* **3** ~ **a la violeta.** (*lit*) Pers. de cultura aparentemente amplia, pero superficial.

erupción *f* **1** Aparición de granos, manchas o vesículas en la piel o las mucosas. *Tb el conjunto de granos, manchas o vesículas.* ■ **2** Expulsión violenta a la superficie, de gases y materias procedentes del interior de la Tierra. **b)** Estado de un volcán que expulsa al exterior materias procedentes del interior de la Tierra. *Tb fig.* ■ **3** (*Astron*) Fenómeno producido en las manchas solares y que se manifiesta por la emisión al espacio de flujos de partículas. ■ **4** (*Fisiol*) Salida de un diente.

eruptivo -va *adj* **1** (*Med*) [Enfermedad] que se caracteriza por la erupción [1]. ■ **2** (*Geol*) Formado por solidificación del magma. *Dicho esp de roca.*

esaborición *f* (*reg*) Desaborición.

esaborío -a *adj* (*reg*) Desaborido. *Tb n, referido a pers.*

esbarar *intr* (*reg*) Resbalar. *Tb pr* (~se).

esbeltecer (*conjug 11*) *tr* Hacer esbelto. **b)** *pr* (~se) Hacerse esbelto.

esbeltez *f* Cualidad de esbelto.

esbelto -ta *adj* Alto, delgado y de formas airosas. **b)** Largo, delgado y de formas airosas.

esbirro *m* (*desp*) Hombre que está a las órdenes de otro o de una autoridad para ejecutar actos de violencia. *Tb fig. Frec con un compl de posesión.*

esbozar *tr* **1** Bosquejar. ■ **2** Iniciar [un gesto, esp. una sonrisa], sin realizar[lo] completamente. ■ **3** (*lit*) Hacer [algo] de modo impreciso o incompleto.

esbozo *m* Acción de esbozar. *Frec su efecto.*

escabechada *f* (*reg*) Comida que consiste en escabeche [2].

escabechado -da I *adj* **1** *part* → ESCABECHAR. II *m* **2** Escabeche [2].

escabechar *tr* **1** Poner [algo] en escabeche [1]. ■ **2** (*col*) Matar [a alguien]. **b)** Liquidar o eliminar [a alguien]. ■ **3** (*col*) Estropear o arruinar [algo].

escabeche *m* **1** Salsa hecha con aceite, vinagre, laurel y otros ingredientes, para conservar carnes o pescados. *Gralm en la constr* EN ~. ■ **2** Conserva de carne o pescado en escabeche [1]. *Normalmente con un compl especificador.* **b)** *Sin compl, esp:* Bonito o atún en escabeche.

escabechina *f* (*col*) **1** Matanza grande. ■ **2** Destrozo grande. ■ **3** Gran número de suspensos en un examen.

escabel *m* **1** Banquillo o tarima pequeña para poner los pies mientras se está sentado. ■ **2** Asiento pequeño, gralm. de madera y sin respaldo. ■ **3** Pers. o cosa de que alguien se sirve para medrar o ascender socialmente.

escabezar *tr* (*reg*) Descabezar.

escabillo *m* (*reg*) Escardillo.

escabinado *m* (*Der*) Tribunal integrado por jueces letrados y ciudadanos comunes.

escabino *m* (*Der*) Miembro de un escabinado.

escabiosa *f* Se da este *n* a varias plantas herbáceas de los géns *Scabiosa, Knautia, Succisa* y otros, esp *Knautia arvensis* (~ COMÚN), *K. sylvatica* (~ DE BOSQUE) y *Scabiosa succisa* o *Succisa pratensis* (~ MORDIDA).

escabiosis *f* (*E*) Sarna (enfermedad del hombre, de los animales o de las plantas).

escabrosamente *adv* De manera escabrosa.

escabrosidad *f* **1** Cualidad de escabroso. ■ **2** Lugar escabroso [1].

escabroso -sa *adj* **1** [Terreno] desigual y difícil de andar. ■ **2** [Asunto] peligroso o difícil de tratar. ■ **3** [Cosa] que raya en lo inmoral u obsceno.

escabullirse (*conjug* 53) *intr pr* Escaparse, esp. disimuladamente o mezclándose con otras perss. o cosas. *Tb fig.* **b)** Zafarse [de algo, esp. de una obligación o compromiso]. *Tb sin compl.*

escachar *tr* (*pop*) **1** Romper o hacer pedazos. **b)** *pr* (~**se**) Romperse o hacerse pedazos. ■ **2** Aplastar o espachurrar. ■ **3** Estropear o echar a perder [algo]. **b)** *pr* (~**se**) Estropearse o echarse a perder.

escacharrar (*col*) **A** *tr* **1** Estropear. *Tb pr* (~**se**). **B** *intr pr* (~**se**) **2** Partirse o morirse [de risa].

escachifllar *tr* (*col*) Escacharrar o escachifollar. *Tb pr* (~**se**).

escachifollar *tr* (*col*) **1** Estropear. *Tb pr* (~**se**). ■ **2** Aplastar o espachurrar.

escachizar *tr* (*reg*) Escachar. *Tb pr* (~**se**).

escacho *m* (*reg*) Rubio (pez).

escachuflar *tr* (*col*) Estropear. *Tb pr* (~**se**).

escacinar *tr* (*reg*) Desenredar [pelo].

escafandra *f* **1** Traje o aparato que permite prolongar la estancia del hombre bajo el agua. *Frec con un adj especificador:* AUTÓNOMA, CLÁSICA, RÍGIDA. ■ **2** Vestidura hermética de los astronautas. *Tb* ~ ESPACIAL.

escafandrismo *m* Deporte submarino que se practica con escafandra autónoma.

escafandrista *m y f* Pers. que practica el escafandrismo.

escafocefalia *f* (*Med*) Deformidad del cráneo en que este se presenta alargado en el sentido anteroposterior y aplastado transversalmente.

escafoides *adj* (*Anat*) **1** [Hueso] más externo y voluminoso de la primera fila del carpo. *Tb n m.* ■ **2** [Hueso] situado delante del astrágalo, en la parte interna media del tarso. *Tb n m.*

escafópodo *adj* (*Zool*) [Molusco] marino de concha cónica o tubulosa. *Frec como n m en pl, designando este taxón zoológico.*

escagarruciarse (*conjug* 1a) *intr pr* (*vulg*) Evacuar el vientre de modo involuntario.

escagarruzarse *intr pr* (*vulg*) Evacuar el vientre de modo involuntario.

escajo *m* (*reg*) Aulaga o tojo (*Ulex europaeus*).

escala I *f* **1** Escalera de cuerda, o de cuerda y madera. **b)** (*lit o E*) Escalera. *Tb fig.* **c)** ~ **de gato, ~ de viento** → GATO[1], VIENTO. ■ **2** Serie ordenada [de cosas] con arreglo al grado de una cualidad o aspecto dados. *Tb sin compl, por consabido.* **b)** (*Mús*) Serie de las notas musicales. *Tb* ~ MUSICAL. ■ **3** Serie de divisiones que, esp. en un instrumento, permite indicar el valor de una medida. ■ **4** Serie de grados o categorías jerárquicos o sociales. *Tb cada grado o categoría.* **b)** Escalafón. ■ **5** Relación que existe entre el tamaño real de una cosa y el que se le atribuye en un mapa u otra representación. *Frec en la constr* A ~. ■ **6** Tamaño o importancia [de un asunto o negocio]. *Gralm con* GRAN *u otro adj de magnitud y frec en la constr* EN (o A) GRAN ~. **b)** Nivel (altura o grado [de algo no material]). *Normalmente con un adj especificador.* ■ **7** Lugar en que se detiene una embarcación o un avión, entre el de origen y el de destino. *Tb fig, fuera del ámbito técn.* **b)** Detención o parada [de una embarcación o un avión] entre el punto de origen y el de destino. *Gralm en la constr* HACER ~. II *loc adj* **8** [Economía] **de ~** → ECONOMÍA.

escalabradura *f* (*col*) Descalabradura.

escalabrar *tr* (*col*) Descalabrar, o herir [a alguien] en la cabeza.

escalada *f* **1** Acción de escalar[1] [1 y 2]. ■ **2** Aumento en la extensión, intensidad o magnitud [de algo]. *Frec sin compl, referido a la guerra.*

escalado *m* Acción de adaptar algo a una determinada escala [2].

escalador -ra *adj* **1** Que escala [1 y 2]. *Frec n, referido a pers.* **b)** Propio del escalador. ■ **2** [Pers.] especialista en escalado de prendas. *Tb n.*

escalafón *m* Lista oficial de los individuos de un cuerpo, ordenada según su categoría, antigüedad o méritos. *Tb fig.*

escalafonado -da *adj* (*admin*) **1** *part* → ESCA-LAFONAR. ■ **2** Que se ajusta al escalafón.

escalafonal *adj* (*admin*) De(l) escalafón.

escalafonamiento *m* (*admin*) Acción de escalafonar.

escalafonar *tr* (*admin*) Incluir en el escalafón. *Tb fig.*

escalamera *f* (*Mar*) Hueco para meter los remos y bogar sin estrobo.

escalamiento *m* Acción de escalar[1] [1].

escálamo *m* (*Mar*) Tolete.

escalante *adj* (*lit, raro*) Que escala. *Tb fig.*

escalar[1] **A** *tr* **1** Subir [a un lugar alto, esp. a una montaña (*cd*)] por sí mismo o mediante escalas u otro utensilio similar. *Tb abs, referido a montaña.* **b)** Subir [a una montaña (*cd*)] en bicicleta. *Tb abs.* **c)** Penetrar [en un lugar (*cd*)] subiendo por sus muros o ventanas. ■ **2** Subir [puestos o a una posición elevada (*cd*)]. ■ **3** (*reg*) Hacer escalones o desniveles [en algo (*cd*)]. ■ **4** (*raro*) Aumentar [algo (*cd*)] en magnitud, cantidad o intensidad. **B** *intr* **5** (*raro*) Aumentar [algo (*suj*)] en magnitud, cantidad o intensidad.

escalar[2] *adj* (*Fís*) [Magnitud] que carece de dirección y solo se expresa por su valor numérico. *Tb n m.* **b)** De (la) magnitud escalar.

escalariforme *adj* (*Bot*) De forma de escalera.

escalatorres *m y f* Pers. que sube por los muros de los edificios elevados, valiéndose de sus propios medios. *Tb* (*lit*) *fig, con intención desp.*

escalda *m* (*hist*) Escaldo.

escaldado *m* Acción de escaldar [1].

escaldador -ra *adj* Que escalda [1]. *Tb n f, referido a máquina.*

escaldadura *f* Acción de escaldar(se) [1]. *Tb su efecto.*

escaldar A *tr* **1** Someter [algo] a los efectos del agua hirviendo. **b)** *pr* (~**se**) Quemarse con agua hirviendo. ■ **2** Escarmentar [a alguien]. *Frec* SALIR ESCALDADO. **b)** *pr* (~**se**) Escarmentar [alguien]. ■ **3** (*raro*) Quemar o abrasar. **B** *intr pr* (~**se**) **4** Escocerse [la piel].

escaldo *m* (*hist*) Poeta escandinavo medieval, autor de cantos heroicos y de sagas.

escaleno *adj* **1** (*Geom*) [Triángulo] cuyos tres lados son desiguales. ■ **2** (*Geom*) [Trapecio] que no es isósceles ni rectángulo. ■ **3** (*Anat*) [Músculo] de forma de triángulo escaleno, que va de las vértebras cervicales a las costillas. *Tb n m.*

escalenoedro *m* (*Mineral*) Cristal cuyas caras son triángulos escalenos.

escalense *adj* De La Escala (Gerona). *Tb n, referido a pers.*

escalentía *adj* (*reg*) [Castaña] temprana que abre su erizo en el árbol y cae al suelo.

escalera I *f* **1** Construcción formada por una serie de planos horizontales a distintas alturas, que sirve para subir y bajar entre distintas plantas o niveles. *A veces en pl con sent sg.* **b)** Utensilio constituido por dos largueros unidos por travesaños, que sirve para subir o bajar. *Tb* ~ DE MANO. *A veces con un compl especificador.* ■ **2** Forma de escalera [1]. *Gralm en la constr* EN ~. ■ **3** (*Naipes*) Conjunto

de cartas de valor correlativo. ■ **4** Serie de trasquilones. **II** *loc adj* **5 de ~(s) abajo.** (*hist o lit*) [Pers.] de servicio que se ocupa de las tareas más humildes. ■ **6 de ~s arriba.** (*hist*) [Criado] de categoría superior.

escaleriforme *adj* (*E*) Que tiene forma de escalera [1].

escalerilla *f* **1** *dim* → ESCALERA. ■ **2** Escalera [1] de acceso a un avión. ■ **3** Escalera [1] de pocos escalones. ■ **4** Escalera [1] estrecha y relativamente corta.

escalextric *m* Scalextric (cruce de varias calzadas a distintos niveles).

escalfador *m* (*reg*) Vasija de barro para calentar agua.

escalfar *tr* Cocer [un huevo] en agua o caldo hirviendo, quitándo[le] previamente la cáscara. *Frec en part.*

escalibada (*tb, más raro, con la grafía* **escalivada**) *f* Plato típico catalán compuesto de berenjenas, pimientos, cebolla y tomate asados, pelados, troceados y aderezados con aceite y sal.

escalibar (*tb, más raro, con la grafía* **escalivar**) *tr* Asar, esp. al rescoldo.

escalilla *f* (*Mil*) Publicación periódica en que figura el personal de un arma o cuerpo con su empleo y su situación dentro del escalafón.

escalímetro *m* (*E*) Regla de sección triangular que tiene en cada cara las graduaciones correspondientes a diversas escalas.

escalinata *f* Escalera exterior, amplia, de fábrica y gralm. artística y de un tramo.

escalivada, escalivar → ESCALIBADA, ESCALIBAR.

escalo *m* Acción de escalar (penetrar [en un lugar (*cd*)] subiendo por sus muros o ventanas).

escalofriado -da *adj* **1** *part* → ESCALOFRIAR. ■ **2** Que tiene escalofrío(s).

escalofriante *adj* Que causa escalofrío(s), *esp* [2]. *Frec con intención ponderativa.*

escalofriar (*conjug* **1c**) *tr* Causar escalofrío(s) [a alguien (*cd*)]. *Tb abs.* **b)** *pr* (~**se**) Sentir escalofrío(s). *Tb fig.*

escalofrío *m* **1** Sacudida brusca y repentina, causada por sensación de frío, que gralm. precede a la fiebre. *Frec en pl.* ■ **2** Sensación semejante al escalofrío [1], causada por una emoción intensa, esp. miedo u horror.

escalón *m* **1** *En una escalera:* Parte horizontal en que se apoya el pie para subir o bajar. ■ **2** Terreno que está a distinto nivel que otro inmediato y separado de él por un corte vertical. ■ **3** Grado o nivel.

escalonadamente *adv* De manera escalonada.

escalonado -da *adj* **1** *part* → ESCALONAR. ■ **2** Que tiene escalones [2]. ■ **3** Que está constituido por elementos dispuestos a distinto nivel. ■ **4** Que forma desnivel. ■ **5** Que se produce de una manera gradual o con intervalos más o menos regulares. ■ **6** [Conjunto de cosas] que se suceden de forma gradual.

escalonamiento *m* **1** Acción de escalonar(se). ■ **2** Disposición en escalones [2 y 3].

escalonar *tr* **1** Distribuir o disponer [algo] en distintos niveles. *Tb fig.* **b)** *pr* (**~se**) Distribuirse [algo] en distintos niveles. ■ **2** Distribuir [algo] con intervalos de tiempo, frec. regulares. **b)** *pr* (**~se**) Distribuirse con intervalos de tiempo.

escalonero -ra *adj* De Escalona (Toledo). *Tb n, referido a pers.*

escalonia *f* Chalote (planta o bulbo).

escaloña *f* Chalote (planta o bulbo).

escalopar *tr* (*Coc*) Preparar [un alimento] a modo de escalope [1].

escalope *m* **1** Filete delgado de carne. *Si no se especifica su preparación, se entiende que es empanado. Frec en la forma dim* ESCALOPÍN. ■ **2** (*Coc*) Con un compl especificador, designa otros alimentos preparados en forma de filete empanado. * Escalopes de Gruyère.

escalpar *tr* (*raro*) Arrancar [la cabellera].

escalpelo *m* Instrumento quirúrgico en forma de cuchillo pequeño, de hoja fina y puntiaguda, con filo en uno o en ambos lados. *Tb fig.*

escama *f* **1** Lámina córnea de las que recubren la piel de algunos animales, esp. de los peces y reptiles. ■ **2** *Se da este n a distintas cosas semejantes por su forma a las escamas de los peces.* **b)** (*Bot*) Órgano foliáceo de forma y consistencia semejantes a las de las escamas de los peces. **c)** (*Anat*) Porción en forma de escama [1] del hueso frontal, occipital o temporal. ■ **3** (*col*) Recelo o desconfianza.

escamado -da *adj* **1** *part* → ESCAMAR. ■ **2** Que tiene escamas [1 y 2].

escamante *adj* (*col*) Que escama [3].

escamar *tr* **1** Quitar las escamas [a un pez (*cd*)]. ■ **2** Labrar o disponer [algo] como las escamas de los peces. ■ **3** (*col*) Causar recelo o desconfianza [a alguien (*cd*)]. **b)** *pr* (**~se**) Sentir [alguien] recelo o desconfianza. *A veces con un compl* DE.

escambrón *m* (*reg*) Se da este *n a varios arbustos de los géns Genista, Paliurus, Lycium y Rhamnus.*

escamochar *tr* (*reg*) Cortar [ramas o plantas] por su parte superior.

escamón -na I *adj* **1** (*col*) Receloso o desconfiado. *Tb n, referido a pers.*
II *m* **2** (*reg*) Chaparrudo (pez, *Gobius niger*).

escamondar *tr* **1** Podar o limpiar [árboles]. *Tb fig.* ■ **2** Limpiar [algo o a alguien] quitándole la suciedad o lo inútil o dañino.

escamonea *f* **1** Planta herbácea de cuya raíz se obtiene un jugo resinoso usado como purgante (*Convolvulus scammonia*). ■ **2 ~ falsa** o **valenciana.** Matacán (planta).

escamonina *f* (*Quím*) Glucósido presente en la raíz de la escamonea [1].

escamoso -sa *adj* **1** Que tiene escamas [1 y 2]. **b)** [Lagartija] **escamosa** → LAGARTIJA. ■ **2** De (la) escama o de (las) escamas [1 y 2]. **b)** Que tiene forma o disposición de escama.

escamoteable *adj* (*E*) Que se puede ocultar.

escamoteador -ra *adj* Que escamotea. *Tb n, referido a pers.*

escamotear *tr* **1** Ocultar o quitar de la vista [algo], esp. con habilidad. *Tb fig.* ■ **2** Robar de manera hábil o fraudulenta. ■ **3** Eludir [algo], esp. de manera hábil o poco honesta.

escamoteo *m* Acción de escamotear. *Tb su efecto.*

escampada *f* **1** Espacio corto de tiempo en que deja de llover. ■ **2** (*reg*) Paraje amplio y despejado.

escampar A *intr impers* **1** Dejar de llover. *Tb fig.*
B *tr* (*raro*) **2** Despejar [algo].

escampavía *f* Barco pequeño que acompaña a otro mayor, esp. sirviéndole de explorador. *Tb* (*lit*) *fig.*

escampilla *f* (*reg*) Tala (juego).

escampo *m* Acción de escampar [1].

escanciador -ra I *adj* **1** Que escancia [1]. *Frec n, referido a pers.*
II *m* **2** Utensilio que sirve para escanciar [1].

escanciano *m* (*hoy raro*) Escanciador [1].

escanciar (*conjug* 1a) *tr* **1** (*lit o humoríst*) Echar o servir [vino u otra bebida]. ■ **2** (*raro*) Beber.

escanda *f* Variedad de trigo propia de terrenos fríos y pobres, cuyo grano se separa difícilmente del cascabillo.

escandalera *f* (*col*) Escándalo [1] grande.

escandalizado -da *adj* **1** *part* → ESCANDALIZAR. ■ **2** Que denota o implica escándalo [2].

escandalizador -ra *adj* Que escandaliza. *Tb n, referido a pers.*

escandalizar A *tr* **1** Causar escándalo [2] [a alguien o en un lugar (*cd*)]. **b)** *pr* (**~se**) Sufrir o mostrar los efectos del escándalo [2]. *Frec con un compl* DE, CON o POR.
B *intr* **2** Causar escándalo [1, 2 y 3].

escandallo *m* (*Com*) Determinación del precio de una mercancía con relación a los factores que lo integran. *Tb el mismo precio.*

escándalo I *m* **1** Ruido fuerte y continuado, esp. de voces. **b)** Riña o reprimenda en que hay voces. **c)** Demostración ruidosa de protesta o, a veces, de entusiasmo. **d)** Alteración ruidosa del orden público. ■ **2** Hecho, normalmente inmoral o contra las conveniencias sociales, que causa gran efecto en la opinión pública. *Frec el efecto causado. Tb fig.* **b)** (*Rel catól*) Hecho o dicho que incita a otros a pecar. *Frec el efecto causado.* ■ **3** Abuso o desvergüenza.
II *loc adj* **4 de ~.** Asombroso o extraordinario. *Con intención ponderativa. Frec referido a precio o rebaja.* ■ **5** [Piedra] **de ~** → PIEDRA.

escandalosa *f* (*Mar*) *En algunos buques:* Vela triangular o trapezoidal que se larga por encima de la cangreja.

escandalosamente *adv* De manera escandalosa.

escandaloso -sa *adj* **1** Que causa o implica escándalo. *Tb n, referido a pers.* ■ **2** Llamativo, o que llama la atención. **b)** Asombroso o extraordinario. *Con intención ponderativa.*

escandelar *m* (*Mar, hist*) Cámara en que se encuentra la aguja de marear.

escandinavo -va *adj* **1** De Escandinavia (península que comprende Suecia y Noruega). *A veces se refiere al conjunto formado por estos dos países con Dinamarca, Finlandia e Islandia. Tb n, referido a pers.* ■ **2** [Grupo de lenguas] que comprende el sueco, el danés, el noruego y el islandés.

escandio *m* (*Quím*) Elemento, de número atómico 21, presente en las tierras raras.

escandir *tr* (*TLit*) Pronunciar [algo, esp. un verso] marcando el ritmo, los acentos o las sílabas. *Tb* (*lit*) *fuera del ámbito técn.* **b)** Marcar [el ritmo o los acentos].

escaneado *m* Acción de escanear.

escanear *tr* Someter [algo] a la acción de un escáner [2 y 3]. *Tb abs.*

escáner (*pl normal*, ~ES) *m* **1** (*Med*) Aparato tubular utilizado en la exploración radiográfica, que permite obtener la imagen completa de varias y sucesivas secciones transversales de la región explorada. *Tb la exploración y el resultado de la misma.* ■ **2** (*Informát*) Dispositivo óptico que reconoce y traduce formas o caracteres. ■ **3** (*Electrón*) Aparato que transmite o recibe señales, esp. de radar, dentro de un ángulo dado del espacio.

escanillo *m* (*reg*) Cama para niños, en forma de cajón o de cesto con patas semicirculares.

escansión *f* (*TLit*) Acción de escandir.

escantillar *tr* (*E*) Medir o marcar con escantillón. *Tb abs.*

escantillón *m* (*E*) Plantilla, regla o patrón para trazar el contorno o las dimensiones de las piezas. *Tb fig.*

escaña *f* Escanda (variedad de trigo).

escañarse *intr pr* (*reg*) Ahogarse. *Tb fig.*

escañil *m* (*reg*) Escaño [2], esp. largo y estrecho.

escaño *m* **1** Puesto o asiento parlamentario. ■ **2** Banco con respaldo, capaz para tres o más personas. ■ **3** (*reg*) Ataúd comunal usado para enterrar a los pobres.

escapada I *f* **1** Acción de escapar(se) [1, 2, 10 y 12]. **b)** Salida corta, esp. suspendiendo las ocupaciones habituales. *Tb fig.* **II** *loc adv* **2 en una ~.** (*col*) En un momento, rápidamente.

escapadizo -za *adj* (*lit, raro*) Huidizo.

escapado -da I *adj* **1** *part* → ESCAPAR. ■ **2** (*col*) Rápido (que actúa a más velocidad de la normal o esperada). *Con vs como* IR, SALIR, MARCHARSE, VOLVER. **II** *adv* **3** (*col*) Rápido o rápidamente.

escapar *intr* ➤ **a** *normal* **1** Huir [de un lugar o de una situación en que se está privado de libertad]. *Tb sin compl. Tb pr* (~**se**). *Tb fig. A veces con un compl de dirección.* ■ **2** Huir [de una pers. o cosa a la que se teme]. *Tb sin compl. Tb pr* (~**se**). **b)** Huir [de un lugar] por temor. ■ **3** Huir o tratar de evitar [algo (*compl* DE *o* A)]. ■ **4** Salir [algo, esp. un fluido] por una abertura o resquicio. *Tb pr* (~**se**). *Tb fig. A veces con un compl* DE. ■ **5** Quedar [una pers. o cosa] fuera del dominio de otra (*compl* A *o* DE)]. *Tb pr* (~**se**). *Tb fig.* **b)** Quedar [una cosa] fuera de los límites [de otra (*compl* DE *o* A)]. *Tb pr* (~**se**). ■ **6** Producirse involuntariamente [algo, esp. risas, suspiros u otra acción similar]. *Frec pr* (~**se**). *Gralm en este caso gralm con ci.* ■ **7** Librarse [de algo (*compl* DE *o* A)] o no ser afectado [por ello (*compl* DE *o* A)]. *Tb pr* (~**se**). **b)** Librarse [de algo (*compl* SIN)]. *Tb pr* (~**se**). **c)** *Con* BIEN (*o* MAL), *u otro adv de sent equivalente:* Salir bien (o mal) librado. ■ **8** Pasar inadvertido. *Con ci. Frec pr* (~**se**). ■ **9** Pasar sin ser aprovechada [una oportunidad]. *Tb pr* (~**se**). *Gralm en la constr* DEJAR ~. ■ **10** (*Dep*) Adelantarse [un corredor] al resto de los participantes en una carrera. *Tb pr* (~**se**). *Frec en part sustantivado.* ■ **11** ~ **a correr** (*o* **volar**). Echar a correr (o volar). ➤ **b** *pr* (~**se**) **12** Irse [de casa una pers. menor de edad] sin permiso de sus padres o de las perss. bajo cuya autoridad se encuentra. *Tb sin el compl* DE CASA. **b)** Irse de casa [dos enamorados, o una pers. con otra] sin permiso o contra la voluntad de sus padres o de las perss. bajo cuya autoridad se encuentran. **c)** Irse sin permiso [de un lugar o a un lugar]. *Tb sin compl adv.* ■ **13** Soltarse [alguien o algo sujeto]. **b)** Dejar de estar [una pers. o cosa] bajo la sujeción o el dominio [de alguien (*ci*)]. ■ **14** No quedar sujeta o dominada [por alguien (*ci*)] una pers. o cosa que ha estado a punto de serlo]. **b)** ~**sele** [algo a alguien] **de las manos** → MANO. ■ **15** Dejar [algo] de estar al alcance [de alguien (*ci*)]. **b)** (*col*) Marcharse [un vehículo público] antes de que [alguien (*ci*)] pueda subir a él. ■ **16** Resultar [algo] desconocido o incomprensible [para alguien (*ci*)]. ■ **17** Decir [alguien (*ci*) algo (*suj*)] involuntaria o irreflexivamente. ■ **18** Írse[le a alguien la lengua o la mano], o perder su control.

escaparate *m* **1** Hueco con cristales, en la fachada de una tienda u otro establecimiento, en que se exponen al público mercancías u otros objetos. *Tb fig.* ■ **2** (*col, humoríst*) Pechos (de mujer). ■ **3** (*col*) Apariencia atractiva que no responde a la realidad. ■ **4** (*hist*) Mueble con anaqueles y con puertas y costados de cristal.

escaparatismo *m* Técnica de decoración y disposición de escaparates [1].

escaparatista *m y f* Pers. especializada en decoración y disposición de escaparates [1].

escapatoria *f* **1** Salida de un lugar o de una situación en que se está encerrado o acorralado. ■ **2** Escapada [1].

escape I *m* **1** Acción de escapar(se) [1, 2 y esp. 4]. ■ **2** Escapatoria [1]. ■ **3** *En un motor de explosión o una máquina de vapor:* Salida de los gases de combustión o del vapor. **b)** Dispositivo por el que se efectúa la salida de gases o de vapor. ■ **4** (*Mec*) *En algunos mecanismos, esp el reloj:* Pieza que permite propulsar un órgano de modo intermitente. **II** *loc adj* **5** [Válvula] **de ~** → VÁLVULA. **III** *loc adv* **6 a ~.** Rápidamente.

escapismo *m* Huida de una realidad que desagrada, esp. a través de la distracción o la fantasía. *Tb la actitud correspondiente.*

escapista *adj* De(l) escapismo o que lo implica. **b)** Adepto al escapismo. *Tb n.*

escapo *m* (*Bot*) Tallo desprovisto de hojas y con flores en el extremo superior.

escápula *f* (*Anat*) Omóplato.

escapular *adj* (*Anat*) De (la) escápula.

escapulario *m* **1** Tira de tela que se mete por la cabeza y cuelga sobre el pecho y la espalda, que sirve de distintivo de algunas órdenes religiosas. ■ **2** Objeto devoto formado por dos trozos de tela con alguna imagen, unidos por dos cintas o cordones, que se cuelga de modo que quede uno sobre el pecho y otro sobre la espalda.

escaque *m* **1** Casilla del tablero de ajedrez o de damas. ■ **2** (*Arquit*) Pieza cuadrada de las que constituyen el ajedrezado. ■ **3** (*Heráld*) Jaquel (pieza cuadrada que se repite cuatro o más veces en el escudo o pieza).

escaquear A *tr* **1** Dividir o distribuir en escaques. *Frec en part. Tb fig.*

B *intr pr* (~**se**) **2** (*col*) Escabullirse o zafarse. *A veces con un compl* DE. ■ **3** Ocultarse. *Tb fig. Gralm en part.*

escara *f* (*Med*) Costra oscura, debida a gangrena o quemadura.

escarabajear A *intr* **1** Bullir o agitarse. *Tb fig.*

B *tr* **2** Desazonar [a alguien (*cd*)].

escarabajeo *m* Acción de escarabajear.

escarabajo *m* **1** *Se da este n a diversos insectos coleópteros de cuerpo macizo, patas robustas y élitros que recubren todo el abdomen. Frec con un adj o compl especificador:* – DE LA PATATA (*Leptinotarsa decemlineata*), ~ PELOTERO (*Scarabeus sacer*), ~ SANJUANERO (*Melolontha melolontha*), *etc.* ■ **2** (*Cicl, col*) Corredor colombiano. ■ **3** (*Mil*) Hueco anormal en la parte interior de un cañón.

escarabeido *adj* (*Zool*) [Coleóptero] de la familia del escarabajo [1]. *Frec como n m en pl, designando este taxón zoológico.*

escarabeo *m* (*Arqueol*) Figura de escarabajo [1], usada como amuleto mortuorio esp. en el antiguo Egipto.

escaraguaita *f* (*Mil*) Garita voladiza situada en los ángulos de las murallas.

escaramujo *m* **1** Rosal silvestre (*Rosa canina*). *Tb su fruto. Tb designa otras especies.* ■ **2** (*Mar*) Pequeño molusco gasterópodo que se adhiere al fondo de los barcos.

escaramuza *f* **1** Combate de poca importancia, esp. entre las avanzadas de los ejércitos. *Frec fig.* ■ **2** Riña o disputa de poca importancia.

escarapela *f* Adorno o divisa de cintas de colores fruncidas o plegadas en forma de roseta.

escarapelar *tr* (*raro*) Poner [la piel] de gallina. **b)** *pr* (~**se**) Ponerse [la piel] de gallina.

escarapota *f* (*reg*) Escarapote.

escarapote *m* (*reg*) *Se da este n a varios peces, esp el cabracho* (*Scorpaena scrofa*) *y el rascacio* (*S. porcus*).

escarbadero *m* Lugar en que escarban [1a y 3] los animales.

escarbador -ra I *adj* **1** Que escarba.

II *m* **2** (*hist*) Instrumento para escarbar [2].

escarbadura *f* Acción de escarbar. *Tb su efecto.*

escarbar A *tr* **1** Remover la superficie [de la tierra (*cd*) o de algo de consistencia similar] ahondando ligeramente. *Frec abs. Tb fig.* **b)** Remover [la lumbre] para avivar[la]. **c)** Fabricar [algo] escarbando [1a]. ■ **2** Limpiar [los dientes] sacando con un palillo o algo similar la suciedad introducida en ellos.

B *intr* **3** Escarbar [1 y 2] [algo (*compl de lugar*)]. *Tb fig.* ■ **4** Fisgar o curiosear [en algo].

escarcear *intr* (*raro*) **1** Dar vueltas [los caballos], por nerviosismo o por orden del jinete. ■ **2** Moverse superficialmente [el agua], esp. a causa de corrientes.

escarcela *f* (*hist o lit*) **1** Bolsa, esp. para el dinero, que se lleva pendiente de la cintura. *Tb fig.* ■ **2** Mochila de cazador.

escarceo *m* **1** Tentativa o prueba. ■ **2** Tentativa o inicio de relación amorosa. *Frec en pl y en la* constr ~S AMOROSOS. ■ **3** Acción o actividad faltas de dedicación o profundidad. ■ **4** Tratamiento superficial de un tema. ■ **5** Movimiento superficial del mar, producido esp. por corrientes encontradas.

escarcha *f* **1** Capa blanca de hielo producida por congelación del rocío. ■ **2** Capa de hielo que se produce en la superficie de un recipiente por refrigeración.

escarchado *m* (*raro*) Dibujo o adorno que recuerda la escarcha [1].

escarchar A *intr* ➤ **a** *impers* **1** Producirse escarcha [1].

➤ **b** *pr* (~**se**) **2** Cubrirse de escarcha [1] [algo, esp. las plantas], o sufrir sus efectos.

B *tr* **3** Preparar [frutas o dulces] de modo que el azúcar cristalice en su exterior como si fuese escarcha [1]. *Frec en part.* ■ **4** Preparar [anís] haciendo cristalizar azúcar sobre una rama de anís introducida en aguardiente. *Frec en part.* ■ **5** Cubrir [algo] con una sustancia brillante que imite la escarcha [1].

escarchazo *m* (*col*) Escarcha [1] grande.

escarda *f* Acción de escardar. *Tb la época del año en que se realiza.*

escardadera *f* Instrumento agrícola a modo de azada pequeña, usado para escardar.

escardado *m* Acción de escardar.

escardador -ra A *m y f* **1** Pers. que escarda.

B *f* **2** Escardillo [1].

C *f* **3** Máquina para escardar.

escardar *tr* **1** Arrancar los cardos y hierbas nocivas [de los sembrados (*cd*)]. *Tb abs.* **b)** Arrancar [los cardos y hierbas nocivas (*cd*)]. ■ **2 mandar a ~ cebollinos** → MANDAR.

escarde *m* Acción de escardar.

escardilla *f* (*reg*) Escardillo [1] pequeño y de mango corto.

escardillo *m* **1** Azada pequeña para escardar. ■ **2** (*reg*) Señal en forma de ángulo, que se hace en la oreja del ganado.

escariador -ra *adj* (*E*) Que sirve para agrandar, alisar o rectificar taladros. *Tb n: m, referido a utensilio; f, referido a máquina.*

escarificación *f* (*Med*) Acción de escarificar [1]. *Tb su efecto.*

escarificado *m* (*Constr*) Acción de escarificar [2]. *Tb su efecto.*

escarificador *m* (*Agric y Constr*) Instrumento compuesto básicamente por uno o más vástagos de punta cortante, que sirve para cortar y ablandar la tierra sin removerla, o para quebrantar suelos y rocas.

escarificar *tr* **1** (*Med*) Hacer cortes o incisiones poco profundos [en la piel (*cd*)]. ■ **2** (*Agric y Constr*) Labrar [la tierra, el suelo o las rocas] con el escarificador. *Tb* (*lit*) *fig.*

escarlata I *adj* **1** [Color] rojo vivo. *Tb n m.* **b)** De color escarlata.

II *f* **2** Escarlatina. ■ **3** (*hist*) Cierta tela lujosa de color escarlata [1].

escarlatina *f* Enfermedad infecciosa eruptiva, caracterizada por extensas manchas rojas en la piel, dolor de garganta y fiebre alta.

escarlatinoso -sa *adj* De (la) escarlatina.

escarmenar *tr* Desenredar [pelo, lana o seda].

escarmentar (*conjug* 6) **A** *intr* **1** Aprender que hay que evitar algo, al conocer, por experiencia propia o ajena, los males que encierra.
B *tr* **2** Hacer que [alguien (*cd*)] escarmiente [1], infligiéndo[le] un castigo o causándo[le] algún daño.

escarmiento *m* **1** Acción de escarmentar. *Tb su efecto.* ■ **2** Acción, esp. castigo, con que se escarmienta [2].

escarnecedor -ra *adj* Que escarnece.

escarnecer (*conjug* 11) *tr* Burlarse [de alguien o algo (*cd*)] de manera ofensiva y humillante.

escarnecimiento *m* Escarnio.

escarnio **I** *m* **1** Burla ofensiva y humillante. ■ **2** Afrenta o vergüenza.
II *loc adj* **3 de ~.** (*TLit, hist*) [Cantiga o juego] de burlas.

escarola *f* **1** Planta herbácea cultivada, de hojas rizadas, que se come en ensalada (*Cichorium endivia*). ■ **2** Lechuga escarola (→ LECHUGA).

escarolado[1] **-da** *adj* **1** *part* → ESCAROLAR. ■ **2** Rizado como la escarola. *Tb fig.* ■ **3** [Camisa] de pechera encañonada. **b)** (*hist*) [Cuello] encañonado.

escarolado[2] *m* Encañonado.

escarolar *tr* Rizar como una escarola. **b)** *pr* (**~se**) Rizarse como una escarola.

escarpa *f* **1** Escarpadura, o declive muy pronunciado del terreno. ■ **2** Plano inclinado de un muro o muralla.

escarpadamente *adv* (*lit, raro*) De manera escarpada [2]. *Tb fig.*

escarpado -da **I** *adj* **1** *part* → ESCARPAR. ■ **2** Que tiene escarpa o escarpas [1].
II *n* **A** *m* **3** Escarpa [1] o escarpadura.
B *f* **4** Escarpa [1] o escarpadura.

escarpadura *f* Declive muy pronunciado del terreno.

escarpar *tr* Cortar [un terreno] en plano inclinado.

escarpe *m* Escarpadura.

escarpelo *m* (*E*) Instrumento de filo dentado, usado por carpinteros y escultores para raspar y limpiar.

escarpia *f* Clavo con la cabeza doblada en ángulo recto, que sirve para colgar cosas de él.

escarpidor *m* (*raro*) Peine de púas gruesas y claras, usado esp. para desenredar el pelo.

escarpín *m* **1** Calcetín, normalmente de lana, que a veces se pone sobre otro calcetín o sobre la media. ■ **2** (*hist*) Zapato ligero y elegante que deja descubierta gran parte del pie.

escarramanado -da *adj* (*lit, raro*) Bravucón.

escarriar (*conjug* 1c) *tr e intr* (*reg*) Descarriar. *Tb pr* (**~se**).

escartivana *f* (*Encuad*) Cartivana.

escarzano -na *adj* (*Arquit*) [Arco] rebajado, esp. el que corresponde a un ángulo de 60°. **b)** De arcos escarzanos.

escasamente *adv* De manera escasa [1, 3 y 4].

escasear **A** *intr* **1** Ser escaso [1]. ■ **2** Tener escasez [de algo].
B *tr* **3** Dar, utilizar o hacer [algo] con escasez.

escasez *f* Cualidad o condición de escaso. *Gralm con un compl* DE. **b)** Insuficiencia de recursos, esp. de medios económicos o de subsistencia. *A veces en pl.*

escaso -sa *adj* **1** Poco abundante o poco numeroso. **b)** Insuficiente. ■ **2** Que tiene [algo (*compl* EN *o* DE)] en cantidad insuficiente o poco abundante. ■ **3** Que no es completo. *Acompañando a una expr de cantidad. Pospuesto al n.* ■ **4** Pequeño o de poca importancia.

escatimar *tr* Dar o utilizar [algo] con escasez o reduciéndo[lo] en lo posible.

escatimoso -sa *adj* (*lit, raro*) Que escatima. *Tb fig.*

escatófilo -la *adj* (*Zool*) [Larva] que se desarrolla entre excrementos.

escatol *m* (*Quím*) Producto de la descomposición de las proteínas en el intestino, causante del mal olor de las heces.

escatología[1] *f* (*Rel*) Parte de la teología que tiene por objeto las postrimerías del hombre y el fin del mundo.

escatología[2] *f* Uso de términos y temas relacionados con los excrementos.

escatológicamente *adv* En el aspecto escatológico[1].

escatológico[1] **-ca** *adj* (*Rel*) De (la) escatología[1] o de su objeto. *Tb fig.*

escatológico[2] **-ca** *adj* **1** De (la) escatología[2] o que la implica. ■ **2** De (los) excrementos o relacionado con ellos.

escay (*tb con las grafías* **eskay** *o* **eskái**) *m* Skai (cuero sintético).

escayola *f* **1** Yeso fino calcinado, usado esp. para moldes y molduras de adorno y para endurecer vendajes. ■ **2** Molde o adorno de escayola [1]. ■ **3** Vendaje endurecido con escayola [1].

escayolado *m* Acción de escayolar. *Tb su efecto.*

escayolar *tr* **1** Inmovilizar con una escayola [3] [a alguien o a una parte de su cuerpo]. *Tb abs.* ■ **2** (*Constr*) Enlucir o decorar con escayola [1 y 2].

escayolista *m y f* Pers. que trabaja la escayola [1] con fines decorativos.

escena **I** *f* **1** *En un teatro:* Escenario (lugar en que se representa el espectáculo). **b)** Escena decorada y acondicionada para la representación. **c)** Medio o ambiente en que se desarrolla una acción o actividad. *Frec con un adj o compl especificador, o en constrs como* BORRAR *O* DESAPARECER DE (LA) ~. ■ **2** Actividad de escribir obras dramáticas o de representarlas. ■ **3** Fragmento de una obra teatral durante el cual intervienen los mismos personajes. *Tb fig, referido a narrativa.* **b)** Plano o conjunto de planos con unidad de personajes, lugar y tiempo, de una obra cinematográfica o televisiva. ■ **4** Suceso o episodio aislado que se observa o que se vive. **b)** (*Arte*) Representación de un suceso en que participan varias figuras, o de varias figuras relacionadas entre sí. ■ **5** (*col*) Acción en que alguien se comporta de manera escandalosa o exagerada y frec. violenta. *Frec en constrs como* DAR, HACER *O* MONTAR UNA ~. *A veces en la forma* ESCENITA.
II *loc v* **6 entrar en ~,** *o* **salir a ~.** Aparecer en la escena [1]. ■ **7 llevar a la ~.** → LLEVAR. ■ **8 poner en ~.** Montar y dirigir [una obra teatral]. ■ **9**

sacar a ~. Hacer que [alguien o algo (*cd*)] aparezca en la escena [1, esp. 1c].

escenario *m* **1** *En un teatro:* Lugar en que se representa el espectáculo. **b)** Lugar en que se desarrolla la acción de una película. **c)** Lugar en que se desarrolla un hecho o un suceso. **d)** Medio o ambiente en que se desarrolla una actividad. ■ **2** *En pl:* Teatros (lugares destinados a la representación de obras dramáticas).

escénicamente *adv* De manera escénica [1].

escénico -ca *adj* **1** De (la) escena [1a y 2]. ■ **2** [Tonadilla] **escénica** → TONADILLA.

escenificable *adj* Que se puede escenificar.

escenificación *f* Acción de escenificar. *Tb su efecto.*

escenificar *tr* **1** Dar forma dramática [a algo, esp. a una obra literaria] para ponerla en escena. ■ **2** Representar o poner en escena [una obra teatral].

escenografía *f* **1** Arte de la decoración teatral, cinematográfica o televisiva. ■ **2** Decorado o conjunto de decorados de una obra teatral o cinematográfica o de un programa televisivo. ■ **3** Conjunto de circunstancias de que se rodea un hecho.

escenográficamente *adv* En el aspecto escenográfico.

escenográfico -ca *adj* De (la) escenografía [1 y 2].

escenografismo *m* (*raro*) Tendencia a la exhibición escenográfica en arquitectura.

escenógrafo -fa *m y f* Especialista en escenografía [1 y 2].

escepticismo *m* **1** Cualidad de escéptico [1]. **b)** Actitud escéptica [1b]. ■ **2** (*Filos*) Doctrina según la cual el hombre no puede alcanzar la verdad. *Se opone a* DOGMATISMO.

escéptico -ca *adj* **1** [Pers.] que no cree o afecta no creer en algo, esp. en creencias comúnmente admitidas. *Tb n. A veces con un compl* ANTE. **b)** Propio de la pers. escéptica. ■ **2** (*Filos*) De(l) escepticismo [2]. **b)** Adepto al escepticismo. *Tb n.*

eschangar *tr* (*reg*) Changar o estropear.

escialítico -ca *adj* (*Electr*) [Aparato de iluminación] que suprime las sombras, usado esp. en quirófanos. *Tb n m.*

escíbalo *m* (*reg*) Cagarruta.

esciénido *adj* (*Zool*) [Pez] de cuerpo robusto y alargado, algo comprimido por los lados y con aleta caudal redondeada, de la familia de la corvina. *Frec como n m en pl, designando este taxón zoológico.*

escifistoma *m* (*Zool*) Pólipo que constituye la forma larvaria de un escifozoo.

escifozoo *adj* (*Zool*) [Celentéreo] que en estado adulto es una medusa sin velo y en estado larvario un pólipo fijo de donde se desprenden las pequeñas medusas. *Frec como n m en pl, designando este taxón zoológico.*

escila *f* Cebolla albarrana.

esciliorrínido *adj* (*Zool*) [Pez] selacio de la familia de la pintarroja. *Frec como n m en pl, designando este taxón zoológico.*

escindible *adj* Que se puede escindir.

escindir *tr* **1** (*lit o E*) Dividir o separar. *A veces con un compl* EN. **b)** (*Fís*) Dividir el núcleo atómico

[de un elemento (*cd*)] con la consiguiente liberación de energía. **c)** *pr* (**~se**) Dividirse o separarse. *A veces con un compl* EN. ■ **2** (*Med*) Cortar o extirpar.

escintilómetro *m* (*Fís*) Aparato para medir la radiactividad.

escisión *f* (*lit o E*) Acción de escindir. *Tb su efecto.*

escisionar *tr* (*raro*) Escindir o dividir. *Tb pr* (**~se**)*. Frec en part.*

escisionismo *m* (*Pol*) Tendencia a la escisión.

escisionista *adj* (*Pol*) De(l) escisionismo o que lo implica.

escita *adj* **1** (*hist*) De Escitia (región del Asia antigua, correspondiente al sur de Rusia). *Tb n, referido a pers.* **b)** De (los) escitas. ■ **2** [Zarcero] ~ → ZARCERO.

escítico -ca *adj* (*hist*) De Escitia (región del Asia antigua, correspondiente al sur de Rusia).

esclafar (*reg*) **A** *tr* **1** Estampar o estrellar. *Tb fig.* **B** *intr* **2** Romper o estallar.

esclarea *f* Amaro (planta).

esclarecedor -ra *adj* Que esclarece, *esp* [1].

esclarecedoramente *adv* De manera esclarecedora.

esclarecer (*conjug* 11) *tr* **1** Poner [algo] en claro. ■ **2** (*lit*) Iluminar, o poner más claro. *Tb fig.* **b)** *pr* (**~se**) Iluminarse, o ponerse más claro. *Tb fig.* ■ **3** (*lit, raro*) Aclarar las ideas [a alguien (*cd*)]. ■ **4** (*lit, raro*) Ennoblecer.

esclarecidamente *adv* De manera esclarecida.

esclarecido -da *adj* **1** *part* → ESCLARECER. ■ **2** (*lit*) Distinguido o ilustre.

esclarecimiento *m* Acción de esclarecer(se), *esp* [1]. *Tb su efecto.*

esclavina *f* Capa corta que llega aproximadamente hasta el codo y que constituye una prenda suelta o forma parte de otra, esp. de un abrigo o capa. **b)** (*Taur*) Pieza sobrepuesta de la parte superior de la capa o capote.

esclavismo *m* Sistema social y económico basado en la existencia de esclavos. **b)** Utilización de trabajadores como esclavos [3].

esclavista *adj* De(l) esclavismo. **b)** Partidario del esclavismo. *Tb n.*

esclavitud *f* **1** Estado o condición de esclavo, *esp* [1]. ■ **2** Sistema social y económico basado en la existencia de esclavos. ■ **3** Cosa que implica una sujeción o sometimiento grandes.

esclavización *f* Acción de esclavizar.

esclavizador -ra *adj* Que esclaviza.

esclavizante *adj* Que esclaviza.

esclavizar *tr* Hacer esclavo [1, 2 y 3] [a alguien (*cd*)].

esclavo -va **I** *adj* **1** [Pers.] que pertenece legalmente [a otra (*compl de posesión*)] y carece totalmente de libertad. *Más frec n.* **b)** De (los) esclavos. ■ **2** [Pers.] totalmente sometida [a otra o a una cosa (*compl de posesión*)]. *Frec con intención ponderativa, denotando esp dedicación o amor. Más frec n.* ■ **3** [Pers.] que trabaja en condiciones muy duras y por poco dinero. *Más frec n.* ■ **4** [Cosa] que implica un trabajo duro o una sujeción o sometimiento grandes.

II *n* **A** *m y f* **5** *En la relación sadomasoquista:* Pers. que desempeña el papel pasivo. **B** *f* **6** Pulsera con una plaquita en que va grabado un nombre de pers.

esclavón -na *adj* (*hist*) De Esclavonia (antigua región del norte de Yugoslavia, hoy Croacia). *Tb n, referido a pers.*

esclera *f* (*Anat*) Esclerótica.

escleral *adj* (*Anat*) De (la) esclerótica.

esclereido *m* (*Bot*) Célula endurecida.

esclerénquima *m* (*Bot*) Tejido de sostén compuesto por células de membrana lignificada.

esclerenquimatoso -sa *adj* (*Bot*) De(l) esclerénquima.

escleroblasto *m* (*Zool*) Célula que origina las espículas de los espongiarios.

esclerocio *m* (*Bot*) Cuerpo duro que se forma en el micelio de los hongos y que, al desarrollarse, produce a veces directamente el órgano portador de las esporas.

esclerodermia *f* (*Med*) Afección caracterizada por endurecimiento y atrofia más o menos completa de la piel.

esclerofilia *f* (*Bot*) Condición de esclerófilo.

esclerófilo -la *adj* (*Bot*) De hojas duras y coriáceas, por el gran desarrollo del esclerénquima.

escleroideo -a *adj* (*Bot*) Endurecido.

esclerómetro *m* (*Fís*) Instrumento para medir la dureza de los cuerpos.

escleroproteína *f* (*Biol*) Proteína insoluble en agua que forma parte de los tejidos de sostén de los animales.

esclerosante *adj* (*Med*) Que causa esclerosis. *Tb (lit) fig, fuera del ámbito técn.*

esclerosarse *intr pr* (*Med*) Ser afectado de esclerosis. *Frec en part. Tb (lit) fig, fuera del ámbito técn.*

esclerósico -ca *adj* (*Med*) Que padece esclerosis. *Tb (lit) fig, fuera del ámbito técn.*

esclerosis *f* **1** (*Med*) Endurecimiento patológico de los tejidos, esp. del tejido intersticial de un órgano. *Frec con un adj o compl especificador.* ■ **2** (*lit*) Rigidez o pérdida de la capacidad de evolución o de adaptación.

escleroso -sa *adj* (*Bot*) Endurecido.

esclerótico -ca **I** *adj* (*Med o lit*) **1** De (la) esclerosis. ■ **2** Que padece esclerosis. **II** *f* **3** (*Anat*) Membrana blanca, dura y fibrosa que constituye la cubierta exterior del ojo.

esclerotización *f* (*Med o lit*) Acción de esclerotizar(se).

esclerotizante *adj* (*Med o lit*) Que esclerotiza.

esclerotizar *tr* (*Med o lit*) Causar esclerosis [en alguien o algo (*cd*)]. **b)** *pr* (~**se**) Sufrir esclerosis.

esclusa *f* **1** Tramo de un canal que puede cerrarse con puertas por ambos extremos, para hacer subir o bajar en él el nivel de agua y salvar así un desnivel del cauce. ■ **2** Compuerta. *Tb fig.*

esclusero *m* Encargado de las puertas de una esclusa [1].

escoba **I** *f* **1** Utensilio hecho con ramas de distintas plantas, esp. de palmito, unidas y gralm. sujetas a un palo, que se emplea para quitar del suelo el polvo o la basura. **b)** (*col*) Se usa a veces en aposición para calificar a distintas cosas o perss que recogen todo lo que va quedando. * Camión escoba. * Torero escoba. ■ **2** Se da este *n* a diversas plantas usadas frec para fabricar escobas [1] (*géns Cytisus, Sarothamnus, Microlonchus, Centaurea, Spiraea y otros*). A veces con un adj o compl especificador: ~ BLANCA (*Cytisus albus, C. lusitanicus y C. multiflorus*), ~ NEGRA (*Cytisus purgans, Centaurea jacea y Sarothamnus scoparius*), ~ DE CABEZUELA(S) (*Centaurea salmantica y Microlonchus salmanticus*), etc. ■ **3** (*col*) Mujer muy delgada y de formas poco acusadas. ■ **4** (*Naipes*) Juego entre dos, tres o cuatro jugadores, en que se reparten tres cartas a cada uno y que consiste en sumar 15 puntos con una o varias de las cuatro que hay sobre la mesa.
II *loc adj* **5 de la ~.** [Baile] en que uno baila con una escoba [1a] que pasa a otro después de algunos compases, cambiando sucesivamente de pareja. ■ **6** [Paje] **de ~** → PAJE.
III *loc v* **7 no vender (ni) una ~.** (*col*) No tener actividad o no hacer negocio. **b)** No tener éxito.

escobajo *m* Parte que queda de un racimo después de quitar los granos de uva.

escobar *tr* (*reg*) Barrer con escoba [1a]. *Tb fig.*

escobazo **I** *m* **1** Golpe dado con una escoba [1a]. ■ **2** Movimiento que se hace con la escoba [1a] para barrer.
II *loc adv* **3 a ~s, o a ~ limpio.** (*col*) Con dureza o de mala manera. *Frec con los vs* ECHAR O TRATAR.

escobén *m* (*Mar*) Agujero circular o elíptico de los que tienen los barcos a proa para dar paso a cables o cadenas, esp. del ancla.

escobero -ra **I** *adj* **1** [Armario] para las escobas [1a] y otros útiles de limpieza. *Tb n m.*
II *n* **A** *m y f* **2** Pers. que fabrica o vende escobas [1a]. ■ **3** (*raro*) Pers. que barre con escoba [1a]. *Tb fig.*
B *f* **4** (*reg*) Retama de escobas (planta).

escobijo *m* (*reg*) Cabezuela (planta).

escobilla *f* **1** Utensilio en forma de escoba [1a] pequeña, que se usa para limpiar. ■ **2** *En el limpiaparabrisas:* Varilla en que va inserta la lámina de caucho que limpia el cristal. ■ **3** (*Electr*) Pieza con que se establece contacto entre un órgano fijo y otro móvil. ■ **4** *Se da este n a varias plantas de los géns Artemisia, Centaurea, Microlonchus, Caroxylon, Scabiosa y otros. A veces con un adj especificador:* ~ MORISCA (*Scabiosa atropurpurea*), ~ PARDA (*Artemisia campestris*), etc.

escobillado -da *adj* **1** *part* → ESCOBILLAR. ■ **2** [Res] que tiene los cuernos escobillados. *Esp en tauromaquia.*

escobillar *tr* Abrir [el cuerno] por la punta en numerosas fibras. *Frec en part. Esp en tauromaquia.*

escobillero *m* Utensilio para guardar la escobilla del wáter.

escobillón *m* (*raro*) Escoba [1a] grande para barrer calles.

escobina *f* Rusco o brusco (planta).

escobio *m* (*reg*) **1** Paso estrecho en una montaña o en un río. *Tb (lit) fig.* ■ **2** Lugar alto y escarpado.

escobón *m* **1** Escoba [1a] grande. ■ **2** Utensilio en forma de escoba [1a] con palo muy largo, usado para deshollinar. ■ **3** (*reg*) Cepillo para barrer. ■ **4** Se *da este n a varias plantas de los géns Adenocarpus, Cytisus, Sarothamnus, Genista, Microlonchus y otros.*

escocedura *f* Efecto de escocerse [3].

escocer (*conjug* 18) **A** *intr* ➤ **a** *normal* **1** Producir escozor [algo]. **b)** Sentir escozor [en una parte del cuerpo (*suj*)]. ■ **2** Producir [algo] un sentimiento de disgusto o amargura.

➤ **b** *pr* **3** Sufrir enrojecimiento e irritación con escozor [una parte del cuerpo o una pers.]. ■ **4** Sentirse [alguien] dolido o molesto.

B *tr* **5** (*raro*) Producir enrojecimiento e irritación con escozor [en una parte del cuerpo o en una pers. (*cd*)].

escocés -sa I *adj* **1** De Escocia. *Tb n, referido a pers.* ■ **2** [Dibujo de cuadros] formados por líneas de distintos colores que se entrecruzan. *Tb n m.* **b)** [Tejido] de cuadros escoceses. *Tb n m.* **c)** De tejido escocés. *Frec referido a falda.* ■ **3** [Ducha] de agua caliente que cambia sin transición a agua fría.

II *m* **4** Dialecto céltico hablado en Escocia. ■ **5** Whisky fabricado en Escocia.

escocia *f* (*Arquit*) Moldura cóncava con el borde inferior más saliente que el superior.

escocimiento *m* Efecto de escocerse [4].

escoda *f* (*Constr*) Herramienta de acero con doble punta y mango de madera, usada para labrar piedra y picar paredes.

escofina *f* Lima de dientes gruesos y salientes que sirve para desbastar.

escoftálmido *adj* (*Zool*) [Pez] de la familia del gallo y el rodaballo. *Frec como n m en pl, designando este taxón zoológico.*

escogedor -ra *adj* Que escoge. *Tb n, referido a pers.*

escoger *tr* Elegir [a una o más perss. o cosas entre varias]. *Tb abs.*

escogido[1] -da *adj* **1** *part* → ESCOGER. ■ **2** Selecto (que es o se considera de lo mejor en su especie).

escogido[2] *m* Acción de escoger.

escogiente *adj* (*raro*) Que escoge. *Tb n.*

escogimiento *m* Cualidad de escogido[1] [2].

escogorciar (*conjug* 1a) *tr* (*col*) Romper o estropear. **b)** *pr* (~**se**) Romperse o estropearse.

escolán *m* Escolano.

escolanía *f* Conjunto de niños que se ocupa del canto en las ceremonias de culto de determinados monasterios.

escolano *m* Miembro de una escolanía.

escolante *m* *y* *f* (*reg*) Escolar o alumno de enseñanza primaria.

escolapio -pia *adj* De la orden de las Escuelas Pías (→ ESCUELA). *Tb n, referido a pers.*

escolar I *adj* **1** De (la) escuela (establecimiento de primera enseñanza). ■ **2** De (los) escolares [6]. **b)** Propio de un niño de escuela. ■ **3** De (la) enseñanza primaria y, más raramente, secundaria. **b)** [Consejo] consultivo y directivo de un centro de enseñanza primaria o secundaria. **c)** [Edad] en que legalmente se ha de acudir a la escuela o al instituto. ■ **4** *En gral:* De (la) enseñanza. ■ **5** [Año] ~, [curso] ~, [graduado] ~, [grupo] ~ → AÑO, CURSO, GRADUADO, GRUPO.

II *m* *y* *f* **6** Alumno de enseñanza primaria o, más raramente, secundaria. **b)** (*hist o lit*) Estudiante.

escolarca *m* (*Filos*) Jefe de una escuela filosófica. *Normalmente referido a la antigüedad.*

escolarcado *m* (*Filos*) Cargo o dignidad de escolarca.

escolaridad I *f* **1** Período de asistencia a un centro escolar [3a].

II *loc adj* **2** de ~. [Libro] que recoge las calificaciones de curso obtenidas por un alumno de enseñanza primaria o secundaria.

escolarización *f* Acción de escolarizar. *Tb su efecto.*

escolarizar *tr* Dotar [a un niño (*cd*) la autoridad competente] de puesto escolar [3a].

escolasticado *m* Casa aneja a un convento, correspondiente al seminario diocesano, en que se estudia teología y filosofía.

escolásticamente *adv* De manera escolástica [1a].

escolasticismo *m* **1** Filosofía y teología escolásticas [1a]. ■ **2** Condición de escolástico [1, 2 y 3].

escolástico -ca I *adj* **1** [Filosofía y teología] enseñadas en las universidades del occidente europeo durante la Edad Media, basadas en los escritos de Aristóteles y de los padres de la Iglesia. *Frec n f.* **b)** De (la) escolástica. **c)** Adepto a la escolástica. *Tb n.* ■ **2** Formalista y conservador. *Tb n, referido a pers.* ■ **3** [Lenguaje, escrito o discusión] plagado de sutilezas lógicas.

II *f* **4** Filosofía formalista y abstracta.

escólex *m* (*Zool*) Parte anterior de la tenia y otros cestodos, dotada de ventosas y a veces también ganchos para su fijación.

escoliar (*conjug* 1a) *tr* Poner escolios [a algo (*cd*)].

escoliasta *m* *y* *f* Pers. que escolia.

escolimoso -sa *adj* (*raro*) Descontentadizo.

escolín *m* (*reg*) Escolar o alumno de enseñanza primaria.

escolingar *intr* (*reg*) Colgar o pender.

escolio *m* Nota que se pone a un texto para explicarlo o comentarlo.

escoliosis *f* (*Med*) Desviación lateral de la columna vertebral.

escolítido *adj* (*Zool*) [Insecto] coleóptero de pequeño tamaño, que excava galerías en la madera. *Frec como n m en pl, designando este taxón zoológico.*

escollera *f* Obra marítima o fluvial consistente en un poyo o relleno de grandes piedras o bloques de hormigón amontonados al azar.

escollo *m* **1** Peñasco a poca profundidad, que supone un peligro para la navegación. ■ **2** Obstáculo o dificultad que entraña peligro.

escolopendra *f* **1** Miriápodo carnívoro, de mordedura venenosa, con un par de patas en cada segmento (gén. *Scolopendra*). *A veces designa otras especies similares.* ■ **2** Lengua de ciervo (planta).

escolta A *f* **1** Pers. o vehículo, o conjunto de ellos, que escoltan a alguien o algo. *Referido a buque, a veces en aposición.* ■ **2** Acción de escoltar.

B *m* **3** Individuo, esp. soldado o policía, cuya misión es escoltar a alguien. ■ **4** Barco de escolta [1].

C *m* *y* *f* **5** (*Balonc*) Jugador que actúa como apoyo del base.

escoltar *tr* **1** Acompañar [a alguien o algo que viaja o se desplaza] para proteger[lo]. **b)** Acompañar [a un preso] para que no se escape. ■ **2** Acompañar [a alguien o algo] en señal de honor o respeto. ■ **3** Acompañar [a alguien], esp. situándose a su lado. **b)** Flanquear.

escomberesócido *adj* (*Zool*) [Pez] de cuerpo largo y delgado y hocico puntiagudo, de la familia de la paparda. *Frec como n m en pl, designando este taxón zoológico.*

escombrar (*reg*) **A** *tr* **1** Limpiar o desembarazar. **B** *intr pr* (**~se**) **2** Carraspear para aclararse la voz.

escombrera *f* Amontonamiento de escombros [1 y 2]. *Tb el lugar en que se encuentra.*

escómbrido *adj* (*Zool*) [Pez] de la familia cuyo tipo es la caballa. *Frec como n m en pl, designando este taxón zoológico.*

escombriforme *adj* (*Zool*) [Pez] del orden que comprende entre otras la familia de los escómbridos. *Frec como n m en pl, designando este taxón zoológico.*

escombro *m* **1** Desecho de una obra de albañilería o de un edificio arruinado o derruido. *Más frec en pl. Tb fig.* ■ **2** Desecho de una mina o cantera. *Tb fig.* ■ **3** (*Meteor*) Trozo de hielo flotante cuyo tamaño no excede de 2 m.

escomendrijo *m* (*desp*) Pers. desmedrada.

esconce *m* (*raro*) Ángulo entrante o saliente en una línea o en una superficie.

escondecucas *m* (*reg*) Escondite (juego).

escondedero *m* Lugar apropiado para esconder(se) [1a].

esconder **I** *v* **A** *tr* **1** Poner [algo o a alguien en un lugar o de una manera determinada] para que no sea visible. *Frec el cd es refl.* **b)** Hacer que [alguien o algo (*cd*)] sea invisible o pase inadvertido. **c)** Contener [alguien o algo] dentro de sí [algo que no se percibe a simple vista]. ■ **2** Ocultar o callar [algo]. **B** *intr pr* (**~se**) **3** Estar [algo] oculto o poco visible. **II** *m* **4** (*reg*) Escondite (juego).

esconderite *m* (*reg*) Escondite [1 y 2].

escondidamente *adv* De manera escondida [2].

escondidillas. a ~. *loc adv* A escondidas.

escondido -da **I** *adj* **1** *part* → ESCONDER. ■ **2** Oculto o que no se percibe a simple vista. **II** *loc adv* **3 a escondidas.** Escondiéndose o tratando de no ser visto. *A veces con un compl* DE.

escondimiento *m* Acción de esconder(se).

escondite **I** *m* **1** Lugar apropiado para esconder(se) [1a], o en que se esconde alguien o algo. ■ **2** Juego infantil que consiste en esconderse para que otro trate de encontrar a los escondidos. *Tb fig, fuera del ámbito infantil.* **b)** ~ **inglés.** Juego infantil en que se queda permanece vuelto contra la pared mientras dice "una, dos y tres, escondite inglés" y los demás tratan de llegar a tocar la pared sin que, al volverse, los sorprenda moviéndose. **II** *loc adv* **3 de ~.** (*reg*) A escondidas.

escondrijo *m* Lugar apropiado para esconder(se) [1a], o en que se esconde alguien o algo.

escoñar *tr* (*vulg*) **1** Romper o estropear [algo]. **b)** *pr* (**~se**) Romperse o estropearse [algo]. ■ **2** Lesionar [a alguien o una parte de su cuerpo]. **b)** *pr* (**~se**) Lesionarse [alguien o una parte de su cuerpo]. ■ **3** Estropear o echar a perder [algo]. **b)** *pr* (**~se**) Estropearse o echarse a perder [algo].

escopeta **I** *f* **1** Arma de fuego ligera, de uno o dos cañones largos, destinada esp. a la caza. ■ **2** Pers. que caza o tira con escopeta [1]. ■ **3** (*jerg*) Pene. **II** *fórm or* **4 aquí te quiero ver, ~** → VER. **III** *loc adv* **5 con la ~ cargada.** En actitud hostil o verbalmente agresiva. *Frec con los vs* ESTAR *o* IR.

escopetado -da *adj* **1** *part* → ESCOPETAR. ■ **2** [Pers.] que lleva prisa o va a toda velocidad. *Frec con vs como* IR *o* SALIR.

escopetar *tr* **1** Decir [algo] de improviso. ■ **2** Disparar con escopeta [1] [a un animal].

escopetazo *m* **1** Disparo de escopeta [1]. ■ **2** Dicho o hecho súbito e inesperado que causa gran impacto.

escopeteado -da *adj* **1** *part* → ESCOPETEAR. ■ **2** (*reg*) Escopetado [2].

escopetear *tr* (*reg*) Imprimir prisa o velocidad [a alguien (*cd*)].

escopetero *m* **1** Hombre, esp. cazador, armado de escopeta. **b)** (*hist*) En la Guerra Civil de 1936-1939: Miliciano. ■ **2** (*reg*) Hombre mujeriego.

escopetón *m* Escopeta [1] grande. *Frec con intención desp.*

escopleador -ra *adj* Que hace cortes o agujeros con escoplo. *Frec n f, referido a máquina.*

escoplo *m* Instrumento de hierro acerado y filo biselado, que se usa esp. para labrar madera o piedra o en operaciones de huesos.

escopofílico -ca *adj* (*Psicol*) De(l) escopófilo. *Tb* (*lit*) *fuera del ámbito técn.*

escopófilo -la *adj* (*Psicol*) Mirón (que se complace en la contemplación de escenas eróticas o de desnudos). *Tb n.*

escopolamina *f* (*Quím*) Alcaloide extraído de diversas plantas, usado en medicina como sedante y contra el mareo en los viajes.

escoptofilia *f* (*Psicol*) Mironismo.

escora *f* (*Mar*) Inclinación de una nave a uno u otro lado.

escoramiento *m* (*lit*) Acción de escorar(se). *Tb su efecto.*

escorar (*Mar*) **A** *tr* **1** Inclinar de costado [una embarcación]. *Frec* (*lit*) *fig, fuera del ámbito técn.* **B** *intr* **2** Inclinarse de costado [una embarcación]. *Tb pr* (**~se**). *Frec* (*lit*) *fig, fuera del ámbito técn.*

escorbuto *m* Enfermedad causada por la falta de vitamina C y caracterizada por debilidad, hemorragias y alteración de las encías.

escordio *m* Planta herbácea propia de lugares húmedos, con olor penetrante a ajo y flores purpúreas (*Teucrium scordium*). *Con un adj especificador, designa otras especies:* BASTARDO (*T. scorodonia*), ~ ESPINOSO (*T. spinosum*).

escoria *f* **1** Sustancia vítrea que sobrenada en los metales fundidos, formada por la ganga y el fundente. *Frec en pl.* ■ **2** Residuo de la combustión del carbón, en forma de masas sólidas y esponjosas. *Frec en pl.* ■ **3** (*Geol*) Masa porosa de lava solidificada. ■ **4** (*lit*) Desecho o cosa despreciable. **b)** Conjunto de personas que constituyen el estrato más despreciable de la sociedad. *Frec* ~ SOCIAL *o* DE LA SOCIEDAD.

escoriáceo -a *adj* (*E*) Semejante a la escoria por su porosidad.

escoriación → EXCORIACIÓN.

escorial[1] *m* Amontonamiento de escorias [1]. *Tb el lugar en que se encuentra.*

Escorial[2]. **la obra del ~** → OBRA.

escoriar → EXCORIAR.

escorificación *f* (*Metal*) Formación de escorias [1] en un metal fundido.

escoriforme *adj* (*Geol*) Semejante a la escoria o de forma de escoria [3].

escornar (*conjug* 4) *tr* (*col*) Descornar. *Tb fig. Tb pr* (**~se**).

escorodonia *f* Planta herbácea propia de lugares pedregosos, de hojas festoneadas y flores amarillas, usada en medicina como tónica y diurética (*Teucrium scorodonia*).

escorpa *f* (*reg*) Se da este *n* a los peces rascacio (*Scorpaena porcus*) y cabracho (*S. scrofa*). Este último, tb ~ ROJA.

escorpena *f* (*reg*) Se da este *n* a los peces rascacio (*Scorpaena porcus*) y cabracho (*S. scrofa*).

escorpénido *adj* (*Zool*) [Pez] de la familia del cabracho y el rascacio y cuyo gén. más importante es *Scorpaena. Frec como n m en pl, designando este taxón zoológico.*

escorpina *f* Rascacio (pez).

escorpio (*frec escrito con mayúscula*) *adj* Escorpión[2]. *Tb n.*

escorpioideo -a *adj* (*Bot*) Que tiene forma de cola arqueada de escorpión[1] [1].

escorpión[1] *m* **1** Arácnido cuyo abdomen se prolonga en una cola terminada en un aguijón venenoso (*Buthus occitanus* y *Euscorpius europaeus*). *Tb como n m en pl, designando este taxón zoológico.* ■ **2** (*hist*) Azote con puntas de hierro retorcidas en su extremo. ■ **3** (*reg*) Pez marino con espinas venenosas en las aletas dorsal y anal (gén. *Scorpaena* y *Trachinus*). ■ **4 ~ de agua**, o **acuático.** Insecto hemíptero acuático, de cuerpo pardo y ancho terminado en un tubo respiratorio (*Nepa cinerea*).

escorpión[2] (*frec escrito con mayúscula*) *adj* [Pers.] nacida bajo el signo de Escorpión. *Tb n.*

escorrentar *tr* (*reg*) Ahuyentar o hacer correr [a alguien].

escorrentía *f* **1** Corriente de agua que se desliza hacia un río por la superficie del suelo o bajo este, procedente de lluvias o de deshielo. **b)** Barranco formado por la superficie del suelo por el agua de escorrentía. ■ **2** (*raro*) Descomposición de vientre.

escorzar *tr* (*Arte*) Representar en escorzo [1a].

escorzo *m* (*Arte*) **1** Modo de representar una figura, dispuesta perpendicular u oblicuamente al plano de representación. **b)** (*lit*) Posición propia del escorzo. ■ **2** Figura representada en escorzo [1a].

escorzonera *f* Planta herbácea de raíz gruesa y pivotante de piel negra y pulpa blanca, hojas basales numerosas y flores amarillas en capítulo, cultivada como hortaliza (*Scorzonera hispanica*).

escota[1] *f* (*Mar*) Cabo que sirve para sujetar las velas.

escota[2] *f* (*Arquit, raro*) Escocia (moldura).

escotado -da *adj* **1** *part* → ESCOTAR[1]. ■ **2** Que tiene escote[1] [1 y 3] pronunciado. **b)** [Pers.] que lleva una prenda de escote[1] [1b] pronunciado.

escotadura *f* **1** Entrante en el borde de una cosa, esp. por faltar un trozo o por haberlo cortado. ■ **2** Escote[1] [1a y b].

escotar[1] **A** *tr* **1** Hacer escote[1] [1a] [a una prenda (*cd*)]. *Frec abs.*
B *intr pr* (**~se**) **2** Ponerse [una mujer] prendas de escote[1] [1b] muy pronunciado.

escotar[2] *tr* Repartir [un gasto común] entre varias personas, pagando una parte cada una. *Tb abs.*

escotar[3] *tr* Extraer agua [de un río o una laguna (*cd*)] mediante cauces o acequias.

escote[1] *m* **1** Entrante hecho en una prenda de vestir en la parte del cuello y de la unión de las mangas. **b)** Abertura grande alrededor del cuello, que deja al descubierto parte del pecho y de la espalda. **c)** Entrante en la parte superior de la pala del calzado, que deja ver más o menos parte del empeine. ■ **2** Parte del cuerpo que queda al descubierto por el escote [1b]. ■ **3** Escotadura [1].

escote[2] **I** *m* **1** Reparto de un gasto común entre todos sus participantes. **b)** Parte que corresponde a cada uno de los participantes en un gasto común.
II *loc adv* **2 a ~.** Pagando cada uno la parte que le corresponde en un gasto común.

escotero -ra *adj* Que camina desembarazado y sin carga. *Tb n, referido a pers. Tb fig.*

escotilla *f* Abertura grande, rectangular o cuadrada, de la cubierta de un buque.

escotillón *m* **1** Puerta abierta en el suelo. ■ **2** (*Escén*) Parte del piso del escenario que puede bajarse y subirse para hacer aparecer o desaparecer personas o cosas. ■ **3** (*Taur*) Abertura en la barrera, o en el muro del corral, por la que cabe una persona pero no el toro.

escotismo *m* (*Filos*) Doctrina de Juan Duns Escoto († 1308).

escotista *adj* (*Filos*) De Juan Duns Escoto o del escotismo. **b)** Adepto al escotismo. *Tb n.*

escoto -ta *adj* (*lit, raro*) Escocés (de Escocia). *Tb n, referido a pers.*

escotoma *m* (*Med*) Mancha oscura o centelleante que cubre parte del campo visual, debida a alteración de la retina.

escotomizar *tr* (*Psicol*) Negarse a percibir [determinados aspectos de la realidad (*cd*)]. **b)** Alterar o anular [la visión] ante determinados aspectos de la realidad.

escoutismo *m* Escultismo.

escozor *m* **1** Sensación dolorosa producida esp. por una quemadura o por contacto con sustancias irritantes en la piel o en las mucosas. ■ **2** Sentimiento de molestia o amargura causado por algo que hiere moralmente.

escreix (*cat; pronunc corriente, /eskréʃ/*) *m* (*Der, reg*) Esponsalicio.

escriba *m* (*hist*) **1** Amanuense. ■ **2** *Entre los hebreos:* Doctor e intérprete de la Ley.

escribanía *f* **1** Juego de objetos para escribir que se coloca en la mesa de despacho. ■ **2** (*hist*) Cargo u oficio de escribano [1]. ■ **3** (*hist*) Oficina del escribano [1].

escribanil *adj* (*raro*) De(l) escribano [1].

escribano *m* **1** (*hist*) Funcionario cuya misión es dar fe de las escrituras y otros actos públicos o levantar acta de acuerdos, sentencias o resoluciones de determinados tribunales u organismos. **b)** (*reg*) Notario. ■ **2** *Se da este n a diversos pájaros del gén Emberiza, caracterizado por el pico corto y comprimido por los lados. Gralm con un adj o compl especificador:* ~ CERILLO (*E. citrinella*), ~ HORTELANO (*E. hortulana*), ~ MONTESINO (*E. cia*), ~ PALUSTRE (*E. schoeniclus*), ~ SOTEÑO (*E. cirlus*), *etc.* ■ **3** (*reg*) Jurel o chicharro (pez).

escribido. leído y ~ -→ LEÍDO.

escribidor -ra I *m y f* **1** (*col*) Mal escritor. **II** *adj* **2** (*raro*) [Pers.] que escribe [1 y 2].

escribiente *m y f* Pers. que tiene por oficio o misión escribir [1] lo que se le dicta o lo que se le da a copiar. *Esp en cuarteles y juzgados.*

escribir (*conjug 46*) **A** *tr* **1** Trazar [signos, o algo compuesto por ellos, esp. mensajes] en papel u otra materia adecuada, para expresar ideas. *Tb abs, frec referido a carta; en ci ese caso, con un ci que expresa el destinatario.* ■ **2** Componer [una obra literaria, didáctica o musical, o una parte de ella] representándo[la] por medio de signos gráficos. *Tb abs, esp referido a obras literarias. Tb fig.* ■ **3** Publicar [artículos propios en diarios o revistas]. *Frec abs.* ■ **4** Comunicar [algo] por escrito. *Frec con ci.* ■ **5** Escribir [1] [sobre un papel u otra materia (*cd*)]. ■ **6** **estar escrito** [algo]. Estar predeterminado por el destino o la Providencia. *Normalmente* ESTABA ESCRITO.
B *intr* **7** Expresarse por escrito [6]. ■ **8** Escribir [1 y 2] para decir cosas [sobre alguien o algo (*compl* DE, SOBRE o ACERCA DE)].

escriña *f* (*reg*) Escriño.

escriñero -ra *m y f* Pers. que fabrica escriños [1].

escriño *m* **1** Cesto de paja cosida con mimbre o cáñamo. ■ **2** (*reg*) Cascabillo de la bellota.

escriptóreo -a *adj* (*lit*) Escriptorio².

escriptorio¹ *m* (*hist*) Sala destinada a copiar libros, esp. en un monasterio.

escriptorio² -ria *adj* (*lit*) De (la) escritura [1].

escrismar *tr* (*col*) Descrismar. *Frec el cd es refl.*

escrito -ta I *adj* **1** *part* → ESCRIBIR. ■ **2** Que se produce o se presenta por escrito [6]. ■ **3** [Melón] cuya corteza tiene líneas de distinto color.
II *m* **4** Texto manuscrito, mecanografiado o impreso. *Tb el papel en que está escrito.* **b)** Comunicación escrita dirigida a una autoridad.
III *loc pr* **5 lo que no está en los ~s.** (*col*) Muchísimo. *Con intención ponderativa. Tb adv.*
IV *loc adv* **6 por ~.** Por medio de la escritura [1].

escritor -ra *m y f* Pers. que escribe libros o artículos, esp. literarios.

escritorio I *m* **1** Mesa de despacho. *Tb* MESA (DE) ~. ■ **2** Mueble cerrado, apropiado para guardar papeles y que, abierto, presenta un tablero sobre el que se puede escribir. ■ **3** (*reg*) Despacho u oficina. ■ **4** (*Informát*) *En un entorno gráfico:* Pantalla en que aparecen los iconos de los distintos elementos de trabajo de un ordenador.
II *loc adj* **5 de** (*o* **para**) **~.** [Objeto] de los que se usan para escribir [1] o que figuran habitualmente en una mesa de despacho.

escritura (*con mayúscula en acep 5*) *f* **1** Acción de escribir [1 y 2]. **b)** Técnica o arte de escribir. ■ **2** Modo o sistema de escribir [1]. **b)** Manera personal de trazar los signos con que se escribe. ■ **3** (*lit*)

Manera o estilo de escribir [2]. **b)** *Tb fig, referido a pintura o cine.* ■ **4** Documento en que se declara que una o varias perss. contraen formalmente un compromiso y que va firmado por ellas y gralm. autorizado por un notario. *Frec con un adj especificador, esp* PÚBLICA *o* PRIVADA. ■ **5 la(s) Sagrada(s) ~(s).** La Biblia. *Tb, simplemente,* LA ~.

escrituración *f* Acción de escriturar.

escritural *adj* De (la) escritura [1].

escriturar *tr* Hacer constar en escritura pública [un hecho (*cd*) o el contrato o la compra de algo (*cd*)].

escriturariamente *adv* En escritura pública.

escriturario -ria I *adj* **1** De (la) escritura [1 y 4]. ■ **2** De la Sagrada Escritura.
II *m y f* **3** Escriturista.

escriturismo *m* Estudio de la Sagrada Escritura.

escriturista *m y f* Especialista en la Sagrada Escritura.

escriturístico -ca *adj* De (los) escrituristas o de(l) escriturismo.

escrófula *f* (*Med*) Estado de debilidad general con predisposición a enfermedades infecciosas, esp. tuberculosis, que se manifiesta por inflamación de los ganglios linfáticos.

escrofularia *f* Planta vivaz de tallo hueco y nudoso y flores de color pardo rojizo (gén. *Scrophularia*). *Frec con un adj especificador:* ~ ACUÁTICA (*S. aquatica*), ~ CANINA, PERRUNA *o* MENOR (*S. canina*), *etc.*

escrofulariácea *adj* (*Bot*) [Planta] de la familia de la escrofularia. *Frec como n f en pl, designando este taxón botánico.*

escrofulismo *m* (*Med*) Escrófula.

escrofuloso -sa *adj* Que padece escrófula. *Tb n. Tb* (*lit*) *fig.*

escrotal *adj* (*Anat*) De(l) escroto.

escroto *m* (*Anat*) Bolsa formada por la piel que cubre los testículos.

escrupulizar *tr* (*raro*) Hacer escrupuloso [1].

escrúpulo¹ *m* **1** Duda o recelo sobre la bondad o licitud de algo, que inquieta el ánimo. *Tb* ~ MORAL *o* DE CONCIENCIA. **b)** *En pl:* Conciencia, o sentido moral. *Gralm en la constr* SIN ~S. ■ **2** Recelo o desconfianza. ■ **3** Reparo o preocupación. ■ **4** Exactitud o minuciosidad en la ejecución de algo. ■ **5** Aprensión o asco.

escrúpulo² *m* (*hist*) Peso equivalente a 1.198 mg. **b)** (*lit*) Cantidad pequeña.

escrupulosamente *adv* De manera escrupulosa [2].

escrupulosidad *f* Cualidad de escrupuloso.

escrupuloso -sa *adj* **1** Que tiene o muestra escrúpulo¹. *Tb n, referido a pers.* ■ **2** Que denota o implica escrúpulo¹ [4].

escrutable *adj* Que se puede escrutar.

escrutación *f* Acción de escrutar [1].

escrutador -ra *adj* **1** Que escruta. *Tb n, referido a pers.* ■ **2** Relativo a la acción de escrutar [1].

escrutadoramente *adv* De manera escrutadora.

escrutar *tr* **1** Mirar o examinar [algo o a alguien] con mucha atención, para indagar o descubrir algo. *Tb abs.* ■ **2** Hacer el recuento oficial [de votos (*cd*)] o el examen oficial [de boletos de apuestas (*cd*)] para determinar los vencedores o los ganadores. ■ **3** Hallar como ganadores en el examen oficial [determinados boletos de apuestas].

escrutinio *m* Acción de escrutar [2].

escrutiñador -ra *adj* (*raro*) Que escrutiña. *Tb n, referido a pers.*

escrutiñar *tr* (*raro*) Escrutar [1].

escuadra¹ *f* **1** Instrumento en forma de triángulo rectángulo, o compuesto de dos reglas que forman ángulo recto. **b) falsa ~.** Instrumento formado por dos reglas articuladas, que permite trazar ángulos de cualquier abertura. ■ **2** Hierro en forma de ángulo recto para afianzar ensambladuras. ■ **3** Ángulo recto. *Gralm en la constr* A, o EN, ~. **b)** (*Dep, esp Fút*) Ángulo recto que forman los palos de la portería.

escuadra² *f* **1** (*Mil*) Conjunto de buques de guerra que forman una unidad. ■ **2** (*Mil*) Número pequeño de soldados o guardias a las órdenes de un cabo. *Tb referido a algunas organizaciones paramilitares, como la Falange.* ■ **3** Cuadrilla o grupo de perss. a las órdenes de un jefe. ■ **4** (*Dep, lit*) Equipo.

escuadrador -ra *adj* Que escuadra. *Frec n f, referido a máquina.*

escuadrar *tr* Labrar o disponer [algo] en ángulo recto. *Frec en part.*

escuadría *f* Labrado a escuadra¹.

escuadrilla *f* (*Mil*) **1** Conjunto de aparatos de aviación que realizan un mismo vuelo dirigidos por un jefe. *Frec con un compl especificador.* ■ **2** Conjunto formado por dos o tres secciones de buques de guerra ligeros.

escuadrista *m* Miembro de una escuadra² [2].

escuadrón *m* **1** (*Mil*) Unidad de caballería mandada normalmente por un capitán. ■ **2** (*Mil*) Unidad aérea compuesta por un número elevado de aparatos. ■ **3** (*lit*) Conjunto [de animales] que marchan unidos. ■ **4 ~ de la muerte.** Grupo terrorista paramilitar. *Referido a distintos países de América.*

escualidez *f* Cualidad de escuálido¹.

escuálido¹ -da *adj* Muy delgado o flaco. **b)** Raquítico. *Tb fig.*

escuálido² *adj* (*Zool*) [Pez] selacio de la familia cuyo género más característico es *Squalus. Frec como n m en pl, designando este taxón zoológico.*

escualo *m Se da este n a diversas especies de peces selacios, de medianas o grandes dimensiones y boca amplia con numerosos dientes, propios esp de aguas profundas.*

escuamaria *f* Planta parásita de árboles y arbustos, sobre cuyas raíces forma masas carnosas de las que salen vástagos escamosos de flores blancas o rosadas (*Lathraea squamaria*).

escucador -ra *adj* (*reg*) Que escuca. *Tb n, referido a pers.*

escucar *tr* (*reg*) Quitar la cáscara exterior [a las nueces (*cd*)]. *Tb abs.*

escucha I *n* A *f* **1** Acción de escuchar. **B** *m* **2** Centinela que se acerca por la noche a las posiciones enemigas para observarlas. **C** *m y f* **3** Pers. que escucha [1a].

II *loc adv* **4 a la ~.** Escuchando [1a]. *Normalmente con vs como* ESTAR, QUEDAR *o* SEGUIR.

escuchador -ra *adj* Que escucha. *Frec n, referido a pers.*

escuchante *adj* (*raro*) Que escucha. *Tb n, referido a pers.*

escuchar *tr* **1** Atender para oír [algo (*cd*)]. *Tb abs.* **b)** Atender para oír lo que dice [alguien (*cd*)]. **c)** *Con cd refl:* Hablar estudiadamente recreándose en ello. ■ **2** Atender [a los ruegos, consejos o argumentos (*cd*) de alguien]. **b)** Atender a los ruegos, consejos o argumentos [de alguien (*cd*)]. ■ **3** Oír [algo], o percibir[lo] por el oído. **b)** Oír [a alguien], o percibir lo que dice.

escuchimizado -da *adj* (*col*) Delgado y de aspecto enfermizo. **b)** Raquítico. *Tb fig.*

escucho *m* (*reg*) Cosa que se dice al oído en voz baja. *Tb en la forma* ESCUCHITO.

escuchón -na *adj* (*desp, raro*) [Pers.] que escucha [1] indiscretamente.

escudar A *tr* **1** Proteger con escudo¹ [1]. *Gralm el cd es refl.* ■ **2** Proteger o servir de escudo¹ [3]. **B** *intr pr* (~**se**) **3** Utilizar [algo o a alguien (*compl* EN *o* CON)] como escudo¹ [3] o defensa. *Frec fig.*

escudella *f* Guiso típico catalán, semejante a la olla podrida, con arroz o fideos, patatas, col y otras verduras o pastas de sopa.

escuderaje *m* (*hist*) Servicio de escudero [1 y 2]. *Tb* (*lit*) *fig.*

escudería *f* Conjunto de automóviles o motos y pilotos de un mismo equipo de carreras.

escudero *m* **1** (*hist*) Paje o sirviente que lleva el escudo¹ al caballero mientras este no lo usa. ■ **2** (*hist*) Criado que sirve a una dama y la acompaña cuando sale de casa. ■ **3** (*hist*) Hidalgo. ■ **4** (*Caza*) Jabalí joven que acompaña a otro viejo.

escudete *m* **1** Escudo¹ [4a], esp. pequeño. ■ **2** (*Heráld*) Escusón. ■ **3** (*Agric*) Trozo de corteza con una yema, que se introduce bajo la corteza de otra planta para injertarla. *Frec en la loc* DE ~, *referida a injerto.* ■ **4** Nenúfar blanco (planta). *Tb* ~ BLANCO, ~ DE RÍO *o* ~ DE EUROPA. **b)** ~ **amarillo.** Nenúfar amarillo.

escudilla *f* Vasija semiesférica, usada en ambientes rurales esp. para tomar sopa o guisos con caldo.

escudillar *tr* (*reg*) Verter o repartir [un alimento en platos u otro recipiente].

escudo¹ *m* **1** Arma defensiva consistente en una placa dura, gralm. de metal, que se lleva en el brazo. ■ **2** Superficie en figura de escudo [1] sobre el que se representan las armas o emblemas de un estado, ciudad, familia o corporación. *Frec* ~ DE ARMAS. ■ **3** Pers. o cosa que sirve de protección. **b)** ~ **humano.** Pers. o perss. que se utilizan, poniendo en riesgo su vida, para proteger algo o a alguien. ■ **4** *Se da este n a distintos objetos o partes que tienen esp misión protectora.* **b)** (*Constr*) Aparato que sirve para apuntalar terrenos durante una excavación, o para perforar túneles sin necesidad de entibación. ■ **5** (*Geol*) Parte de corteza continental que ha permanecido relativamente estable desde el Precámbrico.

escudo² *m* **1** Unidad monetaria portuguesa. ■ **2** (*hist o Numism*) *Se da este n a monedas de distintos metales y países, caracterizadas por llevar un escudo¹ [2] en una de sus caras.*

escudriñador -ra *adj* Que escudriña. *Tb n, referido a pers. Tb fig.*

escudriñante *adj* Que escudriña.

escudriñar *tr* Indagar o averiguar [algo oculto o no manifiesto]. **b)** Mirar o examinar [algo o a alguien] con mucha atención, para indagar o descubrir algo. *Tb fig.*

escuela I *f* **1** Establecimiento público de primera enseñanza. **b)** Establecimiento de enseñanza infantil. **c)** Enseñanza primaria. ■ **2** Establecimiento en que se cursan determinadas carreras, esp. técnicas o estudios artísticos. *Con un compl especificador, que a veces se omite por consabido.* **b)** Centro en que se enseña determinada materia. *Con un compl especificador.* ■ **3** Lugar en que se adquieren conocimientos prácticos de una materia. *Tb fig.* **b)** *Acompañando en aposición a un n de lugar, indica que ese lugar funciona como centro de enseñanza teórica y práctica de la actividad correspondiente.* ■ **4** Conjunto de perss. que siguen a un maestro o una misma tendencia dentro de una actividad determinada. *Tb fig.* **b)** Estilo o conjunto de rasgos propios de una escuela. *Tb fig.* **c)** *(Taur)* Estilo o forma de torear. *Frec con un adj o compl especificador.* ■ **5** Destreza o dominio de la técnica. ■ **6 vieja ~.** Conjunto de perss. de formación, gustos o costumbres anticuados. *Frec en la loc* DE LA VIEJA ~. ■ **7 ~s Pías.** Orden religiosa fundada en 1597 por San José de Calasanz para la educación de niños. ■ **8 las ~s.** *(hist)* La Universidad o las Universidades. **b)** Filosofía escolástica (enseñada en las Universidades).
II *loc adj* **9** [Maestro] **de ~** → MAESTRO.
III *loc v* **10 hacer,** o **crear, ~.** Tener discípulos o seguidores.

escuernacabras *m (reg)* Terebinto (planta).

escuerzo *m* **1** Sapo (anfibio anuro). ■ **2** *(col, desp)* Pers. flaca y desmedrada.

escuetamente *adv* De manera escueta.

escueto -ta *adj* **1** Breve y conciso. ■ **2** *(lit)* Breve o pequeño. ■ **3** *(lit)* Que carece de adornos o detalles innecesarios. **b)** Limpio o desnudo. ■ **4** *(raro)* Puro o estricto. ■ **5** *(raro)* [Pers.] flaca o muy delgada.

escuezno *m (reg)* Parte de las cuatro en que se divide la semilla de la nuez. *Frec en pl.*

esculcar *tr (reg)* Buscar.

escullar *tr e intr (reg)* Escurrir.

escullir *(conjug 53) tr e intr (reg)* Escurrir.

esculpible *adj* Que se puede esculpir.

esculpido *m* Acción de esculpir.

esculpir *tr* **1** Representar [algo o a alguien] tallando una materia dura o por algún otro procedimiento escultórico. *Tb abs.* **b)** Realizar [una escultura]. ■ **2** Dar forma [a una materia dura *(cd)*] tallándo[la] o por otro procedimiento escultórico. ■ **3** Dar forma muy marcada [al cabello *(cd)*] mediante el corte o el peinado.

escultismo *m* Movimiento scout. *Tb la actividad correspondiente.*

escultista *adj* De(l) escultismo. **b)** [Pers.] que pertenece al movimiento scout. *Tb n.*

escultopictórico -ca *(tb* **esculto-pictórico***) adj (Arte)* De (la) escultopintura.

escultopintor -ra *m y f (Arte)* Pers. que se dedica a la escultopintura.

escultopintura *(tb* **esculto-pintura***) f (Arte)* Tendencia artística que mezcla escultura y pintura en una misma obra.

escultor -ra *m y f* Pers. que se dedica a la escultura [1].

escultórico -ca *adj* De (la) escultura [1 y 2].

escultura *f* **1** Arte de representar figuras en tres dimensiones, modelando, tallando o fundiendo. ■ **2** Obra de escultura [1]. ■ **3** *(Med)* Técnica que consiste en tallar las piezas dentales. ■ **4** *(Bot y Zool)* Relieve formado en la superficie de un órgano, frec. del grano de polen.

escultural *adj* [Forma o belleza] propia de las esculturas [2] clásicas. *Con intención ponderativa.* **b)** De belleza o formas esculturales. *Normalmente referido a mujer. Con intención ponderativa.*

esculturar *tr* Esculpir.

escuna *f (Mar, hist)* Goleta (embarcación).

escupidera *f* Recipiente destinado a escupir [1 y 3] en él.

escupidero *m* Lugar destinado a escupir [1 y 3] en él.

escupido *m* Acción de escupir.

escupiña *f* Molusco semejante a la almeja, con excrecencias en la concha *(Venus verrucosa)*. *Frec* ~ GRABADA. *Tb (reg) designa otras especies similares.*

escupir A *intr* ➤ **a** *normal* **1** Expulsar con fuerza saliva, o a veces flemas, de la boca. **b) a ~ a la calle, ~ fuera del tiesto** → CALLE, TIESTO[1].
➤ **b** *pr* **(~se) 2** *(Taur)* Echarse [el toro] fuera de la suerte.
B *tr* **3** Expulsar con fuerza [algo que se tiene en la boca]. ■ **4** Expulsar [una cosa *(suj)*] con fuerza [algo que procede de su interior]. **b)** Despedir o soltar [una cosa *(suj)*] algo contenido en ella o procedente de su interior]. ■ **5** Dar [a alguien *(cd)*] muestras de desprecio con el acto físico de escupir [1]. *Frec en la constr* ~ A (o EN) LA CARA. *Tb fig.* ■ **6** Decir [algo] con desprecio o violencia.

escupitajo *m* Efecto de escupir, *esp* [1 y 3].

escupitinajo *m* Escupitajo.

escurana *f (reg)* Oscuridad.

escurialense *adj* **1** De El Escorial (Madrid). *Tb n, referido a pers.* ■ **2** Del monasterio de San Lorenzo de El Escorial. **b)** De estilo semejante al del monasterio de San Lorenzo de El Escorial.

escuro -ra *adj (pop)* Oscuro.

escurraja *f* Escurridura. *Más frec en pl. Tb fig.*

escurreplatos *m* Mueble o utensilio de cocina para poner a escurrir la vajilla fregada.

escurrevasos *m* Utensilio de cocina para poner a escurrir los vasos fregados.

escurreverduras *m* Utensilio de cocina para escurrir verduras.

escurribanda *f (col)* Descomposición de vientre.

escurridera *f* **1** Escurridor [2]. ■ **2** Escurridero [2].

escurridero *m* **1** Escurridor [3]. ■ **2** Lugar por donde escurren las aguas.

escurridizo -za *adj* **1** Que se escurre [6 y 7] con facilidad. **b)** Difícil de aprehender. *Frec fig.* ■ **2** [Cosa] en la que es fácil escurrirse [6].

escurrido¹ -da *adj* **1** *part* → ESCURRIR. ■ **2** (*col*) Delgado o de pocas carnes. *Tb ~ DE CARNES.* **b)** Delgado y de formas poco acusadas. *Esp referido a caderas.* **c)** De formas poco acusadas.

escurrido² *m* Acción de escurrir [1 y 2].

escurridor -ra **I** *adj* **1** Que sirve para escurrir [1 y 2]. *Frec n, m o f, referido a máquina o dispositivo.*
II *m* **2** Utensilio semejante a un colador con agujeros grandes, usado esp. para escurrir [1b] verduras. ■ **3** Lugar adecuado para poner a escurrir [5] la vajilla después de fregada.

escurridumbre *f* (*raro*) Escurridura. *Gralm en pl. Tb fig.*

escurridura *f* Líquido que escurre [4], esp. al quedar vacío un recipiente. *Gralm en pl.* **b)** Resto o final de algo que se agota. *Gralm en pl. Tb fig.*

escurrimbre *f* (*raro*) Escurridura. *Gralm en pl. Tb fig.*

escurrimiento *m* Acción de escurrir(se).

escurrir **A** *tr* **1** Hacer que salgan o caigan [de una vasija (*cd*)] las últimas gotas del líquido que contenía. **b)** Hacer que [algo (*cd*)] suelte el líquido que lo moja o impregna. *Tb abs.* ■ **2** Desprender o dejar caer [alguien o algo (*suj*) un líquido (*cd*) que lo moja o impregna]. **b)** Hacer que caiga o se desprenda [el líquido (*cd*) que moja o impregna algo]. ■ **3** ~ **el bulto, ~ el hombro** → BULTO, HOMBRO.
B *intr* ➤ **a** *normal* **4** Caer o desprenderse [un líquido (*suj*)] de algo a lo que moja o impregna]. *Tb pr* (**~se**). ■ **5** Desprenderse [algo (*suj*)] del líquido que lo moja o impregna. *Frec pr* (**~se**).
➤ **b** *pr* (**~se**) **6** Resbalar o deslizarse. ■ **7** Escaparse, esp. deslizándose o de manera disimulada. *Tb fig.* ■ **8** (*col*) Excederse o pasarse. ■ **9** (*col, raro*) Tener un desliz.

escurrizón *m* (*reg*) Patinazo o resbalón. *Tb fig.*

escusa (*tb* **excusa**) *f* (*reg*) Derecho que el dueño de una finca o ganadería concede a sus trabajadores para que puedan apacentar algunas cabezas de ganado de su propiedad, como parte de su retribución. *Tb el mismo ganado.*

escusabaraja (*tb* **excusabaraja**) *f* Cesta de mimbre con tapa.

escusado → EXCUSADO².

escusón *m* (*Heráld*) Escudo pequeño representado en el centro de un escudo de armas.

escúter *m* Scooter.

esdrujulismo *m* (*Fon*) Cualidad de esdrújulo.

esdrújulo -la *adj* (*Fon*) [Palabra] cuyo acento fonético recae en la antepenúltima sílaba. *Tb n m.* **b)** Propio de la palabra esdrújula. **c)** (*TLit*) [Verso] que acaba en una palabra esdrújula. **d)** Propio del verso esdrújulo.

ese¹ -sa (*frec con tilde cuando es pron*) **I** *adj* (*normalmente antepuesto al n; puede ir (col) detrás de él, en la constr EL + n + ~; precediendo a un n f que comienza por /a/ tónica, es frec la forma ESE por ESA*) **1** Que se señala a la vista del oyente, a una distancia intermedia con respecto a dos términos, uno próximo y otro lejano, mencionados o consabidos. * Me pregunto de qué vivirá esa mujer de la esquina. **b)** *A veces se señala a otro tipo de percepción sensorial.* * Se oyó el aullido de un perro, y alguien dijo: –El perro ese ladra como si hubiera un muerto. ■ **2** Que está unido o próximo a ti o a vosotros. * Pepe, haz pasar a esos señores. ■ **3** Que acaba de ser mencionado, esp. por el interlocutor. * Está dispuesto a darle esas pesetas. **b)** Que acaba de estar presente. * ¿Quiénes son esos dos tipos que han salido? ■ **4** *Alude a una pers o cosa más o menos consabida que inmediatamente se especifica.* * La urta –ese pez que engorda y mejora a fuerza de luchar con las olas–. ■ **5** (*col*) *Denota queja moderada respecto a una pers o cosa no presente.* * ¡Qué bruto es ese Sebas! **b)** *Con matiz despectivo, esp pospuesto al n.* * Al don Nicolás ese, no lo trago. ■ **6** Que se va a mencionar. *Con un compl especificador del n.* * Tiene hambre, esa hambre sin consuelo que tú conoces.
II *pron* **7** El que se señala a la vista del oyente, a una distancia intermedia con respecto a dos términos, uno próximo y otro lejano, mencionados o consabidos. * –¿Qué tren cogemos? –Ese. ■ **8** El que está unido o próximo a ti o a vosotros. * Él señalaba las cepas: –Esta, y esta... ¡No, esa no, que está verde! **b)** **esa.** (*hoy raro*) *En una carta:* La ciudad en que se encuentra el destinatario. * Me gustaría estar en esa para Navidad. ■ **9** El que acaba de ser mencionado, esp. por el interlocutor. * –Ya han llegado los vecinos. –A esos los tengo muy vistos. **b)** El que acaba de estar presente. * El chico le hacía muecas desde el ascensor. –Un día le rompo la cara a ese. **c)** (*col*) *Referido a pers, gralm tiene matiz despectivo.* * –¡Nos ha fastidiado ese!– Ese, el de la Rufi, iba tan contento. ■ **10** *Alude a una pers o cosa más o menos consabida que inmediatamente se especifica.* * No oía las palabras largas, esas que los gramáticos llaman polisílabas. **b)** (*col*) *Designa a una pers consabida, que no se especifica expresamente.* * Voy a Las Arenas donde esa, que se estará más fresco. ■ **11** **esas.** (*col*) Las palabras o hechos recién presentados o mencionados por otro. *Frec, con matiz de reproche, en las constrs SALIR, o VENIR, CON ESAS, y ¿ESAS TENEMOS?* * Se obstinaron en canonizarla, y en esas andan aún.
III *loc adv* **12** **ni por esas.** (*col*) De ninguna manera. *Ponderando la inutilidad de un esfuerzo.* * Trataba de entretenerle para que comiera, pero ni por esas.
IV *fórm or* **13** **esa es otra.** (*col*) Lo que acaba de mencionarse es otro problema. * Una no sabe ni dónde están, que esa es otra.

ese² **I** *f* **1** Letra del alfabeto (*s, S*), que en español corresponde al fonema /s/. (*V. PRELIM.*) *A veces tb se llama así el fonema representado por esta letra.* ■ **2** Curva seguida de contracurva, formando una figura de letra *s*. *Frec en pl.*
II *adj invar* **3** [Película] pornográfica.
III *loc v* **4** **hacer ~s.** Moverse alternativamente a un lado y a otro, esp. por embriaguez. *Gralm en la constr IR, o ANDAR, HACIENDO ~S.*

esencia **I** *f* **1** Conjunto de caracteres invariables que hacen que una cosa sea lo que es y sin los cuales no lo sería. *Esp en filosofía.* **b)** *Se usa a veces con intención ponderativa, designando a una pers o cosa lo más puro o refinado en el aspecto que se expresa.* ■ **2** Lo más importante o característico [de algo]. *Frec en pl.* ■ **3** Líquido volátil muy oloroso, que se extrae de los vegetales y se utiliza esp. en perfumería y confitería. **b)** **~ de trementina.** Aguarrás. ■ **4** Extracto concentrado de los principios que dan olor o sabor [a una sustancia (*compl de posesión*)]. ■ **5** Perfume líquido muy concentrado.
■ **6** **quinta ~** → QUINTAESENCIA.
II *loc adv* **7** **en ~.** Esencialmente.

esencial *adj* **1** De (la) esencia [1]. **b)** Que constituye la esencia o forma parte de ella. ■ **2** Absolutamente necesario. ■ **3** Principal o más importante. ■ **4** (*Med*) [Enfermedad] de causa desconocida y sin alteraciones orgánicas demostrables. ■ **5** [Aceite] ~ → ACEITE.

esencialidad *f* Cualidad o condición de esencial.

esencialismo *m* (*Filos*) Doctrina que admite la prioridad de la esencia [1] respecto a la existencia.

esencialista *adj* **1** (*Filos*) De(l) esencialismo. **b)** Adepto al esencialismo. *Tb n.* ■ **2** (*Pol*) Que se basa en la(s) esencia(s) [2]. **b)** Que defiende la(s) esencia(s). *Tb n, referido a pers.*

esencialización *f* (*lit*) Acción de esencializar.

esencializador -ra *adj* (*lit*) Que esencializa.

esencializar *tr* (*lit*) Reducir [algo] a su esencia o a lo esencial. **b)** *pr* (~**se**) Reducirse [algo] a su esencia o a lo esencial.

esencialmente *adv* **1** De manera esencial [1 y 3]. ■ **2** En el aspecto esencial [1].

esenciarse (*conjug* **1a**) *intr pr* (*raro*) Unirse en esencia [con algo] (*compl* EN).

esenciero *m* Frasco para esencia [3, 4 y esp. 5].

esénico -ca *adj* (*hist*) De (los) esenios.

esenio -nia *adj* (*hist*) [Individuo] de una secta judía que en tiempos de Cristo practicaba la comunidad de bienes y la vida ascética. *Tb n.*

eserina *f* (*Quím*) Principio activo de las habas del Calabar, usado en medicina.

esfacelarse *intr pr* (*Med*) Gangrenarse.

esfacelo *m* (*Med*) Masa de tejido gangrenado.

esfagno *m* Musgo propio de lugares muy húmedos, que origina la turba (gén. *Sphagnum*).

esfalerita *f* (*Mineral*) Mineral constituido por sulfuro de hierro y cinc, de color amarillento, rojizo, verde o pardusco.

esfarriar (*conjug* **1a**) *intr* (*reg*) Desbarrar o extralimitarse. *Tb pr* (~**se**).

esfenodonte *m* Reptil semejante a la iguana, de color pardo verdoso, propio de Nueva Zelanda (*Sphenodon punctatus*).

esfenoedro *m* (*Mineral*) Cristal que consta de cuatro caras triangulares.

esfenoidal *adj* (*Anat*) De(l) esfenoides.

esfenoides *adj* (*Anat*) [Hueso] de forma de mariposa, que constituye la parte anterior y media de la base del cráneo. *Tb n m.*

esfera *f* **1** (*Geom*) Sólido limitado por una superficie curva cuyos puntos equidistan del centro. ■ **2** Cuerpo cuya forma es una esfera [1] o recuerda la de la esfera. **b)** ~ **terrestre.** Planeta Tierra, considerado como una esfera [1] algo achatada por los polos. *Frec su representación.* **c)** ~ **celeste.** Esfera [1] imaginaria, cuyo centro es el observador, en la que se sitúan los cuerpos celestes. *Tb su representación.* **d)** ~ **armilar.** Aparato constituido por varios aros o círculos que representan la esfera celeste, en cuyo centro se sitúa un pequeño globo que figura la Tierra. ■ **3** Círculo en que giran las manecillas del reloj u otro instrumento semejante. ■ **4** Espacio en que se desarrolla una determinada actividad o acción. *Gralm con un adj o compl especificador.* ■ **5** Ámbito o ambiente en que se desarrolla la vida [de una pers.]. ■ **6 las altas ~s.** Los más altos niveles de poder, esp. político, social o económico.

esféricamente *adv* De manera esférica.

esfericidad *f* Cualidad de esférico [1].

esférico -ca **I** *adj* **1** De (la) esfera [1 y 2]. **b)** Que tiene forma de esfera. **II** *m* **2** (*Dep, lit*) Balón de fútbol.

esferoidal *adj* **1** (*E*) Aproximadamente esférico. ■ **2** (*Fís*) [Estado] de(l) líquido sometido al fenómeno de la calefacción.

esferoide *adj* (*E*) De forma aproximadamente esférica. *Frec n m, referido a cuerpo.*

esferómetro *m* (*E*) Aparato que sirve esp. para medir la curvatura de una superficie esférica.

esfigmógrafo *m* (*Med*) Aparato para registrar las pulsaciones arteriales.

esfigmomanómetro *m* (*Med*) Instrumento para medir la presión arterial.

esfiladre *m* (*reg*) Cinta para atar las alpargatas.

esfinge *f* **1** (*Mitol clás*) Monstruo fabuloso alado, con cabeza y pecho de mujer y cuerpo de león, que proponía enigmas insolubles. ■ **2** (*Arte*) Estatua en forma de león echado con cabeza humana, de carnero o de halcón, propia esp. del arte egipcio antiguo. ■ **3** *Se usa frec en constrs de sent comparativo para ponderar el carácter reservado y enigmático o la inmovilidad de una pers.*

esfíngico -ca *adj* (*lit*) De (la) esfinge.

esfínter *m* (*Anat*) Músculo en forma de anillo que cierra un orificio natural.

esfogar *intr* (*reg*) Desfogarse o desahogarse [una pers.].

esfogue *m* (*reg*) Acción de esfogar.

esfolar *tr* (*reg*) Desollar.

esforzadamente *adv* De manera esforzada [2].

esforzado -da **I** *adj* **1** *part* → ESFORZAR. ■ **2** Que implica o denota esfuerzo [1]. ■ **3** [Pers.] que se entrega con esfuerzo a su trabajo o dedicación. ■ **4** (*lit*) Valiente y animoso. **II** *m* **5** (*Cicl*) Forzado. *En sent fig.*

esforzamiento *m* (*raro*) Esfuerzo.

esforzar (*conjug* **4**) **A** *tr* **1** Someter [algo o a alguien] a un esfuerzo [1]. **B** *intr pr* (~**se**) **2** Hacer esfuerzos [1] [para algo] (*compl* POR, EN o PARA). *Tb sin compl, por consabido.*

esfoyaza *f* (*reg*) Reunión de perss. para deshojar y enristrar panojas de maíz.

esfuerzo *m* **1** Acción que supone la aplicación de una fuerza física o moral superior a las normales. *Frec con un adj o compl especificador con* PARA, POR *o* EN. ■ **2** Actitud propia de quien se esfuerza [2]. ■ **3** (*Mec*) Fuerza ejercida sobre un cuerpo, que tiende a alargarlo, comprimirlo, torcerlo, doblarlo o cortarlo.

esfumación *f* Acción de esfumar(se). *Tb su efecto.*

esfumado *m* (*Pint*) Acción de esfumar [1].

esfumar **A** *tr* **1** (*Pint*) Difuminar. *Tb fig.* **B** *intr pr* (~**se**) **2** Desaparecer o desvanecerse [algo]. ■ **3** (*col*) Marcharse o desaparecer [alguien de un lugar], esp. de manera rápida o disimulada. *Tb sin compl adv.*

esfuminar *tr* (*lit*) Difuminar. **b)** *pr* (~**se**) Difuminarse.

esgalichado -da *adj* (*pop*) Desgalichado o desgarbado.

esgalla. a ~. *loc adv* (*reg*) Mucho, o a todo meter.

esgarra. a ~. *loc adv* (*reg*) Mucho, o a todo meter.

esgarramantas *adj* (*reg*) Descamisado o desharrapado. *Tb n.*

esgobio *m* (*reg*) Escobio.

esgrafiado *m* Acción de esgrafiar. *Tb su efecto.*

esgrafiar (*conjug* 1c) *tr* Dibujar o decorar [algo, esp. paredes] raspando sobre una superficie que tiene dos o más capas superpuestas de diferente color.

esgrima *f* 1 Arte o deporte de manejar la espada, el sable o el florete. ■ 2 (*Boxeo*) Habilidad para esquivar los golpes del adversario y al mismo tiempo golpear.

esgrimidor -ra *m y f* Pers. que practica la esgrima [1].

esgrimir *tr* 1 Blandir o empuñar [un arma blanca]. ■ 2 Utilizar [algo, esp. razones] como arma a favor o en contra de alguien o algo.

esgrimista *m y f* 1 Esgrimidor. ■ 2 (*Boxeo*) Púgil que utiliza la esgrima [2].

esgrimístico -ca *adj* (*raro*) De (la) esgrima [1].

esgueva *f* (*reg*) Alcantarilla.

esguilarse *intr pr* (*reg*) Resbalar o deslizarse.

esguince *m* 1 Torcedura o distensión violenta de una coyuntura. ■ 2 Quiebro.

esguízaro *m* (*hist*) Piquero suizo.

eskái, eskay → ESCAY.

eslabón *m* 1 Pieza de las que, unidas unas con otras, forman una cadena. ■ 2 Elemento de unión o relación en una serie, esp. de hechos o ideas. ■ 3 Hierro acerado del que saltan chispas al chocar con un pedernal u otro mineral duro.

eslabonamiento *m* Acción de eslabonar(se).

eslabonar *tr* 1 Unir o encadenar [cosas, o una cosa (*cd*) con otra (*compl* A o CON)], esp. en una sucesión temporal o lógica. **b)** *pr* (~**se**) Unirse o encadenarse [cosas, o una cosa con otra (*compl* A o CON)]. ■ 2 Formar [una cadena] uniendo eslabones [1]. *Tb fig.*

eslálom *m* Eslalon o slalom.

eslalon *m* (*Dep*) 1 Competición de esquí consistente en un descenso sinuoso con paso obligado entre varios pares de estacas. ■ 2 Prueba similar al eslalon [1] disputada con coches u otros vehículos.

eslavismo *m* Palabra o giro propios de una lengua eslava o procedentes de ella.

eslavista *m y f* Pers. especialista en lenguas y cultura eslavas.

eslavizar *tr* Dar carácter eslavo [a alguien o algo (*cd*)]. **b)** *pr* (~**se**) Tomar carácter eslavo [alguien o algo].

eslavo -va I *adj* 1 [Individuo] perteneciente a los pueblos, o a alguno de los pueblos, del este de Europa hablantes de una lengua eslava [2a]. *Tb n.* **b)** De los eslavos. ■ 2 [Lengua] de las que pertenecen a una familia de lenguas indoeuropeas cuyos principales representantes actuales son el ruso, el polaco, el serbocroata, el búlgaro y el checo. **b)** De lengua eslava. II *m* 3 Conjunto de lenguas eslavas [2a]. ■ 4 **antiguo ~**, o **~ eclesiástico**. Lengua eslava meridio-

nal, desaparecida en el s. XIII, que se ha mantenido como lengua litúrgica en algunas Iglesias ortodoxas.

eslavón -na *adj* De Eslavonia (región del este de Croacia).

eslinga *f* Cuerda o cadena con ganchos, para levantar grandes pesos.

eslizón *m* Reptil de cuerpo semejante al de la serpiente y patas cortísimas, verde con estrías oscuras, propio de los prados (*Chalcides chalcides*). *Tb designa otras especies del mismo gén o de otros similares.*

eslogan (*pl normal*, ~ES o ~S) *m* Fórmula concisa y pegadiza usada por la publicidad o por la propaganda política.

eslomar *tr* (*pop*) Deslomar. *Tb pr* (~**se**).

eslora *f* (*Mar*) 1 Longitud [de un buque] de proa a popa. *Tb referido a otras construcciones flotantes.* ■ 2 Madero de refuerzo de los que van de popa a proa.

eslovaco -ca I *adj* 1 De Eslovaquia. *Tb n, referido a pers.* II *m* 2 Lengua de Eslovaquia, perteneciente al grupo eslavo.

esloveno -na I *adj* 1 De Eslovenia. *Tb n, referido a pers.* II *m* 2 Lengua de Eslovenia, perteneciente al grupo eslavo y cercana al serbocroata.

esmachar *tr* (*Dep*) *En tenis, pingpong y balonvolea:* Lanzar [la pelota] con un smash. *Frec abs.*

esmaltación *f* Esmaltado.

esmaltado *m* Acción de esmaltar [1]. *Tb su efecto.*

esmaltador -ra *adj* Que esmalta [1]. *Tb n: m y f, referido a pers; f, referido a empresa.*

esmaltar *tr* 1 Recubrir de esmalte [1 y 2]. ■ 2 Presentarse [una serie de cosas, esp. que adornan] esparcidas [por un lugar (*cd*)]. ■ 3 Sembrar [algo de adornos diversos (*compl* DE o CON)].

esmalte *m* 1 Barniz vítreo, coloreado con óxidos metálicos, que aplicado y fundido resulta inalterable. ■ 2 Barniz vítreo. **b)** Pintura de uñas. *Tb ~ DE UÑAS.* ■ 3 Arte o técnica de esmaltar [1]. ■ 4 Joya u obra de arte cubierta o adornada con esmalte [1]. ■ 5 Sustancia blanca y dura que recubre los dientes. ■ 6 (*Heráld*) Color.

esmaltería *f* (*raro*) Esmaltado.

esméctico -ca *adj* (*Mineral*) [Arcilla] que limpia.

esmegma *m* (*Fisiol*) Secreción blanca, espesa y maloliente, que se acumula en los repliegues del aparato genital externo.

esmeradamente *adv* De manera esmerada [3].

esmerado -da *adj* 1 *part* → ESMERAR. ■ 2 [Pers.] que pone esmero en lo que hace. ■ 3 [Cosa] que implica o denota esmero.

esmeralda I *f* 1 Berilo verde, que es una de las piedras preciosas más valiosas. ■ 2 *Se da este n a otras piedras preciosas parecidas a la esmeralda* [1]. **b)** ~ **oriental.** Variedad de corindón. II *adj invar* 3 [Color verde] claro, brillante, propio de la esmeralda [1]. *Tb n m.* **b)** De color verde esmeralda.

esmeraldado -da *adj* (*raro*) Esmeraldino.

esmeraldero -ra *adj* 1 De (la) esmeralda. ■ 2 [Pers.] que se dedica a la extracción o comercio de esmeraldas. *Tb n.*

esmeraldífero -ra *adj* (*Mineral*) Que contiene esmeraldas.

esmeraldino -na *adj* [Color verde] propio de la esmeralda. **b)** De color verde esmeralda.

esmerar A *tr* **1** (*raro*) Hacer con esmero. **B** *intr pr* (~**se**) **2** Poner esmero [en algo]. *Tb sin compl, por consabido.*

esmerejón *m* Halcón pequeño, de dorso gris azulado, franja terminal ancha y negra en la cola y partes inferiores listadas de color rojizo (*Falco columbarius*).

esmeril I *m* **1** Roca granuda constituida básicamente por corindón, que se utiliza como abrasivo. ■ **2** Papel o tela de esmeril [4]. ■ **3** Cristal esmerilado (→ ESMERILAR [1b]). **II** *adj* **4** (**de**) ~. [Papel o tela] que lleva pegada una capa de esmeril [1] en polvo.

esmerilado¹ -da *adj* **1** *part* → ESMERILAR. ■ **2** De cristal esmerilado.

**esmerilado² ** *m* Acción de esmerilar. *Tb fig.*

esmerilador -ra *adj* Que esmerila. *Frec n f, referido a máquina.*

esmerilar *tr* Pulir o frotar con esmeril [1 y 2]. *Tb abs. Tb fig.* **b)** Deslustrar [vidrio] con esmeril. *Frec en part.*

esmero *m* Cuidado especial en lo que se hace.

esmirnio *m* Apio caballar (planta).

esmirriado -da *adj* (*col*) Raquítico. *Tb fig. Tb n, referido a pers.*

esmoñigarse *intr pr* (*reg*) Defecar [una caballería].

esmoquin I *m* **1** Chaqueta masculina de etiqueta, con cuello y solapas de una sola pieza y gralm. de raso. *Tb* CHAQUETA ~. *Tb designa la prenda femenina que la imita.* **b)** Traje compuesto por chaqueta esmoquin, pantalón con galón de seda y chaleco. **II** *adj invar* **2** [Cuello] que forma una sola pieza con la solapa.

esmorecerse (*conjug* 11) *intr pr* (*reg*) **1** Aterirse. *Frec en part.* ■ **2** Llenarse de ira.

esmoroñón *m* (*reg*) Raspón o rasguño en la piel.

esmorrar *tr* (*reg*) Romper los morros [a alguien (*cd*)]. *Tb pr* (~**se**).

esnifada *f* (*jerg*) Acción de esnifar. *Tb su efecto.*

esnifador -ra *adj* (*jerg*) Que esnifa. *Tb n, referido a pers.*

esnifar *tr* (*jerg*) Aspirar [droga] por la nariz. *Tb abs.*

esnife *m* (*jerg*) Acción de esnifar.

esnob (*pl normal,* ~s) *adj* (*desp*) [Pers.] que se preocupa de imitar o adoptar todo lo que está de moda o lo que cree que es de buen tono. *Frec n.* **b)** Propio de la pers. esnob.

esnobismo *m* (*desp*) **1** Cualidad de esnob. **b)** Actitud esnob [1b]. ■ **2** Hecho o dicho esnob [1b].

esnobista *adj* (*desp*) Esnob. *Tb n, referido a pers.*

esnucar *tr* (*col*) Desnucar. *Tb pr* (~**se**).

eso I *pron* **1** Lo que se señala a la vista del oyente, a una distancia intermedia con respecto a dos términos, uno próximo y otro lejano, y ambos conocidos o consabidos. * –¿Qué es eso? –Una pizarra. **b)** (*col, desp o humoríst*) Esa persona. * Mira eso. ¡Qué señora! **2** Lo que está unido o próximo a ti o a vosotros.

* Alcánzame eso, por favor. ■ **3** Lo que acaba de ser mencionado, esp. por el interlocutor. * –Es urgente. –De eso tenemos que hablar. ■ **4** Lo que va a mencionarse. * Es eso, que son tontos. ■ **5** *Alude a algo más o menos consabido que inmediatamente se especifica.* * Dejó una carta para el juez con eso que se dice siempre. ■ **6** *Se usa para designar algo cuyo nombre no se recuerda o no se acierta a encontrar.* * Yo le tengo cierto eso al chico. * –Mañana presentará su... eso. –Su informe. **b)** *Se usa para eludir una palabra malsonante o que por pudor no se desea pronunciar.* * Tenían muy mala eso. * ¿Qué tendría que ver eso con las témporas? ■ **7 o ~.** (*col*) *Se usa expletivamente, denotando inseguridad sobre lo que acaba de mencionarse.* * ¿No era la Revolución Francesa la de Pimpinela Escarlata o eso? ■ **8 y ~, o y todo ~.** (*col*) *Se usa expletivamente, como una especie de resumen vago de cosas afines a la que acaba de mencionarse.* * Siempre viene con historias de crímenes y eso.

II *fórm or* **9 ahí queda ~** → QUEDAR. ■ **10 de ~ nada,** o **de ~ ni hablar.** (*pop*) De ninguna manera. * Tú molestarte, de eso nada. ■ **11 ~, o ~ es.** (*col*) *Expresa aprobación o confirmación de lo que acaba de oírse o decirse.* * Su padre le mimó demasiado, eso es. ■ **12 ~ sí.** *Acompaña a la mención de algo que se reconoce como positivo a pesar de los inconvenientes que se enuncian o se piensan.* * Era, eso sí, un señor muy educado. ■ **13 ¿y ~?** (*col*) ¿Por qué? *Referido a algo que otro ha dicho o hecho.* * –Ya no deberías cazar. –¿Y eso? ■ **14 y ~ qué** → QUÉ.

III *loc adv* **15 con (todo) ~,** o (*pop*) **con ~ y (con) todo,** o **con todo y (con) ~.** A pesar de lo expuesto. * Le ofrecen un buen sueldo, pero con todo y con eso no quiere venir. ■ **16 en ~.** Entonces o en ese momento. * En eso llega el dueño y descubre al ladrón. ■ **17 y ~, o y para ~.** *Precede a la expresión de una circunstancia* (*ger, o compl adv*) *que presenta enfáticamente una limitación que se acumula a otra recién enunciada.* * Solo me llevaron un día, y eso volviendo a dormir a casa.

IV *loc prep* **18 a ~ de.** Alrededor de. *Seguido de expresión de hora del día.* * Volvió a eso de las tres.

V *loc conj* **19 y ~ que.** A pesar de que. *Siempre con v en ind.* * –Estuvo muy antipático. –Y eso que es tu amigo.

esofágico -ca *adj* (*Anat*) De(l) esófago.

esofagitis *f* (*Med*) Inflamación del esófago. *A veces con un adj especificador.*

esófago *m* (*Anat*) Conducto digestivo que va desde la faringe al estómago.

esofagoscopio *m* (*Med*) Aparato que permite el examen interno del esófago.

esotérico -ca *adj* **1** Oculto, o reservado solo a una minoría de iniciados. ■ **2** De (las) ciencias ocultas.

esoterismo *m* **1** Cualidad de esotérico. ■ **2** Teoría y práctica de las ciencias ocultas.

esoterista *adj* Iniciado en ciencias ocultas. *Tb n.*

esotro -tra *adj* (*lit, raro*) El otro. *Tb pron.*

espabiladeras *f pl* Utensilio con que se espabilan [1] velas o candiles.

espabilado -da *adj* **1** *part* → ESPABILAR. ■ **2** [Pers.] lista. *A veces con intención irónica. Tb n.* ■ **3** Que no tiene sueño o pesadez. ■ **4** Que denota inteligencia o despeje mental.

espabilador -ra *adj* Que espabila.

espabilar A *tr* **1** Cortar el pabilo [de una vela o candil (*cd*)] para avivar su luz. *Tb fig, referido a otras cosas que arden.* ■ **2** Quitar el sueño o la pesadez [a alguien o a una parte de su cuerpo (*cd*)]. ■ **3** Hacer más listo o desenvuelto [a alguien]. *Tb abs.* ■ **4** Despertar o avivar [algo]. ■ **5** Mover o agilizar [un asunto]. ■ **6** (*col*) Quitar o robar. ■ **7** (*reg*) Echar o ahuyentar [a alguien o algo molesto]. **B** *intr* **8** Apresurarse o actuar con diligencia. *Tb pr* (~se). **b)** Esforzarse o trabajar con ahínco. *Tb pr* (~se). ■ **9** Despertarse, esp. completamente. *Tb pr* (~se). *Tb fig.* ■ **10** Hacerse más listo o desenvuelto. *Tb pr* (~se). ■ **11** Adquirir viveza [algo]. *Tb pr* (~se).

espachurrar *tr* (*col*) Despachurrar. *Tb pr* (~se).

espaciadamente *adv* De manera espaciada.

espaciado¹ -da *adj* **1** *part* → ESPACIAR. ■ **2** Que se produce o se presenta a intervalos, esp. grandes, de tiempo o de espacio.

espaciado² *m* (*Impr*) Acción de espaciar. *Tb su efecto.*

espaciador -ra *adj* (*Impr*) Que sirve para espaciar. *Tb n m, referido a tecla de la máquina de escribir o del ordenador.*

espacial *adj* **1** De(l) espacio [1 a 4, esp. 2]. **b)** [Navegación] que se produce por el espacio [2]. **c)** De (la) navegación espacial. ■ **2** Que se produce con relación al espacio [1].

espacialidad *f* (*Filos o lit*) Cualidad de espacial.

espacialismo *m* (*Arte*) Movimiento surgido en Italia en los años 50, opuesto a la representación figurativa tradicional y que trata de crear emociones plásticas y cromáticas proyectadas en el espacio [1].

espacialista *adj* (*Arte*) De(l) espacialismo.

espacializador -ra *adj* (*Filos*) Que espacializa.

espacializar *tr* (*Filos*) Dar carácter espacial [a algo (*cd*)].

espacialmente *adv* **1** De manera espacial. ■ **2** En el aspecto espacial.

espaciamiento *m* Acción de espaciar(se). *Tb su efecto.*

espaciar (*conjug* 1a) *tr* Poner espacio o separación [entre dos o más cosas (*cd*)]. **b)** *pr* (~se) Pasar a existir espacio o separación [entre dos o más cosas (*suj*)].

espacio I *m* **1** Aquello en que están contenidos todos los cuerpos existentes. ■ **2** Porción de espacio [1] no ocupada por la Tierra, esp. la exterior a su atmósfera. **b)** ~ **aéreo** → AÉREO. ■ **3** Porción de espacio [1], de cualquier tamaño. **b)** ~ **verde.** Terreno urbano destinado a parques o arbolado. ■ **4** Porción de espacio [1] existente entre dos cuerpos o dos lugares. **b)** Separación simple entre dos líneas escritas a máquina o a ordenador. **c)** (*Impr*) Separación entre dos palabras o dos signos en una misma línea. **d)** (*Impr*) Pieza de metal con que se separan dos palabras o dos tipos en una línea. ■ **5** Porción [de tiempo]. **b)** **un** ~. (*lit*) Porción breve de tiempo. ■ **6** Parte de las que componen la programación en una emisora de radio o de televisión. **II** *loc adj* **7** **del** ~. (*Geom*) [Geometría] que estudia las figuras de tres dimensiones. **III** *loc prep* **8** **por** ~ **de.** Durante. *Seguido de n que expresa duración.*

espaciosidad *f* Cualidad de espacioso. *Tb* (*lit*) *fig.*

espacioso -sa *adj* [Recinto u otro lugar limitado] que ofrece mucho espacio [3a].

espaciotemporal (*tb con la grafía* **espacio- -temporal**) *adj* (*lit*) Del espacio y el tiempo.

espada I *n* **A** *f* **1** Arma blanca larga, recta, aguda, cortante y con empuñadura. *Tb la esgrima practicada con ella.* **b)** (*Taur*) Arma blanca larga, aguda, cortante y con empuñadura, cuya hoja tiene una ligera curvatura en la punta. **c)** [Pez] ~ → PEZ¹. ■ **2** (*Naipes*) En la baraja española: Figura que representa una espada [1], que corresponde a uno de los cuatro palos. *En pl designa el palo de esta figura.* **b)** Carta o naipe de espadas. **c)** **la** ~. El as de espadas. ■ **3** (*jerg*) Llave falsa o ganzúa. ■ **4** (*jerg*) Pene. ■ **5** ~ **de Damocles.** (*lit*) Peligro que amenaza de manera permanente. ■ **6** ~ **de dos filos** (*o* **de doble filo**). Argumento o procedimiento que puede ocasionar un resultado opuesto al que se pretende. **B** *m* (*o, más raro, f*) **7** Matador de toros. ■ **8** **primer(a)** ~. Pers. sobresaliente en una actividad o una profesión. *Gralm con un compl especificador que a veces se omite por consabido.* **II** *loc adj* **9** **de capa y** ~ → CAPA¹. **III** *loc v* **10** **desceñirse la** ~. (*raro*) Abandonar la carrera militar. ■ **11** **echar** [alguien] **su cuarto a** ~s → CUARTO. ■ **12** **estar** (*o* **quedar, seguir,** *etc*) **con las** ~s **en alto.** Estar (o quedar, etc.) en situación de lucha por no haberse resuelto una situación de enfrentamiento. **b)** **estar** (*o* **quedar, seguir, dejar,** *etc*) **las** ~s **en alto.** Estar (o quedar, etc.) sin resolverse una situación de enfrentamiento. **IV** *loc adv* **13** **a capa y** ~ → CAPA¹. ■ **14** **entre la** ~ **y la pared.** En situación de tener que decidirse por una de dos cosas igualmente malas. *Frec con vs como* ESTAR *o* PONER.

espadachín *m* Hombre diestro en el manejo de la espada [1a].

espadaña *f* **1** Campanario de una sola pared, en cuyos huecos se colocan las campanas. ■ **2** Planta herbácea, común en estanques y riachuelos, con hojas en forma de espada [1a] y tallo desnudo terminado en una inflorescencia cilíndrica, parda y aterciopelada (*Typha latifolia* y *T. angustifolia*). *Con un adj especificador, designa otras especies:* ~ AMARILLA *o* FINA (*Iris pseudacorus*), ~ FÉTIDA *o* HEDIONDA (*Iris foetidissima*).

espadañal *m* Lugar poblado de espadañas [2].

espadar *tr* Quebrantar [lino o cáñamo] con la espadilla [2].

espadarte *m* **1** (*reg*) Pez espada. ■ **2** (*raro*) Orca (cetáceo).

espadazo *m* Tajo o golpe de espada [1].

espadeiro *m* Variedad de vino que se elabora en la provincia de Pontevedra. *Tb la vid con que se elabora.*

espadería *f* **1** Establecimiento en que se fabrican o venden espadas [1]. ■ **2** Industria de la fabricación de espadas [1]. ■ **3** Espadas o conjunto de espadas [1].

espadero *m* Hombre que fabrica o vende espadas [1].

espádice *m* (*Bot*) Inflorescencia en forma de espiga con el eje más o menos carnoso y rodeada por una espata.

espadilla *f* **1** (*Naipes*) As de espadas. ■ **2** Instrumento de madera en forma de machete, que se usa para quebrantar el lino o el cáñamo.

espadín *m* **1** Espada [1a] de hoja estrecha o triangular, que se usa como prenda de ciertos uniformes. ■ **2** Pez semejante a la sardina, pero de carne más delicada (*Sprattus sprattus*). ■ **3** (*jerg*) Llavín maestro.

espadista *m* (*jerg*) Ladrón que utiliza llaves falsas y ganzúas.

espadón *m* **1** Espada [1a] grande. ■ **2** (*desp*) Pers. de alta jerarquía en la milicia. ■ **3** (*Naipes, reg*) As de espadas.

espagueti (*tb* **espaguetis**) *m pl* Cilindros macizos, largos y delgados, más gruesos que los fideos, hechos de pasta de harina de trigo.

espahi (*tb* **espahí**) *m* (*hist*) Soldado de determinado cuerpo de caballería. *Normalmente referido al ejército turco, o al francés en Argelia.*

espalar *tr* (*reg*) **1** Retirar [algo, esp. nieve] con la pala. *Frec abs.* ■ **2** Limpiar de nieve con la pala [un lugar].

espalda I *n* A *f* **1** *En el ser humano:* Parte posterior del cuerpo comprendida entre los hombros y la cintura. *Tb en pl con sent sg.* ■ **2** *En los animales:* Parte posterior del tronco. ■ **3** Parte trasera [de algo]. *Tb en pl con sent sg.* ■ **4** Parte [de una prenda] correspondiente a la espalda [1 y 3]. ■ **5** (*Dep*) Modalidad de la natación en que el nadador va de cara al cielo.
B *m* **6** ~ **mojada.** Inmigrante que penetra ilegalmente en un país a través del mar. *Referido esp a Estados Unidos.*
II *loc adj* **7 a la ~.** (*Coc*) [Besugo] abierto asado a la parrilla, que se sirve rociado con aceite caliente en que se han frito ajos y con zumo de limón. ■ **8** [Puesta] **de ~s** → PUESTA.
III *loc v* **9 caerse de ~(s).** (*col*) Asombrarse o sorprenderse. *En constr de intención ponderativa.* ■ **10 echar** [algo inmaterial] **sobre las ~s** [de alguien]. Hacer que recaiga [sobre él]. ■ **11 echarse** [alguien algo] **a la(s) ~(s).** Despreocuparse [de ello]. ■ **12 guardar** (*o* **cubrir**) **la(s) ~(s).** Proteger de riesgos. *Frec con un ci.* ■ **13 medir las ~s** [a alguien]. Golpear[le]. ■ **14 tener buenas ~s,** *o* **tener las ~s anchas.** Aguantar abusos, vejaciones o desprecios. *A veces con intención desp.* ■ **15 tener el santo** (*o* **la suerte**) **de ~s** → SANTO, SUERTE. ■ **16 tirar** (*o* **tumbar**) **de ~s.** (*col*) Asombrar o sorprender por extraordinario. *Con intención ponderativa. Gralm en la constr* QUE TIRA (*o* TUMBA) DE ~S. ■ **17 volver** (*o* **dar**) **la ~** [a alguien o algo]. Ponerse presentándo[le] la espalda [1] [alguien que estaba de frente]. **b**) **volver la ~** [a alguien o algo]. Abandonar[lo] o dejar de prestar[le] atención. *Tb fig.*
IV *loc adv* **18 a la(s) ~(s)** [de alguien o algo]. Detrás [de ellos]. *Tb sin posesivo o sin compl, por consabido.* ■ **19 a** (*o* **sobre**) **la(s) ~(s)** [de alguien]. Bajo su responsabilidad o cuidado. ■ **20 a ~s** [de alguien]. Sin que [esa pers.] lo sepa, o a escondidas [de ella]. **b**) **a ~s** [de algo]. Sin tener[lo] en cuenta. ■ **21 de ~s.** Presentando la parte posterior. *Frec seguido de un compl* A. **b**) Moviéndose hacia atrás. **c**) **de ~s** [a algo]. Sin querer prestar[le] atención. ■ **22 donde la ~ pierde su** (**honesto**) **nombre.** (*col, euf*) En el trasero. ■ **23 entre pecho y ~** → PECHO[1]. ■ **24 ~ contra ~.** Apoyándose mutuamente las espaldas [1]. *Frec fig.* ■ **25 por la ~.** A

traición. ■ **26 sobre las ~s** [de alguien]. De modo que pese [sobre él].

espaldar *m* **1** Espalda [1 a 4]. ■ **2** Respaldo [de un asiento]. ■ **3** (*Zool*) Parte superior del caparazón de los quelonios. ■ **4** (*hist*) Parte de la coraza que cubre la espalda [1].

espaldarazo *m* **1** Reconocimiento de competencia o aptitud en una profesión o actividad. ■ **2** (*hist*) Golpe simbólico dado con la espada en la espalda, en la ceremonia de armar caballero.

espaldear *intr* (*Mar*) Sufrir [una embarcación] el choque brusco de las olas a popa.

espaldera *f* **1** Armazón o enrejado dispuestos para que trepen por ellos determinadas plantas. ■ **2** *En pl:* Aparato gimnástico constituido por una serie de barras de madera paralelas fijadas a la pared.

espaldilla *f* **1** Cuarto delantero [de una res]. ■ **2** (*raro*) Omóplato. ■ **3** (*Mar*) Remo grande que se arma a popa para gobernar con él a falta de timón.

espaldillera *f* Venda, gralm. elástica, con que se sujeta el omóplato.

espaldino -na I *adj* **1** (*raro*) De (la) espalda. II *f* **2** (*Taur*) Pase de espaldas.

espaldista *m y f* (*Dep*) Nadador de espalda [5].

espalditendido -da *adj* (*raro*) Tendido de espaldas.

espaldón *m* Barrera para contener el empuje de las tierras o de las aguas.

espalmar *intr* (*reg*) Ponerse transparente [la sidra] en el vaso, subiendo las burbujas a la superficie.

espalmo *m* (*Mar*) Mezcla de sebo y brea o alquitrán, usada para proteger de la broma los fondos de las embarcaciones.

espampanar *tr* (*reg*) Estampar [a alguien]. *Tb pr* (**~se**).

espamplonar *tr* (*reg*) Liquidar [algo, esp. dinero].

espamplonear *tr* (*reg*) Despamplonear.

espantable *adj* (*lit*) Que causa espanto [1]. *Frec con intención ponderativa.*

espantada *f* Huida repentina, esp. causada por el miedo. *Tb fig. Gralm con vs como* DAR *o* PEGAR. *Frec en tauromaquia. Tb fig.*

espantadizo -za *adj* Que se espanta con facilidad.

espantado -da *adj* **1** *part* → ESPANTAR. ■ **2** Que expresa o denota espanto [1].

espantador -ra *adj* (*raro*) Que espanta.

espantajo *m* **1** Espantapájaros [1]. ■ **2** Cosa que causa espanto [1], esp. por su forma o su figura. *Tb fig.* ■ **3** (*col, desp*) Pers. ridícula o despreciable. *Frec usado como insulto y a veces con intención afectiva.*

espantalobos *m* Arbusto leguminoso de hojas acorazonadas y flores amarillas (*Colutea arborescens*).

espantamoscas *m* Utensilio para espantar las moscas.

espantanublados *m* (*hist*) Mendigo vestido de hábitos largos, que pide haciendo creer que tiene poder sobre los nublados.

espantapájaros *m* **1** Objeto, gralm. imitando la forma humana, que se pone en los campos para es-

pantar a los pájaros y evitar que dañen los frutos. ■
2 (*col*, *desp*) Pers. ridícula o despreciable.

espantar *tr* **1** Causar espanto [a alguien (*cd*)].
Frec con intención ponderativa. **b)** *pr* (**~se**) Asustarse o sentir espanto. ■ **2** Asustar [a un animal],
gralm. haciendo que huya. **b)** *pr* (**~se**) Asustarse
[un animal], esp. tratando de huir. ■ **3** Ahuyentar [a alguien o algo], o hacer que se vaya o desaparezca.

espantasuegras *m* (*reg*) Matasuegras (objeto de
broma).

espantavillanos *m* (*raro*) Alhaja u otra cosa de
poco valor y mucho brillo.

espantazorras *f* Espantalobos (planta).

espanto I *m* **1** Miedo muy intenso. *Frec con intención ponderativa.* ■ **2** Susto causado a un animal y
que gralm. le hace huir. ■ **3** Pers. o cosa que causa
espanto [1]. *Frec con intención ponderativa.*
II *loc adj* **4 curado de ~(s).** Impasible ante cualquier cosa por estar acostumbrado a todo. *Gralm.
con el v* ESTAR. ■ **5 de ~.** Que causa espanto [1].
Frec con intención ponderativa. ■ **6 de ~.** (*col*) Muy
grande o extraordinario. ■ **7 de ~.** (*col*) [Mujer]
muy guapa o atractiva.

espantón *m* (*reg*) Espantada (de un animal).

espantosamente *adv* De manera espantosa.

espantoso -sa *adj* **1** Que causa espanto [1]. **b)**
(*col*) Muy feo. ■ **2** Muy grande o extraordinario.
Referido a cosas negativas.

espanzurrar *tr* (*pop*) Despanzurrar. *Tb pr* (**~se**).

España. arriba ~. *loc n m* (*hist*) Peinado, esp. femenino, de moda en los años 40, caracterizado por
un alto copete sobre la frente. *Frec en aposición con*
PEINADO.

español -la I *adj* **1** De España. *Tb n, referido a*
pers. **b)** De los españoles. ■ **2** Del español [8]. ■ **3**
[Tortilla] de patatas. ■ **4** [Baraja] de 40 o 48 cartas, cuyos palos son oros, copas, espadas y bastos. ■
5 [Era] que toma como fecha de partida el año 38 a.
de C. ■ **6** (*Encuad*) [Pasta] de piel jaspeada por un
procedimiento especial. ■ **7** (*hist*) [Pers.] nacida en
América de español [1a] y castiza, o de castizo y española. *Tb n.*
II *m* **8** Lengua oficial de España, de las naciones
hispanoamericanas y de Guinea Ecuatorial, hablada también en otras partes del mundo.

españolada *f* (*desp*) Cosa que presenta exagerado, falseándolo, el carácter español.

españolamente *adv* (*lit*) A la manera española [1].

españolear *intr* Hacer propaganda de España o
de lo español. *Frec con intención desp.*

españoleo *m* Acción de españolear.

españolería *f* (*desp*) Cosa propia o característica
de España.

españoleta *f* (*hist*) Cierto baile antiguo español.

españolía *f* Españolismo.

españolidad *f* Españolismo [1].

españolismo *m* **1** Carácter español. ■ **2** Amor a
lo español.

españolista *adj* **1** Que denota o implica españolismo. ■ **2** Partidario de la unidad política de
España. *Tb n. Se opone a* SEPARATISTA.

españolización *f* Acción de españolizar(se). *Tb*
su efecto.

españolizante *adj* Que españoliza.

españolizar *tr* **1** Dar [a alguien o algo (*cd*)] carácter o condición españoles. **b)** *pr* (**~se**) Tomar
carácter o condición españoles. ■ **2** Dar forma española [a una palabra extranjera (*cd*)].

esparadrapo *m* Tira de tela o papel untada en
una de sus caras con una mezcla adhesiva, que se
usa para sujetar vendajes y a veces como apósito.

esparajismo *m* (*reg*) Aspaviento.

esparatrapo *m* (*pop*) Esparadrapo.

esparaván *m* **1** (*Vet*) Tumor en la parte inferior
interna del corvejón de las caballerías, que llega
a producir una cojera incurable. ■ **2** (*reg*) Aspaviento.

esparavanero -ra *adj* (*reg*) Aspaventero.
Tb fig.

esparavel *m* **1** Red circular que se lanza a mano,
usada para capturar peces pequeños. ■ **2** (*Constr*)
Tabla de madera con mango, en que el albañil coloca parte de la masa que va a aplicar con la llana o la
paleta.

esparceta *f* Planta leguminosa de flores rosas en
racimos, cultivada como forrajera (*Onobrychis sativa o viciaefolia*). *A veces, con un adj o compl especificador, designa otras especies:* ~ DE ESPAÑA
(*Hedysarum coronarium*), ~ DE ROCA (*Onobrychis saxatilis*), *etc.*

esparcido -da *adj* **1** *part* → ESPARCIR. ■ **2** Separado o más distante de lo normal. ■ **3** (*Bot*) [Hoja o disposición] alterna en que es difícil precisar el
orden de sucesión.

esparcidor -ra *adj* Que esparce. *Tb n, m o f, referido a aparato o máquina.*

esparcilla *f* Planta herbácea de flores rojizas en
cimas irregulares, propia de lugares arenosos y cultivada a veces como forrajera (*Spergula arvensis*).
b) ~ encarnada. Planta herbácea de tallos rastreros y flores rojas en cimas cortas, típica de los lugares arenosos (*Spergularia rubra*).

esparcimiento *m* **1** Acción de esparcir(se). ■ **2**
Cosa para esparcirse [3]. *Tb fig.*

esparcir A *tr* **1** Extender [algo] de modo que quede repartido o separado. **b)** *pr* (**~se**) Extenderse
[algo] de modo que quede repartido o separado. ■ **2**
Extender o difundir [algo]. **b)** *pr* (**~se**) Extenderse o
difundirse [algo].
B *intr pr* (**~se**) **3** Divertirse o recrearse.

espardec (*tb con la grafía* **espardek**) *m* (*Mar*) En
un buque: Cubierta superior.

espardel *m* (*Mar*) En *una embarcación pesquera:*
Plataforma saliente hacia popa en que se colocan los
salvavidas, los víveres y otras cosas.

espardeña *f* (*reg*) Esparteña.

esparganio *m* Planta herbácea propia de lugares
pantanosos, con hojas coriáceas y fruto en drupa
(*Sparganium neglectum*). *Tb designa otras plantas
de este gén.*

espárido *adj* (*Zool*) [Pez] de la familia de la dorada y el besugo. *Frec como n m en pl, designando este
taxón zoológico.*

esparpucho *m* (*reg*) Tontería o necedad.

esparrabar *tr* (*jerg*) Forzar o violentar.

esparragar *intr* Coger o cultivar espárragos [1].

espárrago I *m* **1** Brote joven de la esparraguera [2a]. *Tb la misma planta. Diversas variedades se distinguen por medio de adjs:* BLANCO, VERDE, AMARGUERO, TRIGUERO, PERICO. ■ **2 ~ de lobo.** Orobanca u orobanque (planta parásita). ■ **3** (*Mec*) Barrita metálica roscada que, fija por un extremo a una pieza, permite sujetar otra con una tuerca pasada por el otro extremo. ■ **4** (*jerg*) Dedo de la mano. II *loc v* **5 irse a freír ~s, mandar a freír ~s** → IR, MANDAR.

esparraguero -ra A *m y f* **1** Pers. que cultiva, recoge o vende espárragos [1]. B *f* **2** Planta liliácea, de tallo herbáceo muy ramoso, cuyo rizoma produce en primavera abundantes brotes carnosos (*Asparagus officinalis*). **b)** *También se da este n a otras especies del gén Asparagus, cultivadas como ornamentales.* ■ **3** Terreno destinado al cultivo de espárragos [1].

esparraguina *f* (*Mineral*) Variedad de apatito de color verdoso.

esparramar *tr* (*pop*) Desparramar. *Tb pr* (**~se**).

esparrancado -da *adj* **1** *part* → ESPARRANCARSE. ■ **2** [Piernas] más abiertas y separadas de lo habitual. ■ **3** (*Bot*) [Rama] que forma con la principal un ángulo muy abierto.

esparrancarse *intr pr* Abrirse de piernas.

espartal *m* Espartizal.

espartanamente *adv* (*lit*) De manera espartana [2 y 3].

espartano -na *adj* **1** (*hist*) De Esparta (antigua ciudad griega). *Tb n, referido a pers.* **b)** De (los) espartanos. ■ **2** (*lit*) Austero o sobrio. *Frec con intención ponderativa.* ■ **3** (*lit*) Severo o riguroso.

espartaquismo *m* (*Pol*) Ideología de los espartaquistas. *Tb la actitud correspondiente.*

espartaquista *adj* De(l) movimiento socialdemócrata marxista alemán (1916-1919), animado por R. Luxemburg y K. Liebknecht. *Tb n, referido a pers.*

esparteína *f* (*Quím*) Alcaloide que se extrae de la retama, usado como tónico cardiaco.

esparteña *f* Alpargata de esparto [1].

espartería *f* **1** Tienda o taller del espartero. ■ **2** Oficio o técnica del espartero. ■ **3** Conjunto de objetos de esparto [1].

espartero -ra *m y f* Pers. que fabrica o vende objetos de esparto [1].

espartiata *m* (*hist*) Ciudadano espartano [1].

espartizal *m* Terreno en que se cría esparto [1].

esparto *m* **1** Planta gramínea propia de lugares secos, de la que se extrae una fibra usada para fabricar cuerdas, objetos de cestería y pasta para papel (*Stipa tenacissima*). *Tb su fibra.* ■ **2** (*reg*) Hoja verde del azafrán. *Frec en la forma* ESPARTILLO.

espartoso -sa *adj* Que tiene alguno de los caracteres del esparto [1], esp. la sequedad.

esparza *m* (*TLit*) Poema corto medieval que expresa de modo sucinto un pensamiento.

espasmo *m* (*Med*) Contracción muscular involuntaria. *Frec* (*lit*) *fuera del ámbito méd.*

espasmódicamente *adv* (*Med o lit*) De manera espasmódica.

espasmódico -ca *adj* (*Med o lit*) De(l) espasmo o que lo implica. *Frec fig.*

espasmofilia *f* (*Med*) Predisposición a las convulsiones espasmódicas.

espasmofílico -ca *adj* (*Med*) Que padece espasmofilia. *Tb n.*

espasmolítico -ca *adj* (*Med*) Que suprime los espasmos. *Tb n m, referido a medicamento o agente.*

espasticidad *f* (*Med*) Exagerada tonicidad muscular que se manifiesta por espasmos.

espástico -ca *adj* (*Med*) Espasmódico.

espata *f* (*Bot*) Bráctea, o conjunto de brácteas, que envuelve ciertas inflorescencias.

espatadanza *f* Danza popular de la región vasconavarra, en que los danzantes bailan con una espada en la mano.

espatadanzari *m* Danzante de espatadanza.

espatarrada *f* (*raro*) Movimiento que se realiza al bailar abriendo exageradamente las piernas.

espatarrar *tr* (*pop*) Despatarrar. *Tb pr* (**~se**).

espático -ca *adj* (*Mineral*) Que tiene forma o estado de espato [1].

espato *m* **1** (*Mineral*) Mineral de estructura laminar y cristalina. ■ **2 ~ de Islandia.** Caliza pura cristalina y muy transparente, usada en óptica por su birrefringencia. ■ **3 ~ flúor** (*o, raro, ~ vítreo*). Fluorita. ■ **4 ~ pesado.** Baritina.

espátula *f* **1** Instrumento en forma de paleta, destinado a diversos usos, esp. remover y extender pastas. ■ **2** Ave zancuda de plumaje blanco, con el pico en forma de espátula [1] (*Platalea leucorodia*). *Tb se da este n al pato cuchara o cuchareta (Spatula clypeata o Anas clypeata).*

espatulado -da *adj* Que tiene forma de espátula [1].

especia *f* Sustancia vegetal, aromática o picante, usada para dar sabor a los alimentos.

especiación *f* (*Biol*) Proceso de diferenciación de una especie.

especial I *adj* **1** Propio [de una pers. o cosa concreta (*compl* DE o PARA)] o particularmente dispuesto [para ella (*compl* DE o PARA)]. *Tb sin compl.* **b)** [Enviado] ~ → ENVIADO. ■ **2** Distinto de lo habitual u ordinario. *Frec se usa, esp en comercio, con intención ponderativa.* **b)** Superior a lo normal o habitual. ■ **3** (*euf*) [Niño] subnormal o disminuido psíquico. **b)** [Educación] destinada a niños especiales. ■ **4** (*Metal*) [Acero] que además de hierro y carbono contiene otro u otros elementos que modifican sus cualidades. II *loc adv* **5 en ~.** Especialmente.

especialidad *f* **1** Rama particular [de una ciencia, una técnica o una actividad]. ■ **2** Especialidad [1] a la que [alguien (*compl de posesión*)] se dedica. **b)** Dedicación especial [1] [de una pers.]. ■ **3** Cosa para la que [una pers., una colectividad o un establecimiento (*compl de posesión*)] tiene un arte, aptitud o capacitación especial [1]. **b)** Arte, aptitud o capacitación especial [1 y 2] [de una pers., una colectividad o un establecimiento para hacer algo (*compl* EN)]. ■ **4** Producto fabricado especialmente [por una casa o un establecimiento (*compl de posesión*)]. ■ **5** Cosa especial [1] o típica [de un lugar]. ■ **6** (*Med*) Específico [8].

especialismo *m* **1** Tendencia a la especialización. *A veces con intención desp.* ■ **2** Condición de especialista [1].

especialista *m y f* **1** Pers. que se dedica a una especialidad [1]. *Tb adj. Frec referido a médico. A veces con un compl* EN *o* DE. ■ **2** Pers. que tiene especialidad [3b] [en algo]. ■ **3** (*Cine*) Doble o figurante especializado en escenas de peligro o que requieren alguna destreza particular.

especialización *f* Acción de especializar(se). *Tb su efecto.*

especializado -da *adj* **1** *part* → ESPECIALIZAR. ■ **2** Que implica especialización.

especializar A *tr* **1** Dedicar [a alguien o algo (*cd*) a una especialidad [1] (*compl* EN)]. *Frec el cd es refl. Tb sin compl.* EN. **b)** Limitar [algo] dándole un carácter especial [1] (*compl* PARA)]. **c)** Destinar [una cosa (*cd*) a algo especial [1] (*compl* PARA)].

B *intr pr* (~**se**) **2** Adquirir [alguien o algo] características o aptitudes especiales [1] [para algo (*compl* EN)]. *Tb sin compl. Frec en part.* ■ **3** Tener [algo una función o dedicación especial [1] (*compl* EN)].

especialmente *adv* **1** De manera especial [1]. ■ **2** Sobre todo o principalmente.

especiar (*conjug* 1a) *tr* Aderezar con especias [un guiso o un alimento]. *Frec en part.*

especie I *f* **1** Clase (grupo de los que resultan de repartir los elementos de un conjunto reuniendo aquellos que tienen características comunes). **b)** (*CNat*) Conjunto de seres con características morfológicas, genéticas y fisiológicas semejantes y que se reproducen entre sí. **c)** (*Filos*) Concepto universal predicable de una pluralidad, cuya esencia o naturaleza común representa. ■ **2** Pers. o cosa aproximadamente igual [a otra (*compl* DE) de otra especie [1]]. *Gralm en la constr* UNA ~ DE. ■ **3** (*lit*) Rumor, o noticia no confirmada. **b)** Noticia o dato. ■ **4** (*lit*) Apariencia o aspecto. **b)** (*Rel catól*) Apariencia o conjunto de accidentes [del pan y el vino] en la consagración. *Tb el mismo pan y vino. Tb* ~ SACRAMENTAL *o* EUCARÍSTICA. ■ **5** (*Quím*) Sustancia de una única y determinada composición. **b)** (*Mineral*) Compuesto químico natural de constantes cristalográficas características. ■ **6** (*Filos*) Imagen o idea que se representa en el intelecto. ■ **7** (*semiculto*) Especia.

II *loc adv* **8 en** ~ (*más raro,* **en** ~**s**). En frutos o en géneros. *Se dice, referido a un pago, por oposición a* EN DINERO. *Tb adj.*

especiería *f* **1** Tienda de especias. ■ **2** Conjunto de (las) especias.

especiero -ra I *adj* **1** De (las) especias.
II *n* A *m y f* **2** Pers. que comercia en especias.
B *m* **3** Recipiente o conjunto de recipientes para especias.
C *f* **4** (*raro*) Recipiente para especias.

especificación *f* Acción de especificar. *Tb su efecto.*

especificador -ra *adj* Que especifica.

específicamente *adv* De manera específica [1, 2 y 3].

especificar *tr* Precisar [algo], o manifestar[lo] con exactitud.

especificativo -va *adj* (*Gram*) Que sirve para especificar.

especificidad *f* Cualidad de específico [1, 2 y 3].

específico -ca I *adj* **1** De (la) especie [1]. **b)** [Diferencia] **específica** → DIFERENCIA. ■ **2** Propio o particular [de una pers. o cosa o de un conjunto de perss. o cosas con características comunes]. **b)** [Cosa] especialmente destinada a un fin. *Frec con un adj o compl especificador.* ■ **3** Preciso o concreto. ■ **4** (*Fís*) [Calor] necesario para elevar un grado la temperatura de la unidad de masa [de una sustancia]. ■ **5** [Masa] **específica** → MASA. ■ **6** (*Fís*) [Peso] correspondiente a una unidad de volumen [de una sustancia]. **b)** [Peso (importancia)] con relación al conjunto a que pertenece [una pers. o cosa (*compl de posesión*)]. ■ **7** (*Fís*) [Volumen] que ocupa un cuerpo por unidad de peso.

II *m* **8** Medicamento que se fabrica al por mayor y que se vende envasado y bajo un nombre registrado. **b)** Medicamento especialmente adecuado [para una enfermedad o dolencia (*compl especificador*)].

especifismo *m* (*raro*) Especificidad.

espécimen *m* Pers. o cosa que se considera como representante de la especie a que pertenece.

especiosamente *adv* (*lit*) De manera especiosa.

especioso -sa *adj* (*lit*) **1** Justificado o lógico solo en apariencia. *Normalmente referido a un argumento.* ■ **2** Engañoso.

espectacular *adj* **1** [Pers. o cosa] que impresiona o causa admiración a quien la ve. *Frec con intención ponderativa.* **b)** Que impresiona o llama la atención. *Con intención ponderativa.* ■ **2** Que tiene carácter de espectáculo [1a].

espectacularidad *f* Cualidad de espectacular.

espectacularmente *adv* De manera espectacular.

espectáculo *m* **1** Acción o conjunto de acciones que se presentan ante el público para divertirlo o entretenerlo. **b)** Conjunto de actividades relativas a los espectáculos. ■ **2** Cosa o conjunto de cosas que se ofrecen a la vista, capaces de provocar reacciones. ■ **3** Acción escandalosa o inconveniente. *Gralm con el v* DAR.

espectador -ra *adj* **1** [Pers.] que presencia o ve un espectáculo [1a]. *Gralm n.* ■ **2** [Pers.] que presencia u observa una acción o suceso. *Gralm n.*

espectral *adj* **1** De(l) espectro. ■ **2** Irreal o que parece irreal.

espectralizar *tr* (*lit*) Dar carácter espectral [2] [a algo (*cd*)].

espectralmente *adv* De manera espectral [2].

espectro *m* **1** Fantasma (imagen de una pers. muerta que se aparece a los vivos). ■ **2** (*lit*) Fantasma (eventualidad que causa preocupación). ■ **3** (*Fís*) Resultado de la dispersión de la luz, y en general de las radiaciones y fenómenos ondulatorios, según la longitud de onda o la frecuencia. ■ **4** (*Med*) Serie de especies sobre las que actúa un producto, esp. un medicamento. *Tb* (*lit*) *fig.* ■ **5** (*lit*) Conjunto [de elementos de una misma especie (*adj o compl especificador*)], considerado panorámicamente.

espectrofotometría *f* (*Fís*) Procedimiento analítico basado en el uso del espectrofotómetro.

espectrofotométrico -ca *adj* (*Fís*) De (la) espectrofotometría o de(l) espectrofotómetro.

espectrofotómetro *m* (*Fís*) Aparato para medir la intensidad de las radiaciones luminosas de un espectro [3].

espectrografía *f* (*Fís*) Estudio de los espectros [3] por medio del espectrógrafo.

espectrográfico -ca *adj* (*Fís*) De (la) espectrografía o de(l) espectrógrafo.

espectrógrafo *m* (*Fís*) Aparato que permite registrar gráfica o fotográficamente un espectro [3].

espectrograma *m* (*Fís*) Fotografía o representación gráfica de un espectro [3] hecha con el espectrógrafo.

espectrometría *f* (*Fís*) Procedimiento analítico basado en el uso del espectrómetro.

espectrométrico -ca *adj* (*Fís*) De (la) espectrometría o de(l) espectrómetro.

espectrómetro *m* (*Fís*) Aparato para producir y medir espectros [3].

espectroscopia *f* (*Fís*) Procedimiento analítico basado en el uso del espectroscopio.

espectroscópicamente *adv* (*Fís*) De manera espectroscópica.

espectroscópico -ca *adj* (*Fís*) De (la) espectroscopia o de(l) espectroscopio.

espectroscopio *m* (*Fís*) Aparato para producir y observar espectros [3].

espectroscopista *m y f* (*Fís*) Especialista en espectroscopia.

especulable *adj* Susceptible de especulación.

especulación *f* Acción de especular[1]. *Tb su efecto*.

especulado. negrón ~ → NEGRÓN.

especulador -ra *adj* **1** Que especula[1], *esp* [4]. *Tb n, referido a pers.* ■ **2** Relativo a la acción de especular[1] [4].

especular[1] **A** *intr* **1** Pensar o reflexionar [sobre algo], en un plano puramente teórico. ■ **2** Hacer comentarios o conjeturas [sobre algo (*compl* SOBRE, CON o ACERCA DE) que no se conoce con seguridad]. ■ **3** Comerciar o traficar [con algo (*compl* CON o, *raro*, EN)]. ■ **4** Realizar operaciones comerciales o financieras [con algo (*compl* CON o, *raro*, EN)] aprovechando las fluctuaciones del mercado para obtener grandes beneficios. *Tb sin compl.* ■ **5** Utilizar [algo (*compl* CON)] para obtener provecho o ventajas.
B *tr* **6** (*raro*) Especular [1 a 5] [sobre algo o con algo (*cd*)]. *Frec en part.*

especular[2] *adj* **1** (*E o lit*) De(l) espejo. ■ **2** (*Mineral*) [Mineral] que presenta amplias superficies brillantes.

especularmente *adv* (*lit*) De manera especular[2].

especulativamente *adv* De manera especulativa.

especulativo -va *adj* **1** De (la) especulación. **b)** Teórico. *Tb n, referido a pers.* ■ **2** (*Fút*) [Juego] que no se refleja en una acción eficaz.

espéculo *m* (*Med*) Instrumento que permite dilatar la entrada de ciertas cavidades y examinar su interior.

espejar *tr e intr* Espejear. *Tb pr* (**~se**). *Tb fig.*

espejeante *adj* Que espejea [3].

espejear A *tr* **1** Reflejar.
B *intr* **2** Reflejarse. *Tb pr* (**~se**). *Tb fig.* ■ **3** Brillar como un espejo reflejando la luz.

espejeño -ña *adj* De Espejo (Córdoba). *Tb n, referido a pers.*

espejeo *m* Acción de espejear. *Tb su efecto.*

espejismo *m* **1** Fenómeno óptico debido a la reflexión total de luz al atravesar capas de aire de distinta densidad, por el cual se percibe una imagen invertida de los objetos lejanos, por debajo del suelo o sobre la superficie del mar. ■ **2** Cosa imaginada o engañosa.

espejo I *m* **1** Objeto constituido por cristal azogado o plateado o un metal pulido, que refleja la luz y la imagen de los objetos situados frente a él. *Tb la misma materia que lo constituye.* **b)** *Se usa frec en constrs de sent comparativo para ponderar brillo, limpieza o facilidad de deslizamiento.* ■ **2** Cosa que refleja [algo (*compl de posesión*)]. ■ **3** Modelo o ejemplo. ■ **4 ~ de Venus.** Planta herbácea de flores de color violeta, cultivada a veces como ornamental (*Specularia speculum-veneris y S. hibrida*).
II *loc adj* **5 en ~.** (*Grafología*) [Escritura] invertida, que parece reflejada en un espejo [1].

espejuelo *m* **1** Yeso laminar y transparente. *Tb* YESO ~. ■ **2** (*lit*) Señuelo (cosa que atrae o induce con engaño). ■ **3** Sosa blanca (planta, *Suaeda maritima*). ■ **4** (*hist*) *En pl:* Anteojos. ■ **5** (*Vet*) Excrecencia córnea de las patas de las caballerías.

espeleño -ña *adj* De Espiel (Córdoba). *Tb n, referido a pers.*

espeleología *f* Exploración y estudio científico de las cavidades del subsuelo. **b)** Deporte de la exploración de cuevas.

espeleológico -ca *adj* De (la) espeleología.

espeleólogo -ga *m y f* Pers. que se dedica a la espeleología.

espelunca *f* (*lit*) Cueva.

espeluzar *tr* Despeluzar. *Tb pr* (**~se**). *Gralm en part.*

espeluznante *adj* Que espeluzna. *Frec fig, con intención ponderativa.*

espeluznar *tr* Espantar u horripilar. *Tb abs. Tb pr* (**~se**). *Frec con intención ponderativa.*

espeluzno *m* (*raro*) Repeluzno.

espera I *f* **1** Acción de esperar [2, 3, 4, 8 y 9]. *Tb el tiempo que dura. Frec en la constr* A LA ~, o EN ~, DE. ■ **2** Posibilidad de espera [1]. ■ **3** (*Der*) Aplazamiento concedido al deudor por el acreedor, sin proceder a acciones legales, para facilitar el pago. **b)** **quita y ~** → QUITA. ■ **4** (*Caza*) Puesto para cazar esperando [9] a que la caza acuda espontáneamente.
II *loc adj* **5** [Compás] **de ~** → COMPÁS. ■ **6 de ~.** [Lista] de personas que esperan [9] a que llegue su turno para que se les dé algo o se las admita en un lugar. ■ **7 de ~.** [Sala] destinada a esperar [3a].
III *loc adv* **8 a la ~.** (*Caza*) Esperando [9] a que la caza acuda espontáneamente al puesto en que se está.

esperable *adj* [Cosa] que se puede esperar [1b].

esperador -ra *adj* Que espera [3, 4 y 9]. *Tb n, referido a pers.*

esperante *adj* Que espera [1, 3, 4 y 9]. *Tb n, referido a pers.*

esperantista *adj* **1** De(l) esperanto. ■ **2** [Pers. o colectividad] que conoce el esperanto y es partidaria de su difusión. *Tb n, referido a pers.*

esperanto *m* Idioma internacional convencional creado en 1887 por Zamenhof, basado en las lenguas europeas más extendidas.

esperanza I *f* **1** Sentimiento que nace de considerar como posible lo que se desea. *Cuando el objeto de este sentimiento es algo determinado, suele expresarse con un compl* DE. **b)** Sentimiento que nace de considerar que [algo (*compl* EN)] nos será favorable o que [alguien (*compl* EN)] actuará según nuestro deseo. **c)** (*Rel catól*) Virtud teologal por la que se cree posible alcanzar la bienaventuranza con la ayuda de Dios y de las buenas obras propias. ■ **2** Pers. o cosa objeto de esperanza [1]. ■ **3** Probabilidad [de algo]. ■ **4** (*Mat*) Media aritmética de la distribución de una probabilidad. II *loc adj* **5** [Estado] **de (buena)** ~ → ESTADO.

esperanzado -da *adj* **1** *part* → ESPERANZAR. ■ **2** [Pers.] que tiene esperanza [1]. ■ **3** Que denota o implica esperanza [1].

esperanzador -ra *adj* Que esperanza.

esperanzar *tr* Dar esperanza [1] [a alguien (*cd*)]. **b)** *pr* (~se) Pasar [alguien (*suj*)] a tener esperanza.

esperar I *v* A *tr* **1** Tener esperanza [de algo (*cd*)]. **b)** Creer que sucederá [algo (*cd*)] o que vendrá [alguien o algo (*cd*)]. ■ **2** Llevar [una mujer (*suj*)] un hijo (*cd*)] en sus entrañas, desde el momento de la concepción hasta el parto. *A veces con suj pl, referido a la pareja. Frec* (*col*) *abs*. ■ **3** Permanecer en un sitio en el que se piensa que va a suceder [algo (*cd*)], o al que va a llegar [alguien o algo (*cd*)], hasta que esto suceda. *Tb abs*. **b)** ~ **sentado.** (*col*) *Se usa para indicar que la pers o cosa que se espera no llegará nunca, o lo hará sumamente tarde*. **c)** *Con un compl de lugar o de tiempo, se usa frec en constrs que expresan amenaza o la esperanza de un desquite*. ■ **4** Dar tiempo [a que suceda algo (*cd*)] o a que llegue alguien o algo (*cd*)]. ■ **5** Estar [algo] en perspectiva [para alguien (*cd*)]. ■ **6** Estar [algo] en situación de que se produzca [la acción que se expresa (*cd*)]. B *intr* **7** Tener esperanza [en la ayuda de alguien o en algo (*compl* EN)]. ■ **8** Detenerse en actuar. ■ **9** Dar tiempo [a que suceda o llegue algo]. *Gralm con una prop precedida de* A. *Tb sin compl*. II *loc adj* **10 de aquí te espero.** (*col*) Enorme o extraordinario.

espereño -ña *adj* De Espera (Cádiz). *Tb n, referido a pers*.

espergura *f* (*reg*) Acción de espergurar.

espergurar *tr* (*reg*) Limpiar [algo, esp. la vid].

esperiego -ga *adj* [Manzana] de una variedad ácida. *Tb referido al manzano que la produce*.

esperma *m o f* **1** Semen. ■ **2** Cera derretida que se desprende de la vela al arder. ■ **3** ~ **de ballena.** Sustancia blanca y grasa que se extrae de la cabeza del cachalote, usada esp. en medicina y cosmética. *Tb simplemente* ~.

espermaceti *m* Esperma de ballena.

espermafito -ta (*tb* **espermáfito**) *adj* (*Bot*) [Planta] provista de semillas. *Se usa como sinónimo de* FANERÓGAMO. *Frec como n f en pl, designando este taxón botánico*.

espermático -ca *adj* **1** (*Anat y Fisiol*) De(l) esperma [1]. ■ **2** (*Bot*) De(l) espermatozoide.

espermátida *f* (*Biol*) Célula procedente de la división del espermatocito, que se transforma en espermatozoide.

espermatocito *m* (*Biol*) Célula procedente de la espermatogonia, que produce las espermátidas.

espermatogénesis *f* (*Biol*) Proceso de formación de los espermatozoides.

espermatógeno -na *adj* (*Biol*) Que produce espermatozoides.

espermatogonia *f* (*Biol*) Gonia masculina.

espermatozoide *m* (*Biol*) Gameto masculino.

espermatozoo *m* (*Biol*) Espermatozoide.

espermicida *adj* (*Med*) Que destruye los espermatozoides. *Tb n m, referido a producto*.

espermio *m* (*Biol*) Espermatozoide.

espermiología *f* (*Med*) Estudio de los espermatozoides y el esperma.

espernacarse *intr pr* (*reg*) Abrirse de piernas.

espernada *f* Eslabón abierto que permite sujetar una cadena a una argolla fija.

espernancarse *intr pr* (*reg*) Abrirse de piernas.

esperpénticamente *adv* De manera esperpéntica.

esperpéntico -ca *adj* De(l) esperpento. **b)** Que tiene carácter de esperpento.

esperpentismo *m* Cualidad de esperpéntico.

esperpentización *f* Acción de esperpentizar.

esperpentizar *tr* Dar carácter esperpéntico [a alguien o algo (*cd*)].

esperpento *m* **1** Pers. o cosa ridícula o grotesca. ■ **2** (*TLit*) Obra dramática caracterizada por la deformación sistemática de la realidad, de la que se resaltan los rasgos más grotescos. *Tb el género constituido por estas obras. Normalmente referido a Valle-Inclán, creador de ese género*.

espesador -ra *adj* Que espesa[1] [1]. *Tb n m, referido a producto*.

espesamiento *m* Acción de espesar(se)[1]. *Tb su efecto*.

espesante *adj* Espesador. *Tb n m*.

espesar[1] A *tr* **1** Hacer espeso o más espeso [algo]. B *intr* **2** Hacerse [algo] espeso o más espeso. *Tb pr* (~se).

espesar[2] *m* (*raro*) Parte más poblada del monte.

espeso -sa *adj* **1** [Líquido o mezcla] que contiene una elevada proporción de sólido. ■ **2** Denso (que tiene mucha masa con relación al volumen, o que contiene muchas cosas en poco espacio). *Tb fig*. **b)** (*lit*) [Silencio] continuado y tenso. ■ **3** [Cosa, esp. pelo, tejido o grupo de plantas] cuyos elementos están muy juntos. *A veces tb referido a los mismos elementos*. ■ **4** Grueso (que tiene un grosor superior al normal). ■ **5** (*lit*) Vulgar o falto de finura.

espesor *m* **1** Grosor (de un cuerpo de tres dimensiones). *Tb su medida*. ■ **2** Densidad [de un fluido]. ■ **3** Cualidad de espeso. *Tb fig*.

espesura *f* **1** Cualidad de espeso. ■ **2** Lugar muy poblado de árboles y matorrales. *Tb los mismos árboles o matorrales*.

espetado -da *adj* **1** *part* → ESPETAR. ■ **2** (*lit, desp*) Estirado u orgulloso.

espetaperro. a ~. *loc adv* Súbita y precipitadamente. *Tb adj*.

espetar *tr* **1** Clavar [algo] en un espeto u otro instrumento puntiagudo, para asarlo. ■ **2** Atravesar [algo o a alguien] con un objeto puntiagudo. ■ **3** Clavar [algo puntiagudo]. ■ **4** (*col*) Decir [algo, esp. molesto] por sorpresa o con brusquedad. ■ **5** (*col*) Hacer [algo, esp. molesto] por sorpresa o con brusquedad.

espetera *f* **1** Tabla o lugar de la pared en que se cuelgan utensilios de cocina. *Tb los mismos utensilios.* ■ **2** (*col*) Pecho de mujer, esp. voluminoso.

espeto *m* Hierro o caña en que se clava algo para asarlo. *Tb lo asado en ellos.*

espetón *m* Espeto.

espía *m y f* Pers. empleada por un estado o institución o por otra pers. para obtener información secreta. *A veces en aposición, referido a cosa.*

espiar (*conjug* 1c) *tr* **1** Observar atenta y secreta o disimuladamente [algo o a alguien]. *Tb abs.* **b)** *Esp:* Observar secretamente [algo o a alguien] para informar de ello. *Tb abs.* ■ **2** Observar atentamente [algo o a alguien] tratando de indagar o descubrir algo. ■ **3** (*raro*) Esperar atentamente [algo] con esperanza o angustia.

espicanardo *m* Planta herbácea de raíz aromática, originaria de la India (*Nardostachys jatamansi* y *N. grandiflora*).

espich *m* (*col*) Espiche[1].

espicha *f* (*reg*) Acto de abrir un tonel de sidra. *Tb el festejo correspondiente.*

espichar (*col*) **A** *intr* **1** Morir. **B** *tr* **2** ~la(s). Morir.

espiche[1] *m* (*col*) Discurso o perorata.

espiche[2] *m* (*Mar*) Estaquilla que sirve para cerrar un agujero.

espichón *m* Pincho u objeto puntiagudo.

espícula *f* (*Zool*) Corpúsculo calcáreo o silíceo que constituye el esqueleto de ciertas esponjas y de algunos otros animales.

espídico -ca *adj* (*jerg*) Eufórico por el efecto de las drogas. *Tb fig.*

espiga *f* **1** Inflorescencia de flores hermafroditas y sentadas a lo largo de un eje. **b)** Inflorescencia formada por varias espigas a lo largo de un eje. *Tb* (*Bot*) ~ DE ~(S), *o* ~ COMPUESTA. ■ **2** Cosa en figura de espiga [1]. **b)** Dibujo en forma de espiga, formado por varias líneas paralelas entre sí y oblicuas a un eje central. *Gralm referido a tejidos.* ■ **3** (*Carpint*) Pieza o extremo, debidamente rebajados o labrados, que sirven para fijar o ensamblar. ■ **4** (*reg*) Rastrojo recién segado. ■ **5** ~ **de agua.** Planta herbácea acuática de hojas flotantes ovales u oblongas, propia de charcas y aguas lentas (*Potamogeton natans*).

espigadero *m* (*reg*) **1** Rastrojera. ■ **2** Temporada en la que el ganado pasta los rastrojos.

espigado -da *adj* **1** *part* → ESPIGAR. ■ **2** [Pers., esp. joven] alta y delgada. **b)** Propio de la pers. espigada. ■ **3** [Cosa, esp. árbol joven] de altura superior a la normal. ■ **4** (*lit*) De (la) espiga [1], esp. de los cereales, o semejante a ella. **b)** Que tiene dibujo de espiga.

espigador -ra *adj* Que espiga [1 y 2]. *Tb n, referido a pers.*

espigar **A** *tr* **1** Recoger [las espigas que han quedado después de la siega]. *Frec abs.* ■ **2** Recoger

[datos, citas o ejemplos] tomándo[los] de distintos sitios. ■ **3** (*Carpint*) Formar espigas [3] [en una madera (*cd*)]. *Tb abs.* **B** *intr* ➤ **a** *normal* **4** Echar espigas [1] [la mies]. *Tb pr* (~se). ■ **5** Crecer o desarrollarse [una pers.]. *Tb pr* (~se). ➤ **b** *pr* (~se) **6** Crecer demasiado [algunas hortalizas] endureciéndose y dejando de ser útiles para la alimentación.

espigo *m* (*reg*) Espiga [3].

espigón *m* **1** Muro saliente que se construye en la orilla del mar o de un río, como defensa o para cambiar la dirección de la corriente. ■ **2** (*Constr*) Columna o soporte central, esp. de una escalera de caracol.

espigueo *m* Acción de espigar [1 y esp. 2]. *Tb su efecto.*

espiguilla *f* **1** Dibujo en forma de espiga [1], formado por varias líneas paralelas entre sí y oblicuas a un eje central. *Gralm referido a tejidos.* ■ **2** (*Bot*) Espiga [1a] de las que componen una espiga compuesta. ■ **3** Planta gramínea de flores en panoja (*Poa pratensis* y *P. annua*). *Tb designa otras especies.*

espín. puerco ~ → PUERCOESPÍN.

espina **I** *f* **1** Púa de las plantas. ■ **2** Pieza ósea, delgada y puntiaguda, que forma parte del esqueleto de muchos peces. ■ **3** Columna vertebral. *Frec* ~ DORSAL. *En esta forma, tb fig.* **b)** ~ **bífida** → BÍFIDO. ■ **4** (*Anat*) Saliente óseo largo y delgado. ■ **5** (*lit*) Cosa que atormenta o desasosiega. *Frec en la constr* TENER CLAVADA UNA ~. ■ **6** (*lit*) Dificultad o inconveniente. *Gralm en pl.* ■ **7** (*hist*) En un circo romano: Muro central decorado, alrededor del cual se disputan las carreras de carros y caballos. **II** *loc v* **8 dar** [algo] **mala** ~. (*col*) Infundir recelo o cuidado. ■ **9 sacarse la** ~. (*col*) Desquitarse. **III** *loc adv* **10 en la** ~ **la** ~ **(de santa Lucía).** (*col*) En los huesos. *Con vs como* ESTAR *o* QUEDARSE.

espinaca *f* Planta herbácea anual cultivada como hortaliza (*Spinacia oleracea*).

espinada *f* (*reg*) Pinchazo dado con una espina [1 y 2].

espinal *adj* (*Anat*) De (la) espina dorsal. **b)** [Médula] ~ → MÉDULA. **c)** De la médula espinal.

espinar *m* Lugar poblado de espinos.

espinardo *m* Barrilla (planta, *Salsola kali*).

espinariego -ga *adj* De El Espinar (Segovia). *Tb n, referido a pers.*

espinazo **I** *m* **1** Columna vertebral. *Tb fig.* **II** *loc v* **2 doblar el** ~. Humillarse o someterse.

espinela[1] *f* Piedra preciosa constituida por alúmina y magnesio, cristalizada en octaedros y gralm. de color rojo semejante al del rubí.

espinela[2] *f* (*TLit*) Décima (estrofa).

espinera *f* Espino (planta, *Crataegus monogyna*).

espineta *f* (*Mús, hist*) Instrumento de teclado de cuerdas pulsadas, cada una de las cuales corresponde a una tecla.

espingarda *f* **1** (*hist*) Escopeta de chispa, muy larga, propia esp. de los moros. *Hoy usada en festejos populares.* ■ **2** (*col*) Mujer alta, delgada y frec. desgarbada.

espingardada *f* (*hist*) Disparo de espingarda [1].

espingardero *m* (*hist*) Soldado armado de espingarda [1].

espinilla[1] **I** *f* **1** Parte anterior e inferior de la pierna. **II** *loc adv* **2 como una patada en la ~** → PATADA.

espinilla[2] *f* Grano que se forma esp. en la cara, por obstrucción del conducto secretor de las glándulas sebáceas.

espinillera *f* Pieza para proteger la espinilla[1] [1], usada por algunos obreros y deportistas.

espino **I** *m* **1** *Se da este n a varios arbustos espinosos, esp Crataegus monogyna o C. oxyacantha* (~ ALBAR o BLANCO), *Rhamnus catharticus* (~ CERVAL) *y Prunus spinosa* (~ NEGRO o NEGRAL). *Tb su madera.* ■ **2** Alambrada de alambre de espino [3]. *Tb* ~ ARTIFICIAL. **II** *loc adj* **3 de ~.** [Alambre] que lleva a trechos pequeños trozos de alambre retorcidos y terminados en punta, que se usa esp. para cercas.

espinocelular *adj* (*Med*) Constituido por células espinosas.

espinón *m* Espina [1] grande.

espinosiego -ga *adj* De Espinosa de los Monteros (Burgos). *Tb n, referido a pers.*

espinoso -sa **I** *adj* **1** Que tiene espinas [1 y 2]. *A veces se usa como especificador de algunas especies botánicas:* BAMBÚ ~, ENEBRO ~, *etc* (→ BAMBÚ, ENEBRO, *etc*). ■ **2** [Asunto o problema] difícil o delicado. ■ **3** [Cosa] que desasosiega o molesta. ■ **4** (*Anat*) Que tiene forma de espina [1 y 4]. **II** *m* **5** *Se da este n a varias especies de peces que tienen en el dorso y los flancos espinas libres y móviles, esp Gasterosteus aculeatus.*

espintariscopio *m* (*Fís*) Instrumento para observar las partículas alfa emitidas por los cuerpos radiactivos.

espión *m* (*raro*) Espía.

espionaje *m* Acción de espiar (observar secretamente). **b)** Actividad de espía.

espionitis *f* (*col, humoríst*) Obsesión por el espionaje.

espira *f* **1** Vuelta de una espiral [2]. **b)** (*Electr*) Vuelta que da el hilo conductor en una bobina. ■ **2** Espiral [2].

espiración *f* Acción de espirar.

espiráculo *m* (*Zool*) Abertura para el paso del agua en la cabeza de los peces elasmobranquios.

espiral **I** *adj* **1** De (la) espiral [2]. **b)** Que tiene forma de espiral. **II** *n* **A** *f* **2** (*Geom*) Línea curva que da vueltas alrededor de un punto alejándose gradualmente de él. *Frec en la constr* EN ~. **b)** Hélice (curva). ■ **3** Cosa, esp. adorno, en forma de espiral [2]. ■ **4** Incremento rápido y progresivo [de algo, esp. de la violencia]. **B** *m* **5** Cosa en forma de espiral [2].

espiralado -da *adj* **1** (*E o lit*) De forma de espiral [2]. ■ **2** (*Bot*) Que tiene espirales [2].

espiraliforme *adj* (*E*) De forma de espiral [2].

espirante *adj* (*Fon*) [Consonante] fricativa, esp. de fricción apenas perceptible.

espirar *tr* **1** Expulsar [el aire aspirado]. *Tb abs.* ■ **2** (*raro*) Tomar aliento.

espiratorio -ria *adj* De (la) espiración.

espirema *m* (*Biol*) Apelotonamiento de cromosomas al principio de la mitosis.

espirilado -da *adj* (*E*) Espiralado.

espirilo *m* (*Biol*) Bacteria en forma de espiral [2].

espiritado -da *adj* (*lit*) **1** Sumamente flaco. ■ **2** [Cosa] sutil (fina o poco intensa).

espiritismo *m* Doctrina que afirma la posibilidad de evocar los espíritus de los muertos y de comunicarse con ellos. **b)** Conjunto de prácticas encaminadas a la evocación de los espíritus y a la comunicación con ellos.

espiritista *adj* De(l) espiritismo. **b)** Adepto al espiritismo. *Tb n.*

espiritoso -sa *adj* **1** Espirituoso. ■ **2** (*raro*) Vivo o animoso. *Tb fig.*

espiritrompa *f* (*Zool*) Aparato bucal de las mariposas, consistente en un largo tubo que se arrolla en espiral.

espíritu (*con mayúscula en acep 1d*) **I** *m* **1** Ser que no tiene realidad física. *Se opone a* MATERIA. **b)** Ser sobrenatural no divino. **c)** Demonio. *Tb* MAL ~, ~ INMUNDO o MALIGNO. *Precedido de* MALO, *frec en pl.* **d)** **~ Santo.** (*Rel crist*) Tercera Persona de la Santísima Trinidad. ■ **2** Alma humana. ■ **3** Persona. *Con un adj que expresa cualidad intelectual o moral.* **b)** **~ fuerte.** Pers. de carácter, que defiende la independencia de pensamiento frente a las ideas establecidas, esp. religiosas. ■ **4** Tendencia general o carácter íntimo [de una cosa]. **b)** Intención con que se ha dicho o escrito [algo (*compl* DE)]. Gralm referido a ley. *Se opone a* LETRA. ■ **5** Disposición o inclinación [hacia un determinado comportamiento (*adj o compl especificador*)]. ■ **6** Sentimiento de adhesión o parcialidad [hacia el grupo propio (*compl* DE, *sin art*)]. *Frec en los sintagmas* ~ DE CUERPO *y* ~ DE CLASE. **b)** **~ nacional.** Conciencia patriótica. *En la constr* FORMACIÓN DEL ~ NACIONAL, *designando una asignatura académica, suprimida en 1976.* ■ **7** (*lit*) Ánimo o brío. *Tb en pl con sent sg.* ■ **8** (*Quím*) Alcohol, o sustancia obtenida por la destilación del vino o de la madera. *Normalmente* ~ DE VINO, ~ DE MADERA. ■ **9** *En la escritura griega:* Signo en forma de semicircunferencia abierta por un lado, que, escrito sobre toda vocal inicial de palabra, indica la aspiración o no aspiración de esa vocal según vaya la abertura a la derecha o a la izquierda. *Normalmente con los adjs* SUAVE *o* ÁSPERO. ■ **10 el ~ de la golosina.** (*col*) Una persona sumamente delgada. *Normalmente como predicat.* **II** *loc adj* **11** [Pobre] **de ~** → POBRE. **III** *loc v* **12 entregar,** *o* **exhalar, el** (*o* **su**) **~.** (*lit*) Morir.

espirituado -da *adj* (*reg*) Espiritado o flaco.

espiritual **I** *adj* **1** De(l) espíritu [1 a 5, esp. 2]. ■ **2** Que tiene carácter o condición de espíritu [1a]. **b)** Inmaterial. ■ **3** Religioso (de la religión). ■ **4** (*lit, raro*) Que tiene viveza o ingenio brillante. ■ **5** [Comunión] ~, [director] ~, [ejercicios] ~**es**, [padre] ~, [parentesco] ~, [pasto] ~ → COMUNIÓN, DIRECTOR, EJERCICIO, PADRE, PARENTESCO, PASTO[1]. **II** *m* **6** Canto religioso cristiano de los negros norteamericanos. *Frec* ~ NEGRO (*o* NEGRO ~).

espiritualidad *f* **1** Cualidad de espiritual [1, 2 y 3]. ■ **2** Conjunto de ideas espirituales o religiosas. **b)** Vida espiritual [3]. ■ **3** Conjunto de cosas espirituales o no materiales.

espiritualismo *m* **1** Espiritualidad [1]. ■ **2** (*Filos*) Doctrina que admite la existencia del espíritu como distinto de la materia, o que concede a este una importancia superior.

espiritualista *adj* De(l) espiritualismo o que lo implica. **b)** Adepto al espiritualismo [2]. *Tb n.*

espiritualización *f* Acción de espiritualizar(se).

espiritualizador -ra *adj* Que espiritualiza.

espiritualizar *tr* Dar carácter espiritual [1, 2 y 3] [a alguien o algo (*cd*)]. **b)** *pr* (~se) Tomar [alguien o algo] carácter espiritual.

espiritualmente *adv* En el aspecto espiritual [1 y 2].

espirituoso -sa *adj* Que contiene una fuerte proporción de alcohol.

espirografía *f* (*Med*) Registro gráfico de los movimientos respiratorios.

espiroidal *adj* (*E*) Aproximadamente espiral.

espiroideo -a *adj* (*E*) Aproximadamente espiral.

espirometría *f* (*Med*) Medición de la capacidad respiratoria de los pulmones.

espirométrico -ca *adj* (*Med*) De (la) espirometría.

espirómetro *m* (*Med*) Aparato para medir la capacidad respiratoria de los pulmones.

espiroqueta *f* (*Biol*) Bacteria espirilada, provista de una membrana ondulante a lo largo del cuerpo.

espirriaque *m* (*reg*) Último líquido que se extrae al estrujar la uva.

espita I *f* **1** Canuto con llave que sirve para sacar líquido de una cuba u otra vasija similar. **b)** *En gral:* Llave que regula la salida de un fluido. *Frec fig.*
II *loc v* **2 abrir la ~.** (*col*) Abrir el paso o quitar restricciones. ■ **3 cerrar la ~.** (*col*) Poner restricciones. **b)** Dar por terminada una ayuda económica.

espitoso -sa *adj* (*jerg*) Eufórico por el efecto de las drogas.

esplácnico -ca *adj* (*Anat*) De (las) vísceras.

esplacnocráneo *m* (*Anat*) Porción del cráneo que forma estructura de soporte de los maxilares.

esplegar *m* Terreno poblado de espliego.

espleguero -ra *adj* De(l) espliego.

esplendente *adj* (*lit*) Que esplende. *Tb fig.*

esplender *intr* (*lit*) Resplandecer. *Frec fig.*

espléndidamente *adv* De manera espléndida.

esplendidez *f* Cualidad de espléndido.

espléndido -da *adj* **1** Excepcionalmente bello o hermoso. ■ **2** Excepcionalmente bueno. ■ **3** Generoso (que da gustosamente de lo que tiene).

esplendor *m* **1** Cualidad de espléndido [1]. ■ **2** Auge o apogeo. ■ **3** Brillo. *Frec fig.* ■ **4** (*lit*) Resplandor (luz).

esplendorosamente *adv* De manera esplendorosa.

esplendoroso -sa *adj* Que tiene o muestra esplendor.

esplénico -ca *adj* (*Anat*) De(l) bazo.

esplenio *m* (*Anat*) Músculo plano de los dos situados en la parte posterior del cuello y que inclinan y giran la cabeza.

esplenomegalia *f* (*Med*) Hipertrofia del bazo.

espliegar *m* Terreno poblado de espliego.

espliego *m* Planta aromática de tallo leñoso, hojas enteras y casi lineales y flores azuladas en espiga de largo pedúnculo, empleada en perfumería (*Lavandula spica* o *L. vera*).

esplín *m* Hastío o tedio de vivir.

espodumena *f* (*Mineral*) Mineral constituido por silicato de alúmina y litio, incoloro, blanco, amarillo o rosáceo, que se presenta a veces en cristales prismáticos muy largos.

espolazo *m* Golpe dado con la espuela. *Frec fig.*

espolear *tr* **1** Picar con la espuela [a la caballería]. ■ **2** Incitar o estimular. *Tb fig.*

espoleo *m* Acción de espolear.

espoleta *f* Dispositivo detonador [de una bomba, una granada o un proyectil autopropulsado]. *Tb fig.*

espolio[1] *m* (*reg*) Confusión o desastre.

espolio[2] *m* (*hist*) Derecho estatal sobre los bienes de un obispo no inventariados como propios antes de tomar posesión de la mitra.

espolique *m* **1** Ayudante. **b)** Acompañante. ■ **2** *En el juego de pídola:* Talonazo que da el que salta al que está agachado. ■ **3** Acicate o estímulo.

espolón I *m* **1** Saliente córneo que tienen en el tarso el gallo y otras aves gallináceas. ■ **2** Acicate o estímulo. ■ **3** Dique para contener las aguas a orillas de un río o del mar. ■ **4** (*Mar, hist*) Remate de la proa de un buque, que sirve como arma para embestir al enemigo. ■ **5** (*Bot*) Prolongación en forma de tubo de la corola o el cáliz de algunas flores. ■ **6 ~ calcáneo.** (*Anat*) Excrecencia en la cara inferior del hueso calcáneo. *Tb, simplemente, ~.*
II *loc v* **7 tener ~es, o más ~es que un gallo.** (*col*) Ser viejo.

espolonazo *m* **1** Golpe de espolón [1]. ■ **2** Espolazo. *Tb fig.*

espolonear *tr* (*raro*) Espolear. *Frec fig.*

espolvoreador -ra *adj* Que espolvorea [1]. *Tb n m, referido a aparato.*

espolvoreamiento *m* Acción de espolvorear [1].

espolvorear *tr* **1** Esparcir [una sustancia en polvo o en partículas muy pequeñas]. *Tb abs. Tb fig.* **b)** Rociar [algo con una sustancia en polvo o en partículas muy pequeñas (*compl* DE o CON)]. ■ **2** Cubrir [algo (*cd*) una sustancia en polvo o en partículas muy pequeñas]. *Tb fig.* **b)** *pr* (~se) Cubrirse [algo de una sustancia en polvo o en partículas muy pequeñas].

espolvoreo *m* Acción de espolvorear [1]. *Tb fig.*

espolvorizar *tr* (*raro*) Espolvorear [1].

espondaico *adj* (*TLit*) En la poesía grecolatina: [Hexámetro] cuyo quinto pie es un espondeo.

espondeo *m* (*TLit*) En la poesía grecolatina: Pie de dos sílabas largas.

espondilitis *f* (*Med*) Inflamación de una o más vértebras.

espondiloartrosis *f* (*Med*) Artrosis de la columna vertebral.

espondilolistesis *f* (*Med*) Deslizamiento de una vértebra sobre otra, esp. de la región lumbar.

espondilosis *f* (*Med*) Enfermedad no inflamatoria de las vértebras, caracterizada por la degeneración de los discos intervertebrales.

espongiario *adj* (*Zool*) [Animal acuático] perteneciente al tipo de las esponjas [1]. *Frec como n m en pl, designando este taxón zoológico.*

espongina → ESPONJINA.

espongioplasma *m* (*Biol*) Red de fibrillas de cromatina que forma el retículo nuclear.

esponja I *f* 1 Animal acuático, gralm. marino, fijo y de cuerpo poroso, cuyo esqueleto está constituido por diminutas piezas calcáreas o silíceas o por fibras elásticas. ■ 2 Esqueleto de esponja [1], usado como instrumento de limpieza y aseo. *Tb* ~ NATURAL. **b)** Masa de material sintético y poroso usada esp. como instrumento de limpieza y aseo o como absorbente. **c)** *Se emplea frec en frases de sent comparativo para ponderar la capacidad de beber.* ■ 3 Masa esponjosa de metal.
II *loc v* 4 **pasar una** (*o* **la**) ~ [sobre algo]. Olvidar[lo] o borrar[lo]. ■ 5 **tirar,** *o* **arrojar, la** ~. Abandonar, o tirar la toalla.

esponjado[1] **-da** *adj* 1 *part* → ESPONJAR. ■ 2 Hueco o esponjoso.

esponjado[2] *m* (*Constr*) Lavado o pintado hecho con esponja [2a y b].

esponjamiento *m* Acción de esponjar(se).

esponjar A *tr* 1 Poner hueco o esponjoso [algo]. ■ 2 Alegrar [el ánimo] o hacer que deje de estar oprimido o acongojado.
B *intr* ➤ **a** *normal* 3 Ponerse hueco o esponjoso [algo]. *Tb pr* (~**se**).
➤ **b** *pr* (~**se**) 4 Ponerse hueco o satisfecho [alguien]. ■ 5 Alegrarse [alguien] o dejar de estar acongojado. ■ 6 Desentumecerse o reanimarse con el calor. *Tb fig.* ■ 7 Adquirir [alguien o algo] un estado de prosperidad o bienestar.

esponjero -ra *adj* De (las) esponjas [1].

esponjina (*tb con la grafía* **espongina**) *f* (*Zool*) Sustancia filamentosa muy elástica que constituye el esqueleto de muchas esponjas.

esponjosidad *f* Cualidad de esponjoso [1].

esponjoso -sa *adj* 1 Propio de la esponja [2a y b]. **b)** [Cosa] de aspecto o cualidades propios de la esponja. ■ 2 (*raro*) Próspero.

esponsales *m pl* 1 Promesa mutua de casamiento hecha entre un hombre y una mujer con arreglo a ciertas formalidades legales. ■ 2 Boda o casamiento.

esponsalicio -cia I *adj* 1 De los esponsales.
II *m* 2 (*Der*) Aportación que, en escritura pública y en atención a las condiciones personales de la esposa, hace el marido.

esponsorización *f* Acción de esponsorizar.

esponsorizar *tr* Patrocinar económicamente [a alguien o algo]. *Frec en deportes.*

espontáneamente *adv* De manera espontánea.

espontaneidad *f* Cualidad de espontáneo.

espontaneísmo *m* Actitud o comportamiento que se basa en la total espontaneidad del individuo o de las masas.

espontaneísta *adj* De(l) espontaneísmo o que lo implica. **b)** Partidario del espontaneísmo. *Tb n.*

espontáneo -a I *adj* 1 [Hecho] que se produce por propia voluntad, sin estímulo o coacción exterior. ■ 2 [Hecho] que se produce por un impulso no excitado ni reprimido. **b)** [Pers. o animal] que actúa dejándose llevar de sus impulsos, sin torcerlos o reprimirlos por causas externas. **c)** Propio de la pers. o el animal espontáneo. ■ 3 [Hecho] que se produce sin causa exterior aparente. **b)** [Generación] **espontánea** → GENERACIÓN. ■ 4 [Planta] que se produce sin cultivo. ■ 5 [Pers.] que interviene en algo sin que se le pida. *Tb n.*
II *m y f* 6 Aficionado que, en el transcurso de una corrida, se tira al ruedo para torear. *Tb fig.*

espora *f* (*Biol*) 1 *En los vegetales inferiores y en los protozoos:* Célula capaz de desarrollar un nuevo ser sin auxilio de otra célula. ■ 2 Bacteria, protegida por una doble membrana, en estado de vida latente.

esporádicamente *adv* De manera esporádica.

esporádico -ca *adj* Que se produce de manera irregular y espaciada en el tiempo. **b)** Que se produce o se presenta de manera rara o poco frecuente. **c)** (*Med*) [Enfermedad] que afecta aisladamente a algún individuo, sin influencia de tiempo o lugar.

esporangio *m* (*Bot*) Órgano que contiene las esporas [1].

esporidio *m* (*Bot*) Basidiospora de los hongos ustilaginales y uredales.

esporífero -ra *adj* (*Biol*) Que produce esporas [1]. *Tb n m, referido a órgano.*

esporificar *intr* (*Biol*) Producir esporas.

esporo *m* (*Biol*) Espora [2].

esporoblasto *m* (*Biol*) Célula que produce esporas o esporocitos.

esporocito *m* (*Biol*) Célula de cuya división resultan esporas.

esporofila *f* (*Bot*) Hoja especial destinada a formar los esporangios.

esporofito (*tb* **esporófito**) *m* (*Bot*) *En los vegetales con alternancia de generaciones:* Planta en la fase productora de esporas.

esporogénesis *f* (*Biol*) Formación de las esporas.

esporogonio *m* (*Bot*) *En las briofitas:* Esporofito.

esporozoario *adj* (*Zool*) Esporozoo. *Tb n.*

esporozoíto *m* (*Biol*) Esporocito.

esporozoo *adj* (*Zool*) [Protozoo] parásito que se reproduce por esporas. *Frec como n m en pl, designando este taxón zoológico.*

esportilla *f* 1 *dim* → ESPUERTA. ■ 2 (*raro*) Bolsa para el dinero.

esportillar *tr* (*pop*) Desportillar. *Tb pr* (~**se**).

esportón (*reg*) I *m* 1 Espuerta grande.
II *loc adv* 2 **a ~es.** (*col*) A espuertas.

esporulación *f* (*Biol*) Formación de esporas.

esposamiento *m* Acción de esposar.

esposar *tr* Sujetar con esposas [a alguien (*cd*)].

esposas *f pl* Utensilio en forma de aros de hierro con que se sujeta por las muñecas a un detenido o a un preso.

esposo -sa (*lit*) **A** *m y f* **1** Pers. casada [con otra (*compl de posesión*)]. *Tb en m pl, designando la pareja.*

B *f* **2 esposa del Señor.** Monja o religiosa.

espray *m* Spray.

esprint *m* (*Dep*) Sprint.

esprintar *intr* (*Dep*) Hacer un sprint. *Tb fig.*

esprínter *m y f* (*Dep*) Corredor que hace sprints.

esprit (*fr; pronunc corriente,* /esprí/) *m* Ingenio o agudeza.

esprit fort (*fr; pronunc corriente,* /esprí-fór/; *pl normal,* ESPRITS FORTS) *m* Espíritu fuerte.

esprúe *f* (*Med*) Enfermedad digestiva caracterizada esp. por malabsorción.

espuela **I** *f* **1** Aro de metal con una estrella o ruedecita con dientes, que se ajusta al talón para picar a la cabalgadura. ■ **2** Estímulo o acicate. ■ **3** Última copa de una sesión. ■ **4** (*reg*) Espolón (de ave). ■ **5 ~ de caballero.** Planta herbácea de hojas alargadas y flores azules o violáceas, propia de terrenos incultos (*Delphinium consolida*). ■ **6 ~ de galán.** Capuchina (planta, *Tropaeolum majus*).

II *loc adj* **7** [Sapo] **de ~s,** [valeriana] **de ~** → SAPO, VALERIANA.

III *loc v* **8 picar ~s** → PICAR.

espuenda *f* (*reg*) Borde de un campo o de un canal.

espuerta **I** *f* **1** Recipiente cóncavo y con dos asas, hecho gralm. de esparto, que se usa esp. para transportar escombros y materiales de construcción.

II *loc adv* **2 a ~s.** (*col*) En gran cantidad o abundancia.

espulgabuey *m* (*reg*) Garcilla bueyera (ave).

espulgar *tr* **1** Quitar las pulgas [a alguien (*cd*)]. *Frec el cd es refl.* ■ **2** (*raro*) Examinar detenidamente.

espuma **I** *f* **1** Conjunto amontonado de burbujas, a veces mezcladas con impurezas, que sobrenada en la superficie de ciertos líquidos. **b)** Producto cosmético o de limpieza que se presenta o se aplica en forma de espuma. ■ **2** Mezcla de saliva y burbujas de aire que se forma en la boca, esp. con algunas enfermedades o a causa de la ira. ■ **3** Crema (lo más selecto o estimado). ■ **4** Gomaespuma. **b) goma ~** → GOMAESPUMA. ■ **5** Nailon rizado con que se fabrican tejidos elásticos. *Tb* ~ DE NAILON. ■ **6** (*E*) *Se da este n a diversas materias esponjosas y ligeras que se forman natural o artificialmente, esp por creación de burbujas de gas en una materia líquida. Gralm con un compl especificador.* **b) ~ de mar.** (*Mineral*) Sepiolita.

II *loc adv* **7 como la ~.** Muy deprisa. *Con los vs* CRECER, SUBIR *u otro equivalente.*

espumadera *f* Utensilio de cocina en forma de paleta con agujeros, que se usa para espumar el caldo y sacar los fritos de la sartén. **b)** (*E*) Utensilio en forma de cuchara, que se utiliza para eliminar las impurezas que sobrenadan en los metales fundidos y en otros líquidos.

espumador *m* (*reg*) Espumadera [1a].

espumaje *m* (*raro*) Abundancia de espuma [1a].

espumajear *intr* Formar o arrojar espuma [2].

espumante *adj* **1** (*E*) Que forma espuma [6]. *Tb n m, referido a producto.* ■ **2** (*raro*) [Vino] espumoso. *Tb n.*

espumar **A** *tr* **1** Quitar la espuma [1a] [a algo (*cd*), esp. al caldo].

B *intr* **2** Formar o arrojar espuma [1a y 2].

espumarajo **I** *m* **1** (*desp*) Porción de espuma [1a y esp. 2].

II *loc v* **2 echar ~s por la boca.** (*col*) Estar sumamente enfadado o irritado.

espumeante *adj* Que espumea.

espumear *intr* Formar o arrojar espuma [1a y 2].

espumilla *f* (*hist*) Tejido de seda muy ligero, semejante al crespón.

espumillón *m* Adorno navideño consistente en un hilo rodeado de tiritas muy finas de papel dorado, plateado o de colores vivos.

espumógeno -na *adj* (*E*) Espumante [1]. *Frec n m.*

espumoso -sa *adj* **1** Que tiene aspecto o consistencia de espuma [1a]. ■ **2** Que produce espuma [1a]. *Tb n m, referido a vino o refresco.* ■ **3** Que tiene espuma [1a].

espúreo -a *adj* (*semiculto*) Espurio.

espurgabuey *m* (*reg*) Espulgabuey (ave).

espurio -ria *adj* Bastardo. *Frec fig.*

espurrear *tr* **1** Rociar [un líquido], esp. con la boca. **b)** Rociar [algo o a alguien (*cd*)] con un líquido (*compl* DE *o* CON)]. ■ **2** Esparcir [algo por un lugar (*compl adv*)]. **b)** Esparcir [algo (*compl* DE *o* CON) por un lugar (*cd*)].

espurrido -da *adj* (*reg*) Largo o estirado.

esputar **A** *intr* **1** Expulsar flemas por la boca.

B *tr* **2** Expulsar [flemas] por la boca.

esputo *m* Flema (mucosidad que se arroja por la boca).

esquejar *tr* (*Agric*) Plantar esquejes [de una planta (*cd*)]. *Tb abs.*

esqueje *m* Fragmento de tallo, rama o cogollo de una planta, que se introduce en tierra para que se reproduzca.

esquela *f* **1** Notificación de la muerte de una persona, que se publica en los periódicos con recuadro de luto. *Tb* ~ MORTUORIA. ■ **2** (*lit, raro*) Papel, gralm. impreso o litografiado, en que se hace una invitación o se comunica una noticia a varias personas. ■ **3** (*raro*) Carta breve.

esqueletal *adj* (*Anat*) De(l) esqueleto [1a].

esquelético -ca **I** *adj* **1** De(l) esqueleto [1 y 2]. ■ **2** (*col*) Extremadamente delgado. ■ **3** (*raro*) Reducido al esqueleto [1, 2 y 3]. **b)** (*E*) [Suelo] constituido básicamente por elementos duros no transformados en tierra.

II *m* **4** (*Med*) Aparato parcial móvil, usado en odontología para prótesis dentales.

esqueletización *f* (*lit o E*) Acción de esqueletizar(se).

esqueletizar *tr* (*lit o E*) Reducir a esqueleto [1]. *Tb fig.* **b)** *pr* (~**se**) Reducirse a esqueleto [1 y 2].

esqueleto **I** *m* **1** Conjunto de piezas duras y resistentes que da consistencia al cuerpo de los animales, sosteniendo o protegiendo sus partes blandas. **b)** *Frec se usa en frases como* SER UN ~, ESTAR (*o* QUEDARSE) EN EL ~, *para ponderar la extrema delgadez.* ■ **2** Armazón esencial [de algo, esp. una construcción o una planta]. *Tb fig.* ■ **3** Esquema o bosquejo [de algo].

II *loc v* **4 mover** (*o* **menear**) **el ~.** (*col*) Bailar. ■ **5 mover** (*u otro v equivalente*) **el ~.** (*col*) Moverse o ir de un sitio a otro.

esqueletógeno -na *adj* (*Anat*) Que produce o forma el esqueleto [1].

esquema I *m* **1** Representación [de algo] atendiendo solo a sus caracteres esenciales. ■ **2** Descripción [de algo] atendiendo solo a sus rasgos esenciales. ■ **3** Resumen básico [de algo (*adj o compl especificador*)]. ■ **4** Conjunto de principios o elementos básicos [de algo (*adj o compl especificador*)]. **b)** *Sin compl*: Conjunto de principios o elementos básicos de pensamiento y de acción. ■ **5** Forma básica o elemental [de algo]. **II** *loc v* **6 romper los ~s** [a alguien]. Desconcertar[lo] o desorientar[lo]. **b) rompérsele** [a alguien] **los ~s.** Desconcertarse o desorientarse [esa pers.]. **III** *loc adv* **7 en ~.** Esquemáticamente.

esquemáticamente *adv* De manera esquemática.

esquemático -ca *adj* **1** De(l) esquema. ■ **2** Que tiene carácter de esquema. **b)** Simple o elemental. ■ **3** Que tiende a reducir todo a sus rasgos o elementos más esenciales.

esquematismo *m* Cualidad de esquemático.

esquematización *f* Acción de esquematizar. *Tb su efecto.*

esquematizar *tr* Reducir [algo] a esquema. *Tb abs.*

esquerro -rra *adj* (*raro*) Zurdo.

esquí (*pl*, ~s *o* ~ES) *m* **1** Tabla larga y estrecha que se fija al pie para deslizarse sobre la nieve. **b) ~ acuático** (*o* **náutico**). Tabla larga y estrecha que se fija al pie para deslizarse sobre el agua. *Tb, simplemente*, ~. ■ **2** Deporte que consiste en deslizarse sobre la nieve con esquís [1a]. *A veces con un adj o compl especificador:* ALPINO, DE FONDO, *etc* (→ ALPINO, FONDO, *etc*). **b) ~ acuático** (*o* **náutico**). Deporte que consiste en deslizarse con esquís [1b] sobre el agua, arrastrado por una motora.

esquiable *adj* [Zona] apta para esquiar.

esquiador -ra *adj* Que esquía. *Frec n, referido a pers.*

esquiar (*conjug* **1c**) *intr* Patinar con esquís.

esquifada *adj* (*Arquit*) [Bóveda] cuyos dos cañones semicilíndricos se cortan el uno al otro.

esquife *m* **1** Bote pequeño. ■ **2** (*hist*) Bote con la proa y la popa de igual forma, usado en las galeras como embarcación auxiliar. ■ **3** (*Arquit*) Cañón de bóveda cilíndrica.

esquifido -da *adj* (*reg*) Corto o escaso. *Tb fig.*

esquijama *m* Skijama.

esquila¹ *f* **1** Cencerro pequeño. ■ **2** Campana pequeña.

esquila² *f* Acción de esquilar¹.

esquila³ *f* Cebolla albarrana.

esquila⁴ *f* (*reg*) Quisquilla o camarón.

esquiladero *m* Lugar en que se esquila¹ el ganado.

esquilado *m* Acción de esquilar¹ ganado.

esquilador -ra I *adj* **1** Que esquila¹. *Frec n: m, referido a pers; f, referido a máquina.*

II *loc v* **2 ponerse como el chico del ~** → CHICO.

esquilar¹ *tr* Cortar el pelo o lana [a un animal (*cd*)]. *Tb abs. Tb* (*humoríst*) *referido a pers.*

esquilar² (*reg*) **A** *intr* **1** Subir o trepar [a un árbol u otro lugar]. **B** *tr* **2** Subir o trepar [a un árbol u otro lugar (*cd*)].

esquileo¹ *m* **1** Acción de esquilar¹. *Tb el tiempo en que se realiza.* ■ **2** Lugar en que se esquila el ganado lanar.

esquileo² *m* (*reg*) Sonido de esquilas¹.

esquilero *m* (*reg*) Red utilizada para pescar esquilas⁴ o camarones.

esquilimoso -sa *adj* (*raro*) Delicado o melindroso.

esquilmación *f* Acción de esquilmar.

esquilmador -ra *adj* Que esquilma. *Tb fig.*

esquilmante *adj* Que esquilma.

esquilmar *tr* **1** Agotar la capacidad germinativa [de la tierra (*cd*)]. ■ **2** Agotar [una fuente de riqueza] sacando de ella un provecho excesivo. **b)** Empobrecer o arruinar. *Tb fig. Frec con intención ponderativa.* ■ **3** Recoger [los frutos o la cosecha].

esquilme *m* Acción de esquilmar [1 y 2].

esquilmo *m* **1** Conjunto de frutos y utilidades de las haciendas y ganados. ■ **2** (*reg*) Muestra de fruto que presentan los olivos. ■ **3** (*reg*) Conjunto de broza y matas cortadas con que se cubre el suelo de los establos.

esquilo *m* (*reg*) Acción de esquilar¹.

esquilón *m* Esquila¹ grande.

esquimal I *adj* **1** [Individuo] del grupo de pueblos que habitan en Groenlandia, norte del Canadá, Alaska y este de Siberia. *Tb n.* **b)** De los esquimales. **II** *m* **2** Lengua de los esquimales [1a].

esquimotaje *m* (*Dep*) Maniobra náutica que consiste en dar una vuelta completa con inmersión de la canoa o el kayak. *Tb la variedad deportiva correspondiente.*

esquina I *f* **1** Línea de intersección de dos caras o planos [de algo, esp. de un edificio], considerada por su lado exterior. *Gralm sin compl.* ■ **2** Parte correspondiente al ángulo de unión de dos lados. ■ **3** Lugar en que forman ángulo dos calles. ■ **4 las cuatro ~s** (*o* **esquinitas**). Juego infantil que consiste en que cuatro jugadores se ponen en cuatro puntos concretos formando un cuadrado, y un quinto, situado en medio, debe ocupar uno de esos puestos mientras los otros cambian de lugar. **II** *loc adj* **5 de ~.** (*Fút*) [Saque] que se realiza desde una esquina [2] del campo tras un córner. **III** *loc v* **6 hacer** (*o* **formar**) **~** [un edificio a una calle]. Estar situado en la esquina [3] de esa calle con otra. **IV** *loc adv* **7 a la vuelta de la ~** → VUELTA. ■ **8 en cada, *o* en cualquier, ~.** (*col*) En cualquier sitio y con frecuencia. **V** *loc prep* **9 ~ a.** En la esquina [3] con.

esquinadamente *adv* De manera esquinada [5].

esquinado -da *adj* **1** *part* → ESQUINAR. ■ **2** Que forma esquina o esquinas [1]. ■ **3** De esquina [2]. ■ **4** [Pers.] de trato difícil o inclinada a la animadversión. *Tb n.* ■ **5** Que denota o implica animadversión. ■ **6** [Juncia] **esquinada** → JUNCIA.

esquinal *m (reg)* Esquina [de un edificio], esp. la formada por sillares.

esquinamiento *m* Acción de esquinar(se).

esquinancia *f (Med, hoy raro)* Angina.

esquinar **A** *tr* **1** Poner en una esquina [1, 2 y 3]. ■ **2** Apartar o dejar de lado. **B** *intr pr* (~**se**) **3** Indisponerse o ponerse a mal [con alguien (*ci o compl* CON)]. *Tb fig.*

esquinazo **I** *m* **1** Esquina [1]. **II** *loc v* **2 dar** (**el**) ~ [a alguien]. Evitar el encuentro [con él], o librarse de su presencia.

esquinero -ra **I** *adj* **1** De (la) esquina [1]. ■ **2** *(reg)* [Mueble] rinconero. **II** *n* **A** *f* **3** *(col)* Prostituta callejera. ■ **4** *(reg)* Rinconera (mueble). **B** *m* **5** *(reg)* Rinconera (mueble).

esquirla *f* Fragmento irregular desprendido [de un hueso, una piedra u otra materia semejante].

esquirol *m (desp)* Obrero que trabaja durante una huelga o que realiza el trabajo abandonado por un huelguista.

esquisto *m (Mineral)* Roca, resultante de la transformación de la arcilla, de estructura laminar, que se divide en placas delgadas.

esquistoso -sa *adj (Mineral)* De estructura laminar semejante a la del esquisto.

esquiva *f* Acción de esquivar.

esquivar **A** *tr* **1** Evitar [alguien] con habilidad que [algo (*cd*)] se produzca o le afecte. *Tb abs.* **b)** Evitar el encuentro o el trato [con alguien (*cd*)]. **c)** Evitar el encuentro o el choque [con alguien o algo (*cd*)]. **B** *intr pr* (~**se**) **2** *(raro)* Esquivar [1] [una pers.] algo o a alguien que resulta molesto.

esquivez *f (lit)* Cualidad de esquivo.

esquiviano -na *adj* De Esquivias (Toledo). *Tb n, referido a pers.*

esquividad *f (lit, raro)* Esquivez.

esquivo -va *adj (lit)* [Pers.] que esquiva el trato o la relación afectiva con otra u otras. *Tb fig, referido a animal o cosa.* **b)** Propio de la pers. esquiva. *Tb fig.*

esquizocarpio *m (Bot)* Fruto polispermo que, al llegar a la madurez, se descompone en dos o más porciones monospermas.

esquizofícea *adj (Bot)* Cianofícea. *Frec como n f en pl.*

esquizofito -ta (*tb* **esquizófito**) *adj (Bot)* [Planta] unicelular, sin núcleo ni plastos, que se reproduce por bipartición o por esporas. *Frec como n f en pl, designando este taxón botánico.*

esquizofrenia *f* **1** *(Med)* Psicosis de carácter evolutivo, caracterizada por disociación psíquica, despersonalización y pérdida de contacto con la realidad. ■ **2** *(lit)* Disociación o divergencia entre pensamiento o palabra y conducta o realidad.

esquizofrénico -ca *adj* **1** *(Med o lit)* De la esquizofrenia. ■ **2** *(Med)* Que padece esquizofrenia [1]. *Tb n.* **b)** *(col)* Loco o desequilibrado.

esquizofrenización *f (Med o lit)* Hecho de ser afectado por la esquizofrenia.

esquizogénesis *f (Biol)* Reproducción por simple división o fisión.

esquizoide *adj (Med o lit)* Propio o característico de la esquizofrenia. **b)** [Pers.] de personalidad esquizoide. *Tb n.*

esquizomiceto *m (Biol)* Bacteria. *Frec como n m en pl.*

esquizotímico -ca *adj (Psicol)* Introvertido.

estabilidad *f* Cualidad de estable.

estabilización *f* Acción de estabilizar(se).

estabilizador -ra *adj* Que estabiliza. *Tb n m, referido a agente y esp a aparato o dispositivo.*

estabilizante *adj* Que estabiliza. *Frec n m, referido a sustancia.*

estabilizar *tr* Hacer estable [algo]. **b)** *pr* (~**se**) Hacerse estable.

estable *adj* Que tiende a mantenerse indefinidamente en su lugar, en su estado o en su estructura. **b)** [Huésped de un hotel o de una pensión] que tiene estos como residencia habitual. *Frec n.* **c)** [Pers.] que tiende a mantener una actitud o un comportamiento dados. *Tb n.* **d)** *(Fís)* [Equilibrio] en que un cuerpo desviado de su posición primitiva vuelve por sí mismo a ella.

establecedor -ra *adj* Que establece. *Tb n, referido a pers.*

establecer (*conjug* 11) **A** *tr* **1** Poner [a alguien o una cosa abstracta en un sitio] para que esté en él por tiempo indefinido o prolongado. **b)** Disponer la existencia [de una cosa (*cd*)], con intención de no sustituirla por otra en un futuro inmediato. **c)** Empezar a tener [una relación]. ■ **2** Poner [algo] como norma o precepto. ■ **3** Abrir [un establecimiento o un negocio]. ■ **4** Exponer [una idea] con argumentos sólidos. **b)** Descubrir o llegar a conocer con precisión [algo] como consecuencia de una reflexión o una investigación. **B** *intr pr* (~**se**) **5** Fijar [alguien] su residencia [en un sitio]. ■ **6** Situarse [algo en un lugar] de modo más o menos prolongado. *Tb sin compl adv.* ■ **7** Abrir [alguien] por su cuenta un establecimiento comercial u otro negocio.

estableciente *adj* Que establece.

establecimiento *m* **1** Acción de establecer(se). ■ **2** *(raro)* Lugar donde alguien se establece [5]. **b)** *(raro)* Colonia en un país extranjero. ■ **3** Local destinado a una actividad, esp. comercial. ■ **4** *(raro)* Establishment.

establemente *adv* De manera estable.

establishment (*ing; pronunc corriente,* /estáblismen/) *m* **1** Oligarquía que dispone del poder efectivo en un país. *Tb se llama así a la clase que está en el poder.* ■ **2** Sistema político de un país.

establo *m* Lugar cubierto en que se encierra el ganado.

estabulación *f* Acción de estabular.

estabular *tr* Criar y mantener [ganado] en establos.

estaca *f* **1** Palo con punta en un extremo para fijarlo en tierra o en otra parte. ■ **2** Palo grueso, esp. usado como bastón. ■ **3** *(col)* Parte dura o leñosa que se encuentra entre las hebras del tabaco. ■ **4** *(Agric)* Rama o tallo verde y sin raíces, que se pone en tierra para que se forme una nueva planta. *Frec en la constr* POR ~. *Tb designa cualquier otra parte* *de la planta que se utiliza para el mismo fin.* ■ **5** (*reg*) Sarmiento de vid americana que se utiliza para injertar. ■ **6** (*reg*) Olivo menor de 40 años.

estacada I *f* **1** (*raro*) Serie de estacas [1] clavadas en el suelo, esp. como cerca o defensa. **II** *loc v* **2 dejar en la ~.** Abandonar [a alguien] en una situación comprometida.

estacadura *f* Conjunto de estacas [1] que sujetan la caja y los varales del carro.

estacal *m* (*reg*) Olivar nuevo, o plantío de estacas [6] de olivo.

estacar *tr* **1** Sujetar [un animal] a una estaca [1] fija en el suelo. *Tb fig.* ■ **2** Delimitar con estacas [1].

estacazo *m* **1** Golpe dado con una estaca [2]. ■ **2** (*col*) Golpe fuerte. *Tb fig.*

estacha *f* (*Mar*) Cabo grueso usado esp. para amarrar o remolcar.

estación *f* **1** Parte de las cuatro en que se divide el año según la posición relativa del Sol y la Tierra, caracterizada por un determinado nivel de temperatura y un estado de la vegetación. **b)** Época o período del año. *Frec con los adjs* SECA, HÚMEDA, FRÍA *o* CÁLIDA. ■ **2** Detención o parada. ■ **3** Lugar destinado a parada de trenes, para recibir o dejar viajeros o mercancías. *Tb el edificio o dependencias correspondientes.* **b)** Conjunto de cocheras e instalaciones destinadas a la salida y llegada de los autobuses que realizan el transporte por carretera en una población. *Gralm* ~ DE AUTOBUSES. **c)** ~ **marítima.** (*Mar*) Conjunto de instalaciones portuarias destinadas esp. al tránsito de pasajeros y mercancías. ■ **4** Oficina en que se expiden y reciben despachos de telecomunicación. *Con un compl especificador.* ■ **5** Emisora de radio. **b)** (*Telec*) Conjunto de instalaciones de una emisora de radio, de televisión o de otro sistema de radiocomunicación. ■ **6** Centro o conjunto de instalaciones para determinadas actividades, esp. observaciones científicas. *Gralm con un compl especificador.* **b)** ~ **de invierno** (*o* **invernal**, *o* **de esquí**). Centro o conjunto de instalaciones destinados a la práctica de los deportes de invierno. *Tb, simplemente,* ~. **c)** ~ **de servicio.** Instalación provista de surtidores de gasolina, gasóleo, lubrificantes y otros servicios para los vehículos. **d)** ~ **de trabajo.** (*Informát*) Puesto de trabajo. ■ **7** (*Biol*) Lugar de condiciones adecuadas para que viva una especie animal o vegetal. ■ **8** (*Arqueol*) Yacimiento. ■ **9** (*Anat*) Hecho de estar erguido. *Tb* ~ ERECTA *o* BÍPEDA. ■ **10** Cruz o cuadro de los catorce que señalan el vía crucis. *Tb la parada y la oración o lectura que se hace ante ellos.* ■ **11** (*Rel catól*) Visita que se hace a una iglesia o altar, deteniéndose algún tiempo a orar ante el Santísimo Sacramento, esp. en Jueves y Viernes Santo. *Frec con los vs* RECORRER *o* HACER. *Frec, humorist, referido a bares o tabernas.* **b)** Serie de seis padrenuestros y avemarías que se rezan visitando el Santísimo Sacramento. **c)** (*hist*) Visita del pueblo romano a determinadas iglesias y en días señalados. ■ **12** (*hist*) *Entre los antiguos romanos:* Parte de las cuatro en que se dividía el día, entre las 6 de la mañana y las 6 de la tarde.

estacional *adj* **1** De (la) estación o de (las) estaciones [1]. **b)** Que se presenta o se produce solo en una estación [1] determinada. ■ **2** (*Rel catól, hist*) [Iglesia] en que se celebran las estaciones [11c].

estacionalidad *f* Cualidad de estacional [1].

estacionamiento *m* Acción de estacionar(se). *Tb su efecto.*

estacionar A *tr* **1** Dejar [un vehículo] parado [en un sitio]. *Tb abs.* **B** *intr pr* (~**se**) **2** Quedarse [algo o alguien que se mueve] parado [en un sitio]. ■ **3** Quedarse [alguien o algo] estacionario [1].

estacionario -ria *adj* **1** Que permanece durante cierto tiempo en el mismo estado o en la misma situación. ■ **2** (*E*) Fijo o que no cambia de lugar. ■ **3** (*Fís*) [Onda] producida por la combinación de otras dos de igual frecuencia e intensidad pero de dirección opuesta. **b)** De (las) ondas estacionarias.

estacón *m* Estaca grande.

estada *f* (*raro*) Estancia o permanencia.

estadal *m* (*raro*) **1** Medida agraria equivalente a 11,1756 m². *Tb* ~ CUADRADO. ■ **2** Medida de longitud equivalente a cuatro varas.

estadía *f* **1** (*lit*) Estancia o permanencia. ■ **2** (*Mar*) Detención en un puerto de un buque mercante. *Tb el gasto extraordinario que ello causa.*

estadidad *f* Condición de estado federal. *Referido a Puerto Rico.*

estadillo *m* (*admin*) Resumen o cuadro estadístico breve. *Tb el impreso correspondiente.*

estadio[1] *m* **1** Recinto con graderías destinado a competiciones deportivas, esp. de fútbol. ■ **2** (*hist*) *En Grecia y Roma antiguas:* Recinto para carreras, cuya longitud originaria era de un estadio [3]. ■ **3** (*hist*) *En Grecia y Roma antiguas:* Unidad de longitud equivalente a unos 185 m. *Tb* (*lit*) *fig.*

estadio[2] *m* (*lit*) Fase, o período evolutivo.

estadista *m y f* Pers. con dotes políticas para gobernar un Estado.

estadísticamente *adv* **1** De manera estadística. ■ **2** En el aspecto estadístico.

estadístico -ca I *adj* **1** De (la) estadística [2 y 3]. **II** *n* A *f* **2** Ciencia relativa a la reunión, clasificación e interpretación de datos numéricos y su aplicación al cálculo de probabilidades o al estudio de las leyes que rigen determinados fenómenos. ■ **3** Conjunto de datos numéricos propios de la estadística [2]. **B** *m y f* **4** Especialista en estadística [2].

estádium (*pl normal,* ~s) *m* Estadio[1] [1].

estadizo -za *adj* **1** Que lleva mucho tiempo sin renovarse. ■ **2** [Comida] vieja o pasada.

estado (*normalmente con mayúscula en aceps 3b c, 4, 19, 20, 21, 22, 23, 24, 25, 26 y 27*) I *m* **1** Manera de estar. *Frec con un adj o compl especificador que a veces se omite por consabido, esp referido a salud.* **b)** Condición [de una pers.] en lo relativo a si es soltero, casado, viudo, separado, divorciado o religioso. *Tb* ~ CIVIL. **c)** (*Fís*) Modo de presentarse un cuerpo, según la cohesión o disposición de sus moléculas. ■ **2** Resumen escrito [de una cuenta bancaria]. ■ **3** Estamento (grupo social). *Esp designa cada uno de los sectores que constituían determinadas asambleas.* **b) Tercer ~.** Pueblo o estado llano (→ LLANO). **c) Cuarto ~.** Proletariado. ■ **4** Unidad política constituida por un grupo humano que, asentado sobre un territorio definido, está sometido a una autoridad soberana. **b)** Unidad política autónoma que forma parte de una federación de estados. **c)** Administración del Estado. ■ **5** (*hist*) *En pl:* Territorio [de un señor feudal o de un monarca]. ■ **6 Embarazo.** *Tb, más raro,* ~ DE (BUENA) ESPERANZA *y* ~ INTERESANTE. *Normalmente en la loc adv y adj* EN ~ *y con los vs* ESTAR *o* QUEDAR. ■ **7** ~ **de alarma.** (*Pol*) Situación, declarada oficialmente por el gobierno ante determinadas catástrofes o falta de artículos de primera necesidad, en que pueden acordarse requisas, intervenciones, racionamientos o limitaciones de circulación. ■ **8** ~ **de ánimo.** Estado [1a] [de una pers.] en lo relativo a sus sentimientos y a su actitud optimista o pesimista ante las cosas. ■ **9** ~ **de(l) bienestar.** (*Pol*) Sistema en que el Estado [4c] se responsabiliza de la seguridad socioeconómica de la población, esp. a través de las pensiones y seguro de desempleo. ■ **10** ~ **de derecho.** (*Pol*) Forma política en que los poderes del Estado [4c] están sometidos al derecho. ■ **11** ~ **de emergencia.** (*Pol*) Situación, declarada por un gobierno, en que se aplica la ley marcial, esp. a causa de desórdenes civiles o de algún desastre natural. ■ **12** ~ **de excepción.** (*Pol*) Situación, declarada oficialmente por un gobierno ante una alteración grave del orden público, en que se suspenden las garantías constitucionales. ■ **13** ~ **de gracia.** → GRACIA. ■ **14** ~ **de guerra.** (*Pol*) Situación, declarada por un gobierno, en que toma el poder la autoridad militar y se suspenden las garantías constitucionales. ■ **15** ~ **de la cuestión.** Estado [1a] actual de la cuestión o asunto de que se trata. ■ **16** ~ **de merecer.** Edad y circunstancias adecuadas para iniciar un noviazgo. *Normalmente en la loc adv y adj* EN ~ *de* MERECER. *Frec se usa con intención humoríst.* ■ **17** ~ **de opinión.** Opinión general o generalizada. ■ **18** ~ **de sitio.** (*Pol*) Situación declarada oficialmente por el gobierno ante una amenaza contra la soberanía, integridad territorial u ordenamiento constitucional del Estado [4a], en la cual se suspenden las garantías constitucionales. ■ **19** ~ **Mayor.** Conjunto de los oficiales adscritos a un general u oficial superior y encargados de elaborar y transmitir las órdenes. **b)** Conjunto de los colaboradores inmediatos [de un jefe]. **c)** Conjunto de los dirigentes [de un grupo]. **d)** ~ **Mayor Central.** Organismo superior, hoy desaparecido, del Ejército de Tierra. **e)** **Alto** ~ **Mayor.** Organismo superior, hoy desaparecido, que coordina los Estados Mayores de Tierra, Mar y Aire. ■ **20** ~**s Generales.** (*hist*) *Hasta 1789:* Parlamento francés, compuesto por los tres estados [3] de nobleza, clero y pueblo.

II *loc adj* **21 de** ~. [Consejo] supremo de la administración central, que emite su parecer sobre cualquier medida de gobierno. *Tb referido al consejero.* ■ **22 de** ~. (*hist*) [Examen] que da derecho al título de bachiller. ■ **23** [Golpe] **de** ~, [jefe] **de** ~ → GOLPE, JEFE. ■ **24 de** ~. [Hombre] con dotes políticas para gobernar un Estado [4]. **b)** [Hombre] que gobierna un Estado. ■ **25 de** ~. [Razón] de interés general para el Estado [4], que frec. se invoca para obligar a alguien a hacer algo, o para hacer algo contrario a la ley. ■ **26 de** ~. *Modernamente, en EE.UU. y el Vaticano:* [Secretaría o Departamento] de Asuntos Exteriores. *Tb referido a la pers que está al frente de ellos.* **b)** (*hist*) *En España:* [Ministerio o Secretaría] de Asuntos Exteriores. *Tb referido a la pers que está al frente de ellos.* ■ **27 de** ~. *Modernamente:* [Secretario] que en un ministerio desempeña funciones de responsabilidad inmediatamente inferior a la del ministro [en el área que se expresa (*compl* DE *o, a veces,* PARA)]. **b)** [Secretario] **de** ~ (*hist*) → SECRETARIO. ■ **28 de** ~. [Secreto] de carácter político o diplomático no divulgado todavía, o

estadounidense – estallar

que un funcionario no puede revelar sin incurrir en delito. III *loc v* **29 causar** ~. (*Der*) Tener efecto [un hecho] o ser definitiva [una resolución o sentencia]. ■ **30 tomar** ~. Casarse o entrar en religión.

estadounidense *adj* De los Estados Unidos de América. *Tb n, referido a pers.*

estafa *f* Acción de estafar. *Tb su efecto.*

estafador -ra *m y f* Pers. que estafa.

estafar *tr* Perjudicar económicamente [a alguien] mediante engaño, esp. abusando de su buena fe y confianza. *Tb abs.* **b)** Causar [determinado perjuicio económico] mediante engaño.

estafermo *m* **1** (*col*) Pers. fea o de aspecto ridículo. ■ **2** (*col*) Pasmarote. *Más o menos vacío de significado, se usa como insulto.* ■ **3** (*hist*) *En los juegos caballerescos:* Muñeco giratorio armado con un escudo y unas bolas o saquitos de arena, que, al ser golpeado sin destreza, golpea a su vez al jugador.

estafeta *f* Oficina sucursal de correos. *Frec* ~ DE CORREOS.

estafilococia *f* (*Med*) Enfermedad causada por estafilococos.

estafilocócico -ca *adj* (*Biol y Med*) De (los) estafilococos, o producido por ellos.

estafilococo *m* (*Biol*) Variedad de coco[5] que se presenta agrupado en racimos.

estafisagria *f* Albarraz (planta).

estagirita *adj* (*hist*) De Estagira (antigua ciudad de Macedonia). *Tb n; esp, referido a Aristóteles.*

estajanovismo *m* Stajanovismo.

estajanovista *adj* Stajanovista. *Tb n.*

estalache *m* (*reg*) Construcción pequeña y de poca calidad.

estalactita *f* **1** Concreción calcárea que se forma en el techo de las cavernas, por filtración y evaporación de agua con sales calizas disueltas. ■ **2** (*Arquit*) Motivo decorativo que pende del techo, propio de la arquitectura árabe. *Frec en la constr* BÓVEDA DE ~S.

estalactítico -ca *adj* **1** De (las) estalactitas [1]. ■ **2** Semejante a la estalactita [1].

estalagmita *f* Concreción calcárea, similar a la estalactita, que se forma en el suelo de las cavernas.

estalagmítico -ca *adj* De (las) estalagmitas.

estaliniano -na *adj* Staliniano.

estalinismo *m* Stalinismo.

estalinista *adj* Stalinista. *Tb n.*

estalinización *f* Acción de estalinizar(se).

estalinizar *tr* Dar carácter estalinista [a alguien o algo (*cd*)]. **b)** *pr* (~**se**) Tomar carácter estalinista.

estallante *adj* (*lit*) Que estalla [2 y 3]. *Frec con intención ponderativa.*

estallar A *intr* **1** Reventar o romperse [algo] violentamente y con ruido. **b)** Producir [algo] un ruido seco y brusco. ■ **2** Reventar (abrirse o romperse [algo] violentamente por presión interior). *Tb fig.* ■ **3** Reventar (estar completamente lleno). *Frec con intención ponderativa, a veces para denotar exceso de gordura.* ■ **4** Comenzar o iniciarse [algo violento, esp. una guerra o tormenta]. ■ **5** Manifestarse violentamente [alguien o algo]. ■ **6** Prorrumpir [alguien en la manifestación de una emoción].

B *tr* **7** Hacer que [algo (*cd*)] estalle [1 y 2].

estallido I *m* **1** Acción de estallar. ■ **2** Ruido que produce algo al estallar [1].
II *loc v* **3 dar el ~.** (*col*) Morir por exceso de presión o de fatiga. *Con intención ponderativa.*

estallo *m* (*reg*) Estallido [1 y 2].

estambre *m* **1** Lana de fibras largas y lisas. *Tb el hilo que se obtiene de ella.* ■ **2** (*Bot*) Órgano masculino de la flor.

estamental *adj* **1** De(l) estamento o de (los) estamentos. ■ **2** Estructurado en estamentos.

estamentalismo *m* (*Pol*) Organización estamental.

estamentar *tr* Estructurar en estamentos.

estamento *m* **1** Estrato social, caracterizado por una función o un estilo de vida. *Frec con un adj o compl especificador.* **b)** (*hist*) Grupo social caracterizado por su condición económica, laboral, política y legal. ■ **2** Estrato o sector. ■ **3** (*hist*) Cuerpo legislador de los dos establecidos en el Estatuto Real de 1834.

estameña *f* **1** Tejido de estambre, sencillo y ordinario, usado esp. para hábitos. ■ **2** Tejido claro de seda, lino o algodón, usado para filtros y cedazos.

estaminal *adj* (*Bot*) De (los) estambres.

estaminodio *m* (*Bot*) Estambre estéril.

estampa I *f* **1** Imagen impresa con una plancha grabada en madera, metal u otra materia. **b)** (*col*) Ilustración [de un texto escrito, esp. de un libro o revista]. **c)** Trozo de cartulina o papel con una imagen representada, esp. religiosa. ■ **2** Representación exacta [de alguien o algo]. *Con intención enfática y frec en la constr* LA VIVA ~. ■ **3** Imagen (representación [de una pers. o cosa] en la mente). ■ **4** Aspecto o apariencia [de alguien o algo]. *Frec con los adjs* BUENA O MALA. ■ **5** Escena o cosa que se percibe con la vista. ■ **6** (*Escén*) Cuadro. ■ **7** (*Mar*) Parte del forro exterior de la popa. ■ **8** (*Metal*) Matriz hueca para forjar o estampar [3].
II *loc v y fórm or* **9 dar a la ~.** Imprimir o dar a la imprenta. ■ **10 maldita sea mi** (**tu, su,** *etc*) **~.** (*col*) *Fórmula de maldición.*

estampación *f* Acción de estampar [1, 2 y 3]. *Tb su efecto.*

estampado¹ -da *adj* **1** *part* → ESTAMPAR. ■ **2** [Dibujo] hecho mediante estampación. *Gralm n m.* **b)** [Tejido] que tiene dibujos estampados. *Tb n m.* **c)** [Prenda] de tejido estampado.

estampado² *m* Acción de estampar [1, 2 y 3]. *Tb su efecto.*

estampador -ra *adj* Que estampa [1, 2 y 3]. *Tb n: m y f, referido a pers; f, referido a máquina.*

estampanar *tr* (*reg*) Estampar [4]. **b)** *pr* (~**se**) Estamparse [4b].

estampar *tr* **1** Dejar escrito o dibujado [algo en papel, tela u otra superficie] mediante presión con un molde. **b)** Marcar [algo en un sitio] mediante presión. **c)** Imprimir [un texto]. **d)** Fijar o imprimir [en la mente]. ■ **2** Decorar [algo] con dibujos o escritos hechos mediante presión con un molde. ■ **3** (*Metal*) Dar forma [a un metal] mediante prensas provistas de matrices. *Frec en part.* ■ **4** Hacer que [una pers. o cosa (*cd*)] choque o se aplaste con fuerza [contra otra (*compl* EN, CONTRA o *ci*)]. *Tb sin el 2º compl.* **b)** *pr* (~**se**) Chocar o aplastarse con fuerza [una pers. o cosa contra otra (*compl* EN o CONTRA)].

■ **5** Dar [un beso o una bofetada], esp. aplastando con fuerza los labios o la mano. ■ **6** Poner [la firma o el nombre].

estampería *f* **1** Lugar en que se fabrican o venden estampas [1a]. ■ **2** Conjunto de estampas [1a].

estampero -ra *adj* Pers. que fabrica o vende estampas [1a].

estampía. de ~. *loc adv* Repentina y precipitadamente. *Con el v* SALIR *u otro equivalente.*

estampida *f* **1** Huida precipitada [de un grupo de perss. o esp. de animales]. *Tb fig.*
II *loc adv* **2 de ~.** De estampía.

estampido *m* Ruido fuerte y seco, esp. el producido por un arma de fuego.

estampilla *f* Sello en que está escrito o dibujado algo, esp. la firma de una persona, y que, humedecido en tinta, sirve para estamparlo en documentos y otros papeles.

estampillado *m* Acción de estampillar.

estampillador -ra *adj* Que estampilla [1]. *Tb n f, referido a máquina.*

estampillar *tr* **1** Marcar con estampilla o sello [algo, esp. determinados títulos o acciones]. ■ **2** *Durante la Guerra Civil (1936-1939), en la zona nacional:* Habilitar provisionalmente [jefes u oficiales]. *Gralm en part, a veces sustantivado, referido a alférez.*

estampita I *f* **1** *dim* → ESTAMPA.
II *loc adj* **2 de la ~.** [Timo] que consiste en despertar la codicia del timado proponiéndole repartir un fajo de supuestos billetes de banco a cambio de una cantidad.

estanca *f* (*reg*) Laguna.

estancación *f* Estancamiento.

estancado -da *adj* **1** *part* → ESTANCAR. ■ **2** [Renta] que procede de un artículo cuya venta exclusiva se reserva el gobierno.

estancamiento *m* Acción de estancar(se) [1 y 2]. *Tb su efecto.*

estancar *tr* **1** Detener el curso o el movimiento [de algo, esp. de un fluido (*cd*)]. **b)** *pr* (~**se**) Detener [algo, esp. un fluido (*suj*)] su curso o su movimiento. ■ **2** Detener el avance o el progreso [de alguien o algo (*cd*)]. **b)** *pr* (~**se**) Detener [alguien o algo] su avance o progreso. ■ **3** Prohibir el curso libre [de una mercancía (*cd*)] concediendo su venta a personas o entidades determinadas.

estancia *f* **1** Hecho de estar durante cierto tiempo [en un lugar]. *Tb el tiempo que dura.* **b)** Permanencia fija o prolongada [en un hotel o en un garaje]. ■ **2** (*lit*) Habitación, esp. grande y lujosa. ■ **3** (*reg*) Lugar para albergar ganado. ■ **4** (*TLit*) Estrofa de versos heptasílabos y endecasílabos en combinación variable, pero uniforme en todas las estrofas del poema. ■ **5** (*hist*) *En América:* Medida agraria equivalente a 780 hectáreas.

estancial *adj* De (la) estancia [1].

estanco -ca I *adj* **1** Que no deja pasar el agua u otros fluidos o materias. ■ **2** Totalmente cerrado e incomunicado. *Tb fig.*
II *m* **3** Establecimiento, de concesión oficial, en que se venden tabaco, sellos y frec. papel y otros objetos de escritorio. ■ **4** Acción de estancar [3]. *Tb su efecto.* ■ **5** (*raro*) Depósito.

estándar I *m* **1** Nivel de calidad. ■ **2** Tipo o patrón. **II** *adj invar* **3** Común o corriente.

estandardización *f* Estandarización.

estandardizar *tr* Estandarizar.

estandarización *f* Acción de estandarizar. *Tb* su efecto.

estandarizar *tr* Ajustar [algo o a alguien] a un estándar [2].

estandarte *m* **1** Insignia consistente en un trozo de tela aproximadamente cuadrado, que pende de un asta y en el que figura el escudo o divisa [de una corporación militar, civil o religiosa]. *Tb fig.* ■ **2** (*Bot*) *En las flores papilionáceas:* Pétalo superior de la corola.

estanflación *f* (*Econ*) Situación de recesión económica, con aumento de desempleo e inflación.

estánnico -ca *adj* (*Quím*) [Combinación] de estaño con valencia 4.

estannífero -ra *adj* **1** Que contiene estaño. ■ **2** De(l) estaño.

estannoso -sa *adj* (*Quím*) [Combinación] de estaño con valencia 2.

estanque *m* Depósito artificial de agua destinado a usos utilitarios u ornamentales.

estanqueidad *f* Estanquidad.

estanquero -ra *m y f* Pers. que posee o atiende un estanco (establecimiento de venta de tabaco).

estanquidad *f* Cualidad de estanco [1 y 2].

estante I *adj* **1** [Ganado, esp. lanar] que pasta habitualmente en el término al que pertenece. **b)** De(l) ganado estante. ■ **2** Sedentario, o que no implica frecuentes desplazamientos. ■ **3** (*raro*) Que está o reside [en un lugar]. **II** *m* **4** Tabla, o plancha de otro material, que se coloca horizontalmente como pieza de un mueble o adosada a la pared, para colocar objetos encima. ■ **5** Mueble con estantes [4] o entrepaños y gralm. sin puertas.

estantería *f* Mueble constituido por una serie de estantes [4].

estantigua *f* **1** Pers. fea, desgarbada y mal vestida. ■ **2** Fantasma o procesión de fantasmas. ■ **3** Visión irreal o fantasmagórica.

estañado *m* Acción de estañar.

estañador *m* Hombre que tiene por oficio estañar.

estañar *tr* Recubrir o soldar [algo] con estaño. *Tb abs.*

estaño I *m* **1** Metal, de número atómico 50, de color blanco grisáceo, fácil de fundir y resistente a los agentes atmosféricos, usado esp. en soldaduras y para proteger el hierro y el cobre. **II** *loc adj* **2** [Papel] **de ~,** [pico] **de ~** → PAPEL, PICO[1].

estapedectomía *f* (*Med*) Extirpación del estribo (hueso del oído).

estaquilla *f* **1** *dim* → ESTACA. ■ **2** (*Agric*) Trozo de rama o tallo que se utiliza para injertar. **b)** (*reg*) Injerto de vid.

estaquillado *m* (*Agric*) Acción de plantar estacas o estaquillas.

estaquillador *m* (*Taur*) Palo que sostiene la muleta.

estaquillar *tr* Sujetar [algo] con estacas o estaquillas [1].

estar I *v* (*conjug* 9) **A** *copulativo* **1** Sirve para presentar como pred de la or un adj de cualidad (*u otra palabra o sintagma trasladados a esta función*) *que expresa una característica más o menos accidental de lo designado en el suj. Este v* (*a diferencia de* SER *en la misma función copulativa*) *presenta dicha característica como resultante de algún cambio o evolución observados o supuestos en lo designado por el suj. Tb pr* (**~se**), *con intención expresiva, y cuando va en imperat.* * El césped está muy verde. * Tú estáte quieta. **b)** (*col*) *Frec se omite el predicat:* ~ [acertado]; ¿ESTAMOS [conformes, o enterados]?; YA ESTÁ [concluido, o resuelto], *etc.* * Muy bien, Miguel. Ahí, ya ves, has estado. * Ya está de tres meses. * Me echáis una mano, y ya está. ■ **2** *Seguido del part de un v tr, forma una constr pasiva con que se expresa que lo designado en el suj ha "recibido" o "sufrido", con anterioridad al tiempo indicado por el* v, *la acción significada por el segundo* v. * La moto estaba abollada. **B** *intr* ➤ **a** *como simple v* **3** Con un compl adv, *expresa existencia o presencia más o menos prolongada en un lugar, tiempo, situación o circunstancia. Tb pr* (**~se**), *con intención expresiva.* * ¿Dónde está el capitán? * Estamos a lunes. * No hablaba; se estaba allí quieto. **b)** *Seguido de un ger, forma una perífrasis con la que se presenta en su desarrollo y no como instantánea la acción significada por el* v *que va en ger.* * Está arreglándose para salir. **c)** (*col*) *Frec se omite la expresión de la situación o circunstancia:* ¿YA ESTAMOS [como siempre]?; NO ESTÁ [en casa o en su sitio], *etc.* ■ **4** *Con los advs calificadores* BIEN, MAL *o equivalentes, expresa cualidad de alguien o algo.* * La obra está muy bien. * ¿Qué tal está el libro? ➤ **b** *en loc v y fórm or* **5 ahí está.** (*col*) *Fórmula con que se corrobora lo que se acaba de oír.* * —Quiere enterarse, pero no pregunta. —Ahí está. ■ **6 donde esté ... que se quite** → QUITAR. ■ **7** ~ [a algo]. (*Der*) Atenerse [a ello]. ■ **8** ~ **a** (*o* **en**) **lo que se está.** (*col*) Atender a lo que se hace. **b) a lo que estamos.** (*col*) *Fórmula con que se pide al interlocutor que evite digresiones y vuelva al tema que interesa.* * A lo que estamos, déjate de historias. ■ **9** ~ [con alguien]. Ser partidario [suyo] o ser de [su] misma opinión. **b)** ~ [con algo]. Trabajar [en ello]. **c)** ~ [con otra pers.]. (*col*) Tener trato carnal [con ella]. ■ **10** ~ [de una parte del cuerpo]. (*col*) Padecer o estar [1a] enfermo [de ella]. ■ **11** ~ **de más.** **a)** Ser innecesario [algo]. **b)** Sobrar o estorbar [alguien o algo]. **c)** (*pop*) Estar [alguien] sin empleo o sin nada que hacer. ■ **12** ~ [en algo]. Tener la convicción [de ello], o haberse hecho a la idea [de ello]. **b)** Atender [a algo (*compl EN*)]. ■ **13** ~ **por +** *infin* (*está todo por hacer*) → POR. **b)** ~ **por +** *infin* = ~ TENTADO DE, *o* INCLINARSE A, + *infin.* * Estoy por no ir. **c)** Tener inclinación o preferencia [por alguien o algo]. **d)** Ser partidario [de algo (*compl* POR)]. **e)** Sentir amor [por alguien]. ■ **14** ~ **ahí.** (*lit*) Existir. ■ **15** *Forma parte, de manera fija o habitual, de numerosas locs y constrs:* ~ A LA QUE SALTA, ~ A BIEN, ~ AL CAER, ~ A MAL, ~ A MATAR, ~ BIEN, ~ BUENO, ~ DICIENDO COMEDME, ~ EN POCO (QUE), ~ POR VER, ~ VISTO (QUE), DEJAR ~, *etc* (→ SALTAR, BIEN[2], CAER, MAL[2], MATAR, *etc*). ■ **16** ~**le** [a alguien una cosa en algo]. Costarle [lo que se expresa (*compl* EN)]. **II** *m* **17** (*raro*) Cuarto de estar (→ CUARTO).

estarcido *m* Acción de estarcir.

estarcir *tr* Reproducir [letras o dibujos] por medio de una plantilla que los lleva perforados.

estaribel *m* (*jerg*) Presidio o cárcel.

estasis (*tb* **éstasis**) *f* (*o m*) (*Med*) Estancamiento de la sangre u otro líquido en una parte del cuerpo.

estatal *adj* Del Estado (unidad política y esp. su organización).

estatalismo *m* (*Pol*) Estatismo.

estatalista *adj* (*Pol*) De(l) estatalismo. **b)** Partidario del estatalismo. *Tb n.*

estatalización *f* Acción de estatalizar.

estatalizador -ra *adj* Que estataliza.

estatalizar *tr* Poner [algo] bajo la administración o intervención del Estado.

estater *m* (*hist*) Moneda griega de plata o de oro, equivalente a 4 o a 20 dracmas, respectivamente.

estáticamente *adv* De manera estática [1 y 2].

estaticismo *m* (*raro*) Estatismo¹.

estático -ca I *adj* **1** Que no se mueve o que está fijo en un sitio. *Tb fig.* **b)** Paralizado por el asombro o la emoción. ■ **2** Que no cambia o que permanece inalterado. ■ **3** [Electricidad] de un cuerpo en el que existen cargas eléctricas en reposo. ■ **4** (*Fís*) [Equilibrio] que se produce cuando el eje de rotación pasa por el centro de gravedad. ■ **5** (*Anat*) De(l) equilibrio. II *f* **6** (*Fís*) Parte de la mecánica que estudia las fuerzas en equilibrio.

estatificación *f* Acción de estatificar.

estatificador -ra *adj* Que estatifica.

estatificar *tr* Estatalizar.

estatismo¹ *m* Cualidad de estático [1 y 2].

estatismo² *m* (*Pol*) Tendencia a dar al Estado papel preponderante en la vida económica y social. *Tb la doctrina correspondiente.*

estatista *adj* (*Pol*) De(l) estatismo². **b)** Partidario del estatismo². *Tb n.*

estativo *adj* (*E*) [Soporte] estable para microscopios y otros instrumentos de precisión. *Tb n m.*

estatización *f* Estatalización.

estatizar *tr* Estatalizar.

estato- *r pref* (*Anat*) Estático o del equilibrio. * Nervio estatoacústico.

estatocisto *m* (*Anat*) *En algunos invertebrados:* Órgano del equilibrio.

estatoconia *f* (*Anat*) Sustancia pulverulenta que se encuentra en diversas partes del oído interno.

estatolatría *f* (*lit*) Mitificación del Estado.

estatolátrico -ca *adj* (*lit*) De (la) estatolatría o que la implica.

estatolito *m* (*Anat*) Concreción calcárea del estatocisto, cuyo movimiento estimula otros movimientos reflejos para recobrar el equilibrio.

estator (*tb* **estátor**) *m* (*Electr*) Parte fija de un motor o generador eléctrico.

estatorreactor *m* (*Aer*) Motor de reacción desprovisto de órganos móviles.

estatua I *f* **1** Escultura de una figura humana o animal. **b)** *Se usa frec en constrs de sent comparativo para ponderar la inmovilidad.* **c)** ~ **de sal.** Pers.

totalmente inmóvil como efecto de una transformación. *Normalmente con el v* CONVERTIR. II *loc v* **2 hacer la ~.** Quedarse totalmente inmóvil.

estatuar (*conjug* **1b**) *tr* Representar en estatua [1a].

estatuariamente *adv* (*raro*) Estatutariamente.

estatuario¹ -ria I *adj* **1** De (la) estatua o de (las) estatuas [1a]. ■ **2** Que recuerda los caracteres de las estatuas [1a], esp. su rigidez o inmovilidad. II *n* A *f* **3** Arte de hacer estatuas [1a]. ■ **4** Conjunto de estatuas [1a]. B *m* **5** (*Taur*) Pase en que el torero permanece absolutamente inmóvil.

estatuario² -ria *adj* (*raro*) Estatutario.

estatúder (*pl normal*, ~s *o* ~ES) *m* (*hist*) *En la antigua república de los Países Bajos:* Jefe o magistrado supremo.

estatuderato *m* (*hist*) Cargo o dignidad de estatúder.

estatuir (*conjug* **48**) *tr* Establecer o determinar.

estatura *f* **1** Altura [de una pers.]. ■ **2** Talla o importancia [de una pers.]

estatus *m* Status.

estatutariamente *adv* De manera estatutaria.

estatutario -ria *adj* De (los) estatutos [1 a 4] o estipulado en ellos.

estatutista *adj* Partidario del estatuto [2] o de los estatutos.

estatuto (*gralm con mayúscula en aceps 1 a 4*) *m* **1** Regla que tiene fuerza de ley para el gobierno de un cuerpo, una institución o una colectividad. *Frec en pl.* ■ **2** Ley especial, dictada por el Estado, para el gobierno de una comunidad autónoma. *Frec* ~ DE AUTONOMÍA. ■ **3** Régimen jurídico a que están sometidas las personas, las cosas o determinadas profesiones. *Frec con un adj o compl especificador.* ■ **4** ~ **Real.** (*hist*) Ley fundamental española promulgada en 1834 y vigente hasta 1836. ■ **5** (*raro*) Status.

estay *m* (*Mar*) Cabo o cable que sujeta un palo o mastelero para que no caiga hacia popa.

este¹ -ta (*frec con tilde cuando es pron*) I *adj* (*normalmente antepuesto al n; puede ir* (*col*) *detrás de él, en la constr* EL + *n* + ~; *precediendo a un n f que comienza por* /a/ *tónica, es frec la forma* ESTE *por* ESTA) **1** Que está próximo o se señala a la vista del oyente o lector. * Este chico es mi amigo. * El chico este no para. ■ **2** Que está unido o próximo a mí o a nosotros. * Coge un libro de la mesa y dice: ¿Qué tal está este libro? **b)** [Lugar o tiempo] en que estamos. *A veces en constrs como* UNO DE ESTOS DÍAS *o* UN DÍA DE ESTOS. * En esta casa hace calor. * A estas horas ya es en casa. **c)** [Tiempo] inmediatamente pasado o inmediatamente próximo. * Iré esta tarde. ■ **3** Que acaba de mencionarse. * Lo mejor es advertir estas cosas a los amigos. ■ **4** Que va a mencionarse. * A va a escribir un libro titulado: "Cartilla del automovilista". ■ **5** (*col*) Denota queja o admiración moderados respecto a una pers o cosa presente o no. * Este Arriaga... Al menos podía telefonear. II *pron* **6** El que está próximo o se señala a la vista del oyente o lector. * Pediría un sol tan limpio como este. **b)** (*col*) La pers. presente. * Este también se me ha ido. ¡Este también! ■ **7** El que está unido o próximo a mí o a nosotros. * El abuelo señalaba las cepas: —Esta, y esta, y aquella. **b)** **esta.** (*hoy ra-*

ro) *En una carta:* La ciudad en que me encuentro. * Queridos padres: al recibo de la presente deseo que se encuentren bien; por esta, bien. ■ **8** El que acaba de mencionarse. * Se volvió hacia su madre y esta me miró. ■ **9** El que va a mencionarse. * *–Te contaré una historia. –¿Cuál? –Esta:* Había un niño... ■ **10 ~ que lo es.** (*pop, hoy raro*) *En una carta, precede inmediatamente a la firma.* * Se despide este que lo es, tu marido, Manuel. ■ **11 estas.** (*col*) Las palabras o hechos recién presentados o mencionados. *Frec con matiz despectivo o de reproche.* * ¿Con estas a mí? ■ **12** *Designa a una pers indeterminada que se suma o contrapone a otras igualmente indeterminadas. En constrs como ~,* EL OTRO Y (O) EL DE MAS ALLÁ; ~ Y (O) EL OTRO. * *Cualquier día, este o el otro le va con el cuento.*
III *loc adv* **13 a todas estas.** Mientras tanto. * *A todas estas, él devoraba el pollo.* ■ **14 en estas.** (*col*) En las citadas circunstancias. * *En estas, el abuelo llegó muy enfadado.*
IV *interj* **15 por estas**, o **como estas.** (*pop*) *Fórmula de juramento con la que se señala una figura de cruz hecha con los dedos.* * *Haré lo que he dicho. ¡Por estas!*

este² (*frec con mayúscula*) *m* **1** Punto cardinal por donde sale el Sol en los equinoccios. *Tb en aposición.* ■ **2** Parte [de un territorio o lugar] que está hacia el este [1]. *Frec en aposición.* **b)** (*Pol*) Bloque de las naciones europeas de régimen comunista. ■ **3** Viento que sopla del este [1]. *Tb* VIENTO ~.

esteárico -ca *adj* **1** (*Quím*) [Ácido] incoloro, inodoro e insoluble, presente en las grasas animales y usado para la fabricación de velas y supositorios. ■ **2** De estearina.

estearina *f* (*Quím*) Éster incoloro y cristalino de glicerina y ácido esteárico [1], usado en la fabricación de velas y jabones.

esteatita *f* (*Mineral*) Variedad de talco usada esp. para hacer señales en las telas y para fabricar aislantes eléctricos.

esteatópigo -ga *adj* (*Med*) Que presenta exagerada gordura en las nalgas. *Tb n, referido a pers.*

esteatorrea *f* (*Med*) Presencia de exceso de grasa en las deposiciones.

estegosáurido *adj* (*Zool*) [Dinosaurio] de la familia del estegosaurio. *Frec como n m en pl, designando este taxón zoológico.*

estegosaurio *m* (*Zool*) Dinosaurio con el dorso cubierto de placas óseas y otras formando crestas sobre la columna vertebral (gén. *Stegosaurus*).

estela¹ *f* **1** Huella o rastro visible que deja en el agua una embarcación u otro objeto en movimiento. ■ **2** Rastro de luz, humo, olor o polvo que deja alguien o algo al moverse. *Frec con un compl especificador.* ■ **3** Rastro que deja tras de sí alguien o algo que pasa.

estela² *f* Monumento conmemorativo en forma de lápida, pedestal o fragmento de columna, que se coloca normalmente sobre el suelo.

estelar *adj* **1** De (la) estrella o (las) estrellas (astros). ■ **2** Que tiene carácter de estrella (pers. o cosa destacada). *Tb n m, referido a encuentro.* **b)** Extraordinario. *Con intención ponderativa.*

estelaria *f* Se da este *n* a las plantas herbáceas *Stellaria palustris* y *S. alsine*.

estelérido -da *adj* (*Zool*) [Equinodermo] de la clase cuyo tipo es la estrella de mar. *Frec como n m en pl, designando este taxón zoológico.*

estelionato *m* (*Der*) Fraude que se comete en un contrato u otro acto jurídico.

estellés -sa *adj* De Estella (Navarra). *Tb n, referido a pers.*

estema *m* (*Filol*) Esquema de la filiación y transmisión de manuscritos o versiones procedentes del original de una obra.

estemenara *f* (*Mar*) Pieza que se une a la varenga para formar la cuaderna.

estenografía *f* Taquigrafía.

estenografiar (*conjug 1c*) *tr* Escribir [algo] en estenografía.

estenográfico -ca *adj* De (la) estenografía.

estenógrafo -fa *m y f* Profesional de la estenografía.

estenohalino -na *adj* (*Biol*) [Organismo acuático] capaz de existir solamente dentro de unos estrechos límites de salinidad. *Se opone a* EURIHALINO.

estenosante *adj* (*Med*) Que causa estenosis.

estenosar *tr* (*Med*) Causar estenosis [en un orificio o conducto del cuerpo (*cd*)]. **b)** *pr* (**~se**) Sufrir estenosis [un orificio o conducto del cuerpo].

estenosis *f* (*Med*) Estrechez o estrechamiento de un orificio o conducto. *Gralm con un adj o compl especificador.*

estenotermo -ma *adj* (*Biol*) [Animal] capaz de vivir solamente dentro de unos estrechos límites de temperatura.

estenotipia *f* **1** Taquigrafía a máquina. ■ **2** Máquina de escribir en estenotipia [1].

estenotipista I *adj* **1** De (la) estenotipia. **II** *m y f* **2** Profesional de la estenotipia [1].

estentóreamente *adv* De manera estentórea.

estentoreidad *f* Cualidad de estentóreo.

estentóreo -a *adj* [Sonido] muy fuerte o ruidoso. *Tb fig.*

estepa¹ *f* Llanura extensa de hierbas raquíticas resistentes al frío y a la sequedad, propia de climas extremos.

estepa² *f* Planta resinosa con tallos leñosos y erguidos, hojas blanquecinas por el envés y flores de corola grande y blanca (gén. *Cistus*). *A veces con un adj especificador:* ~ BLANCA (*C. albidus*), ~ NEGRA (*C. monspeliensis* y *C. salvifolius*), *etc.*

estepar *m* Terreno poblado de estepa².

estepario -ria *adj* De (la) estepa¹.

estepeño -ña *adj* De Estepa (Sevilla). *Tb n, referido a pers.*

estepilla *f* (*reg*) *Se da este n a las plantas Cistus albidus y Digitalis obscura.*

esteponero -ra *adj* De Estepona (Málaga). *Tb n, referido a pers.*

éster *m* (*Quím*) Compuesto que resulta al reemplazar el hidrógeno de un ácido por un radical alcohólico.

estera I *f* **1** Tejido grueso de esparto u otra materia semejante, usado esp. para cubrir el suelo. **b)** Alfombra, cortina u otro objeto de estera.

II *loc v* **2 dar** (*o* **recibir**) **más palos que una ~.** (*col*) Dar (o recibir) muchos palos.

esterar *tr* Cubrir de estera el suelo [de un lugar (*cd*)].

esterasa *f* (*Biol*) Fermento que hidroliza los ésteres.

estercolado *m* Acción de estercolar.

estercoladura *f* Acción de estercolar.

estercolar *tr* Poner estiércol [a la tierra o las plantas (*cd*)]. *Tb abs*.

estercolear *tr* (*reg*) Estercolar. *Tb abs*.

estercolera *f* (*reg*) Estercolero.

estercolero *m* **1** Lugar en que se amontona el estiércol. *Tb* (*lit*) *fig*. ■ **2** Lugar muy sucio.

esterculiácea *adj* (*Bot*) [Planta] dicotiledónea de la familia del cacao, uno de cuyos géneros más importantes es *Sterculia*. *Frec como n f en pl, designando este taxón botánico.*

estéreo¹ **I** *adj invar* **1** Estereofónico.
II *m* **2** Estereofonía.

estéreo² *m* Unidad de medida para leña, equivalente a la que puede colocarse, apilada, en el espacio de un metro cúbico.

estereofonía *f* Reproducción del sonido caracterizada por la reconstrucción espacial de los manantiales sonoros.

estereofónico -ca *adj* De (la) estereofonía.

estereográfico -ca *adj* **1** (*Geom*) [Proyección] de todos los puntos de la esfera desde uno de ellos sobre un plano tangente en el punto diametralmente opuesto, o sobre un plano paralelo a este trazado por el centro de la esfera. ■ **2** (*Ópt*) Estereoscópico.

estereoisomería *f* (*Quím*) Isomería del espacio.

estereomicroscopio *m* (*Ópt*) Microscopio binocular que produce una sensación de relieve en los objetos observados.

estereoquímico -ca (*Quím*) **I** *adj* **1** De (la) estereoquímica [2] o de su objeto.
II *f* **2** Parte de la química que trata de la disposición espacial de los átomos en las moléculas.

estereorradián *m* (*Geom*) *En el sistema internacional:* Unidad de medida de ángulos sólidos, equivalente al ángulo sólido que tiene su vértice en el centro de una esfera y que corta en la superficie de esta un cuadrado de lado igual al radio de la misma.

estereorradiante *m* (*Geom*) Estereorradián.

estereoscópico -ca *adj* (*Ópt*) **1** De(l) estereoscopio o estereóscopo. ■ **2** Que permite la visión en relieve. **b)** [Par de fotografías] que, tomadas desde puntos diferentes y vistas simultáneamente cada una por un ojo, dan la sensación de relieve.

estereoscopio *m* (*Ópt*) Instrumento en el que una imagen duplicada, vista con cada ojo por distinto ocular, aparece como una imagen única en relieve.

estereóscopo *m* (*Ópt*) Estereoscopio.

estereotaxia *f* (*Med*) Técnica de exploración y cirugía neurológica, usada para dirigir el extremo de un aparato a un lugar determinado del sistema nervioso, esp. del cerebro.

estereotáxico -ca *adj* (*Med*) De (la) estereotaxia.

estereotipadamente *adv* De manera estereotipada [2].

estereotipado -da *adj* **1** *part* → ESTEREOTIPAR.
■ **2** Que se repite sin variación, con falta total de originalidad.

estereotipador -ra *m y f* (*Impr*) Pers. que estereotipa.

estereotipar *tr* (*Impr*) Imprimir por estereotipia [1]. *Tb fig.*

estereotipia *f* **1** (*Impr*) Procedimiento de impresión que consiste en reproducir en planchas un molde compuesto de tipos móviles. ■ **2** (*Impr*) Máquina de imprimir por estereotipia [1]. ■ **3** (*Med*) Repetición persistente de palabras o gestos automáticos e inconscientes, propia esp. de la demencia precoz.

estereotípico -ca *adj* (*Impr*) De (la) estereotipia [1].

estereotipo *m* Idea, frase, imagen o modelo estereotipados [2].

estereotomía *f* (*Constr*) Arte de cortar, en formas y dimensiones debidas, piedras u otros materiales de construcción.

esterería *f* Tienda o taller del esterero.

esterero -ra *m y f* Pers. que fabrica o vende esteras.

estérico -ca *adj* (*Quím*) De (la) configuración espacial de las moléculas.

estérido *m* (*Quím*) Lípido cuyo alcohol es el colesterol u otro esterol.

esterificación *f* (*Quím*) Acción de esterificar(se).

esterificador -ra *adj* (*Quím*) Que esterifica.

esterificar *tr* (*Quím*) Transformar en éster. **b)** *pr* (**~se**) Transformarse en éster.

estéril **I** *adj* **1** Incapaz para la reproducción. ■ **2** Que no produce fruto. *Tb fig.* ■ **3** Libre de microorganismos o gérmenes patógenos.
II *m* **4** (*Min*) Roca o tierra que no contiene mineral.

esterilet *m* Dispositivo anticonceptivo que se introduce en el útero para asegurar una esterilidad permanente pero reversible.

esterilete *m* Esterilet.

esterilidad *f* Cualidad o condición de estéril.

esterilizable *adj* Que se puede esterilizar.

esterilización *f* Acción de esterilizar(se). *Tb su efecto.*

esterilizador -ra **I** *adj* **1** Que esteriliza.
II *m* **2** Aparato para esterilizar objetos, destruyendo los gérmenes que haya en ellos.

esterilizante *adj* Que esteriliza.

esterilizar *tr* Hacer estéril, *esp* [1 y 3]. *Tb abs.* **b)** *pr* (**~se**) Hacerse estéril.

estérilmente *adv* De manera estéril [2].

esterilla *f* **1** Estera pequeña u objeto semejante para poner sobre el suelo. ■ **2** Tejido cuyos hilos son gruesos y se cruzan con bastante separación.

esterina *f* (*Quím*) Estearina.

esterlina **I** *adj* **1** [Libra] ~ → LIBRA¹.
II *f* **2** Libra esterlina.

esternal *adj* (*Anat*) De(l) esternón.

esternocleidohioideo *adj* (*Anat*) [Músculo] que se inserta en el esternón, la clavícula y el borde inferior del hueso hioides. *Tb n m.*

esternocleidomastoideo *adj* (*Anat*) [Músculo] que se inserta en el esternón, la clavícula y la apófisis mastoidea. *Tb n m.*

esternohioideo *adj* (*Anat*) Esternocleidohioideo. *Tb n m.*

esternomastoideo *adj* (*Anat*) Esternocleidomastoideo. *Tb n m.*

esternón *m* Hueso plano situado en la parte media y anterior del tórax, en el que se articulan las costillas.

esternotiroideo *adj* (*Anat*) [Músculo] que se inserta en el esternón y en el cartílago tiroides. *Tb n m.*

estero[1] *m* **1** Estuario (desembocadura de un río de gran caudal, por la que penetra el agua del mar al subir la marea). ▪ **2** Terreno pantanoso que suele llenarse de agua por lluvias o filtraciones y que abunda en plantas acuáticas. ▪ **3** Estancamiento de agua. ▪ **4** (*reg*) Salina.

estero[2] *m* Acción de esterar.

esteroide *adj* (*Biol*) [Sustancia] de gran importancia fisiológica, constituida por cuatro anillos químicos unidos de forma característica. *Frec n m.*

esteroideo -a *adj* (*Biol*) Esteroide.

esterol *m* (*Biol*) Sustancia alcohólica cristalina del grupo de los esteroides, presente en las plantas y animales.

esterón *m* (*reg*) Estera grande.

esterotáxico -ca *adj* (*Med*) Estereotáxico.

estertor *m* Respiración anhelante y ruidosa, propia de los moribundos. *Frec* (*lit*) *fig.*

estertóreo -a *adj* De(l) estertor o de (los) estertores.

estertoroso -sa *adj* De(l) estertor o de (los) estertores.

estesiómetro *m* (*Med*) Instrumento en forma de compás para medir la sensibilidad táctil.

esteta A *m y f* **1** Pers. que tiene o afecta un gusto muy desarrollado por la belleza. *Tb adj.*
B *m* **2** Hombre homosexual.

estética → ESTÉTICO.

estéticamente *adv* En el aspecto estético [1].

esteticien (*pronunc corriente,* /estetisién/; *pl normal,* ~s) *m y f* Esteticista [2].

esteticismo *m* Actitud o tendencia que concede una importancia primordial a los valores estéticos [1]. *Frec con intención desp.*

esteticista I *adj* **1** De(l) esteticismo o que lo implica. **b)** Adepto al esteticismo [2].
II *m y f* **2** Especialista en estética [7].

estético -ca I *adj* **1** De (la) estética [4 y 5]. ▪ **2** De (la) belleza. **b)** [Cirugía] cuyo fin es embellecer el cuerpo. *Tb* (*col*) *n f.* **c)** [Cirujano] especializado en cirugía estética. ▪ **3** [Cosa] bella o armoniosa.
II *f* **4** Ciencia que estudia la belleza y las reglas y principios del arte. ▪ **5** Concepto de la estética [4] o de la belleza. ▪ **6** Condición de bello o armonioso. ▪ **7** Actividad relativa a los tratamientos de belleza.

estetificación *f* Toma de carácter estético.

estetizante *adj* Que tiende al esteticismo.

estetoscopio *m* (*Med*) Instrumento que sirve para auscultar.

esteva *f* En el arado: Pieza sobre la cual apoya la mano el que ara.

estevón *m* Esteva.

estezado *m* Piel de venado, cabra u otro animal similar curtida en seco.

esthéticien -cienne (*fr; pronunc corriente,* /estetisién/) *m y f* Esteticista [2].

estiaje *m* Caudal mínimo de agua [de un río o lago] durante cierta época del año. *Tb la misma época. Tb* (*lit*) *fig.*

estiba *f* **1** Acción de estibar. ▪ **2** (*Mar*) Carga o conjunto de pesos colocados a bordo de modo que den estabilidad al buque.

estibador -ra I *adj* **1** Que se dedica a estibar [1].
II *m* **2** Obrero encargado de estibar [1].

estibaje *m* (*Mar*) Estiba [1].

estibar *tr* **1** (*Mar*) Colocar adecuadamente [la carga] en un buque, de modo que este tenga estabilidad. **b)** Cargar adecuadamente [un buque]. ▪ **2** Colocar adecuadamente [una carga] para que ocupe el menor espacio posible. *Tb fig.*

estibina *f* (*Mineral*) Mineral de color gris y brillo metálico, constituido por sulfuro de antimonio.

esticomitia *f* (*TLit*) Diálogo dramático en que cada frase ocupa exactamente un verso. *Tb el verso que coincide con una unidad sintáctica.*

estiércol *m* Conjunto de excrementos de animales, gralm. con paja u otras materias orgánicas en descomposición, que se usa para abonar la tierra.

estigio -gia *adj* (*lit*) Infernal.

estigma *m* **1** Herida o señal de las cinco que, dispuestas como las de Cristo, aparecen milagrosamente en el cuerpo de algunas personas. ▪ **2** (*lit*) Herida o señal en el cuerpo. *Tb fig.* ▪ **3** (*lit*) Mancha o marca afrentosa. ▪ **4** (*Bot*) Parte superior del pistilo, que recibe el polen en la fecundación. ▪ **5** (*Zool*) En los artrópodos, esp en los insectos: Orificio por el que penetra el aire en la tráquea. ▪ **6** (*Med*) Síntoma o signo persistente, característico de una enfermedad determinada.

estigmatizar *tr* **1** Imprimir [en alguien o en una parte de su cuerpo (*cd*)] los estigmas [1]. ▪ **2** Marcar [a alguien o algo] con un estigma [3].

estilarse A *intr pr* **1** Usarse o estar de moda [algo].
B *tr pr* **2** Usar o tener por costumbre [algo (*cd*)].

estilema *m* (*TLit*) Rasgo o forma estilísticos.

estilete *m* **1** Puñal de hoja estrecha y puntiaguda. *Tb fig, designando otros objetos delgados y puntiagudos.* ▪ **2** (*Med*) Instrumento a modo de sonda metálica con una pequeña dilatación en uno de sus extremos. ▪ **3** (*Zool*) Pieza bucal puntiaguda de algunos insectos.

estiliforme *adj* (*E*) De forma de estilo[2] o punzón.

estilismo *m* **1** Cuidado esmerado del estilo[1] [1 y 2]. *Frec con intención desp.* **b)** (*raro*) Efecto estilístico. ▪ **2** Diseño (actividad).

estilista *m y f* **1** Pers., esp. escritor, que se caracteriza por lo cuidado de su estilo[1]. ▪ **2** Diseñador. ▪ **3** Peluquero que crea nuevas formas de peinado.

estilísticamente *adv* En el aspecto estilístico.

estilístico -ca I *adj* **1** De(l) estilo¹ [1 y 2]. **b)** Relativo a la expresividad.
 II *f* **2** Estudio científico del estilo¹ [1]. *Tb el mismo estilo.*

estilita *adj* (*hist*) [Anacoreta] que vive sobre una columna. *Tb n.*

estilización *f* Acción de estilizar(se). *Tb su efecto.*

estilizado -da *adj* **1** *part* → ESTILIZAR. ■ **2** [Figura o arte] que reduce su representación a los rasgos elementales y característicos. ■ **3** Esbelto o delgado.

estilizar *tr* **1** Reducir la representación [de algo (*cd*)] a sus rasgos más elementales y característicos. *Tb fig.* **b)** *pr* (~se) Reducirse la representación [de algo (*suj*)] a sus rasgos más elementales y característicos. ■ **2** Adelgazar o hacer más esbelto. **b)** *pr* (~se) Adelgazarse o hacerse más esbelto.

estilo¹ I *m* **1** Modo personal de escribir [de un autor]. *Tb sin compl.* **b)** Modo de expresión característico [de un género literario, de una obra o de un escrito]. **c)** Modo personal de hablar o de expresarse [de una pers. o colectividad]. **d)** (*Ling*) Forma de la oración que depende de la manera de reproducir palabras o pensamientos ajenos o propios. *Con los adjs* DIRECTO *o* INDIRECTO (→ DIRECTO, INDIRECTO). ■ **2** Modo personal [de un artista] de realizar sus obras. ■ **3** Tipo estético constituido por un conjunto de caracteres formales. *Frec con un especificador.* ■ **4** Modo característico de actuar, comportarse o vivir [de una pers. o colectividad o de una época]. *Frec con un adj o compl especificador.* **b)** Manera de hacer algo. **c)** Modales. *Frec en la constr* MAL ~. *Tb fig.* ■ **5** Modo de ser o de estar hecho [algo] en su aspecto formal. ■ **6** Clase o modalidad. ■ **7** Cualidad [de una obra de arte] que la hace destacar o distinguirse de las demás. **b)** Elegancia o distinción [de alguien o algo].
 II *loc adj* **8 de ~.** *En una editorial:* [Corrección o corrector] de la forma lingüística de un texto que va a la imprenta. ■ **9 de ~.** [Manual o libro] de normas de redacción, destinado a un medio de comunicación. ■ **10 de ~.** [Objeto] que pertenece a un estilo [3] antiguo bien definido, o que se realiza en la actualidad en un estilo antiguo. ■ **11 por el ~.** Semejante o parecido. *Tb adv.*

estilo² *m* **1** Punzón. **b)** (*hist*) Punzón usado en la antigüedad para escribir sobre tablillas enceradas. ■ **2** *En un reloj de sol:* Varilla que marca la hora. ■ **3** (*Bot*) Parte del pistilo que une el ovario con el estigma.

estilóbato (*tb* **estilobato**) *m* (*Arquit*) Plataforma que sirve de base a una columnata.

estilogloso *adj* (*Anat*) [Músculo] que se inserta en la apófisis estiloides del temporal y retrae la lengua. *Tb n m.*

estilográfico -ca *adj* [Pluma] que lleva en su mango un depósito de tinta. *Frec n f.* **b)** [Lápiz] ~ → LÁPIZ.

estilógrafo *m* Utensilio semejante a la pluma estilográfica, usado para dibujar.

estilohioideo *adj* (*Anat*) [Músculo] que se inserta en la apófisis estiloides y en el hioides. *Tb n m.*

estiloides *adj* (*Anat*) [Apófisis] alargada en forma de estilo² o punzón. *Esp referido al hueso temporal.*

estiloso -sa *adj* Que tiene estilo¹ [7b].

estima I *f* **1** Valoración positiva de una pers. o cosa por sus cualidades. ■ **2** Estimación o afecto.
 II *loc v* **3 tener en** (**alta, gran, mucha** *o* **poca**) ~. Estimar (mucho o poco).

estimabilidad *f* Cualidad de estimable.

estimable *adj* **1** Digno de estima. *A veces con matiz desp.* ■ **2** Que se puede estimar [1 y 2]. ■ **3** Considerable o estimable.

estimación *f* **1** Acción de estimar, *esp* [1 y 2]. *Tb su efecto.* ■ **2** Consideración o afecto. ■ **3** Estima [1].

estimado -da *adj* **1** *part* → ESTIMAR. ■ **2** *Se usa en fórmulas de cortesía, esp en cartas.* ■ **3** (*Der*) [Dote] que se valora en el momento de su constitución y cuya propiedad se transmite al marido, que queda obligado a devolver, en su día, el importe.

estimar A *tr* **1** Determinar el valor [de algo (*cd*)]. ■ **2** Calcular aproximadamente. *Con un compl* EN, *que expresa cantidad.* ■ **3** Atribuir un valor subjetivo [a alguien o algo] o reconocer el que tiene. *Frec con un adv de cantidad:* MUCHO, POCO, EN MUCHO, EN POCO. ■ **4** Sentir afecto [por alguien o algo (*cd*)]. ■ **5** Creer o juzgar. *A veces con un adj predicat.* ■ **6** (*admin*) Aceptar [una petición]. ■ **7** (*col, hoy raro*) Agradecer. *Gralm abs y frec en ger.*
 B *intr pr* (~se) **8** Preciarse, o sentir la dignidad de ser lo que se es. *En la loc* QUE SE ESTIME.

estimativamente *adv* De manera estimativa [1].

estimativo -va I *adj* **1** De (la) estimación [1].
 II *f* **2** (*Filos*) Facultad que distingue, entre los datos aportados por los sentidos, lo conveniente de lo nocivo. ■ **3** Capacidad de valoración [de una pers.]. ■ **4** Estimación [1].

estimatorio -ria *adj* (*admin*) De (la) estimación.

estimulación *f* Acción de estimular¹. *Tb su efecto.*

estimulador -ra *adj* Que estimula. *Tb n m, referido a aparato.*

estimulante *adj* Que estimula. *Tb n m, referido a medicamento o agente.*

estimular¹ *tr* **1** Hacer que [alguien (*cd*)] tenga deseos de actuar, o de hacerlo más deprisa o mejor. *Frec con un compl* A. ■ **2** Hacer que [un órgano (*cd*)] entre en función. ■ **3** Hacer que [algo, esp. una función orgánica (*cd*)] se active.

estimular² *adj* (*E*) Estimulador.

estimulativo -va *adj* (*raro*) Que estimula o sirve para estimular¹.

estimulina *f* (*Biol*) Sustancia, esp. hormona, que estimula una función biológica.

estímulo *m* Cosa que estimula. **b)** (*E*) Agente capaz de estimular¹ [2 y 3].

estío *m* (*lit*) Verano.

estipe *m* (*Bot*) Tallo troncocónico, sin ramificaciones y terminado en un penacho de hojas.

estipendiar (*conjug* 1a) *tr* (*raro*) Dar estipendio [a alguien (*cd*)].

estipendiario -ria I *adj* **1** (*hist*) Tributario.
 II *m y f* **2** (*raro*) Pers. que cobra estipendio.

estipendio *m* (*lit*) Remuneración que se da a una persona por su trabajo o servicio. **b)** (*Rel catól*) Cantidad fijada por la autoridad eclesiástica, que se da al sacerdote para que aplique la misa por una intención dada.

estípite *m* (*Arquit*) Elemento en forma de pirámide truncada, con la base menor hacia abajo y que gralm. sirve de soporte.

estiptiquez *f* (*raro*) Estreñimiento.

estípula *f* (*Bot*) Apéndice foliáceo de los dos que se forman a los lados de la base del pecíolo.

estipulación *f* **1** Disposición o cláusula [de un documento público o privado]. ■ **2** Acción de estipular.

estipular *tr* **1** Establecer o determinar [algo (*cd*) una ley o norma (*suj*) o alguien en una ley o norma]. ■ **2** Concertar o acordar [algo].

estirada *f* Acción de estirarse, esp [1b]. *Esp en fútbol.*

estirado¹ -da *adj* **1** *part* → ESTIRAR. ■ **2** [Pers.] engreída u orgullosa en su trato con los demás.

estirado² *m* Acción de estirar(se).

estirador -ra *adj* Que estira. *Tb n: m y f, referido a pers; m, referido a aparato.*

estiramiento *m* **1** Acción de estirar(se). ■ **2** Cualidad de estirado¹ [2].

estirar **I** *v A tr* **1** Alargar o extender [algo], esp. tirando de sus extremos. **b)** Hacer que [algo o alguien (*cd*)] aumente en longitud, esp. disminuyendo en anchura. *A veces el cd es refl.* ■ **2** Poner [algo] tenso o tirante. **b)** Hacer que [algo doblado o encogido (*cd*)] deje de estarlo. **c)** ~ **la pata**, ~ **las piernas** → PATA¹, PIERNA. ■ **3** Desarrugar [algo, esp. ropa]. **b)** *pr* (~**se**) Desarrugarse. ■ **4** Hacer que [algo, esp. tiempo o dinero (*cd*)] dure o cunda lo más posible. ■ **5** Hacer que [algo (*cd*)] llegue más allá del límite normal o establecido. **b)** *pr* (~**se**) Llegar [algo, esp. tiempo] hasta más allá del límite normal o establecido. **B** *intr* ➤ a *normal* **6** Aumentar [algo] en longitud. *Tb pr* (~**se**). ■ **7** Crecer [una pers.]. ■ **8** (*pop*) Tirar [de algo]. ➤ **b** *pr* (~**se**) **9** Estirar [2] los miembros, esp. brazos y piernas, para desentumecerse o desperezarse. ■ **10** Alargarse o llegarse [hasta un lugar]. **II** *loc n m* **11 estira y afloja.** (*pop*) Tira y afloja (→ TIRAR).

estirazar *tr* (*col*) Estirar [1].

estireno *m* (*Quím*) Hidrocarburo bencénico presente en los alquitranes de hulla, usado esp. para la fabricación de plásticos y cauchos sintéticos.

estirón *m* **1** Crecimiento rápido o brusco [de una pers.]. *Gralm en la constr* DAR (o PEGAR) UN (o EL) ~. *Tb fig.* ■ **2** (*pop*) Tirón brusco. *Tb fig.*

estirpe *f* **1** Linaje. *Tb fig.* ■ **2** (*Der*) En una sucesión *hereditaria:* Conjunto formado por la descendencia de un sujeto. ■ **3** (*Biol*) Conjunto de ascendientes y descendientes directos, en relación genética o filogenética.

estitiquez *f* (*raro*) Estiptiquez.

estival¹ *adj* (*lit*) De(l) estío.

estival² *m* (*hist*) Botín o borceguí femenino.

esto **I** *pron* **1** Lo que se señala a la vista del oyente o lector. * Mire: ¿usted cree que esto es coser? **b)** (*col, humoríst*) Esta persona. * Esto es más salvaje... ¡Qué criatura! ■ **2** Lo que está unido o próximo a mí o a nosotros. * El día menos pensado me vuelvo al pueblo, y se acabó esto. ■ **3** Lo que acaba de

mencionarse. * Para todo esto es necesaria tu ayuda. ■ **4** Lo que va a mencionarse. * Esto que voy a contar sucedió de verdad. ■ **5** *Alude a algo más o menos consabido que inmediatamente se especifica.* * A mí, esto de llamar humorista a Quevedo no me parece propio. ■ **6** *Designa algo indeterminado que se suma o contrapone a otras cosas igualmente indeterminadas. En constrs como* ~ Y ~; ~ Y (O) AQUELLO; ~ Y (O) LO OTRO; ~, LO OTRO Y (O) LO DE MÁS ALLÁ. * Hablaban de esto y de lo otro.

II *fórm or* **7** (*col*) Intercalado en la or o al comienzo de ella, se usa expletivamente denotando vacilación en lo que se va a decir. * Esto... Mira, si no te importa, no lo comentes. ■ **8 ~ es.** Es decir. *Introduce una aclaración o una consecuencia de lo dicho.* * Es la patria del "bienmesabe", esto es, del cazón adobado.

III *loc adv* **9 a todo ~.** Mientras tanto. *En comienzo de or.* * A todo esto, los invitados empezaban a llegar. ■ **10 en ~.** Entonces, o en el momento mencionado. *En comienzo de or. A veces seguido de un* QUE *expletivo.* * En esto, llegó el lobo y se la comió.

estocada *f* **1** Acción de clavar el estoque u otra arma similar. *Tb la herida que resulta. Esp en tauromaquia. Tb fig.* ■ **2 media ~.** (*raro*) Borrachera ligera.

estocaje *m* Almacenamiento.

estocar *tr* Almacenar. *Tb abs.*

estocástico -ca *adj* (*E*) **1** De(l) azar. ■ **2** (*Mús*) [Música] basada en el uso de la computadora y de la estadística. **b)** De (la) música estocástica.

estocolmés -sa *adj* De Estocolmo. *Tb n, referido a pers.*

estoconazo *m* (*Taur*) Estocada completa y certera.

estofa¹ *f* Clase o calidad. *Gralm con intención desp y en la constr* DE BAJA ~.

estofa² *f* (*hist*) Tejido labrado, gralm. de seda.

estofado¹ *m* Guiso, esp. de carne, que se condimenta en crudo con aceite, cebolla, ajo y otras especias, dejándolo cocer a fuego lento.

estofado² *m* (*Arte*) Acción de estofar². *Tb su efecto.*

estofador -ra *m y f* (*Arte*) Pers. que tiene por oficio estofar².

estofar¹ *tr* (*Coc*) **1** Guisar [algo] condimentándo[lo] en crudo con aceite, cebolla, ajo y otras especias y dejándo[lo] cocer a fuego lento. ■ **2** Pochar, o freír lentamente, [algo, esp. cebolla]. **b)** *pr* (~**se**) Pocharse, o freírse lentamente.

estofar² *tr* (*Arte*) Pintar sobre dorado, esp. raspando después parte de la superficie para que aparezca el oro. *Tb abs.*

estofo *m* (*raro*) Bordado en relieve.

estoicamente *adv* De manera estoica [2].

estoicidad *f* (*raro*) Estoicismo [2].

estoicismo *m* **1** (*Filos*) Escuela griega fundada por Zenón († 264 a.C.), que proclama la indiferencia ante todo lo que afecta a la sensibilidad. ■ **2** Indiferencia o conformidad ante la desgracia. *Tb fig.* ■ **3** Condición de estoico [1b y 2b].

estoico -ca *adj* **1** (*Filos*) De(l) estoicismo [1]. **b)** Adepto al estoicismo. *Tb n.* ■ **2** [Pers.] indiferente o impasible ante la desgracia. *Tb n.* **b)** Propio de la pers. estoica.

estola f 1 Prenda femenina consistente en una banda ancha de piel, que se pone sobre los hombros. ■ 2 (*Rel crist*) Ornamento sagrado consistente en una tira larga y estrecha, que se pone colgando del cuello. ■ 3 (*hist*) Vestidura femenina antigua en forma de túnica con una franja que la ciñe.

estólidamente adv (*lit*) De manera estólida.

estolidez f (*lit*) Cualidad de estólido.

estólido -da adj (*lit*) Tonto o bobo.

estolón m (*Bot*) Brote lateral, rastrero o subterráneo, que nace en la base del tallo y echa a trechos raíces que producen nuevas plantas.

estoma m (*Bot*) Abertura microscópica de la epidermis vegetal, que permite la transpiración y el cambio de gases.

estomacal adj 1 De(l) estómago [1]. ■ 2 Que favorece la función digestiva. *Frec n m, referido a licor o medicamento.*

estomagante adj (*col*) Que estomaga.

estomagar tr (*col*) Resultar molesta o fastidiosa [a alguien (*cd*) una pers. o cosa (*suj*)].

estómago I m 1 *En el hombre y algunos animales:* Ensanchamiento del tubo digestivo donde van a parar los alimentos y donde sufren parte de la digestión. ■ 2 *En el hombre:* Parte baja del tórax, correspondiente al estómago [1]. b) Abultamiento debido a acumulación de grasas en la parte baja del tórax. ■ 3 (*col*) Capacidad de aguante o de aceptación. *Frec en la constr* TENER ~.
II *loc v* (*col*) 4 **echar** [algo] **al ~.** Comer. ■ 5 **revolver el ~** → REVOLVER. ■ 6 **tener el ~ en los talones.** Tener mucha hambre o estar desfallecido. ■ 7 **tener** [a alguien] **sentado en el ~** (*o* **en la boca del ~**). Tener[le] aversión o manía.
III *loc adv* 8 **como una patada en el ~** → PATADA.

estomáquico -ca adj (*Anat*) De(l) estómago [1].

estomático -ca adj (*Bot*) De(l) estoma.

estomatitis f (*Med*) Inflamación de la mucosa bucal.

estomatología f (*Med*) Especialidad que trata de las enfermedades de la boca.

estomatológico -ca adj (*Med*) De (la) estomatología.

estomatólogo -ga m y f Especialista en estomatología.

estoniano -na adj Estonio. *Tb n.*

estonio -nia I adj 1 De Estonia. *Tb n m, referido a pers.*
II m 2 Lengua finesa hablada en Estonia.

estopa f 1 Masa de fibras bastas que queda al rastrillar el lino o el cáñamo. b) Hebra o fibra de aspecto semejante al de la estopa. ■ 2 (*col*) Leña (golpes o palos). *Tb fig. Gralm con los vs* ARREAR, SACUDIR *o* DAR.

estopada f Porción de estopa [1a], esp. la que se pone en las juntas de las cañerías.

estopazo m (*reg*) Lienzo fuerte.

estopín m (*E*) Fulminante (explosivo).

estoposo -sa adj De aspecto o cualidades semejantes a las de la estopa [1a].

estoque I m 1 Espada estrecha con la que solo se puede herir de punta. b) (*Taur*) Espada usada por los toreros para matar al toro.
II *loc adj* 2 **de ~(s).** (*Taur*) [Mozo] que sirve los capotes, las banderillas y el estoque [1b] al matador, y actúa también como ayuda de cámara. *Tb fig.*

estoqueador -ra m y f (*Taur*) Pers. que estoquea. *Normalmente referido a torero.*

estoquear tr (*Taur*) Herir o matar [toros] con estoque. *Tb abs.*

estor m 1 Cortina de tela ligera, gralm. de encaje o bordada, que se recoge horizontalmente. ■ 2 Cortina que se enrolla o repliega en la parte superior.

estoraque m Bálsamo, de consistencia variable y olor agradable, que procede de los árboles *Styrax officinale, Liquidambar orientale* y otros.

estorbar tr 1 Hacer que [algo (*cd*)] resulte difícil. b) Hacer que [algo (*cd*)] resulte imposible. ■ 2 Ser [alguien o algo] una dificultad o una molestia [para alguien (*cd*)]. *Tb abs.* b) Ser negativo o estar de más [para alguien (*cd*)]. *Tb abs.*

estorbo m Pers. o cosa que estorba.

estorboso -sa adj Que estorba. *Tb n, referido a pers.*

estorneja f (*reg*) 1 Estornija. ■ 2 Tarabilla (pieza giratoria de madera).

estornija f Anillo de hierro que se pone en el eje de los carruajes, entre la rueda y el clavo que la detiene, para que no se salga.

estornino m Pájaro de cabeza pequeña, pico amarillo y plumaje totalmente negro, con pintas o rosado (gén. *Sturnus*). A veces con un *adj especificador:* ~ NEGRO (*S. unicolor*), ~ PINTO (*S. vulgaris*), ~ ROSADO (*S. roseus*).

estornudar intr Dar uno o más estornudos.

estornudo m Espiración refleja, violenta y espasmódica a través de la nariz y la boca, causada por irritación de la mucosa nasal.

estornudógeno -na adj (*Med*) Que provoca el estornudo.

estornutatorio -ria adj (*Med*) Que provoca el estornudo.

estoserse intr pr (*reg*) Toser sin necesidad o fingir tos.

estotro -tra adj (*lit, raro*) Este otro. *Tb pron.*

estozolar tr (*reg*) Desnucar. *Tb pr* (~se).

estrábico -ca adj 1 De(l) estrabismo o que lo implica. ■ 2 Que padece estrabismo. *Tb n, referido a pers.*

estrabismo m Defecto ocular por el que los dos ejes visuales no pueden dirigirse a la vez a un mismo punto. *Tb* (*lit*) *fig.*

estrabología f (*Med*) Especialidad de la oftalmología que estudia el estrabismo.

estracilla. de ~. *loc adj* [Papel] algo más fino y resistente que el de la estraza.

estrada f (*reg*) Camino.

estradense adj De La Estrada (Pontevedra). *Tb n, referido a pers.*

estradiol m (*Biol*) Principal estrógeno producido por los folículos ováricos de las hembras de los mamíferos y usado frec. para combatir los síntomas de la menopausia.

estradiota *m* (*hist*) Soldado mercenario de a caballo, procedente de Albania y zonas vecinas.

estrado *m* **1** Tarima o lugar elevado [de un local, esp. de un salón de actos] en que está el sitio de honor. **b)** *En un tribunal de justicia:* Lugar en que se sitúa el juez y se toma declaración a los testigos y a los inculpados. ■ **2** (*hist*) Lugar de la casa destinado a que las señoras reciban visitas.

estrafalariamente *adv* (*col*) De manera estrafalaria. *Gralm con el v* VESTIR.

estrafalario -ria *adj* (*col*) Extravagante y ridículo. *Esp referido al modo de vestir.*

estragador -ra *adj* Que estraga.

estragal *m* (*reg*) Portal o vestíbulo.

estragamiento *m* Acción de estragar(se). *Tb su efecto.*

estragar *tr* **1** Causar estragos o daño grande [en algo (*cd*)]. ■ **2** Dañar [a alguien o a una parte de su cuerpo, esp. a su estómago]. **b)** *pr* (**~se**) Dañarse [alguien o una parte de su cuerpo, esp. el estómago]. ■ **3** Estropear o embotar [el gusto o la sensibilidad]. **b)** *pr* (**~se**) Estropearse o embotarse [el gusto o la sensibilidad]. ■ **4** Corromper moralmente. **b)** *pr* (**~se**) Corromperse moralmente. ■ **5** (*reg*) Mellar [un filo o una herramienta].

estrago *m* Daño grande. *Tb fig. Más frec en pl y en la constr* CAUSAR ~S.

estragón *m* Planta herbácea y aromática, usada como condimento (*Artemisia dracunculus*).

estrambote *m* (*TLit*) Conjunto de versos que suelen añadirse al final de una composición métrica, esp. del soneto. *Tb fig, fuera del ámbito técn.*

estrambóticamente *adv* (*col*) De manera estrambótica.

estrambótico -ca *adj* (*col*) Extravagante.

estramonio *m* Planta herbácea medicinal de hojas sinuosas, grandes flores blancas y fruto en cápsula ovoide erizada de púas (*Datura stramonium*).

estrangol *m* (*Vet*) Compresión en la lengua de una caballería, causada por el ramal o el bocado y que impide la libre circulación de fluidos.

estrangulación *f* Acción de estrangular(se). **b)** (*Med*) Detención de la circulación sanguínea, debida a compresión o constricción. **c)** (*E*) Estrechamiento.

estranguladamente *adv* (*lit*) De manera estrangulada [2].

estrangulado -da *adj* **1** *part* → ESTRANGULAR. ■ **2** (*lit*) Ahogado por la emoción o la angustia.

estrangulador -ra I *adj* **1** Que estrangula. *Tb n, referido a pers. Tb fig.*
    II *m* **2** (*Mec*) Dispositivo que abre o cierra el paso del aire al carburador. *Frec* ~ DE(L) AIRE.

estrangulamiento *m* **1** Acción de estrangular(se) [1 a 4]. ■ **2** (*Econ*) Situación de dificultad en la producción y de encarecimiento de sus procesos, originada por la escasez de determinados suministros.

estrangular *tr* **1** Matar [a alguien] oprimiéndo[le] la garganta hasta impedir[le] la respiración. ■ **2** Estrechar [un conducto o una vía] impidiendo o dificultando la circulación por ellos. **b)** *pr* (**~se**) Estrecharse [un conducto o una vía] de modo que sea imposible o muy difícil la circulación por ellos. *Tb fig.* ■ **3** *En gral:* Estrechar [algo] o hacer[lo]

más estrecho. **b)** *pr* (**~se**) Estrecharse o hacerse más estrecho [algo]. ■ **4** Cortar [algo] o impedir que continúe. ■ **5** (*Econ*) Dificultar [la economía] o causar estrangulamientos [2] [en ella (*cd*)].

estranguria *f* (*Med*) Micción lenta y dolorosa por espasmo de la uretra o la vejiga.

estrapada *f* (*hist*) Tormento que consiste en levantar al condenado a lo alto de un mástil y dejarlo caer hasta cerca del suelo. *Tb el instrumento correspondiente.*

estrapalucio *m* (*reg*) Ruido grande. *Tb fig.*

estraperlear (*col*) A *tr* **1** Hacer estraperlo [con algo (*cd*)].
    B *intr* **2** Hacer estraperlo [con algo]. *Tb sin compl.*

estraperlismo *m* (*hoy raro*) Práctica del estraperlo [1].

estraperlista *m y f* (*col, hoy raro*) Pers. que practica el estraperlo [1].

estraperlo (*col, hoy raro*) I *m* **1** Comercio ilegal, clandestino y a precios superiores a los establecidos, de artículos sujetos a tasa o intervenidos por el Estado. *Frec en la loc* DE ~, referida a artículo o a modo de venta. ■ **2** Artículos de estraperlo [1].
    II *loc adj* **3** de ~. [Hijo] ilegítimo.

estrapontín *m* (*raro*) Transportín (asiento supletorio).

estrasburgués -sa *adj* De Estrasburgo (Francia). *Tb n, referido a pers.*

estratagema *f* **1** Acción hábil y engañosa para conseguir algo. ■ **2** (*Mil*) Operación o maniobra estratégica hábil.

estratega *m* **1** Militar experto en estrategia [1]. **b)** ~ **de café.** (*col, humoríst*) Individuo que en una tertulia habla de estrategia o temas militares haciendo alarde de conocimientos que no tiene. ■ **2** (*hist*) Estratego [2].

estrategia *f* **1** Arte de planificar y dirigir las operaciones militares. ■ **2** Conjunto de acciones coordinadas para conseguir un fin. *Frec con un adj o compl especificador.*

estratégicamente *adv* De manera estratégica [1].

estratégico -ca *adj* **1** De (la) estrategia. **b)** [Valor o importancia] en el aspecto de la estrategia. **c)** [Lugar] especialmente importante para un fin, esp. desde el punto de vista de la estrategia. ■ **2** [Arma] destinada a ser usada a distancia contra un territorio enemigo.

estratego *m* **1** Estratega [1]. ■ **2** (*hist*) En la antigua Grecia: General. *Tb designaba el magistrado encargado en Atenas de los asuntos militares.*

estratificación *f* (*E o lit*) Acción de estratificar(se). *Tb su efecto.*

estratificado -da *adj* **1** *part* → ESTRATIFICAR. ■ **2** (*E o lit*) Constituido por estratos. **b)** (*E*) [Material] compuesto por capas superpuestas y pegadas. *Tb n m.*

estratificar *tr* (*E o lit*) Disponer en estratos. **b)** *pr* (**~se**) Disponerse en estratos.

estratiforme *adj* (*Mineral*) De forma estratificada [2a].

estratigrafía *f* **1** (*Geol*) Estudio de los estratos [1]. ■ **2** (*Geol*) Disposición de los estratos [1] de un terreno. ■ **3** (*E*) Estudio de los estratos [2 y 3]. *Con un adj especificador.*

estratigráficamente *adv* (*Geol*) En el aspecto estratigráfico.

estratigráfico -ca *adj* (*Geol*) De (la) estratigrafía [1] o de los estratos [1].

estrato *m* **1** (*Geol*) Capa de terreno sedimentario. ■ **2** (*E*) Capa (parte diferenciada y superpuesta de un todo). ■ **3** (*Sociol*) Capa o categoría social. *Tb* ~ SOCIAL. ■ **4** (*Meteor*) Masa nubosa semejante a una capa de niebla situada a cierta altura del suelo. ■ **5** (*Bot*) Porción de masa vegetal con un límite de altura determinado. *Frec con un adj especificador:* HERBÁCEO, ARBUSTIVO, ARBÓREO. ■ **6** (*lit*) Nivel o grado.

estratocristalino -na *adj* (*Geol*) Constituido por estratos cristalinos.

estratocúmulo *m* (*Meteor*) Nube compuesta de capas horizontales de espesor uniforme.

estratofortaleza *f* (*Mil*) Fortaleza volante que alcanza gran altitud.

estratosfera *f* Capa atmosférica inmediatamente superior a la troposfera, en que la temperatura crece gralm. con la altitud.

estratosférico -ca *adj* De (la) estratosfera. **b)** [Viaje o navegación] que se produce por la estratosfera. **c)** De (la) navegación estratosférica.

estrave *m* (*Mar*) Remate curvado hacia arriba de la quilla de una embarcación.

estraza. de ~. *loc adj* [Papel] pardo, grueso y basto, usado esp. para envolver alimentos.

estrechamente *adv* De manera estrecha, *esp* [3].

estrechamiento *m* **1** Acción de estrechar(se). ■ **2** Parte en que algo, frec. una vía o un conducto, se hace más estrecho.

estrechar A *tr* **1** Hacer [una cosa] estrecha o más estrecha. *Tb fig.* **b)** *pr* (~se) Hacerse estrecho o más estrecho [algo]. ■ **2** Apretar [algo o a alguien]. **b)** ~ **la mano** → MANO. **c)** Abrazar [a alguien]. *Frec el cd es recípr.* ■ **3** Acosar [a alguien] con argumentos o preguntas. *Frec* ~ A PREGUNTAS.
  B *intr pr* (~se) **4** Arrimarse o ponerse muy junto. **b)** (*Taur*) Arrimarse [el torero] al toro al ejecutar las suertes. ■ **5** (*col*) Hacer economías.

estrechez *f* **1** Cualidad de estrecho. **b)** Situación estrecha o poco holgada. *Frec en pl, esp referido a situación económica.* ■ **2** (*Med*) Estrechamiento anormal de un conducto.

estrecho -cha **I** *adj* **1** Que tiene menos anchura de la normal o adecuada o de la que tienen otros seres que forman serie con el nombrado. **b)** *Con un adv comparativo:* Que tiene [mayor o menor] anchura. **c)** [Falda femenina] que se ajusta a la cadera y cae, más o menos recta, hasta abajo. ■ **2** [Pers. o cosa] que tiene poca holgura respecto a lo que le rodea. *Tb fig.* **b)** (*col*) Que ofrece pocas posibilidades de desenvolvimiento. *Normalmente en la constr* VE-NIR[le] ~ [a alguien]. ■ **3** [Relación, unión o colaboración] muy próxima. **b)** [Amigo] íntimo o de la máxima confianza. ■ **4** Que tiene poca amplitud. *Frec fig.* **b)** Corto o escaso. *Frec referido a margen.* **c)** Que tiene poca comprensión o tolerancia. **d)** [Manga] **estrecha** → MANGA¹. ■ **5** (*pop*) [Mujer] virgen. ■ **6** (*desp*) [Pers.] de convicciones morales estrictas, esp. en lo relativo a la moral sexual. *Tb n, esp referi-*

do a mujer. **b)** [Cosa] estricta, o que se ajusta exactamente a las normas.
  II *m* **7** Porción de mar situada entre dos tierras próximas.
  III *loc v* **8 pasarlas estrechas.** (*col*) Pasar grandes apuros o dificultades.

estrechura *f* Estrechez [1].

estregar (*conjug* 6) *tr* Frotar o restregar.

estrella **I** *f* **1** Astro de los que brillan en el firmamento, a excepción del Sol y la Luna. **b)** (*Astron*) Astro que tiene luz propia. **c)** ~ **fugaz**. Meteorito que, al entrar en la atmósfera, deja estela luminosa. ■ **2** Cuerpo celeste que se considera determinante de la personalidad y destino de una persona. **b)** Suerte o fortuna. ■ **3** Figura convencional de una estrella [1a], constituida gralm. por un conjunto de rayos o puntas que parten de un centro común. *Tb el objeto que tiene esa figura.* **b)** *Se usa como distintivo de la graduación de jefes y oficiales de las fuerzas armadas.* **c)** *Se usa, precedido de un numeral del uno al cinco, como distintivo de la categoría oficial de un establecimiento hotelero. Tb fig, fuera del ámbito hotelero, en la loc* DE CINCO ~S, *ponderando máxima categoría.* **d)** *Se usa como distintivo de la capacidad de congelación de un frigorífico.* ■ **4** En algunos cuadrúpedos, esp el caballo: Lunar blanco y pequeño en la frente. ■ **5** Equinodermo en forma de estrella [3] con cinco brazos. *Gralm* ~ DE MAR. ■ **6** *Con un adj o compl especificador, designa distintas plantas.* **a)** ~ **alpina** (o **de los Alpes**). Edelweiss o pie de león. **b)** ~ **de agua**. Planta herbácea vivaz con hojas en roseta flotante, frecuente en charcos y corrientes de agua lenta (*Callitriche stagnalis*). **c)** ~ **de arroyos**. Planta herbácea de hojas algo carnosas y flores en capítulo, propia de marjales salinos. **d)** ~ **de Navidad**. Planta ornamental propia de Navidad, con inflorescencias de color rojo vivo (*Poinsettia pulcherrima* o *Euphorbia pulcherrima*). ■ **7** Pers. muy famosa o destacada en un ambiente o en una actividad, esp. en el mundo del espectáculo. **b)** Cosa o animal más destacados o importantes o que atraen más la atención en el conjunto o ambiente de que se trata. **c)** *Se usa en aposición para indicar que lo designado por el n al que acompaña es lo más destacado o que atrae más la atención.*
  II *loc v* **8 ver las ~s.** (*col*) Sentir un dolor físico muy intenso.
  III *loc adv* **9 en ~.** En disposición radiada partiendo de un punto común. *Tb adj.*

estrelladera *f* (*raro*) Utensilio de cocina semejante a la espumadera, usado para sacar fritos de la sartén.

estrelladero *m* (*raro*) Lugar en que se estrella [1] algo.

estrellado -da **I** *adj* **1** *part* → ESTRELLAR. ■ **2** De (la) estrella [1]. **b)** Que tiene forma de estrella. ■ **3** Que tiene estrellas [1 y 3]. ■ **4** [Animal] que tiene una estrella [4] en la frente. ■ **5** [Anís] ~, [hepática] **estrellada**, [lagarto] ~ → ANÍS, HEPÁTICO, LAGARTO.
  II *f* **6** Planta vivaz de grandes flores blancas, propia de bosques y matorrales (*Stellaria holostea*).

estrellador -ra *adj* (*raro*) Que estrella [1]. *Tb n, referido a pers.*

estrellamar *f* Planta herbácea de raíz gruesa, tallo muy corto, hojas largas, dentadas y extendidas a manera de estrella y flores verdes en espiga, y usada como diurética (*Plantago coronopus*).

estrellar A *tr* **1** Hacer que [una pers. o cosa (*cd*)] choque o se aplaste con fuerza [contra otra (*compl* CONTRA o EN)]. **b)** *pr* (~**se**) Chocar o aplastarse con fuerza [una pers. o cosa contra otra (*compl* CONTRA o EN)]. *Tb fig.* ▪ **2** Echar [un huevo] para freírlo. *Frec en part.*
　B *intr pr* (~**se**) **3** Fracasar por chocar con un obstáculo o dificultad invencible. *Frec con un compl* CON.

estrellato *m* Condición de estrella [7].

estrellería *f* (*raro*) Astrología.

estrellero *m* (*raro*) Astrólogo.

estrellón[1] **-na** *m y f* Estrella [7a].

estrellón[2] *m* (*raro*) Choque. *Tb fig.*

estremecedor -ra *adj* Que estremece.

estremecer (*conjug* 11) *tr* **1** Hacer temblar [algo (*cd*)]. **b)** *pr* (~**se**) Temblar [algo]. ▪ **2** Hacer temblar [a alguien (*cd*)] algo (*suj*), esp. el frío, la emoción o el miedo. **b)** Hacer temblar de miedo [a alguien (*cd*)]. *Tb abs.* **c)** *pr* (~**se**) Temblar [alguien], esp. de miedo o de emoción.

estremecidamente *adv* (*lit*) De manera estremecida.

estremecido -da *adj* **1** *part* → ESTREMECER. ▪ **2** (*lit*) Que denota o implica emoción.

estremecimiento *m* Acción de estremecer(se). *Tb su efecto.*

estrena *f* (*reg*) Estreno [1].

estrenar A *tr* **1** Usar [algo] por primera vez. ▪ **2** Representar, proyectar o interpretar por primera vez ante el público [un espectáculo, esp. una obra teatral, cinematográfica o musical]. *Tb abs.* **b)** Presentar al público por primera vez [un programa de radio o de televisión]. **c)** Ver [un autor, director o compositor (*suj*)] estrenada [2a] [una obra suya]. *Frec abs.* ▪ **3** Iniciar [alguien un período de tiempo o una situación determinados] o pasar a estar [en ellos (*cd*)]. ▪ **4** Empezar a ejercer [una actividad]. ▪ **5** Empezar a tener [algo] o a disponer [de ello (*cd*)]. ▪ **6** Realizar el acto sexual [con una pers. virgen (*cd*)].
　B *intr pr* (~**se**) **7** Empezar a ejercer o practicar [algo (*compl* EN)]. *Tb fig.* ▪ **8** Hacer la primera operación de una actividad. *A veces con un compl* DE *o* COMO, *que gralm se omite por consabido.* **b)** *Sin compl, esp:* Hacer la primera venta o negocio del día. *Frec con intención ponderativa.* ▪ **9** Realizar [una pers. virgen] el acto sexual por primera vez. **b)** Realizar [una pers. no virgen] el acto sexual [con otra (*compl* CON o DE)] por primera vez.

estrenista *m y f* Pers. que asiste habitualmente a los estrenos teatrales.

estreno I *m* **1** Acción de estrenar(se). ▪ **2** Cosa que se estrena.
　II *loc adj* **3 de ~.** [Cine] dedicado habitualmente a estrenar [2a] películas. ▪ **4 de ~.** [Cosa] nueva o no estrenada [1 y 3].

estreñido -da *adj* **1** *part* → ESTREÑIR. ▪ **2** Que padece estreñimiento. *Frec con vs como* IR *o* ESTAR. ▪ **3** (*col*) Excesivamente serio o antipático.

estreñimiento *m* Retraso y dificultad en la evacuación de excrementos.

estreñir (*conjug* 58) *tr* Retrasar y dificultar [en alguien (*cd*)] la evacuación de excrementos. *Tb abs. Tb fig.*

estrepada *f* (*Mar*) Esfuerzo, esp. de varias personas a la vez, para halar o bogar. *Tb su resultado. Tb fig.*

estrépito *m* Ruido grande. *Tb fig.*

estrepitosamente *adv* De manera estrepitosa.

estrepitoso -sa *adj* **1** Que causa estrépito. ▪ **2** Espectacular o llamativo.

estreptobacilo *m* (*Biol*) Bacilo en forma de cadenas de bastoncillos.

estreptococia *f* (*Med*) Infección producida por estreptococos.

estreptocócico -ca *adj* (*Biol y Med*) De (los) estreptococos o producido por ellos.

estreptococo *m* (*Biol*) Variedad de coco[5] que se presenta agrupado en forma de cadena.

estreptomicina *f* Antibiótico obtenido de la bacteria *Streptomyces griseus*, usado esp. contra la tuberculosis.

estreptotricina *f* (*Med*) Antibiótico obtenido de la bacteria *Streptomyces lavendulae*, usado contra varios microorganismos.

estrés *m* **1** Estado de tensión excesiva resultante de una actividad, brusca o continuada, nociva para el organismo. ▪ **2** (*Biol*) Estado de alteración fisiológica causado en animales y plantas, como reacción a unas circunstancias adversas.

estresante *adj* Que produce estrés.

estresar *tr* Causar estrés [a alguien (*cd*)]. *Gralm en part.*

estresor -ra *adj* (*Med*) Que causa estrés. *Tb n m, referido a agente.*

estría *f* **1** Surco o raya en hueco sobre una superficie. *Gralm en pl.* ▪ **2** Línea de color diferente al de las partes próximas. **b)** Línea clara que aparece en la piel, debida a desgarros o distensiones.

estriación *f* (*Anat*) Estrías o conjunto de estrías.

estriado[1] **-da** *adj* **1** *part* → ESTRIAR. ▪ **2** Que tiene estrías.

estriado[2] *m* (*E*) Estriación.

estriar (*conjug* 1c) *tr* Formar estrías [en algo (*cd*)]. **b)** *pr* (~**se**) Formarse estrías [en algo (*suj*)].

estribación *f* (*Geogr*) **1** Rama o derivación [de una cordillera]. *Frec en pl.* ▪ **2** *En pl:* Proximidades [de un lugar]. *Tb fig, referido a tiempo.*

estribador *m* Fabricante de estribos [1].

estribar A *intr* **1** Radicar [una cosa en otra], o tener su origen o fundamento [en ella]. ▪ **2** Apoyarse o descansar [una cosa en o sobre otra].
　B *tr* **3** Apoyar [a una pers. o cosa en otra (*compl* EN, SOBRE o CONTRA)].

estribera I *adj* **1** [Manta] que lleva el jinete en la parte delantera de la silla. *Tb n f.*
　II *f* **2** Estribo [1].

estribillo *m* **1** Verso o conjunto de versos que en algunas composiciones se repiten al final de cada estrofa y a veces figuran también en su comienzo. ▪ **2** Palabra o frase que se repite insistentemente y frec. de manera mecánica.

estribo I *m* **1** *En la silla de montar:* Pieza destinada a apoyar el pie. ▪ **2** *En los carruajes y algunos vehículos automóviles:* Escalón que sirve para subir o bajar. ▪ **3** *En una plaza de toros:* Escalón de madera que recorre la barrera por la parte del ruedo, para servir de apoyo a los toreros si han de saltarla. ■ **4** (*Arquit*) Contrafuerte. ■ **5** (*Anat*) Huesecillo del oído, de forma semejante a la del estribo [1]. ■ **6** (*Geogr*) Estribación [de una cordillera].

    II *loc adj* **7 de ~.** [Mozo] que ayuda al jinete y camina junto a él cuando va a caballo.

    III *loc v* **8 perder los ~s.** Perder el dominio de sí mismo, esp. por cólera o impaciencia.

    IV *loc adv* **9 al ~.** (*Taur*) Clavando el rejón cuando el toro está a él la altura del estribo [1]. ■ **10 con un pie en el ~** → PIE.

estribor *m En una embarcación o una aeronave:* Costado derecho, mirando de popa a proa. *Se usa sin art. Tb fig, fuera de estos ámbitos.*

estricnina *f* Alcaloide venenoso que se extrae de la nuez vómica y otros vegetales.

estricote. al ~. *loc adv* (*raro*) Al retortero o a mal traer.

estrictamente *adv* De manera estricta.

estricto -ta *adj* **1** [Norma o principio] que no es flexible o no deja libertad de interpretación. ■ **2** [Pers. o cosa] que se ajusta exactamente a las normas establecidas. **b)** Riguroso o severo. ■ **3** [Cosa] reducida a lo mínimo o esencial. ■ **4** *Se usa, frec antepuesto al n, para ponderar la ausencia de cualquier circunstancia ajena a la propia esencia de lo expresado por él.* ■ **5** (*Der*) [Legítima] que ha de dividirse con total igualdad entre los herederos forzosos.

estridencia *f* **1** Cualidad de estridente. ■ **2** Sonido estridente [1]. ■ **3** Cosa estridente [2].

estridente *adj* **1** [Sonido] agudo y desagradable. ■ **2** [Cosa] llamativa o que implica exageración o violencia. ■ **3** (*raro*) [Pers.] ruidosa o que produce alboroto.

estridir *intr* (*lit, raro*) Producir un sonido estridente [1].

estridor *m* (*lit*) Estridencia [2].

estridular *intr* (*lit, raro*) Producir un sonido estridente.

estrigiforme *adj* (*Zool*) [Ave] rapaz nocturna, de cuerpo compacto, pico fuerte y curvo, ojos grandes dirigidos hacia adelante y orejas con plumas. *Frec como n f en pl, designando este taxón zoológico.*

estrígilo *m* (*hist*) Raedor usado para limpiarse la piel después del baño.

estripar *tr* (*reg*) Rasgar o desgarrar.

estriptis (*tb* **estriptís**) *m* Strip-tease.

estriquin *m* (*hoy raro*) Streaking.

estro *m* **1** (*lit*) Inspiración, esp. poética. ■ **2** (*Zool*) Período de celo de los mamíferos, esp. de las hembras.

estrobilación *f* (*Zool*) Reproducción asexual por división en segmentos que forman un estróbilo [2].

estróbilo *m* **1** (*Bot*) Infrutescencia de las coníferas, constituida por un eje vertical en que se insertan helicoidalmente las brácteas. ■ **2** (*Zool*) Conjunto de segmentos en que se divide un pólipo para dar lugar a las medusas.

estrobo *m* (*Mar*) Trozo de cabo unido por sus extremos, que sirve esp. para suspender cosas pesadas o sujetar el remo al tolete.

estroboscópico -ca *adj* (*Ópt*) De(l) estroboscopio.

estroboscopio *m* (*Ópt*) Instrumento que permite ver inmóviles o con movimiento lento objetos animados de movimientos rápidos.

estrofa *f* (*TLit*) **1** Esquema formado por un número determinado de versos, con una disposición precisa de metro y rima, que constituye una unidad independiente o se repite a lo largo de una composición poética. **b)** **~ manriqueña.** Copla manriqueña (→ COPLA). ■ **2** *En la poesía griega:* Primera parte del canto lírico, a la que sigue la antistrofa y que se ejecuta de derecha a izquierda.

estrofantina *f* (*Quím*) Sustancia extraída del estrofanto, usada como tónico cardiaco.

estrofanto *m* Planta tóxica cuyas semillas se emplean como tónico cardiaco (*Strophantus hispidus, S. kombe* y *S. gratus*).

estrófico -ca *adj* (*TLit*) De (la) estrofa o de (las) estrofas.

estrogénico -ca *adj* (*Biol*) De (los) estrógenos.

estrógeno -na (*Biol*) **I** *m* **1** Hormona elaborada esp. por el ovario, que estimula el desarrollo y mantenimiento de los caracteres secundarios femeninos.

    II *adj* **2** [Hormona] del grupo de los estrógenos [1].

estroma *m* (*Anat*) **1** Estructura protoplásmica de algunas células, esp. de los glóbulos rojos. ■ **2** Armazón, gralm. de tejido conjuntivo, que sostiene entre sus mallas los elementos celulares de un órgano o glándula o de otra formación.

estromboliano -na *adj* (*Geol*) [Tipo de volcán] caracterizado por una lava fluida y explosiones violentas con proyección de bombas y lapilli.

estrona *f* (*Biol*) Foliculina (hormona).

estróncico -ca *adj* (*Quím*) De(l) estroncio.

estroncio *m* (*Quím*) Metal, de número atómico 38, muy oxidable y capaz de descomponer el agua a la temperatura ordinaria.

estropajero *m* Recipiente para guardar los estropajos.

estropajo *m* Utensilio utilizado para fregar, constituido esp. por fibras de esparto o metálicas. *Frec con un compl especificador.* **b)** *Frec se usa en constrs de sent comparativo para ponderar la sequedad de boca.*

estropajoso -sa *adj* **1** [Cosa] áspera y fibrosa como el estropajo. ■ **2** [Lengua o voz] torpe y confusa. *Esp referido a borrachos.* **b)** (*raro*) [Pers.] de lengua estropajosa. ■ **3** (*raro*) [Pers.] andrajosa.

estropalicio *m* (*reg*) Alboroto o ruido grande. *Tb fig.*

estropeamiento *m* Acción de estropear(se).

estropear *tr* **1** Poner [algo] en mal estado, o en peor estado del que tenía. **b)** *pr* (**~se**) Ponerse [algo] en mal estado, o en peor estado del que tenía. ■ **2** Hacer que [alguien o algo (*cd*)] tenga peor aspecto o apariencia. *Tb abs.* **b)** *pr* (**~se**) Pasar [alguien o algo] a tener peor aspecto o apariencia. ■ **3** Dejar inservible [algo]. **b)** *pr* (**~se**) Quedar inservible. ■ **4** Malograr o frustrar. **b)** *pr* (**~se**) Malograrse o frustrarse. ■ **5** Hacer que [alguien (*cd*)] coja vicios o malas costumbres. **b)** *pr* (**~se**) Coger [alguien] vicios o malas costumbres.

estropeo *m* (*raro*) Acción de estropear(se). *Tb su efecto.*

estropiciar (*conjug* **1a**) *tr* (*col, humoríst*) Estropear. *Tb pr* (~**se**).

estropicio *m* Destrozo llamativo. *Tb fig.*

estrozar *tr* (*rur*) Destrozar. *Tb pr* (~**se**).

estructura *f* **1** Disposición o modo de estar unidas las distintas partes [de algo]. ■ **2** Armazón [de un edificio o construcción]. **b)** Armazón material [de algo]. *Tb sin compl.* ■ **3** (*E*) Sistema o conjunto de fenómenos solidarios e interdependientes.

estructuración *f* Acción de estructurar(se). *Tb su efecto.*

estructuradamente *adv* De manera estructurada.

estructurado -da *adj* **1** *part* → ESTRUCTURAR. ■ **2** Que tiene estructura.

estructurador -ra *adj* Que estructura.

estructural *adj* **1** De (la) estructura. ■ **2** (*E*) Que estudia las estructuras. *Esp referido a gramática o lingüística.*

estructuralismo *m* (*E*) Teoría y método científicos que parten de la concepción de la estructura de los elementos de la realidad como un sistema de interrelaciones.

estructuralista *adj* (*E*) De(l) estructuralismo. **b)** Adepto al estructuralismo. *Tb n.*

estructuralmente *adv* **1** De manera estructural. ■ **2** En el aspecto estructural.

estructurante *adj* Que estructura.

estructurar *tr* Dar estructura [a algo (*cd*)]. **b)** *pr* (~**se**) Tomar o adoptar una estructura.

estructurista *m y f* (*Constr*) Especialista en estructuras [2a].

estruendo *m* Ruido grande. *Tb fig.*

estruendosamente *adv* De manera estruendosa.

estruendoso -sa *adj* **1** Que causa estruendo. ■ **2** Espectacular o llamativo.

estrujador -ra *adj* Que estruja [1]. *Frec n f, referido a máquina.*

estrujamiento *m* Acción de estrujar.

estrujar *tr* **1** Apretar [algo] con fuerza para sacar[le] el jugo o líquido que contiene. ■ **2** Apretar [algo o a alguien] con fuerza, aplastándo[lo] o deformándo[lo]. **b)** Estrechar o apretar [a alguien]. **c)** Estrechar o abrazar [a alguien]. ■ **3** Hacer que [alguien o algo (*cd*)] dé el máximo partido o rendimiento. *Frec con intención desp, denotando abuso.*

estrujón *m* **1** Acción de estrujar, esp. con fuerza. ■ **2** (*reg*) Prensa de vino.

estuario *m* Desembocadura de un río de gran caudal, por la que penetra el agua del mar al subir la marea.

estucado¹ -da *adj* **1** *part* → ESTUCAR. ■ **2** [Papel] opaco y muy liso, que se obtiene aplicando en una o en ambas caras una pasta de caolín y otras materias.

estucado² *m* Acción de estucar.

estucador -ra *m y f* Pers. que hace trabajos de estuco.

estucar *tr* Enlucir con estuco. *Frec en part.*

estuchado *m* Acción de estuchar. *Tb su efecto. Tb fig.*

estuchador -ra *adj* Que estucha. *Tb n, referido a pers.*

estuchar *tr* Envasar [algo] en un estuche [1a]. *Tb abs. Tb fig.*

estuche *m* **1** Caja o funda, normalmente rígida, adecuada para guardar un objeto o un juego o conjunto de objetos. *Tb el conjunto formado por el estuche y su contenido.* **b)** Envoltura de protección. ■ **2** (*Naipes*) En algunos juegos: Conjunto formado por espada, malilla y basto, reunidos en una mano. *Tb cada una de esas cartas.*

estuchería *f* Estuches o conjunto de estuches [1a].

estuchista *m y f* **1** Pers. que fabrica estuches [1a]. ■ **2** Estuchador.

estuco *m* **1** Masa de cal o yeso, mármol pulverizado y cola, con que a veces se imita el mármol. **b)** Masa de yeso y agua de cola, que da enlucidos muy brillantes y con la cual se preparan objetos que después se doran o pintan. ■ **2** Motivo decorativo de estuco [1].

estudiadamente *adv* De manera estudiada.

estudiado -da *adj* **1** *part* → ESTUDIAR. ■ **2** [Cosa] falta de naturalidad o espontaneidad. ■ **3** Premeditado o muy consciente.

estudiantado *m* **1** Estudiantes o conjunto de (los) estudiantes. ■ **2** (*Rel catól*) En el clero regular: Etapa siguiente al noviciado. *Tb el lugar en que se desarrolla.*

estudiante (*tb f* ESTUDIANTA, *col*) *m y f* Pers. que cursa estudios, esp. de enseñanza media o superior.

estudiantil *adj* De(l) estudiante o de (los) estudiantes.

estudiantina *f* Tuna (conjunto musical estudiantil).

estudiar (*conjug* **1a**) *tr* **1** Aplicar la inteligencia a aprender o comprender [algo o a alguien], esp. mediante la lectura. *Frec abs. Frec con un compl de interés.* **b)** Tener [una materia (*cd*)] como objeto de consideración intelectual. **c)** Tener [una ciencia o un libro (*suj*)] algo (*cd*)] como objeto. ■ **2** Observar detenidamente [algo o a alguien] para conocer[lo] o comprender[lo]. ■ **3** Pensar detenidamente [sobre algo o alguien], a fin de decidir o actuar. ■ **4** Recibir enseñanza [sobre una materia o de un conjunto establecido de ellas (*cd*)]. *Tb abs.*

estudio I *m* **1** Acción de estudiar [1, 2 y 3]. ■ **2** *En pl:* Acción de estudiar [4]. **b)** Conjunto de materias que se estudian [1a] para la instrucción general o especializada o para la obtención de un grado. *Frec con un adj o compl especificador.* **c)** Instrucción que se obtiene por haber estudiado [4]. *Frec en constrs como* TENER ~S, DAR ~S, CON (*o* SIN) ~S. ■ **3** Obra o trabajo en que se estudia [1b] una determinada materia. *Normalmente con un adj o compl especificador.* ■ **4** Representación gráfica o escultórica que constituye un ensayo o un ejercicio. ■ **5** Composición musical destinada en principio al aprendizaje o perfeccionamiento técnico del ejecutante. ■ **6** Habitación o piso destinado a que estudie o trabaje un intelectual o un artista. *Frec con un compl especificador.* **b)** Apartamento pequeño. *En un centro de enseñanza:* Lugar en que los alumnos estudian [1a] fuera de las horas de clase. ■ **8** Edificio o dependencia destinados a la filmación de películas o a la emisión de programas de radio o de televisión. *Frec en pl.* ■ **9** (*hist*) Centro de ense-

ñanza superior, dedicado esp. a humanidades. **b)** ~ **general.** Universidad (institución de enseñanza superior). **c)** ~ **general.** (*hoy raro*) Centro de estudios universitarios que no tiene categoría oficial de universidad. *Solo en determinadas denominaciones.*
II *loc adj* **10** [Jefe] **de ~s** → JEFE.

estudioso -sa *adj* **1** Amante del estudio [1]. *Esp referido a jóvenes o niños.* ■ **2** Que se dedica al estudio [1]. *Frec n y gralm con un adj o compl especificador.* ■ **3** Propio de la pers. estudiosa [1 y 2].

estufa *f* **1** Aparato de calefacción, frec. portátil, en que se quema un combustible. *Frec con un compl especificador.* **b)** ~ **eléctrica.** Aparato portátil de calefacción que funciona esp. con resistencia. **c)** *Se usa frec en constrs de sent comparativo para ponderar el calor o el abrigo.* ■ **2** Aparato o recinto caldeado y destinado a desinfectar o secar, o a proporcionar una atmósfera suficientemente caliente a animales o plantas. *A veces en la loc* DE ~, *indicando suma delicadeza o falta de resistencia.* **b) flor de ~** → FLOR. ■ **3** *En un establecimiento termal:* Lugar destinado a producir en los enfermos un sudor abundante. ■ **4** Carroza grande, cerrada y con cristales. *Gralm en la constr* COCHE ~.

estufaje *m* (*raro*) Cocción al vapor en un envase cerrado.

estulticia *f* (*lit*) Necedad.

estulto -ta *adj* (*lit*) Necio.

estuosidad *f* (*lit*) Ardor o enardecimiento muy grande.

estupa (*jerg*) **A** *f* **1** Policía de estupefacientes. **B** *m y f* **2** Miembro de la policía de estupefacientes.

estupefacción *f* Estupor o asombro.

estupefaciente *adj* **1** Que causa estupor o asombro. ■ **2** [Sustancia] narcótica que hace perder la sensibilidad y produce un estado especial de euforia. *Frec n m. Tb* (*lit*) *fig.* **b)** De (los) estupefacientes.

estupefactivo -va *adj* (*lit, raro*) Que causa estupor o asombro.

estupefacto -ta *adj* [Pers.] asombrada, esp. hasta el punto de no poder reaccionar. *Frec con intención ponderativa.* **b)** Propio de la pers. estupefacta.

estupendamente *adv* De manera estupenda [1]. *Con intención ponderativa.*

estupendez *f* (*col*) **1** Cualidad de estupendo. ■ **2** Cosa estupenda [1].

estupendo -da I *adj* **1** Muy bueno. *Con intención ponderativa.* ■ **2** [Pers.] muy atractiva. ■ **3** (*lit, raro*) Sorprendente.
II *adv* **4** (*col*) Muy bien. *Con intención ponderativa, a veces irónica, y frec manifestando conformidad o complacencia.*

estúpidamente *adv* De manera estúpida.

estupidez *f* **1** Cualidad de estúpido. ■ **2** Dicho o hecho estúpido.

estupidización *f* Acción de estupidizar(se). *Tb su efecto.*

estupidizar *tr* Hacer estúpido [1]. **b)** *pr* (~se) Hacerse estúpido.

estúpido -da *adj* **1** [Pers. o cosa] tonta o necia. *Tb n, referido a pers. A veces referido a animales. Frec usado como insulto.* ■ **2** Engreído o vanidoso. *Tb n, referido a pers.*

estupor *m* **1** Asombro, esp. tan intenso que impide reaccionar. ■ **2** (*Med*) Estado de inconsciencia parcial con ausencia de movimientos y de reacción a los estímulos.

estuporoso -sa *adj* (*raro*) Caracterizado por el estupor.

estuprador -ra *m y f* (*Der*) Pers. que comete estupro.

estuprar *tr* (*Der*) Cometer estupro [1] [con una pers. (*cd*)].

estupro *m* **1** (*Der*) Acceso carnal con una persona mayor de 12 años y menor de 18 prevaliéndose de la superioridad, o con una persona mayor de 12 años y menor de 16 valiéndose del engaño. ■ **2** (*lit*) Violación. *Tb fig.*

estuquista *m y f* Pers. que hace trabajos de estuco.

esturado -da *adj* (*reg*) Irritado o enfadado.

esturión *m* Pez marino de hasta 5 m de largo, que desova en los grandes ríos y con cuyas huevas se prepara el caviar (gén. *Acipenser*, esp. *A. sturio*).

esturrear *tr* (*reg*) Esparcir o desparramar.

ésula *f* Lechetrezna (planta, *Euphorbia peplus* y *E. falcata*). *Frec* ~ REDONDA *y* ~ SIMPLE, *respectivamente.*

esvástica *f* Cruz gamada.

esviado -da *adj* (*Arquit*) Oblicuo.

esviaje *m* (*Arquit*) Oblicuidad.

esvolver (*conjug 35*) *tr* (*rur*) Volver o dar la vuelta.

eta *f* Letra del alfabeto griego que representa el sonido [e] larga. (V. PRELIM.)

etamín *m* (*Tex*) Tejido de lana cardada, estambre, seda, lino o algodón, usado frec. para filtros y banderas, y el de algodón, para vestidos y tapicerías.

etamina *f* Etamín.

etanal *m* (*Quím*) Aldehído acético.

etano *m* (*Quím*) Hidrocarburo constituido por dos átomos de carbono y seis de hidrógeno.

etanoico *adj* (*Quím*) [Ácido] acético.

etanol *m* (*Quím*) Alcohol etílico.

etanolamina *f* (*Quím*) Líquido incoloro derivado del alcohol etílico y usado esp. en la fabricación de detergentes y en la purificación de gases.

etapa I *f* **1** Trayecto parcial de un recorrido, hasta una parada o hasta el punto de destino. **b)** Lugar de parada en un recorrido, antes de reemprender la marcha. ■ **2** Fase o período. ■ **3** (*Radio*) Conjunto formado por un componente activo y por los elementos y circuitos que le están asociados para determinada función. *Gralm con un adj especificador:* ~ AMPLIFICADORA, MODULADORA, *etc.*
II *loc v* **4 quemar (las) ~s.** Avanzar o progresar a una velocidad superior a la normal o prevista.
III *loc adv* **5 por ~s.** Gradualmente.

etarra *adj* De la organización terrorista ETA. *Tb n, referido a pers.*

etcétera *Voz que se usa al final de una enumeración para omitir la mención de otros elementos de esta. Gralm en la abreviatura* ETC. *Tb n m.* * Había muestras de bordados, encajes, cerámica, etcétera. * Suele terminar sus frases con varios etcéteras. **b) y un largo ~.** Y muchos más.

eténico -ca *adj* (*Quím*) De(l) eteno.

eteno *m* (*Quím*) Etileno.

éter *m* **1** (*lit*) Aire o cielo. ■ **2** (*Quím*) Compuesto orgánico que resulta de la combinación, con eliminación de agua, de un alcohol con un ácido, con otro alcohol o consigo mismo. **b)** Líquido incoloro, volátil y altamente inflamable, obtenido por reacción de ácido sulfúrico y etanol, usado como disolvente y anestésico. *Tb* ~ ETÍLICO *o* SULFÚRICO. **c)** ~ **de petróleo.** Gasolina muy ligera usada en perfumería. ■ **3** (*Fís, hist*) Supuesto fluido elástico y desprovisto de masa, que llena el espacio y sirve de soporte a las ondas electromagnéticas.

etéreo -a *adj* **1** (*lit*) Vago e inaprensible. ■ **2** (*Quím*) De(l) éter [2b].

eterio *m* (*Bot*) Fruto constituido por un conjunto de frutitos nacidos de una sola flor.

eternal *adj* (*lit*) Eterno.

eternamente *adv* De manera eterna.

eternidad *f* **1** Cualidad de eterno. ■ **2** Tiempo eterno [1 y esp. 2]. *Frec con intención ponderativa.*

eternización *f* Acción de eternizar(se).

eternizar A *tr* **1** Hacer eterno. *Con intención ponderativa.* **b)** *pr* (~se) Hacerse o pasar a ser eterno. *Frec con intención ponderativa.*
  B *intr pr* (~se) **2** Tardar mucho [en algo]. *Tb sin compl. Con intención ponderativa.*

eterno -na *adj* **1** Que no tiene principio ni tendrá fin. **b)** [Padre] ~ → PADRE. ■ **2** Que no tiene fin o que dura para siempre. *Frec fig, con intención ponderativa.* **b)** [Vida] **eterna** → VIDA. ■ **3** Que permanece inmutable a lo largo del tiempo. *Gralm antepuesto al n.* **b)** ~ [femenino] → FEMENINO. **c)** De siempre o habitual. *Antepuesto al n.* **d)** Que se repite frecuentemente. *Antepuesto al n.*

ethos (*gr; pronunc corriente,* /éθos/ *o* /étos/) *m* (*lit*) Carácter.

ética → ÉTICO¹.

éticamente *adv* **1** De manera ética (→ ÉTICO¹ [1 y 2]). ■ **2** En el aspecto ético¹ [1].

eticidad *f* **1** Cualidad de ético¹ [1 y 2]. ■ **2** (*Filos*) *En la teoría de Hegel:* Síntesis del derecho y la moralidad en las instituciones sociales.

eticismo *m* Actitud o tendencia que concede una importancia primordial a los valores éticos¹.

eticista *adj* De(l) eticismo. **b)** Adepto al eticismo. *Tb n.*

ético¹ -ca I *adj* **1** De (la) ética [4 y 5]. ■ **2** Acorde con la ética [5]. ■ **3** Eticista [1b]. *Tb n.*
  II *n* **A** *f* **4** Estudio del comportamiento humano en su calidad de bueno o malo. ■ **5** Moral (conjunto de normas o principios morales). ■ **6** Moralidad, o condición de acorde con la ética [5].
  B *m y f* **7** Pers. que se dedica al estudio de la ética [4 y 5].

ético² *adj* (*Gram*) [Dativo] que se usa con intención expresiva para subrayar la participación, en la acción verbal, de una persona que no es el sujeto. **b)** [Dativo] de interés.

ético³ → HÉTICO.

etilar *tr* (*Quím*) Añadir un etilo [a un compuesto (*cd*), esp. a la gasolina].

etilbenceno *m* (*Quím*) Carburo de hidrógeno presente en el alquitrán de hulla.

etilenglicol *m* (*Quím*) Líquido viscoso de sabor dulce y soluble en agua, usado esp. como anticongelante.

etilénico -ca *adj* (*Quím*) **1** De(l) etileno. ■ **2** [Cuerpo] que, como el etileno, posee un enlace doble en su molécula.

etileno *m* (*Quím*) Gas incoloro e inflamable, usado esp. para soldar y fundir metales y como anestésico.

etílico -ca I *adj* **1** Que contiene el radical etilo. *Esp referido al alcohol procedente de la fermentación de sustancias azucaradas o feculentas.* **b)** [Éter] ~ → ÉTER. ■ **2** Producido por ingestión excesiva de alcohol.
  II *m* **3** (*col*) Alcohol etílico [1] de las bebidas.

etilismo *m* (*Med*) Intoxicación etílica [2].

etilo *m* (*Quím*) Radical alquílico derivado del etano.

étimo *m* (*Ling*) Raíz o vocablo de que procede otro.

etimología *f* **1** Origen [de una palabra]. ■ **2** Estudio del origen de las palabras. **b)** ~ **popular.** Fenómeno por el que se produce un cambio en la forma o significado de una palabra por influencia de otra más usual y de distinto origen con la que se la relaciona equivocadamente.

etimológicamente *adv* En el aspecto etimológico.

etimológico -ca *adj* **1** De (la) etimología. ■ **2** Basado en la etimología o acorde con ella.

etimologismo *m* (*Ling*) Tendencia a dar un papel preponderante a la etimología al explicar el significado de las palabras o fijar su grafía.

etimologista *m y f* (*Ling*) Pers. que se dedica al estudio de las etimologías.

etimologizante *adj* (*Ling*) Que etimologiza.

etimologizar *intr* (*Ling*) **1** Buscar etimologías. ■ **2** Proceder con etimologismo.

etimólogo -ga *m y f* (*Ling*) Etimologista.

etino *m* (*Quím*) Acetileno.

etiología *f* (*E*) **1** Estudio de las causas de las cosas, esp. de las enfermedades. ■ **2** Causa [de algo, esp. de una enfermedad].

etiológicamente *adv* (*E*) De manera etiológica.

etiológico -ca *adj* (*E*) De (la) etiología.

etiopatogenia *f* (*Med*) Patogenia.

etiopatogénico -ca *adj* (*Med*) Patogénico.

etíope *adj* De Etiopía. *Tb n, referido a pers.*

etiópico -ca *adj* **1** De Etiopía. ■ **2** (*Geogr*) [Región] que comprende África del sur y las islas vecinas, a partir del trópico de Cáncer. ■ **3** (*Etnogr, hoy raro*) [Grupo] negro.

etiqueta I *f* **1** Trozo de papel o cartulina que se pone en un objeto, esp. en una mercancía, indicando su nombre, contenido, composición, precio u otros datos. **b)** *Esp en una prenda de vestir:* Trocito de tela con la marca de fábrica y frec. la talla. **c)** Calificación identificadora. ■ **2** Conjunto de normas establecidas para los actos oficiales y solemnes. **b)** Conjunto de normas establecidas en el trato social entre personas distinguidas. **c)** Ceremonia (trato sumamente cumplido y cortés).
  II *loc adj* **3 de ~.** [Acto, esp. fiesta o reunión] solemne y en que se exige un traje adecuado. **b)** [Traje] adecuado para un acto solemne. *Tb adv, con vs como* IR *o* VESTIR. **c)** [Trato] sumamente cumplido y

cortés. ■ **4 (de)** ~ **negra.** (*humoríst*) De alta calidad. *Tb fig.*

etiquetado *m* Acción de etiquetar [1a].

etiquetador -ra *adj* Que etiqueta, *esp* [1a]. *Tb n: m y f, referido a pers; f, referido a máquina.*

etiquetaje *m* Etiquetado.

etiquetar *tr* Poner etiqueta [1a y b] [a algo (*cd*)]. *Tb abs.* **b)** Calificar, o poner etiqueta [1c] [a alguien o algo (*cd*)].

etiquetería *f* Etiquetas o conjunto de etiquetas [1a y b].

etiquetero -ra *adj* De (la) etiqueta [2]. **b)** Amante de la etiqueta.

etista *adj* (*raro*) Etarra. *Tb n.*

etmoidal *adj* (*Anat*) Etmoides.

etmoides *adj* (*Anat*) [Hueso] impar situado en la escotadura del frontal, que contribuye a formar las cavidades nasales y las órbitas. *Frec n m.* **b)** Del hueso etmoides.

etnarca *m* Patriarca de Chipre investido de autoridad civil.

etnia *f* Grupo humano con características raciales, lingüísticas y culturales comunes.

étnicamente *adv* En el aspecto étnico.

etnicidad *f* Carácter étnico o de etnia.

étnico -ca *adj* De (la) raza o de (la) etnia.

etnocéntrico -ca *adj* **1** De(l) etnocentrismo. ■ **2** Que tiene o muestra etnocentrismo.

etnocentrismo *m* Tendencia a considerar superior la etnia o cultura a que se pertenece y a convertirla en modelo de referencia. *Tb la actitud correspondiente.*

etnocentrista *adj* De(l) etnocentrismo o que lo implica.

etnocida *adj* Destructor de uno o más grupos étnicos. *Tb n.*

etnocidio *m* Destrucción de uno o más grupos étnicos.

etnografía *f* (*E*) Rama de la antropología que trata del estudio descriptivo de las etnias.

etnográficamente *adv* (*E*) En el aspecto etnográfico.

etnográfico -ca *adj* (*E*) De (la) etnografía o de su objeto.

etnógrafo -fa *m y f* (*E*) Especialista en etnografía.

etnolingüístico -ca (*E*) **I** *adj* **1** Étnico y lingüístico. ■ **2** De (la) etnolingüística [3].
II *f* **3** Estudio de las relaciones entre las lenguas y los contextos socioculturales en que funcionan.

etnología *f* (*E*) Rama de la antropología que, basándose en los datos proporcionados por la etnografía, estudia las razas y pueblos, esp. de modo comparativo.

etnológico -ca *adj* (*E*) De (la) etnología o de su objeto.

etnólogo -ga *m y f* (*E*) Especialista en etnología.

etnomusicología *f* (*E*) Estudio de la música popular de los distintos pueblos y culturas.

etnomusicólogo -ga *m y f* (*E*) Especialista en etnomusicología.

etolio -lia *adj* (*hist*) De Etolia (región de la Grecia antigua). *Tb n, referido a pers.*

etología *f* (*E*) Ciencia que estudia el comportamiento de los animales y del hombre en cuanto animal.

etológico -ca *adj* (*E*) De (la) etología o de su objeto.

etólogo -ga *m y f* (*E*) Especialista en etología.

etopeya *f* (*TLit*) Retrato moral [de una pers.].

etoxileno *m* (*Quím*) Óxido de etilo, utilizado como agente de síntesis en la industria química.

etrusco -ca (*hist*) **I** *adj* **1** De Etruria (región de la Italia antigua). *Tb n, referido a pers.* **b)** De (los) etruscos.
II *m* **2** Lengua indoeuropea de los antiguos etruscos [1a].

etruscología *f* (*E*) Estudio de la lengua y la cultura etruscas.

eucaliptal *m* Terreno plantado de eucaliptos. *Tb el conjunto de eucaliptos.*

eucaliptar *m* Eucaliptal.

eucalipto *m* **1** Árbol originario de Australia, de hojas coriáceas y perfumadas, usadas en medicina (gén. *Eucalyptus*, esp. *E. globulus*). ■ **2** Extracto de hojas de eucalipto [1].

eucaliptol *m* (*Quím*) Componente principal de la esencia de eucalipto.

eucaliptus *m* Eucalipto.

eucarionte *adj* (*Biol*) [Célula] provista de núcleo diferenciado y envuelto en una membrana. *Tb referido a los organismos que poseen ese tipo de células.*

eucariótico -ca *adj* Eucarionte.

eucaristía *f* (*Rel crist*) **1** Sacramento mediante el cual el pan y el vino se transforman en el cuerpo y sangre de Cristo. ■ **2** Misa. ■ **3** Comunión. *Tb (lit) fig.*

eucarístico -ca *adj* (*Rel crist*) De (la) eucaristía.

euclídeo -a *adj* Euclidiano.

euclidiano -na *adj* Del matemático griego Euclides (s. III a.C.), o basado en sus postulados.

eucológico -ca *adj* (*Rel crist*) De(l) eucologio.

eucologio *m* (*Rel crist*) Libro de oraciones y ritos litúrgicos.

eudaimonismo *m* (*Filos*) Eudemonismo.

eudemonismo *m* (*Filos*) Doctrina moral según la cual el bien supremo reside en la felicidad.

eudemonista *adj* (*Filos*) De(l) eudemonismo.

eudiómetro *m* (*Fís*) Instrumento usado para el estudio, análisis volumétrico y síntesis de los gases.

eufemismo *m* Palabra o expresión que sustituye a otra que se considera malsonante o desagradable.

eufemista *adj* Que utiliza eufemismos. *Tb n, referido a pers.*

eufemísticamente *adv* De manera eufemística.

eufemístico -ca *adj* De(l) eufemismo.

eufonía *f* Armonía de los sonidos de una palabra o de una frase.

eufónico -ca *adj* Que tiene eufonía.

euforbia *f* Planta del gén. *Euphorbia*.

euforbiácea *adj* (*Bot*) [Planta] angiosperma dicotiledónea, caracterizada por poseer látex, frec. venenoso, y fruto en cápsula, de la familia cuyo género característico es *Euphorbia*. *Frec como n f en pl, designando este taxón botánico.*

euforia *f* Estado de alegría, esp. exaltada y con tendencia al optimismo.

eufóricamente *adv* De manera eufórica.

eufórico -ca *adj* **1** De (la) euforia. ■ **2** [Pers.] que tiene euforia. *Tb fig.* ■ **3** Que denota o implica euforia.

euforizante *adj* Que causa euforia. *Tb n m, referido a medicamento.*

eufrasia *f* Planta herbácea de tallo rojizo, hojas pequeñas y dentadas, flores blanquecinas y fruto en cápsula, usada en oftalmología (*Euphrasia officinalis*).

eufuismo *m* (*TLit*) Estilo barroco propio de la literatura inglesa de finales del s. XVI y principios del XVII.

eugenesia *f* (*Med*) Estudio y aplicación de las leyes de la genética para el perfeccionamiento de la especie humana, favoreciendo la aparición de determinados caracteres o eliminando enfermedades hereditarias.

eugenésico -ca *adj* (*Med*) De (la) eugenesia.

eugénico -ca (*Med*) **I** *adj* **1** Eugenésico. **II** *f* **2** Eugenesia.

eugenismo *m* (*Med*) Eugenesia.

euglena *f* (*Bot*) Alga unicelular flagelada de agua dulce, provista de clorofila (gén. *Euglena*).

eulogia *f* (*Rel crist, hist*) Pan bendito distribuido a los fieles.

euménide (*normalmente con mayúscula*) *f* (*Mitol clás*) Furia.

eumiceto *adj* (*Bot*) [Hongo] verdadero o perfecto. *Frec como n m en pl, designando este taxón botánico.*

eunomía *f* (*hist*) En la antigua Grecia: Buena legislación.

eunuco *m* Hombre castrado. *Tb fig, referido a animales.*

eunucoide *adj* (*Med*) [Pers.] que padece eunucoidismo. *Tb n.* **b)** Propio de la pers. eunucoide.

eunucoidismo *m* (*Med*) Anomalía de desarrollo por deficiente actividad de las glándulas sexuales masculinas o femeninas.

eupatorio *m* Planta herbácea vivaz, propia de lugares húmedos, usada en medicina como diurética, purgante y tónica (*Eupatorium cannabinum*). *Tb ~ DE LOS ÁRABES.* **b)** **~ de los griegos.** Agrimonia (planta).

eupátrida *m* (*hist*) En la antigua Grecia: Ciudadano noble.

eupéptico -ca *adj* (*Med*) Que favorece la digestión.

eurasiático -ca *adj* Euroasiático.

eurásico -ca *adj* De Eurasia (continente constituido por Europa y Asia consideradas como una unidad).

eureka *interj* Se usa para expresar júbilo al descubrir o resolver algo.

eurihalino -na *adj* (*Biol*) [Organismo acuático] capaz de existir dentro de unos límites amplios de salinidad. *Se opone a* ESTENOHALINO.

euritermo -ma *adj* (*Biol*) [Organismo] capaz de vivir dentro de unos límites muy amplios de temperatura.

euritmia *f* (*lit*) Armonía, esp. en la composición o en las proporciones.

eurítmico -ca *adj* (*lit*) Armonioso, o que tiene euritmia.

euro[1] *m* (*lit*) Viento del este.

euro[2] *adj* (*Pol, col*) Eurocomunista. *Tb n.*

euro- *r pref* **1** Europeo o de Europa. * Euroterrorismo. ■ **2** De la Comunidad Europea. * Los euromilitares.

euroasiático -ca *adj* De Eurasia (continente constituido por Europa y Asia consideradas como una unidad).

eurocámara (*normalmente con mayúscula*) *f* Parlamento Europeo.

eurocéntrico -ca *adj* De(l) eurocentrismo.

eurocentrismo *m* Teoría según la cual Europa es la protagonista de la historia y el centro de la civilización.

eurocheque *m* Cheque cuyo pago está garantizado por una serie de bancos en toda Europa.

eurocomunismo *m* Doctrina y práctica de algunos Partidos Comunistas de Europa occidental, que preconizan la aceptación de las instituciones democráticas.

eurocomunista *adj* De(l) eurocomunismo. **b)** Adepto al eurocomunismo. *Tb n.*

euroconector *m* Conector para transmisiones europeas de sonido e imagen.

eurocracia *f* Gobierno de los eurócratas.

eurócrata *m y f* Funcionario de alguno de los organismos comunitarios europeos.

eurodiputado -da *m y f* Diputado del Parlamento Europeo.

eurodivisa *f* (*Econ*) Divisa en poder de empresas o bancos extranjeros, esp. europeos, que se negocia en el mercado monetario internacional.

eurodólar *m* (*Econ*) Dólar estadounidense en poder de empresas o bancos extranjeros, esp. europeos, que se negocia en el mercado monetario internacional.

euroelección *f* Elección al Parlamento Europeo. *Gralm en pl.*

euroescepticismo *m* Tendencia o actitud euroescéptica.

euroescéptico -ca *adj* Escéptico respecto a la Comunidad Europea. *Tb n, referido a pers.*

eurofestival (*gralm con mayúscula*) *m* Festival de Eurovisión.

euroizquierda *f* Corriente política o ideológica de los partidos europeos de izquierdas.

euromercado *m* (*Econ*) Mercado de eurodivisas.

euromisil *m* Misil estratégico instalado en alguno de los Estados europeos de la Alianza Atlántica.

europarlamentario -ria *m y f* Miembro del Parlamento Europeo.

europeamente *adv* De manera europea.

europeidad *f* Cualidad o condición de europeo.

europeísmo *m* **1** (*Pol*) Tendencia a la unión europea. *Tb el movimiento correspondiente.* ■ **2** Cualidad o condición de europeo.

europeísta *adj* (*Pol*) De(l) europeísmo [1]. **b)** Partidario del europeísmo. *Tb n.*

europeización *f* Acción de europeizar(se).

europeizador -ra *adj* Que europeíza. *Tb n, referido a pers.*

europeizante *adj* De tendencia europeísta.

europeizar (*conjug* **1f**) *tr* Dar carácter europeo [a alguien o algo (*cd*)]. **b)** *pr* (~**se**) Tomar carácter europeo.

europeo -a *adj* De Europa. *Tb n, referido a pers.*

europesimismo *m* Pesimismo respecto a la Comunidad Europea.

europio *m* (*Quím*) Metal, de número atómico 63, perteneciente al grupo de las tierras raras.

eurosocialismo *m* Doctrina que propugna la aproximación teórica y práctica entre los diversos Partidos Socialistas europeos.

eurosocialista *adj* De(l) eurosocialismo. **b)** Partidario del eurosocialismo. *Tb n.*

eurotúnel *m* Túnel que enlaza Gran Bretaña con el continente europeo.

eurovisivo -va *adj* **1** De(l) Festival de Eurovisión. ■ **2** [Cantante] que participa en el Festival de Eurovisión. *Tb n.*

euscaldún (*tb con la grafía* **euskaldún** *u, hoy raro,* **euzkaldún**) *adj invar en gén* **1** De lengua vasca. *Tb n, referido a pers.* ■ **2** Vasco. *Tb n, referido a pers.*

euscalduna (*tb con la grafía* **euskalduna**) *adj invar en gén* Euscaldún.

euscaldunización (*tb con la grafía* **euskaldunización**) *f* Acción de euscaldunizar.

euscaldunizar (*tb con la grafía* **euskaldunizar**) *tr* Dar carácter euscaldún [a alguien o algo (*cd*)]. *Tb abs.*

euscara (*tb con la grafía* **euskara**; *a veces con pronunc esdrújula*) *m* Eusquera [1].

euscarización (*tb con la grafía* **euskarización**) *f* Euscaldunización.

euscaro -ra (*tb con la grafía* **euskaro**; *frec con pronunc esdrújula*) **I** *adj* **1** Vasco. ■ **2** De(l) euscaro [3]. **II** *m* **3** Eusquera [1].

euskaldún, euskalduna, *etc* → EUSCALDÚN, EUSCALDUNA, *etc.*

euskara, euskarización, euskaro, euskera, euskérico, *etc* → EUSCARA, EUSCARIZACIÓN, EUSCARO, EUSQUERA, EUSQUÉRICO, *etc.*

eusquera (*tb con la grafía* **euskera** *u, hoy raro,* **euzkera**; *alguna vez con pronunc esdrújula*) **I** *m* **1** Lengua vasca. **II** *adj* **2** De(l) eusquera [1].

eusquérico -ca (*tb con la grafía* **euskérico**) *adj* De(l) eusquera [1].

eusquero (*tb con la grafía* **euskero** *o, más raro,* **euzkero**) *m* (*raro*) Eusquera [1].

eusquerólogo -ga (*tb con la grafía* **euskerólogo** *u, hoy raro,* **euzkerólogo**) *m y f* Especialista en eusquera.

Eustaquio. trompa de ~ → TROMPA.

eutanasia *f* Hecho de provocar la muerte sin dolor, esp. a un enfermo incurable. *Tb fig.*

eutanásico -ca *adj* De (la) eutanasia.

eutéctico -ca *adj* (*Quím*) [Mezcla] de mínimo punto de fusión. *Tb n m.*

euterio *adj* (*Zool*) [Mamífero] placentario. *Tb n.*

eutimia *f* (*lit*) Serenidad o tranquilidad de espíritu.

eutócico -ca *adj* (*Med*) Que favorece el parto normal.

eutrapelia *f* (*lit*) **1** Moderación en las diversiones o entretenimientos. ■ **2** Broma o gracia.

eutrapélico -ca *adj* (*lit*) De (la) eutrapelia.

eutroficación *f* (*Ecol*) Eutrofización.

eutrófico -ca *adj* (*Ecol*) Abundante en elementos nutritivos, esp. de modo que provoca el crecimiento excesivo de fitoplancton, sobre todo de algas.

eutrofización *f* (*Ecol*) Incremento de elementos nutritivos en el agua, esp. de lagos o estanques, que provoca el crecimiento excesivo de fitoplancton, sobre todo de algas.

eutrofizar *tr* (*Ecol*) Causar eutrofización [en determinadas aguas (*cd*)].

euzkaldún → EUSCALDÚN.

euzkera, euzkero, euzkerólogo → EUSQUERA, EUSQUERO, EUSQUERÓLOGO.

eva *f* (*jerg*) Anfetamina sintética.

evacuable *adj* Que se puede evacuar.

evacuación *f* Acción de evacuar, *esp* [1]. *Tb su efecto.*

evacuador -ra *adj* Que evacua, *esp* [5]. *Tb n m, referido a aparato.*

evacuante *adj* Que evacua, *esp* [3 y 4].

evacuar (*conjug* **1b**; *tb, semiculto,* **1d**) *tr* **1** Hacer [la autoridad] que los habitantes [de un lugar (*cd*)] lo abandonen por ser peligrosa la estancia en él. **b)** Hacer [la autoridad] que [los habitantes (*cd*)] de un lugar] lo abandonen por ser peligrosa la estancia en él. **c)** Trasladar [a alguien a un lugar] por razón de peligro o enfermedad. ■ **2** Abandonar totalmente [un lugar (*cd*)] sus habitantes] por ser peligrosa o estar prohibida la estancia en él. **b)** Abandonar totalmente [un lugar (*cd*)] alguien, esp. fuerzas de ocupación]. ■ **3** Vaciar o desocupar [algo, esp. el vientre]. ■ **4** Expulsar del organismo [excrementos u otras secreciones]. ■ **5** Hacer salir [algo, esp. un líquido] de un lugar. ■ **6** (*admin*) Tramitar. ■ **7** (*admin*) Realizar [consultas].

evacuatorio *m* Lugar público destinado a evacuar [4] necesidades.

evadido -da *adj* **1** *part* → EVADIR. ■ **2** (*raro*) Evasé.

evadir **A** *tr* **1** Evitar [algo] con astucia o maña, o por medios ilegales. **b)** Eludir o esquivar. *Tb abs.* ■ **2** Sacar ilegalmente [dinero] de un país. **B** *intr pr* (~**se**) **3** Fugarse o escaparse. *Frec con un compl* DE. ■ **4** Escapar voluntariamente [de la realidad]. *Frec sin compl.*

evaginación *f* (*Biol*) Despliegue hacia el exterior.

evaluable *adj* Que se puede evaluar.

evaluación *f* Acción de evaluar.

evaluador -ra *adj* Que evalúa. *Tb n, referido a pers.*

evaluar (*conjug* **1d**) *tr* **1** Valorar (determinar el valor [de alguien o algo (*cd*)]). ■ **2** (*Enseñ*) Valorar y calificar los conocimientos y el rendimiento [de los alumnos (*cd*)]. **b**) Calificar los conocimientos de un alumno [en una materia (*cd*)].

evaluativo -va *adj* De (la) evaluación.

evanescencia *f* (*lit*) Cualidad de evanescente.

evanescente *adj* (*lit*) Que se desvanece o esfuma.

evanescer (*solo se usa en las formas en que la c va seguida de e o i*) *intr* (*lit*) Desvanecerse o esfumarse. *Tb pr* (~**se**).

evangeliario *m* (*Rel crist*) Libro litúrgico que contiene los evangelios de cada día del año.

evangélicamente *adv* De manera evangélica [1].

evangélico -ca *adj* **1** De(l) Evangelio [1, 2 y 3]. ■ **2** (*Rel crist*) De una de las sectas protestantes que conceden especial importancia a la conversión personal y a la salvación a través de la muerte de Cristo. *Tb n, referido a pers.*

evangelio (*normalmente con mayúscula en aceps 1, 2 y 3*) **I** *m* **1** (*Rel crist*) Doctrina de Jesucristo. ■ **2** (*Rel crist*) Libro de los cuatro del Nuevo Testamento en que se exponen la vida y doctrina de Jesucristo. **b**) Conjunto de los cuatro evangelios. ■ **3** (*Rel catól*) Pasaje del Evangelio [2] que se lee en la misa. *Tb la parte correspondiente de la misa.* ■ **4** Verdad indiscutible. *Con intención ponderativa.* **5** Idea o creencia básica [de alguien o de un movimiento o doctrina]. *Tb en sg con sent colectivo.* **II** *loc adj* **6 del ~.** (*Rel catól*) *En una iglesia:* [Lado] izquierdo, desde el punto de vista de los fieles.

evangelismo *m* (*Rel crist*) Condición de evangélico [2].

evangelista **I** *m* **1** Autor de uno de los Evangelios [2]. **II** *adj* **2** (*Rel crist*) Evangélico [2]. *Tb n, referido a pers.*

evangelistero *m* (*Rel catól, hist*) Clérigo que canta el Evangelio [3] en las misas solemnes.

evangelización *f* Acción de evangelizar. **b**) (*Rel catól*) Hecho de dar importancia preponderante a la predicación del Evangelio frente a la administración de los sacramentos.

evangelizador -ra *adj* **1** Que evangeliza. *Tb n, referido a pers.* ■ **2** De (la) evangelización.

evangelizante *adj* Que evangeliza.

evangelizar **A** *tr* **1** Predicar el Evangelio [1] [a alguien o en un lugar (*cd*)]. **B** *intr* **2** Predicar el Evangelio [1].

evaporable *adj* Que se puede evaporar.

evaporación *f* Acción de evaporar(se).

evaporador -ra *adj* Que sirve para evaporar. *Tb n m, referido a aparato.*

evaporar **A** *tr* **1** Hacer que [algo (*cd*)] se evapore [2 y 4]. *Tb abs.*

B *intr pr* (~**se**) **2** Transformarse en vapor [un líquido], esp. por su superficie libre y sin alcanzar la temperatura de ebullición. ■ **3** (*Fís*) Desprenderse [protones, neutrones o partículas alfa] del núcleo atómico, en el curso de una reacción nuclear. ■ **4** (*col*) Desaparecer [alguien o algo], esp. sin ser notado. *Tb fig.*

evaporita *f* (*Mineral*) Roca sedimentaria procedente de evaporación de agua salada.

evaporización *f* Acción de evaporizar(se).

evaporizar *tr* Evaporar. *Tb pr* (~**se**).

evapotranspiración *f* (*E*) Paso de vapor de agua a la atmósfera, por evaporación del suelo y de las superficies acuáticas y por transpiración de las plantas.

evasé -sée (*fr; pronunc corriente, /ebasé/*) *adj* [Prenda o línea] que se va ensanchando hacia el extremo.

evasión **I** *f* **1** Acción de evadir(se). **II** *loc adj* **2 de ~.** [Literatura, arte o cine] cuyo único fin es entretener y alejar de la mente los problemas de la vida diaria.

evasionismo *m* Tendencia a la evasión de la realidad. *Tb la actitud correspondiente.*

evasionista *adj* De(l) evasionismo. **b**) Adepto al evasionismo. *Tb n.*

evasivamente *adv* De manera evasiva.

evasivo -va **I** *adj* **1** Que evade cualquier compromiso o dificultad. ■ **2** Que sirve para evadirse de la realidad. **II** *f* **3** Razón o respuesta con que se elude un compromiso o dificultad.

evasor -ra *adj* Que evade impuestos o capitales. *Frec n, referido a pers.*

evección *f* (*Astron*) Variación periódica del movimiento de la Luna, debida esp. a la atracción del Sol.

evemerismo *m* (*Rel*) Doctrina de Evémero de Mesina (s. III a.C.), según el cual los dioses y personajes mitológicos han de considerarse como seres humanos divinizados.

evento (*lit*) **I** *m* **1** Suceso o acontecimiento. **II** *loc adv* **2 a todo** (*o* **a cualquier**) **~.** (*raro*) Sin reservas o en cualquier circunstancia.

eventración *f* (*Med*) Hernia ventral en el lugar de una cicatriz quirúrgica o traumática.

eventual *adj* **1** Que puede suceder o presentarse, o no. ■ **2** [Trabajo] que no es fijo. **b**) [Trabajador] cuyo empleo no es fijo. *Tb n.* ■ **3** Ocasional o circunstancial.

eventualidad *f* **1** Cualidad de eventual. ■ **2** Hecho o suceso eventual.

eventualmente *adv* De manera eventual.

eversión[1] *f* (*Med*) Acción de evertir.

eversión[2] *f* (*lit, raro*) Ruina o desolación. *Tb la época en que se padece.*

evertir (*conjug* **60** *o* regular) *tr* (*Med*) Girar hacia fuera.

evicción *f* (*Der*) Desposesión de todo o parte de un derecho, en virtud de derecho anterior ajeno. **b**) (*lit*) Desposesión.

evidencia I *f* **1** Certeza clara e indiscutible de la verdad o realidad [de algo]. ▪ **2** Cosa, esp. prueba, evidente.
II *loc adv* **3 en ~.** De manifiesto o en situación de ser conocido por todos. *Con vs como* PONER *o* QUEDAR. ▪ **4 en ~.** En ridículo o en situación desairada. *Con vs como* PONER *o* QUEDAR.

evidenciable *adj* Que se puede evidenciar.

evidenciador -ra *adj* Que evidencia. *Tb n, referido a pers.*

evidenciar *(conjug* 1a*) tr* Poner en evidencia [3] [algo], o hacer[lo] evidente. **b)** *pr* (~se) Ponerse en evidencia o hacerse evidente.

evidente I *adj* **1** [Cosa] que se presenta de tal modo que es imposible negarla o dudar. ▪ **2** Visible.
II *adv* **3** *Se usa como expresión de asentimiento o confirmación. Usado gralm como respuesta.* * –Todo tiene sus riesgos. –Evidente.

evidentemente *adv* De manera evidente. **b)** *Se usa esp como expresión de énfasis, asentimiento o confirmación.*

evisceración *f* Acción de eviscerar.

eviscerar *tr* Extraer las vísceras [a alguien, esp. a un animal muerto (*cd*)].

evitabilidad *f* Cualidad de evitable.

evitable *adj* Que se puede evitar.

evitación *f* Acción de evitar. *Gralm en la constr* EN ~ DE.

evitador -ra *adj* Que evita.

evitar *tr* **1** Hacer que [algo (*cd*), esp. negativo o molesto] no ocurra o no llegue a tener existencia. ▪ **2** Procurar [alguien] no encontrarse [en una situación o un lugar, o con una pers. o cosa (*cd*)]. ▪ **3** Hacer que [alguien (*ci*)] no sufra o no tenga que realizar [algo negativo o molesto (*cd*)]. *Tb sin ci.*

eviternidad *f* Cualidad de eviterno.

eviterno -na *adj* Que tiene o ha tenido principio pero no tendrá fin. *Frec fig (lit), con intención ponderativa.*

evo *m* (*lit*) Tiempo o época.

evocación *f* Acción de evocar. *Tb su efecto.*

evocador -ra *adj* Que evoca [1].

evocadoramente *adv* De manera evocadora.

evocar *tr* **1** Recordar, o traer a la memoria. **b)** Traer a la mente [una cosa a otra] por su semejanza o por asociación de ideas. ▪ **2** Llamar [a los espíritus].

evocativo -va *adj* Evocador.

evohé *interj* (*hist*) En la antigua Grecia: Grito de las bacantes para aclamar o invocar a Baco.

evolución *f* **1** Cambio gradual [de algo] de un estado a otro, esp. más complejo o perfecto. **b)** (*Biol*) Cambio gradual y progresivo de las especies a lo largo de sucesivas generaciones. ▪ **2** Movimiento con giros o vueltas. *Gralm en pl.* ▪ **3** Movimiento [de tropas] con arreglo a un plan establecido.

evolucionante *adj* Que evoluciona [1].

evolucionar *intr* **1** Experimentar una evolución [1]. ▪ **2** Hacer evoluciones [2 y 3].

evolucionismo *m* **1** (*Biol*) Doctrina basada en la evolución [1b] de las especies. *Se opone a* FIJISMO. ▪ **2** (*Psicol*) Doctrina que sostiene la evolución [1a]

del cerebro humano. ▪ **3** (*raro*) Tendencia a la evolución [1a].

evolucionista *adj* (*Biol y Psicol*) De(l) evolucionismo [1 y 2]. **b)** Adepto al evolucionismo. *Tb n.*

evolutivamente *adv* De manera evolutiva [1].

evolutivo -va *adj* **1** De (la) evolución [1]. ▪ **2** (*Med*) [Enfermedad] que evoluciona constantemente, esp. agravándose.

evónimo *m* Planta leñosa, frec. ornamental, usada esp. en la formación de setos (gén. *Evonimus*, esp. *E. europaeus* o *E. japonicus*).

evzono *m* Soldado de infantería griego.

ewé (*pronunc corriente,* /ewé/; *tb* **ewe**) I *adj* **1** De un pueblo de África Occidental que habita pralm. en Ghana, Togo y Benín. *Tb n, referido a pers.*
II *m* **2** Lengua ewé [1].

ex *m y f* (*col*) Forma abreviada de EX-MINISTRO, EX-MARIDO, EX-MUJER, EX-NOVIO, *u otro compuesto consabido para los interlocutores.*

ex- *pref* Precede a ns o adjs de pers, o, más raro, cosa, para indicar que estas han dejado de ser lo que aquellos representan. Gralm en compuestos con guión o escritos en dos palabras. * Ex-dominico. * Expresidente.

exa- *r pref* (*E*) Un trillón. Antepuesta a ns de unidades de medida, forma compuestos que designan unidades un trillón de veces mayores.

exabrupto *m* Dicho brusco e inconveniente.

ex abrupto (*lat*; *pronunc,* /eks-abrúpto/) *loc adv* (*lit*) De improviso.

exacampeón → HEXACAMPEÓN.

exacción *f* (*Der*) Exigencia [de impuestos, prestaciones o multas].

exacerbación *f* Acción de exacerbar(se). *Tb su efecto.*

exacerbado -da *adj* **1** *part* → EXACERBAR. ▪ **2** [Cosa no material, esp. cualidad o sentimiento] muy intensa o exagerada.

exacerbamiento *m* Exacerbación.

exacerbante *adj* Que exacerba.

exacerbar *tr* **1** Hacer más vivo o intenso [algo no material, esp. un sentimiento o pasión]. **b)** *pr* (~se) Hacerse más vivo o intenso [algo no material, esp. un sentimiento o pasión]. ▪ **2** Agravar o agudizar [una enfermedad o un síntoma]. **b)** *pr* (~se) Agravarse o agudizarse [una enfermedad o un síntoma]. ▪ **3** Irritar o enojar [a alguien].

exactamente *adv* De manera exacta. **b)** *A veces se usa, como or independiente, para aprobar lo dicho por otro, o para contestar de manera rotundamente afirmativa.* * –Usted se va al fútbol mientras su mujer se queda en casa. –Exactamente. **c)** **más ~.** *Se usa acompañando a una precisión de lo dicho anteriormente.* * El interés se centró en un felino, más exactamente en un gato.

exactitud *f* Cualidad de exacto [1 a 4].

exacto -ta I *adj* **1** [Cosa] medida o calculada de manera que no sobre ni falte nada. **b)** [Número de unidades] que no va acompañado de fracción o de otras unidades de orden inferior. **c)** (*Mat*) [Operación] en que no queda resto. **d)** (*Mat*) [Número o fracción decimal] que tiene un número limitado de cifras. ▪ **2** [Cosa] totalmente conforme a lo debido. **b)** [Pers.] que hace minuciosa y puntualmente lo que debe. **c)** Puntual (que llega o actúa en el momento debido o previsto). ■ **3** [Reproducción o copia] totalmente igual [al modelo (*compl de posesión*)]. **b)** (*col*) [Pers. o cosa] totalmente igual [a otra]. *Frec con intención ponderativa.* ■ **4** [Cosa] totalmente conforme a la verdad. **b)** [Pers.] que se expresa ajustándose a la verdad. **c)** [Aparato] que marca una medida exacta [4a]. ■ **5** [Ciencia] basada exclusivamente en principios y hechos demostrables. *Referido esp a las matemáticas. En este caso, tb n f pl.*

II *adv* **6** *Se usa, constituyendo or independiente, para aprobar lo dicho por otro, o para contestar de manera rotundamente afirmativa.*

exaedro → HEXAEDRO.

ex aequo (*lat; pronunc,* /eks-ékuo/; *a veces con la grafía* **ex-aequo**) *loc adv* En igualdad de méritos para un mismo puesto.

exageración *f* **1** Acción de exagerar. *Tb su efecto.* ■ **2** (*col*) Cosa exagerada [3 y 4]. ■ **3** Condición de exagerado [4].

exageradamente *adv* De manera exagerada.

exagerado -da *adj* **1** *part* → EXAGERAR. ■ **2** [Pers.] que exagera o tiende a exagerar. *Tb n.* ■ **3** [Cosa] que implica exageración (acción de exagerar [1]). ■ **4** [Cosa] que sobrepasa los límites de lo normal, justo o conveniente.

exagerante *adj* Que exagera.

exagerar *tr* **1** Presentar [algo] como más grande o más importante de lo que es en realidad. *Frec abs.* ■ **2** Hacer que [algo (*cd*)] sobrepase los límites de lo normal, justo o conveniente. **b)** Hacer que [algo] alcance un nivel extremo o muy alto.

exagonal, exágono → HEXAGONAL, HEXÁGONO.

exaltación *f* Acción de exaltar(se). *Tb su efecto.*

exaltadamente *adv* De manera exaltada [3].

exaltado -da *adj* **1** *part* → EXALTAR. ■ **2** [Pers.] que se exalta o tiende a exaltarse [6] con facilidad. *Tb n.* **b)** Extremista. *Esp en política. Tb n.* ■ **3** Que implica o denota exaltación. ■ **4** (*raro*) Exagerado [4].

exaltador -ra *adj* **1** Que exalta, *esp* [2]. *Tb n, referido a pers.* ■ **2** De (la) exaltación.

exaltamiento *m* Exaltación.

exaltante *adj* Que exalta [4].

exaltar **A** *tr* **1** Elevar [a alguien a una alta dignidad o a una situación muy destacada]. ■ **2** Ponderar el mérito o valor [de alguien o algo (*cd*)]. ■ **3** Honrar o glorificar. ■ **4** Hacer que [alguien o algo (*cd*)] se exalte [6 y 7]. ■ **5** (*Fisiol*) Aumentar [una actividad o una función (*cd*)]. **b)** *pr* (**~se**) Aumentar [una actividad o una función (*suj*)].

B *intr pr* (**~se**) **6** Dejarse llevar de la pasión, perdiendo la moderación o la calma. ■ **7** Llegar [una pasión o estado de ánimo] a un grado muy elevado.

exaltativo -va *adj* De (la) exaltación o que la implica.

examen *m* **1** Acción de mirar o considerar atentamente [algo o a alguien (*compl de posesión*)] para conocer sus características o su estado. **b)** **~ de conciencia.** Consideración atenta de la propia conducta con arreglo al código moral. **c)** **libre ~.** Interpretación de la Biblia según un criterio personal, descartando la autoridad de la Iglesia. ■ **2** Prueba o conjunto de pruebas destinadas a demostrar la aptitud de una persona para desempeñar un cargo o

actividad, o para obtener un grado o avanzar en los estudios. **b)** **~ de Estado** → ESTADO.

examinador -ra **I** *adj* **1** De(l) examen [2].

II *n* **A** *m y f* **2** Pers. que examina [2a].

B *m* **3** (*Rel catól*) Teólogo o canonista nombrado por el prelado diocesano para examinar [2a] a los que han de ser admitidos en las órdenes sagradas o desempeñar determinados ministerios. *Tb* ~ SINODAL. ■ **4** (*Mar*) Pie de cabra curvo que sirve para arrancar los clavos después de descubrir su cabeza con el menestrete.

examinando -da *m y f* Pers. que va a ser examinada, *esp* [2].

examinante *m y f* Examinador [2].

examinar *tr* **1** Mirar o considerar atentamente [algo o a alguien] para conocer sus características o su estado. ■ **2** Someter [a alguien (*cd*)] a un examen [2]. **b)** *pr* (**~se**) Sufrir [alguien] un examen. *Frec con un compl* DE.

exangüe *adj* (*lit*) **1** Que está sin sangre. ■ **2** Que está sin fuerzas. *Tb fig.* ■ **3** Exánime. *Tb fig.*

exanguinotransfusión *f* (*Med*) Exsanguinotransfusión.

exánime *adj* (*lit*) Muerto o que está sin vida. *Tb fig, con intención ponderativa.*

exano → HEXANO.

ex ante (*lat; pronunc,* /eks-ánte/) *loc adj* (*Econ*) Esperado o previsto. *Tb fig, fuera del ámbito técn.*

exantema *m* (*Med*) Erupción cutánea propia de algunas enfermedades, como sarampión, escarlatina o tifus.

exantemático -ca *adj* (*Med*) [Enfermedad] caracterizada por el exantema. **b)** [Fiebre] **exantemática mediterránea** → FIEBRE.

exaración *f* (*Geol*) Erosión glaciar.

exarca *m* (*Rel crist*) Dignidad inmediatamente inferior a la de patriarca [de una iglesia oriental].

exarcado *m* **1** (*Rel crist*) Dignidad de exarca. ■ **2** (*hist*) Provincia de Italia de las pertenecientes al Imperio Bizantino (s. VI-XII).

exasperación *f* Acción de exasperar(se). *Tb su efecto.*

exasperadamente *adv* De manera exasperada.

exasperado -da *adj* **1** *part* → EXASPERAR. ■ **2** Extremado (de grado o intensidad máximo).

exasperante *adj* Que exaspera [1].

exasperantemente *adv* De manera exasperante.

exasperar *tr* **1** Irritar o enfurecer [a alguien]. *Tb abs.* **b)** *pr* (**~se**) Irritarse o enfurecerse. ■ **2** Agravar o agudizar [algo].

excarcelación *f* Acción de excarcelar.

excarcelar *tr* Sacar de la cárcel [a una pers. (*cd*)] la autoridad competente].

excardinación *f* (*Rel crist*) Acción de excardinar(se).

excardinar *tr* (*Rel crist*) Desvincular [a alguien de una iglesia o de una diócesis]. *Frec el cd es refl.*

ex cathedra (*lat; pronunc,* /eks-kátedra/; *tb con la grafía semiculta* **ex cátedra**) *loc adv* Desde la cátedra de San Pedro, como maestro supremo de la Iglesia. *Referido al modo infalible de hablar el Papa* *sobre temas de fe o de costumbres.* **b)** (*desp*) En tono magistral o dogmático.

excava *f* (*Agric*) Acción de excavar [2].

excavación *f* Acción de excavar [1 y 3].

excavador -ra *adj* Que excava [1 y 3]. *Tb n: m y f, referido a pers; f, referido a máquina.*

excavar **A** *tr* **1** Hacer hoyos o cavidades [en el suelo o en algo sólido (*cd*)]. **b)** Hacer hoyos o cavidades [en un lugar (*cd*)]. **c)** Hacer [hoyos o cavidades]. *Tb fig.* ■ **2** (*Agric*) Ahuecar o remover la tierra [alrededor de una planta (*cd*)] para favorecer su desarrollo.
B *intr* **3** Hacer hoyos o cavidades [en un lugar]. *Tb sin compl.*

excedencia *f* **1** Cualidad de excedente [1]. ■ **2** Situación de excedente [2].

excedentario -ria *adj* (*Econ*) **1** De(l) excedente [3]. ■ **2** Que tiene o produce excedentes [3].

excedente **I** *adj* **1** Que excede [2]. **b)** ~ de cupo. [Mozo] que queda exento del servicio militar por corresponderle un número superior al cupo previsto. *Gralm n m.* ■ **2** [Funcionario] que, sin dejar de serlo, está temporalmente sin prestar servicio.
II *m* **3** Cantidad que excede [2]. *Esp en economía.*

exceder **A** *tr* **1** Superar [una pers. o cosa a otra (*cd*)]. *Normalmente con un compl* EN, *que expresa en qué aspecto. El cd va siempre introducido por* A. ■ **2** Sobrepasar [alguien cierto límite].
B *intr* ➤ **a** *normal* **3** Sobrepasar [cierto límite (*compl* DE)].
➤ **b** *pr* (~se) **4** Sobrepasar [una pers.] el límite de lo normal, razonable o proporcionado. *Normalmente con un compl* EN, *que expresa en qué aspecto.*

excelencia **I** *f* **1** Cualidad de excelente [1]. ■ **2** Virtud o buena cualidad [de alguien o algo]. *Gralm en pl.* ■ **3** *Se usa como tratamiento oficial propio de determinados cargos o dignidades.*
II *loc v* **4** tener ~ [alguien]. Tener derecho al tratamiento de excelencia [3]. **b)** tener ~ [alguien o algo]. (*humoríst*) Ser digno de gran respeto.
III *loc adv* **5** por ~. Por antonomasia. *Tb adj.*

excelente **I** *adj* **1** Muy bueno. *Con intención ponderativa.* **b)** [Pers.] que tiene muy buenas cualidades morales, esp. bondad y generosidad. **c)** (*lit*) Excelso [1].
II *m* **2** (*hist*) Moneda de oro acuñada por los Reyes Católicos.

excelentemente *adv* De manera excelente [1]. *Con intención ponderativa.*

excelentísimo -ma *adj* **1** *superl de* EXCELENTE. ■ **2** *Precediendo a los ns* SEÑOR *o* SEÑORA, *se usa como tratamiento oficial propio de determinados cargos o dignidades.* * Excelentísimo señor Presidente de las Cortes Españolas y del Consejo del Reino. **b)** *Se usa como calificación honorífica oficial de determinadas entidades o corporaciones.* * Excelentísima Diputación Provincial de Zaragoza.

excelsamente *adv* (*lit*) De manera excelsa [1b].

excelsitud *f* (*lit*) Cualidad de excelso.

excelso -sa *adj* **1** (*lit*) [Virtud, calidad o cualidad] suma o máxima. *Gralm con intención ponderativa.* **b)** [Pers. o cosa] de virtud, calidad o cualidad suma. *Gralm con intención ponderativa.* ■ **2** (*lit*) Muy alto o elevado. *En sent material.* **b)** (*Bot*) *Frec se usa como especificador de distintas especies.* * Pino excelso. * Palmito excelso.

excéntricamente *adv* De manera excéntrica, esp [2].

excentricidad *f* **1** Cualidad de excéntrico [1 y 2]. ■ **2** Hecho excéntrico [1]. ■ **3** (*Geom*) En una sección cónica: Razón de las distancias de un punto cualquiera de ella a un foco y a la directriz correspondiente.

excéntrico -ca **I** *adj* **1** Raro o extravagante. *Tb n, referido a pers.* ■ **2** (*E*) Que está desplazado respecto a un centro. *Tb* (*lit*) *fuera del ámbito técn.* **b)** (*lit*) Alejado del centro.
II *f* **3** (*Mec*) Mecanismo utilizado para convertir un movimiento de rotación en otro de vaivén.

excepción **I** *f* **1** Acción de exceptuar. ■ **2** Pers. o cosa que se aparta de la regla o condición general. ■ **3** (*Der*) Causa o motivo legal que alega el demandado para hacer ineficaz la demanda.
II *loc adj* **4** de ~. Excepcional, esp [2]. **b)** [Estado] de ~ → ESTADO.
III *loc prep* **5** a (o con) ~ de. Exceptuando a.

excepcional *adj* **1** Que constituye una excepción [2]. ■ **2** Extraordinario o fuera de lo común. *Con intención ponderativa.*

excepcionalidad *f* Cualidad de excepcional.

excepcionalmente *adv* De manera excepcional.

excepcionar *tr* (*raro*) Exceptuar.

exceptivo -va *adj* Que expresa o implica excepción [1].

excepto (*con pronunc normalmente átona*) **I** *adv* **1** *Precediendo a un compl preposicional o a una prop adv:* Exceptuando. * La tráquea tiene forma cilíndrica, excepto por su parte posterior.
II *prep* **2** Con excepción de. * Todos, excepto él, eran lingüistas.

exceptuable *adj* Que se puede exceptuar.

exceptuar (*conjug* 1d) *tr* Excluir [algo o a alguien] de una norma o generalidad. *Frec en ger o en constr condicional. A veces con un compl* DE.

excerpta *f* (*raro*) Colección o recopilación.

excesivamente *adv* De manera excesiva.

excesivo -va *adj* [Cosa] que excede del límite de lo normal, razonable o proporcionado. **b)** Más cuantioso o numeroso de lo conveniente o necesario.

exceso **I** *m* **1** Hecho de exceder [algo (*compl de posesión*)] del límite de lo normal, razonable o proporcionado. ■ **2** Cantidad [de perss. o cosas] que excede del límite de lo normal, razonable o proporcionado. **b)** Diferencia, en más, de una cosa respecto a otra tomada como referencia. *Frec en la constr* POR ~. ■ **3** Acción de excederse. *Frec en pl, referido esp a los placeres corporales.*
II *loc adv* **4** en (o con) ~. Excesivamente. *Tb adj.*

excipiente *m* (*Med*) Sustancia inerte que se mezcla con las sustancias activas para dar a un medicamento la forma adecuada para su administración. *Tb fig, fuera del ámbito técn.*

exciso -sa *adj* (*Arte*) [Cerámica o pieza de cerámica] decorada mediante extracción de la pasta.

excitabilidad *f* Cualidad de excitable.

excitable *adj* Que se puede excitar, esp [1 y 2]. **b)** Que se excita con facilidad.

excitación *f* Acción de excitar(se). *Tb su efecto.*

excitadamente *adv* De manera excitada.

excitado -da *adj* **1** *part* → EXCITAR. ■ **2** Que denota o implica excitación (inquietud, nerviosismo, deseo o entusiasmo).

excitador -ra (*tb f* **excitatriz**) **I** *adj* **1** Que excita, *esp* [1].

II *n* **A** *m* **2** (*Electr*) Aparato en forma de tenacilla que sirve para producir la descarga eléctrica entre dos puntos de potencial diferente.

B *f* **3** (*Electr*) Dinamo u otro generador de pequeñas dimensiones que suministra la corriente necesaria para la excitación del generador principal.

excitante *adj* Que excita, *esp* [1, 2 y 3]. *Tb n m, referido a agente*.

excitar *tr* **1** Hacer que se produzca o intensifique [algo, esp. una actividad]. **b)** Hacer que se produzca o intensifique la actividad [de algo (*cd*)]. **c)** (*Fís*) Hacer que [algo (*cd*)] pase a un grado de energía más elevado, o aplicar[le (*cd*)] algún tipo de energía. ■ **2** Hacer que aumente la actividad psíquica o fisiológica [de alguien (*cd*)], produciéndo[le] un estado de inquietud, nerviosismo, deseo o entusiasmo. *Tb abs*. **b)** *pr* (**~se**) Producirse [en alguien (*suj*)] un estado de inquietud, nerviosismo, deseo o entusiasmo. ■ **3** Despertar el deseo sexual [de alguien (*cd*)]. **b)** *pr* (**~se**) Pasar a tener deseo sexual. ■ **4** Irritar o encolerizar. **b)** *pr* (**~se**) Irritarse o encolerizarse. ■ **5** Incitar [a alguien (*cd*) a algo, esp. violento, o contra alguien].

excitativo -va *adj* (*raro*) Que excita o sirve para excitar, *esp* [1a].

excitatriz → EXCITADOR.

exclamación *f* **1** Sonido, palabra o frase con que se expresa de manera espontánea una emoción o un sentimiento. ■ **2** Admiración (signo ortográfico).

exclamar **A** *tr* **1** Decir [algo] como exclamación [1]. *Se usa para presentar palabras textuales dichas por alguien*. * –¡No es posible! –exclamó ella.

B *intr pr* (**~se**) **2** (*reg*) Hablar con vehemencia, esp. en son de protesta o de queja.

exclamativo -va *adj* **1** De (la) exclamación [1]. ■ **2** (*Gram*) [Palabra o frase] que sirve para exclamar [1]. *Tb n: m, referido a palabra; f, referido a oración*.

exclamatorio -ria *adj* (*raro*) Exclamativo [1].

exclaustración *f* Acción de exclaustrar(se). *Tb el tiempo que dura*.

exclaustrar (*conjug* 1e) *tr* **1** Permitir u ordenar [a un religioso (*cd*)] que abandone el claustro. **b)** *pr* (**~se**) Abandonar el claustro [un religioso]. *Frec en part, frec sustantivado*. ■ **2** Secularizar [un convento].

excluidor -ra *adj* (*raro*) Que excluye.

excluir (*conjug* 48) *tr* **1** Dejar fuera o sacar [a alguien o algo de un grupo o de un lugar o situación en que sería esperable o lógico que estuviera]. *Frec sin compl* DE, *por consabido*. **b)** Hacer que [alguien o algo (*cd*)] quede fuera [de un conjunto o de un lugar o situación en que le correspondería estar]. *Frec sin compl* DE, *por consabido*. ■ **2** Hacer [una pers. o, más frec., una cosa] que [algo (*cd*)] sea imposible. *Referido a cosa, frec el cd tiene sent recípr*.

exclusión *f* Acción de excluir.

exclusivamente *adv* De manera exclusiva.

exclusive *adv* Pospuesto a un sust, especifica que lo designado por este no está incluido dentro de la

serie expresada antes. * Estarán hasta el día seis exclusive.

exclusividad **I** *f* **1** Cualidad de exclusivo [1 y 2]. ■ **2** Exclusiva (→ EXCLUSIVO [5 y 6]).

II *loc adv* **3** en **~**. En exclusiva (→ EXCLUSIVO [7]).

exclusivismo *m* **1** Adhesión exagerada a una persona o cosa con exclusión de las demás. ■ **2** Característica exclusiva (→ EXCLUSIVO [2]).

exclusivista *adj* **1** De(l) exclusivismo [1] o que lo implica. **b)** Que practica el exclusivismo. ■ **2** Que tiene una exclusiva (→ EXCLUSIVO [4b]). *Frec n*.

exclusivizar *tr* (*raro*) **1** Hacer exclusivo [2]. ■ **2** Basar [una cosa] en exclusiva [en otra] (→ EXCLUSIVO [7]).

exclusivo -va **I** *adj* **1** Que excluye. **b)** *Esp*: [Cosa] que excluye cualquier otra. **c)** [Dedicación] de la jornada laboral completa a un solo trabajo remunerado, con exclusión de cualquier otro. **d)** Único o solo. ■ **2** Que pertenece solo [a una pers. o cosa o a un grupo (*compl de posesión*)] con exclusión de los demás. *A veces sin compl, por consabido*. ■ **3** (*Gram*) [Pronombre personal en plural] que designa un conjunto formado por "yo y él" (frente a "yo y tú") o por "tú y él" (frente a "tú y tú"). *Se opone a* INCLUSIVO.

II *f* **4** Derecho o privilegio exclusivo [2]. **b)** *Esp*: Derecho exclusivo de venta o explotación [de algo]. *Tb sin compl, por consabido*. **c)** Información cuyos derechos de difusión o publicación corresponden a una única empresa informativa. ■ **5** Cualidad o característica exclusiva [2]. ■ **6** Producto que se vende o explota por una sola firma.

III *loc adv* **7** en **exclusiva**. De manera exclusiva [2]. *Tb adj*.

excluso -sa *adj* (*lit, raro*) Excluido.

excluyente *adj* Que excluye.

excogitación *f* (*lit*) Acción de excogitar. *Tb su efecto*.

excogitar (*lit*) **A** *tr* **1** Pensar o idear [algo] mediante la reflexión.

B *intr* **2** Pensar o reflexionar.

excogitativo -va *adj* (*lit*) De (la) excogitación.

excombatiente (*tb con la grafía* **ex combatiente**) *m* Hombre que ha luchado en una guerra. *Frec referido a la Guerra Civil de 1936-1939*.

excomulgador -ra *adj* Que excomulga.

excomulgar *tr* **1** (*Rel catól*) Apartar [la autoridad eclesiástica a un miembro rebelde] de la comunión de los fieles y del uso de los sacramentos. *Frec en part, frec sustantivado*. ■ **2** (*lit*) Condenar [algo la autoridad eclesiástica, o alguien basándose en motivos religiosos]. ■ **3** (*lit, humoríst*) Expulsar [a alguien] de la comunidad o grupo a que pertenece.

excomunión *f* Acción de excomulgar, *esp* [1]. *Tb la pena eclesiástica correspondiente*. **b)** **~ mayor**, **~ menor**, **~ latae sententiae** → MAYOR, MENOR, LATAE SENTENTIAE.

excoriación (*tb con la grafía* **escoriación**) *f* (*Med*) Lesión superficial que solo afecta a la epidermis. *Tb fig, fuera del ámbito médico*.

excoriar (*conjug* 1a) (*tb con la grafía* **escoriar**) *tr* (*Med*) Causar excoriación [en algo (*cd*)].

excrecencia *f* Prominencia superficial que crece anormal o superfluamente en un organismo animal o vegetal. *Tb fig*.

excreción *f (Fisiol)* **1** Acción de excretar. ■ **2** Producto excretado.

excremental *adj (lit o E)* De (los) excrementos.

excrementar A *tr* **1** Expulsar [excrementos]. *Tb fig.*
B *intr* **2** Expulsar excrementos.

excrementicio -cia *adj* De (los) excrementos.

excremento *m* Materia que, como desecho de la digestión, expulsa un organismo animal. *Frec en pl.*

excreta *f (Fisiol)* Materia de desecho arrojada por el cuerpo. *Gralm en pl. Tb (lit) fig.*

excretar *tr (Fisiol)* Expulsar al exterior [materias de desecho o productos de secreción de las glándulas].

excretor -ra *adj (Fisiol)* **1** Que sirve para excretar. ■ **2** De (la) excreción.

excretorio -ria *adj (Fisiol)* Excretor [1].

exculpación *f* **1** Acción de exculpar. ■ **2** Disculpa o justificación.

exculpador -ra *adj (raro)* Exculpatorio.

exculpar *tr* **1** Descargar de culpa [a alguien]. ■ **2** Disculpar o justificar. *Referido a pers, frec el cd es refl.*

exculpatorio -ria *adj* Que exculpa o sirve para exculpar.

excursión *f* **1** Salida fuera del lugar de residencia habitual, por tiempo breve y esp. por placer o recreo. *Tb fig.* **b)** Se usa a veces con intención ponderativa para referirse al hecho de ir a un lugar relativamente alejado. ■ **2** *(Med)* Movimiento normal [de un órgano o parte], respecto a su posición de reposo.

excursionismo *m* Actividad que consiste en hacer excursiones [1].

excursionista I *m y f* **1** Pers. que hace una excursión o excursiones [1a]. **b)** Pers. aficionada a las excursiones.
II *adj* **2** De(l) excursionista o de (los) excursionistas [1]. ■ **3** De(l) excursionismo.

excurso *m* Digresión.

excusa[1] *f* **1** Acción de excusar(se) [1 y 2]. *Frec en la constr* PEDIR ~S. ■ **2** Motivo que se alega para justificar una acción u omisión, o para librarse de una obligación o compromiso. ■ **3** *En pl:* Manifestación cortés de pesar por un comportamiento incorrecto. *Frec con el v* PRESENTAR.

excusa[2] → ESCUSA.

excusabaraja → ESCUSABARAJA.

excusable *adj* Que se puede excusar.

excusado[1] **-da** *adj* **1** *part* → EXCUSAR. ■ **2** Innecesario. *Frec en la constr* ~ ES + *infin.* ■ **3** *(hist)* [Casa] diezmera.

excusado[2] **-da** *(tb con la grafía* **escusado**) **I** *adj* **1** Reservado.
II *m* **2** *(lit, raro)* Retrete o servicio.

excusar *tr* **1** Alegar motivos para justificar [una acción u omisión, o a la pers. responsable]. *Cuando el cd expresa pers, frec es refl y va acompañado de un compl* DE *o* POR, *que expresa la acción u omisión que se trata de justificar, o un compl* CON, *que expresa la pers ante quien se justifica.* * Se excusó por llegar tarde. * Excúsame con tu madre. **b)** Ser [una cosa] motivo que justifica [a alguien o algo]. ■ **2** Perdonar o disculpar. *Usado, gralm en imperat, para pedir disculpas por una incorrección o molestia. Tb abs.* * Excusa un momento. ■ **3** Evitar [algo]. ■ **4** Dejar de hacer [algo] por considerar[lo] innecesario. *Frec en la constr* EXCUSO DECIRTE, *usada con intención ponderativa.* ■ **5** Eximir [a alguien (cd) de algo]. *Tb abs.*

excusatorio -ria *adj* Que excusa o sirve para excusar.

excusión *f (Der)* Procedimiento judicial contra los bienes del deudor principal, antes de proceder contra los del fiador.

excuso. a ~. *loc adv (lit, raro)* A escondidas.

execrable *adj (lit)* Digno de execración.

execrablemente *adv (lit)* De manera execrable.

execración *f* **1** Acción de execrar. ■ **2** *(TLit)* Figura retórica con que el que habla se desea un mal a sí mismo.

execrar *tr (lit)* Condenar o vituperar [a alguien o algo].

exedra *f (Arquit)* **1** Espacio semicircular, frec. limitado por columnas. ■ **2** *En la casa romana:* Sala para conversar, con bancos y abierta al peristilo.

exégesis *(tb* **exegesis)** *f (lit)* Explicación o interpretación. *Normalmente referido a autores o libros, esp la Biblia.*

exégeta *(tb* **exegeta)** *m y f (lit)* Pers. que hace exégesis.

exegético -ca *adj (lit)* De (la) exégesis.

exención *f* Acción de eximir. *Frec referido a impuestos.*

exento -ta *adj* **1** Libre [de una obligación o de algo negativo o molesto]. **b)** Carente o desprovisto [de algo]. *Frec en la constr* NO ~ DE. ■ **2** Que no está sometido a la jurisdicción ordinaria. ■ **3** Aislado o independiente. *Esp en arte.*

exequátur *(lat; pronunc, /eksekuátur/) m (Der)* **1** Autorización oficial concedida por un jefe de estado a un cónsul extranjero para que cumpla sus funciones en el país. ■ **2** Autorización dada por la autoridad civil a la circulación de los documentos pontificios.

exequial *adj* De (las) exequias.

exequias *f pl* Honras fúnebres.

exéresis *f (Med)* Extirpación, total o parcial, [de un órgano o parte].

exergo *m (Numism)* En una moneda o medalla: Parte reservada a la fecha u otra inscripción, debajo de la figura principal.

exfoliable *adj (E)* Que se puede exfoliar.

exfoliación *f (E)* Acción de exfoliar(se).

exfoliante *adj (E)* Que exfolia. *Tb n, referido a producto.*

exfoliar *(conjug 1a) tr (E)* Separar [algo, esp. las capas más externas de la epidermis] en láminas o escamas. **b)** *pr (~se)* Separarse [algo] en láminas o escamas.

exfoliativo -va *adj (Med)* [Citología] de las células exfoliadas de un órgano comunicado con el exterior o fácilmente accesible.

exhalación *f* **1** Rayo (chispa eléctrica). **b)** Se usa frec en frases de sent comparativo para ponderar la *rapidez.* * Salió como una exhalación. ▪ **2** Acción de exhalar. *Tb su efecto.*

exhalante *adj* Que exhala.

exhalar *tr* **1** Despedir [una pers. o cosa (*suj*) algo que sale de sí, esp. gases, vapores u olores]. *Tb fig.* ▪ **2** Lanzar o dejar salir [suspiros o quejas]. **b)** ~ **el espíritu**, *o* **el último suspiro** → ESPÍRITU, SUSPIRO.

exhaustivamente *adv* De manera exhaustiva.

exhaustividad *f* Cualidad de exhaustivo.

exhaustivo -va *adj* Que agota completamente el tema o materia de que se trata.

exhausto -ta *adj* Agotado, o desprovisto [de algo]. *Frec sin compl, por consabido.* **b)** *Esp:* Agotado, o desprovisto de fuerzas. *Tb fig. Frec con intención ponderativa.*

exhaustor *m* (*E*) Aparato para depurar el aire.

exhibible *adj* Que se puede exhibir.

exhibición *f* Acción de exhibir(se).

exhibicionismo *m* **1** Actitud o comportamiento propios de la persona que desea exhibirse o llamar la atención. ▪ **2** Actitud o comportamiento propios de la persona que desea exhibir su propio cuerpo, esp. las partes sexuales.

exhibicionista *adj* **1** De(l) exhibicionismo o que lo implica. ▪ **2** [Pers.] que tiene o muestra exhibicionismo. *Tb n.*

exhibidor -ra *adj* Que exhibe. *Tb n, referido a pers.*

exhibir A *tr* **1** Mostrar en público. ▪ **2** Mostrar o dejar ver. ▪ **3** Mostrar con ostentación. *Frec con intención desp, denotando falta de pudor. Frec el cd es refl.* **b)** Hacer alarde [de algo (*cd*)] para provocar admiración. B *intr pr* (~**se**) **4** Hacer demostración pública de maestría o dominio [en o con algo].

exhibitorio -ria *adj* (*raro*) [Cosa] exhibidora.

exhilarativo -va *adj* (*lit, raro*) Que alegra o regocija.

exhortación *f* Acción de exhortar. *Tb su efecto.*

exhortar *tr* Inducir o estimular [a alguien (*cd*)] a algo] con palabras, esp. razones o ruegos. *Tb sin compl* A, *por consabido.*

exhortativo -va *adj* Que sirve para exhortar.

exhortatorio -ria *adj* Exhortativo.

exhorto *m* (*Der*) Comunicación de un juez o tribunal, esp. a otro de la misma categoría, para la práctica de alguna diligencia judicial.

exhumación *f* Acción de exhumar.

exhumador -ra *adj* Que exhuma. *Tb n, referido a pers.*

exhumar *tr* **1** Desenterrar, o sacar de la sepultura, [algo, normalmente un cadáver]. ▪ **2** Desenterrar o resucitar [algo o a alguien olvidado]. *Tb fig.* ▪ **3** Sacar a la luz [algo cubierto de tierra o de materiales de construcción].

exigencia *f* **1** Acción de exigir. *Frec en pl.* ▪ **2** Cosa que se exige. *Frec en pl.* ▪ **3** Actitud exigente [1a].

exigente *adj* **1** Que exige mucho. *Tb n, referido a pers.* * Eres un exigente. **b)** *Con un adv cuantitativo:* Que exige. * Es muy exigente. ▪ **2** Que exige [algo (*compl* DE)].

exigibilidad *f* Cualidad de exigible.

exigible *adj* Que se puede exigir.

exigir *tr* Pedir [algo a alguien (*ci o compl* DE) quien (*suj*) tiene derecho o capacidad para obligarle]. *Tb abs.* **b)** Pedir [algo] con firmeza y energía. **c)** Hacer [una cosa] que [otra (*cd*)] sea necesaria u obligatoria.

exiguamente *adv* De manera exigua.

exigüidad *f* Cualidad de exiguo.

exiguo -gua *adj* (*lit*) [Tamaño, cantidad o importancia] pequeños. **b)** [Cosa] pequeña en tamaño, importancia o esp. en cantidad.

exilar *tr* Exiliar. *Tb pr* (~**se**). *Frec en part, frec sustantivado.*

exiliar (*conjug* 1a) A *tr* **1** (*raro*) Condenar al exilio [1]. B *intr pr* (~**se**) **2** Marcharse [alguien] de su país por razones políticas. *Frec en part, frec sustantivado.*

exilio *m* **1** Separación, voluntaria o forzosa, del propio país, por razones políticas. ▪ **2** Condición de exiliado.

eximente *adj* Que exime. *Frec como n f, referido a circunstancia. Esp en derecho.*

eximio -mia *adj* (*lit*) Muy ilustre o excelente.

eximir *tr* Liberar [a alguien de algo, esp. de culpa, responsabilidad o una obligación o carga]. *Tb abs.*

exina *f* (*Bot*) Membrana exterior del grano de polen o de la espora.

exinanición *f* (*Rel crist*) Humillación o aniquilación [de Cristo].

exinanido -da *adj* (*lit, raro*) Agotado o falto de fuerzas.

exinscrito -ta *adj* (*Geom*) [Círculo o circunferencia] tangente a los lados de un triángulo y exterior a ellos. **b)** De (la) circunferencia o (el) círculo circunscritos.

existencia I *f* **1** Hecho de existir [1]. ▪ **2** Vida (hecho de vivir). ▪ **3** Vida (tiempo que se vive). ▪ **4** *En pl:* Conjunto de cosas, esp. mercancías, disponibles en una tienda o depósito. II *loc v* **5** complicar la ~ [a alguien]. Buscar[le] u ocasionar[le] problemas innecesarios o eludibles. *Frec el ci es refl.*

existencial *adj* **1** De (la) existencia [1 y 2]. ▪ **2** (*TLit*) De inspiración existencialista.

existencialidad *f* Cualidad o condición de existencial.

existencialismo *m* (*Filos*) Conjunto de doctrinas que conceden prioridad a la existencia sobre la esencia y destacan la importancia de la libertad y la experiencia de la persona en la comprensión de la realidad.

existencialista *adj* (*Filos*) De(l) existencialismo. **b)** Adepto al existencialismo. *Tb n.*

existencialización *f* (*Filos*) Acción de existencializar(se).

existencializar *tr* (*Filos*) Dar carácter existencial [a algo (*cd*)]. **b)** *pr* (~**se**) Tomar carácter existencial.

existencialmente *adv* En el aspecto existencial.

existente *adj* Que existe.

existir *intr* **1** Expresa el hecho de tener realidad, física o mental. * Afirma que Dios existe y que todo lo que existe es obra suya. * Existía cierta rivalidad entre ellos. ■ **2** Vivir o estar vivo.

exitano -na *adj* Sexitano (de Almuñécar, Granada). *Tb n, referido a pers.*

éxito **I** *m* **1** Resultado [de una acción o empresa]. *Normalmente con un calificador.* **b)** *Esp:* Resultado feliz [de una acción o empresa]. ■ **2** Hecho de obtener lo que se busca o desea, esp. la fama o el dinero. ■ **3** Hecho de ser [algo (*compl de posesión*)] aceptado por gran cantidad de gente. **b)** Hecho de ser [una pers. (*compl de posesión*)] admirada por otras, esp. del sexo contrario. ■ **4** Cosa que supone un éxito [1, 2 y 3] [para alguien (*compl de posesión*)]. *Tb sin compl.*
II *loc adv* **5 en vista del ~** (**alcanzado** *u* **obtenido**). (*col*) *Se usa para introducir la mención de una decisión motivada por sentir que se ha fracasado o hecho el ridículo.* * Bueno, señores, en vista del éxito alcanzado, me voy a mi casa.

exitosamente *adv* De manera exitosa.

exitoso -sa *adj* **1** Que tiene éxito, *esp* [3]. ■ **2** [Cosa] que supone un éxito [1, 2 y 3].

éxitus *m* (*Med*) Muerte.

exlibris (*tb con las grafías* **ex libris** *y* **ex-libris**) *m* **1** Sello o etiqueta, frec. de carácter artístico, que se pone en un libro para indicar la persona o biblioteca a que pertenece. ■ **2** (*Bibl*) Indicación, al final de un códice, en que consta el nombre del dueño de la copia.

exlibrismo *m* (*Bibl*) Estudio o coleccionismo de los exlibris.

exlibrista *m y f* (*Bibl*) Pers. que se dedica al exlibrismo.

ex nihilo (*lat; pronunc,* /eks-níɪlo/) *loc adv* (*lit*) De la nada.

ex novo (*lat; pronunc,* /eks-nóbo/) *loc adv* (*lit*) De nueva planta.

exobiología *f* (*Biol*) Estudio de la vida extraterrestre.

exobiólogo -ga *m y f* (*Biol*) Especialista en exobiología.

exocrino -na *adj* (*Biol*) [Glándula] que vierte sus productos al exterior o al tubo digestivo.

éxodo *m* (*lit*) Emigración [de un pueblo o de un grupo numeroso de personas]. *Tb fig.*

exoérgico -ca *adj* (*Fís y Quím*) Que desprende energía.

exoesqueleto *m* (*Anat*) Esqueleto externo.

ex officio (*lat; pronunc,* /eks-ofíθio/) *loc adv* Por derecho de posición u oficio. *Tb adj.*

exoftalmía (*tb* **exoftalmia**) *f* (*Med*) Salida o abultamiento del globo ocular.

exoftálmico *adj* (*Med*) [Bocio] que va acompañado de exoftalmía.

exoftalmos *m* (*Med*) Exoftalmía.

exogamia *f* (*Biol*) Unión sexual entre individuos de raza o ascendencia diferente, o entre personas pertenecientes a distinto grupo social.

exogámico -ca *adj* (*Biol*) De (la) exogamia.

exógamo -ma *adj* (*Biol*) De (la) exogamia.

exógeno -na *adj* (*E*) Que se origina en el exterior. **b)** Que procede de fuera del organismo. **c)** Propio de los elementos exógenos [1a y b].

exondar *tr* (*raro*) Sacar del agua.

exoneración *f* Acción de exonerar.

exonerador -ra *adj* Que exonera [1].

exonerar *tr* **1** Liberar [a alguien de una carga o responsabilidad]. ■ **2** Destituir [de un cargo]. ■ **3 ~ el vientre** → VIENTRE.

exonerativo -va *adj* Que sirve para exonerar [1].

exónimo *m* (*Ling*) Nombre que dan a un lugar los hablantes de lenguas ajenas a él.

exorable *adj* (*lit, raro*) Fácil de convencer con ruegos.

exorbitación *f* Acción de exorbitar(se).

exorbitadamente *adv* De manera exorbitada.

exorbitado -da *adj* **1** *part* → EXORBITAR. ■ **2** Excesivo o exagerado.

exorbitancia *f* Cualidad de exorbitante.

exorbitante *adj* Que sobrepasa los límites de lo normal o razonable.

exorbitantemente *adv* De manera exorbitante.

exorbitar *tr* Hacer que [algo (*cd*)] sobrepase los límites de lo normal o razonable. **b)** *pr* (**~se**) Sobrepasar [algo] los límites de lo normal o razonable.

exorcismo *m* Práctica religiosa para expulsar al Demonio. *Tb fig.*

exorcista **A** *m y f* **1** Pers. que hace exorcismos.
B *m* **2** (*Rel catól*) Eclesiástico que ha recibido la tercera de las órdenes menores, desaparecida a partir del Concilio Vaticano II.

exorcistado *m* (*Rel catól*) Orden de exorcista [2].

exorcización *f* Acción de exorcizar.

exorcizante *adj* Que exorciza.

exorcizar **A** *tr* **1** Expulsar al Demonio [de alguien o algo (*cd*)] por medio de exorcismos. *Tb fig.* **b)** Expulsar [al Demonio] mediante exorcismos.
B *intr* **2** Realizar exorcismos.

exordio *m* (*lit*) Introducción o preámbulo. *Tb fig.* **b)** (*TLit*) Introducción del discurso, destinada a captar la atención del auditorio.

exornación *f* (*lit*) Acción de exornar. *Tb su efecto.*

exornar *tr* (*lit*) Adornar.

exorno *m* (*lit*) Adorno (acción de adornar y cosa que adorna).

exosfera *f* (*Meteor*) Capa alta de la atmósfera, inmediatamente superior a la ionosfera.

exósmosis (*tb, más raro,* **exosmosis**) *f* (*Fís*) Corriente de dentro a fuera que se establece entre dos líquidos de distinta densidad separados por una membrana semipermeable.

exosqueleto *m* (*Anat*) Exoesqueleto.

exostosis *f* (*Med*) Producción ósea anormal y circunscrita, en la superficie de un hueso.

exotecio *m* (*Bot*) Envoltura externa del arquesporio.

exotérico -ca *adj* Común o accesible para el vulgo.

exotérmico -ca *adj* (*Quím*) [Reacción o compuesto] que se produce con desprendimiento de calor.

exoticidad *f* (*raro*) Exotismo.

exótico -ca *adj* 1 [País u otro lugar] lejano y muy distinto en su ambiente físico y humano respecto a aquel que se toma como referencia. *Esp referido a países orientales o tropicales.* **b)** Propio u originario de un país lejano. **c)** Extranjero. *A veces con intención desp.* ■ 2 Que llama la atención por no ser común en un ambiente o civilización determinados. **b)** *En gral:* Extraño o que llama la atención.

exotismo *m* Cualidad de exótico.

exotoxina *f* (*Biol*) Toxina producida por un microorganismo y segregada a través de su membrana.

expandibilidad *f* Cualidad de expandible.

expandible *adj* Que se puede expandir.

expandido -da *adj* 1 *part* → EXPANDIR. ■ 2 (*Informát*) [Teclado] de la máxima extensión.

expandir *tr* 1 Dilatar [un cuerpo] o hacer que aumente de volumen. **b)** *pr* (~se) Dilatarse [un cuerpo] o aumentar de volumen. ■ 2 Extender o hacer más extenso [algo]. *Tb fig.* **b)** *pr* (~se) Extenderse o hacerse más extenso [algo]. *Tb fig.* ■ 3 Extender [algo hasta cierto punto (*compl* A)] o hacer que llegue [a él]. ■ 4 Esparcir o desprender [algo, esp. olores].

expansibilidad *f* (*Fís*) Cualidad de los fluidos de tender a ocupar mayor espacio.

expansible *adj* Que se puede expandir.

expansión *f* 1 Acción de expandir(se). *Tb su efecto.* ■ 2 Manifestación o exteriorización [de un sentimiento]. *Tb sin compl, por consabido.* ■ 3 Distracción o diversión.

expansionar A *tr* 1 Dar expansión [1] [a algo (*cd*)]. **b)** *pr* (~se) Cobrar expansión [algo]. B *intr pr* (~se) 2 Divertirse o distraerse. ■ 3 Disfrutar [alguien] de espacio libre o de libertad. ■ 4 Desahogarse [con alguien] manifestando sus sentimientos.

expansionismo *m* Tendencia a la expansión [1] territorial o económica.

expansionista *adj* De(l) expansionismo o que lo implica. **b)** Partidario del expansionismo. *Tb n.*

expansividad *f* Cualidad de expansivo.

expansivo -va *adj* 1 De (la) expansión [1]. ■ 2 [Cosa] que tiende a la expansión [1]. ■ 3 [Pers.] que tiende a la expansión [2]. **b)** Propio de la pers. expansiva.

expatriación *f* Acción de expatriar(se). *Tb el tiempo que dura.*

expatriar (*conjug* 1c *o* 1a) A *tr* 1 (*raro*) Expulsar [a alguien] de su patria. *Tb fig.* B *intr pr* (~se) 2 Marcharse [alguien] de su patria, voluntariamente o por necesidad. *Tb fig.*

expectación *f* 1 Espera, esp. atenta o curiosa, de algo que interesa. **b)** (*admin*) Expectativa [1b]. ■ 2 Interés o curiosidad. ■ 3 (*raro*) Contemplación pública.

expectante *adj* 1 Que espera con atención o interés. ■ 2 (*lit*) [Mujer] embarazada. *Tb n f. Esp en arte, referido a la Virgen.* **b)** [Madre] ~ → MADRE. ■ 3 Que implica o denota expectación. **b)** (*Med*)

[Método o tratamiento] basado en la expectación. ■ 4 (*Der*) Esperable.

expectativa *f* 1 Espera atenta y vigilante. *Frec en la constr* A LA ~. **b)** Espera. *Gralm en la constr* admin EN ~ DE DESTINO. ■ 2 Cosa que se espera como probable. *Frec en pl.*

expectoración *f* Acción de expectorar. *Tb su efecto.*

expectorante *adj* Que hace expectorar. *Tb n m, referido a medicamento o remedio.*

expectorar *tr* Expulsar por la boca, por medio de la tos, [secreciones del aparato respiratorio]. *Tb abs.*

expedición *f* 1 Acción de expedir. ■ 2 Viaje organizado con un propósito militar, de exploración, científico o deportivo. *Tb el conjunto de perss que toman parte en él.* **b)** Viaje o desplazamiento colectivo. *Tb las perss que toman parte en él.* **c)** Excursión de placer o recreo.

expedicionario -ria *adj* Que lleva a cabo una expedición [2] o toma parte en ella. *Tb n, referido a pers.*

expedidor -ra *adj* Que expide. *Tb n, referido a pers.*

expediental *adj* De(l) expediente.

expedientar *tr* Formar expediente [2] [a una pers. o entidad (*cd*)]. *Referido a pers, frec en part, frec sustantivado.*

expediente I *m* 1 Conjunto de actuaciones o trámites relativos a un asunto. *Normalmente en administración y tribunales.* **b)** Trámite o actuación que es preciso realizar. ■ 2 Procedimiento administrativo en que se enjuicia la actuación de alguien, frec. de un funcionario, o de una entidad, con vistas a una posible sanción. *Frec en la constr* ABRIR, FORMAR *o* INSTRUIR ~. ■ 3 Conjunto de documentos relativos a la tramitación de un asunto. ■ 4 Relación en que constan las actividades [de una pers.], las calificaciones [de un estudiante] o los servicios [de un empleado]. *Frec con un adj especificador:* ACADÉMICO, PROFESIONAL. ■ 5 Medio o recurso. II *loc v* 6 cubrir el ~. Hacer lo mínimo indispensable para cumplir una obligación o aparentar que se cumple.

expedir (*conjug* 62) *tr* 1 Enviar [algo a un lugar distante]. *Tb fig, referido a pers.* ■ 2 Dar curso o salida [a un documento o una orden].

expeditamente *adv* De manera expedita.

expeditivamente *adv* De manera expeditiva.

expeditivo -va *adj* Rápido y que no se detiene en trámites, obstáculos o consideraciones.

expedito -ta *adj* 1 Libre de estorbos. *Esp referido a camino. Tb fig.* ■ 2 Expeditivo.

expelente *adj* 1 Que expele. ■ 2 Relativo a la acción de expeler.

expeler *tr* Despedir o expulsar [alguien o algo (*suj*)] algo (*cd*)] de su interior. *Tb abs.*

expendedor -ra *adj* Que expende. *Tb n: m y f, referido a pers y a máquina o aparato.*

expendeduría *f* Lugar en que se expende [algo (*compl de posesión*)]. *Frec sin compl, referido a tabaco.*

expender *tr* Vender al público.

expendición *f* Acción de expender.

expensas I *f pl* 1 Gastos judiciales.

II *loc prep* **2 a ~ de** [una pers. o entidad]. Pagando [esa pers. o entidad]. *La constr* DE + *sust puede sustituirse por un adj posesivo.* * *Todo iba a sus expensas.* **b) a ~ de** [alguien o algo]. Teniendo [a ese individuo o cosa] como base u origen. **c) a ~ de** [alguien o algo]. Siendo [ese individuo o cosa] perjudicado. **d)** Dependiendo de [alguien o algo].

experiencia *f* **1** Conocimiento directo [de algo (*adj o compl especificador*)] por haber[lo] realizado, vivido, sentido o sufrido uno mismo. *Frec sin compl.* **b)** Práctica [de algo (*compl* EN *o* DE)], de la que se deriva una mayor habilidad o capacitación. *Frec sin compl.* **c)** Conjunto de conocimientos derivados del hecho de vivir. ■ **2** Hecho o suceso del que se saca una experiencia [1a]. ■ **3** Experimento.

experiencial *adj* De (la) experiencia [1].

experimentable *adj* Que se puede experimentar [1].

experimentación *f* Acción de experimentar. **b)** Método científico basado en la observación de fenómenos provocados para su estudio.

experimentado -da *adj* **1** *part* → EXPERIMENTAR. ■ **2** Que tiene experiencia [1].

experimentador -ra *adj* Que experimenta [3 y 4]. *Tb n, referido a pers.*

experimental *adj* **1** De(l) experimento. **b)** Que se realiza mediante experimento. **c)** Que se puede probar mediante experimento. ■ **2** Que se basa en la experiencia [1a] o en el experimento. ■ **3** Destinado a la experimentación o que la tiene como objetivo.

experimentalismo *m* Tendencia a la experimentación.

experimentalista *adj* De(l) experimentalismo. **b)** Partidario del experimentalismo. *Tb n.*

experimentalmente *adv* De manera experimental.

experimentar A *tr* **1** Tener experiencia [1a] [de algo (*cd*)]. *Tb abs.* **b)** Tener experiencia sensorial [de algo (*cd*)]. ■ **2** Ser [alguien o algo] objeto [de un fenómeno (*cd*)]. ■ **3** Someter [algo] a experimentos [en alguien o algo (*compl* EN, SOBRE *o* CON)]. *Frec sin compl adv.*
B *intr* **4** Hacer experimentos [con alguien o algo]. *Tb sin compl.*

experimento *m* Operación o conjunto de operaciones destinadas a provocar un fenómeno para estudiarlo u observar sus efectos. *Normalmente en ciencias.*

expertamente *adv* De manera experta.

expertización *f* Acción de expertizar.

expertizaje *m* Expertización.

expertizar *tr* Examinar [algo (*cd*) un experto [1b]] emitiendo el informe correspondiente. *Tb abs.*

experto -ta *adj* **1** [Pers.] que tiene experiencia [1b] [en algo]. *Frec sin compl. Tb n. Tb fig, referido a cosa.* **b)** [Pers.] que tiene grandes conocimientos o competencia [en una materia (*compl* EN *o, más raro,* DE)]. *Frec sin compl. Gralm n.* **c)** Propio de la pers. experta. ■ **2** (*Informát*) [Sistema] que integra un conjunto de programas y de bases de conocimientos en una determinada materia y es capaz de imitar el modo de razonar y decidir de un experto [1b] humano.

expiación *f* **1** Acción de expiar. ■ **2** (*Rel*) Rito o ceremonia para aplacar a la divinidad ofendida por los pecados cometidos.

expiador -ra *adj* Que expía. *Tb n, referido a pers.*

expiar (*conjug* 1c) *tr* **1** Pagar la pena debida [por un delito o falta (*cd*)]. *Tb fig.* ■ **2** Borrar [culpas].

expiativo -va *adj* De (la) expiación [1].

expiatorio -ria *adj* Que sirve para expiar.

expiración *f* Acción de expirar.

expirante *adj* Que expira. *Tb fig.*

expirar *intr* **1** Morir (dejar de vivir). ■ **2** Acabarse [un plazo].

explanación *f* **1** Acción de explanar [1]. *Tb su efecto.* ■ **2** (*lit*) Explicación [1 y 3].

explanada *f* Espacio de terreno llano o allanado.

explanador -ra *adj* Que explana [1]. *Tb n f, referido a máquina.*

explanar *tr* **1** Allanar o nivelar [un terreno]. ■ **2** (*lit*) Explicar o exponer.

explantar *tr* (*Med*) Trasladar [tejidos vivos] de su lugar natural a un medio de cultivo.

explayado -da *adj* **1** *part* → EXPLAYAR. ■ **2** (*Heráld*) [Águila] explayada.

explayar A *tr* **1** (*Arte, raro*) Extender o desplegar. ■ **2** (*Arte, raro*) Representar [un animal] con las alas extendidas. ■ **3** (*raro*) Exponer [algo] con extensión.
B *intr pr* (**~se**) **4** Extenderse o ensancharse. ■ **5** Extenderse [alguien] hablando o manifestando sus ideas o sentimientos, esp. sin inhibiciones o cortapisas.

expletivamente *adv* De manera expletiva.

expletivo -va *adj* (*Gram*) [Palabra o expresión] que, sin ser necesaria para el sentido, se usa para hacer más expresiva o más armoniosa la frase. *Tb m.* **b)** De (las) palabras o expresiones expletivas.

explicable *adj* Que se puede explicar [1, 2 y esp. 3].

explicablemente *adv* De manera explicable.

explicación *f* **1** Acción de explicar(se). *Tb su efecto.* ■ **2** Cosa que explica [1b y 2c] [algo (*compl de posesión*)]. *Tb sin compl, por consabido.* ■ **3** Justificación o aclaración de una actitud o un comportamiento. *Gralm en pl y con los vs* DAR *o* PEDIR. **b)** Conversación para justificar o aclarar una actitud o un comportamiento. *Frec con el v* TENER.

explicador -ra *adj* Que explica [1 y 2]. *Tb n: m y f, referido a pers; m, referido a aparato.*

explicar A *tr* ➤ **a** *normal* **1** Hacer conocer [algo] dando datos o detalles. **b)** Hacer comprensible [algo oscuro o que no se entiende]. **c)** Enseñar [una materia]. *Tb abs.* ■ **2** Hacer conocer la razón o la causa [de algo (*cd*)]. **b)** Exponer las razones o las causas que justifican [algo]. **c)** Ser [una cosa] la causa o justificación [de otra (*cd*)].
➤ **b** *pr* (**~se**) **3** Comprender la razón o la causa [de algo (*cd*)].
B *intr pr* (**~se**) **4** Dar [alguien] a conocer su pensamiento o hacerse comprender claramente. *Frec en la constr* ¿ME EXPLICO?, *a veces expletiva, usada para pedir comprensión al interlocutor sobre el verdadero sentido de lo que se dice.* **b)** Dar detalles o precisiones sobre lo que se acaba de decir. *En constrs como* ME EXPLICO *o* ME EXPLICARÉ. ■ **5** Exponer [alguien]

causas o motivos que justifican su actitud o comportamiento. ■ **6** (*col*) Dar dinero u otra cosa que supone un gasto.

explicativo -va *adj* Que explica o sirve para explicar [1 y 2]. *A veces con un compl* DE.

éxplicit *m* (*Bibl*) Conjunto de las últimas palabras de un escrito o impreso antiguo.

explicitación *f* Acción de explicitar. *Tb su efecto*.

explícitamente *adv* De manera explícita.

explicitar *tr* Hacer explícito [algo].

explícito -ta *adj* **1** [Cosa] expresa de un modo claro y preciso. ■ **2** [Pers. o cosa] clara y precisa, que no deja lugar a dudas. ■ **3** (*Mat*) [Función] en que una variable está expresada en términos de la otra.

explicitud *f* Cualidad de explícito.

explicotear *tr* (*col, humoríst*) Explicar. *Tb pr* (~**se**).

explicoteo *m* (*col, humoríst*) Acción de explicotear. *Tb su efecto*.

exploración *f* Acción de explorar.

explorador -ra **I** *adj* **1** Que explora. *Frec n, referido a pers.* **b)** (*Med*) [Utensilio] que sirve para explorar [3]. *Tb n m.* ■ **2** De (la) exploración. **II** *m y f* **3** (hoy raro) Scout.

explorar *tr* **1** Recorrer [un lugar desconocido o mal conocido] para conocer[lo] o estudiar[lo]. ■ **2** Estudiar o examinar con cuidado [algo o a alguien]. ■ **3** (*Med*) Examinar a alguien (*ci*) algo, esp. órganos internos], con fines diagnósticos.

explorativo -va *adj* De (la) exploración.

exploratorio -ria *adj* Que sirve para explorar.

explosímetro *m* (*Fís*) Instrumento que sirve para medir la proporción de gas inflamable presente en la atmósfera de un lugar.

explosión *f* **1** Ruptura violenta [de algo] producida por exceso de presión interior y gralm. acompañada de estruendo. *Frec con el v* HACER. **b)** (*E*) Liberación violenta de energía, causada por una reacción química o nuclear rápida, gralm. acompañada de fenómenos acústicos, mecánicos, térmicos y luminosos. **c)** Ruido causado por una explosión [1a y b]. ■ **2** Manifestación súbita y violenta [de algo, esp. un estado de ánimo]. *A veces sin compl, frec referido a ira.* ■ **3** Desarrollo rápido [de algo]. ■ **4** (*Fon*) En la articulación de consonantes oclusivas: Salida repentina del aire al cesar la oclusión.

explosionar **A** *intr* **1** Hacer explosión [1a] [algo]. **B** *tr* **2** Provocar la explosión [1a] [de algo (*cd*)].

explosivamente *adv* De manera explosiva [1].

explosividad *f* Cualidad de explosivo, *esp* [2].

explosivo -va **I** *adj* **1** De (la) explosión o que la implica. ■ **2** Que puede hacer explosión [1a y b]. *Tb fig.* ■ **3** Que produce gran impacto o impresión. ■ **4** (*Fon*) [Consonante] que se pronuncia con una salida brusca y momentánea del aire. *Tb n f.* **II** *m* **5** Compuesto o mezcla de diversas sustancias capaz de causar una explosión [1a].

explosor *m* Aparato eléctrico que permite producir a distancia la explosión de un explosivo [5].

explotabilidad *f* Cualidad de explotable.

explotable *adj* Que se puede explotar[1].

explotación *f* **1** Acción de explotar[1]. ■ **2** Lugar y conjunto de instalaciones en que se explota[1] [1] una fuente de riqueza.

explotador -ra *adj* **1** Que explota[1]. *Tb n, referido a pers.* ■ **2** De (la) explotación.

explotar[1] *tr* **1** Sacar provecho [de una fuente de riqueza (*cd*)] mediante el trabajo. ■ **2** Sacar provecho [de algo (*cd*)], esp. con astucia o abuso. ■ **3** Servirse [de alguien (*cd*)] sin más miras que el provecho propio. *Esp en la relación laboral.*

explotar[2] **A** *intr* **1** Hacer explosión [1a y b] [algo]. *Tb fig.* ■ **2** Estallar, o manifestarse violentamente, [alguien o algo]. ■ **3** (*col*) Reventar [por hacer algo], o desear[lo (*compl* POR)] vehementemente. **B** *tr* **4** Provocar la explosión [1a] [de algo (*cd*)].

exployada *adj* (*Heráld*) [Águila] de dos cabezas con las alas extendidas.

expo *f* Exposición o muestra. *Referido normalmente a las grandes dimensiones.*

expo- *r pref* Exposición o muestra. * Expofrío. * Expoláctea.

expoliación *f* Acción de expoliar.

expoliador -ra *adj* **1** Que expolia. *Frec n, referido a pers.* ■ **2** De (la) expoliación.

expoliar (*conjug* 1a) *tr* Despojar [algo o a alguien] con violencia, injusticia o ilegalidad.

expolio *m* Acción de expoliar. *Tb su efecto.*

exponencial *adj* **1** (*Mat*) [Función, ecuación, curva o cantidad] que contiene un exponente [3]. *Tb n f.* ■ **2** [Proceso o fenómeno, esp. crecimiento] que se multiplica constantemente a lo largo del tiempo.

exponencialmente *adv* De manera exponencial [2].

exponente **I** *adj* **1** Que expone [2]. *Tb n, referido a pers.* **II** *m* **2** Muestra o manifestación. ■ **3** (*Mat*) Número o expresión algebraica que, colocados en la parte superior derecha de otro número o expresión, indican la potencia a que estos han de ser elevados. ■ **4** Número que se pone en la parte superior derecha de una expresión numérica o literal.

exponer (*conjug* 21) *tr* **1** Presentar o poner [algo o a alguien] para que sea visto. *Frec con un compl* A. *Frec abs, dicho de artista que expone sus obras.* ■ **2** Manifestar o dar a conocer [algo]. ■ **3** Colocar [a una pers. o cosa] para que reciba la acción [de un agente (*compl* A)]. ■ **4** Poner [a alguien o algo en un peligro u otra situación negativa (*compl* A), o ante algo (*compl* A) que puede derivarse un perjuicio o daño]. *Frec el cd es refl.* **b)** Poner en peligro o riesgo [algo o a alguien]. *Frec el cd es refl. Tb abs.*

exportable *adj* Que se puede exportar.

exportación *f* Acción de exportar, *esp* [1]. **b)** Cosa exportada.

exportador -ra *adj* **1** Que exporta, *esp* [1]. *Tb n, referido a pers.* ■ **2** De (la) exportación.

exportar *tr* **1** Vender al extranjero [bienes o servicios nacionales]. *A veces referido a regiones del mismo país. Tb abs, a veces con un compl* A. **b)** (*Econ*) Invertir [capitales] fuera de su país de origen. ■ **2** Sacar al extranjero y por vía no comercial [algo de procedencia interior]. *Tb fig.* ■ **3** (*Informát*) Sacar o transmitir [información de un programa o sistema a otro].

exposición – expropiatorio

exposición I *f* **1** Acción de exponer [1] [algo (*compl especificador*)]. *Sin compl, frec referido a obras de arte. Tb su efecto.* **b)** Conjunto de cosas expuestas. **c)** Lugar en que se expone [1] algo. ■ **2** (*Rel catól*) Ceremonia litúrgica en que se expone [1] el Santísimo para su veneración. ■ **3** Acción de exponer(se) [2]. *Tb su efecto.* **b)** (*admin*) Parte de un escrito en que se expone algo. **c)** (*hist*) Escrito presentado a una autoridad en el que se expone algo, esp. una petición. ■ **4** Acción de exponer [3] [a un agente]. *Tb sin compl, por consabido.* **b)** (*Fotogr*) Acción de impresionar una película exponiéndola a la acción de la luz. *Esp la que se realiza durante un tiempo superior al necesario para una fotografía instantánea.* ■ **5** Riesgo o peligro. **II** *loc adj* **6 de ~.** Magnífico o extraordinario. *En sent material. Con intención ponderativa.* * Tiene unas lechugas de exposición.

exposímetro *m* (*Fotogr*) Instrumento que sirve para determinar el tiempo de exposición en función de la intensidad de la luz que ilumina el objeto que se va a fotografiar.

expositivo -va *adj* De (la) exposición.

expósito -ta *adj* [Pers.] que al nacer fue abandonada por sus padres y confiada a un establecimiento benéfico. *Tb n.*

expositor -ra I *adj* **1** Que expone [1]. *Gralm n, referido a pers.* ■ **2** Que sirve para exponer [1]. *Frec n m, referido a mueble.* **II** *m y f* **3** Pers. que interpreta o explica [algo (*compl de posesión*), esp. un texto bíblico o jurídico].

expositorio *m* (*Rel catól, raro*) Objeto litúrgico, distinto de la custodia, usado para exponer [1] el Santísimo.

exprés *adj* **1** [Cafetera u olla] a presión. ■ **2** [Café] preparado en cafetera exprés [1]. *Tb n m.* ■ **3** [Tren] expreso. *Tb n m.* ■ **4** Rápido. *Esp referido a servicio de correos o de transporte.*

expresable *adj* Que se puede expresar.

expresamente *adv* **1** De manera expresa¹. ■ **2** A propósito o intencionadamente.

expresar A *tr* **1** Manifestar [algo, esp. ideas o sentimientos] por medio del lenguaje. **b)** Manifestar [algo, esp. ideas o sentimientos] por medio de gestos, actitudes o realizaciones artísticas. ■ **2** Ser [algo] el medio para expresar [1] [algo, esp. una idea o un sentimiento]. *Tb abs.* **b)** Representar o simbolizar [una cosa sensible (*suj*) otra abstracta (*cd*)]. ■ **3** (*admin*) Citar o mencionar. *Gralm en part.* **B** *intr pr* (**~se**) **4** Manifestar [alguien] sus ideas o sentimientos por medio del lenguaje. *A veces con un compl* EN, *que indica lengua.* **b)** Manifestar [alguien] sus ideas o sentimientos por medio de gestos, actitudes o realizaciones artísticas. **c)** Explicarse o hacerse comprender. **d)** (*Med*) Manifestarse [un síntoma o enfermedad].

expresión¹ I *f* **1** Acción de expresar(se). *Tb su efecto.* ■ **2** Modo de expresarse [4a]. **b)** Palabra o conjunto fijo de palabras. **c)** Lengua o idioma. **d)** ~ **corporal.** (*Escén*) Técnica o modo de expresarse un actor por medio de gestos y movimientos del cuerpo. ■ **3** Conjunto de signos visibles, esp. del rostro, por los que se manifiesta el estado afectivo o intelectual o el carácter de una persona o animal. *Gralm con un adj o compl calificador.* ■ **4** Cualidad [de un artista o de una obra de arte] de expresar ideas o sentimientos con fuerza y vivacidad. ■ **5** (*Ling*) Parte del signo o enunciado lingüístico que corresponde al significante. *Se opone a* CONTENIDO. ■ **6** (*Ling*) Función lingüística por la que se manifiestan los sentimientos del hablante. ■ **7** (*Mat*) Conjunto de términos que expresan una cantidad o una relación. ■ **8 la mínima ~.** Lo más pequeño. *Gralm en la constr* REDUCIR A LA MÍNIMA ~. **II** *fórm or* **9 valga la ~,** *o* **permítaseme la ~.** *Se usa a modo de disculpa para indicar que la expresión [2b] que se utiliza no se considera totalmente adecuada o conveniente.* * Segovia es, permítaseme la expresión, un monstruo de la música.

expresión² *f* (*raro*) Acción de exprimir¹.

expresionismo *m* **1** (*Arte y TLit*) Tendencia, esp. pictórica, surgida en Alemania a principios del s. XX, que, como reacción ante el impresionismo, propugna la expresión de los sentimientos del artista frente a la representación de la realidad. ■ **2** (*raro*) Fuerza expresiva.

expresionista *adj* (*Arte y TLit*) De(l) expresionismo [1]. **b)** Adepto al expresionismo. *Tb n.*

expresivamente *adv* De manera expresiva.

expresividad *f* Cualidad de expresivo [2, 3 y 4].

expresivismo *m* Fuerza expresiva.

expresivo -va I *adj* **1** De (la) expresión¹. **b)** (*Ling*) [Función] por la que se manifiestan los sentimientos del hablante. ■ **2** [Pers.] que expresa con viveza sus ideas o sentimientos. ■ **3** [Cosa] que expresa o sirve para expresar con viveza y eficacia lo que se pretende. **b)** Que expresa [algo (*compl de posesión*)]. **c)** *A veces se usa como simple intensificador de una manifestación afectiva.* ■ **4** Que tiene expresión¹ [3 y 4]. **II** *m* **5** (*raro*) Armonio.

expreso¹ -sa *adj* Expresado, esp. mediante palabras.

expreso² *adj* [Tren] rápido que se detiene solo en las estaciones principales del trayecto. *Frec n m.*

exprimelimones *m* Utensilio para exprimir limones u otros cítricos.

exprimenaranjas *m* (*raro*) Exprimelimones.

exprimidor *m* Utensilio que sirve para exprimir¹ [1], esp. cítricos.

exprimir¹ *tr* **1** Someter [algo] a presión o torsión para que suelte el jugo o líquido que contiene. **b)** Sacar [jugo u otro líquido] mediante presión o torsión de aquello que lo contiene. ■ **2** Apretar o estrujar [algo o a alguien]. ■ **3** (*col*) Hacer que [alguien o algo (*cd*)] dé el máximo partido o rendimiento. *Frec con intención desp, denotando abuso.*

exprimir² *tr* (*lit, raro*) Expresar.

exprofesamente *adv* (*semiculto*) Exprofeso.

exprofeso (*tb con la grafía* **ex profeso**) *adv* A propósito o intencionadamente.

expropiable *adj* Que se puede expropiar.

expropiación *f* Acción de expropiar.

expropiador -ra *adj* **1** Que expropia. *Tb n, referido a pers.* ■ **2** De (la) expropiación.

expropiante *adj* Que expropia. *Tb n, referido a pers.*

expropiar (*conjug* **1a**) *tr* Privar [a alguien (*ci*)] de la propiedad [de un bien (*cd*)], esp. por causas de utilidad pública y mediante indemnización. **b)** Privar [a alguien (*cd*)] de sus bienes.

expropiatorio -ria *adj* De (la) expropiación.

expuesto -ta *adj* **1** *part* → EXPONER. ■ **2** Que ofrece peligro. ■ **3** Susceptible [de un peligro (*compl* A)].

expugnabilidad *f* Cualidad de expugnable.

expugnable *adj* Que se puede expugnar. *Tb fig.*

expugnación *f* Acción de expugnar.

expugnar *tr* Tomar por las armas [una plaza].

expulsar *tr* **1** Hacer [una pers. o cosa] que salga al exterior, a veces con fuerza o violencia, [algo contenido dentro de ella]. **b)** Hacer que salga al exterior, a veces con fuerza o violencia, [algo (*cd*) contenido en el interior de una pers. o cosa (*compl* DE)]. *Tb sin compl* DE. ■ **2** Obligar, a veces violentamente, [a alguien (*cd*)] a marcharse [de un lugar]. **b)** Obligar, a veces violentamente, [a alguien (*cd*)] a que deje de pertenecer [a un grupo o colectividad (*compl* DE)]. **c)** Obligar [a alguien (*cd*) la autoridad competente] a dejar su cargo o puesto de trabajo.

expulsión *f* Acción de expulsar.

expulsivo -va *adj* Que sirve para expulsar.

expulso -sa *adj* [Pers.] expulsada [2a]. *Tb n.*

expulsor -ra *adj* Que expulsa. *Frec n m, referido a mecanismo o dispositivo.*

expurgación *f* Acción de expurgar.

expurgador -ra *adj* Que expurga. *Tb n, referido a pers.*

expurgar *tr* Limpiar [algo de lo malo o inútil]. *Tb fig. Frec sin compl* DE. **b)** Limpiar [lo malo o inútil]. *Tb fig.*

expurgo *m* Acción de expurgar.

exquisitamente *adv* De manera exquisita.

exquisitez *f* **1** Cualidad de exquisito. ■ **2** Cosa exquisita.

exquisito -ta *adj* **1** Que destaca por su calidad o perfección. **b)** [Comida o bebida] excepcionalmente buena o grata al paladar. *A veces referido a otras cosas que afectan al sentido del gusto.* ■ **2** [Pers.] que destaca por la delicadeza de sus sentimientos, de su gusto o de su trato. *Tb n.* **b)** Propio de la pers. exquisita.

exsanguinotransfusión *f* (*Med*) Sustitución total de la sangre de una persona.

extasiador -ra *adj* Que extasía.

extasiar (*conjug* 1c) *tr* Causar éxtasis [2] [a alguien (*cd*)]. **b)** *pr* (~se) Caer en éxtasis. *Gralm con un compl* ANTE. *Frec con intención ponderativa.*

éxtasis *m* **1** Estado en que una persona se encuentra místicamente unida a Dios, con suspensión de los sentidos. ■ **2** Estado de exaltación causado por una alegría o admiración extrema, que anula cualquier otro sentimiento. ■ **3** Droga que produce un prolongado estado de tranquilidad, alegría y euforia sexual.

extáticamente *adv* De manera extática.

extático -ca *adj* De(l) éxtasis [1 y 2] o que lo implica.

extemporáneamente *adv* De manera extemporánea.

extemporaneidad *f* Cualidad de extemporáneo.

extemporáneo -a *adj* **1** Impropio del tiempo en que sucede, se hace o se presenta. ■ **2** Inoportuno (que se presenta o actúa en un momento inconveniente o inadecuado).

extendedor -ra *adj* Que extiende. *Tb n m y f, referido a máquina o aparato.*

extender (*conjug* 14) **A** *tr* **1** Hacer que [algo doblado, encogido o recogido (*cd*)] deje de estar[lo]. **b)** *Con un compl* SOBRE, EN *o* POR, *indica que lo extendido cubre lo indicado en el compl.* * Extiende el tapete sobre la mesa. ■ **2** Hacer que [algo (*cd*)] ocupe más espacio. *Frec con un compl adv, que expresa el espacio.* **b)** *pr* (~se) Pasar [algo] a ocupar más espacio. *Frec con un compl adv, que expresa el espacio.* ■ **3** Hacer que [algo (*cd*)] llegue [a cierto punto (*compl* A *o* HASTA)]. *Frec acompañado tb de un compl* DE *o* DESDE. **b)** *pr* (~se) Llegar [algo] a cierto punto (*compl* A *o* HASTA). *Frec acompañado tb de un compl* DE *o* DESDE. ■ **4** Hacer que [algo (*cd*)] llegue a muchos sitios o personas. *Frec con un compl* POR, ENTRE *o* EN. **b)** *pr* (~se) Llegar [algo] a muchos sitios o personas. *Frec con un compl* POR, ENTRE *o* EN. ■ **5** Hacer que [una cosa (*cd*)] llegue o afecte también [a alguien o algo, gralm. no habitual o previsible]. **b)** *pr* (~se) Llegar o afectar también [una cosa a alguien o algo, gralm. no habitual o previsible]. ■ **6** Escribir [un documento] con arreglo a una fórmula.

B *intr pr* (~se) **7** Estar o encontrarse [en un lugar algo (*suj*)] que ocupa cierto espacio]. **b)** Presentarse a la vista [algo que ocupa cierto espacio]. ■ **8** Ocupar [algo (*suj*)] cierto espacio (*compl adv*). **b)** Ocupar [algo] mucho espacio. ■ **9** Durar [algo (*suj*)] cierto tiempo (*compl adv*). ■ **10** Generalizarse [algo, esp. un uso o una costumbre]. ■ **11** Hablar o escribir con detalle [sobre algo (*compl* SOBRE *o* EN)]. *Tb sin compl.*

extendido¹ -da *adj* **1** *part* → EXTENDER. ■ **2** (*raro*) Amplio o extenso. ■ **3** (*reg*) [Torta] de masa de pan con aceite, aplastada y redonda. *Frec n f.*

extendido² *m* Acción de extender.

extensamente *adv* De manera extensa [1b].

extensibilidad *f* Cualidad de extensible.

extensible *adj* Que puede extenderse. *Tb n m, referido a cable.*

extensión **I** *f* **1** Acción de extender(se). *Tb su efecto.* ■ **2** (*Geom y Filos*) Capacidad para estar en el espacio y ocupar una parte de él. **b)** Capacidad de una cosa de abarcar unos límites más o menos grandes. **c)** (*Filos y Ling*) Conjunto mayor o menor de individuos a los que es aplicable un concepto. ■ **3** Medida del espacio ocupado por algo, esp. por un cuerpo. *Tb fig, referido a tiempo.* **b)** Superficie de terreno. *Frec en pl.* ■ **4** Línea telefónica dependiente de una centralita.

II *loc adv* **5** por ~. Extendiendo el sentido de una expresión más allá de sus límites propios.

extensional *adj* (*Filos*) De (la) extensión. *Tb* (*lit*) fuera del ámbito técn.

extensionalmente *adv* (*Filos*) De manera extensional.

extensivamente *adv* De manera extensiva.

extensivo -va *adj* **1** Que se extiende [5]. *Frec en la constr* HACER ~ [algo a una pers. o cosa]. **b)** Que se hace por extensión. ■ **2** (*Filos*) De (la) extensión [2]. ■ **3** (*Agric*) Que se basa en la extensión del área de producción, con poca inversión de capital o de trabajo. *Se opone a* INTENSIVO. ■ **4** (*E*) [Magnitud] que representa unidades fijas de extensión. *Se opone a* INTENSIVO.

extenso -sa I *adj* **1** Que tiene mucha extensión [3]. **b)** *Con un cuantitativo:* Que tiene la extensión que se expresa. ■ **2** [Conjunto] constituido por gran número de elementos. **b)** *Con un cuantitativo:* Que está constituido por el número de elementos que se expresa. ■ **3** [Cosa no material] que llega o alcanza más allá de los límites habituales. ■ **4** (*Geom o Filos*) Que tiene extensión [2]. **II** *loc adv* **5 por ~.** (*lit*) Con extensión [1] y detalle.

extensor -ra *adj* Que sirve para extender [1]. *Tb n m, designando músculo o aparato.*

extenuación *f* Acción de extenuar(se). *Tb su efecto.*

extenuador -ra *adj* Que extenúa.

extenuante *adj* Que extenúa. *Tb fig.*

extenuar (*conjug* **1d**) *tr* Debilitar o cansar en grado extremo. **b)** *pr* (~se) Debilitarse o cansarse en grado extremo.

exterior I *adj* **1** De fuera. *Cuando se expresa el término de referencia, este va introducido por la prep* A. **b)** Relativo a otros países. *Se opone a* INTERIOR *o* NACIONAL. **c)** (*Astron*) [Espacio] que se encuentra más allá de la atmósfera terrestre. **d)** (*Geom*) [Ángulo] cuyo vértice está fuera de la circunferencia. *A veces con un compl* A. **e)** (*Geom*) [Ángulo] formado por un lado de un polígono y la prolongación del lado adyacente. ■ **2** [Vivienda o habitación] que tiene vistas a la calle. *Frec n m, designando vivienda.* **II** *m* **3** Parte exterior [1a] [de algo]. **b)** Espacio exterior. **c)** Mundo exterior. **d)** (*Cine y TV*) *En pl:* Secuencias que se filman al aire libre. **e) el ~.** Los países extranjeros. ■ **4** Aspecto o apariencia [de alguien].

exterioridad *f* (*lit*) **1** Parte o aspecto exterior [1a] [de alguien o algo]. ■ **2** Cosa de pura apariencia.

exteriorista *adj* Que tiende a destacar los aspectos exteriores.

exteriorización *f* Acción de exteriorizar(se). *Tb su efecto.*

exteriorizante *adj* Que exterioriza.

exteriorizar *tr* **1** Mostrar o manifestar al exterior [algo no material, esp. los propios pensamientos o sentimientos]. **b)** *pr* (~se) Mostrarse o manifestarse al exterior [algo no material, frec. un síntoma o una enfermedad]. ■ **2** (*Med*) Sacar al exterior [algo interior].

exteriormente *adv* En el exterior [3a y 4].

exterminable *adj* Que se puede o debe exterminar.

exterminación *f* Acción de exterminar.

exterminador -ra *adj* Que extermina.

exterminar *tr* Matar o hacer desaparecer completamente [una especie o un conjunto de seres vivos]. **b)** Eliminar o destruir por completo [algo].

exterminio *m* Acción de exterminar.

externado *m* Condición de alumno externo [3].

externalidades *f pl* (*Econ*) Efectos positivos o negativos que las actividades de un sujeto económico producen en el entorno.

externamente *adv* Por fuera o exteriormente.

externidad *f* (*lit, raro*) Exterioridad.

externo -na *adj* **1** Exterior o de fuera. **b)** (*Anat*) Que desemboca en la superficie o en una cavidad del cuerpo. ■ **2** [Cosa] manifiesta, o fácilmente perceptible por los sentidos. ■ **3** [Alumno] que solo permanece en el colegio durante las horas de clase. *Tb n.* *Se opone a* INTERNO. ■ **4** [Pers.] que duerme fuera del lugar donde trabaja. *Se opone a* INTERNO.

exteroceptivo -va *adj* (*Fisiol*) [Órgano sensorial] que recibe estímulos externos.

exteroceptor *m* (*Fisiol*) Órgano sensorial que recibe estímulos externos. *Tb adj.*

extinción *f* Acción de extinguir(se).

extinguible *adj* Que se puede extinguir.

extinguir I *tr* **1** Apagar [un fuego o, raramente, una luz]. **b)** *pr* (~se) Apagarse [un fuego o una luz]. ■ **2** Hacer que [algo (*cd*)] deje de existir. **b)** *pr* (~se) Dejar de existir [algo]. ■ **3** (*Der*) Terminar de satisfacer [una deuda o una pena]. **II** *loc adj* **4 a ~.** (*admin*) [Cuerpo o puesto] destinado a desaparecer cuando cesen sus actuales componentes u ocupantes. *Tb fig, fuera del ámbito admin.* **b)** (*col*) Destinado a desaparecer en breve tiempo.

extintivo -va *adj* (*Der*) Que causa la extinción de una acción o un derecho.

extinto -ta *adj* (*lit*) **1** Extinguido. ■ **2** Difunto. *Tb n.*

extintor -ra *adj* Que extingue [1a]. *Frec n m, referido a aparato.*

extirpable *adj* Que se puede extirpar.

extirpación *f* Acción de extirpar.

extirpador -ra *adj* Que extirpa. *Gralm n m, referido a aparato.*

extirpar *tr* **1** Quitar o cortar totalmente [un órgano o tumor] con fines terapéuticos o experimentales. ■ **2** Arrancar o cortar de raíz [una planta]. ■ **3** Hacer que [algo (*cd*)] deje de existir totalmente.

extornar *tr* (*Com*) Devolver [una cantidad (*cd*) el asegurador (*suj*) a un asegurado]. *Tb abs.*

extorsión *f* **1** Trastorno, o alteración molesta, en el desarrollo normal de las cosas. ■ **2** Presión que se ejerce sobre alguien con el fin de obtener dinero u otro beneficio por medio de amenazas.

extorsionador -ra *adj* Que extorsiona. *Tb n, referido a pers.*

extorsionar *tr* **1** Hacer extorsión [a alguien o algo (*cd*)]. *Tb abs.* ■ **2** Violentar [algo o a alguien] o ejercer violencia [contra ellos (*cd*)]. *Tb fig.*

extorsionista *adj* Chantajista. *Tb n.*

extorsivo -va *adj* De (la) extorsión [2] o que la implica.

extra I *adj* (*a veces invar*) **1** Extraordinario o superior. ■ **2** Extraordinario, o que se añade a lo habitual. **b)** [Hora] ~ o HORA. **II** *n* A *m* **3** Cosa extraordinaria o que se añade a lo habitual, esp. gasto, número de periódico o emolumento. **b)** Servicio, accesorio o complemento que se sale de lo establecido en una base dada o que se añade a ello. **B** *f* **4** Paga extraordinaria. **C** *m y f* **5** (*Cine y TV*) Pers. que aparece en escena y no habla.

extra- *pref* **1** *Denota lo externo o ajeno a lo expresado por el término al que se antepone.* * Circunstancias extrabursátiles. * Relaciones extraconyugales. ■ **2** Denota lo extraordinario de lo expresado por el término al que se antepone. * Guisantes extrafinos. * Mallas extrafuertes.

extracción f **1** Acción de extraer. ■ **2** Origen o procedencia. Esp referido a pers.

extracelular adj (Biol) Que ocurre o está situado fuera de la célula.

extracomunitario -ria adj (Pol) De fuera de la Comunidad Económica Europea.

extracontable adj (Econ) Ajeno a toda contabilidad.

extracorpóreo -a adj (Med) [Circulación sanguínea] en la que se establece una derivación exterior al cuerpo hacia un aparato depurador.

extractar tr **1** Hacer un extracto o resumen [de algo (cd)]. ■ **2** Reducir [algo] a extracto [2].

extractivo -va adj **1** De (la) extracción [1]. Esp referido a minerales. ■ **2** (Med) [Sustancia] que existe en pequeña cantidad en un tejido o en un compuesto y que requiere un método especial para ser extraída.

extracto m **1** Resumen [de un escrito o exposición]. ■ **2** Producto que se obtiene al concentrar un zumo o una disolución. Gralm con un adj o compl especificador. b) ~ tebaico → TEBAICO. ■ **3** (E) Conjunto de sustancias disueltas en el vino y que no son evaporables.

extractor -ra adj Que extrae. Tb n: m y f, referido a pers; m, referido a utensilio o aparato; f, referido a industria o empresa.

extradición f Entrega que el gobierno de un país hace de un condenado o de un presunto delincuente al gobierno de otro país que lo reclama, para que cumpla su pena o sea juzgado en el país en que delinquió.

extradir tr Extraditar.

extraditar tr Entregar [un gobierno (suj)] a un condenado o presunto delincuente (cd) a otro país que lo reclama]. Frec sin el 2º compl.

extradós m (Arquit) Trasdós.

extradural adj (Med) Que ocurre o está situado fuera de la duramadre.

extraer (conjug 32) tr **1** Sacar [algo del lugar en que está contenido], esp. venciendo alguna dificultad. Frec se omite el 2º compl. b) Sacar [a alguien del lugar en que está aprisionado o sepultado]. Tb fig. c) Sacar [dinero de una cuenta bancaria]. ■ **2** Sacar (obtener [algo de un todo del que forma parte]). Tb sin compl DE, por consabido. b) Sacar (conseguir u obtener). ■ **3** Sacar (conseguir, mediante habilidad o fuerza, que [alguien (ci)] diga o dé [algo]). ■ **4** Sacar (inducir o deducir [una idea o un conocimiento]). ■ **5** (Mat) Averiguar o calcular [una raíz].

extraescolar adj [Actividad] que no forma parte del plan de estudios y que gralm. se realiza fuera del centro escolar.

extraeuropeo -a adj Exterior a Europa.

extragaláctico -ca adj Exterior a nuestra Galaxia.

extrahotelero -ra adj De función similar a la hotelera.

extraíble adj Que se puede extraer.

extrajudicial adj Que se hace fuera de la vía judicial.

extrajudicialmente adv De manera extrajudicial.

extralaboral adj Ajeno a lo laboral.

extralegal adj [Cosa] que está fuera de la Ley.

extralegalmente adv De manera extralegal.

extralimitación f Acción de extralimitarse.

extralimitarse intr pr Sobrepasar el límite de lo debido o razonable. Frec con un compl EN.

extralingüístico -ca adj [Cosa] ajena a la lingüística o al terreno lingüístico.

extraliterario -ria adj [Cosa] ajena a la literatura.

extramarital adj Que está fuera o al margen de la relación marital.

extramatrimonial adj Que está fuera o al margen del matrimonio.

extramundano -na adj Ajeno o exterior al mundo terreno.

extramuros **I** adv **1** Fuera de los muros de la ciudad. Tb A ~. A veces con compl DE. b) En las afueras o en el extrarradio. ■ **2** Fuera del marco [de algo, esp. una institución u organización]. Tb A ~. Frec con compl DE.
II adj invar **3** [Lugar o edificio] situado fuera de los muros de la ciudad.
III m pl **4** Zona situada fuera de los muros de la ciudad.

extranjería f Condición de extranjero, esp [1]. **2** Conjunto de (los) extranjeros [1]. ■ **3** Conjunto de normas relativas a los extranjeros [1] en un país.

extranjerismo m **1** Palabra o giro propios de una lengua extranjera [2] o procedentes de ella. ■ **2** Afición a lo extranjero.

extranjerización f Acción de extranjerizar(se).

extranjerizante adj **1** Que extranjeriza. ■ **2** Que imita lo extranjero. Tb n, referido a pers.

extranjerizar tr Dar carácter de extranjero [a alguien o algo (cd)]. b) pr (~se) Tomar carácter de extranjero [alguien o algo].

extranjero -ra **I** adj **1** De un país que no es el propio. Tb n, referido a pers. b) Constituido por perss. extranjeras. c) Propio de la pers. extranjera. ■ **2** [Lengua] que no es la propia o la del país propio. b) [Palabra, letra o modo de expresión] de una lengua extranjera. ■ **3** [País] que no es el propio. b) Exterior (relativo a otros países).
II m **4** el ~. País o países que no son el propio.

extranjis. de ~. (col) **I** loc adv **1** Ocultamente o a escondidas.
II loc adj **2** (hoy raro) Del extranjero [4]. Tb adv.

extrañación f (lit, raro) Extrañamiento [3].

extrañado -da adj **1** part → EXTRAÑAR. ■ **2** Que expresa o denota extrañeza [1].

extrañador -ra adj (lit) Que produce extrañamiento [2].

extrañamente adv De manera extraña [4].

extrañamiento m **1** Acción de extrañar [3]. Tb fig. ■ **2** (lit) Apartamiento o alejamiento. ■ **3** (lit) Alienación.

extrañar A *tr* **1** Encontrar extraño [1 y 2] [algo]. ■ **2** (*lit o reg*) Echar de menos [a alguien o algo] con sentimiento. ■ **3** (*Der*) Desterrar [a alguien] a un país extranjero.
B *intr* ➤ **a** *normal* **4** Causar extrañeza [1] [algo a alguien]. *Tb sin compl.*
➤ **b** *pr* (~**se**) **5** Sentir extrañeza [1] [por algo (*compl* DE)]. *Tb sin compl.*

extrañez *f* (*raro*) Extrañeza.

extrañeza *f* **1** Sorpresa o asombro. ■ **2** Cualidad de extraño [1]. ■ **3** Cosa extraña [1].

extraño -ña I *adj* **1** Raro, o que se sale de lo común. **b)** Sorprendente o curioso. ■ **2** Que no es de la pers. o cosa de que se habla. ■ **3** [Pers. o cosa] ajena [a alguien o algo] o no relacionada [con ellos (*compl* A)]. *A veces en constrs con* SER + *ci.* **b)** (*Biol*) [Individuo o elemento] que pertenece a un grupo o conjunto distinto de aquel o aquellos de que se habla. ■ **4** [Pers.] que no pertenece al grupo familiar o social de la pers. o perss. de que se habla. *Tb n.* **b)** [Pers.] que no pertenece a la intimidad afectiva de la pers. o perss. de que se habla. *Tb n.* ■ **5** [Cosa] de naturaleza distinta de la de aquella de que se habla.
II *m* **6** Movimiento raro o inesperado. *Esp referido a animales, como expresión de sorpresa o susto. Gralm con el v* HACER. *Tb fig.* ■ **7** propios y ~s → PROPIO.

extraoficial *adj* [Cosa] que está fuera o al margen de lo oficial.

extraoficialmente *adv* De manera extraoficial.

extraordinariamente *adv* De manera extraordinaria [1].

extraordinario -ria I *adj* **1** Que se sale de lo común u ordinario. *Frec con intención ponderativa, expresando calidad o importancia.* **b)** [Enviado] ~ → ENVIADO. ■ **2** Que se añade a lo común u ordinario. **b)** [Hora] extraordinaria → HORA.
II *n* A *m* **3** Hecho, gasto, plato o número de periódico extraordinario [1 y 2].
B *f* **4** Paga extraordinaria [2].

extraparlamentario -ria *adj* [Cosa] que está fuera o al margen del Parlamento. **b)** Que no tiene representación en el Parlamento. *Dicho esp de partido político o de sus miembros. Tb n, referido a pers.*

extrapeninsular *adj* De fuera de la Península Ibérica.

extrapiramidal *adj* (*Anat*) Que está fuera de las vías piramidales.

extraplano -na *adj* [Cosa] notablemente plana o delgada en relación con otras de su especie. *Tb n m, referido a reloj.*

extrapolable *adj* Que se puede extrapolar.

extrapolación *f* Acción de extrapolar.

extrapolar *tr* **1** Aplicar [algo conocido (*cd*)] a un dominio distinto] para deducir consecuencias. *Tb sin compl* A. ■ **2** (*Mat*) Prolongar la validez [de una ley o función (*cd*)] fuera de los límites en los que han sido determinados. *Tb abs.*

extraprovincial *adj* Exterior al ámbito de la provincia.

extrarradio *m* En una población: Zona alejada del centro.

extrasalarial *adj* Que no forma parte de la masa salarial.

extrasensorial *adj* Que está u ocurre fuera de la percepción de los sentidos.

extrasensorialmente *adv* De manera extrasensorial.

extrasístole *f* (*Med*) Contracción suplementaria del corazón, que se produce antes del momento normal de la sístole y va acompañada de una pausa larga.

extrasistolia *f* (*Med*) Trastorno del ritmo cardiaco caracterizado por la presencia de extrasístoles.

extraterrestre *adj* **1** De otro mundo distinto a la Tierra. *Frec n, referido a seres.* ■ **2** Situado en un mundo distinto a la Tierra.

extraterritorialidad *f* (*Der*) Derecho por el que algunas perss. o cosas, esp. diplomáticos, embajadas o barcos, se consideran bajo la jurisdicción del país al que pertenecen y no la de aquel en que están.

extrauterino -na *adj* (*Med*) Que ocurre o se sitúa fuera del útero.

extravagancia *f* **1** Cualidad de extravagante. ■ **2** Cosa, esp. hecho, extravagante.

extravagante *adj* Raro y que llama negativamente la atención, esp. por contravenir al gusto o a la norma común. *Referido a pers, frec alude a su modo de vestir o de actuar. Tb n.*

extravagantemente *adv* De manera extravagante.

extravasación *f* (*Fisiol o Med*) Acción de extravasar(se). *Tb fig, fuera del ámbito técn.*

extravasar A *intr pr* (~**se**) **1** (*Fisiol o Med*) Salirse [un líquido orgánico] fuera del vaso que lo contiene.
B *tr* **2** (*lit, raro*) Salirse [algo de aquello que lo contiene o encierra (*cd*)], o rebasar[lo].

extraversión *f* (*Psicol*) Interés predominante por el mundo exterior frente al interior. *Frec lit, fuera del ámbito técn.*

extravertido -da *adj* Dado a la extraversión. *Tb n, referido a pers.* **b)** Propio de la pers. extravertida.

extraviado -da *adj* **1** *part* → EXTRAVIAR. ■ **2** [Lugar] apartado o poco transitado. ■ **3** Que contraviene a la norma moral establecida.

extraviar (*conjug* **1c**) *tr* **1** Perder (dejar de tener [algo (*cd*)] temporal o definitivamente, por no saber dónde se encuentra). **b)** *pr* (~**se**) Perderse [algo] (dejar de conocerse su paradero). ■ **2** (*raro*) Hacer que [alguien (*cd*)] pierda o equivoque el camino. *Tb fig.* **b)** *pr* (~**se**) Perder o equivocar el camino [alguien]. *Tb fig.* ■ **3** (*lit*) Enloquecer [a alguien]. *Tb fig.* **b)** *pr* (~**se**) Enloquecer [alguien]. *Tb fig.* ■ **4** (*raro*) Dirigir [la mirada, los ojos o una parte de ellos] sin fijeza. *Gralm sin compl de lugar.* **b)** *pr* (~**se**) Dirigirse [los ojos o la mirada] sin fijeza. *Gralm en part.*

extravío *m* **1** Acción de extraviar(se). *Tb su efecto.* ■ **2** (*lit*) Desviación de la norma moral. ■ **3** (*raro*) Perjucio o trastorno.

extremadamente *adv* De manera extremada [2, 3 y 5].

extremado -da *adj* **1** *part* → EXTREMAR. ■ **2** [Cosa] extrema [4, 5 y 6]. ■ **3** [Pers. o cosa] que sobrepasa los límites de lo normal, justo o conveniente. ■ **4** [Pers.] extremosa [2a]. ■ **5** (*lit, raro*) Muy bueno o excepcional.

extremadora *f* (*reg*) Mujer que se dedica a limpiar viviendas, oficinas u otros edificios.

extremar *tr* Llevar [algo] al extremo [11]. **b)** *pr* (**~se**) Llegar [algo] al extremo.

extremaunción *f* (*Rel catól*) Sacramento que consiste en la unción con el óleo sagrado a los enfermos en peligro de muerte.

extremeñidad *f* Extremeñismo.

extremeñismo *m* Condición de extremeño, esp. amante de lo extremeño.

extremeño -ña I *adj* **1** De Extremadura. *Tb n, referido a pers.*
II *m* **2** Dialecto hablado en Extremadura.

extremidad *f* **1** Extremo [7]. ■ **2** *En el ser humano:* Brazo o pierna. *Gralm en pl. Frec con el adj* SUPERIOR *o* INFERIOR. **b)** *En los animales:* Pata. *Gralm en pl. Frec con el adj* ANTERIOR *o* POSTERIOR. *A veces designa tb la cola.*

extremismo *m* Tendencia a ideas o actitudes extremas [6]. *Esp en política.*

extremista *adj* De(l) extremismo. **b)** Que tiene o muestra extremismo. *Tb n, referido a pers.*

extremo -ma I *adj* **1** Que ocupa el principio o el final [de algo]. **b)** (*Mat*) En una proporción: [Término] primero o último. **c)** (*Filos*) En un silogismo: [Término] mayor o menor. ■ **2** Que ocupa uno de los lugares más alejados del centro. *Tb fig.* ■ **3** Que ocupa uno de los lugares más alejados del punto o se toma como referencia. ■ **4** Que ocupa el valor máximo o mínimo en una escala. ■ **5** Que está en el grado o intensidad máximos. ■ **6** Que es lo más alejado de lo normal o del justo medio.
II *m* **7** Punto en que comienza o esp. termina [algo (*compl de posesión*)]. ■ **8** Punto de los más alejados del centro. *Tb fig.* ■ **9** Punto de los más alejados del lugar que se toma como referencia. ■ **10** (*Dep*) En fútbol y otros deportes: Delantero que se sitúa en la zona más próxima a la banda. *Gralm en la constr* ~ DERECHA *o* ~ IZQUIERDA. ■ **11** Punto último a que puede llegar algo. *Frec en constrs como* HASTA (*o* A) ESTE ~, *o* HASTA (*o* A) EL ~ DE (QUE). ■ **12** Actitud, cualidad o situación que es lo más alejado de lo normal o del justo medio. *Frec en constrs como* LOS DOS ~S *o* DE UN ~ A OTRO, *indicando oposición total.* ■ **13** (*lit*) *En pl:* Manifestación muy expresiva [de un sentimiento]. *Frec se omite el compl, por consabido.* ■ **14** (*lit*) Punto o cuestión. ■ **15** (*hoy raro*) Lugar destinado a que pasen el invierno los ganados trashumantes. *Frec en pl.*
III *fórm or* **16 los ~s se tocan.** Se usa para ponderar la similitud entre dos actitudes o cualidades extremas [1] y opuestas entre sí. * El uno es un lanzado y el otro un tímido, pero, ya sabes, los extremos se tocan.
IV *loc adv* **17 en ~.** (*lit*) Muchísimo. ■ **18 en último ~.** En último término.

extremooriental *adj* Del Extremo Oriente. *Tb n, referido a pers.*

extremosamente *adv* De manera extremosa [1].

extremosidad *f* **1** Cualidad de extremoso. ■ **2** Actitud extremosa [2].

extremoso -sa *adj* **1** Extremado [2]. ■ **2** [Pers.] de actitud o comportamiento extremos [6]. **b)** Muy expresivo en demostraciones de afecto.

extrínsecamente *adv* De manera extrínseca.

extrínseco -ca *adj* Externo o que no pertenece a la naturaleza propia.

extrospección *f* Observación de las manifestaciones psíquicas ajenas.

extroversión *f* Extraversión.

extroverso -sa *adj* (*raro*) Extrovertido. *Tb n, referido a pers.*

extrovertido -da *adj* Extravertido. *Tb n, referido a pers.*

extruido *m* (*E*) Perfil u otro objeto fabricado por extrusión.

extruir (*conjug 48*) *tr* (*E*) Dar forma [a una masa metálica o plástica, o a un objeto hecho con ellas (*cd*)] haciendo que salga por una ranura especialmente dispuesta.

extrusión *f* (*E*) Acción de extruir.

extrusor -ra *adj* (*E*) Que extruye. *Tb n: m y f, referido a pers; f, referido a máquina.*

exuberancia *f* Cualidad de exuberante.

exuberante *adj* **1** Extraordinariamente abundante. *Esp referido a vegetación.* **b)** [Terreno] de abundante vegetación. **c)** [Lenguaje o escrito] rico en palabras y ornamentación. **d)** (*Med*) De proliferación excesiva o copiosa. ■ **2** De formas muy acusadas o llamativas. *Gralm aludiendo al pecho femenino.* ■ **3** (*raro*) Lleno de vigor o vitalidad.

exuberantemente *adv* De manera exuberante.

exúbero -ra *adj* (*lit, raro*) Exuberante [1a].

exudación *f* (*E o lit*) **1** Acción de exudar. ■ **2** Exudado.

exudado *m* (*E*) Sustancia exudada [1 y 3].

exudante *adj* (*E*) Que exuda [1].

exudar A *tr* **1** (*E o lit*) Dejar salir [un cuerpo (*suj*)] a través de sus poros [un líquido (*cd*)] contenido en él]. *Tb abs.* ■ **2** (*lit*) Dejar ver [alguien o algo (*suj*)] por su comportamiento o por su apariencia.
B *intr* **3** (*E o lit*) Salir [un líquido] al exterior, a través de los poros del cuerpo que lo contiene. ■ **4** (*lit*) Dejarse ver [una cualidad o un sentimiento] a través del comportamiento o la apariencia [de alguien o algo (*ci*)].

exudativo -va *adj* (*Med*) Que produce exudación.

exultación *f* Acción de exultar. *Tb su efecto.*

exultante *adj* Que exulta.

exultar *intr* Mostrar una alegría extrema e incontenible. *A veces con un compl* DE ALEGRÍA, GOZO *u otro término equivalente.*

exutorio *m* (*E o lit*) Salida o canal de evacuación. *Tb fig.*

exvoto *m* Objeto que se ofrece a una imagen sagrada en reconocimiento de un beneficio recibido, esp. una curación, y que frec. consiste en una figurilla que representa el ser o miembro curado.

eyaculación *f* Acción de eyacular. *Tb su efecto. Tb fig.*

eyaculador -ra *adj* Que eyacula. *Tb n, referido a pers.*

eyacular *tr* Expulsar rápidamente [un líquido orgánico, esp. semen]. *Referido a semen, gralm abs. Tb fig.*

eyaculatorio -ria *adj* (*Fisiol*) De la eyaculación del semen.

eyección *f* (*E*) Expulsión o lanzamiento. *Tb fig, fuera del ámbito técn.*

eyectable *adj* (*E*) [Asiento] que puede proyectarse o dispararse fuera del aparato.

eyector *m* Aparato que sirve para expulsar una pieza o extraer un fluido.

eyeliner (*ing; pronunc corriente,* /eyelíner/; *tb con la grafía* **eye-liner**) *m* Líquido cosmético para dibujar el contorno del ojo.

ezcarayense *adj* De Ezcaray (Rioja). *Tb n, referido a pers.*

ezquerdear *intr* Torcerse a la izquierda [un muro o cosa similar].

f

f → EFE.

fa *m* Cuarta nota de la escala musical.

faba (*ast; pl normal,* FABES) *f* Judía blanca gorda.

fabada *f* Plato típico de Asturias, hecho con judías blancas gordas, chorizo, morcilla, tocino y a veces otros ingredientes. *Frec ~* ASTURIANA.

fabianismo *m* (*Pol, hist*) Movimiento surgido en Inglaterra a finales del s. XIX, que preconiza el establecimiento de un socialismo democrático mediante reformas graduales.

fabiano -na *adj* (*Pol, hist*) De(l) fabianismo. **b)** Partidario del fabianismo. *Tb n.*

fabiola *f* Barra de pan de aspecto más brillante y consistencia más blanda que el normal.

fabismo (*tb con la grafía* **favismo**) *m* Intoxicación causada por habas.

fabla *f* **1** (*TLit*) Imitación del español antiguo utilizada en romances y teatro en los finales del s. XVI y en el s. XVII. ■ **2** (*lit, raro*) Habla.

fable *adj* (*lit, raro*) Que se puede expresar con palabras.

fabliau (*fr; pronunc corriente,* /fablió/; *pl normal,* ~x) *m* (*TLit*) Breve relato en verso, frec. de carácter satírico, propio de la Edad Media francesa.

fablistán -na *adj* (*lit, raro*) Hablador o charlatán. *Tb n.*

fabordón *m* (*Mús, hist*) Sistema polifónico elemental, practicado en la Edad Media, constituido por tres voces que cantan paralelamente.

fábrica I *f* **1** Edificio o conjunto de edificios donde se fabrica [algo (*compl especificador*)]. *Tb fig.* ■ **2** Construcción con ladrillo o piedra y argamasa. **b)** Tipo o modo de construcción. ■ **3** (*lit*) Edificio o construcción. *Tb fig.* ■ **4** Renta o fondo [de una iglesia] para repararla y costear el culto.
  II *loc adj* **5** [Marca] **de ~** → MARCA.
  III *loc adv* **6 a pie de ~** → PIE.

fabricación *f* Acción de fabricar.

fabricado¹ -da I *adj* **1** *part* → FABRICAR.
  II *m* **2** Producto industrial. *Frec en pl.*

fabricado² *m* Fabricación.

fabricador -ra *adj* [Cosa] que fabrica [1 y 2]. *Tb n m, referido a aparato.*

fabricante *adj* Que fabrica [1]. *Frec n, referido a pers.*

fabricar *tr* **1** Hacer [algo] por procedimientos industriales. *Tb fig.* **b)** Elaborar, o producir [algo] mediante una serie de acciones o transformaciones. **c)** Producir [algo], o hacer que exista. ■ **2** (*raro*) Hacer o construir [un edificio o algo similar]. *Tb abs.*

fabril *adj* De (las) fábricas [1].

fabriquero *m* **1** Canónigo administrador de los fondos destinados al edificio y a los utensilios de la catedral. ■ **2** Obrero que trabaja en el carboneo.

fábula I *f* **1** Obra literaria breve, gralm. en verso, en que por medio de una ficción con personajes alegóricos, frec. animales, se da una enseñanza moral. ■ **2** Relato mitológico. ■ **3** Acción ficticia que sirve de materia a una obra literaria. ■ **4** Relato falso y sin fundamento.
  II *loc adj* **5 de ~.** (*col*) Fabuloso [2]. *Tb adv.*

fabulación *f* **1** Acción de fabular. ■ **2** Fábula [4].

fabulador -ra *adj* **1** Que fabula. *Tb n, referido a pers.* ■ **2** De (la) fabulación.

fabular A *intr* **1** Crear o inventar una fábula o fábulas [3 y 4].
  B *tr* **2** Inventar [algo fantástico o imaginario]. *Tb fig.*

fabulario *m* Colección de fábulas [1].

fabulesco -ca *adj* De (la) fábula [1].

fabulista *m y f* Autor de fábulas [1].

fabulístico -ca I *adj* **1** De (la) fábula [1].
  II *f* **2** (*TLit*) Género literario constituido por la fábula [1].

fabulizar *tr* (*raro*) Fabular [2].

fabulosamente *adv* De manera fabulosa [1 y esp. 2].

fabulosidad *f* Cualidad de fabuloso.

fabuloso -sa *adj* **1** Falso o no real. ■ **2** Fantástico o extraordinario. *Frec con intención ponderativa.* ■ **3** Que inventa fábulas [4].

faca *f* Navaja o cuchillo grande y con punta.

facazo *m* Herida producida con una faca.

facción *f* **1** Grupo de perss. de una misma tendencia dentro de un partido político o de otra colectividad. **b)** Bando o partido de tendencia violenta. ■ **2** *En pl:* Rasgos de la cara. ■ **3** (*Mil*) Servicio, esp. de vigilancia o patrulla.

faccional *adj* De (las) facciones [1].

faccionalismo *m* Tendencia a la división en facciones [1].

faccionario -ria *adj* Partidario de una facción [1]. *Tb n.*

faccioso -sa *adj* Rebelde armado. *Tb n, referido a pers.*

facecia *f* (*lit*) Cuento gracioso. **b)** Broma verbal.

facedor -ra *m y f* (*humoríst*) Hacedor.

facera *f* (*raro*) Conjunto de las casas que forman fila a un lado de la calle.

facería *f* (*reg*) Comunidad de pastos entre dos o más pueblos o perss. particulares. *Tb el terreno y el acuerdo correspondientes.*

faceta *f* **1** En un poliedro: Cara. *Esp referido a piedras preciosas talladas.* **b)** (*Zool*) Cara o porción poligonal en que se divide un ojo compuesto. **■ 2** Aspecto de los varios que se pueden considerar [en una pers. o cosa (*compl de posesión*)].

facetado -da *adj* **1** *part* → FACETAR. **■ 2** Que tiene facetas [1].

facetar *tr* Dar facetas [1a] [a algo (*cd*)].

facha[1] *f* (*col*) **1** Traza o aspecto. **■ 2** Mamarracho. *Frec en la constr* HECHO UNA ~. *Tb adj. Se usa esp en el habla femenina.* **■ 3** (*reg*) Jactancia.

facha[2] *adj* (*col, desp*) Fascista. *Tb n, referido a pers.*

facha[3] *f* (*reg*) Manojo de paja destinado a arder.

fachada *f* **1** Parte exterior [de un edificio] que forma un plano, esp. la anterior o principal. **■ 2** (*col*) Aspecto o presencia. **b)** Apariencia con que se disimula una realidad. **■ 3 ~ litoral** (*o* **marítima**). (*Geogr*) Región costera.

fachenda *f* (*col*) Vanidad o jactancia.

fachendear *intr* (*col*) Actuar con fachenda.

fachendista *adj* Fachendoso.

fachendoso -sa *adj* (*col*) Vanidoso o jactancioso. *Tb n, referido a pers.*

fachismo *m* (*hoy raro*) Fascismo.

fachista *adj* (*hoy raro*) Fascista. *Tb n, referido a pers.*

fachoso -sa *adj* (*col*) De mala facha[1] [1]. *Gralm referido al modo de vestir.*

facial *adj* **1** De (la) cara. **b)** (*Anat*) [Ángulo] formado por dos rectas imaginarias que van de los incisivos superiores a la frente y de los incisivos a la oreja. **■ 2** (*Filatelia*) [Valor] de franqueo. *Tb n m.*

facies *f* **1** (*lit*) Cara o semblante. **■ 2** (*Med*) Aspecto del rostro, motivado por alguna alteración o enfermedad. **b) ~ hipocrática** → HIPOCRÁTICO. **■ 3** (*Geol*) Caracterización [de un terreno] por sus cualidades geológicas y por los fósiles que contiene.

fácil **I** *adj* **1** Que exige poco esfuerzo, habilidad, formación o inteligencia. *A veces con un compl* (DE + infin) *que expresa el aspecto concreto que presenta tal exigencia, y que frec se omite por consabido.* * Es un trabajo fácil. * No resulta fácil de convencer. **b)** [Dinero] que se gana con poco esfuerzo. **c)** [Mujer] que se presta sin dificultad al trato sexual. **■ 2** Favorable o idóneo [para algo]. **■ 3** Probable. *Gralm como predicat de una prop constituida por* QUE + *subj.* * Es fácil que llueva. **■ 4** [Artista] que crea de manera fácil [1a]. **■ 5** [Expresión, risa, llanto o cosa similar] que se produce de manera fácil [1a]. **II** *adv* **6** (*col*) Fácilmente.

facilidad *f* **1** Cualidad de fácil. **■ 2** Condición que facilita [algo (*compl especificador*)]. *Frec sin compl. Normalmente en pl y frec con el v* DAR. **b)** *En pl:* Posibilidad de pagar a plazos. *Frec* ~ES DE PAGO.

■ 3 Aptitud o disposición especial [para algo (*compl especificador*)].

facilitación *f* Acción de facilitar.

facilitador -ra *adj* Que facilita.

facilitar *tr* **1** Hacer fácil o más fácil [1a] [algo]. **■ 2** Proporcionar (hacer que [una pers. o cosa (*ci*)] tenga [algo] o pueda disponer [de ello (*cd*)]). *Frec sin ci.* **■ 3** (*Fisiol*) Potenciar o incrementar [una actividad (*cd*) o la actividad de algo (*cd*)]. *Se opone a* INHIBIR.

facilitón -na *adj* (*col*) Que todo lo cree o lo presenta fácil [1a]. *Tb n, referido a pers. Frec con intención desp.*

fácilmente *adv* De manera fácil [1 y 3].

facilón -na *adj* (*col, desp*) Excesivamente fácil, esp [1a].

facilonamente *adv* (*col, desp*) De manera facilona.

facilonería *f* (*col*) Cualidad de facilón.

facineroso -sa *adj* Delincuente habitual. *Frec n.*

facistol *m* Atril grande, gralm. de cuatro caras, donde se ponen los libros para cantar en el coro de la iglesia.

facón *m* Cuchillo grande, recto y puntiagudo, usado por el hombre de campo argentino.

façonné (*fr; pronunc corriente, /fasoné/*) *adj* [Tejido] que forma dibujos. *Tb n m.*

facsímil **I** *m* **1** Reproducción exacta [de un grabado, un impreso o un manuscrito], gralm. por procedimientos fotográficos. **■ 2** Fax. **II** *adj* **3** Facsimilar[1].

facsimilar[1] *adj* Hecho en facsímil [1].

facsimilar[2] *tr* (*raro*) Reproducir en facsímil [1].

facsímile **I** *m* **1** Facsímil [1 y 2]. **II** *adj* **2** Facsimilar[1] o facsímil [3].

factibilidad *f* Cualidad de factible.

factible *adj* Posible, o susceptible de hacerse realidad.

fácticamente *adv* **1** De manera fáctica. **■ 2** En el aspecto fáctico.

facticidad *f* Cualidad de fáctico.

facticio -cia *adj* (*lit*) Artificial o falso. *Se opone a* NATURAL *o* AUTÉNTICO.

fáctico -ca *adj* De los hechos, o limitado a los hechos. **b)** [Poder] ~ → PODER[2].

factitivo -va *adj* (*Gram*) Causativo.

factor *m* **1** Causa que actúa junto con otras. **b)** (*Econ*) Recurso o elemento fundamental que interviene en el proceso de producción. *Frec* ~ DE PRODUCCIÓN. **c)** (*Psicol*) Aptitud. **d) ~ Rhesus**, *o* **Rh.** (*Fisiol*) Sustancia contenida en la sangre del macaco y de algunas personas, que puede ocasionar una reacción hemolítica en el embarazo o tras una transfusión. *Frec designa el hecho de tener o no este factor en la sangre, gralm con los adjs* POSITIVO *o* NEGATIVO. **■ 2** (*Mat*) Cantidad que se multiplica por otra para obtener un producto. **b)** Número que multiplicado por otro da como producto [un número dado (*compl de posesión*)]. **■ 3** *En una estación ferroviaria:* Empleado que tiene a su cargo la facturación de equipajes y mercancías. **■ 4** (*raro*) Autor [de algo]. **■ 5** (*raro*) Capataz.

factoraje *m* (*Econ*) Factoring.

factoría *f* **1** Fábrica, o complejo industrial. ■ **2** Establecimiento comercial situado en un país colonial o no desarrollado. ■ **3** Barco o buque al que los balleneros llevan sus capturas, o que abastece a una flotilla de pesqueros. *Normalmente en aposición con* BARCO O BUQUE.

factorial *adj* De (los) factores [1 y 2].

factoring (*ing; pronunc corriente,* /fáktorin/; *pl normal,* ~s) *m* (*Econ*) Servicio que una empresa presta a otras, encargándose del cobro de las facturas y de resolver los impagados. *Tb la empresa que presta tal servicio.*

factótum (*pl normal,* ~s) *m* (*más raro, f*) (*col*) Pers. que en un lugar desempeña toda clase de trabajos.

factual *adj* Fáctico.

factura¹ I *f* **1** Cuenta detallada de servicios prestados o de artículos vendidos, con expresión de su precio, que el industrial o comerciante presenta al cliente y en la que constan los nombres de ambos. **b)** Compensación que se reclama por algo, esp. por un servicio o gasto. *Tb fig.* **c)** Costo económico o conjunto de circunstancias negativas que [algo (*compl de posesión*)] lleva consigo.
II *loc v* **2** pasar (**la**) ~. Reclamar una compensación [por algo, esp. un servicio o gasto]. *Tb fig. Frec sin compl, por consabido.*

factura² *f* (*lit*) Ejecución o hechura [de algo]. *Esp en arte.* **b)** Configuración [de una cosa] determinada por la disposición de sus partes. *Tb fig.*

facturación *f* Acción de facturar. **b)** Suma total de las facturas¹ [1a] emitidas por una empresa.

facturador -ra *adj* Que factura [1]. *Tb n f, referido a máquina.*

facturar *tr* **1** Hacer la factura¹ [1a] [de algo (*cd*)]. *Tb abs.* ■ **2** Entregar en una estación ferroviaria o en un aeropuerto [un equipaje o mercancía] para su transporte. *Tb fig, con intención humorística.*

facturista *m y f* Pers. que prepara facturas¹ [1a].

facultad *f* **1** Aptitud o capacidad personal. *Frec en pl.* ■ **2** Poder o derecho [de hacer algo (*compl* PARA o DE)]. *Tb sin compl.* ■ **3** División de las que constituyen una universidad, correspondiente a una rama del saber. *Tb el local en que funciona esta división, y el conjunto de profesores, o de profesores y alumnos, pertenecientes a ella. Gralm con un compl especificador.* **b)** (*hoy raro*) *Sin compl:* Facultad de Medicina.

facultar *tr* Dar facultad [2] [a alguien (*cd*) para algo].

facultativamente *adv* **1** De manera facultativa [1]. ■ **2** Médicamente.

facultativo -va I *adj* **1** Potestativo o no obligatorio. ■ **2** [Cuerpo] de funcionarios con la preparación técnica [que se especifica (*compl* DE)]. **b)** [Pers.] que pertenece a un cuerpo facultativo. *Gralm n.* ■ **3** Médico (de la medicina o de los médicos).
II *m y f* **4** (*admin*) Médico (pers. que ha hecho la carrera de medicina).

facundia *f* (*lit*) Elocuencia, o abundancia de palabras. *A veces con intención desp.*

facundo -da *adj* (*lit*) [Pers.] que tiene o muestra facundia. *A veces con intención desp.* **b)** Propio de la pers. facunda.

fadiga *f* (*Der*) *En la antigua Corona de Aragón:* Derecho de prelación y de tanteo y retracto que tiene el poseedor del dominio directo siempre que se enajene la cosa dada en enfiteusis. *Tb la cantidad que se paga por la renuncia a tal derecho.*

fading (*ing; pronunc corriente,* /fádin/; *pl normal,* ~s) *m* **1** (*Telec*) Desvanecimiento. ■ **2** (*Mec*) Disminución de fuerza del freno por el calentamiento de las pastillas.

fadista *m y f* Cantante de fados.

fado *m* Canción popular portuguesa de carácter melancólico, que se acompaña de instrumentos de cuerda.

faena I *f* **1** Trabajo, esp. corporal. **b)** Cosas que hacer. **c)** (*reg*) *En pl:* Trabajo de asistenta. *Normalmente en la constr* HACER ~S. ■ **2** (*Taur*) Operación que se realiza con respecto al toro, esp. la del diestro durante la lidia. ■ **3** (*col*) Mala pasada (acción, frec. malintencionada, con que se daña a alguien). *Gralm con el v* HACER. **b)** Hecho que contraría o molesta.
II *loc v* **4** meterse en ~. (*col*) Ponerse a trabajar o entregarse de lleno a la actividad en cuestión.

faenado *m* Acción de faenar [1 y 2].

faenaje *m* Acción de faenar [2].

faenar A *tr* **1** Matar y descuartizar, o solo descuartizar, [reses] para el consumo.
B *intr* **2** Practicar la pesca de mar. ■ **3** Trabajar, o hacer alguna faena [1a].

faenero -ra *m y f* (*reg*) Obrero del campo.

faenón *m* (*col*) Faena [1a, 2 y 3] grande.

faetón *m* (*hist*) Coche de caballos descubierto, de cuatro ruedas, alto y ligero.

fagácea *f* (*Bot*) [Planta] dicotiledónea, monoica, de hojas sencillas y fruto seco indehiscente, de la familia del castaño, el haya y el roble. *Frec como n f en pl, designando este taxón botánico.*

fagedénico -ca *adj* (*Med*) [Úlcera] que se extiende a los tejidos vecinos.

fagedenismo *m* (*Med*) Tendencia de las úlceras a extenderse a los tejidos próximos.

fagocitación *f* (*Biol*) Acción de fagocitar. *Tb fig.*

fagocitar *tr* (*Biol*) Ingerir por fagocitosis. *Tb fig, fuera del ámbito técn.*

fagocitario -ria *adj* (*Biol*) De (los) fagocitos o de (la) fagocitosis.

fagocítico -ca *adj* (*Biol*) Fagocitario.

fagocito *m* (*Fisiol*) Célula capaz de nutrirse por medio de seudópodos que capturan, englobándolas, las partículas alimenticias, esp. microbios.

fagocitosis *f* (*Biol*) Fenómeno que consiste en el englobamiento y destrucción de microbios u otras partículas por los fagocitos.

fagot (*pl normal,* ~ES; *raro,* ~S) A *m* **1** Instrumento músico de viento, de madera y de lengüeta doble.
B *m y f* **2** Fagotista.

fagotista *m y f* Músico que toca el fagot.

Fahrenheit (*al; pronunc corriente,* /fárenxait/) *adj* (*Fís*) **1** [Escala termométrica] en que los 32° corresponden a la temperatura de fusión del hielo, y los 212°, a la de ebullición del agua. *Tb* DE ~. ■ **2** De la escala Fahrenheit [1]. *Tb, raro,* DE ~.

faienza → FAYENZA.

fair play (*ing; pronunc corriente,* /fér-pléi/) *m* Juego limpio. *Gralm fig.*

fairway (*ing; pronunc corriente,* /férwei/) *m* (*Golf*) Calle (parte del terreno cuidada y sin maleza, situada entre un tee y un green).

faisán -na A *m* **1** Gallinácea del tamaño de un gallo, con cola muy larga y puntiaguda y plumaje verde y rojizo con reflejos metálicos en el macho, y cuya carne es muy apreciada (*Phasianus colchicus*). *A veces designa solo el macho de esta especie.* **B** *f* **2** Hembra del faisán [1].

faisandé (*fr; pronunc corriente,* /faisandé/ *o* /fesandé/; *f,* FAISANDÉE) *adj* [Carne] ligeramente pasada. *Tb fig.*

faisanería *f* Lugar destinado a la cría de faisanes.

faisanero -ra *m y f* Pers. que se dedica a la cría o venta de faisanes.

faja *f* **1** Tira de tela u otro tejido con que se rodea exteriormente el cuerpo por la cintura. **b)** Faja usada como insignia de determinado rango por un militar, un civil o un eclesiástico. ■ **2** Prenda de abrigo, gralm. interior, que consiste en una tira más o menos ancha de tejido, frec. lana, con que se rodea varias veces el cuerpo alrededor de la cintura y el vientre. ■ **3** Prenda interior, normalmente elástica y usada esp. por las mujeres, que sirve para sujetar o abrigar el vientre. ■ **4** Tira de papel que envuelve un periódico o algo similar para su envío por correo. ■ **5** Tira de papel con alguna información, frec. publicitaria, que se pone sobre la cubierta o sobrecubierta de un libro. ■ **6** Superficie, esp. de terreno, mucho más larga que ancha. ■ **7** (*Arquit*) Moldura ancha y de poco vuelo. ■ **8** (*Heráld*) Pieza del escudo que, cuando es única, lo corta por el centro y ocupa una tercera parte del mismo.

fajador -ra *adj* **1** (*col*) Peleador, o propenso a pelear. *Tb n.* ■ **2** (*Boxeo*) [Boxeador] que busca el intercambio continuo de golpes y muestra gran resistencia a ellos. *Tb n.* **b)** Propio del boxeador fajador.

fajamiento *m* Acción de fajar(se). *Tb su efecto. Tb fig.*

fajar A *tr* **1** Poner faja [2 y 3] [a alguien, esp. a un niño de pecho (*cd*)]. **b)** Envolver o ceñir [algo] con una tira a modo de faja. **B** *intr pr* (~**se**) **2** (*col*) Pelearse o pegarse [con alguien]. *Tb fig.* ■ **3** (*reg*) Ponerse [a hacer algo (A + *infin o n*)] con vehemencia o entusiasmo.

fajín *m* Faja [1].

fajina[1] *f* En el ejército o en la cárcel: Toque con que se ordena la formación para la comida. *Tb* TOQUE DE ~.

fajina[2] *f* **1** Leña menuda. ■ **2** Haz de ramas.

fajinitis *f* (*humoríst*) Deseo obsesivo por conseguir el fajín de general.

fajo *m* Haz o atado [de cosas]. *Tb fig.*

fajón *adj* (*Arquit*) [Arco] perpiaño. *Referido al arte románico. Tb n m.*

fakir, fakirismo → FAQUIR, FAQUIRISMO.

falacia *f* (*lit*) Engaño o mentira.

falampo *m* (*reg*) Copo de nieve.

falandero -ra *adj* (*reg*) [Niño] acostumbrado a estar pegado a las faldas de su madre. *Tb n.*

falange[1] *f* (*Anat*) Hueso de los que constituyen el dedo, esp. el más próximo al metacarpo o al metatarso. *Tb la parte de dedo correspondiente.*

falange[2] *f* **1** Se da este n a algunas organizaciones o partidos de derechas, esp *Falange Española, fundada por José Antonio Primo de Rivera en 1933.* ■ **2** (*hist*) En el ejército griego: Formación de combate constituida por unos 4.000 infantes unidos en 16 filas y armados con lanza y espada. ■ **3** (*lit, raro*) Grupo cuyos miembros están estrechamente unidos.

falangero *m* Se da este n a varias especies de marsupiales propios de Oceanía y pertenecientes a la familia del koala (*Cercartetus nanus, Gymnobelideus leadbeateri, Dactylopsila trivirgata, Tarsipes spenserae, Pseudocheirus peregrinus, Schoinobates volans*).

falangeta *f* (*Anat*) Falange[1] tercera del dedo.

falangina *f* (*Anat*) Falange[1] segunda del dedo.

falangismo *m* (*Pol*) Doctrina o sistema falangista [1].

falangista *adj* **1** De Falange Española (partido fundado por José Antonio Primo de Rivera en 1933). *Tb n, referido a pers.* ■ **2** En gral: De un partido o agrupación denominado Falange. *Tb n, referido a pers.*

falangizar *tr* Hacer falangista [a alguien o algo].

falansteriano -na *adj* (*hist*) **1** De(l) falansterio. ■ **2** Partidario del socialismo utópico de Charles Fourier († 1837). *Tb n, referido a pers.*

falansterio *m* (*hist*) En el socialismo utópico ideado por Charles Fourier († 1837): Alojamiento colectivo de trabajadores. *Frec fig, designando cualquier alojamiento donde vive amontonada mucha gente.*

falárica *f* (*hist*) Lanza arrojadiza.

falaropo *m* Ave limícola de pequeño tamaño, de pico grácil y dedos lobulados (gén. *Phalaropus*). *Normalmente con un adj especificador:* ~ PICOGRUESO (*P. fulicarius*), ~ PICOFINO (*P. lobatus*) *y* ~ DE WILSON (*P. tricolor*).

falasha (*amárico; pronunc corriente,* /faláʃa/) *adj* Judío etíope. *Tb n, referido a pers.*

falaz *adj* (*lit*) Engañoso.

falazmente *adv* (*lit*) De manera falaz.

falcar *tr* (*reg*) Asegurar [algo] con una cuña.

falcata *f* (*Arqueol*) Espada de hoja curva propia de los guerreros ibéricos.

falce *f* (*reg*) Hoz (herramienta).

falcidia *adj* (*Der*) [Cuarta parte] correspondiente al heredero, libre de los legados que gravan la herencia. *En el sintagma* CUARTA ~, *o tb como n f.*

falciforme *adj* (*E*) De forma de hoz (herramienta).

falconete *m* (*hist*) Cierta pieza de artillería de pequeño calibre.

falcónido -da *adj* [Ave] rapaz diurna de la familia cuyo tipo es el halcón. *Frec como n, m o f, en pl, designando este taxón zoológico.*

falda *f* **1** Prenda de vestir, normalmente femenina, o parte del vestido, que cubre, con más o menos vuelo, de la cintura para abajo. *A veces en pl con sent sg.* **b)** En pl: *Frec simboliza la tutela o la autoridad materna con respecto al niño o al muchacho.* * *Cada madre procura que su pequeño no se separe de sus faldas.* ■ **2** Tela que cubre los lados de una mesa camilla. *Gralm en pl con sent sg.* ■ **3** Parte baja [de un monte]. ■ **4** En la res: Carne que corresponde al bajo vientre. *Tb la parte correspondiente del cuerpo.*

■ **5** (*col*) *En pl:* Mujer o mujeres. *En contraposición explícita o implícita con* PANTALONES.

faldamenta *f* Falda [2 y esp. 1a] que llega hasta el suelo.

faldear *tr* Caminar o ir por la falda [3] [de una montaña (*cd*)].

faldegar *tr* (*reg*) Enjalbegar.

faldegón -na *m y f* (*reg*) Pers. que tiene el oficio de faldegar.

faldellín *m* Falda [1a] corta, esp. sobrepuesta a otra prenda.

faldeo *m* Acción de faldear.

faldero -ra *adj* **1** De (la) falda [1a]. ■ **2** [Perro] pequeño, que se ve como adecuado para estar en las faldas de las mujeres. **b) perro ~** → PERRO. ■ **3** (*col*) [Hombre] aficionado a las faldas [5]. ■ **4** [Rama] baja.

faldeta *f* (*reg*) **1** Falda [1a] corta. ■ **2** Faldilla [3 y 4].

faldicorto -ta *adj* De falda [1a] corta.

faldilla *f* **1** *dim* → FALDA. ■ **2** Parte [de una prenda] que cuelga más abajo de la cintura. *Frec en pl.* ■ **3** Falda [2] de mesa camilla. *Gralm en pl.* ■ **4** Parte que cuelga o que cubre los bajos en determinados objetos. ■ **5** Falda [4] de cordero.

faldinegro -gra *adj* [Res vacuna] que tiene negra la parte baja del vientre.

faldón *m* **1** Parte [de una prenda] que cuelga por el borde inferior. *Frec en pl.* ■ **2** Prenda de vestir del niño de pecho, que cubre totalmente el cuerpo o solo desde la cintura para abajo, cayendo en forma de falda [1a]. ■ **3** Parte que cuelga o cubre los bajos de determinados objetos. ■ **4** (*Per*) Parte inferior de una página. ■ **5** (*Constr*) Vertiente de un tejado. ■ **6** (*Constr*) Conjunto formado por los dos lienzos laterales y el dintel de una chimenea.

faldriquera *f* (*hist o lit*) Faltriquera.

faldumenta *f* (*raro*) Falda [1a] o faldamenta.

falibilidad *f* (*lit*) Cualidad de falible.

falible *adj* (*lit*) Que puede equivocarse.

fálico -ca *adj* (*lit*) De(l) falo.

falina *f* (*Quím*) Sustancia tóxica que constituye el principio activo del falo hediondo y de otros hongos.

falisca *f* (*reg*) Nieve muy fina.

falisco *m* (*hist*) Lengua de un antiguo pueblo itálico de Etruria.

falla¹ **I** *f* **1** Defecto o falta. ■ **2** (*Geol*) Fractura del terreno causada por movimientos geológicos, con desplazamiento de uno de los bordes respecto al otro. **b)** *En gral:* Fractura [de una superficie]. **II** *loc adv* **3 sin ~.** Sin falta.

falla² *f* **1** Grupo de figuras burlescas de madera y cartón que en Valencia y su región se coloca en una plaza pública para ser contemplado y después quemado en la noche de la fiesta de San José. ■ **2** *En pl:* Fiestas de las fallas [1].

fallado¹ -da *adj* (*Geol*) Cortado por una falla o por fallas¹ [2].

fallado² → FAYADO.

fallar¹ *tr* **1** Decidir o determinar [un juez, un tribunal o un jurado algo] en un litigio, un proceso o un concurso. ■ **2** Decidir [un juez, un tribunal o un ju-

rado] el resultado [en un litigio, un proceso o un concurso (*cd*)]. *Tb abs. Tb fig.*

fallar² **A** *intr* **1** Frustrarse o salir fallida [una cosa]. **b) no ~.** (*col*) *Fórmula con que se pondera la constante repetición del hecho que se comenta.* * Seguro que llega tarde; no falla. ■ **2** No funcionar [alguien o algo] como debe o como se espera. **b)** Dejar de funcionar [alguien o algo] como debe o como se espera. **c)** Perder resistencia [algo que sirve de apoyo o sujeción], rompiéndose o no. ■ **3** (*Naipes*) Carecer de cartas [de un palo (*compl* A)]. **B** *tr* **4** No conseguir [alguien] el objetivo pretendido [con un golpe o con un disparo (*cd*)]. **b)** (*Caza*) No conseguir [una pieza] al disparar sobre ella. ■ **5** *En una prueba o en un concurso:* Contestar equivocadamente, o no contestar, [a una pregunta (*cd*)]. ■ **6** (*Naipes*) Carecer de cartas [de un palo (*cd*)]. **b)** Echar triunfo [ante una carta (*cd*) de un palo del que se carece]. *Tb abs.*

falleba *f* Varilla de hierro acodada en sus dos extremos, que puede girar por medio de un manubrio para cerrar una ventana o puerta encajando los extremos en el marco. **b)** Manubrio de la falleba.

fallecer (*conjug* 11) *intr* (*lit*) Morir. *Normalmente referido a pers.*

falleciente *adj* (*lit*) Que fallece. *Tb fig.*

fallecimiento *m* (*lit*) Muerte. *Normalmente referido a pers.*

fallero -ra **I** *adj* **1** De (las) fallas² [1]. ■ **2** [Pers.] que construye fallas² [1]. *Frec n.* **b)** De (los) constructores de fallas² [1]. **II** *m y f* **3** Pers. que toma parte en las fallas² [2]. **b) fallera mayor.** Presidenta de honor de las fallas² [2].

fallido -da *adj* **1** Frustrado o no cumplido. ■ **2** (*Econ*) [Cantidad o crédito] incobrable. *Tb n m.*

fallo¹ *m* Acción de fallar¹. *Tb su efecto.*

fallo² *m* **1** Acción de fallar². *Tb su efecto.* ■ **2** Defecto o falta.

fallo³ -lla *adj* (*Naipes*) Que falla² [3] [a un palo]. *Con el v* ESTAR.

fallón -na *adj* (*col*) Que falla² bastante o con frecuencia.

falluto -ta *adj* (*raro*) Falso o aparente.

falo *m* **1** (*lit*) Pene. ■ **2 ~ hediondo** (*o* **impúdico**). Hongo venenoso, de olor fétido, coronado por un sombrerillo alveolado y oliváceo (*Phallus impudicus*).

falocracia *f* (*lit*) Dominio social del hombre sobre la mujer.

falocrático -ca *adj* (*lit, desp*) De (la) falocracia o que la implica.

faloidina *f* (*Quím*) Sustancia tóxica que constituye el principio activo del hongo *Amanita phalloides*.

falondres. de ~. *loc adv* (*Mar*) De repente.

faloria *f* (*reg*) Falsedad o mentira.

falsa → FALSO.

falsabraga (*tb con la grafía* **falsa braga**) *f* (*Mil, hist*) Muro bajo que se levanta en una fortificación delante del muro principal.

falsamente *adv* De manera falsa.

falsario -ria *adj* Que falsea [1 y 2]. *Tb n, referido a pers.*

falseador -ra *adj* Que falsea [1 y 2].

falseamiento *m* Acción de falsear [1 y 2].

falsear A *tr* **1** Alterar la verdad [de una cosa (*cd*)]. ■ **2** Falsificar (hacer falso [1c] [algo]).
B *intr* **3** (*raro*) Fallar o perder resistencia.

falsedad *f* **1** Condición de falso. ■ **2** Cosa falsa (–> FALSO [1a]).

falseta *f En la música popular de guitarra:* Floreo que se intercala entre las sucesiones de acordes que acompañan la copla.

falsete[1] *m* Voz, gralm. masculina, más aguda que la normal del individuo, que se produce accidentalmente al hablar o esp. voluntariamente al cantar. *Tb* VOZ DE ~.

falsete[2] *m* (*raro*) Puerta pequeña entre dos habitaciones.

falsetense *adj* De Falset (Tarragona). *Tb n, referido a pers.*

falsía *f* (*lit*) Falsedad [1].

falsificación *f* Acción de falsificar. *Tb su efecto.*

falsificador -ra *adj* Que falsifica, *esp* [1]. *Tb n, referido a pers.*

falsificar *tr* **1** Hacer [una cosa] falsa (–> FALSO [1c]). ■ **2** Falsear (alterar la verdad [de algo (*cd*)]).

falsilla *f* Hoja de papel con líneas muy señaladas, que se pone debajo de otra en que se va a escribir, para que aquellas se transparenten y sirvan de guía. *Frec fig.*

falso -sa I *adj* **1** No verdadero, o que no se ajusta o responde a la verdad. **b)** Que no es [lo que el n. designa], pero tiene gran parecido [con ello]. *Frec usado como especificador de distintos minerales, animales o plantas.* **c)** [Cosa] hecha imitando la legítima o auténtica, normalmente con intención de engañar. **d)** ~ [testimonio], [monedero] ~ –> TESTIMONIO, MONEDERO. ■ **2** Engañoso. **b)** [Pers.] cuyo comportamiento no se ajusta a sus verdaderos sentimientos, intenciones o cualidades. **c)** [Caballería] que tiene resabios y cocea aun sin que la hostiguen. **d)** [Cosa] que no da el resultado esperable. **e)** [Situación] equívoca o embarazosa. ■ **3** [Alarma] causada por un peligro que no es real o por una amenaza que no se cumple. *Antepuesto al n.* ■ **4** [Puerta] secundaria de una casa, que da a un lugar poco visible. ■ **5** [Techo], normalmente decorativo, que se pone para rebajar la altura del techo real. *Antepuesto al n.* ■ **6** (*Anat*) [Costilla] que no conecta directamente con el esternón. ■ **7** (*Arquit*) [Bóveda o cúpula] formada por aproximación sucesiva de hiladas. *Antepuesto al n.*
II *f* **8** (*reg*) Desván.
III *loc adv* **9 en ~.** De manera falsa [1a y 2a]. ■ **10 en ~.** De manera indebida o inadecuada. *Tb adj.* **b)** Solo superficialmente. *Referido al modo de cicatrizar una herida.* ■ **11 en ~.** Sin apoyo o estabilidad suficiente. ■ **12 en ~.** En situación falsa [2e].

falta I *f* **1** Hecho de faltar [1 y 2] [alguien o algo (*compl de posesión*)]. *Tb sin compl.* **b)** Hueco o vacío que queda en una serie o conjunto, por faltar [2a] algo. **c)** Nota en que se hace constar el hecho de faltar [2b] al trabajo o a clase. *Tb fig.* ■ **2** Hecho de no haberse presentado una menstruación. ■ **3** Hecho de no actuar correctamente. **b)** (*admin o Der*) Infracción voluntaria, de carácter leve, de una ley o de un reglamento. **c)** (*Dep*) Infracción del reglamento. **d) doble ~.** (*Tenis*) Hecho de hacer dos saques seguidos defectuosos, que supone un tanto para el

contrario. ■ **4** Error, o acción involuntaria que no se ajusta a lo debido. ■ **5** Defecto o imperfección.
II *loc v y fórm or* **6 coger,** *o* **pillar, en ~.** Sorprender [a alguien] en una acción incorrecta o en un error. ■ **7 echar en ~** [a una pers. o cosa]. Notar la falta [1] [de ella]. ■ **8 hacer ~.** Ser necesario. **b)** (*raro*) Echar de menos [alguien (*ci*) a una pers. ausente, esp. muerta (*suj*)]. * Le hace falta su difunto. **c) le hace ~ (que hace,** *o* **maldita la ~ (que hace.** *Fórmulas con que se contesta despectivamente a una negativa o a una comunicación que incluye una negación.* * –No entiendo nada. –Ni falta que hace. ■ **9 sacar,** *o* **poner, ~s** [a alguien o algo]. (*col*) Achacar[le] faltas [5] reales o imaginarias. ■ **10 sacar,** *o* **tirar,** *o* **lanzar, una ~.** (*Dep*) Poner [un jugador] en movimiento la pelota o el balón cuando el equipo contrario ha sido castigado por haber cometido una falta [3c].
III *loc adv* **11 sin ~.** Con toda seguridad. *Referido a hechos previstos.*
IV *loc prep* **12 a ~ de** [alguien o algo]. En el caso de faltar [1] [esa pers. o cosa]. **b)** Por el hecho de faltar [1] [esa pers. o cosa]. ■ **13 a ~ de** [una cosa]. Faltando todavía solamente [esa cosa].

faltado -da *adj* (*reg*) Falto o carente [de algo].

faltante *adj* (*raro*) Que falta [1 y 2]. *Tb n, referido a pers.*

faltar *intr* **1** No existir [alguien o algo en un lugar (*compl de lugar o ci*)]. *Tb sin compl. Frec en constr neg para llamar la atención sobre la existencia de la pers o cosa.* * En el manuscrito faltan las primeras hojas. * No faltan los que afectan indiferencia. **b)** No existir en la cantidad debida o necesaria [alguien o algo en un lugar (*compl de lugar o ci*)]. *Tb sin compl.* **c)** (*col, euf*) Fallecer, o dejar de existir. *Frec con compl de interés.* **d) y que no falte.** *Fórmula con que se comenta la necesidad de que continúe existiendo algo penoso, negativo o escaso que se acaba de mencionar.* ■ –Hay excesivo trabajo. –¡Y que no falte! ■ **2** No estar presente [en un sitio (*compl* DE *o* EN) alguien o algo que debería estar]. **b)** No estar presente [alguien en algo o en un lugar (*compl* A) o algo a donde debería haber acudido]. *Tb sin compl, por consabido.* ■ **3** Hacer falta o ser necesario [alguien o algo]. *Frec con ci.* ■ **4** Echar de menos o en falta [alguien (*ci*) a alguien o algo (*suj*)]. **b) echar a ~** –> ECHAR. ■ **5** Ser [una cantidad de algo, frec. tiempo o espacio] la distancia o diferencia [para que una cosa llegue, se produzca o exista]. *Tb sin compl, por consabido. Tb con un compl de interés.* **b) lo que faltaba (para el duro).** (*col*) *Fórmula con que se comenta que lo que se dice es o sería el colmo. Frec con un compl de interés.* * –Han traído esto y hay que devolverlo hecho hoy mismo. –¡Lo que me faltaba! ■ **6** Estar [una pers. o cosa] pendiente o en espera [de que se le haga algo (POR + infin)]. **b)** Estar [alguien] sin haber hecho [algo (POR + infin)]. **c) ~ (por) ver,** *o* **(por) saber** [algo]. *Fórmula con que se expresa reserva escéptica sobre lo enunciado.* ■ **7** Cometer un acto incorrecto. **b)** No cumplir [con un deber o compromiso (*compl* A)]. **~ al respeto** –> RESPETO. ■ **8** (*col*) Tratar [a alguien (*ci*)] de manera ofensiva. *Tb sin compl.* ■ **9** (*reg*) Carecer [de algo]. ■ **10 ~le tiempo** [a uno para algo] –> TIEMPO. ■ **11 (no) faltaba,** *o* **faltaría, más** (*o, col, humoríst*, **plus).** *Fórmula con que enfáticamente se rechaza cualquier duda sobre lo que se acaba de decir, o, cortésmente, sobre el cumplimiento de una petición que se acaba de recibir.* * –¿Puedes apagar la luz? –Faltaría más. **b) (no) faltaba,** *o* **faltaría, más.** *Fórmula de cortesía con que se re-*

chaza un acto cortés ajeno o con que se replica a una fórmula de gratitud. * –Deje, ya pago yo. –No faltaba más. **c) solo** (**me, te,** *etc*) **faltaba,** *o* **faltaría** (*o* **no** (**me, te,** *etc*) **faltaba,** *o* **faltaría, más que**) [una cosa]. *Fórmula con que se comenta que lo mencionado es o sería el colmo.* * *Solo me faltaba tener que estar pendiente de él también.* ■ **12 lo que me** (**nos,** *etc*) **faltaba por oír** (*o* **por ver**). (*col*) *Fórmula con que se rechaza enfáticamente como absurdo lo que acaba de oírse* (*o verse*). * –La culpa es toda tuya. –¡Lo que me faltaba por oír!

falto -ta *adj* **1** Que carece [de algo]. *A veces el compl se omite por consabido.* ■ **2** (*reg*) Tonto, o deficiente mental.

faltón -na *adj* [Pers.] que falta [2b y esp. 8] o que suele faltar.

faltoso -sa *adj* (*raro*) Falto de juicio o de facultades mentales.

faltriquera I *f* **1** (*lit*) Bolsillo. *Frec citado como lugar donde se guarda el dinero.* ■ **2** (*hist*) Bolsa que se lleva atada a la cintura. *Hoy solo usada por ciertas aldeanas y rara vez en moda retro.*
II *loc v* **3 rascarse la ~.** (*raro*) Soltar dinero, esp. de mala gana.

falúa *f* Pequeña embarcación con carroza, usada para ceremonias y perss. importantes.

falucho *m* Embarcación típica del Mediterráneo, ligera, alargada y de vela latina.

fama I *f* **1** Condición de ser conocido por mucha gente. *A veces con un compl* (POR *o* COMO + *n*) *que expresa la cualidad, el hecho o la actividad que motivan esa condición. Sin compl, gralm se entiende que los motivos son favorables.* ■ **2** Opinión que la gente tiene [sobre alguien o algo (*compl de posesión*)]. *Normalmente precedido de los adjs* BUENA *o* MALA, *o acompañada de otros equivalentes, o seguido de un compl* DE *que expresa el contenido de esa opinión.* * *Sería injusto difamar a una persona, sustraerle su buena fama.* * *Tiene fama de listo.* **b)** Buena opinión que la gente tiene [sobre alguien o algo (*compl de posesión*)]. *Tb sin compl.* ■ **3** (*lit, raro*) Noticia o rumor que corre de boca en boca.
II *loc v* **4 ser ~** [algo]. (*lit*) Decirse o saberse.

famélico -ca *adj* (*lit*) **1** Hambriento (que tiene mucha hambre). *Tb fig.* ■ **2** Que denota o implica hambre.

familia I *f* **1** Conjunto de personas que tienen parentesco entre sí. **b)** *Esp:* Conjunto de personas que tienen parentesco entre sí y que viven juntas, esp. padres e hijos. **c) sagrada ~.** (*Rel crist*) Conjunto constituido por San José, la Virgen María y el niño Jesús. ■ **2** (*col*) Hijos. ■ **3** (*lit*) Conjunto de personas que pertenecen a un mismo grupo, a veces dentro de una colectividad mayor. **b)** (*hist*) Conjunto de siervos. ■ **4** Conjunto [de cosas] con origen o rasgos comunes que las diferencian de otros conjuntos. **b)** (*CNat*) Grupo taxonómico constituido por varios géneros que poseen numerosos caracteres comunes. **c)** (*Impr*) Conjunto constituido por un alfabeto completo de tipos de varios cuerpos en letra redonda, cursiva y negrita, que tienen cierta unidad de diseño. **d)** (*Ling*) Conjunto de palabras que tienen una raíz común. *Tb ~* LÉXICA.
II *loc adj* **5** [Cabeza] **de ~,** [madre] **de ~,** [padre] **de ~** → CABEZA, MADRE, PADRE. ■ **6 de ~.** (*Der*) [Consejo] constituido por familiares y que interviene en la tutela de un menor o de un incapacitado. **b)** [Consejo] constituido por los miembros adultos de una familia para tratar temas familiares de impor-

tancia. ■ **7 de ~.** (*Der*) [Hijo] que está bajo la autoridad paterna o tutelar, o que no ha tomado estado y sigue viviendo en casa de sus padres. (→ HIJO.) ■ **8 de ~.** (*admin*) [Libro] en que constan los datos de una familia [1b], en lo referente al estado civil de los esposos y el nacimiento de los hijos. ■ **9 de ~.** [Médico] general que asiste habitualmente a una familia. *Tb referido a la medicina ejercida por él.*
III *loc v y fórm o* **10** (**eso**) **pasa** (*u* **ocurre**) **en las mejores ~s.** *Fórmula con que se pondera lo común del hecho que se comenta.* * *No te preocupes, eso pasa en las mejores familias.* ■ **11 ser ~** [de alguien]. (*col*) Tener parentesco [con él]. *Tb sin compl, con suj pl.* **b) ser** (**como**) **de la ~.** Tener gran amistad y familiaridad [con relación a una familia [1] (*compl de lugar o de relación*)]. *Tb sin compl, por consabido.*
IV *loc adv* **12 en ~.** (*col*) Sin presencia de gente extraña a la familia [1]. *Tb fig.* **b)** En grupo muy reducido.

familiar I *adj* **1** De (la) familia [1]. **b)** Amante de la familia [1]. ■ **2** Sencillo, corriente o natural. *Referido esp al trato o al lenguaje.* **b)** Que tiene o muestra un trato familiar. ■ **3** [Pers. o cosa] bastante conocida o a la que se está habituado. *Con vs como* SER *o* RESULTAR *y un compl de interés.* ■ **4** [Envase de un producto] que contiene cantidad adecuada para el uso de muchas personas. *Tb referido a tamaño.* ■ **5** [Modelo de vehículo, esp. de coche de turismo] con capacidad superior a la del modelo normal.
II *m* **6** Pers. de la familia [1]. ■ **7** (*Rel crist*) Eclesiástico que está al servicio del obispo. ■ **8** (*hist*) Ministro o agente al servicio de la Inquisición.

familiaridad *f* **1** Condición de familiar [2 y 3]. ■ **2** Hecho o dicho que denota confianza o familiaridad [1] excesiva. *Frec en pl.*

familiarista *adj* (*raro*) De la familia [1b].

familiarización *f* Acción de familiarizar(se). *Tb su efecto.*

familiarizar *tr* **1** Hacer que [alguien (*cd*)] pase a tener [algo (*compl* CON)] como familiar [3]. **b)** *pr* (**~se**) Pasar [alguien] a tener [algo o a alguien (*compl* CON)] como familiar [3]. ■ **2** Hacer familiar [2] [una cosa].

familiarmente *adv* **1** De manera familiar [1, 2 y 3]. ■ **2** En el aspecto familiar [1a].

familión *m* (*col*) Familia [1] muy numerosa.

famosamente *adv* (*raro*) De manera famosa [1].

famoso -sa *adj* **1** Que tiene fama [1]. *Tb n, referido a pers.* ■ **2** (*col*) [Pers. o cosa] de la que se habla con frecuencia. *Con intención irónica. Normalmente antepuesto al n.*

fámulo -la A *m y f* (*humoríst*) **1** Criado. *Tb* (*lit*) *adj y fig.*
B *m* **2** Criado de una comunidad religiosa o de un seminario.

fan (*pl normal,* **~s**) *m y f* Admirador entusiasta [de un cantante o grupo popular o de un actor]. *Tb se usa, humoríst, con respecto a cualquier otra clase de perss o cosas.*

fana¹ *f* (*Mar*) Ovillo de estopa para calafatear.

fana² *f* (*reg*) Precipicio o barranco.

fanal *m* **1** Campana de cristal que sirve para resguardar del polvo un objeto. ■ **2** (*Mar, hist*) Farol grande que se sitúa a popa en una embarcación, como insignia de mando y para señalar su situación en la noche.

fanáticamente *adv* De manera fanática.

fanático -ca *adj* Partidario exaltado e intransigente [de una pers. o de una doctrina]. *Tb n. Tb sin compl. A veces usado con intención enfática, referido a cualquier cosa.* **b)** Propio de un fanático.

fanatismo *m* Condición o actitud de fanático.

fanatizar *tr* Hacer fanático [a alguien].

fancine *m* Fanzine.

fandango *m* **1** Baile popular español, esp. andaluz, con acompañamiento de guitarra y castañuelas, de compás ternario y con movimiento vivo. *Tb su música y la letra que la acompaña.* ■ **2** (*col*) Jaleo o alboroto.

fandanguillo *m* Baile popular andaluz, en compás de tres por ocho, parecido al fandango. *Tb su música y la letra que la acompaña.*

fané *adj* (*col*) **1** Agotado o muy cansado. ■ **2** (*hoy raro*) Ajado o deslucido.

faneca *f* Pez marino, de la misma familia que el bacalao, pero de menor tamaño, de color parduzco en el dorso y blanquecino en el vientre, y de carne fina (*Trisopterus luscus*). *Tb designa otras especies similares.*

fanega *f* **1** Medida de capacidad para áridos, que en Castilla equivale a 55 litros y medio. *Tb el recipiente con que se mide.* **b) media ~.** Recipiente usado como medida de media fanega. ■ **2** Medida agraria, que en Castilla equivale a 64 áreas y 596 miliáreas. *Tb* DE TIERRA. **b) ~ de puño,** o **de sembradura.** Espacio de tierra que se puede sembrar con una fanega [1a] de grano.

fanegada *f* Fanega [2] de tierra.

faneguero -ra *adj* (*reg*) Que cabe una fanega [1a].

fanerogamia *f* (*Bot*) Grupo constituido por las plantas fanerógamas. *Tb su estudio.*

fanerógamo -ma *adj* (*Bot*) [Planta] que tiene flores. *Tb como n f en pl, designando este taxón botánico.*

fanfa *adj* (*col*) Fanfarrón [1]. *Tb n.*

fanfarria A *f* **1** Pieza musical que utiliza solamente instrumentos de metal. *Tb el conjunto que se dedica a esta clase de piezas.* ■ **2** (*col*) Fanfarronería. B *m y f* **3** ~(s). (*reg*) Pers. fanfarrona [1]. *Tb adj.*

fanfarrioso -sa *adj* (*reg*) Fanfarrón [1 y 2].

fanfarrón -na *adj* **1** (*desp*) [Pers.] que alardea de superioridad, de valor o de riqueza. *Tb n.* ■ **2** [Cosa] que denota o implica alarde o presunción. ■ **3** [Trigo] de una variedad de espiga larga, cuyo grano da mucho salvado y poca harina. ■ **4** (*reg*) [Pers.] fuerte y robusta.

fanfarronada *f* Dicho o hecho propio de un fanfarrón [1].

fanfarronamente *adv* De manera fanfarrona [2].

fanfarronear *intr* Hablar o actuar como un fanfarrón [1].

fanfarronería *f* **1** Cualidad de fanfarrón. ■ **2** Dicho o hecho propio de un fanfarrón [1].

fang (*pl normal, ~s o invar*) I *adj* **1** De cierto pueblo habitante de Guinea Ecuatorial. *Tb n, referido a pers.* II *m* **2** Lengua bantú hablada por los fang [1].

fangal *m* Sitio lleno de fango.

fango *m* Mezcla de agua y sedimentos arcillosos que se forma en el fondo de las aguas detenidas. *Tb fig, frec en frases como* CUBRIR DE ~ *o* ARRASTRAR POR EL ~.

fangosidad *f* Cualidad de fangoso.

fangoso -sa *adj* Lleno de fango.

fangoterapia *f* (*Med*) Tratamiento por aplicación de fango de aguas medicinales.

fantaseador -ra *adj* Que fantasea. *Tb n, referido a pers.*

fantasear A *intr* **1** Dejar correr la fantasía[1] [1]. B *tr* **2** Representar [algo] con la fantasía[1] [1].

fantasía[1] I *f* **1** Facultad de la mente de representarse cosas inexistentes y alejadas de la realidad. **b)** Facultad de creación artística basada en la fantasía. ■ **2** Imagen, idea u otra creación de la fantasía [1]. ■ **3** Objeto de fantasía [5]. ■ **4** (*Mús*) Composición de forma libre. **b)** Composición formada sobre motivos [de una ópera o una zarzuela]. II *loc adj* **5 de ~** (o, *más raro*, ~). [Cosa, esp. adorno o prenda de vestir] de forma o gusto que se salen de lo corriente. **b)** [Joya] de imitación.

fantasía[2] *f* Entretenimiento ecuestre propio de los árabes, que ejecutan al galope diversas evoluciones mientras disparan sus armas y dan grandes gritos.

fantasioso -sa *adj* **1** [Pers.] que se deja llevar por la fantasía[1] [1]. ■ **2** [Pers.] amiga de darse una importancia que no tiene.

fantasista *adj* (*raro*) Fantástico [1 y 2].

fantasma I *n* A *m* **1** Imagen [de una pers. muerta] que se aparece a los vivos. *Frec sin compl.* **b)** Visión de algo irreal o que parece irreal. ■ **2** Imagen producto de la fantasía[1] [1a]. ■ **3** (*lit*) Recuerdo que vuelve a la imaginación, causando tristeza o dolor. ■ **4** (*lit*) Eventualidad que causa preocupación o temor. B *f* **5** (*lit*) Fantasma [1]. C *m y f* **6** (*col*) Pers. presuntuosa y frec. vacía. *Tb adj.* II *adj* (*gralm invar*) **7** [Cosa] que aparece y desaparece como un fantasma [1a]. **b)** Irreal o que parece irreal.

fantasmada *f* **1** (*col*) Dicho o hecho propio de un fantasma [6]. ■ **2** Conjunto de fantasmas [1a].

fantasmagoría *f* Creación de la fantasía[1] [1] o ilusión de los sentidos.

fantasmagóricamente *adv* De manera fantasmagórica.

fantasmagórico -ca *adj* Que tiene carácter de fantasmagoría.

fantasmagorizar *tr* Dar carácter de fantasmagoría [a alguien o algo *cd*)].

fantasmal *adj* **1** De (los) fantasmas. ■ **2** Irreal o que parece irreal.

fantasmalmente *adv* De manera fantasmal.

fantasmático -ca *adj* (*Psicol*) Que es producto de la fantasía[1] [1a].

fantasmón -na A *m y f* **1** (*col*) Pers. presuntuosa y frec. vacía. *Tb adj.*

B *m* **2** Pers. o cosa con apariencia de fantasma [1] y que causa temor.

fantásticamente *adv* De manera fantástica.

fantasticar *tr* (*raro*) Crear o forjar en la imaginación [una cosa fantástica [1]].

fantástico -ca I *adj* **1** Que es producto de la fantasía[1] [1]. **b)** Irreal o inverosímil. ■ **2** [Pers.] que tiene fantasía[1] [1]. *Tb n*. ■ **3** (*col*) Magnífico o impresionante.
II *adv* **4** (*col*) Muy bien. *Con intención ponderativa y a veces irónica.*

fantochada *f* (*desp*) Hecho o dicho propio de un fantoche [1c y 2].

fantoche *m* **1** Títere (muñeco que se mueve con hilos o introduciendo la mano en su interior). **b)** Muñeco de hechura ridícula. **c)** (*desp*) Pers. ridícula o grotesca. ■ **2** (*desp*) Hombre presumido y sin fundamento. *Más o menos vacío de significado, se usa frec como insulto.*

fantoscopio *m* (*hist*) Aparato derivado de la linterna mágica y que, montado sobre una base móvil, aumenta o disminuye el tamaño de las imágenes al acercarse o alejarse de la pantalla de proyección.

fanzine (*ing; pronunc corriente,* /fánsin/) *m* Revista de escasa tirada hecha por y para los aficionados a temas determinados, como cine, ciencia ficción, música o dibujos.

fa presto (*it; pronunc,* /fá-présto/) *m y f* Pers. que hace las cosas con precipitación y descuido.

faquí *m* (*hist*) Alfaquí.

faquín *m* (*raro*) Mozo de equipajes o de cuerda.

faquir (*tb con la grafía* **fakir**) *m* **1** Santón mahometano o hindú que vive en la pobreza y que practica la mortificación corporal. ■ **2** Artista de circo cuyos ejercicios imitan las mortificaciones corporales de los faquires [1].

faquirismo (*tb con la grafía* **fakirismo**) *m* Actividad de faquir [2].

Faraday *adj invar* (*Fís*) [Efecto] que consiste en la rotación del plano de polarización de un haz luminoso lineal cuando atraviesa ciertas sustancias sobre las que actúa un campo magnético.

farádico -ca *adj* (*Electr*) [Corriente eléctrica] intermitente, producida por inducción.

faradio *m* (*Electr*) *En el sistema internacional:* Unidad de capacidad eléctrica equivalente a la capacidad de un condensador que, cargado con una cantidad de electricidad igual a un culombio, tiene entre sus armaduras una diferencia de potencial de un voltio.

faralá *f* **1** Volante ancho puesto como adorno, esp. en la falda del traje típico andaluz. *Gralm en pl.* ■ **2** Falda o traje de faralaes [1].

farallón *m* Roca alta cortada verticalmente.

faramalla *f* (*col, desp*) **1** Cosa de mucha apariencia y poca entidad. ■ **2** Charla artificiosa.

farandola[1] *f* (*reg*) Faralá (volante).

farandola[2] *f* (*Mús*) Danza provenzal en compás de 6 por 8, en que los danzantes van en fila cogidos de la mano.

farándula *f* **1** Ambiente o profesión teatral. ■ **2** (*raro*) Palabrería o charla engañosa.

farandulería *f* (*raro*) Farándula o palabrería.

farandulero -ra *adj* De (la) farándula, *esp* [1]. *Tb n, referido a pers.*

faraón -na A *m y f* **1** (*hist*) Rey del antiguo Egipto. ■ **2** (*lit*) Pers. gitana.
B *m* **3** (*Naipes*) Juego similar al monte, que se juega con dos barajas.

faraónico -ca *adj* De (los) faraones [1]. **b)** Digno de los faraones [1] por su grandiosidad.

faratute *m* (*reg*) Desmayo o síncope.

faraute *m* (*hist*) *En la Edad Media:* Rey de armas de segunda clase.

fardado -da *adj* **1** *part* → FARDAR. ■ **2** (*col*) Elegante o bien vestido. *Frec con el adv* BIEN *u otro equivalente.*

fardar *intr* (*col*) **1** Vestir bien o con elegancia. *A veces con el adv* BIEN *u otro equivalente.* ■ **2** Resultar elegante, distinguido o vistoso [algo]. **b)** Causar buena impresión o resultar interesante. ■ **3** Presumir, o hacer ostentación. *A veces con compl* DE.

farde *m* (*col*) **1** Acción de fardar [3]. *Frec en la constr* TIRARSE, *o* MARCARSE, EL ~. ■ **2** Cosa que farda [2].

fardel *m* Saco o talega del pastor o del caminante. **b)** *En gral:* Saco o talego.

fardela[1] *f* (*reg*) **1** Saco o talego. ■ **2** Bolsillo o faltriquera.

fardela[2] *f* (*reg*) Pardela (ave).

fardelejo *m* Dulce típico riojano que consiste en hojaldre doblado y frito, relleno de almendra molida.

fardería *f* Conjunto de fardos.

fardista *m y f* (*jerg*) Pers. que roba las prendas colgadas en percheros o tendederos.

fardo *m* **1** Paquete grande debidamente acondicionado para el transporte. ■ **2** Cosa de mucho peso. *Tb fig.*

fardón -na *adj* Que farda [2 y 3]. *Tb n, referido a pers.* **b)** Propio de la pers. que farda [3].

farero -ra *m y f* Pers. que tiene a su cuidado un faro marino.

farfantón -na *adj* (*raro*) [Pers.] charlatana y jactanciosa. *Tb n.*

fárfara[1] *f* Planta herbácea vivaz de flores en cabezuela amarilla, usada en infusiones para combatir la tos (*Tussilago farfara*).

fárfara[2] *f* Telilla que cubre los huevos de las aves debajo de la cáscara.

farfolla *f* **1** Cubierta de la panoja del maíz y otras plantas. ■ **2** (*col, desp*) Cosa de mucha apariencia y poca entidad.

farfulla *f* (*col*) Acción de farfullar. *Tb su efecto.*

farfullar *tr* (*col*) Decir [algo] confusamente o con sonidos mal articulados. *Tb abs.*

farfullero -ra *adj* (*col*) **1** Que farfulla. ■ **2** Chapucero. *Tb n, referido a pers.*

faria (*tb* **farias**, *n comercial registrado*) *m* (*tb f*) Puro barato peninsular de hebra larga.

farináceo -a *adj* De harina o semejante a la harina.

farinato -ta (*reg*) I *adj* **1** (*humoríst*) De Ciudad Rodrigo (Salamanca). *Tb n, referido a pers.*

II *m* **2** Embutido de pan amasado con manteca de cerdo, sal y pimienta.

farinetas *f pl* (*reg*) Gachas (guiso de harina).

faringe *f* (*Anat*) Porción ensanchada del tubo digestivo, de paredes musculosas y situada a continuación de la boca.

faríngeo -a *adj* (*Anat*) De (la) faringe. **b)** (*Fon*) [Sonido] que se produce con aproximación de la base de la lengua y de la pared posterior de la faringe.

faringitis *f* (*Med*) Inflamación de la faringe.

faringoamigdalitis *f* (*Med*) Inflamación de la faringe y las amígdalas.

faringopalatino -na *adj* (*Anat*) De la faringe y el paladar. *Tb n m, referido a músculo.*

fariñas *f pl* (*reg*) Gachas de harina de maíz.

fario[1] *m* (*reg*) Suerte. *Gralm precedido del adj* MAL.

fario[2] *adj* (*Zool*) [Trucha] común.

farisaicamente *adv* De manera farisaica.

farisaico -ca *adj* **1** De (los) fariseos [1 y 2]. ■ **2** (*Rel catól*) [Escándalo] que se produce por malicia del escandalizado.

farisaísmo *m* Fariseísmo.

fariseísmo *m* **1** Condición de fariseo [1 y 3]. ■ **2** Secta de los fariseos [2]. *Tb su doctrina.*

fariseo -a **I** *n* A *m y f* **1** Pers. que, afectando virtud, juzga severamente la conducta de los demás.
B *m* (*hist*) **2** *Entre los judíos de la época de Jesús:* Miembro de una secta caracterizada por la estricta observancia externa de la Ley.
II *adj* **3** De (los) fariseos [1 y 2].

farlopa *f* (*jerg*) Cocaína.

farmacéutico -ca **I** *adj* **1** De (la) farmacia.
II *m y f* **2** Especialista en farmacia [1], esp. el propietario de una farmacia [2].

farmacia *f* **1** Ciencia de los medicamentos. ■ **2** Tienda donde se venden medicamentos.

fármaco *m* (*Med*) Medicamento.

farmacocinético -ca (*Med*) **I** *adj* **1** De (la) farmacocinética [2] o de su objeto.
II *f* **2** Parte de la farmacología que estudia la absorción, transformación y eliminación de los medicamentos por el organismo.

farmacodinamia *f* (*Med*) Parte de la farmacología que estudia la acción de los medicamentos en el organismo.

farmacodinámico -ca *adj* (*Med*) De (la) farmacodinamia o de su objeto.

farmacognosia *f* (*Med*) Parte de la farmacología que estudia las sustancias medicamentosas, esp. en su estado natural.

farmacología *f* (*Med*) Estudio de la acción y empleo de los medicamentos.

farmacológicamente *adv* (*Med*) **1** De manera farmacológica [1]. ■ **2** En el aspecto farmacológico [1].

farmacológico -ca *adj* (*Med*) **1** De (la) farmacología o de su objeto. ■ **2** Farmacéutico o de (la) farmacia [1].

farmacólogo -ga *m y f* (*Med*) Especialista en farmacología.

farmacomanía *f* (*Med*) Tendencia morbosa a tomar o administrar medicamentos.

farmacopea *f* **1** Libro oficial que registra todos los medicamentos en uso, con indicación de su fórmula, sus efectos y otras características. *Tb designa otros libros similares, no oficiales.* ■ **2** (*raro*) Conjunto de (los) medicamentos.

farmacopsiquiatría *f* (*Med*) Estudio de los efectos de los medicamentos en los tratamientos psiquiátricos.

farmacotécnico -ca *adj* (*Med*) De (la) técnica de uso de los medicamentos.

farmacoterapia *f* (*Med*) Tratamiento de las enfermedades mediante medicamentos.

farmacovigilancia *f* (*Med*) Vigilancia sobre los eventuales efectos secundarios nocivos de un medicamento.

farnaca *f* (*reg*) Lebrato.

faro *m* **1** Torre elevada en una costa o un islote, con una luz en la parte alta para servir de señal a los barcos durante la noche. **b)** *Se usa frec en constrs de sent comparativo para designar a una pers o cosa que sirve de guía intelectual o moral.* * Él será siempre el faro que ilumine nuestro trabajo. ■ **2** *En un vehículo:* Foco delantero. **b)** ~ **piloto.** Piloto de situación.

farol **I** *m* **1** Utensilio para alumbrar constituido básicamente por una caja o receptáculo con paredes de cristal u otra materia transparente, dentro de los cuales se pone una luz. **b)** Pie de hierro con un farol eléctrico o de gas en su parte superior, que sirve para iluminar las calles. ■ **2** (*col*) Dicho o hecho jactancioso y que carece de fundamento. *Gralm en la constr* TIRARSE, o ECHARSE, UN ~. **b)** (*Naipes*) Envite hecho con mal juego para hacer creer que se tiene bueno. *Frec en la constr* IR, o JUGAR, DE ~. ■ **3** (*col, raro*) Individuo farolero [1]. ■ **4** (*Taur*) Lance de adorno que se ejecuta con las dos manos, levantando el capote sobre la cabeza del toro y dando al mismo tiempo media vuelta sobre sí mismo para hacer pasar al animal por la espalda.
II *loc adj* **5** (**de**) ~. [Manga] corta y con mucho vuelo que se recoge con una tira ajustada al brazo.
III *loc v y fórm or* **6 adelante con los ~es.** (*col*) Se usa para mostrarse resuelto o exhortar a otro a seguir adelante sin amilanarse ante las dificultades. * Si estás seguro, adelante con los faroles. ■ **7 ir de ~.** (*col*) Hacer una oferta o propuesta que no se piensa cumplir o que se supone que no se va a aceptar (→ acep. 2b).

farola *f* Farol [1] grande, gralm. de varios brazos, destinado a iluminar una vía pública.

farolazo. a ~s. *loc adv* (*col*) A golpes. *Gralm con vs como* ACABAR o TERMINAR.

farolear *intr* (*col*) Tirarse faroles [2a y b].

faroleo *m* (*col*) Acción de farolear.

farolero -ra **I** *adj* **1** (*col*) [Pers.] que farolea. *Tb n.*
II *m* **2** (*hist*) Hombre que tiene a su cargo encender los faroles del alumbrado público.
III *loc v* **3 meterse** [alguien] **a ~.** (*col*) Meterse en un asunto que no le incumbe y del que puede salir malparado.

farolillo *m* **1** *dim* → FAROL. ■ **2** Farol [1] de papel de colores que se usa como adorno en fiestas y verbenas. ■ **3** ~ **rojo.** (*humoríst*) Último puesto de la clasificación. *Frec referido a deportes.* **b)** Pers. o conjunto que ocupa el último puesto en una clasificación.

farotón -na *m y f* (*col, raro*) Pers. descarada y necia. *Tb adj.*

farpa *f* (*Taur*) Banderilla larga de madera quebradiza, usada normalmente en el toreo a caballo.

farra *f* (*col*) Juerga o parranda.

farraginoso -sa *adj* (*raro*) Farragoso.

fárrago *m*　**1** Mezcla desordenada [de cosas]. ■ **2** Acumulación inútil, confusa y pesada en la expresión.

farragosidad *f* (*raro*)　**1** Cualidad de farragoso. ■ **2** Cosa farragosa.

farragoso -sa *adj* Que tiene fárrago [2].

farrero -ra *adj* (*reg*) [Pers.] juerguista, o aficionada a la farra.

farriar (*conjug 1a*) *intr* (*reg*) Meterse en asuntos de los demás.

farro *m* (*reg*) Gachas de maíz.

farruco -ca **I** *adj*　**1** (*col*) [Pers.] de actitud desafiante o arrogante. *Frec con el v* PONERSE. **II** *f*　**2** Cierta canción flamenca de compás binario. *Tb su música y su baile.*

farsa¹ *f*　**1** Acción realizada para aparentar o engañar. ■ **2** (*TLit*) Obra dramática breve de carácter cómico, esp. satírico, y tema popular. **b)** (*hist*) Obra dramática breve de carácter moral o religioso.

farsa² *f* (*Coc*) Picadillo o mezcla de carnes, pescados u otros alimentos, que se pone de relleno.

farsante -ta **I** *adj* (*normalmente en la forma* FARSANTE, *sin variación de gén*)　**1** [Pers.] que hace farsa¹ [1]. *Tb n.* **II** *m y f*　**2** (*hist o lit*) Actor de teatro.

farsantería *f* Condición de farsante [1].

farsi *m* Persa moderno (idioma del Irán).

far west (*ing; pronunc corriente,* /fár-wést/; *tb con la grafía* **far-west**) *m* (*hoy raro*) Oeste de los Estados Unidos.

fas. por ~ o por nefas. *loc adv* Por una razón o por otra.

fascal *m* (*reg*) Conjunto de haces de cereal que se amontonan en la tierra desde la siega hasta el momento del acarreo.

fasces *f pl* (*hist*) En la Roma antigua: Insignia del cónsul, constituida por un haz de varas con un hacha.

fascia *f* (*Anat*) Aponeurosis.

fascial *adj* (*Anat*) De (la) fascia.

fasciculación *f* (*Med*) Contracción anormal de pequeños grupos de fibras musculares.

fasciculado -da *adj*　**1** (*Bot*) [Raíz] cuyas ramificaciones alcanzan todas el mismo desarrollo. ■ **2** (*Arquit*) [Columna] cuyo fuste está formado por varias columnillas delgadas. *A veces referido tb a* pilar.

fascicular *adj* De (los) fascículos.

fascículo *m*　**1** Conjunto poco numeroso de pliegos impresos de una obra que se publica y vende por partes. ■ **2** (*Anat*) Haz de fibras, vasos o nervios.

fascinación *f* Acción de fascinar. *Tb su efecto.*

fascinador -ra *adj* Que fascina.

fascinante *adj* Que fascina. *Frec fig y con intención ponderativa.*

fascinar *tr* Ejercer [en alguien (*cd*)] una atracción irresistible. *Frec con intención ponderativa. Tb fig.*

fascismo *m* Movimiento político italiano, surgido después de la primera Guerra Mundial, de carácter nacionalista y totalitario. *Tb el régimen instaurado por este movimiento.* **b)** *En gral:* Movimiento político de carácter nacionalista y totalitario. *Tb el régimen instaurado por este movimiento.* **c)** (*hist*) Tendencia política de derechas o moderada, desde el punto de vista de la extrema izquierda.

fascista *adj* De(l) fascismo. **b)** Partidario o adepto del fascismo. *Tb n.*

fascistización *f* Acción de fascistizar.

fascistizante *adj* Que tiende a fascista.

fascistizar *tr* Dar carácter fascista [a alguien o algo (*cd*)].

fascistoide *adj* Que tiende a fascista. *Tb n, referido a pers.*

fascistón -na *adj* (*desp*) Fascista. *Tb n.*

fase **I** *f*　**1** Estado de los que se suceden en una evolución o proceso, o en algo que los tiene. ■ **2** Parte de las varias en que se divide el tiempo en que se realiza algo. ■ **3** Período o lapso. ■ **4** Apariencia o figura de las que presenta un astro, esp. la Luna. ■ **5** (*Fís*) Estado de un movimiento periódico en función del tiempo transcurrido desde el inicio del ciclo. ■ **6** (*Quím*) Parte homogénea y físicamente diferenciada de una materia. **II** *loc adv*　**7 en ~.** (*Fís*) En coincidencia de fase [5].

fasquía *f* (*raro*) Asco.

fastera *f* (*reg*) Franja de tierra situada al pie de una sierra.

fast food (*ing; pronunc corriente,* /fást-fúd/; *pl normal, invar*) **A** *m* (*o f*)　**1** Comida rápida de local público, constituida normalmente por hamburguesas o bocadillos. **B** *m*　**2** Establecimiento de fast food [1].

fastidiado -da *adj*　**1** *part* → FASTIDIAR. ■ **2** [Pers. o cosa] que se encuentra en malas condiciones. *Frec con un compl especificador.* **b)** [Pers. o parte del organismo] que está en mal estado de salud. ■ **3** Fastidioso.

fastidiante *adj* (*raro*) Fastidioso.

fastidiar (*conjug 1a*) **A** *tr*　**1** Molestar (causar incomodidad o malestar, físicos o morales, [a alguien (*cd*)]). *Tb abs.* **b)** Desagradar o resultar antipática [una pers. o cosa]. **c) no (me) fastidies.** (*col*) Fórmula con que se expresa asombro, incredulidad o rechazo ante lo que se acaba de oír. * Mira, no fastidies, déjate de líos ahora. **d) ¿no te fastidia?,** o **nos ha fastidiado.** (*col*) Fórmulas con que se manifiesta rechazo o asombro ante algo. *Frec con entonación exclamativa.* * Ahora dice que yo he metido la pata. ¿No te fastidia? * Si quiere verte, que venga él. ¡Nos ha fastidiado! ■ **2** Causar [a alguien (*cd*)] un perjuicio o una contrariedad. **b)** *pr* (**~se**) Sufrir un perjuicio o una contrariedad. ■ **3** Estropear o echar a perder [algo]. **b) ~la.** Estropear o echar a perder el asunto o la cosa en cuestión. **c)** *pr* (**~se**) Estropearse o echarse a perder [algo]. ■ **4** (*lit*) Cansar o hastiar. **B** *intr pr* (**~se**)　**5** Aguantarse o resignarse. **b) hay que ~se.** (*col*) Fórmula con que se manifiesta asombro ante algo, a veces ponderando la imposibilidad de reaccionar ante ello. * ¡Hay que fastidiarse con el niño, qué cara tiene! ■ **6** Molestarse, o considerarse ligeramente ofendido.

fastidio *m* **1** Acción de fastidiar(se). *Tb su efecto.* **b)** Disgusto o contrariedad. ■ **2** Cosa que causa fastidio [1].

fastidiosamente *adv* De manera fastidiosa.

fastidioso -sa *adj* Que fastidia, *esp* [1].

fastigio *m* (*Arquit*) Remate o punto más alto, esp. de una fachada. *Tb fig.*

fasto -ta (*lit*) **I** *adj* **1** [Cosa] propicia o venturosa. **II** *m* **2** Acontecimiento o fiesta solemne. ■ **3** Fausto (lujo ostentoso). ■ **4** *En pl:* Anales (relaciones de sucesos por años).

fastuosamente *adv* De manera fastuosa.

fastuosidad *f* **1** Cualidad de fastuoso. ■ **2** (*raro*) Cosa fastuosa.

fastuoso -sa *adj* **1** De lujo ostentoso. ■ **2** Magnífico o extraordinario. *Con intención ponderativa.*

fatal **I** *adj* **1** Determinado por el destino. **b)** Inevitable o irremediable. ■ **2** [Mujer] irresistible y despótica con los hombres. ■ **3** [Cosa] desgraciada o funesta. **b)** (*lit*) Mortal. ■ **4** (*col*) Muy malo. *Con intención ponderativa.* ■ **5** (*Der*) [Plazo] improrrogable.
II *adv* **6** (*col*) Muy mal. *Con intención ponderativa.*

fatalidad *f* **1** Cualidad de fatal [1]. ■ **2** Destino o sino. ■ **3** Suceso determinado por la fatalidad [2]. ■ **4** Suceso desgraciado.

fatalismo *m* Doctrina u opinión según la cual todos los acontecimientos están determinados de antemano por el destino. *Tb la actitud correspondiente.*

fatalista *adj* De(l) fatalismo o que lo implica. **b)** [Pers.] que cree que todos los acontecimientos están determinados de antemano por el destino. *Tb n.*

fatalmente *adv* De manera fatal [1, 3 y 4].

fatarellense *adj* De Fatarella (Tarragona). *Tb n, referido a pers.*

fatear *tr* (*reg*) Olfatear. *Tb abs.*

fati *adj* (*col*) Gordo o grueso.

fatibomba *adj* (*reg*) Gordo o grueso. *Tb n, referido a pers.*

fático -ca *adj* (*Ling*) [Función] por la que se asegura o mantiene el contacto entre el hablante y el destinatario.

fatídicamente *adv* De manera fatídica.

fatídico -ca *adj* **1** Desgraciado o funesto. ■ **2** (*lit*) Que presagia un mal.

fatiga **I** *f* **1** Debilitamiento de la fuerza o la resistencia físicas o mentales, como consecuencia de un trabajo o de una tensión, y que normalmente se manifiesta con una sensación de malestar. *Tb la misma sensación.* ■ **2** Dificultad para respirar, causada por un esfuerzo o una enfermedad. ■ **3** (*col*) Sufrimiento o penalidad. *Frec en pl.* ■ **4** Angustia o congoja. *Frec en la constr* DAR ~ [algo a alguien]. ■ **5** (*reg*) Hecho de sentirse violento o avergonzado. *Frec en la constr* DAR ~ [a alguien] ~ [algo]. ■ **6** (*Mec*) Deformación o pérdida de resistencia [de un material o aparato] por estar sometido a un esfuerzo repetido o continuado.
II *loc adj* **7 de ~s.** (*col*) [Compañero] de trabajo u otra actividad.

fatigabilidad *f* Cualidad de fatigable.

fatigable *adj* Que se puede fatigar o es fácilmente susceptible a la fatiga [1].

fatigadamente *adv* De manera fatigada.

fatigado -da *adj* **1** *part* → FATIGAR. ■ **2** Que denota o implica fatiga [1 y 2].

fatigador -ra *adj* (*raro*) Fatigoso [1].

fatigante *adj* (*raro*) Fatigoso [1].

fatigar *tr* Causar fatiga [1 y 2] [a alguien o algo (*cd*)]. *Tb fig.* **b)** *pr* (~**se**) Pasar a sentir fatiga [1 y 2]. *Tb fig.*

fatigosamente *adv* De manera fatigosa.

fatigoso -sa *adj* **1** Que causa fatiga [1 y 2]. *Tb fig.* ■ **2** Que denota o implica fatiga [1 y 2].

fatigue *m* (*jerg*) Acción de fatigar.

fátima *f* (*col, raro*) Mujer mora.

fatimí *adj* Descendiente de Fátima, hija de Mahoma. *Tb n.* **b)** De los fatimíes.

fato¹ *m* (*reg*) Olor, esp. desagradable.

fato² -ta *adj* (*reg*) Fatuo o engreído. *Tb n.*

fatuamente *adv* De manera fatua.

fatuidad *f* **1** Cualidad de fatuo [1]. ■ **2** Acción fatua [1b].

fátum *m* (*lit*) Hado.

fatuo -tua *adj* **1** [Pers.] engreída. *Tb n.* **b)** Propio de la pers. fatua. ■ **2** [Fuego] ~ → FUEGO.

fauces **I** *f pl* **1** Boca [de animal]. *Tb* (*lit*) *referido a pers.* **II** *loc adj* **2** [Istmo] **de las ~** → ISTMO.

fauna *f* **1** Conjunto de los distintos animales, esp. no criados por el hombre, [de un país o zona o de un medio determinados]. ■ **2** (*col, desp*) Conjunto de perss. que pertenecen a un ambiente común o que presentan características o comportamientos particulares.

faunalia *f* (*lit, raro*) Fiesta en honor de Fauno (dios romano).

faunesco -ca *adj* De(l) fauno.

fáunico -ca *adj* De (la) fauna [1].

faunístico -ca *adj* De (la) fauna [1].

fauno *m* **1** (*Mitol clás*) Deidad romana de los campos, representada con forma humana de orejas puntiagudas y cuernos y pies de cabra y caracterizada por su lascivia. ■ **2** (*lit*) Hombre lascivo.

fáustico -ca *adj* **1** Del doctor Fausto († 1541), astrólogo de quien se dice que vendió su alma al diablo a cambio de la juventud, la ciencia y el poder y que ha sido personaje de diversas obras literarias, esp. el *Fausto* de Goethe. ■ **2** (*lit*) Que busca siempre nuevos conocimientos y experiencias.

fausto¹ -ta *adj* (*lit*) [Cosa] que trae felicidad. *Gralm referido a acontecimiento o noticia.*

fausto² *m* (*lit*) Lujo ostentoso.

fautor -ra *m y f* Pers. que ayuda o favorece [a alguien o algo (*compl de posesión*)]. *Frec con intención peyorativa.*

fauve (*fr; pronunc corriente,* /fov/ o /fob/) *adj* (*Pint*) Del fauvismo. *Frec n, referido a pintor.*

fauvismo *m* (*Pint*) Escuela francesa de carácter expresionista, surgida hacia 1900 y caracterizada por el uso de colores puros en contrastes violentos.

fauvista *adj* (*Pint*) De(l) fauvismo. **b)** Adepto al fauvismo. *Tb n.*

favela *f* Chabola. *Referido a Brasil.*

favila *f* (*lit*) Pavesa.

favismo → FABISMO.

favonio *m* (*lit*) Viento de poniente. *Frec designa viento en gral.*

favor I *m* **1** Acto que se realiza para ayudar o complacer a otro, solo por amabilidad o afecto. *Frec con el v* HACER *o, más raro,* PRESTAR. ■ **2** Protección o ayuda debidas a amistad o a interés puramente personal. **b)** Preferencia o confianza especial [por parte de un soberano o del poderoso (*compl de posesión*)]. **c)** Preferencia o interés especial [de alguien o algo]. ■ **3** (*euf*) Entrega sexual. *Referido a una mujer con respecto a un hombre. Normalmente en pl.*
II *loc adj* **4** de ~. [Billete o pase] gratuito. ■ **5** de ~. [Trato] especial o que supera lo normal.
III *loc v y fórm or* **6** hacer un ~ [a una pers.]. (*col, humoríst*) Realizar el acto sexual [con ella]. *Frec en la constr, con intención ponderativa,* ESTAR [alguien] COMO PARA HACERLE UN ~ (→ acep. 3). ■ **7** hacer (un) ~ [a alguien o algo]. (*col*) Valorar[lo] excesivamente, esp. en una comparación. ■ **8** haz-(me) el ~ (de + *infin*), ¿(me) haces el ~ (de + *infin*)? *Fórmulas de petición cortés, usadas tb con valor imperativo.* * ¿Me haces el favor de llevarte esto? * ¡Cállate!, haz el favor.
IV *loc adv* **9** a ~. En apoyo [de alguien o algo]. *A veces sin compl. Tb adj.* **b)** Dando [a alguien (*compl de posesión*)] la razón o la cosa en litigio. *Tb adj.* **10** a, *o* en, ~. En beneficio [de alguien o algo]. *Tb adj.* **b)** a ~. Siendo [alguien (*compl de posesión*)] el destinatario de un cheque o pago. ■ **11** a ~. Aprovechando la ayuda o la ventaja [de una cosa]. ■ **12** por ~. *Se usa, gralm acompañando a un imperat o a una interrogación, en frases de petición cortés.* * Por favor, dame un pitillo. * ¿El servicio, por favor?
V *interj* **13** por ~. (*col*) *Expresa protesta o rechazo.* * ¿Cómo no lo has dicho antes, por favor? * ¡Qué pesado eres, por favor!

favorable *adj* **1** Que favorece [1, 2 y 3]. *Frec con un compl* A *o* PARA. ■ **2** Que muestra buena disposición [hacia alguien o algo (*compl* A)]. ■ **3** Que supone avance o mejora.

favorablemente *adv* De manera favorable.

favorecedor -ra *adj* Que favorece, esp [4]. *Tb n, referido a pers.*

favorecer (*conjug* 11) *tr* **1** Proporcionar un beneficio o ventaja [a alguien o algo (*cd*)]. **b)** Premiar [a alguien con algo]. *Tb sin compl* CON. *Referido a la lotería o algo similar.* ■ **2** Ayudar [a alguien en algo, esp. en un peligro o dificultad]. *Tb sin compl, por consabido.* **b)** Ayudar [a algo (*cd*)] o apoyar[lo]. **c)** Ayudar o contribuir [a algo (*cd*)]. ■ **3** Mostrar preferencia [por alguien o algo (*cd*)]. ■ **4** Mejorar la apariencia [de alguien o algo (*cd*)].

favorecimiento *m* (*raro*) Acción de favorecer.

favoritismo *m* Preferencia dada al favor [2] sobre la justicia o el mérito, en la atribución de cargos o de ventajas.

favorito -ta I *adj* **1** Preferido, o que es considerado el mejor. ■ **2** *En un juego o en una competición:* Considerado con mayores probabilidades de triunfar. *Tb n, referido a pers o equipo.*

II *n* A *m* **3** Privado o valido.
B *f* **4** Amante [de un soberano] que disfruta de una situación de privilegio.

fax (*pl*, ~ES *o* invar) *m* Telefax (sistema de transmisión). **b)** Aparato de telefax. **c)** Documento o imagen transmitido por telefax.

faxear A *tr* **1** Transmitir [algo] por fax.
B *intr* **2** Enviar un fax [1c].

faxeo *m* Acción de faxear.

faxmanía *f* Manía del fax.

faya[1] *f* Tejido grueso de seda que forma canutillo.

faya[2] *f* Árbol frondoso propio de Canarias (*Myrica faya*).

fayado (*tb con la grafía* **fallado**) *m* (*reg*) Desván.

fayal *m* Terreno poblado de fayas[2].

fayalita *f* (*Mineral*) Mineral constituido por silicato de hierro, de color verde, pardo o negruzco.

fayenza (*tb con la grafía* **faienza**) *f* Loza fina cubierta con esmalte opaco de plomo y estaño.

faz *f* **1** (*lit*) Cara o rostro. ■ **2** (*lit*) Superficie [de la Tierra]. ■ **3** (*Tex*) Haz [de una tela].

fazaña *f* (*Der, hist*) Sentencia de un pleito según el libre albedrío del juez y que gralm. sienta jurisprudencia.

fe I *f* **1** Creencia [en algo de lo que no se tienen pruebas o evidencia]. *Frec sin compl.* **b)** (*Rel catól*) Virtud teologal que consiste en creer todo lo que la Iglesia enseña. **c)** *Esp:* Creencia en que Dios existe. ■ **2** Conjunto de las creencias [de una religión, esp. la católica]. *Frec sin compl, por consabido.* **b)** Religión. ■ **3** Confianza en la bondad o en las posibilidades [de alguien o algo (*compl* EN)]. *Tb sin compl, por consabido.* **b)** ~ pública. (*Der*) Confianza atribuida a ciertos funcionarios para que los documentos que autoricen oficialmente sean considerados auténticos y lo contenido en ellos verdadero. ■ **4** Conciencia de una pers. al obrar. *Normalmente con los adjs* BUENA *o* MALA. **b)** buena (*o* mala) ~. Buena (o mala) intención. **c)** buena ~. Ingenuidad o carencia de sospechas. *Frec en la constr* DE BUENA ~. ■ **5** Certificación o testimonio. *Normalmente con el v* DAR. *Frec en derecho.* **b)** Documento que certifica la verdad [de algo]. *Con los compls* DE VIDA, DE BAUTISMO *o* DE SOLTERÍA. **c)** ~ de erratas. Lista de las erratas observadas en un libro, que, junto con su correspondiente corrección, va impresa al principio o al final del mismo. **d)** ~ de errores. *En un periódico:* Rectificación de algún error publicado en un número anterior. ■ **6** (*lit*) Palabra que se da o promesa que se hace con solemnidad o publicidad.
II *loc adj* **7** de ~. (*Rel catól*) [Cosa] que hay que creer obligatoriamente. *Tb fig, fuera del ámbito religioso.* ■ **8** de ~. (*Mar*) [Línea] que representa el eje del barco. ■ **9** [Artículo] de ~, [auto] de ~, [promotor] de la ~, [símbolo] de la ~ → ARTÍCULO, AUTO[1], PROMOTOR, SÍMBOLO.
III *loc adj* **10** hacer ~. (*Der*) Reunir [un escrito o dicho] los requisitos precisos para que sea creído su contenido. *Tb fig, fuera del ámbito legal.*
IV *loc adv* **11** a ~ (*tb* a ~ mía). (*lit*) En verdad. *Frec seguido de una prop con* QUE.

feacio -cia *adj* (*Mitol clás*) De un pueblo habitante de la isla de Corcira (hoy Corfú) que ayudó a Ulises en su vuelta a Ítaca. *Frec n m, referido a pers.*

fealdad *f* Cualidad de feo.

feamente *adv* De manera fea.

febeo -a *adj* (*lit*) Del dios Febo o Apolo, poéticamente identificado con el Sol.

feble *adj* (*lit*) Débil.

febrero *m* Segundo mes del año. *Se usa normalmente sin art.*

febricitante *adj* **1** (*Med*) Febril o que tiene fiebre. *Tb n, referido a pers.* ■ **2** (*lit*) Febril o ardoroso.

febrícula *f* (*Med*) Fiebre ligera, esp. prolongada y de origen no bien conocido.

febrífugo -ga *adj* (*Med*) Que quita la fiebre. *Tb n m, referido a medicamento o sustancia.*

febril *adj* **1** De (la) fiebre. ■ **2** Que tiene fiebre. ■ **3** Ardoroso o vehemente. *Gralm referido a cosas inmateriales.*

febrilidad *f* (*lit, raro*) Cualidad de febril [3].

febrilmente *adv* De manera febril, *esp* [3].

febrón *m* Fiebre muy alta.

febronianismo *m* (*hist*) Doctrina de Febronio (Juan Nicolás Hontheim, † 1790), que propugna una mayor autoridad de los obispos frente al papa.

fecal *adj* **1** De(l) excremento intestinal. **b)** [Heces] ~es → HEZ. **c)** (*Biol*) De (los) residuos de sustancias sometidas a digestión. ■ **2** Que contiene excrementos.

fecha I *f* **1** Indicación de tiempo, y a veces también de lugar, [de algo]. *Esp referido a un escrito.* **b)** Tiempo en que sucede o se hace [algo (*compl de posesión*)]. ■ **2** Día determinado. **b) la** (o **esta**) ~. El día de hoy. **c)** *En gral:* Día (porción de tiempo).

II *loc adj* **3 a** [cierto número de días o meses] ~. (*Econ*) [Documento bancario] que debe hacerse efectivo transcurridos [esos días] a partir de la fecha [1] del documento. *Tb adv.* **b) a** [cierto plazo] ~. [Hecho] que se produce [después de ese plazo]. *Frec adv.*

III *fórm or* **4** (*col*) **de ayer es la** ~ (o, más raro, **ayer fue la** ~). *Se usa para ponderar antigüedad.*

fechable *adj* Que se puede fechar [2].

fechador -ra *adj* Que sirve para fechar [1]. *Frec n m, referido a aparato.*

fechar *tr* **1** Poner fecha [1a] [a un escrito (*cd*)]. *Tb abs.* ■ **2** Determinar la fecha [1b] [de algo (*cd*)].

fecho (*hist*) I *m* **1** Hecho o acción que ha de registrarse documentalmente.

II *loc adj* **2** [Fiel] **de ~s** → FIEL².

fechoría *f* Mala acción. *Frec fig, con intención ponderativa.*

fecial *m* (*hist*) *Entre los romanos:* Sacerdote de los 20 encargados de declarar la guerra o concertar la paz según unos ritos precisos.

fécula *f* Sustancia pulverulenta blanca, ligera y suave al tacto, que se encuentra en algunas raíces, semillas y tubérculos.

feculento -ta *adj* Que contiene fécula.

feculería *f* Industria de la fécula.

feculero -ra *adj* De (la) fécula. *Tb n f, referido a industria.*

fecundable *adj* Que puede ser fecundado.

fecundación *f* Acción de fecundar.

fecundador -ra *adj* **1** Que fecunda. ■ **2** De (la) fecundación.

fecundamente *adv* De manera fecunda [2].

fecundante *adj* Fecundador.

fecundar *tr* **1** Unirse [el elemento masculino (*suj*)] con el femenino (*cd*)] para dar lugar a un nuevo ser. *Tb abs.* ■ **2** Hacer que [una hembra o una planta (*cd*)] quede en condiciones de reproducirse. ■ **3** Hacer que [algo o alguien (*cd*)] sea fértil o productivo. *Tb fig.*

fecundidad *f* Cualidad de fecundo.

fecundizar *intr* Hacerse fecundo. *Tb fig.*

fecundo -da *adj* **1** Capaz de reproducirse o tener hijos. *Gralm referido a hembra.* ■ **2** Que produce mucho fruto. *A veces con un compl especificador con* EN. *Frec fig.*

fedatario -ria *adj* Que da fe [5a]. *Gralm n, referido a funcionario.*

feday (*ár; pl,* ~IN) *m* (*lit*) Fedayín.

fedayín (*pl normal,* ~ES) *m* Guerrillero palestino.

federación *f* **1** Acción de federar(se). ■ **2** Organismo, entidad o Estado que resulta de una federación [1].

federador -ra *adj* **1** Que federa. *Tb n, referido a pers.* ■ **2** De (la) federación [1].

federal *adj* De (la) federación. **b)** Partidario de la federación. *Tb n, referido a pers.*

federalismo *m* Sistema federal [1a]. *Esp en política.*

federalista *adj* De(l) federalismo. **b)** Partidario del federalismo. *Tb n, referido a pers.*

federalización *f* Acción de federalizar(se).

federalizar *tr* Dar carácter federal [1a] [a algo (*cd*), esp. a un Estado]. *Frec el cd es refl.*

federar *tr* Unir o asociar [varias provincias o Estados independientes, o unos con otros] bajo un gobierno central, manteniendo la autonomía en cuestiones de régimen local. *Normalmente el cd es refl.* **b)** Unir o asociar [entidades o grupos semejantes, unos con otros]. *Normalmente el cd es refl.*

federativo -va I *adj* **1** De (la) federación.

II *m* **2** Miembro de la dirección de una federación deportiva.

federica. a la ~. *loc adv* A la moda de la época de Federico el Grande de Prusia († 1786). *Tb adj.*

feedback (*ing; pronunc corriente,* /fíd-bák/; *tb con la grafía* **feed-back**; *pl normal,* ~S) *m* (*Electrón y Mec*) Retroacción o retroalimentación. *Tb fig, fuera del ámbito técn.*

feeling (*ing; pronunc corriente,* /fílin/; *pl normal,* ~S) *m* **1** Sensación o sentimiento. ■ **2** Simpatía o sintonía que se establece entre dos o más perss. ■ **3** Intuición.

feérico -ca *adj* (*lit, raro*) Mágico o fantástico.

fehaciente *adj* Que prueba [algo (*compl de posesión*)], o da fe [de ello], de modo indudable. *Tb sin compl.*

fehacientemente *adv* De manera fehaciente.

feijoa *f* Guayabo del Brasil (árbol).

feísmo *m* (*Arte y TLit*) Tendencia que valora estéticamente lo feo.

feísta *adj* (*Arte y TLit*) De(l) feísmo o que lo implica. **b)** Adepto al feísmo. *Tb n.*

feje *m* (*reg*) Haz o fajo.

felacio *f* Felación.

felación *f* Acto erótico consistente en estimular el pene con la boca.

felanigense *adj* De Felanitx (Mallorca). *Tb n, referido a pers.*

felator -triz *adj* [Pers.] que practica la felación. *Frec n.*

feldespático -ca *adj* (*Mineral*) De(l) feldespato.

feldespato *m* (*Mineral*) Mineral constituido por un silicato de aluminio con sodio, potasio, calcio o bario, que forma parte de un gran número de rocas. **b)** ~ **ortosa** → ORTOSA.

feldespatoide *m* (*Mineral*) Mineral de composición análoga a la de los feldespatos, a los que sustituye en rocas ricas en álcalis y pobres en sílice.

felibre *m* (*hist*) Escritor de época moderna en lengua de oc. *Esp referido a los poetas que formaron escuela a mediados del s XIX.*

feliciano *m* (*vulg*) Coito. *Frec con el v* ECHAR *u otro equivalente.*

felicidad I *f* **1** Cualidad de feliz [1]. ■ **2** Cosa que hace feliz [1]. *Frec en pl, en la fórmula de felicitación* DESEAR (MUCHAS) ~ES.
II *interj* **3** ~**es.** *Se emplea para felicitar a alguien.*

felicitación *f* Acción de felicitar. *Tb la carta, tarjeta o palabras con que se felicita.*

felicitador -ra *adj* Que felicita. *Tb n, referido a pers.*

felicitante *adj* **1** Que felicita. *Tb n, referido a pers.* ■ **2** (*raro*) Que hace feliz [1a] o da felicidad [1].

felicitar A *tr* **1** Manifestar satisfacción [a una pers. (*cd*) por un suceso feliz [2] para ella]. *Tb sin compl* POR, *por consabido.* ■ **2** Desear felicidad [1] [a alguien (*cd*)]. **b)** Desear felicidad [1] [a alguien (*ci*) en pascuas o en el día de su santo o cumpleaños (*cd*)].
B *intr pr* (~**se**) **3** Alegrarse o sentir satisfacción [por algo]. *Tb sin compl, por consabido.*

felicitario -ria *adj* (*lit*) [Cosa] que busca la felicidad.

félido *adj* (*Zool*) [Animal] carnívoro digitígrado, con caninos muy desarrollados, patas potentes y gralm. con uñas retráctiles, de la familia del gato y el león. *Frec como n m en pl, designando este taxón zoológico.*

feligrés -sa *m y f* **1** Pers. que pertenece [a una parroquia (*compl de posesión*)] o que está bajo la jurisdicción espiritual [de un párroco]. *Tb adj.* ■ **2** (*lit*) Pers. que pertenece a un grupo ideológico o intelectual.

feligresía *f* **1** Conjunto de (los) feligreses. ■ **2** Territorio sometido a la jurisdicción de un párroco.

felinamente *adv* (*lit*) De manera felina [1].

felinidad *f* (*lit*) Cualidad de felino.

felino -na *adj* **1** De(l) gato. *Frec fig, ponderando la suavidad y la astucia.* ■ **2** (*Zool*) Félido. *Tb n.* **b)** De (los) felinos.

felipismo *m* Doctrina o tendencia del político socialista Felipe González (Presidente del Gobierno de España de 1982 a 1996). *Tb el sistema de gobierno correspondiente.*

felipista *adj* De(l) felipismo. **b)** Partidario del felipismo. *Tb n, referido a pers.*

feliz I *adj* **1** [Pers.] que se siente plenamente satisfecha. *Tb fig.* **b)** Afortunado (que tiene suerte o buena fortuna). ■ **2** [Cosa] que causa o lleva consigo alegría o satisfacción. **b) de** ~ **memoria**, [hora] ~ → MEMORIA, HORA. ■ **3** [Cosa] oportuna o acertada.
II *loc v* **4** hacer ~ [a alguien una cosa]. (*col*) Gustar[le] o agradar[le].

felizmente *adv* De manera feliz [2 y 3]. *Frec precede o sigue a la mención de un hecho, para manifestar que se considera feliz o afortunado.* * *Este castigo fue felizmente eliminado.*

fellagha (*pronunc corriente,* /felága/) *m* (*hist*) Independentista argelino o tunecino contra la autoridad francesa.

fellatio (*lat; pronunc,* /felátio/) *f* Felación.

felodermo *m* (*Bot*) Corteza secundaria que se forma en la cara interna del tallo o de la raíz.

felógeno *m* (*Bot*) Meristemo secundario situado en la parte exterior del cilindro cortical.

felón -na *adj* (*lit*) Desleal.

felonía *f* (*lit*) Deslealtad.

felpa *f* **1** Tejido de pelo largo, normalmente de algodón, que se emplea esp. para toallas. ■ **2** (*col, raro*) Zurra o paliza.

felpilla *f* (*Tex*) Cordoncillo de aspecto aterciopelado, usado esp. en bordados y adornos de pasamanería.

felpudo -da I *adj* **1** De felpa o como de felpa [1]. *Tb fig.*
II *m* **2** Alfombrilla gruesa, gralm. de fibra de coco, que se pone en un portal o entrada para limpiarse la suela del calzado antes de entrar.

femar *tr* (*reg*) Estercolar (abonar con estiércol).

femenil *adj* (*lit*) Femenino [2].

femenilmente *adv* (*lit*) De manera femenil.

femeninamente *adv* De manera femenina [2].

femenino -na I *adj* **1** [Ser] dotado de órganos para ser fecundado. **b)** Propio del ser femenino. ■ **2** Relativo a la mujer. **b)** Propio de mujer. **c)** Que tiene cualidades propias de mujer. ■ **3** (*Gram*) [Género] de aquellos sustantivos que, cuando en un enunciado van acompañados de un adjetivo capaz de tomar dos terminaciones (-*o*, -*a*), exigen que este lleve la terminación -*a*. *Tb se dice del género de los adjs y adjuntos de esos susts. Tb n.* **b)** [Sustantivo o adjunto] de género femenino. **c)** Propio del género femenino. *Tb n m, designando la forma.*
II *m* **4** el eterno ~. Conjunto de rasgos característicos del espíritu femenino. *Tb, más raro,* LO ETERNO ~.

fementido -da *adj* (*lit*) Falso o engañoso.

fémina I *f* **1** (*lit o humoríst*) Mujer (pers. del sexo femenino).
II *adj invar* **2** (*hist*) [Sesión de cine o de teatro] dedicada esp. a las mujeres, con entrada a precio reducido.

femineidad *f* (*lit*) Feminidad.

femíneo -a *adj* (*lit*) Femenino [2].

feminidad *f* Cualidad de femenino [1 y 2, esp. 2b y c].

feminismo *m* **1** Doctrina que preconiza la igualdad de derechos de la mujer con respecto al hombre. *Tb el movimiento correspondiente.* ■ **2** Cualidad de feminista [1b].

feminista *adj* De(l) feminismo [1]. **b)** Partidario del feminismo [1]. *Tb n.*

feminización *f* Acción de feminizar(se). *Tb su efecto.*

feminizar *tr* Dotar [a alguien o algo (*cd*)] de caracteres femeninos. **b)** *pr* (**~se**) Pasar [alguien o algo] a tener caracteres femeninos.

feminoide *adj* (*desp*) [Varón] con rasgos femeninos [2b]. **b)** Propio del varón feminoide.

femoral *adj* (*Anat*) Del fémur. *Frec n f, referido a arteria.*

femto- *r pref* (*E*) Milbillonésima parte. *Antepuesta a ns de unidades de medida, forma compuestos que designan unidades mil billones de veces menores.*

fémur *m* (*Anat*) Hueso del muslo. **b)** *En los insectos:* Tercer artejo de la pata.

fenacetina *f* (*Med*) Éter acético del fenol, usado como antipirético, analgésico y antirreumático.

fenato *m* (*Quím*) Sal del fenol o ácido fénico.

fenciclidina *f* (*E*) Sustancia alucinógena más activa que el LSD, dotada además de gran poder analgésico.

fenecer (*conjug* 11) *intr* (*lit*) **1** Morir. *Tb fig, referido a cosa.* ■ **2** Acabarse [un plazo o período de tiempo].

fenecimiento *m* (*lit*) Hecho de fenecer.

feneco *m* Cánido de pequeño tamaño, con grandes orejas triangulares, larga cola y pelaje suave y amarillento, propio de los desiertos de África septentrional, Arabia y zona del Sinaí (*Fennecus zerda*).

feniano. fuego ~ → FUEGO.

fenicado -da *adj* (*Quím*) Que contiene ácido fénico.

fenicio -cia **I** *adj* **1** (*hist*) De Fenicia (antiguo país costero de Asia que corresponde aproximadamente al actual Líbano). *Tb n, referido a pers.* **b)** De los fenicios. ■ **2** (*hist*) De(l) fenicio [4]. ■ **3** (*desp*) [Pers.] comerciante. *Frec n.* **b)** Propio del comerciante.
II *m* **4** (*hist*) Idioma de los fenicios [1].

fénico *adj* (*Quím*) [Ácido] que se extrae de la brea de hulla, usado en medicina y en la industria.

fenilalanina *f* (*Quím*) Aminoácido esencial en la nutrición humana y que existe en casi todas las proteínas animales y vegetales.

fenilbutazona *f* (*Med*) Derivado sintético de la pirazolona, usado en afecciones reumáticas y flebíticas.

fenilcetonuria *f* (*Med*) Trastorno metabólico hereditario de la fenilalanina, que frec. se asocia con deficiencia mental.

fenilhidracina *f* (*Quím*) Derivado de la anilina, que se emplea como reactivo para la glucosa.

fenilo *m* (*Quím*) Radical monovalente derivado del fenol o del benceno.

fénix *m* (*lit*) **1** Pers. excepcional o única en su arte. *A veces en aposición.* ■ **2** Pers. o cosa que renace tras su aparente destrucción.

fenobarbital *m* (*Med*) Luminal.

fenocristal *m* (*Mineral*) Cristal grande perceptible a simple vista.

fenogreco *m* Alholva (planta).

fenol *m* (*Quím*) Se da este n al ácido fénico y otros derivados de hidrocarburos aromáticos por sustitu-

ción de uno o varios átomos de hidrógeno por hidroxilos.

fenolftaleína *f* (*Quím*) Compuesto de fenol y un anhídrido, que se emplea como indicador de ácidos y también como purgante.

fenólico -ca *adj* (*Quím*) De(l) fenol.

fenología *f* (*Meteor*) Estudio de las variaciones de la vida animal y vegetal en relación con el clima.

fenológico -ca *adj* (*Meteor*) De (la) fenología o de su objeto.

fenomenal (*col*) **I** *adj* **1** Muy bueno o extraordinario. *Con intención ponderativa.* ■ **2** Muy grande o tremendo. *Con intención ponderativa.*
II *adv* **3** Muy bien. *Con intención ponderativa.*

fenomenalmente *adv* (*col*) De manera fenomenal [1]. *Con intención ponderativa.*

fenoménico -ca *adj* (*Filos*) De(l) fenómeno [1].

fenomenismo *m* (*Filos*) Doctrina según la cual los fenómenos [1c] son la única realidad o el único objeto de conocimiento.

fenomenista *adj* (*Filos*) De(l) fenomenismo. **b)** Adepto al fenomenismo. *Tb n.*

fenómeno -na **I** *m* **1** Manifestación o apariencia perceptible de manera sensitiva o intelectual. **b)** *En gral:* Hecho o suceso. **c)** (*Filos*) Cosa considerada como objeto de la experiencia o percepción y distinta de la cosa en sí. *Se opone a* NÚMENO. ■ **2** Pers. o cosa extraordinaria o sorprendente. **b)** Ser anormal o monstruoso.
II *adj* (*col*) **3** Muy bueno. *Con intención ponderativa.*
III *adv* (*col*) **4** Muy bien. *Con intención ponderativa.*

fenomenología *f* **1** (*Filos*) Método que trata de descubrir tanto las estructuras trascendentes de la conciencia como las esencias, mediante la descripción pura de fenómenos concretos, fuera de toda construcción conceptual. *Tb la filosofía basada en este método.* ■ **2** (*raro*) Conjunto de fenómenos [1a y b].

fenomenológico -ca *adj* De (la) fenomenología.

fenomenólogo -ga *m y f* (*Filos*) Filósofo que sigue la fenomenología [1].

fenotiacina *f* (*Med*) Compuesto químico utilizado en farmacia, esp. como tranquilizante.

fenotípicamente *adv* (*Biol*) En el aspecto fenotípico.

fenotípico -ca *adj* (*Biol*) De(l) fenotipo.

fenotipo *m* (*Biol*) Conjunto de caracteres hereditarios que se manifiestan en un individuo. *Se opone a* GENOTIPO.

fenoxiacético *adj* (*Quím*) [Ácido] cristalino usado como herbicida. *Tb referido a sus derivados.*

feo -a **I** *adj* **1** Que carece de belleza. **b)** [Pers.] cuyo físico, esp. la cara, no responda a ciertos cánones de belleza. *Tb n.* **c)** [Sexo] ~ → SEXO. ■ **2** [Cosa] intelectual o moralmente desagradable. ■ **3** [Cosa] amenazante o que ofrece malas perspectivas.
II *m* **4** Desaire. *Frec en la constr* HACER UN ~. ■ **5** (*reg*) Cierto dulce de almendras.
III *loc v y fórm or* **6 bailar con la más fea →** BAILAR. ■ **7 dejar ~** (*o* **en ~**) [a alguien]. Avergonzar[le] o dejar[le] en ridículo. ■ **8 que se mueran los ~s.** (*col*) *Fórmula con que se invita a desenten-*

derse de toda preocupación. * A vivir, que son dos días, y que se mueran los feos.

feocromocitoma *m* (*Med*) Tumor de la médula suprarrenal.

feofícea *adj* (*Bot*) [Alga] en la que el color verde de la clorofila se encuentra enmascarado por un pigmento pardo accesorio. *Frec como n f en pl, designando este taxón botánico.*

feofito -ta (*tb* **feófito**) *adj* (*Bot*) [Alga] feofícea. *Frec como n, m o f, en pl, designando este taxón botánico.*

feotón -na *adj* (*col*) Muy feo [1].

feracidad *f* (*lit*) Cualidad de feraz.

feraz *adj* (*lit*) Muy fértil. *Tb fig.*

ferendae sententiae (*lat; pronunc,* /feréndesenténtie/) *loc adj* (*Rel catól*) [Excomunión] que se aplica por imposición personal expresa.

féretro *m* Caja en que se introduce un cadáver para enterrarlo.

feria I *f* **1** Mercado que se celebra en un pueblo, al aire libre, en lugar y fecha señalados, frec. con espectáculos y diversiones populares. *Tb en pl con sent sg colectivo.* ■ **2** Exposición temporal, en un espacio amplio gralm. al aire libre, destinada a la publicidad, y a veces a la venta, [de productos de un determinado ramo]. **b)** ~ **de muestras** → MUESTRA. ■ **3** Conjunto de instalaciones recreativas al aire libre establecidas por un plazo de tiempo limitado, frec. con motivo de una fiesta local. ■ **4** Conjunto de festejos que en fecha fija se celebran durante varios días [en una población (*compl de posesión*)], esp. con motivo de una fiesta local. *Tb en pl con sent sg colectivo.* **b)** Serie de corridas de toros organizadas dentro de una feria. ■ **5** (*Rel crist*) Día de la semana que no es sábado ni domingo.
    II *loc adj* **6 de** ~. (*Rel crist*) [Día] en que no se conmemora a ningún santo determinado.

feriado -da *adj* **1** De (la) feria [1 y 4]. ■ **2** [Día] de fiesta.

ferial I *adj* **1** De (la) feria [1, 2, 3 y 4]. ■ **2** (*Rel crist*) De feria [5 y 6]. ■ **3** (*Rel catól*) Recitado. *Opuesto a* CANTADO.
    II *m* **4** Recinto ferial [1]. ■ **5** Feria [1].

feriante *adj* Que concurre a una feria [1 y 2], esp. para vender o exhibir. *Frec n, referido a pers.*

feriar (*conjug* 1a) A *tr* **1** (*pop*) Comprar [algo] en una feria [1] o mercado.
    B *intr* **2** (*raro*) Tener, o tomarse, uno o varios días libres de trabajo.

ferma *f* (*Escén*) Pieza suelta para un decorado teatral.

fermachine *m* (*E*) Alambrón.

fermentable *adj* Que puede fermentar [1].

fermentación *f* Acción de fermentar. *Tb fig.*

fermentador -ra *adj* Que fermenta [2]. *Frec n m, referido a aparato o agente.*

fermentante *adj* Que fermenta. *Tb fig.*

fermentar A *intr* **1** Transformarse químicamente [una sustancia orgánica] bajo la acción catalizadora de un fermento. *Tb fig.*
    B *tr* **2** Hacer que [algo (*cd*)] fermente [1].

fermentativo -va *adj* **1** Que sirve para fermentar [2]. *Tb fig.* ■ **2** De (la) fermentación.

fermentescible *adj* (*E*) Susceptible de fermentación.

fermento *m* Sustancia producida por células vivas y que actúa como catalizador de algunas reacciones químicas. *Tb fig.*

fermi *m* (*Fís*) Unidad de longitud empleada en física nuclear y equivalente a 10^{-15} m o 10^{-13} cm.

fermio *m* (*Quím*) Elemento transuránico radiactivo, de número atómico 100, obtenido artificialmente a partir del californio.

fermión *m* (*Fís*) Partícula, como el electrón, protón o neutrón, cuyo spin es un múltiplo impar de 1/2.

fermo -ma *adj* (*reg*) **1** Hermoso o precioso. ■ **2** Estupendo o fantástico.

fermosellano -na *adj* De Fermoselle (Zamora). *Tb n, referido a pers.*

fernandino -na *adj* **1** De Fernando Poo (Guinea Ecuatorial). *Tb n, referido a pers.* ■ **2** De alguno de los reyes españoles llamados Fernando, esp. Fernando VII. ■ **3** De la época de Fernando VII († 1833).

feroche *adj* (*col, hoy raro*) Feroz. *Referido esp a la cara. Tb n, referido a pers.*

ferocidad *f* **1** Cualidad de feroz. ■ **2** Cosa feroz [1c, d y 2].

ferodo (*n comercial registrado*) *m* Tejido espeso de amianto y alambre que sirve de forro a las zapatas de los frenos.

feromona *f* (*Biol*) Sustancia segregada por un animal, que determina una respuesta de comportamiento en otros individuos de su misma especie.

feroz *adj* **1** [Animal] de instinto agresivo y sanguinario. **b)** [Pers.] cruel y despiadada. **c)** [Cosa] propia de la pers. o del animal feroz. **d)** [Cosa] que denota o implica gran agresividad o violencia. ■ **2** [Cosa] terrible, o que causa terror. ■ **3** (*col*) [Cosa] muy grande o extraordinaria. *Con intención ponderativa.*

ferozmente *adv* De manera feroz [1c, d y 2].

ferrada *f* **1** (*raro*) Maza guarnecida de hierro. ■ **2** (*reg*) Herrada (cubo de madera).

ferrado *m* **1** Medida agraria gallega que oscila entre 4 y 6 áreas, según los lugares. ■ **2** Medida de capacidad gallega para áridos que oscila entre 13 y 16 litros, según los lugares.

ferragosto *m* (*lit*) Canícula (época más calurosa del año, que coincide con el mes de agosto).

ferralla A *f* **1** (*lit o reg*) Chatarra, esp. de hierro. ■ **2** (*Constr*) Armazón de hierro para el hormigón armado.
    B *m* **3** (*Constr*) Ferrallista [2].

ferrallista *m* **1** (*lit o reg*) Chatarrero, esp. de hierro. ■ **2** (*Constr*) Operario que trabaja el hierro, esp. el encargado de montar la armazón para el hormigón armado.

ferrar *tr* (*reg*) Guarnecer [algo] con hierro. *Gralm en part.*

ferrarense *adj* Ferrarés. *Tb n.*

ferrarés -sa *adj* De Ferrara (Italia). *Tb n, referido a pers.*

férreamente *adv* De manera férrea [2].

ferreireño -ña *adj* De Ferreira (Granada). *Tb n, referido a pers.*

férreo -a *adj* 1 De hierro (metal). **b) línea férrea, vía férrea** → LÍNEA, VÍA. **c)** (*raro*) De(l) ferrocarril. ■ 2 Muy duro y fuerte. *Frec fig.*

ferrería *f* 1 Industria metalúrgica en que se elabora el hierro. ■ 2 Herrería (taller del herrero). ■ 3 Mina de mineral de hierro.

ferreruelo *m* (*hist*) Capa corta con cuello y sin capucha.

ferrete *m* (*reg*) Aguijón. *Tb fig.*

ferretería *f* 1 Tienda donde se venden herramientas, utensilios metálicos y objetos de menaje. ■ 2 Conjunto de herramientas u objetos de hierro u otro metal. *A veces con intención desp.* ■ 3 Industria o comercio de ferretería [2].

ferretero -ra I *adj* 1 De (la) ferretería. *Tb n f, referido a industria.*
II *m y f* 2 Pers. que posee una ferretería [1] o trabaja en ella.

férrico -ca *adj* 1 (*Quím*) [Compuesto de hierro] en que este es trivalente. ■ 2 (*raro*) De hierro (metal).

ferrífero -ra *adj* (*Mineral*) Que contiene hierro.

ferrita *f* (*Metal*) Hierro puro que se presenta en la fundición del hierro.

ferrito *m* (*Quím*) Sal que resulta de la combinación de una base con sesquióxido de hierro, funcionando este como ácido.

ferro *m* (*Impr*) Prueba de cliché utilizada por el maquetista para compaginar un libro.

ferro- *r pref* De hierro. * Piritas ferrocobrizas.

ferrobús *m* Tren corto de cercanías que funciona con motor de explosión.

ferrocarril *m* 1 Vía de comunicación constituida por carriles a lo largo de los cuales ruedan los trenes. ■ 2 Tren (conjunto formado por los vagones y la locomotora).

ferrocarrilero -ra *adj* De(l) ferrocarril.

ferrolano -na *adj* De El Ferrol (La Coruña). *Tb n, referido a pers.*

ferromagnético -ca *adj* (*Fís*) Que tiene ferromagnetismo.

ferromagnetismo *m* (*Fís*) Propiedad de algunas sustancias que, como el hierro y sus aleaciones, se imantan en un campo magnético y conservan una imantación remanente fuera de dicho campo.

ferromanganeso *m* (*Metal*) Aleación de hierro, manganeso y carbono, que se emplea en la elaboración de aceros especiales.

ferrón *m* (*reg*) Herrero (hombre que tiene por oficio labrar el hierro).

ferropénico -ca *adj* (*Med*) Caracterizado por la falta de hierro. *Esp referido a anemia.*

ferrosilicio *m* (*Metal*) Aleación de hierro y silicio que se emplea como desoxidante y para fabricar recipientes resistentes a la corrosión de los ácidos.

ferroso -sa *adj* 1 (*Quím*) [Compuesto de hierro] en que este es bivalente. ■ 2 (*E*) De hierro o que contiene hierro.

ferrovía *f* Vía férrea o ferrocarril [1].

ferroviariamente *adv* En el aspecto ferroviario.

ferroviario -ria I *adj* 1 De(l) ferrocarril [1] o vía férrea.

II *m y f* 2 Empleado del ferrocarril.

ferrugiento -ta *adj* De(l) hierro.

ferruginoso -sa *adj* Que contiene hierro. *Frec dicho del agua.* **b)** Propio del agua ferruginosa.

ferry (*pl normal,* ~s, *a veces con la grafía ing* FERRIES) *m* Transbordador (barco, o vehículo aéreo).

ferry-boat (*ing; pronunc corriente,* /férri-bóut/; *pl normal,* ~s) *m* (*raro*) Ferry (barco).

fértil *adj* 1 Que produce fruto, esp. en abundancia. *Normalmente referido a tierra. Tb fig.* ■ 2 Capaz de tener hijos. *Dicho esp de hembra.* **b)** Capaz de originar un nuevo individuo. ■ 3 [Tiempo] en que alguien o algo es fértil [1 y 2].

fertilidad *f* Cualidad de fértil.

fertilización *f* Acción de fertilizar.

fertilizador -ra *adj* Que fertiliza [1] la tierra. *Tb n f, referido a máquina.*

fertilizante *adj* 1 Que fertiliza. *Tb n m, referido a sustancia. Tb fig.* ■ 2 De (la) fertilización.

fertilizar *tr* 1 Hacer fértil [1 y 2] [a alguien o algo, esp. la tierra (*cd*)]. **b)** Aplicar abonos [a la tierra (*cd*)] para que sea fértil o más fértil [1]. *Tb abs.* ■ 2 Fecundar [a una hembra o a un elemento femenino].

férula *f* 1 Autoridad o dominio. *Gralm en la constr* ESTAR BAJO LA ~ [de alguien]. ■ 2 (*Med*) Tablilla u otro objeto similar que se emplea para mantener en su debida posición una parte del cuerpo patológicamente desplazada, esp. un hueso roto.

férvidamente *adv* (*lit*) De manera férvida.

férvido -da *adj* (*lit*) Ferviente.

ferviente *adj* 1 [Pers.] que tiene o muestra fervor, esp [1a]. ■ 2 [Cosa] que denota o implica fervor, esp [1a]. *Frec con intención ponderativa, esp referido a deseo.*

fervientemente *adv* De manera ferviente [2].

fervor *m* Entusiasmo o interés grandes [por alguien o algo]. *Frec sin compl.* **b)** *Esp referido a lo religioso.* * Rezaba con fervor.

fervorín *m* 1 Jaculatoria. ■ 2 Alocución o palabras para infundir fervor o entusiasmo.

fervorosamente *adv* De manera fervorosa [2].

fervoroso -sa *adj* 1 [Pers.] que tiene o muestra fervor, esp [1b]. ■ 2 [Cosa] que denota o implica fervor, esp [1b].

festear *tr e intr* (*reg*) Festejar.

festejador -ra *adj* (*raro*) Que festeja. *Tb n, referido a pers.*

festejante *adj* (*raro*) Que festeja. *Tb n, referido a pers.*

festejar A *tr* 1 Celebrar [algo] con una fiesta u otros actos de alegría y entretenimiento. ■ 2 Hacer una fiesta u otros actos de alegría o entretenimiento en honor [de alguien (*cd*)]. ■ 3 Hacer fiestas o carantoñas [a alguien (*cd*)]. ■ 4 (*reg*) Cortejar [a una mujer].
B *intr* 5 (*reg*) Ser [una pers.] novia [de otra (*compl* CON)]. *Tb sin compl, esp con suj pl.* ■ 6 (*raro*) Divertirse.

festejo 1 *m* Acción de festejar, esp [1]. **b)** Acto público para alegría y entretenimiento de los asistentes, con que se celebra una fiesta. ■ 2 Espectáculo taurino.

festeo *m* (*reg*) Acción de festear.

festero -ra *adj* **1** De (la) fiesta. **b)** Aficionado a fiestas. *Tb n, referido a pers.* ■ **2** [Pers.] que organiza una fiesta pública o interviene en ella. *Frec n.*

festín *m* Comida espléndida. *Frec con intención ponderativa y en la constr* DARSE UN ~. *Tb fig.*

festinación *f* (*Med*) Tendencia involuntaria a acelerar la marcha para evitar la caída hacia adelante.

festival I *adj* **1** (*raro*) Festivo o de fiesta.
 II *m* **2** Festejo (acto público para alegría y entretenimiento de los asistentes). *Gralm con un adj especificador, que a veces se omite por consabido.* **b)** (*Taur*) Corrida benéfica en que se lidia, sin traje de luces, cualquier tipo de reses, con tal de que sean machos. ■ **3** Serie periódica de días de exhibición [de un arte], coronada por una concesión de premios. *A veces se omite el compl por consabido.* **b)** Serie de actuaciones o representaciones [de un arte o un artista determinados]. **c)** Actuación muy brillante y lucida [de un artista o de un deportista o equipo].

festivalero -ra *adj* De(l) festival [2 y esp. 3]. *A veces con intención desp, esp referido a canción.* **b)** [Pers.] que asiste a un festival o a festivales [2 y esp. 3]. *Tb n.*

festivamente *adv* De manera festiva.

festividad *f* **1** Fiesta (día en que la Iglesia conmemora un hecho o un misterio, u honra de manera especial a Dios, la Virgen o algún santo). ■ **2** (*raro*) Fiesta (día en que, por celebrarse una solemnidad civil o religiosa, no se trabaja y están cerradas las oficinas y ciertos establecimientos públicos).

festivo -va *adj* **1** De (la) fiesta (día de celebración civil o religiosa). **b)** [Día] en que, por disposición legal, no se trabaja y están cerradas las oficinas y ciertos establecimientos públicos. *Se opone a* LABORABLE. ■ **2** Alegre y divertido. **b)** Gracioso o chistoso. **c)** De broma o burla.

festón *m* **1** Adorno o remate en forma de ondas o puntas hecho al borde de una cosa. ■ **2** Bordado, gralm. haciendo ondas, en que las puntadas forman un nudo en la parte exterior, de modo que puede recortarse sin que se deshile.

festonar *tr* Festonear. *Tb fig.*

festoneado¹ -da *adj* **1** *part* → FESTONEAR. ■ **2** [Borde] que forma ondas. **b)** De borde festoneado.

festoneado² *m* Acción de festonear. *Frec su efecto.*

festonear *tr* **1** Adornar [algo] con festón [1]. **b)** (*lit*) Bordear [algo] formando ondas o puntas. ■ **2** Bordar a festón [2].

festorro *m* (*col*) Fiesta grande o importante.

festuca *f* Se da este n a varias plantas gramíneas, espontáneas en prados y pastos, algunas de las cuales se cultivan para forraje y para cubrir de césped jardines o campos deportivos (*gén Festuca*).

fetal *adj* De(l) feto.

fetén (*col, humoríst*) I *f* **1** la ~. La verdad.
 II *adj invar* **2** Auténtico o verdadero. ■ **3** Muy bueno. *Con intención ponderativa.*
 III *adv* **4** Muy bien. *Con intención ponderativa.*

fetiche *m* **1** Ídolo u objeto de culto de las civilizaciones primitivas. **b)** Objeto al que se atribuye un poder mágico.

fetichismo *m* **1** Culto de los fetiches. ■ **2** Admiración exagerada e irracional [de alguien o algo]. ■ **3** (*Psicol*) Desviación sexual en que una pers. asocia sus sensaciones eróticas con partes no sexuales del cuerpo, acciones u objetos de la pers. amada.

fetichista *adj* De(l) fetichismo. **b)** Adepto al fetichismo. *Tb n.*

fetichización *f* (*raro*) Acción de fetichizar.

fetichizar *tr* (*raro*) Dar [a algo (*cd*)] carácter de fetiche.

feticidio *m* (*Med o Der*) Acción de dar muerte a un feto.

fetidez *f* (*lit*) Mal olor.

fétido -da *adj* Que huele mal. *Tb fig.* **b)** [Asa] **fétida**, [marrubio] ~ → ASAFÉTIDA, MARRUBIO.

feto *m* **1** Producto de la concepción de una hembra vivípara, desde el momento en que comienza a mostrar las características de su especie hasta el parto. *Esp designa el ser humano no nacido, a partir del tercer mes de gestación.* ■ **2** (*col*) Pers. muy fea.

fetoscopia *f* (*Med*) Visión directa del feto mediante un endoscopio introducido en la cavidad amniótica.

fettuccini (*it; pronunc corriente, /fetučíni/*) *m pl* Pasta alimenticia cortada en tiras largas y estrechas.

feúcho -cha *adj* (*col*) Ligeramente feo o carente de belleza. *Gralm con intención afectiva. Tb n, referido a pers.*

feudal *adj* (*hist*) De(l) feudo o de (los) feudos [1]. *Tb n m, referido a señor.* **b)** De(l) orden político y social basado en el feudo [1].

feudalidad *f* (*raro*) Feudalismo.

feudalismo *m* (*hist*) Sistema político y social basado en el feudo [1].

feudalización *f* (*raro*) Acción de feudalizar.

feudalizar *tr* (*raro*) Hacer feudal [algo].

feudalmente *adv* (*raro*) De manera feudal.

feudatario -ria *adj* **1** (*hist*) [Vasallo] que tiene un feudo [1] [de un señor (*compl de posesión*)]. *Tb sin compl. Tb n.* ■ **2** (*lit*) Dependiente [de otro] o sometido [a él (*compl de posesión*)]. *Tb fig.*

feudo *m* **1** (*hist*) *En la Edad Media:* Territorio que un señor cede en usufructo a un vasallo, el cual queda unido a él por juramento de fidelidad y se compromete a satisfacer determinadas rentas y prestaciones personales. ■ **2** (*lit*) Lugar en que [alguien (*compl de posesión*)] tiene dominio total. ■ **3** (*Dep*) Campo propio. *Tb fig.*

fez *m* Gorro moro de forma troncocónica y color rojo.

fi (*tb con la grafía* **phi**) *f* Letra del alfabeto griego que representa el sonido [f]. (V. PRELIM.)

fiabilidad *f* Cualidad de fiable.

fiable *adj* [Pers. o cosa] de la que se puede uno fiar [4].

fiacre *m* (*hist*) Coche de caballos, de alquiler, pequeño y con cuatro ruedas.

fiado¹ -da I *adj* **1** *part* → FIAR.
 II *adj* **2** Sin cobrar o sin pagar en el momento. *Gralm con los vs* VENDER *o* COMPRAR. *Frec* AL ~, *o* DE ~. *En estas locs, tb adj.*

fiado² *m* Acción de fiar [2]. *Tb su efecto.*

fiador -ra A *m y f* **1** Pers. que fía [1] [a otra (*compl de posesión*)]. *Tb sin compl. Frec con el v* SALIR. ■ **2** Prestamista.

B *m* **3** (*E*) Pieza o dispositivo que sirve para sujetar o afianzar algo.

fiala *f* (*hist*) Vaso poco profundo, sin pie ni asa, propio de la antigüedad clásica.

fiambre **I** *adj* **1** [Carne] preparada de modo que puede conservarse durante bastante tiempo y consumirse fría. *Frec n m.* ■ **2** (*raro*) Que está fuera de tiempo o de sazón.
II *m* **3** (*col, humoríst*) Cadáver.

fiambrero -ra **A** *m y f* **1** Pers. que fabrica o vende fiambres [1].
B *f* **2** Recipiente con tapa bien ajustada, que sirve para llevar comida.

fiandón *m* (*reg*) Filandón.

fianza **A** *f* **1** Acción de fiar [1]. ■ **2** Cantidad de dinero o prenda de valor que se da como garantía del cumplimiento de una obligación o del debido desempeño de un cargo.
B *m y f* **3** (*reg*) Fiador [1].

fiar (*conjug* 1c) **I** *v* **A** *tr* **1** Garantizar [una pers.] que [otra (*cd*)] cumplirá lo que promete, comprometiéndose, si no, a hacerlo en su lugar. ■ **2** Vender [algo] o proporcionar [un servicio] sin cobrar en el momento. *Frec abs.* ■ **3** (*lit*) Confiar [algo a una pers. o cosa].
B *intr* **4** Confiar [en alguien o algo (*compl* DE o EN)]. *Gralm pr* (**~se**). *Tb sin compl, por consabido. El uso no pr es lit o reg.*
II *loc adj* **5** de ~. Digno de confianza.

fiasco *m* (*lit*) Fracaso.

fíat *m* (*lit*) Consentimiento o mandato para que algo sea hecho.

fiato (*it; pronunc,* /fiáto/; *pl normal,* FIATI) *m* (*Mús*) Capacidad de un cantante de emitir una nota prolongada o una frase entera sin tomar aliento.

fiberglass (*ing; pronunc corriente,* /fíberglas/ o /fiberglás/) *m* Fibra de vidrio.

fibra *f* **1** Filamento fino y flexible, de origen animal, vegetal o artificial, usado como materia textil. *Frec* ~ TEXTIL. *A veces con los adjs* NATURAL *o* ARTIFICIAL. **b)** (*col*) *Sin adj:* Fibra textil artificial. **c)** Filamento fabricado artificialmente a partir de diversas materias, como resinas, vidrio, carbono y otras. *Gralm con un compl especificador.* **d)** ~ óptica → ÓPTICO. **e)** (*Anat y CNat*) Elemento largo y delgado. *Frec con un adj especificador.* ■ **2** Nervio o energía. ■ **3** (*lit*) Sensibilidad. *Normalmente en pl expresivo.*

fibrana *f* Viscosilla.

fibranne (*fr; pronunc corriente,* /fibrán/) *f* (*raro*) Fibrana.

fibrilación *f* (*Med*) Contracción irregular y espontánea de las fibras musculares, esp. del corazón. *Tb fig, fuera del ámbito médico.*

fibrilar¹ *intr* (*Med*) Sufrir fibrilación. *Tb fig, fuera del ámbito médico.*

fibrilar² *adj* (*Anat*) De (la) fibra [1e] o de (la) fibrilla. **b)** (*Biol*) [Teoría] según la cual el protoplasma celular está formado por fibras proteicas.

fibrilla *f* (*Anat*) Filamento fino, esp. de una fibra muscular o nerviosa.

fibrilloso -sa *adj* (*Bot*) Que tiene fibrillas o filamentos muy finos.

fibrina *f* (*Biol*) Sustancia proteica, filamentosa y blanquecina que encierra los glóbulos de la sangre en la coagulación.

fibrinógeno *m* (*Biol*) Proteína que, al transformarse por la acción de la trombina, origina la fibrina.

fibrinólisis *f* (*Med*) Disolución de la fibrina mediante enzimas.

fibrinoso -sa *adj* (*Biol*) De (la) fibrina o semejante a la fibrina.

fibro- *r pref* (*E*) Fibroso. * Tejido fibroconjuntivo.

fibroblasto *m* (*Biol*) Célula del tejido conjuntivo que constituye el elemento de los tejidos fibrosos.

fibrocartílago *m* (*Anat*) Tejido fibroso, muy resistente, que contiene células cartilaginosas.

fibrocemento (*n comercial registrado*) *m* Material de construcción, incombustible y muy resistente, constituido por mezcla de una parte de amianto y cuatro de cemento.

fibroma *m* (*Med*) Tumor benigno formado por tejido fibroso.

fibroscopio *m* (*Med*) Endoscopio de fibra óptica.

fibrosis *f* (*Med*) Formación anormal de tejido fibroso.

fibrositis *f* (*Med*) Inflamación del tejido fibroso.

fibroso -sa *adj* **1** De (la) fibra [1] o de (las) fibras. ■ **2** Que tiene fibras [1], esp. muy marcadas. ■ **3** Nervudo.

fíbula *f* (*Arqueol*) Broche a modo de imperdible.

ficción *f* **1** Acción de fingir. *Frec su efecto.* ■ **2** Creación de la imaginación. *Esp en literatura.* **b)** *Se emplea en aposición, siguiendo a un n y gralm unido a él con guión para indicar el carácter imaginario de lo designado por el n.* **c)** ciencia-~, política-~ → CIENCIA, POLÍTICO. ■ **3** (*TLit*) Género literario que incluye las obras de imaginación, esp. las narrativas. ■ **4** ~ jurídica o legal. (*Der*) Procedimiento por el que se presupone un hecho, en realidad inexistente, para atribuir a una situación las mismas consecuencias jurídicas que se producirían si fuera cierto el hecho supuesto.

ficcional *adj* (*raro*) De (la) ficción [3].

ficcionar *tr* (*raro*) Imaginar [algo no real].

ficha **A** *f* **1** Pieza pequeña y circular, de material duro, que se emplea en sustitución del dinero, normalmente en algunas apuestas de juego y para hacer funcionar ciertas máquinas. ■ **2** *En algunos juegos como el parchís, la oca, las damas o el dominó:* Pieza plana, de material duro, con que se juega. ■ **3** Pieza pequeña, gralm. de plástico, que se usa como control en guardarropas y probadores. ■ **4** Papel o cartulina en que se apuntan determinados datos, gralm. con vistas a una ordenación o clasificación. *Tb los datos mismos y el conjunto de la ficha con sus datos. Frec con un adj o compl especificador.* **b)** (*Escén*) Relación de las perss. que intervienen [en el aspecto artístico o técnico]. *Gralm con los adjs* ARTÍSTICA *o* TÉCNICA.
B *m y f* **5** (*jerg*) Pers. con antecedentes penales. *A veces con intención ponderativa, designando a un individuo peligroso o de cuidado.*

fichaje *m* Acción de fichar [3]. *Tb la pers fichada. Tb fig.*

fichar **A** *tr* **1** Hacer ficha o fichas [4] con los datos [de alguien o algo (*cd*)]. ■ **2** Tener prevención o desconfianza [hacia alguien o algo (*cd*)]. *Normalmente en la constr* TENER FICHADO. **b)** Controlar o

vigilar. ■ **3** (*Dep*) Contratar [a un jugador o a un técnico]. *Tb fig, fuera del ámbito deportivo.*
B *intr* **4** Introducir [un trabajador] su ficha [4] en el reloj de control de entrada y salida. *Tb fig.* ■ **5** (*Dep*) Contratarse [un jugador o un técnico con un equipo (*compl* POR)]. *Tb fig, fuera del ámbito deportivo.*

fichazo *m* Golpe dado con la ficha [2] del dominó.

ficherista *m y f* (*raro*) Pers. encargada de un fichero.

fichero *m* **1** Caja o mueble destinados a contener fichas [4]. ■ **2** (*Informát*) Conjunto organizado de registros o unidades simples de información.

fichú *m* (*hoy raro*) Pañoleta o toquilla.

fichuela *f* (*reg*) Tortilla hecha con huevos, harina y sangre de cerdo. *Gralm en pl.*

ficocianina *f* (*Bot*) Pigmento azulado de algunas algas.

ficoeritrina *f* (*Bot*) Pigmento rojo de algunas algas.

ficofeína *f* (*Bot*) Pigmento pardo de algunas algas.

ficomiceto *adj* (*Bot*) [Hongo] que tiene una fase unicelular y otra pluricelular, que se reproduce de manera sexual o asexual y que vive en medios muy variados como saprofito o parásito. *Frec como n m en pl, designando este taxón botánico.*

ficoxantina *f* (*Bot*) Pigmento amarillo de algunas algas.

ficticiamente *adv* De manera ficticia.

ficticio -cia *adj* Fingido. **b)** Falso o no verdadero.

fictivamente *adv* (*lit, raro*) Ficticiamente.

fictivo -va *adj* (*lit, raro*) Ficticio.

ficus *m* Se da este n a distintos árboles y arbustos del gén Ficus, particularmente a las especies *F. elastica* y *F. lyrata*, plantas ornamentales de invernadero e interior.

fidedigno -na *adj* Que merece crédito o es digno de ser creído.

fideero -ra *m y f* Pers. que fabrica fideos y otras pastas alimenticias.

fideicomisario -ria *adj* (*Der*) **1** De(l) fideicomiso [1]. ■ **2** [Pers.] a quien se encarga un fideicomiso [1]. *Gralm n.*

fideicomiso *m* (*Der*) **1** Disposición, gralm. testamentaria, por la cual una pers. deja a otra unos bienes para que esta, en unas circunstancias señaladas, los transmita a un tercero o les dé un destino determinado. ■ **2** Sistema de administración de un territorio por parte de un estado soberano, bajo la autoridad de la Asamblea General de las Naciones Unidas. *Tb el territorio así administrado.*

fideicomitente *m y f* (*Der*) Pers. que ordena un fideicomiso [1].

fideicomitir *tr* (*Der*) Entregar [algo] en fideicomiso [1].

fideísmo *m* **1** (*Filos y Rel*) Doctrina según la cual la verdad absoluta puede conocerse mediante la fe, pero no mediante la razón. ■ **2** (*desp*) Actitud de adhesión incondicional a una doctrina.

fideísta *adj* **1** (*Filos y Rel*) De(l) fideísmo [1]. **b)** Adepto al fideísmo [1]. *Tb n.* ■ **2** (*desp*) Que tiene o muestra fideísmo [2]. *Tb n, referido a pers.*

fidelidad *f* **1** Cualidad de fiel [1 y 3]. ■ **2 alta ~.** *En un aparato electroacústico:* Capacidad de reproducir los sonidos con mínima distorsión de la señal, lo que produce un resultado muy fiel al original.

fidelísimo → FIEL.

fideo *m* **1** Trozo de pasta de sopa en forma de hilo. *Gralm en pl, designando este tipo de pasta.* ■ **2** (*col, humoríst*) Pers. muy delgada. *Frec en la constr* HECHO UN ~.

fiducia *f* **1** (*lit, raro*) Fe o confianza. ■ **2** (*Der*) Transferencia de la propiedad de una cosa al acreedor, mediante la promesa de este de restituir la cosa después de haber sido pagado. ■ **3** (*Der*) Confianza (encargo confidencial que se hace a un heredero para que dé un determinado destino a la herencia).

fiduciario -ria *adj* **1** (*Econ*) [Moneda o valor] dependiente del crédito y confianza que merezca. **b)** De (la) moneda o (los) valores fiduciarios. ■ **2** (*Der*) De (la) fiducia [2 y 3]. **b)** [Pers.] que recibe una fiducia [2]. *Tb n.* **c)** [Heredero o legatario] a quien el testador manda transmitir los bienes a otra pers. o darles determinado destino. *Tb n.*

fídula *f* (*Mús, hist*) Instrumento músico medieval semejante a la viola.

fiebre *f* **1** Fenómeno patológico que consiste en la elevación de la temperatura del cuerpo por encima de lo normal. ■ **2** *Seguido de un adj o un compl especificador, se emplea para designar distintas enfermedades caracterizadas esp por la fiebre [1]. En pl, a veces se omite el compl por consabido.* * Enfermo de las fiebres. **b)** ~ **aftosa.** Glosopeda. **c)** ~ **amarilla.** Enfermedad infecciosa epidémica, propia de América tropical y Senegal, producida por un virus que transmiten los mosquitos *Stegomya fasciata* o *Aedes aegypti.* **d)** ~ **botonosa** (o **exantemática mediterránea,** o **de Marsella**). Enfermedad caracterizada por exantema en forma de pequeños bultos redondeados y aplanados, producida por el germen *Rickettsia conori* y transmitida por la garrapata del perro. **e)** ~ **del heno.** Estado alérgico que se presenta anualmente en primavera o verano, caracterizado por conjuntivitis y catarro nasal acompañado de síntomas asmáticos, y que es producido por inhalación de polen. **f)** ~ **de Malta.** Enfermedad infecciosa, transmitida por ganado cabrío, producida por la bacteria *Brucella melitensis.* **g)** ~ **palúdica,** ~ **puerperal,** ~ **punticular** → PALÚDICO, PUERPERAL, PUNTICULAR. **h)** ~ **pútrida.** Tifus exantemático. **i)** ~ **recurrente.** Enfermedad infecciosa causada por distintas especies de bacterias del gén. *Borrelia,* caracterizada por fiebre [1] que aparece y desaparece a intervalos variables. **j)** ~ **reumática.** Reumatismo agudo que ataca a varias articulaciones. **k)** ~ **tifoidea** → TIFOIDEO. ■ **3** Excitación ansiosa [causada por algo (*compl especificador*)]. *A veces se omite el compl por consabido.*

fiebrón *m* (*col*) Fiebre [1] muy elevada.

fiel¹ *adj* (*superl* FIDELÍSIMO) **1** [Pers. o colectividad] cuyo comportamiento se ajusta a lo prometido o debido [a alguien o algo]. *Tb fig. A veces se omite el compl por consabido.* **b)** [Animal] cuyo comportamiento es de afecto y sumisión constantes [hacia su amo (*compl* A)]. *Frec sin compl.* **c)** Propio de la pers. o el animal fiel. ■ **2** [Pers.] creyente. *Frec n.* **b)** Católico. *Frec n.* **c)** [Misa] de los ~es → MISA. ■ **3** Exacto, o que se ajusta a la verdad.

fiel² *m* **1** *En una balanza:* Aguja que marca la inclinación mayor o menor de los brazos. ■ **2** (*hist*)

Individuo encargado de un fielato. ■ **3 ~ de fechos.** (*hist*) Individuo habilitado para ejercer funciones de escribano en un lugar carente de este.

fielato *m* (*hist*) Oficina establecida a la entrada de una población, para recaudar el impuesto de consumos. *Tb fig.*

fielmente *adv* De manera fiel[1] [1c y 3].

fieltrado *m* Acción de fieltrar. *Tb su efecto.*

fieltrar *intr* Tomar [un tejido o una prenda] consistencia de fieltro.

fieltro *m* **1** Material semejante al paño, no tejido, que se obtiene prensando borra, lana o pelo. ■ **2** Sombrero u otra prenda o pieza hechos de fieltro [1].

fiera → FIERO.

fieramente *adv* De manera fiera.

fiereza *f* Cualidad de fiero.

fiero -ra I *adj* **1** De (la) fiera o de (las) fieras [4]. ■ **2** [Animal] salvaje e indómito. *Tb fig.* **b)** Duro o agresivo. **c)** Valiente en el combate. ■ **3** (*lit*) Muy grande o intenso. *Con intención ponderativa.* **b)** (*lit, raro*) Muy grande en tamaño.
II *n* A *f* **4** Animal salvaje e indómito, esp. carnívoro. **b)** (*Zool*) Mamífero carnívoro. ■ **5** (*col*) Pers. de carácter muy violento. *Tb adj. A veces ~ CORRUPIA. A veces, humoríst, referido a animal.* **b)** *Se usa frec en constrs de sent comparativo para ponderar cólera o irritación.* ■ **6** (*col*) Pers. muy activa y competente [para algo (*compl* PARA, DE *o* EN)]. *Con intención ponderativa. Tb adj. A veces ~ CORRUPIA.* **b)** *Se usa frec en constrs de sent comparativo para ponderar ímpetu o intensidad. Frec con el v* TRABAJAR.
B *m y f* **7** Fiera [5 y 6].

fiesolano -na *adj* De Fiésole (Italia). *Tb n, referido a pers.*

fiesta I *f* **1** Día en que, por ser domingo o por celebrarse una solemnidad religiosa o civil, no se trabaja y están cerradas las oficinas y ciertos establecimientos públicos. *Tb* DÍA DE ~. *A veces no se incluye el domingo.* **b)** (*col*) Descanso laboral, esp. de una o media jornada. **c)** *En pl:* Serie de días en los cuales se celebra públicamente algo. ■ **2** (*Rel catól*) Día en que la Iglesia conmemora un hecho o un misterio, u honra de manera especial a Dios, la Virgen o algún santo. *Gralm con un compl especificador.* **b)** (*Rel*) Día dedicado a honrar a la divinidad, o a una divinidad, o a conmemorar un hecho religioso. *Gralm con un compl especificador.* ■ **3** Día laborable destinado a exaltar [algo (*compl especificador*)]. **b)** **~ de la Banderita.** Día laborable destinado a recaudar dinero para la Cruz Roja. ■ **4** Acto destinado a la alegría y entretenimiento de los asistentes. **b)** Reunión de gente para divertirse, frec. bailando. **c) la ~** (**nacional**, **brava**, *o* **de los toros**). El espectáculo de las corridas de toros. ■ **5** Hecho de divertirse o pasarlo bien. ■ **6** (*lit*) Cosa que causa alegría o placer. ■ **7** (*col*) Caricia o carantoña. *Normalmente en pl, frec en la constr* HACER ~s. ■ **8** Acto sexual. *A veces designa tan solo el hecho de besarse o acariciarse. Frec en la constr* DARSE LA ~.
II *loc adj* **9 de ~.** Alegre. ■ **10** [Sala] **de ~s** → SALA.
III *loc v y fórm or* **11 aguar la ~.** (*col*) Frustrar algo, esp. una diversión. ■ **12 estar** [alguien] **para ~s.** (*col*) Estar de humor. *Normalmente en constrs de sent neg.* **b) estar** [algo] **para ~s.** Tener resistencia o aguante. *Normalmente en constrs de sent neg.* ■ **13 saber** (*o* **enterarse**) **de qué va la ~.** (*col*) Saber (o enterarse) de qué trata el asunto. *Normalmente*

en constrs de sent neg. ■ **14 se acabó la ~.** (*col*) *Fórmula con que se da por terminado un asunto.* * Se acabo la fiesta, vamos, no quiero hablar más de ello. ■ **15 tener la ~ en paz.** No acabar riñendo o discutiendo. *Gralm en la fórmula* TENGAMOS LA ~ EN PAZ, *usada como advertencia.* ■ **16 ¿(y) cuándo no es ~?** (*col*) *Fórmula con que se comenta la reiteración de algo que causa disgusto.* * –Ha llamado diciendo que se encuentra mal. –¿Y cuándo no es fiesta?

fiestazo *m* (*col*) Fiesta [4a y b] grande o importante.

fiestero -ra *adj* Festero. *Tb n, referido a pers.*

fiestón *m* (*col*) Fiesta [4a y b] grande o importante.

fifiriche *adj* (*raro*) [Pers.] enclenque o raquítica.

fifty-fifty (*ing; pronunc corriente,* /fifti-fifti/) *loc adj* Al cincuenta por ciento o a medias. *Tb adv.*

figa *f* (*reg*) Higa (amuleto).

figar *f* (*reg*) Higuera (planta).

fígaro *m* (*lit, humoríst*) Barbero.

figón *m* Casa de comidas de baja categoría. *A veces se usa para designar un establecimiento de cierta categoría, pero de aspecto típico y popular.*

figonero -ra *m y f* Dueño o encargado de un figón.

figuerense *adj* De Figueras (Gerona). *Tb n, referido a pers.*

figulina *f* Estatuilla de cerámica.

figura I *f* **1** Forma exterior [de alguien o algo]. **b)** Forma exterior, más o menos armoniosa, del cuerpo [de una pers., esp. de una mujer]. ■ **2** Representación visual de una figura [1]. **b)** Representación plástica, esp. escultórica, de una figura [1] humana o animal. **c)** (*Geom*) Representación de un elemento geométrico en un plano o en el espacio. *Tb ~* GEOMÉTRICA. **d)** (*Astrol*) Representación de las casas celestes, los planetas y cuanto influye en la preparación de un horóscopo o predicción. *Gralm con los vs* ALZAR *o* LEVANTAR. **e)** (*Mús*) Signo que indica la duración de una nota. ■ **3** *En un texto escrito, esp un libro:* Ilustración de carácter explicativo o didáctico. ■ **4** *En la baraja:* Carta que lleva dibujada una figura [1] humana. *En algunos juegos, tb el as.* ■ **5** (*lit*) Símbolo o representación. ■ **6** Personaje dramático. **b) ~ del donaire.** (*TLit*) *En el teatro clásico:* Personaje secundario que divierte por su ingeniosidad. ■ **7** Tipo humano o personaje. ■ **8** Pers. concreta. **b) ~ decorativa.** Pers. que está en un puesto sin tener una misión que realizar o sin hacer nada positivo. **c) ~ decorativa.** Pers. que está presente en un acto, sin intervenir, cuando sería adecuado que lo hiciese. ■ **9** Personalidad relevante. *Gralm con un adj o compl especificador, que frec se omite por consabido.* **b)** Artista principal de los que participan en un espectáculo. ■ **10** (*Danza*) Evolución o movimiento. *Tb en algunos deportes.* ■ **11** (*TLit*) Forma de expresión que se aparta de la considerada natural, con fines expresivos. *Tb ~* RETÓRICA. ■ **12** (*Filos*) Variedad silogística de las que resultan de la diversa ordenación de los términos. ■ **13** (*Der*) Definición legal específica [de algo]. *Tb el objeto de esa definición. Tb ~* JURÍDICA.
II *loc v y fórm or* **14 hacer ~.** Tener [alguien] una actuación o un papel [determinados (*adj especificador*)]. ■ **15** *n* (*o infin*) + **se llama la ~** (*o, más raro,* **esta,** *o* **a la, ~**) = ESTO, HABLANDO LLANAMENTE, SE LLAMA + *el n* (*o infin*). * Suerte se llama la figura.

figuración *f* **1** Acción de figurar(se). *Tb su efecto.* ■ **2** (*Arte*) Representación figurativa. ■ **3** (*Escén*) Conjunto de (los) figurantes [2].

figuradamente *adv* De manera figurada [2b].

figurado -da *adj* **1** *part* → FIGURAR. ■ **2** [Sentido] que supone una traslación metafórica del propio. **b)** De(l) sentido figurado. ■ **3** (*Arte*) De figuras [2b] humanas o animales. ■ **4** (*E*) Que tiene figura [1] reconocible. *Se opone a* AMORFO.

figural *adj* (*E*) De (la) figura.

figurante -ta (*la forma* FIGURANTA *solo en acep* 2) **I** *adj* **1** (*raro*) Que figura [6]. **II** *m y f* (*Escén*) Pers. que interviene en determinadas escenas sin hablar, tan solo para hacer bulto. *A veces referido a otros espectáculos. Tb fig.*

figurar A *tr* ➤ **a** *normal* **1** Representar la figura [1] [de alguien o algo (*cd*)]. ■ **2** Representar [algo], o ser imagen [de ello (*cd*)]. **b)** Simbolizar [algo] o ser símbolo [de ello (*cd*)]. ■ **3** Aparentar o fingir. ■ **4** (*Escén*) Hacer [un papel determinado].
➤ **b** *pr* (**~se**) **5** Imaginar o suponer. *Frec en constrs de intención ponderativa como* NO TE PUEDES ~ *o* YA TE PUEDES ~. **b)** (*col*) *En imperat, se usa para ponderar la realidad de lo que se está diciendo. Frec sin compl y formando or independiente.* * *Si además de inteligente es guapo, figúrate.*
B *intr* ➤ **a** *normal* **6** Hallarse o encontrarse [entre los elementos de un conjunto]. **b)** Hallarse o encontrarse escrito o representado [en un lugar]. **c)** Constar o estar registrado [como algo]. *Tb fig.* ■ **7** Destacar, o ser tenido por pers. importante, en general o en un ámbito determinado.
➤ **b** *pr* **8** **~sele** [un hecho a alguien]. Parecerle [ese hecho] o tener la impresión [de él].

figurativamente *adv* (*Arte*) De manera figurativa.

figurativismo *m* (*Arte*) Tendencia figurativa.

figurativista *adj* (*Arte*) De(l) figurativismo.

figurativo -va *adj* (*Arte*) Que reproduce figuras [1] o realidades concretas. **b)** **no ~.** Abstracto.

figurero -ra *adj* (*raro*) [Pers.] que suele hacer gestos o ademanes exagerados.

figurín *m* **1** Dibujo o diseño de una prenda de vestir con sus complementos, destinado a servir de modelo para su confección. **b)** *Se usa frec en constrs de sent comparativo para ponderar la elegancia de una pers, esp por la perfección de su vestido. Frec con intención humoríst.* * *Venía hecho un figurín.* **c)** (*Escén*) Diseño del vestido que ha de llevar un actor. *Frec en pl.* ■ **2** Revista de modas con abundantes figurines [1a] o fotografías de modelos. ■ **3** (*lit*) Modelo (cosa que se imita o se debe imitar).

figurinismo *m* (*Escén*) Actividad o profesión de figurinista.

figurinista *m y f* (*Escén*) Pers. que hace figurines [1c].

figurón I *m* **1** (*desp*) Pers. falsamente importante. ■ **2** **~ de proa.** Mascarón de proa.
II *loc adj* **3** **de ~.** (*TLit*) *En el teatro clásico:* [Comedia] cuyo protagonista es un personaje afectado y ridículo.

fija → FIJO.

fija- *r pref* Que fija. * *Engrudo de fijacarteles.*

fijación *f* **1** Acción de fijar(se). ■ **2** Obsesión o idea fija [3a].

fijado *m* Operación de fijar [1a y b y 3b y c].

fijador -ra I *adj* **1** Que fija. *Tb n, referido a pers.* ■ **2** De (la) fijación [1].
II *m* **3** Sustancia que sirve para fijar [1a y 3]. **b)** *Esp:* Cosmético de consistencia pastosa que sirve para fijar [1a] el cabello al peinarlo. ■ **4** Utensilio que sirve para fijar [1a].

fijamente *adv* Con atención prolongada. *Normalmente con el v* MIRAR.

fijapelo *m* Fijador [3b].

fijar A *tr* **1** Poner o disponer [a alguien o esp. algo] de manera que no pueda moverse o desplazarse. *Frec con un compl* A *o* EN. *A veces el cd es refl.* **b)** Poner [a alguien o algo en un sitio o situación] haciendo que siga en ellos. *Frec referido a cosas inmateriales, como la mirada, la atención o el pensamiento. A veces el cd es refl.* **c)** (*Taur*) Parar [al toro] o retener la atención [de este (*cd*)] en el engaño. **d)** (*Quím*) Hacer [un cuerpo (*suj*)] que [otro (*cd*)] quede incorporado a él. ■ **2** Disponer o determinar [una cosa] con intención de no sustituirla por otra en un futuro próximo. **b)** Hacer que [una cosa (*cd*)] se perpetúe o no desaparezca. **b)** (*Pint*) Hacer que [los trazos o el color (*cd*)] se mantengan inalterables. **c)** (*Fotogr*) Hacer que [la imagen (*cd*)] quede inalterable a la acción de la luz. ■ **4** Hacer que [algo (*cd*)] quede claro y preciso.
B *intr pr* (**~se**) **5** Pasar a estar [algo en un sitio] quedándose en él. *Tb sin compl* EN, *por consabido.* ■ **6** Poner atención [en alguien o algo]. *Cuando el compl es una prop, gralm no lleva prep.* **b)** (*col*) *En imperat, se usa con intención enfática para reclamar la atención del oyente sobre el hecho que se le expone. Frec sin compl y formando or independiente.* * *Fíjate, si ya tenía el traje de noche y todo.* **c)** (*col*) *En imperat, se usa para ponderar la realidad de lo que se está diciendo. Frec sin compl y formando or independiente.* * *–¿Qué ilusión te habrá hecho, ¿no? –¡Fíjate, muchísima!* ■ **7** Darse cuenta [de algo (*compl* EN)]. *Cuando el compl es una prop, gralm no lleva prep.*

fijativo -va I *adj* **1** Que sirve para fijar [1a y b].
II *m* **2** (*Fotogr y Pint*) Líquido que sirve para fijar [3b y c].

fijeza *f* Cualidad de fijo.

fijiano -na *adj* De Fiji o Fidji (archipiélago de Melanesia). *Tb n, referido a pers.*

fijismo *m* (*Biol*) Doctrina según la cual las especies vivas son invariables. *Se opone a* EVOLUCIONISMO.

fijista *adj* **1** [Colmena] cuyos panales están fijos en las paredes y han de ser cortados para sacarlos. ■ **2** (*Biol*) De(l) fijismo. ■ **3** (*Geol*) [Teoría] según la cual los continentes habrían permanecido inmóviles después del Plioceno.

fijo -ja I *adj* **1** Que está fijado (→ FIJAR [1 a 6]). **b)** [Pers.] que mantiene prolongadamente la mirada o la atención. ■ **2** Que no se mueve o no se desplaza. **b)** (*Fís*) [Polea] cuyo eje no cambia de posición. **c)** (*Rel catól*) [Fiesta] que se celebra todos los años en el mismo día. ■ **3** Que no cambia o que no está previsto que lo haga. **b)** [Trabajo o trabajador] de carácter estable o no temporal. *Tb n, referido a pers.* **c)** (*Fís*) No volátil. **d)** [Punto] ~ → PUNTO. ■ **4** [Cosa] segura, o que no ofrece dudas. **b)** (*pop*) [Pers.] segura, o que no tiene dudas.
II *n* A *m* **5** Cantidad fija [3a].
B *f* **6** **la fija.** (*col*) La verdad indiscutible. *Frec en la constr* ESA ES LA FIJA.

III *adv* **7** Con atención prolongada. *Normalmente con el v* MIRAR. ■ **8** Seguro o de manera indudable. *Tb* DE ~. *Frec con el v* SABER. ■ **9 a punto ~ →** PUNTO.

fil *m* (*Mar*) Dirección. *En constrs como* A ~ DE RODA *o* A ~ DE VIENTO.

fila[1] **I** *f* **1** Ordenación de varias perss. o cosas una detrás de otra. *Tb el conjunto formado por esas perss o cosas así ordenadas.* **b)** ~ **india →** INDIO[1]. **c) doble ~.** Fila [1a] paralela a otra interior. *Gralm referido a vehículos aparcados y en la constr* EN DOBLE ~. ■ **2** Ordenación de varias perss. o cosas una junto a otra. *Tb el conjunto formado por esas perss o cosas así ordenadas.* **b)** (*Mil*) Línea que forman los soldados colocados hombro con hombro. **c) la ~ de los mancos.** (*col, humoríst*) *En un cine:* Última fila [2a] de butacas, donde suelen sentarse las parejas de novios para acariciarse. ■ **3** *En pl:* Servicio militar. *En constrs como* ENTRAR EN ~S, LLAMAR A ~S, *o* ESTAR EN ~S. ■ **4** *En pl:* Conjunto de perss. que constituyen una agrupación. *Con un compl especificador.* ■ **5** Categoría. *En la constr* DE PRIMERA (*o* SEGUNDA, TERCERA, *etc*) ~.
II *loc adj* **6** [Jefe] **de ~ →** JEFE.
III *loc v* **7 cerrar ~s.** Estrechar la unión [un grupo], esp. frente a un peligro. ■ **8 cerrar ~s.** Ir en último lugar. ■ **9 romper ~s →** ROMPER.
IV *loc adv* **10 en primera ~.** En lugar destacado. *Tb fig.*

fila[2] *f* (*col*) Manía o antipatía.

filacteria *f* **1** Cinta con una inscripción o leyenda, que suele ponerse esp. en los escudos de armas y en algunas pinturas o esculturas. ■ **2** Pieza de cuero de las dos que envuelven tiras de pergamino con pasajes de las Sagradas Escrituras y que los judíos llevan atadas a la cabeza y al brazo izquierdo durante ciertos rezos.

filadio *m* (*Mineral*) Esquisto metamórfico de cuarzo, duro y de aspecto sedoso.

filado *m* (*Mús*) Hecho de mantener afinado un sonido.

fil à fil (*fr; pronunc corriente,* /fil-a-fíl/; *pl invar*) *m* Tejido de lana muy fuerte, con hilos de dos colores alternados.

filalí *adj* De Tafilete (Marruecos). *Tb n, referido a pers.*

filamento *m* Cuerpo con forma lineal o de hilo. **b)** (*Bot*) Parte alargada del estambre.

filamentoso -sa *adj* De(l) filamento [1a]. **b)** Que tiene forma de filamento [1a].

filandón *m* Reunión de hombres y mujeres durante las noches de invierno para hilar, coser o charlar y que a veces termina en baile, propia de Asturias, Galicia y León.

filantropía *f* Amor al género humano.

filantrópico -ca *adj* De (la) filantropía o de(l) filántropo.

filantropismo *m* (*Filos*) Doctrina basada en la filantropía.

filántropo -pa *m y f* Pers. que se distingue por el amor a sus semejantes. *Tb adj.*

filarco *m* (*hist*) *En la antigua Grecia:* Jefe de tribu.

filarete *m* (*Mar, hist*) Tabla de las utilizadas para hacer la pavesada.

filaria *f* (*Zool y Med*) Nematodo parásito propio de climas tropicales, que causa diversas enfermedades (gén. *Filaria*). *A veces designa dichas enfermedades.*

filariasis *f* (*Med*) Filariosis.

filariosis *f* (*Med*) Enfermedad causada por una filaria, esp. por la *Filaria sanguinis hominis*, que ataca los vasos linfáticos y produce elefantiasis.

filarmonía *f* Afición a la música.

filarmónico -ca *adj* **1** Aficionado a la música. *Tb n, referido a pers.* ■ **2** De (la) música. ■ **3** *Siguiendo al n* ORQUESTA, *se emplea como denominación de ciertas orquestas sinfónicas. Tb n f.* * Dirige la Orquesta Filarmónica de Londres. * Mañana actúa la Filarmónica de Berlín. **b)** De (la) orquesta filarmónica. *Tb n, referido a pers.*

filástica *f* (*Mar*) Hilo de que se forman los cabos y jarcias.

filatelia *f* **1** Estudio o coleccionismo de los sellos de correos. ■ **2** Establecimiento dedicado a la compraventa de sellos de correos. *Tb la actividad comercial correspondiente.*

filatélicamente *adv* De manera filatélica.

filatélico -ca **I** *adj* **1** De (la) filatelia [1]. ■ **2** De(l) sello o de (los) sellos de correos.
II *m y f* **3** Pers. que se dedica a la filatelia.

filatelismo *m* Filatelia [1].

filatelista *m y f* Pers. que se dedica a la filatelia [1].

filatería *f* (*lit*) Palabrería.

fileta *f* (*Tex*) *En determinadas máquinas textiles:* Soporte para las bobinas.

filete *m* **1** Trozo largo y delgado [de algo, esp. carne magra o pescado sin raspa]. **b)** *Sin compl:* Filete de carne. **c)** ~ **ruso →** RUSO. **d)** ~ **de huerta.** (*col, humoríst*) Patata. ■ **2** Adorno en forma de línea fina, que se pone esp. en los bordes. ■ **3** Tira o franja estrecha, esp. a lo largo de un borde. *Tb fig.* ■ **4** (*Arquit*) Listel o listón. ■ **5** (*Impr y Encuad*) Trazo en forma de una o más líneas, que se usa frec. como adorno. *Tb la pieza con que se realiza.* ■ **6** (*Anat*) Ramificación muy delgada de un nervio. ■ **7** (*Fís*) Línea en que se considera subdividido un fluido para estudiar su mecánica. ■ **8** (*Híp*) Bocado estrecho, usado esp. para potros. ■ **9** (*vulg*) Sobo. *En sent obsceno. Normalmente en la constr* DARSE EL ~.

fileteado *m* Acción de filetear. *Tb su efecto.*

fileteador -ra *adj* Que filetea. *Tb n, referido a pers.*

filetear *tr* **1** Partir [algo] en filetes [1a]. *Tb abs.* ■ **2** Adornar [algo] con filetes [2, 3, 4 y 5]. *Tb abs.*

filfa *f* Cosa falsa o engañosa.

filfita *f* (*reg*) Aguzanieves o lavandera blanca (ave).

filia *f* (*lit*) Simpatía o afición.

filiación *f* **1** Conjunto de los datos personales [de alguien]. ■ **2** Acción de filiar(se). *Tb su efecto.* ■ **3** Condición de hijo [de unos padres determinados]. ■ **4** Relación de derivación o influjo [de una pers. o cosa] respecto a otra u otras. ■ **5** Dependencia [de una pers. o cosa respecto a otra] (*compl de posesión*).

filial *adj* **1** De(l) hijo. ■ **2** [Cosa, esp. sección, iglesia o establecimiento] que depende [de otra (*compl de posesión*)]. *Frec n f.* **b)** (*Econ*) [Empresa] que depende de otra, aunque tiene plena responsabilidad jurídica y autonomía financiera. *Frec n f.*

filialidad *f* Cualidad de filial.

filialmente *adv* De manera filial.

filiar (*conjug* 1a) *tr* **1** Tomar oficialmente los datos personales [de una pers. (*cd*)]. ▪ **2** Establecer los datos relativos [a una pers. o cosa (*cd*)]. ▪ **3** Establecer la relación de derivada o influida [de una pers. o cosa (*cd*)] respecto a otra u otras. **b)** Catalogar [algo] atendiendo a su relación o parentesco. ▪ **4** (*raro*) Afiliar.

filibusterismo *m* **1** Condición de filibustero. ▪ **2** (*hist*) Partido o movimiento de los filibusteros [4].

filibustero -ra I *adj* **1** De (los) filibusteros [2, 3, 4 y 5].

II *n* **A** *m y f* **2** (*Pol*) En una asamblea legislativa: Parlamentario que obstaculiza la aprobación de una ley, esp. mediante un discurso muy prolongado. ▪ **3** (*desp*) Pirata. *Tb fig. A veces, más o menos vacío de significado, se usa como insulto.* ▪ **4** (*hist*) Partidario de la independencia de Cuba o de otras colonias españolas.

B *m* **5** (*hist*) Pirata de los que hacia el s. XVII atacaban las colonias españolas, esp. en el mar de las Antillas.

filical *adj* (*Bot*) [Planta pteridofita] de la clase de los helechos. *Frec como n f en pl, designando este taxón botánico.*

filicida *adj* (*Der*) [Pers.] que mata a un hijo suyo. *Frec n. Tb fig.* **b)** Propio de la pers. filicida.

filicidio *m* (*Der*) Acción de matar el padre o la madre a un hijo suyo. *Tb fig.*

filicínea *adj* (*Bot*) [Planta pteridofita] caracterizada por el gran desarrollo de las hojas. *Frec como n f en pl, designando este taxón botánico.*

filiforme *adj* **1** (*E*) Que tiene forma de hilo. *Tb* (*lit*) *fig, fuera del ámbito técn.* ▪ **2** (*Med*) [Pulso] muy tenue y débil.

filigrana *f* **1** Obra de orfebrería en que los hilos de oro o plata forman un calado muy fino y delicado. ▪ **2** Ornamentación calada que recuerda la filigrana [1]. ▪ **3** Cosa primorosa. *A veces con intención desp.* **b)** Alarde de ingenio en la expresión. ▪ **4** Marca, visible por transparencia, hecha en ciertos papeles al fabricarlos. ▪ **5** *Se da este n a las plantas Achillea millefolium, Mollugo cerviana, Myriophyllum spicatum* (~ MAYOR) *y M. verticillatum* (~ MENOR).

fililí I *m* **1** (*raro*) Primor o delicadeza.

II *adj* **2** (*reg*) [Pers.] delgada y endeble. *Tb n. Tb fig.*

filipéndula *f* Planta herbácea que crece espontánea en los prados húmedos y que a veces se cultiva como forrajera, con hojas dentadas y flores blancas o rojizas en corimbo (*Filipendula vulgaris*).

filipense¹ *adj* De la Congregación de San Felipe Neri. *Tb n, referido a pers.*

filipense² *adj* De Filipos (antigua ciudad de Macedonia). *Tb n, referido a pers.*

filípica *f* Crítica o represión severa.

filipinismo *m* Palabra o giro propios del español hablado en Filipinas o procedentes de él.

filipinista *adj* [Pers.] versada en las lenguas y culturas filipinas. *Tb n.*

filipino -na *adj* **1** De las islas Filipinas. *Tb n, referido a pers.* ▪ **2** De Felipe II († 1598). *A veces refe-*

rido a otros reyes españoles llamados Felipe. ▪ **3** [Punto] ~ –→ PUNTO.

filisteísmo *m* (*lit, desp*) Condición de filisteo [1].

filisteo -a *adj* **1** (*lit, desp*) [Pers.] de gusto artístico vulgar y poco amigo de novedades. *Frec n.* **b)** (*lit, desp*) [Pers.] de espíritu materialista y vulgar. *Frec n.* ▪ **2** (*hist*) Del pueblo habitante de la costa sur de Palestina, enemigo de los israelitas y sometido por estos en tiempos de David. *Frec n, referido a pers.*

filler (*húng; pronunc corriente,* /fíler/; *pl normal invar*) *m* Moneda húngara equivalente a la centésima parte del forinto.

filloa *f* (*reg*) Hojuela (dulce de sartén).

film (*ing; pronunc corriente,* /film/; *pl normal,* ~s) *m* **1** Filme. ▪ **2** Película o capa delgada [de una sustancia]. **b)** *Sin compl, esp:* Película de plástico usada para envolver.

filmación *f* Acción de filmar. *Tb su efecto.*

filmador -ra **A** *m y f* **1** Pers. que filma.

B *f* **2** Máquina para filmar.

filmar *tr* **1** Registrar [imágenes (*cd*), o imágenes de alguien o algo (*cd*)] en una película cinematográfica. ▪ **2** Rodar [una película cinematográfica].

filmarón *m* (*Quím*) Principio activo del helecho macho, que en forma de polvo amorfo se usa en medicina como antihelmíntico.

filme *m* Película cinematográfica, esp. la positiva usada para ser proyectada.

fílmico -ca *adj* De(l) filme.

filmina *f* Diapositiva. *A veces designa esp la no enmarcada.*

filmlet (*ing; pronunc corriente,* /fílmlet/; *pl normal,* ~s) *m* Película publicitaria de muy corta duración.

filmografía *f* Conjunto de las películas [de un autor, actor, época o tema determinados].

filmográfico -ca *adj* De (la) filmografía.

filmología *f* **1** Ciencia del cine. ▪ **2** Filmografía.

filmólogo -ga *m y f* Especialista en filmología [1].

filmoteca *f* Lugar en que se archivan, conservan y a veces se exhiben películas cinematográficas.

filo I *m* **1** Borde cortante [de un arma o instrumento]. **b) el – de la navaja.** *Se usa en distintas constrs para denotar inseguridad o inestabilidad.* * *Se camina por el filo de la navaja, en un precario equilibrio.* ▪ **2** *En gral:* Borde. *Tb fig, referido a tiempo.* ▪ **3** Hilo o línea estrecha [de algo].

II *loc adj* **4 de dos ~s, o doble ~.** [Cosa] que lo mismo puede ser favorable que perjudicial. *Normalmente referido a* ARMA. ▪ **5 de dos ~s, o de doble ~.** [Lengua] mordaz y maldiciente. *Frec la loc* LENGUA DE DOBLE ~ *se aplica a la propia pers que la tiene.*

III *loc v* **6 dar** (**un**) **~.** Afilar [un arma o instrumento cortante].

IV *loc prep* **7 al ~ de.** Alrededor de. *Seguido de expresión de tiempo, normalmente de hora.* ▪ **8 al ~ de.** Al borde de o junto a. *Seguido de expresión de lugar.*

filo- *r pref Denota simpatía, afinidad o tendencia.* * *Filoanarquista.* * *Filoburgués.*

filocladio *m* (*Bot*) Cladodio.

filocomunismo *m* (*Pol*) Tendencia o actitud filocomunista.

filocomunista *adj* (*Pol*) Simpatizante del comunismo. *Tb n, referido a pers.*

filodendro *m* Planta de hojas grandes, coriáceas y muy decorativas, cultivada frec. como ornamental (gén. *Philodendron*).

filodio *m* (*Bot*) Pecíolo muy ensanchado que sustituye a la lámina de una hoja.

filogénesis *f* (*Biol*) Filogenia.

filogenéticamente *adv* (*Biol*) En el aspecto filogenético.

filogenético -ca *adj* (*Biol*) De la filogénesis.

filogenia *f* (*Biol*) Desarrollo evolutivo de las especies, o de un órgano o función en una especie determinada. *Se contrapone a* ONTOGENIA.

filología *f* **1** Ciencia que estudia una cultura de una época pasada, a través de sus textos escritos. **b)** Estudio conjunto de una lengua o varias y sus literaturas. *Normalmente con un adj especificador.* ■ **2** Técnica de la fijación e interpretación de textos antiguos. ■ **3** Lingüística, esp. histórica.

filológicamente *adv* En el aspecto filológico.

filológico -ca *adj* De (la) filología.

filólogo -ga *m y f* Especialista en filología.

filón *m* **1** Masa mineral que rellena una grieta del terreno. ■ **2** Cosa de la que se obtiene mucho provecho.

filoniano -na *adj* (*Mineral*) De(l) filón [1].

filoso -sa *adj* Afilado, o que tiene filo. *Tb fig.*

filosofador -ra *adj* Que filosofa. *Tb n, referido a pers.*

filosofal. piedra ~ → PIEDRA.

filosofante *adj* (*raro*) Que filosofa. *Tb fig.*

filosofar *intr* Pensar o meditar filosóficamente [sobre algo]. *Tb abs.*

filosofema *m* (*Filos*) Afirmación filosófica.

filosofía *f* **1** Ciencia de la totalidad de las cosas por sus causas últimas, adquirida mediante la razón. *A veces con un adj especificador.* ■ **2** Rama del conocimiento que trata de los principios [de un campo o tema determinado]. ■ **3** Conjunto o sistema de concepciones filosóficas [de alguien]. *Tb sin compl.* **b)** Concepción general más o menos sistemática del mundo y de la vida. *Normalmente con un compl de posesión.* **c)** Visión o concepto filosóficos [de algo]. **d)** Concepto u orientación fundamental [de una actividad]. ■ **4** Razonamiento filosófico. *A veces con intención desp, esp en pl.* ■ **5** (*col*) Serenidad de espíritu. *Gralm en la constr* TOMARSE [algo] CON ~.

filosóficamente *adv* **1** De manera filosófica. ■ **2** En el aspecto filosófico. ■ **3** Con filosofía [5].

filosófico -ca *adj* De (la) filosofía [2, 5 y esp. 1].

filosofismo *m* (*desp*) Uso superficial y afectado de los principios y términos de la filosofía [1].

filósofo -fa *m y f* **1** Especialista en filosofía [1]. **b)** *Esp:* Pers. que elabora una filosofía [3a] o un sistema filosófico. ■ **2** Estudiante de filosofía [1]. *Esp referido a seminarista.* ■ **3** (*col*) Pers. razonadora que afronta las cosas con serenidad. ■ **4** (*hist*) En el s XVIII: Pers. que, basada en el culto a la razón, busca la reforma de la sociedad propugnando el libre examen y la erradicación de creencias infundadas.

filosoviético -ca *adj* Simpatizante de la Unión Soviética. *Tb n, referido a pers.*

filotráquea *f* (*Zool*) *En los arácnidos:* Órgano respiratorio consistente en una bolsa que comunica con el exterior y cuya pared está provista de repliegues laminares.

filoxera *f* Insecto amarillento de menos de medio milímetro de largo, que ataca las hojas y raíces de las vides (*Phylloxera vastatrix*). *Tb designa otras especies del mismo gén.*

filoxérico -ca *adj* De la filoxera.

filtiré *m* Bordado a realce sobre un deshilado que forma rejilla.

filtrable *adj* (*E*) Que se puede filtrar, *esp* [5].

filtración *f* **1** Acción de filtrar(se). *Tb su efecto.* ■ **2** Noticia filtrada (→ FILTRAR [3 y 6]).

filtrado¹ I *adj* **1** *part* → FILTRAR. II *m* **2** (*Anat*) Líquido que ha pasado a través de un filtro¹ [1].

filtrado² *m* Acción de filtrar.

filtrador -ra *adj* **1** Que filtra. *Tb n, referido a pers.* ■ **2** De (la) filtración [1].

filtraje *m* Acción de filtrar(se).

filtrante *adj* Que filtra o sirve para filtrar [1 y 2].

filtrar A *tr* **1** Hacer pasar [algo] por un filtro¹. ■ **2** Permitir [un cuerpo o materia] que [algo, esp. un líquido (*cd*)] pase a través de sus poros o resquicios, gralm. ejerciendo la función de filtro¹. ■ **3** Dar a conocer subrepticiamente [algo reservado o secreto]. *Tb abs.*

B *intr* ➤ a *normal* **4** (*raro*) Filtrarse [5]. ➤ **b** *pr* (~**se**) **5** Pasar [algo, esp. un líquido (*suj*)] a través de los poros o resquicios [de un cuerpo o materia (*compl* POR, ENTRE *o* A TRAVÉS DE)]. *Tb sin compl. Tb fig.* ■ **6** Pasar [algo reservado o secreto] a ser conocido de manera subrepticia.

filtro¹ *m* **1** Dispositivo o materia porosos o con agujeros, por los cuales se hace pasar un líquido o un gas para separarlos de las partículas que llevan en suspensión o con las que están mezclados. ■ **2** Dispositivo o materia que permite el paso de determinadas radiaciones o frecuencias excluyendo otras. ■ **3** Elemento o medio que selecciona o impide el paso libre de perss. o cosas.

filtro² *m* Bebida mágica que produce amor en la persona que la toma.

fílum *m* (*Biol*) Conjunto de organismos que pueden considerarse originados a partir de una misma forma fundamental. *Tb fig.*

fimbria *f* Borde inferior de una vestidura talar.

fímico -ca *adj* (*Med*) Tuberculoso.

fimo *m* (*reg*) Cieno.

fimosis *f* (*Med*) Estrechez natural de la abertura del prepucio, que impide la salida del bálano.

fin I *m* (*o, rara vez, f, en aceps 4 y 15*) **1** Punto en que acaba [algo (*compl de posesión*)] en el tiempo o en el espacio. ■ **2** Últimos días, semanas o años [de un período de tiempo]. *Frec en la constr* A ~ DE *o* A ~ES DE. **b)** ~ **de siglo.** Últimos años del siglo XIX. ■ **3** Objetivo (cosa que se trata de conseguir o a la que se dirige una acción). ■ **4 el ~ del mundo.** (*col*) Un lugar muy apartado. *A veces en constrs como* IR POR (*o* CON) alguien AL (*o* HASTA EL) ~ DEL MUNDO, *para ponderar afecto o confianza hacia él.* **b)** Un momento o situación terrible. *Con intención ponderativa.* ■ **5 ~ de año.** Noche del 31 de diciembre. ■ **6 ~ de fiesta.** Espec-

táculo en que se termina una función. *Tb fig.* ■ **7 ~ de semana.** Espacio de tiempo libre que comprende el sábado (u, hoy raro, parte de él) y el domingo. **b)** Viaje de esparcimiento que se realiza en un fin de semana. **c)** Maletín femenino adecuado para viajes de fin de semana.
    II *loc adj* **8 sin ~.** *(lit)* Ilimitado o innumerable. *Siempre siguiendo a un n, que normalmente va en pl.* ■ **9 sin ~.** [Correa o cinta] que tiene sus extremos empalmados y forma una figura cerrada.
    III *loc v* **10 dar ~** [a una cosa *(ci)*]. Acabar[la]. *Tb, raro,* DAR ~ DE. **b) dar ~** [a una pers.]. *(raro)* Matar[la]. *Tb, raro,* DAR ~ DE. ■ **11 dar ~** [una cosa *(suj)*]. Acabarse. ■ **12 poner ~** [a una cosa *(ci)*]. Hacer que acabe. ■ **13 tocar** [una cosa] **a su ~.** Estar a punto de acabarse.
    IV *loc adv* **14 a** *(o* en*) ~ de cuentas.* En definitiva. ■ **15 al** *(o* por*) ~.* Indica que la acción se ha realizado después de esperar mucho o de superar muchos obstáculos. *Frec con entonación exclam y formando or independiente. Alguna vez (lit)* A LA ~. * –He aprobado. –¡Al fin! * Por fin te veo sonreír. ■ **16 al ~, al ~ y al cabo, al ~ y a la postre,** *o* **a ~ de cuentas.** *Presentan como decisivo, en apoyo de lo que se acaba de decir, un argumento que se opone a otro expuesto o pensado.* * No había que preocuparse por alguien que, al fin y al cabo, no era nada nuestro. ■ **17 de(l) principio a(l) ~,** *o* **desde el principio hasta el ~ –→** PRINCIPIO. ■ **18 en ~.** En resumen. **b)** *Introduce una propuesta de cerrar o rematar un tema.* * En fin, Pepe, es mejor que lo dejemos por hoy. ■ **19 por ~.** *Introduce el último elemento de una enumeración.* * Luego viene el buche, a continuación la molleja y por fin el intestino.
    V *loc prep* **20 a ~ de.** *(lit)* Para. *Seguido de infin o de* QUE *+ subj.*
    VI *loc interj* **21 en ~.** *Se usa para lamentar resignadamente el fracaso de algo.* * En fin..., ¡otra vez será!

final **I** *adj* **1** Último, o del fin [1]. **b)** [Confrontación] última y decisiva en una competición o un concurso. *Más frec n f.* **c)** [Punto] ~ –→ PUNTO. ■ **2** Del fin [3].
    II *m* **3** Fin [1 y 2]. *Referido a tiempo, frec en pl y en las constrs* A (HASTA *o* DESDE) ~ES DE.
    III *loc adv* **4 al ~.** *Indica que la acción a que se refiere acaba por suceder después de cierto tiempo.* * Al final se rendirá, eso ya lo sabe.

finalidad *f* Fin [3].

finalísima *f (col)* Confrontación última y decisiva en una competición o un concurso.

finalismo *m (Filos)* Hecho de tener un fin [3] o finalidad.

finalista *adj* **1** [Pers., animal o equipo] que llega a participar en la última [de una competición o de un concurso]. *Frec n.* **b)** [Autor u obra] que llega a la votación final [de un premio]. ■ **2** *(Filos)* Que tiende a un fin [3]. ■ **3** *(Econ)* Que vincula un impuesto al beneficiario de un gasto.

finalístico -ca *adj* **1** Relativo al fin [3] o finalidad. ■ **2** *(Filos)* De(l) finalismo.

finalización *f* Acción de finalizar.

finalizador *m* Pienso artificial que se da a los animales para engordarlos fraudulentamente antes de sacrificarlos.

finalizar **A** *intr* **1** Acabarse [una cosa *(suj)*].
    B *tr* **2** Acabar [una cosa *(cd)*].

finalmente *adv* Por último, o en último lugar.

finamente *adv* De manera fina.

financiable *adj* Que se puede financiar.

financiación *f* Acción de financiar.

financiador -ra *adj* **1** Que financia. *Tb n, referido a pers.* ■ **2** De (la) financiación.

financiamiento *m* Financiación.

financiar *(conjug 1a) tr* **1** Aportar el dinero necesario [para algo *(cd)*, esp. una empresa]. ■ **2** Aportar el dinero necesario para la compra a crédito [de algo *(cd)*].

financieramente *adv* En el aspecto financiero [1a].

financiero -ra **I** *adj* **1** De (las) finanzas. **b)** Que realiza operaciones importantes de banca o bolsa. *Tb n, referido a pers.* ■ **2** Que financia [2]. *Frec n f, referido a empresa.*
    II *m y f* **3** Pers. versada en finanzas [1].

finanza *f (normalmente en pl)* **1** Actividad del Estado en los asuntos relativos al dinero. **b)** Actividad bancaria o bursátil. ■ **2** Asuntos económicos. **b)** Dinero o bienes.

finar *intr (lit)* Morir. *Más frec en part, normalmente sustantivado.*

finca *f* Propiedad inmueble, rústica o urbana. **b)** *Esp:* Terreno de labor.

fincabilidad *f (Econ)* Conjunto de bienes inmuebles propiedad [de alguien].

fincar **A** *tr* **1** *(reg)* Hincar.
    B *intr* **2** *(lit, raro)* Permanecer.

finchado -da *adj (lit, desp)* [Pers.] vanidosa o engreída. *Tb n.* **b)** Propio de la pers. finchada.

finchamiento *m (lit, desp)* Cualidad de finchado.

finés -sa **I** *adj* **1** Finlandés (de Finlandia). *Tb n, referido a pers.* ■ **2** *(hist)* Del pueblo que habitó Finlandia y otras zonas limítrofes del norte de Europa. *Tb n, referido a pers.*
    II *m* **3** Finlandés (lengua). ■ **4** *(hist)* Lengua finesa [2].

fineta *f* Tejido de algodón de revés afelpado, usado esp. para forros o ropa interior.

fineza *f* **1** Atención o delicadeza. ■ **2** *(raro)* Finura (cualidad).

fínfano *m (reg)* Mosquito.

finger *(ing; pronunc corriente, /fínger/) m* En un aeropuerto: Pasillo móvil y extensible, en forma de tubo, que comunica directamente la sala de embarque con el avión.

fingido -da *adj* **1** *part* → FINGIR. ■ **2** Falso o no verdadero.

fingidor -ra *adj* Que finge.

fingimiento *m* Acción de fingir.

fingir **A** *tr* **1** Hacer aparecer como cierto o real [algo que no lo es *(cd)*].
    B *copulat pr* (**~se**) **2** Fingir [1] [alguien] que es [algo *(predicat)*].

fini- *r pref (lit)* De(l) fin [1]. * Mis andanzas finisemanales.

finiquitar **A** *tr* **1** Hacer la liquidación final [de una cuenta *(cd)*]. ■ **2** Acabar o terminar [algo]. ■ **3** *(col)* Matar.
    B *intr* **4** *(col)* Acabarse o terminarse [algo]. *Tb pr* (**~se**). *Tb fig.*

finiquito *m* **1** Acción de finiquitar [1]. *Tb el documento en que consta. Frec referido a la liquidación final de un trabajador.* ■ **2** Acción de finiquitar [2]. *Frec en la constr* DAR ~.

finir *(reg)* **A** *intr* **1** Acabar o terminar. *Tb fig.* **B** *tr* **2** Acabar o terminar [algo *(cd)*].

finisecular *adj* De(l) fin de siglo. *Normalmente referido al s* XIX.

finisterrano -na *adj* De Finisterre (La Coruña). *Tb n, referido a pers.*

finisterre *m (lit)* Extremo del mundo.

finito -ta *adj (lit o* E*)* Que tiene fin o límite.

finitud *f (lit o* E*)* Cualidad de finito.

finlandés -sa **I** *adj* **1** De Finlandia. *Tb n, referido a pers.* **II** *m* **2** Idioma de Finlandia.

finlandización *f (Pol, hoy raro)* Hecho de pasar un estado pequeño a tener una política de neutralidad favorable a la Unión Soviética.

finlandizarse *intr pr (Pol, hoy raro)* Pasar [un estado pequeño] a tener una política de neutralidad favorable a la Unión Soviética.

finn *(sueco; pronunc corriente, /*fin*/; pl normal, ~*s*)* *m (Dep)* Embarcación de regatas de un solo tripulante y con una vela.

fino -na **I** *adj* **1** Poco grueso. **b)** Delgado y de formas agradables. **c)** De grano fino [1a]. *Dicho esp de arena o de lija.* **d)** [Malla o cosa semejante] de trama tupida o de agujeros pequeños. ■ **2** Suave, sin asperezas o granulaciones. ■ **3** Suave o poco intenso. **b)** [Lluvia o cosa similar] poco intensa y de gotas poco gruesas. ■ **4** [Sentido] muy agudo o desarrollado. ■ **5** [Pers.] aguda o de mente penetrante. *A veces con intención peyorativa. Tb n.* **b)** Propio de la pers. aguda o penetrante. ■ **6** Distinguido o elegante. *A veces con intención irónica.* **b)** [Cosa] que denota gusto y delicadeza. ■ **7** Amable o cortés. ■ **8** [Pers.] que trabaja o realiza su función con esmero y delicadeza. **b)** *(Dep)* Que realiza su función con perfección y acierto. **c)** *(Dep)* Que está en forma. ■ **9** [Animal o cosa] de calidad superior en su especie. **b)** [Cosa] hecha con más cuidado o esmero de lo normal. **c)** *(col)* Extraordinario o fuera de lo común. *Gralm en la constr* SER (UNA) COSA FINA. *Frec con intención irónica.* **d)** *(col)* Se usa frec con intención irónica para ponderar lo difícil o complicado que es o se presenta alguien o algo. ■ **10** [Jerez] muy seco, de color pálido, cuya graduación oscila entre los 15 y los 17 grados. *Tb n.* ■ **11** *(Metal)* Muy puro. ■ **12** *(Joy)* [Piedra] semipreciosa. ■ **13** *(E)* Preciso o exacto. ■ **14** *(jerg)* Adinerado o rico. *Tb* ~ DE PELAS. ■ **15** [Canela] **fina**, [zarapito] ~ → CANELA, ZARAPITO. **II** *m* **16** *En la escritura:* Trazo fino [1a]. **III** *loc v* **17 hilar** ~ → HILAR. **IV** *adv* **18** De manera fina [1, 2, 3, 5b, 6, 7 y 9b]. ■ **19 por lo** ~. Muy bien o de manera excepcional. *Tb adj.*

finolis *adj (col, desp)* Afectadamente fino [5 y 6]. *Tb n, referido a pers.*

finoúgrio -gria *(frec con la grafía* **fino-ugrio***)* *adj (Ling)* [Grupo de lenguas] que comprende pralm. el finlandés, el húngaro y algunas lenguas de la antigua U.R.S.S. *Frec n m.* **b)** De(l) grupo finoúgrio.

finquero -ra *m y f* Pers. que explota una finca agrícola.

finta *f* Movimiento simulado para engañar al adversario. *Tb fig. Frec en deportes.*

fintar *intr* Hacer una o más fintas.

finura *f* **1** Cualidad de fino. ■ **2** *(Tex)* Grosor [de un hilo o fibra].

finústico -ca *adj (col, desp)* Fino [5 y 6].

fiord *(nor; pronunc corriente, /*fiórd*/; pl normal, ~*s*)* *m* Fiordo.

fiordo *m* Antiguo valle glaciar invadido por el mar, típico de las costas noruegas.

firma **I** *f* **1** Nombre de una pers. que, escrito de manera personal y habitual, esta pone al pie de un escrito para certificarlo o asumir su responsabilidad. **b)** Nombre [del autor de una obra literaria o artística]. *Tb sin compl. Tb el mismo autor.* **c)** Peculiaridad inconfundible del estilo [de un autor o de un artista]. ■ **2** Acción de firmar [1]. ■ **3** *En una oficina:* Conjunto de documentos que se presentan a un jefe para que los firme [1]. **b)** Papel en que constan los nombres de los empleados y en el que estos han de firmar [1] a la entrada y salida del trabajo. ■ **4** Capacidad legal de firmar [1] en representación [de una empresa o dependencia]. *Gralm en constrs como* TENER, *o* LLEVAR, LA ~. ■ **5** Empresa, o casa comercial. **II** *loc adj* **6 de** ~. [Obra de arte] de autor conocido. ■ **7 de la** ~. *(Taur)* [Pase] con la mano derecha, que se inicia como para torear en redondo y se remata sacando la muleta por delante de la cara del toro. **III** *loc v* **8 echar una** ~. *(col)* Remover las ascuas [del brasero (*ci o compl* EN)]. *Tb sin compl, por consabido.*

firmamento *m* **1** Bóveda celeste, esp. cuando se perciben en ella los astros. ■ **2** ~ **cinematográfico.** Mundo de las estrellas de cine.

firmante **I** *adj* **1** Que firma [1]. *Frec n, referido a pers.* **II** *loc pr* **2 el abajo** ~. *(admin)* Yo, la persona que firma el escrito. *Tb (humoríst) fuera del ámbito admin, incluso en conversación, significando simplemente 'yo'. Tb, raro,* EL ~.

firmar **A** *tr* **1** Poner la firma [1a y b] [a algo *(cd)*]. *Frec abs.* ■ **2** Poner el nombre del autor [a un artículo periodístico *(cd)*]. **B** *intr* **3** Usar [alguien] como firma [1a y b] [un nombre determinado *(predicat)*]. *Tb pr (*~**se***), esp cuando el n no es el suyo propio.*

firme **I** *adj* **1** Que no se mueve, por estar bien apoyado o sujeto. **b)** Que tiene dureza o consistencia. **c)** Que no tiembla u oscila. ■ **2** [Cosa inmaterial] invariable o inalterable. **b)** Definitivo. ■ **3** [Pers.] de actitud o convicciones firmes [2]. *Frec con un compl especificador con* EN. **b)** Seguro, o que no tiene dudas. **c)** Propio de la pers. firme. ■ **4** [Soldado] puesto en pie, erguido, con los talones juntos y con los brazos rígidos a los lados del cuerpo. *Gralm en la constr* EN POSICIÓN DE ~(S); *tb en la forma* ~S, *usada como voz de mando. Tb fig, fuera del ámbito militar.* ■ **5** [Tierra] ~ → TIERRA. **II** *m* **6** Capa de terreno sobre la que se puede cimentar una construcción. **b)** Superficie firme [1a y b] sobre la que se apoya algo. ■ **7** Capa de piedra machacada que sirve para consolidar la superficie de rodadura de una carretera o de una vía pública. *Tb el conjunto formado por esta capa y el pavimento que la recubre.*

III *loc v* **8 pisar ~ →** PISAR. ■ **9 poner ~(s)** [a alguien]. (*col*) Reprender[le], recordándo[le] sus obligaciones. ■ **10 ponerse ~(s).** (*col*) Aceptar sin protestar las órdenes de otro.
IV *adv* **11** Con fuerza o intensidad. **b) de ~.** Con gran intensidad. ■ **12 a pie ~ →** PIE. ■ **13 en ~.** De manera definitiva. *Tb adj.*

firmemente *adv* De manera firme [1, 2 y 3c].

firmeza *f* Cualidad de firme [1, 2 y 3].

firulete *m* (*raro*) Adorno superfluo y de mal gusto. *Frec en pl.*

fiscal -la (*la forma* FISCALA *solo en acep 4, donde gralm se usa la forma* FISCAL *como f*) **I** *adj* **1** De(l) fisco[1]. ■ **2** De(l) fiscal, *esp* [4]. **b)** [Ministerio] ~ → MINISTERIO. ■ **3** (*raro*) De (la) fiscalización.
II *n* A *m y f* **4** *En un juicio:* Acusador público. *Tb* (*hist*) PROMOTOR ~.
B *m* **5** (*hist*) Ministro encargado de promover los intereses del fisco[1].

fiscalía *f* **1** Cargo de fiscal [4]. ■ **2** Oficina del fiscal [4].

fiscalidad *f* Sistema fiscal [1]. **b)** Conjunto de impuestos o cargas fiscales [1].

fiscalismo *m* (*Econ*) Teoría que da un papel preponderante a la fiscalidad.

fiscalista (*Econ*) **I** *adj* **1** De(l) fiscalismo. **b)** Adepto al fiscalismo.
II *m y f* **2** Especialista en temas fiscales [1].

fiscalizable *adj* Que se puede fiscalizar.

fiscalización *f* Acción de fiscalizar.

fiscalizador -ra *adj* Que fiscaliza. *Tb n, referido a pers.*

fiscalizar *tr* Controlar [a una pers. o cosa], o ejercer una vigilancia crítica [sobre ella (*cd*)].

fiscalmente *adv* **1** De manera fiscal [1]. ■ **2** En el aspecto fiscal.

fisco[1] *m* Erario o tesoro público.

fisco[2]. un ~. *loc adv* (*reg*) Un poco.

fiscorno *m* (*Mús*) **1** Instrumento de viento, de metal y con pistones, que se utiliza en la cobla. ■ **2** Músico que toca el fiscorno [1].

fisga *f* (*Mar*) Arpón de tres o más dientes usado para pescar peces grandes.

fisgar *tr* (*col*) Curiosear [algo] o procurar enterarse indiscretamente [de ello (*cd*)]. *Tb abs.*

fisgón -na *adj* (*col*) [Pers.] aficionada a fisgar. *Tb n.* **b)** Propio de la pers. fisgona.

fisgonear *tr* Fisgar. *Tb abs. Frec con intención desp.*

fisgoneo *m* (*col*) Acción de fisgonear.

fisgonería *f* (*col*) Condición de fisgón.

fisible *adj* (*Fís*) Que puede sufrir fisión.

físicamente *adv* **1** De manera física. ■ **2** En el aspecto físico.

físico -ca I *adj* **1** De (la) física [8]. **b)** Concerniente al objeto de la física. ■ **2** Material o real. ■ **3** Del cuerpo (de una pers. o animal). ■ **4** [Geografía] que estudia el relieve, las aguas y la atmósfera de la Tierra. ■ **5** [Educación] **física**, [persona] **física →** EDUCACIÓN, PERSONA.
II *n* A *m y f* **6** Especialista en física [8].
B *m* **7** Aspecto corporal o constitución externa [de una pers.].

C *f* **8** Ciencia que estudia las propiedades y relaciones mutuas de la materia y la energía. **b)** Conjunto de fenómenos que son objeto de la física. **c)** (*col*) *En pl:* Licenciatura en física.

fisicoculturismo (*tb con la grafía* **físico-culturismo**) *m* (*Dep*) Culturismo.

fisicomatemático -ca *adj* De la física y la matemática conjuntamente.

fisicoquímico -ca I *adj* **1** De la física y la química conjuntamente, o de la fisicoquímica [3].
II *n* A *m y f* **2** Especialista en fisicoquímica [3].
B *f* **3** Ciencia que estudia los fenómenos comunes a la física y la química.

fisio *m y f* (*col*) Fisioterapeuta.

fisiocracia *f* (*hist*) Doctrina económica del s. XVIII, que considera la agricultura como la principal fuente de riqueza.

fisiócrata *adj* (*hist*) De (la) fisiocracia. **b)** Adepto a la fisiocracia. *Tb n.*

fisiocrático -ca *adj* (*hist*) De(l) fisiócrata.

fisioculturismo *m* (*Dep*) Culturismo.

fisioculturista *adj* (*Dep*) Culturista. *Tb n, referido a pers.*

fisiognomía *f* (*Psicol*) Estudio del carácter de una pers. a través de su fisonomía.

fisiognómico -ca (*Psicol*) **I** *adj* **1** De (la) fisiognomía o de su objeto.
II *f* **2** Fisiognomía.

fisiognomista *m y f* (*Psicol*) Especialista en fisiognomía.

fisiografía *f* (*E*) Geografía física.

fisiográfico -ca *adj* (*E*) De (la) fisiografía o de su objeto.

fisiología *f* **1** Ciencia que estudia las funciones de los seres orgánicos o de alguna de sus partes. ■ **2** Conjunto de los caracteres fisiológicos [de un ser orgánico].

fisiológicamente *adv* **1** De manera fisiológica. ■ **2** En el aspecto fisiológico.

fisiológico -ca *adj* De (la) fisiología [1] o de su objeto. **b)** [Edad] correspondiente al desarrollo fisiológico [de una pers.]. **c)** [Suero] ~ → SUERO.

fisiologismo *m* (*E*) Funcionamiento fisiológico.

fisiologista *m y f* Fisiólogo.

fisiólogo -ga *m y f* Especialista en fisiología [1].

fisión *f* (*Fís*) Escisión del núcleo de un átomo, acompañada de liberación de energía.

fisionable *adj* (*Fís*) Susceptible de fisión.

fisionomía *f* Fisonomía.

fisionómico -ca *adj* De (la) fisionomía.

fisiopatología *f* (*Med*) Estudio del funcionamiento del cuerpo o de alguna de sus partes en estado de enfermedad.

fisiopatológico -ca *adj* (*Med*) De (la) fisiopatología.

fisioterapeuta *m y f* Especialista en fisioterapia.

fisioterapéutico -ca *adj* (*Med*) De (la) fisioterapia.

fisioterapia *f* Método curativo por medio de ejercicios mecánicos, como el masaje, o de agentes físicos, como luz, calor o agua.

fisioterápico -ca *adj* (*Med*) De (la) fisioterapia.

fisirrostro *adj* (*Zool*) [Pájaro] de pico corto y muy hendido. *Tb como n m en pl, designando este taxón zoológico.*

fisonomía *f* Aspecto peculiar del rostro [de una pers.], derivado de sus facciones. **b)** *En gral:* Aspecto exterior [de algo]. *Tb fig.*

fisonómico -ca *adj* De (la) fisonomía.

fisonomista *m y f* Pers. que tiene facilidad para recordar y reconocer la fisonomía de las personas. *Normalmente con los adjs* BUEN *o* MAL.

fisostigmina *f* (*Med*) Alcaloide tóxico del haba del Calabar, con varios usos en medicina.

fístula *f* **1** Conducto anormal, congénito, adquirido o artificial, que comunica un órgano con el exterior o dos órganos entre sí. ■ **2** (*Mús*) Flauta de Pan.

fistulación *f* (*Med*) Formación de una o más fístulas [1].

fistulización *f* (*Med*) Formación de una o más fístulas.

fisuelo *m* (*reg*) Dulce de sartén hecho con una pasta de harina, huevo y leche.

fisura *f* **1** Grieta o hendidura. *En sent físico.* **b)** (*Anat*) Surco o hendidura longitudinal. *Frec con un adj o compl especificador.* **c)** (*Med*) Hendidura longitudinal de un hueso. **d)** (*Med*) Úlcera lineal y superficial entre los pliegues del ano. ■ **2** Quiebra o ruptura [en algo inmaterial, frec. en la conformidad de opiniones].

fisuramiento *m* (*E*) Acción de fisurarse. *Tb su efecto.*

fisurarse *intr pr* (*E*) Pasar [algo] a tener fisuras. *Frec en part.*

fitiatría *f* (*Bot*) Estudio del tratamiento de los vegetales enfermos o atacados por parásitos.

fitness (*ing; pronunc corriente,* /fítnes/) *m* Técnica gimnástica destinada a la consecución y mantenimiento de un buen estado físico.

fito- *r pref* (*Bot*) De (las) plantas. * Regiones fitoclimáticas. * Recursos fitogenéticos.

fitocenosis *f* (*Bot*) Conjunto de plantas que crecen en un ambiente determinado y cuyos individuos se influyen recíprocamente.

fitocida *adj* (*Bot*) Que mata las plantas. *Tb n m, referido a producto.*

fitoecología *f* (*Bot*) Ecología vegetal.

fitófago -ga *adj* (*Zool*) [Animal, esp. insecto] que se alimenta de plantas.

fitófilo -la *adj* (*Zool*) Que se refugia o permanece en las plantas.

fitografía *f* (*Bot*) Parte de la botánica que se ocupa de la descripción de las plantas.

fitográfico -ca *adj* (*Bot*) De (la) fitografía.

fitógrafo -fa *m y f* (*Bot*) Especialista en fitografía.

fitohormona *f* (*Biol*) Hormona vegetal.

fitol *m* (*Quím*) Alcohol no saturado que se obtiene de la clorofila.

fitolacácea (*tb con la grafía* **fitolaccácea**) *adj* (*Bot*) [Planta] herbácea o leñosa, de flores pequeñas, de la familia cuyo género más importante es *Phytolacca. Frec como n f en pl, designando este taxón botánico.*

fitomorfo -fa *adj* (*lit*) De forma de planta.

fitónimo *m* (*Ling*) Denominación de planta.

fitopatología *f* (*Bot*) Estudio de las enfermedades de las plantas.

fitopatológico -ca *adj* (*Bot*) De (la) fitopatología.

fitopatólogo -ga *m y f* (*Bot*) Especialista en fitopatología.

fitoplancton *m* (*Biol*) Plancton constituido por organismos vegetales.

fitoplanctónico -ca *adj* (*Biol*) De(l) fitoplancton.

fitosanitario -ria *adj* (*Bot*) De prevención y curación de las enfermedades de las plantas.

fitosociología *f* (*Bot*) Estudio de las colectividades vegetales.

fitosociológico -ca *adj* (*Bot*) De (la) fitosociología o de su objeto.

fitotecnia *f* (*Bot*) Técnica de cultivar y reproducir las plantas.

fitoterapia *f* (*Med*) Tratamiento mediante plantas o sustancias vegetales.

fitotoxicidad *f* (*Bot*) Cualidad de fitotóxico.

fitotóxico -ca *adj* (*Bot*) Tóxico para las plantas.

fitozoo *m* (*Zool*) Animal inferior de estructura similar a la de los vegetales. *Gralm en pl, designando este taxón zoológico.*

fixing (*ing; pronunc corriente,* /fíksin/) *m* (*Econ*) Cotización o cambio oficial de una moneda o del oro.

fixista *adj* (*Biol*) Fijista.

flabelado -da *adj* (*E*) De forma de abanico.

flabelo *m* Abanico grande con mango largo.

flabiol *m* Flauta de pico que se toca con una sola mano y que se emplea en la cobla acompañada del tamboril.

flácidamente (*tb* **fláccidamente**) *adv* De manera flácida.

flacidez (*tb* **fláccidez**) *f* Cualidad de flácido.

flácido -da (*tb* **fláccido**) *adj* Blando o sin consistencia.

flaco -ca **I** *adj* **1** [Pers. o animal, o parte de su cuerpo] que tiene poca carne. ■ **2** (*lit*) Débil, o de poca resistencia moral. ■ **3 ~ de memoria.** [Pers.] que olvida las cosas con facilidad. *A veces con intención irónica aludiendo a que olvida lo que le conviene.* ■ **4** [Punto] **~, ~** [servicio], [vacas] **flacas →** PUNTO, SERVICIO, VACA.
II *m* **5** (*raro*) Fallo, o punto flaco (**→** PUNTO).

flacucho -cha *adj* (*col, desp*) Algo flaco [1]. *A veces con intención afectiva.*

flacura *f* Cualidad de flaco [1].

flagelación *f* Acción de flagelar.

flagelado -da *adj* (*Biol*) Que tiene flagelos [3]. **b)** (*Zool*) [Protozoo] unicelular con flagelos [3]. *Frec como n m en pl, designando este taxón zoológico.* **c)**

(*Bot*) [Alga] unicelular con flagelos [3]. *Frec como n f en pl, designando este taxón botánico.*

flagelador -ra *adj* Que flagela. *Tb fig.*

flagelante *adj* Que flagela. *Tb fig.*

flagelar *tr* **1** Dar azotes o latigazos [a alguien (*cd*)]. *Tb fig.* ■ **2** (*lit*) Censurar o criticar duramente [a alguien o algo].

flagelo *m* **1** Látigo o azote. *Tb fig.* ■ **2** (*lit*) Acción de flagelar [2]. ■ **3** (*Biol*) Filamento que sirve de órgano de locomoción a algunos seres unicelulares o a algunas células.

flagrancia *f* Cualidad de flagrante.

flagrante *adj* **1** [Delito] que se está ejecutando en el momento de que se habla. ■ **2** [Cosa] muy evidente o innegable.

flagrantemente *adv* De manera flagrante [2].

flai. por si las ~s. *loc adv* (*juv*) Por si las moscas o por si acaso.

flama *f* **1** Calor intenso, esp. el producido por reverberación. ■ **2** (*lit*) Llama.

flamancia *f* (*raro*) Cualidad de flamante.

flamante *adj* **1** [Cosa] acabada de hacer o de estrenar. *Frec con intención ponderativa para expresar el perfecto estado de algo.* **b)** *Precediendo a un n:* Que es desde hace muy poco [lo que el n. indica]. * El flamante campeón se mostraba satisfecho. ■ **2** Resplandeciente o brillante.

flambear *tr* Rociar [un alimento] con un licor al que se prende fuego. *Tb abs.*

flamboyán *m* Planta leguminosa ornamental de vistosas flores rojas, originaria de Madagascar (*Poinciana regia*).

flamboyant (*fr; pronunc corriente,* /flamboyán/; *pl normal,* ~s) **I** *adj* **1** (*Arte*) Flamígero. **II** *m* **2** Flamboyán.

flamboyante *m* Flamboyán.

flamé *adj* (*Tex*) Que presenta dibujos alargados y ondulantes. *Tb n m, referido a tejido.*

flameado *m* Acción de flamear [1].

flameador -ra *adj* Que flamea [2]. *Frec n, referido a pers.*

flameante *adj* (*lit*) Que flamea [3, 4 y 5].

flamear **A** *tr* **1** Pasar [algo] por la llama, o someter[lo] a la acción de la llama. ■ **2** Hacer que [algo (*cd*)] flamee [3]. *Tb fig.*
B *intr* **3** Ondear al viento [una bandera o algo similar]. *Tb fig.* ■ **4** Echar llamas. ■ **5** (*lit*) Brillar como una llama.

flamencada *f* (*raro*) **1** Conjunto de (los) flamencos[1] [6]. ■ **2** Hecho o dicho achulado o jactancioso.

flamenco[1] **-ca** **I** *adj* **1** Andaluz agitanado. *Frec n m, referido a cante o baile.* **b)** Del cante y baile flamencos. ■ **2** (*col*) Chulo o jactancioso. *Frec en la constr* PONERSE ~. **b)** Valiente o atrevido. *Tb n, referido a pers.* **c)** (*reg*) Alegre o divertido. ■ **3** (*col*) Robusto y de aspecto muy saludable. *Esp referido a mujer.* ■ **4 a la flamenca.** [Huevos] al horno con chorizo, jamón, guisantes y a veces otras verduras.
II *n* **A** *m* **5** Fiesta o espectáculo flamencos [1b].
B *m y f* **6** Pers. que se dedica al cante o baile flamenco [1a].

flamenco[2] **-ca** **I** *adj* **1** De Flandes (antiguo condado de los Países Bajos), o de Flandes Oriental u Occidental (actuales provincias de Bélgica). *Tb n, referido a pers.* **b)** (*Arte*) [Escuela, esp. pictórica] desarrollada en Flandes en los ss. XV al XVII. **c)** (*Arte*) De (la) escuela flamenca. *Tb n, referido a pers.* ■ **2** De lengua flamenca [1a].
II *m* **3** Idioma flamenco [1a].

flamenco[3] *m* Ave zancuda de unos 130 cm de longitud, patas y cuello muy largos, pico curvo y plumaje blanco en el cuerpo y rosado o rojo en las alas (*Phoenicopterus ruber*).

flamencología *f* Estudio del cante y baile flamencos[1] [1a].

flamencológico -ca *adj* De (la) flamencología.

flamencólogo -ga *m y f* Especialista en flamencología.

flamenco-pop *m* Tipo de música moderna con mezcla de elementos pop y flamencos[1] [1b].

flamenquería *f* **1** Cualidad de flamenco[1] [1 y esp. 2]. **b)** Afición a imitar lo flamenco[1] [1]. ■ **2** Conjunto de (los) flamencos[1] [6].

flamenquilla *f* Maravilla (planta, *Calendula officinalis*).

flamenquín *m* (*reg*) Croqueta pequeña.

flamenquismo *m* Condición de flamenco[1] [1].

flameo *m* Acción de flamear [2 y 3].

flamero *m* (*raro*) Candelabro que arroja una gran llama mediante un dispositivo interno lleno de fósforo u otra sustancia química.

flamígero -ra *adj* **1** Que arroja llamas. ■ **2** Que imita la figura de la llama. ■ **3** (*Arquit*) [Arte gótico] tardío, muy recargado y con abundantes elementos decorativos cuya forma recuerda la de la llama. **b)** De(l) arte gótico flamígero.

flámula *f* **1** Gallardete corto, ancho y con bordes ondulados. **b)** (*Heráld*) Bandera pequeña de puntas redondeadas. ■ **2** (*Taur*) Muleta.

flan *m* **1** Dulce hecho con azúcar, leche y huevos, cuajado al baño de maría en un molde de forma gralm. troncocónica y cubierto de azúcar tostado. *Tb* ~ DE HUEVO. **b)** Dulce similar al flan, hecho con azúcar, leche, harina y una sustancia aromática, esp. vainilla. *Frec con un compl especificador:* DE VAINILLA, DE CHOCOLATE. *Tb la harina aromatizada que sirve para prepararlo.* **c)** (*col*) Se usa frec en constrs de sent comparativo para ponderar el nerviosismo. * Estás como un flan. ■ **2** (*Impr*) Molde de cartón que sirve para fundir las planchas en estereotipia.

flanco *m* (*lit o E*) Lado o costado. *Tb fig.*

flanconada *f* (*Esgr*) Golpe de flanco.

flanear[1] *intr* (*hoy raro*) Pasear sin rumbo fijo.

flanear[2] *intr* (*raro*) Moverse o bambolearse como un flan [1].

flaneo *m* (*hoy raro*) Acción de flanear[1].

flanera *f* Molde, gralm. de forma troncocónica, para hacer flanes [1a y b].

flanero *m* Flanera.

flanín *m* Harina preparada con una sustancia aromática, normalmente vainilla, que se utiliza para hacer flan [1b]. *Tb el flan preparado con ella.*

flanqueante *adj* Que flanquea.

flanquear *tr* Estar situada [una pers. o cosa] al lado o a los lados [de otra (*cd*)]. *Tb fig, denotando protección o apoyo.*

flanqueo *m* Acción de flanquear. *Tb fig.*

flaón (*pl normal,* ~s) *m* Dulce hecho básicamente con una pasta de harina y requesón o queso, típico de la región levantina.

flap (*ing; pronunc corriente,* /flap/; *pl normal,* ~s) *m* (*Aer*) Alerón.

flapper (*ing; pronunc corriente,* /fláper/; *pl normal,* ~s) *f* (*hist*) Joven a la moda de los años veinte, esp. de conducta libre frente a las convenciones sociales.

flaquear *intr* **1** Debilitarse o hacerse débil [algo]. *En sent físico o no físico.* **b)** Mostrarse [alguien] débil o más débil. *En sent físico o moral.* **c)** Perder [una parte del cuerpo] fuerza o las fuerzas. ■ **2** Decaer o disminuir [las fuerzas].

flaqueo *m* Acción de flaquear.

flaqueza *f* **1** Debilidad o falta de fuerza moral. ■ **2** Debilidad, o aspecto en que [alguien o algo (*compl de posesión*)] se muestra débil. ■ **3** (*raro*) Debilidad o falta de fuerzas. *En sent físico.*

flas *m* Flash.

flasazo *m* Flashazo.

flash (*ing; pronunc corriente,* /flas/; *pl normal,* ~ES) *m* **1** Lámpara que produce un destello de luz muy breve e intenso y que se emplea para fotografías instantáneas. *Tb el mismo destello.* ■ **2** (*Per*) Noticia breve y gralm. importante que se transmite con prioridad. **b)** Resumen de noticias. ■ **3** (*Cine y TV*) Plano de muy corta duración. *Tb fig.* **b)** (*juv*) Visión mental momentánea. ■ **4** (*juv*) Sensación causada por una impresión fuerte e inesperada. *Tb aquello que la produce.* ■ **5** (*jerg*) Sensación intensa de bienestar producida por la droga.

flashazo *m* (*Per*) Destello o disparo de flash [1].

flashback (*ing; pronunc corriente,* /flásbak/; *frec con la grafía* **flash-back**; *pl normal,* ~s) *m* (*Cine y TV*) Escena retrospectiva. *Tb fig, fuera del ámbito técn.*

flato *m* Acumulación de gases en el interior del cuerpo, esp. en el tubo digestivo, y que frec. produce dolor. *Tb los mismos gases.*

flatulencia *f* Distensión del estómago o del intestino por acumulación de gases. **b)** Flato.

flatulento -ta *adj* **1** Que produce flato. ■ **2** Que padece flato.

flatus vocis (*lat; pronunc corriente,* /flátus-bóθis/) *m pl* Meras palabras.

flauta I *n* A *f* **1** Instrumento músico de viento, hecho de madera o metal, en forma de tubo con varios agujeros, que se tapan con los dedos o con llaves. *A veces con un adj o compl especificador:* TRAVESERA, DULCE *o* DE PICO (→ TRAVESERO, DULCE, PICO¹). *Sin compl y referido a instrumento orquestal, normalmente designa la travesera.* **b)** ~ **de Pan.** Instrumento de viento hecho de varias cañas de longitud desigual. ■ **2** (*jerg*) Pene. ■ **3 canario** ~ → CANARIO.
  B *m y f* **4** Músico que toca la flauta [1].
  II *loc v* **5 sonar la** ~ (**por casualidad**). Resultar bien por azar la cosa en cuestión.

flautado *m* (*Mús*) En el órgano: Registro cuyo sonido imita el de la flauta.

flautín A *m* **1** Flauta pequeña de tono agudo y penetrante.
  B *m y f* **2** Músico que toca el flautín [1].

flautista *m y f* Músico que toca la flauta [1].

flébil *adj* (*lit*) Triste o que implica tristeza.

flebítico -ca *adj* (*Med*) **1** De (la) flebitis. ■ **2** Que padece flebitis. *Tb n.*

flebitis *f* (*Med*) Inflamación de una vena.

flebografía *f* (*Med*) Registro del pulso venoso mediante el flebógrafo.

flebógrafo *m* (*Med*) Instrumento para registrar gráficamente el pulso venoso.

flebograma *m* (*Med*) Registro gráfico del pulso venoso.

flebología *f* (*Med*) Rama de la medicina que estudia las venas.

flebólogo -ga *m y f* (*Med*) Especialista en flebología.

flebopatía *f* (*Med*) Enfermedad de las venas.

flebostasis *f* (*Med*) Retardo o suspensión temporal de la circulación venosa.

flebotomía *f* (*Med*) Corte de una vena para que sangre.

flecha I *n* A *f* **1** Arma arrojadiza consistente en una varilla de unos 60 cm de largo, fina y ligera, con una punta de hierro u otra materia dura en uno de sus extremos. ■ **2** Cosa en figura de flecha [1]. **b)** Dibujo esquemático de una flecha [1], que sirve para indicar una dirección o para llamar la atención sobre algo. ■ **3** (*Geogr*) Lengua de tierra formada por acumulación de arena paralela a la costa, cerca de la desembocadura de un río. ■ **4** (*Arquit*) Aguja, o remate alto y puntiagudo [de un edificio]. ■ **5** (*Arquit*) Altura de la clave [de un arco o de una bóveda] sobre la línea de los arranques. ■ **6** (*E*) Altura entre el punto más bajo de una curvatura y la horizontal que pasa por sus arranques.
  B *m* **7** (*hoy raro*) Niño encuadrado en la Organización Juvenil falangista.
  II *loc adv* **8 como una** ~. Rápidamente. ■ **9 a** ~. (*lit*) En derechura o en línea recta. *Tb adj.*

flechado -da *adj* **1** *part* → FLECHAR. ■ **2** (*col*) Muy rápido. *Con vs como* IR, VENIR *o* SALIR.

flechar *tr* **1** Poner la flecha [1] [en el arco (*cd*)]. ■ **2** Herir o atravesar [algo o a alguien] con una flecha [1]. ■ **3** (*raro*) Enamorar [a alguien] súbitamente.

flechaste *m* (*Mar*) Cabo o listón horizontal de los que, sujetos a los obenques, sirven para subir a los palos.

flechazo *m* **1** Golpe o herida causados con una flecha [1]. ■ **2** (*col*) Amor a primera vista.

flechero *m* (*hist*) *En los ejércitos antiguos:* Soldado que utiliza como arma el arco y las flechas [1].

fleco *m* **1** Hilo, cordón o tira que, unido a otros por la parte superior, pende libre por la inferior. *Tb el adorno constituido por una serie de ellos.* **b)** Trozo de hilo que se desprende del borde de una tela, esp. por usada o desgastada. *Gralm en pl.* ■ **2** (*col*) Parte pequeña que queda sin ultimar o resolver de un asunto o tarea mayor. **b)** Resto o parte marginal [de algo].

flecoso -sa *adj* (*raro*) Que tiene flecos. *Tb* (*lit*) *fig.*

fleito *m* (*reg*) Helecho (planta).

flejado *m* Acción de flejar.

flejar *tr* Sujetar o precintar [algo] con flejes. *Tb abs.*

fleje *m* Cinta de hierro, acero u otro material resistente, que se emplea como refuerzo y precinto de cajas y embalajes y para hacer los aros de cubas y toneles.

flema[1] *f* Calma o imperturbabilidad [de una pers.].

flema[2] *f* Mucosidad que se arroja por la boca, procedente de las vías respiratorias.

flema[3] *f* (*Quím*) Producto de la destilación de un líquido alcohólico cuando no es apto para elaborar bebidas.

flemáticamente *adv* De manera flemática.

flemático -ca *adj* [Pers.] que tiene flema[1]. **b)** Propio de la pers. flemática.

flemón *m* (*Med*) Inflamación del tejido conjuntivo, esp. de la encía. *Fuera del ámbito técn, designa solo el de la encía.*

flemonoso -sa *adj* Que tiene flemón.

flemoso -sa *adj* (*raro*) Flemático.

fleo *m* Planta herbácea de la familia de las gramíneas cultivada como forrajera (gén. *Phleum*, esp. *P. pratense*).

flequillo *m* Porción de cabello recortado que cae sobre la frente.

fletamento *m* Acción de fletar.

fletamiento *m* (*raro*) Fletamento.

fletán *m* Halibut, pez semejante al gallo (*Hippoglossus hippoglossus*). **b)** ~ **negro.** Pez semejante al gallo, de color negruzco (*Reinhardtius hippoglossoides*).

fletanero *m* Barco destinado a la pesca del fletán.

fletar *tr* **1** Alquilar [una embarcación] para el transporte de personas o mercancías. **b)** *En gral:* Alquilar [un medio de transporte, normalmente grande o colectivo]. ■ **2** Embarcar [mercancías] para su transporte.

flete *m* **1** Acción de fletar [1]. ■ **2** Precio estipulado por un flete [1]. ■ **3** Carga [de un barco]. ■ **4** (*jerg*) Acto sexual. *Gralm en la constr* ECHAR UN ~. ■ **5** (*jerg*) Cliente de prostituta. ■ **6** (*jerg*) Relación sexual informal y pasajera. *Tb la pers con quien se mantiene.*

flex (*n comercial registrado*) *m* (*col, humoríst*) Cama. *Referido al acto sexual.*

flexar *tr* (*raro*) Doblar [algo sólido].

flexibilidad *f* Cualidad de flexible.

flexibilización *f* Acción de flexibilizar(se).

flexibilizador -ra *adj* Que flexibiliza.

flexibilizar *tr* Hacer flexible o más flexible [1 y esp. 2 y 3] [a alguien o algo]. **b)** *pr* (~**se**) Hacerse flexible o más flexible [alguien o algo].

flexible I *adj* **1** Que puede doblarse fácilmente sin romperse. **b)** (*hoy raro*) [Lámpara] de brazo flexible. *Tb n m.* **c)** (*hoy raro*) [Sombrero] de fieltro sin apresto. *Frec n m.* ■ **2** [Cosa] capaz de amoldarse a distintas circunstancias o condiciones. ■ **3** [Pers.] capaz de amoldarse a una opinión o un criterio diferentes de los propios. **b)** Propio de la pers. flexible.
II *m* **4** Conductor eléctrico formado por hilillos de cobre recubiertos de una materia aislante.

flexión[1] *f* **1** Acción de doblar(se). *Tb su efecto. Dicho esp del cuerpo o de sus partes, o de un objeto de metal.* ■ **2** (*Econ, euf*) Descenso o disminución.

flexión[2] *f* (*Gram*) Variación de que es susceptible la forma de una palabra por razón del género, caso, número, persona, tiempo, modo, aspecto o voz. **b)** Conjunto de las formas que toma una palabra como resultado de la flexión.

flexionar A *intr* **1** Hacer flexión[1]. *Tb pr* (~**se**). *Tb fig.*
B *tr* **2** Hacer que [algo (*cd*)] flexione [1]. *Tb fig.*

flexivo -va *adj* (*Gram*) **1** De (la) flexión[2]. ■ **2** Que tiene flexión[2].

flexo *m* Lámpara eléctrica de mesa, de brazo flexible.

flexografía *f* (*Impr*) Modo de impresión con moldes de goma o plástico en relieve y tintas especiales de secado rápido.

flexográfico -ca *adj* (*Impr*) De (la) flexografía.

flexómetro *m* Utensilio en forma de cajita, con una ranura por la que se enrolla y desenrolla a presión una cinta métrica metálica contenida en su interior.

flexor -ra *adj* Que produce flexión[1] [1]. *Frec n m, referido a músculo.*

flexuoso -sa *adj* (*lit o E*) Que forma ondas o curvaturas.

flexura *f* (*lit o E*) Pliegue o doblez.

flictena *f* (*Med*) Vejiguilla cutánea que contiene humor acuoso.

flipado -da *adj* (*juv*) **1** *part* → FLIPAR. ■ **2** Que está o parece estar bajo los efectos de la droga.

flipante *adj* (*juv*) Que flipa [1, 2 y 3].

flipar (*juv*) **A** *tr* **1** Pasmar o impresionar. ■ **2** Entusiasmar o cautivar. ■ **3** Producir efecto [en alguien (*cd*)] una droga. *Frec abs.*
B *intr* ► **a** *normal* **4** Asombrarse. ■ **5** Entusiasmarse [con alguien o algo].
► **b** *pr* (~**se**) **6** Drogarse.

flipe *m* (*juv*) **1** Acción de flipar. *Frec su efecto.* ■ **2** Pers. o cosa con la que alguien flipa [5].

flirt (*ing; pronunc corriente,* /flert/; *pl normal,* ~s) *m* **1** Flirteo. *Tb fig.* ■ **2** Pers. con quien se flirtea.

flirtear *intr* Coquetear [con una pers.] o mantener [con ella] relaciones amorosas superficiales.

flirteo *m* Acción de flirtear. *Tb fig.*

fliscorno *m* Fiscorno.

flit (*n comercial registrado*) *m* (*hoy raro*) Insecticida líquido que se pulveriza con una bomba de metal que se acciona manualmente.

floca *f* (*Tex*) Desperdicio de lana en forma de pequeños copos que se desperdigan al batir la lana carbonizada.

floculación *f* (*Quím*) Precipitación en forma de partículas de las sustancias que se hallan en disolución coloidal o en emulsión.

flogístico -ca *adj* (*Med*) Inflamatorio.

flogisto *m* (*Quím, hist*) Principio imaginario que entra en la composición de las diversas sustancias y es causa de su combustión.

flojamente *adv* De manera floja, *esp* [1 y 2].

flojear *intr* Mostrarse flojo o más flojo [2a, 3, 4, 5a, 6 y 7].

flojedad *f* Cualidad de flojo.

flojera *f* (*col*) Cualidad de flojo, *esp* [2 y 3].

flojindango -ga *adj* (*reg*) Sucio o desaseado.

flojito -ta *adj* 1 *dim* → FLOJO. ■ 2 (*Meteor*) [Viento] de velocidad entre 6 y 11 kilómetros por hora (grado 2 de la escala de Beaufort).

flojo -ja I *adj* 1 Poco ajustado o poco tirante. **b)** Que no está bien relleno. *Tb fig.* **c)** Poco compacto. ■ 2 Que tiene poca fuerza. *Tb n, referido a pers.* **b)** Que tiene poca resistencia. *Tb n, referido a pers.* **c)** [Pers.] poco enérgica o poco valiente. *Tb n.* ■ 3 [Pers.] holgazana o perezosa. *Tb n.* ■ 4 Que tiene poca actividad o animación. ■ 5 Inferior a lo normal en calidad, cantidad o intensidad. ■ 6 (*col*) [Risa] incontenible. ■ 7 (*col*) [Vientre] que tiene diarrea. ■ 8 (*Meteor*) [Viento] de velocidad entre 12 y 19 km por hora (grado 3 de la escala de Beaufort). ■ 9 (*Fon*) [Fonema o articulación] caracterizados por una escasa tensión muscular en el momento de su emisión. II *adv* 10 De manera floja [1 y 2]. ■ 11 En voz baja. III *loc v* 12 **traérsela** [a uno] **floja** → TRAER.

flojura *f* (*lit, raro*) Flojedad.

floppy disc (*ing; pronunc corriente, /flópi-dísk/*) *m* (*Informát*) Disco blando o flexible. *Tb simplemente* FLOPPY.

flor I *f* 1 *En las plantas fanerógamas:* Parte, normalmente vistosa y coloreada y frec. perfumada, en que están los órganos de la reproducción. **b)** ~ **compuesta.** (*Bot*) Inflorescencia formada de muchas florecillas en un receptáculo común. **c)** ~ **de lis.** (*Heráld*) Representación de la flor del lirio, que se compone de tres hojas, la del medio grande y ancha, y las de los lados más estrechas y retorcidas. **d)** ~ **natural.** Flor que se concede por primer premio en unos juegos florales. ■ 2 (*col*) Planta que produce flores [1a]. **b)** *Seguido de distintos compls, designa diversas especies de plantas:* ~ DE LA PASIÓN (*Passiflora coerulea*), ~ DE LA TRINIDAD (*Viola tricolor*), ~ DEL CUCO, *o* DEL CUCLILLO (*Lychnis floscuculi*), ~ DE NIEVE (*Leontopodium alpinum*), ~ DE PASCUA (*Euphorbia pulcherrima*), ~ DE SAN DIEGO (*Ranunculus bullatus*), *etc.* ■ 3 Dulce en forma de flor [1a]. ■ 4 Parte mejor o más apreciada [de algo]. **b)** Parte exterior y más apreciada de la piel curtida. *Frec* PIEL ~ *o* PLENA ~. **c) la ~ y nata.** Lo más exquisito o selecto [de una colectividad o de un lugar]. ■ 5 Nata que se forma en la superficie del vino y de otras bebidas alcohólicas en el curso de la fermentación. ■ 6 (*col*) Piropo (expresión de alabanza). ■ 7 (*Rel catól*) *En pl:* Ejercicio piadoso dedicado a la Virgen durante el mes de mayo. *Tb* ~ES DE MAYO. ■ 8 ~ **de andamio.** (*hoy raro*) Tabaco de baja calidad. ■ 9 ~ **de azufre.** (*Quím*) Polvo amarillo que resulta del enfriamiento brusco de los vapores de azufre. ■ 10 ~ **de cantueso.** (*col*) Cosa de poca entidad o importancia. ■ 11 ~ **de cuño.** (*Numism*) Moneda que no ha circulado, o que está en tan buen estado que parece que no la ha hecho. ■ 12 ~ **de estufa.** (*col*) Pers. muy frágil o enfermiza. ■ 13 ~ **de la sal.** Espuma rojiza producida por la sal. ■ 14 ~ **de un día.** Cosa de existencia sumamente breve. ■ 15 ~**es blancas.** (*Med, hoy raro*) Flujo blanco. ■ 16 **la ~ de la maravilla.** (*col*) Pers. o cosa que cambia bruscamente de estado y que tan pronto está bien como mal. II *loc adj* 17 **de** ~. (*reg*) [Queso] fabricado con leche cuajada con la flor [1a] del cardo. III *loc v* 18 **andarse a la ~ del berro.** (*lit, raro*) Entregarse a diversiones y placeres. ■ 19 **nacer** (*o* **haber nacido**) **con una ~ en el culo.** (*col, humoríst*) Tener suerte.

IV *loc adv* 20 **a** ~. A nivel o a la superficie [de algo, esp. agua, piel o tierra]. *A veces se omite el compl, por consabido. Tb fig.* ■ 21 **en** ~. *Referido a planta:* En la fase en que tiene flores [1a]. *Tb adj.* **b)** En el momento inicial de esplendor y pujanza. *Tb adj, frec referido a muchacha.* **c) en la ~ de la vida,** *o* **de la edad.** En plena juventud. ■ 22 **ni** ~**es.** (*col*) Nada. *Frec* NADA, NI ~ES.

flora[1] *f* 1 Conjunto de las distintas plantas, esp. no cultivadas, [de un país o zona o de un medio determinados]. ■ 2 (*Biol*) Conjunto de bacterias que suelen residir en una parte del organismo. *Con un adj especificador.* ■ 3 (*jerg*) Droga.

flora[2]. **pasta** ~ → PASTAFLORA.

floración *f* 1 Acción de florecer [1]. *Tb la época en que se produce.* ■ 2 (*lit*) Momento inicial de esplendor y pujanza [de algo]. **b)** Cosa en que [algo (*compl de posesión*)] alcanza desarrollo o pujanza. ■ 3 (*lit*) Aparición abundante [de algo].

florada *f* (*reg*) Floración [1].

floral *adj* 1 De (la) flor o de (las) flores. **b)** [Juegos] ~**es** → JUEGO. ■ 2 De la flora[1] [1].

floralismo *m* (*desp*) Estilo poético propio de los juegos florales.

flordelisado -da *adj* (*Heráld*) Que tiene flores de lis, o que termina en flores de lis.

floreado -da *adj* 1 *part* → FLOREAR. ■ 2 Que tiene dibujo de flores. ■ 3 Rico en florituras o adornos.

floreal[1] *adj* 1 (*lit*) Floral [1a]. ■ 2 (*Arte*) [Estilo] liberty.

floreal[2] *m* (*hist*) Octavo mes del calendario revolucionario francés, que va del 20 de abril al 19 de mayo.

florear *tr* 1 Adornar con flores. **b)** *En gral:* Adornar. ■ 2 (*Mús*) Tocar [algo] con florituras o adornos. ■ 3 (*reg*) Escoger o seleccionar.

florecer (*conjug 11*) *intr* ➤ **a** *normal* 1 Echar flores [una planta]. ■ 2 Alcanzar desarrollo o pujanza [alguien o algo]. *Tb fig.* **b)** Prosperar [una pers. o colectividad]. ■ 3 (*lit*) Surgir o aparecer [alguien o algo]. **b)** (*lit*) Vivir [una pers. en un tiempo determinado]. ➤ **b** *pr* (~**se**) 4 Ponerse mohoso [algo, esp. un alimento].

floreciente *adj* Que está en pleno desarrollo o esplendor.

florecimiento *m* Acción de florecer, *esp* [2].

florentino -na *adj* 1 De Florencia (Italia). *Tb n, referido a pers.* ■ 2 (*lit*) Astuto o diplomático.

florenzado -da *adj* 1 (*Arte*) [Arco] conopial adornado. ■ 2 (*Arte y Heráld*) [Cruz] cuyos brazos terminan en tres puntas semejantes a las de la cruz flordelisada.

floreo *m* 1 Floritura o adorno. ■ 2 Dicho gracioso o lisonjero, usado por puro pasatiempo o como alarde de ingenio. **b)** Conversación intrascendente. ■ 3 (*Esgr*) Movimiento de la punta de la espada.

florería *f* 1 Floristería (tienda). ■ 2 Industria o comercio de la flor [1a].

florero -ra A *m* 1 Vasija destinada a contener flores [1a]. ■ 2 (*jerg*) En un prostíbulo: Hombre que solo va de tertulia. B *m y f* 3 (*hoy raro*) Florista.

florescencia *f* (*Bot*) Floración [1].

floresta *f* (*lit*) Terreno agradable, poblado de árboles frondosos.

floreta *f* (*reg*) Flor (dulce).

floretazo *m* Golpe o herida de florete. *Tb fig.*

florete I *m* 1 Espadín de cuatro aristas que no suele tener aro en la empuñadura y que se usa en esgrima. *Tb la esgrima practicada con él.*
 II *loc adj* 2 **de ~.** (*Impr*) [Papel] de calidad superior, muy blanco y lustroso.

floreteado -da *adj* (*Heráld*) Flordelisado.

floreteo *m* Lucha a florete. *Frec* (*lit*) *fig.*

florícola *adj* (*Zool*) Que vive en las flores [1a].

floricultor -ra *m y f* Pers. que se dedica a la floricultura.

floricultura *f* Cultivo de las flores [1a].

floridano -na *adj* Del estado de Florida (Estados Unidos). *Tb n, referido a pers.*

floridez *f* (*lit*) Cualidad de florido.

florido -da *adj* 1 Que tiene flores. **b)** [Pascua] **florida** → PASCUA. ■ 2 Selecto o escogido. *Frec en la constr* LO MÁS ~. ■ 3 Lucido o de buena apariencia. *Tb fig.* ■ 4 Profusamente adornado. *Dicho esp de estilo o lenguaje.* **b)** (*Arte*) Flamígero. ■ 5 (*Mús*) [Contrapunto] caracterizado por variadas combinaciones rítmicas. ■ 6 (*Med*) [Enfermedad o síntoma] que se presenta de una forma muy desarrollada. ■ 7 (*lit*) [Barba] blanca.

florífero -ra *adj* (*Bot*) Que produce flores [1a].

florígeno -na *adj* (*Bot*) Que da o puede dar flores [1a].

florilegio *m* Colección de piezas literarias o musicales selectas.

florín *m* 1 Unidad monetaria de los Países Bajos. ■ 2 (*hist*) Antigua moneda de oro de curso en varios países, entre ellos Francia y España.

floripondio *m* (*desp*) Adorno pomposo y de mal gusto, esp. en forma de flor [1a].

florista *m y f* Pers. que vende flores [1a] y plantas decorativas.

floristería *f* 1 Tienda en que se venden flores [1a] y plantas decorativas. ■ 2 Industria o comercio de la flor [1a].

florístico -ca (*Bot*) I *adj* 1 De (la) flora[1].
 II *f* 2 Estudio de las formaciones vegetales desde el punto de vista geográfico.

floritura *f* (*Mús*) Adorno. **b)** *En gral:* Adorno recargado. *A veces con intención desp.*

florón *m* 1 Flor [1a] grande. ■ 2 Adorno en forma de flor [1a] grande, usado esp. en arquitectura. **b)** (*Heráld*) Adorno en forma de flor [1a] que se pone en el círculo de algunas coronas. ■ 3 (*lit*) Cosa que honra o enorgullece.

flota *f* 1 Conjunto de barcos que tienen una actividad común. *Gralm con un adj o compl especificador.* **b)** *Esp:* Conjunto de las fuerzas navales [de un país]. ■ 2 Conjunto [de aviones o de otros vehículos de transporte]. *A veces sin compl, por consabido.*

flotabilidad *f* Capacidad de flotar [1 y 2].

flotación I *f* 1 Acción de flotar [1, 2 y 5]. ■ 2 (*E*) Procedimiento de separación de ciertos materiales, frec. minerales, haciendo flotar [1] algunos de los componentes y dejando otro u otros en el fondo.

II *loc adj* 3 **de ~.** [Línea] que marca la intersección de la superficie de un líquido con el cuerpo que flota [1] en él. *Tb fig.*

flotador -ra I *adj* 1 Que flota [1].
 II *m* 2 Objeto u órgano capaz de flotar [1] en la superficie de un líquido y destinado normalmente a mantener a flote cuerpos sumergibles. **b)** (*Mec*) Aparato que sirve para determinar el nivel de un líquido o para regular la salida del mismo.

flotamiento *m* (*raro*) Flotación.

flotante *adj* 1 Que flota. **b)** (*Mar*) [Dique] construido a base de estructuras que se inundan y bajan para permitir la entrada del buque, y que luego se desaguan y elevan para dejar en seco la embarcación. ■ 2 [Población] transeúnte o pasajera. ■ 3 (*Anat*) [Costilla] que tiene el extremo anterior libre. ■ 4 (*Constr*) [Tarima o parqué] que no van pegados ni clavados al suelo. *Tb n m.* ■ 5 (*Mec*) [Motor o mecanismo] que se fija mediante dispositivos que amortiguan los golpes o vibraciones. ■ 6 (*Econ*) [Deuda] pública no consolidada, que puede aumentar o disminuir todos los días.

flotar *intr* 1 Sostenerse [un cuerpo] en la superficie [de un líquido] (*compl* EN)]. *Tb sin compl, esp referido al agua.* ■ 2 Sostenerse en suspensión [un cuerpo] en el interior de un fluido. **b)** (*lit*) Ondear libremente en el aire. ■ 3 Sentir [alguien] una sensación similar a la de flotar [2] en el aire, gralm. por efecto de un golpe, una impresión o una droga. ■ 4 Estar [algo inmaterial en un lugar] de una manera insinuada o imprecisa. ■ 5 (*Econ*) Oscilar de valor [una moneda] según el mercado, por no estar sujeto su tipo de cambio a ninguna paridad oficial.

flote I *m* 1 (*Mar*) Flotación (acción de flotar [1]).
 II *loc adv* 2 **a ~.** Flotando [1] sobre el agua. **b)** Fuera de peligros o dificultades, después de haberlos pasado. *Normalmente con los vs* SALIR, SACAR *o* PONER.

flotilla *f* 1 Flota [1] de barcos pequeños. ■ 2 Flota [1 y 2] poco numerosa.

flou (*fr; pronunc corriente,* /flu/) *m* 1 (*Cine y Fotogr*) Efecto de contornos difuminados e imprecisos. ■ 2 (*Moda*) [Vestido o estilo] suelto o no ajustado. *Tb n m.*

flower (*ing; pronunc corriente,* /fláwer/; *pl normal,* ~s). **ni ~s.** *loc adv* (*juv*) Ni flores.

flower power (*ing; pronunc corriente,* /fláwer-páwer/) *m* Movimiento hippy caracterizado por llevar flores como emblema de paz y amor.

fluctuación *f* Acción de fluctuar. *Tb su efecto y su medida.*

fluctuante *adj* Que fluctúa.

fluctuar (*conjug* 1d) *intr* 1 Oscilar o variar [algo] en intensidad o medida. *Tb fig.* ■ 2 Oscilar [algo], o efectuar un movimiento de vaivén. *Tb fig.* **b)** (*Mar*) Oscilar un cuerpo sobre las aguas por el movimiento de estas.

fluencia *f* 1 (*lit*) Acción de fluir. *Tb su efecto.* ■ 2 (*Fís*) Deformación lenta que experimenta un sólido sometido a fuerzas y temperaturas elevadas durante largo tiempo.

fluente *adj* (*lit*) Fluyente.

fluidal *adj* (*Geol*) [Estructura] que denota un antiguo estado fluido.

fluidamente *adv* De manera fluida.

fluidez *f* Cualidad de fluido.

fluídico -ca *adj* De(l) fluido [4].

fluidificación *f* (*E*) Acción de fluidificar. *Tb fig.*

fluidificador -ra *adj* (*E*) Que fluidifica.

fluidificante *adj* (*E*) Que fluidifica. *Tb n m, referido a medicamento.*

fluidificar *tr* (*lit o E*) Hacer fluido o más fluido [algo].

fluido -da (*pronunc corriente,* /flu.ído/; *raro,* /flú.ido/) **I** *adj* **1** [Cuerpo] cuyas moléculas tienen poca o ninguna cohesión y por ello toma siempre la forma del recipiente que lo contiene. *Frec n m.* **b)** *En gral:* Más líquido o menos espeso de lo normal o esperable. ■ **2** Que fluye con facilidad. **b)** [Proceso] que se produce de una manera fácil y continuada, sin interrupciones o vacilaciones.
II 3 Corriente eléctrica. *Tb* ~ ELÉCTRICO. ■ **4** Atracción o influencia que emana [de alguien o algo].

fluidoterapia *f* (*Med*) Tratamiento para mantener o restaurar el volumen y las composiciones normales de los fluidos corporales, por vía endovenosa.

fluir (*conjug* **48**) *intr* Correr o deslizarse [un fluido]. *Tb fig.*

flujo *m* **1** Acción de fluir. *Tb su efecto.* ■ **2** Secreción anormal de las vías genitales de la mujer o de un animal hembra. ■ **3** Movimiento ascendente de la marea. ■ **4** (*Fís*) Movimiento o propagación de un haz de partículas o de radiaciones. **b)** ~ **luminoso.** Cantidad de energía emitida por un foco luminoso en un segundo. ■ **5** (*Econ*) Movimiento de valores o de entradas y salidas de caja.

fluminense *adj* De Río de Janeiro (Brasil). *Tb n, referido a pers.*

flúor *m* Elemento gaseoso no metal, de número atómico 9, irrespirable, tóxico y de color amarillo verdoso, que es el primer elemento del grupo de los halógenos. **b)** espato ~ → ESPATO.

fluoración *f* (*E*) Acción de fluorar.

fluorado -da *adj* (*E*) **1** *part* → FLUORAR. ■ **2** Que contiene flúor.

fluorar *tr* (*E*) Añadir flúor [a una sustancia (*cd*)] o tratar [algo] con flúor.

fluoresceína *f* (*Quím*) Sustancia colorante de color amarillo anaranjado que, disuelta en álcalis, presenta una fluorescencia verde muy intensa.

fluorescencia *f* **1** (*Fís*) Luminiscencia que desaparece al cesar la causa excitante. ■ **2** (*raro*) Industria de la iluminación fluorescente.

fluorescente *adj* **1** De (la) fluorescencia [1]. *Tb n m, referido a tubo o lámpara.* ■ **2** Que tiene fluorescencia [1].

fluorhídrico *adj* (*Quím*) [Ácido] compuesto de flúor e hidrógeno, usado esp. para grabar vidrio.

fluórico -ca *adj* (*Quím*) Que contiene flúor.

fluorina *f* (*Mineral*) Fluorita.

fluorita *f* (*Mineral*) Mineral constituido por fluoruro de calcio cristalizado, que es la principal mena del flúor y se emplea en metalurgia como fundente.

fluorización *f* (*E*) Fluoración.

fluorocarburo *m* (*Quím*) Hidrocarburo en que todos o parte de los átomos de hidrógeno han sido sustituidos por flúor.

fluoroscopia *f* (*Med*) Radioscopia.

fluorosis *f* (*Med*) Intoxicación por flúor.

fluoruración *f* (*E*) Fluoración.

fluoruro *m* (*Quím*) Sal del ácido fluorhídrico.

fluvial *adj* **1** De(l) río o de (los) ríos. ■ **2** (*lit, raro*) [Barba] larga y abundante.

fluvialmente *adv* **1** De manera fluvial [1]. ■ **2** En el aspecto fluvial [1].

fluviátil *adj* (*Geol*) De (los) ríos o de (las) corrientes de agua dulce.

fluviómetro *m* (*Fís*) Aparato que sirve para medir las variaciones de nivel de un curso de agua.

fluxión *f* (*Med*) Congestión.

fluyente *adj* Que fluye. *Frec fig.*

flying dutchman (*ing; pronunc corriente,* /fláin-dáĉman/) *m* (*Dep*) Embarcación de regatas, muy ligera y rápida, para dos personas y con una superficie vélica de 18 m².

FM (*sigla; pronunc corriente,* /éfe-éme/) *f* (*Radio*) Modulación de frecuencia, o frecuencia modulada.

foam (*ing; pronunc corriente,* /fóam/) *m* Espuma sintética, usada esp. para forros de prendas y tapicerías.

fobia *f* **1** (*lit*) Aversión. ■ **2** (*Med*) Temor enfermizo, obsesionante y angustioso.

fóbico -ca *adj* (*Med*) **1** De (la) fobia [2] o que la implica. ■ **2** Que padece fobia [2]. *Tb n, referido a pers.* **b)** Propio de la pers. fóbica.

fobotaxia *f* (*Biol*) Tactismo negativo.

foca *f* Mamífero marino de más de 1 m de largo, cuerpo macizo, cilíndrico, con panículo adiposo consistente y cubierto de hermoso pelo gris, que vive esp. en mares fríos o templados (*Phoca vitulina*). *Diversas especies se distinguen por medio de adjs o compls:* ~ FRAILE (o MONJE, o MEDITERRÁNEA) (*Monachus monachus*), ~ GRIS (*Halichoerus grypus*), ~ LEOPARDO (*Hydrurga leptonyx*), *etc. Tb su piel.* **b)** (*col*) Se usa frec en constrs de sent comparativo para ponderar la gordura. *Esp referido a mujer.*

focal **I** *adj* **1** De(l) foco [2, 3, 4 y 5].
II *f* **2** (*Fís*) Distancia focal [1].

focalización *f* Acción de focalizar.

focalizar *tr* **1** Concentrar [algo] en un foco [3 y 4]. ■ **2** Convertir [algo] en un foco [3].

focense[1] *adj* De Foz (Lugo). *Tb n, referido a pers.*

focense[2] *adj* (*hist*) De Fócida (región de la antigua Grecia). *Tb n, referido a pers.* **b)** De los focenses.

foceo -a *adj* (*hist*) Focense². *Tb n.*

focha *f* Ave acuática de mediano tamaño, cuerpo robusto, plumaje negro y pico y placa frontal blancos (*Fulica atra*). *Otras especies se distinguen por medio de adjs:* ~ CORNUDA (*F. cristata*), ~ CENICIENTA (*F. americana*).

fócido *adj* (*Zool*) [Mamífero] de la familia de la foca.

focio -cia (*hist*) **I** *adj* **1** Focense². *Tb n.*
II *m* **2** Dialecto de los focios [1].

foco *m* **1** Manantial de luz muy potente y orientable. **b)** Lámpara de luz muy potente. ■ **2** Punto central de donde proviene o irradia [algo (*compl de posesión*)]. **b)** (*Med*) Punto primario o principal [de una infección o de una enfermedad]. ■ **3** Punto en que se concentra la atención o la actividad. ■ **4** (*Fís*) Punto de donde parten o adonde convergen ondas o haces de rayos, esp. luminosos. ■ **5** (*Geom*) Punto cuya distancia a cualquiera de los de una curva se puede expresar mediante una ecuación. ■ **6** (*Cine y Fotogr*) Enfoque.

foehn (*al; pronunc corriente,* /fóen/) (*Meteor*) **I** *m* **1** Viento cálido y seco que sopla hacia abajo en los valles de la ladera norte de los Alpes. *Tb* VIENTO ~.
II *adj invar* **2** [Efecto] producido por un viento cálido y seco que desciende por la ladera de una montaña, tras remontar la cima procedente de la ladera opuesta.

fofez *f* (*desp*) **1** Cualidad de fofo. ■ **2** Carne fofa.

fofo -fa *adj* (*desp*) Blando y de poca consistencia. *Tb fig.* **b)** Propio de las cosas fofas.

fogal *m* (*reg*) Hogar (lugar en que se hace la lumbre).

fogarada *f* (*raro*) Llamarada. *Tb fig.*

fogarata *f* (*raro*) Fogata.

fogaril *m* (*reg*) Hogar (lugar en que se hace la lumbre).

fogarín *m* (*reg*) Hogar (lugar en que se hace la lumbre).

fogata *f* Fuego que levanta mucha llama, preparado en un hogar o chimenea o al aire libre. *Tb fig.*

fogón *m* **1** *En una cocina de leña o de carbón:* Sitio destinado a hacer el fuego y guisar. *A veces referido tb a cocina de gas.* ■ **2** Obra de albañilería en forma de mesa en que va empotrada la cocina económica. ■ **3** Hogar (lugar en que se hace la lumbre). ■ **4** (*reg*) Infiernillo.

fogonazo *m* Luminosidad instantánea, esp. la producida por la explosión de la pólvora al disparar un arma de fuego, o el magnesio o el flash de los fotógrafos. *Tb fig.*

fogonero *m* Empleado encargado de alimentar una máquina de vapor.

fogosamente *adv* De manera fogosa.

fogosidad *f* Cualidad de fogoso.

fogoso -sa *adj* **1** Impetuoso o vehemente. **b)** Apasionado en el amor. ■ **2** Sumamente caluroso.

foguear **A** *tr* **1** Hacer que [alguien (*cd*)] pase los primeros apuros o penalidades de una nueva situación y se acostumbre a ellos. *Tb abs.* **b)** *pr* (~se) Pasar los primeros apuros o penalidades de una nueva situación y acostumbrarse a ellos. ■ **2** (*Mil*) Acostumbrar [a los soldados o a los caballos] al fuego de la pólvora. ■ **3** (*raro*) Quemar o abrasar. *Tb fig.* ■ **4** (*Taur*) Poner banderillas de fuego [a un toro (*cd*)].
B *intr* **5** Disparar o hacer fuego [sobre algo].

fogueo **I** *m* **1** Acción de foguear. *Tb su efecto.*
II *loc adj* **2 de ~.** [Cartucho o bala] que solo contiene pólvora. *A veces tb referido al disparo hecho con ellos. Tb fig.*

foguera *f* (*reg*) Hoguera.

foguetero *m* (*reg*) Pirotécnico.

föhn (*al; pronunc corriente,* /fön/) *m* (*Meteor*) Foehn. *Tb adj.*

foie (*fr; pronunc corriente,* /fuá/) *m* Foie-gras.

foie-gras (*fr; pronunc corriente,* /fuagrás/; *tb con la grafía* **foie gras**) *m* Pasta a base de hígado triturado con especias y manteca.

foja *f* (*reg*) Focha (ave).

fol¹ *m* (*reg*) Bolsa de cuero que sirve de depósito de aire en la gaita gallega.

fol² *m* (*reg*) Pellejo entero de animal, empleado esp. para guardar vino o hacer mantequilla.

folato *m* (*Quím*) Sal o éster del ácido fólico.

folclor *m* Folclore.

folclore (*frec con la grafía* **folklore**) *m* **1** Conjunto de tradiciones y costumbres populares. **b)** *Esp:* Cantos y bailes populares. ■ **2** Estudio del folclore [1]. ■ **3** (*col*) Lío o jaleo. **b)** Juerga.

folclórico -ca (*frec con la grafía* **folklórico**) **I** *adj* **1** De(l) folclore [1 y 2]. ■ **2** (*desp*) Pintoresco.
II *f* **3** Cantante de canción española. *A veces con intención desp.*

folclorismo (*frec con la grafía* **folklorismo**) *m* Tendencia folclórica [1].

folclorista (*frec con la grafía* **folklorista**) **I** *adj* **1** De(l) folclore [1 y 2].
II *m y f* **2** Especialista en folclore [2].

folclorizar (*frec con la grafía* **folklorizar**) *tr* (*raro*) Dar carácter folclórico [1] [a algo (*cd*)].

folganza *f* (*raro, humoríst*) Acción de folgar.

folgar *intr* (*raro, humoríst*) Fornicar.

folia *f* (*Arte*) Elemento decorativo en forma de hoja vegetal más o menos estilizada.

folía *f* **1** Canto popular canario de tiempo lento, que se acompaña con guitarra y timple. *Tb su baile.* ■ **2** (*hist*) Danza de movimiento lento y compás ternario, muy corriente en los ss. XVII y XVIII. *Tb su música.*

foliáceo -a *adj* (*E*) **1** De (la) hoja o de (las) hojas de las plantas. ■ **2** [Forma o estructura] laminar. **b)** De forma o estructura laminar.

foliación *f* **1** Acción de foliar¹. *Tb su efecto.* ■ **2** (*Bot*) Acción de echar hojas las plantas. *Tb su efecto.*

foliada *f* (*reg*) Fiesta con baile en que se toca la pandereta.

foliado -da *adj* **1** (*Bot*) Que tiene hojas. ■ **2** (*Arte*) Decorado con hojas.

foliar¹ (*conjug* **1a**) *tr* Numerar los folios [de un libro o cuaderno (*cd*)].

foliar² *adj* (*Bot*) De (la) hoja.

fólico¹ *adj* (*Quím*) [Ácido] del complejo vitamínico B, usado en el tratamiento de algunas anemias.

fólico² -ca *adj* (*reg*) Cojo. *Normalmente referido a* PATA *'pierna'.*

folicular *adj* (*Anat y Bot*) **1** Que tiene folículos. ■ **2** Que tiene forma de folículo.

foliculario *m* (*hist, desp*) **1** Individuo que publica folletos. ■ **2** Individuo que escribe en los periódicos.

foliculina *f* (*Biol*) Hormona producida por el folículo ovárico.

folículo *m* **1** (*Anat*) Glándula en forma de saquito, situada en el espesor de la piel o de las mucosas y gralm. con función secretora. *Gralm con un adj o compl especificador.* ■ **2** (*Bot*) Fruto seco monocarpelar que se abre por la sutura ventral y gralm. encierra varias semillas.

foliforme *adj* (*E*) De forma de hoja.

folio **I** *m* **1** Hoja de papel de 33 por 22 cm aproximadamente. *Frec en aposición con* TAMAÑO. ■ **2** Hoja de un libro o cuaderno, esp. cuando va numerado por hojas y no por páginas. **b)** ~ + *numeral* + **recto.** (*Bibl*) Anverso del folio [señalado con ese numeral]. **c)** ~ + *numeral* + **vuelto** (*o* **verso**). (*Bibl*) Reverso del folio [señalado con ese numeral]. ▪ **3** (*Impr*) Línea que contiene la numeración y el encabezamiento de una página. ▪ **4** (*reg*) Cosa de poco valor.

II *loc adj* **5 de a** ~. (*col*) Muy grande o extraordinario. *En sent no material.* ▪ **6 en** ~. De formato aproximado de 33 por 22 cm.

III *loc v* **7 tirarse** (*o* **marcarse**) **el** ~. (*juv*) Presumir diciendo algo que es mentira.

folíolo (*tb* foliolo) *m* (*Bot*) Hojita de las que forman una hoja compuesta.

folión *m* (*reg*) Fiesta nocturna con mucha gente.

folk I *adj invar* **1** [Música] moderna inspirada en temas o motivos de la música folclórica. **b)** De (la) música folk.

II *m* **2** Música folk.

folklore, folklórico, folklorismo, folklorista, folklorizar → FOLCLORE, *etc.*

folk-rock (*ing; pronunc corriente,* /fólk-ŕók/) *m* Música folk que incorpora elementos e instrumentos típicos del rock.

folla. mala ~. *loc n f* (*vulg*) Mala follá.

follá → FOLLADA.

follable *adj* (*vulg*) [Pers.] sexualmente apetecible.

follación *f* (*vulg*) Acción de follar.

follada (*gralm* **follá** *en aceps* 2 *y* 3) *f* (*vulg*) **1** Acción de follar. ▪ **2 mala** ~. Mala idea o mala intención. ▪ **3 mala** ~. Mala suerte o mala pata.

follado -da *adj* (*hist*) [Calzón o calza] muy huecos y arrugados a manera de fuelle. *Normalmente como n m en pl.*

follador -ra *adj* (*vulg*) Que folla. *Tb n.*

follaje *m* Conjunto de las hojas de las plantas. **b)** Decoración de hojas de plantas.

follamenta *f* (*vulg*) Acción de follar.

follapavas *adj* (*vulg*) [Pers.] tonta o boba. *Tb n.*

follar (*vulg*) **A** *intr* **1** Realizar el acto sexual. **B** *tr* **2** Realizar el acto sexual [un hombre (*suj*) con una mujer (*cd*) o más raro, una mujer (*suj*) con un hombre (*cd*)]. *A veces con un compl de interés.* **b)** Practicar sodomía [con alguien (*cd*)].

folleteo *m* (*vulg*) Acción de follar.

folletín *m* **1** (*desp*) Novela melodramática y truculenta destinada a un público popular. *A veces referido a obra cinematográfica o teatral.* **b)** Serie de acontecimientos truculentos o melodramáticos. ▪ **2** (*hoy raro*) Sección fija y coleccionable de un periódico, en que se publica por capítulos una novela o un ensayo. *Tb la obra así publicada.*

folletinesco -ca *adj* (*desp*) **1** De(l) folletín. ▪ **2** [Pers.] aficionada al folletín [1].

folletinismo *m* (*desp*) Tendencia al folletín [1].

folletinista *m y f* Escritor de folletines, *esp* [1].

folleto *m* Obra impresa no periódica que tiene entre 5 y 48 páginas. **b)** *En gral:* Impreso de varias hojas, de carácter explicativo o publicitario.

folletón *m* Folletín. *Frec con intención desp.*

follón[1] *m* (*col*) **1** Lío o confusión. **b)** Lío o complicación. ▪ **2** Lío o alboroto. ▪ **3** Lío o pendencia.

follón[2] **-na** (*lit, raro*) **I** *adj* **1** Ruin o cobarde. ▪ **2** Flojo o sin fuerza.

II *m* **3** Ventosidad sin ruido.

follonero -ra *adj* (*col*) **1** De(l) follón[1] o que lo implica. ▪ **2** [Pers.] dada a los follones[1], *esp* [2 y 3]. *Tb n.*

follonista *adj* (*col*) [Pers.] follonera [2].

follow me (*ing; pronunc corriente,* /fólou-mí/; *pl normal, invar*) *m* En un aeropuerto: Vehículo que precede a un avión para guiarlo en las maniobras de aparcamiento.

fomentación *f* **1** Acción de fomentar. ▪ **2** (*Med*) Aplicación de fomentos [2].

fomentador -ra *adj* Que fomenta. *Tb n, referido a pers.*

fomentar *tr* Promover o favorecer el incremento [de algo (*cd*)].

fomento I *m* **1** Acción de fomentar. *Tb su efecto.* ▪ **2** *En pl:* Paño o compresa empapados en agua u otro líquido caliente, que se aplica como remedio sobre una parte del cuerpo enferma.

II *loc adj* **3 de** ~. [Ministerio o ministro] encargado antiguamente de agricultura, industria, comercio, obras públicas y educación, y modernamente de obras públicas y transportes.

fómite *m* **1** (*raro*) Cosa que fomenta o promueve [algo (*compl de posesión*)]. ▪ **2** (*Med*) Objeto o sustancia no alimenticia que es causa de contagio.

fon *m* (*Fís*) Unidad de intensidad de la sensación sonora, equivalente a la sensación producida por un sonido de 1000 hercios de frecuencia y 1 decibelio de intensidad.

fonación *f* (*Fisiol y Fon*) Producción de la voz por los órganos vocales.

fonador -ra *adj* (*Fisiol y Fon*) De (la) fonación.

fonatorio -ria *adj* (*Fisiol y Fon*) Fonador.

foncé (*fr; pronunc corriente,* /fonsé/) *adj* (*lit, raro*) Oscuro.

fonda *f* **1** Establecimiento público de carácter modesto donde se da hospedaje y se sirven comidas. **b) parada y** ~ → PARADA. ▪ **2** (*hoy raro*) Cantina. *Esp en una estación de ferrocarril.*

fondak (*tb con la grafía* **fondac**) *m* Posada u hospedería en el norte de África.

fondant (*fr; pronunc corriente,* /fondán/) *m* Pasta blanca hecha con azúcar, que se emplea para bañar dulces.

fond de teint (*fr; pronunc corriente,* /fón-de-tén/) *m* (*Cosmética*) Maquillaje (cosmético).

fondeadero *m* (*Mar*) Lugar donde pueden fondear los barcos.

fondear (*Mar*) **A** *intr* **1** Fijarse [una embarcación en un punto de la costa] mediante anclas u otros pesos que descansan en el fondo [3]. **B** *tr* **2** Echar [el ancla] al fondo [3].

fondeo *m* (*Mar*) Acción de fondear.

fondillo *m* Parte del pantalón correspondiente a las nalgas. *Más frec en pl con sent sg.*

fondillón *m* Vino rancio típico de Alicante.

fondista[1] *m y f* Pers. que posee o tiene a su cargo una fonda.

fondista[2] **I** *adj* **1** (*Dep*) [Pers. o animal] especialista en carreras de fondo [21]. *Tb n, referido a pers.*

II *m* y *f* **2** (*Per*) Redactor de artículos de fondo [22].

fondo I *m* **1** Parte baja, interna y más alejada de la boca o borde [de un recipiente o de una concavidad]. ■ **2** Parte más interior o más alejada de la entrada [de un lugar]. **b)** ~ **de(l)** **ojo.** (*Med*) Parte posterior e interior del ojo, vista a través de la pupila. *A veces su examen.* ■ **3** Parte sólida sobre la que reposa o fluye [una masa o una corriente de agua (*compl de posesión*)]. ■ **4** Parte [del suelo] más alejada de la superficie. ■ **5** Distancia entre el fondo [1] y la boca [de un recipiente o concavidad], entre el fondo [2] y la entrada [de un lugar], entre el fondo [3] y la superficie [de una masa o corriente de agua] o entre el fondo [4] y la superficie del terreno. ■ **6** (*Dep*) Parte más alejada del centro del campo. ■ **7** Último plano de una representación o de una paisaje. ■ **8** Color sobre el que se destaca otro u otros. **b)** Pieza de tela u otra materia que se coloca debajo de otra de distinto color para que se transparente o se vea parcialmente. ■ **9** Conjunto de circunstancias generales en las que se desarrolla un hecho o un conjunto de hechos. **b)** ~ **musical.** (*Escén* y *RTV*) Música que suena mientras se desarrolla una escena o mientras se habla. *Tb fig, fuera del ámbito técn.* ■ **10** Parte [de alguien o algo] que no se percibe a primera vista. *Frec contrapuesto a* APARIENCIA. **b)** Modo de ser [de una pers.], distinto al que parece tener. ■ **11** Parte esencial [de algo]. **b)** Contenido o idea esencial [de lo que se comunica o expone]. *Frec contrapuesto a* FORMA. ■ **12** Conjunto de impresos, manuscritos u otros documentos [de una biblioteca o de un archivo]. *Frec en pl.* ■ **13** Conjunto de piezas de que dispone [un museo (*compl de posesión*)]. *Frec en pl.* ■ **14** Conjunto de libros publicados [por una editorial (*compl de posesión*)] o cuyos derechos de edición dispone. *Frec ~* EDITORIAL. ■ **15** Conjunto básico de elementos de que dispone [algo (*compl de posesión*)]. ■ **16** Cantidad de dinero reunida por varias perss. con una finalidad determinada. *Frec ~* COMÚN. **b)** (*Econ*) Cantidad de dinero reunida en una caja o depósito por una o más perss. u organismos para una actividad u objetivo determinados. *Frec forma parte de la denominación de distintas instituciones económicas destinadas a gestionarlos.* **c)** ~ **de inversión.** (*Econ*) Patrimonio perteneciente a una pluralidad de inversores y administrado por una sociedad gestora. *Frec en pl. A veces con un adj o compl especificador:* DE ACTIVOS DEL MERCADO MONETARIO, MOBILIARIA. ■ **17** *En pl:* Dinero. **b)** ~**s reservados.** Dinero de que disponen algunos ministerios para gastos secretos. **c)** ~(s) **de reptiles.** Parte de los fondos reservados destinada a fomentar el apoyo de la prensa a la política del gobierno. ■ **18** (*Mar*) *En pl:* Parte sumergida [de una embarcación]. ■ **19** (*Coc*) Sustancia con que se cubre el fondo [1] del recipiente que se emplea. ■ **20** (*Coc*) Parte baja [de determinadas verduras, esp. alcachofas]. ■ **21** (*Dep*) Resistencia física. **b)** Carrera de larga distancia, entre 5.000 y 10.000 m. *Frec en la loc* DE ~. **c)** **gran** ~. Carrera de una distancia superior a 10.000 m. *Frec en la constr* DE GRAN ~. **d)** **medio** ~. Carrera de media distancia, entre 800 y 3.000 m. *Frec en la constr* DE MEDIO ~. ■ **22** (*Per*) Artículo de fondo (→ ARTÍCULO). ■ **23 bajos** ~**s.** Sector de la sociedad, de vida ilegal o al margen de la ley.
II *loc adj* **24 a** ~ **perdido.** [Crédito] concedido con la condición de que no ha de devolverse el capital. *Tb adv.* ■ **25** [Artículo] **de** ~, [mar] **de** ~ → ARTÍCULO, MAR¹. ■ **26 de** ~. [Música o ruido] que se percibe en segundo plano mientras se desarrolla un hecho o mientras se habla. ■ **27 de** ~. [Tema, pro-

blema o algo similar] que constituye el fondo [11] de algo. ■ **28 de** ~. (*Dep*) De carreras de fondo [21a y b]. ■ **29 sin** ~**s.** [Cheque o talón] de una cuenta que carece de fondos [17a]. ■ **30** [Pozo] **sin** ~ → POZO.
III *loc v* **31 dar** ~. (*Mar*) Fondear. ■ **32 tocar** ~. Llegar hasta el fondo [3] [alguien o algo que se hunde]. **b)** Llegar al límite de una situación negativa.
IV *loc adv* **33 a** ~. Completamente y hasta el último detalle. *Tb adj.* ■ **34 a** ~. Con la máxima intensidad y hasta el límite de lo posible. *Tb adj.* ■ **35 de** + *numeral* + **en** ~. En fila que presenta un frente del número de elementos que expresa el numeral. *Tb adj.* ■ **36 en el** ~. En realidad, aunque no en apariencia. ■ **37 en** ~**s.** Con dinero. *Frec con el v* ESTAR.

fondón -na *adj* (*col*) [Pers.] que ha perdido la esbeltez por haber engordado. *Gralm referido a mujer.*

fonducho *m* (*desp*) Fonda.

fonduco *m* (*reg*) Desnivel o concavidad más o menos profundos.

fondue (*fr; pronunc corriente,* /fondí/ *o* /fondú/) *f* **1** Plato consistente en queso fundido con vino blanco, en el que cada comensal moja trozos de pan. *Tb ~* DE QUESO. **b)** Plato preparado con trozos de carne que cada comensal sumerge en un recipiente con aceite hirviendo, poniéndole después diversas salsas. *Tb ~* DE CARNE *o* BOURGUIGNONNE. ■ **2** Utensilio especial para preparar la fondue [1].

fonema *m* (*Ling*) Unidad distintiva mínima que se puede delimitar en la cadena hablada.

fonemática → FONEMÁTICO.

fonemáticamente *adv* (*Ling*) En el aspecto fonemático.

fonemático -ca (*Ling*) **I** *adj* **1** De(l) fonema o de (los) fonemas.
II *f* **2** Fonología. *A veces designa esp la parte de ella que estudia los fonemas.*

fonematización *f* (*Ling*) Hecho de fonematizar. *Tb su efecto.*

fonematizar *tr* (*Ling*) Dar carácter de fonema [a un sonido (*cd*)].

fonémico -ca (*Ling*) **I** *adj* **1** Fonemático [1].
II *f* **2** Fonología o fonemática [2].

fonendo *m* (*argot Med*) Fonendoscopio.

fonendoscopio *m* (*Med*) Utensilio para auscultar, constituido por una pequeña caja de resonancia que se aplica al cuerpo del paciente y que va conectada con dos auriculares que se introducen en los oídos del médico.

fonética → FONÉTICO.

fonéticamente *adv* (*Ling*) En el aspecto fonético.

fonético -ca (*Ling*) **I** *adj* **1** De (los) sonidos lingüísticos. **b)** [Acento] ~ → ACENTO.
II *n* **A** *m* **2** Fonetista.
B *f* **3** Disciplina lingüística que estudia los sonidos, esp. desde el punto de vista de su articulación. ■ **4** Pronunciación.

fonetismo *m* (*Ling*) Conjunto de los sonidos [de una lengua].

fonetista *m* y *f* (*Ling*) Especialista en fonética (→ FONÉTICO [3]).

fonía¹ *f* (*Ling*) Fonética o pronunciación.

fonía² *f* (*Radio*) Radiotelefonía o telefonía.

foniatra *m y f (Med)* Especialista en foniatría.

foniatría *f (Med)* Estudio de las enfermedades de los órganos de fonación.

foniátrico -ca *adj (Med)* De (la) foniatría.

fónico -ca *adj* **1** De (los) sonidos, esp. del lenguaje. ■ **2** *(Fon)* [Grupo] de sílabas que se pronuncian seguidas entre dos pausas de la articulación.

fonje *adj (lit, raro)* Blando (que ofrece poca resistencia a la presión).

fono *m (Fís)* Fon.

fono- *r pref (E)* De(l) sonido. * Materiales fonoaislantes.

fonoabsorbente *adj (E)* Que absorbe los ruidos. *Tb n m, referido a producto.*

fonocaptor -ra *adj* Lector de un gramófono o un tocadiscos. *Normalmente n m.*

fonogenia *f (E)* Buena aptitud de una voz para ser captada por micrófono o para ser registrada por cualquier procedimiento de grabación.

fonografía *f* Grabación y reproducción de las vibraciones sonoras.

fonográfico -ca *adj* De (la) fonografía.

fonógrafo *m* **1** Gramófono. ■ **2** *(hist)* Instrumento que inscribe sobre un cilindro de cera las vibraciones sonoras y las reproduce.

fonograma *m* **1** *(E)* Grabación fonográfica. ■ **2** *(Ling)* Letra o conjunto de letras que representan un fonema.

fonolita *f (Mineral)* Roca eruptiva de color grisáceo, constituida por feldespatos alcalinos y que se caracteriza por la sonoridad que presentan sus placas cuando son golpeadas.

fonolítico -ca *adj (Mineral)* De (la) fonolita.

fonología *f (Ling)* **1** Disciplina que estudia la función de los elementos fónicos. ■ **2** Estudio [de algo] desde el punto de vista de la fonología [1]. ■ **3** Sistema fonológico [de una lengua].

fonológicamente *adv (Ling)* **1** De manera fonológica. ■ **2** En el aspecto fonológico.

fonológico -ca *adj (Ling)* De (la) fonología [1 y 2].

fonólogo -ga *m y f (Ling)* Especialista en fonología.

fonorreceptor -ra *adj (Biol)* [Órgano] receptor de estímulos sonoros.

fonoteca *f* Archivo o colección de grabaciones, esp. magnetofónicas.

fonotecnia *f (Acúst)* Técnica de producir, transmitir, registrar y reproducir sonidos.

fonsadera *f (hist)* Tributo pagado para atender a los gastos de la guerra.

fonsagradino -na *adj* De Fonsagrada (Lugo). *Tb n, referido a pers.*

font *(ing; pronunc corriente, /font/; pl normal, ~s) f (Informát)* Fuente.

fontana *f (lit)* Fuente (manantial o construcción).

fontanal *adj (lit, raro)* De (la) fuente o de (las) fuentes.

fontanar *m (lit, raro)* Hontanar (sitio donde nace una fuente o manantial).

fontanela *f* Espacio membranoso de los que existen en el cráneo aún no perfectamente osificado.

fontanería *f* **1** Tienda o taller del fontanero. ■ **2** Oficio de fontanero. ■ **3** Conjunto de conductos de distribución de agua. ■ **4** *(argot Pol)* Interioridades del poder.

fontanero -ra **I** *adj* **1** *(raro)* De (las) fuentes (de agua). **II** *m y f* **2** Pers. que instala y arregla conducciones de agua. ■ **3** *(argot Pol)* Pers. que trabaja en las interioridades del poder y gralm. en la sombra, ocupándose de asuntos secretos o poco claros.

fontanés -sa *adj* De Fuente del Maestre (Badajoz). *Tb n, referido a pers.*

fontivereño -ña *adj* De Fontiveros (Ávila). *Tb n, referido a pers.*

foot-ball *(ing; pronunc corriente, /fútbol/) m (hoy raro)* Fútbol.

footing *(ing; pronunc corriente, /fútin/) m* Deporte que consiste en correr a poca velocidad durante cierto tiempo, como ejercicio físico.

foque *m (Mar)* Vela triangular que se larga entre el trinquete y el bauprés o la proa.

foquina *f (Peletería)* Piel que imita la de la foca.

foquista *m y f (Cine y TV)* Ayudante del cámara.

foradar *tr (raro)* Horadar.

forajido -da *adj* [Pers.] malhechora huida de la justicia. *Frec n. A veces usado como insulto.*

foral *adj* De (los) fueros. **b)** [Ciudad o región] que tiene fueros. **c)** De la ciudad o región foral.

foralidad *f* Foralismo.

foralismo *m* Régimen o sistema de fueros. *Tb la tendencia a mantenerlo o restaurarlo.*

foralista *adj* De(l) foralismo. **b)** Partidario del foralismo. *Tb n, referido a pers.*

foramen *m (E)* Orificio.

foraminado -da *adj (E)* Que tiene orificios o forámenes.

foraminífero *adj (Zool)* [Protozoo] acuático con seudópodos y provisto de caparazón calizo. *Frec como n m en pl, designando este taxón zoológico.*

foramontano -na *adj (hist)* [Individuo] de los grupos vascos y cántabros que en la alta Edad Media repoblaron la parte septentrional de Castilla. *Frec n m en pl.* **b)** De (los) foramontanos.

foráneo -a *adj (lit)* Que es de fuera, esp. extranjero. **b)** [Vicario] ~ → VICARIO.

forasta *adj (jerg)* Forastero [1]. *Tb n.*

forastería *f* Cualidad de forastero [1].

forastero -ra *adj* **1** [Pers.] que viene de fuera, que no vive habitualmente en el lugar en cuestión o que no ha nacido en él. *Tb n. A veces referido a animales.* **b)** De(l) forastero o de (los) forasteros. ■ **2** *(col, humoríst)* Se usa como vocativo dirigido a alguien de confianza, imitando el habla de las películas del Oeste.

forcacha *f (reg)* Puntal o madero que sirve de apoyo, esp. en forma de horquilla.

forcado[1] *(port; pronunc corriente, /forkádo/) m (Taur)* Hombre que realiza la suerte de sujetar al toro.

forcado² *m* (*reg*) Utensilio de madera semejante a la narria, para bajar arrastrando la hierba de los sitios a donde no puede subir el carro.

forcatear *tr* (*reg*) Arar con un arado de dos timones tirado por una sola caballería.

forcejear *intr* Hacer fuerza, física o moral, para vencer la resistencia [de alguien o algo (*compl* CON)]. *Tb sin compl, por consabido.*

forcejeo *m* Acción de forcejear.

fórceps (*pl invar*) *m* Instrumento en forma de tenaza, que se usa para la extracción de la criatura en un parto difícil. *Más frec en pl con sent sg. Tb fig, normalmente en la constr* SACAR [algo] CON ~.

forcípula *f* (*Zool*) Órgano en forma de pinza.

forense *adj* **1** De(l) foro. **b)** Propio del foro (abogacía o derecho). ■ **2** [Médico] oficialmente adscrito a un juzgado de instrucción. *Frec n.* **b)** De(l) médico forense.

forensía *f* (*admin*) Cargo u oficio de forense [2].

forero -ra *adj* (*Der*) [Arrendatario] que tiene arrendadas sus tierras a foro. *Frec n.*

foresta *f* (*lit*) Bosque.

forestación *f* (*Bot*) Acción de poblar un terreno con plantas forestales.

forestal *adj* De(l) bosque o de (los) bosques.

forestalista *m y f* (*Bot*) Especialista en forestación.

forestalmente *adv* En el aspecto forestal.

forfait¹ (*fr; pronunc corriente,* /forfé/; *pl normal,* ~s *o invar*) **I** *m* **1** Abono para el uso de determinados servicios o instalaciones.
    II *loc adv* **2 a ~.** (*Turismo*) En viaje colectivo organizado y a precio fijado de antemano. *Tb adj.*

forfait² (*fr; pronunc corriente,* /forfé/; *pl normal,* ~s *o invar*) *m* (*Dep, esp Cicl*) Hecho de no participar en una prueba o de retirarse de la misma.

forigar *tr* (*reg*) Hurgar.

forillo *m* **1** (*Escén*) Telón pequeño que se pone detrás del telón de foro, cuando en este hay una puerta u otra abertura. ■ **2** (*Fotogr y TV*) Telón de fondo para una fotografía o una filmación.

forint (*húng; pronunc corriente,* /fórint/; *pl normal,* ~s) *m* Forinto.

forinto *m* Unidad monetaria de Hungría.

forista *m y f* Pers. participante en un foro (reunión).

forja *f* **1** Acción de forjar. *Tb su efecto.* **b)** Objeto de hierro forjado. ■ **2** Taller donde se forjan metales. *Tb fig.* ■ **3** Fragua.

forjado *m* (*Constr*) Estructura horizontal de un piso o cubierta. *Tb el relleno correspondiente.*

forjador -ra *adj* Que forja. *Tb n, referido a pers.*

forjar *tr* **1** Dar forma [a un metal (*cd*), esp. hierro, o a un objeto de metal (*cd*)], batiéndo[lo] o prensándo[lo], gralm. en caliente. **b)** *En gral:* Dar forma [a algo (*cd*)]. ■ **2** (*lit*) Crear o formar. **b)** *pr* (~se) Crearse o formarse.

forlón *m* (*hist*) Coche de caballos cerrado, de cuatro asientos y sin estribos.

forma I *f* **1** Modo o manera. *A veces* (*pop*) *en pl con sent sg.* ■ **2** Modo de estar dispuesta la materia o las distintas partes [de un cuerpo]. **b)** (*Arte*) Contorno de las cosas materiales. *Frec en pl.* **c)** *En pl:* Contorno del cuerpo. *Normalmente referido al pecho, cintura y caderas de la mujer.* **d)** (*Der*) Conjunto de los requisitos externos en un acto jurídico. ■ **3** Condiciones físicas [de una pers. o animal]. *Esp en deportes. Gralm con un adj calificativo. Tb fig, referido al estado moral.* **b)** *Sin adj:* Buena forma, o condiciones físicas adecuadas. *Esp en deportes.* ■ **4** Modo de exponer o comunicar [algo (*compl de posesión*)]. *Frec contrapuesto a* FONDO. ■ **5** *En pl:* Modo de comportarse, según las normas de educación. *Frec en la constr* BUENAS ~S. ■ **6** Manera de presentarse o estar organizada [una cosa (*compl de posesión*)]. ■ **7** Molde (recipiente, dispositivo o instrumento para dar forma [2a] a algo). *Tb fig.* **b)** (*Impr*) Molde que se pone en la prensa para imprimir una cara del pliego. ■ **8** (*Filos*) En la teoría hilemorfista: Principio activo que da determinación a la materia. ■ **9** (*Ling*) Variante de un elemento, que responde a una determinada función. ■ **10** (*Ling*) Estructura. *Se opone a* SUSTANCIA. ■ **11** (*Rel catól*) Palabras rituales [de un sacramento]. ■ **12** (*Rel catól*) Pan ácimo y redondo que sirve para la comunión.
    II *loc v* **13 guardar las ~s.** Comportarse según las normas de educación. **b)** Guardar las apariencias o las conveniencias sociales. ■ **14 no haber ~.** (*col*) No haber modo. *Gralm con* DE + *infin o* DE QUE + *subj.*
    III *loc adv* **15 de alguna ~,** *o* **en cierta ~.** Parcialmente o en algún aspecto. ■ **16 de cualquier ~.** De cualquier modo, o sin ningún esmero. ■ **17 de cualquier ~, de todas ~, de una u otra ~.** De cualquier modo o en cualquier caso. ■ **18 de ninguna ~.** De ningún modo. ■ **19 de otra ~.** De otro modo, o de no ser así. ■ **20 en (debida) ~.** Con las formalidades necesarias. *Tb adj.* **b)** **en ~.** Como es debido. *Tb adj.* ■ **21 en ~.** En condiciones físicas adecuadas. *Frec en deportes. Tb fig, referido al estado moral. Tb adj.* **b)** (*col, humoríst*) En disposición adecuada al acto sexual, o en estado de excitación sexual. ■ **22 en ~.** A modo o intensamente.
    IV *loc conj* **23 de ~ que.** De modo que. ■ **24 de la misma** (*o* **de igual**) **~ que.** Del mismo modo que.

formable *adj* Que se puede formar.

formación *f* **1** Acción de formar(se). ■ **2** Cosa que se ha formado o desarrollado. ■ **3** Conjunto ordenado [de perss. o cosas reunidas]. ■ **4** (*Dep*) Alineación [de un equipo]. ■ **5** (*Geol*) Conjunto de estratos, rocas o masas minerales que presentan características comunes. ■ **6** (*Bot*) Agrupación de plantas de distintas especies pero con caracteres biológicos y fisiológicos análogos. ■ **7 ~ reactiva.** (*Psicol*) Mecanismo de defensa del yo, por el cual un sujeto desarrolla actitudes o rasgos psicológicos contrarios a un impulso reprimido e inaceptable.

formado -da *adj* **1** *part* → FORMAR. ■ **2** [Pers.] que tiene madurez moral o intelectual. ■ **3 bien** (*o* **mal**) **~.** De buena (o mala) constitución anatómica. *Dicho de pers. o animal, de su cuerpo o de alguna parte de este.*

formador -ra *adj* Que forma [1 a 5]. *Tb n, m y f, referido a pers, máquina o elemento.*

formal *adj* **1** De (la) forma. ■ **2** [Cosa] que se ajusta a los requisitos externos exigidos por la ley, la norma o la costumbre. **b)** [Propuesta o compromiso] que se formula asumiendo sus consecuencias. **c)** [Novio, noviazgo o relación] que se da a conocer públicamente como tal. *Referido a* RELACIÓN, *gralm* *en pl.* **d)** [Cosa] seria o sin bromas. ∎ **3** [Pers.] juiciosa en su comportamiento. *Tb fig, referido a animales.* **b)** [Pers.] que cumple sus compromisos. **c)** Propio de la pers. formal. ∎ **4** [Palabra o forma de expresión] propia de la lengua escrita y del uso protocolario o cortés. ∎ **5** (*Filos*) [Lógica] que utiliza símbolos.

formaldehído *m* (*Quím*) Aldehído fórmico o metanal.

formaleta *f* (*Constr*) Armazón que sostiene un arco.

formalete *m* (*Arquit*) Arco de medio punto.

formalidad *f* **1** Cualidad de formal [2 y esp. 3]. *Tb fig.* ∎ **2** Comportamiento formal [3c]. ∎ **3** Requisito externo exigido por la ley, la norma o la costumbre. *Gralm en pl.*

formalina *f* (*Quím*) Formol.

formalismo *m* **1** Tendencia a aplicar rigurosamente las normas externas. ∎ **2** (*Arte y TLit*) Tendencia a buscar exclusivamente la belleza formal. ∎ **3** (*Filos*) Tendencia a ocuparse principal o exclusivamente de los caracteres formales. *Tb las doctrinas basadas en esta tendencia.*

formalista *adj* De(l) formalismo o que lo implica. **b)** Adepto al formalismo. *Tb n.* **c)** Que actúa con formalismo [1]. *Tb n.*

formalizable *adj* Que puede ser formalizado.

formalización *f* Acción de formalizar(se). *Tb su efecto.*

formalizador -ra *adj* Que formaliza. *Tb n, referido a pers.*

formalizar *tr* **1** Hacer formal [2a, b y c] [algo]. **b)** *pr* (~se) Hacerse formal [2a, b y c y 3] [algo o alguien (*suj*)]. *Tb fig.* ∎ **2** Someter o acomodar [algo] a una forma establecida.

formalmente *adv* **1** De manera formal [1, 2a, b y d y 3c]. ∎ **2** En el aspecto formal [1].

formante **I** *adj* **1** Que forma [5]. **b)** Que forma parte [de algo].
II *m* **2** (*Ling*) Morfema. ∎ **3** (*Fon*) Frecuencia de las varias que constituyen un sonido complejo, esp. las dos principales.

formar **A** *tr* **1** Hacer [algo] o dar[le (*cd*)] existencia, esp. material. **b)** *pr* (~se) Cobrar existencia o pasar a existir. ∎ **2** Hacer [una colectividad o un todo] uniendo una serie de perss. o cosas. **b)** Ser [una serie de perss. o cosas] componentes [de un todo (*cd*)]. **c)** Ser [una cosa] el único componente [de otra (*cd*)]. **d)** ~ **parte** → PARTE[1]. ∎ **3** Dar [a alguien (*cd*)] preparación intelectual, moral o profesional. **b)** *pr* (~se) Recibir [alguien] preparación intelectual, moral o profesional. ∎ **4** Dar desarrollo [a algo (*cd*)]. **b)** *pr* (~se) Recibir desarrollo [algo]. ∎ **5** Dar forma [2a] [a algo (*cd*)]. ∎ **6** (*Mil*) Disponer [una unidad] en filas ordenadas. ∎ **7** ~**la.** (*col*) Armar u organizar un lío o alboroto.
B *intr* **8** Figurar o encontrarse [en un determinado conjunto o clase de perss.]. *Tb sin compl.* ∎ **9** *En el ejército o en la cárcel:* Colocarse en filas ordenadas.

formatear *tr* (*Informát*) Dar formato [a algo, esp. a un disco o a un documento].

formateo *m* (*Informát*) Acción de formatear.

formativo -va *adj* **1** Que sirve para formar [3 y 4]. ∎ **2** De (la) formación [1].

formato *m* **1** *En un impreso:* Tamaño determinado por la altura y anchura. **b)** *En gral:* Tamaño. *Referido esp a objetos planos y tb en sent fig.* ∎ **2** (*Informát*) Disposición asignada a un conjunto de datos o a los distintos elementos de un texto. ∎ **3** (*RTV*) Forma de presentación [de un programa]. ∎ **4** (*Cine y TV*) Dimensión de la anchura [de una película], expresada normalmente en milímetros.

forme *adj* (*E*) Que tiene forma [2a] precisa o concreta. *Se opone a* INFORME.

formeno *m* (*Quím*) Metano.

formenterense *adj* De la isla de Formentera. *Tb n, referido a pers.*

formero -ra *adj* (*Arquit*) [Arco o nervio] paralelo al eje longitudinal de la nave.

formiato *m* (*Quím*) Sal o éster del ácido fórmico.

formica (*n comercial registrado; tb, reg,* **fórmica**) *f* Materia laminada muy dura, revestida con una resina artificial decorativa y brillante, y que se emplea esp. en la fabricación de muebles.

fórmico -ca *adj* (*Quím*) **1** [Ácido] incoloro y muy irritante, segregado por las hormigas y otros insectos y plantas, usado frec. para preparar alcanfor, tintes y otros productos químicos. ∎ **2** [Aldehído] de metilo, de olor irritante, usado en la fabricación de materias plásticas y que disuelto en agua constituye el formol.

formidable *adj* Extraordinario o magnífico. *Con intención ponderativa. Tb* (*col*) *adv.*

formio *m* Planta herbácea ornamental, de hojas siempre verdes y flores rojas o amarillas en panículos (gén. *Phormium*, esp. *P. tenax*).

formol *m* Líquido incoloro, constituido por una disolución acuosa de formaldehído al 40 por ciento, de olor fuerte y desagradable, que se emplea como desinfectante y preservativo y para la conservación de preparaciones anatómicas.

formón *m* **1** Escoplo de hoja ancha usado en carpintería. ∎ **2** (*reg*) Pieza del arado sobre la que se apoyan la vertedera y la reja.

formosano -na *adj* De la isla de Formosa (hoy Taiwán). *Tb n, referido a pers.*

fórmula **I** *f* **1** Forma establecida [para hacer algo, esp. solucionar una dificultad o conseguir un resultado]. **b)** Forma adecuada o precisa [para algo (*compl especificador*)]. **c)** Modo propuesto de actuación en un asunto. **d)** Estilo o modo de hacer [algo (*compl especificador*)]. ∎ **2** Modo de expresión lingüística consagrado por el uso o las conveniencias sociales. **b)** Palabras determinadas o rituales que deben pronunciarse en determinadas circunstancias. **c)** **pura, mera,** *o* **simple ~.** Dicho que carece de contenido y no tiene más objetivo que cubrir las apariencias. *A veces tb referido a hechos.* ∎ **3** Relación detallada y frec. simbólica de los componentes [de algo]. *Con un adj o compl especificador.* **b)** (*Quím*) Representación abreviada de la composición [de un cuerpo]. ∎ **4** (*E*) Forma de expresión concisa [de una ley, regla o principio]. ∎ **5** (*Dep*) Categoría de automóviles de competición, según unas características precisas. *Seguido de un numeral:* ~ 1, ~ 2.
II *loc adv* **6 por** (**pura**) ~. Para cubrir las apariencias y sin convicción o sentimiento.

formulable *adj* Que se puede formular[1].

formulación *f* **1** Acción de formular[1]. *Tb su efecto.* ∎ **2** Fórmula [3 y 4].

formulador -ra *adj* Que formula. *Tb n, referido a pers.*

formular[1] *tr* **1** Expresar [algo] mediante el lenguaje hablado o escrito. **b)** Hacer [una solicitud, una reclamación, una denuncia, una pregunta o algo similar]. **c)** Establecer [una ley o norma]. ■ **2** Establecer y exponer la fórmula [3 y 4] [de algo (*cd*)]. **b)** Establecer y exponer los caracteres o circunstancias [de algo (*cd*)].

formular[2] *adj* **1** Que tiene carácter de fórmula [2]. ■ **2** Formulario [2].

formulariamente *adv* De manera formularia.

formulario -ria I *adj* **1** De (la) fórmula [1 y 2]. ■ **2** [Cosa] hecha por cubrir las apariencias y sin convicción o sentimiento. **b)** Propio de las cosas formularias. II *m* **3** Colección de fórmulas [2] que se han de utilizar en la redacción de determinados escritos. ■ **4** Impreso con espacios en blanco que hay que rellenar.

formulismo *m* **1** Tendencia al uso abusivo de fórmulas [1a y 2]. ■ **2** Actitud de quien actúa por pura fórmula [6].

fornicación *f* Acción de fornicar.

fornicador -ra *adj* [Pers.] que fornica. *Tb n.* **b)** Propio de la pers. fornicadora.

fornicar *intr* Realizar el acto sexual fuera del matrimonio. *Tb fig, referido a animales.*

fornicario -ria *adj* **1** De (la) fornicación. ■ **2** [Pers.] que fornica, por vicio o por oficio. *Tb n.*

fornicatorio -ria *adj* (*raro*) De (la) fornicación.

fornicio *m* (*lit*) Fornicación.

fornido -da *adj* **1** [Pers.] de cuerpo grande y fuerte. ■ **2** (*lit*) [Cosa] recia o fuerte.

fornitura *f* Conjunto de elementos accesorios usados en la confección de prendas de vestir. *Frec en pl.* **b)** Conjunto de elementos accesorios usados normalmente como adorno en calzados y complementos. *Frec en pl.*

foro (*a veces con mayúscula en aceps 1c y 2*) I *m* **1** Lugar en que se establecen debates o discusiones de carácter público. **b)** Medio de debate y discusión públicos. **c)** (*hist*) *En las ciudades del Imperio Romano:* Plaza en que se trataban los asuntos públicos y en que el pretor celebraba los juicios. ■ **2** Reunión para discutir determinados asuntos ante un auditorio que interviene en la discusión. ■ **3** (*lit*) Abogacía o magistratura. *Frec en ejercicio.* ■ **4** (*Der*) Contrato consensual, propio de Galicia, por el cual una persona cede a otra el dominio útil de una cosa mediante el pago de una renta. *Tb la renta.* ■ **5** (*Escén*) Fondo del escenario o de la decoración. II *loc v* **6 retirarse** (*o* **irse**) **por el ~.** (*col*) Irse o marcharse.

forofo -fa *adj* (*col*) Partidario entusiasta [de alguien o algo]. *Frec n.*

forrado[1] **-da** I *adj* **1** *part* → FORRAR. II *loc v* **2 estar ~.** (*col*) Ser muy rico o tener mucho dinero. ■ **3 ir ~.** (*col*) Llevar mucha ropa puesta.

forrado[2] *m* Acción de forrar [1a]. *Tb su efecto.*

forrador -ra *adj* Que forra [1a]. *Tb n, referido a pers.*

forraje *m* **1** Hierba verde o seca que se da como pasto al ganado. ■ **2** (*raro*) Comida o alimento.

forrajear *intr* Segar y recoger forraje [1].

forrajero -ra *adj* **1** [Planta] que sirve para forraje [1]. **b)** De (las) plantas forrajeras. ■ **2** [Máquina] para recoger forraje [1]. *Tb n f.*

forrar A *tr* **1** Poner forro [1] [a algo (*cd*)]. *Tb fig.* **b)** (*raro*) Servir de forro [1] [a algo (*cd*)]. ■ **2** (*col*) Dar una paliza [a alguien (*cd*)]. *Tb fig.* B *intr pr* (**~se**) **3** (*col*) Enriquecerse. *Con intención ponderativa.* ■ **4** (*col*) Hartarse o hincharse. *Gralm con un compl* A *o* DE.

forrería *f* **1** Forros o conjunto de forros [1]. ■ **2** Tienda en que se venden forros [1b].

forro I *m* **1** Cubierta interior o exterior que sirve de protección, abrigo o adorno. **b)** Material empleado para forro. *Esp referido a tela.* II *loc v* **2 pasarse** [algo o a alguien] **por el ~ (de los cojones).** (*vulg*) No hacer ningún caso [de ellos] o mostrar absoluta indiferencia [hacia ellos]. III *loc adv* **3 ni por el ~.** (*col*) En absoluto. *En constr neg.*

forsitia *f* Arbusto de ramas largas y colgantes y flores amarillas, cultivado como ornamental (gén. *Forsythia*, esp. *F. suspensa* y *F. viridissima*).

forsterita *f* (*Mineral*) Mineral constituido por silicato de magnesio, de color blanquecino o verdoso.

fortacán *m* (*reg*) Desagüe que se abre y cierra con una compuerta, en la acequia o presa de un molino.

fortachón -na *adj* (*col, humoríst*) [Pers.] fuerte o robusta. *Tb n.*

fortalecedor -ra *adj* Que fortalece. *Tb n m, referido a producto.*

fortalecer (*conjug 11*) *tr* Dar fortaleza [1 y 2] [a alguien o algo (*cd*)]. *Tb abs. Tb fig.* **b)** *pr* (**~se**) Adquirir fortaleza [1 y 2].

fortaleciente *adj* (*raro*) Fortalecedor. *Tb n m, referido a producto.*

fortalecimiento *m* Acción de fortalecer(se).

fortaleza *f* **1** Fuerza física. **b)** Salud o buen estado físico. ■ **2** Fuerza moral para realizar una acción o soportar un sufrimiento. ■ **3** Edificio construido con materiales muy resistentes como defensa contra ataques militares. *Tb fig.* ■ **4 ~ volante.** Avión de bombardeo de grandes dimensiones.

forte *adv* (*Mús*) Fuerte. *Tb adj, referido al pasaje ejecutado en esa forma; tb n m.*

fortepiano *m* (*Mús, hist*) Pianoforte.

fortificación *f* **1** Acción de fortificar(se). ■ **2** Obra de materiales resistentes destinada a servir de defensa contra ataques militares.

fortificante *adj* Que fortifica.

fortificar *tr* **1** Dar fuerza física o resistencia [a alguien o algo (*cd*)]. *Tb abs.* **b)** *pr* (**~se**) Adquirir [alguien o algo] fuerza física o resistencia. ■ **2** Hacer obras de defensa [en un lugar (*cd*)] para resistir ataques militares. ■ **3** Hacer fuerte o más fuerte [algo no material (*cd*)].

fortín *m* (*Mil*) Pequeña construcción defensiva. *Tb (lit) fig, fuera del ámbito militar.*

fortísimo -ma I *adj* **1** *superl* → FUERTE. II *adv* **2** (*Mús*) Fortissimo. *Tb adj y n.*

fortissimo (*it; pronunc corriente, /fortísimo/*) *adv* (*Mús*) Muy fuerte. *Tb adj, referido al pasaje ejecutado en esa forma; tb n m. Tb fig.*

fortran (*gralm con mayúscula*) *m* (*Informát*) Lenguaje de alto nivel destinado a la resolución de problemas científicos y técnicos.

fortuitamente *adv* De manera fortuita.

fortuito -ta *adj* Inesperado o casual.

fortuna I *f* 1 Suerte (causa supuesta o poder imaginario). *Frec con los adjs* BUENA, MALA *u otros equivalentes*. **b)** *Sin adj:* Buena fortuna. ■ **2** Éxito o aceptación [de alguien o algo]. *Gralm con un calificador*. **b)** *Sin adj:* Éxito o buena aceptación. ■ **3** Hacienda, o conjunto de bienes. **b)** Fortuna grande. *Tb la pers que la posee*. **c)** Cantidad grande de dinero. *Frec con intención ponderativa*.
II *loc adj* **4** [Bienes] **de ~**, [golpe] **de ~**, [moza] **de ~ —→** BIEN[2], GOLPE, MOZO. ■ **5 de ~**. (*Caza*) [Día] en que está prohibido cazar, por hallarse las piezas mermadas de facultades a causa de nevadas, incendios, inundaciones u otras circunstancias. ■ **6 de ~**. [Soldado] mercenario. ■ **7 de ~**. (*raro*) Improvisado. *Tb adv*.
III *loc v* **8 hacer ~**. Hacerse rico. ■ **9 hacer ~**. Tener éxito o aceptación [una cosa, esp. una idea o una expresión]. ■ **10 probar ~**. Probar suerte.
IV *loc adv* **11 por ~**. Afortunadamente o por suerte.

fortunero -ra *adj* De Fortuna (Murcia). *Tb n, referido a pers*.

fortunón *m* (*col*) Fortuna [3] grande.

fórum (*pl normal, invar o ~s*) *m* Foro [2].

forúnculo *m* Pequeña inflamación purulenta que se forma en el espesor de la dermis. *Tb fig*.

forunculosis *f* (*Med*) Estado patológico producido por la aparición simultánea de varios forúnculos.

forzadamente *adv* De manera forzada [2a y 3a].

forzado -da I *adj* **1** *part* —→ FORZAR. ■ **2** Forzoso. **b)** [Trabajos] que como condena ejecuta por obligación el presidiario. **c)** [Pie] **~ —→** PIE. ■ **3** Que carece de espontaneidad o naturalidad. **b)** (*Bot*) [Cultivo] en que se somete a las plantas a la acción de agentes físicos o químicos para acelerar su desarrollo. **c)** (*E*) [Fluido] que es obligado a circular a una velocidad o en una dirección que no son las naturales.
II *m* **4** (*hist*) Galeote. *Tb* (*lit*) *fig*.
III *loc adv* **5 a marchas forzadas** —→ MARCHA.

forzador -ra *adj* Que fuerza. *Frec n m, referido al que fuerza* [2].

forzamiento *m* Acción de forzar.

forzar (*conjug 4*) **A** *tr* **1** Obligar [a alguien (*cd*) a hacer algo]. *Tb sin el 2º compl, por consabido*. ■ **2** Poseer sexualmente [a una mujer] contra su voluntad. ■ **3** Someter [algo] a un esfuerzo superior al normal. ■ **4** Abrir [algo] utilizando la fuerza y no los procedimientos normales. ■ **5** Hacer que [algo (*cd*)] se produzca de manera no espontánea, o con intensidad superior a la natural. ■ **6 ~ la mano, ~ la máquina** —→ MANO, MÁQUINA.
B *intr* **7** (*raro*) Esforzarse [por algo]. *Tb pr* (*~se*).

forzosamente *adv* De manera forzosa.

forzoso -sa *adj* [Cosa] obligada o no voluntaria. **b)** [Aterrizaje] que ha de hacerse en un lugar que no era el previsto, por razones técnicas. **c)** [Cosa] inevitable o ineludible. **d)** [Pers.] que es [lo que se indica] por fuerza o necesidad.

forzudo -da *adj* [Pers.] que tiene mucha fuerza. *Tb n*.

fosa *f* **1** Hoyo excavado en la tierra, que se emplea esp. como sepultura. ■ **2** (*Anat*) Cavidad. *Solo referido a determinadas cavidades, esp las nasales*. **b)** Depresión o entrante pronunciado [de un hueso]. ■ **3** (*Geol*) Depresión o hundimiento, esp. de gran profundidad. *Tb ~* TECTÓNICA. ■ **4 ~ séptica**. Pozo negro (—→ NEGRO).

fosbury (*ing; pronunc corriente, /fósburi/*) *m* (*Dep*) Salto de altura que se realiza arqueando la espalda sobre el listón y dejando caer por último las piernas.

foscarral *m* (*reg*) Espesura (lugar muy poblado de árboles o matorrales).

fosco -ca *adj* **1** [Pelo] hueco y ligeramente rizado. **b)** [Pelo] alborotado. ■ **2** (*lit*) Hosco.

fosfágeno *m* (*Biol*) Sustancia energética depositada en los músculos en reposo.

fosfamina *f* (*Quím*) Hidrógeno fosforado.

fosfatación *f* (*Quím*) Hecho de provocar la formación de fosfatos complejos en la superficie de un metal para protegerlo contra los agentes atmosféricos.

fosfatado -da *adj* (*Quím*) Que contiene fosfatos.

fosfatasa *f* (*Biol*) Enzima que cataliza la síntesis o hidrólisis de un éster del ácido fosfórico.

fosfático -ca *adj* Que contiene fosfatos.

fosfátido *m* (*Quím*) Lípido complejo que contiene en su molécula ácido fosfórico.

fosfatina. hacer ~. *loc v* (*col*) Deshacer o destrozar. *Con intención ponderativa. Tb fig. Normalmente en part*.

fosfato *m* (*Quím*) Sal del ácido fosfórico. *Frec con un adj o compl especificador*. **b)** *Sin especificador, esp:* Fosfato cálcico, que se emplea como abono.

fosfeno *m* (*Med*) Sensación luminosa producida por presión del globo ocular.

fosfito *m* (*Quím*) Sal del ácido fosforoso.

fosfolípido *m* (*Quím*) Fosfátido.

fosforación *f* (*Quím*) Acción de agregar fósforo a una sustancia o combinarla con él.

fosforado -da *adj* (*Quím*) Que contiene fósforo. *Tb n m, referido a producto*.

fosforecer (*conjug 11*) *intr* Emitir [un cuerpo] luz por fosforescencia.

fosforero -ra I *adj* **1** De (los) fósforos [2]. *Frec n f, referido a empresa*.
II *n* **A** *m y f* **2** (*hoy raro*) Pers. que vende fósforos [2].
B *f* **3** (*hoy raro*) Estuche o cajita para guardar fósforos [2].

fosforescencia *f* (*Fís*) **1** Luminiscencia que persiste algún tiempo después de cesar la causa excitante. ■ **2** Luminiscencia persistente de origen químico.

fosforescente *adj* Que fosforece.

fosforescer (*solo se usa en las formas en que la c va seguida de e o i*) *intr* Fosforecer.

fosfórico -ca *adj* **1** De(l) fósforo [1 y 3]. ■ **2** (*lit*) Que brilla como el fósforo [1]. ■ **3** (*Quím*) Que contiene fósforo [1] con valencia 5.

fosforilación *f* (*Biol*) Introducción en un compuesto orgánico de un radical trivalente de fósforo y oxígeno.

fosforilasa *f* (*Biol*) Enzima que cataliza la hidrólisis del glucógeno.

fosforita f (Mineral) Roca sedimentaria formada pralm. por fosfato cálcico, usada como abono.

fosforito adj invar (col, desp) [Color] muy brillante y llamativo. **b)** De color fosforito.

fósforo m **1** Elemento no metálico, de número atómico 15, inflamable, fosforescente y venenoso, que entra en la constitución de los organismos vegetales y animales. A veces con un adj especificador de las distintas variedades alotrópicas: ROJO, VERDE, BLANCO, NEGRO, VIOLETA. ■ **2** Cerilla. ■ **3** (col) Inteligencia o agudeza mental.

fosforoso -sa adj **1** De(l) fósforo. ■ **2** (Quím) Que contiene fósforo [1] con valencia 3.

fosfuro m (Quím) Combinación de fósforo con otro elemento, esp. con un metal.

fosgeno m (Quím) Gas venenoso que resulta de la combinación del cloro con el óxido de carbono.

fósil I adj **1** [Resto o huella de organismos] conservados en los depósitos sedimentarios de la corteza terrestre. Frec n m. **b)** De (los) fósiles. ■ **2** (Geol) [Sustancia o estructura inorgánica] que se ha conservado a lo largo del tiempo. **b)** [Combustible] mineral. **c)** [Agua] acumulada en una formación sedimentaria y sin comunicación con el exterior. ■ **3** (lit) Que permanece petrificado o sin cambios a lo largo del tiempo.
II m **4** ~ **viviente.** (Biol) Especie viva y rara que corresponde a épocas pasadas.

fosilífero -ra adj (Geol) [Terreno] que contiene fósiles [1a].

fosilización f Acción de fosilizar(se).

fosilizar A tr **1** (raro) Convertir [algo] en fósil [3]. **B** intr **2** Convertirse en fósil [1 y 3]. Gralm pr (~se).

foso m **1** Hoyo profundo en el suelo. **b)** Excavación profunda que rodea una fortaleza. **c)** En un taller mecánico o un garaje: Hoyo que permite reparar con comodidad el vehículo colocado encima. ■ **2** En un teatro: Parte rebajada delante del escenario destinada a la orquesta. **b)** (Escén) Espacio que está debajo del escenario. ■ **3** (Dep) En un estadio: Zona destinada al salto de longitud o al salto con pértiga.

fosor m (reg) Enterrador.

fote m (reg) Panecillo propio para el desayuno.

fotero -ra m y f (col) Fotógrafo.

fotingo m (desp, raro) Coche o automóvil.

foto (col) I f **1** Fotografía (imagen o toma fotográfica).
II loc v y fórm or **2 hacer una ~ (o ~s).** (col) Enseñar [una mujer] los muslos o la entrepierna, gralm. de manera involuntaria. ■ **3 qué ~ tienes** (tenéis, etc). (col) Fórmula con que se pondera la posición curiosa o ridícula de alguien. * Accionó torpemente el fuelle. –¡Vaya, hermano, qué foto tienes!

foto-¹ r pref Relativo a la luz. * Fotobiología. * Fotocoagulador.

foto-² r pref Relativo a la fotografía. * Laboratorio fototécnico de color.

fotobacteria f (Biol) Bacteria luminiscente.

fotobiología f (Biol) Estudio de los efectos de la luz sobre los organismos.

fotocélula f (Electr) Célula fotoeléctrica.

fotocolorímetro m (Fotogr) Instrumento para apreciar la intensidad de las radiaciones de color.

fotocomponedora f (Impr) Máquina de fotocomposición.

fotocomponer (conjug 21) tr (Impr) Componer por fotocomposición.

fotocomposición f (Impr) Composición automática de textos escritos realizada en material fotosensible, para ulterior reproducción.

fotocompositor -ra m y f (Impr) Pers. que fotocompone.

fotoconductor -ra (tb f **fotoconductriz**) adj (Electr) [Cuerpo] cuya conductividad varía según la intensidad de la luz que lo ilumina.

fotocopia f Procedimiento de reproducción fotográfica directamente sobre el papel. Tb la fotografía así obtenida.

fotocopiador -ra adj Que fotocopia. Tb n f, referido a máquina.

fotocopiar (conjug 1a) tr Reproducir [algo] en fotocopia.

fotocromático -ca adj (Ópt) Fotocrómico.

fotocrómico -ca adj (Ópt) [Material] cuyo color depende de la intensidad de la luz que lo hiere.

fotocromismo m (Ópt) Cualidad de los cuerpos o materiales fotocrómicos.

fotocromo -ma adj (Ópt) [Cuerpo o material] cuyo color depende de la intensidad de la luz que lo hiere. Tb n m.

fotodiodo m (Electr) Diodo semiconductor cuya corriente varía con la iluminación a que se encuentra sometido.

fotoeléctrico -ca adj (Electr) [Fenómeno] provocado por la luz, o por otras radiaciones de longitud de onda comparable a la de los rayos luminosos. **b)** [Célula] **fotoeléctrica** → CÉLULA.

fotoelectrón m (Fís) Electrón liberado por efecto fotoeléctrico.

fotoenvejecimiento m (Med) Envejecimiento de la piel causado por los rayos solares.

fotoesfera f (Astron) Fotosfera.

fotofija (tb con la grafía **foto-fija**) (Cine) A f **1** Fotografía, hecha durante el rodaje, de una escena del filme, con destino a la secretaría de rodaje o a la publicidad.
B m y f **2** Fotógrafo encargado de hacer fotofijas [1].

foto-finish (ing; pronunc corriente, /fotofínis/; tb con la grafía **fotofinish**) (Dep) A m **1** Aparato que registra fotográficamente la llegada de una carrera.
B f **2** Fotografía obtenida con el foto-finish [1].

fotofobia f (Med) Intolerancia anormal a la luz.

fotófobo -ba adj (Med) Que padece fotofobia. Tb (lit) fig.

fotogenia f Cualidad de fotogénico.

fotogénico -ca adj Que produce buen efecto en fotografía e incluso resulta favorecido con respecto al natural.

fotogeología f (Topogr) Método para trazar mapas geológicos basado en la utilización de fotografías aéreas.

fotograbado m (Impr) **1** Procedimiento fotomecánico que permite obtener planchas o grabados de impresión. Tb la plancha o grabado así obtenidos. ■ **2** Taller de fotograbado [1].

fotografía I *f* **1** Procedimiento o técnica que permite fijar imágenes de la realidad mediante la acción de la luz sobre una superficie sensible. *Tb el arte correspondiente.* **b)** (*Com*) Artículos de fotografía. ■ **2** Imagen obtenida por medio de la fotografía [1a]. *Frec con los vs* TOMAR, HACER *o* SACAR. **b)** Reflejo exacto [de algo no material]. ■ **3** Estudio de fotografía [1a]. ■ **4** (*Cine*) Toma de imágenes.
II *loc v* **5 hacer una ~** (*o* **~s**). (*col*) Enseñar [una mujer] los muslos o la entrepierna, gralm. de manera involuntaria.

fotografiar (*conjug* **1c**) *tr* **1** Obtener la imagen fotográfica [de alguien o algo (*cd*)]. ■ **2** (*Cine*) Realizar la fotografía [4] [de una película (*cd*)]. **b)** Realizar la fotografía [de algo (*cd*)] para filmarlo.

fotográficamente *adv* De manera fotográfica.

fotográfico -ca *adj* De (la) fotografía [1a, 2 y 4].

fotógrafo -fa *m y f* Pers. que hace fotografías [2a]. *Esp referido al profesional.*

fotograma *m* Toma fotográfica aislada, de las que constituyen una serie. *Tb fig.* **b)** (*Cine*) Imagen fotográfica de las que, proyectadas en sucesión instantánea, constituyen una película.

fotogrametría *f* (*E*) Método que permite hallar las dimensiones reales de un objeto mediante fotografías del mismo. *Esp referido a su aplicación topográfica.*

fotogramétrico -ca *adj* (*E*) De (la) fotogrametría.

fotólisis (*tb* **fotolisis**) *f* (*Quím*) Descomposición de una sustancia por acción de la luz.

fotolito *m* (*Impr*) Original fotolitográfico obtenido fotográficamente y realizado sobre película, que se usa en offset y en huecograbado.

fotolitografía *f* (*Impr*) Técnica de fijación y reproducción de grabados o textos en piedra litográfica, cinc o aluminio por procedimientos de fotograbado.

fotolitográfico -ca *adj* (*Impr*) De (la) fotolitografía.

fotomatón (*n comercial registrado*) **A** *m* **1** Cabina fotográfica que automáticamente toma la fotografía y la revela en pocos minutos.
B *f* **2** (*raro*) Fotografía obtenida en un fotomatón [1].

fotomecánico -ca I *adj* **1** De (la) fotomecánica [3].
II *n* **A** *m y f* **2** Pers. que trabaja en fotomecánica [3].
B *f* **3** Procedimiento de impresión por medio de planchas o clichés fotográficos.

fotometría *f* (*Fís*) Estudio y medición de la intensidad de la luz.

fotométrico -ca *adj* (*Fís*) De (la) fotometría.

fotómetro *m* (*Fís*) Instrumento para medir la intensidad de la luz. **b)** (*Fotogr*) Exposímetro.

fotomontaje *m* Composición fotográfica obtenida por la superposición o por la agregación en mosaico de varias fotografías.

fotomural *m* Fotografía ampliada en gran tamaño para decoración mural.

fotón *m* (*Fís*) Cuanto² de energía luminosa o de otra radiación electromagnética.

fotónico -ca *adj* (*Fís*) De(l) fotón.

fotonovela *f* Novela en que la acción se muestra a base de fotografías, con textos en forma de diálogos y pequeñas introducciones o pies.

fotoperiodismo¹ *m* (*Per*) Periodismo fotográfico.

fotoperiodismo² *m* (*Biol*) Respuesta de los organismos a la duración de la luz solar diaria.

fotoperiodista *m y f* (*Per*) Fotógrafo de prensa.

fotopolímero -ra *adj* (*Quím*) [Material] polímero fotosensible. *Tb n m.*

fotoprotección *f* Protección frente a las radiaciones solares.

fotoprotector -ra *adj* Que protege de las radiaciones solares.

fotopsia *f* (*Med*) Sensación luminosa, de chispas o destellos, debida a una afección de la retina.

fotoquímico -ca (*E*) I *adj* **1** De (la) fotoquímica [2] o de su objeto. **b)** De carácter o naturaleza fotoquímicos.
II *f* **2** Parte de la química que estudia los efectos químicos de la luz y de otras radiaciones electromagnéticas.

foto-romance → FOTORROMANCE.

fotorradioscopia *f* (*Med*) Fotografía radioscópica.

fotorreceptor -ra *adj* (*Biol*) [Órgano] receptor de estímulos luminosos.

fotorresistente *adj* (*Electr*) [Cuerpo] cuya resistencia varía según la luz que recibe.

fotorromance (*tb con la grafía* **foto-romance**) *m* (*raro*) Fotonovela.

fotosensibilidad *f* (*E*) Cualidad de fotosensible.

fotosensibilizante *adj* (*E*) Que causa fotosensibilidad. *Tb n m, referido a agente o producto.*

fotosensible *adj* (*E*) Sensible a la luz.

fotosfera *f* (*Astron*) Zona luminosa que envuelve al núcleo del Sol.

fotosíntesis *f* (*Biol*) Transformación de sustancias simples en compuestos complejos que se efectúa en las plantas con clorofila debido a la acción de la luz. *Tb designa otras síntesis químicas producidas por la luz.*

fotosintético -ca *adj* (*Biol*) **1** De (la) fotosíntesis. ■ **2** Que produce fotosíntesis.

fototactismo *m* (*Biol*) Fototaxia.

fototaxia *f* (*Biol*) Movimiento de traslación como reacción a un estímulo luminoso.

fototeca *f* Archivo fotográfico.

fototerapia *f* (*Med*) Tratamiento de las enfermedades mediante la acción de la luz, natural o artificial.

fototipia *f* (*Impr*) Procedimiento de impresión que se basa en el empleo de clichés de gelatina con relieve. *Tb la imagen así impresa.*

fototípico -ca *adj* (*Impr*) De (la) fototipia.

fototoxicidad *f* (*Med*) Toxicidad causada por determinadas sustancias por la acción de la luz.

fototóxico -ca *adj* (*Med*) **1** De (la) fototoxicidad. ■ **2** Que causa fototoxicidad.

fototrópico -ca *adj* (*Biol*) De(l) fototropismo.

fototropismo *m* (*Biol*) Tropismo motivado por la luz.

fotovoltaico -ca *adj* (*Electr*) Capaz de transformar la energía luminosa en eléctrica.

fotre *m* (*reg*) Pobre diablo.

foudre (*fr; pronunc corriente,* /fúdre/) *m* (*E*) Fudre.

foul (*ing; pronunc corriente,* /fául/; *pl normal,* ~s) *m* (*Boxeo*) Golpe ilegal.

foulard (*fr; pronunc corriente,* /fulár/; *pl normal,* ~s) *m* Fular.

fourball (*ing; pronunc corriente,* /fórbol/; *pl normal,* ~s) *m* (*Golf*) Partido entre dos parejas de jugadores, cada uno de los cuales juega con su propia pelota y cuenta la mejor puntuación de cada componente de ambas parejas. *A veces en aposición.*

fourierista (*pronunc corriente,* /furierísta/) *adj* (*hist*) Partidario del socialismo utópico ideado por Charles Fourier († 1837). *Tb n.*

fourreau (*fr; pronunc corriente,* /furó/) *m* Vestido femenino muy estrecho y ajustado al cuerpo.

foursome (*ing; pronunc corriente,* /fórsom/; *pl normal,* ~s) *m* (*Golf*) Partido entre dos parejas de jugadores, cuyos componentes alternan los golpes con la misma pelota. *A veces en aposición.*

fóvea *f* (*Anat*) Depresión o concavidad.

fovismo *m* (*Pint*) Fauvismo.

fox (*pl,* ~ES *o invar*) *m* Baile norteamericano de pareja enlazada, con pasos cortos y rápidos, de moda a partir del segundo cuarto del s. XX. *Tb su música.*

fox-terrier (*ing; pronunc corriente,* /foks-teŕiér/; *tb con la grafía* **foxterrier**; *pl normal,* ~s) *m* Terrier de pelos lisos, duros y blancos, con manchas rojizas o negras.

fox-trot (*ing; pronunc corriente,* /foks-trót/; *tb con la grafía* **foxtrot**; *pl normal,* ~s) *m* (*raro*) Fox.

foyer (*fr; pronunc corriente,* /fuayér/) *m* (*raro*) En un teatro o cine: Sala en la que se descansa o pasea durante los entreactos.

frac (*pl normal,* FRAQUES *o, más raro,* ~s) *m* Prenda de vestir masculina, de etiqueta, que por delante llega hasta la cintura y por detrás tiene dos faldones largos.

fracasar *intr* 1 No dar [una cosa] un resultado satisfactorio. ■ 2 No conseguir [alguien] un resultado satisfactorio [en algo (*compl* EN *o* COMO)]. *Tb sin compl.* b) No conseguir [una pers.] realizar sus aspiraciones vitales. *Frec en part, frec sustantivado.* ■ 3 (*Mar*) Romperse o hacerse pedazos [una embarcación]. *Tb fig.*

fracaso *m* 1 Acción de fracasar. *Tb su efecto.* ■ 2 Pers. inútil o sin aptitudes. *A veces con un compl especificador con* COMO, EN *o ger.* ■ 3 (*Med*) Alteración brusca de la función [de un órgano].

fracción *f* 1 Parte [de un todo]. b) Grupo de los varios que constituyen [un conjunto (*compl especificador*)]. ■ 2 Número que expresa una o más partes alícuotas de la unidad y que se representa mediante dos cantidades separadas por una raya horizontal u oblicua. ■ 3 Acción de partir o romper. *Normalmente en liturgia, referido a la fracción del pan.*

fraccionable *adj* Que se puede fraccionar.

fraccionado -da *adj* 1 *part* → FRACCIONAR. ■ 2 Que se hace por partes o fracciones.

fraccionador -ra *adj* Que fracciona.

fraccional *adj* (*raro*) Fraccionario.

fraccionalismo *m* (*Pol*) Tendencia a la división de una ideología o partido en fracciones [1b].

fraccionalista *adj* (*Pol*) De(l) fraccionalismo o que lo implica.

fraccionamiento *m* Acción de fraccionar. *Tb su efecto.*

fraccionar *tr* Dividir [algo] en partes o fracciones. b) *pr* (~se) Dividirse [algo] en partes o fracciones.

fraccionario -ria *adj* 1 [Moneda] cuyo valor equivale a una fracción [1a] del de la unidad monetaria. b) [Moneda] de bajo valor. *Esp referido a la peseta.* ■ 2 [Número] quebrado, o que expresa una fracción [2].

fractal *adj* 1 (*Mat*) [Figura] que tiene la propiedad de que cada una de sus partes ampliada tiene el mismo carácter que el todo. *Tb n m.* ■ 2 [Número o dimensión] que expresa la posición de un objeto en el espacio.

fractocúmulo *m* (*Meteor*) Cúmulo que, desgarrado por el viento, forma jirones.

fractura *f* Acción de fracturar. *Tb su efecto.* b) *Esp referido a un hueso.* c) (*Geol*) Rotura de un estrato bajo el efecto de la presión. d) (*Mineral*) Aspecto y contextura característicos de la superficie de rotura [de un mineral o roca].

fracturación *f* (*E*) Acción de fracturar.

fracturar *tr* Romper [algo] con violencia.

fracturario -ria *adj* (*Med*) De (la) fractura.

frade *m* (*lit, raro*) Fraile.

fraga[1] *f* 1 Lugar montañoso y abrupto poblado de maleza. ■ 2 (*reg*) Bosque salvaje.

fraga[2] *f* (*reg*) Fresa (planta).

fragancia *f* Olor muy agradable.

fragante *adj* Que tiene fragancia.

fragaria *f* (*reg*) Fresa (planta).

fragata *f* 1 Buque de guerra con misiones de escolta y patrulla, gran autonomía, armamento antisubmarino y avanzados equipos de exploración. ■ 2 (*hist*) Navío de guerra con tres palos y menos de 60 cañones. ■ 3 (*hist*) Embarcación que es la de menor tamaño de la familia de las galeras.

fragatino -na *adj* De Fraga (Huesca). *Tb n, referido a pers.*

frágil *adj* 1 Que quiebra o se rompe con facilidad. *Tb fig.* b) [Cosa] delicada o fácil de dañar. *Tb fig.* ■ 2 [Pers.] débil o de poca fortaleza. *En sent físico o frec moral.*

fragilidad *f* Cualidad de frágil.

fragilización *f* Acción de fragilizar(se).

fragilizar *tr* Hacer frágil [a alguien o algo (*cd*)]. b) *pr* (~se) Hacerse frágil.

frágino *m* (*reg*) Fresno (árbol).

fragmentación *f* Acción de fragmentar(se). *Tb su efecto.*

fragmentadamente *adv* De manera fragmentada.

fragmentado -da *adj* 1 *part* → FRAGMENTAR. ■ 2 Que se presenta en fragmentos.

fragmentador -ra *adj* Que fragmenta.

fragmentar *tr* Dividir [algo] en fragmentos. *Tb fig.* **b)** *pr* (*~se*) Dividirse [algo] en fragmentos. *Tb fig.*

fragmentariamente *adv* De manera fragmentaria.

fragmentariedad *f* Cualidad de fragmentario.

fragmentario -ria *adj* **1** De (los) fragmentos. ■ **2** Que tiene carácter de fragmento.

fragmentarismo *m* **1** Tendencia a la fragmentación. ■ **2** Fragmentariedad.

fragmento *m* **1** Parte [de algo partido o roto]. *Tb fig.* ■ **2** Parte desgajada [de una obra artística o literaria].

fragor *m* (*lit*) Ruido grande, o estruendo.

fragorosamente *adv* (*lit*) De manera fragorosa.

fragoroso -sa *adj* (*lit*) Que produce fragor.

fragosidad *f* **1** Cualidad de fragoso. ■ **2** Lugar fragoso.

fragoso -sa *adj* [Lugar] áspero y abrupto, lleno de maleza.

fragua *f En una herrería:* Fogón en que se calienta el hierro para forjarlo. *Frec la misma herrería.*

fraguado *m* Acción de fraguar [2]. *Tb fig.*

fraguador -ra *adj* Que fragua [1]. *Tb n, referido a pers.*

fraguar (*conjug* 1b) **A** *tr* **1** Forjar o crear. **b)** Idear o tramar.
B *intr* ➤ **a** *normal* **2** (*Constr*) Endurecerse o tomar cuerpo [una masa o mezcla].
➤ **b** *pr* (*~se*) **3** Tomar cuerpo o desarrollarse [una cosa].

fragüero -ra (*reg*) **I** *adj* **1** De (la) fragua.
II *m* **2** Herrero (hombre que tiene por oficio labrar el hierro).

fragüín *m* (*reg*) Arroyo pequeño.

fragura *f* Fragosidad.

fraile I *m* **1** Monje o religioso. *Se aplica esp a los de determinadas órdenes.* ■ **2** Pez de agua dulce, pequeño y sin escamas, con una gran aleta dorsal y usado frec. como cebo (*Blennius fluviatilis*). ■ **3** (*reg*) *En el molino de viento:* Madero al que se fijan los palos que sostienen la cubierta y el extremo superior del palo de gobierno.
II *adj* **4** [Docena] **de(l) ~**, [foca] **~**, [oreja] **de ~** → DOCENA, FOCA, OREJA.

frailecillo *m* **1** Ave marina de plumaje blanco y negro, con pico triangular aplastado lateralmente, de color rojo, azul y amarillo en el verano (*Fratercula arctica*). *Tb ~ COMÚN.* ■ **2** Camachuelo común (pájaro).

frailejón *m* Planta americana propia de los páramos, con hojas anchas, gruesas y aterciopeladas y flor amarilla, que produce una resina muy apreciada (*Espeletia grandiflora*).

frailería *f* (*desp*) Conjunto de (los) frailes [1].

frailero -ra I *adj* **1** [Sillón] de asiento y respaldo de cuero o de terciopelo con clavos de metal.
II *m* **2** Postigo de una ventana o un balcón, que va unido a la propia hoja y no al marco.

frailesco -ca *adj* De(l) fraile o de (los) frailes [1].

frailuno -na *adj* **1** (*desp*) De(l) fraile o de (los) frailes [1]. ■ **2** [Sillón] frailero.

frambuesa I *f* **1** Fruto del frambueso, de forma semejante a la de la mora, color rojo rosado y sabor agridulce. ■ **2** Frambueso.
II *adj invar* **3** [Color] rojo rosado propio de la frambuesa [1]. *Tb n m.*

frambueso *m* Arbusto espinoso de hojas verdes por el haz, blancas por el envés y divididas en 3 o 7 folíolos, de flores blancas y cuyo fruto es la frambuesa (*Rubus idaeus*).

frámea *f* (*hist*) Lanza propia de los antiguos germanos.

francachela *f* (*col*) Diversión bulliciosa que gralm. tiene por base una comida.

francalete *m* Correa de cuero que sirve para unir el carro al yugo o los tiros al horcate.

francamente *adv* De manera franca[1] [1b y 2]. *Frec con intención ponderativa.* **b)** Hablando con sinceridad. *Con entonación independiente dentro de la frase.*

francés -sa I *adj* **1** De Francia. *Tb n, referido a pers.* **b)** De los franceses. ■ **2** Del francés [7]. ■ **3** [Baraja] de 52 cartas, cuyos palos son picas, corazones, diamantes y tréboles. ■ **4** [Mal] **~** → MAL[2]. ■ **5** [Pan] largo y esponjoso. ■ **6 a la francesa.** [Tortilla] hecha solo con huevos. *Tb, simplemente,* FRANCESA.
II *m* **7** Lengua francesa [1a], hablada también en otros países de cultura francesa [1b]. ■ **8** (*jerg*) Felación.
III *loc adv* **9 a la francesa.** (*col*) Sin decir adiós o sin despedirse. *Con vs como* DESPEDIRSE, IRSE o MARCHARSE.

francesada *f* Invasión francesa. *Solo referido a la de 1808 en España.*

francesilla *f* Planta herbácea anual, de flores terminales grandes y de color variado, cultivada frec. como ornamental (*Ranunculus asiaticus*).

francesismo *m* Galicismo.

franchipani *m* Frangipani (árbol).

franchising (*ing; pronunc corriente,* /franĉáisin/) *m* (*Econ*) Franquicia.

franchute -ta *adj* (*desp*) **1** Francés. *Tb n, referido a pers.* ■ **2** (*pop*) Extranjero. *Tb n.*

fráncico -ca *adj* (*hist*) [Lengua] de los francos[2] [2a]. *Tb n m.* **b)** De (la) lengua fráncica.

francio *m* (*Quím*) Elemento radiactivo, de número atómico 87.

franciscanismo *m* **1** Actitud franciscana [2]. ■ **2** (*Filos*) Escuela franciscana, cuyas figuras más destacadas son San Buenaventura († 1274) y Duns Escoto († 1308).

franciscano -na *adj* **1** [Orden] fundada por San Francisco de Asís († 1226). **b)** De la orden franciscana. *Tb n, referido a pers.* ■ **2** Que tiene alguna de las virtudes de San Francisco, esp. su humildad o amor a la naturaleza. *Tb n, referido a pers.* ■ **3** [Buitre] **~** → BUITRE.

francisco -ca *adj* Franciscano [1b].

francisquilla *f* (*reg*) Juerga modesta.

francmasón -na (*tb, raro, con la grafía* **franc-masón**) *adj* Masón. *Tb n.*

francmasonería (*tb, raro, con la grafía* **franc-masonería**) *f* Masonería.

franco[1] **-ca** *adj* **1** [Pers.] sincera o que expresa abiertamente lo que piensa o siente. **b)** Propio de la pers. franca. ■ **2** [Cosa] clara o que no ofrece dudas. ■ **3** [Cosa] libre [de un impuesto o derecho]. *Frec se omite el compl, por consabido.* **b)** [Puerto o zona portuaria] en que pueden descargarse y almacenarse mercancías sin pagar derechos de aduana. ■ **4** [Pers. o tiempo] libre de obligación o trabajo. *Normalmente en la constr* ~ DE SERVICIO, *referido esp a la vida militar.* ■ **5** [Cosa] abierta y sin obstáculos. *Frec referido a paso.* ■ **6** [Lengua] formada con elementos de varias y usada como medio de comunicación oral entre gentes de distintas lenguas maternas. ■ **7** [Piso] utilizado como escondite por una organización terrorista. ■ **8** [Piedra] fácil de labrar. **b)** [Tierra] floja o fácil de excavar. ■ **9** (*Min*) [Terreno] que puede ser concedido libremente por el Estado. ■ **10** [Golpe] ~ → GOLPE.

franco[2] **-ca** **I** *adj* **1** (*lit*) Francés. *Tb n, referido a pers.* **b)** Francófono. *Tb n, referido a pers.* ■ **2** (*hist*) [Individuo] del antiguo pueblo germánico que ocupó las Galias. *Tb n, referido a pers.* **b)** De (los) francos. ■ **3** (*hist*) *En la Edad Media:* Inmigrante que entra en España procedente de algún país europeo situado al norte de la Península, esp. de Francia. *Tb n.* ■ **4** (*hist*) De(l) franco [5]. **II** *m* **5** Lengua de los francos [2a].

franco[3] *m* Unidad monetaria de Francia, Bélgica o Suiza. *Gralm con un adj especificador.*

franco- *r pref* Francés. * Jornadas Francoargentinas de Medicina.

francobordo *m* (*Mar*) Distancia de la cubierta más alta hasta la línea de flotación de máxima carga.

francocanadiense *adj* Canadiense de lengua francesa. *Tb n, referido a pers.*

francocantábrico -ca *adj* (*Arqueol*) Del sur de Francia y de la región cantábrica. *Referido a arte prehistórico o a sus obras.*

francofilia *f* Simpatía por Francia, lo francés o los franceses.

francófilo -la *adj* Que simpatiza con Francia, lo francés o los franceses. *Tb n, referido a pers.*

francofobia *f* Aversión a Francia, lo francés o los franceses.

francófobo -ba *adj* Que tiene o muestra aversión hacia Francia, lo francés o los franceses. *Tb n, referido a pers.*

francofonía *f* Conjunto de los francófonos o de los países francófonos.

francófono -na *adj* [Pers. o colectividad] de lengua francesa. *Tb n, referido a pers.* **b)** De (los) francófonos.

francolín *m* Ave de la familia del faisán y muy semejante a la perdiz, propia esp. de África y Asia (gén. *Francolinus*).

franconio -nia (*hist*) **I** *adj* **1** De(l) franconio [2]. **II** *m* **2** Conjunto de dialectos de Franconia (hoy parte de la región de Baviera).

francoprovenzal (*tb con la grafía* **franco--provenzal**) *adj* (*hist*) [Dialecto] de Francia, del grupo de transición entre los dialectos del norte, o lengua de oïl, y los del sur, o lengua de oc. *Tb n m, designando el grupo.* **b)** De(l) francoprovenzal.

franco-prusiano -na *adj* De Francia y Prusia. *Esp referido a la guerra entre estos dos países en 1870-1871.*

francotirador -ra *m y f* **1** Pers. aislada que, desde un lugar estratégico y escondido, frec. desde un tejado, dispara con armas de fuego. ■ **2** Pers. que actúa aisladamente y con independencia, sin someterse a norma o disciplina alguna de grupo.

franela *f* **1** Tejido fino de lana ligeramente cardado por una de sus caras. *A veces designa otros tejidos similares hechos de algodón o de lana y algodón.* ■ **2** (*Taur*) Muleta.

franelógrafo *m* (*E*) Franelograma.

franelograma *m* (*E*) Tablero de franela para adherir en él figuras recortadas, que se emplea esp. en enseñanza.

frangipani *m* Árbol o arbusto tropical, de hojas coriáceas y flores en cima terminal, muy perfumadas, cultivado frec. como ornamental (gén. *Plumeria*, esp. *P. alba* y *P. rubra*).

franglais (*fr; pronunc corriente,* /franglé/) *m* Lengua francesa con influjos muy marcados del inglés.

frangollo *m* **1** (*raro*) Comida hecha sin esmero. ■ **2** (*reg*) Gachas de harina de maíz o de trigo, a las que a veces se añaden leche, miel, pasas, almendras u otros ingredientes.

franja *f* **1** Lista, o dibujo en forma de línea. ■ **2** Trozo largo y estrecho [de algo (*adj o compl especificador*)]. ■ **3** Distancia o espacio comprendidos entre dos límites. *Gralm con un adj especificador:* HORARIA, SALARIAL, *etc. A veces en aposición.*

franjar *tr* (*raro*) Franjear. *Frec en part.*

franjeado -da *adj* **1** *part* → FRANJEAR. ■ **2** [Piquituerto] ~ → PIQUITUERTO.

franjear *tr* (*raro*) Adornar con franjas [1]. *Frec en part.*

franji- *r pref* De franjas. *Precediendo a un adj de color.* * Franjirrojos y franjinegros acabaron el partido en empate.

frankfurt *m* (*raro*) Establecimiento público en que se sirven perritos calientes y hamburguesas.

franqueable *adj* Que se puede franquear [1 y 2].

franqueador -ra *adj* Que franquea, *esp* [3]. *Tb n f, referido a máquina.*

franqueamiento *m* Acción de franquear(se).

franquear **A** *tr* **1** Abrir [algo o hacer que [algo (*cd*)] quede franco]. **b)** *pr* (~**se**) Abrirse o quedar franco[1] [algo]. ■ **2** Pasar o atravesar [algo, esp. un límite o un obstáculo]. *Tb fig.* ■ **3** Poner sellos, o una marca equivalente, [a una carta u otro objeto (*cd*) enviado por correo]. *Tb abs.* ■ **4** Poner [algo] a disposición [de alguien (*ci*)]. **B** *intr pr* (~**se**) **5** Hablar sincera o abiertamente [con alguien (*compl* CON *o ci*)]. *Tb sin compl.*

franqueo *m* Acción de franquear [3]. *Tb la cantidad correspondiente a los sellos.*

franqueza *f* Cualidad de franco[1] o sincero.

franquía *f* **1** Libertad de acción. *Frec en la constr* EN ~. *Tb* (*lit*) *fig.* ■ **2** Situación de franco de servicio.

franquicia *f* **1** Exención [de un impuesto o de una obligación]. ■ **2** (*Econ*) Sistema por el que una empresa cede a otra, a cambio de una compensación económica, el derecho a usar su marca y su razón social para vender productos o prestar servicios.

franquiciado -da *adj* (*Econ*) [Empresa o empresario] que, mediante franquicia [2], recibe el derecho a usar una marca y su razón social para vender productos o prestar servicios. *Frec n m.*

franquiciador -ra *adj* (*Econ*) [Empresa o empresario] que, mediante franquicia [2], cede el derecho a usar su marca y su razón social para vender productos o prestar servicios. *Frec n m.*

franquismo *m* Régimen franquista.

franquista *adj* **1** Del general Francisco Franco († 1975). **b)** [Régimen] dictatorial implantado en España por Franco a partir de la Guerra Civil de 1936-1939. **c)** Del régimen franquista. ■ **2** Adepto a Franco o al régimen franquista. *Tb n.*

fraque *m* (*raro*) Frac.

frasca *f* Botella de base cuadrada y boca ancha, que se emplea en las tabernas para servir el vino. *Tb su contenido.*

frasco **I** *m* **1** Recipiente de vidrio, gralm. no muy grande y frec. de cuello y boca estrechos. *Tb su contenido.* **II** *loc adj* **2 de(l) ~.** (*col*) Teñido. *Referido al color de pelo, esp al rubio, y a la pers que lo tiene.* **III** *fórm or* **3 toma del ~,** (*Carrasco*). (*col*) *Se usa para comentar, gralm con intención polémica, algo que se ve como digno de admiración.*

frase *f* **1** Conjunto de palabras emitidas que forman un mensaje. **b) ~ hecha** → HECHO. ■ **2** (*Gram*) Locución (combinación fija de dos o más palabras que funciona como una unidad léxica). ■ **3** (*Mús*) Período delimitado por una cadencia y que tiene sentido propio. *Tb ~ MUSICAL o MELÓDICA.*

frasear **A** *intr* **1** (*raro*) Formar frases [1]. ■ **2** (*Mús*) Interpretar una partitura haciendo sensibles su estructura y sus valores expresivos. **B** *tr* **3** (*Mús*) Interpretar [una partitura] haciendo sensibles su estructura y sus valores expresivos.

fraseo *m* Acción de frasear. *Tb su efecto.*

fraseología *f* **1** Conjunto de modos de expresión característicos [de un idioma, una actividad, un grupo o una pers.]. **b)** (*Ling*) Conjunto de modismos o frases hechas [de una lengua o de un habla]. ■ **2** Palabrería.

fraseológico -ca *adj* De (la) fraseología.

frasquía *f* (*Mar*) Regla de madera para marcar la curvatura del canto de una tabla de forro. *Tb fig.*

fraternal *adj* De hermano.

fraternalmente *adv* De manera fraternal.

fraternidad *f* Relación de hermanos.

fraternización *f* Acción de fraternizar.

fraternizar *intr* Tener relación amistosa y solidaria [con alguien]. *Tb sin compl, con suj pl.*

fraterno -na *adj* De hermano. **b)** (*Rel catól*) [Corrección] que se hace privadamente a una pers. para apartarla del pecado.

fratres *m pl* (*raro*) Frailes.

fratría *f* **1** (*hist*) En la antigua Grecia: Subdivisión de la tribu. ■ **2** (*lit, raro*) Agrupación de varones. ■ **3** (*lit, raro*) Hermandad o fraternidad.

fratricida *adj* [Pers.] que mata a su hermano. *Frec n.* **b)** De(l) fratricida.

fratricidio *m* Homicidio de un hermano.

fraude *m* Engaño delictivo. *Tb fig.*

fraudulencia *f* (*raro*) Fraude, o hecho fraudulento.

fraudulentamente *adv* De manera fraudulenta.

fraudulento -ta *adj* Que implica fraude.

fräulein (*al; pronunc corriente,* /fróilain/; *pl normal, invar*) *f* (*hoy raro*) Institutriz de lengua alemana.

fraustina *f* (*raro*) Cabeza de madera que sirve para colocar una peluca.

fray (*con pronunc átona*) *m* Fraile. *Se usa como tratamiento, precediendo al n de pila de un religioso.*

frazada *f* (*raro*) Manta (prenda de abrigo, esp. en la cama).

freak (*ing; pronunc corriente,* /frik/; *pl normal, ~s*) *m y f* **1** Pers. que rechaza los valores de la sociedad burguesa, actúa y viste de modo no convencional y consume drogas. **II** *adj* **2** De (los) freaks [1].

freático -ca *adj* (*Geol*) [Agua] subterránea acumulada en el subsuelo sobre una capa impermeable, y que es aprovechable mediante pozos. **b)** [Capa del subsuelo] que contiene aguas freáticas. **c)** De (las) aguas freáticas.

frecuencia **I** *f* **1** Cualidad de frecuente. ■ **2** Número de veces que se produce un hecho por unidad de tiempo. ■ **3** (*Med*) Número de pulsaciones o respiraciones en un tiempo determinado. *Con un adj o compl especificador.* ■ **4** (*Fís*) Número de períodos por segundo [de un fenómeno periódico]. **b)** Frecuencia de onda [de una emisora de radio]. **c) ~ modulada.** (*Radio*) Sistema de radiodifusión por medio de modulación de frecuencia, el cual permite una recepción exenta de desvanecimientos y de parásitos. *Tb la banda de frecuencias correspondiente en el aparato receptor.* **II** *loc adv* **5 con ~.** De manera frecuente.

frecuencímetro *m* (*Fís*) Instrumento para medir la frecuencia [4a] de los fenómenos oscilatorios, esp. eléctricos.

frecuentación *f* Acción de frecuentar.

frecuentador -ra *adj* Que frecuenta. *Tb n.*

frecuentar *tr* **1** Ir con frecuencia [a un lugar (*cd*)]. ■ **2** Tener trato frecuente [con alguien (*cd*)]. ■ **3** Practicar con frecuencia [algo].

frecuentativo -va *adj* (*Gram*) [Verbo] que expresa acción frecuente o habitual.

frecuente *adj* **1** Que se repite con intervalos cortos de tiempo. ■ **2** Usual o habitual.

frecuentemente *adv* De manera frecuente.

fredense *adj* De Frías (Burgos). *Tb n, referido a pers.*

free-jazz (*ing; pronunc corriente,* /frí-yás/) *m* Variedad de jazz basada en la improvisación colectiva y en una gran libertad melódica.

freelance (*ing; pronunc corriente,* /frí-láns/; *tb con las grafías* **free lance** *o* **free-lance**) *m y f* Profesional que trabaja independientemente, sin contrato fijo con ninguna empresa. *Tb adj.*

freelancer (*ing; pronunc corriente,* /frí-lánser/; *tb con las grafías* **free-lancer** *o* **free lancer**; *pl normal, ~s*) *m y f* Freelance. *Tb adj.*

fregadera *f* Fregadero.

fregadero *m* Pila de fregar [1].

fregado *m* **1** Acción de fregar, *esp* [1]. ■ **2** (*col*) Lío o alboroto. ■ **3** (*col*) Asunto complicado o difícil. *A veces con intención ponderativa.*

fregador -ra (*tb f* **fregatriz**, *humoríst, referido a pers*) **I** *adj* **1** Que friega [1]. *Frec n: m y f, referido a pers; f, referido a máquina.*
   II *m* **2** (*reg*) Fregadero.

fregaplatos *adj* Friegaplatos. *Frec n.*

fregar (*conjug* 6) *tr* **1** Limpiar [algo] frotándolo normalmente con un estropajo o bayeta empapados en agua y frec. jabón o detergente. *Tb abs. Tb fig, referido a pers o a una parte de su cuerpo.* ■ **2** Frotar o restregar.

fregasuelos *m* Friegasuelos.

fregatriz → FREGADOR.

frégoli *m* (*raro*) Sombrero flexible. *Tb* SOMBRERO ~.

fregona *f* **1** (*desp*) Mujer que se dedica a fregar [1]. *A veces designa a una sirvienta en gral.* ■ **2** Utensilio doméstico para fregar [1] los suelos sin arrodillarse ni mojarse las manos.

fregotear *tr* (*desp*) Fregar, esp. de manera intensa o reiterada. *Tb abs. Tb fig, referido a pers o a una parte de su cuerpo.*

fregoteo *m* (*desp*) Acción de fregotear.

freidera *f* (*reg*) Espumadera.

freidor -ra **I** *adj* **1** Que sirve para freír [1]. *Frec n, gralm f, referido a máquina o utensilio.*
   II *m* **2** (*reg*) Freiduría.

freidura *f* Acción de freír [1].

freiduría *f* **1** Bar o taberna donde se sirven fritos. ■ **2** Tienda donde se fríe [1] pescado para la venta.

freír (*conjug* 47) **A** *tr* ➤ a *normal* **1** Guisar o preparar [un alimento] teniéndolo el tiempo preciso [en aceite o grasa hirviendo]. *Tb abs y frec sin compl* EN. **b)** Hacer hervir [aceite o grasa]. ■ **2** (*col*) Quemar o achicharrar [algo o a alguien]. ■ **3** (*col*) Acosar o molestar insistentemente [con algo (*compl* A o CON)]. *A veces se omite el compl, por consabido.* ■ **4** (*col*) Acribillar a balazos. ■ **5** Rizar [el pelo] con permanente de rizo muy menudo. *Gralm en part.* ■ **6** (*col, raro*) Fastidiar o estropear [algo]. ■ **7** ~ **la sangre**, *o* **mandar**, **a** ~ **espárragos** (*o* **monas**); **que te frían un huevo** (*o* **un paraguas**) → SANGRE, IR, MANDAR, HUEVO, PARAGUAS.
   ➤ **b** *pr* **8** ~**sela** [a alguien]. (*col, raro*) Engañar[le].
   B *intr* ➤ a *normal* **9** Ser frito [1]. ■ **10** Hervir [el aceite o la grasa (*suj*)].
   ➤ **b** *pr* (~**se**) **11** Fastidiarse, o sufrir un perjuicio [alguien].

freire *m* Caballero profeso de una orden militar.

fréjol *m* (*reg*) Judía (planta, fruto y semilla).

frejón *m* (*reg*) Judía blanca.

frenada *f* Acción de frenar [1a].

frenado *m* Acción de frenar [1a y 4].

frenador -ra *adj* Que frena. *Tb n, referido a pers.*

frenaje *m* Acción de frenar.

frenar **A** *tr* **1** Moderar o detener el movimiento [de una máquina, un vehículo o un móvil (*cd*)] mediante el freno [1a]. *Tb abs.* **b)** Moderar o detener el movimiento [de una caballería (*cd*)] mediante el freno

[1b]. **c)** Disminuir la velocidad [de alguien o algo (*cd*)] o detener[lo]. *Tb fig.* ■ **2** Hacer que [algo (*cd*)] cese o sea menos intenso. ■ **3** Hacer que [alguien (*cd*)] modere sus impulsos o sus acciones. **b)** Moderar, o hacer menos extremado [algo].
   B *intr* **4** Moderar o detener su movimiento [una máquina, un vehículo o un móvil (*suj*)] mediante el freno [1a]. **b)** Detenerse [alguien o algo] o disminuir su velocidad. *Tb pr* (~**se**). ■ **5** Moderar [alguien] sus impulsos o sus acciones.

frenazo *m* Acción de frenar súbitamente.

frenero *m* Individuo que fabrica o vende frenos para caballerías.

frenesí *m* Exaltación violenta del ánimo. *Frec fig, con intención ponderativa.*

frenesía *f* (*raro*) Frenesí.

frenéticamente *adv* De manera frenética.

frenético -ca *adj* **1** De(l) frenesí o que lo implica. *Gralm con intención ponderativa.* ■ **2** [Pers.] acometida de frenesí. **b)** (*col*) [Pers.] furiosa o colérica.

frénico -ca *adj* (*Anat*) Del diafragma.

frenillo *m* **1** Desarrollo excesivo del frenillo [2] de la lengua, que impide hablar o mamar normalmente. ■ **2** (*Anat*) Repliegue membranoso que limita los movimientos [de un órgano].

freno **I** *m* **1** Dispositivo para moderar o detener el movimiento de una máquina, un vehículo o un móvil. **b)** Instrumento de hierro que sirve para sujetar y gobernar a una caballería. ■ **2** Cosa que sirve para moderar o impedir [algo (*compl* PARA, DE *o* A)].
   II *loc v y fórm or* **3 echa el** ~, (*Magdaleno*). (*col, humoríst*) Fórmula con que se pide a alguien que calle o cese en su actitud. * Oye, echa el freno, que eso no te lo tolero. ■ **4 poner** ~ [a algo]. Frenar[lo] [2]. ■ **5 tascar el** ~ → TASCAR.

frenología *f* (*Psicol, hist*) Teoría según la cual es posible conocer las facultades e instintos de un individuo mediante la inspección de sus protuberancias craneales.

frenológico -ca *adj* (*Psicol, hist*) De (la) frenología.

frenopático -ca *adj* (*Med*) De (las) enfermedades mentales. *Tb n m, referido a hospital o centro.*

frente¹ **I** *f* **1** Parte superior de la cara, comprendida entre ambas sienes, las cejas y el nacimiento del cabello. *Tb la parte correspondiente de ciertos animales.* **b)** Mente o entendimiento.
   II *loc v y fórm or* **2 adornar la** ~ → ADORNAR. ■ **3 la primera en la** ~. Fórmula con que se comenta el acierto pleno al primer intento. *Frec con intención irónica.* * ¡Vaya, la primera en la frente! Acabo de descubrir un error. ■ **4 llevar** [algo] **escrito en** (*o* **sobre**) **la** ~. Manifestar[lo] claramente por el semblante.
   III *loc adv* **5 con la** ~ **alta** (**erguida**, *o* **levantada**). Sin avergonzarse.

frente² (*normalmente con mayúscula en acep* 3b) **I** *m* **1** Parte anterior [de algo]. **b)** Cara o lado visible [de algo]. *Tb fig.* ■ **2** (*Mil*) Zona de combate. *Tb* ~ DE COMBATE. *Tb fig, fuera del ámbito técn.* ■ **3** Agrupación u organización de perss. o grupos que tiene un programa común. *Tb* ~ COMÚN. *Frec formando parte de la denominación de determinadas organizaciones.* **b)** ~ **Popular**. (*Pol*) Coalición de los partidos de la izquierda. ■ **4** (*Meteor*) Superficie de contacto entre dos masas de aire convergentes y de temperatura diferente.

II *loc adj* **5 de ~ por detrás.** (*Taur*) [Suerte o lance] en que el torero se coloca de espaldas al toro y con la capa cogida por detrás.

III *loc v* **6 dar ~** [a algo o alguien]. Presentar la parte delantera [hacia ellos]. ■ **7 hacer ~** [a alguien o algo]. Adoptar una actitud de oposición, reto o rebeldía [contra ellos]. *Tb fig.* ■ **8 hacer ~** [a una situación, una necesidad o una obligación]. Actuar de acuerdo con [sus] exigencias.

IV *loc adv* **9 al ~.** Hacia delante. ■ **10 al ~.** Encabezando [algo (*compl* DE)]. *Tb sin compl.* **b)** Dirigiendo [algo (*compl* DE)]. *Tb sin compl.* ■ **11 de ~.** Presentando la cara o la parte delantera. *Tb adj.* **b)** (*Mil*) En marcha hacia delante. *Como voz de mando.* ■ **12 de ~.** Con decisión. *Con vs como* ACOMETER *o* ATACAR. **b)** Sin avergonzarse. *Con el v* MIRAR. ■ **13 ~ a ~.** Cara a cara. ■ **14 ~ por ~.** Enfrente. *Frec con un compl* A *o* DE.

V *loc prep* **15 ~ a** [una pers. o cosa]. Enfrente [de ella].

frentepopulismo *m* (*Pol*) Movimiento frentepopulista.

frentepopulista *adj* (*Pol*) Del Frente Popular. **b)** Adepto al Frente Popular. *Tb n.*

frentismo *m* (*Pol*) Tendencia de dos o más partidos a formar un frente común.

frentista *adj* (*Pol*) De(l) frentismo.

freón (*n comercial registrado*) *m* Gas de los varios derivados del metano y el etano, no inflamables y poco tóxicos, usados esp. en aparatos de refrigeración y como propelentes en aerosoles.

fresa[1] **I** *f* **1** Fruto rojo, carnoso, fragante, de sabor agridulce, de forma redonda algo apuntada y con numerosos aquenios en su superficie. ■ **2** Planta de tallos rastreros, hojas dentadas y flores blancas, cuyo fruto es la fresa [1] (gén. *Fragaria*, esp. *F. vesca*).

II *adj* (*normalmente invar*) **3** [Color] rojo propio de la fresa [1]. *Tb n m.*

fresa[2] *f* Herramienta de movimiento circular continuo, provista de aristas o cuchillas cortantes, que se emplea esp. para perforar o labrar metales u otros cuerpos duros.

fresador -ra *adj* Que fresa. *Frec n: m, referido a operario; f, referido a máquina.*

fresal *m* Fresa[1] (planta).

fresar *tr* Perforar o labrar [algo] con la fresa[2]. **b)** (*Agric*) Desmenuzar [la tierra] con una fresa[2]. *Tb abs.*

fresca → FRESCO.

frescachón -na *adj* **1** (*col*) [Pers., esp. mujer] robusta y saludable. ■ **2** (*Meteor*) [Viento] de velocidad entre 50 y 61 kilómetros por hora (grado 7 de la escala de Beaufort). *Tb n m.*

frescales *m y f* (*col, humoríst*) Pers. fresca (→ FRESCO [9]). *Tb adj.*

frescamente *adv* (*raro*) De manera fresca (→ FRESCO [2a]).

fresco -ca I *adj* **1** Suavemente frío. **b)** [Lugar] de temperatura suavemente fría o en el que no hace calor. **c)** [Pers.] o parte de ella] que no tiene o no siente calor. ■ **2** [Cosa] que produce sensación de fresca [1]. **b)** [Ropa o tela] ligera y de poco abrigo. **c)** [Pers.] que lleva poca ropa o que la lleva ligera y

de poco abrigo. ■ **3** [Cosa] que acaba de hacerse, producirse u obtenerse. **b)** [Alimento] que acaba de producirse u obtenerse y se encuentra por ello en perfecto estado. **c)** [Alimento] que se consume tal como se produce, sin someterlo a procesos de congelación o conservación. **d)** [Alimento] que se consume tal como se produce, sin someterlo a cocción o fritura. ■ **4** [Cosa] que conserva aún parte de la humedad propia de su estado anterior. *Se opone a* SECO. **b)** [Planta o fruto] que conserva parte de la humedad que tenía en el momento de su recolección. *Se opone a* SECO. **c) al ~.** [Pintura] que se realiza sobre una pared o techo cubiertos de cal húmeda y con los colores disueltos en agua de cal. *Tb adv, con vs como* PINTAR *o* DECORAR. ■ **5** [Planta] que presenta un aspecto vivo y turgente. *Se opone a* MUSTIO *o* SECO. **b)** [Pers., cutis, cara o boca] de aspecto sano y joven. **c)** Propio de la planta o de la pers. fresca. ■ **6** Que no siente o no muestra fatiga. ■ **7** [Cosa] espontánea o natural. ■ **8** (*col*) [Pers.] tranquila o que no se inmuta. *Normalmente en la constr* QUEDARSE TAN ~. ■ **9** (*col*) [Pers.] de pocos escrúpulos o miramientos. *Tb n. A veces con intención afectiva. Dicho de mujer, frec referido a su moral sexual.* ■ **10** (*Meteor*) [Viento] de velocidad entre 39 y 49 kilómetros por hora (grado 6 de la escala de Beaufort).

II *n* **A** *m* **11** Frío suave. ■ **12** Pintura al fresco [4c]. **b)** (*lit*) Descripción viva de una colectividad humana o de un conjunto de cosas. ■ **13** (*reg*) Pescado fresco [3c] de mar. **b)** (*reg*) Merluza. ■ **14** (*hoy raro*) Tejido fresco [2a] usado para chaquetas o trajes masculinos de verano.

B *f* **15** Fresco [11], esp. del amanecer o del anochecer. ■ **16** (*col*) Expresión descarada e insolente. *Gralm en la constr* DECIR, *o* SOLTAR, CUATRO (*o* TRES, *o* DOS) FRESCAS [a alguien].

III *loc v* **17 estar, o ir, ~.** (*col*) Tener [alguien] pocas posibilidades o ninguna de salir con éxito. ■ **18 poner** [a alguien] **al ~.** (*raro*) Despedir[le] o echar[le]. ■ **19 traer** (*o* **tener**) [algo a alguien] **al ~.** Ser[le] indiferente o no importar[le].

IV *loc adv* **20 con viento ~** → VIENTO. ■ **21 en ~.** Sin congelar, conservar o preparar previamente. *Referido a la comercialización o consumo de alimentos. Tb adj.*

frescor *m* **1** Cualidad de fresco [1, 2a y 5]. ■ **2** Fresco, o frío suave.

frescura *f* **1** Cualidad de fresco, *esp* [7 y 9]. ■ **2** Hecho o, más raro, dicho propios de la pers. fresca (→ FRESCO [9]). ■ **3** (*raro*) Ambiente fresco [1].

fresera *f* Fresa[1] (planta).

fresero -ra *m y f* Pers. que cultiva o vende fresas[1] [1].

fresneda *f* Lugar poblado de fresnos.

fresnillo *m* Díctamo (planta).

fresno *m* Árbol de unos 30 m de altura, muy ramoso, de hojas compuestas y flores pequeñas en racimos, cuya madera es blanca y apreciada por su elasticidad (gén. *Fraxinus*, esp. *F. excelsior*). *Tb su madera. Diversas especies se distinguen por medio de adjs o compls:* ~ DE CASTILLA (*F. angustifolia*), ~ FLORIDO *o* DE FLOR (*F. ornus*), *etc.*

fresón *m* Variedad de fresa[1] [1], más grande y ácida que la normal, producida por la planta *Fragaria ananassa. Tb la planta.*

fresonero -ra *m y f* Pers. que cultiva o vende fresones.

fresquero -ra A *m* y *f* **1** (*reg*) Pers. que vende fresco [13].

B *f* **2** Armario ventilado, gralm. por medio de una tela metálica, y frec. destinado a conservar frescos [3b] los alimentos. **b)** (*raro*) Nevera o frigorífico. **c)** (*hist*) Mueble que conserva fríos los alimentos por medio de nieve.

fresquilla *f* Variedad de melocotón de piel rojiza y carne muy jugosa.

fresquista *m* y *f* Pers. que pinta al fresco [4c].

fresquito -ta *adj* **1** *dim* → FRESCO. ■ **2** (*Meteor*) [Viento] de velocidad entre 29 y 38 kilómetros por hora (grado 5 de la escala de Beaufort).

freudianamente (*pronunc*, /froidianaménte/) *adv* De manera freudiana [3].

freudiano -na (*pronunc*, /froidiáno/) *adj* **1** Del psiquiatra Sigmund Freud († 1939) o de sus teorías. ■ **2** Adepto a las doctrinas de Freud. *Tb n.* ■ **3** Subconsciente, o relativo al subconsciente. **b)** [Lapsus o error] que, cometido esp. al hablar, parece revelar un sentimiento subconsciente.

freudismo (*pronunc*, /froidísmo/) *m* (*Psicol*) Conjunto de teorías y métodos psicoanalíticos de Freud.

frey (*con pronunc átona*) *m* Freire. *Usado como tratamiento, precediendo al n de pila de un miembro de una orden militar.*

freza *f* **1** Desove [de un pez]. *Tb la época en que se realiza.* ■ **2** Excremento [de algunos animales]. *Tb fig, referido a pers.*

frezadero *m* Lugar en que desovan los peces.

frezar *intr* Expeler los excrementos [algunos animales]. *Tb fig, referido a pers.*

friabilidad *f* (*E*) Cualidad de friable.

friable *adj* (*E*) Que se desmenuza fácilmente. **b)** Propio de las cosas friables.

frialdad *f* Cualidad de frío [1, 2, 3 y 6].

fríamente *adv* De manera fría [6f].

friático -ca *adj* (*raro*) Friolero.

fricación *f* (*Fon*) Rozamiento que se produce al pasar el aire espirado entre dos órganos que realizan un cierre incompleto.

fricandó *m* (*Coc*) Carne de ternera mechada y asada.

fricativo -va *adj* (*Fon*) [Sonido] que se caracteriza por la fricación. *Tb se dice de la articulación de ese sonido. Tb n f, referido a consonante.*

fricatizar *tr* (*Fon*) Hacer fricativo [un sonido].

fricción *f* **1** Acción de frotar. ■ **2** Rozamiento [de dos cuerpos en contacto]. ■ **3** Desavenencia o desacuerdo [entre perss.]. *Frec en pl.*

friccionar *tr* Dar fricciones [1] [a alguien o algo (*cd*)].

fridiño *m* (*reg*) Guisante.

friega *f* **1** Fricción o masaje de una parte del cuerpo [con una sustancia (*compl* DE o CON)], como remedio curativo. *Gralm en pl y con el v* DAR. ■ **2** (*col, raro*) Paliza.

friegaplatos I *adj* **1** [Máquina] que friega vajilla y otros utensilios de mesa y cocina. *Más frec n m.*

II *m* y *f* **2** Pers. que, normalmente en un establecimiento de hostelería, friega vajilla y otros utensilios de mesa y cocina.

friegasuelos *m* Aparato o sustancia para fregar suelos.

friera *f* (*raro*) Sabañón.

frigidaire (*n comercial registrado; fr; pronunc corriente*, /friʒidér/ o /friχidér/) *m* (*hoy raro*) Nevera o frigorífico.

frigidarium (*lat; pronunc corriente*, /friχidárium/; *pl invar*) *m* (*hist*) *En las termas romanas:* Lugar destinado al baño de agua fría.

frigidez *f* (*lit*) Cualidad de frígido.

frigidísimo → FRÍGIDO y FRÍO.

frígido -da *adj* (*lit*) Frío, *esp* [6c].

frigio -gia (*hist*) I *adj* **1** De Frigia (antiguo país de Asia Menor). *Tb n, referido a pers.* ■ **2** [Gorro] semejante al de los antiguos frigios [1], doblado hacia delante en su parte superior y que cubre también las orejas y la parte posterior del cuello, y usado como símbolo de la libertad y emblema de algunas repúblicas, esp. la francesa. ■ **3** (*Mús*) [Modo o escala] que entre los griegos empezaba en la nota re y en el sistema medieval en la nota mi.

II *m* **4** Lengua de los frigios [1].

frigo *m* (*col*) Frigorífico.

frigoconservación *f* (*E*) Conservación mediante el uso del frío.

frigoría *f* (*Fís*) Unidad equivalente a la cantidad de calor que se ha de quitar a un kilogramo de agua para que su temperatura descienda de 15 a 14 ºC.

frigorífico -ca *adj* **1** Que produce frío. *Frec n m, referido a aparato.* **b)** [Vehículo] aislado térmicamente y provisto de refrigeradores, destinado al transporte de alimentos conservados en frío. *Tb n m.* **c)** [Lugar] destinado a conservar alimentos a bajas temperaturas. *Tb n m.* **d)** [Cámara] **frigorífica** → CÁMARA. ■ **2** Relativo a la producción de frío.

frigorista *m* y *f* Técnico en instalaciones frigoríficas.

fríjol *m* (*reg*) Judía (planta, fruto y semilla).

frimario *m* (*hist*) Tercer mes del calendario revolucionario francés, que va del 21 de noviembre al 20 de diciembre.

fringílido -da *adj* (*Zool*) [Pájaro] de pequeño tamaño, con el pico corto y las alas largas y puntiagudas. *Frec como n m en pl, designando este taxón zoológico.*

frío -a (*superl* FRIÍSIMO o, *lit*, FRIGIDÍSIMO) I *adj* **1** Que tiene una temperatura sensiblemente inferior a la ordinaria del ambiente o del cuerpo humano. **b)** Que tiene una temperatura inferior a la normal o a la deseable. **c)** [Clima o lugar] de baja temperatura. **d)** [Alimento o bebida] que ha de consumirse frío [1a]. ■ **2** [Sudor] que se produce con sensación de frío [12a]. *Frec en pl y con intención ponderativa, referido a los sudores que produce el miedo.* ■ **3** Que no produce calor. ■ **4** (*Fís*) [Fusión] que se realiza a una temperatura cercana a la temperatura ambiente. *Tb* EN ~. ■ **5** (*CNat*) [Sangre] de temperatura variable y dependiente de la del ambiente. *Gralm en la constr* DE SANGRE FRÍA, *referida a animal.* ■ **6** [Pers.] que no se apasiona o emociona fácilmente. **b)** [Pers.] indiferente o insensible. *Normalmente en la constr* DEJAR, *o* QUEDARSE, ~. **c)** [Pers.] indiferente al placer sexual. *Tb n.* **d)** [Pers.] poco animada o ilusionada. **e)** [Pers.] distante o despegada. **f)** [Cosa] propia de la pers. fría. ■ **7** Sobrecogido o atónito. *Normalmente en la constr* DEJAR, *o* QUEDAR-

SE, ~. ■ **8** Que no produce emoción estética. ■ **9** [Lugar] poco acogedor. ■ **10** (*Arte*) [Color] de poca longitud de onda y que produce un efecto sedante. ■ **11** [Ave] **fría**, [gota] **fría**, [guerra] **fría**, [sangre] **fría** → AVEFRÍA, GOTA[1], GUERRA, SANGRE.
II *m* **12** Temperatura baja. **b)** Temperatura baja producida artificialmente y utilizada por lo general para la conservación de alimentos y otras sustancias. ■ **13** Sensación de baja temperatura producida por el contacto con un cuerpo o un medio fríos [1], o a veces por causas psíquicas o fisiológicas. ■ **14** Frío [12a] que causa determinadas enfermedades, esp. catarro. *Frec con el v* COGER. **b)** (*col*) Afección debida al frío. *Frec con el v* COGER.
III *loc v* **15 no dar** [alguien o algo] **ni ~ ni calor** [a alguien]. (*col*) Dejar[le] indiferente. *Alguna vez sin ci.*
IV *loc adv* **16 en ~.** Sin calentar. *Referido esp a alimentos o a motores.* ■ **17 en ~.** Sin estar movido por la pasión o la emoción. ■ **18 en ~.** Sin entrar en ambiente.
V *interj* **19** (*col*) Se emplea para indicar a alguien que está muy lejos de acertar o de encontrar algo. *Gralm ~, ~.* * –¿Eres bailarina? –Frío, frío.

friolento -ta *adj* (*lit*) **1** Friolero. ■ **2** Frío, o de baja temperatura. ■ **3** Frío, o que no da calor.

friolera **I** *f* **1** Pequeñez, o cosa sin importancia. *Frec usado con intención irónica.*
II *loc v* **2 salirle** [algo a alguien] **por una ~.** (*col*) No importarle nada.

friolero -ra *adj* Muy sensible al frío. **b)** Propio de la pers. friolera.

friorización *f* Acción de friorizar.

friorizar *tr* Conservar [algo, esp. un alimento] mediante frío [12b]. *Frec en part.*

frisa *f* (*raro*) Paño de baja calidad, gralm. perchado.

frisado *adj* [Encaje] hecho con aguja, muy rico y variado en adornos y figuras o motivos ornamentales.

frisar (*lit*) **A** *intr* **1** Acercarse o aproximarse [a algo (*compl* EN)]. *Esp referido a años de edad.*
B *tr* **2** Tener aproximadamente [determinada edad].

frisio -sia *adj* Frisón. *Tb n, referido a pers.*

friso[1] *m* **1** Faja, en la parte inferior de una pared, decorada o pintada de modo diferente al resto. *Tb el material con que se hace.* ■ **2** (*Arquit*) Franja, frec. esculpida, entre el arquitrabe y la cornisa. **b)** Franja ornamentada a lo largo de una superficie, esp. de un muro. ■ **3** (*lit*) Representación narrativa de un amplio panorama de hechos o figuras.

friso[2]. **ánade ~** → ÁNADE.

frísol *m* (*reg*) Judía (planta, fruto y semilla).

frisón -na **I** *adj* **1** De Frisia (provincia holandesa). *Tb n, referido a pers.* ■ **2** (*hist*) De un pueblo germánico que habitaba originariamente entre el Rin y el Ems y que formó parte de la confederación sajona. *Tb n, referido a pers.*
II *m* **3** Lengua germánica hablada en Frisia y en parte del noroeste de Alemania.

frisuelo *m* (*reg*) Dulce de sartén hecho con una pasta de harina, huevo y leche.

frita *f* (*E*) Mezcla de arena, sosa y otros ingredientes con que se fabrica el vidrio. *Tb su cocción, que produce vidrio fundido.*

fritada *f* **1** Plato formado por un conjunto de cosas fritas. ■ **2** Acción de freír.

fritanga *f* **1** Fritada [1]. *A veces con intención desp.* **b)** (*desp*) Comida frita.

frite *m* Guiso de cordero semejante a la caldereta, típico de Extremadura.

fritilaria *f* Corona imperial (planta).

fritillas *f pl* Cierta masa de harina frita, típica de la Mancha.

frito -ta **I** *adj* **1** *part* → FREÍR. ■ **2** (*col*) Fastidiado o molesto. *Gralm con los vs* ESTAR, PONER *o* TENER. ■ **3** (*col*) Dormido. *Frec con el v* QUEDARSE. ■ **4** (*col*) Muerto. *Gralm con los vs* DEJAR *o* QUEDARSE.
II *m* **5** Comida frita.

fritura *f* **1** Acción de freír. *Tb su efecto.* ■ **2** Frito [5], esp. empleado como condimento.

friulano -na **I** *adj* **1** Del Friul (región italiana). *Tb n, referido a pers.*
II *m* **2** Lengua románica hablada en el Friul.

friura *f* (*reg*) Frialdad.

frívolamente *adv* De manera frívola [1b].

frivolidad *f* **1** Cualidad de frívolo. ■ **2** Cosa frívola.

frivolité *m* Encaje a base de anillos y piquitos, realizado con lanzadera y ganchillo.

frivolización *f* Acción de frivolizar(se).

frivolizar **A** *tr* **1** Hacer frívolo [a alguien o algo]. **b)** (~**se**) Hacerse frívolo [alguien o algo]. ■ **2** Tratar [algo o a alguien] con frivolidad.
B *intr* **3** Hablar frívolamente [sobre algo]. *Tb sin compl.*

frívolo -la *adj* **1** [Pers.] poco seria o poco profunda. *Tb n.* **b)** Propio de la pers. frívola. ■ **2** [Cosa] poco seria o insustancial. ■ **3** [Cosa] ligera y sensual. *Referido esp a espectáculo o publicación, o a los géneros correspondientes.* **b)** [Actriz] de un espectáculo frívolo. *Tb n f.*

fromagerie (*fr; pronunc corriente,* /fromaʒerí/) *f* Tienda selecta en que se venden quesos.

fronda[1] *f* Conjunto espeso de ramas y hojas.

fronda[2] *f* (*lit*) Rebelión o revuelta. *En la constr* AIRES, *o* VIENTOS, DE ~.

fronde *m* Hoja de helecho.

frondecer (*conjug* 11) *intr* (*lit, raro*) Llenarse de ramas y hojas [una planta]. *Tb fig.*

frondista *adj* (*lit, raro*) Revolucionario.

frondosidad *f* Cualidad de frondoso. *Tb fig.*

frondoso -sa *adj* **1** Abundante en fronda[1]. *Tb fig.* ■ **2** (*lit*) Exuberante. *Referido esp a cosas inmateriales.* ■ **3** (*Bot*) [Planta arbórea] de hojas más o menos anchas y no aciculares. *Tb n f.*

frontada *f* (*reg*) Linde.

frontal[1] *adj* De la frente[1]. *Frec n m, referido a hueso o a músculo.*

frontal[2] **I** *adj* **1** De(l) frente[2] o parte anterior. ■ **2** (*Meteor*) De(l) frente[2] o de (los) frentes. ■ **3** Que se presenta o se produce de frente[2]. *Tb fig.*
II *m* **4** Frente[2] o parte anterior [de algo]. ■ **5** *En un altar:* Adorno que cubre el frente[2] o parte anterior.

frontalera *f* *En la cabezada de las caballerías:* Parte que ciñe la frente[1].

frontalidad (*Arte*) **I** *f* **1** Hecho de estar una figura representada de frente[2].
　　II *loc adj* **2 de la ~.** *En escultura:* [Ley] según la cual la figura humana se representa de frente[2] y dividida simétricamente por un plano vertical. **b)** *En pintura y bajorrelieve:* [Ley] según la cual las figuras humanas se representan con la cabeza de perfil y el cuerpo de frente[2].

frontalmente *adv* De manera frontal[2] [3]. *Tb fig.*

frontenis *m* Juego de pelota, que se realiza en frontón, con pelota y raqueta de tenis.

frontera *f* **1** Límite entre dos estados. **b)** Límite entre dos territorios o terrenos contiguos. *Tb fig.* **c)** *En gral:* Límite en que acaba una cosa y empieza otra. ■ **2** (*lit*) Límite (punto del cual no se puede o no se debe pasar). ■ **3** Meta [de una actividad].

frontería *f* (*lit, raro*) Frontera [1].

fronterizo -za *adj* **1** De (la) frontera [1]. **b)** Que se encuentra en la frontera [1]. *Tb fig.* ■ **2** [Estado o territorio] que tiene frontera [1] [con otro, respecto a él (*compl* DE o CON)]. *Tb sin compl.*

frontero -ra *adj* Que está enfrente.

frontil *m* **1** Pieza que se pone a los bueyes entre la frente[1] y el yugo para que este no les roce. ■ **2** Frontalera.

frontis *m* **1** Frente[2] [de un edificio o construcción o de un mueble]. ■ **2** *En un libro:* Frontispicio. ■ **3** (*Arquit*) Frontón [2].

frontispicio *m* **1** (*Arquit*) Fachada principal [de un edificio, esp. monumental]. ■ **2** *En un libro:* Portada con ornamentación.

frontofocómetro *m* (*Ópt*) Aparato para medir la potencia de refracción frontal de las lentes.

frontón *m* **1** Cancha para el juego de pelota. *Tb el lugar en que está instalada.* **b)** Juego de pelota. ■ **2** (*Arquit*) Remate triangular o semicircular [de una fachada, un pórtico, una puerta o una ventana].

frontón-tenis *m* (*raro*) Frontenis.

frotación *f* Acción de frotar. *Tb fig.*

frotamiento *m* Acción de frotar.

frotar A *tr* **1** Hacer pasar [una cosa (*compl* CON)] reiteradamente y con más o menos fuerza [sobre alguien o algo (*cd*)]. *Tb sin compl o compls.* **b)** Hacer pasar [una cosa o pers. (*cd*)] reiteradamente y con más o menos fuerza [sobre otra (*compl cd*)]. *Tb sin compl o compls. Referido a pers o animal, gralm el cd es refl.* **c)** Pasar [una cosa (*suj*)] reiteradamente y con más o menos fuerza [sobre otra (*cd*)]. **d)** **~se las manos** → MANO.
　　B *intr* **2** Pasar [una cosa (*suj*)] reiteradamente y con más o menos fuerza [sobre otra (*compl adv*)].

frote *m* Acción de frotar.

frotis *m* (*Med*) Preparación de un líquido o tejido orgánico, extendida entre dos cristales, para su examen microscópico. *Tb el examen correspondiente.*

frottola (*it; pronunc corriente,* /frótola/) *f* Composición polifónica profana de carácter popular, difundida en Italia esp. en el s. XV.

fructidor *m* (*hist*) Duodécimo mes del calendario revolucionario francés, que va del 18 de agosto al 16 de septiembre.

fructíferamente *adv* De manera fructífera.

fructífero -ra *adj* Que produce fruto. *Tb fig.*

fructificación *f* Acción de fructificar. *Tb su efecto.*

fructificador -ra *adj* **1** Que fructifica. ■ **2** De (la) fructificación.

fructificar *intr* Dar fruto. *Tb fig.*

fructosa *f* (*Quím*) Azúcar de fruta, presente en todos los frutos dulces.

fructuosamente *adv* (*lit*) De manera fructuosa.

fructuoso -sa *adj* (*lit*) Fructífero.

frufrú (*tb con la grafía* **fru-fru**) *m* **1** Ruido ligero producido por el roce [de algo, esp. de un tejido sedoso, o de alas]. ■ **2** Adorno de la ropa femenina. *Gralm en pl.*

frugal *adj* [Pers.] que se alimenta con comidas sencillas y poco abundantes. **b)** Propio de la pers. frugal.

frugalidad *f* Cualidad de frugal.

frugalmente *adv* De manera frugal.

frugívoro -ra *adj* (*Zool*) [Animal] que se alimenta de frutos.

fruición *f* (*lit*) Placer o complacencia.

fruir (*conjug* 48) (*lit*) **A** *intr* **1** Gozar o disfrutar [de algo]. *Tb sin compl.*
　　B *tr* **2** Gozar o disfrutar [algo (*cd*)].

fruitivamente *adv* (*lit*) De manera fruitiva.

fruitivo -va *adj* (*lit*) **1** Que causa fruición. ■ **2** Que denota fruición.

frumentario -ria *adj* (*lit*) De (los) cereales, esp. del trigo.

frunce *m* Efecto de fruncir, *esp* [1a].

fruncido *m* Acción de fruncir [1a]. *Frec su efecto.*

fruncidor -ra *adj* Que frunce [1a].

fruncimiento *m* Acción de fruncir [1b]. *Tb su efecto.*

fruncir *tr* Recoger la amplitud [de algo flexible (*cd*), esp. de una tela] haciendo que forme arrugas o pliegues. **b)** Arrugar [una parte de la cara]. **c) ~ el ceño** → CEÑO.

frusa *f* (*jerg*) Miedo.

fruslería *f* Cosa de poco valor o importancia.

fruslero *m* (*Coc*) Cilindro de madera utilizado para extender y trabajar la masa.

frustración *f* **1** Acción de frustrar(se) [1 y 3]. ■ **2** Estado propio de la pers. que se siente privada de una legítima satisfacción o decepcionada en sus esperanzas.

frustrado -da *adj* **1** *part* → FRUSTRAR. ■ **2** Que denota o implica frustración [2].

frustrador -ra *adj* Que frustra, *esp* [2].

frustráneo -a *adj* (*lit, raro*) Que no produce el resultado apetecido o esperado.

frustrante *adj* Que frustra [2].

frustrar *tr* **1** Hacer que [algo (*cd*)] no llegue a su total desarrollo o no dé el resultado apetecido o esperado. **b)** *pr* (**~se**) No llegar [algo] a su total desarrollo o no dar el resultado apetecido o esperado. ■ **2** Hacer que [alguien (*cd*)] sienta frustración [2]. *Esp en psicología.*

frústula *f* (*Bot*) Valva o caparazón silíceo de las algas diatomeas.

fruta f **1** Fruto [1], gralm. dulce, que puede consumirse crudo. *Frec en sg con sent colectivo*. ■ **2 ~ prohibida.** Cosa prohibida. ■ **3 ~ del tiempo.** Cosa propia del momento en cuestión. ■ **4 ~ de sartén.** Dulce o golosina hechos con masa frita.

frutado -da *adj* **1** *part* → FRUTAR. ■ **2** [Planta, esp. árbol] que tiene fruto [1]. **b)** (*Heráld*) [Árbol] que tiene el fruto de distinto esmalte que el resto de la figura. ■ **3** [Aceite o vino] que tiene gusto o aroma del fruto fresco. **b)** Propio del aceite o del vino frutados.

frutal *adj* **1** [Árbol] que produce fruta [1]. *Frec n*. ■ **2** De (la) fruta [1]. **b)** (*lit*) Propio o característico de la fruta [1]. ■ **3** (*lit*) Que tiene la frescura y atractivo de la fruta [1].

frutar *intr* (*raro*) **1** Dar fruto [una planta, esp. un árbol]. ■ **2** (*lit*) Surgir [una cosa] como fruto [de otra]. *Tb sin compl*.

frutecer (*conjug 11*) *intr* (*lit*) Fructificar. *Tb fig*.

fruteda f (*raro*) Campo de frutales.

frutería f Tienda en que se vende fruta [1].

frutero -ra I *adj* **1** De (la) fruta [1]. **b)** [Barco] destinado al transporte de fruta [1]. *Tb n m*.
II *n* A *m y f* **2** Pers. que vende fruta [1].
B *m* **3** Plato o recipiente especial para contener o servir la fruta [1]. ■ **4** (*Pint*) Bodegón en que se representan diferentes frutos.

frutícola *adj* De (la) fruticultura.

fruticultor -ra I *m y f* **1** Pers. que se dedica a la fruticultura.
II *adj* **2** De (la) fruticultura.

fruticultura f Cultivo de los frutales.

fruto *m* **1** *En una planta*: Resultado de la maduración del ovario de la flor, que encierra en sí la semilla. ■ **2** Producto útil de la tierra o el mar, esp. el que sirve para la alimentación del hombre o de los animales. *Frec en pl. Tb ~ DE LA TIERRA o ~ DEL MAR*. ■ **3** Producto o resultado, esp. positivo, [de algo]. **b)** (*lit*) Hijo [de un matrimonio o relación sexual, o de una mujer]. **c)** (*Der*) Utilidad producida [por una cosa (*compl de posesión*)] mediante arrendamiento u otro contrato similar.

ftálico *adj* (*Quím*) [Ácido o anhídrido] derivado del benceno.

fu I *interj* **1** Imita el bufido del gato.
II *loc v y form o* **2 hacer ~.** (*col*) Salir huyendo. *A veces seguido de* COMO EL GATO. **b)** Tomar actitud de rechazo [hacia alguien o algo (*ci*)]. ■ **3 ni ~ ni fa.** (*col*) *Se usa para expresar medianía.* * –¿Es guapa? –Ni fu ni fa.

fuagrás *m* Foie-gras.

fuche *interj Se usa para ordenar al camello que se arrodille.*

fucilazo *m* (*raro*) Rayo (chispa eléctrica). *Tb el relámpago.*

fuco *m* Alga marina parda que vive fija en las rocas, a veces formando masas espesas (*gén. Fucus*).

fucoxantina f (*Bot*) Ficoxantina.

fucsia I f **1** Planta frec. arbustiva, de hojas ovales, agudas y aserradas y flores muy vistosas, péndulas, de color rosa oscuro característico y a veces blancas, rojas o lilas, cultivada como ornamental (*gén. Fuchsia*). *Tb su flor.*
II *adj invar* **2** [Color] rosa oscuro propio de la flor de fucsia [1]. *Tb n m*. **b)** De color fucsia.

fucsina f Materia colorante roja derivada de la anilina, usada en biología y en la industria.

fudre *m* Tonel de grandes dimensiones, con una capacidad de 5.000 a 30.000 litros. **b)** (*col*) *Se usa a veces en constrs de sent comparativo para ponderar la embriaguez.*

fuego I *m* **1** Proceso físico que se manifiesta con desprendimiento de luz, calor intenso y, frecuentemente, llama. **b)** (*lit*) Calor muy intenso. ■ **2** Incendio. ■ **3** Leña, carbón u otra materia similar con que se produce fuego [1a], esp. para calentarse o cocinar. **b)** *En una cocina o lugar similar:* Punto en que se produce fuego [1a]. ■ **4** Hoguera, o fuego [3], por lo general de leña, que levanta mucha llama y que se prepara en un lugar normalmente no destinado para ello, esp. al aire libre. **b)** ~ de campamento. Reunión que en torno a una hoguera celebran después de la cena las perss. que se alojan en un campamento. ■ **5** Mechero o cerillas para encender el tabaco. *Con vs como* DAR, TENER *o* LLEVAR. ■ **6** (*hist*) Hogar, o vivienda de una familia. ■ **7** Vehemencia o entusiasmo. **b)** Excitación o inquietud vivas, suscitadas por una pasión, como el amor, el odio o la ira. ■ **8** Acción de disparar un arma de fuego [14]. *Tb se usa, en milicia, como interj para dar la orden de disparar.* **b)** **alto el ~** → ALTO². ■ **9 ~ de San Telmo** (*o* de Santelmo). Meteoro luminoso que se forma en los extremos de los mástiles o de los pararrayos cuando la atmósfera está muy cargada de electricidad. ■ **10 ~ fatuo.** Pequeña llama, que se forma en el aire a corta distancia del suelo, por inflamación de ciertas materias que se elevan de los cuerpos animales o vegetales en putrefacción. **b)** Cosa sin validez o trascendencia. ■ **11 ~ feniano.** (*Quím*) Disolución de fósforo en sulfuro de carbono, sumamente inflamable. ■ **12 ~ griego.** (*hist*) Sustancia inflamable que arde en el agua, usada para incendiar naves. ■ **13 ~s artificiales,** o (*más raro*) **de artificio.** Conjunto de luces de colores acompañadas de detonaciones, que se obtienen con distintos dispositivos de pólvora y que se usan en fiestas públicas.
II *loc adj* **14 de ~.** [Arma] que lanza proyectiles por la explosión de un fulminante. ■ **15 de ~.** (*Taur, hist*) [Banderilla] guarnecida con petardos, que estallan al clavársela al toro. ■ **16** [Bautismo] **de ~,** [lengua] de ~ → BAUTISMO, LENGUA. ■ **17 de ~.** (*Mil*) [Línea] de combate (→ LÍNEA). ■ **18 de ~.** [Toro] que, con las astas encendidas, se corre de noche por las calles como festejo popular.
III *loc v* **19 atizar el ~.** (*col*) Avivar la discordia. ■ **20 echar ~ por los ojos.** Manifestar en el semblante gran furor. ■ **21 entrar en ~.** Tomar parte por primera vez en una acción de guerra. ■ **22 grabar** [algo] **a ~.** Fijar[lo] en la memoria de modo indeleble. *Frec con intención ponderativa.* ■ **23 hacer ~.** Disparar un arma de fuego [14] [a o contra alguien o algo]. *Tb sin compl*. ■ **24 jugar con ~.** Dedicarse imprudentemente a una acción que puede traer malas consecuencias. ■ **25 mantener el ~ sagrado.** (*lit*) Hacer que continúe viva [una actividad o una doctrina (*compl* DE)]. ■ **26 parecer que** [una pers.] **va a apagar un ~.** (*col*) Ir [esa pers.] con suma rapidez o velocidad. *Tb en constrs como* QUE NO VAMOS A APAGAR UN ~, *o* NI QUE FUÉRAMOS A APAGAR UN ~, *para ponderar igualmente la rapidez o velocidad.* ■ **27 prender, pegar, poner, dar,** o **meter, ~** [a alguien o algo]. Incendiar[lo] o hacer que arda. *Alguna vez sin compl*. ■ **28 romper** (*o* abrir) **el ~.** Ser el primero en disparar. **b)** Ser el primero en hablar o en ponerse a actuar.

IV *loc adv* **29 entre dos ~s.** En situación comprometida por estar entre dos adversarios, o entre dos perss. o cosas opuestas o más o menos incompatibles. *Con vs como* ESTAR, PONER *o* ENCONTRARSE.

fueguino -na *adj* De la Tierra del Fuego (archipiélago). *Tb n, referido a pers.*

fuel *m* Combustible líquido derivado del petróleo y destinado esp. a calefacción.

fuelle *m* **1** Utensilio para avivar el fuego, constituido básicamente por dos tapas de madera unidas por costados flexibles, que al separarlas hacen que el interior se llene de aire, y al unirlas, que salga. ■ **2** *En determinados instrumentos músicos, como el órgano, el armonio, la gaita o el acordeón:* Dispositivo para producir y graduar la presión del aire que hace vibrar sus elementos sonoros. **b)** *(raro)* Bandoneón. ■ **3** *(col)* Pulmón (órgano de la respiración, o capacidad respiratoria). **b)** *(col)* Aliento o energía. *Tb fig.* ■ **4** *En una prenda de vestir:* Conjunto de dos pliegues paralelos y enfrentados. ■ **5** *En una cartera de mano u otro objeto semejante:* Conjunto de pliegues laterales que permiten aumentar o disminuir la capacidad. ■ **6** *En algunos aparatos fotográficos:* Pieza plegable de sección rectangular, que constituye cuatro de las seis paredes de la cámara oscura.

fuel-oil *m* Fuel.

fuelóleo *m* Fuel.

fuengiroleño -ña *adj* De Fuengirola (Málaga). *Tb n, referido a pers.*

fuenlabreño -ña *adj* De Fuenlabrada (Madrid). *Tb n, referido a pers.*

fuensalidano -na *adj* De Fuensalida (Toledo). *Tb n, referido a pers.*

fuensanteño -ña *adj* De Fuensanta (Albacete), o de Fuensanta de Martos (Jaén). *Tb n, referido a pers.*

fuente I *f* **1** Construcción, a veces monumental, en la que hay uno o varios caños o surtidores de agua. ■ **2** Manantial (de agua). **b)** Manantial donde nace [un río u otra corriente de agua *(compl de posesión)*]. *Frec en pl.* ■ **3** Cosa que es origen [de otra]. ■ **4** Lugar o pers. de donde se obtiene información. ■ **5** Recipiente grande, poco profundo y de forma oblonga o circular, que se usa para servir alimentos. *Tb su contenido.* **b) media ~** → MEDIAFUENTE. ■ **6** *(Impr e Informát)* Conjunto de caracteres de un tamaño y estilo determinados. ■ **7 ~ de soda.** Aparato con tubo y grifo para servir soda. **II** *loc v* **8 hacer ~s.** *(jerg)* Masturbarse [un hombre].

fuentecanteño -ña *adj* De Fuente de Cantos (Badajoz). *Tb n, referido a pers.*

fuenteovejunismo *m* *(lit, raro)* Actitud de unidad inquebrantable de una colectividad.

fuer. a ~ de. *loc prep* *(lit)* Por la cualidad o la condición de. *Seguido de un n calificador o de un adj, con función predicat, sobrentendido un infin* SER. * Era temerario, a fuer de ignorante.

fuera I *adv* *(tiene sent normalmente relativo; cuando se expresa el término de referencia, este se enuncia precedido de la prep* DE*)* **1** Expresa un lugar, real o figurado, que no está en otro limitado que se toma como referencia. * Está fuera, en la calle. * No comas fuera de horas. **b)** *Precedido de prep, o como suj de una o cualitativa, es sustantiva.* * La puerta estaba cerrada por fuera. ■ **2** En la superficie o la parte visible. *Frec* POR ~. *Tb fig.* * Por fuera es blan-

co y por dentro verde. ■ **3 ~ de** + *pron pers refl.* En un arrebato de ira. *Frec con los vs* ESTAR *o* PONERSE. * Estaba fuera de sí. ■ **4 ~** (*o* **~ de**) **bromas** (*o n equivalente*). *(col)* En serio, o prescindiendo de bromas. * Fuera de bromas, estoy cansada. ■ **5 ~ aparte.** *(pop)* Aparte o además. * Los precios son caros, pero fuera aparte están los fraudes. ■ **6 ~ de combate, ~ de juego, ~ de serie** → COMBATE, JUEGO, SERIE.

II *loc prep* **7 ~ de.** Además de. *Tb (pop)* ~ APARTE (DE). * Fuera de lo dicho hay otros problemas. ■ **8 ~ de.** Excepto. *Tb (pop)* ~ APARTE (DE). * Nunca entendió nada fuera de los discursos del general. ■ **9 ~ de.** Introduce un compl que expresa negación o exención de algo. * Eso está fuera de duda. **b)** *Introduce un compl que expresa situación de interrupción temporal de algo.* * El ascensor está fuera de servicio. ■ **10 ~ borda** → BORDA¹.

III *interj* **11** Expresa rechazo. A veces seguido de un sust que designa lo rechazado, y que puede ir, cuando se trata de pers, precedido de la prep CON. * ¡Fuera brujas! * ¡Fuera con ellos! * −¡Fuera! ¡Fuera! –gritaba el público. **b)** *Seguido de un n de prenda de vestir, se usa para ordenar a alguien que se la quite.* * ¡Fuera gorros!

IV *loc v y fórm or* **12 echarse ~** → ECHAR. ■ **13 y ~.** Y ya está. * Nunca usaba champú; con jabón de cocina y fuera.

fueraborda *(tb con las grafías* **fuera borda** *o* **fuera-borda**; *pl normal, ~s o invar)* *adj* **1** [Motor] fuera de borda (→ BORDA¹). *Tb n m.* ■ **2** [Embarcación] con motor fueraborda [1]. *Frec n m o, más raro, f.*

fuerabordo *(tb con la grafía* **fuera-bordo**; *pl normal, ~s o invar)* *m* Fueraborda.

fuerarropa *m* *(humoríst, raro)* Desnudamiento.

fuerismo *m* *(Pol)* Tendencia política a defender o restaurar los fueros [1].

fuerista *adj* *(Pol)* Partidario o defensor de los fueros [1]. *Tb n.*

fuero I *m* **1** Conjunto de leyes concedidas como privilegio [a una región *(compl de posesión)*]. *Frec en pl con el mismo sent.* **b)** *(hist)* Ley o código concedidos [a un municipio *(compl de posesión)*]. **c)** *(hist)* Compilación de leyes. ■ **2** Competencia legal o jurisdicción. ■ **3** Derecho o conjunto de derechos morales. ■ **4 ~ interno.** *(lit)* Intimidad de la conciencia. *Frec en la constr* EN MI (TU, *etc*) ~ INTERNO. **II** *loc v* **5 volver** [alguien] **por sus ~s.** Salir en defensa de sus derechos o de su honor. *Tb fig.*

fuerte *(superl* FORTÍSIMO*)* **I** *adj* **1** Que tiene fuerza [1 a 6]. **b)** [Materia, u objeto fabricado con ella] resistente o que no se rompe con facilidad. **c)** *(col)* [Pers.] que tiene buena salud. **d)** [Hombre] que se ha hecho con el poder o que tiene gran autoridad o influencia en una situación dada. *Frec en política.* **e)** *(Naipes)* [Carta] de valor. ■ **2** Que denota o implica fuerza [1]. **b)** [Cosa] que exige esfuerzo. **c)** [Cosa fijada o sujeta] difícil de mover, de quitar, de caerse o de soltarse. ■ **3** [Pers.] corpulenta. **b)** *(euf)* Gordo. ■ **4** Que supera notablemente lo normal. **b)** *(juv)* Impresionante o asombroso. **c)** *(reg)* Grande. *Usado con intención ponderativa.* ■ **5** [Sensación, esp. visual, de color, sabor o sonido] que afecta notablemente al sentido correspondiente. *A veces referido a las cosas que los producen o los tienen.* **b)** [Voz o risa] muy sonora. **c)** [Bebida] de alta graduación alcohólica. **d)** [Alimento] de difícil digestión. **e)** [Plato o guiso] de alto valor energético. **f)** [Comida] abundante y nutritiva. ∎ **6** [Cosa] que puede impresionar seriamente a espíritus delicados. ∎ **7** [Carácter] violento o irritable. ∎ **8** Versado o ducho [en algo]. ∎ **9** (*Gram*) [Forma verbal] que lleva el acento en el tema. ∎ **10** (*TLit*) *En el verso:* [Sílaba] tónica. ∎ **11** (*Fon*) [Vocal] abierta. ∎ **12** (*Quím*) [Ácido o base] cuya ionización es total. ∎ **13** (*hist*) [Casa] dotada de elementos de defensa para resistir el ataque de los enemigos. ∎ **14** [Agua] ~, [caja] ~, [mano] ~, [peso] ~, [plaza] ~, [sexo] ~ → AGUAFUERTE, CAJA, MANO, PESO², PLAZA, SEXO.

II *m* **15** Fortaleza, o construcción fortificada. ∎ **16** Aptitud o actividad por la que destaca [una pers. (*compl de posesión*)]. ∎ **17** Momento de mayor fuerza [7] [de algo].

III *loc v* **18 estar** (*u otro v equivalente*) ~ [de algo, esp. de dinero o salud]. Tener mucho [de ello]. ∎ **19 hacer** ~ [un lugar]. Fortificar[lo] o hacer [en él (*cd*)] obras de defensa. ∎ **20 hacerse** ~ [en un lugar]. Establecerse [en él] como reducto defensivo. **b)** Mantenerse sin ceder [en una actitud o en una opinión]. ∎ **21 pisar** ~ → PISAR.

IV *adv* **22** Con fuerza [7]. **b)** Con gran volumen de voz. ∎ **23** En cantidad, o mucho.

fuertemente *adv* De manera fuerte.

fuerza I *f* **1** Capacidad física para realizar un trabajo o un movimiento. *Referido a animales y esp a perss, frec se usa en pl con intención expresiva.* ∎ **2** Capacidad moral para realizar una acción o soportar un sufrimiento. *Tb en pl con intención expresiva.* **b)** ~ **de voluntad** → VOLUNTAD. ∎ **3** Poder, o capacidad de mandar o imponerse. ∎ **4** Capacidad para vivir o desarrollarse. *Tb fig.* ∎ **5** Capacidad [de una cosa] para producir su efecto o su función. **b)** Capacidad [de una cosa] para ejercer [algún efecto (*adj o compl especificador*)]. **c)** Capacidad [de una cosa] de influir. ∎ **6** Resistencia, o capacidad para resistir esp. un peso o un empuje. ∎ **7** Grado en que se tiene o se ejerce una fuerza [1 a 6]. *Gralm con un cuantitativo, que frec se omite cuando es* MUCHO. **b)** Graduación alcohólica [de una bebida]. ∎ **8** Causa capaz de influir en el comportamiento de alguien o en el desarrollo de algo. **b)** ~ **mayor.** Circunstancia que no se puede prevenir ni evitar y que exime del cumplimiento de una obligación. *Normalmente en la constr* CAUSA, *o* CASO, DE ~ MAYOR. ∎ **9** (*Fís*) Causa capaz de modificar el estado de reposo o de movimiento de un cuerpo. **b)** ~ **viva.** (*Fís*) Producto de la masa de un cuerpo por el cuadrado de su velocidad. ∎ **10** Energía eléctrica. ∎ **11** *En pl:* Ejército. *Frec* ~S ARMADAS. *Normalmente con un compl de posesión. Alguna vez en sg, designando el ejército o una parte de él.* **b)** ~**s aéreas.** Aviación militar. *Alguna vez en sg, designando el conjunto o una parte.* **c)** ~**s navales.** Marina de guerra. *Alguna vez en sg, designando el conjunto o una parte.* **d)** ~ **de choque** → CHOQUE. **e)** ~ **de seguridad** → SEGURIDAD. **f)** ~ **pública.** Conjunto o parte de los agentes del orden público. *Tb* ~S DEL ORDEN, *o* DE ORDEN PÚBLICO. ∎ **12** ~ **bruta.** Fuerza [1 y 3] aplicada sin inteligencia o racionalidad. ∎ **13** ~**s vivas.** Perss. representativas [de una ciudad], por su autoridad o por su categoría social. *Alguna vez en sg.* **b)** (*hoy raro*) Perss. o grupos que impulsan la actividad y la prosperidad [de una población]. ∎ **14** una ~ **de la naturaleza.** (*lit*) Una pers. o, más raro, cosa, de fuerza [2 y 3] avasalladora.

II *adj invar* **15** [Idea] capaz de influir en la evolución de un individuo o de una colectividad. ∎ **16** [Camisa] **de** ~ → CAMISA.

III *loc v y fórm or* **17 a la ~ ahorcan.** *Fórmula con que se comenta que no hay más remedio que someterse a la realidad.* * No quisiera hacerlo, pero a la fuerza ahorcan. ∎ **18 hacer** ~ [a alguien]. Presionar[le], o hacer que actúe contra su voluntad. ∎ **19 írsele** [a uno] **la ~ por la boca** (*o* **por el pico**). (*col*) Hablar [uno] mucho y actuar poco. ∎ **20 sacar** ~**s de flaqueza.** Hacer un esfuerzo en el momento en que uno se siente débil o impotente. ∎ **21 ser** ~. Ser necesario o forzoso [un hecho].

IV *loc adv* **22 a** (*o* **por**) **la** ~. Haciendo uso de la violencia, o contra la propia voluntad. ∎ **23 a viva** ~. Violentamente o con fuerza [3]. ∎ **24 de grado o por** ~ → GRADO². ∎ **25 por** ~, *o* **a la** ~. Necesariamente.

V *loc prep* **26 a** ~ **de** (*o, más raro,* **en** ~ **de**). Como consecuencia de. *Seguida de infin.* **b)** **a** ~ **de.** Mediante el uso de o valiéndose de. *Seguido de n.* ∎ **27 en** ~ **de.** (*raro*) A causa de.

fuet *m* Embutido delgado y largo, semejante al salchichón, típico de Cataluña.

fufo *m* (*raro*) Bufido del gato.

fuga I *f* **1** Acción de fugarse. *Tb fig.* **b)** ~ **de cerebros.** Emigración de profesores o científicos en busca de mejor retribución o mejores medios de trabajo. ∎ **2** Salida [de un líquido o un gas] por una abertura producida accidentalmente. ∎ **3** (*Mús*) Composición contrapuntística, basada en la imitación, en que un tema es presentado sucesivamente por cada una de las voces. ∎ **4** (*Econ*) Evasión [de capitales o de divisas].

II *loc adj* **5** [Ley] **de** ~**s** → LEY¹. ∎ **6 de** ~. (*Pint*) *En la perspectiva lineal:* [Punto] en que convergen las visuales que parten del ojo y pasan por todos los puntos del objeto. *Tb referido a las líneas correspondientes.*

fugacidad *f* **1** Cualidad de fugaz. ∎ **2** Cosa fugaz.

fugada *f* (*Mar*) Racha de viento fuerte.

fugado -da *adj* **1** *part* → FUGAR. ∎ **2** (*Mús*) Que tiene forma de fuga [3] o es semejante a ella.

fugar *intr* ▶ **a** *pr* (~**se**) **1** Huir [de un lugar en que se está privado de libertad], burlando la vigilancia o de manera violenta. *Tb sin compl.* **b)** Marcharse [alguien, esp. un menor, de su casa o lugar de residencia] sin consentimiento de los padres o de las perss. responsables, o burlando su control. *Tb sin compl.* **c)** Huir o marcharse [de un lugar] por temor. *Tb sin compl.* ▶ **b** *normal* **2** (*Mús*) Componer fugas o una fuga [3].

fugato *m* (*Mús*) Parte en estilo fugado de una composición.

fugaz *adj* Que pasa y desaparece rápidamente. **b)** [Estrella] ~ → ESTRELLA.

fugazmente *adv* De manera fugaz.

fugitividad *f* (*lit, raro*) Cualidad de fugitivo.

fugitivo -va *adj* Que huye. *Tb fig. Tb n, referido a pers.*

fugona *f* (*reg*) Falta de asistencia a un lugar al que se debe ir, esp. al colegio. *Frec en la constr* PEGARSE, *o* ECHARSE, LA ~.

fuguillas *m y f* (*col*) **1** Pers. que se irrita con facilidad. *Tb adj.* ∎ **2** Pers. de temperamento inquieto. *Tb adj.*

fuguista *m y f* Delincuente que tiene especial habilidad para fugarse de las prisiones.

führer (*al; pronunc corriente,* /fúrer/ *o* /fírer/; *pl normal,* ~s) *m* (*lit*) Dictador.

fuina *f* (*reg*) Garduña (animal).

ful *adj invar* (*col*) **1** Falso o fingido. **b)** Falso o no auténtico. ■ **2** Que no corresponde dignamente a su condición. ■ **3** De baja calidad o categoría.

fula **I** *adj* **1** De un pueblo nómada del África central y occidental, habitante pralm. de la región subsahariana, desde Senegal hasta Camerún, y con mezcla racial de pueblos bereberes de piel clara y africanos occidentales de piel oscura. *Tb n, referido a pers.*
II *m* **2** Lengua de los fulas [1], hablada pralm. en Guinea y Nigeria.

fulana → FULANO.

fulaneo *m* (*col*) **1** Actividad de fulana o prostituta. ■ **2** Trato con fulanas o prostitutas. *Frec en la constr* IR DE ~.

fulaní *adj* Fula. *Tb n.*

fulanismo *m* (*col, desp*) Tendencia a dar indebidamente más importancia a una pers. concreta que a una ideología.

fulano -na (*gralm con mayúscula en acep 1*) **A** *m y f* **1** *Se usa, sin art y solo en sg, para sustituir al n propio de una pers que no se quiere o no se puede precisar. A veces* ~ DE TAL. *Frec en la forma dim* FULANITO, *con valor expresivo. En ocasiones forma serie con* MENGANO, ZUTANO *y* PERENGANO. * *Está enfadado con Fulano, no se habla con Mengano, aborrece a Zutano. ¡Una gloria!* ■ **2** (*desp*) Individuo. *Rara vez usado en f.* ■ **3** Pers. que mantiene relaciones ilícitas [con otra (*compl de posesión*)]. *Tb sin compl.*
B *f* **4** (*col*) Prostituta.

fular *m* Pañuelo de cuello, en forma de bufanda, de seda muy fina.

fulbito *m* Futbito.

fulcro *m* (*Fís*) En una palanca: Punto de apoyo.

fulero -ra *adj* (*col*) **1** Chapucero. *Tb n, referido a pers.* ■ **2** [Pers.] charlatana y mentirosa o poco seria. *Tb n.* ■ **3** [Pers.] falsa o tramposa. *Tb n.*

fulgencia *f* (*lit, raro*) Fulgor.

fulgente *adj* (*lit*) Brillante o resplandeciente. *Tb fig.*

fúlgido -da *adj* (*lit*) Fulgente.

fulgir *intr* (*lit*) Resplandecer o brillar intensamente. *Tb fig.*

fulgor *m* Resplandor o brillo muy intenso. *Tb fig.*

fulguración *f* **1** (*lit*) Acción de fulgurar. *Tb su efecto.* ■ **2** (*Med*) Efecto causado en un ser vivo por la electricidad, esp. del rayo.

fulgurante *adj* (*lit*) **1** Que fulgura. ■ **2** Sumamente rápido.

fulgurantemente *adv* (*lit*) De manera fulgurante.

fulgurar *intr* (*lit*) Despedir rayos de luz. *Frec fig, esp referido a ojos.*

fulguroso -sa *adj* Fulgurante [1].

fuliginoso -sa *adj* (*lit*) Turbio u oscurecido.

full (*ing; pronunc corriente,* /ful/) *m* En el póquer: Combinación de un trío y una pareja.

full-contact (*ing; pronunc corriente,* /fúl-kóntakt/) *m* Deporte similar al kárate, en que los golpes reales y el k.o. están autorizados.

fullería *f* Trampa, o acción propia de la persona fullera.

fullero -ra *adj* **1** [Pers.] que hace trampas en el juego. *Tb n.* ■ **2** [Pers.] tramposa, o que se vale de astucias con el propósito de engañar. *Tb n.* **b)** Propio de la pers. fullera.

full-time (*ing; pronunc corriente,* /fúltaim/) *adv* Con dedicación exclusiva. *Tb adj invar.*

fulmar *m* Ave marina semejante a la gaviota, con cuello corto y pico grueso, propia del norte de Europa (*Fulmarus glacialis*).

fulminación *f* Acción de fulminar.

fulminador -ra *adj* Que fulmina, *esp* [4].

fulminante **I** *adj* **1** Que fulmina. ■ **2** Instantáneo o inmediato.
II *m* **3** Explosivo muy inestable que sirve para lanzar el proyectil en las armas de fuego o para hacer explotar otras cargas explosivas. **b)** Petardo pequeño usado como entretenimiento.

fulminantemente *adv* De manera fulminante [2].

fulminar *tr* **1** Matar [a alguien un rayo]. ■ **2** Causar muerte repentina [a alguien (*cd*)]. ■ **3** Dejar rendido o fuertemente impresionado [a alguien (*cd*)] algo, esp. una mirada de ira o reproche]. **b)** Dirigir [a alguien (*cd*) una mirada (*compl* CON) que fulmina]. *Tb abs.* ■ **4** Lanzar [una condena, censura o excomunión a o contra alguien]. *Tb abs.*

fulminato. ~ **de mercurio.** *m* (*Quím*) Sal que se obtiene calentando alcohol, ácido nítrico y mercurio y que se emplea como detonante.

fulmíneo -a *adj* (*lit, raro*) Fulminante [2].

fuma *f* (*raro*) Acción de fumar [1 y 2].

fumada *f* **1** Porción de humo que al fumar se inspira de una vez. ■ **2** Acción de fumar [1 y 2].

fumadero *m* Local destinado a fumadores. *Esp aquel en que se fuman drogas.*

fumado¹ -da *adj* **1** *part* → FUMAR. ■ **2** (*jerg*) [Pers.] que está bajo los efectos de haber fumado droga. *Tb n.*

fumado² *m* Acción de fumar [1 y 2].

fumador -ra *adj* **1** Que fuma [1a], esp. de manera habitual. *Tb n.* ■ **2** ~ **pasivo.** Pers. que no fuma [1a] pero inhala el humo de perss. que fuman a su alrededor.

fumante *adj* (*Quím*) [Sustancia, esp. ácido] que en contacto con el aire despide vapores visibles. **b)** [Sal] ~ → SAL.

fumar **A** *intr* **1** Aspirar y espirar el humo de un cigarrillo, cigarro o pipa que se tiene entre los labios. **b)** (*jerg*) Aspirar y espirar el humo de un cigarrillo de droga. **c)** Fumar [1a] por hábito.
B *tr* ► **a** *normal* **2** Aspirar y espirar el humo [de un cigarrillo, cigarro o pipa (*cd*) que se tiene entre los labios]. *A veces con un compl de interés.* **b)** Aspirar y espirar el humo de la combustión [de la sustancia, esp. tabaco (*cd*), contenida en el cigarrillo, cigarro o pipa].
► **b** *pr* (~**se**) **3** (*col*) Gastar frívolamente [una cantidad de dinero]. ■ **4** (*col*) No asistir [a clase o al trabajo habitual (*cd*)]. ■ **5** (*jerg*) Fornicar [con alguien (*cd*)].

fumarada *f* **1** Porción de humo o vapor que sale de una vez. ■ **2** (*reg*) Humareda.

fumarel *m* Ave de plumaje negro y gris, que vive en las proximidades de lagos y pantanos (*Chlidonias niger*). *Tb* ~ COMÚN. *Otras especies se distinguen por medio de adjs:* ~ ALIBLANCO (*C. leucopterus*), ~ CARIBLANCO (*C. hybridus*).

fumaria *f* Planta herbácea anual de hojas profundamente divididas y flores pequeñas rojizas en racimos, usada en medicina como depurativa y tonificante (*Fumaria officinalis*).

fumariácea *adj* (*Bot*) [Planta] de la familia de la fumaria. *Frec como n f en pl, designando este taxón botánico.*

fumarola *f* **1** Nube de vapor o de humo. ■ **2** (*Geol*) Emanación de vapores o gases por una grieta de terreno volcánico.

fumata¹ *f* (*Rel catól*) *En la elección de papa:* Nube de humo que los cardenales reunidos en cónclave hacen salir por una chimenea para anunciar al pueblo el resultado de la votación. *Normalmente con los adjs* BLANCA *o* NEGRA, *indicando si el resultado es positivo o negativo, respectivamente. Tb fig, fuera del ámbito religioso.*

fumata² (*jerg*) **A** *f* **1** Acción de fumar droga. ■ **2** Reunión en que se fuma droga. **B** *m* **3** Porro, o cigarrillo de droga. **C** *m y f* **4** Pers. adicta a fumar drogas.

fume *m* (*col*) Acción de fumar [1 y 2].

fumé¹ *adj* **1** (*Coc*) Ahumado. ■ **2** [Color] gris humo. *Tb n m.*

fumé² *m* (*Coc*) Caldo [de pescado o de carne].

fumeque *m* (*col, humoríst*) Acción de fumar [1 y 2].

fumet (*fr; pronunc corriente,* /fümé/; *pl normal,* ~S) *m* (*Coc*) Fumé².

fumeta *m y f* (*jerg*) Pers. que fuma droga, esp. de manera habitual.

fumetear *intr* (*desp o jerg*) Fumar [1].

fumeteo *m* (*desp o jerg*) Acción de fumetear.

fumífero -ra *adj* (*lit, humoríst*) Que echa humo. *Tb n, referido a pers.*

fumigación *f* Acción de fumigar.

fumigador -ra *adj* Que fumiga. *Tb n: m y f, referido a pers y a aparato o máquina.*

fumigante *m* Sustancia usada para fumigar.

fumigar *tr* Aplicar [a alguien o algo (*cd*) determinadas sustancias (*compl* CON)] en forma de humo, gases, vapores o polvo en suspensión, para desinfectarlo o librarle de parásitos. *Tb abs.*

fumígeno -na *adj* (*E*) Destinado a producir humo.

fumista *m* Operario que limpia, arregla o instala chimeneas, cocinas o calderas.

fumistería *f* Taller o industria del fumista.

fumoso -sa *adj* (*lit*) Que despide humo.

funambulesco -ca *adj* De(l) funámbulo. *Frec fig, con intención desp.*

funambúlico -ca *adj* (*raro*) Funambulesco.

funambulismo *m* Arte del funámbulo. *Frec* (*lit*) *fig.*

funambulista *m y f* Funámbulo.

funámbulo -la *m y f* Acróbata sobre la cuerda o el alambre.

funchalense *adj* De Funchal (Madeira). *Tb n, referido a pers.*

función **I** *f* **1** Acción propia [de alguien o algo]. **b)** Actividad propia [de un empleo, oficio o cargo o de la pers. que lo desempeña]. *Frec en pl.* **c)** Acción a que se destina [algo (*compl de posesión*)]. **d)** (*col, humoríst*) Acto sexual. ■ **2** Conjunto de actividades que concurren [a un mismo fin (*adj o compl* DE)]. *Frec en pl.* **b)** ~ **pública.** Actividad o conjunto de actividades al servicio del Estado. ■ **3** Sesión [de un espectáculo, esp. teatral o circense]. *Tb fig, humoríst.* **b)** (*pop*) Obra de teatro. ■ **4** Ceremonia religiosa. ■ **5** (*reg*) Fiesta de un pueblo. ■ **6** (*Ling*) Relación en que [un elemento (*compl de posesión*) de un enunciado] se encuentra respecto al conjunto o a otros elementos. ■ **7** (*Mat*) Relación existente entre dos cantidades, tal que toda variación de la primera lleva consigo una variación correspondiente en la segunda. **b)** Cantidad cuyo valor depende del que toma [otra (*compl de posesión*)]. *Tb fig, fuera del ámbito técn.* ■ **8** (*Quím*) Conjunto de propiedades características de una familia de cuerpos que contienen en su molécula un mismo grupo de átomos. **II** *loc v* **9 entrar** [alguien o algo] **en ~(es).** Comenzar a realizar la función [1a] que le es propia. **III** *loc adv* **10 en ~es.** Desempeñando provisionalmente la función [1b] [del titular (*compl* DE) de un cargo]. *Tb adj, siguiendo al n que designa pers que ejerce el cargo.* **IV** *loc prep* **11 en ~ de** [algo]. Dependiendo de [ello].

funcional *adj* **1** De (la) función [1, 2, 6, 7 y 8]. **b)** (*Ling*) [Lingüística] que trata de describir la estructura de una lengua partiendo de la función de las unidades lingüísticas en orden a la comunicación. *Tb referido al método y la gramática correspondientes.* ■ **2** [Cosa] en que lo estético queda subordinado a lo utilitario. *Esp referido a arquitectura o mobiliario.* ■ **3** [Analfabeto] ~ → ANALFABETO.

funcionalidad *f* Cualidad de funcional [2].

funcionalismo *m* **1** Condición de funcional [2]. ■ **2** (*Arquit*) Teoría que considera antiestética la ocultación de la estructura y finalidad de un objeto, y subordina la intención decorativa a la utilidad y la economía. *Tb el movimiento arquitectónico que encarna esta teoría.* ■ **3** (*Ling*) Lingüística funcional.

funcionalista *adj* De(l) funcionalismo [2 y 3]. **b)** Adepto al funcionalismo. *Tb n.*

funcionalización *f* Acción de funcionalizar.

funcionalizar *tr* Dar carácter funcional [a algo (*cd*)].

funcionalmente *adv* En el aspecto funcional.

funcionamiento *m* Acción de funcionar [1].

funcionar *intr* **1** Realizar [alguien o algo] su función [1]. ■ **2** Resultar [alguien o algo de un modo determinado (*compl adv*)]. *Normalmente con los advs* BIEN *o* MAL. *Referido a pers, frec alude a su comportamiento sexual.* **b)** *Sin compl:* Dar [alguien o algo] el resultado apetecido. ■ **3** (*col*) Llevarse [dos perss., o una con otra]. *Normalmente con los advs* BIEN *o* MAL. **b)** *Sin adv:* Llevarse bien.

funcionariado *m* **1** Conjunto de los funcionarios. ■ **2** Condición de funcionario.

funcionarial *adj* De(l) funcionario.

funcionario -ria I *m y f* **1** Pers. que ocupa como titular un empleo en la función pública. *Tb* ~ PÚBLICO *o* ~ DEL ESTADO.
II *adj* **2** Que pertenece al cuerpo de funcionarios [1].

funcionarismo *m* Existencia o influencia excesiva del funcionariado.

funcionarización *f* Acción de funcionarizar(se).

funcionarizar *tr* Hacer funcionario [a alguien]. *Tb abs.* **b)** *pr* (~se) Pasar [alguien] a ser funcionario.

funda *f* Cubierta de quita y pon que sirve para guardar o proteger [algo (*compl de posesión*)]. *Frec se omite el compl, por consabido.*

fundación *f* **1** Acción de fundar [1]. ■ **2** Establecimiento o institución de carácter benéfico, piadoso o cultural, fundados y sostenidos con bienes particulares. *Tb esos mismos bienes.* ■ **3** (*Arquit*) Cimiento.

fundacional *adj* De (la) fundación [1].

fundadamente *adv* De manera fundada [2].

fundado -da *adj* **1** *part* → FUNDAR. ■ **2** Que tiene fundamento [1].

fundador -ra *adj* **1** Que funda. *Tb n, referido a pers.* ■ **2** De (la) fundación [1].

fundamentación *f* Acción de fundamentar(se). *Tb su efecto.*

fundamental *adj* **1** Que sirve de fundamento o base. **b)** [Piedra] ~ → PIEDRA. ■ **2** Que tiene máxima importancia.

fundamentalismo *m* **1** (*Rel*) Tendencia o doctrina que preconiza la interpretación literal de los textos sagrados y la aplicación estricta de sus preceptos. *Tb la actitud correspondiente. Frec referido al islamismo.* ■ **2** Tendencia a la aplicación estricta de las normas y principios de una doctrina, esp. política. *Tb la actitud correspondiente.*

fundamentalista *adj* De(l) fundamentalismo. **b)** Adepto al fundamentalismo. *Tb n, referido a pers.*

fundamentalmente *adv* De manera fundamental [2].

fundamentar *tr* **1** Tomar [una cosa (*compl* EN)] como fundamento [1] [de otra (*cd*)]. **b)** *pr* (~se) Tener [alguien o algo una cosa (*compl* EN *o* SOBRE)] como fundamento [1]. ■ **2** Servir de fundamento [1] [a alguien o algo (*cd*)].

fundamento I *m* **1** Cosa que sirve de base o apoyo [a otra (*compl de posesión*)]. *Más frec referido a cosas inmateriales.* **b)** Motivo o razón. **c)** (*Arquit*) Cimiento. ■ **2** *En pl:* Nociones básicas [de una ciencia o arte]. ■ **3** (*col*) Seriedad o formalidad. ■ **4** (*col*) Condiciones nutritivas notables.
II *loc v* **5 comer** (*u otro v equivalente*) **de** ~. Comer platos nutritivos.

fundar A *tr* **1** Establecer o crear [algo, esp. una institución o empresa]. ■ **2** Basar o apoyar [una cosa en otra]. **b)** *pr* (~se) Estar basada o apoyada [una cosa en otra].
B *intr pr* (~se) **3** Tomar [alguien algo (*compl* EN)] como base o fundamento [para algo].

fundente I *adj* **1** Que funde [9].
II *m* **2** Sustancia que, mezclada con otra, facilita la fusión de esta. *Tb* (*lit*) *fig.*

fundería *f* (*raro*) Fundición [2].

fundible *adj* (*raro*) Que se puede fundir.

fundición *f* **1** Acción de fundir [1 y 2]. *Sin compl especificador, gralm referido a metales.* ■ **2** Taller o fábrica en que se funden metales. ■ **3** (*Metal*) Hierro impuro que contiene una proporción de carbono superior al dos y medio por ciento.

fundido *m* Acción de fundir [1, 2 y 10]. *Tb su efecto.*

fundidor -ra *adj* Que funde [1 y 2]. *Frec n: m, referido a pers; f, referido a máquina.*

fundir A *tr* **1** Hacer que [un sólido, esp. un metal (*cd*)] pase al estado líquido mediante calor. ■ **2** Construir [algo] con metal fundido [1] en moldes. ■ **3** Disolver [algo en un líquido, o en un recipiente que contiene líquido]. **b)** *pr* (~se) Disolverse [algo en un líquido, o en un recipiente que contiene líquido]. ■ **4** Reducir a unidad [dos o más cosas diferentes, o una (*cd*) con otra]. *Esp referido a cosas inmateriales.* **b)** *pr* (~se) Pasar a constituir una unidad [dos o más cosas diferentes, o una con otra]. *Tb fig.* ■ **5** Hacer que se rompan, al fundirse [9] por exceso de corriente, los hilos o filamentos [de los plomos, de una instalación eléctrica, de una bombilla o de un aparato eléctrico (*cd*)]. **b)** *pr* (~se) Romperse, al fundirse [9] por exceso de corriente, los hilos o filamentos [de los plomos, de una instalación eléctrica, de una bombilla o de un aparato eléctrico (*suj*)]. **c)** ~sele [a alguien] los plomos → PLOMO. ■ **6** (*col*) Derrochar o dilapidar. ■ **7** Malvender [algo]. ■ **8** (*col*) Estropear o echar a perder [algo].
B *intr* **9** Pasar [un sólido (*suj*)] al estado líquido por causa del calor. *Frec pr* (~se). ■ **10** (*Cine y RTV*) Mezclar los últimos momentos de persistencia de una imagen o sonido con los primeros momentos de aparición de otros.

fundo *m* Finca rústica.

fundón *m* (*Taur*) Funda de cuero para guardar las espadas y los rejones.

fundus *m* (*Anat*) Fondo. *Frec referido al estómago.*

fúnebre *adj* **1** De(l) difunto o de (los) difuntos. **b)** [Pompas] ~s → POMPA. ■ **2** Relativo a la muerte o que la evoca. ■ **3** Triste (que tiene o muestra tristeza). *A veces con intención humoríst.*

fúnebremente *adv* (*lit*) De manera fúnebre.

funeral I *adj* **1** Fúnebre. ■ **2 de** ~. (*col*) [Cara] triste o muy seria.
II *m* **3** Oficio religioso por un difunto. *A veces en pl con sent sg.*

funerala. a la ~. *loc adj* **1** [Fusil o arma similar] colocados con la boca hacia abajo. *Tb adv.* ■ **2** (*col*) [Ojo] amoratado, esp. a consecuencia de un golpe. *Tb adv.* ■ **3** (*humoríst*) Que se encuentra en malas condiciones. *Tb adv.*

funerario -ria *adj* **1** De(l) entierro. ■ **2** [Empresa] que se encarga de organizar entierros. *Gralm n f.* **b)** De (las) empresas funerarias. **c)** [Pers.] que trabaja en una empresa funeraria. *Gralm n.* **d)** [Pers.] que posee una empresa funeraria. *Gralm n.* ■ **3** De (la) sepultura. ■ **4** (*lit*) Fúnebre [2].

funéreo -a *adj* (*lit, raro*) Fúnebre.

funés -sa *adj* De Funes (Navarra). *Tb n, referido a pers.*

funestamente *adv* De manera funesta.

funesto -ta *adj* Que causa o lleva consigo desgracia.

fungar *intr* (*reg*) **1** Silbar o soplar [el viento]. ■ **2** Gruñir o refunfuñar.

fungible *adj* (*lit*) Que se consume con el uso.

fungicida *adj* (*E*) Que destruye los hongos. *Tb n m, referido a producto.*

fúngico -ca *adj* (*E*) De (los) hongos.

fungiforme *adj* (*E*) Que tiene forma de hongo.

fungir *intr* (*lit, raro*) Ejercer o actuar [de algo].

fungoso -sa *adj* (*lit*) Esponjoso o lleno de poros.

funicular *adj* **1** [Vehículo] en el que la tracción se efectúa por medio de cuerdas, cables o cadenas. *Frec n m, esp referido a tren.* ■ **2** (*Arte*) De (la) cuerda. **b)** Que tiene una decoración que imita la cuerda. ■ **3** (*Anat*) De(l) cordón umbilical, espermático o medular.

funículo *m* (*Bot*) Pedúnculo que une el óvulo a la placenta.

funil *m* (*reg*) Embudo. *Tb fig.*

funk (*ing; pronunc corriente, /funk/; pl normal, ~s*) **I** *m* **1** Variedad de jazz moderno propio de los negros norteamericanos, de ritmo muy sincopado y con gran influencia en el rock y la música disco. **II** *adj* **2** De(l) funk [1].

funky (*ing; pronunc corriente, /fúnki/; pl normal, FUNKIES*) **I** *m* **1** Funk [1]. **II** *adj* **2** De(l) funky [1].

furacar *tr* (*reg*) Horadar o agujerear.

furcia *f* (*col*) Prostituta.

furcular *adj* (*Anat*) De forma de horquilla.

furfural *m* (*Quím*) Sustancia derivada de la destilación del salvado o del serrín en ácido sulfúrico.

furgón *m* **1** Vehículo automóvil ligero y cerrado, de mediano tamaño, con amplio espacio destinado al transporte. *Esp referido al usado por la policía.* **b)** Coche fúnebre. ■ **2** Vagón cubierto destinado al transporte de equipaje y mercancías. **b)** ~ **de cola.** Furgón con que termina un tren. **c)** ~ **de cola.** Pers. o colectividad que ocupa el último lugar en un conjunto.

furgoneta *f* Vehículo automóvil ligero y cerrado, de pequeño o mediano tamaño, destinado al transporte de mercancías.

furia (*con mayúscula en acep 4*) **I** *f* **1** Ira violenta. ■ **2** Agresividad violenta. *Tb fig, referido a cosa.* ■ **3** Vivo ímpetu con que se lucha o se actúa. ■ **4** (*Mitol clás*) Divinidad infernal de las tres encargadas de ejercer la venganza divina sobre los criminales. ■ **5** (*lit*) En pl: Inclemencias meteorológicas. **II** *loc adj* **6 hecho una (verdadera) ~,** *o* **como una ~.** (*col*) Muy furioso o airado.

furibundamente *adv* De manera furibunda.

furibundez *f* Cualidad de furibundo.

furibundia *f* Cualidad de furibundo.

furibundo -da *adj* **1** [Pers.] llena de furia [1]. ■ **2** [Cosa] que denota o implica furia [1]. ■ **3** [Pers.] que es [lo que se indica] con vehemencia o pasión. **b)** [Cosa] vehemente o apasionada.

furierismo *m* (*hist*) Socialismo utópico de Charles Fourier († 1837), que suprime la propiedad privada y la familia.

furierista *adj* (*hist*) Adepto al furierismo. *Tb n, referido a pers.*

furiosamente *adv* De manera furiosa [2].

furioso -sa *adj* **1** Que tiene furia [1 y 2]. **b)** [Loco] agresivo. ■ **2** Que denota o implica furia [1, 2 y 3].

furo -ra *adj* (*reg*) Huraño.

furor **I** *m* **1** Furia [1, 2 y 3]. ■ **2** Momento de máxima intensidad o vigencia [de una actividad pasajera o una moda]. ■ **3** Arrebato de entusiasmo. *Con vs como* HACER *o* CAUSAR. **b)** (*lit*) Locura amorosa. ■ **4** ~ **uterino.** Apetito sexual incontenible en la mujer. **II** *loc v* **5 hacer** (*o* **causar**) ~**.** Estar muy de moda.

furquilla *f* (*reg*) Horquilla u horca pequeña.

furriel *m* (*Mil*) Cabo encargado de la distribución de víveres y del nombramiento del personal destinado al servicio de la tropa correspondiente. *Frec en aposición con* CABO.

furriera *f* (*hist*) Oficio de la casa real encargado de las llaves y enseres de palacio y de la limpieza de habitaciones.

furtivamente *adv* De manera furtiva [1].

furtiveo *m* Furtivismo.

furtivismo *m* Comportamiento de furtivo [2].

furtivo -va *adj* **1** [Cosa] que se hace o se produce a escondidas. *Tb fig.* ■ **2** [Pers.] que actúa a escondidas y de manera ilegal. *Normalmente referido a cazador o pescador. Tb n m.*

furúnculo *m* Forúnculo.

furunculosis *f* (*Med*) Forunculosis.

fusa *f* (*Mús*) Nota cuyo valor es la mitad de una semicorchea.

fusariosis *f* (*Bot*) Enfermedad de las plantas debida a alguno de los hongos parásitos del gén. *Fusarium.*

fusca[1] *f* (*reg*) **1** Broza (conjunto de hojas, ramas y otros restos de las plantas). ■ **2** Suciedad menuda.

fusca[2] *f* (*jerg*) Pistola (arma). *Tb designa la escopeta de cañones recortados.*

fusco *m* (*jerg*) Fusca[2].

fuseau (*fr; pronunc corriente, /fusó/*) *adj invar* [Pantalón femenino] que se estrecha hacia el tobillo y se sujeta con una trabilla bajo el pie.

fuselaje *m* Cuerpo [del avión]. *A veces tb referido a otros aparatos de aviación.*

fusibilidad *f* Cualidad de fusible [1].

fusible **I** *adj* **1** Que se puede fundir. **II** *m* **2** Hilo fusible [1] que se intercala en un circuito eléctrico para que, si la tensión se eleva excesivamente, se funda e interrumpa el paso de la corriente. *Tb el dispositivo en que va colocado.* ■ **3** (*jerg*) En pl: Gafas.

fusiforme *adj* (*E*) Que tiene forma de huso.

fusil *m* Arma de fuego portátil, compuesta de un cañón largo de acero montado en una culata de madera y con un mecanismo con que se dispara la bala. *Diversas variedades se distinguen por medio de compls o adjs:* AMETRALLADOR, AUTOMÁTICO, DE REPETICIÓN, *etc* (→ AMETRALLADOR, AUTOMÁTICO, *etc*).

fusilable *adj* (*raro*) Que puede o debe ser fusilado [1].

fusilador -ra *adj* Que fusila. *Frec n, referido a pers.*

fusilamiento *m* Acción de fusilar.

fusilar *tr* **1** Ejecutar [a alguien] con una descarga de fusilería. **b)** Hacer disparos de fusil [contra alguien o algo (*cd*)]. ■ **2** (*col*) Plagiar. ■ **3** (*Fút*) Rematar [un tanto] con el pie desde corta distancia.

fusilazo *m* **1** Disparo de fusil. ■ **2** (*reg*) Fucilazo (relámpago).

fusilería *f* Conjunto de fusiles.

fusilero *m* Soldado de infantería armado con fusil.

fusión *f* Acción de fundir(se) (pasar a estado líquido, disolver o unir). *Tb su efecto.*

fusionar *tr* Reducir a unidad o unir mediante fusión [dos o más cosas, frec. entidades, o una con otra]. **b)** *pr* (**~se**) Reducirse a unidad o unirse mediante fusión [dos o más cosas, frec. entidades, o una con otra].

fusionismo *m* (*Econ y Pol*) Actitud proclive a la fusión de empresas, partidos o tendencias.

fusionista *adj* (*Econ y Pol*) Partidario de la fusión de empresas, partidos o tendencias. *Tb n, referido a pers.*

fusta *f* **1** Vara flexible con una trencilla de correa en uno de sus extremos, que se emplea como látigo en equitación. ■ **2** (*reg*) Palo o madero. ■ **3** (*hist*) Buque ligero de remos, con uno o dos palos.

fustán *m* Tela gruesa de algodón.

fustazo *m* Golpe dado con la fusta [1].

fuste *m* **1** Importancia o categoría [de una pers. o cosa]. *Normalmente en la constr* DE ~. ■ **2** Fundamento o motivo. ■ **3** (*Arquit*) *En la columna:* Parte central, comprendida entre la basa y el capitel. ■ **4** (*Bot*) Tallo [de una planta].

fustigador -ra *adj* Que fustiga. *Tb n, referido a pers.*

fustigante *adj* Que fustiga.

fustigar *tr* **1** Hostigar (golpear [a un animal] con un látigo o vara para incitarle a andar). ■ **2** (*raro*) Hostigar (acosar e inquietar [a alguien]). ■ **3** Censurar duramente.

futbito *m* Variedad de fútbol sala que se juega en campo al aire libre.

fútbol (*tb, raro,* **futbol**) *m* **1** Deporte que se practica con dos equipos de once jugadores, los cuales tratan de introducir un balón en la meta contraria, impulsándolo con los pies o con otra parte del cuerpo que no sean las manos o los brazos. *Tb el espectáculo constituido por este deporte.* ■ **2** ~ **sala.** Deporte de reglamento semejante al del fútbol [1], que se juega en un campo cubierto y de dimensiones reducidas, con dos equipos de cinco jugadores. ■ **3** ~ **americano.** Variedad de rugby muy violento, en el que los jugadores juegan con casco y muy protegidos.

futbolear *intr* (*raro*) Jugar al fútbol.

futbolería *f* Noticia de fútbol [1]. *Normalmente en pl.*

futbolero -ra (*col, humoríst*) **I** *adj* **1** Futbolístico. ■ **2** Aficionado al fútbol, *esp* [1]. *Frec n.* **II** *m y f* **3** Jugador de fútbol, *esp* [1].

futbolín (*n comercial registrado*) *m* **1** Juego mecánico que imita un partido de fútbol [1]. *Tb el aparato en que se practica.* ■ **2** Establecimiento de futbolines [1] y otros juegos mecánicos. *Frec en pl con sent sg.*

futbolismo *m* (*raro*) Dedicación al fútbol [1].

futbolista *m y f* Jugador de fútbol, *esp* [1].

futbolísticamente *adv* En el aspecto futbolístico.

futbolístico -ca *adj* De(l) fútbol.

futesa *f* (*lit*) Nadería, o cosa sin importancia.

fútil *adj* (*lit*) [Cosa] de poca importancia.

futilidad *f* (*lit*) Cualidad de fútil.

futón *m* Colchón tradicional japonés, relleno gralm. de algodón, que se tiende sobre el suelo.

futura → FUTURO.

futuribilidad *f* (*raro*) Cualidad de futurible.

futurible *adj* **1** [Cosa] que podría suceder en el futuro. *Tb n m.* **b)** [Cosa] que podría haber sucedido dada determinada condición. *Tb n m.* ■ **2** [Pers.] que puede ser en el futuro [lo que el n. indica]. *Tb n.*

futurición *f* (*lit*) Hecho de tener existencia futura.

futuridad *f* (*lit*) Existencia futura (→ FUTURO [1]).

futurismo *m* **1** Doctrina estética de comienzos del s. XX, que exalta el dinamismo y todo aquello que se supone prefigura el mundo futuro [1]. ■ **2** Atención predominante o absorbente hacia lo futuro [1].

futurista *adj* De(l) futurismo. **b)** Adepto al futurismo. *Tb n.*

futurizo -za *adj* (*raro*) Orientado hacia el futuro.

futuro -ra **I** *adj* **1** Que está por venir. *Tb n m, referido a tiempo.* **b)** [La vida] **futura** → VIDA. ■ **2** [Pers. o cosa] que todavía no es [lo que el n. indica], pero que ha de serlo en un tiempo futuro [1]. *Normalmente precediendo al n.* ■ **3** (*Gram*) [Tiempo verbal] que expresa que la acción se sitúa en un tiempo venidero. *Frec n m.* **II** *n A m* **4** Situación en el tiempo futuro [1]. **b)** Medio de vida en el tiempo futuro [1]. **c)** Posibilidad de éxito en lo futuro [1]. **B** *m y f* **5** (*col*) Prometido, o futuro [2] esposo. **C** *f* **6** (*hist*) Derecho a la sucesión de un empleo o beneficio antes de estar vacante.

futurología *f* Arte de predecir el futuro por medios científicos. *Frec designa la simple adivinación.*

futurológico -ca *adj* De (la) futurología.

futurólogo -ga *m y f* Especialista en futurología.

g

g → GE.

G. punto ~ → PUNTO.

gaba *f* (*raro*) Monte bajo.

gabacho -cha *adj* **1** (*col, desp*) Francés. *Tb n, referido a pers.* ■ **2** (*reg*) [Pers.] rústica. *Tb n.*

gabán *m* Abrigo de caballero.

gabanero *m* Mueble de recibidor para dejar los abrigos, sombreros, paraguas y bastones.

gabaonita *adj* (*hist*) De Gabaón (ciudad de la antigua Palestina). *Tb n, referido a pers.*

gabarda *f* (*reg*) Rosal silvestre (*Rosa canina*).

gabardina *f* **1** Prenda de vestir larga y con mangas, hecha de tejido impermeabilizado. ■ **2** Tela de estambre, algodón o seda, que forma dibujo diagonal y se usa en la confección de gabardinas [1] y de otras prendas de vestir. ■ **3** Pasta para rebozar hecha con harina, agua y clara de huevo. *Frec en la constr* CON ~. ■ **4** (*jerg*) Preservativo.

gabarra *f* Embarcación grande usada para transportes costeros y para la carga y descarga de buques.

gabarraje *m* (*Mar*) Flete de gabarras.

gabarrero *m* **1** Patrón o cargador de una gabarra. ■ **2** Leñador que saca leña del monte y la transporta para venderla.

gabarro *m* (*Mineral*) Nódulo de composición distinta a la de la piedra en que se halla.

gabarrón *m* (*Mar*) Casco de buque viejo empleado como aljibe.

gabasa *f* (*jerg*) Prostituta.

gabato -ta *m y f* Cría, menor de un año, de los ciervos o de las liebres.

gabela *f* **1** (*hist, hoy lit*) Tributo o impuesto. ■ **2** Ayuda o ventaja económica. ■ **3** (*raro*) Cosa molesta o fastidiosa.

gabi *m* Planta herbácea de rizoma comestible, propia de Filipinas (*Calla gaby*).

gabinete I *m* **1** Sala y conjunto de objetos destinados a una actividad o estudio. **b)** (*hist*) Local destinado al estudio de una ciencia y en que se guardan y exhiben los objetos de ese estudio. ■ **2** Oficina de un organismo encargada de atender determinados asuntos. *Con un compl especificador.* **b)** *Se usa formando parte de la denominación de determinados centros especializados. Con un compl especificador.* * Gabinete de Proyectos y Decoración. ■ **3** Equipo ministerial o gobierno. ■ **4** (*hoy raro*) Habitación más pequeña que la sala, donde se recibe a las perss. de confianza. ■ **5** (*hist*) Habitación contigua a la alcoba, con la que forma un conjunto.
   II *loc adj* **6 de ~.** [Trabajo] que se realiza dentro de una oficina o despacho. *Se opone a* DE CAMPO.

gablete *m* (*Arquit*) Remate de dos líneas rectas que forman un ángulo agudo de gran altura sobre los arcos u ojivas, propio del estilo gótico.

gabonés -sa *adj* De Gabón. *Tb n, referido a pers.*

gabrieles *m pl* (*col*) Garbanzos.

gabro *m* (*Mineral*) Roca intrusiva con feldespato y sin cuarzo, de grano muy grueso y constituida por una plagioclasa calcárea y dialaga.

gacela *f* Antílope asiático y africano, muy ágil y esbelto, con grandes ojos negros y cuernos arqueados en forma de lira (gén. *Gazella*). *A veces con un adj o compl especificador:* ~ COMÚN (*G. dorcas*), ~ DAMA (*G. dama*), ~ THOMSON (*G. thomsoni*), etc.

gacería *f* Jerga de los trilleros de Cantalejo (Segovia).

gaceta¹ I *f* **1** Periódico. *Solo formando parte del n propio de algunas publicaciones.* **b)** (*hist*) Periódico de información general. **c)** (*hist*) Diario oficial del gobierno. ■ **2** (*col*) Pers. que se entera de todo y lo anda divulgando.
   II *loc v* **3 mentir más que la ~.** (*hoy raro*) Mentir mucho.

gaceta² *f* (*Cerám*) Caja refractaria en que se ponen las piezas que se han de cocer al horno para protegerlas de la acción directa del fuego.

gacetero *m* (*hist*) Redactor de una gaceta¹ [1b].

gacetilla *f* Noticia breve de periódico. *Tb fig.*

gacetilleo *m* (*desp*) Actividad de gacetillero.

gacetillero -ra I *m y f* **1** Redactor de gacetillas. *Frec con intención desp.*
   II *adj* **2** (*raro*) De (la) gacetilla.

gachamiga *f* (*reg*) Guiso a modo de tortilla hecha con harina, agua y grasa.

gachas *f pl* **1** Guiso consistente en una pasta blanda hecha a base de harina cocida con agua, sal y otros condimentos. ■ **2** Engrudo.

gachasmigas *f* (*reg*) Guiso hecho con harina de maíz, pimentón, cebolla, aceite y agua.

gachi *m* (*jerg*) Casa.

gachí (*pl normal,* ~s *o* ~SES) *f* (*jerg*) Mujer, esp. joven.

gacho -cha *adj* **1** Inclinado o doblado hacia abajo. **b)** [Ojo o mirada] que se dirige hacia abajo. ■ **2** (*Taur*) [Res] que tiene los cuernos inclinados hacia abajo. ■ **3** (*hist*) [Sombrero] redondo de ala ancha e inclinada hacia abajo. ■ **4** (*reg*) Solapado o poco franco.

gachó (*jerg*) **I** *m* **1** Tipo o individuo.
II *interj* **2** Expresa asombro.

gachón[1] **-na** *adj* (*col*) Dulce e insinuante. *Dicho esp de mujeres y de su modo de mirar.*

gachón[2] **-na** *m y f* (*jerg*) Persona.

gachonamente *adv* (*col*) De manera gachona[1].

gachonería *f* (*col*) Cualidad de gachón[1].

gachupín -na *m y f* (*raro*) Español establecido en Méjico. *Se emplea reproduciendo el uso* (*desp*) *mejicano.*

gachupinada *f* (*col, desp*) Cachupinada.

gacia *f* (*reg*) Planta leguminosa cultivada como forrajera (*Cytisus stenopetalus*).

gadejón *m* (*reg*) Haz de leña.

gadget (*ing; pronunc corriente, /gádŷet/; pl normal, ~s*) *m* Dispositivo mecánico más o menos útil que llama la atención por su ingenio y su novedad.

gádido *adj* (*Zool*) [Pez] teleósteo de la familia del bacalao y la merluza. *Frec como n m en pl, designando este taxón zoológico.*

gaditano -na *adj* **1** De Cádiz. *Tb n, referido a pers.* ■ **2** (*hist*) De Gades (antigua ciudad en la actual Cádiz). *Tb n, referido a pers.*

gadorense *adj* De Gádor (Almería). *Tb n, referido a pers.*

gaélico -ca I *adj* **1** Celta de Irlanda y Escocia. *Tb n, referido a pers.*
II *m* **2** Dialecto céltico de Irlanda y Escocia.

gafa[1] *f* **1** *En pl:* Utensilio para corregir o proteger la vista, compuesto por una armadura que se apoya en la nariz y detrás de las orejas y que sirve de soporte a dos piezas de cristal o plástico que cubren ambos ojos. *Alguna vez en sg.* **b)** Utensilio para proteger la vista, compuesto por una armadura que se apoya en la nariz y detrás de la cabeza y que sirve de soporte a dos piezas de cristal o plástico o más frec. a una que cubre ambos ojos. ■ **2** (*Constr*) Ladrillo que lleva dos agujeros cilíndricos longitudinales. *Tb* LADRILLO (DE) ~.

gafa[2] *f* **1** Grapa o gancho. ■ **2** (*hist*) Instrumento para armar la ballesta.

gafancia *f* (*col*) Condición de gafe [1].

gafar *tr* (*col*) Hacer que [alguien o algo (*cd*)] sufra desgracias o tenga mala suerte. *Frec en part. Tb abs.*

gafe (*col*) **I** *adj* **1** Que trae desgracias o mala suerte. *Frec n, referido a pers.* ■ **2** Aguafiestas.
II *m* **3** Capacidad de traer mala suerte. *Gralm con el v* TENER.

gafedad *f* Condición de gafo [1].

gafetí *m* Agrimonia (planta).

gaffe (*fr; pronunc corriente, /gaf/*) *f* (*raro*) Metedura de pata.

gafo -fa *adj* **1** [Pers.] que tiene encorvados y faltos de movimiento los dedos de las manos o de los pies. **b)** [Mano o pie] que tiene los dedos encorvados y faltos de movimiento. ■ **2** (*hist*) Enfermo de un tipo de lepra en que se encorvan y agarrotan los dedos de las manos y a veces también los de los pies.

gafoso -sa *adj* (*col*) [Pers.] que usa gafas[1] [1a].

gafotas *m y f* (*col, desp*) Pers. que lleva gafas[1] [1a].

gafudo -da *adj* (*col*) [Pers.] que usa gafas[1] [1a].

gag (*ing; pronunc corriente, /gag/; pl normal, ~s*) *m* (*Cine*) Efecto cómico o chiste de situación.

gagá *adj invar* (*col*) **1** Chocho o decrépito. ■ **2** Que ha perdido gran parte de sus facultades mentales.

gagáus *adj* De la etnia, de origen turco y religión cristiana ortodoxa, que habita en una parte de la República de Moldavia. *Tb n: m y f, referido a pers; m, designando lengua.*

gagauso -sa *adj* Gagáus. *Tb n.*

gagauz *adj* Gagáus. *Tb n.*

gagauzo -za *adj* Gagáus. *Tb n.*

gaita I *n* **A** *f* **1** Instrumento popular de Escocia y el noroeste de España, compuesto de una bolsa de cuero que se llena de aire, el cual, por presión del brazo del ejecutante, sale por dos o más tubos provistos de lengüetas. ■ **2** Dulzaina. ■ **3** (*col*) Cuello. *Frec en la constr* ASOMAR LA ~. ■ **4** (*col*) Cosa fastidiosa o molesta. ■ **5** (*col*) Tontería. *Gralm en pl, se emplea para reforzar o marcar la intención desp de la frase.*
B *m y f* **6** (*col*) Pers. muy delicada o latosa.
II *loc adj* **7** de ~ **gallega.** (*TLit*) [Verso endecasílabo] acentuado en las sílabas 4ª y 7ª.
III *loc v y fórm or* **8** **templar ~s.** (*col*) Actuar con miramientos para evitar enfados o disgustos. ■ **9** **una ~.** (*col*) Fórmula que expresa negación con desprecio a lo que se acaba de oír. * ¡Una nueva vida! ¡Una gaita!
IV *interj* **10** ~s, o qué ~s. (*col*) Expresa enfado o protesta. * Que lo haga él, qué gaitas.

gaitería *f* (*raro*) Vestido o adorno llamativo y de colores muy vivos.

gaitero -ra I *m y f* **1** Pers. que toca la gaita [1 y 2].
II *adj* **2** (*raro*) De (la) gaita [1 y 2].

gaitilla *f* (*reg*) Gaita [2].

gaje[1] *m* **1** Retribución, al margen del sueldo, correspondiente a un empleo o servicio. *Gralm en pl.* **b)** ~s del oficio. Molestias o inconvenientes propios de un empleo o una situación. *Alguna vez en sg.* ■ **2** (*hist*) Sueldo o estipendio pagado por un soberano.

gaje[2] *m* (*hist*) Compromiso, o hecho de tener empeñada la palabra.

gajo *m* **1** *En algunos frutos, esp en los cítricos:* Parte de las que, separadas entre sí por membranas, forman su interior. **b)** Cosa en forma de gajo de naranja. ■ **2** Grupo de uvas de los que constituyen un racimo. ■ **3** Rama montañosa que deriva de una cordillera principal.

gajorro *m* (*reg*) Dulce de sartén hecho con harina, huevos y miel.

gajuco -ca *adj* (*reg*) [Res] que pasta en terreno ajeno. *Frec n f.*

gal[1] *m* (*Fís*) *En el sistema CGS:* Unidad de aceleración equivalente a la de un centímetro por segundo.

gal[2] (*pl invar*) *m* Miembro de la banda terrorista GAL (Grupos Antiterroristas de Liberación).

gala I *f* **1** Cosa mejor o más valiosa [de alguien o algo]. ■ **2** *En pl:* Vestidos y adornos lujosos, propios de ocasiones especiales. *Tb* (*lit*) *fig.* ■ **3** (*Mar*) Uniforme de gala [6]. ■ **4** Fiesta en que se exige ropa de gala [6]. ■ **5** Actuación artística de carácter único o excepcional, esp. de un cantante.

II *loc adj* **6 de ~.** [Ropa de vestir] de más lujo que la ordinaria. *Tb fig.* ■ **7 de ~.** [Fiesta o ceremonia] en que se exige ropa de gala [6]. **III** *loc v* **8 hacer ~** [de algo]. Lucir[lo] o hacer ostentación [de ello]. **b)** Mostrar[lo] o hacer[lo] evidente. ■ **9 partir** [algo] **por ~ en dos.** (*lit*) Dividir en dos partes. ■ **10 tener** [algo] **a ~.** Preciarse o gloriarse [de ello]. **IV** *loc adv* **11 de ~.** Con ropa de gala [6]. *Tb fig.*

galabardera *f* Rosal silvestre (*Rosa canina*).

galacho *m* (*reg*) Barranco.

galáctico -ca *adj* De (la) galaxia.

galactóforo *adj* (*Anat*) *En la mama:* [Conducto] que lleva la leche de la glándula al pezón.

galactopoyesis *f* (*Fisiol*) Producción de leche por las glándulas mamarias.

galactosa *f* (*Quím*) Azúcar procedente de la hidrólisis de la lactosa.

galaico -ca *adj* **1** (*hist*) De Galecia (antigua región correspondiente pralm. a la actual Galicia y parte de Portugal). *Tb n, referido a pers.* ■ **2** (*lit*) Gallego (de Galicia).

galaicoportugués -sa (*tb con la grafía* **galaico-portugués**) *adj* Gallegoportugués. *Tb n.*

galalita *f* Materia plástica fabricada con caseína y formol, usada para puños de bastones y paraguas, botones, y otros objetos, frec. de adorno.

galamperna *f* Hongo comestible de color pardo grisáceo y pie muy alto y esbelto (*Lepiota procera*).

galán[1] *m* **1** Hombre que corteja [a una mujer (*compl de posesión*)]. ■ **2** (*Escén*) Actor que representa el papel de hombre joven enamorado, gralm. protagonista. ■ **3** (*raro*) Hombre joven. ■ **4** (*pop*) *Se usa como apelativo cariñoso dirigido frec a muchachos.* ■ **5 ~ de noche.** Mueble de dormitorio, destinado a colgar un traje y constituido por una percha que se apoya sobre el suelo. ■ **6 ~ de noche.** Arbusto tropical cuyas flores son especialmente olorosas por la noche (*Cestrum nocturnum*).

galán[2] → GALANO.

galanamente *adv* (*lit*) De manera galana [1].

galanga *f* Planta herbácea anual y aromática, originaria de China, cuyo rizoma se usa como condimento y en medicina (*Alpina officinalis* y *A. galanga*).

galangina *f* (*Quím*) Glucósido de la galanga.

galanía *f* Galanura.

galano -na (*a veces toma la forma* GALÁN *cuando se refiere a un n m en sg*) *adj* **1** (*lit*) [Cosa] elegante o de buen gusto. ■ **2** (*lit*) [Pers. o cosa] hermosa, o grata a la vista. ■ **3** [Pers.] elegante o bien vestida. *A veces en la constr* MÁS ~ QUE MINGO. ■ **4** [Pata] coja.

galante *adj* **1** [Pers.] atenta y amable, esp. con las mujeres. *Normalmente referido a hombre.* **b)** Propio de la pers. galante. ■ **2** Relativo a los galanteos o relaciones amorosas. **b)** (*hoy raro*) De temas eróticos. ■ **3** (*hoy raro*) [Vida] de prostitución. ■ **4** (*Mús*) [Estilo] ligero y refinado, propio de la segunda mitad del s. XVIII en la música instrumental.

galanteador *adj* [Hombre] que galantea. *Tb n.*

galantear *tr* Cortejar [a una mujer (*cd*)] o decir[le] galanterías [2].

galantemente *adv* De manera galante [1b].

galanteo *m* Acción de galantear.

galantería *f* **1** Cualidad de galante [1]. ■ **2** Hecho o dicho galante [1b]. ■ **3** (*hoy raro*) Vida galante [3].

galantina *f* Fiambre de carnes blancas deshuesadas y rellenas que se presenta en su gelatina.

galanura *f* (*lit*) Cualidad de galano [1, 2 y 3].

galápago **I** *m* **1** Reptil quelonio de agua dulce con los dedos reunidos por membranas interdigitales y con la cabeza y las patas enteramente retráctiles dentro del caparazón (*Emys orbicularis*). *Tb ~* EUROPEO *o* COMÚN. *A veces se usa para designar en gral cualquier quelonio.* ■ **2** Silla de montar ligera y sin ningún resalto. *Tb* SILLA DE ~. ■ **3** (*col*) Pers. disimulada y astuta. ■ **4** (*reg*) Tumor propio del ganado. **II** *loc v* **5 tener más conchas que un ~** → CONCHA.

galardón *m* Premio o recompensa por un mérito.

galardonar *tr* Conceder un galardón [a alguien o algo (*cd*)].

gálata *adj* (*hist*) De Galacia (antigua región de Asia Menor). *Tb n, referido a pers.*

galaxia *f* **1** Masa de estrellas y de materia cósmica que se encuentra aislada en el universo. *Tb fig.* ■ **2** Conjunto amplio de cosas de características particulares y similares. ■ **3** Mundo (sector de la sociedad, o ambiente).

galaxial *adj* (*raro*) De (la) galaxia.

galáxico -ca *adj* (*raro*) Galáctico.

galbana *f* (*col*) Pereza o desidia, esp. la causada por el calor.

galbanear *intr* (*col*) Dejarse llevar por la galbana.

galbo *m* (*Arquit*) Engrosamiento de una columna, gralm. hacia el centro, de modo que por efecto de la perspectiva parezca recta.

gálbula *f* (*Bot*) Infrutescencia redondeada y carnosa, propia del enebro y otras plantas similares.

gálbulo *m* (*Bot*) Gálbula.

galdacanés -sa *adj* De Galdácano (Vizcaya). *Tb n, referido a pers.*

galdrufa *f* (*reg*) Trompo o peonza.

galduriense *adj* De Jódar (Jaén). *Tb n, referido a pers.*

galeaza *f* (*hist*) Galera grande de guerra de origen veneciano, con tres mástiles y fuertemente artillada por las bandas.

galega *f* Ruda cabruna (planta).

galeido *adj* (*Zool*) [Pez] selacio de la familia a la que pertenecen muchas especies de tiburones y cuyo género tipo es *Galeus*. *Frec como n m en pl, designando este taxón zoológico.*

galena *f* Mineral de plomo y azufre, de color gris y brillo metálico.

galénico -ca *adj* **1** De Galeno (médico y filósofo griego del s. II). **b)** De la escuela de Galeno. *Tb n, referido a pers.* ■ **2** [Medicina] basada en las doctrinas de Galeno. ■ **3** [Farmacia] basada en la transformación de drogas naturales y no en productos químicos. *Tb n f.* ■ **4** (*Farm*) [Preparación] que contiene uno o varios ingredientes orgánicos.

galeno[1] *m* (*lit, humoríst*) Médico.

galeno² **-na** *adj* (*Mar*) [Viento o brisa] suave.

galeón *m* (*hist*) Nave grande de vela, de tres o cuatro mástiles, que alcanza su apogeo en el s. XVI, en el comercio con América.

galeopiteco *m* Prosimio nocturno del tamaño de un gato, dotado de una membrana que une sus extremidades anteriores con las posteriores y la cola y que le sirve de paracaídas (gén. *Galeopithecus*).

galeópside *f* Planta herbácea anual, con flores de color púrpura y amarillo, usada en medicina popular contra la tuberculosis pulmonar y la bronquitis (*Galeopsis tetrahit*).

galeota *f* (*hist*) Galera³ pequeña de 16 a 20 remos por banda.

galeote *m* (*hist*) Hombre castigado a remar en las galeras³. *Tb* (*lit*) *fig.*

galera¹ *f* Carro grande con cuatro ruedas y gralm. con toldo.

galera² *f* Crustáceo similar a la cigala que se pesca en los bajos fondos litorales (*Squilla mantis*).

galera³ *f* (*hist*) Embarcación de remo y vela, larga y estrecha, con una o más filas de remeros. **b)** *En pl:* Condena a remar durante cierto tiempo en las galeras reales.

galera⁴ *f* (*Impr*) Plancha sobre la que se compone la galerada.

galerada *f* (*Impr*) Prueba sin ajustar que se saca para corregirla.

galería *f* **1** Pieza interior de paso, larga y cubierta, normalmente con arcadas o columnas, en la que frec. se colocan cuadros u objetos decorativos. ■ **2** Pasillo abierto al exterior, con columnas o vidrieras. **b)** Balcón o mirador corrido a lo largo de la fachada. ■ **3** *En una cárcel:* Pasillo abierto a un patio central, que da acceso a las celdas. ■ **4** Camino o pasaje subterráneo. **b)** Camino o pasaje debajo de una superficie que no es la terrestre. ■ **5** Local destinado a la exposición y venta de objetos de arte, esp. pintura y escultura. *Frec* ~ DE ARTE. ■ **6** Conjunto de tiendas situadas a ambos lados de un pasaje, o alrededor de un amplio pasillo situado normalmente en la planta baja de un edificio. *Frec* ~ COMERCIAL. **b)** *En pl:* Grandes almacenes. *Formando parte de la denominación de alguno de estos establecimientos.* ■ **7** (*lit*) Conjunto o colección [de perss. o cosas selectas]. ■ **8** Gente común o masa. *Frec en constrs como* PARA LA ~ *o* DE CARA A LA ~. ■ **9** Armazón de madera o metal para colgar cortinas. ■ **10** (*Bot*) Conjunto vegetal que forma una faja longitudinal. ■ **11** (*Prehist*) Construcción primitiva formada por una serie de grandes piedras verticales cubierta por otras horizontales. *Frec* ~ DOLMÉNICA.

galerín *m* (*Impr*) Plancha larga y estrecha donde el cajista coloca las líneas compuestas hasta formar una galerada.

galerista *m y f* Pers. que posee o regenta una galería de arte.

galerístico **-ca** *adj* De (las) galerías de arte.

galerna *f* Viento huracanado entre oeste y noroeste que sopla en la costa cantábrica. *Tb fig.*

galernazo *m* Galerna muy fuerte. *Tb fig.*

galero *m* (*reg*) Sombrero de ala ancha.

galeruca *f* Insecto coleóptero de pequeño tamaño que ataca las hojas de determinados árboles (gén. *Galeruca*).

gales *m* Príncipe de Gales (tejido y traje) (→ PRÍNCIPE¹).

galés **-sa** **I** *adj* **1** Del principado de Gales (Gran Bretaña). *Tb n, referido a pers.* **II** *m* **2** Idioma, de origen céltico, de Gales.

galfarro *m* (*reg*) Ave de rapiña.

galga *f* **1** Palo grueso y largo que va atado a la caja del carro y le sirve de freno al aplicarlo contra la rueda. ■ **2** (*Mec*) Instrumento que sirve para medir calibres o comprobar la forma o dimensión de una pieza.

galgado **-da** *adj* (*reg*) Paralelo.

galgo **-ga** **I** *m y f* **1** Perro muy ligero, de cabeza pequeña, cuerpo delgado y cuello, cola y patas largas. *Tb adj.* **b)** Pers. de piernas largas y delgadas, o que corre mucho. *Frec con intención humoríst.* ■ **2** (*reg*) Piedra que rueda monte abajo. **II** *loc v y fórm or* **3 echar un** ~ [a alguien o algo]. (*col*) Tratar de alcanzar[lo] o localizar[lo] físicamente, o de comprender[lo]. *Gralm en la constr* ÉCHALE UN ~ *o* QUE LE ECHEN UN ~. *Tb fig.* ■ **4 que no se lo salta un** ~ → SALTAR.

galguear *intr* (*raro*) Correr como un galgo [1a].

galgueño **-ña** *adj* **1** De(l) galgo o como de(l) galgo [1a]. ■ **2** (*Taur*) [Res] de patas largas y poca barriga.

galgueo *m* (*reg*) Limpieza de un cauce o una reguera.

galguero **-ra** **I** *adj* **1** De (los) galgos [1a] o de las carreras de galgos. **II** *m* **2** Cazador con galgo [1a].

galiana *f* Cañada de ganado.

galianos *m pl* Comida propia de pastores manchegos, hecha básicamente con torta cocida a las brasas y guisada después con caldo.

gálibo *m* **1** *En un vehículo:* Perímetro máximo de su sección transversal. ■ **2** Arco de hierro u otro dispositivo que marca el gálibo [1] máximo permitido para el paso por un túnel o puente. ■ **3** (*Mar y Constr*) Plantilla que se utiliza para trazar y comprobar un perfil.

galicanismo *m* (*hist*) Doctrina político-religiosa francesa, condenada a fines del s. XVII, que postulaba una disminución del poder papal en favor del episcopado, y la subordinación de la Iglesia al Estado.

galicanista *adj* De(l) galicanismo. **b)** Adepto al galicanismo. *Tb n.*

galicano **-na** *adj* (*lit*) Francés. *Gralm referido a la Iglesia o a su liturgia.*

galiciano **-na** *adj* (*lit, raro*) Gallego.

galicismo *m* Palabra o rasgo idiomático propios de la lengua francesa o procedentes de ella. **b)** Tendencia al uso de galicismos.

galicista *adj* Que copia o imita lo francés.

gálico **-ca** *adj* (*lit, raro*) Francés. **b)** [Morbo] ~ → MORBO.

galicoso **-sa** *adj* (*raro*) [Pers.] sifilítica. *Tb n.*

galileo **-a** *adj* De Galilea (región de la antigua Palestina). *Tb n, referido a pers.*

galillo *m* (*col*) Garganta (parte del cuerpo).

galimatías *m* **1** Cosa incomprensible, esp. por el modo confuso en que se expresa. ■ **2** Enredo o confusión.

galimático -ca *adj (raro)* De(l) galimatías o que lo implica.

galio[1] *m Se da este n a varias plantas del gén Galium, esp G. verum y G. aparine.*

galio[2] *m (Quím)* Metal, de número atómico 31, de la familia del aluminio, muy fusible y que suele encontrarse en los minerales de cinc.

galipierno *m* **1** Galamperna (hongo). ■ **2 ~ falso.** Hongo muy venenoso, de color pardo y frec. con motas blancas (*Amanita pantherina*).

galipodio *m* Trementina solidificada en los pinos y abetos por evaporación del aceite esencial.

galipote *m (Mar)* Mezcla de alquitrán, resina y otras sustancias que se emplea para calafatear.

galisteño -ña *adj* De Galisteo (Cáceres). *Tb n, referido a pers.*

galla *adj* De un pueblo camita habitante pralm. en Etiopía y Kenia. *Tb n, referido a pers.*

galladura *f* Pequeña mancha como de sangre, que se encuentra en la yema del huevo de gallina fecundado.

gállara *f* Excrecencia redonda que se forma en el roble y otros árboles o arbustos por la picadura de ciertos insectos al depositar sus huevos.

gallarda[1] → GALLARDO.

gallarda[2] *f (jerg)* Masturbación.

gallardamente *adv* De manera gallarda[1].

gallardear *intr (lit)* Mostrarse gallardo. *Tb fig.*

gallardete *m* Bandera larga y estrecha que acaba en punta y que se emplea como insignia o adorno, y en marina también para señales.

gallardía *f (lit)* Cualidad de gallardo.

gallardo -da I *adj (lit)* **1** Elegante y airoso. ■ **2** Valiente o valeroso.
II *f* **3** *(hist)* Danza cortesana española, de carácter vivo y compás ternario, propia del s. XVI. *Tb su música.*

gallareta *f* Focha (ave, *Fulica atra* y *F. cristata*).

gallarín *m (raro)* Cuenta que se hace doblando siempre el número en progresión geométrica. *A veces en la constr* AL ~.

gallarón *m (reg)* Gállara grande.

gallear A *intr* **1** Presumir de hombría. ■ **2** *(lit)* Sobresalir o destacar. ■ **3** Emitir [ciertas aves] la voz que les es propia. ■ **4** Copular [el gallo] con las gallinas. ■ **5** Andar [un hombre] con mujeres.
B *tr* **6** Cubrir [el gallo a la gallina].

gallego -ga I *adj* **1** De Galicia. *Tb n, referido a pers.* **b)** [Pino] ~ → PINO[1]. ■ **2** Escrito en gallego [5]. ■ **3** *(col)* [Pers.] reservada y que no manifiesta francamente lo que piensa. ■ **4** *(raro)* [Pers.] nacida en España o de ascendencia española que vive en Argentina o Uruguay. *Frec n. Se emplea reproduciendo el uso americano.*
II *m* **5** Idioma, de origen romance, hablado en Galicia. ■ **6** *(reg, col)* Mozo de cuerda. ■ **7** *(reg)* Cacho (pez).

gallegohablante *adj* [Pers., grupo humano o territorio] que tiene el gallego [5] como lengua propia. *Tb n, referido a pers.*

gallegoparlante *adj* Gallegohablante. *Tb n.*

gallegoportugués -sa *(tb con la grafía* **gallego-portugués)** I *adj* **1** De Galicia y Portugal. ■ **2** Del gallego y el portugués. ■ **3** *(hist)* De(l) gallegoportugués [4]. **b)** Que utiliza el gallegoportugués.
II *m* **4** *(hist)* En la alta Edad Media: Lengua de los actuales territorios de Galicia y Norte de Portugal, que en su evolución posterior da lugar al gallego y al portugués.

galleguismo *m* **1** Palabra o rasgo idiomático propios del idioma gallego o procedentes de él. ■ **2** Condición de galleguista.

galleguista *adj* Partidario o defensor de la causa gallega. *Tb n, referido a pers. Esp en política.* **b)** Propio de la pers. galleguista.

galleguizar *tr* Dar carácter gallego [1a] [a alguien o algo].

galleo[1] *m (Taur)* Quiebro que hace el torero ante el toro, ayudándose con la capa.

galleo[2] *m* Voz propia de algunas aves.

gallero -ra A *m y f* **1** Criador de gallos, esp. de pelea.
B *f* **2** Lugar destinado a la cría o a la confrontación de gallos de pelea.
C *m* **3** Gallera [2].

galleta I *f* **1** Comestible de pequeño tamaño y forma variada, hecho a base de una pasta de harina sin levadura y gralm. dulce, cocida al horno. ■ **2** *(col)* Cachete o bofetada. **b)** Golpe. *Frec con los vs* DARSE o PEGARSE. ■ **3** Antracita en trozos cuyo tamaño no sobrepasa los 5 cm. ■ **4** *(Mar)* Pan sin levadura y cocido dos veces para que dure mucho tiempo. ■ **5** *(Mar)* Taco de madera, grueso y circular, que remata los palos y astas de bandera.
II *loc adv* **6 a toda ~.** *(col)* A toda velocidad.

galletazo *m (col)* Golpe grande. *Frec fig. Frec con los vs* DARSE o PEGARSE.

gallete. a(l) ~. *loc adv* A chorro de un botijo, bota o porrón. *Con el v* BEBER.

galletería *f* Fábrica de galletas [1].

galletero -ra I *adj* **1** De (las) galletas [1]. ■ **2** *(Constr)* [Máquina] de moldear o cortar ladrillos. *Frec n f.*
II *n* A *m* **3** Recipiente para conservar y servir galletas [1].
B *f* **4** Galletero [3].

galletón *m (col)* Bofetón.

galliforme *adj (Zool)* [Ave] de cuerpo macizo, alas cortas, patas robustas adaptadas para escarbar y pico fuerte y ligeramente curvado, del orden al que pertenecen la gallina y el faisán. *Frec como n f en pl, designando este taxón zoológico.*

gallina → GALLO.

gallináceo -a *adj* **1** De (la) gallina (→ GALLO [1]). ■ **2** *(Zool)* Galliforme. *Tb n f.*

gallinaza *f* Excremento de la gallina o de otras aves de corral. *Frec en sg con sent colectivo.*

gallinazo *m* Aura (ave).

gallinejas *f pl* Tripas fritas de gallina, o a veces de otras aves o de cordero o cabrito, típicas de ciertos barrios de Madrid. *A veces en sg con sent colectivo.*

gallinejera *f (hoy raro)* Vendedora de gallinejas.

gallinero I *m* **1** Lugar destinado a la cría de gallinas (→ GALLO [1]). ■ **2** (*col*) *En un teatro o un cine:* Conjunto de las localidades más altas y baratas. ■ **3** (*col*) Lugar en que hay mucho alboroto o griterío.
　　II *loc v* **4 alborotar el ~.** (*col*) Hacer que se alborote la gente de un lugar, frec. por causar inquietud o malestar. **b) alborotarse el ~.** Alborotarse la gente de un lugar, frec. por sentir inquietud o malestar.

gallineta *f* **1** *Se da este n a la focha o gallareta* (*Fulica atra*) *y a la chocha* (*Scolopax rusticola*). ■ **2** Pez marino, de unos 30 cm, color rojizo con manchas blancas y carne fina (*Helicolenus dactylopterus*).

gallipato *m* Anfibio de la familia de la salamandra, de color gris verdoso y dos filas de dientes en el paladar (*Pleurodeles waltl o waltlii*).

gallipavo -va *m y f* Pavo (ave).

gallipuente *m* Puente sin barandas para cruzar pequeñas corrientes de agua y hecho gralm. de cañas cubiertas de césped.

gallismo *m* Cualidad o actitud de gallo [4]. *Tb, humoríst, referido a mujeres.*

gallístico -ca *adj* De (las) peleas de gallos. **b)** De los aficionados a las peleas de gallos.

gallo -llina I *n* A *m y f* **1** Ave de corral de mediano tamaño y corto vuelo, con cresta roja, más grande y erguida en el macho, el cual posee también espolones, y que se cría por su carne y sus huevos (*Gallus gallus*). *A veces el f designa la especie.*
　　B *m* **2** *En pl:* Peleas de gallos [1]. ■ **3** (*col*) Hombre que destaca o lleva la voz cantante en un lugar. *Frec en la forma* GALLITO. *Tb fig.* ■ **4** (*col*) Hombre arrogante y bravucón. *Tb adj. Frec en la forma* GALLITO *y en la constr* PONERSE GALLITO. ■ **5** (*col*) Sonido agudo e involuntario que se produce en la garganta al cantar, al hablar o al toser. ■ **6** Pez marino comestible de cuerpo plano, con ambos ojos al lado izquierdo del cuerpo y piel clara (*Lepidorhombus boscii y L. whiff-jagonis*). ■ **7 ~ azul.** (*reg*) Calamón (ave acuática). ■ **8 ~ carbonero.** (*reg*) Cárabo común o gamarús (ave). ■ **9 ~ tapado.** (*reg*) Pers. reservada.
　　C *f* **10 gallina** (*o* **gallinita**) **ciega.** Juego en el que un jugador, con los ojos vendados, debe atrapar y reconocer a uno de los otros, que será el que se quede. ■ **11 gallina de agua.** Gallareta o focha común. **b)** Polla de agua. ■ **12 gallina de Guinea.** Ave gallinácea algo mayor que la gallina [1], de plumaje negro con manchas blancas y cresta ósea (*Numida meleagris*). ■ **13 gallina de mar.** Rata de mar (pez). *Tb simplemente* GALLINA. *Tb designa otras especies.* ■ **14 la gallina de los huevos de oro.** Aquello que reporta grandes ganancias.
　　II *adj* **15** [*Dep, esp Boxeo*] [Peso] cuyo límite superior es de 53,5 kg. *Tb referido al deportista de ese peso; en este caso, frec como n m en pl.* ■ **16 gallina.** (*col*) Cobarde. *Más frec referido a hombre. Tb n.* ■ **17** [Cresta] **de ~**, [ojo] **de ~**, [pata] **de ~**, [pie] **de ~** → CRESTA, OJO, PATA[1], PIE. ■ **18** [Carne] **de gallina**, [leche] **de gallina**, [pata] **de gallina**, [pie] **de gallina**, [piel] **de gallina** → CARNE, LECHE, PATA[1], PIE, PIEL. ■ **19 del ~.** (*Rel crist*) [Misa] que se celebra la noche del 24 de diciembre.
　　III *loc v y fórm or* **20 alzar** (*o* **levantar**) **el ~.** Hablar con arrogancia. ■ **21 cantar la gallina.** Huir o cacarear [el gallo de pelea] cuando se siente vencido. **b)** (*Taur*) Mostrarse cobarde. **c)** (*col*) Decir o confesar [alguien] algo cuando se ve obligado a ello. ■ **22 matar la gallina de los huevos de**

oro. Agotar o perder por abuso una fuente de riqueza. ■ **23 otro ~ le** (*o* **me, te,** *etc*) **cantara** (*o* **cantaría**). Otra sería su (o mi, tu, etc.) suerte. *Siguiendo a una prop condicional.* * *Si estuviera aquí, otro gallo nos cantara.*
　　IV *loc adv* **24 como el ~ de Morón** (**cacareando y sin plumas**). (*col*) En situación de derrota total. ■ **25 como gallina en corral ajeno.** (*col*) Cohibido entre gente desconocida o en un ambiente extraño. ■ **26 con las gallinas.** (*col*) Muy temprano. *Normalmente con el v* ACOSTARSE. ■ **27 cuando meen las gallinas.** (*vulg*) Nunca. ■ **28 en menos que canta un ~.** (*col*) Rápida o inmediatamente.

gallocresta *f* Planta herbácea vivaz de flores pequeñas azules o violáceas, usada en medicina como vulneraria y para aclarar la vista (*Salvia verbenaca*). *Tb designa otras especies, como la Salvia horminum o la Bellardia trixago.*

gallofa → GALLOFO.

gallofear *intr* (*lit*) Vivir como bohemio o vagabundo.

gallofería *f* (*lit*) Conjunto de vagabundos o bohemios.

gallofero -ra *adj* (*lit*) Gallofo [1]. *Tb n.* **b)** Propio de los gallofos.

gallofo -fa I *adj* **1** (*lit*) Vagabundo o bohemio. *Tb n.*
　　II *f* **2** (*lit*) Conjunto de los vagabundos o bohemios. ■ **3** (*reg*) Donativo que recogen los mozos y muchachos ciertos días de fiesta. ■ **4** (*reg*) Cierto tipo de pan.

gallón *m* (*Arte*) Adorno curvo de perfil de un cuarto de huevo, usado en la decoración de cúpulas y molduras y de piezas de orfebrería.

gallonado[1] -da *adj* (*Arte*) Que tiene decoración de gallones.

gallonado[2] *m* (*Arte*) Adorno de gallones.

galludo *m* Pequeño tiburón que tiene un aguijón robusto delante de las aletas dorsales (*Squalus blainvillei y S. acanthias*).

gallurano -na *adj* De Gallur (Zaragoza). *Tb n, referido a pers.*

galo -la *adj* **1** (*lit*) Francés. *Tb n, referido a pers.* ■ **2** (*hist*) De la Galia (antigua región de Europa correspondiente aproximadamente a la actual Francia). *Tb n, referido a pers.* **b)** De (los) galos.

galocha *f* Calzado de madera, que se usa para andar por la nieve, el agua o el lodo.

galofilia *f* (*raro*) Francofilia.

galófilo -la *adj* (*raro*) Francófilo. *Tb n.*

galón[1] *m* Cinta estrecha de tejido fuerte que se utiliza en ribetes o como adorno. **b)** *Esp:* Galón que, colocado en la manga o bocamanga de los uniformes militares, sirve para distinguir los grados, normalmente hasta la de brigada.

galón[2] *m* Medida de capacidad que en Gran Bretaña equivale a 4,55 l y en Estados Unidos a 3,79 l.

galonado -da *adj* Galoneado.

galoneado -da *adj* Que lleva galón[1] o galones.

galonería *f* Galones[1] o conjunto de galones.

galonista *m* Alumno distinguido de un colegio o academia militar, a quien se le concede el uso de galones[1] [1b] de cabo o sargento, en señal de autoridad sobre sus compañeros.

galop (*pl normal*, ~s) *m* (*hist*) Danza de salón por parejas, muy rápida y de dos tiempos, propia del s. XIX. *Tb su música.*

galopada *f* Carrera a galope. *Tb fig.*

galopante *adj* **1** Que galopa. ■ **2** Que se desarrolla o avanza con extraordinaria rapidez. *Dicho frec de enfermedades. A veces con intención ponderativa.*

galopar **A** *intr* **1** Ir a galope [una caballería]. *Tb fig.* ■ **2** Montar [alguien (*suj*)] sobre una caballería que va a galope. ■ **3** Latir muy rápido [el corazón]. **B** *tr* **4** Galopar [1 y 2] [a través de un lugar o a lo largo de una distancia (*cd*)].

galope **I** *m* **1** Marcha que es la más rápida de una caballería, saltando sobre las patas traseras. *Frec en la constr* A(L) ~. **b)** ~ **tendido** → TENDIDO. ■ **2** Avance extraordinariamente rápido [de algo]. **II** *loc adj* **3** De ~. (*Mar*) [Estay] que se sujeta en el tope de un mastelerillo o palo. **III** *loc adv* **4** a(l) (*o, raro,* de) ~. Con suma rapidez o velocidad.

galopín *m* (*col*) Granuja o pícaro. *Tb adj.*

galopinada *f* (*raro*) Acción propia de un galopín.

galorrománico -ca (*hist*) **I** *adj* **1** De(l) galorrománico [2]. **II** *m* **2** Lengua románica que es la forma del latín tardío hablada en la Galia.

galorromano -na *adj* (*hist*) De la Galia romana.

galpón *m* Cobertizo.

galvánico -ca *adj* (*Fís y Med*) De (la) galvanización o del galvanismo.

galvanismo *m* (*Fís y Med*) Corriente eléctrica directa, esp. producida por medios químicos. *Tb su uso en medicina.*

galvanización *f* (*Metal*) Acción de galvanizar [1].

galvanizado *m* (*Metal*) Acción de galvanizar [1].

galvanizar *tr* **1** (*Metal*) Recubrir [un metal] mediante electrólisis con una ligera capa de otro que le preserva de la oxidación. ■ **2** Animar vivamente o electrizar [a alguien o algo]. **b)** *pr* (~**se**) Animarse vivamente o electrizarse.

galvano *m* (*Impr*) Cliché en relieve obtenido por galvanoplastia.

galvanométrico -ca *adj* (*Electr*) De(l) galvanómetro.

galvanómetro *m* (*Electr*) Instrumento para detectar y medir pequeñas corrientes eléctricas por medio de sus acciones electromagnéticas.

galvanoplastia *f* (*Metal*) Procedimiento que permite recubrir un objeto con una capa metálica mediante electrólisis y también obtener así su molde.

galvanostegia *f* (*Metal*) Galvanoplastia en que el cuerpo que se recubre es de metal.

galvanotaxia *f* (*Biol*) Movimiento de los organismos motivado por electricidad galvánica.

galvanotecnia *f* (*Metal*) Técnica galvánica.

galveño -ña *adj* De Gálvez (Toledo). *Tb n, referido a pers.*

gama¹ *f* **1** Escala o gradación de color. ■ **2** Variedad o surtido [de algo].

gama² → GAMO¹.

gamada *adj* [Cruz] que tiene los brazos acodados en forma de gamma mayúscula.

gamarra *f* Correa que parte de la cincha y se asegura en el petral, usada para dominar los movimientos de cabeza de la caballería.

gamarús *m* (*reg*) **1** Cárabo común (ave). ■ **2** (*desp*) Pers. tonta o boba.

gamarza *f* Alharma (planta).

gamba¹ *f* Crustáceo comestible semejante al langostino, pero de menor tamaño (*Parapenaeus longirostris*).

gamba². de ~. *loc adj* (*Mús*) [Viola] da gamba (→ DA GAMBA).

gamba³ (*jerg*) **I** *f* **1** Pierna. ■ **2** Billete o moneda de 100 pesetas. **II** *adj* **3** [Pers.] boba o patosa. *Tb n.* **III** *loc v* **4 hacer la ~.** Detener o apresar. ■ **5 meter la ~.** Meter la pata (→ PATA).

gambera *f* Arte de pesca utilizado para la gamba¹ y especies afines.

gamberrada *f* (*col*) Acción propia de un gamberro [1a].

gamberrear *intr* (*col*) Comportarse como un gamberro [1a].

gamberril *adj* (*raro*) De(l) gamberro o de (los) gamberros [1a].

gamberrismo *m* Actitud o comportamiento propios de un gamberro [1a].

gamberro -rra **I** *adj* **1** (*col*) [Pers.] incívica y grosera. *Frec n. A veces dicho con intención afectiva.* **b)** Propio de la pers. gamberra. **II** *n* **A** *f* **2** (*col, hoy raro*) Prostituta. **B** *m* **3** (*reg*) Desatascador (utensilio).

gambetear *intr* (*Fút*) Regatear.

gambeteo *m* **1** (*Danza*) Movimiento que consiste en cruzar las piernas en el aire. ■ **2** (*Fút*) Regateo.

gambeto *m* (*hist, reg*) Capote hasta media pierna, usado actualmente en ciertos bailes y ceremonias de carácter tradicional.

gambiano -na *adj* De Gambia. *Tb n, referido a pers.*

gambito *m* (*Ajedrez*) Jugada consistente en sacrificar al principio de la partida algún peón o pieza para lograr una posición favorable. *Tb fig.*

gamboa *f* Membrillo (árbol y fruto).

gambón *m* Se da este *n* a varios crustáceos semejantes a la gamba, esp *Hymenopenaeus muelleri* (~ ARGENTINO), *Metapenaeus ensis* (~ DE AUSTRALIA) e *Hymenopenaeus triarthrus* (~ DE MOZAMBIQUE).

gambucero *m* (*Mar*) En un buque mercante: Encargado de la despensa.

gambusia *f* Pececillo de agua dulce originario de América, utilizado para el exterminio de las larvas de anofeles y otros mosquitos (gén. *Gambusia*).

gambusino *m* Gamusino.

gambux *m* (*raro*) Antifaz.

game (*ing; pronunc corriente,* /géim/; *pl normal,* ~s) *m* (*Tenis*) Juego.

gamela *f* Pequeña embarcación de remos usada en la pesca de bajura en las costas del norte y noroeste de España.

gamelán *m* Orquesta indonesia constituida principalmente por instrumentos de percusión.

gamelang *m* Gamelán.

gamella *f* Recipiente de forma semicilíndrica o de artesa, utilizado normalmente para dar de comer y beber a los animales.

gamellón *m* Gamella grande.

gametangio *m* (*Bot*) Órgano en que se originan los gametos.

gamético -ca *adj* (*Biol*) De(l) gameto.

gameto *m* (*Biol*) *En los seres de reproducción sexual:* Célula sexual. *Frec con el adj* MASCULINO *o* FEMENINO.

gametocida *adj* (*Biol*) Que destruye los gametos. *Tb n m, referido a agente o producto.*

gametocito *m* (*Biol*) Célula que se divide para producir gametos.

gametofito (*tb* **gametófito**) *m* (*Bot*) *En los vegetales con alternancia de generaciones:* Planta en la fase productora de gametos.

gametogénesis *f* (*Biol*) Formación de los gametos.

gamezno *m* Cría de gamo¹.

gamín *m* Niño que vive en la calle mendigando o robando. *Referido a Colombia.*

gamma I *f* 1 Letra del alfabeto griego que representa el sonido [g]. (V. PRELIM.) ■ 2 Unidad de medida, equivalente a una millonésima de gramo. II *adj invar* 3 [Radiación] emitida por ciertas sustancias radiactivas, como el radio, parecida a los rayos X, pero de menor longitud de onda.

gammacámara *f* (*Med*) Cámara que detecta los rayos gamma [3] emitidos por un cuerpo al que se le ha administrado previamente una sustancia radiactiva, para obtener imágenes de un órgano.

gammaglobulina (*tb con la grafía* **gamma globulina**) *f* Fracción del plasma sanguíneo portadora de la mayoría de los anticuerpos.

gammagrafía *f* (*Med*) Estudio radiológico mediante rayos gamma [3]. *Tb la imagen así obtenida.*

gamo¹ -ma A *m* 1 Rumiante de la familia del ciervo, de pelaje rojizo con pequeñas manchas blancas y cuernos en forma de pala (*Dama dama*). *Tb designa solo el macho de esta especie.* b) Piel de gamo.
   B *f* 2 Hembra del gamo [1a].

gamo² *m* (*Mar*) Gancho unido a un cabo que se sujeta a la muñeca, usado para enganchar peces.

gamocarpelar *adj* (*Bot*) Que tiene los carpelos unidos en mayor o menor grado, formando un solo ovario.

gamón *m* Planta liliácea de hojas basales semicilíndricas, flores en espiga sobre un escapo floral de hasta un metro de altura y raíz tuberculosa (gén. *Asphodelus*, esp. *A. fistulosus*, *A. albus* y *A. microcarpus*).

gamonal *m* (*raro*) Cacique rural. *Tb adj. Normalmente referido a América.*

gamonino -na *adj* De Gamonal (Toledo). *Tb n, referido a pers.*

gamonita *f* Gamón (planta, *Asphodelus fistulosus*).

gamonito *m* Gamonita.

gamopétalo -la *adj* (*Bot*) [Flor] que tiene los pétalos unidos entre sí. *Tb referido a planta. En este caso, tb como n f en pl, designando este taxón botánico.*

gamosépalo -la *adj* (*Bot*) Que tiene los sépalos unidos entre sí.

gamusino *m* Animal imaginario del que se habla humorísticamente.

gamuza I *f* 1 Rebeco (mamífero). ■ 2 Piel de gamuza [1] u otro animal, que, adobada, queda muy suave y flexible, de aspecto aterciopelado y color amarillo pálido. b) (*Taur*) Guarnición del estoque hecha de gamuza. ■ 3 Tejido de lana o algodón, de tacto y aspecto semejantes a los de la gamuza [2]. ■ 4 Bayeta de gamuza [2 y esp. 3]. ■ 5 Hongo comestible de color amarillo pálido (*Hydnum repandum*).
   II *adj invar* 6 [Color] amarillo pálido propio de la gamuza [2]. *Tb n m.*

gana I *f* 1 Deseo [de algo]. *A veces se omite el compl, por consabido. Frec en pl con intención enfática.* b) Necesidad [de un acto fisiológico]. c) *Sin compl:* Gana de comer. d) Interés o entusiasmo. *Frec en frases negs.* ■ 2 **mala** ~ → MALAGANA.
   II *loc v y fórm or* 3 **buena ~.** *Fórmula con que se comenta ponderativamente que algo no merece la pena hacerse. Frec con un compl* DE. * Buena gana de molestarse por eso. ■ 4 **darle** [a uno] **la (real,** *o* **realísima)** ~ [algo (*suj*) o de algo]. Querer[lo (*infin, o* QUE + *subj*)]. * No me da la gana ir. * Vienes porque a mí me da la real gana de que vengas. ■ 5 **las** ~s. *Fórmula con que se comenta que lo dicho por el interlocutor no es realidad sino simple deseo suyo.* * –Ahora se ven menos carteristas. –¡Las ganas! ■ 6 **ni ~s.** *Fórmula con que se comenta que algo que no se puede hacer tampoco suscita el deseo de hacerlo.* * No puedo evitarlo, ni ganas. ■ 7 **quedarse con las** ~s [de algo]. (*col*) No conseguir[lo]. ■ 8 **tenerle** ~s [a alguien]. (*col*) Abrigar [respecto a él] un sentimiento de antipatía o rencor. ■ 9 **venir en** ~ [algo a alguien]. Antojár[sele].
   III *loc adv* 10 **de buena** (*o* **mala**) ~. Con (o sin) gusto.

ganadería *f* 1 Cría de ganado [1]. ■ 2 Raza especial de ganado [1], propio de un ganadero o de una región. ■ 3 Ganado [1].

ganaderil *adj* (*raro*) Ganadero [1].

ganadero -ra I *adj* 1 De (la) ganadería o del ganado [1]. ■ 2 Que se dedica a la ganadería [1]. ■ 3 [Animal] utilizado en el cuidado del ganado [1]. ■ 4 De (los) ganaderos [5].
   II *m y f* 5 Pers. que se dedica a la ganadería [1] y es dueña de su ganado.

ganado *m* 1 Conjunto de animales cuadrúpedos criados y explotados por el hombre. b) ~ **mayor,** ~ **menor** → MAYOR, MENOR. ■ 2 (*col, desp*) Conjunto de perss.

ganador -ra *adj* Que gana, *esp* [1b y c, 2a, 4 y 5]. *Tb n, referido a pers.*

ganancia I *f* 1 Acción de ganar [1 y esp. 2]. *Más frec su efecto. En este caso, frec en pl.* ■ 2 (*Telec*) Coeficiente de aumento entre el valor de una magnitud a la salida y a la entrada.
   II *loc v* 3 **no arrendar** [a una pers.] **la(s)** ~(s) [en un asunto]. (*col*) Creer que [esa pers.] no saldrá bien librada [de él].

ganancial *adj* 1 (*raro*) De la ganancia. ■ 2 *En pl:* [Bienes] adquiridos durante el matrimonio y que pertenecen a los dos cónyuges por igual. *Frec como n m.*

ganancioso -sa *adj* **1** Que recibe ganancia [1]. *Tb n, referido a pers.* ■ **2** Que produce ganancia [1].

ganapán[1] *m* **1** (*desp*) Individuo que realiza un trabajo duro y de escasa consideración. ■ **2** (*hist*) Mozo que hace recados o lleva bultos de un punto a otro.

ganapán[2] *m* Trabajo para ganarse la vida.

ganapia *m y f* (*reg*) Pers. adolescente o adulta que hace cosas propias de niño.

ganapierde *m* (*Juegos*) Modo de jugar en que se acuerda dar por ganador al que pierde.

ganar A *tr* ➤ **a** *normal* **1** Pasar a tener [algo], esp. de manera adicional. **b)** Pasar a tener [algo (*cd*)] como consecuencia de haber resultado vencedor en una lucha o competición. *Tb fig.* **c)** Pasar a tener [algo] tras un esfuerzo o tras el cumplimiento de unos requisitos. *Frec con compl de interés.* **d)** Obtener [un espacio o un tiempo] con el que en principio, o teóricamente, no se contaba. **e)** ~ (el) **terreno**, ~ **tiempo** → TERRENO, TIEMPO. ■ **2** Resultar favorecido, esp. económicamente, [en algo (*cd*)]. *Tb abs, frec en la constr* SALIR GANANDO. **b) llevar las de ~** → LLEVAR. ■ **3** Percibir [algo] como retribución por un trabajo. **b) no ~ para** + *sust.* (*col*) Loc con que se pondera la excesiva frecuencia con que se produce el hecho designado o aludido en el *sust.* * No gana uno para sustos. ■ **4** Resultar vencedor [en una lucha, competición o disputa (*cd*)]. *Tb abs.* ■ **5** Vencer [a alguien en algo]. *Tb fig. Referido a juegos, frec con un compl* A. *Tb con compl* A + *adj.* * Me gana siempre a las cartas. * A bueno no hay quien le gane. **b) ~ por la mano** → MANO. ■ **6** Conquistar la voluntad [de una pers. (*cd*)]. *Con compl de interés, cuando el suj designa pers.* ■ **7** (*lit*) Llegar [alguien (*suj*)] al lugar al que se dirigía (*cd*).
➤ **b** *pr* (**~se**) **8** Obtener [alguien un castigo, un golpe o una reprimenda] por su comportamiento. *Frec el cd es el pron* LA, *con valor indefinido.* * Te la estás ganando.
B *intr* **9** Mejorar. *Frec con un compl* EN.

gancha *f* (*reg*) Racimo pequeño de uvas.

ganchero *m* (*reg*) Hombre que guía las maderas por el río, sirviéndose de un palo largo terminado en un hierro de punta y gancho.

ganchete *loc adv* (*col*) **1 a** (*o* **de**) **medio ~.** A medias, o sin terminar perfectamente. ■ **2 de(l) ~.** Del brazo.

ganchillero -ra *m y f* Pers. que hace labor de ganchillo. *Esp referido al profesional.*

ganchillo *m* **1** Varilla terminada en un gancho [1b], que se emplea esp. para labores de encaje. ■ **2** Labor o trabajo manual hechos con ganchillo [1]. *Frec en las constrs* A (*o* DE) ~, *o* HACER ~.

ganchito *m* **1** Alimento ligero y crujiente, de pequeño tamaño y formas diversas, tomado gralm. como aperitivo. ■ **2** (*Caza*) Gancho [6].

gancho *m* **1** Instrumento curvo y gralm. puntiagudo en uno o en ambos extremos, que sirve para prender o colgar algo. **b)** Parte curva y más o menos puntiaguda [de algo]. **c)** Saliente que queda en un árbol o en una parte de él cuando se rompe una rama. ■ **2** (*col*) Compinche de un vendedor callejero, encargado de atraer clientes fingiéndose uno de estos. **b)** Pers. utilizada para hacer caer a otro

en una trampa o engaño. **c)** Pers. utilizada para atraer a la gente. ■ **3** (*col*) Atractivo, o capacidad de atraer hacia sí a la gente. *Frec dicho de mujeres.* **b)** Cosa que tiene atractivo. ■ **4** (*Boxeo*) Golpe de abajo arriba con el brazo arqueado. ■ **5** (*Baloncesto*) Tiro a canasta que se realiza arqueando el brazo sobre la cabeza. ■ **6** (*Caza*) Batida u ojeo cortos que cubren poco terreno.

ganchoso -sa *adj* Ganchudo.

ganchudo -da *adj* **1** Que tiene forma de gancho [1]. **b)** (*Anat*) [Hueso] en figura de gancho, que forma parte del carpo. *Tb n m.* ■ **2** Que tiene ganchos [1b].

gándara *f* Tierra baja e inculta.

gandaya *f* (*reg*) Comida o sustento.

gandesano -na *adj* De Gandesa (Tarragona). *Tb n, referido a pers.*

gandiense *adj* De Gandía (Valencia). *Tb n, referido a pers.*

gandinga *f* (*reg*) Despojos de reses del matadero.

gandir *tr* (*raro*) Comer.

gandul -la I *adj* **1** Holgazán. *Frec se emplea como insulto. Tb n.*
II *f* **2** (*reg*) Tumbona (silla). ■ **3 la gandula.** (*jerg*) La Ley de Vagos y Maleantes o Ley de Peligrosidad y Rehabilitación Social.

gandulear *intr* Holgazanear.

gandulería *f* Condición de gandul [1].

gandulitis *f* (*col, humoríst*) Gandulería.

gandumbas *adj* (*col*) Gandul [1]. *Tb n.*

gang (*ing; pronunc corriente, /gang/; pl normal,* ~s) *m* **1** Banda organizada de malhechores. ■ **2** Pandilla o grupo.

ganga[1] *f* (*col*) Cosa conveniente, que se consigue con poco o ningún esfuerzo. *A veces con intención irónica.* **b)** Cosa que se consigue a menos precio que el que le corresponde. *A veces con intención irónica.*

ganga[2] *f* (*Min*) Materia inservible que acompaña a los minerales al extraerlos de la mina. *Tb fig.*

ganga[3] *f* Ave semejante a la paloma, con el vientre y parte inferior de las alas de color blanco y alas y cola puntiagudas (*Pterocles alchata*). *Con un adj o compl especificador, designa otras especies:* ~ DEL DESIERTO *o* DE PALLAS (*Syrrhaptes paradoxus*), ~ MORUNA (*Pterocles exustus*), ~ MOTEADA (*Pterocles senegallus*).

ganga[4] *f* (*reg*) Arado tirado por una sola caballería.

gangarrera *f* (*reg*) Cosa pesada o molesta.

gangético -ca *adj* Del Ganges (río de la India).

ganglio *m* (*Anat*) Engrosamiento, de forma, tamaño y estructura variable, de un vaso linfático o de un nervio. *Tb* ~ LINFÁTICO *o* NERVIOSO, *respectivamente.*

ganglionar *adj* (*Anat*) De (los) ganglios.

gangliopléjico -ca *adj* (*Med*) Que bloquea la transmisión nerviosa ganglionar.

gangosamente *adv* De manera gangosa.

gangosear *intr* Ganguear.

gangosidad *f* Cualidad de gangoso.

gangoso -sa *adj* [Pers.] que habla con resonancia nasal. *Tb n.* **b)** Propio de la pers. gangosa.

gangrena *f* Muerte y descomposición de tejidos animales a causa de traumatismos, falta de riego sanguíneo o infección. *Frec (Med) con un adj especificador. Tb fig.*

gangrenarse *intr pr* Pasar a sufrir gangrena. *Tb fig.*

gangrenoso -sa *adj* **1** De (la) gangrena. ■ **2** Que presenta o padece gangrena. *Tb n, referido a pers.*

gángster *(pronunc corriente, /gánster/; tb con la grafía inglesa* **gangster***; pl normal, ~s) m* Miembro de una banda de malhechores. *Gralm referido a Estados Unidos.*

gangsteril *(pronunc corriente, /gansteríl/) adj* De (los) gángsters.

gangsterismo *(pronunc corriente, /gansterísmo/) m* Actividad o comportamiento de gángster.

gangueante *adj* Que ganguea.

ganguear *intr* Hablar con resonancia nasal.

gangueo *m* Acción de ganguear. *Tb su efecto.*

ganguero -ra *adj* [Pers.] que busca gangas[1]. *Tb n.*

gánguil *(tb* **ganguil***) m* **1** Arte de arrastre de malla muy estrecha. ■ **2** Barco utilizado en las obras de los puertos y esp. para verter en alta mar materiales de desecho.

ganguino *m (reg)* Animal fabuloso, mezcla de lobo, cabra, barbo de río y gallina, del que se dice que desgracia a los niños que mira, y que da fortuna para toda la vida al que lo caza.

ganguista *adj* Ganguero. *Tb n.*

gánigo *m (reg)* Vasija de cerámica de forma semiesférica.

ganja *f (jerg)* Hachís o marihuana.

ganoideo *adj (Zool, hist)* [Pez] de la categoría correspondiente al esturión, caracterizado por un tipo de escamas formadas por una lámina ósea recubierta por otra capa de brillo nacarado. *Frec como n m en pl, designando este taxón zoológico.*

ganoso -sa *adj (lit)* Deseoso.

gansada *f (col)* Hecho o dicho propios de un ganso [2].

ganso -sa **I** *n* **A** *m* **1** Se da este *n* a varias aves palmípedas del gén *Anser* y otros afines, esp *A. anser* y *A. cinereus* (~ DOMÉSTICO), criado en cautividad por su carne, su hígado y sus plumas. *Otras especies se distinguen por medio de un adj o compl especificador:* ~ BRAVO *(A. arvensis)*, ~ CARETO *(A. albifrons)*, ~ DEL NILO *o* DE EGIPTO *(Alopochen aegyptiacus), etc.* ■ **B** *m y f* **2** *(col)* Pers. que hace o dice payasadas. *A veces desp, denotando que no tiene gracia. Tb adj. Frec en la constr* HACER EL ~. ■ **3** *(raro)* Pers. torpe o patosa. ■ **II** *adj* **4** *(jerg)* Grande o importante. **b)** [Pasta] **gansa** → PASTA. ■ **5 de ~.** [Paso] de la oca. ■ **6** [Pie] **de ~** → PIE.

gánster *m* Gángster.

gansteril *adj* Gangsteril.

gantés -sa *adj* De Gante (Bélgica). *Tb n, referido a pers.*

ganza *f (reg)* Caldera para calentar agua.

ganzo *m (reg)* Rama seca usada para alumbrar.

ganzúa *f* Alambre doblado por un extremo, que se emplea para abrir cerraduras sin llave.

gañafón *m* **1** *(Taur)* Derrote brusco y violento. ■ **2** *(reg)* Golpe que se da a alguien o algo. *Frec fig.*

gañán *m* **1** Criado de labranza. ■ **2** Hombre tosco o rudo.

gañanía *f* **1** Conjunto de (los) gañanes [1]. ■ **2** Lugar en que habitan los gañanes.

gañido *m* **1** Quejido de un animal, esp. del perro. ■ **2** Graznido.

gañín -na *adj (reg)* Hipócrita. *Tb n.*

gañir *(conjug 53) intr* **1** Quejarse [un animal, esp. el perro]. *Tb fig, referido a pers.* ■ **2** Resollar [una pers.]. *Normalmente en frases negs.* ■ **3** Graznar [algunas aves].

gañote **I** *m* **1** *(col)* Cuello o garganta. ■ **2** *(reg)* Cierto dulce de sartén. ■ **3** *(reg)* Pers. que vive o se divierte a costa ajena. *Tb adj.* **II** *loc v* **4 dar ~.** *(jerg)* Ahogar [a alguien]. **III** *loc adv* **5 de ~.** *(col)* Gratis o a costa ajena.

gaonera *f (Taur)* Lance de capa que se realiza de frente con el capote cogido por detrás.

gap *(ing; pronunc corriente, /gap/; pl normal, ~s) m* Brecha de separación entre dos realidades.

gáraba *f (reg)* Árgoma (planta).

garabatear **A** *tr* **1** Escribir o dibujar [algo] con garabatos [1]. *Tb fig.* ■ **2** Hacer garabatos [1] [sobre algo *(cd)*]. *Tb fig.* **B** *intr* **3** Hacer garabatos [1]. *Frec con un compl de lugar en donde. Tb fig.*

garabateo *m* Acción de garabatear. *Tb su efecto. Tb fig.*

garabatillo. de ~. *loc adj (col)* **1** [Purgaciones] rebeldes al tratamiento médico. ■ **2** Impresionante o extraordinario. *Con intención ponderativa.* ■ **3** *(reg)* Torcido o retorcido.

garabato *m* **1** Trazo torpe o ininteligible. *Frec en pl. Tb fig.* ■ **2** Instrumento, gralm. de hierro, con la punta vuelta en semicírculo, que sirve para colgar o coger algo. ■ **3** *(reg)* Garbo o gracia. *Frec referido a mujeres.*

garabatona *adj (Agric)* [Variedad de uva] de grano pequeño y negro. *Tb n f.*

garabo *m (raro)* Garabato [1].

garaje *(tb con la grafía semiculta* **garage***) m* Local destinado a guardar coches.

garajista *(tb con la grafía semiculta* **garagista***) m y f* Pers. que posee o atiende un garaje.

garamante *adj (hist)* De un antiguo pueblo nómada de la Libia interior. *Tb n, referido a pers.*

garambaina *f (desp)* Tontería, o cosa sin importancia. *Gralm en pl.*

garante *adj* Que garantiza. *Tb n, referido a pers.*

garantía **I** *f* **1** Obligación que se contrae de asegurar a alguien el disfrute de un derecho o de protegerle de un riesgo. **b)** *Esp:* Obligación que contrae el fabricante o vendedor de un objeto de asegurar su buen funcionamiento durante cierto tiempo. *Tb el documento en que consta.* **c)** Derecho de los que la Constitución de un Estado reconoce a todos los ciudadanos. *Normalmente* ~s CONSTITUCIONALES. ■ **2** Seguridad que se da o recibe de que algo es o sucederá de un modo determinado. ■ **3** Cosa o pers. que sirve de garantía [1 y 2].

II *loc adj* **4 de ~.** Fiable.

garantir *tr* (*raro*) Garantizar. *Normalmente en part.*

garantizadamente *adv* Con garantía.

garantizador -ra *adj* Que garantiza. *Tb n, referido a pers.*

garantizar *tr* **1** Dar [alguien] garantías [1a y b y 2] [de alguien o algo (*cd*)]. ■ **2** Ser [una cosa o pers.] garantía [3] [de otra (*cd*)].

garanza *f* Granza o rubia (planta).

garañón *m* Burro o caballo semental. *Tb fig, referido a otros animales o al hombre.*

garapiña *f* Líquido que se solidifica formando grumos.

garapiñar *tr* Garrapiñar. *Gralm en part.*

garapullo *m* (*Taur*) Banderilla.

garata *f* (*col, hoy raro*) **1** Alboroto o bullicio. ■ **2** Riña o pelea.

garbancero -ra *adj* **1** De(l) garbanzo o de (los) garbanzos [1]. ■ **2** (*col, desp*) Vulgar u ordinario.

garbancillo[1] *m* Se da este n a las plantas leguminosas *Colutea arborescens, Ononis speciosa, O. tridentata* y *Astragalus lusitanicus,* y a la quenopodiácea *Kalidium foliatum.*

garbancillo[2] *m* (*Constr*) Grava cuyo grosor oscila entre los 7 y los 25 mm.

garbanzada *f* Guiso abundante de garbanzos [1].

garbanzal *m* Terreno sembrado de garbanzos [1].

garbanzar *m* Garbanzal.

garbanzo I *m* **1** Planta leguminosa, con hojas compuestas, flores pequeñas y fruto en vaina con una o dos semillas amarillentas, redondeadas y comestibles (*Cicer arietinum*). *Frec su semilla.* ■ **2** ~(s) del cura. Cardo estrellado (planta). ■ **3 ~ de pega.** (*hoy raro*) Bolita explosiva usada por los muchachos. ■ **4 ~ negro.** (*col*) Pers. que [en una colectividad o grupo (*compl de posesión*)] destaca negativamente.
II *adj invar* **5** [Color] amarillo claro, propio de los garbanzos [1].
III *loc adv* **6 en toda tierra de ~s** → TIERRA.

garbanzuelo *m* Garbanzo del cura, o cardo estrellado (planta).

garbear[1] *intr* (*col*) Pasear. *Tb pr* (~se).

garbear[2] *tr* (*hoy raro*) Robar.

garbeo *m* (*col*) Acción de garbear[1]. *Gralm en la constr* DAR(SE) UN ~.

garbera *f* (*reg*) Montón de gavillas de mies.

garbero *m* Pañuelo grande de colores que se lleva al cuello o se ata al pecho sujetando la chaqueta corta, propio del traje típico del hombre andaluz.

garbí *m* (*reg*) Garbino.

garbillo *m* Utensilio a modo de criba de esparto para limpiar el grano y los minerales.

garbino *adj* [Viento] del sudoeste. *Gralm n m.*

garbo *m* **1** Gracia y desenvoltura de movimientos, esp. en la manera de andar. **b)** *En gral:* Gracia o soltura. ■ **2** Brío o energía.

garbón *m* Macho de perdiz.

garbosamente *adv* De manera garbosa.

garboso -sa *adj* Que tiene garbo.

garceta *f* **1** Ave zancuda de plumaje blanco, cabeza con penacho corto, del cual salen dos plumas largas, pico negro y recto y buche adornado con plumas rectas y prolongadas (*Egretta garzetta*). *Otras especies se distinguen por medio de adjs:* ~ GRANDE (*E. alba*), ~ NEGRA (*E. gularis*), ~ NÍVEA (*E. thula*), ~ SAGRADA (*E. sacra*), *etc.* ■ **2** Pelo de la sien que cae a la mejilla y allí se corta o se trenza. ■ **3** Punta inferior de las astas del ciervo.

garcía *m o f* (*reg*) Zorro (animal).

garcieño -ña *adj* De Garciaz (Cáceres). *Tb n, referido a pers.*

garcilasismo *m* (*TLit*) Tendencia de la poesía española en los años cuarenta, caracterizada por la inspiración en la poesía clásica de cancionero y tradicional, el tema amoroso y religioso, y las formas métricas clásicas, especialmente el soneto.

garcilasista *adj* (*TLit*) De(l) garcilasismo. *Tb n, referido a pers.*

garcilla *f* Se da este n a dos aves de pequeño tamaño semejantes a la cigüeña: la *Ardeola ibis* (~ BUEYERA) y la *A. ralloides* (~ CANGREJERA).

garçon (*fr; pronunc corriente,* /garsón/)**. a lo ~.** *loc adv* (*hoy raro*) Al estilo de los muchachos. *Referido esp al corte de pelo en las mujeres. Tb adj.*

garçonne (*fr; pronunc corriente,* /garsón/)**. a lo** (*o* **a la**) ~**.** *loc adv* (*hoy raro*) A lo garçon. *Tb adj.*

garçonnière (*fr; pronunc corriente,* /garsoniér/) *f* Piso de soltero, gralm. destinado a citas amorosas.

gardenia *f* Arbusto de unos 2 m de alto, con hojas grandes, ovaladas y brillantes y flores terminales, solitarias, blancas y olorosas (gén. *Gardenia*). *Frec su flor.*

gardingo *m* (*hist*) Miembro de la comitiva germánica de los reyes hispanovisigodos, unidos al monarca por un vínculo especial de fidelidad personal.

garduño -ña I *n* **A** *f* Mamífero carnicero semejante a la marta, de pelaje oscuro con una mancha blanca en el cuello, que ataca por las noches los gallineros (*Martes foina*).
B *m* **2** Garduña [1].
II *adj* **3** (*lit, raro*) Ladrón. *Tb n, referido a pers.* ■ **4** [Gato] ~ → GATO.

garepa *f* (*reg*) Hoja seca de la platanera.

garete I *loc v* **1 irse** (*o* **marcharse**) [algo] **al ~.** Estropearse o malograrse.
II *loc adv* **2 al ~.** (*Mar*) A merced del viento, las olas o la corriente.

garfa *f* (*raro*) Garra (de animal). *Tb fig.*

garfio *m* Instrumento de hierro a modo de gancho puntiagudo, que sirve para prender o colgar algo. **b)** Parte curva y más o menos puntiaguda [de algo].

gargajear *intr* (*vulg*) Escupir gargajos.

gargajeo *m* (*vulg*) Acción de gargajear.

gargajiento -ta *adj* (*vulg*) Que gargajea con frecuencia. **b)** Propio de la pers. gargajienta.

gargajo *m* (*vulg*) Esputo o flema.

gargajoso -sa *adj* (*vulg*) Que gargajea con frecuencia.

garganchón *m* (*col*) Garganta [1b].

garganta *f* **1** Parte anterior del cuello. **b)** Conducto interior comprendido entre el velo del paladar y el esófago y la laringe. ■ **2** Voz, o capacidad para el canto. *Tb la pers que la posee.* ■ **3** Valle estrecho y profundo, de paredes casi verticales, excavado por un río. ■ **4** Ranura o canal. ■ **5** Parte superior del pie por donde se une a la pierna. ■ **6** Parte más estrecha [de una cosa].

gargantear *tr* Emitir [un sonido] haciendo quiebros con la garganta.

garganteño -ña *adj* De La Garganta o de Garganta la Olla (Cáceres). *Tb n, referido a pers.*

garganteo *m* Acción de gargantear. *Tb su efecto.*

gargantilla *f* Collar corto ajustado al cuello.

gargantillo -lla *adj* (*Taur*) [Res] de cuello oscuro con una mancha clara en forma de collar.

gargantúa (*a veces con mayúscula en acep 2*) *m* (*lit*) **1** Gigante. ■ **2** Pers. voraz. *Tb adj.*

gárgara **I** *f* **1** Acción de mantener un líquido en la garganta, sin tragarlo y haciendo que se mueva con la expulsión del aliento. *Normalmente en pl. Tb el ruido que produce. Tb fig.* **II** *loc v y fórm or* **2** **irse a hacer ~s, mandar a hacer ~s** → IR, MANDAR. **b)** **a hacer ~s.** (*euf*) *Fórmula que expresa rechazo.* * Hala, a hacer gárgaras, que estoy harta.

gargarear *intr* (*raro*) Hacer gárgaras [1]. *Tb fig.*

gargareo *m* (*raro*) Acción de gargarear. *Frec su efecto. Tb fig.*

gargarismo *m* Gárgara [1]. *Normalmente en pl. Tb fig.*

gargavero *m* (*reg*) Garguero o garganta.

gárgol *m* Ranura, esp. aquella en que se hace encajar el canto de una pieza.

gárgola[1] *f* Caño adornado por donde se vierte el agua de los tejados o de las fuentes.

gárgola[2] *f* (*reg*) Paja o desecho de las leguminosas.

gargolismo *m* (*Med*) Enfermedad hereditaria caracterizada por alteraciones nerviosas, deficiencia mental, visión defectuosa y un aspecto característico de la cara.

garguero *m* (*col*) Garganta (parte interior del cuello).

garia *f* (*reg*) Horca de hierro, usada esp. para cargar y descargar basura o paja.

gariada *f* (*reg*) Porción de paja que se coge con el gario.

garibaldina *f* (*hist*) Blusa roja típica de Garibaldi (general italiano, † 1882) y sus seguidores.

garieta *f* (*reg*) Variedad de bieldo de seis dientes.

garimpeiro *m* Buscador de oro o piedras preciosas, esp. en el Brasil.

garimpo *m* (*raro*) Explotación minera de oro o piedras preciosas, esp. en el Brasil.

gario *m* (*reg*) Bieldo (instrumento de labranza).

garipola *f* (*reg*) Juego del trompo.

garita *f* **1** Pequeña construcción destinada al abrigo y defensa de un centinela o un vigilante. ■ **2** *En un portal:* Recinto pequeño, cerrado y acristalado, destinado al portero.

garitero -ra *m* **1** Dueño o encargado de un garito. ■ **2** Individuo que frecuenta los garitos.

garito *m* **1** Casa de juego. ■ **2** Local de diversión. *Frec con intención desp.* ■ **3** (*jerg*) Tasca o taberna.

garitón *m* Torreta de un edificio.

garlar *intr* (*jerg, raro*) Hablar.

garlear *intr* (*jerg, raro*) Garlar.

garlito. caer en el ~. *loc v* (*col*) Caer en la trampa.

garlo *m* (*reg*) Chorro.

garlochí *m* (*jerg*) **1** Corazón. ■ **2** Pesar, o cargo de conciencia.

garlopa *f* Cepillo de carpintero, largo y con puño, que se emplea para afinar la madera ya cepillada.

garma *f* (*reg*) Pendiente muy acusada.

garnacha[1] *adj* (*Agric*) [Variedad de uva] de grano grueso y muy dulce, de la que se hace un vino especial. *Tb n f. A veces se aplica tb al vino fabricado con ella.*

garnacha[2] (*hist*) **A** *f* **1** Vestidura talar propia de magistrados y abogados, con mangas y un sobrecuello grande que cae sobre los hombros y la espalda. **B** *m o f* **2** Individuo que viste la garnacha [1].

garnacho *m* (*Agric*) Garnacha (uva). *A veces en aposición.*

garojo *m* (*reg*) Panoja de maíz despojada de grano.

garra *f* **1** En los animales: Mano o pie provistos de uñas curvas, fuertes y agudas. ■ **2** *En el hombre:* Mano. *Gralm en pl y en constrs como* CAER EN LAS ~S [de alguien], *o* SACAR, *o* LIBRAR, DE LAS ~S [de alguien]. *Tb* (*lit*) *referido a cosa.* ■ **3** (*col*) Atractivo, o capacidad de atraer hacia sí a la gente. *Normalmente dicho de cosa.* **b)** Cosa que tiene atractivo. ■ **4** Fuerza o empuje. *En sent fig.* ■ **5** (*reg*) Pierna. ■ **6** *En pl:* Piel correspondiente a las patas del cordero caracul. *Frec ~S DE ASTRACÁN.*

garrabera *f* Se da este n a varias plantas del gén *Rosa*, esp *R. canina* o rosal silvestre.

garrafa **I** *f* **1** Vasija de vidrio, ancha, redondeada y terminada en un cuello largo y estrecho, que gralm. va revestida de mimbres, esparto o plástico. **II** *loc adj* **2** **de ~.** (*col*) [Licor] a granel y de baja calidad.

garrafal *adj* **1** Muy grande. *Referido normalmente a cosas no materiales, esp errores o defectos.* ■ **2** [Variedad de cereza o guinda] más grande que la común. *Tb referido al árbol que la produce. Tb n m o f.*

garrafalmente *adv* De manera garrafal [1].

garrafina *f* (*Juegos*) Variedad del dominó entre cuatro jugadores y en que hay limitación de pérdidas.

garrafiñar *tr* (*raro*) Robar.

garrafón **I** *m* **1** Garrafa grande. ■ **2** (*col*) Bebida de garrafón [3]. **II** *loc adj* **3** **de ~.** (*col*) De garrafa [2].

garrama *f* (*raro*) Contribución (pago).

garramincha. a ~s. *loc adv* (*reg*) A horcajadas.

garrancha *f* (*raro*) Cierta especie de espada.

garrancho *m* (*reg*) Ola que se estrella contra una embarcación que va de bolina.

garrapata *f* Se da este n a varios arácnidos ácaros que viven parásitos en los mamíferos y en las aves, alimentándose de su sangre, esp *Ixodes ricinus* (~ COMÚN o DEL PERRO). **b)** (*col*) A veces se usa como insulto referido a pers.

garrapatear *tr* Garabatear. *Tb intr.*

garrapateo *m* Garabateo.

garrapatillo *m* Se da este n a dos insectos hemípteros: Aelia rostrata, que ataca al trigo, y A. acuminata, que ataca a la cebada.

garrapato *m* Garabato (trazo torpe o ininteligible). *Frec en pl.*

garrapiñar *tr* Bañar [almendras u otro fruto seco] en almíbar que forma grumos. *Gralm en part, a veces sustantivado.*

garrar[1] *intr* (*Mar*) Garrear.

garrar[2] *tr* (*reg*) Agarrar. *Tb pr* (**~se**) *e intr.*

garrear *intr* (*Mar*) Ir hacia atrás [un barco] arrastrando el ancla, por no haberse sujetado esta al fondo o por haberse desprendido.

garreo *m* (*Mar*) Acción de garrear.

garrido -da *adj* (*lit*) [Pers.] fuerte y hermosa. **b)** Propio de la pers. garrida.

garriga *f* (*Bot*) Formación vegetal en que abundan el matorral y la coscoja, debida a la degradación del encinar mediterráneo.

garrihueco -ca *adj* (*reg*) Que tiene las piernas separadas.

garrobal *m* (*reg*) Lugar poblado de algarrobos.

garrocha *f* **1** Vara larga terminada en una punta de acero, que se emplea esp. para picar a los toros y en faenas de apartado y conducción de ganado vacuno. ■ **2** Vara larga o pértiga.

garrochar *tr* Pinchar con la garrocha [1].

garrochazo *m* Pinchazo dado con la garrocha [1].

garrochero *m* (*Taur*) Picador de toros.

garrochista A *m y f* **1** Jinete que lleva garrocha. B *m* **2** Individuo que usa garrocha [1] en su trabajo con el ganado vacuno en el campo. ■ **3** (*hist*) Guerrillero que pelea a caballo y que utiliza la garrocha como arma.

garrofa *f* (*reg*) Algarroba.

garrofón *m* (*reg*) Semilla de la algarroba, muy delgada y ancha.

garrón *m* Extremo de la pata de algunos animales, del cual se cuelgan después de muertos.

garrota *f* Garrote [1].

garrotal *m* (*reg*) Plantío de olivar, hecho con estacas de olivos.

garrotazo I *m* **1** Golpe dado con el garrote o la garrota. *Tb fig.* **b)** Golpe dado con un palo.
II *fórm or* **2 ~ y tente tieso.** (*col*) Fórmula con que se indica el modo de proceder con la máxima dureza ante cualquier oposición. * En cuanto rechistas, garrotazo y tente tieso.

garrote I *m* **1** Palo o bastón curvo por la parte superior. ■ **2** Instrumento de ejecución consistente en un aro de hierro con que se sujeta a un pie derecho la garganta del condenado, oprimiéndola mediante un tornillo hasta la estrangulación. *Tb ~ VIL.* ■ **3** (*Med*) Torniquete que consiste en una ligadura que se oprime haciendo girar un palo. ■ **4** (*reg*) Cesto hecho con tiras de madera tejidas.
II *loc v* **5 dar ~.** Ajusticiar con garrote [2]. *Tb fig.*
III *loc adv* **6 a ~.** Con viga o prensa. *Referido a la fabricación del vino.*

garrotear *intr* (*raro*) Dar golpes con un garrote [1].

garrotillo *m* (*pop, hoy raro*) Difteria.

garrotín *m* Cierto baile, relacionado con el flamenco, muy popular a fines del s. XIX. *Tb su música y la letra que la acompaña.*

garrovillano -na *adj* De Garrovillas (Cáceres). *Tb n, referido a pers.*

garrucha[1] *f* Polea. **b)** (*hist*) Tormento consistente en colgar al reo de una cuerda que pasa por una garrucha, para que se dañe con su propio peso. *Tb* TORMENTO DE ~.

garrucha[2] *f* Cierto baile popular típico de la provincia de León.

garruchero -ra *adj* De Garrucha (Almería). *Tb n, referido a pers.*

garrudo -da *adj* Que tiene garras, o manos como garras.

garrufo -fa *adj* (*reg*) [Pers.] de modales rudos.

garrulería *f* (*lit*) Cualidad de gárrulo.

garrulidad *f* (*lit*) Cualidad de gárrulo.

garrulo -la *adj* (*jerg*) [Pers.] tonta o palurda.

gárrulo -la *adj* (*lit*) **1** [Pers.] habladora o charlatana. ■ **2** Palabrero. ■ **3** Que hace mucho ruido. *Esp referido a aves.*

garsón. a lo ~. *loc adv* (*raro*) A lo garçon. *Tb adj.*

garulla *f* Conjunto de nueces, avellanas y otros frutos secos.

garvín *m* (*hist*) Cofia de red usada por las mujeres como adorno.

garza *f* Se da este n a diversas aves zancudas de cabeza pequeña, pico largo y recto y cuello en forma de ese, pertenecientes en su mayor parte al gén Ardea, esp a la A. purpurea y a la A. cinerea, llamadas tb ~ IMPERIAL y ~ REAL, respectivamente.

garzo -za *adj* (*lit*) Azulado. *Esp referido a ojo.* **b)** [Pers.] que tiene ojos garzos.

garzón *m* (*lit*) **1** Muchacho o mozo. ■ **2** Niño.

garzonería *f* (*reg*) Celo de los animales. *Tb* (*lit*), *referido a pers.*

garzota *f* Garceta (ave, Egretta garzetta y E. alba).

gas I *m* **1** Cuerpo cuyas moléculas, a la presión y temperatura normales, tienden a una expansión indefinida. **b)** Cuerpo en estado gaseoso. **c)** *En pl:* Residuos gaseosos de la digestión acumulados en la cavidad gastrointestinal. **d) ~ mostaza.** Iperita. ■ **2** Mezcla de hidrocarburos gaseosos que se emplea como combustible, esp. en usos domésticos e industriales. *Distintas mezclas se diferencian por medio de adjs o compls:* BUTANO, PROPANO, DEL ALUMBRADO, *etc* (→ BUTANO, PROPANO, *etc*). **b) ~ ciudad.** Gas del alumbrado (→ ALUMBRADO). ■ **3** Mezcla de carburante y aire que alimenta un motor de explosión. ■ **4** Fuerza o potencia. *Frec en constrs como* A MEDIO ~ *o* A TODO ~. *Tb fig.*
II *loc adj* **5** [Cámara] **de ~,** [polvos] **de ~** → CÁMARA, POLVO.
III *loc v* **6 dar,** o **meter, ~.** (*col*) Pisar el acelerador. *A veces* DARLE AL ~.
IV *loc adv* **7 a punta de ~** → PUNTA.

gasa *f* **1** Tejido de seda muy fino y vaporoso. **b)** Velo o pañuelo de gasa. ■ **2** Tejido de algodón de hilos muy separados que se emplea en medicina para apósitos y vendajes. **b)** Trozo de gasa.

gascón -na I *adj* **1** De Gascuña (antigua provincia de Francia). *Tb n, referido a pers.* ■ **2** Del gascón [3]. **b)** Escrito en gascón.

II *m* **3** Dialecto románico de Gascuña.

gaseado *m* Acción de gasear.

gaseamiento *m* Acción de gasear.

gasear *tr* **1** Incorporar gas carbónico [a un líquido (*cd*)]. ■ **2** Matar [a alguien] en la cámara de gas.

gaseoducto *m* (*semiculto*) Gasoducto.

gaseosero -ra *m* y *f* Pers. que vende gaseosas [5].

gaseoso -sa I *adj* **1** [Estado] propio del gas [1a]. **b)** [Cuerpo] que está en estado gaseoso. ■ **2** De (los) gases [1]. **b)** (*Med*) [Gangrena] difusa del tejido celular subcutáneo, con producción de gases, y que es debida a varios microbios. ■ **3** [Líquido] que contiene gas [1]. ■ **4** (*lit*) Vago o indeterminado. II *f* **5** Bebida refrescante a base de agua gaseosa [3] azucarada.

gasífero -ra *adj* (*E*) Que contiene gas [1a y 2].

gasificación *f* Acción de gasificar.

gasificador -ra *adj* Que gasifica. *Tb n m, referido a aparato.*

gasificante *adj* Que gasifica [1]. *Tb n m, referido a producto.*

gasificar *tr* **1** Hacer que [un cuerpo (*cd*)] pase a estado gaseoso. **b)** *pr* (~**se**) Pasar [un cuerpo] a estado gaseoso. ■ **2** Gasear [1] [un líquido]. ■ **3** Instalar gas [2] [en un lugar (*cd*)].

gasista *adj* De(l) gas [2].

gasístico -ca *adj* De(l) gas [2].

gasoducto *m* Sistema de tuberías, de gran calibre y longitud, para la conducción del gas [2] desde el lugar de producción a los centros de utilización o distribución.

gasógeno *m* **1** Aparato para obtener gases [1a]. ■ **2** Aparato destinado a producir carburo de hidrógeno, empleado como carburante en algunos vehículos, en sustitución de la gasolina o el gasoil.

gasohol *m* (*E*) Carburante constituido por gasolina y alcohol.

gasoil (*frec con la grafía* **gas-oil**) *m* Gasóleo.

gasóleo *m* Mezcla líquida de hidrocarburos derivada del petróleo, que se emplea esp. como carburante en los motores Diesel.

gasolina I *f* **1** Mezcla líquida de hidrocarburos, incolora, muy volátil e inflamable, que procede de la destilación del petróleo y que se emplea esp. como combustible en motores de combustión interna. II *loc v* **2** echar ~. (*col*) Echar un trago.

gasolinero -ra A *m* y *f* **1** Propietario o encargado de una gasolinera [2]. B *f* **2** Instalación destinada al suministro de gasolina para vehículos. ■ **3** Lancha con motor de gasolina.

gasómetro *m* (*E*) Depósito de grandes dimensiones para almacenar gas a presión prácticamente constante.

gastador -ra I *adj* **1** Que gasta. **b)** *Esp:* Que gasta mucho dinero. ■ **2** Relativo a la acción de gastar [1]. II *m* **3** Soldado de los que constituyen la escuadra destinada a abrir la marcha en un desfile.

gastar *tr* **1** Hacer uso [de una cosa (*cd*)] que con ello disminuye o se agota]. **b)** *Esp:* Hacer uso [de dinero (*cd*)]. *Frec abs. Frec con un compl de interés.* **c)**

pr (~**se**) Disminuir o agotarse [una cosa] por el uso. **d)** ~ **saliva.** → SALIVA. ■ **2** Consumir o emplear [algo (*cd*)] una pers. o cosa (*suj*) para su mantenimiento o funcionamiento. ■ **3** Desgastar [algo] como consecuencia del uso. *Gralm en part. Tb fig, referido a pers.* **b)** *pr* (~**se**) Desgastarse [algo] como consecuencia del uso. *Tb fig, referido a pers.* ■ **4** Usar o utilizar. *Tb abs.* **b)** Tener [algo], esp. como habitual. *Gralm con un compl de interés.* **c)** ~**las.** (*col*) Comportarse habitualmente [de una determinada manera (*compl adv*)]. *Frec con un compl de interés.* * Ella las gasta así. * ¡Os las gastáis de aúpa! ■ **5** Hacer [una broma a alguien]. *Tb sin ci.*

gasterópodo *adj* (*Zool*) [Molusco] de cuerpo asimétrico, gralm. protegido por una concha dorsal que suele arrollarse en espiral, con cabeza diferenciada y provista de tentáculos, y un pie muscular con el que se desliza. *Frec como n m en pl, designando este taxón zoológico.*

gastizo -za *adj* (*reg*) Gastador [1b] o derrochador.

gasto I *m* **1** Acción de gastar. *Tb su efecto.* **b)** ~ **cardíaco.** (*Med*) Cantidad de sangre impulsada por el corazón en un minuto. ■ **2** (*Fís*) Cantidad de fluido que sale en un segundo de un recipiente. II *loc v* **3** hacer el ~. Ser [una pers.] la que atrae la atención o el interés en una reunión. *Tb fig.*

gastón -na *adj* (*col*) Gastador [1].

gastoreño -ña *adj* De El Gastor (Cádiz). *Tb n, referido a pers.*

gastoso -sa *adj* (*raro*) Gastador [1].

gastralgia *f* (*Med*) Dolor de estómago.

gastrectomía *f* (*Med*) Extirpación total o parcial del estómago.

gástrico -ca *adj* De(l) estómago.

gastrina *f* (*Biol*) Hormona de la mucosa gástrica, que estimula la secreción del jugo gástrico.

gastritis *f* (*Med*) Inflamación de la mucosa del estómago.

gastrocele *m* (*Biol*) Primitiva cavidad digestiva del embrión.

gastrocnémico *adj* (*Anat*) [Músculo] gemelo. *Tb n m.*

gastroduodenal *adj* (*Anat*) Del estómago y el duodeno.

gastroenteritis *f* (*Med*) Inflamación simultánea de las mucosas del estómago y de los intestinos.

gastroenterología *f* (*Med*) Especialidad médica relativa al aparato digestivo, esp. al estómago y los intestinos.

gastroenterológico -ca *adj* (*Med*) De (la) gastroenterología.

gastroenterólogo -ga *m* y *f* (*Med*) Especialista en gastroenterología.

gastroenterostomía *f* (*Med*) Creación quirúrgica de una comunicación entre el estómago y una porción de intestino.

gastroepiploico -ca *adj* (*Anat*) Del estómago y el epiplón.

gastroesofágico -ca *adj* (*Anat*) Del estómago y el esófago.

gastrohepático -ca *adj* (*Anat*) Del estómago y el hígado.

gastrointestinal *adj* (*Anat*) Del estómago y los intestinos.

gastronomía *f* Arte de la comida o de la buena mesa.

gastronómicamente *adv* En el aspecto gastronómico.

gastronómico -ca *adj* De (la) gastronomía.

gastrónomo -ma *m y f* Pers. experta en gastronomía.

gastropatía *f* (*Med*) Enfermedad del estómago.

gastroptosis *f* (*Med*) Caída o descenso del estómago.

gastrorragia *f* (*Med*) Hemorragia gástrica.

gastroscopia *f* (*Med*) Endoscopia gástrica.

gastroscopio *m* (*Med*) Endoscopio gástrico.

gastrovascular *adj* (*Anat*) En los celentéreos: [Cavidad] en que se efectúa la digestión.

gastrozoide *m* (*Zool*) En algunos celentéreos: Individuo especializado en las funciones de nutrición.

gástrula *f* (*Biol*) Estadio del desarrollo del huevo fecundado en que este presenta el aspecto de un saco de dobles paredes.

gata → GATO[1].

gatada *f* (*col*) Acción innoble con intriga o engaño.

gateado -da *adj* **1** *part* → GATEAR. ■ **2** Que parece propio del gato[1] [1] en algún aspecto.

gatear *intr* **1** Andar a gatas. ■ **2** Trepar valiéndose de los brazos y de las piernas.

gatera A *f* **1** Agujero hecho en una puerta para permitir la entrada del gato[1] [1]. **b)** Hueco o agujero. *Tb fig.* ■ **2** (*reg*) Abertura en la parte trasera de los pantalones de los niños, para que puedan hacer sus necesidades sin bajarse los pantalones.
B *m y f* **3** (*col, hoy raro*) Ratero o ladrón. **b)** Pillo.

gateway (*ing; pronunc corriente,* /géitwei/; *pl normal,* ~s) *m* (*Informát*) Dispositivo utilizado para conectar dos redes diferentes.

gatillazo I *m* **1** Golpe del gatillo de un arma de fuego, esp. cuando no sale el tiro. ■ **2** (*col*) Impotencia transitoria del hombre en la cópula sexual.
II *loc v* **3** **dar** (*o* **pegar**) ~. (*col*) Fracasar [el hombre] por impotencia transitoria, en su intento de cópula sexual. **b)** **dar** (**un**) ~. Tener una eyaculación precoz. ■ **4** **dar** (**el**) ~. (*col*) Fracasar [alguien] o no conseguir lo que se proponía.

gatillo *m* **1** *En un arma de fuego:* Pieza sobre la que actúa el dedo para disparar. **b)** ~ **nuclear.** (*Mil*) Detonador de una bomba nuclear. ■ **2** Tenaza de dentista.

gatismo *m* (*Med*) Incontinencia patológica de orina y heces.

gato[1] -ta I *n* A *m* **1** Mamífero carnicero doméstico, de la familia de los félidos, de unos 50 cm de largo, pelo suave, cabeza pequeña y redondeada y ojos brillantes, que se dedica esp. a la caza de ratones (*Felis catus*). *Tb designa solamente el macho de esta especie. Diversas variedades se distinguen por medio de compls o adjs:* DE ANGORA, SIAMÉS, *etc. Tb su piel.* ■ **2** *Seguido de un compl o adj especificador, se da este n a otros félidos, esp pertenecientes al gén Felis:* ~ MONTÉS (*F. silvestris*), ~ CERVAL (*F. serval*), ~ DE ALGALIA (*Civettictis civetta*), *etc. Tb su piel.* **b)** ~ **garduño.** Garduña (animal). *Tb fig.* ■ **3** *Se da este*

n a varios peces marinos, esp *Scyliorhinus stellaris* (*alitán*). *Tb* ~ MARINO. ■ **4** *En pl:* Dragón (planta). ■ **5** (*col, raro*) Bolsa del dinero. *Tb el mismo dinero.* ■ **6** ~ **de siete** (*o* **nueve**) **colas.** (*Mar, hist*) Látigo. *Tb simplemente* ~. ■ **7** **cuatro** ~s (*o, raro,* **tres** ~s). (*col*) Muy poca gente. ■ **8** **hasta el** ~ (*o* **los** ~s). (*col*) Todo el mundo.
B *f* **9** Hembra del gato [1 y 2]. *Tb fig.* **b)** (*col*) *Normalmente en la forma* GATITA, *se usa como apelativo cariñoso dirigido a una mujer.* ■ **10** **gata rabiosa.** *Se da este n a las plantas ranunculáceas* Clematis flammula *y* Ranunculus arvensis. ■ **11** (*reg*) *Se da este n a varios peces marinos, esp Scyliorhinus canicula* (*pintarroja*) *y S. stellaris* (*alitán*). ■ **12** (*Mar, hist*) Cofa del palo mayor de la galera.
C *m y f* **13** (*col*) Pers. madrileña. *Tb adj.*
II *loc adj* **14** **de** ~. [Lavado] superficial y sin usar apenas agua. ■ **15** **de** ~. (*Mar*) [Escala] formada por tiras de cuerda y peldaños de madera. ■ **16** [Hierba] **de los** ~s, [lengua] **de** ~, [menta] **de** ~, [ojo] **de** ~, [oreja] **de** ~, [pie] **de** ~, [pies] **de** ~ → HIERBA, LENGUA, *etc.*
III *loc v y fórm or* **17** **buscar(le) tres** (*o* **cinco**) **pies al** ~ → PIE. ■ **18** **dar** ~ **por liebre.** (*col*) Engañar, esp. haciendo pasar una cosa por otra de mejor calidad. ■ **19** **haber** [en algo] ~ **encerrado,** *o* **tener** [algo] ~ **encerrado.** (*col*) Haber [en ello] algún misterio. ■ **20** **haberle comido** [a alguien] **la lengua el** ~ → LENGUA. ■ **21** **llevarse el** ~ **al agua.** (*col*) Ser, entre varios, el que consigue lo que está en liza. ■ **22** **para el** ~. (*col*) *Fórmula con que se expresa desprecio y renuncia hacia lo que se acaba de mencionar.* * *La albañilería para el gato.* ■ **23** **poner el cascabel al** ~ → CASCABEL. ■ **24** **tener** (*o* **llevar**) ~s **en la barriga.** (*col*) Tener mala o segunda intención. ■ **25** **tener siete vidas como un** ~ (*o* **como los** ~s), *o* **tener más vidas que un** ~ → VIDA.
IV *loc adv* **26** **a gatas.** Apoyando en el suelo las manos y las rodillas o los pies. ■ **27** **a lo** ~, *o* **como los** ~s. De manera muy superficial y sin usar apenas agua. *Normalmente con el v* LAVAR. *Tb adj.* ■ **28** **como el perro y el** ~ → PERRO. ■ **29** **como** ~ **panza arriba.** (*col*) Con todas sus fuerzas o desesperadamente. *Con vs como* DEFENDERSE *o* RESISTIR. ■ **30** **como** ~ **por brasas** (*o* **ascuas**). (*col*) Con toda rapidez, como quien huye de un daño. *Frec con vs como* CORRER, IR *o* PASAR.

gato[2] *m* Aparato que sirve para levantar grandes pesos a poca altura.

gatuno -na I *adj* **1** De(l) gato[1] [1].
II *f* **2** Gatuña (planta).

gatuña *f* Planta vivaz, a veces leñosa, de olor fétido, con espinas solitarias y flores rosadas o blancas (*Ononis spinosa*). *Tb se da este n a otras especies del gén Ononis.*

gatuperio *m* **1** Embrollo o chanchullo. ■ **2** Lío o jaleo.

gauche divine (*fr; pronunc corriente,* /góʃ-dibín/) *f* Grupo de jóvenes intelectuales barceloneses de izquierda, formado a finales de los años sesenta.

gauchesco -ca *adj* De(l) gaucho.

gauchismo[1] (*pronunc corriente,* /goʧísmo/ *o* /gauʧísmo/) *m* (*Pol, raro*) Izquierdismo. *Gralm designa la tendencia izquierdista de determinados ambientes intelectuales.*

gauchismo[2] *m* (*raro*) Condición de gaucho.

gauchista (*pronunc corriente,* /gočísta/ *o* /gaučísta/) *adj* (*Pol, raro*) Izquierdista. *Tb n. Gralm referido a determinados ambientes intelectuales.*

gaucho -cha *adj* (*hist*) [Individuo] de las pampas del Río de la Plata en Argentina, Uruguay y Rio Grande do Sul, gralm. ganadero y de vida errante. *Tb n.*

gaucineño -ña *adj* De Gaucín (Málaga). *Tb n, referido a pers.*

gaudeamus *m* (*lit, raro*) Fiesta o regocijo.

gauleiter (*al; pronunc corriente,* /gauláiter/) (*hist, raro*) *En la Alemania hitleriana:* Jefe de distrito.

gaullismo (*pronunc corriente,* /golísmo/) *m* (*Pol*) **1** Tendencia política francesa basada en las ideas del general Charles de Gaulle († 1970). ■ **2** Condición de gaullista.

gaullista (*pronunc corriente,* /golísta/) *adj* (*Pol*) Del general De Gaulle († 1970) o del gaullismo. **b)** Partidario del general De Gaulle o del gaullismo. *Tb n.*

gauss (*pl invar*) *m* (*Fís*) *En el sistema CGS:* Unidad de inducción magnética equivalente a una diezmilésima de tesla.

gavanés -sa *adj* De Gavá (Barcelona). *Tb n, referido a pers.*

gavanzo *m* Escaramujo, o rosal silvestre. *Tb su fruto.*

gaveta *f* **1** Cajón de un escritorio. *Tb fig.* **b)** (*reg*) Cajón de un mueble. ■ **2** Artesa de albañil. ■ **3** (*raro*) Recipiente hondo en forma de artesa o cajón. ■ **4** (*Mar*) Recipiente, gralm. de madera, en que se sirve la comida a la marinería.

gavia¹ *f* (*Mar*) **1** Vela de un mastelero, esp. del mastelero mayor. ■ **2** Cofa.

gavia² *f* (*reg*) Muro de piedra que separa los límites de una finca.

gavial *m* Reptil semejante al cocodrilo, de hocico largo y puntiagudo terminado en una protuberancia esponjosa (*Gavialis gangeticus*). *Tb ~ DEL GANGES.*

gaviero *m* (*Mar*) Marinero destinado a dirigir las maniobras en las cofas y en lo alto de los palos.

gavilán *m* **1** Ave rapaz de pequeño tamaño, con la parte superior de color gris azulado y la inferior listada, de blanco y rojizo en el macho y de blanco y gris en la hembra (*Accipiter nisus*). *Con un adj o compl especificador, designa otras especies:* ~ GRIEGO (*A. brevipes*), ~ DE LAS PALOMAS (*A. gentilis*). ■ **2** Hierro cortante de la aguijada para limpiar el arado. ■ **3** Hierro de los dos que salen de la guarnición de la espada y forman la cruz. ■ **4** Flor del cardo.

gavilana. lechuza ~ → LECHUZA.

gavilla *f* **1** Manojo grande de los que constituyen un haz. **b)** Haz pequeño. ■ **2** Conjunto bastante numeroso [de perss., animales o cosas]. *Referido a pers, frec con intención desp.*

gavillador -ra *adj* Que hace gavillas [1]. *Frec n f, referido a máquina.*

gavillar *m* Terreno en que hay gavillas de siega.

gavillera *f* (*reg*) Lugar en que se amontonan las gavillas [1] de sarmientos para su uso doméstico.

gavilucho *m* (*reg*) Gavilán (ave).

gavina *f* (*reg*) Gaviota.

gavión¹ *m* Armazón rellena de piedras o tierra, que se emplea en obras hidráulicas.

gavión² *m* Gaviota de gran tamaño, con dorso y alas negros (*Larus marinus*).

gaviota *f Se da este n a varias aves, pralm del gén Larus, de pico robusto y curvado, alas largas y puntiagudas, plumaje gralm blanco en el dorso y gris en las alas, que habitan sobre todo en las costas en grupos numerosos, emiten chillidos estridentes y se alimentan de peces. Diferentes especies se distinguen por medio de adjs:* ~ ARGÉNTEA (*L. argentatus*), ~ CABECINEGRA (*L. melanocephalus*), ~ CANA (*L. canus*), ~ ENANA (*L. minutus*), ~ HIPERBÓREA (*L. hyperboreus*), ~ PICOFINA (*L. genei*), ~ POLAR (*L. glaucoides*), ~ REIDORA (*L. ridibundus*), ~ SOMBRÍA (*L. fuscus*), etc.

gavota *f* (*hist*) Danza cortesana propia del s. XVIII, cuya música es de compás binario. *Hoy frec su música, que habitualmente forma parte de la suite clásica.*

gay (*ing; pronunc corriente,* /gai/; *pl normal,* ~S) (*euf*) **I** *m* **1** Hombre homosexual. **II** *adj* **2** De los gays [1].

gaya¹ *f* (*raro*) Prostituta.

gaya² → GAYO.

gayadura *f* Adorno de un vestido u otra prenda hecho con listas de otro color.

gayamente *adv* (*lit, raro*) Alegremente.

gayán *m* (*reg*) Pez marino de unos 25 cm de largo, de color azulado en el dorso y rojo en el vientre (*Labrus ossifagus*).

gayata *f* (*reg*) Cayado (bastón).

gayo -ya *adj* (*lit, raro*) Alegre. *Frec referido a color.*

gayola¹ **I** *f* (*raro*) **1** Jaula (para animales). ■ **2** Cárcel. **II** *loc adv* **3 a porta ~ → PORTAGAYOLA.**

gayola² *f* (*jerg*) Masturbación.

gayomba *f* Retama de olor (planta).

gay power (*ing; pronunc corriente,* /gái-páwer/) *m* Movimiento gay.

gayuba *f* Mata ramosa, de hojas siempre verdes, lustrosas, flores en racimos terminales y fruto en baya roja (*Arctostaphylos uva-ursi*). *Tb su fruto.*

gayumbo *m* (*Taur*) Toro manso y feo.

gayumbos *m pl* (*col*) Calzoncillos.

gaza *f* (*Mar*) Lazo o círculo que se forma en el extremo de un cabo o cable para enganchar o sujetar algo.

gazapear *intr* **1** Andar de modo lento y tranquilo [las liebres o los conejos]. *Tb referido a otros animales.* ■ **2** (*Taur*) Embestir [el toro] andando sin cesar, de modo incierto y con poco brío. ■ **3** (*reg*) Andar a gatas o arrastrándose.

gazapeo *m* Acción de gazapear.

gazapera *f* Madriguera de conejo.

gazapina *f* Conjunto de gazapos¹.

gazapo¹ *m* Conejo joven.

gazapo² *m* (*col*) Error o equivocación de tipo lingüístico.

gazapón -na *adj* (*Taur*) [Res] que gazapea [2].

gazmiar (*conjug 1a*) *tr* (*raro*) Gulusmear.

gazmoñería f (desp) **1** Cualidad de gazmoño. ■ **2** Acción o actitud gazmoña.

gazmoño -ña adj (desp) [Pers.] que se muestra excesivamente escrupulosa en cuestiones de moral. **b)** Propio de la pers. gazmoña.

gaznápiro -ra adj [Pers.] boba o alelada. Tb n. Frec dicho como insulto.

gaznate m (col) Garganta (parte del cuerpo).

gazón m (reg) Césped o hierba.

gazpachada f Comida a base de abundante gazpacho.

gazpachear intr (reg) Hacer el gazpacho.

gazpachero -ra (reg) **A** m y f **1** Pers. que prepara el gazpacho.
B m **2** Hombre encargado de preparar la comida a los gañanes de un cortijo.
C f **3** Vasija especial para el gazpacho.

gazpacho m **1** Plato frío andaluz a base de aceite, vinagre, ajo, pan, tomate y pimiento, al que suelen añadirse otros ingredientes. ■ **2** Guiso típico de la Mancha y Murcia, hecho básicamente con sopas de torta de pan ácimo a las que se añade conejo, liebre u otra carne y frec. otros ingredientes. Frec ~s.

gazpachuelo m (reg) **1** Gazpacho [1] caliente con huevos escalfados. ■ **2** Plato compuesto por una especie de mayonesa diluida en agua y con patatas cocidas. **b)** A veces designa otros guisos con patatas.

gazuza f (col) Hambre.

ge f Letra del alfabeto (g, G), que en español corresponde al fonema /χ/ cuando está escrita ante e o i, y al fonema /g/ en los demás casos. (V. PRELIM.) A veces se llama así cualquiera de los 2 fonemas representados por esta letra.

gea f (CNat) Conjunto del reino inorgánico de una región.

geada f (Fon) Fenómeno fonético que consiste en pronunciar el sonido /g/ como /χ/.

gedeonada f Tontería o necedad.

Geiger. contador (de) ~ → CONTADOR.

géiser (tb con la grafía **géyser**) m Fuente termal intermitente en forma de surtidor de agua caliente o vapor.

geiserita f (Mineral) Variedad de ópalo, de color blanco o grisáceo, que se encuentra alrededor del cráter de los géiseres.

geisha (jap; pronunc corriente, /géisa/ o /χéisa/) f Joven japonesa entrenada para entretener a los hombres con su conversación, su música y su danza.

gel[1] m **1** Jabón u otra sustancia cosmética o medicinal en estado de gel [2]. ■ **2** (Quím) Coloide concentrado.

gel[2] **-la** m y f (jerg) **1** Burro (animal). ■ **2** Burro (pers. torpe o ignorante).

gelamonita f Mezcla explosiva a base de nitrato amónico en estado de gel[1] [2].

gelatina f **1** Sustancia albuminoidea sólida, incolora, inodora, insípida y de gran cohesión, que se obtiene mediante cocción de huesos y otros tejidos animales y vegetales. ■ **2** (Coc) Gelatina [1] preparada con caldo de carne, verduras o frutas, usada esp. para adornar determinados platos. **b)** Dulce preparado con gelatina [1]. ■ **3** ~ **explosiva.** Mezcla gelatinosa y explosiva de nitrocelulosa o nitroglicerina.

gelatinizar tr Transformar [algo] en gelatina.

gelatinobromuro m (Fotogr) Suspensión de bromuro de plata en gelatina [1].

gelatinoso -sa adj **1** De (la) gelatina. ■ **2** Que tiene el aspecto o las propiedades de la gelatina [1]. ■ **3** Que tiene gelatina [1 y 2].

gelidense adj De Gelida (Barcelona). Tb n, referido a pers.

gélido -da adj (lit) Muy frío. Tb fig.

gelificación f (Quím) Acción de gelificar(se).

gelificante adj (Quím) Que gelifica.

gelificar tr (Quím) Transformar en gel[1]. **b)** pr (~se) Transformarse en gel[1].

gelignita f Variedad de dinamita gelatinizada, consistente en una mezcla de nitroglicerina, nitrocelulosa, nitrato potásico y pulpa de madera.

gelinita f Gelignita.

gema **I** f **1** Piedra preciosa. Tb (lit) fig. ■ **2** (Carpint) Parte de un madero escuadrado que conserva la corteza. ■ **3** (reg) Huella que queda en el tronco del alcornoque debida a un corte anterior. Normalmente en pl.
II adj **4** [Sal común] procedente de mina.

gemación f (Biol) Forma de reproducción celular en que se separa una pequeña porción de la célula para formar otra nueva. **b)** Reproducción asexual mediante separación del organismo de una pequeña porción que se desarrolla hasta formar un nuevo individuo.

gemebundo -da adj (lit) [Pers.] que gime. **b)** Propio de la pers. gemebunda.

gemecar intr (reg) Gimotear.

gemelamente adv (raro) De manera gemela [2].

gemelar adj De (los) gemelos [1].

gemelo -la **I** adj **1** [Pers.] nacida del mismo parto que otra. Tb n. Más raramente, se dice tb de algunos animales. **b)** [Pers.] nacida del mismo parto que otras. ■ **2** [Cosa] idéntica a otra con la que gralm. forma pareja. Tb fig, referido a pers. ■ **3** [Músculo] de los dos que concurren al movimiento de la pierna. Tb n m. ■ **4** En carreras de caballos: [Apuesta] en que hay que acertar el ganador y el que llega en segundo lugar. Más frec n pl.
II m **5** Instrumento, compuesto por dos piezas a manera de botones, que sirve para sujetar el puño de la camisa. ■ **6** pl Instrumento óptico formado por dos tubos, cada uno de ellos con un juego de dos o más lentes, y que sirve para mirar a lo lejos con ambos ojos. ■ **7** (jerg) En pl: Pareja de guardias o de policías.

gemido m Acción de gemir. Esp su efecto. Tb fig.

geminación f (Fon) Hecho de geminarse.

geminado -da adj (E) Constituido por dos elementos gemelos [2]. Tb n.

geminarse intr pr (Fon) Hacerse geminada [una consonante].

géminis (frec escrito con inicial mayúscula) adj [Pers.] nacida bajo el signo de Géminis. Tb n.

gemiquear intr (reg) Gimotear.

gemir (conjug 62) intr **1** Emitir [una pers.] sonidos que expresan pena o dolor, o a veces placer sexual. Tb fig. ■ **2** (lit) Producir [una cosa] un sonido parecido al emitido por la pers. que gime.

gémmula → GÉMULA.

gemología *f* Parte de la mineralogía que estudia las gemas o piedras preciosas.

gemológico -ca *adj* De (la) gemología.

gemólogo -ga *m y f* Especialista en gemología.

gemonías *f pl* (*lit, raro*) Castigo o pena infamante. *Tb fig.*

gémula (*tb con la grafía* **gémmula**) *f* (*Bot*) Yema del embrión.

gen *m* (*Biol*) Partícula cromosómica portadora de caracteres hereditarios del individuo.

gena (*tb con la grafía* **jena**) *f* Cierto tinte del cabello, usado a veces para adulterar el hachís.

genciana *f Se da este n a distintas plantas herbáceas perennes del gén Gentiana, esp a la G. lutea, de hojas grandes y flores amarillas, cuya raíz, de olor agradable y sabor amargo, se emplea en medicina y en la fabricación de licores.*

gencianácea *adj* (*Bot*) [Planta] gralm. herbácea y lampiña, de hojas opuestas y corola regular de una sola pieza, de la familia cuyo género tipo es *Gentiana. Frec como n f en pl, designando este taxón botánico.*

gendarme *m* **1** Agente de policía. *Referido a algunos países extranjeros, esp Francia. Tb fig.* ■ **2** (*col*) Pers. de carácter autoritario. *Esp referido a mujer.*

gendarmería *f* **1** Cuerpo de gendarmes [1]. ■ **2** Puesto o cuartel de gendarmes [1].

gene *m* (*Biol*) Gen.

genealogía *f* **1** Conjunto de los antepasados [de una pers.]. *Tb el documento en que consta. A veces referido a animales o cosas.* ■ **2** Estudio de las genealogías [1].

genealógicamente *adv* **1** En el aspecto genealógico. ■ **2** De manera genealógica.

genealógico -ca *adj* De (la) genealogía.

genealogista **I** *m y f* **1** Especialista en genealogía [2]. **II** *adj* **2** (*raro*) De(l) genealogista [1] o de la genealogía [2].

generable *adj* Que se puede generar [2].

generación **I** *f* **1** Acción de generar, *esp* [2]. **b)** ~ **espontánea.** (*Biol*) Nacimiento de organismos a expensas de la materia no viva. *Tb la teoría correspondiente. Tb* ~ EQUÍVOCA *o* ~ AUTOMÁTICA. ■ **2** Conjunto de seres que descienden de un individuo o de una pareja, en los distintos grados de filiación. **b)** Conjunto de máquinas u otros objetos que derivan de otros precedentes y que suponen respecto a ellos un avance notable. ■ **3** Conjunto de los individuos que tienen aproximadamente la misma edad. *Frec se aplica a los grupos de edad separados por un margen de unos 15 años.* **b)** Conjunto de perss. de edad parecida que, en un determinado momento y en una misma actividad, muestran una actitud similar. **II** *loc adv* **4** de ~ en ~. A lo largo de muchos años, pasando de padres a hijos. *Tb adj.*

generacional *adj* De (la) generación [3].

generacionalmente *adv* En el aspecto generacional.

generacionismo *m* (*Filos*) Doctrina según la cual el alma de un individuo procede de la de sus padres.

generacionista *adj* (*Filos*) De(l) generacionismo.

generador -ra (*tb f* GENERATRIZ, *esp en acep 2*) *adj* **1** Que genera, *esp* [1]. *Tb n f, referido a máquina.* ■ **2** (*Geom*) [Línea o superficie] que con su movimiento genera [1] un cuerpo o una superficie, respectivamente. *Frec n f.* ■ **3** (*Fís*) [Aparato] que genera fuerza o energía. *Frec n m.*

general -la (*la forma* GENERALA *solo en las aceps 11 y 13*) **I** *adj* **1** De todo un conjunto, o de la mayor parte. *Se opone a* PARTICULAR. **b)** Común o usual. **c)** Que afecta o se refiere a todo el cuerpo. **d)** [Ensayo] ~ → ENSAYO. ■ **2** Que abarca el conjunto de un servicio o de una organización. **b)** *Siguiendo a un n que designa pers que ejerce un cargo:* Que es [lo expresado por el n.] en el grado más alto. **c)** [Capitán] ~, [oficial] ~, [teniente] ~, [vicario] ~ → CAPITÁN, OFICIAL, TENIENTE, VICARIO. ■ **3** Que se refiere a un conjunto de cosas o aspectos, sin profundizar especialmente en ninguno. *Se opone a* ESPECIAL *o* ESPECIALIZADO. **b)** [Médico] de medicina general. ■ **4** [Carretera] importante a la que van a desembocar otras secundarias. ■ **5** (*Cine y TV*) [Plano] que recoge un grupo de perss. y parte del escenario en que se encuentran. **II** *n A m y f* **6** Oficial general (→ OFICIAL). **b)** ~ **de brigada.** Oficial general del ejército, de grado más bajo, inmediatamente superior al coronel e inferior al general de división. **c)** ~ **de división.** Oficial general del ejército, de categoría inmediatamente superior a la de general de brigada e inferior a la de teniente general. **B** *m* **7** *En una orden religiosa:* Prelado superior. ■ **8** (*lit*) Jefe o capitán de un ejército. ■ **9** el ~. La generalidad [2]. *Con un compl* DE. **C** *f* **10** *En un local de espectáculos:* Conjunto de las localidades más altas y baratas. ■ **11** (*col*) Mujer del general [6]. **b)** (*raro*) Hija del general [6]. **III** *loc adj* **12** en ~. Considerado en conjunto o indiferenciadamente. *Referido a público u otra colectividad semejante.* **IV** *loc adv* **13** a generala. (*Mil*) A alarma máxima. *Con el v* TOCAR. ■ **14** en ~. De manera general [1a y 3]. ■ **15** en ~, *o* por lo ~. Común o normalmente.

generalato *m* **1** Empleo o cargo de general [6 y 7]. ■ **2** Conjunto de los generales [6].

generalicio -cia *adj* (*raro*) De los generales [6 y 7].

generalidad *f* **1** Cualidad de general [1a]. ■ **2** Mayoría o casi totalidad de los componentes [de un conjunto]. *Tb sin compl, por consabido.* ■ **3** Cosa general [3]. *Gralm en pl.* **b)** *En pl:* Nociones elementales [de una ciencia o arte]. **c)** *En pl:* Temas generales [1a]. ■ **4** Gobierno regional autónomo de Cataluña o de Valencia.

generalísimo -ma *m y f* Jefe que tiene mando sobre todos los generales del ejército. *Tb fig. Por antonomasia designa al general Franco.*

generalista *adj* De carácter general [3]. *Tb n, referido a pers.* **b)** [Médico] general [3b]. *Frec n.*

generalizable *adj* Que se puede generalizar.

generalización *f* Acción de generalizar(se).

generalizado -da *adj* **1** *part* → GENERALIZAR. ■ **2** General [1a, b y c].

generalizador -ra *adj* Que generaliza.

generalizante *adj* Que generaliza.

generalizar *tr* **1** Hacer que [algo (*cd*)] sea general [1a, b y c]. **b)** *pr* (**~se**) Pasar [algo] a ser general [1a, b y c]. *Frec en part.* ■ **2** Considerar general [1a] o aplicable a la generalidad [2] [algo particular (*cd*)]. *Gralm abs.*

generalmente *adv* De manera general [1b].

generar *tr* (*lit*) **1** Producir o causar. ■ **2** (*raro*) Engendrar o procrear.

generation gap (*ing; pronunc corriente,* /yeneréiʃon-gáp/) *m* Abismo generacional.

generativismo *m* (*Ling*) Tendencia generativa [2b].

generativista *adj* (*Ling*) De(l) generativismo. **b)** Partidario del generativismo. *Tb n.*

generativo -va *adj* **1** De (la) generación [1]. ■ **2** (*Ling*) [Gramática] que trata de formular una serie de reglas capaces de generar o producir todas las oraciones posibles y aceptables de un idioma. **b)** De la gramática generativa.

generatriz → GENERADOR.

genéricamente *adv* **1** De manera genérica [1]. ■ **2** (*Gram*) En el aspecto del género [6].

genericidad *f* (*lit, raro*) Condición de genérico.

genérico -ca I *adj* **1** De(l) género [1, 2 y 6]. ■ **2** De género [7]. ■ **3** General [1a y b 3]. ■ **4** (*Escén*) [Actor] secundario. *Tb n.*
II *m* **5** (*Cine y TV*) Parte de una película en que se indican los nombres de las personas que han trabajado en ella.

género I *m* **1** Conjunto [de perss. o cosas] establecido por sus caracteres comunes. **b)** (*CNat*) Conjunto de especies que tienen cierto número de caracteres comunes. **c) el ~ humano.** La humanidad. ■ **2** Grupo o clase a que pertenece una obra literaria o artística, con arreglo a criterios de forma y contenido establecidos por la tradición. **b) ~ chico.** Modalidad de zarzuela en un acto, propia de fines del s. XIX, de ambiente y tipos populares, esp. madrileños. ■ **3** Clase o estilo [de perss. o cosas]. **b) ningún ~** [de algo]. *Se usa para ponderar la inexistencia de lo designado.* * Sin ningún género de dudas. ■ **4** Tela o tejido. *Gralm con un compl especificador.* ■ **5** (*Com*) Mercancía. **b)** (*col, humoríst*) Material, o conjunto de perss., animales o cosas con que se ha de trabajar o actuar. ■ **6** (*Gram*) Categoría del sustantivo con arreglo a la cual, cuando este, en un enunciado, va acompañado de algún adjetivo susceptible de dos terminaciones (-*o*/-*a*), el adjetivo ha de tomar precisamente una de ellas. **b)** Forma que toman el adjetivo o el adjunto, o condición que se les atribuye, según el género del sustantivo al que se refieren. **c)** (*hoy raro*) Característica por la que se agrupa a los nombres que tienen determinadas particularidades en cuanto a su género gramatical. **d)** (*hoy raro*) Grupo constituido por nombres, masculinos o femeninos, que tienen alguna particularidad en cuanto a su género gramatical. ■
II *loc adj* **7 de ~.** (*Arte*) [Pintura o escultura] que representa escenas de costumbres. **b)** [Autor] de obras de género. ■ **8 del ~ tonto.** (*col*) [Dicho o hecho] que demuestra tontería. *Normalmente con el v* SER.

generosamente *adv* De manera generosa.

generosidad *f* Cualidad de generoso [1 y 2].

generoso -sa *adj* **1** [Pers.] desinteresada o que da gustosamente de lo que tiene. *Tb fig, esp referido a cosa.* **b)** [Pers.] magnánima y capaz de sacrificarse por los demás. **c)** Propio de la pers. generosa [1a y b]. ■ **2** [Cosa] grande o abundante. ■ **3** [Vino] producido por uvas selectas, con una graduación de 14° a 23°, propio para aperitivos y postres.

genesíaco -ca (*tb* **genesiaco**) *adj* (*lit*) **1** Del Génesis (libro de la Biblia en que se narra la creación del mundo). ■ **2** Genésico [1].

genésico -ca *adj* **1** De (la) generación o procreación. *Esp con referencia al instinto sexual.* ■ **2** Genesíaco [1].

génesis *f* Origen o formación [de algo]. **b)** Conjunto de hechos que da origen [a algo (*compl de posesión*)].

genéticamente *adv* **1** De manera genética. ■ **2** En el aspecto genético.

geneticista *m y f* Genetista.

genético -ca I *adj* **1** De (la) génesis. ■ **2** De (la) genética [4] o de su objeto.
II *n* A *m y f* **3** (*raro*) Genetista.
B *f* **4** Parte de la biología que estudia los problemas de la herencia. **b)** Conjunto de fenómenos que son objeto de la genética.

genetista *m y f* Especialista en genética [4].

genial I *adj* **1** [Cosa] propia de(l) genio [4 y 5]. *Frec con intención ponderativa, y a veces irónica.* **b)** (*col*) [Pers.] que es un genio [4b y 5b]. *Frec con intención ponderativa, y a veces irónica.* ■ **2** (*col*) Sumamente bueno. *Con intención ponderativa.*
II *m* **3** (*hoy raro*) Genio [1].
III *adv* **4** (*col*) Sumamente bien. *Con intención ponderativa.*

genialidad *f* **1** Cualidad de genial [1]. ■ **2** Cosa genial [1]. *Frec con intención desp, ponderando la originalidad o extravagancia.*

genialmente *adv* De manera genial.

genialoide *adj* (*raro*) Que tira a genial [1].

génico -ca *adj* (*Biol*) De (los) genes.

genio *m* **1** Carácter (conjunto de cualidades psíquicas y afectivas que condicionan la conducta [de alguien]). *Tb referido a animales.* **b)** Conjunto de caracteres que constituyen la esencia [de algo]. ■ **2** Disposición habitual u ocasional del ánimo, que lleva a mostrarse alegre o triste, amable o antipático, pacífico o agresivo. *Gralm con los adjs* BUENO, MALO *o equivalentes. Tb referido a animales.* **b)** (*col*) Mal genio. **c)** (*Taur*) Tendencia a embestir de manera incierta y peligrosa. ■ **3** Carácter o condición [de una cosa]. *Con un adj o compl especificador.* ■ **4** Inteligencia y originalidad extraordinarias. **b)** Pers. de inteligencia y originalidad extraordinarias. ■ **5** Capacidad o habilidad extraordinarias [para algo (*adj o compl especificador*)]. **b)** Pers. de capacidad o habilidad extraordinarias [para algo (*adj o compl especificador*)]. *A veces se omite el compl, por consabido. Frec con intención ponderativa.* ■ **6** (*Mitol*) Deidad creadora y cuidadora de la naturaleza. **b)** Ser sobrenatural dotado de poder mágico. **c)** (*Arte*) Figura que se coloca al lado de una divinidad o que representa una alegoría.

geniogloso *adj* (*Anat*) [Músculo] que se inserta en el maxilar inferior y al contraerse proyecta la lengua hacia fuera. *Tb n m.*

genista *f* (*reg*) Retama (planta).

genital I *adj* **1** De (la) generación o reproducción.
II *m* **2** *En pl:* Parte externa del aparato genital [1].

genitalidad *f* (*raro*) Sexualidad.

genitivo *adj* (*Gram*) [Caso] que corresponde a la función de complemento de posesión o pertenencia. *Más frec como n m; entonces puede designar tb el sust que va en dicho caso.*

genitor -ra *adj* (*lit*) Que engendra. *Tb n. Tb fig.*

genitourinario -ria *adj* (*Anat*) [Aparato] genital y urinario. **b)** De(l) aparato genitourinario.

genitura *f* (*lit*) Generación o procreación.

genízaro → JENÍZARO.

genocida *adj* [Pers.] que comete genocidio. *Más frec n.*

genocidio *m* Matanza sistemática de un grupo étnico, nacional o religioso. *Tb fig.*

genodermatosis *f* (*Med*) Dermatosis hereditaria con trastornos metabólicos.

genol *m* (*Mar*) Pieza que se une de costado a la varenga para formar la cuaderna.

genoma *m* (*Biol*) Conjunto de los genes de una célula o de un organismo.

genómico -ca *adj* (*Biol*) De(l) genoma.

genotípicamente *adv* (*Biol*) En el aspecto genotípico.

genotípico -ca *adj* (*Biol*) De(l) genotipo. *Tb* (*lit*) *fig.*

genotipo *m* (*Biol*) Conjunto de genes o caracteres hereditarios de un individuo. *Se opone a* FENOTIPO.

génova *m* (*Mar*) Cierto tipo de foque grande usado en los yates de regatas.

genovés -sa *adj* De Génova (Italia). *Tb n, referido a pers.*

genovisco -ca *adj* (*raro*) Genovés. *Tb n.*

gens (*lat; pronunc,* /gens/ *o* /χens/; *pl normal, invar*) *f* (*hist*) *En la antigua Roma:* Conjunto de familias que se consideraban descendientes de un antepasado común.

gentamicina *f* (*Med*) Antibiótico obtenido de la bacteria *Micromonospora purpurea,* usado esp. en afecciones urinarias.

gente I *f* **1** Personas o conjunto de (las) personas. *A veces en pl con intención expresiva. Frec con un adj o compl especificador.* **b)** ~ **bien,** ~ **gorda,** ~ **guapa,** ~ **de bien,** ~ **de medio pelo,** ~ **de paz,** ~ **de pro,** *etc* → BIEN[1], GORDO, GUAPO, BIEN[2], PELO, PAZ, PRO, *etc.* **c)** Conjunto de las personas que están, viven o trabajan [en un lugar (*compl* DE)]. **d)** (*col*) Familia [de alguien]. **e)** Conjunto de personas, que siguen ideológicamente [a otra (*compl de posesión*)] o trabajan [para ella (*compl de posesión*)]. ■ **2** ~ **menuda.** Niños. **b)** (*hoy raro*) Personas de clase popular. ■ **3 buena.** (*col*) Buena persona. ■ **4** (*Rel catól, lit*) *En pl:* Gentiles[2]. *En la constr* APÓSTOL DE LAS ~S, *designando a San Pablo.* **II** *loc adj* **5 de** ~s. [Derecho] internacional. ■ **6** [Don] **de** ~s → DON[2]. **III** *loc v* **7 ser** ~. Ser alguien de cierta importancia. **b)** Ser una persona.

gentil[1] I *adj* **1** (*lit*) Agraciado o hermoso. ■ **2** (*lit*) Amable o cortés. ■ **3** (*Arte*) [Estilo gótico] de la época de apogeo. **II** *loc adv* **4 a cuerpo** ~ → CUERPO.

gentil[2] *adj* (*hist*) [Pers.] idólatra o pagana. *Frec n.*

gentileza I *f* **1** Cualidad de gentil[1] [1 y 2]. ■ **2** Detalle gentil[1] [2]. **II** *loc adv* **3 por** ~ [de una pers. o empresa]. Siendo [esa pers. o empresa] quien paga o patrocina. *Referido a programas de radio o televisión.*

gentilhombre (*pl normal,* GENTILESHOMBRES *o, más raro,* ~S) *m* (*hist*) Caballero al servicio del rey. *A veces con un compl especificador.* **b)** (*lit*) Caballero. *Con intención ponderativa.*

gentilicio -cia *adj* **1** [Adjetivo o nombre] que expresa la nacionalidad o el lugar de origen. *Tb n m.* ■ **2** De gentes o pueblos. ■ **3** De(l) linaje o familia.

gentílico -ca *adj* De (los) gentiles[2].

gentilidad[1] *f* (*hist*) Conjunto de los gentiles[2]. *Tb su religión.*

gentilidad[2] *f* (*hist*) *En la España primitiva:* Grupo, intermedio entre la tribu y la familia, de los que en algunos pueblos ibéricos integraban la comunidad política.

gentilismo *m* (*raro*) Gentilidad[1].

gentilmente *adv* De manera gentil[1] [2].

gentío *m* Cantidad importante de gente [1a].

gentleman (*ing; pronunc corriente,* /yéntelman/; *pl normal,* GENTLEMEN) *m* **1** Caballero inglés. *Frec fig, con intención ponderativa, aludiendo a educación exquisita.* ■ **2** (*Híp*) Jinete no profesional.

gentualla *f* (*lit, desp*) Gentuza.

gentuza *f* (*desp*) Gente despreciable.

genuflectar *intr* (*Rel catól*) Hacer genuflexión.

genuflexión *f* Hecho de doblar una o ambas rodillas hacia el suelo, gralm. en señal de reverencia.

genuflexo -xa *adj* (*lit*) Que tiene una o ambas rodillas dobladas sobre el suelo. *Tb fig.*

genuinamente *adv* De manera genuina.

genuinidad *f* (*raro*) Cualidad de genuino.

genuino -na *adj* Puro o auténtico.

genulí (*tb* **génuli**) *m* (*lit, raro*) Color amarillo.

genupectoral *adj* (*Med*) [Posición del cuerpo] en que el apoyo se realiza sobre las rodillas y el pecho.

GEO (*sigla; tb con la grafía* **geo**; *pl normal,* ~S) *m* **1** Grupo especial de operaciones de la policía nacional. ■ **2** Miembro del GEO [1].

geo- *r pref* De la Tierra. * Geomatemática. * Geominero.

geobotánico -ca I *adj* **1** De (la) geobotánica [3] o de su objeto. **II** *n* **A** *m y f* **2** Especialista en geobotánica [3]. **B** *f* **3** Estudio de la relación entre la vida vegetal y el medio terrestre.

geocéntrico -ca *adj* (*Astron*) **1** Que tiene la Tierra como centro. ■ **2** Del geocentrismo. ■ **3** [Medida o lugar] que tiene como punto de referencia el centro de la Tierra.

geocentrismo *m* (*Astron*) Doctrina que sostiene que la Tierra es el centro del universo.

geocorona *f* (*Astron*) Cola gaseosa, orientada en dirección opuesta a la del Sol, que acompaña a la Tierra en su movimiento de traslación.

geocoronio *m* (*Quím*) Supuesto elemento existente en la ionosfera cuyo espectro es parecido al del coronio.

geocronología f (*Geol*) Estudio de la ordenación o la datación de los hechos geológicos.

geocronológico -ca adj (*Geol*) De (la) geocronología.

geocronologista m y f (*Geol*) Especialista en geocronología.

geoda f (*Mineral*) Hueco de una roca tapizado con una sustancia gralm. cristalizada.

geodesia f Ciencia que estudia la forma y dimensiones de la Tierra.

geodésico -ca adj De (la) geodesia.

geodesta m y f Especialista en geodesia.

geodinámico -ca I adj 1 De (la) geodinámica [2].
II f 2 Parte de la geología que estudia las fuerzas que actúan sobre la corteza terrestre.

geoeconomía f (*Econ*) Estudio de la influencia de los factores geográficos en las condiciones económicas. *Tb la misma influencia.*

geoeconómico -ca adj (*Econ*) De (la) geoeconomía.

geoestacionario -ria adj (*E*) [Satélite] que, situado en la vertical del ecuador, se desplaza a la misma velocidad que el movimiento de rotación de la Tierra, por lo que aparentemente se mantiene en un lugar fijo. b) De(l) satélite geoestacionario.

geoestrategia f (*Pol*) Estrategia aplicada a problemas geopolíticos.

geoestratégico -ca adj (*Pol*) De (la) geoestrategia.

geofagia f (*Med*) Hábito morboso de comer tierra.

geófago -ga adj (*Med*) Que come tierra. *Tb n, referido a pers. Tb fig.*

geófilo -la adj (*Bot*) [Planta perenne] que para protegerse del frío desarrolla parte de sus brotes bajo tierra.

geofísico -ca I adj 1 De (la) geofísica [3].
II n A m y f 2 Especialista en geofísica [3].
B f 3 Estudio físico de la Tierra.

geófono m (*Geol y Miner*) Aparato detector, amplificador y transmisor de las ondas sonoras que se propagan por el suelo.

geogenia f (*Geol*) Estudio del origen y formación de la Tierra.

geogénico -ca adj (*Geol*) De (la) geogenia o de su objeto.

geognosia f (*Geol*) Estudio de los materiales que forman la corteza terrestre.

geografía f 1 Ciencia que trata de la descripción de la Tierra. *Los distintos aspectos de tal descripción se especifican por medio de adjs:* FÍSICA, POLÍTICA, HUMANA, *etc.* ■ 2 Conjunto de accidentes o fenómenos geográficos [de un lugar]. *Tb fig.* ■ 3 Distribución geográfica [de algo].

geográficamente adv En el aspecto geográfico.

geográfico -ca adj De (la) geografía [1] o de su objeto.

geógrafo -fa m y f Especialista en geografía [1].

geoide m (*Geogr*) Sólido que representa la forma teórica de la Tierra.

geología f 1 Ciencia que estudia la historia de la Tierra y la estructura, composición y evolución de los materiales que la forman. ■ 2 Conjunto de fenómenos geológicos [de un lugar].

geológicamente adv En el aspecto geológico.

geológico -ca adj De (la) geología [1] o de su objeto.

geólogo -ga m y f Especialista en geología [1].

geomagnético -ca adj (*Fís*) De(l) geomagnetismo.

geomagnetismo m (*Fís*) Magnetismo terrestre. *Frec su estudio.*

geomancia (*tb* **geomancía**) f Arte de adivinación por medio de los cuerpos terrestres o con puntos o figuras hechos en tierra.

geomántico -ca I adj 1 De (la) geomancia.
II m y f 2 Pers. que practica la geomancia.

geomecánico -ca (*Fís*) I adj 1 De (la) geomecánica [2] o de su objeto.
II f 2 Estudio de la mecánica de las rocas y del suelo.

geómetra m y f Especialista en geometría [1].

geometría f 1 Parte de las matemáticas que trata de las propiedades, medidas y relaciones de puntos, líneas, superficies y sólidos. *Distintos aspectos se especifican por medio de adjs:* ANALÍTICA, DESCRIPTIVA, DEL ESPACIO, *etc.* ■ 2 Forma geométrica [1].

geométricamente adv 1 De manera geométrica [1]. ■ 2 En el aspecto geométrico [1].

geométrico -ca adj 1 De (la) geometría [1]. b) De formas geométricas. c) [Lugar] ~ → LUGAR. ■ 2 (*Mat*) [Media] que se obtiene extrayendo la raíz n del producto de n números. ■ 3 (*E*) [Progresión] en que cada dos términos consecutivos dan un mismo cociente. b) Que tiene progresión geométrica. ■ 4 (*Mat*) [Razón] de dos cantidades, una de las cuales ha de dividirse por la otra.

geometrismo m Condición de geométrico [1].

geometrización f (*Arte o lit*) Acción de geometrizar.

geometrizante adj (*Arte o lit*) Que geometriza o tiende a la geometrización.

geometrizar tr 1 (*Arte o lit*) Dar [a algo (*cd*)] forma geométrica [1]. b) pr (~se) Pasar [algo] a tener forma geométrica. ■ 2 (*lit*) Dar [a algo (*cd*)] rigor geométrico.

geomorfología f Estudio de la forma de la superficie terrestre.

geomorfológico -ca adj De (la) geomorfología o de su objeto.

geopolíticamente adv En el aspecto geopolítico.

geopolítico -ca I adj 1 De (la) geopolítica [3].
II n A m y f 2 Especialista en geopolítica [3].
B f 3 Política basada en los factores geográficos. *Tb su estudio.*

geoquímico -ca I adj 1 De (la) geoquímica [2] o de su objeto.
II f 2 Estudio de la composición química del globo terráqueo y de las reacciones químicas que tienen o han tenido lugar en él.

georgette (*fr; pronunc corriente, /ʒorʒét/*) m (*Moda*) Crepé muy fino y casi transparente. *Tb* CRÊPE ~.

georgiano¹ -na I *adj* **1** De Georgia (república del Cáucaso perteneciente a la antigua URSS). *Tb n, referido a pers.*
  II *m* **2** Idioma de Georgia.

georgiano² -na *adj* Del estado de Georgia (Estados Unidos). *Tb n, referido a pers.*

geórgico -ca I *adj* **1** (*lit*) Rural o agrícola. *Gralm con matiz idealizador.*
  II *f* **2** (*lit, raro*) Obra literaria de tema rural o agrícola idealizado.

geosfera *f* (*Geol*) Capa terrestre.

geosinclinal *m* (*Geol*) Hundimiento extenso y pronunciado de la corteza terrestre, donde se acumulan espesas capas de sedimentos.

geostrategia *f* (*Pol*) Geoestrategia.

geotaxia *f* (*Biol*) Geotropismo.

geotecnia *f* (*Geol*) Estudio de las cuestiones técnicas relativas al suelo o al subsuelo.

geotécnico -ca (*Geol*) I *adj* **1** De (la) geotécnica [2]. *Tb n f, referido a empresa.*
  II *f* **2** Geotecnia.

geotecnología *f* (*Geol*) Tecnología aplicada a la utilización de los recursos naturales de la Tierra.

geotectónica *f* (*Geol*) Estudio de la morfología y mecanismos de la estratificación.

geotermia *f* (*Geol*) Calor interno de la Tierra.

geotérmico -ca *adj* (*Geol*) De (la) geotermia o producido por ella. **b)** De (la) energía geotérmica. **c)** [Grado] que aumenta la temperatura al profundizar en la corteza terrestre 33 m aproximadamente.

geotrópicamente *adv* (*Biol*) En el aspecto geotrópico.

geotrópico -ca *adj* (*Biol*) De(l) geotropismo.

geotropismo *m* (*Biol*) Tropismo debido a la influencia de la fuerza de gravedad.

geoturísticamente *adv* Desde el punto de vista geoturístico.

geoturístico -ca *adj* Relativo a la explotación turística de un país o región.

gépido -da *adj* (*hist*) De un antiguo pueblo germánico que se unió a los hunos bajo el mandato de Atila. *Tb n, referido a pers.*

geráneo → GERANIO.

geraniácea *adj* (*Bot*) [Planta] de tallo velloso, hojas palminervias, flores solitarias o en umbela y fruto seco compuesto de cinco partes y terminado en pico, de la familia entre cuyos géneros más representativos está el *Geranium*. *Frec como n f en pl, designando este taxón botánico.*

geranio (*tb, semiculto,* **geráneo**) I *m* **1** *Se da este n a distintas plantas herbáceas de los géns Geranium y Pelargonium, de tallo carnoso, hojas olorosas y flores de colores muy vivos y variados, que se cultivan como adorno. Diversas especies o variedades se distinguen por medio de adjs o compls:* ~ BLANDO (*Geranium molle*), ~ CORTADO (*G. dissectum*), ~ DE HIERRO (*Pelargonium zonale*), ~ DE OLOR (*P. capitatum*), *etc.*
  II *loc adv* **2 como un ~.** (*col*) Muy bien de salud. *Con intención ponderativa.*

geraseo -a *adj* (*hist*) De un antiguo pueblo palestino cuya capital era Gerasa. *Tb n, referido a pers.*

gerba *f* (*reg*) Serba (fruto).

gerbal *m* (*reg*) Serbal (árbol).

gerbera *f* Planta herbácea ornamental, con hojas basales grandes y lanceoladas e inflorescencia semejante a una margarita rojiza (*Gerbera jamesonii*). *Tb su flor.*

gerbo → JERBO.

gerencia *f* **1** Cargo o actividad de gerente. *Tb la pers que los desempeña.* ■ **2** Oficina del gerente.

gerencial *adj* De (la) gerencia [1].

gerenciar (*conjug* 1a) *tr* Gestionar como gerente.

gerenense *adj* De Gerena (Sevilla). *Tb n, referido a pers.*

gerente -ta (*la forma f* GERENTA *es rara*) *m y f* Pers. que administra y gestiona los negocios de una sociedad o empresa.

gergaleño -ña *adj* De Gérgal (Almería). *Tb n, referido a pers.*

geriatra *m y f* Especialista en geriatría.

geriatría *f* Parte de la medicina que estudia la vejez y sus enfermedades.

geriátrico -ca *adj* De (la) geriatría. *Tb n m, referido a hospital o a centro que combina la residencia y la atención médica.*

gerifalte *m* **1** Variedad de halcón, muy apreciada en cetrería (*Falco rusticolus*). *Tb* HALCÓN ~. ■ **2** (*desp*) Individuo poderoso o influyente.

germandrina *f* Camedrio (planta).

germanesco -ca *adj* De (la) germanía [1a y 2].

germanía *f* **1** Jerga de maleantes. **b)** (*lit*) *En gral:* Jerga (lenguaje informal que usan entre sí los individuos de una profesión o actividad). ■ **2** (*hist*) Hampa (conjunto de la gente maleante). ■ **3** (*hist*) Hermandad creada por los gremios valencianos a principios del s. XVI.

germánico -ca I *adj* **1** (*lit*) De Alemania o de los alemanes. ■ **2** (*hist*) De la Germania o de los germanos [2]. ■ **3** [Lengua] derivada del antiguo germánico [4]. **b)** De (las) lenguas germánicas.
  II *m* **4** (*hist*) Lengua o grupo de lenguas indoeuropeas habladas por los antiguos germanos [2].

germanina *f* (*Med*) Complejo químico muy eficaz para combatir la enfermedad del sueño.

germanio *m* (*Quím*) Metal raro, de número atómico 32, análogo al silicio y que se encuentra en los minerales de cinc.

germanismo *m* **1** Palabra o rasgo idiomático propios del alemán o del germánico [4], o procedentes de ellos. ■ **2** Cultura germánica [2]. ■ **3** Predominio alemán. ■ **4** Carácter germánico o influido por lo germánico [1].

germanista *m y f* Especialista en la lengua y la cultura germánicas [1 y 3].

germanístico -ca I *adj* **1** De (los) germanistas.
  II *f* **2** Filología germánica [3b].

germanización *f* Acción de germanizar(se). *Tb su efecto.*

germanizador -ra *adj* Que germaniza.

germanizante *adj* Que tiende a germánico [1 y 2].

germanizar *tr* Dar carácter germano [a alguien o algo (*cd*)]. **b)** *pr* (**~se**) Pasar [alguien o algo] a tener carácter germano.

germano -na *adj* 1 (*lit*) Alemán. *Tb n, referido a pers.* ■ 2 (*hist*) De la antigua Germania (territorio comprendido entre el Rin, el Vístula, el Danubio y el mar Báltico). *Tb n, referido a pers.* **b)** De (los) germanos.

germano- *r pref* Alemán. * Una disputa territorial germano-danesa.

germanofederal (*tb con la grafía* **germano-federal**) *adj* De la antigua República Federal de Alemania. *Tb n, referido a pers.*

germanofilia *f* Simpatía por Alemania, lo alemán o los alemanes.

germanófilo -la *adj* Que simpatiza con Alemania, lo alemán o los alemanes. *Tb n, referido a pers.* **b)** Propio de la pers. germanófila.

germanohablante *adj* [Pers., grupo humano o país] que tiene el alemán como lengua propia. *Tb n, referido a pers.*

germanooccidental (*tb con la grafía* **germano-occidental**) *adj* De la antigua Alemania Occidental o República Federal de Alemania. *Tb n, referido a pers.*

germanooriental (*tb con la grafía* **germano-oriental**) *adj* De la antigua Alemania Oriental o República Democrática Alemana. *Tb n, referido a pers.*

germen *m* 1 Principio rudimentario de un ser vivo. **b)** (*Biol*) Conjunto de las células reproductoras de un ser vivo. **c)** (*Bot*) Parte de la semilla que, al desarrollarse, da lugar a la planta. ■ 2 (*lit*) Principio u origen [de algo, esp. no material]. ■ 3 Microorganismo, esp. patógeno.

germicida *adj* Que destruye gérmenes [3]. *Tb n m, referido a agente o producto.*

germinación *f* Acción de germinar.

germinador -ra *adj* Que hace germinar. *Tb n m, referido a aparato.*

germinal I *adj* 1 De(l) germen [1 y 2].
II *m* 2 (*hist*) Séptimo mes del calendario revolucionario francés, que va del 21 de marzo al 19 de abril.

germinalmente *adv* (*lit*) De manera germinal o inicial.

germinante *adj* Germinador.

germinar *intr* 1 Transformarse [una semilla, una espora o un grano de polen] para producir una nueva planta. **b)** Echar tallos [una planta o determinados tubérculos]. ■ 2 (*lit*) Comenzar a desarrollarse [algo, esp. no material].

germinativo -va *adj* 1 De (la) germinación. ■ 2 De(l) germen [1 y 2].

germinicida *adj* (*Agric*) Que destruye la capacidad germinativa de las semillas. *Tb n m, referido a agente o producto.*

gerontocracia *f* (*Pol*) 1 Forma de gobierno en que la soberanía pertenece a los ancianos. ■ 2 Grupo de ancianos que ostenta la soberanía. ■ 3 Estado o pueblo cuya forma de gobierno es la gerontocracia [1].

gerontócrata *m y f* (*Pol*) Pers. anciana que ostenta algún poder político.

gerontocrático -ca *adj* (*Pol*) De (la) gerontocracia.

gerontología *f* (*Med*) Estudio científico de los fenómenos relativos al envejecimiento humano y de los problemas derivados de él.

gerontológico -ca *adj* (*Med*) De (la) gerontología.

gerontólogo -ga *m y f* (*Med*) Especialista en gerontología.

gerundense *adj* De Gerona. *Tb n, referido a pers.*

gerundiada *f* (*lit, raro*) Expresión afectada y grandilocuente.

gerundiano -na *adj* (*lit, desp*) Afectado y grandilocuente.

gerundio¹ I *m* 1 (*Gram*) Forma no personal del verbo, que en español termina en *-ando* o *-iendo*, que expresa la acción verbal sin indicación de tiempo, número ni persona, y que sintácticamente tiene función adverbial.
II *fórm or* 2 *v en ger* + **que es** ~. (*col*) Se usa para exhortar a hacer lo expresado por el *v en ger*. A veces (*humoríst*) el *v en ger* se sustituye por otra expresión. * Andando, que es gerundio.

gerundio² *m* (*raro*) Individuo afectado y grandilocuente.

gerundivo *m* (*Gram*) En latín: Participio de futuro pasivo.

gerusía *f* (*hist*) En la antigua Esparta: Consejo de ancianos. *Tb* (*lit*) *fig, referido a época moderna.*

gesneriácea *adj* (*Bot*) [Planta] dicotiledónea, herbácea o leñosa, a veces arbórea, propia de países tropicales o subtropicales, de la familia que incluye entre sus géneros más importantes el *Gesneria*. *Frec como n f en pl, designando este taxón botánico.*

gesta I *f* 1 (*lit*) Hazaña o hecho memorable. *A veces en sg con sent colectivo.*
II *loc adj* 2 [Cantar] **de** ~ → CANTAR².

gestación *f* Acción de gestar(se).

gestacional *adj* (*Med*) De (la) gestación.

gestágeno *m* (*Fisiol*) Esteroide que prepara el útero para la gestación.

gestalt (*al; pronunc corriente,* /gestált/; *pl normal,* ~EN) *f* (*Psicol*) Conjunto estructurado en una unidad natural, que es el dato primero de la percepción. *Frec en constrs como* PSICOLOGÍA, TEORÍA, *o* ESCUELA, DE LA ~.

gestáltico -ca (*pronunc corriente,* /gestáltiko/) *adj* (*Psicol*) De (la) gestalt.

gestante *adj* 1 Que gesta, esp [1]. ■ 2 De (la) gestación.

gestar *tr* 1 Llevar en las entrañas [una hembra vivípara a su hijo] desde el momento de la concepción hasta el parto. *Tb abs.* ■ 2 Preparar o desarrollar [algo]. **b)** *pr* (~**se**) Prepararse o desarrollarse [algo].

gestatorio -ria *adj* [Silla] para ser llevada en brazos, que utiliza el Papa en las grandes solemnidades.

gestear *intr* Hacer gestos [1]. *Tb* (*lit*) *fig.*

gestero -ra *adj* Que hace muchos gestos [1].

gesticulación *f* Acción de gesticular. *Tb su efecto.*

gesticulador -ra *adj* Que gesticula. *Tb* (*lit*) *fig.*

gesticulante *adj* 1 Que gesticula, esp. en exceso. *Tb* (*lit*) *fig.* **b)** Propio de la pers. gesticulante. ■

2 (*lit*) Falto de sobriedad o moderación en la expresión.

gesticular *intr* Hacer gestos [1].

gesticulero -ra *adj* Que gesticula mucho.

gestión *f* **1** Acción que se realiza para la consecución o resolución de algo. ■ **2** Hecho de ocuparse de la administración u organización [de algo]. ■ **3** Hecho de desempeñar [alguien (*compl de posesión*)] un cargo directivo o de responsabilidad.

gestionar **A** *tr* **1** Hacer gestiones [1] [para algo (*cd*)]. ■ **2** Ocuparse de la administración u organización [de algo (*cd*)]. *Tb fig, referido a cosa*. **B** *intr* **3** (*raro*) Hacer gestiones [1] [para algo].

gesto **I** *m* **1** Movimiento del cuerpo, esp. del rostro o las manos, que refleja un estado de ánimo o la intención de hacer o expresar algo. **b)** Movimiento involuntario o espasmódico, esp. del rostro. ■ **2** Expresión habitual del rostro que tiene un significado. ■ **3** Hecho o acción que tiene un significado. **II** *loc v* **4 torcer el ~.** (*col*) Poner expresión de enfado o de disgusto.

gestor -ra **I** *adj* **1** Que gestiona. *Tb n: m y f, referido a pers; f, referido a comisión, asociación o empresa.* **II** *n* **A** *m y f* **2** Pers. que profesionalmente se ocupa de gestionar [1] determinados asuntos por encargo de los interesados. *Tb ~ ADMINISTRATIVO*. **B** *m* **3** (*Informát*) Programa destinado a gestionar [2] la memoria o determinados trabajos.

gestoría *f* Oficina que se ocupa de gestionar [1] determinados asuntos por encargo de los interesados. *Tb ~ ADMINISTRATIVA*.

gestual *adj* **1** De(l) gesto, esp [1]. ■ **2** (*Pint*) [Pintura] no figurativa surgida en los años 50, cuyo significado se basa en el gesto personal con que el artista produce su obra. **b)** De (la) pintura gestual.

gestualidad *f* (*lit*) **1** Conjunto de gestos [1 y 3]. ■ **2** Carácter gestual.

gestualismo *m* **1** Gestualidad. ■ **2** (*Pint*) Tendencia gestual [2b].

gestualmente *adv* De manera gestual.

gestudo -da *adj* Que tiene gesto de enfado o de disgusto.

geta *adj* (*hist*) De un pueblo antiguo habitante de parte de las actuales Rumanía y Bulgaria. *Tb n, referido a pers*.

getafense *adj* Getafeño. *Tb n*.

getafeño -ña *adj* De Getafe (Madrid). *Tb n, referido a pers*.

gétulo -la (*tb getulo*) *adj* (*hist*) De Getulia (antigua región al noroeste de África). *Tb n, referido a pers*.

géyser → GEISER.

ghaneano -na *adj* Ghanés. *Tb n*.

ghanés -sa *adj* De Ghana. *Tb n, referido a pers*.

ghetto (*it; pronunc corriente*, /géto/; *pl normal*, ~S) *m* Gueto. *Tb fig*.

giba *f* Joroba. *Referido a pers, humoríst*.

gibado -da *adj* **1** *part* → GIBAR. ■ **2** (*euf, col*) Jorobado o fastidioso.

gibar (*euf, col*) **I** *v* **A** *tr* **1** Fastidiar o molestar. *Tb abs*. **b)** *¿no te giba?*, o *nos ha gibado*. *Fórmulas con que se expresa rechazo o asombro ante algo*.

Frec con entonación exclamativa. * Porfió que en Chile todos se llamaban así. ¡No te giba! ■ **2** Estropear o echar a perder [algo]. **B** *intr pr* (~se) **3** Fastidiarse o aguantarse. **b)** *hay que ~se*. *Fórmula con que se manifiesta asombro ante algo, a veces ponderando la imposibilidad de reaccionar ante ello*. * ¡Hay que gibarse, cómo se han puesto las cosas! **II** *interj* **4** Expresa protesta o asombro. * ¡Gibar, a mí también me hormiguean las piernas!

gibelino -na *adj* (*hist*) En la Edad Media italiana: Defensor de los emperadores alemanes en contra de los papas. *Tb n*. **b)** De los gibelinos.

gibón *m* Se da este *n* a distintas especies de monos antropomorfos del gén Hylobates, caracterizados por tener los brazos muy largos, callosidades isquiáticas muy pequeñas y carecer de cola.

giboso -sa *adj* Que tiene giba.

gibraltareño -ña *adj* De Gibraltar. *Tb n, referido a pers*.

gicleur (*fr; pronunc corriente*, /ĉiclér/; *pl normal*, ~S) *m* (*Mec*) Chicler (surtidor del carburador).

giennense *adj* Jiennense. *Tb n*.

giga *f* (*hist*) **1** Danza de compás de seis por ocho y ritmo acelerado, propia del s. XVIII y que suele formar parte de la suite clásica. ■ **2** Instrumento músico medieval semejante al rabel.

giga- *r pref* (*E*) Mil millones. Antepuesta a *ns* de unidades de medida, forma compuestos que designan unidades mil millones de veces mayores. * Gigabyte. * Gigaelectronvoltio.

gigante -ta (*la forma f, solo en las aceps 2 a 5*) **I** *adj* **1** De tamaño o magnitud muy superior al normal. **b)** [Tamaño] muy superior al normal. **c)** (*Esquí*) [Eslalon] que se disputa sobre una distancia muy superior a la normal. *Tb n m*. **II** *n* **A** *m y f* **2** Pers. imaginaria de estatura enorme. ■ **3** Pers. de estatura muy superior a la normal. ■ **4** Figura de cartón que representa una pers. de gran tamaño y que interviene en los festejos populares. ■ **5** Pers. excepcional o sobresaliente en algún aspecto. *Frec con un compl especificador*. **B** *m* **6** (*Mitol clás*) Hijo de Gea y Urano, de la estirpe, de estatura desmesurada, que luchó contra los dioses del Olimpo y fue exterminada por estos.

gigantea *f* (*reg*) Girasol (planta).

gigantescamente *adv* De manera gigantesca.

gigantesco -ca *adj* Sumamente grande. *Frec con intención ponderativa. Tb fig*.

gigantillo -lla **A** *m y f* **1** Cabezudo (figura de los festejos populares). **B** *f* **2** Juego infantil en que los niños luchan a horcajadas sobre los hombros de otros. *Tb en pl con sent sg*.

gigantismo *m* **1** Condición de gigantesco. ■ **2** (*Med*) Desarrollo excesivo y anormal de alguien en relación con los de su raza o edad.

gigantón -na *m y f* **1** Gigante [4]. ■ **2** (*col*) Gigante [3]. *Tb adj*.

gigantostráceo *adj* (*Zool*) [Artrópodo] acuático propio del período paleozoico, que se caracteriza por tener el cuerpo largo y estrecho, con diez pares de patas y uno de quelíceros. *Frec como n m en pl, designando este taxón zoológico*.

gigoló (*pronunc corriente*, /yigoló/; *tb, hoy raro, con la grafía fr* **gigolo**) *m* Joven amante de una mujer, normalmente de más edad que él, la cual sufraga sus gastos. *A veces referido a homosexuales.*

gijonense *adj* Gijonés. *Tb n.*

gijonés -sa *adj* De Gijón (Asturias). *Tb n, referido a pers.*

gil *adj (jerg)* Tonto o idiota. *Tb n. Frec se emplea como insulto.*

gilé *m (Naipes)* Giley.

giley *m (Naipes)* **1** Juego individual de envite que se juega gralm. entre cuatro jugadores, con baraja española a la que se han quitado los cuatros, cincos y seises, y que tiene por objeto sumar el mayor número de puntos con cartas de un mismo palo. ■ **2** *En el giley* [1]: Lance que consiste en reunir las cuatro cartas del mismo palo.

gilí *adj (col)* Tonto o idiota. *Tb n. Frec se emplea como insulto.*

giliflautas *adj (col) euf por* GILIPOLLAS. *Tb n.*

gilipollada *f (vulg)* Cosa tonta o idiota. *Con intención desp.*

gilipollas *adj (vulg)* [Pers.] tonta o idiota. *Frec n. Frec se emplea como insulto.* **b)** Propio de la pers. gilipollas.

gilipollear *intr (vulg)* Comportarse como un tonto o un idiota.

gilipollez *f (vulg)* Cosa tonta o idiota. *Con intención desp.*

gilipuertas *adj (col) euf por* GILIPOLLAS. *Tb n.*

gilipuertez *f (col) euf por* GILIPOLLEZ.

gilitonto -ta *adj (col) euf por* GILIPOLLAS. *Tb n, referido a pers.*

gill[1] *(ing; pronunc corriente, /yil/; pl normal, ~s) m (Tex)* Peine pequeño en forma de barra con agujas de acero muy finas.

gill[2] *(ing; pronunc corriente, /yil/; pl normal, ~s) m* Medida de capacidad equivale en Inglaterra a 0,142 litros y en Estados Unidos a 0,118.

gillette *(n comercial registrado; ing; pronunc corriente, /yilét/ o /yilé/) f* Hoja para maquinilla de afeitar.

gilyak *adj* Gilyako. *Tb n.*

gilyako -ka I *adj* **1** De un pueblo habitante de la parte norte de la isla de Sajalin y otras zonas limítrofes de Siberia. *Tb n, referido a pers.* **II** *m* **2** Lengua de los gilyakos [1].

gimiente *adj* Que gime.

gimlet *(ing; pronunc corriente, /yímlet/; pl normal, ~s) m* Combinado compuesto por ginebra o vodka y jugo de lima a partes iguales.

gimnasia I *f* **1** Práctica destinada a desarrollar, fortalecer y dar flexibilidad al cuerpo mediante los ejercicios físicos adecuados. *Tb los mismos ejercicios.* ■ **2** Conjunto de ejercicios que potencian el desarrollo mental o de una facultad intelectual. *Frec con un especificador.* **II** *loc v* **3 confundir la ~ con la magnesia.** Identificar erróneamente cosas muy dispares entre sí.

gimnasio *m* **1** Local destinado a la práctica de ejercicios gimnásticos. ■ **2** Centro oficial de segunda enseñanza. *Referido a algunos países europeos.*

gimnasta *m y f* Pers. que practica la gimnasia [1].

gimnástico -ca I *adj* **1** De (la) gimnasia.

II *f* **2** Gimnasia.

gimnete *adj (hist)* De un antiguo pueblo ibero habitante de la zona costera de la actual provincia de Alicante. *Tb n, referido a pers.*

gimnosofista *m (hist)* Miembro de una secta hindú caracterizada por el ascetismo y por no usar vestidos.

gimnospermo -ma *adj (Bot)* [Planta] fanerógama que tiene las semillas al descubierto. *Frec como n f en pl, designando este taxón botánico.*

gimnoto *m* Pez de cuerpo alargado, cilíndrico y sin escamas, que está dotado de un potente órgano eléctrico que le sirve como medio de defensa y ataque *(Gymnotus electricus).*

gimoteante *adj (desp)* Que gimotea. *Tb fig.*

gimotear *intr (desp)* Gemir de pena o dolor, de manera débil y reiterada.

gimoteo *m (desp)* Acción de gimotear.

gim-jazz → GYM-JAZZ.

gin[1] *(ing; pronunc corriente, /yin/; pl normal, ~s) m* Ginebra.

gin[2] *(ing; pronunc corriente, /yin/; pl normal, ~s) m (Naipes) En el gin-rummy:* Jugada que consiste en exponer las 10 cartas combinadas.

gincana *f* Carrera, esp. de automóviles, motocicletas o bicicletas, en que hay que superar determinadas pruebas o dificultades divertidas.

gindama → JINDAMA.

ginebra *f* Aguardiente de semillas de cereales aromatizado con bayas de enebro y otras sustancias.

ginebrino -na *adj* De Ginebra (Suiza). *Tb n, referido a pers.*

ginebro → JINEBRO.

gineceo *m* **1** *(Bot)* Conjunto de los órganos femeninos de la flor. ■ **2** *(hist) Entre los griegos y los romanos:* Parte de la casa destinada a habitación de las mujeres. *Tb (lit) fig.*

ginecocracia *f (lit, raro)* Gobierno de las mujeres.

ginecología *f* Parte de la medicina que trata de las enfermedades propias de la mujer.

ginecológico -ca *adj* De (la) ginecología.

ginecólogo -ga *m y f* Especialista en ginecología.

ginecomastia *f (Med)* Desarrollo excesivo de las mamas en el hombre.

ginecopatía *f (Med)* Enfermedad de los órganos genitales femeninos.

ginesta *f (reg)* Retama (planta).

ginestal *m (reg)* Terreno poblado de ginesta.

gineta → JINETA.

ginetero -ra *adj* De La Gineta (Albacete). *Tb n, referido a pers.*

gin-fizz *(ing; pronunc corriente, /yín-fis/ o /yin-fís/; tb con la grafía* **ginfizz**; *pl normal, invar o ~ES) m* Bebida preparada con ginebra, azúcar, limón y soda.

ginger-ale *(ing; pronunc corriente, /yínyer-éil/; pl normal, ~s) m* Bebida efervescente, no alcohólica, con sabor a jengibre.

gingival *adj (Anat)* De la encía.

gingivitis *f* (*Med*) Inflamación de la encía.

ginkgo *m* Árbol dioico de gran altura, con hojas características en forma de abanico, originario de China y cultivado como ornamental (*Ginkgo biloba*).

gin rummy (*ing*; *pronunc corriente*, /yín-rûmi/) *m* (*Naipes*) Variedad de rummy que consiste en agrupar lo antes posible las diez cartas que se tienen en la mano, en combinaciones mínimas de tres.

ginseng (*pronunc corriente*, /yínsen/ *o* /yinsén/) *m* Planta herbácea de la China o el Japón, con flores amarillas y raíz tuberosa a la que se atribuyen numerosas propiedades terapéuticas (*Panax ginseng*). *Tb su raíz y la sustancia extraída de ella.*

gin-tonic (*ing*; *pronunc corriente*, /yintónik/; *tb con la grafía* **gintonic**; *pl normal*, ~S) *m* Bebida a base de ginebra y agua tónica.

giñar → JIÑAR.

gipsófila *f* Planta herbácea del gén. *Gypsophila*, algunas de cuyas especies se cultivan como ornamentales.

gira I *f* 1 Viaje o excursión por distintos lugares. **b)** Serie de actuaciones sucesivas [de un artista o grupo] por distintos lugares. **II** *loc adv* **2 a la ~.** (*Mar*) *Referido a una embarcación:* De modo que pueda girar libremente en torno al ancla. *Normalmente con el v* FONDEAR.

girada *f* (*reg*) Acción de girar [1 y 3].

giradiscos *m* 1 *En un tocadiscos:* Pieza que soporta el disco y lo hace girar. *A veces en aposición.* ■ **2** Tocadiscos.

girador -ra *adj* Que gira [1].

giralda *f* 1 Veleta de torre, con figura humana o de animal. ■ **2** (*reg*) Torre de campanario. ■ **3** Planta herbácea anual de flores amarillas, que nace como mala hierba en los cultivos (*Coleostephus myconis*).

giraldilla *f* 1 *dim* → GIRALDA. ■ **2** (*Taur*) Pase por alto de perfil, que se ejecuta con los pies juntos y la muleta cogida con la mano derecha y una punta con la izquierda, y en que, tras pasar el toro por completo, gira el torero sobre sí mismo para ligar varios seguidos.

giraldillo *m* Giralda [1].

girándula *f* 1 *En fuegos artificiales:* Rueda llena de cohetes que gira al encenderse estos. ■ **2** (*lit*) Rueda [del tiempo].

girante *adj* (*lit*) Que gira [1].

girar **A** *intr* 1 Realizar [alguien o algo] un movimiento circular. *Frec con un compl* SOBRE, ALREDEDOR DE, *o* EN TORNO A *o* DE. ■ **2** Tener [algo (*suj*)] como eje o punto fundamental [a alguien o algo (*compl* SOBRE, ALREDEDOR DE, *o* EN TORNO A *o* DE)]. ■ **3** Tomar [alguien o algo (*suj*)] una dirección distinta a la que llevaba. *Gralm con un compl* A *o* HACIA, *que expresa la nueva dirección.* **B** *tr* 4 Hacer que [algo (*cd*)] gire [1 y 3]. ■ **5** (*Com*) Expedir [una letra de cambio o una orden de pago]. *Frec con ci o con un compl* CONTRA *o* A CARGO DE. ■ **6** Enviar [dinero] a través de una oficina postal o telegráfica. ■ **7** Hacer [una visita]. *Gralm en lenguaje admin y frec en la constr* ~ VISITA.

girasol *m* Planta anual de tallo alto y herbáceo que termina en una gran flor, semejante a una margarita, la cual gira para estar de cara al Sol y que contiene multitud de semillas, que son oleaginosas y comestibles (*Helianthus annuus*). *Tb la flor.*

girasolero -ra *adj* 1 De(l) girasol. ■ **2** Que se dedica al cultivo del girasol.

giratorio -ria *adj* Que puede girar [1]. *Tb n m, referido a mueble o dispositivo.*

girencéfalo -la *adj* (*Anat*) Que tiene el cerebro marcado con circunvoluciones. *Tb n m.*

girl (*ing*; *pronunc corriente*, /gerl/; *pl normal*, ~S) *f* Muchacha que forma parte de un conjunto coreográfico en una revista o un espectáculo musical.

giro[1] *m* 1 Acción de girar [1, 3, 4 y 5]. *Tb su efecto.* **b)** Hecho de girar [6] dinero. *Frec* ~ POSTAL *o* TELEGRÁFICO. *Tb la cantidad enviada.* ■ **2** Dirección u orientación que toma algo, esp. lo que ocurre o lo que se dice. ■ **3** Forma de expresión peculiar de una lengua o de un estilo. *Tb fig.*

giro[2] (*it*; *pronunc corriente*, /yíro/) *m* Vuelta ciclista a Italia.

giro[3] *adj* (*reg*) [Gallo de pelea] de color oscuro, con las plumas del cuello y de las alas amarillas o plateadas.

girocompás (*tb con la grafía* **giro-compás**) *m* (*Mar y Aer*) Aparato de navegación que indica constantemente el norte geográfico.

girola[1] *f* (*Arquit*) Pasillo que rodea la parte trasera del presbiterio, propio esp. de la arquitectura gótica.

girola[2] *f* (*reg*) Cabrilla (seta).

girondino -na *adj* 1 De la Gironda (región de Francia). *Tb n, referido a pers.* ■ **2** (*hist*) *En la Revolución Francesa:* [Individuo] perteneciente a la fracción moderada de la Asamblea. *Tb n.* **b)** De los girondinos.

giropiloto *m* (*Mar y Aer*) Aparato para mantener automáticamente un rumbo prefijado.

giroscópico -ca (*Fís*) **I** *adj* 1 De(l) giroscopio. **b)** [Efecto] de oposición de un cuerpo giratorio a toda fuerza que tienda a modificar la orientación de su eje de rotación. **II** *f* **2** Sistema giroscópico [1].

giroscopio *m* (*Fís*) Disco montado en una doble suspensión y que, puesto en movimiento de rotación, conserva su eje en la misma dirección aunque varíe la de su soporte.

giróscopo *m* (*Fís*) Giroscopio.

girostático -ca *adj* (*Fís*) De(l) giróstato.

giróstato *m* (*Fís*) Sólido en estado de rápida rotación sobre sí mismo, esp. cuando es simétrico respecto a su eje de rotación.

girovagante *adj* (*lit*) Giróvago. *Tb fig.*

giróvago -ga *adj* (*lit*) Vagabundo o errante. *Tb fig.*

gitanada *f* Conjunto de gitanos [1a].

gitanamente *adv* De manera gitana.

gitanear *intr* Actuar o comportarse como un gitano [1, 2 y 3].

gitaneo *m* Acción de gitanear.

gitanería *f* 1 Carácter o condición de gitano [1a]. ■ **2** Hecho o dicho propio de gitano [1a]. ■ **3** Conjunto de los gitanos [1a].

gitanesco -ca *adj* De (los) gitanos [1a y 3].

gitanil *adj* (*raro*) Gitanesco.

gitanilla *f* Variedad de geranio de tallos colgantes y flores gralm. rosadas.

gitanismo *m* **1** Carácter o condición de gitano [1]. ■ **2** Palabra o giro propios del lenguaje gitano [1b] o procedentes de él.

gitano -na I *adj* **1** [Individuo] de un pueblo, habitualmente errante, extendido esp. por Europa y que se dedica gralm. a la compraventa de ganado, a la cestería o a la quincallería. *Tb n.* **b)** De (los) gitanos. ■ **2** (*col*) [Pers.] que tiene gracia y atractivo para ganar voluntades. *Tb n.* **b)** Propio de la pers. gitana. ■ **3** (*col*) [Pers.] que engaña, esp. con zalamerías. *Tb n.* ■ **4** (*col*) [Pers.] descuidada en su arreglo personal. *Tb n.*
II *fórm or* **5** que no se lo salta un ~ → SALTAR.

gitanólogo -ga *m y f* Especialista en el estudio de la lengua y la cultura gitanas [1b].

glabrescente *adj* (*Bot*) Casi lampiño.

glabro -bra *adj* (*Bot*) Lampiño.

glacé (*fr; pronunc corriente, /glasé/*) I *adj* **1** Cubierto de una capa de azúcar transparente.
II *m* **2** Glasé.

glaciación *f* (*Geol*) Período de frío intenso en que los hielos cubren gran parte de la superficie de la Tierra. *Tb el fenómeno correspondiente.*

glacial *adj* **1** [Clima] extremadamente frío. **b)** [Zona] de clima muy frío, comprendida entre el polo y el círculo polar. **c)** De la zona glacial. **d)** (*Geol*) [Período] glacial [1b]. ■ **2** Helador. *Frec con intención ponderativa. Tb fig.* **b)** Totalmente frío o indiferente. *Tb fig.* ■ **3** (*Quím*) [Cuerpo, esp. ácido acético] cuyos cristales son semejantes a los del hielo.

glacialidad *f* Cualidad de glacial [2b].

glaciar I *adj* **1** De (los) glaciares [2]. **b)** (*Geol*) [Período] de frío intenso en que los hielos cubren gran parte de la superficie de la Tierra.
II *m* **2** Gran acumulación de nieve y hielo, localizada gralm. en las altas montañas, y en continuo movimiento de descenso.

glaciarismo *m* (*Geol*) Conjunto de fenómenos relativos a los glaciares.

glaciología *f* (*Geol*) Estudio del hielo en la naturaleza, esp. de los glaciares [2].

glaciólogo -ga *m y f* (*Geol*) Especialista en glaciología.

glacis *m* **1** (*Geol*) Superficie de erosión en pendiente moderada. ■ **2** (*Pol*) Zona de protección entre dos países enemigos en potencia. ■ **3** (*Mil*) Talud de una fortificación.

gladiador *m* (*hist*) En la antigua Roma: Hombre, frec. esclavo o cautivo, entrenado para luchar en el circo, con espada u otra arma y gralm. en combate a muerte, contra otro hombre o contra una fiera. *Tb* (*lit*) *fig.*

gladiatorio -ria *adj* De (los) gladiadores.

gladiolo (*tb, raro,* **gladíolo**) *m* Planta ornamental con hojas largas como espadas, tallos largos y flores en espiga, muy hermosas y de diversos colores (gén. *Gladiolus*). *Tb su flor.*

glagolítico -ca *adj* (*Ling*) [Alfabeto o escritura] de los primeros monumentos de la literatura eslava (s. IX).

glamoroso -sa *adj* Glamuroso.

glamour (*ing; pronunc corriente, /glamúr/*) *m* Encanto o atractivo, esp. de carácter espiritual, [de una pers. o cosa]. *Esp con referencia al mundo del espectáculo y de la moda.*

glamouroso -sa (*pronunc corriente, /glamuróso/*) *adj* Glamuroso.

glamuroso -sa *adj* Que tiene glamour.

glande *m* **1** (*Anat*) Extremo o cabeza del miembro viril. ■ **2** (*Bot*) Aquenio protegido por una cúpula leñosa.

glándula *f* (*Anat*) Órgano cuya función es sintetizar y segregar determinadas sustancias que el organismo debe utilizar o eliminar. *Frec con un adj o compl especificador.* **b)** (*Bot*) Célula o conjunto de células capaces de acumular o expeler una secreción.

glandular *adj* (*Anat*) De (las) glándulas.

glanduloso -sa *adj* (*Anat*) Que tiene naturaleza de glándula, o está compuesto de glándulas.

glas *adj* (*Coc*) [Azúcar] molido usado normalmente en repostería.

glasa *f* (*Coc*) Pasta de azúcar con que se recubren algunos dulces.

glasé *m* Tafetán de mucho brillo, hecho normalmente de seda o rayón.

glaseado *m* **1** Acción de glasear. *Tb su efecto.* ■ **2** Pasta para glasear dulces.

glasear *tr* Dar brillo a la superficie [de determinadas cosas, esp. papel, telas, pieles o ciertos alimentos (*cd*)]. **b)** (*Coc*) Recubrir [dulces] con glasa, chocolate fundido, azúcar glas o a veces otras sustancias.

glasnost (*ruso; pronunc corriente, /glásnost/*) *f* (*Pol*) Transparencia informativa promovida en la URSS por Gorbachov a partir de 1985, dentro del marco de la perestroika. *Frec fig, fuera del ámbito político ruso.*

glasofanar *tr* (*Encuad*) Recubrir con una película de plástico. *Frec en part.*

glauberita *f* (*Mineral*) Mineral constituido por sulfato de sodio y calcio, incoloro o amarillento, que forma cristales prismáticos y es común en depósitos salinos.

glaucio *m* Planta herbácea de flores amarillas semejantes a la amapola (*Glaucium flavum*). *Tb designa a veces la especie G. corniculatum.*

glauco -ca *adj* (*lit*) Verde claro, o verdoso.

glaucofana *f* (*Mineral*) Mineral constituido por silicato de aluminio, magnesio y sodio, que pertenece al grupo de los anfíboles y presenta color azul, grisáceo o verdoso.

glaucoma *m* (*Med*) Enfermedad del ojo caracterizada por exceso de tensión dentro del globo ocular, que causa disminución progresiva de la visión e incluso ceguera.

glaucomatoso -sa *adj* (*Med*) De(l) glaucoma.

glayo *m* (*reg*) Arrendajo (ave).

gleba I *f* **1** Terrón que se levanta al arar o cavar la tierra. ■ **2** Tierra, esp. de cultivo. ■ **3** Conjunto de perss. de baja categoría o condición.
II *loc adj* **4** de la ~. (*hist*) En el régimen feudal: [Siervo] afecto a una heredad, de la que no se desliga aunque esta cambie de dueño. *Tb* (*lit*) *fig.*

gledisia *f* Árbol leguminoso del gén. *Gleditschia*, algunas de cuyas especies se cultivan como ornamentales, esp. *G. triacanthos*.

glenoidea *adj* (*Anat*) [Cavidad] articular superficial en la que encaja un cóndilo.

gliadina f (*Quím*) Proteína soluble en alcohol, que es el principal componente del gluten de trigo.

glicerina f Líquido incoloro, espeso y dulce, que entra en la composición de todos los cuerpos grasos y que se emplea esp. en farmacia, perfumería y para la fabricación de la nitroglicerina.

glicerinado -da adj (*Quím*) Que contiene glicerina.

glicina[1] f Planta arbustiva, voluble y ornamental, con flores azul-violáceas o blancas en grandes racimos colgantes (*Wistaria sinensis* y *W. frutescens*). *Tb su flor.*

glicina[2] f (*Quím*) Aminoácido dulce y cristalino, presente en la mayor parte de las proteínas, y que actúa como neurotransmisor.

glicinia f Glicina[1].

glicocola f (*Quím*) Glicina[2].

glicocólico adj (*Quím*) [Ácido] de la glicocola, presente en la bilis.

glicógeno m (*Quím*) Glucógeno.

glicol m (*Quím*) Cuerpo que posee dos veces la función alcohol.

glicoproteido m Glucoproteido.

glioma m (*Med*) Tumor compuesto de células de la neuroglia.

gliosis f (*Med*) Proliferación patológica de la neuroglia.

gliptal (n comercial registrado) m (*Quím*) Resina sintética fabricada normalmente con glicerina y anhídrido o ácido ftálico.

glíptica f (*Arte*) **1** Arte de grabar en piedras duras o en piedras preciosas. ■ **2** Conjunto de piezas de glíptica [1].

gliptogénesis f (*Geol*) Modelado del relieve terrestre por los agentes erosivos externos.

gliptoteca f (*Arte*) Museo de piedras grabadas o trabajadas. *A veces designa, en sent amplio, museo de escultura.*

global adj **1** De(l) conjunto. **b)** Total. ■ **2** Mundial, o de todos los países de la Tierra. ■ **3** Del globo terrestre.

globalidad f **1** Cualidad de global [1 y 2]. ■ **2** Conjunto o totalidad.

globalismo m (*Pol*) Mundialismo (tendencia a la colaboración entre todos los países del mundo y a la creación de un gobierno mundial).

globalización f Acción de globalizar.

globalizado -da adj **1** part → GLOBALIZAR. ■ **2** Global [1a].

globalizador -ra adj Que globaliza.

globalizante adj Que globaliza.

globalizar tr Dar [a algo (cd)] carácter global, esp [1a].

globalmente adv De manera global, esp [1a].

globero -ra m y f Pers. que vende globos [5].

globe-trotter (ing; pronunc corriente, /glob-tróter/; pl normal, ~s) m y f Trotamundos.

globigerina f (*Zool*) Protozoo foraminífero marino cuyo caparazón forma depósitos calcáreos (gén. *Globigerina*).

globina f (*Biol*) Albúmina que entra en la composición de la hemoglobina.

globo I m **1** Cuerpo esférico. **b)** ~ **terráqueo**, o **terrestre.** Esfera en que se representa la superficie de la Tierra. *Tb simplemente* ~. **c)** ~ **celeste.** Esfera en que se representan las constelaciones en su situación relativa. ■ **2** Tierra (planeta). ■ **3** Pieza de cristal, esférica o semiesférica, que cubre un punto de luz. ■ **4** Aparato aeronáutico compuesto por una gran bolsa, gralm. redonda, de la que pende una barquilla para la carga, el cual se eleva en la atmósfera al hinchar la bolsa con un gas menos pesado que el aire. *Tb* ~ AEROSTÁTICO. *Frec con un adj o compl que especifica la modalidad o el uso:* DIRIGIBLE, CAUTIVO, SONDA, *etc.* **b)** ~ **sonda.** Noticia que se difunde con el fin de obtener información o de ver la reacción que produce. ■ **5** Objeto de materia flexible y formas diversas que, relleno de aire u otro gas menos pesado, se eleva en la atmósfera y sirve como juguete o como elemento decorativo en fiestas. ■ **6** *En cómics, fotonovelas o chistes:* Bocadillo. ■ **7** (*Dep*) Trayectoria semicircular descrita por un balón o una pelota que van muy altos. ■ **8** (*jerg*) Pecho de mujer. *Gralm en pl.* ■ **9** (*jerg*) Estado producido por la bebida o la droga. ■ **10** (*jerg*) Enfado. *Frec con el v* COGER.

    II loc adv **11 en ~.** (*col*) En peligro o en dificultad. *Gralm con el v* VER.

globoide adj (*E*) De forma semejante a la del globo [1a].

globoso -sa adj De forma de globo [1a].

globular adj De (los) glóbulos. **b)** De forma de glóbulo o de globo [1a].

globulina f (*Quím*) Proteína animal o vegetal, soluble en soluciones alcalinas pero insoluble en agua, que se coagula con el calor.

glóbulo m Cuerpo esférico pequeño. *Esp designa los componentes de la sangre y de otros líquidos orgánicos. Frec con un adj especificador:* BLANCO, ROJO.

globuloso -sa adj De forma de glóbulo, o formado por glóbulos.

glogló (tb con la grafía **glo-glo**) interj (*col*) Gluglú. *Frec se sustantiva como n m.*

gloguear intr (col, raro) Hacer gogló [el agua]. **b)** Hacer [alguien], al tragar, un sonido semejante al gogló.

glomerular adj (*Anat*) De (los) glomérulos.

glomérulo m (*Anat*) Apelotonamiento pequeño de vasos o glándulas.

glomerulonefritis f (*Med*) Nefritis en la que el proceso inflamatorio se localiza en los glomérulos renales.

glomus m (*Anat*) Apelotonamiento de vasos. *Frec con un adj especificador:* CAROTÍDEO, CUTÁNEO, *etc.*

gloria I n A f **1** Honra o fama destacadas. **b)** Pers. o cosa que constituye un motivo de gloria o de orgullo [para otra (adj especificador o compl de posesión o PARA)]. ■ **2** Esplendor o magnificencia. ■ **3** Alabanza o ensalzamiento. ■ **4** (*Rel crist*) Premio de los bienaventurados que consiste en gozar, después de la muerte, de la presencia de Dios. **b)** Lugar en que los bienaventurados gozan de la presencia de Dios. **c)** (*Arte*) Representación de la gloria [1b] por medio de un cielo luminoso que se abre entre nubes con ángeles y santos. ■ **5** (*col*) Gusto o placer. *Gralm en la constr* DAR ~. ■ **6** (*col*) Pers. o cosa muy buena o muy grata. ■ **7** Pastel relleno normalmente de yema. *Tb* PASTEL DE ~. ▪ **8** Bebida preparada básicamente con mosto y aguardiente, propia de Extremadura. ▪ **9** Sistema de calefacción propio de Castilla la Vieja y León, consistente en una conducción abierta bajo el suelo, en cuyo interior se quema paja o leña. *Tb la habitación en que está instalada.*

B *m* **10** (*Rel catól*) En la misa: Rezo o cántico que comienza con las palabras "Gloria in excelsis Deo". *Tb la música con que se canta y la parte correspondiente de la misa.* ▪ **11** Versículo que comienza con las palabras "Gloria al Padre", y que se reza normalmente después del padrenuestro y el avemaría.

II *loc adj* **12 de ~**. [Sábado] santo. ▪ **13** [Timbre] **de ~** → TIMBRE[2].

III *loc v y fórm or* **14 cubrirse de ~**. Conseguir honra o fama [con un hecho]. *Gralm con intención irónica.* ▪ **15 que** (**santa**) **~ haya, que en** (**santa**) **~ esté**, *o* **que Dios tenga en su ~**. (*pop*) *Fórmulas que siguen a la mención de una pers muerta.* ▪ **16 y aquí paz y después ~** → PAZ.

IV *loc adv* **17 a ~** (**bendita**). (*col*) Muy bien. *Con vs como* SABER *u* OLER. ▪ **18 en la ~** (*o* **en sus ~s**). (*col*) Muy a gusto. *Normalmente con los vs* ESTAR *o* ENCONTRARSE. ▪ **19 por la ~** [de alguien]. *Se usa como refuerzo de un juramento o de una petición. A veces como interj.* * Te lo juro por la gloria de mi madre. ▪ **20 sin pena ni ~** → PENA.

gloria Patri (*tb con la grafía* **gloriapatri**) *m* Gloria [11].

gloriarse (*conjug* 1c) *intr pr* Presumir o jactarse [de algo].

glorieta *f* **1** Plaza en la que desembocan varias calles, esp. con árboles. *Normalmente formando parte de la denominación establecida de algunas plazas.* **b)** *En un jardín:* Plazoleta. ▪ **2** (*reg*) Habitación con gloria [9].

glorificación *f* Acción de glorificar.

glorificador -ra *adj* Que glorifica.

glorificante *adj* (*lit*) Que glorifica.

glorificar *tr* Dar gloria [1, 2 y esp. 3] [a alguien o algo (*cd*)].

gloriosamente *adv* De manera gloriosa [1 y 2].

glorioso -sa *adj* **1** Que tiene gloria [1, 2 y 3]. ▪ **2** Digno de gloria [1 y 3]. ▪ **3** De (la) gloria [1, 2 y 3]. ▪ **4** Magnífico o excelente. *Con intención ponderativa o a veces irónica.* ▪ **5** (*raro*) Presumido o alabancioso. ▪ **6** (*Rel crist*) Bienaventurado, o que ha alcanzado la gloria [4a]. **b)** [Cuerpo] de los bienaventurados después de la resurrección.

glosa *f* **1** Anotación entre líneas o al margen de un texto, para explicar una palabra o un pasaje difíciles de entender. ▪ **2** Explicación o comentario. ▪ **3** (*TLit*) Composición poética, propia de los ss. XV a XVII, consistente en una breve estrofa inicial, seguida de otras estrofas que la desarrollan o comentan y de las que cada una, sucesivamente, termina con un verso de la misma estrofa inicial.

glosador -ra **I** *m y f* **1** Pers. que glosa. **II** *adj* **2** Relativo a la acción de glosar.

glosar *tr* Hacer una glosa [1 y esp. 2] [sobre algo (*cd*)].

glosario *m* **1** Catálogo breve de palabras definidas o comentadas, pertenecientes a un texto o autor o a un ámbito determinado. ▪ **2** Conjunto de glosas o comentarios.

glosina *f* (*Zool*) Mosca del gén. *Glossina*.

glositis *f* (*Med*) Inflamación de la lengua.

glosofaríngeo -a *adj* (*Anat*) De la lengua y la faringe.

glosolalia *f* (*Rel*) Don de lenguas.

glosopalatino -na *adj* (*Anat*) De la lengua y el paladar. *Tb n m, referido a músculo.*

glosopeda *f* (*Vet*) Enfermedad contagiosa, típica de los rumiantes y de los cerdos, que se caracteriza por fiebre y por erupción de pequeñas vesículas en la boca y entre las pezuñas.

glotal *adj* (*Fon*) De (la) glotis.

glotalizado -da *adj* (*Fon*) [Sonido] cuya articulación supone un golpe de glotis.

glótico -ca *adj* (*Anat*) De (la) glotis.

glotis *f* (*Anat*) Orificio superior de la laringe, entre las cuerdas vocales.

glotocronología *f* (*Ling*) Método estadístico para determinar el grado de relación entre dos o más lenguas emparentadas y la cronología de su separación respecto de una fuente común.

glotón -na **I** *adj* **1** Que come mucho y con ansia. *Tb fig. Tb n, referido a pers.* **b)** Propio de la pers. glotona.

II *m* **2** Mamífero mustélido de hasta 1 m de longitud y pelaje pardo oscuro con dos bandas laterales claras, propio de los bosques fríos de Escandinavia, Asia y América del Norte (*Gulo gulo*).

glotonamente *adv* De manera glotona [1b].

glotonear *intr* Comer con glotonería.

glotonería *f* Cualidad de glotón [1].

glub *interj* (*col*) *Imita el sonido que se hace al tragar saliva, para manifestar apuro o sorpresa. A veces se sustantiva como n m.* * ¡Glub! Menudo aprieto; nunca creí que estuviera tan informado.

glucagón *m* (*Biol*) Hormona segregada por el páncreas como defensa contra la hipoglucemia.

glucemia *f* (*Fisiol*) Porcentaje de glucosa en la sangre.

glucémico -ca *adj* (*Fisiol*) De (la) glucemia. **b)** [Función] de transformación de glucógeno en glucosa.

glucídico -ca *adj* (*Quím*) De (los) glúcidos.

glúcido *m* (*Quím*) Hidrato de carbono.

glucinio *m* (*Quím*) Berilio (metal).

glucocorticoide *m* (*Biol*) Corticoide que controla los hidratos de carbono, las proteínas y el metabolismo de las grasas y tiene acción antiinflamatoria. *Tb adj.*

glucogénico -ca *adj* (*Fisiol*) De(l) glucógeno. **b)** [Función] de transformación de glucosa en glucógeno.

glucógeno *m* (*Fisiol*) Sustancia de reserva que se almacena esp. en el hígado y que procede de la transformación de la glucosa, en la que vuelve a transformarse cuando las necesidades del organismo lo requieren.

glucogenólisis (*tb* **glucogenolisis**) *f* (*Biol*) Descomposición del glucógeno.

glucólisis (*tb* **glucolisis**) *f* (*Biol*) Descomposición de la glucosa en el organismo por la acción de las enzimas y con liberación de energía.

gluconeogénesis f (*Biol*) Formación de glucosa en el cuerpo a partir de proteínas o grasas.

glucoproteido m (*Quím*) Compuesto formado por una proteína y un glúcido.

glucosa f (*Quím*) Variedad de azúcar cristalizable, muy soluble en agua y poco en alcohol, que se encuentra en muchas frutas maduras y en el plasma sanguíneo.

glucosado -da adj (*Quím*) Que contiene glucosa.

glucosalino -na adj (*Quím*) Que contiene glucosa y sal.

glucosamina f (*Quím*) Amina derivada de la glucosa y que es el componente principal de la quitina.

glucosato m (*Quím*) Combinación de glucosa con una base.

glucósido m (*Quím*) Compuesto orgánico vegetal que da glucosa entre otros elementos de descomposición.

glucosuria f (*Med*) Presencia de glucosa en la orina.

gluglú (*tb con la grafía* **glu-glu**) interj (col) **1** *Imita el ruido que produce el agua u otro líquido al correr, esp cuando deja escapar el aire. Frec se sustantiva como n m.* * *Se escuchaba cerca el gluglú de un manantial.* ■ **2** *Imita la voz propia del pavo. Frec se sustantiva como n m.*

gluglutear intr Emitir [el pavo] la voz que le es propia.

glugluteo m Acción de gluglutear. *Tb su efecto.*

gluma f (*Bot*) Bráctea que cubre exteriormente la espiguilla de las gramíneas, antes de la abertura de la flor. **b)** *En pl:* Conjunto formado por glumas, glumillas y glumélulas.

glumélula f (*Bot*) Bráctea más pequeña que la glumilla, casi incolora y transparente, que se halla situada debajo de la glumilla y entre esta y la flor de las gramíneas.

glumilla f (*Bot*) Bráctea más pequeña que la gluma, que cubre cada una de las flores de las espiguillas de las gramíneas.

glutamato m (*Quím*) Sal del ácido glutámico.

glutámico adj (*Quím*) [Ácido] presente en las proteínas y utilizado como reconstituyente y tonificante del sistema nervioso.

glutelina f (*Quím*) Proteína no soluble en agua, presente en los cereales como parte integrante del gluten.

gluten m Sustancia proteica que se encuentra en las semillas de las gramíneas y que da consistencia elástica a la masa preparada con la harina de estas.

glúteo -a adj (*Anat*) [Músculo] de los que constituyen la nalga. *Frec n m.* **b)** De (los) glúteos.

glutinoso -sa adj Que tiene la propiedad de pegar o unir.

gneis (*pl invar*) m (*Mineral*) Roca de estructura pizarrosa, compuesta de cuarzo, feldespato y mica.

gnéisico -ca adj (*Mineral*) De(l) gneis.

gnómico -ca adj (*TLit*) [Composición literaria] breve y que contiene una sentencia moral.

gnomo m (*Mitol*) Genio benévolo, con forma de enano barbudo, que custodia los tesoros del mundo subterráneo.

gnomon m **1** Varilla que marca las horas en el reloj de sol. ■ **2** (*Astron*) Instrumento constituido por una varilla u otro elemento vertical, cuya sombra, proyectada sobre una superficie plana y horizontal, permite conocer la hora y la altura del Sol o de la Luna. *Tb la misma varilla.* ■ **3** (*Constr*) Escuadra (instrumento en forma de triángulo rectángulo).

gnomónica f Ciencia o técnica de construir los relojes solares.

gnoseología f (*Filos*) Teoría del conocimiento.

gnoseológicamente adv (*Filos*) En el aspecto gnoseológico.

gnoseológico -ca adj (*Filos*) De (la) gnoseología o de su objeto.

gnosis f (*Filos y Rel*) Conocimiento absoluto y esotérico de los misterios religiosos, esp. de la Divinidad. *Tb la doctrina basada en él.*

gnosticismo m (*Filos y Rel*) Doctrina, difundida hacia el s. II y considerada herética por la Iglesia católica, que se caracteriza por su creencia en la gnosis.

gnóstico -ca adj (*Filos y Rel*) De(l) gnosticismo. **b)** Adepto al gnosticismo. *Tb n.*

goal average (*ing; pronunc corriente,* /gol-aberáxe/; *tb con la grafía* **goal-average**) m (*Dep, esp Fút*) Golaveraje.

goano -na adj De Goa (antigua colonia portuguesa, hoy distrito de la India). *Tb n, referido a pers.*

gobanilla f (*reg*) Muñeca (parte del cuerpo).

gobelino m Tapiz producido en Francia en la manufactura de los Gobelinos (fundada en el s. XVII). *A veces designa cualquier tapiz semejante.*

gobernabilidad f Cualidad de gobernable.

gobernable adj Que se puede gobernar.

gobernación (*con mayúscula en las aceps 2 y 4*) **I** f **1** Acción de gobernar [1a y 4a]. ■ **2** Ministerio de la Gobernación [4]. ■ **3** (*hist*) Territorio integrado dentro de un virreinato o capitanía general, a cuyo frente está un gobernador [3]. **II** loc adj **4 de la ~.** [Ministerio o ministro] encargado del orden público y de la administración provincial y local. *Tb se aplica a la consejería o consejero correspondientes en una comunidad autónoma.*

gobernador -ra **I** adj **1** Que gobierna, esp [1a y 4a]. *Tb n, referido a pers.* **b)** [Mujer] que gobierna una casa o algo similar. ■ **2** Relativo a la acción de gobernar, esp [1a y 4a]. **II** n **A** m y f **3** Jefe superior de una provincia o territorio, con autoridad delegada del Gobierno. *Modernamente con los adjs* CIVIL *o* MILITAR, *que especifican su jurisdicción.* ■ **4** Representante del Gobierno en determinadas instituciones públicas. *Con un compl especificador.* **B** f **5** Mujer del gobernador [3 y 4]. **C** m **6** (*reg*) Lañador.

gobernaduría f Cargo de gobernador [3 y 4].

gobernalle m (*Mar, hist*) Timón. *Tb (lit) fig.*

gobernante -ta **I** adj **1** Que gobierna [1a y 4a]. *Frec n, referido a pers.* **II** n **A** f **2** *En un hotel o establecimiento similar:* Mujer que tiene a su cargo la dirección del servicio y de la limpieza. **B** m y f **3** *En la relación sadomasoquista:* Pers. que castiga físicamente.

gobernar – golf

gobernar (*conjug* **6**) **A** *tr* ➤ **a** *normal* **1** Tener [alguien] la autoridad y la responsabilidad de disponer el funcionamiento [de un estado o territorio o de la colectividad correspondiente (*cd*)]. **b)** *En gral:* Tener [alguien] la autoridad y la responsabilidad de disponer el funcionamiento [de una institución o colectividad (*cd*)]. **c)** Determinar el comportamiento [de alguien (*cd*)] o el funcionamiento [de algo (*cd*)]. **d)** Cuidar y organizar [una casa o algo similar]. ■ **2** Guiar o dirigir. *En sent material. Tb fig.* **b)** (*Mar*) Guiar [una embarcación] por medio del timón. *Tb abs.*
➤ **b** *pr* **3** (*reg*) **~selas.** Arreglárselas.
B *intr* **4** Tener [alguien] la autoridad y la responsabilidad de disponer el funcionamiento [de un estado o territorio o de la colectividad correspondiente (*compl* EN)]. *Tb sin compl.* **b)** *En gral:* Tener [alguien] la autoridad y la responsabilidad de disponer el funcionamiento [de una institución o colectividad (*compl* EN)]. *Tb sin compl.*

gobernativo -va *adj* (*raro*) Gubernativo.

góbido *adj* (*Zool*) [Pez] teleósteo caracterizado por la fusión de las aletas ventrales en un disco adhesivo. *Frec como n m en pl, designando este taxón zoológico.*

gobiernista *adj* (*raro*) Partidario o defensor del gobierno [2].

gobierno (*gralm con mayúscula en acep 2*) **I** *m* **1** Acción de gobernar. **b)** Poder de gobernar [1a y b]. **c)** Forma de gobernar [1a y b]. ■ **2** Conjunto del presidente y los ministros que gobiernan [1a] un Estado o un territorio. ■ **3** Cargo o dignidad de gobernador [3]. *Tb el mismo gobernador.* **b)** Edificio u oficina del gobernador [3]. ■ **4** (*hist*) Gobernación [3].
II *loc v* **5 mirar** [alguien] **contra el ~.** (*col, humorist*) Ser bizco.
III *loc adv* **6 para ~** [de alguien]. Para que [esa pers.] ajuste su conducta o actuación a aquello que se le advierte.

gobio *m* Pez de agua dulce semejante al barbo y de carne apreciada (*Gobio gobio*).

goce *m* Acción de gozar.

gochada *f* (*reg*) Cochinada o marranada.

gocho -cha *m y f* (*reg*) Cerdo (animal).

goclénico *adj* (*Filos*) [Sorites] inverso, en que el sujeto de cada premisa es el predicado de la siguiente, hasta dar en una conclusión constituida por el sujeto de la última y el predicado de la primera.

godello *adj* (*Agric*) [Uva o vid] de una variedad de grano blanco y muy dulce, propia de la comarca de Valdeorras (Orense). *Tb n m.* **b)** [Vino] elaborado con uva godello. *Tb n m.*

godet (*fr; pronunc corriente,* /godé/; *pl normal,* ~s) *m* (*Moda*) Falso pliegue, hueco y redondeado, formado con nesgas. *Normalmente en pl.*

godo -da *adj* **1** (*hist*) [Individuo] de un antiguo pueblo germánico que antes de la era cristiana habitaba en las costas del mar Báltico y después se extendió por Europa, creando reinos en Italia y España. *Tb n.* **b)** De (los) godos. ■ **2** (*reg, desp*) Español peninsular. *Se usa por oposición a los naturales de Canarias.* **b)** De (los) godos. ■ **3** (*raro*) [Pers.] de nobleza muy antigua. *Tb n.*

goés -sa *adj* De Goa (antigua colonia portuguesa, hoy distrito de la India). *Tb n, referido a pers.*

goético -ca *adj* (*lit, raro*) Mágico.

gofio *m* Harina de cereales tostados, solos o mezclados, que se toma amasada con agua, caldo, leche o miel, típica de Canarias.

gofrado *m* (*E*) Acción de gofrar.

gofrar *tr* (*E*) Estampar o imprimir en hueco o relieve [papel, tejidos u otras materias]. **b)** Estampar o imprimir en hueco o relieve [composiciones o dibujos].

gofre *m* Dulce hecho básicamente con harina, huevos, azúcar y leche, que tiene forma de enrejado y que gralm. se toma con nata, chocolate o mermelada.

gogó[1] (*tb con la grafía* **go-go**) *f* Gogo-girl. *Tb* CHICA ~.

gogó[2] (*tb con la grafía* **go-go**). **a ~.** *loc adv* **A** discreción. **b)** En abundancia.

gogo-girl (*ing; pronunc corriente,* /gogó-gérl/; *tb con las grafías* **go-go girl** *y* **gogo girl**; *pl normal,* ~s) *f* Muchacha que en una discoteca o club nocturno baila, en lugar bien visible, sirviendo de acompañamiento a la música de entretenimiento.

goitibera *f* (*reg*) Carrito de tres ruedas que se guía con los pies y que utilizan los muchachos para resbalar por las cuestas.

gol I *m* **1** *En deportes, esp fútbol:* Hecho de meter el balón o la pelota en la portería.
II *loc v* **2 meter un ~** [a alguien]. (*col*) Engañar[le] o hacer algo contra su voluntad aprovechando hábilmente algún descuido. ■ **3 meter** (*o* **marcar**) **un ~** [a alguien]. (*col*) En una discusión: Dejar[le] sin respuesta.

gola *f* **1** (*hist*) Adorno del cuello, de tela almidonada y rizada. ■ **2** (*raro*) Cuello alto [de un jersey]. ■ **3** (*Geogr*) Canal de entrada de un puerto, un río o una albufera. ■ **4** (*Arquit*) Moldura en forma de S.

golaveraje (*tb con las grafías* **golaverage** *o* **gol-average**) *m* (*Dep, esp Fút*) Promedio de goles o tantos metidos y encajados por un equipo.

golayo *m* (*reg*) Pez marino comestible de la familia de los escualos (*Pristiurus melastomus*).

golden (*pl invar*) *adj* [Manzana] de color amarillo y carne jugosa, muy apreciada. *Tb n f.*

golden boy (*ing; pronunc corriente,* /gólden-bói/; *pl normal,* ~s) *m* Joven de carrera brillante, esp. en el mundo de los negocios.

gold point (*ing; pronunc corriente,* /góld-póint/; *pl normal,* ~s) *m* (*Econ*) Tipo de cambio límite de una moneda, por debajo del cual resulta ventajoso importar oro y por encima del cual es preferible exportarlo. *Frec en pl.*

goleada (*Dep, esp Fút*) **I** *f* **1** Hecho de meter gran cantidad de goles.
II *loc adv* **2 por ~.** Por gran cantidad de goles o tantos. *Gralm con el v* GANAR. *Tb fig, fuera del ámbito deportivo.*

goleador -ra *adj* (*Dep, esp Fút*) **1** Que golea. *Gralm n.* ■ **2** Relativo a la acción de golear.

golear *tr* (*Dep, esp Fút*) Meter goles [a un equipo (*cd*)], esp. en gran cantidad. *Tb abs.*

goleta *f* Embarcación a vela con dos o tres palos y bordas poco elevadas.

golf *m* **1** Deporte que consiste en introducir una pequeña pelota en hoyos hechos en el suelo, gralm. de césped, golpeándola con unos bastones especiales. ■ **2** Campo destinado a la práctica del golf [1].

golfada *f (col)* Acción propia de un golfo[2] [3].

golfán. ~ blanco. *m* Nenúfar blanco (planta).

golfante -ta *adj (col)* Golfo[2] [1, 2 y 3]. *Gralm n.*

golfaray *adj (jerg)* Golfo[2] [2 y 3]. *Tb n.*

golfear *intr (col)* Comportarse como un golfo[2] [1, 2 y 3] o como una golfa [6].

golfemia *f (hoy raro)* **1** Condición o comportamiento de golfo[2] [1c]. ■ **2** Conjunto de los golfos[2] [1c].

golferancia *f (hoy raro)* Golfería.

golferas *adj (col)* Golfo[2] [2 y 3]. *Tb n.*

golfería *f (col)* **1** Cualidad de golfo[2] [1, 2 y 3]. ■ **2** Conjunto de (los) golfos[2] [1, 2 y 3].

golfillo → GOLFO[2].

golfín *m (hist)* Ladrón o salteador de caminos, que gralm. actúa con otros en cuadrilla.

golfista *m y f* Jugador de golf.

golfístico -ca *adj* De(l) golf.

golfo¹ *m* Porción de mar que se interna en la tierra.

golfo² -fa I *adj (col)* **1** [Muchacho] que vaga por las calles, al margen de las normas sociales de comportamiento. *Frec n. Frec en la forma* GOLFILLO. *A veces con intención afectiva.* **b)** [Muchacho] descarado y desvergonzado. **c)** *(hoy raro)* [Pers.] que vive vagabundeando en una ciudad. *Frec n.* ■ **2** [Pers.] viciosa o de mal vivir. *Frec n. Frec usado como insulto y a veces con intención afectiva.* ■ **3** [Pers.] sinvergüenza, o que actúa sin escrúpulos morales. *Frec n. Frec usado como insulto y a veces con intención afectiva.* ■ **4** Propio del golfo [1, 2 y 3]. **b)** [Cosa] desvergonzada o indecente.

II *n A m* **5** *(Naipes)* Juego de envite que se juega con baraja española sin ases ni figuras y que consiste en sumar el mayor número de puntos posible con cuatro cartas del mismo palo.

B *f* **6** *(col)* Prostituta.

goliardesco -ca *adj (hist)* De(l) goliardo o de los goliardos.

goliárdico -ca *adj (hist)* Goliardesco.

goliardo *m (hist)* Clérigo o estudiante vagabundo de los que, surgidos en los ss. XII y XIII en Alemania, Francia e Inglaterra, fueron famosos por su vida irregular y por sus versos latinos de carácter satírico e irreverente.

golilla *(hist)* **A** *f* **1** Adorno almidonado y liso de color blanco que circunda el cuello, usado esp. por jueces y curiales.

B *m* **2** Ministro togado que usa golilla [1].

golillero -ra *m y f (hist)* Pers. que hace golillas [1].

gollería *f* **1** Manjar exquisito y delicado. ■ **2** Cosa excesivamente exquisita o delicada.

golletazo *m* **1** Final brusco y violento que se da a algo. *Frec con el v* DAR. ■ **2** *(Taur)* Estocada o rejonazo que se da en el cuello de la res o en sus proximidades.

gollete I *m* **1** Parte superior del cuello [de una botella u otra vasija similar]. ■ **2** *(col)* Garganta (parte del cuerpo de una pers. o animal].

II *loc adv* **3 a ~.** Directamente del gollete [1] de la vasija. *Con el v* BEBER.

gollizo *m* Garganta o desfiladero.

golondrina I *f* **1** Pájaro de color negro azulado por encima y blanco por debajo, de alas puntiagudas y cola ahorquillada, que, en España, anida en los aleros de los tejados durante la primavera y el verano, emigrando después a zonas más cálidas *(Hirundo rustica). Con un adj o compl especificador, designa otras especies:* ~ DE RIBERA, DE RÍO, *o* DE SAN MARTÍN *(Riparia riparia),* ~ DE LAS ROCAS *o* SILVESTRE *(Hirundo rupestris), etc.* ■ **2** Embarcación dedicada al transporte de pasajeros por el interior del puerto. *Gralm referido a Barcelona.* ■ **3** *(Agric)* Reja con dos alas laterales para arar los bajos de las fincas. ■ **4 ~ de mar.** *Se da este n a varias especies de aves marinas del gén Sterna y otros, esp S. hirundo.* ■ **5 ~ de mar.** Pez marino de lomo rojo y vientre blanquecino, con alas torácicas muy desarrolladas que le sirven para volar fuera del agua *(Trigla hirundo). Tb designa otras especies.*

II *loc adj* **6** [Nido] **de ~** → NIDO.

golondrinera *f* Celidonia (planta).

golondrino *m* **1** Pollo de la golondrina [1]. ■ **2** Inflamación de las glándulas sudoríparas de la axila.

golondro *m (raro)* **1** Ilusión vana o idea alocada. ■ **2** Deseo [de algo].

golorito *m (reg)* Jilguero (pájaro).

golosamente *adv* De manera golosa [3].

golosear A *intr* **1** Complacerse o disfrutar con golosinas [1 y, más raro, 2].

B *tr* **2** Complacerse o disfrutar [con golosinas [1 y, más raro, 2].

goloseo *m* Acción de golosear.

golosina I *f* **1** Cosa de comer (o, más raro, beber), apetitosa, delicada y gralm. dulce, que se toma más por gusto que por alimento. ■ **2** Cosa grata que suscita deseo o apetencia. ■ **3** Cualidad de goloso [1 y 2].

II *loc adj* **4** [Espíritu] **de la ~** → ESPÍRITU.

golosinear *tr e intr* Golosear.

golosinería *f (reg)* Condición de goloso [1 y 2].

goloso -sa *adj* **1** Aficionado a tomar golosinas, esp. dulces. *Tb n, referido a pers.* **b)** Aficionado a tomar [un determinado alimento *(compl especificador)]. Tb n.* ■ **2** Que tiene deseo o apetencia [de algo o de alguien *(compl especificador)]. Tb sin compl, por consabido.* ■ **3** Propio del goloso [1 y 2]. ■ **4** [Cosa] apetecible o atractiva. **b)** *(col)* Muy bueno o agradable. *Con intención irónica.*

golpazo *m* Golpe [1a, b y c, 2a y 3a] grande.

golpe I *m* **1** Hecho de tocarse o entrar en contacto físico, más o menos violentamente, una pers. o cosa con otra. *Tb el efecto y el ruido que produce.* **b)** Latido [del corazón]. **c)** *Esp:* Acción de hacer chocar algo contra una pers. o cosa para causarle daño. *Tb el daño producido.* **d) ~ bajo** → BAJO[2]. **e) ~ de pecho.** Acción de darse con el puño en el pecho, en señal de arrepentimiento. ■ **2** Hecho u otra cosa no material que causa daño. *Tb el mismo daño.* **b) ~ de gracia.** Acción que consuma la destrucción de alguien o algo. *Gralm en la constr* DAR [a alguien o algo] EL ~ DE GRACIA. **c) ~ de castigo.** *(Rugby)* Castigo a una falta de la opción a tirar a palos. **d) ~ franco.** *(Fút)* Castigo que consiste en un disparo directo a puerta con interposición de una barrera de jugadores. ■ **3** Hecho de presentarse o producirse [algo *(compl de posesión)]* de manera repentina o violenta. **b)** Manifestación brusca, repentina o violenta [de un fenómeno atmosférico]. **c) ~ de calor.** (*Med*) Alteración grave que se presenta por sobrecalentamiento del cuerpo, debida a exceso de calor externo, frec. por exposición al sol. *Tb* (*Bot*) *referido a plantas*. **d) ~ de sol.** (*Med*) Golpe de calor debido a excesiva exposición a los rayos solares. *Tb* (*Bot*) *referido a plantas*. **e) ~ de mar.** Ola fuerte que rompe contra las embarcaciones, islas, rocas o costas. ■ **4** Acción repentina y sorprendente. *Con un compl especificador*. **b) ~ de efecto.** Acción que causa gran sorpresa o impresión. **c) ~ de fortuna** (*o de* **suerte**). Suceso favorable o adverso que cambia repentinamente la situación de alguien o algo. **d) ~ de Estado.** Usurpación violenta del gobierno de un país o de alguno de los poderes del mismo, esp. por uno de estos. *Tb simplemente ~.* **e) ~ de mano.** (*Mil*) Ataque por sorpresa. *Frec fig, fuera del ámbito técn*. ■ **5** Hecho o dicho sorprendente o gracioso. *Tb* ~ DE GRACIA *o* DE INGENIO. ■ **6** (*col*) Característica capaz de producir impacto o de llamar la atención. *Con un compl especificador*. ■ **7** Atraco o robo. *Frec con el v* DAR. ■ **8** Acción correspondiente al empleo [de una cosa]. **b) ~ de vista.** Ojeada. **c) ~ de vista.** Capacidad para ver o apreciar algo con rapidez. **d) ~ de vista.** Apariencia o aspecto que presenta [algo (*compl de posesión*)] a primera vista. ■ **9** Cierta señal que se hace en la oreja al ganado. ■ **10** (*Agric*) Hoyo en que se siembran semillas o plantas. *Tb las plantas que se siembran en el mismo hoyo.* ■ **11** (*hoy raro*) Conjunto [de cosas] que se hacen, ponen o utilizan de una vez. ■ **12** (*hoy raro*) Adorno, frec. de pasamanería, sobrepuesto en una prenda de vestir. ■ **13** (*jerg*) Trago [de bebida]. *Tb sin compl.* ■ **14** (*col, raro*) Cosa mínima. *Con intención ponderativa. Normalmente en la constr* NI ~. **II** *loc v* **15 dar el ~.** (*col*) Causar sorpresa o admiración. ■ **16 dar** (*o* **pegar**) **~.** (*col*) Trabajar. *Normalmente en constr neg y frec en la forma* NO DAR (*o* PEGAR) NI ~. ■ **17 errar** (*o* **fallar**, *o* **marrar**) **el ~.** (*col*) No conseguir el efecto pretendido. ■ **18 parar el ~.** (*col*) Evitar una acción perjudicial o dañina que amenaza. **III** *loc adv* **19 a ~** [de algo]. A base [de ello]. **b) a ~ de alpargata** (*o* **de calcetín**). (*col*) Andando. ■ **20 a ~.** (*Agric*) Mediante golpes [10]. *Tb adj.* ■ **21 a ~s.** De manera intermitente. ■ **22 de ~.** De repente. *Tb* (*col*), *con intención enfática*, DE ~ Y PORRAZO. ■ **23 de un ~** (*o, más raro,* **de ~**). De una vez.

golpeable *adj* Que se puede golpear [1].

golpeador -ra *adj* Que golpea [1]. *Tb n, referido a pers.*

golpeadura *f* (*raro*) Acción de golpear.

golpear **A** *tr* ➤ **a** *normal* **1** Dar uno o más golpes [1 y 2a, esp. 1c] [a alguien o algo (*cd*)]. *Tb fig.* **b)** *pr* (**~se**) Sufrir [alguien o algo] uno o más golpes [1a]. ■ **2** (*lit*) Impresionar, o causar impresión. ➤ **b** *pr* (**~se**) **3** Sufrir [alguien] uno o más golpes [1a] [en una parte del cuerpo (*cd*)]. **B** *intr* **4** Dar uno o más golpes [1 y 2a, esp. 1c] [a alguien o algo (*compl adv*)]. *Tb sin compl. Tb fig.*

golpeo *m* Acción de golpear(se) [1 y 3]. *Tb su efecto.*

golpetazo (*col*) **I** *m* **1** Golpazo. **II** *loc adv* **2 de ~.** De golpe o de repente.

golpetear **A** *tr* **1** Golpear [1] repetidamente [algo]. **B** *intr* **2** Golpear [4] repetidamente [en algo (*compl adv*)]. *Tb sin compl.*

golpeteo *m* Acción de golpetear. *Tb su efecto. Tb fig.*

golpetón (*col*) **I** *m* **1** Golpazo. **II** *loc adv* **2 de ~.** De golpe o de repente.

golpismo *m* (*Pol*) Tendencia o actitud favorable al golpe de Estado.

golpista *adj* (*Pol*) De(l) golpe de Estado. **b)** [Pers.] que participa en un golpe de Estado. *Tb n.* **c)** Que apoya un golpe de Estado. *Tb n, referido a pers.*

golpiza (*pronunc corriente,* /golpísa/) *f* (*col, humoríst*) Paliza.

goma[1] *f* **1** Sustancia viscosa exudada de ciertos árboles, insoluble en alcohol y soluble en agua, muy usada en farmacia y en la industria, esp. para fabricar colas y barnices. *A veces con un adj especificador:* ~ ADRAGANTE, ~ ARÁBIGA, *etc.* **b) ~ laca.** Laca (materia resinosa exudada de ciertos árboles). ■ **2** Caucho. *Tb* ~ ELÁSTICA. **b)** *Se usa frec en constrs de sent comparativo para ponderar la elasticidad.* **c) ~ espuma** → GOMAESPUMA. ■ **3** *Designa distintos objetos fabricados con goma* [2] *u otra sustancia elástica similar.* **a)** Anillo de goma. **b)** Tubo de goma. **c)** Trozo de goma preparado esp. para borrar lo escrito con lápiz o tinta. *Tb* ~ DE BORRAR. **d)** Cinta más o menos ancha de goma recubierta de hilo, que se emplea esp. en labores. **e)** Neumático o cubierta de goma [de una rueda]. **f)** (*col*) Preservativo. **g)** Variedad de caramelo masticable. *Tb* PASTILLA DE ~. **h) ~ de mascar.** Chicle. ■ **4** (*Juegos*) Juego de niñas que consiste en saltar haciendo distintas figuras con los pies en una cinta larga de goma [3d] que sujetan con las piernas otras dos niñas. ■ **5** Dinamita de consistencia de goma [1], insensible al fuego y a los golpes. *Tb* DINAMITA (DE) ~ *y gralm* ~-DOS. ■ **6** (*jerg*) Hachís de muy buena calidad. ■ **7** (*Bot*) Enfermedad de determinados árboles, caracterizada por ulceraciones que exudan un líquido viscoso.

goma[2] *m* (*o f*) (*Med*) Tumor esférico, frec. de origen sifilítico, que se desarrolla en las capas profundas de la piel o en ciertos órganos, como el hígado o el cerebro.

goma[3] *adj* (*hoy raro*) Gomoso[2]. *Tb n m.*

gomaespuma (*tb con las grafías* **goma espuma** *y* **goma-espuma**) *f* Caucho ligero de estructura alveolar, que se emplea esp. para colchones y rellenos de tapicería.

gomarrero *m* (*jerg, raro*) Ladrón de gallinas.

gomenol *m* (*Med*) Líquido oleoso obtenido por destilación de las hojas de la planta *Melaleuca viridiflora*, usado esp. como analgésico y antiséptico.

gomero[1] **-ra** *adj* De la isla de Gomera. *Tb n, referido a pers.*

gomero[2] *m* **1** (*raro*) Árbol que produce goma[1] [1 y 2a]. *Tb su madera.* ■ **2** (*reg*) Tirachinas o tiragomas.

gomina *f* Fijador del cabello.

gominola *f* Variedad de caramelo masticable, frec. en forma de pequeñas bolitas u otras figuras cubiertas con granitos de azúcar.

gomita *f* (*jerg*) Hachís de muy buena calidad.

gomorresina *f* (*Quím*) Líquido exudado por diversas plantas, que se solidifica en contacto con el aire y que está constituido por goma[1] [1a], resina y frec. algún aceite esencial.

gomoso[1] **-sa** *adj* De (la) goma[1] [1a] o que la contiene.

gomoso[2] *adj* (*hoy raro*) [Hombre] muy presumido y acicalado que anda en busca de galanteos. *Frec n.*

gónada *f* (*Biol*) Glándula sexual, masculina o femenina, encargada de producir células sexuales y hormonas.

gonadal *adj* (*Biol*) De (las) gónadas.

gonadotrófico -ca *adj* (*Biol*) Gonadotrópico.

gonadotrofina *f* (*Biol*) Gonadotropina.

gonadotrópico -ca *adj* (*Biol*) Que estimula la actividad de las gónadas.

gonadotropina *f* (*Biol*) Hormona que estimula la actividad de las gónadas.

gonante *m* (*Zool*) *En una colonia de hidrozoos:* Individuo especializado en la función reproductora.

góndola I *f* **1** Embarcación veneciana pequeña, larga, plana y de popa y proa altas, que se maneja con un solo remo desde popa. ■ **2** Mueble que sirve para exponer mercancías en un autoservicio. ■ **3** (*Aer*) Barquilla o cabina suspendida de una aeronave o de un globo. ■ **4** (*E*) Semirremolque de plataforma sin paredes laterales, destinado al transporte de cargas pesadas. II *loc adj* **5 de ~.** [Teléfono] largo y estrecho, cuya forma recuerda vagamente la de la góndola [1].

gondolero *m* Hombre que dirige una góndola [1].

gondomareño -ña *adj* De Gondomar (Pontevedra). *Tb n, referido a pers.*

gonfalón *m* (*hist*) Estandarte o pendón.

gonfalonero *m* (*hist*) Gonfaloniero.

gonfaloniero *m* (*hist*) Hombre que lleva el gonfalón.

gonflé (*fr; pronunc corriente,* /gonflé/) *adj* (*raro*) [Peinado] ahuecado.

gong *m* Instrumento de percusión de origen oriental, formado por un disco de bronce o cobre que vibra al ser golpeado por una maza.

gongorino -na *adj* **1** Del poeta Luis de Góngora († 1627). ■ **2** De(l) gongorismo o que lo imita. *Tb n, referido a pers.*

gongorismo *m* (*TLit*) Estilo literario iniciado por Luis de Góngora († 1627).

gongorista *m y f* Especialista en la vida y obra del poeta Luis de Góngora († 1627).

gonia *f* (*Biol*) Célula sexual inmadura.

gonidio *m* (*Bot*) Alga que forma parte de un liquen.

gonio *m* (*argot, Mar*) Radiogoniómetro.

goniométrico -ca *adj* (*Mat*) De (la) medida de los ángulos.

goniómetro *m* (*Mat*) Instrumento que sirve para medir ángulos.

gonococia *f* (*Med*) Gonorrea o infección con gonococos.

gonocócico -ca *adj* (*Med*) De (la) gonococia o de (los) gonococos.

gonococo *m* (*Med*) Bacteria de forma oval que es el agente causante de la gonorrea (*Neisseria gonorrhoeae*).

gonorrea *f* (*Med*) Enfermedad venérea causada por gonococos y caracterizada por flujo purulento de la uretra o la vagina.

gonosoma *m* (*Biol*) Cromosoma sexual.

gonoteca *f* (*Zool*) Ensanchamiento del perisarco que protege los gonantes.

gonozoide *m* (*Zool*) *En algunos celentéreos:* Individuo especializado en las funciones de reproducción.

gopura *f* (*Arquit*) Torre piramidal que da entrada a ciertos templos de la India.

goral *m* Mamífero rumiante semejante a la cabra, propio del Himalaya (*Naemorhedus goral*).

gordal *adj* [Aceituna] de una variedad más grande que la común y que suele consumirse aliñada. *Tb referido al olivo que la produce.*

gordezuelo -la *adj* Ligeramente gordo [1]. *Con intención afectiva.*

gordiano. nudo ~. → NUDO[1].

gordilla *f* (*reg*) Tripa de cordero o conejo enrollada en un palo o hueso y guisada.

gordinflas *adj* (*col, humoríst*) Gordinflón. *Tb n.*

gordinflón -na *adj* (*col, humoríst*) [Pers.] desproporcionadamente gorda [1]. *A veces con intención afectiva. Tb n. Alguna vez referido a animales.*

gordo -da I *adj* **1** Que tiene mucha carne. *Tb n, referido a pers.* **b)** [Vacas] **gordas** → VACA. ■ **2** [Carne de consumo] que tiene sebo o grasa. ■ **3** Que tiene un grosor superior al normal o al que tienen otros seres que forman serie con el nombrado. **b)** [Dedo] pulgar. **c)** [Sal] que se presenta en granos gruesos. **d) de brocha gorda** → BROCHA. ■ **4** (*col*) Grande en tamaño. **b)** [Perra] **gorda** → PERRO. ■ **5** (*col*) Importante en calidad, cantidad o intensidad. **b)** [Premio] mayor [de la lotería]. *Frec n m.* **c)** (*col*) *Se usa como elemento enfático siguiendo a* MENTIRA. ■ **6** (*col*) [Gente] importante o rica. **b)** [Pez] ~ → PEZ[1]. ■ **7** [Cosa] grosera o basta. **b)** [Palabra] malsonante. **c)** [Sal] **gorda** → SAL. ■ **8** [Agua] que tiene en disolución gran cantidad de sales, esp. esp. *→* ■ **9** [Vino] que tiene mucho cuerpo. ■ **10** [Saliva] espesa y pegajosa. *Tb referido a la lengua que la tiene.* ■ **11** [Lengua] torpe o pastosa. ■ **12** (*reg*) [Domingo] de carnaval. II *n A m* **13** Sebo o grasa. ■ **14** *En la escritura:* Trazo grueso. ■ **15** (*col, hoy raro*) Gorda [17]. B *f* **16** (*col*) Discusión o alboroto muy grande. *Frec con el v* ARMAR. ■ **17** (*col, hoy raro*) Moneda de diez céntimos. *Gralm en constrs de intención ponderativa como* ESTAR SIN (UNA) GORDA, NO TENER NI (UNA) GORDA, QUEDARSE SIN (UNA) GORDA, *aludiendo a dinero en gral.* ■ **18** (*col*) Cosa mínima. *Con intención ponderativa. Normalmente en la constr* NI GORDA. III *loc v y fórm or* **19 caer** ~ [con alguien o algo]. (*col*) Ser [esa pers. o cosa] lo mejor que podía caerle en suerte. *Con intención irónica. Tb sin el 2° compl, por consabido.* ■ **20 caer** ~ [alguien o algo a una pers.]. (*col*) Resultar[le] antipático. ■ **21 esta sí que es gorda.** (*col*) *Fórmula con que se comenta lo asombroso de algo.* * Esta sí que es gorda. Ahora dice que no se había enterado. ■ **22 hacer el caldo** ~, **hacer la vista gorda**, **no haberlas visto más gordas**, **para tu la perra gorda**, **repicar** ~, **sudar la gota gorda** → CALDO, VISTA, VER, PERRO, REPICAR[1], GOTA. IV *adv* **23** (*col*) Con fuerza o intensidad. ■ **24 en** ~. (*col*) De manera importante o en gran cantidad.

gordolobo *m* Se da este n a varias plantas herbáceas del gén Verbascum, esp V. thapsus o ~ COMÚN.

gordura *f* Cualidad de gordo [1].

goreño -ña *adj* De Gor (Granada). *Tb n, referido a pers.*

gorfe *m* (*raro*) Remanso de un río en que hay hoyas donde las aguas forman remolinos.

gorgojo *m* **1** *Se da este n a diversos insectos coleópteros de cuerpo ovalado, rostro prolongado y pequeño tamaño, que atacan semillas, frutos, cortezas y tallos de las plantas, y son muy perjudiciales para la agricultura. Tb fig.* ■ **2** (*col, humoríst*) Pers. muy pequeña.

gorgona *f* (*Mitol clás*) Monstruo femenino terrible, de los tres caracterizados por tener la cabellera de serpientes. *Tb* (*lit*) *fig.*

gorgonia *f* (*Zool*) Celentéreo colonial de los fondos marinos (gén. *Gorgonia*).

gorgorita *f* (*raro*) Gorgorito.

gorgoritar *intr* (*raro*) Gorgoritear.

gorgoritear *intr* Hacer gorgoritos, *esp* [1].

gorgorito *m* **1** Quiebro que se hace con la voz, esp. al cantar. ■ **2** Burbuja. *Tb el ruido que hace al romperse.*

górgoro *m* (*raro*) Gorgorito [2].

gorgorotada *f* Trago, o cantidad de líquido que se bebe de una vez.

gorgoteante *adj* Que gorgotea.

gorgotear *intr* Producir ruido [un líquido o un gas] al moverse en una cavidad o al entrar o salir de ella. *A veces referido a la propia cavidad.*

gorgoteo *m* **1** Acción de gorgotear. *Frec su efecto.* ■ **2** Ruido semejante al gorgoteo [1], producido en la garganta al tragar, al respirar o al hablar.

gorguera *f* **1** (*hist*) Adorno del cuello, consistente en una tira ancha de tela blanca plegada y almidonada. ■ **2** (*Zool*) Conjunto de plumas de la garganta de determinadas aves.

gori *m* (*jerg*) Bronca o alboroto.

gorigori *m* (*col, humoríst*) Canto propio de entierros y funerales.

gorila *m* **1** Mono antropomorfo de cuerpo robusto de hasta más de 2 m de altura, cubierto de pelo denso y negro, brazos largos y musculosos y patas más cortas, que posee una fuerza extraordinaria y habita en África ecuatorial (*Gorilla gorilla*). ■ **2** (*col*) Guardaespaldas. ■ **3** (*col*) Guardián, o individuo encargado del servicio de orden.

gorita *adj* (*reg*) [Gallina] clueca.

gorja *f* **1** (*raro*) Garganta (parte del cuerpo). ■ **2** (*raro*) Garganta [de un río]. ■ **3** (*Arquit*) Gola (moldura en forma de S).

gorjear *intr* **1** Cantar [los pájaros]. ■ **2** Emitir [un niño] sonidos inarticulados. ■ **3** Emitir [una pers.] voces o sonidos alegres.

gorjeo *m* Acción de gorjear. *Frec su efecto.*

goro *m* (*reg*) Corral, u otro lugar destinado a guardar animales.

gorona *f* (*reg*) Pared circular o semicircular de piedra, que sirve de protección o abrigo a perss. o a frutales.

gorra I *f* **1** Prenda redondeada, gralm. con visera, que cubre la parte superior de la cabeza. **b)** ~ **de plato, ~ (de) visera** → PLATO, VISERA.
II *loc v* **2 pasar la ~.** (*col*) Pedir un donativo. ■ **3 pegar la ~** [a alguien o en un sitio]. (*col*) Comer o vivir a sus expensas. *Frec sin compl.*

III *loc adv* **4 con la ~.** (*col*) Con suma facilidad. ■ **5 de ~.** (*col*) A costa ajena. *Gralm con el v* COMER.

gorrazo I *m* **1** Golpe dado con una gorra o un gorro.
II *loc v* **2 correr a ~s** → CORRER.

gorrería *f* Establecimiento en que se hacen o venden gorras o gorros.

gorriato *m* (*reg*) Gurriato (pájaro).

gorrín -na *m y f* (*reg*) Cerdo pequeño.

gorrinada *f* (*col*) Cochinada o guarrada.

gorrinería *f* (*col*) **1** Cualidad de gorrino [3 y 4]. ■ **2** Cosa gorrina [4].

gorrinero -ra I *adj* **1** De(l) gorrino [1].
II *f* **2** Pocilga o cochiquera.

gorringo *m* (*reg*) Oronja (seta, *Amanita caesarea*).

gorrino -na I *m y f* **1** Cerdo (animal). *A veces designa al de edad inferior a cuatro meses.* ■ **2** Jabalí. ■ **3** (*col*) Pers. sucia. *Esp en sent físico. Tb adj. Frec usado como insulto.*
II *adj* **4** (*col*) [Cosa] sucia. *En sent físico o moral.*

gorrión -na I *n* A *m* **1** Pájaro pequeño y cosmopolita, de plumaje pardo con manchas y pico pequeño y cónico (*Passer domesticus*). *Tb designa únicamente el macho de esta especie. Con un adj especificador, designa otras especies:* ~ ALPINO (*Montifringilla nivalis*), ~ CHILLÓN (*Petronia petronia*), ~ MOLINERO (*Passer montanus*), ~ MORUNO (*Passer hispaniolensis*), *etc.* ■ **2** (*reg*) Individuo ladino o astuto. *Tb* ~ DE CANALERA.
B *f* **3** Hembra del gorrión [1].
II *loc adj* [Pico] **de ~** → PICO¹.

gorro I *m* **1** Prenda, gralm. de tela o lana, que cubre la cabeza ajustándose a su contorno y sin alas ni visera. **b)** ~ **frigio** → FRIGIO. **c)** (*col*) Sombrero. *Frec con intención humoríst.* ■ **2** ~ **verde.** Hongo comestible con sombrerillo de color verdoso (*Russula virescens*).
II *loc v* **3 estar hasta el ~** [de una pers. o cosa]. (*col*) Estar completamente harto o cansado [de ella]. ■ **4 llenar** [a alguien] **el ~.** (*col, raro*) Hartar[le] o hacer[le] perder la paciencia. ■ **5 poner** [alguien] **el ~** [a su pareja]. (*col*) Ser[le] infiel.

gorrón -na *adj* (*col*) [Pers.] que come o vive a costa ajena. *Tb n. Tb fig.*

gorronear (*col*) A *intr* **1** Comer o vivir a costa ajena.
B *tr* **2** Conseguir [algo] gratis o de gorra.

gorronería *f* (*col*) Cualidad de gorrón.

goshenita *f* (*Mineral*) Variedad incolora o blanca de berilo.

gospel (*ing; pronunc corriente, /góspel/*) *m* Cierto tipo de música religiosa propio de los negros de Estados Unidos. *Tb cada pieza de esa música. Tb adj.*

gospel-song (*ing; pronunc corriente, /góspel-song/*) *m* Canción gospel.

gota¹ I *f* **1** Pequeña porción de forma redondeada [de un líquido]. **b)** *En pl:* Pequeña cantidad [de un líquido]. **c)** *En pl:* Pequeña cantidad de licor que se añade al café o a otra bebida. *Normalmente en la constr* CON ~S. **d)** *En pl:* Medicamento líquido que ha de administrarse en un número determinado de gotas [1a]. ■ **2** (*hoy raro*) Caramelo redondo muy pequeño. ■ **3** (*col*) Mínima cantidad [de algo]. *Normalmente en frases negativas y frec en la forma* NI ~. **b)** *En pl:* Pequeña cantidad [de algo]. ■ **4 cuatro**

(o **dos**) ~**s**. (*col*) Lluvia breve y escasa. ▪ **5 ~ de le-che**. (*hoy raro*) Dispensario que proporciona leche esterilizada para la lactancia artificial. ▪ **6 ~ fría**. (*Meteor*) Borrasca de pequeñas dimensiones en las zonas altas de la atmósfera, que da lugar a grandes precipitaciones.

II *loc n m* **7 ~ a ~**. Método para administrar gota a gota [12] y por vía intravenosa suero u otro líqui-do. *Tb el aparato correspondiente*.

III *loc v* **8 parecerse** (*o* **ser**) [dos perss.] **como dos ~s de agua** (*o* **parecerse una ~ de agua a otra**). Ser iguales o muy semejantes. *Con intención ponderativa*. ▪ **9 ser** [algo] **de** (*o* **para**) **mear y no echar ~**. (*vulg*) Ser para quedarse ató-nito. *Con intención ponderativa*. ▪ **10 ser** [algo] **la ~ que colma** (*o* **hace rebosar**) **el vaso**. (*col*) Ser lo que hace que alguien deje de contenerse y reaccione con palabras o con hechos. ▪ **11 sudar la ~ gorda**. (*col*) Pasar mucho calor. **b)** **sudar la ~ gorda** [para algo]. Esforzarse mucho o pasar grandes dificulta-des [para ello].

IV *loc adv* **12 ~ a ~**. En forma de gotas [1a]. *Tb fig, con intención ponderativa*. **b)** De manera lenta pero constante. ▪ **13** (**una**) ~, *o* **ni** (**una**) ~. Nada.

gota² *f* **1** Enfermedad que se caracteriza por hin-chazón y dolor de algunas articulaciones pequeñas y exceso de ácido úrico en la sangre. ▪ **2 ~ serena**. Amaurosis.

goteante *adj* Que gotea [1 y 2].

gotear *intr* ➤ **a** *normal* **1** Caer [un líquido] gota a gota¹ [12]. ▪ **2** Dejar caer gotas¹ [1a] [algo]. ▪ **3** (*Econ*) *En bolsa*: Bajar [un valor o cotización] de manera lenta pero constante. ➤ **b** *impers* **4** Llover en forma de gotas espa-ciadas.

gotelé *m* Pintura de pared con relieve en forma de pequeñas gotas¹ [1a].

goteo *m* **1** Acción de gotear. ▪ **2** Hecho de produ-cirse algo en pequeña cantidad y de manera espa-ciada. **b)** Pérdida poco importante pero continuada [de algo]. ▪ **3** Gota a gota¹ [7].

gotera **I** *f* **1** Filtración de agua a través de un te-cho o pared. *Tb la mancha que deja y el lugar por el que se produce*. ▪ **2** Achaque de salud, esp. en la vejez. *Normalmente en pl. Tb fig*.

II *loc adj* **3 de ~**. (*hist*) [Hidalgo] que solo goza de sus derechos en un lugar, perdiéndolos si cambia de residencia.

gotero *m* Gota a gota (aparato para administrar suero u otro líquido por vía intravenosa).

goterón *m* Gota¹ [1a] grande, esp. de agua de lluvia.

goteroso -sa *adj* Que tiene goteras [1].

gotha (*n comercial registrado; pronunc*, /góta/) *m* (*lit*) **1** Catálogo de la nobleza. *Frec fig*. ▪ **2** Con-junto de personajes notables dignos de figurar en el gotha [1]. *Tb fig*.

goticismo *m* **1** Tendencia gótica [1b y 5]. ▪ **2** (*Ling*) Palabra o giro propios del gótico [7] o proce-dentes de él.

goticista *adj* De tendencia gótica [1b].

gótico -ca **I** *adj* **1** [Arte] desarrollado en Europa occidental del s. XII al Renacimiento y que en arqui-tectura se caracteriza por el empleo del arco apun-tado, la bóveda de crucería y los arbotantes. *Frec n m*. **b)** De(l) arte gótico. **c)** Cultivador del arte góti-co. ▪ **2** [Letra] de forma rectilínea y angulosa. **b)**

Escrito o impreso con letra gótica. ▪ **3** (*TLit*) [Novela], propia esp. de finales del s. XVIII y princi-pios del XIX, de tema terrorífico y misterioso, con es-pectros y encantamientos, y cuya acción se desarro-lla gralm. en castillos medievales. *Tb el género correspondiente*. **b)** Propio de la novela gótica. ▪ **4** (*col, hoy raro*) [Muchacho] presuntuoso e insustan-cial. *Siguiendo a* NIÑO. *Con intención desp*. ▪ **5** (*hist*) De (los) godos. ▪ **6** (*hist*) De(l) gótico [7]. **b)** Escrito en gótico.

II *m* **7** (*hist*) Idioma de los godos.

gotiera *f* (*Med*) Férula.

gotizante *adj* (*Arte*) Que tira a gótico [1].

gotoso -sa *adj* Que padece gota². *Tb n, referido a pers*.

gouache (*fr; pronunc corriente*, /guáʃ/, /guás/ *o* /guáʧe/) *m* Preparación pictórica en que las mate-rias colorantes están diluidas en agua mezclada con goma. *Tb la pintura realizada con ella*.

goulash (*ing; pronunc corriente*, /gulás/ *o* /guláʃ/) *m* Gulasch.

gourde (*fr; pronunc corriente*, /gurd/) *m* Unidad monetaria de Haití.

gourmet (*fr; pronunc corriente*, /gurmé/; *pl nor-mal*, ~s) *m y f* Pers. que aprecia el refinamiento en lo relativo a comer y beber. *Tb adj*.

goyesco -ca *adj* **1** Del pintor Francisco de Goya († 1828). *Frec aludiendo al carácter popular o ra-cial*. ▪ **2** [Corrida de toros] en que los toreros van vestidos a la usanza de la época de Goya. *Tb n f*.

gozada *f* (*col*) Cosa que produce gozo [1] intenso. *Con intención ponderativa*. **b)** Cosa muy buena o muy bonita. *Con intención ponderativa*.

gozador -ra *adj* **1** [Pers.] que goza, *esp* [1, 3 y 4]. *Tb n*. ▪ **2** Relativo a la acción de gozar.

gozamiento *m* (*raro*) Goce.

gozante *adj* (*raro*) Gozador [1]. *Tb n*.

gozar **A** *tr* **1** Experimentar gozo [1] [a causa de al-go (*cd*)]. **b)** Obtener el máximo placer [de algo (*cd*)]. **c)** ~**la**. (*col*) Disfrutar o pasarlo bien. ▪ **2** Tener o poseer [algo bueno o grato]. ▪ **3** (*lit*) Poseer sexual-mente [a una mujer].

B *intr* **4** Experimentar gozo [1] [a causa de al-guien o algo (*compl adv*)]. *Tb sin compl. Tb* (*lit*) *con un compl de interés*. **b)** Obtener el máximo placer [de algo]. ▪ **5** Tener o poseer [algo bueno o grato (*compl* DE)].

gozne *m* Bisagra constituida por dos piezas, de las cuales la inferior va provista de un eje que encaja en la superior.

gozo **I** *m* **1** Placer (sensación o sentimiento). *Gralm designa el de carácter espiritual*. **b)** Alegría (estado de ánimo placentero con tendencia a la animación y a la risa. *Frec en constrs como* NO CABER EN SÍ DE ~, *o* SALTAR DE ~. ▪ **2** Cosa que produce gozo [1]. ▪ **3** *En pl*: Composición poética en loor de la Virgen o los santos.

II *fórm or* **4 mi** (**tu, su**, *etc*) **~ en un pozo**. (*col*) Fórmula con que se comenta el no cumplimiento de algo bueno que se esperaba. * Nuestro gozo en un pozo; ha vuelto a fallar la máquina.

gozosamente *adv* De manera gozosa.

gozoso -sa *adj* **1** Que siente o muestra gozo [1]. ▪ **2** Que produce gozo [1]. ▪ **3** De(l) gozo [1]. **b)** Que implica o expresa gozo [1].

gozque *m* Perro pequeño. *Frec en la forma dim* GOZQUECILLO.

grabación *f* Acción de grabar, *esp* [2]. *Frec su efecto.*

grabado *m* **1** Acción de grabar [1]. ■ **2** Arte y técnica de grabar [1] un dibujo en una plancha y de reproducirlo después. *Tb el dibujo así reproducido.* ■ **3** Dibujo o ilustración que acompaña a un texto impreso.

grabador -ra I *adj* **1** Que graba [1 y 2]. *Tb n: m y f, referido a pers; f, referido a empresa.*
II *n* **A** *m y f* **2** Pers. que se dedica al arte del grabado. ■ **3** (*Informát*) Pers. que introduce y graba textos o datos en un ordenador.
B *f* **4** Aparato que sirve para grabar [2], esp. sonidos.
C *m* **5** Grabadora [4].

grabar *tr* **1** Marcar o dibujar [algo] mediante incisión, presión o reacción química. **b)** Marcar o dibujar [algo (*compl* CON) en un objeto o materia (*cd*)] mediante incisión, presión o reacción química. *Tb sin compl* CON. ■ **2** Impresionar en un disco o cinta magnética [imágenes o sonidos (*cd*) o las imágenes o sonidos de alguien o algo (*cd*)], de modo que puedan reproducirse posteriormente. *Tb abs.* **b)** Impresionar [un disco o una cinta magnética]. **c)** Realizar [alguien, esp. un artista] actuaciones que han de ser grabadas [2a] (*cd*)]. *Tb abs.* **d)** Realizar [alguien, esp. un artista] las actuaciones que han de ser grabadas [2a] [en un disco o una cinta magnética (*cd*)]. *Tb abs.* ■ **3** Fijar [algo] en la mente. *Frec con el compl* EN LA MEMORIA. **b)** *pr* (**~se**) Quedar [algo] fijo en la mente.

gracejar *intr* (*raro*) Bromear.

gracejería *f* (*raro*) Dicho gracioso.

gracejo *m* Gracia o desenvoltura para expresarse.

gracia (*con mayúscula en acep 8*) **I** *f* **1** Cualidad o conjunto de cualidades, independientes de la belleza, que hacen agradable o atractiva a una pers. o cosa. **b)** Manera desenvuelta y armoniosa de hacer algo. *Gralm con un compl especificador, que frec se omite por consabido.* **c)** Habilidad especial [para algo (*compl especificador*)]. ■ **2** Capacidad de divertir o de hacer reír. *A veces con intención irónica.* **b)** Hecho o dicho que divierte o causa risa. *A veces con intención irónica. Frec en la forma exclam* QUÉ ~, *o* VAYA (UNA) ~. ■ **3** Cualidad de sorprendente o curioso. *A veces con intención irónica.* **b)** Hecho o dicho sorprendente o curioso. *A veces con intención irónica.* **c)** Acción digna de admiración [de un niño o un animal]. *Frec en pl.* ■ **4** Don o favor gratuito. **b)** Indulto o perdón. *Frec en la constr* PRERROGATIVA, *o* DERECHO, DE ~. ■ **5** (*Rel crist*) Don sobrenatural y gratuito que Dios concede al hombre para hacer el bien y alcanzar la vida eterna. **b)** Carencia de pecado mortal. *Tb* ~ DE DIOS. ■ **6** Disposición amistosa o favorable [de alguien poderoso]. *Frec en pl.* **b)** Nombre [de una pers.]. ■ **7** (*pop*) Nombre [de una pers.]. ■ **8** (*Mitol clás*) Divinidad de las tres que representaban la amabilidad, la alegría y la belleza. *Normalmente en pl.* ■ **9** la ~ de Dios. (*col, hoy iron*) El sol y el aire puro.
II *loc adj* **10** de ~. [Tiro] que se da a una pers. o animal gravemente heridos, para rematarlos. *Tb fig.* **b)** [Golpe] de ~ → GOLPE. ■ **11** de ~. (*lit*) [Año] de la era cristiana. ■ **12** de ~. [Estado] de acierto o inspiración en lo que se hace. *Frec en deportes.* ■ **13** de ~s. (*Rel crist*) [Acción] de agradecimiento.
III *loc v y fórm or* **14** caer en ~. Resultar agradable o simpático. ■ **15** dar (las) ~s. Expresar agra-

decimiento, esp. con palabras. ■ **16** hacer ~ [alguien o algo]. Resultar gracioso o con gracia [2]. *A veces con intención irónica.* **b)** Resultar agradable o gustar. *Normalmente en constrs de sent neg.* **c)** Divertir o hacer reír. **d)** hacer maldita la ~. (*col*) No hacer ninguna gracia [16a y b]. *A veces en la forma* MALDITA LA ~ QUE HACE. ■ **17** hacer ~ [algo a una pers. o cosa]. Favorecer[la] o dar[le] gracia [1a]. ■ **18** hacer [a alguien] ~ [de algo]. (*lit*) Dispensar[le de ello]. ■ **19** reír las ~s [a alguien]. Aplaudir todas sus ocurrencias, aunque sean censurables. ■ **20** ser [algo] una triste ~, *o* tener triste (*o* maldita la) ~. (*col*) Ser desagradable o causar disgusto. ■ **21** y ~s, *o* y da (las) ~s. *Fórmula que expresa que hay que contentarse con lo conseguido, pues es lo máximo a que se puede aspirar.* * –¿Solo han venido tres? –Y gracias.
IV *loc adv* **22** de ~. Gratis o de balde. **b)** Sin aportar ningún mérito o esfuerzo. ■ **23** en paz y en ~ de Dios → PAZ. ■ **24** por la ~ de Dios. *Acompaña a la mención de títulos como rey, emperador o caudillo. Normalmente en inscripciones de monedas.* * Francisco Franco, Caudillo de España por la Gracia de Dios.
V *loc prep* **25** ~s a. Debido a. *Referido a hechos favorables. A veces con intención irónica.* ■ **26** en ~ a. (*lit*) En consideración a.
VI *interj* **27** ~s, *o* muchas ~s. *Expresa agradecimiento. Tb* UN MILLÓN DE ~s *o* (*lit*) MIL ~s *o* ~S MIL. ■ **28** ~s a Dios (*o* a Dios ~s). *Expresa satisfacción porque ha sucedido algo que se deseaba.* * –Ya han llegado. –¡Gracias a Dios! **b)** *Acompaña a la mención de un hecho o una circunstancia dichosos.* * Gracias a Dios, de salud está bien.

graciable *adj* [Cosa] que se puede otorgar de manera graciosa y no por derecho. **b)** Propio de la cosa graciable.

gracianesco -ca *adj* **1** Del escritor Baltasar Gracián († 1658). ■ **2** (*lit*) Conceptista.

graciano *m* (*Agric*) Variedad de uva temprana de la que se obtienen vinos famosos de la Rioja.

graciar (*conjug* **1a**) *tr* (*Der*) Conceder gracia [4b] [a alguien (*cd*)].

graciense *adj* De Gracia (Barcelona). *Tb n, referido a pers.*

gracieta *f* (*raro*) Gracia (hecho o dicho que divierte o causa risa).

grácil *adj* (*lit*) Delicado y gracioso. *En sent físico.*

gracilidad *f* (*lit*) Cualidad de grácil.

grácilis *adj* (*Anat*) [Músculo] recto interno del muslo. *Tb n m.*

grácilmente *adv* (*lit*) De manera grácil.

graciosamente *adv* De manera graciosa [1 y 2].

graciosidad *f* (*lit, raro*) Gracia (hecho o dicho que divierte o causa risa). *A veces con intención irónica.*

gracioso -sa I *adj* **1** Que tiene gracia [1, 2 y 3]. *A veces con intención irónica.* ■ **2** De (la) gracia [4].
II *m* **3** (*TLit*) En el teatro clásico: Personaje secundario encargado de hacer reír. *Tb el actor que lo encarna.*

grada[1] *f* **1** Peldaño o escalón. *Normalmente referido al trono o al altar.* **b)** *En pl*: Escalinata. ■ **2** *En una plaza de toros, estadio o construcción similar*: Escalón corrido que sirve de asiento. **b)** Público que ocupa la grada. ■ **3** Plano inclinado construido a orillas del mar o de un río, en el que se construyen o reparan barcos.

grada[2] *f* (*Agric*) Utensilio de labranza que consiste en una reja o parrilla con que se allana y desterrona la tierra después de arada, para sembrarla. *A veces con un compl especificador:* DE DIENTES, DE DISCO.

gradación *f* **1** Serie o sucesión de distintos grados[1] [1a]. **b)** (*TLit*) Figura que consiste en colocar varias palabras o expresiones según una progresión en sentido creciente o decreciente. ■ **2** (*semiculto*) Grado[1] [1a].

gradar *tr* (*Agric*) Allanar y desterronar [la tierra] con la grada[2]. *Tb abs.*

gradear *tr* (*reg*) Gradar.

gradén *m* Conjunto de cajones unidos de un armario.

gradense *adj* De Graus (Huesca). *Tb n, referido a pers.*

gradeo *m* (*Agric*) Acción de gradar o gradear.

gradería *f* Conjunto de gradas[1] [2], esp. de un teatro clásico. *A veces en pl con sent sg.*

graderío *m* Conjunto de gradas[1] [2], esp. de un campo de deportes o de una plaza de toros. *Frec en pl con sent sg.* **b)** Público que ocupa el graderío.

gradiente *m* (*E*) Aumento o disminución [de una magnitud física] en función de la distancia. *Tb el índice correspondiente. Tb fig, fuera del ámbito técn.*

gradilla *f* **1** Escalerilla portátil. ■ **2** Soporte para tubos de ensayo en un laboratorio.

gradina *f* (*Escult*) Cincel dentado usado esp. para labrar mármol.

gradinata *f* (*Arte, raro*) Escalinata.

grado[1] **I** *m* **1** Posición o estado entre los posibles en una serie ordenada de manera creciente o decreciente. **b)** Lugar en la escala de la jerarquía militar. *Tb fig, referido a la jerarquía en gral.* **c)** *Precedido de los adjs* PRIMER, SEGUNDO *y* TERCER, *se usa en distintos ámbitos para expresar el grado* [1a] *de gravedad o de dureza.* **d) tercer ~.** Interrogatorio policial en que se somete al interrogado a torturas físicas o mentales. *A veces* INTERROGATORIO DE TERCER ~. *Frec fig, fuera del ámbito policial.* ■ **2** Proximidad relativa de parentesco. *Normalmente con un adj numeral ordinal.* ■ **3** Unidad de medida de temperatura. *Con un adj o compl especificador:* CENTÍGRADO *o* DE CELSIUS, FAHRENHEIT, KELVIN. **b)** *Sin especificador:* Grado centígrado. **c) ~ geotérmico** → GEOTÉRMICO. ■ **4** Unidad de medida de la proporción alcohólica de un líquido, equivalente a un centímetro cúbico de alcohol puro en cien centímetros cúbicos de líquido. ■ **5** (*Fís y Quím*) Unidad de medida para determinadas propiedades. *Con un compl especificador.* ■ **6** (*Geom*) Parte de las 360 en que se considera dividida la circunferencia, que se utiliza como unidad de medida de ángulos y de longitud y latitud geográficas. *Tb* → SEXAGESIMAL (→ SEXAGESIMAL). **b) ~ centesimal** → CENTESIMAL. ■ **7** (*Enseñ*) Título que se alcanza al superar determinados niveles de estudio. *Frec con un adj o compl especificador, que a veces se omite, por consabido.* **b)** (*hoy raro*) Bachillerato. ■ **8** (*Gram*) Forma con la que se expresa la intensidad relativa del contenido [de un adjetivo o un adverbio]. ■ **9** (*Mat*) *En un monomio:* Exponente de una letra, o suma de los exponentes de cada una de sus letras. **b)** *En un polinomio, una ecuación o una función:* Exponente máximo de los que tiene una letra, o, si hay varias, suma de todos los exponentes de aquel término en que dicha suma sea mayor. ■ **10** (*Mús*) Nota de la escala diatónica,

con relación a las otras notas de la misma. ■ **11** (*raro*) Peldaño o escalón.
II *loc adj* **12 de ~s.** *En una universidad:* [Salón] en que se celebra la colación del grado [7a] de doctor.
III *loc adv* **13 en ~ sumo** (*en alto ~, o en ~ superlativo*). Mucho. *Con intención ponderativa.* **b) en mayor o menor ~.** Con mayor o menor intensidad.

grado[2] *loc adv* (*lit*) **1 de buen** (*o* **mal**) **~.** Voluntariamente o con gusto (o no). ■ **2 de ~.** (*raro*) Voluntariamente o con gusto. ■ **3 de ~ o por fuerza.** Por las buenas o por las malas.

graduable *adj* Que se puede graduar, *esp* [1].

graduación *f* **1** Acción de graduar(se). *Tb su efecto.* ■ **2** Número de grados[1] [4 y 6] [de algo]. ■ **3** Grado[1] [1a] de corrección [de un cristal óptico o de unas gafas]. *A veces referido a la pers que la precisa.* ■ **4** Grado[1] [de un militar].

graduadamente *adv* De manera graduada o por grados[1] [1a].

graduado -da I *adj* **1** *part* → GRADUAR. ■ **2** [Vino u otra bebida alcohólica] que tiene muchos o pocos grados[1] [4]. *Con un adv cuantitativo.* ■ **3** [Escuela] que imparte todos los grados de enseñanza primaria. *Frec n f.*
II *m y f* **4** Pers. que tiene el título oficial correspondiente a unos estudios. *Con un compl especificador.* **b) ~ escolar.** Pers. que tiene el título oficial correspondiente a los estudios primarios. **c)** *Sin compl:* Graduado universitario.

graduador *m* Instrumento que sirve para graduar, *esp* [1].

gradual I *adj* **1** Que va o se produce por grados[1] [1a].
II *m* **2** (*Rel catól*) Lectura de algunos fragmentos de salmos que sigue a la epístola en ciertas misas.

gradualidad *f* Cualidad de gradual [1].

gradualismo *m* (*raro*) Cualidad de gradual [1].

gradualista *adj* Que tiende al gradualismo. *Tb n, referido a pers.*

gradualmente *adv* De manera gradual [1].

graduando -da *m y f* (*Enseñ*) Pers. que va a recibir un grado universitario.

graduar (*conjug* 1d) **A** *tr* **1** Dar [a algo (*cd*)] el grado[1] [1a] conveniente o deseado. **b)** Dotar [a un cristal óptico o a unas gafas (*cd*)] de la corrección necesaria. *Frec en part.* ■ **2** Disponer [algo] por grados[1] [1a]. ■ **3** Medir el grado o los grados[1] [1a, 4 y 5] [de algo (*cd*)]. ■ **4** Marcar [un objeto de medida] con los grados[1] [3, 4, 5 y 6] u otros elementos en que se divide. *Frec en part.*
B *intr pr* (**~se**) **5** Obtener determinados títulos de enseñanza, esp. de bachiller, licenciado o doctor. ■ **6** Obtener [el grado militar que se expresa (*compl* DE)].

gradulux (*n comercial registrado; pl invar*) *m* Persiana veneciana. *A veces en aposición con* PERSIANA.

grafema *m* (*Ling*) Unidad mínima, indivisible y distintiva de un sistema gráfico.

grafemático -ca *adj* (*Ling*) De(l) grafema o de (los) grafemas.

graffiti (*it; pronunc corriente,* /grafíti/) *m pl* **1** Inscripciones o dibujos hechos en las paredes. **b)** (*se-*

miculto) *En sg*: Inscripción o dibujo hecho en la pared. ■ **2** (*Arqueol*) Grafitos² [2].

grafía *f* Representación [de un sonido o palabra] por medio de la escritura. *Tb sin compl.*

grafiar (*conjug* 1c) *tr* **1** Representar [algo] en un gráfico. ■ **2** Dar forma gráfica [a algo (*cd*)].

gráficamente *adv* De manera gráfica [2, 3 y 4].

gráfico -ca I *adj* **1** De (la) grafía. **b)** [Acento] ~ → ACENTO. ■ **2** Que se hace o representa por medio de signos o figuras. ■ **3** Que expresa con total claridad la idea que representa, como si hiciera visible su imagen. ■ **4** Relativo a las imágenes o ilustraciones de una publicación. **b)** Que contiene imágenes o se basa fundamentalmente en imágenes. **c)** (*Per*) [Periodismo o periodista] de (la) imagen. *Tb n, referido a pers.* ■ **5** [Artes] relativas a la producción de libros u otro material impreso. *Alguna vez en sg. Frec en denominaciones de empresas; en este caso, frec como n f en pl.* **b)** De (las) artes gráficas.
II *n* A *m* **6** Representación gráfica [2].
B *f* **7** Gráfico [6]. **b)** (*Mat*) Representación de dos o más datos numéricos por medio de una o varias líneas que marcan la relación entre ellos. ■ **8** Técnica de representación mediante dibujos, imágenes o gráficos [6].
C *m y f* **9** Empleado de artes gráficas [5].

grafila (*tb* **gráfila**) *f* (*Numism*) Orla de puntos o líneas de una moneda.

grafiol *m* Dulce a modo de melindre en forma de S, hecho con masa de bizcocho y mantequilla. *Gralm en pl.*

grafiosis *f* (*Bot*) Enfermedad del olmo producida por el hongo *Graphium ulmi.*

grafismo *m* **1** Carácter o conjunto de caracteres propios de un sistema de escritura. **b)** Modo peculiar de escribir a mano [de una pers.]. ■ **2** Modo de expresión gráfica [2]. ■ **3** Letra, frase, dibujo u otra representación gráfica [2]. ■ **4** Diseño gráfico [5b]. ■ **5** Condición de gráfico [3].

grafista *m y f* Especialista en grafismo [4].

grafito¹ *m* Variedad de carbono cristalizado, casi puro, que se emplea en la industria y para la fabricación de lapiceros.

grafito² *m* **1** Inscripción o dibujo hecho en las paredes. ■ **2** (*Arqueol*) Inscripción o dibujo, hechos gralm. en una pared o monumento.

grafo *m* (*Matem*) Conjunto de puntos unidos por líneas, que permite representar ciertas relaciones funcionales y resolver gráficamente numerosos problemas.

grafo- *r pref* De (la) escritura. * Grafonomía. * Grafotecnia. * Grafopsicología.

grafología *f* **1** Estudio de las particularidades de un tipo de escritura, para determinar los caracteres psicológicos o fisiológicos que revela de su autor o para establecer la identidad de este. ■ **2** Letra o modo peculiar de escribir [de una pers.].

grafológicamente *adv* Desde el punto de vista grafológico.

grafológico -ca *adj* De (la) grafología o de su objeto.

grafólogo -ga *m y f* Especialista en grafología [1].

grafomanía *f* Manía de escribir.

grafómano -na *adj* Que tiene grafomanía. *Tb n.*

grafopatología *f* (*Med*) Estudio de la escritura como indicación del estado mental o físico de una pers.

grafopatológico -ca *adj* (*Med*) De (la) grafopatología.

gragea *f* Pequeña porción de medicamento, gralm. de forma redondeada, recubierta de una capa de sustancia agradable al paladar.

graja *f* Grajo (ave semejante al cuervo). *Tb designa otras especies similares, excluido el cuervo.*

grajero -ra *adj* [Lugar] en que anidan los grajos [1].

grajilla *f* Ave semejante al cuervo, pero de menor tamaño, con plumaje negro y cogote y zona auricular de color gris (*Corvus monedula*).

grajo *m* **1** Ave semejante al cuervo, pero más pequeña, con plumaje negro azulado y cara blanca (*Corvus frugilegus*). *Tb designa otras especies similares, incluido el cuervo.* ■ **2** (*jerg*) Cura o sacerdote.

gralla *f* Instrumento músico de viento de la familia de la chirimía, propio de Cataluña y regiones cercanas.

grama *f* Se da este n a varias plantas gramíneas, esp *Cynodon dactylon* (~ COMÚN), *Agropyrum repens* o *A. junceiforme* (~ DEL NORTE), *Poa pratensis* (~ DE PRADOS) y *Anthoxanthum odoratum* (~ DE OLOR).

gramaje *m* (*E*) Peso en gramos.

gramalla *f* (*hist*) Vestidura talar a manera de bata.

gramallera *f* (*reg*) Llar (cadena que pende de la chimenea).

gramar *tr* (*reg*) Amasar por segunda vez [una masa].

gramática → GRAMÁTICO.

gramatical *adj* **1** De (la) gramática [2 y 3]. ■ **2** Que se ajusta a las reglas o normas gramaticales [1].

gramaticalidad *f* Cualidad de gramatical [2].

gramaticalización *f* (*Ling*) Proceso por el cual una palabra se vacía de significado y toma carácter de puro elemento gramatical.

gramaticalmente *adv* **1** De manera gramatical. ■ **2** En el aspecto gramatical.

gramático -ca A *m y f* **1** Especialista en gramática [2].
B *f* **2** Ciencia que estudia la estructura [de un idioma]. *Frec sin compl.* **b)** Tratado de gramática. **c)** (*hist*) Gramática latina. ■ **3** Sistema o conjunto de normas [de un idioma]. *Tb sin compl.* **b)** Uso de un idioma de manera ajustada a las normas. ■ **4** (*lit*) Teoría y técnica [de un arte]. ■ **5 gramática histórica.** Estudio de la evolución histórica de los sonidos, la morfología y la sintaxis [de una lengua]. *Tb sin compl.* ■ **6 gramática parda.** (*col*) Habilidad o astucia en el trato con los demás, que frec. permite salir airoso de las dificultades. *Frec con intención peyorativa.*

gramatiquería *f* (*desp*) Cuestión gramatical [1] nimia. *Gralm en pl.*

gramicidina *f* (*Med*) Antibiótico extraído de las esporas del *Bacillus brevis*, que ataca enérgicamente a los microbios grampositivos.

gramil *m* (*E*) Instrumento que sirve para trazar líneas paralelas a uno de los bordes de una pieza.

graminácea *adj* Gramínea. *Tb n.*

gramínea *adj* [Planta] monocotiledónea, frec. herbácea y de tallo cilíndrico y nudoso, flores que se reúnen en inflorescencias compuestas y fruto gralm. en cariópside. *Frec como n f en pl, designando este taxón botánico.*

gramnegativo -va (*tb con la grafía* **gram-negativo**) *adj* (*Biol*) [Germen] que, teñido con determinados colorantes, pierde la coloración al ser tratado con alcohol.

gramo *m* **1** *En el sistema métrico decimal:* Unidad de peso equivalente al de un centímetro cúbico de agua pura a la temperatura de 4 °C. *Tb la pesa correspondiente.* **b)** ~ **peso.** (*Fís*) Pondio. ■ **2** (*col*) Mínima cantidad [de algo].

gramofónico -ca *adj* De(l) gramófono.

gramófono (*n comercial registrado*, Gramophone) *m* Aparato que reproduce el sonido grabado en un disco.

gramola (*n comercial registrado*) *f* Gramófono. **b)** Gramófono que funciona con monedas, propio de determinados establecimientos públicos.

grampín *m* (*Mar*) **1** Instrumento a modo de ancla pequeña que se pone en el extremo de un cabo y sirve para engancharlo. ■ **2** (*reg*) Aparejo de pesca formado por cuatro anzuelos atados.

grampositivo -va (*tb con la grafía* **gram-positivo**) *adj* (*Biol*) [Germen] que, teñido con determinados colorantes, no pierde la coloración al ser tratado con alcohol.

gran → GRANDE.

grana[1] **I** *f* **1** Color rojo oscuro, extraído de la cochinilla *Coccus cacti.* **b)** *Se usa en constrs de sent comparativo para ponderar la rojez o el rubor.* * *Solo de pensarlo, me puse como la grana, muerto de vergüenza.* ■ **2** (*hist*) Cierto paño fino. **II** *adj invar* **3** Que tiene color grana [1]. ■ **4** (*hist*) [Película] calificada como muy peligrosa desde el punto de vista moral. ■ **5 de ~ y oro.** (*reg*) Borracho. *Con vs como* ESTAR *o* PONERSE.

grana[2] *f* **1** Acción de granar [1]. *Tb el tiempo en que se produce.* ■ **2** Semilla [de algunos vegetales].

granada *f* **1** Fruta redondeada de unos 10 cm de diámetro, con corteza rojiza, dura y correosa que cubre multitud de granos encarnados, jugosos y dulces o agridulces, cada uno de los cuales contiene una pequeña pepita blanca. ■ **2** Proyectil hueco y redondeado cargado de explosivo o de gas y que se lanza a mano, con fusil o con una pieza de artillería. *Frec con un compl especificador.*

granadero -ra (*hist*) **I** *m* **1** Soldado de infantería armado con granadas [2]. **b)** Soldado perteneciente a determinadas unidades de guardia. **II** *adj* **2** De (los) granaderos [1].

granadí *adj* (*lit*) Granadino [1]. *Tb n.*

granadilla *f* Pasionaria (planta).

granadillo *m* Se da este n a los árboles americanos *Caesalpina melanocarpa, Brya ebenus* y *B. buxifolia,* de madera dura y compacta, de color oscuro, muy apreciada en ebanistería. *Frec su madera.*

granadina[1] *f* **1** Zumo de granada [1]. ■ **2** Jarabe o refresco de granadina [1].

granadina[2] → GRANADINO.

granadinismo *m* (*lit*) Condición de granadino [1].

granadino -na I *adj* **1** De Granada. *Tb n, referido a pers.* ■ **2** De Granada (Colombia) o de Granada (Nicaragua). *Tb n, referido a pers.* ■ **3** De la isla de Granada. *Tb n, referido a pers.* **II** *f* **4** Granaína. ■ **5** (*reg*) Escalope de ternera aderezado con jamón, habas y una salsa de cebolla y vino fino.

granado[1] *m* Árbol de 5 a 6 m de altura, de tronco liso y tortuoso, hojas oblongas y lustrosas y flores rojas, cuyo fruto es la granada [1] (*Punica granatum*).

granado[2] **-da** *adj* **1** *part* → GRANAR. ■ **2** Notable o destacado. ■ **3** [Pers.] madura.

granaína *f* Variedad de fandango propia esp. de Granada.

granalla *f* (*Metal*) Granos o pequeñas porciones [de un metal].

granallado *m* (*Metal*) Tratamiento de superficies metálicas mediante proyección de granalla a gran velocidad, para limpiarlas o aumentar su resistencia.

granalladora *f* (*Metal*) Máquina para efectuar el granallado.

granar *intr* **1** Producir y desarrollar el grano [una planta (*suj*)] o la parte de ella destinada a esta función]. ■ **2** Llegar [alguien o algo] a su pleno desarrollo o madurez. *Tb fig. Alguna vez pr* (~**se**).

granate I *m* **1** Piedra fina y muy dura, compuesta de silicato doble de aluminio y de hierro u otros óxidos metálicos, algunas de cuyas variedades, esp. la de color rojo, son muy apreciadas en joyería. *Diversas variedades se distinguen por medio de adjs:* ALMANDINO, NOBLE, ORIENTAL, *etc.* **II** *adj* **2** [Color] rojo oscuro. *Tb n m.* **b)** Que tiene color granate.

granatilla *f* (*reg*) Granate almandino (→ ALMANDINO).

granazón *f* Acción de granar [1].

Gran Bretaña. hijo de la ~ → HIJO.

grancanario -ria *adj* De la isla de Gran Canaria. *Tb n, referido a pers.*

grancero -ra (*Agric*) **I** *adj* **1** De (las) granzas[2] [2]. **II** *m* **2** Lugar en que se recogen las granzas[2] [2].

grancilla *f* Carbón mineral en trozos que oscilan entre 12 y 15 mm.

grande I *adj* (*salvo casos aislados, toma la forma* GRAN *cuando precede inmediatamente a un n m o f en sg; pero esta apócope no se produce si al adj le precede el adv* MÁS *o* MENOS) **1** Que ocupa más espacio o superficie de lo normal o de lo corriente en seres que forman serie con el nombrado. **b)** [Pers.] corpulenta, esp. alta. *Normalmente después del n.* **c)** Excesivo en tamaño [para la pers. o cosa a que está destinada]. *Frec con vs como* SER, ESTAR, QUEDAR *o* VENIR. **d)** (*col*) Excesivo para la capacidad o el mérito propios. *Normalmente en la constr* VENIR[LE] ~ [algo a alguien]. **e)** *Se usa como especificador de algunas especies zoológicas:* GARCETA ~, PÁGALO ~, ZARCERO ~, *etc* (→ GARCETA, PÁGALO, ZARCERO, *etc*). ■ **2** [Pers.] adulta. *Tb n, frec contrapuesto a* CHICO *o* PEQUEÑO. ■ **3** Importante cualitativamente. **b)** **gran maestre, gran** (*o* ~) **Oriente, gran simpático** → MAESTRE, ORIENTE, SIMPÁTICO. **c)** [Día o semana] de la fiesta [de una población]. *Después del n.* **d)** Excelente. *Delante del n.* **e)** [Hombre] ilustre.

grandemente – grano

Delante del n. **f)** Notable o curioso. *Con intención irónica, para poner de relieve lo absurdo del caso que se comenta. Frec en la constr* LO ~ (DEL CASO) ES... **g)** *(col) Precedido a un insulto, sirve para intensificarlo.* * Qué pupila tienes, grandísima pécora. **h)** [Hijo] **de la grandísima** → HIJO. **i)** *Sustantivado con art, en pl y frec precedido de adj numeral:* Los personajes de mayor importancia [de determinado campo]. *Tb fig, referido a países o empresas. Cuando no va seguido de compl especificador, suele designar a jefes de Estado. Alguna vez referido a n en sg.* * Reunión de los grandes del petróleo. * Reunidos en Potsdam los tres grandes. * Chueca, que un día será grande de la música. ■ **4** Importante por su cuantía o por su intensidad.

II *n* A *m* y *f* **5** ~ **de España.** Pers. de la más alta nobleza, que antiguamente tenía la prerrogativa de poder cubrirse en presencia del rey, si era caballero, o de sentarse en presencia de la reina, si era dama.

B *f* **6** *(Juegos) En el mus:* Jugada que consiste en tener las cartas de más valor.

III *loc v* **7 repicar** ~ → REPICAR[1].

IV *loc adv* **8 a lo** ~, o **en** ~. *(col)* Por todo lo alto. *Tb adj. Tb fig.* ■ **9 en** ~. *(col)* Magníficamente. *Frec en la constr* PASÁR(SE)LO EN ~.

grandemente *adv (lit)* Mucho.

grandeur *(fr; pronunc corriente, /grandör/) f* Grandeza o importancia política. *Referido a Francia. Tb fig, referido a otras realidades.*

grandeza *f* **1** Cualidad de grande, *esp* [3]. **b)** Importancia de una pers. en el aspecto social o económico. *En constrs como* AIRES, MANÍA *o* DELIRIOS DE ~. ■ **2** Dignidad de grande de España. *Tb* ~ DE ESPAÑA. **b)** Conjunto de los grandes de España. *Tb* ~ DE ESPAÑA. **c)** Alta nobleza. ■ **3** *(lit)* Hecho o cualidad notable o importante [de alguien o algo]. *Gralm en pl.*

grandifloro -ra *adj (Bot)* De flores grandes.

grandilocuencia *f* Cualidad de grandilocuente.

grandilocuente *adj* [Pers.] que se expresa de manera altisonante y enfática. **b)** Propio de la pers. grandilocuente.

grandilocuentemente *adv* De manera grandilocuente.

grandiosamente *adv* De manera grandiosa.

grandiosidad *f* Cualidad de grandioso.

grandiosla *interj (reg)* Expresa admiración o sorpresa.

grandioso -sa *adj* [Cosa] que causa admiración por su magnitud o importancia. *Raro, referido a pers. Gralm usado con intención enfática.*

grandor *m (raro)* Cualidad de grande [1].

grand slam *(ing; pronunc corriente, /grán-eslám/) m (Golf y Tenis)* Torneo que se celebra entre los que han obtenido las mejores clasificaciones en las principales competiciones de la temporada.

granducal *adj* De(l) gran duque o de(l) gran ducado.

grandullón -na *adj (col)* [Muchacho] demasiado grande [1b] para su edad, o demasiado mayor respecto a aquellos con quienes trata. *Tb n. Frec con matiz desp. A veces tb dicho de adultos o de animales.*

graneado[1] -da *adj* **1** *part* → GRANEAR. ■ **2** *(Mil)* [Fuego] hecho por todos los soldados, cada uno individualmente y lo más deprisa posible. *Tb fig.*

graneado[2] *m (lit o E)* Acción de granear.

granear *tr (lit o E)* Dar aspecto granuloso [a algo].

granel I *loc adv* **1 a** ~. Sin envasar. *Tb adj.* ■ **2 a** ~. En abundancia. *Tb adj.*
II *m* **3** Producto o material a granel [1].

granelero *adj* [Barco] para el transporte de cargas a granel [1]. *Tb n m.*

granero *m* **1** Lugar en que se guarda el grano [1]. ■ **2** Territorio que produce muchos cereales y provee de ellos [a otro *(compl de posesión)*].

granguiñolesco -ca *adj (Escén y TLit)* Terrorífico o truculento. *Frec con intención desp.*

granífugo -ga *adj (Meteor)* [Medio o aparato] que sirve para evitar las granizadas.

granigrueso -sa *adj (Mineral)* De grano [4b] grueso. *Normalmente referido al granito.*

granilla *f (reg)* Semilla [de la uva, el tomate u otros frutos].

granitero -ra *adj* Que se dedica a la industria o comercio del granito[1]. *Tb n, referido a pers.*

granítico -ca *adj* **1** De(l) granito[1]. ■ **2** *(Mineral)* [Estructura] granuda.

granito[1] *m* Roca ígnea muy dura, compuesta de cuarzo, feldespato y mica, susceptible de hermoso pulimento y que se emplea frec. en construcción.

granito[2] *m (Tex)* Tejido cuya superficie presenta pequeños puntos de relieve.

granívoro -ra *adj (Zool)* [Animal] que se alimenta de granos [1].

granizada *f* **1** Hecho de granizar. *Tb su efecto.* ■ **2** Hecho de caer o producirse gran cantidad [de cosas] de manera continuada.

granizado -da *adj* **1** *part* → GRANIZAR. ■ **2** [Refresco] semihelado que presenta un aspecto granuloso. *Frec n m.*

granizar *intr impers* Caer granizo.

granizo *m* Agua helada que cae de las nubes en forma de granos más o menos duros y gruesos.

granja *f* **1** Finca destinada a la explotación agrícola o ganadera, en la que hay construcciones para vivienda, establo, almacenes y otros usos. **b)** ~-**escuela** → ESCUELA. **c)** ~ **marina.** Instalación en el mar para la cría y explotación de peces y otros animales marinos. ■ **2** ~ **de viento.** Conjunto grande de generadores movidos por el viento para producir electricidad. ■ **3** *(hoy raro)* Cafetería. *Normalmente formando parte del nombre de algunos establecimientos de este tipo.*

granjear *tr* Atraer o captar [algo para alguien]. *Frec el ci es refl.*

granjería I *f* **1** Ganancia o beneficio económico. ■ **2** Tráfico o comercio.
II *loc v* **3 hacer** ~ [de algo]. Utilizar[lo] para obtener un beneficio.

granjero -ra *m y f* Pers. que cuida una granja [1].

grano I *m* **1** Fruto y semilla de los cereales. *Frec en sg con sent colectivo.* ■ **2** Semilla, gralm. pequeña y redondeada, [de una planta]. ■ **3** Fruto, gralm. pequeño y redondeado, de los que constituyen un agregado. ■ **4** Porción pequeña y redondeada [de algo]. **b)** Concreción pequeña y redondeada que se percibe en la superficie o en la masa [de algo]. *Tb en sg con sent colectivo.* ■ **5** Pequeño bulto, a veces con pus, que se forma en la piel. **b)** (*col*) Pers. o cosa que es motivo de grave preocupación o incomodo. ■ **6** Parte sustancial o importante [de algo no material]. *Normalmente en las constrs* (IR) AL ~ *o* APARTAR (*o* SEPARAR) EL ~ DE LA PAJA. ■ **7** (*Tex y Lab*) Pequeños puntos de relieve perceptibles en la superficie de un tejido o de una labor de punto. *A veces con un compl especificador. Tb el mismo tejido.* ■ **8** (*Fotogr*) Manchita negra o gris, constituida por acumulación de partículas de plata, de las que unidas forman la imagen fotográfica. ■ **9** (*hist*) Medida de peso equivalente a 49 mg aproximadamente. ■ **10** ~ **de anís.** Cosa sin importancia. *Normalmente en la constr* NO SER ~ DE ANÍS. ■ **11** ~ (*o frec* **granito**) **de arena.** Pequeña contribución o colaboración. ■ **12** ~**s de amor.** Mijo del sol (planta). **II** *loc v* **13 salirle** [a alguien] **un** ~ [con una pers. o cosa]. (*col*) Convertirse [esa pers. o cosa] en motivo de grave preocupación o incomodo [para él]. **III** *loc adv* **14 con un** (*o* **su**) ~ **de sal.** (*lit*) Con prudencia o con reserva.

granollerense *adj* De Granollers (Barcelona). *Tb n, referido a pers.*

granoso -sa *adj* Que presenta granos [4] en su estructura o en su superficie.

granudo -da *adj* **1** (*Mineral*) Que presenta granos [4]. **b)** [Estructura] propia del mineral granudo. ■ **2** (*raro*) Que tiene granos [5a].

granuja[1] *adj* [Pers.] de pocos escrúpulos o que engaña con habilidad y picardía. *Frec n. Frec como insulto. A veces con intención afectiva, esp referido a niños.*

granuja[2] *f* Conjunto de simientes [de la uva].

granujada *f* Acción propia de un granuja[1].

granujería *f* Cualidad de granuja[1].

granujiento -ta *adj* [Pers. o, más raro, cosa] que tiene muchos granos [4 y 5a]. *Tb n, referido a pers.*

granulación **I** *f* **1** Acción de granular(se). *Tb su efecto.* ■ **2** (*Biol*) Gránulo [del protoplasma celular]. ■ **3** (*Astron*) Conjunto formado por innumerables manchas brillantes de la fotosfera solar. **II** *loc adj* **4 de ~.** (*Med*) [Tejido conjuntivo] muy vascularizado que se forma en el proceso de curación de una herida.

granulado -da *adj* **1** *part* → GRANULAR[1]. ■ **2** Que se presenta en forma de gránulos o granos [4]. *Tb n m, referido a producto.* ■ **3** Que tiene gránulos o granos [4].

granulador -ra *adj* Que granula[1] [1a]. *Tb n, m y f, referido a aparato o máquina.*

granular[1] *tr* **1** Reducir [algo] a gránulos o granos [4a]. **b)** *pr* (**~se**) Reducirse [algo] a gránulos o granos [4a]. ■ **2** Llenar de granos [4 y 5a] [algo o a alguien]. **b)** *pr* (**~se**) Llenarse de granos [4 y 5a] [algo o alguien].

granular[2] *adj* **1** De(l) grano [4 y 5a] o de(l) gránulo. **b)** (*Biol*) [Teoría] según la cual el núcleo y el protoplasma celular están constituidos por numerosos gránulos independientes. ■ **2** Que tiene aspecto o estructura granular [1a].

granulento -ta *adj* (*raro*) Que presenta gránulos o granos [4].

granulia *f* (*Med*) Tuberculosis miliar.

gránulo *m* (*E*) Grano [4] pequeño.

granulocito *m* (*Biol*) Célula, esp. leucocito, que contiene gránulos.

granuloma *m* (*Med*) Tumor formado por tejido de granulación.

granulomatosis *f* (*Med*) Formación de granulomas múltiples.

granulomatoso -sa *adj* (*Med*) De(l) granuloma o que tiene caracteres de granuloma.

granulometría *f* (*E*) Medición de la proporción de granos o partículas de diferentes tamaños de una mezcla. *Tb la misma proporción.*

granulométrico -ca *adj* (*E*) De (la) granulometría.

granuloso -sa *adj* Que tiene gránulos o que se caracteriza por la presencia de gránulos.

granvás (*tb* **granvas**) *m* Vino espumoso natural cuya segunda fermentación se hace en grandes tanques herméticos. *A veces en aposición con* MÉTODO.

granza[1] *f* Rubia (planta).

granza[2] *f* **1** Impureza o residuo que queda al cribar o limpiar determinadas materias. ■ **2** (*Agric*) *En pl*: Residuos de pajas largas, espigas y granos sin descascarillar que quedan de los cereales cuando se criban.

granzón *m* (*Min*) Trozo grande de mineral, que no pasa por la criba. *Tb fig.*

grao *m* (*reg*) Playa o porción de litoral que se utiliza como desembarcadero. *A veces se usa como n propio de determinados puertos.*

grapa[1] *f* Pieza metálica con los extremos doblados en ángulo recto, que se clavan para unir o sujetar dos cosas, esp. papeles. **b)** (*Constr*) Pieza metálica, de formas diversas, usada para unir o sujetar dos o más piezas de madera u otro material.

grapa[2] *f* (*raro*) Aguardiente de orujo.

grapadora *adj* [Máquina] que sirve para grapar. *Gralm n f.*

grapar *tr* Unir o sujetar con grapas[1].

grapo *m y f* Miembro de la banda terrorista GRAPO (Grupos Revolucionarios Antifascistas Primero de Octubre).

grappa (*it; pronunc corriente,* /grápa/) *f* Aguardiente italiano de orujo.

graptolites *m* (*Zool*) Pólipo fósil de la Era Primaria, esp. del período silúrico.

grara *f En el Sáhara:* Zona baja que conserva más tiempo la humedad y se usa para pastos y cultivos.

gras *m* (*jerg*) Caballo (animal).

grasa → GRASO.

grasera *f* Vasija para la grasa (→ GRASO [4a y b]). **b)** Utensilio de cocina para recibir la grasa de las piezas que se asan.

grasiento -ta *adj* **1** Que tiene grasa (→ GRASO [4]). ■ **2** De naturaleza o aspecto de grasa (→ GRASO [4a]).

grasilla *f* Se da este n a varias plantas herbáceas carnívoras del gén Pinguicula, esp P. grandiflora y P. vulgaris.

graso -sa **I** *adj* **1** De (la) grasa [4a]. **b)** De naturaleza grasa. ■ **2** Que tiene grasa [4]. **b)** Que tiene más grasa de lo habitual. ■ **3** (*Bot*) [Planta u órgano] suculento.

II *f* **4** Sustancia, de origen animal o vegetal, untuosa, insoluble en agua y más ligera que ella, y que deja en el papel que la absorbe una mancha traslúcida. **b)** Grasa animal. **c)** Suciedad de grasa. **d)** Mezcla líquida de hidrocarburos empleada como lubricante. *Tb* GRASA MINERAL. **e)** **~ consistente.** Mezcla pastosa de hidrocarburos usada como lubricante. ■ **5** (*jerg*) Golpes. *Frec en la constr* DAR GRASA [a alguien].

grasoso -sa *adj* Grasiento [1].

gratamente *adv* De manera grata.

gratén. al ~. *loc adj* (*Coc*) Al gratín.

gratificación *f* **1** Acción de gratificar. *Tb su efecto.* ■ **2** Cantidad con que se gratifica [1]. **b)** Remuneración fija, independiente del sueldo, que se percibe por el desempeño de un servicio o cargo.

gratificador -ra *adj* Que gratifica [2].

gratificante *adj* Que gratifica [2].

gratificar *tr* **1** Recompensar económicamente [a alguien] por un servicio o favor. **b)** Recompensar económicamente [un servicio o favor]. ■ **2** Agradar o complacer.

gratín. al ~. *loc adj* (*Coc*) Gratinado.

gratinado -da **I** *adj* **1** *part* → GRATINAR.
II *m* **2** Guiso gratinado.

gratinador -ra *adj* Que gratina. *Frec n, m y f, referido a aparato.*

gratinar *tr* Recubrir [un guiso] con una capa de besamel, queso o pan rallado y mantequilla e introducirlo en el horno hasta que forme una costra dorada. **b)** *pr* (~se) Pasar a tener una costra dorada [un guiso recubierto con una capa de queso o pan rallado y mantequilla e introducido en el horno].

gratis **I** *adv* **1** Sin pago o compensación a cambio. *Tb* (*pop*) DE ~.
II *adj* **2** Gratuito [1].

gratis et amore (*lat; pronunc,* /grátis-et-amóre/) *loc adv* (*lit*) Gratis.

gratitud *f* **1** Sentimiento propio de la pers. a quien se ha hecho un favor o un servicio y lo acepta como tal, deseando corresponder a él. ■ **2** (*lit*) Expresión de gratitud [1]. *Gralm en pl.*

grato -ta *adj* (*lit*) Agradable.

gratuidad *f* Cualidad de gratuito.

gratuitamente *adv* De manera gratuita.

gratuito -ta *adj* **1** Que se da o se recibe gratis [1]. ■ **2** Arbitrario o sin fundamento. **b)** Innecesario u ocioso.

gratulatorio -ria *adj* (*lit*) **1** Que sirve para manifestar felicitación o congratulación. ■ **2** De (la) felicitación o congratulación.

grauero -ra *adj* De El Grao (puerto de Valencia o puerto de Castellón). *Tb n, referido a pers.*

grausino -na *adj* De Graus (Huesca). *Tb n, referido a pers.*

grauvaca *f* (*Mineral*) Roca detrítica, arenosa, de color blanco grisáceo, formada por la consolidación de los minerales resultantes de la descomposición del granito o de otras rocas poco alteradas.

grava *f* **1** (*Mineral*) Conjunto de piedras sueltas, de un tamaño aproximado de 20 mm, procedentes de la fragmentación y disgregación de ciertas rocas. ■ **2**

(*Constr*) Piedra machacada con que se cubre y allana el suelo de un camino.

gravable *adj* Que se puede gravar.

gravaleño -ña *adj* De Grávalos (Rioja). *Tb n, referido a pers.*

gravamen *m* **1** Impuesto o tributo. ■ **2** Carga que afecta a un bien inmueble o mueble, en beneficio de un tercero.

gravar *tr* **1** Imponer un gravamen [a alguien o algo (*cd*)]. ■ **2** Someter a gravamen [2] [algo, o a alguien en sus bienes]. ■ **3** Afectar [un gravamen a alguien o algo].

grave **I** *adj* **1** Importante o trascendente. **b)** [Cosa, frec. enfermedad], preocupante o que encierra peligro. **c)** Que padece una enfermedad o lesión grave. ■ **2** Serio o solemne. ■ **3** [Sonido] cuya frecuencia de vibración es pequeña. *Tb n m.* **b)** [Voz, instrumento o parte de este] de sonido grave. ■ **4** (*Fon*) [Palabra] cuyo acento fonético recae en la penúltima sílaba. **b)** Propio de la palabra grave. ■ **5** (*Ortogr*) [Acento gráfico] que se traza de izquierda a derecha.
II *m* **6** Cuerpo que pesa.

gravear *intr* (*raro*) Gravitar o pesar [sobre algo].

gravedad *f* **1** Cualidad de grave [1 y 2]. ■ **2** (*Fís*) Fuerza de atracción que la Tierra ejerce sobre los cuerpos.

gravemente *adv* De manera grave [1 y 2].

gravera *f* Lugar del que se extrae grava.

gravetiense *adj* (*Prehist*) [Cultura o período] del Paleolítico superior, cuyos principales vestigios corresponden a La Gravette (Francia). *Tb n m.* **b)** De (la) cultura o de(l) período gravetienses.

graveza *f* (*lit, raro*) Gravedad o seriedad.

gravidez *f* (*lit*) Condición de grávido.

gravídico -ca *adj* (*Med*) De (la) gravidez o embarazo.

grávido -da *adj* (*lit*) **1** [Hembra] preñada. *Esp referido a mujer.* ■ **2** [Cosa] cargada o preñada [de algo]. ■ **3** [Pers. o cosa] pesada. *Frec aludiendo a la falta de agilidad.*

gravífico -ca *adj* (*Fís*) De (la) gravedad [2].

gravilla *f* (*Mineral y Constr*) Grava menuda.

gravilladora *f* (*Constr*) Máquina para cribar y clasificar la grava.

gravimetría *f* (*Fís*) Medición de la gravedad [2] y de sus variaciones en distintos lugares.

gravimétrico -ca *adj* (*Fís*) De (la) gravimetría.

gravímetro *m* (*Fís*) Instrumento para medir la gravedad [2].

gravitación *f* **1** Acción de gravitar. ■ **2** (*Fís*) Fenómeno por el cual todos los cuerpos se atraen entre sí con una fuerza que es proporcional al producto de su masa e inversamente proporcional al cuadrado de su distancia.

gravitacional *adj* (*Fís*) De (la) gravitación.

gravitante *adj* (*raro*) Que gravita.

gravitar *tr* **1** Ejercer [una cosa] su peso [sobre otra]. *Frec fig.* ■ **2** (*Fís*) Moverse [un cuerpo en torno a otro] según la ley de la gravitación [2]. **b)** (*lit*) Moverse o girar [en torno a algo].

gravitatorio -ria *adj* De (la) gravitación. *Tb fig.*

gravosamente *adv* De manera gravosa.

gravoso -sa *adj* Que supone una carga o un gasto.

gray (*pl*, ~s) *m* (*Fís*) *En el sistema internacional:* Unidad de dosis de radiación ionizante absorbida, equivalente a 100 rads.

grazalemeño -ña *adj* De Grazalema (Cádiz). *Tb n, referido a pers.*

graznador -ra *adj* Que grazna.

graznar *intr* Emitir [ciertas aves, esp. el cuervo y el ganso] la voz que les es propia. *Tb* (*desp o humoríst*) *referido a pers o a aparato.*

graznido *m* Acción de graznar. *Esp su efecto.*

greba *f* (*hist*) Pieza de la armadura que cubre la pierna, desde la rodilla al tobillo.

greca *f* Adorno consistente en una banda en la que se repite un mismo motivo, esp. a base de líneas en ángulos rectos.

grecismo *m* Palabra, giro o rasgo idiomático propios de la lengua griega, o procedentes de ella.

grecizante *adj* (*lit, raro*) Que da carácter o forma griegos a palabras de otro idioma.

greco -ca *adj* (*lit*) Griego. *Tb n, referido a pers.*

greco- *r pref* Griego. * Grecocatólico. * Grecomacedonio.

grecochipriota (*tb con la grafía* **greco-chipriota**) *adj* De la comunidad griega de Chipre. *Tb n, referido a pers.*

grecolatino -na *adj* De la antigüedad clásica, o de Grecia y Roma antiguas.

grecorromanista *m* (*Dep*) Atleta especializado en lucha grecorromana [2].

grecorromano -na *adj* **1** Grecolatino. ■ **2** (*Dep*) [Lucha] en que solo se permiten las presas de la cabeza a la cintura y no se permite usar las piernas para inutilizar al adversario. *Tb n f.*

greda *f* Arcilla arenosa, de color variable, frec. blanco azulado, que se emplea esp. para absorber la grasa y para fabricar tejas y ladrillos.

gredal *m* Terreno abundante en greda.

gredoso -sa *adj* **1** Que contiene greda. ■ **2** Que tiene alguna de las cualidades de la greda.

green (*ing; pronunc corriente,* /grin/; *pl normal*, ~s) *m* **1** (*raro*) Césped. ■ **2** (*Golf*) Zona de césped bajo y cuidado alrededor de cada hoyo.

green keeper (*ing; pronunc corriente,* /grinkíper/; *pl normal*, ~s) *m* (*Golf*) Cuidador del césped de un campo de golf.

grefier *m* (*hist*) *En la monarquía de los Austrias:* Oficial de la casa real que actúa como secretario del contralor.

gregal *m* (*reg*) Viento del nordeste.

gregario -ria I *adj* **1** [Animal] que vive en rebaño o manada. **b)** (*desp*) [Pers.] que vive dentro de un grupo y actúa sin iniciativa personal, ajustándose a lo que hacen los demás. *Tb n.* **c)** Propio de la pers. o animal gregarios.
II *m* **2** (*Cicl*) Corredor de categoría secundaria cuya misión es ayudar a su jefe de equipo.

gregarismo *m* Condición de gregario [1a y esp. b].

gregarizarse *intr pr* Tomar carácter gregario [1c].

gregorianista *m y f* Especialista en canto gregoriano.

gregoriano -na I *adj* **1** [Canto] ~ → CANTO[1]. **b)** Propio del canto gregoriano. ■ **2** Creado o reformado por el papa Gregorio XIII († 1585). *Frec referido al calendario.* **b)** De(l) calendario gregoriano. ■ **3** (*Rel catól*) [Misa] de las treinta consecutivas que se dicen en sufragio de un difunto. *Normalmente en pl.*
II *m* **4** Canto gregoriano [1].

greguería *f* **1** (*lit, raro*) Griterío. ■ **2** (*TLit*) Composición muy breve en prosa, constituida por una observación sobre algún aspecto de la realidad y caracterizada por el humor, el ingenio y la expresión metafórica, cuyo creador y principal cultivador fue Ramón Gómez de la Serna († 1963).

greguescos (*tb* **gregüescos**) *m pl* (*hist*) Calzones muy anchos típicos de los ss. XVI y XVII.

grelo *m* Hoja tierna del nabo, que se come como hortaliza. *Normalmente en pl.*

gremial *adj* De(l) gremio, *esp* [2].

gremialismo *m* Sistema u organización gremial.

gremialista *adj* **1** De(l) gremialismo. ■ **2** Partidario del gremialismo. *Tb n, referido a pers.*

gremializar *tr* Dar carácter o estructura gremial [a algo (*cd*)].

gremio *m* **1** Conjunto de perss. que tienen una misma profesión. *Frec con un compl especificador.* **b)** (*col, humoríst*) Conjunto de perss. que tienen una misma actividad o condición. *Frec sin compl especificador y referido gralm a la delincuencia, la prostitución o la homosexualidad.* * El local comenzó a llenarse de las del gremio. ■ **2** (*hist*) Asociación, surgida en la Edad Media, que agrupa a todos los artesanos del mismo oficio.

grencha *f* (*reg*) Mechón de pelo. *Tb fig.*

greña I *f* **1** Mechón de pelo enredado o despeinado. *Gralm en pl.*
II *loc v* **2** **andar a la ~.** (*col*) Reñir o pelearse.

greñoso -sa *adj* (*raro*) Greñudo.

greñudo -da *adj* Que tiene greñas. **b)** Propio de la pers. greñuda.

greñuela *f* (*reg*) Sarmiento que se entierra y que forma una nueva planta.

greñura *f* (*raro*) Espesura (lugar muy poblado de árboles y matorrales).

gres *m* Pasta de arcilla y arena de cuarzo que, sometida a elevadas temperaturas, resulta resistente, impermeable y refractaria, y que se emplea para la fabricación de cerámica. *Tb la cerámica fabricada con ella.*

gresca *f* (*col*) Riña o pelea.

gresite (*n comercial registrado*) *m* Material cerámico en forma de pequeñas teselas.

greuge *m* (*hist, reg*) Queja presentada en las Cortes de Aragón del agravio hecho a las leyes o fueros.

grévol *m* Ave del tamaño de la perdiz, de color pardo con franjas y cola en abanico con ancha franja negra (*Tetrastes bonasia*).

grey *f* (*lit*) **1** Rebaño. *Normalmente referido al conjunto de los cristianos dirigidos por los sacerdotes y obispos.* ■ **2** Conjunto de perss. que tienen algún carácter común. *Con un adj o compl especificador.*

grial (*gralm con mayúscula*) *m* Copa o vaso que se supone usó Cristo en la última cena. *Gralm* SANTO ~.

griego -ga I *adj* **1** De Grecia. *Tb n, referido a pers.* ■ **2** Del griego [6]. ■ **3** [Cruz] que tiene el palo y el travesaño iguales y cruzados en su punto medio. ■ **4** [Pez²] traslúcida e inflamable, empleada en farmacia y para frotar las cerdas de los arcos de algunos instrumentos músicos. ■ **5** [Acusativo] ~, [fuego] ~, [perdiz] **griega** → ACUSATIVO, FUEGO, PERDIZ. ❚ *m* **6** Idioma de los griegos [1]. **b)** (*col*) Lenguaje incomprensible o ininteligible. *Gralm en la constr* HABLAR EN ~. ■ **7** (*jerg*) Cópula anal.

grieta *f* Abertura alargada que se produce en la piel o en la superficie de un cuerpo sólido. *Tb fig.*

grifa[1] *f* Hachís o marihuana, esp. marroquí.

grifa[2] *adj* (*Mec*) [Llave] semejante a la inglesa, usada en fontanería. *Tb n f.*

grifa[3] *adj* (*Impr*) [Letra] cursiva.

grifado -da *adj* Intoxicado con grifa[1].

grifarse *intr pr* (*reg*) **1** Engreírse. *Frec en part.* ■ **2** Erizarse o encresparse. *Frec en part.*

grifería *f* Conjunto de grifos[1] [1].

grifo[1] I *m* **1** Llave que se coloca en la boca de una cañería o en un depósito para regular la salida de líquido. ❚ *loc v* **2 cerrar el** ~ [a alguien]. (*col*) Dejar de proporcionar[le] dinero, crédito o ayuda económica. *Frec sin ci.* ■ **3 soltar el** ~. (*col*) Empezar a llorar.

grifo[2] *m* Animal fantástico que tiene la parte superior del cuerpo de águila y la inferior de león.

grifón -na *m y f* Tipo de perro de pelo áspero y largo, del que existen varias razas de caza y de compañía. *Tb adj.*

grifota *m y f* (*jerg*) Adicto a la grifa[1].

grijera *f* (*reg*) Guijarral.

grijo *m* (*reg*) Grava o gravilla.

grill (*ing; pronunc corriente*, /gríl/; *pl normal*, ~S) *m* **1** Parrilla (restaurante). ■ **2** Utensilio de cocina, de formas diversas, para asar carne como a la parrilla.

grilla. salir ~ [una pers.]. *loc v* (*col*) Resultar de mala condición o de comportamiento inadecuado.

grillado -da *adj* (*col*) Loco o falto de juicio.

grillarse *intr pr* (*Agric*) Echar tallos [una semilla, un bulbo o un tubérculo].

grillera *f* **1** Jaula para grillos [1]. *Tb fig.* ■ **2** (*col*) Lugar donde nadie se entiende, por gritar todos al mismo tiempo. *Tb el bullicio correspondiente.*

grillería *f* Conjunto de grillos [1].

grillerío *m* Conjunto de grillos [1].

grillete[1] *m* **1** Pieza de hierro, gralm. de forma semicircular, que sirve para asegurar una cadena a alguien o algo, esp. a los pies de un preso. *Frec en pl.* ■ **2** (*Mar*) Trozo, de unos 25 m de largo, de los varios que componen la cadena del ancla.

grillete[2] *m* (*reg*) Cencerro pequeño, de sonido agudo.

grillo I *m* **1** Insecto ortóptero de unos 3 cm de largo, color negro rojizo y cabeza redondeada, cuyo macho produce con los élitros un sonido penetrante y monótono (*Gryllus campestris*). *Tb* ~ COMÚN *o* CAMPESTRE. *Otras especies similares se distinguen con*

un *adj especificador:* ~ DOMÉSTICO (*Gryllus domesticus o* Acheta domestica), ~ DE BOSQUE *o* FORESTAL (*Nemobius sylvestris*), ~ ESCAMOSO (*Mogoplistes squamiger*). ■ **2** ~ **real, topo** *o* **cebollero.** Alacrán cebollero. ■ **3 jaula** (*u* olla) **de** ~s. (*col*) Lugar en que hay gran desorden y confusión. ❚ *loc adv* **4 como una jaula** (*u* olla) **de** ~s. (*col*) Completamente loco.

grillos *m pl* Conjunto de dos grilletes[1] [1] unidos por un perno común.

grillotalpa *m* Alacrán cebollero.

grillotopo *m* Grillo topo o alacrán cebollero.

grilo *m* (*reg*) Bolsillo.

grima *f* Desazón o desasosiego. *Normalmente en la constr* DAR ~.

grimorio *m* (*hist*) Libro de magia con fórmulas de hechicería.

grimoso -sa *adj* Que da grima.

grimpeur (*fr; pronunc corriente*, /grimpér/; *pl normal*, ~S) *m* (*Cicl*) Ciclista especializado en ascenso de montañas.

grímpola *f* Gallardete. *Tb fig.*

gringada *f* (*desp, raro*) Conjunto de gringos.

gringo -ga (*col, desp*) I *adj* **1** De Estados Unidos. *Tb n, referido a pers. En este caso, a veces designa a cualquier extranjero de habla inglesa.* ❚ *m* **2** (*raro*) Lengua de los gringos [1].

griñón[1] *m* Variedad de melocotón de piel lisa y lampiña y carne adherida al hueso.

griñón[2] *m* (*reg*) Garañón (caballo semental).

griot (*fr; pronunc corriente*, /griót/; *pl normal*, ~S) *m* Negro del África occidental perteneciente a una casta de poetas músicos responsables de mantener la tradición oral de la historia de la tribu.

gripaje *m* (*Mec*) Agarrotamiento de las piezas de un mecanismo.

gripal *adj* De (la) gripe.

griparse *intr pr* (*Mec*) Agarrotarse [un mecanismo].

gripazo *m* (*col*) Gripe fuerte.

gripe *f* Enfermedad epidémica que se manifiesta por fiebre, dolores generalizados y otros síntomas diversos, esp. catarrales, causada por el virus *Influenza,* y que ataca al hombre y a algunos animales.

griposo -sa *adj* **1** Que padece gripe. *Tb n.* ■ **2** [Enfermedad] de síntomas similares a los de la gripe.

grippage (*fr; pronunc corriente*, /gripáχe/) *m* (*Mec*) Gripaje.

gris[1] I *adj* **1** [Color] intermedio entre blanco y negro. *Frec n m. A veces con un adj especificador:* MARENGO, PERLA, PLOMIZO, *etc.* **b)** Que tiene color gris. ■ **2** Que no destaca o que carece de interés especial. ■ **3** [Cielo o día] nublado. *Frec con connotación de tristeza.* **b)** [Día] triste o desanimado. ■ **4** (*Metal*) [Fundición de hierro] que contiene carbono en estado libre y se emplea esp. para fabricar piezas moldeadas. ■ **5** [Ámbar] ~, [eminencia] ~, [heno] ~, [materia] ~, [papamoscas] ~ → ÁMBAR, EMINENCIA, HENO, MATERIA, PAPAMOSCAS. ❚ *m* **6** (*col*) Miembro de la Policía Armada.

gris[2] *m* (*col*) Corriente muy fría de aire. *Frec con el v* CORRER.

grisáceo -a *adj* Que tira a gris[1] [2, 3 y esp. 1]. *Tb n m, referido a color.*

grisalla *f* **1** (*Pint*) Modalidad de pintura en tonos grises que imita el relieve de la escultura, propia esp. de los ss. XV y XVI. *Tb el cuadro así pintado.* ■ **2** (*lit*) Conjunto de perss. o cosas grises[1] [2].

grisear *intr* Presentar [una cosa] color gris.

gríseo -a *adj* (*lit*) De color gris.

griseta[1] *f* (*lit, raro*) Modistilla parisina.

griseta[2] *f* (*reg*) Cierto hongo comestible (*Clitocybe nebularis*).

grisiento -ta *adj* (*lit*) Grisáceo.

grisón -na *adj* Del cantón de los Grisones (Suiza). *Tb n, referido a pers.*

grisú *m* Gas, consistente en metano casi puro, que se desprende esp. en las minas de carbón y que al mezclarse con el aire origina fuertes explosiones.

grisura *f* (*lit*) Cualidad de gris[1] [1, 2 y 3].

gritado -da *adj* (*Heráld*) [Animal] apresado entre redes.

gritador -ra *adj* **1** Que grita. *Tb n, referido a pers.* ■ **2** (*lit, raro*) Llamativo.

gritar **A** *intr* **1** Dar uno o más gritos [1]. ■ **2** Hablar a gritos [2]. **b)** Reprender o amonestar [a alguien (*ci*)] a gritos [2].
B *tr* **3** Decir [algo] a gritos [2]. *Tb fig.*

gritería *m* Griterío.

griterío *m* Mezcla confusa de gritos [1 y 2].

grito **I** *m* **1** Sonido agudo y fuerte emitido por una pers. **b)** Sonido emitido por un animal. *Gralm dicho de las aves u otros animales cuya voz no tiene un n específico.* **c)** (*lit*) Sonido agudo y fuerte producido por algo. ■ **2** Palabra o expresión pronunciadas en voz muy alta. *Frec en la loc* A ~s. *Tb fig.* ■ **3 último ~.** Última novedad. *A veces en aposición.*
II *loc v* **4 estar** [alguien] **en un ~.** (*col*) Quejarse continuamente a causa de un dolor muy fuerte y prolongado. **b) tener** [a alguien] **en un ~.** Hacer que esté en un grito. ■ **5 pedir** [una cosa algo] **a ~s.** Necesitar[lo] mucho y de manera evidente. ■ **6 poner** [alguien] **el ~ en el cielo.** (*col*) Protestar o quejarse vehementemente.
III *loc adv* **7 a ~ pelado** (*col*), o **a ~ herido** (*lit*). En voz muy alta. *Tb adj.* ■ **8 a voz en ~** → VOZ.

gritón -na *adj* **1** Que grita mucho. *Tb n, referido a pers.* ■ **2** (*lit, raro*) Llamativo.

groenlandés -sa *adj* De la isla de Groenlandia (Dinamarca). *Tb n, referido a pers.*

grog (*ing; pronunc corriente, /grog/; pl normal, ~*s) *m* Bebida caliente a base de agua azucarada y coñac, ron, aguardiente u otro licor.

groggy (*ing; pronunc corriente, /grógi/*) *adj* (*Boxeo*) Grogui. *Tb fig, fuera del ámbito del boxeo.*

grogui *adj* **1** (*Boxeo*) Aturdido por los golpes. ■ **2** (*col*) Aturdido o atontado por cualquier causa, esp. un golpe, una impresión, el cansancio o el alcohol. ■ **3** (*col*) Dormido.

grosella **I** *f* **1** Baya globosa de color rojo y sabor agridulce.
II *adj* (*normalmente invar*) **2** [Color] rojo propio de la grosella [1]. *Tb n m.* **b)** Que tiene color grosella.

grosellero *m* Arbusto de hojas lobuladas y dentadas y flores en racimos colgantes, cuyo fruto es la grosella (*Ribes rubrum*). *Tb* ~ ROJO. *Otras especies se distinguen por medio de adjs o compls:* ~ COMÚN (*R. uva-crispa*), ~ DE LAS ROCAS (*R. petraeum*), ~ DE LOS ALPES (*R. alpinum*), *etc.*

groseramente *adv* De manera grosera [1b].

grosería *f* **1** Cualidad de grosero [1]. ■ **2** Hecho o dicho grosero [1b].

grosero -ra *adj* **1** [Pers.] descortés o falta de educación. *Tb n.* **b)** Propio de la pers. grosera. ■ **2** Ordinario o sin arte. ■ **3** Poco preciso o poco exacto. ■ **4** (*Quím*) [Dispersión] cuyas partículas alcanzan un tamaño superior a una décima de micra.

grosísimo → GRUESO.

grosor *m* **1** *En un cuerpo de tres dimensiones:* Dimensión más pequeña. *Tb su medida.* ■ **2** *En un cuerpo de estructura cilíndrica o tubular:* Medida del corte transversal. ■ **3** *En un cuerpo de forma más o menos esférica:* Volumen.

grosso modo (*lat; pronunc corriente, /gróso-módo/*) *loc adv* (*lit*) En líneas generales o de un modo aproximado. *A veces en la forma semiculta* A GROSSO MODO.

grotescamente *adv* De manera grotesca.

grotesco -ca *adj* Que causa risa por su ridiculez o su extravagancia.

grotesquería *f* (*raro*) Cualidad de grotesco.

grotesquez *f* (*raro*) Cualidad de grotesco.

groupie (*ing; pronunc corriente, /grúpi/*) *m y f* Fan, esp. muchacha, que acompaña a un cantante o grupo pop en sus giras y les hace algunos servicios.

grúa **I** *f* **1** Máquina compuesta normalmente por un brazo montado sobre un eje vertical giratorio y con una o varias poleas, que sirve para levantar grandes pesos y transportarlos de un lugar a otro, dentro del ángulo de giro del brazo o de la movilidad de la máquina. ■ **2** Vehículo automóvil provisto de grúa [1] para remolcar a otro. **b)** Vehículo municipal encargado de retirar los mal aparcados, que pueden recuperarse tan solo tras el pago de una multa. ■ **3** (*Cine y TV*) Soporte móvil con una plataforma sobre la que van instalados la cámara y el asiento del operador.
II *loc adv* **4** (*col*) **ni con ~.** De ninguna manera. *Con el v* MOVER *u otro equivalente.*

gruesamente *adv* **1** De manera gruesa [4a]. ■ **2** En trozos gruesos [1].

grueso -sa (*superl* GROSÍSIMO) **I** *adj* **1** Que tiene un grosor superior al normal o al que tienen otros seres que forman serie con el nombrado. ■ **2** Gordo (que tiene mucha carne). *Normalmente referido a pers o a alguna parte de su cuerpo.* ■ **3** Que tiene más importancia de la normal. ■ **4** (*lit*) [Cosa] grosera o tosca. **b)** [Palabra] grosera o malsonante. **c)** [Sal] **gruesa** → SAL. ■ **5** [Vino] que tiene mucho cuerpo. ■ **6** (*Mar*) [Mar] encrespada con olas de 2,50 a 4 m de altura. **b) muy gruesa.** [Mar] encrespada con olas de 4 a 6 m de altura.
II *n* **A** *m* **7** Grosor. **b)** (*Impr*) Anchura [de un tipo]. ■ **8** Parte más nutrida o numerosa [de una cosa colectiva]. ■ **9** (*E*) Trazo más ancho de la letra. *Se opone a* PERFIL.

B *f* **10** Cantidad equivalente a doce docenas.

gruir (*conjug* 48) *intr* Emitir la voz que le es propia [la grulla¹ u otra ave similar].

gruista *m y f* Pers. que maneja una grúa.

grulla¹ **I** *f* **1** Ave zancuda, de paso en España, de unos 12 dm de altura, pico y cuello largos, plumaje gris en el cuerpo, negro y rojo con dos estrías blancas en la cabeza y cola en penacho (*Grus grus*). *Con un adj especificador, designa otras especies similares del gén Grus:* ~ AMERICANA (*G. americana*), ~ CANADIENSE (*G. canadensis*), ~ SIBERIANA BLANCA (*G. leucogeranus*). **b)** ~ **damisela.** Ave más pequeña que la grulla común y con dos penachos de plumas blancas a ambos lados de la cabeza (*Anthropoides virgo*). **II** *loc adj* **2** [Pico] **de** ~ → PICO¹.

grulla² → GRULLO.

grullero -ra *adj* De (las) grullas¹.

grullo -lla *adj* (*col, desp*) Paleto o palurdo. *Tb n*.

grumete *m* Muchacho que aprende el oficio de marinero como ayudante de la tripulación.

grumo *m* **1** Concreción que se forma en una masa más o menos líquida. ■ **2** Conjunto apiñado de partículas o elementos pequeños. ■ **3** (*reg*) Yema o cogollo [de una planta]. ■ **4** (*reg*) Repollo.

grumoso -sa *adj* Que tiene grumos [1 y 2].

grunge (*ing; pronunc corriente,* /granĉ/) *m* Moda de vestir de una manera desaliñada y voluntariamente descuidada.

gruñido *m* **1** Voz del cerdo y de otros animales semejantes. ■ **2** Sonido ronco con que algunos animales expresan amenaza o disgusto. ■ **3** Sonido inarticulado o palabras dichas en voz baja o entre dientes para expresar [un sentimiento o una actitud (*compl especificador*)]. *Sin compl, gralm expresa enfado.*

gruñidor -ra *adj* Que gruñe.

gruñir (*conjug* 53) **A** *intr* **1** Emitir gruñidos [1 y 2]. ■ **2** Protestar o manifestar disgusto [una pers.], esp. hablando en voz baja o entre dientes. ■ **3** Chirriar [una cosa]. **B** *tr* **4** Decir [algo] en voz baja o entre dientes, esp. para manifestar enfado o disgusto.

gruñón -na *adj* Que gruñe mucho. *Dicho esp de pers. Tb n.*

grupa **I** *f* **1** Parte trasera del lomo de una caballería. *A veces en pl con sent sg. A veces referido a otros cuadrúpedos.* **b)** *Tb fig, referido a moto o bicicleta.* * Había también motoristas con la mujer a la grupa. ■ **2** (*col*) Caderas y nalgas [de una pers., normalmente de una mujer]. **II** *loc v* **3** **volver** ~**s** (*o, más raro,* **la** ~). Dar la vuelta [una caballería o la pers. que la monta]. *A veces referido a otros cuadrúpedos. Tb fig.* **b)** (*lit*) Dar la espalda [a alguien o algo]. *En sent fig.* **III** *loc adv* **4** **a la** ~. (*Taur*) Clavando el rejón a la altura de la grupa [1a] del caballo.

grupaje *m* (*E*) Agrupamiento, para su transporte, de paquetes de diversas procedencias o destinatarios.

grupal *adj* De(l) grupo [1].

grupeto *m* (*Mús*) Adorno constituido por tres, cuatro o cinco notas alrededor de una nota principal.

grupo *m* **1** Cierto número de perss. o cosas consideradas en conjunto, por estar en un mismo lugar o por tener alguna característica común. ■ **2** (*Arte*) Conjunto de figuras que forman una unidad en una obra. ■ **3** (*E*) Conjunto de aparatos que constituyen una unidad. *Con un adj o compl especificador del servicio al que está destinado.* ■ **4** (*Quím*) Átomo o grupo de átomos que confieren a una molécula un comportamiento químico característico. *Frec* ~ FUNCIONAL. ■ **5** (*Biol*) Taxón o grupo [1] taxonómico. ■ **6** ~ **escolar.** Edificio o conjunto de edificios que constituyen una escuela pública con clases y grados diversos. ■ **7** ~ **sanguíneo.** Tipo de los cuatro que se establecen en la sangre humana, según su capacidad de mezcla con los otros tres. ■ **8** ~ **de presión,** ~ **fónico,** ~ **tónico** → PRESIÓN, FÓNICO, TÓNICO.

grupuscular *adj* (*Pol, desp*) De(l) grupúsculo.

grupúsculo *m* (*Pol, desp*) Grupo [1] muy reducido. *Tb, raro, fuera del ámbito político.*

gruta *f* Cavidad, gralm. grande y natural, producida en la roca.

grutesco *m* (*Arte*) Motivo decorativo a base de animales, seres fantásticos y follaje, enlazados formando un todo.

gruyère (*fr; pronunc corriente,* /gruyér/; *pl normal,* ~s) *m* Queso suizo fabricado con una pasta cocida y prensada de leche parcialmente descremada y cuajo triturado, que presenta unos agujeros característicos. *Tb* QUESO DE ~.

gua¹ *m* Juego infantil que consiste en introducir una canica en un hoyito, impulsándola con el dedo pulgar. *Tb el hoyito.*

gua² *interj* (*reg*) Expresa sorpresa o asombro.

guaca (*tb* **huaca**) *f* Sepulcro antiguo de los indios sudamericanos.

guacal (*tb* **huacal**) *m* (*reg*) Envase de madera para transportar racimos de plátanos.

guacamayo *m* **1** Ave americana semejante al papagayo, con plumaje rojo, azul, verde y amarillo y cola muy larga (gén. *Ara*). ■ **2** (*hist*) Miembro de un cuerpo de voluntarios formado en Cádiz durante la Guerra de la Independencia (1808-1814).

guacamole *m* Ensalada que se prepara con aguacate, chile, cebolla y tomate, típica de Méjico, América Central y Cuba.

guacharo *m* (*reg*) Cría de ave. *Tb fig.*

guácharo *m* Pájaro nocturno de las regiones septentrionales de América del Sur, de plumaje rojizo con manchas blanquecinas y pico corto y encorvado armado de dientes dobles (*Steatornis caripensis*).

guacharro *m* (*reg*) Guacharo.

guache *m* Gouache.

guachinche *m* (*reg*) Tasca o taberna.

guachindango -ga *adj* (*desp, raro*) Hispanoamericano. *Gralm n, referido a pers.*

guachipilín *m* Árbol de madera apreciada propio de América Central y Méjico (*Diphysa robinioides* y *D. minutifolia*).

guacho *m* (*reg*) Cría de gorrión.

guaco¹ (*tb* **huaco**) *m* Objeto de cerámica de los sepulcros indios.

guaco² *m* Se da este *n* a varias plantas de la América tropical, esp *Mikania guaco* y *Aristolochia anguicida*, con propiedades medicinales, y empleadas comúnmente como antídoto contra la mordedura de animales ponzoñosos.

guadalajarear *intr* (*col, humoríst, hoy raro*) Practicar [un funcionario] el sistema de desplazarse diariamente desde Madrid a Guadalajara. *A veces referido a otras poblaciones.*

guadalajareño -ña *adj* De Guadalajara. *Tb n, referido a pers.*

guadalajarismo *m* (*col, humoríst, hoy raro*) Condición del funcionario que guadalajarea.

guadalajarista *adj* (*col, humoríst, hoy raro*) [Funcionario] que guadalajarea. *Tb n.*

guadalcanalense *adj* De Guadalcanal (Sevilla). *Tb n, referido a pers.*

guadalupano -na *adj* **1** De Guadalupe (Cáceres) o de alguna de las otras poblaciones de este nombre. *Tb n, referido a pers.* ■ **2** De la Virgen de Guadalupe.

guadalupense *adj* Guadalupano. *Tb n.*

guadalupeño -ña *adj* De alguna de las poblaciones denominadas Guadalupe, o de la isla de Guadalupe. *Tb n, referido a pers.*

guadamacilería *f* Tienda o taller del guadamacilero.

guadamacilero *m* Fabricante de guadamecíes. *Tb lit fig.*

guadamecí *m* Cuero adobado y adornado con dibujos de pintura o relieve.

guadamecil *m* Guadamecí.

guadamecilero *m* Fabricante de guadamecíes.

guadaña *f* Instrumento para segar a ras de tierra, constituido por una cuchilla en forma de triángulo curvilíneo que se une por su parte más ancha a un mango largo que forma con ella un ángulo aproximadamente recto. *Frec* (*lit*) *se emplea como símbolo de la muerte, real o fig.*

guadañador -ra *adj* Que guadaña. *Tb n f, referido a máquina.*

guadañar *tr* Segar con la guadaña o como con la guadaña. *Tb abs. Tb* (*lit*) *fig.*

guadañeta *f* (*reg*) Utensilio para pescar pulpos y calamares, consistente en una tablilla con varios anzuelos sujetos perpendicularmente a ella.

guadarnés *m* Lugar en que se guardan las sillas y guarniciones de las caballerías.

guadarrameño -ña *adj* De Guadarrama (Madrid), o de la sierra o el río de Guadarrama. *Tb n, referido a pers.*

guadasuarense *adj* De Guadasuar (Valencia). *Tb n, referido a pers.*

guadiana (*alguna vez con mayúscula*) *adj* [Pers. o cosa] que desaparece y reaparece, como el río Guadiana. *Tb n m.*

guadianés -sa *adj* Del río Guadiana.

guadianesco -ca *adj* Que desaparece y reaparece, como el río Guadiana.

guadiánico -ca *adj* Que desaparece y reaparece, como el río Guadiana.

guadianización *f* Acción de guadianizarse. *Tb su efecto.*

guadianizarse *intr pr* Tomar carácter de guadiana.

guadijeño -ña *adj* De Guadix (Granada). *Tb n, referido a pers.*

guáflex *m* Cierto tipo de material plástico que imita el cuero, usado en encuadernación.

guagua¹. de ~. *loc adv* Gratis o de balde. *Tb fig.* **b)** Sin esfuerzo o sin trabajar.

guagua² *f* (*reg*) Autobús. *Tb fig.*

guaica *adj* De un pueblo indígena venezolano habitante de la región del Alto Orinoco. *Tb n, referido a pers.*

guaicurú¹ *m Se da este n a distintas plantas medicinales americanas pertenecientes a los géns Galianthe, Plegorrhiza y Statice.*

guaicurú² *adj* De un pueblo indígena americano compuesto por numerosas tribus, que habita en la margen derecha del río Paraguay. *Tb n, referido a pers.*

guaiquerí *adj* De un pueblo indígena venezolano habitante de la isla Margarita. *Tb n, referido a pers.*

guaita *f* (*hist*) Guardia o vigilancia.

guaja¹ *adj* (*col*) Pillo o granuja. *Tb n.*

guaja² → GUAJE.

guájara *f* Espesura o fragosidad de una sierra.

guaje -ja (*reg*) **I** *adj* **1** Pillo o granuja. *Tb n.* **II** *m y f* **2** Niño o muchacho.

guajiro¹ -ra A *m y f* **1** Campesino cubano. *A veces dicho como insulto.* **B** *f* **2** Canción popular propia de los campesinos cubanos.

guajiro² -ra *adj* De la Guajira (departamento de Colombia). *Tb n, referido a pers.*

gualda *adj invar* (*semiculto*) Gualdo [1].

gualdo -da I *adj* **1** (*lit*) Amarillo. *Normalmente referido a la bandera nacional.* **II** *f* **2** Planta herbácea de flores amarillas en espiga, usada para extraer tinte amarillo (*Reseda luteola*).

gualdrapa *f* Cobertura larga que adorna las ancas de una caballería.

gualdrapazo *m* (*Mar*) Golpe que dan las velas contra los palos y jarcias, sin viento pero con oleaje.

gualdrapear *intr* (*Mar*) Golpear [las velas (*suj*)] contra los palos y jarcias, sin viento pero con oleaje.

gualtrapa *m y f* (*jerg*) Pers. despreciable. *Usado como insulto. Tb adj.*

guanábana *f* Fruta americana semejante a la chirimoya (*Annona muricata*).

guanacaste *m* Árbol centroamericano de la familia de las leguminosas, apreciado por su madera (*Enterolobium cyclocarpum*).

guanacasteco -ca *adj* De Guanacaste (provincia de Costa Rica). *Tb n, referido a pers.*

guanaco (*tb* **huanaco**) *m* Camélido de pelo denso y suave, amarillo rojizo en el dorso y claro en las partes inferiores, que vive en los Andes (*Lama guanicoe*).

guanarteme *m* (*hist*) Rey de Gran Canaria.

guanche I *adj* **1** (*hist*) [Individuo] del pueblo habitante de las islas Canarias en el momento de su conquista. *Tb n.* **b)** De (los) guanches. ■ **2** (*lit*) Canario (de las islas Canarias). ■ **3** (*hist*) De(l) guanche [4].

II *m* 4 (*hist*) Idioma de los guanches [1].

guanchero -ra *adj* De La Guancha (Tenerife). *Tb n, referido a pers.*

guanero -ra *adj* De(l) guano.

guanina *f* (*Biol*) Base de las que componen los ácidos nucleicos.

guano I *m* 1 Excremento de aves marinas, que se utiliza como abono y cuyos depósitos más abundantes se encuentran en la costa sudamericana del Pacífico.
II *loc v* 2 irse al ~, mandar al ~ → IR, MANDAR.

guantada *f* (*col*) Bofetada. *Tb fig.*

guantazo *m* (*col*) Bofetón.

guante I *m* 1 Prenda que cubre la mano amoldándose a su forma y gralm. enfundando por separado cada uno de los dedos, usada normalmente como abrigo o protección. b) Cubierta que protege la mano del boxeador enfundando unidos todos los dedos excepto el pulgar. ■ 2 (*Taur, hoy raro*) Cantidad que recoge como pago a su labor un torero en una capea.
II *loc adj* 3 de ~. [Muñeco de guiñol] que se maneja metiendo la mano en su interior. ■ 4 de ~ blanco. [Ladrón] de aspecto distinguido que actúa con limpieza y sin violencia. *Tb referido al robo.* b) [Acción] que se realiza con aparente limpieza o elegancia y sin violencia. ■ 5 de los ~s. (*lit*) [Deporte] del boxeo.
III *loc v* 6 arrojar el ~ [a alguien]. Desafiar[le]. b) recoger el ~ [alguien]. Aceptar el desafío. ■ 7 colgar los ~s → COLGAR. ■ 8 echar el ~ [a alguien]. (*col*) Coger[lo] o capturar[lo]. b) echar el ~ [a algo]. Coger[lo] o apoderarse [de ello (*cd*)]. *Tb fig.* c) echar el ~. (*Taur, hoy raro*) Recorrer la plaza [el torero de una capea] para recoger dinero como pago a su labor. ■ 9 hacer ~s. (*Boxeo*) Entrenarse. ■ 10 volver como un ~ → VOLVER.
IV *loc adv* 11 como un ~ (*o* más suave que un ~). (*col*) En actitud o disposición muy afable. *Gralm con los vs* ESTAR *o* PONER. ■ 12 como un ~. Perfectamente. *Con vs como* QUEDAR, ESTAR *o* IR *y normalmente con ci.*

guantelete *m* (*hist*) En la armadura: Pieza que cubre la mano.

guantera → GUANTERO.

guantería *f* 1 Guantes o conjunto de guantes [1]. ■ 2 Tienda o taller de guantes [1].

guantero -ra A *m y f* 1 Pers. que fabrica o vende guantes [1].
B *f* 2 *En un automóvil:* Parte del salpicadero, gralm. cerrada, en que se guardan pequeños objetos. ■ 3 Bolso de señora que tiene, entre las paredes exteriores y las del cierre central, dos departamentos abiertos para colocar los guantes.
C *m* 4 (*raro*) Guantera [2].

guaña *f* (*reg*) Rozón (herramienta).

guapamente *adv* 1 Con guapeza. *Frec en tauromaquia.* ■ 2 (*pop o juv*) Bien.

guapear *intr* (*raro*) Comportarse como un guapo [3b].

guaperas (*col*) I *adj* 1 [Hombre] guapo [1a]. *Frec n. Frec con intención desp, denotando presunción.*
II *fórm o* 2 ¿quién es el ~? ¿Quién es el guapo [8]?

guapetón -na *adj* (*col*) [Pers.] de belleza llamativa y airosa. *Tb n.*

guapeza *f* Valentía arrogante. *Frec en tauromaquia.*

guapinol *m* Árbol americano, corpulento y de madera dura, cuyo fruto es una vainá de semillas planas (*Hymenaea stigonocarpa*). *Tb designa otras especies similares. Tb su fruto.*

guapo -pa I *adj* 1 [Pers.] cuyo físico, y esp. la cara, responde a ciertos cánones de belleza. *Tb n. A veces referido a animales.* b) *Se emplea frec como vocativo cariñoso, esp en lenguaje femenino.* c) *En vocativo, se emplea frec con intención irónica.* ■ 2 Bien vestido y arreglado. ■ 3 (*col*) [Hombre] valiente y enérgico. *Tb n m.* ■ 4 (*col*) [Gente] de alto nivel social y económico, que frecuenta los lugares de moda y aparece con frecuencia en las revistas. b) De (la) gente guapa. ■ 5 [Animal] de buen aspecto físico. ■ 6 (*pop o juv*) [Cosa] bonita (agradable de ver u oír). b) Bonito (grande en tamaño, en cantidad o en intensidad). c) Bueno o de calidad. d) [Tiempo] bueno o bonito.
II *m* 7 el ~ subido → SUBIDO.
III *fórm or* 8 ¿quién es el ~ que + *v* en pres de ind? (*col*) = ¿QUIÉN SE ATREVE A + *infin*? * A ver quién es el guapo que lo pone en duda. b) *Frec se emplea con intención retórica para ponderar lo dificultoso o lo poco apetecible que resulta algo.* * ¿Quién es el guapo que sale con este calor?

guapura *f* (*col*) Cualidad de guapo [1a].

guaquero -ra (*tb* huaquero) *m y f* Pers. experta en la excavación de guacas.

guaracha *f* Cierto baile popular de Cuba y Puerto Rico. *Tb su música.*

guaraná (*tb* guarana) *f* Pasta preparada con las semillas del arbusto brasileño *Paullinia cupana* y otros similares, usada para preparar una bebida semejante al café. *Tb la planta y el alcaloide correspondiente.*

guaraní I *adj* 1 [Individuo] de una raza india que se extendía desde el Orinoco al Río de la Plata y que en la actualidad pervive en Paraguay u otras zonas. *Tb n.* b) De (los) guaraníes. ■ 2 De(l) guaraní [3]. *Tb n m, referido a término.*
II *m* 3 Idioma de los guaraníes [1a]. ■ 4 Unidad monetaria del Paraguay.

guaranismo *m* Palabra, giro o rasgo idiomático propios de la lengua guaraní, o procedentes de ella.

guaranítico -ca *adj* Guaraní [1b].

guarao *m* Lengua de los indios guaraúnos.

guarapero -ra *adj* De(l) guarapo.

guarapo *m* Jugo de la caña de azúcar y de la palmera *Phoenix canariensis.*

guaraúno -na *adj* De un pueblo indígena venezolano de las regiones pantanosas del delta del Orinoco. *Tb n, referido a pers.*

guarda -desa (*la forma f* GUARDESA, *solo en acep 5*) I *n* A *m y f* 1 Pers. encargada de guardar [1] algo. b) *En pl:* Matrimonio encargado del cuidado de una finca o una casa. c) ~ jurado → JURADO.
B *f* 2 Acción de guardar, esp [1]. ■ 3 *En un libro:* Hoja, gralm. en blanco, que va inmediatamente unida a la cubierta. ■ 4 *En una cerradura:* Tope que impide girar la llave si esta no está provista de una muesca que coincide con él. *Tb la muesca de la llave.* ■ 5 Mujer del guarda [1].
II *loc adj* 6 de la ~. (*Rel catól*) [Ángel] que protege a cada persona.

guardaagujas → GUARDAGUJAS.

guardaalmacén → GUARDALMACÉN.

guardabarrera (*tb* **guardabarreras**) *m y f* Pers. que vigila un paso a nivel.

guardabarros *m En un vehículo:* Pieza que va sobre la rueda para proteger de las salpicaduras.

guardabosque (*tb* **guardabosques**) *m* Guarda [1] de bosques.

guardabrazo *m* (*hist*) *En la armadura:* Pieza que cubre el brazo.

guardabrisa (*tb* **guardabrisas**) *m* Pieza de cristal que protege una vela para que no se apague con el aire.

guardacalor *m* (*Mar*) Forro metálico que se pone a la chimenea de un barco para impedir irradiaciones de calor.

guardacantón *m* (*hoy raro*) Poste de piedra o hierro destinado a evitar que los carruajes se salgan del camino o rocen las esquinas de los edificios.

guardacoches *m y* (*raro*) *f* Pers. que se dedica a vigilar coches estacionados.

guardacostas *m* Barco pequeño o lancha rápida destinados a la defensa del litoral o a la persecución del contrabando.

guardadamas *m* (*hist*) Empleado de la casa real, cuya principal función es ir al estribo del coche de las damas.

guardador -ra I *adj* **1** Que guarda, *esp* [3 y 4]. *Tb n, referido a pers.*
II *m y f* **2** Tutor (pers. que tiene la tutela de otra).

guardaespaldas *m* Individuo que acompaña a una persona con la misión de protegerla de una posible agresión.

guardafangos *m* (*reg*) Guardabarros.

guardafrenos (*tb* **guardafreno**) *m En el ferrocarril:* Empleado que tiene a su cuidado un freno y que trabaja a las órdenes del conductor.

guardafronteras I *m* **1** Guardia de frontera.
II *adj* **2** De (los) guardias de frontera.

guardagujas (*tb* **guardaagujas**) *m y f* Empleado del ferrocarril encargado del manejo de las agujas.

guardainfante *m* (*hist*) Prenda de vestir femenina consistente en una armazón destinada a ahuecar la falda.

guardajoyas *m* (*hist*) **1** Lugar destinado a guardar las joyas reales. ■ **2** Hombre encargado del cuidado y custodia de las joyas reales.

guardajurado *m* Guarda [1] jurado (→ JURADO).

guardalmacén (*tb* **guardaalmacén**) *m* Individuo encargado de la custodia de un almacén.

guardalobo *m* Se da este *n* a las plantas *Osyris alba* y *Verbascum thapsus.*

guardamangier *m* (*hist*) Empleado de palacio encargado de las provisiones.

guardamano (*tb* **guardamanos**) *m* **1** *En una espada u otra arma similar:* Defensa que se pone junto al puño. ■ **2** *En una escopeta u otra arma similar:* Pieza que se fija en el cañón y que sirve para proteger la mano del tirador de la elevada temperatura que adquiere el cañón al hacer fuego.

guardameta *m y f* (*Dep, esp Fút*) Portero.

guardamonte[1] (*tb* **guardamontes**) *m* Guardabosque.

guardamonte[2] *m* Pieza de cuero que cuelga de la parte delantera de la montura para proteger de la maleza las piernas del jinete, propia de Argentina y Bolivia.

guardamuebles *m* Local destinado a guardar muebles.

guardapelo (*tb, raro,* **guardapelos**) *m* Joya en forma de cajita plana, en la que se guarda pelo, un retrato u otro recuerdo personal.

guardapesca *m* Embarcación destinada a vigilar el cumplimiento de las leyes de pesca marítima.

guardapolvo (*tb* **guardapolvos**) *m* **1** Prenda, gralm. de tela ligera y color sufrido, que se pone sobre los vestidos para preservarlos del polvo y las manchas. ■ **2** Tejadillo voladizo construido sobre un balcón o una ventana para protegerlos de la lluvia. ■ **3** (*Arquit*) Pieza, gralm. decorada, que enmarca un retablo por arriba y por los lados. ■ **4** (*Bibl*) Camisa o sobrecubierta [de un libro].

guardar I *v* A *tr* ➤ a *normal* **1** Cuidar y custodiar [a alguien o algo]. **b)** Proteger o preservar [de alguien o algo]. *Tb sin compl.* ■ **2** Poner [algo en un lugar] para que esté protegido u oculto. **b)** Encerrar o tener dentro de sí [algo]. ■ **3** Conservar o mantener [algo]. *A veces con compl de interés.* **b)** Tener [una actitud o relación] de manera más o menos estable o prolongada. **c)** ~ las apariencias, ~ cama, ~ las distancias, ~ las formas → APARIENCIA, CAMA[1], DISTANCIA, FORMA. ■ **4** Reservar [algo para alguien o algo]. **b)** Ahorrar. *Tb abs.* ■ **5** Cumplir u observar [una ley, un precepto o una obligación]. **b)** No trabajar [un día de fiesta (cd)].
➤ b *pr* **6** ~sela [a alguien]. (*col*) No olvidar una ofensa o un daño y esperar el momento oportuno para su venganza.
B *intr* **7** ~se [de alguien o algo]. Procurar evitar[lo]. *Frec en fórmulas de amenaza.* * Guárdate de meterte con él.
II *loc adj* **8** de ~. (*Rel catól*) [Fiesta] en que hay obligación de oír misa y no se puede trabajar.

guardarraíl *m* Valla de protección en una carretera.

guardarraya *f* (*reg*) Linde [de una finca].

guardarríos *m* (*reg*) Guarda [1] de ríos.

guardarropa (*tb* **guardarropas** *en aceps 1 y 2*)
A *m* **1** *En un local público:* Sitio destinado a dejar las prendas de abrigo, paraguas, carteras y objetos similares. ■ **2** Conjunto de vestidos [de una pers.]. ■ **3** (*raro*) Armario o cuarto ropero. ■ **4** Abrótano hembra (planta).
B *f* **5** (*hist*) *En un palacio u otro lugar similar:* Lugar destinado a guardar la ropa.

guardarropía I *n* A *f* **1** (*Escén*) Conjunto de trajes y complementos de vestuario empleados para la representación escénica. *Tb el lugar en que se guarda.*
B *m* **2** (*raro*) Guardarropa [1].
II *loc adj* **3** de ~. Aparente o falso.

guardasellos *m* (*hist*) Funcionario encargado de custodiar el sello oficial.

guardavía *m En el ferrocarril:* Empleado que tiene a su cargo la vigilancia de un tramo de vía.

guardaviñas *m* Guarda [1] de viñas.

guardavivos *m* (*Carpint*) Moldura que protege una arista o esquina.

guardense *adj* De Guardo (Palencia). *Tb n, referido a pers.*

guardería *f* **1** Establecimiento en que se cuida y atiende durante el día a niños en edad preescolar. *Tb* ~ INFANTIL. ■ **2** Oficio u ocupación de guarda [1]. **b)** Guarda (acción de guardar). ■ **3** Conjunto de guardas [1]. ■ **4** Casa del guarda [1].

guarderón *m* (*reg*) Larguero de una cama.

guardés -sa *adj* De La Guardia (Pontevedra). *Tb n, referido a pers.*

guardesa → GUARDA.

guardeses *m pl* Matrimonio encargado del cuidado de una finca o de una casa.

guardia (*normalmente con mayúscula en aceps 5 y 8b y c*) **I** *n* **A** *f* **1** Acción de guardar [1]. ■ **2** Servicio de guardia [1] que, por turno obligatorio, prestan los miembros de una unidad militar. ■ **3** Servicio que, por turno obligatorio, prestan determinados profesionales y establecimientos, esp. médicos y farmacias, fuera del horario habitual. ■ **4** (*Boxeo*) Posición de los brazos para protegerse de los golpes. *Gralm con los adjs* ALTA O BAJA. *Frec fig.* **b)** (*Esgrima*) Posición de defensa. *Frec en la constr* EN ~. *Tb fig.* ■ **5** Conjunto de soldados o de hombres armados encargado de la guardia [1] de alguien o algo. *Normalmente con un adj o compl especificador:* CIVIL, MUNICIPAL, PRETORIANA, DE ASALTO, DE CORPS, *etc* (→ CIVIL, MUNICIPAL, *etc*). ■ **6** Conjunto de perss. que hacen guardia [1 y 2]. ■ **7 joven** ~. Conjunto de miembros más jóvenes [de una colectividad]. *Frec sin compl, por consabido.* ■ **8 vieja** ~. Conjunto de los miembros más antiguos y frec. más ortodoxos [de una colectividad]. *Frec sin compl, por consabido.* **b)** (*hist*) Conjunto de los miembros más antiguos de Falange Española. **c)** (*hist*) Guardia [5] imperial francesa creada por Napoleón en 1804.

B *m y f* **9** Miembro de una guardia [5]. *Normalmente con un adj o compl especificador:* CIVIL, URBANO, DE LA PORRA, *etc* (→ CIVIL, URBANO, PORRA, *etc*). ■ **10** ~ **joven**. Pers. que se prepara para ser guardia civil, en la institución denominada "colegio de Guardias Jóvenes". ■ **11** ~ **marina**. Alumno de uno de los dos últimos años de la Escuela Naval Militar.

II *loc v y fórm or* **12 bajar la** ~. Cesar en la actitud de defensa o de vigilancia. ■ **13 cuéntaselo a un** ~, *o* **se lo cuentas a un** ~. (*col*) Fórmula con que se expresa incredulidad burlona ante algo dicho por otro. * Mira, rico, eso se lo cuentas a un guardia. ■ **14 montar** ~. (*Mil*) Estar de guardia [1]. *Tb fig, fuera del ámbito militar.*

III *loc adv* **15 en** ~. En actitud vigilante.

guardiacivil *m y f* (*raro*) Guardia civil (→ GUARDIA [9]).

guardiamarina *m* Guardia marina (→ GUARDIA [11]).

guardián -na A *m y f* **1** Pers. encargada de guardar [1] algo o a alguien. *A veces en aposición, referido a perro.*

B *m* **2** *En un convento franciscano:* Prelado ordinario.

guardianía *f* Oficio o condición de guardián.

guardilla *f* Buhardilla.

guardín *m* (*Mar*) Cabo o cadena que sirve para girar el timón.

guardiolo -la *adj* De La Guardia (Toledo). *Tb n, referido a pers.*

guardoso -sa *adj* (*raro*) Guardador o ahorrador. *Frec con intención desp.*

guarecer (*conjug* 11) *tr* Cobijar o proteger. *Normalmente el cd es refl.*

guarentigio -gia *adj* (*Der*) [Pacto, escritura o cláusula] que lleva aparejada la ejecución inmediata de la obligación a que se refiere.

guareñense *adj* De Guareña (Badajoz). *Tb n, referido a pers.*

guarguero (*tb* **guargüero**) *m* (*reg*) Garguero o garganta.

guariche *m* (*reg*) Cuchitril.

guarida *f* **1** Cueva o lugar protegido en que se guarece un animal salvaje. ■ **2** Refugio o escondite [de un maleante]. *Tb fig* (*humoríst*).

guarín *m* (*raro*) Hijo pequeño.

guarismo *m* Cifra o conjunto de cifras arábigas que expresan una cantidad.

guarnecedor -ra *adj* Que guarnece [1a y 3]. *Frec n, referido a pers.*

guarnecer (*conjug* 11) *tr* **1** Dotar [a algo (*cd*)] de adornos o complementos (*compl* DE *o* CON)]. *Tb sin el 2º compl.* **b)** Servir [un plato de carne o pescado] acompañado [de hortalizas o legumbres (*compl* DE *o* CON)]. ■ **2** (*Mil*) Dotar [a un lugar (*cd*)] de tropas que lo defiendan (*compl* DE *o* CON)]. *Tb sin el 2º compl.* **b)** Estar [un soldado o una tropa en un lugar (*cd*)] para su defensa. *Tb fig.* ■ **3** (*Constr*) Revocar o enlucir.

guarnecido *m* Acción de guarnecer [1 y 3]. *Tb su efecto.*

guarnición *f* **1** Cosa o conjunto de cosas con que se guarnece [1a] algo. **b)** Acompañamiento de hortalizas o legumbres con que se sirve un plato de carne o pescado. ■ **2** Tropa que guarnece [2b] un lugar. ■ **3** Acción de guarnecer [2b]. *Normalmente en las constrs* DE ~, *o* CON ~, [en un lugar]. ■ **4** *En una espada u otra arma similar:* Conjunto de elementos que no son la hoja. ■ **5** *En pl:* Conjunto de correajes y utensilios que se ponen a las caballerías para montarlas, cargarlas o hacer que tiren de un carruaje. ■ **6** (*Mec*) Dispositivo que asegura la estanquidad de un aparato a presión para el paso de una pieza móvil.

guarnicionar *tr* Guarnecer [2].

guarnicionería *f* **1** Tienda o taller del guarnicionero. ■ **2** Guarniciones o conjunto de guarniciones [5]. ■ **3** Oficio de guarnicionero.

guarnicionero -ra *m y f* Pers. que fabrica o vende objetos de cuero. **b)** Pers. que fabrica o vende guarniciones de caballería.

guarnimiento *m* (*raro*) Guarnición [1a y 4].

guarnir *tr* (*Mar*) Guarnecer [1a] [algo] o dotar[lo] de todo lo necesario para su uso. *Tb fig. Frec en part.*

guarra → GUARRO.

guarrada *f* (*col*) **1** Cosa que produce repugnancia. ■ **2** Cosa guarra [6]. ■ **3** Faena o mala pasada.

guarrapiña *f* (*reg*) Grajilla (ave).

guarrazo *m* (*col*) Golpazo o porrazo.

guarrear (*col*) **A** *tr* **1** Ensuciar o llenar de porquería. *Tb fig.*

B *intr* **2** Hacer guarrerías [2]. ■ **3** Gruñir [el jabalí]. *A veces referido tb a otros animales.*

guarreña *f (reg)* Embutido hecho con vísceras.

guarreo *m (col)* Acción de guarrear. *Tb su efecto.*

guarreras *adj (col)* [Pers.] guarra [2]. *Tb n.*

guarrería *f (col)* **1** Porquería o suciedad. ■ **2** Cosa guarra [6]. ■ **3** Cosa que produce repugnancia. *Tb en sg con sent colectivo.* ■ **4** Porquería (alimento o bebida de baja calidad, indigestos o poco nutritivos). *Tb en sg con sent colectivo.*

guarrero -ra *m y f* Pers. que guarda cerdos.

guarrido *m* Gruñido [del jabalí].

guarrilla *f (reg)* Grajilla (ave).

guarro -rra **I** *n* **A** *m y f* **1** Cerdo (animal). **b)** Jabalí. ■ **2** *(col)* Pers. sucia. *En sent físico o moral. Tb adj. Frec se usa como insulto, más o menos vacío de significado.*
B *f* **3** *(jerg)* Bofetada. ■ **4** *(jerg)* Prostituta.
C *m* **5** *(reg)* Cuervo (ave).
II *adj* **6** *(col)* [Cosa] sucia. *En sent físico o moral.* ■ **7** *(jerg)* [Mujer] fácil en el aspecto sexual. *Tb n. Frec usado como insulto.*

guasa *f* **1** Burla o broma. ■ **2** *(reg)* Gracia. *Con intención irónica.* ■ **3** *(Taur)* Carácter del toro irregular y peligroso. *Gralm en la constr* TENER ~.

guasca *f (reg)* Bofetada.

guasear *intr* Burlarse [de una pers. o cosa] o bromear [con ella *(compl* DE)]. *Normalmente pr* (~se). *Tb sin compl.*

guásima *f* Árbol antillano de madera ligera y resistente (*Guazuma guazuma*). *Tb designa otras especies.*

guaso -sa *(tb* **huaso**) *m y f* Campesino chileno, esp. pobre e inculto.

guasón -na *adj* Burlón o bromista. *Tb n, referido a pers.*

guata *f* Algodón en rama dispuesto en forma de manta, que se emplea en acolchados y para relleno.

guatar *tr* Guatear. *Frec en part.*

guateador -ra *adj* Que guatea. *Tb n, referido a pers.*

guatear *tr* Forrar o rellenar con guata. *Frec en part.*

guatemalteco -ca *adj* De Guatemala. *Tb n, referido a pers.*

guatemalequismo *m* Palabra, giro o rasgo idiomático propios del español de Guatemala o procedentes de él.

guateque *m (hoy raro)* Reunión casera de gente joven, con baile y bebidas y gralm. cosas de comer.

guatiné *m* **1** Boatiné (tejido guateado o acolchado). ■ **2** Boatiné (bata de tejido guateado o acolchado).

guau **I** *interj* **1** *Imita la voz del perro. Frec se enuncia repetida.* ■ **2** *(col)* Expresa alegría o entusiasmo.
II *adj invar* **3** *(col)* Estupendo o muy bueno.

guay **I** *interj* **1** *(lit)* Ay.
II *adj (frec invar)* **2** *(juv)* Estupendo o muy bueno. *Tb ~* DEL PARAGUAY. ■ **3** *(juv)* [Gente] guapa.
III *adv* **4** *(juv)* Estupendamente o muy bien. *Tb ~* DEL PARAGUAY.

guayaba *f* **1** Fruto del guayabo[2], de forma aovada, color gralm. amarillo verdoso y carne llena de pequeñas semillas. ■ **2** Guayabo[2] (*Psidium guajava*).

guayabera *f* Prenda de vestir masculina, en forma de camisa suelta y ligera, que se lleva por fuera del pantalón.

guayabo[1] *m (col)* **1** Muchacha joven y agraciada. ■ **2** Pers. joven. *Frec con intención humoríst, referido a una pers madura.*

guayabo[2] *m* **1** Árbol de hoja perenne, de hasta 8 m de altura, hojas coriáceas y oblongas y fruto en baya (*Psidium guajava*). *Tb designa otras especies y variedades.* ■ **2 ~ del Brasil.** Árbol propio de América tropical, Brasil y norte de Argentina, de hasta 5 m de altura, cultivado por sus flores o por sus frutos, de color marrón (*Feijoa sellowiana*).

guayaco *m* Árbol de América tropical, de madera negruzca, muy dura y fragante, de la que se extrae por cocción una resina usada en medicina (gén. *Guaiacum*, esp. *G. officinale*). *Tb su resina o extracto.*

guayanés -sa *adj* De la Guayana (región del nordeste de América del Sur). *Tb n, referido a pers.*

guayaquileño -ña *adj* De Guayaquil (Ecuador). *Tb n, referido a pers.*

guayete *m (reg)* Chico o muchacho.

guayule *m* Arbusto gris que crece en terrenos calizos y elevados de Méjico y del sudoeste de los Estados Unidos y que produce un látex con que se elabora caucho y hule (*Parthenium argentatum*).

gubernamental *adj* Del Gobierno de un Estado. **b)** Partidario del Gobierno. *Tb n, referido a pers.*

gubernamentalismo *m* Actitud política de apoyo al Gobierno.

gubernamentalista *adj* Partidario del Gobierno.

gubernamentalización *f* Acción de gubernamentalizar.

gubernamentalizar *tr* Dar [a algo *(cd)*] carácter gubernamental.

gubernamentalmente *adv* **1** De manera gubernamental [1a]. ■ **2** En el aspecto gubernamental [1a].

gubernativamente *adv* **1** De manera gubernativa. ■ **2** En el aspecto gubernativo.

gubernativo -va *adj* Del Gobierno de un Estado.

gubia *f* Herramienta constituida por un mango y una pieza cortante en forma de media caña, usada para labrar superficies curvas.

gudari *m Durante la Guerra Civil de 1936-1939:* Soldado del ejército de Euskadi.

guechotarra *adj* De Guecho (Vizcaya). *Tb n, referido a pers.*

guedeja *f* Mechón de pelo largo. *Más frec en pl.*

guelfo -fa *m y f (reg)* Cría de camello o de dromedario.

güelfo -fa *adj (hist) En la Edad Media italiana:* Defensor de los papas frente a los emperadores alemanes. *Tb n.* **b)** De los güelfos.

guembri *m* Instrumento músico marroquí, compuesto de una caja sonora en forma de pera y un mango con dos cuerdas, sin divisiones ni trastes.

güeña *f (reg)* Embutido semejante al chorizo, hecho con la carne gorda y los desperdicios del cerdo.

guepardo *m* Mamífero carnívoro semejante al leopardo, pero más esbelto y de patas más largas (*Acinonyx jubatus*). *Tb su piel.*

guerniqués -sa *adj* De Guernica y Luno (Vizcaya). *Tb n, referido a pers.*

guerra (*con mayúscula en acep 8*) **I** *f* **1** Lucha armada entre dos o más grupos o Estados. *Alguna vez* ~ CALIENTE, *por oposición a* ~ FRÍA (→ acep. 2c). ■ **2** Lucha entre perss., grupos o Estados, que no llega al enfrentamiento armado, aunque puede dar lugar a actos violentos. *Frec con un adj o compl especificador que expresa el modo de lucha, o con un compl* DE *que expresa la causa de la lucha.* **b)** ~ **de nervios.** Tensión a que se somete al adversario a fin de minar su resistencia moral. **c)** ~ **fría.** Situación de franca hostilidad entre dos naciones o grupos de naciones, pero sin llegar al uso de las armas. **d)** ~ **sucia.** Lucha que se hace con procedimientos ilegales. *Tb fig.* ■ **3** (*col*) Alboroto grande. *Frec en constrs como* ARMARSE LA ~ *o* SER LA ~. ■ **II** *loc adj* **4 de** ~. [Barco, marina o marino] militar. ■ **5 de** ~. [Nombre] distinto del propio, que utiliza una pers. solo para el desempeño de una actividad. ■ **6** [Consejo] **de** ~, [estado] **de** ~ → CONSEJO, ESTADO. ■ **7 de la** ~. (*hist*) [Ministro o ministerio] encargado de la defensa nacional. ■ **8** [Niño] **de la** ~ → NIÑO. ■ **9 de la misma** (*o* **de otra**) ~. (*col*) Del mismo (o de otro) mundo o ambiente. ■ **10 más +** *n* **+ que en la** ~. (*col, humorist*) Muchos. **III** *loc v* **11 dar** ~. (*col*) Causar problemas o molestias. *A veces en la forma expresiva* DAR MÁS ~ QUE UN HIJO TONTO. **b)** (*humorist*) Vivir. *A veces con un ci de pers, indicando que el hecho de vivir implica molestias para esa pers.* * El ron es lo que me mantiene. Mientras quede, habré de darles guerra. ■ **12 declarar la** ~ [un grupo o Estado a otro]. Dar[le] a conocer su decisión de considerar[lo] enemigo, y comenzar la guerra [1] contra él. **b) tener**[le] **la** ~ **declarada** (*a una pers. o cosa*), *o* **haber**[le] **declarado la** ~. Actuar con hostilidad manifiesta [hacia ella]. ■ **13 hacer** [alguien o algo] **la** ~ **por su cuenta.** Actuar a su antojo y sin contar con nadie. ■ **14 pedir** (*o* **querer,** *o, más raro,* **dar**) ~ [una mujer]. (*col*) Comportarse de modo provocativo en el aspecto sexual. *Frec* IR, *o* ESTAR, PIDIENDO ~. **IV** *loc adv* **15 en pie de** ~ → PIE.

guerreador -ra *adj* Que guerrea o es inclinado a guerrear. *Tb n, referido a pers.*

guerrear *intr* Hacer la guerra [1] [contra alguien (*compl* CONTRA *o* CON)]. *Tb sin compl.*

guerrero -ra I *adj* **1** De (la) guerra [1]. ■ **2** Que hace la guerra [1]. **b)** Inclinado a la guerra [1]. *Tb n, referido a pers.* ■ **3** De (los) guerreros [6]. ■ **4** (*col*) Que da guerra [11]. *Gralm referido a niños.* ■ **5** (*col*) Que pide guerra [14]. **II** *n* A *m* **6** (*hist o lit*) Militar o soldado. **B** *f* **7** Chaqueta de uniforme militar, abrochada desde el cuello.

guerrilla I *f* **1** Fuerza armada irregular, frec. poco numerosa, que lucha por motivos políticos contra un ejército o contra el orden establecido. ■ **2** *En el ejército:* Grupo poco numeroso dedicado a hostilizar al enemigo. ■ **3** Grupo poco numeroso [de perss. o cosas]. **II** *loc adv* **4 en** ~. De manera dispersa o desplegada. *Referido a perss que avanzan.*

guerrillear *intr* Luchar en guerrillas [1 y 2].

guerrillerismo *m* Movimiento guerrillero [1].

guerrillero -ra I *adj* **1** De (la) guerrilla [1]. **II** *m y f* **2** Pers. que forma parte de una guerrilla [2 y esp. 1]. **b)** Jefe de una guerrilla [1].

gueto *m* **1** Judería. ■ **2** Barrio o zona en que vive aislada una minoría nacional o racial. ■ **3** Lugar en que vive segregada y aislada una minoría. *Tb fig.*

guevarismo *m* Conjunto de ideas políticas y métodos de lucha del guerrillero comunista Ernesto (Che) Guevara (1928-1967) y de sus seguidores.

guevarista *adj* Partidario del guevarismo. *Tb n.*

guía I *n* A *m y f* **1** Pers. que guía [1 y 2]. **b)** Pers. que se dedica a enseñar a los visitantes las cosas más notables de un lugar. **B** *m* **2** Manillar [de la bicicleta]. **C** *f* **3** Cosa que sirve para guiar [1 y 2]. **b)** Libro en que se dan normas o datos que sirvan de guía u orientación. *Frec con un adj o compl especificador.* **c)** ~ **telefónica,** *o* **de teléfonos.** Libro en que figuran por orden alfabético de abonados, de calles o de actividades los números de teléfono de toda una población o una provincia. *Tb simplemente* ~. **d)** *En un diccionario:* Palabra de las dos que indican, a la cabecera de una página, la primera y la última palabra que son tratadas en dicha página. *Frec en pl.* **e)** ~ **comercial.** (*hoy raro*) *En una emisión de radio:* Espacio destinado a anuncios. ■ **4** Rienda (de una caballería). ■ **5** Pieza que sirve para obligar a otra a seguir en su movimiento un camino determinado. ■ **6** Varilla exterior del abanico. ■ **7** Tallo de una planta, esp. el principal, que dirige su crecimiento. ■ **8** Extremo puntiagudo del bigote. ■ **9** Documento oficial necesario para poder transportar determinados animales o géneros. ■ **10** Documento oficial que acredita la pertenencia de un arma. ■ **11** (*Mil*) Sargento o cabo que, en las distintas evoluciones, se coloca en el lugar adecuado para la mejor alineación de la tropa. ■ **12** (*Mar*) Cabo que sirve para dirigir o sujetar algo. **II** *loc adj* **13 de** ~. [Cruz] que encabeza una procesión. **III** *loc adv* **14 en las** ~s. (*reg*) En estado de extrema delgadez o debilidad. *Con vs como* ESTAR, ANDAR *o* QUEDARSE.

guiadera *f* Guía [5]. *Tb fig.*

guiado *m* Acción de guiar [1b y 3].

guiador -ra *adj* Que guía. *Tb n, referido a pers.*

guiaje *m* (*hist*) Salvoconducto.

guiaondas *m* (*Radio*) Tubo por cuyo interior se propagan las ondas de alta frecuencia con menos pérdida de energía que por cable.

guiar (*conjug* **1c**) A *tr* **1** Mostrar [a alguien (*cd*)] el camino [a un lugar (*compl adv*)]. *Tb sin compl adv. Tb fig.* **b)** Conducir o llevar [algo a un lugar]. ■ **2** Dirigir u orientar [a alguien] en su actuación o comportamiento. **b)** Dirigir la marcha o desarrollo de algo (*cd*)]. ■ **3** (*hoy raro*) Conducir [un vehículo]. *Tb abs.* **B** *intr pr* (~**se**) **4** Tener por guía [3] [algo (*compl* POR)].

guignol (*fr; pronunc corriente,* /giñól/) *m* (*hoy raro*) Guiñol.

guija *f* **1** Guijarro. ■ **2** Almorta (planta y semilla).

güija *f* (*Rel*) Tablero con las letras del alfabeto, en torno del cual se reúnen varias perss. para comunicarse con los espíritus, quienes señalan sus respuestas en el tablero por medio de un vaso boca abajo o de algún otro objeto.

guijarral *m* Terreno en que abundan los guijarros.

guijarro *m* Piedra pequeña y redondeada que se encuentra pralm. en las orillas y cauces de los ríos.

guijarroso -sa *adj* Abundante en guijarros.

guijo *m* Guijarro.

guijuelense *adj* De Guijuelo (Salamanca). *Tb n, referido a pers.*

guijuelo *m* Jamón de Guijuelo (Salamanca).

güil *m* (*jerg*) Dinero.

guilalo *m* Embarcación filipina de cabotaje, con velas gralm. de estera y con batangas.

guilda *f* (*hist*) En Europa en la Edad Media: Asociación de mercaderes o artesanos con el fin de socorrerse mutuamente y de defender sus intereses. *Tb* (*lit*) *fig.*

guileña *f* Aguileña (planta).

guilindujes *m pl* (*reg*) Perendengues o perifollos.

guillado -da *adj* (*col*) Loco o falto de juicio. *Frec n.*

guilladura *f* (*col*) Pérdida de juicio.

guillarse. ~las. *tr pr* (*jerg*) Irse o marcharse.

guilloma *f* Guillomo (arbusto).

guillomera *f* Guillomo (arbusto).

guillomero *m* Guillomo (arbusto).

guillomo *m* Arbusto de tallos flexibles, hojas dentadas y redondeadas, flores blancas en ramillete y fruto dulce y negruzco del tamaño de un guisante, propio de lugares pedregosos (*Amelanchier ovalis*).

guillotina I *f* **1** Máquina consistente en una cuchilla ancha y pesada que cae deslizándose entre dos altas guías y empleada para decapitar a los condenados a muerte. *Tb fig.* ■ **2** Máquina de cortar papel.
II *loc adj* **3 de ~.** [Ventana o persiana] que resbala verticalmente a lo largo de las ranuras del marco.

guillotinar *tr* **1** Ejecutar [a alguien] con la guillotina [1]. *Tb fig.* ■ **2** Cortar [algo] con la guillotina [2]. ■ **3** (*lit*) Cortar o interrumpir [algo] bruscamente.

guillotinero -ra *m y f* Pers. que maneja una guillotina [2].

güimarero -ra *adj* De Güímar (Tenerife). *Tb n, referido a pers.*

guimbarda *f* Birimbao (instrumento musical).

guinaldés -sa *adj* De Fuenteguinaldo (Salamanca). *Tb n, referido a pers.*

güinche *m* (*raro*) Grúa.

guinda[1] **I** *f* **1** Fruto del guindo, muy semejante a la cereza, más pequeña y ácida y de color rojo vivo. ■ **2** (*col*) Remate o final.
II *adj* **3** [Color] rojo propio de la guinda [1]. *Tb n m.* **b)** Que tiene color guinda.
III *fórm* **4 échale ~s.** (*col*) Fórmula con que se pondera la dificultad o la importancia de algo o de alguien. * Ahora hay que pensar en su nombre artístico. Échale guindas.

guinda[2] *f* (*Mar*) Altura, esp. de la arboladura.

guindada *f* (*raro*) Bebida hecha con guindas[1] [1].

guindal *m* Guindo [1].

guindalera *f* **1** Sitio abundante en guindos [1]. ■ **2** (*reg*) Guindo [1].

guindaleta *f* **1** Cuerda del grosor aproximado de un dedo. ■ **2** (*reg*) Caballería que va la primera en un tiro o en una reata.

guindaleza *f* (*Mar*) Cabo grueso y muy largo, de tres o cuatro cordones.

guindar[1] *tr* (*Mar*) Subir, o poner en alto. *Tb* (*lit*) *fig.*

guindar[2] *tr* (*jerg*) Robar. **b)** Estafar o timar.

guindaste *m* (*Mar*) Armazón en forma de horca, para manejar ciertos cabos o para colgar alguna cosa.

guinde *m* (*jerg*) Acción de guindar[2].

guindilla A *f* **1** Variedad de pimiento pequeño, alargado y gralm. picante, que se emplea esp. como condimento. *Tb la planta que lo produce.*
B *m* **2** (*hist o jerg*) Policía municipal. **b)** (*hist*) Agente de policía.

guindo I *m* **1** Árbol de la familia del cerezo, pero más pequeño y abierto (*Prunus cerasus*). *Tb su madera.*
II *loc v* **2 caerse de un ~.** (*col*) Caerse del nido (→ NIDO).

guindola *f* **1** (*Mar*) Andamio volante usado para hacer trabajos en alto. ■ **2** Aro o herradura de material flotante usado como salvavidas.

guindón -na *adj* (*jerg*) Ladrón (que roba). *Tb n.*

guinea *f* Antigua moneda de oro inglesa, equivalente a 21 chelines, usada hoy a veces como unidad de cuenta.

guineano -na *adj* De la República de Guinea (Guinea Conakry), de Guinea Bissau o de Guinea Ecuatorial. *Tb n, referido a pers.*

guineo[1] **-a** *adj* Guineano. *Referido esp a una variedad de plátano.*

guineo[2] *m* (*reg*) Murga o matraca.

guiñada *f* **1** (*Mar*) Desvío de la proa, a uno u otro lado, respecto al rumbo que debe seguir. *Tb fig, fuera del ámbito marinero.* ■ **2** (*raro*) Guiño.

guiñador -ra *adj* Que guiña [1 y 2] el ojo o los ojos.

guiñapo *m* **1** Andrajo (prenda de vestir vieja y rota). ■ **2** Pers. decaída moral o físicamente. *Gralm. en la constr* ESTAR HECHO UN ~. ■ **3** Pers. despreciable o sin valor alguno.

guiñaposo -sa *adj* Lleno de guiñapos [1].

guiñar A *tr* **1** Cerrar [un ojo] por un instante manteniendo abierto el otro, gralm. como seña. ■ **2** Cerrar ligeramente [los ojos], esp. para protegerlos del efecto de la luz. **b)** *pr* (**~se**) Cerrarse ligeramente [los ojos], esp. por efecto de la luz. ■ **3** Echar hacia atrás [las orejas (*cd*) un animal (*suj*)] en señal de acometida o ataque.
B *intr* ▶ **a** *normal* **4** Guiñar [1 y 2] un ojo o los ojos. ■ **5** (*lit*) Emitir [una luz] destellos intermitentes.
▶ **b** *pr* (**~se**) **6** (*jerg*) Irse o marcharse.

guiño *m* **1** Acción de guiñar, *esp* [1]. **b)** Visaje hecho con los ojos. ■ **2** Mensaje de complicidad que se envía implícitamente al lector, espectador u oyente. ■ **3** (*lit*) Alusión o evocación.

guiñol I *m* **1** Teatro de títeres que se mueven introduciendo la mano en su interior. *Tb fig.* ■ **2** (*raro*) Teatro de marionetas. *Tb fig.*
II *loc adj* **3 de gran ~.** (*Escén y TLit*) Granguiñolesco.

guiñolesco -ca *adj* De(l) guiñol.

guiñón -na *adj* (*raro*) Que hace guiños [1].

guiñote *m* (*Naipes*) Variedad de tute en que se dan seis cartas y se canta con reyes y sotas, propio esp. de Aragón.

guiñotista *m y f* (*Naipes*) Jugador de guiñote.

guión (*tb con la grafía* guion) *m* **1** Estandarte o pendón que se lleva delante en un desfile o procesión. *Tb fig.* **b)** Banderín. ■ **2** Esquema escrito que sirve de guía en un discurso o exposición. ■ **3** Texto en que se detalla de forma pormenorizada el argumento de una obra cinematográfica o el desarrollo de un programa de radio o de televisión, con indicaciones técnicas para su realización. *Tb fig.* ■ **4** Signo ortográfico en forma de raya horizontal corta, que se usa para escribir determinadas palabras compuestas y para partir una palabra en final de línea. **b)** Raya (signo ortográfico). ■ **5** (*Mar*) Parte del remo comprendida entre el puño y la zona que se afirma en el tolete. ■ **6 ~ de codornices.** Ave zancuda de unos 27 cm, plumaje amarillento, grisáceo en la cabeza y pecho y castaño en las alas (*Crex crex*).

guionista *m y f* Autor de un guión [3].

guionizar *tr* (*Cine y RTV*) Convertir [algo] en guión [3] o dar[le (*cd*)] forma de guión [3].

guipar *tr* (*jerg*) **1** Ver. *Tb abs.* ■ **2** Calar [a alguien] o descubrir su índole o sus intenciones.

güipil → HUIPIL.

guipur *m* Encaje de malla ancha, cuyos motivos están separados por grandes huecos. *Tb* ENCAJE DE ~.

guipure (*fr; pronunc corriente,* /gipúr/) *m* Guipur.

guipuzcoano -na I *adj* **1** De Guipúzcoa. *Tb n, referido a pers.*
II *m* **2** Dialecto vascuence hablado en Guipúzcoa.

güira *f* Totumo (árbol).

guiri *m y f* (*jerg*) Extranjero, esp. turista.

guirigay *m* Alboroto confuso producido por varias perss. que hablan o gritan a un tiempo. *Tb fig.*

guirindola *f* (*raro*) Chorrera de la camisa. *Tb fig.*

guirlache *m* Dulce en forma de tableta o barrita, hecho con almendras enteras tostadas y unidas con caramelo.

guirnalda *f* Adorno consistente en una tira, tejida con ramas y flores, o a veces con papel decorativo, que se coloca gralm. en forma de ondas o de coronas. **b)** (*Arte*) Motivo ornamental de hojas, flores y frutos, que forma una línea continua y gralm. va dispuesto en ondas.

güiro *m* Instrumento músico popular de las Antillas, hecho con una corteza de calabaza cilíndrica y alargada.

guirre *m* (*reg*) Alimoche (ave rapaz).

guirrio *m* (*reg*) Mozo disfrazado en las fiestas de carnaval.

guisa (*lit*) I *f* **1** Modo o manera. *Normalmente en las constrs* A ~ DE, *o* DE ESTA (ESA, *etc*) ~.
II *loc adv* **2 a mi** (*o* **tu,** *etc*) **~.** A mi (o tu, etc.) gusto.

guisado¹ *m* Guiso de carne o pescado, gralm. en trozos, cocidos en salsa después de rehogados.

guisado² *m* Acción de guisar.

guisandero -ra *m y f* Pers. que guisa [1].

guisantal *m* Terreno sembrado de guisantes.

guisante *m* **1** Planta herbácea leguminosa, con fruto casi cilíndrico y semillas pequeñas y globosas que se consumen normalmente verdes (*Pisum sativum*). *Tb su fruto y su semilla.* ■ **2 ~ de olor.** Planta herbácea trepadora de grandes flores rojizas, blancas o violetas, perfumadas, que se cultiva en los jardines (*Lathyrus odoratus*).

guisar *tr* **1** Preparar [un alimento] sometiéndo[lo] a la acción del fuego. *Frec abs.* ■ **2** Cocer en salsa [un alimento] después de rehogarlo. ■ **3** (*col*) Tramar o preparar [algo]. **4 yo me lo guiso y yo me lo como** (*o* **tú te lo guisas,** *etc*). *Fórmula con que se comenta la total autonomía con que actúa la pers de la que se habla.* * Por los chicos no te preocupes; ellos se lo guisan y ellos se lo comen.

guiscar *tr* (*reg*) Guizcar.

guiso *m* **1** Comida guisada. ■ **2** Acción de guisar.

guisote *m* (*col*) Guiso [1] ordinario o mal hecho. *Con intención desp o a veces apreciativa.*

guisotear *tr* (*col, humoríst*) Guisar [1]. *A veces con intención desp.*

guisoteo *m* (*col, humoríst*) Acción de guisotear. *A veces con intención desp.*

guisque *m* (*reg*) Guizque.

güisquear, güisquería, güisqui → WHISKEAR, WHISKERÍA, WHISKY.

güisquil → HUISQUIL.

guita¹ *f* Cuerda delgada de cáñamo.

guita² *f* (*col*) Dinero.

guitarra A *f* **1** Instrumento músico compuesto por una caja ovalada de madera, que se estrecha en el centro y tiene un agujero en la parte central superior, y un mástil en que se sujetan las cuerdas, normalmente seis, que se pulsan con los dedos. **b) ~ eléctrica** → ELÉCTRICO. ■ **2** Pez marino semejante a la raya (*Rhinobatus rhinobatus*). *Tb* PEZ ~.
B *m* **3** Guitarrista.

guitarrada *f* Ronda con guitarras [1].

guitarrazo *m* Golpe dado con una guitarra [1].

guitarrear *intr* (*raro*) Tocar la guitarra [1]. *A veces con intención desp.*

guitarreo *m* Toque de guitarra [1]. *A veces con intención desp.*

guitarrero -ra I *m y f* **1** Pers. que fabrica o vende guitarras [1]. ■ **2** Pers. que toca la guitarra [1].
II *adj* **3** (*raro*) De (la) guitarra [1].

guitarrico *m* Guitarrillo.

guitarrillo *m* Guitarra [1] pequeña de sonido agudo.

guitarrista *m y f* Músico que toca la guitarra [1].

guitarrístico -ca *adj* De (la) guitarra [1] o de su arte.

guitarrón *m* **1** Guitarra [1] grande de sonido bajo, usada en algunos países hispanoamericanos. ■ **2** (*col, raro*) Hombre agudo y malicioso. *Tb adj.*

guito -ta *adj* (*reg*) [Caballería] falsa o que cocea mucho. *Tb fig, referido a pers.*

güito *m* (*col*) **1** Sombrero. ▪ **2** Cabeza. ▪ **3** Hueso de una fruta o fruto, esp. de albaricoque, que emplean a veces los chicos para jugar. **b)** (*hoy raro*) *En pl:* Juego que se hace con huesos de albaricoque.

güitoma *m* Diversión de feria consistente en un círculo giratorio del que penden unos asientos sujetos con cadenas.

guitón *m* Pieza de metal a modo de moneda, que sirve esp. como ficha de juego o elemento de cuenta.

guitonear *intr* (*raro*) Vagabundear (vivir como vagabundo).

guixolense *adj* De San Feliu de Guíxols (Gerona). *Tb n, referido a pers.*

guizcar *tr* (*reg*) **1** Pinchar o provocar [a alguien]. ▪ **2** Husmear (curiosear o indagar).

guizque *m* (*reg*) Aguijón.

gujarati *adj* Gujerati. *Tb n.*

gujerati **I** *adj* **1** Del estado indio de Gujerat o Gujarat. *Tb n, referido a pers.* **II** *m* **2** Lengua indoirania del estado de Gujerat.

gula *f* Vicio que consiste en el deseo exagerado de comer y beber por placer. *Tb fig, referido a otro tipo de placeres.*

gulag *m* Campo de trabajos forzados en la antigua Unión Soviética. *Tb fig.*

gulasch (*al; pronunc corriente, /gulás/ o /guláʃ/*) *m* Estofado de carne típico de Hungría.

gulden *m* Unidad monetaria de los Países Bajos.

gules *m pl* (*Heráld*) Color rojo.

guloso -sa *adj* (*raro*) De (la) gula.

gulusmear **A** *intr* **1** Tomar golosinas. ▪ **2** Husmear u olfatear. **B** *tr* **3** Tomar [una golosina]. ▪ **4** Husmear u olfatear [algo].

guluzmear *tr e intr* (*raro*) Gulusmear.

guma *f* (*jerg*) Gallina (ave).

gumarrero -ra *m y f* (*jerg*) Ladrón de gallinas.

gúmena *f* (*Mar*) Cabo de esparto usado esp. para sujetar el ancla.

gumía *f* Arma blanca árabe, en forma de daga un poco encorvada.

gunitado *m* (*Constr*) Acción de proyectar sobre una superficie cemento u hormigón muy fluido y mezclado con aire a presión.

gurapas *f pl* (*hist, jerg*) Galeras.

gurbizo *m* (*reg*) Brezo (planta).

guri *m* (*jerg*) Guripa [2].

guriezano -na *adj* De Guriezo (Cantabria). *Tb n, referido a pers.*

guripa *m* (*col, desp*) **1** Soldado que está haciendo el servicio militar. ▪ **2** Policía uniformado, esp. municipal. ▪ **3** (*jerg*) Tipo o individuo. ▪ **4** (*jerg*) Individuo tonto. *Tb adj.* ▪ **5** (*hoy raro*) Golfo o pillo.

gurka (*tb con la grafía* **gurkha**) *adj* **1** De un pueblo hindú que constituye la principal comunidad de Nepal. *Tb n, referido a pers.* ▪ **2** [Individuo] gurka [1] que sirve en un regimiento especial del ejército británico. *Frec n.* **b)** De soldados gurkas.

gurriato¹ -ta **A** *m* **1** Cría de gorrión. *A veces designa tb el gorrión adulto.* ▪ **2** (*desp, raro*) Hombre ingenuo e inocente. **B** *m y f* **3** (*reg*) Muchacho joven o niño. *A veces usado como apelativo cariñoso.*

gurriato² -ta *adj* (*col*) Del Real Sitio de San Lorenzo de El Escorial (Madrid). *Tb n, referido a pers.*

gurripato *m* (*reg*) Gurriato¹ (cría de gorrión).

gurripina *f* (*Taur*) Pase ejecutado sin atenerse a las reglas del toreo.

gurrumino -na *adj* (*reg*) Ruin o desmedrado.

gurruño *m* Pelota arrugada y apretada [de algo, esp. papel o tela].

gurú *m* **1** Maestro o jefe espiritual hindú. *A veces referido a otras religiones orientales. Tb fig.* ▪ **2** Hombre respetado e influyente [en un ámbito determinado (*compl especificador*)]. *Frec con intención desp. Tb sin compl, por consabido.*

gurullo *m* (*reg*) Bolita hecha con una pasta de harina, agua y aceite. *Normalmente en pl.*

gurumelo *m* Cierto hongo comestible de color pardo que se cría en los jarales.

gusa *f* (*col*) Hambre.

gusana *f* **1** Lombriz de mar que se cría en la arena y se emplea como cebo de pesca (gén. *Nereis*). *Tb ~* DE MAR. *A veces en sg con sent colectivo.* ▪ **2** Lombriz de tierra. *Tb ~* DE TIERRA.

gusanear *intr* Hormiguear (bullir o moverse). *Tb fig.*

gusaneo *m* Acción de gusanear.

gusanera *f* **1** Lugar en que hay muchos gusanos [1 y 2]. **b)** (*jerg*) Tumba. ▪ **2** Conjunto numeroso de gusanos [1 y 2]. ▪ **2** Lugar en que hay gran acumulación de perss. **b)** Conjunto de perss. que se acumulan en un lugar.

gusanería *f* Conjunto de gusanos [1 y 2].

gusanillo **I** *m* **1** *dim* → GUSANO. ▪ **2** (*col*) Sentimiento que intranquiliza o inquieta. *Frec referido a afición.* ▪ **3** Alambre arrollado en espiral que se usa para colgar visillos. **II** *loc v* **4 matar el ~.** (*col*) Desayunar con una copa de aguardiente. **b)** Calmar el hambre con un tentempié.

gusano *m* **1** *Se da este n a distintos animales invertebrados de cuerpo blando y alargado, con patas inarticuladas pequeñas, o sin ellas, que caminan arrastrándose. Frec en pl, designando este taxón zoológico.* ▪ **2** *En gral se da este n a cualquier animal de cuerpo alargado y blando, esp a las larvas de los insectos.* **b)** **~ de luz.** Luciérnaga. ▪ **3** (*desp*) Pers. insignificante o despreciable. ▪ **4** (*jerg*) Pene. *A veces en la forma* GUSANILLO.

gusanoso -sa *adj* Que tiene gusanos [1 y 2].

gusarapa *f* Larva de moscas u otros insectos, que se emplea como cebo para la pesca con caña.

gusarapo *m* Animal en forma de gusano, que se cría en el agua o en otro líquido.

gustado -da *adj* **1** *part* → GUSTAR. ▪ **2** [Artista u obra] que gusta [1a].

gustador -ra *adj* Que gusta [2, 3 y 4]. *Tb n, referido a pers.*

gustar **A** *intr* ➤ **a** *normal* **1** Causar agrado o placer [a alguien (*ci*)]. *Tb sin ci.* **b)** Atraer sexualmen-

te [a alguien (*ci*)]. *A veces el ci es recíproco. Tb sin ci.*
c) ~le [a alguien] **la marcha** → MARCHA. ■ **2** (*lit*)
Sentir agrado o placer [en algo (*compl* DE)].
➤ **b** *pr* (**~se**) **3** (*Taur*) Sentirse cómodo [el torero
en su faena o en alguna parte de ella].
B *tr* **4** (*lit*) Probar o tomar [un alimento o bebida que agrada]. ■ **5** (*lit*) Probar o experimentar [al-
go que agrada]. ■ **6** Querer o desear. *En fórmulas
de cortesía como* PARA LO QUE GUSTE (MANDAR), *o*
CUANDO GUSTE, *o* COMO GUSTE, *usados como abs.* **b)**
¿(**usted**) **gusta?**, *o* ¿**si gusta?** (*pop*) *Fórmula de cortesía con que una pers que come o bebe, o va a comer
o beber, invita a otra presente.*

gustativo -va *adj* De(l) gusto [1 y 2].

gustatorio -ria *adj* (*Anat*) Que sirve para percibir el gusto [2] de los alimentos.

gustazo *m* (*col*) Gusto o placer intenso producido
por algo que se deseaba vivamente. *Frec en la constr*
DARSE EL ~.

gustillo *m* Sabor secundario o ligeramente perceptible en una cosa. *Frec fig.*

gustirrinín *m* (*col*) Gusto o placer. *Frec con el
v* DAR.

gusto **I** *m* **1** Sentido corporal por el cual se perciben los sabores. ■ **2** Sabor [de una cosa, esp. de un
alimento]. ■ **3** Agrado o placer. *Frec en la fórmula
de cortesía* TENER EL ~ DE + *infin y en las constrs* DAR
~ [algo] *o* DARSE EL ~ [de algo]. ■ **4** Voluntad o deseo. **b)** Cosa que se desea. ■ **5** Afición o inclinación
[por algo]. ■ **6** Manera personal de apreciar las cosas. **b)** Manera de sentir la belleza. *Normalmente
con un compl especificador.* **c) buen** (*o* **mal**, *u otro
adj equivalente*) **~.** Facultad de apreciar (o no) lo bello. *Tb en sent moral. Cuando el adj no es* BUEN *o*
MAL, *frec va pospuesto.* **d)** *Sin adj:* Buen gusto.
II *loc adj* **7 de buen** (*o* **mal**, *u otro adj equivalente*) **~.** [Cosa] que denota buen (o mal) gusto [6c].
Cuando el adj no es BUEN *o* MAL, *frec va pospuesto.*
■ **8 de** ~. Que causa gusto [3]. **b)** [Plato] **de ~** →
PLATO.
III *loc v y fórm or* **9 alabar el** ~ [a alguien]. Estar
de acuerdo o conforme con su elección o decisión. ■
10 coger, *o* **tomar**, (**el**) ~ [a algo]. Aficionarse
[a ello]. ■ **11 con mucho** ~. *Fórmula de asentimiento cortés a una petición o invitación. A veces*
CON ~. * –¿Puedes correrte un poco? –Con mucho
gusto. ■ **12 dar** ~ [a alguien]. Hacer lo que desea, o
complacer[le]. *Tb* (*reg*) DAR POR EL ~ [a alguien]. **b)**
dar ~ [a una parte del cuerpo]. (*col*) Hacer [con ella]
la acción que le es propia o que se presenta como
tal. ■ **13 ir a** ~ **en el machito** → MACHITO. ■ **14**

mucho (*o* **tanto**) ~. *Fórmula de cortesía con que se
responde como saludo en una presentación.* * –Te
presento a mi hermano. –Mucho gusto. **b) el ~ es
mío.** *Fórmula con que se contesta a la de* MUCHO
(*o* TANTO) ~ *en una presentación.* * –Mucho gusto.
–El gusto es mío.
IV *loc adv* **15 a ~.** Cómodamente. **b)** A placer.
c) Con placer. **d)** (*jerg*) Bajo el efecto de las drogas. *Con vs como* ESTAR *o* PONERSE. ■ **16 a ~.** Con
gusto [4]. **b) a ~** [de alguien]. Según [su] gusto [4].
c) a ~ (*o* **según el ~**) **del consumidor** → CONSUMI-
DOR. **d) a(l)** ~. Según el gusto [4] de cada cual. *Referido esp al modo de preparar alimentos o bebidas.*
■ **17 mal a ~.** (*reg*) A disgusto. ■ **18 por ~.** Por
placer. **b)** (*col*) Por capricho o porque sí. ■ **19 que
es un ~**, *o* **que da ~.** (*col*) Mucho. *Con intención
ponderativa. Pospuesto a un v.* **b)** Muy bien. *Con
intención ponderativa. Pospuesto a un v.*

gustosamente *adv* De manera gustosa, *esp* [2].

gustoso -sa *adj* **1** Que tiene gusto [2] intenso y
agradable. ■ **2** Que siente gusto [3]. **b)** Que siente
agrado o placer [en algo (*compl* DE)]. ■ **3** Agradable
o que produce gusto [3].

gutación *f* (*Bot*) Fenómeno por el que las plantas
expelen el exceso de agua en forma de gotas.

gutapercha *f* Goma semejante al caucho, que se
emplea como aislante eléctrico y esp. para impermeabilizar telas de tapicería. *Frec la tela así impermeabilizada.*

gutífera *adj* (*Bot*) [Planta] dicotiledónea, frec. leñosa, que posee recipientes en que se acumulan
aceites o resinas. *Frec como n f en pl, designando este taxón botánico.*

gutural *adj* **1** De (la) garganta. ■ **2** Producido en
la garganta. ■ **3** (*Fon*) [Sonido] velar. *Tb n f, referido a consonante.* ■ **4** Que presenta un predominio
de sonidos guturales [2 y 3].

guturalmente *adv* De manera gutural [2 y 4].

guzla *f* Instrumento músico semejante al violín, con
una sola cuerda de crin, propio de la región de Iliria.

guzmania *f* Planta epifita de hojas en roseta y flores en espiga (*gén.* Guzmania).

guzrati *adj* Gujerati. *Tb n.*

gym-jazz (*pronunc corriente*, /yím-yás/; *tb con la
grafía* **gim-jazz**) *m* Gimnasia que se realiza bailando con música moderna, esp. de jazz.

gymkhana (*hindi; pronunc corriente*, /χinkána/ *o*
/yinkána/) *f* Gincana.

h

h → HACHE.

haba I *f* **1** Planta herbácea de huerta, de fruto en legumbre, cuyas semillas, grandes, oblongas y aplastadas, son comestibles (*Vicia faba*). *Frec su fruto y su semilla.* ■ **2** *Con un adj especificador, designa otras plantas y sus semillas que presentan alguna semejanza con el haba* [1]: ~ DEL CALABAR (*Physostigma venenosum*), ~ DE LOS JESUITAS *o* DE SAN IGNACIO (*Strychnos ignatii*), ~ DE EGIPTO (*Nelumbium speciosum*), *etc.* ■ **3** Semilla [de determinados frutos, esp. el cacao, el café o la soja]. ■ **4** Bola u otro cuerpo de forma redondeada. ■ **5 ~s verdes.** Cierto baile tradicional de Castilla la Vieja. II *loc adj* **6** [Tonto] del ~ → TONTO. III *loc v y fórm or* **7 en todas partes cuecen ~s.** *Fórmula con que se comenta que las cosas negativas no son privativas de ningún lugar.* * La verdad es que en todas partes cuecen habas, y uno no valora lo suyo hasta que lo pierde. ■ **8 ser** [algo] **~s contadas.** Ser un número exacto y escaso. **b)** No haber más opciones.

habal *m* (*reg*) Habar.

habalero (*tb con la grafía* **jabalero**) *m* (*reg*) Guarda de un habar.

habanero -ra I *adj* **1** De La Habana. *Tb n, referido a pers.* II *f* **2** Canción de origen cubano, de tiempo moderado y compás binario. *Tb su baile.*

habano -na *adj* [Tabaco] cubano. *Frec n m, referido a cigarro puro.*

habar *m* Terreno sembrado de habas [1].

habeas corpus (*lat; pronunc,* /ábeas-kórpus/) *m* (*Der*) Derecho de una pers. detenida a ser llevada inmediatamente ante el juez para que resuelva sobre la legalidad de su arresto.

habemus (*lat; pronunc,* /abémus/) *tr* (*col, humoríst*) Tenemos. *Normalmente pospuesto al cd.* **b)** *Con un infin:* Tenemos que + *el mismo infin.* * Morir habemus.

haber¹ *v* (*conjug* 15; *en las aceps imperss* 3 *y* 7, *el pres de ind toma la forma* HAY) **A** *aux* ➤ **a** *personal* **1** *Se usa para formar los tiempos compuestos de todos los vs, indicando siempre que la acción es anterior a la expresada en el tiempo simple correspondiente. El v* ~, *en cualquiera de sus formas, va seguido del part (invariablemente en la forma* -O) *del v auxiliado.* * Ha llovido. * Habíamos comido. ■ **2** ~ *de* + *infin* = TENER QUE + *infin.* * Si supera estas barreras, habrá de vencer otra. **b)** ~ + (*en pres o pasado*) + DE + *infin* = *el v del infin en futuro o pospretérito* (ha de resultar = resultará; había de resultar

= resultaría). * La desintegración había de culminar en el desastre de 1898. ➤ **b** *impers* **3** ~ **que** + *infin* = DEBERSE *o* SER NECESARIO + *infin.* * Hay que hablar de ello. **B** *tr* ➤ **a** *personal* **4** (*lit, raro*) Tener. * Todos han necesidad de consuelo. **b) habida cuenta de que** → CUENTA. ■ **5** (*lit*) Obtener como resultado *o* fruto. *Normalmente en constr pasiva.* * Los hijos habidos serán legítimos. ■ **6** (*admin*) Aprehender. *Normalmente en constr pasiva.* * El presunto homicida fue habido y encerrado en prisión. ➤ **b** *impers* **7** ~ + *n cd sin art def* = *el mismo n, como suj* + EXISTIR *o* ENCONTRARSE. *A veces* (*pop o reg*) *usado como personal.* * Había varios espejos deformantes. **b)** ~ + *n cd que expresa un hecho, sin art definido* = *el mismo n, como suj* + OCURRIR *o* TENER LUGAR. * Hubo algunos enfrentamientos. **c) habrá** + *n calificador. Se usa exclamativamente para ponderar lo expresado por el n.* * ¡Habrá ladrón! **d) no** ~ **más que pedir.** *Se usa para ponderar la calidad de alguien o algo.* * Mató un toro que no había más que pedir. **e) no** ~ **para tanto.** No ser para tanto, o no haber motivo suficiente. **f) no** ~ **por dónde coger** [a alguien o algo]. *Se usa para ponderar su alto grado de suciedad, su baja calidad o el pésimo concepto en que se le tiene.* * Puso a los del equipo que no había por dónde cogerlos. **g) no hay de qué.** *Se usa esp como fórmula de cortesía para contestar a las palabras* GRACIAS, PERDÓN *o equivalentes.* * –Muchísimas gracias. –No hay de qué. **h) ¿qué hay?** (*col*) *Fórmula de saludo.* * ¿Qué hay? ¿Cómo estás? **i) si los hay,** *o* **donde los haya.** *Siguiendo a la expresión de una cualidad, presenta esta en un grado extremado.* * Es egoísta donde los haya. ■ **8** (*lit*) *Con un n cd que significa tiempo:* Hacer. * A Venecia las mareas le comenzaron a corroer, tiempo ha, las entrañas. ➤ **c** *pr* **9** ~**selas** [con una pers. o cosa]. Enfrentarse o tratar [con ella]. II *loc adj* **10 de lo que no hay.** (*col*) Tremendo. *Usado como predicat.* ■ **11 habido y por** ~. Imaginable. *Con intención enfática, gralm precedido de* TODO *y frec sustantivado con* LO. * Hablaron de todo lo habido y por haber.

haber² *m* **1** Hacienda o caudal. *Tb fig.* ■ **2** *En una cuenta corriente:* Columna en que se anotan las cantidades positivas. *Tb la suma de esas cantidades. Se opone a* DEBE. *Tb fig.* ■ **3** (*admin*) *En pl:* Retribución.

habichuela *f* Judía (planta, fruto y semilla).

habichuelo *m* (*reg*) Habichuela.

hábil *adj* **1** [Pers.] apta o capacitada. *Normalmente con un compl especificador. Alguna vez referido a* *animales.* **b)** Sagaz y hábil para conseguir su propósito. *Gralm sin compl.* **c)** Propio de la pers. hábil [1a y b]. ■ **2** (*admin*) [Día] en que funcionan las oficinas públicas y los tribunales. **b)** [Hora] en que funciona una oficina o un establecimiento público.

habilidad *f* **1** Cualidad de hábil [1]. ■ **2** Cosa que denota o implica habilidad [1]. *Frec en pl.* **b)** Cosa para la que [alguien (*compl de posesión*)] es hábil [1]. *Frec en pl.*

habilidosamente *adv* De manera habilidosa.

habilidoso -sa *adj* [Pers.] que tiene habilidad, esp. para trabajos manuales. **b)** Propio de la pers. habilidosa.

habilitación *f* **1** Acción de habilitar. ■ **2** Cargo de habilitado. **b)** Oficina del habilitado.

habilitado -da I *adj* **1** *part* → HABILITAR.
II *m y f* **2** Pers. encargada de cobrar los haberes de otras y de distribuírselos después. ■ **3** (*Der*) *En la secretaría de los tribunales:* Auxiliar que puede reemplazar al secretario, aun sin vacante o interinidad.

habilitador -ra *adj* Que habilita. *Tb n, referido a pers.*

habilitante *adj* (*Der o admin*) Que habilita.

habilitar *tr* **1** (*admin*) Hacer [a alguien] hábil o capaz [para algo]. *Tb sin compl* PARA. **b)** Hacer hábil [2] [un día u hora]. ■ **2** Hacer que [una pers. o cosa] sirva [para algo para lo que inicialmente no servía o no estaba destinada]. *Tb sin compl* PARA. **b)** Acondicionar [algo, esp. un local, para determinado fin]. *Frec sin compl* PARA. **c)** (*Mil, hist*) Conceder [a un jefe u oficial (*cd*) el empleo (*compl* DE) inmediatamente superior al suyo] sin antigüedad ni sueldo. *Frec en part, a veces sustantivado.* ■ **3** (*admin*) Disponer [un crédito].

hábilmente *adv* De manera hábil [1c].

habitabilidad *f* Cualidad de habitable.

habitable *adj* Que puede habitarse [2 y 3].

habitación *f* **1** Acción de habitar. ■ **2** Lugar en que se habita [1 y 2]. ■ **3** *En una vivienda u otro edificio:* Parte separada del resto mediante tabiques y que no está destinada a servir de paso. **b)** *Esp:* Dormitorio u otra habitación no dedicada a servicios. **c)** *En un hotel o establecimiento similar:* Dormitorio.

habitacional *adj* De (la) habitación [2].

habitáculo *m* **1** Habitación [2], esp. elemental o rudimentaria. ■ **2** *En un vehículo:* Parte destinada a las perss.

habitador -ra *adj* (*lit*) Que habita. *Tb n.*

habitante *adj* Que habita [1 y 2] [en un lugar (*compl de posesión*)]. *Tb sin compl. Gralm n, referido a pers o animal.*

habitar A *intr* **1** Desarrollar [un ser vivo] su vida [en un lugar, esp. un país o territorio]. *Tb fig.* ■ **2** Tener [un edificio o cosa semejante (*compl* EN)] como lugar de cobijo y de vida íntima. *Tb fig.*
B *tr* **3** Desarrollar [un ser vivo] su vida [en un lugar, esp. un país o territorio (*cd*)]. *Tb fig.* ■ **4** Tener [un edificio o cosa semejante] como lugar de cobijo y de vida íntima. *Tb fig.* **b)** (*raro*) Ocupar [algo (*suj*)] un edificio] o tener su sede [en él (*cd*)].

hábitat (*pl normal, ~s o invar*) *m* **1** (*Biol*) Conjunto de condiciones ambientales en las que se desarro-

lla la vida [de una especie animal o vegetal]. ■ **2** (*lit*) Habitación [2].

hábito I *m* **1** Tendencia individual a obrar de un modo determinado, adquirida por la reiteración de un acto. **b)** Necesidad morbosa. ■ **2** Traje propio de los religiosos o clérigos. *A veces se usa como símbolo de la orden religiosa correspondiente.* ■ **3** Traje, de tela y color determinados, que alguien se obliga a llevar por devoción o sacrificio. **b)** ~ **penitencial.** (*hist*) Traje impuesto por la autoridad eclesiástica como penitencia por algún pecado público. ■ **4** (*Mineral*) Forma característica de los cristales de un mineral.
II *loc v* **5 ahorcar,** o **colgar, los ~s.** (*col*) Abandonar [un clérigo o religioso] la vida eclesiástica. *Tb fig.* ■ **6 tomar el ~,** o **los ~s.** Ingresar solemnemente en una orden religiosa.

habituación *f* Acción de habituar(se). *Tb su efecto.*

habitual *adj* **1** De (los) hábitos [1]. ■ **2** Que tiene carácter de hábito [1a] por su frecuencia o su constancia. **b)** (*Rel catól*) [Gracia o pecado] que tiene carácter de hábito permanente. *Se opone a* ACTUAL. ■ **3** Que existe o se produce de manera constante o muy frecuente. **b)** (*Gram*) Que expresa una acción que se produce con regularidad. *Se opone a* ACTUAL. ■ **4** [Pers.] que realiza de manera frecuente [la acción expresada por el n. al que acompaña]. **b)** [Pers.] que acude con mucha frecuencia [a un lugar (*compl de posesión*)]. *Tb sin compl. Tb n.* **c)** [Pers.] que aparece con frecuencia [en un medio de comunicación]. *Tb n.*

habitualidad *f* Cualidad de habitual.

habitualizarse *intr pr* (*raro*) Hacerse habitual [2 y 3] [algo].

habitualmente *adv* De manera habitual [2 y 3].

habituar (*conjug* 1d) *tr* **1** Acostumbrar [a alguien (*cd*) a algo]. **b)** *pr* (~**se**) Acostumbrarse [alguien a algo]. *Frec en part, a veces sustantivado.* ■ **2** Hacer que [alguien (*cd*)] adquiera hábito [1b] [de algo (*compl* A)]. **b)** *pr* (~**se**) Adquirir [alguien] hábito [1b] [de algo (*compl* A)]. *Frec en part, a veces sustantivado. Tb sin compl, por consabido.*

habitud *f* (*lit, raro*) Hábito [1].

habitué (*fr; pronunc corriente, /abitüé/*) *m* (*lit*) Habitual [4b].

habiz *adj* (*hist*) *En la Edad Media:* [Bien] inmueble donado a una mezquita o a una institución religiosa musulmana. *Frec n m.*

habla I *f* **1** Facultad de hablar [1a]. *Frec en constrs como* DEJAR SIN ~ *o* QUEDARSE SIN ~, *para ponderar sorpresa, susto o admiración.* ■ **2** Acción de hablar [1, 2a y b y 3a]. *Tb su efecto.* ■ **3** Idioma o lenguaje. ■ **4** (*Ling*) Utilización que cada hablante hace de la lengua.
II *loc adv* **5 al ~.** En comunicación o en trato [con alguien]. *Frec con vs como* ESTAR *o* PONER.

hablado¹ -da *adj* **1** *part* → HABLAR. ■ **2** Que se realiza hablando [1]. ■ **3 bien ~, mal ~** → BIENHABLADO, MALHABLADO.

hablado² *m* (*pop*) Manera de hablar.

hablador -ra *adj* **1** Que habla [1]. **b)** Que habla de manera excesiva o inoportuna. *Tb n, referido a pers.* ■ **2** De(l) habla [2].

habladuría *f* Comentario sobre alguien ausente, criticándole. *Más frec en pl.* **b)** Rumor, o noticia poco segura o sin fundamento.

hablanchín -na *adj (reg)* Parlanchín (que habla mucho, esp. de manera indiscreta o inoportuna). *Tb n.*

hablante *adj* [Pers.] que habla [1, 2 y 8]. *Frec n.*

hablar I *v* A *intr* **1** Emitir sonidos del lenguaje. **b)** **estar hablando** [una pers.]. *(col)* Estar muy fielmente representada en un retrato. **c) solo le falta ~.** *(col) Fórmula con que se pondera la perfección de un animal o cosa o de una representación humana o animal.* * A este perro solo le falta hablar. * La Venus de Milo es perfecta; solo le falta hablar. ■ **2** Hablar [1a] para decir algo [a alguien *(ci o compl* CON)]. *Tb sin compl.* **b)** Expresarse o decir algo sin hablar [1]. * Habla por señas. **c) ~ de tú, ~ de usted** → TÚ, USTED. **d)** *(Naipes)* Expresar [un jugador] la jugada que decide hacer. **e)** **(eso son) ganas de ~.** *Fórmula con que se pondera la falta de fundamento o de oportunidad de lo que se dice.* * No le hagas caso; son solo ganas de hablar. **f) ~ por ~,** *o* **~ por no callar.** Hablar [2a] sin fundamento o sin venir al caso. *Frec en la constr* ESO ES ~ POR ~ *(o* POR NO CALLAR). **g) (mira) quién habla,** *o* **(mira) quién fue a ~.** *(col) Se usa para comentar que la pers que habla incurre en aquello mismo que critica en otro.* * –Es un antipático. –Mira quién habla. **h) no me hagas ~.** *Fórmula con que se hace callar al interlocutor amenazándole con decir algo inconveniente o molesto para él.* * No me hagas hablar, que la liamos. ■ **3** Hablar [1a] [con alguien] intercambiando ideas, noticias u opiniones, a veces implicando actitud amistosa. *Tb sin compl, con suj pl. Tb pr* (~**se**), *con sent recípr.* **b)** *(pop)* Estar en noviazgo. *Con compl* CON, *o con suj en pl. Tb pr* (~**se**). **c) no ~ a** (*o* **~se con**) [una pers.]. No tener trato o estar enemistado [con ella]. *Tb* NO ~SE, *sin compl, con sent recípr.* ■ **4** Hablar [2a y b] para decir cosas [sobre alguien o algo *(compl* DE, SOBRE *o* ACERCA DE)]. **b)** Tratar [algo *(suj)* de una cosa] o tener[la *(compl* DE)] como tema. **c)** Suscitar [algo *(suj)*] el recuerdo [de una pers. o cosa *(compl* DE)]. **d)** Usar [la denominación que se expresa *(compl* DE)] al hablar [2a y b] de algo. **e) ~** [algo] **bien,** *o* **mucho,** *o* **muy alto** *(u otro adv equivalente)* [de una pers. o cosa]**.** Poner[la] de manifiesto o realzar[la]. **f) ~ y no acabar** [de una pers. o cosa]**.** Ponderar[la] extraordinariamente. **g) ni ~.** *(col) Fórmula con que se rechaza decididamente lo que se acaba de oír o decir. A veces* NI ~ DE ESO, *o* NI ~ DEL ASUNTO, *o* NI ~ DEL PELUQUÍN. * –¿Vienes? –Ni hablar; yo no salgo con este calor. **h) no se hable más (del asunto).** *Fórmula con que se da por terminada una conversación o discusión.* * Si a ti te gusta, no se hable más. ■ **5** Murmurar o comentar. *Frec en la constr* DAR QUE ~.

B *tr* **6** Tratar [un asunto]. ■ **7** Decir. **b) no hay más que ~.** *Fórmula con que se da por terminada una conversación o discusión.* * Si ellos están conformes, no hay más que hablar. ■ **8** Ser capaz de expresarse [en un determinado idioma *(cd)*]. **b) ~** [dos o más perss.] **idiomas** *(u otro término equivalente)* **diferentes.** Ser incapaces de comunicarse o de entenderse.

II *m* **9** *(raro)* Habla o lengua.

III *loc adv* **10 hablando mal y pronto.** *(col) Se usa para justificar el modo crudo con que se dice algo.* * Eso, hablando mal y pronto, es una cochinada.

hablilla *f* Habladuría.

hablista *m y f* Pers. que se distingue por la pureza y perfección de su lenguaje.

habón *m* **1** Bulto en forma de haba que se forma en la piel de una pers. o animal, esp. a causa de una picadura. ■ **2** Haba (fruto o semilla) grande.

habsburgués -sa *adj (hist)* De la dinastía germánica de Habsburgo, que reinó en Austria de 1279 a 1918 y en España de 1516 a 1700, y que ocupó el Sacro Imperio Romano de 1440 a 1806.

hacanea *f* Jaca grande, pero menor que el caballo, y muy apreciada.

hacedero -ra *adj* Que se puede hacer, o que es fácil de hacer.

hacedor -ra *m y f* Pers. que hace [algo *(compl de posesión)*]. *Gralm sin compl y con mayúscula, referido a Dios, y frec en constrs como* SUMO *o* SUPREMO ~.

hacendado -da *adj* [Pers.] que tiene mucha hacienda en bienes raíces. *Frec n.*

hacendera *f* **1** *En los pueblos pequeños:* Prestación personal a que está obligado todo el vecindario, en un trabajo comunal. ■ **2** *(reg)* Trabajo cotidiano del hogar. *Frec en sg con sent colectivo.*

hacendismo *m* Conjunto de conocimientos relativos a la hacienda pública.

hacendista *m y f* Especialista en hacendismo.

hacendístico -ca *adj* De (la) hacienda pública.

hacendosamente *adv* De manera hacendosa.

hacendoso -sa *adj* [Pers.] diligente en las faenas domésticas. *Normalmente dicho de mujeres.* **b)** Propio de la pers. hacendosa.

hacer I *v (conjug* 16*)* A *tr* ➤ **a** *normal* **1** Es el *v* fundamental para la expresión de las nociones generales de 'acción' y 'causa'. * Le vas a hacer daño. * El gato hacía fu. * Hazme sitio. **b) ~ +** *infin* [a alguien o algo], *o* **~ que** [alguien o algo] + *subj* = OBLIGAR [a alguien o algo] A + *infin*, *o* MOTIVAR QUE [alguien o algo] + *subj.* * Nos hace trabajar duro. * Su intransigencia hace que le odien. **c)** *En part:* Concluido o resuelto. (→ acep. 32.) ■ **2** *Lleva como cd un pron de sent neutro* (LO, ESTO, ALGO, MÁS, QUÉ, *etc) que representa una acción enunciada antes, o consabida, o no determinada.* * ¿Lo haces tú mismo? * ¿Qué haces? ■ **3** Formar [a alguien] intelectual, moral o profesionalmente. **b) ~se a sí mismo.** Crearse una situación por su propio esfuerzo, sin ayuda de los demás. ■ **4** *(pop)* Engendrar [un hijo en una mujer *(ci o compl* EN)]. ■ **5** Expeler [excrementos]. *Tb como pr* (~**se**)*, denotando que la acción es involuntaria. Tb abs. Frec en la constr* ~SELO ENCIMA (→ ENCIMA). ■ **6** Constituir o totalizar [una cantidad]. **b)** Pesar. *El cd expresa la cantidad de peso.* **c)** Admitir [un recipiente *(suj)*] determinada cantidad *(cd)* de contenido]. **d)** Cumplir [determinada edad]. ■ **7** Recorrer [un espacio o lugar determinados]. ■ **8** Convertir [a una pers. o cosa *(cd)*] en [algo *(predicat)*]. *Frec con compl refl. Tb fig.* **b)** *pr* (~**se**) Convertirse [en algo *(predicat)*]. ■ **9 ~ el +** *adj o n calificador* = PORTARSE COMO + *el mismo adj o n calificador.* * No hagas el tonto. **b)** Fingir. *El cd es una prop introducida por* QUE, COMO QUE *o* COMO SI. **c)** *Con compl refl:* Fingirse [algo *(predicat con art def)*]. * No te hagas el inocente. ■ **10** Resultar. *Seguido del adj* BUENO *(u otro equivalente)* + *un n que designa otro de determinada condición o características.* * Vas a hacer una esposa modelo. ■ **11** Ocupar [un determinado lugar *(cd)*] en una serie. ■ **12** Suponer [a alguien *(cd)*] dotado de la cualidad que se expresa, o en la situación o lugar que se expresan (*compl adv o predicat*)]. ■ **13** Adaptar o habituar [a una pers. o cosa (*cd*) a algo]. **b)** *pr* (**~se**) Adaptarse o habituarse [a algo]. *Tb sin compl.* ■ **14** Disponer o arreglar [una cosa] para su utilización normal. **b)** Arreglar o embellecer [una parte del cuerpo]. **c)** (*reg*) Limpiar. ■ **15** Preparar [un alimento o una comida]. **b)** *pr* (**~se**) Llegar [un alimento o un guiso] al punto de cocción o de fritura adecuados. ■ **16** Resolver [un problema (*cd*), o las operaciones que una cosa (*cd*) demanda o lleva consigo]. ■ **17** Procurar el desarrollo o la agilidad [de los músculos o de los órganos del cuerpo] mediante los ejercicios adecuados. *El cd no lleva art.* ■ **18** Conseguir o ganar. ■ **19** (*Caza*) Matar o conseguir [una pieza]. ■ **20** (*reg*) Presentar u ofrecer [determinado aspecto (*compl* DE)]. ■ **21** (*reg*) Exhibir [un espectáculo]. ■ **22** (*reg*) Producir o causar [una sensación o un sentimiento].

➤ **b** *en loc v y fórm or* **23 a lo hecho, pecho.** *Fórmula con que se insta a afrontar las consecuencias de una acción equivocada.* * No vale lamentarse. A lo hecho, pecho. ■ **24 eso está hecho.** *Fórmula con que se pondera la facilidad y rapidez de algo.* * ¿Lo necesitas para mañana? No te apures, eso está hecho. ■ **25** ~ [algo] **a mal** ~. Hacer[lo] [1] con mala intención. ■ **26** ~ **de menos** [a alguien]. Menospreciar[le]. ■ **27** ~**la.** (*col*) Cometer una fechoría, o un error que trae consecuencias. *Frec se intensifica por medio de un adj calificador* (BUENA, BONITA, MENUDA, *etc*). ■ **28** ~**lo, o ~selo.** (*jerg*) Copular, o realizar el acto sexual, [con alguien]. *Tb sin compl* CON. ■ **29** ~ [alguien] **que hace.** (*col*) Fingir que trabaja. ■ **30** ~ **suyo** [a alguien]. Poseer[lo] sexualmente. ■ **31** ~ **una de las** + *el posesivo correspondiente al suj.* (*col*) Cometer [alguien] una fechoría habitual en él. *Cuando el compl es pl, se omite* UNA. ■ **32 hecho.** De acuerdo. *Usado como pregunta y como respuesta.* * –Tú cobrarás el diez por ciento. ¿Hecho? –Sí, señor, hecho. **b) trato hecho** → TRATO. ■ **33 no haber nada que** ~. Ser inútil todo esfuerzo. *El v* HABER *siempre va en forma impers.* ■ **34 no** ~ **sino** (*o* **más que**) + *infin.* Presenta enfáticamente el carácter único, la intensidad o la reiteración de la acción expresada por el infin. * No hace más que llorar. ■ **35 ¿qué hace?** ¿A qué se dedica?, o ¿qué oficio tiene? ■ **36 qué** ~. (*reg*) Naturalmente. *Usado como respuesta.* * –¿Vienes? –¡Qué hacer! ■ **37 ¿qué se le va a** ~? (*o* **¿qué le vamos, vas, voy...**, íbamos, *etc*, **a** ~**?**). (*col*) *Fórmula con que se expresa la necesidad de resignarse.* * Es una pena, pero qué le vamos a hacer. ■ **38** *Forma además otras muchas locs:* ~ **boca,** ~ **bueno,** ~ **la calle,** ~ **cara,** ~ **los cargos,** ~ **carrera,** ~ **la carrera,** ~ **frente,** ~ **horas,** ~ **ilusión,** ~ **juego,** ~ **un mundo,** ~ **presente,** ~ **saber,** ~ **sangre,** ~ **tiempo,** ~ **vida,** *etc* → BOCA, BUENO, CALLE, CARA, CARGO, CARRERA, FRENTE[2], HORA, ILUSIÓN, JUEGO, MUNDO, PRESENTE, SABER[1], SANGRE, TIEMPO, VIDA, *etc*.

➤ **c** *pr* (**~se**) **39** Conseguir [algo]. * Quiere hacerse un nombre. ■ **40** (*jerg*) Robar [algo]. ■ **41** (*jerg*) Copular [con alguien (*cd*)]. ■ **42** ~**selo.** (*jerg*) Actuar [en la forma que se expresa (*compl adv*)]. ■ **43** *Forma además numerosas locs:* ~**se cargo,** ~**se cruces,** ~**se cuenta,** ~**se idea,** ~**se ilusiones, saber** [alguien] **lo que se hace,** *etc* → CARGO, CRUZ, CUENTA, IDEA, ILUSIÓN, SABER[1], *etc*.

➤ **d** *impers* **44** Existir o presentarse [una determinada circunstancia meteorológica (*cd*)]. ■ **45** Haber transcurrido [cierto tiempo (*cd*)]. *El conjunto* ~ + *cd funciona frec como compl adv* (vino hace tres días). * Hace dos años de su muerte.

B *intr* ➤ **a** *normal* **46** Actuar. **b)** Comportarse [una pers. como otra (*compl* DE)]. **c)** Desempeñar el papel [de algo]. ■ **47** Servir [para algo (*compl* A)]. *En constrs como* ~ A TODO, ~ LO MISMO A UNA COSA QUE A OTRA. **b)** Estar dispuesto a aceptar o hacer [1] [algo (*compl* A)]. ■ **48** Procurar [algo (*compl* POR + *infin o* POR QUE + *subj*)]. **b)** Actuar en beneficio [de alguien, esp. de uno mismo (*compl* POR)]. **c)** (*Taur*) Tratar de alcanzar [el toro (*suj*) a alguien o algo (*compl* POR)]. ■ **49** Resultar. *Con un adv o adj calificador.* ■ **50** Convertir [a una pers. o cosa (*compl* DE) en algo (*predicat*)]. ■ **51** (*col*) Apetecer o convenir. *Gralm con un ci de pers.* ■ **52** Atañer [a alguien o algo]. *Normalmente en la constr* POR LO QUE HACE A. ■ **53** Ser obstáculo o importar. *Normalmente en las constrs* NO HACE PARA QUE *o* (*col*) NO LE HACE. ■ **54** (*reg*) Crecer o desarrollarse [un ser vivo]. ■ **55** (*reg*) Valer o costar [a un precio determinado].

➤ **b** *en loc v y fórm or* **56 hace.** (*col*) De acuerdo. *Usado como pregunta y como respuesta.* * –Salimos mañana. ¿Hace? –¡Que sí hace! Encantada. ■ **57** ~ **de(l) cuerpo,** ~ **de(l) vientre,** ~ **por la vida** → CUERPO, VIENTRE, VIDA. ■ **58** ~ **por** ~. (*col*) Actuar sin finalidad o utilidad. *Normalmente se usa en infin.* ■ **59** ~ **y acontecer.** (*lit*) Hacer grandes cosas. *Se usa siempre con intención irónica para referirse a promesas o amenazas ajenas, de cuyo cumplimiento se duda mucho.* ■ **60** ~ **y deshacer.** Actuar [en un asunto] con absoluta libertad de acción, sin contar con opiniones ajenas.

➤ **c** *pr* (**~se**) **61** Desarrollarse [un ser vivo], o llegar a su plenitud. ■ **62** Producirse [algo]. ■ **63** (*col*) Parecer [algo a alguien]. * Se me hace que voy a devolver. ■ **64** Apoderarse [de alguien o algo (*compl* CON *o, raro,* DE)]. **b)** Conseguir [algo (*compl* CON)]. ■ **65** Retirarse o apartarse [a una parte o a un lado]. **b)** (*raro*) Trasladarse o dirigirse. *Con un compl que expresa lugar adonde.* ■ **66 ¿qué se hizo** + *sust?* (*lit*) = ¿QUÉ OCURRIÓ CON + *el mismo sust?* * ¿Qué se hicieron tus ojos y tu melena? ■ **67** *Forma además numerosas locs:* ~**se a la idea,** ~**se a la mar,** ~**se de día,** ~**se de noche,** ~**se de nuevas,** ~**se de rogar,** *etc* → IDEA, MAR[1], DÍA, NOCHE, NUEVO, ROGAR, *etc*.

➤ **d** *impers* **68 ¿qué se hizo de** + *sust?* (*lit*) = ¿QUÉ OCURRIÓ CON + *el mismo sust?* * ¿Qué se hizo de tu hermosura?

II *m* (*lit*) **69** Actividad.

hacha[1] **I** *f* **1** Herramienta cortante constituida por una cuchilla maciza de filo algo curvo y provista de un ojo en que se aplica el mango, usada esp. para cortar árboles o madera. **b)** (*Prehist*) Herramienta cortante constituida por una piedra con talla bifacial. ■ **2** (*hist*) Cierto baile antiguo español.

II *loc adj* **3 de** ~. [Patillas largas] que se ensanchan en la parte de la mejilla.

III *loc v* **4 ser** [alguien] **un** ~. (*col*) Tener mucha destreza o habilidad. *Con intención ponderativa.*

hacha[2] **I** *f* **1** Vela grande de cera. ■ **2** Mecha de esparto y alquitrán, que no se apaga con el viento. *Tb* ~ DE VIENTO.

II *loc v* **3 arder el** ~. (*col, raro*) Armarse una discusión o alboroto grandes.

hachazo *m* **1** Golpe dado con el hacha[1] [1]. ■ **2** Golpe duro y seco. *Frec fig.* ■ **3** (*Taur*) Golpe seco que se tira el toro con los cuernos levantando la cabeza.

hache I *f* **1** Letra del alfabeto (*h*, *H*), que en español general no representa actualmente ningún fonema, pero que en algunas zonas (como fue general hasta el s. XVII) representa el fonema /h/. (V. PRELIM.)

II *adj* **2** [Bomba] de hidrógeno. *Tb fig.* ■ **3** (*hoy raro*) Sumamente grande o importante. *Siguiendo a un n con art def.* * Se produjo el escándalo hache. ■ **4** [La hora] ~ –→ HORA.

III *fórm or* **5 llámale** (*o* **llámalo**) ~. (*col*) El nombre o los detalles poco importan. * –Aquello no era café. –Llámalo hache.

IV *loc adv* **6 por ~ o por be.** (*col*) Por uno u otro motivo.

hachemí (*a veces con la pronunc* /χaĉemí/) *adj* Hachemita.

hachemita (*a veces con la pronunc* /χaĉemíta/) *adj* De los Hachemitas (familia árabe cuya dinastía ha reinado en diversos países árabes, entre ellos Irak y Jordania).

hachero[1] *m* Hombre que trabaja con el hacha[1] [1a].

hachero[2] *m* Candelero para colocar las hachas[2].

hachís (*a veces con la pronunc* /χaĉís/; *tb con grafías semicultas como* **haschish**, **haxix**, *etc*) *m* Preparación narcótica a base de las espigas floridas y secas del cáñamo indio. *Tb el mismo cáñamo indio.*

hacho[1] *m* Hacha[1] [1a] pequeña.

hacho[2] *m* Elevación de terreno cercana a la costa.

hachón[1] *m* Hacha[1] [1a] grande.

hachón[2] *m* Hacha[2] [1] grande.

hachote *m* (*Mar, hist*) Vela gruesa de cera que se enciende en un farol de señales.

hachuelo *m* (*reg*) Hacha[1] [1a] pequeña.

hacia (*con pronunc átona*) *prep* **1** Denota dirección o tendencia a una meta real o figurada. * Dobló la almohada hacia adelante. * Vas hacia los treinta. * Vamos hacia una producción muy superior. ■ **2** Denota aproximación en el lugar o en el tiempo. * Eso está hacia Vallecas. * Llegaron hacia las once.

hacienda *f* **1** Finca agrícola. ■ **2** Conjunto de bienes que posee [una pers. (*compl de posesión*)]. **b)** ~ **pública.** Conjunto de bienes y rentas del Estado. *Tb simplemente* ~. **c)** Ministerio de Hacienda. ■ **3** (*raro*) Labor o faena, esp. casera. *Frec en pl.*

hacina *f* **1** Conjunto de haces colocados ordenadamente unos sobre otros. ■ **2** Montón o rimero.

hacinación *f* Hacinamiento.

hacinado -da *adj* **1** *part* –→ HACINAR. ■ **2** [Lugar] en que la gente se encuentra hacinada.

hacinamiento *m* **1** Acción de hacinar(se), *esp* [2]. ■ **2** Cualidad de hacinado [2].

hacinar *tr* **1** Colocar [los haces] formando una hacina [1]. *Tb abs.* ■ **2** Amontonar o poner apretadamente [perss. o cosas (*cd*) en un lugar]. *Frec en part.*

hacker (*ing; pronunc corriente,* /χáker/; *pl normal,* ~**S**) *m y f* (*Informát*) Pers. que se introduce ilegalmente en sistemas ajenos.

hada I *f* **1** Ser fantástico representado por una mujer con poder mágico. **II** *loc adv* **2 de ~s.** [Cuento] maravilloso (–→ MARAVILLOSO).

hadado -da *adj* (*raro*) Mágico o prodigioso.

Hades *m* (*Mitol clás*) Reino de los muertos.

hadiz (*pronunc corriente,* /χadíθ/) *m* (*Rel musulm*) Tradición relativa a los dichos y hechos de Mahoma. *Gralm en pl.*

hadj (*ár; pronunc corriente,* /χaĉ/) *m* (*Rel musulm*) Peregrinación a La Meca, que constituye uno de los preceptos del Islam.

hado *m* (*Mitol clás*) Divinidad o fuerza desconocida que dispone lo que ha de suceder. *Frec en pl. Tb* (*lit*), *referido a la época actual.*

hadrosaurio *m* (*Zool*) Dinosaurio bípedo con pico de pato, propio del cretácico superior.

hafnio *m* (*Quím*) Metal raro, de número atómico 72, que se encuentra en los minerales de circonio.

hagiografía *f* **1** Historia de los santos. *Tb el género literario correspondiente.* ■ **2** Historia o crónica excesivamente elogiosa.

hagiográfico -ca *adj* De (la) hagiografía.

hagiógrafo -fa *m y f* **1** Escritor de vidas de santos. ■ **2** Historiador o cronista excesivamente elogioso.

haiga *m* (*col, humoríst; hoy raro*) Coche americano de lujo.

hai-kai (*jap; pronunc corriente,* /χaikái/; *tb con la grafía* **haikai**) *m* Hai-ku.

hai-ku (*jap; pronunc corriente,* /χaikú/) *m* Pequeño poema japonés que consta de diecisiete sílabas, en tres versos de cinco, siete y cinco sílabas.

haique (*pronunc corriente,* /χáike/) *m* Jaique.

haitiano -na *adj* De Haití. *Tb n, referido a pers.*

haka (*maorí; pronunc corriente,* /χáka/) *m* Danza ceremonial maorí, acompañada de canto.

hala *interj* (*col*) **1** Se emplea para exhortar o apremiar a alguien a hacer algo. * ¡Hala!, id recogiendo. **b)** Se emplea para animar. * ¡Hala!, ahora tú. **c)** Se emplea para iniciar una despedida. * Hala, hasta mañana. ■ **2** Acompaña a una amenaza que se presenta como represalia por algo que causa enfado o fastidio. * Pues si tú no vienes, yo tampoco voy, hala. ■ **3** Expresa admiración. * ¡Hala, qué bien lo pasas! **b)** Expresa la impresión de exageración que alguien o algo produce. * –Al final vienen cuarenta. –¡Hala! ■ **4** Expresa el carácter inmediato, precipitado o insistente de un hecho. * Hala, hala, a ganar dinero.

halagador -ra *adj* Que halaga.

halagadoramente *adv* De manera halagadora.

halagar *tr* **1** Hacer o decir algo para agradar [a una pers. o sus sentimientos (*cd*)], frec. interesadamente. ■ **2** Causar [un hecho o dicho (*suj*)] agrado o satisfacción [a una pers. o sus sentimientos (*cd*)].

halago *m* Acción de halagar. *Tb su efecto.*

halagüeñamente *adv* De manera halagüeña.

halagüeño -ña *adj* [Cosa] halagadora o grata.

halaguero -ra *adj* (*raro*) Halagador.

halar A *tr* **1** Atraer [alguien o algo (*suj*)] una cosa (*cd*)] hacia sí, tirando de ella. *Esp en marina.* **B** *intr* **2** Tirar [una pers. o cosa (*suj*)] de algo] hacia sí o hacia un lugar. *Tb sin compl. Esp en marina.*

halcón I *m* **1** Se da este n a distintas aves rapaces diurnas del gén Falco, de dimensiones diversas, con cabeza redondeada, pico corto, robusto y uncinado, cuerpo elegante y musculatura potente, todas óptimas voladoras. *Frec las diversas especies se distinguen por medio de adjs:* ~ BORNÍ (*F. biarmicus*), ~ COMÚN *o* PEREGRINO (*F. peregrinus*), ~ DE ELEONOR

(*F. eleonorae*), ~ GERIFALTE (*F. rusticolus*), ~ SA-
CRE (*F. cherrug*), ~ TAGAROTE (*F. peregrinus pelegrinoides*). **b)** ~ **abejero.** Ave semejante a los halcones, que se caracteriza por alimentarse de larvas de
avispas y abejas (*Pernis apivorus*). ■ **2** (*Pol*) Pers. o
país partidario de una actitud dura e intransigente.
Se opone a PALOMA. *Frec en aposición.*
   II *loc adj* **3** [Ojo] **de ~** —> OJO.

halconería *f* Caza con halcón [1a].

halconero -ra I *adj* **1** (*raro*) De(l) halconero [2].
   II *m* **2** Hombre que caza con halcón [1a]. **b)** Hombre encargado de cuidar halcones de cetrería.

halda *f* **1** Regazo (hueco que forma entre la cintura
y las rodillas la falda de una mujer sentada). *Tb la
parte del cuerpo correspondiente.* ■ **2** Hueco que
forma la falda recogida hacia arriba para llevar algo. ■ **3** (*raro*) Falda. ■ **4** (*raro*) Saco o arpillera
para llevar o envolver paja o algo similar.

haldada *f* Cantidad que cabe en el halda [2].
Tb fig.

haldar *m* Pliegue de la falda, que muestra una ancha faja del envés de esta en la parte de la cintura, en el vestido femenino del Valle del Roncal (Navarra).

haldear *intr* Mover las faldas al andar.

haldeta *f* (*raro*) *En algunas prendas de vestir:*
Pieza que cuelga hasta un poco más abajo de la
cintura.

haldiblanco -ca *adj* [Animal vacuno] rojizo por
encima y blanco por debajo.

haldudo -da *adj* (*raro*) De grandes haldas [3].

hale *interj* (*col*) Hala.

hale-hop, hale-jop —> ALE-HOP, ALE-JOP.

halibut *m* Pez comestible de gran tamaño y cuerpo
aplanado, que habita en aguas frías (*Hippoglossus
hippoglossus*).

haliéutico -ca *adj* (*E*) De (la) pesca.

hálito *m* (*lit*) Aliento. *Tb fig.*

halitosis *f* (*Med o lit*) Mal olor del aliento de
una pers.

halitoso -sa *adj* (*raro*) Húmedo o cargado de vapores.

hall (*ing; pronunc corriente,* /χol/; *pl normal,* ~S) *m*
Entrada o vestíbulo.

hallable *adj* (*lit*) Que puede ser hallado (—> HA-
LLAR [1]).

halladizo -za *adj* (*reg*) [Lugar] donde uno se encuentra cómodo o bien.

hallado -da *adj* **1** *part* —> HALLAR. ■ **2** (*raro*)
[Pers.] que está cómoda o a gusto.

hallador -ra *adj* (*lit*) Que halla [1]. *Tb n, referido
a pers.*

hallar (*lit*) **A** *tr* **1** Encontrar [a una pers. o cosa],
por casualidad o habiéndola buscado. ■ **2** Llegar
[a una pers. o cosa (*cd*)] viendo que está [de una determinada manera (*predicat o compl adv*)]. **b)** **bien
hallado.** *Fórmula de cortesía que sirve de respuesta
al saludo* BIEN VENIDO. ■ **3** Encontrar o considerar.
Con predicat o compl adv.
   B *intr pr* (~**se**) **4** Encontrarse [en un determinado
lugar, real o figurado]. ■ **5** Encontrarse [de una determinada manera (*predicat o compl adv*)]. **b)** Sentirse cómoda o bien [una pers. en determinadas cir-
cunstancias]. *Normalmente en frases negativas.*

hallazgo *m* **1** Acción de hallar [1]. ■ **2** Pers. o cosa hallada. **b)** Pers. o cosa que, después de conocida, se descubre como de calidad extraordinaria.

hallstáttico -ca *adj* (*Prehist*) [Período] primero
de la Edad del Hierro, cuyo primer yacimiento se
descubrió en Hallstatt (Austria). **b)** Del período
hallstáttico.

hallullo *m* (*reg*) Torta de aceite con sal.

halo *m* **1** Cerco de luz difusa que rodea a veces un
cuerpo luminoso, esp. el Sol o la Luna. ■ **2** Representación pictórica, gralm. por medio de color dorado, o escultórica, gralm. por medio de metal dorado,
de un halo [1] que rodea una figura santa o un objeto sagrado cristianos. ■ **3** Zona circular de aspecto
diferenciado que rodea algo. ■ **4** Atmósfera espiritual que emana de alguien o algo y lo circunda.

halobacteria *f* (*Biol*) Bacteria que se desarrolla
en soluciones saturadas de sal.

halófilo -la *adj* (*Bot*) [Planta] que vive solo en
medios salinos.

halófita *adj* (*Bot*) [Planta] que vive en terrenos salinos. *Frec como n f en pl.*

halogenación *f* (*Quím*) Introducción de halógenos [1] en una molécula.

halogenado -da *adj* (*Quím*) Que contiene algún
halógeno [1].

halógeno -na *adj* (*Quím*) **1** [Elemento] del grupo constituido por el cloro, el flúor, el bromo, el yodo
y el ástato. *Frec n m.* ■ **2** Haloideo. ■ **3** Que funciona o se produce con un halógeno [1].

haloideo -a *adj* (*Quím*) [Sal] formada por la combinación de un metal y un halógeno [1].

halón (*n comercial registrado*) *m* (*Quím*) Compuesto derivado por halogenación de hidrocarburos, usado esp. en extintores de fuego.

haltera (*Dep*) **A** *f* **1** Instrumento de gimnasia
constituido por dos pesas unidas por una barra.
Frec en pl.
   B *m y f* **2** Halterófilo.

halterofilia *f* Deporte olímpico de levantamiento
de peso.

halterófilo -la *m y f* (*Dep*) Pers. que practica la
halterofilia.

haluro *m* (*Quím*) Combinación de un halógeno [1]
con otro elemento.

hamaca *f* **1** Utensilio formado por una red o lona
cuyos extremos van recogidos en un lazo que permite colgarla para tenderse sobre ella. ■ **2** Tumbona
(silla).

hamada *f* (*Geogr*) Llanura rocosa propia de la región sahariana.

hamadríada *f* (*Mitol clás*) Hamadríade.

hamadríade *f* (*Mitol clás*) Ninfa de un árbol, que
nace y muere con él.

hámago (*tb con la grafía* **ámago**) *m* (*lit*) Fastidio o
repulsión.

hamamelis *m* Arbusto de flores amarillas cuyas
hojas se emplean en medicina y en cosmética (*Hamamelis virginiana*). *Tb designa otras plantas del
mismo gén.*

hamaquear *tr* (*raro*) Mecer o columpiar.

hamartoma *m* (*Med*) Tumor causado por el crecimiento o desarrollo defectuoso de un tejido.

hambre I *f* **1** Deseo y necesidad de comer. **b)** ~ canina → CANINO. ■ **2** Deseo y necesidad [de algo]. ■ **3** Escasez de alimentos. *A veces en pl, con intención enfática.* **b)** Escasez de medios. *Frec en la constr* MORIRSE DE ~.
   II *loc adj* **4** [Huelga] **de** ~, [muerto] **de** ~ → HUELGA, MUERTO. ■ **5** más listo que el ~ → LISTO.
   III *loc v* **6** juntarse el ~ con las ganas de comer. (*col*) Coincidir dos perss. o cosas de índole igual.

hambrear A *tr* **1** Hacer padecer hambre [1 y 3] [a alguien (*cd*)]. *Frec en part.* ■ **2** Sentir hambre [2] [de algo (*cd*)].
   B *intr* **3** Padecer hambre [1 y 3]. **b)** Mostrar hambre [1 y 3].

hambriento -ta *adj* **1** Que tiene mucha hambre. *Tb n, referido a pers.* ■ **2** Que implica hambre.

hambrón -na *adj* (*col*) **1** Que se muestra siempre ansioso por comer. *Tb n, referido a pers.* ■ **2** Desgraciado, o muerto de hambre. *Frec n.*

hambruna *f* Hambre grande, *esp* [3a].

hamburgués -sa I *adj* **1** De Hamburgo (Alemania). *Tb n, referido a pers.*
   II *f* **2** Filete redondo de carne picada, que gralm. se toma, acompañado de lechuga, cebolla, queso y otros ingredientes, dentro de un pan especial.

hamburguesería *f* Establecimiento en que se preparan, venden o sirven hamburguesas [2].

hamita *adj* Camita. *Tb n.*

hamítico -ca *adj* De (los) hamitas.

hammada (*ár; pronunc corriente,* /χamáda/) *f* (*Geogr*) Hamada.

hammán (*pronunc corriente,* /χamán/) *m* Establecimiento de baños turcos.

hammudí → HAMUDÍ.

hampa *f* Conjunto de la gente maleante.

hampón *adj* [Hombre] perteneciente al hampa. *Frec n. A veces dicho como insulto.*

hamponería *f* (*raro*) **1** Conjunto de hampones. ■ **2** Hecho propio de un hampón. ■ **3** Cualidad de hampón.

hamster (*al; pronunc corriente,* /χámster/; *tb con la grafía* **hámster**; *pl normal,* ~s) *m* Roedor semejante al ratón, usado como animal de compañía y de laboratorio (*Cricetus cricetus*).

hamudí (*pronunc corriente,* /χamudí/; *tb con la grafía* **hammudí**) *adj* (*hist*) De la familia de Alí ben Hammud, cuyos miembros reinaron en el s. XI en Málaga y Algeciras y consiguieron ocupar por breve tiempo Córdoba. *Tb n, referido a pers.*

handicap (*ing; pronunc corriente,* /χándikap/; *tb con la grafía* **hándicap**; *pl normal,* ~s) I *m* **1** (*Híp*) Carrera de caballos en que se imponen ciertas desventajas a algunos competidores para igualar las posibilidades de vencer. ■ **2** Desventaja u obstáculo.
   II *adj invar* **3** (*Golf*) [Modalidad] que se realiza con handicap [2]. *Tb n m.* **b)** De la modalidad handicap.

handicapado -da (*pronunc corriente,* /χandikapádo/) *adj* **1** *part* → HANDICAPAR. ■ **2** Minusválido. *Tb n.*

handicapar (*pronunc corriente,* /χandikapár/) *tr* Perjudicar [a una pers. o cosa] o ser un handicap [2] [para ella (*cd*)].

handicapper (*ing; pronunc corriente,* /χandikáper/) *m* (*Híp*) Encargado de determinar el peso que han de llevar los caballos en un handicap [1].

handling (*ing; pronunc corriente,* /χándlin/) *m* (*Aer*) Asistencia en tierra.

hanegada *f* (*reg*) Fanegada.

hanequín *m* (*reg*) Se da este *n* a numerosos escualos, esp Mustelus mustelus, Prionace glauca, Carcharodon carcharias y otros.

hangar *m* Construcción destinada a guardar aviones y a veces también trenes o mercancías.

hansa (*pronunc corriente,* /χánsa/) *f* (*hist*) En la Edad Media: Confederación mercantil, esp. la surgida entre varias ciudades del norte de Alemania para protección y control de su comercio.

hanseático -ca (*pronunc corriente,* /χanseátiko/) *adj* (*hist*) De (las) hansas. **b)** De las ciudades hanseáticas. *Tb n, referido a pers.* →

Hansen. enfermedad de ~ → ENFERMEDAD.

hapálido *adj* (*Zool*) [Primate] primitivo de pequeño tamaño, cola larga y no prensil, cabeza redondeada y pelo fino y sedoso, propio de América central y meridional, de la familia del tití. *Frec como n m en pl, designando este taxón zoológico.*

hapax legomenon (*gr; pronunc corriente,* /χápaks-legómenon/ *o* /ápaks-legómenon/; *pl invar*) *m* (*Ling*) Palabra o sintagma de los que solamente se conoce un ejemplo. *Frec simplemente* HAPAX *o* HÁPAX.

haploclamídeo -a *adj* (*Bot*) De periantio simple.

haplofase *f* (*Bot*) Fase haploide.

haploide *adj* (*Biol*) [Número] simple de cromosomas. **b)** Que contiene un número haploide de cromosomas.

haplología *f* (*Fon*) Supresión de una sílaba por ser semejante a otra contigua de la misma palabra.

happening (*ing; pronunc corriente,* /χápenin/; *pl normal,* ~s) *m* **1** Espectáculo teatral improvisado o espontáneo, al que se asocian los espectadores. *Tb fig.* ■ **2** Fiesta improvisada en todos sus aspectos.

happy end (*ing; pronunc corriente,* /χápi-énd/; *pl normal,* ~s) *m* Final feliz [de una película, comedia o novela]. *Tb fig.*

happy few (*ing; pronunc corriente,* /χápi-fiú/) *m pl* Conjunto restringido de privilegiados.

haptonomía *f* (*Med*) Método de comunicación con el feto, por el tacto a través del vientre de la madre.

haptotropismo *m* (*Bot*) Tropismo ocasionado por el contacto.

haragán -na *adj* [Pers.] perezosa y holgazana. *Frec n.* **b)** Propio de la pers. haragana.

haraganear *intr* Comportarse como un haragán.

haraganeo *m* Acción de haraganear.

haraganería *f* Cualidad de haragán.

harakiri (*pronunc corriente,* /arakíri/ *o, más raro,* /χarakíri/; *tb, raro, con la grafía* **haraquiri**) *m* Suicidio ritual japonés que consiste en abrirse el vientre de un tajo. *Frec fig. Gralm en la constr* HACERSE EL ~.

haram (*ár; pronunc corriente,* /χarám/) *m* (*Rel musulm*) En una mezquita: Gran sala de oración.

haramago → JARAMAGO.

harapiento -ta *adj* Lleno de harapos. **b)** Propio de la pers. o cosa harapienta.

harapo *m* Andrajo (pedazo de tela desgarrado o prenda de vestir rota y vieja). *Tb fig.*

haraposo -sa *adj* (*raro*) Harapiento.

haraquiri → HARAKIRI.

harca (*ár; pronunc corriente,* /χárka/; *tb con la grafía* **harka**) *f* Agrupación irregular armada marroquí, puesta a veces bajo las órdenes de un jefe europeo. *Tb fig.*

hard (*ing; pronunc corriente,* /χard/) *adj* Duro o fuerte. *En sent fig.*

hard bop (*ing; pronunc corriente,* /χárd-bóp/) *m* (*Mús*) Variedad de jazz surgida a finales de los años cincuenta y caracterizada por un ritmo más simple que el del bop.

hardcore (*ing; pronunc corriente,* /χárdkor/; *tb con la grafía* **hard-core**) *adj* **1** [Pornografía] muy realista u obscena. *Tb n m.* ■ **2** (*Mús*) [Música rock] caracterizada por su presentación agresiva. *Tb n m.*

hard rock (*ing; pronunc corriente,* /χárd-r̄ók/) *m* (*Mús*) Rock duro.

hardware (*ing; pronunc corriente,* /χárwer/) *m* (*Informát*) Maquinaria o conjunto de los elementos materiales constitutivos de un ordenador. *Se opone a* SOFTWARE.

Hare Krishna (*scr-ing; pronunc corriente,* /χáre-krísna/; *tb, raro, con la grafía hisp* **Hare Krisna**; *a veces con minúsculas; pl invar*) *m y f* (*Rel*) Miembro de una secta religiosa devota del dios hindú Krishna.

harem *m* (*raro*) Harén.

harén *m* **1** Departamento de la casa musulmana en el que viven las mujeres. ■ **2** Conjunto de todas las mujeres que pertenecen a un musulmán. **b)** (*col, humoríst*) Conjunto de amantes que un hombre tiene simultáneamente.

harense *adj* De Haro (Rioja). *Tb n, referido a pers.*

harija *f* Polvillo que se levanta al moler el grano o cerner la harina.

harina I *f* **1** Sustancia de consistencia de polvo, que resulta de moler cereales. **b)** *Esp:* Harina de trigo cernida. ■ **2** Sustancia semejante a la harina [1], a que se reduce una materia sólida. *Con un compl especificador.* ■ **3** (*jerg*) Droga, esp. hachís de baja calidad.
II *loc v* **4 meterse en ~.** (*col*) Ponerse a trabajar o entregarse a algo con interés. *Frec en la forma* ESTAR METIDO EN ~. ■ **5 ser** [alguien o algo] ~ **de otro costal.** (*col*) Ser totalmente diferente a la pers. o cosa con quien se compara. **b) ser** [algo] ~ **de otro costal.** Ser otra cuestión.

harinado *m* (*reg*) Panecillo que se cuece en el horno con un trozo de chorizo o lomo, algo de harina sin amasar y aceite en su interior.

harinar *tr* (*Coc*) Rebozar con harina [1b].

harinero -ra I *adj* **1** De (la) harina [1]. *Tb n f, referido a fábrica.*
II *m y f* **2** Pers. que fabrica o vende harinas [1].

harinilla *f* (*reg*) Salvado muy fino.

harinoso -sa *adj* **1** Que contiene mucha harina [1]. ■ **2** De naturaleza, textura o aspecto semejantes a los de la harina [1]. ■ **3** Propio de la harina [1].

harka, harkeño → HARCA, HARQUEÑO.

harmatán *m* Viento del nordeste que sopla en el oeste de África en la estación seca.

harmonía, harmonioso, harmonizar → ARMONÍA, ARMONIOSO, ARMONIZAR.

harnero *m* Criba fina que permite pasar los pequeños residuos, quedando en la parte superior el grano bueno. **b)** *Se usa en constrs de sent comparativo para ponderar la gran cantidad de heridas.* * Me puso la cara de arañazos que no vea. Hecho un harnero me dejó.

harneruelo *m* (*Arquit*) Plano formado por una serie de nudillos.

harón -na (*tb con la grafía* **jarón** *en zonas de aspiración*) *adj* Perezoso u holgazán.

haronear (*tb con la grafía* **jaronear** *en zonas de aspiración*) *intr* Holgazanear.

haronía *f* Pereza u holgazanería.

harpado → ARPADO.

harpía → ARPÍA.

harpillera → ARPILLERA.

harqueño (*pronunc corriente,* /χarkéño/; *tb con la grafía* **harkeño**) *m* Hombre que forma parte de una harca.

harrepas *f pl* Cocimiento de harina de maíz y leche.

hartá (*tb con la grafía* **jartá** *en zonas de aspiración*) *f* (*pop*) Hecho de hartar(se). *Frec con el v* DAR.

hartadura *f* (*raro*) Hartazgo.

hartamente *adv* (*raro*) Harto o mucho.

hartar *tr* **1** Hacer que [alguien (*cd*)] satisfaga totalmente su hambre. *Frec el cd es refl.* **b)** Hacer que [alguien (*cd*)] satisfaga su deseo [de algo]. *Frec el cd es refl.* ■ **2** (*col*) Dar o proporcionar [a alguien (*cd*)] gran cantidad [de algo (*compl* DE)]. **b)** *pr* (~**se**) Recibir [algo (*compl* DE)] en gran cantidad. ■ **3** (*col*) Cansar excesivamente [a alguien (*cd*)] una pers. o cosa (*suj*), haciendo que pierda el interés o la paciencia. **b)** *pr* (~**se**) Cansarse excesivamente [de alguien o algo]. *Tb sin compl.* ■ **4** (*col*) Hacer que [alguien (*cd*)] realice [una acción (*compl* DE)] hasta cansarse. *Frec con intención ponderativa.* **b)** *pr* (~**se**) Realizar [alguien (*suj*)] una acción (*compl* DE)] hasta cansarse. *Frec con intención ponderativa.*

hartazgo *m* Acción de hartar(se). *Tb su efecto.*

hartazón *f* Hartazgo.

hartible (*tb con la grafía* **jartible** *en zonas de aspiración*) *adj* Pesado o que harta [3]. *Tb n.*

harto -ta *adj* **1** Que ha satisfecho totalmente su hambre. **b)** Que ha satisfecho totalmente su necesidad [de algo]. ■ **2** Cansado excesivamente [de alguien o algo]. ■ **3** (*lit*) Mucho. *Más frec adv.*

hartón (*tb con la grafía* **jartón** *en zonas de aspiración*) *m* (*pop*) Hartazgo. *Con intención ponderativa. Frec con el v* DAR.

hartura *f* Hartazgo.

has (*pronunc corriente,* /χas/) *m* (*jerg*) Hachís.

hasch (*pronunc corriente,* /χas/) *m* (*jerg*) Hachís.

haschish → HACHÍS.

hash (*ing; pronunc corriente,* /χas/) *m* (*jerg*) Hachís.

hasta (*con pronunc átona*) I *prep* **1** *Precede a u* sust (*n, pron o prop*) *denotando límite de un proces*

en el espacio (real o fig), en el tiempo o en la canti-dad. * El cabello le caía hasta la cintura. * ¿Dónde estuviste hasta tan tarde? * Comenzó a golpearle, hasta que cayó sin sentido. **b)** *En ors negativas y precediendo a un infin o a una prop con* QUE, *suele ir seguido de un adv* NO *expletivo.* * Yo, hasta no verlo, no me lo imagino. **c)** *Usado en fórmulas de despedi-da, precede al adv o n que designa el momento pre-visto para el próximo encuentro.* * Hasta luego o hasta mañana. ■ **2** Incluso (con inclusión de). * Hasta él podía notar su tristeza.
    II *adv* **3** Incluso (incluyendo también). *Frec indi-ca que lo expresado en la palabra o sintagma a que se refiere supone un grado alto o superior a lo dicho anteriormente.* * Hasta en la estatura eran pareci-dos. * A lo mejor un día salen hasta en los papeles.
    III *loc conj* **4** ~ **tanto (que)** → TANTO.

hastiado -da *adj* **1** *part* → HASTIAR. ■ **2** Propio de la pers. que siente hastío.

hastial (*tb con la grafía* **jastial** *en acep 4, en zonas de aspiración*) *m* **1** (*Arquit*) Parte superior triangu-lar de la fachada, comprendida entre las dos ver-tientes del tejado. *Tb la fachada entera.* **b)** *En una iglesia:* Fachada correspondiente a los pies o a uno de los laterales del crucero. ■ **2** (*Min*) Cara late-ral de una excavación. ■ **3** (*reg*) Porche o soportal. ■ **4** (*col*) Hombre alto y fuerte.

hastiar (*conjug* **1c**) *tr* Producir hastío [a alguien (*cd*)]. *Tb abs.* **b)** *pr* (~**se**) Pasar a sentir hastío [de alguien o algo]. *Tb sin compl.*

hastío *m* Disgusto causado por algo que ha deja-do de ser grato y produce cansancio. **b)** Desgana o aburrimiento.

hataca *f* (*hist*) Palo cilíndrico usado para extender la masa.

hatajero -ra (*tb con la grafía* **atajero**) *m y f* Pers. que posee o pastorea un hatajo.

hatajo (*tb con la grafía* **atajo**) *m* **1** Grupo pequeño de ganado, esp. separado del rebaño. ■ **2** (*col, desp*) Grupo [de perss. despreciables (*compl* DE + *n in-sultante*)]. **b)** Montón o cúmulo [de cosas despre-ciables].

hatero -ra (*tb con la grafía* **atero**) *adj* [Caballe-ría, esp. burro] que se utiliza para llevar la ropa de los pastores en el viaje de trashumancia y para lle-var la comida o los recados.

hathórico *adj* (*Arte*) [Capitel] que reproduce la cabeza de la diosa egipcia Hathor.

hato (*tb con las grafías* **ato** *y* **jato**, *esta en zonas de aspiración*) *m* **1** Envoltorio con la ropa y los utensi-lios personales más necesarios. ■ **2** Provisión de ví-veres que se lleva al trabajo en el campo. **b)** Con-junto formado por la ropa y provisiones que se llevan al trabajo en el campo. *Tb fig.* **c)** Lugar fuera de poblado en que los pastores y otros trabajadores del campo se instalan temporalmente para comer y dormir. ■ **3** Grupo de ganado que se pastorea. ■ **4** Hatajo [2]. ■ **5** Hacienda de campo, en Hispanoa-mérica, destinada a la cría de ganado.

hausa (*pronunc corriente,* /χáusa/) **I** *adj* **1** De un pueblo de raza negra que habita pralm. en Nigeria y Níger. *Tb n, referido a pers.*
    II *m* **2** Lengua de los hausas [1], utilizada como lengua de comercio en grandes zonas del África occi-dental al sur del Sáhara.

hawaiano -na (*pronunc corriente,* /χawayáno/; *tb con la grafía* **hawayano**) **I** *adj* **1** De las islas Ha-waii (Estados Unidos). *Tb n, referido a pers.* **b)**

(*Geol*) [Tipo de volcán] que se caracteriza por la ex-traordinaria fluidez de la lava y por la ausencia de nubes ardientes y productos sólidos.
    II *m* **2** Idioma de las islas Hawaii.

haxix → HACHÍS.

haya *f* Árbol de tronco grueso, liso y grisáceo, copa redonda, hojas sencillas y enteras o ligeramente dentadas y madera blanca con visos rojizos, ligera y resistente (*Fagus sylvatica*). *Tb su madera.*

hayal *m* Terreno poblado de hayas.

hayedo *m* Lugar poblado de hayas.

hayuco *m* Fruto del haya.

haz[1] *m* **1** Conjunto homogéneo [de cosas alargadas unidas, frec. por el centro]. *Frec referido a mieses o leña.* **b)** Conjunto [de cosas abstractas reunidas]. **c)** (*Anat*) Conjunto [de fibras, vasos o nervios que tienen un mismo origen y una misma terminación]. **d)** (*Arquit*) Conjunto de columnas agrupadas, con una sola basa y un solo capitel. ■ **2** Conjunto [de rayos luminosos que emanan de un mismo punto].

haz[2] *f* **1** *En una cosa plana o laminar:* Cara habi-tualmente más visible, o destinada a ser vista. *Tb fig.* ■ **2** (*lit, raro*) Faz [de la Tierra].

haza *f* Porción de tierra labrantía.

hazana *f* (*raro*) Faena casera.

hazaña *f* Acción destacada o heroica. *A veces con intención irónica.*

hazañoso -sa *adj* (*lit*) [Pers.] que realiza ha-zañas.

hazmerreír *m* Pers. que por su aspecto o por su comportamiento es objeto de diversión o de burla. *Frec en la constr* SER EL ~ DE.

he (*v defectivo: solo se usa en pres, en la forma* ~, *con valor de 3ª pers sg*) *tr impers* (*lit*) *Se usa para pre-sentar, ante los ojos o ante la consideración del oyen-te, la existencia de una pers o cosa en un lugar. Normalmente seguido de* AQUÍ *o* AHÍ. *El cd puede ser un n, un pron o una prop con* QUE. *Frec con un ci de interés, pron pers enclítico.* * He ahí a tu hijo. * Hete aquí que un día su sueño se convirtió en realidad.

head-hunter (*ing; pronunc corriente,* /χéd-χánter/; *pl normal,* ~s) *m y f* Cazatalentos.

hearing (*ing; pronunc corriente,* /χíerin/; *pl nor-mal,* ~s) *m* Sesión de una comisión de investigación en un órgano legislativo. *Referido a Estados Unidos.*

heavy (*ing; pronunc corriente,* /χébi/; *pl normal,* ~s *o* HEAVIES) **I** *adj* **1** [Música] de rock duro o heavy metal. ■ **2** De (la) música heavy [1]. **b)** Aficionado a la música heavy y que gustan. participa del movi-miento juvenil surgido en torno a ella. *Tb n.* **c)** Pro-pio de la pers. heavy. ■ **3** (*juv*) Duro. *En sent fig.*
    II *m* **4** Heavy metal.

heavy metal (*ing; pronunc corriente,* /χébi-métal/) *m* Rock duro.

hebdomadariamente *adv* (*lit*) Semanal-mente.

hebdomadario -ria *adj* (*lit*) Semanal. *Frec n m, referido a publicación.*

hebefrénico -ca *adj* (*Med*) [Trastorno mental] de la pubertad.

hebijón *m* Varilla móvil de la hebilla.

hebilla *f* Pieza constituida por una estructura dura provista de un pasador al que gralm. va unida una varilla móvil, y que, sujeta a un extremo de una cinta o correa, sirve para sujetar el otro extremo, metiéndolo por el pasador.

hebillaje *m* Hebillas, o conjunto de hebillas.

hebillar *tr* Sujetar con hebillas.

hebra I *f* **1** Porción de hilo o fibra textil que, introducida por el ojo de la aguja, se emplea para coser. ■ **2** Filamento (cuerpo en forma de hilo). **b)** Pelo. **c)** Partícula de tabaco picado en filamentos. **d)** Fibra de la carne. ■ **3** Hilo que forman las materias viscosas con cierto grado de concentración. ■ **4** Estigma de la flor del azafrán. ■ **5** (*col*) Hilo del discurso. *Gralm con los vs* COGER *o* PERDER. II *loc adj* **6 de ~.** [Tabaco] picado en filamentos. III *loc v* **7 echar (la) ~.** (*Lab*) Poner el hilo por delante de la aguja. ■ **8 pegar la ~.** (*col*) Trabar conversación.

hebraico -ca *adj* De (los) hebreos [1a].

hebraicoespañol -la *adj* (*hist*) Hispanohebreo.

hebraísmo *m* **1** Palabra o rasgo idiomático propios de la lengua hebrea [1b], o procedentes de ella. ■ **2** Carácter hebreo.

hebraísta *m y f* Especialista en la lengua y cultura hebreas [1b].

hebraizante *adj* Que tiende a hebreo.

hebraizar (*conjug* **1f**) *tr* Dar [a algo (*cd*)] carácter hebreo.

hebreo -a I *adj* **1** [Individuo] del pueblo semita descendiente de Abraham. *Tb n.* **b)** De (los) hebreos. ■ **2** De(l) hebreo [3]. II *m* **3** Lengua de los hebreos [1], que en su estado actual es la lengua oficial de la República de Israel.

hebroso -sa *adj* Que tiene muchas hebras [2, esp. 2a y d].

hecatombe *f* **1** (*lit*) Desastre con muchas víctimas. **b)** Catástrofe, o desgracia grave. ■ **2** (*Rel grecolat*) Sacrificio de cien bueyes u otras reses.

hecha. de esta (aquella, *etc*) **~.** *loc adv* Esta (aquella, etc.) vez.

hechicería *f* **1** Arte de hechizar [1]. ■ **2** Acción propia de un hechicero [2].

hechiceril *adj* De (los) hechiceros [2].

hechicero -ra I *adj* **1** Que hechiza, *esp* [2]. II *n* A *m y f* **2** Pers. que practica la hechicería [1]. B *m* **3** *En las tribus primitivas:* Hombre experto en artes mágicas que realiza la doble función de sacerdote y curandero.

hechío *m* (*reg*) Escarbadero o revolcadero de ciertos animales de caza.

hechizamiento *m* (*raro*) Acción de hechizar. *Tb su efecto.*

hechizante *adj* Que hechiza.

hechizar *tr* **1** Ejercer [sobre alguien o algo (*cd*)] una acción mágica dañina. ■ **2** Ejercer [alguien o algo] una atracción irresistible [sobre una pers. (*cd*)].

hechizo[1] *m* **1** Acción de hechizar. *Tb su efecto.* ■ **2** Cosa con que se hechiza [1]. ■ **3** Atractivo irresistible [de una pers. o cosa].

hechizo[2] **-za** *adj* (*lit, raro*) [Cosa] falsa o no auténtica.

hecho -cha I *adj* **1** *part* → HACER. ■ **2** bie (o **mal**) **~.** Bien (o mal) formado. *Dicho de pers o an mal, de su cuerpo o de alguna parte de este.* ■ Que ha alcanzado la forma o aspecto propios de l madurez o plenitud. **b)** **~ y derecho.** [Pers.] adu ta. *Tb fig.* ■ **4** [Ropa] que se vende confeccionad con unas medidas dadas, establecidas según talla ■ **5** [Frase] de forma fija y sentido figurado, de us muy común. ■ **6 ~ + un +** *n* = SEMEJANTE A + *mismo n. Se usa para atribuir enfáticamente a l pers o cosa de que se habla, la cualidad característ ca de lo designado por el n.* * Está hecho un intele tual. ■ **7 de ~.** (*Filos*) [Juicio] que enuncia u hecho [8]. II *m* **8** Cosa que se produce o llega a ser realidad **b)** Cosa que tiene existencia verdadera y efect va. **c)** Realidad, o existencia verdadera y efectiv [de algo]. ■ **9** Circunstancia (hecho [8] o situació que acompaña a la pers., cosa o momento de que s habla). *Frec en la constr* EL ~ DE + *infin o subj.* ■ **10** Acto o acción. *Normalmente con un ac especificador.* **b)** **~ consumado.** Acción que se h llevado a cabo adelantándose a un posible imped mento u obstáculo. III *fórm or* **11 el ~ es que.** La realidad es que. IV *loc adv* **12 a ~.** (*raro*) Seguidamente o sin int rrupción. ■ **13 de ~.** En realidad. **b)** En la práct ca, independientemente de lo oficial o nominal. *Fr se opone a* DE DERECHO. *Tb adj.*

hechura *f* **1** Confección [de una prenda de vestir ■ **2** Manera de estar hecha una cosa. **b)** *En p* Configuración corporal [de una pers. o animal]. ■ (*raro*) Hecho u obra. **b)** Pers. que debe [a otr (*compl de posesión*)] su empleo o su fortuna.

hectárea *f* Unidad de medida agraria equivalent a cien áreas, o 10.000 metros cuadrados.

héctico -ca *adj* (*Med*) Hético.

hecto- *r pref* Cien. *Antepuesta a ns de unidades d medida, forma compuestos que designan unidade cien veces mayores.*

hectogrado *m* (*E*) Grado de alcohol por hect litro.

hectogramo *m* Unidad de peso equivalente cien gramos.

hectolitro *m* Unidad de capacidad equivalente cien litros.

hectométrico -ca *adj* De(l) hectómetro.

hectómetro *m* **1** Unidad de longitud equivalent a cien metros. ■ **2 ~ cuadrado.** Unidad de superf cie equivalente a la de un cuadrado cuyo lado mid un hectómetro [1]. ■ **3 ~ cúbico.** Unidad de volu men equivalente al de un cubo cuya arista mide u hectómetro [1].

hectopascal *m* (*Fís*) Unidad de presión equiva lente a cien pascales.

hedentina *f* Hedor penetrante.

hedentino -na *adj* (*raro*) Hediondo.

heder (*conjug* **14**) (*tb con la grafía* **jeder** *en zona de aspiración*) *intr* (*lit o reg*) **1** Oler mal [alguien algo]. ■ **2** (*lit*) Enfadar o cansar [un asunto] por s excesiva duración o reiteración.

hediente *adj* (*raro*) Que hiede.

hediondamente *adv* De manera hedionda.

hediondez *f* Mal olor.

hediondo -da (*tb con la grafía* **jediondo** *en zo nas de aspiración*) I *adj* **1** Que hiede. **b)** *Frec s* usa como especificador de distintas especies de plantas: LIRIO ~, MANZANILLA HEDIONDA, MARRUBIO ~, etc (→ LIRIO, MANZANILLA, etc).

II n **A** m **2** Arbusto de la familia de las papilionáceas, con hojas divididas en tres foliolos, flores amarillas en racimo y frutos en legumbre, que despide un olor desagradable (*Anagyris foetida*).

B f **3** Estramonio (planta).

hedónico -ca adj (*Filos o lit*) De(l) placer o que lo implica.

hedonismo m **1** (*Filos*) Doctrina que considera el placer como fin supremo de la vida. ■ **2** (*lit*) Actitud de búsqueda exclusiva del placer.

hedonista adj **1** (*Filos*) De(l) hedonismo [1]. **b)** Partidario del hedonismo [1]. *Tb n.* ■ **2** (*lit*) Que solo busca el placer. *Tb n, referido a pers.*

hedonístico -ca adj (*Filos o lit*) De(l) placer o que lo implica.

hedor (*tb con la grafía* **jedor** *en zonas de aspiración*) m (*lit o reg*) Mal olor.

hegemonía f Supremacía, esp. política.

hegemónicamente adv De manera hegemónica.

hegemónico -ca adj De (la) hegemonía o que la implica.

hegemonismo m Tendencia a la hegemonía.

hegemonizar tr Ejercer hegemonía [sobre algo (*cd*)].

hégira (*tb con la grafía* **héjira**) f Era mahometana, que se cuenta desde el año 622, en que Mahoma huyó de La Meca a Medina.

heidelbergués -sa adj De Heidelberg (Alemania). *Tb n, referido a pers.*

héjira → HÉGIRA.

helada **I** f **1** Acción de helar [4]. *Tb su efecto.*
II loc v **2** caer (una) ~. Helar [4].

heladería f Establecimiento donde se hacen y venden helados [4].

heladero -ra **I** adj **1** Abundante en heladas. ■ **2** De (la) fabricación de helados [4].
II n **A** m y f **3** Pers. que fabrica o vende helados [4].
B f **4** Heladora [3].

heládico -ca adj (*lit o Prehist*) De la Hélade (Grecia). *Gralm referido a la cultura de la Edad del Bronce desarrollada en ella.*

helado -da **I** adj **1** part → HELAR. ■ **2** Muy frío. *Frec con intención ponderativa. Tb fig.* ■ **3** (*col*) Sobrecogido o atónito. *Normalmente con los vs* DEJAR *o* QUEDAR. **b)** Frío o indiferente. *Normalmente con los vs* DEJAR *o* QUEDAR.
II m **4** Dulce que se toma en cierto grado de congelación.

helador -ra **I** adj **1** Que hiela. *Frec con intención ponderativa.* ■ **2** Que sobrecoge o deja helado [3].
II f **3** Aparato destinado a la fabricación de helados [4].

helanca (*n comercial registrado*) f (*Tex*) Fibra textil de nylon texturizada de patente suiza.

helar (*conjug 6*) **A** tr **1** Cuajar o solidificar [un líquido (*cd*)] el frío (*suj*), o alguien (*suj*) por medio del frío. **b)** pr (~se) Cuajarse o solidificarse [un líquido] por la acción del frío. **c)** ~ **la sangre** → SANGRE.
■ **2** Hacer que [alguien o algo (*cd*)] pase a estar a la temperatura del hielo. *Tb fig. Frec con intención ponderativa. Tb abs.* **b)** pr (~se) Pasar [alguien o algo] a estar a la temperatura del hielo. *Tb fig. Frec con intención ponderativa.* ■ **3** Producir la muerte [de alguien o algo (*cd*), esp. de una planta] o la necrosis [de una parte del cuerpo (*cd*)] la acción del frío (*suj*). **b)** pr (~se) Sufrir muerte o necrosis [alguien o algo] a causa del frío.
B intr ➤ **a** impers **4** Hacer una temperatura que produce hielo.
➤ **b** pr **5** ~**sele** [a alguien algo] (**en los labios**). Quedar detenido en su realización o formulación a causa de la impresión.

heléboro → ELÉBORO.

helechal m Lugar poblado de helechos.

helecho m Se da este n a distintas plantas criptógamas con hojas pecioladas, lanceoladas y divididas en segmentos. *Diversas especies se distinguen por medio de adjs:* ~ COMÚN (*Polypodium vulgare*, P. australe o Pteridium aquilinum), ~ HEMBRA (*Athyrium filix-femina*), ~ MACHO (*Dryopteris filix-mas*), ~ MARINO (*Asplenium marinum*), ~ REAL (*Osmunda regalis*), *etc.*

helénico -ca adj **1** De la antigua Grecia. *Tb (lit) referido a la Grecia moderna.* ■ **2** De (los) helenos (pobladores de la antigua Grecia).

helenio m Planta herbácea vivaz de gran altura, hojas basales de gran tamaño y flores en cabezuela amarilla, cuya raíz se usa en medicina esp. por sus propiedades antisépticas (*Inula helenium*).

helenismo m **1** Período de la cultura griega que va desde la muerte de Alejandro Magno hasta Augusto. ■ **2** Estudio de la lengua y cultura griegas. ■ **3** Palabra o rasgo idiomático propios de la lengua griega, o procedentes de ella. ■ **4** Condición de griego o heleno. ■ **5** Condición de influido por lo griego o de semejante a lo griego.

helenista m y f Especialista en la lengua y cultura griegas.

helenístico -ca adj De(l) helenismo [1].

helenización f Acción de helenizar(se). *Tb su efecto.*

helenizante adj **1** Que heleniza. ■ **2** Que tiene rasgos griegos.

helenizar tr Dar carácter heleno o griego [a alguien o algo (*cd*)]. **b)** pr (~se) Tomar [alguien o algo] carácter heleno o griego.

heleno -na adj Griego. *Tb n, referido a pers. Normalmente referido a la Grecia antigua; referido a la moderna, es lit.*

helero m Lugar de las altas montañas donde se acumula el hielo. *Tb el hielo allí acumulado.*

helguero m (*reg*) Terreno sin cultivar, lleno de zarzas, helechos y otras plantas inútiles como pasto.

heliantemo m Planta común en prados y bosques, cultivada también como ornamental, con flores amarillas o blancas de cuatro o cinco pétalos y fruto en cápsula (gén. *Helianthemum*).

heliasta m (*hist*) Miembro de un tribunal popular ateniense formado por ciudadanos elegidos por sorteo y que actuaba en una plaza pública vecina al Ágora.

hélice f **1** Aparato constituido por dos o tres palas unidas a un eje y que al girar funciona como elemento de propulsión o de tracción. ■ **2** (*Anat*) En el ser humano: Parte externa y periférica del pabellón de la oreja. ■ **3** (*Geom*) Curva que resulta al arrollar una línea sobre la superficie de un cilindro, de modo que corte a todas las generatrices formando ángulos iguales.

helicicultura *f* (*E*) Cría de caracoles.

helicoidal *adj* (*Geom*) De (la) hélice [3]. **b)** Que tiene figura de hélice [3].

helicoidalmente *adv* (*Geom*) De manera helicoidal.

helicoide *m* (*Geom*) Superficie formada por el movimiento helicoidal de una recta alrededor de un eje.

helicoideo -a *adj* (*Bot*) De forma de hélice [3].

helicóptero *m* Aparato de navegación aérea que dispone de una gran hélice de eje vertical colocada encima, que permite el aterrizaje y despegue verticales.

helicotrema *m* (*Anat*) Abertura redondeada de la cúpula del caracol del oído interno.

helio *m* Cuerpo simple, de número atómico 2, gaseoso y muy ligero, que forma parte del grupo de gases nobles de la atmósfera.

helio- *r pref* Del Sol. * Heliófago. * Heliotérmico.

heliocéntrico -ca *adj* (*Astron*) **1** De(l) heliocentrismo. **b)** (*raro*) [Pers.] que considera el Sol como centro del universo. ■ **2** [Medida o lugar] que tiene como punto de referencia el centro del Sol.

heliocentrismo *m* (*Astron*) Doctrina que sostiene que el Sol es el centro del universo.

heliodoro *m* (*Mineral*) Variedad de berilo de color amarillo.

heliofilia *f* (*Bot o lit*) Condición de heliófilo.

heliófilo -la *adj* (*Bot o lit*) Amante del sol.

heliogábalo (*a veces con mayúscula*) *m* (*lit*) Pers. voraz.

heliograbado *m* (*Impr*) Procedimiento para obtener grabados en hueco mediante la acción de la luz solar sobre las planchas previamente preparadas. *Tb el grabado así obtenido.*

heliografía *f* (*Impr*) Procedimiento de reproducción con clichés obtenidos sin grabado ni mordiente.

heliográfico -ca *adj* (*Impr*) **1** De (la) heliografía. ■ **2** (*Astron*) Relativo a la descripción del Sol.

heliógrafo *m* (*Telec*) Aparato telegráfico óptico que utiliza los rayos del Sol.

heliólatra *adj* (*Rel*) Que practica la heliolatría. *Tb n, referido a pers.*

heliolatría *f* (*Rel*) Culto al Sol.

heliosismología *f* (*Astron*) Estudio científico de las vibraciones solares.

helióstato (*tb* **heliostato**) *m* (*Fís*) Aparato provisto de un espejo que se mueve mediante un mecanismo de relojería y que sirve para reflejar la luz solar en una dirección fija.

helioterapia *f* (*Med*) Tratamiento por la exposición del cuerpo o de una parte de él a la acción de los rayos solares.

heliotropismo *m* (*Biol*) Tropismo debido a la luz del Sol.

heliotropo (*tb, raro,* **heliótropo**) *m* **1** Planta de tallo leñoso, hojas alternas y persistentes y flores en espiga, azuladas y muy olorosas (*Heliotropium peruvianum*). *Tb designa otras especies del mismo gén.* ■ **2** (*Mineral*) Variedad de jaspe o de calcedonia verde con manchas rojas.

helipuerto *m* Aeropuerto para helicópteros.

helitransportar *tr* Transportar por helicóptero. *Frec en part.*

hellinense *adj* De Hellín (Albacete). *Tb n, referido a pers.*

hellinero -ra *adj* Hellinense. *Tb n.*

helmántico -ca *adj* (*lit*) Salmantino. *Tb n.*

helminto *m* (*Zool y Med*) Gusano parásito del hombre y de los animales.

helor *m* Frío intenso.

helvético -ca *adj* (*lit*) Suizo. *Tb n, referido a pers.*

hemangioma *m* (*Med*) Tumor benigno constituido por vasos sanguíneos, frec. en la piel.

hemartrosis *f* (*Med*) Derrame de sangre dentro de una articulación.

hemat- → HEMATO-.

hematemesis *f* (*Med*) Vómito de sangre procedente del tubo digestivo.

hemático -ca *adj* (*Med*) De (la) sangre.

hematidrosis *f* (*Med*) Sudor de sangre, o de un líquido teñido en sangre.

hematíe *m* (*Anat*) Glóbulo rojo de la sangre. *Frec en pl.*

hematita *f* (*Mineral*) Hematites.

hematites *f* (*Mineral*) **1** Variedad compacta del oligisto. *Frec* ~ ROJA. ■ **2** ~ **parda.** Variedad compacta de la limonita.

hemato- *r pref* De (la) sangre. *Toma la forma* HEMAT- *cuando el segundo elemento comienza por vocal.* * Hematoencefálico.

hematocrito *m* (*Med*) Proporción de células y de plasma en la sangre.

hematófago -ga *adj* (*Biol*) Que se alimenta de sangre.

hematógeno -na *adj* (*Med*) Producido en la sangre o derivado de ella.

hematolísico -ca *adj* (*Fisiol*) De (la) hematólisis.

hematólisis (*tb* **hematolisis**) *f* (*Med*) Hemólisis.

hematología *f* (*Med*) Estudio fisiológico y patológico de la sangre.

hematológico -ca *adj* (*Med*) De (la) hematología o de su objeto.

hematólogo -ga *m y f* (*Med*) Especialista en hematología.

hematoma *m* (*Med*) Acumulación de sangre extravasada en un tejido, esp. en el cutáneo.

hematopatología *f* (*Med*) Estudio de las enfermedades de la sangre.

hematopoyesis *f* (*Fisiol*) Formación de las células sanguíneas.

hematopoyético -ca *adj* (*Fisiol*) De (la) hematopoyesis.

hematosis *f* (*Fisiol*) Conversión de la sangre venosa en arterial por oxigenación en los pulmones.

hematoxilina *f* (*E*) Materia colorante del palo campeche, usada en estudios microscópicos.

hematozoario *adj* (*Zool*) [Animal] que vive parásito en la sangre de otros. *Tb n.*

hematuria *f* (*Med*) Presencia de sangre en la orina.

hembra *f* **1** Animal del sexo femenino. *Frec en aposición.* ■ **2** Pers. del sexo femenino. **b)** (*col*) Mujer. **c) real ~.** Mujer alta, fuerte y de buena presencia. ■ **3** *En las plantas unisexuales:* Planta que produce fruto. *Normalmente en aposición.* **b)** [Helecho] ~, [verónica] ~ → HELECHO, VERÓNICA. ■ **4** *En ciertos objetos formados por dos piezas que encajan entre sí:* Pieza que tiene un hueco en el que se introduce la otra. *Tb el mismo hueco. Frec en la forma* HEMBRILLA.

hembraje *m* (*raro*) Conjunto de (las) mujeres.

hembrilla → HEMBRA.

hembrismo *m* (*desp, raro*) Feminismo.

hembrista *adj* (*desp, raro*) Feminista. *Tb n, referido a pers.*

hembro *m* (*col, raro*) Hombre homosexual.

hembruno -na *adj* (*raro*) De hembra.

hemeralopía (*tb* **hemeralopia**) *f* (*Med*) Disminución patológica de la visión cuando la iluminación es débil.

hemerográfico -ca *adj* (*E*) De (las) publicaciones periódicas.

hemeroteca *f* Biblioteca pública destinada exclusivamente a publicaciones periódicas.

hemiatrofia *f* (*Med*) Atrofia de un lado del cuerpo o de la mitad de un órgano.

hemicelulosa *f* (*Quím*) Hidrato de carbono semejante a la celulosa, pero más soluble, que se encuentra en el guisante y otras semillas.

hemiciclo *m* Sala semicircular con graderío. *Gralm referido al Congreso.*

hemicránea *f* (*Med*) Jaqueca.

hemicriptofito -ta (*tb* **hemicriptófito**) *adj* (*Bot*) [Planta] cuya parte aérea muere durante el invierno, quedando algunas yemas o brotes a nivel del suelo. *Frec como n en pl, designando este taxón botánico.*

hemiedría *f* (*Mineral*) Simetría que solo afecta a la mitad de los elementos de una forma cristalina.

hemiédrico -ca *adj* (*Mineral*) Que presenta hemiedría.

hemiedro *m* (*Mineral*) Forma hemiédrica.

hemimórfico -ca *adj* (*Mineral*) Que tiene forma diferente en cada extremo de un único eje principal de simetría.

hemimorfita *f* (*Mineral*) Mineral constituido por silicato de cinc hidratado.

hemina *f* **1** Cierta medida agraria y de capacidad usada en León y otras zonas, de valor distinto según estas. ■ **2** (*hist*) Cierta medida usada en la cobranza de tributos.

hemiparásito -ta *adj* (*Bot*) [Planta] que realiza la fotosíntesis y que además vive parasitariamente.

hemiplejía (*tb* **hemiplejia**) *f* Parálisis de un lado del cuerpo.

hemipléjico -ca *adj* **1** De (la) hemiplejía. ■ **2** Que padece hemiplejía. *Tb n.*

hemíptero *adj* (*Zool*) [Insecto] de boca chupadora, gralm. con dos pares de alas, el primero de los cuales puede estar endurecido, y con metamorfosis sencilla. *Frec como n m en pl, designando este taxón zoológico.*

hemisférico -ca *adj* De(l) hemisferio. **b)** Que tiene forma de hemisferio [1].

hemisferio *m* **1** Mitad de una esfera. *Frec referido a la Tierra.* ■ **2** (*Anat*) Mitad lateral [del cerebro o del cerebelo].

hemispeos *m* (*Arqueol*) Templo parcialmente excavado en la roca.

hemistiquio *m* (*TLit*) Mitad de un verso, determinada por la cesura.

hemitórax (*pl invar*) *m* (*Anat*) Mitad, derecha o izquierda, del tórax. *Seguido del adj* DERECHO *O* IZQUIERDO.

hemo *m* (*Quím*) Grupo prostético derivado de la porfirina, presente en la hemoglobina y en la hemocianina y que se caracteriza por llevar un átomo de hierro en la primera y de cobre en la segunda.

hemoaglutinación *f* (*Med*) Aglutinación de las células sanguíneas por la acción de anticuerpos, virus o ciertas sustancias.

hemocianina *f* (*Fisiol*) Sustancia proteica que contiene cobre y que actúa como pigmento respiratorio de la sangre de algunos moluscos, crustáceos y arácnidos.

hemoconcentración *f* (*Med*) Aumento relativo del número de células sanguíneas por milímetro cúbico.

hemocromatosis *f* (*Med*) Trastorno metabólico caracterizado por la acumulación de hierro, pigmentación bronceada de la piel y diabetes.

hemocultivo *m* (*Med*) Cultivo de sangre de un enfermo para determinar los gérmenes patógenos que contiene.

hemoderivado -da *adj* (*Med*) Derivado de la sangre. *Frec n m.*

hemodiálisis *f* (*Med*) Purificación de la sangre mediante diálisis o riñón artificial.

hemodializador *m* (*Med*) Riñón artificial.

hemodinámicamente *adv* (*Med*) En el aspecto hemodinámico [1].

hemodinámico -ca (*Med*) **I** *adj* **1** De (la) hemodinámica [2]. **II** *f* **2** Condiciones mecánicas de la circulación de la sangre. *Tb su estudio.*

hemodonación *f* (*Med*) Donación de sangre.

hemofilia *f* (*Med*) Enfermedad hereditaria de la sangre que consiste en la dificultad de coagulación.

hemofílico -ca *adj* (*Med*) **1** De (la) hemofilia. ■ **2** Que padece hemofilia. *Tb n.* **b)** De (los) hemofílicos.

hemoglobina *f* (*Fisiol*) Sustancia proteica que contiene hierro y que funciona como pigmento respiratorio de la sangre de los vertebrados, a la que da su típico color rojo.

hemoglobínico -ca *adj* (*Fisiol*) De (la) hemoglobina.

hemoglobinuria f **1** (Med) Presencia de hemoglobina en la orina. ■ **2** (Vet) Piroplasmosis.

hemograma m (Med) Fórmula o cuadro en que se expresan el número, proporción o variaciones de las células sanguíneas.

hemoleucocito m (Anat) Glóbulo blanco de la sangre.

hemolinfa f (Anat) Fluido circulatorio de algunos invertebrados, comparable a la sangre o la linfa.

hemolinfático -ca adj (Anat) De (la) hemolinfa.

hemólisis (tb **hemolisis**) f (Med) Desintegración de los corpúsculos sanguíneos, esp. de los glóbulos rojos, con la consiguiente liberación de hemoglobina.

hemolítico -ca adj (Med) **1** De (la) hemólisis. ■ **2** Que produce hemólisis. Tb n m, referido a agente.

hemolizar tr (Med) Causar hemólisis [a un corpúsculo sanguíneo, esp. a un glóbulo rojo (cd)].

hemopatía f (Med) Enfermedad de la sangre.

hemoperitoneo m (Med) Presencia de sangre extravasada en el peritoneo.

hemoptisis f (Med) Expectoración de sangre procedente del aparato respiratorio.

hemoptoico -ca adj (Med) De (la) hemoptisis.

hemorragia f **1** Salida de sangre de los vasos sanguíneos. ■ **2** Pérdida continuada e importante [de algo].

hemorrágico -ca adj De (la) hemorragia, o que la implica. **b)** [Viruela] **hemorrágica** → VIRUELA.

hemorragíparo -ra adj (Med) Que produce hemorragia [1].

hemorroidal adj De (las) hemorroides.

hemorroide f Almorrana. Frec en pl.

hemorroísa (tb **hemorroisa**) f Mujer que padece flujo de sangre. Normalmente designa a un personaje evangélico.

hemostasia f (Med) Contención, espontánea o artificial, de una hemorragia.

hemostasis f (Med) Hemostasia.

hemostático -ca adj (Med) Que contiene la hemorragia. Tb n m, referido a medicamento o agente.

hemoterapia f (Med) Empleo de la sangre como medio terapéutico.

hemoterápico -ca adj (Med) De (la) hemoterapia.

hemotórax m (Med) Entrada o acumulación de sangre en la cavidad torácica, esp. en la pleura.

hemotóxico -ca adj (Med) Tóxico para la sangre. Tb n m, referido a agente.

henar m **1** Campo de heno. ■ **2** Henil (lugar donde se guarda el heno).

henchimiento m Acción de henchir(se). Tb su efecto.

henchir (conjug **62**) tr (lit) Llenar (hacer que alguien o algo (cd) pase a estar lleno). A veces con un compl DE. Tb fig. **b)** pr (~se) Llenarse (pasar a estar lleno). Tb fig.

hendayés -sa adj De Hendaya (Francia). Tb n, referido a pers.

hendedor -ra adj Que hiende. Tb n f, referido a máquina.

hendedura f Hendidura.

hender (conjug **14**) (lit) **A** tr **1** Abrir o cortar [un cuerpo sólido] sin dividirlo del todo. Tb fig. **b)** pr (~se) Abrirse [un cuerpo sólido] sin dividirse del todo. ■ **2** Excavar [un cañón o un desfiladero]. ■ **3** Atravesar o cortar [un fluido]. **b)** Romper o cortar [algo]. Gralm fig.
B intr **4** Producir una hendidura [en alguien o algo]. Frec fig.

hendíadis (tb, raro, con la grafía **endíadis**) f (TLit) Coordinación de dos términos que lógicamente deberían ir unidos por una relación de subordinación.

hendido[1] -da adj **1** part → HENDER. ■ **2** Que tiene hendiduras. **b)** (Bot) [Hoja] cuyas divisiones llegan a lo sumo a la mitad de la distancia entre el borde y el nervio medio.

hendido[2] m Hendidura.

hendidura f Corte o abertura en un cuerpo, sin dividirlo del todo.

hendija f (raro) Hendidura pequeña.

hendir (conjug **43**) tr e intr (lit) Hender.

heneador -ra adj Que deseca el heno. Tb n m, referido a aparato.

henequén m Planta de origen americano de la que se extrae una fibra textil (Agave fourcroydes). Tb designa otras especies similares. Tb su fibra.

henificación f Acción de henificar.

henificado m Acción de henificar.

henificador -ra adj Que henifica. Tb n, m y f, referido a máquina o aparato.

henificar tr Convertir en heno [1] [una planta forrajera].

henil m Lugar en que se guarda el heno.

heno I m **1** Hierba segada y desecada que se utiliza como alimento del ganado. ■ **2** Se da este n, frec con un adj especificador, a varias plantas gramíneas de los géns Aira, Holcus y Agrostis, esp Holcus mollis y H. lanatus (~ BLANCO), Aira caryophylea (~ COMÚN), Agrostis nebulosa y A. stolonifera (~ GRIS).
II loc adj **3** [Fiebre] del ~ → FIEBRE.

henrio m (Electr) En el sistema internacional: Unidad de inductancia eléctrica, equivalente a la de un circuito cerrado en el que se produce una fuerza electromotriz de un voltio cuando la corriente eléctrica que recorre el circuito varía uniformemente a razón de un amperio por segundo.

henry (ing; pronunc corriente, /χénři/) m (Electr) Henrio.

heñidor -ra adj Que hiñe. Tb n f, referido a máquina.

heñir (conjug **58**) tr Sobar [la masa, esp. del pan] con los puños para darle cohesión. A veces el suj es una máquina que realiza una acción similar.

heparina f (Med) Anticoagulante que se extrae esp. del hígado.

heparinización f (Med) Tratamiento con heparina.

hepat- → HEPATO-.

hepatectomía f (Med) Extirpación total o parcial del hígado.

hepático -ca I adj **1** Del hígado. ■ **2** [Color verde] amarillento.

II *f* **3** Planta briofita, verde o rojiza, propia de lugares húmedos y umbríos, que vive adherida al suelo o a la corteza de los árboles (gén. *Hepatica* y otros). *Frec como n f en pl, designando este taxón botánico. A veces con un adj especificador:* ~ BLANCA (*Parnassia palustris*), ~ ESTRELLADA (*Asperula odorata*), ~ TERRESTRE (*Peltigera canina*), *etc.*

hepatitis *f* Afección inflamatoria del hígado. *Frec con un adj o compl especificador.*

hepato- (*Anat o Med*) Del hígado. *Toma la forma* HEPAT- *cuando el segundo elemento comienza por vocal.* * Hepatobiliar. * Hepatorrenal.

hepatocito *m* (*Anat*) Célula del hígado.

hepatología *f* (*Med*) Parte de la medicina que estudia el hígado.

hepatológico -ca *adj* (*Med*) De (la) hepatología.

hepatomegalia *f* (*Med*) Aumento de volumen del hígado.

hepatopáncreas *m* (*Anat*) *En los moluscos y otros invertebrados:* Órgano digestivo, que realiza además una serie de fenómenos de absorción.

hepatopatía *f* (*Med*) Afección del hígado.

heptadecasílabo -ba *adj* (*TLit*) De 17 sílabas. *Tb n m, referido a verso.*

heptaedro (*tb, semiculto, con la grafía* **eptaedro**) *adj* (*Geom*) [Poliedro] de siete caras. *Gralm n m.*

heptagonal *adj* (*Geom*) Que tiene forma de heptágono.

heptágono *m* (*Geom*) Polígono de siete lados.

heptano (*tb, semiculto, con la grafía* **eptano**) *m* (*Quím*) Hidrocarburo saturado cuya molécula contiene siete átomos de carbono.

heptarquía *f* (*hist*) Conjunto de los siete reinos en que se supone estuvo dividida la Inglaterra anglosajona entre los ss. VII y IX.

heptasílabo -ba (*tb, semiculto, con la grafía* **eptasílabo**) *adj* (*TLit*) De siete sílabas. *Tb n m, referido a verso.*

heptatleta *m y f* (*Dep*) Deportista que participa en una prueba de heptatlón.

heptatlón *m* (*Dep*) Prueba, esp. femenina, de atletismo compuesta de siete ejercicios.

heptavalente *adj* (*Quím*) Que tiene valencia 7.

heracliteísmo *m* (*Filos*) Doctrina de Heráclito (ss. VI-V a.C.).

heraclíteo -a *adj* (*Filos*) Del filósofo griego Heráclito (ss. VI-V a.C.).

heráldicamente *adv* En el aspecto heráldico.

heráldico -ca **I** *adj* **1** De (la) heráldica [2 y 3]. **II** *f* **2** Arte de explicar y describir los escudos de armas. ■ **3** Conjunto de figuras o símbolos que componen un escudo.

heraldista *m y f* Especialista en heráldica [2].

heraldo *m* **1** (*lit*) Mensajero o anunciador. *En sent fig.* **b)** *En la cabalgata de Reyes:* Individuo de los que abren el cortejo anunciando la llegada de los Reyes. ■ **2** (*hist*) *En las cortes de la Edad Media:* Caballero que tiene el cargo de transmitir mensajes de importancia, ordenar las grandes ceremonias y llevar los registros de la nobleza.

herbáceo -a *adj* **1** De (la) hierba. ■ **2** [Planta] de la naturaleza de la hierba. *Tb n f.*

herbada *f* Saponaria (planta).

herbajar **A** *tr* **1** Apacentar [el ganado]. **B** *intr* **2** Pacer [el ganado].

herbaje *m* **1** Hierbas que se crían [en un lugar (*compl de posesión*)]. *Tb sin compl.* ■ **2** (*hist*) Tela de lana gruesa usada esp. por la gente de mar.

herbajear *intr* Pacer [el ganado].

herbal *m* (*reg*) Herbazal.

herbario *m* **1** Colección de plantas secas. ■ **2** Tratado de plantas medicinales. ■ **3** (*Anat*) *En los rumiantes:* Panza.

herbazal *m* Sitio poblado de hierbas.

herbicida *adj* [Producto químico] que combate el desarrollo de las plantas herbáceas. *Frec n m.*

herbicultura *f* (*Agric*) Cultivo de plantas herbáceas.

herbívoro -ra *adj* [Animal] que se alimenta de vegetales, esp. de hierba. *Tb n m.* **b)** Propio de los animales herbívoros.

herbolario -ria **I** *adj* **1** (*raro*) De (las) hierbas y otras plantas. **II** *n* **A** *m y f* **2** Pers. que recoge plantas medicinales para venderlas. **b)** Pers. que vende plantas medicinales. **B** *m* **2** Tienda en que se venden plantas medicinales.

herborista *m y f* Herbolario [2].

herboristería *f* **1** Tienda en que se venden hierbas y plantas medicinales. ■ **2** Técnica de la recogida, conservación y utilización de las plantas medicinales.

herboristero -ra *m y f* Herborista o herbolario.

herborizar *intr* Recoger hierbas y plantas para estudiarlas.

herboso -sa **I** *adj* **1** Poblado de hierba. **II** *f* **2** (*Bot*) Conjunto de las plantas de naturaleza herbácea o arbustiva.

herciano -na *adj* (*Fís*) [Onda] electromagnética de longitud comprendida entre 1 mm y 10 km. **b)** De ondas hercianas.

herciniano -na *adj* (*Geol*) [Movimiento orogénico] ocurrido en Europa en los períodos carbonífero y pérmico. **b)** De(l) movimiento herciniano.

hercio *m* (*Fís*) Unidad de frecuencia, equivalente a una vibración por segundo.

hercúleo -a *adj* **1** Digno de Hércules (semidiós de la mitología clásica). ■ **2** [Pers.] muy fuerte y musculosa. **b)** Propio de la pers. hercúlea.

hércules *m* Hombre muy fuerte y musculoso.

herculino -na *adj* **1** De Hércules (semidiós de la mitología clásica). ■ **2** (*lit*) De La Coruña. *Tb n, referido a pers.*

heredable *adj* Que se puede heredar.

heredad *f* Propiedad rústica.

heredamiento *m* **1** (*Der*) Capitulación o pacto en que se promete la herencia o se dispone la sucesión. ■ **2** (*raro*) Heredad.

heredante *adj* (*Der*) [Pers.] que dispone un heredamiento [1]. *Gralm n.*

heredar *tr* **1** Pasar a poseer [algo (*cd*)] a la muerte [de su dueño (*compl* DE)]. *Tb abs.* **b)** Pasar a poseer [algo (*cd*)] que ha pertenecido a otro], gralm. por cesión de este. ■ **2** Pasar a poseer los bienes [de una pers. (*cd*)] a su muerte. ■ **3** Recibir [un ser vivo (*suj*)] caracteres biológicos [transmitidos genéticamente por los padres]. *Tb fig, referido a cualidades morales. A veces con un compl* DE. ■ **4** Recibir [determinadas circunstancias o condiciones (*cd*)] de alguien o algo precedente]. ■ **5** Dar [a alguien (*cd*)] posesiones o bienes.

heredero -ra *adj* Que hereda o ha de heredar [algo o a alguien (*compl de posesión*)]. *Tb sin compl. Frec n.*

hereditariamente *adv* De manera hereditaria.

hereditario -ria *adj* **1** De (la) herencia. ■ **2** Transmisible por herencia.

hereford (*ing; pronunc corriente*, /χéreforf/) *adj* [Animal o ganado] de una raza roja y blanca oriunda de la región inglesa de Hereford. *Tb n.*

hereje (*a veces, col, se usa la forma* HEREJA *para el f*) *m y f* **1** Cristiano que sostiene doctrinas contrarias a los dogmas de la Iglesia católica. *Tb adj.* ■ **2** (*col*) Pers. irreverente o descreída. *Tb adj.*

herejía *f* **1** Condición de hereje [1]. ■ **2** Doctrina contraria a los dogmas de la Iglesia católica. **b)** (*col*) Afirmación contraria a los principios comúnmente aceptados de una ciencia o arte. ■ **3** Acción dañina o disparatada.

herencia *f* **1** Acción de heredar. ■ **2** Conjunto de cosas que se heredan.

herenciano -na *adj* De Herencia (Ciudad Real). *Tb n, referido a pers.*

heresiarca *m* Autor de una herejía [2a].

heretical *adj* (*raro*) [Cosa] herética.

herético -ca *adj* **1** De (los) herejes o de (la) herejía. ■ **2** Que tiene condición de hereje [1].

hereu *m* (*Der, reg*) Hombre instituido como heredero.

herida I *f* **1** Efecto de herir [1 y 2].
II *loc v* **2 respirar por la ~.** Descubrir [alguien] un sentimiento que tiene de antiguo, o un resentimiento.

heridor -ra *adj* (*lit*) Que hiere.

heril *adj* (*Der*) De(l) amo.

herir (*conjug* 60) **A** *tr* **1** Causar [a un ser vivo (*cd*) o a una parte (*cd*) de él] un daño físico en que hay rotura de tejidos. *Frec en part, frec sustantivado.* ■ **2** Causar un daño moral [a una pers. (*cd*) o a un sentimiento suyo (*cd*)]. ■ **3** Impresionar [algo (*suj*) el sentido de la vista o el del oído (*cd*)], esp. de manera desagradable o dolorosa. ■ **4** (*lit*) Golpear [algo o a alguien]. ■ **5** (*Juegos*) Tocar o rozar [una piedra o bola a otra]. *Normalmente en part.* ■ **6** (*Fon y TLit*) Afectar [el acento (*suj*) a una sílaba determinada (*cd*)].
B *intr* **7** Golpear [en algo].

herma *m* (*Arte*) Busto colocado sobre una pilastra, usado en la antigüedad como señal en los caminos.

hermafrodita *adj* Que tiene los dos sexos. *Tb n, referido a pers.*

hermafroditismo *m* Condición de hermafrodita.

hermanadamente *adv* Fraternalmente.

hermanador -ra *adj* Que hermana.

hermanamiento *m* Acción de hermanar(se). *Tb su efecto.*

hermanar *tr* Unir como hermanos [a dos perss. o colectividades, o a una con otra]. *Frec el cd es refl, a veces con sent recípr. Tb abs.* **b)** Unir [dos localidades, o una con otra] con especiales vínculos de amistad para propiciar los intercambios entre ellas. *Gralm el cd es refl, frec con sent recípr.* **c)** Unir o armonizar [dos cosas, o una con otra].

hermanastro -tra *m y f* Pers. que tiene el mismo padre o la misma madre [que otra (*compl de posesión*)]. *A veces sin compl, frec en pl designando a las perss relacionadas por este parentesco.*

hermanazgo *m* (*raro*) Hermandad [1].

hermandad (*con mayúscula en acep 4b*) **I** *f* **1** Condición de hermano [1, 2, 3 y 4]. *Frec fig.* ■ **2** Agrupación de perss. de una misma profesión o condición para la defensa de intereses comunes. ■ **3** Cofradía (asociación piadosa). ■ **4** (*hist*) En la Edad Media: Federación de municipios para fines de interés general, esp. para el mantenimiento del orden y para la defensa frente a los abusos del poder nobiliario. **b) Santa ~.** Organismo creado por los Reyes Católicos para el mantenimiento del orden público y represión de los delitos, esp. los cometidos fuera de poblado.
II *loc adj* **5 de ~.** (*Der, hist o reg*) [Testamento] por el que dos o más perss., esp. un matrimonio, testan en un mismo instrumento.

hermano -na **I** *m y f* **1** Pers. que tiene los mismos padres [que otra (*compl de posesión*)]. *Tb fig, designando al que hace las veces de hermano o tiene un comportamiento propio de tal. Tb sin compl, frec en pl designando a las perss relacionadas por este parentesco. A veces ~* CARNAL, *por contraposición a ~* DE PADRE, *~* DE MADRE, *o* MEDIO *~*. **b) ~ de leche.** Pers. que ha sido amamantada por la misma mujer [que otra (*compl de posesión*) que no es hermana suya]. **c) ~ de madre** (*o, raro,* uterino). Pers. que tiene la misma madre [que otra (*compl de posesión*)]. *Tb, simplemente, ~.* **d) ~ de padre.** Pers. que tiene el mismo padre [que otra (*compl de posesión*)]. *Tb, simplemente, ~.* **e) ~ político →** POLÍTICO. **f) medio ~.** Hermanastro. *Tb* ~ DE UN COSTADO, *o simplemente ~.* **g) primo ~ →** PRIMO. ■ **2** *En los seres sexuados:* Ser que tiene los mismos padres [que otro (*compl de posesión*)]. *A veces sin compl.* ■ **3** *En gral:* Cosa que tiene el mismo origen [que otra (*compl de posesión*)]. *A veces sin compl.* **b)** Cosa que pertenece a la misma especie [que otra (*compl de posesión*)]. *Tb fig, referido a su semejanza. A veces sin compl.* ■ **4** Población que se declara unida [a otra (*compl de posesión*)] con especiales vínculos de amistad y relación. *Frec en aposición.* ■ **5** Miembro de determinadas órdenes religiosas. *Frec como tratamiento, solo o antepuesto al n propio. A veces en la forma* HERMANITA. **b)** Miembro de determinadas órdenes militares. *Frec precedido de* cofradía. ■ **6** Miembro de una cofradía. *Frec usado como tratamiento.* ■ **7** (*col*) En vocativo, se usa como tratamiento afectuoso y de camaradería. * Estás piradísima. ¡Cómo te ha pegado, hermana! ■ **8** (*reg*) Normalmente con art, se usa como tratamiento de las perss de edad que no tienen el de don o señor. * La hermana Eustaquia fue ama de cría de mamá.
II *loc v* **9 ser** [alguien] **una hermana** (*o* hermanita) **de la caridad.** Ser muy bondadoso. *Frec e constr neg.*

hermeneuta *m y f* Pers. que se dedica a la hermenéutica.

hermenéuticamente *adv* De manera hermenéutica [1].

hermenéutico -ca I *adj* **1** De (la) hermenéutica [2].

II *f* **2** Interpretación de textos.

herméticamente *adv* De manera hermética. *Tb fig.*

hermeticidad *f* Cualidad de hermético [1].

hermético -ca *adj* **1** [Cosa, esp. cierre] que no permite ni el paso de gases. **b)** [Cosa, esp. recipiente] que tiene cierre hermético. **c)** Que se realiza o produce en recipientes herméticos. ■ **2** Que no deja que algo exterior penetre o influya. ■ **3** Impenetrable o sumamente reservado. **b)** Inaccesible o poco accesible a la comprensión. *Normalmente referido a la expresión artística, esp literaria.* ■ **4** De(l) hermetismo [2].

hermetismo *m* **1** Condición de hermético, *esp* [2 y 3]. **b)** Actitud hermética [2]. ■ **2** Ocultismo (conjunto de ciencias ocultas).

hermetización *f* Acción de hermetizar.

hermetizar *tr* Hacer hermético, *esp* [1].

hermosamente *adv* (*lit*) De manera hermosa.

hermoseador -ra *adj* Que hermosea.

hermoseamiento *m* Acción de hermosear.

hermosear *tr* Hacer que [alguien o algo (*cd*)] esté hermoso, *esp* [1a y b].

hermoso -sa *adj* **1** Bello (que produce placer a la vista o al oído). **b)** [Pers.] cuyo físico, y esp. la cara, responde a ciertos cánones de belleza. *Frec dicho de mujeres. Referido esp a mujeres y a niños, frec como vocativo. Tb n.* **c)** [Tiempo] bueno. ■ **2** [Cosa] intelectual o moralmente agradable. ■ **3** (*col*) Grande de tamaño. **b)** (*col*) Robusto y saludable. *Frec referido a niños.*

hermosura *f* **1** Cualidad de hermoso. ■ **2** Pers. o cosa hermosa.

hermunio *adj* (*hist*) [Infanzón] de nacimiento.

hernandiácea *adj* (*Bot*) [Planta] dicotiledónea, arbórea o arbustiva, de flores actinomorfas, propia de países templados y cálidos. *Frec como n f en pl, designando este taxón botánico.*

hernaniarra *adj* De Hernani (Guipúzcoa). *Tb n, referido a pers.*

hernia *f* Protrusión o salida de una víscera u otra parte blanda fuera de la cavidad que la contiene. *Frec con un compl especificador.* **b)** *Sin compl:* Hernia inguinal.

herniaria *f* (*reg*) Milengrana (planta).

herniario -ria *adj* De (la) hernia.

herniarse (*conjug* 1a) *intr pr* Pasar a padecer hernia. *Frec en part, gralm sustantivado. Frec humoríst aludiendo a un gran esfuerzo. Tb irónicamente.*

hérnico -ca *adj* (*hist*) De un pueblo itálico establecido en la región del Lacio. *Tb n, referido a pers.*

Herodes. de ~ a Pilatos. *loc adv* De un lado a otro. *Gralm con los vs* IR *o* LLEVAR.

herodiano -na *adj* (*hist*) Del partido judío formado en torno a Herodes Antipas, tetrarca de Galilea y Perea († 39), y caracterizado por su escepticismo religioso en oposición a los fariseos y los celotes. *Tb n, referido a pers.*

héroe, heroína A *m y f* **1** Pers. que se distingue por un valor y coraje extraordinarios. ■ **2** (*lit*) Protagonista.

B *m* **3** (*Mitol clás*) Semidiós (ser nacido de un dios y un mortal).

heroicamente *adv* De manera heroica [1].

heroicidad *f* **1** Cualidad de heroico [1 y 2]. ■ **2** Acción propia de la pers. heroica [2].

heroico -ca *adj* **1** De (los) héroes [1 y 3, esp. 1]. **b)** [Remedio o recurso] que solo se emplea en casos extremos a causa del grave riesgo que comporta. **c)** (*lit*) [Tiempos] primeros, lejanos y difíciles [de una cosa]. ■ **2** [Pers.] que tiene carácter de héroe [1]. *A veces referido a colectividades.* ■ **3** Que canta las hazañas de los héroes [1]. ■ **4** (*TLit*) [Romance] de versos endecasílabos. ■ **5** (*TLit*) [Endecasílabo] acentuado en la segunda y sexta sílabas.

heroína¹ *f* Droga derivada de la morfina, más tóxica que esta y con propiedades analgésicas, sedantes e hipnóticas.

heroína² → HÉROE.

heroinomanía *f* Adicción a la heroína¹.

heroinómano -na *adj* Adicto a la heroína¹. *Tb n.*

heroísmo *m* **1** Condición de héroe [1]. ■ **2** Acción propia de un héroe [1].

heroizar (*conjug* 1f) *tr* Dar carácter heroico [1] [a alguien o algo (*cd*)].

herpes (*tb, más raro,* **herpe**) *m* (*o, raro, f*) Afección inflamatoria de la piel, caracterizada por la aparición de pequeñas vesículas transparentes reunidas en grupos rodeados de una aureola roja. **b)** ~ **zóster.** Afección inflamatoria aguda de uno o varios ganglios, producida por un virus, caracterizada por la erupción de vesículas reunidas en grupos a lo largo de un nervio y asociada gralm. con dolor intenso.

herpestino *adj* (*Zool*) [Mamífero] de la familia de los vivérridos perteneciente al grupo en que figura la mangosta. *Tb como n m en pl, designando este taxón zoológico.*

herpético -ca *adj* (*Med*) De(l) herpes.

herpetismo *m* (*Med*) Estado patológico constitucional caracterizado por la predisposición al herpes y otras enfermedades de la piel.

herpeto- *r pref* (*Zool*) De (los) reptiles. * Herpetofauna.

herpetología *f* (*Zool*) Estudio de los reptiles.

herpetológico -ca *adj* (*Zool*) De (la) herpetología o de su objeto.

herpetólogo -ga *m y f* (*Zool*) Especialista en herpetología.

herpil *m* Saco de red de esparto, con mallas anchas, destinado esp. al transporte de paja.

herrada *f* Cubo de madera reforzado con aros de metal y más ancho en la base que en la boca.

herradero *m* **1** Acción de herrar [2]. ■ **2** Lugar en que se hierra [1 y 2] el ganado. ■ **3** (*Taur*) Desorden producido en una corrida.

herrado *m* Acción de herrar [1].

herradón *m* Herrada grande. **b)** (*reg*) Cierta vasija de barro para ordeñar, semejante a la herrada.

herrador *m* Hombre que tiene por oficio herrar [1].

herradura I *f* **1** Hierro en forma de semicírculo que tiende a cerrarse en sus extremos y que como protección se clava en los cascos a las caballerías. **II** *loc adj* **2 de ~.** [Camino] por el que solo pueden transitar caballerías. ■ **3 de ~.** Que tiene forma de herradura [1]. *A veces (Moda)*, simplemente *~.* **b)** *(Arte)* [Arco] que tiene más de media circunferencia. **c)** [Murciélago] **de ~** → MURCIÉLAGO.

herraj → ERRAJ.

herraje *m* **1** Conjunto de piezas de hierro u otro metal con que se guarnece un objeto. **b)** Conjunto de herraduras y clavos con que se hierra a una caballería. **c)** *En gral:* Conjunto de piezas de hierro u otro metal. ■ **2** Acción de herrar [1].

herramental I *adj* **1** De (la) herramienta. **II** *m* **2** Conjunto de herramientas [1a].

herramienta *f* **1** Instrumento, esp. de hierro o acero, que se emplea para realizar un trabajo manual. *A veces en sg con sent colectivo.* **b)** *En gral:* Instrumento de trabajo. **c)** [Máquina] *~* → MÁQUINA. ■ **2** *(jerg)* Arma, esp. blanca. *A veces en sg con sent colectivo.* ■ **3** *(jerg)* Pene. ■ **4** *(raro)* Dentadura [de una pers. o animal].

herrar *(conjug 6) tr* **1** Colocar herraduras [a una caballería *(cd)*]. ■ **2** Marcar con un hierro candente [a alguien o algo, esp. al ganado]. ■ **3** Guarnecer de hierro u otro metal [algo]. *Frec en part.*

herrén *m* Forraje de avena, cebada, trigo, centeno u otras semillas, que se da al ganado.

herrenal *m* Terreno en que se siembra herrén.

herreño -ña *adj* De la isla del Hierro. *Tb n, referido a pers.*

herrera → HERRERO.

herrerense *adj* De Herrera de Pisuerga (Palencia). *Tb n, referido a pers.*

herrereño -ña *adj* De Herrera de Alcántara (Cáceres). *Tb n, referido a pers.*

herrería *f* **1** Taller del herrero [2]. ■ **2** Oficio de herrero [2].

herreriano -na *adj (Arte)* [Estilo] propio del arquitecto Juan de Herrera († 1597). **b)** De estilo herreriano. **c)** De la escuela de Herrera. *Tb n, referido a pers.*

herrerillo *m* Pequeño pájaro insectívoro de cabeza y lomo azulados *(Parus caeruleus). Tb ~* COMÚN. *Tb designa otras especies similares: ~* CAPUCHINO *(P. cristatus) y ~* CIÁNEO *(P. cyanus).*

herrero -ra I *adj* **1** *(raro)* De hierro. **II** *n* **A** *m* **2** Hombre que tiene por oficio labrar el hierro. **B** *f* **3** Mujer del herrero [2]. ■ **4** Pez de cuerpo alargado, rostro agudo y color blanco plateado con franjas transversales oscuras *(Lithognathus mormyrus).*

herrete *m* Remate metálico que se pone en los extremos de cintas y cordones.

herrón *m* Cierto juego popular que consiste en meter unos discos de hierro en un clavo hincado en el suelo. *Tb el disco.*

herrumbrarse *intr pr* Cubrirse de herrumbre [1]. *Frec en part.*

herrumbre *f* **1** Óxido rojizo que se forma sobre la superficie del hierro por acción de la humedad. ■ **2** Roya (hongo de los vegetales).

herrumbroso -sa *adj* Que tiene herrumbre [1].

hertz *(pl invar) m (Fís)* Hercio.

hertziano -na *adj (Fís)* Herciano.

hertzio *m (Fís)* Hercio.

hérulo -la *adj (hist)* [Individuo] del pueblo germano habitante a orillas del mar Negro y que en el s. v invadió Italia, acabando con el Imperio Romano de Occidente. *Tb n.* **b)** De (los) hérulos.

hervasense *adj* De Hervás (Cáceres). *Tb n, referido a pers.*

hervidero *m* **1** *En la máquina de vapor:* Lugar destinado a hervir el agua. ■ **2** Manantial en que el agua surge con desprendimiento de burbujas. ■ **3** Lugar en que hay gran agitación o movimiento. *Frec con un compl especificador.*

hervido¹ -da I *adj* **1** *part* → HERVIR. **II** *m* **2** *(reg)* Guiso de judías verdes y patatas hervidas [5]. *Frec en la forma* HERVIDITO.

hervido² *m* Acción de hervir.

hervidor *m* **1** Recipiente destinado a hervir [4] líquidos. ■ **2** *(raro)* Calentador de agua.

hervir *(conjug 60)* **A** *intr* **1** Producir burbujas [un líquido] por elevación de su temperatura o por fermentación. ■ **2** *(lit)* Agitarse [algo] como un líquido que hierve [1]. *Frec fig, referido a cosas inmateriales.* ■ **3** *(lit)* Estar [un lugar] lleno [de perss., animales o cosas que se mueven]. **B** *tr* **4** Hacer que [un líquido *(cd)*] hierva [1], mediante el aumento de su temperatura. ■ **5** Someter [algo *(cd)*] a la acción de un líquido que hierve [1].

hervor I *m* **1** Acción de hervir [1, 2 y 3]. ■ **2** *(lit)* Fogosidad o ardor. **II** *loc v* **3 dar un(os) ~(es).** Hervir [1] brevemente. ■ **4 levantar el ~.** Comenzar a hervir [1].

hervoroso -sa *adj (lit)* **1** Que hierve [1, 2 y 3]. ■ **2** Fogoso o ardoroso.

Hespérides *f pl (Mitol clás)* Ninfas de occidente, que guardan el árbol de las manzanas de oro.

hesperidio *m (Bot)* Fruto carnoso de corteza gruesa, dividido en gajos por telillas membranosas.

hespérido -da *adj (lit)* De(l) occidente.

hetaira *f* **1** *(lit)* Prostituta. ■ **2** *(hist) En la antigua Grecia:* Cortesana de alta condición.

heteo -a *adj (hist)* Hitita. *Tb n, referido a pers.*

hetera *f (lit o hist)* Hetaira.

heterocerca *adj (Zool) En los peces:* [Aleta caudal] formada por dos lóbulos desiguales.

heterócero *adj (Zool)* [Lepidóptero] cuyas antenas no terminan en un artejo dilatado y que en reposo mantiene las alas anteriores sobre las posteriores. *Frec como n m en pl, designando este taxón zoológico.*

heterocíclico -ca *adj (Quím)* [Cuerpo o serie c[í]clicos] en cuya cadena no todos los átomos son d[e] carbono.

heterociclo *m (Quím)* Cadena cerrada de u[n] compuesto cíclico en que no todos los átomos son d[e] carbono.

heterocigótico → HETEROZIGÓTICO.

heterocisto *m (Bot) En las algas cianofícea[s]* Célula de gran tamaño que aparece de vez en cuan[do] en el filamento celular.

heteroclamídeo -a *adj* (*Bot*) [Flor] en que los verticilos del periantio se diferencian en cáliz y corola. *Tb referido a la planta que la posee.*

heteróclito -ta *adj* (*lit*) Heterogéneo.

heterocromosoma *m* (*Biol*) Cromosoma del que depende la determinación del sexo.

heterodoxia *f* **1** Condición de heterodoxo. ■ **2** Pensamiento o postura heterodoxos.

heterodoxo -xa *adj* Disconforme con la doctrina establecida como verdadera. *Frec referido a religión. Tb n, referido a pers. Tb fig.*

heterogamético -ca *adj* (*Biol*) Que tiene dos clases de gametos.

heterogameto *m* (*Biol*) Gameto destinado a unirse en el proceso de la fecundación con otro de diferente tamaño, forma u organización.

heterogámico -ca *adj* (*Biol*) [Reproducción] en que los gametos son diferentes.

heterogéneamente *adv* De manera heterogénea.

heterogeneidad *f* Cualidad de heterogéneo.

heterogéneo -a *adj* **1** [Cosa] formada por elementos de distinta naturaleza. ■ **2** [Cosa] de distinta naturaleza [que otra (*compl* DE *o* CON)]. *Frec sin compl, en pl.* ■ **3** (*Fís*) [Reactor nuclear] que no tiene el combustible mezclado uniformemente con el moderador.

heterogénesis *f* (*Biol*) Generación espontánea (nacimiento de organismos a expensas de la materia no viva).

heteroinjerto *m* (*Med*) Injerto procedente de un individuo de distinta especie.

heterólogo -ga *adj* (*Med*) Procedente de un individuo de distinta especie. *Dicho esp de trasplante.*

heteronimia *f* **1** (*Ling*) Fenómeno por el cual nombres de parejas naturales de seres u objetos tienen etimología diferente. ■ **2** (*TLit*) Uso de heterónimo [2].

heterónimo *m* **1** (*Ling*) Nombre que tiene relación de heteronimia [1] [con otro (*compl de posesión*)]. *Tb sin compl, en pl.* ■ **2** (*TLit*) Escritor o personaje inventado por un autor para ocultar, bajo el nombre de aquel, su propia personalidad.

heteronomía *f* (*Filos o lit*) Dependencia respecto a un poder o una ley externos.

heteronómico -ca *adj* (*Filos o lit*) De (la) heteronomía o que la implica. *Se opone a* AUTONOMÍA.

heterónomo -ma *adj* (*Filos o lit*) Dependiente de un poder o de una ley externos.

heteropolar *adj* (*Quím*) [Enlace] de átomos de distinta polaridad. **b)** [Sustancia] cuyas moléculas están formadas por átomos de distinta polaridad.

heteroproteína *f* (*Quím*) Proteido, o prótido compuesto.

heteróptero *adj* (*Zool*) [Insecto hemíptero] que tiene cuatro alas, las posteriores membranosas y las anteriores coriáceas en su base, o es áptero. *Frec como n m en pl,* designando este taxón zoológico.

heterosexual *adj* [Pers. o animal] que siente atracción sexual hacia los individuos del sexo contrario. *Tb n, referido a pers.* **b)** Propio de la pers. o el animal heterosexuales.

heterósido *m* (*Quím*) Hidrato de carbono que por hidrólisis origina compuestos que no son todos osas.

heterosilábico -ca *adj* (*Fon*) Perteneciente a distinta sílaba.

heterospóreo -a *adj* (*Bot*) Que posee varias clases de esporas.

heterosporia *f* (*Bot*) Presencia de esporas de distinto tipo en una misma planta.

heterotípica *adj* (*Biol*) [Mitosis] en que el número de cromosomas se reduce a la mitad.

heterotópico -ca *adj* (*Med*) Desplazado anormalmente de su lugar natural.

heterotrasplante *m* (*Med*) Trasplante de órganos procedentes de un individuo de otra especie.

heterotrofia *f* (*Biol*) Alimentación heterótrofa.

heterótrofo -fa *adj* (*Biol*) [Ser vivo] que no es capaz de elaborar su propio alimento a partir de sustancias inorgánicas, y necesita tomarlo de otros seres. **b)** Propio de los seres heterótrofos.

heteroxeno -na *adj* (*Biol*) [Parásito] que vive en huéspedes distintos a través de su ciclo biológico.

heterozigótico -ca (*tb con la grafía* **heterocigótico**) *adj* (*Biol*) [Híbrido] formado por el cruzamiento de gametos desiguales.

hético -ca (*tb, raro, con la grafía* **ético**) *adj* (*lit*) **1** Tísico. *Tb n, referido a pers.* ■ **2** Extremadamente delgado.

hetita *adj* (*hist*) Hitita. *Tb n.*

heurístico -ca *adj* (*Filos*) [Método] de (la) investigación.

hevea (*tb* **heveas**) *m o f* Árbol que es el principal productor del caucho (*Hevea brasiliensis*).

hexacampeón -na (*tb, semiculto, con la grafía* **exacampeón**) *m y f* (*Dep*) Pers. o equipo que es seis veces campeón.

hexaclorofeno *m* (*Quím*) Derivado del fenol, usado como antiséptico, esp. en cosméticos.

hexadecasílabo -ba *adj* (*TLit*) De 16 sílabas. *Tb n m, referido a verso.*

hexadecimal *adj* (*Informát*) Que tiene como base el número 16.

hexaedro (*tb, semiculto, con la grafía* **exaedro**) (*Geom*) **I** *adj* **1** [Poliedro] de seis caras. *Gralm n m.* **II** *m* **2** Cubo. *Tb ~* REGULAR.

hexafluoruro *m* (*Quím*) Fluoruro cuya molécula contiene 6 átomos de flúor. *Gralm en la constr ~* DE URANIO, *que designa el compuesto utilizado en la industria atómica para separar los isótopos de uranio.*

hexagonal (*tb, semiculto, con la grafía* **exagonal**) *adj* **1** De(l) hexágono. **b)** Que tiene forma de hexágono. ■ **2** (*Mineral*) [Sistema] que tiene un eje principal senario y 6 ejes binarios. **b)** De(l) sistema hexagonal.

hexágono (*tb, semiculto, con la grafía* **exágono**) *m* Polígono de seis lados.

hexagrama *m* *En el arte adivinatorio chino:* Conjunto de seis líneas que se pueden combinar en 64 formas diferentes y cuyo sentido se busca en el *I Ching* o *Libro de Cambios*. *Tb cada una de esas formas.*

hexámetro *m* (*TLit*) Verso de seis pies. *Tb adj.*

hexano (*tb, semiculto, con la grafía* **exano**) *m* (*Quím*) Hidrocarburo saturado cuya molécula contiene seis átomos de carbono.

hexápodo *adj* (*Zool*) [Animal] que tiene seis patas. *Tb* n *m.*

hexaquisoctaedro *m* (*Geom*) Sólido de 48 caras triangulares.

hexasílabo -ba *adj* (*TLit*) De seis sílabas. *Tb* n *m, referido a verso.*

hexástilo -la *adj* (*Arquit*) [Edificio, esp. templo clásico] que tiene una fila de seis columnas en la fachada.

hexavalente *adj* (*Quím*) Que tiene valencia 6.

hexosa *f* (*Quím*) Glúcido que contiene en su molécula seis átomos de carbono.

hez I *f* **1** Sedimento de impurezas de una sustancia líquida, esp. el vino. *Más frec en pl.* ■ **2** Desperdicio o desecho. *Frec fig.* ■ **3** (*lit*) *En pl*: Residuos de la digestión arrojados por el ano. *Tb* HECES FECALES.
    II *loc adv* **4 hasta las heces.** Por completo. *Con el v* BEBER *u otro equivalente. Tb fig.*

hialino -na *adj* (*E*) Transparente como el vidrio. *Tb* (*lit*) *fig.* **b) cuarzo ~ →** CUARZO.

hialografía *f* (*Arte*) Arte de grabar o pintar en vidrio.

hialoplasma *m* (*Biol*) Parte indiferenciada, fluida y transparente del citoplasma celular.

hiatal *adj* (*Med*) [Hernia] de hiato [4].

hiato I *m* **1** (*Fon y TLit*) Secuencia de dos vocales pertenecientes a sílabas distintas. ■ **2** (*lit*) Interrupción, o separación temporal. **b)** Separación espacial o distancia. *Tb fig.* ■ **3** (*Anat*) Abertura o hendidura. *A veces con un adj o compl especificador.*
    II *loc adj* **4 de ~.** (*Med*) [Hernia] producida por protrusión de parte del estómago desde la cavidad abdominal al tórax a través del diafragma.

hibernación *f* (*Zool*) Estado de sopor con disminución de la temperatura corporal y de las funciones metabólicas, propio de ciertos animales durante el invierno. *Tb fig, fuera del ámbito técn.* **b)** (*Med*) Estado similar a la hibernación animal producido artificialmente en el hombre con fines médicos. *Tb fig.*

hibernáculo *m* (*Zool*) Lugar en que hiberna [1] un animal.

hibernal *adj* (*lit*) Invernal.

hibernar A *intr* **1** Sufrir hibernación [un animal]. *Tb fig.*
    B *tr* **2** Someter a hibernación [a alguien].

hibernizo -za *adj* (*lit*) De(l) invierno.

hibisco *m* Planta de la familia de las malváceas, herbácea, arbustiva o arbórea, propia de climas cálidos y cultivada como ornamental o para extraer fibras textiles (gén. *Hibiscus*).

hibiscus *m* Hibisco.

hibridación *f* (*E*) Producción de un nuevo individuo animal o vegetal mediante el cruce de dos individuos pertenecientes a distinta raza o especie. *Tb* (*lit*) *fig, fuera del ámbito técn.*

hibridar *tr* (*E o lit*) Practicar la hibridación [con individuos de distinta raza o especie (*cd*)]. *Tb abs. Tb fig.*

hibridez *f* (*lit*) **1** Hibridismo. ■ **2** Cosa híbrida.

hibridismo *m* (*E o lit*) Condición de híbrido.

hibridista *m y f* (*E*) Biólogo que trabaja en hibridaciones.

hibridizar *tr* (*E o lit*) Hibridar.

híbrido -da *adj* **1** (*E*) [Animal o vegetal] procreado por dos individuos de distinta raza o especie. *Tb* n *m.* **b)** Propio de los híbridos. ■ **2** (*lit*) [Cosa] que es producto de elementos de distinta naturaleza. *Tb* n *m.*

hibridoma *m* (*Biol*) Híbrido celular formado por la fusión de un linfocito productor de anticuerpos con una célula tumoral, para cultivar un anticuerpo específico.

hic et nunc (*lat; pronunc,* /ík-et-núnk/) *loc adv* Aquí y ahora.

hicso -sa *adj* (*hist*) [Individuo] del pueblo que invadió Egipto en el s. XVIII a.C. y lo dominó hasta el s. XVI a.C. *Tb* n. **b)** De (los) hicsos.

hidalgamente *adv* (*lit*) De manera hidalga [1].

hidalgo -ga I *adj* **1** (*lit*) Noble y generoso. *Tb* n, *referido a pers.* ■ **2** De(l) hidalgo o de (los) hidalgos [3].
    II *m y f* **3** (*hist*) *En la baja Edad Media y principios de la Moderna*: Pers. noble por linaje, esp. perteneciente a la baja nobleza. **b) ~ de gotera →** GOTERA.

hidalguesco -ca *adj* (*raro*) Hidalgo [2].

hidalguía *f* Condición de hidalgo [1 y 3].

hidantoína *f* (*Quím*) Compuesto cristalino incoloro e inodoro, presente en la melaza de remolacha y usado en farmacia.

hidatídico *adj* (*Med*) [Quiste] que se forma en el hígado, en el pulmón o en otro órgano, por el desarrollo de la larva de la tenia del perro (*Taenia echinococcus*).

hidatidosis *f* (*Med*) Quiste hidatídico.

hideputa *m y f* (*lit, raro*) Hijo de puta.

hidra *f* **1** Pólipo tubular de agua dulce, cerrado por un extremo y con tentáculos en el otro (gén. *Hydra*). ■ **2** Serpiente de agua. ■ **3** (*lit*) Peligro o dificultad que nunca terminan de vencerse.

hidrácida (*tb* **hidracida**) *f* (*Med*) Medicamento antituberculoso formado por combinación de un ácido orgánico con una amina.

hidrácido *m* (*Quím*) Ácido compuesto por hidrógeno y un metaloide.

hidracina *f* (*Quím*) Líquido básico incoloro, compuesto de hidrógeno y nitrógeno, que es un agente fuertemente reductor y que se usa pralm. como combustible de cohetes.

hidractivo -va *adj* (*Mec*) [Sistema de suspensión] para automóviles] que combina la hidráulica y la electrónica.

hidrante[1] *m* Toma de una conducción de agua esp. para riegos o incendios.

hidrante[2] *m* (*Zool*) *En una colonia de hidrozoos*: Individuo especializado en capturar y digerir alimentos.

hidrargírico -ca *adj* (*E*) De(l) mercurio. **b)** Producido por el mercurio.

hidrargirio *m* (*lit, raro*) Mercurio (metal).

hidrargirismo *m* (*Med*) Intoxicación causada por el mercurio.

hidratación *f* Acción de hidratar(se). *Tb su efecto.*

hidratado -da *adj* **1** *part* → HIDRATAR. ■ **2** (*Quím*) [Cuerpo] que contiene agua en su estructura molecular.

hidratante *adj* Que hidrata [2a]. *Frec referido a crema.*

hidratar *tr* **1** Proporcionar agua [a un cuerpo (*cd*)]. **b)** *pr* (~se) Tomar agua [un cuerpo]. ■ **2** (*Quím*) Combinar [un cuerpo] con agua. **b)** *pr* (~se) Combinarse [un cuerpo] con agua.

hidrato *m* (*Quím*) **1** Cuerpo en cuya composición entra el agua. ■ **2** ~ **de carbono.** Compuesto orgánico de carbono, hidrógeno y oxígeno en que estos últimos entran en la misma proporción que en el agua.

hidráulicamente *adv* De manera hidráulica [2].

hidraulicidad *f* (*E*) Relación entre el caudal medio de agua de un año y el caudal medio de numerosos años.

hidráulico -ca **I** *adj* **1** De(l) agua embalsada, o transportada por tuberías y canales. ■ **2** Que se produce o funciona merced a la energía del agua u otro líquido. ■ **3** De (la) hidráulica [5]. ■ **4** (*Constr*) [Cal o cemento] que se endurece en contacto con el agua. *Tb referido a lo construido con estos materiales.* **b)** (*Mineral*) [Caliza] que proporciona cal hidráulica. **II** *f* **5** Parte de la mecánica que estudia los líquidos.

hidria *f* (*hist*) Vasija grecorromana para agua o vino, normalmente con dos asas horizontales y una vertical.

hídrico -ca *adj* (*E*) De(l) agua. **b)** Causado por agua.

hidro *m* (*hoy raro*) Hidroavión.

hidro- *r pref* (*E*) De(l) agua. * Hidrocompresión. * Hidroeconómico.

hidroaéreo -a *adj* (*Med*) [Ruido] producido por agua y aire, o por un líquido y un gas.

hidroala *m* Embarcación dotada de unos dispositivos sustentadores a manera de patines o aletas, que al avanzar levantan el casco sobre la superficie del agua, lo que le permite alcanzar gran velocidad.

hidroalcohólico -ca *adj* (*Quím*) Compuesto de agua y alcohol.

hidroavión *m* Avión que puede realizar sobre el agua las operaciones de aterrizaje y despegue.

hidrobiología *f* (*Biol*) Estudio de la vida de los seres que habitan en un medio acuático.

hidrobiológico -ca *adj* (*Biol*) De (la) hidrobiología o de su objeto.

hidrocarbonado -da *adj* (*Quím*) Que contiene hidrógeno y carbono. **b)** [Sustancia] constituida por hidratos de carbono.

hidrocarbonato *m* (*Quím y Mineral*) Carbonato hidratado.

hidrocarburo *m* (*Quím*) Compuesto químico formado por combinación de carbono e hidrógeno.

hidrocefalia *f* (*Med*) Dilatación anormal de las cavidades del encéfalo por acumulación de líquido cefalorraquídeo.

hidrocefálico -ca *adj* (*Med*) **1** De (la) hidrocefalia. ■ **2** Hidrocéfalo. *Tb n.*

hidrocéfalo -la *adj* (*Med*) Que padece hidrocefalia. *Tb n.*

hidrocele *m* (*Med*) Acumulación de líquido seroso en la túnica del testículo o en el cordón espermático.

hidrocelulosa *f* (*Quím*) Sustancia derivada de la celulosa por hidrólisis parcial.

hidrociclón *m* (*E*) Ciclón usado para separar suspensiones líquidas.

hidroclórico -ca *adj* (*Quím*) Clorhídrico.

hidrocortisona *f* (*Biol*) Hormona de la corteza suprarrenal cuya forma sintética se usa esp. como antiinflamatorio.

hidrocución *f* (*Med*) Síncope producido por inmersión en agua fría y que ocasiona la muerte súbita.

hidrocultura *f* (*Bot*) Cultivo de plantas mediante inmersión de sus raíces en agua.

hidrodinámico -ca (*Mec*) **I** *adj* **1** De (la) hidrodinámica [3]. ■ **2** Apropiado para reducir la resistencia del agua. **II** *f* **3** Parte de la mecánica que estudia el movimiento de los fluidos, esp. de los líquidos.

hidroelectricidad *f* (*Electr*) Electricidad producida por transformación de la energía hidráulica.

hidroeléctrico -ca *adj* (*Electr*) De (la) hidroelectricidad. *Tb n f, referido a empresa.*

hidroextractor *m* Aparato centrifugador que elimina de un cuerpo el líquido que lo empapa.

hidrofílico -ca *adj* Hidrófilo [1].

hidrófilo -la **I** *adj* **1** Que absorbe el agua u otro líquido con facilidad. *Frec referido a algodón.* **II** *m* **2** Coleóptero acuático de color negro que vive en las aguas estancadas (*Hydrophilus piceus*).

hidrófito -ta *adj* (*Bot*) [Planta] acuática. **b)** De (las) plantas hidrófitas.

hidrofobia *f* **1** Horror al agua. ■ **2** Rabia (enfermedad).

hidrófobo -ba *adj* **1** Que padece hidrofobia [2]. ■ **2** (*E*) Que rechaza el agua.

hidrofoil (*pl normal,* ~s) *m* (*raro*) Hidroala.

hidrofonía *f* (*E*) Técnica de captación de sonidos dentro del agua.

hidróforo -ra *adj* (*Zool*) *En los equinodermos:* [Conducto] que comunica con el agua del mar a través de una placa calcárea porosa.

hidrófugo -ga *adj* (*E*) Que evita o repele la humedad.

hidrogel *m* (*Quím*) Gel cuyo medio líquido consiste en agua.

hidrogenación *f* (*Quím*) Acción de hidrogenar. *Frec referido al endurecimiento artificial de aceites.*

hidrogenante *adj* (*Quím*) Que hidrogena.

hidrogenar *tr* (*Quím*) Combinar con hidrógeno [una sustancia, frec. aceite líquido].

hidrogenasa *f* (*Biol*) Enzima que cataliza la adición de hidrógeno.

hidrogenión *m* (*Quím*) Átomo de hidrógeno con una carga eléctrica positiva.

hidrógeno *m* **1** Gas incoloro, inodoro, muy inflamable, de número atómico 1 y catorce veces más ligero que el aire, que, combinado con el oxígeno, forma el agua. ■ **2 ~ pesado.** (*Quím*) Deuterio.

hidrogeología *f* (*Geol*) Parte de la geología que estudia las aguas superficiales y esp. las subterráneas.

hidrogeológicamente *adv* (*Geol*) En el aspecto hidrogeológico.

hidrogeológico -ca *adj* (*Geol*) De (la) hidrogeología.

hidrogeólogo -ga *m y f* (*Geol*) Especialista en hidrogeología.

hidrografía *f* (*Geogr*) **1** Parte de la geografía que estudia las aguas marinas y continentales. ■ **2** Conjunto de aguas [de un país o una región].

hidrográficamente *adv* (*Geogr*) En el aspecto hidrográfico.

hidrográfico -ca *adj* (*Geogr*) De (la) hidrografía.

hidrógrafo -fa *m y f* (*Geogr*) Especialista en hidrografía [1].

hidroideo *adj* (*Zool*) [Hidrozoo], frec. colonial, en el que predomina la fase pólipo. *Frec como n m en pl, designando este taxón zoológico.*

hidrolasa *f* (*Biol*) Enzima que escinde una sustancia orgánica mediante hidrólisis.

hidrólisis *f* (*Quím*) Descomposición de una sustancia por reacción con el agua.

hidrolíticamente *adv* (*Quím*) De manera hidrolítica.

hidrolítico -ca *adj* (*Quím*) De (la) hidrólisis. **b)** Que produce hidrólisis.

hidrolizable *adj* (*Quím*) Que se puede hidrolizar.

hidrolizado *m* (*Quím*) Producto derivado de hidrólisis.

hidrolizar *tr* (*Quím*) Producir hidrólisis [en un compuesto (*cd*)]. **b)** *pr* (~**se**) Sufrir hidrólisis [un compuesto].

hidrología *f* (*E*) **1** Ciencia que trata de las propiedades, movimientos y transformaciones de las aguas de la Tierra. **b) ~ médica.** (*Med*) Estudio de las aguas desde el punto de vista terapéutico. ■ **2** Conjunto de aguas [de un país o región].

hidrológico -ca *adj* **1** De (la) hidrología [1] o de su objeto. ■ **2** De (las) aguas.

hidrólogo -ga *m y f* (*E*) Especialista en hidrología [1].

hidromancia (*tb* **hidromancía**) *f* Adivinación basada en la observación del agua.

hidromasaje (*tb con la grafía* **hidro-masaje**) *m* Masaje terapéutico o relajante por medio de chorros de agua. *Tb la instalación correspondiente.*

hidromecánico -ca *adj* (*Mec*) Que funciona teniendo el agua u otro líquido como fuerza motriz.

hidrometalurgia *f* (*Metal*) Técnica metalúrgica mediante disolución del metal o de la ganga en un medio acuoso.

hidrometalúrgico -ca *adj* (*Metal*) De (la) hidrometalurgia.

hidrometeoro *m* (*Meteor*) Meteoro que consiste en agua, caída o en suspensión, en estado líquido, sólido o gaseoso.

hidrometría *f* (*Fís*) Estudio de las mediciones relativas a los líquidos en movimiento.

hidrométrico -ca *adj* (*Fís*) De (la) hidrometría.

hidrómetro *m* (*Fís*) Instrumento para medir el caudal, la velocidad o la fuerza de los líquidos en movimiento.

hidromiel *m* Agua mezclada con miel.

hidromineral *adj* De (las) aguas minerales.

hidronefrosis *f* (*Med*) Distensión de la pelvis y de los cálices renales por acumulación de la orina, gralm. por obstrucción de los uréteres.

hidroneumático -ca *adj* (*Mec*) [Dispositivo o aparato] en cuyo funcionamiento intervienen a la vez un líquido y un gas comprimido.

hidronimia *f* (*Ling*) Estudio de los hidrónimos. *Tb el objeto de ese estudio.*

hidronímico -ca *adj* (*Ling*) De (la) hidronimia.

hidrónimo *m* (*Ling*) Nombre propio de una corriente o acumulación de agua continental.

hidronio *m* (*Quím*) Hidroxonio.

hidropesía *f* (*Med*) Acumulación anormal de líquido seroso en una cavidad o en el tejido celular.

hidrópico -ca *adj* **1** (*Med*) Afectado de hidropesía. ■ **2** (*lit*) Sediento en exceso. *Tb fig.* ■ **3** (*lit*) Insaciable.

hidroplano *m* **1** Hidroavión. ■ **2** Hidroala.

hidroponía *f* (*Bot*) Cultivo hidropónico.

hidropónico -ca *adj* (*Bot*) **1** [Sistema de cultivo de plantas] que se realiza añadiendo al agua los elementos nutritivos, sin emplear tierra. ■ **2** De(l) cultivo hidropónico.

hidroquinona *f* (*Quím*) Cuerpo que se obtiene por la acción de los agentes reductores sobre la quinona y que se emplea como antipirético, antiséptico y como revelador en fotografía.

hidrosere *f* (*Bot*) Sere que se origina en un entor[no] no húmedo.

hidrosfera *f* Conjunto de las partes líquidas de[l] globo terrestre.

hidrosol *m* (*Quím*) Sol^2 cuyo medio líquido consis[te] te en agua.

hidrosoluble *adj* (*Quím*) Soluble en agua.

hidrostático -ca (*Mec*) **I** *adj* **1** De (la) hidrostá[ti]tica [3] o de su objeto. ■ **2** Que se realiza o funci[o]na por medios hidrostáticos [1]. **II** *f* **3** Parte de la mecánica que estudia el equil[i]brio de los fluidos.

hidroteca *f* (*Zool*) Ensanchamiento del perisarc[o] en forma de campana, que protege a los hidrantes^2.

hidroterapia *f* (*Med*) Empleo del agua en el tr[a]tamiento de enfermedades, esp. en forma de ablu[]ciones, baños y duchas.

hidroterápico -ca *adj* (*Med*) De (la) hidrote[]rapia.

hidrotermal *adj* (*Geol*) De (las) aguas termales.

hidrotimetría *f* (*Quím*) Determinación de la d[u]reza del agua.

hidrotropismo *m* (*Biol*) Tropismo en direcció[n] al agua o en sentido opuesto.

hidroxi- *r pref* (*Quím*) Que contiene uno o m[ás] grupos hidroxilos. * Hidroxiácido.

hidroxiapatita *f* (*Quím*) Fosfato complejo de calcio que es el componente principal de los huesos y del esmalte de los dientes.

hidróxido *m* (*Quím*) Combinación del agua con un óxido metálico.

hidroxilión *m* (*Quím*) Grupo OH-.

hidroxilo *m* (*Quím*) Radical formado por un átomo de hidrógeno y otro de oxígeno.

hidroxonio *m* (*Quím*) Ión hidrógeno hidratado. *Tb* IÓN ~.

hidrozoo *adj* (*Zool*) [Celentéreo] que presenta alternancia de generaciones entre la forma pólipo y medusa. *Frec como n m en pl, designando este taxón zoológico.*

hidruro *m* (*Quím*) Combinación de hidrógeno con otro cuerpo.

hiedra (*tb con la grafía* **yedra**) *f* **1** Planta trepadora de hojas lustrosas, siempre verdes, tronco y ramas sarmentosas de las que brotan raíces adventicias, flores en umbela y fruto en bayas negruzcas (*Hedera helix*). *Tb* (*lit*) *fig*. ■ **2 ~ terrestre.** Planta herbácea vivaz de tallos rastreros y flores de color violáceo, usada en medicina como tónica, diurética y anticatarral (*Glechoma hederacea*).

hiel I *f* **1** Bilis (líquido segregado por el hígado). ■ **2** Resentimiento o mala intención. ■ **3** (*lit*) Amargura o dolor. *Frec en pl.* ■ **4 ~ de la tierra.** Centaura menor (planta).
II *loc adj* **5** [Paloma] **sin ~** → PALOMA.

hielo I *m* **1** Agua solidificada por efecto del frío. **b)** Trozo pequeño de hielo. **c) ~ seco.** Nieve carbónica. ■ **2** Helada.
II *loc adj* **3 de ~.** (*col*) Helado o pasmado. *Con los vs* DEJAR *o* QUEDAR.
III *loc v* **4 romper el ~.** Poner fin a una situación tensa o embarazosa, o a una actitud de frialdad o de recelo.

hiemal *adj* (*lit o E*) Invernal.

hiena *f* **1** Mamífero carnicero del tamaño de un perro grande, de pelaje áspero y gris con rayas o manchas oscuras, que tiene hábitos nocturnos y se alimenta fundamentalmente de carroña (*Hyaena hyaena, H. brunnea, Crocuta crocuta*). *Tb* ~ RAYADA, ~ PARDA *y* ~ MANCHADA, *respectivamente.* ■ **2** Pers. cruel e inhumana.

hierático -ca *adj* **1** Que tiene o afecta una extremada solemnidad. ■ **2** (*hist*) [Tipo de escritura egipcia] consistente en una estilización de la jeroglífica.

hieratismo *m* Cualidad de hierático [1].

hierba (*tb con la grafía* **yerba**) I *f* **1** Planta pequeña de tallo tierno. **b)** *Diversas especies se distinguen por medio de adjs o compls:* ~ BELIDA (*Ranunculus acris*), ~ CANA (*Senecio vulgaris*), ~ CENTELLA (*Caltha palustris*), ~ DE LOS GATOS (*Valeriana officinalis*), ~ DEL PORDIOSERO (*Clematis vitalba*), ~ DE SAN ANTONIO (*Epilobium hirsutum*), ~ DE SAN JUAN (*Hypericum perforatum*), ~ DONCELLA (*Vinca major y V. minor*), ~ LECHERA (*Polygala vulgaris*), ~ MORA (*Solanum nigrum*), ~ PIOJERA (*Santolina chamaecyparissus, Delphinium staphisagria*), ~ VELLUDA (*Ranunculus bulbosus*), *etc.* **c) ~ buena, ~ loca, ~ lombricera, ~ lombriguera, ~ luisa, ~ pastel, ~ pejiguera, ~ pulguera** → HIERBABUENA, HIERBALOCA, LOMBRICERA, LOMBRIGUERA, HIERBALUISA, PASTEL², PEJIGUERA, PULGUERA. **d) mala ~.** Hierba [1a] perniciosa para los cultivos. ■ **2** Conjunto de hier-

bas [1] que nacen en un terreno. **b)** *En pl:* Pastos. ■ **3** *Referido a la edad de los animales que pastan:* Año. ■ **4** Bebida preparada con hierbas [1] medicinales. *Frec en pl.* **b)** Bebida tóxica preparada con hierbas [1]. *Frec en pl.* ■ **5** (*jerg*) Droga, esp. marihuana. ■ **6 y otras ~s.** (*col, humoríst*) Fórmula con que se cierra vagamente una enumeración.
II *adj* **7** [Verde] fuerte y brillante. ■ **8 de ~s.** (*hoy raro*) [Pañuelo] grande de tela basta y con dibujos estampados.
III *loc v* **9 segarle** [a alguien] **la ~ bajo los pies,** *o* **segar la ~ bajo los pies** [de alguien]. Trabajar solapadamente para desbaratarle los planes. ■ **10 ver** (*o* **sentir**) **crecer la ~.** Ser muy perspicaz.

hierbabuena (*tb con las grafías* **hierba,** *o* **yerba, buena** *y* **yerbabuena**) *f Se da este n a distintas plantas herbáceas de olor agradable, esp a la Mentha sativa y otras especies del gén Mentha.*

hierbajo (*tb con la grafía* **yerbajo**) *m* (*desp*) Hierba [1a]. **b)** Mala hierba [1d].

hierbal *m* (*raro*) Lugar en que crece mucha hierba [1a].

hierbaloca (*tb con la grafía* **hierba loca**) *f* Beleño (planta).

hierbaluisa (*tb con las grafías* **hierba,** *o* **yerba, luisa** *y* **yerbaluisa**) *f* Pequeño arbusto con hojas lanceoladas y puntiagudas que segregan una esencia de perfume de limón, y con flores muy pequeñas y blancas en espigas (*Lippia citriodora o L. triphylla*).

hierbasana (*tb con la grafía* **yerbasana**) *f* Hierbabuena.

hieródulo -la *m y f* (*hist*) En la antigua Grecia: Esclavo dedicado al servicio de una divinidad. *Tb* (*lit*) *fig*.

hierofanía *f* (*Rel*) Manifestación de lo sagrado a través de una realidad profana. **b)** Cosa a través de la cual se manifiesta lo sagrado.

hierofante *m* (*lit*) Maestro iniciador en conocimientos ocultos. *Tb fig*.

hierrillos *m pl* Triángulo (instrumento músico).

hierro I *m* **1** Metal, de número atómico 26, dúctil, maleable y muy resistente, de color gris azulado y susceptible de pulimento, que se emplea esp. en la industria. ■ **2** Instrumento de hierro [1] con que se marca el ganado. *Tb la marca hecha en el ganado con este hierro candente.* ■ **3** Objeto o pieza de hierro [1] o de otro metal semejante. **b)** Parte metálica [de un arma blanca o una herramienta]. **c)** (*lit*) Arma blanca. **d)** (*jerg*) Arma, blanca o de fuego. **e)** (*Mar*) Ancla. **f)** (*Golf*) Palo con punta de hierro [1]. ■ **4** *En pl:* Grillos o esposas.
II *loc adj* **5 de ~.** Muy duro o muy resistente. *Con intención ponderativa.* **b)** [Mano] **de ~** → MANO. **c)** [Pers.] de carácter muy enérgico. ■ **6 del ~.** [Edad] prehistórica caracterizada por el descubrimiento y uso del hierro [1].
III *loc v* **7 machacar en ~ frío.** Esforzarse inútilmente por educar a una pers. que no muestra ninguna predisposición para ello. ■ **8 quitar ~** [a algo]. Quitar[le] importancia. ■ **9 tocar ~.** Tocar madera (→ MADERA).

hifa *f* (*Bot*) En los hongos: Elemento filamentoso que forma parte del micelio.

hi-fi (*ing; pronunc corriente,* /ífi/) *m* Alta fidelidad. *Gralm en aposición.*

higa I *f* **1** Gesto obsceno de desprecio, realizado con el puño cerrado y sacando el dedo pulgar por entre el índice y el medio. *Frec con el v* HACER. ■ **2** Amuleto contra el mal de ojo, en forma de puño cerrado.
  II *loc v* **3 dársele** (*o* **importarle**) [a alguien] **una ~.** (*lit*) No importarle en absoluto.

higadillo *m* Hígado de los animales pequeños, esp. de las aves.

hígado I *m* **1** *En los vertebrados:* Víscera de gran tamaño, situada en la cavidad abdominal, en la que se realizan procesos fundamentales para la vida del organismo. ■ **2** (*col*) *En pl:* Arrestos o valor. ■ **3 malos ~s.** (*col*) Mala intención. ■ **4 ~ de buey.** Hongo comestible de color pardo vinoso, que nace sobre robles y castaños (*Fistulina hepatica*).
  II *loc adj* **5 del ~.** (*col, humoríst*) [Revista] del corazón.
  III *loc v* **6 echar el ~,** *o* **los ~s.** (*col*) Trabajar o esforzarse mucho.

highlander (*ing; pronunc corriente,* /χailánder/; *pl normal,* ~s) *m* Soldado de un regimiento escocés.

high life (*ing; pronunc corriente,* /χái-láif/) *f* Clase social rica que vive con ostentación. **b)** (*hoy raro*) Alta sociedad.

high society (*ing; pronunc corriente,* /χái-sosái-ti/) *f* Alta sociedad.

high tech (*ing; pronunc corriente,* /χái-ték/) *f* (*o m*) Alta tecnología. *Frec en aposición.*

higiene *f* **1** Conjunto de principios y prácticas tendentes a preservar y mejorar la salud. *Tb fig.* ■ **2** Limpieza o aseo.

higiénicamente *adv* De manera higiénica.

higiénico -ca *adj* **1** De (la) higiene. **b)** [Papel] de retrete. **c)** (*hoy raro*) [Paño] pequeño de tejido absorbente que utilizan las mujeres durante la menstruación. **d)** [Compresa] **higiénica** → COMPRESA. ■ **2** Acorde con las reglas de la higiene. *Tb fig.*

higienista *m y f* Especialista en cuestiones de higiene [1].

higienización *f* Acción de higienizar. *Tb fig.*

higienizador -ra *adj* Que higieniza.

higienizar *tr* Dotar [a una cosa (*cd*)] de condiciones higiénicas. **b)** Someter [algo] a tratamiento higiénico.

higo I *m* **1** Segundo fruto de la higuera, de color variable, blando, dulce y lleno de diminutas semillas. **b)** (*col*) *Se usa en constr de sent comparativo para ponderar lo arrugado que está algo.* ■ **2 ~ chumbo.** Fruto del nopal. *Tb* (*reg*) → PICO *o* PICÓN. ■ **3** (*jerg*) Órgano sexual femenino.
  II *loc pr* **4 un ~.** (*col*) Nada. *Con intención ponderativa. Tb adv. Gralm con el v* IMPORTAR.
  III *loc adv* **5 de ~s a brevas.** (*col*) De tarde en tarde.

higrófilo -la *adj* (*Bot*) [Planta] propia de medios muy húmedos. **b)** Propio de las plantas higrófilas.

higrófito -ta *adj* (*Bot*) Higrófilo. *Tb n f, referido a planta.*

higróforo *m* Se da este *n* a numerosos hongos comestibles del gén *Hygrophorus.*

higroma *m* (*Med*) Inflamación de una bolsa sinovial.

higrométrico -ca *adj* (*Fís*) De (la) humedad atmosférica.

higrómetro *m* (*Fís*) Instrumento para medir la humedad atmosférica.

higroscópico -ca *adj* (*Fís*) Que absorbe la humedad del aire.

higroscopio *m* (*Fís*) Higrómetro.

higuera I *f* **1** Árbol de tronco retorcido y hojas grandes y lobuladas, que da como frutos la breva y el higo (*Ficus carica*). **b)** *Con un adj o compl especificador, designa otras especies:* ~ CHUMBA (*Opuntia ficus-indica*), ~ DEL DIABLO, DEL INFIERNO, *o* INFERNAL (*Ricinus communis*), ~ LOCA (*Datura stramonium*), ~ LOCA *o* FALSA (*Ficus sycomorus*), etc.
  II *loc adv* **2 en la ~.** (*col*) Sin enterarse de aquello de que se trata. *Frec con los vs* ESTAR *o* SEGUIR.

higueral *m* Sitio poblado de higueras.

higuereño -ña *adj* De Higuera la Real (Badajoz) *o* de alguna de las poblaciones denominadas Higuera.

higuerero *m* (*reg*) Cierto pájaro pequeño que se alimenta de higos.

higuereta *f* Ricino (planta).

higuerón *m* Árbol americano cuyo jugo lechoso se emplea en medicina (*Ficus laurifolia*).

higueruela *f* Planta herbácea perenne, de hojas partidas y flores en cabezuela violácea (*Psoralea bituminosa*). *Tb designa las especies P. dentata y P. hispanica.*

hijastro -tra *m y f* Hijo de anterior unión del marido o de la mujer [de una pers. (*compl de posesión*)].

hijo -ja I *n* A *m y f* **1** Pers. engendrada [por otra (*compl de posesión*)]. *A veces sin compl. Tb fig, designando al que hace las veces de hijo o tiene un comportamiento propio de tal.* **b)** ~ **de papá** (*o, más raro,* **de familia**). (*desp*) Pers. que vive a costa de la acomodada situación paterna. **c)** ~ **político** → POLÍTICO. **d)** ~ **pródigo.** Pers. que regresa a un lugar o a un grupo después de haberlos abandonado. ■ **2** *En los seres sexuados:* Ser engendrado [por otro de su especie (*compl de posesión*)]. *A veces sin compl.* ■ **3** Cosa que procede [de otra (*compl de posesión*)]. *A veces sin compl. Frec en aposición.* ■ **4** (*lit o Der*) *En pl:* Descendientes. ■ **5** (*lit*) Pers. natural [de un lugar (*compl de posesión*)]. **b)** ~ **adoptivo.** Pers. no nacida [en ella] a quien se concede el título honorífico de "hijo adoptivo". *Tb el mismo título.* **c)** ~ **predilecto** [de una localidad]. Pers. nacida [en ella] a quien se le concede el título honorífico de "hijo predilecto". *Tb el mismo título.* **d)** ~ **de la Gran Bretaña.** (*desp*) Inglés. *Frec usado como euf por* ~ DE PUTA (→ acep. 9). ■ **6** (*lit*) Pers. que ha recibido la herencia espiritual [de alguien o algo (*compl de posesión*)]. **b)** Religioso [respecto al fundador de su orden (*compl de posesión*)]. ■ **7** *Se usa como tratamiento de un superior religioso a los sometidos a su autoridad.* * Hijo, le dijo el obispo, vive tu sacerdocio con plenitud. ■ **8** (*col*) *Se emplea como vocativo afectivo, esp dirigido a un niño o a una pers más joven que la que habla.* * –¿Qué haces, hijo? –Las botas, patrón. **b)** (*col*) *Se emplea en fórmulas de reproche o protesta. Gralm en boca de mujeres.* * Pues, hija, también son ganas de fastidiar. ■ **9** (*vulg*) ~ **de puta,** ~ **de la gran puta;** (*col, euf*) ~ **de perra,** ~ **de su madre,** ~ **de mala madre,** ~ **de Satanás,** ~ **de tal,** ~ **de la grandísima;** (*raro*) ~ **de la** (**gran**) **chingada.** Pers. de mala intención. *Frec se usan como simple insulto o expresión de desprecio. Tb adj.* **b)** ~ **de la gran puta.** *(reg) Se usa con intención afectiva o admirativa.* **B** *m* **10** *(Rel catól)* Segunda persona de la Santísima Trinidad. ■ **11** ~ **del Hombre.** *(Rel catól)* Jesucristo.

C *f* **12 hija de María.** *(Rel catól)* Mujer perteneciente a la congregación de las Hijas de María, dedicada al culto de la Virgen.

II *loc pr* **13 el** ~ **de mi madre** *(o* **de mi padre).** *(col)* Yo. *Con v en 3ª pers.* ■ **14 cada** *(o* **cualquier)** ~ **de vecino.** *(col)* Cualquiera.

hijodalgo, hijadalgo *(pl normal,* HIJOSDALGO, HIJASDALGO; *tb pl* HIJOSDALGOS; *raro, f* HIJODALGA *y pl* HIJODALGOS, HIJODALGAS) *m y f (lit)* Hidalgo.

hijoputa, hijaputa **A** *m y f (vulg)* **1** Hijo de puta (→ HIJO [9]). *Tb adj. A veces fig, referido a animales o cosas.*

B *m* **2** Juego de naipes en que cada jugador gana su apuesta si con alguna de sus cuatro cartas mata la que destapa el que reparte.

hijoputada *f (vulg)* Hecho o dicho propio de un hijoputa [1].

hijoputesco -ca *adj (vulg)* Propio de un hijoputa [1].

hijoputez *f (vulg)* Hijoputada.

hijuela **I** *f* **1** Parte de las que se hacen en una herencia. *Tb el documento en que se reseñan los bienes correspondientes a esa parte.* ■ **2** Cosa derivada [de otra principal *(compl de posesión)*]. ■ **3** Canal pequeño o reguero que conduce el agua desde una acequia al campo que se ha de regar. ■ **4** Camino que parte de otro principal. ■ **5** *(Rel catól)* Lienzo con que se cubre el cáliz y la patena. **b)** *Esp:* Lienzo, gralm. cuadrado, con que se cubre el cáliz desde el ofertorio hasta la comunión.

II *loc v* **6 empeñar** *(o* **dejarse) la** ~. *(col)* Gastar hasta el último céntimo.

hijuelo *m* Retoño [de una planta]. *Tb fig.*

hila *f (hoy raro)* Hebra sacada de una tela de hilo usada, empleada para curar heridas. *Normalmente en pl.*

hilacha *f (desp)* **1** Trozo de hilo [1a] que se desprende de una tela. *Más frec en pl. Tb fig.* ■ **2** Trozo de hilo [1a y b]. ■ **3** Resto o vestigio.

hilacho *m (desp)* Hilacha [1].

hilada *f* **1** Hilera [1]. ■ **2** *(Constr)* Serie horizontal [de ladrillos o piedras].

hiladillo *m* Cinta estrecha, gralm. de algodón, que se usa frec. para atar las alpargatas y para rematar dobladillos.

hilado¹ -da **I** *adj* **1** *part* → HILAR. **b)** [Huevo] ~ → HUEVO.

II *m* **2** Fibra textil hilada [1a]. *Frec en pl.*

hilado² *m* Acción de hilar [1a].

hilador -ra *adj* Que hila [1a].

hilandería *f* Oficio o técnica de hilar [1a].

hilandero -ra **A** *m y f* **1** Pers. que tiene por oficio hilar [1a].

B *m* **2** *(reg)* Arañuelo (insecto).

hilani *m (Arte)* Templete asirio con columnas.

hilar *tr* **1** Transformar en hilo [una fibra textil]. *Tb abs.* **b)** *(raro)* Transformar en hilo la fibra textil con que se confecciona [una prenda *(cd)*]. **c)** ~ **fino,** *o* **delgado.** Ser meticuloso o exigente. ■ **2** Formar [el

gusano de seda o la araña *(suj)*] el capullo o la tela *(cd)*]. ■ **3** Hilvanar o enlazar [algo no material].

hilarante *adj (lit)* Que provoca risa.

hilaridad *f (lit)* Risa o regocijo.

hilatura *f* **1** Acción de hilar [1a]. ■ **2** Hilado¹ [2]. ■ **3** Industria de hilados¹ [2].

hilaza *f* Fibra del cáñamo o del lino antes de ser hilada.

hilemórfico -ca *adj (Filos)* De(l) hilemorfismo o que se ajusta a él.

hilemorfismo *m (Filos)* Teoría aristotélica según la cual todos los seres se hallan compuestos por dos principios esenciales, materia y forma.

hilemorfista *adj (Filos)* De(l) hilemorfismo.

hilera *f* **1** Serie [de perss. o cosas] colocadas una detrás de otra. ■ **2** *(Zool)* En las arañas: Apéndice, situado cerca del ano, que contiene las glándulas productoras del hilo. *Gralm en pl.* ■ **3** *(E)* Instrumento para transformar en hilo metales o materias plásticas.

hilerador -ra *adj (Agric)* Que hilera. *Frec n, m y f, referido a máquina o aparato.*

hilerar *tr (Agric)* Colocar en hilera [plantas arrancadas o cortadas].

hilero *m* Señal que forman las corrientes en las aguas del mar o de los ríos.

hilezoísmo *m (Filos)* Hilozoísmo.

hiliar *adj (Anat)* De(l) hilio.

hílico -ca *adj (Filos)* Material o de (la) materia.

hilio *m (Anat)* Depresión formada en un órgano en el punto de inserción de los vasos y los conductos excretores.

hilo **I** *m* **1** Cuerpo de estructura lineal resultante de la elaboración de una fibra textil. *A veces con un adj o compl especificador.* **b)** *Esp:* Hilo que se emplea para coser. **c)** Trozo de hilo. ■ **2** Lino (fibra y tejido). ■ **3** *En un tejido:* Pasada de la urdimbre o de la trama. **b)** Sentido de la urdimbre. *Tb* RECTO ~. *Frec en la constr* AL ~. ■ **4** Filamento (cuerpo en forma de hilo [1a]). **b)** Conductor eléctrico hecho de hilo [4a] metálico rodeado de una cubierta aislante. **c)** *(Min)* Cable delgado que sirve para cortar la piedra. **d)** ~ **de oro.** Técnica de cirugía estética que consiste en reafirmar los tejidos entretejiendo en su interior hilo [4a] de oro. **e)** ~ **musical.** Instalación, por medio de cable, que transmite continuamente música. ■ **5** Hilera (serie de cosas colocadas una detrás de otra). ■ **6** Sarta (conjunto [de cosas, gralm. de la misma clase] atravesadas una tras otra en un hilo o algo similar). ■ **7** Pequeña cantidad [de algo] que presenta forma lineal. **b)** Corriente muy delgada [de un líquido]. ■ **8** Volumen sumamente débil o apagado [de voz]. ■ **9** Secuencia o desarrollo [del discurso, del pensamiento o de la acción]. *Frec se omite el compl, por consabido. Frec con vs como* COGER, PERDER *o* RECUPERAR. **b)** Secuencia temporal [de la vida]. ■ **10** Resorte o influencia. *Gralm en pl y con el v* MOVER *u otro equivalente.* ■ **11** *(raro)* Filo. *Tb fig.* ■ **12** *(Bot)* Punto o núcleo alrededor del cual se forman las capas que constituyen un grano de almidón.

II *loc adj* **13 de** ~. *(Impr)* [Papel] de gran calidad fabricado con trapos.

III *loc v* **14 hacer** ~. *(Taur)* Perseguir [el toro al hombre *(ci o compl* CON)] sin hacer caso del engaño. ■ **15 pasar** ~**s.** *(Lab)* Marcar un patrón [en las dos partes iguales de una prenda o pieza (*ci*)] mediante un hilván amplio que después se corta. *Tb sin compl.* ■ **16 pender** (*o* **colgar**) **de un ~.** (*col*) Estar en grave riesgo.

IV *loc adv* **17 a(l) ~.** En línea recta [respecto a algo que se toma como referencia (*compl* DE)]. *Tb sin compl.* ■ **18 con la vida en un ~** (*o* **pendiente de un ~**) → VIDA. ■ **19 ~ a ~.** De manera continuada o ininterrumpida. *Frec con vs como* CAER *o* CORRER *y referido a líquido.*

V *loc prep* **20 al ~ de.** En conexión o relación con.

hilota → ILOTA.

hilozoísmo *m* (*Filos*) Doctrina según la cual la vida es una de las propiedades de la materia.

hilozoísta *adj* (*Filos*) De(l) hilozoísmo.

hilván *m* **1** Costura provisional de puntadas largas con que se une lo que se ha de coser. ■ **2** Hilo con que se hace un hilván [1]. *Tb fig.*

hilvanado *m* Acción de hilvanar.

hilvanador -ra *adj* Que hilvana.

hilvanar *tr* **1** Unir [dos telas] o preparar [una costura o una prenda] mediante un hilván. *Tb abs.* ■ **2** Preparar [algo] de manera somera o esquemática. ■ **3** Enlazar o coordinar [algo, esp. ideas o frases].

himaláyico -ca *adj* (*raro*) Himalayo.

himalayo -ya *adj* De la cordillera del Himalaya (Asia).

himatión *m* (*hist*) Manto griego, de hombre o de mujer, que va sobre el resto de la indumentaria.

himen *m* (*Anat*) Repliegue membranoso de la vagina, que, en las vírgenes, cierra parcialmente la entrada de esta.

himeneo *m* (*lit*) Boda o casamiento.

himenial *adj* (*Bot*) De(l) himenio.

himenio *m* (*Bot*) *En los hongos:* Membrana en que se encuentran los elementos fértiles productores de esporas.

himenóptero *adj* (*Zool*) [Insecto] con cuatro alas membranosas, boca masticadora y metamorfosis completa. *Frec como n m en pl, designando este taxón zoológico.*

himnario *m* Colección de himnos.

hímnico -ca *adj* De(l) himno.

himno *m* **1** Composición poética solemne y de exaltación, destinada gralm. a ser cantada. *Tb su música.* ■ **2** Composición musical instituida como emblema [de una nación u otra colectividad].

himnodia *f* (*Rel*) Canto propio de los himnos litúrgicos.

himnódico -ca *adj* (*Rel*) De (la) himnodia.

himnólogo -ga *m y f* (*raro*) Especialista en la composición de himnos.

hinayaniano -na (*pronunc corriente,* /χinayaniáno/) *adj* (*Rel*) [Budista] caracterizado por su fidelidad al budismo primitivo. *Tb n.*

hinca *f* (*raro*) Acción de hincar.

hincado *m* Acción de hincar.

hincapié. hacer ~ [en una cosa]. *loc v* Insistir [en ella].

hincar **A** *tr* **1** Clavar o introducir [algo en un sitio]. *Tb fig.* **b)** **~ el diente, ~ el pico, ~ los codos** → DIENTE, PICO[1], CODO. ■ **2** Apoyar [la rodilla] en el

suelo. **b)** **~ la rodilla** → RODILLA[1]. ■ **3 ~la.** (*col*) Trabajar. ■ **4 ~la.** (*col*) Morir. ■ **5 ~la.** (*col*) Ceder o rendirse.

B *intr pr* **6 ~se de rodillas** (*o, lit,* **de hinojos**). Ponerse de rodillas. *Tb simplemente* ~SE.

hincha[1] *f* (*col*) Antipatía o manía. *Gralm con los vs* COGER *o* TENER.

hincha[2] *m y f* (*col*) Partidario entusiasta [de alguien o algo, esp. de un equipo deportivo].

hinchable *adj* Que puede ser hinchado (→ HINCHAR, *esp* [1]).

hinchada *f* (*col*) Conjunto de hinchas[2].

hinchado[1] **-da** *adj* **1** *part* → HINCHAR. ■ **2** Vanidoso o engreído. ■ **3** Afectado o grandilocuente.

hinchado[2] *m* Acción de hinchar [1]. *Tb su efecto.*

hinchador *m* Aparato para hinchar [1].

hinchamiento *m* Acción de hinchar(se), *esp* [1].

hinchar *tr* **1** Hacer que [algo (*cd*)] aumente de volumen llenándolo [con un fluido, esp. un gas]. *Si el fluido es aire, normalmente sin compl.* **b)** *pr* (**~se**) Aumentar [algo (*suj*)] de volumen. ■ **2** Hacer que [alguien o una parte de su cuerpo (*cd*)] aumente de volumen, esp. de modo anormal o patológico. **b)** (**~se**) Aumentar de volumen [alguien o una parte de su cuerpo (*suj*)], esp. por causas patológicas. ■ **3** Hacer [algo] más grande o voluminoso de lo normal o debido. **b)** (*argot Per*) Alargar [una información excesivamente breve]. ■ **4** Exagerar [algo, esp. un dato o una noticia]. ■ **5** Envanecer o ensoberbecer [a alguien]. **b)** *pr* (**~se**) Envanecerse o ensoberbecerse. ■ **6** (*col*) Hartar [a alguien de algo (*compl* DE *o* A)]. **b)** *pr* (**~se**) (*col*) Hartarse [de algo (*compl* DE *o* A)]. *A veces se omite el compl por consabido, esp referido a dinero o comida.*

hinchazón *f* **1** Acción de hinchar(se) [1 y 2, esp. 2b]. *Tb su efecto.* ■ **2** Afectación o grandilocuencia.

hinchonazo *m* (*reg*) Pinchazo. *Tb fig.*

hinco *m* Poste o palo que se hinca en tierra.

hincón *m* (*reg*) Mojón.

hindi (*tb* **hindí**) *m* **1** Lengua literaria basada en el hindustaní, con abundante vocabulario sánscrito y escrita con alfabeto indio, y que es una de las lenguas oficiales de la India. ■ **2** Lengua vulgar hablada en la zona central del norte de la India.

hindostaní (*tb con la grafía* **indostaní**) *adj* Hindustaní. *Tb n.*

hindú *adj* **1** Hinduista. *Tb n, referido a pers.* ■ **2** De la India, esp. del Indostán. *Tb n, referido a pers.* **b)** Propio de los hindúes.

hinduismo *m* Sistema religioso y social predominante en la India, derivado del brahmanismo y caracterizado por el sistema de castas y la creencia en la reencarnación.

hinduista *adj* De(l) hinduismo. **b)** Adepto al hinduismo. *Tb n.*

hindustaní **I** *adj* **1** Del Indostán o Unión India. *Tb n, referido a pers.*

II *m* **2** Lengua basada en el hindi occidental, con elementos árabes, persas y otros, utilizada como lengua común en gran parte del norte de la India y el Pakistán.

hiniesta *f* Retama (planta).

hinojal *m* Lugar poblado de hinojos[1].

hinojarse *intr pr (raro)* Arrodillarse.

hinojero -ra *adj* De Hinojos (Huelva). *Tb n, referido a pers.*

hinojo[1] *m* Planta herbácea, aromática, de hojas muy divididas y flores amarillas en umbela, que se emplea en medicina y como condimento (*Foeniculum vulgare*). **b)** Con un *adj* especificador, designa otras especies: ~ MARINO (*Crithmum maritimum*), ~ URSINO (*Meum athamanticum*), etc.

hinojo[2] *m (lit)* Rodilla. *Normalmente en la constr* DE ~S.

hinojoseño -ña *adj* De Hinojosa del Duque (Córdoba), o de Hinojosas de Calatrava (Ciudad Real). *Tb n, referido a pers.*

hinque *m* Juego infantil que consiste en hincar en la tierra un palo puntiagudo u otro objeto similar.

hinterland (*al; pronunc corriente,* /χínterland/; *pl normal,* ~s) *m (Geogr)* Traspaís (territorio interior inmediato a un punto de la costa).

hiogloso -sa *adj (Anat)* [Músculo] que se inserta en el hioides y retrae la lengua.

hioideo -a *adj (Anat)* De(l) hioides.

hioides *adj (Anat)* [Hueso] situado encima de la laringe y bajo la raíz de la lengua. *Tb n m.*

hipálage *f (TLit)* Figura retórica que consiste en atribuir a una palabra un adjetivo o complemento que debería referirse lógicamente a otra palabra de la misma frase.

hipar *intr* **1** Tener hipo [1]. ■ **2** Llorar con hipos [2].

hipema *m (Med)* Hemorragia en la cámara anterior del ojo.

hiper- *r pref* Excesivo o superior a lo normal. * Hipercoagulabilidad. * Hiperdenso.

híper (*pl normal,* ~s o *invar*) *m (col)* Hipermercado.

hiperactividad *f* Actividad exagerada. *Esp en psicología.*

hiperactivo -va *adj* Que presenta hiperactividad.

hiperagudo -da *adj (Med)* Sumamente agudo.

hiperbárico -ca *adj (Fís y Med)* Que tiene presión superior a la atmosférica.

hiperbaro -ra *adj (Fís y Med)* Hiperbárico.

hiperbático -ca *adj (TLit y Gram)* De(l) hipérbaton.

hipérbato *m (TLit y Gram, raro)* Hipérbaton.

hipérbaton (*pl normal,* HIPÉRBATOS; *tb, más raro,* HIPERBATONES) *m (TLit y Gram)* Alteración forzada del orden normal de las palabras en la frase.

hipérbola *f (Geom)* Curva cónica simétrica respecto de dos ejes perpendiculares entre sí, compuesta de dos porciones abiertas con dos focos diferentes, dirigidas en sentido opuesto, y en la que la diferencia de las distancias de cada uno de sus puntos a los focos es constante.

hipérbole *f* **1** (*TLit*) Figura retórica consistente en aumentar o disminuir exageradamente aquello de que se trata. ■ **2** (*lit*) Exageración.

hiperbólicamente *adv* De manera hiperbólica[1].

hiperbólico[1] **-ca** *adj (TLit o lit)* **1** De (la) hipérbole o que la implica. ■ **2** Dado al uso de la hipérbole.

hiperbólico[2] **-ca** *adj (Geom)* De (la) hipérbola.

hiperbolizante *adj (lit, raro)* Que hiperboliza.

hiperbolizar *tr (lit)* Exagerar.

hiperbóreo -a *adj* **1** (*lit*) [Región] próxima al Polo Norte. **b)** De la región hiperbórea. *Tb n, referido a pers.* **c)** [Gaviota] **hiperbórea** → GAVIOTA. ■ **2** (*Mitol clás*) De(l) pueblo habitante de la tierra del Sol, más allá del viento norte, y adorador de Apolo.

hipercalcemia *f (Med)* Presencia elevada de calcio en la sangre.

hipercalciuria *f (Med)* Presencia excesiva de calcio en la orina.

hipercinesia *f (Med)* Actividad muscular exagerada e involuntaria.

hiperclorhidria *f (Med)* Exceso de ácido clorhídrico en el jugo gástrico, o secreción excesiva de ácido clorhídrico por las glándulas gástricas.

hiperclorhídrico -ca *adj (Med)* Que padece hiperclorhidria.

hipercolesterolemia *f (Med)* Presencia excesiva de colesterol en la sangre.

hipercorrección *f (Ling)* Ultracorrección.

hipercorrecto -ta *adj (Ling)* Ultracorrecto.

hipercrítico -ca I *adj* **1** Que juzga o analiza a las perss. o cosas con excesiva severidad. *Tb n, referido a pers.* **II** *f* **2** Actitud de la pers. hipercrítica [1].

hiperdulía *f (Rel catól)* Culto que se da a la Virgen.

hiperemia *f (Med)* Acumulación de sangre en una parte del cuerpo.

hiperestesia *f (Med)* Sensibilidad excesiva y patológica. *Tb (lit) fuera del ámbito técn.*

hiperestesiarse (*conjug* 1a) *intr pr (Med)* Hacerse [la sensibilidad] excesiva y patológica. *Tb (lit) fuera del ámbito técn.*

hiperestésico -ca *adj (Med)* Que padece hiperestesia. **b)** Propio de la pers. hiperestésica.

hiperexcitabilidad *f (Med)* Tendencia a reaccionar de modo exagerado ante los estímulos.

hiperfrecuencia *f (Fís)* Frecuencia superior a 1.000 megahercios.

hiperfunción *f (Med)* Aumento de la actividad normal de un órgano.

hiperglucemia *f (Med)* Aumento de la concentración de glucosa en la sangre, por encima de la tasa máxima.

hiperglucémico -ca *adj (Med)* De (la) hiperglucemia.

hipérico *m* Se da este *n* a diversas plantas, unas herbáceas y otras arbustivas, pertenecientes al gén *Hypericum*, esp a la herbácea *H. perforatum*, tb llamada hierba de San Juan, de propiedades medicinales.

hiperinflación *f (Econ)* Inflación acelerada.

hiperlipidemia *f (Med)* Exceso de lípidos en la sangre.

hipermedia *m* (*Informát*) Método para estructurar y presentar información de distintos medios de comunicación interrelacionándolos entre sí.

hipermenorrea *f* (*Med*) Menstruación excesiva.

hipermercado *m* Supermercado de grandes dimensiones, que ofrece una gama extensa de productos y otros servicios para el cliente, y gralm. situado en las afueras de las poblaciones.

hipermétrope *adj* (*Med*) Que padece hipermetropía. *Tb n, referido a pers.*

hipermetropía *f* (*Med*) Defecto óptico por el que se perciben confusamente los objetos próximos, debido a que la imagen se forma más allá de la retina.

hipermetrópico -ca *adj* (*Med*) [Astigmatismo] unido a hipermetropía.

hipermnesia *f* (*Psicol*) Aumento anormal de la capacidad de evocar los recuerdos.

hipernefroma *m* (*Med*) Tumor derivado del tejido suprarrenal.

hiperónimo *m* (*Ling*) Palabra cuyo significado incluye el de otras.

hiperparatiroidismo *m* (*Med*) Exceso en la secreción de las glándulas paratiroides.

hiperpigmentación *f* (*Med*) Pigmentación excesiva.

hiperpirexia *f* (*Med*) Fiebre elevada, esp. la que supera los 40º.

hiperpituitarismo *m* (*Med*) Secreción excesiva de la hipófisis o glándula pituitaria.

hiperplasia *f* (*Med*) Aumento excesivo del número de células normales de un órgano o tejido.

hiperpnea *f* (*Med*) Hiperventilación.

hiperpotasemia *f* (*Med*) Exceso de sales de potasio en la sangre.

hiperquinesia *f* (*Med*) Hipercinesia.

hiperquinésico -ca *adj* (*Med*) Hiperquinético.

hiperquinético -ca *adj* (*Med*) **1** De (la) hiperquinesia. ■ **2** Que padece hiperquinesia.

hiperreactividad *f* (*Med*) Reactividad exagerada a los estímulos.

hiperrealismo *m* (*Arte*) Tendencia surgida en Estados Unidos alrededor de 1970, caracterizada por la reproducción minuciosa de la realidad partiendo, en pintura, de grandes ampliaciones fotográficas, y en escultura, de moldes tomados directamente de seres vivos.

hiperrealista *adj* (*Arte*) De(l) hiperrealismo.

hiperreflexia *f* (*Med*) Exageración de los reflejos.

hipersecreción *f* (*Med*) Secreción muy abundante o excesiva.

hipersensibilidad *f* Sensibilidad exagerada.

hipersensible *adj* Que tiene o muestra una sensibilidad exagerada.

hipertensión *f* (*Med*) Tensión arterial excesivamente alta. *Frec* ~ ARTERIAL.

hipertensivo -va *adj* (*Med*) De (la) hipertensión.

hipertenso -sa *adj* (*Med*) Que padece hipertensión. *Tb n.*

hipertermia *f* (*Med*) Elevación patológica de la temperatura del cuerpo.

hipertexto *m* (*Informát*) Sistema de software y hardware que permite almacenar caracteres, imágenes y sonidos y relacionar los distintos elementos con facilidad.

hipertiroideo -a *adj* (*Med*) Que padece hipertiroidismo. *Tb n.*

hipertiroidismo *m* (*Med*) Estado morboso debido a un exceso de producción de hormonas tiroideas.

hipertonía *f* (*Med*) Tono o tensión exagerados, esp. musculares.

hipertónico -ca *adj* (*Quím*) [Solución] con mayor presión osmótica que aquella con la que se compara.

hipertricosis *f* (*Med*) Desarrollo exagerado del pelo.

hipertrofia *f* (*Biol*) Desarrollo superior a lo normal [de un órgano o de sus elementos anatómicos]. **b)** (*lit*) Desarrollo excesivo [de algo].

hipertrofiar (*conjug* **1a**) *tr* (*Biol y lit*) Producir hipertrofia [en algo (*cd*)]. **b)** *pr* (~**se**) Pasar [algo] a sufrir hipertrofia.

hipertrófico -ca *adj* (*Biol y lit*) De (la) hipertrofia. **b)** Que tiene hipertrofia.

hiperuricemia *f* (*Med*) Exceso de ácido úrico en la sangre.

hiperventilación *f* (*Med*) Respiración exageradamente profunda y prolongada.

hipervitaminosis *f* (*Med*) Estado morboso provocado por la administración de dosis excesivas de vitaminas.

hipetro -tra *adj* (*Arquit*) Que carece de techo.

hip-hop (*ing; pronunc corriente*, /xíp-xóp/) *m* Música asociada a un movimiento de cultura juvenil surgido en Estados Unidos en los años 80, que incluye el rap, los graffiti y el break-dance.

hipiatría *f* (*Vet*) Especialidad que se ocupa de los caballos.

hípico -ca I *adj* **1** De(l) caballo. ■ **2** De (la) hípica [3].
    II *f* **3** Deporte hípico [1], esp. carreras y concursos de salto.

hípido *m* Acción de hipar [2]. *Tb su efecto.*

hipismo *m* Hípica [3].

hipnagógico -ca *adj* (*Psicol*) Que precede inmediatamente al sueño.

hipnopedia *f* (*E*) Aprendizaje de lecciones oídas durante el sueño.

hipnosis *f* Sueño producido por hipnotismo.

hipnótico -ca *adj* **1** De (la) hipnosis o de(l) hipnotismo. ■ **2** Que produce sueño. *Más frec n m, referido a medicamento.*

hipnotismo *m* Procedimiento para provocar sueño artificial mediante sugestión y a veces también con determinadas acciones físicas o mecánicas.

hipnotizador -ra *adj* Que hipnotiza. *Tb n, referido a pers.*

hipnotizante *adj* Hipnotizador. *Tb n.*

hipnotizar *tr* Producir hipnosis [en alguien (*cd*)]. *Tb fig.*

hipo I *m* **1** Movimiento convulsivo del diafragma, que produce una respiración interrumpida y violenta acompañada de un ruido gutural. *Normalmente en sg con sent pl.* ■ **2** Convulsión similar al hipo [1], producida por el llanto.
II *loc v* **3 quitar** [alguien o algo] **el ~.** (*col*) Sorprender por sus buenas cualidades. *Con intención ponderativa.*

hipo- *pref* (*E*) **1** Por debajo de lo normal. * Hipopresión. ■ **2** (*Quím*) Menos oxigenado de lo normal. * Hipoclorito.

hipoacusia *f* (*Med*) Disminución de la sensibilidad auditiva.

hipoacústico -ca *adj* (*Med*) **1** De (la) hipoacusia. ■ **2** Que padece hipoacusia. *Tb n.*

hipoalergénico -ca *adj* (*E*) Hipoalérgico.

hipoalérgico -ca *adj* (*E*) De escasa posibilidad de producir alergia. *Esp referido a cosméticos.*

hipoalimentación *f* (*Med*) Alimentación insuficiente.

hipocalcemia *f* (*Med*) Reducción de la tasa de calcio en la sangre.

hipocalórico -ca *adj* (*Med*) [Dieta o régimen] pobre en calorías.

hipocampo *m* **1** (*Zool*) Caballito de mar. ■ **2** (*Anat*) Eminencia alargada de los ventrículos laterales del cerebro.

hipocausto *m* (*hist*) *En la antigua Roma:* Subterráneo situado debajo del pavimento de baños o habitaciones, con un sistema de calefacción por medio de hornos.

hipocentral *adj* (*Geol*) De(l) hipocentro.

hipocentro *m* (*Geol*) Punto subterráneo en que se origina un movimiento sísmico.

hipocloremia *f* (*Med*) Disminución anormal de cloruros en la sangre.

hipocondría (*tb, raro,* **hipocondria**) *f* (*Med*) Afección nerviosa caracterizada por tristeza habitual y preocupación exagerada por la salud.

hipocondríaco -ca (*tb* **hipocondriaco**) *adj* (*Med*) Que padece hipocondría. *Tb n.* **b)** Propio de la pers. hipocondríaca.

hipocóndrico -ca *adj* **1** (*Anat*) Del hipocondrio. ■ **2** (*Med*) De (la) hipocondría.

hipocondrio *m* (*Anat*) Parte lateral del epigastrio, situada debajo de las costillas falsas.

hipocorístico -ca *adj* (*Ling*) [Nombre] abreviado o deformado con intención afectiva. *Frec n m.* **b)** Propio del nombre hipocorístico.

hipocotíleo -a *adj* (*Bot*) Situado debajo de los cotiledones. *Tb n m, referido a tallo o eje.*

hipocrás *m* Bebida preparada con vino, azúcar y especias.

Hipócrates. de ~. *loc adj* Hipocrático [2].

hipocrático -ca *adj* **1** Del médico Hipócrates († c377 a.C.). *Tb fig* (*lit*), *referido al médico en general.* **b)** De la escuela de Hipócrates. *Tb n, referido a pers.* ■ **2** [Juramento], enunciado por Hipócrates, que resume los principios éticos de la medicina y que en épocas pasadas se le exigía al que tomaba esta profesión. ■ **3** (*Med*) [Facies] característica del enfermo próximo a la agonía.

hipocresía *f* Cualidad de hipócrita.

hipócrita *adj* [Pers.] que finge tener unas cualidades, virtudes o sentimientos que en realidad no tiene. *Tb n.* **b)** Propio de la pers. hipócrita.

hipócritamente *adv* De manera hipócrita.

hipodámico -ca *adj* (*Arquit*) Cuadriculado. *Referido normalmente a la traza de las ciudades antiguas.*

hipoderma *m* (*Zool*) Insecto díptero cuyas larvas se establecen en el tejido subcutáneo del lomo y grupa de los bovinos, causándoles irritaciones, supuraciones y tumores (*Hypoderma bovis*).

hipodérmico -ca *adj* (*Med*) De debajo de la piel. **b)** [Aguja] destinada a inyecciones hipodérmicas.

hipodermis *f* (*Anat*) Tejido situado debajo de la dermis.

hipodermosis *f* (*Vet*) Enfermedad causada por el hipoderma.

hipodrómico -ca *adj* De(l) hipódromo.

hipódromo *m* Lugar destinado para carreras de caballos.

hipofagia *f* Costumbre de comer carne de caballo.

hipofaringe *f* (*Anat*) Parte inferior de la faringe.

hipofisario -ria *adj* (*Anat*) De (la) hipófisis. **b)** Producido por la hipófisis.

hipófisis *f* (*Anat*) Glándula endocrina muy pequeña situada en la base del encéfalo.

hipofunción *f* (*Med*) Disminución de la actividad normal de un órgano.

hipogástrico -ca *adj* (*Anat*) De(l) hipogastrio.

hipogastrio *m* (*Anat*) Región media anterior e inferior del abdomen.

hipogénico -ca *adj* (*Geol*) Formado en el interior de la Tierra.

hipogeo -a I *adj* **1** (*E*) Subterráneo o que está bajo tierra. **b)** (*Zool*) Que vive bajo tierra. **c)** (*Bot*) Que se desarrolla bajo tierra.
II *m* **2** (*hist*) Bóveda subterránea utilizada como tumba por algunos pueblos antiguos. **b)** (*lit*) Bóveda subterránea.

hipogino -na *adj* (*Bot*) [Perianto o androceo] que se inserta por debajo del gineceo. *Tb dicho de la flor.*

hipogloso *adj* (*Anat*) [Nervio] que está debajo de la lengua. *Tb n m.*

hipoglucemia *f* (*Med*) Disminución de la concentración de glucosa en la sangre, por debajo de la tasa mínima.

hipoglucémico -ca *adj* (*Med*) De (la) hipoglucemia.

hipogonadismo *m* (*Med*) Estado de menor desarrollo o actividad genital, por insuficiencia de secreción de las glándulas correspondientes.

hipogrifo *m* (*Mitol*) Animal fabuloso, mitad caballo y mitad grifo[2].

hipomanía *f* (*Med*) Manía de tipo moderado.

hipomenorrea *f* (*Med*) Menstruación escasa en cantidad o en duración.

hipoparatiroidismo *m* (*Med*) Insuficiencia de la secreción de las glándulas paratiroides.

hipopión *m* (*Med*) Acumulación de pus en la cámara anterior del ojo.

hipopituitarismo *m* (*Med*) Secreción deficiente de la hipófisis o glándula pituitaria.

hipoplasia *f* (*Med*) Desarrollo incompleto o defectuoso.

hipopótamo *m* Paquidermo de gran tamaño, piel negruzca y lampiña, cuerpo voluminoso, patas cortas y cabeza grande con prominente nariz, que vive en los grandes ríos de África (*Hippopotamus amphibius*).

hipoprotrombinemia *f* (*Med*) Deficiencia de protrombina en la sangre.

hiporquema *m* (*hist*) *En la antigua Grecia:* Pantomima en honor de Apolo, con acompañamiento de danza, música y canto.

hiposmia *f* (*Med*) Disminución del sentido del olfato.

hiposo -sa *adj* Que tiene hipo. *Tb fig.*

hipospadias *m* (*Med*) Malformación de la uretra, con un orificio anormal.

hipostasiar (*conjug* **1c**) *tr* **1** (*lit*) Personificar o encarnar. ■ **2** (*Filos*) Considerar o representar [algo abstracto o irreal] como real. *Tb* (*lit*) *fuera del ámbito técn.*

hipóstasis *f* **1** (*lit*) Personificación o encarnación. ■ **2** (*Rel crist*) Persona de la Santísima Trinidad. ■ **3** (*Filos*) Consideración o representación de algo abstracto o irreal como real.

hipostáticamente *adv* (*lit, Rel crist o Filos*) De manera hipostática.

hipostático -ca *adj* (*lit, Rel crist o Filos*) De (la) hipóstasis. **b)** (*Rel crist*) [Unión] de las naturalezas divina y humana en la persona de Jesucristo.

hipóstilo -la (*Arquit*) **I** *adj* **1** De techo sostenido por columnas. **II** *m* **2** (*raro*) Construcción cuyo techo está sostenido por columnas.

hipotáctico -ca *adj* (*Gram*) De (la) hipotaxis.

hipotalámico -ca *adj* (*Anat*) De(l) hipotálamo.

hipotálamo *m* (*Anat*) Región del encéfalo que forma la parte inferior del tálamo y que es el centro de control del sistema nervioso simpático y parasimpático.

hipotaxis *f* (*Gram*) Subordinación.

hipoteca *f* Derecho que grava un inmueble haciéndole responder del pago de una deuda. *Tb fig.*

hipotecar *tr* Gravar [un bien inmueble] con hipoteca. *Frec fig.*

hipotecario -ria *adj* De (la) hipoteca.

hipotenar *adj* (*Anat*) De la eminencia muscular de la palma de la mano en la parte del dedo meñique.

hipotensión *f* (*Med*) Tensión arterial más baja de lo normal.

hipotenso -sa *adj* (*Med*) Que tiene hipotensión. *Tb n, referido a pers.*

hipotensor -ra *adj* (*Med*) Que disminuye la tensión de la sangre. *Tb n m, referido a medicamento o agente.*

hipotenusa *f* (*Geom*) *En un triángulo rectángulo:* Lado opuesto al ángulo recto.

hipotermia *f* (*Med*) Temperatura del cuerpo inferior a la normal, esp. de carácter patológico.

hipotérmico -ca *adj* (*Med*) De (la) hipotermia.

hipótesis *f* Suposición que se toma como punto de partida para un razonamiento. **b)** ~ **de trabajo** → TRABAJO.

hipotéticamente *adv* De manera hipotética [1].

hipotético -ca *adj* **1** De (la) hipótesis o que la implica. **b)** (*col*) Dudoso o poco probable. ■ **2** (*Filos*) [Imperativo] condicionado a un fin determinado.

hipotetizar *tr* Dar [algo] como hipótesis.

hipotiposis *f* (*TLit*) Descripción viva y llamativa.

hipotiroideo -a *adj* (*Med*) Que padece hipotiroidismo. *Tb n.*

hipotiroidismo *m* (*Med*) Estado morboso debido a insuficiencia de hormonas tiroideas.

hipotonía *f* (*Med*) Tono o tensión disminuidos, esp. musculares.

hipotónico -ca *adj* (*Quím*) [Solución] con menor presión osmótica que aquella con la que se compara.

hipotrofia *f* (*Biol*) Desarrollo inferior a lo normal [de un órgano o de sus elementos anatómicos].

hipovitaminosis *f* (*Med*) Estado de carencia relativa de una o varias vitaminas.

hipovolemia *f* (*Med*) Disminución del volumen total de sangre en el organismo.

hipoxia *f* (*Med*) Oxigenación insuficiente.

hipóxico -ca *adj* (*Med*) De (la) hipoxia.

hippie → HIPPY.

hippismo (*pronunc corriente,* /χipísmo/; *tb con la grafía* **hippysmo**) *m* Actitud vital o género de vida de los hippies.

hippy (*ing; pronunc corriente,* /χípi/; *tb con la grafía* **hippie**; *pl normal,* HIPPIES) **I** *m y f En los años 60:* Pers. de costumbres anticonvencionales, en rebeldía contra la sociedad organizada, esp. la capitalista, y amiga de la naturaleza, de la libertad sexual, de la vida errante y de las drogas. *Tb adj.* **II** *adj* **2** De (los) hippies.

hippysmo → HIPPISMO.

hipsométrico -ca *adj* (*Geogr*) Que une todos los puntos situados a la misma altitud.

hipsómetro *m* (*Geogr*) Instrumento para medir la altitud, basado en la observación del punto de ebullición del agua.

hipúrico *adj* (*Quím*) [Ácido] que se encuentra en la orina de los mamíferos, esp. herbívoros.

hiriente *adj* Que hiere. *Esp con referencia a los sentidos o a los sentimientos.*

hirientemente *adv* De manera hiriente.

hirsutismo *m* (*Med*) Aparición de vello en la mujer, con distribución e intensidad propias del varón.

hirsuto -ta *adj* **1** (*lit*) [Pelo] tieso y duro. **b)** Que tiene el pelo hirsuto o está cubierto de púas o espinas. **c)** [Veza] **hirsuta** → VEZA. ■ **2** Áspero o duro. *En sent fig.*

hirudina *f* (*Med*) Anticoagulante de las glándulas bucales de la sanguijuela, usado en medicina.

hirudínido *adj* (*Zool*) [Anélido] de cuerpo cilíndrico y con dos ventosas terminales, una cefálica y otra caudal. *Frec como n m en pl, designando este taxón zoológico.*

hirundinaria *f* Vencetósigo (planta).

hirviente *adj* Que hierve. *Tb fig.*

hiscal *m* Cuerda de esparto de tres ramales. *Tb fig.*

hiso *m* (*reg*) Hito o mojón.

hisopar *tr* Esparcir agua [sobre alguien o algo (*cd*)] con el hisopo [1]. *Tb fig.*

hisopazo *m* Rociada de agua esparcida con el hisopo [1].

hisopear *tr* Hisopar.

hisopillo *m* **1** (*raro*) Lío o bolita de trapo que, mojados en un líquido, sirven para humedecer la boca de los enfermos. ■ **2** Ajedrea (planta).

hisopo *m* **1** Utensilio litúrgico empleado para rociar agua bendita y que gralm. está constituido por un mango en cuyo extremo va una bola hueca con agujeros. ■ **2** Planta muy olorosa con tallos leñosos, hojas lanceoladas y flores azules o blanquecinas en espiga terminal (*Hyssopus officinalis*).

hispalense *adj* (*lit*) Sevillano. *Tb n, referido a pers.*

hispánicamente *adv* De manera hispánica.

hispánico -ca *adj* **1** (*lit*) De España. ■ **2** De lengua y cultura españolas. **b)** De (los) pueblos hispánicos. ■ **3** Hispano [2].

hispanidad (*frec con mayúscula en acep 1*) *f* **1** Conjunto de los pueblos hispánicos [2]. ■ **2** Cualidad de hispánico.

hispanismo *m* **1** Palabra o rasgo idiomático propios de la lengua española o procedentes de ella. **b)** Palabra o rasgo idiomático propios del latín hispano [2] o procedentes de él. ■ **2** Estudio de la lengua y cultura hispánicas [1 y 2b]. ■ **3** Condición de hispano [1]. ■ **4** Condición de hispanista.

hispanista *m y f* Pers. que estudia la lengua y la cultura hispánicas [1 y 2b]. *Normalmente referido a extranjeros.*

hispanística *f* Hispanismo [2].

hispanización *f* Acción de hispanizar(se).

hispanizar *tr* Dar carácter hispano, *esp* [1], [a alguien o algo (*cd*)]. **b)** *pr* (~se) Tomar carácter hispano, *esp* [1].

hispano -na *adj* **1** (*lit*) Español. ■ **2** (*hist*) De Hispania (Península Ibérica). *Tb n, referido a pers.* ■ **3** Hispanoamericano. *Esp referido a pers que reside en Estados Unidos. Tb n, referido a pers.*

hispano- *r pref* Español. * Hispanobelga. * Hispanoinglés.

hispanoamericanismo *m* (*Pol*) Doctrina que preconiza la unión de los pueblos hispanoamericanos.

hispanoamericano -na (*tb, raro, con la grafía* **hispano-americano**) *adj* **1** De Hispanoamérica. *Tb n, referido a pers.* ■ **2** (*raro*) Español y americano.

hispanoárabe (*tb con la grafía* **hispano-árabe**) *adj* **1** Español y árabe. ■ **2** (*hist*) De la España musulmana. *Tb n, referido a pers.*

hispanofilia *f* Simpatía por España, lo español o los españoles.

hispanófilo -la *adj* Que simpatiza con España, lo español o los españoles. *Tb n, referido a pers.*

hispanófobo -ba *adj* Que tiene o muestra aversión hacia España, lo español o los españoles. *Tb n, referido a pers.*

hispanófono -na *adj* Hispanohablante. *Tb n.*

hispanogodo -da *adj* (*hist*) [Pueblo] resultante de la fusión de hispanorromanos y visigodos. **b)** De(l) pueblo hispanogodo. *Tb n, referido a pers.*

hispanohablante (*tb con la grafía* **hispano-hablante**) *adj* [Pers., grupo humano o país] que tiene el español como lengua propia. *Tb n, referido a pers.*

hispanohebreo -a *adj* (*hist*) De los judíos españoles. *Esp referido a la literatura o la cultura desarrolladas en hebreo.*

hispanojudío -a *adj* (*hist*) Judío español de la Edad Media. *Tb n, referido a pers.*

hispanomusulmán (*tb con la grafía* **hispano-musulmán**) *adj* (*hist*) De la España musulmana.

hispanoparlante (*tb con la grafía* **hispano-parlante**) *adj* Hispanohablante. *Tb n, referido a pers.*

hispanorromano -na *adj* (*hist*) De la Hispania romana.

hispanovisigodo -da *adj* (*hist*) Hispanogodo. *Tb n.*

híspido -da *adj* (*lit*) Hirsuto. *Tb fig.*

hispir *tr* (*raro*) Esponjar o ahuecar.

histamina *f* (*Fisiol*) Compuesto orgánico que produce dilatación de los vasos sanguíneos y contracción muscular y que está presente en numerosas reacciones alérgicas.

histerectomía *f* (*Med*) Extirpación total o parcial del útero.

histéresis *f* (*Fís*) Desfase entre el efecto y su causa. *Tb fig, fuera del ámbito técn.*

histeria *f* Histerismo.

histéricamente *adv* De manera histérica.

histérico -ca **I** *adj* **1** De (la) histeria o de(l) histerismo. ■ **2** Afectado de histerismo. *Frec dicho con intención desp. Tb n.* **b)** Propio de la pers. histérica. **II** *m* **3** (*col*) Histerismo [2].

histerismo *m* **1** Enfermedad nerviosa, más frecuente en la mujer, caracterizada fundamentalmente por alteraciones funcionales y a veces por convulsiones y alucinaciones. ■ **2** Estado pasajero de paroxismo nervioso.

histidina *f* (*Quím*) Aminoácido presente en la mayoría de las proteínas y del que deriva la histamina.

histiocito *m* (*Biol*) Célula emigrante del tejido conjuntivo capaz de fagocitar partículas de gran tamaño.

histo- *r pref* (*Biol y Med*) De los tejidos. * Histofisiológico. * Histogénesis.

histocompatibilidad *f* (*Med*) Compatibilidad entre los tejidos del donante y el receptor de un injerto o trasplante.

histograma *m* (*Estad*) Representación de una tabla de frecuencias mediante rectángulos.

histología *f* (*Biol*) Estudio de los tejidos orgánicos.

histológicamente *adv* (*Biol*) En el aspecto histológico.

histológico -ca *adj* (*Biol*) De (la) histología o de su objeto.

histólogo -ga *m y f* (*Biol*) Especialista en histología.

histona *f* (*Biol*) Proteína básica simple del núcleo de la célula.

histopatología *f* (*Med*) Estudio de la patología de los tejidos.

histopatológico -ca *adj* (*Med*) De (la) histopatología o de su objeto.

histopatólogo -ga *m y f* (*Med*) Especialista en histopatología.

histoquímica *f* (*Biol*) Estudio químico de los tejidos.

historia (*frec con mayúscula en aceps 1, 2 y 3*) **I** *f* **1** Sucesión de los acontecimientos pasados de la humanidad. **b)** Evolución o sucesión de los acontecimientos pasados [de alguien o algo]. **c)** Cosas notables o curiosas del pasado dignas de ser contadas. **d)** Antigüedad o existencia. *En constrs como* DE + *expr de tiempo* + DE ~, *o* TENER + *expr de tiempo* + DE ~. **e) pequeña ~.** Conjunto de sucesos de la vida cotidiana. ■ **2** Ciencia que estudia y relata la evolución o la sucesión de los acontecimientos pasados, esp. desde la aparición de la escritura. *A veces con un adj o compl especificador.* **b)** Período de la vida de la humanidad posterior a la aparición de la escritura. *Se opone a* PREHISTORIA. ■ **3** Narración ordenada de los acontecimientos pasados de la humanidad. **b)** Narración ordenada de la evolución o de los acontecimientos [de alguien o algo]. **c) ~ clínica.** Relación de los datos médicos de la enfermedad o enfermedades [de una pers.] y de su tratamiento y evolución. **d) ~ sagrada** → SAGRADO. ■ **4** Narración o relato, real o de ficción. **b)** (*col*) Noticia pequeña y de autenticidad insegura. ■ **5** Suceso verídico. *Se opone a* LEYENDA *o* INVENCIÓN. **b)** Suceso pasado. **c)** Pers. o cosa que pertenece al pasado. ■ **6** (*col, desp*) Asunto o cuestión. **b)** (*col*) Cuestión de valor o importancia secundarios. *Gralm en pl.* **c)** (*col*) *En pl y vacía de significado, se emplea para reforzar o marcar la intención desp de la frase. En constrs como* NI + *n* + NI ~S, *o* QUÉ ~S. * El dinero era de gananciales o no sé qué historias. ■ **7 ~ natural.** Ciencia que estudia los seres de la naturaleza, tanto los vivientes como los inertes. **II** *loc adj* **8 de** (*o* **con**) **~.** [Pers.] de quien se cuentan sucesos notables o curiosos y gralm. poco honrosos. **III** *loc v y fórm or* **9 así se escribe la ~.** *Fórmula con que se comenta reprobatoriamente una deformación de la verdad de los hechos.* * Fue el impulsor de la informatización y ahora le tratan de retrógrado. ¡Así se escribe la historia! ■ **10 la ~ se repite.** *Fórmula con que se comenta la repetición actual de un hecho pasado negativo.* * Madrid-Atlético: la historia se repite. ■ **11 pasar a la ~.** Ser objeto de recuerdo para la posteridad. **b)** Dejar de tener vigencia o actualidad. ■ **12 picar** [algo (*suj*)] **en ~.** (*lit*) Empezar a pasar de lo normal o tolerable. ■ **13 ser** [algo] **otra ~.** Ser otra cosa, o ser diferente. **b) esa** (*o* **esta**) **es otra ~.** *Fórmula con que se deja de lado un asunto que no viene a cuento en el momento en que se habla.* * Sus padres no estaban casados. Pero esa es otra historia.

historiable *adj* Que se puede historiar.

historiado -da *adj* **1** *part* → HISTORIAR. ■ **2** Recargado de ornamentación. **b)** [Escritura] que tiene rasgos de adorno. ■ **3** (*Arte*) Decorado con escenas o representaciones relativas a un hecho dado.

historiador -ra *m y f* Pers. que se dedica a la historia [2a]. **b)** Pers. que relata o escribe la historia [1b] [de algo].

historial **I** *adj* **1** De (la) historia [3]. **II** *m* **2** Relación escrita circunstanciada de la carrera o de los servicios [de una pers.]. *Tb fig, referido a cosa.* **b)** Conjunto de los méritos y actuaciones profesionales [de una pers.]. ■ **3** Historia [3].

historiar (*conjug* **1a**) *tr* Contar o escribir la historia [1b] [de algo (*cd*)].

históricamente *adv* **1** De manera histórica [1]. ■ **2** En el aspecto histórico [1].

historicidad *f* Cualidad de histórico [1 a 5].

historicismo *m* Tendencia a considerar la realidad reducida a su relación con las circunstancias históricas.

historicista *adj* De(l) historicismo. **b)** Partidario o cultivador del historicismo. *Tb n.*

histórico -ca *adj* **1** De (la) historia [1, 2 y 3]. **b)** Que tiene base o explicación en la historia [3a y b]. **c)** (*Ling*) Que tiene un enfoque histórico [1a] o cronológico. **d)** [Gramática] **histórica** → GRAMÁTICO. ■ **2** [Hecho] que ocupa un lugar destacado en la historia [3a]. **b)** [Cosa] digna, por su importancia, de ser recordada por la posteridad. *Frec con intención ponderativa.* **c)** Trascendental. ■ **3** Que tiene historia [1b] notable. ■ **4** [Pers. o cosa] cuya existencia en el pasado se conoce con certeza. **b)** [Relato de hechos pasados] que se ajusta a la verdad. ■ **5** Antiguo, o que data de tiempo atrás. **b)** Antiguo o primitivo. *Esp en política. Tb n, referido a pers.* **c)** [Materialismo] **~** → MATERIALISMO. **d)** De(l) pasado. ■ **6** (*Gram*) [Tiempo presente] que se usa para enunciar un hecho pasado. ■ **7** (*Gram*) *En latín:* [Infinitivo] independiente que equivale al pretérito imperfecto de indicativo.

historieta *f* **1** Relato breve de un suceso divertido o curioso, gralm. imaginario. ■ **2** Cuento breve en forma de viñetas, normalmente cómico y destinado a los niños.

historietista *m y f* Autor de historietas [2].

historificar *tr* Historizar.

historiografía *f* **1** Actividad de escribir obras de historia [3a y b], esp. mediante el estudio y crítica de las fuentes. ■ **2** Conjunto de (las) obras de tema histórico [1a].

historiográficamente *adv* En el aspecto historiográfico.

historiográfico -ca *adj* De (la) historiografía.

historiógrafo -fa *m y f* Pers. que se dedica a la historiografía [1].

historiología *f* Estudio teórico de la historia [2a].

historiológico -ca *adj* De (la) historiología.

historiólogo -ga *m y f* Especialista en historiología.

historización *f* (*raro*) Acción de historizar(se).

historizar *tr* Dar carácter histórico [1a] [a algo (*cd*)]. **b)** *pr* (~se) Tomar [algo] carácter histórico [1a].

histoterapia *f* (*Med*) Tratamiento de ciertas enfermedades mediante la utilización de tejidos animales.

histrión -nisa *m y f* (*lit*) Actor teatral. *Frec fig, con intención desp, aludiendo a gesticulación enfática o fingimiento.*

histriónico -ca *adj* (*lit*) De(l) histrión.

histrionisa → HISTRIÓN.

histrionismo *m* (*lit*) **1** Oficio de histrión. ■ **2** (*desp*) Actitud o comportamiento de histrión.

hístrix *adj* (*Med*) [Ictiosis] en que las escamas son duras y córneas.

hit (*ing; pronunc corriente,* / xit/; *pl normal,* ~s) *m* Gran éxito. *Tb aquello que lo obtiene. Esp en música ligera.*

hitita (*hist*) **I** *adj* **1** [Individuo] de un antiguo pueblo que invadió Anatolia en el segundo milenio a.C. y formó un gran imperio en Asia Menor y Siria. *Tb n.* **b)** De los hititas. **II** *m* **2** Lengua de los hititas [1].

hitleriano -na *adj* (*hist*) De(l) dictador alemán Adolfo Hitler († 1945) o de su ideología. **b)** Propio de Adolfo Hitler o de su ideología.

hitlerismo *m* (*hist*) Nazismo, o sistema político de Adolfo Hitler († 1945).

hito **I** *m* **1** Piedra que se clava en el suelo para indicar los límites de un terreno, o la dirección o las distancias en un camino. *Frec fig.* ■ **2** (*lit*) Punto culminante o destacado. *Frec con el v* MARCAR. **II** *loc adv* **3** de ~ en ~. Fijamente. *Normalmente con el v* MIRAR. *Tb* (*raro*) *adj.*

hit parade (*ing; pronunc corriente,* /xít-paréid/; *tb con la grafía* **hit-parade**; *pl normal,* ~s) *m* Lista, renovada permanentemente, en que se clasifican las piezas de música ligera de mayor éxito. *Tb el programa de radio o televisión en que son presentadas. Tb fig, fuera del ámbito musical.*

hobby (*ing; pronunc corriente,* /xóbi/; *pl normal,* HOBBIES *o* ~s) *m* Actividad que se realiza como mero entretenimiento.

hocero -ra *m y f* Pers. que fabrica o vende hoces.

hocicada *f* Golpe dado con el hocico, o de hocicos.

hocicar *intr* **1** Hozar (mover y levantar [un animal] la tierra con el hocico). ■ **2** Golpear [un animal] con el hocico [en algo]. *Tb sin compl. Tb* (*humoríst*) *referido a pers.* ■ **3** (*col*) Dar de hocicos [con o contra algo]. ■ **4** (*col*) Claudicar.

hocicazo *m* Golpe dado con el hocico.

hocico **I** *m* **1** *En algunos animales:* Parte prolongada de la cabeza en que están la boca y las fosas nasales. *A veces en pl con sent sg.* **b)** (*col, humoríst*) *En el hombre:* Parte de la cara correspondiente a la nariz y la boca. *A veces en pl con sent sg.* **II** *loc v* **2** dar (*o* caer) de ~s [contra alguien o algo]. (*col*) Chocar de cara [contra ellos].

hocicudo -da *adj* Que tiene el hocico muy saliente.

hocín *m* (*reg*) Instrumento a modo de hoz pequeña.

hocina *f* (*reg*) Hocino².

hocino¹ *m* (*reg*) Instrumento a modo de hoz pequeña.

hocino² *m* Lugar estrecho entre montañas, por donde discurre una corriente de agua.

hociquear **A** *tr* **1** Olfatear [algo] rozándolo con el hocico. *Tb abs. Tb fig.* ■ **2** (*desp*) Besar. **B** *intr* **3** Hozar u hocicar.

hociqueo *m* Acción de hociquear.

hockey (*ing; pronunc corriente,* /xókei/) *m* Deporte de pelota, de reglamento similar al del fútbol, en el que la pelota es disputada mediante un bastón especial con la parte inferior curva y aplastada. *Frec con un compl especificador:* SOBRE HIERBA, SOBRE PATINES *o* SOBRE HIELO.

hodierno -na *adj* (*lit*) Actual o de hoy día.

hogal *m* (*reg*) Hogar [3a] de la cocina.

hogaño *adv* (*lit*) **1** En este tiempo. * Allí solo quedan hogaño algunos alfareros. **b)** *Precedido de prep, o como suj de una o cualitativa, se sustantiva:* Este tiempo. * La juventud de hogaño es más libre. ■ **2** En este año. * Lo que es hogaño no pasa como el año pasado. **b)** *Precedido de prep, o como suj de una or cualitativa, se sustantiva:* Este año. * Hasta hogaño no habían ganado nunca.

hogar *m* **1** Vivienda de la familia. **b)** Ambiente o vida de familia. **c)** Familia. *Normalmente con vs como* FORMAR *o* DESTRUIR. **d)** Actividades de ama de casa. ■ **2** Local destinado a la vida social de perss. de actividad o procedencia común. **b)** ~ cuna. (*hoy raro; frec con la grafía* ~-cuna) Casa cuna. ■ **3** *En una cocina de leña, una chimenea o algo similar:* Lugar en que se hace la lumbre. *Tb la misma lumbre.* **b)** *En un horno, una caldera u otro aparato o instalación similar:* Lugar en que arde el combustible.

hogareño -ña *adj* De hogar [1]. **b)** [Pers.] amante de la vida de hogar [1].

hogaril *m* (*reg*) Hogar [3a].

hogaza *f* Pan redondo de un kilo o más.

hoguera *f* Fuego que levanta mucha llama y que se prepara en un lugar normalmente no destinado para ello, esp. al aire libre. *Tb fig.*

hoja **I** *f* **1** *En los vegetales:* Parte, gralm. de forma laminar y de color verde, que nace del tallo o a veces de la raíz. *A veces en sg con sent colectivo.* **b)** Pétalo. **c)** *Con un adj o compl especificador designa diversas plantas herbáceas:* ~ DE ALUBIA (*Chenopodium bonus-Henricus*), ~ DE LIMÓN (*Melissa officinalis*), ~ ROMANA DE SANTA MARÍA (*Tanacetum balsamita*), *etc.* ■ **2** Lámina delgada [de una materia]. **b)** ~ de lata. Hojalata. **c)** ~ de tocino. Mitad de la canal del cerdo partida a lo largo. **d)** ~ de bacalao. (*reg*) Bacalao salado entero. ■ **3** Hoja [2] de papel, esp. la que forma parte de un libro o cuaderno. **b)** Impreso que consta de una sola hoja o que no supera las cuatro páginas. **c)** *Se da este n a determinadas publicaciones periódicas.* * Hoja del Lunes. **d)** ~ de ruta. *En transportes terrestres:* Documento en que constan el itinerario del vehículo, la mercancía, el destinatario y otros datos. **e)** ~ de servicios. Documento en que consta todo el historial profesional de un funcionario. *Tb fig.* ■ **4** *En una puerta, ventana o cosa similar:* Parte que se abre y se cierra. ■ **5** *En un arma o una herramienta cortante:* Cuchilla. **b)** ~ de afeitar. Lámina de acero muy delgada que constituye la pieza cortante de la maquinilla de afeitar. ■ **6** (*Agric*) Porción que resulta al dividir un terreno en partes para su aprovechamiento alternado. ■ **7** Año. *En la loc adj* DE DOS (TRES, *etc*) ~s, *referida al vino.* **II** *loc v* **8** poner [a alguien] como (*o* de) ~ de perejil. (*col*) Insultar[le] o criticar[le] duramente.

hojado -da *adj* (*Bot y Heráld*) Que tiene hojas [1a].

hojalata *f* **1** Lámina de hierro o acero cubierta de estaño por las dos caras. ■ **2** Cosa hecha de hojalata.

hojalatería *f* **1** Tienda o taller del hojalatero [2]. ■ **2** Oficio de hojalatero [2].

hojalatero -ra **I** *adj* **1** De (la) hojalata. **II** *m y f* **2** Pers. que hace o vende objetos de hojalata [1].

hojaldrado -da *adj* De hojaldre o como de hojaldre [1]. *Tb n m, referido a dulce.*

hojaldre *m* **1** Masa de harina y manteca o mantequilla que, cocida al horno, forma muchas hojas [2] delgadas y superpuestas. ■ **2** Dulce de hojaldre [1].

hojaldrista *m y f* Pers. que hace hojaldres.

hojarasca *f* **1** Conjunto de hojas [1a] caídas de los árboles. ■ **2** Conjunto de hojas, esp. excesivas e inútiles, [de una planta]. ■ **3** *En el discurso:* Conjunto de palabras que no tienen o no aportan ningún sentido. ■ **4** (*Arquit*) Adorno de hojas [1a].

hojeadero *m* (*reg*) Lugar en que el ganado lanar y cabrío entra a comer la hoja de las viñas ya vendimiadas.

hojear *tr* Pasar rápidamente las hojas [de un libro, un cuaderno o algo similar (*cd*)].

hojiblanco -ca *adj* (*reg*) [Variedad de olivo] de hoja blanquecina. *Tb n m.* **b)** [Aceituna] propia del olivo hojiblanco.

hojoso -sa *adj* **1** De (la) hoja [2]. ■ **2** De estructura hojosa [1].

hojuela *f* Dulce de sartén, muy extendido y delgado.

hola *interj* **1** (*col*) Se emplea como saludo al encontrar a una pers, esp si esta es conocida. * ¡Hola! ¿Cómo estás? ■ **2** (*lit*) Expresa extrañeza. * –Tengo que hacer una declaración. –¡Hola! ¿Una declaración?

holanda **I** *f* **1** Tejido de lino o algodón muy fino, empleado esp. en lencería. **b)** (*raro*) Sábana de holanda. ■ **2** Aguardiente obtenido por destilación directa de vinos sanos. *Frec en pl.* **II** *loc adj* **3** (**de**) **~**. (*Impr*) [Papel] verjurado, firme y resistente, hecho de hilo puro.

holandés -sa **I** *adj* **1** De Holanda. *Tb n, referido a pers.* **b)** (*Coc*) [Salsa] preparada básicamente con mantequilla y yemas de huevo. **c)** (*Encuad*) [Encuadernación] en que el lomo es de piel y las tapas de papel o tela. *Tb n f. Tb* A LA HOLANDESA. **II** *n* **A** *m* **2** Idioma hablado en Holanda. **B** *f* **3** Hoja de papel de 28 por 22 cm. *Frec en aposición con* TAMAÑO.

holandilla *f* Holanda [1] menos fina que la normal, usada esp. para forros.

holco *m* Planta gramínea, con flores en panoja, que se cultiva en prados artificiales para alimento del ganado (*Holcus lanatus*). *Tb ~* LANUDO.

holding (*ing; pronunc corriente,* /χóldin/; *pl normal,* ~s) *m* (*Econ*) Grupo financiero o bancario que controla la mayor parte de las acciones de varias empresas.

holgadamente *adv* De manera holgada [4].

holgado -da *adj* **1** *part* → HOLGAR. ■ **2** [Cosa] grande respecto a lo que ha de contener. *Dicho normalmente de prendas de vestir.* **b)** Cómodamente grande o espacioso. **c)** Superior en cantidad a lo necesario. ■ **3** Que dispone [en un lugar] de más espacio que el estrictamente necesario. **b)** Que dispone [de algo (*compl* DE)] en cantidad superior a la necesaria. **c)** Que carece de problemas económicos. *Se usa como predicat con vs como* VIVIR *o* ANDAR. ■ **4** Propio de la pers. o cosa holgada [2].

holganza *f* (*lit*) **1** Ociosidad. ■ **2** Placer o diversión.

holgar (*conjug* 4) *intr* (*lit*) **1** Sobrar o estar de más [una cosa]. ■ **2** Entretenerse o divertirse. ■ **3** Estar ocioso. ■ **4** (*raro*) Hacer huelga.

holgazán -na *adj* [Pers.] perezosa para el trabajo. *Frec se emplea como insulto. Tb n. Tb fig, referido a animales.*

holgazanear *intr* Comportarse como un holgazán.

holgazanería *f* Condición de holgazán.

holgón -na *adj* (*reg*) **1** Muy ancho u holgado. ■ **2** Que no trabaja. *Tb n, referido a pers. Frec fig, referido a cosa.*

holgorio *m* (*lit*) Jolgorio.

holgura *f* **1** Condición de holgado. ■ **2** Espacio vacío que queda entre dos cosas que van encajadas la una en la otra. ■ **3** (*raro*) Alegría o regocijo.

holístico -ca *adj* (*Med*) Que trata a la persona en su conjunto, y no los síntomas aislados.

hollar (*conjug* 4) *tr* (*lit*) Pisar (poner el pie [sobre algo (*cd*)]). *Tb fig.*

hollejo *m* Piel de la uva o de algunas legumbres.

hollín *m* Sustancia negra y grasa que el humo deja pegada en los tubos y chimeneas. *Frec se emplea como término comparativo para ponderar la negrura.* **b)** (*E*) Negro de humo (→ NEGRO).

hollinarse *intr pr* Cubrirse de hollín.

hollinoso -sa *adj* Que tiene hollín.

hollywoodense (*pronunc corriente,* /χoliwudénse/) *adj* De Hollywood (centro de la industria cinematográfica estadounidense). *Frec con intención desp, aludiendo a lo espectacular.*

hollywoodiano -na (*pronunc corriente,* /χoliwudiáno/) *adj* Hollywoodense.

hollywoodiense (*pronunc corriente,* /χoliwudiénse/) *adj* Hollywoodense.

holmio *m* (*Quím*) Metal, de número atómico 67, perteneciente al grupo de las tierras raras.

holoártico -ca *adj* (*Geogr*) [Región] constituida por la Neoártica y la Paleártica.

holoblástico -ca *adj* (*Biol*) [Huevo] que se segmenta totalmente. *Tb referido a la misma segmentación.*

holocausto *m* **1** (*lit*) Gran matanza de perss. **b)** Genocidio (exterminio sistemático de un grupo social por razones de raza, religión o política). ■ **2** (*Rel, hist*) Sacrificio en que es quemada toda la víctima. **b)** (*lit*) En gral: Sacrificio o inmolación. *Tb fig.*

holoceno -na *adj* (*Geol*) [Período] segundo y actual de la Era Cuaternaria. *Tb n m.*

holocristalino -na *adj* (*Mineral*) [Roca endógena] que, por haberse enfriado con lentitud, está completamente cristalizada. **b)** Propio de la roca holocristalina.

holoedría *f (Mineral)* Simetría completa de todos los elementos de un cristal.

holoédrico -ca *adj (Mineral)* Que presenta holoedría.

holoedro *m (Mineral)* Forma holoédrica.

holografía *f (Fotogr)* Procedimiento que, mediante combinaciones de rayos láser, proyecta imágenes en color y en tres dimensiones. *Tb la imagen así obtenida.*

holográfico -ca *adj (Fotogr)* De (la) holografía.

hológrafo → OLÓGRAFO.

holograma *m (Fotogr)* Fotografía o imagen obtenida por holografía.

holósido *m (Quím)* Hidrato de carbono que por hidrólisis origina dos o más osas.

holoproteína *f (Quím)* Prótido sencillo.

holoturia *adj (Zool)* Se da este *n* a cualquiera de los equinodernos holotúridos del *gén Holothuria*, esp *H. tubulosa.*

holotúrido *adj (Zool)* [Equinodermo] holoturioideo de la familia de la holoturia. *Frec como n m en pl, designando este taxón zoológico.*

holoturioideo *adj (Zool)* [Animal] equinodermo marino, de cuerpo alargado y cilíndrico, con abertura bucal y anal en extremos opuestos del cuerpo y una corona de tentáculos que circunda la boca. *Frec como n m en pl, designando este taxón zoológico.*

holter *(ing; pronunc corriente, /χólter/) m (Med)* Electrocardiógrafo portátil que lleva puesto el paciente durante cierto tiempo. *Tb el electrocardiograma correspondiente.*

hombracho *m (raro)* Hombre corpulento. *Frec en la forma* HOMBRACHÓN.

hombrada *f* Proeza digna de un hombre [2c].

hombral *m* Parte superior del hombro humano.

hombre I *m* ▶ **a** *como simple n* **1** Ser animado racional. ■ **2** Ser animado racional del sexo masculino, esp. adulto. **b)** *(col)* Precedido de EL, se emplea con matiz afectivo para referirse a un hombre citado o consabido. * También estaba Pepe, que, por cierto, el hombre no sabía qué hacer. **c)** Hombre dotado de cualidades que tradicionalmente se suponen específicas de su sexo, esp. la fortaleza, el valor, la rectitud o la capacidad sexual. *Tb adj, frec con un adv de intensidad.* **d)** El hombre que se precisa. *Gralm con un posesivo.* **e)** Hombre que forma parte, como subordinado, de una colectividad, esp. un ejército. ■ **3** *(pop)* Marido. *Tb designa al hombre [2a] que es pareja habitual de una mujer.* ■ **4** *(Naipes)* En el tresillo: Jugador que entra y juega contra los demás. **b)** *(hist)* Juego de cartas entre varias perss. con elección del palo que sea triunfo, antecedente del tresillo. *Frec* JUEGO DEL ~.

▶ **b** *en n* ■ **5** *(abominable)* ~ **de las nieves.** Yeti (animal no identificado que se supone habita en el Himalaya). ■ **6 buen ~.** *(hoy raro)* Se usa para dirigirse con intención de cordialidad a un hombre [2a] *desconocido de clase social inferior.* * Oiga, buen hombre, ¿podría decirme dónde vive el médico? ■ **7 el ~ de la calle.** Hombre [1] indiferenciado y anónimo. *Normalmente en contextos de tema social o político.* ■ **8 ~-anuncio.** *(tb con la grafía* ~ **anuncio**; *pl normal,* ~S-ANUNCIO) Hombre [2a] que camina por la calle con dos grandes carteles de anuncios pendientes de los hombros, uno sobre el pecho y otro sobre la espalda. ■ **9 ~-araña.** *(pl nor-*

mal, ~S-ARAÑA) Hombre [2a] de gran habilidad para escalar fachadas o paredes de gran altura. ■ **10 ~ azul.** Tuareg. *Gralm en pl.* ■ **11 ~ bueno.** *(Der)* Mediador en un acto de conciliación. ■ **12 ~ de bien,** ~ **del día** → BIEN², DÍA. ■ **13 ~ del saco.** Hombre [2a] imaginario con que se asusta a los niños, amenazándoles con que se los llevará en un saco si no se portan bien. ■ **14 ~ de paja.** *(col)* Hombre [2a] que figura como responsable, siendo en realidad otros los que disponen, en un asunto más o menos honrado. ■ **15 ~ fuerte** → FUERTE. ■ **16 ~-lobo.** *(tb con la grafía ~ lobo; pl normal,* ~S-LOBO) Hombre [2a] que, según creencia popular, adquiere eventualmente rasgos y comportamiento de lobo. ■ **17 ~-masa.** *(pl normal,* ~S-MASA) Hombre [1] como elemento de la sociedad masificada. ■ **18 ~-objeto.** *(pl normal,* ~S-OBJETO) *(humoríst)* Hombre [2a] considerado solo como objeto de placer sexual. ■ **19 ~-orquesta.** *(pl normal,* ~S-ORQUESTA) Músico que, a manera de espectáculo, toca varios instrumentos a la vez. ■ **20 ~-rana.** *(pl normal,* ~S-RANA *u* ~S-RANAS) Hombre [2a] que, provisto de una escafandra autónoma, realiza trabajos bajo el agua. ■ **21 ~-sandwich.** *(pl normal,* ~S-SANDWICH) Hombre-anuncio (→ acep. 8). ■ **22 pobre ~.** Hombre [2a] adulto de poca valía o disposición. *Con intención compasiva o despectiva.* (→ POBRE.)

II *loc adj* **23 del ~.** *(Rel catól)* [Acto] que no ha sido realizado con conocimiento, voluntad o libertad.

III *loc v* **24 hacer un ~** [a alguien una pers. o cosa *(suj)*]. *(col)* Proporcionar[le] un gran beneficio. ■ **25 ser ~** [para algo]. Tener [un hombre] la valentía suficiente [para ello]. *Tb sin compl. A veces, humoríst, referido a mujer.* ■ **26 ser ~** [con una mujer]. *(euf, pop)* Realizar el acto sexual [con ella]. ■ **27 ser** [alguien] ~ **al agua.** Estar completamente perdido.

IV *loc adv* **28 como un solo ~.** Actuando [varias perss. o colectividades] con completa uniformidad, gralm. sin previo acuerdo. ■ **29 de ~ a ~.** [Hablando dos hombres] con toda franqueza y sin intermediarios. *A veces, humoríst, referido a mujeres.*

V *interj (col; dirigida normalmente a hombres y a veces a mujeres)* **30** Expresa afecto o intención persuasiva. * Anda, hombre, vamos al cine. ■ **31** Expresa sorpresa o asombro. * ¡Hombre! Mira quién viene. ■ **32** Expresa protesta o reproche. *Dirigida a hombre, a veces* ~ DE DIOS. * Atiende al juego, hombre, no te distraigas. ■ **33** Expresa duda o reserva. * –¿Estaba enfadado? –Hombre, no sé, algo tal vez.

hombrear *intr* Imitar [un muchacho] el comportamiento de los hombres adultos.

hombrearse *intr pr* Competir o igualarse [una pers. o cosa con otra].

hombrecillo *m (col, desp)* Hombre [2a] pequeño y de poca importancia.

hombredad *f (lit)* Condición de hombre [2a y c].

hombrera *f* **1** Tira o cordón que se coloca frec. como adorno en el hombro de una prenda de vestir, esp. en un uniforme. ■ **2** Almohadilla que se coloca en la parte interior del hombro de algunas prendas de vestir para ensanchar la espalda y moldear la manga. ■ **3** Tira mediante la cual se suspende de los hombros una prenda de vestir. ■ **4** *(Dep)* Pieza que protege el hombro.

hombrerío *m (humoríst)* Conjunto de (los) hombres [2a].

hombretón *m (col)* Hombre [2a] corpulento.

hombría *f* **1** Condición de hombre [2a y c]. **b)** ~ **de bien.** Cualidad de hombre de bien (→ BIEN²). ∎ **2** (*euf*) Órgano sexual masculino.

hombrillos *m pl* (*Taur*) Agujas.

hombrín *m* (*col, desp*) Hombre [2a] pequeño.

hombro I *m* **1** *En el ser humano:* Parte superior y lateral del tronco, de la que parte el brazo. **b)** Parte [de una prenda de vestir] destinada a cubrir el hombro. ∎ **2** *En algunos animales:* Parte de donde sale el brazo o el ala. ∎ **3** (*Arquit*) Parte inferior [del arco]. ∎ **4** (*Impr*) Distancia entre el ojo de una letra y el prisma que le sirve de base.
II *loc v* **5 arrimar** (*o* **poner,** *o* **meter**) **el ~.** Ayudar o colaborar, esp. trabajando o esforzándose. ∎ **6 encoger** (*o* **alzar,** *o* **levantar**) [alguien] **los ~s,** *o* **encogerse** (*o* **alzarse**) **de ~s.** Mostrar indiferencia o desinterés, gralm. realizando el acto físico de alzar los hombros [1a]. ∎ **7 escurrir el ~.** Excusar el trabajo o la cooperación.
III *loc adv* **8 en,** *o* **a, ~s.** Sobre los hombros [1]. ∎ **9 ~ con ~.** En colaboración estrecha. ∎ **10 manga por ~** → MANGA¹. ∎ **11 por encima del ~.** Con desdén. *Gralm con el v* MIRAR. ∎ **12 sobre los ~s** [de alguien]. Como responsabilidad [suya]. *Frec con vs como* LLEVAR, CAER *O* RECAER.

hombrón *m* (*col*) Hombre [2a] corpulento.

hombruno -na *adj* **1** [Mujer] que se semeja al hombre [2a] en algún aspecto. ∎ **2** [Cosa] propia de hombre [2a].

homeless (*ing; pronunc corriente,* /χómles/; *pl invar*) *m* Pers. sin hogar.

homenaje *m* **1** Demostración de respeto o admiración. **b)** Acto que se realiza como homenaje. ∎ **2** (*hist*) *En el régimen feudal:* Juramento de fidelidad hecho a un rey o señor. *Tb* PLEITO ~. *Tb* (*lit*) *fig*. **b)** Torre principal de un castillo, empleada frec. para el juramento de fidelidad. *Frec* TORRE DEL ~. ∎ **3** (*raro*) Regalo o atención. ∎ **4** (*jerg*) Festín o atracón.

homenajeador -ra *adj* Que homenajea. *Frec n, referido a pers.*

homenajear *tr* Rendir homenaje [1] [a alguien o, raro, a algo (*cd*)]. *Frec en part, a veces sustantivado.*

homeomería *f* (*Filos*) *En la doctrina del filósofo griego Anaxágoras* (*s v a.C.*): Partícula de las que componen todas las cosas.

homeópata *adj* **1** (*Med*) [Médico] que profesa la homeopatía. *Tb n. Se opone a* ALÓPATA. ∎ **2** De (la) homeopatía.

homeopatía *f* (*Med*) Terapéutica que administra, en dosis mínimas, drogas que, en mayor cantidad, producirían en el hombre unos síntomas iguales a los que trata de combatir. *Se opone a* ALOPATÍA.

homeopáticamente *adv* De manera homeopática.

homeopático -ca *adj* **1** (*Med*) De (la) homeopatía. *Se opone a* ALOPÁTICO. ∎ **2** (*lit*) Muy pequeño.

homeostasis (*tb* **homeóstasis**) *f* (*Biol*) Tendencia al equilibrio o estabilidad de las distintas constantes fisiológicas en un ser vivo. *Tb* (*lit*) *fig, fuera del ámbito técn.*

homeostático -ca *adj* (*Biol*) De (la) homeostasis.

homeotermo -ma *adj* (*Biol*) [Animal] de sangre caliente o temperatura constante con independencia del medio ambiente.

homéricamente *adv* De manera homérica [1b].

homérico -ca *adj* Del poeta griego Homero (*s.* VIII a.C.?). **b)** (*lit*) Digno de los poemas de Homero. *Frec con intención de ponderar la grandiosidad.* **c)** (*lit*) [Risa] ruidosa y con grandes carcajadas.

homero *m* (*reg*) Aliso (árbol).

homicida *adj* **1** [Pers.] que comete homicidio [1]. *Frec n.* ∎ **2** [Cosa] que ocasiona la muerte de alguien. ∎ **3** Propio del homicida [1] o del homicidio [1].

homicidio *m* **1** Acción de matar a una pers. ∎ **2** (*hist*) Pena pecuniaria pagada por un homicidio [1].

homilético -ca *adj* (*Rel*) De (la) homilía.

homilía *f* Discurso que el sacerdote dirige a los fieles sobre materia religiosa, esp. en la misa.

homínida *adj* (*Zool, raro*) Homínido. *Tb n.*

homínido *adj* (*Zool*) [Mamífero] perteneciente a la familia de primates cuyo tipo es el hombre. *Frec como n m en pl, designando este taxón zoológico.*

hominización *f* (*Zool*) Hecho de hominizarse. *Tb su efecto.*

hominizante *adj* (*Zool*) De (la) hominización.

hominizarse *intr pr* (*Zool*) Evolucionar [los primates] a hombres [1].

hominoide *adj* (*Zool*) [Animal] semejante al hombre [1]. *Tb n.*

hominoideo *adj* (*Zool*) [Primate] carente de cola, de abazones y de callosidades isquiáticas, con uñas planas y caja torácica ancha, de la superfamilia que comprende los monos antropoides y el hombre. *Frec como n m en pl, designando este taxón zoológico.*

homo *adj invar* (*col*) Homosexual.

homocerca *adj* (*Zool*) *En los peces:* [Aleta caudal] formada por dos lóbulos iguales.

homocigótico → HOMOZIGÓTICO.

homocinético -ca *adj* (*Mec*) [Junta] que permite que dos árboles giren a la misma velocidad instantánea.

homoclamídeo -a *adj* (*Bot*) [Flor] en que los verticilos del perianto son semejantes. *Tb referido a la planta que la posee.*

homocromía *f* (*Zool*) Propiedad de algunos animales de presentar la misma coloración del medio en que viven.

homo faber (*lat; pronunc corriente,* /ómo-fáber/) *m* (*lit*) Hombre [1] considerado en su capacidad de fabricar herramientas.

homofilia *f* (*lit*) Aceptación de la homosexualidad.

homofobia *f* (*lit*) Aversión a la homosexualidad.

homofonía *f* **1** (*Ling*) Condición de homófono. ∎ **2** (*Mús*) Emisión de una misma nota por dos o más voces o instrumentos simultáneamente.

homofónico -ca *adj* (*Ling y Mús*) De (la) homofonía.

homófono -na *adj* (*Ling*) [Palabra] que tiene el mismo sonido que otra (*compl de posesión*)]. *Tb sin compl, en pl. Tb n m.*

homogamético -ca *adj* (*Biol*) Que tiene una sola clase de gametos.

homogéneamente *adv* De manera homogénea.

homogeneidad *f* Cualidad de homogéneo.

homogeneizable *adj* Que se puede homogeneizar.

homogeneización *f* Acción de homogeneizar.

homogeneizador -ra *adj* **1** Que homogeneíza. *Tb n m, referido a aparato.* ■ **2** De (la) homogeneización.

homogeneizante *adj* Homogeneizador.

homogeneizar (*conjug* **1f**) *tr* Hacer homogéneo [1 y 2] [algo]. *Tb fig.*

homogéneo -a *adj* **1** [Cosa] formada por elementos de la misma naturaleza. **b)** [Compuesto] cuyos elementos se hallan íntimamente mezclados o uniformemente repartidos. ■ **2** [Cosa] de la misma naturaleza [que otra (*compl* DE o CON)]. *Frec sin compl, en pl.* ■ **3** (*Fís*) [Reactor nuclear] que tiene el combustible mezclado uniformemente con el moderador.

homógrafo -fa *adj* (*Ling*) [Palabra] que tiene la misma grafía [que otra (*compl de posesión*)]. *Tb sin compl, en pl. Tb n m.*

homo hispanicus (*lat; pronunc corriente, /ómo-ispánikus/*) *m* (*lit, humoríst*) Español, u hombre hispano.

homoinjerto *m* (*Med*) Injerto procedente de un individuo de la misma especie.

homologable *adj* Que se puede homologar.

homologación *f* Acción de homologar.

homologar *tr* **1** Hacer o considerar homólogas [1] [dos cosas, o una con otra]. ■ **2** Reconocer oficialmente que [algo (*cd*)] se ajusta a unas determinadas normas o características establecidas. *Frec en part.* ■ **3** (*Dep*) Reconocer y registrar oficialmente [el resultado de una prueba].

homología *f* Condición de homólogo.

homólogo -ga *adj* **1** Correspondiente o análogo. *Tb n.* ■ **2** (*Geom*) [Elemento] que ocupa la misma posición [que otro (*compl de posesión*) de una figura semejante]. *Tb sin compl, en pl.* ■ **3** (*Med*) Procedente de un individuo de la misma especie. *Dicho esp de trasplante.*

homonimia *f* Condición de homónimo. *Esp en lingüística.*

homonímico -ca *adj* (*Ling*) De (la) homonimia.

homónimo -ma *adj* **1** [Pers. o cosa] que tiene el mismo nombre [que otra (*compl de posesión*)]. *Tb sin compl, en pl. Tb n.* ■ **2** (*Ling*) [Palabra] que tiene el mismo sonido y gralm. la misma grafía [que otra (*compl de posesión*), pero distinto significado u origen. *Tb sin compl, en pl. Tb n m.*

homopolar *adj* (*Quím*) [Enlace] de átomos de la misma polaridad. **b)** [Sustancia] cuyas moléculas están formadas por átomos de la misma polaridad.

homorgánico -ca *adj* (*Fon*) [Fonema] que tiene el mismo punto de articulación [que otro (*compl de posesión*)]. *Tb sin compl, en pl.*

homosexual *adj* [Pers. o animal] que siente atracción sexual hacia individuos de su mismo sexo. *Tb n, referido a pers.* **b)** Propio de la pers. o el animal homosexual.

homosexualidad *f* **1** Tendencia o comportamiento homosexual. ■ **2** Condición de homosexual.

homosexualismo *m* Homosexualidad.

homosista *adj* (*Geol*) [Línea] que en un mapa une todos los puntos de la superficie terrestre en que se percibe a la vez un sismo. *Tb n f.*

homotecia *f* (*Geom*) Correspondencia de dos figuras semejantes, colocadas de modo que los puntos correspondientes se alinean en un punto fijo.

homotermo -ma *adj* (*E*) De temperatura uniforme.

homotético -ca *adj* (*Geom*) [Figura] que tiene homotecia [con otra (*compl de posesión*)]. *Frec sin compl, en pl.*

homotrasplante *m* (*Med*) Trasplante de órganos procedentes de un individuo de la misma especie.

homozigótico -ca (*tb con la grafía* **homocigótico**) *adj* (*Biol*) [Híbrido] formado por el cruzamiento de gametos iguales.

homúnculo *m* (*lit*) **1** Hombre pequeño e insignificante. ■ **2** (*hist*) Pequeño ser vivo de forma humana fabricado artificialmente por los alquimistas.

honda *f* Instrumento formado por una tira de cuero o una cuerda, con un ensanchamiento en su parte central, y que se emplea para lanzar piedras.

hondamente *adv* Profundamente.

hondero *m* **1** (*Taur*) Hombre encargado de atar al toro por las astas para ser arrastrado por las mulillas. ■ **2** (*hist*) *En los ejércitos antiguos:* Soldado que utiliza la honda como arma.

hondo -da **I** *adj* **1** Profundo. *Tb fig.* **b)** [Plato] sopero, de bordes elevados. ■ **2** [Cante] jondo. ■ **3** (*Taur*) [Res] que tiene más distancia de la normal entre las líneas del espinazo y la barriga. **II** *m* **4** Lugar más bajo que el terreno o zona circundante. **III** *adv* **5** De manera honda [1].

hondón *m* **1** Hondonada. ■ **2** Fondo, o parte más baja de algo. *Tb* (*lit*) *fig.*

hondonada *f* Parte de terreno más honda (→ HONDO [1]) que lo que la rodea.

hondura **I** *f* **1** Profundidad. **II** *loc v* **2 meterse en ~s.** (*col*) Profundizar demasiado o meterse en complicaciones innecesarias.

hondureño -ña *adj* De Honduras. *Tb n, referido a pers.*

honestamente *adv* De manera honesta.

honestidad *f* Cualidad de honesto.

honesto -ta *adj* **1** [Pers.] de buen comportamiento en lo relativo a la moral sexual. *Frec referido a mujeres.* ■ **2** [Pers.] recta y honrada. ■ **3** Propio de la pers. honesta [1 y 2].

hongarina *f* (*reg*) Anguarina (prenda rústica semejante al gabán).

hongkonés -sa (*pronunc corriente, /χonkonés/; tb con la grafía* **honkonés**) *adj* De Hong Kong. *Tb n, referido a pers.*

hongo **I** *m* **1** *Se da este n a cualquiera de las plantas talofitas sin clorofila que viven parásitas o sobre materias orgánicas en descomposición. Frec en pl, designando este taxón botánico.* **b)** *Esp:* Seta. **c)** ~ **atómico.** Figura semejante a la de un hongo [1b] gigantesco que se produce al hacer explosión una bomba atómica. ■ **2** Sombrero de fieltro rígido, de copa baja y redondeada y ala estrecha. *Frec* SOMBRERO ~.

II *loc adv* **3 como ~s.** (*col*) En gran abundancia. ■ **4 como ~s,** o **de ~s.** (*col*) Muy bien. ■ **5 como un ~.** (*col*) *Se emplea para ponderar la soledad o el aburrimiento.* * *Como hablan tan poco, yo como un hongo.*

honkonés → HONGKONÉS.

honor I *m* **1** Cualidad moral que lleva al recto cumplimiento del deber y que hace a quien la posee acreedor al respeto de los demás y a la propia estima. **b)** Honestidad [de una mujer]. ■ **2** Respeto que se manifiesta hacia una pers. como consecuencia de la buena fama de que goza o como reconocimiento de sus méritos y cualidades. ■ **3** Honra [1]. ■ **4** Manifestación de respeto o consideración hacia una pers., esp. como reconocimiento de sus méritos y cualidades. *Frec en pl. Tb fig, referido a cosa.* **b)** *En pl:* Muestras de respeto con arreglo a una etiqueta u ordenanza. *Normalmente con los vs* RENDIR *o* TRIBUTAR. ■ **5** Cosa que enaltece a una pers. o es motivo de orgullo para ella. *Frec en pl. Frec en las fórmulas de cortesía* TENER EL ~ DE + *infin o* SER UN ~ PARA + *pron pers.* **b)** *En pl:* Cargos públicos de alta dignidad. *Normalmente en la constr* CARRERA DE (LOS) ~ES. ■ **6** *En pl:* Características o condiciones [de algo superior a la realidad de la cosa de que se habla]. *Frec en la constr* CON ~ES DE. II *loc adj* **7 de ~.** Honorario [1c]. Distinguido con especial consideración. **b)** (*Dep*) [División o categoría] primera. ■ **9 de ~** (*o, más raro,* **de ~es**). [Guardia o escolta] que acompaña como muestra de consideración o de respeto. ■ **10 de ~.** Que se ofrece como homenaje o atención. ■ **11 de ~.** (*hist*) Hasta el s XVIII: [Capellán] que dice misa a las perss. reales en su oratorio privado. ■ **12** [Campo] **del ~,** [dama] **de ~,** [lance] **de ~,** [legión] **de ~,** [matrícula] **de ~,** [palabra] **de ~,** [punto] **de ~,** [timbre] **de ~** → CAMPO, DAMA, *etc.* III *loc v* **13 hacer ~** [a algo]. Comportarse con arreglo a ello]. ■ **14 hacer los ~es** [a alguien, esp. a un invitado o visitante]. Agasajar[le] o atender[le]. **b)** hacer los **~es** [a una cosa, esp. un alimento o bebida]. Actuar de modo que quede patente el aprecio [hacia ella]. ■ **15 tener** [algo] **a ~.** (*raro*) Tener[lo] a honra. IV *loc adv* **16 en ~.** Como homenaje [a alguien o algo (*compl de posesión o, semiculto,* A)]. **b)** En atención, o por respeto, [a alguien o algo (*compl* A *o* DE)].

honorabilidad *f* Cualidad de honorable.

honorable *adj* **1** [Pers.] honrada y digna de respeto. **b)** *Referido al presidente de la Generalidad de Cataluña y a personajes oficiales de algunos países, se usa como tratamiento honorífico.* * *El honorable Tarradellas llega hoy a Madrid.* **c)** Propio de la pers. honorable. ■ **2** [Cosa] que deja a salvo la dignidad o que no implica deshonra.

honorar *tr* (*Econ*) Hacerse cargo del pago [de algo (*cd*)] a fin de cumplir un compromiso.

honorariamente *adv* De manera honoraria [1b] o gratuita.

honorario -ria *adj* [Título o cargo] que representa para la pers. que lo ostenta tan solo un honor, sin responsabilidad ni retribución alguna. **b)** Propio del título o cargo honorario. **c)** *Siguiendo a un n que designa pers. que ostenta un título:* Que es [lo expresado por el n.] con carácter honorario. *Tb fig.* **d)** *Siguiendo al n* CÓNSUL *o* VICECÓNSUL: Que ejerce el cargo sin pertenecer al cuerpo consular del país al que representa.

honorarios *m pl* Retribución por un trabajo en una profesión liberal. **b)** *En gral:* Retribución por un trabajo. **c)** Sueldo o salario.

honoríficamente *adv* **1** De manera honorífica. ■ **2** Con carácter honorario [1b].

honorificencia *f* (*raro*) Honor [4].

honorífico -ca *adj* Que confiere honor [4].

honoris causa (*lat; pronunc corriente,* /onóris-káusa/) *loc adj* **1** [Doctor o doctorado] honorario. ■ **2** (*Der*) [Aborto] que se realiza para ocultar la deshonra de la madre.

honoroso -sa *adj* (*lit, raro*) Honroso [1].

honra I *f* **1** Buena fama o reputación [de una pers.]. **b)** *Referido a una mujer:* Buena fama en lo referente a la moral sexual. **c)** (*pop*) *Referido a una mujer soltera:* Virginidad. ■ **2** Manifestación de respeto y consideración hacia una pers., esp. como reconocimiento de sus méritos y cualidades. ■ **3** Cosa que se considera motivo de orgullo. *Frec en la constr* TENER A (MUCHA) ~. ■ **4 ~s fúnebres.** Funeral u otro acto religioso en sufragio de un difunto. II *loc adj* **5** [Punto] **de ~** → PUNTO. III *loc adv* **6 a mucha ~.** (*col*) Con orgullo. *Frec como contestación a algo insultante.*

honradamente *adv* De manera honrada [2b y 3b].

honradez *f* Cualidad de honrado [2 y 3].

honrado -da *adj* **1** *part* → HONRAR. ■ **2** [Pers.] cuyo comportamiento se ajusta a la norma moral, esp. en lo relativo a la veracidad y al respeto a la propiedad ajena. **b)** Propio de la pers. honrada. ■ **3** [Pers.] cuyo comportamiento se ajusta a la ley. **b)** [Cosa] acorde con la ley. ■ **4** (*raro*) [Pers.] que tiene honra [1a y b].

honrador -ra *adj* (*raro*) Que honra.

honrar A *tr* **1** Dar muestras de respeto o consideración [a alguien o algo (*cd*)]. ■ **2** Dar [a alguien o algo (*cd*)] algo que se considera un honor (*compl* CON)]. *Frec en frases de cortesía.* ■ **3** Hacer más digno de estimación [a alguien o algo]. B *intr pr* (**~se**) **4** Tener a honra [algo (*ger, o compl* EN, DE *o* CON)]. *Frec en frases de cortesía.*

honrilla *f* (*col*) Amor propio. *A veces en la constr* LA NEGRA ~.

honrosamente *adv* De manera honrosa.

honroso -sa *adj* **1** [Cosa] que honra [3]. ■ **2** [Cosa] que deja a salvo la dignidad o no implica deshonra.

honrubiano -na *adj* De Honrubia (Cuenca). *Tb n, referido a pers.*

hontanar *m* (*lit*) Sitio en que nace una fuente o manantial. *Tb fig.*

hontanariego -ga *adj* De Hontanar (Toledo). *Tb n, referido a pers.*

hooligan (*ing; pronunc corriente,* /xúligan/; *pl normal,* ~S) *m* Joven antisocial y violento que ejerce el vandalismo, gralm. en grupo y esp. con ocasión de encuentros deportivos. *Normalmente designa a los hinchas del fútbol británico.*

hooliganismo (*pronunc corriente,* /xuliganísmo/) *m* Actitud o comportamiento de hooligan.

hop (*fr; pronunc corriente,* /xop/) *interj* Se usa para animar a saltar.

hopa *f* (*raro*) Vestidura a modo de túnica.

hopalanda *f* (*hist*) Vestidura de falda muy amplia, empleada esp. por los estudiantes durante la Edad Media y el Renacimiento. *Frec con intención humoríst. Normalmente en pl.*

hopear *intr* Menear la cola [un animal, esp. la zorra].

hopi (*pronunc corriente*, /χópi/; *pl normal, invar o* ~s) **I** *adj* **1** De un pueblo indio del nordeste de Arizona (Estados Unidos). *Tb n, referido a pers.* **II** *m* **2** Lengua de los hopi [1].

hoplita *m* (*hist*) Soldado griego de infantería, provisto de armas pesadas.

hoplítico -ca *adj* (*hist*) De (los) hoplitas.

hopo *m* Jopo (planta). *Tb* ~ DE ZORRA.

hopón *m* (*raro*) Hopa grande.

hoptense *adj* (*lit*) De Huete (Cuenca). *Tb n, referido a pers.*

hoquetus *m* (*Mús*) En la polifonía medieval: Melodía que se divide en frases muy cortas, separadas por pausas bruscas, y cantadas por dos o más voces que se responden mutuamente.

hora **I** *f* ➤ **a** *como simple n* **1** Porción de tiempo correspondiente a una de las 24 partes iguales en que se divide el día. **b)** Momento del día, determinado por medio de la numeración de sus horas. *Frec en la pregunta* ¿QUÉ ~ ES?, *o* (*reg*) ¿QUÉ ~s SON? **c)** Modo de numerar las horas del día según determinado punto de referencia. **d)** (*Rel catól*) Parte del oficio divino, destinada a ser rezada en un determinado momento del día. *Normalmente en pl. Tb* ~s CANÓNICAS. **e)** (*Cicl*) Competición que consiste en dar el mayor número de vueltas posible al velódromo durante una hora [1a]. ■ **2** Momento, o punto determinado en el tiempo. *A veces en pl con sent sg; en este caso suele designar un momento tardío o desacostumbrado.* * ¡Vaya horas de llegar! **b)** Momento establecido o previsto [para algo o alguien (*compl de posesión*)]. *Tb sin compl.* **c)** Momento preciso a que se cita a una pers. para una consulta o una audiencia. **d)** Momento en que se señala la salida del trabajo. *Normalmente en la constr* DAR LA ~. **e)** Momento adecuado [para algo (*compl* DE *o* PARA)]. *Tb sin compl, por consabido, esp en las constrs* NO ES ~ *o* NO SON ~s. **f)** ~ **punta**, ~ **valle** → PUNTA, VALLE. ➤ **b** *en loc n* **3** ~ **baja.** Momento de desánimo. *Frec en pl.* ■ **4** ~ **corta.** (*col*) Parto breve. *Frec en expresiones de deseo.* ■ **5** ~ **extraordinaria** (*u* ~ **extra**, *o* (*col*) simplemente ~). Tiempo de trabajo remunerado que se añade a la jornada normal. *Normalmente en pl.* ■ **6** ~ **feliz.** *En un bar o establecimiento similar:* Período del día en que se reducen los precios o se hacen ofertas especiales. ■ **7** ~ **menguada.** (*raro*) Tiempo desgraciado en que se produce un daño o no se logra lo que se desea. ■ **8** ~ **santa.** (*Rel catól*) Acto piadoso que se hace los jueves, de 11 a 12 de la noche, en recuerdo de la oración de Jesús en el Huerto de los Olivos. ■ **9** ~s **de vuelo.** Número de horas [1a] efectivas que ha volado un profesional de la aviación. *Frec en sent fig, designando la experiencia de una pers en cualquier actividad o en gral.* ■ **10** ~ **tonta.** (*col*) Momento de flaqueza en que se accede a algo a lo que no se accedería normalmente. ■ **11 la ~ de la verdad.** El momento decisivo. **b)** (*Taur*) Momento de matar. ■ **12 la ~ hache.** El momento fijado para un ataque u otra operación militar. *Tb fig.* ■ **13 las Cuarenta ~s.** (*Rel catól*) Devoción dedicada al Sacramento de la Eucaristía en conmemoración del tiempo que Cristo estuvo en el sepulcro. ■ **14 las** ~s **muertas.** Mucho tiempo seguido en una sola ocupación. *Frec con el v* PASAR. **II** *loc adj* **15 de** ~s. (*reg*) [Coche] de línea. **III** *loc v y fórm or* **16 echársele** [a uno] **la ~ encima.** Hacérsele tarde o pasársele más deprisa de lo esperado el tiempo con que contaba. ■ **17 esta es la ~ en que...** (*col*) *Fórmula que señala enfáticamente cómo en el momento presente no se ha realizado aún algo que se expresa a continuación. A veces simplemente* ESTA ES LA ~. * Nadie daba razón de él, y esta es la hora en que no se sabe si vive. ■ **18 hacer** ~(s). (*raro*) Hacer tiempo, o esperar a que llegue la hora [2b]. ■ **19 llegarle**, *o* **tocarle**, **la** ~, *o* **llegar su** ~, [a una pers.]. Morir [esa pers.]. *Tb fig, referido a cosa.* ■ **20 no ver la** ~ [de algo (*infin*)]. Estar impaciente [por ello]. ■ **21 tener** [alguien o algo] **las** ~s **contadas.** Estar próximo su fin. **IV** *loc adv* **22 a buenas** ~s, *o* **a buena** ~. *Se usa irónicamente referido a un hecho que ocurre demasiado tarde. Tb* A BUENAS ~S, MANGAS VERDES. * –Llaman preguntando si hace falta que vengan. –A buenas horas. **b)** *Expresa irónicamente incredulidad o rechazo ante lo que se enuncia a continuación.* * A buenas horas se le dejaba entrar en casa en esas condiciones. ■ **23 a todas** ~s (*o, lit,* **a toda** ~). Continua o repetidamente. ■ **24 a última** ~. En el último momento. **b)** Al final de la vida. ■ **25 con la** ~ **pegada al culo.** (*vulg*) Con el tiempo muy justo. *Gralm con el v* IR. ■ **26 en buen** (*o* **buena**) ~. (*lit*) *Se usa para dar por bueno un hecho que se enuncia, frec implicando alguna reserva.* * Que se lo lleve en buena hora. ■ **27 en** ~. Marcando la hora [1b] correcta. *Dicho de reloj. Frec con vs como* ESTAR *o* PONER. ■ **28 en** ~ **buena** → ENHORABUENA. ■ **29 en mala** ~. *Se usa para deplorar un hecho que se expresa a continuación. A veces tb se dice, irónicamente,* EN BUENA ~. * En mala hora se dejó convencer. ■ **30 entre** ~s. En el tiempo que media entre dos de las comidas normales del día. *Referido al hecho de comer o beber.*

horadar *tr* Agujerear [una cosa] atravesándola de parte a parte.

horario -ria **I** *adj* **1** De (la) hora [1]. **b)** [Huso] ~ → HUSO. **II** *m* **2** Cuadro indicador de la hora [1b] en que debe realizarse [algo (*compl de posesión*)]. *Frec se omite el compl, por consabido.* **b)** Distribución en horas [1b] de las ocupaciones [de una pers.] o del funcionamiento [de un servicio].

horca **I** *f* **1** Instrumento constituido por uno o dos palos verticales y otro horizontal, usado para ajusticiar a un reo colgándolo del cuello. ■ **2** Instrumento agrícola formado por un mango largo rematado por dos o más púas y que se emplea para hacinar mieses y otras labores. ■ **3** Palo que termina en dos puntas. **b)** Tronco que se bifurca en dos ramas. **c)** Figura de horca [3a]. ■ **4** Conjunto de dos ristras [de ajos o de cebollas] unidas por un extremo. ■ **5** ~ **y pendón.** Conjunto de dos ramas principales que se dejan en el tronco de los árboles al podarlos. **II** *loc adj* **6 de** ~ **y cuchillo.** (*hist*) [Señor] con derecho y jurisdicción hasta para condenar a la pena de muerte. **III** *loc v* **7 pasar por las** ~s **caudinas** (*o, más raro,* **pasar por las** ~s). Someterse [a algo que no se quiere (*compl* DE)]. *Tb sin compl.*

horcajadas. a ~. *loc adv* Con una pierna a cada lado de la cabalgadura. *Gralm con el v* MONTAR. *Tb adj. Tb fig.*

horcajadura *f* Ángulo que forman las dos piernas en su nacimiento.

horcajeño -ña *adj* De alguna de las poblaciones denominadas Horcajo. *Tb n, referido a pers.*

horcajo *m* **1** Instrumento formado por un palo con dos puntas y otro atravesado, que se pone a las bestias en el pescuezo para trabajar. ■ **2** Confluencia de dos ríos o arroyos. ■ **3** Punto de unión de dos montañas.

horcate *m* Pieza en forma de herradura que se pone a las caballerías sobre la collera y a la cual se sujetan las cuerdas o correas de tiro.

horchano -na *adj* De Horche (Guadalajara). *Tb n, referido a pers.*

horchata *f* Bebida refrescante hecha con agua, azúcar y chufas, almendras u otros frutos similares molidos y exprimidos.

horchatería *f* Establecimiento en que se hace o vende horchata.

horchatero -ra *m y f* Pers. que fabrica o vende horchata.

horcón *m* **1** Horca [2] grande. ■ **2** Madero usado como soporte o columna.

horda *f* **1** Tribu nómada y bárbara. ■ **2** Masa de gente indisciplinada o anárquica.

hordiate *m* Bebida que se obtiene mediante el cocimiento de cebada.

hordio *m* (*reg*) Cebada.

horizontal I *adj* **1** Paralelo al horizonte [1]. *Tb n f, referido a línea o, más raro, a posición.* ■ **2** [Cosa] dispuesta o desarrollada de derecha a izquierda o de izquierda a derecha. ■ **3** [Propiedad] sobre uno o más pisos de un edificio. *Tb, más raro, referido a propietario.*
II *f* **4** (*lit*) Prostituta.

horizontalidad *f* Cualidad de horizontal.

horizontalmente *adv* De manera horizontal [1 y 2].

horizonte *m* **1** Línea lejana que limita la superficie terrestre abarcada por la vista del observador y en la cual parece que se unen el cielo y la tierra. *Tb la superficie terrestre limitada por esa línea.* ■ **2** Conjunto de posibilidades o perspectivas [de alguien o algo]. *Frec en pl.* ■ **3** Límite temporal de una perspectiva. ■ **4** (*Geol*) Capa de las varias que se distinguen en el suelo por su composición, color o estructura.

horma[1] I *f* **1** Molde con que se fabrica o forma algo, esp. calzado o sombreros. ■ **2** *En el calzado:* Forma de la base. ■ **3** Instrumento que se coloca en el interior de los zapatos para darlos de sí o para que mantengan su forma.
II *loc v* **4** encontrar (o hallar) [alguien] **la ~ de su zapato.** (*col*) Encontrar la pers. o cosa más adecuada para sí. *Frec con intención irónica.*

horma[2] *f* Pared o murete de piedra.

hormazo *m* Pared de tierra o de adobes.

hormiga *f* **1** *Se da este n a distintos insectos himenópteros, gralm de color negro, con el cuerpo dividido en tres segmentos mediante dos estrechamientos, con antenas acodadas y largas patas, y que viven en sociedad.* **b)** *Se usa en constrs de sent comparativo para ponderar el carácter laborioso y ahorrativo de una pers. Frec en la forma* HORMIGUITA. *A veces como adj.* * Mi hermana es una hormiguita. ■ **2 ~ blan-**

ca. Termes. ■ **3 ~ león.** Insecto neuróptero de color negro con manchas amarillas, abdomen largo y casi cilíndrico y alas muy nerviadas y transparentes (*Myrmeleon formicarius*).

hormigo *m* Arbusto centroamericano en cuyo tronco hueco habitan las hormigas (*Triplaris tomentosa*).

hormigón[1] *m* Material de construcción hecho de cal o cemento, arena y agua con grava u otro material similar. *Frec con un adj especificador:* ARMADO, HIDRÁULICO, *etc* (→ ARMADO[1], HIDRÁULICO, *etc*).

hormigón[2] *adj* (*Taur*) [Toro] que tiene los cuernos dañados a consecuencia del hormiguillo [2].

hormigonado *m* (*Constr*) Acción de hormigonar. *Tb su efecto.*

hormigonar (*Constr*) **A** *intr* **1** Fabricar hormigón[1].
B *tr* **2** Colocar hormigón[1] [en un lugar (*cd*)].

hormigonera *f* Máquina de hacer hormigón[1].

hormigos *m pl* (*reg*) Cocimiento de harina de trigo y leche.

hormigueante *adj* Que hormiguea.

hormiguear *intr* **1** Experimentar [una parte del cuerpo] una sensación comparable a la de que por ella corrieran hormigas [1]. **b)** Impacientar o desazonar levemente. ■ **2** Bullir o moverse [gran número de perss. o animales].

hormigueo *m* Acción de hormiguear. *Tb su efecto.*

hormiguero I *m* **1** Habitáculo hecho por las hormigas. ■ **2** (*col*) Lugar en que hay gran cantidad de perss. o animales en movimiento. **b)** Gran cantidad de perss. o animales en movimiento. ■ **3** Torcecuello (ave). ■ **4** Oso hormiguero [5].
II *adj* **5** [Oso] ~ → OSO.

hormiguilla *f* (*reg*) Hormiguillo [1].

hormiguillo *m* **1** Inquietud o comezón. *Frec en las constrs* TENER EL ~ EN EL CUERPO, *o* PARECER QUE SE TIENE ~. ■ **2** Enfermedad que carcome la punta del cuerno de los animales vacunos y los cascos de las caballerías.

hormiguita → HORMIGA.

hormogonio *m* (*Bot*) En las algas cianofíceas: Fragmento de filamento que se desprende del talo y forma una nueva planta.

hormona *f* Producto de secreción interna de animales y plantas, cuya misión es excitar, inhibir o regular determinadas actividades orgánicas. *Tb designa las sustancias sintéticas que producen los mismos efectos.*

hormonal *adj* De (las) hormonas.

hormonar *tr* Tratar con hormonas [a una pers. o animal].

hormonoterapia *f* (*Med*) Uso terapéutico de las hormonas.

hornachego -ga *adj* De Hornachos (Badajoz). *Tb n, referido a pers.*

hornachero -ra *adj* De Hornachos (Badajoz). *Tb n, referido a pers.*

hornacho *m* Cavidad excavada en un terreno en que se extraen ciertas tierras o minerales.

hornacholero -ra *adj* De Hornachuelos (Córdoba). *Tb n, referido a pers.*

hornachuela *f* (*reg*) Choza.

hornacina *f* Hueco en forma de arco, practicado normalmente en un muro o pared y destinado gralm. a contener una estatua o algo similar.

hornada *f* **1** Conjunto de cosas que se cuecen al mismo tiempo en el horno [1]. ■ **2** Conjunto de perss. o cosas que concluyen su etapa de preparación o que entran en funcionamiento al mismo tiempo. ■ **3** Acción de hornear.

hornazo *m* (*reg*) **1** Rosca o torta guarnecida con huevos, fiambres o embutidos y cocida al horno [1]. ■ **2** Rosca o tarta dulce.

hornblenda *f* (*Mineral*) Mineral constituido por silicato de aluminio, calcio, hierro y magnesio, de color verdoso o negruzco.

horneado *m* Acción de hornear.

hornear *tr* Cocer [algo] en el horno [1]. *Tb abs.*

hornero -ra **A** *m y f* **1** Pers. encargada del servicio de un horno [1]. ■ **2** (*reg*) Panadero. **B** *f* **3** (*reg*) Lugar en que está el horno [1] del pan.

hornija *f* Leña menuda con que se enciende o alimenta el horno [1] o la lumbre.

hornilla *f* Hornillo [1].

hornillera *f* (*reg*) Soporte en que van encajados los hornillos [3]. *Tb el conjunto de hornillos.*

hornillo *m* **1** Infiernillo. **b)** *En una cocina:* Punto superficial de fuego. ■ **2** *En una pipa de fumar:* Cavidad en que se quema el tabaco. ■ **3** (*reg*) Horno [5].

horno I *m* **1** Obra de albañilería, o aparato metálico, en cuyo interior hay un espacio cerrado en que se somete a elevada temperatura un objeto. *Frec con un adj o compl especificador:* ALTO, CREMATORIO, DE REVERBERO, *etc* (→ ALTO[1], CREMATORIO, *etc*). ■ **2** (*col*) Lugar en que hace mucho calor. ■ **3** Montón de leña, piedras o ladrillos, que se somete a la acción del fuego. ■ **4** (*reg*) Tahona. ■ **5** Concavidad en que crían las abejas fuera de las colmenas, o agujero preparado para introducir vasos en la pared del colmenar.
II *loc adj* **6 de ~.** (*Arquit*) [Bóveda] que consta de un cuarto de esfera y cubre gralm. el espacio del ábside semicircular. ■ **7** [Cuento] **de ~** → CUENTO. ■ **8 recién sacado** (*o* **salido**) **del ~.** (*col*) Muy reciente.
III *loc v* **9 no estar el ~ para bollos** (*o* **para tortas**). (*col*) No ser el momento adecuado.

horoscópico -ca *adj* De(l) horóscopo.

horóscopo *m* Predicción del futuro de una pers. según la posición de los astros del sistema solar y de los signos del zodiaco en el momento de su nacimiento. *Normalmente referido a la predicción a corto plazo para los nacidos bajo un signo dado.*

horqueta *f* **1** Palo que termina en dos puntas y que se usa esp. para sostener las ramas de los árboles. ■ **2** Señal que se hace en las orejas de las reses bravas y que consiste en una raja angular que parte de la punta hacia el oído.

horquetón *m* Horqueta [1] grande.

horquilla *f* **1** Objeto, gralm. metálico, doblado en forma de U abierta o muy cerrada y que emplean las mujeres para sujetar el peinado. ■ **2** Palo que termina en dos puntas. ■ **3** Objeto o pieza en forma de U o de Y. **b)** Forma de U o de Y. ■ **4** *En las aves:* Hueso formado por las dos clavículas. ■ **5** Margen comprendido entre dos magnitudes o valores. ■ **6** (*reg*) Horca agrícola de madera con dos

púas. ■ **7** (*reg*) Instrumento para remover el fuego del horno.

horquillado -da *adj* **1** *part* → HORQUILLAR. ■ **2** Que tiene forma de horquilla [2 y 3].

horquillar *tr* (*Mil*) Encajar [algo] entre dos líneas que forman horquilla [3b].

horquillero *m* (*reg*) Hombre que lleva las andas en una procesión.

horquillo *m* (*reg*) Horca agrícola de madera con dos púas.

horquillón *adj* (*Caza*) [Ciervo] de dos años en el que los candiles de sus cuernas tienen forma de horquilla. *Tb n m.*

horrendamente *adv* De manera horrenda.

horrendo -da *adj* Que causa horror. *Frec con intención ponderativa.* **b)** (*col*) Sumamente feo.

hórreo *m* Edificio de piedra o madera, aislado, de forma rectangular y sostenido por columnas, que se emplea en el noroeste de la Península para guardar granos y otros productos agrícolas.

horrible *adj* **1** Que causa horror. *Frec con intención ponderativa.* **b)** (*col*) Sumamente feo. ■ **2** (*col*) Muy grande o extraordinario.

horriblemente *adv* De manera horrible.

hórrido -da *adj* (*lit*) Horroroso.

horripilación *f* Acción de horripilar(se). *Tb su efecto.*

horripilador *adj* (*Anat*) [Músculo] que eriza los pelos y contrae la epidermis como consecuencia del frío o del miedo.

horripilante *adj* Que horripila [1]. *Frec con intención ponderativa.* **b)** (*col*) Sumamente feo.

horripilantemente *adv* De manera horripilante.

horripilar *tr* **1** Causar horror [a alguien (*cd*)]. *Frec con intención ponderativa.* **b)** *pr* (~se) Pasar a sentir horror. *Frec con intención ponderativa.* ■ **2** (*lit*) Erizar el pelo [a alguien (*cd*)]. **b)** *pr* (~se) Erizársele el pelo [a alguien (*suj*)].

horrisonante *adj* (*lit, raro*) Horrísono.

horrísono -na *adj* (*lit*) [Cosa] cuyo sonido causa horror.

horro -rra *adj* **1** (*lit*) Carente [de algo]. ■ **2** [Oveja, u otra hembra de ganado] que no queda preñada. ■ **3** (*hist*) [Esclavo] libertado. *Tb* (*lit*) *fig.*

horror I *m* **1** Repulsión intensa hacia algo que es moral o físicamente desagradable. **b)** **~ al vacío.** (*Arte*) Horror vacui. ■ **2** (*col*) Miedo muy intenso. *Frec con intención ponderativa.* ■ **3** Cosa que causa horror [1]. *A veces usado como interj. Frec en la constr exclam* ¡QUÉ ~!
II *loc adv* **4 un ~,** *u* **~es.** (*col*) Muchísimo. *Pospuesto al v.*

horrorizado -da *adj* **1** *part* → HORRORIZAR. ■ **2** Propio de la pers. que siente horror [1 y 2].

horrorizar *tr* Causar horror [1 y 2] [a alguien (*cd*)]. **b)** *pr* (~se) Pasar [alguien] a sentir horror [1 y 2].

horrorosamente *adv* De manera horrorosa.

horroroso -sa *adj* **1** Que causa horror [1 y 2]. *Frec con intención ponderativa.* **b)** (*col*) Sumamente feo. ■ **2** (*col*) Muy grande o extraordinario.

horror vacui (*lat; pronunc corriente,* /óřor- -bákui/) *m* (*Arte*) Aversión a los espacios libres, que impulsa a cubrirlos íntegramente de elementos decorativos.

horst (*al; pronunc corriente,* /χorst/; *pl normal, ~s*) *m* (*Geol*) Zona elevada entre dos fallas.

hortal (*reg*) **I** *m* **1** Huerto.
II *adj* **2** De (la) huerta.

hortaliza *f* Planta comestible que se cultiva en las huertas. *Frec en pl. A veces en sg con sent colectivo.*

hortelano -na **I** *n* **A** *m y f* **1** Pers. que cultiva una huerta.
B *m* **2** Escribano hortelano [5] (ave).
II *adj* **3** De (la) huerta. ■ **4** De(l) hortelano [1].
■ **5** [Escribano] ~, [murciélago] ~ –➤ ESCRIBANO, MURCIÉLAGO.

hortense *adj* De (la) huerta. *Frec usado como especificador de algunas especies botánicas:* NEGUILLA ~, ROMAZA ~, *etc* (–➤ NEGUILLA, ROMAZA, *etc*).

hortensia *f* Arbusto de hermosas flores en corimbo, rosáceas, azules o blancas, muy usual como planta de adorno (gén. *Hydrangea*, esp. *H. hortensia* o *H. macrophylla*). *Tb su flor.*

hortera **I** *adj* **1** (*col, desp*) [Pers. o cosa] de mal gusto y ordinaria. *Tb n, referido a pers.*
II *n* **A** *m* **2** (*hoy raro*) Dependiente de una tienda.
B *f* **3** (*reg*) Vasija a modo de cazuela o fuente, frec. de madera o loza.

horterada *f* (*col, desp*) Cosa hortera [1].

horterez *f* (*raro*) Condición de hortera [1].

horteril *adj* (*desp*) **1** Hortera [1]. ■ **2** De(l) hortera [2].

horterismo *m* Condición de hortera [1].

hortícola *adj* De (la) horticultura. *Tb n f, referido a planta.*

horticultor -ra *m y f* Pers. que se dedica a la horticultura.

horticultura *f* Cultivo de las huertas. *Tb la técnica correspondiente.*

hortofrutícola *adj* De (la) hortofruticultura.

hortofruticultura *f* Cultivo de huertas y frutales. *Tb la técnica correspondiente.*

hortolano *m* (*reg*) Hortelano (ave).

horuelo *m* (*reg*) Lugar al aire libre en que se reúnen los jóvenes para entretenerse.

hosanna (*tb, raro, con la grafía* **hosana**) (*Rel crist y jud*) **I** *interj* **1** Expresa júbilo. *Frec sustantivado como n m.*
II *m* **2** Canto que comienza con la palabra "hosanna", propio del Domingo de Ramos.

hoscamente *adv* De manera hosca.

hosco -ca *adj* **1** [Pers.] de trato áspero o poco amable. *Tb fig, referido a animales.* **b)** Propio de la pers. hosca. ■ **2** [Cosa, esp. lugar o ambiente] amenazador o poco grato.

hoscoso -sa *adj* (*raro*) [Lugar] áspero o escarpado.

hospar *intr* (*reg*) Marcharse.

hospas (*tb* **hospa**) *interj* (*euf, reg*) Expresa negación o rechazo.

hospedador -ra **I** *adj* **1** Que hospeda. *Tb n, referido a pers.*
II *m* **2** (*Biol*) Huésped.

hospedaje *m* **1** Acción de hospedar(se). ■ **2** Lugar en que alguien se hospeda [2]. ■ **3** Cantidad que se paga por hospedarse [2].

hospedante **I** *adj* **1** Que hospeda [1]. *Tb n, referido a pers.*
II *m* **2** (*Biol*) Huésped (animal o vegetal a cuyas expensas vive otro).

hospedar **A** *tr* **1** Recibir o tener [a alguien (*cd*)] como huésped.
B *intr pr* (*~se*) **2** Vivir [alguien] como huésped [en un lugar].

hospedería *f* **1** Establecimiento, esp. modesto, dedicado a hospedar [1] gente. **b)** *En una comunidad religiosa:* Lugar destinado a los huéspedes (perss. que se alojan). ■ **2** Acción de hospedar [1].

hospedero -ra *m y f* Pers. que atiende una hospedería [1].

hósperas *interj* (*euf, reg*) Expresa admiración o asombro.

hospiciano -na *adj* De(l) hospicio [1]. *Tb n, referido a pers. Tb fig, referido a cosa.* **b)** Anónimo o sin nombre conocido.

hospicio *m* **1** Establecimiento benéfico para acoger niños abandonados, huérfanos o pobres. ■ **2** (*hist*) Asilo para pobres y peregrinos o viajeros.

hospital *m* **1** Establecimiento público, esp. gratuito, que acoge, durante el tiempo preciso para atenderlos clínicamente, enfermos, heridos o parturientas. *A veces con un adj especificador.* **b)** (*Mil*) Lugar destinado a efectuar la primera cura a los heridos. *Tb ~ DE SANGRE.* ■ **2** Establecimiento sanitario para animales, similar al hospital [1a]. ■ **3** (*hist*) Establecimiento para acoger por tiempo limitado pobres y peregrinos. *Gralm formando parte de la denominación de algunos establecimientos históricos.*

hospitalariamente *adv* De manera hospitalaria [1b].

hospitalario -ria *adj* **1** [Pers.] que acoge a sus huéspedes y visitantes con amabilidad. *Tb fig, referido a cosa.* **b)** Propio de la pers. hospitalaria. ■ **2** [Institución] que tiene por finalidad hospedar y atender a los peregrinos. *Esp referido a la Orden de San Juan de Jerusalén. Tb n, referido a los caballeros de esta orden.* ■ **3** De(l) hospital.

hospitalense *adj* De Hospitalet (Barcelona). *Tb n, referido a pers.*

hospitalidad *f* Cualidad de hospitalario [1]. *Tb fig.*

hospitalismo *m* (*Med*) Conjunto de alteraciones psicosomáticas que se presentan en un niño como consecuencia de una hospitalización prolongada.

hospitalización *f* Acción de hospitalizar.

hospitalizar *tr* Internar [a alguien] en un hospital [1 y 2] o en un centro sanitario.

hosquedad *f* Cualidad de hosco.

hosta *f* Planta liliácea de origen oriental cultivada por sus flores (gén. *Hosta*).

hostal *m* **1** Establecimiento público que, no teniendo que ocupar necesariamente la totalidad de un edificio o parte del mismo independizada, facilita servicio de alojamiento y comida. ■ **2** Hotel de lujo, dependiente del Estado.

hostalero -ra *adj* Pers. que posee o atiende un hostal.

hostelería *f* **1** Industria que se encarga de proporcionar alojamiento y comida a huéspedes y viajeros. **b)** Conjunto de establecimientos que proporcionan servicios de alojamiento, restaurante y bar o similares. ■ **2** (*raro*) Hostal [1].

hostelero -ra I *adj* **1** De (la) hostelería [1].
II *m y f* **2** Pers. que posee un establecimiento hostelero [1] o está al frente de él.

hostería *f* (*raro*) Mesón[1]. *Solo formando parte del nombre de algunos establecimientos de este tipo.* * Estuvimos en la Hostería del Estudiante.

hostess (*ing; pronunc corriente,* /χóstes/; *pl normal,* ~ES) *f* Azafata.

hosti (*tb con la grafía* **osti**) *interj* (*euf, reg*) Expresa sorpresa.

hostia I *f* **1** (*Rel catól*) Hoja redonda y delgada de pan ácimo que se consagra en el sacrificio de la misa. ■ **2** Oblea. ■ **3** (*lit*) Víctima que se ofrece en sacrificio. ■ **4** (*vulg*) Golpe fuerte. **b)** Bofetada o puñetazo. *Tb* ~ SIN CONSAGRAR. ■ **5** (*vulg*) Talante o disposición. *Normalmente con un adj especificador.* **b) mala ~.** Mal talante o mal humor. **c) mala ~.** Mala intención. ■ **6** (*vulg*) Cosa despreciable o fastidiosa. ■ **7 la ~.** (*vulg*) El acabose o el colmo. *Se usa, siempre en sg, gralm como predicat, con intención ponderativa.* * Estos tíos son la hostia. ■ **8 la ~.** (*vulg*) Vacío de significado, se usa como término de comparación puramente expresivo. * Era un tipo cuadrado, más fuerte que la hostia. ■ **9** (*vulg*) En *pl y vacío de significado, se emplea para reforzar o marcar la intención desp de la frase.* * Déjate de cuentos ni hostias.
II *loc adj* **10 de la ~.** (*vulg*) Extraordinario o muy considerable. ■ **11 de la ~.** (*vulg*) Despreciable.
III *loc v y fórm or* **12 cagarse en la ~ (me cago en la ~,** *etc*) → CAGAR. ■ **13 no tener (ni) media ~.** (*vulg*) No tener ni media bofetada (→ BOFETADA). ■ **14 una ~.** Fórmula con que se pondera lo inadmisible de una pretensión o afirmación que se acaba de mencionar. * –No habrá investigación. –Una hostia.
IV *loc adv* **15 a toda ~,** *o* **echando** (*o* **cagando**) ~**s.** (*vulg*) A toda velocidad. ■ **16 a toda ~.** (*vulg*) A todo volumen.
V *interj* **17** ~(**s**). (*vulg*) Expresa protesta o asombro. *A veces intensificado:* QUÉ ~(S). * Hostia, tú, que no me dejas sitio. * ¡Hostias, qué golpe! ■ **18** ~(**s**). (*vulg*) Se usa como refuerzo de lo que se acaba de decir. *A veces intensificado:* QUÉ ~(S). * Sí, se estaba bien, qué hostias.

hostiar (*conjug 1a*) *tr* (*vulg*) Pegar o golpear [a alguien].

hostiario *m* (*Rel catól*) Caja en que se guardan hostias [1] no consagradas.

hostiazo *m* (*vulg*) Golpe grande.

hósticas *interj* (*reg*) euf por HOSTIAS.

hostigador -ra *adj* Que hostiga [2]. *Tb n, referido a pers.*

hostigamiento *m* Acción de hostigar.

hostigante *adj* Que hostiga.

hostigar *tr* **1** Golpear [a un animal] con un látigo o vara para incitarle a andar. ■ **2** Acosar e inquietar [a una pers.].

hostigo *m* **1** Viento fuerte con lluvia. ■ **2** (*raro*) Hostigamiento.

hostil *adj* (*lit*) **1** [Pers.] que tiene una actitud de oposición o enemistad. *Tb fig, referido a cosa.* ■ **2** [Cosa] que implica oposición o enemistad. ■ **3** [Medio] desfavorable o agresivo.

hostilidad I *f* **1** Cualidad de hostil. ■ **2** Acción hostil. **b)** Lucha o enfrentamiento armado. *Frec en pl.*
II *loc v* **3 romper** (*o* **iniciar,** *o* **comenzar**) **las ~es.** Dar comienzo a una guerra atacando al enemigo. *Tb fig.*

hostilización *f* Acción de hostilizar.

hostilizar *tr* Realizar actos hostiles [contra alguien o algo (*cd*)]. *Tb fig.*

hostilmente *adv* De manera hostil.

hostión *m* (*vulg*) Golpe grande.

hot (*ing; pronunc corriente,* /χot/) *adj invar* [Jazz] que provoca excitación o entusiasmo por su marcado ritmo e inspirada improvisación.

hot dog (*ing; pronunc corriente,* /χót-dóg/; *tb con la grafía* **hot-dog**; *pl normal,* HOT DOGS) *m* Perrito caliente (→ PERRO).

hotel *m* **1** Establecimiento público que, ocupando la totalidad de un edificio o parte del mismo completamente independizada, facilita servicio de alojamiento y comida. **b)** Establecimiento similar al hotel, destinado a animales domésticos. *Frec con compl* DE. ■ **2** (*hoy raro*) Chalé. *Frec en la forma* HOTELITO. ■ **3** (*jerg*) Cárcel. *Frec en la forma* HOTELITO.

hotelería *f* Hostelería.

hotelero -ra I *adj* **1** De (la) hostelería.
II *m y f* **2** Pers. que posee un hotel u otro establecimiento hotelero [1] o está al frente de él.

hotentote I *adj* **1** De un pueblo indígena de África sudoccidental, que originariamente ocupó la región del Cabo de Buena Esperanza. *Tb n, referido a pers.*
II *m* **2** Lengua de los hotentotes [1].

hot pants (*ing; pronunc corriente,* /χót-pánts/) *m pl* (*raro*) Pantalón femenino muy corto y ajustado.

house (*ing; pronunc corriente,* /χáus/) I *m* **1** Música de discoteca caracterizada por el uso de sonidos sintetizados y ritmo rápido.
II *adj* **2** De(l) house [1].

hova *adj* [Individuo] de raza malaya, del pueblo dominante en Madagascar. *Tb n.*

hove *m* (*reg*) Fruto del haya.

hovercraft (*ing; pronunc corriente,* /χóberkraft/; *pl normal,* ~S) *m* Aerodeslizador.

hoy I *adv* **1** En este día. * Hoy comienza el curso. **b)** *Precedido de prep, o funcionando como suj de una or cualitativa, se sustantiva:* Este día. * Hoy es día de visita. ■ **2** En este tiempo. *Tb, enfáticamente,* ~ DÍA *u* ~ EN DÍA. * Hoy los bautizos son muy numerosos. **b)** *Precedido de prep, se sustantiva:* Este tiempo. * La técnica de hoy es muy diferente de la de hace años. **c) por ~.** *Indica que lo que se realiza en este tiempo no por ello ha de realizarse tb posteriormente. Tb, más enfáticamente,* ~ POR ~. * Hoy por hoy estamos bien.
II *m* **3** El presente. *Precedido de art.*
III *fórm or* **4 que es para ~.** (*col*) Se usa para meter prisa al interlocutor que se retrasa o va lento. * Vamos, niño, que es para hoy.

hoya *f* **1** Hoyo [1] grande. ■ **2** Llanura rodeada de montañas.

hoyada *f* Hondonada.

hoyanca *f (reg)* Hoyo o sepultura.

hoyanco -ca *adj* De El Hoyo de Pinares (Ávila). *Tb n, referido a pers.*

hoyano -na *adj* De Hoyos (Cáceres). *Tb n, referido a pers.*

hoyo *m* **1** Concavidad formada en una superficie, esp. en el suelo. ■ **2** *(col)* Sepultura. ■ **3** *(Golf)* Hoyo [1] de medidas determinadas en que hay que meter la pelota. *Tb el hecho mismo de meter la pelota en él.* ■ **4** Juego infantil que consiste en meter monedas, chapas o bolas en un hoyo [1] hecho en el suelo, tirándolas desde cierta distancia. ■ **5** *(reg)* Trozo de pan con aceite, miel u otro alimento. ■ **6 ~ de las agujas.** *(Taur)* Parte más alta del lomo del toro.

hoyuelo *m* **1** Hoyo [1] pequeño que se forma en la carne de las perss., esp. en la barbilla y en las mejillas. ■ **2** Hoyo [4].

hoz[1] **I** *f* **1** Instrumento formado por un pequeño mango de madera y una hoja acerada, curva y con dientes muy cortantes en la parte cóncava, que se emplea esp. para segar mieses. ■ **2** *(Anat)* Repliegue membranoso en forma de hoz [1]. **II** *loc adv* **3 de ~ y coz.** *(lit)* De lleno o sin reservas.

hoz[2] *f* Paso estrecho entre montañas, esp. el formado por un río.

hozadero *m* Sitio donde van a hozar cerdos o jabalíes.

hozadura *f* Acción de hozar. *Frec su efecto.*

hozar **A** *intr* **1** Mover y levantar la tierra con el hocico [un animal, esp. el cerdo o el jabalí]. **B** *tr* **2** Mover y levantar [la tierra o algo que está dentro de ella *(cd)*] un animal, esp. el cerdo o el jabalí].

huaca, **huacal**, **huaco** → GUACA, GUACAL, GUACO[1].

huanaco → GUANACO.

huapango *m* Canción popular mejicana de la región de Veracruz. *Tb su música y su baile.*

huaquero → GUAQUERO.

huaso → GUASO.

hubara *f* Ave de unos 60 cm, con las partes superiores de color ocre amarillento y las inferiores blancas, y con largas plumas blancas y negras que cuelgan a ambos lados del cuello (*Chlamydotis undulata*).

hucha *f* **1** Recipiente para guardar dinero, cerrado y provisto de una ranura por donde este se introduce. ■ **2** *(col)* Ahorros.

huebra *f* **1** Espacio de tierra que puede labrar una yunta en un día. ■ **2** Yunta.

hueco[1] **-ca** **I** *adj* **1** [Cosa] que tiene el interior vacío. **b)** [Mujer] a la que han extirpado matriz y ovarios. **c) ~ relieve** → RELIEVE. ■ **2** [Cosa] amplia o que no se ajusta a lo que va en su interior. ■ **3** Mullido y esponjoso. ■ **4** Falto de contenido. *Referido a cosas no materiales.* ■ **5** Presumido o vanidoso. **b)** Afectado u ostentoso. ■ **6** Que tiene sonido retumbante y profundo. **II** *m* **7** Espacio vacío. *Tb fig.* **b)** *(col)* Puesto o plaza disponible. ■ **8** Espacio delimitado por paredes. ■ **9** Intervalo de tiempo. ■ **10** *(Arquit)* Abertura en un muro, para puerta, ventana o algo similar.

III *loc adv* **11 en ~.** Sobre algo hueco [1]. ■ **12 en ~.** Con incisiones o rehundimientos. *Tb adj.*

hueco[2] *m (argot Impr)* Huecograbado.

huecograbado *m* Procedimiento para imprimir mediante planchas o cilindros grabados en hueco. *Tb la copia así obtenida.*

hueco-offset *(pronunc corriente, /wéko-ófset/) m (Impr)* Procedimiento que permite obtener planchas de offset con la imagen en hueco de unas centésimas de milímetro.

huelebraguetas *m (jerg)* Detective privado.

huélfago *m (Vet)* Enfermedad de los animales que les hace respirar con dificultad.

huelga **I** *f* **1** Cese colectivo de la actividad laboral para exigir algo o expresar una protesta. **b) ~ de brazos caídos** → BRAZO. ■ **2 ~ de celo.** Medio de presión o de protesta que consiste en un exceso de rigor en el cumplimiento del reglamento, lo que ocasiona lentitud extremada en el trabajo. ■ **3 ~ de(l) hambre.** Abstinencia voluntaria y total de alimentos para conseguir algo o manifestar una protesta. **II** *loc adj* **4 de ~.** *(raro)* [Día] en que no se trabaja, aunque no sea festivo.

huelgo *m* **1** *(lit)* Aliento o respiración. *Tb en pl.* **b)** Aliento o valor. *Tb en pl.* ■ **2** *(lit)* Holgura o anchura. *Tb fig.* **b)** Ensanchamiento. ■ **3** *(Mec)* Holgura (espacio vacío entre dos piezas que han de encajar una en otra).

huelguista *adj* **1** [Pers.] que participa en una huelga. *Frec n.* ■ **2** De (los) huelguistas [1] o de (la) huelga.

huelguístico -ca *adj* De (la) huelga.

huella *f* **1** Señal que deja un pie al pisar, o las ruedas o el soporte de una cosa al apoyarse sobre algo. **b)** Señal que deja alguien o algo al pasar. *Tb fig, en sent moral.* **c)** Señal que deja la yema del dedo sobre un objeto, al tocarlo. *Frec ~ DIGITAL o DACTILAR.* ■ **2** *(lit)* Ejemplo [de alguien o algo]. *Más frec en pl. Gralm con el v SEGUIR.*

huellado *m (jerg)* Acción de huellar.

huellar *tr (jerg)* Tomar las huellas dactilares [a alguien *(cd)*].

huelmense *adj* De Huelma (Jaén). *Tb n, referido a pers.*

huelvano -na *adj* Huelveño. *Tb n.*

huelveño -ña *adj* De Huelva. *Tb n, referido a pers.*

huercalense *adj* De Huércal de Almería o de Huércal-Overa (Almería). *Tb n, referido a pers.*

huérfano -na *adj* **1** [Pers.] menor de edad a quien se le ha muerto el padre, la madre o ambos. *Tb n.* ■ **2** *(lit)* Falto o carente [de algo necesario].

huero -ra *adj* **1** [Huevo] que no produce cría, a pesar de haber sido incubado. ■ **2** *(lit)* Vacío. *Tb fig.*

huerta **I** *f* **1** Huerto [1] grande. ■ **2** Tierra de regadío. *Frec con sent colectivo.* **II** *loc adj* **3** [Chuleta] **de ~**, [filete] **de ~** → CHULETA, FILETE.

huertano -na *adj* De (la) huerta. *Frec n, referido a pers, esp a los habitantes de las Huertas Valenciana y Murciana.*

huertaño -ña *adj* De Huerta del Rey (Burgos). *Tb n, referido a pers.*

huerteño -ña *adj* De Huerta de Valdecarábanos (Toledo). *Tb n, referido a pers.*

huertero -ra *m y f (reg)* Pers. que cultiva una huerta.

huerto I *m* **1** Terreno de poca extensión y gralm. cercado, en que se cultivan verduras, legumbres y frutales. ■ **II** *loc v (col, humoríst)* **2 llevarse** [a alguien] **al ~.** Realizar [con él] el acto sexual. ■ **3 llevarse** [a alguien] **al ~.** Engañar[le]. ■ **4 llevarse** [a alguien] **al ~.** Convencer[le].

huesa *f (lit)* Fosa en que se entierra un cadáver.

huesanco *m (desp)* Hueso [1a].

huesera *f (reg)* **1** Osario. *Tb fig.* ■ **2** Instrumento músico que consiste en un cilindro de cuerno de toro vaciado y con tabas en su interior.

hueso (*dim* HUESECITO, HUESECILLO, o, *lit, raro,* OSECICO, OSECILLO) **I** *m* **1** *En los vertebrados:* Pieza dura que forma parte del esqueleto. **b)** *En pl:* Restos mortales. **c) la sin ~ → ** SINHUESO. ■ **2** *En algunos frutos:* Parte dura y compacta que está en el interior. ■ **3** Meollo o punto fundamental [de un asunto]. ■ **4** *(col)* Cosa difícil o incómoda de resolver o de realizar. *Tb adj. A veces* ~ DE TABA, *o* ~ DURO (*o* DIFÍCIL) DE ROER, *con intención ponderativa. Tb fig, referido a pers.* **b)** Pers. muy exigente o de trato difícil. *Tb adj. A veces* ~ DE TABA, *con intención ponderativa.* **c)** Profesor que exige mucho. *Tb adj.* ■ **5 ~ de santo** (*o, raro,* **de difunto**). Dulce consistente en un tubito de pasta de almendra relleno de yema, chocolate o cabello de ángel, propio de la fiesta de Todos los Santos. **II** *adj invar* **6** [Color] blanco amarillento. *Tb n m.* **b)** Que tiene color hueso. **III** *loc v (col)* **7 dar** [alguien] **con sus ~s** [en un lugar]. Ir a parar [a él]. ■ **8 dar** (*o* **pinchar**) [alguien] **en ~.** Tropezar con alguien o algo que no se presta o acomoda a sus deseos. ■ **9 estar** [una pers.] **(loca),** *o* **morirse, por los ~s** [de otra]. Estar profundamente enamorada [de ella]. ■ **10 moler** (*o* **romper**) [a alguien] **los ~s.** Golpear[le] fuertemente. **IV** *loc adv* **11 a ~.** *(Constr)* Sin argamasa ni mortero. *Tb adj.* ■ **12 en los** (**puros**) **~s.** *(col)* Sumamente delgado. ■ **13 hasta los ~s.** *(col)* Hasta lo más profundo. *Gralm con los vs* CALAR *o* MOJAR.

huesoso -sa *adj* **1** De(l) hueso [1]. ■ **2** Huesudo.

huésped -da (*la forma f es rara; gralm se usa como m y f la forma m*) **I** *m y f* **1** Pers. que se aloja en casa [de alguien (*compl de posesión*)], por invitación o mediante pago. *Tb sin compl. Tb fig.* **b)** Pers. que se aloja [en un establecimiento hotelero (*compl de posesión*)]. *Tb sin compl.* ■ **2** *(hoy raro)* Pers. que aloja [a otra (*compl de posesión*)] en su casa. *Tb sin compl. Tb fig.* **b)** *(hoy raro)* Pers. que posee o atiende una casa de huéspedes. ■ **3** *(Biol)* Animal o vegetal a cuyas expensas vive un parásito o comensal, o en que se aloja un inquilino. **II** *loc adj* **4 de ~es.** [Casa particular] que admite huéspedes [1] mediante pago. **III** *loc v* **3 no contar con la huéspeda.** *(col)* No prever, al emprender un asunto, un contratiempo que se ha de presentar.

huesque *interj (rur)* Se emplea para ordenar a las caballerías que tuerzan a un lado. *A veces se sustantiva como n m.*

hueste *f* **1** *(lit o hist)* Ejército en campaña. *Frec en pl.* ■ **2** *(lit)* Conjunto de los partidarios [de una pers. o una causa]. *Frec en pl.* ■ **3** *(reg)* Procesión nocturna de almas en pena. ■ **4** *(hist)* Expedición guerrera contra el enemigo.

huestía *f (reg)* Hueste [3].

huesudo -da *adj* Que tiene muy acusados los huesos [1a].

hueteño¹ -ña *adj* De Huete (Cuenca). *Tb n, referido a pers.*

hueteño² -ña *adj* De Huétor-Santillán o de Huétor-Tájar (Granada). *Tb n, referido a pers.*

hueva *f En algunos pescados:* Masa que forman los huevos [2a].

huevada *f* **1** Comida que consiste en abundantes huevos [2b]. ■ **2** *(vulg)* Tontería o bobada.

huevazo *m* Golpe dado con un huevo [2b] lanzado.

huevazos *m (vulg)* Hombre excesivamente tranquilo.

huevería *f* **1** Tienda donde se venden huevos [2b]. ■ **2** Industria o comercio de(l) huevo [2b].

huevero -ra I *adj* **1** De(l) huevo [2b]. **II** *n A m y f* **2** Pers. que comercia en huevos [2b]. **B** *f* **3** Recipiente para guardar o transportar huevos [2b]. ■ **4** Copa pequeña en forma de medio huevo en que se sirven los huevos cocidos o pasados por agua.

huevo I *m* **1** *En la reproducción sexual:* Célula resultante de la unión del gameto masculino y el femenino. ■ **2** Cuerpo esferoidal que contiene la célula huevo [1] y las sustancias necesarias para su nutrición durante el período de incubación. **b)** *Esp:* Huevo de gallina, empleado en la alimentación humana. **c)** *(lit)* Germen. ■ **3** Objeto en figura de huevo de gallina. **b)** *(col, hoy raro)* Coche utilitario muy pequeño y de forma ovoide, que se abre por delante. ■ **4** *(vulg)* Testículo. **b)** *Frec se emplea como sinónimo de* COJÓN *en distintas locs y constrs.* * Están hasta los huevos de ser carne de cañón. * Hace lo que le sale de los huevos. ■ **5 el ~ de Colón** (*o, raro,* **de Juanelo**). *(col)* La solución sumamente fácil que a nadie se le había ocurrido. ■ **6 ~ hilado.** Mezcla de huevos [2b] y azúcar que se presenta en forma de hilos. ■ **7 ~s moles.** Dulce preparado con yemas de huevo [2b] batidas con azúcar. ■ **8** *(vulg)* Cantidad muy grande [de algo]. *Frec en la constr* UN ~. **II** *loc v y fórm or* **9 límpiate, que estás de ~ →** LIMPIAR. ■ **10 parecerse** [dos perss. o cosas] **como un ~ a otro** (~). Ser totalmente iguales. ■ **11 parecerse** [dos perss. o cosas] **como un ~ a una castaña.** No parecerse en absoluto. ■ **12 poner un ~.** *(vulg)* Defecar. ■ **13 que te** (**le,** *etc*) **frían un ~** (*o, raro,* **dos ~s**). *(col)* Fórmula que expresa rechazo o desprecio. * Anda y que te frían un huevo. ■ **14 y un ~.** *(vulg)* Fórmula con que se pondera lo inadmisible de una pretensión o afirmación que se acaba de mencionar. * –No viene. –Tranquilo, la habrán entretenido. –Y un huevo. **III** *loc adv* **15 a ~.** *(vulg)* Muy a tiro. *Gralm con los vs* PONER *o* ESTAR. ■ **16 a puro ~.** *(vulg)* A la fuerza. ■ **17 no por el ~, sino por el fuero.** *(col)* Por el derecho y no por el provecho. ■ **18 pisando ~s.** *(col)* Con mucha parsimonia. *Gralm con los vs* IR, VENIR *o* ANDAR. ■ **19 un ~.** *(vulg)* Mucho. *Frec con vs como* VALER *o* COSTAR. *Tb pron. A veces con variantes humoríst como* UN ~ Y MEDIO *o* UN ~ Y LA YE-

MA DE(L) OTRO. ■ **20** un ~. (*vulg*) Nada. *Tb pron. Normalmente con el v* IMPORTAR.

huevón -na *adj* (*col*) Huevudo.

huevudo -da *adj* [Ojo] en forma de huevo [2b].

hugonote *adj* (*hist*) Calvinista francés. *Tb n.* **b)** De (los) hugonotes.

hugonotismo *m* (*hist*) Calvinismo francés.

huichol -la I *adj* **1** De una tribu india que habita en el estado mejicano de Jalisco. *Tb n, referido a pers.*
II *m* **2** Idioma de los huicholes [1].

huida *f* Acción de huir.

huidero -ra *adj* (*raro*) Huidizo.

huidizo -za *adj* **1** Que huye o tiende a huir, *esp* [3]. ■ **2** [Cosa] inestable o pasajera.

huido -da *adj* **1** *part* → HUIR. ■ **2** [Pers.] que huye [3 y 5] o se esconde. *Tb n.* **b)** (*Taur*) [Res] que esquiva las suertes y busca la salida sin hacer caso del torero. ■ **3** [Frente] deprimida o echada hacia atrás.

huidor -ra *adj* (*lit, raro*) Que huye.

huipil (*tb* **güipil**) *m* Camisa de las indias mejicanas y centroamericanas, de algodón, bordada, ancha y sin mangas, que llega hasta la cintura o los muslos.

huir (*conjug* 48) **A** *intr* **1** Marcharse, en gral. rápidamente, por temor [a alguien o algo (*compl* DE)]. *Tb sin compl.* ■ **2** Marcharse o salir [alguien de un lugar o de una situación (*compl* DE) en que está privado de libertad] burlando la vigilancia o de manera violenta. *Tb sin compl.* ■ **3** Tratar de evitar [a alguien o algo (*compl* DE)]. ■ **4** (*lit*) Transcurrir velozmente [el tiempo].
B *tr* **5** Tratar de evitar [a alguien o algo].

huisquil (*tb* **güisquil**) *m* Planta herbácea perenne, de la familia de las cucurbitáceas, originaria de América Central, cuyo fruto, en forma de pera y con una única semilla, es comestible apreciado (*Sechium edule*). *Tb su fruto.*

huk (*tagalo; pronunc corriente,* /χuk/; *pl normal,* ~S) *m* Miembro de la guerrilla filipina que luchó contra los japoneses en la segunda Guerra Mundial (1939-1945), e identificada posteriormente con el comunismo.

hula-hoop (*ing; pronunc corriente,* /χúla-χóp/; *tb con la grafía* **hula-hop**; *pl normal,* ~S) *m* Juego infantil que consiste en hacer girar alrededor del cuerpo, mediante los movimientos oportunos, un aro grande de plástico. *Tb el aro.*

hule I *m* **1** Tela impermeable barnizada con caucho. **b)** Mantel de hule. ■ **2** (*Taur*) Mesa de operaciones en la enfermería de una plaza de toros. *Tb la misma enfermería.* ■ **3** (*col*) Golpes. *Frec en la constr* HABER ~. **b)** (*col*) Pelea o lucha. *Tb fig.*
II *loc v* **4 haber ~.** (*Taur*) Resultar cogido algún torero u otro participante en una corrida.

hulero *adj* (*reg*) [Arañón] de color pardo que habita en los muros de los edificios. *Tb n m.*

hulla *f* **1** Carbón de piedra que tiene entre un 75 y un 90 por ciento de carbono. ■ **2 ~ blanca.** Corriente de agua usada como fuerza motriz.

hullero -ra *adj* De (la) hulla.

hully-gully (*ing; pronunc corriente,* /χáli-gáli/) *m* Cierto baile moderno en boga en los años sesenta.

hum *interj* (*col*) **1** Denota desagrado o protesta. * ¡Hum, maldita sea!; no me vale. ■ **2** Denota vacilación o duda. * ¡Hum! No sé qué te diga. ■ **3** Denota alegría o satisfacción. * ¡Hum! ¡Está buenísimo!

humada *f* (*raro*) Humareda.

humanal *adj* (*lit, raro*) Humano [2a y b].

humanamente *adv* **1** De manera humana [2b y 3b]. ■ **2** En el aspecto humano [2a y b]. *Gralm acompañando, con intención ponderativa, al adj* POSIBLE *u otro similar.*

humanarse *intr pr* Hacerse hombre [el Hijo de Dios].

humanense *adj* De Humanes (Guadalajara). *Tb n, referido a pers.*

humanidad (*frec con mayúscula en acep* 1) *f* **1** Conjunto de todos los seres humanos. ■ **2** Cualidad o condición de humano. ■ **3** En *pl*: Conjunto de ciencias relativas al hombre, como la filosofía, la literatura, las lenguas y la historia. **b)** (*hist*) En *el Renacimiento*: Lengua y literatura grecolatinas y hebreas. ■ **4** (*col*) Corpulencia. ■ **5** (*col*) Aire viciado por la presencia continuada de perss. en un lugar. *Normalmente en las constrs* OLER A ~ *u* OLOR A ~.

humanismo *m* **1** Doctrina que tiene como centro la pers. humana. *Tb la actitud correspondiente.* **b)** Valoración del hombre o de lo humano. ■ **2** (*hist*) Movimiento cultural de los humanistas del Renacimiento.

humanista I *m y f* **1** (*hist*) En *el Renacimiento*: Pers. versada en el conocimiento de las humanidades, esp. de las lenguas y cultura grecolatinas.
II *adj* **2** Partidario del humanismo [1]. *Tb n.* ■ **3** Propio del humanismo o de los humanistas [1 y 2].

humanístico -ca *adj* **1** Del humanismo, *esp* [2], o de los humanistas, *esp* [1]. ■ **2** De las humanidades [3].

humanitariamente *adv* De manera humanitaria.

humanitario -ria *adj* **1** Que tiende al bien de la humanidad [1]. ■ **2** Que tiene como finalidad socorrer a los pobres y necesitados. ■ **3** [Pers.] solidaria y generosa respecto a las necesidades del prójimo, o no cruel con las perss. o los animales. **b)** Propio de la pers. humanitaria.

humanitarismo *m* **1** Actitud humanitaria. ■ **2** (*raro*) Doctrina que considera el bien de la humanidad como fin supremo del hombre.

humanitarista *adj* De(l) humanitarismo. **b)** Partidario del humanitarismo. *Tb n.*

humanización *f* Acción de humanizar(se). *Tb su efecto.*

humanizador -ra *adj* Que humaniza.

humanizar *tr* **1** Dar [a alguien o algo (*cd*)] carácter o naturaleza humana. **b)** *pr* (~**se**) Tomar [alguien o algo] carácter o naturaleza humana. ■ **2** Dar [a alguien o algo (*cd*)] un carácter o aspecto más amable o más humano [3b]. **b)** *pr* (~**se**) Tomar [alguien o algo] un carácter o un aspecto más amable o más humano. ■ **3** (*Med*) Hacer que [algo, esp. un germen o virus (*cd*)] pase por el organismo humano.

humano -na I *adj* **1** [Ser] perteneciente a la especie hombre. *Tb n m, normalmente en pl.* **b)** [Ser] dotado de las virtudes y defectos propios de la natu-

raleza del ser humano. ■ **2** De(l) hombre (ser animado racional) o de (los) hombres. **b)** Propio del hombre (ser animado racional). **c)** [Ciencia] que versa sobre el hombre desde el punto de vista de su actividad mental o social. *Normalmente acompañado al n en pl.* **d)** [Geografía] que estudia la distribución del hombre en la superficie terrestre. **e)** **respeto ~ →** RESPETO. ■ **3** [Pers.] benévola, generosa y comprensiva para con el prójimo, o no cruel con las perss. o los animales. **b)** Propio de la pers. humana. ■ **4** [Obra de arte] que presenta los personajes con autenticidad, con las virtudes y los defectos humanos [2b]. **b)** Propio de la obra de arte humana. ■ **5** (*Rel catól*) [Acto] realizado con conocimiento, voluntad y libertad.
II *loc v* **6 no haber modo ~** (*o* **manera humana**). Ser imposible [algo (DE + *infin o* DE QUE + *subj*)].

humanoide *adj* [Animal o cosa] cuya forma recuerda la humana. *Tb n m.*

humarada *f* Humareda.

humareda *f* Abundancia de humo [1]. *Tb fig.*

humaza *f* Humazo.

humazo *m* Humo [1] abundante y muy denso.

humeante *adj* Que humea [1].

humear *intr* **1** Desprender humo [1 y 2]. *Tb fig.* ■ **2** (*raro*) Fumar.

humectación *f* (*E*) Acción de humectar(se). *Tb su efecto.*

humectador -ra *adj* (*E*) Que humecta. *Tb n, m o f, referido a aparato o máquina.*

humectante *adj* (*E*) Que humecta.

humectar *tr* (*E*) Humedecer. *Tb pr* (**~se**).

humedad *f* **1** Condición de húmedo. ■ **2** Agua o líquido que impregna un objeto. **b)** Vapor de agua presente en el aire. ■ **3** Mancha producida en una pared por la humedad [2].

humedal *m* Terreno húmedo [2a].

humedecedor -ra *adj* Que humedece. *Tb n, m o f, referido a aparato o máquina.*

humedecer (*conjug* 11) *tr* Hacer que [algo (*cd*)] pase a estar húmedo [1]. **b)** *pr* (**~se**) Pasar [algo] a estar húmedo [1].

humedecimiento *m* Acción de humedecer(se). *Tb su efecto.*

húmedo -da I *adj* **1** Ligeramente impregnado de agua u otro líquido. **b)** [Aire] cargado de vapor de agua. ■ **2** [Terreno] abundante en lluvias o en agua. **b)** [Tiempo o clima] abundante en lluvias y con el aire cargado de vapor de agua.
II *f* **3 la húmeda.** (*col, humoríst*) La lengua.

humeón *m* (*reg*) Aparato que produce humo y que se emplea para catar colmenas.

humera *f* (*reg*) Humero[1] [1].

humeral I *adj* **1** (*Anat*) Del húmero.
II *m* **2** (*Rel catól*) Paño blanco que se pone al sacerdote sobre los hombros, y en cuyos extremos envuelve ambas manos con la custodia o el copón.

humerío *m* (*reg*) Humareda.

humero[1] *m* **1** Cañón de chimenea, por donde sale el humo. ■ **2** (*reg*) Habitación en que se cura al humo la matanza.

humero[2] *m* (*reg*) Aliso (árbol).

húmero *m* (*Anat*) Hueso que se articula por un extremo con el omóplato y por el otro con el cúbito y el radio.

húmico -ca *adj* **1** (*Geol y Agric*) De(l) humus o que lo contiene. ■ **2** (*Quím*) [Ácido] orgánico complejo formado en el suelo por descomposición de materia vegetal.

humidificación *f* Acción de humidificar.

humidificador -ra *adj* Que humidifica. *Gralm n m, referido a aparato.*

humidificante *adj* Que humidifica.

humidificar *tr* Humedecer.

humidor *m* Caja que conserva la humedad de los cigarros o del tabaco.

humífero -ra *adj* (*Geol y Agric*) Que contiene humus.

humificación *f* (*Geol y Agric*) Transformación en humus.

humildad *f* **1** Cualidad de humilde. ■ **2** Actitud humilde [1b]. *Frec en pl.*

humilde *adj* **1** [Pers.] que reconoce sus propios defectos y no presume de sus cualidades. *Tb n.* **b)** Propio de la pers. humilde. ■ **2** Pobre o de una clase social baja. *Tb n, referido a pers.* ■ **3** De poca categoría o importancia. *Frec antepuesto al n.* **b)** *Antepuesto al n, se emplea frec en frases de cortesía para referirse a uno mismo o a sus cosas mostrando modestia.* * *En mi humilde opinión, no llevas razón.* ■ **4** Que carece de ostentación o lujo.

humildemente *adv* De manera humilde.

humildoso -sa *adj* (*lit*) Humilde.

humillación *f* Acción de humillar(se). *Tb su efecto.*

humilladamente *adv* (*lit*) Humildemente.

humilladero *m* Lugar devoto, constituido por una cruz o imagen, gralm. sobre un altar, y situado a la entrada de un pueblo o junto a un camino.

humillado -da *adj* **1** *part →* HUMILLAR. ■ **2** Que denota o implica humillación.

humillante *adj* Que humilla [2 y 3].

humillantemente *adv* De manera humillante.

humillar A *tr* **1** Doblar o bajar [una parte del cuerpo, esp. la cabeza]. *Tb abs, referido al toro.* ■ **2** Doblegar el orgullo o altivez [de alguien (*cd*)]. *Tb fig. A veces el cd es refl.* ■ **3** Dañar el amor propio o la dignidad [de alguien (*cd*)].
B *intr pr* (**~se**) **4** Ponerse de rodillas. *Tb fig.*

humo I *m* **1** Producto gaseoso más o menos denso y de color variable, que se desprende de los cuerpos en combustión o elevados a altas temperaturas. ■ **2** Vapor que exhala un líquido o un cuerpo húmedo cuando su temperatura es superior a la ambiental. **b)** Vaho [de la respiración]. ■ **3** (*col*) *En pl:* Orgullo o altivez.
II *adj invar* **4** [Color] grisáceo. **b)** De color humo. ■ **5 de ~.** (*hist*) [Manto] de seda, negro y transparente, usado por las mujeres en señal de luto. ■ **6** [Negro] **de ~ →** NEGRO.
III *loc v* **7 bajarle** [a alguien] **los ~s.** (*col*) Doblegar su orgullo o su altivez. **b) bajársele** [a alguien] **los ~s.** Perder su orgullo o su altivez. ■ **8 echar ~** [alguien], *o* **estar que echa ~.** (*col*) Estar muy irritado o enfadado. ■ **9 echar ~** [la cabeza], *o* **estar que echa ~.** (*col*) Estar agotada por un es-

fuerzo mental intenso y prolongado. ■ **10 echar ~** [algo], *o* **estar que echa ~.** (*col*) Estar al rojo, o en estado de máxima tensión. ■ **11 hacerse ~.** (*col*) Desaparecer o desvanecerse. ■ **12 subírsele** [a alguien] **los ~s** (**a la cabeza**). (*col*) Ensoberbecerse o engreírse.
    IV *loc adv* **13 a ~ de pajas.** (*lit*) Sin razón o fundamento.

humor *m* **1** Estado de ánimo. **b)** Buena disposición [para algo (*compl* PARA *o* DE)]. **c) buen** (*u otro adj equivalente*) **~.** Estado de alegría y optimismo. *Tb la tendencia a ese estado.* **d) mal** (*u otro adj equivalente*) **~.** Estado de tristeza, irritación o enfado. *Tb la tendencia a ese estado.* ■ **2** Actitud o tendencia que consiste en ver el lado risueño o irónico de las cosas. *Tb* SENTIDO DEL ~. ■ **3** Humorismo [2]. ■ **4** (*Fisiol*) Líquido orgánico del cuerpo animal. *Frec con un adj o compl especificador.*

humorada *f* **1** Hecho o dicho gracioso o extravagante. ■ **2** (*TLit*) Breve composición poética, creada por Ramón de Campoamor († 1901), de carácter humorístico y aspecto paremiológico, que encierra una advertencia moral o un pensamiento filosófico.

humorado -da. bien ~, mal ~ → BIENHUMORADO, MALHUMORADO.

humoral *adj* **1** (*Fisiol*) De(l) humor o de (los) humores [4]. ■ **2** (*raro*) De(l) humor [1].

humoralmente *adv* (*Fisiol*) En el aspecto humoral [1].

humorismo *m* **1** Actitud o tendencia que consiste en ver el lado risueño o irónico de las cosas. *Esp su expresión.* ■ **2** Profesión o actividad de humorista [1].

humorista *m y f* **1** Pers. que cultiva el humorismo en sus escritos o dibujos. *En este segundo caso, frec* → GRÁFICO. **b)** Pers. que tiene por oficio actuar en público para hacer reír. ■ **2** Pers. que tiene humorismo o se expresa con humorismo. *Tb adj.*

humorísticamente *adv* De manera humorística.

humorístico -ca *adj* De(l) humorismo.

humoroso -sa *adj* (*raro*) Humorístico.

humoso -sa *adj* (*raro*) **1** Que desprende humo [1]. ■ **2** Que tiene humo [1].

humus *m* (*Geol y Agric*) Mantillo (capa del suelo formada por descomposición de materias orgánicas). *Tb fig.*

hundido -da *adj* **1** *part* → HUNDIR. ■ **2** Que está más hondo de lo normal.

hundimiento *m* Acción de hundir(se). *Tb su efecto.*

hundir *tr* **1** Hacer caer [un edificio o construcción o una parte de ellos]. **b)** *pr* (**~se**) Caerse [un edificio o construcción o una parte de ellos]. ■ **2** Hacer descender el nivel [de una superficie (*cd*)] o producir concavidades [en ella (*cd*)]. **b)** *pr* (**~se**) Sufrir [una superficie] descenso de nivel o formación de concavidades. ■ **3** Meter [algo (*cd*)] en el interior [de una masa o materia (*compl* EN)] o en lo hondo [de una concavidad (*compl* EN)]. **b)** *pr* (**~se**) Pasar a estar en el interior [de una masa o materia (*compl* EN)] o en lo hondo [de una concavidad (*compl* EN)]. *Tb sin compl, por consabido.* ■ **4** Hacer que [alguien o algo (*cd*)] vaya al fondo de una masa de agua. **b)** *pr* (**~se**) Irse [alguien o algo] al fondo de una masa de agua. ■ **5** Arruinar o hacer fraca-

sar totalmente [a alguien o algo (*cd*)]. **b)** *pr* (**~se**) Arruinarse o fracasar totalmente [alguien o algo]. ■ **6** Causar un perjuicio grave [a alguien (*cd*)]. **7** Desmoronar moralmente [a alguien]. **b)** *pr* (**~se**) Desmoronarse moralmente. *Frec en part.* ■ **8** Hacer que [alguien (*cd*)] pase a estar [en una situación no deseada]. **b)** *pr* (**~se**) Pasar [alguien] a estar [en una situación no deseada]. ■ **9** Hacer bajar mucho [los precios o la producción]. **b)** *pr* (**~se**) Bajar mucho [los precios o la producción]. ■ **10** Sumergir [a alguien en una actividad o en algo que la implica]. *Frec el cd es refl.*

hungan *m* (*Rel*) Sacerdote de vudú.

húngaro -ra I *adj* **1** De Hungría. *Tb n, referido a pers.* ■ **2** De (los) húngaros [4]. **II** *m* **3** Lengua de Hungría. ■ **4** Zíngaro titiritero. ■ **5** Padda (pájaro).

huno -na *adj* (*hist*) [Individuo] del pueblo de Asia Central que en los ss. IV y V invadió Europa, ocupando el territorio que se extiende desde el Volga al Danubio. *Frec n.*

hura *f* Madriguera (hueco en que se ocultan animales pequeños).

huracán *m* **1** Viento que gira en grandes círculos y cuya velocidad es de más de 117 kilómetros por hora (grado 12 de la escala de Beaufort). **b)** *En gral:* Viento muy fuerte. ■ **2** Pers. o cosa de empuje y velocidad imparables.

huracanadamente *adv* De manera huracanada [2].

huracanado -da *adj* **1** *part* → HURACANAR. ■ **2** De(l) huracán. ■ **3** (*Meteor*) [Viento] que tiene la fuerza o los caracteres propios del huracán [1].

huracanarse *intr pr* **1** Convertirse [el viento] en huracán [1]. ■ **2** (*raro*) Convertirse [alguien o algo] en huracán [2]. ■ **3** (*col*) Enfadarse o irritarse [alguien].

hurañamente *adv* De manera huraña.

huranía *f* Condición de huraño.

huraño -ña *adj* [Pers.] que rehúye el trato con los demás. **b)** Propio de la pers. huraña.

hurdano -na *adj* De las Hurdes (comarca de Cáceres). *Tb n, referido a pers.*

hurga *f* (*reg*) **1** Utensilio que sirve para hurgar [1] la lumbre. ■ **2** Alambre usado por los cazadores para sacar los conejos de la madriguera.

hurgador -ra *adj* Que hurga. *Tb n, referido a pers.*

hurgamandera *f* (*raro*) Prostituta.

hurgamiento *m* Acción de hurgar.

hurgar A *tr* **1** Escarbar [una cosa]. ■ **2** Tocar insistentemente en el interior [de algo (*cd*)] removiéndolo. *Tb fig.* ■ **3** Fisgar o curiosear. ■ **4** Hostigar o inquietar.
    B *intr* **5** Hurgar [1, 2 y 3] [una cosa (*compl de lugar*)]. *Tb sin compl.*

hurí *f* (*Rel musulm*) Mujer bellísima que es prometida a los bienaventurados en el paraíso.

hurmiento *m* (*reg*) Fermento.

hurón -na A *m* **1** Mamífero carnicero de cuerpo pequeño y alargado, con pelaje grisáceo y glándulas anales que producen un olor desagradable, y que se emplea en la caza del conejo (*Mustela furo*). *Tb designa solamente el macho de esta especie.* ■ **2** (*col*)

Pers. huraña. *Tb adj.* ■ **3** (*raro*) Pers. que todo lo investiga o averigua. **B** *f* **4** Hembra del hurón [1].

huronear A *intr* **1** (*col*) Fisgar o curiosear. **B** *tr* (*raro*) **2** Curiosear [algo]. ■ **3** Buscar [algo] como un hurón [1].

huroneo *m* (*col*) Acción de huronear. *Tb fig.*

huronero *m* Individuo que caza con hurón [1].

huroniano -na *adj* (*Geol*) [Plegamiento] ocurrido en el período precámbrico.

hurra *interj* Expresa alegría o aplauso. A veces se sustantiva como *n m.* * ¡Hurra! ¡Hemos vuelto a ganar! * Salió entre los hurras de los aficionados.

hurre (*tb* **hurré**) *interj* (*reg*) Expresa rechazo o repugnancia. * ¡Hurre, antipático!

hurrita (*hist*) **I** *adj* **1** [Individuo] del pueblo asiático que, gobernado por una oligarquía guerrera de estirpe indoeuropea, fundó los reinos de Hurri y Mitanni en el segundo milenio a.C. *Tb n.* **b)** De los hurritas. **II** *m* **2** Lengua de los hurritas [1a].

hurtadillas. a ~. *loc adv* Oculta o disimuladamente. A veces con un compl DE, que indica la pers respecto a la cual se produce el ocultamiento.

hurtador -ra *adj* Que hurta. *Tb n, referido a pers.*

hurtar *tr* **1** Tomar o retener [algo ajeno] contra la voluntad de su dueño, sin violencia o intimidación. *Tb abs.* **b)** Quitar [una cosa (*cd*) a alguien o algo]. ■ **2** Apartar [algo o a alguien] para esquivar o evitar [algo (*compl* A)]. *Frec el cd es refl.* **b)** Esquivar o evitar [algo, esp. una obligación]. **c)** ~ **el bulto** → BULTO. ■ **3** Esconder u ocultar. *Frec el cd es refl. A veces con un compl* A.

hurto I *m* **1** Acción de hurtar [1a]. **II** *loc adv* **2 a ~.** (*lit*) A hurtadillas.

húsar *m* (*hist*) Soldado de caballería ligera vestido a la húngara.

husillo[1] *m* **1** Tornillo grande de hierro o madera usado para mover las prensas y otras máquinas o utensilios. *Frec en la constr* DE ~. ■ **2** Eje del torno de alfarero. ■ **3** (*Constr*) Columna o eje central de la escalera de caracol.

husillo[2] *m* Conducto por donde se desaguan los lugares inmundos o que pueden padecer inundación.

husita (*tb, raro, con la grafía* **hussita**) *adj* (*Rel crist*) Seguidor de las doctrinas de Juan Huss (reformador religioso de Bohemia, † 1415). *Tb n.* **b)** De los husitas.

husky (*ing; pronunc corriente,* /xáski/; *pl normal,* HUSKIES) *m* Perro de trineo, robusto y de pelo denso, propio de la región ártica.

husma *f* (*col*) Husmeo. *Normalmente en la constr* A LA ~.

husmeador -ra *adj* Que husmea. *Tb n, referido a pers.*

husmear *tr* **1** Olfatear [un animal, esp. un perro (*suj*), algo o a alguien]. ■ **2** Rastrear por el olfato [algo]. *Tb abs.* **b)** Buscar o rebuscar. ■ **3** (*col*) Curiosear o indagar. *Tb abs.* ■ **4** (*col*) Sospechar o adivinar.

husmeo *m* Acción de husmear.

husmo *m* **1** Olor que desprende alguien o algo, esp. la carne cuando empieza a pasarse. ■ **2** (*lit*) Conocimiento incipiente.

huso *m* **1** Pieza, gralm. de madera, de forma alargada y redondeada, que se estrecha hacia las puntas y que se emplea para torcer y devanar el hilo en el hilado a mano. **b)** Se usa en constrs de sent comparativo para ponderar la condición de derecho o recto, gralm en la constr MÁS DERECHO QUE UN ~. ■ **2** En la máquina de hilar: Pieza en que va la bobina. ■ **3** Cosa en forma de huso [1]. *Gralm con un compl especificador.* **b)** ~ **esférico.** (*Geom*) Porción de la superficie de la esfera, comprendida entre dos semicírculos máximos. **c)** ~ **horario.** (*Geogr*) Huso esférico de los veinticuatro en que se considera dividida la Tierra para facilitar el cómputo horario. ■ **4** Husillo[1] [1].

hussita → HUSITA.

hutu *adj* Del grupo racial numéricamente más importante de la región de Ruanda y Burundi. *Tb n, referido a pers.*

huy (*tb con la grafía* **uy**) *interj* (*col; más frec en lenguaje femenino o infantil*) **1** Expresa sorpresa o asombro. * ¡Huy! ¡Mira quién viene! ■ **2** Expresa dolor o lamentación. * ¡Huy, qué daño! ■ **3** Expresa reparo o vergüenza. * ¡Huy! Yo no sé hablar en público. Dilo tú.

huyente *adj* (*lit, raro*) Que huye.

hybris *f* (*lit, raro*) Orgullo.

i

i I *f* **1** Letra del alfabeto (*i, I*), que en español corresponde al fonema /i/. (V. PRELIM.) *A veces tb se llama así el fonema representado por esta letra.* **b)** *En unión con* PUNTO *se usa en constrs humoríst de sent comparativo, como* SON LA ~ Y EL PUNTO, PARECEN EL PUNTO Y LA ~, *para designar el conjunto formado por una pers baja y gruesa y otra alta y delgada.* ■ **2 ~ griega.** Letra del alfabeto (*y, Y*), que en español corresponde, cuando va en comienzo de sílaba, al fonema /y/, y en los demás casos, al fonema /i/. (V. PRELIM.) ‖ II *loc v* **3 poner los puntos sobre las íes** → PUNTO.

iacetano -na *adj* (*hist*) Del pueblo indígena prerromano habitante de la región de la actual Jaca. *Tb n, referido a pers.*

iatrogenia, iatrogénico, iatrógeno, iatromecánica → YATROGENIA, YATROGÉNICO, YATRÓGENO, YATROMECÁNICA.

ibense *adj* De Ibi (Alicante). *Tb n, referido a pers.*

ibérico -ca I *adj* **1** De la Península Ibérica. *A veces como especificador de algunas especies botánicas o zoológicas.* **b)** (*lit*) Español. *Tb n, referido a pers. Gralm con intención humoríst.* ■ **2** De la cordillera Ibérica. ■ **3** (*hist*) De los iberos [1a]. ■ **4** De(l) ibérico [5]. ‖ II *m* **5** (*hist*) Lengua de los iberos [1a].

iberismo *m* **1** Carácter de ibero [1 y 2]. ■ **2** Cultura ibera [1b]. ■ **3** Palabra o rasgo lingüístico procedente del ibero [3]. ■ **4** (*Pol*) Tendencia que propugna el acercamiento o la unión de España y Portugal.

iberista *adj* (*Pol*) Que propugna el acercamiento o la unión de España y Portugal. *Tb n, referido a pers.*

iberización *f* Acción de iberizar(se).

iberizar *tr* Dar carácter ibérico [1 y 3] [a alguien o algo (*cd*)]. **b)** *pr* (**~se**) Tomar carácter ibérico [alguien o algo].

ibero -ra (*tb* **íbero**) I *adj* **1** (*hist*) [Individuo] de alguno de los pueblos establecidos en la Península Ibérica, esp. en la costa meridional y oriental, antes de las colonizaciones fenicia y griega. *Tb n.* **b)** De los iberos. ■ **2** (*lit*) Español. *Tb n. Frec con intención humoríst o peyorativa aludiendo a la rudeza.* ‖ II *m* **3** (*hist*) Lengua de los iberos [1a].

ibero- *r pref* Ibérico. * Iberoatlántico. * Iberocretense.

iberoamericanismo *m* **1** (*raro*) Condición de iberoamericano. ■ **2** Mundo iberoamericano.

iberoamericano -na *adj* **1** De Iberoamérica (conjunto de los pueblos americanos que fueron colonias de España y de Portugal). *Tb n, referido a pers.* ■ **2** De Iberoamérica y de las naciones ibéricas [1a].

íbice *m* Cabra alpina semejante a la cabra montés ibérica (*Capra ibex*).

ibicenco -ca I *adj* **1** De Ibiza. *Tb n, referido a pers.* ‖ II *m* **2** Variedad del catalán hablada en Ibiza.

ibiense *adj* De Ibias (Asturias). *Tb n, referido a pers.*

ibis *m* Ave zancuda, de pico largo y encorvado en la punta, de plumaje blanco excepto en la cabeza, cola y extremidad de las alas, en que es negro, y que era venerada por los antiguos egipcios (*Threskiornis aethiopica* o *aethiopicus*). *Tb llamado ~* SAGRADO. *Otras especies similares se distinguen por medio de adjs: ~* EREMITA (*Geronticus eremita*), *~* CALVO (*Thersiticus infuscatus*), *~* ROJO *o* ESCARLATA (*Guara rubra*), *etc.*

ibo I *adj* **1** De un pueblo negro de raza guineana que habita en el sudeste de Nigeria. *Tb n, referido a pers.* ‖ II *m* **2** Lengua de los ibos [1].

iboga *f* Planta arbórea africana, cuya raíz tiene propiedades estimulantes y alucinógenas (gén. *Tabernanthe*).

ibón *m* (*reg*) Lago de montaña.

ibreño -ña *adj* De Ibros (Jaén). *Tb n, referido a pers.*

icario *m* (*raro*) Acróbata.

iceberg (*pl normal*, **~s**) *m* Gran masa de hielo flotante en el mar. **b) la punta del ~.** La parte visible de algo, que permite intuir la existencia de un todo mucho mayor.

icho *m* Planta graminea de los Andes (*Stipa ichu*).

icneumónido *adj* (*Zool*) [Insecto himenóptero] de una familia caracterizada por sus largas antenas y por ser sus larvas parásitas de otros insectos, esp. lepidópteros. *Frec como n m en pl, designando este taxón zoológico.*

icnita *f* (*Geol*) Huella fósil de un animal.

icodense *adj* Icodero. *Tb n.*

icodero -ra *adj* De Icod de los Vinos (Tenerife). *Tb n, referido a pers.*

icónico -ca *adj* **1** De(l) icono. ■ **2** (*E*) Que tiene carácter de icono [2 y 3]. ■ **3** (*Arte*) *En la antigua*

Grecia: [Estatua] de tamaño natural que representa a un vencedor de los juegos.

icono (*tb, raro,* **ícono**) *m* **1** Tabla pintada con técnica bizantina, de tema devoto, propia de las Iglesias orientales. ■ **2** (*E*) Signo que tiene alguna semejanza con el objeto representado. **b)** (*Informát*) Pequeño dibujo que aparece en pantalla y que representa una opción que puede ser seleccionada con el cursor. ■ **3** (*lit*) Imagen, esp. con carácter de símbolo.

iconoclasia *f* (*raro*) Iconoclastia.

iconoclasta *adj* **1** [Pers.] enemiga violenta del culto a las imágenes. *Tb n.* **b)** (*hist*) [Individuo] perteneciente al movimiento político-religioso bizantino del s. VIII que propugnaba la destrucción de las imágenes. *Tb n.* ■ **2** [Pers.] enemiga y destructora de la cultura heredada, del prestigio y autoridad de las figuras que la representan. *Tb n.* ■ **3** De los iconoclastas [1 y 2].

iconoclastia *f* Actitud o tendencia iconoclasta [3].

iconódulo -la *adj* (*hist, raro*) *En el antiguo imperio bizantino:* Partidario del culto de las imágenes, frente a los iconoclastas. *Tb n.*

iconofobia *f* (*raro*) Odio o aversión a las imágenes.

iconófobo -ba *adj* Que tiene iconofobia. *Tb n.*

iconografía *f* **1** Conjunto de imágenes o retratos [esp. de un tema o carácter determinados]. ■ **2** Arte de la imagen o del retrato. ■ **3** Estudio de las diversas representaciones plásticas [de alguien o algo.]

iconografiar (*conjug* **1c**) *tr* Representar la imagen [de algo (*cd*)].

iconográficamente *adv* En el aspecto iconográfico.

iconográfico -ca *adj* De (la) iconografía.

iconólatra *adj* (*Rel*) Que practica la iconolatría. *Tb n.*

iconolatría *f* (*Rel*) Adoración de las imágenes.

iconología *f* **1** Estudio de las figuras alegóricas y de su simbolismo. ■ **2** Representación simbólica.

iconológico -ca *adj* De (la) iconología.

iconoscopio *m* (*TV*) Tubo catódico para la toma de imágenes, que transforma la imagen luminosa en señales eléctricas que pueden ser amplificadas o transmitidas.

iconostasio *m* (*Arquit*) Iconostasis.

iconostasis *m* (*Arquit*) *En las iglesias de rito griego y en algunas hispanovisigodas o mozárabes:* Estructura adornada con pinturas e imágenes sagradas que sirve de separación entre el presbiterio y el resto de la iglesia.

icor *m* (*Med*) Líquido fétido de una llaga o úlcera, compuesto de suero, pus y sangre.

icosaedro *m* (*Geom*) Sólido de veinte caras.

icositetraedro *m* (*Geom*) Sólido de 24 caras trapezoidales.

ictericia *f* Coloración amarilla de la piel y las mucosas, debida a la presencia de pigmentos biliares en la sangre.

ictérico -ca *adj* (*Med*) **1** De (la) ictericia. ■ **2** Que padece ictericia. *Tb n.*

icterino. zarcero ~ -→ ZARCERO.

ictícola *adj* (*Zool*) De (los) peces.

ictiocola *f* Cola de pescado (gelatina).

ictiofauna *f* (*Zool*) Conjunto de los peces [de un país o zona].

ictiogénico -ca *adj* (*Zool*) De (la) fecundación artificial y de la incubación de huevos de peces.

ictiol *m* (*Med*) Líquido medicinal que se obtiene de la destilación seca de una roca bituminosa que contiene fósiles de peces, usado en ginecología y dermatología.

ictiología *f* Parte de la zoología que estudia los peces.

ictiológico -ca *adj* **1** De (la) ictiología. ■ **2** De (los) peces.

ictiólogo -ga *m y f* Especialista en ictiología.

ictiosauro *m* (*Zool*) Reptil fósil marino, de tamaño gigantesco, con hocico prolongado, cuello muy corto y cuatro aletas natatorias, perteneciente a la Era Secundaria. *Frec en pl, designando el taxón zoológico correspondiente.*

ictiosis *f* (*Med*) Afección cutánea caracterizada por la diferenciación de la epidermis en escamas. *A veces con un adj especificador:* CÓRNEA, HÍSTRIX, LAMINAR, UTERINA, *etc.*

ictus *m* **1** (*Med*) Ataque súbito. ■ **2** (*TLit*) Acento rítmico del verso.

I+D (*sigla; pronunc corriente,* /í-mas-dé/) *m* (*Econ*) Investigación y desarrollo (investigación científica destinada al desarrollo y mejora de productos).

ida I *f* **1** Acción de ir. ■ **2** ~s y venidas. (*col*) Acción reiterada de ir y venir. *Tb fig.* ■ **3** ~ y vuelta. Trayecto que incluye el viaje a un punto y el regreso del mismo al punto de partida. *Frec en la loc adj* DE ~ Y VUELTA, *referida a billete.*

II *loc adj* **4** de ~. (*Dep*) [Encuentro] primero de los dos que han de jugarse, en un campeonato, entre los mismos participantes. *Se opone a* DE VUELTA.

III *loc v* **5 no dar** (*o* **no dejar**) **la ~ por la venida.** (*col*) Insistir de manera apremiante en un propósito.

idea I *f* **1** Representación intelectual [de alguien o algo]. **b)** Representación intelectual [de una clase de seres] abstraída a partir del conocimiento de seres concretos de esa clase. **c)** (*Filos*) *En la doctrina platónica:* Esencia eterna y puramente inteligible de las cosas sensibles. *Frec en pl.* ■ **2** Conocimiento elemental o aproximativo. *Frec se emplea en frases negativas para ponderar la ignorancia.* * No tengo ni idea. ■ **3** Concepción puramente imaginaria y más o menos original, en el campo del conocimiento, de la acción o de la creación artística. **b)** Propósito o intención. *Normalmente con un compl* DE + *infin, o con una prop introducida por* QUE + *v en subj.* **c)** Dotes intuitivas especiales [para una actividad]. *Normalmente con el v* TENER. ■ **4** Creencia u opinión. **b)** *En pl:* Modo de pensar. ■ **5** ~-fuerza. Idea [3a] capaz de impulsar a una colectividad o de influir en su evolución.

II *loc v* **6 estar en la ~** [de algo]. Tener intención [de ello]. *Tb sin compl, por consabido.* ■ **7 hacerse a la ~** [de algo]. Aceptar[lo] mentalmente. ■ **8 hacerse** (*o* **darse**) (**una**) **~** [de algo]. Imaginar[lo] con más o menos aproximación. *Frec en frases negativas con intención ponderativa.*

III *loc adv* **9 a mala ~.** Con mala intención.

ideación *f* (*lit*) Acción de idear. *Tb su efecto.*

ideador -ra *adj* Que idea. *Tb n, referido a pers.*

ideal I *adj* **1** De la idea o de las ideas. **b)** Perteneciente solo al mundo de las ideas. ■ **2** [Pers. o cosa] perfecta en su especie. *Frec* (*col*) *con intención ponderativa, esp en lenguaje femenino.*
II *m* **3** Suma de cualidades que constituirían la pers. o cosa perfecta en su especie. *Tb la pers o cosa en que se suponen reunidas.* ■ **4** Conjunto de valores morales, intelectuales o artísticos a los que tiende [una pers. o grupo social (*compl de posesión*)]. *Frec en pl.*
III *adv* **5** (*col*) Muy bien. *Con intención ponderativa, esp en lenguaje femenino.*

idealidad *f* **1** (*lit*) Cualidad de ideal. ■ **2** (*col*) Pers. o cosa ideal [2]. *Gralm en lenguaje femenino.*

idealismo *m* **1** Cualidad de idealista [1]. **b)** (*Arte y TLit*) Tendencia a idealizar la realidad. ■ **2** (*Filos*) Sistema que reduce las cosas a contenidos de pensamiento, o que da primacía a estos sobre aquellas.

idealista *adj* **1** [Pers.] que actúa sin tener suficientemente en cuenta la realidad. *Tb n.* **b)** [Pers.] que actúa prescindiendo de intereses materiales. *Tb n.* **c)** (*Arte y TLit*) [Artista o arte] que idealiza la realidad. **d)** Propio de la pers. o el arte idealistas. ■ **2** (*Filos*) Del idealismo [2]. **b)** Adepto al idealismo. *Tb n.*

idealizable *adj* Que se puede idealizar.

idealización *f* Acción de idealizar. *Tb su efecto.*

idealizador -ra *adj* Que idealiza.

idealizar *tr* Dotar mentalmente [a una pers. o cosa (*cd*)] de una perfección superior a la que en realidad posee. **b)** Concebir o representar [a una pers. o cosa] privándola de rasgos realistas.

idealmente *adv* De manera ideal.

idear *tr* Formar la idea [3] [de algo (*cd*)].

ideario *m* Conjunto o sistema de ideas [3a y 4a] [de una pers. o de una colectividad].

ídem (*no se usa en pl*) *pron* **1** Lo mismo. *Tb adv. Normalmente se usa con independencia sintáctica. A veces,* (*col*) ~ DE ~, *o* (*col, humoríst*) ~ DE LIENZO, *con intención enfática.* * Ella es un poco engreída, y él, ídem de lienzo. **b)** (*col*) Precedido de un determinante, se sustantiva, representando un n que se acaba de citar. * Dicen que había mil guardias. ¡Que se lo cuenten a un ídem! ■ **2** El mismo. *Normalmente en citas bibliográficas.* * Ortega, "España invertebrada"; ídem, "La rebelión de las masas".

idénticamente *adv* De manera idéntica.

idéntico -ca *adj* **1** El mismo. *Indica que la pers o cosa designada por el n es una sola, aunque esté vista en circunstancias diferentes.* * Se trata de niños de edades idénticas. ■ **2** Exactamente igual. *Frec se usa con intención enfática. Con un compl* A, *que frec se omite por consabido.* * Es idéntico a su padre.

identidad *f* **1** Cualidad de idéntico. ■ **2** Hecho de ser una pers. o una cosa determinada, por rasgos y circunstancias que impiden que sea confundida con otra. **b)** Conjunto de caracteres que individualizan y diferencian a una pers. o cosa o a una colectividad. **c)** Conjunto de datos que definen oficialmente a una pers. ■ **3** (*Mat*) Igualdad de dos expresiones algebraicas que se mantiene cualquiera que sea el valor atribuido a los términos que la forman.

identificable *adj* Que puede ser identificado.

identificación *f* Acción de identificar(se).

identificador -ra *adj* Que identifica. *Tb n, referido a pers.*

identificar A *tr* **1** Considerar o presentar como idénticas [1] [dos perss. o cosas]. *Tb con cd sg y un compl* CON. ■ **2** Establecer la identidad [2] [de alguien o algo (*cd*)]. *A veces con un compl* COMO, *que expresa la identidad.*
B *intr pr* (~se) **3** Ser idénticas [1] [dos perss. o cosas]. *Tb* ~SE ENTRE SÍ. *Tb con suj sg y un compl* CON. ■ **4** Acomodar o adecuar [una pers.] su mente o su conciencia [a alguien o algo (*compl* CON)]. **b)** Estar de acuerdo [con alguien o algo]. ■ **5** Manifestar [alguien] su identidad [2].

identificativo -va *adj* Que sirve para identificar [2].

identificatorio -ria *adj* Identificativo.

ideografía *f* Representación ideográfica.

ideográfico -ca *adj* De (los) ideogramas.

ideograma *m* Signo lingüístico gráfico que representa una idea o concepto o un objeto, sin representar su expresión fonológica. **b)** Signo o símbolo convencional.

ideogramático -ca *adj* Ideográfico.

ideología *f* Conjunto de ideas o doctrinas [de una pers., una colectividad o una época determinadas], frec. considerado como base de un sistema político o social.

ideológicamente *adv* En el aspecto ideológico.

ideológico -ca *adj* De (la) ideología.

ideologismo *m* Tendencia a dar preponderancia excesiva a las ideologías o a una ideología.

ideologización *f* Acción de ideologizar.

ideologizador -ra *adj* Que ideologiza. *Tb n, referido a pers.*

ideologizar *tr* Dotar de ideología [a alguien o algo (*cd*)].

ideólogo -ga *m y f* **1** Creador de una ideología. ■ **2** Pers. que se dedica al aspecto teórico de una ideología. *A veces con intención desp, indicando falta de realismo.*

idílico -ca *adj* **1** De(l) idilio. ■ **2** [Cosa] idealista. *Frec con intención desp.*

idilio *m* **1** Relación amorosa. *Esp designa la de carácter delicado y casto.* ■ **2** (*TLit*) Poema pastoril breve de tema amoroso.

idilismo *m* Cualidad de idílico [2]. *Frec con intención desp.*

idiocia *f* **1** (*lit*) Condición de idiota [1]. ■ **2** (*Med*) Forma extrema de deficiencia mental, en que la persona es incapaz de adquirir el lenguaje.

idiolecto *m* (*Ling*) Forma personal en que un hablante emplea su idioma.

idioma I *m* **1** Lengua (lenguaje utilizado por una comunidad humana). **b)** Manera de expresarse propia de determinados ámbitos o circunstancias. **c)** *En gral:* Manera de expresarse.
II *loc v* **2** hablar el ~ [de alguien]. Entenderse fácilmente [con él] por tener un modo de pensar similar. *Tb* HABLAR SU MISMO ~, *o* HABLAR [dos pers.] EL MISMO ~.

idiomáticamente *adv* En el aspecto idiomático.

idiomático -ca *adj* De(l) idioma. **b)** Característico de un idioma.

idiomatismo *m* (*Ling*) Idiotismo [2].

idiopático -ca *adj* (*Med*) [Enfermedad] de origen desconocido o no relacionado con otra.

idiosincrasia *f* **1** Manera natural y particular de ser [de una pers. o colectividad]. ■ **2** (*Med*) Sensibilidad anormal e individual a un medicamento, un alimento u otro agente.

idiosincrásico -ca *adj* De (la) idiosincrasia.

idiosincrático -ca *adj* Idiosincrásico.

idiota *adj* **1** [Pers.] que carece de inteligencia. *Tb n. Frec se usa como insulto.* ■ **2** (*Med*) Deficiente mental profundo, incapaz de adquirir el lenguaje. *Tb n.* ■ **3** Propio de la pers. idiota [1 y 2].

idiotamente *adv* De manera idiota [3].

idiotez *f* **1** Cualidad de idiota, *esp* [1]. ■ **2** Hecho o dicho propio de un idiota [1]. ■ **3** Tontería o cosa sin importancia.

idiotipo *m* (*Biol*) Conjunto de los factores hereditarios de un organismo.

idiotismo *m* **1** Cualidad de idiota [1]. ■ **2** (*Ling*) Giro o forma de expresión peculiar de una lengua.

idiotización *f* Acción de idiotizar(se).

idiotizado -da *adj* **1** *part* → IDIOTIZAR. ■ **2** Propio de la pers. idiotizada [1].

idiotizar *tr* Volver idiota [1] [a alguien]. **b)** *pr* (**~se**) Volverse idiota [1].

ido¹ -da *adj* **1** *part* → IR. ■ **2** [Pers.] que ha perdido la conciencia clara de lo que le rodea. *A veces se usa como euf, indicando pérdida de juicio.* **b)** Propio de la pers. ida.

ido² *m* Lengua internacional artificial, creada sobre la base del esperanto.

idólatra *adj* **1** [Pers.] que practica la idolatría [1]. *Tb n.* ■ **2** (*lit*) [Pers.] que siente idolatría [2] [por alguien o algo (*compl de posesión*)].

idolatrar *tr* **1** Adorar [a alguien o algo] como ídolo [1]. ■ **2** (*lit*) Amar o admirar ciegamente [a alguien o algo].

idolatría *f* **1** Culto a los ídolos [1]. ■ **2** (*lit*) Amor o admiración ciegos.

idolátrico -ca *adj* De (la) idolatría.

idolización *f* Acción de idolizar.

idolizar *tr* Convertir en ídolo [2] [a alguien o algo].

ídolo *m* **1** Imagen que se adora como divinidad. **b)** Imagen que representa a una divinidad considerada como falsa. **c)** Imagen perteneciente a una religión considerada como falsa. ■ **2** Pers. o cosa que es objeto de gran admiración o veneración, esp. colectiva.

idóneamente *adv* De manera idónea.

idoneidad *f* Cualidad de idóneo.

idóneo -a *adj* Apto o adecuado [para algo]. *Frec se omite el compl.*

idumeo -a *adj* (*hist*) De Idumea (antigua región de Asia). *Tb n, referido a pers.*

idus *m pl* (*hist*) Entre los antiguos romanos: Día 15 [de marzo, mayo, julio u octubre] o día 13 [de los meses restantes]. *Tb (lit) referido a época moderna.*

ifugao *adj* De un pueblo filipino habitante de la zona norte de la isla de Luzón. *Tb n, referido a pers.*

igbo *adj* Ibo. *Tb n.*

iglesario *m* (*reg*) Finca rústica que pertenece al párroco por razón de su cargo.

iglesia (*en las aceps 1, 2 y 5 se escribe con mayúscula*) **I** *f* **1** Conjunto de los fieles que siguen la religión de Jesucristo. **b)** Conjunto organizado de fieles que siguen una doctrina cristiana. *Con un adj especificador.* **c)** Conjunto de los católicos. ■ **2** Conjunto de las perss. que pertenecen al clero o a las órdenes religiosas. **b)** Jerarquía eclesiástica. ■ **3** Templo cristiano. ■ **4** (*jerg*) Bar o taberna.
   II *loc v* **5 casarse por detrás de la ~.** (*col*) Amancebarse. ■ **6 casarse por la ~.** Contraer matrimonio canónico.

iglesiero -ra *adj* [Pers.] aficionada a ir a la iglesia [3].

igloo (*ing; pronunc corriente,* /iglú/; *pl normal,* ~s) *m* Iglú.

iglú *m* **1** Construcción esquimal de forma aproximadamente semiesférica, hecha con bloques de nieve compacta. ■ **2** Tienda de campaña de forma aproximadamente semiesférica. ■ **3** Estructura portátil de plástico, de forma semiesférica, que sirve como cubierta protectora en el transporte de mercancías.

ignacianamente *adv* De manera ignaciana.

ignaciano -na *adj* **1** De San Ignacio de Loyola († 1556), fundador de la Compañía de Jesús. ■ **2** Jesuita (de la Compañía de Jesús). *Tb n, referido a pers.*

ignaro -ra *adj* (*lit*) Ignorante [2]. *Tb n, referido a pers.*

ignavia *f* (*lit, raro*) Pereza o desidia.

ígneo -a *adj* **1** (*lit*) De fuego. ■ **2** (*Geol*) [Roca] formada por solidificación del magma dentro o fuera de la tierra.

ignición *f* (*E*) **1** Hecho de estar ardiendo o incandescente. ■ **2** Acción de encender. *Gralm referido a motores.*

ignifugación *f* (*E*) Acción de ignifugar.

ignifugar *tr* (*E*) Hacer ininflamable [una cosa].

ignífugo -ga *adj* Que hace ininflamables los objetos combustibles.

ignominia *f* **1** Deshonor o vergüenza pública. ■ **2** Hecho vergonzoso.

ignominiosamente *adv* De manera ignominiosa.

ignominioso -sa *adj* Que implica o supone ignominia.

ignorancia *f* **1** Hecho de ignorar. ■ **2** Cualidad de ignorante [2].

ignorante *adj* **1** Que ignora [1] [algo (*compl* DE)]. ■ **2** Que no tiene cultura o instrucción. *Tb n, referido a pers.* **b)** Propio de la pers. ignorante.

ignorantemente *adv* De manera ignorante [2b].

ignorar *tr* **1** Desconocer [algo] o no tener conocimiento [de ello (*cd*)]. ■ **2** Afectar desconocimiento [de algo (*cd*)]. **b)** Comportarse como si [alguien o algo (*cd*)] no existiese o no estuviese presente.

ignoto -ta *adj* (*lit*) Desconocido.

igorrote I *adj* **1** De un pueblo de raza malaya habitante de la isla de Luzón (Filipinas). *Tb n, referido*

a pers. ■ **2** (*raro*) Bárbaro o salvaje. *Tb n, referido a pers.*
II *m* **3** Lengua de los igorrotes [1].

igual **I** *adj* **1** [Pers. o cosa] de las mismas características externas o internas [que otra (*compl* A o QUE)], en todo o en el aspecto que se considera. *Tb sin compl, frec con n en pl. A veces con intención ponderativa.* **b)** [Cosa] que tiene el mismo valor [que otra (*compl* A o QUE)]. *Frec sin compl, con n en pl. Esp en matemáticas.* **c)** (*invar*) Precede a una expresión que se presenta como resultado de la suma de lo antedicho. * Desorden y vagancia: igual a fracaso. **d)** (*Geom*) [Línea o figura] que al superponerla a otra coincide [con ella (*compl* A o QUE)]. *Frec sin compl, con n en pl.* ■ **2** [Superficie] lisa, o que no presenta relieves o asperezas. ■ **3** [Cosa] uniforme, o cuyas características no varían a lo largo del espacio o del tiempo. **b)** [Carácter] constante o no variable. *Tb referido a la pers que lo tiene.* ■ **4 sin ~.** [Pers. o cosa] única o incomparable.
II *n* **A** *m y f* **5** Pers. de la misma categoría o clase [que otra (*compl de posesión*)]. *Tb sin compl.*
B *m* **6** Signo de igualdad, equivalente a "es igual a". ■ **7** Categoría o clase igual [1] [a la de la pers. en cuestión (*compl de posesión*)]. ■ **8** (*col, hoy raro*) *En pl:* Cupones de la lotería de ciegos, que suelen venderse en series de un mismo número. ■ **9 los ~es.** (*jerg*) La pareja de la guardia civil.
III *loc v* **10 ser,** o **dar, ~.** Ser indiferente.
IV *adv* **11** De la misma manera. *Si lleva expreso el segundo término de la comparación, este va introducido por* QUE. ■ **12** Con la misma intensidad. *Si lleva expreso el segundo término de la comparación, este va introducido por* QUE. **b) por ~,** o **por un ~.** En la misma medida. ■ **13** (*col*) A lo mejor. ■ **14 de ~ a ~.** De la manera que se trataría a otra pers. de la misma categoría.
V *loc conj* **15 ~ que,** o **al ~ que.** Como, o de la misma manera que.

iguala *f* (*hoy raro*) Convenio entre una pers. y un médico u otro profesional, por el que este presta sus servicios a aquella mediante el pago de una cuota periódica. **b)** Cuota que se paga por la iguala.

igualable *adj* Que pueder ser igualado, *esp* [2].

igualación *f* Acción de igualar(se).

igualada *f* **1** (*Dep*) Empate. ■ **2** (*Taur*) Acción de igualar [3 y 6].

igualadino -na *adj* De Igualada (Barcelona). *Tb n, referido a pers.*

igualado -da *adj* **1** *part* → IGUALAR. ■ **2** [Pers. o cosa] que está en situación o circunstancias iguales [1] [a las de otra (*compl* CON o A)]. *Frec sin compl, con n en pl.* ■ **3** [Lucha, competición o situación] en que se produce igualdad entre los participantes. ■ **4** (*reg*) [Animal, esp. oveja] que ha echado los últimos dientes.

igualador -ra *adj* Que iguala.

igualar **A** *tr* **1** Hacer iguales [1] [a dos perss. o cosas, o una a otra (*compl* A o CON)]. **b)** Hacer igual [2 y 3a] [una cosa]. **c)** Hacer que quede igual [3a] el borde [de algo (*cd*)]. ■ **2** Ser o hacerse igual [1b] [que otra pers. o cosa (*cd*)]. ■ **3** (*Taur*) Hacer que [el toro (*cd*)] esté quieto con las cuatro extremidades paralelas en vertical, en posición favorable para que entre a matar el torero.
B *intr* **4** Ser [una cosa] igual [1] [a otra (*compl* A o CON)]. *Tb pr* (*~se*). ■ **5** (*Dep*) Empatar. ■ **6** (*Taur*) Ponerse [el toro] con las cuatro patas paralelas en vertical, en posición favorable para que entre a matar el torero.

igualarse *intr pr* (*hoy raro*) Hacer una iguala [con un médico u otro profesional]. *Tb sin compl. Frec en part, a veces sustantivado.*

igualatorio¹ -ria *adj* [Cosa] que iguala o tiende a igualar [1a].

**igualatorio² *m* (*hoy raro*) Organización sanitaria o de otros servicios que funciona por igualas.

igualdad *f* **1** Cualidad o condición de igual [1, 2 y 3]. **b)** Existencia de los mismos derechos para todos los ciudadanos. ■ **2** (*Mat*) Expresión que representa la igualdad [1a] de dos cantidades o expresiones.

igualitariamente *adv* De manera igualitaria.

igualitario -ria *adj* Que tiende a la igualdad [1b] o que la implica.

igualitarismo *m* Tendencia que propugna la igualdad [1b].

igualitarista *adj* De(l) igualitarismo. **b)** Partidario del igualitarismo. *Tb n.*

igualitarización *f* (*raro*) Acción de igualitarizar.

igualitarizar *tr* (*raro*) Dar trato igualitario [a alguien].

igualmente *adv* **1** De manera igual. ■ **2** También. **b)** *Se usa como respuesta para dirigir al interlocutor el mismo cumplido o insulto que este acaba de pronunciar.* * –Que descanses. –Igualmente.

igualón -na *adj* (*Caza*) [Pollo, esp. de perdiz] de tamaño y plumaje semejante ya al de sus padres. *Tb n.*

iguana *f* Reptil arborícola semejante al lagarto, de hasta 1,80 m de largo, color verdoso y una cresta espinosa de la cabeza a la cola, propio de América central y meridional (*Iguana iguana*). *Tb designa otras especies de la misma familia.*

iguanodón *m* (*Zool*) Reptil fósil de la Era Secundaria, herbívoro, de unos diez metros de longitud, con patas posteriores y cola muy robustas que le dan cierta semejanza con el canguro (gén. *Iguanodon*).

iguanodonte *m* (*Zool*) Iguanodón.

iguñés -sa *adj* Del valle de Iguña (Cantabria). *Tb n, referido a pers.*

ijada *f* **1** Ijar. ■ **2** *En un pez:* Parte anterior e inferior del cuerpo. ■ **3** (*reg*) Vara larga con un hierro en un extremo, que se pone junto al arado para separar la tierra que se pega a la reja.

ijar *m* Cavidad entre las costillas falsas y los huesos de la cadera. *Frec en pl.*

ijujú *interj* (*reg*) Expresa júbilo. *A veces se sustantiva como n m.*

ikastola *f* Escuela en que la enseñanza se da en vascuence.

ikebana *m* Arte japonés de la colocación de flores, según determinados criterios estéticos y simbólicos.

ikurriña *f* Bandera oficial del País Vasco.

ilación *f* **1** Acción de inferir o deducir. ■ **2** Conexión lógica. **b)** (*Filos*) Nexo entre las premisas y la consecuencia.

ilativa *adj* (*Gram*) [Conjunción] que expresa ilación [2].

ilburuco (*tb con la grafía* **il-buruco**) *adj* (*Der, reg*) [Testamento] otorgado ante tres testigos por quien se encuentra en peligro de muerte y alejado de población y de la residencia del notario.

ilegal *adj* **1** [Cosa] contraria a la ley. ■ **2** [Inmigrante] que ha entrado en un país de forma ilegal [1]. *Tb n*. ■ **3** [Individuo o grupo terrorista] fichado por la policía.

ilegalidad *f* **1** Cualidad de ilegal. ■ **2** Acción ilegal [1].

ilegalización *f* Acción de ilegalizar.

ilegalizar *tr* Hacer o declarar ilegal [1] [algo, esp. un partido político].

ilegalmente *adv* De manera ilegal [1].

ilegibilidad *f* Cualidad de ilegible.

ilegible *adj* Que no puede leerse.

ilegiblemente *adv* De manera ilegible.

ilegítimamente *adv* De manera ilegítima.

ilegitimar *tr* Privar de legitimidad [a alguien o algo (*cd*)].

ilegitimidad *f* Cualidad de ilegítimo.

ilegítimo -ma *adj* No legítimo.

ileítis *f* (*Med*) Inflamación del íleon[1].

íleo *m* (*Med*) Oclusión o bloqueo intestinal.

ileocecal (*tb con la grafía* **íleo-cecal**) *adj* (*Anat*) De los intestinos íleon[1] y ciego.

íleon[1] *m* (*Anat*) *En los mamíferos:* Tercera porción del intestino delgado.

íleon[2] *m* (*Anat*) Ilion.

ilercavón -na *adj* (*hist*) [Individuo] de un pueblo hispánico prerromano habitante de parte de las actuales provincias de Tarragona y Castellón. *Tb n*.

ilerdense *adj* De Lérida. *Tb n, referido a pers.*

ilergete *adj* (*hist*) [Individuo] de un pueblo hispánico prerromano habitante de la parte llana de las actuales provincias de Lérida, Zaragoza y Huesca. *Tb n*.

ileso -sa *adj* Que no ha recibido lesión o daño.

iletrado -da *adj* Falto de cultura. *Tb n, referido a pers.*

ileus *m* (*Med*) Íleo.

iliaco -ca (*tb* **ilíaco**) *adj* (*Anat*) **1** Del ilion. ■ **2** [Hueso] coxal. *Tb n m*.

ilícitamente *adv* De manera ilícita.

ilicitano -na *adj* De Elche (Alicante). *Tb n, referido a pers.*

ilícito -ta *adj* Prohibido por la ley o por la moral.

ilicitud *f* Cualidad de ilícito.

ilidiable *adj* Que no se puede lidiar.

ilimitadamente *adv* De manera ilimitada.

ilimitado -da *adj* Que no tiene límites.

ilímite *adj* (*lit, raro*) Ilimitado.

ilion *m* (*Anat*) *En los mamíferos:* Hueso superior de los tres que forman el coxal.

ilipense *adj* De Zalamea de la Serena (Badajoz). *Tb n, referido a pers.*

iliplense *adj* De Niebla (Huelva). *Tb n, referido a pers.*

ilírico -ca *adj* (*hist*) De Iliria o de los ilirios [1].

ilirio -ria **I** *adj* **1** (*hist*) [Individuo] del pueblo indoeuropeo habitante de Iliria (antigua región del Adriático). *Tb n, referido a pers. A veces referido a los antiguos pobladores ilirios de la península Ibérica.* **b)** De (los) ilirios. **II** *m* **2** Lengua indoeuropea de los antiguos ilirios [1].

iliterato -ta *adj* (*raro*) Iletrado.

iliturgitano -na *adj* De Andújar (Jaén). *Tb n, referido a pers.*

ilixantina *f* (*Quím*) Principio activo y materia colorante amarilla del acebo.

illanero -ra *adj* De Illana (Guadalajara). *Tb n, referido a pers.*

illescano -na *adj* De Illescas (Toledo). *Tb n, referido a pers.*

illuecano -na *adj* De Illueca (Zaragoza). *Tb n, referido a pers.*

ilmenita *f* (*Mineral*) Mineral de óxido de hierro y titanio, de color negruzco y difícilmente atacable por los ácidos.

ilocalizable *adj* Que no se puede localizar.

ilocano -na **I** *adj* **1** De un pueblo malayo que habita en el noroeste de la isla de Luzón (Filipinas). *Tb n, referido a pers.* **II** *m* **2** Lengua de los ilocanos [1].

iloco *m* Ilocano [2].

ilógico -ca *adj* Que no es lógico o que carece de lógica.

ilogismo *m* Cualidad de ilógico.

ilota (*tb con la grafía* **hilota**) *m y f* (*hist*) *En la antigua Esparta:* Indígena sometido, perteneciente como esclavo al Estado. **b)** (*lit*) Esclavo. *Frec fig.*

iludente *adj* (*lit, raro*) Engañador. *Tb n*.

iludir *tr* (*lit, raro*) Engañar. *Tb abs.*

iluminable *adj* Que se puede iluminar.

iluminación *f* **1** Acción de iluminar(se). *Tb su efecto.* **b)** (*Fís*) Iluminancia. ■ **2** Conjunto de luces.

iluminado -da *adj* **1** *part* → ILUMINAR. ■ **2** [Pers.] que se cree inspirada por un ser sobrenatural para llevar a cabo una misión. *Gralm n.* **b)** [Poeta] que se siente dotado de especial inspiración. ■ **3** (*Rel catól*) Alumbrado (hereje).

iluminador -ra *adj* Que ilumina. *Tb n, referido a pers.*

iluminancia *f* (*Fís*) Cantidad de luz recibida por unidad de superficie.

iluminante *adj* Que ilumina.

iluminar *tr* **1** Dar luz [a alguien o algo (*cd*)]. *Tb fig. Tb abs.* **b)** *pr* (~**se**) Llenarse de luz. *Tb fig.* ■ **2** Adornar [algo] con luces. ■ **3** Enseñar la verdad, el saber o la conducta acertada [a alguien (*cd*)]. ■ **4** Dar colores [a algo (*cd*)].

iluminativo -va *adj* De (la) iluminación. **b)** (*Rel*) De la iluminación del alma por Dios. *Se dice gralm de una de las vías místicas.*

iluminismo *m* **1** Condición de iluminado. ■ **2** (*Rel catól*) Doctrina o tendencia de los iluminados [3].

iluminotecnia *f* (*semiculto*) Luminotecnia.

ilusamente *adv* De manera ilusa.

ilusión I *f* **1** Concepto o imagen formados en la mente que no corresponden a una verdadera realidad. ■ **2** Esperanza con poco fundamento. *Frec en la constr* HACERSE ~ES. ■ **3** Interés o entusiasmo llenos de esperanza. **b)** Cosa que se espera con ilusión. **c)** Pers. o cosa apetecible o sugestiva. *Gralm en lenguaje femenino y frec en constr exclam.*
II *adj invar* **4** [Tul] muy vaporoso usado para velos de novia.
III *loc v* **5** hacer ~ [algo a alguien]. (*col*) Ser[le] apetecible o sugestivo. **b)** Resultar[le] grato o agradable.

ilusionadamente *adv* De manera ilusionada.

ilusionado -da *adj* **1** *part* → ILUSIONAR. ■ **2** Que denota o implica ilusión [3a].

ilusionador -ra *adj* Que ilusiona.

ilusionante *adj* Que ilusiona.

ilusionar *tr* Causar ilusión, *esp* [2 y 3], [a alguien (*cd*)]. **b)** *pr* (~se) Pasar a sentir ilusión [2 y 3].

ilusionismo *m* Arte de conseguir efectos de ilusión [1] en los espectadores mediante juegos de prestidigitación y trucos.

ilusionista *m y f* Pers. que practica el ilusionismo.

ilusivamente *adv* (*lit, raro*) De manera ilusiva.

ilusivo -va *adj* (*lit, raro*) Falso o engañoso.

iluso -sa *adj* Que se forja esperanzas sin fundamento. *Tb n, referido a pers.* **b)** Propio de la pers. ilusa.

ilusoriamente *adv* De manera ilusoria.

ilusorio -ria *adj* Que tiene carácter de ilusión [1 y 2].

ilustración (*normalmente con mayúscula en acep 4*) *f* **1** Acción de ilustrar. *Frec su efecto.* ■ **2** Dibujo o fotografía con que se ilustra [3] un texto escrito, esp. un libro. **b)** (*hist*) Revista ilustrada. ■ **3** Cosa que ilustra [4]. ■ **4** (*hist*) Movimiento cultural propio del s. XVIII, caracterizado por la fe en la razón, el cultivo del saber y el fomento de la educación. *Tb la época correspondiente.*

ilustrado -da *adj* **1** *part* → ILUSTRAR. ■ **2** [Pers.] culta o instruida. *Tb n.* **b)** Propio de la pers. ilustrada. ■ **3** (*hist*) De la Ilustración [4]. *Tb n, referido a pers.* **b)** [Despotismo] ~ → DESPOTISMO. ■ **4** [Plato] que lleva determinados complementos o añadidos sobre lo normal.

ilustrador -ra *adj* Que ilustra. **b)** [Pers.] que ilustra [3] con dibujos. *Frec n.*

ilustrar *tr* **1** Instruir o dar cultura [a alguien (*cd*)]. ■ **2** Proporcionar [a alguien (*cd*)] información o conocimiento [sobre algo (*compl* DE o SOBRE)]. *Tb sin compl adv.* ■ **3** Poner [a un texto escrito (*cd*)] imágenes (*compl* CON), gralm. para completar su información. *Frec sin compl adv.* **b)** Acompañar [una cosa con otra que le sirve de complemento informativo o estético]. ■ **4** Servir [una cosa] de complemento informativo o estético [de otra (*cd*)].

ilustrativo -va *adj* Que ilustra o sirve para ilustrar.

ilustre *adj* **1** [Pers. o familia] destacada o muy notable. **b)** De (la) pers. o (las) perss. ilustres. **c)** *Precedido de* MUY *y precediendo a* SEÑOR, *se usa como tratamiento oficial propio de la dignidad de canónigo.* * Celebró la misa el ilustrísimo señor deán, asistido del canónigo muy ilustre señor licenciado don

Celestino Saavedra. **d)** *Se usa, a veces precedido de* MUY, *como calificación honorífica oficial de determinadas entidades o corporaciones.* * Muy ilustre Colegio Oficial de Farmacéuticos. ■ **2** [Cosa] famosa o muy conocida por su calidad.

ilustrísimo -ma *adj Precediendo a los ns* SEÑOR *o* SEÑORA, *se usa como tratamiento oficial propio de determinados cargos.* * Asistió el director del Instituto de Cultura Hispánica, ilustrísimo señor don Blas Piñar. **b)** *Se usa como calificación honorífica oficial de determinadas entidades o corporaciones.* * Ilustrísimo Ayuntamiento de Alcorcón. **c)** **su ilustrísima.** (*hist*) *Usado como sust,* designa respetuosamente a un obispo. *En vocativo,* ILUSTRÍSIMA. * Esta es la cámara de su ilustrísima Fray Bartolomé de Carranza. * Con su permiso, ilustrísima.

imafronte *m* (*Arquit*) Fachada opuesta a la cabecera.

imagen I *f* **1** Figura [de una pers. o cosa] reproducida sobre una superficie por los rayos luminosos. **b)** (*TV*) Parte visual de la transmisión. ■ **2** Representación exacta [de alguien o algo]. *Con intención enfática y frec en la constr* LA VIVA ~. ■ **3** Representación plástica [de una pers. o cosa]. *Frec en contraposición a la palabra impresa o hablada.* **b)** Estatua [de alguien que es objeto de culto]. ■ **4** Representación [de una pers. o cosa] en la mente. **5** Aspecto físico con que [alguien (*compl de posesión*)] se presenta ante los demás. ■ **6** Impresión general que [alguien (*compl de posesión*)] causa en la opinión de los demás. *Frec con un compl calificador.* **b)** Buena imagen. ■ **7** (*TLit*) Forma expresiva en la que un elemento de la realidad que se describe aparece puesto en relación con otro elemento ajeno a ella, o suplantado por él.
II *loc v* **8** quedarse para vestir ~es. (*col*) Quedarse para vestir santos (→ SANTO).
III *loc adv* **9** a ~ (y semejanza) [de alguien o algo]. De manera semejante [a ellos].

imaginable *adj* Que puede ser imaginado.

imaginación I *f* **1** Facultad de imaginar [1a]. ■ **2** Hecho de imaginar [1a]. *Frec su efecto.*
II *loc v* **3** pasársele [algo a alguien] por la ~. Imaginar[lo] [1a] fugazmente.

imaginal *adj* (*raro*) De (la) imagen.

imaginante *adj* (*raro*) Que imagina.

imaginar *tr* **1** Representar en la mente [a alguien o algo no presente, no conocido o no real]. *Frec con compl de interés.* **b)** (*col*) *En imperat,* se usa para ponderar la realidad de lo que se está diciendo. *Frec con compl de interés.* * ¡Imagina el susto que tendría al verlo así! * ¡Imagínate qué alegría! **c)** *pr* (~se) Representarse en la mente [alguien o algo (*suj*) no presente, no conocido o no real]. ■ **2** Considerar [algo] como probable. ■ **3** Inventar o idear.

imaginaria (*Mil*) **A** *f* **1** Vigilancia que por turno se hace durante la noche en una compañía o en un dormitorio del cuartel.
B *m* **2** Soldado que hace un turno de imaginaria [1].

imaginariamente *adv* De manera imaginaria (→ IMAGINARIO [1a]).

imaginario -ria *adj* **1** Que solo existe en la imaginación [1]. *Se opone a* REAL. **b)** Que es [lo expresado por el n.] solo en la imaginación. **c)** (*Mat*) [Número o expresión] que contiene una cantidad negativa afectada de un radical. *Se opone a* REAL. ■ **2** De (la) imagen [3].

imaginativamente *adv* De manera imaginativa [1 y 3].

imaginativo -va I *adj* **1** De (la) imaginación [1]. ■ **2** [Pers.] que tiene mucha imaginación [1]. *Tb n.* ■ **3** [Cosa] que denota o implica mucha imaginación [1].
II *f* **4** Imaginación [1].

imaginería *f* **1** Arte de hacer imágenes [3b]. ■ **2** Imágenes, o conjunto de (las) imágenes [3b y 7].

imaginero -ra I *m y f* **1** Artista que esculpe imágenes [3b].
II *adj* **2** De (las) imágenes [3b].

imaginismo *m* (*TLit*) Movimiento poético de lengua inglesa, de principios del s. XX, que se propone el empleo de imágenes [7] precisas y cuyo principal representante es Ezra Pound.

imago[1] *m* (*Zool*) Insecto que ha llegado a su completo desarrollo.

imago[2] *f* (*Psicol*) Imagen mental inconsciente e idealizada de una pers., esp. un familiar, adquirida en la infancia y presente en la edad adulta.

imam *m* Imán[2].

imán[1] *m* **1** Magnetita. *Tb, frec,* ~ NATURAL o PIEDRA ~. ■ **2** Cuerpo o instrumento que tiene la propiedad de atraer el hierro. ■ **3** Pers. o cosa que atrae hacia sí. *En sent fig.* ■ **4** Capacidad de atracción. *Gralm en sent fig.*

imán[2] *m* **1** Jefe de una comunidad religiosa o político-religiosa musulmana. ■ **2** Director de las oraciones en la mezquita.

imanación *f* Acción de imanar. *Tb su efecto.*

imanar *tr* Imantar [1]. *Tb pr* (~se).

imanato *m* Territorio sometido a la autoridad de un imán[2] [1].

imantación *f* Acción de imantar(se). *Tb su efecto. Tb fig.*

imantar *tr* **1** Dotar [a un cuerpo (*cd*)] de magnetismo o convertir[lo] en imán[1] [2]. **b)** *pr* (~se) Recibir magnetismo [un cuerpo] o convertirse en imán[1] [2]. *Tb fig.* ■ **2** Atraer con fuerza. *En sent fig. Tb abs.*

imbatibilidad *f* Condición de imbatible o imbatido. *Gralm en deportes.*

imbatible *adj* Que no es susceptible de derrota.

imbatido -da *adj* Que no ha sufrido ninguna derrota. *Gralm en deportes. Tb n: m y f, referido a pers; m, referido a equipo.*

imbécil *adj* **1** [Pers.] falta de inteligencia. *Tb n. Frec se usa como insulto.* ■ **2** (*Med*) Deficiente mental con capacidad para adquirir el lenguaje oral pero no el escrito. *Tb n.* **b)** ~ **moral.** [Pers.] incapaz de comprender los principios morales y de actuar de acuerdo con ellos. ■ **3** Propio de la pers. imbécil [1 y 2].

imbecilidad *f* **1** Condición de imbécil. ■ **2** Hecho o dicho propio de un imbécil [1].

imbecilización *f* Acción de imbecilizar(se). *Tb su efecto.*

imbecilizar *tr* (*raro*) Idiotizar. *Tb pr* (~se).

imbécilmente *adv* De manera imbécil [3].

imbele *adj* (*lit, raro*) Incapaz de defenderse o de resistir.

imberbe *adj* Que aún no tiene barba. *Frec se usa aludiendo a la falta de madurez.*

imbibición *f* (*E*) Acción de embeber o absorber un líquido.

imbornal *m* **1** En un barco: Agujero o canal en el forro del casco para dar salida a las aguas de la cubierta. ■ **2** (*reg*) Agujero abierto en la calle, que conduce el agua a la alcantarilla.

imborrable *adj* Que no puede borrarse.

imbricación *f* Acción de imbricar(se). *Frec su efecto.* **b)** (*Arte*) Adorno que imita las escamas de los peces o su disposición.

imbricado -da *adj* **1** *part* → IMBRICAR. ■ **2** Que tiene la disposición propia de las cosas imbricadas (→ IMBRICAR).

imbricar *tr* Disponer [una serie de cosas] de modo que se superpongan parcialmente unas sobre otras. *Tb fig.* **b)** *pr* (~se) Superponerse parcialmente [una serie de cosas] unas sobre otras. *Frec en part, esp en ciencias naturales. Tb fig.*

imbuir (*conjug 48*) *tr* **1** Hacer que [alguien o, raro, algo (*cd*)] pase a tener [algo no material, esp. una idea o un sentimiento (*compl* DE)]. **b)** *pr* (~se) Pasar [alguien] a tener [algo no material, esp. una idea o un sentimiento (*compl* DE)]. ■ **2** Hacer que [alguien (*ci*)] pase a tener [algo no material, esp. una idea o un sentimiento (*cd*)].

imela *f* (*Ling*) Fenómeno de algunos dialectos árabes consistente en la pronunciación, en ciertos casos, del fonema /a/ como [e] o [i].

imipramina *f* (*Med*) Amina utilizada en el tratamiento de la depresión.

imitable *adj* Que puede ser imitado.

imitación I *f* **1** Acción de imitar. ■ **2** Cosa que imita [3].
II *loc adj* **3** **de ~.** [Cosa] hecha imitando [2b] [otra (*compl de posesión*)]. *Frec sin compl, por consabido.*
III *loc prep* **4** **a ~ de.** Imitando a.

imitador -ra *adj* Que imita. *Tb n, referido a pers.*

imitar *tr* **1** Actuar [una pers.] de modo igual o semejante [a otra (*cd*)], esp. intencionadamente. ■ **2** Tratar [alguien] de reproducir, en lo que hace, las características [de algo (*cd*)]. **b)** Reproducir voluntariamente y más o menos exactamente [algo]. ■ **3** Presentar [una cosa (*suj*)] características iguales o semejantes [a otra (*cd*)], normalmente de más valor].

imitativo -va *adj* De (la) imitación.

impaciencia *f* Cualidad de impaciente.

impacientar *tr* Poner impaciente [1] [a alguien]. **b)** *pr* (~se) Ponerse impaciente [1].

impaciente *adj* **1** [Pers.] que no tiene paciencia para esperar. *Tb n.* **b)** Nervioso o irritado, esp. como consecuencia de una espera. ■ **2** Que espera con afán [algo (*compl* POR)]. ■ **3** Propio de la pers. impaciente [1 y 2].

impacientemente *adv* De manera impaciente [3].

impactación *f* (*Med*) Hecho de detenerse o fijarse con fuerza en una parte del organismo proyectiles, fragmentos óseos, excrementos u otras cosas.

impactante *adj* Que causa impacto [2]. *Frec con intención ponderativa.*

impactar A *intr* **1** Hacer impacto [en alguien o algo (*compl* EN o CONTRA)]. *Tb sin compl.*

B *tr* **2** Hacer impacto [en alguien o algo (*cd*)].

impacto *m* **1** Choque [contra algo (*compl* EN *o* CONTRA)] de un proyectil u otro cuerpo que se mueve. *Tb sin compl. Frec con el v* HACER. **b)** Huella del impacto. ■ **2** Efecto causado por alguien o algo que impresiona o sorprende. *Frec con vs como* CAUSAR, HACER *o* PRODUCIR. ■ **3** Consecuencia o repercusión. *En sent no material. Frec con vs como* CAUSAR, HACER *o* PRODUCIR.

impagable *adj* Que no se puede pagar. *Normalmente fig, referido a* BENEFICIO *o* FAVOR, *y con intención enfática.*

impagado -da *adj* (*Com*) [Efecto o suma] que no se ha pagado en el plazo previsto. *Tb n m.*

impago *m* Hecho de no pagar una cantidad en el plazo previsto.

impala *m* Pequeño antílope de África del Sur, de cuernos finos en forma de lira (*Aepyceros melampus*).

impalpable *adj* **1** Que no se percibe por el tacto. ■ **2** Sutil o apenas perceptible.

impar *adj* **1** [Número] no divisible por dos. *Tb n.* ■ **2** (*Anat*) [Órgano] que no corresponde simétricamente a otro igual. ■ **3** (*raro*) [Cosa] que carece del elemento con el que formaba pareja. ■ **4** (*lit*) Único o incomparable.

imparable *adj* Que no puede ser parado o detenido.

imparablemente *adv* De manera imparable.

imparcial *adj* Que no está inclinado de antemano en favor de ninguna de las partes en conflicto, o no se deja llevar en sus juicios por sus sentimientos personales. **b)** Propio de la pers. imparcial.

imparcialidad *f* Cualidad de imparcial.

imparcialmente *adv* De manera imparcial.

imparipinnado -da (*tb con la grafía* **imparipinado**) *adj* (*Bot*) [Hoja pinnadocompuesta] terminada en un folíolo único.

impartición *f* Acción de impartir [1b].

impartir *tr* Dar [algo, esp. espiritual, a muchos]. **b)** *Esp referido a* enseñanza.

impasibilidad *f* Cualidad de impasible.

impasible *adj* [Pers.] que no siente o muestra ninguna emoción, o que no se muestra afectado. **b)** (*Rel*) Que no puede padecer. **c)** Propio de la pers. impasible.

impasiblemente *adv* De manera impasible.

impasse (*fr; pronunc corriente,* /impás/) *m* Callejón sin salida (situación sin solución). *Frec con intención ponderativa.*

impávidamente *adv* De manera impávida.

impavidez *f* Cualidad de impávido.

impávido -da *adj* [Pers.] indiferente, o que no muestra estar impresionada. **b)** Propio de la pers. impávida.

impeachment (*ing; pronunc corriente,* /impíchmen/) *m* Proceso de incapacitación del presidente de los Estados Unidos. *Tb la acusación que conduce a ese proceso.*

impecabilidad *f* Cualidad de impecable.

impecable *adj* **1** Perfecto, o que no tiene ningún defecto. **b)** Perfectamente limpio. ■ **2** (*Rel*) Incapaz de pecar. ■ **3** (*lit*) Incapaz de cometer error.

impecablemente *adv* De manera impecable.

impecune *adj* (*lit*) Pobre, o carente de medios económicos.

impecunia *f* (*lit*) Pobreza, o carencia de medios económicos.

impedancia *f* **1** (*Electr*) Resistencia aparente de un circuito al flujo de una corriente alterna, equivalente al cociente de los valores eficaces de la tensión y la intensidad. ■ **2** (*Acúst*) Relación entre la amplitud de velocidad y la amplitud de presión de una vibración sonora. *Tb ~* ACÚSTICA.

impedanciometría *f* (*Med*) Técnica para medir la impedancia [2] del oído medio.

impedido -da *adj* **1** *part →* IMPEDIR. ■ **2** [Pers.] que no puede utilizar alguno de sus miembros, esp. las piernas. *Tb n.* **b)** [Pers.] que ha perdido la capacidad física [para una actividad]. **c)** [Extremidad] que no puede moverse.

impediente *adj* Que impide o que supone impedimento.

impedimenta *f* **1** (*Mil*) Carga o bagaje que dificulta la marcha del ejército. ■ **2** (*lit*) Carga o bagaje.

impedimento *m* Cosa que impide. **b)** Circunstancia que hace ilícito o nulo el matrimonio.

impedir (*conjug 62*) *tr* Hacer que [algo (*cd*)] no ocurra o no sea posible. *Frec con ci. A veces con intención ponderativa expresando suma dificultad.*

impeditivo -va *adj* Que impide o que supone impedimento.

impelente *adj* Que impele. **b)** [Bomba] que empuja el líquido a una presión mayor que la de aspiración. *Tb fig.*

impeler *tr* **1** Empujar [a alguien o algo (*cd*)] poniéndolo en movimiento. ■ **2** (*lit*) Impulsar o inducir [a alguien a algo].

impenetrabilidad *f* Cualidad de impenetrable.

impenetrable *adj* [Cosa] en que, por su consistencia, no se puede penetrar. **b)** [Lugar] en el que no se puede penetrar. **c)** [Cosa] que no se puede descifrar o cuya realidad oculta no se puede descubrir. **d)** [Pers.] cuyo verdadero pensamiento o sentimiento es imposible descubrir.

impenitencia *f* Condición de impenitente.

impenitente *adj* Que se obstina en el pecado, sin arrepentimiento. **b)** *Acompañando a un n calificador o de agente:* Incorregible. **c)** Propio de la pers. impenitente.

impensa *f* (*Der*) Gasto que se hace en la cosa poseída.

impensable *adj* Que no se puede pensar.

impensadamente *adv* De manera impensada.

impensado -da *adj* No pensado.

impepinable *adj* (*col*) [Cosa] que no admite discusión.

impepinablemente *adv* (*col*) De manera impepinable.

imperable *adj* (*raro*) Que se puede imperar [3].

imperante *adj* Que impera [1 y 2]. *Tb n, referido a pers.*

imperar **A** *intr* **1** (*lit*) Mandar [sobre alguien o algo (*compl* SOBRE *o* EN)]. *Tb fig.* ■ **2** (*lit*) Prevalecer o predominar [una cosa en un lugar].

B *tr* 3 (*lit o E*) Mandar u ordenar.

imperativamente *adv* De manera imperativa.

imperatividad *f* Condición de imperativo [1b].

imperativo -va I *adj* 1 Que ordena o manda. **b)** (*Gram*) [Modo del verbo] que expresa orden o mandato. *Tb n m.* **c)** (*Der*) Que ordena hacer algo. *Se opone a* PROHIBITIVO. **d)** (*Pol*) [Mandato] en que los electores fijan el sentido en que los elegidos han de actuar. ■ 2 [Cosa] que lleva consigo exigencia o imposición.
 II *m* 3 Mandato o exigencia impuestos [por algo (*compl de posesión*)]. **b)** (*Filos*) Norma ética que el individuo se impone a sí mismo en cuanto dictada por la razón. *Frec con los adjs* CATEGÓRICO *e* HIPOTÉTICO.

imperatoria *f* Planta herbácea de tallo hueco y estriado, con flores en umbela casi plana, y cuyos rizomas y raíces poseen propiedades medicinales (*Peucedanum ostruthium*).

imperceptible *adj* Que no se puede percibir o notar.

imperceptiblemente *adv* De manera imperceptible.

imperdible *m* Objeto de metal que sirve normalmente para prender piezas de tela, constituido básicamente por un alambre torcido, uno de cuyos extremos acaba en punta y el otro en una pequeña concavidad en que se aloja y sujeta aquella.

imperdonable *adj* Que no se puede perdonar.

imperdonablemente *adv* De manera imperdonable.

imperecedero -ra *adj* (*lit*) [Cosa] inmortal.

imperfección *f* 1 Cualidad de imperfecto [1]. ■ 2 Cosa por la que una pers. o cosa no es perfecta.

imperfectamente *adv* De manera imperfecta.

imperfectivo -va *adj* (*Gram*) 1 [Verbo] cuya acción es de larga duración y no necesita llegar a su término para que se realice. *Tb referido a la misma acción verbal.* ■ 2 [Aspecto verbal] que presenta una acción, pasada o futura, como no terminada.

imperfecto -ta *adj* 1 Que no es perfecto, o que carece de alguna de las cualidades exigibles o imaginables. ■ 2 (*Gram*) [Tiempo verbal] que presenta la acción, pasada o futura, como no terminada. *Normalmente siguiendo a* PRETÉRITO *o a* FUTURO. *Tb n m, referido al pretérito. Tb se refiere a la misma acción.* ■ 3 (*TLit*) [Rima] asonante.

imperial I *adj* 1 De(l) imperio [3, 4, 5 y 6]. ■ 2 De(l) emperador. **b)** (*Heráld*) [Corona] de oro con muchas perlas, ocho florones, cerrada, con diademas y cruz encima. ■ 3 [Águila] ~ → ÁGUILA. **b)** (*Heráld*) [Águila] de dos cabezas y con las alas extendidas. ■ 4 (*E*) Superior por su talla o por su calidad. *Referido esp a determinados objetos.*
 II *n* A *m* 5 (*Naipes, hist*) Versión antigua del juego de los cientos.
 B *f* (*o, reg, m*) 6 (*hist*) En algunos carruajes antiguos: Lugar con asientos situado sobre el techo.

imperialismo *m* (*Pol*) Tendencia a imponer la dominación del Estado propio sobre otro u otros, en el aspecto político o económico.

imperialista *adj* De(l) imperialismo. **b)** Partidario del imperialismo. *Tb n.*

imperialmente *adv* De manera imperial.

impericia *f* Falta de pericia.

imperio I *m* 1 Hecho de imperar [1 y 2]. **b) mero ~.** (*Der*) Potestad que reside en el soberano y en ciertos magistrados para imponer penas a los delincuentes. **c) mixto ~.** (*Der*) Facultad que compete a los jueces para decidir las causas civiles y llevar a efecto sus sentencias. ■ 2 Firmeza o decisión para hacerse obedecer. ■ 3 Dignidad de emperador. **b)** Tiempo que dura el gobierno del emperador. ■ 4 Forma de Estado presidida por un emperador. **b)** Tiempo que dura el imperio. ■ 5 Estado presidido por un emperador. **b)** Estado poderoso con grandes posesiones. ■ 6 Conjunto de países sometidos a un emperador. **b)** Conjunto de países sometidos [a una pers. o a otro país (*compl de posesión, o adj especificador*)]. ■ 7 Empresa o grupo de empresas de gran poder y expansión. ■ 8 (*Mil*) Comunidad formada por oficiales o suboficiales de una unidad en campaña, para cubrir sus gastos de manutención a veces de alojamiento. **b)** Lugar utilizado como comedor de un imperio.
 II *adj invar* 9 [Estilo o moda] de la época del emperador Napoleón I († 1821).
 III *loc v* 10 **valer un ~** [alguien o algo]. Ser muy valioso. *Frec fig.*

imperiosamente *adv* De manera imperiosa [2].

imperiosidad *f* Cualidad de imperioso.

imperioso -sa *adj* 1 [Pers.] que actúa con imperio [2]. ■ 2 [Cosa] que lleva consigo exigencia o imposición.

impermeabilidad *f* Cualidad de impermeable.

impermeabilización *f* Acción de impermeabilizar.

impermeabilizador -ra *adj* Que impermeabiliza.

impermeabilizante *adj* Que impermeabiliza. *Tb n m, referido a sustancia o producto.*

impermeabilizar *tr* Hacer impermeable [1] [una cosa].

impermeable I *adj* 1 [Cuerpo] que no deja pasar los líquidos, esp. el agua, a través de sus poros o intersticios. *A veces con un compl* A. ■ 2 [Pers. o cosa] que no deja que [algo exterior (*compl* A)] penetre en ella o la influya. *Tb sin compl.*
 II *m* 3 Prenda ligera a modo de abrigo, hecha de materia impermeable [1]. ■ 4 (*jerg*) Preservativo.

impersonal *adj* 1 Que no tiene o no manifiesta personalidad (conjunto de cualidades por el que alguien o algo se diferencia de los demás). ■ 2 Que no se refiere o aplica a nadie personalmente. ■ 3 (*Gram*) [Oración] que carece de sujeto, tanto explícito como implícito. *Tb n f.* **b)** [Verbo] de una oración impersonal. **c)** Propio de (la) oración o de(l) verbo impersonal.

impersonalidad *f* Cualidad de impersonal.

impersonalizante *adj* Que impersonaliza.

impersonalizar *tr* Dar carácter impersonal [a alguien o algo (*cd*)]. *Tb abs.* **b)** *pr* (**~se**) Tomar carácter impersonal [alguien o algo].

impersonalmente *adv* De manera impersonal.

impertérrito -ta *adj* [Pers.] que no se altera o intimida. *Tb fig, referido a cosa.*

impertinencia *f* 1 Cualidad de impertinente, *esp* [2]. ■ 2 Dicho o hecho impertinente [2b].

impertinente I *adj* 1 [Cosa] que no hace al caso. ■ 2 [Pers.] que resulta molesta por sus palabras o

su comportamiento, desconsiderados o poco respetuosos. **b)** [Cosa] propia de la pers. impertinente.
II *m pl* **3** (*hoy raro*) Anteojos provistos de un mango, usados por mujeres.

impertinentemente *adv* De manera impertinente.

imperturbabilidad *f* Cualidad de imperturbable.

imperturbable *adj* [Pers.] que no pierde la calma o no se altera. *Tb fig, referido a cosa.* **b)** Propio de la pers. imperturbable.

imperturbablemente *adv* De manera imperturbable.

imperturbado -da *adj* (*lit, raro*) No alterado o perturbado.

impétigo *m* (*Med*) Infección de la piel caracterizada por la formación de pequeñas costras amarillentas.

impetración *f* (*lit*) Acción de impetrar.

impetrador -ra *adj* (*lit*) Que impetra. *Tb n.*

impetrar *tr* (*lit*) **1** Pedir [algo] con ruegos. ■ **2** Conseguir [algo que se ha pedido con ruegos].

impetratorio -ria *adj* (*lit*) Que se hace para impetrar.

ímpetu *m* **1** Fuerza o impulso con que alguien o algo se mueve. ■ **2** Energía o resolución con que alguien actúa.

impetuosamente *adv* De manera impetuosa.

impetuosidad *f* Cualidad de impetuoso.

impetuoso -sa *adj* **1** Que tiene ímpetu [1]. ■ **2** [Pers.] impulsiva o apasionada. *Tb n.* **b)** Propio de la pers. impetuosa.

impíamente *adv* De manera impía.

impiedad *f* **1** Cualidad de impío. ■ **2** Hecho o dicho propio de un impío.

impío -a *adj* **1** Falto de religión. *Tb n, referido a pers.* **b)** Irrespetuoso con la religión. **c)** Propio de la pers. impía. ■ **2** (*raro*) Cruel o despiadado.

implacabilidad *f* Cualidad de implacable.

implacable *adj* **1** [Odio, ira, rigor o cosa similar] que no puede ser aplacado o templado. **b)** [Pers. o cosa] de dureza o rigor extremos o que no pueden ser aplacados o templados. **c)** [Sol] que calienta mucho. ■ **2** [Cosa] que no se puede evitar ni modificar.

implacablemente *adv* De manera implacable.

implacentario -ria *adj* (*Zool*) [Mamífero] cuyo embrión se desarrolla sin placenta.

implantable *adj* Que puede ser implantado.

implantación *f* Acción de implantar(se). *Tb su efecto.* **b)** (*Fisiol*) Fijación del huevo fecundado en la mucosa uterina.

implantador -ra *adj* Que implanta. *Tb n.*

implantar *tr* **1** Establecer [algo, esp. una norma, un uso o una costumbre], frec. con imposición. **b)** *pr* (~**se**) Establecerse [algo, esp. un uso o una costumbre]. ■ **2** Insertar o fijar. **b)** *pr* (~**se**) Insertarse o fijarse. ■ **3** (*Med*) Colocar [a alguien (*ci*) tejidos, prótesis o sustancias (*cd*)] introduciéndoselas y fijándoselas en el cuerpo, con fines terapéuticos o estéticos. **b)** Colocar un implante [2] [a alguien (*cd*)]. *Frec en part.*

implante *m* (*Med*) **1** Acción de implantar [3]. ■ **2** Tejido, prótesis o sustancia que se introduce y fija en el cuerpo con fines terapéuticos o estéticos.

implantología *f* (*Med*) Técnica de implantar [3] prótesis fijas en sustitución de los dientes que faltan.

implar *tr* (*reg*) Inflar. *Tb fig. Frec pr* (~**se**).

impleción *f* (*lit, raro*) Acción de llenar.

implementación *f* (*E*) Acción de implementar.

implementar *tr* (*E*) Poner en ejecución.

implemento *m* **1** (*E*) Instrumento o utensilio. ■ **2** (*Gram*) Complemento directo.

implicación *f* Acción de implicar(se). *Tb su efecto.*

implicador -ra *adj* Que implica.

implicar *tr* **1** Complicar o comprometer [a alguien o algo en un asunto]. *Referido a pers, frec el cd refl.* **b)** *pr* (~**se**) Complicarse [algo en un asunto]. ■ **2** Llevar consigo o significar. ■ **3** (*semiculto*) Impedir.

implícitamente *adv* De manera implícita.

implícito -ta *adj* **1** [Cosa] no expresada que se entiende incluida en lo dicho o hecho. ■ **2** (*Mat*) [Función] en que una variable no está expresada en términos de la otra.

imploración *f* Acción de implorar.

implorador -ra *adj* Implorante.

implorante *adj* **1** Que implora. *Tb n, referido a pers.* ■ **2** Que denota o implica súplica o imploración.

implorar *tr* Suplicar en actitud de máxima humildad. *Tb abs.*

imploratorio -ria *adj* (*raro*) Que se hace para implorar.

implosión *f* **1** (*Fís*) Acción de romperse violentamente hacia un cuerpo cuya presión interior es inferior a la exterior. ■ **2** (*Fon*) Cierre de la salida de aire que se produce al final de la sílaba terminada en consonante.

implosivo -va *adj* (*Fon*) [Consonante] que se encuentra después de la vocal o núcleo silábico.

implume *adj* (*lit*) Que no tiene plumas. **b)** [Bípedo] ~ → BÍPEDO.

impluvio *m* (*hist*) En la *Roma antigua*: Pequeño estanque rectangular, en el centro del atrio de la vivienda, destinado a recoger el agua de la lluvia.

impolítico -ca *adj* [Cosa] contraria a una buena política.

impoluto -ta *adj* (*lit*) Totalmente limpio o que no tiene ni una mancha. *Tb fig.*

imponderable *adj* **1** Que excede a toda ponderación. ■ **2** [Factor] imprevisible o cuya importancia no se puede prever o calcular. *Frec n m en pl.*

imponderablemente *adv* De manera imponderable.

imponencia *f* (*lit*) Cualidad de imponente.

imponente I *adj* **1** Que impone [3]. **b)** Estupendo o magnífico. **c)** [Pers.] muy guapa o atractiva. *Esp referido a mujer.*
II *m y f* **2** Impositor.

imponentemente *adv* De manera imponente.

imponer (*conjug* 21) **A** *tr* **1** Poner [algo] como obligación o de manera obligatoria. **b)** Hacer [una cosa (*suj*)] necesaria [otra (*cd*)]. *Más frec en constr pr pasiva.* * Esta posibilidad acabará imponiendo una conferencia de jefes de Gobierno. * Se impone que el ejército se mueva sobre ruedas españolas. ■ **2** Poner [un nombre]. ■ **3** Infundir [algo no material, esp. respeto o temor]. ■ **4** Poner [sobre una pers. (*ci*) las manos, una condecoración o el símbolo de una dignidad] en una ceremonia. ■ **5** Poner [dinero] a rédito o en depósito. ■ **6** Enviar [un giro postal o telegráfico]. ■ **7** Enterar [a alguien (*cd*) de algo]. **b)** *pr* (**~se**) Enterarse [alguien de algo]. *Tb sin compl* DE, *por consabido.* ■ **8** Instruir o adiestrar [a alguien en algo]. **b)** *pr* (**~se**) Instruirse o adiestrarse [en algo]. *Frec en part. Tb sin compl, por consabido.* **B** *intr* ➤ **a** *normal* **9** Causar respeto, temor o impresión [a alguien (*ci*)]. *Frec sin compl.* ➤ **b** *pr* (**~se**) **10** Hacer valer [alguien] su autoridad o superioridad [sobre otro (*ci* o *compl* SOBRE)]. *Tb fig. Frec sin compl.* ■ **11** Hacerse normal [un uso o costumbre o una moda].

imponible *adj* (*Econ*) Que puede ser gravado con un impuesto. **b)** [Base] constituida por la suma de todos los rendimientos sometidos a impuesto y de la que, después de las deducciones pertinentes, se obtiene la base liquidable. **c)** [Líquido] ~ –→ LÍQUIDO.

impopular *adj* Que no es grato a la mayoría de la gente.

impopularidad *f* Cualidad de impopular.

importación *f* Acción de importar², *esp* [1]. **b)** Cosa importada.

importador -ra *adj* Que importa², *esp* [1]. *Tb n, referido a pers.*

importancia **I** *f* **1** Cualidad de importante. **II** *loc v y fórm or* **2 dar** (*o* **quitar**) **~** [a algo]. Hacer que parezca más (o menos) importante de lo que en realidad es. ■ **3 darse ~.** Presumir o alardear de valía, o afectarla, para atraerse la admiración ajena. ■ **4 no tiene ~.** *Fórmula de cortesía para contestar a una disculpa ajena.* * –Lo siento, le pisé sin querer. –No tiene importancia.

importante *adj* **1** [Pers. o cosa] que importa¹ [1a], o que tiene interés [para alguien]. **b)** [Pers. o cosa] que influye de manera más o menos decisiva [en algo (*compl* PARA). ■ **2** [Pers. o cosa] que merece especial interés con relación a otros, por su valor, por su magnitud o por las circunstancias que lleva consigo. **b)** [Pers.] que destaca por su posición social o profesional o por el cargo que desempeña.

importantemente *adv* (*raro*) De manera importante.

importar¹ **I** *v* **A** *intr* ➤ **a** *normal* **1** Tener [una pers. o cosa (*suj*)] interés [para alguien (*ci*)] o merecer su atención o preocupación. **b)** (*col*) *En forma negativa, frec va intensificado expresivamente por* NADA, *o, casi siempre, omitiendo la expresión gramatical de la negación, por diversos ns como* UN BLEDO, UN CARAJO (*vulg*), UN COMINO (*o* TRES COMINOS), UN PIMIENTO, UN PITO (*o* TRES PITOS), UN PITOCHE, UN RÁBANO, TRES PUÑETAS (*vulg*). * Ninguna cosa de este mundo le importaba nada. * Me importa un pito si viene o no. **c)** *Sin ci:* Tener [una pers. o cosa] especial interés con relación a otras, por su valor, por su magnitud o por las circunstancias que lleva consigo. *El suj puede ser una prop de infin o con* QUE. * Importa cambiarles el agua con frecuencia. ■ **2** Incumbirle [una cosa a una pers.] o ser asunto suyo.

Frec en constr neg. ■ **3** Ser [algo (*suj*)] un problema, inconveniente o molestia. *Frec en fórmulas de cortesía para pedir permiso:* ¿(NO) LE IMPORTA (o IMPORTARÍA) QUE + *subj*?, ¿LE IMPORTA SI + *ind*?; *o para pedir un favor:* ¿LE IMPORTA (o IMPORTARÍA) + *infin*? ➤ **b** *impers* **4** (*lit*) Darse [en alguien (*ci*)] interés o preocupación [por alguien o algo (*compl* DE)]. * Siguió su línea sin importarle de la crítica. **B** *tr* **5** Tener [una cosa comprada o contratada (*suj*)] como precio o valor [una cantidad (*cd*)]. ■ **6** (*raro*) Llevar consigo, o comportar. **II** *loc adj* **7 no importa qué.** (*lit*) Cualquier. **III** *loc pr* **8 no importa qué.** (*lit*) Cualquier cosa. ■ **9 no importa quién.** (*lit*) Cualquiera.

importar² *tr* **1** Comprar [bienes o servicios procedentes del extranjero]. *A veces referido a regiones del mismo país. Tb fig, referido a pers.* **b)** (*Econ*) Recibir inversiones [de capitales extranjeros (*cd*)]. ■ **2** Introducir en un país y por vía no comercial [algo procedente del exterior]. *Tb fig.* ■ **3** (*Informát*) Introducir [información procedente de otro programa o sistema].

importe *m* Cantidad de dinero [correspondiente a algo (*compl de posesión*), esp. al precio de algo comprado o contratado].

importunar *tr* Molestar [a alguien] por la falta de oportunidad o por la insistencia.

importuno -na *adj* Que importuna.

imposibilidad *f* **1** Condición de imposible [1]. ■ **2** Incapacidad. *No en sent legal.*

imposibilitación *f* Acción de imposibilitar.

imposibilitado -da *adj* **1** *part* → IMPOSIBILITAR. ■ **2** [Pers.] paralítica. *Tb n.*

imposibilitar *tr* **1** Hacer imposible [1] [algo]. ■ **2** Incapacitar [a alguien para algo (*compl* PARA o DE)]. *Normalmente en part. No en sent legal.*

imposible **I** *adj* **1** Que no puede ser o suceder, o que no puede realizarse. *Frec con un compl* DE + *infin o n de acción*. **b)** Sumamente difícil. *Con intención ponderativa.* ■ **2** (*col*) Se usa con intención ponderativa para indicar que, respecto a la pers. o cosa a que se refiere, es imposible [1] lo que se espera, se desea o se necesita de ella: SUCIEDAD ~ (*que no puede quitarse*), CALLE ~ (*intransitable*), PERSONA ~ (*intratable, difícil de convencer o con la que no se puede contar*), *etc. Sin compl y frec con vs como* ESTAR *o* PONERSE. **II** *m* **3** Cosa imposible [1]. **III** *loc v* **4 dejar por ~** [a alguien]. Desistir de convencer[le] ante la terquedad que muestra. ■ **5 hacer la vida ~** → VIDA. ■ **6 hacer lo ~** [por o para algo]. Procurar[lo] por todos los medios.

imposiblemente *adv* De manera imposible [1].

imposición *f* **1** Acción de imponer(se) [1, 2, 4, 5, 6 y 10]. *Tb su efecto.* **b)** ~ **de manos.** (*Rel catól*) Ceremonia eclesiástica de imponer [4] las manos para transmitir la gracia del Espíritu Santo a los que van a recibir ciertos sacramentos. ■ **2** Impuesto o tributo. ■ **3** (*Impr*) Distribución de las páginas de un pliego para que, después de impreso y plegado, cada página ocupe su lugar debido.

impositivo -va *adj* De(l) impuesto.

impositor -ra *m y f* Pers. que impone dinero a rédito o en depósito.

imposta *f* (*Arquit*) **1** Hilada de sillares algo saliente y a veces adornada con molduras, sobre la que se asienta un arco o una bóveda. ■ **2** Faja horizontal de la fachada de un edificio, a la altura de una o de todas las plantas del mismo.

impostación *f* (*Mús*) Acción de impostar. *Tb su efecto.*

impostado -da *adj* 1 *part* → IMPOSTAR. ■ 2 (*lit*) Artificial o ficticio.

impostar *tr* (*Mús*) Colocar [la voz] en su tesitura natural.

impostergable *adj* Que no se puede postergar.

impostor -ra *m y f* Pers. que finge ser otra.

impostura *f* Engaño que consiste en hacerse pasar por otro. *Tb fig, referido a cosa.*

impotable *adj* Que no se puede beber.

impotencia *f* Incapacidad [de hacer algo (*compl* PARA)]. *Frec el compl se omite, por consabido.* **b)** *En el hombre:* Incapacidad para realizar el acto sexual. *Tb ~ SEXUAL.*

impotente *adj* Incapaz [de hacer algo (*compl* PARA)]. *Frec el compl se omite, por consabido.* **b)** [Hombre] incapaz de realizar el acto sexual. *Tb n m.*

impracticabilidad *f* Condición de impracticable.

impracticable *adj* 1 Que no puede practicarse. ■ 2 [Lugar o camino] por el que no se puede pasar o transitar.

impráctico -ca *adj* (*raro*) No práctico.

imprecación *f* (*lit*) Acción de imprecar. *Tb su efecto.* **b)** (*TLit*) Figura que consiste en maldecir a alguien deseándole algún mal.

imprecador -ra *adj* (*lit*) Que imprecar.

imprecante *adj* (*lit*) Que impreca.

imprecar *tr* (*lit*) Maldecir [a alguien] deseándole algún mal.

imprecatorio -ria *adj* (*lit*) De (la) imprecación o que la implica.

imprecisable *adj* Que no puede precisarse.

imprecisamente *adv* De manera imprecisa.

imprecisión *f* Cualidad de impreciso.

impreciso -sa *adj* Que carece de exactitud o de precisión.

impredecible *adj* [Cosa] que no se puede predecir. **b)** [Pers.] cuya actuación es impredecible.

impregnable *adj* Que puede ser impregnado.

impregnación *f* Acción de impregnar(se). *Tb su efecto.*

impregnante *adj* Que impregna.

impregnar *tr* 1 Penetrar [una sustancia, esp. un fluido] por los poros o intersticios [de un cuerpo (*cd*)] en cantidad perceptible. **b)** Hacer que [una sustancia (*compl* DE o EN)] penetre por los poros o intersticios [de un cuerpo (*cd*)] en cantidad perceptible. **c)** *pr* (*~se*) Pasar [un cuerpo] a tener entre sus poros o intersticios [una sustancia, esp. un fluido (*compl* DE o EN)]. ■ 2 Penetrar intensamente [una idea o un sentimiento (*suj*)] en alguien o algo (*cd*). **b)** Hacer que penetre intensamente [en alguien o algo (*cd*) una idea o un sentimiento (*compl* DE)]. **c)** *pr* (*~se*) Pasar [una pers. o cosa] a tener [una idea o un sentimiento (*compl* DE) que penetra intensamente en ella].

impremeditación *f* Falta de premeditación o reflexión previa.

impremeditado -da *adj* Que denota o implica falta de premeditación o de reflexión previa.

imprenta I *f* 1 Arte y técnica de imprimir [1]. ■ 2 Taller de imprimir [1]. ■ 3 Publicación de textos impresos.
II *loc adj* 4 [Pie] **de ~** → PIE.

imprentilla *f* 1 Juego de tipos y otros instrumentos de imprimir, de uso casero. ■ 2 Estampilla.

imprescindibilidad *f* Cualidad de imprescindible.

imprescindible *adj* [Pers. o cosa] de la que no se puede prescindir. **b)** [Cosa] mínima necesaria. *Frec con un compl* PARA. *Frec* LO ~.

imprescindiblemente *adv* De manera imprescindible.

imprescriptibilidad *f* Condición de imprescriptible.

imprescriptible *adj* [Derecho u obligación] que no puede perder validez o efectividad.

imprescriptiblemente *adv* De manera imprescriptible.

impresentabilidad *f* Cualidad de impresentable.

impresentable *adj* Que no puede presentarse públicamente por su aspecto o calidad. **b)** De aspecto o calidad inaceptables. *Frec en sent moral. Tb n, referido a pers.* **c)** [Aspecto o calidad] inaceptable.

impresión I *f* 1 Acción de imprimir [1 y 2]. *Tb su efecto.* ■ 2 Efecto causado en los sentidos o en el ánimo. *Frec con un adj calificador.* **b)** *Sin adj:* Impresión fuerte. *Normalmente referido al ánimo.* ■ 3 Opinión basada en impresiones [2a] o intuiciones. **b)** Opinión global. ■ 4 Acción de impresionar [2]. *Tb su efecto.*
II *loc adj* 5 **de ~.** (*col*) Impresionante. *Tb adv.*
III *loc v* 6 **cambiar ~es.** Conversar de manera breve e informal [con alguien sobre algo]. *Tb sin compls.*

impresionabilidad *f* Cualidad de impresionable.

impresionable *adj* Que puede ser impresionado. **b)** Propenso a impresionarse [1b].

impresionante *adj* Que causa impresión [2b]. *Frec con intención ponderativa.*

impresionantemente *adv* De manera impresionante.

impresionar *tr* 1 Causar impresión [2] [en alguien o algo (*cd*)]. **b)** *pr* (*~se*) Sentir impresión [2, esp. 2b]. ■ 2 Actuar [la luz u otra radiación o las vibraciones sonoras (*suj*)] sobre una superficie sensible (*cd*)] fijando en ella imágenes o sonidos. **b)** Someter [una superficie sensible] a la acción de la luz u otra radiación o de las vibraciones sonoras, para fijar en ella imágenes o sonidos. **c)** Fijar [imágenes o sonidos en una superficie sensible (*compl* SOBRE o EN)]. **d)** *pr* (*~se*) Sufrir [una superficie sensible] los efectos de la luz u otra radiación o de las vibraciones sonoras, quedando fijadas en aquella imágenes o sonidos.

impresionismo *m* 1 (*Pint*) Tendencia surgida en Francia a finales del s. XIX, que trata de expresar las impresiones producidas por los objetos y la luz. ■ 2 (*TLit*) Tendencia surgida a finales del s. XIX, que se propone expresar la realidad a través de las impresiones fugitivas. ■ 3 (*Mús*) Movimiento surgido en Francia a finales del s. XIX, que aspira a sugerir una atmósfera poética semejante a la del impresionismo [2] literario, por medio del juego de timbres y sonoridades.

impresionista *adj* **1** (*E*) De(l) impresionismo. **b)** Adepto al impresionismo. *Tb n*. ■ **2** Que se apoya en meras impresiones subjetivas.

impresivo -va *adj* (*lit*) De (la) impresión [2].

impreso -sa I *adj* **1** *part* → IMPRIMIR. **b)** circuito ~ → CIRCUITO. ■ **2** [Medio de comunicación] que se presenta en papel impreso (→ IMPRIMIR [1]).
II *m* **3** Libro, folleto o papel impresos (→ IMPRIMIR [1]). ■ **4** Formulario impreso (→ IMPRIMIR [1]) con espacios en blanco para llenar a mano o a máquina.

impresor -ra I *adj* **1** Que imprime [1]. *Tb n: m y f, referido a pers; f (raro m) referido a máquina.*
II *m y f* **2** Trabajador de una imprenta. ■ **3** Pers. que posee o dirige una imprenta.

imprevisibilidad *f* Cualidad de imprevisible.

imprevisible *adj* Que no se puede prever.

imprevisiblemente *adv* De manera imprevisible.

imprevisión *f* Falta de previsión.

imprevisor -ra *adj* **1** Que no piensa en lo que puede ocurrir y no toma las medidas o precauciones adecuadas. ■ **2** Que denota o implica imprevisión.

imprevisoramente *adv* De manera imprevisora.

imprevistamente *adv* De manera imprevista [1].

imprevisto -ta I *adj* **1** No previsto.
II *m* **2** Acontecimiento no previsto. **b)** Gasto no previsto.

imprimación *f* **1** Capa de color neutro que se aplica como fondo sobre una superficie antes de que esta sea pintada. **b)** Pintura utilizada para la imprimación. ■ **2** Asfaltado.

imprimátur *Fórmula con que la jerarquía eclesiástica da licencia para la impresión de un texto. Frec sustantivado como n m. * El libro está pendiente del imprimátur.*

imprimible *adj* Que puede imprimirse.

imprimir (*conjug 49*) *tr* **1** Dejar sobre el papel u otra materia análoga, por medio de presión mecánica, la huella [de un texto (*cd*) compuesto con tipos debidamente ordenados y ajustados, o de una imagen (*cd*) grabada sobre una plancha]. *Tb designa el proceso similar realizado por medios electrónicos. Tb abs.* **b)** Imprimir textos o imágenes [sobre algo (*cd*)]. ■ **2** Dejar la huella [de una cosa (*cd*) en otra] por presión o contacto. ■ **3** Fijar [una idea o un sentimiento en una pers., o en su mente o ánimo]. ■ **4** Dar o transmitir [a alguien o algo (*ci*) un carácter, estado o forma]. **b)** ~ **carácter** → CARÁCTER.

improbabilidad *f* Cualidad de improbable.

improbable *adj* **1** [Cosa] que tiene pocas posibilidades de ser cierta. ■ **2** Que no puede probarse o demostrarse.

ímprobo -ba *adj* (*lit*) [Trabajo o esfuerzo] muy intenso.

improcedencia *f* Cualidad de improcedente. *Frec en lenguaje jurídico.*

improcedente *adj* [Cosa] que no procede o no es conforme a razón o derecho. *Frec en lenguaje jurídico.*

improductividad *f* Falta de productividad.

improductivo -va *adj* Que no produce fruto o beneficio. **b)** Que no produce resultado útil.

improfanable *adj* Que no se puede profanar.

impromptu *m* (*Mús*) Pieza instrumental breve con cierto carácter de improvisación.

impronta *f* **1** Huella en hueco o en relieve dejada por un sello, un cuño u otro molde. **b)** (*lit*) Huella, de carácter físico o moral. **c)** (*Geol*) Huella fósil de un animal o una planta. ■ **2** (*Biol*) Proceso de aprendizaje de algunos animales en su edad temprana, a consecuencia del cual efectúan respuestas estereotipadas frente a ciertos objetos.

improntar *tr* **1** Hacer o dejar [una impronta [1]]. ■ **2** (*lit*) Dar un carácter peculiar [a algo (*cd*)].

impronunciable *adj* **1** Que no puede pronunciarse por su dificultad. ■ **2** Que no debe pronunciarse por su carácter obsceno o inconveniente.

impronunciado -da *adj* [Palabra, o cosa expresada con palabras] que no se ha pronunciado.

improperio *m* **1** Injuria grave de palabra. ■ **2** (*Rel crist*) En pl: Versículos que se rezan o cantan en el oficio del Viernes Santo durante la adoración de la cruz, que contienen los reproches de Dios al pueblo judío.

impropiamente *adv* De manera impropia.

impropiedad *f* **1** Cualidad de impropio. ■ **2** Hecho o dicho impropio.

impropio -pia *adj* **1** No propio o no adecuado. ■ **2** No propio o no característico. ■ **3** *Se aplica a determinados ns para indicar que no expresan su concepto esencial o normal.* * Preposiciones impropias. **b)** (*Mat*) [Fracción o quebrado] cuyo numerador es mayor que el denominador.

improrrogable *adj* Que no puede prorrogarse. *Frec referido a plazo.*

impróspero -ra *adj* (*lit, raro*) Desgraciado o que no tiene éxito.

improvisable *adj* Que puede improvisarse.

improvisación *f* **1** Acción de improvisar. ■ **2** Cosa improvisada.

improvisadamente *adv* **1** Con improvisación. ■ **2** De improviso.

improvisado -da *adj* **1** *part* → IMPROVISAR. ■ **2** [Pers. o cosa] que realiza la función [expresada por el n.] sin haber sido prevista para ello. ■ **3** Inesperado o no previsto.

improvisador -ra *adj* Que improvisa. *Frec n.*

improvisar *tr* Hacer [algo] que se inventa según se va haciendo. *Tb abs.* **b)** Hacer [algo] sin haberlo preparado u organizado previamente. *Tb abs.* **c)** Decir o exponer [algo] sin prepararlo previamente. *Tb abs.*

improviso. de ~. *loc adv* Sin previo aviso, o de manera imprevista.

improvisto -ta *adj* (*raro*) Imprevisto.

imprudencia *f* **1** Cualidad de imprudente. ■ **2** Hecho o dicho imprudente [1b].

imprudente *adj* [Pers.] que actúa con poca sensatez, sin cuidarse de evitar peligros o daños innecesarios. *Tb n.* **b)** Propio de la pers. imprudente.

imprudentemente *adv* De manera imprudente.

impúber *adj* (*lit*) [Pers.] que no ha llegado aún a la pubertad. *Tb n.* **b)** Propio de la pers. impúber.

impúbero -ra *adj* (*lit, raro*) Impúber.

impublicable *adj* Que no puede o no debe publicarse.

impúdicamente *adv* De manera impúdica [2].

impudicia *f* Cualidad de impúdico.

impúdico -ca *adj* **1** [Pers.] que no tiene pudor. ■ **2** [Cosa] que denota falta de pudor.

impudor *m* Falta de pudor.

impudoroso -sa *adj* (*raro*) Impúdico.

impuesto I *m* **1** Cantidad que ha de aportarse obligatoriamente a la administración por determinados conceptos. *Frec con un adj o compl especificador.* ■ **2** ~ **revolucionario.** Pago exigido por una organización terrorista a determinadas perss. mediante chantaje. **II** *loc adj* **3 antes de ~s,** *o* **antes de deducir los ~s.** (*Econ*) [Beneficio] calculado antes de deducir los impuestos [1] correspondientes. *Tb adv.*

impugnabilidad *f* Cualidad de impugnable.

impugnable *adj* Que puede ser impugnado.

impugnación *f* Acción de impugnar. *Tb su efecto.*

impugnador -ra *adj* Que impugna. *Tb n, referido a pers.*

impugnante *adj* Impugnador. *Tb n.*

impugnar *tr* **1** Exigir la nulidad [de una disposición o de un acto] recurriendo a las leyes o reglamentos pertinentes. ■ **2** Contradecir o refutar [una afirmación o una doctrina].

impugnatorio -ria *adj* Que sirve para impugnar.

impulsar *tr* **1** Empujar [a alguien o algo] poniéndolo en movimiento. **b)** Dar impulso [2] [a alguien o algo (*cd*)]. ■ **2** Estimular o inducir [a alguien (*cd*) a una acción]. ■ **3** Hacer que [una acción (*cd*)] pase a existir o progrese.

impulsión *f* (*E*) Impulso.

impulsivamente *adv* De manera impulsiva.

impulsividad *f* Cualidad de impulsivo.

impulsivo -va *adj* [Pers.] que actúa siguiendo, sin reflexión ni prudencia, el impulso de su ánimo. **b)** Propio de la pers. impulsiva.

impulso I *m* **1** Acción de impulsar [1a, 2 y 3]. ■ **2** Fuerza que mueve o pone en movimiento. *Frec fig. Frec con los vs* DAR, TOMAR *o* LLEVAR. ■ **3** Idea o deseo repentinos y espontáneos que mueven a actuar sin premeditación. ■ **4** (*Fís*) Cantidad de movimiento de un cuerpo, equivalente al producto de su masa por su velocidad. ■ **5** (*Electr y Telec*) Emisión brevísima de corriente o de ondas. **II** *loc prep* **6 a ~s de.** Por el estímulo o la incitación de.

impulsor -ra *adj* Que impulsa. *Tb n: m y f, referido a pers; m, referido a dispositivo o aparato.*

impune *adj* Que no es castigado.

impunemente *adv* De manera impune.

impunidad *f* Hecho de quedar impune.

impunismo *m* Actitud propicia a dejar impunes los delitos.

impunista *adj* De(l) impunismo. **b)** Partidario del impunismo. *Tb n.*

impuntual *adj* Que no es puntual, o que no llega o actúa en el momento debido. *Tb n, referido a pers.*

impuntualidad *f* Cualidad de impuntual.

impuramente *adv* De manera impura [1 y 2].

impureza *f* **1** Cualidad de impuro [1 y 2]. ■ **2** Elemento extraño que se encuentra mezclado con una sustancia. *Frec en pl.*

impurificación *f* Acción de impurificar. *Tb su efecto.*

impurificar *tr* Hacer impuro [1] [algo].

impuro -ra *adj* **1** Que contiene mezcla de elementos extraños o nocivos. *Tb fig.* ■ **2** Que carece de limpieza moral. **b)** (*Rel*) Deshonesto en cuanto a la moral sexual. ■ **3** (*Mat*) [Fracción] de valor superior a 1.

imputabilidad *f* Cualidad de imputable.

imputable *adj* **1** [Cosa] que puede ser imputada. ■ **2** [Pers.] a quien puede ser imputado [1] [algo (*compl* DE)].

imputación *f* Acción de imputar. *Tb su efecto.*

imputador -ra *adj* Que imputa.

imputar *tr* **1** Atribuir [a alguien un acto, normalmente condenable]. **b)** Atribuir [una cosa a otra] o considerar que se debe [a ella]. ■ **2** Aplicar [una cantidad a una cuenta o concepto determinados].

imputrescible *adj* Que no puede pudrirse.

in *adj invar* (*hoy raro*) [Pers.] que está en la vanguardia de la moda, o al corriente de la moda o de la actualidad. *Se opone a* OUT. *Tb n.* **b)** [Cosa] que está de moda.

in- (*ante las letras* b o p, *toma la forma* im-, *e* i- *ante* l o r) *pref* **1** *Denota negación de lo expresado por la palabra a la que se antepone.* * Imperforable. * Inabatible. * Irrebasable. ■ **2** *Ante determinados ns abstractos, denota falta o carencia de lo designado por el n.* * Impermanencia. * Inconvertibilidad. * Irreconciliación.

inabarcable *adj* Que no puede abarcarse.

inabordable *adj* [Pers. o cosa] a la que es imposible abordar (acercarse a ella o empezar a tratarla).

inacabable *adj* [Cosa] que no se acaba nunca. *Frec con intención ponderativa.*

inaccesibilidad *f* Cualidad de inaccesible.

inaccesible *adj* **1** [Pers. o cosa] a la que no se puede acceder o llegar. *Frec con un compl* A. ■ **2** [Pers.] a la que es imposible o casi imposible llegar a tratar.

inaccesiblemente *adv* De manera inaccesible.

inacción *f* Falta de acción. *Referido gralm a pers.*

inacentuación *f* (*Fon*) Falta de acentuación.

inacentuado -da *adj* (*Fon*) No acentuado, o que no lleva acento.

inaceptable *adj* Que no se puede aceptar.

inactivación *f* Acción de inactivar(se).

inactivador -ra *adj* Que inactiva.

inactivar *tr* Quitar [a algo (*cd*)] la actividad. **b)** *pr* (**~se**) Perder la actividad.

inactividad *f* Falta de actividad.

inactivo -va *adj* Que no es activo. **b)** Que no actúa.

in actu (*lat; pronunc,* /in-áktu/) *loc adv* (*Filos*) En acto o en la realidad.

inactual *adj* No actual o que no pertenece o se adecua al tiempo actual.

inactualidad *f* Falta de actualidad.

inadaptable *adj* No adaptable. *Tb n, referido a pers.*

inadaptación *f* Falta de adaptación, esp. a las circunstancias sociales.

inadaptado -da *adj* Que no se adapta a las circunstancias, esp. sociales. *Tb n, referido a pers.*

inadecuación *f* Falta de adecuación.

inadecuadamente *adv* De manera inadecuada.

inadecuado -da *adj* No adecuado, o que no se ajusta a las necesidades o características [de alguien o algo (*compl* A *o* PARA)]. *Frec se omite el compl.*

inadmisibilidad *f* Cualidad de inadmisible.

inadmisible *adj* No admisible.

inadmisiblemente *adv* De manera inadmisible.

inadmisión *f* No admisión.

inadmitir *tr* No admitir.

inadoptable *adj* No adoptable.

inadvertencia *f* Falta de advertencia o atención.

inadvertidamente *adv* De manera inadvertida.

inadvertido -da *adj* No advertido o notado. *Frec en la constr* PASAR ~.

in aeternum (*lat; pronunc corriente,* /in-etérnum/) *loc adv* Para toda la eternidad o para siempre.

inaferrable *adj* (*lit*) Que no se puede aferrar o asir.

inagotable *adj* Que no se puede agotar.

inagotablemente *adv* De manera inagotable.

inaguantable *adj* **1** Que no puede ser aguantado o soportado. ■ **2** Extraordinario o asombroso. *Con intención ponderativa.*

inaguantablemente *adv* De manera inaguantable.

inalámbrico -ca *adj* Que funciona sin hilos conductores. *Tb n m, referido a teléfono.* **b)** Que se realiza sin hilos conductores.

in albis (*lat; pronunc,* /in-álbis/) **I** *loc adj* **1** (*Rel catól*) [Domingo] primero después de Pascua. **II** *loc adv* **2** (*col*) Sin captar nada de lo que se trata. *Frec con los vs* ESTAR, QUEDARSE *o* DEJAR.

inalcanzable *adj* Que no puede alcanzarse.

inalienabilidad *f* Cualidad de inalienable.

inalienable *adj* Que no puede enajenarse. **b)** [Derecho] que no puede transferirse o quitarse.

inalterabilidad *f* Cualidad de inalterable.

inalterable *adj* **1** Que no puede alterarse. ■ **2** Que no se altera.

inalterablemente *adv* De manera inalterable.

inalterado -da *adj* Que no ha sufrido alteración.

inamistoso -sa *adj* Hostil o poco amistoso.

inamovible *adj* **1** Que no se puede mover o cambiar. *En sent no físico.* ■ **2** [Pers.] que no puede ser removida de su puesto o cargo.

inamovilidad *f* Cualidad de inamovible.

inane *adj* (*lit*) Vano o intrascendente. **b)** Vacío o sin contenido. **c)** Que carece de interés.

inania *f* (*raro*) Inanidad.

inanición *f* Debilidad extremada por falta de alimento.

inanidad *f* (*lit*) Cualidad de inane.

inanimado -da *adj* **1** Que no tiene vida. ■ **2** (*Gram*) [Nombre] que designa ser inanimado [1]. *Tb n m.* **b)** [Género] que corresponde a los nombres de seres inanimados [1].

inánime *adj* (*lit, raro*) Inanimado [1].

inanimidad *f* (*lit, raro*) Cualidad de inánime.

inapagable *adj* Que no puede apagarse. *Tb fig.*

inaparente *adj* No aparente.

inapeable *adj* Que no se puede apear.

inapelabilidad *f* Cualidad de inapelable.

inapelable *adj* No apelable, o no susceptible de apelación. *Tb fig.*

inapelablemente *adv* De manera inapelable.

inapetencia *f* Falta de apetito o de deseo de comer.

inapetente *adj* Que no tiene apetito o deseo de comer.

inaplazable *adj* Que no puede aplazarse.

inaplazablemente *adv* De manera inaplazable.

inaplicable *adj* No aplicable.

inaplicación *f* No aplicación.

inapreciable *adj* **1** Que no puede ser apreciado o medido, por su extremada pequeñez. ■ **2** Que no tiene precio, por su gran valor o calidad. *Con intención ponderativa.*

inapreciablemente *adv* De manera inapreciable.

inaprehensible *adj* (*lit*) Inaprensible.

inaprensible *adj* (*lit*) Que no se puede asir o coger. *Frec en sent no material.*

inapresable *adj* Que no se puede apresar. *Gralm en sent no material.*

inapropiadamente *adv* De manera inapropiada.

inapropiado -da *adj* No apropiado o no adecuado.

inaprovechado -da *adj* Desaprovechado o no aprovechado.

inaptitud *f* Falta de aptitud.

inapto -ta *adj* No apto.

inarmonía *f* Falta de armonía.

inarmónico -ca *adj* Falto de armonía.

inarrugable *adj* [Fibra, tejido o prenda] que no se arruga.

inarticulado -da *adj* No articulado. *Dicho gralm de ruido o sonido.*

in articulo mortis (*lat; pronunc,* /in-artíkulo--mórtis/) *loc adv* En la proximidad de la muerte. *Tb adj. Gralm referido al matrimonio en que uno de los contrayentes se encuentra en esa situación.*

inasequibilidad *f* Cualidad de inasequible.

inasequible *adj* No asequible.

inasible *adj* (*lit*) Que no se puede asir o coger. *Gralm en sent no material.*

inasimilable *adj* Que no puede ser asimilado.

inasistencia *f* Falta de asistencia.

inasistente *adj* [Pers.] que no asiste.

inastillable *adj* [Cristal] que al romperse no se convierte en fragmentos agudos y cortantes.

inatacable *adj* Que no puede ser atacado.

inatajable *adj* Que no se puede atajar.

inatención *f* Falta de atención (actitud de atender).

inaudible *adj* Que no se puede oír.

inauditamente *adv* De manera inaudita.

inaudito -ta *adj* [Cosa] que causa asombro por insólita, atrevida o falta de lógica.

inaugurable *adj* Que puede ser inaugurado.

inauguración *f* Acción de inaugurar. *Tb fig.*

inaugurador -ra *adj* Que inaugura.

inaugural *adj* De (la) inauguración.

inaugurar *tr* **1** Poner [algo] en funcionamiento con cierta solemnidad. **b)** Celebrar públicamente y con cierta solemnidad la terminación [de una obra, esp. un monumento (*cd*)]. ■ **2** Iniciar o comenzar [algo nuevo].

inautenticidad *f* Cualidad de inauténtico.

inauténtico -ca *adj* No auténtico.

inca (*hist*) **I** *adj* **1** [Individuo] perteneciente al pueblo precolombino que, a la llegada de los españoles, habitaba en la parte oeste de Sudamérica, entre los actuales Ecuador, Chile y República Argentina. *Tb n.* ■ **2** Incaico.
II *m* **3** Soberano de los incas [1]. ■ **4** Varón de la estirpe de los incas [3].

incaico -ca *adj* (*hist*) De (los) incas [1 y 3].

incalculable *adj* Que no se puede calcular. *Frec con intención ponderativa.*

incalculablemente *adv* De manera incalculable.

incalificable *adj* [Cosa] censurable o lamentable hasta el punto de que no se encuentra calificativo adecuado para ella. *Con intención ponderativa.*

incalificado -da *adj* [Pers.] no cualificada.

incanato *m* Época del imperio de los incas [3].

incandescencia *f* Cualidad o estado de incandescente. *Tb fig.*

incandescente *adj* **1** Que emite luz propia por la acción del calor. *Tb fig.* ■ **2** (*lit*) [Cosa] apasionada o ardiente.

incansable *adj* Que no se cansa. *Frec con intención ponderativa.* **b)** Propio de la pers. incansable.

incansablemente *adv* De manera incansable.

incapacidad *f* **1** Cualidad de incapaz [1, 2 y 3]. *Si lleva compl con prep, este va introducido por DE o PARA.* **b)** ~ **laboral.** Situación de incapaz para el trabajo, debida a enfermedad o accidente. ■ **2** (*Der*) Causa que produce incapacidad [1] legal.

incapacitación *f* Acción de incapacitar. *Tb su efecto.*

incapacitado -da *adj* **1** *part* → INCAPACITAR. ■ **2** Incapaz [2].

incapacitante *adj* Que incapacita.

incapacitar *tr* Hacer [a alguien (*cd*)] incapaz [2 y 3]. *Si lleva compl, este va introducido por PARA.* **b)** (*Der*) Declarar [a alguien (*cd*)] incapaz legalmente.

incapaz *adj* **1** [Pers. o cosa] que no puede hacer [algo (*compl* DE)]. **b)** [Pers.] de quien no se puede temer o esperar [algo (*compl* DE)]. ■ **2** [Pers.] no apta o sin cualidades suficientes [para algo]. **b)** *Sin compl:* [Pers.] que carece de capacidad intelectual. *Tb n.* ■ **3** (*Der*) [Pers.] que carece de capacidad legal. ■ **4** (*col*) Inaceptable o impresentable. *Con intención ponderativa.*

incarcerar *tr* (*Med*) Retener o aprisionar de manera anómala.

incardinación *f* Acción de incardinar(se). *Tb su efecto.*

incardinar *tr* **1** (*lit*) Integrar [a una pers. o cosa en algo]. **b)** *pr* (~**se**) Integrarse [una pers. o cosa en algo]. ■ **2** (*Rel crist*) Vincular de manera permanente [a alguien o algo (*cd*)] a una iglesia o a una diócesis (*compl* EN).

incario *m* Imperio de los incas [3]. *Tb la época correspondiente.*

incasable *adj* Que no puede casarse.

incatalogable *adj* Que no se puede catalogar.

incausado -da *adj* Que carece de causa.

incautación *f* Acción de incautarse.

incautado -da *adj* **1** *part* → INCAUTARSE. ■ **2** [Cosa] que ha sido objeto de incautación.

incautador -ra *adj* Que se incauta.

incautamente *adv* De manera incauta.

incautarse *intr pr* Adueñarse [una autoridad (*suj*) de algo que se quita con fuerza legal a su poseedor].

incauto -ta *adj* Poco cauto. *Tb n, referido a pers.* **b)** Inocente o ingenuo. *Tb n.*

incendiar (*conjug* 1a) *tr* **1** Prender fuego [a algo, gralm. grande, no destinado a arder (*cd*)]. **b)** *pr* (~**se**) Pasar a arder [algo, gralm. grande, no destinado a ello]. ■ **2** (*lit*) Iluminar intensamente [algo el sol (*suj*)].

incendiario -ria *adj* **1** [Pers.] que incendia voluntariamente. *Tb n.* ■ **2** [Cosa] destinada a incendiar. ■ **3** Que inflama los espíritus. ■ **4** Que despierta el deseo amoroso.

incendio *m* Hecho de incendiar(se). *Tb su efecto.*

incensación *f* Acción de incensar [1].

incensada *f* (*raro*) Acción de incensar.

incensador -ra *adj* Que inciensa [2]. *Tb n, referido a pers.*

incensar (*conjug* **6**) *tr* **1** Dirigir el humo del incienso [hacia alguien o algo (*cd*)], como rito en una ceremonia religiosa. ■ **2** Lisonjear o alabar exageradamente [a alguien].

incensario *m* (*Rel catól*) Instrumento litúrgico formado por un recipiente de metal con tapa, en el cual se quema incienso y que, colgado de unas cadenillas, se usa para incensar [1].

incentivación *f* Acción de incentivar.

incentivador -ra *adj* Que incentiva. *Tb n.*

incentivar *tr* Dar incentivo o estímulo [a alguien o algo (*cd*)]. *A veces con un compl* A.

incentivo *m* Estímulo que mueve a obrar o a hacerlo más deprisa o mejor. **b)** Cantidad que en concepto de prima se añade al sueldo o salario. *Frec en pl.*

incentro *m* (*Mat*) Punto en que se encuentran las bisectrices de un triángulo.

incepción *f* (*E*) Comienzo.

incerteza *f* (*raro*) Incertidumbre.

incertidumbre *f* Falta de certidumbre.

incesable *adj* (*raro*) Incesante.

incesablemente *adv* (*raro*) De manera incesable.

incesante *adj* Que no cesa.

incesantemente *adv* De manera incesante.

incesto *m* Relación sexual entre parientes dentro de los grados en que no está permitido el matrimonio.

incestuosamente *adv* De manera incestuosa.

incestuoso -sa *adj* **1** De(l) incesto. **b)** [Hijo] nacido por incesto. **c)** [Matrimonio] que implica incesto. ■ **2** [Pers.] que comete incesto. *Tb n.*

incidencia I *f* **1** Acción de incidir[1], *esp* [3 y 4]. ■ **2** Hecho o suceso de carácter secundario que se produce en el desarrollo de algo. **b)** **las ~s.** El conjunto de hechos que se producen en el desarrollo [de algo]. **c)** Incidente [2]. ■ **3** (*Med*) Proporción de casos nuevos de una enfermedad en un período de tiempo. II *loc adj* **4 de ~.** (*Fís*) [Ángulo] que forman el rayo incidente y la normal.

incidental *adj* **1** Que tiene carácter de incidente [2a y b] o de incidencia [2a y c]. ■ **2** (*Gram*) Que se intercala en la oración sin alterar su estructura ni su sentido. ■ **3** (*Mús*) [Música], gralm. instrumental, destinada a acompañar a una obra de teatro, ya en forma de interludios, ya subrayando la acción dramática.

incidentalmente *adv* De manera incidental.

incidente I *adj* **1** Que incide[1] [2, 3 y 4]. II *m* **2** Hecho o suceso de carácter secundario que altera o interrumpe el normal desarrollo de algo. **b)** (*Der*) Cuestión que se plantea de forma accesoria y con relación inmediata con el asunto principal objeto del pleito. ■ **3** Enfrentamiento o pelea que se produce entre dos o más perss., gralm. en el desarrollo de un acto.

incidir[1] *intr* **1** Incurrir o caer [en un error, falta o delito]. ■ **2** Tratar [un tema (*compl* EN)] o hacer referencia [a él (*compl* EN)]. ■ **3** Dejarse sentir o ejercer influencia [una cosa (*suj*)] en otra (*compl* EN o SOBRE)]. ■ **4** (*Fís*) Llegar [algo, esp. un rayo de luz, ondas o un proyectil], a una superficie (*compl* EN o SOBRE)]. ■ **5** Ocurrir o producirse [algo].

incidir[2] *tr* (*Med y Arte*) Hacer una incisión o incisiones [en algo (*cd*)].

incienso *m* **1** Sustancia resinosa que se obtiene de diversos árboles asiáticos y africanos y que se quema en ceremonias religiosas. ■ **2** Lisonja o alabanza exagerada. *Frec en la constr* DAR ~.

incierto -ta *adj* **1** Impreciso o borroso. *Tb en sent no físico.* ■ **2** (*Taur*) [Res] que mira a todos los bultos sin concentrar su atención en uno solo y amaga acometer a varios a la vez. ■ **3** Falso (que no responde a la verdad).

incindir *tr* (*Med*) Incidir[2].

incinerable *adj* Que se ha de incinerar [1].

incineración *f* Acción de incinerar [1].

incinerador -ra *adj* Que incinera [1]. **b)** [Horno o instalación] destinados a incinerar [1]. *Tb n m o f.*

incinerar *tr* **1** Reducir a cenizas [algo, esp. cadáveres o basuras]. ■ **2** (*juv, hoy raro*) Encender [el cigarrillo].

incipiente *adj* **1** [Cosa] que comienza a tener existencia o vigencia. ■ **2** [Pers.] que empieza a ser [lo expresado por el n.].

incipientemente *adv* De manera incipiente.

íncipit *m* (*Bibl*) Primeras palabras de un manuscrito o de un impreso antiguo. *Se usa gralm en descripciones bibliográficas.*

incircunscrito -ta *adj* (*raro*) No circunscrito dentro de unos límites determinados.

incisión *f* Hendidura hecha con instrumento cortante.

incisivamente *adv* De manera incisiva [2].

incisivo -va *adj* **1** [Diente] situado en la parte más saliente de la mandíbula, destinado a cortar los alimentos. *Tb n m.* ■ **2** Penetrante. *En sent fig. Dicho esp de pers o de ingenio o dicho.*

inciso -sa I *adj* **1** (*Med y Arte*) Hecho por incisión. ■ **2** (*Arte*) [Cerámica, o pieza de cerámica] decorada por incisión. II *m* **3** Frase con que momentáneamente se interrumpe el curso de una conversación o de una exposición.

inciso-cortante *adj* (*Med*) [Herida] incisa causada por un objeto cortante.

inciso-punzante *adj* (*Med*) [Herida] incisa causada por un objeto punzante.

incitación *f* Acción de incitar. *Tb su efecto.*

incitador -ra *adj* Que incita. *Tb n, referido a pers.* **b)** Incitante [1b].

incitadoramente *adv* De manera incitadora.

incitante *adj* Que incita. **b)** *Esp:* Que incita al deseo.

incitantemente *adv* De manera incitante.

incitar *tr* Estimular vivamente [a alguien (*cd*) a una acción (*compl* A)]. *Tb sin compl* A.

incívico -ca *adj* Falto de civismo. *Tb n, referido a pers.* **b)** Que denota o implica falta de civismo.

incivil *adj* **1** Falto de civismo. *Tb n, referido a pers.* **b)** Que denota o implica falta de civismo. ■ **2** Que no tiene educación o sentido de la convivencia.

incivilidad *f* Cualidad de incivil.

incivilización *f* Cualidad de incivilizado.

incivilizado -da *adj* No civilizado, o que no se comporta de manera educada o sociable. **b)** Propio de perss. incivilizadas.

incivismo *m* Falta de civismo.

inclasificable *adj* Que no se puede clasificar o incluir en ningún grupo determinado.

inclemencia *f* **1** Rigor o dureza [del tiempo o de la estación]. *Tb fig, referido a otras circunstancias.* ■ **2** (*lit*) Falta de clemencia.

inclemente *adj* **1** Duro o riguroso. *Referido frec al tiempo o a los fenómenos naturales. Tb fig.* ■ **2** (*lit*) Falto de clemencia.

inclín *m* (*reg*) Inclinación o tendencia.

inclinable *adj* Que puede ser inclinado (→ INCLINAR [1]).

inclinación *f* **1** Acción de inclinar(se) [1, 3 y 4]. **b)** Acción de inclinar [1] la cabeza o el tronco en señal de respeto, acatamiento o sumisión. **c)** ~ **magnética.** (*Fís*) Ángulo que forma la aguja imantada con el plano horizontal. *Tb simplemente* ~. ■ **2** Tendencia [de una pers. o grupo]. *Frec con un compl* A *o un adj especificador.* **b)** Tendencia habitual [de una pers. hacia un determinado tipo de cosas o perss. que le causan placer (*compl* A *o* POR)]. ■ **3** Afecto [hacia alguien o algo (*compl* POR)].

inclinado -da *adj* **1** *part* → INCLINAR. ■ **2** Oblicuo (que se aparta de la horizontal o de la vertical). **b)** *Con un adv de cantidad, o con la terminación superlativa:* Oblicuo con [mayor o menor] proximidad a la vertical. **c)** [Plano] ~ → PLANO. ■ **3** Que tiene inclinación o tendencia [a algo].

inclinar **A** *tr* **1** Apartar [a alguien o algo] de su posición vertical u horizontal. *A veces con un compl* HACIA. **b)** *pr* (~se) Apartarse [alguien o algo] de su posición vertical u horizontal. *A veces con un compl* HACIA. ■ **2** Influir [sobre alguien (*cd*) para que escoja una opción entre varias (*compl* A)].
B *intr pr* (~se) **3** Inclinar [1] [una pers.] el tronco o la cabeza hacia delante. *A veces en señal de respeto, acatamiento o sumisión ante alguien o algo; en este caso, tb fig.* ■ **4** Sentirse decidido o casi decidido [a una acción (A + *infin* o *n*) o a la elección de una pers. o cosa (*compl* POR)]. *Tb fig.*

ínclito -ta *adj* (*lit*) Ilustre. *A veces con intención humoríst.*

incluible *adj* Que puede incluirse.

incluir (*conjug* 48) *tr* **1** Poner [a alguien o algo (*cd*)] dentro de un conjunto (*compl* EN *o* DENTRO DE)]. *Tb sin compl, por consabido.* ■ **2** Llevar [una cosa (*suj*)] dentro de sí [otra (*cd*)]. **b)** Tener [un conjunto (*suj*)] entre los elementos que lo constituyen [a alguien o algo (*cd*)].

inclusa (*frec escrito con mayúscula*) *f* (hoy raro) Establecimiento donde se recoge y cría a los niños expósitos.

inclusero -ra *adj* **1** (hoy raro) [Pers.] criada en la inclusa. *Tb n.* **b)** *A veces se usa como insulto, como euf por* HIJO DE PUTA. * El muy gorrino inclusero te ha cogido las tres mil. ■ **2** (*col*) [Cosa] que carece de nombre de autor, o de marca de fábrica.

inclusión *f* **1** Acción de incluir. *Tb su efecto.* **b)** (*Mat*) Relación de dos conjuntos, uno de los cuales incluye al otro. *Tb* RELACIÓN DE ~. ■ **2** (*Metal o Mineral*) Cuerpo extraño que se percibe en el interior de una masa. ■ **3** (*Biol*) Producto inerte de la actividad celular incluido en el citoplasma.

inclusive *adv* Incluso. **b)** *Se usa frec pospuesto a un sust, especificando que lo designado por este está incluido dentro de la serie expresada antes. Frec en la constr* AMBOS ~. * Los cursillos serán del 1 al 15, ambos inclusive.

inclusivo -va *adj* **1** Que incluye o puede incluir. ■ **2** (*Gram*) [Pronombre personal en plural] que designa un conjunto formado por "yo y tú" (frente a "yo y él"), o por "tú y tú" (frente a "tú y él"). *Se opone a* EXCLUSIVO.

incluso -sa (*en aceps 2 y 3, con pronunc normalmente átona; es tónico siempre que va pospuesto a la palabra o sintagma a que se refiere*) **I** *adj* **1** (*lit, raro*) Incluido. * Eran ocho monjas en total, legas inclusas.
II *adv* **2** Incluyendo también. * Tiene todos los derechos, incluso el de disponer libremente de la casa. **b)** *Indica que lo expresado en la palabra o sintagma a que se refiere supone un grado alto, o superior a lo dicho anteriormente.* * Sabía que habían robado, e incluso asesinado, en varias ocasiones.
III *prep* **3** Con inclusión de. * Todos, incluso él, estábamos conformes.

incluyente *adj* Que incluye.

incoación *f* (*admin o lit*) Acción de incoar.

incoar *tr* (*admin*) Comenzar [un proceso, pleito, expediente u otra actuación oficial]. *Más raro* (*lit*), referido a otras cosas.

incoativo -va *adj* (*Gram*) [Verbo o locución] que expresa el comienzo de la acción.

incobrable *adj* Que no se puede cobrar.

incoercibilidad *f* (*lit*) Cualidad de incoercible.

incoercible *adj* (*lit*) Que no puede ser contenido o reprimido.

incoerciblemente *adv* (*lit*) De manera incoercible.

incógnito -ta **I** *adj* **1** (*lit*) Desconocido.
II *n* **A** *m* **2** Situación de la pers. destacada o famosa que no se da a conocer. **b)** Situación de alguien cuya identidad se desconoce.
B *f* **3** (*Mat*) Cantidad desconocida que es preciso averiguar en un problema o ecuación para resolverlos. ■ **4** Cosa desconocida que se desea averiguar.
III *loc adv* **5** de ~. Sin darse a conocer. *Normalmente referido a una pers. destacada o famosa. Frec con vs como* IR *o* VIAJAR. *Tb adj.*

incognoscibilidad *f* (*lit*) Cualidad de incognoscible.

incognoscible *adj* (*lit*) Que no se puede conocer.

incoherencia *f* **1** Cualidad de incoherente. ■ **2** Dicho o hecho incoherente.

incoherente *adj* Que no es coherente.

incoherentemente *adv* De manera incoherente.

incoloro -ra *adj* **1** Que carece de color. ■ **2** [Pers. o cosa] que no destaca por nada. **b)** De escaso valor o significación.

incólume *adj* (*lit*) Que no ha sufrido lesión o deterioro.

incolumidad *f* (*lit*) Cualidad de incólume.

incombustibilidad *f* Cualidad de incombustible.

incombustible *adj* **1** No combustible. ■ **2** Que se mantiene activo o vigente a pesar del paso del tiempo o del cambio de circunstancias.

incombustiblemente *adv* De manera incombustible.

incomestible *adj* No comestible.

incomible *adj* Incomestible. **b)** (*col*) [Alimento] que no se puede comer por no hallarse en perfecto estado o por estar mal preparado.

incomodado -da *adj* **1** *part* → INCOMODAR. ■ **2** Que denota o implica incomodo.

incómodamente *adv* De manera incómoda.

incomodar *tr* **1** Causar incomodidad [a alguien (*cd*)]. ■ **2** Causar enfado [a alguien (*cd*)]. **b)** *pr* (~se) Enfadarse.

incomodidad *f* **1** Cualidad o condición de incómodo. ■ **2** Cosa que hace sentirse incómodo [3]. *Frec en pl.*

incomodo *m* Acción de incomodar(se). *Tb su efecto.*

incómodo -da *adj* **1** [Cosa] que no proporciona el descanso deseable o que supone algún esfuerzo, tensión o malestar. ■ **2** [Pers.] cuyo trato o relación resultan incómodos [1]. ■ **3** [Pers.] que se encuentra en situación incómoda [1].

incomparable *adj* Que no admite comparación. *Con intención ponderativa.*

incomparablemente *adv* De manera incomparable. *Con intención ponderativa.*

incomparecencia *f* Hecho de no comparecer.

incompareciente *adj* Que no comparece.

incompartible *adj* Que no se puede compartir.

incompatibilidad *f* Condición de incompatible. **b)** (*admin*) Imposibilidad legal para ejercer determinadas funciones o simultanear dos o más.

incompatibilizar *tr* Hacer incompatibles [dos cosas, o una con otra]. **b)** (*admin*) Declarar [a alguien] incurso en incompatibilidad. *Tb abs.*

incompatible *adj* **1** No compatible. **b)** (*Enseñ*) [Asignatura] cuya calificación es imposible sin la previa aprobación de otra determinada de un curso anterior. ■ **2** (*Mat*) [Sistema de ecuaciones] que no tiene solución.

incompetencia *f* Cualidad o condición de incompetente.

incompetente *adj* **1** [Pers.] que no es competente, o carece de capacidad y preparación. *Tb n.* **b)** Propio de la pers. incompetente. ■ **2** [Pers. o entidad] a la que no compete [una responsabilidad (*compl* PARA)]. *Tb sin compl.*

incomplejo *adj* (*Mat*) [Número concreto] que expresa unidades de una sola especie.

incompletamente *adv* De manera incompleta.

incompleto -ta *adj* No completo.

incomportable *adj* (*lit*) Insoportable o intolerable.

incomprendido -da *adj* No comprendido o entendido debidamente. *Frec referido a pers. En este caso, tb n.*

incomprensibilidad *f* Cualidad de incomprensible.

incomprensible *adj* Que no se puede comprender o entender.

incomprensiblemente *adv* De manera incomprensible.

incomprensión *f* Falta de comprensión o entendimiento.

incomprensivo -va *adj* **1** No comprensivo, o incapaz de comprender. *Tb n, referido a pers.* ■ **2** Que denota o implica incomprensión.

incompresible *adj* (*Fís*) Que no puede ser comprimido.

incomunicabilidad *f* **1** Cualidad de incomunicable. ■ **2** Incapacidad para comunicarse.

incomunicable *adj* Que no puede ser comunicado.

incomunicación *f* **1** Acción de incomunicar. *Tb su efecto.* ■ **2** Falta de comunicación con otros.

incomunicado -da *adj* **1** *part* → INCOMUNICAR. ■ **2** [Prisión o arresto] que lleva consigo aislamiento temporal.

incomunicar *tr* Privar de comunicación [a alguien o algo (*cd*)]. **b)** Aislar temporalmente [a un detenido o a un procesado] por decisión de la autoridad judicial o gubernativa. *Frec en part, a veces sustantivado.*

inconcebible *adj* Que no se puede concebir o comprender.

inconcebiblemente *adv* De manera inconcebible.

inconciliable *adj* Que no puede conciliarse o armonizarse.

inconclusión *f* (*lit*) Condición de inconcluso.

inconcluso -sa *adj* (*lit*) No terminado.

inconcreción *f* Cualidad de inconcreto.

inconcreto -ta *adj* Que no es concreto o preciso.

inconcusamente *adv* (*lit*) De manera inconcusa.

inconcuso -sa *adj* (*lit*) Que no admite duda o discusión.

incondicionado -da *adj* Que no está sometido a condiciones.

incondicional *adj* Total y sin restricciones o reservas. *Tb n, referido a amigo o partidario.*

incondicionalidad *f* Cualidad de incondicional.

incondicionalismo *m* Incondicionalidad servil.

incondicionalmente *adv* De manera incondicional.

inconexamente *adv* De manera inconexa.

inconexo -xa *adj* Que no tiene conexión lógica.

inconfesable *adj* [Cosa] que no se puede confesar, por vergonzosa o deshonrosa.

inconfesablemente *adv* De manera inconfesable.

inconfesadamente *adv* De manera inconfesada.

inconfesado -da *adj* No confesado.

inconfeso -sa *adj* **1** Inconfesado. ■ **2** Que no ha confesado el delito. ■ **3** (*Rel catól*) Que no ha hecho confesión.

inconforme *adj* 1 [Pers.] que no está conforme. *Tb n.* ■ 2 [Pers.] inconformista. *Tb n.* ■ 3 Propio de la pers. inconforme [1 y 2].

inconformidad *f* Cualidad o condición de inconforme.

inconformismo *m* Actitud o tendencia inconformista [1b].

inconformista *adj* [Pers.] que tiene una actitud de rebeldía u hostilidad frente a lo establecido en lo social o en lo político. *Tb n.* **b)** Propio de la pers. inconformista.

inconfundible *adj* [Pers. o cosa] de características tan especiales y distintas que no puede confundirse con otra.

inconfundiblemente *adv* De manera inconfundible.

incongelable *adj* Que no puede congelarse.

incongruencia *f* 1 Cualidad de incongruente. ■ 2 Hecho o dicho incongruente.

incongruente *adj* Que carece de concordancia o de correspondencia, esp. lógica, [con algo]. *Frec el compl se omite por consabido.*

incongruentemente *adv* De manera incongruente.

incongruo -grua *adj* (*lit*) 1 Inadecuado. ■ 2 Incongruente o ilógico.

inconmensurable *adj* 1 Inmenso o sumamente grande. ■ 2 (*Mat*) [Magnitud] que no tiene [con otra] una medida común, o no es divisible por una unidad común un número entero de veces. *Tb sin compl, referido a n en pl.*

inconmensurablemente *adv* De manera inconmensurable.

inconmovible *adj* 1 [Pers.] que no puede conmoverse o no se deja conmover. ■ 2 [Cosa, esp. no material] que no puede ser conmovida o alterada.

inconmovilidad *f* Cualidad de inconmovible.

inconquistable *adj* Que no puede ser conquistado.

inconsciencia *f* 1 Cualidad de inconsciente. **b)** Estado de inconsciente [1]. ■ 2 Hecho o dicho propio de la pers. inconsciente [2].

inconsciente **I** *adj* 1 [Pers.] que ha perdido la consciencia (facultad de relacionarse con la realidad exterior). ■ 2 [Pers.] que actúa sin darse cuenta de lo que hace y de sus consecuencias. *Tb n.* **b)** Que no es consciente [de algo]. ■ 3 Propio de la pers. inconsciente [1 y 2]. **b)** [Cosa] que existe o se produce en el ser humano fuera de su conciencia y de su voluntad. **II** *m* 4 (*Psicol*) Parte del psiquismo que escapa enteramente a la conciencia. *Normalmente con art* EL.

inconscientemente *adv* De manera inconsciente.

inconsecuencia *f* 1 Cualidad de inconsecuente. ■ 2 Hecho o dicho inconsecuente [1b].

inconsecuente *adj* [Pers.] que en sus actos no es fiel [a sus principios o ideas (*compl* CON)]. *A veces se omite el compl por consabido. Tb n.* **b)** Propio de la pers. inconsecuente.

inconsecuentemente *adv* De manera inconsecuente.

inconsideradamente *adv* De manera inconsiderada.

inconsiderado -da *adj* 1 Falto de consideración o respeto. ■ 2 Falto de consideración o reflexión.

inconsistencia *f* Condición de inconsistente.

inconsistente *adj* Que carece de consistencia (solidez o firmeza).

inconsolable *adj* Que no tiene consuelo.

inconsolablemente *adv* De manera inconsolable.

inconstancia *f* Cualidad de inconstante.

inconstante *adj* Que no tiene constancia (cualidad de constante).

inconstitucional *adj* [Cosa] que se opone o no se ajusta a la Constitución del Estado.

inconstitucionalidad *f* Cualidad de inconstitucional.

inconsútil *adj* (*lit*) 1 Que carece de costuras. *Frec fig.* ■ 2 (*semiculto*) Sutil.

incontable *adj* (*lit*) 1 Innumerable o muy numeroso. ■ 2 No contable, o que no puede ser narrado.

incontaminable *adj* Que no puede contaminarse.

incontaminación *f* Cualidad de incontaminado.

incontaminado -da *adj* 1 *part* → INCONTAMINAR. ■ 2 No contaminado. *Frec en sent no material.*

incontaminante *adj* (*raro*) Que no contamina.

incontaminar *tr* (*raro*) No contaminar, o librar de contaminación.

incontenible *adj* [Cosa] que no puede contenerse o frenarse.

inconteniblemente *adv* De manera incontenible.

incontenido -da *adj* [Cosa] que no se contiene o frena.

incontestable *adj* Indiscutible o incuestionable.

incontestado¹ -da *adj* [Cosa] que no ha tenido contestación o respuesta.

incontestado² -da *adj* Que no es discutido o cuestionado.

incontinencia *f* 1 Incapacidad de regular voluntariamente la emisión de orina o de excrementos. *Frec con un compl especificador. Sin compl, se refiere normalmente a la de orina.* ■ 2 Falta de continencia o control. *Gralm referido a la locuacidad o al instinto sexual.*

incontinente¹ *adj* 1 Que padece incontinencia [1]. *Tb n.* ■ 2 Que tiene o muestra incontinencia [2].

incontinente² *adv* (*raro*) Incontinenti.

incontinenti *adv* (*lit, raro*) Al instante o inmediatamente.

incontrastable *adj* Irrefutable.

incontrastablemente *adv* De manera incontrastable.

incontrolable *adj* Que no puede ser controlado.

incontroladamente *adv* De manera incontrolada.

incontrolado -da *adj* Que está fuera de control. *A veces con intención ponderativa, denotando exceso o demasía.* **b)** [Pers.] que actúa violentamente por móviles ideológicos, fuera del control de las autoridades. *Frec n.*

incontrovertible *adj* Indiscutible o innegable.

inconvencible *adj* (*raro*) Que no se deja convencer.

inconveniencia *f* **1** Cualidad de inconveniente [1 y 2]. ■ **2** Hecho o dicho inconveniente [2a]. ■ **3** Inconveniente [3].

inconveniente I *adj* **1** Que no conviene. ■ **2** [Cosa] socialmente incorrecta, o que ofende a las buenas maneras. **b)** [Pers.] que hace o dice algo inconveniente. *Normalmente como predicat.*
II *m* **3** Desventaja, o aspecto negativo. *Frec se contrapone a* VENTAJA. ■ **4** Dificultad u obstáculo. *Frec en pl, con vs como* PONER, OPONER, ENCONTRAR, TROPEZAR(SE) CON. **b)** *Con los vs* HABER *o* TENER *se usa en constrs interrogs como* ¿HAY (ALGÚN) ~? *o* ¿TIENES (ALGÚN) ~?, *para pedir autorización, y en constrs negs como* NO HAY (NINGÚN, *o* EL MENOR) ~, NO TENGO (NINGÚN, *o* EL MENOR) ~, *para manifestar aceptación u ofrecimiento. Frec con un compl* EN + *infin o* EN QUE + *subj.*

incoordinación *f* Falta de coordinación. **b)** (*Med*) Falta de coordinación en los movimientos propios de una función.

incoordinado -da *adj* Falto de coordinación.

incopiable *adj* Que no puede ser copiado.

in corde Jesu (*lat; pronunc,* /in-kórde-yésu/) *loc adv* En el corazón de Jesús. *Usado en fórmulas de despedida piadosa en cartas.*

incordiador -ra *adj* (*col*) Incordiante.

incordiante *adj* (*col*) Que incordia. *Tb n, referido a pers.*

incordiar (*conjug* **1a**) *tr* (*col*) Molestar o importunar. *Frec abs.*

incordio *m* (*col*) **1** Acción de incordiar. *Tb su efecto.* ■ **2** Pers. o cosa que incordia. ■ **3** (*hoy raro*) Bubón.

incordioso -sa *adj* (*col*) Incordiante.

incorporable *adj* Que puede ser incorporado.

incorporación *f* Acción de incorporar(se). *Tb su efecto.*

incorporar A *tr* **1** Unir [una pers. o cosa (*cd*)] a otras o a un conjunto (*ci*)] de modo que forme con ellas un todo. *Frec sin ci.* **b)** Hacer que [una cosa (*cd*)] pase a formar parte [de otra (*ci*)] o a estar presente [en ella (*ci*)]. ■ **2** Levantar [una pers. (*suj*)] su tronco (*cd*)] de la posición de tendido o recostado, hacia la vertical. ■ **3** Levantar el tronco [de una pers. (*cd*)] de la posición de tendido o recostado, hacia la vertical. *Frec el cd es refl.* ■ **4** Levantar [a alguien (*cd*)] o poner[lo] en posición vertical. *Frec el cd es refl.* ■ **5** Representar [un actor (*suj*)] un papel (*cd*)].
B *intr pr* (~**se**) **6** Empezar a actuar o a tomar parte [en algo (*compl* A)].

incorporeidad *f* (*lit*) Cualidad de incorpóreo.

incorpóreo -a *adj* (*lit*) Que no tiene consistencia material.

incorrección *f* **1** Cualidad de incorrecto. ■ **2** Hecho o dicho incorrecto.

incorrectamente *adv* De manera incorrecta.

incorrecto -ta *adj* **1** No correcto o que no se ajusta a las normas. **b)** Que no se ajusta a las nor-

mas de la buena educación. ■ **2** No correcto o que no se ajusta a la realidad. ■ **3** No correcto o no adecuado.

incorregibilidad *f* Cualidad de incorregible.

incorregible *adj* **1** Que no puede corregirse. ■ **2** [Pers.] obstinada o que se mantiene firme en su comportamiento. *Frec siguiendo al n que especifica este comportamiento.*

incorruptibilidad *f* Cualidad de incorruptible.

incorruptible I *adj* **1** No corruptible. *Tb n, referido a pers.*
II *m* **2** (*hist*) Miembro de la secta cristiana del s. VI, en Bizancio, cuya doctrina sostiene la incorruptibilidad del cuerpo de Jesucristo.

incorrupto -ta *adj* No corrupto o no corrompido. *Tb n, referido a pers.*

increado -da *adj* No creado.

incredibilidad *f* Falta de credibilidad.

incredulidad *f* Cualidad de incrédulo.

incrédulo -la *adj* **1** Que no cree lo que se le comunica. **b)** Que presenta resistencia a creer. ■ **2** Que no tiene fe religiosa. *Tb n, referido a pers.* ■ **3** [Cosa] propia de la pers. incrédula [1 y 2].

increencia *f* Falta de fe religiosa.

increíble *adj* Que no se puede creer. **b)** *Frec se emplea para ponderar lo extraordinario de una pers o cosa.* * *Es una mujer increíble; sabe de todo.*

increíblemente *adv* De manera increíble. *Gralm con intención ponderativa.*

incrementador -ra *adj* Que incrementa. *Tb n m, referido a producto.*

incremental *adj* De(l) incremento.

incrementar *tr* Hacer que [una cosa (*cd*)] aumente o crezca. **b)** *pr* (~**se**) Aumentar o crecer.

incremento *m* **1** Acción de incrementar(se). *Tb la cantidad incrementada.* **b)** (*Mat*) Cantidad infinitamente pequeña en que aumenta o disminuye una variable. ■ **2** Cosa con que se incrementa.

increpación *f* Acción de increpar. *Tb su efecto.*

increpador -ra *adj* Que increpa. *Tb n, referido a pers.*

increpar *tr* Reprender o censurar severamente.

in crescendo (*it; pronunc corriente,* /in-krečéndo/) *loc adv* En gradual aumento.

increyente *adj* No creyente. *Tb n.*

incriminación *f* Acción de incriminar.

incriminador -ra *adj* Que incrimina.

incriminar *tr* Imputar un delito grave [a alguien (*cd*)].

incruentamente *adv* De manera incruenta.

incruento -ta *adj* [Cosa] que no lleva consigo derramamiento de sangre. *Tb fig.*

incrustación I *f* **1** Acción de incrustar(se). ■ **2** Cosa que se incrusta. *Tb fig.* ■ **3** (*E*) Formación de costras o depósitos minerales en la superficie de determinados cuerpos. *Tb la misma costra o depósito.*
II *loc adj* **4** **de ~**. (*Lab*) [Punto] que consiste en dos filas paralelas de pespunte con puntadas alternadas, que se usa esp. en aplicaciones.

incrustadora *f* (*Lab*) Costurera especializada en el punto de incrustación.

incrustante *adj* (*E*) Que se incrusta formando costras.

incrustar *tr* **1** Introducir [algo en una superficie sólida] haciendo que quede fijo o sujeto en ella. *Frec fig.* **b**) *pr* (~se) Introducirse [algo] en una superficie sólida quedando fijo o sujeto en ella. *Frec fig.* ■ **2** Introducir [algo (*compl* EN *o* DE) en una superficie sólida (*cd*)] haciendo que quede fijo o sujeto en ella. *Tb fig.*

incubación *f* Acción de incubar(se).

incubador -ra (*tb f* incubatriz *en acep 1b*) **I** *adj* **1** [Animal] que incuba [1]. *Tb n m.* **b**) [Lugar, esp. bolsa o aparato] en que se produce la incubación de los huevos. **c**) Que incuba [2 y 3].
II *n* **A** *m* **2** (*Biol*) Aparato en que se mantiene una temperatura constante para el cultivo de organismos.
B *f* **3** Aparato que sirve para incubar huevos artificialmente. ■ **4** Aparato que permite mantener a temperatura adecuada constante a los recién nacidos prematuros o débiles.

incubar *tr* **1** Dar calor [un ave u otro animal ovíparo] con su cuerpo [a los huevos (*cd*)] para que salgan las crías. *Frec abs.* **b**) *pr* (~se) Recibir [los huevos] calor suficiente para que salgan las crías. ■ **2** (*Med*) Desarrollar [una enfermedad infecciosa] desde el momento del contagio hasta sus primeras manifestaciones. **b**) *pr* (~se) Desarrollarse [una enfermedad] en el organismo antes de hacerse manifiesta. ■ **3** Dar lugar a que [algo (*cd*)] se desarrolle ocultamente. **b**) *pr* (~se) Desarrollarse [algo] ocultamente.

incubatriz → INCUBADOR.

íncubo I *adj* **1** [Demonio] que, bajo la apariencia de hombre, tiene trato carnal con una mujer. *Frec n m.*
II *m* **2** (*raro*) Sueño intranquilo o angustioso.

incuestionable *adj* Indiscutible o no cuestionable.

incuestionablemente *adv* De manera incuestionable.

inculcación *f* Acción de inculcar. *Tb su efecto.*

inculcador -ra *adj* Que inculca. *Tb n, referido a pers.*

inculcar *tr* Infundir firmemente [una idea o un sentimiento en una pers. o en su ánimo (*ci o compl* EN)].

inculpabilidad *f* Cualidad de inculpable.

inculpable *adj* Que no es culpable.

inculpablemente *adv* De manera inculpable.

inculpación *f* Acción de inculpar.

inculpador -ra *adj* Que inculpa.

inculpar *tr* **1** Atribuir un delito [a alguien (*cd*)]. *Frec en part, a veces sustantivado.* **b**) Atribuir [un delito (*cd*) a alguien (*ci*)]. ■ **2** Culpar o echar la culpa [a alguien o algo (*cd*)].

inculpatorio -ria *adj* Que inculpa o sirve para inculpar.

incultivable *adj* Que no puede cultivarse.

incultivado -da *adj* (*raro*) Inculto [2].

inculto -ta *adj* **1** Que no tiene cultura o tiene un nivel cultural bajo. *Tb n, referido a pers.* **b**) Propio de la pers. inculta. ■ **2** [Terreno] que no tiene cultivo ni labor.

incultura *f* Falta de cultura (instrucción).

inculturación *f* (*E*) Proceso sociológico y psicológico por el que un individuo se incorpora a la cultura y a la sociedad que le rodean.

incumbencia I *f* **1** Función u obligación que incumbe [a alguien (*compl de posesión*)].
II *loc adj* **2 de (la)** ~ [de alguien]. Que [le] incumbe. *Frec con el v* SER.

incumbir *intr* Corresponder o tocar [una función o una obligación (*suj*) a alguien].

incumplidor -ra *adj* Que incumple. *Tb n, referido a pers.*

incumplimiento *m* Acción de incumplir.

incumplir *tr* Dejar de cumplir [un mandato, una obligación o un compromiso]. *Tb abs.*

incunable *adj* **1** Impreso antes del año 1500. *Más frec n m, designando libro.* ■ **2** [Imprenta] de los primeros años de su desarrollo hasta el año 1500. ■ **3** (*lit*) Que corresponde a los inicios de una actividad.

incurabilidad *f* Cualidad de incurable.

incurable *adj* Que no puede curarse. *Tb n, referido a pers. Tb fig.*

incurablemente *adv* De manera incurable. *Tb fig.*

incuria *f* (*lit*) Abandono o negligencia.

incurrir *intr* **1** Caer [en un error, falta o culpa]. ■ **2** Pasar a ser objeto [de una actitud o sentimiento desfavorable (*compl* EN)].

incursión *f* **1** Penetración armada pasajera en territorio enemigo. *Tb fig, esp referido a deportes.* ■ **2** Aplicación o dedicación ocasional [a una actividad (*compl* POR *o* EN)].

incursionar *intr* Realizar una incursión o incursiones.

incurso -sa *adj* Que incurre o ha incurrido [en algo].

incursor -ra *adj* Que realiza una incursión [1]. *Tb n, referido a pers.*

incurvar *tr* (*raro*) Curvar [algo] o dar[le (*cd*)] forma curva. **b**) *pr* (~se) Curvarse, o tomar forma curva.

incuso -sa *adj* (*E*) Grabado en hueco.

indagación *f* Acción de indagar.

indagador -ra *adj* Que indaga. *Tb n, referido a pers.*

indagar *tr* Tratar de averiguar. *Frec abs.*

indagatorio -ria I *adj* **1** De (la) indagación.
II *f* **2** (*Der*) Primera declaración que, sin juramento, se toma al presunto reo. ■ **3** (*raro*) Indagación.

indaliano -na *adj* (*Pint*) De un grupo de artistas almerienses cuya cabeza es Jesús de Perceval († 1984). *Tb n, referido a pers.*

indalo *m* Figurilla que representa a Indalo, dios prehistórico almeriense del arco iris.

indebidamente *adv* De manera indebida [1].

indebido -da *adj* **1** Que no debe hacerse, por contravenir la ley o la norma. **b**) (*Der*) [Apropiación] de dinero, efectos u otra cosa mueble por quien los ha recibido con obligación de devolverlos. ■ **2** Que no es obligatorio o exigible.

indecencia *f* **1** Cualidad de indecente. ■ **2** Hecho o dicho indecente.

indecente *adj* No decente, esp. en lo relativo a la moral sexual.

indecentemente *adv* De manera indecente.

indecible *adj* Imposible de expresar. *Se usa para ponderar la intensidad.*

indeciblemente *adv* De manera indecible.

indecisamente *adv* De manera indecisa.

indecisión *f* Cualidad de indeciso. **b)** Actitud indecisa.

indeciso -sa *adj* **1** [Pers.] que no sabe qué decidir. **b)** Propio de la pers. indecisa. ■ **2** Incierto o dudoso.

indecisorio *adj* (*Der*) [Juramento] en el que solo se aceptan como decisivas las manifestaciones perjudiciales para el que confiesa.

indeclinable *adj* **1** Ineludible. ■ **2** Que no cede o no renuncia. ■ **3** (*Gram*) Que no tiene declinación.

indecoro *m* Falta de decoro.

indecorosamente *adv* De manera indecorosa.

indecoroso -sa *adj* Que falta al decoro.

indefectibilidad *f* Cualidad de indefectible.

indefectible *adj* Que no puede faltar o que no puede dejar de ser.

indefectiblemente *adv* De manera indefectible.

indefendible *adj* Que no puede ser defendido.

indefensión *f* Condición de indefenso. **b)** (*Der*) Situación de la pers. a la que se niegan los medios de defensa ante un tribunal o ante la administración.

indefenso -sa *adj* Que no tiene medio de defenderse o de ser defendido.

indeficiente *adj* (*lit, raro*) Que no puede faltar.

indefinible *adj* Que no se puede definir.

indefiniblemente *adv* De manera indefinible.

indefinición *f* Cualidad de indefinido.

indefinidamente *adv* De manera indefinida.

indefinido -da *adj* **1** Poco definido o poco preciso. ■ **2** Que no tiene límite determinado o previsible. ■ **3** (*Gram*) [Adjetivo o pronombre] que se refiere a una realidad señalándola con una idea vaga o imprecisa de identidad, calidad o cantidad. *Tb n m.* **b)** [Artículo] indeterminado. ■ **4** (*Gram*) [Pretérito] que expresa acción pasada vista como terminada. *Tb n m.* ■ **5** (*Bot*) [Inflorescencia] en que el eje principal no termina en una flor, sino que produce numerosos ramos laterales terminados en sendas flores.

indeformabilidad *f* Cualidad de indeformable.

indeformable *adj* Que no se deforma.

indehiscente *adj* (*Bot*) [Fruto] que no se abre al llegar a la maduración.

indeleble *adj* Que no se puede borrar o hacer desaparecer.

indeleblemente *adv* De manera indeleble.

indelegable *adj* Que no se puede delegar.

indeliberadamente *adv* De manera indeliberada.

indeliberado -da *adj* No deliberado o no intencionado.

indelicadamente *adv* De manera indelicada.

indelicadeza *f* **1** Cualidad de indelicado. ■ **2** Hecho o dicho indelicado [1b].

indelicado -da *adj* [Pers.] poco delicada en su comportamiento. **b)** Propio de la pers. indelicada.

indemne *adj* Que no ha sufrido daño. *Frec con el v* SALIR.

indemnidad *f* Condición de indemne.

indemnizable *adj* Que puede indemnizarse.

indemnización *f* **1** Acción de indemnizar. ■ **2** Cantidad con que se indemniza.

indemnizar *tr* Compensar [a alguien], normalmente con dinero, por un perjuicio. *Tb fig.*

indemnizatorio -ria *adj* Que sirve para indemnizar o se orienta a la indemnización.

indemorable *adj* Que no puede ser demorado.

indemostrable *adj* Que no puede demostrarse.

indentación *f* (*E*) Entrante en un borde o margen.

independencia **I** *f* **1** Condición o estado de independiente [1, 2, 4 y 5]. **b)** Cualidad de independiente [3 y 6]. **II** *loc prep* **2** con ~ de. Sin depender de o sin relación con.

independentismo *m* (*Pol*) Movimiento que propugna la independencia de un país o una región.

independentista *adj* (*Pol*) De(l) independentismo. **b)** Partidario del independentismo. *Tb n.*

independiente *adj* **1** [Pers. o cosa] que no depende de otra. *A veces un compl* DE. ■ **2** [Cosa] que no tiene conexión con otra. ■ **3** [Pers.] que tiene su propio modo de pensar y no se deja influir por los de otros. ■ **4** [Pers.] que vive y actúa sin apoyarse en la ayuda, la compañía o el afecto de otros. ■ **5** (*Pol*) [Pers.] que interviene en política sin pertenecer a ningún partido. **b)** Constituido por perss. independientes. ■ **6** Propio de la pers. o cosa independiente [1 a 5].

independientemente **I** *adv* **1** De manera independiente. **II** *loc prep* **2** ~ de. Con independencia de.

independización *f* Acción de independizar(se).

independizar *tr* Hacer independiente [a alguien o algo]. *Frec el cd es refl.*

indescifrabilidad *f* Cualidad de indescifrable.

indescifrable *adj* Que no puede ser descifrado.

indescifrado -da *adj* Que no ha sido descifrado.

indescriptible *adj* Que no se puede describir por su grandeza, magnitud o intensidad. *Normalmente con intención ponderativa.*

indescriptiblemente *adv* De manera indescriptible.

indeseable *adj* **1** [Pers.] cuyo trato debe evitarse por sus malas cualidades morales. *Tb n.* **b)** [Pers.] cuya permanencia en el país se considera peligrosa para la tranquilidad o la seguridad pública. *Tb n.* ■ **2** [Cosa] rechazable o no deseable.

indeseado -da *adj* Que no se desea.

indesmallable *adj* [Tejido] en que no se corren los puntos que se sueltan. **b)** De tejido indesmallable. *Gralm referido a medias.*

indesmayable *adj* Que no desmaya.

indestructibilidad *f* Cualidad de indestructible.

indestructible *adj* Que no puede destruirse.

indestructiblemente *adv* De manera indestructible.

indetenible *adj* Que no puede ser detenido o parado.

indeterminable *adj* Que no puede ser determinado.

indeterminación *f* **1** Cualidad de indeterminado. ■ **2** Falta de determinación (acción de determinar).

indeterminadamente *adv* De manera indeterminada.

indeterminado -da *adj* **1** No determinado o no precisado. ■ **2** (*Gram*) [Artículo] que denota no ser conocido o consabido lo designado por el sustantivo al que precede. ■ **3** (*Mat*) [Ecuación o problema] que tiene un número ilimitado de soluciones.

indeterminismo *m* (*Filos*) Doctrina que defiende el libre albedrío.

indeterminista *adj* (*Filos*) De(l) indeterminismo.

indevoto -ta *adj* (*raro*) No devoto, o falto de devoción.

indexación *f* (*Econ e Informát*) Acción de indexar.

indexar *tr* **1** (*Econ*) Poner en relación las variaciones [de un valor (*cd*)] con las de un índice o elemento de referencia determinado. ■ **2** (*Informát*) Hacer índices [de algo (*cd*)]. *Frec abs.*

indiada *f* (*raro*) Conjunto o muchedumbre de indios americanos.

indianista *adj* (*TLit*) Que idealiza al indio americano.

indiano -na I *adj* **1** De Indias, o América colonial española. ■ **2** [Pers.] que emigró a América y vuelve de allí rica. *Gralm n.* II *f* **3** (*hist*) Tejido de algodón o de lino, o de mezcla de uno y otro, estampado por un lado.

indicación *f* **1** Acción de indicar. *Tb su efecto.* **b)** Nota o señal que indica. ■ **2** *En pl:* Casos en que [un remedio (*compl de posesión*)] está indicado [2]. *Frec sin compl.*

indicado -da *adj* **1** *part* → INDICAR. ■ **2** Adecuado o apropiado. *Frec con los vs* SER *o* ESTAR.

indicador -ra I *adj* **1** Que indica o sirve para indicar. *Tb n m, esp referido a dispositivo o aparato.* II *m* **2** Dato que sirve para conocer el estado o la evolución de algo. *Frec en economía.* ■ **3** (*Quím*) Sustancia orgánica que indica, cambiando de color, la acidez o alcalinidad del medio en que se encuentra.

indicante *adj* (*raro*) Que indica.

indicar *tr* **1** Hacer una señal [hacia una pers. o cosa (*cd*)] para llamar la atención sobre ella. ■ **2** Hacer saber [algo, esp. un hecho]. **b)** Proporcionar [un aparato (*suj*)] un dato físico (*cd*)]. **c)** Ser [una cosa] indicio [de otra (*cd*)]. **d)** Dar a conocer [una cosa (*suj*)] la presencia o el lugar [de otra (*cd*)]. ■ **3**

Decir o manifestar [a alguien (*ci*) algo (*cd*) que se le aconseja, propone u ordena].

indicativo -va I *adj* **1** Que indica o sirve para indicar. *Tb n m, designando rótulo.* ■ **2** (*Gram*) [Modo del verbo] que presenta la acción como real. *Tb n.* II *m* **3** (*Telec*) Conjunto de letras o cifras que corresponden a una estación de radio o a un distrito telefónico.

indicción. ~ romana. *f* (*Rel catól*) Año, de un período de quince, usado para fechar las bulas pontificias.

índice *m* **1** Dedo segundo de la mano, que suele servir para señalar. *A veces tb* DEDO ~. ■ **2** Indicio o señal [de algo]. ■ **3** Dato indicador. ■ **4** *En determinados instrumentos graduados:* Elemento indicador. ■ **5** Señal pequeña, frec. número, que se pone a la derecha de una letra o una palabra para distinguirla de otra u otras iguales. ■ **6** Indicación numérica [de una relación]. *Tb la misma relación.* **b)** (*Econ y Estad*) Número que expresa el valor de una variable en un período de tiempo dado. *A veces* NÚMERO ~. **c)** (*Mat*) Número que indica el grado de una raíz. **d)** ~ **de refracción.** (*Ópt*) Número que representa la relación constante entre los senos de los ángulos de incidencia y de refracción. ■ **7** *En un libro:* Relación ordenada de las cosas que contiene, con indicación del lugar en que figura cada una. ■ **8** *En una biblioteca o un archivo:* Catálogo. ■ **9** Relación de los libros cuya lectura prohíbe la Iglesia. *Frec ~* DE LIBROS PROHIBIDOS. **b)** (*hist*) Relación de libros cuya lectura prohíbe la autoridad civil.

indiciariamente *adv* (*Der*) De manera indiciaria.

indiciario -ria *adj* (*Der*) Basado en indicios o derivado de ellos.

indicio *m* Cosa que hace creer en la existencia o realidad [de algo oculto o no sabido].

indición *f* (*rur*) Inyección.

índico -ca *adj* **1** De la India. ■ **2** Del océano Índico.

indiferencia *f* Actitud de indiferente [1a y esp. 2].

indiferenciadamente *adv* De manera indiferenciada.

indiferenciado -da *adj* Que no está diferenciado respecto a un todo o respecto a una pluralidad. **b)** [Cosa unitaria] que no presenta diferencias en su seno.

indiferente *adj* **1** Que no se inclina más a una pers. o cosa que a otra. **b)** (*Fís*) [Equilibrio] en que un cuerpo desviado de su posición primitiva queda inmóvil en la nueva posición. ■ **2** Que no muestra atención o interés hacia nada. **b)** Que no muestra atención o interés [hacia una pers. o cosa (*compl* A *o* HACIA)]. **c)** Propio de la pers. indiferente. ■ **3** [Pers. o cosa] que no es objeto de preferencia ni de aversión. **b)** [Cosa] que no tiene más importancia o significación en un sentido que en el opuesto.

indiferentemente *adv* De manera indiferente [1 y 2].

indiferentismo *m* Actitud de indiferente [1], esp. en materia religiosa.

indígena *adj* **1** [Pers.] nativa. *Frec n. Frec referido a pueblos no civilizados o poco civilizados.* **b)** Propio de los indígenas. ■ **2** [Pers.] habitante del país o ciudad en cuestión. *Frec n. Frec humoríst.* ■ **3** *(pop)* Salvaje. *Tb n.*

indigencia *f (lit)* Estado de indigente. *Tb fig.*

indigenismo *m* **1** Doctrina o actitud que propugna reivindicaciones políticas, sociales y económicas para los hombres de raza indígena [1b]. *Esp con referencia a Iberoamérica.* ■ **2** Palabra o rasgo idiomático propios de una lengua indígena [1b] americana o procedentes de ella.

indigenista *adj* Del indigenismo [1]. **b)** Partidario del indigenismo. *Tb n.*

indigenización *f* Adopción o intensificación del carácter indígena [1b].

indigente *adj (lit)* [Pers.] que no tiene medios para vivir. *Tb n.*

indigerible *adj* No digerible. *Tb fig.*

indigerido -da *adj* No digerido.

indigestarse *intr pr* **1** Pasar a padecer indigestión. *Tb fig.* ■ **2** Causar indigestión [1] [un alimento a alguien]. **b)** Hacerse cansado o desagradable [a alguien].

indigestible *adj* No digestible.

indigestión *f* **1** Trastorno causado por mala digestión. ■ **2** Saciedad o hartura [de algo]. *Tb fig.*

indigesto -ta *adj* **1** Difícil de digerir. *Tb fig, referido a pers o cosa.* ■ **2** Que padece indigestión.

indigete *adj (hist)* [Individuo] de un pueblo prerromano habitante de la región este de la actual provincia de Gerona. *Tb n.*

indignación *f* Sentimiento vivo de desagrado y rechazo causado en alguien por algo que hiere su sentido de la justicia o de la moral.

indignado -da *adj* **1** *part* → INDIGNAR. ■ **2** Que denota o implica indignación.

indignamente *adv* De manera indigna.

indignante *adj* Que indigna.

indignar *tr* Causar indignación [a alguien *(cd)*]. **b)** *pr* (~**se**) Pasar a sentir indignación.

indignidad *f* **1** Cualidad de indigno. ■ **2** Acción indigna. ■ **3** Falta de dignidad o decoro.

indigno -na *adj* **1** Que no merece [a alguien o algo *(compl* DE)]. *A veces se omite el compl por consabido. Tb n, referido a pers.* **b)** *Sin compl:* Despreciable. ■ **2** Que no corresponde a la dignidad o altura [de alguien o algo]. **b)** *Sin compl:* [Cosa] humillante o infame.

índigo *m* Añil. *Tb adj, referido a color.*

indigolita *f (Mineral)* Variedad de turmalina de color azul.

indino -na *adj (pop)* Maldito o endiablado. *A veces dicho con intención afectuosa. Tb n, referido a pers.*

indio¹ -dia I *adj* **1** De la India. *Tb n, referido a pers.* **b)** Habitante de raza indoeuropea de la India. *Tb n.* ■ **2** [Pers.] perteneciente a alguna de las razas aborígenes de América. *Frec n.* **b)** *Esp:* [Pers.] perteneciente a alguna de las razas aborígenes de Estados Unidos. *Frec n.* ■ **3** *(hoy raro)* Indígena malayo de Filipinas. ■ **4** De los indios [1, 2 y 3]. ■ **5** [Fila] de perss. o animales colocados uno detrás de otro.
  II *m* **6** Lengua de la India, esp. la de origen indoeuropeo.
  III *loc v* **7 hacer el ~**. *(col)* Hacer el tonto.

indio² *m (Quím)* Metal, de número atómico 49, de brillo plateado y más blanco y maleable que el plomo.

indirectamente *adv* De manera indirecta.

indirecto -ta I *adj* **1** [Cosa] que no actúa o no se produce en forma directa. **b)** [Iluminación] que se dirige al techo o a las paredes. **c)** [Impuesto] que se paga en el momento de hacer la compra. **d)** *(Dep, esp Fút)* [Tiro] a la portería contraria como castigo a una falta, en que el jugador no puede disparar directamente, sino que ha de pasar el balón a un compañero. *Tb referido a la falta.* ■ **2** [Acto] cuyo objeto no se pretende como fin en sí mismo. ■ **3** *(Gram)* [Complemento verbal, u objeto] que, cuando está constituido por un pronombre personal, toma, en la lengua normal, las formas únicas *le* para el singular y *les* para el plural, y cuando está constituido por un nombre, lleva siempre la preposición *a*; y que nunca pasa a ser sujeto si se da a la oración forma pasiva. **b)** *(raro)* [Oración reflexiva] en que el pronombre reflexivo es complemento indirecto. ■ **4** *(Ling)* [Estilo o discurso] en que el narrador refiere por sí mismo lo dicho por otro, sin emplear la forma sintáctica usada por este. **b)** ~ **libre**. [Estilo] en que el narrador refiere por sí mismo lo dicho por otro, como en el estilo indirecto, pero incorporando formas expresivas propias del estilo directo. **c)** [Interrogación o pregunta] que se formula en estilo indirecto.
  II *f* **5** *(col)* Cosa dicha con intención, sin expresarla abiertamente.

indiscernible *adj* Que no puede discernirse o distinguirse.

indisciplina *f* Carencia de disciplina.

indisciplinable *adj* Que no puede ser sometido a disciplina.

indisciplinadamente *adv* De manera indisciplinada.

indisciplinado -da *adj* **1** *part* → INDISCIPLINAR. ■ **2** Que no se somete a la disciplina. *Tb n, referido a pers.* **b)** Propio de la pers. indisciplinada.

indisciplinar *tr* Hacer que [alguien *(cd)*] rompa la disciplina. **b)** *pr* (~**se**) Romper la disciplina. *Tb fig.*

indiscreción *f* **1** Cualidad de indiscreto. ■ **2** Dicho o hecho indiscreto.

indiscretamente *adv* De manera indiscreta.

indiscreto -ta *adj* [Pers.] que habla o se comporta sin la debida prudencia o reserva, o que se entromete impertinentemente en asuntos ajenos. *Tb fig, referido a cosa.* **b)** Propio de la pers. indiscreta.

indiscriminación *f* Falta de discriminación.

indiscriminadamente *adv* De manera indiscriminada.

indiscriminado -da *adj* [Cosa] en que no se hace distinción entre unas perss. y otras.

indiscutible *adj* Que no puede discutirse, o que no admite discusión.

indiscutiblemente *adv* De manera indiscutible.

indiscutido -da *adj* No discutido por nadie.

indisimulable *adj* Que no puede disimularse.

indisimuladamente *adv* De manera indisimulada.

indisimulado -da *adj* No disimulado o que no se disimula.

indisociable *adj* Que no se puede disociar.

indisolubilidad *f* Cualidad de indisoluble.

indisoluble *adj* Que no se puede disolver (separar o desunir).

indisolublemente *adv* De manera indisoluble.

indispensable *adj* [Pers. o cosa] de la que no se puede prescindir. **b)** [Cosa] mínima necesaria. *Frec con un compl* PARA. *Frec* LO ~.

indispensablemente *adv* De manera indispensable.

indisponer (*conjug* 21) *tr* Enemistar. **b)** *pr* (**~se**) Enemistarse.

indisponibilidad *f* Cualidad de indisponible.

indisponible *adj* No disponible.

indisposición *f* **1** Alteración ligera de la salud. ■ **2** Falta de disposición o de condiciones [para algo].

indispuesto -ta *adj* **1** *part* → INDISPONER. ■ **2** [Pers.] que padece una alteración ligera de la salud. **b)** [Mujer] que está con la menstruación.

indisputable *adj* Indiscutible.

indistinción *f* Falta de distinción o diferenciación.

indistinguible *adj* Que no puede distinguirse o diferenciarse.

indistintamente *adv* De manera indistinta.

indistinto -ta *adj* **1** Indiferente (que no es mejor o más importante en un sentido que en otro). ■ **2** No distinto o no diferente. ■ **3** Que no se puede distinguir o percibir con claridad.

individuación *f* Hecho de individuar(se). *Tb su efecto.*

individual *adj* **1** De(l) individuo [1], o particular. *Se opone a* COLECTIVO *o a* GENERAL. **b)** De un solo individuo. **c)** De un solo elemento. ■ **2** [Ser] que tiene carácter de individuo [1]. **b)** [Cosa] que tiene carácter diferenciado y distinto dentro de un conjunto.

individualidad *f* **1** Condición de individual [2]. ■ **2** Particularidad, o carácter por el que una pers. o cosa difiere de las demás. ■ **3** Pers. o cosa individual [2].

individualismo *m* **1** Tendencia a dar preponderancia a lo individual sobre lo colectivo o general. *Tb la actitud correspondiente.* ■ **2** Tendencia a actuar con independencia de los demás, sin atenerse necesariamente a normas generales. *Tb la actitud correspondiente.* ■ **3** (*Filos*) Doctrina que considera al individuo como base de toda agrupación o sociedad humana.

individualista *adj* **1** De(l) individualismo. ■ **2** [Pers.] que tiene o muestra individualismo [1 y 2]. *Tb n.*

individualización *f* Acción de individualizar(se).

individualizador -ra *adj* Que individualiza.

individualizante *adj* Individualizador.

individualizar *tr* **1** Dar carácter individual [a una pers. o cosa (*cd*)]. *Frec en part.* **b)** *pr* (**~se**) Tomar carácter individual. ■ **2** Percibir como distinta [a una pers. o cosa] dentro de un conjunto o de una masa.

individualmente *adv* De manera individual [1].

individuante *adj* Individualizante.

individuar (*conjug* 1b *o* 1d) *tr* Individualizar. *Tb abs.* **b)** *pr* (**~se**) Individualizarse.

individuo -dua **I** *n* **A** *m* **1** Ser organizado, con vida propia, y que se distingue de los demás pertenecientes a su misma especie. ■ **2** Miembro [de determinadas corporaciones o colectividades]. ■ **3** Hombre, esp. aquel cuya identidad no se conoce. **B** *m y f* (*desp*) **4** Pers. que merece poco respeto. **II** *adj* **5** (*lit, raro*) Individual.

indivisamente *adv* De manera indivisa. *Tb fig.*

indivisibilidad *f* Cualidad de indivisible.

indivisible *adj* **1** Que no puede dividirse o partirse. ■ **2** Que no puede dividirse o separarse.

indivisiblemente *adv* De manera indivisible.

indivisión *f* Condición de indiviso.

indiviso -sa *adj* Que no se divide en partes. *Tb n m, referido a bien.*

indo -da *adj* (*lit*) Indio (de la India). *Tb n, referido a pers.*

indo- *r pref* **1** Indio (de la India). * Indomalayo. ■ **2** Indio (de América). * Indoespañol.

indoamericanismo *m* (*Ling*) Palabra o rasgo idiomático propios de lenguas indoamericanas o procedentes de ellas.

indoamericano -na *adj* Indio americano. *Tb n.* **b)** De (los) indoamericanos.

indoblegable *adj* Que no puede ser doblegado.

indochino -na *adj* De la península de Indochina. *Tb n, referido a pers.* **b)** De indochino, o de (los) indochinos.

indócil *adj* [Pers. o animal] no dócil. *Tb n, referido a pers.* **b)** Propio de la pers. o el animal indócil.

indocilidad *f* Cualidad de indócil.

indoctamente *adv* (*lit*) De manera indocta.

indocto -ta *adj* (*lit*) Ignorante o inculto.

indoctrinar *tr* (*raro*) Adoctrinar.

indocumentación *f* Falta de documentación o información.

indocumentadamente *adv* De manera indocumentada [2].

indocumentado -da *adj* **1** [Pers.] que carece de documentos de identidad o no los lleva consigo. *Tb n.* ■ **2** Falto de documentación o información. ■ **3** (*col*) Ignorante o inculto. *Tb n, referido a pers.*

indoeuropeísta *m y f* Especialista en lingüística indoeuropea.

indoeuropeo -a (*Ling*) **I** *adj* **1** [Lengua] que tiene su origen en el indoeuropeo [4]. **b)** De (las) lenguas indoeuropeas. ■ **2** [Individuo o pueblo] hablante del indoeuropeo [4] o de una lengua indoeuropea [1]. *Tb n m en pl.* **b)** De (los) indoeuropeos. ■ **3** De(l) indoeuropeo [4]. **II** *m* **4** Lengua o grupo de lenguas que se supone fue origen común de la mayoría de las lenguas europeas y de algunas del sur de Asia.

indogermánico -ca *adj* (*Ling*) Indoeuropeo.

indogermanística *f* (*Ling*) Lingüística indogermánica.

indogermano -na *adj* (*Ling*) Indoeuropeo. *Tb n.*

indoiranio -nia (*tb con la grafía* **indo-iranio**) *adj* (*Ling*) **1** [Lengua o grupo] de la rama indoeuropea [3] que comprende las lenguas de la India y del Irán. **b)** De (las) lenguas indoiranias. ■ **2** Hablante de alguna de las lenguas indoiranias [1]. *Tb n.*

indol *m* (*Quím*) Compuesto cristalino nitrogenado presente en las heces, en el alquitrán, en ciertas esencias de flores y en el extracto de añil, y usado frec. en perfumería.

índole *f* **1** Manera natural de ser [de una pers. o animal]. ■ **2** Naturaleza [de una cosa]. **b)** Clase o tipo.

indolencia *f* Cualidad de indolente.

indolente *adj* Apático o perezoso.

indolentemente *adv* De manera indolente.

indoloro -ra *adj* Que no causa dolor.

indomable *adj* Que no puede domarse. *Frec fig, con intención enfática.*

indomeñable *adj* (*lit*) Que no puede domeñarse.

indomesticable *adj* Que no puede domesticarse.

indómito -ta *adj* (*lit*) Difícil de domar. *Tb fig.*

indonésico -ca *adj* Indonesio [1]. *Tb n.*

indonesio -sia I *adj* **1** De Indonesia. *Tb n, referido a pers.* II *m* **2** Lengua oficial de la república de Indonesia.

indoor (*ing; pronunc corriente,* /índor/) *adj invar* (*Dep*) Que se realiza o produce en pista cubierta. *Tb n m, referido a prueba o campeonato.*

indostaní → HINDOSTANÍ.

indostánico -ca *adj* De la península del Indostán. *Tb n, referido a pers.*

indostano -na I *adj* **1** Indostánico [1]. *Tb n.* II *m* **2** Hindustaní (lengua).

indotado -da *adj* No dotado o que carece de capacidad [para algo].

indubitabilidad *f* (*lit*) Cualidad de indubitable.

indubitable *adj* (*lit*) Indudable.

indubitablemente *adv* (*lit*) De manera indubitable.

indubitado -da *adj* (*lit*) Que no deja lugar a duda.

inducción *f* **1** Acción de inducir [1, 2 y 3]. *Tb su efecto.* ■ **2** (*Fís*) Producción de energía eléctrica o magnética en un cuerpo por proximidad con otro electrificado o magnetizado, sin contacto físico. *Tb fig, fuera del ámbito técn.* **b)** Energía producida por inducción.

inducido *m* (*Electr*) En la dinamo y en otros generadores: Parte en la que el trabajo mecánico es transformado en energía eléctrica.

inducir (*conjug* 41) *tr* **1** Llevar [a alguien] a la decisión [de realizar una acción (*compl* A)]. *Tb abs.* ■ **2** Provocar o causar. ■ **3** (*Filos*) Llegar de la observación de los casos concretos [a la ley o principio general (*cd*)]. **b)** *Fuera del ámbito técn:* Llegar [a una idea (*cd*)] partiendo de otra o de un hecho. ■ **4** (*Fís*) Producir [energía eléctrica o magnética] por inducción [2].

inductancia *f* (*Fís*) **1** Propiedad de un circuito por la que cualquier variación de la corriente que lo atraviesa induce una fuerza electromotriz en el propio circuito o en otro próximo. *Tb la magnitud correspondiente.* ■ **2** Circuito que posee inductancia [1].

inductivamente *adv* De manera inductiva.

inductivo -va *adj* De (la) inducción. *Esp en filosofía.*

inductor -ra *adj* **1** Que induce [1 y 2]. *Tb n: m y f, referido a pers; m, referido a elemento o agente.* ■ **2** (*Fís*) Que produce inducción [2]. *Tb n m, referido a órgano o circuito. Tb fig, fuera del ámbito técn.*

indudable *adj* Que no puede dudarse.

indudablemente *adv* De manera indudable.

indulgencia *f* **1** Actitud indulgente. ■ **2** (*Rel catól*) Remisión que hace la Iglesia de las penas debidas por los pecados. ■ **3** (*lit*) Perdón.

indulgenciar (*conjug* 1a) *tr* (*Rel catól*) Dotar [a algo (*cd*)] de indulgencias [2].

indulgente *adj* [Pers.] que disculpa o perdona fácilmente los yerros o faltas. **b)** Propio de la pers. indulgente.

indulgentemente *adv* De manera indulgente.

indultar *tr* Conceder indulto [a una pers. (*cd*)]. *Tb fig, referido a cosa o animal.* **b)** Aplicar indulto [a una pena (*cd*)].

indultario *m* (*raro*) Beneficiario de una indulgencia o privilegio eclesiásticos.

indulto *m* Remisión total o parcial de una pena impuesta en virtud de sentencia firme. **b)** Perdón concedido a un animal o cosa condenados a ser muertos o destruidos.

indumenta *f* Indumento.

indumentario -ria I *adj* **1** De (la) vestimenta. II *f* **2** Vestimenta. ■ **3** Estudio, esp. histórico, de la vestimenta.

indumento *m* (*lit*) Vestimenta.

induración *f* (*Med*) Endurecimiento.

indurar *tr* (*Med*) Endurecer. *Tb pr* (**~se**). *Tb* (*lit*) *fuera del ámbito técn.*

indusio *m* (*Bot*) Lámina membranosa protectora de los soros.

industria *f* **1** Actividad que tiene por objeto la transformación de los productos de la naturaleza para su consumo. **b)** Conjunto de industrias. *Normalmente con un compl especificador.* ■ **2** Actividad o negocio con que uno se gana la vida. ■ **3** Instalación o conjunto de instalaciones destinadas a una industria [1 y 2]. ■ **4** Habilidad o maña.

industrial I *adj* **1** De (la) industria [1, 2 y 3]. **b)** [Ingeniero o perito] especializado en estudios relativos a la industria [1]. *A veces n m en pl. Tb referido a la ingeniería o peritaje.* **c)** [Maestro] ~ → MAESTRO. ■ **2** (*col*) [Cantidad] muy grande. II *m y f* **3** Pers. que tiene una industria [2 y 3].

industrialismo *m* (*Econ*) Tendencia a dar preponderancia a la industria [1].

industrialista *adj* (*Econ*) De(l) industrialismo o que lo implica. **b)** Partidario del industrialismo. *Tb n.*

industrialización *f* Acción de industrializar(se). *Tb su efecto.*

industrializar *tr* **1** Convertir [una cosa] en objeto de industria [1 y 2]. ■ **2** Hacer que [un país, una región u otro lugar (*cd*)] se desarrolle industrialmente. **b)** *pr* (**~se**) Desarrollarse industrialmente [un país, una región u otro lugar]. *Frec en part.*

industrialmente *adv* De manera industrial [1].

industriosidad *f* Cualidad de industrioso.

industrioso -sa *adj* (*lit*) Que se dedica con ahínco al trabajo.

inedia *f* (*lit*) Falta de alimentación.

inédito -ta *adj* **1** No publicado. *Dicho esp de escrito o autor. Tb n m, referido a obra literaria.* ■ **2** Desconocido o no descubierto hasta el momento.

ineducación *f* Cualidad de ineducado.

ineducadamente *adv* De manera ineducada.

ineducado -da *adj* [Pers.] mal educada o sin educación. *Tb n.* **b)** Propio de la pers. ineducada.

inefabilidad *f* Cualidad de inefable.

inefable *adj* Que no se puede expresar con palabras. *Gralm con intención ponderativa.* **b)** *Frec con intención peyorativa, esp referido a pers.* * Mi inefable cuñado ha vuelto a meter la pata.

inefablemente *adv* De manera inefable.

inefectividad *f* Cualidad de inefectivo.

inefectivo -va *adj* Que no es efectivo o eficaz.

ineficacia *f* Cualidad de ineficaz.

ineficaz *adj* No eficaz.

ineficazmente *adv* De manera ineficaz.

ineficiencia *f* Cualidad de ineficiente.

ineficiente *adj* Ineficaz o no eficiente.

inejecución *f* (*Der*) Hecho de inejecutar.

inejecutable *adj* (*Der*) Que no puede ejecutarse.

inejecutar *tr* (*Der*) Dejar de ejecutar.

inelegancia *f* **1** Cualidad de inelegante. ■ **2** Hecho o dicho inelegante.

inelegante *adj* Que carece de elegancia. *Frec en sent moral.*

inelegantemente *adv* De manera inelegante.

inelegibilidad *f* Cualidad de inelegible.

inelegible *adj* Que no puede ser elegido.

ineluctabilidad *f* Cualidad de ineluctable.

ineluctable *adj* [Cosa] que no se puede evitar o contra la que no se puede luchar.

ineluctablemente *adv* De manera ineluctable.

ineludible *adj* Que no se puede eludir o evitar.

ineludiblemente *adv* De manera ineludible.

inembargable *adj* No embargable.

inenarrable *adj* [Cosa] que por su carácter extraordinario no se puede expresar con palabras. *Frec con intención ponderativa.*

inencogible *adj* [Tejido o prenda] que no se encoge.

inencontrable *adj* Que no puede encontrarse.

inepcia *f* (*lit*) **1** Ineptitud. ■ **2** Necedad (hecho o dicho necio).

ineptitud *f* Cualidad de inepto.

inepto -ta *adj* [Pers.] que no tiene aptitud o aptitudes. *A veces con un compl* PARA.

inequívocamente *adv* De manera inequívoca.

inequívoco -ca *adj* Que no puede confundir o dar lugar a duda.

inercia *f* **1** Tendencia a dejarse llevar por lo que otro, o uno mismo, ha hecho o dicho. **b)** Desidia, o falta de iniciativa. ■ **2** (*Fís*) Propiedad de los cuerpos de continuar en el estado de reposo o de movimiento uniforme y rectilíneo en ausencia de una fuerza externa.

inercial *adj* De (la) inercia, *esp* [1].

inercialmente *adv* De manera inercial.

inerme *adj* (*lit*) Que no tiene armas. *Tb fig.*

inerrancia *f* (*lit*) Cualidad de inerrante.

inerrante *adj* (*lit*) Que no puede errar o equivocarse.

inerte *adj* **1** Que carece de vida por naturaleza. ■ **2** Que no presenta indicios de vida. ■ **3** Inactivo o carente de iniciativa. ■ **4** (*Quím*) Incapaz de reacción. ■ **5** (*Fís*) Que tiene inercia [2].

inervación *f* (*Anat*) Hecho de inervar. *Tb su efecto.*

inervar *tr* (*Anat*) Dotar de nervios o de estimulación nerviosa [a una parte (*cd*) del cuerpo].

inescindible *adj* No escindible.

inescindiblemente *adv* De manera inescindible.

inescrutabilidad *f* Cualidad de inescrutable.

inescrutable *adj* Que no se puede llegar a comprender o descifrar.

inespacial *adj* Ajeno al espacio o independiente de él.

inespecífico -ca *adj* No específico. *Esp en medicina.*

inesperable *adj* No esperable.

inesperadamente *adv* De manera inesperada.

inesperado -da *adj* Que se presenta u ocurre sin ser esperado o estar previsto.

inesquivable *adj* Que no se puede esquivar o eludir.

inestabilidad *f* Cualidad de inestable.

inestabilización *f* Acción de inestabilizar(se).

inestabilizar *tr* Hacer inestable [algo]. **b)** *pr* (**~se**) Hacerse inestable.

inestable *adj* Que no es estable. *Tb n, referido a pers.* **b)** (*Fís*) [Equilibrio] en que un cuerpo desviado de su posición primitiva sigue desviándose en el mismo sentido.

inestimabilidad *f* Cualidad de inestimable.

inestimable *adj* [Cosa no material] cuya gran importancia o valor no se puede apreciar debidamente. *Con intención ponderativa.*

inestimado -da *adj* **1** Que no ha sido estimado o valorado. ■ **2** (*Der*) [Dote] cuyo dominio conserva la mujer, independientemente de que los bienes se hayan valorado o no.

inevitabilidad *f* Cualidad de inevitable.

inevitable *adj* **1** Que no puede evitarse. ■ **2** Que no puede faltar. *Normalmente con intención peyorativa.*

inevitablemente *adv* De manera inevitable.

inexactitud *f* **1** Cualidad de inexacto. ■ **2** Afirmación inexacta [1b].

inexacto -ta *adj* Que no es exacto. **b)** Que no se ajusta totalmente a la verdad. *Frec como euf, dando a entender falsedad.*

inexcusable *adj* **1** Que no puede ser excusado o disculpado. ■ **2** [Cosa] de la que no es lícito o posible eximirse.

inexcusablemente *adv* De manera inexcusable.

inexhaurible *adj* (*lit, raro*) Inagotable.

inexhaustible *adj* (*lit*) Inagotable.

inexhausto -ta *adj* (*lit*) Que no se agota.

inexistencia *f* Hecho de no existir.

inexistente *adj* Que no existe.

inexorabilidad *f* Cualidad de inexorable.

inexorable *adj* **1** [Pers.] que no se deja vencer por los ruegos o por la piedad. **b)** Propio de la pers. inexorable. ■ **2** [Cosa] que no se puede evitar ni modificar.

inexorablemente *adv* De manera inexorable.

inexperiencia *f* Falta de experiencia.

inexperto -ta *adj* No experto. *Tb n.*

inexplicabilidad *f* Cualidad de inexplicable.

inexplicable *adj* No explicable.

inexplicablemente *adv* De manera inexplicable.

inexplicado -da *adj* No explicado, o falto de explicación.

inexplorado -da *adj* No explorado.

inexportabilidad *f* Cualidad de inexportable.

inexportable *adj* Que no se puede exportar.

inexpresable *adj* Que no se puede expresar.

inexpresado -da *adj* No expresado.

inexpresión *f* Falta de expresión.

inexpresivamente *adv* De manera inexpresiva.

inexpresividad *f* Cualidad de inexpresivo.

inexpresivo -va *adj* No expresivo, o carente de expresividad.

inexpugnabilidad *f* Cualidad de inexpugnable.

inexpugnable *adj* **1** Que no se puede conquistar por la fuerza de las armas. *Tb fig.* ■ **2** Que no se deja doblegar o convencer.

in extenso (*lat; pronunc,* /in-eksténso/) *loc adv* De manera extensa. *Tb adj.*

inextenso -sa *adj* (*E*) Que carece de extensión.

inextinguible *adj* (*lit*) Que no puede extinguirse.

inextinguiblemente *adv* De manera inextinguible.

inextinto -ta *adj* Que no se ha extinguido o apagado.

inextirpable *adj* Que no se puede extirpar.

in extremis (*lat; pronunc,* /in-ekstrémis/) *loc adv* En el último momento. *Tb adj.*

inextricable *adj* Que no se puede desenredar. *Tb fig.*

inextricablemente *adv* De manera inextricable.

infalibilidad *f* Cualidad de infalible.

infalible *adj* **1** [Pers.] que no puede equivocarse. **b)** [Cosa] que no puede ser errónea o equivocada. ■ **2** Que no puede fallar.

infaliblemente *adv* De manera infalible.

infalsificable *adj* Que no puede falsificarse.

infaltable *adj* Que no puede faltar.

infamador -ra *adj* Que infama. *Tb n, referido a pers.*

infamante *adj* [Cosa] que deshonra o rebaja.

infamar *tr* Denigrar o desacreditar.

infamatorio -ria *adj* [Cosa] que infama o sirve para infamar.

infame I *adj* **1** [Pers.] sumamente malvada. **b)** Propio de la pers. infame. ■ **2** (*col*) [Pers. o cosa] muy mala en su género. ■ **3** (*raro*) [Pers.] públicamente privada de honra. *Tb n.* **b)** [Cosa] vergonzosa o deshonrosa.
II *adv* **4** (*col*) Muy mal.

infamia *f* **1** Cualidad de infame. ■ **2** Hecho o dicho infame [1b y 3b].

infancia I *f* **1** Niñez (período de la vida humana comprendido entre el nacimiento y la adolescencia). *Esp designa el período que llega hasta los siete años. Tb fig, referido a cosas o a animales.* **b)** *Con los adjs* PRIMERA *y* SEGUNDA *designa, respectivamente, el período que llega hasta los siete años y desde esta edad en adelante.* **c) segunda ~.** (*humoríst*) Período de la edad adulta o de la vejez en que se tiene un comportamiento infantil. *Frec en la constr* ESTAR EN LA SEGUNDA ~. ■ **2** (*lit*) Conjunto de (los) niños.
II *loc adj* **3** [Jardín] **de ~** → JARDÍN.

infantado *m* (*hist*) Territorio de un infante [1].

infante -ta A *m y f* **1** Hijo del rey, al cual no corresponde ser heredero de la corona. **b)** (*hist*) *Hasta el reinado de Juan I de Castilla* († *1390*): Hijo del rey. ■ **2** (*lit*) Niño que aún no ha llegado a los siete años. *Fuera del uso lit, se emplea con intención humoríst.*
B *m* **3** Soldado de infantería. ■ **4** *En algunas catedrales:* Niño que forma parte del coro de voces blancas. *Tb ~ DE CORO.*

infanteño -ña *adj* De Villanueva de los Infantes (Ciudad Real). *Tb n, referido a pers.*

infantería *f* **1** Arma del ejército que lucha a pie con armamento ligero y lleva a cabo la ocupación del terreno. **b)** Tropa de a pie. **c) ~ de marina.** Parte del ejército constituida por soldados pertenecientes a la armada y cuya principal misión son las operaciones anfibias. ■ **2** (*col*) Conjunto de perss. que van o actúan a pie. *Gralm en la loc* DE ~. ■ **3** (*col*) Conjunto de perss. corrientes o no destacadas en un ámbito o actividad. *Gralm en la loc* DE ~.

infanticida *m y f* Pers. que comete un infanticidio. *Tb adj.*

infanticidio *m* Acción de dar muerte a un niño, esp. a un recién nacido.

infantil *adj* **1** De la infancia [1a]. ■ **2** De(l) niño o de (los) niños. **b)** [Parálisis] **~ →** PARÁLISIS. ■ **3** [Pers.] que está en la infancia [1a]. **b)** [Pers.] cuyo comportamiento es propio de un niño, esp. por su ingenuidad o falta de madurez. *A veces con intención desp*. ■ **4** (*Dep*) [Deportista] de la categoría inmediatamente anterior a la de cadete. *Frec n*. **b)** De (los) infantiles.

infantilidad *f* Cualidad de infantil [2 y 3].

infantilismo *m* **1** (*Med*) Persistencia, en la adolescencia o en la edad adulta, de los caracteres físicos y mentales propios de la infancia. ■ **2** Carácter o comportamiento propios de niño. *A veces con intención desp*. ■ **3** (*desp*) Hecho o rasgo propios de niño.

infantilización *f* Acción de infantilizar(se).

infantilizador -ra *adj* Que infantiliza.

infantilizar *tr* Hacer infantil. **b)** *pr* (~**se**) Hacerse infantil.

infantillo *m* Infante [4]. *Tb* ~ DE CORO.

infantilmente *adv* De manera infantil [2].

infantiloide *adj* (*desp*) Que tira a infantil.

infantino -na *adj* (*raro*) Infantil.

infanzón -na I *m y f* **1** (*hist*) *En la Edad Media*: Pers. que por linaje pertenece a la segunda categoría de nobleza.
II *adj* **2** Del Infanzonado o tierra llana de Vizcaya. *Tb n, referido a pers*.

infanzonía *f* (*hist*) Condición de infanzón [1].

infartante *adj* (*col*) De infarto [3].

infartarse *intr pr* (*Med*) Sufrir infarto [un órgano o una pers.]. *A veces en part sustantivado, referido a pers*.

infarto I *m* (*Med*) **1** Necrosis [de un órgano o parte de él] por falta de riego sanguíneo debida a obstrucción de la arteria o vena correspondiente. **b)** *Sin compl*: Infarto de miocardio. *Frec col*) *con intención ponderativa*. ■ **2** Aumento de tamaño de un órgano enfermo.
II *loc adj* **3 de ~**. (*col*) Impresionante o capaz de provocar un infarto [1b]. *Con intención ponderativa*.

infatigable *adj* Incansable.

infatigablemente *adv* De manera infatigable.

infatuado -da *adj* (*lit*) **1** *part* → INFATUAR. ■ **2** [Pers.] engreída o que se siente superior a los demás. **b)** Propio de la pers. infatuada.

infatuar (*conjug* **1d**) *tr* (*lit, raro*) Poner fatuo o engreído [a alguien]. **b)** *pr* (~**se**) Ponerse fatuo o engreído.

infaustamente *adv* (*lit*) De manera infausta.

infausto -ta *adj* (*lit*) Desgraciado o infortunado.

infección *f* **1** Invasión del organismo por un germen patógeno. *Tb los efectos que causa*. ■ **2** Acción de infectar [2, 3, 4 y 5]. *Tb su efecto*.

infeccionar *tr* (*raro*) **1** Infectar [1 y 2] o causar infección [1] [a alguien (*cd*)]. *A veces con un compl* DE. **b)** *pr* (~**se**) Infectarse [1b] o sufrir infección [1]. ■ **2** Contaminar. *Frec en sent moral. A veces con un compl* DE.

infeccioso -sa *adj* **1** Que causa infección [1]. ■ **2** [Enfermedad] causada por infección [1]. ■ **3** [Enfermo] que padece una enfermedad infecciosa [2]. ■ **4** De (la) infección [1].

infectante *adj* Que infecta [1 y 2].

infectar *tr* **1** Invadir [un germen patógeno a alguien o algo]. **b)** *pr* (~**se**) Sufrir la invasión de gér-

menes patógenos. ■ **2** Transmitir [a alguien o algo (*cd*)] gérmenes patógenos. *Tb fig*. ■ **3** Contaminar o impurificar. **b)** *pr* (~**se**) Contaminarse o impurificarse. ■ **4** (*Informát*) Invadir [un virus (*suj*) un ordenador (*cd*)]. ■ **5** (*Ling*) Influir [un elemento de la expresión (*suj*) sobre otro inmediato (*cd*)] produciendo alguna alteración en él. **b)** *pr* (~**se**) Sufrir [un elemento de la expresión] el influjo de otro inmediato. ■ **6** (*semiculto*) Infestar.

infectivo -va *adj* De (la) infección [1].

infecto -ta *adj* (*lit*) **1** Repugnante. *En sent físico o moral. Con intención ponderativa*. ■ **2** Infectado.

infectocontagioso -sa (*tb con la grafía* **infecto-contagioso**) *adj* **1** [Enfermedad] infecciosa contagiosa. ■ **2** Que padece una enfermedad infectocontagiosa [1].

infecundidad *f* Cualidad de infecundo.

infecundo -da *adj* **1** Incapaz de reproducirse. ■ **2** Que no produce fruto. *Frec fig*.

infelicidad *f* Cualidad de infeliz [1].

infeliz *adj* **1** [Pers.] desgraciada o no feliz. *Tb n*. ■ **2** [Cosa] desafortunada o desacertada. ■ **3** [Pers.] cándida o inocente. *Tb n. Frec en la constr* MÁS ~ QUE UN CUBO.

infelizmente *adv* (*lit*) Desgraciadamente.

inferencia *f* Acción de inferir [2]. *Tb su efecto. Esp en filosofía*.

inferior I *adj* (*con sent normalmente relativo; cuando se expresa el término de referencia, este se enuncia precedido de la prep* A) **1** Que está más abajo. *Tb fig*. **b)** [Paso] subterráneo, o que está a nivel inferior al del suelo. ■ **2** De menor medida, volumen o intensidad. **b)** *Tb con sent no comparativo*: De medida, volumen o intensidad escasos. ■ **3** De menor calidad o importancia. **b)** *Tb con sent no comparativo*: De escasa calidad o importancia. ■ **4** [Pers.] menos dotada intelectual o moralmente. **b)** *Tb con sent no comparativo*: [Pers.] poco dotada intelectual o moralmente. ■ **5** [Período prehistórico] que ocupa el primer lugar [en una serie de dos].
II *m* **6** Pers. que está bajo las órdenes [de otra].

inferioridad *f* Cualidad de inferior, *esp* [2, 3 y 4].

inferiorizar *tr* Hacer inferior [a alguien o algo].

inferiormente *adv* Por la parte inferior [1].

inferir (*conjug* **60**) *tr* **1** Causar [un daño o una ofensa]. ■ **2** Sacar [una idea o afirmación] como consecuencia [de otra]. *Tb sin compl* DE. *Esp en filosofía*.

infernáculo *m* Rayuela (juego de niñas).

infernal *adj* **1** Del infierno. **b)** Sumamente malo o desagradable. **c)** [Calor] muy intenso. **d)** [Higuera] ~, [máquina] ~ → HIGUERA, MÁQUINA. ■ **2** Diabólico. *Tb fig*.

infernar (*conjug* **6**) *tr* **1** Quitar la tranquilidad [a alguien (*cd*)] o irritar[le]. ■ **2** Sembrar la discordia [entre dos o más perss. (*cd*) o en un lugar (*cd*)]. *Frec abs*.

infernillo *m* Infiernillo.

ínfero -ra *adj* (*Bot*) [Ovario] situado en lugar inferior con respecto a los demás verticilos, abrazado totalmente por el tálamo floral en forma de copa.

infértil *adj* No fértil.

infertilidad *f* Condición de infértil.

infestación *f* Acción de infestar.

infestante *adj* Que infesta.

infestar *tr* Constituir [algo (*suj*)] una peste o plaga [en un sitio (*cd*)]. *Tb fig.* **b)** (*Med*) Fijarse [parásitos en un organismo (*cd*)].

infeudación *f* Enfeudación.

infibulación *f* Acción de infibular. *Tb su efecto.*

infibular *tr* Colocar [a alguien (*cd*)] un obstáculo en los órganos genitales para impedir el coito.

inficionar *tr* (*raro*) **1** Contaminar. *En sent material y moral.* ■ **2** Infectar o causar infección [a alguien o algo (*cd*)].

infidelidad *f* **1** Cualidad de infiel [1 y 2]. ■ **2** Acción propia de la pers. infiel [1]. ■ **3** (*Rel*) Condición de infiel [3].

infidelísimo → INFIEL.

infidencia *f* (*lit*) **1** Cualidad de infidente. ■ **2** Hecho propio de la pers. infidente.

infidente *adj* (*lit*) Que falta a la fidelidad debida. *Frec con un compl* A.

infiel (*superl*, INFIDELÍSIMO) *adj* **1** Que no es fiel o que no guarda la fidelidad prometida o debida [a alguien o algo]. *Frec dicho con respecto al consorte. Tb sin compl.* ■ **2** [Cosa] que engaña o que no informa con exactitud. *Esp dicho de la memoria.* ■ **3** [Pers.] que no profesa la religión considerada verdadera. *Se opone a* CREYENTE. *Dicho esp desde el punto de vista de los católicos o de los musulmanes. Tb n.*

in fieri (*lat; pronunc corriente, /in-fiéri/*) *loc adv* En proceso de formación. *Tb adj.*

infiernillo *m* Aparato pequeño para calentar o guisar, que funciona gralm. con electricidad, gas o alcohol.

infierno I *m* **1** (*Rel crist*) Lugar destinado por Dios para el castigo eterno de los que mueren en pecado mortal. *Tb en pl con sent sg.* **b)** (*Mitol clás*) Lugar donde habitan las almas de los muertos. *Tb en pl con sent sg.* **c)** (*Rel jud*) En *pl:* Lugar en que habitan las almas de los muertos. ■ **2** Cosa que encierra o lleva consigo mucha incomodidad o sufrimiento. *Tb el mismo sufrimiento.* ■ **3** Lugar donde hace mucho calor. *Con intención enfática.* **b)** Cosa que produce un calor excesivo. ■ **4 el quinto ~.** (*col*) Un lugar muy lejano.
    II *loc adj* **5** [Higuera] **del ~** → HIGUERA.
    III *loc v* **6 irse al ~, mandar al ~** → IR, MANDAR.

infijación *f* (*Ling*) Adición de infijos.

infijo *m* (*Ling*) **1** Afijo que se introduce en el interior de un radical. ■ **2** Interfijo (afijo intercalado entre la raíz y un sufijo).

infiltración *f* **1** Acción de infiltrar(se). ■ **2** (*Med*) Acumulación o depósito en un tejido de una sustancia extraña. *Tb la afección correspondiente.*

infiltrado *m* (*Med*) Infiltración [2].

infiltrador -ra *adj* Que infiltra. *Tb n, referido a pers.*

infiltrar *tr* **1** Hacer que [un fluido (*cd*)] penetre en los poros [de un cuerpo sólido (*compl* EN)]. *Tb fig, referido a ideas o sentimientos.* **b)** *pr* (**~se**) Penetrar [un fluido] en los poros [de un cuerpo sólido (*compl* EN *o* POR)]. *Tb fig.* ■ **2** Introducir subrepticiamente [a alguien] a través de posiciones del enemigo [en territorio ocupado por este]. *Gralm el cd es refl. Frec en part sustantivado.* ■ **3** Introducir [a alguien en una corporación o colectividad] con propósito de espionaje, sabotaje o propaganda. *Gralm el cd es refl.*

Frec en part sustantivado. ■ **4** (*Med*) Inyectar [a alguien (*cd*)] un medicamento antiinflamatorio en una articulación lesionada. ■ **5** (*Med*) Penetrar [líquido, células u otros elementos extraños (*suj*)] en un tejido (*cd*)].

ínfimamente *adv* De manera ínfima.

ínfimo -ma *adj* Sumamente bajo en valor, calidad o importancia.

infinidad *f* Cantidad infinita [2].

infinitamente *adv* **1** De manera infinita [1]. *Frec con intención ponderativa.* ■ **2** Inmensa o extraordinariamente. *Con intención ponderativa. Frec en constr comparativa.*

infinitesimal *adj* **1** (*Mat*) [Cantidad] infinitamente pequeña. **b)** [Cálculo] ~ → CÁLCULO[1]. ■ **2** (*lit*) Sumamente pequeño.

infinitivo *m* (*Gram*) Forma no personal del verbo que en español termina en *-ar, -er* o *-ir,* que expresa la pura acción verbal sin indicación de tiempo, número ni persona, y que sintácticamente tiene función sustantiva.

infinito -ta I *adj* **1** Que no tiene fin o límite. *Frec con intención ponderativa.* ■ **2** Innumerable. *Con intención ponderativa.* ■ **3** (*Mat*) [Cantidad variable] que se mantiene superior a todo límite fijado arbitrariamente. *Frec n m.* ■ **4** (*Gram*) [Forma verbal] no personal.
    II *m* **5** Espacio infinito [1]. ■ **6** (*Fotogr*) Distancia sin límite, superior a otra predeterminada. ■ **7** (*Geom*) Punto situado a una distancia infinita [1].
    III *adv* **8** Infinitamente [2]. *Se usa detrás de v.*

infinitud *f* (*lit o Filos*) **1** Cualidad de infinito [1 y 2]. ■ **2** (*raro*) Infinidad.

infirme *adj* (*lit*) Débil o que no tiene firmeza.

inflable *adj* Que puede ser inflado (→ INFLAR [1]).

inflación *f* **1** (*Econ*) Alza de precios acompañada de depreciación de la moneda. *A veces con un compl especificador que expresa la causa que la produce.* ■ **2** Incremento excesivo [de algo]. ■ **3** Acción de inflar [1]. *Tb su efecto.*

inflacionar *tr* (*Econ*) Someter a los efectos de la inflación. *Frec en part.*

inflacionario -ria *adj* Inflacionista. **b)** Que fomenta la inflación.

inflacionismo *m* (*Econ*) Tendencia a la inflación [1].

inflacionista *adj* (*Econ*) De (la) inflación [1] o que la implica.

inflado *m* Acción de inflar [1]. *Tb su efecto.*

inflador *m* Bomba o aparato para inflar [1].

inflagaitas *m y f* (*col*) Soplagaitas (pers. imbécil). *Frec usado como insulto. Tb adj.*

inflamabilidad *f* Cualidad de inflamable.

inflamable *adj* Que se inflama [1b] con facilidad. *Tb fig.*

inflamación *f* **1** Acción de inflamar(se) [1]. ■ **2** Alteración patológica en una parte del cuerpo, caracterizada por aumento de calor, enrojecimiento, hinchazón y dolor.

inflamado -da *adj* **1** *part* → INFLAMAR. ■ **2** (*lit*) [Cosa] apasionada.

inflamador -ra *adj* Que inflama. *Tb n m, referido a aparato o dispositivo.*

inflamar A *tr* **1** Hacer que empiece a arder [una cosa (*cd*)] desprendiendo llamas inmediatamente. *Tb* (*lit*) *fig, referido a sentimientos o pasiones, o a la pers que los tiene.* **b)** *pr* (~**se**) Empezar a arder [una cosa] desprendiendo llamas inmediatamente. *Tb* (*lit*) *fig, referido a sentimientos o pasiones, o a la pers que los tiene.*
B *intr pr* (~**se**) **2** Empezar a padecer inflamación [2] [una parte del cuerpo].

inflamatorio -ria *adj* De (la) inflamación [2].
b) Caracterizado por inflamación.

inflamiento *m* Acción de inflar(se), *esp* [1]. *Tb su efecto.*

inflar *tr* **1** Hacer que [algo (*cd*)] aumente de volumen llenándolo de aire u otro gas. **b)** Hacer [el aire u otro gas (*suj*)] que [algo (*cd*)] aumente de volumen. **c)** *pr* (~**se**) Aumentar [algo] de volumen al llenarse de aire u otro gas. ■ **2** (*col*) Llenar el estómago [a alguien (*cd*)] con exceso. *Frec el cd es refl.* **b)** *pr* (~**se**) Tener [alguien] la sensación de estómago excesivamente lleno. ■ **3** Hacer [algo] más grande o voluminoso de lo debido. *Tb fig.* ■ **4** Exagerar [algo, esp. un dato o una noticia]. ■ **5** Envanecer o ensoberbecer [a alguien]. **b)** *pr* (~**se**) Envanecerse o ensoberbecerse. ■ **6** (*col*) Hinchar o hartar [a alguien de algo (*compl* A)]. **b)** *pr* (~**se**) Hincharse o hartarse [de algo (*compl* A)]. *Frec sin compl, referido a dinero.*

inflexibilidad *f* Cualidad de inflexible.

inflexible *adj* Que no cede o no se doblega.

inflexiblemente *adv* De manera inflexible.

inflexión *f* **1** Curvatura, o cambio de dirección, [de una cosa recta o plana]. **b)** (*Geom*) Cambio de dirección de una curva, que de convexa pasa a cóncava, o viceversa. *Frec en la constr* PUNTO DE ~. **c)** (*lit*) Cambio de rumbo o de dirección [de algo no material]. *Frec en la constr* PUNTO DE ~. ■ **2** Cambio de tono [de la voz]. ■ **3** (*Fon*) Entonación. ■ **4** (*Fon*) Modificación del timbre de una vocal bajo la influencia de otra vocal vecina. *Frec* ~ VOCÁLICA. ■ **5** (*Gram*) Flexión.

inflexionar A *intr* **1** Hacer inflexión o cambiar de dirección.
B *tr* **2** (*Fon*) Someter a inflexión [4] [una vocal].

infligir *tr* Causar [un daño, un castigo o una ofensa].

inflorescencia *f* (*Bot*) Brote floral ramificado.

influencia I *f* **1** Acción de influir. *Tb su efecto.* ■ **2** Capacidad de influir en alguien o algo, esp. en las decisiones de alguien poderoso. **b)** Relación de amistad, utilizable en provecho propio, con una pers. poderosa. *Frec en pl.*
II *loc adj* **3 de ~.** [Zona] en que [alguien o algo (*compl de posesión*)] ejerce influencia [1].

influenciable *adj* Que puede ser influenciado.

influenciar (*conjug* 1a) *tr* Influir [2].

influenza *f* (*raro*) Gripe.

influir (*conjug* 48) A *intr* **1** Tener [una pers. o cosa] algún efecto [sobre algo (*compl* EN o SOBRE)]. *Tb sin compl.* **b)** Ejercer [una pers. o cosa] presión moral [sobre alguien (*compl* EN o SOBRE)]. *Tb sin compl.*
B *tr* **2** Tener [una pers. o cosa] algún efecto [sobre algo (*cd*)]. **b)** Ejercer [una pers. o cosa] presión moral [sobre alguien (*cd*)].

influjo *m* Acción de influir. *Tb su efecto.*

influyente *adj* **1** Que influye [1]. ■ **2** [Pers.] que tiene influencia [2]. *Tb n.*

infografía *f* (*E*) Técnica de creación de imágenes mediante ordenador.

infográfico -ca *adj* (*E*) De (la) infografía.

infografista *m y f* (*E*) Especialista en infografía.

infolio *m* Libro en folio (→ FOLIO). *A veces designa libro de gran formato, en general.*

información *f* **1** Acción de informar(se)¹. *Tb su efecto.* **b)** (*Ling*) Transmisión, por medio de un mensaje, de algo que informa al receptor. *Tb lo transmitido.* **c)** (*Informát y Telec*) Transmisión de un sistema a otro, mediante cualquier tipo de señales, de elementos para formular un juicio o llegar a la solución de un problema. *Tb esos mismos elementos.* **d)** ~ **genética.** (*Biol*) Conjunto de caracteres hereditarios transmitidos por los genes. ■ **2** Oficina o departamento destinados a informar¹ [1].

informador -ra *adj* Que informa¹, *esp* [1]. *Frec n, esp referido a pers que trabaja en un medio de comunicación.*

informal *adj* **1** [Pers.] no formal (no juiciosa, o que no cumple sus compromisos). *Tb n.* **b)** Propio de la pers. informal. ■ **2** [Cosa] falta de formalismo o de solemnidad. **b)** [Cosa] que no se atiene a lo convencional o considerado más correcto. **c)** [Pers.] cuyo atuendo no se atiene a los usos convencionales o considerados más correctos. ■ **3** (*Ling*) Coloquial. ■ **4** (*Pint*) Informalista.

informalidad *f* **1** Cualidad de informal [1 y 2]. ■ **2** Acción informal [1].

informalismo *m* (*Pint*) Tendencia que se propone la búsqueda de la capacidad expresiva de la materia, prescindiendo de las formas tradicionales y de las abstractas geométricas.

informalista *adj* (*Pint*) Del informalismo. **b)** Partidario o cultivador del informalismo. *Tb n.*

informalmente *adv* De manera informal, *esp* [2].

informante *adj* Que informa¹, *esp* [1]. *Tb n, referido a pers.*

informar¹ A *tr* **1** Dar a conocer [algo (*compl* DE o SOBRE) a alguien (*cd*)]. *Tb sin compls.* **b)** Con cd refl: Hacer [alguien] las gestiones necesarias para conocer [algo (*compl* DE o SOBRE)]. *Tb sin compl.* ■ **2** Dar a conocer [algo a alguien]. ■ **3** Poner [una autoridad en un documento (*cd*)] su opinión sobre lo solicitado en él.
B *intr* **4** Dictaminar [un cuerpo consultivo o un funcionario (*suj*) sobre asuntos de su competencia]. ■ **5** Hablar en juicio [un fiscal o un abogado].

informar² *tr* (*lit*) Dar forma sustancial [a alguien o algo (*cd*)].

informáticamente *adv* De manera informática.

informático -ca I *adj* **1** De (la) informática [3].
II *n* A *m y f* **2** Especialista en informática [3].
B *f* **3** Conjunto de conocimientos y técnicas que permiten recoger, almacenar, organizar, tratar y transmitir datos mediante ordenadores.

informativamente *adv* En el aspecto informativo.

informativo -va *adj* **1** Que sirve para informar¹ [1]. *Tb n m, designando un programa de radio o de televisión.* ■ **2** De (la) información [1].

informatización *f* Acción de informatizar. *Tb su efecto.*

informatizar *tr* **1** Aplicar [a algo (*cd*)] los recursos de la informática [3]. ■ **2** Dotar [a alguien o algo (*cd*)] de medios informáticos. *Frec el cd es refl.*

informe[1] *m* **1** Exposición escrita u oral en que se informa[1], *esp* [3, 4 y 5]. ■ **2** *En pl:* Datos que se proporcionan u obtienen acerca de una pers. o cosa.

informe[2] *adj* Que carece de forma precisa o concreta.

informulado -da *adj* No formulado o expresado.

infortunadamente *adv* (*lit*) De manera infortunada.

infortunado -da *adj* (*lit*) **1** [Pers.] que es víctima del infortunio. ■ **2** [Cosa] que implica infortunio.

infortunio *m* (*lit*) **1** Fortuna adversa. ■ **2** Suceso desgraciado.

infosura *f* (*Vet*) Enfermedad de las caballerías y otros ungulados, caracterizada por congestión de los tejidos vivos del pie, gralm. acompañada de inflamación.

infra- *pref* (*lit o E*) **1** *Denota, en sent material, el hecho de estar situado debajo o por debajo.* * Infraesofágico. ■ **2** *Denota, en sent no material, situación o condición inferior, o por debajo de lo debido o normal.* * Infracultivado. **b)** *Denota valor inferior.* * Infraunitario.

infracción *f* **1** Acción de infringir. ■ **2** (*Med*) Fractura incompleta de un hueso.

infracobertora *adj* (*Zool*) [Pluma] cobertora de debajo de la cola. *Frec n. Gralm* ~ CAUDAL.

infracostal *adj* (*Anat*) Situado debajo de una costilla.

infracto -ta *adj* (*raro*) Firme o resistente.

infractor -ra *adj* Que infringe. *Tb n, referido a pers.*

infraestructura *f* **1** Estructura básica [de una organización o un sistema]. **b)** Estructura económica de la sociedad. *Esp en doctrina marxista.* **c)** Conjunto de las instalaciones y servicios que condicionan una actividad, esp. económica. ■ **2** Conjunto de los trabajos relativos a los cimientos de una construcción. **b)** Conjunto de obras necesarias para el establecimiento de la plataforma de una vía férrea o una carretera. ■ **3** (*Aer*) Conjunto de instalaciones de tierra.

infraestructural *adj* De (la) infraestructura, *esp* [1].

in fraganti (*pronunc,* /in-fragánti/) *loc adv* En el mismo momento en que se comete el delito. *Normalmente con el v* SORPRENDER *u otro equivalente.*

infrahumanidad *f* Condición de infrahumano.

infrahumano -na *adj* Inferior a la condición o a la dignidad humanas.

inframundo *m* Mundo marginal.

infrangible *adj* (*lit*) Que no puede ser roto o quebrantado. *Tb fig.*

infranqueable *adj* Que no puede ser franqueado o atravesado. *Tb fig.*

infraoctavo -va (*Rel catól*) **I** *adj* **1** De la infraoctava [2].

II *f* **2** Conjunto de los seis días comprendidos entre el primero y el último de la octava de una festividad litúrgica.

infraorbitario -ria *adj* (*Anat*) Situado debajo de la órbita del ojo.

infrarrojo -ja *adj* (*Fís*) [Radiación electromagnética] de la parte invisible del espectro luminoso, que se extiende a continuación del color rojo. *Tb n m.* **b)** Que funciona con rayos infrarrojos.

infrascrito -ta *adj* (*admin*) Que firma al fin del escrito en cuestión. *Frec n.*

infrasónico -ca *adj* (*Fís*) **1** De(l) infrasonido. ■ **2** Subsónico.

infrasonido *m* (*Fís*) Vibración de la misma índole que la vibración sonora, pero que por su escasa frecuencia no puede ser percibida por el oído humano.

infrautilización *f* Acción de infrautilizar.

infrautilizar *tr* Utilizar [algo o a alguien] por debajo de sus posibilidades. *Frec en part.*

infravaloración *f* Acción de infravalorar.

infravalorar *tr* Valorar por debajo de lo justo.

infravivienda *f* Vivienda de calidad muy inferior a la normal.

infrecuencia *f* Cualidad de infrecuente.

infrecuente *adj* Poco frecuente.

infrecuentemente *adv* De manera infrecuente.

infringir *tr* Quebrantar o desobedecer [una ley, un precepto o una orden].

infructífero -ra *adj* Que no produce fruto. *Tb fig.*

infructuosamente *adv* De manera infructuosa.

infructuosidad *f* Cualidad de infructuoso.

infructuoso -sa *adj* [Actividad o esfuerzo] que no da resultado.

infrutescencia *f* (*Bot*) Agrupación de frutos procedente de una inflorescencia.

ínfulas *f pl* Pretensiones (hecho de querer aparentar más calidad o importancia de la real). *Tb fig, referido a cosas.* **b)** Aire o tono de superioridad.

infumable *adj* **1** [Tabaco o droga] que no se puede fumar por su baja calidad. *Frec con intención ponderativa.* ■ **2** (*col*) Inaceptable o impresentable.

infundadamente *adv* De manera infundada.

infundado -da *adj* Que carece de fundamento. *Dicho esp de pensamiento, sospecha o afirmación.*

infundíbulo *m* (*Anat*) Cavidad en forma parecida a la del embudo.

infundio *m* **1** Noticia o afirmación falsa y tendenciosa. ■ **2** (*reg*) Idea o barrunto.

infundir **A** *tr* **1** Hacer que [alguien (*ci o compl* EN)] pase a tener [una cualidad, un sentimiento o una idea (*cd*)]. **b)** (*Rel*) Dotar [Dios al hombre (*compl* EN *o ci*) de alma, vida, u otro don inmaterial (*cd*)]. ■ **2** Hacer que [una cosa (*ci o compl* EN)] pase a tener [un carácter (*cd*)]. ■ **3** (*raro*) Echar [un líquido en algo]. ■ **4** (*Med*) Hacer infusión [1] [de algo (*cd*)].

B *intr pr* (~**se**) **5** (*reg*) Ocurrírsele o pasársele por la cabeza [algo a alguien].

infurción f (hist) En la Edad Media: Renta anual pagada al rey o al señor por habitar y cultivar una tierra.

infusibilidad f (E) Cualidad de infusible.

infusible adj (E) Que no se funde.

infusión f 1 Líquido que se obtiene al someter productos vegetales a la acción del agua hirviendo para extraer la parte soluble. ■ 2 Acción de infundir [1]. ■ 3 (Rel catól) Acción de echar [agua (compl DE)] sobre el que se bautiza. ■ 4 (Med) Acción de introducir un líquido, esp. un suero, en una vena.

infuso -sa adj [Don] infundido [1] por Dios.

infusorio m (Zool, hoy raro) Protozoo ciliado.

ingencia f (lit, raro) Cualidad de ingente.

ingenerable adj (raro) Que no puede ser generado.

in genere (lat; pronunc corriente, /in-χénere/) loc adv En general.

ingeniar (conjug 1a) tr ➤ a normal 1 Idear [algo] con ingenio [1]. Frec con ci refl.
➤ b pr 2 ~selas [para un fin]. Conseguir[lo] valiéndose del ingenio [1].

ingeniería f 1 Conjunto de conocimientos y técnicas del ingeniero [1]. Tb la profesión correspondiente. ■ 2 (E) Se da este n a distintos estudios y técnicas de carácter científico y tecnológico, independientes de la ingeniería [1]. Con un adj o compl especificador. a) ~ de sistemas. (Informát) Diseño e instalación de sistemas informáticos. b) ~ financiera. (Econ) Conjunto de métodos y técnicas para resolver problemas financieros de las empresas. c) ~ genética. (Biol) Conjunto de métodos y técnicas de investigación y experimentación sobre los genes. d) ~ social. (Sociol) Conjunto de métodos y técnicas para aplicar principios sociológicos a la solución de problemas sociales.

ingenieril adj De (la) ingeniería o de (los) ingenieros.

ingeniero -ra m y f 1 Pers. capacitada oficialmente para la aplicación de conocimientos científicos y de técnicas a la utilización de la materia y de las fuentes de energía mediante invenciones o construcciones útiles. Tb → SUPERIOR. Frec seguido de un compl o adj que expresa su especialidad: DE CAMINOS, (CANALES Y PUERTOS); DE MINAS, DE MONTES, DE TELECOMUNICACIÓN, AGRÓNOMO, INDUSTRIAL, GEÓGRAFO, NAVAL. b) ~ técnico (de grado medio). Pers. que tiene el título técnico inferior al de ingeniero. ■ 2 (Mil) Militar perteneciente al arma del ejército destinada esp. a la ejecución de construcciones. Frec en la loc DE ~S, referida al arma, la unidad, el oficial o el soldado. ■ 3 (E) Especialista en una ingeniería [2]. Con un adj especificador. ■ 4 ~ de sonido. (Acúst) Técnico encargado de todo lo relativo al registro sonoro. ■ 5 ~ de vuelo. (Aer) Miembro de la tripulación de una aeronave, responsable durante el vuelo del funcionamiento mecánico.

ingenio m 1 Facultad de inventar con facilidad cosas nuevas o soluciones. b) Facultad de inventar cosas divertidas. c) (lit) Escritor. Normalmente referido a la época clásica. ■ 2 Máquina o aparato. b) (hist) Máquina de guerra. ■ 3 Artefacto explosivo. ■ 4 Proyectil autopropulsado o teledirigido. ■ 5 Finca de cultivo y explotación de caña de azúcar. Frec → DE AZÚCAR o AZUCARERO. A veces tb de otras plantas. Referido a algunos países americanos. b) Fábrica de azúcar de caña. ■ 6 (raro) Fábrica.

ingeniosamente adv De manera ingeniosa.

ingeniosidad f 1 Cualidad de ingenioso. ■ 2 Dicho o hecho ingenioso [2]. A veces con intención desp.

ingenioso -sa adj 1 [Pers.] que tiene ingenio [1]. ■ 2 [Cosa] que denota o implica ingenio [1].

ingénitamente adv (lit) De manera connatural.

ingénito -ta adj (lit) 1 No engendrado. ■ 2 Connatural.

ingente adj (lit) Muy grande. Gralm referido a trabajo o cantidad.

ingenuamente adv De manera ingenua [1b].

ingenuidad f 1 Cualidad de ingenuo [1]. ■ 2 Hecho o dicho ingenuos [1b].

ingenuil adj (hist) [Manso²] concedido a un colono libre.

ingenuismo m (Arte) Cualidad de ingenuista.

ingenuista adj (Arte) Naïf.

ingenuo -nua I adj 1 [Pers.] que actúa o habla de buena fe, ignorando la posible malicia o complejidad de la realidad. Frec dicho con intención peyorativa. Tb n. b) Propio de la pers. ingenua. c) (Arte y TLit) Que carece de las complicaciones propias del arte culto. ■ 2 (hist) Libre desde su nacimiento. Se opone a SIERVO o a ESCLAVO. Frec n.
II f 3 (Escén) Tipo de mujer que corresponde a la muchacha ingenua [1a]. Tb la actriz que lo representa.

ingerible adj Que puede ser ingerido.

ingerir (conjug 60) tr Introducir [algo] por la boca en el tubo digestivo.

ingesta f (E) Conjunto de alimentos y bebidas que se ingieren.

ingestión f Acción de ingerir.

ingle f 1 Parte del cuerpo en la que se junta el muslo con el vientre. ■ 2 (euf) Sexo.

inglés -sa I adj 1 De Inglaterra o de Gran Bretaña. Tb n, referido a pers. b) De los ingleses. ■ 2 Del inglés [9]. ■ 3 [Estilo de mueble] de línea clásica con molduras y cornisas. b) [Mueble] de estilo inglés. ■ 4 [Letra manuscrita y caligráfica] inclinada a la derecha, con gruesos y perfiles. ■ 5 [Llave] para apretar y aflojar tuercas, compuesta por dos piezas que se juntan o separan a voluntad. ■ 6 (hoy raro) [Semana laboral] en que no se trabaja el sábado por la tarde. b) [Sábado] en cuya tarde no se trabaja. ■ 7 (jerg) [Práctica sexual] masoquista. Tb n m. ■ 8 a la inglesa. [Patata] frita en lonchas redondas y muy delgadas. Tb adv.
II m 9 Idioma de Gran Bretaña, que también lo es de Estados Unidos y de otras naciones. ■ 10 (col, hoy raro) Acreedor (hombre que ha prestado dinero).

inglesado -da adj (raro) Influido por el gusto o el espíritu inglés.

ingletador -ra adj (Carpint) Que sirve para hacer ingletes [1]. Tb n, m o f, referido a aparato o máquina.

inglete m (Carpint) 1 Corte de 45° dado en el extremo de una pieza. ■ 2 Caja de ingletes [1] (→ CAJA).

ingletear intr (Carpint) Hacer ingletes [1].

inglorioso -sa adj (lit) Poco glorioso.

ingobernabilidad *f* Cualidad de ingobernable.

ingobernable *adj* Que no puede ser gobernado.

ingratamente *adv* De manera ingrata.

ingratitud *f* Cualidad de ingrato [1].

ingrato -ta *adj* **1** Desagradecido. ■ **2** Desagradable.

ingravidez *f* Cualidad o condición de ingrávido.

ingrávido -da *adj* **1** Que no está sometido a la ley de la gravedad. *Tb fig.* ■ **2** (*lit*) Ligero o leve.

ingrediente *m* Sustancia que entra en la composición [de algo, esp. un guiso]. *Frec fig.*

ingresar **A** *intr* **1** Entrar [en un lugar (*compl* EN o, *más raro*, A)]. **b)** Entrar [en un hospital u otro establecimiento similar] para recibir tratamiento estable. *Tb sin compl.* **c)** Pasar a formar parte [de una corporación o institución (*compl* EN)]. **d)** Pasar a formar parte del alumnado [de un centro de enseñanza (*compl* EN)], del personal [de un centro de trabajo (*compl* EN)] o de los reclusos [de una cárcel (*compl* EN)]. **B** *tr* **2** Meter [una cantidad de dinero en caja, en una cuenta o en un banco]. **b)** Ganar [dinero]. ■ **3** Meter [a alguien en un hospital u otro establecimiento similar] para que reciba tratamiento estable. *Tb sin compl* EN. ■ **4** (*raro*) Hacer que [alguien (*cd*)] ingrese [1d] [en un lugar].

ingreso *m* **1** Acción de ingresar. ■ **2** Dinero que se ingresa [2, esp. 2b]. *Frec en pl.* ■ **3** (*Arquit*) Entrada, o lugar por donde se ingresa [1a].

íngrimo -ma *adj* (*lit*) Solitario.

inguinal *adj* (*Anat*) De la ingle [1]. **b)** [Conducto] para el cordón espermático. **c)** *En algunos mamíferos:* [Mama] situada en la parte final del abdomen.

ingurgitación *f* (*lit o Fisiol*) Acción de ingurgitar. *Tb su efecto.*

ingurgitar *tr* (*lit o Fisiol*) Tragar. *Tb abs.*

ingush (*pronunc corriente*, /ingús/ o /ingúʃ/) **I** *adj* **1** De un pueblo del norte del Cáucaso habitante de Chechenia. *Tb n.* **II** *m* **2** Lengua de los ingushes [1].

inguso -sa *adj* Ingush. *Tb n.*

inhábil *adj* **1** Poco hábil o poco apto. ■ **2** (*Der*) [Pers.] incapacitada o incapaz. ■ **3** (*admin*) [Día u hora] no hábil.

inhabilidad *f* Cualidad de inhábil.

inhabilitación *f* Acción de inhabilitar.

inhabilitar *tr* **1** Incapacitar [a alguien para determinadas actividades públicas]. ■ **2** Incapacitar o imposibilitar [a alguien o, raro, algo para una cosa].

inhabitable *adj* Que no puede habitarse.

inhabitación *f* (*lit, raro*) Hecho de habitar [en un lugar]. *Tb fig.*

inhabitual *adj* No habitual.

inhabitualmente *adv* De manera inhabitual.

inhalación *f* Acción de inhalar. **b)** (*Med*) Solución que se administra por inhalación.

inhalador *m* Aparato para efectuar inhalaciones.

inhalante *adj* **1** Que se inhala. ■ **2** (*Zool*) *En las esponjas:* [Poro] por donde entra el agua.

inhalar *tr* Aspirar [un gas o una sustancia pulverizada].

inhallable *adj* Que no puede hallarse.

inherencia *f* Condición de inherente.

inherente *adj* [Cosa no material] que por naturaleza va unida inseparablemente [a alguien o algo].

inherir (*conjug* 60) *intr* (*Filos*) Ser inherente [a alguien o algo (*compl* EN)].

inhesión *f* (*Filos*) Inherencia.

inhibición *f* **1** Acción de inhibir(se). ■ **2** (*Quím*) Moderación o interrupción de determinadas reacciones o de la acción de un agente. ■ **3** (*Quím*) Adición de inhibidores [2b] a un derivado del petróleo.

inhibicionismo *m* Tendencia a inhibirse [3].

inhibicionista *adj* De(l) inhibicionismo.

inhibido -da *adj* **1** *part* → INHIBIR. ■ **2** [Pers.] que muestra inhibiciones en su comportamiento. *Tb n.*

inhibidor -ra **I** *adj* **1** Que inhibe. **II** *m* **2** (*Quím*) Sustancia cuya presencia sirve para moderar o interrumpir determinadas reacciones o la acción de un agente. **b)** Sustancia que se agrega a un derivado del petróleo para reducir o eliminar alguna propiedad.

inhibir **A** *tr* **1** Refrenar o contener. **b)** (*Psicol*) Refrenar o reprimir [los impulsos]. *Tb abs.* ■ **2** (*Fisiol*) Suspender o disminuir transitoriamente [la actividad de un órgano]. **b)** Suspender o disminuir transitoriamente la actividad [de un órgano (*cd*)]. **B** *intr pr* (**~se**) **3** Abstenerse [una pers.] de intervenir [en un asunto (*compl* EN o DE)]. *Tb sin compl, por consabido.* **b)** (*Der*) Declararse [un juez o un tribunal] incompetente para el conocimiento [de una causa (*compl* EN o DE)].

inhibitorio -ria **I** *adj* **1** De (la) inhibición [1]. *Esp referido a tribunales.* ■ **2** Que causa inhibición [1]. **II** *f* **3** (*Der*) Escrito de requerimiento a un juez para que se inhiba [3b].

inhiesto -ta *adj* (*raro*) Enhiesto.

inhonesto -ta *adj* (*raro*) No honesto.

in honorem tanti festi (*lat; pronunc*, /in-onórem-tánti-fésti/) *loc adv* (*lit*) Con tan grato motivo.

inhospitalario -ria *adj* (*raro*) Poco hospitalario o poco acogedor.

inhospitalidad *f* (*raro*) Cualidad de inhospitalario.

inhóspito -ta *adj* [Lugar] poco acogedor o poco grato para permanecer en él. **b)** [Pers.] poco acogedora.

inhumación *f* (*lit*) Acción de inhumar.

inhumanamente *adv* De manera inhumana.

inhumanidad *f* Cualidad de inhumano.

inhumano -na *adj* **1** [Pers.] cruel, o que carece de la sensibilidad propia del ser humano. ■ **2** [Cosa] que denota o implica crueldad o falta de humanidad. ■ **3** [Cosa] no apropiada, por su excesiva dureza, para la especie humana.

inhumar *tr* (*lit*) Enterrar [un cadáver].

iniciación *f* **1** Acción de iniciar(se). ■ **2** Obra o curso que prepara al conocimiento o práctica [de algo (*compl* A)].

iniciado -da *adj* **1** *part* → INICIAR. ■ **2** [Pers.] que está en el secreto de algo, esp. de una tendencia intelectual o artística minoritaria. *Frec n.*

iniciador -ra *adj* Que inicia. *Tb n, referido a pers.*

inicial I *adj* **1** Del principio. ■ **2** [Letra] primera de una palabra o de un escrito. *Frec n f.* **b)** [Sonido o grupo de sonidos] que está a comienzo de palabra. II *f* **3** Letra inicial [2a] de un nombre propio. *Normalmente en pl.*

inicializar *tr* (*Informát*) Poner [algo] en disposición de funcionamiento, o en su valor inicial.

inicialmente *adv* En el principio o primeramente.

iniciar (*conjug 1a*) *tr* **1** Empezar o comenzar [algo (*cd*)]. **b)** *pr* (~**se**) Empezar o comenzar [algo (*suj*)]. ■ **2** Enseñar [a alguien (*cd*)] los primeros conocimientos o experiencias [de algo (*compl* EN)]. **b)** *pr* (~**se**) Pasar a tener [una pers.] los primeros conocimientos o experiencias [de algo (*compl* EN)]. *Frec sin compl, por consabido.* ■ **3** Admitir [a alguien (*cd*)] en un grupo o sociedad secretos (*compl* EN)]. *Frec en part, esp sustantivado.* **b)** *pr* (~**se**) Entrar [alguien (*suj*) en un grupo o sociedad secretos (*compl* EN)]. ■ **4** (*hist*) Introducir o admitir [a alguien en los ritos secretos de una religión]. *Frec en part, esp sustantivado.*

iniciático -ca *adj* De la iniciación en una secta o sociedad secreta. *Tb fig.*

iniciativa I *f* **1** Propuesta o decisión de emprender algo nuevo. *Tb lo propuesto o decidido.* **b)** Capacidad de tener iniciativas. *Frec en constrs adjs como* DE ~ *o* DE MUCHA ~. **c)** (*Pol*) Derecho a someter a la autoridad competente una proposición para hacerla adoptar por ella. ■ **2** Conjunto de perss. o entidades con capacidad de iniciativa [1a]. II *loc v* **3** **tomar la ~.** Actuar adelantándose a otro.

inicio *m* (*lit*) Principio o comienzo.

inicuamente *adv* (*lit*) De manera inicua.

inicuo -cua *adj* (*lit*) **1** Injusto. ■ **2** Contrario a la ética.

inidentificable *adj* Que no puede ser identificado.

iniestense *adj* De Iniesta (Cuenca). *Tb n, referido a pers.*

inigualable *adj* Que no puede ser igualado. *Frec con intención ponderativa.*

inigualablemente *adv* De manera inigualable.

inigualado -da *adj* Que no ha sido igualado nunca.

in illo tempore (*lat; pronunc,* /in-ílo-témpore/) *loc adv* En época remota.

inimaginable *adj* Que no puede ser imaginado.

inimitable *adj* Que no puede ser imitado. *Frec con intención ponderativa.*

inimitablemente *adv* De manera inimitable.

ininflamabilidad *f* Cualidad de ininflamable.

ininflamable *adj* Que no puede inflamarse (arder con llama).

in integrum (*lat; pronunc,* /in-íntegrum/) *loc adv* Enteramente.

ininteligencia *f* Falta de inteligencia.

ininteligente *adj* No inteligente, o falto de inteligencia.

ininteligibilidad *f* Cualidad de ininteligible.

ininteligible *adj* Que no se puede entender.

ininteligiblemente *adv* De manera ininteligible.

ininterrumpidamente *adv* De manera ininterrumpida.

ininterrumpido -da *adj* Que no tiene interrupción.

iniquidad *f* (*lit*) **1** Cualidad de inicuo. ■ **2** Acción inicua. **b)** (*Rel*) Pecado.

in itinere (*lat; pronunc,* /in-itínere/) *loc adj* [Accidente] que sufre el trabajador en el camino al lugar de trabajo o en el regreso del mismo.

injerencia *f* Acción de injerir(se).

injerir (*conjug 60*) **A** *tr* **1** Meter [una cosa (*cd*)] entre otras (*compl* EN)]. **B** *intr pr* (~**se**) **2** Inmiscuirse [en algo, esp. en asuntos ajenos].

injerta *f* (*raro*) Injerto[1] (acción de injertar).

injertación *f* Injerto[1] (acción de injertar).

injertado *m* Injerto[1] (acción de injertar).

injertador -ra *m y f* Pers. que injerta [1].

injertar *tr* **1** Introducir en el tronco o rama [de un árbol (*cd*)] una rama de otro en la que haya una yema, a fin de que esta brote con la savia de aquel. *Tb abs.* ■ **2** Aplicar [una porción de tejido vivo o un órgano (*cd*)] a una parte de su mismo cuerpo o de otro (*ci o compl* EN)] de manera que se produzca una unión orgánica. ■ **3** Introducir [en un ámbito o una colectividad un elemento de origen extraño y esp. de carácter renovador].

injerto[1] *m* **1** Acción de injertar. *Tb su efecto.* ■ **2** Rama con la que se hace un injerto [1]. ■ **3** Porción de tejido vivo u órgano injertados (→ INJERTAR [2]).

injerto[2] **-ta** *adj* Injertado (→ INJERTAR [1]).

injuria *f* **1** Ofensa, normalmente de palabra. ■ **2** Daño o alteración negativa causados en algo material.

injuriador -ra *adj* Que injuria. *Tb n, referido a pers.*

injuriante *adj* (*raro*) Que injuria.

injuriar (*conjug 1a*) *tr* Causar una injuria [1] [a alguien (*cd*)].

injuriosamente *adv* De manera injuriosa.

injurioso -sa *adj* [Cosa] que injuria.

injustamente *adv* De manera injusta.

injusticia *f* **1** Ausencia de justicia. ■ **2** Cualidad de injusto. ■ **3** Acción injusta [2].

injustificable *adj* Que no puede justificarse.

injustificadamente *adv* De manera injustificada.

injustificado -da *adj* No justificado o que carece de justificación.

injusto -ta *adj* **1** Que no actúa con justicia. ■ **2** [Cosa] que no está acorde con la justicia.

inmaculadamente *adv* De manera inmaculada [1].

inmaculado -da *adj* **1** Que no tiene ninguna mancha. *Frec en sent moral. Frec con intención pon-*

derativa, referido a blancura o limpieza. ■ **2** (*Rel crist*) [Concepción] de la Virgen María sin pecado original. *Normalmente antepuesto al n.*

inmaculista *adj* (*hist*) Favorable a la definición del dogma de la Inmaculada Concepción de la Virgen María.

inmadurez *f* Cualidad de inmaduro.

inmaduro -ra *adj* Que no ha alcanzado todavía pleno desarrollo. *Referido a pers, frec en sent intelectual o moral.* **b)** Propio de la pers. o cosa inmadura.

inmanejable *adj* Que no puede ser manejado.

inmanencia *f* (*Filos o lit*) Cualidad de inmanente.

inmanente *adj* **1** (*Filos*) Que existe, opera o permanece en el interior [de algo (*compl* A)], sin efecto exterior. *Tb sin compl.* ■ **2** (*lit*) Permanente o inmutable.

inmanentemente *adv* (*Filos o lit*) De manera inmanente.

inmanentismo *m* (*Filos*) Doctrina que afirma la inmanencia de Dios a la naturaleza o al hombre. *Tb designa otras doctrinas basadas en el concepto de inmanencia.*

inmanentista *adj* (*Filos*) De(l) inmanentismo. **b)** Partidario del inmanentismo. *Tb n.*

inmarcesible *adj* (*lit*) Que no se puede marchitar. *Frec fig.*

inmarchitable *adj* (*lit*) Que no se puede marchitar. *Frec fig.*

inmaterial *adj* Que no tiene carácter material.

inmaterialidad *f* Condición de inmaterial.

inmaterialismo *m* (*Filos*) Doctrina según la cual toda realidad corpórea se reduce a idea y por tanto solamente existe en cuanto puede ser percibida.

inmaterialmente *adv* De manera inmaterial.

inmatriculación *f* (*Der*) Primera inscripción del dominio de una finca en el registro de la propiedad.

inmaturez *f* (*lit*) Inmaturidad.

inmaturidad *f* (*lit*) Cualidad de inmaturo.

inmaturo -ra *adj* (*lit*) Inmaduro.

inmediación *f* **1** (*raro*) Inmediatez. ■ **2** *En pl:* Alrededores o proximidades [de un lugar].

inmediatamente I *adv* **1** En el momento inmediato [1]. ■ **2** En el lugar inmediato [2]. ■ **3** De manera inmediata [3].
II *loc prep* **4** ~ **de.** Inmediatamente [1] después de.
III *loc conj* **5** ~ **que.** (*semiculto*) Inmediatamente [1] después de que.

inmediatez *f* Cualidad de inmediato [1, 2 y 3].

inmediato -ta I *adj* **1** Que se produce o se presenta, sin intervalo, después [del momento en cuestión (*compl* A)]. *Frec sin compl, por consabido.* ■ **2** Que está al lado [de algo o, más raro, de alguien (*compl* A)]. *Frec sin compl, por consabido.* **b)** Muy cercano [a algo o a alguien]. *Frec sin compl, por consabido.* ■ **3** (*Filos o lit*) [Hecho o circunstancia] que se produce o se presenta sin depender de un elemento intermedio. ■ **4** [Principio] ~ → PRINCIPIO.
II *f* **5 la inmediata.** (*col*) La reacción inmediata [1]. *Se usa normalmente como suj de ors con* SER, *o*

como or independiente. * La inmediata fue contárselo al director.
III *loc adv* **6 de ~.** Inmediatamente [1].

inmejorable *adj* Tan bueno que no puede concebirse otro mejor. *Frec con intención ponderativa.*

inmejorablemente *adv* De manera inmejorable.

inmemorable *adj* (*lit*) Inmemorial.

inmemorial *adj* **1** [Cosa] muy antigua de cuyo origen no se guarda memoria. ■ **2** [Tiempo] remoto e impreciso.

inmemorialmente *adv* Desde tiempo inmemorial.

in memoriam (*lat; pronunc,* /in-memóriam/) *loc adv* En recuerdo. *Con referencia a una pers muerta. Normalmente en necrologías, homenajes póstumos o epitafios, frec seguido del n de la pers.*

inmensamente *adv* De manera inmensa. *Frec con intención ponderativa.*

inmensidad *f* **1** Cualidad de inmenso [1 y 2]. ■ **2** Extensión inmensa [2]. ■ **3** Cantidad inmensa [2].

inmenso -sa *adj* **1** Que no tiene medida, por ser infinito o ilimitado. *Gralm referido a Dios.* ■ **2** Que no puede medirse o contarse por su gran tamaño o número. *Frec con intención ponderativa.* ■ **3** (*col*) Fantástico o extraordinario. *Con intención ponderativa.*

inmensurable *adj* (*lit*) Inmenso o sumamente grande. *Con intención ponderativa.*

in mente (*lat; pronunc,* /in-ménte/) *loc adv* En el pensamiento.

inmerecidamente *adv* Sin merecimiento.

inmerecido -da *adj* No merecido.

inmergir *tr* (*lit, raro*) Introducir [algo o a alguien] total o parcialmente [en un líquido, esp. en agua].

inmersión I *f* **1** Acción de introducir(se) en un líquido. ■ **2** Acción de introducir(se) totalmente en una situación, en un ambiente o en una actividad. **b)** ~ **lingüística.** Hecho de introducir(se) en un ambiente en que solo se usa una lengua que se trata de aprender. ■ **3** (*Astron*) Entrada de un astro en el cono de la sombra que proyecta otro.
II *loc adj* **4 de ~.** *En un microscopio:* [Objetivo] en que se suprime la capa de aire entre la lente frontal y el objeto interponiendo una gota de líquido de elevado índice de refracción.

inmerso -sa *adj* (*lit*) Sumergido [en un líquido, o en una situación, ambiente o actividad]. *Tb sin compl, por consabido.*

inmigración *f* Acción de inmigrar. *Tb su efecto.*

inmigrante *adj* Que inmigra. *Frec n, referido a pers.*

inmigrar *intr* Llegar [alguien] a un país que no es el propio, para establecerse en él. **b)** Llegar [animales o plantas] a un territorio y establecerse en él.

inmigratorio -ria *adj* De (la) inmigración.

inminencia *f* Cualidad de inminente.

inminente *adj* [Cosa] que está a punto de suceder o presentarse. **b)** [Peligro] que amenaza para el momento inmediato.

inminentemente *adv* De manera inminente.

inmiscible *adj* (*Quím*) No miscible o no mezclable.

inmiscuir (*conjug* 48) **A** *intr pr* (~se) **1** Entrometerse [en un asunto].
B *tr* **2** (*raro*) Meter [algo o a alguien en un asunto o en un ámbito].

inmisericorde *adj* (*lit*) Despiadado o cruel. *Tb fig.*

inmisericordemente *adv* (*lit*) De manera inmisericorde.

inmisericordia *f* (*lit*) Falta de misericordia.

inmisión *f* (*E*) Hecho de introducir(se).

inmobiliario -ria *adj* De (los) inmuebles. *Tb n f, designando sociedad o empresa.*

inmoderación *f* Falta de moderación.

inmoderadamente *adv* De manera inmoderada.

inmoderado -da *adj* Que carece de moderación. *Tb n, referido a pers.*

inmodestamente *adv* De manera inmodesta.

inmodestia *f* **1** Falta de modestia o humildad. ■ **2** (*hoy raro*) Falta de honestidad o recato.

inmodesto -ta *adj* **1** Que no tiene modestia o humildad. ■ **2** (*hoy raro*) Que no tiene honestidad o recato.

inmodificable *adj* Que no se puede modificar.

inmolación *f* (*lit*) Acción de inmolar(se).

inmolador -ra *adj* Que inmola.

inmolar **A** *tr* **1** Sacrificar [a alguien o algo (*cd*) a la divinidad (*ci*)]. *Tb fig. Frec sin ci.* ■ **2** (*lit*) Renunciar [a algo (*cd*) a cambio o en favor de otra cosa (*ci*)].
B *intr pr* (~se) (*lit*) **3** Sacrificar [alguien] su vida.

inmoral *adj* Contrario a la moral o a la ética. **b)** Contrario a la moral sexual.

inmoralidad *f* **1** Cualidad de inmoral. **b)** Comportamiento inmoral. ■ **2** Hecho inmoral.

inmortal **I** *adj* **1** [Pers. o cosa] que está destinada a no morir. *Frec fig.*
II *m y f* **2** (*frec humoríst*) Miembro de una Academia, esp. de la Española.

inmortalidad *f* Cualidad de inmortal. *Tb fig.*

inmortalizar *tr* Hacer inmortal. *Normalmente fig.*

inmotivado -da *adj* [Cosa] que carece de motivo o causa.

inmóvil *adj* Que no se mueve. **b)** Que no cambia o evoluciona.

inmovilidad *f* Cualidad de inmóvil.

inmovilismo *m* Tendencia a mantener sin cambios la situación establecida. *Esp en política.*

inmovilista *adj* De(l) inmovilismo. **b)** Partidario del inmovilismo. *Tb n.*

inmovilización *f* Acción de inmovilizar(se). *Tb su efecto.*

inmovilizado -da *adj* **1** *part* → INMOVILIZAR. ■ **2** [Cosa] en que no existe el movimiento.

inmovilizador -ra *adj* Que inmoviliza.

inmovilizante *adj* [Cosa] que inmoviliza.

inmovilizar **A** *tr* **1** Impedir el movimiento [de alguien o algo (*cd*)]. **b)** Impedir la circulación [de una mercancía (*cd*)]. ■ **2** (*Econ*) Invertir [un capital] sin posibilidad de recuperarlo en un determinado plazo. **b)** (*Econ*) Invertir [capital] en bienes de difícil realización.
B *intr pr* (~se) **3** Quedarse inmóvil.

inmueble **I** *adj* **1** [Bien] constituido por una tierra, camino, edificio, construcción o mina.
II *m* **2** Edificio.

inmundicia *f* (*lit*) Porquería o basura. *Tb fig.*

inmundo -da *adj* **1** (*lit*) Sucio y asqueroso. *Tb fig.* ■ **2** [Espíritu] ~ → ESPÍRITU.

inmune *adj* **1** Libre o exento [de algo negativo (*compl* A)]. ■ **2** (*Med*) Que presenta inmunidad [2]. *Frec con un compl* A. ■ **3** (*Med*) De (la) inmunidad [2].

inmunidad *f* **1** Cualidad de inmune [1]. **b)** (*Der*) Exención de obligaciones, penas o cargos de la que disfruta una pers. o un lugar. **c)** ~ **parlamentaria.** Prerrogativa de un miembro del parlamento por la que se le exime de ser detenido o procesado sin autorización de dicho organismo. *Tb simplemente* ~. **d)** (*hist*) *En la Edad Media:* Privilegio de un lugar eclesiástico, en virtud del cual el delincuente que a este se acoge no puede ser castigado. ■ **2** (*Med*) Resistencia de un organismo a una enfermedad o a la acción patógena de determinados gérmenes o sustancias. *A veces con un compl* A.

inmunitario -ria *adj* (*Med*) De (la) inmunidad [2].

inmunización *f* (*Med*) Acción de inmunizar. *Tb su efecto.*

inmunizador -ra *adj* (*Med*) Que inmuniza.

inmunizante *adj* (*Med*) **1** [Cosa] que inmuniza. ■ **2** Relativo a la acción de inmunizar.

inmunizar *tr* (*Med*) Hacer [a alguien (*cd*)] inmune [2] [a algo (*compl* CONTRA, DE o PARA)]. *Tb fig, fuera del ámbito técn.*

inmunodeficiencia *f* (*Med*) Deficiencia en las reacciones de inmunidad [2] del organismo.

inmunodeficiente *adj* (*Med*) Que padece inmunodeficiencia. *Tb n, referido a pers.*

inmunodepresor -ra *adj* (*Med*) [Fármaco] que atenúa o anula las reacciones de inmunidad [2] del organismo. *Tb n m.*

inmunodeprimido -da *adj* (*Med*) Que padece deficiencia o atenuación de las reacciones de inmunidad [2]. *Tb n, referido a pers.*

inmunofluorescencia *f* (*Med*) Prueba inmunológica que consiste en teñir con un colorante fluorescente un antígeno o un anticuerpo para localizar el anticuerpo o el antígeno correspondiente.

inmunógeno -na *adj* (*Med*) Que produce inmunidad [2].

inmunoglobulina *f* (*Biol*) Proteína que se encuentra en el plasma y otros líquidos orgánicos de los vertebrados y que constituye los anticuerpos.

inmunohematología *f* (*Med*) Estudio de las propiedades inmunológicas [2] de la sangre.

inmunología *f* (*Med*) Estudio de los fenómenos de la inmunidad [2].

inmunológicamente *adv* (*Med*) En el aspecto inmunológico.

inmunológico -ca *adj (Med)* **1** De (la) inmunología. ■ **2** De (la) inmunidad [2].

inmunólogo -ga *m y f (Med)* Especialista en inmunología.

inmunopatología *f (Med)* Estudio de las respuestas de inmunidad [2] asociadas con la enfermedad.

inmunoprecipitación *f (Med)* Precipitación de un anticuerpo y su antígeno correspondiente.

inmunosupresión *f (Med)* Suspensión artificial de la reacción de inmunidad [2] consecutiva a una acción terapéutica.

inmunosupresor -ra *adj (Med)* [Fármaco] que produce inmunosupresión. *Tb n m*.

inmunoterapia *f (Med)* Tratamiento de las enfermedades infecciosas por la producción de inmunidad [2].

inmunoterápico -ca *adj (Med)* De (la) inmunoterapia.

inmutabilidad *f* Cualidad de inmutable.

inmutable *adj* Que no está sometido a ningún cambio.

inmutablemente *adv* De manera inmutable.

inmutar **A** *tr* **1** Causar turbación o alteración del ánimo [a alguien (*cd*)].
    B *intr pr* (**~se**) **2** Mostrar en el semblante o en la voz una turbación o alteración del ánimo. *Gralm en constr neg*.

inmutativo -va *adj (raro)* Capaz de inmutar.

innatamente *adv* De manera innata.

innatismo *m* **1** (*Filos*) Doctrina que afirma la existencia de ideas innatas en el hombre. ■ **2** Condición de innato.

innato -ta *adj* Que se tiene por naturaleza.

innatural *adj* No natural.

innaturalidad *f* **1** Cualidad de innatural. ■ **2** Cosa innatural.

innecesariamente *adv* De manera innecesaria.

innecesario -ria *adj* No necesario.

innegable *adj* Que no se puede negar.

innegablemente *adv* De manera innegable.

innegociable *adj* Que no se puede negociar.

innivación *f* Acción de innivar.

innivar *tr* Cubrir de nieve.

innoble *adj* **1** [Cosa] contraria a la nobleza (honradez o lealtad). **b)** [Pers.] de comportamiento innoble. ■ **2** [Aspecto] malo o impresentable.

innoblemente *adv* De manera innoble.

innocuidad, innocuo → INOCUIDAD, INOCUO.

innombrable *adj* Que no se puede nombrar.

innominable *adj* (*lit*) Que no se puede nombrar.

innominado -da *adj* **1** Que no ha recibido nombre. ■ **2** (*Anat*) [Hueso] coxal. *Tb n m*.

innovación *f* Acción de innovar. *Tb su efecto*.

innovador -ra *adj* Que innova. *Frec n, referido a pers*.

innovar *tr* Introducir novedades [en algo (*cd*)].

in nuce (*lat; pronunc corriente, /in-núθe/*) *loc adv* En forma embrionaria o compendiosa.

innumerable *adj* Que no se puede contar por su gran número. *Frec con intención ponderativa*.

innumerablemente *adv* En cantidad innumerable.

innúmero -ra *adj* (*lit*) Innumerable.

inobediente *adj* Que no obedece.

inobjetable *adj* [Pers. o cosa] a la que no se puede poner objeción.

inobservancia *f* Falta de observancia.

inobservar *tr* Faltar a la observancia [de un precepto (*cd*)].

inocencia *f* Cualidad de inocente [1, 2, 3 y 4].

inocentada **I** *f* **1** Burla o engaño que se hace el 28 de diciembre, día de los Santos Inocentes. *Tb fig*.
    II *loc v* **2 pagar la ~.** (*col*) Salir perjudicado por falta de malicia o de experiencia.

inocente (*normalmente con mayúscula en acep 5*) *adj* **1** [Pers.] libre de culpa. *A veces con un compl* DE. *Tb n*. **b)** Propio de la pers. inocente. ■ **2** [Pers.] que carece de malicia y a la que es fácil engañar. **b)** (*euf, pop*) Tonto o subnormal. *Tb n*. ■ **3** [Cosa] carente de malicia o mala intención. ■ **4** [Cosa] inofensiva, o incapaz de hacer daño. ■ **5** (*hist*) En pl: [Niños] menores de dos años a los que mandó matar Herodes. *Gralm n y en la constr* LA MATANZA DE LOS (SANTOS) ~S.

inocentemente *adv* De manera inocente [1b, 3 y 4].

inocuidad (*tb con la grafía* **innocuidad**) *f* Cualidad de inocuo.

inoculación *f* Acción de inocular.

inoculador -ra *adj* Que inocula.

inocular *tr* **1** Introducir en el organismo [un agente morboso, o un suero o vacuna]. ■ **2** Infundir o imbuir [un pensamiento o un sentimiento, esp. perniciosos].

inóculo *m* (*Med y Biol*) Sustancia que se inocula [1].

inocultable *adj* Que no se puede ocultar.

inocuo -cua (*tb con la grafía* **innocuo**) *adj* Que no es dañino o nocivo. *Tb fig*.

inodoro -ra **I** *adj* **1** Que no tiene olor.
    II *m* **2** Taza de wáter dotada de un sifón que impide el paso de malos olores. *Tb el aposento en que está instalada*.

inofensividad *f* (*raro*) Cualidad de inofensivo.

inofensivo -va *adj* Que no puede causar daño.

inoficiosidad *f* (*Der*) Cualidad de inoficioso.

inoficioso -sa *adj* (*Der*) [Disposición testamentaria o donación] que ha de ser limitada o reducida por lesionar derechos de herederos forzosos.

inolvidable *adj* Que no puede ser olvidado, normalmente por motivos de afecto.

inope *adj* (*lit*) Pobre o indigente.

inoperable *adj* [Enfermo o enfermedad] en que no puede realizarse una operación quirúrgica.

inoperancia *f* Cualidad de inoperante.

inoperante *adj* Ineficaz o que no produce efecto.

inoperatividad *f* Falta de operatividad.

inopia I *f* (*lit*) **1** Pobreza. *Tb fig.* ■ **2** Ignorancia. **II** *loc adv* **3 en la ~.** (*col*) Sin enterarse de algo que los demás saben.

inopinable *adj* No opinable.

inopinadamente *adv* De manera inopinada.

inopinado -da *adj* Que se presenta o sucede sin estar previsto.

inoportunamente *adv* De manera inoportuna.

inoportunidad *f* Cualidad de inoportuno.

inoportuno -na *adj* **1** Que se presenta o actúa en un momento inconveniente o inadecuado. *Tb n, referido a pers.* **b)** [Tiempo] inconveniente o inadecuado. ■ **2** Importuno o que molesta. *Tb n, referido a pers.*

inordenado -da *adj* (*raro*) [Cosa] desordenada o que implica desorden.

inorgánico -ca *adj* **1** No organizado, o no sistematizado. **b)** Que no está fundado en una estructura jerárquica. *Normalmente referido a la democracia de sufragio universal.* ■ **2** [Ser] que no es vivo u orgánico. **b)** De (los) seres inorgánicos. ■ **3** (*Quím*) [Sustancia] que no tiene como componente el carbono. **b)** De (las) sustancias inorgánicas. **c)** [Química] que estudia las sustancias inorgánicas.

inosita *f* (*Quím*) Inositol.

inositol *m* (*Quím*) Sustancia semejante a la glucosa, que se encuentra en los tejidos musculares y en las glándulas de secreción interna, y también en los granos de cereales.

inoxidable *adj* [Metal o aleación] que no se oxida o que presenta fuerte resistencia a la oxidación. **b)** [Acero] que contiene cromo y níquel y es especialmente resistente a la oxidación. **c)** De acero inoxidable.

in partibus infidelium (*lat; pronunc,* /im-pártibus-infidélium/) *loc adj* **1** (*Rel catól*) [Obispo] que toma título de un lugar no cristiano y que no reside en él. *Tb* (*col*) IN PARTIBUS. ■ **2** (*humoríst*) [Pers. que posee un cargo] puramente nominal. *Tb* IN PARTIBUS.

in pectore (*lat; pronunc,* /im-péktore/) **I** *loc adj* **1** (*Rel catól*) [Eclesiástico que va a ser elevado a cardenal] cuya proclamación es mantenida aún en secreto por el Papa. ■ **2** (*lit*) [Pers. prevista para un cargo] cuya proclamación se mantiene en reserva hasta el momento oportuno. **II** *loc adv* **3** (*lit*) De manera decidida, pero en secreto.

in perpetuum (*lat; pronunc,* /im-perpétuum/) *loc adv* (*lit*) Para siempre o a perpetuidad.

in person (*ing; pronunc corriente,* /im-pérson/) *loc adv* (*col, humoríst*) En persona.

in puribus (*falso lat; pronunc,* /im-púribus/; *tb raro,* **in puribus naturalibus**) *loc adv* (*humoríst*) En cueros.

in puris naturalibus (*lat; pronunc,* /im-púris-naturálibus/) *loc adv* (*lit*) En cueros.

input (*ing; pronunc corriente,* /ímput/; *pl normal,* ~s) *m* **1** (*Econ*) Elemento inicial de un proceso. *Se opone a* OUTPUT. ■ **2** (*Informát*) Entrada de datos. *Se opone a* OUTPUT. *Tb fig, fuera de este ámbito.*

inquebrantable *adj* Que no se puede quebrantar. *Se usa para ponderar la firmeza moral de algo o de alguien.* * Fe inquebrantable. * Pepe se mostraba inquebrantable.

inquebrantablemente *adv* De manera inquebrantable.

inquietamente *adv* De manera inquieta [6].

inquietante *adj* Que inquieta [1].

inquietantemente *adv* De manera inquietante.

inquietar *tr* **1** Poner inquieto [1] [a alguien]. **b)** *pr* (~se) Ponerse inquieto [alguien]. ■ **2** (*Der*) Perturbar [a alguien en la pacífica posesión de algo], intentando despojarle de ella.

inquieto -ta *adj* **1** [Pers. o animal] que muestra cierta agitación nerviosa que le hace moverse mucho. **b)** [Pers.] preocupada. ■ **2** [Pers. o animal] que tiene tendencia a moverse mucho. ■ **3** [Pers.] que tiende a promover agitación o desorden. ■ **4** [Pers.] que tiende a dedicarse a cosas nuevas. ■ **5** [Pers.] que tiene preocupación, curiosidad o ambición intelectual. ■ **6** [Cosa] propia de la pers. o el animal inquietos [1, 2, 3, 4 y 5]. ■ **7** [Cosa] que implica inquietud.

inquietud *f* **1** Cualidad de inquieto [1]. ■ **2** Preocupación, curiosidad o ambición intelectual. *Frec en pl.* ■ **3** Cosa que inquieta o preocupa.

inquilinato *m* **1** Condición de inquilino [1]. *Tb fig.* ■ **2** Arriendo de una casa o de una parte de ella. **b)** Cantidad que se paga por inquilinato.

inquilinismo *m* (*Biol*) Asociación de un inquilino [2] con otro animal.

inquilino -na **A** *m y f* **1** Pers. que habita una vivienda pagando alquiler por ella. *Tb fig.* **B** *m* **2** (*Biol*) Animal que habita sobre otro, pero sin alimentarse a su costa.

inquina *f* Aversión u hostilidad.

inquiridor -ra *adj* Que inquiere.

inquirir (*conjug 38*) *tr* Tratar de averiguar, esp. preguntando.

inquisición (*con mayúscula en acep 2a*) *f* **1** Acción de inquirir. ■ **2** (*hist*) Tribunal eclesiástico cuya finalidad es inquirir y castigar los delitos contra la fe. *Tb* TRIBUNAL DE LA (SANTA) ~. **b)** *En uso actual, frec fig.* **c)** (*col*) Tiranía, o abuso de poder. ■ **3** (*hist*) Cargo de inquisidor.

inquisidor *m* (*hist*) Juez del tribunal de la Inquisición.

inquisitivamente *adv* De manera inquisitiva [1].

inquisitivo -va *adj* **1** De (la) inquisición [1] o que la implica. ■ **2** [Pers.] que está en actitud de inquirir.

inquisitorial *adj* **1** De (la) Inquisición [2]. ■ **2** Intransigente desde el punto de vista religioso o moral.

inquisitorialmente *adv* De manera inquisitorial.

inri I *m* **1** Nota infamante. **II** *loc adv* (*col*) **2 para mayor** (*o* **más**) **~.** Para mayor escarnio. **b)** Para remate o para colmo.

insaciabilidad *f* Cualidad de insaciable.

insaciable *adj* Que no se sacia nunca. *Gralm con intención ponderativa.*

insaciablemente *adv* De manera insaciable.

insaciado -da *adj* No saciado.

in sacris (*lat; pronunc,* /in-sákris/) *loc adv* En las órdenes sagradas. *Normalmente con el v* ORDENAR.

insaculación *f* Procedimiento de sacar a suerte consistente en extraer una o más cédulas o bolas con números o nombres, entre varias previamente metidas en un saco u otro recipiente.

insacular *tr* Meter en un saco u otro recipiente [cédulas o bolas con nombres o números] para extraer una o más por suerte.

insalivación *f* Acción de insalivar.

insalivar *tr* Mezclar [los alimentos] con la saliva.

insalubre *adj* Malo para la salud. *Dicho esp de lugar, ambiente o clima.*

insalubridad *f* Cualidad de insalubre.

insalvable *adj* [Obstáculo o barrera] que no se puede salvar o superar. *Tb fig.*

insania *f* (*lit*) Locura, o falta de juicio.

insanidad *f* (*lit*) Insania.

insano -na *adj* **1** Malsano. ■ **2** (*lit*) Loco, o falto de juicio.

insatisfacción *f* Cualidad de insatisfecho.

insatisfactoriamente *adv* De manera insatisfactoria.

insatisfactorio -ria *adj* No satisfactorio, o que no satisface.

insatisfecho -cha *adj* No satisfecho.

insaturación *f* (*Quím*) Estado de insaturado.

insaturado -da *adj* (*Quím*) No saturado.

inscribible *adj* Que puede ser inscrito.

inscribir (*conjug* 46) **A** *tr* **1** Apuntar [a alguien o algo (*cd*)] en una lista o registro, o en la lista o registro de algo (*compl* EN)]. *A veces con sent factitivo, frec con cd refl.* **b)** Hacer que conste por escrito [un hecho o un documento en un registro oficial]. ■ **2** Registrar gráficamente. ■ **3** (*Geom*) Trazar [una figura (*cd*) dentro de otra (*compl* EN)] de modo que, sin cortarse, se hallen en contacto en varios puntos.   **B** *intr pr* (~**se**) **4** (*lit*) Situarse o estar incluida [una cosa en otra].

inscripción *f* **1** Acción de inscribir(se). ■ **2** Escrito breve grabado en una materia duradera, esp. piedra o metal.

inscriptible *adj* (*Geom*) Que se puede inscribir [3].

inscripto -ta *adj* (*raro*) Inscrito.

inscriptor -ra *adj* Que inscribe [2]. *Tb n m, referido a dispositivo o aparato.*

inscrito -ta *adj* **1** *part* → INSCRIBIR. ■ **2** (*Geom*) [Ángulo] cuyo vértice es un punto de la circunferencia y cuyos lados la cortan.

inscultura *f* (*Arte*) Figura o inscripción grabadas en una materia dura, esp. piedra.

insectario *m* Lugar destinado a la conservación de insectos vivos con fines científicos.

insecticida *adj* Que sirve para matar insectos. *Frec n m, referido a producto.*

insectífugo -ga *adj* Que ahuyenta los insectos. *Tb n m, referido a producto.*

insectívoro -ra *adj* (*Zool*) **1** Que se alimenta de insectos. *Tb n m, referido a animal.* **b)** Propio de los animales insectívoros. ■ **2** [Mamífero] de pequeño

tamaño, unguiculado y plantígrado, que se alimenta preferentemente de insectos. *Tb n m, en pl, designando este taxón zoológico.*

insecto *m* Animal pequeño invertebrado, articulado, con cabeza, tórax, abdomen, dos antenas, tres pares de patas torácicas y frec. uno o dos pares de alas también torácicas, y que gralm. sufre metamorfosis. *Frec en pl, designando este taxón zoológico.*

insectólogo -ga *m y f* (*raro*) Entomólogo.

in sécula seculórum (*tb simplemente* **in sécula**) *loc adv* (*col*) Siempre. *Con intención enfática. Frec se sustantiva, precedido de* PARA.

inseguridad *f* **1** Falta de seguridad.   **b)** Falta de protección frente a los delincuentes. *Frec* ~ CIUDADANA.

inseguro -ra *adj* No seguro, o poco seguro. *Tb n, referido a pers.*

inseminación *f* (*Biol*) Acción de inseminar.

inseminador -ra *adj* (*Biol*) **1** Que insemina. *Tb n, referido a pers.* ■ **2** De (la) inseminación.

inseminar *tr* (*Biol*) Hacer que llegue el semen al óvulo [de una hembra (*cd*)], por medios naturales o esp. artificiales.

insenescente *adj* (*lit*) Que no envejece.

insensatamente *adv* De manera insensata [1b].

insensatez *f* **1** Cualidad de insensato [1b]. ■ **2** Hecho o dicho insensato [1b].

insensato -ta *adj* [Pers.] que piensa o actúa con poco sentido común o con imprudencia. *Tb n.* **b)** Propio de la pers. insensata.

insensibilidad *f* Cualidad de insensible, *esp* [1 y 2].

insensibilizar *tr* Hacer insensible [1, 2 y 3] [a alguien o algo]. **b)** *pr* (~**se**) Hacerse insensible [alguien o algo].

insensible *adj* **1** [Ser u órgano] incapaz de experimentar sensaciones. *A veces con un compl* A. **b)** Que ha perdido el conocimiento o el sentido. ■ **2** [Pers.] fría o incapaz de responder a estímulos emocionales o estéticos. *A veces con un compl* A. ■ **3** [Cosa] que no puede ser afectada por la acción [de algo (*compl* A)]. ■ **4** [Cosa] imperceptible.

insensiblemente *adv* De manera insensible [4]. **b)** Inconscientemente o sin darse cuenta.

inseparabilidad *f* Cualidad de inseparable.

inseparable *adj* Que no puede ser separado.

inseparablemente *adv* De manera inseparable.

insepulto -ta *adj* [Muerto o cadáver] no sepultado.

inserción *f* **1** Acción de insertar(se). ■ **2** (*Anat*) Punto en que se inserta [2] [un órgano (*compl de posesión*)].

inserir (*conjug* 60) *tr* (*raro*) Insertar [1].

insertable *adj* Que se puede insertar.

insertante *adj* Que inserta.

insertar **A** *tr* **1** Incluir o introducir. **b)** Publicar [un texto (*cd*)] un periódico (*suj*)].   **B** *intr pr* (~**se**) **2** (*Anat*) Fijarse [un órgano en una parte]. ■ **3** Situarse o estar incluida [una cosa en otra].

inserto -ta *adj* Insertado.

inservible – insolvencia

inservible *adj* [Cosa] que no está en condiciones de servir o ser útil. **b)** Propio de la cosa inservible.

insider trading (*ing; pronunc corriente,* /insáider-tréidin/) *m* (*Com*) Uso fraudulento de información privilegiada. *A veces simplemente* INSIDER. *Esp en bolsa.*

insidia *f* **1** Engaño o maquinación con que se intenta hacer daño. **b)** Dicho o hecho que implica mala intención. ■ **2** (*raro*) Cualidad de insidioso.

insidiar (*conjug* **1a**) *tr* (*raro*) Hacer [a alguien (*cd*)] víctima de una insidia [1].

insidiosamente *adv* De manera insidiosa.

insidioso -sa *adj* **1** [Pers.] que actúa con insidias [1]. ■ **2** [Cosa] que denota o implica insidias [1]. ■ **3** [Cosa] dañina con apariencia inofensiva. ■ **4** (*Med*) [Enfermedad o fase de ella] que aparece lentamente sin síntomas evidentes.

insigne *adj* **1** Ilustre o eminente. ■ **2** (*col*) [Disparate, barbaridad o cosa similar] enorme o muy grande.

insignia **I** *f* **1** Distintivo que denota categoría, pertenencia a una colectividad, o distinción honorífica. **b)** Distintivo que se lleva en la solapa, propio de determinados grupos o asociaciones. ■ **2** Pendón o estandarte [de una hermandad o cofradía]. ■ **3** (*Mar*) Bandera que se iza en un buque para señalar la graduación de la pers. que ejerce el mando en él. **II** *adj invar* **4** [Buque] que lleva la insignia [3] del jefe de una formación naval.

insignificancia *f* **1** Cualidad de insignificante. ■ **2** Cosa insignificante. *Tb, raro, designando pers.*

insignificante *adj* **1** [Pers. o cosa] que no tiene ninguna importancia. **b)** [Cantidad o precio] muy pequeños. ■ **2** [Pers.] menuda y de poco atractivo físico. **b)** Propio de la pers. insignificante.

insignificativo -va *adj* No significativo, o que no tiene significación.

insinceramente *adv* De manera insincera.

insinceridad *f* **1** Cualidad de insincero. ■ **2** Dicho o hecho insincero.

insincero -ra *adj* No sincero.

insinuación *f* Acción de insinuar(se). *Tb su efecto.*

insinuador -ra *adj* Que insinúa. *Tb n, referido a pers.*

insinuante *adj* Que insinúa o se insinúa. **b)** Propio de la pers. que se insinúa [5].

insinuar (*conjug* **1d**) **A** *tr* **1** Dar a entender [algo] sin llegar a decirlo claramente. ■ **2** Dejar ver o hacer notar [algo] de manera leve o imprecisa. **b)** *pr* (~**se**) Percibirse o notarse [algo] de manera leve o imprecisa. ■ **3** Iniciar suavemente o esbozar [algo]. ■ **4** (*Der*) Manifestar o presentar [un documento público (*cd*)] ante el juez competente]. **B** *intr pr* (~**se**) **5** Dar a entender [una pers.] su inclinación amorosa o sexual [a otra (*ci*)].

insipidez *f* Cualidad de insípido.

insípido -da *adj* **1** Que no tiene sabor. **b)** Que tiene menos sabor del debido. ■ **2** Que carece de gracia o es incapaz de suscitar interés. ■ **3** (*Med*) [Diabetes] que no produce eliminación de azúcar en la orina.

insipiente *adj* (*lit, raro*) Necio.

insistencia *f* Acción de insistir.

insistente *adj* **1** [Pers.] que insiste. **b)** Propio de la pers. insistente. ■ **2** [Cosa] que persiste o dura de manera continuada.

insistentemente *adv* De manera insistente.

insistir *intr* **1** Repetir o reiterar [lo dicho (*compl* EN)]. *Frec sin compl, por consabido.* ■ **2** Persistir o perseverar [en algo, esp. en una idea o actitud]. *Tb sin compl, por consabido.*

ínsito -ta *adj* (*lit*) Íntimamente inserto en la naturaleza [de algo (*compl* EN o DE)].

in situ (*lat; pronunc,* /in-sítu/) *loc adv* En el propio lugar, o en el lugar en cuestión. **b)** En el lugar natural.

insobornable *adj* Que no se puede sobornar. **b)** Que no pierde su carácter ni su autenticidad por ninguna influencia externa.

insobornablemente *adv* De manera insobornable.

insociabilidad *f* Cualidad de insociable.

insociable *adj* No sociable.

insocial *adj* (*raro*) Insociable.

insolación *f* **1** Conjunto de trastornos causados por excesiva exposición, esp. de la cabeza, a los rayos o al calor del Sol. ■ **2** Exposición al sol. **b)** (*Fotogr*) Exposición de una emulsión fotográfica a los rayos solares o a la acción de la luz artificial. ■ **3** Tiempo en que durante el día luce el Sol sin nubes. **b)** Tiempo en que da el sol en un lugar.

insolar **A** *tr* **1** Exponer al sol. **B** *intr pr* (~**se**) **2** Enfermar por excesiva exposición al sol.

insoldable *adj* Que no puede soldarse. *Tb fig.*

insolencia *f* **1** Cualidad de insolente. ■ **2** Hecho o dicho insolente.

insolentarse *intr pr* Tomar una actitud insolente [con alguien]. *Frec sin compl.*

insolente *adj* [Pers.] que con palabras o actitudes se muestra insultante o desconsiderada. **b)** Propio de la pers. insolente.

insolentemente *adv* De manera insolente.

insolidariamente *adv* De manera insolidaria.

insolidaridad *f* Cualidad de insolidario.

insolidario -ria *adj* Que no se interesa por los problemas ajenos o que se niega a compartir responsabilidad. *A veces con un compl* CON. **b)** Propio de la pers. insolidaria.

insolidarizar *tr* Hacer [a una pers. o cosa] insolidaria [con otra]. *Frec el cd es refl.*

insólitamente *adv* De manera insólita.

insólito -ta *adj* [Cosa] rara o desacostumbrada. *Frec con intención ponderativa.* **b)** (*raro*) [Pers.] que se sale de lo común.

insolubilidad *f* (*Quím*) Cualidad de insoluble [1].

insolubilizar *tr* (*Quím*) Hacer insoluble [1] [una sustancia]. **b)** *pr* (~**se**) Hacerse insoluble [una sustancia].

insoluble *adj* **1** [Sustancia] que no puede disolverse. ■ **2** [Problema] que no puede resolverse.

insolvencia *f* Cualidad de insolvente.

insolvente *adj* **1** Que no puede satisfacer sus deudas u obligaciones. ■ **2** (*lit*) Incompetente, o que muestra poca capacidad o preparación.

insomne *adj* (*lit*) **1** Que no duerme o que tiene insomnio. *Gralm como predicat con* ESTAR. ■ **2** Que implica insomnio o falta de sueño.

insomnio *m* Ausencia anormal de sueño.

insondable *adj* Que no se puede llegar a conocer bien o a comprender.

insondablemente *adv* De manera insondable.

insonorización *f* Acción de insonorizar. *Tb su efecto.*

insonorizante *adj* Que insonoriza. *Tb n m, designando material.*

insonorizar *tr* **1** Aislar acústicamente [un lugar]. *Frec en part.* **b)** Aislar del ruido [a alguien]. *Frec en part.* ■ **2** Hacer que [algo, esp. una máquina (*cd*)] produzca en su funcionamiento el menor ruido posible.

insonoro -ra *adj* Que no produce o transmite ruido.

insonrible *adj* (*reg*) Sinvergüenza. *Tb n.*

insoportable *adj* No soportable.

insoportablemente *adv* De manera insoportable.

insoslayable *adj* Ineludible o no soslayable.

insoslayablemente *adv* De manera insoslayable.

insospechable *adj* Que no puede sospecharse.

insospechadamente *adv* De manera insospechada.

insospechado -da *adj* No sospechado o no imaginado.

insostenible *adj* **1** [Cosa] que no puede sostenerse o durar más tiempo. ■ **2** [Afirmación o razonamiento] que no puede defenderse.

inspección *f* **1** Acción de inspeccionar. ■ **2** Cargo de inspector. *Tb el mismo inspector.* ■ **3** Despacho u oficina del inspector.

inspeccionar *tr* Examinar [algo] para ver si está en la forma debida. **b)** Examinar detenidamente [algo].

inspector -ra I *adj* **1** De (la) inspección [1]. **II** *m y f* **2** Pers. que tiene por misión inspeccionar. ■ **3** Agente de policía no uniformado, perteneciente a un cuerpo especial.

inspiración *f* **1** Acción de inspirar(se). *Tb su efecto.* **b)** Idea súbita o espontánea de hacer algo. ■ **2** Estímulo que hace producir una obra literaria o artística. *Frec fig, a veces humoríst, referido a cualquier trabajo.* **b)** Fuerza estética. **c)** Pers. o cosa que inspira [3]. ■ **3** Impulso divino que mueve a hacer o decir algo.

inspirado -da *adj* **1** *part* → INSPIRAR. ■ **2** Que tiene inspiración [2].

inspirador -ra *adj* **1** Que inspira [2]. *Tb n, referido a pers.* ■ **2** (*Anat*) [Músculo] que sirve para inspirar [1] el aire en los pulmones.

inspirar A *tr* **1** Introducir [aire] en los pulmones. *Tb abs.* ■ **2** Producir [en alguien (*ci o compl* EN)] un sentimiento (*cd*)]. *Frec se omite el ci o compl* EN. ■ **3** Hacer nacer [en alguien (*ci o compl* EN)] una idea (*cd*) o la idea de algo (*cd*), esp. de una obra literaria o artística]. **b)** Hacer [una pers. o cosa] que [alguien (*cd*)] conciba ideas o proyectos, esp. artísticos. *Tb fig.* ■ **4** Impulsar [Dios, u otro ser sobrenatural, a alguien (*ci*)] a hacer o decir [algo (*cd*)]. **b)** Impulsar [Dios, u otro ser sobrenatural, a alguien (*cd*)] a hacer o decir algo.

B *intr pr* (~**se**) **5** Tomar idea [de alguien o algo (*compl* EN)] para una obra, esp. literaria o artística]. **b)** Tener [algo, esp. una obra literaria o artística (*suj*)] su modelo o el origen de su idea [en algo o en alguien].

inspiratorio -ria *adj* (*Fisiol*) De (la) inspiración respiratoria.

instalable *adj* Que puede ser instalado.

instalación *f* **1** Acción de instalar(se). ■ **2** Conjunto de cosas instaladas [1]. *Frec en pl.*

instalador -ra *adj* Que instala [1 y 3]. *Tb n: m y f, referido a pers; f, referido a empresa.*

instalar A *tr* **1** Poner [algo] en el lugar y en la forma adecuados para que cumpla su función. ■ **2** Poner [a alguien o algo en un sitio] para que esté en él por tiempo indefinido o prolongado. *Tb fig.* **b)** Acomodar [a alguien en un sitio]. *Frec el cd es refl.* ■ **3** Dotar [a un local o edificio (*cd*)] de los enseres y servicios necesarios.

B *intr pr* (~**se**) **4** Fijar [alguien] su residencia [en un sitio]. **b)** Establecerse o fijarse [algo en un sitio]. ■ **5** Pasar [alguien] a formar parte de la clase poderosa o dirigente. *A veces con un compl* EN. *Frec en part, a veces sustantivado.*

instancia *f* **1** Acción de instar [1]. **b)** Petición o ruego. *Frec en la constr* A ~(S) DE. ■ **2** Petición hecha a la autoridad. *Frec en la constr* A ~ DE. **b)** Escrito en que se hace una petición formal a una autoridad. ■ **3** Término o momento. *Normalmente en las constrs* DE (*o* EN) PRIMERA ~, EN ÚLTIMA ~. ■ **4** Grado o nivel de autoridad. **b)** Autoridad o corporación que tiene poder de decisión. ■ **5** (*Der*) Grado jurisdiccional de los que la ley tiene establecidos para entender y sentenciar en los asuntos de justicia. *Gralm con los adjs* PRIMERA *o* SEGUNDA. ■ **6** (*Der*) Conjunto de actos y formalidades de la instrucción y juicio de una causa. ■ **7** (*Psicol*) Elemento de los que constituyen el aparato psíquico.

instantáneamente *adv* De manera instantánea [1 y 2].

instantaneidad *f* Cualidad de instantáneo [1 y 2].

instantáneo -a I *adj* **1** Que dura un instante [1]. ■ **2** Que se produce al instante [4]. **b)** [Alimento] que se prepara al instante. ■ **3** (*Fís*) [Valor de una magnitud variable] que se produce en un instante [2] determinado. **II** *f* **4** Fotografía obtenida con una exposición de una fracción de segundo. **b)** Obra literaria o plástica que retrata con viveza un momento de la realidad cotidiana.

instante I *m* **1** Porción de tiempo sumamente corta. *Frec se usa hiperbólicamente.* ■ **2** Punto determinado en el tiempo. **II** *loc adv* **3 a cada ~.** De manera repetida y frecuente. ■ **4 al ~.** Inmediatamente o al momento. ■ **5 en todo ~.** Constantemente o siempre.

instar *tr* **1** Pedir con urgencia o apremio [a alguien (*cd*) que haga algo (*compl* A + *infin, n de acción, o* QUE + *subj*)]. ■ **2** (*admin*) Pedir formalmente [algo] ante la autoridad competente. *Tb abs.* ■ **3** (*Der*) Promover [una causa o un expediente].

instauración *f* Acción de instaurar.

instaurador -ra *adj* Que instaura. *Tb n, referido a pers.*

instaurar *tr* Establecer o implantar.

insti *m* (*argot Enseñ*) Instituto [2].

instigación *f* Acción de instigar.

instigador -ra *adj* Que instiga. *Tb n, referido a pers.*

instigar *tr* Inducir [a alguien (*cd*) a una acción].

instilación *f* (*Med*) Acción de instilar.

instilar *tr* (*Med*) Echar [un líquido] gota a gota.

instintivamente *adv* De manera instintiva.

instintivo -va *adj* De(l) instinto [1]. **b)** Que se produce por instinto [1]. **c)** Que actúa movido por el instinto [1].

instinto *m* **1** *En los animales y en el hombre:* Impulso o tendencia innatos y propios de la especie. **b)** *En el hombre:* Propensión natural a actuar sin intención consciente. ■ **2** Intuición (capacidad de intuir).

instintual *adj* (*Psicol*) Perteneciente al instinto [1].

institución I *f* **1** Acción de instituir. ■ **2** Sistema u organización instituidos [1]. **b)** *En pl:* Conjunto de formas o estructuras sociales establecidas por la ley o las costumbres. ■ **3** Organismo establecido con fines de interés público. *Frec forma parte de la denominación de tales organismos.* * Institución Fernando el Católico.

II *loc v* **4 ser** [alguien] **una ~** [en un sitio]. Tener prestigio y carácter representativo por su antigüedad [en ese sitio]. *Tb sin compl de lugar, por consabido.*

institucional *adj* De (la) institución o de las instituciones, *esp* [2].

institucionalismo *m* Sistema basado en las instituciones [2].

institucionalista *adj* De(l) institucionalismo.

institucionalización *f* Acción de institucionalizar.

institucionalizador -ra *adj* Que institucionaliza.

institucionalizar *tr* Dar carácter institucional [a algo (*cd*)].

institucionalmente *adv* **1** De manera institucional. ■ **2** En el aspecto institucional.

institucionismo *m* Ideología de la Institución Libre de Enseñanza (fundada en 1876 por F. Giner de los Ríos).

institucionista *adj* De la Institución Libre de Enseñanza (fundada en 1876 por F. Giner de los Ríos). *Tb n, referido a pers.*

instituidor -ra *adj* Que instituye. *Tb n, referido a pers.*

instituir (*conjug 48*) *tr* **1** Fundar o establecer. ■ **2** Nombrar [a alguien (*cd*)] encargado (*predicat, o compl EN*) de una función]. **b)** (*Der*) Nombrar [a alguien (*cd*) heredero (*predicat*)] en el testamento.

instituto *m* **1** Organismo establecido con fines de interés público. *Gralm forma parte de la denominación de tales organismos. Tb el edificio en que está instalado.* * Instituto Nacional de la Vivienda. **b)** *Esp:* Corporación científica o cultural. * Instituto de

Estudios Ilerdenses. ■ **2** Establecimiento oficial de enseñanza media o secundaria. *Frec ~* (NACIONAL) DE ENSEÑANZA MEDIA, *o* DE BACHILLERATO. **b) ~ laboral** → LABORAL. ■ **3** Asociación de carácter religioso sometida a una regla. *Frec seguido de los adjs especificadores* RELIGIOSO *o* SECULAR. ■ **4** Cuerpo armado de los destinados a la defensa nacional o al orden público. *Tb ~* ARMADO. ■ **5** Establecimiento dedicado a determinados tratamientos físicos.

institutriz *f* Maestra encargada de la educación de un niño en la casa de este.

instituyente *adj* Que instituye. *Tb n, referido a pers.*

instrucción *f* **1** Acción de instruir(se) [1]. **b)** Cultura, o cualidad de instruido. ■ **2** Preparación militar que se da a los reclutas y a los alumnos de una academia militar. **b)** Serie de ejercicios con que se enseña a los reclutas y a los alumnos de una academia militar la marcha y las formaciones militares. *Normalmente con el v* HACER. ■ **3** *En pl:* Explicaciones orientadoras [para hacer algo o para manejarlo]. **b)** Órdenes transmitidas. ■ **4** (*Der*) Acción de instruir [3]. *Frec en la constr* DE ~. ■ **5** (*Informát*) Cadena de caracteres que indica una operación determinada.

instructivo -va *adj* [Cosa] que sirve para instruir [1].

instructor -ra *adj* [Pers.] que instruye. *Tb n.*

instruido -da *adj* **1** *part* → INSTRUIR. ■ **2** [Pers.] culta.

instruir (*conjug 48*) *tr* **1** Dar [a alguien (*cd*)] conocimientos [de algo (*compl EN*)]. *Frec sin el 2º compl.* **b)** *pr* (~**se**) Adquirir conocimientos [de algo (*compl EN*)]. *Frec sin compl.* ■ **2** Dar preparación militar [a alguien (*cd*)]. ■ **3** (*Der*) Iniciar y proseguir [un juez (*suj*)] un proceso, un expediente o sus diligencias] para preparar su fallo o resolución, conforme a las leyes del derecho.

instrumentación *f* **1** Acción de instrumentar. *Tb su efecto.* ■ **2** (*E*) Provisión de instrumentos [1].

instrumentador -ra *adj* Que instrumenta.

instrumental I *adj* **1** De (los) instrumentos, *esp* [2]. **b)** [Música] destinada a ser ejecutada solo con instrumentos [2]. ■ **2** Que sirve de instrumento o tiene carácter de instrumento [3]. ■ **3** (*Gram*) *En algunas lenguas:* [Caso] que expresa medio o instrumento. *Tb n m.*

II *m* **4** Conjunto de instrumentos [1 y 2].

instrumentalidad *f* Cualidad de instrumental [2].

instrumentalización *f* Acción de instrumentalizar.

instrumentalizador -ra *adj* Que instrumentaliza. *Tb n, referido a pers.*

instrumentalizar *tr* Utilizar [a alguien o algo] como instrumento [3].

instrumentalmente *adv* En el aspecto instrumental.

instrumentar *tr* **1** (*Mús*) Arreglar para varios instrumentos [una composición musical]. ■ **2** Organizar y poner en juego [un medio o sistema]. ■ **3** Instrumentalizar. ■ **4** (*Taur*) Ejecutar [una suerte, esp. de muleta].

instrumentárium (*pl normal, ~s o invar*) *m* (*Mús*) Conjunto de los instrumentos musicales.

instrumentista *m y f* **1** Persona que maneja un instrumento [1 y esp. 2]. ■ **2** (*Med*) Ayudante que proporciona el instrumental al operador.

instrumento *m* **1** Objeto fabricado, relativamente sencillo, que sirve para realizar con él un trabajo u otra operación. **b)** Aparato para medir, registrar, observar o controlar. ■ **2** Objeto con que se producen sonidos musicales. *Tb* ~ DE MÚSICA, MUSICAL *o* MÚSICO. ■ **3** Cosa que sirve o se utiliza para un fin. **b)** Pers. o cosa de que [alguien (*compl de posesión*)] se sirve para sus fines. ■ **4** (*Der*) Documento o escrito que da fe de un hecho. **b)** (*Pol*) Documento original de un tratado. ■ **5** (*col, humoríst*) Pene.

insuave *adj* (*lit, raro*) Desapacible o desagradable.

insubordinación *f* Acción de insubordinar(se).

insubordinado -da *adj* **1** *part* → INSUBORDINAR. ■ **2** Propio de la pers. indisciplinada.

insubordinar **A** *tr* **1** Hacer que [alguien (*cd*)] se insubordine [2].
   B *intr pr* (~**se**) **2** Negarse [alguien] a obedecer a sus superiores.

insubstancial, insubstancialidad → INSUSTANCIAL, INSUSTANCIALIDAD.

insubstituible → INSUSTITUIBLE.

insuficiencia *f* **1** Condición de insuficiente. ■ **2** (*Med*) Disminución de la capacidad de un órgano para cumplir su función.

insuficiente **I** *adj* **1** Que no es suficiente o que no basta.
   II *m* **2** (*Enseñ*) Suspenso (calificación escolar). *A veces referido a la pers que obtiene esa calificación.*

insuficientemente *adv* De manera insuficiente [1].

insuflación *f* Acción de insuflar.

insuflador -ra *adj* Que insufla. *Tb n m, referido a aparato.*

insuflar *tr* **1** Introducir [un gas o una sustancia pulverulenta (*cd*) en alguien o algo (*ci o compl adv*)]. **b)** Introducir un gas o una sustancia pulverulenta [en alguien o algo (*cd*)]. ■ **2** Infundir (hacer que [alguien (*ci*)] pase a tener [algo inmaterial]).

insufrible *adj* Que no se puede tolerar o aguantar.

insulación *f* (*lit, raro*) Aislamiento.

insulano -na *adj* (*lit, raro*) Insular¹.

insular¹ *adj* De (la) isla o de (las) islas. *Tb n, referido a pers.*

insular² *tr* (*lit, raro*) Aislar.

insularidad *f* **1** Hecho de ser isla. ■ **2** Condición de insular¹.

insularismo *m* (*Pol*) Tendencia a defender la condición insular de un territorio. *Aludiendo esp al aislamiento respecto al continente.*

insularista *adj* (*Pol*) Partidario o defensor de la autonomía de las Islas Canarias. *Esp, perteneciente a las Agrupaciones Independientes de Canarias. Tb n, referido a pers.*

insularización *f* Acción de insularizar.

insularizar *tr* Hacer que pasen a depender del gobierno insular [bienes o servicios de propiedad particular (*cd*)]. *Referido normalmente a las islas Canarias.*

insulina *f* Hormona pancreática que regula la cantidad de glucosa existente en la sangre y que se utiliza en el tratamiento de la diabetes.

insulinemia *f* (*Med*) Presencia de insulina en la sangre.

insulínico -ca *adj* (*Med*) De (la) insulina.

insulinodependiente *adj* (*Med*) Que precisa del tratamiento permanente con insulina. *Tb n, referido a pers.*

insulinoma *m* (*Med*) Tumor pancreático que produce exceso de insulina.

insulsamente *adv* De manera insulsa.

insulsez *f* Cualidad de insulso.

insulso -sa *adj* **1** Que no tiene o apenas tiene sabor. ■ **2** Que aburre o que no ofrece interés.

insultador -ra *adj* [Pers.] que insulta. *Tb n.*

insultante *adj* **1** [Pers.] que insulta. ■ **2** [Cosa] que implica insulto u ofensa.

insultantemente *adv* De manera insultante.

insultar *tr* Ofender [a alguien] con palabras.

insulto *m* **1** Acción de insultar. **b)** Palabra o palabras con que se insulta. ■ **2** Cosa que ofende o humilla. *Tb fig.* ■ **3** (*Der*) Ofensa de palabra o de obra.

insumergible *adj* Que no se puede sumergir. *Tb fig.*

insumir *tr* (*Econ*) Emplear o invertir [dinero].

insumisión *f* **1** Cualidad de insumiso [1]. ■ **2** Actitud del insumiso [2].

insumiso -sa *adj* **1** Que no se somete. *Tb n, referido a pers.* **b)** Propio de la pers. insumisa. ■ **2** Que se niega a cumplir el servicio militar obligatorio. *Tb n.*

insumo *m* (*Econ*) Bien empleado en la producción de otros bienes.

insuperable *adj* **1** Que no puede ser superado o mejorado. *Frec con intención ponderativa.* ■ **2** Que no puede ser superado o salvado.

insuperablemente *adv* De manera insuperable [1].

insurgencia *f* (*raro*) Insurrección.

insurgente *adj* Insurrecto. *Tb n.*

insurgir *intr* (*raro*) Sublevarse o insurreccionarse. *Tb pr* (~**se**). *Tb fig.*

insurrección *f* Sublevación [de una colectividad importante]. *Tb fig, referido a un individuo o a una cosa.*

insurreccional *adj* De (la) insurrección.

insurreccionarse *intr pr* Sublevarse, o iniciar una insurrección.

insurrecto -ta *adj* [Pers.] que toma parte en una insurrección. *Tb n.* **b)** De (los) insurrectos.

insustancial (*tb, raro,* **insubstancial**) *adj* Insulso, o que no ofrece interés ni aliciente.

insustancialidad (*tb, raro,* **insubstancialidad**) *f* **1** Cualidad de insustancial. ■ **2** Dicho insustancial.

insustituible (*tb, raro,* **insubstituible**) *adj* [Pers. o cosa] que por su vital importancia no puede ser sustituida adecuadamente por otra.

intachable *adj* Que no tiene en sí el menor motivo de censura.

intacto -ta *adj* No tocado. *Frec fig.* **b)** Que no ha sido afectado, menoscabado o usado.

intangibilidad *f* Cualidad de intangible.

intangible *adj* **1** Que no puede ser tocado. ■ **2** Intocable, o que tiene que ser objeto del máximo respeto.

integérrimo → ÍNTEGRO.

integrable *adj* Que puede integrarse.

integración *f* **1** Acción de integrar(se) [2, 3 y 5]. *Tb su efecto.* ■ **2** (*Mat*) Operación de integrar [4].

integracionismo *m* Tendencia a la integración [1].

integracionista *adj* **1** De(l) integracionismo. ■ **2** (*Pol*) Partidario de la integración racial y política. *Tb n, referido a pers. Normalmente referido a los Estados Unidos.*

integrado -da *adj* **1** *part* → INTEGRAR. ■ **2** Constituido por distintos elementos que forman un todo homogéneo. ■ **3** (*E*) [Circuito] ~ → CIRCUITO. **b)** [Tecnología] basada en la de los circuitos integrados. ■ **4** (*Informát*) [Gestión] en que una base de datos común puede servir para aplicaciones diversas.

integrador -ra *adj* Que integra [2 y 3]. *Tb n, referido a pers.*

integradoramente *adv* De manera integradora.

integral I *adj* **1** Que comprende la totalidad de los aspectos o partes de la cosa en cuestión. **b)** Que es [lo expresado por el n.] de manera integral. ■ **2** [Alimento] que conserva todos sus componentes. **b)** [Pan] fabricado con harina que conserva todos los componentes del trigo. ■ **3** [Cálculo] ~ → CÁLCULO[1]. **II** *f* **4** (*Mús*) Edición completa en disco [de la obra de un compositor o de un sector concreto de ella]. ■ **5** (*Mat*) Resultado de integrar [4]. ■ **6** ~ **térmica.** (*Bot*) Número total de horas de sol diarias que precisa una especie vegetal.

integralismo *m* **1** Aspiración a poner en práctica íntegramente los propios principios o ideales. ■ **2** (*hist*) Movimiento político portugués de carácter monárquico, nacionalista y antiliberal.

integralista *adj* De(l) integralismo. **b)** Partidario del integralismo. *Tb n.*

integralmente *adv* De manera integral [1].

íntegramente *adv* De manera íntegra, *esp* [1].

integrando *m* (*Mat*) Función que ha de ser integrada (→ INTEGRAR [4]).

integrante *adj* Que integra [1] [algo (*compl de posesión*)]. *Tb n, referido a pers.*

integrar A *tr* **1** Formar [diversas perss. o cosas (*suj*) un todo (*cd*)]. **b)** Constituir [una cosa (*suj*) una entidad (*cd*)]. ■ **2** Hacer que [alguien o algo (*cd*)] pase a formar parte [de un todo (*compl* EN o DENTRO DE)]. *Referido a pers, frec indica adaptación con relación a la sociedad. Tb sin compl, por consabido.* **b)** *pr* (~**se**) Pasar a formar parte [de un todo (*compl* EN o DENTRO DE)]. *Referido a pers, frec indica adaptación con relación a la sociedad. Frec en part sustantivado. Tb sin compl, por consabido.* ■ **3** Unir [dos o más partes] para formar un todo. ■ **4** (*Mat*) Calcular [una función (*cd*) cuya diferencial se conoce].

B *intr pr* (~**se**) **5** Formar parte [de un todo (*compl* EN o DENTRO DE)].

integridad *f* **1** Cualidad de íntegro. ■ **2** ~ **física.** Estado de quien no ha sufrido roturas, lesiones ni amputaciones.

integrismo *m* Doctrina que preconiza el mantenimiento, sin evolución, de la totalidad de un sistema, esp. religioso. *Tb la actitud correspondiente.*

integrista *adj* De(l) integrismo. **b)** Partidario del integrismo. *Tb n.*

íntegro -gra (*superl*, INTEGRÍSIMO o, *lit*, INTEGÉRRIMO) *adj* **1** [Cosa] entera, de la que no se ha quitado o no falta ninguna parte. **b)** Total o absoluto. ■ **2** [Pers.] de honradez y rectitud inalterables. **b)** Propio de la pers. íntegra.

intelección *f* (*E* o *lit*) Entendimiento (acción de entender).

intelectivamente *adv* De manera intelectiva.

intelectivo -va *adj* Del intelecto. **b)** (*Filos*) [Alma o vida] de las funciones psíquicas relativas al entendimiento y la voluntad.

intelecto *m* Inteligencia [1a].

intelectual *adj* **1** De (la) inteligencia [1a]. ■ **2** [Pers.] cuyo trabajo se basa fundamental o exclusivamente en la actividad, creadora o investigadora, de la inteligencia [1a]. *Frec n.* **b)** De (los) intelectuales.

intelectualidad *f* **1** Condición de intelectual [2]. ■ **2** Clase intelectual [2].

intelectualismo *m* **1** Tendencia a dar preponderancia a lo intelectual [1]. ■ **2** (*Filos*) *Se da este n a varias doctrinas, esp la que considera que el conocimiento se deriva de la acción del intelecto sobre los datos suministrados por los sentidos.*

intelectualista *adj* **1** Que tiende a dar preponderancia a lo intelectual [1]. ■ **2** (*Filos*) De(l) intelectualismo [2]. **b)** Adepto al intelectualismo. *Tb n.*

intelectualización *f* Acción de intelectualizar(se).

intelectualizar *tr* Dar carácter intelectual [a alguien o algo (*cd*)]. *Tb abs.* **b)** *pr* (~**se**) Tomar [alguien o algo] carácter intelectual.

intelectualmente *adv* En el aspecto intelectual [1].

intelectualoide *adj* (*desp*) Que pretende ser intelectual [2].

inteligencia *f* **1** Entendimiento (facultad humana de entender y razonar). **b)** *En los animales:* Capacidad de comprender y de adaptarse a las situaciones, por encima del puro instinto. **c)** ~ **artificial.** Capacidad de una máquina para ejecutar funciones propias de la inteligencia humana, esp. el aprendizaje y el autoperfeccionamiento. *Tb la rama informática que la estudia.* ■ **2** Pers. dotada de inteligencia [1a] sobresaliente. **b)** Ser dotado de inteligencia [1a]. ■ **3** Intelectualidad (clase intelectual). ■ **4** Entendimiento o comprensión [de algo]. ■ **5** Entendimiento o comprensión mutua [con alguien o entre dos perss.]. **b)** Entendimiento o convivencia [con alguien o entre dos perss.]. ■ **6** Información, esp. militar o política, obtenida secretamente. *Normalmente en la constr* SERVICIO(S) DE ~. **b)** Servicio de inteligencia.

inteligente *adj* **1** Que tiene inteligencia [1a y b]. **b)** [Máquina o sistema] capaz de variar automáticamente su funcionamiento adaptándolo a las circunstancias. **c)** [Edificio] que se gobierna automáticamente por medio de máquinas inteligentes. **d)** (*Informát*) [Terminal] dotado de capacidad de cálculo y de posibilidad de procesos independientes del ordenador central. ■ **2** [Pers.] que tiene notable inteligencia [1a]. ■ **3** Que denota o implica inteligencia [1]. ■ **4** (*lit*) [Pers.] perita o entendida.

inteligentemente *adv* De manera inteligente [3].

inteligibilidad *f* Cualidad de inteligible.

inteligible *adj* [Cosa] que puede ser entendida.

inteligiblemente *adv* De manera inteligible.

inteligir *tr* (*lit, raro*) Entender o comprender. *Tb abs.*

intelligentsia (*ruso; pronunc corriente,* /inteligénsia/) *f* Inteligencia [3].

intemerata. la ~. *f* (*col*) Lo más insospechado. *Con intención ponderativa.*

intemperancia *f* **1** Cualidad de intemperante. ■ **2** Dicho o hecho intemperante [1b]. ■ **3** (*raro*) Falta de templanza en los placeres de los sentidos.

intemperante *adj* [Pers.] áspera o destemplada en su modo de hablar o de actuar. **b)** Propio de la pers. intemperante.

intemperie *f* Exposición a los agentes y fenómenos atmosféricos, sin la protección de un techo u otra cosa que cubra. *Normalmente en la constr* A LA ~.

intempestivamente *adv* De manera intempestiva.

intempestivo -va *adj* [Hora] inoportuna o inconveniente, esp. por excesivamente temprana o tardía. **b)** Que actúa o se presenta en un momento inoportuno o inconveniente.

intemporal *adj* Ajeno al tiempo o independiente del curso del tiempo. **b)** (*Gram*) Que no implica noción temporal.

intemporalidad *f* Cualidad de intemporal.

intemporalización *f* Acción de intemporalizar(se).

intemporalizar *tr* Hacer intemporal [a alguien o algo]. **b)** *pr* (~**se**) Hacerse intemporal.

intemporalmente *adv* De manera intemporal.

intención I *f* **1** Acción de intentar [1]. *Gralm en la loc* HACER ~ *con un compl* DE, *que a veces se omite por consabido.* ■ **2** Propósito (hecho de proponerse, o su efecto). *Frec con un compl* DE, *que a veces se omite por consabido.* **b)** **buena** (*o* **mala**) ~. Actitud moral o tendencia natural buena (o mala) con que se obra. *En lugar de los adjs* BUENA *o* MALA *pueden aparecer otros de sents semejantes.* **c)** Propósito más o menos malicioso que aparece velado tras el sentido recto de lo que se dice. *Más frec* SEGUNDA ~. **d)** (*Rel catól*) Se usa acompañando a la mención de la pers por quien se ofrece una oración o un acto piadoso. * Rogar a intención del Papa. **II** *loc adv* **3 de primera ~.** En el primer momento. **b)** Provisionalmente. *Con vs como* CURAR, ASISTIR *o* ATENDER.

intencionadamente *adv* De manera intencionada [1a].

intencionado -da *adj* Hecho con intención [2a]. **b)** Que tiene intención [2c]. **c)** **bien** ~, **mal** ~ → BIENINTENCIONADO, MALINTENCIONADO.

intencional *adj* **1** De la intención [2a]. ■ **2** Intencionado [1a y b].

intencionalidad *f* **1** Cualidad de intencional. ■ **2** Intención [2a].

intencionalmente *adv* **1** En el aspecto intencional [1]. ■ **2** De manera intencional [2].

intendencia *f* **1** (*Mil*) Cuerpo que tiene a su cargo el abastecimiento de las fuerzas. **b)** (*humoríst*) Abastecimiento o avituallamiento. **c)** (*humoríst*) Atención a los asuntos materiales o de administración. ■ **2** (*hist*) Cargo de intendente [5]. ■ **3** (*hist*) Territorio sometido a la autoridad del intendente [5].

intendente A *m y f* **1** Administrador. *Modernamente solo referido a determinadas entidades.* ■ **2** Pers. que tiene a su cargo el avituallamiento [de una entidad]. ■ **3 ~ mercantil.** Graduado superior en la carrera de Comercio.
B *m* **4** (*Mil*) Jefe superior de los servicios de la administración. ■ **5** (*hist*) *En el s* XVIII: Funcionario administrativo con funciones análogas a las de gobernador en una provincia. ■ **6** (*hist*) *En la corte carolingia:* Oficial que tiene a su cargo el servicio de la cámara del rey.

intensamente *adv* De manera intensa.

intensidad I *f* **1** Grado de actividad o de fuerza [de algo abstracto, esp. de un hecho, un fenómeno, una cualidad o una sensación]. ■ **2** (*Acúst*) Cualidad del sonido, que depende de la amplitud de las vibraciones. **b)** (*Fon*) Fuerza con que se pronuncia una vocal o una sílaba. ■ **3** (*Electr*) Cantidad de electricidad que atraviesa un conductor en la unidad de tiempo.
II *loc adj* **4** [Acento] **de ~** → ACENTO.

intensificación *f* Acción de intensificar(se). *Tb su efecto.*

intensificador -ra *adj* Que intensifica. *Tb n m, referido a aparato.*

intensificar *tr* Hacer más intenso [algo]. **b)** *pr* (~**se**) Hacerse [algo] más intenso.

intensión *f* (*Fon*) Primera fase de la articulación de un fonema, durante la cual comienza la tensión.

intensivista *m y f* (*Med*) Especialista en medicina intensiva.

intensivo -va *adj* **1** Que se caracteriza por su alta intensidad. **b)** Que es objeto de un esfuerzo intenso para aumentar o acelerar el resultado. **c)** [Medicina o cuidado] de pacientes en condiciones críticas en lugares dotados de medios muy sofisticados. *Frec en los sintagmas* UNIDAD DE CUIDADOS ~S, *o* UNIDAD DE VIGILANCIA INTENSIVA. *Tb n m en pl, referido a cuidados.* ■ **2** [Jornada de trabajo] que se desarrolla sin interrupción, concentrada gralm. en la mañana, y frec. algo reducida con relación a la jornada normal. ■ **3** (*Agric*) Que se propone el incremento de producción en un área limitada, con gran inversión de capital o de trabajo. *Se opone a* EXTENSIVO. ■ **4** (*Fon*) De (la) intensión. ■ **5** (*Ling*) Que refuerza o enfatiza. ■ **6** (*E*) [Magnitud] en que se posible distinguir grados de intensidad, pero que no puede medirse numéricamente. *Se opone a* EXTENSIVO.

intenso -sa *adj* [Cosa abstracta, esp. hecho, fenómeno, sensación o cualidad] que actúa, se produce o se siente con fuerza, o con más fuerza de lo ordinario. **b)** [Vida o período de ella] llenos de actividad.

intentar *tr* **1** Hacer lo necesario para conseguir [aquello que se quiere (*cd*)]. *Tb abs.* ■ **2** Aspirar [a algo (*cd*)] o proponérse[lo].

intento I *m* **1** Acción de intentar [1]. ■ **2** Intención o propósito.
II *loc adv* **3 de ~.** Intencionadamente.

intentona *f* (*col*) Intento [1]. *Gralm referido al que ha fracasado.*

inter- *pref* **1** *Denota situación intermedia.* * Intersemanal. ■ **2** *Denota relación mutua o ámbito común.* * Interempresarial.

ínter. en el ~. *loc adv* (*reg*) Al momento.

interacción *f* Acción recíproca.

interaccionar A *tr* **1** Hacer que [dos cosas (*cd*)] ejerzan interacción.
B *intr* **2** Ejercer interacción [una cosa con otra].

interactividad *f* Cualidad de interactivo.

interactivo *adj* De la interacción o que la implica. **b)** [Ordenador o televisión] que permite un intercambio de información a modo de diálogo entre el sistema y el usuario.

interactuar (*conjug* **1d**) *intr* **1** Actuar recíprocamente. ■ **2** Provocar un proceso de interacción.

interalemán -na *adj* De la Alemania Oriental y la Alemania Occidental, consideradas en su relación mutua.

interambulacral *adj* (*Zool*) Que se encuentra entre los ambulacros.

interamericano -na *adj* De los países americanos, considerados en su relación mutua.

interanual *adj* (*Econ*) [Cifra] que resulta de la comparación con la correspondiente a una fecha 12 meses anterior. **b)** De (las) cifras interanuales.

interárabe *adj* De los países árabes, considerados en su relación mutua.

interbancario -ria *adj* De las entidades bancarias, consideradas en sus relaciones mutuas.

interbrigadista *adj* (*hist*) De las Brigadas Internacionales del bando republicano en la Guerra Civil española (1936-1939). *Frec n m, referido a pers.*

intercaciense *adj* (*hist*) De Intercacia (antigua ciudad de los vacceos, en la actual provincia de Palencia o en la de Zamora). *Tb n, referido a pers.*

intercadencia *f* Desigualdad o irregularidad en el ritmo.

intercadente *adj* (*Med*) Que tiene una pulsación más en el intervalo entre dos regulares.

intercalación *f* Acción de intercalar(se)[1].

intercalado *m* Intercalación.

intercalar[1] *tr* **1** Introducir [una cosa (*cd*) dentro de una serie previamente existente (*compl* EN o ENTRE)]. *Frec se omite el 2º compl.* **b)** *pr* (~**se**) Introducirse [una cosa (*suj*) dentro de una serie previamente existente (*compl* EN o ENTRE)]. ■ **2** Alternar o entremezclar [una cosa (*cd*) con otra]. **b)** *pr* (~**se**) Alternar o entremezclarse [una cosa (*suj*) con otra].

intercalar[2] *adj* (*lit* o *E*) [Cosa] que se intercala.

intercambiabilidad *f* Cualidad de intercambiable.

intercambiable *adj* Que puede intercambiarse. *Frec fig, con intención ponderativa, para expresar equivalencia o gran similitud.*

intercambiador -ra I *adj* **1** Que intercambia o sirve para intercambiar. *Tb n m, referido a máquina o instalación. Frec con un adj especificador.*
II *m* **2** Instalación en la que confluyen varias líneas o varios medios de transporte, lo que permite a los usuarios el cambio rápido de los mismos. ■ **3** (*E*) Aparato que sirve para calentar o para enfriar un fluido mediante la circulación de otro fluido más caliente o más frío, según el caso. *Tb ~ DE CALOR.*

intercambiar (*conjug* **1a**) *tr* Hacer intercambio [de cosas o perss. (*cd*), o de una cosa o pers. (*cd*) por otra]. *Tb fig.*

intercambio *m* Cambio recíproco [de cosas o perss., o de una cosa o pers. por otra].

interceder *intr* Actuar en favor [de alguien (*compl* POR)], esp. para que consiga lo que desea. *Tb sin compl.*

intercelular *adj* (*Biol*) Situado entre una célula y otra.

intercensal *adj* [Período] comprendido entre dos censos.

intercentros *adj invar* De varios centros en su relación mutua.

intercepción *f* Interceptación.

interceptación *f* Acción de interceptar.

interceptador *m* (*Mil*) Avión destinado a interceptar [2] los aparatos del enemigo.

interceptar *tr* **1** Apoderarse [de algo (*cd*)] impidiendo que llegue a su destino. **b)** Apoderarse subrepticiamente [de un mensaje (*cd*) destinado a otro]. ■ **2** Impedir que [alguien o algo (*cd*)] continúe su camino. ■ **3** Cortar [el paso o la comunicación]. **b)** Cortar el paso [por un camino (*cd*) o una línea de comunicación]. ■ **4** (*Geom*) Delimitar [un espacio] entre dos puntos o líneas.

interceptor *m* **1** (*Mil*) Interceptador. ■ **2** (*E*) Dispositivo o instalación que sirve para interceptar [2].

intercerebral *adj* (*Anat*) Situado entre los dos hemisferios cerebrales.

intercesión *f* Acción de interceder.

intercesor -ra *m y f* Pers. que intercede. *Tb adj.*

intercity *m* Tren rápido directo de largo recorrido entre dos ciudades importantes.

interclasismo *m* (*Pol*) Condición de interclasista.

interclasista *adj* (*Pol*) **1** [Partido] que preconiza la colaboración entre las distintas clases sociales. ■ **2** Que se produce entre las distintas clases sociales.

intercolumnio *m* (*Arquit*) Espacio entre dos columnas.

intercomunicación *f* **1** Comunicación recíproca. ■ **2** Comunicación por medio de una red telefónica interior o particular.

intercomunicador *m* Aparato telefónico destinado a la intercomunicación [2]. *Tb adj.*

intercomunicar *tr* Poner en comunicación [a dos perss. o cosas, o a una con otra].

intercomunión *f* (*Rel crist*) Unión entre las distintas Iglesias apoyada esp. en la adopción de un mismo sacramento de la Comunión.

interconectar *tr* Poner en conexión [dos cosas, o una con otra].

interconexión *f* Acción de interconectar. *Tb su efecto.*

interconfesional *adj* [Cosa] en que participan en común diversas confesiones religiosas.

intercontinental *adj* **1** Que afecta o une a dos o más continentes. ■ **2** Que alcanza de un continente a otro.

intercooler (*ing; pronunc corriente, /interkúler/)* *m* (*E*) Aparato para enfriar un fluido entre dos calentamientos sucesivos.

intercostal *adj* (*Anat*) **1** Situado entre dos costillas. ■ **2** [Respiración] que se realiza por medio de los músculos intercostales [1].

intercurrente *adj* (*Med*) [Enfermedad] que se interfiere con otra, modificándola más o menos. *Tb* (*lit*) *fig, fuera del ámbito técn.*

interdental *adj* **1** (*Anat*) Situado o producido entre dos dientes. ■ **2** (*Fon*) [Consonante] que se articula colocando la punta de la lengua entre los dientes incisivos superiores e inferiores. *Tb n f.* **b)** Propio de la consonante interdental.

interdentalización *f* (*Fon*) Proceso de conversión en interdental [2] de una consonante.

interdentario -ria *adj* Situado o producido entre dos dientes.

interdependencia *f* Dependencia recíproca.

interdependiente *adj* Que tiene interdependencia. *Gralm referido a ns en pl.*

interdicción *f* (*Der*) Pena accesoria que somete a tutela al penado mientras cumple condena. *Tb* ~ CIVIL.

interdicto -ta I *adj* **1** (*raro*) Prohibido. ■ **2** (*Der*) Condenado a interdicción. *Tb n.*
II *m* **3** (*Rel catól*) Entredicho (prohibición eclesiástica). *Tb fig.* ■ **4** (*Der*) Proceso sumario para decidir provisionalmente sobre la posesión de una cosa, o para evitar un daño previsible en una posesión.

interdigital *adj* (*Anat*) Situado entre uno y otro dedo.

interdiocesano -na *adj* Que afecta o se refiere a dos o más diócesis.

interdisciplinar *adj* Interdisciplinario.

interdisciplinaridad *f* Cualidad de interdisciplinar.

interdisciplinariedad *f* Cualidad de interdisciplinario.

interdisciplinario -ria *adj* Que afecta o se refiere a dos o más disciplinas o ramas del saber.

interés I *m* **1** Sentimiento que impulsa a dedicar atención [a una pers. o cosa (*compl* POR, EN o HACIA)]. *Tb sin compl.* **b)** Sentimiento que impulsa a relacionarse [con una pers. (*compl* POR o HACIA)]. *Tb sin compl.* **2** Deseo de lograr o conseguir [algo (*compl* POR o EN)]. **b)** Deseo de obtener una utilidad o provecho. *Sin compl.* ■ **3** Capacidad de suscitar interés [1 y 2], o hecho de merecerlo. ■ **4** Conveniencia o utilidad. ■ **5** Cantidad producida por un capital en un período determinado. **b)** Cantidad producida por determinado número de unidades monetarias (gralm. cien) en una unidad de tiempo (gralm. un año). ■ **6** En pl: Bienes o propiedades. ■ **7** ~es creados. Ventajas de que disfruta un grupo de personas y cuya conservación depende de la solidaridad de estas.

II *loc adj* **8 de ~.** (*Gram*) [Complemento o dativo] que se usa con intención expresiva para subrayar la participación, en la acción verbal, de la pers. representada por el sujeto. ■ **9 de ~.** (*Mat*) [Regla] que permite hallar el interés [5a] producido por un capital durante cierto tiempo a un tanto por ciento determinado, o cualquiera de los otros términos, conocidos los demás.

interesadamente *adv* **1** De manera interesada [3]. ■ **2** Con interés [1].

interesado -da *adj* **1** *part* → INTERESAR. ■ **2** [Pers.] que actúa movida por el interés [2b]. *Tb n.* ■ **3** [Cosa] que denota o implica interés [2b]. ■ **4** [Pers.] a la que concierne el asunto en cuestión. *Frec n.*

interesante I *adj* **1** Que interesa [1]. **b)** [Pers.] que suscita interés [1b]. **c)** [Estado] ~ → ESTADO.
II *loc v* **2 hacerse** [alguien] **el ~.** (*col*) Comportarse de modo que atraiga el interés de los demás.

interesar A *tr* **1** Suscitar interés [1 y 2] [en alguien (*cd*)]. *Tb abs.* ■ **2** Dar parte [a alguien (*cd*)] en un negocio o empresa]. ■ **3** (*Med*) Afectar [a una parte del cuerpo]. ■ **4** (*admin*) Pedir o solicitar [algo a alguien (*compl* DE)]. *Tb sin compl* DE.
B *intr pr* (~se) **5** Sentir o mostrar interés [1 y 2] [por alguien o algo (*compl* POR o, *raro*, EN)]. **b)** Manifestar interés [por alguien o algo], esp. preguntando.

interescapular *adj* (*Anat*) Situado entre los dos omóplatos.

interestatal *adj* Que afecta o se refiere a dos o más estados.

interestelar *adj* Situado entre dos o más astros.

interétnico -ca *adj* Que afecta o se refiere a dos o más etnias.

interface (*ing; pronunc corriente, /interféis/ o /interfáθe/*) *m o f* **1** (*Electrón e Informát*) Interfaz. ■ **2** (*raro*) Punto de enlace, o puente, entre dos entidades distintas.

interfalángico -ca *adj* (*Anat*) Situado entre dos falanges.

interfascicular *adj* (*Anat*) Situado entre dos o más fascículos.

interfaz *m o f* (*Electrón e Informát*) Circuito de enlace entre dos elementos o sistemas.

interfecto -ta I *adj* **1** (*admin*) [Pers.] fallecida de muerte violenta. *Más frec n.* **b)** (*col*) [Pers.] fallecida. *Más frec n.*
II *m y f* **2** (*col*) Pers. de la que se está hablando. *Frec con intención humoríst.* **b)** *En gral:* Persona.

interferencia *f* **1** Acción de interferir [1, 2, 4 y 5]. *Tb su efecto.* ■ **2** (*Fís*) Acción recíproca de dos ondas de igual longitud y amplitud, que produce aumento, disminución o anulación del fenómeno vibratorio. **b)** Ruido o imagen que dificulta o altera la percepción de una señal acústica o visual.

interferencial *adj* (*Fís*) De (la) interferencia [2].

interferir (*conjug 60*) A *tr* **1** Interponerse [en una acción o en el funcionamiento de algo (*cd*)], alterándo[los] o impidiéndo[los]. ■ **2** Cortar el paso [a alguien o algo (*cd*)]. ■ **3** (*Fís*) Causar interferencia [2a] [en un movimiento ondulatorio (*cd*)]. **b)** Causar interferencia [2b] [en la transmisión por radio (*cd*)].
B *intr* **4** Interponerse [en una acción o en el funcionamiento de algo] alterándolos o impidiéndolos. *Tb pr* (~se). ■ **5** Coincidir [dos cosas o una con

otra] influyéndose mutuamente. *Tb pr* (*~se*). ■ **6** (*Fís*) Causar interferencia [2].

interferometría *f* (*Fís*) Técnica de medida basada en los fenómenos de interferencia [2].

interferómetro *m* (*Fís*) Instrumento de medida basado en los fenómenos de interferencia [2].

interferón *m* (*Biol*) Proteína producida en las células animales como respuesta a la infección de un virus y que inhibe la reproducción de virus diferentes.

interfibrilar *adj* (*Anat*) Situado entre dos o más fibras o fibrillas.

interfijo *m* (*Ling*) Afijo intercalado entre la raíz y un sufijo.

interfono *m* Aparato destinado a la comunicación por medio de una red telefónica interior o particular.

intergaláctico -ca *adj* (*Astron*) Situado o existente entre dos o más galaxias.

intergeneracional *adj* Que se produce entre dos o más generaciones.

interglaciar *adj* (*Geol*) [Período] comprendido entre dos glaciaciones.

interglúteo *adj* (*Anat*) [Espacio] situado entre los glúteos o nalgas. *Tb n m.*

intergubernamental *adj* Que afecta o se refiere a los gobiernos de dos o más países.

interhumano -na *adj* Que se realiza o existe entre dos o más seres humanos.

ínterin *adv* Mientras tanto. *Más frec* EN EL *~*.

interinamente *adv* De manera interina.

interinar *tr* (*raro*) Desempeñar [un cargo o empleo] como interino [1a].

interindividual *adj* Que se realiza o existe entre dos o más individuos.

interinidad *f* **1** Cualidad de interino. ■ **2** Trabajo en calidad de interino [1a].

interino -na I *adj* **1** [Pers.] que desempeña una función o cargo supliendo la ausencia del titular. *Frec n.* **b)** De interino. ■ **2** Provisional. **II** *f* **3** (*reg*) Asistenta.

interinstitucional *adj* Que afecta o se refiere a varias instituciones.

interinsular *adj* Que existe o se realiza entre dos o más islas.

interior I *adj* **1** De dentro. *Cuando se expresa el término de referencia, este va introducido por la prep* A. **b)** De dentro de las fronteras del país en cuestión. *Se opone a* EXTERIOR *o* INTERNACIONAL. **c)** De dentro de la ciudad en cuestión. **d)** De la parte no costera [de un país o región]. **e)** [Mar] situado dentro de un territorio. **f)** [Ropa] destinada a ser usada debajo de otra, sin que se vea exteriormente. **g)** (*Geom*) [Ángulo] cuyo vértice está dentro de la circunferencia. *A veces con un compl* A. **h)** (*Geom*) [Ángulo] formado por dos lados adyacentes de un polígono. ■ **2** De la mente o del espíritu. ■ **3** [Vivienda o habitación] que no tiene vistas a la calle. *Frec n m, designando vivienda.* ■ **4 del ~.** [Ministro o ministerio] del que dependen la administración local y el orden público.

II *m* **5** Parte interior [1a] [de algo o de alguien]. **b)** Parte no costera ni fronteriza [de un país]. **c)** *Sin compl especificador:* Parte interior [1a] de una vivienda u otro edificio. **d)** (*Cine y TV*) *En pl:* Secuencias que se filman en interiores [5c]. ■ **6** Mente o espíritu [de una pers.]. ■ **7** (*Fút*) Jugador cuyo puesto está entre el delantero centro y un extremo. ■ **8** *En pl:* Entrañas (conjunto de órganos contenidos en el abdomen).

interioridad *f* Parte o aspecto interior [1a y 2] [de alguien o algo]. **b)** *En pl:* Asuntos privativos y reservados. *Gralm con referencia a una familia o una entidad colectiva.*

interiorismo *m* Diseño o decoración de interiores [5c].

interiorista I *m y f* **1** Diseñador o decorador de interiores [5c]. **II** *adj* **2** De(l) interiorismo o de(l) interiorista [1]. ■ **3** Que tiende a destacar los aspectos interiores [1a y 2].

interiorización *f* Acción de interiorizar(se).

interiorizador -ra *adj* Que interioriza.

interiorizante *adj* Interiorizador.

interiorizar A *tr* **1** Dar carácter interior [1 y 2] [a algo (*cd*)]. ■ **2** (*Psicol*) Transferir [algo] al ámbito espiritual e individual propio de los hechos de conciencia. *Tb fig, fuera del ámbito técn.* **b)** *pr* (*~se*) Incorporarse al yo. **B** *intr pr* (*~se*) **3** Volverse [alguien] hacia su interior [5a y 6].

interiormente *adv* En el interior [5a y 6].

interjección *f* **1** (*Gram*) Palabra invariable, con autonomía sintáctica, que en forma sintética expresa un sentimiento o sensación, establece una comunicación entre el hablante y otro, o evoca un ruido o un movimiento. ■ **2** Exclamación malsonante.

interjectivo -va *adj* De (la) interjección. **b)** Que tiene carácter de interjección. **c)** (*raro*) [Pers.] dada a usar interjecciones.

interlínea *f* (*Impr*) **1** Espacio entre dos líneas de texto. ■ **2** Regleta (lámina o plancha de metal que sirve para espaciar las líneas de un texto).

interlineación *f* Acción de interlinear.

interlineado *m* Espacio entre dos líneas de texto.

interlineal *adj* [Texto] añadido entre líneas.

interlinear *tr* **1** Añadir [texto] entre líneas. *Tb abs.* ■ **2** (*Impr*) Poner interlíneas [en un texto (*cd*)].

interlingua *f* Lengua artificial internacional formada a base del latín por la International Auxiliary Language Association en 1951.

interlock (*ing; pronunc corriente,* /interlók/; *pl normal,* ~s) *m* (*Tex*) Tejido indesmallable muy tupido. *Tb adj.*

interlocución *f* (*lit*) Diálogo (acción de dialogar).

interlocutor -ra *m y f* Pers. con la que se dialoga.

interlocutorio -ria *adj* (*Der*) [Resolución] previa al fallo definitivo, que no resuelve sobre el fondo de la causa sino sobre algún incidente. *Tb dicho de lo relativo a esa resolución.*

interludio *m* (*lit*) Intermedio.

intermareal *adj* Situado entre la bajamar y la pleamar.

intermaxilar *adj* (*Anat*) Que existe o se realiza entre los maxilares.

intermediación *f* Acción de intermediar.

intermediador -ra *adj* Que intermedia. *Tb n: m y f, referido a pers; f, referido a empresa.*

intermediar (*conjug* 1a) *intr* Actuar de intermediario [entre dos o más perss. o entidades]. **b)** Actuar de intermediario [en un ámbito o en un asunto].

intermediario -ria *adj* Que actúa entre dos o más perss. o entidades para ponerlas en relación, gralm. con vistas a un acuerdo. *Frec en comercio. Frec n, referido a pers.* **b)** [Cosa] que actúa para poner en comunicación a otras dos. *Tb n m, referido a elemento.*

intermedio -dia I *adj* (*a veces con un compl* EN-TRE ... Y ..., *o* ENTRE + *n en pl*) **1** Que se encuentra entre dos extremos, o entre el principio y el fin de una línea, un proceso o un período. **b)** Que se encuentra entre dos elementos consecutivos o inmediatos. **c)** [Cosa] que está entre otras dos, separándolas o poniéndolas en comunicación. ■ **2** Que participa de las cualidades de dos elementos distintos. **b)** Mixto (formado por dos elementos diferentes). II *m* **3** Tiempo de descanso en medio de una actividad. **b)** Tiempo de descanso entre dos partes de un espectáculo. **c)** Pieza musical destinada a ser ejecutada entre dos actos o dos escenas de una ópera o una zarzuela. ■ **4** Cosa intermedia [1b y 2]. III *loc prep* **5 por ~ de.** Por medio de [alguien o algo que sirve de transmisor o enlace]. *A veces el compl* DE *se sustituye por un posesivo.*

intermensual *adj* (*Econ*) [Cifra] que resulta de la comparación con la correspondiente a una fecha un mes anterior. **b)** De (las) cifras intermensuales.

interminable *adj* Que no se acaba nunca. *Normalmente con intención ponderativa.*

interminablemente *adv* De manera interminable.

interministerial *adj* Que afecta o se refiere a dos o más ministerios.

intermitencia *f* Cualidad de intermitente. **b)** Aparición o actuación intermitente. *Gralm en pl.*

intermitente I *adj* **1** [Cosa] que actúa o se produce interrumpida por pausas más o menos regulares. **b)** [Fuente] que mana a intervalos más o menos regulares. II *m* **2** *En un vehículo:* Luz intermitente [1a] con la que el conductor avisa giro a la derecha o a la izquierda. ■ **3** Dispositivo que enciende y apaga una luz intermitente [1a].

intermitentemente *adv* De manera intermitente.

intermunicipal *adj* Que se refiere o afecta a dos o más municipios.

internación *f* (*hist*) Introducción de mercancías tierra adentro. *Tb el derecho que se paga por ello.*

internacional (*con mayúscula en acep 4a y frec en 4b*) I *adj* **1** De dos o más naciones, referente a ellas o que ocurre o se realiza entre ellas. **b)** De todas las naciones, referente a ellas o que ocurre o se realiza entre ellas. **c)** [Derecho] que regula las relaciones entre distintos estados o entre individuos de distinta nacionalidad. **d)** (*hist*) De las Brigadas Internacionales [1b] del bando republicano en la Guerra Civil española (1936-1939). *Tb n, referido a pers.* ■ **2** (*Dep*) Que toma parte en competiciones internacionales [1a]. *Tb n, referido a pers.* ■ **3** (*E*)

[Sistema] de medidas adoptado internacionalmente en los campos de la ciencia y de la técnica y cuyas unidades fundamentales son: metro, kilogramo, segundo, amperio, kelvin, candela y mol, con dos unidades suplementarias: radián y estereorradián. II *f* **4** (*Pol*) Asociación internacional [1a] para la promoción universal del socialismo y el comunismo. *Frec precedido de los adjs* PRIMERA, SEGUNDA, TERCERA *o* CUARTA, *o seguido del adj* SOCIALISTA. **b)** Asociación internacional [1a] de partidos, sindicatos u otras organizaciones afines entre sí por su ideología.

internacionalidad *f* Condición de internacional.

internacionalismo *m* (*Pol*) Tendencia que propugna la superación de las fronteras nacionales y la cooperación internacional. *Tb la situación correspondiente.* **b)** Doctrina socialista que preconiza la unión internacional de los trabajadores.

internacionalista *adj* (*Pol*) **1** De(l) internacionalismo. **b)** Partidario o adepto del internacionalismo. *Tb n.* ■ **2** [Pers.] especialista en derecho internacional [1c]. *Frec n.*

internacionalización *f* Acción de internacionalizar(se).

internacionalizar *tr* **1** Dar carácter internacional [1a y b] [a alguien o algo (*cd*)]. **b)** *pr* (**~se**) Tomar [alguien o algo] carácter internacional [1a y b]. ■ **2** Poner [algo] bajo control internacional [1a].

internacionalmente *adv* **1** Desde el punto de vista internacional. ■ **2** En el ámbito internacional.

internada *f* (*Dep*) Acción de internarse un jugador hacia la meta contraria.

internado *m* **1** Condición de alumno interno [2b]. **b)** (*raro*) Condición de interno [2a] de un establecimiento sanitario o benéfico. ■ **2** Colegio, o residencia aneja a él, donde viven alumnos internos.

internalización *f* (*Psicol*) Acción de internalizar. *Tb su efecto.*

internalizar *tr* (*Psicol*) Interiorizar.

internamente *adv* Por dentro.

internamiento *m* Acción de internar(se), *esp* [1].

internar A *tr* **1** Hacer entrar [a alguien en un lugar, esp. colegio, clínica o prisión, donde ha de vivir, sin libertad de movimiento, durante algún tiempo]. B *intr pr* (**~se**) **2** Avanzar hacia la parte más interior [de un lugar (*compl* EN, HACIA o POR)]. *Tb fig.*

internista *adj* [Médico] especialista en medicina interna. *Tb n.*

interno -na I *adj* **1** Interior [1a y 2]. **b)** [Rama de la medicina] que se refiere a los órganos interiores. **c)** (*Anat*) Que desemboca en la sangre o en la linfa. **d)** (*Biol*) [Medio] en que se hallan sumergidas las células sin comunicación con el exterior. ■ **2** [Pers.] que vive internada. *Frec n. Referido a prisión, es euf admin.* **b)** [Alumno] que vive internado en un colegio. ■ **3** [Pers.] que come y duerme en el lugar donde trabaja. *Esp referido a sirviente. En este caso, tb n.* ■ **4** [Médico] recién licenciado que presta sus servicios en un centro hospitalario para completar su formación clínica. *Tb n.* II *loc adv* **5 en mi** (**tu**, *etc*) **fuero ~** → FUERO.

inter nos (*lat; pronunc, /inter-nós/*) *loc adv* Entre nosotros, o en confianza. *Tb, frec* (*col*), PARA ~.

interoceánico -ca *adj* Que afecta o une a dos océanos.

interoceptor *m* (*Fisiol*) Órgano sensitivo que recibe estímulos de las vísceras.

interocular *adj* (*Anat*) Existente entre los dos ojos.

inter pares (*lat; pronunc,* /inter-páres/) *loc adv* Entre iguales. *Tb adj.*

inter partes (*lat; pronunc,* /inter-pártes/) *loc adj* (*Der*) Que se realiza entre dos partes.

interpelación *f* Acción de interpelar.

interpelante *adj* Que interpela. *Tb n.*

interpelar *tr* Pedir [a alguien (*cd*)] que dé explicaciones [sobre algo que ha hecho o dicho]. *Tb sin el 2º compl.* **b)** *En un parlamento:* Pedir [un diputado o senador (*suj*) al gobierno o a la mesa (*cd*)] que se den explicaciones sobre una cuestión ajena a los proyectos o proposiciones de ley.

interpenetración *f* Penetración recíproca.

interpersonal *adj* Que existe o se realiza entre dos o más personas.

interplanetario -ria *adj* Que existe o se realiza entre planetas. *Tb fig.*

interpolación *f* Acción de interpolar. *Tb su efecto.*

interpolar *tr* **1** Añadir [palabras o pasajes] intercalándo[los (*cd*) en un texto, esp. ajeno]. ■ **2** (*Mat*) Insertar en una serie [un término o valor intermedio] por cálculo o estimación de otros conocidos. *Tb abs.*

interponer (*conjug 21*) *tr* **1** Poner [a una pers. o cosa] entre otras dos separándolas o incomunicándolas. *Tb fig. Frec con compl refl y con un compl* ENTRE. **b)** *pr* (~se) Ponerse [una cosa] entre otras dos separándolas o incomunicándolas. *Tb fig.* ■ **2** Hacer que [algo (*cd*)] intervenga o medie. **b)** *pr* (~se) Intervenir o mediar [alguien]. ■ **3** (*Der*) Hacer que [alguien (*cd*)] intervenga en un acto jurídico por encargo y en provecho de otro, aparentando obrar por cuenta propia. *Normalmente en part, a veces sust y frec en la constr* POR PERSONA INTERPUESTA. ■ **4** (*Der*) Presentar [un recurso].

interposición *f* Acción de interponer(se).

interposita persona (*lat; pronunc,* /interpósita-persóna/) *loc n f* (*Der*) Pers. que interviene en un acto jurídico por encargo y en provecho de otro, aparentando obrar por cuenta propia.

interpositorio -ria *adj* (*Der*) Que sirve para interponer [3].

interpretable *adj* Que puede ser interpretado.

interpretación *f* **1** Acción de interpretar. *Tb su efecto.* ■ **2** (*admin*) Traducción.

interpretador -ra *m y f* (*raro*) Intérprete [1].

interpretar *tr* **1** Explicar o precisar el significado [de algo (*cd*)]. **b)** Atribuir un significado [a algo (*cd*)]. *A veces con un compl* COMO. **c)** Captar el significado [de algo (*cd*)]. ■ **2** Entender [algo] como significado de la cosa en cuestión. ■ **3** Dar o presentar [un artista ejecutante] su versión [de una obra de arte o de un autor (*cd*)]. **b)** Ejecutar [una pieza musical o coreográfica]. ■ **4** Ser actor [de una obra dramática o de una película (*cd*)]. **b)** Representar [un actor (*suj*) un papel (*cd*)].

interpretativo -va *adj* De (la) interpretación.

intérprete *m y f* **1** Pers. que interpreta. **b)** Pers. que capta y expresa el sentir [de otra o de una colectividad]. ■ **2** Pers. que explica oralmente a otra, en lengua que entiende, lo que una tercera dice en otra lengua.

interprofesional *adj* Que afecta a diversas o a todas las profesiones o actividades.

interprovincial *adj* Que afecta a diversas o a todas las provincias.

interracial *adj* **1** Que afecta o se refiere a dos o más razas. ■ **2** Constituido por perss. de distinta raza.

interregional *adj* Que afecta o se refiere a dos o más regiones.

interregno *m* Espacio de tiempo en que una monarquía no tiene soberano. *Frec fig.*

interrelación *f* Relación mutua.

interrelacionado -da *adj* **1** *part* → INTERRELACIONAR. ■ **2** Que tiene interrelación.

interrelacional *adj* De (la) interrelación.

interrelacionar **A** *tr* **1** Poner en interrelación [dos o más perss. o cosas, o una(s) con otra(s)]. **B** *intr pr* (~se) **2** Tener interrelación [dos o más perss. o cosas, o una(s) con otra(s)].

interreligioso -sa *adj* Que existe o se produce entre dos o más religiones.

interrogación *f* **1** Acción de interrogar. *Tb su efecto.* **b)** (*TLit*) Figura retórica que consiste en formular como pregunta una afirmación enfática. *Tb* → RETÓRICA. ■ **2** Signo ortográfico que se escribe antes y después de una frase interrogativa sintácticamente independiente. *Tb* SIGNO DE ~.

interrogador -ra *adj* [Pers.] que interroga, esp. realizando un interrogatorio. *Frec n.* **b)** [Cosa] que denota o implica interrogación [1].

interrogadoramente *adv* De manera interrogadora.

interrogante **I** *adj* **1** [Pers.] que interroga. **b)** [Cosa] que denota o implica interrogación [1]. **II** *m* (*o f*) **2** Pregunta. **b)** Cuestión oscura o dudosa que demanda una aclaración. ■ **3** (*raro*) Interrogación [2].

interrogar *tr* Hacer [a alguien (*cd*)] una o varias preguntas.

interrogativamente *adv* De manera interrogativa.

interrogativo -va *adj* **1** De (la) interrogación [1]. ■ **2** (*Gram*) [Palabra o frase] que sirve para interrogar. *Tb n: m, referido a palabra; f, referido a oración.*

interrogatorio *m* Serie de preguntas, esp. la formulada por una autoridad.

interrumpir *tr* **1** Hacer que [algo, esp. un hecho (*cd*)] deje de existir o producirse durante cierto tiempo o espacio. **b)** *pr* (~se) Dejar de existir o producirse [algo] durante cierto tiempo o espacio. ■ **2** Hacer que [alguien (*cd*)] deje de hacer durante cierto tiempo lo que está haciendo. **b)** *pr* (~se) Dejar [alguien] de hacer durante cierto tiempo lo que está haciendo. ■ **3** Impedir, gralm. empezando a hablar, que [alguien (*cd*)] termine lo que está diciendo. **b)** *pr* (~se) Dejar [alguien] de hablar, sin terminar lo que está diciendo.

interrupción *f* Acción de interrumpir(se).

interrupto -ta *adj* (*E*) Que tiene interrupción.

interruptor -ra I *adj* **1** Que interrumpe, *esp* [3]. *Tb n, referido a pers.*

II *m* **2** Mecanismo destinado a interrumpir o establecer un circuito eléctrico.

intersecarse *intr pr* (*Geom*) Cortarse entre sí [dos líneas, dos superficies o dos sólidos].

intersección *f* **1** (*Geom*) Encuentro de dos líneas, dos superficies o dos sólidos que se cortan entre sí. *Tb el punto, línea o superficie determinados por este encuentro.* **b)** Cruce [de dos calles o vías, o de otra cosa de estructura lineal]. ■ **2** (*Mat*) Parte común a dos conjuntos. *Tb fig, fuera del ámbito matemático.*

intersexual *adj* **1** Que existe o se realiza entre los dos sexos. ■ **2** (*Biol*) [Individuo] en que los caracteres sexuales masculinos y femeninos aparecen mezclados. *Tb n.*

intersexualidad *f* (*Biol*) Cualidad de intersexual [2].

intersideral *adj* Que existe o se realiza entre dos o más astros.

intersticial *adj* (*E*) Que ocupa los intersticios.

intersticio *m* Espacio pequeño que media entre dos cuerpos o entre dos partes de un mismo cuerpo.

intersubjetividad *f* (*Filos*) Cualidad de intersubjetivo.

intersubjetivo -va *adj* (*Filos*) Que existe o se realiza entre dos o más sujetos.

interterritorial *adj* Que afecta o se refiere a diversos o a todos los territorios.

intertextual *adj* (*TLit*) De (la) intertextualidad.

intertextualidad *f* (*TLit*) Conjunto de las relaciones que guarda un texto respecto a otro u otros, tanto en el plano del creador como en el del lector.

intertrigo (*tb* **intértrigo**) *m* (*Med*) Afección cutánea que se presenta en alguno de los grandes pliegues del cuerpo, acompañada de eritema y producida por bacterias o hongos.

intertropical *adj* [Zona] comprendida entre los dos trópicos. **b)** De la zona intertropical.

interuniversitario -ria *adj* Que afecta o se refiere a diversas o a todas las universidades. *Tb n m, referido a certamen deportivo.*

interurbano -na *adj* Que existe, se realiza o funciona entre distintas ciudades.

intervalo I *m* **1** Tiempo que media entre dos cosas. **b)** Fracción de tiempo. ■ **2** Espacio que media entre dos cosas. ■ **3** (*Mús*) Diferencia de tono entre dos notas. ■ **4** (*Mat*) Conjunto de números o valores comprendidos entre dichos límites dados.

II *loc adv* **5** a ~s. De manera intermitente.

intervalómetro *m* (*E*) Dispositivo automático para hacer funcionar algo a intervalos regulares.

intervención *f* **1** Acción de intervenir. ■ **2** Oficina del interventor [3].

intervencionismo *m* **1** (*Pol*) Tendencia a intervenir [1 y 3] excesivamente el Estado en asuntos que competen a la sociedad. *Tb la actitud correspondiente.* **b)** Tendencia a la intervención estatal en la economía del país. *Tb la doctrina y la actitud correspondiente.* **c)** Tendencia a intervenir indebidamente un Estado en los asuntos de otro, o en asuntos internacionales. ■ **2** (*Med*) Práctica que consiste en

hacer una intervención quirúrgica sin abrir al paciente.

intervencionista *adj* (*Pol y Med*) De(l) intervencionismo. **b)** Partidario del intervencionismo [1]. *Tb n.*

intervenir (*conjug* 61) **A** *intr* **1** Ser [alguien] uno de los que realizan [algo (*compl*) o entre varios]. *Tb sin compl.* **b)** Actuar [alguien en un asunto ajeno]. *Tb sin compl.* **c)** Ser [una cosa] una de las circunstancias que influyen [en otra].

B *tr* **2** Controlar o vigilar [una autoridad (*suj*) una comunicación privada o el medio por el que se realiza (*cd*)]. ■ **3** Dirigir o limitar [una autoridad (*suj*)] el funcionamiento [de algo (*cd*)]. ■ **4** Tomar temporalmente [una autoridad (*suj*) una propiedad ajena (*cd*)]. ■ **5** Hacer [a alguien (*cd*)] una operación quirúrgica.

interventor -ra I *adj* **1** Que interviene [2, 3 y 4]. ■ **2** De (la) intervención [1].

II *m y f* **3** Funcionario que tiene por misión autorizar y fiscalizar determinadas operaciones. ■ **4** *En los trenes:* Empleado que controla los billetes de los pasajeros. ■ **5** *En las elecciones:* Elector designado oficialmente por un candidato o un partido para vigilar la regularidad de la votación y autorizar el resultado de la misma en unión de los miembros de la mesa.

interventricular *adj* (*Anat*) Situado o existente entre los ventrículos del corazón.

intervertebral *adj* (*Anat*) Situado o existente entre dos vértebras.

interview (*ing; pronunc corriente, /interbiú/; pl normal, ~s*) *f* (*hoy raro*) Interviú.

interviniente *adj* Que interviene [1]. *Tb n, referido a pers.*

interviú *f* Entrevista periodística.

interviuador -ra *m y f* (*raro*) Interviuvador.

interviuar *tr* (*raro*) Interviuvar.

interviuvador -ra *m y f* (*hoy raro*) Entrevistador.

interviuvar *tr* (*hoy raro*) Hacer [a alguien (*cd*)] una interviú.

inter vivos (*lat; pronunc, /inter-bíbos/*) *loc adj* (*Der*) [Donación o transmisión] que ha de tener efecto en vida de quien la hace. *Tb adv.*

intervocálico -ca *adj* (*Fon*) [Consonante] situada entre vocales.

interzonal *adj* Que afecta o se refiere a dos o más zonas.

interzonas *adj invar* (*Dep*) De un campeonato en que participan dos o más zonas.

intestado -da *adj* (*Der*) **1** Que fallece sin haber hecho testamento. ■ **2** [Sucesión] que se verifica por ley y no por testamento.

intestinal *adj* Del intestino [3]. **b)** [Lombriz] ~ → LOMBRIZ.

intestino -na I *adj* **1** [Contienda] civil o interna. ■ **2** (*raro*) Interior.

II *m* **3** Conducto membranoso que forma parte del aparato digestivo de los vertebrados y de algunas clases de invertebrados y que se halla situado a continuación del estómago. *En uso no técn, frec en pl con sent sg.* **b)** Parte del intestino. *Con un adj especificador:* DELGADO, GRUESO, CIEGO, *etc.*

inti *m* Unidad monetaria del Perú, hasta 1992.

intifada *f* Insurrección de los palestinos en los territorios ocupados por Israel.

intimación *f* Acción de intimar [2].

íntimamente *adv* De manera íntima.

intimar **A** *intr* **1** Establecer amistad íntima [dos perss., o una con otra]. *Tb fig.*
B *tr* **2** Ordenar o exigir [algo] de manera perentoria y frec. amenazadora. **b)** *(raro)* Notificar [la autoridad *(suj)* una disposición].

intimidación *f* Acción de intimidar.

intimidad *f* **1** Ámbito íntimo [1 y 2a] y reservado de una pers. o de un círculo pequeño de perss. **b)** Parte íntima [1 y 2a] del pensamiento y del sentimiento de una pers. ■ **2** Asunto íntimo [1 y 2a]. *Frec en pl.* ■ **3** Relación íntima [4 y 5]. *Referido a pers.* ■ **4** Cualidad de íntimo [1, 2a y 3]. ■ **5** *(euf)* Órganos sexuales.

intimidador -ra *adj* Que intimida.

intimidante *adj* Que intimida.

intimidar *tr* Atemorizar [a alguien]. *Tb abs.*

intimidativo -va *adj* Intimidatorio.

intimidatorio -ria *adj* Que sirve para intimidar.

intimismo *m* **1** Tendencia literaria que se inspira en la intimidad [1] personal. ■ **2** Tendencia pictórica a la representación de la intimidad [1a] doméstica. ■ **3** Tendencia religiosa a dar preponderancia a lo íntimo [2] sobre lo externo.

intimista *adj* De(l) intimismo o que lo implica. **b)** Partidario o cultivador del intimismo. *Tb n.*

íntimo -ma **I** *adj* **1** Que pertenece a lo más profundo e individual de la persona. **b)** Que evoca o refleja los sentimientos de la persona. ■ **2** [Cosa] totalmente privada y oculta a los demás. **b)** [Ropa] destinada a cubrir las partes del cuerpo que más se ocultan. **c)** *(euf)* De los órganos sexuales. ■ **3** [Acto o reunión] reservados para muy pocas perss. de confianza. **b)** [Lugar] tranquilo y adecuado para el trato personal y privado con otra u otras perss. ■ **4** [Amigo o amistad] de la máxima confianza y familiaridad. *Frec n, referido a pers.* ■ **5** Que une estrechamente. **b)** *(euf)* [Relación] sexual. *Normalmente en la constr* RELACIONES ÍNTIMAS.
II *m* **6** los ~s. Las perss. familiarizadas con una pers. o cosa. *Frec en la constr* PARA LOS ~S.

intina *f* *(Bot)* Membrana interior del grano de polen o de la espora.

intitulación *f* Acción de intitular. *Tb su efecto.*

intitular *tr* Dar [a alguien o algo *(cd)*] como título [el n. que se expresa *(predicat)*].

intocabilidad *f* Cualidad de intocable [1].

intocable **I** *adj* **1** Que no se puede tocar. ■ **2** Que tiene que ser tratado con el máximo respeto y no puede ser objeto de crítica. *Tb n, referido a pers.*
II *m y f* **3** Individuo de la clase inferior en la India, cuyo trato es evitado por todos los demás.

intocado -da *adj* Intacto.

intolerabilidad *f* Cualidad de intolerable.

intolerable *adj* No tolerable.

intolerablemente *adv* De manera intolerable.

intolerancia *f* Falta de tolerancia, esp. hacia las opiniones o prácticas ajenas o hacia sus sujetos.

intolerante *adj* Que tiene o muestra intolerancia.

intonso -sa *adj* **1** *(lit)* Que no tiene cortado el pelo. ■ **2** *(Bibl)* [Ejemplar o encuadernación] que tiene los pliegos sin cortar.

in toto *(lat; pronunc, /in-tóto/)* *loc adv* *(lit)* Totalmente.

intoxicación *f* Acción de intoxicar(se). *Tb su efecto.*

intoxicador -ra *adj* Que intoxica, *esp* [3]. *Tb n, referido a pers.*

intoxicante *adj* Que intoxica. *Tb n m, referido a sustancia.*

intoxicar *tr* **1** Causar [a un ser vivo *(cd)*] trastornos más o menos graves por la acción de sustancias tóxicas. **b)** *pr* (~se) Pasar a sufrir trastornos por la acción de sustancias tóxicas. ■ **2** Actuar [una sustancia tóxica *(suj)*] sobre un ser vivo *(cd)*]. *Tb abs.* ■ **3** Proporcionar [a alguien *(cd)*] información parcial o tendenciosa, con la intención de influir en su pensamiento o en su conducta. *Tb abs.*

intra- *pref* Dentro de [el lugar aludido por el adj. al que el pref. se une]. * Intraabdominal. * Intrafamiliar.

intraborda *adj* *(Mar)* [Motor] situado dentro del casco de una embarcación de recreo.

intracardíaco -ca *(tb* **intracardiaco)** *adj* *(Med)* Que se produce o se aplica dentro del corazón.

intracelular *adj* *(Biol)* Que está situado u ocurre dentro de la célula.

intracomunitario -ria *adj* *(Pol)* Del interior de la Comunidad Económica Europea.

intracraneal *adj* *(Med)* Que está situado u ocurre dentro del cráneo.

intradérmico -ca *adj* *(Med)* Situado o que se realiza en el espesor de la piel.

intradós *m* *(Arquit)* Superficie interior [de un arco, una bóveda o una dovela].

intraducible *adj* Que no puede traducirse.

intragable *adj* Que no puede tragarse. *Frec (col) fig.*

intrahistoria *f* *(lit)* Vida tradicional del pueblo, que subyace a los acontecimientos estudiados por los historiadores.

intrahistórico -ca *adj* *(lit)* De (la) intrahistoria.

intramundano -na *adj* *(Filos)* Propio del mundo material y limitado a él.

intramundo *m* *(Filos)* Mundo material.

intramuros *adv* Dentro de los muros de la ciudad.

intramuscular *adj* *(Med)* Que se sitúa o se aplica dentro del músculo.

intramuscularmente *adv* *(Med)* Dentro del músculo.

intranacional *adj* *(raro)* Que ocurre o se produce dentro de una nación.

intranquilidad *f* Cualidad de intranquilo [1].

intranquilizador -ra *adj* Que intranquiliza.

intranquilizante *adj* Intranquilizador.

intranquilizar *tr* Poner intranquilo [1a y b] [a alguien]. **b)** *pr* (~**se**) Ponerse [alguien] intranquilo [1a y b].

intranquilo -la *adj* **1** [Pers. o animal] que tiene o muestra cierta excitación nerviosa. **b)** [Pers.] preocupada. **c)** Propio de la pers. o el animal intranquilos. ■ **2** Agitado o que se mueve mucho. ■ **3** Que denota o implica intranquilidad.

intranscendencia, intranscendental, intranscendente → INTRASCENDENCIA, *etc.*

intransferibilidad (*tb, raro,* **intrasferibilidad**) *f* Cualidad de intransferible.

intransferible (*tb, raro,* **intrasferible**) *adj* [Cosa] que no puede pasar a pertenecer a otro o a ser utilizada por él. *Frec con intención ponderativa, para señalar el carácter peculiar de algo.* * Es algo personal e intransferible.

intransigencia *f* Cualidad de intransigente.

intransigente *adj* Que no es transigente o tolerante. *Tb n, referido a pers.*

intransigentemente *adv* De manera intransigente.

intransitable *adj* [Lugar, esp. camino] que está en condiciones inadecuadas para transitar por él.

intransitividad *f* (*Gram*) Cualidad de intransitivo.

intransitivo -va *adj* (*Gram*) No transitivo.

intransmisible (*tb, raro,* **intrasmisible**) *adj* Que no se puede transmitir.

intraocular *adj* (*Med*) Que se sitúa u ocurre dentro del ojo.

intraóseo -a *adj* (*Med*) Que se sitúa u ocurre en el interior del hueso.

intrarregional *adj* (*raro*) Que ocurre o se produce dentro de una región.

intrascendencia (*tb* **intranscendencia**) *f* Cualidad de intrascendente.

intrascendental (*tb* **intranscendental**) *adj* (*raro*) Intrascendente.

intrascendente (*tb* **intranscendente**) *adj* No trascendente, o carente de gravedad o importancia.

intrasferibilidad, intrasferible → INTRANSFERIBILIDAD, INTRANSFERIBLE.

intrasmisible → INTRANSMISIBLE.

intratable *adj* **1** [Enfermo o dolencia] imposible de curar con ningún tratamiento. ■ **2** [Pers.] de muy difícil trato por su mal carácter o por su estado de irritación. *Tb fig.*

intrauterinamente *adv* (*Med*) Dentro del útero.

intrauterino -na *adj* (*Med*) Que está situado u ocurre dentro del útero.

intraútero *adj invar* (*Med*) Intrauterino.

intravenosamente *adv* De manera intravenosa.

intravenoso -sa *adj* Que se sitúa o se aplica dentro de la vena.

intre. en el ~. *loc adv* (*reg*) Entre tanto.

intrepidez *f* Cualidad de intrépido.

intrépido -da *adj* Que se lanza al peligro sin temor. **b)** Propio de la pers. intrépida.

intranquilizar – intropunitivo

intricado -da *adj* (*lit, raro*) Intrincado [2 y 3].

intriga *f* **1** Actividad secreta y complicada destinada a hacer triunfar o fracasar a una pers. o cosa. ■ **2** Enredo o embrollo. **b)** Conjunto de acontecimientos que forman el nudo de una obra teatral, película o novela. ■ **3** Curiosidad viva provocada por alguien o algo.

intrigante -ta (*la forma f* INTRIGANTA *solo se usa en acep 1*) *adj* **1** [Pers.] que intriga [1]. *Tb n. Gralm con intención desp.* ■ **2** [Pers. o cosa] que intriga [2].

intrigar **A** *intr* **1** Hacer intrigas o hacer una intriga [1].

B *tr* **2** Causar intriga [3] [a alguien (*cd*)]. **b)** *pr* (~**se**) Sentir intriga [3].

intrincación *f* Acción de intrincar(se). *Frec su efecto.*

intrincado -da *adj* **1** *part* → INTRINCAR. ■ **2** Complicado o complejo. ■ **3** Constituido por un conjunto de cosas de estructura lineal que se entrecruzan de modo complicado.

intrincamiento *m* Condición de intrincado.

intrincar **A** *tr* **1** Enredar o enmarañar. *Tb fig.* **b)** *pr* (~**se**) Enredarse o enmarañarse [algo]. *Tb fig.*

B *intr pr* (~**se**) **2** Entrelazarse. *Frec fig.*

intríngulis *m* (*col*) **1** Razón oculta [de algo]. ■ **2** Dificultad o complicación [de algo], que no aparece a primera vista.

intrínsecamente *adv* De manera intrínseca.

intrínseco -ca *adj* Esencial o que pertenece a la naturaleza propia.

introducción *f* **1** Acción de introducir(se). ■ **2** Obra o curso que prepara al conocimiento o práctica [de algo (*compl* A)]. ■ **3** Parte inicial de un libro o de un discurso, que sirve de preparación o guía para la mejor comprensión del mismo. *Frec con un compl* DE *o* A. *Tb fig.* **b)** (*Mús*) Parte inicial breve de una obra instrumental o de uno de sus movimientos.

introducido -da *adj* **1** *part* → INTRODUCIR. ■ **2** Que está en situación privilegiada en cuanto a relaciones y contactos con los círculos de poder.

introducir (*conjug* 41) *tr* **1** (*lit*) Meter (hacer que [una pers. o cosa (*cd*)] pase a estar en el interior de otra o entre otras). *Tb fig.* **b)** *pr* (~**se**) Meterse (pasar a estar [una cosa] en el interior de otra o entre otras). ■ **2** Hacer que aparezca o pase a estar presente [una cosa (*cd*)] en un lugar. ■ **3** Hacer adoptar, o poner en uso, [algo]. ■ **4** Presentar [a una pers.] antes de una actuación pública. ■ **5** Hacer que [alguien o algo (*cd*)] sea conocido y admitido [en un ambiente o en un lugar].

introductor -ra **I** *adj* **1** Que introduce. *Tb n, referido a pers.*

II *m* **~ de embajadores.** Funcionario destinado a acompañar a los representantes diplomáticos en la presentación de credenciales.

introductorio -ria *adj* Que sirve de introducción.

introito *m* **1** (*Rel catól*) Salmo que lee el sacerdote en el altar al dar comienzo a la misa. ■ **2** (*lit*) Entrada o principio.

intromisión *f* Acción de entrometerse.

intropunitivo -va *adj* (*Psicol*) De autoinculpación.

introspección *f* Observación de la propia mente o de los propios estados de conciencia.

introspeccionista *adj* (*Psicol*) Que practica la introspección. *Tb n, referido a pers.*

introspectivo -va *adj* De (la) introspección.

introversión *f* **1** (*Psicol*) Atención absorbente al mundo interior, con abstracción respecto de lo externo. ■ **2** (*raro*) Vuelta hacia el interior.

introverso -sa *adj* (*raro*) Introvertido. *Tb n.*

introvertido -da *adj* Dado a la introversión. *Tb n, referido a pers.*

intrusión *f* **1** Acción de introducirse sin derecho en una actividad o en una propiedad. *Tb fig.* ■ **2** (*Geol*) Penetración o infiltración [de una materia, esp. de una masa magmática] en o entre las rocas sólidas.

intrusismo *m* Actividad o comportamiento de intruso. *Esp en una profesión.*

intrusista *adj* (*raro*) **1** De(l) intrusismo. ■ **2** Que practica el intrusismo. *Tb n, referido a pers.*

intrusivo -va *adj* **1** Que ha penetrado por intrusión [1]. ■ **2** (*Geol*) [Roca] formada por solidificación de un magma entre rocas sólidas preexistentes. **b)** De (las) rocas intrusivas.

intruso -sa *adj* Que se ha introducido sin derecho en una actividad o una propiedad. *Tb fig. Tb n, referido a pers.*

intubación *f* (*Med*) Acción de intubar.

intubar *tr* (*Med*) Introducir un tubo en un órgano hueco [de una pers. (*cd*)], esp. en la tráquea o en el esófago.

intuible *adj* Que puede ser intuido.

intuición *f* **1** Hecho de intuir. **b)** Cosa intuida. ■ **2** Capacidad de intuir.

intuicionismo *m* (*E*) Doctrina filosófica, ética o matemática que atribuye un papel esencial a la intuición. *Tb la actitud correspondiente.*

intuicionista *adj* (*E*) De(l) intuicionismo. **b)** Partidario del intuicionismo. *Tb n, referido a pers.*

intuidor -ra *adj* Que intuye. *Tb n, referido a pers.*

intuir (*conjug 48*) *tr* **1** (*Filos*) Conocer [algo] de manera inmediata, sin razonamiento. ■ **2** Tener la sensación más o menos precisa [de algo (*cd*) que no se puede comprobar o que no existe aún].

intuitivamente *adv* De manera intuitiva.

intuitivismo *m* (*Filos*) Intuicionismo.

intuitivo -va *adj* **1** De (la) intuición, o que se basa en la intuición. ■ **2** [Pers.] que actúa pralm. por intuición. *Tb n.* **b)** Propio de la pers. intuitiva.

intumescente *adj* (*lit*) Que se hincha.

inuit (*pl normal*, ~ *o* ~s) *adj* Esquimal de América o Groenlandia. *Tb n, referido a pers.*

inulina *f* (*Quím*) Compuesto semejante al almidón y que se encuentra en los rizomas de algunas plantas.

inundabilidad *f* Cualidad de inundable.

inundable *adj* Que puede inundarse [1 y 2].

inundación *f* Hecho de inundar(se), *esp* [1 y 2].

inundar *tr* **1** Cubrir [un líquido, esp. agua (*suj*), un lugar (*cd*)]. **b)** Cubrir [un lugar] de líquido, esp.

agua. **c)** *pr* (~se) Cubrirse [un lugar] de líquido, esp. agua. ■ **2** Llenar [un líquido, esp. agua (*suj*), un lugar (*cd*)]. **b)** Llenar [un lugar] de líquido, esp. agua. **c)** *pr* (~se) Llenarse [un lugar] de líquido, esp. agua. ■ **3** Llenar [algo, esp. gran número de perss. o cosas (*suj*), un lugar (*cd*)]. *Tb fig.* **b)** Llenar [un lugar (*cd*) de algo, esp. de gran número de perss. o cosas]. **c)** *pr* (~se) Llenarse [un lugar (*suj*) de algo, esp. de gran número de perss. o cosas]. ■ **4** Llenar o embargar [una emoción (*suj*) a alguien (*cd*)]. ■ **5** Llenar [a alguien (*cd*) de algo (*compl* DE *o* CON)].

inundatorio -ria *adj* Que inunda o implica inundación.

inusitadamente *adv* (*lit*) De manera inusitada.

inusitado -da *adj* (*lit*) [Cosa] sumamente inusual e inesperada. *Frec con intención ponderativa.* **b)** (*Ling*) [Forma] que no usa nadie o casi nadie.

inusual *adj* No usual.

inusualmente *adv* De manera inusual.

in utero (*lat; pronunc*, /in-útero/) *loc adv* (*Med*) Dentro de la matriz, o antes del parto.

inútil *adj* **1** [Pers. o cosa] no útil, o que no proporciona un provecho o servicio. *Tb n, referido a pers.* ■ **2** [Pers.] desmañada o poco hábil. *Frec n.* ■ **3** [Pers.] incapacitada físicamente. ■ **4** [Pers.] no apta para el servicio militar. *Frec como predicat con el v* DAR.

inutilidad *f* **1** Cualidad o condición de inútil. ■ **2** (*col*) Pers. inútil [1 y 2]. *Normalmente con el v* SER.

inutilitario -ria *adj* (*lit*) No utilitario, o no encaminado fundamentalmente a la utilidad.

inutilizable *adj* Que no puede ser utilizado.

inutilización *f* Acción de inutilizar.

inutilizador -ra *adj* Que inutiliza.

inutilizar *tr* Hacer que [algo o alguien (*cd*)] quede inútil [1].

inútilmente *adv* De manera inútil [1].

in utroque iure (*lat; pronunc*, /in-utrókue-yúre/) *loc adv* En los dos derechos (civil y canónico). *Tb adj. A veces simplemente* IN UTROQUE.

invadeable *adj* No vadeable. *Frec* (*lit*) *fig.*

invadir *tr* **1** Entrar [en un lugar (*cd*), frec. en un territorio] por la fuerza. *Tb fig.* **b)** Entrar por la fuerza en el lugar perteneciente [a alguien (*cd*)]. **c)** Entrar indebidamente [en el campo o las atribuciones (*cd*) ajenas]. **d)** (*Biol y Med*) Penetrar y extenderse [un organismo o agente (*suj*)] en el interior de otro o en un lugar (*cd*)]. ■ **2** Llenar u ocupar [alguien o algo (*suj*) un lugar (*cd*)] de manera indebida, excesiva o molesta. **b)** Llenar u ocupar [alguien o algo (*suj*)] de manera indebida, excesiva o molesta el lugar perteneciente [a alguien (*cd*)]. ■ **3** Apoderarse [de alguien (*cd*) una sensación o un sentimiento].

invaginación *f* (*Biol*) Acción de invaginar(se). *Tb su efecto.* **b)** (*Med*) Penetración anormal de una porción del intestino en otra adyacente.

invaginar *tr* (*Biol*) Replegar hacia el interior. **b)** *pr* (~se) Replegarse hacia el interior.

invalidación *f* Acción de invalidar.

inválidamente *adv* De manera inválida [2].

invalidante *adj* Que causa invalidez [1a y 2].

invalidar *tr* Dejar sin validez [una cosa (*cd*)].

invalidez *f* **1** Condición de inválido [1]. **b)** Pensión que percibe una pers. por estar inválida [1]. ■ **2** Cualidad o condición de inválido [2 y 3].

inválido -da *adj* **1** [Pers. o miembro corporal] que padece algún daño o defecto físico que le impide o dificulta el movimiento o la actividad normal. *Tb n, referido a pers.* **b)** *Esp:* Paralítico. *Tb n.* ■ **2** Que no tiene validez. ■ **3** (*Taur*) [Res] que no tiene fuerza suficiente para afrontar la lidia.

invaluable *adj* (*lit*) Que no se puede valuar o valorar. *Frec con intención ponderativa.*

invar (*n comercial registrado*) *m* Aleación de acero con un 36% de níquel, casi insensible a las variaciones de temperatura.

invariabilidad *f* Cualidad de invariable.

invariable *adj* Que no varía o no está sujeto a variación. **b)** (*Gram*) [Palabra] que no tiene variaciones morfológicas.

invariablemente *adv* De manera invariable.

invariación *f* (*E o lit*) Cualidad de invariante.

invariado -da *adj* Que no ha variado.

invariancia *f* (*E o lit*) Cualidad de invariante.

invariante *adj* (*E*) **1** [Magnitud, expresión, relación, factor o propiedad] que permanece invariable en una cosa al sufrir esta determinadas transformaciones. *Frec n, f o m. Tb fig, fuera del ámbito técn.* ■ **2** (*lit, raro*) Invariable.

invasión *f* **1** Acción de invadir. *Tb su efecto.* ■ **2** (*Med*) Período inicial de una enfermedad.

invasivo -va *adj* (*Med*) **1** Que invade o tiende a invadir. ■ **2** [Método de exploración o tratamiento] que puede afectar negativamente al organismo.

invasor -ra *adj* **1** Que invade. *Frec n, referido a pers.* ■ **2** De (la) invasión.

invectiva *f* Discurso o escrito que ataca duramente [a alguien o algo (*compl* CONTRA)]. **b)** Insulto.

invectivar *tr* Lanzar invectivas [contra alguien o algo (*cd*)].

invencibilidad *f* Cualidad de invencible.

invencible *adj* Que no puede ser vencido.

invenciblemente *adv* De manera invencible.

invención I *f* **1** Acción de inventar. ■ **2** Cosa inventada. ■ **3** (*Rel*) Hallazgo [de una reliquia]. II *loc adj* **4** [Patente] **de ~** → PATENTE.

invencionero -ra *adj* (*raro*) Que inventa.

invendible *adj* Que no se puede vender.

invendido -da *adj* Que no se ha vendido. *Tb n m.*

inventador -ra *adj* (*raro*) Inventor. *Tb n.*

inventar *tr* **1** Forjar la idea [de algo nuevo (*cd*)]. ■ **2** Crear o imaginar [algo que no existe o no corresponde con la realidad]. *Tb abs.* **b)** Contar como verdadero [algo que no lo es]. *Tb abs.*

inventariable *adj* Que puede ser inventariado.

inventarial *adj* De(l) inventario.

inventariar (*conjug* **1c**) *tr* Hacer inventario [de algo (*cd*)]. *Tb fig.*

inventario *m* Relación o asiento de todos los bienes pertenecientes a una pers., a una empresa o a otra entidad, o de los existentes en un lugar. *Frec con un compl especificador.* **b)** *En gral:* Relación o registro. **c) beneficio de ~** → BENEFICIO.

inventivo -va I *adj* **1** Capaz de inventar o dado a inventar. II *f* **2** Capacidad de inventar.

invento *m* **1** Cosa inventada. **b)** Mentira. ■ **2** Acción de inventar. ■ **3** (*col*) Idea u ocurrencia. *Frec con vs como* FASTIDIAR *o* JOROBAR. **b)** Idea o proyecto. *Frec con vs como* FASTIDIAR *o* JOROBAR. **c)** (*col*) Cosa. *En sent gral y referido a algo citado o consabido. A veces designa cosas concretas, esp 'coche' o 'televisión'.*

inventor -ra *adj* Que inventa. *Frec n, referido a pers.*

inverecundia *f* (*lit*) Cualidad de inverecundo.

inverecundo -da *adj* (*lit*) Desvergonzado o descarado.

invernación *f* Acción de invernar.

invernáculo *m* Invernadero [1].

invernada *f* (*raro*) **1** Invierno (estación fría). ■ **2** Invernación.

invernaderista *adj* [Pers.] que se dedica al cultivo en invernaderos [1]. *Tb n.*

invernadero I *m* **1** Lugar cubierto destinado a criar plantas protegiéndolas del frío. ■ **2** Paraje destinado al pasto del ganado en invierno. II *adj invar* **3** [Efecto] de calentamiento terrestre debido a la concentración de óxidos de carbono y otros gases industriales en la atmósfera. *Tb* DE ~.

invernaje *m* Lugar destinado a la estancia de embarcaciones de recreo durante las épocas de no utilización.

invernal I *adj* **1** De(l) invierno (estación fría). II *m* **2** Edificio, gralm. amplio y sólido, para establo y pajar, propio de los puertos de invierno de la cordillera Cantábrica.

invernante *adj* Que inverna. *Tb n, referido a pers.*

invernar *intr* **1** Pasar el invierno [en un lugar]. *Tb sin compl.* ■ **2** (*Biol*) Hibernar.

invernía *f* (*reg*) Invierno (estación fría).

invernizo -za *adj* Invernal [1].

inverosímil *adj* **1** No verosímil, o no susceptible de ser tomado como verdadero. **b)** Increíble o que parece imposible. *Con intención ponderativa.* ■ **2** (*col, humoríst*) Indiferente. *Gralm en la constr* ME ES ~.

inverosimilitud *f* Cualidad de inverosímil [1].

inverosímilmente *adv* De manera inverosímil [1].

inversamente *adv* De manera inversa.

inversión *f* **1** Acción de invertir(se). *Tb su efecto.* **b)** (*Econ*) Cantidad invertida (→ INVERTIR [4]). **c)** (*Meteor*) Disminución o aumento anormal del valor de una propiedad atmosférica, esp. de la temperatura, con la altitud. ■ **2** Condición de invertido [2]. *Tb* ~ SEXUAL.

inversionismo *m* (*Econ*) Tendencia a invertir [4].

inversionista *adj* (*Econ*) **1** Que invierte un capital. *Frec n, referido a pers.* ■ **2** De (la) inversión de capital.

inverso -sa I *adj* **1** [Orden, sentido o disposición] contrarios. ■ **2** De sentido u orientación contrarios. ■ **3** [Traducción] de la lengua propia a otra. ■ **4**

inversor (*Mat*) [Fracción o razón] en que la disposición respectiva de los términos es inversa [1] [a la de otra (*compl* DE)]. *Tb sin compl, dicho de varias fracciones o razones.* **b)** [Razón o relación] según la cual el aumento de una magnitud supone la disminución de otra. **c)** [Regla de tres] de proporción inversa. ■ **5** (*Mat*) [Número] cuyo producto [con otro (*compl* DE)] es la unidad. *Tb sin compl, dicho de varios números.* ■ **6** (*Geol*) [Falla] en que el labio superior avanza por encima del inferior.
II *loc adv* **7 a la inversa.** Al contrario.

inversor -ra *adj* **1** Que invierte dinero, esp. en la bolsa. *Tb n: m y f, referido a pers; f, referido a empresa.* ■ **2** De (la) inversión de capital. ■ **3** (*E*) [Dispositivo] que sirve para invertir [2 y 3]. *Frec n m.*

invertasa *f* (*Quím*) Invertina.

invertebración *f* Condición de invertebrado [2].

invertebrado -da *adj* **1** [Animal] que carece de columna vertebral. *Frec como n m en pl, designando este taxón zoológico.* ■ **2** Que carece de estructura u organización unitaria.

invertido -da *adj* **1** *part* → INVERTIR. ■ **2** [Hombre] homosexual. *Gralm n m.*

invertidor -ra *adj* (*raro*) Inversor [2].

invertina *f* (*Quím*) Fermento del jugo intestinal, que desdobla la sacarosa en glucosa y fructosa.

invertir (*conjug* **60**) *tr* **1** Cambiar [el orden o la disposición] por los contrarios. ■ **2** Cambiar los lugares respectivos [de dos elementos (*cd*)]. **b)** *pr* (**~se**) Cambiar [dos elementos] los lugares respectivos. ■ **3** Poner [algo] en sentido o con orientación contrarios a los que tenía o a los habituales. **b)** *pr* (**~se**) Tomar [algo] sentido u orientación contrarios a los que tenía o a los habituales. ■ **4** Emplear [una cantidad, esp. de dinero o de tiempo (*cd*)], en algo]. **b)** (*Econ*) Emplear [dinero] en la adquisición de bienes de capital. *Frec abs. Frec con un compl* EN.

investidura *f* **1** Acción de investir. *Tb su efecto.* ■ **2** (*hist*) *En la Edad Media:* Concesión de cargos eclesiásticos por la autoridad civil.

investigable *adj* Que puede investigarse.

investigación *f* Acción de investigar.

investigador -ra I *adj* **1** Que investiga. *Frec n, referido a pers.* ■ **2** De (la) investigación.
II *m y f* **3** ~ **privado.** Detective privado.

investigar A *tr* **1** Hacer diligencias, estudios o averiguaciones para llegar a conocer [algo] profundamente. **b)** Hacer diligencias, estudios o averiguaciones para descubrir [algo]. **c)** Hacer diligencias o averiguaciones para descubrir la vida o comportamiento [de una pers. (*cd*)].
B *intr* **2** Hacer diligencias, estudios o averiguaciones [sobre algo]. *Tb sin compl.* **b)** Trabajar sistemáticamente en la búsqueda de nuevos conocimientos científicos. *Frec con un compl* SOBRE.

investigativo -va *adj* De (la) investigación.

investigatorio -ria *adj* (*raro*) De (la) investigación.

investir (*conjug* **62**) *tr* (*lit*) **1** Conferir [a alguien (*cd*) una dignidad o autoridad (*compl* DE o CON)]. ■ **2** (*raro*) Revestir [a alguien (*cd*)] de un carácter o apariencia determinados]. *Frec el cd es refl.*

inveteradamente *adv* De manera inveterada.

inveterado -da *adj* Arraigado o establecido desde de mucho tiempo atrás.

inviabilidad *f* Cualidad de inviable.

inviable *adj* **1** Que no es viable o realizable. ■ **2** (*Biol*) Que no puede vivir.

invicto -ta *adj* (*lit*) Que no ha sido vencido.

invidencia *f* (*lit*) **1** Condición de invidente. ■ **2** (*raro*) Incapacidad de reconocer el valer ajeno.

invidente *adj* (*lit*) [Pers.] ciega. *Tb n.*

invierno *m* **1** Estación más fría del año, que en el hemisferio norte abarca oficialmente del 22 de diciembre al 20 de marzo. **b)** ~ **nuclear.** Período de frío y oscuridad extremados que tendría lugar como consecuencia de una guerra o una catástrofe nuclear. ■ **2** (*lit*) Vejez. *Frec* ~ DE LA VIDA.

inviolabilidad *f* Cualidad de inviolable.

inviolable *adj* Que no puede ser violado o vulnerado.

invisibilidad *f* Cualidad de invisible.

invisible *adj* Que no se puede ver.

invisiblemente *adv* De manera invisible.

invitación *f* **1** Acción de invitar. ■ **2** Tarjeta o carta con que se invita [1].

invitado -da *adj* **1** *part* → INVITAR. ■ **2** [Artista] que toma parte en una representación, un espectáculo o un concierto sin pertenecer al conjunto que los presenta. *Tb* (*col*) *fig, fuera del ámbito técn.* **b)** [Pers.] que, con carácter extraordinario, interviene en un congreso o en un curso por invitación [1] de sus organizadores. *Frec n.*

invitador -ra *adj* Que invita [4].

invitadoramente *adv* De manera invitadora.

invitante *adj* Que invita. *Tb n, referido a pers.*

invitar *tr* **1** Pedir en acto de cortesía o de amistad [a alguien (*cd*)] que esté presente [en un determinado acto o lugar (*compl* A)]. *Tb abs. Tb sin compl* A, *por consabido.* ■ **2** Pagar u ofrecer [a alguien (*cd*)], en muestra de cortesía o de amistad, [algo (*compl* A) que le proporcione un placer]. *Gralm referido a comida o bebida; en estos casos, frec abs.* ■ **3** Pedir o indicar [a alguien (*cd*)] con cortesía o afabilidad [que haga algo (*compl* A)]. **b)** (*euf, admin*) Ordenar o mandar [algo (*compl* A) a alguien (*cd*)]. ■ **4** Mover o estimular [a una acción].

invitatorio *m* (*Rel catól*) Antífona que se canta al principio de los maitines.

in vitro (*lat; pronunc corriente,* /im-bítro/) *loc adv* (*Biol*) En un tubo de ensayo o fuera del organismo. *Tb adj, esp referido a fecundación. Tb fig, fuera del ámbito técn.*

invivible *adj* [Lugar o ambiente] en que no se puede vivir.

in vivo (*lat; pronunc corriente,* /im-bíbo/) *loc adv* (*Biol*) En el organismo vivo.

invocable *adj* Que puede ser invocado.

invocación *f* **1** Acción de invocar. ■ **2** Palabra o palabras con que se invoca [1 y 2].

invocador -ra *adj* Que invoca. *Tb n, referido a pers.*

invocar *tr* **1** Llamar [a alguien, esp. a Dios, la Virgen o los santos] en petición de ayuda. ■ **2** Pedir [ayuda]. ■ **3** Alegar o presentar [algo] como justificación o argumento.

invocativo -va *adj* De (la) invocación.

invocatorio -ria *adj* De (la) invocación o que la implica.

in voce (*lat; pronunc corriente,* /im-bóθe/) *loc adv* De viva voz. *Tb adj.*

involución *f* Proceso o modificación regresivos.

involucionar *intr* Sufrir involución.

involucionismo *m* Tendencia a la involución política o ideológica. *Tb la actitud correspondiente.*

involucionista *adj* De(l) involucionismo.   **b)** Partidario del involucionismo. *Tb n, referido a pers.*

involucración *f* Acción de involucrar. *Tb su efecto.*

involucrar *tr* **1** Comprometer o complicar [a alguien en un asunto]. *Tb sin compl* EN, *por consabido*. ■ **2** Comprender o incluir. ■ **3** Confundir o tergiversar. *Tb abs.*

involucro (*tb* **involucro**) *m* (*Bot*) Conjunto de brácteas que rodea o envuelve a una flor o a una inflorescencia.

involuntariamente *adv* De manera involuntaria [1].

involuntariedad *f* Cualidad de involuntario.

involuntario -ria *adj* **1** Que no depende de la voluntad. **b)** [Acto] no querido por la voluntad. ■ **2** *Siguiendo a n referido a pers que realiza una acción:* Que hace [la acción aludida en el n.] sin intervención de su voluntad.

involutivo -va *adj* De (la) involución.

invulnerabilidad *f* Cualidad de invulnerable.

invulnerable *adj* Que no puede ser herido o dañado física o moralmente. *A veces con un compl* A.

invulnerado -da *adj* (*lit*) No vulnerado.

inyección *f* **1** Acción de inyectar. *Tb su efecto.* **b)** (*Mec*) Acción de inyectar [1a] directamente el combustible en el cilindro, sin intervención de carburador. *Frec en la constr* DE ~. ■ **2** Líquido que se inyecta [1b]. *Tb la cápsula que lo contiene.*

inyectable *adj* Que puede ser inyectado. *Frec n m, referido a medicamento.*

inyectado -da *adj* **1** *part* → INYECTAR. ■ **2** Congestionado, o que presenta una acumulación anormal de sangre. **b)** *Referido a ojos, frec en la constr* ~S EN SANGRE, *aludiendo esp al estado de ira o enojo.*

inyectador -ra *adj* Que inyecta.

inyectar *tr* **1** Hacer penetrar [un fluido, esp. un líquido] a presión [en alguien o algo (*compl* EN o *ci*)]. *Tb sin el 2º compl*. **b)** Introducir [un líquido, esp. una medicina (*cd*), en un organismo o una parte de él (*ci* o *compl* EN)] por medio de una aguja. *Tb sin el 2º compl*. **c)** Introducir un líquido, esp. una medicina, [en un ser vivo (*cd*)] por medio de una aguja. ■ **2** Aportar [a una pers. o cosa (*ci*)] algo que le da fuerza o impulso].

inyector -ra *adj* Que inyecta. *Frec n, m y f, designando aparato o máquina.*

iodo, ioduro. → YODO, YODURO.

ión (*tb* **ion**) *m* (*Fís y Quím*) Átomo o grupo de átomos con carga eléctrica, por haber perdido o ganado algún electrón.

iónico -ca *adj* (*Fís y Quím*) De (los) iones.

ionización *f* **1** (*Fís y Quím*) Acción de ionizar(se). *Tb su efecto.* ■ **2** (*Med*) Iontoforesis.

ionizador -ra *adj* (*Fís y Quím*) Que ioniza. *Frec n m, referido a aparato.*

ionizante *adj* (*Fís y Quím*) Que ioniza.

ionizar *tr* (*Fís y Quím*) Transformar total o parcialmente en iones. **b)** *pr* (~**se**) Transformarse total o parcialmente en iones.

ionograma *m* (*Med*) Registro de la concentración de aniones y cationes de un líquido orgánico.

ionosfera *f* (*Meteor*) Capa atmosférica inmediatamente superior a la estratosfera, fuertemente ionizada.

ionosférico -ca *adj* (*Meteor*) De (la) ionosfera.

iontoforesis *f* (*Med*) Introducción de una sustancia ionizada en el organismo, por medio de una corriente eléctrica.

iota *f* Letra del alfabeto griego que representa el sonido [i]. (V. PRELIM.) **b)** ~ **suscrita**. Signo diacrítico, en forma de rasgo vertical, que se escribe debajo de una vocal larga para representar una iota desaparecida en la pronunciación.

IPC (*sigla; pronunc corriente,* /í-pé-cé/) *m* (*Econ*) Índice de precios al consumo, o índice del coste de la vida.

ipecacuana *f* Planta americana, de tallos sarmentosos, hojas alargadas, flores pequeñas y blancas, fruto en bayas, y cuya raíz, llena de anillos salientes, es muy usada en farmacia (*Cephaëlis ipecacuanha*). *Tb su raíz.*

iperita *f* (*Quím*) Gas tóxico, a base de sulfuro de etilo, que levanta vejigas en la piel y que se ha usado en la guerra química.

ipomea *f* Se da este *n* a las plantas tropicales y subtropicales del gén *Ipomoea*, cultivadas como ornamentales o por sus tubérculos comestibles.

ippon (*jap; pronunc corriente,* /ípon/) *m* (*Dep*) En artes marciales: Victoria total conseguida por una técnica perfecta.

ipseidad *f* (*Filos*) Identidad individual.

ípsilon (*tb* **ýpsilon**, **ipsilón** *o* **ypsilón**) *f* Letra del alfabeto griego que representa el sonido [ü]. (V. PRELIM.)

ipso facto (*lat; pronunc,* /ípso-fákto/) *loc adv* **1** Inmediatamente. ■ **2** Automáticamente o por el mismo hecho.

ipso iure (*lat; pronunc,* /ípso-yúre/) *loc adv* (*Der*) Por el mismo derecho o según la ley, sin necesidad de previa intervención o solicitud de una parte.

ir I *intr* (*conjug* 50) A *normal* ➤ **a** *como simple v* **1** Moverse [hacia un determinado punto]. *Normalmente con algún compl que expresa la pers o cosa que es meta del movimiento (pralm con la prep* A*), o la que sirve de referencia para precisar la dirección del mismo (pralm con la prep* HACIA*), o la que se toma como punto de partida (con las preps* DE *o* DESDE*), o el lugar a través del cual se produce (pralm con la prep* POR*). Tb pr (~**se**). * Voy a la cocina. * Fue hacia él. * Va solo de aquí hasta allí. * Iba por la calle. * Vete a la calle, anda.* **b)** Llevar [un camino (*suj*)] a un lugar. **c)** (*infantil*) Ser [alguien] llevado o acusado [por una pers. con autoridad (*compl* A)]. *Gralm en frases de amenaza. * ¡A que vas a la seño!* ■ **2** Cambiar [alguien o algo hacia otra situación o estado (*compl adv, esp con* A)]. ■ **3** Tener su curso [una cosa de estructura lineal]. *Seguido de un compl de lugar o de modo. Tb fig. Frec con compls* DE *o* DESDE... A *o* HASTA. **b)** Extenderse [algo desde un punto a otro]. ■ **4** Tener [alguien (*suj*) algo (*compl* A *o* HACIA)] como meta u objetivo de su acción. **b)** Proponerse tratar [una cuestión (*compl* A)] o referirse [a ella]. **c)** (*Juegos*) Pretender reunir [determinadas cartas o fichas (*compl* A)]. **d)** Seguir [alguien determinado camino (*compl* POR)] en su razonamiento o en su intención. ■ **5** *Seguido de* PARA + *n que designa la pers que ejerce una actividad o disfruta de una situación:* Tener condiciones [para ellas], tener[las] como perspectiva o como meta, o prepararse [para ellas]. * Va para director. **b)** Aproximarse [a una edad o un estado (*compl* PARA)]. **c)** *Usado como impers, seguido de* PARA + *un compl de tiempo:* Estar a punto de cumplirse [el plazo que se expresa, desde un determinado acontecimiento]. * Va para tres meses que no le veo. ■ **6** Referirse o dirigirse [a alguien (*compl* CON)]. **b)** Referirse o aludir [a alguien o algo (*compl* POR)]. ■ **7** Proceder, o enfrentarse con una circunstancia, [de una determinada manera (*compl de modo*)]. ■ **8** Presentarse o aparecer [de una determinada manera (*compl adv o predicat*)]. **b)** Presentarse o mostrarse [con una determinada actitud (*compl* DE)]. *Frec* ~ DE + *adj* POR LA VIDA. **c)** Actuar [como algo (*compl* DE)] o hacer el papel [de algo]. **d)** Suceder o producirse [algo de un modo determinado (*compl adv*)]. ■ **9** Estar [alguien o algo en un lugar (*compl adv o predicat*)] dentro de un orden o sucesión. **b)** Ser [una pers. o cosa] aquella a la que corresponde el turno. ■ **10** Estar [de una determinada manera (*compl adv o predicat*)] sin perspectiva de cambio inmediato. **b)** Venderse [algo a un precio determinado (*predicat o compl adv*)]. ■ **11** Funcionar o marchar [una cosa]. *Con un compl de modo.* **b)** (*col*) Funcionar o marchar bien. ■ **12** Resultar [algo a alguien de un modo determinado] o producirle [determinado efecto (*compl adv*)]. **b)** *Usado como impers:* Suceder[le a alguien] las cosas [de determinada manera]. *A veces se usa como saludo en la fórmula* ¿CÓMO TE VA? **c)** Tener [una cosa (*suj*) algo (*compl* EN)] como consecuencia. ■ **13** Ser [una pers. o cosa] adecuada al carácter, las condiciones o el gusto [de alguien (*ci*)]. ■ **14** Estar [una cosa] de acuerdo o en armonía [con otra (*compl* CON *o ci*)]. **b)** Ser partidario [de alguien o algo (*compl* CON)] o estar de acuerdo [con ellos]. ■ **15** Estar [una cosa] en desacuerdo u oposición [con otra (*compl* CONTRA)]. **b)** Ser enemigo o contrario [de alguien o algo (*compl* CONTRA)] o estar en desacuerdo [con ellos (*compl* CONTRA)]. ■ **16** Estar o encontrarse. *Frec con un compl de lugar.* ■ **17** Existir [una diferencia]. *Con dos compls que expresan los términos diferenciados. A veces el suj es un pron de cantidad.* * Lo que va de ayer a hoy. * De dos a cinco van tres. ■ **18** Depender [una cosa de otra (*compl* EN)]. *Frec con ci de pers.* ■ **19** Haber pasado o haber quedado atrás [cierta cantidad de unidades, esp. de medida]. ■ **20** Servir [una cosa] de compensación [por otra]. *Frec en la constr* VÁYA(SE) LO UNO POR LO OTRO. ■ **21** Ser apostado [algo, esp. una cantidad] por la pers. que habla. ■ **22** (*Juegos*) Entrar [alguien] en la apuesta. ■ **23** (*jerg*) Consumir habitualmente [una droga (*compl* DE)]. ■ **24** *Seguido de un ger, forma una perífrasis con la que se presenta en su desarrollo (esp con una proyección futura), y no como instantánea, la acción significada por el v que va en ger.* * Nos fuimos acercando otra vez. ■ **25** *Seguido de* A + *infin, forma una perífrasis con la que se presenta como venidera y de realización más o menos inmediata la acción significada por el v que*

va en infin. * Voy a decírtelo. * Te vas a caer. **b)** *A veces incluye un matiz de propósito de la pers designada en el suj.* * Voy a reseñar lo que sucedió en el ruedo. **c)** *A veces con matiz de posibilidad.* * Si supiera que estabas aquí, ¡cómo iba a torear! **d)** *A veces con matiz exhortativo.* * Vas a dejar eso y te vas a venir conmigo.

➤ **b** *En loc v y fórm or* **26 allá (que) (te) va.** (*col*) *Fórmula con que se describe el movimiento rápido e incontrolado de alguien o algo.* * Se fue, allá que te va, contra la cuneta. **b) allá va.** (*col*) *Fórmula con que se anuncia que se va a lanzar un objeto hacia la pers a quien se habla; o, en sent fig, que se va a exponer algo que ha de sorprenderles.* * ¿Me prometes el secreto? Pues agárrate, que allá va. ■ **27 ¿de qué va?** (*col*) ¿De qué se trata? *Gralm dependiendo del v* SABER. ■ **28 dónde va.** (*col*) *Fórmula con que se pondera la gran diferencia que existe entre dos perss o cosas. Tb* DÓNDE VA A PARAR (→ PARAR). * Este es más bonito, ¿dónde va? ■ **29 ¿dónde vas** [con algo]? *Fórmula con que se pondera lo exagerado o inadecuado de lo expresado en el compl.* * ¿Dónde vas con tanta comida? ■ **30 ¿dónde vas (vamos,** *etc*) a ~ que más valgas (valgamos,** *etc*)? *Fórmula con que se pondera lo inútil o desacertado de un hipotético cambio de lugar o de situación.* * –¿Dónde vas a ir que más valgas? –¡Al infierno! ■ **31 ~ a más, ~ a menos** → MÁS, MENOS. ■ **32 ~ a parar.** Terminar o desembocar. *Con un compl de lugar. Frec fig.* ■ **33 ~ (o ~se) con** [una pers.]. (*col*) Tener trato carnal [con ella]. *Sin compl de lugar.* ■ **34 ~ dado, ~ listo,** *etc* → DADO, LISTO, *etc*. ■ **35 ~ de cráneo, ~ de culo** → CRÁNEO, CULO. ■ **36 irle** [algo a alguien] la marcha → MARCHA. ■ **37 ~** [algo] de suyo. (*lit*) Ser connatural o elemental. ■ **38 ~ para largo** → LARGO. ■ **39 ~ por delante** → DELANTE. ■ **40 ~** [alguien] que se mata → MATAR. ■ **41 ~ tirando.** (*col*) Mantenerse, sin mejorar ni empeorar, en el estado mediano en que se estaba. ■ **42 ~ y +** *v en ind.* (*col*) *Fórmula con que se pone de relieve la acción expresada por lo que sigue a* Y. * Va y dice: Seguro que yo lo sé. ■ **43 ~ y venir.** Moverse de un lado para otro, o en un sentido y en el opuesto. (→ acep. 78.) ■ **44 no (o ni) ~le ni venirle** [a uno (*ci*) una cosa (*suj*)], o (*más raro*) **no ~le ni venirle nada** [en una cosa]. (*col*) No importarle nada. *Puede faltar el ci. A veces* ¿QUÉ LE VA NI LE VIENE? ■ **45 no + ~ en subj + a +** *infin* = PARA QUE NO + *el segundo v en subj*. * Me voy, no vaya a ser que se enfade. ■ **46 no va más.** *En la ruleta: Fórmula con que el croupier advierte el fin de las apuestas.* (→ acep. 77.) * Hagan juego, señores. No va más. ■ **47 no vayas a +** *infin. Fórmula con que se previene contra la tentación o el riesgo de hacer lo que el v en infin expresa.* * No te vayas a creer que no lo sé. ■ **48 que si fue y que si vino.** (*col*) *Fórmula con que se alude a palabras ajenas que se consideran sin interés, esp las dichas en una discusión.* * Empezó que si fue que si vino, y la lió. ■ **49 qué va.** (*col*) *Se usa como negación enfática, frec como respuesta.* * –¿Estás enfadado? –¡Qué va! ■ **50 ¿qué va a ser?** → SER¹. ■ **51 qué vas (o vais, va,** *etc*) a +** *infin.* (*col*) *Fórmula con que se niega enfáticamente que el suj realice lo expresado por el v.* * –¿Tienes mal genio? –¡Qué voy a tener! ■ **52 ¿quién va?** *Fórmula con que se pide que se identifique alguien que llama a la puerta o cuya presencia próxima se ha percibido.* * Al oír el timbre alguien dijo: ¿Quién va? ■ **53 va por +** *sust. Fórmula con que se brinda a alguien (designado por el sust) un acto que se va a realizar.* * Cogió el vaso y brindó: ¡Salud! ¡Va por ti! ■ **54 vaya si (más raro, vaya que si) +** *v en ind. Fór-*

mula con que se afirma enfáticamente el hecho expresado por el v. * –¿Llueve? –¡Vaya si llueve! ■ **55 vete** (*o* **vaya usted**) **a saber** → SABER[1].

B *pr* (**~se**) ➤ **a** *como simple v* **56** Abandonar [una pers. o cosa] el sitio en que está. ■ **57** Salirse o escaparse [una sustancia] del recipiente que la contiene. **b)** Salirse [un recipiente o un cierre]. ■ **58** (*lit*) Morirse. ■ **59** Extinguirse o desaparecer. **b)** Pasar o transcurrir [el tiempo]. **c)** Gastarse o consumirse [algo]. ■ **60** Ser atraído poderosamente [por un estímulo externo (*compl adv*)]. ■ **61** (*col*) Perder [uno] momentáneamente el control de sus necesidades fisiológicas. *Sin compl, normalmente referido a ventosear. Referido a orinar o esp defecar, gralm* ~SE (POR) LA PATA (*o* LA PIERNA) ABAJO. ■ **62** (*col*) Ponerse [una cosa] fuera del control de quien la tiene. ■ **63** Romperse o deshilarse [una tela], esp. por estar muy pasada. ■ **64** (*Naipes*) Descartarse [de una o más cartas]. ■ **65** (*Juegos*) Sobrepasar la cantidad mínima de tantos necesaria para ganar.

➤ **b** *En loc v y fórm or* **66** ~**se a** + *determinados ns con art* (**porra, cuerno, demonio, diablo, mierda, carajo,** *etc*) *o sin art* (**paseo**), *o determinadas locs vs* (**freír espárragos, freír monas, hacer puñetas, hacer gárgaras, tomar viento, tomar por** (**el**) **culo,** *etc*). (*col o vulg*) Acabarse, fracasar o malograrse. *Cuando el v ~ va en una forma desiderativa* (VETE, QUE SE VAYAN, *etc*), *la frase se usa como rechazo vehemente de la pers o cosa a que se refiere.* * El asunto se fue a la porra. * Vete a hacer puñetas, pesado. ■ **67** ~**se abajo** → ABAJO. ■ **68** ~**se al otro barrio,** *o* **al otro mundo** → BARRIO, MUNDO. ■ **69** ~**se arriba** → ARRIBA. ■ **70** ~**se de la lengua,** ~**sele** [a alguien] **la lengua** → LENGUA. ■ **71** ~**se de la mui** → MUI. ■ **72** ~**se de varetas** → VARETAS. ■ **73** ~**sele** [algo a alguien] **de las manos,** ~**sele** [a alguien] **la mano** → MANO. ■ **74** ~**sele** [a alguien] **la cabeza,** ~**sele** [a alguien] **los ojos,** ~**sele** [a alguien] **los pies** → CABEZA, OJO, PIE. ■ **75** ~**sele** [algo a alguien] **por alto** → ALTO[1]. ■ **76** (**por**) **allá** (*o* **por ahí**) **se van** [dos o más perss. o cosas], *o* (**por**) **allá se va** [una pers. o cosa con otra]. (*col*) Son o valen más o menos lo mismo.

II *m* **77 el no va más.** (*col*) El máximo de intensidad, de calidad o de importancia. [La pers o cosa que lo representa.] (→ acep. 46.) ■ **78 ~ y venir.** Movimiento incesante de un lugar a otro en diversas direcciones. (→ acep. 43.)

III *loc adv* **79 sin ~ más lejos.** Sin necesidad de buscar pruebas o ejemplos menos inmediatos que el que se va a exponer. *Tb* (*más raro*) SIN ~ MÁS ALLÁ. ■ **80 vaya.** (*pop*) *En forma exclam, precede a un adv o a un adj para ponderar su significación.* * ¡Vaya bien que lo pasamos! ■ **81 vaya que sí.** (*pop*) Sí, o claro que sí. *Con intención enfática.*

IV *interj* (*col*) **82 ahí va.** (*pronunc, /aibá/*) *Expresa admiración o sorpresa.* * ¡Ahí va, qué grande! ■ **83 vamos** (*pop,* **amos**). *Se usa para exhortar a otro a una determinada acción.* * ¡Vamos, despierta! **b)** *Expresa protesta.* * ¡Que no, vamos! ¡Ni hablar! **c)** *Se usa para rectificar o matizar, con lo que sigue, lo que se acaba de decir. A veces se usa expletivamente.* * Puedes venir, vamos, si tú quieres. * –¿Cuál es tu primer recuerdo? –Bueno, vamos, me acuerdo igual del Bisa y de la Abuela. **d)** **vamos** (*pop,* **amos**), **anda.** *Se emplea para rechazar despectivamente lo que ha dicho el interlocutor.* * –Seguro que te gana. –¡Amos anda! ■ **84 vaya.** *Expresa contrariedad, sorpresa o admiración. A veces seguido de un sust sin prep ni art o con la prep* CON. * ¡Vaya! No sé dónde lo he puesto. * ¡Vaya cochazo! ¡Vaya con el niño! **b)** *A veces se emplea como simple expresión de*

simpatía. * Vaya; pues ya lo estaba yo diciendo: estos no vienen por aquí. **c)** *Usado frec como respuesta, expresa discreto asentimiento o manifiesta una situación medianamente aceptable.* * –¿Cómo te encuentras? –Vaya. **d)** *Se usa para rectificar o matizar, con lo que sigue, lo que se acaba de decir.* * El jol, vaya, el recibidor, era amplio.

ira *f* Sentimiento de desagrado y rechazo que va acompañado de agitación nerviosa y que impulsa a la violencia. *Tb* (*lit*) *fig, referido a cosa.* **b)** *En pl:* Accesos de ira.

iracundamente *adv* De manera iracunda [1b].

iracundia *f* Cualidad de iracundo.

iracundo -da *adj* **1** [Pers.] que tiene o muestra ira. *Tb* (*lit*) *fig, referido a cosa.* ■ **2** [Pers.] irascible, o propensa a la ira. *Tb* (*lit*) *fig, referido a cosa.* ■ **3** Propio de la pers. iracunda [1 y 2].

irakí → IRAQUÍ.

iranés -sa *adj* Iraní. *Tb n.*

iraní *adj* Del Irán. *Tb n, referido a pers.*

iranio -nia I *adj* **1** Iraní. *Tb n.* **b)** (*hist*) Persa (de Persia). *Tb n, referido a pers.* **c)** De (los) iranios [1a y b].
II *m* **2** Grupo de lenguas indoeuropeas que incluye el persa.

irano- *r pref* Iraní. * Irano-iraquí.

iraquí (*tb con la grafía* **irakí**) *adj* Del Irak. *Tb n, referido a pers.*

irascibilidad *f* Cualidad de irascible.

irascible *adj* Propenso a la ira.

irenismo *m* (*lit*) Actitud o doctrina favorable a la paz o a la coexistencia pacífica.

irenista *adj* (*lit*) De(l) irenismo. **b)** Partidario del irenismo. *Tb n.*

iridácea *adj* (*Bot*) [Planta] herbácea monocotiledónea, con rizomas, bulbos o tubérculos, hojas estrechas, flores en racimos o panojas y fruto en cápsula, de la familia del azafrán. *Frec como n f en pl, designando este taxón botánico.*

iridescente *adj* (*raro*) Iridiscente.

iridiado -da *adj* (*Metal*) Aleado con iridio.

iridio *m* (*Quím*) Metal de número atómico 77, de propiedades y aspecto semejantes a los del platino, usado esp. para endurecer metales preciosos.

iridiscencia *f* Reflejo de los colores del arco iris.

iridiscente *adj* Que muestra o refleja los colores del arco iris.

iridodiagnóstico *m* (*Med*) Diagnóstico basado en el examen del iris del ojo.

iridología *f* (*Med*) Método de diagnóstico basado en el examen del iris del ojo.

iris *m* **1** (*Anat*) Disco membranoso del ojo, de color variable, en cuyo centro se encuentra la pupila. ■ **2** Lirio (planta del gén. *Iris*). ■ **3** [Arco] ~ → ARCO.

irisación *f* Acción de irisar(se). *Frec su efecto, gralm en pl. Tb fig.*

irisado -da *adj* **1** *part* → IRISAR. ■ **2** Que presenta irisaciones.

irisar *tr* Hacer que [algo (*cd*)] presente reflejos con los colores del arco iris. **b)** *pr* (**~se**) Pasar [algo] a presentar reflejos con los colores del arco iris.

iritis *f* (*Med*) Inflamación del iris del ojo.

irlandés -sa I *adj* **1** De Irlanda. *Tb n, referido a pers.* ■ **2** [Café] caliente con whisky y nata. *Tb n m.*
II *m* **3** Lengua de Irlanda.

ironía *f* **1** Modo de expresión que consiste en dar a entender lo contrario de lo que se dice, gralm. con intención de burla. ■ **2** Tono de burla con que se dice algo. ■ **3** (*Filos*) Método socrático que consiste en fingirse ignorante para preguntar al interlocutor y hacer que este muestre su propia ignorancia.

irónicamente *adv* De manera irónica.

irónico -ca *adj* **1** De (la) ironía. ■ **2** Que tiene o muestra ironía.

ironista *m y f* Pers. que se expresa con ironía, *esp* [1].

ironización *f* Acción de ironizar.

ironizador -ra *adj* Que ironiza.

ironizar *intr* Hablar o expresarse con ironía [1 y 2].

iroqués -sa *adj* De un pueblo indígena de Norteamérica, antiguamente establecido en el actual estado de Nueva York. *Tb n, referido a pers.*

IRPF (*sigla; pronunc corriente,* /í-ére-pé-éfe/) *m* Impuesto sobre la renta de las personas físicas.

irracional *adj* **1** [Ser, esp. animal] no dotado de razón (facultad de razonar o pensar). *Tb n.* ■ **2** [Cosa] no conforme con la razón o ajena a ella. ■ **3** (*Mat*) [Número] no racional. **b)** [Expresión algebraica] que contiene algún radical.

irracionalidad *f* **1** Cualidad de irracional. ■ **2** Cosa irracional [2].

irracionalismo *m* Tendencia a prescindir de la razón o dar primacía a lo irracional [2]. *Tb la actitud correspondiente.*

irracionalista *adj* De(l) irracionalismo o que lo implica. **b)** Adepto al irracionalismo. *Tb n.*

irracionalmente *adv* De manera irracional [2].

irradiación *f* Acción de irradiar, *esp* [1a]. *Tb su efecto.*

irradiador -ra *adj* Que irradia, *esp* [1a].

irradiante *adj* Que irradia [1a].

irradiar (*conjug* 1a) **A** *tr* **1** Emitir [luz, calor u otra energía] en distintas direcciones. *Tb fig.* **b)** Ser [una cosa] el centro del que parten [otras *cd*) que siguen distintas direcciones]. ■ **2** Someter [un cuerpo] a radiaciones.
B *intr* **3** Partir [algo de un centro] en distintas direcciones. **b)** Partir u originarse [una cosa de otra]. ■ **4** Difundirse o propagarse [algo] en distintas direcciones.

irrayable *adj* Que no se puede rayar.

irrazonable *adj* [Cosa] no razonable.

irrazonablemente *adv* De manera irrazonable.

irrazonado -da *adj* No razonado, o no basado en razones.

irreal *adj* No real[1], o que no tiene existencia verdadera y efectiva.

irrealidad *f* Cualidad de irreal.

irrealismo *m* (*raro*) Falta de realismo[1].

irrealista *adj* (*raro*) Falto de realismo[1].

irrealizable *adj* Que no se puede realizar.

irrealizar *tr* (*lit*) Hacer que [alguien o algo (*cd*)] parezca irreal.

irrebatible *adj* Que no se puede rebatir.

irrecognoscibilidad *f* (*lit*) Cualidad de irrecognoscible.

irrecognoscible *adj* (*lit*) Irreconocible.

irreconciliable *adj* Que no se puede reconciliar.

irreconocible *adj* Que no se puede reconocer (identificar o distinguir).

irrecordable *adj* Que no se puede recordar.

irrecuperable *adj* Que no se puede recuperar.

irrecusable *adj* Que no se puede recusar.

irredentismo *m* (*Pol*) Actitud que propugna la anexión de un territorio irredento a la nación a la que se afirma que debe pertenecer.

irredentista *adj* (*Pol*) De(l) irredentismo. **b)** Partidario del irredentismo. *Tb n.*

irredento -ta *adj* Que permanece sin redimir. *Gralm referido al territorio o al pueblo que una nación pretende anexionarse o recuperar por razones históricas.*

irredimible *adj* Que no se puede redimir.

irreducible *adj* Que no se puede reducir.

irreductibilidad *f* Cualidad de irreductible.

irreductible *adj* Que no se puede reducir.

irreductiblemente *adv* De manera irreductible.

irreemplazable (*tb, raro,* **irremplazable**) *adj* Que no se puede reemplazar.

irreflexión *f* Falta de reflexión (acción de reflexionar).

irreflexivamente *adv* De manera irreflexiva.

irreflexivo -va *adj* **1** [Pers.] que actúa sin reflexión. *Tb n.* **b)** Propio de la pers. irreflexiva. ■ **2** [Cosa] hecha o dicha sin reflexión.

irreformable *adj* Que no se puede o debe reformar.

irrefragable *adj* (*lit*) Que no se puede contradecir o discutir.

irrefragablemente *adv* (*lit*) De manera irrefragable.

irrefrenable *adj* Que no se puede refrenar o reprimir.

irrefrenablemente *adv* De manera irrefrenable.

irrefutable *adj* Que no se puede refutar o discutir.

irrefutablemente *adv* De manera irrefutable.

irregular *adj* **1** Que no se ajusta a una regla establecida. **b)** Que no se ajusta a la regla general. **c)** Que no se ajusta a la norma moral o legal, o es contrario a ellas. ■ **2** No uniforme, que tiene variaciones sensibles. **b)** [Pers.] cuyo carácter o comportamiento presenta variaciones sensibles. ■ **3** [Forma] imprecisa o que no se ajusta o asemeja a la de las figuras geométricas regulares o a la de la circunferencia. **b)** Que presenta forma irregular. ■ **4** (*Geom*) [Polígono o poliedro] cuyos ángulos y lados o caras no son iguales.

irregularidad *f* **1** Cualidad de irregular. ■ **2** Cosa irregular o por la que algo es irregular [1 y 2].

b) Desigualdad o cambio de nivel [de una superficie o de un cuerpo]. c) Acción irregular [1c].

irregularmente *adv* De manera irregular [1, 2 y 3].

irrelevancia *f* Cualidad de irrelevante.

irrelevante *adj* No relevante o no importante.

irreligión *f* Falta de religión.

irreligiosidad *f* Cualidad de irreligioso.

irreligioso -sa *adj* 1 No religioso, o falto de religión. ■ 2 [Cosa] contraria a la religión.

irrellenable *adj* [Tapón] que impide rellenar una botella.

irremediabilidad *f* Cualidad de irremediable.

irremediable *adj* Que no se puede remediar.

irremediablemente *adv* De manera irremediable.

irremisible *adj* 1 Que carece de remisión o perdón. ■ 2 Irremediable.

irremisiblemente *adv* De manera irremisible.

irremplazable → IRREEMPLAZABLE.

irrenunciable *adj* [Cosa] a la que no se puede renunciar.

irrenunciablemente *adv* De manera irrenunciable.

irreparable *adj* Que no se puede reparar. *Frec con intención ponderativa, referido a pérdida.*

irreparablemente *adv* De manera irreparable.

irrepetibilidad *f* Cualidad de irrepetible.

irrepetible *adj* Que no se puede repetir. *Gralm con intención ponderativa, expresando el carácter único o excepcional de alguien o algo.* * Es una persona irrepetible.

irreprensible *adj* Que no merece reprensión.

irrepresentable *adj* Que no se puede representar. *Esp referido a obras dramáticas.*

irreprimible *adj* Que no se puede reprimir.

irreprimiblemente *adv* De manera irreprimible.

irreprochable *adj* Que no merece reproche. b) Perfecto, o carente de falta o defecto.

irreprochablemente *adv* De manera irreprochable.

irreproducible *adj* Que no se puede reproducir. *Frec referido a palabras.*

irrescindible *adj* (Der) Que no se puede rescindir.

irresistible *adj* 1 Que no puede ser resistido o soportado. ■ 2 [Cosa] a la que uno no puede resistirse u oponer resistencia. b) [Pers. o cosa] de gran atractivo. *Frec con intención ponderativa.*

irresistiblemente *adv* De manera irresistible.

irresoluble *adj* Que no se puede resolver o solucionar.

irresolución *f* 1 Falta de resolución (ánimo o decisión). ■ 2 (raro) Falta de resolución o solución.

irresoluto -ta *adj* 1 [Pers.] falta de resolución (ánimo o decisión). b) Propio de la pers. irresoluta. ■ 2 (raro) No resuelto o no solucionado.

irrespetuosamente *adv* De manera irrespetuosa.

irrespetuosidad *f* Cualidad de irrespetuoso.

irrespetuoso -sa *adj* No respetuoso.

irrespirable *adj* 1 Que no se puede respirar (aspirar por las vías respiratorias). *Frec con intención ponderativa, esp aludiendo al alto grado de contaminación del aire.* ■ 2 [Ambiente o atmósfera] en que resulta muy difícil y desagradable la convivencia.

irresponsabilidad *f* 1 Cualidad de irresponsable. ■ 2 Hecho o dicho irresponsable [2b].

irresponsabilizar *tr* (raro) Hacer irresponsable [1] [a alguien].

irresponsable *adj* 1 [Pers.] que carece de responsabilidad legal o moral. *Tb n.* ■ 2 [Pers.] falta de responsabilidad o sensatez. *Tb n.* b) Propio de la pers. irresponsable.

irresponsablemente *adv* De manera irresponsable [2b].

irrestañable *adj* Que no se puede restañar (detener, curar o secar). *Frec fig.*

irrestañablemente *adv* De manera irrestañable.

irrestricto -ta *adj* (lit, raro) No restricto o no restringido.

irresuelto -ta *adj* No resuelto o no solucionado.

irretenible *adj* Que no se puede retener.

irretroactividad *f* (Der o admin) Falta de retroactividad.

irreverencia *f* 1 Cualidad de irreverente. ■ 2 Hecho o dicho irreverente [2].

irreverente *adj* 1 [Pers.] que tiene o muestra falta de reverencia o respeto. ■ 2 [Cosa] que denota o implica falta de reverencia o respeto.

irreversibilidad *f* Cualidad de irreversible.

irreversible *adj* No reversible, o que no puede volver a un estado anterior.

irreversiblemente *adv* De manera irreversible.

irrevocabilidad *f* Cualidad de irrevocable.

irrevocable *adj* Que no se puede revocar (anular o dejar sin efecto).

irrevocablemente *adv* De manera irrevocable.

irrigación *f* Acción de irrigar. b) Acción de introducir un líquido en una parte del cuerpo, esp. el intestino, con fines curativos.

irrigador *m* Instrumento que sirve para aplicar una irrigación [1b].

irrigar *tr* (Agric y Fisiol) Regar. *Tb abs.*

irrisión *f* Burla (acción de burlarse o reírse). b) Pers. o cosa que provoca burla.

irrisoriamente *adv* De manera irrisoria.

irrisoriedad *f* Cualidad de irrisorio.

irrisorio -ria *adj* 1 Que provoca risa o burla. ■ 2 [Cosa, esp. cantidad o precio] insignificante por su pequeñez.

irritabilidad *f* 1 Cualidad de irritable. ■ 2 (Biol) Propiedad de la sustancia viva de reaccionar a los estímulos o excitaciones.

irritable *adj* Propenso a irritarse.

irritación *f* Acción de irritar(se). *Tb su efecto.*

irritadamente *adv* De manera irritada [2].

irritado -da *adj* **1** *part* –> IRRITAR. ■ **2** Que denota o implica irritación o enfado.

irritante *adj* Que irrita.

irritantemente *adv* De manera que irrita [1].

irritar *tr* **1** Hacer que [alguien (cd)] sienta ira. *Frec con intención ponderativa.* **b)** *pr* (~se) Pasar a sentir ira. *Frec con intención ponderativa.* ■ **2** Causar excitación morbosa [en un órgano o parte del cuerpo (cd)]. **b)** *pr* (~se) Sufrir [un órgano o parte del cuerpo] excitación morbosa. ■ **3** Excitar [la sensibilidad o determinados sentimientos negativos].

irritativo -va *adj* Que irrita o implica irritación. **b)** (*Med*) [Tos] provocada por irritación de la garganta.

irrogar *tr* ➤ **a** *normal* **1** (*lit*) Causar [un daño o perjuicio].
➤ **b** *pr* (~se) **2** (*semiculto*) Arrogarse.

irrompible *adj* Que no puede romperse.

irrumpir *intr* Entrar violenta o inopinadamente [en un lugar]. *Tb fig.*

irrupción *f* Acción de irrumpir.

IRTP (*sigla; pronunc corriente,* /í-ére-té-pé/) *m* Impuesto sobre el rendimiento del trabajo personal.

iruelense *adj* De La Iruela (Jaén). *Tb n, referido a pers.*

irunés -sa *adj* De Irún (Guipúzcoa). *Tb n, referido a pers.*

isa *f* Danza popular canaria, algo parecida a la jota, pero de ritmo más moderado. *Tb la canción y la música que la acompañan.*

isabel *adj* [Color] entre blanco y amarillo. *Referido a caballos.*

isabelino -na *adj* **1** De la época de Isabel la Católica (1474-1504). *Esp referido al estilo artístico de esta época.* ■ **2** De la época de Isabel II (1833-1868). *Esp referido al estilo artístico de esta época.* ■ **3** (*hist*) Partidario de Isabel II durante la primera guerra carlista (1833-1840). *Tb n.* ■ **4** Isabelo. *Referido a caballos.*

isabelo -la *adj* [Color] entre blanco y amarillo. *Referido a caballos.* **b)** De color isabelo.

isba *f* Vivienda rural de madera, propia de las zonas septentrionales de la antigua Unión Soviética.

iscariense *adj* De Íscar (Valladolid). *Tb n, referido a pers.*

iscariote¹ -ta *adj* De Íscar (Valladolid). *Tb n, referido a pers.*

iscariote² *m* (*raro*) Judas (hombre traidor).

isiaco -ca (*tb* isíaco) *adj* (*Rel*) De la diosa Isis.

isidoriano -na *adj* **1** De San Isidoro de Sevilla († 636). ■ **2** De San Isidro Labrador († 1130).

isidrada *f* (*col*) Feria taurina de San Isidro, en Madrid.

isidreño -ña *adj* De San Isidro.

isidril *adj* De las fiestas patronales de San Isidro, en Madrid.

isidro -dra *m y f* (*col*) Aldeano incauto que se encuentra en Madrid, esp. con motivo de las fiestas de San Isidro. *Gralm con intención desp.* **b)** Pers. de fuera de Madrid que acude a esta capital con motivo de las fiestas de San Isidro.

isla (*dim* ISLITA *o* ISLETA) *f* **1** Porción de tierra rodeada de agua por todas partes. ■ **2** Zona o parte claramente separada del espacio circundante, por sus características o por su finalidad. **b)** Islote [2].

islam (*frec escrito con mayúscula*) *m* **1** Religión fundada por Mahoma en el s. VII. ■ **2** Conjunto de los pueblos que profesan la religión de Mahoma.

islámico -ca *adj* Del Islam.

islamismo *m* Islam [1].

islamista *adj* Integrista musulmán. *Tb n, referido a pers.*

islamita *adj* Del Islam. *Tb n, referido a pers.*

islamización *f* Acción de islamizar(se).

islamizar *tr* Hacer que [alguien o algo (cd)] pertenezca al Islam. **b)** *pr* (~se) Pasar a pertenecer al Islam.

islamología *f* Estudio de la religión y la cultura islámicas.

islamólogo -ga *m y f* Especialista en islamología.

islandés -sa I *adj* **1** De Islandia. *Tb n, referido a pers.*
II *m* **2** Lengua de Islandia.

islándico -ca *adj* (*raro*) De Islandia.

isleñismo *m* Carácter o condición de isleño [1].

isleño -ña *adj* **1** De una isla, o de la isla en cuestión. *Tb n, referido a pers. Frec referido a Canarias.* ■ **2** De Isla Cristina (Huelva). *Tb n, referido a pers.* ■ **3** De San Fernando (Cádiz). *Tb n, referido a pers.*

isleta *f* **1** *dim* –> ISLA. ■ **2** *En una calle o plaza:* Espacio ligeramente elevado en la calzada, que separa los carriles del tráfico o que sirve de refugio a los peatones.

islote *m* **1** Isla pequeña y frec. despoblada y peñascosa. ■ **2** Entidad aislada dentro de un medio extraño u hostil. ■ **3** ~ **de Langerhans.** (*Anat*) Grupo de células en el páncreas que segregan la insulina.

ismaelita *adj* **1** Descendiente de Ismael, hijo de Abraham y Agar. *Se dice de los árabes. Tb n.* ■ **2** Ismailí.

ismailí *adj* De una secta chiita que admite como último imán a Ismāʼil y cuyo grupo más numeroso tiene por jefe al Aga Khan. *Tb n, referido a pers.*

ismo *m* Tendencia o doctrina artística, literaria o filosófica. *Frec con intención desp, aludiendo a su carácter pasajero o minoritario.*

iso- *r pref* **1** Igual. * Isotérmico. ■ **2** (*Quím*) Expresa isómero del cuerpo a cuyo *n* acompaña. * Isonitrilo.

isobara (*tb, raro,* **isóbara**) *f* (*Meteor*) Línea que en un mapa une los puntos de igual presión atmosférica. *Tb* LÍNEA ~.

isobárico -ca *adj* (*Meteor*) De (las) isobaras.

isobata (*tb, raro,* **isóbata**) *f* (*Mar y Geol*) Línea que en un mapa une los puntos de igual profundidad.

isocianato *m* (*Quím*) Sal o éster del isómero del ácido ciánico, usado esp. en plásticos y adhesivos.

isoclinal *adj* (*Geol*) [Pliegue] cuyos dos flancos tienen igual inclinación.

isocolon *m* (*TLit*) *En la retórica clásica:* Secuencia de frases de longitud y estructura semejantes.

isócronamente *adv* (*lit*) De manera isócrona.

isocronía *f* (*E o lit*) Isocronismo.

isocronismo *m* (*E o lit*) Condición de isócrono.

isócrono -na *adj* (*E o lit*) **1** [Movimiento, acción o fenómeno] que se produce en tiempos o intervalos iguales. ■ **2** Que tiene ritmo o movimiento isócrono [1].

isodinámico -ca *adj* (*Fís*) De la misma fuerza, energía o intensidad.

isódomo -ma *adj* (*Arquit*) [Obra o aparejo] hechos con sillares iguales.

isogameto *m* (*Biol*) Gameto destinado a unirse en el proceso de la fecundación con otro de idénticos caracteres.

isogamia *f* (*Biol*) Reproducción sexual en que los dos gametos son iguales.

isogámico -ca *adj* (*Biol*) **1** [Reproducción] que se realiza mediante gametos iguales. ■ **2** Que presenta isogamia.

isógamo -ma *adj* (*Biol*) Isogámico.

isógeno -na *adj* (*Biol*) De igual origen.

isoglosa *f* (*Ling*) Línea que en un mapa une los puntos en que se manifiesta un mismo fenómeno.

isoinmunización *f* (*Med*) Inmunización con antígenos procedentes de organismos de la misma especie pero inmunológicamente diferentes.

isólogo -ga *adj* (*Med*) Genéticamente idéntico, esp. en lo relativo a los factores inmunológicos.

isomería *f* (*Quím*) Cualidad de isómero.

isomerización *f* (*Quím*) Acción de isomerizar.

isomerizar *tr* (*Quím*) Transformar [un cuerpo] en otro cuerpo isómero.

isómero -ra *adj* (*Quím*) [Cuerpo] que, con igual composición [que otro (*compl* DE)], tiene distintas propiedades físicas. *Tb sin compl. Tb n m.*

isometría *f* (*E*) Cualidad de isométrico.

isométrico -ca *adj* (*E*) Que tiene o mantiene unas medidas iguales.

isomorfismo *m* (*E*) Cualidad de isomorfo.

isomorfo -fa *adj* (*E*) De igual forma o estructura. **b)** (*Mineral*) De igual estructura y forma cristalina, pero de diferente composición química.

isoniacida *f* (*Med*) Hidracida que se utiliza como fármaco principal en el tratamiento de la tuberculosis.

isonomía *f* (*lit*) Igualdad ante la ley. *Gralm referido a la antigua Grecia.*

isonómico -ca *adj* (*lit*) De (la) isonomía.

isopreno *m* (*Quím*) Hidrocarburo líquido muy volátil cuya polimerización da una sustancia análoga al caucho. *A veces en aposición.*

isóptero *adj* (*Zool*) [Insecto] de aparato bucal masticador, metamorfosis sencilla y dos pares de alas iguales y membranosas. *Tb n m en pl, designando este taxón zoológico.*

isósceles *adj* (*Geom*) **1** [Triángulo] que tiene dos lados iguales. ■ **2** [Trapecio] que tiene iguales los dos lados no paralelos.

isosilábico -ca *adj* (*TLit*) [Verso] de igual número de sílabas que los que forman estrofa o serie con él. *Tb referido al sistema de versificación correspondiente.*

isosilabismo *m* (*TLit*) Sistema de versificación isosilábica.

isosista *adj* (*Geol*) [Línea] que en un mapa une todos los puntos de la superficie terrestre en que es igual la intensidad de un sismo. *Tb n f.*

isostasia *f* (*Geol*) Equilibrio entre los distintos bloques de la corteza terrestre.

isostático -ca *adj* (*Geol*) [Equilibrio] existente entre los distintos bloques de la corteza terrestre.

isotérmico -ca *adj* Isotermo [1]. *Tb n m, designando dispositivo o depósito.*

isotermo -ma **I** *adj* **1** Que mantiene una temperatura constante.
II *f* **2** (*Meteor*) Línea que en un mapa une todos los puntos de igual temperatura media.

isotónico -ca *adj* **1** (*Fís*) De igual presión osmótica. **b)** De igual concentración salina y presión osmótica que el suero de la sangre. ■ **2** (*Fisiol*) Que mantiene una misma tensión muscular.

isotopía *f* (*Quím*) Cualidad de isótopo.

isotópico -ca *adj* (*Quím*) De (los) isótopos.

isótopo -pa *adj* (*Quím*) [Elemento] que ocupa el mismo lugar [que otro (*compl* DE)] en el sistema periódico por tener el mismo número atómico, aunque su peso atómico es diferente. *Tb, en pl, sin compl. Frec n m.*

isotropía *f* (*Fís*) Cualidad de isótropo.

isótropo -pa *adj* (*Fís*) [Cuerpo] que presenta las mismas propiedades en todas direcciones.

isoyeta *f* (*Meteor*) Línea que en un mapa une los puntos de igual pluviosidad media.

isquemia *f* (*Med*) Detención o insuficiencia de la circulación sanguínea en un tejido o un órgano.

isquémico -ca *adj* **1** (*Med*) De (la) isquemia o que la implica. ■ **2** Afectado de isquemia.

isquiático -ca *adj* (*Anat*) Del isquion.

isquion *m* (*Anat*) *En los mamíferos:* Hueso posterior e inferior de los tres que forman el coxal.

isquiopubiano -na *adj* (*Anat*) Del isquion y el pubis.

israelí *adj* Del Estado de Israel. *Tb n, referido a pers.*

israelita *adj* **1** Hebreo o judío. *Tb n, referido a pers.* ■ **2** Israelí. *Tb n, referido a pers.*

israelítico -ca *adj* De (los) israelitas [1].

istmeño -ña *adj* De(l) istmo. *Tb n, referido a pers.*

ístmico -ca *adj* De(l) istmo. **b)** (*hist*) [Juegos] celebrados en el istmo de Corinto.

istmo *m* **1** Parte estrecha de tierra que une dos continentes o una península con un continente. ■ **2** (*Anat*) Porción estrecha que une dos partes o cavidades de mayor tamaño. **b)** ~ **de las fauces.** (*Anat*) Abertura entre la parte posterior de la boca y la faringe.

italianini *adj* (*col, desp*) [Pers.] italiana. *Frec n.*

italianismo *m* **1** Palabra o rasgo idiomático propios de la lengua italiana, o procedentes de ella. ■

2 Tendencia o gusto italianos [1]. ▪ **3** Carácter italiano [1].

italianista I *adj* **1** Partidario del italianismo [2]. *Tb n.*
II *m y f* **2** Especialista en la lengua y cultura italianas.

italianización *f* Acción de italianizar(se). *Tb su efecto.*

italianizante *adj* De tendencia italiana.

italianizar *tr* Dar carácter italiano [a alguien o algo (*cd*)]. **b)** *pr* (**~se**) Tomar carácter italiano.

italiano -na I *adj* **1** De Italia. *Tb n, referido a pers.* ▪ **2** De(l) italiano [3].
II *m* **3** Lengua oficial de Italia.

italianófilo -la *adj* Que simpatiza con Italia, lo italiano o los italianos. *Tb n, referido a pers.*

italicismo *m* (*lit, raro*) Italianismo [2].

itálico -ca *adj* **1** (*lit*) Italiano [1]. ▪ **2** (*hist*) [Individuo o pueblo] de lengua indoeuropea, habitante de la península Itálica en la Edad Antigua. *Tb n.* **b)** [Grupo] de lenguas habladas por los itálicos. *Tb n m.* ▪ **3** (*Impr*) [Letra] cursiva. *Tb n f.*

italiota *adj* (*hist*) De las antiguas colonias griegas en el sur de Italia. *Tb n, referido a pers.*

italo- *r pref* Italiano. * Italoamericano.

ítalo -la *adj* (*lit*) Italiano [1] o itálico [1 y 2]. *Tb n.*

ite[1] *m* (*reg*) Asunto o cuestión.

ite[2] → ITE MISSA EST.

ítem[1] (*pl normal, ~s*) *m* (*E*) Unidad o elemento mínimo de un conjunto. **b)** (*Psicol*) Parte de las varias de que se compone una prueba o test. **c)** (*Ling*) Elemento de un conjunto, considerado como término particular.

ítem[2] *adv* (*Der o lit*) Además. *Tb ~ MÁS.*

ite missa est (*lat; pronunc, /íte-mísa-ést/*) *m* (*Rel catól*) Momento final de la misa latina, en el que el sacerdote pronuncia la frase *Ite, missa est* ("idos, la misa ha terminado"). *Tb, raro,* ITE.

iteración *f* (*lit o E*) Repetición.

iterar *tr* (*lit o E*) Repetir. *Tb pr* (**~se**).

iterativo -va *adj* **1** (*lit*) Reiterativo. ▪ **2** (*Gram*) Frecuentativo.

iterbio (*tb, raro, con la grafía* **yterbio**) *m* (*Quím*) Metal, de número atómico 70, que pertenece al grupo de las tierras raras y uno de cuyos isótopos se usa como fuente de rayos X.

itinerante *adj* (*lit*) **1** Ambulante o que va de un lugar a otro. **b)** Propio del ser itinerante. ▪ **2** (*TLit*) [Narración] cuyo desarrollo se desplaza de un lugar a otro.

itinerar *intr* (*lit, raro*) Viajar.

itinerario -ria I *adj* **1** De (los) caminos.
II *m* **2** Ruta que se sigue para llegar a un lugar. *Tb fig.* **b)** Serie de puntos por donde está previsto o establecido el paso [de alguien o algo].

itrabeño -ña *adj* De Itrabo (Granada). *Tb n, referido a pers.*

itrio (*tb, raro, con la grafía* **ytrio**) *m* Metal, de número atómico 39, que pertenece al grupo de las tierras raras, y se usa esp. en la metalurgia, en electrónica y en la industria atómica.

iuris et de iure (*lat; pronunc, /yúris-et-de-yúre/*) *loc adj* (*Der*) [Presunción] de derecho y por derecho, o que no admite prueba en contrario.

iuris tantum (*lat; pronunc, /yúris-tántum/*) *loc adj* (*Der*) [Presunción] de derecho, o que solo se considera cierta mientras no se pruebe lo contrario.

iusnaturalismo *m* (*Der*) Teoría del derecho natural.

iusnaturalista *m y f* (*Der*) Especialista en derecho natural.

iuxta modum (*lat; pronunc, /yusta-módum/*) *loc adv* De manera condicional. *Referido a la acción de votar. Tb adj.*

IVA (*sigla*) *m* Impuesto sobre el valor añadido.

ivernía *f* (*reg*) Invierno o invernía.

iza[1] *f* Acción de izar.

iza[2] *f* (*raro*) Prostituta.

izada *f* Acción de izar.

izado *m* Acción de izar.

izar *tr* **1** Levantar [una cosa, frec. una bandera] tirando de una cuerda o cable de que está colgada. *Esp en marina.* ▪ **2** (*raro*) Subir o levantar [a alguien o algo, esp. pesos].

izquierdazo *m* (*Boxeo*) Golpe dado con la mano izquierda.

izquierdismo *m* (*Pol*) Condición de izquierdista.

izquierdista *adj* (*Pol*) De izquierdas [4]. *Tb n, referido a pers.*

izquierdización *f* (*Pol*) Acción de izquierdizar(se). *Tb su efecto.*

izquierdizante *adj* (*Pol*) Que tiende a izquierdista.

izquierdizar *tr* (*Pol*) Dar carácter izquierdista [a alguien o algo (*cd*)]. **b)** *pr* (**~se**) Tomar [alguien o algo] carácter izquierdista.

izquierdo -da (*en acep 2d alternan las formas* IZQUIERDO *e* IZQUIERDA *referidas a n m*) I *adj* **1** [Órgano o parte del cuerpo] que está en la mitad longitudinal en que se aloja la mayor parte del corazón. *Tb n f, designando mano o, más raro, pierna.* **b)** [Lado] ~, [mano] **izquierda** → LADO, MANO. **c)** [Cosa] correspondiente a la mitad izquierda del cuerpo. **d)** [Cosa] situada hacia la parte izquierda del cuerpo del observador. *Tb n f, designando lugar.* ▪ **2** *En una cosa que tiene orientación:* [Parte] que corresponde al lado izquierdo [1] de una pers. orientada de la misma manera. *Tb n f.* **b)** *En una cosa que avanza real o figuradamente:* [Parte] situada a la izquierda de la pers. que mira en el sentido de la marcha. *Tb n f.* **c)** [Cosa] situada hacia la parte izquierda [de otra]. *Tb n f, designando lugar.* **d)** (*Dep*) *En fútbol y otros deportes similares:* [Jugador] que desarrolla su juego en la parte izquierda del campo.
II *n A m* **3** (*col*) Corazón o valor.
B *f* **4** (*Pol*) Conjunto de perss. o de partidos de ideas progresistas o no conservadoras. *Tb en pl, con sent sg. Frec en la constr* DE IZQUIERDAS.
III *loc adv* **5 a izquierdas.** Hacia el lado izquierdo [1d] o en sentido contrario al de las manecillas del reloj.

izquierdoso -sa *adj* (*col, desp*) Izquierdista. *Tb n.*

j

j → JOTA.

ja[1] *interj Imita el sonido de la carcajada. Normalmente se emite repetida.* **b)** *Expresa incredulidad burlona o reto.* * –¡Te digo que es cierto! –¡Ja!

ja[2] *f* (*jerg*) Jai (mujer).

jab (*ing; pronunc corriente,* /yab/; *pl normal,* ~s) *m* (*Boxeo*) Puñetazo directo.

jabado -da *adj* (*reg*) De plumas de dos o tres colores.

jabalcón *m* (*Constr*) Madero ensamblado oblicuamente en otro vertical para servir de apoyo a otro horizontal o inclinado.

jabalero → HABALERO.

jabalí -ina A *m* **1** Cerdo salvaje con grandes colmillos en la mandíbula inferior y con pelaje muy tupido y fuerte, de color gris negruzco (*Sus scrofa*). *Tb* designa solamente el macho de esta especie. ■ **2** (*Pol, desp*) Individuo intransigente y de actitudes agresivas. **b)** (*hist*) Diputado agresivo y alborotador. **B** *f* **3** Hembra del jabalí [1].

jabalín *m* (*reg*) Jabalí [1].

jabalina[1] *f* Arma arrojadiza similar a la lanza y que se emplea en deportes.

jabalina[2] → JABALÍ.

jabalinero -ra *adj* [Perro] adiestrado en la caza del jabalí [1].

jabalinista *m y f* (*Dep*) Deportista especializado en el lanzamiento de jabalina[1].

jabalino[1] **-na** *adj* De(l) jabalí [1].

jabalino[2] *m* (*reg*) Jabalí [1].

jabalquinteño -ña *adj* De Jabalquinto (Jaén). *Tb n, referido a pers.*

jabardillo *m* Remolino de gente.

jabardo *m* **1** Enjambre pequeño. ■ **2** Remolino de gente.

jabato -ta **I** *adj* **1** (*col*) Valiente. *Con intención ponderativa. Tb n.* **II** *m* **2** Cachorro del jabalí [1].

jabeca *f* (*hist*) Horno antiguo de destilación de mineral, consistente en una fábrica rectangular cubierta por una bóveda de cañón con varias filas de agujeros.

jábega *f* **1** Arte de pesca de playa, de 150 a 350 m de largo, constituido por un copo y dos bandas, de las cuales se tira desde tierra. *A veces con un adj especificador:* REAL, REBAJADA, *etc.* ■ **2** Embarcación de remo empleada para calar la jábega [1].

jabegote *m* Hombre de los que tiran de los cabos de la jábega [1].

jabeguero *m* Pescador o tripulante de jábega.

jabeque[1] *m* (*hist*) Embarcación de tres palos de vela latina, y a veces también de remos, propia del Mediterráneo.

jabeque[2] *m* (*raro*) Herida en el rostro hecha con arma blanca corta. *Gralm con el v* PINTAR.

jabera (*tb con la grafía* **javera**) *f* Cierto cante popular andaluz de la familia del fandango.

jabino *m* (*reg*) Sabino o sabina (arbusto).

jabirú *m* Ave zancuda americana semejante a la cigüeña (*Jabiru mycteria*).

jable *m* (*reg*) Arena volcánica y movediza, con que a veces se cubren ciertos cultivos para proteger la humedad de la tierra.

jabón *m* **1** Cuerpo soluble en agua que resulta de la combinación de un álcali con los ácidos del aceite u otro cuerpo graso y que se emplea para lavar. *Diversas variedades se distinguen por medio de adjs o compls:* BLANDO, DURO, DE OLOR, DE TOCADOR, *etc.* **b)** (*Quím*) Sal de un ácido graso. **c)** (*Med*) Jabón [1b] que contiene sustancias medicinales. ■ **2** Jaboncillo. *Tb* ~ DE SASTRE. ■ **3** ~ **de vidrieros.** Pirolusita empleada para decolorar el vidrio. ■ **4** (*col*) Adulación. *Frec en la constr* DAR ~. ■ **5** (*col, raro*) Paliza. *Tb fig. Normalmente en la constr* DAR (UN) ~.

jabonada *f* Aplicación de jabón [1a], de las varias que pueden darse.

jabonado *m* Acción de jabonar.

jabonadura *f* Acción de jabonar.

jabonar *tr* Dar jabón [1a] [a alguien o algo].

jaboncillo *m* Esteatita, gralm. de color blanco, que se emplea para dibujar un patrón sobre la tela. *Tb* ~ DE SASTRE.

jabonera → JABONERO.

jabonería *f* Industria del jabón [1a].

jabonero -ra **I** *adj* **1** Del jabón [1a]. ■ **2** (*Taur*) [Res] de color blanco sucio que tira a amarillento. *Tb n.* **II** *n* A *m y f* **3** Pers. que fabrica o vende jabón [1a]. **B** *f* **4** Recipiente para colocar o guardar el jabón [1a]. ■ **5** Saponaria (planta).

jaboneta *f* (*hoy raro*) Pastilla de jabón de olor.

jabonoso -sa *adj* **1** De jabón [1a]. ■ **2** Que contiene jabón [1a]. ■ **3** Untuoso. *Tb fig.*

jabugo *m* Jamón de Jabugo (Huelva), muy apreciado por su calidad. *Tb* JAMÓN DE JABUGO.

jabugueño -ña *adj* De Jabugo (Huelva). *Tb n,
referido a pers.*

jaca I *f* **1** Caballo de poca alzada. ■ **2** Yegua. ■ **3**
(*col*) Mujer llamativa y de buen tipo. *A veces con intención desp, denotando falta de finura.*
   II *fórm or* **4 pare usted la ~.** (*col*) *Fórmula con
que se pide a alguien que no siga con lo que acaba
de decir o hacer.* * –Es un excelente profesor y sabe
muchísimo. –Pare usted la jaca, compadre, pare usted la jaca.

jacana *f* Ave zancuda de largos dedos, propia de las
aguas dulces tropicales, que anda a gran velocidad
sobre las plantas acuáticas (gén. *Jacana* y otros).

jácara *f* (*TLit*) Romance burlesco, propio del s. XVII,
sobre temas del hampa, a veces cantado y acompañado de baile.

jacaranda (*tb* **jacarandá**) *f o m Se da este n a
distintas especies de árboles del gén Jacaranda, de
flores azules, violáceas o encarnadas, propios esp
de América tropical. Tb su madera, apreciada en
ebanistería.*

jacarandaina *f* (*lit, raro*) Vida del hampa.

jacarandoso -sa *adj* (*col*) [Pers.] de presencia
airosa y desenvuelta. **b)** Propio de la pers. jaca-
randosa.

jacarero -ra *adj* (*col, raro*) Alegre o bullicioso.

jácena *f* (*Constr*) Viga de hierro, hormigón armado
o madera, adecuada para soportar grandes cargas.

jacetano -na *adj* **1** De Jaca (Huesca). *Tb n, referido a pers.* ■ **2** (*hist*) Iacetano. *Tb n.*

jacilla *f* (*reg*) Huella que queda en la tierra después de haber estado depositado en ella un objeto.

jacinto *m* **1** Planta liliácea anual de flores olorosas, blancas, azules o amarillentas, acampanadas y
en espiga (*Hyacinthus orientalis*). *Tb su flor. Frec
con un adj o compl especificador, designa otras especies de los géns Muscari, Scilla y otros.* ■ **2 ~
de Compostela.** Cuarzo cristalizado de color rojo
oscuro.

jackpot (*ing; pronunc corriente, /yákpot/; tb con la
grafía* **jack pot**) *m* (*Naipes*) Pot.

jaco *m* **1** (*desp*) Caballo pequeño. ■ **2** (*jerg*) Heroína (droga).

jacobeo -a *adj* Del apóstol Santiago. *Frec con referencia a su sepulcro o a su culto.*

jacobinismo *m* (*Pol*) Tendencia de los jacobinos
[1 y 2]. **b)** Actitud propia de los jacobinos.

jacobino -na *adj* (*Pol*) **1** (*hist*) [Individuo] perteneciente al Club de los Jacobinos, sociedad revolucionaria francesa surgida hacia 1790 y constituida
por los elementos más exaltados. *Frec n.* ■ **2** Defensor de ideas revolucionarias de tendencia radical
y exaltada. *Tb n.* ■ **3** De los jacobinos [1 y 2].

jacobita *adj* **1** (*Rel crist*) Monofisita. *Tb n.* ■ **2**
(*raro*) Jacobeo.

jacquard (*fr; pronunc corriente, /yakár/*) *m* Tejido
con dibujo geométrico de varios colores. **b)** Diseño
propio del tejido jacquard. *Frec yuxtapuesto a ns como* DISEÑO *o* MODELO.

jactancia I *f* **1** Actitud presuntuosa.
   II *loc adj* **2 de ~.** (*Der*) [Acción] por la que el demandante exige al demandado que ejercite en juicio

los derechos que se atribuye, o que guarde perpetuo
silencio.

jactanciosamente *adv* De manera jactanciosa.

jactancioso -sa *adj* [Pers.] que tiene o muestra
jactancia. *Tb n.* **b)** Propio de la pers. jactanciosa.

jactarse *intr pr* Mostrarse orgulloso o alabarse [de
algo].

jaculatoria *f* Oración de fórmula fija, constituida
normalmente por una sola frase. *Tb fig. Tb, raro,*
ORACIÓN ~.

jacuzzi (*n comercial registrado; ing; pronunc corriente, /yakúsi/*) *m* Baño o piscina de hidromasaje, dotados de un sistema que forma remolinos en
el agua.

jade I *m* **1** Piedra dura, blanquecina o verdosa,
constituida por un silicato de calcio y magnesio,
muy usada en joyería y para la fabricación de objetos tallados y decorativos.
   II *adj invar* **2** [Color] verde propio del jade [1]. *Tb
n m.* **b)** De color jade.

jadeante *adj* Que jadea. *Tb fig.* **b)** (*lit*) Propio del
que jadea. **c)** (*lit*) Muy rápido o acelerado. *Con intención ponderativa.*

jadear *intr* Respirar de manera acelerada, esp. a
causa de la fatiga, la emoción o la excitación. *Tb fig.*

jadeíta *f* (*Mineral*) Mineral constituido por un silicato de aluminio y sodio, de color blanco verdoso.

jadeo *m* Acción de jadear. *Tb fig.*

jadraqueño -ña *adj* De Jadraque (Guadalajara). *Tb n, referido a pers.*

jaenero -ra *adj* De Jaén. *Tb n, referido a pers.*

jaenés -sa *adj* Jaenero. *Tb n.*

jaez *m* **1** Adorno de los que se ponen a las caballerías. *Frec en pl.* ■ **2** Calidad o condición. *Con intención peyorativa.*

jafético -ca *adj* (*hist*) [Pueblo o raza] descendiente de Jafet (hijo de Noé). *Tb n, referido a pers.*

jaguar *m* Félido americano de gran tamaño, de pelo amarillento con grandes manchas oscuras de centro claro con pintitas negras (*Felis* o *Panthera onca*).
Tb su piel.

jaguarzal *m* Lugar poblado de jaguarzos.

jaguarzo *m* Arbusto de hojas persistentes, flores
rojizas, purpúreas o blancas y fruto en cápsula (gén.
Cistus y otros). *A veces con un adj especificador:*
BLANCO (*C. albidus*), ~ MORISCO (*C. salvifolius*), ~ NE-
GRO (*C. monspeliensis*), *etc.*

jai *f* (*jerg*) Mujer.

jai-alai *m* Frontón de pelota vasca.

jaima *f* Tienda de campaña que usan como vivienda
los nómadas del desierto africano.

jaimista *adj* (*hist*) Carlista partidario de Jaime de
Borbón Parma († 1931). *Tb n, referido a pers.*

jaimitada *f* (*col, hoy raro*) Broma pesada. *Tb fig.*

jaimito *m* (*col, hoy raro*) **1** Niño malicioso y precoz
en el conocimiento de la vida, esp. del sexo. *Tb adj.*
■ **2** Hombre que se las da de listo o de gracioso.
Tb adj.

jaín *adj* (*Rel*) Jainista. *Tb n.*

jaina *adj* (*Rel*) Jainista.

jainí *adj* (*Rel*) Jainista.

jainismo *m* (*Rel*) Religión de la India, precursora del budismo, fundada en el s. VI a.C., y que se caracteriza por un ascetismo muy riguroso, por la abstención de toda violencia y por el respeto absoluto a toda vida animal.

jainista *adj* (*Rel*) Del jainismo. **b)** Adepto al jainismo. *Tb n.*

jaique *m* Capa árabe con capucha, usada por las mujeres.

jajay *interj* Expresa risa o burla. * ¿Crees que me ayudó? Jajay, me dio cuatro perras.

jalancino -na *adj* De Jalance (Valencia). *Tb n, referido a pers.*

jalapa *f* Purgante enérgico obtenido de la raíz de la planta *Ipomoea purga. Tb la planta y su raíz.*

jalar **A** *tr* **1** (*col, humoríst*) Comer. *Tb abs. Frec con compl de interés.* ■ **2** (*reg*) Halar (atraer [una cosa] hacia sí tirando de ella).
B *intr* **3** (*reg*) Halar (tirar [de algo] hacia sí). ■ **4** (*jerg*) Correr.

jalbegar *tr* (*reg*) Enjalbegar.

jalbegue *m* (*reg*) Acción de jalbegar. *Tb su efecto.*

jalbiego *m* (*reg*) Acción de jalbegar. *Tb su efecto.*

jalde *adj* (*lit*) Amarillo subido. *Tb n m, designando color.*

jaldeta *f* (*Arquit, hist*) En una techumbre plana de madera: Viga secundaria colocada transversalmente sobre las maestras.

jalea **I** *f* **1** Conserva de frutas, de aspecto transparente y consistencia gelatinosa. ■ **2** (*Quím*) Mezcla elástica y transparente de una materia coloidea y un líquido. ■ **3** ~ **blanca.** Pasta compuesta de miel, polen y agua, que constituye el alimento de las larvas de abeja obrera. ■ **4** ~ **real.** Alimento específico de las larvas de abeja reina, rico en vitaminas, y que a veces se emplea en medicina.
II *loc v* **5 hacerse** [alguien] **una** ~. (*col*) Ponerse o sentirse muy dulce o afectuoso.

jaleador -ra *adj* Que jalea [1]. *Tb n.*

jalear *tr* **1** Animar con palmadas o expresiones [a alguien que hace algo, esp. cantar o bailar]. **b)** Celebrar o elogiar exclamativamente [a alguien o algo]. ■ **2** Agitar, o mover sin cesar.

jaleo *m* (*col*) **1** Ruido o bullicio. **b)** Alboroto o agitación. *Tb fig.* ■ **2** Confusión o enredo. **b)** Cosa complicada o difícil. *Frec con intención ponderativa.* ■ **3** Discusión o pendencia. ■ **4** (*raro*) Acción de jalear [1]. *Tb su efecto.*

jaleoso -sa *adj* (*col*) **1** Que causa jaleo. ■ **2** Que implica jaleo.

jalifa *m* (*hist*) Autoridad máxima del protectorado español de Marruecos, que ejerce el poder por delegación del sultán.

jalifato *m* (*hist*) Cargo o dignidad de jalifa.

jalifiano -na *adj* (*hist*) De(l) jalifa.

jalma *f* (*reg*) Enjalma (aparejo).

jalmero *m* (*reg*) Fabricante de jalmas.

jalón[1] *m* **1** Hito o punto destacado en un proceso o trayectoria. ■ **2** (*Topogr*) Vara o mira que se clava para determinar puntos fijos cuando se levanta el plano de un terreno.

jalón[2] *m* (*reg o jerg*) Tirón (acción de tirar violentamente, o procedimiento de robo).

jalonar *tr* **1** Ser [una serie de cosas (*suj*)] los jalones[1] [1] [de algo (*cd*)]. ■ **2** Establecer jalones[1] [1] [en algo (*cd*)]. *Tb fig.*

jalonazo *m* (*jerg*) Jalón[2].

jalpaíta *f* (*Mineral*) Mineral de color gris con irisaciones, constituido por sulfuro de plata y cobre.

jalvia *f* (*reg*) Salvia (planta).

jam (*ing; pronunc corriente,* /yam/) *f* (*Mús*) Jam session.

jamacuco *m* (*reg*) Indisposición repentina, esp. desmayo.

jamaicano -na *adj* De Jamaica. *Tb n, referido a pers.*

jamaiquino -na *adj* Jamaicano. *Tb n.*

jamancio -cia *adj* (*raro*) Descamisado. *Tb n.*

jamar *tr* (*col, humoríst*) Comer. *Tb abs. Frec con compl de interés.*

jamás (*en las tres primeras aceps, tb, pop,* EN JAMÁS *y, enfáticamente,* (EN) JAMÁS DE LOS JAMASES) *adv* **1** En ningún momento. ■ **2** De ningún modo. *Se usa rechazando enfáticamente una propuesta.* ■ **3** Alguna vez. *Se usa en interrogs (directas o indirectas) cuya respuesta más probable sería "jamás".* * ¿Viste jamás algo así? ■ **4** *Se usa como refuerzo enfático de los advs* NUNCA *y* SIEMPRE. * –¿No sales nunca? –Nunca jamás.

jamba *f* Pieza labrada vertical de las dos que sostienen el dintel o el arco de una puerta o ventana.

jambaje *m* (*Arquit*) Conjunto formado por las jambas y el dintel de una puerta o ventana.

jambo -ba *m y f* (*jerg*) Hombre o mujer.

jamelgo *m* (*desp*) Caballo flaco y desgarbado.

jameo *m* (*reg*) Hundimiento o concavidad del terreno.

jámila *f* (*reg*) Alpechín (líquido que sueltan las aceitunas).

jamo *m* (*reg*) Salabre (arte de pesca).

jamón **I** *m* **1** Pernil de cerdo, esp. cuando está curado. **b)** (*col*) Nalga y muslo de una pers., esp. mujer. *Gralm en pl.* ■ **2** Carne del pernil de cerdo curado. *Tb* ~ SERRANO. **b)** Carne del brazuelo de cerdo curado. **c)** ~ **en dulce** → DULCE. ■ **3** ~ **de mono.** (*col*) Cacahuetes. ■ **4** ~ **de pato.** Muslo curado de pato. ■ **5** ~ **de york.** Fiambre a base de carne de cerdo cocida. *Tb* (*pop*) ~ YORK.
II *loc adj* **6** (**de**) ~. [Manga] ceñida hasta el codo y muy amplia en la parte superior. ■ **7** (*col*) Muy bueno o muy atractivo. *Frec referido a pers. Con intención ponderativa. Frec con el v* ESTAR.
III *fórm or* **8** (**y**) **un** ~ (**con chorreras**). (*col*) Fórmula con que se pondera lo inadmisible de una pretensión o afirmación que se acaba de oír. * –Salgan ahora mismo. –Y un jamón.

jamona *adj* (*col*) [Mujer] ya no joven y algo gruesa. *Tb n.*

jamonería *f* Tienda especializada en la venta de jamones [1 y 2].

jamonero -ra **I** *adj* **1** Del jamón [1 y 2].
II *n* **A** *m y f* **2** Pers. que comercia con jamones [1 y 2].
B *m* **3** Soporte para colocar el jamón [1] y cortarlo con facilidad.

jampón -na *adj* [Pers.] robusta.

jampudo -da *adj* (*reg*) Grueso o robusto.

jam session (*ing; pronunc corriente,* /yám-sésion/; *pl normal,* ~s) *f* (*Mús*) Sesión de música improvisada de jazz o de rock.

jamuga *f* **1** Silla de tijera que se coloca sobre el aparejo para montar a mujeriegas. *Frec en pl con sent sg.* **b)** Silla de uso doméstico de aspecto similar a las jamugas de montar. ■ **2** Armazón de madera que se coloca sobre el lomo de la caballería para atar a sus costados haces de mies o algo similar. *Frec en pl con sent sg.*

jan *m* Kan.

jana *f* (*Mitol ast y leonesa*) Ninfa de las fuentes y de los montes.

janco *m* (*reg*) Rabil (pez).

jándalo -la *adj* (*reg*) [Cántabro] que ha emigrado a Andalucía y regresa a su tierra. *Tb n. A veces referido a los emigrados a otra región.*

jangada[1] *f* (*col, raro*) Faena o trastada.

jangada[2] *f* Balsa de troncos, usada hoy esp. en Brasil.

jansenismo *m* (*Rel catól*) Movimiento teológico heterodoxo de los ss. XVII y XVIII, basado en la obra de Cornelio Jansen († 1638), que exageraba las doctrinas de San Agustín sobre el pecado original, la libertad y la gracia, y que tuvo su centro en la abadía de Port Royal (Francia).

jansenista *adj* (*Rel catól*) Del jansenismo o de sus partidarios. **b)** Partidario del jansenismo. *Tb n.*

japonería *f* (*raro*) Objeto de arte del Japón.

japonés -sa **I** *adj* **1** Del Japón. *Tb n, referido a pers.* ■ **2** [Manga] que sale directamente del delantero y de la espalda, como una prolongación de estos. ■ **3** [Zapatilla] cuya parte superior está formada por dos tiras que se unen en la parte delantera y se sujetan entre el dedo gordo y el siguiente. *Frec n.* ■ **4 a la japonesa.** [Huelga] que consiste en trabajar más de lo habitual. **II** *m* **5** Idioma del Japón.

japonización *f* Acción de japonizar(se).

japonizante *adj* Que japoniza.

japonizar *tr* Dar carácter japonés [a alguien o algo]. *Tb abs.* **b)** *pr* (~**se**) Tomar carácter japonés.

japuta *f* Pez marino comestible de unos 40 cm, de cuerpo alto y comprimido, cola ahorquillada y color plomizo (*Brama raii*).

jaque[1] *m* **1** (*Ajedrez*) Jugada que amenaza al rey o a la reina. **b)** ~ **mate** → MATE[2]. ■ **2** Situación de alerta o de inquietud. *En las constrs* DAR ~, *o* TENER, TRAER *o* PONER, EN ~.

jaque[2] *adj* [Hombre] arrogante y bravucón. *Frec n. Tb fig, referido a animal o cosa.* **b)** Propio del hombre jaque.

jaque[3] *m* (*reg*) Recipiente de las aguaderas.

jaqueca *f* Trastorno que se manifiesta periódicamente por fuerte dolor de cabeza, por lo regular en un solo lado de esta, y por náuseas y vómitos. **b)** *En gral:* Dolor de cabeza.

jaquecón *m* (*col*) Jaqueca grande.

jaquecoso -sa *adj* Que padece jaqueca. *Tb n.*

jaquel *m* (*Heráld*) Pieza cuadrada que se repite cuatro o más veces en un escudo o pieza.

jaquelado -da *adj* (*Heráld*) [Escudo o pieza] adornado con jaqueles.

jaqués -sa *adj* De Jaca (Huesca). *Tb n, referido a pers.*

jaquetón[1] **-na** *adj* [Pers.] arrogante o bravucona. *Tb n.* **b)** Propio de la pers. jaquetona.

jaquetón[2] *m* Tiburón de hasta 12 m de longitud y sumamente peligroso (*Carcharodon carcharias*).

jáquima *f* (*reg*) Cabezada de cuerda para atar las bestias y llevarlas.

jara *f* Arbusto oloroso de hasta 3 m, con hojas lanceoladas, blanquecinas por el envés, y grandes flores blancas solitarias (*Cistus ladanifer*). *Tb* ~ COMÚN, DEL LÁDANO *o* DE LAS CINCO LLAGAS. *Con un adj especificador designa otras especies:* ~ BLANCA (*C. albidus*), ~ CERVAL, CERVUNA *o* MACHO (*C. populifolius*), ~ RIZADA (*C. crispus*), *etc.*

jarabe **I** *m* **1** Disolución concentrada de azúcar y agua. *Tb* ~ SIMPLE. **b)** (*E*) Líquido que contiene jugo de caña o de remolacha y del que se obtiene el azúcar. ■ **2** Bebida preparada con jarabe [1a] y esencias refrescantes o sustancias medicamentosas. *Frec con un adj o compl especificador.* **b)** *Se usa frec en constrs de sent comparativo para ponderar el dulzor de una bebida o de algo jugoso.* ■ **3** ~ **de palo.** (*col, humoríst*) Castigo consistente en golpes. ■ **4** ~ **de pico.** (*col, humoríst*) Labia o locuacidad persuasiva, normalmente con intención de engañar. **II** *interj* **5** (*col, raro*) Caramba.

jaraiceño -ña *adj* De Jaraíz de la Vera (Cáceres). *Tb n, referido a pers.*

jaraíz *m* (*reg*) Lagar.

jarakiri *m* Harakiri.

jaral *m* Lugar poblado de jaras.

jaramago (*tb con la grafía* **haramago** *en zonas de aspiración*) *m* Se da este n a varias plantas herbáceas de la familia de las crucíferas, de flores amarillas o blancas y propias de lugares incultos (*géns Diplotaxis, Sisymbrium y otros*). *A veces con un adj especificador:* ~ AMARILLO DE LOS TEJADOS (*Diplotaxis virgata*), ~ AMARILLO MEDICINAL (*Sisymbrium officinale*), ~ BLANCO (*Capsella bursa-pastoris y Raphanus raphanistrum*), *etc.*

jaramagullón *m* (*reg*) Cierta ave palmípeda del tamaño del silbón.

jaramugo *m* Cría de pez.

jarana *f* (*col*) **1** Diversión bulliciosa. ■ **2** Lucha o pelea.

jarandillano -na *adj* De Jarandilla (Cáceres). *Tb n, referido a pers.*

jaranear *intr* (*col*) Andar de jarana [1].

jaraneo *m* (*col*) Acción de jaranear.

jaranero -ra *adj* (*col*) **1** De (la) jarana [1] o que la implica. ■ **2** [Pers.] dada a la jarana o que está de jarana [1]. ■ **3** (*reg*) Airoso o garboso.

jaranzo *m* Jara cerval o cervuna (planta).

jarapa *f* Tejido hecho hilando hebras de ropa vieja y mezclando franjas horizontales de diversos colores. *Tb la prenda o pieza hecha con él.*

jarca *f* Harca.

jarcha (*tb, hoy raro, con la grafía* **jarya**) *f* (*TLit*) Estrofa breve en lengua mozárabe, que figura al final de una moaxaja.

jarcia *f* Conjunto de los aparejos, cables y cabos de un barco. *Gralm en pl, con sent sg.*

jardazo *m* (*reg*) Costalada.

jardín *m* **1** Terreno en que se cultivan flores y plantas de adorno. *Tb fig.* **b)** *En pl:* Jardín de gran extensión. **c) ciudad ~** → CIUDAD. ■ **2 ~ botánico.** Terreno en que se cultivan diversas especies de plantas para su estudio. ■ **3 ~ de infancia.** Centro educativo para niños de edad preescolar, donde se les ocupa en juegos educativos. ■ **4** (*col*) Explicación o razonamiento complicados, de los que no se sabe cómo salir. *Gralm en la constr* METERSE EN UN ~. ■ **5** (*Joy*) Mancha o impureza de una piedra preciosa. ■ **6** (*Mar*) Retrete o letrina. ■ **7 al ~ de la alegría.** Juego de niñas cuya canción comienza con las palabras "al jardín de la alegría quiere mi madre que vaya".

jardinear *intr* Cuidar o cultivar jardines [1a].

jardinería *f* Cuidado o cultivo de jardines [1a].

jardinero -ra I *adj* **1** De(l) jardín o de (los) jardines [1a]. ■ **2** De(l) jardinero [4]. ■ **3** [Sopa] de verduras y hortalizas. **b) a la jardinera.** [Plato] que se acompaña con verduras y hortalizas.
II *n* A *m y f* **4** Pers. que tiene por oficio cuidar o cultivar jardines [1a].
B *f* **5** Mujer del jardinero [4]. ■ **6** Recipiente o mueble destinado a colocar en él macetas con plantas, o las plantas directamente. ■ **7** *En un aeropuerto:* Autobús de viajeros entre la terminal y el avión. *Tb* AUTOBÚS JARDINERA. ■ **8** (*hist*) Vehículo abierto, de verano, remolcado sobre raíles por un tranvía. ■ **9** (*hist*) Coche de caballos, descubierto, con cuatro ruedas y asientos laterales.

jardo -da *adj* (*reg*) [Animal] que tiene el pelaje a grandes manchas blancas y de otro color. *Tb n.*

jareño -ña *adj* **1** De la Jara (comarca de Toledo y Cáceres). *Tb n, referido a pers.* ■ **2** De Villanueva de la Jara (Cuenca). *Tb n, referido a pers.*

jareta *f* **1** Costura de adorno que consiste en una tabla cosida paralelamente a su doblez. ■ **2** Dobadillo por cuyo interior se pasa una cinta o goma.

jaretón *m* Dobladillo ancho, esp. el que remata la parte inferior de una falda.

jargo *m* (*reg*) Sargo (pez).

jarifo -fa *adj* (*lit*) Vistoso.

jarilla *f* Arbusto de la familia de la jara, con hojas tomentosas y flores blancas (*Halimium umbellatum*). A veces con un adj o compl especificador, designa otras especies de los géns *Helianthemum*, *Cistus y otros*.

jarillo *m* Jaro² o aro (planta).

jaripeo *m* Competición mejicana de destreza hípica o ganadera.

jaro¹ -ra *adj* [Animal, esp. cerdo o jabalí] que tiene el pelo rojizo. **b)** (*humoríst*) [Pers.] pelirroja. *Tb n.* **c)** [Pelo] rojizo.

jaro² *m* Aro (planta).

jarón, jaronear → HARÓN, HARONEAR.

jarra I *f* **1** Vasija, frec. de loza o vidrio, de cuello y boca anchos y normalmente con una sola asa. *Tb su contenido.*
II *loc adv* **2 en ~s** (*o, más raro,* **en ~** *o* **de ~s**). Con las manos en la cintura y los codos separados del cuerpo. *Tb adj.*

jarrear *intr* (*col*) ➤ **a** *impers* **1** Llover intensamente.
➤ **b** *pr* (**~se**) **2** (*raro*) Beber (tomar bebidas alcohólicas).

jarrero¹ -ra *m y f* Pers. que fabrica o vende jarras o jarros.

jarrero² -ra *adj* De Haro (Rioja). *Tb n, referido a pers.*

jarrete¹ *m* **1** Corva. ■ **2** (*reg*) Morcillo (carne).

jarrete² *m* (*reg*) Bebida compuesta de vino blanco y gaseosa.

jarretera I *f* **1** (*hist*) Liga que sujeta la media o el calzón por la corva.
II *loc adj* **2 de la ~.** [Orden] de caballería inglesa, fundada en el s. XIV, en cuya insignia figura una jarretera [1].

jarrilla *f* (*reg*) Pieza de porcelana o cristal de los postes del tendido eléctrico.

jarrita I *f* **1** *dim* → JARRA.
II *loc v* **2 hacer la ~.** (*col*) Llevarse la mano al bolsillo para pagar. *Frec designa el hecho mismo de pagar.*

jarro I *m* **1** Jarra, frec. de barro, loza o metal, con una sola asa. ■ **2 un ~ de agua (fría).** Cosa que hace perder el entusiasmo o la esperanza. *Frec con el v* ECHAR.
II *loc adv* **3 a ~s.** (*col*) A cántaros o con gran intensidad. *Con el v* LLOVER *u otro equivalente.*

jarrón *m* Pieza decorativa de interior, en forma de jarra, con o sin asas y frec. de cristal o porcelana, que a veces se usa como florero. **b)** Pieza arquitectónica en forma de jarra, con o sin asas, que se usa como adorno en edificios o jardines.

jartá, jartible, jartón → HARTÁ, HARTIBLE, HARTÓN.

jarya → JARCHA.

jas *m* (*jerg*) Hachís.

jaspe *m* **1** Piedra opaca de color rojo sucio, amarillo o verde grisáceo, muy dura, compacta y susceptible de hermoso pulimento, considerada por algunos como variedad de cuarzo. *Diversas variedades se distinguen por medio de adjs:* EGIPCIO, NEGRO, SANGUÍNEO. ■ **2** Mármol veteado.

jaspeado¹ -da *adj* **1** *part* → JASPEAR. ■ **2** Que tiene vetas y manchas de distintos colores.

jaspeado² *m* **1** Acción de jaspear. *Tb su efecto.* ■ **2** Dibujo de vetas y manchas de distintos colores.

jaspear *tr* Pintar o decorar [una cosa] imitando las vetas y manchas del jaspe.

jaspeo *m* Jaspeado².

jastial → HASTIAL.

jateo -a *adj* [Perro] usado en montería, esp. en la caza de zorras.

jaterío *m* (*reg*) Conjunto de jatos¹.

jato¹ -ta *m y f* (*reg*) Ternero.

jato² → HATO.

jaudo -da *adj* (*reg*) Soso o insípido. *Tb fig.*

Jauja *f* Lugar imaginario donde todo es fácil y agradable. *Gralm en constrs ponderativas con el v* SER.

jaula *f* **1** Caja o armazón de paredes enrejadas para encerrar animales. **b) ~ de grillos** → GRILLO. ■ **2** *Se da este n a algunos objetos o armazones cuya forma recuerda la de la jaula [1]. * Las bombillas* iban protegidas con una jaula de alambre. ■ 3 (*Taur*) Toril.

jaulería *f* Oficio o actividad de jaulero.

jaulero -ra *m y f* Pers. que fabrica o vende jaulas [1].

jaulón *m* Jaula [1] grande.

jauría *f* 1 Conjunto de perros que cazan dirigidos por un mismo perrero. *Tb fig.* ■ 2 Conjunto de perss. alborotadas y agresivas.

java *f* Baile francés de cabaret, de tres tiempos y muy movido, de moda en España hacia 1930. *Tb su música.*

javanés -sa I *adj* 1 De la isla de Java. *Tb n, referido a pers.*
II *m* 2 Lengua indonesia hablada en Java.

Javel. agua de ~ → AGUA.

javelizar *tr* Esterilizar [agua] añadiéndole agua de Javel.

javera → JABERA.

javeriano -na *adj* (*Rel catól*) De la Congregación de Hermanos de San Francisco Javier, instituto religioso de seglares fundado por T. J. Ryken en 1839 y dedicado a la educación. *Tb n, referido a pers.*

javiense *adj* De Jávea (Alicante). *Tb n, referido a pers.*

javierada *f* Romería anual de jóvenes al castillo de Javier (Navarra).

javierina *adj* (*Rel catól*) [Religiosa] de la orden de Misioneras de Cristo, fundada a mediados del s. XX en Javier (Navarra). *Tb n f.*

jayán -na (*lit*) A *m y f* 1 Pers. muy alta y robusta. *A veces con intención desp.*
B *m* 2 Gigante (hombre fantástico de estatura enorme).

jayeres *m pl* (*jerg*) Dinero.

jázar *adj* (*hist*) Jázaro. *Tb n.*

jázaro -ra *adj* (*hist*) De un pueblo de origen turco que en el s. VII estableció su imperio en la región del bajo Volga. *Tb n, referido a pers.*

jazmín *m* Arbusto de tallos largos algo trepadores y flores blancas, muy olorosas, con cinco pétalos soldados por la parte inferior (*Jasminum officinale*). *Tb* ~ BLANCO, COMÚN o MORISCO. *Tb su flor.* b) *Gralm* con un adj o compl especificador, designa otras especies del gén Jasminum o de otros: ~ AMARILLO (*J. fruticans*), ~ DE ESPAÑA (*J. grandiflorum*), etc.

jazminero *m* Jazmín (arbusto).

jazz (*ing; pronunc corriente,* /yas/) *m* Género de música popular norteamericana, caracterizado por la improvisación y la síncopa y que se deriva de los espirituales y blues de los negros del Sur.

jazz-band (*ing; pronunc corriente,* /yás-ban/; *tb con la grafía* **jazzband**) *m* (*hoy raro*) 1 Jazz. ■ 2 Orquesta de jazz. ■ 3 Batería (conjunto de instrumentos de percusión).

jazzero -ra (*pronunc corriente,* /yaséro/) *adj* (*col, raro*) De(l) jazz. b) [Músico] especializado en jazz. *Frec n.*

jazzista (*pronunc corriente,* /yasísta/) *m y f* Músico especializado en jazz.

jazzístico -ca (*pronunc corriente,* /yasístico/) *adj* De(l) jazz.

jazzman (*ing; pronunc corriente,* /yásman/; *pl normal,* JAZZMEN) *m* Músico que hace jazz.

je *interj* 1 Imita el sonido de la risa. *Normalmente se emite repetida.* ■ 2 *Se usa para llamar al toro e incitarle a que embista.* * ¡Je, toro!

jean (*ing; pronunc corriente,* /yin/; *pl normal,* ~s) *m* Pantalón vaquero. *Frec en pl.*

jebe *m* (*vulg*) Ano.

jebo -ba *m y f* (*reg*) Campesino vasco. *Tb, humoríst, referido a los vascos en gral.*

jebuseo -a *adj* (*hist*) De un pueblo bíblico cuya capital era Jebús, después Jerusalén. *Tb n, referido a pers.*

jeda *adj* (*reg*) [Vaca] recién parida.

jedar *tr* (*reg*) Parir [una vaca (*suj*)].

jeder, jediondo → HEDER, HEDIONDO.

jedive *m* (*hist*) Virrey de Egipto bajo el Imperio Turco.

jedor → HEDOR.

jedrea *f* Ajedrea (planta).

jeep (*n comercial registrado; ing; pronunc corriente,* /yip/; *pl normal,* ~s) *m* Automóvil pequeño todo terreno, con tracción a las cuatro ruedas.

jefatura *f* 1 Cargo o condición de jefe [1, 2 y 3]. ■ 2 Organismo u oficina que funciona bajo las órdenes de un jefe [1, 2 y 3]. b) Puesto de policía.

jefazo *m* (*col*) Jefe [1] máximo o de alto nivel. *Frec con intención humoríst.*

jefe -fa (*para el f, en lenguaje administrativo alternan las formas* JEFE *y* JEFA, *y en lenguaje militar se usa normalmente la forma* JEFE) I *n* A *m y f* 1 Pers. que tiene a su cargo a otra u otras que obedecen sus órdenes. *Se usa para designar en gral a cualquier pers que manda, y de manera fija en determinados casos, como* ~ DE ESTACIÓN, ~ DE TREN, ~ DE VENTAS, *etc. A veces en aposición, pospuesto:* INSPECTOR ~, INGENIERO ~, REDACTOR ~. b) (*col*) *Como vocativo, se emplea para dirigirse en tono confianzudo a una pers que tiene, o a la que se concede, alguna autoridad.* * ¿Qué se debe, jefe? c) ~ **de Estado.** Pers. que ostenta la autoridad más alta de un país. d) ~ **de Gobierno.** Presidente del gobierno de una nación. e) ~ **político.** (*hist*) Pers. que desempeña un cargo equivalente al moderno de gobernador civil. f) ~ **de estudios.** *En un centro de enseñanza:* Pers. que tiene a su cargo la organización de las actividades docentes. g) ~ **de fila.** Pers. que está a la cabeza [de un grupo]. ■ 2 *Seguido de distintos compls, designa diversas categorías de funcionarios civiles:* ~ DE ÁREA, ~ DE SERVICIO, ~ DE SECCIÓN, ~ DE NEGOCIADO, *y otros.* ■ 3 Militar de categoría superior a la de capitán e inferior a la de general.
B *m* 4 (*Heráld*) Pieza que se coloca horizontalmente en la parte superior del escudo, de lado a lado, y que ocupa una tercera parte de él.
C *f* 5 (*col*) Mujer del jefe [1, 2 y 3].
II *loc adj* 6 **en ~.** (*Mil*) [General o comandante] que tiene mando supremo.

jehovismo *m* (*Rel crist*) Doctrina de los Testigos de Jehová.

jehovista *adj* (*Rel crist*) [Pers.] que profesa el jehovismo. *Tb n.*

jején *m* Insecto americano, semejante a un mosquito pequeño, cuya picadura es muy molesta (*Accata furens*).

jelquide *adj* (*hist*) Nacionalista vasco exaltado. *Tb n.*

jemer I *adj* **1** Camboyano. *Tb n, referido a pers.* ■ **2 ~ rojo.** Del partido comunista que detentó el poder en Camboya de 1975 a 1979. *Tb n, referido a pers.* **b)** De (los) jemeres rojos. *Normalmente solo ~.*
II *m* **3** Lengua de Camboya, perteneciente a la familia mon-jemer.

jena → GENA.

jenabe *m* Mostaza (planta).

jenable *m* Mostaza (planta).

jengibre *m* Planta india cuyo rizoma aromático y picante se emplea como condimento, como medicamento y para la fabricación de licor (*Zingiber officinale*). *Tb el rizoma y el licor que se extrae de él.*

jenízaro -ra (*tb con la grafía* **genízaro**) **I** *adj* **1** (*raro*) Mestizo o mezclado. ■ **2** De (los) jenízaros [3]. *Tb lit fig.*
II *m* **3** (*hist*) Soldado de una tropa de infantería turca, temible por su fanatismo, que en el s. XVII se convirtió en guardia del sultán.

jeque *m* Señor que gobierna una tribu o un territorio musulmán. *Modernamente se usa tb como título honorífico.*

jerarca A *m* **1** Hombre que tiene elevada jerarquía [2] eclesiástica.
B *m y f* **2** Pers. que tiene elevada jerarquía [2] en una organización o una empresa. *A veces con intención desp.*

jerarquía *f* **1** Ordenación en distintos grados o categorías. ■ **2** Grado o categoría de una jerarquía [1]. **b)** Grado o categoría superior de una jerarquía [1]. ■ **3** Pers. que ostenta un grado o categoría superior en una jerarquía [1]. **b)** Conjunto de las autoridades eclesiásticas. *Tb ~ ECLESIÁSTICA.*

jerárquicamente *adv* **1** De manera jerárquica. ■ **2** En el aspecto jerárquico.

jerárquico -ca *adj* De (la) jerarquía.

jerarquización *f* Acción de jerarquizar. *Tb su efecto.*

jerarquizador -ra *adj* Que jerarquiza.

jerarquizante *adj* Jerarquizador.

jerarquizar *tr* Organizar según una jerarquía [1]. **b)** *pr* (**~se**) Organizarse según una jerarquía [1].

jerbo (*tb con la grafía* **gerbo**) *m* Mamífero roedor del tamaño de una rata, con pelaje amarillento en el dorso y blanco en el vientre y con las patas posteriores más largas que las anteriores, propio de estepas y desiertos (*Jaculus jaculus*).

jeremíacamente (*tb* **jeremiacamente**) *adv* De manera jeremíaca.

jeremíaco -ca (*tb* **jeremiaco**) *adj* **1** Propio de Jeremías, supuesto autor de las *Lamentaciones* o *Trenos.* **b)** De lamentación, esp. exagerada. ■ **2** Que se lamenta, esp. en exceso.

jeremiada *f* Lamentación exagerada.

Jeremías *m y f* Pers. que se lamenta continuamente.

jeremiquear *intr* (*reg*) Lloriquear o gimotear.

jereta *f* (*reg*) Cuerda tejida en forma de trenza.

jerez *m* Vino blanco, de fina calidad y mucho aroma, que se produce en la zona de Jerez de la Frontera. *Tb* VINO DE JEREZ.

jerezano -na *adj* De Jerez de la Frontera (Cádiz), de Jerez de los Caballeros (Badajoz) o de Jeres del Marquesado (Granada). *Tb n, referido a pers. Gralm referido a la primera de estas poblaciones.*

jerga¹ *f* Lenguaje informal propio que usan entre sí los individuos de una profesión o actividad o de un grupo. *Tb, desp, designando un lenguaje técn.* **b)** *Esp:* Jerga de maleantes. **c)** Lenguaje que no se comprende con facilidad.

jerga² *f* Tela gruesa y tosca.

jergal *adj* De (la) jerga¹.

jergón *m* **1** Colchón sin bastas hecho de paja o materia similar. ■ **2** (*col, raro*) Vestido ancho y mal adaptado al cuerpo.

jeribeque *m* **1** Contorsión o movimiento, esp. de apariencia absurda. **b)** Gesto o mueca. ■ **2** Adorno complicado.

jericano -na *adj* De Jérica (Castellón). *Tb n, referido a pers.*

jerife *m* Descendiente de Mahoma por la línea de su hija Fátima. *Gralm aplicado como título a los miembros de la dinastía reinante en Marruecos y a otros altos jefes musulmanes.*

jerifiano -na *adj* (*lit*) De(l) jerife. *Se usa para referirse al rey, al gobierno o al estado marroquí.*

jerigonza *f* **1** Lenguaje complicado y difícil de entender. **b)** (*hoy raro*) Jerga¹ (lenguaje informal de una profesión o actividad). **c)** Jerga¹ (lenguaje de maleantes). ■ **2** Movimiento extraño y ridículo.

jeringa *f* **1** Instrumento sanitario compuesto de un tubo con boquilla, dentro del cual juega un émbolo, y que sirve para aspirar un líquido y luego expelerlo o inyectarlo. ■ **2** Instrumento semejante a la jeringa [1] usado para introducir materias blandas.

jeringar (*col*) **A** *tr* **1** Fastidiar. *Frec en constrs como ~LA o ¿NO TE JERINGA?*
B *intr pr* (**~se**) **2** Fastidiarse o aguantarse.

jeringazo *m* (*col*) Pinchazo o inyección.

jeringo *m* (*reg*) Churro (golosina).

jeringonza *f* (*pop*) Jerigonza.

jeringuilla¹ *f* Jeringa pequeña a la que se enchufa una aguja hueca de punta aguda cortada a bisel, y que se emplea para inyectar medicamentos.

jeringuilla² *f* Celinda (arbusto).

jeriñac *m* (*raro*) Coñac español. *A veces con intención humoríst.*

jerk (*ing; pronunc corriente,* /yerk/) *m* (*raro*) Baile moderno de movimientos espasmódicos, de moda a mediados de los años 60.

jermoso *m* (*reg*) Jarro panzudo y con dos asas, destinado esp. para el ordeño de leche.

jeró *f* (*jerg*) Cara [de una pers.]. *Tb fig.*

jeroglífico -ca I *adj* **1** [Escritura] en la que se representan ideas o palabras por medio de figuras, y no por signos lingüísticos. **b)** De (la) escritura jeroglífica.
II *m* **2** Figura de las empleadas en la escritura jeroglífica [1]. ■ **3** Escritura jeroglífica [1]. ■ **4** Juego de ingenio consistente en una frase expresada por medio de figuras y signos. ■ **5** (*col*) Signo o

dibujo difícil de entender o descifrar. **b)** Cosa difícil de entender.

jeronimiano -na *adj* [Cosa] de la orden de San Jerónimo.

jerónimo -ma *adj* [Orden] de San Jerónimo, fundada en Lupiana (Guadalajara) y aprobada en 1373. *Tb, más raro, designa otras órdenes cuyo patrón es San Jerónimo.* **b)** De la orden de San Jerónimo. *Tb n, referido a pers.*

jerosolimitano -na *adj* De Jerusalén. *Tb n, referido a pers.*

jersey (*pl normal, ~s* JERSÉIS) *m* **1** Prenda de vestir de punto, gralm. cerrada, más o menos ceñida, que cubre desde los hombros a la cintura o la cadera. ■ **2** Punto de media liso. ■ **3** Tejido de punto propio de los jerseys [1].

jertano -na *adj* Del valle del Jerte (Cáceres). *Tb n, referido a pers.*

jerteño -ña *adj* **1** Del río Jerte, afluente del Alagón. ■ **2** De Jerte (Cáceres) o del valle del Jerte (Cáceres).

jesuita *adj* **1** De la Compañía de Jesús (orden religiosa fundada por San Ignacio de Loyola en 1540). *Tb n, referido a pers.* ■ **2** (*col*) Hipócrita o disimulado. *Tb n, referido a pers.*

jesuítico -ca *adj* **1** De (los) jesuitas [1]. **b)** Propio de los jesuitas [1]. ■ **2** (*Arquit*) [Estilo] instaurado por los jesuitas [1] en el s. XVII. **b)** De estilo jesuítico. ■ **3** (*col*) Hipócrita o disimulado.

jesuitina *adj* [Religiosa] del Instituto de María o de las Damas Inglesas, fundado por María Ward en 1609 y dedicado a la educación según los métodos de los jesuitas. *Tb n.*

jesuitismo *m* Actitud jesuítica [1b y 3]. *Frec con intención peyorativa.*

Jesús **I** *loc adv* **1 en un** (**decir**) **~.** (*col*) En brevísimo tiempo. *Con intención ponderativa.*
II *interj* **2** (*col*) Expresa aflicción, sorpresa desagradable o simple protesta. *Tb ~,* MARÍA Y JOSÉ. *Normalmente en lenguaje femenino.* ■ **3** Se dice cuando alguien acaba de estornudar. ■ **4 hasta verte, ~ mío.** (hoy raro) Se usa al comenzar a beber algo que se ha de apurar completamente.

jesusear (*col*) *intr* **1** Repetir muchas veces la palabra "Jesús". ■ **2** Musitar oraciones.

Jesusito. ~ de mi vida. *m* Oración infantil que comienza con las palabras "Jesusito de mi vida".

jet (*ing; pronunc corriente,* /yet/; *pl normal, ~s*) **A** *m* **1** Avión de reacción o propulsión a chorro.
B *f* **2** Jet set.

jeta **A** *f* **1** Hocico [del cerdo o del jabalí]. ■ **2** (*jerg*) Cara [de una pers.]. *Tb fig.*
B *m y f* **3** (*jerg*) Caradura (pers.).

jet-foil (*ing; pronunc corriente,* /yét-foil/; *pl normal, ~s*) *m* Hidroala (embarcación).

jet-lag (*ing; pronunc corriente,* /yét-lag/) *m* Sensación de fatiga y desorientación sufrida a veces por los viajeros de avión que cambian bruscamente de husos horarios.

jet-set (*ing; pronunc corriente,* /yét-set/; *tb con la grafía* **jet set**) *f* (*u, hoy raro, m*) Estrato social adinerado que frecuenta los sitios de moda internacionales.

jet-setter (*ing; pronunc corriente,* /yét-séter/; *pl normal, ~s*) *m y f* Pers. perteneciente a la jet-set.

jet-society (*ing; pronunc corriente,* /yét-sosáiti/; *tb con la grafía* **jet society**) *f* Jet-set.

jettatore (*it; pronunc corriente,* /yetatóre/) *m* Individuo a quien se atribuye el poder de influir maléficamente o de atraer la desgracia, voluntariamente o con su sola presencia. *Tb fig, referido a cosa.*

jettatura (*it; pronunc corriente,* /yetatúra/) *f* Influjo maléfico que se supone pueden ejercer determinadas perss. u objetos.

ji¹ *interj* Imita el sonido de la risa solapada o poco franca. *Normalmente se enuncia repetida.*

ji² *f* Letra del alfabeto griego que representa el sonido [χ]. (V. PRELIM.)

jibarización *f* Acción de jibarizar.

jibarizar *tr* Reducir el tamaño [de algo (*cd*)]. *Con intención enfática.*

jíbaro -ra *adj* **1** [Indio] de una tribu indígena que habita en la vertiente oriental de los Andes ecuatorianos y en el noroeste del Perú, y que practica el arte de momificar, reduciéndolas, cabezas humanas. *Tb n.* **b)** De los indios jíbaros. ■ **2** (*raro*) Salvaje.

jibia *f* Cefalópodo comestible similar al calamar, que tiene en el dorso una concha calcárea, blanda y ligera (*Sepia officinalis*). *Tb su concha.*

jibión *m* **1** Concha caliza de la jibia. ■ **2** (*reg*) Jibia. ■ **3** (*reg*) Calamar.

jibionera *f* (*reg*) Utensilio para pescar jibias y jibiones.

jicama *f* Planta americana cuya raíz, semejante a una cebolla grande, dura y carnosa, se come cruda (*Pachyrhizus angulatus*). *Tb su raíz. Tb designa otras especies.*

jícara *f* Taza pequeña de loza, que suele emplearse para tomar chocolate.

jicarazo *m* (*raro*) Asesinato por envenenamiento. *Frec en la constr* DAR ~ [a alguien].

jicarón *m* Jícara grande.

jienense *adj* Jiennense. *Tb n.*

jiennense *adj* (*lit*) De Jaén. *Tb n, referido a pers.*

jierro *m* (*jerg*) Dinero.

jifa *f* (*raro*) Desperdicio que se tira en el matadero. *Tb fig.*

jifero *m* (*raro*) Individuo encargado de matar y descuartizar reses. *Tb fig.*

jija (*tb* **jijas**) *adj* Tonto o imbécil. *Tb n.*

jijas *f pl* (*reg*) Picadillo de hacer chorizo.

jijón -na *adj* (*Taur*) [Res o capa] de color rojizo encendido.

jijona *m* Variedad de turrón de color ocre y aspecto granuloso y grasiento, fabricada a base de almendra molida.

jijonenco -ca *adj* De Jijona (Alicante). *Tb n, referido a pers.*

jijonés -sa *adj* Jijonenco. *Tb n.*

jila *f* (*reg*) Filandón.

jilguero -ra **A** *m* **1** Pájaro cantor de color pardo por el lomo, con la cabeza blanca manchada de rojo y las alas oscuras con manchas amarillas y blancas (*Carduelis carduelis*). *Tb designa solamente el macho de la especie.*
B *f* **2** Hembra del jilguero [1].

jim m (reg) Ombligo.

jimenense adj De Jimena (Jaén) o de Jimena de la Frontera (Cádiz). Tb n, referido a pers.

jimplar intr (reg) Gemir con hipo.

jincar tr (reg) Comer. Tb con compl de interés.

jinda f (jerg) Jindama.

jindama (tb, raro, con la grafía **gindama**) f (jerg) Miedo.

jinebro (tb con la grafía **ginebro**) m (reg) Enebro (arbusto).

jineta[1] (tb con la grafía **gineta**) f Mamífero carnicero semejante al gato montés, de hocico prolongado y pelaje claro con manchas negras, en forma de fajas en el lomo y de anillos en la cola, y que produce una algalia hedionda (gén. Genetta).

jineta[2] **I** f **1** Arte de montar a caballo con los estribos muy cortos y las piernas dobladas, pero verticales de la rodilla abajo. Gralm en la constr A LA ~.
II adj **2** [Silla de montar] cuyos borrenes son más altos y menos distantes, las aciones más cortas y los estribos más grandes que en la común. Tb A LA ~.

jinete m **1** Individuo montado en una caballería. Tb fig. ■ **2** Individuo diestro en equitación. ■ **3** (hist) Soldado de caballería.

jinetear tr Montar a caballo [sobre un animal (cd)]. Tb abs. Tb fig.

jingle (ing; pronunc corriente, /yíngel/) m (RTV) Música de un anuncio publicitario.

jingoísta m y f (raro) Patriota exaltado y belicoso.

jínjol m (reg) Azufaifo (árbol).

jinojo interj (raro) Expresa extrañeza o enfado.

jiñar (tb con la grafía **giñar**) intr (jerg) Defecar. A veces se usa como sinónimo perfecto de CAGAR.

jipar[1] intr (col) Hipar.

jipar[2] tr (reg) Ver.

jipi[1] adj Hippy. Tb n.

jipi[2] m (col, hoy raro) Sombrero de jipijapa.

jipiar[1] (conjug 1c) intr Dar jipidos.

jipiar[2] (conjug 1a) tr (jerg) Ver.

jipido m **1** Hipido (acción de llorar con hipos). ■ **2** Jipío [1].

jipijapa A f **1** Tira fina y flexible que se extrae de la palmera americana Carludovica palmata y que se emplea en la fabricación de sombreros y otros objetos. Tb la planta.
B m **2** Sombrero de jipijapa [1].

jipío m **1** Sonido semejante a un gemido, propio del cante flamenco. ■ **2** (reg) Jipido [1].

jipismo m Hippysmo.

jiquí m Árbol cubano de gran tamaño y madera dura y resistente, cuya corteza se usa en medicina popular (Pera bumeliaefolia).

jira f Merienda campestre.

jirafa f **1** Mamífero rumiante africano de unos 5 m de altura, cuello muy largo, cabeza pequeña con cuernos poco desarrollados y pelaje pardo o castaño con dibujo poligonal irregular (Giraffa camelopardalis). ■ **2** (Cine y TV) Mecanismo que consiste en un largo brazo articulado que soporta un micrófono y que sirve para seguir fuentes de sonido móviles.

jiráfido adj (Zool) [Mamífero] artiodáctilo rumiante, de cuello muy largo, patas anteriores más largas que las posteriores y cuernecitos frontales cubiertos por la piel, de la familia de la jirafa. Frec como n m en pl, designando este taxón zoológico.

jirafista m y f (Cine y TV) Pers. encargada de manejar la jirafa [2].

jirafón -na adj (raro) [Pers.] muy alta.

jirón[1] m **1** Trozo desgarrado o arrancado de una prenda de tela o materia similar. Frec en la constr HECHO ~ES. **b)** Parte desgarrada de un todo. Frec fig. ■ **2** (Heráld) Pieza triangular que parte del borde del escudo y tiene uno de sus ángulos en el centro de este.

jirón[2] **-na** adj (Taur) [Res] de color uniforme con una mancha blanca que parte del ijar.

jironado adj (Heráld) [Escudo] dividido en ocho jirones[1] [2], cuatro de color y cuatro de metal.

jiu-jitsu (jap; pronunc corriente, /yu-yítsu/) m Lucha japonesa sin armas, basada en la fuerza de palanca y en el hábil manejo de los pies y las leyes del equilibrio.

jivi adj (juv) Heavy. Tb n.

jo[1] interj (euf, col) Expresa protesta o asombro, o a veces simple ponderación. Más frec en lenguaje infantil o juvenil. A veces se sustantiva como n m. * ¡Jo, siempre tengo que ir yo!

jo[2] interj Se emplea para ordenar a las caballerías o a las vacas que se detengan. A veces se sustantiva como n m. * ¡Jo, Lucero!

jobá interj (pop) Jobar.

jobada f (reg) Yugada (espacio de tierra que puede labrarse en un día).

jobar interj (euf, col) Expresa protesta o asombro. * ¡Jobar, qué pesado eres!

jocalias f pl (reg) Alhajas de iglesia.

jockey (ing; pronunc corriente, /yókei/; pl normal, ~s) m Yóquey.

jocosamente adv De manera jocosa.

jocoserio -ria adj Que participa de las cualidades de lo jocoso y de lo serio.

jocosidad f Cualidad de jocoso.

jocoso -sa adj [Cosa] que divierte o pretende divertir. **b)** [Pers.] alegre o divertida.

jocote m Árbol de América tropical que produce una especie de ciruela ácida (Spondias lutea, S. purpurea y S. myrobalanus).

jocundamente adv (lit) De manera jocunda.

jocundia f (lit, raro) Jocundidad.

jocundidad f (lit) Cualidad de jocundo.

jocundo -da adj (lit) Alegre o risueño.

joda f (vulg) Cosa fastidiosa o molesta.

jodedor -ra adj (vulg) [Pers.] aficionada a joder [1].

joder (a veces en la forma JOER en acep 7) (vulg) **I** v
A intr ➤ **a** normal **1** Realizar el acto sexual.
➤ **b** pr (~se) **2** Fastidiarse o aguantarse. **b) hay que ~se.** Fórmula con que se manifiesta asombro ante algo, a veces ponderando la imposibilidad de reaccionar ante ello. * ¡Hay que joderse la que se ha armado en un momento!

B *tr* **3** Realizar el acto sexual [con una mujer (*cd*)]. *A veces tb referido a animales. A veces con compl de interés.* ■ **4** Fastidiar o molestar mucho. *Tb abs.* **b) no (me) jodas.** *Fórmula con que se expresa asombro, incredulidad o rechazo ante lo que se acaba de oír.* * –Te han quedado las matemáticas. –¡No me jodas! **c) nos ha jodido,** *o* **¿no te jode?** *Fórmulas con que se expresa rechazo o asombro ante algo. La primera, a veces con un incremento humoríst. Frec con entonación exclamativa.* * –También los españoles mataron muchos moros. –Nos ha jodido, había que defenderse. * Ahora viene con el toque de seguridad, no te jode. * ¡Nos ha jodido mayo con sus flores! ■ **5** Causar un grave daño [a alguien (*cd*)]. *Frec en la constr* ~ VIVO. *Tb fig.* ■ **6** Estropear o echar a perder [algo]. **b) ~la.** Estropear o echar a perder el asunto o la cosa en cuestión. **c)** *pr* **(~se)** Estropearse o echarse a perder [algo]. **d) ~(se) la marrana** → MARRANO.
II *interj* **7** *Expresa protesta o asombro.* * ¡Para quieto, joder! ■ **8 a ~la.** (*reg*) *Expresa conformidad.* * –¿Cuánto ofreces? –Mil duros. –A joderla, tuyo es.

jodido -da (*a veces en la forma* JODÍO, *esp en aceps 4 y 5*) (*vulg*) **I** *adj* **1** *part* → JODER. ■ **2** [Pers.] que se encuentra en pésimas condiciones, esp. físicas o morales. ■ **3** Que causa disgustos, dificultades o molestias. **b)** [Cosa] complicada o difícil de solucionar. ■ **4** Malvado o malintencionado. ■ **5** *Se emplea para calificar despreciativamente a la pers o cosa expresada en el n al que se refiere. A veces con intención humoríst y afectiva.* * ¿Qué habrá sido del jodido gato? * ¡Qué alegre era la jodía! **b)** *Antepuesto al n, en ors negativas, indica la falta absoluta de lo expresado por el n.* * No entiendo una jodía palabra.
II *loc v* **6 pasarlas jodidas.** Estar en graves dificultades.

jodienda *f* (*vulg*) **1** Acción de joder [1]. ■ **2** Cosa fastidiosa o molesta.

jodío → JODIDO.

jodo (*tb* **jodó**) *interj* (*vulg*) *Expresa asombro o protesta. A veces* ~ PETACA. * ¡Jodo, cómo quema!

joer → JODER.

jofaina *f* Palangana (recipiente para lavarse).

jogging (*ing; pronunc corriente,* /yógin/) *m* Deporte que consiste en correr a poca velocidad durante cierto tiempo, como ejercicio físico.

johannesburgués -sa *adj* De Johannesburgo (República Sudafricana). *Tb n, referido a pers.*

joint venture (*ing; pronunc corriente,* /yóin-béntiur/; *tb con la grafía* **joint-venture**) *f* Asociación comercial entre dos o más empresas o partes que mantienen su identidad independiente.

jojoba *f* Planta propia de Méjico y del sudoeste de EE.UU., de cuya semilla se extrae un aceite usado como lubrificante y en cosméticos (*Simmondsia californica*).

jóker (*ing; pronunc corriente,* /yóker/; *pl normal,* ~S) *m* (*Naipes*) Comodín.

jol *m* Hall.

jolgorio *m* Diversión bulliciosa.

jolgoriosamente *adv* De manera jolgoriosa.

jolgorioso -sa *adj* Alegre y bullicioso.

jolín (*tb* **jolines**) *interj* (*euf, col*) *Expresa protesta o asombro. Más frec en lenguaje infantil o femenino.* * ¡Jolín, qué frío tengo!

jollín *m* (*col, hoy raro*) Lío o jaleo bulliciosos.

jondo *adj* [Cante] flamenco de carácter serio o grave.

jondura *f* (*raro*) Cualidad de jondo.

jonense *adj* De Villajoyosa (Alicante). *Tb n, referido a pers.*

jónico -ca **I** *adj* **1** (*hist*) Jonio [1]. *Tb n.* ■ **2** (*Arquit*) [Orden] caracterizado por el adorno de dos grandes volutas en el capitel. **b)** De(l) orden jónico.
II *m* **3** (*hist*) Jonio [3].

jonio -nia (*hist*) **I** *adj* **1** [Individuo] del grupo heleno habitante de la Argólida, que fundó sus colonias en las islas del mar Egeo y las costas de Asia Menor, o habitante de Jonia (antigua región de Grecia y Asia Menor). *Tb n.* **b)** De los jonios o de Jonia. ■ **2** De(l) jonio [3].
II *m* **3** Dialecto griego de los jonios [1].

jonjana *f* (*jerg, hoy raro*) Engaño.

jopá (*tb* **jopa**) *interj* (*euf, col*) *Expresa protesta o asombro.* * ¡Jopá, qué cara tienes!

joparse *intr pr* (*col*) Irse o marcharse.

jopé *interj* (*euf, col*) *Expresa protesta o asombro. Más frec en lenguaje infantil.* * ¡Jopé, no quiero más!

jopelines *interj* (*euf, col*) *Expresa protesta o asombro. Más frec en lenguaje infantil.* * ¡Jopelines, qué calor!

jopo **I** *m* **1** Cola de mucho pelo. *Normalmente designa la de la zorra.* ■ **2** Orobanca (planta parásita). **b) ~ de zorra.** Gordolobo o verbasco (planta).
II *interj* **3** Largo o fuera.

jorco *m* (*reg*) **1** Baile o festejo popular. ■ **2** Alboroto o jaleo.

jordano -na *adj* De Jordania. *Tb n, referido a pers.*

jorfe *m* Muro de sostenimiento de tierras, gralm. construido de piedra en seco.

jorge *m* Abejorro (insecto coleóptero).

jorguín -na *m y f* (*reg*) Hechicero.

jornada **I** *f* **1** Día (porción de tiempo). **b)** Reunión dedicada durante una jornada al estudio o celebración [de algo]. *Más frec en pl.* ■ **2** Período diario de trabajo. *Tb* ~ LABORAL, *o* ~ DE TRABAJO. **b) ~ intensiva** → INTENSIVO. **c)** (*raro*) Jornal [1]. ■ **3** Parte de camino que se recorre en un día. **b)** (*hist*) Viaje de uno o más días. ■ **4** (*hist*) Temporada de residencia de los reyes en un sitio real. ■ **5** (*Escén*) Acto. *Normalmente referido al teatro clásico español.*
II *loc adj* **6 de ~.** [Ministerio] que durante el verano se traslada oficialmente a una ciudad distinta de la capital y a la que también se traslada el cuerpo diplomático. *Tb referido al ministro correspondiente.* ■ **7 de ~.** [Ministro] que acompaña al jefe del Estado en un viaje oficial.

jornadista *m y f* Pers. que participa en una jornada [1b] o unas jornadas.

jornal **I** *m* **1** Remuneración fija asignada a un trabajador por cada día de trabajo. ■ **2** Medida agraria, de extensión variable según las provincias, correspondiente al espacio que puede labrarse en un día.
II *loc adv* **3 a ~.** Con un jornal [1] determinado. *Se opone a* A DESTAJO. *Tb adj.*

jornaleo *m* Acción de trabajar a jornal.

jornalero -ra I *m y f* **1** Pers. que trabaja a jornal. ▪ **II** *adj* **2** De (los) jornaleros [1].

joroba I *f* **1** Curvatura anómala de la espalda. ▪ **2** Abultamiento natural en la espalda de algunos animales y que gralm. es debido a acumulación de grasa. ▪ **3** Abultamiento redondeado en una cosa plana. ▪ **II** *interj* **4** (*col*) Expresa protesta o asombro. * ¡Joroba, no seas tan pelma!

jorobado -da *adj* **1** *part* → JOROBAR. ▪ **2** Que tiene joroba [1 y 2]. *Tb n, referido a pers.* ▪ **3** (*col*) *euf por* JODIDO.

jorobar (*euf, col*) I *v* A *tr* **1** Fastidiar o molestar. *Tb abs.* **b) no (me) jorobes.** *Fórmula con que se expresa asombro, incredulidad o rechazo ante lo que se acaba de oír.* * ¡No jorobes, es imposible! **c) nos ha jorobado** *o* **¿no te joroba?** *Fórmulas con que se expresa rechazo o asombro ante algo. Frec con entonación exclamativa.* * También tendré yo algún derecho, nos ha jorobado. ▪ **2** Causar un grave daño [a alguien (*cd*)]. *Tb fig.* ▪ **3** Estropear o echar a perder [algo]. **b) ~la.** Estropear o echar a perder el asunto o la cosa en cuestión. **c)** *pr* (**~se**) Estropearse o echarse a perder [algo]. ▪ **B** *intr pr* (**~se**) **4** Fastidiarse o aguantarse. **b) hay que ~se.** *Fórmula con que se manifiesta asombro ante algo, a veces ponderando la imposibilidad de reaccionar ante ello.* * ¡Hay que jorobarse la que has liado! ▪ **II** *interj* **5** Expresa protesta o asombro. * ¡Jorobar, qué pesado eres!

jorobeta *m y f* (*col*) Pers. que tiene joroba [1]. *Tb adj.*

jorongo *m* Prenda a modo de poncho, típica de Méjico.

joropo *m* Cierto baile popular con zapateado, típico de Venezuela y Colombia. *Tb su música.*

josa *f* (*reg*) Finca sin cerca plantada de vides y árboles frutales.

joseantoniano -na *adj* (*Pol*) De José Antonio Primo de Rivera († 1936), fundador de Falange Española, o de su doctrina.

josefinismo *m* (*hist*) Josefismo.

josefino -na *adj* **1** Relativo a San José. ▪ **2** De alguna de las congregaciones fundadas bajo la advocación de San José. *Tb n, referido a pers.* ▪ **3** De José Bonaparte, rey de España (1808-1813). **b)** Partidario de José Bonaparte. *Tb n.*

josefismo *m* (*hist*) Política religiosa de carácter regalista del emperador José II de Austria (1765-1790).

josefita *adj* (*Rel catól*) De la Sociedad de San José del Sagrado Corazón, fundada en Baltimore en 1871 y dedicada a trabajar esp. con los negros americanos. *Tb n, referido a pers.*

josefología *f* (*Rel catól*) Estudio de los temas relativos a San José.

jostra *f* (*reg*) Trozo de piel con su lana o pelo impregnados de tizne, que se usa en Carnaval para manchar la cara de otros como broma.

jota¹ I *f* **1** Baile popular típico de varias regiones españolas, esp. de Aragón. *Tb su música y la copla que se canta con ella.* ▪ **II** *loc adj* **2 de ~.** (*col*) Animado o con ganas de diversión. *Tb adv. Normalmente en las constrs* TENER EL CUERPO DE ~ *o* ESTAR DE ~.

jota² *f* **1** Letra del alfabeto (*j*, *J*), que en español corresponde al fonema /x/. (V. PRELIM.) *A veces tb se llama así el fonema representado por esta letra.* ▪ **2** (*col*) Cosa mínima. *Normalmente en la constr* NI ~, *como cd de un v* (*gralm* SABER *o* ENTENDER) *en forma negativa, ponderando la negación absoluta del hecho.* ▪ **3** *En la baraja francesa:* Valet (carta marcada con la letra J). *Tb, en los dados de póquer, la cara que representa esta figura.*

jote *m* Aura (ave).

jotero -ra I *adj* **1** De (la) jota¹ [1]. ▪ **2** (*col*) Animado o con ganas de diversión. ▪ **II** *m y f* **3** Pers. que canta o baila jotas¹ [1].

joule (*ing; pronunc corriente*, /yul/) *m* (*Fís*) Julio².

joven *adj* **1** [Pers.] que está en la juventud (período de la vida que media entre la adolescencia y la madurez). *Frec n.* **b)** *En el uso sust, se emplea como tratamiento para dirigirse o referirse a una pers joven cuyo nombre se ignora o no se quiere mencionar.* * Por favor, joven, ¿podría ayudarme? **c)** *Propio de una pers. joven.* **d)** [Cosa] formada por perss. jóvenes. ▪ **2** [Pers.] de poca edad. **b)** [Pers.] que tiene poca edad en relación con lo normal para determinadas circunstancias. **c)** *Sigue al n propio o al apellido de una pers para diferenciarla de su homónima de más edad. Se opone a* VIEJO. * Plinio el Joven. ▪ **3** [Animal] que aún no ha llegado a la madurez sexual. ▪ **4** Que conserva los caracteres propios de la pers., animal o cosa joven [1, 2 y 3]. ▪ **5** (*lit*) [Cosa] que existe desde hace poco tiempo. ▪ **5** [Vino] de poco tiempo y no sometido a proceso de envejecimiento.

jovenzano -na *adj* (*col*) Joven [1a, 2a y b y 4]. *Tb n.*

jovial *adj* Alegre y de buen humor.

jovialidad *f* Cualidad de jovial.

jovialmente *adv* De manera jovial.

joviano -na *adj* Del planeta Júpiter.

joya *f* **1** Pieza de adorno personal hecha de un metal fino con o sin piedras preciosas. ▪ **2** Pers. o cosa de gran valía. *Con intención ponderativa y a veces irónica.*

joyante *adj* [Seda] lucida y lustrosa. *Tb fig, referido a otras cosas o a perss.*

joyel *m* Joya pequeña. *Tb fig.*

joyería *f* **1** Tienda o taller del joyero [2]. ▪ **2** Arte u oficio de hacer joyas [1]. ▪ **3** Comercio de joyas [1]. ▪ **4** Conjunto de joyas [1].

joyerío *m* Conjunto de joyas [1].

joyero -ra I *adj* **1** De (las) joyas [1]. ▪ **II** *n* A *m y f* **2** Pers. que hace o vende joyas [1]. ▪ **B** **3** Estuche, caja u otro lugar destinado a guardar joyas [1].

joyón *m* Joya [1] grande o de mucho valor.

joystick (*ing; pronunc corriente*, /yóistik/; *tb con la grafía* **joy-stick**; *pl normal*, **~s**) *m* **1** (*Informát*) Palanca que controla el movimiento del cursor o de un carácter gráfico en la pantalla, usada esp. en juegos. ▪ **2** (*E*) Palanca de control de un vehículo.

juagarzo *m* (*reg*) Jaguarzo (planta).

juaguete *m* (*reg*) Tierra que se emplea para dar color a la cerámica.

juaguetear *tr* (*E*) Cocer por primera vez [una pieza de cerámica].

Juan I *m* **1 don ~; el preste ~ (de las Indias); ~ Lanas** → DONJUÁN[1]; PRESTE; JUAN LANAS.
II *loc adj* **2** [Hierba] **de San ~** → HIERBA.
III *loc v* **3 ser** [algo] **Juan y Manuela.** (*col*) No servir para nada.

juanero *m* (*jerg*) Ladrón de cepillos de iglesia.

juanete[1] *m* Hueso más sobresaliente de lo normal, en el nacimiento del dedo gordo del pie.

juanete[2] *m* (*Mar*) Mastelero que va sobre las gavias. *Tb la vela y verga correspondientes.*

juanetero *m* (*Mar*) Marinero encargado de maniobrar con los juanetes[2].

juanetudo -da *adj* **1** Que tiene juanetes[1]. ■ **2** (*raro*) De (los) juanetes[1]. ■ **3** (*raro*) De pómulos salientes.

juanito *m* (*col, raro*) Juanete[1].

Juan Lanas *m* (*col*) Hombre apocado que se deja gobernar por otros.

jubetero *m* (*hist*) Jubonero.

jubilable *adj* Que se puede jubilar[1].

jubilación *f* Acción de jubilar(se)[1]. *Tb su efecto.* **b)** Pensión que percibe la pers. jubilada.

jubilante *adj* (*lit, raro*) Alegre o gozoso.

jubilar[1] *tr* **1** Disponer que [una pers. (*cd*)] cese en el ejercicio de sus funciones por razón de edad o enfermedad y de acuerdo con la ley, asignándole la pensión correspondiente. *Frec en part, a veces sustantivado.* **b)** *pr* (**~se**) Cesar [una pers.] en sus funciones por razón de edad o enfermedad, pasando a percibir la pensión correspondiente. ■ **2** Liberar [a alguien de una obligación o un servicio]. *Tb sin compl, por consabido.* **b)** Retirar del uso [una cosa]. **c)** Despedir [a una pers.] o prescindir de sus servicios. *Tb fig.*

jubilar[2] *intr* (*lit, raro*) Alegrarse o regocijarse.

jubilar[3] *adj* De(l) jubileo [1 y 3].

jubilar[4] *adj* (*raro*) De (la) jubilación.

jubilata *m y f* (*juv*) Pers. jubilada (→ JUBILAR[1] [1]).

jubileo *m* **1** (*Rel catól*) Indulgencia plenaria solemne y universal concedida por el Papa por algún motivo especial. ■ **2** (*col*) Gran afluencia y movimiento de gente. *Normalmente en la constr* ESTO ES (*o* PARECE) UN ~. ■ **3** Aniversario especial, gralm. de 25 o 50 años. *A veces con un adj especificador:* ~ DE PLATA (*25 años*), ~ DE ORO (*50 años*). *Gralm referido a la monarquía británica.* ■ **4** (*hist*) Fiesta pública celebrada por los antiguos israelitas cada cincuenta años.

jubillo *m* (*reg*) Toro con las astas encendidas que se corre de noche como festejo popular. *Tb* TORO ~.

jubilo *m* (*reg*) Jubillo.

júbilo *m* Alegría intensa y expansiva.

jubilosamente *adv* De manera jubilosa.

jubiloso -sa *adj* Lleno de júbilo.

jubón *m* **1** (*hist*) Prenda de vestir ceñida y ajustada al cuerpo que cubre desde los hombros hasta la cintura. *Hoy solo prenda de traje típico regional.* ■ **2** (*hoy raro*) Prenda exterior de bebé a modo de camisita con mangas.

jubonero *m* (*hist*) Fabricante de jubones [1].

júcaro *m* Árbol antillano de flores en racimo y sin corola, fruto semejante a la aceituna y madera muy dura (*Terminalia hilariana*). *Tb designa otras especies.*

judaico -ca *adj* De los judíos.

judaísmo *m* **1** Religión de los judíos, que sigue la ley de Moisés. ■ **2** Conjunto de los judíos.

judaizante *adj* (*hist*) [Judío] bautizado que continúa practicando el judaísmo [1]. *Tb n.*

judaizar (*conjug* 1f) *intr* (*hist*) Practicar el judaísmo [1] [un judío bautizado].

judas (*a veces con mayúscula*) *m* **1** Hombre traidor. *Tb adj. A veces usado como insulto.* **b)** *Se usa en constrs de sent comparativo para ponderar falsedad.* * Es más falso que Judas. ■ **2** Muñeco de paja que en algunos lugares se pone en la calle durante la Semana Santa y después se quema.

judeo- *r pref* Judío. * Judeocristiano.

judeoespañol -la (*tb con la grafía* **judeo-español**) I *adj* **1** Sefardí. *Tb n, referido a pers.*
II *m* **2** Variedad de español hablada por los sefardíes.

judeomasónico -ca *adj* De (los) judíos y (los) masones. *Gralm humoríst referido a conjuras imaginarias o inventadas.*

judería *f* Barrio destinado a los judíos.

judesmo *m* Lengua judeo-española de uso general. *Se opone a* LADINO.

judía *f* Planta leguminosa anual de tallos endebles y volubles, flores blancas y fruto en vainas aplastadas terminadas en dos puntas y con varias semillas en forma de riñón (*Phaseolus vulgaris*). *Tb su fruto y esp su semilla.* **b)** **~ verde.** Fruto de la judía, que se come antes de madurar.

judiada[1] *f* (*col*) Faena o mala pasada.

judiada[2] *f* Comida consistente en gran cantidad de judías [1a].

judiar *m* Terreno sembrado de judías.

judicante *adj* (*lit*) Juzgador. *Tb n.*

judicativamente *adv* (*Filos*) De manera judicativa.

judicativo -va *adj* (*Filos*) De(l) juicio (relación mental).

judicatura *f* **1** Cargo o función de juez. *Tb el tiempo que dura.* **b)** Carrera de juez. ■ **2** Cuerpo constituido por los jueces de un país.

judicial *adj* De(l) juez o de (la) administración de justicia. **b)** [Depósito] de cadáveres sometidos a investigación judicial. **c)** [Partido] ~ → PARTIDO[2].

judicialista *adj* De carácter judicial o que tiende a judicial.

judicialización *f* Acción de judicializar.

judicializar *tr* Dar carácter judicial [a algo (*cd*)].

judicialmente *adv* **1** De manera judicial. ■ **2** En el aspecto judicial.

judiciario -ria *adj* (*hist*) [Astrología o astrólogo] que se orienta a la confección de pronósticos.

judío[1] -a *adj* **1** [Individuo] hebreo (del pueblo semita descendiente de Abraham). *Tb n.* **b)** Que profesa la ley de Moisés. **c)** De (los) judíos. ■ **2** (*col*) [Pers.] avara o usurera. ■ **3** (*hist*) De Judea. *Tb n, referido a pers.*

judío² *m* (*reg*) Judión.

judión *m* Variedad de judía de vaina ancha y semilla más grande que la común. *Tb su fruto y su semilla.*

judo (*jap; pronunc corriente,* /yúdo/) *m* Yudo.

judogui (*pronunc corriente,* /yudógi/) *m* (*Dep*) Traje usado en la práctica del judo.

judoka (*jap; pronunc corriente,* /yudóka/) *m y f* Yudoka.

juego I *m* 1 Acción de jugar [1]. **b)** Actividad que presenta alguno de los caracteres propios del juego, esp. la facilidad o la falta de trascendencia. *A veces* ~ DE NIÑOS. ■ 2 Ejercicio recreativo o deportivo sometido a reglas y en el que se puede ganar o perder. *Normalmente con un compl especificador. Tb fig.* **b)** *Sin compl:* Juego de azar. *A veces, en sg, con sent genérico.* ■ 3 *Con un adj o compl especificador, designa distintos ejercicios físicos o mentales cuya intención es entretener o divertir.* * Juegos dialécticos. * Juegos de ingenio. **b)** ~ **de manos.** Ejercicio de prestidigitación. **c)** ~ **malabar.** Ejercicio de agilidad o destreza que se realiza como espectáculo. *Frec fig.* **d)** ~ **de palabras.** Alarde ingenioso que consiste en aprovechar el sentido equívoco de una palabra o la similitud fonética entre dos palabras de sentidos diversos. ■ 4 (*hist*) *En pl:* Fiestas de carácter nacional predominantemente deportivas que se celebraban periódicamente en la antigua Grecia. *Normalmente con un adj especificador.* **b)** ~s **olímpicos.** (*frec con iniciales mayúsculas*) Serie de competiciones deportivas de carácter internacional que se celebran cada cuatro años en un lugar prefijado y solo entre deportistas no profesionales. **c)** ~s **paralímpicos** (o **paraolímpicos,** o **parolímpicos).** (*frec con iniciales mayúsculas*) Serie de competiciones deportivas de carácter internacional, para atletas minusválidos, organizada a la manera de los juegos olímpicos. ■ 5 Conjunto de jugadas, en un juego [2a], que finalizan en una victoria parcial. **b)** (*Tenis*) Serie de jugadas servidas por un mismo jugador. ■ 6 Conjunto más o menos favorable de cartas de cada jugador. ■ 7 Serie de instrumentos de un juego [2]. ■ 8 Conjunto de cosas de la misma naturaleza que sirven para fines análogos. *Con un compl* DE, *que especifica la naturaleza de los objetos o el fin al que están destinados.* **b)** Conjunto de cosas que forman una estructura. ■ 9 Combinación [de agua, colores o luces] móvil y cambiante. ■ 10 Manera de actuar. *Frec en constrs como* ~ LIMPIO, ~ SUCIO, DOBLE ~. **b) las reglas del** ~ → REGLA. **c)** Intención o plan de actuación. *Frec en constrs como* CONOCER o DESCUBRIR EL ~. ■ 11 Posibilidad de actuación o de intervención. **b)** (*Dep*) *En fútbol y otros deportes de equipo:* Posibilidades de ataque creadas por uno o más jugadores. *Gralm con el v* CREAR. ■ 12 Rendimiento [de una pers. o cosa]. *Normalmente con el v* DAR. *Tb fig.* ■ 13 Movimiento [de una cosa articulada]. ■ 14 (*Mec*) Espacio que se deja entre dos piezas ajustadas. ■ 15 (*TLit*) Pieza de teatro medieval en verso, de carácter cómico o dramático. ■ 16 ~s **florales.** Concurso poético en que se premia al vencedor con una flor natural. ■ 17 ~ **de pelota.** Lugar destinado a la práctica del juego [2a] de pelota. *Tb* (*pop*) ~ PELOTA. ■ 18 **fuera de** ~. (*Dep*) Hecho de estar un jugador fuera de juego [25]. *Tb la falta correspondiente. Tb fig, fuera del ámbito técn.* II *loc v* 19 **hacer el** ~ [a alguien]. Favorecer sus intenciones, esp. de manera involuntaria. ■ 20 **hacer** ~. Combinar o armonizar [dos cosas (*suj*)] o una

(*suj*) con otra]. ■ 21 **hacer** ~. *En la ruleta:* Colocar el jugador las fichas en el lugar que desea. III *loc adv* 22 **a** ~. En combinación o armonía [con algo]. *Tb sin compl. Tb adj.* ■ 23 **en** ~. En situación de poder ganarse o perderse. *Gralm con los vs* ESTAR o PONER. ■ 24 **en** ~. En situación de actuar o intervenir. *Gralm con el v* PONER. ■ 25 **fuera de** ~. (*Dep*) Más cerca de la línea de meta contraria que el balón en el momento en que este es jugado y sin tener delante al portero y al menos un defensa. **b)** Al margen de una actividad o sin capacidad para intervenir en ella. **c)** Sin capacidad para actuar normalmente.

juerga (*col*) I *f* 1 Diversión bulliciosa, gralm. con bebidas. *Frec* CORRERSE UNA ~. **b)** Fiesta con música, baile y bebidas. ■ 2 Risa o diversión. *Frec en la constr* PASARSE (o CORRERSE) UNA (o LA GRAN) ~. ■ 3 Burla o broma. II *loc v* 4 **ser** [alguien o algo] **una** ~ (o **de** ~). Causar risa. *Frec con intención ponderativa.*

juerguearse *intr pr* (*col*) 1 Reírse o divertirse burlándose [de alguien o algo (*compl* DE o CON)]. ■ 2 Correrse una juerga [1].

juerguista *adj* (*col*) [Pers.] aficionada a la juerga, esp [1]. *Tb n.*

jueves I *m* 1 Quinto día de la semana (o cuarto, según el cómputo popular). **b)** S*e usa en constrs como* PARECES EL ~, SIEMPRE EN MEDIO, o SIEMPRE EN MEDIO, COMO EL ~, *para comentar que alguien está en medio, gralm estorbando.* II *loc adj* 2 **del otro** ~. (*col*) Extraordinario o fuera de lo corriente. *Normalmente en la constr* NO SER NADA (o COSA) DEL OTRO ~. III *loc v y fórm* (*col*) 3 **¿(y) cuándo no es** ~? *Fórmula con que se comenta la reiteración de algo que causa disgusto.* * —Se ha puesto mala la niña. –¿Y cuándo no es jueves? ■ 4 **haber aprendido** [una cosa] **en** ~. (*col*) Reiterar[la] de manera innecesaria y cansada.

juevista *adj* (*Rel catól*) [Pers.] que sigue la devoción de comulgar todos los jueves. *Tb n.*

juez -za (*la forma* JUEZ *se usa como m y f en aceps 1 y 2; la forma f* JUEZA, *solo en acep 1*) I *n* A *m y f* 1 Letrado con autoridad para juzgar y sentenciar. *Tb fig. Diversos tipos de jueces se distinguen por medio de un compl o adj:* COMARCAL, DE PRIMERA INSTANCIA, SUPREMO, *etc.* **b)** ~ **de paz.** Pers. no letrada a la que se confiere autoridad penal sobre faltas y civil en asuntos de menor cuantía, y que dirige también el registro civil. ■ 2 Pers. con autoridad para juzgar en una materia determinada. **b)** Pers. que se elige para que actúe como árbitro en una disputa. **c)** ~ **de línea.** (*Dep, esp Fút*) Pers. que ayuda al árbitro vigilando el juego en las bandas derecha e izquierda del campo. **d)** ~ **de silla.** (*Tenis*) Pers. que arbitra un partido sentado en una silla alta situada en la zona de la red. B *m* 3 (*hist*) Jefe supremo del pueblo de Israel desde que se estableció en Palestina hasta que adoptó la monarquía. ■ 4 (*hist*) Caudillo de los dos que, según la leyenda, gobernaron en Castilla en el s. IX. C *f* 5 Mujer del juez [1]. II *loc adj* 6 **de** ~. (*col*) [Cara] muy seria y grave.

jugada *f* 1 Acción propia de un juego [2] llevada a cabo por un jugador. **b)** Actuación u operación. *Frec con adjs como* HÁBIL o TORPE. ■ 2 (*col*) Faena o mala pasada. *Tb* MALA ~.

jugador -ra I *adj* **1** [Pers.] que juega [2a y b]. *Frec con un compl especificador. Frec n.* **b)** [Pers.] que se dedica a determinados deportes. *Frec con un compl especificador. Frec n.* **c)** *Sin compl:* [Pers.] dada a los juegos de azar. *Frec n.* **d)** De(l) jugador o de (los) jugadores. ■ **2** [Pers.] que juega [2a] con habilidad y destreza. *Frec n.*
II *m y f* **3** ~ **de manos.** Pers. que hace juegos de manos. ■ **4** ~ **de ventaja.** → VENTAJA.

jugar (*conjug* 10) A *intr* **1** Hacer algo para entretenerse o divertirse. ■ **2** Realizar las acciones propias [de un juego [2a] (*compl* A)]. *El n del juego va precedido de art. Tb* (*reg*) *sin art. A veces el compl se omite por consabido. Tb fig.* **b)** Participar [en un juego de azar (*compl* A)]. *Frec el compl se omite por consabido.* **c)** (*col*) Tener [algo (*compl* A)] como propósito o pretensión. *Gralm en constrs irónicas de intención polémica como* ¿A QUÉ JUEGAS?, *o* NO SÉ A QUÉ JUEGA. ■ **3** (*Naipes*) Participar en alguna de las fases del desarrollo de un juego [2a], cuando se tiene opción a no hacerlo. **b)** Intervenir o tomar parte [en un asunto]. **c)** Actuar. *Con los advs* LIMPIO *o* SUCIO, *u otro equivalente.* **d)** **o jugamos todos o se rompe la baraja** → BARAJA. ■ **4** Realizar [un jugador] una jugada [1]. ■ **5** Utilizar [una cosa (*compl* CON)] como juguete. *Tb fig.* **b)** Comportarse [con una pers. o cosa (*compl* CON)] tomarla en serio o sin prestarle la atención o consideración que merece. **c)** ~ **con fuego** → FUEGO. ■ **6** Moverse o funcionar [un mecanismo, esp. articulado]. ■ **7** Combinar o hacer juego [una cosa con otra].
B *tr* ➤ a *normal* **8** Realizar [una partida, un partido o una jugada (*cd*) de un juego [2a]]. **b)** Realizar las acciones propias [de un juego [2a] (*cd*). *Tb fig.* **c)** Hacer [una mala pasada]. ■ **9** Hacer uso [de una carta, una ficha, el balón u otro elemento de juego [2] (*cd*)]. ■ **10** Apostar [algo, esp. una cantidad (*cd*)], esp. en un juego de azar (*compl* A)]. *Frec con un compl de interés.* **b)** Arriesgar o poner en juego [algo]. *Más frec con un compl de interés. Frec en constrs ponderativas como* ~SE EL TIPO, ~SE EL TODO POR EL TODO. **c)** *En constrs como* ¿QUÉ TE JUEGAS A QUE...?, *o* ¿TE JUEGAS ALGO?, *se usa para afirmar enfáticamente lo que se dice.* * ¿Qué te juegas a que llega tarde? ■ **11** Desempeñar [una función o un papel]. ■ **12** Mover [algo, esp. un miembro del cuerpo o un mecanismo]. ■ **13** Manejar [un arma blanca]. ■ **14** (*Taur*) Lidiar [toros].
➤ b *pr* **15** ~**sela** [una pers.]. (*col*) Arriesgarlo todo. *Frec con intención ponderativa.* ■ **16** ~**sela** [a alguien]. (*col*) Hacer[le] una faena o una mala pasada. **b)** Engañar sexualmente [a alguien]. ■ **17** ~**se los cuartos** → CUARTO.

jugarreta *f* (*col*) Faena o mala pasada.

juglandácea *adj* (*Bot*) [Planta] dicotiledónea leñosa de flores en espiga, de la familia cuyo género tipo es *Juglans. Frec como n f en pl, designando este taxón botánico.*

juglar -resa *m y f* (*hist*) **1** *En la Edad Media:* Pers. que se gana la vida como recitador, músico y acróbata. ■ **2** *En la Edad Media:* Poeta y recitador popular de cantos épicos. *Tb* (*lit*) *fig, referido a época moderna.*

juglaresco -ca *adj* (*hist*) De(l) juglar.

juglaría (*hist*) I *f* **1** Arte u oficio de juglar. *Tb* (*lit*) *fig, referido a época moderna.*
II *loc adj* **2** [Mester] **de** ~ → MESTER.

jugo I *m* **1** Líquido extraíble de una sustancia sólida mediante presión, cocción o destilación. ■ **2** Líquido procedente de la secreción animal. *Normalmente con un compl especificador.* **b)** *En gral:* Líquido. ■ **3** Parte provechosa o sustancial [de algo]. *Tb fig.*
II *loc v* **4** **sacar** ~ [a una cosa]. (*col*) Aprovechar[la]. **b)** **sacar el** ~ [a una pers. o cosa]. (*col*) Explotar[la] sacando de ella el máximo provecho.

jugosidad *f* Cualidad de jugoso.

jugoso -sa *adj* **1** Que tiene jugo [1 y 3]. ■ **2** (*lit*) [Lenguaje o colorido] que tiene frescura y vitalidad.

juguete *m* **1** Objeto que sirve a los niños para jugar [1]. *Tb fig.* ■ **2** Pers. o cosa totalmente dominada [por alguien o algo (*compl de posesión*)]. ■ **3** (*TLit*) Pieza teatral breve, cómica y de puro pasatiempo, que se cultivó esp. a principios de siglo. *Frec* ~ CÓMICO.

juguetear *intr* Jugar [1 y 5] de manera ligera o con poco interés. *Frec fig.*

jugueteo *m* Acción de juguetear.

juguetería *f* **1** Tienda dedicada a la venta de juguetes [1]. ■ **2** Industria del juguete [1]. ■ **3** Conjunto de juguetes [1].

juguetero -ra I *adj* **1** Del juguete [1].
II *n* A *m y f* **2** Pers. que fabrica o vende juguetes [1].
B *m* **3** Mueble destinado a guardar juguetes [1]. ■ **4** (*reg*) Mueble en que se colocan figuritas de porcelana y otros objetos artísticos.

juguetón -na *adj* [Pers. o animal] amigo de jugar [1]. *Tb fig, referido a cosa.* **b)** Propio de la pers. o el animal juguetones.

juguetonamente *adv* De manera juguetona.

juicio I *m* **1** Acción de juzgar. *Frec su efecto.* **b)** ~ **de Dios.** (*hist*) *En la Edad Media:* Riesgo físico a que se somete a un acusado para decidir sobre su culpabilidad o su inocencia, y cuyo resultado se considera manifestación del juicio divino. ■ **2** Facultad de juzgar [1] con cordura. *Frec en la constr* ESTAR EN SU (SANO O CABAL) ~. **b)** Sensatez o sentido común. ■ **3** (*Filos*) Resultado de relacionar mentalmente dos conceptos, afirmando o negando uno de otro.
II *loc adj* **4** [Día] **del** ~ → DÍA. ■ **5 del** ~. [Muela] de las cuatro que nacen en la edad adulta en el extremo de la mandíbula humana.
III *loc v* **6** **perder el** ~. Volverse loco. *Tb fig.* ■ **7** **sorber el** ~. Sorber el seso (→ SESO).
IV *loc adv* **8 a** ~ [de una pers.]. Según la opinión [de esa pers.]. ■ **9 en tela de** ~ → TELA².

juiciosamente *adv* De manera juiciosa.

juicioso -sa *adj* [Pers.] que se comporta con sensatez. *Tb fig, referido a animales.* **b)** Propio de la pers. juiciosa.

juke-box (*ing; pronunc corriente,* /yúk-boks/; *pl normal, invar*) *m* Máquina tragaperras que hace sonar automáticamente el disco elegido.

jula *m* (*jerg*) Julái [1 y 4].

julái (*tb con la grafía* **julay**) (*jerg*) A *m y f* **1** Pers. boba o incauta. *Tb adj.* **b)** Pers. que es o se supone víctima fácil de un robo o estafa. ■ **2** Pers. novata. ■ **3** (*desp*) Tipo o individuo. **b)** Pers. despreciable.
B *m* **4** Hombre homosexual.

julandrón *m* (*jerg*) Julái [1 y 4].

julay → JULÁI.

julepe I *m* **1** (*Naipes*) Juego de cartas en que se reparten cinco a cada jugador, y en que pierde el que no hace baza o el que hace menos de dos. **b)** *En el julepe:* Jugador que hace menos de dos bazas. ■ **2** (*col*) Tunda o paliza. *Frec en la constr* DAR (UN) ~. ■ **3** (*col*) Trabajo o esfuerzo grande. *Frec en la constr* DAR(SE) UN ~. ■ **4** (*raro*) Lío o alboroto. ■ **5** (*raro*) Miedo.

    II *loc v* **6 dar ~** [a un jugador]. (*Naipes*) *En el julepe* [1]: Conseguir que haga menos de dos bazas. ■ **7 llevar ~** [un jugador]. (*Naipes*) *En el julepe* [1]: Hacer menos de dos bazas.

julia *f* Pez marino comestible de cuerpo alargado con vivos colores rojizos y amarillentos en bandas longitudinales (*Coris julis*).

juliano -na **I** *adj* **1** [Calendario] establecido por Julio César, según el cual, el año consta de 365 días, salvo el bisiesto, cada cuatro años, que consta de 366. ■ **2** [Sopa] de verduras cortadas en tiritas finas.

    II *f* **3** (*reg*) Julia (pez).

    III *loc adv* **4 en juliana.** (*Coc*) En tiritas finas. *Con vs como* PARTIR *o* CORTAR.

julio¹ *m* Séptimo mes del año. *Se usa normalmente sin art.*

julio² *m* (*Fís*) En el sistema MKSA: Unidad de trabajo equivalente a 10 millones de ergios, y que es el realizado por la fuerza de un newton cuando su punto de aplicación se desplaza un metro en la dirección de la fuerza.

juma (*col*) **I** *f* **1** Borrachera.

    II *adj* **2** Borracho o embriagado.

jumbo (*ing; pronunc corriente,* /yúmbo/) **I** *m* **1** Avión de reacción capaz de transportar varios cientos de pasajeros. *Tb* ~ JET. ■ **2** (*E*) Vehículo automóvil portador de varias perforadoras, usado para excavar túneles.

    II *adj* **3** De tamaño o dimensiones muy grandes. *Frec en economía.*

júmel *adj* [Algodón] egipcio de fibra muy larga.

jumelage (*fr; pronunc corriente,* /ʒümeláʒ/) *m* Hermanamiento [de dos poblaciones]. *Tb fig.*

jumento *m* Asno.

jumera *f* (*col*) Borrachera.

jumilla *m* Vino de Jumilla (Murcia).

jumillano -na *adj* De Jumilla (Murcia). *Tb n, referido a pers.*

junar *tr* (*jerg*) Ver.

juncal **I** *adj* **1** Esbelto y airoso.

    II *m* **2** Lugar poblado de juncos¹. ■ **3** Junco¹ (planta).

juncia *f* Planta herbácea de cañas triangulares y hojas largas y ásperas en su borde, que es medicinal y aromática (*Cyperus longus*). *Tb* ~ DE OLOR *u* OLOROSA, ~ LARGA *o* ~ ESQUINADA. *Con un adj especificador, designa otras especies:* ~ AVELLANADA (*Cyperus esculentus*), ~ BASTARDA *o* MORISCA (*Schoenus nigricans*), ~ NEGRA (*Cyperus fuscus*), ~ REDONDA (*C. rotundus*), *etc.*

junco¹ *m* Se da este *n* a varias plantas herbáceas de tallo recto, largo y flexible, que crecen en el agua y en lugares húmedos y que se usan en trabajos de cestería (*géns Juncus, Scirpus y otros*). *A veces con un adj especificador:* ~ FLORIDO (*Butomus umbellatus*), ~ MARINO (*Juncus maritimus*), ~ REDONDO (*J. acutus*), *etc. Tb su tallo.*

junco² *m* Embarcación propia de algunos países del Extremo Oriente, con dos o más palos y velas trapezoidales reforzadas con listones de bambú.

jundo *m* (*jerg*) Guardia civil.

jundunar *m* (*jerg*) Guardia civil.

junedense *adj* De Juneda (Lérida). *Tb n, referido a pers.*

jungla *f* Selva. *Esp referido a las de Asia. Frec fig.*

junio *m* Sexto mes del año. *Se usa normalmente sin art.*

junior -ra *m y f* (*Rel catól*) Religioso joven que sigue sometido al maestro de novicios después de haber profesado.

júnior (*pronunc,* /yúnior/; *tb con la grafía* **junior**; *pl normal,* ~s) *m* **1** Más joven. *Sigue al n propio o al apellido de una pers para diferenciarla de su pariente homónimo de más edad, esp el padre. Se opone a* SÉNIOR. * *Marbel júnior, un nombre que destaca en la alta costura.* ■ **2** (*Dep*) [Deportista] de la categoría inmediatamente anterior a la de sénior. *Frec n.* **b)** De (los) júniors.

juniorado *m* (*Rel catól*) Etapa de junior.

junker (*al; pronunc corriente,* /yúnker/; *pl normal,* ~s) *m* (*hist*) Miembro de la aristocracia terrateniente prusiana.

junquera *f* Junco¹ (planta).

junquillo *m* **1** Planta semejante al narciso, de flores amarillas muy olorosas y cuyo tallo es similar al junco (*Narcissus jonquilla*). *Tb* ~ OLOROSO *o* AMARILLO. *A veces, con un adj especificador, designa otras especies.* ■ **2** (*Arquit*) Moldura convexa, redonda y estrecha que suele colocarse en las esquinas y cuya sección alcanza las tres cuartas partes del círculo. ■ **3** (*Carpint*) Moldura que sirve para sujetar cristales a sus marcos o bastidores. ■ **4** (*raro*) Bastón (para andar).

junta *f* **1** Lugar por donde se juntan dos cosas. **b)** Espacio que queda entre dos piezas o elementos contiguos y que suele rellenarse con alguna materia adecuada. **c)** Pieza o materia que se coloca entre dos piezas o elementos contiguos para que su unión sea hermética. ■ **2** Conjunto de perss. que tienen a su cargo el gobierno o la administración de una entidad. *Frec con un compl especificador.* ■ **3** Reunión de las personas de una junta [2] para tratar asuntos de su competencia. **b)** Reunión de perss. componentes de una entidad, con objeto de tratar asuntos propios de esta. ■ **4** Conjunto de cosas o animales juntos [2]. ■ **5** (*raro*) Acción de juntar(se) [1].

juntamente **I** *adv* **1** De manera junta (→ JUNTO [2]) o no independiente.

    II *loc prep* **2 ~ con.** Junto con.

juntamiento *m* (*reg*) Junta o reunión de perss., esp. de regantes.

juntanza *f* (*reg*) Junta o unión.

juntapulpa *f* Cimbalaria (planta).

juntar **A** *tr* **1** Poner juntas [a dos o más perss. o cosas]. *Puede llevar un cd y un compl* A *o* CON, *o bien un simple cd en pl o colectivo. Frec el cd es refl. Tb fig.* **b)** *pr* (~**se**) Pasar a estar juntas [dos o más perss. o cosas, o una(s) con otra(s)]. ■ **2** Juntar [1] en cantidad [cosas de la misma especie]. *Referido a dinero, frec abs con un compl de finalidad.* **b)** Reunir [perss.] en cierta cantidad en un mismo lugar.

Frec el cd es refl. ■ **3** (*col*) *Entre niños:* Admitir [un niño] la compañía [de otro (*cd*)] para jugar.
B *intr pr* (~**se**) **4** Encontrarse [una pers.] simultáneamente [con varias circunstancias]. ■ **5** (*col*) Tener amistad o trato [con otra pers.]. ■ **6** (*col*) Amancebarse. ■ **7** (*col*) Realizar el acto sexual [con alguien].

juntero -ra *adj* [Pers.] perteneciente a una junta [2]. *Tb n.*

juntismo *m* Tendencia a la creación de juntas [2] o al predominio de estas.

juntista *m y f* Miembro de una junta [2].

junto -ta (*en acep 7 con pronunc átona*) **I** *adj* **1** Que está uno al lado de otro. *Referido a un n pl o colectivo. Tb fig.* * Salta con los pies juntos. * Se han criado juntos. * Esas nociones están muy juntas. ■ **2** Que está formando un conjunto. *Referido a un n en pl o colectivo, o, más raro, con un compl* CON. * Vale más que todos juntos. * Le envió la bolsa junta con una nota.
II *adv* **3** (*pop*) Al lado. ■ **4 en ~.** En total. *Tb* POR ~. ■ **5 por ~.** (*pop*) De manera conjunta. **b)** (*raro*) Al por mayor. ■ **6 todo ~.** Simultáneamente.
III *loc prep* **7 ~ a.** Al lado de. ■ **8 ~ con.** En compañía de. *Tb fig.*

juntura *f* **1** Lugar por donde se juntan dos cosas. ■ **2** (*raro*) Acción de juntarse [1]. ■ **3** (*Fon*) Frontera fonética que marca los límites de dos palabras u otras unidades gramaticales.

jupa *f* (*reg*) Paliza o esfuerzo extraordinario.

jupiterino -na *adj* Del dios Júpiter. *Frec aludiendo a su carácter de tonante.*

jura *f* Acción de jurar, *esp* [2 y 3].

juradero -ra *adj* (*hist*) *En la Edad Media:* [Iglesia] destinada a tomar en ella juramentos solemnes.

jurado -da **I** *adj* **1** *part* → JURAR. ■ **2** [Pers.] que jura [3] su cargo, oficio o función al comenzar a desempeñarlos. *Siguiendo al n de determinados cargos u oficios. Tb n, referido a guarda.* * Intérprete jurado. * Censor jurado de cuentas. **b)** [Traducción] de un traductor jurado. ■ **3** [Declaración] que se hace con juramento.
II *n* **A** *m* **4** Tribunal no profesional ni permanente cuyo cometido es colaborar con la justicia determinando la culpabilidad o la inocencia del acusado a partir de lo expuesto en el juicio. ■ **5** *En un concurso o competición:* Conjunto de perss. encargadas de fallar los premios. ■ **6 ~ de empresa.** Organismo de representación laboral destinado a resolver los conflictos entre el capital y los trabajadores de una empresa. ■ **7** (*hist*) *En la Edad Media:* Miembro elegido de un concejo municipal, con distintas funciones, esp. la defensa de los intereses comunales y la fiscalización de cuentas.
B *m y f* **8** Pers. que forma parte de un jurado [4, 5 y 6].

juramentarse *intr pr* Comprometerse mediante juramento [1]. *Frec en part, a veces sustantivado.*

juramento *m* **1** Acción de jurar [1a]. *Tb su efecto.* ■ **2** Blasfemia o maldición.

jurar **A** *tr* ➤ **a** *normal* **1** Afirmar o negar [algo] poniendo por testigo a Dios o la divinidad directa o indirectamente. *Tb abs. Frec con un compl* POR. **b)** Decir [alguien] mediante juramento [1] que hará o dará [algo], obligándose a ello. *Frec con intención ponderativa.* **c)** Afirmar o negar [algo] haciendo énfasis en la propia veracidad. *Frec en la fórmula* (TE) LO JURO. *A veces con un compl intensificador* POR. **d)** ~ **y perjurar.** (*col*) Afirmar o negar [algo] con insistencia. ■ **2** Declarar solemnemente mediante juramento [1] [rey o príncipe heredero (*predicat o compl* POR *o* COMO) a una pers. (*cd*)]. ■ **3** Declarar [una pers.] solemnemente mediante juramento [1] que se someterá a los deberes y exigencias inherentes [a algo (*cd*), esp. un cargo]. *Tb abs.* **b)** ~ **(la) bandera** → BANDERA.
➤ **b** *pr* **4** ~**sela** [una pers. a otra]. Asegurar que se vengará [de ella]. *Frec en la forma* TENÉRSELA JURADA.
B *intr* **5** Proferir blasfemias o maldiciones. *A veces* (*humoríst*) *con algún incremento expresivo como* EN HEBREO *o* EN ARAMEO.

jurásico -ca *adj* (*Geol*) [Período] intermedio de la Era Secundaria. *Tb n m; en este caso, gralm con inicial mayúscula.* **b)** Del período jurásico. *Tb n m, referido a terreno.*

juratorio -ria *adj* **1** De(l) juramento [1]. ■ **2** (*Der*) [Caución] que se acompaña de juramento [1].

jurdano -na *adj* (*reg*) Hurdano. *Tb n.*

jurel *m* Pez marino comestible de cuerpo rollizo, azul por el lomo y blanco por el vientre, con una línea destacada de escamas en el flanco (gén. *Trachurus*, esp. *T. trachurus*).

jurela *f* (*reg*) Jurel.

jurelo *m* (*reg*) Jurel.

jurídicamente *adv* **1** De manera jurídica. ■ **2** En el aspecto jurídico.

juridicidad *f* **1** Condición de acorde con el derecho. ■ **2** Tendencia a dar primacía a lo jurídico o a las leyes.

juridicismo *m* Tendencia a dar primacía a lo jurídico o a las leyes. *Gralm con intención desp.*

juridicista *adj* Que tiene o muestra juridicismo.

jurídico -ca *adj* De(l) derecho. **b)** [Convento] ~, [persona] **jurídica** → CONVENTO, PERSONA.

juridización *f* Acción de juridizar.

juridizar *tr* Dar carácter jurídico [a algo (*cd*)].

jurisconsulto -ta *m y f* Pers. que tiene grandes conocimientos de derecho.

jurisdicción *f* **1** Autoridad para gobernar y poner en ejecución leyes. **b)** Autoridad para juzgar. *Tb las perss que encarnan esta autoridad.* ■ **2** Territorio en que se ejerce una jurisdicción [1].

jurisdiccional *adj* De (la) jurisdicción. **b)** [Aguas] ~**es** → AGUA.

jurisperito -ta *m y f* Jurisconsulto.

jurisprudencia *f* **1** Ciencia del derecho. ■ **2** Doctrina derivada de las decisiones de determinados tribunales, esp. del Tribunal Supremo, y que sirve como norma de juicio para suplir omisiones de la ley.

jurisprudencial *adj* De (la) jurisprudencia.

jurisprudente *m y f* (*raro*) Jurisconsulto.

jurista *m y f* Especialista en derecho.

juro **I** *m* **1** (*hist*) Renta derivada de un préstamo a la corona, o concedida por esta como pago de servicios o como merced.
II *loc adv* **2 de ~.** (*raro*) Obligatoriamente o por fuerza.

jusbarba *f* Brusco (planta).

justa *f* **1** (*hist*) Juego de a caballo en que los caballeros acreditaban su destreza en el manejo de las armas. *Gralm en pl*. ■ **2** Certamen o competición literarios. *Gralm en pl y en la forma* ~S POÉTICAS *o* ~S LITERARIAS. ■ **3** (*lit*) Lucha o enfrentamiento.

justador *m* (*hist*) Caballero que combate en justas [1].

justamente *adv* **1** De manera justa (→ JUSTO [2]). ■ **2** Precisa o exactamente.

justar *intr* (*hist*) Combatir en justas [1].

justeza *f* **1** Cualidad de justo [4]. ■ **2** Conformidad con lo debido o adecuado.

justicia I *n* A *f* **1** Principio moral que inclina a dar a cada uno lo que le pertenece. ■ **2** Cualidad de justo [1, 2 y 3]. ■ **3** Aplicación de la ley, controlando su cumplimiento y castigando a quien la incumple. ■ **4** Poder judicial. **b)** Conjunto de (los) agentes de la justicia.
B *m* **5** (*hist*) En Aragón, hasta principios del s XVIII: Magistrado supremo. *Tb* ~ MAYOR (DE ARAGÓN). **b)** *En Aragón, en la actualidad:* Defensor del pueblo. *Tb* ~ DE ARAGÓN. ■ **6** (*hist*) *En Castilla:* Alta dignidad del reino, con máxima autoridad judicial. *Tb* ~ MAYOR (DE CASTILLA). ■ **7** (*hist*) Oficial inferior de justicia [3]. **b)** ~s y ladrones. (*Juegos, hoy raro*) Juego de niños en que los de un bando tratan de capturar a los de otro.
II *loc adj* **8** de ~. [Cosa] justa (→ JUSTO [2]). ■ **9** de ~. [Sol] que calienta mucho.
III *loc v* **10** hacer ~ [a una pers. o cosa]. Reconocer[le] los méritos que en verdad tiene. ■ **11** tomarse [alguien] la ~ por su mano. Aplicar por su cuenta y al margen de la ley el castigo que cree justo.

justiciable *adj* Que debe ser sometido a la acción de los tribunales de justicia.

justicialismo *m* Doctrina política y social del régimen del general Perón († 1974) en la Argentina.

justicialista *adj* De(l) justicialismo. **b)** Partidario del justicialismo. *Tb n*.

justicieramente *adv* De manera justiciera [2].

justiciero -ra *adj* **1** [Pers.] amante de hacer justicia [3] estricta. ■ **2** [Cosa] que denota o implica justicia [3] estricta. ■ **3** De (la) justicia [3].

justificable *adj* Que se puede justificar [1 y 2].

justificación *f* **1** Acción de justificar(se). ■ **2** Causa o razón que justifica [1].

justificadamente *adv* De manera justificada [2].

justificado -da *adj* **1** *part* → JUSTIFICAR. ■ **2** [Cosa] que tiene razón o motivo que la justifiquen [1]. ■ **3** [Causa o motivo] que justifica [1].

justificador -ra *adj* Que justifica [1 y 2].

justificante *adj* [Cosa] que justifica [1] o con que se justifica [2] [algo (*compl de posesión*)]. *Frec n m, referido a documento*.

justificar *tr* **1** Hacer [una cosa] que [otra (*cd*)] sea admisible o no censurable. **b)** Ser [una cosa] razón o motivo suficiente [de otra (*cd*)]. ■ **2** Exponer razones o motivos que justifican [1] [algo]. **b)** Exponer razones o motivos que justifican [1] la actitud [de alguien (*cd*)]. *Frec el cd es refl*. **c)** Presentar documentos que justifican [1] [algo (*cd*)]. ■ **3** (*Impr*) Ajustar a los márgenes establecidos el comienzo o el final, o ambas cosas, [de una línea (*cd*)] o de las líneas o un conjunto (*cd*)]. ■ **4** (*Rel*) Hacer justo [3] [a alguien] dándole la gracia.

justificativo -va *adj* [Cosa] que sirve para justificar [1 y 2] [algo (*compl de posesión*)].

justillo *m* (*hoy raro*) Prenda interior femenina sin mangas, que ciñe el cuerpo hasta la cintura.

justipreciación *f* Acción de justipreciar.

justipreciar (*conjug* **1a**) *tr* Apreciar o valorar. *Tb fig*.

justiprecio *m* Acción de justipreciar. *Tb su efecto*.

justo -ta I *adj* **1** Que obra con justicia [1]. ■ **2** [Cosa] acorde con la justicia [1]. ■ **3** (*Rel*) [Pers.] que vive según la ley de Dios. *Frec n*. **b)** Inocente o no culpable. *Normalmente en la frase* PAGAR ~S POR PECADORES. ■ **4** Que tiene la cantidad, peso o medida que se precisa. *A veces indica relativa escasez o cortedad, esp en las formas* MUY (*o* DEMASIADO) ~ *o* (MUY) JUSTITO. **b)** [Cosa] exacta. ■ **5** Que se adapta por su tamaño al espacio que le corresponde, sin que sobre ni falte. *A veces indica relativa escasez o cortedad, esp en las formas* MUY (*o* DEMASIADO) ~ *o* (MUY) JUSTITO.
II *adv* **6** Precisa o exactamente. ■ **7** De manera justa [5].

jutlandés -sa *adj* De la península de Jutlandia. *Tb n, referido a pers*.

juvenil *adj* **1** De (la) juventud. **b)** Que tiene cualidades de joven. ■ **2** (*Dep*) [Deportista] de la categoría inmediatamente anterior a la de júnior. *Frec n*. **b)** De (los) juveniles. ■ **3** (*Geol*) [Agua] formada por reacciones químicas en zonas muy profundas de la corteza terrestre.

juvenilidad *f* (*raro*) Cualidad de juvenil [1].

juvenilismo *m* Preponderancia del elemento juvenil [1] de la sociedad.

juvenilización *f* (*raro*) Acción de juvenilizar(se).

juvenilizar *tr* (*raro*) Dar carácter juvenil [1] [a alguien o algo (*cd*)]. **b)** *pr* (~se) Tomar carácter juvenil.

juvenilmente *adv* De manera juvenil [1].

juventud *f* **1** Condición de joven. ■ **2** Período de la vida humana que media entre la adolescencia y la madurez. ■ **3** Conjunto de (los) jóvenes.

juzgado *m* Juez o conjunto de jueces encargados de la administración de justicia en un territorio o demarcación. *Distintos tipos se especifican por medio de adjs o compls:* DE PRIMERA INSTANCIA, MUNICIPAL, *etc. A veces designa tb el territorio de su jurisdicción o el local donde lleva a cabo sus funciones*.

juzgador -ra *adj* **1** Que juzga, *esp* [2]. *Tb n*. ■ **2** Relativo a la acción de juzgar, *esp* [2].

juzgamiento *m* (*raro*) Acción de juzgar.

juzgamundos *m y f* (*raro*) Pers. murmuradora.

juzgante *adj* (*raro*) Juzgador.

juzgar I *tr* **1** Determinar [alguien] por sí mismo el valor [positivo o negativo (*predicat*)] de alguien o algo (*cd*)]. *Tb abs*. **b)** Interpretar o entender. *Con los advs* BIEN *o* MAL (*o equivalentes*). **c)** Opinar. *Normalmente con un cd expresado por medio de una* *prop con* QUE. ■ **2** Someter [un juez o un tribunal] a confrontación con la ley la actuación [de una pers. (*cd*)] a fin de determinar si va o no en contra de aquella. **b)** Someter [un juez o un tribunal] a confrontación con la ley [un hecho (*cd*)] a fin de determinar si va o no en contra de aquella.

■ **3** Determinar [un juez o un jurado] la validez o calidad [de alguien o algo (*cd*)] que se presenta a un concurso, una competición o una prueba]. *Tb abs.*

II *loc prep* **4 a ~ por.** Según lo aparentado o demostrado por. *Precede a sust o prop sust.*

k

k¹ → KA¹.

k² (*pronunc,* /ka/) *m* (*Dep*) Kayak. *Seguido de las cifras 1, 2 o 4, para designar el de 1, 2 o 4 plazas, respectivamente.*

ka¹ *f* **1** Letra del alfabeto (*k, K*), que en español corresponde al fonema /k/. (V. PRELIM.) *A veces tb se llama así el fonema representado por esta letra.* ■ **2** *En la baraja francesa:* Rey (carta marcada con la letra K). *Tb, en los dados de póquer, la cara que representa esta figura.*

ka² *m* (*Rel, hist*) *En el antiguo Egipto:* Doble (parte espiritual de una pers.).

kabila, kábila, kabileño → CABILA, CABILEÑO.

kabuki I *m* **1** Género dramático tradicional del Japón, en el cual el diálogo alterna con canciones y danzas.
II *adj* **2** Del kabuki [1].

kafkiano -na *adj* **1** Del escritor Franz Kafka († 1924). ■ **2** [Cosa] absurda y de pesadilla, propia de las obras de Kafka.

kaiku *m* **1** Cuenco de madera que sirve para cocer la leche, propio de la región vasconavarra. ■ **2** Chaqueta de fieltro, tradicional del País Vasco.

kaipiriña → CAIPIRIÑA.

káiser I *m* **1** (*hist*) Emperador de Alemania.
II *loc adj* **2 a lo ~.** (*hoy raro*) [Bigote] largo con las puntas hacia arriba, al estilo del káiser Guillermo II.

kakapó *m* Papagayo de Nueva Zelanda, de plumaje verde y marrón y costumbres nocturnas (*Strigops habroptilus*).

kakapú *m* Kakapó.

kaki → CAQUI.

kala-azar *m* Enfermedad infecciosa tropical causada por el protozoo *Leishmania donovani* y caracterizada por fiebre, enflaquecimiento e hipertrofia del bazo y del hígado.

kalao → CÁLAO.

kalashnikov (*n comercial registrado; pronunc corriente,* /kalasnikóf/; *pl normal, invar*) *m* Metralleta de fabricación rusa.

kalgan *m* (*Peletería*) Piel de un cordero de la zona de Kalgan (China).

kalmuco → CALMUCO.

kamikaze A *m* **1** *En la Segunda Guerra Mundial:* Avión cargado de explosivos cuyo piloto lo estrella voluntariamente contra su objetivo. *A veces en aposición. Tb fig.* **b)** Vehículo con explosivos destinado a estrellarse contra su objetivo. *A veces en aposición.* ■ **2** Piloto de un kamikaze [1a]. *Tb fig.* ■ **3** *En un parque acuático:* Rampa de deslizamiento de gran velocidad.
B *m y f* **4** Pers. temeraria o arriesgada. ■ **5** Pers. que comete un atentado que implica o puede implicar su propia muerte.

kan (*tb con la grafía* **khan**) *m* (*hist*) Soberano turco o mongol. *Modernamente se usa como título honorífico de altos personajes de Oriente Medio.*

kanaka → CANACA.

kanamicina *f* (*Med*) Antibiótico obtenido de la bacteria *Streptomyces kanamyceticus,* usado en el tratamiento de varias enfermedades infecciosas.

kanguro → CANGURO.

kantiano -na *adj* Del filósofo alemán Immanuel Kant († 1804) o del kantismo.

kantismo *m* (*Filos*) Doctrina de Kant († 1804) y de sus seguidores.

kanuri (*pl normal, invar*) *adj* De un pueblo africano que habita pralm. en la región del lago Chad, en Níger y Nigeria. *Tb n, referido a pers.*

kaolín, kaolinita → CAOLÍN, CAOLINITA.

kapok *m* (*Tex*) Fibra vegetal impermeable y muy ligera que recubre la semilla de la ceiba.

kappa (*tb con la grafía* **cappa**) *f* Letra del alfabeto griego que representa el sonido /k/. (V. PRELIM.)

kaputt (*al; pronunc corriente,* /kapút/; *tb con la grafía* **kaput**) I *adj invar* **1** Muerto o acabado. *Frec fig.*
II *fórm or* **2** Se acabó.

karakul → CARACUL.

karaoke *m* Entretenimiento de origen japonés que consiste en cantar canciones conocidas sobre una grabación musical previa, a veces con utilización de pantalla de vídeo. *Tb la misma grabación y el aparato correspondiente.*

kárate (*tb* **karate**) *m* Deporte o arte de defensa de origen japonés, en que se golpea con la mano abierta, el pie, el codo o la rodilla.

karateka *m y f* Pers. que practica el kárate.

karma *m* (*Rel hindú*) Suma de todas las acciones pasadas de una pers., que determina su existencia y sus reencarnaciones futuras. *Tb en otras creencias.* **b)** Principio que determina la vida y reencarnaciones de una pers. según sus obras pasadas.

karst *m* (*Geol*) Región cuyo modelado es de tipo cárstico.

kárstico → CÁRSTICO.

kart (*ing; pronunc corriente,* /kart/; *pl normal,* ~s) *m* (*Dep*) Automóvil de competición, de pequeño tamaño, sin carrocería, caja de velocidades ni suspensión.

karting (*ing; pronunc corriente,* /kártin/) *m* (*Dep*) Deporte del kart.

kartódromo *m* (*Dep*) Lugar destinado a carreras de karts.

kasbah → CASBAH.

kasida → CASIDA.

kasita *adj* (*hist*) [Individuo] de un pueblo asiático que dominó en Babilonia hasta que fue eliminado por los elamitas (s. XII a.C.). *Tb n.*

kata *m* (*Dep*) Ejercicio constituido por una secuencia de movimientos de un arte marcial, usado como entrenamiento y como exhibición.

katangueño -ña *adj* De Katanga, hoy Shaba (región del Zaire). *Tb n, referido a pers.*

katangués -sa *adj* Katangueño. *Tb n.*

katiuska *f* Bota alta femenina para lluvia. *Gralm en pl. Tb* BOTAS ~(S).

kayak (*tb con la grafía* **kayac**; *pl normal,* ~s) *m* Embarcación esquimal a modo de canoa forrada con piel de foca. *Tb la embarcación deportiva fabricada a imitación suya.*

kayakista *m y f* (*Dep*) Pers. que practica el deporte del kayak.

kazako -ka *adj* De Kazakstán o Kazajstán (república de la antigua URSS). *Tb n, referido a pers.*

kazajo -ja *adj* Kazako. *Tb n.*

kea *m* Papagayo de Nueva Zelanda, de plumaje predominantemente verde y pico ganchudo, que ataca a las ovejas (*Nestor notabilis*).

kechua → QUECHUA.

kedive *m* (*hist*) Jedive.

kefia *f* Pañuelo de algodón que llevan los árabes en la cabeza.

kéfir *m* Leche fermentada artificialmente, que contiene alcohol y ácido carbónico, propia del Cáucaso.

keirin (*jap; pronunc corriente,* /kéirin/) *m* (*Dep*) Variedad de ciclismo en pista en que los corredores recorren las primeras vueltas tras una moto que marcha a una velocidad determinada, disputando solos en la última vuelta el sprint final.

kelper (*ing; pronunc corriente,* /kélper/; *pl normal,* ~s) *m y f* Habitante de las islas Malvinas.

kelvin (*pl* ~s) *m* (*Fís*) En el sistema internacional: Unidad de temperatura termodinámica, equivalente a 1 °C, pero referida al 0 absoluto (-273,16 °C). *Tb* GRADO ~.

kena → QUENA.

kendo *m* Arte marcial japonés que se practica con bastones de bambú.

keniano (*tb con la grafía* **kenyano**) *adj* Keniata. *Tb n.*

keniata (*tb con la grafía* **kenyata**) *adj* De Kenia. *Tb n, referido a pers.*

kentia *f* Se da este *n* a varias plantas palmáceas del gén Kentia u Howea y otros, cultivadas como ornamentales.

kenyano, **kenyata** → KENIANO, KENIATA.

kepis → QUEPIS.

kerigma *m* (*Rel crist*) Predicación del Evangelio.

kerigmático -ca *adj* (*Rel crist*) De(l) kerigma.

kermés (*tb con la grafía* **quermés**) *f* 1 Verbena de carácter benéfico. ■ 2 (*hist*) Fiesta popular al aire libre, propia de Flandes o los Países Bajos. *Frec la pintura o el tapiz flamencos que representan este tipo de fiesta.*

kermesse (*tb con la grafía* **quermese**) *f* Kermés.

keroseno → QUEROSENO.

ketchup (*ing; pronunc corriente,* /kéĉup/) *m* Cátsup.

kevlar (*n comercial registrado; pronunc corriente,* /kéblar/) *m* Fibra sintética artificial de gran resistencia, usada frec. en algunos materiales compuestos.

keynesiano -na *adj* 1 Del economista J. M. Keynes († 1946) o de su doctrina. ■ 2 Seguidor de las doctrinas económicas de Keynes.

keynesismo *m* (*Econ*) Doctrina de J. M. Keynes († 1946), que preconiza el control estatal de la economía a través de la política monetaria y fiscal.

keynesista *adj* (*Econ*) De(l) keynesismo.

khan → KAN.

khasi (*pl invar*) **I** *adj* 1 De un pueblo mongol que habita en la zona montañosa del estado de Assam (India). *Tb n, referido a pers.*
II *m* 2 Lengua de los khasi [1], del grupo mon-jemer.

khmer (*tb con la grafía* **kmer**; *pl normal,* ~s) **I** *adj* 1 (*hist*) [Individuo] de un pueblo de Camboya que desarrolló una importante cultura en la Edad Media. *Tb n.* b) De los khmers. ■ 2 ~ rojo. Jemer rojo. *Tb n.* b) De los khmers rojos. *Normalmente solo* ~.
II *m* 3 Jemer (lengua de Camboya).

kiang *m* Asno asiático de la región del Himalaya (*Equus hemionus kiang*).

kibbutz (*hebr; pronunc corriente,* /kibúts/; *tb con la grafía* **kibutz**; *pl normal, invar o* ~IM) *m* Granja colectiva israelí.

kick-starter (*ing; pronunc corriente,* /kík-estárter/; *pl normal,* ~s) *m* (*Mec*) Mecanismo de arranque de una motocicleta, que se acciona con el pie.

kíe *m* (*jerg*) Jefe de una mafia carcelaria.

kieselguhr (*al; pronunc corriente,* /kíselgur/; *tb con la grafía* **kieselgur**) *m* (*Mineral*) Roca silícea formada por acumulación de caparazones de diatomeas fósiles.

kif, kifi → QUIF, QUIFI.

kikirikí → QUIQUIRIQUÍ.

kiko *m* Grano de maíz tostado y salado. *Normalmente en pl.*

kikongo *m* Lengua bantú hablada en el Congo, Zaire y zonas limítrofes.

kikuyo *adj* Kikuyu. *Tb n.*

kikuyu (*tb* **quicuyú**) **I** *adj* **1** De un pueblo negro de habla bantú habitante de Kenia. *Tb n, referido a pers.*

II *m* **2** Lengua bantú de los kikuyus.

kilataje, kilate → QUILATAJE, QUILATE.

kilim (*turco; pronunc corriente,* /kílim/; *pl normal,* ~S) *m* Alfombra tejida y sin pelo, de Turquía o de otros países de Oriente.

kilo (*tb, raro, con la grafía* **quilo**) **I** *m* **1** Kilogramo. ■ **2** (*col*) Millón de pesetas. ■ **3 un** ~. (*col*) Gran cantidad [de algo].

II *loc adj* **4 de a** ~. (*col*) De mucha gravedad o envergadura.

III *loc v* **5 entrar pocos en** ~. Entrar pocos en docena (→ DOCENA).

kilo- (*tb, raro, con la grafía* **quilo-**) *r pref* Mil. Antepuesta a ns de unidades de medida, forma compuestos que designan unidades mil veces mayores.

kilobit (*pl normal,* ~S) *m* (*Informát*) Unidad equivalente a mil bits.

kilobyte (*pronunc corriente,* /kilobáit/ *o* /kilobíte/) *m* (*Informát*) Unidad equivalente a 1.024 bytes.

kilocaloría *f* (*Fís*) Unidad de energía térmica equivalente a la cantidad de calor necesaria para elevar la temperatura de un kilogramo de agua en un grado centígrado, de 14,5° a 15,5°, a la presión normal.

kilociclo *m* (*Fís*) Unidad de frecuencia equivalente a mil ciclos.

kilográmetro *m* (*Fís*) Unidad de trabajo mecánico capaz de levantar un kilogramo a un metro de altura.

kilogramo *m* Unidad de peso equivalente a mil gramos. **b)** ~ **masa.** (*Fís*) Unidad de masa equivalente a la de 1 dm³ de agua a la temperatura de 4 °C. **c)** ~ **peso.** (*Fís*) Kilopondio.

kilohercio *m* (*Fís*) Unidad de frecuencia, equivalente a mil hercios.

kilohertz (*pl invar*) *m* (*Fís*) Kilohercio.

kilolitro *m* Unidad de capacidad equivalente a mil litros.

kilometraje *m* Distancia medida en kilómetros [1].

kilométrico -ca *adj* **1** De(l) kilómetro. ■ **2** [Distancia] que se mide en kilómetros. *Tb fig.* ■ **3** Que mide kilómetros. *Frec fig, ponderando longitud o duración.* ■ **4** [Billete ferroviario] que autoriza a recorrer cierto número de kilómetros en un plazo dado. *Frec n m.*

kilómetro (*tb, raro, con la grafía* **quilómetro**) *m* **1** Unidad de longitud equivalente a mil metros. ■ **2** ~ **cuadrado.** Unidad de superficie equivalente a la de un cuadrado cuyo lado mide un kilómetro [1]. ■ **3** ~ **cúbico.** Unidad de volumen igual al de un cubo cuya arista mide un kilómetro [1].

kilopondímetro *m* (*Fís*) Kilográmetro.

kilopondio *m* (*Fís*) Unidad de fuerza que equivale a la fuerza con que la masa de un kilogramo es atraída por la Tierra.

kilotón *m* (*Fís*) Unidad de potencia equivalente a la energía desprendida por una carga de mil toneladas de trinitrotolueno. *Se emplea para expresar la potencia de bombas o proyectiles nucleares.*

kilotonelada *f* (*Fís*) Kilotón.

kilotónico -ca *adj* (*Fís*) De(l) kilotón o de (los) kilotones.

kilovatio *m* **1** Unidad de potencia eléctrica equivalente a mil vatios. ■ **2** ~ **hora.** Unidad de energía o de trabajo que equivale al trabajo efectuado en una hora por una máquina cuya potencia es de un kilovatio.

kilovoltio *m* (*Electr*) Unidad de diferencia de potencial o de fuerza electromotriz que equivale a mil voltios.

kilowatt (*pronunc corriente,* /kilobát/; *tb con la grafía* **kilowat**; *pl normal,* ~S) *m* (*Fís*) Kilovatio.

kilt (*ing; pronunc corriente,* /kilt/; *pl normal,* ~S) *m* Falda corta, a cuadros y plisada, que forma parte del traje nacional escocés de hombre. **b)** Falda femenina igual o semejante al kilt. *Tb* FALDA ~.

kimberlita *f* (*Mineral*) Roca intrusiva dentro de la cual se encuentran diseminados los diamantes.

kimono → QUIMONO.

kinder (*pronunc corriente,* /kínder/; *pl normal, invar*) *m* (*col*) Kindergarten.

kindergarten (*al; pronunc corriente,* /kindergárten/; *pl normal, invar*) *m* Jardín de infancia.

kinesiología, kinesiterapia → QUINESIOLOGÍA, QUINESITERAPIA.

kinetoscopio *m* (*hist*) Aparato, precursor del cinematógrafo, que permite la proyección de fotografías tomadas a intervalos muy breves y cuyo paso rápido da la impresión de movimiento.

king size (*ing; pronunc corriente,* /kín-sáis/) *adj* De tamaño extra o superior al normal. *Gralm referido a cigarrillos. Tb* (*humoríst*)*, referido a otras cosas.*

kiosco, kioskero, kiosko, kiosquero → QUIOSCO, QUIOSQUERO.

kipa (*hebr; pronunc corriente,* /kipá/) *f* Casquete usado por los varones judíos para orar.

kirguís (*tb* **kirguiz** *o* **quirguiz**) *adj* De un pueblo de Asia central que habita pralm. en Kirguisia o Kirguisistán (república de la antigua URSS). *Tb n, referido a pers.*

kirguizio -zia *adj* Kirguís. *Tb n.* **b)** De Kirguizia o Kirguizistán (república de la antigua URSS).

kirguizo -za *adj* Kirguizio. *Tb n.*

kirie (*tb con la grafía* **kyrie** *o* **quirie**) *m* (*Rel catól*) En la misa: Invocación que se hace a Dios después del introito. *Frec en pl. Tb la música con que se canta.*

kirsch (*al; pronunc corriente,* /kirs/) *m* Aguardiente extraído de las cerezas.

kiswahili (*pronunc corriente,* /kiswaχíli/) *m* Lengua bantú usada como lengua franca en África oriental y el Zaire.

kit (*ing; pl normal,* ~S) *m* **1** Juego de piezas prefabricadas para armar o montar un objeto. ■ **2** Juego, o conjunto de objetos destinados al mismo uso.

kitchenette (*ing; pronunc corriente,* /kiĉenét/) *f* En un apartamento o un estudio: Pequeño espacio destinado a cocina en un ángulo del cuarto de estar.

kitsch (*al; pronunc corriente,* /kiĉ/; *pl invar*) **I** *m* **1** Estética cursi, amanerada o pretenciosa, y de gusto popular o pasado de moda.

II *adj* **2** De(l) kitsch [1] o que lo implica. ■ **3** Pasado de moda.

kivi[1] *m* Kiwi[1].

kivi[2] *m* Kiwi[2].

kiwi[1] (*pronunc corriente,* /kíbi/ *o* /kíwi/) *m* Planta trepadora de fruto oblongo con pulpa verde y sabor ligeramente ácido (*Actinidia chinensis*). *Frec su fruto.*

kiwi[2] (*pronunc corriente,* /kíbi/ *o* /kíwi/) *m* Ave corredora de Nueva Zelanda, de pequeño tamaño y alas rudimentarias (*Apterix australis*).

kleenex (*n comercial registrado; pronunc corriente,* /klíneks/ *o* /klínes/; *pl invar*) *m* **1** Pañuelo desechable de celulosa. ■ **2** Cosa que se usa y se tira. *Frec en aposición.*

kmer → KHMER.

knesset (*hebr; pronunc corriente,* /néset/; *tb con la grafía* **kneset**) *f* Parlamento del Estado de Israel. *Tb su sede.*

knock-down (*ing; pronunc corriente,* /nokdáun/; *pl normal,* ~S) *m* (*Boxeo*) Estado del boxeador derribado, pero no puesto fuera de combate.

knock-out (*ing; pronunc corriente,* /nokáut/; *pl normal,* ~S) (*Boxeo*) **I** *m* **1** Fuera de combate (derrota por haber permanecido derribado más de 10 segundos).
II *loc adv* **2** Fuera de combate (en derrota por haber permanecido derribado durante más de 10 segundos). *Frec con los vs* DEJAR *o* QUEDAR.

know-how (*ing; pronunc corriente,* /nóu-χau/; *pl normal,* ~S) *m* Conocimiento o pericia.

knut (*ruso; pronunc corriente,* /nut/) *m* Látigo de tiras de cuero terminadas en ganchos o bolas de metal. *Tb el castigo infligido con él.*

k.o. (*sigla; pronunc corriente,* /káo/) (*Boxeo*) **I** *m* **1** Knock-out o fuera de combate (derrota por haber permanecido derribado más de 10 segundos). *Tb fig, fuera del ámbito técn.* **b)** ~ **técnico.** Derrota decretada por el árbitro por inferioridad física manifiesta.
II *adv* **2** Knock-out o fuera de combate (en derrota por haber permanecido derribado más de 10 segundos). *Tb fig, fuera del ámbito técn. Frec con los vs* DEJAR *o* QUEDAR.

koala *m* Mamífero marsupial arborícola semejante a un oso pequeño, propio de los bosques de eucaliptos de Australia (*Phascolarctos cinereus*).

kobudo *m* (*Dep*) Artes marciales clásicas japonesas.

kodak (*n comercial registrado; pronunc corriente,* /kódak/) *f* (*tb, raro, m*) Máquina fotográfica pequeña.

kodiak (*ing; pronunc corriente,* /kódiak/; *pl normal,* ~S) *m* Oso marrón de gran tamaño, propio de Alaska (*Ursus arctos*).

koiné (*tb, raro, con la grafía* **coiné**) *f* (*Ling*) Lengua estándar común a varios territorios en que se hablan lenguas o dialectos locales. **b)** (*hist*) Lengua griega hablada y escrita comúnmente en los territorios del Mediterráneo oriental en la época helenística y romana.

kola → COLA[3].

koljós *m* Explotación agrícola colectiva propia del sistema soviético.

koljosiano -na *adj* De(l) koljós. *Tb n, referido a pers.*

kongoni *m* Cierto antílope africano (*Alcelaphus buselaphus*).

kopek (*ruso; pronunc corriente,* /kopék/; *pl normal,* ~S) *m* Moneda rusa que vale la centésima parte de un rublo.

kora *f* Instrumento músico de 21 cuerdas, semejante al arpa, propio de África occidental.

kore (*gr; pl normal,* KORAI) *f* (*Arte*) Escultura de mujer joven del arte griego arcaico.

kosher (*ing; pronunc corriente,* /kóʃer/; *pl normal,* ~S) *m* Comida preparada de acuerdo con la ley mosaica.

kostka *m* Muchacho de la congregación seglar mariana de San Estanislao de Kostka, dependiente de la Compañía de Jesús.

kraft *adj invar* [Papel] de embalaje muy resistente, de color amarillento o pardo y lustrado por una cara o por las dos. *Tb se dice de la pasta con que se fabrica este papel.*

kraker (*neerl; pronunc corriente,* /kráker/; *pl normal,* ~S) *m y f* Pers. que ocupa ilegalmente una vivienda vacía.

krausismo *m* Doctrina del filósofo alemán Karl Christian Friedrich Krause († 1832), de tendencia panteísta y racionalista, de gran influjo en la ética y el pensamiento de los intelectuales españoles de la segunda mitad del s. XIX.

krausista *adj* De(l) krausismo. **b)** Adepto al krausismo. *Tb n.*

kremlinología *f* (*Pol*) Estudio o conocimiento especial de la política soviética.

kremlinólogo -ga *m y f* (*Pol*) Especialista en kremlinología.

krill (*ing; pronunc corriente,* /kril/; *tb con la grafía* nor *o* ing **kril**) *m* Conjunto de crustáceos planctónicos parecidos al camarón, que constituye el principal alimento de las ballenas. *Tb cada uno de ellos.*

kriptón → CRIPTÓN.

kris → CRIS.

krugerrand (*pronunc corriente,* /krúgeṝand/; *pl normal,* ~S) *m* Moneda de oro sudafricana con la efigie del presidente Kruger († 1904), valorada como inversión.

kudú, kudu → CUDÚ.

kulak (*ruso; pl normal,* ~S) *m* Campesino ruso terrateniente, que trabaja sus tierras en su propio provecho. *Tb fig.*

kulan *m* Asno salvaje de las estepas de Asia central (*Equus hemionus*).

kultrún → CULTRÚN.

kumité *m* (*Dep*) En kárate: Asalto convencional que sirve para aprender a captar y aprovechar la ocasión a través del entrenamiento constante.

kummel → CÚMEL.

kung-fu (*chino; pronunc corriente,* /kun-fú/) *m* Arte marcial chino, semejante al kárate.

kurdo -da (*tb con la grafía* **curdo**) **I** *adj* **1** De(l) pueblo, gralm. de pastores y agricultores, que habita en la región del Kurdistán o Curdistán, repartida entre Turquía, Irán, Irak, Siria, Armenia y Azerbaiyán. *Tb n, referido a pers.*
II *m* **2** Idioma de los kurdos [1].

kurgan (*ruso o turco; pronunc corriente,* /kurgán/) *m* (*Prehist*) Túmulo sepulcral propio del Sur de Rusia.

kuros (*gr; pl normal,* KUROI) *m* (*Arte*) Escultura de hombre joven del arte griego arcaico.

kurus (*turco; pronunc corriente,* /kurús/; *pl normal, invar*) *m* Unidad monetaria turca equivalente a la centésima parte de la libra.

kuskús → CUSCÚS.

kuwaití *adj* De Kuwait. *Tb n, referido a pers.*

kwanza (*pronunc corriente,* /kuánθa/) *m* Unidad monetaria de Angola.

kwashiorkor (*pronunc corriente,* /kuasiorkór/) *m* (*Med*) Malnutrición grave propia de los niños y jóvenes de África tropical, causada por deficiencia de proteínas.

kyrie → KIRIE.

1

l → ELE².

la¹ *m* Sexta nota de la escala musical.

la² → EL.

la³ → ÉL.

lab *m* (*Quím*) Fermento del jugo gástrico, que coagula la leche.

lábana *f* (*reg*) Peña grande y plana.

lábaro *m* (*hist*) Estandarte de los emperadores romanos. *Se usa este n por antonomasia designando el de Constantino, en el que este emperador hizo colocar la cruz y el monograma de Cristo.*

labelo *m* (*Bot*) Pétalo superior de la corola de las orquídeas.

laberínticamente *adv* De manera laberíntica.

laberíntico -ca *adj* **1** De(l) laberinto. ■ **2** Que tiene carácter de laberinto [1 y 2]. *Con intención ponderativa.*

laberinto *m* **1** Lugar construido con muchas calles o pasos que se entrecruzan y en el que es muy difícil orientarse y encontrar la salida. **b)** Pasatiempo que consiste en un croquis de laberinto. ■ **2** Cosa confusa y enredada. *Gralm con intención ponderativa.* ■ **3** (*Anat*) *En los vertebrados:* Parte interna del oído.

lab-fermento *m* (*Quím*) Lab. *A veces en aposición.*

labia *f* (*col*) Locuacidad persuasiva y graciosa.

labiado -da *adj* (*Bot*) **1** [Corola] dividida en dos partes, una superior, formada por dos pétalos, y otra inferior, por tres. *Tb referido a la flor que tiene esta corola.* ■ **2** [Planta] dicotiledónea de flores labiadas [1]. *Frec como n f en pl, designando este taxón botánico.*

labial *adj* **1** De(l) labio o de (los) labios. **b)** Que tiene función de labio. ■ **2** (*Fon*) [Articulación o sonido] en que intervienen fundamentalmente los labios. *Tb n f, referido a consonante.*

labialidad *f* (*Fon*) Condición de labial [2].

labialización *f* (*Fon*) Acción de labializar. *Tb su efecto.*

labializar *tr* (*Fon*) Hacer intervenir los labios [en una articulación (*cd*)]. *Frec en part, a veces sustantivado como n f, referido a consonante.*

labiérnaga *f* (*reg*) Labiérnago.

labiérnago *m* Arbusto o arbolillo de hojas persistentes y flores blanquecinas, típico del bosque medi-

terráneo y a veces cultivado como ornamental (gén. *Phillyrea*).

lábil *adj* **1** (*lit*) Que resbala o se desliza fácilmente. ■ **2** (*lit*) Débil. ■ **3** (*E*) Inestable. **b)** (*Quím*) [Compuesto] fácil de transformar en otro más estable.

labilidad *f* (*lit o E*) Cualidad de lábil.

labio I *m* **1** Borde carnoso y móvil de la boca. ■ **2** Órgano del habla. *Normalmente en pl. Gralm en constrs como* NO ABRIR (*o* DESPEGAR) LOS ~S, CERRAR (*o* SELLAR) LOS ~S, *etc.* ■ **3** Borde [de una abertura, esp. de una herida]. *Tb* (*lit*) *fig.* **b)** (*Anat*) Borde [de una abertura orgánica]. ■ **4** (*Geol*) Tramo o escalón de los dos formados en una falla. ■ **5** (*Bot*) Parte de las dos en que se dividen ciertos cálices y corolas cuya forma recuerda la de una boca abierta.
II *loc adv* **6 de ~s afuera.** De dientes afuera. *Tb adj.*

labiodental *adj* (*Fon*) [Articulación o sonido] en que intervienen el labio inferior y los dientes incisivos superiores. *Tb n f, referido a consonante.*

labiovelar *adj* (*Fon*) [Articulación o sonido] en que se combinan un estrechamiento o una oclusión en el velo del paladar y un redondeamiento de los labios. *Tb n f, referido a consonante.*

labor I *f* **1** Actividad (conjunto de operaciones o trabajos coordinados). ■ **2** Operación o tarea. ■ **3** Obra no material. *Solo en sg.* ■ **4** Trabajo manual o artesanal, de costura, punto o encaje, hecho con hilo u otra materia semejante. *Tb la pieza en que se realiza.* ■ **5** Labranza [1]. ■ **6** Operación de las requeridas en un cultivo. ■ **7** Tierra o conjunto de tierras de labor [10]. ■ **8** Producto de los varios de una fábrica de tabaco. ■ **9** *sus* ~**es.** (*admin*) Dedicación exclusiva de la mujer a las tareas de su propia casa.
II *loc adj* **10 de ~.** [Tierra] destinada al cultivo. ■ **11 de ~.** [Animal o aparejo] destinado a los trabajos del campo. ■ **12 de ~.** [Casa] de labranza. ■ **13 de ~.** [Día] laborable.
III *loc v* **14 estar por la ~.** Ser partidario de la acción o actividad en cuestión. *Gralm en constr neg.*

laborable *adj* **1** [Día] normal de trabajo. *Se opone a* FESTIVO. ■ **2** [Terreno] susceptible de cultivo.

laboral *adj* De(l) trabajo o de los trabajadores. *Considerado en su aspecto económico, jurídico y social.* **b)** (*hoy raro*) [Enseñanza o centro de enseñanza] destinado a la formación de los alumnos para el trabajo profesional no intelectual.

laboralista *adj* [Abogado] especializado en derecho laboral. *Tb n.* **b)** [Despacho] de abogado laboralista.

laboralmente *adv* En el aspecto laboral.

laborante -ta (*tb f* LABORANTE) *m y f* **1** Auxiliar de laboratorio. ■ **2** (*raro*) Trabajador.

laborar (*lit*) **A** *tr* **1** Elaborar o preparar [algo] mediante el trabajo adecuado. *Tb fig.*
B *intr* **2** Trabajar [en o por algo]. *Frec referido a cosas inmateriales. Tb sin compl.*

laboratorio *m* Lugar en que se hacen experimentos, investigaciones o trabajos de carácter científico o técnico. *Normalmente con un adj o compl especificador. Sin compl, esp referido al de química.*

labordano -na *adj* Labortano. *Tb n.*

laborear *tr* Trabajar [algo, esp. la tierra o una mina]. *Tb abs. Tb fig.*

laboreo *m* Acción de laborear. *Tb fig.*

laboriosamente *adv* De manera laboriosa.

laboriosidad *f* Cualidad de laborioso [1].

laborioso -sa *adj* **1** [Pers.] amante del trabajo. **b)** Propio de la pers. laboriosa. ■ **2** Trabajoso (que implica mucho trabajo o esfuerzo).

laborismo *m* Socialismo reformista de Gran Bretaña. *Tb referido a algunos países de la antigua Comunidad Británica y a Israel.*

laborista *adj* De(l) laborismo. **b)** Partidario del laborismo. *Tb n.*

labortano -na I *adj* **1** De Labourd, comarca de Gascuña (Francia). *Tb n, referido a pers.* ■ **2** Del labortano [3].
II *m* **3** Dialecto del vascuence propio de la comarca de Labourd, en Gascuña (Francia).

laborterapia *f* (*Med*) Tratamiento de enfermedades mentales mediante el trabajo.

labra *f* Acción de labrar [1, 3 y 5]. *Tb su efecto.*

labradío -a I *adj* **1** [Terreno] labrantío o de labor. *Frec n m.*
II *m* **2** Labrantío o labranza.

labrado *m* Acción de labrar, *esp* [5]. *Tb su efecto.*

labrador -ra *adj* **1** [Pers.] que labra [1] la tierra, esp. cuando esta es de su propiedad. *Frec n.* **b)** De(l) labrador. ■ **2** (*raro*) Que labra, *esp* [6]. *Tb n, referido a pers.*

labradorita *f* (*Mineral*) Mineral constituido por una mezcla de albita y anortita, con predominio de esta.

labrandera *f* (*raro*) Mujer que hace labores [4].

labrantín *m* Labrador cuya hacienda es pequeña.

labrantío -a I *adj* **1** [Terreno] de labor. *Tb n, más frec m.*
II *m* **2** Labranza [1].

labranza I *f* **1** Cultivo del campo. ■ **2** Tierra de labor. ■ **3** (*raro*) Acción de labrar [3 y 5].
II *loc adj* **4 de ~.** [Casa] de labrador.

labrar *tr* **1** Cultivar [la tierra]. ■ **2** Arar. *Tb abs.* ■ **3** Hacer adornos en relieve [en una materia (*cd*)]. ■ **4** Bordar [una tela o un dibujo]. ■ **5** Trabajar [algo] para darle una forma determinada. **b)** (*raro*) Elaborar o fabricar. *Solo con determinados compls, como* CHOCOLATE, EDIFICIO, FORTUNA. ■ **6** Hacer lo necesario para que [una cosa (*cd*)] suceda. *Referido a porvenir, ruina, desgracia, felicidad o palabras equivalentes. Frec con un compl refl de interés.*

labreño -ña *adj* De Labros (Guadalajara). *Tb n, referido a pers.*

lábrido *adj* (*Zool*) [Pez] de una familia caracterizada por sus vivos colores y por poseer una sola aleta dorsal, propia de mares templados y cálidos y entre cuyos géneros se encuentra *Labrus. Frec como n m en pl, designando este taxón zoológico.*

labriego -ga *adj* Labrador [1]. *Frec n, referido a pers.*

labro *m* (*Zool*) Labio superior de la boca de los insectos y de algunos otros artrópodos.

labrusca *f* Vid americana (→ AMERICANO).

laburno *m* Árbol o arbusto leguminoso de pequeño tamaño, con flores amarillas, olorosas, en racimos colgantes (*Laburnum anagyroides*).

laca *f* **1** Materia resinosa exudada por algunos árboles del Extremo Oriente. *Tb el barniz, duro y brillante, preparado con ella.* ■ **2** Barniz o esmalte duros, de aspecto similar al de la laca [1]. ■ **3** Objeto artístico barnizado con laca [1]. ■ **4** Sustancia que se vaporiza sobre el pelo para mantener el peinado.

lacado[1] -da *adj* **1** *part* → LACAR. ■ **2** [Lacaria] **lacada** → LACARIA.

lacado[2] *m* Acción de lacar. *Tb su efecto.*

lacador -ra *adj* [Pers.] que laca. *Tb n.*

lacandón -na I *adj* **1** De una tribu de indios mayas que vive en las márgenes del río Lacandón, en los estados de Méjico y Guatemala. *Tb n, referido a pers.*
II *m* **2** Lengua de los indios lacandones [1].

lacanóptero *m* (*Mitol clás*) Ave fabulosa cubierta de hojas de lechuga en vez de plumas.

lacar *tr* Pintar con laca [2]. *Frec en part.*

lacaria *f* Hongo comestible de color amatista o crema, con laminillas gruesas de color azul o encarnado (*Laccaria amethystina y L. laccata*). *Tb ~ AMATISTA y ~ LACADA, respectivamente.*

lacayo *m* **1** (*hist*) Criado de librea cuya ocupación es acompañar a su señor. ■ **2** (*lit, desp*) Servidor o criado.

lacayuno -na *adj* (*lit*) Propio de lacayos.

lacedemonio -nia *adj* (*hist*) De Lacedemonia (país de la antigua Grecia). *Tb n, referido a pers.*

laceración *f* (*lit*) Acción de lacerar. *Tb su efecto.*

lacerado -da *adj* (*lit*) **1** *part* → LACERAR. ■ **2** [Enfermo] que padece sufrimientos físicos.

lacerante *adj* (*lit*) Que lacera.

lacerar *tr* (*lit*) Herir o dañar. *Frec fig.*

laceria *f* (*lit*) Padecimiento.

lacería *f* **1** Conjunto de lazos. ■ **2** (*Arte*) Ornamentación geométrica que consiste en una serie de líneas entrecruzadas alternativamente unas sobre otras.

lacerio *m* (*lit, raro*) Laceria.

lacero *m* **1** Cazador a lazo. ■ **2** (*hist*) Empleado municipal encargado de recoger perros vagabundos.

lacértido *adj* (*Zool*) [Reptil] saurio de cuerpo esbelto y ágil y cola larga y muy frágil dotada de regeneración, que habita en lugares soleados. *Frec como n m en pl, designando este taxón zoológico.*

lacetano -na *adj* (*hist*) Del pueblo prerromano habitante de una región que comprendía parte de las actuales provincias de Barcelona, Lérida y Tarragona. *Tb n.*

lacha (*col*) **A** *f* **1** Vergüenza (sentimiento). **b) poca ~.** Poca vergüenza, o desvergüenza.
B *m* **2 poca ~.** Hombre sinvergüenza.

lacho -cha *adj* [Res o raza ovina] de lana larga y lacia y carne deficiente.

lacianiego -ga *adj* De Laciana (región leonesa). *Tb n, referido a pers.*

lacio -cia *adj* **1** Marchito o ajado. ■ **2** Decaído y sin vigor. ■ **3** [Cabello] que cae liso y blando.

lacolito *m* (*Geol*) Filón poco profundo, en forma de lente, intercalado entre dos capas de roca sedimentaria.

lacón *m* Brazuelo de cerdo, esp. curado como jamón.

laconada *f* (*reg*) Comida a base de lacón.

lacónicamente *adv* De manera lacónica.

lacónico -ca *adj* **1** Breve y conciso. ■ **2** [Pers.] que se expresa de manera lacónica [1].

laconio -nia *adj* (*hist*) Lacedemonio. *Tb n, referido a pers.*

laconismo *m* Cualidad de lacónico.

lacra *f* **1** (*lit*) Defecto o vicio. *En sent moral.* ■ **2** (*raro*) Huella de un daño físico.

lacrar *tr* Cerrar [algo] con lacre.

lacre *m* Pasta sólida roja que, derretida, se emplea para cerrar cartas o paquetes de modo que no puedan abrirse fraudulentamente.

lacrimal (*Anat*) **I** *adj* **1** De (las) lágrimas. **b)** [Hueso] de la parte anterior e interna de cada una de las órbitas, que contribuye a formar los conductos lacrimal y nasal.
II *m* **2** Lagrimal (extremidad del ojo próxima a la nariz).

lacrimatorio -ria *adj* (*raro*) [Vaso] destinado a contener lágrimas. *Tb n m.*

lacrimeante *adj* (*E o lit*) Que lacrimea.

lacrimear *intr* (*E o lit*) Lagrimear.

lacrimeo *m* (*E o lit*) Acción de lacrimear.

lacrimógeno -na *adj* Que produce lágrimas. *Esp referido a gas.* **b)** (*desp*) [Cosa] que incita al llanto por su carácter triste o sentimental. *Gralm con intención ponderativa. Tb, raro, referido a escritor.*

lacrimosamente *adv* De manera lacrimosa.

lacrimoso -sa *adj* **1** Que tiene lágrimas. **b)** Propenso a las lágrimas. ■ **2** (*desp*) [Cosa] que incita al llanto por su carácter triste o sentimental. *Gralm con intención ponderativa.*

lactacidemia *f* (*Med*) Presencia de ácido láctico en la sangre.

lactación *f* (*Fisiol*) **1** Función de la secreción de la leche por las glándulas mamarias. ■ **2** Acción de criar o amamantar. *Tb el período de tiempo en que se produce.*

lactalbúmina *f* (*Quím*) Sustancia albuminoidea que forma parte de la leche y que se coagula por el calor.

lactancia *f* Alimentación exclusiva o básicamente con leche, que se realiza en la primera etapa de la vida. *Tb el tiempo que dura.*

lactante *adj* **1** Que mama. *Tb n.* ■ **2** Que amamanta. *Tb n.*

lactar *tr* Amamantar.

lactario -ria I *adj* **1** De leche. *Frec n f, referido a industria.*
II *m* **2** Hongo de un género caracterizado por la forma de embudo, esporas blancas y secreción de un jugo lechoso al ser cortado, y al cual pertenece el níscalo (*gén. Lactarius*).

lactasa *f* (*Quím*) Fermento intestinal que divide la lactosa en glucosa y galactosa.

lactato *m* (*Quím*) Sal del ácido láctico.

lacteado -da *adj* Que contiene leche. *Normalmente referido a productos alimenticios.*

lácteo -a *adj* **1** De (la) leche. ■ **2** Semejante a la leche por el color.

lacticinio *m* (*E*) Alimento derivado de la leche.

láctico -ca *adj* **1** (*E*) De (la) leche. ■ **2** (*Quím*) [Ácido] que se encuentra en la leche agria y en gran número de vegetales.

lactoalbúmina *f* (*Quím*) Lactalbúmina.

lactoflavina *f* (*Med*) Vitamina B$_2$, que se encuentra en la leche.

lactosa *f* (*Quím*) Azúcar que se encuentra en la leche de los mamíferos.

lactosuero *m* (*Biol*) Suero de la leche.

lactucario *m* (*Med*) Jugo lechoso que se obtiene de varias especies de lechugas, esp. de la *Lactuca virosa*, usado como calmante.

lacunar *adj* (*Med*) [Amnesia] que afecta al recuerdo de un período de la vida pasada.

lacustre *adj* (*lit*) De(l) lago.

ládano *m* Sustancia resinosa y olorosa que fluye de las ramas y hojas de la jara.

ladeamiento *m* Ladeo.

ladear *tr* **1** Inclinar hacia un lado. ■ **2** Dejar a un lado. *Tb fig.*

ladeo *m* Acción de ladear. *Tb su efecto.*

ladera *f* Declive de un monte o de otra altura del terreno. *Tb fig.*

ladero -ra *adj* (*raro*) Lateral o que está al lado.

laderón *m* (*reg*) Ladera extensa.

ladi *f* (*raro*) Lady.

ladierna *f* Aladierno (arbusto).

ladilla[1] *f* Piojo del pubis (*Phthirus pubis*).

ladilla[2] *f* Especie de cebada caracterizada por los granos chatos y pesados, de los cuales hay dos órdenes en la espiga. *Tb* CEBADA ~.

ladillazo *m* (*col*) Infestación de ladillas[1].

ladillo *m* (*Impr*) Titulillo, justificado a la derecha o a la izquierda, colocado entre párrafos en la columna del texto.

ladinamente *adv* De manera ladina [1].

ladino -na I *adj* **1** Astuto o taimado. ■ **2** (*hist*) Mestizo. ■ **3** Judeoespañol.
II *m* **4** Dialecto judeoespañol. **b)** Judeoespañol calco.

lado I *m* **1** Parte [de algo] considerada en oposición a otra u otras. *Tb sin compl.* **b)** *Tb fig, referido a cosas inmateriales. Frec en la constr discontinua* POR (*o* DE) UN ~..., POR (*o* DE) OTRO. ■ **2** Dirección o camino para elegir entre varios posibles. *Tb fig.* ■ **3** Parte derecha o izquierda [de alguien o algo]. **b)** Parte del cuerpo comprendida entre el brazo y la cadera. **c)** ~ **izquierdo.** (*col*) Corazón (sentimiento). ■ **4** Cara o superficie [de un cuerpo laminar o que se ve como tal]. ■ **5** Bando o partido. *Esp tratándose de dos.* ■ **6** Parte, más o menos diferenciable, del contorno de una cosa. ■ **7** (*Geom*) Línea de las que forman un polígono. **b)** Semirrecta de las dos que forman un ángulo. **c)** Generatriz de la superficie lateral del cilindro o del cono.
    II *loc v* **8 dar de ~.** Abandonar el trato [con alguien (*cd*)], o dejar de contar [con él (*cd*)]. **b) dar** (*o* **dejar**) **de ~.** Abandonar o arrinconar [algo no material]. ■ **9 dejar** (*o* **echar**) **a un ~.** Dejar de tener [algo] en consideración.
    III *loc adv* **10 al ~.** En lugar inmediato a un lado [3 y 6] [de alguien o algo], normalmente a la derecha o a la izquierda. *Tb fig.* **b)** Muy cerca. **c)** En compañía [de alguien] y bajo su orientación. *Referido a trabajo.* ■ **11 al ~.** En comparación [con alguien o algo (*compl de posesión*)]. ■ **12 al ~,** *o* **del ~.** A favor, o de parte, [de alguien]. *Con vs como* ESTAR *o* PONERSE. ■ **13 de ~.** Con inclinación hacia un lado [3]. **b) de medio ~.** (*col*) Oblicuamente. *Tb adj.* **c) de (medio) ~.** (*col*) Con hostilidad o desprecio. *Con el v* MIRAR. ■ **14 de ~ a ~.** De un extremo al opuesto. ■ **15 de un ~ a,** *o* **para, otro.** Con mucho ajetreo. *Con vs como* ANDAR *o* CORRER. ■ **16 ~ a ~.** Yendo uno al lado derecho o izquierdo de otro. *Frec fig.* ■ **17 por otro ~.** Por otra parte (además, o en un aspecto adicional). ■ **18 por su ~.** Por su cuenta, o con independencia de otros.

ladra[1] *f* Acción de ladrar.

ladra[2] *f* (*reg*) Adra (turno).

ladrador -ra *adj* Que ladra.

ladral *m* (*reg*) Adral (tabla lateral de la caja del carro).

ladrar A *intr* **1** Emitir [el perro] la voz que le es propia. ■ **2** (*col*) Hablar de modo áspero o destemplado. **b)** ~ **a la Luna** → LUNA.
    B *tr* **3** (*col*) Decir [algo] ladrando [2].

ladrería *f* (*Med*) Cisticercosis.

ladrido *m* Acción de ladrar. *Frec su efecto.*

ladrillazo *m* **1** Golpe dado con un ladrillo [1]. ■ **2** (*col*) Ladrillo [2] grande.

ladrillería *f* **1** Ladrillos [1], o conjunto de ladrillos. ■ **2** Obra de ladrillo [1].

ladrillero -ra I *adj* **1** De(l) ladrillo [1].
    II *n* A *m y f* **2** Pers. que hace o vende ladrillos [1].
    B *m* **3** (*reg*) Sitio donde se fabrican ladrillos [1].

ladrillo I *m* **1** Masa de arcilla cocida, en forma de prisma rectangular, que se emplea en construcción para hacer muros o tabiques y para solar. **b)** *En sg:* Material de construcción constituido por los ladrillos. ■ **2** (*col*) Pers. o cosa aburrida o pesada. *Tb adj.*
    II *adj invar* **3** [Color] rojizo de arcilla propio del ladrillo [1]. *Tb n m.*

ladrocinio *m* (*raro*) Latrocinio.

ladrón -na I *adj* **1** Que roba, esp. de manera habitual. *Frec n.* **b)** (*col*) Que cobra precios abusivos.

Frec n. ■ **2** (*col*) Granuja o sinvergüenza. *Con intención afectiva. Tb n.*
    II *m* **3** (*col*) Enchufe eléctrico macho con tres salidas.

ladronera *f* Lugar donde se alojan los ladrones [1]. *Tb fig.*

ladronería *f* (*raro*) Latrocinio.

ladronicio *m* (*col*) Latrocinio.

lady (*ing; pronunc corriente,* /léidi/; *pl normal,* LADIES) *f* Esposa de un lord. *Frec se usa, como tratamiento, antepuesto sin art al n de pila o al apellido, y con pronunc átona.*

lagar *m* Lugar en que se pisa o prensa la uva, la aceituna o la manzana para extraer su jugo. *Tb el edificio en que está instalado.*

lagarearse *intr pr* (*reg*) Dañarse o estropearse [la uva de mesa]. *Tb fig.*

lagarejo *m* (*reg*) Juego entre vendimiadores, que consiste en perseguirse y restregarse el cuerpo con racimos.

lagarero -ra *m y f* Pers. que trabaja en un lagar.

lagareta *f* Depósito pequeño al pie del lagar, donde se recoge el mosto.

lagartera *f* Madriguera de lagarto [1].

lagarterano -na *adj* De Lagartera (Toledo). *Tb n, referido a pers.*

lagartero -ra *adj* **1** Que caza lagartos [1]. *Tb n, referido a pers.* ■ **2** De(l) lagarto [1].

lagartija *f* Lagarto pequeño de color verdoso, pardo o rojizo por encima y blanco por debajo, muy ligero y asustadizo, que abunda en los escombros y en los huecos de las paredes (*Lacerta muralis*). **b)** *Se da este n, frec seguido de un compl especificador* (IBÉRICA, DE TURBERA, DE MONTE, ESCAMOSA, *etc*), *a otras especies del gén* Lacerta, *o de otros, semejantes a la lagartija común.* **c)** (*col, humoríst*) *Frec se emplea, referido a pers, en frases como* SER UNA ~, SER UN RABO DE ~, ESTAR HECHO CON RABOS DE ~, *etc, para ponderar su rápido y continuo movimiento o su inquietud.*

lagartijal *m* Lugar árido en que abundan las lagartijas.

lagartijera *f* (*col*) Borrachera.

lagarto -ta I *n* A *m* **1** Reptil saurio terrestre de cabeza ovalada, boca grande con muchos dientes, cuerpo prolongado y casi cilíndrico y cola larga y cónica (*gén. Lacerta y otros*). *Diversas especies se distinguen por medio de adjs o compls:* ~ VERDE (*Lacerta viridis*), ~ OCELADO (*L. lepida*), ~ ESTRELLADO (*Agama stellio*), ~ CANARIÓN (*Gallotia simonyi stehlini*), *etc.* **b)** Piel de lagarto. ■ **2** (*raro*) Músculo grande del brazo, entre el hombro y el codo.
    B *f* **3** Mariposa cuya oruga constituye una plaga de algunos árboles, esp. de la encina (*Lymantria dispar*).
    C *m y f* **4** (*col*) Pers. astuta y taimada. *Más frec referido a mujer, gralm con intención desp. Tb adj. Frec en la forma aumentativa* LAGARTÓN, LAGARTONA.
    II *interj* **5** Se usa para ahuyentar la mala suerte cuando alguien nombra algo cuya mención se supone que la trae; *esp la culebra. Más frec ~, ~.* * –Ahí está la cárcel. –¡Lagarto, lagarto!

lagartón → LAGARTO.

lager (*al; pronunc corriente, /láger/; pl normal, ~s*) *m* Lugar en que la autoridad se ejerce de manera despótica.

lago *m* Masa grande y permanente de agua acumulada en una hondonada del terreno, sin comunicación natural con el mar.

lagomorfo *adj* (*Zool*) [Mamífero] del orden a que pertenecen el conejo y la liebre, caracterizado por poseer dos pares de incisivos superiores especialmente aptos para roer. *Frec como n m en pl, designando este taxón zoológico.*

lagoon (*ing; pronunc corriente, /lagún/; pl normal, ~s*) *m* (*Geogr*) Masa de agua separada del mar abierto por una barrera de coral o un banco de arena.

lagópodo *m* Gallinácea de mediano tamaño, de plumaje estacional que varía del pardo al blanco, y con los tarsos y los dedos cubiertos de plumas (gén. *Lagopus*).

lagotear *tr* (*col*) Hacer zalamerías [a alguien (*cd*)] para conseguir algo. *Tb fig.*

lagotería *f* (*col*) Zalamería.

lagotero -ra *adj* (*col*) Zalamero.

lágrima I *f* **1** Gota de un líquido acuoso y salado, segregado por una glándula del ojo para mantener húmedo el globo y que se derrama al exterior bajo el efecto de una acción física, una sensación dolorosa o una emoción. *Frec en pl.* **b)** Líquido que constituye las lágrimas. **c)** *En pl:* Llanto. *Tb (raro) en sg.* **d)** *En pl, se usa frec como símbolo de pesadumbre o padecimiento.* * El derribo del Price costó lágrimas. **e)** ~s de cocodrilo. (*col*) Llanto fingido. *Tb fig.* ■ **2** Gota de líquido que resbala. ■ **3** Porción mínima de un líquido. *Frec en la forma* LAGRIMITA. ■ **4** Cristal de adorno de una lámpara o candelabro, en forma de gota a lágrima [1]. ■ **5** Caramelo muy pequeño en forma de gota o lágrima [1]. ■ **6** Vino que destila la uva sin exprimir el racimo. *Tb* VINO DE ~. ■ **7** ~s de Job. Planta gramínea de frutos globosos, muy duros y de color grisáceo, que se usan para hacer cuentas de rosarios y collares (*Coix lacryma-jobi*). *Tb sus espigas.* ■ **8** ~s de la Virgen. Planta del mismo género que el ajo y la cebolla, con flores en umbela, colgantes, blancas y acampanadas (*Allium triquetrum*). II *loc adj* **9** [Paño] de ~s, [valle] de ~s → PAÑO, VALLE. III *loc v y fórm or* **10** llorar ~s de sangre. (*lit*) Arrepentirse profundamente. ■ **11** lo que no va en ~s va en suspiros. (*col*) Fórmula con que se comenta que resulta indiferente una cosa u otra, porque ambas tienen ventajas e inconvenientes y se compensan. * Lo que no va en lágrimas va en suspiros; por aquí el camino es más corto, pero hay más atascos. ■ **12** ser (*o estar hecho*) un mar de ~s → MAR¹. IV *loc adv* **13** a ~ viva. Derramando abundantes lágrimas [1]. *Normalmente con el v* LLORAR. ■ **14** con ~s en los ojos. Llorando o a punto de llorar.

lagrimal I *adj* **1** (*raro*) Lacrimal o de (las) lágrimas [1]. II *m* **2** Extremidad del ojo próxima a la nariz. III *loc v* **3** tener flojo el ~. (*col*) Llorar con facilidad.

lagrimeante *adj* Que lagrimea.

lagrimear *intr* **1** Derramar lágrimas [1] [el ojo]. *Frec con compl de interés.* ■ **2** (*desp*) Llorar [alguien]. *Frec fig.* ■ **3** (*lit*) Gotear.

lagrimeo *m* Acción de lagrimear.

lagrimón *m* (*col*) Lágrima [1] grande.

laguna *f* **1** Masa de agua acumulada en una hondonada del terreno, en general permanente, sin comunicación natural con el mar, y de menor extensión que el lago. ■ **2** *En un escrito:* Espacio en que algo ha quedado sin escribir o se ha borrado. ■ **3** Vacío o carencia. *Referido a cosas inmateriales.* **4** (*Biol*) Espacio intersticial entre las células. ■ **5** (*Zool*) *En los artrópodos y moluscos:* Depósito de sangre formado por el hueco que dejan entre sí varios órganos, o por la cavidad general del organismo.

lagunar *adj* (*E*) De (la) laguna [1, 4 y 5] o de (las) lagunas.

lagunazo *m* Laguna pequeña o charca.

laguneja *f* (*reg*) Ave parecida a la becacina (*Scolopax gallinicula*).

lagunero¹ -ra *adj* De (la) laguna [1]. *Frec como especificador de una especie de aguilucho.*

lagunero² -ra *adj* **1** De La Laguna (Tenerife). *Tb n, referido a pers.* ■ **2** De Laguna de Duero (Valladolid). *Tb n, referido a pers.*

lagunoso -sa *adj* Que tiene lagunas [1, 2 y 3].

lahnda *m* Lengua india hablada en Pakistán.

lai (*tb, raro, con la grafía* lay) *m* (*TLit, hist*) Poema narrativo francés de tema amoroso.

laicado *m* (*Rel*) **1** Condición de laico [2]. ■ **2** Conjunto de los fieles laicos [2].

laical *adj* (*Rel*) Propio de lo laico o de los laicos [2a].

laicalizar *tr* (*raro*) Laicizar. *Tb pr* (~se).

laicidad *f* Laicismo [1].

laicismo *m* **1** Condición de laico. ■ **2** Doctrina que defiende la independencia del hombre y de la sociedad, esp. del Estado, de toda influencia eclesiástica o religiosa.

laicista *adj* De(l) laicismo [2]. **b)** Partidario del laicismo. *Tb n.*

laicización *f* Acción de laicizar(se).

laicizante *adj* Que tiende al laicismo [2].

laicizar *tr* Hacer laico [1 y 2] [a alguien o algo]. **b)** *pr* (~se) Hacerse laico [alguien o algo].

laico -ca *adj* **1** Independiente de toda confesión religiosa. *Tb n, referido a pers.* ■ **2** (*Rel crist*) Que, siendo cristiano, no pertenece al clero o a una orden religiosa. *Frec n, referido a pers.* **b)** Propio de lo laico o de los laicos. ■ **3** (*Rel catól*) *En un convento:* Lego.

lairén *adj* (*Agric*) Airén. *Tb n.*

laísmo *m* (*Gram*) Uso del pronombre *la* como complemento indirecto femenino, en lugar de *le*.

laissez-faire (*fr; pronunc corriente, /lesé-fér/*) *m* (*Econ*) Política de no intervención del Estado en la vida económica.

laísta *adj* (*Gram*) **1** Que practica el laísmo. *Tb n, referido a pers.* ■ **2** De(l) laísmo.

laizar *tr* Laicizar. *Tb pr* (~se).

laja *f* Piedra lisa, plana y poco gruesa.

lakista *adj* (*hist*) [Poeta] romántico inglés del grupo surgido en el Distrito de los Lagos del Norte de Inglaterra. *Tb n.*

lalinense *adj* De Lalín (Pontevedra). *Tb n, referido a pers.*

lama[1] *f* **1** Cieno. ■ **2** (*reg*) Pradera húmeda.

lama[2] *f* Lámina delgada y plana.

lama[3] *m* (*Rel*) **1** Sacerdote del lamaísmo. ■ **2** **Dalai** ~ –→ DALAI LAMA.

lamaísmo *m* (*Rel*) Secta budista del Tíbet.

lamaísta *adj* (*Rel*) De(l) lamaísmo. **b)** Que profesa el lamaísmo. *Tb n.*

lamarckismo *m* (*CNat*) Teoría evolucionista de Jean-Baptiste Lamarck († 1829).

lamarckista *adj* (*CNat*) De(l) lamarckismo.

lambada *f* Baile de origen brasileño, en pareja, de moda en 1989. *Tb su música.*

lambda *f* Letra del alfabeto griego que representa el sonido [l]. (V. PRELIM.)

lambdoideo -a *adj* (*Anat*) Que tiene forma de lambda. *Gralm referido a la fontanela posterior.*

lambido -da *adj* (*reg*) Lamido o relamido.

lambistón -na *adj* (*reg*) Goloso. *Tb n, referido a pers.*

lambrequín *m* (*Heráld*) Adorno de cintas, hojas o penachos que parten del yelmo y caen a ambos lados del escudo.

lamé *m* Tejido en el que el hilo básico se halla rodeado por otro de metal precioso laminado.

lameculos *m y f* (*col, desp*) Pers. aduladora y servil. *Tb adj.*

lamedal *m* Cenagal o lodazal.

lamedor -ra *adj* Que lame.

lamelibranquio *adj* (*Zool*) [Molusco] bivalvo de simetría bilateral, acéfalo y con cuerpo deprimido y en forma de hacha. *Frec como n m en pl, designando este taxón zoológico.*

lamelicornio *adj* (*Zool*) [Insecto coleóptero] de antenas cortas provistas de láminas móviles. *Frec como n m en pl, designando este taxón zoológico.*

lamentable *adj* **1** Digno de lamentación. *Frec con intención ponderativa.* **b)** (*col*) Que causa muy mala impresión por su calidad o por su estética. ■ **2** (*raro*) Que denota pena.

lamentablemente *adv* De manera lamentable.

lamentación *f* **1** Hecho de lamentar(se), normalmente por causas morales. *Tb las palabras con que se realiza.* ■ **2 -es.** (*Rel catól*) Cantos sobre el texto del Libro de Jeremías, propios de los oficios de Semana Santa. *Tb su música.*

lamentar A *tr* **1** Sentir pena o disgusto [por algo (*cd*)]. *Frec se emplea en fórmulas de cortesía o condolencia.*
B *intr pr* (~**se**) **2** Manifestar pena o disgusto [por algo (*compl* POR o DE)]. *Tb sin compl.*

lamento *m* Acción de lamentar(se). *Tb su efecto. Referido a causas físicas o morales.*

lamentoso -sa *adj* **1** [Cosa] que implica lamento. ■ **2** [Pers.] que se lamenta.

lamer *tr* **1** Pasar la lengua [por algo (*cd*)]. ■ **2** (*lit*) Tocar suavemente [una cosa, esp. un líquido (*suj*), a otra (*cd*)]. *Tb fig.* ■ **3 que no se lame.** (*col*) Siguiendo a un n que expresa una sensación o una cualidad negativa, pondera el alto grado en que estas se dan. * Tiene un despiste que no se lame.

lamerón -na *adj* (*reg*) Goloso.

lametada *f* (*col*) Lametón.

lametazo *m* (*col*) Lametón.

lametear *tr* Lamer reiteradamente.

lametón *m* Acción de lamer, esp. con energía o ansia.

lamia[1] *f* Cierta especie de tiburón (*Carcharhinus commersoni*).

lamia[2] *f* (*Mitol*) Ser fantástico femenino que chupa la sangre de los niños.

lamida *f* **1** Acción de lamer. ■ **2** (*jerg*) Acto sexual oral.

lamido -da *adj* **1** *part* –→ LAMER. ■ **2** Relamido (afectadamente pulido). ■ **3** [Cabello o tejido] que cae muy pegado, como si estuviese mojado.

lamiente *adj* (*lit, raro*) Que lame.

lámina *f* **1** Porción delgada y plana [de una materia]. *Tb sin compl, por consabido.* ■ **2** Hoja de papel, blanca o con modelo, destinada al aprendizaje del dibujo. ■ **3** Grabado (plancha y dibujo hecho con ella). ■ **4** *En un libro:* Ilustración que ocupa una página entera, frec. en una hoja fuera del texto. *Tb la misma hoja.* ■ **5** (*col*) Estampa (aspecto o apariencia). *Normalmente referido a un caballo o un toro; más raro, referido a pers. Frec con adjs como* BUENA o MALA. ■ **6** (*Anat*) Parte u órgano en forma de lámina [1]. **b)** *En algunos hongos:* Tabique radial de los que están en la cara inferior del sombrerillo.

laminación *f* Acción de laminar[2].

laminado *m* Producto obtenido por laminación.

laminador -ra *adj* Que lamina. *Más frec n (m o f), referido a máquina.*

laminar[1] *adj* De (la) lámina [1]. **b)** Que tiene forma de lámina o está constituido por láminas superpuestas y paralelas. **c)** (*Fís*) [Flujo o corriente] en que los hilillos en que se considera dividido el fluido permanecen constantemente paralelos. **d)** (*Fís*) De flujo o corriente laminar.

laminar[2] *tr* **1** Dar [a algo, esp. un metal (*cd*)] forma de lámina [1]. *Frec en part.* ■ **2** Aplastar. *Frec fig, con intención ponderativa.*

laminaria *f* Alga marina de hoja lanceolada muy larga, algunas de cuyas especies tienen virtudes terapéuticas (gén. *Laminaria*).

laminarina *f* (*Quím*) Polisacárido presente en la laminaria y otras algas pardas.

laminectomía *f* (*Med*) Escisión del arco vertebral posterior.

laminería *f* (*reg*) **1** Cualidad de laminero. ■ **2** Golosina (cosa de comer apetitosa y gralm. dulce).

laminero -ra *adj* (*reg*) Goloso. *Tb n, referido a pers.*

laminoso -sa *adj* Que tiene forma de lámina [1].

lamio. ~ **blanco.** *m* Planta herbácea semejante a la ortiga común, de flores blancas y hojas sin pelos urticantes (*Lamium album*).

lamiosería *f* (*reg*) Zalamería o halago fingido.

lamiscar *tr* (*col*) Lamer deprisa y con ansia. *Tb abs.*

lampadario *m* (*lit, raro*) Candelabro de pie y provisto en su parte superior de dos o más brazos, de los que penden sendas lámparas.

lampante *adj* (*E*) [Combustible] líquido que se utiliza para el alumbrado. **b)** [Petróleo] ~ –> PE-TRÓLEO.

lampar *intr* (*col*) **1** Pasar [una pers.] graves apuros económicos o de subsistencia. *Gralm en las constrs* ANDAR, *o* ESTAR, LAMPANDO. ■ **2** Tener deseo vehemente [de algo (*compl* POR)]. *Tb sin compl, por consabido.*

lámpara *f* **1** Utensilio para producir luz, por combustión de un líquido o un gas, o por corriente eléctrica. **b)** *Esp:* Aparato, gralm. decorativo, que sirve de soporte a una o más bombillas o velas. ■ **2** (*col*) Lamparón [2]. ■ **3** (*Electr*) Dispositivo que engendra señales eléctricas, las amplifica, las modula o las rectifica. ■ **4** ~ **de cuarzo.** (*Med*) Dispositivo para la aplicación terapéutica de rayos ultravioletas.

lamparilla¹ *f* **1** Lámpara [1a] constituida por una mecha que atraviesa una laminilla de corcho o de cartón que flota sobre aceite. ■ **2** (*reg*) Retel.

lamparilla² *f* (*hist*) Tejido ligero de lana propio para capas de verano.

lamparillazo *m* (*reg*) Trago grande de vino o de otra bebida.

lamparón *m* **1** Lámpara [1] grande. ■ **2** (*col*) Mancha de grasa, esp. en una tela. ■ **3** (*hist*) Hinchazón de los ganglios linfáticos del cuello. *Frec en pl.*

lampasado -da *adj* (*Heráld*) [Animal] que saca la lengua y en el que esta es de distinto color que el cuerpo.

lampazo *m* **1** Planta compuesta, de hojas grandes, ásperas y aovadas y flores purpúreas en cabezuela (*Lappa major* o *Arctium lappa*). *Tb* ~ MAYOR. **b)** Planta semejante al lampazo mayor, pero de menores dimensiones (*Lappa minor* o *Arctium minus*). *Tb* ~ MENOR. ■ **2** (*Mar*) Manojo largo y grueso de filásticas unidas por un extremo, que lleva un mango por donde se coge y que se usa para enjugar la humedad de las cubiertas y costados de la embarcación. ■ **3** (*Mar*) Punta de cable atada a un palo, que se emplea para pescar erizos de mar.

lampiño -ña *adj* Que carece de pelo o vello. *Referido a seres o cosas que por naturaleza serían capaces de tenerlo.*

lampión *m* (*raro*) Lámpara o farol.

lampista *m y f* (*reg*) Pers. que se dedica a hacer trabajos de fontanería y electricidad.

lampistería *f* **1** *En una estación de ferrocarril:* Lugar destinado al almacenaje y conservación de lámparas [1]. ■ **2** (*reg*) Oficio de lampista. ■ **3** (*reg*) Tienda o taller del lampista.

lampistero -ra *m y f* Pers. que hace, vende o cuida lámparas.

lamprea *f* Se da este *n a distintos peces ciclóstomos, de cuerpo casi cilíndrico y boca sin maxilares y en forma de ventosa, esp a las especies Petromyzon marinus y Lampetra fluviatilis, llamadas tb* ~ DE MAR *y* ~ DE RÍO, *respectivamente.*

lampreazo *m* (*raro*) Latigazo.

lamprehuela *f* Pez de agua dulce semejante a la lamprea pero de pequeño tamaño (*Lampetra planeri, Cobitis taenia* y otros).

lampreílla *f* Lamprehuela.

lámpsana *f* Planta herbácea de flores amarillas en cabezuela, usada para curar úlceras y heridas, esp. las de los pechos de las mujeres (*Lapsana communis*).

lana *f* **1** Pelo de oveja. ■ **2** Fibra o hilo de lana [1]. **b)** Tejido de lana. ■ **3** Pelo semejante a la lana [1] producido por otros animales. *Con un compl especificador.* ■ **4** Pelo largo. *Normalmente en pl. Referido a pers, es desp.* ■ **5** Seguido de distintos *compls, designa diversas fibras de origen no animal.* * Lana metálica. * Lana de corcho. **b)** ~ **celulósica.** (*Tex*) Fibrana o viscosilla (fibra artificial). **c)** ~ **pirineo(s)** –> PIRINEOS. ■ **6** (*col*) Dinero.

lanar *adj* [Ganado o res] que tiene lana [1]. *Tb n m, referido a res.*

lance **I** *m* **1** Suceso o episodio. **b)** ~ **de honor.** Desafío para batirse en duelo. ■ **2** (*Taur*) Acto de los que ejecuta el diestro en la lidia, esp. con la capa. ■ **3** (*Naipes*) Jugada de las previstas en el reglamento de un juego de cartas. ■ **4** (*Mar*) Acción de echar el arte para pescar.
II *loc adj* **5** **de** ~. [Objeto, esp. libro] que se vende rebajado, normalmente por ser de segunda mano. **b)** [Tienda o comerciante] que vende objetos, esp. libros, de lance.
III *loc adv* **6** **de** ~. En una tienda de lance [5b]. *Con el v* COMPRAR.

lancear¹ *tr* Alancear.

lancear² *tr* (*Taur*) Torear de capa. *Tb abs.*

lanceo *m* (*raro*) Acción de lancear².

lanceolado -da *adj* (*Bot*) Que tiene forma de punta de lanza. **b)** [Llantén] ~ –> LLANTÉN.

lancero *m* **1** Soldado armado con lanza. ■ **2** (*hist*) Fabricante de lanzas. ■ **3** (*hist*) *En pl:* Danza de figuras semejante al rigodón. *Tb su música.*

lanceta **I** *f* **1** Instrumento médico de hoja de acero con corte por ambos lados y punta muy aguda, empleado para hacer sangrías e incisiones.
II *loc adj* **2** **de** ~. (*Arquit*) [Arco] apuntado muy agudo.

lancetazo *m* (*raro*) Herida causada con la lanceta. *Tb fig.*

lancha¹ *f* Embarcación pequeña a motor, a remo o a vela, empleada esp. para servicios portuarios, militares o de recreo. *Frec con un adj o compl especificador.*

lancha² *f* **1** Piedra lisa, plana y poco gruesa. **b)** (*reg*) Piedra grande sobre la que se hace fuego en el hogar. ■ **2** Trampa para coger perdices, compuesta de unos palitos y una lancha [1a].

lanchar *m* Lugar en que abundan las lanchas² [1a].

lanchero¹ *m* Marinero que conduce una lancha¹.

lanchero² -ra *m y f* Cazador de perdices con lancha² [2].

lanchón *m* Lancha¹ grande.

lancinante *adj* (*lit*) **1** [Dolor] desgarrador o muy intenso. *En sent físico o moral.* ■ **2** Que causa un dolor lancinante [1].

land (*al; pl normal,* LÄNDER, *cuya pronunc es* /lénder/) *m* Región autónoma de las que constituyen Alemania.

landa *f* Extensa llanura en que solo se crían plantas silvestres.

landés -sa *adj* De las Landas (región de Francia). *Tb n, referido a pers.*

landgrave *m* (*hist*) Conde soberano o príncipe soberano de determinados territorios de Alemania.

landó *m* (*hist*) Coche de caballos, con cuatro ruedas y capota delantera y trasera, ambas plegables.

landre. mala ~ te mate (*o* **te coma,** *o* **te dé**). (*lit, raro*) Fórmula de maldición que expresa desprecio o mala voluntad. * ¡Mala landre te dé, canalla!

landrero *m* (*lit, raro*) Ladrón que al cambiar una cantidad de dinero recibe el ajeno y no da el suyo, asegurando que ya lo ha dado.

land rover (*n comercial registrado; ing; pronunc corriente, /lanȓóber/; pl normal, ~s*) *m* Vehículo todoterreno.

landsturm (*al; pronunc corriente, /lánsturm/*) *f* (*raro*) Tropa reclutada como reserva.

lanería *f* **1** Tienda donde se vende lana [1 y 2, esp. 2b]. ■ **2** Conjunto de tejidos de lana.

lanero -ra I *adj* **1** De (la) lana [1 y 2]. II *n* A *m y f* **2** Comerciante en lana [1 y 2]. B *f* **3** Almacén de lana [1].

langaruto -ta *adj* (*reg, desp*) Larguirucho. *Tb n, referido a pers.*

langor *m* (*lit, raro*) Languidez.

langoroso -sa *adj* (*lit, raro*) Lánguido.

langosta *f* **1** Crustáceo decápodo de hasta medio metro de largo, con ojos pedunculados y largas antenas, que es comestible muy apreciado (*Palinurus vulgaris*). A veces, con un adj especificador, designa otras especies: ~ MORA (*P. mauritanicus*), ~ VERDE o REAL (*P. regius*). ■ **2** Se da este n a diversas especies de insectos ortópteros saltadores (*esp Locusta migratoria*), que se reproducen copiosamente, llegando a constituir verdaderas plagas para la agricultura. Frec en sg con sent colectivo. **b)** (*col, humoríst*) Frec se emplea en constrs de sent comparativo para ponderar el carácter destructivo de un conjunto de perss. * Los críos llegaron como la langosta.

langostero -ra *adj* [Pers., utensilio o barco] que se dedica o destina a la pesca de langostas [1]. *Tb n: m y f, referido a pers; m, referido a barco.*

langostino *m* Crustáceo marino de unos 14 cm de largo, color pardo, patas cortas y cola grande, que vive en fondos arenosos y poco profundos y es comestible apreciado (*Penaeus kerathurus*). A veces, con un adj especificador, designa otras especies: ~ MORUNO (*Aristeomorpha foliacea*), ~ JAPONÉS (*Penaeus japonicus*).

langosto *m* (*reg*) Saltamontes.

langreano -na *adj* De Langreo (Asturias). *Tb n, referido a pers.*

languedociano -na *adj* Del Languedoc (región de Francia). *Tb n, referido a pers.*

lánguidamente *adv* De manera lánguida.

languidecer (*conjug 11*) *intr* Ponerse lánguido. *Tb fig.*

languideciente *adj* (*lit*) Que languidece.

languidez *f* Cualidad de lánguido.

lánguido -da *adj* **1** Falto de vigor o energía. ■ **2** Que muestra o afecta desgana o desinterés.

langur *m* Mono arborícola del Asia meridional, de cuerpo delgado, cola y manos largas, y larga cabellera rodeando la cara (*gén. Presbytis y otros*).

lánido -da *adj* (*Zool*) [Ave] de la familia del alcaudón. *Frec como n, m o f, en pl, designando este taxón zoológico.*

lanígero -ra *adj* (*CNat*) De pelusa parecida a la lana.

lanilla *f* **1** Tejido delgado de lana. ■ **2** (*Mar*) Marinera (prenda del uniforme de los marineros de la Armada).

lanital (*n comercial registrado*) *m* Lana sintética fabricada con la caseína de la leche.

lanjaronense *adj* De Lanjarón (Granada). *Tb n, referido a pers.*

lanolina *f* Sustancia grasa que se extrae de la lana y que se emplea para la fabricación de pomadas y cosméticos.

lanoso -sa *adj* **1** Lanudo. ■ **2** De aspecto de lana.

lansquenete *m* (*hist*) **1** Soldado mercenario alemán de infantería, armado de pica, de los ss. XV, XVI y XVII. ■ **2** Cierto juego de azar con cartas.

lantaca *f* (*hist*) Pieza de artillería de pequeño calibre usada por los filipinos en la guerra de emancipación (1896-1898).

lantana *f* **1** Viburno (planta). ■ **2** Se da este n a distintos arbustos del gén Lantana, esp L. camara, cultivados frec como ornamentales.

lantánido *adj* (*Quím*) [Elemento] de aquellos cuyo número atómico está comprendido entre el 57 y el 71. *Tb n m. Frec n m en pl, designando el grupo de estos elementos.*

lantano *m* (*Quím*) Metal, de número atómico 57, que arde fácilmente y descompone el agua a la temperatura ordinaria.

lantarón *m* (*reg*) Personaje fabuloso de horrible aspecto que aparece en las costas. *Tb fig, con intención enfática.*

lantejuela *f* (*reg*) Pizarra que se abre fácilmente en láminas.

lantochil *m* Helecho real (planta).

lanudo -da *adj* **1** Que tiene abundante lana. ■ **2** (*Bot*) Que tiene pelos largos y suaves semejantes a la lana.

lanugo *m* (*Anat*) Vello, esp. del feto.

la nuit (*fr; pronunc corriente, /la-nuí/*) *loc adj* De la vida nocturna. *Siguiendo a un n de ciudad. Frec humoríst.* * Madrid la nuit.

lanza I *f* **1** Arma constituida por un palo largo rematado por un hierro puntiagudo. **b)** (*hist*) Soldado cuya arma es una lanza. ■ **2** En un carruaje: Vara que sirve para dar dirección al vehículo y a la cual se unen las caballerías de tiro. ■ **3** (*E*) Tubo metálico que se pone en el extremo de una manga para dirigir un chorro de agua o de otro fluido. ■ **4** (*E*) ~ **térmica**. Soplete muy largo que sirve para perforar materiales duros, como el hormigón o la piedra. II *loc adj* **5** **de (la) ~.** (*lit, raro*) [Mano] derecha. *Normalmente referido a dirección.* ■ **6** [Punta] de ~ → PUNTA. III *loc v* **7** **romper ~s** (*o* **una ~**). Salir en defensa [de alguien o algo (*compl* POR)].

lanzable *adj* Que puede ser lanzado.

lanzabombas *m* Lanzagranadas.

lanzacohetes *m* Arma destinada al lanzamiento de cohetes.

lanzada[1] *f* Herida producida con una lanza [1a]. **b)** ~ (**de**) **a pie.** (*Taur, hist*) Suerte que consiste en esperar el diestro al toro, rodilla en tierra, con una lanza afirmada en el suelo, la cual se endereza hacia la fiera para que esta se la clave al acometer.

lanzada[2] *f En la venta de adobes:* Unidad constituida por 220 adobes.

lanzadera *f* **1** *En un telar:* Instrumento alargado y apuntado que se emplea para formar la trama. ■ **2** Instrumento semejante a la lanzadera [1], que se emplea para pasar el hilo en algunas labores. ■ **3** *En las máquinas de coser antiguas:* Pieza en forma de lanzadera [1] que contiene la canilla. ■ **4** Tren único que presta servicio entre dos estaciones. *Tb* TREN DE ~. ■ **5** Vehículo capaz de transportar al espacio un satélite o un misil y que se puede utilizar varias veces por ser recuperable. *Tb* ~ ESPACIAL. **b)** Plataforma de lanzamiento de misiles. *Tb* ~ FIJA. ■ **6** Lancha rápida de motor.

lanzado[1] **-da** *adj* **1** *part* → LANZAR. ■ **2** (*col*) Audaz e impulsivo.

lanzado[2] *m* Acción de lanzar [1]. *Frec en la loc* AL ~, *referido a pesca.*

lanzador -ra I *adj* **1** Que lanza, *esp* [1]. *Tb n: m y f, referido a pers; m, referido a aparato.*
II *m* **2** Lanzadera [5].

lanzagranadas *m* Arma destinada a lanzar granadas a distancia.

lanzallamas *m* Aparato que proyecta a varias decenas de metros de distancia un chorro de líquido inflamado y que se usa como arma de combate.

lanzamiento *m* **1** Acción de lanzar, *esp* [1, 5 y 6]. ■ **2** Pers. o cosa que ha sido promocionada [por alguien (*compl de posesión*)].

lanzamisiles (*tb, hoy raro, con la grafía* **lanzamissiles**) *adj* [Embarcación o rampa] dotada de dispositivo para lanzar misiles. *Tb n m.*

lanzaplatos *m En el tiro al plato:* Máquina que lanza al aire el plato sobre el que se ha de disparar. *Tb* MÁQUINA ~.

lanzar A *tr* **1** Impulsar, gralm. con violencia, [a alguien o algo hacia un lugar (*compl adv o ci*)]. *A veces el cd es refl. A veces se omiten los compls por consabidos. Tb fig.* **b)** (*Dep*) Lanzar la pelota al ejecutar el castigo [a una falta (*cd*)]. ■ **2** *Con determinados ns de acción:* Hacer con intensidad o violencia [lo que el n. significa]. *Gralm referido a un sonido o una mirada.* ■ **3** Hacer público [algo, esp. una prohibición o condena]. **b)** Poner en circulación [una idea o noticia]. ■ **4** Sugerir o exponer [una propuesta]. ■ **5** Sacar al mercado [un producto]. *Tb* ~ AL MERCADO. **b)** Promocionar la venta [de un producto (*cd*)]. **c)** Promocionar [a una pers.] en alguna actividad pública, esp. artística. ■ **6** (*Der*) Obligar por la fuerza [a alguien], en virtud de disposición judicial, al desalojo [de una finca o inmueble (*compl* DE)]. *Tb sin compl.*
B *intr pr* (**~se**) **7** Ponerse [alguien] a hacer [algo (A + *infin* o *n de acción*, o EN + *n de acción*)] con ímpetu y decisión. *A veces se omite el compl, por consabido.* ■ **8** (*col*) Adquirir gran impulso o velocidad. *Frec en part. Tb fig.*

lanzaroteño -ña *adj* De Lanzarote. *Tb n, referido a pers.*

lanzatorpedos I *m* **1** Dispositivo destinado, en una embarcación, al lanzamiento de torpedos. *Tb* TUBO ~.
II *adj invar* **2** [Embarcación] dotada de lanzatorpedos [1].

lanzazo *m* Lanzada[1].

laña[1] *f* Grapa, esp. la empleada para unir barro o porcelana.

laña[2] *f* (*raro*) Loncha [de tocino].

laña[3] *f* (*reg*) Llanura.

lañador *m* Hombre que tiene por oficio lañar[1] cacharros.

lañar[1] *tr* Componer [algo] con lañas[1]. *Tb* (*lit*) *fig.*

lañar[2] *tr* (*reg*) Quitar [al pescado (*cd*)] la cabeza, la espina y las tripas.

laosiano -na *adj* De Laos. *Tb n, referido a pers.*

lapa *f* **1** Molusco gasterópodo de concha cónica, que vive asido fuertemente a las rocas de la costa (gén. *Patella*, esp. *P. vulgata*). **b)** *Se usa frec en constrs de sent comparativo,* como SER UNA ~ o PEGARSE COMO UNA ~, *para ponderar lo difícil que resulta librarse de la compañía de alguien, o la fuerza con que se pega algo.* * Hijo mío, eres una lapa. ■ **2** Amor de(l) hortelano (planta).

lapachar *m* Terreno cenagoso o excesivamente húmedo.

laparoscopia *f* (*Med*) Examen endoscópico de la cavidad abdominal.

laparoscópico -ca *adj* (*Med*) De (la) laparoscopia.

laparotomía *f* (*Med*) Operación quirúrgica consistente en abrir las paredes abdominales.

lapeado *m* (*Metal*) Operación de acabado de las piezas sometiéndolas a un esmerilado.

lapiaz *m* (*Geol*) Relieve en forma de crestas de bordes vivos, debido a la erosión de las rocas calizas.

lapicero *m* Lápiz [1a y b 3].

lapicida *m* (*Arqueol*) Artesano que hace inscripciones en la piedra.

lápida *f* Losa que suele llevar una inscripción. **b)** Losa que cubre una sepultura.

lapidación *f* Acción de lapidar.

lapidador -ra *adj* Que lapida. *Tb n: m y f, referido a pers; f, referido a máquina.*

lapidar *tr* **1** Matar a pedradas. ■ **2** Tirar piedras [contra alguien o algo (*cd*)]. *Tb fig.* ■ **3** (*Joy*) Pulir [una piedra preciosa].

lapidariamente *adv* De manera lapidaria [1b].

lapidario -ria I *adj* **1** De (la) lápida. **b)** [Cosa, esp. estilo, lenguaje o expresión] digno de una inscripción lapidaria, por su concisión y precisión. *A veces tb referido a su autor. Frec con intención irónica.* ■ **2** De (las) piedras preciosas.
II *n* A *m y f* **3** Pers. que labra o vende piedras preciosas.
B *m* **4** (*hist*) Tratado de piedras preciosas.
C *f* **5** Arte de tallar y pulir piedras preciosas.

lapídeo -a *adj* **1** (*E*) De (la) piedra. ■ **2** (*Geol*) [Mineral] no metálico, esp. si no presenta su característico brillo vítreo.

lapilla *f* Picagallina (planta).

lapilli (*it; pronunc corriente,* /lapíli/) *m pl* (*Geol*) Fragmentos de proyección volcánica de 5 a 50 mm de diámetro.

lapislázuli *m* Mineral de silicato de aluminio, cal y sosa, muy duro y de color azul, que se emplea en joyería y para fabricación de objetos de adorno.

lapita *m* (*Mitol gr*) Individuo de un pueblo de Tesalia famoso por sus luchas con los centauros. *Normalmente en pl.*

lápiz *m* **1** Instrumento para escribir o dibujar constituido por un cilindro de madera que lleva en su interior una barra delgada de grafito o de otra materia capaz de trazar líneas sobre una superficie, esp. papel. **b)** Instrumento de metal o de plástico, para escribir o dibujar, que lleva en su interior una mina recambiable. *Tb* ~ ESTILOGRÁFICO. **c)** (*col*) Bolígrafo. ■ **2** Cosmético destinado al maquillaje de los labios o de los ojos, en forma de barrita o de lápiz [1a]. *Frec en las constrs* ~ DE LABIOS, *o* ~ DE OJOS. ■ **3** (*Med*) Preparado medicinal en forma de cilindro. *Frec con un compl especificador.* ■ **4** ~ **óptico,** *o* **electrónico.** (*Informát*) Dispositivo en forma de lápiz [1a] utilizado en sistemas gráficos para comunicarse con el ordenador a través de la pantalla.

lapo *m* (*col*) **1** Bofetada. ■ **2** Escupitinajo.

lapón -na I *adj* **1** De Laponia (región de Noruega, Suecia y Finlandia). *Tb n, referido a pers.* II *m* **2** Idioma de los lapones [1].

lapso *m* Transcurso de tiempo. *Frec* ~ DE TIEMPO.

lapsus (*pl invar*) *m* (*lit*) Falta o equivocación cometida por descuido.

lapsus calami (*lat; pronunc corriente,* /lápsus-kálami/) *m* (*lit*) Equivocación cometida al escribir, gralm. por sustitución u omisión de una palabra.

lapsus linguae (*lat; pronunc corriente,* /lápsus-língue/) *m* (*lit*) Equivocación cometida al hablar, gralm. por sustitución u omisión de una palabra.

laptop (*ing; pronunc corriente,* /láptop/; *pl normal,* ~s) *m* (*Informát*) Ordenador portátil de tamaño y peso superiores a los del notebook y con características similares al de sobremesa.

laqueado *m* Acción de laquear.

laquear *tr* Lacar, o pintar con laca. *Frec en part.*

lar *m* **1** Hogar (sitio donde se coloca la lumbre). ■ **2** (*lit*) Hogar (vivienda de la familia). *Frec en pl con sent sg.* **b)** (*lit*) Lugar en que se vive. *Normalmente en pl con sent sg.* ■ **3** (*Mitol romana*) Dios de la casa. *Más frec en pl. Tb* DIOSES ~ES.

laracheses -sa *adj* De Laracha (La Coruña). *Tb n, referido a pers.*

lardáceo -a *adj* Lardoso.

lardar *tr* (*raro*) Agujerear.

lardear *tr* Aderezar con tocino [una pieza de carne que se va a asar], esp. envolviéndola en lonchas de este.

lardero *adj* [Jueves] inmediatamente anterior al Carnaval.

lardo *m* Parte grasa del tocino.

lardón *m* Trozo de tocino con que se mecha o lardea la carne.

lardoso -sa *adj* Abundante en grasa.

laredano -na *adj* De Laredo (Cantabria). *Tb n, referido a pers.*

larero -ra *adj* De(l) lar [1].

largada¹ *f* (*raro*) **1** (*Dep*) *En carreras:* Salida. ■ **2** (*Mar*) Acción de largar [1b y 2].

largada² *f* (*reg*) Longitud o largura.

lárgalo *m* **1** Amor de(l) hortelano (planta). ■ **2** (*reg*) Trozo de papel o de tela que los muchachos cuelgan por burla a la espalda de alguien.

larga manu (*lat; pronunc corriente,* /lárga-mánu/) *loc adv* (*lit*) Con largueza o con derroche.

largamente *adv* De manera larga [2 y 5].

largar A *tr* **1** (*col*) Echar o soltar [una cosa]. **b)** (*Mar*) Echar o soltar [el ancla, un cable o un cabo]. **c)** (*col*) Dar [algo, esp. desagradable]. **d)** (*col*) Expulsar [a alguien] o hacer que se retire. *A veces con compl* DE *de lugar.* **e)** (*col*) Expulsar, destituir de un puesto o despedir de un trabajo. **f)** (*col*) Mandar o enviar [a alguien a un lugar]. ■ **2** (*Mar*) Desplegar [velas].

B *intr* ➤ **a** *normal* **3** (*col*) Hablar. **b)** Decir [alguien] por imprudencia o sin inhibición lo que debería o querría callar.

➤ **b** *pr* (~se) **4** (*col*) Marcharse. **b)** Escaparse. **c)** Morirse.

larghetto (*it; pronunc corriente,* /largéto/) *m* (*Mús*) Movimiento moderadamente lento. *Tb la pieza compuesta en este movimiento.*

largo -ga I *adj* **1** Que tiene más longitud (medida lineal) de la normal o adecuada o de la que tienen otros seres que forman serie con el nombrado. * Lleva las uñas largas. **b)** *Con un adv de comparación:* Que tiene [más o menos] longitud. * Mi brazo es más largo que el tuyo. **c)** (*col*) [Pers.] alta. **d)** [Cosa] de gran alcance. **e)** [Arma de fuego individual] de largo alcance, como la escopeta o el fusil. **f)** **nueve** ~ → NUEVE. **g)** (*Cine y TV*) [Plano] que recoge personas de cuerpo entero en el escenario en que se desenvuelven. ■ **2** Que dura más tiempo del normal. * La película es larga. **b)** *Con un adv de comparación:* Que dura [más o menos] tiempo. * Hubo una pausa más larga que las anteriores. **c)** (*lit*) *Precediendo a ns de tiempo:* Mucho. * Permaneció allí largos años. **d)** (*Fon*) [Vocal] de duración mayor que la media. *Tb referido a la sílaba correspondiente.* ■ **3** *Siguiendo a una indicación de medida, expresa que la cantidad en cuestión es algo superior a la que se ha especificado.* * Mide dos metros largos. **b)** De dosis superior a la media o corriente. **c)** (*raro*) Pasado. *Siguiendo a indicación numérica de hora.* ■ **4** Que se excede o propasa. *Cuando se refiere a pers, va seguido de un compl* DE (*o* EN, *si es infin o n de acción*) *que expresa aquello en cuyo uso se da esta condición.* * Mujeres largas de lengua. **b)** [Lengua] **larga,** [mano] **larga** → LENGUA, MANO. ■ **5** (*lit*) Amplio o abundante. *En sent no material.* ■ **6** (*col*) Astuto. ■ **7** (*Mar*) [Viento] cuya dirección con la proa forma un ángulo superior al de 6 cuartas.

II *n* A *m* **8** Longitud (medida lineal). **b)** Longitud [de una cosa] tomada como unidad de medida. **c)** (*Dep*) *En una carrera:* Longitud [de un animal o de un vehículo] tomada como unidad para medir distancias entre los competidores. **d)** (*Dep*) *En una competición de velocidad* (*p ej, natación, regatas*): Trecho recto que ha de ser cubierto varias veces, en ida y vuelta, hasta completar el recorrido total de la prueba. ■ **9** (*Mús*) Movimiento lento. *Tb la composición en ese movimiento.*

B *f* **10** (*Taur*) Lance a una mano en que se cita al toro de frente y tirando del capote se le lleva empapado en él hasta el remate. **b)** **larga cambiada.**

largometraje – lasitud

Larga ejecutada pasándose el capote el diestro por encima de su cabeza y dándole al toro la salida cambiada. *Tb fig, fuera del ámbito técn.*

III *loc v* **11 dar larga.** (*reg*) Soltar [a alguien o algo (*ci*)]. ■ **12 dar largas.** Entretener [a alguien (*ci*)] con pretextos o promesas en la espera de la solución de un asunto. **b)** Aplazar [un asunto (*ci*)] alegando pretextos o promesas. ■ **13 echarla larga.** (*col*) Invertir mucho tiempo.

IV *adv* **14** Durante mucho rato. **b)** ~ **y tendido.** Extensamente. *Con vs como* HABLAR *o* ESCRIBIR. **c) para ~.** Para mucho rato o para mucho tiempo. *Gralm con los vs* IR *o* SER. ■ **15** (*pop*) Mucho o en gran cantidad. *Tb* DE ~. ■ **16** (*pop*) Lejos. *Tb referido a tiempo.* ■ **17 a la larga.** Después de pasado algún tiempo, o en una fase no inmediata. ■ **18 a ~ plazo** → PLAZO. ■ **19 al ~.** (*Mar*) Con el viento a 10 cuartas. *Tb adj.* ■ **20 a lo ~** (*o, raro,* **a la larga**). En sentido longitudinal. **b) a lo ~ y (a lo) ancho.** En toda la extensión [de un lugar]. ■ **21 de ~.** Con ropa que llega hasta los pies. *Gralm con los vs* VESTIR, PONERSE, IR, *siempre refiriéndose a mujeres.* **b)** [Poner(se)] **de ~,** [puesta] **de ~** → PONER, PUESTA. ■ **22 de ~.** Sin detenerse. *Con el v* PASAR. ■ **23 por ~.** Por extenso. *Con vs como* HABLAR *o* DECIR. ■ **24 todo lo ~ que es,** *o* (*lit*) **cuan ~ es.** En toda la longitud de la pers. en cuestión. *Gralm con vs como* CAER *o* TENDERSE.

V *loc prep* **25 a lo ~ de.** En toda la longitud de. *Tb* TODO A LO ~ DE. **b)** En toda la duración de.

VI *interj* **26** *Se usa para expulsar a alguien. Frec con compl* DE *que designa el lugar en que está el que habla.* * ¡Largo de aquí, mocoso!

largometraje (*tb, raro, con la grafía* **largo metraje**) *m* Película cinematográfica de duración superior a una hora.

largón -na *adj* (*col*) Que larga [3] mucho. *Tb n.*

largor *m* (*raro*) Largura.

largue *m* (*col*) Acción de largar [3].

larguero *m* Pieza que se pone a lo largo de una obra de carpintería y que forma parte de su armazón o estructura. **b)** (*Dep, esp Fút*) Palo horizontal, de los tres que constituyen la meta.

largueta *adj* (*Agric*) [Almendra] de una variedad grande, plana, puntiaguda y semidura, muy apreciada.

largueza *f* Generosidad.

larguirucho -cha *adj* (*desp*) [Pers.] alta y delgada, gralm. desgarbada. *Tb n.* **b)** [Cosa] larga y sin gracia ni proporción.

largura *f* Longitud (dimensión mayor de una figura o de un cuerpo). **b)** Longitud (distancia entre los dos extremos del lado mayor de una figura o de un cuerpo).

laricio *m* Pino laricio (→ PINO[1]).

lariforme *adj* (*Zool*) [Ave] acuática de pies palmeados, pico comprimido y alas largas, que es buena buceadora y voladora. *Frec como n f en pl, designando este taxón zoológico.*

laringal *adj* (*Fon*) [Sonido] que se produce en la región de la laringe. *Tb n f.*

laringe *f* (*Anat*) Órgano hueco situado en la parte superior de la tráquea, y que constituye el principal elemento vocal en el hombre y en los animales.

laringectomía *f* (*Med*) Extirpación total o parcial de la laringe.

laringectomizar *tr* (*Med*) Someter [a alguien] a laringectomía. *Frec en part, gralm sustantivado.*

laríngeo -a *adj* (*Anat*) De la laringe. **b)** (*Fon*) Que se produce en la laringe.

laringitis *f* (*Med*) Inflamación de la laringe.

laringófono *m* (*Med*) Aparato electrónico amplificador de los sonidos que, aplicado a la parte anterior del cuello, permite a los operados de laringectomía emitir una sonido sustitutivo de la voz natural.

laringología *f* (*Med*) Especialidad que se ocupa de las enfermedades de la laringe.

laringológico -ca *adj* (*Med*) De (la) laringología.

laringoscopia *f* (*Med*) Exploración de la laringe.

laringoscopio *m* (*Med*) Instrumento que sirve para la laringoscopia.

lárnax *m* (*Arqueol*) Sarcófago de barro cocido.

larri *adj* (*reg*) Decaído o desmadejado.

larva *f* **1** (*Zool*) *En la metamorfosis:* Animal en la fase inmediatamente posterior a la salida del huevo y anterior a la fase de adulto. ■ **2** (*lit, raro*) Fantasma. *Tb fig.*

larvadamente *adv* (*lit*) De manera larvada.

larvado -da *adj* Que no manifiesta su naturaleza, o no lo hace claramente.

larval *adj* (*Zool*) Larvario.

larvario -ria *adj* (*Zool*) De (la) larva [1].

larvicida *adj* Que destruye las larvas. *Tb n m, referido a agente o producto.*

larvíparo -ra *adj* (*Zool*) [Insecto] que pone larvas en vez de huevos.

lasagna (*it; pronunc corriente,* /lasáña/) *f* Lasaña.

lasaña *f* Plato de origen italiano consistente en carne picada con bechamel, recubierta de anchas tiras de pasta espolvoreada de queso rallado. *Tb la pasta con que se hace.* **b)** ~ **de verduras.** Lasaña cuyo ingrediente principal son las verduras. *Tb simplemente ~.*

lasca *f* **1** Fragmento desprendido de sílex u otra piedra. *Esp en arqueología.* ■ **2** Lancha (piedra lisa, plana y poco gruesa). ■ **3** (*reg*) Porción de forma alargada que se corta o arranca [de una cosa].

lascivamente *adv* De manera lasciva [1b].

lascivia *f* Cualidad de lascivo.

lascivo -va *adj* [Pers.] fuertemente inclinada al placer sexual. **b)** Propio de la pers. lasciva.

láser I *m* **1** Dispositivo electrónico que amplifica un haz de luz monocromático y coherente. **II** *adj invar* **2** [Rayo] emitido por el láser [1]. **b)** Producido por láser [1]. ■ **3** Que emite rayos láser [2]. ■ **4** Que funciona con láser [1]. **b)** [Disco] grabado y leído mediante láser [1]. ■ **5** Que dispone de instalación de láser [1].

laser disc (*ing; pronunc corriente,* /láser-dísk/; *pl normal,* ~s) *m* Disco láser (→ LÁSER [4b]).

laserpicio *m* Planta herbácea vivaz, de flores blancas o rosadas en umbela y frutos alargados usados en medicina como estomacales y diuréticos (*Laserpitium siler*).

laserterapia *f* (*Med*) Uso del láser con fines terapéuticos.

lasitud *f* (*lit*) Cualidad de laso [1].

laso -sa *adj* **1** (*lit*) Desfallecido o flojo. ■ **2** (*Tex*) [Hilo] que no está torcido.

lasquenete *m* (*hist*) Lansquenete.

lassalliano -na (*pronunc corriente*, /lasaliáno/) *adj* (*Rel catól*) De la congregación religiosa de las Escuelas Cristianas, fundada por San Juan Bautista de La Salle en el s. XVII. *Tb n, referido a pers.*

last, but not least (*ing; pronunc corriente*, /lást-bat-nót-líst/) *loc adj invar* Último, pero no menos importante. *Tb adv. Se usa normalmente al final de una enumeración, precediendo al último elemento enunciado.*

lástex (*n comercial registrado*) *m* Tejido elástico constituido por hilo de goma revestido de fibras textiles naturales o artificiales. *Tb el mismo hilo. A veces en aposición.*

lástima I *f* **1** Sentimiento de tristeza causado por el dolor ajeno. *Frec en las constrs* TENER ~ [de alguien], *o* DARLE [alguien] ~ [a uno], *o* DARLE [a uno] ~ [de alguien]. *A veces* ~ DE SÍ MISMO, *referido a la pers que la siente.* **b)** Contrariedad o disgusto motivados por algo, esp. un hecho, digno de lamentarse. *Con vs como* DAR, *y frec seguido de una prop infin o* QUE + *subj.* * Da lástima no aprovechar las entradas. * Da lástima que se pierdan las entradas. ■ **2** Lamentación. ■ **3** Cosa digna de lamentarse. *Frec como predicativo con* SER, *seguido de infin o de* QUE + *subj.* * Es una lástima pasar de largo. * Es una lástima que se vaya. **b)** *A veces, omitido el v* SER, *se usa como exclam, seguido o no de prop, o de* DE + *n que especifica la cosa digna de lamentarse.* * ¡Lástima que no pueda ir! * ¡Lástima de cerebro!

II *loc adj* **4 de ~.** [Cosa] lamentable o deplorable. ■ **5 hecho una ~.** Que ha pasado a tener aspecto lamentable.

lastimadura *f* Acción de lastimar(se).

lastimar A *tr* **1** Causar daño físico o moral [a alguien o algo (*cd*)]. **b)** *pr* (~**se**) Sufrir daño físico [alguien o una parte de su cuerpo].

B *intr pr* (~**se**) **2** (*raro*) Lamentarse [de algo (*compl* DE *o* EN)].

lastimeramente *adv* De manera lastimera.

lastimero -ra *adj* [Expresión] que mueve o pretende mover a lástima [1]. *Tb fig.*

lastimosamente *adv* De manera lastimosa.

lastimoso -sa *adj* [Cosa] que produce lástima [1]. *Frec con intención enfática, para ponderar el mal aspecto.*

lastón *m* Se da este *n* a diversas plantas gramíneas, esp *Arrhenatherum thorei* y *Carex paniculata.*

lastonar *m* Terreno poblado de lastón.

lastra *f* Lancha (piedra lisa, plana y poco gruesa).

lastrado *m* Acción de lastrar.

lastrador -ra *adj* Que lastra.

lastrar *tr* **1** Poner lastre [1] [a algo (*cd*)]. ■ **2** Ser lastre [2] [de algo o para algo (*cd*)]. **b)** Influir [una cosa no material (*suj*) sobre otra (*cd*)] alterando parcialmente su esencia o su pureza.

lastre I *m* **1** Materia pesada que se coloca en una cosa para aumentar su peso. *Normalmente designa el que se pone en una embarcación para aumentar su estabilidad, o en un globo aerostático para regular su ascenso o descenso.* ■ **2** Cosa que supone un impedimento o una dificultad [para algo (*compl de*

posesión *o compl* PARA)]. *A veces se omite el compl por consabido.*

II *loc adv* **3 en ~.** (*Mar*) Sin carga. *Tb adj.*

lastrón *m* Lastra grande.

lata¹ I *f* **1** Hojalata. ■ **2** Envase o pieza hechos de lata [1]. **b)** *Esp:* Envase de conservas. *Tb* ~ DE CONSERVA(S). *Tb su contenido.* **c)** (*col*) Conserva. *Frec en la constr* COMER DE ~. ■ **3** (*col*) Cosa fastidiosa o molesta. ■ **4** (*col*) Dinero. *Frec en las constrs* ESTAR SIN ~ *y* NO TENER NI (UNA) ~, *con intención enfática.*

II *loc v* **5 dar (la) ~.** (*col*) Fastidiar o causar molestia.

lata² *f* **1** (*Constr*) Tabla sobre la que, junto con otras, se asientan las tejas o pizarras de una cubierta. ■ **2** (*Mar*) Bao, esp. de pequeñas dimensiones.

latae sententiae (*lat; pronunc corriente*, /láte-senténtie/) *loc adj* (*Rel catól*) [Excomunión] en que se incurre en el momento de cometer una falta previamente condenada por la Iglesia.

latamente *adv* (*lit*) De manera lata (→ LATO).

latastro *m* (*Arquit*) Plinto.

latazo (*col*) I *m* **1** Lata¹ [3]. *Con intención ponderativa.*

II *loc v* **2 dar el ~.** Dar la lata¹ [5]. *Con intención ponderativa.*

latebra *f* (*lit, raro*) Escondrijo o refugio.

latencia *f* Condición de latente.

latente *adj* [Cosa] que permanece oculta o no se manifiesta exteriormente. **b)** (*Fís*) [Calor] que, sin aumentar la temperatura del cuerpo que lo recibe, se emplea en un cambio de estado.

latentemente *adv* De manera latente.

lateral I *adj* **1** De un lado, o de los lados. **b)** [Cosa] que está a un lado. **c)** (*Fút*) [Defensa] derecho o izquierdo. *Tb n m.* **d)** [Cosa] que no es la principal pero está conectada directamente con ella. **e)** (*Bot*) [Raíz] que sale de la principal. ■ **2** (*Fon*) [Consonante] cuya articulación deja salir el aire por los lados de la boca y no por el centro. *Tb n f.*

II *m* **3** Calle o paseo lateral [1] de una avenida. ■ **4** (*Escén*) Parte lateral [1] del escenario.

lateralidad *f* (*Fisiol*) Localización de una actividad o función en un lado del cuerpo con preferencia al otro.

lateralización *f* (*Fisiol*) Lateralidad.

lateralizar *tr* Poner a un lado. *Tb fig.*

lateralmente *adv* **1** En sentido lateral [1]. ■ **2** A un lado o a los lados.

lateranense *adj* **1** Del templo de San Juan de Letrán, en Roma. *Normalmente referido a los concilios de la Iglesia allí celebrados.* ■ **2** (*Rel catól*) De la congregación de canónigos de San Juan de Letrán.

latería *f* Latas¹ [2b], o conjunto de latas de conserva.

laterío *m* Latería.

latero -ra I *m y f* **1** (*raro*) Hojalatero.

II *adj* (*reg*) **2** Latoso o molesto.

látex *m* Líquido lechoso que circula por los vasos de algunos vegetales y se coagula al contacto con el aire. *Cuando no se especifica la planta, suele designar el látex de Hevea brasiliensis, que da el caucho.*

laticífero -ra *adj* (*Bot*) [Vaso] que conduce el látex.

latido[1] *m* Acción de latir[1], *esp* [1]. *Tb su efecto. Tb fig.*

latido[2] *m* (*Caza*) Ladrido del perro persiguiendo una pieza o quejándose.

latiente *adj* (*lit*) Que late[1].

latifundio *m* Finca rústica de gran extensión.

latifundismo *m* Sistema socioeconómico basado en el latifundio. *Tb fig.*

latifundista *adj* **1** De(l) latifundismo. ■ **2** [Pers.] que es propietaria de uno o varios latifundios. *Tb n.*

latigazo *m* **1** Golpe de látigo [1]. *Tb fig.* ■ **2** Dolor o daño fuerte y momentáneo. ■ **3** (*col*) Trago [de bebida alcohólica]. *Tb sin compl.*

látigo *m* **1** Instrumento compuesto por un mango de madera al que va unida una correa o cuerda y que se emplea para azotar, o para animar a andar a las caballerías. *Tb fig.* ■ **2** Juego de muchachos en que varios corren en fila cogidos de las manos haciendo movimientos similares a los del látigo [1] cuando se restalla. **b)** Artefacto de feria consistente en varios coches unidos entre sí, a los que se les da un movimiento brusco similar al del látigo [1] cuando se restalla. ■ **3** Tralla (aparejo de pesca). ■ **4** (*jerg*) Pene.

latiguillo[1] *m* (*desp*) Expresión, frec. manida, con la que se trata de conseguir un golpe de efecto ante un auditorio. **b)** Muletilla o frase que una pers. repite habitualmente.

latiguillo[2] *m* (*Mec*) Tubo corto y estrecho con dos racores.

latiguillo[3] *m* (*Bot*) Estolón (brote rastrero o subterráneo).

latiguillo[4] → LÁTIGO.

latín I *m* **1** Lengua latina [1a]. **b)** bajo ~, ~ clásico, ~ vulgar → BAJO[2], CLÁSICO, VULGAR. ■ **2** Palabra o frase latina [1b]. *Frec en pl.* ■ **3** *En pl:* Lengua y cultura latinas [1a y b y 5]. *Consideradas como objeto de estudio.* ■ **4** *En pl:* Conocimientos o instrucción.
    II *loc v* **5 saber** (**mucho**) ~. (*col*) Ser muy listo o astuto.

latinajo *m* (*desp*) Palabra o frase latina [1b].

latinar *intr* (*raro*) Hablar o escribir en latín.

latinear *intr* (*raro*) Latinar.

latinidad *f* **1** Lengua y cultura latinas [1a y b y 5]. *Esp consideradas como objeto de estudio.* **baja ~.** Cultura de la época del bajo latín (→ BAJO[2]). *Tb la misma época.* ■ **2** Conjunto de los pueblos latinos [2a].

latinismo *m* **1** Palabra o rasgo idiomático propios del latín o procedentes de él. **b)** Tendencia al uso de latinismos. ■ **2** Carácter latino [2].

latinista *adj* **1** [Pers.] versada en la lengua y la cultura latinas [1a y b y 5]. *Frec n.* **b)** De(l) latinista. ■ **2** De(l) latinismo o de (los) latinismos [1].

latinización *f* Acción de latinizar(se).

latinizante *adj* Que tiende a imitar lo latino [1b].

latinizar *tr* Dar forma o carácter latinos [1b y 2] [a algo (*cd*), esp. al lenguaje]. **b)** *pr* (**~se**) Pasar [algo] a tener forma o carácter latinos [1b y 2].

latin lover (*ing; pronunc corriente, /látin-lóber/; tb con la grafía* **latin-lover**; *pl normal,* ~S) *loc n m* Hombre natural de un país latino [2a] a quien las mujeres de otros países suponen con especiales dotes de amante.

latino -na I *adj* **1** [Lengua] de la Roma antigua y de su Imperio, conservada por la Iglesia católica como lengua oficial y (hasta el Concilio Vaticano II, 1962-1965) como lengua litúrgica, y utilizada como vehículo de la comunicación intelectual hasta la época moderna. **b)** De (la) lengua latina. **c)** [Lengua] románica, o derivada del latín. ■ **2** De lengua y cultura latinas [1c y 5]. *Tb n, referido a pers.* **b)** Propio de los latinos. **c)** De un país, o de los países, de América Latina. *Tb n, referido a pers.* ■ **3** [Iglesia] cristiana de Occidente, de lengua latina [1a]. **b)** De (la) Iglesia latina. *Tb n, referido a pers.* ■ **4** (*hist*) De(l) Lacio (región de Italia). *Tb n, referido a pers.* ■ **5** (*hist*) De Roma o del Imperio Romano. ■ **6** [Cruz] cuyo travesaño divide al palo en dos partes desiguales. ■ **7** [Vela] triangular, sujeta a un palo largo y encorvado, propia de embarcaciones pequeñas.
    II *m* **8** *En los estudios eclesiásticos:* Seminarista de los primeros cursos, en que se estudian latín y humanidades.

latinoamericano -na *adj* De Latinoamérica o América Latina [2a]. *Tb n, referido a pers.*

latir[1] *intr* **1** Contraerse y dilatarse alternativamente [el corazón o las arterias]. **b)** Percibirse el movimiento de las arterias [en una parte del cuerpo (*suj*)]. *A veces referido a la sensación dolorosa que esto produce en una herida.* ■ **2** (*lit*) Tener [un ser] manifestaciones de vida. ■ **3** Percibirse o manifestarse [algo no material] por indicios.

latir[2] *intr* (*Caza*) Ladrar [el perro] persiguiendo una pieza o quejándose.

latirismo *m* (*Med*) Intoxicación producida por harina de almortas.

látiro *m* (*raro*) Almorta (planta). *Tb designa otras plantas del gén Lathyrus.*

latitud *f* **1** (*Geogr*) Distancia angular [de un punto de la superficie terrestre] al ecuador, medida en grados de su meridiano. *Tb ~ GEOGRÁFICA. Frec ~ NORTE o SUR.* **b)** (*Astron*) Distancia angular [de un punto de la esfera celeste] a la eclíptica. *Tb ~ HELIOCÉNTRICA o ~ GEOCÉNTRICA, según se considere al observador teóricamente situado en el centro del Sol o de la Tierra.* ■ **2** *En pl:* Zona, o parte de la Tierra. *Se usa para referirse de manera imprecisa a un lugar gralm concreto. Normalmente en las constr* POR (*o* EN, *etc*) ESTAS (*o* AQUELLAS, OTRAS, *etc*) ~ES. ■ **3** (*lit, raro*) Anchura (dimensión o medida).

latitudinal *adj* (*Geogr*) De (la) latitud [1a].

latiza *f* (*reg*) Palo largo transversal de los laterales del carro.

lato -ta *adj* (*lit*) Amplio o extenso. *Frec referido a sentido o significación, esp en la constr* EN SENTIDO ~, *opuesta a* EN SENTIDO ESTRICTO.

latomía *f* (*hist*) En la Roma antigua: Cantera que sirve de campo de trabajo para prisioneros.

latón *m* Aleación de cobre y cinc, y a veces otros metales, de color amarillo claro y susceptible de gran brillo y pulimento.

latonar *tr* Revestir [un metal, o una pieza de metal] de latón. *Gralm en part, que a veces se sustantiva como n m.*

latonería *f* Tienda o taller del latonero[1].

latonero[1] **-ra** *m y f* Pers. que fabrica o vende objetos de latón.

latonero[2] *m* Almez (árbol).

lato sensu (*lat; pronunc,* /láto-sénsu/) *loc adv* En sentido amplio. *Tb adj. Se opone a* STRICTO SENSU.

latosidad *f* (*raro*) Cualidad de latoso.

latoso -sa *adj* (*col*) Fastidioso o pesado. *Tb n, referido a pers.*

latréutico -ca *adj* (*Rel catól*) De (la) latría.

latría *f* (*Rel catól*) Adoración dedicada a Dios. *Tb* (*lit*) *fig.*

latrocinar *intr* (*raro*) Dedicarse al latrocinio.

latrocinio *m* Hurto o robo.

laúd[1] *m* **1** Instrumento músico de cuerda cuya caja es plana por la parte superior y esférica en la inferior. ■ **2** Tortuga marina de unos 2 m de largo, cuyo caparazón recuerda la forma del laúd [1] (*Dermochelys coriacea*).

laúd[2] *m* Embarcación pequeña del Mediterráneo, de casco largo y estrecho y de un solo palo con vela latina.

lauda *f* (*Arte*) Lápida sepulcral, gralm. con inscripción, escudo de armas o efigie del difunto.

laudable *adj* Digno de alabanza.

láudano *m* (*hoy raro*) **1** Preparado farmacéutico a base de opio, empleado como calmante. ■ **2** Opio.

laudatio *f* Discurso que se pronuncia en elogio de una pers. en un solemne acto académico celebrado en su honor, esp. en su investidura como doctor honoris causa.

laudatorio -ria *adj* Que sirve de alabanza, o hecho para alabar.

laude *f* (*Arte*) Lauda.

laudemio *m* (*Der*) Derecho que se paga al señor del dominio directo cuando se enajenan tierras o posesiones dadas en enfiteusis.

laudes *f pl* (*Rel catól*) Hora canónica que se reza después de maitines.

laudista *m y f* Músico que toca el laúd[1].

laudístico -ca *adj* De(l) laúd[1].

laudo *m* (*Der*) Fallo dado por un árbitro.

laujareño -ña *adj* De Laujar de Andarax (Almería). *Tb n, referido a pers.*

launa *f* Arcilla de magnesio, impermeable y de color gris, que se emplea en algunas zonas de Andalucía para cubrir techos y azoteas.

laurácea *adj* (*Bot*) [Planta] dicotiledónea leñosa, propia de regiones cálidas, con hojas coriáceas, flores trímeras y fruto en drupa o baya, que pertenece a la familia del laurel. *Frec como n f en pl, designando este taxón botánico.*

láurea *f* (*Arte*) Corona de laurel.

laureado -da I *adj* **1** *part* → LAUREAR. ■ **2** Adornado o coronado de laurel. II *f* **3** Cruz laureada [2] de San Fernando.

laureano *m* (*col, hoy raro*) Billete de mil pesetas.

laurear *tr* **1** Coronar con laurel. ■ **2** Premiar o condecorar. *Frec en part.* **b)** Premiar o condecorar [a un militar] con la cruz laureada de San Fernando. *Frec en part, frec sustantivado.*

laurel I *m* **1** Árbol siempre verde, de tronco liso, hojas oblongas, duras, lustrosas, de color verde oscuro y muy aromáticas y fruto en drupa de color negro (*Laurus nobilis*). **b)** Seguido de compl o de adj, designa diversas plantas del mismo gén o de otros: ~ DE CANARIAS o CANARIO (*Laurus canariensis*), ~ PORTUGUÉS (*Prunus lusitanica*), ~ DE INDIAS (*Ficus nitida*), etc. **c)** ~ **cerezo**, o **real**. Lauroceraso. **d)** ~ **rosa**. Adelfa. ■ **2** Hoja de laurel [1a], usada como condimento. ■ **3** (*lit*) Gloria o reconocimiento conseguidos por una acción destacada. *Frec en pl.* II *loc v* **4** **dormirse** [alguien] **en** (o **sobre**) **los ~es**. Cesar en el esfuerzo por excesiva confianza en el éxito logrado.

laurencio *m* (*Quím*) Elemento transuránico radiactivo, de número atómico 103, obtenido artificialmente a partir del californio.

laureola (*tb* **lauréola**) *f* Arbusto espontáneo de los bosques, con hojas parecidas a las del laurel, flores de color amarillo verdoso y frutos en baya negra (*Daphne laureola*). *Tb* ~ COMÚN o ~ MACHO. **b)** ~ **hembra**. Arbusto propio de bosques elevados, con flores rosadas y fruto redondeado de color rojo (*Daphne mezereum*).

lauretana. letanía ~ → LETANÍA.

laurisilva *f* Bosque húmedo, propio de las islas Canarias, compuesto por laureles y plantas afines.

lauro *m* (*lit*) Laurel, esp [3].

lauroceraso *m* Arbusto de la región mediterránea, con hojas persistentes coriáceas, flores pequeñas y blancas en racimos y frutos negros en drupa semejantes a cerezas (*Prunus laurocerasus*).

lava *f* Materia fundida arrojada por un volcán, que luego se solidifica bajo diversas formas.

lavable *adj* Que puede ser lavado [1]. *Esp referido a telas o a prendas de vestir.*

lavabo *m* **1** Recipiente para lavarse, provisto de grifos y desagüe y adosado a la pared a cierta altura. **b)** Palanganero (mueble). ■ **2** (*col, euf*) Servicio o retrete, esp. cuando tiene lavabo [1]. *Tb en pl, referido a un local público.* ■ **3** (*Rel catól*) Oración que en la misa dice el sacerdote al lavarse las manos antes de la consagración.

lavacoches *m y f* Pers. encargada de lavar coches, en un garaje o en una estación de servicio.

lavacristales *m* En un automóvil: Dispositivo destinado a limpiar mediante un chorro de líquido el barro que se acumula en el parabrisas.

lavada *f* Lavado [1].

lavadero *m* Lugar destinado para lavar, esp. ropa o un mineral.

lavado *m* **1** Acción de lavar(se). ■ **2** ~ **de estómago.** (*Med*) Operación consistente en hacer pasar al estómago cierta cantidad de agua o de una solución medicamentosa, para contrarrestar la ingestión de una sustancia tóxica. ■ **3** ~ **de cerebro.** Acción de forzar, por procedimientos psicológicos y a veces también físicos, un cambio radical en las ideas y creencias de una pers. *Tb fig.* **b)** Persuasión de la gente por medio de la propaganda. ■ **4** (*Pint*) Pintura a la aguada en un solo color.

lavador -ra I *adj* **1** Que lava. *Tb n m y f, referido a pers o a aparato.* II *f* **2** Máquina para lavar la ropa.

lavadura *f* Lavado [1].

lavafaros *m En un automóvil:* Dispositivo destinado a lavar los faros.

lavafrutas *m* Recipiente que se pone con agua en la mesa para lavar las frutas que no se pelan.

lavaje *m* Lavado [1] de los órganos sexuales.

lavajo *m* Charca permanente de agua llovediza.

lavamanos *m* (*raro*) **1** Depósito de agua con caño, llave y pila para lavarse las manos. ▪ **2** Palanganero (mueble). ▪ **3** Recipiente con agua que se pone en la mesa para enjuagarse las manos. ▪ **4** Producto para lavarse o limpiarse las manos.

lavamiento *m* (*raro*) Lavado [1].

lavanco *m* Somormujo lavanco (→ SOMORMUJO).

lavanda I *f* **1** Planta de hojas alargadas y aterciopeladas y flores en espiga, pequeñas, aromáticas y de color azul violáceo (gén. *Lavandula*, esp. *L. spica* o *L. officinalis*). *Tb su flor y su semilla.* **b)** Agua de colonia hecha con esencia de lavanda. *Tb* AGUA DE ~. II *adj invar* **2** [Color azul] propio de la flor de lavanda [1a].

lavandera *f* **1** Mujer que tiene por oficio lavar ropa. ▪ **2** Ave de pequeño tamaño, de pico largo y delgado y de cola larga, que mueve sin cesar cuando camina (gén. *Motacilla*). *Diversas especies se distinguen por medio de especificadores:* BLANCA (*M. alba*), BOYERA (*M. flava*), DE CASCADA o CASCADEÑA (*M. cinerea*).

lavandería *f* **1** Establecimiento industrial para el lavado de ropa. **b)** *En un hotel, hospital o establecimiento similar:* Departamento destinado al lavado de ropa. *Tb el servicio que presta.* ▪ **2** Industria del lavado de ropa.

lavándula *f* Lavanda [1].

lavaparabrisas *adj invar* [Líquido] destinado a limpiar el parabrisas. *Tb n m.*

lavaplatos A *m y f* **1** *En un establecimiento de hostelería:* Pers. que friega la vajilla y otros utensilios de mesa y cocina. B *m* **2** Lavavajillas (máquina).

lavar I *v* A *tr* **1** Limpiar [algo o a alguien] mojándolo. *A veces el cd es refl. Tb abs.* **b)** ~ **la cara**, ~**se las manos** → CARA, MANO. ▪ **2** Limpiar o purificar. *Frec fig.* **b)** Ajustar a la legalidad fiscal [un dinero obtenido por medios ilegales]. ▪ **3** Purificar [un mineral] por medio del agua. ▪ **4** (*Constr*) Bruñir [el yeso] pasándole un paño mojado. ▪ **5** (*Pint*) Diluir en agua [un color]. B *intr* **6** Ser lavable [algo, esp. un tejido o una prenda]. *Frec con los advs* BIEN, MAL *o equivalentes.* II *loc adv* **7 como quien (o el que) lava.** (*col*) Con suma facilidad. ▪ **8 con las manos lavadas** → MANO.

lavativa *f* **1** Cantidad determinada de líquido que se introduce por el ano para limpiar o descargar el vientre, o a veces con otros fines terapéuticos. ▪ **2** Instrumento con que se administra una lavativa [1]. ▪ **3** (*col, desp*) Alimento líquido de poca calidad o mal preparado. ▪ **4** (*col, raro*) Cosa molesta o fastidiosa.

lavatorio *m* Acción de lavar(se). **b)** ~ **de (los) pies.** (*Rel catól*) Ceremonia consistente en lavar los pies a doce personas el día de Jueves Santo.

lavavajillas *adj* Que sirve para lavar vajilla y otros utensilios de mesa y cocina. *Frec n m, designando máquina o producto.*

lavazas *f pl* Agua en la que se ha lavado algo.

lávico -ca *adj* De (la) lava.

lavotear *tr* (*desp*) **1** Lavar [1] rápida y descuidadamente. *Frec el cd es refl.* ▪ **2** Lavar [1] de manera minuciosa o reiterada. *Frec el cd es refl.*

lavoteo *m* (*desp*) Acción de lavotear.

laxamente *adv* De manera laxa [1a y 2].

laxante *adj* Que provoca o facilita la defecación. *Tb n m, referido a medicamento.*

laxismo *m* Falta de exigencia o rigor moral.

laxista *adj* Que tiene o muestra laxismo.

laxistamente *adv* (*raro*) De manera laxista.

laxitud *f* Cualidad de laxo [1a y 2].

laxo -xa *adj* **1** Carente de rigidez o firmeza. **b)** (*Anat*) [Tejido conjuntivo] rico en células y con escasas fibras, fácilmente distensible. **c)** (*Bot*) Flojo o poco denso. ▪ **2** Poco exigente o poco riguroso moralmente. *Gralm referido a conciencia.*

lay → LAI.

laya[1] *f* (*desp*) Clase o tipo. *Gralm en constrs como* DE TODA ~, DE TAL ~, DE ESA ~.

laya[2] *f* Pala fuerte de hierro con mango de madera, que sirve para remover la tierra.

layador -ra *m y f* Pers. que trabaja la tierra con la laya[2].

layar *tr* Trabajar [la tierra] con la laya[2]. *Tb abs.*

layetano -na *adj* (*hist*) De la región costera de la actual provincia de Barcelona, entre los ríos Tordera y Llobregat. *Tb n, referido a pers.*

lazada *f* Atadura hecha con hilo, cuerda o cosa semejante, de manera que tirando de uno de los cabos pueda desatarse con facilidad.

lazar *tr* Apresar o sujetar [un animal] con lazo [3].

lazareto *m* **1** Hospital destinado a atender, apartadas, a las perss. que padecen, o se teme que padecen, una enfermedad contagiosa. *Tb fig.* ▪ **2** Lugar donde se mantienen aislados a los animales que están en cuarentena.

lazarillo *m* **1** Muchacho que sirve de guía a un ciego. **b)** Perro que sirve de guía a un ciego. *Frec* PERRO ~. ▪ **2** Pers. o animal que sirve de guía.

lazarista *adj* (*Rel catól*) De la orden religiosa de San Lázaro, dedicada al cuidado de los leprosos y fundada en 1625 por San Vicente de Paúl. *Tb n, referido a pers.*

lazo *m* **1** Atadura constituida por una o más lazadas, hecha normalmente con una cinta y frec. usada como adorno. **b)** Adorno o figura de forma semejante a la de un lazo. **c)** Condecoración femenina de la que forma parte un lazo. *Con un compl especificador.* **d)** Dulce de hojaldre cuya forma recuerda la de un lazo. *Tb* LACITO. ▪ **2** Atadura o nudo. ▪ **3** Cuerda con un nudo corredizo en un extremo, la cual se arroja a un animal para cazarlo o sujetarlo. **b)** Cuerda o alambre con nudo corredizo, que se fija en algún sitio para cazar animales pequeños. **c)** (*lit*) Asechanza, o artificio para engañar. ▪ **4** (*lit*) Cosa que sirve de vínculo o unión. *Frec en pl.* **5** (*Arquit*) Adorno de líneas y florones enlazados unos con otros.

lazulita *f* (*Mineral*) Mineral de fosfato de aluminio, hierro y magnesio, cuyos cristales, de brillo vítreo, tienen color azul celeste.

lazurita *f* (*Mineral*) Mineral de sodio y aluminio que es el principal constituyente del lapislázuli.

le[1] → ÉL.

le[2] → ELLO.

lea *f* (*jerg*) Prostituta.

leacril (*tb con la grafía* **leacryl**, *n comercial registrado*) *m* Cierta fibra sintética acrílica de origen italiano.

lead (*ing; pronunc corriente*, /lid/; *pl normal*, ~s) *m* En un periódico: Entradilla.

leader (*ing; pronunc corriente*, /líder/; *pl normal*, ~s) *m y f* Líder.

leadership (*ing; pronunc corriente*, /líderʃip/) *m* (*o f*) Liderazgo.

leal *adj* **1** [Pers., animal o colectividad] fiel [a alguien o algo]. *Frec se omite el compl, por consabido. Tb n, gralm en pl, referido a pers.* **b)** [Pers.] que se comporta [respecto a alguien o algo (*compl* CON *o* PARA CON)] honradamente y sin engaño o sin fines ocultos. *Frec se omite el compl por, consabido.* **c)** (*hist*) En la Guerra Civil de 1936: Leal al Gobierno de la República. *Tb n, referido a pers.* ■ **2** Propio de la pers. o el animal leal [1].

lealmente *adv* De manera leal [2].

lealtad *f* **1** Cualidad de leal. ■ **2** (*lit*) Pers. o cosa a la que [alguien (*compl de posesión*)] es leal [1a].

leandra *f* (*col, humoríst*) Peseta.

leasing (*ing; pronunc corriente*, /lísin/; *pl normal*, ~s) *m* (*Econ*) Arrendamiento de algo, esp. bienes de equipo, con derecho a su adquisición, descontándose en este caso del precio total lo pagado como alquiler.

lebanense *adj* (*lit*) Lebaniego. *Tb n.*

lebaniego -ga *adj* De Liébana (comarca de Cantabria). *Tb n, referido a pers.*

lebeche *m* (*reg*) Sudoeste (viento). *Tb* VIENTO ~.

lebrada *f* Guiso de liebre.

lebrato *m* Liebre joven.

lebrel *m* **1** Perro de cuerpo esbelto y cabeza estrecha y alargada, usado para caza y carreras. *Tb adj.* ■ **2** Pers. que se asemeja por alguna cualidad a un perro de caza.

lebrero -ra *adj* De (la) liebre.

lebrijano -na *adj* De Lebrija (Sevilla). *Tb n, referido a pers.*

lebrilla *f* (*reg*) Lebrillo pequeño.

lebrillo *m* Vasija, gralm. de barro vidriado, de forma circular y más ancha por los bordes que por el fondo, y que se emplea esp. para lavar y otros usos semejantes.

lección I *f* **1** Sesión en que un profesor enseña una parte de su especialidad. **b)** ~ **magistral.** Conferencia que pronuncia un profesor en un acto académico solemne, o un candidato en una oposición, como uno de los ejercicios de la misma. ■ **2** Capítulo de un libro de texto. ■ **3** Parte de la materia, o del libro de texto, que el alumno debe tener aprendida para una clase. ■ **4** Dicho o hecho ajenos, o suceso, que enseña a comportarse. **b)** Enseñanza práctica o moral proporcionada por un dicho o hecho ajenos o por un suceso. ■ **5** (*Rel catól*) Pasaje de la Sagrada Escritura, o de otro texto religioso, que se lee o canta en la misa o en los maitines. ■ **6** ~ **de cosas.** (*hist*) Enseñanza elemental sobre objetos y cosas

usuales, atendiendo a su origen o proceso de fabricación. *Gralm en pl.* **II** *loc v* **7 dar**[le a alguien] **una** ~. Hacer[le] algo que le sirva de escarmiento. ■ **8 dar** ~**es** [de algo]. Alardear [de ello].

leccionario *m* (*Rel catól*) Libro en que se recogen las lecciones [5] establecidas por la liturgia.

leccionista *m y f* (*hist*) Maestro que da lecciones en casas particulares.

lecha *f* (*reg*) Serviola (pez).

lechada *f* **1** Masa muy clara de cal, yeso o argamasa, que se emplea para unir piedras o ladrillos o para blanquear. *Tb* ~ DE CAL. ■ **2** (*raro*) Líquido de aspecto parecido a la leche.

lechal *adj* **1** [Animal] que mama. *Frec n m, esp referido a cordero.* **b)** [Mulo] que aún no tiene un año. *Tb n m.* ■ **2** De (la) leche [1a].

lechazo *m* (*reg*) Cordero lechal.

leche I *n* **A** *f* **1** Líquido blanco que segregan las mamas de las hembras de los mamíferos, destinado a alimentar a los hijos en la primera etapa de la vida de estos. **b)** Leche [de animal hembra] aprovechada para el consumo humano. *Sin compl, designa normalmente la de vaca.* **c)** ~ **de pantera.** (*col*) Combinado de leche [1b] y ginebra. ■ **2** ~ **frita.** Dulce hecho con una pasta de leche [1b], harina y azúcar, que se corta en trozos rectangulares, se reboza en harina y huevo y se fríe. ■ **3** Líquido de aspecto semejante al de la leche [1a]. *Frec con un compl especificador.* **b)** Producto cosmético de aspecto semejante al de la leche [1]. *Frec con un compl especificador:* CORPORAL, LIMPIADORA. ■ **4** ~ **de los viejos.** (*col*) Vino. ■ **5** ~ **de pájaro,** *o* **de gallina.** Planta herbácea de la familia de la azucena, común en prados y cultivos, con bulbo blanquecino, hojas largas y flores blancas (*Ornithogalum umbellatum*). ■ **6** (*vulg*) Semen. ■ **7** (*vulg*) Talante o disposición. *Normalmente con un adj especificador.* **b)** **mala** ~. Mal talante o mal humor. **c)** **mala** ~. Mala intención. ■ **8** (*vulg*) Golpe. ■ **9** (*vulg*) Cosa despreciable o fastidiosa. ■ **10 la** ~. (*vulg*) El acabose o el colmo. *Gralm como predicat con* SER. ■ **11 la** ~. (*vulg*) Vacío de significado, se usa como término de comparación puramente expresivo, en especial ponderando cosas negativas. * Estoy más liado que la leche. ■ **12** (*vulg*) Vacío de significado, y a veces en pl, se usa siguiendo a un término interrogativo o exclamativo para reforzar o marcar la intención desp de la frase. * ¿Qué leches es eso? * ¡Qué revolución ni qué leche! **b)** ~**s,** *o* **una** ~. Usado como cd, expresa negativa o rechazo rotundos. * A este le vais a dar leches. **c)** **ni** ~**s.** Se usa como refuerzo de una expresión negativa iniciada por NI. * ¡Ni caramba ni leches! ¿Qué iba a hacer?

B *m y f* **13 mala** ~. (*vulg*) Pers. de mala intención. *Tb adj.* ■ **14 mil** ~**s.** (*col*) Animal callejero de raza incierta. *Tb adj. Tb fig, referido a pers.*

II *loc adj* **15 de la** ~. (*vulg*) Extraordinario o muy considerable. ■ **16 de la** ~. (*vulg*) Despreciable. ■ **17 de** ~. [Animal hembra] destinado a la producción de leche [1b]. ■ **18 de** ~. [Dentición] primera, que se mantiene durante la infancia. **b)** [Diente] de la primera dentición. ■ **19 de** ~, *o* **en** ~. [Mar] calma. ■ **20** [Ama] **de** ~, [gota] **de** ~, [hermano] **de** ~, [madre] **de** ~ → AMA[1], GOTA, HERMANO, MADRE.

III *loc v y fórm or* **21 cagarse en la** ~ (**me cago en la** ~, *etc*) → CAGAR. ■ **22 echar** ~**s.** (*vulg*) Estar [alguien] furioso. **b) estar** [algo] **que echa** ~**s.** Estar que arde. ■ **23 mandar a hacer** ~**s.**

(*vulg*) Mandar a hacer puñetas. ■ **24** (**y**) **una ~.** (*vulg*) Fórmula con que se pondera lo inadmisible de una pretensión o afirmación que se acaba de mencionar. * –Esto lo terminas tú. –¡Y una leche! **IV** *loc adv* **25 a toda ~,** o **echando** (o **cagando**) **~s.** (*vulg*) A toda velocidad. ■ **26 ~s.** (*vulg*) Rotundamente no. *Usado con valor oracional.* * No nos dejaba pasar. Decía que leches. ■ **27 una ~.** (*vulg*) Nada. * No entiendo una leche de política. **V** *interj* (*vulg*) **28** *Expresa gralm enfado, protesta o sorpresa. Tb ~s. A veces intensificado:* QUÉ ~(S). * ¡Leche, me pillé! * ¿No somos señoritos? ¡Pues que nos sirvan, qué leche! ■ **29** *Se usa como refuerzo de lo que se acaba de decir. Tb ~s. A veces intensificado:* QUÉ ~(S). * ¡Bravo, leche!

lechecillas *f pl* Mollejas.

lechecino *m* Cerraja o lechuguilla (planta).

lechera → LECHERO.

lechería *f* Establecimiento dedicado a la venta de leche [1b].

lecherillas *f pl* (*reg*) Lechecillas.

lecherina *f* (*reg*) **1** Lechetrezna (planta). ■ **2** Lechuguilla (planta).

lechero -ra **I** *adj* **1** De (la) leche [1a y esp. b]. ■ **2** Que produce leche [1a y b]. *Gralm referido a animales.* **b)** Que hace producir leche [1a y b] a las hembras. **c)** [Hierba] **lechera** → HIERBA. **II** *n* **A** *m y f* **3** Pers. que vende leche [1b]. **B** *f* **4** Vasija para guardar, servir o transportar leche [1b]. ■ **5** Planta herbácea de flores azules o rosadas, que se cría en los prados y que fomenta la producción de leche en las vacas (*Polygala vulgaris*). **b) ~ amarga.** Planta del mismo género que la lechera, cuya raíz tiene aplicaciones medicinales (*Polygala amara* o *P. calcarea*). ■ **6** (*col*) Coche patrulla de la policía.

lecherón *m* (*reg*) Vasija en que se recoge la leche al ordeñar.

lecheruela *f* (*reg*) Lechetrezna (planta).

lechetrezna *f* Planta herbácea que produce un látex acre e irritante (gén. *Euphorbia*). *A veces con un compl especificador:* ~ ARBÓREA (*E. dendroides*), ~ ENANA o ROMERAL (*E. exigua*), *etc.*

lechigada *f* Conjunto de animales nacidos de un parto. *Tb fig.*

lechino *m* (*Med*) Porción de algodón o de hilas.

lecho *m* **1** (*lit*) Cama (mueble para dormir). **b) ~ del dolor.** Cama en que yace la pers. que sufre una enfermedad larga o grave. **c) ~ de muerte.** Cama en que una pers. vive sus últimos momentos. **d) ~ de rosas.** Situación cómoda y fácil. *Frec en la constr* ESTAR, o ENCONTRARSE, EN UN ~ DE ROSAS. ■ **2** Cauce [de un río]. ■ **3** Cosa extendida horizontalmente sobre la que descansa otra. ■ **4** (*Arquit*) Superficie de una piedra sobre la que ha de asentarse otra. ■ **5** (*Min*) Roca o estrato que se halla inmediatamente debajo de un filón o yacimiento.

lechocino *m Se da este n a las plantas Euphorbia heliscopia, Scolymus hispanicus, Senecio vulgaris y Sonchus oleraceus.*

lechón *m* **1** Cerdo que mama. ■ **2** Cerdo macho.

lechoso -sa *adj* Que tiene el aspecto o alguna de las cualidades de la leche [1a], esp. el color.

lechuga *f* **1** Planta herbácea de la familia de las compuestas, de hojas grandes y lisas, que se cultiva en huerta y se consume en ensalada (*Lactuca sati-*

va). **b)** (*col*) Se usa en constrs de sent comparativo para ponderar la frescura de una pers. * Es más fresca que una lechuga. ■ **2** Seguido de un compl especificador, designa otras plantas, del mismo gén de la lechuga [1] o de otros, que presentan con ella alguna semejanza: ~ AZUL (*L. perennis*), ~ ESCAROLA (*L. serriola*), ~ SILVESTRE (*L. virosa*), ~ DE MAR (*Ulva lactuca*), *etc.* ■ **3** (*jerg*) Billete de mil pesetas.

lechuguilla *f* **1** Planta herbácea de tallos frágiles, hojas recortadas y flores amarillas, que frec. aparece como mala hierba en los campos cultivados (gén. *Sonchus*). **b)** *Se da este n a otras plantas herbáceas de distintos géns.* ■ **2** (*hist*) Cuello grande y almidonado en forma de hojas de lechuga, usado en la segunda mitad del s. XVI y principios del XVII.

lechuguino -na *adj* **1** (*desp*) [Joven] afectadamente elegante. *Frec n.* **b)** *Más o menos vacío de significado, se emplea como insulto.* * ¿Sabe tantos idiomas el lechuguino ese? ■ **2** (*desp*) Propio de(l) lechuguino [1a]. ■ **3** [Pan] típico de Valladolid, de calidad fina y de peso inferior al de la hogaza. *Frec n m.*

lechuza *f* Ave rapaz nocturna de unos 35 cm de largo, de cara redonda y plana, ojos grandes y redondos, pico corto y encorvado, y plumaje suave y abundante, blanco en el pecho, vientre y parte anterior de la cabeza y pardo claro en el dorso (*Tyto alba*). *Tb ~* COMÚN. **b)** *Con un adj o compl especificador designa otras especies similares:* ~ CAMPESTRE (*Asio flammeus*), ~ GAVILANA (*Surnia ulula*), ~ MORA (*Asio capensis*), *etc.*

lechuzo -za *adj* **1** [Muleto] que no ha cumplido un año. *Tb n.* ■ **2** (*col*) Tonto o bobo. *Frec n. Frec usado como insulto.* ■ **3** (*col*) Goloso. *Tb n.*

lecitina *f* (*Biol*) Sustancia orgánica grasa abundante en las membranas celulares y en los tejidos nerviosos, y también en la yema de huevo.

lectivo -va *adj* (*Enseñ*) [Día o tiempo] en que corresponde dar clases.

lecto-escritura *f* (*Enseñ*) Capacidad de leer y escribir.

lector -ra **I** *adj* **1** [Pers.] que lee, *esp* [1]. *Frec n, esp referido al que lee por hábito o por oficio.* ■ **2** De (la) lectura [1]. ■ **3** (*Electrón*) [Dispositivo] que sirve para la descodificación de datos registrados en un sistema codificado. *Frec n m.* **b)** (*Informát*) [Dispositivo] que obtiene información de un soporte para pasarlo a otro. **c)** (*Electrón*) [Dispositivo] que permite la reproducción en forma visual o acústica de lo grabado en un soporte magnético. *Frec n m.* ■ **4** (*Electrón*) [Aparato] que permite la visión, en una pantalla, de textos o gráficos microfilmados. *Frec n m.* **II** *n* **A** *m y f* **5** *En una editorial:* Pers. cuya misión es examinar los originales recibidos e informar sobre ellos. ■ **6** (*Enseñ*) Profesor auxiliar nativo [de una lengua extranjera], esp. en una universidad. **B** *m* **7** (*Rel catól*) Clérigo que ha recibido la segunda de las órdenes menores, cuyo cometido en otro tiempo era instruir a los catecúmenos y neófitos.

lectorado *m* **1** Cargo o puesto de lector [6]. ■ **2** (*Rel catól*) Orden de lector [7].

lectoral *adj* (*Rel catól*) [Canónigo] que tiene por función la de ser teólogo del cabildo. *Tb n m.*

lectura **I** *f* **1** Acción de leer [1 a 4 y 7]. ■ **2** Libro u otra publicación leídos o para ser leídos. **b)** *En pl:* Cultura adquirida con las lecturas. **c)** (*Rel catól*)

Texto de la Sagrada Escritura que se lee en la misa o en los oficios. ■ **3** Interpretación del sentido de un texto. **b)** Interpretación de palabras o hechos, o de un objeto potencialmente portador de significado. ■ **4** (*Electrón*) Operación realizada por un lector [3]. **II** *loc v* **5 dar ~.** Leer en voz alta públicamente [un escrito (*compl* A)].

ledanía *f* (*reg*) Límite de un término o provincia.

ledeburita *f* (*Metal*) Agregado de austenita y cementita que se presenta en la fundición del hierro.

ledo -da *adj* (*lit*) Alegre.

leedor -ra *adj* (*raro*) Lector [1]. *Tb n.*

leer (*conjug* 17) **A** *tr* **1** Descifrar, en gral. sirviéndose de la vista, mentalmente o enunciándolo en voz alta, el valor fónico de los signos de la escritura [de un texto (*cd*)]. *Frec abs.* **b)** Leer [un texto escrito (*cd*)] para captar su significado. *Frec abs.* **c)** Leer en voz alta [un texto escrito (*cd*) para darlo a conocer a otra pers. (*ci*)]. *Tb abs.* **d)** Leer una o varias obras [de un escritor (*cd*)]. ■ **2** Pasar la vista [por una representación gráfica de cualquier tipo (*cd*)] para captar su significado. ■ **3** Tomar conocimiento [de algo (*cd*) leyendo [1]. ■ **4** Adivinar o descubrir por indicios [una cosa inmaterial oculta]. *Gralm con un compl de lugar.* **b)** Descifrar el significado [de algo (*cd*)]. ■ **5** Interpretar o entender [algo (*cd*) de una determinada manera]. **b) léase.** Entiéndase o interprétese. *Seguido de la palabra que se propone como interpretación o significado. Tb dicho con referencia a palabras no escritas.* * *Un alarde de ciencia y de progreso* (léase vanidad). ■ **6** (*Electrón*) Realizar [un lector [3]] su operación [sobre algo grabado o almacenado (*cd*)]. *Tb abs.* ■ **7** (*Enseñ*) Presentar oficialmente y defender ante un tribunal calificador [una tesis de licenciatura o de doctorado]. **B** *intr pr* (**~se**) **8** (*pop*) Amonestarse [dos novios].

lefa[1] *f* Víbora muy venenosa de pequeño tamaño que habita en las arenas del desierto.

lefa[2] *f* (*vulg*) Semen.

legación *f* **1** Representación diplomática a cuyo frente está un ministro plenipotenciario o un encargado de negocios. *Tb su sede.* ■ **2** Cargo o función de legado[2]. *Tb el tiempo que dura.* ■ **3** (*raro*) Mensaje encargado a un legado[2].

legado[1] *m* **1** Acción de legar[1]. ■ **2** Cosa legada[1].

legado[2] *m* **1** Eclesiástico designado para representar al Papa. *Tb ~* APOSTÓLICO, *~* PAPAL, *~* PONTIFICIO. ■ **2** (*hist*) En la Roma antigua: Lugarteniente de un gobernador o de un jefe militar.

legajo *m* Conjunto de papeles atados juntos y gralm. referentes a un mismo asunto.

legal I *adj* **1** De (la) ley o de (las) leyes. **b)** [Medicina] aplicada a informar pericialmente a los tribunales. ■ **2** [Cosa] que se ajusta a la ley o está de acuerdo con ella. **b)** [Trampa] que tiene apariencia de ajustarse a la ley. ■ **3** Dispuesto o exigido por la ley. **b)** [Depósito] de cierto número de ejemplares de una obra publicada, por parte del autor o del editor, en el organismo oficial correspondiente. ■ **4** [Individuo o grupo terrorista] que no está fichado por la policía. ■ **5** (*jerg*) [Pers.] de fiar. **b)** Cabal o formal. **II** *adv* **6** (*jerg*) Bien, o como es debido. **b)** Muy bien. *Usado como respuesta afirmativa.*

legalidad *f* **1** Cualidad de legal [2]. ■ **2** Conjunto de las normas legales [1a].

legalismo *m* Condición de legalista.

legalista *adj* [Pers.] que propugna la aplicación literal de la ley. **b)** Propio de la pers. legalista.

legalizable *adj* Que puede ser legalizado.

legalización *f* Acción de legalizar.

legalizar *tr* **1** Hacer o declarar legal [2a] [algo]. ■ **2** Certificar [un notario] la autenticidad [de un documento o de una firma (*cd*)].

legalmente *adv* **1** De manera legal [2 y 3]. ■ **2** En el aspecto legal [1].

légamo *m* Cieno o lodo.

legamoso -sa *adj* Lleno de légamo.

leganense *adj* Leganiense. *Tb n.*

leganiense *adj* De Leganés (Madrid). *Tb n, referido a pers.*

légano *m* (*raro*) Légamo.

legaña *f* **1** Porción de líquido graso segregado por la mucosa de los párpados y que se cuaja en el borde de estos. *Gralm en pl.* **b)** Líquido que constituye las legañas. ■ **2** (*jerg*) Peseta.

legañoso -sa *adj* Que tiene legañas [1].

legar[1] *tr* **1** Disponer en testamento que [alguien (*ci*) reciba [algo (*cd*)]. ■ **2** (*lit*) Transmitir [a alguien algo, esp. un conocimiento o una cualidad].

legar[2] *tr* (*reg*) Ligar o atar.

legatario -ria *m y f* (*Der*) Pers. a quien se lega[1] algo en un testamento.

legato (*it; pl normal,* LEGATI) *m* (*Mús*) Ejecución de varias notas seguidas sin interrupción en la transición de una a otra.

legendario -ria *adj* **1** De (la) leyenda. ■ **2** Muy famoso. *Con intención ponderativa.*

leggings (*ing; pronunc corriente,* /légins/) *m* Pantalón largo femenino que se ciñe completamente a la pierna.

leghorn *adj* [Raza de gallinas] originaria de Livorno o Liorna (Italia) y caracterizada por tener la piel amarilla, poner huevos muy blancos y producir pollos de primera calidad.

legía → LEJÍA[2].

legibilidad *f* Cualidad de legible.

legible *adj* Que puede leerse.

legiferante *adj* (*raro*) Legislativo.

legífero -ra *adj* (*raro*) Que establece leyes.

legión (*en aceps 2 y 3, normalmente con mayúscula*) *f* **1** (*hist*) Unidad táctica fundamental del ejército romano, formada por unos 6.000 hombres. ■ **2 ~ Extranjera.** Cuerpo militar constituido por voluntarios, incluso extranjeros, que no forma parte del ejército regular y que originariamente estaba destinado a operar en colonias europeas en África. *Frec se omite el adj por consabido.* ■ **3 ~ de Honor.** Orden honorífica francesa con que se premia al mérito civil o militar. ■ **4** Muchedumbre. *Frec sin art.*

legionario -ria *adj* **1** De (la) legión [2]. *Tb n, referido a pers.* **b)** De(l) legionario o de (los) legionarios. **c)** [Enfermedad] **del ~** → ENFERMEDAD. ■ **2** (*hist*) De una legión [1] romana, o de las legiones romanas. *Tb n, referido a pers.*

legionella (*lat; pronunc corriente,* /lexionéla/) *f* (*Med*) Bacilo aerobio que produce en el hombre procesos respiratorios graves (gén. *Legionella*). *Tb la enfermedad causada por él.*

legionense *adj* (*lit*) Leonés. *Tb n.*

legislación *f* 1 Acción de legislar. ■ 2 Conjunto de las leyes. ■ 3 Ciencia de las leyes.

legislador -ra *adj* 1 Que legisla. *Tb n, referido a pers.* ■ 2 De (la) legislación [1].

legislante *adj* (*raro*) Legislador.

legislar A *intr* 1 Hacer leyes.
B *tr* 2 Hacer leyes [sobre algo (*cd*)].

legislativamente *adv* De manera legislativa.

legislativo -va *adj* De (la) legislación [1 y 2].

legislatura *f* 1 Tiempo durante el cual funcionan los cuerpos legislativos. ■ 2 Cámara o cuerpo legislativo.

legista *m y f* Especialista en leyes.

legítima → LEGÍTIMO.

legitimación *f* Acción de legitimar.

legitimador -ra *adj* Que legitima.

legítimamente *adv* De manera legítima.

legitimante *adj* Que legitima.

legitimar *tr* 1 Hacer legítimo [a alguien o algo]. ■ 2 Probar o justificar que [algo (*cd*)] es legítimo [3]. ■ 3 Dar [a alguien] capacidad legal [para algo]. *Tb fig. Normalmente en part.*

legitimario -ria *adj* (*Der*) 1 De la legítima (→ LEGÍTIMO [4]). ■ 2 Que tiene derecho a la legítima (→ LEGÍTIMO [4]). *Tb n.*

legitimidad *f* Cualidad de legítimo.

legitimismo *m* (*Pol*) Movimiento legitimista.

legitimista *adj* (*Pol*) Partidario de un soberano o de una dinastía a los que considera como únicos aspirantes legítimos al trono. *Tb n, referido a pers.* **b)** Propio de(l) legitimista o de (los) legitimistas.

legítimo -ma I *adj* 1 Conforme a la ley o basado en ella. **b)** [Hijo o descendiente] de matrimonio legítimo. ■ 2 Lícito (no prohibido por la ley o la moral). ■ 3 Auténtico o no falsificado.
II *n* A *f* 4 (*Der*) Parte de una herencia asignada por ley [a un heredero (*compl de posesión*)], y de la cual no puede disponer el testador.
B *m y f* 5 (*col*) Cónyuge legitimo [1] [de una pers.].

lego -ga I *adj* 1 [Pers.] ignorante o que tiene pocos conocimientos [de una materia (*compl* EN)]. *Tb n. A veces se omite el compl por consabido.* ■ 2 (*Rel crist*) Que, siendo cristiano, no pertenece al clero o a una orden religiosa. *Frec n, referido a pers.* ■ 3 (*Rel catól*) *En un convento:* [Miembro de la comunidad] no ordenado o no profeso que se ocupa de las faenas domésticas. *Frec n. Tb* HERMANO ~.
II *m y f* 4 (*Der*) Miembro no letrado de un jurado de escabinos.

legón *m* (*reg*) Azadón.

legona *f* (*reg*) Azada.

legrado *m* (*Med*) Raspado (de matriz).

legua I *f* 1 Medida antigua de longitud, equivalente a 5.572,7 m. *Gralm en sent fig, en constrs como* A (CIEN, MIL) ~S, *con intención ponderativa.*
II *loc adj* 2 **de la ~.** (*hist*) [Cómico] que actúa en poblaciones pequeñas. *Tb, lit, referido a época moderna.*
III *loc adv* 3 **a la ~.** De manera muy clara o evidente. *Normalmente con los vs* NOTAR *o* VER.

legui *m* Pieza de cuero que cubre la pierna desde el tobillo a la rodilla, propia de algunos uniformes, esp. militares. *Normalmente en pl.*

leguleyo -ya (*desp*) I *m y f* 1 Especialista en leyes.
II *adj* 2 De(l) leguleyo [1].

legumbre *f* 1 (*Bot*) Fruto alargado, monocarpelar y dehiscente, con varias semillas. **b)** *En gral:* Fruto en vaina. *Tb su semilla.* ■ 2 (*raro*) Planta cultivada en huerta.

legumbrera *f* Recipiente para servir legumbres.

leguminoso -sa *adj* (*Bot*) [Planta] de fruto en legumbre [1a]. *Frec como n f en pl, designando este taxón botánico.*

lehendakari (*vasc; pronunc,* /lendakári/) *m* Lendakari.

leíble *adj* (*raro*) Legible.

leída *f* (*col*) Acto de leer.

leído -da *adj* 1 *part* → LEER. ■ 2 [Pers.] que tiene muchas lecturas [2b]. **b)** ~ **y escribido.** (*col, desp*) Culto, o que presume de serlo.

leishmaniasis (*pronunc corriente,* /leismaniásis/) *f* (*Med*) Leishmaniosis.

leishmaniosis (*pronunc corriente,* /leismaniósis/) *f* (*Med*) Infección causada por un protozoo del gén. *Leishmania.*

leísmo *m* (*Gram*) Uso del pronombre *le* como complemento directo masculino, en lugar de *lo*.

leísta *adj* (*Gram*) Que practica el leísmo. *Tb n, referido a pers.*

leitmotiv (*al; pronunc corriente,* /laitmotíf/ o /leitmotíf/; *tb, raro, con la grafía* **leit motiv**; *pl normal,* ~S o ~EN) *m* (*Mús*) Tema característico que se repite numerosas veces a lo largo de la obra. *Tb* (*lit*) *fuera del ámbito musical.*

leja[1] *adj* (*lit*) Lejana. *Solo en la constr* DE ~S TIERRAS.

leja[2] *f* (*reg*) Anaquel.

lejanamente *adv* De manera lejana.

lejanía *f* 1 Cualidad de lejano. ■ 2 Parte del paisaje más lejana del observador. **b)** Paraje lejano.

lejano -na *adj* Que está lejos [1 y 2]. *Tb fig.* **b)** [Pariente] que no lo es en primer o segundo grado.

lejía[1] *f* Disolución de sales alcalinas o neutras en agua, que se emplea en limpieza, esp. para blanquear ropa.

lejía[2] (*tb con la grafía* **legía**) *m* (*jerg*) Legionario.

lejío *m* (*reg*) Ejido.

lejonés -sa *adj* De Lejona (Vizcaya). *Tb n, referido a pers.*

lejos I *adv* (*con sent normalmente relativo. Cuando se expresa el término de referencia, este se enuncia precedido de la prep* DE) 1 A gran distancia. *Tb fig.* * Vive lejos del centro. * Ella aún iba más lejos en sus suposiciones. **b)** *Tb referido a tiempo.* * Las vacaciones quedan lejos. **c)** *Precedido de prep, se sustantiva.* * Dijo adiós desde lejos. ■ 2 A cierta distancia. * Si quieres salir en la foto tienes que ponerte un poco más lejos. **b)** *Precedido de prep, se sustantiva.* * La he visto alguna vez en la calle, de lejos. ■ 3 **a lo ~.** En (o a) la parte más distante. *Sin compl* DE. ■ 4 **ni de ~.** Ni remotamente o ni por asomo. ■ 5 **sin ir más ~** → IR.

II *loc prep* **6 ~ de.** En lugar de o al contrario de. *Gralm seguido de infin o de un pron neutro.* **III** *m* **7** *En pl:* Efecto de lejanía de una parte de lo representado en una pintura o fotografía. **IV** *fórm or* **8 ~ de mí,** o **de nosotros** (*o* **de mi,** *o* **de nuestra, intención**) + *sust o expr sust. Fórmula que expresa renuncia decidida a un posible intento o proyecto.* * *Lejos de mí suponer eso.* * *Lejos de mí cualquier deseo de polémica.* ■ **9 nada más ~ de la verdad** (*o* **de mi pensamiento,** *etc*) **que** + *sust o expr sust. Fórmula con que se denota que lo expresado es completamente ajeno a la verdad* (*o al pensamiento, la voluntad, etc, de la pers*). *A veces se omite el término de la comparación por consabido.* * *Nada más lejos de la verdad que lo que acaban de decir.*

lek (*pl normal, ~s*) *m* Unidad monetaria de Albania.

lelo -la *adj* (*col*) Atontado o pasmado.

lema *m* **1** Frase que condensa un ideal de conducta o de acción. ■ **2** Eslogan. ■ **3** *En un concurso u oposición:* Palabra o frase que identifica la obra de un autor cuyo nombre permanece desconocido para el jurado hasta después del fallo. ■ **4** Leyenda [de un escudo o emblema]. ■ **5** (*Ling*) Palabra que encabeza un artículo de diccionario o de otra obra similar.

lemming (*ing; pronunc corriente,* /lémin/; *pl normal, ~s*) *m* Mamífero roedor, semejante a una rata grande, con cola corta y pelo denso, propio de la región boreal (*Lemmus lemmus*). *Tb designa otras especies del mismo gén o afines.*

lemnácea *adj* (*Bot*) [Planta] acuática de pequeño tamaño, de la familia de la lenteja de agua. *Frec como n f en pl, designando este taxón botánico.*

lemnio -nia *adj* De Lemnos (isla del mar Egeo). *Tb n, referido a pers.*

lemosín -na I *adj* **1** De la región francesa del Limousin. *Tb n, referido a pers.* **II** *m* **2** Dialecto occitano propio de la región francesa del Limousin.

lemosino -na *adj* (*raro*) Lemosín [1]. *Tb n.*

lempira *m* Unidad monetaria de Honduras.

lémur (*tb* **lemur**) *m* **1** Mamífero primate propio de Madagascar (*gén. Lemur*). *Frec en pl, designando este taxón zoológico.* ■ **2** (*hist*) *Entre los antiguos romanos:* Fantasma o espectro. *Tb* (*lit*) *fig.*

lemúrido -da *adj* (*Zool*) [Mamífero] de la familia que tiene por tipo al lémur. *Frec como n m en pl, designando este taxón zoológico.*

lena¹ *f* (*lit, raro*) Alcahueta.

lena² *f* (*lit, raro*) Aliento.

lencería *f* **1** Ropa de cama y mesa, o interior, esp. femenina. ■ **2** Establecimiento en que se confecciona o vende lencería [1].

lencero -ra *m y f* **1** Pers. que fabrica o vende lencería [1]. ■ **2** (*hist*) Comerciante de lienzos.

lendakari *m* Presidente del gobierno autonómico del País Vasco.

lendel *m* Huella en círculo que deja en el suelo la caballería que da vueltas a una noria.

lendrera *f* Peine rectangular de púas finas y espesas a ambos lados.

lene *adj* (*lit*) Leve o ligero.

leneas *f pl* (*hist*) Fiestas atenienses en honor de Baco, durante las cuales se celebraban los certámenes dramáticos. *Tb* FIESTAS ~.

lenense *adj* De Pola de Lena (Asturias). *Tb n, referido a pers.*

lengua I *n* **A** *f* **1** Órgano muscular situado en la cavidad de la boca y que sirve para gustar, para deglutir y, en el hombre, para articular sonidos del lenguaje. ■ **2** Lenguaje [1a] utilizado por una comunidad humana. **b) ~ franca, ~ materna, ~ viva, ~ muerta, ~ de oc, ~ de oïl** → FRANCO, MATERNO, VIVO, MUERTO, OC, OÏL. ■ **3** (*col*) Capacidad de hablar. *Normalmente con vs como* TENER. ■ **4** Manera de hablar o de expresarse. *Tb en sent moral. Normalmente con un adj o compl especificador:* DE VÍBORA, VIPERINA, ESTROPAJOSA, DE TRAPO, *etc* (→ VÍBORA, VIPERINO, ESTROPAJOSO, TRAPO, *etc*). **b) media ~.** Habla imperfecta. *Referido a niños.* ■ **5 ~ larga.** (*col*) Verbosidad, o tendencia a hablar mucho. **b)** Agresividad verbal. ■ **6 malas ~s.** (*col*) Gente murmuradora y maldiciente. *A veces con intención humoríst, designando la gente en gral.* **b) mala ~.** Maledicencia, o propensión a la maledicencia. ■ **7** *En un glaciar:* Masa de hielo que avanza. ■ **8 ~ de(l) agua.** Masa de agua del mar o de un río, que penetra en la tierra. **b) ~ del agua.** Parte del agua del mar o de un río, que toca el borde u orilla. ■ **9 ~ de tierra.** Porción de tierra, alargada y estrecha, que entra en el mar o en un río. ■ **10 ~ de fuego.** Llama. ■ **11 ~ de gato.** Bizcocho pequeño, duro, de forma alargada y muy delgado. **b)** Dulce de chocolate de igual tamaño y forma que la lengua de gato. ■ **12** *Seguido de diversos adjs o compls, designa diferentes especies vegetales:* **~** CERVINA, CERVAL *o* DE CIERVO (*Phyllitis scolopendrium*), **~** DE BUEY (*Anchusa azurea, Echium vulgare, Rumex obtusifolius, Fistulina hepatica, etc*), **~** DE GATO (*Hydnum repandum*), **~** DE OVEJA (*Scorpiurus muricatus, S. sulcatus y S. vermicutatus*), **~** DE PÁJARO (*Polygonum aviculare*), **~** DE PERRO (*Cynoglossum officinale, C. pictum*), **~** DE SERPIENTE (*Ophioglossum vulgatum*), **~** DE VACA (*Anchusa azurea, Rumex crispus*), *etc.* ■ **13 ~ azul.** Enfermedad contagiosa del ganado ovino, producida por un virus y caracterizada por coloración azul de la lengua [1], ulceración en la boca y cojera. **B** *m y f* **14 ~ larga** → LENGUALARGA. ■ **15** (*hist*) Intérprete de lenguas [2] indígenas americanas. **II** *loc v* **16 andar en ~s.** (*col*) Ser objeto de comentarios y murmuraciones de la gente. ■ **17 darle a la ~.** (*col*) Hablar. ■ **18 darse la ~.** (*col*) Besarse [dos perss.] poniendo en contacto sus lenguas [1]. ■ **19 haberle comido** [a alguien] **la ~ el gato.** (*col*) Negarse [alguien] a hablar, o mantenerse en silencio. ■ **20 hacerse ~s** [de alguien o algo]. Alabar[lo] encarecidamente. ■ **21 irse de la ~.** (*col*) Decir [alguien] por imprudencia lo que debería o querría callar. ■ **22 írsele** [a uno] **la ~.** (*col*) Escapárse[le] por imprudencia palabras que no debería o querría decir. ■ **23 meterse** [alguien] **la ~ en el culo.** (*vulg*) Callarse. *Frec en constrs de sent imperativo.* ■ **24 morderse la ~.** (*col*) Abstenerse [alguien] de decir lo que quisiera. **b) no morderse la ~.** Decir sin miramientos lo que se piensa. ■ **25 mover la ~.** (*col*) Hablar. ■ **26 no entrar la ~ en el paladar.** (*reg*) Hablar mucho. ■ **27 no tener pelos en la ~** → PELO. ■ **28 parecer que** [una pers.] **ha comido ~.** (*col*) Estar [esa pers.] hablando mucho, o estar muy locuaz. ■ **29 sacar la ~** [a alguien]. Burlarse [de él] con el gesto de sacar la lengua [1] en su presencia. ■ **30 soltarle** [algo (*suj*)]

la ~ [a alguien]. (*col*) Incitar[le] a la locuacidad. **b) soltársele** [a una pers.] **la ~.** Ponerse [esa pers.] locuaz. ■ **31 tener** [algo] **en la punta de la ~ →** PUNTA. ■ **32 tirar** [a alguien] **de la ~.** (*col*) Hacer[le] hablar, esp. para decir algo que debería o querría callar.

    III *loc adv* **33 con la ~ fuera.** (*col*) Con mucha fatiga. *Gralm ponderando el apresuramiento o el agobio con que se hace algo.* * ¡Qué calor, llegamos con la lengua fuera! * Llevamos meses con la lengua fuera para terminar en el plazo previsto.

lenguado *m* Pez marino plano, de rostro redondeado, boca pequeña y ambos ojos en el lado derecho del cuerpo, que tiene unos 40 cm de largo, suele vivir sobre fondos arenosos y es comestible muy apreciado (*Solea solea*). *Tb designa otras especies similares.*

lenguadociano *m* Lengua de oc.

lenguaje *m* **1** Medio de comunicación humana que se basa en un sistema de signos constituidos por sonidos articulados. **b)** *En gral:* Sistema de signos. **c)** (*Informát*) Conjunto de símbolos, caracteres y reglas que permite la comunicación con un ordenador. ■ **2** Lenguaje [1a] utilizado por una comunidad humana. ■ **3** Manera de expresarse. **b)** (*lit*) Forma artística de expresión.

lengualarga (*tb con la grafía* **lengua larga**) *m y f* Pers. que habla demasiado, esp. la que por imprudencia revela lo que no debe. *Tb adj.*

lenguarada *f* Lengüetazo.

lenguaraz *adj* **1** [Pers.] deslenguada, o atrevida en el hablar. **b)** Propio de la pers. lenguaraz. ■ **2** (*reg*) [Pers.] chismosa, o que habla mucho criticando a otros.

lenguatero -ra *adj* (*reg*) Lenguaraz.

lenguatón -na *adj* (*reg*) Lenguaraz.

lenguaza *f* Se da este *n* a las plantas Anchusa azurea, A. italica, A. officinalis y Picris comosa.

lengüeta *f* Cuerpo o pieza pequeños, largos y estrechos, a manera de lengua [1]. **b)** *En algunas botas y zapatos:* Tira que protege la parte interior del cierre. **c)** (*Mús*) *En los instrumentos de viento:* Laminilla móvil que abre y cierra el paso del aire. **d)** *En algunos utensilios:* Hierro en forma de anzuelo. **e)** (*Zool*) Porción terminal del labio inferior de los insectos.

lengüetazo *m* Golpe dado con la lengua [1], esp. al lamer. *Tb fig.*

lengüetear *intr* Dar lengüetazos. *Tb fig.*

lengüilargo -ga *adj* (*col*) Lenguaraz.

lenidad *f* (*lit*) Blandura en la exigencia de las obligaciones o en el castigo de las faltas.

lenificar *tr* (*lit*) Suavizar o mitigar.

leningradense *adj* De Leningrado (Rusia). *Tb n, referido a pers.*

leninismo *m* Doctrina política y económica comunista de Lenin († 1924).

leninista *adj* Del leninismo. **b)** Partidario del leninismo. *Tb n.*

lenitivo -va *adj* Que sirve para suavizar o mitigar. *Frec n m, referido a medicamento. Frec fig.*

lenocinio. de ~. *loc adj* [Casa] de prostitución.

lenón *m* (*lit, raro*) Dueño de un prostíbulo.

lentamente *adv* De manera lenta.

lente A *f* (*tb, más raro, m en acep 1*) **1** Pieza de vidrio u otra sustancia diáfana, con caras cóncavas o convexas, que se emplea en instrumentos ópticos. **b) ~ de contacto →** CONTACTO. ■ **2** (*Min*) Yacimiento cuyo espesor, relativamente pequeño, va disminuyendo del centro hacia los extremos.

    B *m* **3** *En pl:* Juego de dos lentes [1a] para miopes o présbitas, con armadura sin patillas, para sujetarlos sobre la nariz. *Tb ~S DE PINZA.* **b)** (*pop*) Gafas.

lentecer (*conjug 11*) *tr* (*raro*) Aflojar o debilitar.

lenteja *f* **1** Planta leguminosa cuya semilla, pequeña, parda y en forma de disco, es comestible muy nutritiva (*Lens esculenta*). *Tb su fruto y esp su semilla.* ■ **2 ~ de agua**, o **acuática.** Planta acuática que flota en la superficie de charcas o estanques, con pequeñas hojas verdes y planas y flores muy pequeñas y raras (*Lemna minor*).

lentejal *m* Terreno sembrado de lentejas [1].

lentejil *m* (*reg*) Lantochil o helecho real (planta).

lentejuela *f* **1** Pequeño disco de metal u otra materia brillante, que se cose como adorno en algunas prendas de vestir. ■ **2** (*reg*) Grano de carbunco.

lenticela *f* (*Bot*) Vía de aireación en la corteza de los árboles, que presenta el aspecto de una pequeña mancha porosa.

léntico -ca *adj* (*Ecol*) [Agua] tranquila o inmóvil. **b)** De(l) agua tranquila o inmóvil.

lenticular **I** *adj* **1** [Forma] de lenteja o de lente. ■ **2** Que tiene forma lenticular [1]. **b)** (*Dep*) [Rueda] de bicicleta en que la llanta y el eje están unidos, además de los radios, por una estructura metálica continua sumamente ligera, destinada a aumentar el aerodinamismo.

    II *m* **3** (*Anat*) Huesecillo del oído medio, de forma lenticular [1].

lentificación *f* Acción de lentificar.

lentificador -ra *adj* Que lentifica.

lentificar *tr* Hacer más lento [un movimiento o un proceso].

lentilla *f* Lente de contacto.

lentisca *f* (*reg*) Labiérnago o lentisco (*Phillyrea angustifolia*). *Tb en la forma dim* LENTISQUILLA.

lentiscar *m* Terreno que abundan los lentiscos.

lentisco *m* Arbusto perenne y aromático, propio de la región mediterránea, de hojas coriáceas y lustrosas, flores pequeñas y rojas en racimos y fruto en drupa, que es primero roja y luego negra (*Pistacia lentiscus*). *A veces (reg) designa las especies Phillyrea latifolia, P. media y P. angustifolia.*

lentitud *f* Condición de lento.

lento -ta *adj* (*frec, col, en la forma desp* LENTORRO) **1** [Pers. o cosa] que emplea más tiempo del normal o esperable [en una acción (*compl* PARA o EN, *o ger*)]. *Frec se omite el compl por consabido.* **b)** [Pers. o cosa] que se mueve con poca velocidad. **c)** [Pers.] que tarda en reaccionar o en comprender. **d)** [Acción o proceso] que se produce con poca velocidad. **e)** [Fuego] que permite que la cocción sea lenta. **f)** [Cámara] **lenta →** CÁMARA.

lenzón *m* (*reg*) Tela grande de cáñamo formada por la unión de varias piezas y usada en la recogida de la aceituna y otras labores agrícolas.

lenzuelo *m* (*raro*) Pañito de lienzo.

leña I *f* **1** Madera cortada para quemar. **b)** Trozo de madera cortado para quemar. **c)** Rama o planta seca que solo sirve para hacer leña. ■ **2** (*col*) Golpes o palos. *Tb fig.* **b)** ~ **al mono.** Leña. *Frec fig. Normalmente con el v* DAR. *Tb, sin v, como fórmula exhortativa, a veces seguida de algún incremento humorístico* (QUE ES DE GOMA, *etc*). * Su único consejo contra los defraudadores: "Leña al mono, que es de goma". ■ **3** (*Taur*) Cornamenta.
    II *loc v* **4 echar ~ al fuego.** Contribuir a que aumente algo que se considera un mal. ■ **5 hacer ~ del árbol caído.** Ensañarse con alguien que ha caído en una situación deplorable o desventaja. ■ **6 llevar ~ al monte.** Proporcionar algo a quien lo tiene en abundancia.

leñador -ra I *m y f* **1** Pers. que se dedica a cortar leña [1a]. *Esp la que lo hace por oficio.*
    II *adj* (*lit*) **2** De(l) leñador [1] o de (los) leñadores.

leñar *intr* Hacer leña [1a].

leñazo *m* (*col*) Golpe, o agresión física, esp. con un palo. *Frec con el v* DAR *u otro equivalente.* **b)** Golpe, o colisión violenta. *Gralm con el v* DARSE.

leñe *interj* (*col*) euf por LECHE.

leñero -ra I *n* A *m y f* **1** Pers. que vende leña [1a].
    B *f* **2** Lugar o mueble destinado a guardar leña [1a].
    C *m* (*raro*) **3** Leñera [2].
    II *adj* **4** (*Fút*) [Jugador] que practica juego violento. *Tb n.*

leño *m* **1** Trozo de árbol, cortado para leña [1a]. ■ **2** (*Bot*) Conjunto de los vasos leñosos. ■ **3** (*col*) Pers. que duerme profundamente. *Frec en constrs como* SER UN ~, ESTAR COMO UN ~, *o* DORMIR COMO UN ~. ■ **4** (*col*) Pers. torpe o sin talento. ■ **5 ~ gentil.** Lauréola hembra (planta). ■ **6 ~ hediondo.** Hediondo, o altramuz hediondo (planta).

leñoso -sa *adj* **1** De consistencia de leña [1]. *Tb n f, referido a planta. Tb fig.* ■ **2** (*Bot*) [Vaso] de células endurecidas por la lignina y a través del cual circula la savia bruta. **b)** De (los) vasos leñosos.

leo (*frec escrito con inicial mayúscula*) *adj* [Pers.] nacida bajo el signo de Leo. *Tb n.*

león -na I *n* A *m* **1** Mamífero carnicero, de la familia de los félidos, de cuerpo robusto y ágil, pelaje amarillo rojizo y cabeza grande, adornada en el macho por una gran melena (*Panthera leo*). *Tb designa solamente el macho de esta especie.* **b)** *A veces fig, designando un hombre del que se pondera el valor, la energía o la impetuosidad. Seguido de un compl especificador, puede funcionar como sobrenombre.* * Costa, el León de Graus. **c) hormiga ~ → HORMIGA.** ■ **2 ~ marino.** *Se da este n a distintos otarios, esp al Otaria jubata.*
    B *f* **3** Hembra del león [1a y 2]. **b)** *A veces fig, designando una mujer de la que se pondera el valor, la energía o la impetuosidad. Seguido de un compl especificador, puede funcionar como sobrenombre.* * Es una leona trabajando. * La Leona de Castilla.
    II *loc adv* **4 como un ~** (*o* **una ~a**), *o* **como ~es.** (*col*) Intensamente.

leonado -da *adj* **1** [Color] amarillo rojizo propio del león [1a]. **b)** De color leonado. **c)** [Buitre] ~ → BUITRE. ■ **2** De melena amplia y rizada.

leonero -ra A *m y f* **1** (*raro*) Pers. que cuida leones.
    B *f* **2** Habitación, u otro espacio similar, en que impera el desorden. *Frec en constrs de sent comparativo.* **b)** Cuarto trastero.

leonés -sa I *adj* **1** De León (ciudad, provincia o reino). *Tb n, referido a pers.* ■ **2** (*Dep*) [Lucha] típica de la región leonesa [1], en que el objetivo es derribar al contrario sujetándole por el cinto. ■ **3** Propio del leonés [4 y 5].
    II *m* **4** (*hist*) Lengua del antiguo reino de León. ■ **5** Variedad del castellano hablada modernamente en la región leonesa [1].

leonesismo *m* **1** Palabra o rasgo idiomático propios del leonés [4 y 5] o procedentes de él. ■ **2** Carácter leonés [1 y 3]. **b)** Condición de leonés [1], o de amante o defensor de lo leonés.

leonesista *adj* Del leonesismo [2b]. **b)** Partidario o adepto del leonesismo. *Tb n.*

leonino¹ -na *adj* **1** De(l) león [1a]. **b)** (*Med*) [Facies] que recuerda la cara del león [1a], peculiar de algunas formas de lepra. **c)** (*raro*) [Lepra] caracterizada por la facies leonina. ■ **2** [Contrato o cláusula] que concede todas las ventajas a una de las partes.

leonino² *adj* (*TLit*) [Verso] que rima con el primer hemistiquio del siguiente.

leontina *f* Cadena para el reloj de bolsillo.

leontopodio *m* Edelweiss o pie de león (planta, *Leontopodium alpinum*).

leopardo *m* Mamífero carnicero, de la familia de los félidos, semejante a un gato de gran tamaño, con pelaje leonado con manchas negras redondeadas (*Panthera pardus*). *Tb su piel, muy apreciada en peletería.*

leotardo *m* Prenda de vestir femenina consistente en dos medias altas, gralm. gruesas, que se prolongan en forma de pantalón ajustado hasta la cintura. *Frec en pl con sent sg.*

lepanto *m* Gorra de marinero.

Lepe. saber más que ~, *o* **ser ~.** *loc v* (*col*) Tener gran perspicacia y astucia. *A veces incrementado:* ~, LEPIJO Y SU HIJO. *Con intención ponderativa.*

lepero -ra *adj* De Lepe (Huelva). *Tb n, referido a pers.*

lepidio *m* Planta herbácea vivaz cuyas hojas, anchas y aserradas, se usan en medicina contra el escorbuto y otras dolencias (*Lepidium latifolium*).

lepidodendron *m* (*Bot*) Árbol fósil del período carbonífero, de hojas lineales y puntiagudas (gén. *Lepidodendron*).

lepidolita *f* (*Mineral*) Mica blanca o rosada que constituye la mena principal del litio.

lepidóptero -ra *adj* (*Zool*) [Insecto] con cuatro alas membranosas cubiertas de escamas, boca chupadora y metamorfosis completa. *Frec como n m en pl, designando este taxón zoológico.*

lepiota *f* Hongo agaricáceo de sombrero escamoso o granuloso fácilmente separable del pie, el cual tiene anillo, con esporas blancas (gén. *Lepiota*). *Frec con un especificador.*

lepisma *m* Pececillo, o pececito, de plata (insecto).

lepórido *adj* (*Zool*) [Roedor] caracterizado por el hocico alargado con el labio superior blando y partido, orejas largas y móviles, patas posteriores más largas que las anteriores y cola corta. *Frec como n m en pl, designando este taxón zoológico.*

leporino -na *adj* **1** (*lit, raro*) De (la) liebre. ■ **2** [Labio] hendido como el de la liebre. *Solo referido al labio superior de una pers.*

lepra *f* **1** Enfermedad infecciosa caracterizada esp. por manchas, tubérculos, úlceras y falta de sensibilidad. *Tb* (*lit*) *fig, referido a un mal que corroe.* ■ **2** (*Bot*) Enfermedad de las plantas, esp. de los frutales, caracterizada por el aspecto escamoso de la corteza o la deformación de las hojas. ■ **3** Estado de deterioro, con manchas y aspecto carcomido, que presentan algunas cosas, esp. paredes.

leprocomio *m* (*Med o lit*) Leprosería.

leprógeno -na *adj* (*Med*) Que produce o puede ocasionar la lepra [1].

leprología *f* (*Med*) Estudio de la lepra [1].

leprológico -ca *adj* (*Med*) De (la) leprología.

leprólogo -ga *m y f* (*Med*) Especialista en leprología.

leproma *m* (*Med*) Tumor o tumefacción superficial en el enfermo leproso.

lepromatoso -sa *adj* (*Med*) Que presenta lepromas o se caracteriza por la presencia de ellos.

leprosario *m* (*raro*) Leprosería.

leprosería *f* Hospital de leprosos.

leproso -sa *adj* **1** Que padece lepra [1]. *Tb n, referido a pers.* ■ **2** [Cosa, esp. pared] carcomida o corroída, con manchas y aspecto gral. de deterioro.

leptocéfalo *m* (*Zool*) Larva de la anguila.

leptolítico -ca *adj* (*Prehist*) [Período] de la Edad de Piedra caracterizado por la ligereza de los útiles de sílex fabricados. *Tb n m.*

leptón[1] (*tb* **lepton**, *cuyo pl normal es* LEPTA) *m* **1** Moneda griega cuyo valor es la centésima parte de la dracma. ■ **2** (*hist*) Moneda griega de escaso valor, usada bajo el Imperio romano en algunas ciudades del Mediterráneo oriental.

leptón[2] *m* (*Fís*) Fermión de los más ligeros (electrón, neutrino, muón, o sus correspondientes antipartículas).

leptosomático -ca *adj* (*Psicol*) [Pers. o tipo de constitución] caracterizados por la delgadez del cuerpo. *Tb n, referido a pers.*

leptosomía *f* (*Psicol*) Tipo de constitución humana caracterizado por la delgadez del cuerpo.

leptospira *f* (*Med*) Bacteria de las espiroquetas que se encuentra en el agua dulce y en la de mar y que puede causar diversas enfermedades (*Leptospira interrogans*).

leptospirosis *f* (*Med*) Enfermedad causada por una leptospira.

lerdo -da *adj* [Pers.] lenta y torpe [para comprender o para realizar algo]. *Frec se omite el compl por consabido. Tb n.* **b)** Propio de las pers. lerda.

lerenda. menda ~ → MENDA.

lerendi. chipendi ~, **mendi** ~ → CHIPENDI, MENDI.

leria *f* (*reg*) Palabrería.

leridanismo *m* Condición de leridano, esp. amante de lo leridano.

leridano -na *adj* De Lérida. *Tb n, referido a pers.*

lermeño -ña *adj* De Lerma (Burgos). *Tb n, referido a pers.*

lerneo -a *adj* (*hist*) De la ciudad o de la laguna de Lerna (antigua Grecia).

lesbianismo *m* **1** Condición de lesbiana [1a]. ■ **2** Comportamiento lesbiano [1b].

lesbiano -na *adj* [Mujer] homosexual. *Frec n f.* **b)** De (la) mujer lesbiana.

lésbico -ca *adj* Lesbiano [1b].

lesbio -bia I *adj* **1** De la isla de Lesbos (Grecia). *Tb n, referido a pers.* ■ **2** Lésbico.
II *m* **3** (*hist*) Dialecto griego de la isla de Lesbos.

lesión *f* **1** Daño de los tejidos orgánicos causado por herida, golpe o enfermedad. ■ **2** (*Der*) Perjuicio.

lesional *adj* (*Med*) De (la) lesión [1].

lesionar *tr* Causar lesión [a alguien o algo (*cd*)]. **b)** *pr* (~**se**) Sufrir lesión [1].

lesividad *f* (*Der*) Carácter lesivo.

lesivo -va *adj* Que causa lesión, *esp* [2].

leso -sa *adj* Agraviado o dañado. *Precediendo al n. Gralm en la constr* DELITO, *o* CRIMEN, DE ~ + *n.* * Delito de lesa patria. **b) de lesa majestad** → MAJESTAD.

leste *m* (*Mar*) Este (punto cardinal o viento).

lestear *intr* (*Mar*) Tener o tomar [el viento] dirección este.

lestrigón -na *adj* (*Mitol clás*) De una tribu antropófaga habitante de Sicilia y Campania. *Tb n, referido a pers.*

letal *adj* (*lit*) [Cosa] capaz de ocasionar la muerte.

letalidad *f* (*raro*) Cualidad de letal.

letanía *f* **1** (*Rel crist*) Oración litúrgica consistente en una serie ordenada de invocaciones a la Virgen o a los Santos, a cada una de las cuales se contesta con una breve fórmula. *Tb en pl con sent sg. A veces con compl especificador:* ~ DE LA VIRGEN (*o* LAURETANA), ~ DE LOS SANTOS. *Sin compl, designa normalmente la de la Virgen.* **b)** (*Rel catól*) Procesión de rogativa que se hace los días 25 de abril y los tres anteriores a la Ascensión, en la que se rezan o cantan las letanías de los Santos. *Tb* ~S MAYORES *y* ~S MENORES, *respectivamente.* ■ **2** Retahíla, o enumeración larga.

letargia *f* (*raro*) Letargo.

letárgico -ca *adj* De(l) letargo. **b)** (*Med*) [Enfermedad] caracterizada por letargo [2]. **c)** (*lit*) Que produce letargo [2b]. *Con intención enfática.*

letargo *m* **1** Sueño profundo y prolongado en que se sumen algunos animales durante la época invernal, y durante el cual las funciones vitales quedan reducidas al mínimo. ■ **2** Estado patológico caracterizado por un sueño profundo y prolongado, propio de algunas enfermedades nerviosas, infecciosas o tóxicas. **b)** Sueño muy profundo. ■ **3** (*lit*) Inactividad total. **b)** Inmovilidad total [de un asunto].

letía *f* (*reg*) Fase de quietud relativa que sucede inmediatamente a una ola grande en un temporal.

letificación *f* (*lit*) Acción de letificar. *Tb su efecto.*

letificante *adj* (*lit*) Que letifica.

letificar *tr* (*lit*) Alegrar o animar.

letón -na I *adj* **1** De Letonia. *Tb n, referido a pers.*
II *m* **2** Lengua de Letonia.

letra I *f* **1** Signo gráfico de los que se usan para representar los fonemas del idioma. *A veces en sg, con sent colectivo.* **b)** (*Impr*) Tipo. *A veces en sg, con sent colectivo.* **c)** Escritura (forma de trazar las letras). ■ **2** Sonido o fonema. ■ **3** Parte literaria [de una obra musical]. ■ **4** Significado textual [de algo]. *Gralm referido a ley. Se opone a* ESPÍRITU. ■ **5** Ins-

trucción o cultura. *Gralm en pl con sent sg.* **b) primeras ~s.** Primera enseñanza. ■ **6** *En pl:* Literatura (obras, cultivo o estudio). *Frec en las constrs* HOMBRE DE ~S, GENTE DE ~S, EL MUNDO DE LAS ~S. *A veces* (*lit*) BELLAS ~S. **b)** Humanidades. ■ **7 unas** (o **dos,** o **cuatro**) **~s.** Escrito breve, esp. carta o esquela. *Gralm en la constr* ESCRIBIR, o PONER, UNAS ~S. ■ **8 ~ pequeña** (o **menuda**). Conjunto de condiciones o cláusulas secundarias en un acuerdo o contrato. *Tb fig.* ■ **9 ~ muerta.** Precepto que habitualmente no se cumple o no tiene efecto. ■ **10 ~ de cambio.** Documento comercial que un comprador entrega a un vendedor a cambio de una mercancía y por el cual se compromete a pagarle en determinada fecha la cantidad consignada en él. *Frec simplemente ~.*
II *loc adv* **11 a la ~.** Al pie de la letra (→ PIE). ■ **12 con todas las** (o **sus**) **~s.** Con toda exactitud y claridad. *Con vs como* DECIR. *Con intención ponderativa.* ■ **13 en ~s de molde.** En forma impresa. ■ **14 ~ por ~.** Sin omitir ningún detalle en una enumeración o relato.

letrado -da **I** *adj* **1** Culto o instruido. ■ **2** De(l) letrado [3].
II *m y f* **3** Abogado.

letraherido -da *adj* (*lit, reg*) Aficionado a las letras o a la lectura. *Tb n.*

letrería *f* (*Impr*) Conjunto de fuentes o familias de letras [1b].

letrero *m* Palabra o conjunto breve de palabras escritas en lugar visible, gralm. con el fin de dar una indicación.

letrilla *f* (*TLit*) Composición poética de varias estrofas de versos cortos, con estribillo, y gralm. burlesca o satírica.

letrina *f* En *determinados lugares públicos, esp cuarteles y campamentos:* Lugar en que se recogen los excrementos y las inmundicias. *Frec en pl. Tb fig.*

letrista *m y f* Autor de la letra [3] [de una canción], o de letras de canciones.

letrudo -da *adj* (*lit, raro*) Culto o instruido.

letuario *m* **1** (*reg*) Conjunto de trozos de calabaza o melón que se añaden al arrope. *Tb cada uno de esos trozos.* ■ **2** (*hist*) Cierto dulce a modo de mermelada.

leu *m* Unidad monetaria rumana.

leucemia *f* Enfermedad caracterizada por la proliferación maligna de leucocitos.

leucémico -ca *adj* **1** De (la) leucemia. ■ **2** Que padece leucemia. *Tb n, referido a pers.*

leucina *f* (*Quím*) Aminoácido presente en muchas proteínas y esencial en la dieta humana.

leucisco *m* Pez de agua dulce de la familia de la tenca, que habita en aguas frías y corrientes y también en aguas saladas junto a las desembocaduras de los ríos, con grandes escamas plateadas y poco estimado como alimento (*Leuciscus leuciscus*). *Tb* ~ COMÚN. **b) ~ cabezudo.** Pez semejante al leucisco común, frecuente en la mitad septentrional de España, que habita en ríos de corriente rápida y es muy apreciado en pesca deportiva (*Leuciscus cephalus*).

leucito *m* (*Bot*) Plasto (partícula de la célula vegetal).

leucocitario -ria *adj* (*Anat*) De (los) leucocitos.

leucocito *m* (*Anat*) Glóbulo blanco.

leucocitoide *adj* (*Anat*) Semejante a un leucocito.

leucocitosis *f* (*Med*) Aumento transitorio del número de leucocitos.

leucoencefalitis *f* (*Med*) Inflamación de la sustancia blanca del encéfalo.

leucoma *m* (*Med*) Opacidad blanca de la córnea.

leucopenia *f* (*Med*) Disminución anormal del número de leucocitos.

leucoplasia *f* (*Med*) Mancha blanquecina, plana y algo elevada que se presenta en las mucosas.

leucoplasto *m* (*Bot*) Plasto incoloro.

leucorrea *f* (*Med*) Flujo mucoso blanquecino segregado por el tracto genital femenino.

leucosis *f* (*Med*) Leucemia.

leucotomía *f* (*Med*) Operación quirúrgica consistente en seccionar los nervios que conectan los lóbulos frontales del cerebro con el resto del encéfalo.

leudante *adj* (*Quím*) Que hace fermentar. *Tb n m, referido a producto.*

lev *m* Unidad monetaria búlgara.

leva[1] **I** *f* **1** Acción de levar o reclutar. *Tb fig.* ■ **2** (*Mar*) Salida de una embarcación del puerto. ■ **3** (*Mec*) Pieza giratoria en cuyo contorno se apoya y desliza el extremo de una varilla, de modo que el movimiento de rotación uniforme de la primera se transforme en movimiento de vaivén de la segunda. ■ **4** (*col, raro*) Truco. ■ **5 ~ sobre el capital.** (*Econ*) Impuesto, gralm. no periódico, que recae sobre la cantidad total de capital poseído.
II *loc adj* **6** [Mar] **de ~** → MAR[1].

leva[2] *f* Lev (moneda).

levadizo -za *adj* Que puede ser levantado y bajado mediante mecanismos. *Gralm referido a puente.*

levadura *f* **1** Masa o sustancia capaz de hacer fermentar el cuerpo con que se la mezcla. *Tb fig.* ■ **2** (*Bot*) Se da este n a distintos hongos unicelulares productores de enzimas que provocan la fermentación. *Frec en pl, designando este taxón botánico.*

levalloisiense (*pronunc corriente,* /lebaluasiénse/) *adj* (*Prehist*) [Período o cultura] del Paleolítico medio que se caracteriza por una industria evolucionada de lascas. *Frec n m.*

levantada *f* (*raro*) Acción de levantar(se). **b)** (*Dep*) En *lucha canaria:* Lance que consiste en inclinarse hacia atrás y levantar al contrario asiéndole con las dos manos por los bordes del calzón para hacerle caer al suelo. **c)** En *las almadrabas:* Operación de halar la red a la superficie para sacar los atunes que están en ella.

levantado -da *adj* **1** *part* → LEVANTAR. ■ **2** [Cosa] más alta o elevada de lo normal o esperable. *Tb fig.*

levantador -ra *adj* Que levanta, esp [1]. *Tb n, referido a pers.*

levantamiento *m* Acción de levantar(se), *esp* [1, 7, 10, 13c, 16 y 29].

levantapesos *m y f* (*raro*) Deportista especializado en el levantamiento de pesos.

levantar **A** *tr* **1** Mover [a alguien o algo] hacia arriba, o poner[lo] en un lugar más alto. *Tb abs.* **b)** Dirigir hacia arriba [algo, esp. los ojos o la mirada].

c) ~ **la mano,** ~ **los hombros** → MANO, HOMBRO. **d)** *pr* (~**se**) Moverse [algo] hacia arriba, o dirigirse hacia arriba. ■ **2** Poner [algo o a alguien en un estado mejor o más elevado]. **b)** Dar impulso o vitalidad [a algo (*cd*)]. ■ **3** Subir la intensidad o volumen [de la voz (*cd*)]. *Tb fig.* **b)** ~ **el gallo,** ~ **la voz** → GALLO, VOZ. **c)** *pr* (~**se**) Subir de volumen [la voz (*suj*)]. ■ **4** (*Coc*) Subir [una clara de huevo] a punto de nieve. ■ **5** Volver boca arriba [algo]. **b)** Dar la primera vuelta [al rastrojo (*cd*)]. ■ **6** Poner [alguien o algo] en posición vertical. *Frec el cd es refl; en este caso y en forma imperat, se usa a veces* (*col*) *como abs.* * Vamos, levanta, que se siente esta señora. **b)** Hacer que [alguien que está acostado, o un enfermo (*cd*)], abandone la cama. **c)** *pr* (~**se**) Abandonar la cama [alguien que está acostado, o un enfermo]. ■ **7** Hacer que surja [algo que abulta o sobresale (*cd*)]. **b)** ~ **ampollas,** o **ronchas** → AMPOLLA, RONCHA. **c)** Hacer que surja [algo que se desprende (*cd*)]. **d)** Hacer que surja [una sensación o un sentimiento (*cd*)]. **e)** *pr* (~**se**) Surgir [algo que abulta o sobresale; algo que se desprende; una sensación, o un sentimiento]. ■ **8** Construir o edificar [algo]. *Tb fig.* ■ **9** Atribuir maliciosamente [algo falso a alguien]. ■ **10** Hacer o redactar [un acta]. **b)** Hacer o trazar [un plano o un mapa]. ■ **11** Incoar [un proceso]. ■ **12** Separar o desprender [una cosa] de otra a la que está pegada o adherida. **b)** *pr* (~**se**) Separarse [una cosa de otra a la que está pegada o adherida]. ■ **13** Recoger [una cosa] de donde está. **b)** Retirar o quitar [algo] de donde está. **c)** (*Der*) Reconocer [el juez y el médico forense u otro facultativo], en el mismo lugar del hecho, [el cadáver (*cd*) de alguien muerto en accidente o en circunstancias desconocidas] y ordenar su traslado al lugar en que ha de efectuarse la autopsia. **d)** Quitar [una cosa que está cubriendo otra]. **e)** Quitar las ropas [de la cama (*cd*)] para volver a hacerla. **f)** Quitar el pavimento [de una vía pública (*cd*)]. *Tb abs.* **g)** ~ **la mesa** → MESA. ■ **14** Desmontar [algo que está instalado en un sitio]. ■ **15** Hacer que [la caza (*cd*)] salga de donde está escondida. **b)** ~ **la liebre** → LIEBRE. ■ **16** Suspender o dejar sin efecto [algo, esp. un castigo o una prohibición]. ■ **17** Dar por terminada [una sesión]. ■ **18** Reclutar [tropas]. ■ **19** (*col*) Obtener o conseguir [algo material, esp. dinero]. *A veces con compl de interés.* **b)** Agenciarse la compañía [de una pers. (*cd*)] para obtener de ella una utilidad concreta. *A veces con compl de interés.* **c)** Robar. *Tb fig.* ■ **20** (*Naipes*) Hacer que [el contrario (*ci*)] eche [una carta (*cd*) alta superior a la ya echada].

B *intr* ➤ *normal* **21** Subir, o elevarse sobre el suelo. *Más frec pr* (~**se**). ■ **22** Elevarse o desvanecerse [la niebla]. *Tb pr* (~**se**). **b)** Despejarse o aclarar [el tiempo]. *A veces como impers.* ■ **23** Estar [algo] a más altura de la normal o debida. ■ **24** Alcanzar [la altura que se indica (*compl adv sin prep, que expresa medida*)]. ■ **25** Avanzar [el día] hacia el mediodía. ■ **26** Comenzar a agitarse [el mar]. *Tb pr* (~**se**).

➤ **b** *pr* (~**se**) **27** Sobresalir del suelo [una construcción o un relieve]. ■ **28** Comenzar a producirse [viento o frío]. ■ **29** Sublevarse. *Tb fig.* **b)** ~**se en armas.** Sublevarse emprendiendo la lucha armada. ■ **30** (*jerg*) Ponerse en erección [el pene]. ■ **31** (*raro*) Apoderarse [de algo (*compl* CON)] o alzarse [con ello].

levante[1] (*normalmente con mayúscula en acep 2*) *m* **1** Este (punto cardinal). *Gralm sin art.* ■ **2** Parte [de un territorio] que está hacia el este. *Referido* a España, designa esp las regiones valenciana y murciana. ■ **3** Viento que sopla de levante [1].

levante[2] *m* **1** (*raro*) Acción de levantar. ■ **2** Retirada, en el puerto, de las mercancías despachadas. *Tb el documento que la autoriza.*

levantino -na *adj* De(l) levante[1] [1 y 2]. *Tb n, referido a pers.*

levantisco -ca *adj* Propenso a sublevarse. *Tb fig. Tb n, referido a pers.*

levar **A** *tr* **1** (*Mar*) Desenganchar y levantar [el ancla o las anclas] para salir del fondeadero. *Frec en la constr* ~ ANCLAS. ■ **2** (*hist*) Reclutar [gente] para la guerra.
B *intr* **3** (*raro*) Crecer [la masa] por efecto de la fermentación.

leve *adj* **1** Ligero o de poco peso. *Tb fig.* ■ **2** De poca importancia o consideración. **b)** De poca trascendencia o profundidad. ■ **3** Poco intenso.

levedad *f* Cualidad de leve.

levemente *adv* De manera leve [2 y 3].

leviatán *m* (*raro*) Monstruo marino terrible y destructor, mencionado en la Biblia. **b)** (*Pol*) Se usa en constrs de sent comparativo aludiendo al Estado autoritario u opresor. * El Estado nació como forma de libertad, y hemos contemplado cómo puede convertirse en un nuevo leviatán.

levigar *tr* (*Fís*) Desleír en agua [una materia pulverulenta] para separar los granos más gruesos o densos, que caen al fondo del recipiente.

levirato *m* (*hist*) *En la ley mosaica:* Precepto que obliga al hermano del fallecido sin hijos a casarse con la viuda.

levirrostro *adj* (*Zool*) [Pájaro] de pico grande y débil. *Frec como n m en pl, designando este taxón zoológico.*

levita[1] **I** *f* **1** Prenda de vestir masculina de etiqueta, de cuerpo ajustado y faldones que llegan a cruzarse por delante, propia del s. XIX y actualmente de algunos uniformes. **b)** Chaqueta femenina cuya forma recuerda la de la levita masculina.
II *loc v* **2 tirar** [a alguien] **de la ~.** (*col*) Adular[le] interesadamente.

levita[2] *m* (*hist*) Miembro de la tribu israelita de Leví, la cual tenía a su cargo el servicio del templo.

levitación *f* Acción de levitar.

levitador -ra *adj* Que levita. *Tb n, referido a pers.*

levitante *adj* (*lit*) Que levita.

levitar **A** *intr* **1** Elevarse en el espacio [alguien o algo] sin intervención de agentes físicos conocidos. **b)** (*Fís*) Suspenderse en el aire, sin soporte material [objetos metálicos repelidos por un campo magnético].
B *tr* **2** Hacer que [alguien o algo (*cd*)] levite.

levítico -ca *adj* **1** (*hist*) De (los) levitas[2]. ■ **2** Clerical. *A veces aludiendo a hipocresía y puritanismo.*

levitín *m* Levita[1] corta que se usa como prenda de uniforme en la Marina de Guerra.

levitón *m* **1** (*hist*) Levita[1] grande y de paño grueso, usada como abrigo. ■ **2** (*desp*) Prenda de abrigo muy larga y holgada.

levógiro -ra *adj* **1** (*Fís*) Que desvía hacia la izquierda la luz polarizada. ■ **2** (*lit o E*) Que tiene preferencia hacia el lado izquierdo o se inclina hacia él.

levulosa *f* (*Quím*) Fructosa (azúcar de fruta).

lewisita (*pronunc corriente*, /lebisíta/) *f* (*Quím*) Líquido oleoso, entre cuyos componentes figuran el arsenio y el cloro, de acción vesicante y usado como arma química en las guerras.

lexema *m* (*Ling*) Unidad significativa o base léxica de la palabra.

lexemático -ca (*Ling*) I *adj* 1 De(l) lexema. ■ 2 De (los) contenidos léxicos. II *f* 3 Estudio de los contenidos léxicos.

lexía *f* (*Ling*) Unidad léxica, esp. la constituida por más de una palabra.

lexical *adj* (*Ling*) De(l) léxico [2].

lexicalización *f* (*Ling*) Hecho de lexicalizar(se).

lexicalizar *tr* (*Ling*) Hacer que [una metáfora o una combinación sintáctica libres (*cd*)] entren en el sistema léxico de la lengua. **b)** *pr* (~se) Entrar [una metáfora o una combinación sintáctica libres] en el sistema léxico de la lengua.

léxicamente *adv* (*lit*) En el aspecto léxico.

léxico -ca I *adj* 1 De(l) léxico [2]. II *m* 2 Conjunto de las palabras [de un idioma]. **b)** Conjunto de las palabras propias [de una región, de una actividad, de un grupo humano, de una obra o de una pers. determinados]. ■ 3 (*lit*) Diccionario.

lexicografía *f* 1 Técnica de la redacción de diccionarios y vocabularios. *Tb la actividad correspondiente.* ■ 2 Estudio de los diccionarios y de su técnica. ■ 3 Conjunto de los diccionarios y vocabularios. *Gralm con un compl especificador.*

lexicográficamente *adv* En el aspecto lexicográfico.

lexicográfico -ca *adj* 1 De (la) lexicografía. ■ 2 (*semiculto*) Léxico [1].

lexicógrafo -fa *m y f* Pers. que se dedica a la lexicografía [1 y 2].

lexicología *f* (*Ling*) Estudio de las unidades léxicas en sus relaciones sistemáticas mutuas.

lexicológicamente *adv* (*Ling*) En el aspecto lexicológico.

lexicológico -ca *adj* (*Ling*) De (la) lexicología.

lexicólogo -ga *m y f* (*Ling*) Especialista en lexicología.

lexicón *m* (*lit*) Léxico [3].

ley[1] I *f* 1 Regla obligatoria de nivel superior y carácter general, establecida por la autoridad competente. **b)** Conjunto de las leyes. **c)** Conjunto de preceptos [de una religión]. *Tb la misma religión.* **d)** *En pl:* Derecho (carrera). *Normalmente sin art.* **e)** *En los códigos antiguos:* División de las que constituyen un título. ■ 2 Regla establecida [para algo (*compl de posesión*)]. *Frec en sg con sent colectivo.* **b)** Norma de conducta que rige [en el medio (*compl de posesión*) en que se vive o en el que se desarrolla una actividad]. **c)** ~ de la selva. Norma de conducta basada exclusivamente en la conveniencia personal, sin respeto a los derechos ajenos. **d)** ~ del embudo. (*col*) Norma de conducta muy tolerante para uno mismo pero estricta para los demás. *Normalmente en la constr* SER [algo] LA ~ DEL EMBUDO. ■ 3 Regla invariable que rige [un fenómeno natural (*compl de posesión*)]. *Tb la fórmula que la expresa.* **b)** ~ de vida. Regla invariable de la vida humana.

Gralm en la fórmula ES ~ DE VIDA, *usada como comentario de determinados sucesos, esp la muerte o la separación de una pers.* ■ 4 ~ de fugas. Forma irregular de ejecución de un preso, atribuida a las fuerzas de orden público, consistente en disparar contra él cuando supuesta o realmente intenta fugarse. ■ 5 ~ del silencio. Actitud colectiva, motivada por compromiso contraído o por miedo a represalias, de negarse a informar a la policía acerca de un delito o de un delincuente. *Tb fig.* ■ 6 ~ del Talión. Principio según el cual el culpable debe ser castigado con un daño igual al que ha causado. ■ 7 ~ seca. Prohibición oficial del tráfico y consumo de bebidas alcohólicas. II *loc adj* 8 de ~. Establecido por la ley [1 y 2], o acorde con ella. **b)** Normal o lógico. *Gralm en la constr* SER DE ~. III *loc adv* 9 a ~. (*raro*) De manera justa, o con sujeción a lo que es justo. ■ 10 con todas las de la ~. (*col*) Con todos los detalles o requisitos necesarios. *Tb adj.*

ley[2] I *f* 1 Proporción de metal fino [de una aleación de oro o plata, o de un objeto hecho con ella]. **b)** Proporción de metal [de una mena]. ■ 2 Calidad. *Gralm en la constr* DE (BUENA) ~, *o, más raro,* DE MALA ~, *referida a pers y ponderando su calidad moral.* II *loc adj* 3 de ~. [Oro o plata] que posee la ley [1a] mínima exigida.

ley[3] *f* (*col*) Cariño o afecto. *Gralm con los vs* TENER o COGER.

leyenda *f* 1 Relato popular tradicional de carácter más o menos fabuloso. **b)** Relato [sobre alguien o algo real o histórico (*compl de posesión*)] deformado por la imaginación y la parcialidad. **c)** ~ negra. Relato o conjunto de relatos [sobre alguien o algo real o histórico (*compl de posesión*)] deformados negativamente por la imaginación o la parcialidad. *Esp referido a España.* ■ 2 Inscripción (escrito grabado en piedra o metal). **b)** Texto explicativo que acompaña a algo, esp. a una imagen. **c)** *En gral:* Rótulo o letrero. ■ 3 (*raro*) Lectura (acción de leer).

leyente *adj* (*raro*) Lector (que lee). *Tb n.*

lezna *f* Instrumento consistente en un hierro de punta fina inserto en un mango de madera, que es empleado, esp. por los zapateros, para agujerear.

lezne *adj* (*lit, raro*) Que se deshace o disgrega fácilmente. *Tb fig.*

lía[1] *f* Soga de esparto tejida en forma de trenza.

lía[2] *f* Heces del vino. *Gralm en pl.*

liado *m* Acción de liar [2b].

liana *f* Se da este *n* a diversas plantas tropicales sarmentosas, cuyos tallos, largos y flexibles, se arrollan a otros vegetales hasta alcanzar la zona iluminada, donde se ramifican.

liante -ta (*tb f* LIANTE) *adj* (*col*) [Pers.] que lía [3, 4 y esp. 5]. *Tb n.*

liar (*conjug* 1c) A *tr* 1 Atar [algo con una cuerda o algo similar]. **b)** Atar o sujetar [una cuerda o algo similar alrededor de algo o alguien]. **c)** ~se la manta a la cabeza → MANTA. ■ 2 Envolver, o cubrir rodeando, [algo o a alguien]. **b)** Formar [un cigarrillo], envolviendo el tabaco en el papel de fumar. *Tb abs.* ■ 3 (*col*) Enredar o complicar [algo]. **b)** *pr* (~se) (*col*) Enredarse o complicarse [algo]. ■ 4 (*col*) Confundir o embarullar [a alguien]. **b)** *pr* (~se) Confundirse o embarullarse [alguien]. ■ 5 (*col*) Enredar o comprometer [a alguien], esp. mediante engaño. *Tb abs.* ■ **6** (*col*) Causar u organizar [un lío o jaleo]. *Tb abs.* **b)** *pr* (**~se**) Producirse u organizarse [un lío o jaleo]. ■ **7 ~la.** (*col*) Organizar un conflicto o una pelea [con alguien (*compl* CON *o ci*)]. **b)** Meterse en una situación comprometida o apurada. **c)** Organizar una juerga. ■ **8 ~las.** (*col*) Morir.

B *intr pr* (**~se**) (*col*) **9** Ponerse [a hacer algo (*infin o n de acción*)] con vehemencia. **b)** *Sin compl* A: Liarse a golpes [con alguien] o pelearse [con él]. *Tb sin compl* CON, *con suj pl.* ■ **10** Ocuparse intensamente [en algo (*compl* CON, A *o ger*)]. *Frec en part.* ■ **11** Amancebarse. *Frec en part.* ■ **12** (*desp*) Unirse o asociarse.

liara *f* (*reg*) Aliara (vaso de asta de vaca).

lías *m* (*Geol*) Período que sigue inmediatamente al triásico.

liba *f* (*reg*) Pez marino comestible de la familia del bacalao (*Gadus merlangus*).

libación *f* **1** Acción de libar. ■ **2** (*hist*) Ceremonia religiosa pagana consistente en derramar vino, aceite o miel sobre el altar o sobre la víctima sacrificada.

libamiento *m* (*raro*) Libación.

libán *m* (*raro*) Cuerda de esparto.

libanés -sa *adj* Del Líbano. *Tb n, referido a pers.*

libanización *f* Acción de libanizar(se). *Tb su efecto.*

libanizar *tr* Transformar [un país] en permanente campo de batalla, esp. entre facciones enemigas. **b)** *pr* (**~se**) Transformarse [un país] en permanente campo de batalla.

libar *tr* **1** Chupar [un insecto el néctar, u otra sustancia azucarada, de las flores]. *Tb abs.* ■ **2** (*lit*) Beber o gustar [un líquido]. *Tb abs.* **b)** *Esp:* Beber [vino]. *Frec abs.*

libatorio -ria *adj* (*lit, raro*) De (la) libación.

libelático -ca *adj* (*hist*) *En los primeros siglos de la Era cristiana:* [Cristiano] que obtiene certificado de apostasía para librarse de las persecuciones. *Tb n. Tb fig, referido a época moderna.*

libelista *m y f* Autor de uno o varios libelos [1].

libelo *m* **1** Escrito en que se denigra o infama a alguien o algo. *Tb ~* INFAMATORIO. ■ **2** (*hist*) *En la antigua Roma:* Certificado de haber apostatado del cristianismo.

libélula *f* Insecto odonato con cuatro alas estrechas y transparentes, abdomen alargado y ojos compuestos de gran tamaño, frecuente a orillas del agua, donde viven sus larvas (gén. *Libellula*, esp. *L. depressa*). **b)** *En gral, se da este n a todos los insectos odonatos.*

líber *m* (*Bot*) Conjunto de los hacecillos o paquetes de vasos cribosos.

liberación *f* Acción de liberar(se).

liberacionista *adj* De (la) liberación o emancipación de la mujer.

liberado -da *adj* **1** *part →* LIBERAR. ■ **2** [Pers.] que rechaza los prejuicios de la sociedad burguesa. *Tb n.* **b)** Propio de la pers. liberada. ■ **3** (*Pol*) [Miembro de una organización política, sindical o terrorista] que trabaja exclusivamente para la organización y a expensas de esta. *Frec n.* ■ **4** (*Com*) [Acción] cuyo valor no se satisface en dinero, porque

está cubierto por cosas aportadas o servicios prestados a la sociedad.

liberador -ra *adj* Que libera. *Tb n, referido a pers.*

liberal *adj* **1** De(l) liberalismo [1]. **b)** Partidario del liberalismo [1]. *Tb n.* ■ **2** Tolerante o respetuoso con las ideas o actitudes de los demás. ■ **3** [Profesión] de carácter intelectual. *Tb referido a la pers que la practica.* **b)** [Artes] **~es** *→* ARTE. ■ **4** Desprendido y generoso. ■ **5** (*raro*) Rápido o ligero.

liberalesco *adj* (*desp*) Liberal [1].

liberalidad *f* **1** Cualidad de liberal [4]. ■ **2** (*Der*) Disposición de bienes a favor de una pers. sin ninguna prestación de esta.

liberalismo *m* **1** Doctrina política surgida en el s. XIX, que aspira a garantizar las libertades individuales en la sociedad. *Tb ~* POLÍTICO. **b)** Doctrina económica que preconiza la libre empresa. *Frec ~* ECONÓMICO. ■ **2** Condición de liberal [1 y 2].

liberalista *adj* Liberal [1]. *Tb n.*

liberalización *f* Acción de liberalizar(se).

liberalizador -ra *adj* **1** Que liberaliza. *Tb n, referido a pers.* ■ **2** De (la) liberalización.

liberalizante *adj* Que tiende a la liberalización.

liberalizar *tr* **1** Hacer liberal o más liberal [1 y 2] [a alguien o algo]. ■ **2** Hacer libre [algo prohibido o sometido a restricciones].

liberalmente *adv* De manera liberal [2 y 4].

liberalote -ta *adj* (*desp, hoy raro*) Liberal [1]. *Tb n, referido a pers.*

liberar *tr* **1** Hacer libre [a alguien sometido o preso]. ■ **2** Hacer que [alguien o algo (*cd*)] quede libre [de alguien o algo que lo tiene sujeto con obligaciones, prohibiciones o limitaciones]. *Frec se omite el 2º compl.* **b)** Hacer que [alguien (*cd*)] quede libre [de prejuicios]. *Gralm se omite el 2º compl. Frec el cd es refl.* ■ **3** Dejar suelto o libre [algo que está materialmente sujeto o retenido]. ■ **4** (*Quím y Fís*) Desprender.

liberatorio -ria *adj* **1** Que sirve para liberar, esp [2a]. **b)** [Prueba o examen] que sirve para liberar de una parte de la asignatura. ■ **2** (*Econ*) [Valor o fuerza] que legalmente se concede al papel moneda para que puedan pagarse con él deudas y obligaciones cuya cuantía está referida a la moneda acuñada.

liberiano¹ -na *adj* De Liberia. *Tb n, referido a pers.*

liberiano² -na *adj* (*Bot*) [Vaso] a través del cual circula la savia elaborada. **b)** De (los) vasos liberianos.

liberna *f* (*reg*) Rubio (pez).

líbero -ra *adj* (*Fút*) [Jugador] que actúa como refuerzo de la defensa, evoluciona por el centro del campo y no tiene misión de marcaje. *Normalmente como n m.*

liberoleñoso -sa (*tb con la grafía* **libero-leñoso**) *adj* (*Bot*) [Haz] de vasos liberianos y leñosos. **b)** *En pl:* [Vasos] liberianos y leñosos.

libérrimamente *→* LIBREMENTE.

libérrimo *→* LIBRE.

libertad I *f* **1** Condición de libre [1 a 5 y 6b]. ■ **2** (*Pol*) Ausencia o supresión de toda restricción considerada ilegítima o inmoral. **b)** Poder que la ley re-

conoce a los individuos de actuar libremente [en determinado ámbito (*compl especificador*)]. *Tb en pl, sin compl, con sent genérico.* ■ **3** Confianza o familiaridad. **b)** *En pl:* Acciones que denotan confianza o familiaridad excesivas. *Frec en la constr* TOMARSE ~ES *y con un adj de cantidad.*
   II *loc v* **4 tomarse la ~.** Permitirse [hacer algo (DE + *infin*)] o atreverse [a ello (DE + *infin*)]. *Usado en 1ª pers, es fórmula cortés.* * Me he tomado la libertad de ojear tu biblioteca mientras venías.

libertador -ra *adj* Que liberta o da la libertad, esp. en el terreno político. *Tb n, referido a pers.*

libertar *tr* Liberar [1 y 3, raro 2].

libertario -ria *adj* (*Pol*) Partidario de la absoluta libertad política, sin gobierno ni leyes. *Esp referido a los anarquistas o ácratas. Frec n.* **b)** De los libertarios.

libertarismo *m* (*Pol*) Doctrina o tendencia libertaria.

liberticida *adj* Que anula o destruye la libertad. *Tb n, referido a pers.* **b)** De(l) liberticida.

libertinaje *m* **1** Libertad excesiva o abusiva. ■ **2** Comportamiento de libertino [1].

libertinismo *m* (*raro*) Tendencia al libertinaje [2].

libertino -na *adj* **1** [Pers.] que se entrega sin freno al placer sexual. *Tb n. Frec con intención ponderativa.* ■ **2** (*hist*) Librepensador. *Tb n.* ■ **3** Propio de la pers. libertina [1 y 2].

liberto -ta (*hist*) **I** *m y f* **1** Esclavo a quien se ha dado la libertad.
   II *adj* **2** De (los) libertos [1].

liberty (*ing; pronunc corriente, /líberti/ o /libérti/*) *m* (*Arte*) Modernismo, caracterizado por las líneas curvas y sinuosas y por la ornamentación de motivos vegetales. *Gralm en aposición.* **b)** *A veces se usa para designar el gusto de la época del estilo liberty. Gralm en aposición.*

líbico -ca I *adj* **1** De Libia. *Normalmente referido a cosa.* ■ **2** De(l) líbico [3].
   II *m* **3** (*hist*) Lengua camítica de la antigua Libia.

libidinal *adj* (*Psicol*) De la libido [1a].

libídine *f* (*lit*) Lujuria.

libidinosamente *adv* De manera libidinosa.

libidinosidad *f* (*lit, raro*) Lujuria.

libidinoso -sa *adj* (*lit*) Lujurioso. *A veces con intención ponderativa.* **b)** (*Psicol*) De la libido [1a].

libido (*tb, semiculto,* **líbido**) *f* (*Psicol*) Energía psíquica que es base de los impulsos vitales, esp. los sexuales. **b)** (*lit*) Impulso sexual.

libio -bia *adj* De Libia. *Tb n, referido a pers.*

libón *m* (*reg*) Charca o laguna.

libor (*tb* **líbor**) *m* (*Econ*) Tipo de interés en el mercado interbancario de Londres.

libra¹ I *f* **1** Unidad monetaria inglesa. *Tb ~* ESTERLINA. **b)** *Seguido frec de un adj especificador, designa unidades monetarias de otros países.* * Libra australiana. * Libra egipcia. **c)** (*hist*) Moneda de cuenta, de valor variable según los países, dividida en 20 sueldos o 240 dineros. **d)** (*jerg*) Cien pesetas. **e) las ~s.** (*jerg*) El dinero. ■ **2** Medida de peso equivalente a 453,592 g, usada en los países anglosajones. *Tb ~* INGLESA. **b)** (*raro*) Medida de peso, variable según las regiones, equivalente en Castilla a 460 g. **c)** Porción [de chocolate] de una libra de peso. **d)** ~ **troy.** Unidad de peso de metales preciosos, que equivale a 12 onzas troy o 373,242 g. ■ **3** (*raro*) Medida de capacidad correspondiente a la cantidad de un líquido que pesa una libra [2b]. ■ **4** (*raro*) Hoja [de tabaco] de calidad superior.
   II *loc v* **5 entrar** (*u otro v equivalente*) **pocos en ~.** (*col, raro*) Entrar pocos en docena.

libra² (*frec escrito con inicial mayúscula*) *adj* [Pers.] nacida bajo el signo de Libra. *Tb n.*

libración *f* (*Astron*) Oscilación o balanceo aparentes de la Luna.

libraco *m* (*desp*) Libro¹ [1].

librado -da *adj* **1** *part* → LIBRAR. ■ **2** (*Com*) [Pers.] contra la que se gira una letra de cambio. *Normalmente n.*

librador¹ -ra *adj* (*Com*) [Pers.] que libra una letra de cambio. *Normalmente n.*

librador² *m* (*raro*) Utensilio en forma de pala pequeña empleado esp. para poner en el peso mercancías secas.

libramiento *m* (*Com*) Acción de librar [2a]. *Tb el documento en que consta.*

libranza *f* Acción de librar [2a y 5].

librar A *tr* **1** Dejar libre [a una pers. o cosa (*cd*) de otra adversa o no deseada]. **b)** Quitar [a alguien o algo (*cd*) una cosa (*compl* DE) que le estorba o perjudica]. **c) Dios me libre, Dios te libre** → DIOS. **d)** *pr* (~**se**) Quedar libre [de alguien o algo adverso o no deseado]. ■ **2** (*Com*) Expedir [una letra de cambio o una orden de pago]. *Frec con un compl* CONTRA, *que designa la pers a cuyo cargo se expide.* **b)** (*Com*) Expedir o remitir [algo, esp. una mercancía]. **c)** (*raro*) Expedir [un escrito oficial, esp. una orden o decreto]. ■ **3** (*raro*) Entregar. ■ **4** Realizar o llevar a cabo [un combate o una batalla].
   B *intr* **5** Disfrutar [un empleado o un obrero] de su día o de su tiempo de descanso. *Normalmente con un compl de tiempo.* ■ **6** (*reg*) Parir. **b)** Echar la placenta. ■ **7** (*reg*) Librarse [1d]. ■ **8 salir bien** (*o* **mal**) **librado,** *o* ~ **bien** (*o* **mal**)**.** Salir con (o sin) éxito [de un trance o asunto]. *A veces se omite el compl por consabido.*

librario -ria *adj* (*Bibl*) De(l) libro¹ [1]. **b)** (*hist*) [Escritura o letra] caligráfica, capital y minúscula, utilizada en los códices.

librazo *m* Golpe dado con un libro¹ [1].

libre I *adj* (*superl,* LIBÉRRIMO) **1** Que puede actuar según su deseo, sin estar condicionado exterior o interiormente. **b)** Que tiene capacidad de decisión y elección. **c)** Que tiene la posibilidad o el derecho [de hacer algo]. **d)** Propio de la pers. libre. **e)** [País] donde se respetan los derechos de la pers. ■ **2** Que no está bajo el dominio o la autoridad de otro. **b)** Que no es esclavo. ■ **3** Que no está preso o detenido. **b)** Que puede moverse o desenvolverse físicamente sin obstáculos o impedimentos. **c)** [Manos] ~**s** → MANO. ■ **4** [Cosa] que no está exenta de condiciones o limitaciones. **b)** [Pers.] que no tiene compromiso o vínculo matrimonial u otro semejante. **c)** [Amor] que no implica ningún compromiso de carácter legal o moral. **d)** ~ [cambio], [estilo indirecto] → CAMBIO, INDIRECTO. ■ **5** Que contraviene las normas habituales de moral sexual o se desentiende de ellas. ■ **6** [Camino o paso] que no presenta obstáculos que impidan el tránsito. **b)** [Acceso] permitido. **c)** [Entrada] gratuita y para la que no hay que

cumplir ninguna formalidad. ■ **7** Disponible o que no está ocupado. **b)** [Tiempo] de que se dispone al margen del trabajo u ocupación habituales. **c)** [Bien] disponible sin limitación. *Se opone a* ESCASO. ■ **8** Que no tiene [algo negativo (*compl* DE)]. **b)** Que ha sido eximido o dispensado [de algo, esp. un impuesto]. ■ **9** [Alumno] de matrícula no oficial. *Tb n.* **b)** (*hoy raro*) [Colegio] cuyos alumnos se examinan como libres en un centro oficial. ■ **10** [Traducción o versión] que, de manera consciente, no se ajusta exactamente al original. ■ **11** (*Fís*) [Caída] que experimenta un cuerpo sometido exclusivamente a la acción de la gravedad. *Tb fig, fuera del ámbito técn.* ■ **12** (*Quím*) No combinado. ■ **13** (*TLit*) [Verso] que no rima. **b)** [Verso] no sujeto a medida determinada. ■ **14** (*Ling*) [Morfema] que puede presentarse como palabra independiente. ■ **15** (*Fon*) [Sílaba] que termina en vocal. ■ **16** (*Dep*) *En natación:* [Competición] en que cada participante puede elegir su estilo. *Tb referido al mismo estilo.* ■ **17** (*Dep*) [Lucha] en que se permite utilizar las piernas y hacer presas en todo el cuerpo. ■ **18** (*Der*) [Absolución] que se hace declarando inocente al reo. *Gralm antepuesto al n.*
II *loc adv* **19 al aire ~ → AIRE.** ■ **20 por ~.** En calidad de alumno libre [9]. **b)** Por cuenta propia o sin someterse a normas ajenas. *Tb adj. Frec en la constr* IR POR ~.

librea *f* **1** Uniforme de lujo con levita y distintivos, propio de algunos subalternos y criados. ■ **2** (*Zool*) Aspecto característico de las plumas, el pelo o la piel.

librecambio *m* (*Econ*) Libre cambio (→ CAMBIO).

librecambismo *m* (*Econ*) Doctrina o sistema del libre cambio.

librecambista *adj* (*Econ*) De(l) libre cambio. **b)** Partidario del libre cambio. *Tb n.*

libremente (*superl*, LIBÉRRIMAMENTE) *adv* De manera libre.

librepensador -ra *adj* De(l) librepensamiento. **b)** Que profesa el librepensamiento. *Tb n.*

librepensamiento *m* Doctrina que en materia religiosa no reconoce dogmas ni otro criterio que el de la propia razón.

librería *f* **1** Tienda dedicada a la venta de libros[1] [1]. ■ **2** Oficio de librero [2]. ■ **3** Mueble con estantes para colocar libros[1] [1]. ■ **4** (*lit, raro*) Biblioteca (colección de libros[1]).

librero -ra I *adj* **1** De (los) libros[1] [1]. **II** *m y f* **2** Pers. que tiene una librería [1].

librescamente *adv* De manera libresca.

libresco -ca *adj* **1** De (los) libros[1] [1a y 2]. *A veces con intención desp.* ■ **2** Inspirado fundamentalmente por la lectura de libros[1] [1a y 2]. *A veces con intención desp.*

libreta[1] *f* **1** Cuaderno o libro pequeño para hacer anotaciones. ■ **2 ~ de ahorros.** Cartilla expedida por una caja de ahorros o un banco, en la cual se asientan las cantidades depositadas por el titular. *Tb, simplemente, ~.*

libreta[2] *f* Pan redondo de alrededor de medio kilo.

libretín *m* (*hoy raro*) Pequeño brasero en forma de caja y con enrejado en la tapa, que sirve para calentar los pies.

libretista *m y f* Autor de uno o más libretos.

libreto *m* Obra dramática escrita para ser puesta en música total o parcialmente.

librico *m* Pastelillo hecho con miel y hojuelas, típico de la región murciana.

librillo I *m* **1** Paquete de hojitas de papel de fumar. ■ **2** Pieza de las que componen una puerta o persiana de librillo [3].
II *loc adj* **3 de ~.** [Puerta o persiana] cuyas hojas se componen de dos o más piezas estrechas que se pliegan lateralmente.

librista *m y f* (*Dep*) Nadador de estilo libre [16].

librito *m* Librillo [1].

libro[1] **I** *m* **1** Objeto formado por un conjunto numeroso de hojas de papel u otro material semejante, de tamaño y calidad uniformes, unidas por uno de sus lados y que ordinariamente contienen un texto impreso. **b)** (*admin*) Impreso no periódico que tiene más de 48 páginas. **c)** *Seguido de un adj de color:* Colección de documentos oficiales o diplomáticos publicada por el gobierno de un país para someter a la opinión pública un tema determinado. *Frec con un compl* DE. **d)** (*Com*) Libro de los que el comerciante o empresario está obligado a mantener al día registrando los datos de su actividad. *Frec con el v* LLEVAR. **e) ~ (de) becerro, ~ de cabecera, ~ de coro, ~ de escolaridad, ~ de familia, ~ de misa, ~ de oro, ~ de reclamaciones, ~ de texto, ~ mayor,** *etc* → BECERRO, CABECERA, CORO, FAMILIA, *etc.* ■ **2** Texto escrito que constituye o está destinado a constituir el contenido de un libro [1]. **b) ~ de caballerías** (*o, semiculto, de caballería*). (*hist*) Novela, muy en boga en el s. XVI, que narra aventuras de caballeros andantes. ■ **3** Libreto. ■ **4** Parte de un texto legal, doctrinal o literario que constituye una de las grandes divisiones de este. ■ **5 ~ de las cuarenta hojas.** (*humoríst*) Baraja.
II *adj* **6** (*gralm invar*) [Mesa] cuyo tablero puede recogerse doblándose sobre un eje, a semejanza de la cubierta de un libro. *Tb referido a otros muebles o a partes de ellos.* ■ **7 de ~.** (*col*) Perfecto en su línea. *Tb adv.* **b)** Sumamente correcto. **c)** Elemental, o de pura lógica. **d)** Puramente formal o de pura apariencia. ■ **8** [Tenedor] **de ~s** → TENEDOR.
III *loc v* **9 colgar los ~s** → COLGAR. ■ **10 hablar como un ~.** (*col*) Decir cosas muy acertadas. ■ **11 meterse** [alguien] **en ~s de caballerías.** (*col*) Mezclarse en asuntos que no le incumben.

libro[2] *m* Tercera cavidad del estómago de un rumiante.

librofórum (*tb con las grafías* **libro-fórum** *y* **libro fórum**; *pl normal*, ~s) *m* Reunión de debate acerca de un libro[1] [1a y 2].

licantropía *f* **1** (*lit*) Transformación mágica de un hombre en lobo. ■ **2** (*Med*) Enfermedad mental consistente en creerse transformado en lobo.

licantrópico -ca *adj* (*lit y Med*) De (la) licantropía.

licántropo *m* (*lit y Med*) Hombre en quien se da la licantropía.

licaón *m* Mamífero cánido africano, parecido al lobo y con manchas blancas y negras irregularmente repartidas (*Lycaon pictus*).

liceísta I *m y f* **1** Socio de un liceo [1]. ■ **2** Espectador, esp. asiduo, del teatro del Liceo de Barcelona. **II** *adj* **3** Del teatro del Liceo de Barcelona.

licencia *f* **1** Autorización o permiso, esp. de carácter legal. *Tb el documento en que consta.* **b)** Autorización para explotar una patente. **c)** Autorización dada a un eclesiástico por su superior para ejercer su ministerio. *Más frec en pl.* **d)** *En un libro:* Permiso expreso de las autoridades, esp. eclesiásticas, para la publicación. ■ **2** Exención temporal de un servicio o un empleo. **b)** Exención del cumplimiento de un precepto. **c)** Cese definitivo en el servicio de un soldado. *Tb* ~ ABSOLUTA. ■ **3** *(TLit)* Uso lingüístico que, a pesar de ser anómalo, se consiente en poesía. *Gralm en las constrs* ~ MÉTRICA, *cuando afecta a la medida del verso, o* ~ POÉTICA, *cuando afecta a la forma de la palabra o de la frase. En esta última constr, tb fig, fuera del ámbito técn, con intención humoríst.* ■ **4** *(lit)* Falta de moralidad en las costumbres, esp. sexuales.

licenciado -da I *adj* **1** *part* → LICENCIAR. ■ **2** Licenciatario. *Tb n.*
    II *m y f* **3** Pers. que ha obtenido la licenciatura. *Frec con un compl especificador* EN. *A veces se emplea como tratamiento antepuesto al n y apellido, o solo al apellido, de la pers que posee una licenciatura, esp en farmacia o en leyes.*

licenciamiento *m* Acción de licenciar [1]. **b)** *(raro)* Despido [de un empleado u obrero].

licenciar *(conjug* 1a*)* A *tr* **1** Dar [a un soldado] la licencia [2c]. **b)** Hacer que [un militar *(cd)*] pase a la situación de retiro. **c)** *(col)* Retirar del uso [algo]. **d)** *(raro)* Dar licencia [2a] [a alguien *(cd)*].
    B *intr pr* (~se) **2** Recibir [un soldado] la licencia [2c]. **b)** Pasar [un militar] a la situación de retiro. ■ **3** Obtener la licenciatura.

licenciatario -ria *adj* [Empresa] que tiene licencia para utilizar una patente [de otra]. *Frec n.*

licenciatura *f* Grado universitario inmediatamente inferior al doctorado.

licenciosidad *f (raro)* Cualidad de licencioso.

licencioso -sa *adj* Que contraviene abiertamente las normas habituales de moral sexual.

liceo *m* **1** Asociación de carácter cultural y recreativo. *Tb su sede.* ■ **2** Centro oficial de segunda enseñanza. *Referido a algunos países extranjeros.* * Estudió en un liceo francés. **b)** *A veces forma parte del nombre de algunos centros españoles de enseñanza privada.* * Liceo San Carlos.

lichi *m* Árbol tropical chino, cultivado por su fruto comestible de pulpa blanca y jugosa que se consume seco o en conserva *(Litchi chinensis)*. *Tb el mismo fruto.*

licio -cia *(hist)* I *adj* **1** De la antigua Licia (país de Asia Menor). *Tb n, referido a pers.*
    II *m* **2** Lengua hablada en la antigua Licia.

licitación *f* **1** Acción de licitar. ■ **2** Subasta.

licitador -ra *adj* Que licita. *Frec n.* **b)** De(l) licitador.

lícitamente *adv* De manera lícita.

licitante *adj* Que licita. *Frec n.*

licitar *intr* Ofrecer precio en una subasta.

licitatorio -ria *adj* De (la) licitación.

lícito -ta *adj* Que no está prohibido por la ley o por la moral.

licitud *f* Cualidad de lícito.

licopeno *m* *(Bot)* Pigmento rojo que se encuentra en el tomate y otros frutos.

licopina *f (Bot)* Licopeno.

licopodiácea *adj (Bot)* [Planta] de la familia del licopodio. *Frec como n f en pl, designando este taxón botánico.*

licopodial *adj (Bot)* [Planta] de la clase de los licopodios. *Frec como n f en pl, designando este taxón botánico.*

licopodio *m* Planta herbácea de tallo rastrero y ramas erectas revestidas de pequeñas hojas a manera de escamas puntiagudas, cuyas esporas producen un polvo amarillo utilizado en farmacia y en pirotecnia (gén. *Lycopodium*). **b)** Polvo obtenido de las esporas de licopodio.

licor *m* **1** Bebida alcohólica no fermentada, compuesta de alcohol, agua, azúcar y zumos o esencias vegetales. ■ **2** *(Med o lit)* Cuerpo líquido.

licorería *f* **1** Fábrica o comercio de licores [1]. ■ **2** Industria del licor [1]. ■ **3** Licores [1], o conjunto de licores.

licorero -ra I *adj* **1** De(l) licor [1].
    II *n* A *m y f* **2** Pers. que fabrica licor [1].
    B *f* **3** Botella artística para licor [1].

licorista *m y f* Pers. que hace licores [1].

licoroso -sa *adj* [Vino] aromático de alta graduación alcohólica.

licra → LYCRA.

lictor *m* *(hist)* En la Roma antigua: Miembro de la justicia, que precede con las fasces al cónsul o a otro magistrado.

licuable *adj* Que se puede licuar.

licuación *f* Acción de licuar(se).

licuador -ra I *adj* **1** Que licua. *Tb n m, referido a aparato.*
    II *f* **2** Aparato electrodoméstico para licuar frutas y otros alimentos.

licuante *adj* Que licua.

licuar *(conjug* 1b *o* 1d*)* A *tr* **1** Hacer líquida [una sustancia sólida o gaseosa].
    B *intr* **2** Convertirse en líquido [una sustancia sólida o gaseosa]. *Tb pr* (~se).

licuefacción *f* *(Fís)* Transformación en líquido [de un gas].

licuoso -sa *adj* *(lit, raro)* Acuoso.

licurcia *f (col, hoy raro)* Peseta.

licurgo -ga *m y f* *(lit)* Legislador. *Frec con intención humoríst.*

lid *(lit)* I *f* **1** Lucha o contienda. *Frec fig, y esp referido a las de carácter deportivo o dialéctico.* ■ **2** *En pl:* Actividad. *Con un compl o un adj especificador. Gralm referido a aquellas que implican competencia.* * Lides forenses. * Lides políticas.
    II *loc adv* **3 en buena ~.** En confrontación limpia y honrosa.

líder A *m y f* **1** Jefe o dirigente [de un partido u otra colectividad]. ■ **2** Pers. o entidad que va en cabeza entre las de su clase o grupo. *Referido a entidad, frec en aposición.* * Empresa líder.
    B *m* **3** *(Dep)* Equipo que va a la cabeza de la clasificación.

liderar *tr* Ser líder [de algo *(cd)*].

liderato *m* Condición de líder, *esp* [1].

liderazgo *m* Condición de líder.

lidia – ligero

lidia I *f* **1** Acción de lidiar [1]. **b)** Conjunto reglamentado de actos que se realizan con el toro mientras está en el ruedo. ■ **2** Fiesta de los toros.
II *loc adj* **3 de ~.** [Toro] destinado a ser lidiado [1].

lidiable *adj* Que se puede lidiar [1].

lidiador -ra *adj* Que lidia. *Frec n.*

lidiar (*conjug* **1a**) **A** *tr* **1** Torear [un toro]. *Tb* (*lit*) *fig. Tb abs.*
B *intr* **2** (*lit*) Luchar o pelear [con alguien o algo]. *Tb fig.*

lidio -dia (*hist*) I *adj* **1** De Lidia (antiguo país de Asia Menor). *Tb n, referido a pers.* ■ **2** (*Mús*) [Modo o escala] que entre los griegos comenzaba en la nota do.
II *m* **3** Lengua hablada en la antigua Lidia.

lidita *f* (*Mineral*) Jaspe negro usado en joyería como piedra de toque.

lido *m* (*lit, raro*) Playa.

liebanense *adj* Lebaniego. *Tb n.*

liebrastón *m* Lebrato grande.

liebre I *f* **1** Mamífero roedor parecido al conejo, de unos 70 cm de largo, orejas grandes, y muy veloz, que vive preferentemente en las llanuras y se caza como comestible apreciado (gén. *Lepus*). **b) ~ mecánica.** *En las carreras de galgos:* Figura en forma de liebre que por procedimientos mecánicos se mueve delante de los perros. ■ **2** (*Dep*) Atleta que en determinadas carreras de velocidad marca el ritmo en la primera parte de la prueba para favorecer a otro participante.
II *loc v* **3 coger** (*u otro v equivalente*) [alguien] **una ~.** (*col*) Caerse al suelo. ■ **4 levantar la ~.** (*col*) Ser el primero en dar publicidad a un asunto que se mantenía reservado.

liebrecilla *f* Aciano o azulejo (planta).

lied (*al; pronunc corriente,* /lid/; *pl normal,* LIEDER /líder/) *m* (*Mús*) Canción para piano y voz sola, característica del Romanticismo alemán, inspirada en un poema lírico que le sirve de letra.

liederista (*pronunc corriente,* /liderísta/) *m y f* (*Mús*) **1** Compositor de lieder. ■ **2** Cantante de lieder.

liederístico -ca (*pronunc corriente,* /liderístico/) *adj* (*Mús*) De(l) lied o de (los) lieder.

liendre *f* Huevo del piojo.

liento -ta *adj* (*lit*) Húmedo.

lienzo I *m* **1** Tejido fuerte de lino, cáñamo o algodón. **b)** Paño o pieza de lienzo. ■ **2** Tela especial para pintar sobre ella. **b)** Cuadro pintado sobre lienzo. ■ **3** Trozo seguido de pared. *Tb* ~ DE PARED. **b)** *En una fortificación:* Porción recta de muralla comprendida entre dos baluartes o cubos.
II *loc adj* **4** [Ídem] **de ~** → ÍDEM.

lifara *f* (*reg*) Alifara (comida entre amigos).

lifting (*ing; pronunc corriente,* /líftin/; *pl normal,* ~s) *m* Operación de cirugía plástica que tiene por objeto la eliminación de las arrugas de la cara y el cuello. *Tb fig, referido a cosa.*

liga *f* **1** Cinta elástica que sirve para sujetar a la pierna la media o el calcetín. **b)** Goma o cinta elástica. ■ **2** Sustancia viscosa que se emplea para cazar pájaros y que gralm. se obtiene por cocción de muérdago o acebo. **b)** Muérdago (planta). ■ **3** Unión o coalición de perss. o grupos para un fin co-

mún. *Gralm con un adj o compl especificador.* ■ **4** Mezcla (acción de mezclar). ■ **5** Competición deportiva por equipos en la que cada equipo participante ha de jugar con todos los demás.

ligación *f* (*raro*) Acción de ligar [2].

ligado¹ -da *adj* **1** *part* → LIGAR. ■ **2** (*Ling*) [Morfema] que no puede presentarse como palabra independiente.

ligado² *m* (*Mús*) Legato.

ligador -ra *adj* Que liga [1]. *Tb n, referido a pers.*

ligadura *f* **1** Acción de ligar [1 y 2]. *Tb su efecto.* ■ **2** Cosa que liga o sirve para ligar [1 y 2].

ligamen *m* (*lit*) Ligadura. *En sent no material.*

ligamentario -ria *adj* (*Med*) De(l) ligamento.

ligamento *m* **1** (*Anat*) Cordón fibroso que liga un hueso de una articulación, o mantiene en su posición un órgano. ■ **2** (*Tex*) Modo de entrelazarse los hilos de la urdimbre y de la trama. *Frec con un adj o compl especificador.*

ligamentoso -sa *adj* (*Anat*) De(l) ligamento [1].

ligante *adj* Que liga [2a]. *Tb n m, referido a producto.*

ligar **A** *tr* **1** Atar o sujetar con cuerdas u otro objeto semejante. **b)** Atar o sujetar [una pers. (*cd*) a otra o a una cosa (*compl* A *o* CON)] con lazos o trabas morales o legales. *Frec el cd es refl. Tb sin compl.* ■ **2** Unir o juntar. **b)** (*Coc*) Dar unidad y cohesión [a una salsa (*cd*)]. **c)** (*Dep, Taur*) Coordinar los movimientos de manera que se logre [un lance o jugada (*cd*)]. **d)** (*Naipes*) Reunir las cartas precisas [para una jugada (*cd*)]. *Frec abs.* **e)** (*Naipes*) Formar [una carta (*suj*)] con otras [una determinada combinación]. ■ **3** (*col*) Trabar [conversación]. **b)** Trabar conversación [con una pers. desconocida (*cd*)] con intención de iniciar una relación sexual. **c)** Conquistar sexualmente [a una pers.]. ■ **4** (*jerg*) Coger. *con compl refl de interés.* * Se ligó el primer coche que encontró. **b)** Adquirir u obtener. ■ **5 ~la.** *En juegos infantiles:* Quedarse.
B *intr* **6** Unirse o juntarse. **b)** (*Coc*) Tomar unidad y cohesión [una salsa]. ■ **7** Armonizar [una cosa con otra]. *Tb sin compl, con suj pl.* ■ **8** (*col*) Trabar conversación [con una pers. desconocida] con intención de iniciar una relación sexual. *Tb sin compl, frec con suj pl. Tb fig.* **b)** Iniciar una relación sexual [con una pers. desconocida]. *Tb sin compl. Tb fig.* ■ **9** (*reg*) Desprender la flor [una planta] y empezar a mostrar el fruto.

ligarza *f* (*reg*) Atado de papeles o cosas semejantes.

ligaterna *f* (*reg*) Lagartija.

ligazón I *f* **1** Acción de ligar [1 y 2]. *Tb su efecto.*
II *loc adj* **2 de ~.** (*Mar*) *En un buque:* [Pieza] de construcción, esp. de las del esqueleto y el costillaje.

ligeramente *adv* De manera ligera [2, 6, 7, 8a y 9].

ligereza *f* **1** Cualidad de ligero. ■ **2** Hecho o dicho irreflexivo.

ligero -ra I *adj* **1** Poco pesado. **b)** Que está, o da la impresión de estar, poco cargado. *Gralm con un compl especificador.* **c)** (*Dep, esp Boxeo*) [Peso] cuyo límite superior es de 61,2 kg. *Tb referido al deportista de ese peso; en este caso, frec como n m en pl.* ■ **2** Que se mueve o actúa con rapidez y soltura. **b)** [Paso] rápido. **c)** (*Mil*) [Paso] rápido que se realiza corriendo. **d)** (*Mil*) [Infantería] que actúa preferentemente en guerrillas, avanzadas y descubiertas. ■

3 Delgado o poco espeso. **b)** Poco denso o poco concentrado. *Tb fig.* ▪ **4** [Alimento] que se digiere pronto y con facilidad. ▪ **5** [Vino] de baja graduación alcohólica. ▪ **6** De poca importancia o trascendencia. ▪ **7** Poco intenso. ▪ **8** Poco serio o poco profundo. **b)** [Música] alegre y fácil de asimilar para la pers. no cultivada musicalmente. ▪ **9** Irreflexivo. ▪ **10** [Mujer] fácil o de costumbres libres en asuntos amorosos. *Tb* LIGERA DE CASCOS. ▪ **11** (*Mús*) [Voz o cantante] que se mueve con soltura en los registros agudos.
    II *adv* **12** Deprisa. ▪ **13 a la ligera.** De manera irreflexiva. **b)** De manera superficial o poco atenta.

light (*ing; pronunc corriente,* /lait/) I *adj invar* **1** [Bebida o alimento] preparados con una proporción reducida de algunos de sus componentes habituales (grasas, azúcar, alcohol, etc.) que podrían ser perjudiciales para la salud o el estado físico de los consumidores. **b)** [Cosa] arreglada de manera que sus características propias están atenuadas o desvirtuadas a fin de evitar el peligro o daño para determinadas personas. **c)** (*humoríst*) [Pers. o cosa] desprovista de gran parte de las características que debería tener.
    II *m* **2** Conjunto de alimentos y bebidas light [1a].

ligio *adj* (*hist*) [Feudo] en que el feudatario está ligado a su señor por una fidelidad absoluta.

lignario -ria *adj* (*lit o E*) De (la) madera.

lignificación *f* (*Bot*) Hecho de lignificarse.

lignificarse *intr pr* (*Bot*) Endurecerse [las membranas, células o tejidos vegetales] por efecto de la lignina.

lignina *f* (*Bot*) Sustancia orgánica de naturaleza compleja que impregna los tejidos vegetales y los convierte en madera.

lignito *m* Carbón fósil, compacto y de color negro o pardo, que frec. conserva la textura de la madera de que procede.

lignosa *f* (*Bot*) Conjunto de las plantas de naturaleza leñosa o arbórea.

lígnum *m* (*col*) Lignum crucis.

lignum crucis (*lat; pronunc corriente,* /lígnum-krúθis/) *m* Reliquia de la cruz de Jesucristo.

ligón -na *adj* (*col*) **1** [Pers.] que liga [8] mucho y con facilidad. *Frec n. Referido a mujer, gralm con intención peyorativa.* ▪ **2** [Cosa] que facilita el ligue [1].

ligroína *f* (*Quím*) Fracción del petróleo que destila entre 120 y 130 °C.

ligue *m* (*col*) **1** Acción de ligar [3 y 8]. ▪ **2** Relación sexual más o menos estable. ▪ **3** Pers. con la que se ha ligado [8], o con la que se tiene un ligue [2].

liguero -ra I *adj* **1** De (la) liga [5].
    II *m* **2** Prenda interior femenina consistente en una tira estrecha que se ajusta a las caderas y de la que penden cuatro bandas elásticas para sujetar las medias. *Tb cada una de estas bandas, que frec van unidas a la faja.*

liguilla *f* (*Dep*) Torneo semejante a la liga [5], que se juega entre un número reducido de equipos.

lígula *f* (*Bot*) Lengüeta membranosa de la parte superior de las hojas de las gramíneas.

ligur *adj* **1** De Liguria (región de Italia). *Tb n, referido a pers.* ▪ **2** (*hist*) [Individuo] del pueblo que hacia el s. VI a.C. se estableció en el sudeste de

Galia y noroeste de Italia. *Tb n.* ▪ **3** De los ligures [1 y 2]. ▪ **4** De la lengua de los ligures [2].

ligustre *m* (*raro*) Aligustre (planta).

ligustro *m* (*raro*) Aligustre (planta).

liillo *m* (*reg*) Cigarrillo hecho a mano.

lija *f* **1** Papel con polvo o granos de vidrio o esmeril adheridos, que sirve para pulir. *Tb* PAPEL DE ~. *Frec se emplea como término de comparación para ponderar la dureza o aspereza.* * Tiene una piel como papel de lija. **b)** *A veces se da este n a ciertos objetos ásperos que sirven para pulir.* * La piel de la pintarroja se usa como lija. ▪ **2** Pintarroja (pez).

lijado *m* Acción de lijar.

lijador -ra *adj* Que lija. *Tb n: m y f, referido a pers; f, referido a máquina.*

lijar *tr* Pulir [algo] con lija [1]. *Tb abs.*

lijoso -sa *adj* Áspero. *Tb fig.*

lila[1] I *f* **1** Arbusto ornamental de hojas ovales y flores pequeñas, perfumadas, de color morado claro característico, rosadas o blancas, en grandes racimos cónicos (*Syringa vulgaris*). *Frec su flor. Más frec en pl.*
    II *adj* **2** [Color] morado claro propio de las lilas [1]. *Tb n m.* **b)** De color lila.

lila[2] I *adj* **1** (*col*) Tonto o memo. *Tb n.*
    II *m* **2** (*jerg*) Hombre homosexual. *Tb adj.*

liliáceo -a *adj* (*Bot*) [Planta] herbácea o leñosa, con órganos de reserva subterráneos y flores gralm. vistosas, de la familia del ajo, la azucena o el tulipán. *Frec como n f en pl, designando este taxón botánico.*

lilial *adj* (*lit*) **1** Semejante al lirio por su blancura. *Tb fig, aludiendo a la pureza.* ▪ **2** (*hist, desp*) [Poeta] modernista.

liliputiense *adj* (*lit*) Enano o sumamente pequeño. *Tb n, referido a pers. Tb fig.*

lillero -ra *adj* De Lillo (Toledo). *Tb n, referido a pers.*

lilo *m* (*reg*) Lila[1] (arbusto).

lima[1] I *f* **1** Herramienta consistente en una barra o tira de acero con la superficie estriada o granulada, que sirve para desgastar y pulir superficies. **b)** Utensilio de metal o de papel de lija y de forma alargada, que sirve para desgastar las uñas o las durezas de la piel.
    II *loc* **2 ser** [alguien] **una ~,** o **comer como una ~.** (*col*) Ser voraz o comer mucho, esp. de manera habitual.

lima[2] *f* Acción de limar. *Tb fig.*

lima[3] *f* Árbol que produce un fruto semejante a la naranja, algo aplanado, de piel lisa y amarilla y jugo ácido (*Citrus limetta* y *C. medica*). *Frec su fruto y el aceite aromático que se extrae de su corteza.*

lima[4] *f* (*Constr*) Pieza convexa o cóncava que se coloca en el ángulo diedro que forman dos vertientes de una cubierta, para desviar hacia los lados el agua de lluvia o para canalizarla. *Tb el mismo ángulo.*

lima[5] *f* (*jerg*) Camisa.

limaco *m* Babosa (molusco).

limador -ra *adj* Que lima. *Tb n, m y f, referido a pers o a máquina.*

limadura *f* **1** Acción de limar. ▪ **2** Partícula desprendida de una materia al limarla. *Gralm en pl.*

limahoya *f* (*Constr*) Lima⁴ cóncava, que dirige el agua de lluvia por el ángulo que forma. *Tb la depresión similar del suelo.*

limar *tr* **1** Desgastar o pulir [algo] con la lima¹. *Tb abs.* ■ **2** (*lit*) Moderar o reducir. ■ **3** (*lit*) Pulir o perfeccionar [a alguien o algo].

limaza *f* Babosa (molusco).

limbar *adj* (*Bot*) De(l) limbo² [1].

límbico -ca *adj* (*Anat*) [Sistema] constituido por un grupo de estructuras del cerebro, entre ellas el hipotálamo y la hipófisis, que regula la vida emocional.

limbo¹ I *m* **1** (*Rel crist*) Lugar al que van las almas de los niños no bautizados. *Tb* ~ DE LOS NIÑOS. **b)** ~ **de los justos.** Lugar al que iban las almas de los justos antes de la Redención. ■ **2** (*lit*) Lugar apartado o aislado, ajeno al resto del mundo. *Tb en sent no físico.* **II** *loc adv* **3 en el** ~. (*col*) Fuera de la realidad o sin enterarse de lo que sucede. *Frec con los vs* ESTAR o VIVIR.

limbo² *m* **1** (*Bot*) Parte ensanchada de la hoja. ■ **2** (*Astron*) Borde exterior del disco [de un astro]. ■ **3** (*E*) Corona circular graduada que forma parte de un aparato.

limbo³ *m* Danza acrobática antillana que consiste en pasar, con el cuerpo doblado hacia atrás, por debajo de un palo horizontal cuya altura se va reduciendo a cada nueva pasada.

limburgués -sa *adj* **1** De la región de Limburgo (hoy provincias de los Países Bajos y Bélgica). *Tb n, referido a pers.* ■ **2** [Queso] blanco duro, de sabor y olor muy fuertes, propio de la región de Limburgo.

limense *adj* (*lit, raro*) Limeño. *Tb n.*

limeño -ña *adj* De Lima. *Tb n, referido a pers.*

limes *m* (*hist*) Límite o frontera del Imperio Romano, esp. al norte de Europa.

límico -ca *adj* De la comarca de Limia o del pueblo Ginzo de Limia (Orense). *Tb n, referido a pers.*

limícola *adj* (*Zool*) Que vive en el limo. *Frec como n f en pl, designando una familia de aves.*

limícolo *m* (*Zool*) Limícola (ave).

liminar *adj* (*lit*) **1** De(l) umbral o de (la) entrada. ■ **2** Preliminar. *Tb n m, designando capítulo.*

limitable *adj* Que se puede limitar [1].

limitación *f* **1** Acción de limitar(se) [1 y 4]. *Tb su efecto.* ■ **2** Carencia de una o varias cualidades intelectuales o morales. *Gralm en pl.*

limitadamente *adv* De manera limitada.

limitado -da *adj* **1** *part* → LIMITAR. ■ **2** Que tiene límites [1]. ■ **3** Escaso o reducido. ■ **4** [Pers.] poco inteligente. ■ **5** (*Com*) [Sociedad] de responsabilidad limitada (→ RESPONSABILIDAD).

limitador -ra *adj* Que limita [1]. *Tb n m, referido a aparato.*

limitante *adj* Limitador.

limitar **A** *tr* **1** Poner límites [1b] [a algo (*cd*)]. **b)** Reducir [algo o a alguien (*cd*) a ciertos límites [1b] (*compl* A)]. *Frec se omite el 2º compl.* ■ **2** Servir de límite [2] [a algo (*cd*)]. **B** *intr* ➤ **a** *normal* **3** Tener [un terreno o territorio (*suj*)] límites [2] comunes [con otro]. ➤ **b** *pr* (~**se**) **4** No pasar [de cierto límite [1b] (A + *sust, frec infin*)] al actuar, hablar o pensar.

b) Consistir [una cosa] exclusivamente [en algo (*compl* A)].

limitativamente *adv* De manera limitativa.

limitativo -va *adj* Limitador, o que sirve para limitar [1].

límite *m* **1** Punto en que acaba algo en el espacio o en el tiempo. **b)** Punto del cual no se puede o no se debe pasar. **c)** *Se emplea como aposición, frec invar, para expresar, con intención enfática, que lo designado en el n precedente se encuentra en un punto absolutamente imposible de rebasar.* ■ **2** Línea que separa dos cosas, esp. dos terrenos o territorios contiguos.

limítrofe *adj* **1** [Territorio] que tiene límites [2] comunes [con otro, respecto a él (*compl* DE o CON)]. ■ **2** Que está en el límite [2] de dos territorios.

limnología *f* (*Geol*) Ciencia que estudia los lagos en su aspecto físico o biológico.

limnológico -ca *adj* (*Geol*) De (la) limnología.

limnoplancton (*tb, raro, con la grafía* **limnoplankton**) *m* (*Biol*) Plancton de los lagos.

limo *m* Barro o lodo. **b)** *Esp:* Conjunto de partículas minerales muy finas que, arrastradas por las aguas, se depositan en el fondo y en las orillas de los ríos.

limolita *f* (*Mineral*) Roca que resulta de la consolidación de un limo.

limón¹ I *m* **1** Fruto del limonero, de forma ovoide con pezón saliente en la base, color amarillo claro y pulpa jugosa, ácida y muy aromática, dividida en gajos. **b)** Limonero [2]. ■ **2** (*jerg*) Pecho de mujer. *Normalmente en pl.* **II** *adj invar* **3** [Color] amarillo claro propio del limón [1]. *Frec* AMARILLO ~. *Tb n.* **b)** De color amarillo limón. ■ **4** [Hoja] **de** ~ → HOJA.

limón² *m* Vara [de un carro u otro vehículo similar].

limonada *f* **1** Bebida refrescante hecha con zumo de limón¹, agua y azúcar. **b)** (*Med*) Medicamento líquido con sabor a limón. ■ **2** Sangría (bebida).

limonar *m* Terreno poblado de limoneros [2].

limoncillo *m* **1** *Se da este n a varios árboles maderables, esp Fagara pterota y Chloroxylon swietenia.* ■ **2** Fruto del tamaño de una aceituna pequeña, de color amarillo y de sabor agridulce. *Tb el arbusto que lo produce.*

limonera *f* Vara de las dos que tiene un coche de caballos. *Tb el conjunto de las dos.*

limonero -ra I *adj* **1** De(l) limón¹ [1], o de limones. **b)** [Pera] de una variedad muy apreciada de color amarillento. **II** *m* **2** Árbol perenne, de tronco liso y copa abierta, con hojas ovales y coriáceas, cuyo fruto es el limón¹ [1] (*Citrus limon*).

limonio *m* Planta herbácea de hojas grandes y flores violáceas en espiguillas agrupadas en espigas, propia de las marismas (*Limonium vulgare*). *Tb* MARÍTIMO.

limonita *f* (*Mineral*) Mineral de óxido de hierro hidratado.

limosín -na *adj* (*raro*) Lemosín. *Tb n.*

limosna *f* **1** Cosa, esp. dinero, que se da por caridad. ■ **2** Acción de dar limosna [1].

limosnear *intr* Pedir limosna [1].

limosneo *m* Acción de limosnear.

limosnero -ra I *adj* **1** De (la) limosna [1]. ▪ **2** Que da limosnas [1]. ▪ **3** (*reg*) Que pide limosna [1]. *Tb n.*

II *n* **A** *m y f* **4** *En un convento:* Pers. encargada de recoger y repartir limosnas [1].

B *m* **5** (*hist*) *En un palacio:* Hombre encargado de repartir limosnas [1]. ▪ **6** (*hist*) Bolsa destinada a llevar dinero para limosnas.

C *f* **7** Bolsita para el dinero, que forma parte de los complementos del traje tradicional de niña para la primera comunión.

limoso -sa *adj* Que tiene limo.

limousine (*fr; pronunc corriente, /*limusín/) *f* Limusina.

limpia[1] *f* Acción de limpiar [2, 4 y 6].

limpia[2] *m y f* (*col*) Limpiabotas.

limpia[3] *f* (*col, hoy raro*) Vaso de vino o, más raro, de licor.

limpiabarros *m* Utensilio que se pone a la puerta de una casa para limpiarse [1] en él la suela del calzado antes de entrar.

limpiabotas *m y f* Pers. que tiene por oficio limpiar [1] calzado.

limpiachimeneas *m y f* (*raro*) Deshollinador.

limpiacristales **A** *m* **1** Líquido para limpiar [1] cristales.

B *m y f* **2** Pers. que tiene por oficio limpiar [1] cristales.

limpiado *m* (*raro*) Acción de limpiar [1 y 2].

limpiador -ra *adj* Que limpia [1 y 2]. *Tb n, m y f, referido a pers y a máquina o producto.*

limpiafondos *m* Aparato para limpiar [1] el fondo de la piscina.

limpiahogar *m* Producto líquido de limpieza doméstica general.

limpialuneta *m* Mecanismo similar al limpiaparabrisas [1], formado por una sola varilla, y que sirve para limpiar [1] la luneta del automóvil.

limpiamente *adv* De manera limpia (→ LIMPIO [2a y e y 5]).

limpiametales *m* Producto para limpiar [1] objetos de metal.

limpiaparabrisas **A** *m* **1** Mecanismo formado por una o dos varillas provistas de una lámina de caucho y que sirve para limpiar de lluvia o nieve el parabrisas. *Tb cada una de las varillas.*

B *m y f* **2** (*col*) Pers. cuyo trabajo consiste en limpiar [1] parabrisas.

limpiar (*conjug* 1a) *tr* **1** Quitar la suciedad [de alguien o algo (*cd*)]. **b)** Quitar [la suciedad o una mancha]. ▪ **2** Dejar [algo o a alguien (*cd*)] limpio [2a] [de algo]. *A veces se omite el 2º compl por consabido.* **b)** Despojar [a una cosa (*cd*)] de lo inútil que la acompaña. *Tb abs.* **c)** Quitar [a una planta (*cd*)] las ramas pequeñas que se dañan entre sí. ▪ **3** Enjugar o secar [algo que está mojado]. **b)** Enjugar o secar [algo que moja, esp. lágrimas o sudor]. ▪ **4** (*col*) Dejar [a alguien (*cd*)] sin dinero. *Gralm en el juego.* **b)** Dejar [a alguien (*ci*)] sin algo (*cd*)]. ▪ **5** (*col*) Hacer desaparecer [algo]. ▪ **6** (*col*) Robar [algo o en algún sitio (*cd*)]. ▪ **7** **límpiate, que estás de huevo.** (*col*) Desengáñate, o no te hagas ilusiones. *Tb (hoy raro)* LÍMPIATE.

limpiauñas *m* Utensilio para limpiar [1] las uñas.

limpiavajillas *m* Producto líquido para limpiar [1] vajillas.

limpiavías *m* (*hist*) Hombre cuyo trabajo consiste en limpiar de barro con una pértiga las vías del tranvía.

límpidamente *adv* (*lit*) De manera límpida.

limpidez *f* (*lit*) Cualidad de límpido.

límpido -da *adj* (*lit*) Limpio, *esp* [2a, b y e y 5b].

limpieza *f* **1** Cualidad de limpio. **b)** ~ **de sangre.** (*hist*) Hecho de no ser hijo o descendiente de judíos, moriscos o herejes. *Tb simplemente ~.* ▪ **2** Acción de limpiar.

limpio -pia I *adj* **1** Que no tiene mancha o suciedad. *Tb fig.* **b)** [Conciencia] de quien no ha hecho nada indebido. **c)** **de ~.** [Cuaderno o cosa similar] de escritos en su presentación definitiva y cuidada. ▪ **2** [Cosa] exenta [de algo negativo o que le resta perfección]. *Frec sin compl. Tb fig.* **b)** [Cosa] despojada de lo inútil que la acompaña. **c)** ~ **de polvo y paja.** → POLVO. **d)** [Cosa, esp. ganancia] neta (que queda después de deducir todo lo que le es extraño). **e)** [Cosa] clara o precisa. **f)** Curado [de una afección cutánea]. *Tb sin compl.* **g)** Que ha dejado de tener fiebre. *Tb* ~ DE FIEBRE. ▪ **3** [Pers. o animal] que tiende a mantener limpios [1] su propio aspecto o sus cosas. **b)** Que no mancha o ensucia. **c)** Que no contamina el medio ambiente. ▪ **4** [Cosa] que no se ensucia fácilmente, o que se limpia con facilidad. ▪ **5** Decente u honrado. **b)** Carente de doblez o de mala intención. ▪ **6** (*col*) Carente [de dinero]. *Frec sin compl, gralm con los vs* ESTAR, DEJAR *o* QUEDARSE. ▪ **7** (*col*) Carente de conocimientos [en una materia]. ▪ **8** (*col*) Que no lleva armas u otro elemento de protección.

II *loc v* **9** **pasar a ~**, o **poner en ~** [un escrito]. Poner[lo] en su versión definitiva y cuidada.

III *adv* **10** De manera limpia [1 y 5]. **b)** [Jugar] ~ → JUGAR. ▪ **11** (*col*) A + *n que expresa golpe u acción violenta en sg* + ~ = A + *el mismo n en pl. Con intención ponderativa.* * Le persiguieron a pedrada limpia. ▪ **12 con las manos limpias** → MANO. ▪ **13 de ~.** Con ropa limpia [1]. *Con vs como* IR, PONER *o* VESTIR. ▪ **14 en ~.** En su presentación definitiva y cuidada. *Referido a escritos. Tb adj.* ▪ **15 en ~.** De manera clara o precisa. *Gralm con el v* SACAR. **b)** Como ventaja o resultado positivo. *Con el v* SACAR.

limpión -na **A** *m y f* **1** (*raro*) Pers. encargada de limpiar.

B *m* **2** (*col*) Limpieza [2].

limpiotear *tr* (*desp*) Limpiar [1], esp. de manera reiterada.

limusín -na *adj* [Res] perteneciente a una raza vacuna oriunda de la región francesa del Limousin. *Tb referido a la misma raza.*

limusina *f* Automóvil cerrado de lujo, de gran longitud.

linaje *m* **1** Ascendencia o descendencia [de una pers., esp. noble]. **b)** Conjunto de personas que tienen un antepasado común. ▪ **2** (*lit*) Naturaleza o condición [de una cosa].

linajudo -da *adj* De linaje o ascendencia noble. *Tb n, referido a pers.*

linar *m* Terreno sembrado de lino.

linarense *adj* De Linares (Jaén). *Tb n, referido a pers.*

linaria – línea

linaria *f Se da este n a distintas plantas herbáceas del gén Linaria.*

linaza *f* Semilla del lino, de la que se extrae un aceite que se emplea esp. en la fabricación de pinturas y barnices.

lince I *m* **1** Félido semejante a un gato de gran tamaño, con las orejas con un penacho de pelos en punta (gén. *Lynx*). ■ **2** Pers. de vista muy aguda. ■ **3** Pers. sagaz o astuta. *Frec en la constr* SER UN ~. *Tb adj.* II *loc adj* **4 de ~.** [Vista] muy aguda.

lincear *tr* (*raro*) Descubrir [algo] con sagacidad. *Tb abs.*

linchador -ra *adj* Que lincha. *Tb n, referido a pers. Tb fig.*

linchamiento *m* Acción de linchar. *Tb fig.*

linchar *tr* Ajusticiar [a una pers.] sin proceso y tumultuariamente. *Tb fig.*

lincomicina *f* (*Med*) Antibiótico obtenido de la bacteria *Streptomyces lincolnensis,* especialmente indicado en determinadas infecciones de los huesos.

lincrusta *f* Cierto papel de pared de superficie dura.

lincurio *m* (*hist*) Piedra de supuestas virtudes mágicas, considerada como la orina del lince petrificada, y que probablemente es la turmalina.

lindamente *adv* (*col*) Tranquilamente o sin problemas. *Referido a una acción que se considera reprobable.*

lindano *m* Polvo cristalino blanco y venenoso usado como insecticida y herbicida y en el tratamiento de la sarna.

lindante *adj* Que linda.

lindar *intr* Tener [una finca o terreno (*suj*)] lindes comunes [con otro (*compl* CON *o, más raro,* A)]. *Tb fig.*

lindazo *m* Linde, esp. señalada con mojones o por medio de un ribazo.

linde *f* (*o, raro, m*) Límite entre dos fincas contiguas. **b)** Límite entre dos territorios o terrenos contiguos. *Tb fig.*

lindero -ra I *adj* (*raro*) **1** Que linda. *Tb fig.* II *n* A *m* **2** Linde. *Tb fig.* B *f* **3** Linde.

lindeza *f* **1** Cualidad de lindo [1]. ■ **2** Pers. o cosa linda. *Referido a cosa, frec con intención irónica.*

lindo -da I *adj* **1** [Pers. o cosa] bonita. *Frec en lenguaje femenino.* II *n* A *m* **2** (*hist*) Hombre muy compuesto y presumido. B *f* **3** (*col*) Peseta. *Gralm en la constr* SIN (UNA) LINDA. III *loc adv* **4 de lo ~.** (*col*) En cantidad o intensidad notable. *Con intención ponderativa.*

lindón *m* (*reg*) Linde o lindero, esp. en declive.

lindura *f* Lindeza.

línea I *f* **1** (*Geom*) Sucesión continua de puntos. *Frec con un adj especificador:* RECTA, CURVA, QUEBRADA, *etc* (→ RECTO, CURVO, *etc*). **b)** *En gral:* Trazo continuo en que solo existe o solo se considera la dimensión de la longitud. **c)** Línea [1a] imaginaria que une todos los puntos que tienen una característica común. **d)** Línea recta. *Frec en la constr* EN ~. **e)** (*TV*) Elemento, compuesto de puntos luminosos yuxtapuestos horizontalmente, de los que constituyen la imagen. **f)** ~ **de carga,** ~ **de flotación** → CARGA, FLOTACIÓN. ■ **2** Línea [1] real o imaginaria que separa dos cosas. **b)** (*Mar*) Ecuador. ■ **3** Contorno (línea [1a y b] formada por el límite [de una figura o de una superficie]). **b)** (*Pint*) Dibujo o trazado. **c)** Efecto general producido por el conjunto de líneas [a y b] [de alguien o algo]. **d)** Esbeltez. *Frec referido a mujer. Frec en constrs como* GUARDAR, *o* PERDER, LA ~. ■ **4** Hilera (serie [de perss. o cosas] colocadas una detrás de otra). **b)** Renglón, o serie de palabras o caracteres escritos unos a continuación de otros horizontalmente. **c)** (*col*) *En pl:* Escrito breve, esp. carta. *Frec en las constrs* UNAS ~S, DOS ~S, CUATRO ~S. **d)** (*Juegos*) *En el bingo:* Serie de números que constituye una línea horizontal en un cartón. *Frec la que resulta premiada.* ■ **5** (*Mil*) Serie alineada de posiciones. *Tb la serie de unidades militares asentadas en ella.* **b)** (*Dep*) Conjunto de jugadores que desempeñan una función semejante. *Normalmente con un adj especificador:* DEFENSIVA, MEDIA, DELANTERA, DE ATAQUE. ■ **6 primera ~.** Frente de combate. *Tb* ~ DE COMBATE. *Tb fig.* **b)** Vanguardia, o parte más avanzada [de algo]. *Frec en las constrs* EN, *o* DE, PRIMERA ~. **c)** Franja de terreno edificable inmediata a la orilla del mar o de un lago. ■ **7** Conjunto de ascendientes o descendientes [de una pers.]. ■ **8** Clase o género. *Frec en la constr* EN SU ~. **b)** (*Com*) Serie de artículos de una misma marca y una misma clase y con características semejantes. **c)** ~ **blanca.** (*Com*) Conjunto de los electrodomésticos destinados a las tareas o servicios del hogar. **d)** ~ **marrón.** (*Com*) Conjunto de los electrodomésticos de entretenimiento. ■ **9** Servicio regular de transporte. *Tb el trayecto que cubre.* **b)** ~ **férrea.** Ferrocarril. ■ **10** Dirección (línea [1a] a lo largo de la cual se mueve o se movería un cuerpo, o se sigue o habría que seguir para ir a un lugar). *Frec fig.* **b)** Plan o programa de actuación. **c)** Orientación o forma de pensar. **d)** (*Pol*) Directrices ideológicas. **e)** ~s **maestras** (*o* **básicas,** *o* **esenciales**). Ideas o principios fundamentales [de un escrito, un discurso o un pensamiento]. ■ **11** Conjunto de hilos o cables que conducen energía eléctrica de un punto a otro. *Frec* ~ ELÉCTRICA. **b)** Conjunto de conductores por medio de los cuales se establecen las comunicaciones telegráficas o telefónicas. *Normalmente con los adjs* TELEGRÁFICA *o* TELEFÓNICA. **c)** (*col*) Posibilidad de comunicación telefónica. **d)** ~ **caliente.** Servicio telefónico de atención directa al cliente o usuario. ■ **12** (*reg*) Hilo o cordel que lleva en uno de sus extremos un anzuelo. ■ **13** ~ **de crédito.** (*Econ*) Total de créditos que se conceden a una empresa o a un país. ■ **14** (*jerg*) Raya (de cocaína o heroína). II *loc adj* **15 de ~.** [Coche o autobús] que pertenece a una línea [9] interurbana. ■ **16 de ~.** (*Mar*) [Navío] que reúne las condiciones necesarias para combatir en formación. ■ **17** [Juez] **de ~** → JUEZ. ■ **18 en ~.** (*Dep*) [Etapa o carrera ciclista] que se realiza saliendo simultáneamente todos los corredores. *Tb adv. Se opone a* CONTRA RELOJ. III *loc v* **19 correr la ~.** (*Mil*) Recorrer los puestos que forman una línea [5a]. *Tb fig, fuera del ámbito militar.* IV *loc adv* **20 en ~.** Formando hilera con otros elementos de la misma naturaleza que el objeto en cuestión. *Tb adj. Normalmente con referencia al aparcamiento de vehículos.* ■ **21 en ~s generales** (*o, más raro,* **en,** *o* **a, grandes ~s**). De manera general. ■ **22 en toda la ~.** Completamente. *Normalmente con vs como* VENCER, DERROTAR *o equivalentes.*

Tb adj. ■ **23 entre ~s.** De manera sobrentendida. *Normalmente con los vs* LEER *o* DECIR.

lineación *f (Arte)* Conjunto de líneas [1b].

lineal *adj* **1** De (la) línea [1a y b]. **b)** Que tiene forma de línea [1a y b]. **c)** *(CNat)* Largo y estrecho. *Tb lit, fuera del ámbito técn.* **d)** *(Ling)* Se dice de dos sistemas de escritura (~ A y ~ B) de los ss XV al XII a.C., descubiertos en Creta, Pilos y Micenas. *Tb n m.* ■ **2** Que en su forma de manifestarse o en su estructura parece seguir una hipotética línea recta. **b)** *(E)* [Forma de expresión] cuyos elementos se presentan o manifiestan de manera sucesiva y no simultánea. **c)** *(TLit)* [Relato] en que la acción sigue una secuencia temporal normal y sin acciones secundarias. **d)** *(E)* Propio de la expresión o el relato lineal. ■ **3** [Dibujo] hecho solo con líneas [1b] y mediante regla, compás y otros instrumentos similares. **b)** *(Pint)* [Perspectiva] que resulta proyectando sobre el plano el cono formado por las visuales que parten del ojo y pasan por todos los puntos del objeto. ■ **4** [Cantidad o aumento salarial] aplicable por igual a todos los empleados, sea cual sea su jerarquía. ■ **5** [Medida] de longitud. ■ **6** *(Fís)* [Fenómeno] cuyos efectos se consideran solo en una dirección. ■ **7** *(Fís)* [Velocidad] que se mide por la longitud del arco recorrido en un segundo por un móvil animado de movimiento circular uniforme. ■ **8** *(Mat)* De primer grado.

linealidad *f* Condición de lineal, *esp* [2].

linealmente *adv* De manera lineal [2 y 4].

lineamiento *m (raro)* Conjunto de líneas [10].

linear *tr* Bosquejar.

linense *adj* De La Línea de la Concepción (Cádiz). *Tb n, referido a pers.*

líneo *m (reg)* Hilera de cepas.

liner *(ing; pronunc corriente, /láiner/; pl normal, ~s) m* Buque destinado al servicio de una línea regular de navegación.

linero -ra *adj* De(l) lino.

linfa *f (Anat)* **1** Líquido orgánico amarillento, casi transparente, de composición comparable a la del plasma sanguíneo. ■ **2** *(Fisiol)* Líquido [de las pústulas de la viruela vacuna]. **b)** *(Med)* Emulsión de linfa, utilizada para la vacunación antivariólica. ■ **3** *(lit)* Agua. *Frec en pl.*

linfadenitis *f (Med)* Inflamación de los ganglios linfáticos.

linfangioma *m (Med)* Tumor benigno producido por proliferación de vasos linfáticos.

linfangitis *f (Med)* Inflamación de los vasos linfáticos [1].

linfático -ca *adj* **1** *(E)* De la linfa, *esp* [1]. *Tb n m, referido a vaso.* ■ **2** *(raro)* Indolente y falto de energías. *Tb n, referido a pers.*

linfoblástico -ca *adj (Med)* [Leucemia] aguda originada en las células linfoides.

linfocitario -ria *adj (Anat)* De(l) linfocito o de (los) linfocitos.

linfocítico -ca *adj (Anat)* Linfocitario. **b)** Caracterizado por la presencia de linfocitos.

linfocito *m (Anat)* Leucocito mononuclear de pequeño tamaño, originado en los ganglios y vasos linfáticos, y de gran importancia inmunológica.

linfocitosis *f (Med)* Aumento anormal del número de linfocitos.

linfoglándula *f (Anat)* Ganglio o nódulo linfático [1].

linfografía *f (Med)* Radiografía de los vasos y ganglios linfáticos.

linfogranuloma *m (Med)* Granuloma que se presenta en un ganglio.

linfogranulomatosis *f (Med)* Enfermedad caracterizada por la aparición de linfogranulomas.

linfoide *adj (Anat)* De (la) linfa [1].

linfoma *m (Med)* Tumor del tejido linfoide.

linfopenia *f (Med)* Disminución anormal del número de linfocitos.

linga *m (lit, raro)* Pene.

lingala *m* Lengua bantú usada como lengua de relación en la zona del río Congo.

língam *(pl normal, ~s) m (lit, raro)* Linga (pene).

lingotazo *m (col)* Trago [de una bebida alcohólica]. *Frec sin compl.*

lingote *m* Bloque [de un metal o de una aleación] que tiene la forma del molde en que se ha colado.

lingotera *f (Metal)* Molde para hacer lingotes.

lingotería *f (Metal)* Conjunto de lingoteras.

linguado -da *adj (Heráld)* [Animal] que saca la lengua y en el que esta es de distinto color que el cuerpo.

lingua franca *(it; pronunc, /língua-fránka/) f* Lengua franca (→ FRANCO¹).

lingual *adj* **1** *(Anat)* De la lengua (órgano muscular). ■ **2** *(Fon, hoy raro)* Apical.

lingüista *m y f* **1** Especialista en lingüística [3]. ■ **2** *(raro)* Políglota.

lingüísticamente *adv* En el aspecto lingüístico.

lingüístico -ca I *adj* **1** De(l) lenguaje (medio de comunicación humano). ■ **2** De (la) lingüística [3]. II *f* **3** Ciencia que estudia el lenguaje (medio de comunicación humano).

linier *m (Fút)* Juez de línea.

linimento *m* Preparado farmacéutico para ser aplicado en fricciones.

linina *f (Biol)* Sustancia fibrilar en la que están suspendidos los granos de cromatina.

linio *m* Liño.

links *(ing; pronunc corriente, /links/) m pl* Campo de golf.

lino *m* **1** Planta herbácea de flores azules, semillas oleaginosas y tallos erectos, de los que se extrae una fibra textil (*Linum usitatissimum*). *Tb su semilla.* **b)** Seguido de diversos adjs o compls, designa otras especies herbáceas del mismo gen que el lino o de otros: ~ AMARILLO (*Linum trigynum*), ~ BRAVO (*L. bienne o L. narbonense*), ~ CATÁRTICO *o* PURGANTE (*L. catharticum*), ~ DE LAGARTIJAS (*Asterolinon linum-stellatum*), ~ DE NUEVA ZELANDA (*Phormium tenax*). ■ **2** Fibra textil que se obtiene del lino [1a]. **b)** Tejido de lino.

linolénico *adj (Quím)* [Ácido] que se encuentra en los aceites de lino y de cañamón.

linóleo *m* **1** Tejido de yute impermeabilizado con una masa de corcho en polvo y aceite de linaza, y que se emplea esp. para recubrir suelos. ■ **2** Grabado hecho en linóleo [1].

linoleografía *f* Técnica del grabado en linóleo.

linóleum (*pl normal*, ~s) *m* Linóleo.

linón *m* Tela de hilo o algodón, engomada y de hilos muy finos y separados.

linotipia *f* (*Impr*) Máquina de componer provista de matrices, de la cual sale la línea formando una sola pieza. *Tb la técnica de componer con esa máquina.*

linotípico -ca *adj* (*Impr*) De (la) linotipia.

linotipista *m y f* (*Impr*) Pers. que maneja una linotipia.

linterna *f* **1** Lámpara eléctrica manual provista de bombilla y alimentada por pilas o acumuladores. **b)** Farol manual que proyecta luz por una sola cara. **c)** ~ **sorda.** Farol manual cuya luz puede ocultarse a voluntad por una pantalla opaca movible. **d)** ~ **chinesca.** Farol decorativo adornado con dibujos. ■ **2** (*Mar*) Faro. ■ **3** (*Arquit*) Torrecilla acristalada o con ventanas que remata un edificio para alumbrarlo y proporcionar ventilación y que frec. va sobrepuesta a una cúpula. ■ **4** ~ **de proyección.** Aparato proyector. **b)** ~ **mágica.** (*hist*) Aparato que proyecta, agrandándolas, figuras pintadas sobre vidrio. ■ **5** ~ **de Aristóteles.** (*Zool*) Aparato masticador del erizo de mar.

linternazo *m* Golpe dado con una linterna [1]. **b)** (*raro*) *En gral:* Golpe dado con un objeto.

linzuelo *m* (*reg*) Sábana de amortajar.

liña *f* (*reg*) Línea (hilo que lleva en uno de sus extremos un anzuelo).

liño *m* Línea [de árboles o de otras plantas]. *Tb sin compl.*

lío *m* **1** Conjunto atado [de cosas, esp. ropa]. ■ **2** (*col*) Confusión o enredo. *Frec con vs como* HACER(SE) *o* ARMAR(SE). **b)** Cosa complicada. *Frec con intención ponderativa.* ■ **3** (*col*) Alboroto o agitación. *Tb fig. Frec con el v* ARMAR(SE). ■ **4** (*col*) Discusión o pendencia. ■ **5** (*col*) Relación amorosa irregular. *Tb la pers con quien se sostiene esa relación.*

liofilización *f* (*E*) Acción de liofilizar.

liofilizado -da **I** *adj* **1** *part* → LIOFILIZAR.
II *m* **2** (*E*) Producto liofilizado.

liofilizar *tr* (*E*) Desecar [una sustancia orgánica: alimenticia, farmacéutica o biológica] con el fin de conservarla durante largo tiempo con sus características originarias, separando el agua de ella mediante su congelación y la posterior sublimación del hielo formado.

lionés -sa **I** *adj* **1** De Lyon (Francia). *Tb n, referido a pers.*
II *f* **2** (*reg*) Cierto pastelillo.

lioso -sa *adj* (*col*) **1** Liante. ■ **2** [Cosa] complicada.

liparita *f* (*Geol*) Riolita.

lipasa *f* (*Biol*) Enzima que cataliza la escisión de los lípidos.

lipe *o* **lipes. piedra ~** → PIEDRALIPE.

lipendi *adj* (*col, hoy raro*) Tonto o bobo. *Frec n.*

lipídico -ca *adj* (*Quím*) De (los) lípidos.

lípido *m* (*Quím*) Cuerpo graso, esp. constituido por un éster u otro derivado de un ácido graso.

lipodistrofia *f* (*Med*) Trastorno en el metabolismo de las grasas.

lipoescultura *f* Modelado de la línea corporal por medio de la liposucción.

lipófilo -la *adj* (*Quím*) Que tiene afinidad con los lípidos.

lipoide (*Quím*) **I** *adj* **1** Semejante a la grasa.
II *m* **2** Lípido.

lipoideo -a *adj* (*Quím*) Lipoide.

lipólisis (*tb* **lipolisis**) *f* (*Biol*) Disolución o descomposición de las grasas.

lipoma *m* (*Med*) Tumor benigno de tejido adiposo.

lipoproteína *f* (*Biol*) Molécula compleja constituida por una proteína y un lípido.

lipoquímica *f* (*Quím*) Química de las grasas.

lipori (*tb* **lípori**) *m* (*col*) Vergüenza ajena.

liposarcoma *m* (*Med*) Sarcoma con elementos adiposos.

liposolubilidad *f* (*Quím*) Cualidad de liposoluble.

liposoluble *adj* (*Quím*) Soluble en las grasas.

liposoma *m* (*Biol*) Partícula de materia lipoide que se mantiene en los tejidos en forma de grasa invisible. *Frec en cosmética.*

liposucción *f* (*Med*) Técnica quirúrgica para la eliminación de grasas localizadas, consistente en la aspiración de estas a través de cánulas introducidas por incisiones cutáneas.

lipotimia *f* (*Med*) Pérdida súbita y pasajera del conocimiento.

lipotrópico -ca *adj* (*Med*) [Sustancia] que tiene afinidad por las grasas y que disminuye los depósitos de estas en el tejido hepático. *Tb n m.* **b)** Propio de la sustancia lipotrópica.

lique **I** *m* **1** (*Juegos*) En pídola: Patada dada con el talón en el trasero. **b)** (*col*) Puntapié en el trasero.
II *loc v* **2 dar el ~.** (*col*) Despedir [a alguien] de su puesto. *Tb fig.* ■ **3 darse el ~.** (*col*) Marcharse.

liquen *m* **1** Organismo vegetal que resulta de la simbiosis de un hongo microscópico con un alga unicelular y que vive sobre los árboles, los muros o las rocas, formando costras. ■ **2** ~ **plano.** (*Med*) Enfermedad inflamatoria de la piel, caracterizada por pápulas.

liquenificación *f* (*Med*) Adquisición, por la piel, de los caracteres del liquen plano, como consecuencia de rascaduras.

liquenoide *adj* (*Med*) Semejante al liquen [2].

liquenología *f* (*Bot*) Estudio de los líquenes [1].

liquenológico -ca *adj* (*Bot*) De (la) liquenología.

liquidable *adj* **1** Que se puede liquidar. ■ **2** (*Econ*) [Base] sobre la que debe hacerse la liquidación de un impuesto.

liquidación *f* Acción de liquidar. **b)** Venta extraordinaria de artículos a bajo precio para agotar las existencias.

liquidacionista *adj* Que tiende a la liquidación (cierre o cese de actividad) [de algo]. **b)** Partidario de la liquidación. *Tb n.*

liquidador -ra *adj* Que liquida. *Tb n, referido a pers.*

liquidámbar *m* **1** Bálsamo aromático y de color amarillo rojizo que se extrae de algunos árboles del gén. *Liquidambar*, esp. del *L. orientalis* y del *L. styraciflua*. *Tb el árbol que lo produce.* ■ **2** (*lit*) Color amarillo rojizo propio del liquidámbar [1].

liquidar *tr* **1** Hacer líquido [un cuerpo sólido o gaseoso]. ■ **2** Ajustar [una cuenta]. **b)** Pagar completamente [una cuenta]. *Tb abs.* ■ **3** Hacer ajuste final de cuentas [en un negocio (*cd*)] y cesar en él. *Tb abs.* **b)** Vender [algo] a bajo precio para agotar las existencias. ■ **4** Acabar o dar por terminado [algo]. **b)** (*col*) Matar [a alguien]. **c)** (*col*) Consumir o gastar completamente [algo]. *A veces con compl de interés.*

liquidativo -va *adj* (*Econ*) De (la) liquidación.

liquidez *f* (*Econ*) **1** Posibilidad de convertir rápidamente un activo en dinero. ■ **2** Capacidad para hacer frente de inmediato a las obligaciones financieras.

líquido -da I *adj* **1** [Estado de la materia] en que las moléculas están muy próximas y cambian fácilmente de posición, adaptándose a la forma del recipiente. **b)** [Cuerpo] que está en estado líquido. *Frec n m.* ■ **2** De(l) líquido o de (los) líquidos [1b]. ■ **3** (*Econ*) [Saldo o resto] neto, que resulta de comparar los cargos y los descuentos. *Tb n m.* **b)** Efectivo, o fácilmente transformable en dinero. *Tb n m.* ■ **4** (*Fon*) [Consonante] articulada con cierre parcial del canal bucal, pero sin fricación, y que es capaz de prolongarse como una vocal y, en algunas lenguas, de constituir núcleo silábico. *Se dice gralm de /l/ y /r/, y más raramente de /n/ y /m/. Tb n f.* **b)** [Consonante] continua que en posición inicial de palabra va seguida de otra consonante sin agruparse con ella en una misma sílaba. *Referido normalmente a /s/.* II *m* **5 ~ imponible.** (*Econ*) Cuantía fijada oficialmente como base de una cuota tributaria.

liqui-liqui *m* Traje masculino caribeño de gala. *Tb designa solamente la pieza superior o blusa.*

lira[1] *f* **1** Instrumento músico antiguo, en el que las cuerdas, que se pulsan con ambas manos, van fijadas a una caja de resonancia cuyos laterales tienen una curvatura característica. *A veces se* (*lit*) *se menciona como símbolo de la poesía o de la inspiración líricas.* **b)** (*lit*) Inspiración poética. **c) ave ~, pájaro ~** → AVE, PÁJARO. ■ **2** (*TLit*) Estrofa de 5 versos, endecasílabos el 2º y el 5º, y heptasílabos los demás, que riman el 1º con el 3º y el 2º con el 4º y 5º. *A veces se da este n a estrofas semejantes, de distinto número de versos.* ■ **3** (*Constr*) Sección de tubo de forma de arco o de omega, que permite las contracciones y dilataciones que podrían deformar o romper la canalización.

lira[2] *f* **1** Unidad monetaria italiana. ■ **2** Unidad monetaria turca.

liria *f* (*raro*) Liga (sustancia viscosa).

liriano -na *adj* De Liria (Valencia). *Tb n, referido a pers.*

líricamente *adv* En el aspecto lírico [1c].

lírico -ca I *adj* **1** [Género de poesía] en que el autor expresa sus propios sentimientos. **b)** [Poeta] que cultiva la poesía lírica. *Tb n.* **c)** De (la) poesía lírica. **d)** Propio o característico de la poesía lírica. **e)** Que tiene carácter lírico [1d]. ■ **2** [Teatro] musical de ópera o zarzuela. **b)** De(l) teatro lírico, esp. de zarzuela. II *f* **3** Poesía lírica [1a]. **b)** Conjunto de las obras de poesía lírica [1a].

lirio[1] *m* **1** Planta herbácea, de hojas envainadoras en forma de espada, tallo central de unos 50 cm de altura y flores terminales grandes, de seis pétalos, azules, moradas o blancas (gén. *Iris*). *Tb su flor. Diversas especies se designan a veces por medio de adjs:* ~ AMARILLO O DE AGUA (*I. pseudacorus*), ~ AZUL o COMÚN (*I. germanica*), ~ HEDIONDO (*I. foetidissima*), *etc.* ■ **2 ~ de los valles.** Muguete (planta).

lirio[2] *m* (*reg*) Bacaladilla (pez).

lirismo *m* **1** Cualidad de lírico [1c, d y e]. **b)** Contenido propio de la poesía lírica [1a], expresado o no en forma literaria. **c)** Forma de expresión propia de la poesía lírica [1a]. *A veces con intención desp.* ■ **2** Lírica [3a].

liróforo -ra *m y f* (*lit, raro*) Poeta.

lirón[1] *m* **1** Mamífero roedor semejante al ratón pero con la cola muy poblada, que tiene costumbres nocturnas y pasa el invierno aletargado (*Glis glis*). *Tb ~ GRIS.* **b) ~ careto.** Mamífero roedor de la misma familia que el lirón gris y semejante a este, que se caracteriza por una banda negra que se extiende por el rostro hasta detrás de las orejas (*Eliomys quercinus*). ■ **2** *Se usa frec en constrs de sent comparativo, como* SER UN ~ o DORMIR COMO UN ~, *para ponderar la profundidad del sueño.*

lirón[2] *m* (*reg*) Fruto del almez.

lirondo. mondo y ~. → MONDO.

lironero *m* (*reg*) Almez (árbol).

lis *m o f* **1** (*lit*) Lirio (planta o flor). **b)** (*Heráld*) Flor de lis (→ FLOR). ■ **2** (*reg*) Cruz (de una moneda). **b)** *En el juego de chapas:* Reverso (de la chapa).

lisa *f* Se da este *n* a distintas especies de peces del gén *Mugil*, apreciadas por su carne.

lisado -da *adj* (*E*) Adornado con flores de lis.

lisamente. lisa y llanamente. *loc adv* De manera sencilla y clara.

lisboeta *adj* De Lisboa. *Tb n, referido a pers.*

lisbonés -sa *adj* (*lit*) Lisboeta. *Tb n.*

lisencéfalo -la *adj* (*Anat*) Que tiene el cerebro sin circunvoluciones. *Tb n m.*

lisérgico -ca *adj* (*Quím*) **1** [Ácido orgánico] que se obtiene de los alcaloides del cornezuelo de centeno y del cual deriva la droga alucinógena LSD. *Tb referido a la misma droga. Tb n m.* ■ **2** Derivado del ácido lisérgico [1].

lisiadura *f* Efecto de lisiar(se).

lisiar (*conjug 1a*) *tr* Lesionar. **b)** *Esp:* Dejar incapacitada físicamente [a una pers. o alguna parte de su cuerpo]. *Frec en part, frec sustantivado.*

lisimaquia *f* Planta herbácea ornamental de hojas grandes y flores amarillas (*Lysimachia vulgaris*). *Tb* → AMARILLA o VULGAR.

lisina *f* (*Biol*) Sustancia, esp. anticuerpo, que disuelve o desintegra células extrañas o bacterias.

lisis *f* (*Med*) Declinación gradual de la fiebre o de una enfermedad. *Tb fig, fuera del ámbito técn. Se opone a* CRISIS.

liso -sa I *adj* **1** [Superficie] que no presenta relieves o asperezas. **b)** [Cosa] plana o sin relieve. **c)** [Tela] no labrada o bordada. **d)** (*Anat*) [Fibra] de los músculos de la vida vegetativa, caracterizada por no tener estrías. *Tb referido al músculo o al tejido.* **e)** (*Dep*) En carreras, siguiendo a una medida de longitud: Que se corre sin interposición de obstá-

culos. ■ **2** [Pelo] no rizado. ■ **3** [Color] uniforme o sin variación aparente. **b)** [Cosa] de color liso. ■ **4** [Cosa material] que carece de complicaciones o adornos. **b)** [Cosa] sencilla y clara. *A veces en la constr* ~ Y LLANO.
II *m* **5** (*Min*) Cara plana y extensa de una roca. ■ **6** (*Min*) Grieta de una roca.
III *loc v* **7 tenerla lisa.** (*vulg*) Tener buena suerte.
IV *loc adv* **8 lisa y llanamente** → LISAMENTE.

lisol (*n comercial registrado*) *m* (*Quím*) Líquido desinfectante e insecticida, de color rojo pardusco.

lisonja *f* (*lit*) Halago, esp. interesado.

lisonjear (*lit*) **A** *tr* **1** Halagar.
B *intr pr* (~**se**) **2** Sentirse contento o satisfecho [de algo].

lisonjeramente *adv* (*lit*) De manera lisonjera.

lisonjero -ra *adj* (*lit*) **1** Que lisonjea. ■ **2** Que produce alegría o satisfacción.

lisosoma *m* (*Biol*) Partícula dotada de enzimas digestivas, que se encuentra en el citoplasma de la célula.

lisozima *f* (*Biol*) Enzima que destruye las bacterias patógenas y que está presente en las lágrimas y en la saliva.

lista **I** *f* **1** Zona rectangular larga y estrecha de una superficie, que se diferencia del resto de esta por su color o por su relieve. ■ **2** Relación [de una serie de perss. o cosas] dispuesta gralm. en forma de columna. **b)** ~ **negra** → NEGRO. ■ **3** ~ **de boda.** Serie de objetos seleccionados por los futuros contrayentes, expuesta en una tienda, con objeto de que los invitados puedan adquirir entre esos artículos su regalo de boda. ■ **4** ~ **de correos.** Oficina de correos a la que se dirigen cartas o envíos que los destinatarios deben recoger allí mismo. ■ **5** ~ **civil.** Consignación votada por el Parlamento británico para el sostenimiento de los gastos de la familia real.
II *loc v* **6 pasar** ~. Leer en voz alta los nombres de una lista [2] de perss. para comprobar su presencia.

listado¹ -da **I** *adj* **1** *part* → LISTAR. ■ **2** Que tiene listas [1].
II *m* **3** Pez marino que tiene en el vientre unas bandas estrechas longitudinales (*Euthynnus pelamys*).

listado² *m* Lista [2].

listador -ra *adj* (*raro*) Que hace listas [2]. *Tb n, referido a pers*.

listán *adj* (*Agric*) [Variedad de uva] redonda, dulce y temprana, propia de la región de Jerez de la Frontera. *Tb n m*.

listar *tr* **1** Incluir [a alguien] en una lista [2]. ■ **2** Hacer o presentar una lista [2] [de cosas (*cd*)]. ■ **3** (*lit*) Poner listas [1] [sobre una superficie (*cd*)].

listel *m* (*Arquit*) Listón¹ [2].

listeria *f* (*Med*) Bacteria causante de diversas enfermedades, entre ellas la meningitis y la septicemia (gén. *Listeria*).

listero -ra *m y f* Pers. encargada de pasar lista a los trabajadores de una obra.

listeza *f* Cualidad de listo [1].

listillo → LISTO.

listín *m* Lista [2] pequeña o extractada de otra mayor.

listo -ta **I** *adj* (*dim y desp* LISTILLO, LISTORRO, LISTORRÓN) **1** Inteligente o despierto. *Normalmente referido a pers o animal; más raro, referido a su expresión*. **b)** Sagaz o astuto. *A veces en las constrs ponderativas* (*col*) MÁS ~ QUE EL HAMBRE *y* (*hoy raro*) MÁS ~ QUE CARDONA. **c)** (*col, desp*) [Pers.] hábil para salir con ventaja o provecho en cualquier circunstancia. *Frec en la forma* LISTILLO. *Frec con intención irónica, referido al que pretende actuar como listo.* * Odio a los listillos. **d)** (*col, desp*) [Pers.] que presume de estar enterada o en el secreto de las cosas. *Frec en las formas* LISTILLO, LISTORRO, LISTORRÓN. *Tb n*. ■ **2** Perfectamente dispuesto o preparado [para algo]. *Frec se omite el compl por consabido*. ■ **3** (*col*) Rápido o que actúa deprisa. *Tb adv*. ■ **4** (*reg*) [Rosquilla] propia de la fiesta de San Isidro que lleva un baño blanco de azúcar.
II *loc v y fórm or* **5 andar** ~. (*col*) Poner cuidado y atención. ■ **6 estar**, *o* **ir**, ~. (*col*) Tener [alguien] pocas posibilidades o ninguna de salir con éxito. ■ **7 pasarse de** ~ → PASAR. ■ **8 y** ~. (*col*) Y ya está.

listón¹ *m* **1** Tabla larga y estrecha. **b)** (*Dep*) *En salto de altura:* Listón o barra por encima de los cuales hay que saltar. ■ **2** (*Arquit*) Moldura convexa de sección cuadrada o rectangular.
II *loc v* **3 poner**, *o* **colocar**, (**muy**) **alto el** ~. Exigir unas condiciones muy severas para que alguien o algo sea aceptado o siga adelante.

listón² -na *adj* (*Taur*) [Res] que tiene a lo largo de la columna vertebral una tira blanca o más clara que el resto del pelaje.

listonar *tr* (*Carpint*) Hacer con listones¹ [1].

listorro, listorrón → LISTO.

listura *f* Listeza.

lisura *f* Cualidad de liso.

litargirio *m* (*Quím*) Protóxido de plomo, fundido en escamas amarillentas o rojizas, usado como pigmento y para fabricar vidrio y cerámica.

litera *f* **1** Cama fija de las que, sobrepuestas unas a otras, se utilizan en determinados medios de transporte, esp. barcos o trenes. **b)** Mueble formado por dos camas superpuestas. *Tb cada una de las camas*. ■ **2** (*hist*) Vehículo antiguo consistente en un lecho o una caja de coche, sin ruedas, sujetos con dos varas laterales, con las cuales lo transportan dos perss., o a veces dos caballerías, una delante y otra detrás.

literal *adj* **1** [Sentido] que es el propio [de una palabra o frase]. *Se opone a* FIGURADO. **b)** Que se ajusta al sentido literal de las palabras. ■ **2** [Transcripción o traducción] que se ajusta palabra por palabra al original. ■ **3** (*E*) Que se expresa con letras.

literalidad *f* (*lit*) **1** Cualidad de literal, *esp* [2]. ■ **2** Sentido literal [1].

literalismo *m* Cualidad de literal [1 y 2].

literalmente *adv* **1** De manera literal [1b]. *Frec con intención ponderativa*. ■ **2** En transcripción o en traducción literal [2].

literariamente *adv* **1** De manera literaria [1 y 3]. ■ **2** En el aspecto literario [1].

literario -ria *adj* (*lit*) **1** De (la) literatura [1a]. ■ **2** De (los) literatos [1]. ■ **3** Influido por los temas o los modelos literarios [1], más que por la naturaleza o la realidad. ■ **4** [Palabra o forma de expresión] formal, o propia de la lengua escrita. *Se opone a* COLOQUIAL.

literato -ta *adj* **1** [Pers.] que cultiva la literatura [1a]. *Frec n.* ■ **2** (*raro*) [Pers.] versada en literatura [1]. *Tb n.*

literatura *f* **1** Arte que consiste en la utilización estética del lenguaje, esp. escrito. **b)** Conjunto de (las) obras de literatura. *Normalmente con un adj o compl especificador.* **c)** Literatura [1a y b] no dramática. ■ **2** Conjunto de conocimientos relativos a la literatura [1] y a los autores literarios. ■ **3** Conjunto de (los) escritos [sobre un tema o una materia (*adj o compl especificador*)]. *A veces el compl se omite por consabido.* **b)** (*Mús*) Conjunto de la producción. *Con un adj o compl especificador, normalmente expresando género o instrumento.* ■ **4** Palabras dichas o escritas con arte o artificio, destinadas a impresionar favorablemente o a disimular una realidad poco grata. *Gralm con intención desp.* ■ **5** Prospecto o texto explicativo incluido en el envase de un producto farmacéutico.

literaturesco -ca *adj* (*desp, raro*) Propio de la literatura [1a y b].

literaturización *f* Acción de literaturizar.

literaturizante *adj* Que literaturiza.

literaturizar *tr* Dar carácter literario [1] [a alguien o algo (*cd*)].

literista *m y f* Pers. encargada de las literas en un tren.

litiásico -ca *adj* (*Med*) De (la) litiasis.

litiasis *f* (*Med*) Formación de cálculos o concreciones en el organismo, esp. en las vías biliares y urinarias.

lítico[1] **-ca** *adj* (*E*) De (la) piedra.

lítico[2] **-ca** *adj* (*Biol*) Que disuelve o destruye células o bacterias.

litigación *f* Acción de litigar.

litigante *adj* Que litiga. *Tb n, referido a pers.*

litigar **A** *intr* **1** Disputar judicialmente [con alguien sobre algo]. ■ **2** (*raro*) Disputar o reñir [con alguien].
B *tr* **3** Litigar [1 y 2] [sobre algo (*cd*)].

litigio **I** *m* **1** Acción de litigar. *Tb su efecto.*
II *loc adj* **2 en ~.** [Cosa] sometida a litigio [1]. *Frec fig.*

litigioso -sa *adj* **1** De(l) litigio. **b)** [Pers.] propensa a mover litigios. ■ **2** Sometido a discusión.

litines *m pl* (*hoy raro*) Agua que contiene óxido de litio. *Tb* AGUA DE ~.

litínico -ca *adj* (*Quím*) Que contiene litio.

litio *m* (*Quím*) Metal alcalino, de número atómico 3, que tiene color blanco argentino y es el más ligero de los metales.

litis *f* (*Der*) Litigio.

litisexpensas *f pl* (*Der*) Gastos de un proceso.

litito *m* (*Geol*) Meteorito compuesto esencialmente por silicatos.

lito[1] *f* (*argot Arte*) Litografía.

lito[2] *m* (*E*) Cierto tipo de papel satinado.

litófago -ga *adj* (*Zool*) [Molusco] que perfora las rocas.

litofanía *f* (*Arte*) Técnica de decoración en porcelana, alabastro o vidrio opaco, con la cual se obtiene mayor o menor transparencia graduando el espesor del material. *Tb la placa de dicho material así decorada.*

litofánico -ca *adj* (*Arte*) De (la) litofanía.

litófilo -la *adj* **1** (*Zool*) Que se refugia en las rocas. ■ **2** (*Quím*) [Elemento] que posee gran afinidad con el oxígeno y que normalmente forma parte de la corteza terrestre.

litofragmentación *f* (*Med*) Litotricia.

litofragmentador *m* (*Med*) Litotritor.

litofragmentadora *f* (*Med*) Litotritor.

litogénesis *f* (*Geol*) Formación de las rocas.

litografía *f* **1** Procedimiento de reproducción, mediante impresión, de dibujos o escritos trazados sobre piedra calcárea con un material graso. *Frec la reproducción así obtenida.* ■ **2** Taller de litografía [1].

litografiar (*conjug* 1c) *tr* Imprimir por litografía.

litográficamente *adv* De manera litográfica.

litográfico -ca *adj* De (la) litografía [1]. **b)** [Piedra caliza] de grano fino y homogéneo usada en litografía [1].

litógrafo -fa *m y f* Pers. que se dedica a la realización de litografías [1].

litolátrico -ca *adj* (*Rel*) Que da culto a las piedras.

litología *f* (*Geol*) Parte de la geología que trata de las rocas.

litológicamente *adv* (*Geol*) En el aspecto litológico.

litológico -ca *adj* (*Geol*) De (la) litología o de (las) rocas.

lito-offset *m* (*Impr*) Offset (procedimiento de impresión).

litopón *m* (*Quím*) Precipitado de sulfuro de cinc y sulfato de bario que se emplea como pigmento blanco.

litoral **I** *adj* **1** De(l) litoral [2]. **b)** (*Geol*) [Zona marítima] que corresponde a la plataforma continental. **c)** (*Geogr*) [Mar] comunicado ampliamente con el océano.
II *m* **2** Costa (faja de tierra que está a la orilla del mar). *Tb la zona del mar inmediata a esa faja.*

litosfera *f* (*Geol*) Corteza rocosa externa del globo terráqueo.

litosiderito *m* (*Geol*) Meteorito de composición intermedia entre lititos y sideritos.

litosuelo *m* (*Geol*) Suelo pedregoso con poco espesor de tierra suelta sobre la roca base.

lítote (*tb* **litote**, **lítotes** *y* **litotes**) *f* (*TLit*) Figura que consiste en atenuar la expresión del pensamiento dando a entender más de lo que formalmente se dice.

litotricia *f* (*Med*) Desmenuzamiento o fragmentación de cálculos biliares o urinarios, esp. por medio de ondas de choque.

litotripsia *f* (*Med*) Litotricia.

litotriptor *m* (*Med*) Litotritor.

litotritor *m* (*Med*) Aparato para efectuar la litotricia.

litri *adj* (*col, hoy raro*) [Pers.] cursi o presumida. *Gralm referido a hombre. Tb n. Frec en la constr* NIÑO ~.

litro *m En el sistema métrico decimal:* Unidad de capacidad equivalente a la de un decímetro cúbico. *Tb el recipiente que tiene esa capacidad y que se emplea para medir.*

litrona *f (col)* Botella de cerveza de un litro.

lituano -na I *adj* **1** De Lituania. *Tb n, referido a pers.*
 II *m* **2** Lengua hablada en Lituania.

liturgia *f* **1** Modo establecido por una Iglesia para la celebración de los actos de culto. ■ **2** Acto, o conjunto de actos, de culto, establecido por la liturgia [1]. **b)** Acto, o serie de actos, que se realiza conforme a unas normas tradicionales establecidas.

litúrgicamente *adv* En el aspecto litúrgico.

litúrgico -ca *adj* De (la) liturgia, *esp* [1]. **b)** *(TLit)* [Drama] eclesiástico, propio de la Edad Media, en que se escenifica algún pasaje del Evangelio durante la celebración de los oficios de determinadas fiestas.

liturgismo *m (desp)* Respeto o sumisión rígidos a la liturgia [1].

liturgista *m y f* **1** Pers. versada en liturgia [1]. ■ **2** Pers. sumamente respetuosa con la liturgia [1].

livianamente *adv (lit)* De manera liviana, *esp* [4 a 7].

liviandad *f (lit)* **1** Cualidad de liviano, *esp* [7]. ■ **2** Acción liviana [7].

liviano -na I *adj (lit)* **1** Ligero o de poco peso. ■ **2** Delgado o poco espeso. ■ **3** [Alimento] que se digiere pronto y con facilidad. ■ **4** De poca importancia o trascendencia. ■ **5** Poco intenso. ■ **6** Poco serio o poco profundo. ■ **7** De moral sexual relajada.
 II *n* A *m* **8** Bofe (pulmón, esp. de res). *Gralm en pl.*
 B *f* **9** Cante flamenco semejante a la toná. *Frec en pl con sent sg.*

lividecer *(conjug 11) intr (lit, raro)* Ponerse lívido.

lividez *adj (lit)* Cualidad de lívido.

lívido -da *adj (lit)* **1** Que tira a morado. *Frec referido a luz.* ■ **2** Pálido o descolorido.

living *(ing; pronunc corriente, /líbin/; pl normal, ~s) m* Cuarto de estar.

living-room *(ing; pronunc corriente, /líbin-řúm/; pl normal, ~s) m (hoy raro)* Living.

livonio -nia *adj* De Livonia (región de Estonia y Letonia). *Tb n, referido a pers.*

livor *m (lit)* Color cárdeno.

lixiviación *f* **1** *(Quím)* Extracción de los principios solubles de una sustancia por el paso de un líquido disolvente a través de la misma. ■ **2** *(Geol)* Proceso de arrastre por el agua de lluvia de las materias solubles de las capas superiores del suelo a otras más profundas.

lixiviador -ra *adj (Quím)* Lixiviante. *Tb fig, fuera del ámbito técn.*

lixiviante *adj (Quím)* Que lixivia.

lixiviar *(conjug 1a) tr (Quím)* Producir lixiviación [en algo *(cd)*].

liza *f* **1** *(lit)* Lid (lucha o contienda). *Gralm en sent fig. Frec en la constr* ENTRAR EN ~. ■ **2** *(hist)* Campo acotado para una justa o torneo. *Tb el mismo combate.*

lizo *(Tex)* I *m* **1** *En un telar:* Hilo de metal o de lino provisto de un anillo por el cual pasa el hilo de la urdimbre, y que sirve para alzar este cuando ha de quedar por encima de la trama al pasar la lanzadera.
 II *loc adj* **2 de alto** (o **bajo**) ~. [Telar] de urdimbre vertical (u horizontal).

ll → ELLE.

llaga *f* **1** Úlcera, esp. la producida en un lugar visible. ■ **2** *(lit)* Herida. *Frec fig.*

llagar *tr* Causar llagas [en una pers. o en un órgano *(cd)*]. **b)** *pr* (~se) Pasar [una pers. o un órgano *(suj)*] a sufrir llagas.

llagoso -sa *adj (raro)* Que tiene llagas [1].

llagosterense *adj* De Llagostera (Gerona). *Tb n, referido a pers.*

llama[1] *f* **1** Masa gaseosa y luminosa que se eleva de los cuerpos en combustión. ■ **2** *(lit)* Fuego o ardor [de algo no material].

llama[2] *f* Rumiante camélido propio de los Andes, del tamaño del ciervo, con cuello largo y cola corta, que se emplea como animal de carga y del cual se aprovechan la carne, el cuero y el pelo, que es largo, suave y lanoso *(Lama glama).*

llamada *f* **1** Acción de llamar [1, 2 y 6]. ■ **2** Signo que en un escrito remite a una nota puesta al pie de página o al final del texto. ■ **3** *(Dep) En regatas:* Sanción que se impone a la embarcación que ha efectuado una salida prematura, y que la obliga a efectuar una nueva salida.

llamado *m (raro)* Llamamiento [2].

llamador *m* **1** Utensilio para llamar [6], esp. aldaba. ■ **2** Marinero que avisa a los compañeros, casa por casa, que el barco se va a hacer a la mar.

llamamiento *m* **1** Acción de convocar a un conjunto de perss. ■ **2** Exhortación o petición formal.

llamar A *tr* **1** Pedir [una pers. a otra *(cd)*], con palabras, ruidos o gestos, que le preste atención. **b)** Establecer (o intentar establecer) comunicación [con alguien *(cd)*] a través del teléfono. *Frec abs.* **c)** Despertar [a alguien] para que se levante de la cama. ■ **2** Pedir [a alguien *(cd)*] que acuda [a un lugar]. *Frec se omite el compl de lugar cuando corresponde al suj. Tb abs. Tb fig.* **b)** Atraer. **c)** ~ **la atención** → ATENCIÓN. **d)** *(raro)* Llevar [a un lugar]. ■ **3** Designar [a alguien *(cd)* para ocupar un puesto, desempeñar un papel o un cargo, o disfrutar un derecho *(compl* A)]. **b) llamado a** + *infin* = DESTINADO A, o QUE HA DE, + *infin.* * *Una expresión popular llamada a hacer fortuna.* ■ **4** Designar [a alguien o algo *(cd)*] por el n. o el calificativo que se expresan *(predicat).* *A veces con compl de modo en lugar del predicat, esp cuando la* or *es interrog* (¿cómo lo llaman? = ¿con qué nombre lo designan?). **b)** ~ **de tú,** ~ **de usted** → TÚ, USTED.
 B *copulat pr* (~se) **5** Tener por nombre [el n. que se expresa *(predicat).* *A veces con compl de modo en lugar del predicat, esp cuando la* or *es interrog* (¿cómo se llama? = ¿qué nombre tiene?). **b) lo que se llama.** *(col)* Fórmula con que se pone de relieve lo que sigue, para precisarlo con exactitud o para ponderarlo.* * *La semana pasada fue lo que se llama una semana caliente.* **c) como me llamo** + *n de pers.* *(col)* Fórmula con que el que habla da por seguro, enfáticamente, un hecho.* * *Como me llamo Pepe que antes de una hora está aquí.* **d) me llamo.** *(col)* Fórmula usada, frec en forma provocativa, por

la pers a la que se ha llamado [1a] *por su nombre, para darse por enterada de la llamada.* * –¡Florita! –¡Me llamo! **e)** **¿cómo se llama?** (*col*) *¿Qué precio tiene?*

C *intr* **6** Avisar, normalmente por medio de una señal acústica, que se desea entrar en una casa o habitación, o que se desea hablar con quien está dentro. *Frec en las constrs* ~ A LA PUERTA, ~ AL TIMBRE.

llamarada *f* **1** Llama[1] [1] fuerte y breve. ■ **2** (*lit*) Acceso brusco y pasajero [de algo, esp. de un sentimiento].

llamativamente *adv* De manera llamativa.

llamativo -va *adj* Que llama o atrae la atención. *Referido esp al aspecto visual.*

llamazar *m* (*reg*) Terreno pantanoso.

llambria *f* (*reg*) Parte de una peña que forma un plano muy inclinado.

llambrial *m* (*reg*) Terreno abundante en llambrias.

llameante *adj* Que llamea. *Frec* (*lit*) *fig.*

llamear A *intr* **1** Echar llamas[1]. *Frec fig.* **B** *tr* **2** (*lit, raro*) Alumbrar con llamas[1]. *Tb fig.*

llampuga *f* Pez marino comestible del Mediterráneo, de cuerpo comprimido y alargado, con una aleta azulada de la cabeza a la cola (*Coryphaena hippurus*).

llampuguera *f* Arte de pesca especial para la captura de la llampuga. *Tb* RED ~.

llana → LLANO.

llanada *f* Terreno llano [1a].

llanamente *adv* De manera llana o sencilla. **b)** lisa y ~ → LISAMENTE.

llaneador -ra *adj* Que corre bien en terreno llano [1a]. *Esp en deportes. Tb n, referido a pers.*

llanear *intr* Ir por terreno llano [1a].

llanero -ra *adj* **1** De (la) llanura. *Frec n, referido a pers.* ■ **2** De los Llanos (región de Venezuela). *Tb n, referido a pers.*

llaneza *f* Cualidad de llano [3 y 4].

llanía *f* (*raro*) Terreno llano [1a].

llanisco -ca *adj* De Llanes (Asturias). *Tb n, referido a pers.*

llanito -ta *adj* (*col*) Gilbraltareño. *Tb n, referido a pers.*

llano -na I *adj* **1** Que carece de relieves o desigualdades o los tiene poco pronunciados. **b)** [Plato] del tamaño del sopero, con bordes poco elevados. **c)** (*Mar*) [Mar] que presenta oleaje de altura no superior a 0,1 m. ■ **2** [Pers. o estado] que no son de clase privilegiada. ■ **3** [Pers. importante] de trato sencillo y familiar con todos. ■ **4** Sencillo, o que carece de complicaciones o artificios. **b)** Sencillo o poco remilgado. **c)** (*Heráld*) [Cruz] sencilla, constituida por la combinación de un palo y una faja cuyos extremos tocan los perfiles del escudo. ■ **5** (*lit*) Sencillo o sin dificultad. ■ **6** [Canto] ~ → CANTO[1]. ■ **7** (*Fon*) [Palabra] que tiene el acento fonético en la penúltima sílaba. **b)** Propio de la palabra llana. **c)** (*TLit*) [Verso] que termina en una palabra llana. ■ **8** (*Geom*) [Ángulo] de 180°. **II** *n* A *m* **9** Terreno llano [1a]. **B** *f* **10** Herramienta de albañilería consistente en una plancha de acero con asa de madera, que se em-

plea para extender y alisar el yeso o la argamasa. ■ **11** (*raro*) Llanura. ■ **12** (*Taur y Coc*) Parte externa y plana de la nalga de la res vacuna. **III** *loc v* **13 dar de llana** [una pared]. (*Constr*) Extender [sobre ella] el yeso o la argamasa con la llana [10]. **IV** *loc adv* **14 a la llana.** *En una subasta:* De viva voz, oyendo los postores las respectivas ofertas. *Con los vs* PUJAR *o* LICITAR. *Tb adj.* ■ **15 a la llana.** (*raro*) Sin pompa u ostentación. ■ **16 a la pata la llana** → PATA[1].

llanta *f* **1** Cerco, de hierro o de goma, de las ruedas de los vehículos, sobre el cual se aplican estas al suelo. ■ **2** Cerco de acero que sirve de asiento al neumático.

llantear *intr* (*raro*) Llorar.

llantén *m* Planta herbácea perenne, común en prados y en lugares incultos, con flores muy pequeñas en espiga cilíndrica, y cuyas hojas se emplean en medicina (*gén. Plantago*). *Diversas especies se distinguen por medio de un adj o compl especificador:* ~ MAYOR (*P. major*), ~ MENOR *o* LANCEOLADO (*P. lanceolata*), ~ MEDIANO (*P. media*), ~ ALESNADO (*P. subulata*), ~ DE MAR (*P. maritima*), ~ ACUÁTICO (*Alisma plantago-aquatica*), *etc.*

llantera *f* (*col*) Llantina.

llantina *f* (*col*) Llanto ruidoso y continuo.

llanto *m* Acción de llorar. *Tb su efecto.*

llanura *f* Terreno llano, esp. de gran extensión.

llar (*reg*) **A** *m* **1** Lar (sitio donde se coloca la lumbre). *Tb la misma lumbre.* ■ **2** Llares [3]. **B** *f pl* **3** Cadena con uno o varios ganchos, que pende del cañón de la chimenea y sirve para colgar la caldera.

llave I *f* **1** Instrumento, normalmente de metal, que encaja en el hueco de una cerradura y sirve para hacerla funcionar. **b)** ~ **maestra** → MAESTRO. **2** Cosa no material de la que depende el paso o el acceso [a otra (*compl de posesión o* PARA)]. **b)** Clave (dato que explica o hace comprensible algo). ■ **3** Dispositivo que sirve para regular el paso de un fluido por un conducto. *Tb* ~ DE PASO. **b)** Interruptor [de la luz]. **c)** *En algunos instrumentos de viento:* Aparato metálico que, movido por los dedos, abre o cierra el paso del aire. ■ **4** Instrumento en forma de pequeño cilindro hueco por su parte inferior y ensanchado por la superior, que sirve para dar cuerda a algunos relojes de pared y otros objetos mecánicos. ■ **5** Herramienta para apretar y aflojar tuercas. *Frec con un adj o compl especificador:* FIJA, INGLESA (→ FIJO, INGLÉS), *etc.* ■ **6** (*Dep*) *En lucha:* Acción con que el luchador derriba o inmoviliza al contrario. ■ **7** Signo gráfico en forma de un gran corchete recto u ondulado, que indica que la serie de cosas abarcadas por él y escritas una en cada línea son divisiones de la que está escrita al otro lado, o están referidas a ella. ■ **8** Juego popular de Galicia en que dos jugadores compiten por derribar, con discos de hierro o plomo, una pieza de hierro puesta en pie sobre el suelo. *Tb la misma pieza.* **II** *loc adj* **9** ~ **en mano.** *En publicidad:* [Vivienda] que el comprador puede ocupar inmediatamente al firmar la escritura de compra. *Tb adv.* ■ **10** [Ama] **de ~s** → AMA[1]. **III** *loc adv* **11 bajo ~.** En lugar cerrado con llave [1]. ■ **12 bajo siete ~s.** (*col*) Muy guardado o custodiado.

llavero *m* **1** Utensilio en forma de anilla o de cartera en que se llevan las llaves [1]. ■ **2** Tablero o armario en que se cuelgan las llaves [1] de una casa o un local.

llavín *m* Llave [1] plana y pequeña.

lleco -ca *adj* [Terreno] inculto o que nunca ha sido labrado. *Tb n m.*

llega *f (reg)* Colecta popular que se realiza durante las fiestas.

llegada *f* **1** Acción de llegar [1 y 3a]. ■ **2** Punto por donde se llega [1].

llegador *m (Dep) En ciclismo:* Corredor especializado en el sprint de llegada.

llegar *intr* ➤ **a** *normal* **1** Completar [alguien o algo] su marcha o su trayectoria [hacia un lugar (*compl* A o HASTA)], entrando o no en él. *Tb fig.* **b)** Presentarse [alguien o algo, esp. esperado]. *A veces con ci.* **c)** ~**le la hora** → HORA. ■ **2** Ir [hasta un determinado límite (*compl* A o HASTA)] o conseguir tocar[lo]. *Tb fig.* **b)** *Cuando el compl es* A + *infin, presenta la acción expresada por este como producida al término de un proceso.* * Había llegado a tomarle cariño. **c)** ~ **hasta ahí** (o **aquí**) **podíamos** (o **podríamos**) ~. *(col) Fórmula que expresa enfáticamente la intención de no tolerar un posible abuso.* * Pretende que yo cargue con todo. ¡Hasta ahí podíamos llegar! **d)** **hasta aquí hemos llegado.** *(col) Fórmula que expresa la intención de no seguir tolerando algo.* * Mira, se acabó. Hasta aquí hemos llegado. **e)** ~ **a menos, ~ a menos** → MÁS, MENOS. ■ **3** Obtener [algo (A + *n abstracto o infin*)] como consecuencia de algún esfuerzo. **b)** Convertirse [en algo (*compl* A) que gralm. se considera como meta]. **c)** Triunfar [alguien] en su profesión. ■ **4** Ser [una cosa] suficiente [para algo]. *Frec se omite el compl por consabido.*

➤ **b** *pr* (~**se**) **5** *(col)* Ir [a un lugar no lejano].

lleísmo *m (Fon)* Pronunciación del fonema /ʎ/ (letra *ll*) con su articulación propia y no con la de /y/.

llena → LLENO.

llenado *m* Acción de llenar [1]. *Esp referido a recipiente.*

llenador -ra *adj* Que llena [1]. *Tb n, referido a máquina o aparato.*

llenar **A** *tr* **1** Hacer que [alguien o algo (*cd*)] pase a estar lleno [1, 2 y 3]. **b)** *pr* (~**se**) Pasar a estar lleno [1, 2 y 3]. ■ **2** Rellenar [un impreso]. ■ **3** Ocupar [alguien o algo un espacio o un tiempo]. ■ **4** Cumplir o satisfacer [un requisito o un deseo]. ■ **5** Satisfacer [a alguien]. *Tb abs.* ■ **6** *(col)* Fecundar. **B** *intr* **7** Llegar [la Luna] al plenilunio.

llenazo *m (col)* Lleno [7] total.

lleno -na **I** *adj* **1** Que contiene la mayor cantidad posible [de algo]. *Frec se omite el compl.* ■ **2** Que tiene gran cantidad [de algo]. ■ **3** [Pers.] que no tiene deseo de comer o beber más, por sentir su estómago lleno [1]. ■ **4** *(euf)* [Pers.] gorda. *Frec en la forma* LLENITO. ■ **5** [Luna] que se ve con todo su círculo iluminado. ■ **6** [Hembra] preñada. **II** *n* **A** *m* **7** Hecho de estar lleno [1] un lugar, esp. de espectáculos. **B** *f* **8** *(reg)* Riada caudalosa y violenta. **III** *loc v* **9 tener un ~.** *(col)* Tener éxito. **IV** *loc adv* **10 de ~.** Completamente. *Con vs como* DAR, AFECTAR, COGER, ALCANZAR, ACERTAR.

llerado *m (reg)* Pedregal.

llerenense *adj* De Llerena (Badajoz). *Tb n, referido a pers.*

llerense *adj* De Llera (Badajoz). *Tb n, referido a pers.*

lleta *f (reg)* Tallo recién nacido [de una planta].

llevable *adj* Que se puede llevar, *esp* [5].

llevada *f (raro)* Acción de llevar, *esp* [1].

llevadero -ra *adj* Soportable o tolerable.

llevador -ra *adj (raro)* Que lleva, *esp* [1]. *Tb n, referido a pers.*

llevadura *f (reg)* Colecta que, como regalo de boda, se hace entre los allegados de los novios. *Tb la ceremonia correspondiente.*

llevanza *f* Acción de llevar la contabilidad.

llevar **I** *v* **A** *tr* ➤ **a** *normal* **1** Hacer [una pers. o cosa] que, con ella o por medio de ella, llegue [alguien o algo (*cd*)] a otra (*ci*) o a un lugar]. *Tb abs. Tb fig. Tb sin ci o compl de lugar.* **b)** Servir [un camino (*suj*)] para que [alguien (*cd*)] vaya [a un lugar]. *Frec abs.* **c)** *(col)* Comprar [una mercancía transportable]. *Frec pr* (~**se**). ■ **2** Hacer que [alguien o algo (*cd*)] pase a estar [en determinado estado o situación (*compl* A)]. **b)** Dar [a un tema (*cd*)] la forma artística que se expresa. *Seguido de un compl adv que especifica el medio artístico en cuestión:* AL TEATRO, A LA ESCENA, A LAS TABLAS, AL CINE, A LA PANTALLA, AL CELULOIDE, AL LIENZO, *etc.* ■ **3** Mover o impulsar [a alguien (*cd*)] a algo. ■ **4** Tener [una pers. a alguien (*cd*)] consigo o sobre sí, esp. mientras está en movimiento o en disposición de moverse. *Tb fig.* **b)** Usar habitualmente [algo que se lleva puesto]. ■ **5** Tener en sí [algo que está en movimiento o que lo implica (*suj*)] algo material o inmaterial (*cd*)]. ■ **6** Tener [una cosa (*suj*)] otra (*cd*)] enlazada a ella, o tener[la] como consecuencia necesaria. *Frec* ~ CONSIGO. ■ **7** Contener [un ingrediente o componente]. ■ **8** Producir [algo (*cd*)] una tierra o una planta (*suj*)]. ■ **9** Tener [alguien algo inmaterial, esp. razón o ventaja]. *Referido a ventaja, frec con ci.* **b)** Tener [una cantidad de algo] más [que otro (*ci*)]. ■ **10** Mantener [algo, esp. una actividad o serie de actividades] a lo largo de cierto tiempo. *Frec con un predicat o compl adv.* **b)** Realizar a lo largo del tiempo [una anotación o un registro]. ■ **11** Tener [algo (*cd*)] que se hace a lo largo de cierto tiempo, en determinada situación o estado (*compl adv o predicat*)]. ■ **12** Tener [alguien] a su cargo o bajo su responsabilidad [una actividad o algo que la implica]. **b)** Cultivar [una finca] como rentero. *Tb* ~ EN RENTA. ■ **13** Conducir o manejar [un vehículo, una montura o algo que se mueve]. **b)** Dirigir [la mano de alguien que escribe o dibuja]. **c)** Dirigir los movimientos [de la pareja con quien se baila (*cd*)]. ■ **14** Influir [sobre una pers. (*cd*)]. *Frec en la constr* DEJARSE ~. ■ **15** Acomodarse [a un ritmo (*cd*)] o moverse de acuerdo [con él (*cd*)]. ■ **16** Acomodarse [al carácter o al genio (*cd*) de alguien difícil]. **b)** Tratar adecuadamente [a alguien difícil]. **c)** ~ **el aire** [a alguien] → AIRE. ■ **17** Moverse [en una dirección o por un camino (*cd*)]. *Frec fig.* **b)** ~ **camino, traza(s)** → CAMINO, TRAZA[1]. ■ **18** Recibir o pasar a tener [un beneficio o un daño]. *Tb pr* (~**se**). *Tb fig.* **b)** Soportar [algo de una determinada manera (*compl adv*)]. ■ **19** Cobrar [una cantidad (*cd*)] por un servicio o una mercancía]. ■ **20** Necesitar [una cosa (*suj*)] cierta cantidad de algo. *Gralm pr* (~**se**). **b)** Exigir [una cosa (*suj*)] cierta cantidad de tiempo] para su realización. *Tb pr* (~**se**). ■ **21** *Seguido del part de un v tr (más raro, intr), expresa que la pers* designada en el *suj* ha realizado desde hace algún tiempo la acción expresada por el *part*, y que tal acción continúa o puede continuar. * El libro reúne todo lo que lleva publicado. * Lleva vivido mucho. ■ **22** Estar [desde hace un tiempo determinado (*cd*) en un lugar o en una situación]. **b)** Estar pasando [alguien (*suj*) un período de tiempo (*cd*) lleno de hechos notables, frec. negativos]. *Frec en forma exclamativa.* * ¡Vaya año que llevamos! ■ **23** Hacer que [una pers. (*cd*)] ofrezca [un determinado aspecto en lo relativo a su aseo o atuendo (*compl adv o predicat*)]. ■ **24** (*Mat*) Reservar [las decenas de un resultado parcial] para agregarlas a la operación parcial inmediata. *Tb* (*col*) *pr* (~se). ■ **25** ~ **a cabo** → CABO. ■ **26** ~ **adelante.** Hacer que prospere [una cosa (*cd*)]. ■ **27** ~**la.** *En el juego de tula:* Quedarse. ■ **28** ~ **las de ganar** (*o* **las de perder**). Estar en situación ventajosa (o desventajosa). ■ **29** ~ **la voz cantante** → VOZ. ➤ **b** *pr* (~se) **30** Tomar [alguien algo] para sí, llevándo[lo] [1a] consigo. **b)** ~se **Dios** [a alguien] → DIOS. ■ **31** Llevar [1a] [algo o a alguien (*cd*)] consigo [una pers. o cosa que se mueve (*suj*)], frec. con violencia. * El aire se llevó la sombrilla. **b)** ~se **por delante.** Derribar [una pers. o cosa (*suj*)] a otra (*cd*) que se interpone en su marcha. *Tb fig.* ■ **32** Causar la muerte [a alguien (*cd*)] algo (*suj*), esp. una enfermedad]. *Tb* ~SE POR DELANTE. **b)** ~se **por delante.** Acabar [con alguien o algo (*cd*)]. *Tb fig.* ■ **33** Tener [una cantidad (*cd*)] de diferencia [respecto a otro (*compl* CON)]. *A veces sin compl, con suj pl y sent recíproco.* **B** *intr* ➤ **a** *normal* **34** (*col*) Cobrar. *Con un adj adverbializado* CARO *o* BARATO. ➤ **b** *pr* (~se) **35** (*col*) Estar de moda o estilarse [una cosa]. ■ **36** ~se **bien** (*o* **mal**). Tener buena (o mala) relación [con alguien]. *En lugar de* BIEN *o* MAL *puede presentarse otro compl adv equivalente. Tb sin compl* CON, *con suj pl.* **b)** **no** ~se. (*col*) No mantener ningún trato o relación. *Frec con compls como* NI BIEN NI MAL *o* DE NINGUNA MANERA. **II** *loc n m* **37** **tú la llevas.** Tula (juego infantil).

lliviense *adj* De Llivia (Gerona). *Tb n, referido a pers.*

llocántaro *m* (*reg*) Bogavante (crustáceo).

llodiano -na *adj* De Llodio (Álava). *Tb n, referido a pers.*

llorador -ra *adj* Que llora. *Tb n.*

lloraduelos *m y f* (*col*) Pers. que llora y se lamenta continuamente.

llorante *adj* (*lit, raro*) Que llora.

llorar **I** *v* **A** *intr* **1** Derramar [alguien] lágrimas, esp. por dolor o emoción. **b)** Gemir [un perro] en señal de tristeza o dolor. **c)** Derramar lágrimas [el ojo]. *Frec con compl de interés.* **d)** Derramar savia [las vides]. ■ **2** (*col*) Encarecer lástimas o necesidades, esp. a fin de obtener algo. *Frec con ci o compl de lugar en donde.* **B** *tr* **3** Derramar [lágrimas]. ■ **4** Sentir o manifestar pesar [por un mal o una desgracia (*cd*)]. **b)** Sentir o manifestar pesar por la muerte [de alguien (*cd*)]. **II** *loc adj* **5 de ~**, *o* **para echarse a ~.** (*col*) Horrible o espantoso. *Con intención ponderativa.*

lloreo *m* (*reg*) Laurel (árbol).

llorera *f* Lloro muy intenso y continuado.

lloretense *adj* De Lloret de Mar (Gerona). *Tb n, referido a pers.*

llorica *m y f* (*col, desp*) Pers. que llora [1a] por cualquier motivo. *Tb adj.*

lloricón -na *adj* (*col, desp*) Llorica o llorón. *Tb fig.*

lloriqueante *adj* (*lit, desp*) Que lloriquea. **b)** Propio de la pers. que lloriquea.

lloriquear *intr* (*desp*) Llorar [1a y b] de manera débil y monótona.

lloriqueo *m* (*desp*) Acción de lloriquear. *Tb su efecto.*

llorisquear *intr* (*reg, desp*) Lloriquear.

lloro *m* Acción de llorar, *esp* [1]. *Tb su efecto.*

llorón -na **I** *adj* **1** [Pers.] que llora [1a y 2] mucho, y frec. con poco motivo. *Tb n.* **b)** [Ojo] que llora [1c] mucho. ■ **2** Que implica llanto. *Frec referido a borrachera. Tb fig.* ■ **3** [Sauce] de ramas desmayadas que se cultiva con fines ornamentales (→ SAUCE). **II** *n* **A** *m* **4** Penacho de plumas o fibras largas y flexibles. **B** *f* **5** (*col*) Llorera. **III** *loc v* **6 cogerla** (*u otro v equivalente*) **llorona,** *o* **darle llorona** [a alguien]. (*col*) Darle por llorar [1a].

llorosamente *adv* (*raro*) De manera llorosa.

lloroso -sa *adj* **1** Que llora o muestra señales recientes de haber llorado [1]. ■ **2** (*raro*) Que implica llanto.

llosa *f* (*reg*) Terreno labrantío cercado y gralm. próximo a la casa a que pertenece.

llosco *m* (*reg*) Embutido hecho con la vejiga de cerdo llena de carne adobada de este animal.

llovedizo -za *adj* [Agua] de lluvia.

llovedor -ra *adj* Que trae la lluvia. *Gralm referido a viento.*

llover **I** *v* (*conjug* 18) **A** *intr* ➤ **a** *impers* **1** Caer agua de las nubes. **b)** ~ **sobre mojado.** (*col*) Suceder una cosa desagradable después de otra, aumentando así su efecto negativo. **c)** (**ya**) **ha llovido** (*o* **llovió**) (**bastante, lo suyo,** *etc*). (*col*) Ha transcurrido mucho tiempo. ➤ **b** *personal normal* **2** Caer [agua] de las nubes. *Tb fig.* **b)** Caer en abundancia [algo (*suj*)] sobre alguien o algo (*ci o compl* SOBRE *o* EN]. *Frec fig.* **c)** (*raro*) Producirse lluvia [de estrellas (*suj*)]. ■ **3** Hacer [Dios] que llueva [1a]. ■ **4** ~ **del cielo** → CIELO. ➤ **c** *personal pr* (~se) **5** Calarse con la lluvia [una techumbre o un edificio]. **B** *tr* **6** Mojar la lluvia [algo (*cd*)]. *Usado en part.* **II** *loc adv* **7 como quien** (*o* **el que**) **oye** (*o* **ve**) ~. (*col*) Sin inmutarse, o con completa indiferencia [ante algo, esp. lo dicho por otro].

llovizna *f* Lluvia [1] menuda.

lloviznar *intr impers* Caer llovizna [1].

lloviznear *intr impers* (*reg*) Lloviznar.

lloviznoso -sa *adj* (*raro*) Abundante en lloviznas.

llueca *adj* (*reg*) [Gallina] clueca. *Tb n f. Tb fig.*

llufa (*reg*) **I** *f* **1** Muñeco que se cuelga por burla a la espalda de alguien. **II** *loc v* **2 hacer ~.** Quemarse sin explotar [una bomba o un petardo].

lluvia *f* **1** Fenómeno atmosférico que consiste en caer agua de las nubes. **b)** ~ **ácida** → ÁCIDO. ■ **2** Caída de agua en forma semejante a la de lluvia [1].

b) Caída [de algo] en forma de gotas o partículas numerosas. ■ **3** Hecho de caer sobre alguien gran cantidad [de algo]. *Frec fig.* ■ **4 ~ amarilla.** Sustancia amarilla caída en forma de lluvia [1] en determinadas zonas de Asia y considerada por algunos como agente químico de uso bélico. ■ **5 ~ de estrellas.** Aparición de numerosas estrellas fugaces. ■ **6 ~ de oro.** Árbol o arbusto leguminoso de pequeño tamaño, con flores amarillas, olorosas, en racimos colgantes (*Cytisus laburnum* o *Laburnum anagyroides*). ■ **7 ~ dorada** (*o* **de oro**). (*jerg*) Práctica erótica que consiste en orinar un miembro de la pareja sobre la piel desnuda del otro.

lluvioso -sa *adj* Abundante en lluvias [1].

lo[1] (*con pronunc átona*) *art* (*no tiene pl; precede normalmente solo a adjs o constrs adjs, a los que sustantiva*) **1** *Precediendo a un adj en forma m sg, hace que signifique la cualidad en abstracto* (lo heroico = el heroísmo). ■ **2** *Precediendo a un adj, a una prop adj o a un compl con prep:* La cosa o las cosas. * Le tocó demasiado pronto lo malo. * Eso es lo que te viene diciendo tu padre. * Ya es capaz de hacer lo de uno de nosotros. **b)** El conjunto [de perss. o cosas]. * Es amiga de todo lo mejor de Madrid. **c)** La parte. * Está en lo alto de la torre. ■ **3** (*reg*) *Precediendo a una expresión de posesión o a un n prop,* designa una finca. * Está labrando en lo suyo y luego pasará a lo de don Luis. ■ **4 ~ suyo →** SUYO. ■ **5** *Forma diversas locs advs:* A ~ LARGO, ~ MENOS, POR ~ PRONTO, *etc →* LARGO, MENOS, PRONTO, *etc.* ■ **6 ~ +** *adj o adv +* **que;** **~ que es →** QUE[1].

lo[2] → ÉL.

lo[3] → ELLO.

loa *f* **1** (*lit*) Acción de loar. ■ **2** (*TLit*) Composición poética de alabanza. ■ **3** (*TLit, hist*) Introducción, frec. laudatoria, en forma de monólogo o diálogo, que precede a una representación teatral.

loable *adj* (*lit*) Digno de loa [1].

loanza *f* (*lit, raro*) Loa [1].

loar *tr* (*lit*) Alabar.

lob (*ing; pronunc corriente,* /lob/; *pl normal,* ~s) *m* (*Tenis*) Golpe que consiste en enviar la pelota alta, para que pase por encima de la cabeza del jugador contrario y fuera de su alcance.

loba → LOBO[1].

lobada *f* (*reg*) **1** Manada de lobos[1] [1]. ■ **2** Ataque de los lobos[1] [1].

lobado -da *adj* (*Anat*) Lobulado.

lobanillo *m* Quiste, esp. sebáceo, que se forma bajo la piel.

lobato *m* **1** Cachorro de lobo[1] [1]. ■ **2** *En escultismo:* Scout masculino de 8 a 12 años.

lobbista (*tb con las grafías* **lobbysta** *o* **lobista**) *adj* De(l) lobby [1]. **b)** Que pertenece a un lobby. *Tb n, referido a pers.*

lobby (*ing; pronunc corriente,* /lóbi/; *pl normal,* LOBBIES) *m* **1** Grupo u organización que ejerce presión sobre los poderes públicos a fin de favorecer intereses particulares. ■ **2** (*raro*) Vestíbulo [de un hotel].

lobbying (*ing; pronunc corriente,* /lóbin/) *m* Actuación de un lobby [1].

lobbysmo *m* (*raro*) Sistema del lobby [1].

lobbysta → LOBBISTA.

lobectomía *f* (*Med*) Extirpación total de un lóbulo, esp. pulmonar.

lobelia *f Se da este n a distintas plantas herbáceas del gén Lobelia, propias de climas cálidos, algunas de las cuales se cultivan como ornamentales.*

lobeliácea *adj* (*Bot*) [Planta] de la familia de la lobelia. *Frec como n f en pl, designando este taxón botánico.*

lobelina *f* (*Quím*) Alcaloide extraído de la planta *Lobelia inflata*, que estimula los centros respiratorios.

lobero -ra I *adj* **1** De(l) lobo[1] [1]. **b)** [Mastín] adecuado para combatir al lobo[1] [1]. *Tb n.* ■ **2** Abundante en lobos[1] [1]. ■ **3** [Proyectil de arma de fuego] usado esp. en la caza del lobo[1] [1].

II *n* A *m* **4** Cazador de lobos[1] [1].

B *f* **5** Guarida de lobos[1] [1]. *Tb fig.* ■ **6** Lugar en que habitan o se reúnen lobos marinos.

lobezno *m* Cachorro de lobo[1] [1].

lobista → LOBBISTA.

lobo[1] **-ba** I *n* A *m* **1** Mamífero carnívoro semejante a un perro grande, con hocico puntiagudo, orejas tiesas y cola larga y muy poblada (*Canis lupus*). *Tb su piel. Tb* designa solamente al macho de esta especie. **b)** *A veces se usa en constrs de sent comparativo para ponderar la ferocidad o la agresividad.* * Se puso como un lobo. **c) hombre-~ →** HOMBRE. ■ **2 ~ cerval.** Lince (animal). ■ **3 ~ marino.** Foca común. ■ **4 ~ de mar.** Marino muy experimentado. ■ **5 ~ solitario.** Individuo huraño e insociable.

B *f* **6** Hembra del lobo [1]. **b)** *A veces se usa en constrs de sent comparativo para ponderar la ferocidad o la agresividad.* * Fue oír aquello y saltó como una loba, oiga. ■ **7** (*jerg*) Ramera.

II *adj* **8** [Perro] grande cuyo aspecto recuerda al del lobo [1]. ■ **9 de ~s.** [Noche] muy oscura.

III *fórm or* **10 menos ~s.** (*col*) *Fórmula con que se comenta en tono de burla lo exagerado que resulta lo que se acaba de decir.* * –Eso lo hago yo con la gorra. –¡Menos lobos!

lobo[2] **-ba** *adj* (*hist*) [Pers.] nacida en América de indio y negra, o de negro e india, o, según otros, de indio y tornatrás o de tornatrás e india. *Tb n.*

lobotomía *f* (*Med*) Sección quirúrgica de un lóbulo, esp. la practicada sobre el lóbulo frontal del cerebro para corregir trastornos mentales.

lóbrego -ga *adj* (*lit*) Oscuro o tenebroso. *Tb fig.*

lobreguecer (*conjug 11*) (*lit*) A *tr* **1** Hacer lóbrego [algo] (*cd*).

B *intr* **2** Anochecer.

lobreguez *f* (*lit*) Cualidad de lóbrego. *Tb fig.*

lobulado -da *adj* (*E*) Que tiene lóbulos [2 y 3].

lobular *adj* (*Anat*) De(l) lóbulo [2].

lóbulo *m* **1** Parte inferior, carnosa y redondeada [de la oreja]. ■ **2** (*Anat*) Parte redondeada y saliente [de un órgano]. ■ **3** (*Arquit*) Adorno consistente en una escotadura en forma de arco.

lobuloso -sa *adj* (*Anat*) Lobulado.

lobuno -na *adj* De(l) lobo[1] [1]. **b)** [Color o pelaje] grisáceo.

loca → LOCO.

local I *adj* **1** De un lugar dado, o propio exclusivamente de él. **b)** (*Dep*) [Equipo] del lugar en que se celebra el encuentro. **c)** De(l) equipo local. *Tb n, referido a pers.* ■ **2** Municipal. *Se opone a* NACIONAL, REGIONAL *o* PROVINCIAL. ■ **3** Que afecta solo a una

parte determinada del cuerpo. *Frec referido a anestesia.* ■ **4** *(raro)* De lugar.
II *m* **5** Espacio cerrado y cubierto, esp. destinado a actividades comerciales o recreativas.

localidad *f* **1** Población (agrupación de edificios organizada como unidad administrativa y en la que habita una colectividad). ■ **2** *En un local de espectáculos:* Lugar de los destinados a los espectadores. *Tb la entrada que da derecho a ocuparlo.*

localismo *m* **1** Cualidad de local [1]. ■ **2** Tendencia al localismo [1]. ■ **3** Palabra o giro propios del habla de una localidad o de una zona muy limitada.

localista *adj* **1** De(l) localismo. ■ **2** Que tiende al localismo [1].

localizable *adj* Que se puede localizar, *esp* [1].

localización *f* Acción de localizar(se). **b)** Situación o emplazamiento.

localizado -da *adj* **1** *part* → LOCALIZAR. ■ **2** Que se circunscribe a un lugar determinado.

localizador -ra *adj* Que localiza o sirve para localizar [1]. *Tb n m, referido a utensilio o aparato.*

localizar *tr* **1** Averiguar o determinar dónde se encuentra [alguien o algo *(cd)*]. **b)** Averiguar o determinar de dónde procede [una llamada telefónica *(cd)*]. ■ **2** Situar [algo *(cd)*] en un lugar o dentro de ciertos límites *(compl* EN). **b)** *pr* (~**se**) Situarse [algo *(suj)*] en un lugar o dentro de ciertos límites *(compl* EN). *Frec en part.* ■ **3** Conseguir que [un incendio *(cd)*] deje de propagarse.

localmente *adv* De manera local.

locamente *adv* De manera loca (→ LOCO [3]). *Con intención ponderativa.*

locario -ria *adj* *(reg)* Loco [2 y 3].

locatis *adj* *(col, humoríst)* Loco [1, 2 y 3].

locativo -va *adj* Que expresa lugar. **b)** *(Ling)* [Caso] correspondiente al complemento de lugar en donde. *Tb n m.*

locato -ta *adj* *(reg)* Loco [2].

locería *f* *(reg)* Loza.

locero -ra *m y f* *(reg)* Pers. que fabrica o vende loza.

loch *(ing; pronunc corriente, /loχ/ o /lok/; pl normal, ~s) m* Brazo de mar largo y estrecho de la costa escocesa.

locha *f* **1** Pez de agua dulce, con pequeñas espinas eréctiles en la cabeza, cuya carne es muy fina *(Cobitis taenia).* ■ **2** Pez marino de la misma familia que el bacalao, de color marrón muy claro, que alcanza unos 75 cm de largo y cuya carne es muy fina *(Phycis blennoides).*

loción *f* Líquido medicinal o cosmético que se aplica exteriormente sobre la piel o el cabello.

lock-out *(ing; pronunc corriente, /lokáut/; pl normal, ~s) m* Cierre patronal.

loco -ca **I** *adj* **1** [Pers.] que tiene alterado el juicio o la capacidad de razonar. *Tb n. Frec fig, con intención ponderativa.* **b)** [Pers.] pasajeramente incapaz de razonar o actuar con normalidad, a causa de alguien o algo que la altera. *Con intención ponderativa.* *Frec con un compl* POR, DE *o* CON *y en las constrs* COMO ~, VOLVER(SE) ~, TRAER, *o* TENER ~. **c)** *(col)* Muy contento. *Frec* ~ DE CONTENTO *o* DE ALEGRÍA, *o en la constr* COMO ~. **d)** *(col)* Que siente un amor o una

pasión extraordinarios [por alguien o algo]. *Frec en constrs como* ESTAR, *o* VOLVERSE, ~ [por una pers. o cosa], *o* TRAER, TENER, *o* VOLVER ~ [a alguien una pers. o cosa]. **e)** *(col)* Que siente un deseo irresistible [de algo *(compl* POR)]. *Frec en la constr* ESTAR ~. **f) como** (**un**) ~. *(col)* Se usa para ponderar la intensidad de la acción. * Se puso a coser como una loca. **g) como** (**un**) ~. *(col)* Se usa para ponderar la velocidad. *Frec con el v* IR. * Corría como un loco. * Iban como locos por la autopista. **h) ni** ~. *(col)* Se usa para expresar o subrayar enfáticamente una negación. * Eso no lo hago yo ni loca. ■ **2** [Pers.] insensata o de poco juicio. *Tb n.* ■ **3** Propio de la pers. loca [1 y 2]. **b)** *(col)* [Cosa] que implica falta de freno o de moderación. ■ **4** *(col)* Muy grande o extraordinario. *Gralm referido a suerte u otra cosa positiva.* ■ **5** [Brújula o balanza] cuya aguja oscila excesivamente antes de hallar su posición de equilibrio. ■ **6** *(Mec)* [Pieza u órgano] que gira libremente sobre su eje. ■ **7** *(reg)* [Castaña] hueca. ■ **8** [Algarrobo] ~, [avena] **loca**, [higuera] **loca**, [malvavisco] ~, [pepinillo] ~, [ciruela] **loca** → ALGARROBO, AVENA, *etc.*
II *f* **9** *(col)* Homosexual afeminado. ■ **10 la loca de la casa.** *(lit, raro)* La imaginación.
III *loc v y fórm* **11 cada ~ con su tema.** *Fórmula con que se comenta la insistencia excesiva de alguien en un asunto dado.* * Él sigue a lo suyo. Cada loco con su tema. ■ **12 hacer el ~.** Comportarse como una pers. loca [2]. ■ **13 hacerse el ~.** Afectar ignorancia o distracción.
IV *loc adv* **14 a lo** ~. De manera irreflexiva o imprudente. **b)** De manera frenética o alborotada. ■ **15 a tontas y a locas** → TONTO.

loco citato *(lat; pronunc corriente, /lóko-θitáto/) loc adv* En el lugar citado. *En citas o referencias textuales y gralm en la forma abreviada* LOC. CIT.

locoide *adj* *(col)* [Pers.] medio loca [1a]. *Tb n.*

locomoción *f* **a)** Acción de desplazarse de un lugar a otro. **b)** *Esp, mediante un vehículo u otro medio de transporte.* * La empresa le paga gastos de locomoción.

locomotor -ra *(tb f* **locomotriz** *en acep 1)* **I** *adj* **1** De (la) locomoción.
II *f* **2** Máquina que arrastra los vagones del tren. **b)** Elemento que tira de otros. *En sent fig.*

locomovible *adj* *(raro)* Que puede trasladarse de un lugar a otro.

locomóvil *adj* *(raro)* [Máquina a vapor] que puede trasladarse de un lugar a otro por ir dotada de ruedas. *Tb n f.*

locorregional *adj* *(Med)* Que afecta a una parte o región determinada del cuerpo.

locrio -cria *(hist)* **I** *adj* **1** De Lócride (región de la antigua Grecia). *Tb n, referido a pers.*
II *m* **2** Dialecto de los locrios [1].

locuacidad *f* Cualidad de locuaz.

locuaz *adj* [Pers.] que habla mucho. *Frec con intención desp.* **b)** Propio de la pers. locuaz.

locución *f* **1** Hecho de hablar. **b)** Actividad de locutor. ■ **2** Modo de hablar o de expresarse. ■ **3** *(Gram)* Combinación fija de dos o más palabras que funciona como una unidad léxica.

locuela *f* *(lit)* Modo de hablar o de expresarse.

locuente *m y f* *(lit, raro)* Hablante.

loculicida *adj* *(Bot)* [Dehiscencia] que se realiza por las cámaras del ovario.

locura I *f* **1** Cualidad o condición de loco [1, 2 y 3]. ■ **3** Cosa loca (→ LOCO [3]). **b)** Cosa muy confusa o complicada. *Con intención ponderativa. Frec en la constr* SER LA ~. ■ **4** (*col*) Cosa extraordinaria o maravillosa. *Con intención ponderativa. Frec en la constr* SER LA ~. **II** *loc adj* **5 de** ~. (*col*) Extraordinario o maravilloso. *Con intención ponderativa. Tb adv.* **III** *loc adv* **6 con** ~. (*col*) Muchísimo. *Con vs como* QUERER *o* GUSTAR.

locus *m* **1** (*Fon*) Punto del espectro acústico hacia el que tienden los formantes de la vocal que precede o sigue a una consonante dada. ■ **2** (*lit, raro*) Lugar.

locústido *adj* (*Zool*) [Insecto] de la familia de la langosta. *Frec como n m en pl, designando este taxón zoológico.*

locutivo -va *adj* De (la) locución [1].

locutor -ra *m y f* Pers. que tiene por oficio hablar por radio o televisión para dar noticias o presentar programas.

locutorio *m* **1** *En un convento de clausura o en una cárcel*: Lugar destinado a que los visitantes hablen con las monjas o los presos. ■ **2** Local o departamento público que consta de varias cabinas telefónicas individuales.

lodar *tr* (*reg*) Tapar con lodo o algo similar.

lodazal *m* Sitio lleno de lodo. *Tb fig.*

loden *m* **1** Tejido de lana, grueso e impermeable, usado esp. para prendas de abrigo. ■ **2** Abrigo u otra prenda similar fabricados en loden [1].

lodo *m* Mezcla de tierra y agua que se forma en el suelo al llover, o que se deposita en el fondo de una corriente o una acumulación de agua. *Tb fig, frec en frases como* CUBRIR DE ~, *o* ARRASTRAR POR EL ~.

lodoño *m* (*reg*) Almez (árbol).

loes (*frec con la grafía alemana* **loess**) *m* (*Geol*) Material sedimentario arcilloso de origen eólico y color amarillo.

loésico -ca *adj* (*Geol*) De(l) loes.

loess → LOES.

lófido *adj* (*Zool*) [Pez] de la familia del rape. *Frec como n m en pl, designando este taxón zoológico.*

logarítmico -ca *adj* (*Mat*) De(l) logaritmo.

logaritmo *m* (*Mat*) Exponente a que se eleva una cantidad para que resulte un número determinado.

loggia (*it; pronunc corriente,* /lóya/) *f* Logia².

logia¹ *f* Asamblea de masones. *Tb el lugar donde se celebra y el conjunto de sus componentes.*

logia² *f* (*Arquit*) Galería exterior o arquería cubierta, abierta al menos por un lado.

lógica → LÓGICO.

lógicamente *adv* **1** De manera lógica (→ LÓGICO [1, 2 y 4]). ■ **2** En el aspecto lógico [4].

logicidad *f* (*Filos*) Cualidad de lógico [1 y 4].

logicismo *m* (*E*) **1** Tendencia a dar importancia preponderante a la lógica (→ LÓGICO [6]). ■ **2** (*Filos*) Doctrina según la cual la matemática se reduce a la lógica (→ LÓGICO [6]).

logicista *adj* (*E*) De(l) logicismo. **b)** Adepto al logicismo. *Tb n.*

logicizar *tr* (*E*) Dar carácter lógico [1] [a algo (*cd*)].

lógico -ca I *adj* **1** Que se ajusta a las leyes del pensamiento o de la lógica [6]. ■ **2** Esperable por la naturaleza de las perss. o cosas o por el desarrollo de los acontecimientos. ■ **3** Que razona con lógica [7 y 8]. *Tb n, referido a pers.* **b)** [Cosa] que funciona con lógica [7b]. ■ **4** De la lógica [6]. **II** *n* A *m y f* **5** Especialista en lógica [6]. **B** *f* **6** Parte de la filosofía que estudia el pensamiento o razonamiento y las leyes que lo rigen. *Frec con un adj especificador:* FORMAL, MATEMÁTICA, *etc* (→ FORMAL, MATEMÁTICA, *etc*). **b)** Sistema de lógica [de un pensador, una escuela o una época]. ■ **7** Conjunto de leyes o principios que rigen el pensamiento humano. **b)** (*Informát*) Conjunto de principios que rigen las operaciones de un ordenador. **c)** Modo de razonar. ■ **8** Coherencia [de un razonamiento], o del modo de razonar [de una pers.]. **b)** Interrelación entre unos hechos o acontecimientos y otros. ■ **9 lógica parda.** (*raro*) Gramática parda.

logísticamente *adv* En el aspecto logístico¹.

logístico¹ -ca I *adj* **1** De (la) logística [2 y 3]. **II** *f* **2** (*Mil*) Disciplina que se ocupa del movimiento y avituallamiento de tropas en campaña. ■ **3** (*lit*) Organización de todo lo necesario para un servicio o actividad.

logístico² -ca I *adj* **1** (*E*) De (la) logística [3]. ■ **2** (*Estad*) [Curva] en forma de S que representa una función exponencial, usada en estudios de crecimiento de población. *Tb n f.* **II** *f* **3** (*Filos*) Lógica simbólica o matemática.

logo *m* (*col*) Logotipo [2].

logocéntrico -ca *adj* (*raro*) Que considera la palabra como expresión fundamental de la realidad.

logocentrismo *m* (*raro*) Tendencia a considerar la palabra como expresión fundamental de la realidad.

logógrafo *m* (*hist*) **1** *En la antigua Grecia*: Escritor de historia tradicional en prosa. ■ **2** *En la antigua Grecia*: Escritor profesional de discursos.

logogrifo *m* Enigma que consiste en adivinar, partiendo de una palabra dada, otras formadas con todas o algunas de sus letras.

logomaquia *f* (*lit*) Discusión sobre las meras palabras.

logopeda *m y f* (*Med*) Especialista en logopedia.

logopedia *f* (*Med*) Estudio y corrección de los trastornos del lenguaje.

logopédico -ca *adj* (*Med*) De (la) logopedia.

logopedista *m y f* (*Med*) Logopeda.

logorrea *f* (*lit o Med*) Locuacidad o verbosidad excesivas.

logos *m* (*Filos*) **1** Razón o pensamiento que se expresa por medio de la palabra. **b)** Palabra como expresión del pensamiento. ■ **2** Razón universal que ordena el mundo.

logoterapeuta *m y f* (*Med*) Especialista en logoterapia.

logoterapia *f* (*Med*) **1** Tratamiento psicoterapéutico de las neurosis elaborado por V. E. Frankl. ■ **2** Logopedia.

logoterápico -ca *adj* (*Med*) De (la) logoterapia.

logotipo *m* **1** (*Impr*) Grupo de caracteres que se funden en un solo tipo para mayor rapidez en la composición. ■ **2** Símbolo gráfico que sirve de emblema a una organización, una empresa o una campaña publicitaria.

lograble *adj* Que se puede lograr.

logrado -da *adj* **1** *part* → LOGRAR. ■ **2** [Cosa] bien hecha o que responde con acierto a lo que puede exigirse de ella. *Frec con intención ponderativa.*

logrador -ra *adj* Que logra.

lograr **A** *tr* **1** Conseguir (llegar a tener [algo que se desea], o a hacer [algo que se intenta]). **b)** Conseguir que [algo (*cd*)] llegue a su perfecto desarrollo. **B** *intr pr* (**~se**) **2** Llegar [alguien o algo] a su perfecto desarrollo. **b)** Cumplirse [un deseo].

logrero -ra *m y f* Pers. que busca un provecho excesivo en sus relaciones comerciales con los demás.

logro *m* **1** Acción de lograr(se). *Tb su efecto.* ■ **2** Ganancia o provecho excesivos.

logroñés -sa *adj* De Logroño. *Tb n, referido a pers.*

logudorés -sa **I** *adj* **1** De Logudoro (Cerdeña). *Tb n, referido a pers.* **II** *m* **2** Dialecto sardo central, de Logudoro.

loina *f* Pez de río, de la familia de los ciprínidos, propio esp. de las provincias vascas (*Chondrostoma toxostoma*).

loísmo *m* (*Gram*) Uso del pronombre *lo* como complemento indirecto masculino, en lugar de *le*.

loísta *adj* (*Gram*) Que practica el loísmo. *Tb n, referido a pers.*

lojeño -ña *adj* De Loja (Granada). *Tb n, referido a pers.*

lola *f* (*col*) Pecho de mujer. *Frec en pl.*

lolita *f* (*col*) Adolescente provocadora y de moral sexual libre.

loma *f* Elevación del terreno pequeña y prolongada.

lomazo *m* (*reg*) Loma grande.

lombarda¹ *f* Variedad de col de color morado.

lombarda² *f* (*hist*) Bombarda (arma de fuego).

lombardo -da **I** *adj* **1** De Lombardía (región del norte de Italia). *Tb n, referido a pers.* **b)** (*Arte*) De la escuela arquitectónica o pictórica surgida en Lombardía en la Edad Media y el Renacimiento respectivamente. **c)** (*Arte*) [Arcos] pequeños y ciegos que forman serie, característicos de la arquitectura medieval lombarda. ■ **2** (*hist*) [Individuo] del pueblo germánico que invadió Italia en el s. VI, estableciéndose en el norte. *Tb n.* **b)** (los) lombardos. **II** *m* **3** Dialecto italiano hablado en Lombardía.

lombillo *m* (*reg*) Lombío.

lombío *m* Montón de hierba que va quedando a la izquierda del que maneja el dalle.

lombricera *f* Lombriguera. *Tb* HIERBA ~.

lombricultor -ra *m y f* Pers. que se dedica a la lombricultura.

lombricultura *f* Cría de lombrices de tierra.

lombriguera *f* Planta herbácea de flores amarillas, usada como vermífuga (*Tanacetum vulgare*). *Tb* HIERBA ~.

lombriz *f* **1** Gusano anélido de cuerpo cilíndrico, blando y sin patas, que vive en la tierra húmeda, donde excava galerías (*Lumbricus terrestris* y otras especies). *Tb* ~ DE TIERRA. ■ **2** Gusano nematelminto que vive parásito en el intestino del hombre y de

algunos animales (*Ascaris lumbricoides* y otras especies). *Tb* ~ INTESTINAL.

lomera *f* **1** Parte de la encuadernación que cubre el lomo [4]. ■ **2** Correa que se sujeta en el lomo de las caballerías para mantener en su lugar las restantes piezas de la guarnición. ■ **3** Lomo [2 y 6].

lomerío *m* (*raro*) Conjunto de lomas.

lometa *f* (*reg*) Loma pequeña.

lomienhiesto -ta (*tb* **lominhiesto**) *adj* (*raro*) Presuntuoso.

lomillos *m pl* Aparejo que consiste en dos almohadillas largas y estrechas y que se pone a las caballerías.

lominhiesto → LOMIENHIESTO.

lomitendido -da *adj* (*Taur*) [Res] de lomos llanos, sin prominencias acusadas en el nacimiento de la cola ni depresión marcada en los ijares.

lomo **I** *m* **1** *En los animales cuadrúpedos:* Parte superior correspondiente al espinazo. *Tb en pl con sent sg.* **b)** Carne de lomo [de un animal]. **c)** *Sin compl:* Carne de lomo de cerdo. **d)** Trozo de lomo de cerdo en aceite. ■ **2** *En un pescado:* Parte superior correspondiente al dorso. ■ **3** (*col*) *En el hombre:* Parte inferior y central de la espalda. *A veces en pl con sent sg.* ■ **4** *En un libro:* Parte opuesta al corte de las hojas. ■ **5** *En un instrumento cortante:* Borde opuesto al filo. ■ **6** Parte superior, plana o redondeada [de una cosa]. ■ **7** Loma. **II** *loc v* **8** **medir** (o **sobar**) **el ~** [a alguien]. (*col*) Golpear[lo]. ■ **9 pasar la mano por el ~** → MANO. ■ **10 sobarse** [alguien] **los ~s.** (*col*) Trabajar duro. **III** *loc adv* **11 a ~(s)** [de una caballería]. Montado [sobre ella]. *Frec* (*lit*) *fig.*

lomudo -da *adj* De lomos grandes.

lona *f* Tela fuerte de algodón o cáñamo, empleada esp. para toldos. **b)** Pieza de lona. *Gralm referido a la que sirve de techo en un circo o de suelo en un combate de boxeo o lucha.*

loncha *f* **1** Trozo delgado y plano [de una materia]. ■ **2** Laja (piedra lisa, plana y poco gruesa).

lonchite *m* Planta de frondes coriáceos, frecuente en bosques mixtos, hayedos y matorrales (*Blechnum spicant*).

londinense *adj* De Londres. *Tb n, referido a pers.*

lóndrega *f* (*reg*) Nutria (animal).

loneta *f* Lona delgada. **b)** Pieza de loneta.

longánime *adj* (*lit, raro*) Que tiene o muestra longanimidad.

longanimidad *f* (*lit*) Grandeza de ánimo que inclina a la paciencia y a la indulgencia.

longaniza *f* Embutido consistente en una tripa larga y estrecha rellena de carne de cerdo picada y adobada.

long drink (*ing; pronunc corriente, /lón-drínk/*) *m* Bebida alcohólica servida en vaso largo con soda u otra bebida no alcohólica.

longevidad *f* **1** Cualidad de longevo. ■ **2** Duración de la vida.

longevo -va *adj* [Ser] de larga vida. *Tb n, referido a pers. Tb fig, referido a cosa.*

longicorne *adj* (*Zool*) De largas antenas. *Gralm referido a una familia de escarabajos.*

longilíneo -a *adj* (*lit o E*) Que presenta predominio de la longitud sobre las otras dimensiones. **b)** (*Psicol*) [Tipo humano] alto y delgado.

longincuo -cua *adj* (*lit, raro*) Lejano o distante.

longitud *f* **1** Dimensión lineal. **b)** Distancia entre los dos extremos [de un segmento]. **c)** Dimensión mayor, de las dos [de una figura] o de las tres [de un cuerpo]. *Tb su medida.* **d)** Medida horizontal [de una cosa]. **e)** Extensión o duración [de una obra literaria o musical]. ■ **2** (*Geogr*) Distancia angular [de un punto de la superficie terrestre] al meridiano cero, medida en grados. *Frec ~ ESTE u OESTE, ORIENTAL u OCCIDENTAL.* **b)** (*Astron*) Arco de la Eclíptica, contando de occidente a oriente y comprendido entre el punto equinoccial de Aries y el círculo perpendicular a ella, que pasa por un punto de la esfera. ■ **3 ~ de onda.** (*Fís*) Distancia entre dos puntos correspondientes a una misma fase en dos ondas consecutivas. **b)** (*E*) Distancia entre las crestas de dos olas consecutivas. *Tb, simplemente, ~.*

longitudinal *adj* **1** Relativo a la longitud, *esp* [1c]. **b)** Que está dispuesto en el sentido de la longitud. ■ **2** De forma alargada.

longitudinalmente *adv* De manera longitudinal.

longo -ga *adj* (*lit*) Largo. *Tb adv.*

longobardo -da *adj* (*hist*) Lombardo [2]. *Tb n.*

long play (*ing; pronunc corriente,* /lon-pléi/; *tb con las grafías* **long-play** *o* **longplay**; *pl normal,* ~s) *m* Disco microsurco de larga duración. *Tb adj.*

longuera *f* Porción de tierra larga y estrecha.

longuerón *m* (*reg*) Navaja (molusco).

longuipeciolado -da *adj* (*Bot*) De largo peciolo.

longuis (*tb* **longui**). **hacerse el ~.** *loc v* (*col*) Hacerse el distraído.

longura *f* (*lit, raro*) Longitud o largura.

lonilla *f* Loneta.

lonja[1] *f* **1** *En un puerto:* Edificio destinado a la subasta del pescado desembarcado. *Frec ~ DE PESCADO.* ■ **2** Plaza que hace las veces de atrio de una iglesia o está inmediata a este. ■ **3** (*reg*) Nave (local amplio y no dividido, destinado esp. a usos industriales). ■ **4** (*hist*) Edificio público destinado a la contratación comercial. ■ **5** (*hist*) *En las casas de esquileo:* Almacén en que se apila la lana.

lonja[2] *f* Loncha [1].

lontananza (*lit*) **I** *f* **1** Lejanía. **II** *loc adv* **2 en ~.** En la lejanía o a lo lejos.

lontano -na *adj* (*lit*) Lejano.

look (*ing; pronunc corriente,* /luk/; *pl normal,* ~s) *m* Aspecto [de una pers.] en lo relativo a su atuendo y arreglo, esp. estudiado para presentar una determinada imagen. *Tb fig, referido a cosa.*

looping (*ing; pronunc corriente,* /lúpin/; *pl normal,* ~s) *m* (*Aer*) Acrobacia aérea que consiste en hacer un círculo vertical en el aire.

loor *m* (*lit*) Alabanza.

loquear **A** *intr* **1** Comportarse como un loco. ■ **2** Volverse loco. **B** *tr* **3** Volver loco.

loquería *f* (*col, raro*) Manicomio.

loquero -ra *m y f* Pers. que se dedica a cuidar locos.

loquitonto -ta *adj* (*col*) Alocado y tonto.

lorantácea *adj* (*Bot*) [Planta] dicotiledónea que vive sobre los árboles, de la familia del muérdago. *Frec como n f en pl, designando este taxón botánico.*

lorcha *f* Barca ligera de vela y remo, propia del mar de China.

lorcho *m* (*reg*) Chaparrudo (pez, *Gobius niger*). *Tb designa otras especies de los géns Blennius, Ophidion, Alosa y Clupea.*

lord (*ing; pronunc corriente,* /lor/; *pl normal,* LORES) *m* **1** Noble británico con título de marqués, conde, vizconde o barón. *Frec se usa, como tratamiento, antepuesto sin art al n de pila o al apellido, y con pronunc átona.* * Lord Strafford. ■ **2** Miembro de la Cámara alta británica. ■ **3** *Forma parte de denominaciones de algunos altos cargos de la administración británica.* * Lord del Sello Privado.

lordosis *f* (*Med*) Curvatura anormal con concavidad posterior de la columna vertebral. *Se opone a* CIFOSIS.

lorenés -sa *adj* De Lorena (región francesa). *Tb n, referido a pers.*

Lorenzo[1] *m* (*col*) El Sol (astro).

lorenzo[2]. **hacerse el ~.** *loc v* (*reg*) Hacerse el distraído o hacerse el tonto.

loreño -ña *adj* De Lora del Río (Sevilla). *Tb n, referido a pers.*

loriga *f* (*hist*) Coraza de láminas pequeñas e imbricadas, gralm. de acero.

lorito. mérgulo ~, piquituerto ~ → MÉRGULO, PIQUITUERTO.

loro[1] **I** *n* A *m* **1** Se da este *n* a distintas aves de mediano tamaño, pico curvo y plumaje vistoso, frec verde, que en cautividad aprenden a remedar la voz humana. *Tb designa solamente al macho.* ■ **2** (*col*) Pers. que habla mucho y sin sentido, o que repite cosas mecánicamente. ■ **3** (*col, humoríst*) Mujer fea. ■ **4** (*col*) Aparato de radio. **B** *f* **5** Hembra del loro [1]. **II** *loc adv* **6 al ~.** (*col*) Prestando atención. *Gralm con el v* ESTAR. **b)** Al tanto o al corriente. *Gralm con el v* ESTAR. **c)** A la moda o al día. *Gralm con el v* ESTAR.

loro[2] **-ra** *adj* (*raro*) De color oscuro que tira a negro.

loro[3] *m* (*reg*) Laurel (árbol).

lorquino -na *adj* De Lorca (Murcia). *Tb n, referido a pers.*

lorro -rra *adj* (*reg*) Del llano aragonés.

lorza *f* **1** Pliegue cosido paralelamente a su doblez, que se hace en una tela para acortarla o como simple adorno. ■ **2** Pliegue que forma la carne debido a la gordura.

losa *f* **1** Piedra grande, llana, poco gruesa y gralm. labrada, que se emplea esp. para solar, lavar y cubrir sepulturas. **b)** *Frec se emplea en constrs de sent comparativo para referirse a alguien o algo que constituye un peso moral.* * El matrimonio fue para él una losa. ■ **2** Baldosa. ■ **3** (*reg*) *En un lavadero:* Parte sobre la que se frota la ropa. **b)** Tabla de lavar.

losange *m* Rombo, esp. el trazado de modo que las partes superior e inferior correspondan a los ángulos agudos. **b)** (*Heráld*) Pieza en forma de rombo.

losar *tr* Enlosar.

losareño -ña *adj* De Losar de la Vera (Cáceres). *Tb n, referido a pers.*

losera *f* (*reg*) Cantera de pizarra.

loseta *f* Baldosa. **b)** Baldosa pequeña usada a veces para recubrir paredes.

losilla *f* Trampa para cazar animales formada por una losa [1] pequeña.

losino -na *adj* Del Valle de Losa (Burgos). *Tb n, referido a pers.*

lóstrego *m* (*reg*) Relámpago. *Tb fig.*

lota[1] *f* Se da este *n* a varios peces marinos comestibles de la familia del bacalao, esp *Lota lota* y *Gaidropsarus tricirratus.*

lota[2] *f* (*reg*) Lugar donde se hace la subasta pública de pescado.

lote *m* **1** Parte de las que se hacen en un todo para distribuirlo entre varios. **b)** Conjunto [de cosas similares que se agrupan con un fin determinado, esp. venderlas o repartirlas]. **c)** (*Taur*) Conjunto de toros que corresponde torear a cada torero, según sorteo. ■ **2** (*vulg*) Serie de acciones lascivas. *Normalmente en la constr* DARSE EL ~. **b)** Disfrute muy intenso. *Normalmente en la constr* DARSE EL ~. **c)** (*col*) Acción muy prolongada o intensa. *Normalmente en la constr* DARSE EL ~.

lotería I *f* **1** Juego de azar, estatal, en que se ponen a la venta billetes numerados y se premian aquellos que coinciden total o parcialmente con ciertos números extraídos por sorteo. *Tb* ~ NACIONAL. **b)** Juego público semejante a la lotería nacional, pero de carácter no estatal. **c)** Asunto en que prima el azar. ■ **2** ~ **primitiva.** Juego de azar, estatal, en que el jugador señala seis o más números entre el 1 y el 49 y se premian los que tengan tres o más aciertos según los seis, más un complementario, extraídos por sorteo. ■ **3** ~ **de cartones.** Juego de mesa en que se reparten a cada jugador uno o más cartones con números impresos y gana el que consigue tachar todos los números en primer lugar por coincidir con los extraídos sucesivamente de un bombo o bolsa. *Tb, simplemente, ~.* ■ **4** Despacho de lotería [1 y 2].
II *loc v* **5 caerle** (*o* **tocarle**) [a alguien] **la ~.** Suceder[le] algo bueno de modo inesperado. (→ CAER, TOCAR[1].) *A veces con intención irónica.*

lotero -ra I *adj* **1** De (la) lotería [1 y 2].
II *m y f* **2** Pers. que tiene a su cargo un despacho de lotería [1 y 2], o vende lotería [1].

lotiforme *adj* (*Arte*) Que tiene forma de loto[1].

loto[1] *m* **1** Planta acuática de grandes hojas y flores solitarias, de color blanco azulado y muy olorosas, abundante en el Nilo (*Nymphaea lotus*). *Tb su flor.* ■ **2** Nenúfar oriental de flores blancas o rosadas (*Nelumbo nucifera*). *Tb su flor.* ■ **3** Se da este *n a* varias plantas herbáceas leguminosas del *gén Lotus*, esp *L. corniculatus.* ■ **4** *En el yoga:* Posición que consiste en sentarse con las piernas cruzadas apoyando cada pie en el muslo de la pierna contraria. *Tb* POSICIÓN DEL ~.

loto[2] *f* (*o m*) Lotería primitiva.

loza *f* **1** Barro fino, cocido y barnizado de que están hechos distintos objetos, esp. piezas de vajilla. ■ **2** Conjunto de objetos de loza [1].

lozanamente *adv* De manera lozana.

lozanía *f* Cualidad de lozano.

lozano -na *adj* (*lit*) Fresco y vigoroso. *Tb fig.*

lozoya *m* (*reg, humoríst*) Agua. **b)** Vaso de agua.

LP → ELEPÉ.

LSD (*sigla; pronunc,* /éle-ése-dé/) *m* Sustancia sólida y cristalina derivada del ácido lisérgico y que produce alucinaciones.

luanquín -na *adj* Luanquino. *Tb n.*

luanquino -na *adj* De Luanco (Asturias). *Tb n, referido a pers.*

luar *m* (*reg*) Luz de la Luna.

luarqués -sa *adj* De Luarca (Asturias). *Tb n, referido a pers.*

lubina *f* Pez marino costero de hasta 1 m de largo, de color plomizo con una línea lateral negra y espinas en el opérculo y la aleta anal, de carne muy apreciada (*Morone labrax*). **b)** ~ **atruchada.** (*reg*) Baila (pez).

lubio *m* (*reg*) Yugo (de animales).

lubricación *f* Acción de lubricar.

lubricador -ra *adj* Que lubrica. *Tb n m, referido a dispositivo o aparato.*

lúbricamente *adv* (*lit*) De manera lúbrica.

lubricán *m* (*lit o reg*) Crepúsculo.

lubricante *adj* Que lubrica. *Tb n m, referido a producto.*

lubricar *tr* Lubrificar. *Tb fig.*

lubricidad *f* (*lit*) Cualidad de lúbrico.

lúbrico -ca *adj* (*lit*) Lujurioso o lascivo.

lubrificación *f* Acción de lubrificar.

lubrificador -ra *adj* Que lubrifica. *Tb n m, referido a dispositivo o aparato.*

lubrificante *adj* Que lubrifica. *Tb n m, referido a producto.*

lubrificar *tr* Poner [algo] suave o resbaladizo, esp. engrasándolo. *Tb fig.*

lubrigante *m* (*reg*) Bogavante (crustáceo).

lucenense *adj* De Lucena del Cid (Castellón). *Tb n, referido a pers.*

lucense *adj* De Lugo. *Tb n, referido a pers.*

lucentino -na *adj* De Lucena (Córdoba). *Tb n, referido a pers.*

luceño -ña *adj* De Lucena del Puerto (Huelva). *Tb n, referido a pers.*

lucera *f* Ventana o claraboya abierta en la parte alta de un edificio.

lucería *f* (*reg*) Lucerío.

lucerío *m* Luces, o conjunto de luces.

lucerna *f* **1** Abertura alta destinada a dar luz a un lugar. ■ **2** (*hist*) Lámpara romana de mecha y aceite.

lucernario *m* **1** (*Arquit*) Linterna. ■ **2** (*Constr*) Ventana abierta en la parte superior de una pared.

lucero -ra I *m* **1** Astro que de noche se ve con mucho brillo. **b) el ~ del alba, de la mañana,** de

la tarde, matutino, *o* **vespertino**. El planeta Venus. **c)** (*col*) *Se usa como vocativo cariñoso dirigido a una pers.* * *¿Quién te quiere a ti, lucero?* ▪ **2** *En algunos cuadrúpedos:* Lunar blanco y grande en la frente. ▪ **3 el ~ del alba.** (*col*) Cualquiera, por muy temible o respetable que sea. *Frec en la constr* CANTARLE LAS VERDADES AL ~ DEL ALBA. ▪ **4** (*rur*) Electricista. **II** *adj* **5** [Animal] que tiene un lunar blanco y grande en la frente. *Tb n.*

lucha *f* **1** Acción de luchar. **b)** ~ **de clases.** *En el marxismo:* Enfrentamiento de las clases trabajadoras con los capitalistas para conseguir el poder político y económico. ▪ **2** Deporte en que dos personas luchan abrazándose para derribarse una a otra. *Diversas variedades se especifican gralm con adjs:* LIBRE, GRECORROMANA, CANARIA, *etc* (→ LIBRE, GRECORROMANA, *etc*). ▪ **3** *En la lucha canaria:* Parte de las que se componen un encuentro, que termina con la caída de uno de los luchadores.

luchada *f* (*reg*) **1** Lucha [1]. ▪ **2** Encuentro de lucha canaria.

luchador -ra I *adj* **1** Que lucha. *Tb n, referido a pers.* **b)** Que toma actitud de lucha [1] o que tiende a luchar. *Tb n, referido a pers.* **c)** Propio de la pers. luchadora. **II** *m y f* **2** Pers. que practica el deporte de la lucha [2].

luchar *intr* Utilizar [alguien] los medios materiales o inmateriales de que dispone, para dominar o anular [a alguien o algo (*compl* CONTRA *o* CON)] o para conseguir [a alguien o algo (*compl* POR, *o prop introducida por* PARA *o* POR)]. *Tb sin compl. Tb con suj pl, sin el compl 1º, con sent recípr. Tb fig.* * Luchan contra la injusticia. * Luchó por ella. * Lucha para que sea posible. * Los combatientes lucharon hasta la muerte.

lucharniego -ga *adj* (*raro*) Adiestrado para cazar de noche. *Gralm referido a perro.*

lucidamente *adv* De manera lucida[1] [5].

lúcidamente *adv* De manera lúcida [1c].

lucidez *f* Cualidad o estado de lúcido.

lucido[1] -da *adj* **1** *part* → LUCIR. ▪ **2** [Cosa] vistosa o de bella apariencia. ▪ **3** Que tiene aspecto de salud o de buen desarrollo físico. ▪ **4** [Cosa, esp. costosa o que implica esfuerzo] que da resultado o rendimiento adecuado. ▪ **5** Que causa admiración o buena impresión. ▪ **6** [Cosa] que permite el lucimiento de quien la realiza.

lucido[2] *m* (*Constr*) Enlucido.

lúcido -da *adj* **1** [Pers. o mente] capaz de pensar normalmente. **b)** [Pers. o mente] que razona con mucha claridad. **c)** Propio de la pers. lúcida. ▪ **2** De (la) lucidez o que la implica. ▪ **3** (*lit, raro*) Brillante. *Tb fig.* ▪ **4** (*lit, raro*) Claro o transparente.

lucidor -ra *adj* (*raro*) Que luce, *esp* [8].

luciente *adj* Que luce [1]. **b)** Brillante. *Tb fig.*

luciérnaga *f* Insecto coleóptero blando, cuya hembra, que carece de alas, despide una luz fosforescente (*géns. Lampyris y Luciola, esp. Lampyris noctiluca*).

luciferiano -na *adj* (*Rel*) De una secta que rinde culto al Diablo. *Tb n, referido a pers.*

luciferino -na *adj* De Lucifer (príncipe de los demonios). **b)** Demoníaco.

lucífero -ra *adj* (*lit, raro*) Luminoso o resplandeciente.

lucífugo -ga *adj* (*lit o E*) Que huye de la luz o la rechaza.

lucillo *m* (*Arte*) Sarcófago adosado a un muro y colocado en un nicho.

lucimiento *m* Acción de lucir(se) [2 a 8].

lucinio -nia *adj* (*lit, raro*) De(l) parto.

lucio[1] *m* Pez de agua dulce, de cabeza apuntada y cuerpo comprimido de color verdoso, de carne muy estimada (*Exos lucius*).

lucio[2] *m* Charco o laguna pequeña que queda en la marisma al retirarse las aguas.

lución *m* Reptil saurio sin patas, de unos 50 cm, de aspecto semejante al de una serpiente (*Anguis fragilis*).

lucir (*conjug* **51**) **A** *intr* ➤ **a** *normal* **1** Dar luz [una lámpara, una vela o algo similar]. **b)** Despedir [algo, esp. un astro] luz propia o reflejada. ▪ **2** Resultar vistoso o de bella apariencia. ▪ **3** Dar [una cosa, esp. costosa o que implica esfuerzo] resultado o rendimiento adecuado. ▪ **4** Irle [a alguien] la vida o los asuntos [de un modo determinado (*compl adv*)]. *Frec en la constr* ASÍ LE LUCE. **b)** **así le luce el pelo** → PELO. ▪ **5** (*raro*) Presentar [determinado aspecto o apariencia (*predicat*)]. ➤ **b** *pr* (~**se**) **6** Exhibirse para ser admirado. ▪ **7** Actuar con acierto o brillantez, mereciendo la admiración de los demás. *Frec con intención irónica.* **b)** *En part se usa en constrs como* ESTAR LUCIDO, *para comentar irónicamente lo desacertado de una actuación.* * *Hasta el momento no ha conseguido nada con sus enredos, así que la pobre está lucida.* **B** *tr* **8** Exhibir [algo esp. valioso o de lo que uno puede envanecerse]. *A veces con intención irónica.* ▪ **9** (*Constr*) Enlucir. *Tb abs.* ▪ **10** (*raro*) Hacer que [algo (*cd*)] brille.

lucrar *tr* **1** Conseguir u obtener [un beneficio]. *Frec referido a indulgencias.* ▪ **2** Proporcionar [a alguien (*cd*)] un beneficio o ganancia. *Frec el cd es refl; en este caso, gralm acompañado de un compl* CON *o* DE.

lucrativamente *adv* De manera lucrativa.

lucrativo -va *adj* **1** Que proporciona beneficio o ganancia. ▪ **2** (*Der*) [Título] gratuito o que proviene de un acto de liberalidad.

lucro *m* Acción de lucrar. *Tb su efecto.*

lucroso -sa *adj* (*raro*) Lucrativo [1].

luctuosamente *adv* (*lit*) De manera luctuosa.

luctuoso -sa I *adj* **1** (*lit*) [Cosa] triste o dolorosa. **II** *f* **2** (*hist*) Derecho pagado a los señores y prelados a la muerte de un súbdito.

lucubración *f* (*lit*) Elucubración. *A veces con intención desp.*

lucubrador -ra *adj* (*lit*) Que lucubra. *Tb n, referido a pers.*

lucubrante *adj* (*lit*) Elucubrante.

lucubrar *tr* (*lit*) Elucubrar. *A veces con intención desp. Frec abs.*

lúcumo *m* Árbol de la América tropical, de fruto comestible con una única semilla oleosa (*gén. Lucuma*).

ludibrio *m* (*lit*) Mofa o escarnio.

lúdicamente *adv* (*lit*) De manera lúdica.

lúdico -ca *adj* (*lit*) De(l) juego. **b)** Que tiene carácter de juego.

lúdicro -cra *adj* (*lit, raro*) Lúdico.

ludión *m* (*Fís*) Aparato destinado a demostrar la teoría del equilibrio de los cuerpos sumergidos en un líquido.

ludir (*lit*) **A** *tr* **1** Frotar [una cosa con otra]. **B** *intr* **2** Rozar [en o con algo].

ludismo *m* (*lit*) Carácter lúdico.

ludomanía *f* (*Med*) Ludopatía.

ludópata *adj* (*Med*) [Pers.] que padece ludopatía. *Frec n.*

ludopatía *f* (*Med*) Afición enfermiza a los juegos de azar.

ludoteca *f* Centro o sala de juegos y otros entretenimientos, algunos de los cuales son susceptibles de préstamo.

ludoterapia *f* (*Med*) Psicoterapia mediante el juego.

luego (*con pronunc tónica; en la acep 8 se pronuncia átono*) **I** *adv* **1** Después o en un momento posterior. * En principio estaba de acuerdo, pero luego cambió de opinión. **b)** *Referido al momento en que se habla:* Un rato después. * Dijo que vendría luego. **c) más ~.** (*reg*) Después. *Gralm en la constr* ~... Y MÁS ~. ■ **2** Después o en un lugar posterior. * A continuación viene el buche y luego la molleja. ■ **3** Además. * Nadie sabía nada. Y luego estaba la carta. ■ **4** (*reg*) Enseguida o sin dilación. *A veces en la forma* LUEGUITO. ■ **5 muy ~.** (*lit*) Muy pronto. ■ **6 desde ~.** Sin duda. *Gralm manifestando conformidad.* * –¿Te gusta? –Desde luego. **b)** *A veces usado enfáticamente.* * Desde luego, ¡cómo vives! **II** *loc prep* **7 ~ de.** (*lit*) Inmediatamente después de. **III** *conj* **8** Introduce una or que expresa un hecho presentado como consecuencia lógica del de la or anterior. * Los seres existen por algo y a causa de algo. Luego todo lo que existe obedece a génesis previa. ■ **9 ~ que.** (*lit*) Inmediatamente después que. ■ **10 tan ~.** (*reg*) Tan pronto como. *Tb* TAN ~ COMO. **IV** *fórm or* **11 para ~ es tarde.** (*col*) Fórmula con que se incita a la pronta ejecución de lo que se ha decidido. * –Tenemos que ir de compras. –Pues venga, para luego es tarde. **V** *interj* **12 hasta ~.** Se usa como despedida para poco tiempo. *Tb* (*col*) HASTA LUEGUITO. *A veces usada como despedida en general.* * Me voy al cine. Hasta luego.

luengo -ga *adj* (*lit*) Largo.

lueñe *adj* (*lit*) Lejano o distante.

lúes *f* (*Med*) Sífilis.

luético -ca *adj* (*Med*) Sifilítico. *Tb n, referido a pers.*

lugano (*tb* **lúgano**) *m* Pájaro de plumaje amarillo, verde y pardo y canto melodioso, que puede criarse en jaula (*Carduelis spinus*).

lugar (*con mayúscula en acep 1c*) **I** *m* **1** Parte del espacio (esp. del suelo o de otra superficie) que está o puede estar ocupada por alguien o algo. **b) ~ geométrico.** (*Geom*) Línea o superficie cuyos puntos tienen alguna propiedad común. **c) Santos ~es.** Lugar [1a] que fue escenario de la vida y muerte de Jesucristo. ■ **2** Parte de espacio, real o figurado, que corresponde [a una pers. o cosa (*compl de posesión*)] en una serie o en un conjunto. ■ **3** Lugar [2]

que [una pers. o cosa (*compl de posesión*)] ocupa, en espacio, tiempo o importancia, con respecto a las demás que forman serie con ella. *Referido a ideas que se exponen, frec en constrs como* EN PRIMER ~, EN SEGUNDO ~, EN ÚLTIMO ~. **b)** Lugar [2] que corresponde [a una pers. (*compl de posesión*)] por su categoría o por sus circunstancias. ■ **4** Posibilidad u ocasión. ■ **5** (*lit*) Momento conveniente u oportuno. ■ **6** Aldea, esp. pequeña. **b)** *En gral:* Población pequeña. ■ **7** Pasaje o texto [de una obra o de un autor). ■ **8 ~ común.** Idea vulgar o manida utilizada en una conversación o un texto. **b)** (*Filos*) Principio general del que se saca la prueba para un argumento. *Frec en pl.* **c)** (*TLit*) Tópico (tema o forma de expresión que se repite a lo largo de la historia literaria). ■ **9** (*hist*) En pl, en algunos colegios, esp de frailes, y en seminarios: Servicio o retrete. *Frec en la constr* IR A (LOS) ~ES. **II** *loc adj* **10 fuera de ~.** Inoportuno. **III** *loc v y fórm or* **11 dar ~** [a algo]. Ocasionar[lo] o motivar[lo]. ■ **12 en su ~, descanso.** (*Mil*) Voz de mando con que se ordena al soldado en posición de firmes que adopte una postura más relajada sin moverse del sitio en que está. ■ **13 estar** [algo] **fuera de ~.** Ser inoportuno. ■ **14 haber ~** [a, o para, una cosa]. Ser [esa cosa] oportuna. *Tb sin compl. Más frec en frases negativas. En lenguaje jurídico y admin se emplea la fórmula* HA (o NO HA) ~, *para acceder a lo solicitado (o para denegarlo)*. ■ **15 poner** [a alguien] **en su ~.** Mantener[le] a raya o impedir que se extralimite. ■ **16 ponerse** [una pers.] **en el ~** [de otra]. Imaginarse en su situación o circunstancias. *Gralm en la constr* PONTE EN MI ~. ■ **17 tener ~** [una cosa]. (*lit*) Ocurrir. **IV** *loc adv* **18 en buen** (o **mal**) **~.** En situación airosa o decorosa (o lo contrario). *Normalmente con los vs* QUEDAR o DEJAR. ■ **19 sin ~ a duda(s).** Con toda seguridad. **V** *loc prep* **20 en ~ de.** En vez de.

lugareño -ña *adj* De un lugar [6] o de una población pequeña. *Tb n, referido a pers.* **b)** Propio de un lugar [6] o de una población pequeña.

lugartenencia *f* **1** Condición o cargo de lugarteniente. ■ **2** Oficina del lugarteniente.

lugarteniente *m y f* Pers. destinada a sustituir en un cargo o en algunas de sus funciones [al titular (*compl de posesión*)].

luge (*fr; pronunc corriente,* /lüʒ/) *f* (*Dep*) Trineo pequeño de patines levantados por delante. *Tb el deporte correspondiente.*

lugón -na *adj* (*hist*) De cierto pueblo prerromano habitante de la región de Cantabria. *Tb n, referido a pers.*

lugre *m* (*Mar*) Embarcación pequeña de tres palos usada esp. en el Canal de la Mancha.

lúgubre *adj* Triste o fúnebre.

lúgubremente *adv* De manera lúgubre.

lugués -sa *adj* De Lugo. *Tb n, referido a pers.*

luir (*conjug 48*) *tr* (*Der*) Redimir [un censo u otra obligación].

luis[1] *m* Joven de la congregación seglar mariana de San Luis Gonzaga, dependiente de la Compañía de Jesús.

luis[2] *m* (*hist*) Moneda de oro francesa, de valor de 20 francos y en vigor hasta la primera guerra mundial.

luisa *f* Hierbaluisa.

lujar *tr* (*E*) Abrillantar [la suela y los bordes del calzado].

lujo I *m* 1 Abundancia de adorno o comodidad, que implica gasto. ■ 2 Abundancia [de algo] que sobrepasa lo normal o necesario. ■ 3 Hecho de sobrepasar lo normal o necesario. ■ 4 Cosa que implica lujo [1, 2 y 3]. *Frec con intención ponderativa. Frec en la constr* PERMITIRSE EL ~ DE. **b)** *Se usa en constrs como* SER UN ~, *para ponderar el carácter excepcional de alguien o algo.* * Es un animal hermoso, un lujo de yegua, un capricho. II *loc adj* **5 de ~.** Que tiene características que implican lujo [1] respecto a otros de su clase. **b)** De calidad superior o excepcional.

lujosamente *adv* De manera lujosa.

lujosidad *f* (*lit, raro*) Lujo [1].

lujoso -sa *adj* [Cosa] que implica lujo [1 y 2].

lujuria *f* 1 Vicio que consiste en el deseo desmedido del placer sexual. ■ 2 (*lit*) Exceso o demasía. *Frec con un adj o compl especificador. Frec referido a vegetación.*

lujuriante *adj* (*lit*) [Cosa, esp. vegetación] exuberante o muy abundante.

lujuriantemente *adv* (*lit, raro*) De manera lujuriante.

lujuriosamente *adv* De manera lujuriosa.

lujurioso -sa *adj* 1 De (la) lujuria [1]. ■ 2 [Pers.] dada a la lujuria [1]. *Tb n.* **b)** Propio de la pers. lujuriosa. ■ 3 (*lit*) Lujuriante.

lula *f* (*reg*) Calamar (molusco).

lulismo *m* Doctrina mística y filosófica de Raimundo Lulio († 1325).

lulista *adj* Seguidor del lulismo. *Tb n, referido a pers.*

lulístico -ca *adj* De(l) lulismo.

lulú *m* Perro pequeño de pelo largo y abundante, cabeza triangular, hocico puntiagudo y orejas rectas.

lumaquela *f* (*Mineral*) Roca caliza sedimentaria constituida pralm. por conchas de moluscos fósiles.

lumbago *m* Dolor en la región lumbar, causado por reúma o por un esfuerzo violento, y que suele inmovilizar el tronco.

lumbalgia *f* (*Med*) Lumbago.

lumbar *adj* (*Anat*) De la parte de la espalda inmediatamente anterior a la cadera.

lumbierino -na *adj* De Lumbier (Navarra). *Tb n, referido a pers.*

lumbociático -ca (*tb con la grafía* **lumbo--ciático**) *adj* (*Med*) De la región lumbar y el nervio ciático. *Frec n f, referido a afección.*

lumbosacro -cra *adj* (*Anat*) De la región lumbar y el sacro.

lumbostato *m* (*Med*) Corsé ortopédico rígido destinado a sujetar las vértebras lumbares.

lumbrarada *f* 1 Lumbre grande con llamas. *Tb* (*lit*) *fig.* ■ 2 (*reg*) Resplandor grande.

lumbre I *f* 1 Fuego de la cocina. **b)** Fuego, normalmente de leña, encendido para que dé calor. **c)** Fuego necesario para encender algo, esp. un cigarro, cigarrillo o pipa. *Frec en las constrs* DAR ~ O PEDIR ~. ■ 2 Luz o resplandor. *Gralm fig, esp referido a los ojos o la mirada.* ■ 3 (*raro*) Materia combustible encendida. ■ 4 (*lit, raro*) Capacidad intelectual.

II *loc v* **5 echar ~.** (*col*) Estar furioso.

lumbrear *intr* (*reg*) Resplandecer o echar lumbre [2].

lumbrera *f* 1 Pers. de gran sabiduría que ilustra a los demás. **b)** Pers. muy inteligente. *Frec con intención irónica.* ■ 2 Abertura en el techo destinada a dar luz y ventilación. **b)** (*Mar*) Claraboya o escotilla para dar paso a la luz y ventilar las partes interiores de un buque. ■ 3 (*E*) Abertura de ventilación. ■ 4 (*Mec*) *En un motor de dos tiempos:* Abertura que sirve para la admisión y el escape de los gases en los cilindros.

lumbrerada *f* Lumbrarada.

lumbrical *adj* (*Anat*) [Músculo], en forma de lombriz, que sirve para el movimiento de los dedos, a excepción del pulgar. *Tb n.*

lumen (*pl invar o* ~ES) *m* (*Fís*) *En el sistema internacional:* Unidad de flujo luminoso equivalente al producido por un foco cuya intensidad es una candela y que está situado en el vértice de un ángulo sólido de un estereorradián.

lumia *f* (*jerg*) Ramera.

lumiaco *m* (*reg*) Limaco o babosa.

luminal (*n comercial registrado*) *m* Barbitúrico usado como sedante e hipnótico.

luminancia *f* (*Fís*) Cociente de la intensidad luminosa de una superficie dividida por el área aparente que tiene la misma para el observador alejado de ella.

luminar *m* (*lit, raro*) Astro luminoso. *Tb fig.*

luminaria *f* 1 (*lit*) Luz o resplandor. ■ 2 (*Rel catól*) Luz que arde en las iglesias delante del Santísimo Sacramento. ■ 3 (*hist*) Luz expuesta en las calles y fachadas con ocasión de una fiesta o regocijo público. *Normalmente en pl.* ■ 4 (*E*) Lámpara o aparato para alumbrar. ■ 5 (*reg*) Hoguera.

lumínico -ca *adj* (*lit o E*) De (la) luz. *Tb fig.*

luminiscencia *f* (*Fís*) Propiedad de algunos cuerpos de emitir luz sin estar incandescentes.

luminiscente *adj* (*Fís*) Que posee luminiscencia.

luminismo *m* (*Pint*) Tendencia que da importancia preponderante a los efectos de la luz.

luminista *adj* (*Pint*) De(l) luminismo. **b)** Adepto al luminismo. *Tb n.*

luminosamente *adv* De manera luminosa.

luminosidad *f* Cualidad de luminoso [1 y 2].

luminoso -sa *adj* 1 Que emite luz. *Tb n m, designando anuncio o rótulo.* ■ 2 Que tiene luz. *Tb fig.* ■ 3 Que ilumina intelectualmente. **b)** [Idea] brillante o muy acertada. ■ 4 De (la) luz.

luminotecnia *f* Arte de la iluminación con luz artificial. **b)** Instalación realizada con arreglo al arte de la luminotecnia.

luminotécnico -ca I *adj* 1 De (la) luminotecnia. ■ 2 [Pers.] que se dedica a la luminotecnia. *Frec n.*
II *f* 3 Luminotecnia.

lumpen (*pl normal, invar*) I *m* 1 (*Pol*) Lumpenproletariat [1a]. **b)** *Esp:* Sector más bajo y marginado de la sociedad. ■ 2 Pers. perteneciente al lumpen [1].
II *adj* 3 De(l) lumpen [1].

lumpenproletariado (*tb con la grafía* **lumpen-proletariado**) *m* (*Pol*) Lumpenproletariat.

lumpenproletariat (*al; pronunc corriente,* /lúmpen-proletariát/) *m* (*Pol*) *En la doctrina marxista:* Parte del proletariado carente de conciencia de clase, que no participa en la producción y vive de la mendicidad o del robo. **b**) Sector más bajo y marginado de la sociedad.

lumpo *m* Pez marino cuyos huevos se comen como sucedáneo del caviar (*Cyclopterus lumpus*).

luna (*con mayúscula en aceps 1a, 8c y, a veces, 9, 10, 11 y 12*) **I** *f* **1** Satélite natural de la Tierra, visible esp. de noche y que refleja la luz que recibe del Sol. **b**) ~ **llena, ~ nueva** → LLENO, NUEVO. **c**) (*Astron*) Satélite [de un planeta]. ■ **2** Luz de la Luna [1a]. ■ **3** Tiempo que media entre dos conjunciones sucesivas de la Luna [1a] con el Sol. ■ **4** Cristal grueso, usado esp. para escaparates. ■ **5** Espejo grande. *Frec referido al que va adosado a la puerta de un armario ropero. En este caso, frec en la constr* ARMARIO DE ~. ■ **6** (*raro*) Pez luna (→ PEZ[1]). ■ **7 ~ de miel.** Período de tiempo inmediatamente posterior a la boda. **b**) Período de relación especialmente armónica o afectuosa. ■ **8 media ~.** Figura que representa la Luna [1a] en cuarto creciente o en cuarto menguante. **b**) Bandera del Islamismo, que tiene una figura de Luna en cuarto menguante. **c**) (*lit*) Islam. **d**) Instrumento en forma de media luna [8a] usado para desjarretar reses. **II** *loc v* **9 ladrar a la ~.** Protestar o manifestar enojo inútilmente. ■ **10 pedir la ~.** Pedir algo imposible. **b**) Pedir un precio exagerado. **III** *loc adv* **11 a la ~ de Valencia.** (*col*) Sin conseguir lo que se deseaba o pretendía. *Gralm con los vs* QUEDARSE *o* DEJAR. ■ **12 en la ~.** (*col*) Sin enterarse de nada, por distracción o por falta de información.

lunación *f* (*Astron*) Tiempo que media entre dos conjunciones sucesivas de la Luna con el Sol. *Tb* (*lit*) *fuera del ámbito técn.*

lunado -da *adj* (*reg*) Iluminado por la luna.

lunanco -ca *adj* [Animal cuadrúpedo] que tiene un anca más alta que la otra. *Tb n. A veces referido a pers.*

lunar[1] *m* **1** Mancha de la piel, debida a acumulación de pigmento, con pelos o sin ellos. ■ **2** Dibujo en forma redondeada de un tejido u otra superficie. ■ **3** Defecto, gralm. de poca importancia.

lunar[2] *adj* **1** De la Luna [1a]. **b**) Propio de la Luna [1a]. **c**) (*lit*) [Paisaje] desértico. ■ **2** [Calendario] que se basa en los movimientos de la Luna [1a]. **b**) [Año] ~, [mes] ~ → AÑO, MES.

lunaria *f Se da este n a varias plantas herbáceas de los géns Botrychium y Lunaria.*

lunario *m* (*raro*) Conjunción de la Luna con el Sol.

lunático[1] **-ca** *adj* **1** [Pers.] que tiene ataques periódicos de locura. *Frec con intención ponderativa. Tb n.* ■ **2** [Cosa] que denota o implica locura.

lunático[2] **-ca** *adj* (*raro*) Habitante de la Luna [1a]. *Tb n.*

lunatismo *m* (*raro*) Condición de lunático[1].

lunch (*ing; pronunc corriente,* /lanč/; *tb, más raro,* /lunč/ *y* /lonč/; *pl normal,* ~S) *m* Refrigerio que se sirve a los invitados a una ceremonia.

lunel *m* (*Heráld*) Figura a manera de flor formada por cuatro medias lunas unidas por las puntas.

lunero -ra *adj* (*raro*) **1** De (la) Luna [1a]. ■ **2** [Pers.] que sufre alteraciones psíquicas motivadas por la Luna [1a].

lunes I *m* **1** Segundo día de la semana (o primero, según el cómputo popular). **II** *loc adv* **2 cada ~ y cada martes.** (*col*) Con suma frecuencia.

luneta[1] *f* Cristal trasero de automóvil. *A veces* ~ TRASERA.

luneta[2] *f* **1** (*hist*) *En un teatro:* Asiento de las filas preferentes inmediatas al proscenio. ■ **2** (*Mil, hist*) Baluarte pequeño. ■ **3** (*Arquit*) Luneto.

luneto *m* (*Arquit*) Bovedilla en forma de media luna abierta en la bóveda principal para darle luz.

lunfardo *m* Jerga popular, originariamente de maleantes, típica de Buenos Aires y extendida por los países del Plata.

lunisolar (*tb con la grafía* **luni-solar**) *adj* (*Astron*) Lunar y solar conjuntamente.

lúnula *f* Parte blanquecina en forma de media luna de la raíz de las uñas.

lupa[1] **I** *f* **1** Lente convergente que sirve para observar con aumento objetos o detalles pequeños. **II** *loc adv* **2 con ~.** Con gran minuciosidad o detenimiento. *Con vs como* MIRAR *o* BUSCAR.

lupa[2] *f* (*raro*) Excrecencia leñosa de algunos árboles, usada en ebanistería.

lupanar *m* (*lit*) Casa de prostitución.

lupanario -ria *adj* (*lit*) De(l) lupanar.

lupercales *f pl* (*hist*) *Entre los antiguos romanos:* Fiestas celebradas en enero en honor del dios Pan.

lupino[1] **-na** *adj* (*lit*) De(l) lobo[1].

lupino[2] *m* Altramuz (planta y fruto).

lupular *adj* De(l) lúpulo.

lupulero -ra *adj* De(l) lúpulo.

lupulina *f* **1** Planta leguminosa de flores amarillas, cultivada como forrajera (*Medicago lupulina*). ■ **2** (*Quím*) Alcaloide extraído del lupulino.

lupulino *m* Polvo resinoso, amarillento y amargo producido por los frutos de lúpulo, usado en medicina y en la fabricación de cerveza.

lúpulo *m* Planta herbácea, perenne, voluble, de tallos sarmentosos de 3 a 5 m de alto y fruto en forma de piña globosa, que, desecado, se emplea para aromatizar y dar sabor amargo a la cerveza (*Humulus lupulus*). *Tb su fruto.*

lupus *m* Enfermedad de la piel o de las mucosas caracterizada por la producción de tubérculos que se ulceran y por su tendencia a la extensión.

luqueño -ña *adj* De Luque (Córdoba). *Tb n, referido a pers.*

lúrex (*n comercial registrado*) *m* Fibra textil con cubierta de plástico que le da aspecto metálico. *Frec el tejido fabricado con ella.*

lusaciano -na *adj* De Lusacia (región de Alemania y la República Checa). *Tb n, referido a pers.*

lusismo *m* (*Ling*) Portuguesismo.

lusitánico -ca *adj* (*lit, raro*) Lusitano.

lusitano -na *adj* **1** (*lit*) Portugués. *Tb n, referido a pers.* ■ **2** (*hist*) Del pueblo prerromano habitante del actual territorio portugués situado al sur del Duero y norte del Tajo, y de parte de las actuales provincias de Cáceres y Badajoz. *Tb n, referido a pers.*

luso -sa *adj* (*lit*) Portugués. *Tb n, referido a pers.*

luso- *r pref* Portugués. * Lusoespañol.

lusofilia *f* Simpatía por Portugal, lo portugués o los portugueses.

lusófilo -la *adj* Que simpatiza con Portugal, lo portugués o los portugueses. *Tb n, referido a pers.*

lusón -na *adj* (*hist*) Del pueblo prerromano habitante del territorio limitado por el Ebro, las fuentes del Tajo y el territorio de los arévacos. *Tb n, referido a pers.*

lustrabotas *m y f* (*raro*) Limpiabotas.

lustrador -ra *adj* Que lustra. *Tb n f, referido a máquina.*

lustral *adj* (*Rel, hist*) De (la) purificación ritual. **b)** (*lit*) Purificador. *Gralm referido a agua.*

lustrar *tr* **1** Dar lustre [1, 2 y 3] [a algo (*cd*)]. ■ **2** (*reg*) Bañar [bizcochos] con almíbar. *Frec en part.* ■ **3** (*lit*) Limpiar o purificar.

lustre I *m* **1** Brillo [de una cosa material]. ■ **2** (*lit*) Calidad o distinción. ■ **3** (*lit*) Gloria o esplendor. ■ **4** (*reg*) Aspecto lucido y saludable [de una pers. o animal].
  II *loc adj* **5 de ~.** (*Coc*) [Azúcar] molido usado normalmente en repostería.

lustro *m* Período de cinco años.

lustroso -sa *adj* **1** Que tiene lustre [1]. ■ **2** Sano y robusto.

luteína *f* (*Biol*) Progesterona (hormona).

lúteo[1] **-a. cuerpo ~, mácula lútea** → CUERPO, MÁCULA.

lúteo[2] **-a** *adj* (*lit, raro*) De(l) lodo.

luteranismo *m* **1** Doctrina de Martín Lutero († 1546). ■ **2** Iglesia que sigue la doctrina de Lutero.

luterano -na *adj* **1** De Martín Lutero († 1546). ■ **2** Que profesa la doctrina de Lutero. *Tb n, referido a pers.* **b)** De (los) luteranos.

luthería *f* Oficio de luthier.

luthier (*fr; pronunc corriente,* /lutié/ *o* /lütié/; *pl normal,* ~s) *m* Fabricante de instrumentos musicales de cuerda.

luto *m* **1** Ropa negra que se usa para manifestar dolor por la muerte de alguien. *Frec en constrs como* IR DE ~, LLEVAR ~, *o* PONER(SE) DE ~. ■ **2** Período subsiguiente a la muerte de una pers., en que sus allegados exteriorizan dolor por ella absteniéndose de fiestas y diversiones y frec. vistiendo de negro. **b)** Duelo oficial por la muerte de una pers. importante. *Frec* ~ OFICIAL, ~ PÚBLICO *o* ~ NACIONAL. ■ **3** Tristeza o dolor por la muerte de alguien o por un hecho triste o doloroso. ■ **4** (*col*) Suciedad negra de las uñas. ■ **5** (*Impr*) Filete negro.

lutoso -sa *adj* (*raro*) De luto [1].

luvita (*hist*) I *adj* **1** De un antiguo pueblo de Anatolia, en la Cilicia occidental. *Tb n, referido a pers.*
  II *m* **2** Lengua indoeuropea de los luvitas [1].

lux (*pl normal, invar*) *m* (*Fís*) En el sistema internacional: Unidad de iluminancia, equivalente a la de una superficie que recibe un lumen en cada metro cuadrado.

luxación *f* (*Med*) Dislocación permanente de la superficie articular [de un hueso].

luxarse *intr pr* (*Med*) Sufrir luxación.

luxemburgués -sa I *adj* **1** De Luxemburgo. *Tb n, referido a pers.*
  II *m* **2** Dialecto alemán de Luxemburgo.

luxómetro *m* (*Fís*) Aparato para medir la iluminación.

luz I *f* **1** Agente físico capaz de hacer visibles los objetos. **b)** Luz natural o del Sol. **c)** Energía eléctrica. ■ **2** Objeto o punto que emite luz [1, esp. 1c]. **b)** Utensilio o dispositivo que sirve para alumbrar. **c)** (*raro*) Llama [de algo que luce]. ■ **3** Zona en que hay luz [1]. **b) luces y sombras.** Aspectos positivos y negativos [de alguien o algo]. ■ **4** (*Pint*) Representación de la luz [1]. **b)** Tono claro o brillante que representa la luz [1]. ■ **5** (*lit*) Brillo o claridad que evocan la luz [1]. ■ **6** *En un edificio:* Hueco, esp. ventana, por donde se deja pasar luz [1b] del exterior. **b)** *En un puente:* Ojo (vano comprendido entre dos arcos o estribos]. **c)** (*E*) Orificio practicado en un instrumento, un utensilio o una máquina. ■ **7** Anchura o dimensión horizontal [de un vano o hueco]. **b)** Área interior de la sección transversal [de un tubo o de un conducto]. ■ **8** Información o conocimiento que ayuda a comprender algo oscuro o confuso. *Gralm en constrs como* DAR, ARROJAR, ~ [sobre algo]. **b)** Enfoque o punto de vista. *En constrs como* A ESA ~, *o* A OTRA ~. ■ **9** (*Rel*) Estado o situación de conocimiento y cercanía de Dios. *Gralm en la loc* DE LA ~, *referida a reino o ángel y simbolizando el cielo.* (*lit*) Inteligencia. *A veces en pl.* ■ **11** *En pl:* Inteligencia o alcances. ■ **12** (*hist*) *En pl:* Ilustración (movimiento cultural del s. XVIII). *Normalmente en la constr* SIGLO, *o* ÉPOCA, DE LAS LUCES. *A veces referido a otra época o a culturas no occidentales.* ■ **13 ~ verde.** (*lit*) Autorización. *Frec con el v* DAR. ■ **14 ~ y taquígrafos.** Total claridad y transparencia en un asunto público.
  II *loc adj* **15 de luces.** [Patio] interior al que dan las ventanas de un edificio. ■ **16 de luces.** [Traje] de torear, hecho de seda, con bordados de oro o plata y con lentejuelas. *Tb adv, con el v* VESTIRSE. ■ **17 de luces.** (*Cine*) [Doble] que sustituye al titular en las pruebas de iluminación. ■ **18 de ~ y sonido.** [Espectáculo] nocturno consistente en la iluminación de un monumento acompañada de una evocación sonora y musical de su historia. ■ **19** [Año] (*de*) ~, [gusano] **de ~** → AÑO, GUSANO.
  III *loc v* **20 dar a ~.** Expulsar [una mujer] al exterior [el hijo concebido]. *Frec abs. Tb* (*humoríst*) *dicho de animal hembra.* **b)** (*lit*) [Publicar [un libro o algo similar]. ■ **21 echar ~.** (*col*) Recobrar el vigor o la lozanía [alguien o algo enfermo o delicado]. ■ **22 encendérsele** [a alguien] **una ~** (*o* **una luceci-ta**). Ocurrírsele una idea. ■ **23 hacer ~ de gas.** (*lit*) Tratar [a alguien] como si estuviese loco. ■ **24 sacar** (*u otro v equivalente*) **a (la) ~,** *o* **a la ~ pública.** Dar a conocer [algo oculto o desconocido]. **b)** Publicar [un libro o algo similar]. ■ **25 salir a la ~,** *o* **a la ~ pública.** Ser dado a conocer públicamente [algo oculto o desconocido]. **b)** Publicarse [un libro o algo similar]. ■ **26 ver la (primera) ~.** (*lit*) Nacer. **b) ver** (*o* **conocer**) **la ~.** (*lit*) Publicarse [un libro o algo similar].
  IV *loc adv* **27 a la ~ del día.** Sin secreto u ocultación. ■ **28 a media ~.** Con poca luz [1]. ■ **29 a todas luces.** De manera evidente. ■ **30 con las primeras luces.** Al amanecer. ■ **31 entre dos luces.**

Al amanecer o al anochecer. **b)** (*col*) Con una ligera borrachera.

V *loc prep* **32 a la ~ de.** Según el conocimiento proporcionado por. *Ante n de cosa.*

lycra (*n comercial registrado; tb, raro, con la grafía* **licra**) *f* Fibra artificial elástica de poliuretano, usada esp. en ropa interior y prendas ajustadas. *Tb el tejido fabricado con ella.*

m

m → EME.

mabolo *m* Árbol de Filipinas, de fruto semejante al melocotón (*Diospyros kaki*).

mabre *m* (*reg*) Herrera (pez).

maca[1] *f* (*raro*) Daño o desperfecto, esp. pequeños.

maca[2] *adj* (*jerg*) Macarra. *Frec n m.*

maca[3] *m* (*reg*) Muchacho que trabaja como dependiente o aprendiz.

macabeo[1] **-a** *adj* **1** (*col*) Muy grande. *Referido a* ROLLO o CABREO. ■ **2** (*hist*) De los Macabeos (personajes de la historia del pueblo judío).

macabeo[2] *m* (*Agric*) Variedad de vid que produce una uva mediana, blanca y muy dulce. *Tb la uva y el vino correspondientes.*

macabramente *adv* De manera macabra.

macabrismo *m* (*raro*) Cualidad de macabro.

macabro -bra *adj* [Cosa] relacionada con la muerte y los cadáveres en su aspecto desagradable. b) Aficionado a cosas macabras.

macaco[1] **-ca** A *m y f* **1** Simio de mediano tamaño, propio esp. de la India y de Malasia (gén. *Macaca*). ■ **2** (*col*) Niño pequeño. *Como insulto o como apelativo cariñoso.* b) Pers. insignificante, en sent. físico o moral.
B *m* **3** (*jerg*) Macarra [1].

macaco[2] **-ca** *adj* (*reg*) [Cordero] que empieza a pastar.

macadam *m* Macadán.

macadán *m* Pavimento de piedra machacada y arena aglomeradas con cilindros o apisonadoras.

macaelense *adj* De Macael (Almería).

macana *f* (*col, raro*) Tontería o bobada.

macaneo *m* (*col, raro*) Acción de decir cosas falsas o disparatadas. *Tb su efecto.*

macanudo -da *adj* (*col, raro*) Magnífico o extraordinario.

macar *tr* (*raro*) **1** Golpear o magullar. ■ **2** Dañar o estropear.

macareno[1] **-na** *adj* Del barrio sevillano de la Macarena. *Tb n, referido a pers.*

macareno[2] **-na** *adj* (*reg*) [Animal vacuno] dócil. *Tb n.*

macaronésico -ca *adj* (*Bot*) De la Macaronesia (región constituida pralm. por las islas Azores, Madeira, Canarias y Cabo Verde).

macarra (*col*) I *m* **1** Hombre que vive a expensas de una pers. que ejerce la prostitución.
II *adj* (*desp*) **2** [Hombre] chulo o jactancioso. *Frec n.* ■ **3** [Pers.] vulgar u ordinaria. *Frec n.* ■ **4** Propio del macarra [1, 2 y 3]. ■ **5** *Más o menos vacío de significado, se usa frec como insulto.* * ¡Cállate, macarra, que te sacudo!

macarrón[1] *m* **1** Canuto alargado de pasta de harina de trigo. *Más frec en pl, designando este tipo de pasta.* ■ **2** Tubo delgado, gralm. de plástico, empleado frec. para recubrir cables.

macarrón[2] *m* (*jerg*) Macarra. *Tb adj.*

macarronear *tr* (*jerg*) Chulear [a una pers.] o vivir a costa [de ella (*cd*)].

macarrónico -ca *adj* (*desp*) [Latín] defectuoso en que se mezclan palabras y formas de la lengua del propio hablante. *Tb referido a lenguaje o estilo.*

macasar *m* (*raro*) Paño que se pone en el respaldo de un asiento para adornarlo y preservarlo.

macear *intr* Cojear [una caballería] al sentar los brazos en el suelo.

macedano -na *adj* De Maceda (Orense). *Tb n, referido a pers.*

macedón -na *adj* (*hist*) Macedonio [1b]. *Tb n, referido a pers.*

macedonia → MACEDONIO.

macedónico -ca *adj* (*hist*) Macedonio [1b]. *Tb n, referido a pers.*

macedonio -nia I *adj* **1** De Macedonia (región de los Balcanes). *Tb n, referido a pers.* b) (*hist*) Del reino antiguo de Macedonia. *Tb n, referido a pers.*
II *n* A *m* **2** Lengua de la actual Macedonia, perteneciente a la rama eslava del indoeuropeo.
B *f* **3** Plato compuesto por varias frutas o verduras troceadas y revueltas.

macedonismo *m* (*Rel catól*) Herejía cuyo origen se atribuye a Macedonio, patriarca de Constantinopla († 359), y que niega la divinidad del Espíritu Santo.

macelo *m* (*raro*) Matadero (lugar en que se mata ganado para el abasto público).

maceración *f* Acción de macerar(se). b) (*Biol*) Ablandamiento y descomposición de tejidos u órganos en un líquido.

macerado *m* (*E*) Producto obtenido por maceración.

macerador -ra *adj* Que sirve para macerar [1]. *Tb n, referido a máquina o aparato.*

macerar A *tr* **1** Poner [algo] en remojo para que se ablande y suelte sus partes solubles. ▪ **2** Mortificar físicamente. *Tb fig.*
B *intr* **3** Ablandarse [algo] y soltar sus partes solubles al estar en remojo. *Tb pr* (~**se**).

macerina *f* (*raro*) Mancerina.

macero *m* Hombre que en las ceremonias lleva la maza ante las corporaciones o perss. que usan tal señal de dignidad.

maceta[1] *f* Tiesto (vasija de barro para criar plantas).

maceta[2] *f* Herramienta semejante al martillo, con las dos bocas iguales y el mango corto, usada esp. por los canteros.

macete *m* (*reg*) Pargo (pez).

macetero *m* Soporte para macetas[1].

macetón *m* Maceta[1] grande.

macfarlán *m* (*hoy raro*) Macferlán.

macferlán *m* (*hoy raro*) Abrigo de hombre, sin mangas y con esclavina.

mach *m* (*Fís*) Unidad de medida que expresa la relación entre la velocidad de un cuerpo y la del sonido. *Gralm en la constr* ~ + *número que expresa esa relación.*

macha[1] → MACHO[1].

macha[2] *f* (*reg*) Mano del mortero.

macha[3] *f* Molusco marino bivalvo de concha triangular alargada, propio de Chile (*Mesodesma donacium*).

machaca[1] *f* Instrumento para machacar [1].

machaca[2] *adj* (*col*) Machacón. *Tb n, referido a pers.*

machaca[3] *m* (*argot, Mil*) Machacante [1]. *Tb* (*col*) *fig, fuera del ámbito militar.*

machacado *m* Conjunto de cosas machacadas [1] juntas.

machacador -ra *adj* Que machaca. *Tb n: m y f, referido a pers; f, referido a máquina.*

machacamiento *m* Acción de machacar.

machacante *m* **1** (*argot Mil*) Soldado destinado a servir a los sargentos. *Tb* (*col*) *fig, fuera del ámbito militar.* ▪ **2** (*col*) Duro (moneda).

machacar A *tr* ➤ a *normal* **1** Aplastar o triturar [algo] golpeándo[lo]. ▪ **2** Destrozar [algo o a alguien]. *Frec fig.*
➤ b *pr* **3** ~**sela.** (*jerg*) Masturbarse [un hombre].
B *intr* **4** (*col*) Insistir [sobre algo]. *Tb sin compl.* ▪ **5** (*jerg*) Fornicar.

machacón -na *adj* (*col*) Insistente hasta hacerse pesado. *Tb n, referido a pers.*

machaconamente *adv* (*col*) De manera machacona.

machaconear *intr* (*col*) Insistir con machaconería.

machaconeo *m* (*col*) Acción de machaconear. *Tb su efecto.*

machaconería *f* (*col*) Cualidad de machacón. **b)** Actitud machacona.

machada *f* (*col*) **1** Acción propia de un macho[1] [3b]. *Con intención ponderativa o desp.* ▪ **2** (*desp*) Acción ostentosa e inútil. ▪ **3** (*desp*) Tontería o necedad.

machamartillo (*tb con la grafía* **macha martillo**). a ~. *loc adv* (*col*) Con mucha firmeza. *Tb adj.* **2** Con más fuerza que esmero.

machango *m* (*reg*) Niño.

machaque *m* (*Balonc*) Mate.

machaqueo *m* Acción de machacar [1 y 4].

machaquín *m* (*reg*) Hombre que tiene por oficio machacar [1] piedra.

machar *tr* (*reg*) Machacar [1].

maché *adj* [Papel] en pasta, encolado y maleable.

machear A *tr* **1** Hacer [alguien (*suj*)] que el polen de la palmera macho[1] fecunde [a la palmera hembra (*cd*)].
B *intr* **2** (*raro*) Presumir o alardear de macho[1] [3b].

machembrar *tr* Machihembrar.

machero *m* (*reg*) Alcornoque dispuesto para la primera saca.

macheta *f* Cuchillo de hoja muy fuerte y ancha, usado esp. para picar carne.

machetazo *m* Golpe de machete.

machete *m* **1** Arma blanca corta, pesada, de hoja ancha y con un solo filo. ▪ **2** Cuchillo grande.

machetear *tr* **1** Golpear con el machete. ▪ **2** (*Taur*) Quebrantar [al toro] haciéndole cornear reiteradamente el engaño. *Tb abs.*

macheteo *m* Acción de machetear.

machetero *m* Obrero encargado de cortar la caña de azúcar.

machial *m* Monte que se aprovecha para pasto de cabras.

machicha *f* (*hist*) Cierto baile de origen brasileño, de moda a fines del s. XIX y principios del XX.

machihembrado *m* Acción de machihembrar. *Tb su efecto. Tb fig.*

machihembramiento *m* Acción de machihembrar. *En sent fig.*

machihembrar *tr* **1** (*Carpint*) Ensamblar [dos piezas] de modo que un saliente de una penetre en un hueco o ranura de la otra. *Tb abs. Tb fig.* ▪ **2** Unir [dos cuerpos] en el acto sexual. *Tb abs.*

machina *f* Cabria o grúa de grandes dimensiones, usada en los puertos y astilleros.

machiris *m pl* (*jerg*) Documentación personal.

machismo *m* **1** Actitud de considerar superior al varón. *Frec con intención desp.* ▪ **2** Exaltación de las cualidades que se consideran propias del varón, esp. la fuerza y la agresividad. **b)** Acto de machismo.

machista *adj* De(l) machismo o que lo implica. *Frec con intención desp.* **b)** Partidario del machismo. *Tb n.*

machito. ir [alguien] **a gusto en el ~.** *loc v* (*col*) Sentirse cómodo en una situación privilegiada, abusiva o poco digna. *Frec con un compl* DE.

macho[1] **-cha** (*la forma* MACHA *solo en acep* 10) **I** *n*
A *m* **1** Animal del sexo masculino. *Frec en aposición.* **c)** ~ **cabrío.** Cabra macho. **c)** ~ **montés.** Cabra montés macho. ▪ **2** Animal masculino híbrido de la raza asnal y caballar. **b)** ~ **romo** → ROMO. ▪ **3** (*col*) Hombre o varón. *A veces con intención desp.* **b)** (*col*) Hombre dotado de las cualidades que se con-

sideran propias de su sexo, esp. la fortaleza y el valor. *Tb adj.* **c)** (*col*) *Frec se emplea como puro vocativo dirigido a un varón, o a veces a una mujer, esp en lenguaje juvenil.* * *¡A ver si espabilas, macho!* ■ **4** *En las plantas unisexuales:* Planta que no produce fruto. *Normalmente en aposición.* **b)** [Helecho] ~, [torvisco] ~, [verónica] ~ –> HELECHO, TORVISCO, VERÓNICA. ■ **5** *En ciertos objetos formados por dos piezas que encajan entre sí:* Pieza que se introduce en el hueco que tiene la otra. **b)** Pieza de un mecanismo que se introduce en otra. ■ **6** (*Taur*) Cordón de los que sujetan el calzón o taleguilla del torero por bajo de la rodilla y que terminan en una borla. ■ **7** (*Arquit*) Pilar de fábrica. ■ **8** Estrofa, gralm. de tres versos, que se canta después de algunas coplas flamencas. ■ **9** (*reg*) Duro (moneda).

B *f* (*col*) **10** Mujer dotada de las cualidades que se consideran propias del varón, esp. la fortaleza y el valor. *Tb adj. Con intención ponderativa.* **b)** (*juv*) *Frec se emplea como puro vocativo dirigido a una mujer.* * *Se lleva lo visual, macha, que no te enteras.*

II *adj* (*gralm invar*) **11** (*raro*) [Cosa] fuerte o vigorosa. *Tb fig. Con intención ponderativa.*

III *loc v* **12 atarse** (o **apretarse**) **los ~s.** (*col*) Prepararse adecuadamente o tomar todas las precauciones posibles ante una acción arriesgada o difícil. (–> acep. 6.)

macho[2] *m* (*raro*) Mazo grande para forjar el hierro.

machón *m* **1** (*Arquit*) Pilar de fábrica. ■ **2** (*Carpint*) Madero de escuadría de 5 m de largo.

machorra *adj* [Animal hembra] estéril. *Tb n f, esp referido a oveja. Tb* (*pop*) *referido a mujer y* (*lit*) *referido a cosa.*

machote[1] **-ta** (*col*) **I** *n* **A** *m* **1** Hombre dotado de las cualidades que se consideran propias de su sexo, esp. la fortaleza y el valor. *Tb adj. Con intención ponderativa.* ■ **2** Mujer hombruna.

B *f* Mujer dotada de cualidades que se consideran propias del varón, esp. la fortaleza y el valor. *Tb adj. Gralm con intención ponderativa.*

II *adj* **4** (*raro*) Propio de un machote [1].

machote[2]. **a ~.** *loc adv* (*reg*) De golpe o dejando ejercer todo el peso.

machucar *tr* (*reg*) **1** Golpear [algo o a alguien]. **b)** *pr* (~**se**) Golpearse o sufrir un golpe. ■ **2** Machacar o destrozar. *Tb fig.*

machucazo *m* (*reg*) Acción de machucar. *Tb su efecto.*

machucho -cha *adj* (*col*) Maduro, o que ya no es joven.

machucón *m* (*reg*) Golpe o contusión.

macilento -ta *adj* **1** [Pers.] pálida y demacrada. **b)** Propio de la pers. macilenta. ■ **2** [Luz] pálida o mortecina.

macillo *m* **1** (*Mús*) Mecanismo a modo de mazo pequeño guarnecido con capas de fieltro, que hiere las cuerdas del piano a impulso de las teclas. **b)** Martillo pequeño con que se pulsan las cuerdas del salterio. ■ **2** (*hist*) Mazo de 14 pitillos.

macis *f* Corteza olorosa, de color rojo o rosado, de la nuez moscada.

macizamente *adv* De manera maciza.

macizar *tr* **1** (*Constr*) Rellenar. ■ **2** (*reg*) Echar cebo [a los peces]. *Tb fig. Tb abs.*

macizo -za **I** *adj* **1** [Cosa] de masa sólida y sin huecos en su interior. ■ **2** Que presenta una apariencia de masa espesa, pesada o compacta. ■ **3** [Pers.] de carnes duras y firmes. *Frec* (*col*) *con intención ponderativa, esp referido a mujer. Tb n.* ■ **4** Que carece de salientes o recortes. ■ **5** Sólido y bien fundado. *En sent fig.*

II *m* **6** Masa sólida y de forma maciza [4]. *Tb fig.* ■ **7** Grupo compacto [de plantas]. ■ **8** (*Geogr*) Conjunto montañoso de carácter unitario, constituido gralm. por terrenos primitivos. ■ **9** (*Arquit*) Parte de pared comprendida entre dos vanos. ■ **10** (*Constr*) Obra de hormigón o de mampostería rellena, que sirve de basamento o de contrafuerte. ■ **11** (*reg*) Pescado machacado y en salmuera que se utiliza como cebo. *Frec se usa en frases de amenaza.*

macla *f* (*Mineral*) Conjunto formado por dos o más cristales unidos simétricamente.

maclado -da *adj* (*Mineral*) Que forma maclas.

maco *m* (*jerg*) **1** Cárcel. ■ **2** Macuto o bolsa.

macolla *f* (*Agric*) Conjunto de vástagos, flores o espigas que nacen de un mismo pie.

macollar *intr* (*Agric*) Formar macolla [las plantas o la tierra en que están sembradas]. *Tb pr* (~**se**).

macoterano -na *adj* De Macotera (Salamanca). *Tb n, referido a pers.*

macozoide *m* (*Zool*) *En algunos celentéreos:* Individuo dotado de células urticantes y encargado de la defensa de la colonia.

macramé *m* Tejido ornamental calado que se realiza entrecruzando y anudando hilos.

macro *f* (*Informát*) Orden simple que encierra en sí una serie de órdenes.

macro- *r pref Denota dimensiones grandes o superiores a las normales.* * *Macrociudad.* * *Macroexposición.*

macró *m* (*jerg*) Proxeneta o rufián.

macrobiótico -ca **I** *adj* **1** De (la) macrobiótica [3]. ■ **2** Adepto a la macrobiótica [3]. *Tb n, referido a pers.*

II *f* **3** Sistema dietético que se basa en el consumo de cereales integrales y de verduras y frutas frescas.

macrocarpa *f* Ciprés originario de Monterrey (Méjico), cultivado frec. como ornamental (*Cupressus macrocarpa*).

macrocefalia *f* Cualidad de macrocéfalo.

macrocefálico -ca *adj* De (la) macrocefalia o que la implica.

macrocefalismo *m* Macrocefalia.

macrocéfalo -la *adj* [Pers. o animal] que tiene la cabeza desproporcionadamente grande. *Tb n. Frec fig.* **b)** Propio de un ser macrocéfalo.

macrocolon *m* (*Med*) Longitud anormal del colon descendente.

macroconcierto *m* Concierto para un público multitudinario. *Frec referido a música rock.*

macrocosmos *m* (*Filos o lit*) Entidad superior, de estructura compleja, considerada como una totalidad. *Frec designa el universo. Se opone a* MICROCOSMOS.

macroeconomía *f* (*Econ*) Parte de la economía que estudia las magnitudes colectivas o globales y su comportamiento e interrelación. *Se opone a* MICROECONOMÍA.

macroeconómico -ca *adj* (*Econ*) De (la) macroeconomía.

macroencuesta *f* Encuesta en que se consulta a un número elevado de perss.

macrófago *adj* (*Biol*) [Glóbulo blanco] que fagocita grandes células. *Tb n.*

macrofauna *f* (*Biol*) Fauna constituida por los animales visibles a simple vista.

macrofito -ta *adj* (*Bot*) [Planta] visible a simple vista. *Tb n f.*

macrofósil *m* (*Geol*) Fósil visible a simple vista.

macrogameto *m* (*Biol*) Gameto femenino.

macrogametocito *m* (*Biol*) Gametocito productor de macrogametos.

macroglosia *f* (*Med*) Aumento de volumen de la lengua.

macrogranudo -da *adj* (*Mineral*) Formado por cristales grandes.

macrólido *m* (*Med*) Fármaco de los pertenecientes al grupo en que se encuentra la eritromicina.

macromagnitud *f* (*Econ*) Magnitud macroeconómica.

macromolécula *f* (*Quím*) Molécula de grandes dimensiones.

macromolecular *adj* (*Quím*) Constituido por macromoléculas.

macronúcleo *m* (*Zool*) Núcleo mayor de los dos que tienen los protozoos ciliados, y del que depende la vida vegetativa.

macroproyecto *m* Proyecto de gran envergadura.

macroscópicamente *adv* (*E*) A simple vista.

macroscópico -ca *adj* (*E*) Que se ve a simple vista. *Se opone a* MICROSCÓPICO.

macrosismo *m* (*Geol*) Movimiento sísmico de gran intensidad.

macrosmático -ca *adj* (*Zool*) Que tiene muy desarrollado el sentido del olfato.

macrosociología *f* (*Sociol*) Estudio de las formaciones sociales en su aspecto global.

macrosociológico -ca *adj* De (la) macrosociología.

macrospora *f* (*Bot*) Espora de gran tamaño que produce protalos femeninos.

macrosporangio *m* (*Bot*) Esporangio productor de macrosporas.

macrosporofila *f* (*Bot*) Esporofila que lleva macrosporangios.

macruro *adj* (*Zool*) [Crustáceo decápodo] de abdomen alargado terminado en una pieza caudal. *Frec como n m en pl, designando este taxón zoológico.*

macsura (*tb con la grafía* **maxura**) *f* (*Arquit*) En una mezquita: Recinto situado entre el mihrab y los fieles, destinado al príncipe o autoridad.

macuculito *m* (*reg*) Prímula o primavera (planta).

mácula *f* (*lit o E*) Mancha. *Frec fig.* **b)** (*Anat*) Depresión amarillenta de la retina, donde la visión es más clara. *Tb* ~ LÚTEA.

maculación *f* (*lit*) Acción de macular¹. *Tb su efecto.*

maculado -da *adj* **1** *part* → MACULAR¹. ■ **2** (*E*) Que tiene manchas.

macular¹ *tr* (*lit*) Manchar. *Tb fig.*

macular² *adj* (*Anat o Med*) De (la) mácula o de (las) máculas.

maculatura *f* **1** (*Impr*) Pliego que se desecha por mal impreso o manchado. ■ **2** (*lit o E*) Mácula o mancha. *Tb fig.*

macumba *f* (*Rel*) Rito espiritualista brasileño que participa del catolicismo, del fetichismo y de supersticiones tupís. *Tb la danza propia de este rito.*

macuquino -na *adj* (*hist*) [Moneda] cortada, de oro o plata, que corrió hasta mediados del s. XIX.

macutazo *m* (*argot Mil*) Rumor o bulo. *Tb* (*col*) *fig, fuera del ámbito militar.*

macuto *m* Mochila, esp. de soldado. **b)** [Radio] ~ → RADIO³.

madagascareño -ña *adj* De Madagascar. *Tb n, referido a pers.*

madalena → MAGDALENA.

madaleno *m* (*jerg*) Policía secreta.

madam *f* (*jerg*) **1** Mujer que tiene o regenta un prostíbulo. ■ **2** Policía (cuerpo de seguridad).

madama *f* **1** (*raro*) Señora. *Frec con intención humoríst.* ■ **2** (*jerg*) Mujer que tiene o regenta un prostíbulo.

madame (*fr; pronunc corriente,* /madám/) *f* Señora. *Usado como tratamiento de mujeres francesas o, a veces, otras extranjeras.*

madapolán *m* (*hoy raro*) Tejido de algodón de la India.

made (*ing; pronunc corriente,* /meid/) *adj* Fabricado. *En la constr* ~ IN *+ n propio de lugar, 'fabricado en el lugar que se expresa'. Tb fig, humoríst.* * Algodones made in Mánchester.

madeira *m* Vino de la isla de Madeira (Portugal).

madeja I *f* **1** Conjunto de vueltas [de una fibra hilada] trabadas entre sí por un hilo de unión. *Tb* (*lit*) *fig.* ■ **2** (*reg*) Intestino de cordero enrollado en un soporte y dispuesto para freírlo.
     II *loc v* **3 enredar(se) la ~.** (*col*) Complicar(se) el asunto.

mademoiselle (*fr; pronunc corriente,* /madmuasél/) *f* **1** Señorita. *Usado como tratamiento de mujeres francesas o, a veces, otras extranjeras.* ■ **2** (*hoy raro*) Señorita francesa encargada de cuidar a un niño.

madera¹ I *f* **1** Materia dura y fibrosa de los árboles, situada debajo de la corteza. ■ **2** Trozo de madera [1] cortada. ■ **3** Puerta de madera [1] que se cierra sobre los cristales [de una ventana o balcón]. *Gralm en pl.* ■ **4** (*Mús*) Conjunto de los instrumentos de viento de madera [1]. *Se opone a* METAL. ■ **5** Índole o condición. ■ **6** Aptitud o disposición natural [para algo (*compl* DE o PARA)]. *A veces se omite el compl por consabido.*
     II *loc adj* **7 vientre de ~** → VIENTRE.
     III *loc v* **8 tocar ~.** Realizar el gesto físico de tocar algo de madera para conjurar una desgracia o un peligro. *Frec en forma imperat.*

madera² → MADERO².

maderable *adj* Que produce madera¹ [1] útil.

maderada *f* Conjunto de maderos¹ que se transportan por un río.

maderaje – madrigalista

maderaje m Maderamen.

maderamen m Conjunto de maderas[1] [2] [de una obra o construcción].

maderero -ra I adj **1** De (la) madera[1] [1].
II n **A** m y f **2** Pers. que comercia o trabaja en maderas[1] [1].
B m **3** Barco destinado al transporte de madera[1] [1].

maderista m y f (reg) Maderero [2].

maderizado -da adj (E) [Gusto] a roble, propio del madeira. Tb referido al vino que lo posee.

madero[1] m Pieza grande de madera[1] [1] escuadrada o rolliza.

madero[2] **-ra** (jerg) **A** m y f **1** Policía (agente).
B f **2** Policía (cuerpo de seguridad).

madi m Lengua hablada en el noroeste de Uganda.

madianita adj (hist) Del pueblo bíblico descendiente de Madián (hijo de Abraham). Tb n, referido a pers.

madison (ing; pronunc corriente, /mádison/) m Baile suelto, de moda en el comienzo de los sesenta. Tb su música.

madona f (Arte) Señora. Referido a la Virgen.

madonna (it; pronunc corriente, /madóna/) f (Arte) Madona.

madrás m Tejido fino de algodón, o de seda y algodón, a cuadros de colores, usado frec. para camisas. Frec en aposición con CUADROS.

madrastra f **1** Esposa del padre [de una pers. huérfana de madre (compl de posesión)]. **b)** Madre cruel o desnaturalizada. Tb fig. ■ **2** (jerg, raro) Cárcel.

madraza[1] f (col) Madre que está muy dedicada a sus hijos y los trata con mucho cariño.

madraza[2] f (hist) Escuela musulmana de estudios superiores, aneja a una mezquita.

madre I f **1** Mujer que ha engendrado [a otra pers. (compl de posesión)]. A veces sin compl. Tb fig, designando a la que hace las veces de madre o tiene un comportamiento propio de tal. **b)** euf por SUEGRA. **c)** ~ **de familia.** Mujer que tiene hijos bajo su cuidado. **d)** ~ **de leche.** Mujer que ha amamantado [a un niño (compl de posesión) que no es hijo suyo]. **e)** ~ **expectante.** Mujer embarazada. **f)** **la ~ que lo parió.** Se usa en constr comparativa para ponderar. * Es más lento que la madre que lo parió. **g)** **ni la ~ del cordero,** o **ni la ~ que lo parió.** (col) Se emplea como remate para reforzar o marcar el carácter desp de la frase. (→ acep. 21.) * ¿Para qué necesitas moto ni la madre que te parió? **h)** **su** (o **tu**) ~. (col) Se emplea en fórmulas de rechazo, haciendo a la pers aludida agente o paciente de algo ofensivo o molesto que acaba de decirse. (→ acep. 22.) * Me gusta la gente castellana... Pero el campo y el clima, para su madre. **i)** ~ **política, ciento y la ~** → POLÍTICO, CIENTO. ■ **2** En los seres sexuados: Hembra que ha engendrado [a otro ser de su especie (compl de posesión)]. A veces sin compl. ■ **3** Cosa que es origen [de otra (compl de posesión)]. Frec en aposición. Normalmente dicho de cosas con n f. **b)** ~ **patria.** (lit) Nación que ha dado origen [a otra (compl de posesión)]. Frec el compl se omite por consabido. **c)** **la ~ del cordero.** (col) El quid de la cuestión. ■ **4** Se usa como tratamiento propio de algunas religiosas. * He hablado con la madre Aurora. **b)** En una orden religiosa: Superiora. Tb usado como tratamiento. ■ **5** Heces del vino o del vinagre. **b)** Membrana gelatinosa formada en la superficie de un líquido alcohólico por la fermentación acética. ■ **6** (reg) Primer vino que se pone en un tonel y que no se ha vaciado del todo. Frec en pl. ■ **7** Cauce [de un río u otra corriente de agua]. Normalmente en las constrs SALIR(SE), o SACAR, DE ~. ■ **8** (Juegos) Jugador que dirige determinados juegos infantiles. ■ **9** (reg) Colmena primitiva de un enjambre. ■ **10** (reg) Matriz (de la mujer).
II adj **11** (Quím) [Aguas] que restan de una disolución que se ha hecho cristalizar y no da ya más cristales. ■ **12** (reg) [Ola] gigantesca. ■ **13 de puta ~.** (vulg) Muy bueno. Con intención ponderativa. Tb adv. ■ **14** [Hermano] **de ~,** [hijo] **de mala ~,** o **de su ~,** [polvos] **de la ~ Celestina** → HERMANO, HIJO, POLVO.
III loc v **15 mentar la ~** → MENTAR. ■ **16 sacar de ~.** (col) Sacar de quicio. ■ **17 salirse de ~** [una pers. o cosa]. (col) Sobrepasar los límites de lo normal o de lo razonable. ■ **18 ser ~.** Dar a luz un hijo [una mujer].
IV interj **19** ~, o ~ **mía,** o ~ **de Dios.** Pondera afectivamente lo que se dice. * ¡Madre, qué susto se llevó! ■ **20** ~, o ~ **mía,** o **mi** ~, o **su** ~. Expresa sorpresa, esp desagradable. * ¡Mi madre!, ¿quién es este? ■ **21 la ~ que te** (**lo,** etc) **parió** (o **trajo,** o **echó,** o **la ~ del cordero.** (col) Expresa rechazo, protesta o, alguna vez, admiración. A veces sigue al n de la pers o cosa que se rechaza. (→ acep. 1g.) * ¡La madre que lo echó, qué tipo más retorcido! ■ **22** (col) **su** (o **tu**) ~. Se usa como insulto, o como rechazo de lo que acaba de oírse. (→ acep. 1h.) * –Estás muerto de miedo. –Tu madre.

madreña f Zueco o almadreña.

madreñero -ra m y f Pers. que fabrica o vende madreñas.

madreperla f Ostra perlera. Tb su concha, que se aprovecha para nácar.

madrépora f (Zool) **1** Celentéreo que forma un polípero calcáreo y frec. arborescente (gén. Madrepora y otros). ■ **2** Polípero de madréporas [1].

madrepórico -ca adj (Zool) **1** De (las) madréporas. ■ **2** En los equinodermos: [Placa] perforada por donde se comunica con el exterior el aparato ambulacral.

madreselva f Planta arbustiva sarmentosa, de flores tubulares gralm. amarillentas y de grato olor, cultivada frec. en setos y jardines (gén. Lonicera).

Madrid interj (col) **1 adiós** ~, (**que te quedas sin gente**) → ADIÓS. ■ **2 por aquí se va a ~.** Se usa para expresar rechazo o negación enfáticos. * –Podíamos hacer un crucero. –Por aquí se va a Madrid.

madridejense adj De Madridejos (Toledo). Tb n, referido a pers.

madrigal m **1** (TLit) Composición poética breve, de carácter delicado o amoroso, escrita gralm. en silvas. ■ **2** (Mús) Pieza vocal polifónica, sobre un texto gralm. lírico.

madrigaleño -ña adj De Madrigal de las Altas Torres (Ávila). Tb n, referido a pers.

madrigalesco -ca adj (TLit o Mús) De(l) madrigal.

madrigalista adj (TLit o Mús) **1** Que compone madrigales. Frec n. Tb fig. ■ **2** Que canta madrigales [2]. Frec n.

madrigalizar *tr* (*lit, raro*) Alabar poéticamente [a una mujer].

madriguera *f* **1** Hueco en que se ocultan y crían algunos animales pequeños, esp. el conejo. ■ **2** Lugar en que vive o se oculta gente de mal vivir.

madrileñamente *adv* De manera madrileña.

madrileñismo *m* Condición de madrileño o madrileñista.

madrileñista *adj* **1** [Pers.] conocedora o estudiosa de lo madrileño. ■ **2** [Cosa] de carácter madrileño.

madrileñización *f* Acción de madrileñizar(se).

madrileñizar *tr* Dar carácter madrileño [a alguien o algo (*cd*)]. **b)** *pr* (*~se*) Tomar [alguien o algo] carácter madrileño.

madrileño -ña I *adj* **1** De Madrid. *Tb n, referido a pers.* **II** *m* **2** Habla típica de Madrid.

madriles *adj invar* (*col*) Madrileño. *Tb n, referido a pers.*

madrilla *f* (*reg*) Boga (pez de río).

madrina *f* **1** Mujer que presenta o asiste [a una pers. (*compl de posesión*) que recibe un sacramento o profesa en una orden]. *Esp referido al bautismo.* ■ **2** Mujer que ostenta la presidencia de honor [de una determinada agrupación o en un determinado acto]. ■ **3** Protectora o valedora. ■ **4** Mujer que en una guerra, desde la retaguardia, toma bajo su cuidado a un soldado al que escribe cartas y envía paquetes. *Tb ~ DE GUERRA.*

madrinazgo *m* Condición de madrina.

madrona *f* Cloaca maestra.

madroña *f* (*reg*) Madroño [1].

madroñal *m* **1** Terreno poblado de madroños [1]. ■ **2** (*raro*) Madroño [1].

madroñera *f* **1** Madroño [1]. ■ **2** (*raro*) Mantilla con adornos de madroños [3]. *Tb los mismos madroños.*

madroño *m* **1** Arbusto de hojas persistentes y coriáceas, flores en racimos blancos o rosados y fruto esférico y granuloso, rojo por fuera y amarillo por dentro (*Arbutus unedo*). *Con un adj especificador, designa otras especies:* ~ CANARIO *o* DE CANARIAS (*A. canariensis*), ~ DE LEVANTE (*A. andrachne*). ■ **2** Fruto del madroño [1]. ■ **3** Borla redonda semejante al fruto del madroño [1]. **b)** (*Mil*) Borla del gorro militar.

madrugada I *f* **1** Primeras horas del día, antes de amanecer. ■ **2** Acción de madrugar [1]. **II** *loc adv* **3** de ~. En la madrugada [1].

madrugador -ra *adj* Que madruga. *Tb n, referido a pers. Tb* (*lit*) *fig.*

madrugadoramente *adv* (*lit*) Con prontitud o anticipación.

madrugar A *intr* **1** Levantarse temprano por la mañana. ■ **2** Actuar con prontitud o anticipación. ■ **3** (*jerg*) Anticiparse a la acción [de alguien (*ci*)]. B *tr* **4** (*jerg*) Anticiparse a la acción [de alguien (*cd*)].

madrugón[1] *m* (*col*) Acción de madrugar [1] mucho.

madrugón[2] -na *adj* Madrugador.

madruguero -ra *adj* (*raro*) Madrugador.

maduración *f* Acción de madurar. *Tb su efecto.*

maduradero *m* Lugar a propósito para que maduren las frutas que se han cosechado verdes.

madurador -ra *adj* Que madura [2]. *Tb n m, referido a aparato.*

maduramente *adv* De manera madura [5].

madurar A *intr* **1** Pasar a estar maduro [1, 2 y 3]. B *tr* **2** Hacer que [algo (*cd*)] madure [1]. **b)** Desarrollar reflexivamente [una idea o un proyecto].

madurativo -va *adj* De (la) maduración.

madurecer (*conjug 11*) (*lit o reg*) A *intr* **1** Madurar. *Tb fig.* B *tr* **2** Dar carácter maduro [5] [a alguien (*cd*)].

madurez *f* **1** Estado o condición de maduro. ■ **2** Edad madura [5]. ■ **3** Conjunto de las perss. maduras [4].

maduro -ra I *adj* **1** [Fruto] que se encuentra en el estado de desarrollo conveniente para ser comido. ■ **2** [Pers. o cosa] que se encuentra en el estado de desarrollo o preparación conveniente para su utilización o funcionamiento o para actuar sobre ella. ■ **3** [Pers.] que ha alcanzado la capacidad intelectual y psíquica propia de la pers. adulta normal. ■ **4** [Pers.] que ha pasado la juventud y no ha llegado a la vejez. *Tb n.* ■ **5** [Cosa] propia de la pers. madura [3 y 4]. **II** *loc v* **6** **estar a las duras y a las maduras** → DURO.

maelstrom (*nor; pronunc corriente,* /máelstrom/; *pl normal,* ~s) *m* Torbellino marino. *Frec fig.*

maequi *m y f* (*argot Med*) Médico ayudante de equipo quirúrgico.

maese *m* (*hist*) Maestro. *Usado como tratamiento precediendo al n propio y sin art. Modernamente* (*lit*) *con intención humoríst.*

maestoso *adj* (*Mús*) [Tempo] majestuoso, más lento que el andante. *Tb n y adv. Tb fig.*

maestral[1] *adj* Del maestrazgo [1 y 2].

maestral[2] *adj* (*Mar*) [Viento y rumbo] del noroeste. *En el Mediterráneo.*

maestralizar *intr* (*Mar*) Declinar hacia el noroeste [la brújula o el viento reinante]. *En el Mediterráneo.*

maestrante *m* Caballero de una maestranza [1]. *A veces en aposición.*

maestranza *f* **1** Corporación nobiliaria similar en algunos aspectos a las antiguas órdenes de caballería. ■ **2** Conjunto de talleres donde se construye y repara armamento y material de guerra. ■ **3** (*Mar*) Conjunto de operarios destinados a la construcción y reparación de buques, o que realizan a bordo determinados trabajos especializados.

maestrazgo *m* **1** Cargo o dignidad de maestre [1]. ■ **2** Dominio territorial de un maestre [1]. ■ **3** (*lit, raro*) Condición de maestro [4a y c y 5].

maestrazguero -ra *adj* Del Maestrazgo (comarca de Castellón de la Plana). *Tb n, referido a pers.*

maestre (*frec con mayúscula en aceps 1 y 2*) *m* **1** Superior de una orden militar. *Tb* GRAN ~. *Gralm con un compl especificador.* ■ **2** **gran ~.** Jefe de una gran logia masónica. ■ **3** ~ **de campo.** (*hist*) Oficial de grado superior cuyo rango equivale aproximadamente al de general de brigada actual. ■ **4**

maestrear – magisterio

~ de jarcia. (*Mar, hist*) Encargado de la jarcia de un buque.

maestrear[1] *tr* Actuar como maestro [en una operación (*cd*)]. *Tb abs.*

maestrear[2] *intr* (*Mar, hist*) Maestralizar.

maestresala *m* **1** (*hist*) Criado principal que asiste a la mesa de un señor y distribuye y prueba la comida. ■ **2** (*raro*) Maître.

maestrescuela *m* (*Rel catól*) Canónigo con categoría de dignidad, que antiguamente estaba encargado de la dirección de una escuela catedralicia o vinculada a una colegiata.

maestría *f* **1** Condición de maestro [5]. ■ **2** Grado de maestro [7 y 14].

maestro -tra I *adj* **1** [Obra] perfecta o relevante en su género. **b)** (*hist*) En un oficio: [Obra] que sirve para obtener el título de maestro [7]. ■ **2** [Cosa] principal entre las de su clase. **b)** [Líneas] **maestras** → LÍNEA. ■ **3** [Llave] que abre y cierra todas las cerraduras de una casa u otro edificio.
II *n* A *m* y *f* **4** Pers. que enseña [una ciencia o arte (*compl de posesión*)]. *Tb fig, referido a cosa.* **b)** *Sin compl:* Pers. que tiene título oficial para enseñar en una escuela primaria. *Tb ~ DE ESCUELA.* **c)** Pers. que, directamente o a través de su obra, ejerce una enseñanza [sobre alguien (*compl de posesión*)]. *Tb sin compl.* **d)** Religioso encargado de enseñar. *A veces usado como simple título honorífico.* ■ **5** Pers. de gran sabiduría o habilidad [en una ciencia o arte (*compl* EN o DE)]. *Tb fig. Tb sin compl, por consabido.* ■ **6** Pers. que dirige el trabajo y el personal [de un taller].
B *m* **7** Artesano que ha llegado al grado máximo en su oficio. **b)** (*col*) *Se usa como tratamiento amistoso.* * Póngame un vinito, maestro. **c)** (*hist*) *Se usa como tratamiento precediendo al n de un artista identificado, o bien formando parte de la denominación de un artista anónimo.* * El maestro Mateo. * El Maestro de Ávila. ■ **8** Compositor de música. *Gralm como tratamiento antepuesto al n.* **b)** Director de orquesta. *Gralm como tratamiento antepuesto al n.* **c)** **~ de capilla.** Profesor que compone y dirige la música que se canta en un templo. **9** (*Taur*) Matador de toros. ■ **10 ~ armero.** (*Mil*) Técnico en armas de fuego. **b)** (*hist*) Fabricante de armas. ■ **11 ~ de balanza.** (*hist*) Encargado de pesar los metales antes y después de amonedarlos. ■ **12 ~ de ceremonias.** Hombre encargado de dirigir el ceremonial de un acto. ■ **13 ~ de obras.** Hombre que, por sí mismo o a las órdenes de un arquitecto, dirige a los albañiles y peones. ■ **14 ~ industrial.** Hombre que posee un título oficial acreditativo de unos conocimientos superiores a los del obrero especializado.
C *f* **15** Mujer del maestro [4 y 6]. ■ **16** (*Constr*) Listón de madera que se coloca como guía para construir una pared o un pavimento. ■ **17** (*Constr*) Hilera de piedras o baldosas que se ponen en primer lugar para que sirvan de guía a las demás del pavimento.

mafia (*tb, hoy raro, con la grafía* **maffia**) *f* Organización secreta siciliana que impone su ley por la violencia. **b)** Organización clandestina de criminales. **c)** (*desp*) Organización que controla determinados ámbitos o actividades.

mafiosamente *adv* De manera mafiosa.

mafioso -sa *adj* De (la) mafia. *Tb n, referido a pers.*

magacelense *adj* De Magacela (Badajoz). *Tb n, referido a pers.*

magallánico -ca *adj* Del estrecho de Magallanes.

magano *m* (*reg*) Calamar.

maganto -ta *adj* **1** (*raro*) Triste o pensativo. ■ **2** (*Taur*) [Res] enferma.

magarza *f* Planta herbácea similar a la manzanilla (*Chrysanthemum parthenium, Anthemis cotula* y otras especies afines).

magarzuela *f* Planta herbácea similar a la manzanilla (*Anthemis cotula, Chrysanthemum parthenium* y otras especies afines).

magazine (*ing; pronunc corriente,* /magasín/) *m* **1** Revista ilustrada de información general, que trata temas variados. ■ **2** Programa de televisión o radio de contenido variado.

magdalena (*normalmente con mayúscula en aceps 2 y 4; tb, pop,* **madalena**) I *f* **1** Dulce pequeño hecho con leche, harina, huevos, aceite y azúcar, cocido al horno en moldes de papel gralm. redondeados. ■ **2** *Se usa en constrs de sent comparativo para referirse a una pers muy afligida o llorosa.* * Lloraba como una Magdalena. ■ **3** (*lit, raro*) Prostituta.
II *loc v* **4 no estar la ~ para tafetanes.** (*col*) No ser el momento adecuado para gastar una broma o pedir un favor.

magdaleniense *adj* (*Prehist*) [Cultura o período] del Paleolítico superior, cuyos principales vestigios corresponden a las cavernas de La Madeleine (Francia). *Tb n m.*

magenta *adj invar* Carmesí oscuro. *Tb n m, referido a color.*

magia I *f* **1** Arte de producir, por procedimientos ocultos, fenómenos extraordinarios o que parecen tales. **b) ~ blanca, ~ negra** → BLANCO, NEGRO. **c)** Acto de magia. ■ **2** Poder de atracción y sugestión [de alguien o algo].
II *loc adj* **3 de ~.** (*TLit*) [Comedia] en cuyo argumento desempeñan papel central la magia y la intervención del Diablo, con abundancia de trucos efectistas, y que tuvo cultivo pralm. en los ss. XVII y XVIII.
III *loc adv* **4 por arte de ~** → ARTE.

magiar I *adj* **1** De un pueblo que en la actualidad constituye el grupo étnico mayoritario de Hungría. *Tb n, referido a pers.* **b)** (*lit*) Húngaro (de Hungría). *Tb n, referido a pers.*
II *m* **2** Húngaro (idioma).

mágicamente *adv* De manera mágica.

magicidad *f* (*raro*) Cualidad de mágico.

mágico -ca *adj* De (la) magia o que la implica. *Frec con intención ponderativa.* **b)** Maravilloso o irreal. **c)** [Linterna] **mágica**, [ojo] ~, [varita] **mágica** → LINTERNA, OJO, VARITA.

magín *m* (*col*) Cabeza (imaginación o inteligencia).

magíster *m* (*lit, raro*) Maestro (hombre que enseña). *A veces con intención desp.*

magisterial *adj* De(l) magisterio [1].

magisterialmente *adv* (*raro*) En el aspecto magisterial.

magisterio *m* **1** Actividad o condición de maestro (pers. que enseña). *Tb fig.* **b)** Conjunto de los maestros. ■ **2** (*Quím, hist*) Precipitado.

magistrado -da (*la forma* MAGISTRADO *se usa a veces como f*) *m y f* **1** Funcionario público con autoridad jurisdiccional, administrativa o política. ▪ **2** Miembro de una sala de audiencia territorial o provincial, o del Tribunal Supremo.

magistral *adj* **1** De(l) maestro (pers. que enseña o que tiene gran sabiduría). **b)** [Clase o lección] dada en forma de conferencia. *Tb dicho de lo relativo a esa clase.* **c)** [Lección] ~ –> LECCIÓN. **d)** (*desp*) Suficiente o pedantesco. ▪ **2** Perfecto en su línea. *Frec con intención ponderativa.* ▪ **3** [Iglesia colegial] cuyos miembros son doctores en teología. *Usado como título de la de Alcalá de Henares (Madrid).* ▪ **4** [Canónigo] predicador de un cabildo. *Frec n m.* ▪ **5** (*Med*) [Receta o fórmula] que solo se prepara por prescripción facultativa. *Tb n m.*

magistralidad *f* (*raro*) Cualidad de magistral [2].

magistralmente *adv* De manera magistral [2]. *Con intención ponderativa.*

magistratura *f* **1** Cargo o dignidad de magistrado. *Tb el tiempo que dura.* ▪ **2** Conjunto de los magistrados.

maglemosiense *adj* (*Prehist*) [Cultura o período] del Mesolítico, cuyos principales vestigios pertenecen a Maglemose (Dinamarca). *Tb n m.*

maglia rosa (*it; pronunc corriente, /mále-Fósa/ o /máglia-Fósa/*) *f* (*Cicl*) Camiseta de primer clasificado en el Giro de Italia.

magma *m* **1** (*Geol*) Masa fundida existente en el interior de la Tierra. ▪ **2** (*lit*) Masa informe o mezcla confusa. *Frec fig.* ▪ **3** (*Med*) Suspensión de gran cantidad de precipitado en poco líquido.

magmático -ca *adj* **1** (*Geol*) De(l) magma [1]. **b)** [Roca] formada por solidificación del magma [1] entre rocas sólidas ya existentes. ▪ **2** (*lit*) Que tiene carácter de magma [2].

magnalio (*n comercial registrado*) *m* Aleación de aluminio y magnesio.

magnálium (*n comercial registrado*) *m* Magnalio.

magnánimamente *adv* De manera magnánima [1b].

magnanimidad *f* (*lit*) Cualidad de magnánimo.

magnánimo -ma *adj* (*lit*) [Pers.] inclinada al perdón y a la benevolencia. **b)** Propio de la pers. magnánima.

magnate *m* Personaje importante del mundo de la industria o de los negocios. *A veces con intención peyorativa.*

magnesia *f* Sustancia blanca, terrosa y poco soluble en agua, constituida por óxido de magnesio y usada en medicina como purgante.

magnésico -ca *adj* (*Quím*) De(l) magnesio, o de (la) magnesia.

magnesio *m* (*Quím*) Metal, de número atómico 12, blanco y ligero, que arde con llama muy brillante.

magnesita *f* (*Mineral*) Silicato natural de magnesio.

magnéticamente *adv* De manera magnética.

magnético -ca *adj* **1** De(l) magnetismo. **b)** [Ecuador] ~, [meridiano] ~, [polo] ~, [resonancia] **magnética** –> ECUADOR, MERIDIANO, POLO¹, RESONANCIA. ▪ **2** Que tiene magnetismo [1, 2 y 3].

magnetismo *m* **1** Propiedad atractiva de los imanes. **b)** Conjunto de fenómenos de atracción o repulsión producidos por los imanes y las corrientes eléctricas. **c)** ~ **terrestre.** Acción que ejerce la Tierra sobre la aguja imantada, orientándola en una dirección próxima al norte. ▪ **2** ~ **animal.** Propiedad de determinadas perss. o animales de ejercer hipnosis o sugestión sobre otros. *Tb el conjunto de los fenómenos por los que se manifiesta y de los procedimientos con los que se logra. Tb, simplemente,* ~. ▪ **3** Atractivo o atracción poderosos. ▪ **4** Parte de la física que estudia los fenómenos de magnetismo [1].

magnetita *f* (*Mineral*) Mineral compuesto por una mezcla de óxidos de hierro, que tiene la propiedad de atraer el hierro.

magnetizador -ra *adj* Que magnetiza. *Más frec n: m y f, referido a pers; m, referido a instrumento.*

magnetizante *adj* Que magnetiza.

magnetizar *tr* **1** Dotar [a un cuerpo (*cd*)] de propiedades magnéticas. **b)** *pr* (~se) Adquirir [un cuerpo] propiedades magnéticas. ▪ **2** Atraer por magnetismo. *Tb fig.* ▪ **3** Hipnotizar. *Tb fig.*

magneto *f* (*Electr*) Generador eléctrico en que la inducción es producida por un imán permanente.

magnetofón *m* Magnetófono.

magnetofónico -ca *adj* De(l) magnetófono. **b)** (*TLit*) Que parece reproducir exactamente la comunicación oral entre los personajes.

magnetófono *m* Aparato para registrar y reproducir sonidos por imantación de un alambre de acero o de una cinta recubierta de óxido de hierro.

magnetohidrodinámica *f* (*Fís*) Estudio del movimiento de los fluidos conductores sometidos a la acción conjunta de campos eléctricos y magnéticos.

magnetómetro *m* (*Fís*) Aparato para medir la intensidad y la dirección de un campo magnético.

magnetoscópico -ca *adj* (*Fís*) De(l) magnetoscopio.

magnetoscopio *m* (*Fís*) Vídeo (aparato que registra imágenes y sonidos en soporte magnético).

magnetosfera *f* (*Astron*) Región exterior de la atmósfera terrestre o de otros astros, en que los campos magnéticos ejercen una acción predominante.

magnetoterapia *f* (*Med*) Tratamiento médico basado en el magnetismo [1 y 2].

magnetrón *m* (*Electrón*) Tubo para producir o amplificar corrientes de muy alta frecuencia, en el que el flujo de electrones es regulado por un campo magnético.

magnicida *m y f* Pers. que comete un magnicidio. *Tb adj.*

magnicidio *m* Homicidio de un jefe de estado o de un gobernante.

magnificación *f* Acción de magnificar.

magnificador -ra *adj* Que magnifica.

magníficamente *adv* Muy bien. *Con intención ponderativa.*

magnificar *tr* Engrandecer o hacer más grande [algo o a alguien]. *Gralm en sent moral.*

magníficat (*normalmente con mayúscula*) *m* (*Rel crist*) Cántico de la Virgen en la visita a su prima

Santa Isabel, y que se canta al final de las vísperas.
b) Música compuesta sobre el texto del magníficat.

magnificencia *f* (*lit*) Cualidad de magnífico [1].

magnificente *adj* (*lit*) Magnífico [1].

magnífico -ca I *adj* **1** Espléndido o grandioso. ■ **2** Muy bueno o extraordinario. *Con intención ponderativa.* ■ **3** *Se usa como tratamiento, siguiendo a* RECTOR. * Acudió el rector magnífico de la Universidad Complutense. **b)** (*hist*) Usado como título de honor de determinadas perss ilustres. * Gozó de las dignidades de magnífico y doncel. **II** *adv* **4** (*col*) Muy bien. *Con intención ponderativa y a veces irónica.*

magnitud *f* **1** Cualidad de ser más o menos grande. *Frec con intención enfática y referido a cosas inmateriales.* **b)** (*Astron*) Tamaño aparente [de una estrella] por efecto de la mayor o menor intensidad de su brillo. ■ **2** (*Fís y Mat*) Propiedad o aspecto susceptible de medida. ■ **3** Unidad de medida.

magno -na *adj* (*lit*) Grande. *En sent no material, y normalmente con intención enfática.* **b)** [Aula] **magna** → AULA.

magnolia *f* Planta arbórea o arbustiva de hojas coriáceas y flores terminales grandes y olorosas (gén. *Magnolia*, esp. *M. grandiflora*). *Diversas especies se distinguen por medio de compls:* ~ JAPONESA (*M. obovata*), ~ DE HOJAS PEQUEÑAS (*M. sieboldi*), *etc. Frec su flor.*

magnoliácea *adj* (*Bot*) [Planta] dicotiledónea de hojas coriáceas, flores grandes y olorosas y fruto en cápsula, de la familia de la magnolia. *Frec como n f en pl, designando este taxón botánico.*

magnolio *m* Magnolia (árbol).

magnox (*frec con mayúscula; ing; pronunc corriente,* /mágnoks/; *pl invar*) *m* (*Fís*) Aleación de magnesio y aluminio usada para envolver elementos combustibles, esp. reactores nucleares. *Frec* REACTOR ~.

mágnum *m* Botella, esp. de champán o licor, cuya capacidad es doble de lo normal. *Tb adj.*

mago[1] -ga *m y f* **1** Pers. que cultiva la magia (arte de producir fenómenos extraordinarios o que parecen tales). ■ **2** Pers. sobresaliente en una actividad. *Normalmente con un compl* DE. ■ **3** (*hist*) Astrónomo. *Normalmente, y frec en la constr* REYES ~S, *designa a los que acudieron a adorar a Jesús.*

mago[2] -ga *adj* (*reg*) Campesino canario, esp. pobre e inculto. *Tb n.*

magosta *f* (*reg*) Magosto.

magostal *m* (*reg*) Magosto o magosta.

magosto *m* (*reg*) Hoguera para asar castañas en el campo. *Tb las castañas así asadas y la reunión correspondiente.*

magra → MAGRO.

magrear (*vulg*) **A** *tr* **1** Manosear lascivamente [a alguien]. **B** *intr pr* (~**se**) **2** Manosearse lascivamente [una pers. con otra]. *Tb sin compl, con suj pl.*

magrebí *adj* Del Magreb (región constituida por Marruecos, Argelia, Túnez y a veces Libia). *Tb n, referido a pers.*

magrebino -na *adj* (*raro*) Magrebí. *Tb n.*

magreo *m* (*vulg*) Acción de magrear(se).

magrez *f* (*raro*) Cualidad de magro [1 y 2].

magro -gra I *adj* **1** (*lit*) Flaco o enjuto. *Tb fig.* ■ **2** [Carne] que no tiene grasa. ■ **3** (*Mineral*) [Carbón] que contiene pocas materias volátiles. **II** *n* **A** *m* **4** Carne magra [2] del cerdo. ■ **5** (*reg*) Lomo de cerdo en adobo. **B** *f* **6** (*reg*) Magro [4 y 5]. ■ **7** (*reg*) Loncha de jamón. ■ **8** (*reg*) Jamón.

magrura *f* (*lit, raro*) Cualidad de magro [1 y 2].

magua *f* (*reg*) Tristeza o pena.

magué *m* (*jerg*) Órgano sexual masculino.

magüeto -ta *adj* (*reg*) [Res vacuna] de dos o tres años, esp. mansa. *Frec n.*

maguey *m* Pita (planta).

magulladura *f* Acción de magullar. *Esp su efecto.*

magullamiento *m* Magulladura.

magullar *tr* Producir contusiones [a alguien o algo (*cd*)].

maguntino -na *adj* De Maguncia (Alemania). *Tb n, referido a pers.*

maharajá (*hindi; pronunc corriente,* /maaraχá/ o /maraχá/) *m* Príncipe de la India. *Tb usado como tratamiento.* **b)** (*col*) Se usa frec en constrs de sent comparativo para ponderar la opulencia o el regalo con que alguien vive. * Vives como un maharajá.

maharaní (*hindi; pronunc corriente,* /maaraní/ o /maχaraní/) *f* Mujer de un maharajá.

maharastri (*pronunc corriente,* /maχarástri/) *m* Prácrito de la región india de Maharastra.

mahatma (*scr; pronunc corriente,* /maχátma/) *m* Individuo reverenciado por su prestigio religioso y moral. *Normalmente referido a Gandhi* († 1948). *Tb usado como tratamiento.*

mahayana (*scr; pronunc corriente,* /maχayána/) *m* (*Rel*) Variedad sincrética del budismo practicada en China, Japón y Tíbet.

mahayaniano -na (*pronunc corriente,* /maχayaniáno/) *adj* (*Rel*) De(l) mahayana.

mahdí (*ár; pronunc corriente,* /maχdí/) *m* (*Rel musulm*) Enviado de Alá para completar la obra de Mahoma.

mahdismo (*pronunc corriente,* /maχdísmo/) *m* (*Pol*) Movimiento político-religioso dirigido por un mahdí.

mahdista (*pronunc corriente,* /maχdísta/) *adj* (*Pol*) Partidario de un mahdí. *Tb n.*

mah-jong (*chino; pronunc corriente,* /ma-yón/) *m* (*raro*) Juego chino de fichas semejante al dominó.

mahometano -na *adj* Musulmán. *Tb n.*

mahomético -ca *adj* (*raro*) Mahometano.

mahometismo *m* Islamismo.

mahometizante *adj* (*hist*) Que practica ocultamente el mahometismo.

mahón I *m* **1** Tela fuerte de algodón, usada esp. para ropa de trabajo. **II** *adj invar* **2** [Color azul] intenso, propio de los monos de trabajo. **b)** De color mahón.

mahona *f* (*hist*) Embarcación grande de carga, usada esp. por los turcos.

mahonés -sa I *adj* **1** De Mahón (Menorca). *Tb m, referido a pers.* **b)** [Salsa] mayonesa. *Tb n f.* **II** *f* **2** Plato preparado con salsa mahonesa [1b].

mahonia *f* Arbusto ornamental de hojas persistentes y dentadas y flores amarillas (*Mahonia aquifolium*). *Tb designa otras especies del mismo gén.*

mahrata → MARATA.

maicena (*tb con la grafía* **maizena**, *n comercial registrado*) *f* Harina fina de maíz.

maiceño -ña *adj* Del color del maíz.

maicero -ra *adj* De(l) maíz.

maiden (*ing; pronunc corriente,* /méiden/) *adj* (*Híp*) [Caballo] que no ha vencido nunca en una carrera. *Tb n.*

mailing (*ing; pronunc corriente,* /máilin/; *pl normal,* ~S) *m* Buzoneo (publicidad o propaganda por correo).

maílla *f* (*reg*) Fruto del maíllo.

maillechort (*fr; pronunc corriente,* /maiʃór/) *m* (*Metal*) Aleación de cobre, cinc y níquel a la que se agrega a veces plomo o estaño.

maíllo *m* (*reg*) Manzano silvestre.

maillot (*fr; pronunc corriente,* /maiʎót/ o /mayót/; *pl normal,* ~S) *m* **1** Camiseta de ciclista. ■ **2** Traje ajustado usado en danza y gimnasia. ■ **3** (*hoy raro*) Traje de baño femenino de una pieza, que cubre todo el tronco.

maimón I *adj* **1** [Bollo] ~ → BOLLO¹.
II *m pl* **2** (*reg*) Sopa de pan, ajo y aceite.

maimonense *adj* De Los Santos de Maimona (Badajoz). *Tb n, referido a pers.*

mainate *m* Pájaro negro originario de Malaisia, con pico anaranjado, capaz de imitar la voz humana.

mainel *m* **1** (*Arquit*) Columna pequeña que divide un hueco o ventana verticalmente. ■ **2** (*reg*) Ventana abierta en el techo o en la parte alta de una pared.

mainframe (*ing; pronunc corriente,* /méinfreim/) *m* (*Informát*) Ordenador de gran velocidad y capacidad de almacenamiento, del cual depende una serie de periféricos.

maipure *m* (*hist*) Arahuaco (lengua).

mairal -lesa (*reg*) **A** *m y f* **1** Mayoral de una cofradía.
B *f* **2** Señorita elegida para presidir honoríficamente las fiestas.

maitén *m* Árbol chileno de hojas dentadas, flores purpúreas y madera dura y anaranjada (*Maytenus chilensis*).

maitinante *m* (*Rel catól, hist*) Clérigo que tiene obligación de asistir a maitines.

maitines *m pl* (*Rel catól*) Hora canónica que se reza en primer lugar, antes del amanecer.

maître (*fr; pronunc corriente,* /métre/ o /metr/) *m* Jefe de comedor de un restaurante u hotel. *En el segundo caso, tb* → D'HÔTEL.

maíz *m* **1** Planta gramínea de tallo alto y hojas anchas y lanceoladas, cuyo fruto es una mazorca de granos gruesos y rojizos (*Zea mays*). *Tb su semilla; en este caso, frec en sg con sent colectivo.* ■ **2** Maizal.

maizal *m* Terreno sembrado de maíz [1].

maizena → MAICENA.

maja¹ → MAJO.

maja² *f* (*reg*) **1** Acción de majar. ■ **2** Mano del mortero.

majada *f* Construcción en el campo para albergue de ovejas y pastores.

majadal *m* Lugar de pasto a propósito para ovejas y ganado menor.

majadear *tr* Hacer noche o albergarse [el ganado en un lugar (*cd*)].

majadería *f* (*col*) **1** Hecho o dicho tonto. ■ **2** (*raro*) Cualidad de majadero¹.

majaderico *m* (*hist*) Cierto adorno usado en los vestidos.

majadero¹ -ra *adj* (*col*) [Pers.] tonta o necia. *Tb n.* **b)** Propio de la pers. majadera.

majadero² *m* Maza o utensilio para majar.

majado *m* Conjunto de varias sustancias majadas juntas.

majador -ra *adj* Que maja. *Tb n: m y f, referido a pers; f, referido a máquina.*

majagranzas *m y f* (*col*) Pers. pesada y necia.

majagua *f* Árbol cubano de hojas acorazonadas y flores purpúreas, propio de lugares pantanosos, y cuyo líber se emplea para fabricar sogas (*Hibiscus tiliaceus*). *Tb su madera.*

majalulo *m* (*reg*) Camello joven.

majamente *adv* (*col*) Bien o perfectamente.

majano *m* Montón de cantos sueltos que se forma en las tierras de labor o en las encrucijadas y división de términos.

majar A *tr* **1** Machacar (aplastar o triturar [algo] golpeándo[lo]). *Tb fig.* ■ **2** Golpear [cereales o legumbres] para extraer la semilla.
B *intr* **3** (*reg*) Golpear [en algo].

majara *adj* (*col*) Majareta. *Tb n.*

majareta *adj* (*col*) [Pers.] loca o trastornada. *Tb n.*

majariego -ga *adj* De Majadahonda (Madrid). *Tb n, referido a pers.*

majarón -na *adj* (*col*) Majara o majareta. *Tb n.*

majestad (*normalmente con mayúscula en aceps 2 y 3*) **I** *f* **1** Cualidad de una pers. o cosa que inspira admiración y respeto. ■ **2** *Se usa como tratamiento de un rey o soberano. Normalmente precedido de adj posesivo:* su ~, VUESTRA ~. * Su Majestad viaja hoy a Galicia. ■ **3** su divina ~. (*Rel catól*) Dios, esp. en el sacramento de la Eucaristía. ■ **4** (*Arte*) Representación de Jesús o de la Virgen de frente, en actitud hierática y gralm. en un trono o coronados. *Frec en aposición o en la loc* EN ~.
II *loc adj* **5** de lesa ~. [Crimen o delito] que se comete contra la vida del soberano, del sucesor inmediato o del regente de una monarquía. **b)** (*hist*) En la Roma antigua: [Ley] que castiga con la muerte o el destierro un delito contra el Senado o el Emperador. *Tb* DE ~.

majestuosamente *adv* De manera majestuosa.

majestuosidad *f* Cualidad de majestuoso.

majestuoso -sa *adj* Que tiene o muestra majestad [1]. **b)** [Cosa] grandiosa o muy lujosa. *Con intención ponderativa.*

majeza *f* **1** Valentía arrogante. *Normalmente referido a torero.* ■ **2** (*col, raro*) Cualidad de majo.

majismo *m* (*hist*) Condición o comportamiento de majo [5].

majo -ja I *adj* (*col*) 1 Que resulta grato por sus cualidades. ■ 2 De aspecto agradable. b) Arreglado o adornado. ■ 3 *Se usa como vocativo cariñoso dirigido a una pers. Frec con intención irónica.* * Anda, majo, ayúdame. * Oye, majo, ¿qué te has creído? ■ 4 Valiente. *En las constrs* QUIÉN ES EL ~, *o* CUALQUIERA ES EL ~, + *prop con* QUE, *usadas para ponderar la dificultad de lo expresado en la prop.*
II *n* A *m* y *f* (*hist*) 5 *En los ss* XVIII *y* XIX: Habitante de los barrios bajos de Madrid, caracterizado por su indumentaria vistosa y su actitud arrogante y desenfadada.
B *f* 6 Mujer escogida por su belleza para presidir una fiesta madrileña. *Gralm con un compl especificador.*

majoleta *f* (*reg*) Majuela.

majoleto *m* (*reg*) Majuelo.

majorero -ra *adj* De la isla de Fuerteventura. *Tb n, referido a pers.*

majorette (*fr; pronunc corriente,* /mayorét/) *f* Joven que desfila con uniforme militar de fantasía y moviendo en las manos un bastón.

majuela *f* Fruto del majuelo[1].

majuelo[1] *m* Espino de flores blancas y fruto en forma de pequeñas bolitas rojas comestibles (*Crataegus monogyna* y *C. oxyacantha*).

majuelo[2] *m* Viña.

majzén *m* (*hist*) En Marruecos: Gobierno o autoridad suprema.

majzeniano -na *adj* (*hist*) De(l) majzén.

maketo → MAQUETO.

make up (*ing; pronunc corriente,* /méikap/) A *m* 1 Maquillaje (cosmético).
B *m* y *f* 2 Maquillador.

makiritare → MAQUIRITARE.

makonde *adj* De un pueblo bantú de la región limítrofe entre Tanzania y Mozambique. *Tb n, referido a pers.*

makuta *f* Unidad monetaria del Zaire, equivalente a la centésima parte del zaire.

mal[1] I *adv* 1 En forma no debida o no conveniente. b) Con abundancia de palabras malsonantes. *Con el v* HABLAR. ■ 2 En forma no satisfactoria. b) De manera desagradable. c) De manera desfavorable. *Con vs como* HABLAR *o* PENSAR. d) Con mala salud. *Con vs como* ESTAR *o* PONERSE. e) En mala situación. *Normalmente con el v* ESTAR. f) de ~ en peor. Cada vez en forma menos satisfactoria. *Con vs como* IR *o* MARCHAR. ■ 3 De manera imperfecta o incompleta. b) Apenas o escasamente. ■ 4 Difícilmente. ■ 5 ~ que bien. Más o menos bien. ■ 6 ~ a gusto. → GUSTO.
II *loc v* 7 estar (*o* parecer) ~ [alguien o algo]. No ser (o no parecer) satisfactorio. b) no estar ~ [una pers. o cosa]. Ser aceptable. *Frec implicando reserva o incluso rechazo.* ■ 8 estar (*o* andar, *u otro v equivalente*) [alguien] ~ [de una parte del cuerpo]. Tener [esa parte] enferma o alterada en su funcionamiento.
III *loc conj* 9 ~ que. (*lit*) Aunque. *Gralm formando la prop* ~ QUE TE (LE, NOS, *etc*) PESE.

mal[2] I *m* 1 Cosa mala. *Esp en sent moral.* b) Daño. *Esp en sent moral.* ■ 2 Lo malo. *Normalmente con*

el art EL. ■ 3 Enfermedad. *Frec con un compl especificador.* b) gran ~. Epilepsia convulsiva. c) ~ blanco. Enfermedad de las plantas causada por ciertas especies del gén. *Oidium* y de otros hongos microscópicos que forman manchas blanquecinas en las hojas. d) ~ de caderas. Enfermedad equina producida por el *Trypanosoma equinum.* e) ~ de la rosa. Pelagra. f) ~ de ojo. Influjo maléfico que, según la creencia popular, ejerce sobre alguien la mirada de una pers. con cierto poder mágico. g) ~ de orina. Enfermedad del aparato urinario, que ocasiona dificultad o incontinencia en la excreción de la orina. h) ~ de piedra. Enfermedad caracterizada por la presencia de cálculos en las vías urinarias. i) ~ de Pott. (*Med*) Afección inflamatoria tuberculosa de la columna vertebral. j) ~ de San Lázaro. Lepra. k) ~ francés. Sífilis. l) ~ sagrado. (*lit*) Epilepsia. m) pequeño ~. Epilepsia no convulsiva. ■ 4 *Con un compl especificador,* DE (LA) PIEDRA, DEL COBRE, DEL CEMENTO, *designa distintas alteraciones sufridas por el material de que se trata.* ■ 5 ~ de piedra. (*humoríst*) Afán de construir monumentos.
II *loc adv* 6 a ~. En actitud de enemistad. *Con vs como* ESTAR *o* PONERSE, *y gralm con compl* CON. b) A disgusto, o sintiéndose agraviado. *Con vs como* LLEVAR *o* TOMAR, *acompañados de un cd que designa la causa del disgusto o agravio.*

mal[3] → MALO.

mal- *r pref* Mal[1]. *Antepuesta a un v o derivado verbal.* * Malcaber. * Malpensante.

mala → MALO.

malabar I *adj* 1 De Malabar (región de la India). *Tb n, referido a pers.* b) [Juegos] ~es → JUEGO.
II *m* 2 En *pl*: Juegos malabares (→ JUEGO). *Tb fig.* ■ 3 Lengua de la región de Malabar.

malabárico -ca *adj* Malabar [1].

malabarismo *m* 1 Arte de hacer juegos malabares. *Frec fig.* ■ 2 Acto de malabarismo [1]. *Gralm en pl.*

malabarista *m* y *f* Pers. que hace juegos malabares. *Tb fig.*

malabsorción *f* (*Med*) Absorción deficiente, esp. la de nutrientes por el intestino.

malacate *m* Máquina usada esp. para extraer agua o minerales, formada por un árbol vertical con una o varias palancas horizontales, en cuyo extremo se engancha una caballería que lo hace girar.

malacitano -na *adj* (*lit*) Malagueño. *Tb n, referido a pers.*

malacopterigio *adj* (*Zool*) [Pez] cuyas aletas tienen los radios flexibles y articulados. *Frec como n m en pl, designando este taxón zoológico.*

malacostráceo *adj* (*Zool*) [Crustáceo] que posee un número fijo de segmentos. *Frec como n m en pl, designando este taxón zoológico.*

malacostumbrar *tr* Hacer que [alguien (*cd*)] adquiera un mal hábito. *Frec en part.*

maladaptación *f* (*Med*) Adaptación inadecuada o insuficiente.

málaga *m* Vino dulce de la región de Málaga.

malagana (*tb con la grafía* mala gana) *f* (*col*) Indisposición o mareo.

malage (*tb, raro, con la grafía* malaje) *m* y *f* (*reg*) 1 Pers. patosa y sin gracia. *Tb adj.* ■ 2 Pers. de mala intención. *Tb adj.*

malagonense *adj* De Malagón (Ciudad Real). *Tb n, referido a pers.*

malagueño -ña I *adj* 1 De Málaga. *Tb n, referido a pers.*

II *f* 2 Cante popular típico de la provincia de Málaga, de la familia del fandango y con coplas de cuatro versos octosílabos. ■ 3 Cierto cante popular canario. *Tb su música y su baile.*

malaguillense *adj* De Malaguilla (Guadalajara). *Tb n, referido a pers.*

malaisio -sia *adj* De Malaisia. *Tb n, referido a pers.*

malaje → MALAGE.

malají *m* (*reg*) Individuo que se dedica a comprar pescado en la playa para revenderlo.

malajoso -sa *adj* (*reg*) Malage.

malaleche *m y f* (*vulg*) Mala leche (pers. de mala intención). *Tb adj.*

malamente *adv* Mal (de manera indebida, insatisfactoria o imperfecta). **b)** Apenas o escasamente.

malandante *adj* (*lit, raro*) [Pers.] desgraciada. *Tb n.*

malandanza *f* (*lit*) Desgracia.

malandar *m* (*reg*) Puerco que no se destina para ir a la montanera.

malandrín -na *adj* (*lit*) [Pers.] maligna o perversa. *Tb n. A veces con intención humoríst.*

malange *m y f* (*reg*) Malage. *Tb adj.*

malaquita *f* (*Mineral*) Piedra constituida por carbonato de cobre, de color verde y susceptible de pulimento.

malar *adj* (*Anat*) De la mejilla. *Tb n m, referido a hueso.*

malaria *f* Paludismo.

malárico -ca *adj* De (la) malaria.

malariología *f* (*Med*) Parte de la medicina que trata del paludismo.

malariólogo -ga *m y f* (*Med*) Especialista en malariología.

malasangre *m y f* (*col*) Mala sangre (pers. de mala intención). *Tb adj.*

malasio -sia *adj* Malayo [2]. *Tb n.*

malasombra *m y f* (*col*) Mala sombra (pers. de mala intención). *Tb adj.*

malatión (*n comercial registrado*) *m* Insecticida organofosforado de baja toxicidad para los mamíferos y las plantas.

malato *m* (*Quím*) Sal del ácido málico.

malaúva (*col*) A *m y f* 1 Mala uva (pers. de mala intención). *Tb adj.*

B *f* 2 Mala uva o mala intención.

malaventura *f* (*lit*) Desgracia o desventura.

malaventurado -da *adj* (*lit*) Desgraciado o desventurado.

malawi (*pronunc corriente*, /maláwi/) *adj* De Malawi. *Tb n, referido a pers.*

malaxador -ra *adj* (*E*) Amasador. *Tb n m, referido a aparato.*

malayálam *m* Lengua dravídica hablada esp. en el estado indio de Kerala.

malayo -ya I *adj* 1 De un pueblo de raza amarilla que habita pralm. en Malaisia, Indonesia y otras áreas limítrofes. *Tb n, referido a pers.* ■ 2 De Malasia (estado miembro de la Confederación de Malaisia). *Tb n, referido a pers.*

II *m* 3 Lengua de los malayos [1], perteneciente al grupo malayo-polinesio.

malbaratador -ra *adj* Que malbarata. *Tb n, referido a pers.*

malbaratamiento *m* Acción de malbaratar.

malbaratar *tr* 1 Malvender. ■ 2 Derrochar o despilfarrar. ■ 3 Destrozar o echar a perder. *Tb fig.*

malcarado -da *adj* (*reg*) Malencarado.

malcasado -da *adj* 1 *part* → MALCASAR. ■ 2 [Pers. casada] que no vive en armonía con su cónyuge, o está separada de él. *Tb n.*

malcasar *intr* (*lit*) Casar desacertadamente.

malcaso *m* (*raro*) 1 Acción infame. ■ 2 Desgracia, o suceso desafortunado.

malcomer *intr* Alimentarse de manera escasa o insuficiente.

malcomido -da *adj* 1 *part* → MALCOMER. ■ 2 Mal alimentado.

malcontento *m* (*raro*) Descontento o disgusto.

malcrecer (*conjug* 11) *intr* Crecer o desarrollarse de manera insuficiente o inadecuada.

malcriado -da *adj* 1 *part* → MALCRIAR. ■ 2 [Niño] maleducado. *Tb n.*

malcriar (*conjug* 1c) *tr* Educar mal [a un niño] por exceso de mimo o tolerancia.

maldad *f* 1 Cualidad de malo. *Esp en sent moral.* ■ 2 Mala acción. ■ 3 (*reg*) Enfermedad. ■ 4 (*reg*) Secreción de una herida.

maldecible *adj* (*raro*) Digno de maldición.

maldecido -da *adj* 1 *part* → MALDECIR. ■ 2 (*raro*) Maldito [3 y 4].

maldecidor -ra *adj* Maldiciente. *Tb n, referido a pers.*

maldecir (*conjug* 40) A *tr* 1 Decir palabras de enojo o rechazo violentos [contra alguien o algo (*cd*)]. **b)** Rechazar totalmente [algo o a alguien]. ■ 2 Manifestar con enojo o violencia la voluntad de que [a alguien o algo (*cd*)] le suceda algún mal.

B *intr* 3 Manifestar rechazo o protesta [contra alguien o algo (*compl* DE)]. *Tb sin compl.*

maldiciente *adj* Que maldice. *Tb n, referido a pers.*

maldición I *f* 1 Acción de maldecir. *Tb su efecto.* ■ 2 Palabra(s) con que se maldice.

II *loc v* 3 caer la ~ [a, o sobre, alguien o algo]. Cumplirse [en ellos] un destino desgraciado.

III *interj* 4 (*col*) Expresa enojo o rechazo violentos. * ¡Maldición, he vuelto a confundirme!

malditismo *m* Condición de maldito [2].

maldito -ta I *adj* 1 Maldecido [1]. *En exclamaciones de enojo o rechazo.* **b)** ~ de cocer. (*raro*) [Pers.] molesta o enfadosa, esp. por su terquedad. ■ 2 [Pers., esp. artista] rechazado por la sociedad. ■ 3 [Pers.] perversa o de mala intención. *Frec con intención afectiva.* ■ 4 (*col*) Se usa precediendo inmediatamente al n a que se refiere, para manifestar rechazo o protesta. * Cada vez odia más el maldito negocio. ■ 5 (*col*) Ninguno. *En frases de intención*

ponderativa, precediendo inmediatamente a un n con art. Frec seguido de QUE + *v en ind. A veces* ~ DE DIOS. * Maldita la gracia que le hizo que se fuera. **b)** (*col*) Nada. *En frases de intención ponderativa, precediendo inmediatamente a* LO QUE *o* SI + *v en ind.* * Maldito lo que le interesa.
II *interj* (*col*) **6 maldita sea.** *Expresa enojo o rechazo violentos.* * ¡Maldita sea! ¡Otra vez a empezar!

maldivo -va *adj* De las islas Maldivas. *Tb n, referido a pers.*

maldormidor -ra *adj* Que malduerme. *Tb n, referido a pers.*

maldormir (*conjug* 44) *intr* Dormir mal o escasamente.

maldurmiente *adj* Que malduerme. *Tb n, referido a pers.*

maleabilidad *f* Cualidad de maleable.

maleable *adj* **1** [Metal] que puede extenderse en planchas o láminas. ■ **2** Que puede ser modelado con facilidad. *Tb fig.*

maleancia *f* Condición de maleante.

maleante *m y f* Pers. que vive de la delincuencia. *Tb adj.*

malear *tr* Hacer malo o pervertir [a alguien]. **b)** Hacer malo o dañar [algo]. *Tb fig.* **c)** *pr* (~se) Hacerse malo.

malecón *m* Dique para contener las aguas.

maledicencia *f* Acción de difamar a una pers. o hablar mal de ella.

maledicente *adj* Que practica la maledicencia. *Tb n.* **b)** Propio de la pers. maledicente.

maleducado -da *adj* **1** *part* → MALEDUCAR. ■ **2** Mal educado (pers. que tiene mala educación). *Tb n.* **b)** Propio de la pers. maleducada.

maleducar *tr* Educar mal [a alguien (*cd*)] por exceso de mimo o condescendencia.

maleficencia *f* Hecho de hacer mal.

maleficiar (*conjug* 1a) *tr* Hacer un maleficio [a alguien].

maleficio *m* Hechizo encaminado a causar un daño. *Frec fig.*

maléfico -ca *adj* **1** Dañino o pernicioso. ■ **2** Propio del maleficio.

maleico *adj* (*Quím*) [Ácido] que se obtiene por destilación seca del ácido málico. **b)** [Anhídrido] del ácido maleico, usado esp. en síntesis orgánicas.

malencarado -da (*tb con la grafía* **mal encarado**) *adj* De rostro desagradable.

maleno -na *adj* De Posadas (Córdoba). *Tb n, referido a pers.*

malentender (*conjug* 14) *tr* Entender o interpretar equivocadamente.

malentendido *m* Equívoco o mala interpretación.

malentendimiento *m* (*raro*) Acción de malentender.

maleolar *adj* (*Anat*) De(l) maléolo.

maléolo *m* (*Anat*) Protuberancia ósea de las dos que constituyen la cara interna y externa del tobillo.

malestar *m* **1** Sensación vaga de encontrarse mal físicamente. ■ **2** Disgusto o desagrado.

maleta¹ I *f* **1** Utensilio de forma rectangular, relativamente plano, con cerradura y con asa para cogerlo con la mano, utilizado normalmente para viaje. ■ **2** Envase de detergente en forma de caja rectangular. ■ **3** Maletero [de un vehículo].
II *loc v* **4 hacer la(s)** ~(**s**). (*col*) Prepararse para irse de un sitio.

maleta² *m y f* **1** (*Taur*) Torero que practica mal su profesión. **b)** Maletilla. ■ **2** (*col*) Pers. que realiza mal una actividad.

maletería *f* Maletas, o conjunto de maletas¹ [1].

maletero *m* **1** Hombre que se dedica a transportar equipajes en una estación u otro lugar similar. ■ **2** Fabricante de maletas¹ [1]. ■ **3** Armario, o departamento de este, destinado a maletas¹ [1] y cosas similares. ■ **4** *En un vehículo:* Lugar destinado al equipaje. ■ **5** (*jerg*) Ladrón de maletas¹ [1].

maletilla *m y f* (*Taur*) Joven que, sin medios ni ayudas, aspira a ser torero y participa en capeas o tentaderos.

maletín *m* Maleta¹ [1] pequeña. **b)** Cartera de mano.

maletón *m* Maleta¹ [1] grande.

malévolamente *adv* De manera malévola.

malevolencia *f* Mala intención.

malevolente *adj* (*lit*) Malévolo.

malévolo -la *adj* Malintencionado. *Tb n, referido a pers.*

maleza *f* **1** Conjunto espeso de hierbas y arbustos salvajes. ■ **2** Conjunto de malas hierbas que brotan en un terreno cultivado. ■ **3** (*raro*) Enfermedad.

malfachado -da *adj* (*reg*) Que tiene mala facha.

malfamado -da *adj* Que tiene mala fama.

malformación *f* (*Anat*) Anomalía o deformidad, esp. congénita.

malfuncionamiento *m* Funcionamiento defectuoso.

malgache I *adj* **1** De Madagascar. *Tb n, referido a pers.*
II *m* **2** Idioma de los malgaches [1].

malgastador -ra *adj* Que malgasta. *Tb n, referido a pers.*

malgastar *tr* Gastar [algo, esp. dinero, tiempo o esfuerzo] en algo que no lo merece o sin sacar el rendimiento debido.

malgasto *m* Acción de malgastar.

malgeniado -da *adj* (*raro*) Que tiene mal genio.

malgenioso -sa *adj* (*raro*) Malgeniado. *Tb n, referido a pers.*

malgré lui (*fr; pronunc corriente,* /malgré-luí/) *loc adv* Sin pretenderlo. *Tb adj.*

malhablado -da (*tb con la grafía* **mal hablado** *en acep* 2) *adj* **1** *part* → MALHABLAR. ■ **2** [Pers.] de lenguaje grosero o irreverente. *Tb n.*

malhablar *intr* Hablar mal [de alguien o algo].

malhadado -da *adj* Desgraciado o desafortunado.

malhechor -ra *m y f* Delincuente, esp. habitual.

malherbología *f* (*Bot*) Estudio de las malas hierbas.

malherir (*conjug* **60**) *tr* Herir gravemente. *Frec en part.*

malhumor *m* Mal humor (→ HUMOR).

malhumoradamente *adv* De manera malhumorada.

malhumorado -da (*tb con la grafía* **mal humorado** *en acep* 2) *adj* **1** *part* → MALHUMORAR. ■ **2** [Pers.] que tiene mal humor. **b)** Propio de la pers. malhumorada.

malhumorar *tr* Poner [a alguien] de mal humor. **b)** *pr* (**~se**) Ponerse de mal humor.

malí *adj* De Malí. *Tb n, referido a pers.*

maliano -na *adj* Malí. *Tb n.*

malicia *f* **1** Intención encubierta con que se hace o dice algo, frec. para obtener un resultado que de algún modo daña al prójimo. ■ **2** Actitud propia de quien sospecha o piensa mal. ■ **3** Falta de ingenuidad, esp. en materia sexual. ■ **4** Cualidad de malicioso [1]. ■ **5** (*Ética*) Cualidad de malo moralmente. ■ **6** (*raro*) Cualidad de malo o dañino.

maliciable *adj* Que se puede maliciar.

maliciar (*conjug* **1a**) *tr* **1** Sospechar [algo]. *Frec con un compl de interés. Tb abs.* ■ **2** Malear o pervertir [a alguien]. **b)** Hacer malicioso [a alguien].

maliciosamente *adv* De manera maliciosa.

malicioso -sa *adj* **1** [Pers.] que tiene malicia [1, 2 y 3]. *Tb n.* **b)** Propio de la pers. maliciosa. ■ **2** (*Ética*) Que implica malicia [5].

málico *adj* (*Quím*) [Ácido] orgánico que se encuentra en las manzanas verdes y en numerosos vegetales.

malignamente *adv* De manera maligna.

malignidad *f* Cualidad de maligno, *esp* [2].

malignización *f* (*Med*) Hecho de malignizarse.

malignizarse *intr pr* (*Med*) Hacerse maligno [2].

maligno -na *adj* **1** [Pers.] que procura el mal de los demás. *Tb n. Frec designa al Demonio* (*en este caso, normalmente con mayúscula*). **b)** Propio de la pers. maligna. ■ **2** (*Med*) Que tiende a progresar en gravedad o peligrosidad. **b)** [Tumor] canceroso.

malilla *f* (*Naipes*) **1** Carta a la que se asigna el máximo valor, el segundo en orden después de la espada. ■ **2** Juego de cartas en que la malilla o carta de más valor es el nueve de cada palo.

malintencionadamente *adv* De manera malintencionada.

malintencionado -da (*tb con la grafía* **mal intencionado**) *adj* Que tiene mala intención. **b)** Propio de la pers. malintencionada.

malinterpretar *tr* Interpretar mal o torcidamente.

malla¹ *f* **1** Cuadrilátero formado por cuerdas o hilos que se cruzan y se anudan en sus cuatro vértices, que constituye la base del tejido de la red. **b)** Bucle o hueco formado por hilos o anillos enlazados o cruzados, que gralm. constituyen la base de determinados tejidos. **c)** Estructura semejante a la malla [1a]. ■ **2** Tejido de malla [1a]. *Tb fig.* **b)** Tejido formado por hilos, anillos o eslabones metálicos enlazados. ■ **3** Red (utensilio hecho con un tejido de malla [1]). *Tb fig.* **b)** (*Dep*) *En pl:* Red de la portería. ■ **4** Vestido de punto muy ajustado, propio de artistas de circo y bailarines. *Frec en pl.* ■ **5**

(*Electr*) Conjunto de líneas que constituyen un circuito cerrado.

malla² *f* (*hist, reg*) Meaja (moneda).

mallaje *m* Anchura de malla¹ [1a] de una red.

mallar *tr* (*reg*) Majar o golpear.

mallazo *m* Malla¹ [2b] prefabricada para obras.

malleo *m* Construcción de (las) mallas¹ [1a].

mallero -ra *m y f* Pers. que hace mallas¹ [1a].

malleta *f* Cabo de tiro de una red de pesca, esp. de arrastre.

mallete *m* Mazo pequeño.

mallo¹ *m* Juego que consiste en hacer correr por el suelo unas bolas de madera, dándoles con unos mazos de mango largo.

mallo² *m* (*reg*) Roca alta y escarpada.

mallorquín -na I *adj* **1** De Mallorca. *Tb n, referido a pers.*
II *m* **2** Variedad del catalán hablada en Mallorca.

mallorquinidad *f* Condición de mallorquín.

mallorquinización *f* Acción de mallorquinizar(se). *Tb su efecto.*

mallorquinizar *tr* Dar carácter mallorquín [a alguien o algo (*cd*)]. **b)** *pr* (**~se**) Tomar [alguien o algo] carácter mallorquín.

malmandado -da (*tb con la grafía* **mal mandado**) *adj* [Pers.] desobediente.

malmaridada *adj* (*lit*) [Mujer] malcasada. *Tb n.*

malmeter *tr* Infundir [en alguien (*cd*)] hostilidad o malquerencia. **b)** Enemistar [a una pers. con otra].

malmignate *f* Araña negruzca con trece manchas rojas en el abdomen, cuya picadura produce gran dolor y diversas alteraciones (*Latrodectes tredecimguttatus*).

malmirado -da *adj* **1** *part* → MALMIRAR. ■ **2** Que es objeto de antipatía u hostilidad.

malmirar *tr* Mirar torcidamente.

malnacido -da *adj* (*desp*) Mal nacido (→ NACIDO). *Frec n. Tb fig.*

malnutrición *f* (*Med*) Nutrición deficiente o defectuosa.

malnutrido -da *adj* (*Med*) Que presenta malnutrición.

malo -la I *adj* (*toma la forma* MAL *cuando precede inmediatamente a un n m sg*) **1** [Pers.] que no se porta como debe. *Normalmente como predicat con* SER. **b)** [Pers.] de condición moral más baja que la normal o aceptable. *Normalmente pospuesto al n.* **c)** [Pers.] malintencionado. **d)** [Cosa] propia de la pers. mala. **e) mala(s)** [lengua(s)], **mala** [mujer], **mala** [vida] → LENGUA, MUJER, VIDA. ■ **2** [Pers.] que no reúne en forma satisfactoria las cualidades exigibles en su actividad o condición. *El n al que acompaña designa a la pers de acuerdo con esa actividad o condición.* * *Un mal estudiante.* **b)** [Pers.] de escasa habilidad o capacidad. *Como predicat con* SER. ■ **3** [Cosa] que no reúne en forma satisfactoria las cualidades exigibles por su naturaleza. **b)** No válido o no auténtico. **c)** [Cosa] de calidad inferior a la normal o aceptable. **d)** (*col*) (**ni**) **un mal.** *Antepuesto al n, en ors negativas, expresa la falta absoluta de lo designado por el n.* * *No hay ni un mal banco donde descansar.* ■ **4** [Cosa] que causa desa-

grado o disgusto. **b)** [Cosa] de sabor desagradable. **c)** [Tiempo] desagradable. *Frec con el v impers* HA-CER, *y en la constr* HACER ~. **d)** Inconveniente o dañino. **e)** Adverso o desfavorable. *Referido a la suerte, a veces se sustantiva como n f, siempre con el art* LA. **f)** [Pers. o cosa] que ofrece dificultades [para realizar respecto a ella una determinada operación (DE + *infin*)]. ■ **5** [Pers.] enferma o falta de salud. *Normalmente como predicat con* ESTAR. *A veces referido al estado mental.* **b)** (*euf, col*) [Mujer] que está con la menstruación. **c)** [Pers.] alterada o fuera de quicio. *Gralm en la constr* PONER ~.
II *n* A *m y f* **6 el ~ de la película.** La pers. a la que se señala como principal responsable de algo malo [3 y 4].
B *f* **7** (*Naipes*) Malilla [1]. ■ **8** (*jerg*) Izquierda, o lado izquierdo.
III *loc v* **9 lo ~ es.** *Seguido de un sust o de una prop introducida por* QUE, *indica que lo enunciado en estos es un obstáculo a lo enunciado antes.* * *La casa es bonita; lo malo es que es pequeña.* ■ **10 ~ será (o ha de ser).** *Seguido de una prop formada por* QUE + *subj, o por* SI + *ind, expresa que se da como muy improbable el hecho poco deseable enunciado en esta.* * *Parece que está claro; malo será que llueva.*
IV *loc adv* **11 de malas** (o, *más raro,* **a malas**). En mala disposición de ánimo o en actitud poco amistosa. *Gralm con el v* ESTAR. ■ **12 por las malas** (*más raro,* **a** (**las**) **malas** *o* **por malas**). Por la fuerza o en actitud violenta.
V *interj* **13** *Se usa para comentar desfavorablemente lo que acaba de decirse, dando a entender que esto no es indicio de nada bueno.* * *–Ha vuelto a tener fiebre. –Malo.*

maloclusión *f* (*Med*) Oclusión defectuosa de los dientes superiores sobre los inferiores.

malogrado -da *adj* **1** *part* → MALOGRAR. ■ **2** (*semiculto*) Fallecido.

malograr A *tr* **1** Hacer que [alguien o algo (*cd*)] se malogre [2]. **b)** Estropear o echar a perder.
B *intr pr* (**~se**) **2** No llegar [una pers. o cosa] a su total desarrollo o perfeccionamiento.

malogro *m* Acción de malograr(se). *Tb su efecto.*

maloláctico -ca *adj* (*Quím*) Que convierte el ácido málico en láctico.

maloliente *adj* Que exhala mal olor.

malón[1] **-na** *adj* (*col*) Muy malo. *A veces usado como insulto.*

malón[2] *m* (*hist*) Ataque o incursión de indios salvajes en América meridional.

maloso -sa *adj* (*col*) [Pers.] malvada. *Tb n.*

malpagar *tr* Pagar [a alguien] de manera escasa o insuficiente.

malpaís *m* (*reg*) Lava moderna. **b)** Terreno cubierto de malpaís.

malparanza *f* (*raro*) Daño o menoscabo.

malparar *tr* Causar un daño o menoscabo importante [a alguien o algo (*cd*)]. *Gralm en part, en constrs como* SALIR, QUEDAR, *o* DEJAR, MALPARADO.

malparido -da *adj* **1** *part* → MALPARIR. ■ **2** (*col, desp*) Malnacido o de mala intención. *Frec n.*

malparir A *intr* **1** Abortar [una hembra].
B *tr* **2** (*desp*) Parir [un monstruo]. *Tb fig.*

malpartideño -ña *adj* De Malpartida (Salamanca), o de Malpartida de Cáceres, o de Malpartida de Plasencia (Cáceres). *Tb n, referido a pers.*

malparto *m* Acción de malparir [1].

malpensado -da (*tb, en acep 2, con la grafía* **mal pensado**) *adj* **1** *part* → MALPENSAR. ■ **2** [Pers.] propensa a pensar mal. *Tb n.*

malpensar (*conjug* 6) *intr* Pensar mal [de alguien].

malperder (*conjug* 14) *tr* (*reg*) Desperdiciar o desaprovechar.

malpicán -na *adj* De Malpica (La Coruña). *Tb n, referido a pers.*

malpigiácea *adj* (*Bot*) [Planta] dicotiledónea, leñosa, propia de América meridional, con hojas recubiertas de pelos urticantes y hermosas flores en racimo o corimbo, de la familia cuyos géneros principales son *Malpighia* y *Banisteria*. *Frec como n f en pl, designando este taxón botánico.*

malposición *f* (*Med*) Modificación en la posición correcta de una estructura anatómica. *Esp referido a piezas dentarias.*

malqueda (*pl,* **~s** *o invar*) *m y f* (*col*) Pers. que queda en situación poco digna por no haber cumplido correctamente ante los demás.

malquerencia *f* Mala voluntad hacia alguien o algo.

malquerer[1] (*conjug* 23) *tr* Tener mala voluntad [a alguien o algo (*cd*)].

malquerer[2] *m* Malquerencia.

malquistar *tr* (*lit*) Enemistar [a dos perss., o a una con otra]. *Tb abs.* **b)** *pr* (**~se**) Enemistarse [dos perss., o una con otra].

malquisto -ta (*tb con la grafía* **mal quisto**) *adj* (*lit*) Que es objeto de antipatía u hostilidad.

malrotar *tr* (*reg*) Estropear o echar a perder.

malsanamente *adv* De manera malsana.

malsano -na *adj* **1** Perjudicial para la salud. ■ **2** Enfermizo o morboso.

malsín *m* **1** (*lit*) Hombre malvado. ■ **2** (*hist*) Delator.

malsonancia *f* Cualidad de malsonante.

malsonante *adj* **1** [Palabra o frase] que ofende al pudor o al buen gusto. ■ **2** (*raro*) Que malsuena.

malsonar (*conjug* 4) *intr* (*raro*) Sonar de modo desagradable.

malta[1] *f* **1** Cebada u otro cereal que, germinados artificialmente y tostados, se emplean para fabricar cerveza. ■ **2** Sucedáneo del café, constituido por cebada tostada. ■ **3** (*raro*) Cerveza de malta [1]. ■ **4** (*raro*) Whisky de malta [1].

Malta[2] (*tb con minúscula*). **de ~.** *loc adj* **1** [Cruz] **de ~** → CRUZ. ■ **2** [Fiebre] **de ~** → FIEBRE.

maltasa *f* (*Quím*) Fermento que hidroliza la maltosa.

malte *m* (*E*) Malta[1].

malteado *m* Acción de maltear [1].

maltear *tr* **1** Convertir [un cereal] en malta[1] [1]. ■ **2** Mezclar con malta[1] [2].

maltería *f* Establecimiento industrial en que se obtiene malta[1] [1].

maltés -sa I *adj* **1** De la isla de Malta. *Tb n, referido a pers.*
II *m* **2** Lengua de base arábiga hablada en Malta.

malthusianismo, malthusianista, malthusiano → MALTUSIANISMO, MALTUSIANISTA, MALTUSIANO.

maltosa *f* (*Quím*) Producto azucarado que resulta de la transformación incompleta del almidón en azúcar.

maltraer (*conjug 32*) *tr* (*raro*) **1** Maltratar. ■ **2** **traer a ~** → TRAER.

maltratar *tr* **1** Tratar [a alguien o algo] de una manera brutal o desconsiderada. ■ **2** Dañar o estropear. *Frec en part.*

maltrato *m* Acción de maltratar.

maltrecho -cha *adj* Que se encuentra en mal estado físico o moral.

maltusianismo (*tb con la grafía* **malthusianismo**) *m* **1** (*Econ*) Teoría de Thomas R. Malthus (1766-1834), que preconiza la limitación de los nacimientos a fin de evitar la superpoblación. ■ **2** (*lit*) Restricción voluntaria de la producción.

maltusianista (*tb con la grafía* **malthusianista**) *adj* (*Econ*) Maltusiano [2]. *Tb n.*

maltusiano -na (*tb con la grafía* **malthusiano**) *adj* De Thomas R. Malthus (1766-1834). **2** (*Econ*) Partidario del maltusianismo. *Tb n, referido a pers.*

maluco -ca *adj* (*col*) Ligeramente malo.

maluino -na *adj* De Saint Malo (Francia). *Tb n, referido a pers.*

malus *m* (*Seguros*) Aumento de la prima de un seguro de automóvil, en función del número de accidentes imputables al conductor.

malva I *f* **1** Planta herbácea anual con flores de color violeta pálido, que se emplea en medicina como emoliente y expectorante (*Malva sylvestris*). *Gralm con un adj o compl especificador, designa otras especies del mismo gén o de otros:* ~ ARBÓREA, REAL, RÓSEA *o* LOCA (*Althaea rosea*), ~ DE ÁFRICA (*Erodium malacoides*), ~ DE OLOR (*Pelargonium odoratissimum*), *etc.* **b)** *Se emplea en frases de sent comparativo para ponderar la docilidad o sumisión.*
II *adj* (*a veces invar*) **2** [Color] violeta pálido. *Tb n m.* **b)** De color malva. ■ **3** (*jerg*) [Hombre] homosexual.
III *loc v* **4 criar ~s.** (*col*) Estar muerto y enterrado. **b) mandar a criar ~s.** (*col*) Matar.

malvácea *adj* (*Bot*) [Planta] dicotiledónea de la familia de la malva. *Frec como n f en pl, designando este taxón botánico.*

malvadamente *adv* De manera malvada.

malvado -da *adj* [Pers.] que gusta de hacer daño a los demás. *Tb n.* **b)** [Cosa] propia de la pers. malvada.

malvar[1] *m* Lugar poblado de malvas [1].

malvar[2] *tr* (*reg*) Adulterar [algo, esp. comestibles].

malvasía[1] *f* **1** Variedad de uva muy dulce y fragante, cultivada esp. en Sitges (Barcelona). *A veces en aposición.* ■ **2** Vino elaborado con uva malvasía [1].

malvasía[2] *m* Pato de vida sedentaria, que habita en la cuenca del Mediterráneo y en el Asia central (*Oxyura leucocephala*). *Tb* PATO ~.

malvavisco *m* Planta malvácea con flores de color blanco rojizo, cuya raíz se emplea como emoliente (*Althaea officinalis*). *Gralm, con un adj o compl especificador, designa otras especies del mismo gén o de otros:* ~ LOCO (*Lavatera triloba*), ~ PELUDO (*Althaea hirsuta*), ~ SALVAJE (*Malva alcea*), *etc.*

malvender *tr* Vender a un precio inferior al considerado justo. *Tb abs.*

malversación *f* Acción de malversar.

malversador -ra *adj* Que malversa. *Tb n, referido a pers.*

malversar *tr* Gastar [alguien] ilícitamente [fondos ajenos que están a su cargo].

malvestir (*conjug 62*) *tr* Vestir de manera descuidada. *Gralm el cd es refl.*

malvinense *adj* De las islas Malvinas (Reino Unido). *Tb n, referido a pers.*

malvinés -sa *adj* Malvinense. *Tb n.*

malvino -na *adj* Malvinés. *Tb n.*

malvís *m* Zorzal (pájaro, *Turdus iliacus* y *T. philomelos*).

malvivir *intr* Vivir con dificultades o penalidades.

malviz *m* Malvís.

mama[1] *f* (*Anat o lit*) En las hembras de los mamíferos: Órgano que contiene las glándulas secretoras de leche. **b)** *En los machos de los mamíferos:* Abultamiento en el lugar correspondiente a la mama de la hembra.

mama[2] *f* (*pop*) Mamá.

mamá *f* (*col*) Madre. *Referido a pers. En lenguaje infantil o humoríst, tb a animales. Gralm con connotación afectiva.*

mamacallos *m* (*col*) Hombre tonto o bobo. *A veces usado como insulto.*

mamada *f* **1** Acción de mamar [1]. ■ **2** (*vulg*) Felación.

mamado -da *adj* **1** *part* → MAMAR. ■ **2** (*col*) Ebrio o borracho.

mamador -ra *adj* (*raro*) Que mama [1]. *Tb n, referido a pers. Tb fig.*

mamalón -na *adj* (*reg*) Holgazán o haragán.

mamancia *f* (*raro*) Acción de mamar [1]. *Tb fig.*

mamandurria *f* (*col, desp*) Disfrute de cargos o empleos provechosos y de poco o ningún trabajo. **b)** Cargo o empleo provechoso y de poco o ningún trabajo.

mamante *adj* Que mama [1].

mamantón -na *adj* Que aún mama [1].

mamar A *tr* ➤ *a normal* **1** Chupar [la leche] de la mama[1]. *Frec abs. Tb fig.* ■ **2** (*col*) Adquirir [un hábito o cualidad] durante la infancia en el seno familiar. ■ **3 -la.** (*vulg*) Hacer la felación. *Gralm en la constr* ~SELA [a un hombre]. ■ **4 tener mamado** [algo]. (*col, raro*) Tener[lo] asumido o estar convencido [de ello].
➤ **b** *pr* (~se) **5** (*col*) Recibir [algo negativo o no deseado]. ■ **6** (*col*) Disfrutar [algo], esp. sin méritos o sin esfuerzo.
B *intr* ➤ *a normal* **7** (*col*) Beber (tomar bebidas alcohólicas, esp. por hábito).
➤ **b** *pr* (~se) **8** (*col*) Emborracharse.

mamario -ria *adj* (*Anat*) De (las) mamas[1].

mamarracha *f* (*col, raro*) Mujer que es un mamarracho.

mamarrachada *f* (*col*) Cosa ridícula y despreciable.

mamarrachero -ra *adj* (*col, raro*) Ridículo y despreciable.

mamarracho *m* (*col*) Pers. o cosa ridícula y despreciable. *A veces usado como insulto. Tb adj.*

mamaúvas *m* (*col*) Hombre insignificante. *Usado frec como insulto.*

mamba *f* Serpiente venenosa de gran tamaño, del África tropical (gén. *Dendroaspis*, esp. *D. angusticeps*).

mambí -isa (*pl*, ~SES, ~SAS) *adj* (*hist*) *En las guerras separatistas de Cuba en el s XIX:* Insurrecto. *Frec n, referido a pers.*

mambís -sa *adj* (*hist*) Mambí. *Tb n.*

mambla *f* Monte pequeño en forma de mama¹ de mujer.

mambo¹ *m* 1 Baile cubano moderno, relacionado con la rumba y de ritmo muy rápido, de moda en los años 50. *Tb su música.* ■ 2 (*hoy raro*) Blusa suelta y gralm. de colores vivos.

mambo² *f* (*Rel*) Sacerdotisa de vudú.

mambrú *m* (*Mar*) Tubo de chimenea del fogón o las calderas.

mamella *f* (*reg*) Mama¹.

mamelón *m* 1 (*Anat*) Pezón de la mama¹. ■ 2 (*Anat*) Cuerpo o protuberancia en forma de pezón de mama¹. ■ 3 (*col*) Mama¹.

mamelonado -da *adj* (*Anat*) Que tiene mamelones [2].

mameluco *m* 1 (*col*) Pers. boba. *A veces usado como insulto. Tb adj.* ■ 2 (*hist*) Soldado de un cuerpo especial de caballería formado básicamente por egipcios y creado por Napoleón I durante la campaña de Egipto. **b)** Miembro de una casta de antiguos esclavos militares que ocupó el sultanato de Egipto entre 1250 y 1517. **c)** *En países musulmanes:* Esclavo. *Tb adj.* ■ 3 (*raro*) Brasileño mestizo de blanco e indígena.

mamerto -ta *adj* (*col*) Tonto o bobo. *Tb n.*

mamey *m* Árbol americano de hojas grandes y lustrosas, flores blancas y fruto comestible de carne similar a la del albaricoque (*Mammea americana*). *Tb su fruto.*

mami *f* (*col*) Mamá. *A veces con intención humoríst.*

mamífero -ra *adj* [Animal] vertebrado cuya hembra alimenta a las crías con leche de sus mamas¹. *Frec como n m en pl, designando este taxón zoológico.*

mamila *f* (*Anat*) Tetilla [del hombre].

mamilar *adj* (*Anat*) De la mamila.

mamitis *f* (*Med*) Inflamación de las mamas¹.

mámoa *f* 1 (*reg*) Mambla. ■ 2 Dolmen (monumento megalítico).

mamografía *f* (*Med*) Radiografía de mama¹.

mamográfico -ca *adj* (*Med*) De (la) mamografía.

mamógrafo *m* (*Med*) Aparato para realizar mamografías.

mamola *f* Gesto consistente en tocar ligeramente la barbilla de alguien, como caricia o como broma o burla.

mamolear *tr* (*raro*) Hacer mamolas [a alguien (*cd*)].

mamón -na I *adj* 1 Que aún mama [1]. *Tb n.* ■ 2 (*vulg*) [Pers.] indeseable o malvada. *Usado frec como insulto.*
II *f* 3 (*jerg*) Prostituta. ■ 4 (*jerg*) Pers. chivata.

mamoncillo *m* Árbol americano de flores en racimo y fruto en drupa de pulpa ácida y comestible (*Meliloca bijuga*). *Tb su fruto.*

mamoplastia *f* (*Med*) Cirugía plástica de la mama¹.

mamotreto *m* 1 Libro o legajo muy voluminoso. *Frec con intención desp.* ■ 2 (*desp*) Objeto grande y aparatoso.

mampara *f* Bastidor, gralm. con tela o cristal, que se emplea esp. para dividir una habitación o para cerrar una entrada.

mamparo *m* 1 (*Mar*) Tabique de separación o de protección en el interior de un buque. ■ 2 (*raro*) Mampara.

mamparra *f* (*Mar*) Arte de cerco propia del Mediterráneo español. *Tb el barco que la utiliza.*

mamperlán *m* Listón de madera que se pone como borde a los peldaños de las escaleras de fábrica.

mamporrero -ra *m y f* 1 Pers. que dirige el miembro del caballo en el acto de la generación. ■ 2 (*col, desp*) Pers. que amaña u organiza.

mamporro *m* (*col*) Golpe.

mampostería *f* Obra de albañilería hecha con piedras sin labrar o labradas groseramente y que pueden colocarse con la mano.

mampostero *m* 1 Hombre que hace trabajos de mampostería. ■ 2 (*hist*) Recaudador o administrador de diezmos, rentas o limosnas.

mampuesto *m* Piedra sin labrar, o toscamente labrada, que se puede colocar en obra con la mano.

mamuchi *f* (*col*) Mamá. *A veces con intención humoríst.*

mamut (*pl*, ~ES o ~S) *m* Elefante fósil del Cuaternario (*Elephas primigenius*).

mana *m* (*Rel*) *En algunas religiones animistas:* Fuerza sobrenatural e impersonal que existe en todos los seres, pero esp. en determinadas perss. o cosas.

maná *m* 1 (*Rel jud*) Alimento milagroso enviado por Dios a los hebreos en el desierto. ■ 2 (*lit*) Don o beneficio inesperado.

manada¹ *f* 1 Conjunto de animales salvajes, gralm. cuadrúpedos o aves no voladoras, que van o actúan juntos. ■ 2 Hato de ganado al cuidado de un pastor. ■ 3 (*desp*) Conjunto grande de perss. ■ 4 *En escultismo:* Agrupación de scouts de 8 a 12 años.

manada² *f* Porción [de mies o algo similar] que puede cogerse de una vez con la mano.

manadero -ra I *adj* 1 Que mana [1].
II *m* 2 Manantial. *Tb* (*lit*) *fig.*

manador -ra *adj* (*raro*) Que mana.

management (*ing; pronunc corriente,* /mánaĉmen/; *pl normal,* ~s) *m* Cargo o actividad de manager.

manager (*ing; pronunc corriente,* /mánayer/; *pl normal,* ~s) *m y f* **1** Pers. que se ocupa de los asuntos económicos y profesionales [de un artista o de un deportista]. ■ **2** (*Econ*) Gerente.

managüense *adj* De Managua. *Tb n, referido a pers.*

manante *adj* (*lit*) Que mana.

manantial *m* **1** Lugar donde brota naturalmente el agua. ■ **2** Cosa que es origen [de otra].

manantío -a (*lit*) **I** *adj* **1** Que mana. **II** *m* **2** Manantial. *Tb fig.*

manar **A** *intr* **1** Salir [líquido (*suj*) de un lugar]. *Tb* (*lit*) *fig.* ■ **2** Dar agua [una fuente o manantial]. **B** *tr* **3** Despedir [algo] de sí [un líquido (*cd*)]. *Tb* (*lit*) *fig. Tb abs.*

manatí *m* Mamífero acuático sirenio parecido a la foca, propio de las costas atlánticas de África y de América central y meridional (gén. *Trichechus*).

manazas *m y f* (*col*) Pers. de manos torpes. *Tb fig. Tb adj.*

mancadura *f* Efecto de mancar(se) [1].

mancar **A** *tr* **1** Dañar [un brazo o una pierna]. **b)** Dañar [a alguien (*cd*)] en un brazo o una pierna. **c)** *pr* (~**se**) Sufrir [alguien] daño en un brazo o una pierna. ■ **2** Dejar manco [a alguien (*cd*)]. **B** *intr* **3** (*reg*) Quedar manco.

mancebía *f* Casa de prostitución.

mancebo -ba **A** *m* **1** (*lit*) Hombre joven. *Frec con intención humoríst.* **B** *m y f* **2** Auxiliar sin título de un farmacéutico. *Frec* ~ DE FARMACIA, *o* DE BOTICA. **C** *f* **3** (*lit*) Concubina.

máncer *adj* (*lit, raro*) [Pers.] hija de prostituta. *Tb n. Tb fig.*

mancera *f* Esteva del arado.

mancerina *f* Plato con soporte circular para sujetar la jícara de chocolate.

mancha[1] *f* **1** Señal de distinto color que queda en un cuerpo por impregnación o contacto con una sustancia. ■ **2** Zona de una superficie, de distinto color que la generalidad de esta. **b)** Trozo de terreno que se distingue por su vegetación u otra cualidad. *Frec con un compl especificador.* **c)** (*Astron*) Zona oscura que se percibe en la superficie de un astro. *Gralm con un compl especificador.* **d)** ~ **amarilla.** (*Anat*) Mácula lútea. ■ **3** Cosa que se percibe de un modo borroso. ■ **4** Menoscabo moral debido a un defecto o falta. ■ **5** (*Pint*) Estudio previo a la ejecución, para observar el efecto de las luces y la distribución del color. *Tb fig, fuera del ámbito técn.* ■ **6** (*Impr*) Superficie impresa de una página. ■ **7** (*Bot*) Se da este *n* a varias enfermedades caracterizadas por la modificación localizada del color normal de las hojas, frutos u otros órganos de la planta. *Frec con un adj especificador.* ■ **8** (*reg*) Montón o gran cantidad [de algo].

mancha[2] *f* (*reg*) Fuelle de la fragua o del órgano.

manchado[1] **-da** *adj* **1** *part* → MANCHAR. ■ **2** Que tiene manchas[1] [2]. ■ **3** [Café con leche] que tiene una proporción muy pequeña de café. *Frec n m.*

manchado[2] *m* (*raro*) Acción de manchar.

manchador -ra *adj* (*raro*) Que mancha. *Tb n, referido a pers.*

manchalienzos *m y f* (*desp*) Mal pintor.

manchar *tr* **1** Poner sucio, esp. con manchas[1] [1 y 4]. *Tb abs.* **b)** *pr* (~**se**) Ponerse sucio, esp. con manchas[1] [1 y 4]. **c)** ~**se las manos** → MANO. ■ **2** (*Pint*) Hacer la mancha[1] [5] [de un cuadro (*cd*)].

mancharrealeño -ña *adj* De Mancha Real (Jaén). *Tb n, referido a pers.*

manchego -ga *adj* De la región de la Mancha. *Tb n, referido a pers.* **b)** [Queso] elaborado con leche de oveja, típico de la Mancha. *Tb n m.*

mancheguismo *m* Condición de manchego, esp. amante de lo manchego.

manchesteriano -na *adj* (*Econ*) De la escuela de Mánchester, que preconiza el liberalismo económico. *Tb n, referido a pers.*

mancheta *f* (*Impr*) *En un periódico:* Espacio en que figuran el título y las diversas menciones administrativas. *Tb referido a libros.*

manchón *m* Mancha[1] [1 y 2] grande.

manchoso -sa *adj* Que mancha [1].

manchú **I** *adj* **1** De Manchuria (región de China). *Esp referido al pueblo mongol que conquistó China en el s XVII. Tb n, referido a pers.* **b)** (*hist*) [Dinastía], originaria de Manchuria, que gobierna en China de 1644 a 1912. **II** *m* **2** Lengua altaica de Manchuria, hoy casi desaparecida.

manchuriano -na *adj* De Manchuria (región de China).

manchurrón *m* (*col*) Mancha[1] [1] grande.

mancilla *f* (*lit*) Mancha[1] o menoscabo moral.

mancillamiento *m* Acción de mancillar.

mancillar *tr* Manchar [1]. *Esp en sent moral.*

manco -ca *adj* **1** [Pers. o animal] que carece de un brazo o una mano, o de ambos brazos o manos, o los tiene inutilizados. *Tb n, referido a pers.* ■ **2** [Cosa] incompleta o defectuosa. **b)** Falto o carente [de algo]. **II** *f* **3** (*jerg*) Mano o parte izquierda. **III** *loc v* **4 no quedarse** ~ [alguien o algo]. (*col*) No quedarse atrás. ■ **5 no ser** ~ [alguien o algo]. (*col*) Ser digno de consideración por su calidad o importancia. *Con intención ponderativa.*

mancomún. de ~. *loc adv* De común acuerdo, o en unión.

mancomunación *f* Acción de mancomunar.

mancomunadamente *adv* De manera mancomunada.

mancomunado -da *adj* **1** *part* → MANCOMUNAR. ■ **2** Que se hace o ejerce de mancomún. **b)** (*Der*) [Obligación] exigible a dos o más deudores, o por dos o más acreedores, cada uno en su parte correspondiente.

mancomunar *tr* Hacer que [varias perss. o cosas (*cd*)] actúen o funcionen de mancomún.

mancomunidad *f* Entidad legalmente constituida por agrupación de municipios o provincias.

mancornar (*conjug* 4) *tr* **1** Inmovilizar [a una res vacuna] poniéndole los cuernos fijos en la tierra o uniéndole el cuerno y la mano del mismo lado. ■ **2**

(*raro*) Inmovilizar o sujetar [algo]. ■ **3** (*raro*) Unir o juntar [a dos perss. o cosas, o una con otra].

mancuerda *f* (*hist*) Tormento consistente en atar al reo con ligaduras que se van apretando por vueltas de una rueda.

mancuerna *f* **1** Porción de tallo de la planta de tabaco con un par de hojas unidas a él. ■ **2** (*Dep*) *En pl*: Pareja o parejas de discos de un peso determinado que, unidos a los extremos de una barra metálica, sirven para hacer ejercicios de desarrollo de la musculatura de los brazos.

mancuso *m* (*hist*) Moneda de oro del s. XI, de la España musulmana y del Condado de Barcelona.

manda¹ *f* **1** Legado testamentario. ■ **2** (*reg*) Voto o promesa.

manda² *m* Miembro secundario de la Junta de la Cofradía en la caballada de Atienza (Guadalajara).

mandación *f* (*hist*) Distrito administrativo del reino asturleonés, regido por un delegado real con amplias atribuciones políticas, judiciales, militares y financieras.

mandadero -ra A *m y f* **1** Pers. que se dedica a hacer mandados [4].
B *f* **2** (*reg*) Asistenta.

mandado -da I *adj* **1** *part* → MANDAR. ■ **2 bien ~, mal ~** → BIENMANDADO, MALMANDADO.
II *n* A *m y f* **3** Pers. que obedece órdenes.
B *m* **4** Recado, o encargo que implica desplazamiento. ■ **5** Recado, o mensaje dado de palabra. ■ **6** (*jerg*) Órgano sexual masculino.

mandador -ra *m y f* (*raro*) Pers. que manda.

mandala *m* (*Rel*) Representación simbólica del universo propia del budismo y otras religiones.

mandamás *m y f* (*col*) Pers. que ostenta la máxima autoridad o una autoridad superior.

mandamiento *m* **1** Precepto [de la Ley de Dios o de la Iglesia]. ■ **2** Orden dictada por un juez. *Gralm* ~ JUDICIAL. ■ **3** (*col*) *En pl*: Dedos de la mano. *Gralm* LOS CINCO ~S.

mandanga *f* **1** (*col*) Tontería o historia. *Gralm en pl*. **b)** Vacía de significado y frec en pl, se emplea como remate para reforzar o marcar la intención desp de la frase. *Gralm en constrs como* NI + *n* + NI ~S, *o* QUÉ ~S. * Ni negocios ni mangandas; tú vienes y listo. ■ **2** (*col*) Indolencia o dejadez. **b)** (*Taur*) Falta de deseos de trabajar del torero. ■ **3** (*col*) Dificultad o complicación. *Gralm en la constr* TENER ~. ■ **4** (*jerg*) Droga, esp. marihuana.

mandanguero -ra I *adj* **1** (*col*) [Pers.] que tiene mandanga [2]. *Tb n*.
II *m y f* **2** (*jerg*) Pers. que fuma o vende mandanga [4].

mandante I *adj* **1** [Pers.] que manda, *esp* [1 y 8]. *Frec n*.
II *m y f* **2** (*Der*) Pers. que confía su representación a otra mediante contrato de mandato [3].

mandapa *f* (*Arte*) Vestíbulo con columnas de la pagoda india.

mandar I *v* A *tr* **1** Manifestar [alguien con autoridad (*suj*)] su deseo de que se haga [algo (*cd*)]. **b)** A veces se emplea para indicar que, al menos cortésmente, se admite la autoridad del otro interlocutor, presentado como *suj*. *Frec en la fórmula pop de cortesía* A ~, *como respuesta a otra de gratitud, o como despedida*. * –Gracias por todo. –De nada, hombre. Y ya sabe, a mandar. **c) mande** (*con entonación in-*

terrog). (*pop*) Fórmula de cortesía usada como re[...] puesta a una llamada para preguntar lo que se d[...] sea, o como petición de aclaración de algo que no s[...] ha entendido. * –Es un estudio sociológico sobre l[...] madurez política del español. –¿Mande? ■ **2** Impo[...] ner [una cosa (*suj*)] algo (*infin o prop con* QUE)]. **b)** Dirigir o gobernar [a una pers. o grupo]. **b)** Dirig[...] el funcionamiento [de algo (*cd*)]. ■ **4** Enviar. **b)** ~ **al cuerno, al demonio, al diablo, a freír esp[...] rragos, a freír monas, a hacer gárgaras, al in[...] fierno, a la porra, a paseo, a tomar viento,** (*col*); ~ **a hacer** (*o a freír*) **puñetas, a la mierd[...] a tomar por** (*el*) **culo,** *etc* (*vulg*) Despedir o rech[...] zar con desprecio o enojo [a una pers. o cosa]. **c)** ~ **al otro barrio,** *o* **al otro mundo** → BARRI[...] MUNDO. ■ **5** Dejar [algo (*cd*)] a alguien (*ci*)] en testa[...] mento. ■ **6** (*reg*) Dar [una cantidad] como preci[...] [por algo]. ■ **7 estar** [alguien o algo] **mandado re[...] tirar.** (*col, desp*) Estar anticuado.
B *intr* **8** Ejercer [alguien] la autoridad [sobre a[...] guien o algo (*compl* SOBRE *o* EN)]. *Tb sin compl*. **b)** Tener [algo] superioridad o preponderancia. **c)** (*Taur*) Dominar.
II *loc adv* **9 como está mandado,** *o* **como Dio[...] manda.** (*col*) Como debe ser. *Tb adj*.
III *interj* **10 manda cojones** (*o, por euf,* **mand[...] narices**) → COJÓN, NARIZ.

mandarín -na I *adj* **1** (*raro*) De los mandarine[...] [3]. ■ **2** [Pato] ~ → PATO.
II *m* **3** (*hist*) *En China y algún otro país asiátic[...]* Hombre que tiene a su cargo el gobierno de una ciu[...] dad o la administración de justicia. **b)** (*desp[...]* Individuo influyente en los ambientes intelectuale[...] o políticos. ■ **4** Dialecto chino septentrional, qu[...] tiene carácter de lengua general.

mandarina I *f* **1** Fruto semejante a la naranj[...] pero más pequeño, de cáscara fácilmente desprend[...] ble y muy dulce y aromático. *Tb, raro,* NARANJA ~.
II *adj invar* **2** [Color] naranja. *Tb n m*. **b)** De co[...] lor naranja.
III *interj* **3 chúpate esa** ~ → CHUPAR.

mandarinato *m* **1** Condición de mandarín [3[...] ■ **2** Territorio correspondiente a un mandarín [3a[...] *Tb fig*. ■ **3** Clase o conjunto de los mandarines [3].

mandarinesco -ca *adj* De(l) mandarín [3].

mandarinismo *m* Actitud o comportamiento d[...] mandarín [3b].

mandarino *m* Planta arbustiva o arbórea, origi[...] naria de China, cuyo fruto es la mandarina (*Citru[...] nobilis*).

mandarria *f* (*Mar*) Maza de calafate.

mandatario *m y f* **1** (*Der*) Pers. que se hace car[...] go de la representación de otra mediante contrat[...] de mandato [3]. ■ **2** (*Pol*) Representante polític[...] por elección. ■ **3** (*Pol*) Gobernante, esp. jefe d[...] Estado.

mandato *m* **1** Cosa que se manda [1a]. ■ **2**[...] Cargo, esp. político, que desempeña una pers. Fre[...] *el tiempo que dura*. **b)** (*Pol*) Encargo que se confier[...] por la elección a diputados, concejales u otros carg[...] similares. ■ **3** (*Der*) Contrato consensual por el qu[...] una pers. encarga a otra su representación o la ge[...] tión de algún negocio. ■ **4** (*hist*) Potestad titula[...] que, conferida e intervenida por la Sociedad de Na[...] ciones, ejerce un Estado sobre un país no indepen[...] diente. *Tb el territorio en que se ejerce*. ■ **5** (*Rel c[...] tól*) Ceremonia del lavatorio de pies el día de Jueve[...] Santo.

manderecha *f* (*raro*) Mano derecha (dirección).

mandible *adj* (*reg*) Obediente o servicial.

mandíbula I *f* **1** *En los vertebrados:* Pieza ósea o córnea de las dos que forman la boca y en la que están implantados los dientes cuando los hay. **b)** Mandíbula inferior del hombre. ■ **2** (*Zool*) *En los artrópodos:* Pieza quitinosa de las dos que, situadas lateralmente en la boca, sirven para triturar el alimento. ■ **3** (*Mec*) Pieza de las dos que constituyen la mordaza. **II** *loc adv* **4 a ~ batiente.** (*col*) A carcajadas. *Con el v* REÍR.

mandibulado -da *adj* **1** (*Zool*) Que tiene mandíbulas [1 y 2]. ■ **2** [Pers.] de mandíbula [1b] pronunciada.

mandibular *adj* (*Anat*) De (la) mandíbula [1 y 2].

mandil *m* **1** Delantal, esp. largo, con peto y de cuero o tela fuerte. **b)** (*reg*) Prenda para evitar mancharse la ropa. ■ **2** (*reg*) Paño que se pone a las caballerías debajo de la cubierta. ■ **3** (*reg*) Trozo de tela con que se cubren los genitales del morueco a fin de evitar la fecundación.

mandilete *m* (*reg*) Mandil o delantal.

mandilón *m* Mandil [1]. *A veces con intención desp.*

mandinga I *adj* **1** [Individuo] de un grupo étnico que se extiende pralm. por Malí, Guinea, Costa de Marfil y Senegal. *Tb n.* **b)** De (los) mandingas. **II** *m* **2** Familia de lenguas africanas hablada pralm. en Malí, Guinea y Sierra Leona.

mandioca *f* Arbusto originario de América tropical y cultivado por sus raíces, ricas en almidón (*Manihot utilissima*).

mando *m* **1** Acción de mandar [1a, 3 y 8]. ■ **2** Autoridad (potestad legal de mandar o de prohibir). **b)** Pers. o conjunto de perss. que tienen autoridad. ■ **3** Dispositivo con que se dirige el funcionamiento de un aparato. **b)** *En pl:* Indicadores de funcionamiento de un vehículo que están a la vista del conductor. *Gralm en las constrs* CUADRO, *o* TABLERO, DE ~S. **c) ~ a distancia** → DISTANCIA.

mandoble *m* **1** Cuchillada o golpe grande que se da esgrimiendo el arma con ambas manos. ■ **2** (*col*) Golpe grande dado con la mano. ■ **3** (*hist*) Espada grande.

mandolina *f* Instrumento músico semejante al laúd, pero de tamaño mucho menor, con caja de resonancia gralm. abombada y cuatro cuerdas dobles que se tocan con plectro.

mandón -na I *adj* **1** (*col, desp*) [Pers.] muy aficionada a mandar [8]. *Tb n.* **b)** Propio de la pers. mandona. ■ **2** (*Taur*) Dominador. **II** *m* **3** (*col, desp*) Pers. con autoridad o primacía. *Tb fig.*

mandorla *f* (*Arte*) Almendra (encuadramiento en forma de elipse que rodea a una representación de Cristo Creador o de la Virgen).

mandrágora *f* Planta herbácea venenosa, de raíz grande y ramificada y de olor fétido, a la que se atribuían virtudes mágicas y propiedades afrodisiacas (gén. *Mandragora*, esp. *M. officinarum*).

mandria *adj* (*desp*) [Pers.] apocada e inútil. *Frec n m.*

mandril[1] *m* Primate del África occidental, de hocico alargado con relieves azulados, y nariz y partes desnudas rojas (*Mandrillus sphinx*).

mandril[2] *m* (*E*) **1** Utensilio o pieza mecánica, gralm. de forma cilíndrica, que sirve esp. para asegurar lo que se ha de tornear o para ensanchar, pulir o redondear agujeros o piezas huecas. ■ **2** Tubo de cartón u otra materia, que se usa como núcleo para formar los rollos o bobinas de papel.

mandrinado *m* Acción de mandrinar.

mandrinador -ra A *m y f* **1** Operario especializado en el manejo de mandrinadoras [2]. **B** *f* **2** Máquina que sirve para mandrinar.

mandrinar *tr* (*Metal*) Ensanchar, pulir o taladrar [piezas de metal] con un mandril[2] [1]. *Tb abs.*

manduca *f* (*col*) Comida.

manducante *adj* (*col*) Que manduca.

manducar *tr* (*col*) Comer. *Tb abs.*

manducatoria *f* (*col*) Comida.

manduco *m* (*col, raro*) Manduca.

manea *f* Cuerda para atar las manos de un animal.

manear[1] *tr* Poner maneas [a una caballería (*cd*)].

manear[2] *tr* (*reg*) **1** Tocar con la mano. ■ **2** (*Caza*) Ojear la caza [en un lugar (*cd*)].

manecilla *f* **1** *dim* → MANO. ■ **2** Aguja [del reloj]. ■ **3** Palanca pequeña con que se accionan determinados aparatos.

manejabilidad *f* Cualidad de manejable.

manejable *adj* Que se maneja [1 y 2] fácilmente.

manejador -ra *adj* Que maneja [1 y 2]. *Tb n.*

manejar A *tr* ➤ **a** *normal* **1** Usar o utilizar [algo] con las manos. **b)** Usar o utilizar. ■ **2** Dirigir o gobernar [algo o a alguien]. *Referido a pers, tiene matiz desp.* ➤ **b** *pr* **3 ~selas.** (*col*) Manejarse [4]. **B** *intr pr* (~**se**) **4** (*col*) Desenvolverse o actuar con soltura o habilidad.

manejo *m* **1** Acción de manejar(se). ■ **2** Maquinación o intriga. ■ **3** (*reg*) Gasto diario o cotidiano.

manera I *f* **1** Modo (circunstancia variable en que se produce o puede producirse un hecho). **b)** **~ de ser.** Carácter [de una pers.]. ■ **2** Estilo peculiar [de un artista o escritor, de una escuela o de una época]. **b)** (*Arte y TLit*) Tendencia a la repetición reiterada de un estilo o de unas formas. ■ **3** *En pl:* Modales. **b)** Buenos modales. **II** *loc v* **4 no haber ~.** (*col*) No ser posible [algo (DE + *infin o prop con* QUE)]. *A veces sin compl.* **III** *loc adv* **5 a mi** (**tu**, etc.) ~. Según mi (tu, etc.) propio estilo o costumbre. ■ **6 de alguna ~** (*o, más raro,* **en cierta ~**). En cierto modo, o en algún aspecto. ■ **7 de aquella ~.** De un modo poco serio o poco formal. ■ **8 de cualquier ~.** De cualquier modo, o sin esmero. ■ **9 de cualquier ~, de todas ~s** (*o,* **pop, de todas las ~s**). De todos modos, o sea como fuere. ■ **10 de ninguna ~.** De ningún modo. *Tb* (*pop*) DE NINGUNA DE LAS ~S. ■ **11 de otra ~.** De otro modo, o de no ser así. ■ **12 en gran ~.** (*lit*) Mucho. *Con intención ponderativa.* ■ **13 sobre ~** → SOBREMANERA. **IV** *loc prep* **14 a ~ de.** A modo de. **V** *loc conj* **15 de la misma** (*o* **de igual**) **~ que.** Del mismo modo que. ■ **16 de ~ que** (*tb, pop,* **por ~ que, de ~s que**). De modo que.

manes *m pl* **1** (*Mitol romana*) Almas de los muertos. ■ **2** (*lit*) Alma [de un muerto]. *Gralm en frases exclamativas.*

manfla *f* (*jerg, raro*) Prostituta.

manflora *m o f* (*raro*) Manflorita [1].

manflorita *adj* (*pop*) **1** [Hombre] afeminado. *Más frec n.* ■ **2** Hermafrodita.

manflota *f* (*jerg, raro*) Burdel.

manga[1] **I** *f* **1** *En una prenda de vestir:* Parte que cubre el brazo. ■ **2** Tubo flexible, gralm. de lona, caucho o materia plástica, utilizado esp. para conducir fluidos. ■ **3** Cilindro de tela u otro tejido cuya forma recuerda la de la manga [1]. **b)** (*Rel cató*l) Adorno cilíndrico de tela que cubre parte de la vara de la cruz de algunas parroquias. *Tb el conjunto formado por la cruz y la manga.* ■ **4** Cono de tela que sirve para colar líquidos. **b)** Cono de tela con boquilla, que se usa esp. en pastelería para decorar. *Gralm* ~ DE PASTELERO, *o* ~ PASTELERA. ■ **5** (*reg*) Calle formada por una doble valla, que sirve para conducir el ganado al corral o al embarcadero. ■ **6** (*Mar*) Anchura [de un buque]. *Tb referido a otras construcciones flotantes.* ■ **7** (*Dep*) Eliminatoria. ■ **8** ~ **ancha.** Tolerancia excesiva, esp. en el aspecto moral. *Frec en la loc* SER DE ~ ANCHA, *o* TENER ~ ANCHA. **b)** ~ **estrecha.** Intolerancia o rigor excesivos, esp. en el aspecto moral.
II *loc v* **9** hacer [alguien] ~s y capirotes [con, o de, algo]. Actuar a su antojo [respecto a ello]. ■ **10** sacarse [algo] de la ~. Inventárse[lo], o hacer que surja como por arte de magia o por sorpresa. ■ **11** tirar de la ~ [a alguien]. Tratar de influir[le] o presionar[le].
III *loc adv* **12** bajo ~. (*raro*) Bajo cuerda o secretamente. ■ **13** en ~s de camisa. Sin chaqueta u otra prenda que cubra la camisa. ■ **14** ~ por hombro. (*col*) En total abandono y desorden. *Gralm con el v* ANDAR. ■ **15** ni más ni ~s → MÁS.

manga[2] *f* Mango[2]. *Tb su fruto.*

mangada *f* (*reg*) Manga[1] [5].

mangancia *f* (*col*) **1** Cualidad de mangante. ■ **2** Conjunto de (los) mangantes.

manganear *tr* Echar el lazo [a un toro o un caballo (*cd*)] para derribar[lo] y sujetar[lo].

manganesífero -ra *adj* (*Mineral*) Que contiene manganeso.

manganeso *m* Metal, de número atómico 25, duro, refractario y muy oxidable, que se emplea esp. en la fabricación de acero.

manganina *f* (*Metal*) Aleación de cobre, manganeso y níquel.

manganoso -sa *adj* (*Quím*) De(l) manganeso.

mangante *adj* (*col*) **1** [Pers.] que roba. *Más frec n.* ■ **2** Sinvergüenza y holgazán. *Más frec n.*

mangar[1] *tr* **1** (*col*) Robar. ■ **2** (*reg*) Coger, o pasar a tener. *Frec con un compl de interés.* ■ **3** (*reg*) Montar o armar [un lío]. *Tb* ~LA.

mangar[2] *tr* (*reg*) Poner mango[1] [a una herramienta (*cd*)]. **b)** Encajar [una cosa en otra que hace de mango].

mangarrán -na *adj* **1** Haragán o inútil. *Tb n.* ■ **2** Sinvergüenza o desaprensivo. *Más o menos vacío de significado, se usa como descalificador general.*

mangazo *m* (*reg*) Golpe dado con el brazo.

mangla *f* Negrilla del olivo.

manglar *m* Vegetación típica de las zonas costeras tropicales, inundadas constantemente o solo durante la marea alta, que se caracteriza por plantas leñosas y con abundantes raíces aéreas. *Tb el terreno correspondiente.*

mangle *m* Arbusto de unos 4 m de altura, con ramas descendentes que llegan al suelo, flores amarillas y muchas raíces aéreas, típico del manglar (*Rhizophora mangle*). *Tb designa otras especies.*

mango[1] *m* Parte alargada, estrecha y con un extremo libre, por la cual se coge un utensilio o herramienta. **b)** Mástil [de un instrumento músico de cuerda]. **c)** *A veces se da este n a la parte correspondiente de un objeto cuya forma recuerda la de un utensilio.* * El mango del esternón.

mango[2] *m* Árbol intertropical de fruto en drupa, oval, amarillento y de sabor agradable (*Mangifera indica*). *Tb su fruto.*

mangón -na *adj* (*reg*) Mandón o mangoneador.

mangoneador -ra *adj* (*col, desp*) [Pers.] que mangonea. *Tb n.*

mangonear (*col, desp*) **A** *tr* **1** Imponer [alguien] abusivamente sus decisiones [sobre alguien o algo (*cd*)].
B *intr* **2** Imponer [alguien] abusivamente sus decisiones [sobre alguien o algo (*compl* SOBRE *o* EN)]. *Frec sin compl.*

mangoneo *m* (*col, desp*) Acción de mangonear.

mangorrero -ra *adj* [Cuchillo] tosco y mal forjado.

mangosta[1] *f* Pequeño mamífero carnívoro, de cuerpo alargado, patas cortas y larga cola, propio esp. de África (*Herpestes ichneumon*). *Tb designa otras especies del mismo gén o similares.*

mangosta[2] *f* Árbol propio del este de la India, que produce una fruta de piel dura y pulpa fresca y jugosa (*Garcinia mangostana*). *Tb la fruta.*

mangria *f* (*reg*) Cierto insecto diminuto que ataca a las plantas.

mangual *m* (*hist*) Arma medieval consistente en un mango de madera al que van unidas varias cadenas terminadas en bolas de hierro.

manguara *f* (*reg*) Copa, esp. de aguardiente.

mangueo *m* (*col*) Robo.

manguera[1] *f* Manga[1] [2] de agua, esp. de riego. **b)** (*E*) Manga[1] [2].

manguera[2] *f* (*raro*) Mango[2] (árbol).

manguerazo *m* (*col*) Chorro de agua lanzado con una manguera[1].

manguero *m* **1** Hombre que maneja una manga[1] de riego. ■ **2** Tabla adecuada para planchar mangas[1] [1].

mangueta *f* **1** (*Mec*) Extremo del eje de dirección, que soporta la rueda y sus rodamientos. ■ **2** (*Font*) Tubo que conecta el sifón con el conducto de bajada de un inodoro.

mangui *adj* (*jerg*) **1** Ladrón. *Frec n.* ■ **2** (*desp*) Individuo.

manguián *adj* De un pueblo indígena filipino de las islas de Mindoro y Romblon. *Tb n, referido a pers.*

manguilla *f* (*reg*) Manga[1] [3b].

manguillero *m* (*hoy raro*) Mango[1] en que se encaja la plumilla.

manguillo *m* (*reg, hoy raro*) Manguillero.

manguitero *m* (*hist*) Peletero.

manguito *m* **1** Prenda femenina de piel, en forma de tubo, para abrigar las manos. ■ **2** Prenda en forma de media manga que se pone sobrepuesta, esp. para no mancharse. ■ **3** (*Mec*) Pieza cilíndrica que sirve para unir o ensamblar otras. ■ **4** (*Anat*) Órgano cilíndrico de protección. ■ **5** (*Med*) Porción de piel que conserva el cirujano para cubrir el muñón de un miembro amputado. ■ **6** (*Taur*) En pl: Protección que se pone a los caballos en el pecho.

mangurrino -na *adj* (*col, desp*) Ignorante. *Tb n.*

manguta *m* (*jerg*) Ladrón.

manguzada *f* (*col, raro*) Bofetada, o golpe dado en la cara.

manhattan (*ing; pronunc corriente*, /manχátan/; *pl normal*, ~s) *m* Cóctel hecho con vermú, whisky y un poco de bitter.

mani *f* (*juv*) Manifestación [2].

mani- *r pref* De (la) mano o de (las) manos. * Maniquebrado.

maní (*pl*, ~s o ~SES) *m* (*raro*) Cacahuete.

manía *f* **1** (*Med*) Enfermedad mental caracterizada esp. por exaltación emocional e hiperactividad. ■ **2** Obsesión. **b)** Costumbre extravagante y obsesiva. **c)** ~ **de grandeza**, ~ **persecutoria** → GRANDEZA, PERSECUTORIO. ■ **3** Afición exagerada. ■ **4** Aversión. *Frec con los vs* TENER *o* TOMAR.

maníaco -ca (*tb* **maniaco**) *adj* (*Med*) **1** De (la) manía [1]. ■ **2** Que padece manía [1]. *Tb n.*

maniacodepresivo -va (*tb* **maníaco-depresivo** *o* **maniaco-depresivo**) *adj* (*Med*) **1** [Psicosis] que presenta alternancia de fases maníacas y depresivas. ■ **2** Que padece psicosis maniacodepresiva. *Tb n.*

maniatar *tr* Atar las manos [a una pers. o animal (*cd*)]. **b)** Incapacitar [a una pers.] para la acción.

maniático -ca *adj* [Pers.] que tiene manías. **b)** Propio de la pers. maniática.

manicomial *adj* **1** (*Med*) De(l) manicomio. ■ **2** [Cosa] absurda, o propia de locos.

manicomio *m* Hospital para locos. **b)** *Se emplea en frases de sent comparativo para ponderar el alboroto o el desorden.* * Esta casa es un manicomio.

manicorto -ta *adj* Poco dadivoso.

manicuerno *m* (*Cicl*) Manillar especial con los extremos vueltos hacia arriba.

manicura[1] *f* Cuidado y arreglo de las manos, esp. de las uñas. *Gralm en la constr* HACER(SE) LA ~.

manicura[2] → MANICURO.

manicurar *tr* Hacer la manicura[1] [a una pers., a sus manos o a sus uñas (*cd*)].

manicuro -ra (*a veces la forma* MANICURA *se usa tb como m*) *m y f* Pers. que se dedica al cuidado y arreglo de las manos, esp. de las uñas.

manido -da *adj* [Tema o procedimiento] tratado o utilizado en exceso.

manierismo *m* (*Arte y TLit*) **1** Tendencia al rebuscamiento y a la afectación. ■ **2** Estilo de transición entre el Renacimiento y el Barroco, surgido en Italia hacia 1520 y caracterizado por el refinamiento y la tendencia al contraste.

manierista *adj* (*Arte y TLit*) De(l) manierismo o que lo implica. *Tb fig.* **b)** Adepto al manierismo [2]. *Tb n.*

manifa *f* (*juv*) Manifestación.

manifestación *f* **1** Acción de manifestar(se) [1, 2, 3 y 4]. *Tb su efecto.* ■ **2** Reunión pública organizada, gralm. andando por las calles, para manifestar una petición o una protesta.

manifestador *m* (*Rel catól*) Dosel o templete en que se expone el Santísimo Sacramento.

manifestante *adj* [Pers.] que se manifiesta [5]. *Frec n.*

manifestar (*conjug* 6) **A** *tr* **1** Declarar o dar a conocer [algo]. ■ **2** Mostrar, o dejar ver [algo]. **B** *intr pr* (~**se**) **3** Manifestar [1 y 2] [alguien] su opinión [sobre algo]. ■ **4** Mostrarse o aparecer. ■ **5** Participar en una manifestación [2].

manifestativo -va *adj* Que sirve para manifestar [1 y 2].

manifestódromo *m* (*humoríst*) Lugar destinado a manifestaciones [2].

manifiestamente *adv* De manera manifiesta [2a].

manifiesto -ta I *adj* **1** Que se manifiesta [4]. ■ **2** Evidente o notorio. **b)** Visible o descubierto. ■ **3** Declarado o expreso.
II *m* **4** Documento en que un gobierno, una personalidad o un grupo político exponen sus intenciones. **b)** Exposición teórica de los postulados de un movimiento artístico. ■ **5** (*admin*) Documento que suscribe y presenta en la aduana el capitán de un buque procedente del extranjero, y en el que expone la clase, cantidad y destino de las mercancías que transporta.
III *loc v* **6 poner de** ~. Manifestar [1 y 2].
IV *loc adv* **7 de** ~. A la vista.

manigero → MANIJERO.

manigua *f* **1** Terreno cubierto de maleza y frec. pantanoso. *Esp referido a países americanos.* ■ **2** Mezcla confusa y desordenada.

manigual *m* (*raro*) Manigua [1].

manigueta *f* (*reg*) Remate de cada una de las esquinas de un paso de Semana Santa.

manija *f* **1** Mango o asidero [de un utensilio]. ■ **2** Palanca pequeña que sirve para accionar determinados utensilios. *Gralm con un compl especificador, que a veces se omite por consabido.* **b)** *Esp:* Palanca pequeña para accionar el pestillo [de una puerta o ventana]. ■ **3** Cuerda que se emplea para trabar animales.

manijero (*tb con la grafía* **manigero**) *m* (*reg*) **1** Capataz de una cuadrilla de trabajadores del campo. ■ **2** Encargado de contratar obreros para el campo.

manila I *adj invar* **1** [Papel] de seda.
II *f* **2** (*raro*) Abacá (fibra textil).

manilense *adj* De Manila. *Tb n, referido a pers.*

manilla[1] *f* **1** Manecilla [del reloj]. ■ **2** Palanca pequeña que sirve para accionar determinados utensilios. *Gralm con un compl especificador, que a veces se omite por consabido.* **b)** *Esp:* Palanca pequeña para accionar el pestillo [de una puerta o ventana]. ■ **3** (*reg*) Mango o asidero [de un utensilio]. ■ **4** Anillo de metal con que se sujeta a alguien por la muñeca o a veces por el tobillo. **b)** (*jerg*) En pl: Esposas. ■ **5** (*E*) Conjunto de 20 o 30 hojas de tabaco atadas.

manilla[2] *f* (*reg*) Malilla (juego de cartas).

manillar *m En una bicicleta u otro vehículo similar:* Pieza con un doble mango en que se apoyan las manos y que sirve para darle dirección.

maniluvio *m* (*Med*) Lavado de manos con fines terapéuticos. *Tb fig, fuera del ámbito técn.*

maniobra *f* **1** Acción o conjunto de acciones para dirigir una máquina o un vehículo. ■ **2** Acción o conjunto de acciones que se realizan para alcanzar un fin. *Frec con intención desp, denotando astucia o malicia.* ■ **3** *En pl:* Conjunto de ejercicios militares de adiestramiento táctico o estratégico. *Frec ~s* MILITARES. ■ **4** (*Med*) Operación manual hábil y reglada. ■ **5** (*Mar*) Conjunto de cabos y aparejos [de una embarcación o de uno de sus palos o vergas].

maniobrabilidad *f* **1** Cualidad de maniobrable. ■ **2** Posibilidad de maniobra [2].

maniobrable *adj* Fácil de maniobrar [4 y 5].

maniobrar A *intr* **1** Hacer una maniobra o maniobras. ■ **2** Operar o funcionar. ■ **3** Manipular [en algo].
B *tr* **4** Hacer maniobras [1 y 2] [con algo (*cd*)]. **b)** Hacer [una determinada maniobra]. ■ **5** Dirigir el funcionamiento [de algo (*cd*)].

maniobreramente *adv* (*desp*) De manera maniobrera [3].

maniobrero -ra *adj* **1** Que maniobra [1] o se mueve con facilidad. *Frec en milicia.* ■ **2** Que maniobra [1] o actúa con astucia o malicia. *Frec con intención desp.* ■ **3** De (la) maniobra [2]. *Frec con intención desp.*

manioc *m* (*raro*) Mandioca.

manioca *f* (*raro*) Mandioca.

maniota *f* Cuerda u otro utensilio similar que se usa para atar las manos de un animal.

manipulable *adj* Que se puede manipular.

manipulación *f* Acción de manipular. **b)** (*Med*) Tratamiento manual de una parte del cuerpo, esp. de las articulaciones.

manipulado *m* Acción de manipular [1].

manipulador -ra I *adj* **1** Que manipula. *Tb n m y f, referido a pers y a máquina o aparato.*
II *m* **2** (*Telec*) Interruptor telegráfico que sirve para cortar y establecer la corriente con arreglo al alfabeto o código de señales adoptado. ■ **3** (*Metal*) Vehículo para transportar y manipular [1] piezas grandes.

manipular A *tr* **1** Operar con las manos o con un instrumento [sobre algo (*cd*)]. **b)** Manejar o hacer funcionar con las manos [una máquina o aparato]. ■ **2** (*desp*) Operar [sobre algo (*cd*)] desvirtuando su auténtico sentido de manera hábil e interesada. ■ **3** Manejar (dirigir o gobernar). *Frec con intención desp.*
B *intr* **4** Manipular [1] [sobre algo (*compl* EN, SOBRE o CON)].

manipulativo -va *adj* De (la) manipulación.

manipuleo *m* (*col, desp*) Manipulación.

manípulo[1] *m* (*Rel catól*) Banda que el sacerdote se coloca pendiente sobre el antebrazo izquierdo para la celebración de la misa.

manípulo[2] *m* (*hist*) Unidad militar romana formada por dos centurias. *Tb su insignia.*

maniqueamente *adv* (*desp*) De manera maniquea [2].

maniqueísmo *adj* **1** (*Filos y Rel*) Doctrina de Manes, según la cual existen dos principios creadores: el Bien y el Mal. ■ **2** (*desp*) Tendencia a concebir el mundo dividido en buenos y malos o en dos elementos opuestos.

maniqueo -a *adj* **1** (*Filos y Rel*) De(l) maniqueísmo [1]. **b)** Adepto al maniqueísmo [1]. *Tb n.* ■ **2** (*desp*) Que muestra maniqueísmo [2].

maniquí A *m* **1** Figura humana, a veces esquematizada, que sirve para probar o exhibir vestidos.
B *m y f* **2** Pers. encargada de exhibir creaciones de moda.

manirrotismo *m* (*raro*) Condición de manirroto.

manirroto -ta *adj* [Pers.] que gasta alocadamente. *Tb n.* **b)** (*raro*) Propio de la pers. manirrota.

manisero[1] **-ra** *adj* De Manises (Valencia). *Tb n, referido a pers.*

manisero[2] **-ra** *m y f* (*raro*) Pers. que vende maní.

maniso -sa *adj* (*reg*) [Pers.] de manos torpes.

manista *adj* (*Dep*) De pelota a mano. *Tb n, referido a jugador.*

manita *f* **1** *dim* → MANO. ■ **2** (*col*) *En pl:* Acción de acariciarse las manos dos perss. *Normalmente en la constr* HACER ~S.

manitas *m y f* (*col*) Pers. hábil y esmerada en el trabajo manual. *Tb adj.*

manito -ta *m y f* (*humoríst*) Mejicano.

manitol *m* (*Quím*) Alcohol presente en muchos vegetales, esp. en el zumo que fluye del fresno *Fraxinus ornus,* usado en medicina y en industrias alimenticias.

manivela *f* Órgano mecánico destinado a transformar un movimiento rectilíneo alternativo en movimiento giratorio o viceversa.

manjaferro *m* (*raro*) Hombre fanfarrón que presume de valiente.

manjar *m* **1** (*lit*) Alimento o comida, esp. exquisitos. *Tb fig.* ■ **2** ~ **blanco.** Dulce hecho con leche, almendras, azúcar y harina de arroz.

manjúa *f* (*reg*) Banco de peces.

mano I *n* (*dim,* MANITA) A *f* **1** *En el cuerpo humano:* Miembro que está en el extremo del brazo. **b)** la ~ [de una mujer]. La posibilidad o el permiso formal de casarse [con ella]. *Con u como* PEDIR, CONCEDER o ASPIRAR A. ■ **2** *En los cuadrúpedos:* Pie delantero. **b)** *En las reses de carnicería:* Pie después de cortado. ■ **3** Pieza con que se machaca en el mortero o almirez. ■ **4** *En pl:* Propietario o poseedor. ■ **5** *En pl:* Pers. o perss. capaces de trabajar. ■ **6** Acción o intervención [de una pers.]. ■ **7** Poder o dominio. *Normalmente en pl.* **b)** Responsabilidad. ■ **8** Influencia o favor de que se disfruta [en un sitio o con una pers.]. *Gralm en la constr* TENER ~. ■ **9** Habilidad para tratar [a alguien (*compl* PARA o CON)]. *Tb* BUENA ~. **b)** **buena** (o **mala**) ~. Mucha (o poca) habilidad [para algo]. *Frec en la constr* TENER (o DARSE) BUENA (o MALA) ~. **c)** ~s (o, *frec,* **manitas**) **de plata.** Gran habilidad manual. (→ acep. 33.) ■ **10** Lado [derecho o izquierdo]. **b)** Sentido en que se abre una puerta. **c)** Sentido de la marcha por una carretera o camino. *Tb la zona correspondiente.* **d)** *Precedido de un posesivo:* Lado por el que le corresponde circular [a la pers. o vehículo de que se trata]. ■ **11** Conjunto de cinco cuadernillos de papel. ■ **12** Serie [de golpes dados a una pers.]. ■ **13** Gajo del racimo de plátanos, constituido por varios frutos. ■ **14** (*Caza*) Grupo de cazadores. ■ **15** (*Juegos*) Conjunto de juegos igual al número de jugadores. ■ **16** Capa [de pintura o de otra sustancia que se aplica sobre una superficie]. ■ **17** Ronda [de algo, esp. de bebida]. *Frec sin compl por consabido.* ■ **18** (*Caza*) Vuelta que dan los cazadores reconociendo un sitio en busca de caza. ■ **19** (*reg*) Vuelta de siega a lo largo del surco. ■ **20** (*Mar*) Golpe de viento fuerte y más o menos duradero. ■ **21 ~ de obra.** Trabajo manual realizado por los obreros. **b)** Conjunto de (los) obreros. ■ **22 ~ derecha.** Pers. que es la más eficaz colaboradora [de otra]. ■ **23 ~ de santo.** (*col*) Remedio sumamente eficaz. ■ **24 ~ dura** (*o de hierro, o, raro,* **fuerte**). Dureza en el castigo o en la represión. ■ **25 ~ izquierda.** (*col*) Habilidad diplomática. ■ **26 ~ larga.** Propensión a golpear. *Frec en pl con sent sg.* **b)** Propensión al hurto. ■ **27 ~ muerta.** (*hist*) Impuesto pagado por un siervo a su señor para poder heredar. ■ **28 ~s atadas.** Falta de libertad para actuar. ■ **29 ~s libres.** Libertad para actuar. ■ **30 ~s muertas.** (*hist*) Propietarios de bienes inmuebles en quienes se perpetúa el dominio por no poder enajenarlos. *Tb los mismos bienes.* ■ **31 última ~.** Repaso final que se da a una cosa para corregirla o perfeccionarla.

B *m y f* **32** (*Naipes*) Jugador al que corresponde jugar en primer lugar. ■ **33 ~s** (*o, frec,* **manitas**) **de plata.** Pers. de gran habilidad manual. (→ acep. 9c.)

C *m* **34 ~ a ~.** (*Taur*) Actuación de dos toreros solos en una corrida. (→ acep. 122.) **b)** Encuentro en que participan solo dos perss. compitiendo o discutiendo entre sí. *Tb fig.*

II *loc adj* **35 dejado de la ~ de Dios.** Abandonado o desatendido. *Frec con el v* ESTAR. (→ acep. 59.) **b)** Que no cumple debidamente sus obligaciones. ■ **36 de la ~ izquierda.** (*raro*) Bastardo o ilegítimo. ■ **37 de ~.** Portátil o que se lleva con las manos [1]. ■ **38 de primera ~.** [Noticia o conocimiento] que se obtiene directamente, sin intermediarios. *Tb adv.* ■ **39 de segunda ~.** [Cosa material] que ha pertenecido antes a otra pers. *Tb fig.* **b)** [Noticia o conocimiento] que no se obtiene directamente, sino a través de intermediarios. ■ **40 en ~ común.** (*reg*) [Monte] que pertenece conjuntamente a todos los vecinos de un municipio. *Tb adv.*

III *loc v y fórm v* **41 abrir** (*o* **aflojar,** *o* **levantar**) **la ~.** Atenuar la exigencia o el rigor. ■ **42 alzar la ~** [a alguien o contra alguien] → acep. 72. ■ **43 apretar la ~.** Aumentar la exigencia o el rigor. ■ **44 atar de pies y ~s** → PIE. ■ **45 besar la ~.** (*lit, hoy raro*) *Se usa en fórmulas ceremoniosas de despedida como* BESO A USTED LA ~, *o, en cartas, antes de la firma,* QUE BESA SU ~, *o* QUE LE BESA LA ~. ■ **46 caerse** [un libro o algo similar] **de las ~s.** Ser muy aburrido. ■ **47 cargar la ~** [en algo]. Exagerar o excederse [en ello]. ■ **48 comerle** [a alguien] **en la ~.** (*reg*) Tener[le] gran familiaridad y confianza. ■ **49 dar de ~.** (*reg*) Dar fin [a la jornada de trabajo]. *Tb sin compl.* **b)** (*reg*) Dar fin [a algo que se está haciendo]. *Tb sin compl.* ■ **50 darle el pie y tomarse la ~,** *o* **darle la ~ y tomarse el pie** → PIE. ■ **51 darse la ~** [dos cosas]. Coincidir o unirse. ■ **52 dejar** [a alguien o algo] **de la ~.** Descuidar[lo]. *Frec en constr neg.* ■ **53 dejar** [un asunto] **en las ~s,** *o* **de la ~,** [de alguien]. Confiár[selo] o dejar[lo] a su cuidado o bajo su responsabilidad. ■ **54 dejarse cortar la ~.** *Se usa para ponderar la seguridad o confianza que se tiene en alguien o algo.* * *Me dejaría cortar la mano a que es todo un montaje.* ■ **55 echar ~** [a alguien o algo]. Coger[lo] o

alcanzar[lo]. **b) echar ~** [a alguien]. Igualar[le]. ■ **56 echar ~** [de, o a, una pers. o cosa]. Recurrir [a ella]. ■ **57 echar una ~** (*o* **una manita**) [a alguien]. Ayudar[le]. *Tb sin ci.* ■ **58 escapársele** [algo a alguien] **de las ~s** → acep. 68. ■ **59 estar dejado de la ~ de Dios.** Ser un caso perdido. (→ acep. 35.) ■ **60 estar** [algo] **en la ~** [de alguien]. Ser[le] posible. ■ **61 estrechar la ~** [de una pers.]. Saludarla oprimiéndole la mano derecha. *Se usa frec en cartas en la fórmula ceremoniosa de despedida, antes de la firma,* QUE ESTRECHA SU ~. ■ **62 forzar la ~** [a alguien]. Obligar[le] a tomar una determinación. ■ **63 frotarse las ~s.** Manifestar gran satisfacción o alegría. *Frec con intención desp, denotando malicia.* ■ **64 ganar por la ~** [a alguien]. Adelantárse[le]. *Tb sin compl.* ■ **65 hacer a dos ~s.** Simultanear de manera solapada dos comportamientos aparentemente incompatibles. ■ **66 hacer ~(s).** *En algunas actividades manuales:* Practicar. ■ **67 irle a la ~** [a alguien]. (*raro*) Contener[lo] o moderar[lo]. ■ **68 írsele,** *o* **escapársele,** [algo a alguien] **de las ~s.** No alcanzar[lo] cuando estaba a punto de conseguirlo, o perder el dominio [sobre ello]. ■ **69 írsele** [a alguien] **la ~** [en algo]. Excederse [en ello]. ■ **70 lavarse las ~s** [en un asunto]. Desentenderse de la responsabilidad [en él]. *Frec sin compl.* ■ **71 levantar la ~** → acep. 41. ■ **72 levantar** (*o* **alzar**) **la ~** [a alguien o contra alguien]. Pegar[le] o hacer ademán de pegar[le]. *A veces sin compl.* ■ **73 llegar,** *o* **venir, a las ~s** [dos o más perss.]. Empezar a golpearse. ■ **74 llevarse las ~s a la cabeza.** Manifestar asombro o escándalo. ■ **75 mancharse las ~s.** Complicarse en una acción delictiva o poco honrada. ■ **76 ~ a la obra** → acep. 85. ■ **77 ~s arriba** → ARRIBA. ■ **78 meter** [a una pers. o cosa]. Acometer[la] o atacar[la]. *Tb fig.* **b) meter ~** [a una pers.]. (*vulg*) Acariciar[la] por deleite sexual. **c) meter ~** (*o, más raro,* **las ~s**) [en una cosa]. Intervenir [en ella]. ■ **79 no caérsele** [algo a alguien] **de las ~s.** Tener[lo] siempre [en ellas]. ■ **80 pasar la ~ por el lomo** [a alguien]. (*col*) Halagar[le]. ■ **81 perder las ~s.** (*Taur*) Caerse [el toro] al doblársele las manos [2a]. ■ **82 poner la ~,** *o* **las ~s, en el fuego,** *o* (*raro*) **poner la ~ derecha,** [por una pers. o cosa]. *Se usa para ponderar la confianza que se tiene en ella.* * *No creo que sea cierto, pero tampoco pongo las manos en el fuego por ella.* ■ **84 ponerle** [a alguien] **la ~ encima.** Golpear[le]. **b)** Tocar [a alguien]. *Tb fig.* ■ **85 poner(se) ~s a la obra.** Emprender un trabajo. *A veces, como exhortación, se dice simplemente* ~S A LA OBRA. ■ **86 quitar** [la gente] (*suj*) una mercancía] **de las ~s** [a alguien]. *Se usa para ponderar la gran demanda suscitada por ella.* ■ **87 saber** [alguien] **dónde tiene la ~ derecha,** *o* **saber lo que se trae entre ~s.** Ser competente, esp. para el trabajo que desempeña. ■ **88 sentarle** [a alguien] **la ~.** Pegar[lo] o reprender[lo]. ■ **89 ser los pies y las ~s** [de alguien] → PIE. ■ **90 tender una ~** [a alguien]. Ofrecer[le] ayuda. ■ **91 tener** [una pers. a otra] **de su ~.** Cuidar[la] u ocuparse [de ella]. ■ **92 tener,** *o* **traer(se),** [algo] **entre ~s.** Estar ocupándose [en ello]. *Tb fig.* ■ **93 tocar** [algo] **con las ~s.** Tener[lo] muy próximo. *Tb fig.* ■ **94 tomarse** [alguien] **la justicia por su ~** → JUSTICIA. ■ **95 traer(se)** [algo] **entre ~** → acep. 92. ■ **96 untar la ~** [a alguien]. Sobornar[le]. ■ **97 venir a las ~s** → acep. 73.

IV *loc adv* **98 a dos ~s,** *o* **con las dos ~s.** Con toda voluntad. ■ **99 a la ~.** (*reg*) A la derecha. ■ **100 a ~.** Con la mano [1], sin valerse de medios mecánicos. ■ **101 a ~,** *o* **a la ~.** En lugar próximo. **b)** En situación de disponible o asequible. ■ **102 a ~ airada.** Violentamente. *Normalmente con vs como* MATAR *o* MORIR. ■ **103 a ~ alzada.** Alzando la mano [1]. *Referido al modo de votar. Tb adj, referido a voto.* ■ **104 a ~ armada.** Con armas. *Tb adj. Normalmente con vs como* ROBAR *o* ATRACAR, *o con ns como* ROBO *o* ATRACO. ■ **105 a ~s** [de una pers.]. Como consecuencia de una agresión o acción violenta [de esa pers.]. *Normalmente con vs como* MORIR *o* PERDERSE. ■ **106 a ~s llenas.** En gran abundancia. ■ **107 bajo ~.** Bajo cuerda u ocultamente. ■ **108 como por la ~.** *(reg)* Muy bien. ■ **109 con la ~ en el corazón** (*o* **con el corazón en la ~**). Con toda sinceridad. ■ **110 con las ~s en la cabeza.** Perdiendo o con daño. *Normalmente con vs como* SALIR *o* ACABAR. ■ **111 con las ~s en la masa.** En el momento en que se está realizando un acto que se quiere ocultar. *Normalmente con vs como* SORPRENDER *o* PILLAR. ■ **112 con las ~s limpias** (*o* **lavadas**). *Se dice del que se presenta a beneficiarse de una situación sin haber aportado ningún esfuerzo.* * Ahora aparecería él con las manos limpias a hacerse el dueño del cotarro. ■ **113 con las ~s vacías.** Sin haber obtenido nada o sin aportar nada. ■ **114 con una ~ atrás** (*o* **detrás**) **y otra delante,** *o* **con una ~ delante y otra atrás** (*o* **detrás**). *(col)* Sin nada de dinero o bienes. ■ **115 de la ~.** Juntamente. *Normalmente con el v* VENIR. *Tb fig.* ■ **116 de ~.** *(raro)* En seguida. ■ **117 de ~ en ~.** De una pers. a otra. *Gralm con vs como* IR *o* PASAR. ■ **118 de ~s.** Apoyándose [un animal] en las patas traseras. *Gralm con el v* PONERSE. ■ **119 de ~s a boca** (*o, raro, a bruces*). De repente. *Normalmente con vs como* DARSE, ENCONTRARSE *o* TROPEZARSE. ■ **120 en buenas ~s.** Al cuidado de alguien adecuado o en quien se puede confiar. *Frec con vs como* ESTAR, DEJAR *o* QUEDAR. ■ **121 en ~.** Directamente al interesado, sin intermediarios. *Con vs como* DAR *o* ENTREGAR. ■ **122 ~ a ~.** *(Taur)* Actuando dos toreros solos en una corrida. (→ acep. 34.) **b)** Actuando o interviniendo dos perss. **c)** A solas dos perss. ■ **123 ~ sobre ~.** Sin trabajar o sin hacer nada. *Gralm con el v* ESTAR. ■ **124 si a ~ viene.** Si se presenta la ocasión.

manobra *m* *(reg)* Peón (obrero sin cualificar).

manobre *m* *(reg)* Manobra.

manojo *m* **1** Conjunto [de cosas unidas entre sí] que se puede coger con la mano. ■ **2** Conjunto pequeño [de perss. o cosas]. ■ **3** Montón o conjunto grande [de perss. o cosas].

manola *f (hist, reg)* Manuela[1] (coche de caballos).

manolería *f (hist)* Conjunto de los manolos[1].

manoletina *f* **1** *(Taur)* Pase de muleta en que el torero cita de frente y con el engaño a la espalda. ■ **2** Zapatilla de piel, plana y de escote redondeado.

manolo[1] **-la** *m y f (hist)* A fines del s XVIII: Mozo del pueblo bajo de Madrid.

Manolo[2] *m (col)* El Sol.

manomanista *(Dep)* **I** *m* **1** Jugador de pelota especializado en partidos mano a mano. **II** *adj* **2** Relativo al juego de pelota mano a mano.

manometría *f (Fís y Med)* Medida de presiones mediante manómetro.

manométrico -ca *adj (Fís y Med)* De(l) manómetro.

manómetro *m (Fís y Med)* Instrumento para medir la presión.

ma non troppo *(it; pronunc corriente, /ma-nón--trópo/) loc adv (Mús)* Pero no demasiado. *Tb (lit) fuera del ámbito técn.*

manopla *f* **1** Variedad de guante que enfunda unidos todos los dedos excepto el pulgar. **b)** Guante que enfunda juntos todos los dedos, o todos excepto el pulgar, y que se usa para lavarse. ■ **2** *(hist) En la armadura:* Pieza que cubre la mano. ■ **3** *(reg)* Manaza, o mano grande.

manorreductor (*tb con la grafía* **mano-reductor**) *m (Fís)* Dispositivo que sirve para regular la presión de salida del gas contenido en una botella.

manoseador -ra *adj* [Pers.] que manosea. *Tb n. Gralm con intención desp.*

manosear *tr* Tocar reiteradamente [a una pers. o cosa] o pasar la mano repetidamente [por ella (*cd*)]. *Gralm con intención desp.* **b)** Tratar [una cuestión] o utilizar [un procedimiento] con reiteración excesiva. *Más frec en part.*

manoseo *m* Acción de manosear. *Gralm con intención desp.*

manotada *f* Manotazo.

manotazo *m* Golpe dado con la mano abierta.

manotear **A** *intr* **1** Agitar las manos, frec. con intención expresiva. **B** *tr* **2** Dar golpes [a una pers. o cosa] con las manos.

manoteo *m* Acción de manotear.

manotón *m* Golpe dado con la mano. *Tb fig.*

manque *conj (reg, pop)* Aunque.

manquedad *f* Cualidad de manco. *Tb fig.*

manquera *f* Manquedad.

manresano -na *adj* De Manresa (Barcelona). *Tb n, referido a pers.*

manriqueña. copla ~, estrofa ~ → COPLA, ESTROFA.

manriqueño -ña *adj* De Villamanrique de Tajo (Madrid) o de Villamanrique de la Condesa (Sevilla). *Tb n, referido a pers.*

mansada *f (Taur, desp)* Corrida de toros mansos[1].

mansalva. a ~. *loc adv* Sin tasa o en gran abundancia.

mansamente *adv* De manera mansa [3].

mansarda *f* Tejado de vertiente quebrada, cuya parte inferior es más pendiente y en el que se abren ventanas verticales cubiertas por un tejadillo. *Tb la propia ventana y la habitación correspondiente.*

mansear *intr (Taur)* Comportarse [el toro] como manso[1] [1].

mansedumbre *f* Cualidad de manso[1].

mansero *m (reg)* Zagal encargado de los mansos[1] [4].

mansillés -sa *adj* De Mansilla de las Mulas (León). *Tb n, referido a pers.*

mansión *f* **1** Casa o vivienda lujosa. ■ **2** *(hist)* Albergue de etapa en una calzada romana.

manso[1] **-sa** **I** *adj* **1** [Animal] que no es fiero ni agresivo. ■ **2** [Pers.] apacible y no agresiva. *Tb n.* ■ **3** [Cosa] tranquila y apacible. **II** *m* **4** Animal macho manso [1], esp. buey, que sirve de guía a los demás.

manso² *m* **1** (*reg*) Masía. ■ **2** (*hist*) *En el feudalismo:* Unidad de explotación agrícola constituida gralm. por la vivienda del campesino y las tierras que cultiva.

mansonia *f* Árbol corpulento del África occidental (*Mansonia altissima*). *Tb su madera.*

mansueto -ta *adj* (*lit*) Manso¹. *Tb fig.*

mansurrear *intr* (*Taur*) Mansurronear.

mansurrón -na *adj* (*desp*) **1** [Animal, esp. toro] poco bravo. ■ **2** [Pers.] excesiva o afectadamente dócil o sumisa.

mansurronear *intr* (*Taur*) Comportarse [el toro] como mansurrón.

manta **I** *f* **1** Prenda grande y rectangular, gralm. de lana, que se usa para abrigo, esp. en la cama. **b)** *Se usa en frases de sent comparativo para ponderar la capacidad de abrigo de una prenda.* * *Esta chaqueta es una manta.* **c)** ~ **eléctrica.** Aparato constituido por dos capas de tejido entre las cuales va una resistencia eléctrica de baja potencia, que se usa para dar calor al cuerpo. ■ **2** Prenda o trozo de tejido o materia textil grande y rectangular. ■ **3** (*col*) Cantidad grande [de algo, esp. de golpes o de agua]. ■ **4** *Se da este n a varios peces selacios de gran tamaño y de forma similar a la de la raya, de los géns Manta y Mobula, esp al Mobula mobular. Tb* ~ RAYA.
 II *adj* (*col*) **5** Vago u holgazán. *Tb n. Frec en la constr* HACER EL ~. ■ **6** Inútil o torpe. *Tb n.*
 III *loc v y fórm or* **7 liarse la ~ a la cabeza.** (*col*) Tomar una decisión aventurada sin pensarlo más. ■ **8 tirar de la ~.** (*col*) Descubrir un hecho vergonzoso que trata de mantenerse en secreto. ■ **9 carretera y ~** → CARRETERA.
 IV *loc adv* **10 a ~** (*o, raro, a ~ de Dios, o a ~s*). (*col*) En gran cantidad o abundancia. *Tb adj.* ■ **11 a ~.** (*Agric*) A voleo. *Con el v* SEMBRAR. *Tb adj.* ■ **12 a ~.** (*Agric*) Cubriendo el terreno con una capa de agua. *Con el v* REGAR. *Tb adj.*

mantazo *m* **1** Golpe dado con una manta [1a]. ■ **2** (*Taur, desp*) Muletazo sin arte. ■ **3** (*reg*) Nevada fuerte.

manteador -ra *adj* [Pers.] que mantea [1]. *Tb n.*

manteamiento *m* Acción de mantear [1].

mantear *tr* **1** Lanzar repetidas veces al aire [a una pers. o a un pelele] con una manta [1a] sostenida entre varios, como burla o juego. ■ **2** (*Taur, desp*) Lancear sin arte.

manteca **I** *f* **1** Grasa sólida de los animales, esp. del cerdo. *Tb* (*humoríst*) *referido a pers.* **b)** *Se emplea en constrs de sent comparativo para ponderar la blandura o suavidad.* * *Esta carne parece pura manteca.* **c) el que asó la ~.** Pers. que simboliza el colmo de la tontería. *Gralm en frases de sent comparativo.* ■ **2** Mantequilla. ■ **3** Grasa sólida [de determinados frutos]. ■ **4** (*col*) Dinero.
 II *loc adj* **5 de ~.** (*col*) [Manos] torpes o de mantequilla. ■ **6** [Rollo] **de ~** → ROLLO.

mantecada *f* Dulce hecho con harina, huevos, azúcar y mantequilla, que suele cocerse en molde cuadrado de papel.

mantecado *m* **1** Dulce hecho con manteca de cerdo. ■ **2** Helado hecho con leche, huevos y azúcar. *Tb* HELADO ~.

mantecosidad *f* Cualidad de mantecoso.

mantecoso -sa *adj* **1** Que tiene mucha manteca [1a]. ■ **2** De naturaleza o contextura semejante a la de la manteca [1a].

manteísta *m* (*hist*) Estudiante no becario de un colegio mayor, que viste sotana y manteo.

mantel **I** *m* **1** Prenda, gralm. de tela, con que se cubre la mesa para comer. ■ **2** Prenda, gralm. de tela, con que se cubre una repisa o algo similar. *Frec* MANTELITO *o* MANTELILLO. ■ **3** (*Rel catól*) Prenda de tela con que se cubre el altar. *Tb* ~ DE ALTAR. ■ **4** (*Heráld*) Pieza triangular del escudo mantelado.
 II *loc v* **5 comer pan a ~es** → PAN. ■ **6 levantar los ~s.** Retirar el servicio de una comida una vez acabada esta.

mantela *f* (*reg*) Mantilla [1a].

mantelado *adj* (*Heráld*) [Escudo] partido en forma de cortina doble abierta.

mantelería *f* **1** Juego de mantel [1] y servilletas. ■ **2** (*raro*) Conjunto de manteles [3].

manteleta *f* (*hoy raro*) Prenda femenina que cubre los hombros y que frec. termina por delante en dos puntas largas.

mantelete *m* (*Mil*) Plancha de acero que protege las piezas de artillería, esp. las instaladas a bordo.

mantellina *f* Mantilla [1a].

mantelo *m* (*reg*) Mantilla [1a] de paño negro.

mantención *f* (*pop*) Manutención (acción de mantener o alimentar).

mantenedor -ra **A** *m y f* **1** Pers. encargada del mantenimiento [de algo].
 B *m* **2** Orador que pronuncia el discurso principal en unos juegos florales u otra fiesta literaria similar. ■ **3** (*hist*) Defensor.

mantenencia *f* (*pop*) **1** Manutención (acción de mantener o alimentar). ■ **2** *En pl:* Alimentos o víveres.

mantener (*conjug 31*) *tr* **1** Alimentar o proporcionar alimento [a alguien (*cd*)] durante más o menos tiempo. *Tb fig.* **b)** *pr* (~**se**) Alimentarse o tener alimento durante más o menos tiempo. *A veces con un compl* DE *o* CON *que expresa el alimento.* ■ **2** Proporcionar o costear [a alguien (*cd*)] todo cuanto precisa para vivir. ■ **3** Hacer que [alguien o algo (*cd*)] esté más o menos prolongadamente [en una determinada forma o situación (*predicat o compl adv*)]. *A veces sin predicat o compl, por consabido.* **b)** *pr* (~**se**) Continuar [en una determinada forma o situación (*predicat o compl adv*)]. *A veces sin predicat o compl, por consabido.* ■ **4** Hacer que [algo (*cd*)] continúe existiendo o teniendo validez. **b)** *pr* (~**se**) Continuar [algo] existiendo o teniendo validez. ■ **5** Continuar teniendo [algo no material]. ■ **6** Llevar a cabo [una acción] o tener [una actitud] a lo largo de cierto tiempo. ■ **7** Defender o sostener [una opinión o una afirmación]. ■ **8** (*raro*) Actuar como mantenedor [2] [en unos juegos florales (*cd*)].

mantenible *adj* Que puede ser mantenido.

mantenida *f* Mujer cuyos gastos son sufragados en su totalidad por su amante.

mantenimiento *m* **1** Acción de mantener(se). **b)** Acción de mantener algo o a alguien en buen estado o en funcionamiento normal.

manteo¹ *m* Acción de mantear.

manteo[2] *m* (*hoy raro*) **1** Capa larga con cuello, propia esp. de eclesiásticos. ■ **2** Saya (falda larga femenina interior o exterior).

mantequera *f* **1** Recipiente para guardar o servir la manteca [1a y 2]. ■ **2** (*reg*) Hierba cana o senecio común (*Senecio vulgaris*).

mantequería *f* **1** Tienda de comestibles especializada en mantequilla, quesos y fiambres. ■ **2** Mantequillas o conjunto de mantequillas.

mantequilla I *f* **1** Sustancia pastosa que se obtiene batiendo la nata de la leche. **b)** Pasta alimenticia formada por mantequilla a la que se le añade otra sustancia. *Con un compl especificador.* **c)** *Se usa en constrs de sent comparativo para ponderar la blandura, real o fig.* * ¡Sois de mantequilla! ¡Parecéis nenas!
II *loc adj* **2 de ~.** [Manos] torpes.

mantequillera *f* Recipiente para la mantequilla.

mantero -ra I *adj* **1** De (la) manta [1a].
II *m y f* **2** Pers. que fabrica o vende mantas [1a].

mántica *f* Arte de la adivinación.

mantilla I *f* **1** Prenda femenina de lana, seda y esp. blonda, que cubre la cabeza y cae sobre los hombros y la espalda. **b)** (*hoy raro*) Velo (prenda para ir a la iglesia). ■ **2** Prenda de lana o bayeta con que se envuelve a un niño por encima de los pañales.
II *loc adv* **3 en ~s.** En los principios del desarrollo. *Gralm con el v* ESTAR. **b)** En situación precaria o de inferioridad. *Gralm con el v* ESTAR.

mantillo *m* **1** Capa superficial del suelo formada en gran parte por descomposición de materias orgánicas. **b)** Abono que resulta de la fermentación y putrefacción del estiércol o de la desintegración parcial de materias orgánicas. ■ **2** (*reg*) Mantilla [1a] de seda o bayeta bordeada de terciopelo.

mantilloso -sa *adj* De(l) mantillo [1].

mantis *f* (*o, raro, m*) Santateresa (insecto). *Más frec ~* RELIGIOSA.

mantisa *f* (*Mat*) Parte decimal de un logaritmo.

manto *m* **1** Prenda amplia que cubre desde la cabeza o los hombros hasta los pies, y que hoy es propia de reyes o de imágenes. ■ **2** Velo largo de crespón negro que se lleva durante el luto. ■ **3** Cosa que envuelve y protege. *Tb fig.* **b)** Capa de grasa que envuelve las vísceras, o a una criatura al nacer. ■ **4** Cosa que cubre o tapa. *Tb fig.* **b)** (*reg*) Conjunto de flores que cubre por completo un campo de azafrán. ■ **5** (*Zool*) *En los moluscos:* Repliegue membranoso que cubre el cuerpo y que frec. segrega la concha. ■ **6** (*Mineral*) Capa de mineral horizontal y poco espesa. ■ **7** (*Geol*) Capa terrestre situada entre la corteza y el núcleo central. ■ **8 ~ acuífero.** (*Geol*) Capa de agua infiltrada a través de estratos permeables y acumulada sobre otros impermeables. ■ **9 ~s de la Virgen.** Cala (planta).

mantón *m* **1** Pañuelo grande de seda u otro tejido similar, gralm. bordado en colores, que se pone sobre los hombros. *Frec ~* DE MANILA. **b)** (*hoy raro*) Pieza cuadrada o rectangular de abrigo, que se pone sobre los hombros. ■ **2** (*reg*) Manta usada para las caballerías o en determinadas faenas agrícolas.

mantra *m* (*Rel*) *En el hinduismo:* Fórmula mística de invocación o ensalmo. *Tb fig.*

mantuano -na *adj* De Mantua (Italia). *Tb n, referido a pers. Gralm referido al poeta Virgilio.*

mantudo -da *adj* [Ave] que tiene las alas caídas y aspecto triste. *Tb fig, referido a pers.*

mantúo *m* Variedad de vid propia para el verdeo, cuyos racimos tienen la propiedad de conservarse largo tiempo separados de la cepa.

manú → MANÚS.

manuable *adj* (*raro*) [Cosa] manejable.

manual I *adj* **1** De las manos. **b)** [Trabajo] que se efectúa con las manos. **c)** [Pers.] que hace trabajo manual.
II *m* **2** Libro en que se compendia lo más importante [de una materia].

manualidad *f* Trabajo manual. *Frec en pl.*

manualización *f* (*Enseñ*) Acción de manualizar. *Tb su efecto.*

manualizar *intr* (*Enseñ*) Realizar trabajos manuales.

manualmente *adv* Con las manos o de manera manual.

manuar *m* (*Tex*) Máquina provista de varios pares de rodillos, que efectúa una operación combinada de estiramiento y laminado de la fibra textil que sale de las cardas.

manubrio I *m* **1** Manivela que se acciona con la mano. ■ **2** (*Zool*) *En la medusa:* Mango[1]. ■ **3** (*jerg*) Pene.
II *loc adj* **4** [Piano] **de ~** → PIANO[1].

manuela[1] *f* (*hist*) Coche de caballos, de cuatro asientos enfrentados, dos puertas laterales y capota plegable.

manuela[2] *f* (*jerg*) Masturbación.

manuelino -na *adj* (*Arte*) [Estilo arquitectónico y decorativo] que se desarrolla en Portugal en la época de Manuel I (1495-1521). **b)** De(l) estilo manuelino.

manufactura *f* **1** Industria o fabricación. ■ **2** Objeto manufacturado.

manufacturación *f* Acción de manufacturar.

manufacturado -da I *adj* **1** *part* → MANUFACTURAR.
II *m* **2** Producto manufacturado.

manufacturar *tr* Fabricar por medios mecánicos. *Gralm en part, como adjunto de* PRODUCTO. **b)** (*humoríst*) Hacer o preparar con las manos.

manufacturero -ra *adj* De (la) manufactura.

manu longa (*lat; pronunc,* /mánu-lónga/) *loc adv* (*Med*) En abundancia o generosamente.

manu militari (*lat; pronunc,* /mánu-militári/) *loc adv* (*lit*) Por la fuerza de las armas.

manumisión *f* Acción de manumitir.

manumiso -sa *adj* Que ha sido manumitido. *Tb n.*

manumitir *tr* Libertar [a un esclavo]. *Tb fig.*

manús (*tb* **manú**; *pl normal para ambas formas,* ~S) *m* (*jerg*) Hombre o individuo.

manuscribir (*conjug* 46) *tr* (*raro*) Escribir a mano.

manuscrito -ta I *adj* **1** *part* → MANUSCRIBIR. ■ **2** Escrito a mano. **b)** Que se hace mediante escritura a mano.
II *m* **3** Texto escrito a mano. ■ **4** (*Impr*) Original (texto que ha de ser impreso).

manutención *f* **1** Acción de mantener o alimentar. ■ **2** (*E*) Conjunto de operaciones de manipulación, almacenaje y aprovisionamiento en un recinto industrial. ■ **3** (*raro*) Mantenimiento (acción de mantener algo en buen estado o en funcionamiento normal).

manutergio *m* (*Rel catól*) Cornijal (paño con que se seca el sacerdote en el lavatorio de la misa).

manzana[1] *f* **1** Fruta redondeada, de piel fina y carne firme y jugosa, con semillas pequeñas y oscuras encerradas en un endocarpio coriáceo. *Diversas variedades se distinguen por medio de compls o adjs:* GOLDEN, REINETA, VERDE DONCELLA, *etc.* **b)** *Se usa en aposición con* VERDE *para designar el color verde de tono muy claro.* * El color verde manzana te favorece. **c)** *Se usa frec en constrs de sent comparativo para ponderar la salud o buen color de una pers.* * Está sano como una manzana. ■ **2** ~ **de (la) discordia.** Cosa que da lugar a discordias.

manzana[2] *f* Conjunto de edificios o construcciones contiguos, delimitado por calles, jardines u otros espacios no edificados.

manzanal *m* Terreno poblado de manzanos.

manzanar *m* Terreno poblado de manzanos.

manzanareño -ña *adj* De Manzanares (Ciudad Real). *Tb n, referido a pers.*

manzanero -ra I *adj* **1** De (la) manzana[1] [1a]. II *n* A *m* **2** (*reg*) Manzano. B *f* **3** (*reg*) Lugar para guardar manzanas[1] [1a].

manzanilla *f* **1** Planta herbácea anual, aromática y medicinal, cuya flor, en forma de pequeña margarita, se emplea en infusión (*Matricaria chamomilla*). *Tb* ~ COMÚN *o* DE ARAGÓN. **b)** *Gralm con un adj o compl especificador, designa otras plantas de aspecto y cualidades semejantes a los de la manzanilla común:* ~ BASTARDA (*Helichrysum stoechas y Anthemis arvensis*), ~ HEDIONDA (*Anthemis cotula*), ~ REAL (*Artemisia granatensis*), ~ ROMANA (*Anthemis nobilis o Chamaemelum nobile*), ~ SILVESTRE (*Anthemis arvensis*), ~ YESQUERA (*Phagnalon saxatile*), *etc.* ■ **2** Infusión de manzanilla [1, esp. 1a]. ■ **3** Variedad de vino blanco fino fabricado en la zona de Sanlúcar de Barrameda.

manzanillero -ra *m y f* (*reg*) Pers. que se dedica a coger manzanilla [1] para venderla.

manzanillo -lla (*pl invar en acep 1a*) I *adj* **1** [Aceituna] más pequeña que la común, que gralm. se consume aliñada. *Tb n f.* **b)** [Olivo] que produce aceituna manzanilla. II *m* **2** Árbol americano venenoso, de fruto semejante a la manzana (*Hippomane mancinella*).

manzanillón *m* (*reg*) Manzanilla bastarda (*Helichrysum stoechas*).

manzanita *f* Arbusto siempre verde, de la familia del brezo, propio del oeste de América del Norte (gén. *Arctostaphylos*).

manzano *m* Árbol que produce la manzana[1] (*Malus communis o M. domestica*).

maña *f* **1** Habilidad o destreza. **b)** *En pl:* Poca habilidad o destreza. **c) buena** (*o* **mala**) ~. Mucha (o poca) habilidad. *Gralm con los vs* DARSE *o* TENER. ■ **2** Recurso astuto para conseguir algo. *Frec en pl.* ■ **3** Vicio o mala costumbre. *Frec en pl.*

mañana I *adv* **1** En el día siguiente a hoy. *Precedido de prep, o como suj de una or cualitativa, se sustantiva.* * Te veré mañana. * Mañana será buen

día para salir. **b)** *Usado irónicamente:* No. * –¿Me prestas el coche? –¡Mañana! ■ **2 pasado** ~. En el día siguiente al de mañana. *Precedido de prep, o como suj de una or cualitativa, se sustantiva.* * Viene pasado mañana. * Pasado mañana es lunes. ■ **3** En un tiempo venidero, gralm. no lejano. *Precedido de prep, se sustantiva.* * Estudia, que mañana tendrás que ganarte la vida. * No dejes para mañana... ■ **4** Por la mañana [7]. *Gralm siguiendo a* AYER. * Le vi ayer mañana. ■ **5 de** ~. A primera hora de la mañana [7]. *Tb* (*reg*) DE BUENA ~.
II *n* A *m* **6** (*lit*) Tiempo venidero. *Siempre precedido de art.*
B *f* **7** Parte del día desde la medianoche hasta el mediodía. **b)** *Esp:* Parte del día desde el amanecer hasta el mediodía o, más frec., hasta la comida del mediodía. **c)** Tiempo meteorológico que hace en la mañana de que se habla. **d) primera**, *o* **prima, ~.** (*lit*) Primeras horas de la mañana.
III *fórm* *or* **8** ~ **será otro día.** *Se usa para dar por terminadas las tareas del día o para expresar la esperanza de que al día siguiente cambien las circunstancias.* * Por hoy ya vale. Mañana será otro día.

mañanada *f* (*reg*) Primera hora de la mañana [7].

mañanear *intr* (*raro*) **1** Madrugar. ■ **2** Trabajar por la mañana [7] temprano.

mañanero -ra *adj* **1** De (la) mañana [7]. ■ **2** Madrugador.

mañanita *f* **1** *dim* → MAÑANA. ■ **2** Prenda femenina, gralm. de punto, que cubre hasta la cintura y se emplea esp. para estar sentada en la cama. ■ **3** *En pl:* Cierto tipo de canción mejicana que se canta en rondas matinales.

mañego -ga I *adj* **1** De San Martín de Trevejo (Cáceres). *Tb n, referido a pers.*
II *m* **2** Dialecto peculiar de San Martín de Trevejo y su comarca, caracterizado por rasgos del leonés occidental y del gallegoportugués.

mañería *f* (*hist*) En Castilla y León: Prestación económica que el señor de un predio percibe del colono que muere sin descendencia, por la transmisión hereditaria del disfrute de dicho predio.

mañero -ra *adj* (*hist*) [Vecino] que, conservando su vecindad en un lugar, busca otras nuevas a fin de gozar de los beneficios de todas sin sufrir las cargas de ninguna.

maño -ña *adj* **1** (*col*) Aragonés. *Tb n, referido a pers.* ■ **2** (*reg*) Se usa como apelativo afectuoso dirigido a pers.

mañosa *f* (*jerg*) Chaqueta de pata de gallo propia del traje típico madrileño.

mañosamente *adv* Con mañas [1 y esp. 2].

mañoso -sa *adj* Que tiene mañas, *esp* [1].

mao (*tb con mayúscula*) *adj invar* [Cuello] de tirilla.

maoísmo *m* Modalidad de marxismo comunista establecida en China por Mao Tse-tung († 1976).

maoísta *adj* De(l) maoísmo. **b)** Adepto al maoísmo. *Tb n.*

maorí I *adj* **1** Aborigen de Nueva Zelanda. *Tb n.* **b)** De (los) maoríes. II *m* **2** Lengua de los maoríes [1a].

mapa I *m* **1** Representación de la Tierra o de parte de ella en una superficie plana. *Frec con un adj o compl especificador.* **b)** ~ **mundi** → MAPAMUNDI. **c)** (*col*) *Se usa en constrs de sent comparativo para in-*

dicar que algo está compuesto de diversidad de colores distribuidos irregularmente, o que alguien o algo está lleno de heridas o cardenales. * ¡Hijo, cómo vienes! ¡Pareces un mapa! ■ **2** (*raro*) Plano (de ciudad). ■ **3** ~ **genético.** Disposición de los genes en un cromosoma.
    II *loc v* **4 borrar** (*o* **eliminar**) **del ~.** (*col*) Matar [a alguien] o hacer desaparecer [a alguien o algo]. *Tb fig.* ■ **5 desaparecer del ~.** (*col*) Desaparecer [alguien o algo] por completo.

mapache *m* Mamífero carnívoro de pequeño tamaño propio de América del Norte, con piel de color gris amarillento y cola con anillos negros (*Procyon lotor*).

mapamundi (*tb con las grafías* **mapa-mundi** *o* **mapa mundi**) *m* **1** Mapa que representa la superficie de la Tierra dividida en dos hemisferios, que a su vez se presentan como dos círculos. ■ **2** (*col, humoríst*) Trasero.

mapuche -cha I *adj* **1** [Indio] araucano. *Tb n.* ■ **2** De(l) mapuche [3].
    II *m* **3** Lengua de los mapuches [1].

maquear A *tr* **1** Adornar [algo] con pinturas o dorados mediante laca o barniz. ■ **2** (*col*) Acicalar [a una pers.]. *Gralm en part.*
    B *intr* **3** (*col*) Vestir elegantemente.

maqueo *m* (*col*) Acción de maquear(se) [2 y 3].

maquereau (*fr; pronunc corriente,* /makró/; *pl normal,* ~x) *m* (*hoy raro*) Macró (rufián).

maqueta *f* **1** Reproducción o modelo a escala reducida [de una construcción, esp. arquitectónica]. ■ **2** Modelo a escala natural usado para estudiar y determinar las características definitivas [de algo, esp. un libro].

maquetación *f* Acción de maquetar.

maquetado *m* Acción de maquetar.

maquetador -ra *adj* [Pers.] que maqueta. *Frec n.*

maquetar *tr* Hacer la maqueta [de algo *(cd)*].

maquetería *f* Maquetismo.

maquetismo *m* Técnica o arte de construir maquetas.

maquetista *m y f* Pers. que se dedica a la construcción de maquetas.

maqueto -ta (*tb, raro, con la grafía* **maketo**) *adj* (*reg, desp*) Inmigrante en el País Vasco, procedente de otra región española. *Tb n.*

maqui *m* (*pop*) Maquis¹ [2].

maquiavélicamente *adv* De manera maquiavélica.

maquiavélico -ca *adj* **1** Del tratadista político Nicolás Maquiavelo († 1527). ■ **2** Astuto y engañoso.

maquiavelismo *m* **1** Doctrina política de Maquiavelo († 1527), fundada en la preeminencia de la razón de Estado sobre cualquier otra de carácter moral. ■ **2** Actitud o comportamiento maquiavélico [2].

maquila *f* Porción de grano, harina o aceite que se paga por la molienda.

maquilero -ra I *adj* **1** Que cobra maquila. *Tb n,* referido a pers.
    II *m* **2** (*reg*) Medida de medio celemín.

maquillador -ra *m y f* Pers. que se dedica a maquillar [1].

maquillaje *m* **1** Acción de maquillar. *Tb su efecto.* ■ **2** Sustancia cosmética de consistencia más o menos pastosa y de color similar al de la piel, que se usa para maquillar [1]. ■ **3** Conjunto de productos cosméticos usados para maquillar [1].

maquillar *tr* **1** Modificar mediante cosméticos la apariencia [de una pers. o de su rostro *(cd)*] para embellecer[los] o caracterizar[los]. ■ **2** Modificar engañosamente la apariencia [de algo *(cd)*].

máquina *f* **1** Objeto fabricado y gralm. complejo, destinado a transformar una determinada energía en trabajo. *Frec con un compl especificador:* ELÉCTRICA, DE COSER, DE ESCRIBIR, FOTOGRÁFICA, *etc. Frec se omite el compl por consabido, esp referido a máquina de coser o de escribir.* **b**) *Frec se usa en constrs de sent comparativo para ponderar la uniformidad, el automatismo o la capacidad de producción.* * *Trabaja como una máquina, sin pensar.* **c**) Conjunto complejo de elementos que funcionan de modo semejante a una máquina. **d**) ~**herramienta** (*tb con la grafía* ~ **herramienta**; *pl,* ~S-HERRAMIENTAS). Máquina que por procedimientos mecánicos hace funcionar una herramienta, sustituyendo la mano del operario. ■ **2** *En un barco:* Motor. **b**) Potencia con que funciona el motor. *Frec fig en constrs como* FORZAR LA ~ *o* A TODA ~. ■ **3** Vehículo de motor. *Esp designa la locomotora, la motocicleta o el automóvil.* **b**) Bicicleta. ■ **4** ~ **infernal.** (*lit*) Explosivo instalado para perpetrar un atentado.

maquinación *f* Acción de maquinar. *Tb su efecto.*

maquinal *adj* **1** De (la) máquina. ■ **2** Automático o no deliberado.

maquinalmente *adv* De manera maquinal [2].

maquinar *tr* Urdir o tramar.

maquinaria *f* Conjunto de (las) máquinas [1a]. **b**) (*Escén*) Conjunto de máquinas y aparatos para el montaje escénico.

maquinero -ra *m y f* Obrero que trabaja con una máquina.

maquinilla *f* **1** Máquina de afeitar. *Tb* ~ DE AFEITAR. ■ **2** (*Mar*) Máquina destinada a las operaciones de carga y descarga o a levar anclas.

maquinismo *m* Empleo generalizado de las máquinas en sustitución de la mano de obra.

maquinista I *m y f* **1** Pers. que gobierna una máquina, esp. de vapor.
    II *adj* **2** (*raro*) De(l) maquinismo.

maquinización *f* Acción de maquinizar. *Tb su efecto.*

maquinizar *tr* Dotar [a algo *(cd)*] de máquinas que sustituyan la mano de obra.

maquiritare (*tb con la grafía* **makiritare**) I *adj* **1** De un pueblo indígena venezolano de la región del alto Orinoco, que habita esp. a orillas del río Ventuari. *Tb n, referido a pers.*
    II *m* **2** Lengua de los indios maquiritares [1].

maquis¹ *m* (*hist*) **1** Movimiento guerrillero de resistencia al régimen de Franco en los años 40. ■ **2** Miembro del maquis [1].

maquis² *m* (*Bot*) Monte bajo propio del clima mediterráneo.

maquisapa *m* Mono araña (→ MONO¹).

maquisard (*fr; pronunc corriente,* /makisár/; *pl normal,* ~s) *m* (*hist, raro*) Maquis[1] [2].

mar[1] I *m* (*tb f entre gente de mar*) **1** Masa total de agua salada que cubre gran parte de la Tierra. ■ **2** Masa de agua salada delimitada geográficamente. ■ **3** Mancha oscura y muy extensa [de un astro]. ■ **4** Conjunto o masa muy grande [de perss. o cosas]. ■ **5 la ~.** (*col*) Gran cantidad [de algo]. ■ **6 alta ~.** Parte del mar [1] que está a bastante distancia de la costa. ■ **7** (*Mar*) Oleaje, o agitación del agua. *Con un adj o compl especificador:* MUCHA ~, POCA ~, ~ GRUESA (→ GRUESO), ~ RIZADA (→ RIZAR), ~ ARBOLADA (→ ARBOLADO), ~ EN CALMA (→ CALMA), *etc.* **b) ~ de fondo,** *o* **de leva.** (*Mar*) Agitación de las aguas que, causada en alta mar, forma una marejada que viene a romper en la costa, donde no hace mal tiempo. **c) ~ de fondo.** Inquietud o agitación más o menos latente. **II** *loc adj* **8** [Araña] **de ~,** [brazo] **de ~,** [lechuga] **de ~,** [lobo] **de ~,** *etc* → ARAÑA, BRAZO, LECHUGA, LOBO, *etc.* **III** *loc v* **9 hablar de la ~ y sus peces.** Hablar de asuntos de poco interés. ■ **10 hacerse a la ~.** Iniciar la navegación. ■ **11 ser** (*o* **estar hecho**) **un ~ de lágrimas.** Llorar abundantemente. ■ **12 ser** (*o* **estar hecho**) **un ~ de dudas** (*o* **confusiones**). Estar totalmente confuso. **IV** *loc adv* **13 a ~es.** Abundantemente. *Con intención ponderativa. Gralm con el v* LLOVER. ■ **14 la ~.** (*col*) Mucho. *Cuando precede a un adj o a un adv, toma la forma* LA ~ DE. * *Lo pasamos la mar de bien.*

mar[2] *interj* (*Mil*) Se usa, siguiendo a una voz de mando, para ordenar la inmediata ejecución de lo expresado en esta. * *¡De frente! ¡Mar!*

marabú[1] *m* **1** Ave zancuda de África y Asia, similar a la cigüeña, cuyo plumaje, grisáceo en la parte superior y blanco en la inferior, es muy apreciado como adorno (*Leptoptilos crumeniferus*). ■ **2** Adorno de plumas de marabú.

marabú[2] *m* *En algunos países africanos:* Santón musulmán.

marabullo -lla *adj* (*reg*) [Pers.] de modales rudos. *Tb n.*

marabunta *f* (*col*) **1** Plaga de hormigas voraces. ■ **2** Multitud invasora o devastadora [de perss. o cosas]. *Con intención ponderativa.*

marabuto *m* Morabito.

maraca *f* Instrumento músico antillano, consistente en una calabaza seca con granos de maíz o chinas en su interior. *Gralm en pl.*

maracenero -ra *adj* De Maracena (Granada). *Tb n, referido a pers.*

maracuyá *m* Pasionaria (planta).

maragatería *f* Conjunto de (los) maragatos.

maragato -ta *adj* De la Maragatería (comarca de León). *Tb n, referido a pers.*

maragota *f* Pez marino de hasta 45 cm, de piel verdosa con pintas y vientre rojizo (*Labrus berggylta*).

marajá *m* Maharajá.

marajaní *f* (*semiculto*) Maharaní.

marallo *m* (*reg*) Fila de hierba o mies recién segada.

maranchonero -ra I *adj* **1** De Maranchón (Guadalajara). *Tb n, referido a pers.* **II** *m* **2** (*reg*) Tratante en caballerías.

maranta *f* Se da este n a algunas plantas del gén Maranta, esp la M. arundinacea, cuyo rizoma produce un almidón comestible.

marantácea *adj* (*Bot*) [Planta] monocotiledónea, herbácea, con rizoma y con hojas y flores asimétricas. *Frec como n f en pl, designando este taxón botánico.*

maraña *f* **1** Conjunto de cosas de estructura lineal que se entrecruzan de un modo desordenado o complicado. *Frec con un compl especificador.* ■ **2** Cosa enredada o intrincada. ■ **3** (*col*) Alboroto o jaleo. ■ **4** (*reg*) Coscoja (árbol).

marañal *m* (*reg*) Lugar poblado de marañas [4].

marañero -ra *adj* (*col*) Enredador o amigo de marañas [3]. *Tb n.*

maraño *m* Montón o hilera de hierba que forma el segador con la guadaña. *Tb fig.*

marañón[1] *m* Árbol de las Antillas y de América Central, de hojas rojizas y flores en panoja terminal, cuyo fruto es una nuez de cubierta cáustica y sujeta por un grueso pedúnculo (*Anacardium occidentale*). *Tb su fruto.*

marañón[2] *m* (*reg*) Garañón.

marañuela *f* (*reg*) Se da este n a las plantas Convolvulus arvensis y Tropaeolum majus, ambas enredaderas.

marasmo[1] *m* Paralización o inmovilidad. *Gralm fig.*

marasmo[2] *m* Hongo pequeño e imputrescible, frecuente sobre los troncos de los árboles o en los lugares herbosos, algunas de cuyas especies son comestibles (gén. *Marasmius*).

marata (*tb con las grafías* **mahrata** *o* **maratha**) I *adj* **1** De un pueblo dravídico de la parte central y meridional de la India. *Tb n, referido a pers.* **b)** De los maratas. **II** *m* **2** Maratí.

marathón, marathoniano → MARATÓN, MARATONIANO.

maratí *m* Lengua hablada en el estado indio de Maharashtra.

maratón (*tb, hoy raro, con la grafía* **marathón**) **A** *m* (*o, a veces, f*) **1** Prueba pedestre de resistencia, de 42 km 195 m por calles o carreteras. **b)** Prueba deportiva de resistencia. **B** *m* **2** Prueba de resistencia. *Frec fig.* ■ **3** Actividad agotadora por su larga duración o por la concentración de esfuerzo. ■ **4** Paseo o caminata de larga duración.

maratonianamente *adv* De manera maratoniana.

maratoniano -na (*tb, hoy raro, con la grafía* **marathoniano**) *adj* **1** De(l) maratón. ■ **2** [Pers.] que corre el maratón [1]. *Frec n.*

maratónico -ca *adj* De(l) maratón [3].

maravedí (*pl,* ~s, ~ES *o* ~SES) *m* (*hist*) Moneda española usada de 1172 a 1854, que inicialmente fue de oro y pronto pasó a ser unidad de cuenta cuyo último valor fue 1/34 de real.

maravilla I *f* **1** Pers. o cosa que causa gran admiración por alguna cualidad positiva. *Frec con intención ponderativa.* ■ **2** Admiración o asombro. ■ **3** *Se da este n a varias plantas, esp* Calendula officinalis, C. arvensis *y* Convolvulus tricolor. A veces con un adj o compl especificador.

II *loc adj* **4 de ~.** Muy bueno. *Con intención ponderativa.*
III *loc adv* **5 de ~,** *o* **a las mil ~s** (*o, lit, raro,* **a ~,** *o* **a las ~s).** (*col*) Muy bien. *Con intención ponderativa.* ■ **6 por ~.** Rara vez o por casualidad.

maravillado -da *adj* 1 *part* → MARAVILLAR. ■ 2 Que denota o implica maravilla [2].

maravillante *adj* (*raro*) Que maravilla [1a].

maravillar *tr* Causar admiración o asombro [a alguien (*cd*)]. **b)** *pr* (**~se**) Sentir [alguien] admiración o asombro. *Frec con un compl* DE *o* ANTE.

maravillosamente *adv* De manera maravillosa [1].

maravilloso -sa *adj* 1 Que causa maravilla [2], esp. por su bondad o su belleza. *Frec con intención ponderativa.* ■ 2 Milagroso o sobrenatural. **b)** (*TLit*) [Cuento] tradicional en que intervienen criaturas con poderes mágicos o sobrenaturales y que normalmente concluye con la recompensa y felicidad del héroe.

marbellí *adj* De Marbella (Málaga). *Tb n, referido a pers.*

marbete *m* Etiqueta que se pone a un objeto para indicar algún dato de interés, esp. su contenido o la dirección a que se envía. *Tb fig.*

marca **I** *f* 1 Señal que se hace a alguien o algo para distinguirlo y frec. para indicar su pertenencia. **b)** Distintivo característico y exclusivo que un fabricante pone a sus productos. *Tb* ~ DE FÁBRICA. *Frec designa tb la fábrica a la que representa.* ■ 2 Instrumento para poner marcas [1], esp. al ganado. ■ 3 Señal o huella. ■ 4 (*Ling*) Rasgo fonético, morfológico o de significado que permite distinguir un elemento o una palabra por oposición a otros. ■ 5 Medida determinada que debe tener una cosa o un animal. ■ 6 (*Dep*) Mejor resultado homologado [de una pers., una colectividad o una competición]. *Tb fig, fuera del ámbito deportivo.* ■ 7 (*Dep*) En rugby: Ensayo. ■ 8 (*hist*) Provincia o distrito fronterizo.
II *loc adj* **9 de ~** (**mayor**). Sobresaliente en su género. ■ **10 de ~.** (*Dep*) En rugby: [Zona] comprendida entre la raya de palos y la final, donde se realiza el ensayo. **b)** [Línea] que delimita la zona de marca.

marcación¹ *f* 1 Acción de marcar [1 y 6]. ■ 2 (*Mar*) Ángulo horizontal que forma la línea proa-popa de un barco con la visual dirigida a un objeto o con la vertical a un astro.

marcación² *f* (*Constr*) Cerco en que encaja una puerta o ventana.

marcadamente *adv* De manera marcada¹ [2].

marcado¹ -da *adj* 1 *part* → MARCAR. ■ 2 Perceptible o notorio. ■ 3 (*Ling*) Que tiene marca [4].

marcado² *m* Acción de marcar [1 y 2].

marcador -ra **I** *adj* 1 Que marca. *Tb n, m y f, referido a pers y a máquina o aparato.*
II *m* 2 Dispositivo en que se marcan [6] los tantos de un encuentro deportivo o de un juego. ■ 3 (*Biol o Med*) Factor o elemento que sirve para identificar un gen o una enfermedad.

marcaje *m* Acción de marcar [1b y esp. 8].

marcapasos (*tb, más raro,* **marcapaso**) *m* 1 (*Fisiol*) Órgano o sistema que regula espontáneamente el ritmo de una función orgánica, como el latido del corazón o las contracciones uterinas. ■ 2 (*Med*) Pequeño aparato electrónico que, acoplado

bajo la piel del paciente, sirve para corregir el ritmo irregular de una función orgánica. **b)** **~ cardíaco.** Marcapasos que sirve para corregir el ritmo irregular del músculo cardíaco. *Frec simplemente ~.*

marcar *tr* ➤ **a** *normal* 1 Hacer [una marca [1]]. **b)** Poner una o más marcas [1] [a alguien o algo (*cd*)]. **c)** Poner el precio [en un producto comercial (*cd*)]. **d)** (*Fís*) Hacer detectable [una sustancia] sustituyendo un átomo por uno de sus isótopos. ■ 2 Dejar marca o huella [en algo o alguien (*cd*)]. *Frec fig. Tb abs.* **b)** Peinar [a alguien o su pelo] de modo que la forma se conserve algunos días. *Frec abs.* **c)** (*jerg*) Herir [a alguien o su cara] con arma blanca. ■ 3 Hacer que [algo (*cd*)] se note de un modo destacado. **c)** *pr* (**~se**) Notarse [algo] de un modo destacado. ■ 4 Hacer notar la cadencia [de algo rítmico (*cd*)], esp. el paso o el compás. **b)** Insinuar o esbozar las posturas o movimientos [de un baile (*cd*)]. ■ 5 Indicar o señalar. **b)** Determinar o fijar. **c)** (*jerg*) Denunciar. ■ 6 Registrar [algo] mediante marcas [1], esp. números. **b)** Registrar [un aparato (*suj*)] un dato (*cd*)]. **c)** Reproducir en el disco o en el teclado de un teléfono [un número]. *Tb abs.* ■ 7 (*Dep*) Conseguir [un tanto]. *Tb fig, fuera del ámbito deportivo. Tb abs.* ■ 8 (*Dep*) Vigilar de cerca [un jugador a otro] para contrarrestar su juego. *Tb fig, fuera del ámbito deportivo.* ■ 9 (*jerg*) Vigilar o espiar.
➤ **b** *pr* (**~se**) 10 (*col*) Hacer o realizar [algo] de manera visible. *Frec referido a determinadas actividades, esp a bailes.* ■ 11 (*jerg*) Dar muestras ostentosas [de algo (*cd*)]. ■ 12 (*jerg*) Consumir (tomar o fumar).

marcear *intr* ➤ **a** *personal* 1 Hacer [en un mes (*suj*)] un tiempo propio del mes de marzo. ➤ **b** *impers* 2 Hacer un tiempo propio del mes de marzo.

marceño -ña *adj* Del mes de marzo.

marcero -ra *adj* Marceño.

marcescente *adj* (*Bot*) [Hoja, cáliz o corola] que se marchita en la planta sin desprenderse de ella.

marcha **I** *f* 1 Acción de marchar(se). *Tb fig.* **b)** Modo natural de andar del hombre y de algunos animales. **c)** (*Dep*) Deporte que consiste en caminar rápidamente manteniendo siempre el contacto con el suelo. *Frec* ~ ATLÉTICA. **d)** ~ **atrás.** Acción de retroceder un vehículo. *Tb el mecanismo correspondiente.* (→ *acep.* 12.) **e)** **puesta en ~** → PUESTA. ■ 2 Curso o desarrollo [de algo]. ■ 3 Velocidad. *Frec en la constr* A TODA ~. ■ 4 *En un vehículo:* Posición de las varias posibles en la palanca de cambios, que determina la velocidad y dirección del movimiento. **b)** ~ **atrás.** Posición de la palanca de cambios que corresponde a la marcha atrás [1d]. ■ 5 Pieza musical cuyo ritmo sirve para marcar el paso de la tropa o el de un cortejo. ■ 6 (*juv*) Actividad o animación. *Frec en constrs como* IRLE, *o* GUSTARLE, LA ~ [a alguien]. ■ 7 (*juv*) Sufrimiento o maltrato. *Gralm en constrs como* IRLE, *o* GUSTARLE, LA ~ [a alguien].
II *loc v y fórm or* **8 abrir,** *o* **romper,** (**la**) **~.** Ir delante de un grupo que se desplaza. *Tb fig.* ■ **9 apearse** (*o* **bajarse**) **en ~.** (*vulg*) Interrumpir el coito inmediatamente antes de la eyaculación. ■ **10 batir** (**la**) **~** → BATIR. ■ **11 dar ~.** (*juv*) Excitar sexualmente. ■ **12 dar ~ atrás.** Retroceder [un vehículo o su conductor]. (→ *acep.* 1d.) **b)** **dar** (*o* **echar**) **~ atrás** [en algo]. Desdecirse o arrepentirse [de ello]. *Frec se omite el compl por consabido.* ■ **13 en ~.** Fórmula que se usa para exhortar a ini-

ciar la marcha [1a]. * En marcha, chicos, que se hace tarde. ▪ **14 irle**, *o* **gustarle**, [a alguien] **la ~**. (*col*) Gustarle aquello a que se hace referencia. (→ aceps. 6 y 7.)
III *loc adv* **15 a ~s forzadas**. (*Mil*) Avanzando en jornadas más largas de lo normal. **b)** Más deprisa de lo normal. ▪ **16 ~ atrás**. Retrocediendo. *Referido a vehículos*. ▪ **17 sobre la ~**. A medida que se producen los hechos, o sin decisión previa. *Tb adj*.

marchador -ra I *adj* 1 (*Zool*) Que marcha [1b]. **b)** Adaptado para marchar [1b].
II *m y f* 2 (*Dep*) Pers. que practica el deporte de la marcha atlética.

marchamalero -ra *adj* De Marchamalo (Guadalajara). *Tb n, referido a pers*.

marchamar *tr* Poner marchamo [a algo]. *Tb abs*.

marchamo *m* Marca o etiqueta que se pone en determinados artículos de comercio para indicar que han pasado el debido reconocimiento. *Tb fig*. **b)** Marca de procedencia u origen. **c)** Carácter distintivo.

marchand (*fr; pronunc corriente*, /marĉán/; *pl normal*, ~S) *m* Marchante [1].

marchante -ta (*la forma f* MARCHANTA, *solo en acep* 3) *m y f* 1 Pers. que comercia en cuadros u otras obras de arte. ▪ 2 Vendedor o comerciante ambulante. **b)** (*reg*) Comerciante en reses. ▪ 3 (*reg*) Cliente o parroquiano.

marchanteo *m* (*raro*) Actividad mercantil.

marchantería *f* Actividad de marchante [2].

marchapié *m* (*Mar*) Cabo pendiente de una verga u otra percha, que sirve de apoyo a los marineros que maniobran en ella.

marchar *intr* ➤ **a** *normal* 1 Desplazarse. *Sin expresión de lugar adonde*. **b)** Desplazarse a pie. **c)** Dirigirse [a un lugar (*compl* A, HACIA *o* PARA)]. **d)** Dirigirse [a un lugar (*compl* SOBRE)] en ofensiva militar. **e)** (*col*) Aproximarse [a determinada edad o estado (*compl* PARA)]. **f)** (*reg*) Marcharse [4]. ▪ 2 Funcionar. *Frec con un compl de modo. Tb fig*. **b)** Desenvolverse o desarrollarse [un hecho]. *Frec con un compl de modo*. **c)** *Sin compl de modo:* Funcionar o desenvolverse bien. ▪ 3 **marchando**, *o* **marche(n)**, + *n de cosa*. En bares y establecimientos similares, lo usan los camareros para pedir que se prepare una consumición. *Tb fig (humoríst) fuera de este ámbito*. * ¡Marchando una de boquerones! **b)** **marchando**. *En bares y establecimientos similares, lo usan los camareros para indicar que ya empiezan a preparar lo que se acaba de pedir. Tb fig (humoríst) fuera de este ámbito*. * –Una de calamares. –¡Marchando!
➤ **b** *pr* (~**se**) 4 Dejar el lugar en que se está. *Tb fig*.

marchenero -ra *adj* De Marchena (Sevilla). *Tb n, referido a pers*.

marchista *m y f* Marchador [2].

marchitamiento *m* Acción de marchitar(se). *Tb su efecto*.

marchitar **A** *tr* 1 Hacer que [algo (*cd*)] se marchite [2]. *Tb fig*.
B *intr pr* (~**se**) 2 Ponerse marchito. *Tb fig*.

marchitez *f* 1 Cualidad de marchito. ▪ 2 (*Bot*) Enfermedad causada por hongos que invaden los vasos de las plantas y que se manifiesta exteriormente por marchitez [1].

marchito -ta *adj* Falto de lozanía. *Dicho esp de flores y del cutis. Tb fig*.

marchosería *f* (*col*) Cualidad de marchoso.

marchosidad *f* (*col*) Marchosería.

marchoso -sa *adj* 1 (*col*) Garboso. ▪ 2 (*desp*) Chulo o engreído. *Tb n*. ▪ 3 (*juv*) Que tiene marcha [6].

marcial *adj* 1 [Paso o aire] decidido y garboso, propio del soldado que desfila. **b)** [Pers. o cosa] que tiene aire marcial. ▪ 2 Militar. ▪ 3 [Ley] de orden público que rige durante el estado de guerra. ▪ 4 [Arte] de defensa personal de origen japonés. *Gralm en pl*. **b)** De (las) artes marciales. ▪ 5 [Pirita] ~ → PIRITA.

marcialidad *f* Cualidad de marcial [1].

marcialmente *adv* De manera marcial [1b].

marciano -na *adj* 1 De(l) planeta Marte. *Tb n, referido a habitante*. **b)** *Frec en constrs de sent comparativo para ponderar la rareza o la extravagancia de alguien*. * Me miraban como a un marciano. ▪ 2 **de ~s** (*o, más frec*, **de marcianitos**). [Máquina] electrónica de juego en que se desarrolla una hipotética batalla contra extraterrestres.

marcillés -sa *adj* De Marcilla (Navarra). *Tb n, referido a pers*.

marcino -na *adj* Marceño.

marcionismo *m* (*Rel*) Doctrina de Marción (s. II), que sostiene la existencia de un espíritu bueno y otro malo, y que es el verdadero creador del mundo.

marco[1] **I** *m* 1 Armadura fija en que encaja una puerta o ventana. **b)** (*Dep*) Portería. ▪ 2 Cerco que rodea un cuadro, un espejo o algo similar y le sirve de protección y adorno. ▪ 3 Espacio real o figurado dentro de cuyos límites sucede o se desarrolla algo.
II *adj invar* 4 [Texto] que contiene las bases o principios para un acuerdo o una normativa. *Gralm con los ns* PONENCIA, ACUERDO, LEY.

marco[2] *m* 1 Unidad monetaria alemana. ▪ 2 Unidad monetaria finlandesa. ▪ 3 (*hist*) Unidad de peso equivalente a media libra o 230 g aproximadamente, usada como patrón de la talla de las monedas. *Frec con un adj o compl especificador. Tb la moneda correspondiente*. ▪ 4 Patrón o tipo de determinadas medidas. **b)** (*Agric*) Distancia que media entre dos plantas. **c)** ~ **real**. (*Agric*) Sistema de plantación en que cada árbol ocupa un vértice en líneas cruzadas formando cuadrados. *Frec en la loc* AL ~ REAL.

marcomano -na *adj* (*hist*) De Marcomania (antigua región europea que comprendía la mayor parte de Bohemia). *Tb n, referido a pers*.

marcona *adj* (*Agric*) [Almendra] de una variedad de fruto redondo muy apreciada, cultivada en la región de Levante.

mardano *m* (*reg*) Morueco.

marea[1] **I** *f* 1 Movimiento diario alternativo de ascenso y descenso del nivel del mar, producido por la atracción del Sol y de la Luna. **b)** Nivel del mar en su movimiento de ascenso o descenso. *Con los adjs* ALTA *o* BAJA *o vs como* SUBIR, BAJAR. **c)** (*Astron*) Deformación de un astro por efecto de la atracción de otro. ▪ 2 Cosa que inunda o invade totalmente. ▪ 3 (*hist*) Agua que se hace correr por las calles para arrastrar la basura. ▪ 4 (*reg*) Viento suave que sopla del mar, o de un río o un barranco. *Tb* VIENTO DE ~.

■ **5** (*reg*) Niebla procedente del mar, o de un río o pantano. ■ **6 ~ roja.** Proliferación de algas marinas unicelulares productoras de toxinas, que hacen peligroso el consumo de moluscos y crustáceos. ■ **7 ~ negra.** Masa flotante de petróleo que llega a la costa.

    II *loc v* **8 aguantar ~.** (*col*) Resistir en una situación difícil o adversa.

marea² *f* Acción de salir de pesca a la mar. *Tb la pesca capturada.*

mareado -da *adj* **1** *part* → MAREAR¹. ■ **2** [Pato] ~ → PATO.

mareal *adj* De las mareas¹ [1].

mareante¹ *adj* Que marea¹ [1].

mareante² *m* (*Mar*) Marinero o navegante.

mareantemente *adv* De manera mareante¹.

marear¹ *tr* **1** Producir mareo [a alguien (*cd*)]. *Tb abs.* **b)** *pr* (*~se*) Pasar a tener mareo. **c) que marea.** (*col*) *Fórmula con que se pondera la extraordinaria belleza, magnitud o calidad de alguien o algo.* * Tiene un Mercedes que marea. **d) ~ la perdiz** → PERDIZ. ■ **2** (*col*) Fastidiar o molestar. ■ **3** Estropear o echar a perder [determinados productos, esp. vino]. **b)** *pr* (*~se*) Estropearse o echarse a perder [algo, esp. el vino]. ■ **4** (*reg*) Rehogar.

marear² **I** *intr* **1** (*Mar*) Navegar.

    II *loc adj* **2** [Aguja] **de ~** → AGUJA.

marejada *f* **1** Agitación del mar con olas de 1,25 a 2,50 m de altura. ■ **2** Estado de descontento o excitación de los ánimos que preludia una disputa o alboroto. *Frec con intención humoríst.*

marejadilla *f* **1** Agitación del mar con olas de 0,5 a 1,25 m de altura. ■ **2** Marejada [2] ligera.

marelo -la *adj* [Res vacuna] de pelo castaño claro, típica de Galicia.

maremagno *m* Maremágnum.

maremágnum (*tb con la grafía* **mare mágnum**; *pl invar*) *m* Masa confusa o desordenada.

maremoto *m* Terremoto submarino. *Tb fig.*

maremotor -triz *adj* (*Fís*) [Energía] motriz de las mareas¹ [1]. *Tb referido a lo basado en ella.*

marengo¹ *adj invar* [Color gris] muy oscuro. *Tb n m.* **b)** De color gris marengo.

marengo² *m* (*reg*) Pescador u hombre de mar.

mareo *m* **1** Trastorno consistente en alteración del estómago, a veces con vómitos, que se produce esp. al viajar en barco u otro vehículo. **b)** Trastorno de cabeza consistente en aturdimiento, vértigo e incluso pérdida del sentido. **c)** Desmayo. **d)** (*col*) Aturdimiento de cabeza ocasionado por excesivo bullicio o confusión. *Tb la causa que lo produce.* ■ **2** (*col*) Embriaguez ligera. *Frec con intención euf.*

mareográfico -ca *adj* (*E*) De(l) mareógrafo.

mareógrafo *m* (*E*) Instrumento para medir y registrar las variaciones del nivel del mar por efecto de las mareas¹ [1].

marero *adj* (*Mar*) [Viento] que viene del mar.

mareta *f* (*Mar*) Movimiento de las olas cuando se empiezan a levantar con el viento.

maretazo *m* (*Mar*) Golpe de mar u ola fuerte que rompe contra las embarcaciones, peñascos o costas. *Tb fig.*

maretón *m* (*Mar*) Agitación grande del mar.

márfega *f* (*reg*) Jergón (colchón).

marfil **I** *m* **1** Materia ósea, muy dura y de color blanco amarillento, de los colmillos del elefante. **b)** Objeto de arte hecho de marfil. ■ **2** Parte dura de los dientes, cubierta por el esmalte en la corona y por cemento en la raíz.

    II *adj invar* **3** [Color] blanco amarillento. *Tb n m.* **b)** Que tiene color marfil. ■ **4** [Torre] **de ~** → TORRE.

marfilense *adj* Marfileño [3].

marfileño -ña *adj* **1** De marfil [1a]. ■ **2** De aspecto de marfil [1a]. **b)** De color marfil. *Frec se usa para ponderar la palidez. Tb n, referido a pers.* ■ **3** De Costa de Marfil.

marfilería *f* Industria del marfil [1a].

marga¹ *f* (*Mineral*) Roca sedimentaria compuesta por arcilla y carbonato cálcico, usada a veces como abono.

marga² *m* (*hist*) Tejido basto, hecho con cáñamo o estopa de lino, que se usa esp. para jergones y sacos.

margallón *m* (*reg*) Palmito (planta).

margárico *adj* (*Quím*) [Ácido graso] que entra en la composición de las mantecas.

margarina *f* Sucedáneo de la mantequilla fabricado con aceites vegetales o animales.

margarita¹ **I** *f* **1** Planta compuesta, con flores en capítulo de centro amarillo y corola blanca (géns. *Bellis, Chrysanthemum* o *Leucanthemum*, y otros). *A veces con un adj especificador:* ~ COMÚN, o MENOR (*Bellis perennis*), ~ MAYOR (*Leucanthemum vulgare* o *Chrysanthemum leucanthemum*), ~ MEDIA (*Bellis sylvestris*), ~ HEDIONDA (*Anthemis cotula*), ~ OLOROSA, o BLANCA (*Polianthes tuberosa*), *etc. Tb su flor.* ■ **2** *En máquinas de escribir o impresoras:* Rueda que contiene el juego de letras del alfabeto. *Tb* RUEDA ~.

    II *loc v* **3 deshojar la ~.** Echar a suertes una decisión o respuesta, esp. realizando el acto físico de quitar en una margarita [1] un pétalo para cada respuesta posible. ■ **4 echar ~s a puercos** (*o* **a los cerdos**). Dar u ofrecer algo valioso o delicado a quien no es capaz de apreciarlo. *A veces en la fórm or* ~S A PUERCOS.

margarita² *f* (*hist*) Mujer perteneciente a la organización femenina carlista.

margariteño -ña *adj* De la isla Margarita (Venezuela). *Tb n, referido a pers.*

margen **I** *n* **A** *m* o (*más frec*) *f* **1** Orilla [de algo, esp. un río, camino o campo].

    B *m* **2** Espacio en blanco alrededor de una página, esp. a derecha e izquierda. *A veces referido a otra pieza de papel.* ■ **3** Diferencia prevista como admisible entre dos límites. **b)** Diferencia prevista como admisible entre un dato exacto y su cálculo aproximado. *Frec ~* DE ERROR. **c)** Diferencia entre el precio de coste y el de venta. *Frec con un especificador:* COMERCIAL, DE BENEFICIO, *etc.* ■ **4** Espacio u ocasión [para algo (*compl especificador*)]. ■ **5 los** (**señores**) **del ~.** (*raro*) Los jueces. *Tb fig.*

    II *loc adv* **6 al ~.** Fuera o aparte. *Frec seguido de compl* DE. **b)** Fuera o sin intervenir. *Gralm con los vs* ESTAR, DEJAR *o* QUEDAR. *Frec con compl* DE. **c)** Sin tener en cuenta [algo (*compl* DE)]. **d)** Tomando como tema o motivo [algo (*compl* DE)]. *Referido a comentarios.*

marginación *f* **1** Acción de marginar [1]. *Tb su efecto.* ■ **2** Condición de marginado [2].

marginado -da *adj* 1 *part* → MARGINAR. ■ 2 [Pers.] que vive al margen [6a] de la sociedad. *Frec n.*

marginador -ra *adj* Que margina [1].

marginal *adj* 1 Del margen [1 y 2]. ■ 2 Que está al margen [6]. *A veces con un compl* A. **b)** Que está al margen de la sociedad o de las normas sociales comúnmente admitidas. *Frec n, referido a pers.* **c)** Que está al margen del grupo al que teóricamente pertenece. *Tb n, referido a pers.* ■ 3 [Cosa, esp. asunto] secundario o de poca importancia. ■ 4 (*Econ*) [Bien o agente] que se encuentra en el límite de un conjunto gralm. homogéneo.

marginalidad *f* 1 Cualidad de marginal [2]. ■ 2 Mundo marginal [2b].

marginalismo *m* 1 Cualidad de marginal [2]. ■ 2 Mundo marginal [2b].

marginalización *f* Acción de marginalizar.

marginalizar *tr* Dar carácter marginal [2] [a alguien o algo (*cd*)].

marginalmente *adv* De manera marginal [2 y 3].

marginamiento *m* Marginación.

marginante *adj* Que margina [1].

marginar *tr* 1 Dejar al margen [6b y c] [a alguien o algo]. **b)** Dejar o poner al margen desde el punto de vista de la relación o la consideración social. ■ 2 (*raro*) Adornar el borde o margen [de algo (*cd*)]. ■ 3 (*raro*) Andar por los bordes o márgenes [de un lugar (*cd*)].

margoso -sa *adj* (*Mineral*) Que contiene marga¹.

margrave *m* (*hist*) Noble alemán de categoría superior a la del conde.

margraviato *m* Dignidad de margrave. *Tb el territorio correspondiente.*

mari *f* (*jerg*) Marihuana.

marí *m* Lengua de los cheremis.

maría (*frec con mayúscula, excepto en acep 4*) *f* 1 Galleta redonda de composición elemental. ■ 2 (*col, desp*) Ama de casa. ■ 3 (*argot Enseñ*) Asignatura del grupo constituido por Religión, Formación del Espíritu Nacional y Gimnasia. *Frec* LAS (TRES) ~S. **b)** Asignatura secundaria. ■ 4 (*jerg*) Marihuana. ■ 5 (*jerg*) Caja de caudales. ■ 6 todo ~ santísima. (*col*) Todo el mundo.

mariachi *m* Conjunto de músicos cantantes que interpretan canciones mejicanas, gralm. acompañando a una primera figura. *Tb cada uno de sus componentes. Tb fig, humoríst.*

marial *adj* (*Rel crist*) De la Virgen María.

mariana *f* Canción flamenca cuyo tema es la vida errante de los húngaros.

marianismo *m* (*Rel crist*) Culto a la Virgen María.

marianista *adj* De la Compañía de María (congregación fundada por el padre Chaminade en 1817). *Tb n, referido a pers.*

mariano¹ -na *adj* (*Rel crist*) De la Virgen María. **b)** De(l) culto a la Virgen María.

mariano² *m* (*col, desp*) Padre de familia.

marianos *m pl* Calzoncillos largos.

marica¹ *m* (*raro, f*) (*col*) 1 Hombre homosexual. *Tb fig, referido a animales. Tb adj. Más o menos vacío*

de significado, se usa frec como insulto. ■ 2 Hombre afeminado. *Tb adj. Tb fig, referido a animales.*

marica² *f* Urraca (ave).

maricallo *adj* (*reg*) Maricón. *Tb n m.*

Maricastaña. de ~. *loc adj* (*col*) [Tiempo] muy remoto. *Con intención ponderativa. Frec en la constr* EN (LOS) TIEMPOS DE ~.

mariche *adj* (*hist*) De un pueblo indígena extinguido de la región venezolana de Caracas. *Tb n, referido a pers.*

marico *m* (*reg*) Marica¹. *Tb adj.*

maricón -na (*col o vulg, desp*) **I** *n* **A** *m* 1 Marica¹. *Tb adj. Más o menos vacío de significado se usa frec como insulto. A veces en la forma enfática* MARICONAZO. ■ 2 Hombre cobarde. *Tb adj.* ■ 3 Hombre malintencionado o que hace malas pasadas. *Tb adj. Frec en la forma enfática* MARICONAZO. **B** *f* 4 Hombre homosexual pasivo. *Tb adj. Más o menos vacío de significado, se usa frec como insulto.* **II** *adj* 5 De(l) maricón [1]. **III** *fórm or* 6 ~ el último. Se usa para exhortar a correr a los componentes de un grupo. * Echaron a correr hacia la plaza al grito de ¡maricón el último!

mariconada *f* (*col o vulg, desp*) 1 Delicadeza propia de un afeminado. **b)** Tontería o bobada. **c)** Cosa sin valor o sin importancia. ■ 2 Acción propia de un maricón [1]. ■ 3 Faena o mala pasada.

mariconear *intr* (*col o vulg*) Comportarse como maricón [1].

mariconeo *m* (*col o vulg*) Acción de mariconear.

mariconera *f* (*col*) Bolso de mano para hombre.

mariconería *f* (*col o vulg*) 1 Cualidad o condición de maricón [1]. ■ 2 Mariconada. ■ 3 Conjunto de (los) maricones [1].

maricuela *m* (*col, humoríst*) Marica¹. *Tb adj.*

maricultura *f* Cultivo de plantas o cría de animales en el mar.

maridaje *m* Enlace o unión matrimonial. **b)** Enlace o unión.

maridar (*lit*) **A** *tr* 1 Casar [a una mujer (*cd*)]. **B** *intr* 2 Casar o armonizar [dos cosas (*suj*)].

marido *m* Esposo (hombre casado [con una mujer (*compl de posesión*)]). *Tb sin compl.*

mariguana *f* Marihuana.

marihuana *f* Hachís.

marihuanero -ra *adj* De (la) marihuana.

marijuana *f* Marihuana.

marimacho *m* (*a veces f*) (*col*) 1 Mujer que en sus modales o en su aspecto se asemeja a un hombre. ■ 2 Mujer lesbiana, esp. la que desempeña el papel masculino.

marimandona *adj* (*col*) [Mujer] mandona o autoritaria. *Tb n.*

marimanta *f* (*reg, col*) Fantasma con que se asusta a los niños.

marimarica *m* (*col*) Marica¹.

marimba *f* 1 Instrumento músico semejante al xilófono, propio de algunos países hispanoamericanos. ■ 2 Instrumento músico semejante al tambor, propio de algunos países africanos.

marimorena *f* (*col*) Alboroto o escándalo. *Frec con el v* ARMAR.

marina → MARINO.

marinada *f* **1** (*Coc*) Adobo de vino o vinagre con sal y especias para carne o pescado. *Tb el plato preparado con él.* ■ **2** (*reg*) Viento que sopla del mar.

marinaje *m* (*Mar*) Conjunto de (los) marineros.

marinar *tr* **1** (*Coc*) Macerar [pescado o carne] en marinada [1]. ■ **2** (*Mar*) Tripular o gobernar [un buque]. *Tb fig.*

marine *m* Soldado de la infantería de marina norteamericana. **b)** *En gral:* Soldado de infantería de marina.

marinear (*Mar*) **A** *intr* **1** Ejercer [alguien] el oficio de marinero [4]. ■ **2** Navegar [un barco] con facilidad y seguridad. ■ **3** Trepar o gatear.
B *tr* **4** Tripular o gobernar [un barco].

marinense *adj* De Marín (Pontevedra). *Tb n, referido a pers.*

marinería *f* **1** Profesión de marinero [4]. ■ **2** Conjunto de (los) marineros [4].

marinerismo *m* (*Ling*) Palabra o giro propios del habla marinera o procedentes de ella.

marinero -ra **I** *adj* **1** De (la) marina o de (los) marineros [4]. ■ **2** [Barco] que navega con facilidad y seguridad en cualquier circunstancia. ■ **3** [Cuello] cuadrado por detrás, típico de la marinera [5].
II *n* **A** *m* **4** Hombre que sirve en las maniobras de un barco. **b)** Individuo que sirve en la marina de guerra con el grado inferior.
B *f* **5** Blusa del uniforme de los marineros [4b], hueca y sin abertura delantera, cuyo cuello, cuadrado por detrás, va rematado con trencillas y termina a modo de corbata por delante. **b)** Prenda de vestir cuya forma imita o recuerda la de la marinera de uniforme. ■ **6** Cierto baile popular de Chile, Ecuador y Perú.

marinesco -ca *adj* De (los) marineros [4].

marinismo *m* (*TLit*) Barroquismo literario europeo iniciado por el poeta italiano Giambattista Marino (o Marini) († 1625).

marinista *adj* [Pintor] de marinas (→ MARINO [7]). *Tb n.*

marino -na **I** *adj* **1** De(l) mar. **b)** Que habita en el mar. **c)** [Helecho] ~, [lobo] ~, [violeta] **marina**, *etc* → HELECHO, LOBO[1], VIOLETA, *etc.* ■ **2** [Color azul] muy oscuro, propio del agua del mar. *Tb n m.* **b)** De color azul marino.
II *n* **A** *m* **3** Hombre experto en la navegación por mar. ■ **4** Hombre que tiene un grado militar o profesional en la marina [6].
B *f* **5** Arte de navegar por mar. ■ **6** Conjunto de los barcos y del personal correspondiente [de una nación o de una clase o categoría (*compl especificador*)]. **b)** *Esp:* Marina de guerra. ■ **7** Cuadro que representa el mar. ■ **8** Zona de terreno próxima al mar.

mariña *f* (*reg*) Marina (→ MARINO [8]).

mariñán -na *adj* De las Mariñas (comarca de La Coruña).

mariología *f* (*Rel crist*) Estudio de las tradiciones y doctrinas relativas a la Virgen María.

mariológico -ca *adj* (*Rel crist*) De (la) mariología.

mariólogo -ga *m y f* (*Rel crist*) Pers. especialista en mariología.

marioneta *f* **1** Muñeco que se mueve por medio de hilos. **b)** *Frec se emplea en constrs de sent comparativo para indicar el manejo a que se somete a una pers.* * Era una marioneta en sus manos. ■ **2** (*Pol*) Pers., gobierno u otra colectividad que parece independiente pero actúa con sometimiento a directrices externas. *Frec en aposición. Tb fig, fuera del ámbito técn.* ■ **3** *En pl:* Teatro representado con marionetas [1a].

marionetista *m y f* Artista que trabaja con marionetas [1a].

mariposa **I** *n* **A** *f* **1** Insecto con cuatro alas membranosas y cubiertas de escamas, frec. de colores brillantes, que constituye la fase adulta de los lepidópteros. *A veces con un adj o compl especificador:* ~ DE CALAVERA *o* DE LA MUERTE (*Acherontia atropos*), ~ DE LA COL (*Pieris brassicae*), ~ DE LA SEDA (*Bombyx mori*), *etc.* ■ **2** Lámpara constituida por una mecha que atraviesa una laminilla de corcho o de algo similar, que flota sobre aceite. *Tb* ~ DE ACEITE. **b)** Luz eléctrica de escasa potencia. ■ **3** (*Dep*) Modalidad de la natación en que los brazos se proyectan juntos hacia adelante sobre la superficie del agua. *Frec en aposición con* ESTILO. ■ **4** (*Mec*) Válvula que regula el volumen de los gases. ■ **5** (*Mec*) Tuerca con dos aletas, que puede ser enroscada y desenroscada con los dedos. ■ **6** (*Taur*) Suerte que consiste en abanicar al toro dándole la cara y con el capote a la espalda.
B *m y f* **7** (*col*) Marica[1].
II *fórm or* **8 a otra cosa, ~.** (*col*) Se usa para manifestar el deseo o la conveniencia de dar por terminado un asunto. * Vamos a terminar esto, y a otra cosa, mariposa.

mariposeante *adj* (*raro*) Que mariposea.

mariposear *intr* **1** Moverse incesantemente de un sitio a otro cambiando continuamente de punto de atención. *Frec fig, esp referido a amores.* **b)** Andar insistentemente alrededor de una pers. para conquistarla o atraer su atención. ■ **2** (*col*) Comportarse [un hombre] como mariposa [7].

mariposeo *m* Acción de mariposear.

mariposista *m y f* (*Dep*) Nadador de mariposa [3].

mariposo *m* (*col*) Marica[1].

mariposón *m* (*col*) **1** Hombre frívolo e inconstante. *Tb adj.* ■ **2** Marica[1].

mariquilla *m* (*raro*) Mariquita[2].

mariquita[1] *f* Insecto coleóptero de forma globosa, con alas rojas con puntitos negros (*Coccinella septempunctata*). *Tb se da este n a otros insectos de la misma familia.*

mariquita[2] *m o f* (*col y euf*) Marica[1]. *Frec se usa como insulto.*

mariquita[3] *f* (*reg*) Muñeca recortable.

marisabidilla *f* (*col*) Mujer pedante y redicha.

marisca. trucha ~ → TRUCHA.

mariscada *f* Comida consistente en mariscos abundantes y variados.

mariscador -ra *adj* Que se dedica a mariscar. *Frec n, referido a pers.*

mariscal *m* **1** *En algunos países:* Jefe militar de la más alta graduación. **b)** (*hist*) *En algunas cortes europeas de la Edad Media:* Jefe militar dependiente del condestable. **c)** ~ **de campo.** (*hist*) Jefe militar de graduación correspondiente al actual general de división. ■ **2** Jefe local de policía en Estados Unidos. ■ **3** (*reg, raro*) Veterinario.

mariscalato *m* Dignidad o cargo de mariscal [1 y 2].

mariscar *intr* Pescar mariscos.

marisco *m* Animal marino invertebrado, esp. crustáceo o molusco comestible.

marisma *f* Terreno bajo y pantanoso que se inunda con las aguas del mar.

marismeño -ña *adj* De (la) marisma. *Tb n, referido a pers.*

marisquear *intr* Mariscar.

marisqueo *m* Acción de marisquear.

marisquería *f* **1** Establecimiento en que se sirven o venden mariscos. ■ **2** Conjunto de (los) mariscos.

marisquero -ra I *adj* **1** De(l) marisco. II *m y f* **2** Pers. que recoge o vende mariscos.

marista *adj* Del Instituto de los Hermanos Maristas de la Enseñanza (fundado por el beato Marcelino Champagnat en el s. XIX). *Tb n, referido a pers.*

marital *adj* **1** Propio del marido. ■ **2** [Teas] ~**es**, [vida] ~ –→ TEA, VIDA.

maritalmente *adv* Con vida marital.

marítimamente *adv* En el aspecto marítimo.

marítimo -ma *adj* De(l) mar. **b)** (*Meteor*) [Clima] de las regiones contiguas al mar, caracterizado por pequeñas oscilaciones de temperatura y por una humedad relativa elevada. **c)** [Pino] ~ –→ PINO[1].

maritornes *f* (*lit*) Criada o sirvienta.

marizápalos *f* (*lit*) Mujer desaliñada y zafia.

marjal[1] *m* Terreno bajo y pantanoso.

marjal[2] *m* Medida agraria equivalente a 525 m².

marjalería *f* Zona de marjales[1].

marketing (*ing; pronunc corriente,* /márketin/; *pl normal,* ~S) *m* Conjunto de acciones y técnicas basadas en el estudio del mercado, cuyo fin es establecer el sistema de comercialización más adecuado y satisfacer o estimular la demanda. *Tb fig, fuera del ámbito comercial.*

marketizar *tr* Aplicar las técnicas de marketing [a algo o a alguien (*cd*)].

marmenorense *adj* Del Mar Menor (Murcia).

marmita *f* **1** Olla de metal con asas y tapadera ajustada. ■ **2** (*reg*) Guiso de bonito y patatas propio de los marineros del Cantábrico. ■ **3** ~ **de gigante.** (*Geol*) Cavidad cilíndrica y lisa, de gran tamaño, producida en el lecho rocoso de un río o en el litoral por los cantos rodados o por el viento.

marmitaco (*tb con la grafía* **marmitako**) *m* Guiso vasco de atún con patatas.

marmitada *f* (*reg*) Comida que tiene como plato principal la marmita [2]. *Tb la misma marmita.*

marmitako –→ MARMITACO.

marmitón *m* Ayudante de cocina, esp. en un barco.

mármol *m* Roca caliza metamórfica y dura, gralm. con vetas de colores, susceptible de hermoso pulimento. **b)** Escultura en mármol.

marmolán *m* Árbol propio de Canarias, Madeira y Cabo Verde (*Sideroxylon marmulano*).

marmolear *tr* (*E*) Pintar o decorar [algo] imitando las vetas del mármol.

marmolejeño -ña *adj* De Marmolejo (Jaén). *Tb n, referido a pers.*

marmolería *f* **1** Taller donde se trabaja el mármol. ■ **2** Mármoles, o conjunto de mármoles.

marmolero -ra *adj* De(l) mármol. **b)** Que se dedica a la extracción, comercio o trabajo del mármol. *Tb n: m y f, referido a pers; f, referido a empresa.*

marmolillo *m* **1** (*col*) Pers. torpe o de cortos alcances. *Tb adj.* ■ **2** (*Taur*) Toro reservón y tardo, que rehúsa la pelea con el torero.

marmolina *f* Estuco, u otra materia que imita el mármol.

marmolista *m y f* Pers. que trabaja el mármol.

marmolita *f* (*Mineral*) Variedad de serpentina de color verde agrisado, brillo nacarado y estructura hojosa.

marmóreo -a *adj* De(l) mármol.

marmórico -ca *adj* (*raro*) Marmóreo.

marmorizarse *intr pr* Transformarse [la caliza] en mármol. *Tb fig.*

marmota *f* **1** Roedor de unos 60 cm de largo, cuerpo macizo, cabeza grande y pelo rojizo y denso, y caracterizado por su letargo invernal (gén. *Marmota*). *Tb su piel.* **b)** (*col*) Se usa frec en constrs de sent comparativo para ponderar la condición de dormilón de alguien. * Duermes más que una marmota. ■ **2** (*col, desp, hoy raro*) Criada o sirvienta.

marmotear *tr* (*reg*) Murmurar a media voz.

maro *m* Planta herbácea propia de la región mediterránea, de tallos erguidos y flores en racimo, muy olorosa y con propiedades medicinales (*Teucrium marum*).

marojo *m* Árbol de la familia del roble (*Quercus cerris* y *Q. pyrenaica*).

maroma *f* Cuerda gruesa.

maromo *m* (*col*) **1** Individuo. ■ **2** Pareja [de una mujer]. ■ **3** Vigilante. ■ **4** (*desp*) Hombre torpe o inútil.

maronita *adj* (*Rel*) [Individuo] de una comunidad cristiana uniata de rito sirio, descendiente de los discípulos de San Marón y asentada esp. en el Líbano. *Tb n.* **b)** De (los) maronitas.

marote *m* (*reg*) Oleaje fuerte.

maroto *m* (*reg*) Morueco.

marqueo *m* Acción de marcar el lugar en que deben plantarse árboles u otras plantas.

marqués -sa A *m y f* **1** Pers. con título de nobleza inmediatamente inferior al de duque. **b)** (*col*) Se usa frec en constrs de sent comparativo para ponderar la opulencia o el regalo con que alguien vive. * Viven como marqueses.
B *m* **2** (*hist*) En el Imperio Carolingio: Jefe supremo de una marca. ■ **3** Marido de la marquesa [1].
C *f* **4** Mujer del marqués [1 y 2].

marquesado *m* **1** Título o dignidad de marqués. ■ **2** (*hist*) Territorio vinculado a un título de marqués [1] o sometido a la autoridad de un marqués [2].

marquesal *adj* De(l) marqués.

marquesina *f* Cubierta, frec. acristalada, que protege una entrada, los andenes de una estación o una parada de transporte público.

marquetería *f* Taracea (incrustación artística sobre madera). **b)** Obra de marquetería.

marquilla. de ~. *loc adj (E)* [Papel] de tina, grueso, lustroso y muy blanco, usado esp. para dibujar.

marquinés -sa *adj* De Marquina (Vizcaya). *Tb n, referido a pers.*

marquista *(Com)* **I** *m y f* **1** Propietario de una marca comercial. **II** *adj* **2** De marca.

marra *f* Falta [de algo que debía estar, esp. una planta].

marrajera *f* Embarcación destinada a la pesca del marrajo [3].

marrajo -ja **I** *adj* **1** [Toro] malicioso que solo acomete a golpe seguro. *Frec n.* ■ **2** *(col)* [Pers.] que encubre mala intención. *Frec n.*
II *m* **3** Tiburón de unos 3 m de longitud, azul grisáceo y muy voraz y peligroso, que abunda en el Mediterráneo *(Isurus oxyrhynchus)*.

marranada *(col)* **1** Acción propia de marrano[1] [2]. ■ **2** *En pl:* Acciones relacionadas con el placer sexual, esp. el acto sexual.

marranear *intr (col)* Hacer marranadas.

marranera *f (reg)* Pocilga (establo para cerdos).

marranería *f (col)* Marranada.

marranil *adj (raro)* De(l) marrano[1] [1].

marrano[1] -na **I** *m y f* **1** Cerdo (animal). ■ **2** *(col)* Pers. sucia. *En sent físico o moral. Tb adj. Frec usado como insulto.*
II *adj* **3** [Cosa] sucia.
III *loc v* **4 joder** *(u otro v equivalente)* **la marrana.** *(vulg)* Fastidiar o molestar mucho. ■ **5 joder la marrana.** *(vulg)* Estropear o echar a perder el asunto o la cosa en cuestión. **b) joderse la marrana.** Estropearse o echarse a perder el asunto o la cosa en cuestión.

marrano[2] -na *m y f (hist)* Judío converso.

marrar **A** *tr* **1** Errar o no acertar [algo].
B *intr* **2** Errar o equivocarse. ■ **3** Fallar [alguien o algo].

marras. de ~. *loc adj (col)* Conocido o consabido. *Frec con intención irónica.*

marrasquino *m* Licor hecho con zumo de cerezas amargas y azúcar.

marrido *adj (lit, raro)* Triste o afligido.

marrilla *f (reg)* Cayado.

marro[1] *m* Juego de persecución entre dos bandos, que se sitúan uno frente a otro tras su respectiva barrera.

marro[2] *m (reg)* Palo o estaca.

marrón[1] **I** *adj* **1** [Color] propio de la castaña. *Tb n m.* **b)** De color marrón. *Normalmente no se aplica a pelo.* **c)** *(jerg)* [Heroína] de color oscuro, turca o paquistaní. *Tb n m.* **d)** [Línea] ~ → LÍNEA. ■ **2** *(col)* Que alude a los excrementos o suciedades fisiológicas.
II *m* **3** Marron glacé.

marrón[2] **I** *m* **1** *(jerg)* Causa criminal. ■ **2** *(jerg)* Condena. ■ **3** *(jerg)* Año de cárcel. ■ **4** *(juv)* Cosa o

situación molesta o no deseable. ■ **5 el ~.** *(jerg o juv)* La culpa.
II *adj* **6** *(jerg)* Ilegal.
III *loc v* **7 comerse** *(o* **tragarse**, *u otro v equivalente)* **el** *(o* **un***) ~.* *(jerg o juv)* Cargar con las culpas. **b)** *(juv)* Pasar por una situación molesta o no deseable.
IV *loc adv* **8 de ~.** *(jerg)* En situación ilegal o comprometida.

marronazo *m (Taur)* Garrochazo que resbala sobre el lomo del toro.

marron glacé *(fr; pronunc corriente,* /maŕón-glasé/; *pl normal,* MARRONS GLACÉS*) m* Castaña confitada. *Frec en sg con sent colectivo.*

marroquí *adj* De Marruecos. *Tb n, referido a pers.*

marroquín -na *adj (raro)* Marroquí. *Tb n.*

marroquinería *f* **1** Industria de fabricación de bolsos, carteras, monederos y otros artículos semejantes de piel. ■ **2** Conjunto de artículos de marroquinería [1].

marroquinero -ra **I** *adj* **1** De (la) marroquinería.
II *m y f* **2** Pers. que trabaja en marroquinería.

marroquinización *f* Marroquización.

marroquinizar *tr* Marroquizar.

marroquización *f* Acción de marroquizar.

marroquizar *tr* Dar carácter exclusivamente marroquí [a algo *(cd)*].

marrotar *tr (reg)* Estropear o echar a perder. **b)** *pr (~se)* Estropearse o echarse a perder.

marrubio *m* Planta herbácea, aromática y medicinal, propia de lugares incultos, de hojas redondeadas y festoneadas y flores blancas agrupadas en las axilas de las hojas superiores *(Marrubium vulgare)*. *Tb ~* BLANCO. **b)** *Con un adj especificador, designa otras plantas similares: ~* ACUÁTICO *(Lycopus europaeus), ~* BASTARDO, FÉTIDO, HEDIONDO *o* NEGRO *(Ballota nigra), etc.*

marrucino -na *(hist)* **I** *adj* **1** De un antiguo pueblo italiano habitante de la región de Apulia. *Frec n, referido a pers.*
II *m* **2** Lengua de los marrucinos [1].

marrueco -ca *adj (raro)* Marroquí.

marrulla *f* Marrullería.

marrullería *f* Acción maliciosa y tramposa.

marrullero -ra *adj* [Pers.] que usa marrullerías. *Tb n.*

marsala *m* Vino blanco siciliano de elevada graduación alcohólica.

marsellés -sa **I** *adj* **1** De Marsella (Francia). *Tb n, referido a pers.*
II *f* **2** *(raro)* Jersey fino de listas horizontales.

marshall *(ing; pronunc corriente,* /márshal/; *pl normal, ~*S*) m* Mariscal (jefe de policía en Estados Unidos).

marso -sa *(hist)* **I** *adj* **1** De un antiguo pueblo italiano habitante de la región del lago Fucino. *Frec n, referido a pers.*
II *m* **2** Lengua de los marsos [1].

marsopa *f* Pez cetáceo semejante al delfín *(gén. Phocaena)*.

marsupial *adj (Zool)* **1** [Bolsa] abdominal en que las hembras de determinados mamíferos llevan sus crías hasta que estas completan su desarrollo. **b)** De la bolsa marsupial. ■ **2** [Mamífero] sin placenta, o con placenta muy reducida, con huesos marsupiales y gralm. con bolsa marsupial [1a]. *Frec como n m en pl, designando este taxón zoológico.* **b)** De (los) marsupiales.

marsupio *m* (*Zool*) Bolsa marsupial.

marta *f* Mamífero carnicero de la familia de los mustélidos, propio de las regiones septentrionales de Europa, muy apreciado por su piel (*Martes martes*). *Otras especies se distinguen por medio de adjs:* ~ CIBELINA o CEBELLINA (*M. zibellina*), ~ PESCADORA (*M. pennanti*). *Tb su piel.*

martagón *m* Planta liliácea de flores de color rosado violáceo con manchitas purpúreas (*Lilium martagon*).

martela *f* (*reg*) Maragota (pez).

martelo *m* (*raro*) Galán o enamorado.

marteño -ña *adj* De Martos (Jaén). *Tb n, referido a pers.*

martes *m* Tercer día de la semana (o segundo, según el cómputo popular).

martillado *m* Acción de martillar. *Tb su efecto.*

martillador -ra *adj* Que martilla. *Tb n, referido a pers. Tb fig.*

martillar **A** *tr* **1** Golpear [algo] con el martillo [1a y b] u otro objeto similar. **b)** Decorar o modelar [algo] a golpe de martillo [1a y b].
B *intr* **2** Golpear [en algo] con el martillo [1a y b] u otro objeto similar. *Tb sin compl.*

martillazo *m* Golpe dado con el martillo [1a y b].

martilleante *adj* Que martillea. *Tb fig.*

martillear **A** *tr* **1** Golpear [algo] repetidamente con el martillo [1a y b] u otro objeto similar. **b)** Golpear [algo] repetidamente. *Frec fig.* ■ **2** Repetir [algo] con insistencia.
B *intr* **3** Golpear [en algo] con el martillo [1a y b] u otro objeto similar. *Tb sin compl.* **b)** Golpear repetidamente [en algo]. *Frec fig.*

martilleo *m* Acción de martillear. *Tb el ruido correspondiente.*

martillo **I** *m* **1** Herramienta de percusión que consiste en una masa, gralm. de hierro, con un mango que encaja en ella. **b)** Herramienta de percusión que funciona por medios mecánicos. *Gralm con un adj o compl especificador.* **c)** pez ~ –> PEZ[1]. ■ **2** (*Anat*) Huesecillo del oído medio de los mamíferos, situado entre el tímpano y el yunque. ■ **3** (*Dep*) Esfera metálica provista de un cabo flexible, que se lanza desde un círculo girando el atleta sobre sí mismo. **b)** Lanzamiento de martillo. ■ **4** (*Mec*) Platino móvil. ■ **5** (*lit*) Pers. que persigue [a una colectividad o algo que considera un mal (*compl* DE)] para acabar con ellos.
II *loc adj* **6 en ~.** (*Med*) [Dedo del pie] que tiene la primera falange extendida y la otra flexionada. *Tb* DEDO ~.
III *loc adv* **7 a macha ~** –> MACHAMARTILLO.

martín. **~ pescador.** *m* Pájaro de cuerpo macizo, pico largo y robusto y plumaje de colores vivos y brillantes, que se alimenta de peces y animales acuáticos (*Alcedo atthis*).

martina *f* (*reg*) Arao común (ave marina).

martineta *f* Ave sudamericana semejante a la perdiz (gén. *Rynchotus* y *Eudromia*).

martinete¹ *m* Ave de la familia de las garzas, pero menos estilizada y de patas y pico más cortos y gruesos (*Nycticorax nycticorax*).

martinete² *m* **1** Martillo o mazo grande, movido mecánicamente. **b)** Edificio industrial o taller metalúrgico en que hay martinetes. ■ **2** *En el piano:* Mazo pequeño que hiere la cuerda. ■ **3** Cante gitano andaluz originado en las fraguas, compuesto gralm. por cuatro versos octosílabos que se cantan sin acompañamiento instrumental.

martingala *f* (*col*) **1** Artimaña. ■ **2** Tontería o cosa sin importancia.

martingalero -ra *adj* (*raro*) [Pers.] que usa martingalas [1].

martini (*n comercial registrado*) *m* Combinado de vermú y ginebra.

martinicano -na *adj* De la isla de Martinica. *Tb n, referido a pers.*

martinico *m* (*raro*) Duende (espíritu travieso).

martiniega *f* (*hist*) Contribución o renta pagadera por San Martín.

martiniqués -sa *adj* De la isla de Martinica. *Tb n, referido a pers.*

martiño *m* (*reg*) Pez de San Pedro (pez marino comestible de carne apreciada, *Zeus faber*).

mártir **I** *m y f* **1** Pers. que ha sufrido la muerte por su fe religiosa. **b)** Pers. que ha sufrido o ha muerto por sus ideales. *A veces en aposición. Tb fig.* **c)** Pers. o, más raro, animal que sufre mucho.
II *loc v* **2 traer ~** [a alguien]. (*col*) Ocasionar[le] muchas preocupaciones o molestias.

martirial *adj* De(l) mártir o de (los) mártires [1a y b].

martirio *m* **1** Muerte o sufrimientos padecidos por una fe o unos ideales. ■ **2** Sufrimiento muy grande. *Con intención ponderativa.*

martirizador -ra *adj* Que martiriza. *Tb n, referido a pers.*

martirizante *adj* Que martiriza [2].

martirizar *tr* **1** Hacer sufrir martirio [1] [a alguien (*cd*)]. ■ **2** Causar martirio [2] [a alguien (*cd*)].

martirologio *m* Catálogo de los mártires [1a] y de los santos. **b)** Catálogo de los mártires [1b].

martorellense *adj* De Martorell (Barcelona). *Tb n, referido a pers.*

maruca *f* Pez marino de unos 2 m de largo, cuerpo cilíndrico y hocico grande, propio del Atlántico (*Molva molva*).

maruja (*a veces con mayúscula*) *f* (*col, desp*) Ama de casa.

marujona *f* (*col, desp*) Ama de casa.

marusa *m* (*col, humoríst*) Marica¹.

maruso *m* (*col, humoríst*) Marica¹.

marxiano -na *adj* De Karl Marx († 1883).

marxismo *m* Doctrina y sistema económicos y políticos creados por Karl Marx († 1883) y Friedrich Engels († 1895), según los cuales los acontecimientos y las instituciones humanas están determinados por causas económicas y el agente básico del cambio histórico es la lucha de clases.

marxismo-leninismo *m* Doctrina y sistema económicos y políticos que tienen por base la modificación hecha por V. I. Lenin († 1924) de la doctrina marxista.

marxista *adj* De(l) marxismo. **b)** Adepto al marxismo. *Tb n.*

marxista-leninista *adj* De(l) marxismo-leninismo. **b)** Adepto al marxismo-leninismo. *Tb n.*

marxistización *f* (*Pol*) Acción de marxistizar.

marxistizante *adj* (*Pol*) Que tiende a marxista.

marxistizar *tr* (*Pol*) Dar carácter marxista [a alguien o algo (*cd*)].

marxistoide *adj* (*Pol, desp*) Que aparece como marxista sin serlo.

marxistología *f* (*Pol*) Estudio teórico del marxismo.

marxistólogo -ga *m y f* (*Pol*) Especialista en marxistología.

marzal *adj* Del mes de marzo.

marzas *f pl* **1** Coplas que los mozos de Cantabria y de algunas zonas limítrofes cantan de noche por las casas durante el mes de marzo y también en tiempo de Navidad y de Pascua. *Tb la celebración en que se cantan.* ■ **2** Obsequios que se dan a los que cantan marzas [1].

marzo *m* Tercer mes del año. *Se usa normalmente sin art.*

mas[1] (*con pronunc átona*) *conj* (*lit*) **1** *Une dos elementos denotando que la noción expresada por el segundo se opone a la expresada por el primero, sin ser incompatible con ella:* Pero. * Dijo que le parecían manifestaciones un sentimiento atávico; mas para él todo eran manifestaciones atávicas. ■ **2** *Une dos elementos denotando que la noción afirmativa expresada por el segundo se opone a la negativa expresada por el primero, con la cual es incompatible:* Sino. * No tuvo la respuesta de Suero de Quiñones, mas la de otro caballero. ■ **3 no solo…, mas…** → NO[1].

mas[2] (*con pronunc tónica*) *m* (*reg*) Masía.

más (*con pronunc tónica. En las aceps 19 y 28, y a veces tb en la 30, se pronuncia átono, a pesar de llevar tilde. Como adv y adj, gralm se antepone a la palabra a que se refiere (excepto si esta es v); pero con* NADA, NADIE, NINGUNO, ALGUNO, UNO, NUNCA, *se pospone*) **I** *adv* **1** *Denota aumento o superioridad en una comparación. El segundo término comparado va introducido por* QUE *y a veces por* DE. * Es más infeliz que un cubo. **b)** *El segundo término se omite, por énfasis, en expresiones ponderativas de entonación final no descendente.* * Apenas si la vemos; esto es más salvaje… **c)** *A veces se omite el segundo término, por consabido.* * Pon más cerca esa silla. **d)** *A veces toma la forma* EN ~ *con vs que significan apreciación.* * Valora en más la inteligencia que la bondad. **e) como el que ~.** *Se usa para ponderar el alto grado en que se posee la cualidad expresada por el adj al que sigue.* * Era valiente como el que más. ■ **2** *Con advs como* ALLÁ, ACÁ *y* TARDE, *seguidos de compl* DE, *no expresa comparación sino que precisa lugar o tiempo respecto al expresado por esos compls.* * Nunca llega más tarde de las dos. **b)** *A veces se omite el compl, por consabido.* * Llegaré más tarde. ■ **3** Con mayor motivo. * Le gusta el vino, y más si es bueno. ■ **4** Tan. *En frases exclams.* * ¡Qué niño más guapo! ■ **5** De nuevo o en lo sucesivo. *En frases negativas.* * No lo volví a ver más. ■ **6** (*reg*) Además. * Eso es como atentar a Dios y más a los santos. ■ **7 a lo ~** → acep. 15. ■ **8 a ~.** Ade-

más. *Tb* (*reg*) A ~ A ~. * Tuvo un accidente y a más en Francia. ■ **9 a ~ no poder** → PODER[1]. ■ **10 a ~ y mejor.** Mucho. *Con intención enfática.* * Se reían a más y mejor. ■ **11 de lo ~.** Sumamente. *Precediendo a un adj o a un adv.* * Te encuentro de lo más bien. ■ **12 de ~.** Demasiado. * Los zapatos me aprietan de más. ■ **13 de ~.** En cantidad superior a otra tomada como referencia. *A veces con un compl* QUE. * Has hecho dos metros de más. ■ **14 en ~.** En cantidad o importancia superior a la que se toma como referencia. * Puede equivocarse en más o en menos. ■ **15 lo ~, a lo ~,** *o* **todo lo ~.** A lo sumo. * Casi no habla; a lo más algún monosílabo. ■ **16 ~ bien.** Mejor. *Introduce una rectificación o una matización.* * El bosque, selva más bien, era inmenso. **b)** Con preferencia, o más probablemente. * Viene más bien por las tardes. **c)** Bastante. * El día de Navidad fue más bien triste. ■ **17 ~ o menos.** Aproximadamente. *Tb* (SOBRE) POCO ~ O MENOS (→ POCO). * Habría veinte personas más o menos. **b)** *n + ~ + el mismo n + menos.* Aproximadamente [en cuanto a lo designado por el n.]. * Año más año menos, son de la misma edad. ■ **18 ~ que.** Sumamente. *Gralm precediendo a un compl adv.* * Se fue más que aprisa de allí. ■ **19 ~ que** + *adj*. Exclam con que se intensifica afectivamente la cualidad expresada por el adj. *Puede ir precedida del mismo adj.* * ¡Guapa, más que guapa! ■ **20 ~ y ~.** Progresivamente, o cada vez más. * Cada día se parece más y más a ti. ■ **21 nada ~** → NADA. ■ **22 ni ~ ni menos.** Exactamente, precisamente. *Con intención enfática. Gralm seguido de* QUE. * Eso es ni más ni menos lo que pretende. **b)** *Se usa para remachar lo que se acaba de decir o para asentir a lo que se acaba de oír. Tb* (col, humoríst) NI ~ NI MANGAS. * Aquí solo se hace tu voluntad, ni más ni menos. ■ **23 no ~** → NO[1]. ■ **24 si ~ no.** (*reg*) Al menos. * Su presencia habría evitado, si más no, esta corrupción. ■ **25 sin ~.** Sin dudarlo o sin pensarlo. * No puedes alistarte sin más. ■ **26 sin ~ ni ~.** Sin razón o justificación. * Se enfadó sin más ni más. ■ **27 todo lo ~** → acep. 15.

II *prep* **28** *Indica que a la cantidad que precede se suma la que sigue.* * Tres más dos, cinco. **b)** *Indica que lo que se enuncia a continuación se añade a lo ya enunciado.* * Cazaron dos conejos más tres perdices. ■ **29 a ~ de.** (*lit*) Además de. * Es, a más de un amigo, nuestro maestro.

III *conj* **30 ~ que.** Sino. *Siguiendo a una constr de sent neg.* * ¿A quién podían pertenecer más que a él? ■ **31 ~ que.** (*reg*) Aunque. * Se empeña en que sí, y hay que decir que sí, más que no haya sido. ■ **32 por ~ que** → POR.

IV *pron* **33** *Designa pers o cosa superior en cantidad o en importancia. El segundo término comparado va introducido por* QUE *o* DE. * En aquel asunto había más que palabras. **b)** *A veces se omite el segundo término.* * ¿Hay quien dé más? ■ **34** Situación mejor o superior en cantidad o importancia. *En constrs como* VENIR, IR, LLEGAR A ~. ■ **35** Otra cosa. *Gralm seguido de* QUE. * Nunca supe de ella. * Era como si le quedasen no más que unas tiras de voz. ■ **36 de ~.** Cantidad superior a la debida. * El chileno inevitablemente era más. ■ **37 el que ~ y el que menos, quien ~, quien menos** → QUE[1], QUIEN.

V *adj* **38** *Denota superioridad en cantidad o en importancia. El segundo término comparado va introducido por* QUE *o* DE. * Tú tienes más gracia que yo. **b)** *A veces se omite el segundo término, por consabido.* * Tienes que hacer lo que te dice tu padre: Más esparto. ■ **39** Otro. *Gralm seguido de* QUE.

* La guerra, como a tantos más, le cambió. ■ **40 de ~.** Que sobra. * Hay una barra de más. ■ **41 de poco ~ o menos** → POCO. ■ **42 en ~.** Superior en cantidad o importancia respecto a lo que se toma como referencia. * Existe cierta diferencia en más o en menos. ■ **43 lo ~.** La cosa de mayor magnitud o importancia. *Normalmente seguido de una prop adj.* * Era lo más que cabía esperar. ■ **44 los ~.** La mayoría. *Gralm sustantivado, seguido de un compl* DE. * Había treinta hombres, los más adolescentes. **b)** *Con el n* VECES, *tb* LAS *~* VECES. * Llegaba tarde las más veces.

VI *m* **45** Signo de la suma, que se representa por una cruz. ■ **46** (*Fís y Mat*) Signo de la cualidad de positivo. **b)** Sentido positivo. *Tb adj.* ■ **47 sus ~ y sus menos.** Discusiones. **b)** Complicaciones o problemas. **c)** Devaneos. ■ **48 el ~ allá, el no va ~** → ALLÁ, IR.

VII *loc v y fórm or* **49 es ~, estar de ~, no va ~, qué ~ da** → SER¹, ESTAR, IR, DAR.

masa **I** *f* **1** Mezcla que resulta de incorporar un líquido a una materia sólida o pulverizada. **b)** *Esp:* Mezcla de harina y agua. ■ **2** Cantidad relativamente grande [de sustancia sólida o pastosa] sin forma definida o cuya forma no se considera. **b)** Cantidad relativamente grande [de una materia fluida] considerada como una unidad autónoma. ■ **3** Cantidad total [de algo]. **b) ~ salarial.** Conjunto formado por el salario y todos los restantes emolumentos que percibe un trabajador. ■ **4** Conjunto numeroso [de perss. o cosas] considerado como una unidad, sin diferenciación de partes. *Frec opuesto a* INDIVIDUO. **b) hombre-~** → HOMBRE. **c)** Clase popular. *Gralm en pl.* **d) ~ coral.** Coro, o conjunto coral. ■ **5** (*Fís*) Cantidad de materia [de un cuerpo]. **b) ~ específica** (o **volúmica**). (*Fís*) Cociente de la masa [de una sustancia] dividida por el volumen de la misma. ■ **6** (*Electr*) Conjunto de piezas conductoras que se ponen en comunicación con el suelo.

II *loc v* **7 hacer ~.** (*Electr*) Hacer contacto.

III *loc adv* **8 con las manos en la ~** → MANO. ■ **9 en ~.** En conjunto(s) numeroso(s) e indiferenciado(s). *Tb adj.* **b)** Íntegramente o en la totalidad. ■ **10 en la ~ de la sangre.** En la propia índole o naturaleza. *Gralm con el v* LLEVAR.

masacrador -ra *adj* Que masacra. *Tb n, referido a pers.*

masacrar *tr* Asesinar en masa [a gentes indefensas]. *Tb fig.* **b)** Asesinar [a una víctima indefensa]. *Tb fig.*

masacre *f* Acción de masacrar. *Tb su efecto.*

masada *f* (*reg*) Masía.

masadero -ra *m y f* (*reg*) Colono de una masada.

masagrán *m* Mazagrán.

masái (*tb con la grafía* **massái**; *pl, ~ o ~s*) **I** *adj* **1** [Individuo] del pueblo nómada y guerrero que habita en la zona fronteriza de Kenia y Tanganika. *Tb n.* **b)** De (los) masáis.

II *m* **2** Lengua de los masáis.

masaje *m* Operación que consiste en presionar, frotar o golpear determinadas partes del cuerpo, con fines terapéuticos o higiénicos. *Frec con el v* DAR. **b)** Operación semejante al masaje terapéutico pero destinada a producir placer sexual. **c) ~ tailandés.** Conjunto de operaciones que incluyen masajes [a y b], cuerpo a cuerpo, y a veces también el acto sexual.

masajear *tr* Dar masaje [a alguien o a una parte del cuerpo (*cd*)]. *Tb abs. Tb fig.*

masajista *m y f* Pers. especialista en masajes.

masaliota *adj* (*hist*) De la antigua Massilia o Massalia (hoy Marsella). *Tb n, referido a pers.*

masar *tr* (*raro*) Amasar.

mascabrevas *adj* (*reg*) [Pers.] simple o pazguata. *Tb n.*

mascada *f* (*reg*) Porción [de algo] que se masca [1] en la boca.

mascado *m* Acción de mascar [1] con los dientes.

mascador -ra *adj* Que masca [1] con los dientes. *Tb n, referido a pers.*

mascar **A** *tr* **1** Masticar. ■ **2** Dar por seguro [algo (*cd*)] que aún no ha ocurrido]. *Frec en part y en constrs como* ESTAR, *o* TENER, MASCADO.

B *intr pr* (**~se**) **3** Percibirse [algo (*suj*)] de manera palpable. *Con intención ponderativa.* **b)** Percibirse como inminente [un hecho].

máscara *f* **1** Utensilio destinado a cubrir el rostro para desfigurarlo, protegerlo u ocultarlo. **b)** *Esp:* Figura de cara, frec. de gesto exagerado o grotesco, que se pone sobre el rostro. ■ **2** Cosa tras la que alguien oculta sus verdaderos sentimientos o intenciones. *Frec con el v* QUITAR. ■ **3** Pers. disfrazada que lleva puesta una máscara [1b]. ■ **4** Mascarilla, *esp* [3]. ■ **5** Rímel. ■ **6** (*Zool*) En la larva de los insectos odonatos: Pieza en forma de pala y terminada en pinza, que se proyecta para capturar las presas y que en reposo queda plegada bajo la cabeza.

mascarada *f* **1** Comparsa de máscaras [3]. ■ **2** Fiesta de máscaras [3]. ■ **3** Farsa o enredo para engañar.

mascaraqueño -ña *adj* De Mascaraque (Toledo). *Tb n, referido a pers.*

mascarar *tr* **1** (*raro*) Poner una máscara [1a] [a alguien o algo (*cd*)]. *Tb fig.* ■ **2** (*reg*) Tiznar [el rostro].

mascarero -ra *m y f* Pers. que fabrica o vende máscaras o caretas para disfraces.

mascarilla *f* **1** Utensilio que cubre la boca y la nariz para impedir la inhalación o expulsión de agentes nocivos, o para permitir la inhalación de oxígeno o anestésicos. ■ **2** Vaciado en yeso del rostro [de una pers. o escultura, y esp. de un cadáver]. ■ **3** Capa de cosmético con que se cubre la cara y el cuello, o a veces el pelo, y que se deja actuar durante cierto tiempo. *Frec el mismo cosmético.*

mascarón *m* **1** *En un barco:* Figura colocada como adorno en lo alto del tajamar. *Tb ~ DE PROA.* ■ **2** (*Arquit*) Motivo ornamental en forma de cara fantástica o grotesca. ■ **3** Máscara [3].

mascate *m* (*reg*) Alcatraz (ave marina).

mascato *m* (*reg*) Alcatraz (ave marina).

mascletada (*gralm en la forma* **mascletá**) *f* Conjunto de disparos de morterete, propio de algunas fiestas populares.

mascon (*ing; pronunc corriente,* /máskon/; *pl normal, ~s*) *m* (*Astron*) Región lunar de alta gravedad.

mascota¹ *f* Pers., animal o cosa considerados como portadores de suerte para quien los tiene.

mascota² *f* (*reg*) Sombrero flexible.

masculillo *m* (*col*) Golpe. *Gralm fig y en la constr* DAR ~.

masculinidad *f* Cualidad de masculino [1 y 2].

masculinización *f* Acción de masculinizar(se).

masculinizante *adj* Que masculiniza.

masculinizar *tr* Dotar [a alguien o algo (*cd*)] de caracteres masculinos. **b)** *pr* (~**se**) Pasar [alguien o algo] a tener caracteres masculinos.

masculino -na *adj* **1** [Ser] dotado de órganos para fecundar. **b)** Propio del ser masculino. ■ **2** Relativo al hombre o varón. **b)** Varonil. ■ **3** (*Gram*) [Género] de los sustantivos que, cuando en un enunciado van acompañados de un adjetivo capaz de tomar dos terminaciones (-*o*, -*a*), exigen que este lleve la terminación -*o*. *Tb se dice del género de los adjs y adjuntos de esos susts. Tb n.* **b)** [Sustantivo o adjunto] de género masculino. *Tb n m.* **c)** Propio del género masculino. *Tb n m, designando la forma.*

mascullar *tr* Decir [algo] entre dientes y de modo poco inteligible. *Tb abs.*

másculo -la *adj* (*lit, raro*) Masculino [2].

máser *m* (*Radio*) Amplificador de microondas por emisión estimulada de radiaciones.

masera[1] *f* **1** Artesa para amasar. ■ **2** Paño con que se cubre la masa para que fermente.

masera[2] *f* (*reg*) Buey[1] (cangrejo).

masetero *adj* (*Anat*) [Músculo] que mueve la mandíbula inferior. *Tb n m.*

masía *f* Casa grande de labor, adscrita a una finca rústica de cultivo, propia esp. de Cataluña.

másico -ca *adj* (*Fís*) De (la) masa [5].

masiega *f* Hierba semejante a la espadaña, propia de lugares pantanosos (*Cladium mariscus*).

masificable *adj* Que se puede masificar.

masificación *f* Acción de masificar(se).

masificador -ra *adj* Que masifica.

masificante *adj* Que masifica.

masificar *tr* **1** Dar [a un grupo de perss. (*cd*)] carácter de masa [4a]. *Tb abs.* **b)** *pr* (~**se**) Pasar a tener carácter de masa [un grupo de perss.]. ■ **2** Dar carácter multitudinario [a algo (*cd*)]. **b)** *pr* (~**se**) Tomar [algo] carácter multitudinario.

masilla *f* **1** Mezcla pastosa, de constitución diversa, utilizada para fijar cristales, rellenar cavidades o unir tubos. ■ **2** Masa compacta, hecha con miga de pan o con harina, que se pone en el anzuelo como cebo.

masillar *tr* Aplicar masilla [1] [a algo (*cd*)]. *Tb abs.*

masita *f* (*Mil, hist*) Complemento para vestuario de los militares profesionales.

masivamente *adv* De manera masiva [1].

masivo -va *adj* **1** Que se produce en masa o en cantidad muy grande. **b)** (*Med*) Abundante o copioso. ■ **2** [Cantidad] muy grande.

masnouense *adj* De Masnou (Barcelona). *Tb n, referido a pers.*

masoca *adj* (*juv*) Masoquista. *Tb n.*

masón -na *adj* De (la) masonería. **b)** [Pers.] perteneciente a la masonería. *Tb n.*

masonería *f* Asociación secreta internacional de carácter filantrópico, que utiliza signos tomados de la albañilería. *Tb fig.*

masónico -ca *adj* De (la) masonería.

masoquearse *intr pr* (*juv*) Comportarse de manera masoquista.

masoqueo *m* (*juv*) Acción de masoquearse.

masoquismo *m* Perversión sexual que consiste en alcanzar el placer mediante el dolor o la humillación. **b)** Comportamiento o tendencia propios de la pers. que se deleita con el sufrimiento. *Frec con intención humoríst.*

masoquista *adj* De(l) masoquismo o que lo implica. **b)** [Pers.] de comportamiento o tendencia masoquistas. *Tb n.*

masoquistamente *adv* De manera masoquista.

masora (*frec con mayúscula*) *f* (*Rel jud*) Conjunto de información tradicional y comentarios críticos relativos al texto hebreo de la Biblia, compilado por los rabinos entre los ss. VI y X.

masoreta (*frec con mayúscula*) *m* (*Rel jud*) Rabino de los participantes en la elaboración de la masora.

masorético -ca *adj* (*Rel jud*) De (los) masoretas o de (la) masora.

masoterapia *f* (*Med*) Tratamiento de las enfermedades mediante masaje.

masovería *f* (*reg*) **1** Conjunto de las tierras de cultivo y de las casas en que habita un masovero. ■ **2** Aparcería de tierras propia de Cataluña.

masovero -ra *m y f* (*reg*) Colono de una masía.

massái → MASÁI.

mass communication (*ing; pronunc corriente*, /más-komunikéiʃon/; *tb con la grafía* **mass-communication**) *m pl* (*raro*) Medios de comunicación de masas.

mass media (*ing; pronunc corriente*, /más-média/; *tb con la grafía* **mass-media**) **A** *m pl* **1** Medios de comunicación de masas. **B** *f* **2** (*semiculto*) Conjunto de medios de comunicación de masas.

mastaba *f* (*hist*) Tumba del antiguo Egipto, en forma de pirámide truncada.

mastectomía *f* (*Med*) Extirpación de la mama[1] o de una parte de ella.

mastelería *f* (*Mar*) Conjunto de mástiles [de una embarcación].

mastelerillo *m* (*Mar*) Palo que se coloca sobre un mastelero.

mastelero *m* (*Mar*) Palo menor que se coloca sobre la cabeza de uno mayor.

master[1] (*ing; pronunc corriente*, /máster/; *tb con la grafía* **máster**; *pl normal*, ~**S**) **A** *m y f* **1** Pers. que ha seguido en una universidad u otra institución adecuada un curso de especialización para posgraduados. **B** *m* **2** Curso de especialización para posgraduados. ■ **3** Título de master [1]. *Tb fig.*

master[2] (*ing; pronunc corriente*, /máster/; *tb con la grafía* **máster**; *pl normal*, ~**S**) *m* (*E*) Cinta sonora o de vídeo de la que se hacen copias. *Tb* CINTA, o COPIA, ~.

masters (*ing; pronunc corriente*, /másters/) *m* (*Tenis y Golf*) Torneo en que solo participan los mejores jugadores del mundo.

mástic *m* Mástique.

masticabilidad *f* Cualidad de masticable.

masticable *adj* Que se puede masticar [1].

masticación *f* Acción de masticar [1].

masticador -ra *adj* **1** Que mastica [1]. **b)** (*Zool*) Adaptado para masticar [1]. ■ **2** De (la) masticación. *Tb n m, referido a nervio.*

masticadura *f* (*raro*) Masticación.

masticar *tr* **1** Triturar [algo] con los dientes o las mandíbulas. *Tb abs.* ■ **2** Pronunciar recalcando. ■ **3** Preparar [algo] de modo que sea fácil de entender o de realizar. *Frec en part.* ■ **4** Pensar o comentar reiteradamente [algo].

masticatorio -ria *adj* Que sirve para masticar [1].

mástico *m* Mástique.

mastieno -na *adj* (*hist*) De un antiguo pueblo prerromano habitante de la región comprendida entre Cartagena y el estrecho de Gibraltar. *Tb n, referido a pers.*

mástil *m* **1** Palo de una embarcación. ■ **2** Palo o soporte vertical, esp. de una bandera. ■ **3** Palo o columna vertical, que no sirve de soporte. ■ **4** Palo largo. ■ **5** Mango [de un utensilio]. **b)** *En un instrumento músico de cuerda:* Parte más estrecha que prolonga la caja de resonancia y sobre la cual se tienden las cuerdas.

mastín -na *adj* [Perro] grande, potente y robusto, utilizado esp. para guardar ganado. *Frec n m. Tb fig, referido a pers.*

mástique *m* **1** Masilla [1] usada esp. para igualar superficies y tapar juntas o grietas. ■ **2** Resina del lentisco.

mastitis *f* (*Med*) Inflamación de la mama[1].

mastodonte *m* **1** (*Zool*) Mamífero fósil, semejante al elefante, propio del Terciario y el Cuaternario (gén. *Mammut*). ■ **2** Pers. o cosa muy voluminosa. *Con intención ponderativa. A veces en aposición.*

mastodónticamente *adv* De manera mastodóntica.

mastodóntico -ca *adj* Gigantesco o enorme.

mastoideo -a *adj* (*Anat*) **1** De(l) mastoides. ■ **2** [Apófisis] mastoides.

mastoides *adj* (*Anat*) [Apófisis] del hueso temporal, situada detrás y debajo de la oreja, que tiene forma de pezón. *Tb n m.*

mastología *f* (*Med*) Estudio de las afecciones de la mama[1].

mastoplastia *f* (*Med*) Cirugía plástica de la mama[1].

mastranto *m* Mastranzo (planta).

mastranzo *m* Planta herbácea anual, de hojas blancas y vellosas por el envés y flores en espiga (*Mentha rotundifolia*). *Tb* COMÚN. **b)** ~ **silvestre,** o **nevado.** Planta muy semejante al mastranzo común, con hojas grises peludas en el envés (*Mentha longifolia* o *M. sylvestris*). *Tb simplemente* ~.

mastuerzo *m* **1** Planta herbácea anual, de hojas oblongas, con propiedades diuréticas (*Lepidium sativum*). **b)** *Con un adj o compl especificador, designa otras plantas similares:* ~ ACUÁTICO, *o* DE AGUA (*Nasturtium officinale*), ~ DE PIEDRAS, *o* DE PEÑAS (*Hornungia petraea* o *Hutchinsia petraea*), ~ DE PRADO, *o* DE (LOS) PRADOS (*Cardamine pratensis*), ~ MARINO, *o* MARÍTIMO (*Lobularia maritima* o *Alyssum maritimum*), ~ MENOR (*Cardamine hirsuta*), ~ VE-

RRUGOSO (*Coronopus squamatus* o *Senebiera coronopus*), *etc.* ■ **2** Hombre torpe y necio. *Más o menos vacío de significado, se emplea frec como insulto. Tb adj.*

masturbación *f* Acción de masturbar(se).

masturbador -ra *adj* **1** Que masturba o se masturba. *Tb n, referido a pers.* ■ **2** De (la) masturbación.

masturbar *tr* Estimular los órganos sexuales [de alguien (*cd*)], para producir orgasmo sin coito. *Gralm el cd es refl. Tb fig* (*desp*) *en la constr* ~SE EL CEREBRO.

masturbatorio -ria *adj* De (la) masturbación.

mata *f* **1** Planta de tallo bajo, ramificado y leñoso. **b)** Planta de poca altura. ■ **2** Terreno plantado de árboles. ■ **3** Lentisco (árbol). ■ **4** ~ **de pelo.** Cabellera [de una pers.]. ■ **5** ~ **parda,** ~ **rubia** → MATAPARDA, MATARRUBIA.

mata- *r pref* Que mata. * Matagusanos. * Mataniños.

mataburros *m* (*reg*) Veterinario.

matacaballo (*tb con la grafía* **mata caballo**). **a** ~. *loc adv* (*col*) Atropelladamente, o con demasiada prisa.

matacaballos *m* Planta herbácea de tallos delgados y angulosos, hojas ovales y flores azules (*Lobelia urens*).

matacabras *m* Viento fuerte del norte.

matacán[1] *m* Obra voladiza en lo alto de un muro, una torre o una puerta fortificada, con parapeto y aberturas en el suelo, para observar y hostilizar al enemigo.

matacán[2] *m* Liebre resabiada, de largas patas traseras y más corredora de lo común.

matacán[3] *m* Planta herbácea semejante a la correhuela, con flores blancas en ramillete y fruto en vaina (*Cynanchum acutum*).

matacandelas *m* **1** Apagavelas (utensilio para apagar velas). ■ **2** Apagavelas (hongo comestible).

matacandil *m* Planta herbácea de hojas partidas, flores amarillas en ramillete y fruto en vaina larga y estrecha (*Sisymbrium irio*).

matacandiles *m* Matacandelas [1].

matachín *m* Matarife.

mataco -ca **I** *adj* **1** Del pueblo indígena americano habitante de la región del Chaco central. *Tb n, referido a pers.* ■ **2** De(l) mataco [1]. **II** *m* **3** Lengua de los matacos [1].

matacucarachas *adj* [Producto] que sirve para matar cucarachas. *Frec n m.*

matadero *m* **1** Lugar en que se matan los animales destinados al consumo. **b)** Lugar donde alguien va a perder la vida. *Frec fig. Gralm con los vs* IR *o* LLEVAR. ■ **2** (*reg*) Matanza (del cerdo).

matado -da *adj* **1** *part* → MATAR. ■ **2** (*col*) Agotado o sumamente cansado. ■ **3** (*col*) Desanimado. ■ **4** (*col, desp*) Desgraciado. *Tb n, referido a pers.*

matador -ra **I** *adj* **1** Que mata [1]. *Tb n, referido a pers.* ■ **2** (*col*) [Cosa] horrible o espantosa. *Con intención ponderativa.* **II** *m y f* **3** Torero que mata toros. *Frec* ~ DE TOROS.

matadura f Llaga o herida producida a una caballería por el roce del aparejo. **b)** Llaga o herida de una pers. *Frec con intención humoríst.*

matagallegos m (*reg, col*) Albaricoque.

matagallinas (*tb* **matagallina** *en acep 1*) f **1** Torvisco (planta). ■ **2** Dulcamara (planta).

matagallo (*tb* **matagallos**) m Planta de hojas planas, gruesas y acorazonadas, verdes en la cara superior y blancas algodonosas en el envés, y flores purpúreas (*Phlomis purpurea*). *Frec con un adj especificador, tb designa otras plantas:* ~ AMARILLO (*Phlomis lychnitis*), ~ MACHO (*Salvia candelabrum*), ~s (*Stachys germanica*), ~s (*Centaurea castellana y C. paniculata*), *etc.*

matagigantes m (*Dep, humoríst*) Equipo modesto que ocasionalmente derrota a equipos de calidad muy superior.

matahambre (*tb* **matahambres**) m **1** Comida de poco alimento que solo sirve para matar el hambre. ■ **2** (*reg*) Plato propio de los días de vigilia, compuesto de migas con huevo y luego cocidas.

matahombres m (*reg*) **1** Condecoración festiva, originariamente alfiler de cabello, que con motivo de la fiesta de Santa Águeda, en Zamarramala (Segovia), se concede a un varón distinguido por su antifeminismo. ■ **2** Aligustre (planta).

matahormigas *adj* [Producto] que sirve para matar hormigas. *Frec n m.*

mataje m (*reg*) Conjunto de matas [de melón o sandía].

matalahúga f Matalahúva.

matalahúva f Anís (planta y semilla).

matalascallando → MATAR.

matalobos m Acónito de la especie *Aconitum napellus. Tb* ~ AZUL *o* DE FLOR AZUL.

matalón -na *adj* [Caballería] flaca, endeble y gralm. con mataduras. *Tb n.*

matalotaje m (*Mar*) Prevención de comida que se lleva en una embarcación.

matambre m **1** (*reg*) Plato compuesto por trozos de masa de harina con leche y especias, fritos y luego cocidos. ■ **2** Plato argentino que consiste en un fiambre de carne de ternera enrollada y rellena con zanahoria y otros ingredientes.

matamoros *adj* **1** (*col*) [Hombre] valentón. *Frec n.* ■ **2** Matador de moros. *Usado como apelativo del apóstol Santiago.*

matamoscas I m **1** Utensilio para matar moscas constituido por una pala de plástico o tela metálica y un mango. ■ **2** Insecticida destinado esp. a matar moscas.
II *adj invar* **3** [Papel] en forma de tira e impregnado de una sustancia pegajosa, que, colgado del techo, sirve para atrapar moscas.

matancero[1] **-ra** I *adj* **1** De la matanza [2].
II m y f **2** Pers. que interviene en la matanza [2].

matancero[2] **-ra** *adj* De Matanzas (Cuba). *Tb n, referido a pers.*

matanza f **1** Acción de matar gran cantidad de perss. o animales. ■ **2** Acción de matar uno o más cerdos para el consumo casero. *Tb la época en que se realiza.* ■ **3** Conjunto de productos del cerdo destinados para el consumo casero.

mataparda (*tb con la grafía* **mata parda**) f (*raro*) Encina (árbol).

mataparientes m Se da este n a varios hongos tóxicos o de poco valor culinario del gén Boletus, esp B. erythropus y B. satanas.

matapeces m Belesa (planta).

mataperrada f (*reg*) Travesura propia del mataperros.

mataperros m (*reg*) Muchacho callejero y travieso.

matapiojos m **1** Majuelo o espino albar (*Crataegus monogyna*). ■ **2** Albarraz (planta).

matapolilla (*tb* **matapolillas**) *adj* [Producto] que sirve para matar polillas. *Frec n m.*

matapollo m Torvisco o matagallina (planta).

matapolvo (*tb* **matapolvos**) m Lluvia o riego muy breves y escasos.

matapulgas f **1** Mastranzo común (planta). ■ **2** Yezgo (planta).

mataquintos m (*humoríst, hoy raro*) Cigarrillo de tabaco de mala calidad y sabor muy fuerte.

matar (*en acep 1 a veces se usa* MUERTO *como part*) I v **A** tr **1** Quitar la vida [a un ser (*cd*)]. *Tb abs, esp referido a animales para el consumo.* **b)** Quitar la vitalidad [a un órgano corporal (*cd*)]. ■ **2** (*lit*) Destruir o aniquilar [algo inmaterial]. ■ **3** Hacer que [algo, esp. el hambre, la sed o el polvo] deje de existir total o parcialmente. ■ **4** Apagar [la llama o su luz, o el fuego]. ■ **5** Quitar la fuerza [al yeso o a la cal (*cd*)] echándoles agua. ■ **6** Apagar o atenuar [algo, esp. el brillo o el color]. ■ **7** Hacer que sean menos agudos [un borde, una arista o algo similar (*cd*)]. ■ **8** Inutilizar con una marca adecuada [un sello de correos, un timbre o una póliza] para que no pueda usarse de nuevo. ■ **9** Entretenerse [alguien] para que [el tiempo (*cd*)] no se haga largo. ■ **10** (*Naipes*) Echar una carta superior [a otra (*cd*)]. *A veces el cd expresa el poseedor de la carta matada. Tb abs.* ■ **11** (*Parchís*) Comer [una ficha]. *A veces el cd expresa el poseedor de la ficha comida.* ■ **12** (*col*) Quitar la salud [a alguien (*cd*)]. *Frec con intención ponderativa.* ■ **13** (*col*) Causar [a alguien (*cd*)] un perjuicio grave. *Con intención ponderativa.* **b) no (me) mates.** (*col*) *Fórmula con que se expresa asombro, incredulidad o rechazo ante lo que se acaba de oír.* * –Estás más gorda. –¡No me mates! **c) nos ha matado,** *o* **¿no se mata?** (*col*) *Fórmulas con que se expresa rechazo o asombro ante algo.* * Si no sabes, no hables. ¡No te mata! * Así cualquiera, nos ha matado. ■ **14** (*col*) Molestar o fastidiar intensamente. ■ **15** (*col*) Conquistar o enamorar completamente [a una pers.]. ■ **16 ~las callando.** (*col*) Actuar [alguien] según su conveniencia fingiendo bondad y comedimiento. ■ **17 que me maten +** *prop condicional.* (*col*) *Fórmula con que se asevera enfáticamente lo contrario de lo expresado por la prop.* * Que me maten si entiendo algo. ■ **18 aunque** (*o* **así**) **le maten.** (*col*) *Fórmula con que se subraya enfáticamente una negación.* * No irá así le maten.

B *intr pr* (**~se**) **19** Producirse [alguien] la muerte indirecta e involuntaria. *Frec con intención ponderativa.* ■ **20** Pelear a muerte. *Frec fig, con intención ponderativa.* ■ **21** Desvivirse [por alguien o algo]. ■ **22** Morirse [por algo] o desear[lo (*compl* POR)] vivamente. ■ **23** Esforzarse mucho o realizar un trabajo muy intenso [haciendo algo (*ger o* A + *in-*

fin)]. *Con intención ponderativa. A veces se omite el compl por consabido. Tb fig.*
   II *loc n* **24 mátalas callando** (*tb* **matalascallando**). *m y f* (*col*) Pers. que las mata callando [16].
   III *loc adv* **25 a ~.** (*col*) Con gran tirantez u hostilidad. *Gralm en constrs como* ESTAR, *o* LLEVARSE, A ~ [dos perss. o una con otra]. ■ **26 para ~lo,** *o* **~la.** (*col*) Muy mal. *Referido al comportamiento o al aspecto de una pers.* ■ **27 que se mata** (**me mato,** *etc*). (*col*) Bien o en situación ventajosa. *Con intención irónica. Con el v* IR. ■ **28 que se mata** (**te matas,** *etc*). (*col*) Mucho. *Con vs de movimiento.*

matarife *m* Hombre encargado de matar y descuartizar reses. **b)** (*col*) Hombre que mata perss.

matarile I *m* **1** Cierta canción infantil que tiene como estribillo "matarile, rile, rile" y que acompaña a un juego de niñas.
   II *loc v* **2 dar ~** [a alguien]. (*jerg*) Matar[lo].

mataronense *adj* Mataronés. *Tb n.*

mataronés -sa *adj* De Mataró (Barcelona). *Tb n, referido a pers.*

matarratas *m* **1** Sustancia venenosa para matar ratas. ■ **2** (*col*) Aguardiente muy fuerte y de mala calidad. *A veces referido a otras bebidas alcohólicas.*

matarrubia (*tb con la grafía* **mata rubia**) *f* Coscoja (árbol).

matasanos *m y f* (*col, humoríst*) Médico.

matasellado *m* Acción de matasellar. *Tb su efecto.*

matasellar *tr* Poner el matasellos [a un sello, una carta o un envío postal].

matasellos *m* Estampilla para inutilizar los sellos postales. *Tb la marca o dibujo correspondiente.*

matasiete *m* (*col*) Hombre bravucón.

matasuegras *m* Objeto de broma que consiste en un tubito de papel arrollado en espiral, que se desenrosca bruscamente al soplar por un extremo.

matatías *m y f* (*col*) Prestamista o usurero.

match (*ing; pronunc corriente,* /mač/; *pl normal,* ~s *o* ~ES) *m* (*Dep*) Enfrentamiento o encuentro deportivo.

match-ball (*ing; pronunc corriente,* /máč-ból/; *pl normal,* ~s) *m* (*Tenis*) Tanto que decide el final de un partido.

match-play (*ing; pronunc corriente,* /máč-pléi/; *tb con la grafía* **match play**) *adj invar* (*Golf*) **1** [Modalidad] en que el tanteo se basa en el número de hoyos ganados y perdidos. *Se opone a* MEDAL-PLAY. *Tb n. m.* ■ **2** Que se juega en la modalidad match-play [1].

mate¹ *adj* Que carece de brillo. *Tb fig, referido a sonido.*

mate² *m* (*Ajedrez*) Lance que pone término a la partida, por estar amenazado y sin posibilidad de defensa uno de los reyes. *Tb* JAQUE ~. *Tb fig, esp en la constr* DAR JAQUE ~.

mate³ *m* Árbol propio de América del Sur, cuyas hojas, secas y tostadas, se usan para preparar infusiones (*Ilex paraguayensis*). *Tb las hojas y esp la misma infusión.*

mate⁴ *m* **1** (*Balonc*) Enceste que se consigue al depositar la pelota en la cesta, apoyando gralm. la muñeca en el aro. ■ **2** (*Tenis, Ping-pong y Balonvolea*) Smash.

mate⁵ *m* (*raro*) **1** Acción de matar [a un animal para consumo]. ■ **2** (*col*) Tute o paliza. *Con el v* DAR.

mate⁶ → MATES.

mateado *m* (*E*) Transformación [de algo brillante] en mate¹.

matear *tr* (*E*) Hacer mate¹ [algo].

matemáticamente *adv* De manera matemática [1 y 2].

matematicismo *m* **1** Tendencia a aplicar a otras ciencias métodos matemáticos. ■ **2** Condición de matemático [2].

matematicista *adj* De(l) matematicismo o que lo implica.

matemático -ca I *adj* **1** De (las) matemáticas [4]. **b)** [Lógica] que utiliza métodos y símbolos matemáticos. ■ **2** Exacto. *Con intención ponderativa.* **b)** (*col*) [Cosa] que se produce de un modo cierto y necesario.
   II *n* **A** *m y f* **3** Especialista en matemáticas [4].
   B *f* **4** Ciencia que trata de la cantidad. *Más frec en pl.*

matematización *f* Acción de matematizar.

matematizar *tr* Dar formulación o tratamiento matemáticos [a algo (*cd*)].

mateño -ña *adj* De Las Matas (Madrid). *Tb n, referido a pers.*

mateo -a *adj* [Feria o fiesta] de San Mateo, de Logroño. **b)** De (la) feria matea.

materia I *f* **1** Componente de los cuerpos, dotado de masa y volumen. **b)** (*Filos*) En la teoría hilemorfista: Principio indeterminado que recibe determinación de la forma. ■ **2** Cuerpo o realidad física. *Se opone a* ESPÍRITU. ■ **3** Elemento físico o acción constitutivos [de algo]. **b)** (*Rel catól*) Cosa o acción, gralm. sensibles, a las que se aplican las palabras rituales [de un sacramento]. ■ **4** Materia [1] caracterizada por sus propiedades. **b)** ~ **prima,** *o* **primera ~.** Cosa destinada a ser transformada por la actividad técnica. **c)** ~ **gris.** Inteligencia. ■ **5** Pus. ■ **6** Asunto o tema. **b)** Tema de estudio o de enseñanza.
   II *loc v* **7 entrar en ~.** Empezar a tratar un asunto después de un preámbulo.
   III *loc prep* **8 en ~ de.** En lo relativo a.

material I *adj* **1** De (la) materia [1, 2, 3 y 4]. **b)** Que tiene los caracteres de la materia [1]. ■ **2** Real o efectivo.
   II *m* **3** Cosa que se emplea [para algo (*compl especificador*)]. *A veces se omite el compl por consabido. Tb fig, referido a pers.* **b)** Conjunto de máquinas, utensilios y otros objetos utilizados [en una actividad (*compl de posesión*)]. *Frec se omite el compl, por consabido.* ■ **4** Cuero curtido. ■ **5** (*jerg*) Droga.
   III *loc v* **6 arrimar**[le] **~** [a una pers.]. (*jerg*) Restregarse lascivamente [contra ella un hombre].

materialidad *f* **1** Cualidad de material. ■ **2** Aspecto material. ■ **3** Cosa o conjunto de cosas materiales.

materialismo *m* **1** Actitud o tendencia caracterizada por la valoración única o preferente de los bienes materiales. ■ **2** (*Filos*) Doctrina que no admite más sustancia que la materia. **b)** ~ **dialéctico,** *o* **histórico.** Marxismo (doctrina).

materialista *adj* **1** Que tiene o muestra materialismo [1]. *Frec n, referido a pers.* ■ **2** (*Filos*)

De(l) materialismo [2]. **b)** Adepto al materialismo [2]. *Tb n.*

materializable *adj* Que se puede materializar.

materialización *f* Acción de materializar(se).

materializar *tr* **1** Dar carácter o realidad material [a algo (*cd*)]. **b)** *pr* (~se) Tomar [algo] carácter o realidad material. ■ **2** Dar carácter materialista [1] [a alguien o algo (*cd*)]. **b)** *pr* (~se) Hacerse materialista [1].

materialmente *adv* **1** En el aspecto material. ■ **2** Realmente o de hecho. *Con intención ponderativa.* ■ **3** De manera material o física.

matérico -ca *adj* (*Pint*) Que utiliza como medio de expresión, además de los materiales tradicionales, fragmentos de otras materias.

maternal *adj* **1** De la madre. **b)** Propio de la madre. ■ **2** [Establecimiento educativo] para niños de dos a seis años, atendido por personal femenino. *Tb n f.*

maternalmente *adv* De manera maternal [1].

maternidad *f* **1** Condición de madre. ■ **2** Centro hospitalario en que se atiende a las parturientas. ■ **3** (*Arte*) Representación de una mujer con sus hijos.

maternizar *tr* Dar [a una leche (*cd*)] las cualidades propias de la materna.

materno -na *adj* **1** De (la) madre. **b)** [Pariente] de la línea de la madre. ■ **2** [Lengua] primera que aprende a hablar una pers.

materno-infantil *adj* De (los) recién nacidos y sus madres. *Frec referido a hospital.*

maternología *f* (*Med*) Higiene fisiológica y patológica de la maternidad.

maternólogo -ga *m y f* (*Med*) Especialista en maternología.

mates (*tb* **mate**) *f pl* (*argot Enseñ*) Matemáticas.

matidez *f* (*lit o Med*) Cualidad de mate¹. *Esp referido a sonido.*

matiego -ga *adj* De Mata de Alcántara (Cáceres). *Tb n, referido a pers.*

matihuelo *m* (*raro*) Tentetieso (muñeco).

matilde *f* (*argot Econ*) Acción de la Compañía Telefónica Nacional de España.

matinal *adj* De (la) mañana. *Frec n f, referido a sesión de espectáculo.*

matinalmente *adv* (*raro*) Por la mañana.

matiné *f* (*hoy raro*) Sesión matinal de un espectáculo.

matinée (*fr; pronunc corriente,* /matiné/) *f* (*hoy raro*) Matiné.

matiz *m* **1** Gradación de las posibles en un color. ■ **2** Carácter o cualidad que sirve para diferenciar, pero que no afecta a la esencia de la cosa en cuestión. **b)** Carácter o rasgo distintivo.

matizable *adj* Que se puede matizar.

matización *f* Acción de matizar.

matizadamente *adv* De manera matizada¹ [2a].

matizado¹ -da *adj* **1** *part* → MATIZAR. ■ **2** Que tiene matices. **b)** (*Bot*) Que presenta matices de color, por naturaleza o por enfermedad.

matizado² *m* **1** Acción de matizar [1a y 2]. *Tb su efecto.* ■ **2** (*Bot*) Presencia de matices de color, por naturaleza o por enfermedad. ■ **3** (*Bot*) Virosis en que los órganos afectados presentan matices de color, con gradaciones del verde al amarillo.

matizador -ra *adj* Que matiza. *Tb n, referido a pers.*

matizar *tr* **1** Dotar [a algo (*cd*)] de matices. **b)** Concretar el matiz o matices [2a] [de algo (*cd*)]. *Frec se usa para indicar rectificación.* ■ **2** Armonizar [matices o colores].

mato *m* (*reg*) **1** Mata (planta leñosa o herbácea de poca altura). ■ **2** Huerto pequeño.

matojal *m* (*raro*) Terreno cubierto de matojos.

matojo *m* Mata (planta) pequeña.

matón¹ *m* (*desp*) **1** Hombre bravucón y pendenciero que amenaza o intimida a sus oponentes. *Tb adj.* ■ **2** Guardaespaldas.

matón² *m* Mata (planta) grande.

matonería *f* Matonismo.

matonesco -ca *adj* Propio de(l) matón¹.

matonismo *m* Actitud o comportamiento de matón¹.

matorral *m* Terreno cubierto de matas y maleza. **b)** Conjunto espeso de matas.

matorro *m* (*reg*) Matojo.

matraca **I** *f* **1** Instrumento de madera, propio de la Semana Santa, constituido por un aspa o un tablero y mazos, que al girar suena con ruido fuerte y desapacible. **b)** *Se usa en constrs de sent comparativo para ponderar la pesadez y reiteración de alguien.* ■ **2** (*col*) Cosa fastidiosa o molesta. **b)** Cosa en que se insiste de forma reiterada. ■ **3** (*argot Enseñ*) Matemáticas. *Gralm en pl.* ■ **4** (*jerg*) Porra (arma).
II *loc v* **5 dar** (**la**) ~. (*col*) Fastidiar o molestar [a alguien con algo, esp. con una petición reiterada]. *Tb sin compl.* ■ **6 darle a la** ~. Darle vueltas a un asunto o insistir reiteradamente en él.

matraco -ca *adj* (*reg*) [Pers.] rústica. *Tb n.*

matraz *m* Recipiente de cristal o de barro, redondo o aovado y de cuello largo, que se usa en laboratorios.

matreramente *adv* (*raro*) Con matrería.

matrería *f* (*raro*) Perspicacia suspicaz.

matriarca *f* (*Sociol*) Mujer que ejerce un papel preponderante en una sociedad o en un grupo.

matriarcado *m* (*Sociol*) Régimen u organización social en que la mujer ejerce un papel preponderante. *Tb la sociedad o grupo en que se da.*

matriarcal *adj* (*Sociol*) De (la) matriarca o de(l) matriarcado.

matriarcalismo *m* (*raro*) Tendencia al régimen matriarcal.

matricaria *f* Planta compuesta, semejante a la manzanilla, usada como antiespasmódico y para provocar la menstruación (*Chrysanthemum parthenium*).

matricería *f* (*E*) Matrices o conjunto de matrices [2].

matricero -ra *m y f* (*E*) Especialista en la fabricación de matrices [2].

matricial *adj* (*Mat e Informát*) De (las) matrices [5]. **b)** (*Informát*) [Impresora] que dibuja e imprime los caracteres punto por punto gracias a un conjunto de agujas.

matricida *adj* (*Der*) Que comete matricidio. *Frec n, referido a pers.*

matricidio *m* (*Der*) Acción de matar a la propia madre.

matricio -cia *adj* (*lit*) Que tiene carácter de madre o matriz [3].

matrícula *f* **1** Lista oficial en que se inscriben, con un número de orden, los alumnos [de un centro de enseñanza] o los barcos o vehículos automóviles [de una demarcación administrativa]. *Tb el conjunto de perss o vehículos inscritos.* ■ **2** Número de orden en una matrícula [1] [de un barco o un vehículo automóvil]. *Frec la placa en que consta.* ■ **3** Acción de matricular. ■ **4 ~ de honor.** Distinción especial añadida a la nota máxima, y que da derecho a matricularse gratuitamente en una asignatura del curso siguiente. *Tb simplemente ~.*

matriculación *f* Acción de matricular.

matricular *tr* Inscribir en una matrícula [1].

matrimonial *adj* De(l) matrimonio.

matrimonialista *adj* [Abogado] especialista en causas matrimoniales. *Frec n.* **b)** [Despacho] de abogado matrimonialista.

matrimonialmente *adv* De manera matrimonial.

matrimoniar (*conjug* **1a**) *intr* (*lit*) **1** Casar o contraer matrimonio [con alguien]. *Tb sin compl.* ■ **2** (*raro*) Casar o armonizar [una cosa con otra].

matrimonio **I** *m* **1** Unión legítima entre un hombre y una mujer. *Tb fig, referido a cosas.* ■ **2** (*Rel crist*) Sacramento mediante el cual un hombre y una mujer se unen con arreglo a las prescripciones de su Iglesia. ■ **3** Ceremonia civil o religiosa del matrimonio [1 y 2]. ■ **4** Conjunto formado por un hombre y una mujer casados entre sí. **II** *loc adj* **5 de ~.** [Cama] grande en la que pueden dormir dos perss. **b)** Propio de la cama de matrimonio. **III** *loc v* **6 contraer ~** → CONTRAER.

matritense *adj* (*lit*) Madrileño.

matriz *f* **1** *En las hembras de los animales vivíparos:* Órgano de la gestación en que se desarrolla el feto. *Tb fig.* ■ **2** (*E*) Molde, gralm. hueco, para fundir, grabar o recortar diversos objetos. **b)** Copia metálica de un disco fonográfico, de la que se sacan las copias comerciales. ■ **3** Cosa que es origen [de otra (*compl de posesión*)]. *Tb sin compl. Frec en aposición. Normalmente dicho de cosas con n f.* **b)** (*Anat*) Materia básica de la que se deriva algo. *Frec con un adj o compl especificador.* ■ **4** Parte que queda en un talonario o bloque al separar cada talón o recibo. ■ **5** (*Mat*) Conjunto de números o signos algebraicos colocados en líneas horizontales y verticales y dispuestos en forma de rectángulo. **b)** (*Informát*) Disposición rectangular de puntos de imagen potenciales. *Frec ~ DE PUNTOS.*

matrizar *tr* (*E*) Labrar [piezas] mediante matrices [2].

matrona *f* **1** Mujer madura y corpulenta. ■ **2** (*Arte*) Figura de mujer madura. ■ **3** (*lit*) Madre de familia. ■ **4** Comadrona. ■ **5** Mujer encargada de registrar a otras en una oficina policial.

matronal *adj* De (la) matrona [1, 2 y 3].

matronil *adj* De (la) matrona [1]. **b)** Que tiene aspecto o carácter de matrona [1].

matujo *m* Mata (planta) pequeña.

maturranga *f* (*raro*) Prostituta.

matusa *m y f* (*jerg*) Viejo (pers. de mucha edad).

matusalén (*frec con mayúscula*) *m y f* Pers. de mucha edad. *Tb fig, referido a animales.*

matute *m* **1** Contrabando (introducción ilegal de mercancías). *Tb fig. Frec en la constr* DE *~.* ■ **2** Género de contrabando. *Tb fig.*

matutear *intr* Hacer matute [1].

matutero -ra *m y f* Contrabandista.

matutino -na *adj* De la mañana.

maula[1] (*col*) **A** *m y f* **1** Pers. holgazana, inútil o que no cumple sus obligaciones. *Frec usado como insulto. Tb adj.* ■ **2** Pers. tramposa o engañadora. *Frec usado como insulto. Tb adj.* **B** *f* **3** Trampa o engaño. ■ **4** Tontería o cosa sin importancia.

maula[2] *m* (*hist*) *Durante la dominación árabe en España:* Cristiano siervo o prisionero que alcanza la libertad por profesar el islamismo.

maulería *f* (*raro*) Engaño o fingimiento.

maullar (*conjug* **1f**) *intr* Emitir [el gato] la voz que le es propia. *Tb referido a otros felinos, y* (*desp o humoríst*) *referido a pers.*

maullido *m* Acción de maullar. *Frec su efecto.*

maúllo *m* Maullido.

maulón -na *adj* (*Taur*) [Res] cobarde y desigual en las acometidas. *Tb n.*

mau-mau (*pl normal, invar*) *adj* Perteneciente al Mau-Mau (sociedad secreta africana de carácter político, de los años 50, cuyo fin era expulsar de Kenia a los europeos). *Frec n, referido a pers.*

mauriceño -ña *adj* Mauriciano. *Tb n.*

mauriciano -na *adj* De la isla Mauricio. *Tb n, referido a pers.*

mauritano -na *adj* De Mauritania. *Tb n, referido a pers.*

mauro -ra *adj* (*hist*) Moro. *Tb n.*

máuser *m* Fusil de repetición inventado por el alemán Guillermo Mauser en 1872.

mausoleo *m* Sepulcro monumental y suntuoso.

maxi *adj* **1** [Abrigo, vestido o falda] largos hasta el tobillo. *Tb n: f, referido a falda; m, referido a abrigo o vestido.* ■ **2** (*Mar*) *En regatas:* De las máximas dimensiones. *Tb n m, referido a barco.*

maxi- *r pref* Denota dimensiones grandes, o mayores que las que se tienen por normales. * Maxiciudad. * Maxiventa. **b)** *Referido a prendas de vestir, denota longitud hasta los tobillos.* * Maxigabán. * Maxivestido.

maxiabrigo *m* Abrigo que llega hasta los tobillos.

maxifalda *f* Falda que llega hasta los tobillos.

maxila *f* (*Anat*) *En los artrópodos:* Pieza bucal situada inmediatamente detrás de la mandíbula.

maxilar *adj* (*Anat*) **1** De (la) mandíbula. *Tb n m, referido a hueso.* ■ **2** De (la) maxila.

maxilípedo *m* (*Anat*) *En los crustáceos:* Apéndice cefálico en forma de pata, situado a continuación de la maxila.

maxilofacial (*tb* **maxilo-facial**) *adj* (*Med*) De las mandíbulas y el rostro.

máxima *f* **1** Frase breve y concisa que encierra un pensamiento de carácter doctrinal o moral. ■ **2** Norma personal de conducta.

maximalismo *m* Tendencia a considerar una idea o doctrina como algo monolítico e inalterable que ha de aceptarse totalmente y sin concesiones. *Esp en política.*

maximalista *adj* **1** De(l) maximalismo o que lo implica. **b)** Adepto al maximalismo. *Tb n.* ■ **2** (*hist*) Bolchevique.

máximamente *adv* De manera máxima (→ MÁ-XIMO [1]).

máxime *adv* Especial o principalmente.

maximización *f* (*E*) Acción de maximizar.

maximizar *tr* (*E*) Hacer que [una magnitud (*cd*)] alcance su máximo valor. *Tb fig, fuera del ámbito técn.*

máximo -ma **I** *adj* **1** Más grande que ninguno de su especie, en tamaño, cantidad, calidad o intensidad. **b)** (*Geom*) [Círculo] que tiene por centro el de la esfera. ■ **2** Muy grande en calidad, cantidad o intensidad. *Con intención ponderativa.* ■ **3 de máxima.** [Termómetro] que mantiene marcada la temperatura máxima [1] a que ha estado expuesto.
II *n* **A** *m* **4** Cantidad, límite o punto máximos [1].
B *f* **5** Valor máximo [1] [de una cantidad variable, esp. la temperatura].
III *loc adv* **6 como ~.** Siendo [algo] el máximo [4] previsible o calculado.

máximum (*pl normal*, ~s) *m* Máximo [4].

maxiproceso *m* (*col*) Proceso en que hay muchos acusados.

maxisingle (*ing; pronunc corriente,* /maksisíngel/) *m* Disco microsurco de duración intermedia entre el sencillo o single y el de larga duración o elepé.

maxmordón *m* (*desp, raro*) Hombre torpe o pasmado.

maxura → MACSURA.

maxwell (*ing; pronunc corriente,* /máswel/; *pl normal*, ~s) *m* (*Fís*) En el sistema cegesimal: Unidad de flujo magnético, equivalente a una cienmilésima de weber.

maya[1] *f* **1** Vellorita (planta). ■ **2** Copla popular de exaltación de la primavera que se canta durante el mes de mayo. *Normalmente en pl.* ■ **3** Muchacha que preside los festejos populares en las fiestas de mayo. ■ **4** (*reg*) Mayo (árbol o palo).

maya[2] **I** *adj* **1** [Individuo] de una gran familia indígena, compuesta por más de veinte tribus, que habita principalmente en la península del Yucatán y regiones adyacentes. *Tb n.* **b)** De los mayas. ■ **2** De(l) maya [3].
II *m* **3** Familia de lenguas de los mayas [1].

mayador -ra *adj* (*reg*) Que maya². *Tb n, referido a pers.*

mayal *m* Instrumento formado por dos palos desiguales unidos por una cuerda, que sirve para desgranar los cereales, esp. el centeno.

mayar[1] *intr* Maullar.

mayar[2] *tr* (*reg*) Majar.

mayear *intr* **1** Hacer [en un mes (*suj*)] un tiempo propio del mes de mayo. ■ **2** Presentar [el campo] el aspecto verde y florido propio del mes de mayo.

mayeque *m* (*hist*) *En la América colonial:* Indio al servicio personal de un español.

mayero -ra *adj* (*raro*) Del mes de mayo.

mayestáticamente *adv* De manera mayestática.

mayestático -ca *adj* Majestuoso (que tiene o denota majestad). **b)** (*Gram*) [Plural] usado por un papa o un soberano para nombrarse a sí mismo en primera persona.

mayeta *f* (*reg*) Fresa silvestre.

mayeto *m* (*reg*) **1** Viñador de escaso caudal. ■ **2** Labrador.

mayeuta *m y f* (*lit, raro*) Maestro que ayuda a pensar o investigar.

mayéutico -ca (*Filos*) **I** *adj* **1** De (la) mayéutica [2]. **b)** Que utiliza la mayéutica.
II *f* **2** Método socrático de alumbrar, mediante el diálogo con el alumno, nociones que este posee sin saberlo.

mayido *m* Maullido.

mayismo *m* Palabra o giro propios de la familia lingüística maya o procedentes de ella.

mayista *adj* (*Pol*) Adepto al espíritu de la revolución de mayo de 1968, en París. *Tb n.*

mayo *m* **1** Quinto mes del año. *Se usa normalmente sin art.* ■ **2** Árbol o palo alto y adornado que en el mes de mayo se pone en una plaza o lugar público en que han de celebrarse fiestas. **b)** *Frec se usa en constrs de sent comparativo para ponderar la altura de una pers.* ■ **3** Copla que cantan los mozos a las mozas en la última noche de abril. *Normalmente en pl.* ■ **4** Ramo o adorno que se pone a la puerta de las jóvenes solteras.

mayólica *f* Loza con esmalte metálico.

mayonesa *adj* [Salsa] hecha con huevo y aceite crudos, batidos hasta tomar consistencia. *Frec n f.*

mayor **I** *adj* **A** *Comparativo de* GRANDE. *El segundo término comparado va introducido por* QUE *o* DE (*semiculto,* A); *a veces se omite.* **1** Más grande. ■ **2** [Pers.] de más edad. *Tb* (*col*) MÁS ~.
B *No comparativo. Frec en contraposición con* MENOR. **3** Grande. **a)** [Res] grande (p. ej., buey, mula, yegua). *Tb dicho del ganado compuesto por estas reses o cabezas.* **b)** [Caza] de animales grandes (p. ej., jabalí, ciervo, lobo). *Tb, más raro, dicho del cazador de estas fieras.* **c)** (*Filos*) *En un silogismo:* [Término] que tiene mayor extensión. **d)** (*Filos*) [Premisa] que contiene el término mayor. *Tb n f.* **e)** (*Mar*) [Palo] más alto del buque y que sostiene la vela principal. **f)** *Se usa como especificador de algunas especies botánicas:* CENTAURA ~, SIEMPREVIVA ~, VALERIANA ~, *etc.* (→ CENTAURA, SIEMPREVIVA, VALERIANA, *etc.*) ■ **4** (*Der*) De larga duración. **a)** [Pena de reclusión] que dura desde 20 años y 1 día hasta 30 años. **b)** [Pena de presidio o de prisión] que dura desde 6 años y 1 día hasta 12 años. **c)** [Pena de arresto] que dura desde 1 mes y 1 día hasta 6 meses. ■ **5** Adulto. *Dicho esp de perss y de ganado vacuno. Referido a pers, tb n y frec en pl.* **b)** [Pers.] que ha llegado a la mayoría de edad. *Tb ~ DE EDAD. Tb n y fig.* **c)** [Pers.] de edad avanzada. ■ **6** Principal. **b)** *Dicho de ciertos cargos, como* PORTERO ~, NOTARIO ~,

etc. **c)** [Oficial] ~ –› OFICIAL. **d)** [Misa] principal de una parroquia en día de precepto, que suele ser oficiada por el párroco. **e)** *(Rel catól)* [Órdenes sagradas] de presbítero, diácono y subdiácono. *Tb n f pl, gralm en la constr* ORDENAR(SE) DE ~ES. **f)** *(Rel catól)* [Excomunión] que consiste en la privación activa y pasiva de los sacramentos y sufragios comunes de los fieles. ■ **7** [Causa o motivo] importante. ■ **8** [Meses] últimos del embarazo de una mujer. **b)** *(Agric)* [Meses] inmediatamente anteriores a la cosecha. ■ **9** *(Com)* [Libro] en que el comerciante lleva sus cuentas por debe y haber sujetándose a riguroso orden de fechas. *Frec n m.* ■ **10** *(Mús)* [Tono o modo] en que la tercera nota dista dos tonos de la primera. **b)** [Nota] primera de una escala musical en tono mayor. ■ **11** [Aguas] ~es, [arte] ~, [colegio] ~, [estado] ~, [fuerza] ~, ~ [edad], [marca] ~, [palabras] ~es, [plana] ~, [seminario] ~ –› AGUA, ARTE, COLEGIO, ESTADO, FUERZA, EDAD, MARCA, PALABRA, PLANA, SEMINARIO. **II** *m* **12** *(lit) En pl:* Ascendientes o antepasados. ■ **13** *(Mil) En algunos países:* Jefe con empleo equivalente al de comandante. ■ **14 ~ que.** *(Mat)* Signo en figura de ángulo con el vértice a la derecha y que, colocado entre dos cantidades, indica que la segunda es menor. *Tb se usa, fuera del ámbito matemático, con otros valores.* **III** *loc v* **15 llegar** *(o pasar, o ir)* **a ~es.** *(col)* Llegar [en un asunto] a consecuencias graves. **b) llegar a ~es.** Llegar a tener relaciones sexuales. **IV** *loc adv* **16 al por ~** *(más raro, por ~).* *(Com)* En cantidad grande. *Tb fig. Tb adj.* ■ **17 a ~es.** *(reg)* Además. **b)** Mayormente. *Usado expletivamente.* ■ **18 de ~ a menor.** En un orden decreciente o que comienza por lo mayor [1] y termina por lo menor. ■ **19 por ~.** *(reg)* Mayormente o especialmente.

mayoral -lesa A *m* **1** Vaquero principal [de una ganadería]. *Tb sin compl.* ■ **2** Pastor principal [de un rebaño]. *Tb sin compl.* ■ **3** Capataz de una cuadrilla de trabajadores del campo. ■ **4** *(hist) En una diligencia u otro carruaje de caballos:* Hombre que gobierna el tiro de caballerías. **B** *m y f* **5** *(reg)* Hermano mayor [de una cofradía]. *Tb sin compl.*

mayoralía *f* Cargo de mayoral [1 y 2]. *Tb fig.*

mayorana *f* Mejorana (planta).

mayorazgo -ga A *m* **1** Institución que perpetúa en una familia la posesión de determinados bienes. ■ **2** Conjunto de bienes vinculados mediante mayorazgo [1]. **B** *m y f* **3** Pers. dueña de un mayorazgo [2]. **b)** Pers. heredera de un mayorazgo [2]. **c)** Primogénito. **C** *f* **4** Mujer de(l) mayorazgo [3].

mayorazguista *m y f* *(raro)* Pers. dueña de un mayorazgo [2].

mayordomía *f* **1** Cargo de mayordomo [1, 2 y 5]. ■ **2** *(hist)* Oficina del mayordomo [2]. **b)** *En un palacio:* Conjunto de estancias del mayordomo.

mayordomo -ma I *n* A *m* **1** Criado principal, encargado del gobierno de una casa. ■ **2** *(hist)* Individuo encargado del gobierno y administración [de algo, esp. de una casa o hacienda]. *A veces sin compl.* **b) ~ de fábrica.** Recaudador del derecho de fábrica. ■ **3** *(reg)* Capataz. ■ **4** *(Mar)* Jefe o encargado del personal y de los servicios de cocina de un barco. **b)** Despensa de un barco.

B *m y f* **5** *En una congregación o cofradía:* Pers. encargada del gobierno y la administración. **C** *f* **6** Mujer del mayordomo [1, 2 y 5]. **II** *adj* **7** [Salsa] que se prepara con mantequilla batida con perejil y otros condimentos. *Tb n f.*

mayorgano -na *adj* De Mayorga (Valladolid). *Tb n, referido a pers.*

mayoría *f* **1** Mayor parte [de un conjunto de perss. o cosas]. *Frec se omite el compl por consabido. Frec en constrs ponderativas como* LA GRAN ~ *o* LA INMENSA ~. **b)** *(semiculto)* Mayor parte [de algo único o no numerable]. **c)** Mayor número de votos favorables. **d)** **~ silenciosa.** Conjunto mayoritario de ciudadanos que no manifiestan públicamente sus opiniones políticas. ■ **2** Condición de la pers. que ha cumplido la edad establecida por la ley para que pueda disponer de sí y de sus bienes. *Frec ~ DE EDAD. Tb fig.* **b)** Condición de la pers. que ha llegado al estado adulto. ■ **3** *(Mil)* Oficina administrativa de un acuartelamiento.

mayoridad *f* Mayoría de edad. *Tb fig.*

mayorista *adj* [Comercio] que se realiza al por mayor. **b)** De(l) comercio mayorista. **c)** Que se dedica al comercio mayorista. *Tb n, referido a pers.* **d)** [Agencia de viajes] que organiza grandes recorridos, los cuales vende después a las pequeñas agencias. *Tb n f.*

mayoritariamente *adv* De manera mayoritaria.

mayoritario -ria *adj* **1** De (la) mayoría [1]. ■ **2** Que constituye una mayoría [1]. ■ **3** [Socio o accionista] que posee la mayoría de las acciones de una empresa. *Tb n.*

mayormente *adv* Principal o especialmente. **b)** *(pop)* En gran parte. **c)** *(pop)* Mucho o de manera notable. **d)** *(pop) Se usa expletivamente.* * –¿Volvieron a encontrarte algo preocupante en los pulmones? –Mayormente, no señor.

mayúsculo -la *adj* **1** [Letra] más grande que la común y gralm. de distinto trazado. *Tb n f. Se opone a* MINÚSCULA. ■ **2** Sumamente grande o importante. *Esp referido a cosa no material.*

maza *f* **1** Utensilio formado por un mango que se prolonga en un ensanchamiento cilíndrico y que se usa para golpear. ■ **2** Martillo grande. **b)** *En el martillo o martinete:* Pieza que sirve para golpear. ■ **3** *(hist)* Arma antigua en forma de maza [1], de hierro o de madera guarnecida de hierro. ■ **4** Insignia de dignidad, semejante a una maza [3]. ■ **5** *(reg)* Cubo de la rueda del carro.

mazacote -ta I *adj* **1** *(col)* Amazacotado. **II** *m* **2** Masa apelmazada. ■ **3** Construcción o mueble de aspecto pesado y tosco.

mazacotudo -da *adj* *(raro)* Amazacotado.

mazagrán *m* Refresco de café con hielo, limón, azúcar y ron u otro licor.

mazajón *m* *(reg)* Mejillón (molusco).

mazapán *m* Pasta de almendras molidas y azúcar, cocida al horno, que gralm. se presenta en forma de figuritas. **b)** Figurita de mazapán.

mazapanero -ra I *adj* **1** De(l) mazapán. **II** *m y f* **2** Fabricante de mazapán.

mazar *tr* *(reg)* **1** Batir [leche o manteca]. ■ **2** Golpear o machacar.

mazarambreño -ña *adj* De Mazarambroz (Toledo). *Tb n, referido a pers.*

mazarí *adj* (*hist*) [Ladrillo o baldosa] de forma cuadrada para pavimentar suelos. *Tb n m.*

mazarico *m* (*reg*) Se da este *n* al correlimos común (*Calidris alpina*), al zarapito fino (*Nomenius tenuirostris*) y a otras especies similares.

mazarrón¹ *m* Almazarrón (almagre).

mazarrón² *adj* (*hist, reg*) Que defrauda al fisco dejando de pagar el peaje u otro derecho de pasaje.

mazarronero -ra *adj* De Mazarrón (Murcia). *Tb n, referido a pers.*

mazas *adj invar* (*jerg*) Fuerte y musculoso.

mazazo *m* Golpe dado con un mazo o una maza. **b)** Golpe moral muy fuerte.

mazdeísmo *m* (*Rel*) Religión de los antiguos persas, que afirma la existencia de un principio del bien y otro del mal.

mazdeísta *adj* (*Rel*) De(l) mazdeísmo. **b)** Adepto al mazdeísmo. *Tb n.*

mazmorra *f* Prisión o calabozo subterráneos. **b)** *Frec se emplea en constrs de sent comparativo para ponderar lo lóbrego de un lugar.* * Esta casa es una mazmorra.

mazo *m* 1 Martillo grande, frec. de madera. **b)** *En algunas máquinas o utensilios:* Pieza que sirve para golpear. ■ 2 Conjunto [de cosas] unidas formando grupo.

mazonado -da *adj* (*Heráld*) [Figura] que representa una obra de sillería con las líneas que separan los sillares de distinto color.

mazonería *f* (*Arquit o reg*) Obra de fábrica. *Tb fig.*

mazonero *m* (*reg*) Albañil.

mazorca *f* Panoja de maíz.

mazorral *adj* 1 (*lit*) Tosco o grosero. ■ 2 (*Impr*) [Composición] que carece de párrafos, líneas cortas o blancos.

mazorralidad *f* (*raro*) Cualidad de mazorral.

mazorralismo *m* (*raro*) Cualidad de mazorral.

mazudo -da *adj* (*Bot*) De (la) maza [1]. **b)** Que tiene forma de maza [1].

mazueco -ca *adj* De Mazuecos (Guadalajara). *Tb n, referido a pers.*

mazuela *adj* [Variedad de uva] negra, que produce vinos muy ácidos, cultivada frec. en la Rioja. *Tb n f.*

mazuelo *m* Mazuela (uva). *A veces en aposición.*

mazurca (*tb con la grafía* **mazurka**) *f* Danza de origen polaco y compás ternario, propia del s. XIX. *Tb su música.*

mazut *m* (*Quím*) Fuel.

me → YO.

mea culpa *fórm or* Reconozco mi culpa o mi error. *Frec se sustantiva como n m.*

meada *f* (*vulg*) Acción de mear. *Frec su efecto.*

meadero *m* (*vulg*) Lugar destinado o usado para mear.

meadita *f* (*vulg*) 1 *dim de* MEADA. ■ 2 Cantidad muy pequeña [de un líquido].

meado *m* (*vulg*) Orina. *Frec en pl.*

meaja *f* (*hist*) Antigua moneda de vellón equivalente a medio dinero.

meandrinoso -sa *adj* (*raro*) Que tiene meandros o curvas.

meandro *m* 1 Curva de un río. *Tb fig.* ■ 2 (*Arte*) Decoración de líneas sinuosas.

meandroso -sa *adj* (*raro*) Que tiene curvas o meandros. *Tb fig.*

meano *adj* (*Taur*) [Toro] que tiene blanca la piel que cubre el bálano, siendo más oscuro el vientre.

meapilas *adj* (*col, desp*) [Pers.] que frecuenta la iglesia y los actos de piedad externa y cuya mentalidad se atiene estrictamente a la moral religiosa tradicional. *Frec n.* **b)** (*raro*) Propio de la pers. meapilas.

mear (*vulg*) A *intr* ➤ **a** *normal* 1 Orinar (expeler la orina). **b)** ser de (*o* para) ~ y no echar gota, ~ fuera del tiesto → GOTA¹, TIESTO¹.
➤ **b** *pr* (~**se**) 2 Expeler la orina involuntariamente. *Frec con un compl* EN *o con el adv* ENCIMA. ■ 3 Expeler la orina voluntariamente. *Gralm con un compl* EN *o con el adv* ENCIMA. ■ 4 Morirse [de risa]. *Tb sin compl. Tb en constrs de sent comparativo.* * Era como para mearse, creo que nunca nos habíamos reído tanto.
B *tr* 5 Orinar (expeler por la uretra). **b)** ~ agua bendita → AGUA. ■ 6 Orinar u orinarse [sobre alguien o algo (*cd*)]. ■ 7 ¿no te mea? ¿No te fastidia? *Frec con entonación exclamativa.*

meato *m* 1 (*Anat*) Conducto, u orificio de un conducto. ■ 2 (*Bot*) Espacio intercelular del parénquima.

meca¹ (*con mayúscula en acep 2 y a veces en acep 1*) *f* 1 Lugar que es el centro principal [de una actividad], o que atrae [a los que la practican (*compl de posesión*)]. ■ 2 de la Ceca a la ~ → CECA¹.

meca² *f* (*reg*) Piedrecita que se usa para jugar. *Frec en pl, designando el juego.*

mecá *interj* (*col*) Mecachis [2].

mecachis (*col*) I *fórm or* 1 ~ en + *sust. euf por* ME CAGO EN + *sust.* * Mecachis en la mar, con la ilusión que le hacía.
II *interj* 2 *Expresa disgusto o sorpresa.* * ¡Mecachis, qué frío!

mecánicamente *adv* 1 De manera mecánica [2 y 3]. ■ 2 En el aspecto mecánico [2].

mecanicismo *m* (*Filos*) Doctrina o actitud según la cual cualquier fenómeno puede explicarse por las leyes mecánicas [1].

mecanicista *adj* (*Filos*) De(l) mecanicismo. **b)** Adepto al mecanicismo. *Tb n.*

mecánico -ca I *adj* 1 De (la) mecánica [8]. **b)** De(l) movimiento y sus efectos físicos. ■ 2 De (las) máquinas. **b)** Que se hace con máquina(s). **c)** Que funciona mediante una máquina. **d)** De motores de vehículos automóviles. ■ 3 Automático o no reflexivo. ■ 4 (*Med*) [Asfixia] causada por obstrucción interna o externa de las vías respiratorias. ■ 5 (*hist*) [Trabajador o trabajo] manual. *Tb n, referido a pers.*
II *n* A *m y f* 6 Pers. que se dedica a la reparación o mantenimiento de máquinas, a su fabricación o manejo. **b)** Chófer particular. ■ 7 ~ dentista. Pers. especializada en la fabricación de prótesis dentales. *Tb, simplemente, ~.*
B *f* 8 Ciencia que estudia la acción de las fuerzas sobre los cuerpos y los movimientos que producen. ■ 9 Técnica de la construcción y funcionamiento de las máquinas. ■ 10 Conjunto de piezas destinado a

producir, transmitir o transformar un movimiento. *Tb su funcionamiento. Tb fig.*

mecanismo *m* **1** Conjunto de piezas u órganos que producen o transforman un movimiento. ■ **2** Modo de producirse [una actividad, una función o un fenómeno (*compl de posesión*)].

mecanizable *adj* Que se puede mecanizar.

mecanización *f* Acción de mecanizar(se).

mecanizado¹ -da *adj* **1** *part* → MECANIZAR. ■ **2** (*Mil*) Que dispone de vehículos oruga acorazados.

mecanizado² *m* (*Metal*) Operación mediante la cual se labra una pieza quitándole material.

mecanizar *tr* **1** Dotar de máquinas [al campo, a la industria o al ejército (*cd*)]. ■ **2** Dar carácter mecánico [2 y 3] [a algo (*cd*)]. **b)** *pr* (~**se**) Pasar a tener [algo] carácter mecánico.

mecano (*alguna vez con la grafía* **meccano**, *n comercial registrado*) *m* Juego de construcción, gralm. de piezas metálicas.

mecanografía *f* Técnica de escribir a máquina.

mecanografiado *m* Acción de mecanografiar.

mecanografiar (*conjug* **1c**) *tr* Escribir [algo] a máquina. *Frec en part.*

mecanográfico -ca *adj* De (la) mecanografía.

mecanógrafo -fa *m y f* Especialista en mecanografía.

mecanorreceptor *m* (*Fisiol*) Receptor sensorial de los estímulos mecánicos, como el tacto o la presión.

mecanoterapia *f* (*Med*) Tratamiento de las enfermedades mediante aparatos que someten al cuerpo a un movimiento activo o pasivo.

mecanotubo *m* Tubo metálico dispuesto en piezas que se atornillan para formar diversas construcciones.

meccano → MECANO.

mecedor *m* **1** Instrumento para mecer [2]. ■ **2** (*raro*) Columpio. ■ **3** (*raro*) Mecedora.

mecedora *f* Silla con brazos apropiada para mecerse [1].

mecenas *m y f* Pers. rica o poderosa que ayuda económicamente a uno o más artistas o intelectuales.

mecenazgo *m* Condición de mecenas o actuación propia de un mecenas.

mecénico -ca *adj* (*raro*) Que tiene carácter de mecenas.

mecenismo *m* (*raro*) Mecenazgo.

mecer *tr* **1** Mover [algo o a alguien] acompasadamente y con movimiento de vaivén. *Tb fig.* **b)** *pr* (~**se**) Moverse [alguien o algo] acompasadamente y con movimiento de vaivén. ■ **2** Agitar [un líquido].

mecetas *f pl* (*reg*) Fiestas patronales.

mecha¹ **I** *f* **1** Cordón o conjunto de hilos que, impregnados de una sustancia combustible, se destinan a arder. ■ **2** Cordón combustible que sirve para dar fuego a una carga explosiva. *Tb fig.* ■ **3** Tira de gasa o de tela que se introduce en una herida o fístula para facilitar la salida de humores o evitar la cicatrización prematura. ■ **4** Mechón. **b)** Mechón de cabello teñido de distinto color que el resto. *Gralm en pl. Tb el mismo tinte.* ■ **5** (*col*) Tema o materia de que hablar. *En constrs como* HABER, TENER O QUE-

DAR ~. ■ **6** (*Mar*) Espiga con que se encajan algunas piezas.

II *loc v* **7 aguantar ~.** (*col*) Sufrir resignadamente una situación penosa o desagradable.

III *loc adv* **8 a toda ~.** (*col*) A toda prisa o a toda velocidad. ■ **9 a toda ~.** (*col*) Con la máxima potencia.

mecha² *f* (*jerg*) Procedimiento de hurto que consiste en llevarse objetos de las tiendas ocultándolos entre las ropas o en los bolsos.

mechado *m* (*Coc*) Guiso de carne mechada [1].

mechar *tr* **1** Introducir tiras de jamón o tocino [en una carne (*cd*) que se va a cocinar]. ■ **2** Entreverar o entremezclar [una cosa con otra (*compl* DE)].

mechero¹ *m* **1** Encendedor (aparato que sirve para encender llama). ■ **2** Utensilio provisto gralm. de mecha¹ [1] y utilizado para producir luz o calor. ■ **3** *En determinados aparatos:* Boquilla que da salida al combustible y en la cual se produce la llama.

mechero² -ra *m y f* (*jerg*) Ladrón de tiendas por el procedimiento de la mecha².

mechinal *m* **1** Agujero que se deja en un muro para empotrar los travesaños del andamio. ■ **2** Habitación muy pequeña.

mechón *m* Conjunto de cabellos o pelos que se distingue del resto por su posición, forma o color.

mecida *f* Acción de mecer(se).

meco -ca *adj* (*reg*) Que carece de vello púbico.

meconio *m* Primer excremento de los niños recién nacidos.

meda *f* (*reg*) Hacina o montón de forma cónica, de mies, paja o hierba.

medalla **I** *f* **1** Pieza de metal con una imagen sagrada, que se lleva colgada por devoción. ■ **2** Pieza de metal, gralm. redonda, con una imagen o inscripción, que constituye un premio, una distinción honorífica o el distintivo de una corporación. *Tb el premio o la distinción.* ■ **3** Pieza de metal acuñada en honor de un personaje o como recuerdo de un acontecimiento.

II *loc v* **4 ponerse** (*o* **colgarse**) ~**s.** Atribuirse méritos.

medallar *tr* Premiar o condecorar [a alguien] con una medalla [2].

medallería *f* Conjunto o colección de medallas, *esp* [3].

medallero *m* **1** Colección de medallas [3]. ■ **2** (*Dep*) Conjunto de medallas [2] conseguidas.

medallista *m y f* **1** Fabricante o grabador de medallas. ■ **2** (*Dep*) Deportista que ha ganado una medalla [2].

medallístico -ca **I** *adj* **1** De (las) medallas, *esp* [3].

II *f* **2** Ciencia que trata del estudio de las medallas [3].

medallón *m* **1** Medalla grande. ■ **2** Joya en forma de cajita en cuyo interior se guardan retratos, rizos u otros recuerdos. ■ **3** Motivo decorativo oval o circular, que gralm. encierra una pintura o un relieve, usado en arquitectura y en diseño textil. ■ **4** Pintura, dibujo o relieve de forma circular u oval. ■ **5** (*Coc*) Filete redondo u ovalado.

medal-play (*ing; pronunc corriente,* /médal-plei/; *tb con la grafía* **medal play**) *adj invar* (*Golf*) [Modalidad] en que el tanteo se basa en el número total de golpes dados. *Tb n m. Se opone a* MATCH-PLAY.

médano *m* Duna.

medersa *f* (*hist*) Madraza² (escuela musulmana de estudios superiores).

media¹ → MEDIO.

media² *m pl* Medios de comunicación de masas.

mediación *f* Acción de mediar [3, 4 y 5].

mediador -ra I *adj* **1** Que media [3, 4 y 5]. *Tb n, referido a pers.* ■ **2** De (la) mediación.
II *m* **3** (*Quím*) Sustancia que actúa como intermediaria en determinadas funciones.

mediados *m pl* Período central [de una unidad de tiempo no inferior a la semana]. *Gralm en la constr* A ~.

mediafuente (*tb con la grafía* **media fuente**; *pl normal,* ~s *o* MEDIAS FUENTES) *f* (*reg*) Fuente (recipiente para el servicio de mesa).

medial *adj* **1** De(l) medio. **b)** Que se halla en el medio. **c)** [Letra] que se halla en el interior de una palabra. ■ **2** (*Gram*) [Voz] media (→ MEDIO). *Tb n f.*

mediana → MEDIANO.

medianamente *adv* De manera mediana (→ MEDIANO [1]), esp. en calidad o intensidad.

medianería *f* **1** Pared o división común a dos edificios o terrenos contiguos. *Tb fig.* ■ **2** Condición de medianero [2].

medianero -ra I *adj* **1** [Cosa] que está en medio de otras dos. ■ **2** [Pared u otra división] común a dos edificios o terrenos contiguos. *Tb n f.* **b)** [Casa o propiedad] que tiene pared o división común con otra u otras. *Tb, referido al propietario.* ■ **3** Mediador [1]. *Tb n.*
II *m y f* **4** Mediero o aparcero.

medianía *f* **1** Cualidad de mediano [1], esp. en calidad o importancia. ■ **2** Pers. mediana o que no destaca en su campo. ■ **3** Parte o zona media. **b)** Zona intermedia entre la costa y la montaña. ■ **4** (*reg*) Medianería [1].

medianil *m* Pared o división medianera.

mediano -na I *adj* **1** Intermedio en tamaño, cantidad, calidad o intensidad. *Con un compl especificador que frec se omite por consabido. A veces con intención eufemística o irónica.*
II *f* **2** (*Geom*) Recta que une un vértice de un triángulo con el punto medio del lado opuesto. ■ **3** Seto o construcción de pequeña altura que divide longitudinalmente una calzada. ■ **4** (*reg*) Pan redondo más pequeño que la hogaza. ■ **5** (*reg*) Pan hecho con harina que contiene algo de salvado.
III *adv* **6** Medianamente.

medianoche (*en acep 1, tb* **media noche**; *en acep 2, el pl normal es* MEDIASNOCHES) *f* **1** Hora en que el Sol está en el punto opuesto al de mediodía. **b)** Parte central de la noche. ■ **2** Variedad de bollo suizo pequeño que se emplea para hacer bocadillos.

mediante (*con pronunc átona en acep 1*) I *prep* **1** Por medio de.
II *adj* **2** *n* + ~ = ESTANDO POR MEDIO + *el mismo n.*
* Es difícil distinguir, maxifalda mediante, a ambos tipos de mujer. **b)** **Dios** ~ → DIOS.

mediantín -na *adj* (*reg*) Que tiene escasos medios económicos. *Tb n, referido a pers.*

mediar (*conjug* **1a**) **A** *intr* **1** Llegar [algo] a su mitad. *Frec en part.* ■ **2** Existir [entre dos o más perss. o cosas]. *A veces se omite el compl por consabido.* **b)** Ocurrir [algo entre dos momentos]. *A veces se omite el compl por consabido.* **c)** Producirse [una comunicación entre dos perss.]. *A veces se omite el compl por consabido.* **d)** Transcurrir [un intervalo de tiempo entre dos sucesos o momentos]. *A veces se omite el compl por consabido.* ■ **3** Intervenir para poner de acuerdo [a dos o más perss. (*compl* ENTRE)]. ■ **4** Intervenir [en un asunto]. *A veces se omite el compl por consabido.* ■ **5** Interceder [por alguien].
B *tr* **6** Llegar a la mitad [de algo (*cd*)]. *Frec en part.* ■ **7** (*raro*) Existir [entre dos o más perss. o cosas (*cd*)]. ■ **8** (*raro*) Intervenir [en algo (*cd*)].

mediastino *m* (*Anat*) Espacio comprendido entre ambas pleuras, en la línea media de la caja torácica.

mediatamente *adv* De manera mediata.

mediateca *f* Colección de soportes de información correspondientes a distintos medios. *Tb el lugar en que está instalada.*

mediatez *f* (*raro*) Cualidad de mediato.

mediático -ca *adj* De (los) medios de comunicación.

mediatización *f* Acción de mediatizar.

mediatizador -ra *adj* **1** Que mediatiza. *Tb n, referido a pers.* ■ **2** De (la) mediatización.

mediatizar *tr* Intervenir o influir en el comportamiento [de una pers. o institución (*cd*)] coartando o limitando su libertad. **b)** Influir [en algo (*cd*)] modificando su carácter o tendencia natural.

mediato -ta *adj* (*Filos o lit*) [Hecho o circunstancia] que se produce o se presenta dependiendo de un elemento intermedio.

mediator *m* (*Naipes*) Cierto juego semejante al tresillo.

mediatriz *f* (*Geom*) Perpendicular trazada en el punto medio de un segmento de recta.

medible *adj* Que se puede medir.

medicación *f* **1** Acción de medicar. ■ **2** Conjunto de medicamentos con que se medica a una pers.

medical *adj* (*raro*) Médico¹ [1].

medicalización *f* Acción de medicalizar.

medicalizar *tr* Dotar de servicio médico¹ [a algo (*cd*)].

medicalmente *adv* (*raro*) Médicamente.

médicamente *adv* **1** De manera médica¹ [1]. ■ **2** En el aspecto médico¹ [1].

medicamento *m* Sustancia empleada para curar, aliviar o prevenir enfermedades, dolores o daños físicos.

medicamentoso -sa *adj* **1** De(l) medicamento. ■ **2** Que tiene carácter o propiedades de medicamento.

medicar *tr* Tratar [a alguien o algo] con medicamentos. *A veces con un compl* CON.

mediceo -a *adj* (*lit*) De la poderosa familia florentina de los Medici o Médicis (pralm. ss. XV-XVIII).

medicina *f* **1** Ciencia que trata de la prevención y curación de las enfermedades humanas. *A veces con un adj o compl especificador.* ■ **2** Medicamento. **b)** Remedio curativo.

medicinal *adj* De (la) medicina. **b)** Curativo.

medicinar *tr* Medicar.

medición *f* Acción de medir.

médico[1] **-ca** (*a veces, en acep 3, se usa la forma m con valor de f*) **I** *adj* **1** De (la) medicina [1] o de los médicos [3]. ■ **2 de(l) ~.** (*col*) [Visita] sumamente breve.
II *n* **A** *m y f* **3** Pers. que ha hecho la carrera de medicina [1].
B *f* **4** (*col*) Mujer del médico [3].

médico[2] **-ca** *adj* (*hist*) De los medos.

medida I *f* **1** Acción de medir. **b)** Expresión numérica del resultado de medir. **c)** (*TLit*) Número y clase de sílabas de un verso. ■ **2** Unidad para medir longitudes, superficies, líquidos o áridos. *Tb fig.* **b)** Objeto que corresponde a una determinada medida y que se utiliza para medir [1]. **c)** Criterio para juzgar. ■ **3** Grado o intensidad. ■ **4** Moderación o mesura. ■ **5** Disposición encaminada a prevenir una contingencia o a hacer frente a las consecuencias de un hecho. *Frec en pl y tb como cd de* TOMAR *o* ADOPTAR.
II *loc v* **6 colmar la ~.** Rebasar el límite de lo tolerable. ■ **7 tomarle las ~s** [a alguien o algo]. Estudiar[lo] para conocer[lo] a fondo.
III *loc adv* **8 a (la) ~.** De acuerdo con las medidas [1] adecuadas a la pers. o cosa a que se destina. *Tb adj. Tb fig.* **b) sobre ~.** (*semiculto*) A la medida.
IV *loc prep* **9 a la ~ de.** De acuerdo con, o en correspondencia con.
V *loc conj* **10 a ~ que.** Expresa la progresión paralela de las acciones expresadas en el v pral y en la prop. * A medida que avanzábamos la oscuridad era mayor. ■ **11 en la ~ en que.** En tanto en cuanto.

medido -da *adj* **1** *part* → MEDIR. ■ **2** (*lit*) [Cosa] ponderada o discreta.

medidor -ra *adj* Que mide. *Tb n m, designando pers o aparato.*

mediero -ra *m y f* Pers. que va a medias en una explotación rural.

medieval *adj* De la Edad Media.

medievalidad *f* Cualidad de medieval.

medievalismo *m* **1** Carácter o espíritu medieval. ■ **2** Estudio de la Edad Media.

medievalista I *adj* **1** De(l) medievalismo o que lo implica.
II *m y f* **2** Especialista en temas medievales.

medievalizante *adj* Que tiende a medieval.

medievalizar *tr* Dar carácter medieval [a alguien o algo (*cd*)]. **b)** *pr* (**~se**) Tomar [alguien o algo] carácter medieval.

mediévico -ca *adj* (*lit, raro*) Medieval.

medievo *m* (*lit*) Edad Media.

medina *f* **1** Barrio antiguo o no europeo [de una ciudad del norte de África perteneciente a una antigua colonia europea]. ■ **2** (*lit*) Ciudad musulmana.

medinense *adj* Medinés. *Tb n.*

medinés -sa *adj* De alguna de las poblaciones denominadas Medina. *Tb n, referido a pers.*

mediní *adj* De Medina (Arabia Saudí). *Tb n, referido a pers.*

medio -dia (*con pronunc átona en acep 27*) **I** *adj* **1** [Cosa] de la que se toma o considera solo una mitad. *Antepuesto al n.* **b)** *Antepuesto al n de determinadas medidas:* Que equivale a la mitad de la medi-

da expresada por el n. correspondiente. **c)** Gran parte. *Con intención enfática.* **d)** [Pensión] que incluye la comida de mediodía, pero no la cena. *Referido a establecimientos hoteleros y colegios. Normalmente antepuesto al n.* **e) media** (*sin n*). Media hora. *Normalmente en la constr* LA(S) + *número* + Y MEDIA. *Tb n f.* * Son las cinco y media. * El reloj acaba de dar la media. **f) ni ~.** *Se usa para expresar enfáticamente la ausencia total de perss o cosas.* * No digas ni media palabra. ■ **2** Incompleto o imperfecto. *Antepuesto al n.* ■ **3** Mediano o intermedio (en posición, calidad, intensidad, nivel, etc.) entre los dos extremos. **b)** *Referido a determinados ns que expresan cantidad:* Que corresponde a la media [24] o promedio. **c)** [Edad histórica] que abarca desde la caída del Imperio Romano hasta la del Imperio Bizantino (476-1453). **d)** (*Dep*) [Línea] que ocupa una posición intermedia entre la defensa y la delantera. *Tb n f.* **e)** (*Caza*) [Liebre o conejo] mayor que gazapo pero menor que adulto. **f)** *Antepuesto a determinados ns de tiempo o de acción* (MAÑANA, TARDE, NOCHE, COMIDA, CLASE, *etc*): Parte central [del tiempo o la acción que se expresa]. *Gralm en la constr* A ~ + *n.* * Llegaron a media tarde. **g)** (*Filos*) En un silogismo: [Término] por intermedio del cual se ponen en relación los términos mayor y menor. **h)** (*Fon*) [Vocal] cuya articulación no es palatal ni velar. **i)** (*Gram*) [Voz, o construcción pronominal] en que se denota que al ser nombrado el sujeto le ocurre lo que el verbo expresa, sin intervención activa de aquel y sin alusión a un agente determinado (por ej., "El puente se hundió"). ■ **4** Que corresponde a los caracteres más generales de su grupo. ■ **5** (*Dep, esp Boxeo*) [Peso] cuyo límite superior es de 72,5 kg. *Tb referido al deportista de ese peso; en este caso, frec como n m en pl.* ■ **6** (*Cine y TV*) [Plano] que recoge la figura humana desde la cabeza hasta la cintura aproximadamente. ■ **7** (*raro*) Mellizo o gemelo. ■ **8** [Aguja o punto] **de media,** [clase] **media, media** [anata], **media** [lengua], **media** [luna], **media** [luz], **media** [naranja], **medias** [palabras], **medias** [tintas], **~** [punto], **~** [relieve] → AGUJA, PUNTO, CLASE, ANATA, LENGUA, LUNA, LUZ, NARANJA, PALABRAS, TINTA, PUNTO, RELIEVE.
II *n* **A** *m* **9** Ambiente, o conjunto de factores externos que condicionan biológicamente a los seres. *Frec* ~ AMBIENTE. **b)** *Tb en sent moral, referido a perss.* * La ley actual es la competencia. Los hombres que habitamos en este medio somos puros seres competitivos. ■ **10** Sustancia en que se desarrolla un fenómeno determinado. ■ **11** Círculo o ámbito. *Gralm en pl.* ■ **12** Parte [de una cosa] que equidista de los extremos. **b)** *Esp en sent moral. Frec precedido del adj* JUSTO. * En el justo medio está la virtud. ■ **13** (*Taur*) En pl: Tercio correspondiente al centro del ruedo. ■ **14** (*Dep*) Jugador que forma parte de la línea media [3d]. ■ **15** (*Naipes*) *En el tresillo:* Jugador que ocupa el primer lugar a la derecha del mano. ■ **16** (*Mat*) Término de los dos de una proporción aritmética que no son extremos. ■ **17** (*Mat*) Media [24]. ■ **18** (*Mat*) Mitad de uno. ■ **19** Cosa que sirve para un determinado fin. *Gralm con un compl especificador.* **b)** **~s de comunicación,** **informativos,** o **de comunicación** (*frec simplemente* **~s**). Prensa, radio y televisión. *A veces incluye tb el cine.* ■ **20** En pl: Dinero o hacienda. *Tb* ~S ECONÓMICOS. ■ **21** (*reg*) Vaso de vino. ■ **22** (*reg*) Medida de capacidad para áridos equivalente a dos cuartillos o medio almud, según los lugares. *Tb el recipiente con que se mide.*
B *f* **23** Prenda de punto que cubre el pie y la pierna, gralm. hasta la parte superior del muslo. ■ **24**

(*Mat*) Cantidad que representa el promedio de varias otras. *Frec con un adj especificador:* ARITMÉTICA, GEOMÉTRICA *o* PROPORCIONAL. *Sin adj, gralm designa la aritmética.* ■ **25** (*reg*) Medida para áridos equivalente a media fanega. *Tb el recipiente con que se mide.* ■ **26** (*Naipes*) *En su mus: En pl:* Jugada que consiste en tener tres cartas del mismo número.

III *adv* **27** No del todo. **b) a ~ +** *infin* = SIN + *infin* + DEL TODO. * Esta carne está a medio hacer. **c) ni ~.** Nada. *Con intención enfática.* * Eso no estaría ni medio bien. ■ **28 a medias.** No del todo. *Tb adj.* ■ **29 a medias.** A la mitad. *Referido a acciones.* ■ **30 a medias.** En cooperación a partes iguales entre dos (a veces más) seres. ■ **31 de ~ a ~.** Completamente. *u otro equivalente.* ■ **32 en ~.** En la parte central. *Tb* EN EL ~. *Tb* (*reg*) EN (EL) ~ Y ~. **b)** En posición intermedia. **c)** Mezclándose [con una serie de perss. o cosas (*compl* DE)] o estando rodeado [de ellas]. *Tb sin compl.* **d)** Estorbando u obstruyendo el paso. *Tb* POR ~, POR EN ~ *o* POR EL ~. **e)** Sin recoger y fuera del sitio debido. **f) en ~ de todo** → TODO. ■ **33 entre medias** (*tb con la grafía* **entremedias**), *o* **por entremedias.** En el espacio intermedio entre dos perss. o cosas. *Tb referido a tiempo.* ■ **34 por ~, de por ~,** *o* (*raro*) **entre ~.** En el espacio intermedio entre dos perss. o cosas. *Tb referido a tiempo.* ■ **35 por ~, por el ~,** *o* **por en ~.** Por la mitad. ■ **36 por ~, de por ~,** *o* **por en ~.** Interviniendo.

IV *loc prep* **37 por ~ de.** Sirviéndose de.

V *loc v* **38 poner tierra por ~,** *o* **quitar del ~** (*o* **de en ~**) → TIERRA, QUITAR.

medioambiental *adj* De(l) medio ambiente.

mediocampista *m y f* (*Dep*) Centrocampista.

mediocre *adj* De calidad mediana, tirando a baja. *A veces usado como euf por* MALO.

mediocremente *adv* De manera mediocre.

mediocridad *f* **1** Cualidad de mediocre. ■ **2** Pers. o cosa mediocre.

mediocrización *f* Acción de mediocrizar.

mediocrizar *tr* Dar carácter mediocre [a alguien o algo (*cd*)].

mediodía *m* (*tb, reg, f, en acep 1*) **1** Hora en que el Sol está en el punto más alto de su elevación sobre el horizonte. **b)** Tiempo del día que transcurre entre la jornada laboral de la mañana y la de la tarde, esp. la hora de comer. ■ **2** Sur (punto cardinal). **b)** Parte [de un territorio] que está hacia el sur.

medioeval *adj* (*lit*) Medieval.

medioevo *m* (*lit*) Medievo.

mediofondista *m y f* (*Dep*) Deportista especializado en carreras de medio fondo.

mediofondo *m* (*Dep*) Medio fondo (→ FONDO).

mediometraje *m* (*Cine*) Película de duración comprendida entre media y una hora.

mediomundo (*tb con la grafía* **medio mundo**) *m* Arte de pesca propio del Cantábrico, consistente en una bolsa de red sostenida por un aro de alambre del que parten cordeles que se atan al extremo de un palo.

mediooriental (*tb* **medio-oriental** *y* **medioriental**) *adj* De(l) Oriente Medio.

mediopalatal *adj* (*Fon*) [Articulación o sonido] que se realiza en el centro del paladar. *Tb n f.*

mediopensionado *m* **1** Régimen de(l) mediopensionista. ■ **2** Colegio, o residencia aneja a él, para alumnos mediopensionistas.

mediopensionista *adj* [Pers., esp. estudiante] que vive en régimen de media pensión. *Tb n.*

medioriental → MEDIOORIENTAL.

mediquillo -lla *m y f* (*desp*) Médico indocto.

medir (*conjug 62*) *tr* **1** Determinar el valor [de una magnitud (*cd*)] por comparación con otra magnitud constante de su misma especie, tomada como término de referencia. *Tb fig, referido a cosas no físicas.* **b)** Determinar el tamaño o la cantidad [de algo (*cd*)] por medio de la unidad de medida correspondiente. *Más raro, referido a estatura de perss.* **c)** (*TLit*) Establecer la medida [de un verso (*cd*)]. ■ **2** Poner a competir la fuerza o la valía [de alguien o algo (*cd*)] frente a otra pers. o cosa (*compl* CON). *A veces el cd es refl. Con suj pl, hay un compl único que es cd.* **b)** Confrontar [cosas no materiales, esp. fuerzas o ingenios]. ■ **3** Considerar o calcular la importancia [de algo (*cd*)]. ■ **4** Usar moderación y prudencia [en algo (*cd*)]. *Tb, más raro, con cd refl, referido a pers.* * Mide tus palabras. * Hace seriales de televisión, pero midiéndose mucho, para no cansar. ■ **5** Recorrer [un espacio limitado] reiteradamente de un extremo a otro. **b) ~ las costillas, las espaldas,** *o* **el lomo, el suelo** → COSTILLA, ESPALDA, LOMO, SUELO. ■ **6** Tener [un cuerpo (*suj*)] por medida [cierto número de unidades métricas]. *A veces la medida se expresa de modo aproximado por medio de un cuantitativo.*

meditable *adj* Que se puede meditar [1].

meditabundo -da *adj* [Pers.] que medita. **b)** Propio de la pers. que medita.

meditación *f* Acción de meditar.

meditadamente *adv* Con meditación.

meditador -ra *adj* Que medita. *Tb n, referido a pers.*

meditante *adj* (*lit*) Que medita.

meditar **A** *tr* **1** Pensar larga y detenidamente [sobre algo (*cd*)].

B *intr* **2** Pensar larga y detenidamente [sobre algo (*compl* SOBRE *o* EN)]. *Frec sin compl, esp referido a temas religiosos.*

meditativo -va *adj* **1** Dado a la meditación. ■ **2** De (la) meditación.

mediterraneidad *f* Cualidad de mediterráneo [1].

mediterráneo -a I *adj* **1** De(l) mar Mediterráneo, o de la zona bañada por él. **b)** [Clima] caracterizado por veranos secos y calurosos y una estación lluviosa en invierno. **c)** [Pueblo] de raza blanca, caracterizado por estatura media y cabellos y ojos oscuros, que se extiende por las costas europeas y africanas del Mediterráneo. ■ **2** (*Geogr*) [Mar o aguas] que están rodeados total o casi totalmente de tierra.

II *m* **3 el Mediterráneo,** *o* **un ~.** Algo muy conocido por todos. *Con el v* DESCUBRIR *o* *algún derivado suyo; usado irónicamente.*

médium (*pl normal, ~s*) *m y f* (*Parapsicol*) Pers. a la que se considera con facultades para actuar de intermediaria en comunicaciones con los espíritus.

mediúmnico -ca *adj* (*Parapsicol*) De(l) médium.

mediumnidad *f* (*Parapsicol*) Facultad del médium para comunicarse con los espíritus. *Tb la práctica correspondiente.*

mediumnismo *m* (*Parapsicol*) Carácter o condición de médium.

medo -da *adj* (*hist*) De Media (antigua región de Asia). *Tb n, referido a pers.* **b)** De (los) medos.

medra *f* Medro o crecimiento.

medrador -ra *adj* Que medra. *Tb n, referido a pers.*

medraje *m* (*raro*) Medro.

medrana *f* (*jerg*) Miedo.

medrar *intr* **1** Crecer [un ser vivo]. ■ **2** Prosperar, o mejorar de posición, esp. en el aspecto económico. ■ **3 estar medrado.** Estar arreglado o apañado. *En sent irónico. El part se antepone al v. Normalmente en la fórmula* MEDRADOS ESTAMOS.

medro *m* Acción de medrar.

medrón *m* (*Caza*) Nudo o anillo de la cuerna de la cabra montés.

medrosamente *adv* (*lit*) De manera medrosa.

medrosidad *f* (*lit*) Cualidad de medroso.

medroso -sa *adj* (*lit*) **1** Que siente temor. *Tb fig.* ■ **2** Que denota o implica temor. ■ **3** Que produce temor.

médula (*tb, raro,* **medula**) *f* **1** Sustancia grasa, blanca o amarillenta, que se halla dentro de algunos huesos. ■ **2** Prolongación del cerebro situada en el interior de la columna vertebral. *Tb* (*Anat*) ~ ESPINAL. ■ **3** (*Anat*) Porción central [de un órgano]. *Se opone a* CORTEZA. ■ **4** (*Bot*) Parte interior de la raíz o el tallo de las plantas fanerógamas, usada a veces en cestería. ■ **5** Parte esencial [de algo].

medular[1] *adj* De (la) médula.

medular[2] *tr* Constituir la médula [5] [de algo (*cd*)].

medularmente *adv* Esencialmente.

meduloso -sa *adj* (*raro*) Que tiene médula.

medusa *f* Celentéreo transparente y gelatinoso, en forma de sombrilla o campana bajo la cual se encuentran la boca y los tentáculos.

meeting (*ing; pronunc corriente,* /mítin/; *pl normal,* ~s) *m* Mitin (político o deportivo). *Hoy raro en sent político.*

mefistofélicamente *adv* (*lit*) De manera mefistofélica.

mefistofélico -ca *adj* (*lit*) Diabólico.

mefítico -ca *adj* [Aire o gas] nocivo y maloliente. **b)** Fétido o maloliente.

mega *m* (*Informát*) Megabyte.

mega- *r pref* **1** (*E*) Un millón. *Antepuesta a ns de unidades de medida, forma compuestos que designan unidades un millón de veces mayores.* * Megaelectronvoltio. ■ **2** *Denota magnitud o dimensiones extraordinarias.* * Megamillonario. * Megapopularidad.

megabit (*pl,* ~s) *m* (*Informát*) Unidad de información que equivale a un millón de bits.

megabyte (*ing; pronunc corriente,* /megabáit/ *o* /megabíte/) *m* (*Informát*) Unidad equivalente a 1.048.576 bytes.

megacariocito *m* (*Anat*) Célula gigante de la médula ósea.

megaciclo *m* (*Fís*) Unidad de frecuencia equivalente a un millón de ciclos.

megacolon *m* (*Med*) Tamaño anormalmente grande del colon.

megaesófago *m* (*Med*) Dilatación grande del esófago.

megafonía *f* **1** Técnica de aumentar el volumen del sonido. ■ **2** Sistema o conjunto de aparatos de megafonía [1].

megafónico -ca *adj* De (la) megafonía.

megáfono *m* Bocina, a veces provista de micrófono, que se aplica a la boca para reforzar la voz.

megahercio *m* (*Fís*) Unidad de frecuencia equivalente a un millón de hercios.

megahertz (*pl invar*) *m* (*Fís*) Megahercio.

megalítico -ca *adj* (*Prehist*) [Construcción] de grandes piedras sin labrar. **b)** De (la) construcción megalítica.

megalitismo *m* (*Prehist*) Cultura megalítica.

megalito *m* (*Prehist*) Monumento megalítico.

megalocefalia *f* (*Med*) Macrocefalia. *Tb fig, fuera del ámbito técn.*

megalomanía *f* Manía de grandeza.

megalómano -na *adj* Que tiene megalomanía. **b)** Propio de la pers. megalómana.

megalopólico -ca *adj* (*raro*) De (la) megalópolis.

megalópolis *f* Ciudad gigantesca.

megapólico -ca *adj* (*raro*) De (la) megápolis.

megápolis *f* Megalópolis.

megapolitano -na *adj* (*raro*) De (la) megápolis.

megárico -ca *adj* (*hist*) De Megara (antigua ciudad griega). *Esp referido a la escuela filosófica de Euclides (s III a.C.). Tb n, referido a pers.*

mégaron *m* (*hist*) Sala rectangular con hogar en el centro y rodeada por cuatro pilares, propia del período prehelénico.

megaterio *m* (*Zool*) Gran mamífero fósil de las eras terciaria y cuaternaria, propio de América del Sur (gén. *Megatherium*).

megatón *m* (*Fís*) Unidad de potencia equivalente a la energía desprendida por una carga de un millón de toneladas de trinitrotolueno. *Se emplea para expresar la potencia de bombas y proyectiles nucleares.*

megatonelada *f* (*Fís*) Megatón.

megatónico -ca *adj* (*Fís*) De(l) megatón o de (los) megatones.

megavatio *m* (*Electr*) Unidad de potencia eléctrica equivalente a un millón de vatios.

mego -ga *adj* (*raro*) Manso o apacible.

mehala *f* (*hist*) Cuerpo del ejército regular marroquí.

meiba → MEYBA.

meigallo *m* (*reg*) Embrujamiento o hechizo.

meigo -ga (*reg*) **A** *m y f* **1** Brujo. *Gralm designando mujer.* **B** *f* **2** Gallo (pez).

meila *f* (*reg*) Manzana silvestre.

meiosis *f* (*Biol*) Mitosis en que el número de cromosomas se reduce a la mitad.

meiótico -ca *adj* (*Biol*) De la meiosis.

meistersinger (al; pronunc corriente, /maister-sínger/) m pl Poetas músicos alemanes de los ss. XIV al XVI, que, organizados en corporaciones, hacen una poesía formalista y alegórica de tema pralm. moral.

mejanero -ra adj De la Mejana (isla que forma el Ebro en Tudela, Navarra). Tb n, referido a pers.

mejicanada (tb con la grafía **mexicanada**) f Cosa que presenta exagerado, falseándolo, el carácter mejicano.

mejicanidad (tb con la grafía **mexicanidad**) f Condición de mejicano.

mejicanismo (tb con la grafía **mexicanismo**) m 1 Palabra o rasgo idiomático propios de la lengua mejicana o procedentes de ella. ■ 2 Condición de mejicano, esp. amante de lo mejicano.

mejicano -na (tb con la grafía **mexicano**) I adj 1 De Méjico. Tb n, referido a pers. II m 2 Español hablado en Méjico. ■ 3 Nahua (idioma).

mejilla f Parte carnosa de las dos que hay a los lados de la cara.

mejillón m Molusco lamelibranquio de concha negra por fuera y azulada por dentro, que vive en grandes grupos fijos en los escollos (Mytilus edulis).

mejillonada f Comida que consiste básica o exclusivamente en mejillones.

mejillonero -ra adj De(l) mejillón. b) Dedicado a la explotación del mejillón. Tb n: m y f, referido a pers; f, referido a barca, plataforma o empresa.

mejilludo -da adj (raro) De grandes mejillas.

mejor I adj (comparativo de BUENO) 1 Más bueno. El segundo término comparado va introducido por QUE o DE. A veces se omite el segundo término. b) lo ~. Lo más selecto. Seguido de un compl DE. II loc v 2 ir a ~. Mejorar [5]. III adv (comparativo de BIEN¹) 3 Más bien, o de manera más buena o conveniente. El segundo término comparado va introducido por QUE o DE. A veces se omite el segundo término. ■ 4 Con preferencia. El segundo término comparado va introducido por QUE. A veces se omite el segundo término. ■ 5 En final de frase o como réplica, expresa aprobación, a veces irónicamente. Tb TANTO ~, ~ QUE ~ (enfático). * Si no viene, mejor. ■ 6 a lo ~. (col) Quizá. Con v en ind. ■ 7 a más y ~ → MÁS; ~ dicho → DECIR. ■ 8 ~ o peor. De una manera o de otra.

mejora f 1 Acción de mejorar [1, 2 y 5]. Tb su efecto. ■ 2 (Der) Porción de bienes que, además de la legítima, deja el testador a un descendiente.

mejorable adj Que puede o debe ser mejorado [1].

mejorador -ra adj Que mejora [1].

mejoramiento m Acción de mejorar [1 y 5].

mejorana f Planta herbácea aromática de la familia de las labiadas, usada en farmacia y en perfumería (Origanum majorana).

mejorante adj Mejorador.

mejorar A tr 1 Hacer mejor [a alguien o algo]. Tb abs. b) Poner mejor [a alguien o algo]. c) mejorando lo presente. (pop o humoríst) Fórmula de cortesía con que se da a entender que el elogio o la ofensa dirigidos a alguien no suponen desprecio al interlocutor o a lo que es suyo. * La gente de letras suele ser algo mema, mejorando lo presente. ■ 2 Superar o rebasar [una cosa (cd)] con otra de la misma naturaleza. ■ 3 Ser [una pers. o

cosa] mejor [que otra (cd)]. ■ 4 (Der) Dejar en el testamento una mejora [2] [a alguien (cd)]. B intr 5 Hacerse mejor. b) Ponerse mejor. Tb pr (~se). Frec referido a salud.

mejoreño -ña adj De Mejorada del Campo (Madrid). Tb n, referido a pers.

mejoría f 1 Acción de mejorar [5]. Tb su efecto. Frec referido a salud. ■ 2 (raro) Mejora [2].

mejunje m (desp) Líquido o ungüento resultante de la mezcla de varios ingredientes.

mela f (Rel) Festival religioso hindú.

melado -da I adj 1 part → MELAR. ■ 2 De color de miel. II m 3 Jarabe que se obtiene por evaporación del jugo de la caña de azúcar.

meladucha adj [Manzana] de una variedad dulce pero poco sustanciosa, propia de la vega del Jalón.

melamina f (Quím) Sustancia obtenida por polimerización de la cianamida y usada como materia prima de plásticos endurecidos y resinas sintéticas. Tb el plástico o la resina fabricados con ella.

melancolía f 1 Tristeza o abatimiento. b) (Med) Estado patológico caracterizado por una profunda tristeza, depresión y pesimismo. ■ 2 Pensamiento o actitud que denota melancolía [1a]. ■ 3 Carácter de lo que inspira melancolía [1a].

melancólicamente adv De manera melancólica.

melancólico -ca adj 1 Que tiene melancolía [1a]. b) Propenso a la melancolía [1a]. ■ 2 [Cosa] que denota o implica melancolía [1a]. ■ 3 [Cosa] que produce melancolía [1a].

melancolizar tr (lit) Hacer melancólico [a alguien o algo].

melanesiano -na adj (raro) Melanesio. Tb n.

melanésico -ca adj Melanesio. Tb n.

melanesio -sia adj De Melanesia. Tb n, referido a pers.

melánico -ca adj (Biol) De (la) melanina.

melanina f (Biol) Pigmento negro o pardo oscuro de ciertas células de los vertebrados.

melanito -ta adj (Mineral) [Variedad de granate] negro. Tb n f.

melanocito m (Biol) Célula que contiene melanina.

melanóforo m (Biol) Célula que contiene melanina.

melanoma m (Med) Tumor caracterizado por la presencia de melanina.

melanosis f (Med) Acumulación anormal de melanina en los tejidos, esp. en la piel.

melar tr Endulzar con miel. Gralm en part.

melariense adj (lit) De Fuente Obejuna o Fuente Ovejuna (Córdoba). Tb n, referido a pers.

melastomatácea adj (Bot) [Planta] dicotiledónea, herbácea o arbustiva, tropical, perenne, de hojas enteras y opuestas, flores bisexuales y fruto comestible. Frec como n f en pl, designando este taxón botánico.

melaza f Líquido que queda como residuo en la fabricación del azúcar de caña o de remolacha.

melazar *tr* Incorporar melaza [al alimento del ganado (*cd*)].

melcocha *f* Miel que se calienta y se echa después en agua fría, sobándola hasta que se pone muy correosa. *Tb el dulce preparado con ella.*

meldar *tr* (*lit, raro*) Leer.

melé (*frec con la grafía* **melée**) *f* (*Rugby*) Jugada en que varios jugadores de ambos equipos, agrupados, presionan para conseguir el balón, que está en el suelo debajo de ellos. **b)** (*Fút*) Aglomeración de jugadores ante la portería.

melena¹ **I** *f* **1** Pelo largo y suelto. **b)** *En pl:* Greñas. ■ **2** Crin del león.
    II *loc v* **3 soltarse** [alguien] **la ~.** (*col*) Dejar de mostrarse cohibido o reprimido, pasando a actuar con soltura y libertad.

melena² *f* Yugo (de campana).

melena³ *f* (*Med*) Deposición de sangre negra, sola o con excrementos, debida a una hemorragia en el tubo digestivo.

melenchón *m* (*reg*) Cierto baile popular en rueda, propio de la provincia de Jaén. *Tb su música y letra.*

melenudo -da *adj* Que tiene abundante melena¹ [1]. *Gralm desp, referido a hombre.*

melera *f* Enfermedad de los melones caracterizada por manchas negras en la corteza.

melero -ra **I** *adj* **1** De (la) miel.
    II *m y f* **2** Pers. que se dedica a la industria o comercio de la miel.

melgar *m* Terreno poblado de mielgas o alfalfa.

melgarense *adj* Melgareño. *Tb n.*

melgareño -ña *adj* De Melgar de Fernamental (Burgos). *Tb n, referido a pers.*

melgarés -sa *adj* De Melgar de Arriba o de Melgar de Abajo (Valladolid). *Tb n, referido a pers.*

melgo -ga *adj* (*reg*) Mellizo o gemelo. *Tb n.*

melguero -ra *adj* De Villafruela (Burgos). *Tb n, referido a pers.*

meliácea *adj* (*Bot*) [Planta] dicotiledónea, arbórea o arbustiva, de hojas alternas, flores en panoja, fruto en cápsula y madera dura y fragante. *Frec como n f en pl, designando este taxón botánico.*

mélico -ca *adj* (*TLit*) En la antigua Grecia: [Poesía lírica] destinada a ser cantada y que expresa sentimientos íntimos del poeta.

melidés -sa *adj* De Mélida (Navarra). *Tb n, referido a pers.*

melífero -ra *adj* (*lit o E*) Que produce miel.

melificar **A** *intr* **1** (*E*) Hacer miel [las abejas].
    B *tr* **2** (*lit*) Dulcificar.

melífico -ca *adj* (*lit o E*) Que produce miel.

melifluamente *adv* De manera meliflua.

melifluidad *f* Cualidad de melifluo.

melifluo -flua *adj* Muy dulce y suave. *Dicho esp de pers o de su expresión. A veces con intención desp, denotando exceso o afectación.*

melillense *adj* De Melilla. *Tb n, referido a pers.*

meliloto *m* Planta herbácea leguminosa de hojas trifoliadas y flores pequeñas en racimo (gén. *Melilotus*). *A veces con un compl especificador:* ~ BLANCO (*M. alba*), ~ OFICINAL (*M. officinalis*), *etc.*

melindre *m* **1** Palabra, actitud o gesto que denota una delicadeza afectada. *Gralm en pl.* ■ **2** Delicadeza afectada en palabras, actitudes o gestos. ■ **3** Pers. melindrosa. *Tb adj. Tb fig.* ■ **4** Golosina hecha con miel.

melindrear *intr* Hacer melindres [1].

melindrero -ra *adj* Melindroso.

melindro *m* (*reg*) Melindre [1 y 4].

melindroso -sa *adj* [Pers.] que muestra una delicadeza afectada en palabras, actitudes o gestos. *Tb n.* **b)** Propio de la pers. melindrosa.

melinita *f* Sustancia explosiva cuyo componente principal es el ácido pícrico.

meliorativo -va *adj* Que implica una valoración positiva de aquello de que se habla. *Se opone a* PEYORATIVO.

melis *m* Variedad de pino negral, muy rica en resina y de madera amarillenta, muy apreciada para obras de carpintería. *Tb su madera. Tb* PINO ~.

melisa *f* Planta labiada, con olor de limón, que se usa en medicina como antiespasmódico y estimulante gastrointestinal (*Melissa officinalis*). *Con un adj especificador, designa otras especies:* ~ BASTARDA *o* SILVESTRE (*Melittis melissophyllum*), ~ DE CANARIAS (*Cedronella triphylla*).

melisana *f* Licor preparado con melisa y aguardiente, usado como remedio en afecciones estomacales.

melisma *m* (*Mús*) Serie de notas cantadas sobre una sola sílaba.

melismático -ca *adj* (*Mús*) De(l) melisma. **b)** [Estilo gregoriano] que se caracteriza porque a cada sílaba le corresponden más de tres notas.

melito *m* (*Med*) Jarabe preparado con miel.

melkita → MELQUITA.

mella **I** *f* **1** Rotura o hendidura en el borde de algo, esp. de un arma o herramienta. ■ **2** Vacío o hueco dejado por algo que falta de su sitio.
    II *loc v* **3 hacer ~.** Causar impresión o efecto. **b)** Causar daño o efecto negativo.

mellado -da *adj* **1** *part* → MELLAR. ■ **2** Que tiene mellas [1 y 2].

melladura *f* Mella [1 y 2]. *Tb fig.*

mellar *tr* **1** Hacer mellas [en algo (*cd*)]. **b)** *pr* (**~se**) Pasar [algo] a tener mellas. ■ **2** Menoscabar o dañar.

mellizo -za *adj* **1** [Pers. o animal] nacidos del mismo parto que otro u otros. *Tb n.* ■ **2** [Cosa] idéntica a otra con la que gralm. forma pareja.

mellotron (*ing; pronunc corriente,* /melotrón/) *m* Melotrón.

melo *m* (*Cine*) Melodrama.

melocotón **I** *m* **1** Fruta redonda, de color amarillo anaranjado, piel aterciopelada, carne muy jugosa y aromática y semilla en un hueso grande y duro. ■ **2** (*jerg*) Copa de bebida alcohólica. ■ **3** (*jerg*) Borrachera. ■ **4** (*jerg*) Lío o enredo.
    II *adj invar* **5** [Color] amarillo anaranjado propio del melocotón [1]. *Tb n m.* ■ **6** (*Taur*) [Res] de color rubio claro.

melocotonar *m* Terreno plantado de melocotoneros [2].

melocotonero -ra **I** *adj* **1** De(l) melocotón [1].

II *m* 2 Árbol que produce el melocotón [1] (*Prunus persica*).

melodía *f* 1 (*Mús*) Sucesión ordenada de sonidos, gralm. de distinta altura, dotada de sentido musical. ■ 2 Cualidad musical derivada de la adecuada ordenación de los sonidos. ■ 3 Canción o pieza musical.

melódicamente *adv* 1 De manera melódica. ■ 2 En el aspecto melódico [1].

melódico -ca I *adj* 1 De (la) melodía. ■ 2 [Música] de carácter suave y melodioso. *Tb referido a quien la interpreta.*
II *f* 3 Instrumento musical a modo de flauta de pico, usado para enseñar música a los niños.

melodioso -sa *adj* Dulce y agradable al oído.

melodismo *m* (*raro*) Condición de melodista o de melódico.

melodista *m y f* Músico con especiales dotes para crear melodías, o en cuya obra destaca esencialmente la melodía.

melodrama *m* 1 Obra dramática o cinematográfica en que se exageran los rasgos sentimentales y patéticos. *Gralm con intención desp.* ■ 2 (*hist*) Drama musical.

melodramáticamente *adv* De manera melodramática.

melodramático -ca *adj* De(l) melodrama. **b)** Exageradamente sentimental y patético.

melodramatismo *m* 1 Cualidad de melodramático. ■ 2 Rasgo melodramático.

melodramatización *f* Acción de melodramatizar.

melodramatizar *tr* Dar carácter melodramático [a algo (*cd*)]. *Tb abs.*

melojar *m* Terreno poblado de melojos.

melojo *m* Roble negral (→ ROBLE).

melólogo *m* (*hist, TLit y Mús*) Composición en que la declamación de un texto literario es seguida de un acompañamiento musical.

melomanía *f* 1 Pasión por la música. ■ 2 Conjunto de los melómanos.

melómano -na *m y f* Pers. apasionada por la música.

melón¹ -na I *n* A *m* 1 Planta cucurbitácea de flores amarillas y fruto grande, oval, comestible, de piel verde o amarilla y pulpa blanca o amarillenta (*Cucumis melo*). *Frec su fruto.* **b)** ~ **de agua.** (*reg*) Sandía. ■ 2 (*col*) Cabeza. ■ 3 (*col*) En *pl*: Pechos grandes de mujer.
B *f* 4 (*reg*) Melón [1a] redondo.
II *adj* 5 (*col*) [Pers.] tonta o necia. *Tb n.*
III *loc v y fórm or* 6 **empezar** (*o* **comenzar**) **el ~.** (*col*) Empezar el asunto de que se trata. ■ 7 ~ **y tajada en mano.** (*reg*) Se usa para comentar irónicamente la impaciencia de alguien. * Todos somos un poco de melón y tajada en mano.

melón² *m* Meloncillo o mangosta (mamífero).

melonada *f* (*col*) Tontería o bobada.

melonar *m* 1 Terreno sembrado de melones¹ [1]. ■ 2 (*col, raro*) Conjunto de melones¹ [5].

meloncillo *m* Mangosta (mamífero). *Tb su piel.*

melonero -ra I *adj* 1 De(l) melón¹ [1].
II *m y f* 2 Pers. que cultiva o vende melones¹ [1].

melopea *f* 1 Canto o música monótonos. **b)** (*raro*) Cantinela. ■ 2 (*col*) Borrachera.

melopeico -ca *adj* De (la) melopea [1].

melosamente *adv* De manera melosa.

melosidad *f* Cualidad de meloso.

meloso -sa *adj* Muy dulce y cariñoso. *Dicho esp de pers o de su expresión. A veces con intención desp, denotando exceso o afectación. Tb n, referido a pers.*

melotrón *m* (*Mús*) Instrumento electrónico programado para imitar los sonidos de los instrumentos orquestales.

melquita (*tb con la grafía* **melkita**) *adj* (*Rel*) [Cristiano] de rito bizantino y lengua árabe, de los patriarcados de Alejandría, Jerusalén y Antioquía. *Tb n.* **b)** De (los) melquitas.

melsa *f* (*reg*) Calma o flema.

melting-pot (*ing; pronunc corriente,* /méltin-pot/; *pl normal,* ~s) *m* Lugar en que se produce una mezcla y asimilación de diversos elementos étnicos, sociales o culturales. *Tb el mismo proceso.*

melton (*pl normal,* ~s) *m* Variedad de tejido de lana, de aspecto semejante al de la franela.

melva *f* Pez muy semejante al bonito (*Auxis thazard*).

membrana *f* 1 Lámina delgada, gralm. porosa y elástica, interpuesta entre dos elementos. **b)** (*Mús*) Piel que constituye la parte esencial de los instrumentos de percusión del tipo del tambor. ■ 2 (*Biol*) Capa delgada que envuelve o separa órganos, cavidades o células.

membranófono *adj* (*Mús*) [Instrumento] que produce sonidos por percusión de una membrana [1b]. *Tb n.*

membranoso -sa *adj* De (la) membrana. **b)** Que tiene naturaleza de membrana. **c)** Que tiene apariencia de membrana.

membranza *f* (*raro*) Remembranza.

membrete *m* Nombre o título de una pers. o de una entidad, impreso o grabado en su papel de correspondencia.

membrilla *f* Fruto de una variedad de membrillo [1], de carne más dulce y jugosa que la del común.

membrillar *m* Terreno plantado de membrillos [1].

membrillato -ta *adj* De Membrilla (Ciudad Real). *Tb n, referido a pers.*

membrillero -ra I *adj* 1 De(l) membrillo [1].
II *m* 2 Membrillo (planta).

membrillo I *m* 1 Árbol rosáceo de fruto amarillo, ovalado e irregular, de pulpa áspera y muy aromática y que se consume esp. en confitura (*Cydonia vulgaris o C. oblonga*). *Frec su fruto.* **b)** ~ **del Japón.** Arbusto cultivado como ornamental (*Chaenomeles speciosa*). ■ 2 Carne de membrillo (→ CARNE). ■ 3 (*col*) Pers. ingenua y fácil de engañar. *Tb adj.* ■ 4 (*col*) Pers. tonta o boba. *Tb adj.* ■ 5 (*jerg*) Confidente o chivato. ■ 6 (*jerg*) Matón.
II *loc adj* 7 **del ~.** [Sol] otoñal.

membrudo -da *adj* De miembros robustos.

memento *m* 1 (*Rel catól*) Parte del canon de la misa en que se ruega por los fieles o por los difuntos. *Gralm con un compl especificador.* ■ 2 (*lit, raro*) Recuerdo (acción de recordar). ■ 3 (*lit, raro*) Recuerdo (cosa destinada a recordar algo).

memez *f* **1** Cualidad de memo. ■ **2** Hecho o dicho memo. ■ **3** Tontería o cosa sin importancia.

memo -ma *adj* [Pers.] tonta o simple. *Tb n. Frec usado como insulto.* **b)** Propio de la pers. mema.

memorable *adj* Digno de ser recordado.

memoración *f* (*lit, raro*) Acción de memorar.

memorando *m* Memorándum.

memorándum (*pl normal, invar o ~s*) *m* **1** Comunicación diplomática, gralm. no firmada, en que se recapitulan datos importantes para una negociación u otro asunto. ■ **2** Nota en que se exponen datos que deben tenerse en cuenta para un determinado asunto.

memoranza *f* (*lit, raro*) Recuerdo o remembranza.

memorar *tr* (*lit, raro*) Recordar.

memorativo -va *adj* (*lit, raro*) Que sirve para recordar.

memoria I *f* **1** Facultad de recordar. **b)** *En una máquina o aparato:* Dispositivo, gralm. electrónico, en que se almacenan datos o instrucciones para ser utilizados posteriormente. ■ **2** Recuerdo (hecho de recordar, o cosa recordada). **b)** *En pl:* Escrito extenso en que alguien narra recuerdos de su vida. **c)** (*hist*) Obra pía instituida en recuerdo de un difunto. ■ **3** Informe escrito. **b)** Estudio o disertación escritos, gralm. breves, destinados a la obtención de un título o dirigidos a una entidad científica. **c)** ~ **testamentaria.** (*Der, hist*) Escrito simple a que se remite el testador como aclaración o complemento de su testamento.

II *loc adj* **4 de feliz ~.** (*lit*) Se usa tras la mención del n de un personaje difunto para expresar afecto hacia él. *Tb* DE SANTA ~, *referido a un personaje religioso.* * Esto fue obra de don Julio, de feliz memoria.

III *loc v* **5 hacer ~.** Intentar recordar. **b)** Recordar. ■ **6 saberse** [algo o a alguien] **de ~.** (*col*) Conocer[lo] muy bien.

IV *loc adv* **7 de ~.** Sirviéndose solo de la memoria [1a]. *Con vs como* HABLAR *o* CONTESTAR. *Tb adj.* **b)** Con posibilidad de repetir exactamente. *Con vs como* SABER *o* APRENDER. *Tb adj.*

memorial I *adj* **1** De (la) memoria [1].
II *m* **2** (*hoy raro*) Escrito dirigido a una alta autoridad, en que se hace una petición alegando los motivos en que se funda. ■ **3** Monumento conmemorativo. ■ **4** (*Dep*) Prueba en memoria de alguien. ■ **5** (*Rel catól*) Acto por el que se evoca y hace presente [un acontecimiento pasado (*compl de posesión*)].

memorialismo *m* Actividad de memorialista [3].

memorialista *m y f* **1** (*hoy raro*) Autor de un memorial [2] o de memoriales. ■ **2** (*hoy raro*) Pers. que tiene por oficio escribir cartas u otros documentos por encargo. ■ **3** Autor de memorias [2b].

memorieta. de ~. *loc adv* (*col*) De memoria [7b].

memorión *m* (*col*) **1** Memoria [1a] muy buena. ■ **2** Individuo que tiene muy buena memoria [1a]. *Tb adj.* **b)** (*hist*) Individuo de memoria excepcional que actúa como transmisor de textos oídos.

memorioso -sa *adj* Que tiene buena memoria [1a]. *Tb* (*lit*) *fig, referido a cosa.*

memorismo *m* Práctica pedagógica en que se da importancia primordial a la memoria.

memorista I *adj* **1** De(l) memorismo.

II *m y f* **2** Pers. que practica o propugna el memorismo. ■ **3** Autor de memorias [2b].

memorísticamente *adv* De manera memorística [2].

memorístico -ca *adj* **1** De (la) memoria [1a]. ■ **2** Que se basa fundamentalmente en la memoria [1a].

memorizable *adj* Que se puede memorizar.

memorización *f* Acción de memorizar.

memorizador -ra *adj* Que memoriza. *Tb n, referido a pers.*

memorizar *tr* Fijar [algo] en la memoria [1a]. *Tb abs.* **b)** Incluir [un dato] en una memoria [1b].

mena *f* (*Min*) Mineral metalífero que se beneficia para extraer el metal que contiene. *Tb fig.*

ménade *f* (*hist*) Bacante. **b)** (*lit*) En constrs de sent comparativo se usa para designar a una mujer frenética. * Se puso como una ménade.

ménage à trois (*fr; pronunc corriente,* /menás-a--truá/ *o* /menáʒ-a-truá/; *pl normal,* MÉNAGES À TROIS) *m* Comunidad sexual constituida por tres perss. **b)** Cópula sexual en que intervienen tres perss. a la vez.

menaje *m* **1** Conjunto de utensilios de mesa y esp. de cocina empleados en una casa. ■ **2** Conjunto de muebles y accesorios de una casa u otro recinto. ■ **3** Material pedagógico de una escuela.

menarquia (*tb* **menarquía**) *f* (*Fisiol*) Primera aparición de la menstruación.

mencal *m* (*Constr*) Molde para adobes o tejas.

mencey *m* (*hist*) Cacique guanche.

menchevique *adj* (*hist*) Del ala moderada del Partido Socialdemócrata ruso. *Tb n, referido a pers.*

mencía *adj* (*Agric*) [Uva o vid] de una variedad propia de León y Galicia. *Tb n f.*

menciano -na *adj* De Doña Mencía (Córdoba). *Tb n, referido a pers.*

mención *f* **1** Acción de nombrar o citar. *Frec en la constr* HACER ~ DE (*o, semiculto,* A). **b)** *En un premio o concurso:* Distinción que consiste en nombrar a alguien o algo como destacado a continuación de los premios. *Frec* ~ DE HONOR, *u* HONORÍFICA *o* ESPECIAL. ■ **2** (*reg*) Ademán. *Frec en la constr* HACER ~.

mencionable *adj* Digno de ser mencionado.

mencionar *tr* Hacer mención [1a] [de alguien o algo (*cd*)].

menda I *pron* **1** (*col*) Yo. *Con v en 3ª pers. Frec* MI ~, ESTE ~, EL ~ LERENDA.

II *m* **2** (*juv*) Individuo. *Tb* ~ LERENDA.

mendacidad *f* (*lit*) Cualidad de mendaz.

mendarés -sa *adj* De Mendaro (Guipúzcoa). *Tb n, referido a pers.*

mendaviés -sa *adj* De Mendavia (Navarra). *Tb n, referido a pers.*

mendaz *adj* (*lit*) Mentiroso o embustero. *Tb n, referido a pers.*

mendelevio *m* (*Quím*) Elemento transuránico radiactivo, de número atómico 101, obtenido a partir del einstenio.

mendeliano -na *adj* (*Biol*) De Mendel o del mendelismo.

mendelio *m* (*Quím, raro*) Mendelevio.

mendelismo *m* (*Biol*) Conjunto de las leyes de la herencia formuladas por Mendel († 1884).

mendi *m* (*juv*) Menda. *Tb pron. Tb* ~ LERENDI.

mendicante *adj* Que mendiga. *Tb n, referido a pers.* **b)** [Orden religiosa] que tiene por regla vivir de limosnas. **c)** [Pers.] que pertenece a una orden mendicante. *Tb n.*

mendicidad *f* Actividad de mendigo. **b)** Condición de mendigo.

mendigador -ra *adj* (*raro*) Que mendiga. *Tb n.*

mendigar A *intr* **1** Pedir limosna. *Tb fig.* **B** *tr* **2** Pedir [algo] como limosna. *Tb fig.*

mendigo -ga *m y f* Pers. que pide limosna habitualmente.

mendocino -na *adj* De Mendoza (Argentina). *Tb n, referido a pers.*

mendrugo *m* **1** Trozo de pan duro. ■ **2** (*col*) Pers. bruta o de pocos alcances. *Tb adj.*

menduna. mi ~ (*o* **su ~**). *loc pron* (*jerg*) Yo. *Con v en 3ª pers.*

meneado -da *adj* **1** *part* → MENEAR. ■ **2** (*Taur, hoy raro*) [Res] que ya ha sido toreada con anterioridad.

meneador -ra *adj* (*raro*) Que menea. *Tb n, referido a pers.*

menear I *v* A *tr* ➤ **a** *normal* **1** (*col*) Mover o cambiar de posición [algo o a alguien]. **b)** Remover [algo] haciendo que sus componentes o partes cambien de posición. ■ **2** (*col*) Mover o remover [un asunto]. **b) peor es meneallo; mejor es no meneallo,** *o* **más vale no meneallo.** *Fórmulas con que se comenta la conveniencia de no remover un asunto desagradable y que ya no tiene solución.* * *Dejémoslo así; más vale no meneallo.* ■ **3** (*argot Escén*) Patear. ➤ **b** *pr* **4** **~sela** [alguien a un hombre]. (*vulg*) Masturbar[le]. *Frec el ci es refl.* **b)** **~sela** [alguien o algo a un hombre]. (*vulg*) Traer[le] sin cuidado, o no importar[le] en absoluto. **B** *intr pr* (**~se**) **5** (*col*) Actuar con prontitud y diligencia. **II** *loc adj* **6 de no te menees.** (*col*) Se usa, pospuesta a un n de cosa, para ponderar lo expresado por este. * *Hace un frío de no te menees.*

menegilda *f* (*col, hoy raro*) Criada de servicio.

meneo *m* **1** (*col*) Acción de menear [1 y 5]. ■ **2** (*col*) Golpe dado a alguien o algo. ■ **3** (*argot Escén*) Pateo. ■ **4** (*jerg*) Fornicación, o cópula sexual.

menés -sa *adj* Del valle de Mena (Burgos). *Tb n, referido a pers.*

menescal *m* (*reg*) Veterinario.

menesiano -na *adj* De la Congregación de Hermanos de la Instrucción Cristiana, fundada por Jean-Marie de la Mennais en 1819. *Tb n, referido a pers.*

menester (*lit o rur*) I *m* **1** Ocupación o trabajo. ■ **2** (*raro*) *En pl:* Necesidades fisiológicas. **II** *loc v* **3 haber ~** [una cosa]. Necesitar[la]. ■ **4 ser ~** [una cosa]. Ser necesaria.

menesterosamente *adv* (*lit*) De manera menesterosa.

menesterosidad *f* (*lit*) Cualidad de menesteroso.

menesteroso -sa *adj* (*lit*) **1** Pobre o necesitado. *Tb n, referido a pers.* ■ **2** Falto o necesitado [de algo].

menestra *f* Guiso compuesto de hortalizas variadas con trozos de carne o jamón.

menestral -la (*como adj, solo en la forma* MENESTRAL) I *m y f* **1** Pers. que vive de un oficio, esp. en la pequeña industria el pequeño comercio. *Tb adj.* **II** *adj* **2** De(l) menestral [1].

menestralía *f* Conjunto de (los) menestrales.

menestrete *m* (*Carpint*) Barra de hierro para sacar las cabezas de los clavos.

menfita *adj* (*hist*) De Menfis (ciudad del antiguo Egipto). *Dicho esp del período histórico en que la capital era Menfis. Tb n, referido a pers.*

mengajo *m* (*reg*) Pingajo o jirón. *Tb fig.*

mengano -na (*gralm con mayúscula*) *m y f* Se usa, sin art y solo en sg, para sustituir al n propio de una pers que no se quiere o no se puede precisar. *En contextos en que ha aparecido el n* FULANO. *Frec en la forma dim* MENGANITO, *con valor expresivo.*

mengibareño -ña *adj* De Mengíbar (Jaén). *Tb n, referido a pers.*

mengua *f* Disminución o menoscabo.

menguadamente *adv* (*lit*) De manera menguada [2 y 3].

menguado¹ -da *adj* **1** *part* → MENGUAR. ■ **2** (*lit*) Insignificante o mezquino. ■ **3** (*lit*) Cobarde o falto de valor. *Tb n, referido a pers. Tb usado como insulto.* ■ **4** [Prenda de punto] que tiene menguados². ■ **5** [Hora] **menguada** → HORA.

menguado² *m* Acción de menguar puntos en una labor. *Tb su efecto.*

menguante I *adj* **1** Que mengua [1]. *Tb fig.* **b)** [Fase lunar] en que disminuye la superficie visible desde la Tierra. *Tb n m.* **II** *m* **2** (*Heráld*) Figura de media luna con las puntas hacia abajo.

menguar (*conjug 1b*) A *intr* **1** Disminuir [algo] en tamaño, cantidad, importancia o intensidad. *Tb pr* (**~se**). **b)** Disminuir la parte iluminada y visible [de la Luna (*suj*)]. **B** *tr* **2** Hacer que [algo (*cd*)] disminuya en tamaño, cantidad, importancia o intensidad. *Tb abs, referido a puntos de una labor.*

mengue *m* (*col*) Diablo o demonio.

menhir *m* (*Prehist*) Monumento megalítico consistente en una piedra larga hincada verticalmente en el suelo.

meninge I *f* **1** (*Anat*) Membrana de las que envuelven el encéfalo y la médula espinal. **II** *loc v* **2 estrujarse las ~s.** (*col, humoríst*) Pensar o discurrir.

meníngeo -a *adj* (*Anat*) De (la) meninge.

meningítico -ca *adj* (*Med*) **1** De (la) meningitis. ■ **2** [Pers.] que padece meningitis. *Tb n.* **b)** [Pers.] que presenta secuelas de haber padecido meningitis. *Tb n. Frec fig, aludiendo a deficiencia mental.*

meningitis *f* Inflamación de las meninges.

meningococo *m* (*Med*) Diplococo que causa la meningitis cerebroespinal epidémica.

meningoencefalitis *f* (*Med*) Inflamación simultánea de las meninges y del encéfalo.

menino -na *m y f* **1** (*hist*) Niño noble que está al servicio de la reina o de los infantes. ■ **2** (*lit, raro*) Muchacho.

meniscal *adj* (*Anat*) De(l) menisco.

menisco *m* **1** (*Anat*) Cartílago situado entre dos superficies articulares que no ajustan perfectamente. *Gralm con un compl especificador. Sin compl, esp referido al de la rodilla.* ■ **2** (*Fís*) Superficie libre, cóncava o convexa, de un líquido contenido en un tubo estrecho. ■ **3** (*Ópt*) Lente con una cara cóncava y la otra convexa.

menjunje *m* (*raro*) Mejunje.

menjurje *m* (*raro*) Mejunje.

mennonita → MENONITA.

menologio *m* (*Rel crist*) Martirologio de los cristianos griegos, ordenado por meses.

menomini **I** *adj* **1** De(l) pueblo amerindio de la familia algonquina que habita actualmente entre el lago Superior y el Míchigan. *Tb n, referido a pers.* **II** *m* **2** Lengua de los indios menominis [1].

menonita (*tb* **mennonita**) *adj* (*Rel crist*) Disidente anabaptista que sigue la doctrina de Mennon (reformador holandés, † 1561). *Tb n.*

menopausia *f* Cese natural de la menstruación. *Tb la edad en que se produce.*

menopáusico -ca *adj* **1** De (la) menopausia. ■ **2** [Mujer] que está en la menopausia. *Tb* (*lit*) *fig.*

menor **I** *adj* **A** *Comparativo de* PEQUEÑO. *El segundo término comparado va introducido por* QUE *o* DE (*semiculto* A); *a veces se omite.* **1** Más pequeño. ■ **2** [Pers.] de menos edad. **B** *No comparativo. Frec en contraposición con* MAYOR. **3** Pequeño. **a)** [Res] pequeña (p. ej., oveja, cabra). *Tb dicho del ganado compuesto por estas reses o cabezas.* **b)** [Caza] de animales de poca alzada (p. ej., liebres) o de aves. *Tb dicho del cazador de estas piezas.* **c)** (*Filos*) *En un silogismo:* [Término] que tiene menor extensión. **d)** (*Filos*) [Premisa] que contiene el término menor. *Tb n f.* **e)** *Se usa como especificador de algunas especies botánicas y zoológicas:* CENTAURA ~, CONSUELDA ~, SIEMPREVIVA ~, PICO ~, *etc* → CENTAURA, CONSUELDA, SIEMPREVIVA, PICO[1], *etc.* ■ **4** (*Der*) De corta duración. **a)** [Pena de reclusión] que dura desde 12 años y 1 día hasta 20 años. **b)** [Pena de presidio o de prisión] que dura desde 6 meses y 1 día hasta 6 años. **c)** [Pena de arresto] que dura desde 1 hasta 30 días. ■ **5** No adulto. *Dicho esp de perss y de ganado vacuno. Referido a pers, tb n y frec en pl.* **b)** [Pers.] que no ha llegado a la mayoría de edad. *Tb* ~ DE EDAD. *Tb n.* ■ **6** De importancia o categoría secundarias. **b)** (*Rel catól*) [Fraile] de la orden de San Francisco. *Tb n m.* ■ **7** (*Rel catól*) [Órdenes sagradas] de ostiario, lector, exorcista y acólito. *Tb n f pl, gralm en la constr* ORDENAR(SE) DE ~ES. **b)** (*Rel catól*) [Excomunión] que consiste en la privación pasiva de los sacramentos. ■ **8** (*Mús*) [Tono o modo] en que la tercera nota dista de la primera un tono y un semitono. **b)** [Nota] primera de una escala musical en tono menor. ■ **9** **el** ~. Ninguno. *En frases negativas y con intención enfática.* * No tengo el menor deseo de verle. ■ **10** [Aguas] ~es, [arte] ~, [colegio] ~, ~ [edad], [paños] ~es, [ropas] ~es, [seminario] ~, → AGUA, ARTE, COLEGIO, EDAD, PAÑO, ROPA, SEMINARIO. **II** *m* **11** ~ **que**. (*Mat*) Signo en figura de ángulo con el vértice a la izquierda y que, colocado entre dos cantidades, indica que la segunda es mayor. *Tb*

se usa, fuera del ámbito matemático, con otros valores. **III** *loc adv* **12 al por** ~ (*más raro,* **por** ~). (*Com*) En cantidades pequeñas. *Tb fig. Tb adj.* ■ **13 al por** ~, *o* **por** ~. (*raro*) Con detalle. ■ **14 de** ~ **a mayor.** En un orden creciente o que comienza por lo menor [1] y termina por lo mayor.

menorah *f* Candelabro hebreo de siete brazos.

menorero -ra *adj* [Pers.] que gusta tener relaciones sexuales con menores, esp. adolescentes. *Tb n.*

menoría *f* (*raro*) Minoría de edad.

menoridad *f* (*raro*) Minoría de edad.

menorquín -na *adj* De Menorca. *Tb n, referido a pers.*

menorragia *f* (*Med*) Menstruación excesiva.

menos (*con pronunc tónica. En la acep 13 se pronuncia átono. Como adv y adj, gralm se antepone a la palabra a que se refiere (excepto si esta es* v*); pero con* NADA, ALGUNO, UNO, *se pospone*) **I** *adv* **1** Denota disminución o inferioridad en una comparación. *El segundo término comparado va introducido por* QUE *y a veces por* DE. * Está menos optimista que ayer. **b)** *A veces se omite el segundo término, por consabido.* * Procura llegar menos tarde. **c)** *A veces toma la forma* EN ~ *con* vs *que significan apreciación.* * Valora en menos la inteligencia que la belleza. ■ **2** Con mayor motivo. *Siguiendo a una frase negativa a la que refuerza.* * No lo haré; menos, si lo pide él. ■ **3 al** ~, *por lo* ~, *o* (*raro*) **a lo** ~. Siquiera, o aunque solo sea. * Por lo menos déjame verlo. ■ **4 al** ~, *o* **por lo** ~. *Introduce una restricción a la afirmación que se acaba de hacer.* * Estaba muy mal visto o, al menos, no se aceptaba como ahora. ■ **5 de lo** ~. Sumamente poco. *Precediendo a un adj o a un adv.* * Resulta de lo menos simpático. ■ **6 en** ~. En cantidad o importancia inferior a la que se toma como referencia. * Puede equivocarse en más o en menos. ■ **7 lo** ~, *o por lo* ~. Como mínimo. * Éramos por lo menos quince. ■ **8** ~ **mal.** *Fórmula con que se pondera un hecho que hace que las cosas sean mejores de lo que parecen o de lo que se teme. Puede ir seguida de una prop introducida por* QUE. *A veces se usa como* or *independiente.* * Menos mal que ha dejado de llover. * –No llueve. –¡Menos mal! ■ **9 nada** ~ → NADA. ■ **10 más o** ~, **ni más ni** ~, *n* + **más** + *el mismo n* + ~ → MÁS. ■ **11 ni mucho** ~. De ningún modo. * –¿Estás enfadado? –¡Ni mucho menos! ■ **12 poco** ~ **que, por** ~ **de nada** → POCO, NADA. **II** *prep* **13** Indica que de la cantidad que precede se resta la que sigue. * Son las once menos cinco. **b)** *Indica que lo que se enuncia a continuación se excluye de lo ya enunciado.* * Las ventanas estaban todas abiertas, menos una del fondo. **III** *loc conj* **14 a** ~ **que.** A no ser que. *Con v en subj.* * No era posible, a menos que se hubiera vuelto loco. **IV** *pron* **15** Designa pers o cosa inferior en cantidad o en importancia. *El segundo término comparado va introducido por* QUE *o* DE. * El coste es menos de mil pesetas. **b)** *A veces se omite el segundo término, por consabido.* * Si nosotros podíamos, ella también; no iba a ser menos. ■ **16** Situación peor o inferior en cantidad o importancia. *En constrs como* VENIR, IR, *o* LLEGAR, A ~. ■ **17 de** ~. Cantidad inferior a la debida. * Te han dado de menos en el peso. ■ **18 el que más y el que** ~, **quien más, quien** ~ → QUE[1], QUIEN. **V** *adj* **19** Denota inferioridad en cantidad o en importancia. *El segundo término comparado va intro-*

ducido por QUE o DE. * Encontró menos dificultades de las esperadas. **b)** *A veces se omite el segundo término, por consabido.* * Se había levantado el aire y hacía menos calor. ■ **20 de ~.** Que falta. * Vienen dos paquetes de menos. ■ **21 de poco más o ~** → POCO. ■ **22 en ~.** Inferior en cantidad o importancia respecto a lo que se toma como referencia. * Existe cierta diferencia en más o en menos. ■ **23 lo ~.** La cosa más pequeña o de menor importancia. *Normalmente seguido de una prop adj.* * Es lo menos que podemos hacer por él. ■ **24 los ~.** La menor parte. *Gralm sustantivado, seguido de un compl* DE. * Hay algunos buenos, pero son los menos. **b)** *Con el n* VECES, *tb* LAS ~ VECES. * Llegaba puntual las menos veces.

VI *m* **25** Signo de la resta, que se representa por una raya horizontal. ■ **26** (*Fís y Mat*) Signo de la cualidad de negativo. **b)** Sentido negativo. *Tb adj.* ■ **27 sus más y sus ~** → MÁS.

VII *loc v* **28 echar de ~, hacer de ~, no poder (por)** ~ → ECHAR, HACER, PODER[1]. ■ **29 no ser para ~.** Haber razón sobrada [para el hecho de que se trata]. ■ **30 tener a,** *o* **en, ~** → TENER.

menoscabar *tr* Restar valor, importancia o perfección [a alguien o algo (*cd*)].

menoscabo *m* Acción de menoscabar. *Frec su efecto.*

menospreciable *adj* Digno de menosprecio.

menospreciador -ra *adj* Que menosprecia. *Tb n, referido a pers.*

menospreciar (*conjug* 1a) *tr* **1** Conceder [a alguien o algo (*cd*)] menos valor o importancia de los que merece. ■ **2** Tratar con desprecio o desdén [a alguien o algo].

menospreciativo -va *adj* Que denota o implica menosprecio.

menosprecio *m* Acción de menospreciar. *Tb su efecto.*

mensafónico -ca *adj* De(l) mensáfono.

mensáfono *m* Aparato de bolsillo que permite recibir mensajes telefónicos.

mensaje *m* **1** Comunicación que se envía o transmite. **b)** (*TComunic*) Conjunto de señales, signos o símbolos que son objeto de una comunicación. **c)** ~ **genético.** Información transmitida en el código genético. **d)** ~ **publicitario.** Texto, imagen, o conjunto de ambos, destinado a la propaganda comercial. ■ **2** Idea o conjunto de ideas transmitidas [por una pers., una entidad, una doctrina o una obra (*compl de posesión*)]. **b)** Idea o conjunto de ideas que inspiran una obra literaria o artística, o que subyacen en ella, y que su autor dirige al público. ■ **3** Discurso dirigido al pueblo por un alto personaje político o religioso. **b)** Discurso dirigido por un jefe de Estado al poder legislativo.

mensajería *f* **1** Agencia privada encargada de repartir correspondencia y paquetes. ■ **2** Sistema de transmisión de mensajes [1a]. ■ **3** (*hist*) Cargo u oficio de mensajero [1].

mensajero -ra **I** *adj* **1** Que lleva mensajes [1a]. *Tb n.* **b)** (*Biol*) Que transmite el mensaje genético. *Tb n m.* ■ **2** (*lit*) Que anuncia [algo (*compl de posesión*)]. *Frec n.*

II *m y f* **3** Pers. que tiene por oficio llevar a su destino cartas y paquetes.

III *loc v* **4 matar al ~.** (*Per*) Hacer responsable de algo a quien es tan solo informador de ello.

menstruación *f* Evacuación de sangre procedente de la matriz, que se produce mensualmente en las mujeres y algunas hembras de mamíferos. **b)** Sangre evacuada durante la menstruación.

menstrual *adj* (*Fisiol*) De(l) menstruo.

menstruante *adj* (*Fisiol*) Que menstrúa.

menstruar (*conjug* 1d) *intr* (*Fisiol*) Tener menstruación.

menstruo *m* Menstruación.

mensual *adj* **1** De un mes. *Con idea de duración.* ■ **2** Que corresponde a cada mes o se produce cada mes. *Tb n m, referido a periódico.*

mensualidad *f* Cantidad que se paga, cobra o recibe mensualmente.

mensualización *f* (*raro*) Acción de dar carácter mensual [a algo (*compl de posesión*), esp. un pago].

mensualmente *adv* De manera mensual [2].

mensuario *m* (*Per*) Publicación periódica que aparece una vez al mes.

ménsula *f* (*Arquit*) Elemento, perfilado con diversas molduras, que sobresale del plano vertical y sirve de apoyo a algo.

mensurable *adj* (*lit*) Medible.

mensuración *f* (*lit*) Acción de mensurar.

mensurante *adj* (*lit*) Que mensura.

mensurar *tr* (*lit*) Medir (determinar las medidas [de algo (*cd*)]).

menta **I** *f* **1** Planta herbácea aromática de la que se extrae una esencia de sabor picante que se usa en pastelería, licorería, medicina y perfumería (*Mentha piperita*). *Tb* ~ PIPERITA. *Frec, con un adj o compl especificador, designa otras especies similares del gén Mentha u otros:* ~ ACUÁTICA *o* DE AGUA (*M. aquatica*), ~ ROMANA (*M. viridis*), ~ SILVESTRE (*M. sylvestris*), ~ DE GATO (*Nepeta cataria*), ~ DE LOBO (*Lycopus europaeus*). ■ **2** Licor de menta [1].

II *adj invar* **3** [Color verde] fuerte y brillante. *Tb n m.*

mental *adj* De (la) mente [1]. **b)** (*Rel*) [Oración] que se realiza dirigiéndose a Dios sin pronunciar palabras. **c)** [Restricción] ~ → RESTRICCIÓN.

mentalidad *f* Modo de pensar característico [de una pers. o de una colectividad].

mentalismo *m* **1** (*Psicol*) Tendencia a dar importancia primordial a la introspección. ■ **2** (*Ling*) Doctrina o actitud que da importancia fundamental a los procesos mentales o de contenido, frente a los aspectos formales. ■ **3** (*Parapsicol*) Actividad de mentalista [2].

mentalista **I** *adj* **1** (*Psicol y Ling*) Del mentalismo [1 y 2], o que lo implica. **b)** Adepto al mentalismo. *Tb n.*

II *m y f* **2** (*Parapsicol*) Pers. que adivina el pensamiento.

mentalización *f* Acción de mentalizar(se).

mentalizador -ra *adj* Que mentaliza. *Tb n, referido a pers.*

mentalizar *tr* **1** Hacer que [alguien (*cd*)] tome conciencia [de algo (*compl* DE *o* SOBRE)]. *Frec se omite el 2º compl por consabido.* **b)** *pr* (*-se*) Tomar [alguien] conciencia [de algo (*compl* DE *o* SOBRE)]. *Frec el compl se omite por consabido.* ■ **2** Preparar o predisponer la mente [de alguien (*cd*)] de un modo determinado. *Frec con un compl* PARA.

mentalmente *adv* **1** De manera mental. ■ **2** En el aspecto mental.

mentar (*conjug* 6) *tr* **1** Nombrar o mencionar. ■ **2** (*col*) Mencionar insultando gravemente [a los padres o a la familia del interlocutor]. *Frec* ~ (A) LA MADRE.

mentastro *m* Mastranzo común (planta).

mente *f* **1** Pensamiento, o facultad intelectiva. ■ **2** (*raro*) Pensamiento o intención.

mentecatada *f* Hecho o dicho propio de la pers. mentecata.

mentecatez *f* Necedad o tontería.

mentecato -ta *adj* Tonto o necio. *Tb n, referido a pers.*

mentidero *m* Lugar donde se reúne la gente para charlar e intercambiar noticias o rumores. *Tb fig.*

mentido -da *adj* **1** *part* → MENTIR. ■ **2** Falso o no verdadero.

mentidor -ra *adj* (*lit, raro*) Que miente [2].

mentir (*conjug* 60) **A** *intr* **1** Decir algo que no es verdad, con intención de engañar. **b)** Decir algo que no es verdad, sin intención de engañar. *Gralm en la forma* MIENTO, *usada para rectificar cuando uno se da cuenta de que se ha equivocado.*
B *tr* **2** (*lit*) Fingir o simular. ■ **3** (*raro*) Decir [algo que no es verdad].

mentira I *f* **1** Acción de mentir [1]. ■ **2** Cosa contraria a la verdad, dicha con intención de engañar. **b)** Cosa que no es verdad. **c)** (*col*) Se usa en forma exclamativa como réplica para protestar porque se considera falso lo que se acaba de oír. *Frec con un incremento expresivo:* COCHINA, PODRIDA, (Y) GORDA. ■ **3** (*col*) Manchita blanca de la uña.
II *loc adj* **4 de ~.** Falso o que no es verdadero. *Tb adv.*
III *loc v* **5 parecer ~** [algo]. Resultar increíble. *Con intención ponderativa.*

mentirijillas. de ~. *loc adj* (*col*) De mentira [4]. *Tb adv.*

mentiroso -sa *adj* **1** Que miente [1a], esp. por costumbre. *Tb n.* ■ **2** Que denota o implica mentira [1]. **b)** Falso o engañoso.

mentís *m* Negativa categórica y pública a un aserto. *Frec con el v* DAR.

mentol *m* Alcohol que se extrae de la esencia de menta, de propiedades analgésicas y antisépticas.

mentolado -da *adj* Que contiene mentol.

mentón *m* Barbilla (parte de la cara). **b) doble ~.** Papada o doble barbilla.

mentoniano -na *adj* (*Anat*) De(l) mentón.

mentor -ra *m y f* (*lit*) **1** Consejero o guía. ■ **2** Educador o maestro.

mentridano -na *adj* De Méntrida (Toledo). *Tb n, referido a pers.*

menú *m* **1** Conjunto de platos que constituyen una comida. ■ **2** *En un restaurante:* Carta. ■ **3** *En un restaurante u hotel:* Comida de precio fijo, con posibilidad limitada de elección. *Tb* ~ DEL DÍA. ■ **4** (*Informát*) Conjunto de opciones que aparecen en pantalla para que el operador seleccione una de ellas. ■ **5** Conjunto de posibilidades entre las que se puede elegir.

menuarria *f* (*reg*) Desperdicio que queda tras una selección. *Tb fig.*

menudamente *adv* De manera menuda [1a].

menudear A *intr* **1** Ocurrir o producirse [algo] con frecuencia.
B *tr* **2** Realizar [algo] con frecuencia.

menudencia *f* **1** Cosa menuda [1a y 2]. ■ **2** (*raro*) Escrúpulo o exactitud. ■ **3** *En pl:* Despojos o partes pequeñas de las reses o aves de consumo.

menudeo I *m* **1** Acción de menudear. ■ **2** Venta al por menor. ■ **3** Conjunto de cosas de poco valor o importancia.
II *loc adv* **4 al ~.** Al por menor. *Tb adj.* ■ **5 al ~.** Por menudo o detalladamente.

menudico *m* (*reg*) Conjunto de entrañas, patas y sangre de un cordero lechal o un cabrito. *Tb el guiso preparado con él.*

menudillo *m* **1** Menudo [7] [de un ave]. ■ **2** *En los cuadrúpedos:* Articulación entre la caña y la cuartilla. ■ **3** (*reg*) Salvado muy fino.

menudo -da I *adj* **1** Pequeño de tamaño. **b)** [Pers.] pequeña y delgada. **c) gente menuda, letra menuda** → GENTE, LETRA. ■ **2** De poca importancia. ■ **3** [Moneda] pequeña o de poco valor. ■ **4** [Carbón] cuyos trozos oscilan entre 10 y 20 mm. *Tb n m.* ■ **5** Se usa exclamativamente, a veces con intención irónica, para ponderar una cualidad de alguien o algo, esp la magnitud o la importancia. * Menudo frigorífico te has comprado. * Si vas a estar así toda la tarde, menudo plan.
II *m* **6** Conjunto de las tripas [de un animal, esp. del cerdo]. ■ **7** Conjunto de las vísceras [de un ave]. ■ **8** (*reg*) Guiso del intestino y extremidades de la vaca.
III *adv* **9** Poco. *Con intención ponderativa.* * José sí que está bien. ¡Menudo bien! ■ **10** Con gotas menudas [1]. *Con el v* LLOVER. ■ **11 a ~.** Con frecuencia. ■ **12 por ~** (*tb* **al por ~**). Detallada o pormenorizadamente. *Tb adj.*
IV *interj* **13 menuda** (*tb, más raro,* ~). *Expresa admiración.* * ¡Menuda cómo viven!

menuzo *m* (*raro*) Pedazo pequeño.

meñique *adj* **1** [Dedo] más pequeño de la mano o del pie. *Tb n m.* ■ **2** (*raro*) Pequeño.

meo¹ -a *adj* Del pueblo aborigen que habita en el sudoeste de China y en el norte de Vietnam, Laos y Tailandia. *Tb n, referido a pers.*

meo² *m* Planta herbácea, umbelífera, de olor fuerte y penetrante, cuya raíz se usa en medicina (*Meum athamanticum*).

meo³ *m* (*vulg, reg*) Meado. *Gralm en pl.*

meódromo *m* (*col, humoríst*) Retrete público.

meollada *f* (*reg*) Sesos de una res.

meollo *m* **1** Parte sustancial o esencial [de algo]. ■ **2** Seso (masa nerviosa). ■ **3** Médula [de los huesos o de la espina dorsal].

meón -na I *adj* **1** (*vulg*) Que mea mucho. ■ **2** (*col*) [Cosa] que deja caer agua u otro líquido. ■ **3** (*col*) [Lluvia] muy menuda. *Tb n f.*
II *m y f* **4** (*col*) Niño muy pequeño.

meperidina *f* (*Med*) Narcótico sintético de propiedades analgésicas y sedantes similares a las de la morfina.

mequés -sa *adj* De La Meca (Arabia Saudí). *Tb n, referido a pers.*

mequetrefe -fa *m y f* (*col*) Pers. entrometida y sin fundamento. *Tb adj.*

mequí *adj* De La Meca (Arabia Saudí).

mequinenzano -na *adj* De Mequinenza (Zaragoza). *Tb n, referido a pers.*

meracho -cha *adj* De Miera (Cantabria). *Tb n, referido a pers.*

meraklón (*n comercial registrado*) *m* Fibra textil sintética de origen italiano, a base de polipropileno.

meramente *adv* Única o estrictamente.

merca *f* (*rur*) Acción de mercar.

mercachifle *m* (*desp*) Comerciante de poca importancia.

mercachiflería *f* (*desp*) **1** Actividad del mercachifle. ■ **2** Mercancía propia del mercachifle.

mercadante *m* (*raro*) Mercader.

mercadear A *intr* **1** Comerciar.
B *tr* **2** Comprar o vender [algo] o comerciar [con ello (*cd*)].

mercadeo *m* Acción de mercadear.

mercader -ra I *m y f* **1** (*el f es raro*) Pers. que se dedica al comercio. *Gralm referido a épocas pasadas. Referido a la actual, lit o desp.*
II *loc v* **2 hacer oídos de ~** → OÍDO.

mercadería *f* Mercancía. *Gralm referido a épocas pasadas. A veces en sg con sent colectivo.*

mercaderil *adj* De(l) mercader.

mercadillo *m* Mercado [1] de escasa entidad y carácter secundario, que se celebra al aire libre y gralm. un día a la semana.

mercadista *adj* **1** De(l) mercado. ■ **2** De(l) Mercado Común Europeo. **b)** Partidario del Mercado Común Europeo. *Tb n, referido a pers.*

mercado I *m* **1** Reunión pública, en días y lugares señalados, para la compra y venta de determinados productos. ■ **2** Lugar en que se celebra un mercado [1]. **b)** Lugar cubierto y dividido en puestos en el que se venden esp. productos alimenticios. **c)** Lugar en que se negocian las transacciones [de determinado producto]. ■ **3** (*Econ*) Actividad relativa a la compraventa de bienes o servicios. ■ **4** (*Econ*) Conjunto de compradores potenciales, o de posibilidades de venta o de demanda de un producto o de un servicio. ■ **5 ~ negro.** Tráfico clandestino de mercancías prohibidas, o de mercancías escasas a precios superiores a los legales.
II *loc adj* **6 de ~.** (*Econ*) [Economía] basada en la ley de la oferta y la demanda.

mercadología *f* (*Econ*) Estudio de mercados [4].

mercadotecnia *f* (*Econ*) Marketing.

mercadotécnico -ca *adj* (*Econ*) De (la) mercadotecnia.

mercaduría *f* (*raro*) Mercancía o mercadería.

mercancía *f* Cosa mueble que es objeto de comercio. *Tb fig, referido a cosas inmateriales.*

mercancías *m* Tren de mercancías.

mercante I *adj* **1** [Barco, marina o marino] que se dedica al transporte de mercancías y viajeros. *Tb n m, referido a barco.* ■ **2** (*rur*) Que merca. *Tb n, referido a pers.*
II *m* **3** (*raro*) Mercader o comerciante.

mercantil *adj* De(l) comercio.

mercantilismo *m* **1** Espíritu mercantil. *Frec con intención desp.* ■ **2** (*hist*) Doctrina política, propia esp. de los ss. XVI y XVII, que da importancia primordial al comercio y a la acumulación de reservas metálicas.

mercantilista *adj* **1** De(l) mercantilismo. **b)** Partidario del mercantilismo. *Tb n.* ■ **2** [Pers.] experta en derecho mercantil. *Tb n.*

mercantilizable *adj* Que se puede mercantilizar.

mercantilización *f* Acción de mercantilizar.

mercantilizar *tr* Dar carácter mercantil [a alguien o algo].

mercantilmente *adv* **1** De manera mercantil. ■ **2** En el aspecto mercantil.

mercaptano *m* (*Quím*) Compuesto orgánico de los varios derivados de los alcoholes por sustitución de un átomo de oxígeno por uno de azufre, caracterizado por su olor desagradable.

mercar *tr* (*rur o lit*) Comprar o adquirir.

merced I *f* **1** (*lit*) Gracia o favor. **b)** Gracia concedida por un soberano. ■ **2 vuestra ~**, *o* **vuesa ~** (*tb con la grafía* **vuesamerced**), *o* **su ~.** (*hist*) *Tratamiento de cortesía equivalente aproximadamente al actual* usted. ■ **3 ~ de Dios.** (*hist*) Fritada de huevos y torreznos con miel.
II *loc adv* **4 a (la) ~** [de alguien]. A [su] capricho. *Tb fig, referido a cosa.* **b)** Dependiendo de la voluntad [de alguien]. **c) a ~.** A voluntad.
III *loc prep* **5 ~ a.** Gracias a.

mercedario -ria *adj* De la orden de Santa María de la Merced. *Tb n, referido a pers.*

mercenariamente *adv* De manera mercenaria [2].

mercenario -ria *adj* **1** [Pers., esp. soldado] que actúa o trabaja solo por dinero. *Tb n.* ■ **2** [Cosa] que se realiza a cambio de dinero.

mercenarismo *m* (*Mil*) Sistema de utilización de mercenarios [1].

mercería *f* **1** Tienda en que se venden artículos para costura y labores. ■ **2** Actividad comercial relativa a los artículos para costura y labores. ■ **3** Conjunto de artículos para costura y labores.

mercerizado *m* (*Tex*) Acción de mercerizar.

mercerizar *tr* (*Tex*) Tratar [hilo o tejido de algodón] con una solución de sosa cáustica, para darles brillo y mayor resistencia.

mercero -ra *m y f* Comerciante de mercería.

merchandiser (*ing; pronunc corriente,* /merĉandáiser/; *pl normal,* ~s) *m y f* (*Com*) Especialista en merchandising.

merchandising (*ing; pronunc corriente,* /merĉandáisin/) *m* (*Com*) Conjunto de técnicas y actividades destinadas a la promoción de un producto en su punto de venta.

merchant bank (*ing; pronunc corriente,* /mérĉan-bánk/; *pl normal,* MERCHANT BANKS) *m* Banco cuya función principal es la financiación de empresas comerciales.

merchante *m* (*reg*) Comerciante que no tiene tienda fija.

merchero *m* (*jerg*) Quinqui.

mercromina (*n comercial registrado*) *f* Antiséptico mercurial[1] [1] de color rojo, usado para desinfectar heridas.

mercurial[1] **I** *adj* **1** De(l) mercurio. ■ **2** (*raro*) Vivo e inquieto.
II *n* **A** *m* **3** (*Med*) Preparado de mercurio.
B *f* (*o* *m*) **4** Planta herbácea de la familia de las euforbiáceas, usada en medicina como purgante (gén. *Mercurialis*, esp. *M. annua*). *A veces con un adj especificador:* ~ BLANCA (*M. tomentosa*), ~ PERENNE (*M. perennis*).

mercurial[2] *f* (*hist*) Tabla semanal de los precios de las mercancías vendidas en un mercado público.

mercúrico **-ca** *adj* (*Quím*) [Compuesto] de(l) mercurio bivalente.

mercurio *m* Metal, de número atómico 80, de color y brillo de plata, líquido a la temperatura ambiente y muy pesado.

mercurioso **-sa** *adj* (*Quím*) [Compuesto] de(l) mercurio univalente.

mercurocromo (*n comercial registrado*) *m* Antiséptico mercurial[1] [1] de color rojo, usado para desinfectar heridas.

merdé *m* (*reg*) Desorden o confusión.

merdellón **-na** *m y f* (*lit, raro*) Criado sucio o desaseado. **b)** (*reg*) Pers. sucia o desaseada. *A veces usado como insulto.*

merecedor **-ra** *adj* Que merece.

merecer **I** *v* (*conjug* 11) **A** *tr* **1** Estar [alguien] moralmente en situación de deber recibir [un premio o castigo] por su conducta o sus cualidades. **b)** Estar [algo] en situación de deber ser objeto [de algo positivo o negativo (*cd*)] por sus cualidades. **c) no las merece.** (*hoy raro*) *Fórmula de cortesía con que se responde a la palabra* GRACIAS. * –Gracias por todo. –No las merece. **d)** ~ **la pena** → PENA. ■ **2** (*raro*) Conseguir [alguien] con su acción [algo para otro (*ci*)].
B *intr* **3** (*Rel*) Conseguir méritos [1b].
II *loc adj* **4** [Edad] **de** ~, [estado] **de** ~ → EDAD, ESTADO.

merecidamente *adv* Con merecimiento.

merecido **-da** **I** *adj* **1** *part* → MERECER.
II *m* **2** Castigo merecido (→ MERECER [1]) [por alguien (*compl de posesión*)].

mereciente *adj* (*raro*) Que merece. *Tb n, referido a pers.*

merecimiento *m* Acción de merecer. *Frec su efecto.*

merendar (*conjug* 6) **A** *intr* **1** Tomar la merienda [1].
B *tr* ➤ **a** *normal* **2** Tomar [algo] como merienda [1]. *Tb pr* (~**se**).
➤ **b** *pr* (~**se**) **3** (*col*) Comer. *Tb fig.* ■ **4** (*col*) Vencer o derrotar fácilmente [a alguien]. ■ **5** (*col*) Adueñarse o apoderarse [de algo (*cd*)].

merendera *f* (*reg*) Tartera o fiambrera.

merendero *m* Quiosco con mesas situado en un parque o en el campo y en el que se sirven bebidas y algunas cosas de comer. **b)** Lugar en el campo, con mesas, fuente y a veces servicios, destinado a que las perss. que van de viaje o excursión descansen y coman.

merendola *f* Merienda abundante y festiva entre varias perss.

merendona *f* Merendola.

merengar *tr* **1** Añadir merengue [a algo (*cd*)]. *Gralm en part.* ■ **2** (*col*) Fastidiar. *Gralm en la constr* NOS HA MERENGADO.

merengue **I** *m* **1** Dulce hecho con clara de huevo batida a punto de nieve con azúcar y cocido al horno. **b)** *A veces se emplea en constrs de sent comparativo para ponderar la excesiva delicadeza de alguien o algo.* * Este niño es de merengue. ■ **2** Clara de huevo batida a punto de nieve. ■ **3** Baile popular del Caribe, de ritmo muy movido. ■ **4** (*hist*) Gorro blanco semejante al de los marineros, de moda hacia 1935. *Tb en aposición.*
II *adj* (*col*) **5** Del club de fútbol Real Madrid. *Tb n, referido a pers.*

meretricio **-cia** (*lit*) **I** *adj* **1** De (las) meretrices.
II *m* **2** Prostitución, o actividad de meretriz. ■ **3** Conjunto de (las) meretrices. ■ **4** Prostíbulo.

meretriz *f* (*lit*) Prostituta.

mergo *m* (*reg*) Serreta (ave).

merguez *f* Salchicha pequeña y especiada, de carne de buey o de cordero. *Tb en aposición.*

mérgulo *m* Ave marina de pequeño tamaño, cuello y pico cortos y plumaje blanco y negro (*Plautus alle*). *Tb* ~ MARINO. *Con un adj especificador, designa otras especies similares:* ~ CRESTADO (*Aethia cristatella*), ~ LORITO (*Cyclorrhynchus psittacula*).

mericarpio *m* (*Bot*) Fragmento de un fruto polispermo que se divide en la madurez.

merideño **-ña** *adj* De Mérida (Venezuela). *Tb n, referido a pers.*

meridianamente *adv* Con claridad meridiana [1b].

meridiano **-na** **I** *adj* **1** De(l) mediodía (hora). **b)** [Luz o claridad] muy intensa. *Frec fig, con intención ponderativa.* ■ **2** (*Astron*) De(l) meridiano [3]. **b)** [Plano] determinado por el eje de rotación de la Tierra y la vertical de un lugar. **c)** [Línea] de intersección del plano meridiano y el plano horizontal [de un lugar]. *Tb n f.* **d)** Que sigue un meridiano [3].
II *n* **A** *m* **3** *En la esfera celeste o terrestre:* Círculo máximo que pasa por los polos. *Tb* (*lit*) *fig.* **b)** ~ **magnético.** Círculo máximo que pasa por los polos magnéticos del Globo. **c)** Media circunferencia que pasa por un lugar dado y va hasta los polos. *Con un compl de posesión.* ■ **4** (*Geom*) Sección hecha en una superficie de revolución por un plano que pasa por el eje de la misma. ■ **5** *En acupuntura:* Línea de distribución de la energía vital por el cuerpo.
B *f* **6** (*hist*) Canapé con dos cabeceras, propio de principios del s. XIX.

meridional *adj* Del sur. *Tb n, referido a pers.* **b)** Propio de los meridionales.

meridionalismo *m* **1** Carácter o condición meridional. ■ **2** Palabra o rasgo idiomático propios de la región meridional o procedentes de ella.

meriedría *f* (*Mineral*) Meroedría.

meriédrico **-ca** *adj* (*Mineral*) Meroédrico.

merienda *f* **1** Comida ligera que se toma por la tarde. ■ **2** Comida que se lleva al trabajo o cuando se va de viaje o excursión. ■ **3** ~ **de negros.** (*col*) Confusión o desorden en que nadie se entiende.

merindad *f* Demarcación territorial, propia hoy de algunas regiones, esp. Burgos, que agrupa a varios pueblos o aldeas y que antiguamente correspondía a la jurisdicción de un merino[2].

merindano -na *adj* (*reg*) De alguna de las merindades históricas de Navarra. *Tb n, referido a pers.*

merinero -ra *adj* [Pastor] de ovejas merinas. *Tb n.* **b)** Propio del pastor merinero.

meriní *adj* (*hist*) Benimerín. *Tb n.*

merinida *adj* (*hist*) Meriní. *Tb n.*

merino¹ -na *adj* **1** [Oveja] de hocico grueso y ancho y lana muy fina, corta y rizada. *Tb n m y f.* **b)** De (las) ovejas merinas. ■ **2** [Paño] de cordoncillo fino hecho con lana escogida y peinada. *Tb n m.*

merino² *m* (*hist*) *En la Edad Media:* Delegado del rey, conde o señor, con atribuciones administrativas, económicas, fiscales, judiciales y militares. *A veces con un adj especificador:* MAYOR o MENOR.

meristemático -ca *adj* (*Bot*) De(l) meristemo.

meristemo *m* (*Bot*) Tejido de crecimiento, constituido por células embrionarias que se reproducen activamente originando nuevos tejidos.

meritado -da *adj* (*admin*) Susodicho.

meritísimo -ma *adj* **1** De mucho mérito. ■ **2** Muy merecido.

mérito **I** *m* **1** Acción o cualidad que hace [a una pers. (*compl de posesión*)] merecedora de premio o aprecio. **b)** Derecho a un premio o recompensa, que se logra como resultado de una acción. ■ **2** Valor o importancia [de una cosa o de una pers.]. *Frec en la constr* DE ~. ■ **3** *Forma parte de la denominación de determinadas condecoraciones civiles y militares.* * Tiene la Medalla al Mérito en el Trabajo. ■ **4** (*Der*) Prueba o razón [de un proceso]. **II** *loc v* **5 hacer ~** [de alguien o algo]. (*lit, raro*) Hacer mención [de ellos].

meritocracia *f* (*Pol*) Gobierno de las perss. más capacitadas, seleccionadas por sus méritos personales. *Tb la sociedad así gobernada. Frec con intención irónica.* **b)** Sistema de selección y valoración basado en el mérito personal.

meritoriaje *m* Hecho de trabajar como meritorio [2]. *Tb el tiempo que dura. Tb fig.*

meritoriamente *adv* **1** De manera meritoria [1]. ■ **2** Por méritos [1].

meritorio -ria **I** *adj* **1** Que merece premio o aprecio. **II** *m y f* **2** Pers. que trabaja sin sueldo con el fin de hacer méritos para obtener una plaza remunerada. *Gralm referido a teatro.* **b)** Pers. que trabaja de manera desinteresada.

merlón¹ *m* *En una fortaleza:* Trozo de parapeto situado entre dos troneras.

merlón² *m* (*reg*) Se da este *n* a varios peces marinos, *esp Labrus merula y L. pavo.*

merlot *m* Variedad de uva negra propia del sudoeste de Francia. *Tb el vino correspondiente.*

merlucero -ra *adj* De (la) merluza. *Tb n m, referido a barco.*

merlúcido *adj* (*Zool*) [Pez] de la familia de la merluza. *Frec como n m en pl, designando este taxón zoológico.*

merlucilla *f* (*reg*) Merluza de mediano tamaño.

merluza *f* **1** Pez marino, de color gris plateado, de hasta un metro de longitud y muy apreciado por su carne (*Merluccius merluccius*). *A veces, con un adj o compl especificador, designa otras especies del mis-*

mo *gén:* ~ MAURITANA (*M. cadenati*), ~ SENEGALESA (*M. senegalensis*), ~ DEL CABO (*M. capensis*), *etc.* ■ **2** (*col*) Borrachera.

merluzo -za *adj* (*col*) [Pers.] tonta o estúpida. *Tb n.*

merma *f* **1** Acción de mermar(se). *Tb su efecto.* ■ **2** Menoscabo.

mermado -da *adj* **1** *part* → MERMAR. ■ **2** (*reg*) Tonto o bobo. *Tb n.*

mermar **A** *intr* **1** Disminuir [algo] en cantidad o volumen. *Tb pr* (~**se**). **B** *tr* **2** Hacer que [algo (*cd*)] merme [1].

merme *m* (*reg*) Merma.

mermelada *f* Conserva de fruta cocida con azúcar, de consistencia pastosa.

mero¹ -ra *adj* Puro o simple. *Normalmente referido a cosas inmateriales. Siempre antepuesto al n.* **b)** ~ **imperio** → IMPERIO.

mero² *m* Pez marino de hasta 1 m de largo, color amarillento oscuro y cabeza grande algo rojiza, muy apreciado por su carne (*Serranus guaza*).

meroblástico -ca *adj* (*Biol*) [Segmentación] parcial.

merodeador -ra *adj* Que merodea. *Tb n.*

merodeante *adj* Merodeador.

merodear **A** *intr* **1** Vagar [alguien por el campo] viviendo de lo que coge o roba. ■ **2** Vagar [por un sitio] o moverse [por los alrededores de alguien o algo] buscando o curioseando. **B** *tr* **3** (*semiculto*) Merodear [2] [por un lugar o por los alrededores de alguien o algo (*cd*)].

merodeo *m* Acción de merodear.

meroedría *f* (*Mineral*) Simetría que afecta solo a algunos elementos de un cristal.

meroédrico -ca *adj* (*Mineral*) De (la) meroedría.

meroedro *m* (*Mineral*) Forma meroédrica.

merostoma *m* (*Zool*) Artrópodo marino con esqueleto quitinoso, cuyos fósiles se conocen desde el Cámbrico. *Frec en pl, designando este taxón zoológico.*

merotomía *f* (*Biol*) División, natural o experimental, en segmentos.

merovingio -gia *adj* (*hist*) [Pers.] de la dinastía franca que reinó en la Galia desde el año 481 hasta el 751. *Tb n.* **b)** De (los) merovingios.

merseguera *adj* [Variedad de uva] del alto Turia con la que se elabora un vino blanco seco. *Tb n f.*

mes *m* **1** Parte de las doce en que se divide el año. **b)** Serie de días consecutivos desde uno dado hasta la misma fecha del mes siguiente. **c)** (*Com*) Serie de 30 días consecutivos. **d)** Suma de 30 días. **e)** ~ **lunar.** (*Astron*) Tiempo que tarda la Luna en dar una vuelta completa alrededor de la Tierra. ■ **2** Salario de un mes [1a]. ■ **3** (*col*) Menstruación.

mesa **I** *f* **1** Mueble formado esencialmente por una superficie lisa sostenida por uno o varios pies y que sirve para distintos usos, esp. comer o escribir. *Frec con un compl especificador.* **b)** ~ **(de) camilla** → CAMILLA. ■ **2** Mesa [1] dispuesta con lo necesario para comer sobre ella. **b)** (*lit*) Comida que se sirve a la mesa. **c) la sagrada ~,** o **la ~ del Señor.** (*Rel catól*) El sacramento de la Eucaristía. ■ **3** *En una asamblea o corporación:* Conjunto de perss. que la dirigen. ■ **4** (*Geol*) Capa de roca horizontal que ha quedado a un nivel superior al del terreno circundante. **b)** Cima plana de una montaña. ■ **5** (*jerg*) Tortura en que la víctima yace boca arriba sobre una mesa, con la cabeza colgando hacia el suelo. ■ **6 ~ de noche.** Mesilla [2]. ■ **7 ~ redonda.** Reunión de distintas perss. para comer, mezcladas y sin preferencias en los asientos. **b)** (*hist*) *En una fonda o pensión:* Mesa común para todos los comensales o huéspedes. **c)** Reunión de perss. especializadas en una materia, para discutir sobre ella sin jerarquía entre los participantes. **II** *loc adj* **8 de ~.** Destinado a ser colocado sobre una mesa [1] u otra superficie similar. ■ **9 de ~.** [Ropa o utensilio] destinado a ser usado en la mesa [2]. **b)** [Alimento o bebida] destinados a ser consumidos en la mesa [2]. **III** *loc v* **10 poner la ~.** Disponer la mesa [1] con todo lo necesario para comer sobre ella. ■ **11 quitar** (**recoger, alzar** *o* **levantar**) **la ~.** Retirar de la mesa [1] todo cuanto se ha dispuesto para comer en ella. ■ **12 sentar** [una pers. a otra] **a su ~.** (*lit*) Invitar[la] a comer en su casa. **IV** *loc adv* **13 a ~ puesta.** Sin preocuparse en absoluto de preparar la comida o de ganársela.

mesada *f* Sueldo o ingresos de un mes [1a].

mesamiento *m* (*lit, raro*) Acción de mesar.

mesana *f* (*Mar*) *En un barco de tres o dos palos:* Mástil más cercano a popa. *Tb la vela correspondiente.*

mesapio -pia *adj* (*hist*) De un pueblo antiguo habitante de la región de Apulia (Italia). *Tb n, referido a pers.*

mesar *tr* (*lit*) Arrancar [el pelo o la barba] con las manos, o tirar [de ellos (*cd*)]. *Gralm con ci refl.*

mesca *f* (*jerg*) Mescalina.

mescal *m* Aguardiente mejicano que se obtiene de la pita o maguey.

mescalina *f* Alcaloide que se obtiene del peyote y produce efectos alucinatorios.

mescolanza *f* Mezcolanza.

meseguero *m* (*reg*) Guarda de las mieses.

mesenio -nia *adj* (*hist*) De Mesenia (región de la antigua Grecia). *Tb n, referido a pers.*

mesentérico -ca *adj* (*Anat*) De(l) mesenterio.

mesenterio *m* (*Anat*) Repliegue del peritoneo que une el intestino con las paredes abdominales.

meseño -ña *adj* De Las Mesas (Cuenca). *Tb n, referido a pers.*

mesero -ra *m y f* (*raro*) Camarero de un bar u otro establecimiento similar.

meseta *f* **1** Llanura elevada sobre el nivel del mar. ■ **2** Rellano o descansillo. ■ **3 ~ del toril.** *En una plaza de toros:* Parte plana del tendido situada sobre la puerta del toril. *Tb las localidades correspondientes.*

mesetario -ria *adj* De (la) meseta [1].

meseteño -ña *adj* Mesetario.

mesetón *m* Mesa grande. **b)** *En una biblioteca:* Mesa o mueble similar destinados a la petición de libros.

mesiánicamente *adv* De manera mesiánica.

mesiánico -ca *adj* **1** De(l) mesías. ■ **2** De(l) mesianismo. ■ **3** Que tiene o muestra mesianismo.

mesianidad *f* (*raro*) Condición de mesías.

mesianismo *m* **1** Creencia en la venida del Mesías o de un mesías. ■ **2** Doctrina mesiánica [1].

mesías *m* **1** (*Rel jud*) Hombre enviado por Dios para liberar al pueblo judío. **b)** (*Rel crist*) Hombre enviado por Dios para liberar a la humanidad. *Gralm con mayúscula, designando a Jesucristo.* ■ **2** Hombre enviado por Dios para liberar a un pueblo o un país. *Tb fig.*

mesidor *m* (*hist*) Décimo mes del calendario revolucionario francés, que va del 19 de junio al 18 de julio.

mesilla *f* **1** *dim* → MESA. ■ **2** Mueble pequeño, gralm. con cajones, que se coloca a la cabecera de la cama. *Tb ~ DE NOCHE.*

mesinés -sa *adj* De Mesina (Italia). *Tb n, referido a pers.*

mesmérico -ca *adj* (*raro*) Hipnótico.

mesmerismo *m* (*Med*) Método de hipnotismo de Mesmer († 1815). *Tb la doctrina correspondiente.*

mesmerización *f* (*raro*) Hipnosis.

mesnada *f* (*hist*) Conjunto de gente de armas al servicio de un rey o señor. *Tb* (*lit*) *fig.*

mesnadero *m* (*hist*) Hombre perteneciente a una mesnada.

mesoamericano -na *adj* (*E*) De Mesoamérica (región comprendida entre Méjico capital y Honduras y Nicaragua).

mesocarpio *m* (*Bot*) Capa media de las tres que forman el pericarpio.

mesocarpo *m* (*Bot*) Mesocarpio.

mesocefalia *f* (*Anat*) Condición de mesocéfalo.

mesocéfalo -la *adj* (*Anat*) De cráneo de proporciones intermedias entre braquicéfalo y dolicocéfalo. **b)** De (la) pers. mesocéfala.

mesocracia *f* (*lit*) Clase media.

mesócrata *adj* (*raro*) De (la) mesocracia. *Tb n, referido a pers.*

mesocrático -ca *adj* (*lit*) De (la) mesocracia.

mesodérmico -ca *adj* (*Biol*) De(l) mesodermo.

mesodermo *m* (*Biol*) Capa comprendida entre el ectodermo y el endodermo.

mesófilo -la *adj* (*Bot*) **1** [Planta] propia de ambientes con temperatura y humedad de tipo medio. **b)** De (las) plantas mesófilas. ■ **2** [Tejido] comprendido entre las dos epidermis de una hoja. *Tb n m.*

mesófito -ta *adj* (*Bot*) Mesófilo. *Tb n f, designando planta.*

mesoglea *f* (*Zool*) *En los celentéreos y espongiarios:* Sustancia gelatinosa situada entre el ectodermo y el endodermo.

mesolítico -ca *adj* (*Prehist*) [Período] intermedio entre el paleolítico y el neolítico. *Tb n m.* **b)** De(l) período mesolítico.

mesomería *f* (*Quím*) Resonancia.

mesomorfia *f* (*Psicol*) Tipo de constitución humana caracterizado por estatura media y complexión vigorosa.

mesomorfo -fa *adj* (*Psicol*) [Pers. o tipo de constitución] de estatura media y complexión vigorosa.

mesón[1] *m* **1** Establecimiento típico en que se sirven comidas y bebidas. ■ **2** (*hist*) Hospedaje público para viajeros y caballerías.

mesón[2] *m* (*Fís*) Partícula de masa intermedia entre la del electrón y la del nucleón.

mesonero -ra I *adj* **1** De(l) mesón[1].
II *m y f* **2** Pers. que posee y atiende un mesón[1].

mesopotámico -ca *adj* (*hist*) De Mesopotamia (antigua región comprendida entre el Tigris y el Éufrates). *Tb n, referido a pers.*

mesosiderito *m* (*Geol*) Meteorito de composición intermedia entre lititos y sideritos.

mesotelioma *m* (*Med*) Tumor maligno de las superficies serosas.

mesoterapeuta *m y f* (*Med*) Especialista en mesoterapia.

mesoterapéutico -ca *adj* De (la) mesoterapia.

mesoterapia *f* (*Med*) Tratamiento mediante múltiples inyecciones intradérmicas con pequeñas dosis de medicamento en la zona afectada.

mesoterápico -ca *adj* (*Med*) De (la) mesoterapia.

mesotermal *adj* (*E*) De temperatura media.

mesotórax *m* (*Zool*) *En los insectos:* Segmento medio del tórax.

mesozoico -ca *adj* (*Geol*) Secundario.

messidor (*fr; pronunc corriente,* /mesidór/) *m* (*hist*) Mesidor.

mesta *f* (*reg*) Reunión o confluencia [de dos ríos].

mesteño -ña *adj* De la Mesta (agrupación de los pastores de Castilla, existente hasta 1836).

mester *m* (*TLit*) **1** ~ **de clerecía.** Género de poesía medieval propio de los clérigos y de las perss. cultas, caracterizado por el uso de la cuaderna vía. ■ **2** ~ **de juglaría.** Género de poesía medieval propio de los juglares, caracterizado por la rima asonante y los temas guerreros.

mestización *f* Mestizaje.

mestizaje *m* **1** Cruzamiento de razas. ■ **2** Mezcla de elementos de origen diverso. *Gralm referido a cultura.*

mestizar *tr* Hacer mestizo.

mestizo -za *adj* **1** [Pers., animal o planta] que procede de individuos de distinta raza. **b)** *Esp:* [Pers.] nacida en América de español e india, o de indio y española. *Frec n.* **c)** Propio de (los) mestizos, *esp* [b]. ■ **2** Que presenta una mezcla de elementos de origen diverso.

mesto[1] *m* Árbol mestizo de alcornoque y encina.

mesto[2] *m* (*argot Med*) Médico especialista sin título oficial.

mesto[3] **-ta** *adj* (*reg*) Espeso o denso.

mesturero -ra *adj* (*lit, raro*) Cizañero o chismoso. *Tb n, referido a pers.*

mesura *f* **1** Cualidad de mesurado. ■ **2** (*raro*) Medida.

mesurable *adj* (*raro*) Que se puede mesurar.

mesuradamente *adv* De manera mesurada.

mesurado -da *adj* **1** *part* → MESURAR. ■ **2** Moderado o comedido. *Tb n, referido a pers.*

mesurar *tr* (*raro*) Medir [algo], o determinar la medida [de algo (*cd*)].

meta A *f* **1** Punto señalado como final del trayecto de una carrera. ■ **2** Lugar al que se quiere llegar. ■ **3** Fin u objetivo. ■ **4** (*Dep*) Portería. ■ **5** (*reg*) Pila de hierba de forma cónica y con un palo como eje central.
B *m* **6** (*Dep*) Portero.

meta- *pref* **1** *Denota situación más allá o trascendencia.* * Metaciencia. * Metapolítico. ■ **2** (*Quím*) *Se aplica a un compuesto polímero o más complicado respecto al considerado.* * Metabisulfito. * Metasilicato.

metabólico -ca *adj* (*Fisiol*) De(l) metabolismo.

metabolimetría *f* (*Med*) Medición del metabolismo basal.

metabolímetro *m* (*Med*) Aparato para medir el metabolismo basal.

metabolismo *m* (*Fisiol*) Conjunto de transformaciones químicas y biológicas que se producen en un organismo. **b)** ~ **basal** → BASAL.

metabolito *m* (*Fisiol*) Sustancia producida por metabolismo.

metabolizar *tr* (*Fisiol*) Transformar por metabolismo. *Tb* (*lit*) *fig.*

metacarpiano -na *adj* (*Anat*) De(l) metacarpo. *Frec n m, referido a hueso.*

metacarpo *m* (*Anat*) Parte del esqueleto de la mano, comprendida entre el carpo y los dedos.

metacarpofalángico -ca (*tb con la grafía* **metacarpo-falángico**) *adj* (*Anat*) Del metacarpo y las falanges.

metacentro *m* (*Fís*) Punto en que se cortan la recta que une el centro de gravedad y el centro de empuje, cuando el cuerpo está en equilibrio, con la vertical que pasa por el centro de empuje, cuando el cuerpo se inclina.

metacrilato *m* Plástico ligero, fuerte y transparente, usado frec. para muebles y objetos de adorno y como sustituto del cristal en equipos de laboratorio.

metadona *f* Compuesto químico sintético de propiedades analgésicas y estupefacientes semejantes a las de la morfina, usado en curas de desintoxicación de drogadictos.

metafase *f* (*Biol*) Segunda fase de la mitosis.

metafísicamente *adv* De manera metafísica.

metafísico -ca I *adj* **1** De (la) metafísica [4 y 5]. **b)** [Imposibilidad] que implica contradicción. *Frec con intención ponderativa, expresando el carácter absoluto de tal imposibilidad.* ■ **2** Espiritual o no sensible.
II *n* A *m y f* **3** Pers. que se dedica a la metafísica [4 y 5].
B *f* **4** (*Filos*) Parte que trata del ser en cuanto tal y de sus causas primeras. ■ **5** Estudio o consideración de carácter especulativo y profundo [sobre algo (*compl especificador*)]. *A veces el compl se omite por consabido. Frec con intención irónica.*

metafonía *f* (*Fon*) Modificación del timbre de una vocal bajo la influencia de una vocal próxima.

metáfora *f* (*TLit*) Figura que consiste en designar una cosa con el término que designa otra con la que tiene una relación de semejanza.

metafóricamente *adv* (*TLit*) De manera metafórica.

metafórico -ca *adj* (*TLit*) De (la) metáfora o que la implica.

metaforización *f* (*TLit*) Acción de metaforizar.

metaforizador -ra *adj* Que metaforiza.

metaforizar **A** *tr* Representar metafóricamente. *Tb fig.*
    B *intr* Crear metáforas.

metagénesis *f* (*Biol*) Alternancia de generación.

metagnómico -ca *adj* (*Parapsicol*) De(l) metagnomo.

metagnomo -ma *m y f* (*Parapsicol*) Pers. dotada de poderes paranormales de conocimiento, como la adivinación o la clarividencia.

metagrama *m* Enigma de varias respuestas, que se diferencian por el cambio de una letra que ocupa siempre la misma posición.

metahemoglobina *f* (*Quím*) Producto de la oxidación incompleta de la hemoglobina, en el que el hierro ha perdido su capacidad de fijar oxígeno.

metahemoglobinemia *f* (*Med*) Presencia anormal de metahemoglobina en la sangre.

metal **I** *m* **1** (*Quím*) Elemento buen conductor del calor y de la electricidad, de brillo característico y que en combinación con el oxígeno forma óxidos. **b)** no ~. Metaloide. ■ **2** Materia que tiene naturaleza de metal [1] o está hecha con metales. **b)** Latón (aleación de cobre y cinc, de color amarillo claro y susceptible de gran brillo y pulimento). **c)** (*Impr*) Aleación de plomo y antimonio que se usa para fabricar caracteres y planchas. *Tb* ~ DE IMPRENTA. **d)** *Con un adj o compl especificador, designa diversas aleaciones:* ~ BLANCO (*estaño, plomo, bismuto y cobre u otros metales*), ~ DE DARCET (*bismuto, estaño y plomo*), ~ DE LA REINA (*estaño, antimonio y bismuto*), *etc.* ■ **3** vil ~. (*col, humoríst*) Dinero. ■ **4** (*Mús*) Conjunto de los instrumentos de viento de metal [2]. *Se opone a* MADERA. ■ **5** Timbre [de la voz].
    II *loc adj* **6** de los ~es. (*Prehist*) [Edad] prehistórica caracterizada por el descubrimiento y uso de los metales [2].

metalengua *f* (*Ling*) Uso de la lengua destinado a estudiar la misma lengua.

metalenguaje *m* (*Ling*) Uso del lenguaje destinado a estudiar el mismo lenguaje.

metalgráfico -ca *adj* (*Impr*) De (la) reproducción mediante láminas metálicas.

metálicamente *adv* De manera metálica.

metálico -ca **I** *adj* **1** De(l) metal [1 y 2]. **b)** Que tiene naturaleza de metal [1] o está hecho con metales [1 y 2]. **c)** [Dinero] que se presenta en monedas de metal [2]. *Tb n m.* **d)** Que tiene el brillo o el sonido propios del metal [1 y 2]. **e)** [Patrón] ~ → PATRÓN.
    II *m* **2** Dinero en efectivo. *Frec en la constr* EN ~.

metalífero -ra *adj* (*Mineral*) Que contiene metal [1].

metalingüísticamente *adv* (*Ling*) De manera metalingüística.

metalingüístico -ca *adj* (*Ling*) De(l) metalenguaje.

metalista *m y f* Pers. que trabaja en metales [1 y 2].

metalistería *f* **1** Arte u oficio de metalista. ■ **2** Conjunto de obras u objetos en metal.

metalización *f* Acción de metalizar.

metalizado[1] -da *adj* **1** *part* → METALIZAR. ■ **2** Propio del metal [1 y 2]. *Dicho esp de brillo o sonido.* **b)** Que tiene el brillo o el sonido propios del metal [1 y 2]. ■ **3** Que da valor preferente a lo económico.

metalizado[2] *m* Acción de metalizar [1]. *Tb su efecto.*

metalizar *tr* **1** Recubrir con una capa de metal. *Frec en part.* ■ **2** Conferir brillo metálico [a algo (*cd*)]. ■ **3** Dar carácter excesiva o exclusivamente económico [a algo o a alguien]. *Frec en part.* **b)** *pr* (~se) Tomar [alguien o algo] un carácter excesiva o exclusivamente económico. *Frec en part.*

metalmecánica *f* (*Mec*) Aplicación de los metales a la mecánica.

metalófono *m* Xilófono de láminas metálicas.

metalogenético -ca *adj* (*Geol*) De (la) metalogenia.

metalogenia *f* (*Geol*) Estudio del origen de los depósitos minerales.

metalogénico -ca *adj* (*Geol*) De (la) metalogenia.

metalografía *f* Estudio de la estructura, composición y propiedades de los metales.

metalográfico -ca *adj* De (la) metalografía.

metaloide *m* (*Quím*) Elemento que carece de brillo propio, es mal conductor del calor y la electricidad y posee carácter eléctrico negativo.

metalóidico -ca *adj* (*Quím*) De (los) metaloides o que los contiene.

metaloplástico -ca *adj* **1** Que reúne las características de un metal y una materia plástica. ■ **2** [Junta hermética] constituida por una hoja de amianto envuelta en una chapa fina de cobre, y que se usa esp. para temperaturas elevadas.

metalurgia *f* Conjunto de técnicas y operaciones para extraer los metales de los minerales que los contienen.

metalúrgico -ca *adj* **1** De (la) metalurgia. *Tb n f, referido a empresa.* ■ **2** Que trabaja en la industria metalúrgica [1]. *Frec n.*

metalurgista *m y f* (*raro*) Pers. que trabaja en la industria metalúrgica.

metamatemática *f* (*Mat*) Estudio de la estructura y propiedades formales de la matemática.

metamería *f* (*Zool*) División en metámeros.

metaméricamente *adv* (*Zool*) De manera metamérica.

metamérico -ca *adj* (*Zool*) De(l) metámero o de (los) metámeros.

metamerización *f* (*Zool*) División en metámeros.

metamerizado -da *adj* (*Zool*) Que se compone de metámeros.

metámero *m* (*Zool*) En los gusanos o artrópodos: Segmento o anillo.

metamórfico -ca *adj* **1** De (la) metamorfosis. ■ **2** (*Geol*) De(l) metamorfismo. ■ **3** (*Geol*) [Mineral o roca] que ha sufrido metamorfismo.

metamorfismo – meter

metamorfismo *m* (*Geol*) Modificación física o química de un mineral o una roca, debido a la presión, la temperatura u otros agentes internos.

metamorfizante *adj* (*Geol*) Que metamorfiza.

metamorfizar *tr* (*Geol*) Transformar por metamorfismo.

metamorfoseante *adj* Que metamorfosea.

metamorfosear *tr* Transformar, o someter a metamorfosis. **b)** *pr* (~**se**) Transformarse, o sufrir metamorfosis.

metamorfósico -ca *adj* De (la) metamorfosis.

metamorfosis *f* Transformación. **b)** (*Zool*) Cambio o transformación que sufren determinados animales durante su desarrollo, por los cuales pierden o adquieren órganos o toman una forma totalmente distinta a la original.

metanal *m* (*Quím*) Gas incoloro constituido por aldehído de metilo, de olor irritante, usado en la fabricación de materias plásticas y que disuelto en agua constituye el formol.

metanero *adj* (*Mar*) [Buque] destinado al transporte de metano licuado. *Tb n.*

metanífero -ra *adj* (*Quím*) Que contiene o produce metano.

metano *m* (*Quím*) Hidrocarburo saturado gaseoso, incoloro, inodoro e inflamable mezclado con el aire, que se desprende de las minas de carbón y del cieno de los pantanos.

metanoia *f* (*lit*) Conversión espiritual.

metanoico *adj* (*Quím*) [Ácido] fórmico.

metanol *m* (*Quím*) Alcohol metílico.

metaplasia *f* (*Med*) Transformación de un tejido diferenciado en otro.

metaplásico -ca *adj* (*Med*) De (la) metaplasia.

metapolítico -ca *adj* (*Pol*) De política teórica.

metapsicología *f* (*Psicol*) Psicología cuyo objeto está más allá de los datos de la experiencia.

metapsicológico -ca *adj* (*Psicol*) De (la) metapsicología.

metapsicólogo -ga *m y f* (*Psicol*) Especialista en metapsicología.

metapsíquicamente *adv* (*Psicol*) De manera metapsíquica.

metapsíquico -ca (*Psicol*) **I** *adj* **1** De (la) metapsíquica [2]. **II** *f* **2** Parapsicología.

metasecuoya *m* (*raro*) Árbol de la familia de las coníferas, de origen chino (*Metasequoia glyptostroboides*).

metastásico -ca *adj* (*Med*) De (la) metástasis.

metástasis *f* (*Med*) Cambio de localización de un foco morboso, esp. canceroso, o aparición de un foco secundario. *Tb* (*lit*) *fig, fuera del ámbito técn.*

metastatizar *intr* (*Med*) Producir metástasis.

metatarsalgia *f* (*Med*) Dolor de metatarso. *Tb la enfermedad caracterizada por dicho dolor.*

metatarsiano -na *adj* (*Anat*) De(l) metatarso. *Frec n m, referido a hueso.*

metatarso *m* (*Anat*) Parte del esqueleto del pie, comprendida entre el tarso y los dedos.

metate *m* (*raro*) Piedra rectangular y algo cóncava en su parte superior, que se usa para moler a mano.

metaterio *adj* (*Zool*) [Mamífero] marsupial. *Tb n.*

metátesis *f* (*Fon*) Cambio de lugar de un sonido en una palabra.

metatizar *tr* (*Fon*) Someter a metátesis [un sonido].

metatórax *m* (*Zool*) En los insectos: Segmento posterior del tórax.

metazoo *adj* (*Zool*) [Animal] constituido por numerosas células diferenciadas. *Frec como n m en pl, designando este taxón zoológico.*

meteco *m* **1** (*lit, desp*) Individuo extranjero establecido en el país. *Frec en pl.* **b)** Individuo forastero o extranjero. *Frec en pl.* ■ **2** (*hist*) *En la antigua Grecia:* Extranjero libre establecido en una ciudad mediante el pago de un tributo y sin derechos de ciudadanía. *Gralm en pl.*

metedor -ra *adj* Que mete [1]. *Frec n: m y f, referido a pers; m, referido a aparato.*

metedura *f* (*col*) Acción de meter la pata. *Tb ~ DE PATA.*

metelinense *adj* De Medellín (Badajoz). *Tb n, referido a pers.*

metementodo (*pl invar*) *m y f* (*col*) Metomentodo. *Tb adj.*

metempírico -ca *adj* (*Filos*) No verificable por la experiencia.

metempsicosis (*tb* **metempsícosis**) *f* (*Rel y Filos*) Doctrina según la cual las almas, después de la muerte, transmigran a otros cuerpos.

metemuertos *m* (*raro*) Individuo entrometido.

meteóricamente *adv* De manera meteórica [2].

meteórico -ca *adj* **1** De(l) meteoro. ■ **2** Muy rápido o vertiginoso.

meteorismo *m* (*Med*) Abultamiento del vientre por gases acumulados en el tubo digestivo.

meteorítico -ca *adj* (*Astron*) De(l) meteorito.

meteorito *m* (*Astron*) Fragmento de cuerpo celeste que penetra en la atmósfera y cae sobre la Tierra.

meteorización *f* (*Geol*) Fragmentación o modificación de las rocas por la acción de la intemperie.

meteorizar *tr* (*Geol*) Fragmentar o modificar [las rocas (*cd*) los elementos climáticos].

meteoro (*tb, raro,* **metéoro**) *m* **1** Fenómeno atmosférico. ■ **2** (*Astron*) Cuerpo celeste que atraviesa la atmósfera terrestre.

meteorología *f* **1** Ciencia que estudia los meteoros [1]. ■ **2** Conjunto de los meteoros [1].

meteorológicamente *adv* En el aspecto meteorológico.

meteorológico -ca *adj* De (la) meteorología.

meteorologista *m y f* (*raro*) Meteorólogo.

meteorólogo -ga *m y f* Especialista en meteorología.

metepatas *m y f* (*col*) Pers. que mete la pata con frecuencia. *Tb adj.*

meteprisas *m y f* (*col*) Pers. que acostumbra a meter prisa. *Tb adj.*

meter **I** *v* **A** *tr* **1** Hacer que [una pers. o cosa (*cd*)] pase a estar dentro [de un lugar (*compl* EN)] o en medio [de otras perss. o cosas (*compl* ENTRE)]. *Tb fig.* *Frec el cd es refl.* **b)** *pr* (**~se**) Pasar a estar [una cosa] dentro [de otra (*compl* EN)] o en medio [de otras (*compl* ENTRE)]. ■ **2** (*col*) Meter en la cabeza [algo a alguien] (→ CABEZA). * No hay quien le meta que eso está mal. ■ **3** Hacer que [algo, esp. un instrumento (*cd*)] ejerza su acción [sobre alguien o algo (*ci o compl* EN)]. ■ **4** Hacer que [alguien o algo (*cd*)] pase a estar [en determinada situación]. *Frec el cd es refl.* **b)** *pr* (**~se**) Pasar a estar [algo, esp. el tiempo, en determinada situación] de un modo continuado. ■ **5** Hacer que [una cantidad de dinero (*cd*)] pase a estar [en un banco o en una cuenta]. *Tb abs.* ■ **6** Emplear [dinero o bienes en una empresa]. *Tb fig.* ■ **7** Estrechar o acortar [una prenda de vestir o alguna parte de ella]. *Tb abs.* **b)** *pr* (**~se**) Estrecharse o acortarse [una tela o una prenda]. ■ **8** Dedicar [a una pers. (*cd*) a una profesión u oficio (A + *infin*, o DE (*pop*, A *y a veces sin prep*) + *el n del que ejerce dicha profesión*)]. *Frec el cd es refl.* * Su padre le metió de dependiente. * Se metió a albañil. **b)** *Referido a profesión sacerdotal o religiosa, el n va sin prep* (*pop, con* A). * Se metió monja. ■ **9** Hacer que [alguien (*cd*)] pase a formar parte [de un grupo (*compl* EN)] o intervenga [en una acción o una actividad]. *Frec con cd refl. Tb sin compl* EN*, por consabido.* ■ **10** Hacer que [una cosa (*cd*)] rodee [a otra (*compl* EN)] o la encierre en su interior. **b)** Poner o vestir [a alguien (*ci*) una prenda que rodea o encierra en su interior una parte del cuerpo]. *Frec el ci es refl.* ■ **11** Producir u ocasionar [algo no material, esp. ruido]. *Sin ci.* ■ **12** Hacer que [alguien o algo (*ci*)] reciba o sufra [determinado efecto]. **b)** *pr* (**~se**) Recibir o sufrir [determinado efecto]. ■ **13** Hacer que [alguien (*ci*)] reciba [algo (*cd*)] contra su voluntad o [lo] acepte con engaño. **b)** **~sela doblada** [a alguien]. Engañar[le]. ■ **14** **~la.** (*col*) Meter la pata (→ PATA¹). ■ **15** **~la.** (*jerg*) Fornicar. ■ **16** **~se** [alguien algo] (**por**) **donde le quepa.** (*col*) *euf por* METÉRSELO EN EL CULO (→ CULO). ■ **17** **~ la cabeza, ~ la pata, ~ el remo, ~ la nariz** (*o las narices*), **~ prisa**, *etc* → CABEZA, PATA¹, REMO, NARIZ, PRISA, *etc*.

    B *intr* ➤ **a** *normal* **18** (*jerg*) Fornicar. ➤ **b** *pr* (**~se**) **19** Inmiscuirse o entrometerse. *Frec con compls como* DONDE NO LE LLAMAN, EN LO QUE NO LE IMPORTA. **b)** **~se en camisa de once varas** → CAMISA. ■ **20** Aventurarse [en una acción (A + *infin o n del que realiza esa acción*)] sin estar capacitado. ■ **21** Empezar a realizar [una acción (A + *infin*)]. ■ **22** Atacar o censurar [a alguien o algo (*compl* CON)]. ■ **23** Empezar a trabajar [en algo (*compl* CON)]. ■ **24** Dedicarse [a algo (*compl* EN)]. ■ **25** Tener influencia o ascendiente [con una pers. o en un lugar]. *Frec en part, en la constr* ESTAR METIDO. ■ **26** Ponerse u ocultarse [el Sol]. ■ **27** (*reg*) Cobrar amor o cariño [por alguien]. *Gralm en la constr* ESTAR METIDO.

    II *loc adv* **28 a todo ~.** (*col*) Con la máxima intensidad. **b)** Con la máxima velocidad. **c)** Con todo lujo u opulencia.

metete *m y f* (*reg*) Metomentodo. *Tb adj.*

metical *m* (*hist*) Mitcal (moneda).

meticón -na *adj* (*col*) Entrometido. *Tb n.*

meticonería *f* (*col*) Cualidad de meticón.

meticulosamente *adv* De manera meticulosa.

meticulosidad *f* Cualidad de meticuloso.

meticuloso -sa *adj* Que se preocupa hasta de los mínimos detalles.

metida *f* **1** Acción de meter. ■ **2** (*col*) Metido² [2].

metido¹ -da *adj* **1** *part* → METER. ■ **2** (*col*) Abundante. *Seguido de los compls* EN CARNES *o* EN AÑOS.

metido² *m* (*col*) **1** Golpe que se da acometiendo. **b)** Empujón. ■ **2** Acometida o ataque que se da a algo, esp. una tarea o un producto de consumo.

metijón -na *adj* (*col*) Meticón. *Tb n.*

metilamina *f* (*Quím*) Gas inflamable y de fuerte olor amoniacal, usado frec. en la fabricación de tintes e insecticidas.

metilcelulosa *f* (*Quím*) Sustancia derivada de la celulosa y utilizada esp. para fabricar colas.

metileno *m* (*Quím*) Radical bivalente derivado del metano por supresión de dos átomos de hidrógeno.

metílico -ca *adj* (*Quím*) De metilo. **b)** [Alcohol] obtenido por destilación de la madera.

metilo *m* (*Quím*) Radical univalente constituido por un átomo de carbono y tres de hidrógeno.

metimiento *m* Influencia o ascendiente.

metionina *f* (*Quím*) Aminoácido natural, esencial para el desarrollo, presente en la mayoría de las proteínas.

metisaca *m* **1** (*Taur*) Estocada en la que el diestro vuelve a sacar el acero al retirar la mano. ■ **2** (*jerg*) Acto sexual.

metódicamente *adv* De manera metódica [1].

metódico -ca **I** *adj* **1** Que se ajusta a un método. **II** *f* **2** Metodología [2]. *Gralm con un compl especificador.*

metodismo *m* **1** Tendencia a ajustarse a un método. ■ **2** (*Rel*) Secta protestante fundada en Inglaterra por John Wesley († 1791).

metodista *adj* (*Rel*) De(l) metodismo [2]. *Tb n, referido a pers.*

metodización *f* Acción de metodizar. *Tb su efecto.*

metodizar *tr* Someter o ajustar [algo] a método.

método *m* Procedimiento o conjunto de procedimientos que se usan habitualmente para hacer algo. *Frec con un adj o compl especificador.* **b)** Modo ordenado o sistemático de actuar. **c)** Conjunto de principios normativos en que se basa la enseñanza de algo. *Gralm con un compl especificador. Tb el manual correspondiente o el conjunto de este y otros elementos complementarios.*

metodología *f* **1** Ciencia del método. ■ **2** Conjunto de (los) métodos. *Gralm con un compl especificador.*

metodológicamente *adv* **1** De manera metodológica. ■ **2** En el aspecto metodológico.

metodológico -ca *adj* De (la) metodología.

metomentodo (*pl invar*) *m y f* (*col*) Pers. entrometida. *Tb adj.*

metonimia *f* (*TLit*) Figura que consiste en designar una cosa con el término que designa otra con la que tiene una relación necesaria, como efecto por causa, parte por todo o continente por contenido.

metonímico -ca *adj* (*TLit*) De (la) metonimia.

metopa (*tb, raro,* **métopa**) *f* (*Arquit*) Espacio comprendido entre dos triglifos.

metraje *m* Medida en metros. **b)** *Esp:* Longitud de una película cinematográfica.

metralla *f* **1** Munición menuda de las piezas de artillería, proyectiles, bombas y otros explosivos. ▪ **2** Conjunto de cosas inútiles o desechadas.

metrallazo *m* Disparo de artillería.

metralleo *m* Ruido repetitivo semejante al de los disparos de metralleta.

metralleta *f* Arma de fuego, individual, portátil y que repite automáticamente los disparos.

metrar *tr* (*E*) Medir [algo] o determinar la medida [de algo (*cd*)].

métricamente *adv* (*TLit*) En el aspecto métrico [2].

métrico -ca I *adj* **1** [Sistema de medidas] que tiene por base el metro [1]. **b)** [Quintal o tonelada] del sistema métrico. ▪ **2** (*TLit*) De (la) métrica [3 y 4]. **II** *f* **3** (*TLit*) Estudio de la medida y estructura de los versos, de sus variedades y de sus combinaciones. ▪ **4** (*TLit*) Sistema de versificación.

metritis *f* (*Med*) Inflamación de la matriz.

metro[1] *m* **1** *En el sistema métrico decimal:* Medida de longitud equivalente a la diezmillonésima parte del cuadrante del meridiano que pasa por París. **b)** Instrumento en que va marcado un metro, gralm. subdividido en centímetros, y que se emplea para medir. *Tb fig.* ▪ **2** ~ **cuadrado.** Unidad de superficie equivalente a la de un cuadrado cuyo lado mide un metro [1]. ▪ **3** ~ **cúbico.** Unidad de volumen equivalente al de un cubo cuya arista mide un metro [1]. ▪ **4** (*TLit*) Verso, en cuanto sometido a una medida. *Tb la misma medida.*

metro[2] *m* Tren metropolitano [1c].

metrología *f* Ciencia que tiene por objeto el estudio de los sistemas de pesas y medidas.

metrológico -ca *adj* De (la) metrología.

metrónomo *m* (*Mús*) Instrumento, gralm. de péndulo, que sirve para indicar a los músicos el compás en una interpretación.

metrópoli (*tb, raro,* **metrópolis**) *f* **1** Ciudad principal y de grandes dimensiones. ▪ **2** (*Rel crist*) Ciudad, cabeza de una provincia eclesiástica, a cuyo frente está un arzobispo. ▪ **3** Estado central, respecto a sus colonias o posesiones.

metropolita *m* (*Rel crist*) **1** *En la iglesia ortodoxa:* Dignatario de categoría intermedia entre la de patriarca y la de arzobispo. ▪ **2** (*raro*) Arzobispo metropolitano [1b].

metropolitano -na *adj* De (la) metrópoli. **b)** [Arzobispo] que está al frente de una metrópoli [2]. *Frec n m.* **c)** [Ferrocarril] de tracción eléctrica, total o parcialmente subterráneo, que comunica los distintos barrios de una gran ciudad. *Frec n m.*

metrorragia *f* (*Med*) Hemorragia de la matriz fuera de la menstruación.

meublé (*fr; pronunc corriente,* /meblé/) *m* Casa de citas.

meuca *f* (*reg*) Prostituta.

mexcalina *f* (*raro*) Mescalina.

mexica (*pronunc,* /meʃíka/) *adj* (*hist*) De(l) grupo indígena nahua que a principios del s. XIV fundó la actual ciudad de Méjico. *Tb n, referido a pers.*

mexicanada, mexicanidad, mexicanismo, mexicano → MEJICANADA, MEJICANIDAD, MEJICANISMO, MEJICANO.

meyba (*n comercial registrado; tb con la grafía* **meiba**) *m* Bañador masculino en forma de calzón de deporte.

mezcal *m* Mescal.

mezcalina *f* Mescalina.

mezcla *f* Acción de mezclar(se) [1, 2 y 4]. *Frec su efecto.* **b)** (*Constr*) Argamasa. **c)** (*Quím*) Unión de varios cuerpos en proporción variable y cuyos componentes pueden ser separados por medios físicos. **d)** (*Tex*) Tejido que resulta de mezclar [1] hilos de distinto color o de diferente fibra.

mezclable *adj* Que se puede mezclar.

mezcladamente *adv* (*raro*) De manera mezclada.

mezclado[1] **-da** *adj* **1** *part* → MEZCLAR. ▪ **2** Que tiene mezcla.

mezclado[2] *m* Acción de mezclar [1].

mezclador -ra *adj* Que mezcla [1 y 2]. *Tb n, m y f, referido a pers o a máquina o dispositivo.* **b)** Que sirve para mezclar [1 y 2].

mezclar A *tr* **1** Juntar [dos cosas, o una (*cd*) con otra (*compl* CON, EN *o ci*)] de modo que formen un todo homogéneo. *Tb sin el 2º compl.* ▪ **2** Juntar [a una pers. o cosa con otras] sin que formen un todo homogéneo. *A veces con intención desp, ponderando la idea de confusión.* **b)** *pr* (~**se**) Juntarse [una cosa con otras] sin formar un todo homogéneo. ▪ **3** Hacer que [alguien o algo (*cd*)] intervenga o tome parte [en un asunto]. **b)** *pr* (~**se**) Intervenir o tomar parte [en un asunto]. **B** *intr* ➤ **a** *normal* **4** Juntarse [una cosa con otra u otras] formando un todo homogéneo. *Frec pr* (~**se**). ➤ **b** *pr* (~**se**) **5** Tener relación o trato [con alguien o algo]. ▪ **6** Inmiscuirse o entrometerse [en algo]. *Tb sin compl.*

mezclilla *f* (*Tex*) Mezcla [1d], esp. de poco cuerpo.

mezcolanza *f* (*desp*) Mezcla [1a].

mezquinamente *adv* De manera mezquina.

mezquindad *f* **1** Cualidad de mezquino. ▪ **2** Cosa mezquina.

mezquinería *f* (*raro*) Mezquindad.

mezquino -na *adj* **1** Falto de generosidad y nobleza, esp. por excesivo apego al interés material. **b)** Tacaño (reacio a dar o gastar). ▪ **2** [Cosa] muy pequeña o insignificante. ▪ **3** (*lit*) Pobre o miserable. ▪ **4** (*raro*) Desdichado o infeliz.

mezquita *f* **1** Edificio consagrado al culto musulmán. ▪ **2** (*euf, col*) Urinario. *Tb* ~ DE BENAMEAR.

mezquite *m* Árbol leguminoso de la América tropical, de fruto comestible y cuya corteza exuda una goma de uso industrial (*Prosopis juliflora*).

mezzo (*it; pronunc corriente,* /métso/) *f* (*Mús*) Mezzosoprano [2].

mezzosoprano (*tb con la grafía* **mezzo-soprano**; *it; pronunc corriente,* /metsosopráno/) (*Mús*) **A** *m* **1** Voz femenina intermedia entre la de soprano y la de contralto. *Gralm* VOZ DE ~. **B** *f* **2** Cantante que tiene voz de mezzosoprano [1].

mi[1] → MÍO.

mi[2] *m* Tercera nota de la escala musical.

mi[3] (*tb con la grafía* **my**) *f* Letra del alfabeto griego que representa el sonido [m]. (V. PRELIM.)

mí → YO.

miagar *intr* (*reg*) Maullar.

miaja¹ (*pop*) **I** *f* **1** Cantidad pequeña [de algo].
II *pron* **2** (*reg*) Poco.
III *adv* **3** una ~ (*tb, reg, ~*). Un poco.

miaja² *f* (*hist*) Meaja (moneda).

miajadeño -ña *adj* De Miajadas (Cáceres). *Tb n, referido a pers.*

miajón *m* (*reg*) Miga o sustancia.

mialgia *f* (*Med*) Dolor muscular.

miamense *adj* De Miami (EE.UU.). *Tb n, referido a pers.*

miar (*conjug* **1c**) *intr* (*reg*) Maullar.

miasis *f* (*Med*) Afección producida por moscas o larvas de mosca.

miasma *m* (*tb, raro, f*) Emanación dañina que se desprende de cuerpos enfermos, materias en descomposición o aguas estancadas. *Gralm en pl.*

miasmático -ca *adj* De (los) miasmas.

miastenia *f* (*Med*) Astenia muscular.

miasténico -ca *adj* (*Med*) De (la) miastenia.

miau **I** *interj* **1** *Imita la voz del gato. A veces se sustantiva como n m.* ■ **2** *Se usa, con intención burlesca, para negar o expresar incredulidad. A veces se sustantiva como n m.* * *¿Que va a venir contigo?* ¡Miau!
II *m* **3** (*infantil*) Gato (animal). *Tb humoríst, fuera del ámbito infantil.*

mibor *m* (*Econ*) Precio del dinero en el mercado interbancario de Madrid.

mica *f* Mineral de estructura hojosa, fácilmente exfoliable y buen aislante eléctrico, que es uno de los constituyentes fundamentales del granito.

micáceo -a *adj* (*Mineral*) **1** De (la) mica. ■ **2** Semejante a la mica.

micacita *f* (*Mineral*) Roca metamórfica compuesta de cuarzo y mica, de estructura pizarrosa y color verdoso.

micción *f* (*lit o Fisiol*) Acción de orinar.

miccionar *intr* (*lit, raro*) Orinar.

micela *f* (*Biol*) Agregado de moléculas de una disolución coloidal.

micelar *adj* (*Biol*) De (las) micelas.

micelio *m* (*Bot*) Talo de los hongos.

micénico -ca (*hist*) **I** *adj* **1** De Micenas (antigua ciudad cretense). *Tb n, referido a pers.* **b)** De la cultura que tuvo por centro Micenas en los ss. XV al XII a.C.
II *m* **2** Lengua indoeuropea del grupo griego, propia de la civilización micénica [1].

micer *m* (*hist*) *Tratamiento honorífico de los letrados en los estados de la Corona de Aragón.*

michelín *m* (*col*) Pliegue de grasa en el cuerpo.

michi *m* (*reg*) *En el juego de bolos:* Bolo más pequeño.

michino -na *m y f* (*col*) Gato (animal). *Gralm se usa para llamarlo.*

michirón *m* (*reg*) Haba cocida con sal, pimienta, laurel y ajo.

micho -cha *m y f* (*col*) Gato (animal). *Gralm se usa para ahuyentarlo.*

michoacano -na *adj* De Michoacán (estado de Méjico). *Tb n, referido a pers.*

micifuz *m* Gato (animal).

mico **I** *m* **1** Mono de cola larga. ■ **2** (*col*) Pers. pequeña. *Frec se usa como insulto cariñoso, esp dirigido a niños.*
II *loc v* **3** **volverse ~.** (*col*) Poner gran interés y dedicación [para algo, que gralm. no se consigue].

micoderma *m* (*Bot*) Hongo que transforma el alcohol etílico en agua y anhídrido carbónico (gén. *Mycoderma*).

micofágico -ca *adj* (*lit*) Que tiene costumbre de comer setas.

micófago -ga *adj* (*lit*) Que come setas. *Tb n, referido a pers.*

micófilo -la *adj* (*raro*) Aficionado a las setas.

micología *f* Estudio de los hongos.

micológico -ca *adj* De (la) micología.

micólogo -ga *m y f* Especialista en micología.

micorriza *f* (*Bot*) Asociación simbiótica del micelio de un hongo con las raíces de algunas plantas. *Tb el mismo hongo.*

micosis *f* (*E*) Enfermedad causada por hongos.

micótico -ca *adj* (*E*) [Enfermedad] causada por hongos.

micra *f* Unidad de longitud equivalente a la milésima parte del milímetro.

micro *m* (*col*) **1** Micrófono. ■ **2** Microbús. ■ **3** (*raro*) Microordenador. ■ **4** (*argot de laboratorio*) Microscopio.

micro- *r pref* **1** *Denota tamaño diminuto o microscópico.* * Microconector. * Microfactor. ■ **2** (*E*) Millonésima parte. *Antepuesta a ns de unidades de medida, forma compuestos que designan unidades un millón de veces menores.*

microalga *f* Alga microscópica.

microanálisis *m* (*Quím*) Análisis efectuado con una cantidad extremadamente pequeña de materia.

microbacteria *f* (*Bot*) Bacteria muy pequeña.

microbiano -na *adj* **1** De (los) microbios [1]. ■ **2** Producido por microbios [1]. ■ **3** Que tiene carácter de microbio [1].

microbicida *adj* (*E*) Que mata los microbios [1]. *Tb n m, referido a agente o producto.*

micróbico -ca *adj* (*raro*) Microbiano.

microbio *m* **1** Ser unicelular microscópico, esp. patógeno. ■ **2** (*col, humoríst*) Pers. muy pequeña.

microbiología *f* Ciencia que estudia los microbios [1].

microbiológico -ca *adj* De (la) microbiología.

microbiólogo -ga *m y f* Especialista en microbiología.

microbús *m* Autobús de tamaño y número de plazas inferiores a los normales.

microcasete *m o f* Casete (cinta) de dimensiones muy reducidas.

microcefalia *f* (*Med*) Desarrollo insuficiente del cráneo, frec. asociado con retraso mental.

microcéfalo -la *adj* (*Med*) Que tiene microcefalia. *Tb n.*

microchip (*pl normal, ~*s) *m* (*Electrón*) Chip.

microcima → MICROZIMA.

microcircuito *m* (*Electrón*) Circuito integrado.

microcirugía *f* (*Med*) Cirugía que se realiza mediante microscopio.

microcirujano -na *m y f* (*Med*) Especialista en microcirugía.

microclima *m* (*Ecol*) Clima local [de un lugar pequeño].

microclimático -ca *adj* (*Ecol*) De(l) microclima.

micrococo *m* (*Biol*) Microbio esférico.

microcomputador *m* Microordenador.

microcomputadora *f* Microordenador.

microcósmico -ca *adj* De(l) microcosmos.

microcosmos *m* (*Filos o lit*) Ser o entidad considerados como una imagen reducida del universo. *Se opone a* MACROCOSMOS.

microcristalino -na *adj* (*Mineral*) Formado por cristales microscópicos.

microeconomía *f* (*Econ*) Parte de la economía que estudia el comportamiento individual de los factores productivos. *Se opone a* MACROECONOMÍA.

microeconómico -ca *adj* (*Econ*) De (la) microeconomía.

microelectrónico -ca I *adj* **1** De (la) microelectrónica [2].
II *f* **2** Parte de la electrónica que se refiere a los circuitos integrados.

microelemento *m* (*Biol*) Elemento químico que se encuentra en cantidades mínimas en los organismos animales y vegetales y que es esencial en algunos procesos fisiológicos.

microencefalia *f* (*Med*) Microcefalia.

microespacio *m* (*RTV*) Programa de corta duración que se enmarca dentro de otro más amplio.

microfacies *f* (*Geol*) Facies considerada a escala microscópica.

micrófago *adj* (*Biol*) **1** [Glóbulo blanco] que fagocita pequeñas células. *Tb n m.* ■ **2** [Animal] que se alimenta de pequeñas partículas o microorganismos. *Tb n m.*

microfaradio *m* (*Electr*) Unidad de capacidad eléctrica cuyo valor es la millonésima parte del faradio.

microfauna *f* (*Biol*) Fauna microscópica.

microficha *f* Ficha de tamaño normal que contiene, en soporte transparente, la reproducción fotográfica muy reducida de un texto.

microfilm (*pl normal*, ~s) *m* Microfilme.

microfilmación *f* Acción de microfilmar.

microfilmado *m* Microfilmación.

microfilmador -ra *adj* Que microfilma. *Tb n f, referido a máquina.*

microfilmar *tr* Reproducir en microfilme.

microfilme *m* Película para impresionar en tamaño muy reducido libros, documentos o cosas similares, cuya lectura ha de realizarse mediante la posterior ampliación en proyección o fotografía.

microfísica *f* Parte de la física que trata de los átomos, núcleos y partículas.

microflora *f* (*Biol*) Flora microscópica.

microfonía *f* (*Med*) Uso de micrófono.

microfónico -ca *adj* De(l) micrófono.

micrófono *m* Aparato que transforma las ondas sonoras en modulaciones de una corriente eléctrica que permite amplificar los sonidos, grabarlos o reproducirlos a distancia.

microfósil *m* (*Geol*) Fósil microscópico.

microfotografía *f* Fotografía que se realiza mediante microscopio.

microfotográfico -ca *adj* De (la) microfotografía.

microfundio *m* Minifundio de muy pequeña extensión.

microfundista *adj* De(l) microfundio.

microgameto *m* (*Biol*) Gameto masculino.

microglia (*tb* **microglía**) *f* (*Anat*) Tejido constituido por células pequeñas emigrantes y encargadas de fagocitar los productos de desintegración del sistema nervioso.

micrografía *f* Estudio o descripción de objetos vistos con el microscopio. *Tb fig.*

micrográfico -ca *adj* De (la) micrografía.

microgramo *m* Unidad de peso equivalente a una millonésima de gramo.

microgranito *m* (*Mineral*) Roca de igual composición que el granito, pero de estructura microgranuda.

microgranudo -da *adj* (*Mineral*) Formado por cristales microscópicos.

microgravedad *f* (*Fís*) Estado en que la fuerza de la gravedad es insignificante, aunque no nula.

microinformático -ca I *adj* **1** De (la) microinformática [2].
II *f* **2** Informática de microordenadores.

microinyectar *tr* (*Biol*) Inyectar [algo] con ayuda del microscopio.

microlente *f* (*raro*) Lentilla.

microlentilla *f* Lentilla.

microlítico -ca *adj* **1** (*Mineral*) Que contiene microlitos [1]. ■ **2** (*Prehist*) De (los) microlitos [2].

microlitismo *m* (*Prehist*) Condición de microlítico [2].

microlito *m* **1** (*Mineral*) Cristal microscópico de las rocas eruptivas. ■ **2** (*Prehist*) Instrumento prehistórico de piedra de pequeño tamaño.

micrometeorito *m* (*Astron*) Meteorito microscópico o muy pequeño.

micrométrico -ca *adj* (*Fís*) De (la) medición de dimensiones muy pequeñas.

micrómetro *m* **1** (*Fís*) Instrumento para medir cantidades lineales o angulares muy pequeñas. ■ **2** Medida de longitud equivalente a la millonésima parte del metro.

micromilímetro *m* Unidad de medida equivalente a una millonésima de milímetro.

microminiaturización *f* (*Electrón*) Reducción extremada de las dimensiones y del peso de los dispositivos electrónicos.

micromódulo *m* (*Electrón*) Circuito miniaturizado que forma parte de determinados aparatos electrónicos, como la calculadora.

micromotor *m* (*Mec*) Motor de pequeña potencia.

micrón *m* Micra.

micronesio -sia *adj* De Micronesia. *Tb n, referido a pers.*

micronización *f* (*Fís*) Acción de micronizar.

micronizar *tr* (*Fís*) Pulverizar [un producto] reduciendo sus partículas al tamaño de micrones. *Frec en part.*

micronúcleo *m* (*Zool*) Núcleo menor de los dos que tienen los protozoos ciliados, y del cual depende la reproducción.

micronutriente *m* (*Biol*) Sustancia que, en cantidades minúsculas, es esencial para el desarrollo de un organismo.

microonda *f* (*Fís*) Onda electromagnética de longitud comprendida entre un milímetro y un metro.

microondas *adj invar* [Horno] de cocina muy rápido que funciona con microondas (→ MICROONDA). *Frec n m.*

microordenador *m* Ordenador de pequeñas dimensiones cuya unidad central es un microprocesador.

microorgánico -ca *adj* De (los) microorganismos.

microorganismo *m* Ser solamente visible al microscopio.

micropene *m* (*Med*) Pene escasamente desarrollado.

micrópilo (*tb* **micropilo**) *m* (*Bot y Zool*) Orificio del óvulo de las plantas y de algunos animales, por el que penetra el elemento masculino.

microprocesador *m* (*Electrón*) Circuito integrado muy complejo, que funciona como unidad central de proceso de un ordenador.

micropropagación *f* (*Bot*) Producción de plantas a partir de una pequeña porción de tejido cultivada en un medio nutriente.

micropropagar *tr* (*Bot*) Producir por micropropagación.

microquirúrgico -ca *adj* (*Med*) De (la) microcirugía.

microscopia (*tb* **microscopía**) *f* Investigación o examen mediante el microscopio.

microscópicamente *adv* De manera microscópica [1].

microscópico -ca *adj* **1** Que se realiza u obtiene mediante el microscopio. ▪ **2** Que solo es visible al microscopio. **b)** Sumamente pequeño. *Con intención ponderativa.*

microscopio *m* Instrumento óptico que, merced a una combinación de lentes, permite observar, muy aumentadas, cosas muy pequeñas, o invisibles a simple vista.

microsegundo *m* Unidad de tiempo equivalente a una millonésima de segundo.

microsismo *m* (*Geol*) Sismo imperceptible por los sentidos y que solo se registra en los sismógrafos muy sensibles.

microsmático -ca *adj* (*Zool*) Que tiene poca agudeza olfativa.

microsoma *m* (*Biol*) Elemento granuloso muy pequeño del protoplasma celular.

microspora *f* (*Bot*) Espora de pequeño tamaño que produce protalos masculinos.

microsporangio *m* (*Bot*) Esporangio productor de microsporas.

microsporofila *f* (*Bot*) Esporofila que lleva microsporangios.

microsurco *adj* [Disco gramofónico] de surcos muy estrechos y juntos, que gira a velocidad reducida y tiene una gran capacidad de grabación. *Gralm n m.*

microtaxi *m* Taxi pequeño y de tarifa reducida.

microtecnología *f* Tecnología basada en la microelectrónica.

microteléfono *m* Elemento del aparato telefónico consistente en una pieza que se coge con la mano y en cuyos extremos están el auricular y el micrófono.

micrótomo (*tb* **microtomo**) *m* (*E*) Instrumento para cortar los objetos que se han de observar al microscopio.

microtono *m* (*Mús*) Intervalo de duración inferior a un semitono.

microtraumatismo *m* (*Med*) Traumatismo microscópico.

microtúbulo *m* (*Anat*) Túbulo visible solamente con microscopio electrónico.

microvascular *adj* (*Anat*) De (los) vasos sanguíneos más pequeños.

microvoltio *m* (*Electr*) Unidad de potencial equivalente a una millonésima de voltio.

microzima (*tb con la grafía* **microcima**) *f* (*Biol*) Micela.

midi *adj* **1** [Abrigo, vestido o falda] que llega hasta más abajo de la rodilla. *Tb n.* ▪ **2** De tamaño intermedio.

midriasis *f* (*Med*) Dilatación anormal y persistente de la pupila.

midriático -ca *adj* (*Med*) Que produce midriasis.

miedica *m y f* (*col*) Pers. muy miedosa [1]. *Tb adj.*

mieditis *f* (*col, humoríst*) Miedo [1].

miedo **I** *m* **1** Temor (sentimiento). **b) más ~ que vergüenza.** (*col*) Mucho miedo.
    II *loc adj* **2 de ~.** (*col*) Impresionante. *Con intención ponderativa. Tb adv.*
    III *loc v y fórm* o **3 dar,** o **meter, ~.** Impresionar profundamente. *Con intención ponderativa.* ▪ **4 ¿quién dijo ~?** (*col*) Se usa para incitar a actuar venciendo la indecisión. * Vamos, ¿quién dijo miedo?

miedoso -sa *adj* **1** Que tiene miedo. ▪ **2** Que denota miedo. ▪ **3** (*raro*) Que provoca miedo.

mieja *f* (*reg*) Miaja¹.

miel **I** *f* **1** Sustancia viscosa, amarillenta y muy dulce elaborada por las abejas. **b)** *Se usa frec en constrs de sent comparativo para ponderar la dulzura.* * Es dulce como la miel. ▪ **2** Jarabe de caña de azúcar. ▪ **3** (*lit*) Dulzura. *Frec en pl.* **b) la ~ en los labios.** El comienzo del disfrute de algo grato. *Normalmente en las constrs* DEJAR, *o* QUEDARSE, CON LA ~ EN LOS LABIOS.
    II *adj invar* **4** [Color] dorado oscuro propio de la miel [1]. *Tb n m.* ▪ **5 de ~.** Muy dulce. *Frec fig.* **b)** [Luna] **de ~** → LUNA.
    III *loc v y fórm* o **6 hacerse** [alguien] **de ~,** o **hacerse ~es.** Mostrarse excesivamente amable. ▪ **7 ~**

sobre hojuelas. *Fórmula con que se comenta que una cosa viene a mejorar otra que ya era buena.* * Si además de bonito es barato, miel sobre hojuelas.

mielado -da *adj* Que tiene el color o el sabor de miel [1].

mielero -ra I *adj* **1** De (la) miel [1].
II *n* A *m y f* **2** Pers. que se dedica a la industria o comercio de la miel [1]. B *f* **3** Vasija para la miel [1].

mielga[1] *f* Alfalfa (planta). *Frec designa la silvestre.*

mielga[2] *f* Pequeño tiburón que tiene un aguijón robusto delante de las aletas dorsales (*Squalus acanthias*).

mielina *f* (*Anat*) Sustancia grasa que recubre las fibras nerviosas.

mielinado -da *adj* (*Anat*) Que está recubierto de mielina.

mielínico -ca *adj* (*Anat*) **1** De (la) mielina. ■ **2** Que tiene mielina.

mielinización *f* (*Anat*) Acción de mielinizarse.

mielinizarse *intr pr* (*Anat*) Recubrirse de mielina [las fibras nerviosas].

mielitis *f* (*Med*) Inflamación de la médula espinal.

mielografía *f* (*Med*) Radiografía de la médula espinal.

mielograma *m* (*Med*) Estudio de las características celulares de la médula ósea, obtenido gralm. por punción del esternón.

mieloide *adj* (*Anat*) De (la) médula ósea o espinal.

mieloma *m* (*Med*) Tumor de la médula ósea o de células de la médula ósea.

mielopatía *f* (*Med*) Enfermedad o alteración de la médula, esp. de la espinal.

mielosis *f* (*Med*) Afección o alteración de la médula ósea o espinal.

miembro A *m* **1** *En las perss y en los animales:* Extremidad. ■ **2** *En el hombre y en los mamíferos de sexo masculino:* Órgano de la copulación. *Referido al hombre, tb* ~ VIRIL. ■ **3** Parte diferenciada [de un todo]. **b)** Pers. o grupo que forma parte [de un conjunto, una corporación o una comunidad]. *A veces en aposición. Tb fig, referido a cosa.* **c)** (*Mat*) Parte [de una igualdad o de una desigualdad]. B *f* **4** (*raro*) Mujer miembro [3b].

mientes I *f pl* **1** Mente o pensamiento. *En las constrs* PASAR POR LAS ~, *o* VENIR (*o* TRAER) A LAS ~.
II *loc v* **2 parar** ~ [en algo]. Fijarse [en ello] o prestar[le] atención.

mientras (*con pronunc tónica en la acep 1a, y átona en las restantes*) I *adv* **1** En el tiempo que tarda en realizarse el hecho de que se habla. * Revolvía el bolso buscando algo. Mientras seguía hablando. **b)** ~ **tanto** → TANTO.
II *prep* **2** Durante. *Precediendo a un n de acción.* * Vivió aquí mientras la revolución.
III *conj* **3** Al mismo tiempo que. * Tiene un libro en la izquierda mientras saluda con la derecha. **b)** *Frec con sent adversativo. Tb* ~ QUE. * Algunos se mostraron conformes mientras que otros protestaron. ■ **4** Durante el tiempo que. *Con v en ind. Tb, más raro,* ~ QUE. * ¿Puedo sentarme mientras espero? **b)** *Con v en subj tiene matiz condicional.* * Al estar usted a mi cuidado, quedo libre del rezo común; mientras que esté usted aquí, se entiende. ■ **5** Hasta que llega el momento en que.

Con v en ind. * Vivirá aquí mientras encuentra piso. **b)** *Con v en subj tiene matiz condicional.* * No volvería mientras las cosas no se serenasen. ■ **6** Con tal que. *Con v en subj.* * Haz lo que quieras mientras no aparezcas por aquí. ■ **7** (*reg*) Cuanto. *Precediendo a un término comparativo.* * Mientras más dinero, más roñosos.

miera *f* **1** Brea del enebro. ■ **2** Trementina del pino.

miércoles *m* Cuarto día de la semana (o tercero, según el cómputo popular).

mierda (*vulg*) I *f* **1** Excremento (materia de desecho de la digestión). **b)** Porción de excremento. ■ **2** Suciedad o porquería. ■ **3** Pers. o cosa despreciable. *A veces en la forma expresiva* UNA ~ PINCHADA EN UN PALO. ■ **4** *Frec se emplea en constrs de sent comparativo para ponderar el mal estado físico o moral.* * Estás hecho una mierda. ■ **5** Vacía de significado, se emplea para reforzar o marcar la intención desp de la frase.* * ¿Dónde mierda se habrá metido? ■ **6** Borrachera. **b)** (*jerg*) Estado producido por el consumo de drogas. ■ **7** (*jerg*) Hachís. **b)** Droga. ■ **8** (*jerg*) Enfermedad venérea.
II *loc pr* **9 una ~.** Nada. *Con intención ponderativa. Tb adv. Frec con los vs* IMPORTAR *o* VALER.
III *adj* **10** [Pers.] despreciable e insignificante. *Frec n.* ■ **11 de (la) ~.** Despreciable.
IV *loc v y fórm or* **12** (**no**) **comerse una** ~. No conseguir lo que se pretendía. ■ **13 cubrirse de** ~. Ponerse en ridículo. ■ **14 irse a la** ~, **mandar a la** ~ → IR, MANDAR. **b)** **a la** ~. *Fórmula que expresa rechazo.* * A la mierda con Freud. ■ **15 pisar** ~. (*reg*) Tener mala suerte. ■ **16** (**y**) **una** ~. *Fórmula con que se pondera lo inadmisible de una pretensión o afirmación que se acaba de mencionar.* * Estos eran los que iban a cambiar el mundo. ¡Y una mierda!
V *interj* **17** Expresa contrariedad o rechazo. * ¡Mierda! ¡Me he vuelto a confundir!

mierdacruz *f* Planta de la familia del torvisco, de flores amarillas, usada a veces como purgante (*Thymelaea tinctoria*).

mierdecilla *m y f* (*vulg*) Pers. insignificante y pusilánime.

mierdero -ra *adj* (*vulg*) Despreciable o asqueroso. *Tb n, referido a pers.*

mierdoso -sa *adj* (*vulg*) Despreciable o asqueroso. *Tb n, referido a pers.*

mierense *adj* De Mieres (Asturias). *Tb n, referido a pers.*

mies *f* **1** Conjunto de plantas de cereales. *Frec en pl.* ■ **2** (*reg*) Conjunto de sembrados [de un valle]. *Frec en pl.*

miga I *f* **1** Parte interior y blanda del pan. ■ **2** (*col*) Contenido o sustancia [de algo, esp. no material]. **b)** Importancia o trascendencia. **c)** Sustancia o sensatez. ■ **3** Trocito muy pequeño [de pan u otro alimento]. ■ **4** *En pl:* Guiso hecho con pan picado, humedecido y frito.
II *loc v* **5 hacer** ~**s** [algo o a alguien]. (*col*) Destrozar[lo]. *Tb fig.* **b)** **hacerse** ~**s** [alguien o algo]. Destrozarse. *Tb fig.* ■ **6 hacer buenas** (*o* **malas**) ~**s** [una pers. con otra]. Llevarse bien (o mal) [con ella]. *Tb sin compl, con suj pl. Tb fig, referido a cosa.* **b)** **hacer** ~**s.** Hacer buenas migas.

migaja *f* Trozo muy pequeño [de pan u otro alimento] que se desprende al partir o queda como desperdicio. *Tb fig.* **b)** Trozo muy pequeño [de algo].

migajo *m* Miga [1] de pan.

migajón *m* Miga [1] de pan.

migar *tr* **1** Desmenuzar [pan u otro alimento]. ■ **2** Echar migas de pan u otro alimento similar [en un líquido (*cd*)].

migoso -sa *adj* De mucha miga [1 y 2].

migote *m* (*col*) Miga [3] grande de pan.

migración *f* **1** (*Geogr*) Movimiento de población para establecerse fuera del lugar de origen. ■ **2** (*Zool*) Desplazamiento periódico de los animales, por causas climáticas o de reproducción. *Tb fig, referido a pers.* ■ **3** (*Bot*) Hecho de trasladarse las plantas de un territorio a otro por la dispersión de sus frutos o semillas. ■ **4** (*E*) Cambio de lugar.

migrador -ra *adj* (*Zool*) [Animal, esp. ave] que realiza migraciones.

migrante *adj* (*Zool*) Migrador.

migraña *f* (*Med*) Jaqueca.

migrañoso -sa *adj* (*Med*) **1** De (la) migraña. ■ **2** Que padece migraña. *Tb n.*

migrar *intr* (*lit*) Emigrar.

migratorio -ria *adj* **1** De (la) migración. ■ **2** (*Zool*) [Animal, esp. ave] que realiza migraciones [2]. *Tb fig, referido a pers.* **b)** De (los) animales migratorios.

miguelete[1] *m* **1** Individuo de la antigua milicia foral de Guipúzcoa. ■ **2** (*hist*) Miembro de cierta milicia ciudadana de la primera mitad del s. XIX, destinada a perseguir a los bandidos.

miguelete[2] **-ta** *adj* De Miguel Esteban (Toledo). *Tb n, referido a pers.*

miguelino -na *adj* (*reg*) [Fruta, esp. higo o ciruela] que madura por San Miguel (29 de septiembre).

miguelturreño -ña *adj* De Miguelturra (Ciudad Real). *Tb n, referido a pers.*

mihrab *m En una mezquita:* Nicho u hornacina que señala el sitio adonde han de mirar los que oran.

mijeño -ña *adj* De Mijas (Málaga). *Tb n, referido a pers.*

mijilla *f* (*reg*) Mijita.

mijita *f* (*col*) Cantidad muy pequeña [de algo]. *Frec sin compl.*

mijo *m* **1** Planta gramínea de flores en panoja y semilla pequeña, redonda y amarillenta (*Panicum miliaceum*). *Tb su semilla.* ■ **2** Con un adj o compl especificador, designa otras plantas: ~ DE(L) SOL (*Lithospermum officinale y L. arvense*), ~ SILVESTRE (*Polypogon monspeliensis*), ~ TURQUESCO (*Zea mays*), etc.

mikado *m* Emperador del Japón.

mil **I** *adj* **1** *Precediendo a susts en pl:* Novecientos noventa y nueve más uno. *Puede ir precedido de art o de otros determinantes, y en este caso sustantivarse. Un numeral delante lo multiplica; detrás, se suma.* * Dame mil pesetas. * Hubo muchos visitantes; pasarían de los mil. ■ **2** *Precediendo o, más raro, siguiendo a susts en pl:* Muchísimos. * Hace mil años que no le veo. **b)** ~ **y un.** *Antepuesto al n, con carácter enfático.* * Conoce los mil y un procedimientos de caza. ■ **3** *Precediendo o siguiendo a ns en sg* (*o, más raro, en pl*): Milésimo [1a]. *Frec el n va sobrentendido.* * El año mil.

II *pron* **4** Novecientas noventa y nueve más una perss. o cosas. *Referido a perss o cosas mencionadas o consabidas, o que se van a mencionar.* * Contó los billetes: cien, doscientas..., mil, dos mil. ■ **5 por ~.** *Precedido de un numeral (que a veces es sustituido provisionalmente por el pron* TANTO*), expresa que de un todo que se supone dividido en mil partes se toma o considera el número de ellas indicado por el numeral.* * Maneja un uno por mil de las palabras del castellano.

III *n* **A** *m* **6** Número de la serie natural que sigue al novecientos noventa y nueve. *Frec va siguiendo a n* NÚMERO. * El número premiado es el mil. ■ **7** ~ **por ~.** Cien por cien. *Con carácter enfático.* ■ **8** *En pl:* Millares. * Hay invertidos muchos miles de millones de pesetas. **b)** Cantidades [de perss. o cosas de una misma especie] que han de contarse por millares. * Los turistas siguen llegando a miles.

B *f pl* **9 las** ~, **las** ~ **y quinientas, las** ~ **y gallo,** *o* **las** ~ **y pico.** (*col*) Una hora que se considera demasiado tardía.

IV *loc adv* **10 a** ~. (*col*) A cien (en estado de gran excitación o de gran irritación). *Gralm con los vs* ESTAR *o* PONER.

milady (*pronunc corriente,* /miléidi/) *f* Se usa como tratamiento dirigido a una lady. * ¿Se refiere milady a mí? **b)** (*raro*) Lady.

milagrado -da *adj* [Pers.] que ha sanado por un milagro [1]. *Tb n.*

milagrear *intr* Hacer milagros [1].

milagrería *f* (*desp*) Tendencia a considerar hechos naturales como milagros [1a].

milagrero -ra *adj* **1** Que hace milagros [1a]. **b)** (*desp*) [Pers.] que finge milagros [1a]. *Tb n.* ■ **2** (*desp*) Que tiende a considerar hechos naturales como milagros [1a].

milagro **I** *m* **1** Hecho extraordinario, contrario a las leyes de la naturaleza y debido a una intervención sobrenatural. **b)** Cosa extraordinaria que se produce en contradicción con lo lógico o esperable. *Frec con intención ponderativa.* **c)** Pers. o cosa que representa o supone un milagro [1a y b]. **d)** **vida y** ~**s** → VIDA. ■ **2** (*reg*) Exvoto. ■ **3** (*TLit*) Drama sacro medieval, esp. francés, sobre algún milagro [1a].

II *loc v* **4 hacer** ~**s.** (*col*) Conseguir algo que parece imposible para los medios de que se dispone.

III *loc adv* **5 de** ~. Por pura casualidad. *Con intención ponderativa.* **b)** Con grandes dificultades o penalidades. *Gralm con el v* VIVIR.

milagrosamente *adv* De manera milagrosa [1].

milagroso -sa *adj* **1** De(l) milagro [1]. **b)** Que tiene carácter de milagro. ■ **2** Que hace milagros [1a].

milamores *f* Planta herbácea de la familia de la valeriana, de propiedades medicinales, con flores rosadas o blancas que forman ramillete en la cima, y que se cría en lugares pedregosos (*Centranthus ruber*).

milana *f* (*reg*) Águila marina (pez).

milanés -sa **I** *adj* **1** De Milán (Italia). *Tb n, referido a pers.*

II *n* **A** *m* **2** Dialecto de Milán.

B *f* **3** Filete de carne empanado.

milano *m* Ave rapaz diurna de mediano tamaño, color pardo rojizo más o menos oscuro y cola escotada o ahorquillada (*gén. Milvus*). *Frec con un adj especificador:* ~ REAL (*M. milvus*) o ~ NEGRO (*M. migrans*).

milara *f (reg)* Utensilio a modo de cuchara de mango muy largo, con que se recoge la cochinilla de la tunera.

mildeu *m* Mildiu.

mildio *m* Mildiu.

mildiu *(tb* **mildiú** o **mildíu)** *m* Enfermedad de varias plantas cultivadas, esp. la vid y la patata, que está causada por hongos ficomicetos que cubren las partes afectadas de un velo blanquecino. *Tb el hongo correspondiente.*

milefolio *m* Milenrama (planta).

milenariamente *adv* Por mil o más años. *Gralm con intención ponderativa.*

milenario -ria I *adj* 1 Que tiene mil años. **b)** Que tiene más de mil años. ■ **2** Del milenio [2].
II *m* **3** Día o año en que se cumple un milenio [1] [de un acontecimiento]. *Tb sin compl, por consabido.* ■ **4** Milenio [2].

milenarismo *m* **1** Doctrina de los que creían que el fin del mundo ocurriría en el año mil. *Tb fig.* ■ **2** Doctrina de los que creían que Jesucristo reinaría en la tierra mil años antes del juicio final. *Tb fig.*

milenarista *adj* De(l) milenarismo. **b)** Adepto al milenarismo. *Tb n.*

milengrana *f* Planta medicinal de hojas pequeñas y flores verdosas en pequeñas espigas, usada como diurética *(Herniaria glabra).*

milenio *m* **1** Período de mil años. ■ **2 el ~.** El año mil.

milenrama *f* Planta herbácea y aromática, con hojas muy divididas y flores en capítulos blancos o rosados, propia esp. de praderas y ribazos *(Achillea millefolium).*

milenta *adj (col)* Mil [2]. *Con intención ponderativa.*

milésimo -ma I *adj* **1** Que ocupa un lugar inmediatamente detrás o después del noningentésimo nonagesimonoveno. **b)** Que ocupa un lugar sumamente avanzado en la serie. *Con intención enfática.* ■ **2** [Parte] que es una de las mil en que se divide o se supone dividido un todo. **b)** [Parte] sumamente pequeña. *Con intención enfática.*
II *n* **A** *f* **3** Parte de las mil en que se divide una unidad, esp. de medida.
B *m* **4** Parte de las mil en que se divide una unidad.

milesio -sia *adj* **1** *(hist)* De Mileto (antigua ciudad griega del Asia Menor). *Tb n, referido a pers.* ■ **2** *(TLit)* [Fábula o relato] cuyo único fin es distraer.

milhojas *m* **1** Pastel rectangular hecho con hojaldre y merengue. ■ **2** Milenrama (planta).

milhombres *m (col, humoríst)* Hombre pequeño que alardea de fuerte y activo.

mili¹ *f (col)* Servicio militar.

mili² I *adj* **1** *(col)* Militar (del ejército).
II *m* y *f* **2** Miembro de la rama militar de la organización terrorista ETA.

mili- *r pref* Milésima parte. *Antepuesta a ns de unidades de medida, forma compuestos que designan unidades mil veces menores.* * Milihenry.

miliamperímetro *m (Electr)* Amperímetro graduado en miliamperios.

miliamperio *m (Electr)* Unidad de intensidad de la corriente que equivale a la milésima parte de un amperio.

miliar¹ *adj (Med)* Caracterizado por la formación de lesiones semejantes a los granos de mijo.

miliar² *adj (hist)* [Piedra o columna] que señala la milla (medida romana).

miliárea *f* Unidad de medida agraria equivalente a una milésima de área, o 10 centímetros cuadrados.

miliario -ria *(hist)* I *adj* **1** [Piedra o columna] que señala la milla (medida romana).
II *m* **2** Piedra miliaria [1].

milibar *m (Meteor)* Unidad de medida de la presión atmosférica, que equivale a la milésima parte de un bar².

milicia *f* **1** Profesión o actividad de soldado. **b)** ~ **universitaria.** Servicio militar especial para universitarios. *Frec en pl con sent sg. Tb, simplemente,* ~(s). ■ **2** Arte o actividad de la guerra. ■ **3** Cuerpo armado, gralm. de carácter paramilitar. *Frec con un adj especificador:* BURGUESA, POPULAR, PROVINCIAL, NACIONAL, *etc.* ■ **4** *(lit)* Ejército.

milicianada *f (desp, hoy raro)* Conjunto de (los) milicianos [2]. *Esp referido a la Guerra Civil (1936-1939).*

miliciano -na I *adj* **1** De (la) milicia [3].
II *m* y *f* **2** Pers. perteneciente a una milicia [3].

milico *m (desp)* Militar¹ [2].

miliequivalente *m (Quím)* Número de gramos de cuerpo disuelto correspondiente a 1 ml de solución normal.

milieu *(fr; pronunc corriente, /milió/) m* Ambiente social.

miligramo *m* Unidad de peso equivalente a una milésima de gramo.

mililitro *m* Unidad de capacidad equivalente a una milésima de litro.

milimetrar *tr* Dividir o graduar [algo] en milímetros. *Frec en part.*

milimétricamente *adv* De manera milimétrica.

milimétrico -ca *adj* **1** De(l) milímetro. **b)** Que está dividido en milímetros. **c)** Sumamente pequeño. *Con intención ponderativa.* ■ **2** Que se ajusta o coincide con total exactitud.

milímetro I *m* **1** Unidad de superficie equivalente a la milésima parte del metro. ■ **2 ~ cuadrado.** Unidad de superficie equivalente a la de un cuadrado cuyo lado mide un milímetro [1]. ■ **3 ~ cúbico.** Unidad de volumen equivalente al de un cubo cuya arista mide un milímetro [1].
II *loc adv* **4 al ~.** Con toda exactitud. *Tb adj.*

milimicra *f* Unidad de longitud equivalente a una milésima de micra.

milirem *(pronunc, /miliřém/; pl normal,* ~S) *m (Fís)* Unidad de radiación equivalente a una milésima de rem.

milisegundo *m* Unidad de tiempo equivalente a una milésima de segundo.

militancia *f* Condición de militante [1a]. *Esp en política.*

militante *adj* Que milita[2] [1 y 2]. *Tb n, referido a pers.* **b)** (*Rel catól*) [Iglesia] formada por los fieles que viven en la fe católica.

militantemente *adv* De manera militante.

militantismo *m* (*raro*) Actitud de quienes militan activamente en una organización.

militar[1] **-ra** (*la forma f* MILITARA, *solo en aceps 3 y 4*) **I** *adj* **1** De(l) ejército o de la milicia. **b)** [Pascua] ~ → PASCUA.
II *n* **A** *m y f* **2** Pers. que pertenece al ejército. **b)** Pers. que pertenece al ejército como profesional.
B *f* **3** (*col*) Esposa de militar [2] de graduación. ■ **4** (*col, humoríst*) Mujer militar [2].

militar[2] *intr* **1** Pertenecer [a una agrupación política o ideológica (*compl* EN)]. *Tb fig.* ■ **2** (*lit*) Combatir o luchar. *Frec con un compl* EN. *Tb fig.* ■ **3** (*lit*) Actuar o influir [una cosa a favor o en contra de alguien o algo].

militarada *f* Golpe o sublevación militar[1].

militarismo *m* **1** Preponderancia del elemento militar[1] en una nación. ■ **2** Condición de militarista.

militarista *adj* De(l) militarismo [1]. **b)** Partidario del militarismo [1]. *Tb n.*

militarización *f* Acción de militarizar.

militarizar *tr* **1** Dar carácter militar[1] [a alguien o algo (*cd*)]. ■ **2** Someter a disciplina militar[1]. *Tb fig.*

militarmente *adv* **1** De manera militar[1]. ■ **2** En el aspecto militar[1].

militarote *m* (*desp*) Militar[1] [2b].

mílite *m* (*lit*) Militar[1] o soldado.

milivoltímetro *m* (*Electr*) Voltímetro graduado en milivoltios.

milivoltio *m* (*Electr*) Unidad de diferencia de potencial y de fuerza electromotriz que equivale a una milésima de voltio.

miliweber (*pronunc corriente,* /milibéber/; *pl normal,* ~S) *m* (*Fís*) Unidad de flujo magnético equivalente a una milésima de weber.

milk (*ing; pronunc corriente,* /milk/) *f* Leche. *Usado como euf humoríst.*

milla **I** *f* **1** Unidad internacional para medir distancias en la navegación marítima o aérea, equivalente a 1852 m. *Tb* ~ MARINA, *o* NÁUTICA. **b)** ~ **náutica inglesa.** Medida equivalente a 1853,1824 m. ■ **2** Medida de longitud terrestre usada en los países anglosajones y que equivale a 1760 yardas (1609,34 m). ■ **3** (*hist*) Medida de longitud romana equivalente a 1000 pasos (1479 m).
II *loc v* **4 tirar ~s.** (*col*) Correr en un vehículo. *Tb fig.*

millar *m* **1** Conjunto de mil unidades. *Gralm seguido de un compl* DE. *Frec solo con sent aproximativo.* ■ **2** *En pl:* Cantidades [de perss. o cosas de una misma especie] que han de contarse por conjuntos de mil. *Gralm seguido de un compl* DE. *Frec con intención ponderativa.* ■ **3** (*hist*) Espacio de dehesa en que se pueden mantener 1000 ovejas.

millcayac *m* (*hist*) Lengua hablada por los indios habitantes de la actual provincia de Mendoza (Argentina).

millenero -ra *adj* De Millena (Alicante). *Tb n, referido a pers.*

millero[1] **-ra** *m y f* (*Dep*) **1** Caballo especializado en carreras de una milla [2]. ■ **2** Corredor especializado en carreras de 1500 m o de una milla [2].

millero[2] *m* (*reg*) Pinzón real (ave).

millo *m* (*reg*) Maíz (planta y semilla).

millón **I** *m* **1** Cantidad de mil millares [1]. *Gralm seguido de un compl* DE (*sin* DE *cuando se interpone otro número*). * Un millón de pesetas. * Un millón quinientas mil pesetas. ■ **2** *En pl:* Cantidades [de perss. o cosas de una misma especie] que han de contarse por miles de millares. *Frec con intención ponderativa.* * Los turistas llegan a millones. ■ **3** (*hist*) *En pl:* Impuesto sobre el consumo, que en principio gravaba la carne, el vino, el vinagre, el aceite, el jabón, el azúcar y las velas de sebo.
II *loc adj* **4 del ~.** [La pregunta] más difícil de contestar.
III *loc adv* **5 a ~.** (*col*) A un precio muy elevado.

millonada *f* (*col*) Cantidad de dinero del orden de un millón o varios millones. *Frec fig, con intención ponderativa.*

millonariamente *adv* (*raro*) Millones de veces.

millonario -ria *adj* **1** De millones. *Esp referido a dinero.* ■ **2** [Pers.] cuya fortuna es de muchos millones. *Tb fig. Frec n.*

millonésimo -ma *adj* [Parte] que es una del millón de partes en que se considera dividida la unidad. *Tb n f.*

milloneti *adj* (*col, humoríst*) Millonario [2]. *Tb n.*

milmarqueño -ña *adj* De Milmarcos (Guadalajara). *Tb n, referido a pers.*

milmillonésimo -ma *adj* [Parte] que es una de los mil millones de partes en que se considera dividida la unidad. *Tb n f.*

milocha *f* (*reg*) Cometa (juguete).

milonga *f* **1** Canción popular propia del Río de la Plata, de compás de 2 por 4, y que se acompaña con la guitarra. *Tb su música y su baile.* ■ **2** Canción popular andaluza relacionada con el flamenco y derivada de la milonga [1]. ■ **3** (*col*) Mentira.

milord (*pronunc corriente,* /milór/; *pl normal,* MILORES) *m* **1** *Se usa como tratamiento dirigido a un lord.* * ¿Desea algo más, milord? **b)** (*raro*) Lord. ■ **2** (*hist*) Coche de caballos, de cuatro ruedas, con capota plegable, un asiento de dos plazas en la parte posterior y otro más elevado para el conductor.

milpa *f* Tierra destinada al cultivo de maíz y a veces de otras semillas. *Normalmente referido a países americanos.*

milpiés *m* Se da este *n* a un grupo numeroso de miriápodos caracterizados por tener dos pares de patas en cada segmento.

milrayas (*frec con la grafía* **mil rayas**) *adj* [Tejido o prenda de vestir] de rayas muy finas y juntas. *Tb n m, referido a traje o tejido.*

mimado -da *adj* **1** *part* → MIMAR. ■ **2** [Pers.] caprichosa y exigente por exceso de mimo[1] [1]. *Esp referido a niños.* **b)** [Niño] → NIÑO.

mimar[1] *tr* Tratar [a alguien] con mimo[1] [1].

mimar[2] *tr* Imitar [una acción] mediante gestos. **b)** Imitar o remedar [algo o a alguien].

mimbar *m* En una mezquita: Púlpito.

mimbral *m* Terreno poblado de mimbres [2].

mimbrazo *m* Golpe dado con un mimbre [1a] o algo similar.

mimbre *m o f* **1** Varita larga, fina y flexible de la mimbrera, que se usa en labores de cestería. **b)** (*lit*) Elemento con que se teje o construye algo. ■ **2** Mimbrera.

mimbreño **-ña** *adj* Flexible como un mimbre [1a].

mimbrera *f* Arbusto de la familia del sauce, cuyas ramas son los mimbres y que abunda en lugares húmedos (*Salix viminalis*). *Tb se da este n a otras especies del gén Salix.*

mimbreral *m* Terreno poblado de mimbreras.

mimbrero *m* (*reg*) Mimbrera.

mimeografiar (*conjug* **1c**) *tr* Reproducir por multicopista.

mimeográfico **-ca** *adj* De (la) multicopista.

mimesis (*tb* **mímesis**) *f* (*lit*) Imitación. *Frec en el ámbito de la literatura.*

miméticamente *adv* De manera mimética [1].

mimético **-ca** *adj* **1** De (la) mimesis o de(l) mimetismo [2]. ■ **2** Que tiene o muestra mimetismo [1].

mimetismo *m* **1** Propiedad que poseen determinados animales y plantas de asemejarse al medio en que viven a fin de pasar inadvertidos. *Tb fig.* ■ **2** Tendencia imitativa.

mimetista *adj* (*raro*) De(l) mimetismo.

mimetización *f* Acción de mimetizar(se).

mimetizador **-ra** *adj* Que mimetiza.

mimetizar **A** *tr* **1** Imitar.
B *intr pr* (~**se**) **2** Adaptarse por mimetismo.

mímicamente *adv* De manera mímica.

mímico **-ca** **I** *adj* **1** De(l) mimo². ■ **2** De (la) mímica [3]. **b)** De(l) gesto.
II *f* **3** Expresión mediante gestos. **b)** Conjunto de gestos que acompañan o suplen al lenguaje oral.

mimo¹ *m* **1** Trato sumamente cariñoso y complaciente dado a una pers. **b)** Trato muy delicado y cuidadoso dado a una cosa. ■ **2** Caricia o gesto de cariño. ■ **3** Capricho que se concede a una pers. a quien se trata con mimo [1]. ■ **4** Actitud caprichosa y exigente propia de la pers. a quien se trata con mimo [1]. *Frec en pl.* ■ **5** (*reg*) Merengue (dulce).

mimo² *m* **1** Actor que se vale exclusiva o preferentemente de gestos y movimientos corporales. **b)** (*hist*) *Entre los antiguos griegos y romanos:* Actor bufo hábil en imitaciones. ■ **2** Pantomima (representación teatral). **b)** (*hist*) *Entre los antiguos griegos y romanos:* Representación teatral corta y burlesca basada pralm. en la expresión corporal.

mimodrama *m* Pantomima (representación teatral).

mimosamente *adv* De manera mimosa [2].

mimoso **-sa** **I** *adj* **1** [Pers. o animal] a quien gusta que le hagan mimos¹ [2]. **b)** [Pers.] que tiene mimo¹ [4]. ■ **2** Que implica o denota mimo¹ [1 y 4].
II *f* **3** *Se da este n a varios árboles o arbustos tropicales o subtropicales, frec espinosos y con inflorescencias gralm en cabezuelas amarillas, cuyas hojas presentan a veces sensibilidad al tacto* (*géns Mimosa y Acacia*).

mina¹ *f* **1** Yacimiento de mineral útil para su explotación. **b)** Conjunto de excavaciones e instalaciones para la explotación de un yacimiento de mineral. ■ **2** Pers., animal o cosa que proporciona gran provecho o utilidad. ■ **3** Galería subterránea. **b)** Galería debajo de una superficie que no es la terrestre. ■ **4** Barrita de grafito que va en el interior del lápiz. ■ **5** Artificio explosivo provisto de espoleta, que se entierra o camufla para que estalle al ser rozado por una pers. o un vehículo. ■ **6** Manantial de agua.

mina² *f* (*hist*) Moneda griega equivalente a 100 dracmas.

minado *m* Acción de minar. *Tb su efecto.*

minador **-ra** *adj* Que mina. *Tb n: m y f, referido a pers; m, referido a aparato o a buque.*

minar **A** *tr* **1** Hacer minas¹ [3] [en un lugar (*cd*)]. **b)** ~ **el terreno** → TERRENO. ■ **2** Poner minas¹ [5] [en un lugar (*cd*)]. ■ **3** Destruir o debilitar poco a poco. **b)** *pr* (~**se**) Destruirse o debilitarse poco a poco.
B *intr* **4** Hacer minas¹ [3] [en un lugar].

minarete *m* **1** Alminar (torre de mezquita). ■ **2** Torre de observación.

mincha *f* (*reg*) Bígaro (molusco).

minchar *tr* (*reg*) Comer. *Tb abs.*

mindango **-ga** *adj* (*reg*) Gandul o vago. *Tb n.*

mindoniense *adj* De Mondoñedo (Lugo). *Tb n, referido a pers.*

mindundi *m y f* (*col, desp*) Pers. insignificante o sin categoría.

mineral **I** *adj* **1** De (los) minerales [5]. **b)** Procedente de los minerales [5]. ■ **2** Que tiene carácter de mineral [5]. **b)** [Carbón] constituido por vegetales fosilizados. ■ **3** [Agua] que contiene sustancias minerales [2a]. ■ **4** (*lit*) Que denota o implica la ausencia total de vida o de sensibilidad característica de los minerales [5].
II *m* **5** Sustancia natural inorgánica, de propiedades físicas y composición química determinada. **b)** *Esp:* Sustancia sólida inorgánica de la corteza terrestre. **c)** Parte que se beneficia de una explotación minera. ■ **6** (*reg*) Petróleo.

mineralero **-ra** *adj* De (los) minerales [5c]. **b)** [Barco] destinado al transporte de minerales [5c]. *Tb n m.*

mineralización *f* Acción de mineralizar(se). *Tb su efecto. Tb fig.*

mineralizador **-ra** *adj* Que mineraliza.

mineralizar *tr* **1** Dar carácter mineral [a algo (*cd*)]. **b)** *pr* (~**se**) Tomar [algo] carácter mineral. *Tb fig.* ■ **2** Impregnar de sustancias minerales. **b)** *pr* (~**se**) Impregnarse [el agua o las membranas vegetales] de sustancias minerales.

mineralocorticoide *m* (*Biol*) Corticoide que controla la proporción de líquido en el cuerpo, aumentando la retención de sodio.

mineralogía *f* Parte de las ciencias naturales que trata de los minerales [5].

mineralógicamente *adv* En el aspecto mineralógico.

mineralógico **-ca** *adj* De (la) mineralogía. **b)** Concerniente al objeto de la mineralogía.

mineralogista *m y f* Especialista en mineralogía.

minerálogo -ga *m* y *f* Mineralogista.

mineralurgia *f* Conjunto de técnicas y operaciones para el aprovechamiento de los minerales [5c].

minería *f* **1** Explotación de minas¹ [1a]. ■ **2** Conjunto de (las) minas¹ [1b].

minero -ra I *adj* **1** De (las) minas¹ [1].
II *n* A *m* y *f* **2** Pers. que trabaja en una mina¹ [1b]. ■ **3** Pers. que posee o explota una mina¹ [1]. ■ **4** Pers. que abre minas¹ [3] en busca de agua.
B *m* **5** (*lit*) Fuente de donde surge o se toma [algo (*compl de posesión*)].
C *f* **6** Cante andaluz típico de los mineros [2], de ritmo arrastrado y triste.

minero- *r pref* Mineral. * Minerometalúrgico. * Minerogeológico.

mineromedicinal *adj* [Agua] mineral que tiene propiedades medicinales.

minerva *f* **1** (*lit*) Inventiva. *Normalmente en la constr* DE PROPIA ~. ■ **2** (*Impr*) Pequeña máquina de imprimir, de presión plana y platina vertical. ■ **3** (*Med*) Aparato ortopédico o vendaje enyesado para mantener erguida la cabeza.

minerval *adj* (*hist*) De la diosa Minerva.

minervista *m* y *f* (*Impr*) Pers. que maneja una minerva [2].

minestrone *f* Sopa italiana de legumbres y verduras, con o sin arroz o pasta. *Frec* SOPA ~.

minga *f* (*vulg*) Pene.

mingamuerta *m* (*vulg*) Hombre sexualmente impotente.

mingitorio *m* (*lit*) Urinario, esp. situado en la vía pública.

mingo I *m* **1** (*Billar*) Bola que al empezar una mano se coloca en la cabecera de la mesa.
II *loc v* **2** poner el ~. (*col*) Destacar o sobresalir.

mini I *adj* **1** [Abrigo, vestido o falda] que cubre hasta más arriba de la rodilla. *Tb n: f, referido a falda; m, referido a abrigo o vestido.* ■ **2** De pequeño tamaño. ■ **3** De precio reducido.
II *m* **4** (*juv*) Vaso muy grande de cerveza para beber en grupo.

mini- *r pref* Denota dimensiones pequeñas, o menores que las que se tienen por normales. * Minibloque. * Minidebate.

miniado¹ -da *adj* **1** *part* → MINIAR. ■ **2** De(l) miniado².

miniado² *m* Acción de miniar [1]. *Tb su efecto.*

miniar (*conjug* 1a) *tr* **1** Pintar con miniaturas [1]. *Frec en part.* ■ **2** Pintar con minio.

miniatura *f* **1** Pintura minuciosa y de pequeño tamaño, que frec. sirve de decoración e ilustración a libros o manuscritos. ■ **2** Reproducción muy pequeña [de algo]. *A veces en aposición y frec en la loc* EN ~. ■ **3** Cosa muy pequeña. *A veces en aposición.*

miniaturesco -ca *adj* De (la) miniatura, *esp* [1 y 2].

miniaturista I *adj* **1** De (la) miniatura, *esp* [1 y 2].
II *m* y *f* **2** Pers. que hace miniaturas [1 y 2].

miniaturístico -ca *adj* De (la) miniatura, *esp* [1 y 2].

miniaturización *f* Acción de miniaturizar.

miniaturizar *tr* Reducir [algo, esp. un mecanismo] a un tamaño sumamente pequeño. *Frec en part.*

minibar *m* Nevera con bebidas de una habitación de hotel.

minibásket (*tb con las grafías* **mini-básket** *y* **minibásquet**) *m* Variedad de baloncesto adaptada para niños de hasta 12 años.

minibús *m* (*raro*) Microbús.

minicadena *f* Cadena de alta fidelidad de pequeñas dimensiones.

minicine *m* Local de cine de dimensiones muy reducidas.

minicrisis *f* (*Pol*) Crisis gubernamental que afecta a muy pocos ministerios.

minicumbre *f* (*Pol*) Cumbre de muy pocos participantes.

minifalda *f* Falda que cubre hasta más arriba de la rodilla.

minifaldero -ra *adj* **1** Que usa minifalda. ■ **2** De (la) minifalda.

minifundio *m* **1** Finca rústica de pequeña extensión. ■ **2** Minifundismo. *Tb fig.*

minifundismo *m* Sistema socioeconómico basado en el minifundio [1]. *Tb fig.* **b)** División en minifundios.

minifundista *adj* **1** De(l) minifundismo. ■ **2** [Pers.] que es propietaria de uno o varios minifundios [1]. *Tb n.*

minigabinete *m* (*Pol*) Gabinete ministerial con reducido número de miembros.

minigolf (*tb con la grafía* **mini-golf**) *m* Variedad de golf que se juega en un campo muy pequeño en el que se imitan artificialmente los obstáculos del campo de golf normal. **b)** Campo de minigolf.

minimal (*ing; pronunc corriente,* /mínimal/; *tb con la grafía* **mínimal**) *adj invar* (*Arte*) [Arte] abstracto que reduce al máximo sus medios de expresión. *Tb n m.* **b)** De(l) arte minimal.

minimal art (*ing; pronunc corriente,* /mínimal-árt/) *m* (*Arte*) Arte mínimal.

minimalismo *m* **1** (*Arte*) Tendencia que reduce al mínimo sus medios de expresión. ■ **2** Tendencia intelectual que busca la expresión de las ideas mínimas.

minimalista *adj* De(l) minimalismo. **b)** Adepto al minimalismo. *Tb n.*

mínimamente *adv* **1** De manera mínima [1 y esp. 2]. ■ **2** Como mínimo.

minimización *f* Acción de minimizar.

minimizador -ra *adj* Que minimiza.

minimizante *adj* Que minimiza.

minimizar *tr* Reducir al mínimo el valor o la importancia [de alguien o algo (*cd*)]. **b)** Reducir al mínimo [el valor o la importancia de alguien o algo].

mínimo -ma I *adj* **1** Más pequeño que ninguno de su especie, en tamaño, cantidad, calidad o intensidad. ■ **2** Muy pequeño en tamaño, cantidad, calidad o intensidad. *Con intención ponderativa.* **b)** el más ~. El mínimo [1], esp. en calidad o intensidad. **c)** el más ~. Ninguno. *Con intención ponderativa.* ■ **3** (*Rel catól*) [Religioso] de la orden fundada por San Francisco de Paula en el s. XV. *Frec n.* ■ **4** de mí-

nima. [Termómetro] que mantiene marcada la temperatura mínima [1] a que ha estado expuesto. **II** *n* A *m* **5** Cantidad, límite o punto mínimos [1]. **B** *f* **6** Valor mínimo [1] [de una cantidad variable, esp. la temperatura]. **III** *loc adv* **7 bajo ~s.** En condiciones meteorológicas que no alcanzan los mínimos [5] exigibles para garantizar la seguridad de aterrizaje y despegue en un aeropuerto. **b)** En condiciones que no alcanzan los mínimos [5] exigibles. ■ **8 como ~.** Siendo [algo] el mínimo [5] previsible o calculado. ■ **9 lo más ~.** En absoluto. *En frases negativas.*

minimosca *adj* (*Dep, esp Boxeo*) [Peso] cuyo límite superior es de 48,9 kg. *Tb referido al deportista de ese peso; en este caso, frec como n m en pl.*

mínimum (*pl normal, ~s*) *m* Mínimo [5].

minino -na A *m y f* **1** (*col*) Gato (animal). **B** *f* **2** (*jerg*) Pene.

minio **I** *m* **1** Pigmento de color rojo anaranjado, constituido por óxido de plomo y muy utilizado en pinturas. ■ **2** Pintura de minio [1], usada esp. para proteger el hierro contra la oxidación. **II** *adj invar* **3** [Color] rojo anaranjado.

miniordenador *m* (*raro*) Ordenador de reducidas dimensiones.

minipimer (*n comercial registrado; pronunc corriente,* /minipímer/) *m o f* Batidora eléctrica de varilla.

minipull (*pronunc corriente,* /minipúl/; *pl normal, ~s*) *m* (*hoy raro*) Jersey ajustado que llega solo a la cintura.

miniserie *f* (*TV*) Serie de muy pocos capítulos.

mini-short (*pronunc corriente,* /minisórt/; *tb con la grafía* **minishort**; *pl normal, ~s*) *m* Pantalón femenino muy corto.

ministerial *adj* **1** De(l) ministerio [1 y 2] o de los ministerios [1]. ■ **2** (*hist*) [Siervo] personal de un señor feudal, que ejerce determinados oficios o ministerios [2].

ministerialismo *m* (*raro*) Cualidad de ministerialista.

ministerialista *adj* (*raro*) Partidario del gobierno.

ministerialmente *adv* De manera ministerial [1].

ministerio *m* **1** Departamento del gobierno de una nación. *Gralm con un compl especificador.* **b)** Edificio en que tiene su sede un ministerio. ■ **2** Tarea o función. ■ **3 ~ público,** *o* **fiscal.** (*Der*) Representación de la ley y de la causa del bien público ante los tribunales de justicia.

ministrable *adj* Que puede ser nombrado ministro [1]. *Tb n.*

ministrante *m y f* (*hoy raro*) **1** Practicante, o pers. que realiza actividades médicas elementales. ■ **2** Pers. que ejerce un oficio o ministerio.

ministril *m* (*hist*) Músico que toca un instrumento de viento o de cuerda.

ministro -tra A *m y f* (*a veces se usa la forma m con valor de f*) **1** Pers. que tiene a su cargo un ministerio [1a]. **b) primer ~.** Presidente de un consejo de ministros. ■ **2 ~ sin cartera.** Pers. que forma parte de un gobierno sin tener a su cargo ningún ministerio [1a]. ■ **3 ~ plenipotenciario.** Agente diplomático de rango inmediatamente inferior al de

embajador. ■ **4 ~ residente.** Agente diplomático de rango inmediatamente inferior al de ministro plenipotenciario. ■ **5** (*Rel catól*) En algunas órdenes religiosas: Superior de un convento o una provincia. **B** *m* **6** (*Rel catól*) Pers. que administra [un sacramento (*compl de posesión*)]. ■ **7 ~ del altar, del Señor, de Dios,** *o* **de la Iglesia.** (*Rel catól, lit*) Sacerdote. ■ **8** (*Rel catól*) En la Compañía de Jesús: Religioso que cuida el gobierno económico de una casa o de un colegio. ■ **9** (*lit, raro*) Criado o servidor. **C** *f* **10** Mujer de(l) ministro [1, 2, 3 y 4].

minisubmarino *m* Submarino de pequeño tamaño.

minitalla *f* (*Pesca*) Especie piscícola cuya captura está permitida con talla superior a los 8 cm.

minitallero -ra *adj* (*Pesca*) De (la) minitalla.

minivacación *f* Vacación de corta duración. *Frec en pl.*

minivestido *m* Vestido cuya falda cubre hasta más arriba de la rodilla.

minoano -na *adj* (*hist, raro*) Minoico.

minoico -ca *adj* (*hist*) De la antigua Creta. **b)** De la cultura desarrollada en Creta entre los años 3000 y 1100 a.C. aproximadamente.

minoración *f* (*lit o E*) Acción de minorar.

minorado -da *adj* **1** *part* → MINORAR. ■ **2** (*raro*) [Pers.] disminuida.

minorador -ra *adj* (*lit o E*) Que minora. *Tb n m, referido a producto.*

minorar *tr* (*lit o E*) Disminuir o reducir.

minoría *f* **1** Menor parte [de un conjunto de perss. o cosas]. *Frec se omite el compl por consabido.* **b)** Conjunto de perss. que difiere de la mayoría o se opone a ella. ■ **2** Condición de la pers. que no ha cumplido aún la edad establecida por la ley para que pueda disponer de sí y de sus bienes. *Frec ~ DE EDAD. Tb fig.* **b)** Condición de la pers. que no ha llegado al estado adulto.

minoridad *f* Minoría de edad. *Tb fig.*

minorista *adj* [Comercio] que se realiza al por menor. **b)** De(l) comercio minorista. **c)** Que se dedica al comercio minorista. *Tb n, referido a pers.*

minorita *adj* (*Rel catól*) [Religioso] franciscano. *Tb n m.*

minoritariamente *adv* De manera minoritaria.

minoritario -ria *adj* **1** De (la) minoría [1]. ■ **2** Que constituye una minoría [1].

minoxidil *m* (*Med*) Compuesto vasodilatador usado en el tratamiento de la hipertensión y para provocar el crecimiento del cabello.

minucia *f* **1** Cosa pequeña o de poca importancia. ■ **2** (*raro*) Minuciosidad.

minuciosamente *adv* De manera minuciosa.

minuciosidad *f* Cualidad de minucioso.

minucioso -sa *adj* Que se ocupa hasta de los menores detalles.

minué *m* (*hist*) Danza francesa de compás ternario y movimiento moderado, de moda en los ss. XVII y XVIII. *Tb su música.*

minuendo *m* (*Mat*) Cantidad de la que se resta otra.

minueto *m* **1** Composición instrumental para minué o con ritmo de minué, que frec. constituye uno de los tiempos de la suite, la sonata o la sinfonía. ■ **2** (*hist*) Minué (danza).

minúsculo -la *adj* **1** [Letra] de tamaño y forma común en la escritura corriente. *Tb n f. Se opone a* MAYÚSCULA. ■ **2** Sumamente pequeño.

minusvalía *f* **1** (*Econ*) Disminución de valor. ■ **2** Invalidez parcial.

minusválido -da *adj* [Pers.] que tiene invalidez parcial. *Tb n. Tb fig.*

minusvaloración *f* Acción de minusvalorar.

minusvalorar *tr* Valorar menos de lo debido.

minuta *f* **1** Nota de los honorarios [de un abogado o, más raro, de otro profesional]. ■ **2** Menú (conjunto de platos que constituyen una comida). ■ **3** Menú o carta [de un restaurante]. ■ **4** (*raro*) Borrador o apunte [de un escrito]. **b)** Borrador original [de un escrito o documento] que queda como constancia en la oficina que lo expide. **c)** (*Topogr*) Dibujo que sirve de borrador de un mapa. ■ **5** (*raro*) Nota (breve comunicación escrita).

minutada *f* (*Dep*) Cantidad considerable de minutos.

minutado *m* Acción de minutar². *Tb su efecto.*

minutaje *m* Minutado.

minutar[1] *tr* Cobrar la minuta [1] [de algo (*cd*)]. *Tb abs.*

minutar[2] *tr* Determinar los minutos que ha de durar [algo (*cd*)], esp. una actuación o una emisión].

minutero -ra I *adj* **1** (*hoy raro*) Que hace fotografías al minuto. *Tb n, referido a pers.*
II *n* A *m* **2** *En el reloj:* Dispositivo que señala los minutos.
B *f* **3** (*reg*) Minutero [2].

minuto[1] I *m* **1** Porción de tiempo correspondiente a una de las sesenta partes iguales en que se divide la hora. **b)** Porción muy breve de tiempo. *Frec en las formas* UN ~, DOS ~S, CINCO ~S. ■ **2** (*Geom*) Parte de las sesenta en que se divide el grado sexagesimal.
II *loc adj* **3 al ~.** Que se hace muy rápidamente.

minuto[2] **-ta** *adj* (*lit*) Menudo o muy pequeño.

miñambre *adj* (*reg*) [Pers.] flaca o enclenque. *Tb n.*

miño *m* (*reg*) Red semejante al trasmallo.

miñoca *f* (*reg*) Lombriz de tierra.

miñón *m* Individuo de la milicia foral de Álava y Vizcaya.

miñorano -na *adj* Del valle de Miñor (Pontevedra). *Tb n, referido a pers.*

miñosa *f* (*reg*) Lombriz de tierra.

miñoto -ta *adj* Del río Miño. **b)** De la región gallega o portuguesa del Miño. *Tb n, referido a pers.*

mío -a (*cuando va delante del n del cual es adjunto, se usa la forma* MI *–en pl* MIS–, *que se pronuncia átona*) *adj* De mí. * Este libro es mío. * Este es mi libro. **b)** (*Mil*) *Se usa, antepuesto al n del cargo, para dirigirse a un superior.* * A la orden, mi capitán. **c)** lo ~ (he trabajado lo mío); los ~s (eres de los míos); mi + *n propio* (mi Juan); **delante** (**detrás**, *etc*) ~;

ser muy ~ → SUYO. **d) hacer** (**una**) **de las mías**; **salirme con la mía** → HACER, SALIR.

mioca *f* (*reg*) Miñoca (lombriz de tierra).

miocardial *adj* (*Anat*) Miocárdico.

miocárdico -ca *adj* (*Anat*) De(l) miocardio.

miocardio *m* (*Anat*) Músculo del corazón.

miocardiopatía *f* (*Med*) Enfermedad del miocardio.

miocarditis *f* (*Med*) Inflamación del miocardio.

miocastor *m* Coipo (roedor).

miocénico -ca *adj* (*Geol*) De(l) Mioceno.

mioceno -na *adj* (*Geol*) [Período] intermedio de la Era Terciaria. *Tb n m. En este caso, gralm con inicial mayúscula.* **b)** Del período mioceno.

mioclonia (*tb* **mioclonía**) *f* (*Med*) Contracción muscular brusca, breve e involuntaria, secundaria a una disfunción o lesión de cualquiera de las estructuras que participan en la función motora.

miodinia *f* (*Med*) Dolor muscular.

mioeléctrico -ca *adj* (*Med*) [Prótesis] que utiliza la electricidad generada por los músculos.

miofibrilla *f* (*Anat*) Fibrilla muscular.

mioglobina *f* (*Fisiol*) Sustancia roja de los músculos, de características similares a las de la hemoglobina.

miógrafo *m* (*Anat*) Aparato que registra las contracciones musculares.

miograma *m* (*Anat*) Gráfico de una contracción muscular, obtenido mediante un miógrafo.

miolítico -ca *adj* (*Prehist*) Mesolítico. *Tb n m.*

miollo *m* (*reg*) Miga de pan.

miología *f* Parte de la anatomía que estudia los músculos.

mioma *m* (*Med*) Tumor formado por elementos musculares.

miopatía *f* (*Med*) Afección muscular.

miope *adj* **1** [Ojo o pers.] que padece miopía [1]. *Tb n, referido a pers.* **b)** Propio del ojo o de la pers. miope. ■ **2** Corto de miras o de perspicacia.

miopía *f* **1** Defecto óptico por el que se perciben confusamente los objetos lejanos, debido a que la imagen se forma en un punto anterior a la retina. **b)** Visión borrosa de un telescopio. ■ **2** Cortedad de miras o de perspicacia.

miópico -ca *adj* (*Med*) De (la) miopía [1].

miorrelajante *adj* (*Med*) [Producto o medicamento] que produce relajación muscular. *Tb n m.*

miosina *f* (*Fisiol*) Proteína de los músculos, cuya función principal es la contracción.

miosis *f* (*Med*) Contracción permanente de la pupila del ojo.

miosota *f* Picagallina (planta).

miosotis *m o f* Nomeolvides (planta).

miotomía *f* (*Med*) Operación que consiste en cortar los músculos.

miquelete *m* (*hist*) Miembro de una milicia especial reclutada por diputaciones y juntas de guerra de Cataluña.

MIR (*sigla; pl invar*) *m y f* Médico interno que ha obtenido su plaza por oposición.

mira I *f* **1** Objetivo o intención. *Frec en pl.* ■ **2** Dispositivo que sirve para hacer puntería en un arma de fuego. *Tb* PUNTO DE ~ (→ PUNTO). *Tb fig.* ■ **3** (*Topogr*) Regla graduada que se coloca verticalmente en los distintos puntos del terreno que se quiere nivelar.
 II *loc adj* **4 de ~.** [Punto] desde el que se mira [1a y 4a]. *Tb fig.*
 III *loc adv* **5 a la ~.** Al cuidado [de una pers. o cosa]. ■ **6 con ~s** [a algo]. Teniéndo[lo] por objetivo.

mirabel *m* **1** Planta herbácea anual, semejante a un pequeño ciprés, cultivada como ornamental (*Kochia scoparia*). ■ **2** Variedad europea de ciruelo cultivada en Galicia, de fruto pequeño y amarillo. *Tb el fruto.*

mirabolano *m* Variedad de ciruelo de fruto ácido, usado como patrón de injerto de otros ciruelos (*Prunus cerasifera*).

mirabrás *m* Cante flamenco, semejante a la calesera y el fandanguillo. *Tb su baile.*

miracielos *m* (*raro*) Flor de pascua (planta).

mirada I *f* **1** Acción de mirar [1a y b, 3 y 4a]. ■ **2** Modo de mirar [1a]. ■ **3** Mira (objetivo o intención).
 II *loc v* **4 sostener la ~** → SOSTENER.

miradero *m* (*raro*) Mirador [3].

mirado -da *adj* **1** *part* → MIRAR. ■ **2** [Pers.] respetuosa y comedida en su trato y comportamiento. *Gralm con los advs* MUY, TAN, MÁS *o* MENOS. ■ **3** [Pers.] cuidadosa o escrupulosa. *Gralm con un compl* EN, PARA *o* CON.

mirador -ra I *adj* **1** (*raro*) Que mira [1a y 4a].
 II *m* **2** Balcón cerrado con cristales. ■ **3** Lugar desde donde se observa un amplio panorama.

mirafloreño -ña *adj* De Miraflores de la Sierra (Madrid). *Tb n, referido a pers.*

miraguano *m* Materia algodonosa, muy suave y ligera, que se extrae del fruto de la palmera *Thrinax parviflora*. *Tb la misma palmera.*

miramamolín *m* (*hist*) Califa, esp. almohade.

miramelindo (*tb* **miramelindos**) *m* Balsamina (planta).

miramiento *m* **1** Respeto o consideración a otros en el obrar. *Frec en pl.* ■ **2** (*raro*) Acción de mirar [1a].

miranda A *f* **1** Mirador [3].
 B *m y f* **2** (*col*) Pers. que está sin hacer nada, como no sea mirar lo que hacen otros. *Frec en la constr* ESTAR DE ~. ■ **3** (*jerg*) Vigilante o espía.

mirandés -sa I *adj* **1** De Miranda de Ebro (Burgos), o de alguna de las poblaciones españolas denominadas Miranda. *Tb n, referido a pers.* ■ **2** De Miranda do Douro (Portugal). *Tb n, referido a pers.*
 II *m* **3** Dialecto leonés hablado en Miranda do Douro (Portugal) y alrededores.

mirante *adj* (*raro*) Que mira. *Tb n, referido a pers.*

mirar I *v* A *tr* **1** Dirigir los ojos [hacia alguien o algo (*cd*)], con intención de verlo. *Tb abs.* **b)** Examinar con los ojos. **c) ~ mal** [a alguien (*cd*)]. Tener[le] aversión. **d) poderse ~** [alguien en una cosa, esp. el suelo]. (*col*) Estar [esa cosa] sumamente limpia y brillante. ■ **2** Pensar o considerar. **b) mira.** (*col*) Se emplea con intención enfática para llamar la atención sobre un hecho, o sobre lo que se va a decir. * Mira, tenía el dinero escondido. * Mira que eres raro. **c) mira** + *prop con* QUE SI. (*col*) Indica la suposición de que suceda el hecho improbable expresa-

do en la prop. * ¡Mira que si eres tú la agraciada! **d) mira,** *o* **mira tú.** (*col*) Se emplea exclamativamente para hacer aparecer como absurdo lo que alguien acaba de decir o hacer. * –¿Qué va a hacer con las armas? –Las pensará vender, mira tú. **e) mira por dónde,** *o* (*reg*) **mira por cuánto.** Se usa para ponderar el carácter sorprendente de lo que se dice a continuación. * Necesitaba hablar con él y mira por dónde me lo encontré en la calle. **f) mira quién habla** (*o* **quién fue a hablar**) → HABLAR. ■ **3** Tener [algo] como objetivo de la acción. **b)** Procurar [algo (*prop con v en subj*)].
 B *intr* ➤ **a** *normal* **4** Dirigir los ojos [hacia alguien o algo (*compl adv*)]. *Normalmente con un compl* A, HACIA *o* PARA. **b)** Examinar los ojos [algo (*compl de lugar*)] buscando. **c)** Estar orientado [algo (*suj*)] hacia algún punto. *Normalmente con un compl* A, HACIA *o* PARA. *Tb fig.* ■ **5** Cuidar [de una pers. o cosa (*compl* POR)]. **b)** (*reg*) Tratar [de hacer algo].
 ➤ **b** *pr* **6 ~se** [alguien en una pers. o cosa]. Tener[la] en gran aprecio o estima.
 II *m* **7** Modo de mirar.
 III *loc adj* **8 de mírame y no me toques.** (*col*) Sumamente delicado, o fácil de estropear.
 IV *loc adv* **9 si bien se mira,** *o* **bien mirado.** Considerando detenidamente el asunto en cuestión.
 V *interj* **10 mira.** (*col*) Expresa admiración. * –Ya se ha comprado una casa. –¡Mira!

mirasol *m* (*reg*) Girasol (planta).

miríada *f* (*lit*) Cantidad muy grande e indefinida.

miriagramo *m* Unidad de peso equivalente a 10.000 kg.

mirialitro *m* Unidad de capacidad equivalente a 10.000 l.

miriámetro *m* **1** Unidad de longitud equivalente a 10.000 m. ■ **2 ~ cuadrado.** Unidad de superficie equivalente a la de un cuadrado cuyo lado mide un miriámetro [1]. ■ **3 ~ cúbico.** Unidad de volumen equivalente al de un cubo cuya arista mide un miriámetro [1].

miriápodo *adj* (*Zool*) [Artrópodo] de cuerpo alargado, dividido en segmentos semejantes, con uno o dos pares de patas cada uno, con la cabeza provista de un par de antenas y que respira por tráqueas o mediante respiración cutánea. *Frec como n m en pl, designando este taxón zoológico.*

mírido *adj* (*Zool*) [Insecto] de una familia de pequeño o mediano tamaño y cuerpo relativamente blando, constituida en su mayoría por chinches fitófagas. *Frec como n m en pl, designando este taxón zoológico.*

mirífico -ca *adj* (*lit*) **1** Admirable o asombroso. ■ **2** Que denota o implica admiración o asombro.

mirilla *f* **1** Pequeña abertura hecha esp. en las puertas y que permite ver lo que hay al otro lado. ■ **2** (*col*) En pl: Ojos.

miriñaque *m* **1** (*hist*) Armadura de tela almidonada o de aros de metal, usada por las mujeres para ahuecar la falda a la altura de las caderas. ■ **2** (*reg*) Bastidor supletorio de madera para dar mayor amplitud al carro por su parte superior.

miriófilo *m* Planta acuática propia de aguas dulces y tranquilas (gén. *Myriophyllum*).

miriónimo -ma *adj* (*lit, raro*) De innumerables nombres.

miristicina f (*Quím*) Principio activo de la nuez moscada.

mirlado -da adj (*raro*) **1** part → MIRLARSE. ■ **2** Afectadamente grave o digno. *Tb n, referido a pers.*

mirlarse intr pr (*raro*) Afectar gravedad o dignidad en el rostro.

mirliflor m y f (*raro*) Pers. vanidosa o presumida. *Tb adj.*

mirlo m **1** Pájaro de unos 25 cm, de plumaje totalmente negro en el macho y con pico amarillo, y que es fácilmente domesticable y capaz de imitar sonidos (*Turdus merula*). *Tb* ~ COMÚN. **b)** ~ **acuático.** Pájaro robusto de unos 18 cm, de color negruzco con el pecho blanco, que nada y bucea (*Cinclus cinclus*). **c)** ~ **capiblanco,** o **de collar.** Ave semejante al mirlo común, pero algo mayor y con una mancha blanca en el pecho y los bordes de las alas pálidos (*Turdus torquatus*). ■ **2** ~ **blanco.** Ser excepcionalmente raro o difícil de encontrar. ■ **3** (*col*) Lengua. *Gralm en las constrs* SOLTAR, *o* ACHANTAR, EL ~. ■ **4** (*raro*) Hombre ingenuo al que se engaña fácilmente.

mirlona. curruca ~ → CURRUCA.

mirmecófilo -la adj (*Bot*) [Planta] apta para que en ella habiten hormigas.

mirobolán m Mirabolano (planta).

mirobrigense adj De Ciudad Rodrigo (Salamanca). *Tb n, referido a pers.*

mirón -na adj (*desp*) Que mira [1a] mucho o con curiosidad. *Más frec* n m, *referido a pers.* **b)** [Pers.] que se complace en la contemplación de escenas eróticas o de desnudos. *Gralm como* n. **c)** [Pers.] que observa cómo los demás juegan o trabajan. *Gralm como* n. **d)** [Pers.] que está sin hacer nada, como no sea mirar lo que hacen otros. *Frec en la constr* ESTAR DE ~.

mironismo m Condición o comportamiento de mirón [1b].

mirra f Resina aromática, roja, semitransparente y brillante, producida por el árbol *Commiphora myrrha* y otros semejantes, que crecen en Arabia y Abisinia.

mirtácea adj (*Bot*) [Planta] dicotiledónea aromática, de la familia cuyo tipo es el mirto. *Frec como* n f *en pl, designando este taxón botánico.*

mirtillo m Arándano (arbusto).

mirto m Arrayán (arbusto).

miruella f (*reg*) Mirlo (pájaro).

miruello m (*reg*) Mirlo (pájaro).

misa I f **1** (*Rel catól*) Ceremonia en que el sacerdote ofrece a Dios el sacrificio del cuerpo y sangre de Jesucristo bajo las especies de pan y vino. *Frec con un adj o compl especificador:* CANTADA, DE CAMPAÑA, DE CUERPO PRESENTE, DEL GALLO, DE RÉQUIEM, GREGORIANA, REZADA, *etc* (→ CANTAR, CAMPAÑA, *etc*). **b)** ~ **de los catecúmenos.** Parte de la misa que precede a la misa de los fieles. **c)** ~ **sacrificial,** o **de los fieles.** Parte de la misa que comprende el ofertorio, la consagración y la comunión. **d)** ~ **de (los) presantificados.** Rito de la comunión en el oficio de Viernes Santo. ■ **2** ~ **negra.** Parodia sacrílega de la misa [1a], realizada como práctica de magia negra. ■ **3** Conjunto de composiciones musicales sobre los textos de los cánticos litúrgicos de la misa [1a]. II *loc adj* **4 de** ~. (*col*) [Día] de precepto. ■ **5 de** ~. [Libro] que usan los fieles para seguir la celebra-ción de la misa [1a]. ■ **6 de** ~ **y olla.** [Clérigo o fraile] de cortos estudios y poca autoridad. III *loc v y fórm or* **7 allá** (*o* **ya**) **te** (**se,** *etc*) **lo dirán de** ~**s.** (*hoy raro*) Fórmula con que se amenaza a alguien, advirtiéndole que llegará al momento de pagar lo que hace. * Tú sigue así, que ya te lo dirán de misas. ■ **8 cantar** ~. Decir su primera misa [1a] [un sacerdote recién ordenado]. ■ **9 decir** (*o* **cantar**) ~. (*col*) Se usa en fórmulas como PUEDE DECIR ~, *o* QUE DIGA ~, *para ponderar desinterés o incredulidad ante lo que alguien dice.* * Por mí, que diga misa, me da igual. ■ **10 ir a** ~ [lo que alguien dice]. (*col*) Ser absolutamente cierto. *Con intención enfática.* **b)** Cumplirse a rajatabla o con exactitud. ■ **11 no saber de la** ~ **la media** (*o* **la mitad**). (*col*) Desconocer el asunto de que se trata. IV *loc adv* **12 como en** ~. (*col*) En silencio y con profundo respeto.

misacantano m **1** Sacerdote que celebra su primera misa [1a]. *Tb* (*lit*) *fig.* ■ **2** (*reg*) Fiesta que se celebra con motivo de la primera misa [1a] de un sacerdote.

misal m Libro que contiene las oraciones y lecturas de la misa y las indicaciones litúrgicas correspondientes.

misantropía f Odio al género humano, que se manifiesta por aversión al trato con los demás y tendencia a la soledad.

misantrópico -ca adj **1** De (la) misantropía o de(l) misántropo. ■ **2** [Pers.] que muestra misantropía.

misántropo -pa m y f Pers. que manifiesta aversión al trato con los demás. *Tb adj.*

misar intr (*reg*) Decir misa [1a].

misceláneo -a I adj **1** [Conjunto] formado por una mezcla de cosas distintas. II f **2** Mezcla de cosas diferentes. *Frec referido a escritos.*

miscible adj (*Quím*) Mezclable.

mise (*fr; pronunc corriente,* /mís/) f (*raro*) Modo de vestir o de arreglarse.

mise en plis (*fr; pronunc corriente,* /mís-an-plís/) f (*o* m) Líquido que se aplica al cabello antes de marcarlo, para que dure más el peinado.

mise en scène (*fr; pronunc corriente,* /mís-an-sén/) f Puesta en escena. *Frec fig.*

miserabilidad f (*raro*) Miseria [1, 4 y 5].

miserabilismo m **1** (*Arte y TLit*) Tendencia a tratar insistentemente los aspectos más pobres o miserables de la sociedad. ■ **2** (*raro*) Cualidad o condición de miserable [3].

miserabilización f Rebajamiento a una condición ínfima.

miserable adj **1** Indigno o despreciable. *Tb n, referido a pers. Frec usado como insulto.* ■ **2** Despreciable o insignificante. ■ **3** Sumamente pobre. ■ **4** Tacaño. *Tb n.* ■ **5** (*lit*) Desgraciado o digno de piedad.

miserablemente adv De manera miserable.

mísere adj (*reg*) Mísero o miserable.

miserere I m **1** (*Rel crist*) Salmo 50, que comienza con la palabra "miserere". ■ **2** Composición musical para el canto del miserere [1]. ■ **3** (*Rel catól*) Ceremonia religiosa de cuaresma en que se canta el miserere [1].

II *adj* 4 [Cólico] ~ –→ CÓLICO.

miseria I *n* A *f* 1 Pobreza extrema. **b)** Estrechez económica. *Frec en pl.* ■ 2 Tacañería. ■ 3 Condición de miserable [1 y 2]. ■ 4 Cosa miserable o insignificante. *Frec con intención ponderativa.* **b)** ~ **y compañía.** (*col*) *Se usa para ponderar la insignificancia de lo que se acaba de nombrar.* * Patatas y garbanzos, nada, miseria y compañía. ■ 5 Desgracia o infortunio. *Frec en pl.* ■ 6 Flaqueza o falta. *Frec en pl.* ■ 7 (*euf*) Piojos. **b)** Suciedad, esp. con presencia de parásitos.

B *m y f* 8 ~(s). (*col*) Pers. miserable [2, 4 y 5].

II *loc v* 9 **hundir en la** ~ [a alguien]. (*col*) Hacer que [esa pers.] sienta complejo de inferioridad o se sienta humillada.

misericorde *adj* (*lit*) Misericordioso.

misericordia I *f* 1 Inclinación a ayudar a alguien en su desgracia. **b)** Generosidad o benevolencia para con el que está en falta. ■ 2 (*lit, raro*) Acto de misericordia [1]. ■ 3 *En los asientos de los coros de iglesia:* Saliente que permite estar sentado dando la impresión de estar de pie.

II *loc adj* 4 **de** (**la**) ~. Benéfico. *Dicho de determinados establecimientos, como hospitales o asilos.*

misericordiosamente *adv* De manera misericordiosa [2].

misericordioso -sa *adj* 1 [Pers.] que tiene misericordia [1]. *Tb n.* ■ 2 Que denota o implica misericordia [1].

miserioso -sa *adj* (*raro*) Miserable [3 y 4].

mísero -ra (*superl* **misérrimo**) *adj* (*lit*) Miserable [2 a 5].

misgeta *adj* (*hist*) De un antiguo pueblo prerromano del nordeste de la Península Ibérica. *Tb n, referido a pers.*

misil *m* (*Mil*) Proyectil autopropulsado y dirigido durante toda su trayectoria o durante una parte de ella.

misino -na *adj* Del Movimiento Social Italiano, partido neofascista. *Tb n, referido a pers.*

misión *f* 1 Acción encomendada a una pers. **b)** Función que realiza una pers. o cosa. ■ 2 Acción evangelizadora en un lugar de infieles. *Frec en pl.* **b)** (*hoy raro*) Predicación de sacerdotes o religiosos por distintos pueblos, esp. durante la Cuaresma. ■ 3 Conjunto de perss., esp. religiosos, que realizan su misión [2a] en un lugar dado. *Tb el mismo lugar y su sede.* ■ 4 Conjunto de perss. encargadas de una misión [1a] de carácter científico en un territorio despoblado o salvaje. *Tb* ~ CIENTÍFICA. **b)** Operación o expedición espacial. ■ 5 Conjunto de perss. enviadas por un estado o un organismo internacional con una misión [1] de representación o de trabajo en una determinada circunstancia. ■ 6 Representación diplomática. *Tb* ~ DIPLOMÁTICA.

misional *adj* De (la) misión o de las misiones [2].

misionar A *tr* 1 Evangelizar. **b)** Adoctrinar [a alguien]. ■ 2 (*raro*) Encomendar [a alguien (*cd*)] una misión [1].

B *intr* 3 Ir de misiones [2]. **b)** Predicar.

misionerismo *m* Actividad misionera.

misionero -ra I *adj* 1 De (la) misión o de las misiones [2a]. **b)** (*raro*) De (la) evangelización o predicación.

II *m y f* 2 Pers. que se dedica a la evangelización de infieles.

misionología *f* (*Rel catól*) Estudio sobre las misiones de infieles.

misiva *f* (*lit*) Carta (comunicación escrita).

mismamente *adv* (*pop*) 1 Precisa o justamente. **b)** Cabal o exactamente. ■ 2 Lo mismo o igualmente.

mismidad *f* (*Filos*) Condición de ser alguien o algo él mismo.

mismo -ma I *adj* 1 *Precediendo al n y con art* EL *o* UN *o demostrativo, indica que la pers o cosa designada por el n es una sola, aunque esté vista en circunstancias diferentes. A veces con un compl de comparación con* QUE. * Es como si animal y hombre fueran una misma cosa. **b)** *Tb sustantivado, con el art* EL (LA, LO). * No pareces el mismo de antes. **c)** *A veces indica enfáticamente la gran semejanza entre dos perss o cosas.* * Míralos: la misma cara, el mismo gesto, hasta los andares son iguales. **d)** el ~ **que viste y calza** –→ VESTIR. ■ 2 *Precediendo al n y con art* EL *o demostrativo, indica que la pers o cosa designada por el n es la mencionada antes.* * Estuvimos en una cafetería, dimos un paseo y volvimos a la misma cafetería. **b)** *Sustantivado, con el art* EL (LA, LO): Él, el citado. * El libro es interesante y los datos que en él se mencionan muy útiles. ■ 3 *Precediendo o siguiendo al n y con art* EL, *tiene valor enfático, insistiendo en que se trata de la pers o cosa designada por el n, y no de otra.* * Hemos quedado ya en la misma notaría para firmar la escritura. **b)** *Siguiendo a un pron pers o demostrativo.* * Ella misma firmó los talones. **c)** *Con un n abstracto de cualidad, indica que esta es atribuida en su grado más alto.* * Era la grandeza misma. **d) los mismísimos** (*o, más raro,* **las mismísimas**). (*col*) *euf por* LOS COJONES *o* LAS PELOTAS. *En constrs como* ESTAR HASTA LOS MISMÍSIMOS *o* SALIRLE [a uno] DE LOS MISMÍSIMOS. ■ 4 *Precediendo o siguiendo al n y con art* EL *o posesivo, indica que la pers o cosa designada por el n participa tb en la acción, a pesar de que ello no era esperable.* * Sus mismos hijos lo dicen. ■ 5 *Precediendo o siguiendo al n, o siguiendo a un pron, indica que se elige una entre varias posibilidades sin que haya motivo de preferencia.* * –¿Para quién es este? –Para Pepe mismo. * Dame ese mismo de ahí.

II *adv* 6 *Siguiendo a un adv o compl adv, tiene valor enfático, insistiendo en que se trata de la circunstancia indicada, y no de otra.* * Mañana mismo te ando a casa. ■ 7 *Siguiendo a un adv o compl adv, indica que se elige una entre varias posibilidades sin que haya motivo de preferencia.* * –¿Cuándo vienes? –Ahora mismo, si quieres. ■ 8 (*reg*) Justamente. * Encontré las gafas mismo junto al cadáver. ■ 9 (*reg*) Incluso. *Precede a la palabra de la que es compl.* * Yo huelo mismo los disfraces. ■ 10 **con las mismas.** (*col*) Inmediatamente. ■ 11 **en las mismas.** En el mismo estado o actitud de antes. *Gralm con vs como* ESTAR *o* SEGUIR. ■ 12 **lo** ~. Igual o de la misma manera. *Si lleva expreso el segundo término de la comparación, este va introducido por* QUE. **b) lo** ~... **que** (*raro*, **como**)... Tanto... como... ■ 13 **lo** ~. (*col*) A lo mejor.

III *loc v y fórm or* 14 **ser**, *o* **dar**, **lo** ~. Ser indiferente. **b) qué** ~ **da.** (*reg*) Qué más da. ■ 15 **tú** ~. (*col*) *Fórmula que expresa afirmación o conformidad.* * –Vas a hacer que acabe por creerlo. –Tú misma.

misoginia *f* (*lit*) Aversión a las mujeres.

misogínico -ca *adj* (*lit*) De (la) misoginia o que la implica.

misógino -na *adj* (*lit*) **1** [Pers.] que siente aversión por las mujeres. *Tb n.* ▪ **2** Que denota o implica misoginia.

misoneísmo *m* (*lit*) Aversión a las novedades.

misoneísta *adj* (*lit*) Hostil a las novedades.

misquito -ta I *adj* **1** Del pueblo indio que habita en la zona costera atlántica de Honduras y Nicaragua. *Tb n, referido a pers.* II *m* **2** Lengua de los misquitos [1].

miss (*ing; pronunc corriente, /*mis*/; es átono precediendo a un n propio; pl normal, ~ES*) *f* **1** Señorita. *Usado normalmente como tratamiento dirigido a una mujer de un país de lengua inglesa.* ▪ **2** Institutriz de habla inglesa. ▪ **3** Mujer ganadora en un concurso de belleza. *Gralm precediendo al n del lugar al que representa.*

missi dominici (*lat; pronunc, /*mísi-domíniki*/ o /*mísi-domíniθi*/*) *m pl* (*hist*) En la época carolingia: Inspectores reales encargados de visitar las provincias.

missile (*ing; pronunc corriente, /*mísil*/ o /*misíl*/*) *m* (*hoy raro*) Misil.

missing (*ing; pronunc corriente, /*mísin*/*) *adj* Desaparecido o que no se encuentra.

mistela *f* Licor que se obtiene agregando alcohol al mosto de uva, sin fermentación.

míster (*es átono precediendo a un n propio*) *m* **1** Señor. *Usado normalmente como tratamiento dirigido a un hombre de un país de lengua inglesa.* ▪ **2** (*Fút*) Entrenador. ▪ **3** Hombre ganador en un concurso de culturismo o de belleza masculina. *Gralm precediendo al n del lugar al que representa.*

mistérico -ca *adj* (*lit*) De(l) misterio [1 y 2].

misterio I *m* **1** Cosa desconocida o secreta y difícil o imposible de conocer. **b)** (*hist*) Rito religioso secreto, al que solo son admitidos los iniciados. *Normalmente en pl.* ▪ **2** Cosa incomprensible o inexplicable. **b)** (*Rel crist*) Dogma revelado, inaccesible a la razón. ▪ **3** Condición de misterioso. ▪ **4** (*col*) Valor o importancia. ▪ **5** (*Rel crist*) Pasaje de la vida de Jesús, considerado aisladamente. **b)** *En el rosario:* Parte constituida por la mención de un misterio y el rezo de un padrenuestro, diez avemarías y un gloria. ▪ **6** Representación en imágenes de un pasaje de las Sagradas Escrituras. *Frec referido al nacimiento de Jesús en el portal de Belén.* ▪ **7** (*TLit*) Drama sacro medieval, propio de Navidad y Pascua de Resurrección, sobre algún pasaje bíblico. ▪ **8** (*Rel catól*) En pl: Ceremonias del culto. *Normalmente referido a la misa.* II *loc adj* **9 que tiembla el ~.** (*col*) Muy grande. *Con intención ponderativa.*

misteriosamente *adv* De manera misteriosa.

misteriosidad *f* (*lit, raro*) Cualidad de misterioso.

misterioso -sa *adj* **1** Que implica o denota misterio [1 y 2]. ▪ **2** [Pers.] dada a los misterios [1a]. **b)** Que actúa con cautela y reserva extremas.

misteriosófico -ca *adj* (*raro*) Mistérico.

misterismo *m* (*raro*) Tendencia al misterio [1].

mística → MÍSTICO[1].

místicamente *adv* De manera mística [1 y 5b].

misticeto *adj* [Mamífero] cetáceo sin dientes, de notables dimensiones y propio de mares fríos, del suborden de la ballena. *Frec como n m en pl, designando este taxón zoológico.*

misticismo *m* **1** Condición de místico[1]. ▪ **2** Tendencia a una religiosidad o una espiritualidad muy profundas. ▪ **3** (*Filos y Rel*) Doctrina que admite el conocimiento intuitivo de la divinidad. ▪ **4** Literatura mística.

místico[1] -ca I *adj* **1** De (la) mística [6 a 9]. ▪ **2** [Pers.] que tiene un conocimiento intuitivo de la divinidad y que normalmente escribe acerca de ello. *Tb n.* ▪ **3** [Pers.] muy espiritual o religiosa. *Tb n. Frec con intención desp, ponderando afectación o exceso.* ▪ **4** [Pers.] que siente un idealismo exaltado y casi religioso [respecto a algo (*compl especificador*)]. *Tb n. Tb sin compl, por consabido.* ▪ **5** Que encierra misterio [1 y 2]. **b)** (*Rel*) Simbólico. **c)** (*Rel crist*) [Cuerpo] constituido por Cristo y todos sus fieles. II *f* **6** Unión del hombre con la divinidad mediante un conocimiento intuitivo. ▪ **7** Literatura que trata de la mística [6]. ▪ **8** Misticismo [1 y 2]. ▪ **9** Conjunto de actitudes y creencias de carácter idealista exaltado o casi religioso [acerca de algo que se considera trascendental (*compl especificador*)].

místico[2] *m* (*hist*) Embarcación con dos o tres palos y con velas latinas, propia del Mediterráneo.

mistificación (*tb con la grafía* **mixtificación**) *f* Acción de mistificar. *Tb su efecto.*

mistificado -da (*tb con la grafía* **mixtificado**) *adj* **1** *part* → MISTIFICAR. ▪ **2** Que implica o denota mistificación.

mistificador -ra (*tb con la grafía* **mixtificador**) *adj* Que mistifica. *Tb n, referido a pers.*

mistificar (*tb con la grafía* **mixtificar**) *tr* Falsear o falsificar. *Tb abs.*

mistral *m* Viento del norte o del noroeste que sopla en el valle del Ródano y en el golfo de León.

mistress (*ing; pronunc corriente, /*mísis*/; es átono precediendo a un n propio*) *m* Señora. *Usado normalmente como tratamiento dirigido a una mujer de un país de lengua inglesa.*

misuriano -na *adj* Del estado de Missouri (Estados Unidos). *Tb n, referido a pers.*

mita *f* (*hist*) En la América colonial: Reparto, hecho por sorteo, de los indios destinados a trabajos públicos.

mitad I *f* **1** Parte de las dos iguales en que se divide [un todo (*compl de posesión*)]. ▪ **2** Parte [de un todo] equidistante de los extremos. *Frec sin art.* ▪ **3 cara ~.** (*lit*) Consorte o cónyuge. II *adv* **4** (**la**) **~.** En su mitad [1]. *En la constr* (LA) ~ + *adj o n,* (Y) (LA) ~ + *adj o n.* * El nuestro es un pueblo mitad monje y mitad soldado. ▪ **5 ~ y ~,** o (**~**) **por ~.** En dos mitades [1].

mitayo *m* (*hist*) En la América colonial: Indio destinado a trabajos públicos por la mita.

mitcal *m* (*hist*) Maravedí de oro de Alfonso VIII.

mitena *f* (*reg*) Guante largo y sin dedos propio del traje regional catalán.

míticamente *adv* De manera mítica.

mítico -ca *adj* De(l) mito[1]. **b)** Que tiene carácter de mito[1].

mitificación *f* Acción de mitificar.

mitificador -ra *adj* Que mitifica. *Tb n, referido a pers.*

mitificar *tr* Convertir [algo o a alguien] en mito[1] [2b]. *Tb abs.*

mitigación *f* Acción de mitigar(se).

mitigadamente *adv* De manera mitigada.

mitigado -da *adj* 1 *part* → MITIGAR. ■ 2 Moderado o poco intenso.

mitigador -ra *adj* Que mitiga.

mitigamiento *m* Mitigación.

mitigante *adj* Que mitiga.

mitigar *tr* Moderar o atenuar [algo negativo, esp. doloroso o molesto]. **b)** *pr* (~se) Moderarse o atenuarse [algo negativo, esp. doloroso o molesto].

mitilenio -nia *adj* (*hist*) De Mitilene (hoy Lesbos, isla del mar Egeo). *Tb n, referido a pers.*

mitilicultura *f* (*E*) Cría de mejillones.

mitin I *m* 1 Reunión pública organizada de carácter político, en que una o varias perss. pronuncian discursos. **b)** Discurso que se pronuncia en un mitin. **c)** Comentario apasionado, frec. sobre cuestiones políticas o sociales, hecho en tono polémico o de propaganda. *Frec en la constr* DAR EL (*o* UN) ~. ■ 2 (*Dep*) Reunión deportiva de exhibición o de competición, compuesta de varias pruebas.
II *loc v* 3 dar (*o* armar, *u otro v equivalente*) el (*o* un) ~. (*Taur*) Armar un escándalo al obtener un éxito o un fracaso rotundos.

mitinear *intr* (*raro*) Pronunciar mítines [1b y c].

mitinero -ra *adj* De(l) mitin [1a y b]. **b)** [Pers.] que pronuncia un mitin [1b]. *Tb n.*

mitinesco -ca *adj* De(l) mitin [1a y b].

mito[1] *m* 1 Relato fabuloso tradicional de carácter simbólico o religioso, y protagonizado por divinidades o héroes. **b)** Relato poético que sirve para la exposición de una doctrina. ■ 2 Imagen o concepto magnificado [de alguien o algo real]. **b)** Pers. o cosa sobre la que se ha forjado un mito. ■ 3 Cosa fabulosa e inexistente.

mito[2] *m* Pájaro de pequeño tamaño, de plumaje negruzco, blanco y rosado y larga cola blanca y negra (*Aegithalos caudatus*).

mitocondria *f* (*Biol*) Corpúsculo redondeado del citoplasma celular.

mitógeno -na *adj* (*Biol*) Que induce o estimula la mitosis.

mitografía *f* 1 Expresión o representación de mitos[1] [1] en arte o literatura. ■ 2 Colección de mitos[1] [1 y 2].

mitográfico -ca *adj* De (la) mitografía.

mitógrafo -fa *m y f* Pers. que escribe sobre los mitos[1] [1].

mitología *f* 1 Conjunto de mitos[1] [1] [de un pueblo o civilización]. *Tb sin compl, referido a la grecorromana.* ■ 2 Conjunto de mitos[1] [2] [relativos a un tema o propios de una pers. o colectividad (*compl especificador*)]. ■ 3 Estudio de los mitos[1] [1]. ■ 4 (*Arte*) Tema o motivo de la mitología [1]. *Gralm en pl.*

mitológicamente *adv* De manera mitológica.

mitológico -ca *adj* De (la) mitología [1, 2 y 3].

mitologista *m y f* Mitólogo.

mitologización *f* Acción de mitologizar.

mitologizar *tr* Dar carácter mitológico [a algo (*cd*)].

mitólogo -ga *m y f* Especialista en mitología [3].

mitomanía *f* 1 (*Psicol*) Tendencia patológica a la mentira y a la fabulación. ■ 2 (*raro*) Gusto exagerado por los mitos[1] [2].

mitómano -na *adj* 1 (*Psicol*) [Pers.] que padece mitomanía [1]. *Tb n.* ■ 2 (*raro*) [Pers.] que tiene mitomanía [2]. *Tb n.*

mitón *m* Guante que deja al descubierto los dedos.

mitósico -ca *adj* (*Biol*) De (la) mitosis.

mitosis *f* (*Biol*) División celular indirecta, en la cual el núcleo se divide en dos núcleos hijos dotados del mismo número de cromosomas que el original.

mitra *f* 1 Gorro usado en las grandes solemnidades por los arzobispos, obispos y algunas otras dignidades eclesiásticas, y que en la Iglesia católica está compuesto de dos secciones triangulares rígidas. **b)** (*hist*) Se da este n a diversas prendas de cabeza usadas por distintos pueblos, frec como signo de jerarquía. ■ 2 Dignidad de obispo o de arzobispo. *Tb la pers que la ostenta.* ■ 3 Territorio sometido a la jurisdicción de un obispo o arzobispo. ■ 4 (*Zool*) Rabadilla [de ave].

mitrado -da *adj* Que lleva mitra [1]. *Tb n m, referido a arzobispo u obispo.* **b)** Que tiene derecho a llevar mitra. *Tb n m, referido a arzobispo u obispo.*

mitral *adj* (*Anat*) [Válvula] situada entre la aurícula y el ventrículo izquierdos del corazón. **b)** De la válvula mitral.

miura *m* Toro de la ganadería de Miura, famosa por su bravura y peligrosidad. **b)** *Frec se usa en constrs de sent comparativo para ponderar la mala intención de una pers o la dificultad o peligrosidad de una cosa.* * No te fíes de ese; es un miura.

miurada *f* (*Taur*) Corrida de miuras [1a].

miureño -ña *adj* [Res] de la ganadería de Miura. **b)** Propio de la res miureña.

mixedema *m* (*Med*) Síndrome producido por insuficiencia tiroidea y caracterizado por la infiltración de una sustancia mucosa en el tejido subcutáneo, que produce un edema duro.

mixedémico -ca *adj* (*Med*) De(l) mixedema.

mixofito -ta (*tb* mixófito) *adj* (*Bot*) Mixomiceto. *Frec como n f en pl, designando este taxón botánico.*

mixomatosis *f* Enfermedad infecciosa del conejo, caracterizada por tumefacciones en la piel y las mucosas.

mixomatoso -sa *adj* Que padece mixomatosis.

mixomiceto *adj* (*Bot*) [Hongo] saprofito y parásito, cuyo cuerpo vegetativo está constituido por una sola masa protoplasmática desnuda y con varios núcleos. *Frec como n m en pl, designando este taxón botánico.*

mixteco -ca I *adj* 1 [Indio] mejicano de los estados de Oaxaca, Guerrero y Puebla. *Tb n.* **b)** De (los) indios mixtecos.
II *m* 2 Lengua de los indios mixtecos [1].

mixtificación, mixtificado, mixtificador, mixtificar → MISTIFICACIÓN, *etc.*

mixtilíneo -a *adj* (*Geom*) Formado por líneas rectas y curvas.

mixto -ta I *adj* 1 Formado por dos o más elementos diferentes. **b)** Que participa de dos o más condiciones distintas. **c)** De perss. de ambos sexos. *Referido gralm a enseñanza.* **d)** [Matrimonio] de perss.

de distinta raza o religión. **e)** [Tren] de viajeros y mercancías. *Tb n.* **f)** *(Geom)* [Línea] que se compone de una parte recta y otra curva. **g)** *(Mat)* [Número] compuesto de entero y quebrado. **h)** *(Mat)* [Expresión periódica] cuyo período empieza más allá de la primera cifra decimal. **i)** ~ **imperio** → IMPERIO. ■ **2** [Pájaro] resultante de un cruce. *Tb n.*

II *m* **3** *(hoy raro)* Cerilla o fósforo. ■ **4** Trocito de cartón con una mezcla de fósforo, usado por los niños para hacerlo explotar en las pistolas de juguete o por simple frotamiento. ■ **5** *(reg)* Casquete metálico con fulminante, que en las escopetas de pistón produce la explosión de la pólvora al percutirlo el gatillo. ■ **6** *(hist)* Cuerpo compuesto.

III *loc v* **7 hacer ~s.** *(col, hoy raro)* Hacer migas [a alguien o algo]. *Tb fig.*

mixtura *f (lit)* Mezcla (acción y efecto de mezclar).

mixturar *tr (lit, raro)* Mezclar.

mízcalo *m* Níscalo (hongo).

mizo -za *adj* Del pueblo que habita en la región de Mizoram, al este de la India. *Tb n, referido a pers.*

MKSA *(pronunc corriente, /éme-ká-ése-á/; tb* **MKS**) *adj (E)* [Sistema] de medidas cuyas unidades fundamentales son el metro, el kilogramo-masa, el segundo y el amperio.

mnemónico -ca *(tb, más raro, con la grafía* **nemónico**) *adj* Mnemotécnico.

mnemotecnia *(tb, más raro, con la grafía* **nemotecnia**) *f* Técnica para aumentar la capacidad de la memoria.

mnemotécnico -ca *(tb, más raro, con la grafía* **nemotécnico**) *adj* De (la) mnemotecnia. **b)** Que sirve para ayudar a recordar.

moabita *adj (hist)* Del pueblo bíblico habitante de la región de Moab, al este del mar Muerto. *Tb n, referido a pers.*

moañés -sa *adj* De Moaña (Pontevedra). *Tb n, referido a pers.*

moaré *m* Muaré (tejido). *Tb adj.*

moaxaja *(pronunc corriente, /moasáχa/) f (TLit)* Poema lírico hispanoárabe o hispanohebreo del mismo tipo formal que el zéjel, pero de carácter más elevado.

mobiliar *adj (Arte y Arqueol)* [Arte] de objetos muebles.

mobiliario -ria I *adj* **1** [Efecto o valor] mueble. **b)** De bienes o valores muebles.

II *m* **2** Conjunto de muebles [de una habitación u otro lugar]. *Frec sin compl, por consabido.* ■ **3 ~ urbano.** Conjunto de enseres o instalaciones situados en espacios públicos, como papeleras, relojes, jardineras o marquesinas.

moblaje *m* Mobiliario [2].

moca[1] *f (col, raro)* Moquita.

moca[2] → MOKA.

mocador *m (reg)* Pañuelo.

mocán *m* Árbol propio de Canarias, de flores blanquecinas en racimo y fruto comestible *(Visnea mocanera).*

mocar *tr (reg)* Limpiar los mocos [a alguien].

mocárabe *m (Arte)* Labor típica del arte musulmán, formada por la combinación geométrica de prismas acoplados, cuyo extremo inferior se corta en forma de superficie cóncava.

mocarrera *f (col, raro)* Abundancia de mocos [1].

mocasín *m* **1** Zapato de piel suave, sin cordones, cuya parte superior tiene forma de U y frec. va unida a los laterales con pequeños frunces. ■ **2** Calzado propio de los indios norteamericanos, de piel blanda y sin curtir, cuya suela se prolonga por los lados y se une a la parte superior en forma de U.

mocear *intr* Comportarse de manera propia de la gente moza.

mocedad *f* **1** Juventud (condición de joven). ■ **2** Juventud (período de la vida). *A veces en pl, con intención enfática.* **b)** *En pl:* Hechos de la época juvenil [de una pers.]. ■ **3** Juventud (conjunto de jóvenes).

mocejón *m (reg)* Mejillón (molusco).

moceril *adj* De(l) mozo o de (los) mozos.

mocerío *m* Conjunto de (los) mozos.

mocero -ra *adj (raro)* **1** De (la) mocedad [2]. ■ **2** [Hombre] dado a la lascivia y al trato de las mujeres.

mocete -ta *m y f (reg)* Muchacho o mozalbete.

mocetón -na *m y f* Pers. joven, alta y corpulenta.

mocha *f* **1** *(col)* Cabeza (parte del cuerpo). ■ **2** *(reg)* Cima [de un cerro].

mochalero -ra *adj* De Mochales (Guadalajara). *Tb n, referido a pers.*

mochales *adj (col)* Loco o chiflado.

mochalez *f (col)* Locura o chifladura.

mochar *tr* **1** Topar o embestir con la cabeza. *Tb abs.* ■ **2** Desmochar o dejar mocho [1a] [algo].

mochazo *m* Golpe dado con el mocho [4]. *Tb fig.*

moche *adj (hist)* Mochica.

mocheta *f (Constr)* Ángulo entrante formado al encontrarse el plano superior de un miembro arquitectónico con la base de un paramento vertical.

mochica *adj (hist)* De un pueblo preincaico de la zona costera septentrional de Perú. *Tb n, referido a pers.*

mochila I *f* **1** Bolsa, gralm. de lona, que se carga a la espalda y sirve para llevar equipo y provisiones en las excursiones, viajes y otros desplazamientos. ■ **2** Bolso o cartera que se lleva a la espalda. ■ **3** Utensilio para llevar niños a la espalda. ■ **4** *Se usa en aposición para designar distintos objetos destinados a ser llevados a la espalda.* * Bolsas-mochila para colegial.

II *loc adj* **5** de ~. [Cosa] destinada a ser llevada a la espalda.

mochilero -ra I *adj* **1** Que viaja con mochila [1]. *Gralm n. Frec con intención desp, designando al turista pobre.*

II *m* **2** *(reg)* Contrabandista de a pie. ■ **3** *(reg)* Individuo que sale disfrazado en las comparsas de Navidad.

mocho -cha I *adj* **1** Que carece de punta o del remate normal. *Dicho esp de animal cornudo, árbol o torre.* **b)** Más corto de lo normal. **c)** [Trigo] que no tiene aristas. ■ **2** *(raro)* [Monje] lego. *Tb n.* ■ **3** *(raro)* Torpe o tonto.

II *m* **4** Remate grueso y romo [de algunos utensilios o herramientas]. ■ **5** *(reg) En el juego de la pita o tala:* Palo con que se golpea. *Tb el mismo juego.*

mochuelo *m* **1** Ave rapaz nocturna de pequeño tamaño, plumaje pardo oscuro moteado y ojos amarillos (*Athene noctua*). **b)** *Se usa en constrs de sent comparativo para ponderar la fealdad de una pers o su gusto por la actividad nocturna.* * *Su novia es un mochuelo.* ■ **2** (*col*) Asunto enojoso del que nadie quiere encargarse. *Gralm en la constr* CARGAR (CON) EL ~. **b)** Responsabilidad. *Gralm en la constr* CARGAR (CON) EL ~. ■ **3** (*Impr*) Omisión de palabras o líneas.

moción *f* **1** Proposición hecha en una asamblea deliberante por alguno de sus miembros. ■ **2** (*lit, raro*) Inspiración o impulso. ■ **3** (*Gram*) Variación de la terminación de un sustantivo para indicar el género. ■ **4** (*Ling*) *En las lenguas semíticas:* Vocal. *Tb el signo correspondiente.*

mocito -ta *m y f* **1** Muchacho. ■ **2** (*reg*) Pers. soltera. *Más frec referido a mujer.* **b)** Pers. virgen.

moco I *m* **1** Secreción de las mucosas de la nariz. *Frec en pl.* **b)** Porción de moco más o menos seca. ■ **2** Sustancia orgánica fluida y viscosa similar al moco [1]. ■ **3** Escoria que sale del hierro en la fragua. ■ **4** Apéndice carnoso que el pavo tiene sobre el pico. ■ **5** ~ **de pavo.** (*col*) Cosa de poca importancia. *Normalmente en la constr* NO SER ~ DE PAVO.
 II *loc v* **6 tirarse el ~.** (*jerg*) Presumir.
 III *loc adv* **7 a ~ tendido.** (*col*) De manera muy intensa y aparatosa. *Con el v* LLORAR.

mocoso -sa *adj* **1** Que tiene mocos [1]. ■ **2** (*desp*) [Muchacho joven] atrevido e inmaduro. *Usado frec como insulto. Frec n.*

mocosuena *adv* (*col, humoríst*) Atendiendo solo al sonido de las palabras y no a su sentido. *Normalmente repetido y con el v* TRADUCIR.

mod (*ing; pronunc corriente,* /mod/; *pl normal,* ~s) *m y f* Joven de un grupo surgido en los años sesenta y caracterizado por el esmero en el vestir. *Gralm contrapuesto a* ROCKER.

moda I *f* **1** Gusto, uso o costumbre, o conjunto de ellos, propios de un lugar o un tiempo determinados. *Frec con un adj o compl especificador.* **b)** *Esp:* Hábito o conjunto de hábitos colectivos y pasajeros en el vestido y arreglo personal. ■ **2** Conjunto de prendas de vestir de moda [1b]. *Frec en pl, esp en denominaciones de casas comerciales.*
 II *loc adj* **3 de ~,** *o* **a la ~.** Que se ajusta a la moda [1].
 III *loc adv* **4 a la ~.** Según la moda [1]. ■ **5 de ~.** En uso conforme a la moda [1]. *Con vs como* ESTAR, PONER(SE) *o* PASAR(SE).

modal I *adj* **1** De(l) modo.
 II *m pl* **2** Conjunto de actitudes habituales [de una pers.] en el trato con los demás. *Frec con un adj calificador.* **b)** *Sin adj:* Buenos modales.

modalidad *f* Forma o variante [de algo]. *Tb sin compl, por consabido.*

modalismo *m* (*Rel crist*) Doctrina que considera las personas de la Trinidad como simples modos de manifestarse una única persona divina.

modelación *f* Acción de modelar.

modelado *m* **1** Acción de modelar. *Tb su efecto.* ■ **2** Figura modelada.

modelador -ra *adj* Que modela. *Tb n: m y f, referido a pers; m, referido a aparato.*

modelaje *m* Acción de modelar. *Normalmente fuera del ámbito artístico.*

modelar *tr* **1** Formar [una figura (*cd*)] en cera, barro u otra materia blanda]. *Tb abs. Tb sin compl* EN.

b) Dar forma [a una materia blanda (*cd*)]. **c)** Dar forma [a algo (*cd*)]. *Tb fig.* ■ **2** (*Arte*) Formar en barro u otra materia blanda el modelo [de una figura (*cd*) en bronce o en mármol].

modélicamente *adv* De manera modélica.

modélico -ca *adj* Que constituye un modelo [1b].

modeling (*ing; pronunc corriente,* /módelin/) *m* (*Cosmética*) Acción de modelar [1c].

modelismo *m* Arte o técnica de la fabricación de modelos [4].

modelista *m y f* Pers. especializada en la fabricación de modelos [2a y b y 4].

modelización *f* (*E*) Acción de modelizar.

modelizar *tr* (*E*) Establecer el modelo [5] [de algo (*cd*)].

modelo A *m* **1** Pers. o cosa que se imita o se debe imitar. **b)** Pers. o cosa perfecta o digna de imitación. *Con un compl* DE *o en aposición.* ■ **2** Cosa que se concibe y construye o realiza para que sirva de modelo [1a] a otras idénticas o similares. *A veces siguiendo a un n en aposición.* **b)** Prenda de vestir que es creación [de un modista o una casa de costura]. *Tb sin compl.* **c)** Clase o variedad [de objetos fabricados según un determinado modelo]. ■ **3** Pers. u objeto cuya imagen se reproduce. **b)** ~ **vivo** → VIVO. ■ **4** Objeto que es reproducción relativa fiel [de otro] y que gralm. funciona como él. *Frec* ~ REDUCIDO. ■ **5** Esquema teórico [de un sistema o una realidad compleja].
 B *m y f* **6** Pers. que posa como modelo [3] para algún artista. **b)** Pers. que actúa como modelo [3] en publicidad. ■ **7** Pers. encargada de exhibir creaciones de moda.

módem (*frec con la grafía inglesa* **modem**) *m* (*Informát*) Dispositivo que transforma señales digitales en otras transmisibles por una línea de telecomunicación, y viceversa.

modenés -sa *adj* De Módena (Italia). *Tb n, referido a pers.*

moderable *adj* Que se puede moderar [1].

moderación *f* **1** Acción de moderar(se) [1 y 3]. ■ **2** Cualidad de moderado.

moderadamente *adv* De manera moderada.

moderado -da *adj* **1** *part* → MODERAR. ■ **2** Intermedio o no extremado. **b)** (*Mús*) Moderato. ■ **3** [Pers.] que en sus actitudes o comportamiento muestra equilibrio o falta de exceso. **b)** Propio de la pers. moderada. ■ **4** No extremista. *Esp en política. Tb n, referido a pers.* **b)** (*hist*) Liberal conservador. *Tb n, referido a pers. Esp referido al partido que gobernó en España durante buena parte del reinado de Isabel II.* **c)** (*hist*) De (los) moderados, o de(l) régimen moderado.

moderador -ra I *adj* **1** Que modera [1]. *Tb n m, referido a mecanismo o a sustancia.* **b)** (*Fís*) [Sustancia] que frena los neutrones emitidos al desintegrarse los núcleos atómicos. *Tb n m.*
 II *m y f* **2** Pers. que preside y dirige [una reunión, un coloquio o un debate].

moderante *adj* (*raro*) Que modera [1].

moderantismo *m* (*hist*) Partido político de los moderados [4b]. *Tb la ideología correspondiente.*

moderantista *adj* (*hist*) De(l) moderantismo.

moderar A *tr* **1** Hacer moderado o más moderado [2 y 3] [algo]. **b)** Contener o refrenar. *Frec el cd es* *refl.* ■ **2** Actuar como moderador [2] [de una reunión, un coloquio o un debate (*cd*)]. **B** *intr* **3** Hacerse moderado o más moderado [2]. *Tb pr* (~**se**).

moderato *adj* (*Mús*) [Ritmo] moderadamente rápido.

modería *f* (*raro*) Moda [1].

modernamente *adv* En época moderna [4]. **b)** En este tiempo.

modernez *f* (*col, desp*) Modernismo [1, 2 y 3].

modernidad *f* **1** Cualidad de moderno. ■ **2** Cosa moderna [5]. ■ **3** Edad Moderna [4b].

modernismo *m* **1** Gusto por lo moderno [5]. *Frec con intención desp.* ■ **2** Cualidad de moderno [5]. *Frec con intención desp.* ■ **3** (*desp*) Cosa moderna [5]. ■ **4** (*Arte y TLit*) Movimiento artístico y literario de finales del s. XIX y principios del XX, caracterizado por una actitud esteticista y un gusto por lo decorativo y brillante. ■ **5** (*Rel catól*) Movimiento religioso de fines del s. XIX y principios del XX, que preconiza una nueva interpretación de la doctrina cristiana de acuerdo con el pensamiento moderno y con la nueva exégesis bíblica.

modernista *adj* **1** (*E*) De(l) modernismo [4 y 5]. **b)** Adepto o partidario del modernismo [4 y 5]. *Tb n.* ■ **2** (*raro*) Partidario de lo moderno [5]. ■ **3** (*hoy raro*) Moderno [5].

modernizable *adj* Que puede modernizarse.

modernización *f* Acción de modernizar.

modernizador -ra *adj* Que moderniza. *Tb n, referido a pers.*

modernizante *adj* Que moderniza o tiende a modernizar.

modernizar *tr* Hacer moderno [5] [a alguien o algo].

moderno -na I *adj* **1** Que existe desde hace poco tiempo. ■ **2** [Pers.] que está desde hace poco [en un puesto, un lugar o una situación]. *Tb n. Tb sin compl.* ■ **3** Que se sitúa cerca en el tiempo, o que ha existido u ocurrido hace pocos años. ■ **4** [Tiempo] que abarca el presente. **b)** [Edad] que abarca desde la caída del Imperio Bizantino (1453) hasta la Revolución Francesa (1789) o hasta nuestros días. **c)** De la época moderna. **d)** De la Edad Moderna. ■ **5** De este tiempo o del tiempo de que se habla. **b)** Que está a la altura de su propia época. **II** *loc adv* **6 a la moderna.** A la manera moderna [4c y 5]. *Tb adj.*

modern style (*ing; pronunc corriente, /*módern-estáil/) (*Arte*) **I** *m* **1** Modernismo [4]. **II** *adj* **2** Modernista. *Tb fig, fuera del ámbito artístico.*

modestamente *adv* De manera modesta.

modestar *tr* (*raro*) Dar carácter modesto [a algo (*cd*)].

modestia I *f* **1** Cualidad de modesto. **II** *loc adv* **2 en su** (**mi, nuestra**, *etc*) ~. (*col*) Modestamente. *Usado como fórmula de cortesía.* * Uno, en su modestia, cree que la idea es buena.

modesto -ta *adj* **1** Humilde o falto de engreimiento. ■ **2** De posición social o económica relativamente baja. *Tb n, referido a pers.* ■ **3** De poca categoría o importancia. *Frec antepuesto al n.* **b)** *Antepuesto al n, se emplea frec en frases de cortesía para referirse a las cosas de uno mismo.* * En mi

modesta opinión, el esfuerzo ha valido la pena. ■ **4** Moderado o discreto. ■ **5** (*hoy raro*) Honesto y recatado. *Referido esp a mujer.*

modicidad *f* (*raro*) Cualidad de módico.

módico -ca *adj* Moderado o no extremado. *Gralm referido a precio o cantidad de dinero.*

modificable *adj* Que se puede modificar [1].

modificación *f* Acción de modificar(se). *Tb su efecto.*

modificador -ra *adj* Que modifica. *Tb n.*

modificante *adj* Que modifica.

modificar *tr* **1** Alterar o cambiar [algo], sin afectar a la esencia. **b)** *pr* (~**se**) Alterarse o cambiarse [algo]. ■ **2** (*Gram*) Servir de adjunto o complemento [una palabra a otra]. ■ **3** (*raro*) Moderar o limitar.

modificativo -va *adj* Que modifica o sirve para modificar [1].

modificatorio -ria *adj* Que modifica [1].

modillón *m* (*Arquit*) Saliente que sostiene o simula sostener un alero o cornisa u otro elemento volado.

modio *m* (*hist*) Medida romana y medieval de capacidad, esp. para áridos, equivalente a 8,75 l.

modis *f* (*hoy raro*) Modistilla.

modismo *m* Expresión o sintagma fijos, propios de una lengua.

modista *m y f* Pers. que tiene por oficio hacer ropa de vestir de mujer o de niño. **b)** Creador de moda femenina.

modistería *f* **1** Oficio de modista. ■ **2** Conjunto de prendas de vestir de mujer o de niño.

modisteril *adj* De las modistas o los modistas.

modistilla *f* (*hoy raro*) Aprendiza u oficiala de modista [1a].

modisto *m* Modista, esp [1b].

modo I *m* **1** Circunstancia variable en que se produce o puede producirse un hecho. **b)** ~ **de ser.** Carácter [de una pers.]. ■ **2** Actitud externa respecto a los demás. *Normalmente en pl y con un adj calificador.* **b) mal** ~. (*raro*) Comportamiento indebido o descortés. ■ **3** (*Gram*) Actitud del hablante ante el hecho significado por el verbo. **b)** Forma o conjunto de formas que expresan un modo. ■ **4** (*Gram*) Locución. *Seguido de los adjs* ADVERBIAL, PREPOSITIVO *o* CONJUNTIVO. ■ **5** (*Mús*) Disposición de los intervalos dentro de una escala. ■ **6** (*Filos*) Tipo de silogismo, dependiente de la naturaleza de las proposiciones que lo componen. ■ **7** (*Der*) Encargo unido a una donación que obliga al adquirente. ■ **8 un a** ~ **de** + *n* = UNA ESPECIE DE + *el mismo n.* * Comprender algo es un a modo de iluminación de su forma que realiza el entendimiento. **II** *loc v* **9 no haber** ~. (*col*) No ser posible [algo (DE + *infin* o DE QUE + *subj*)]. *A veces sin compl.* **III** *loc adv* **10 a mi** (**tu**, *etc*) ~. Según mi (tu, etc.) propio estilo o costumbre. ■ **11 a mi** (**tu**, *etc*) ~ **de ver.** En mi (tu, etc.) opinión. ■ **12 a** ~. (*col*) Adecuadamente, o como debe ser. *Tb adj. Frec con intención ponderativa.* **b)** Mucho o intensamente. ■ **13 de cualquier** ~. Sin ningún esmero. ■ **14 de cualquier** ~, o **de todos** ~**s.** Sea como fuere o en cualquier caso. ■ **15 de ningún** ~, o (*lit*) **en** ~ **alguno.** *Se emplea, siguiendo al v, como refuerzo enfático de un enunciado negativo; precediendo al v,* *como negación enfática. Tb sin v, respondiendo negativamente a una pregunta.* * No le interesa en modo alguno. * De ningún modo iré a su fiesta. * –¿Tiene prisa? –De ningún modo. ■ **16 de otro ~.** De no ser así. ■ **17 en cierto ~,** o **de algún ~.** Parcialmente o en algún aspecto.

IV *loc prep* **18 a ~ de.** Como, o en calidad de.

V *loc conj* **19 del mismo** (o **de igual**) **~ que.** *Introduce la enunciación de un hecho paralelo que ayuda a explicar o justificar lo que pralm se desea exponer.* * Del mismo modo que pide atención debía prestarla él. ■ **20 de ~ que.** Y por tanto. *Seguido de v en ind. Expresa consecuencia del hecho que acaba de enunciarse. Tb (pop)* DE ~ Y MANERA QUE *y de ~* ES QUE. * Las autoridades detuvieron a los organizadores, de modo que el acto no pudo celebrarse. ■ **21 de ~ que.** De la manera adecuada para que. *Seguido de v en subj.*

modorra *f* **1** Somnolencia. *Tb fig.* ■ **2** Cenurosis (enfermedad del ganado).

modorrera *f (reg)* Modorra [1].

modorrez *f (raro)* Cualidad de modorro [2].

modorro -rra I *adj* **1** Que tiene modorra. ■ **2** Atontado. *Tb n, referido a pers.* ■ **3** [Fruta] que pierde el color y empieza a fermentar.
II *m* **4** *(reg)* Jarro para vino.
III *loc v* **5 cogerla modorra.** *(reg)* Ponerse pesado.

modosamente *adv* De manera modosa.

modosidad *f* Cualidad de modoso.

modoso -sa *adj* Que guarda compostura. *Tb (lit) fig. Frec en la forma* MODOSITO, *a veces con intención irónica.*

modulable *adj* Que se puede modular¹.

modulación *f* Acción de modular¹. *Tb su efecto.* **b) ~ de amplitud.** *(Radio)* Variación de la amplitud de las ondas portadoras de acuerdo con la amplitud de la señal, manteniendo constante la frecuencia. *Tb el sistema que la utiliza.* **c) ~ de frecuencia.** *(Radio)* Variación de la frecuencia de las ondas portadoras de acuerdo con el potencial de la señal, manteniendo constante la amplitud. *Tb el sistema que la utiliza.*

modulado -da *adj* **1** *part* → MODULAR¹. ■ **2** [Frecuencia] **modulada** → FRECUENCIA. ■ **3** Que se presenta en módulos [2a].

modulador -ra *adj* Que modula¹. *Tb n m, referido a dispositivo.*

modulante *adj (Mús)* Que modula [4].

modular¹ A *tr* **1** Emitir o producir [un sonido o una melodía] dándole la entonación adecuada. ■ **2** Ajustar a un módulo [1] u organizar con arreglo a un módulo [1]. **b)** Adaptar o regular [algo] a voluntad. **c)** Dar forma [a algo *(cd)*]. ■ **3** *(Electr)* Modificar [una corriente eléctrica, una onda o alguna de sus características, esp. la frecuencia]. *Tb abs.*
B *intr* **4** *(Mús)* Cambiar de tonalidad.

modular² *adj* De(l) módulo [1 y 2].

modularidad *f* **1** Cualidad de modular². ■ **2** *(Informát)* Posibilidad de modificar componentes individuales dejando inalterado el resto.

modulatorio -ria *adj (Mús)* Que sirve para modular¹ [4].

módulo *m* **1** Medida que convencionalmente se toma como norma o regla. *Tb fig.* ■ **2** Elemento, esp. construcción o mueble que, siendo independiente,

está concebido para formar serie o conjunto con otros. **b)** Elemento que forma parte de un vehículo espacial y que puede operar independientemente. **c)** *(Enseñ)* Unidad educativa de las que constituyen una serie o un conjunto. ■ **3** *(Fís)* Coeficiente [de una determinada propiedad]. ■ **4** *(Mat)* Cantidad que expresa la longitud [de un vector]. ■ **5** *(Mat)* Valor absoluto [de un número complejo].

modus *m (Ling)* Actitud manifestada por el hablante frente al contenido de su enunciado.

modus operandi *(lat; pl invar)* loc n m Manera particular de actuar.

modus vivendi *(lat; pl invar)* loc n m **1** Acuerdo o solución transitoria entre partes en litigio. ■ **2** Medio de ganarse la vida. *Frec con intención desp.*

mofa *f* Burla que expresa desprecio.

mofar A *intr pr* (**~se**) **1** Hacer mofa [de alguien o algo].
B *tr* **2** *(lit, raro)* Hacer mofa [de alguien o algo *(cd)*].

mofeta *f* **1** Mamífero carnicero de pequeño tamaño, que, al verse amenazado, lanza un líquido fétido segregado por sus glándulas anales *(Mephitis mephitis)*. *Tb se da este n a otras especies de los géns Mephitis y Spilogale.* ■ **2** *(Geol)* Emanación de gas carbónico que se produce en las regiones volcánicas.

moflete *m* Carrillo gordo y abultado. *Gralm en pl.*

mofletudo -da *adj* Que tiene mofletes.

moflo *m (reg)* Capa esponjosa de musgo o algas.

mogataz *adj (hist)* [Moro] que sirve como soldado de España en los presidios de África. *Tb n.*

mogate. de medio ~. *loc adv (reg)* Con descuido o de mala manera.

mogentino -na *adj* De Mogente (Valencia). *Tb n, referido a pers.*

mogol -la *(tb se usa la forma* MOGOL *para el f)* *adj* Mongol. *Tb n.*

mogólico -ca *adj* Mongólico.

mogollón *(col)* **I** *m* **1** Cantidad grande. *Frec sin art.* **b)** Masa o montón de gente. *Frec en la constr* EN ~. ■ **2** Lío o jaleo. **b)** Confusión o complicación.
II *adv* **3** Muchísimo. ■ **4 a ~.** En gran cantidad. ■ **5 de ~.** Gratis o de balde. *Tb fig.* **b)** De gorra o sin ser invitado.

mogón -na *adj* [Res vacuna] que carece de un asta o la tiene rota por la punta.

mogota *f (reg)* Mogote.

mogote *m* **1** Montículo. *Tb fig.* ■ **2** Cosa elevada o sobresaliente a modo de montículo. **b)** Montón de piedras.

mogrebí *adj* Magrebí. *Tb n, referido a pers.*

mogrebino -na *adj (raro)* Magrebí. *Tb n, referido a pers.*

moguereño -ña *adj* De Moguer (Huelva). *Tb n, referido a pers.*

mohair *(ing; pronunc corriente, /moér/)* *m* **1** Tejido de pelo de cabra de angora. ■ **2** Lana para labores, de pelo muy suave.

mohajir *adj* Pakistaní de origen indio musulmán. *Tb n.*

mohatra *(raro)* **I** *f* **1** Fraude o engaño.
II *loc adj* **2 de ~.** Falso o fingido.

mohatrero -ra *m y f* (*raro*) Pers. que hace mohatras.

mohawk (*ing; pronunc corriente,* /moχók/; *pl normal,* ~s *o* ~) *adj* De un pueblo indígena norteamericano que en la actualidad habita a ambos lados del río San Lorenzo, en la frontera canadiense. *Tb n, referido a pers.*

moheda *f* Monte de árboles con matas y arbustos.

mohedal *m* Moheda.

mohicano -na *adj* De un pueblo indígena norteamericano habitante del valle del Hudson. *Tb n, referido a pers.*

mohín *m* Mueca o gesto.

mohínamente *adv* De manera mohína [1].

mohíno -na I *adj* 1 Disgustado o descontento. b) Mustio o tristón. ■ 2 [Caballería o res vacuna] que tiene el pelo muy negro, esp. en el hocico. II *f* 3 Disgusto o descontento.

moho *m* 1 Capa de hongos minúsculos que se forma sobre materias animales o vegetales. *Tb los mismos hongos. Frec con un adj especificador:* ~ AZUL (*Penicillium italicum*), ~ BLANCO (*P. candidum*), ~ COMÚN (*Mucor mucedo*), etc. b) *Frec designa distintas enfermedades de plantas producidas por mohos.* ■ 2 Capa que se forma sobre la superficie de un cuerpo por alteración química de su materia debida a la humedad.

mohoso -sa *adj* Que tiene moho. *Tb fig.*

moiré (*fr; pronunc corriente,* /muaré/) *m* (*raro*) Muaré (tejido). *Tb adj.*

moisés *m* 1 Cuna de mimbre para niños recién nacidos. ■ 2 Cuna portátil con asas, gralm. de lona o plástico.

mojable *adj* Que se puede mojar [1 y 2].

mojada *f* 1 Acción de mojar(se). *Tb su efecto.* ■ 2 (*jerg*) Puñalada.

mojado -da *adj* 1 *part* → MOJAR. ■ 2 Húmedo, o que está impregnado de agua u otro líquido. ■ 3 (*Fon*) [Sonido] que se pronuncia con un contacto relativamente amplio del dorso de la lengua contra el paladar. ■ 4 [Papel] ~ → PAPEL.

mojador -ra *adj* Que moja, *esp* [1 y 2].

mojadura *f* Acción de mojar(se). *Tb su efecto.*

mojama *f* Cecina de atún. b) *Frec se usa en constrs de sent comparativo para ponderar la sequedad física de una pers.* * Estás más seca que la mojama.

mojamé *m* (*col, humoríst*) Moro (del Norte de África).

mojaquero -ra *adj* De Mojácar (Almería). *Tb n, referido a pers.*

mojar A *tr* 1 Entrar [agua u otro líquido] en contacto [con algo (*cd*)] penetrando en su interior o quedando adherido a su superficie. *Tb abs.* b) *pr* (~se) Entrar [algo] en contacto con agua u otro líquido (*compl* CON *o* DE)] penetrando estos en su interior o quedando adheridos a su superficie. *Frec sin compl.* ■ 2 Hacer que [agua u otro líquido (*compl* EN *o* CON)] moje [1] [a alguien o algo (*cd*)]. *Tb sin compl.* b) Impregnar pan [en una salsa o algo similar (*cd*)]. c) **estar para** ~ **pan**, *o* **de toma pan y moja** → PAN. d) Orinarse [en algo, esp. en la cama (*cd*)]. ■ 3 (*col*) Celebrar [algo] bebiendo.

B *intr* ➤ **a** *normal* 4 Mojar [2] pan [en una salsa o algo similar, o en el lugar en que está]. *Tb fig.* ■ 5 (*col*) Conseguir algo positivo. ■ 6 (*col*) Beber. ■ 7 (*vulg*) Realizar [el hombre] el acto sexual. *Tb* ~ (EN) CALIENTE.

➤ **b** *pr* (~se) 8 Llover [sobre alguien o algo (*suj*)] o en un período de tiempo (*suj*)]. ■ 9 Orinarse involuntariamente. *Frec en part.* ■ 10 (*col*) Comprometerse o tomar partido. *Frec con un compl* EN. b) Arriesgarse.

mojardón *m* Hongo comestible de color blanco grisáceo (*Clitopilus prunulus*).

mojarra *f* 1 Pez marino de la familia del besugo, de cuerpo comprimido, flancos plateados y carne apreciada (*Diplodus vulgaris*). ■ 2 (*jerg*) Lengua. *Frec con el v* SOLTAR.

moje *m* 1 Salsa o caldo de un guiso. b) (*reg*) Designa distintos platos con salsa o caldo para mojar. ■ 2 Acción de mojar [2 y 7].

mojete *m* (*reg*) Moje [1b].

mojeteo *m* (*reg*) Moje [1b].

mojicón *m* 1 Bollo de bizcocho de forma troncocónica. ■ 2 Golpe que se da en la cara con la mano.

mojiganga *f* 1 (*TLit*) Obra dramática muy breve, con personajes ridículos y extravagantes, destinada a hacer reír. ■ 2 Cosa hecha por burla o diversión.

mojigatería *f* 1 Cualidad de mojigato. ■ 2 Acción o actitud mojigata.

mojigato -ta *adj* [Pers.] que muestra una moralidad afectada o hipócrita. *Tb n. Frec usado como insulto.* b) Propio de la pers. mojigata.

mojín *m* (*jerg*) Trasero.

mojino *m* (*reg*) Rabilargo (ave).

mojito *m* Cóctel de ron, azúcar y hierbabuena.

mojo[1] *m* (*reg*) Salsa hecha con aceite, ajos, pimienta y pimentón o perejil.

mojo[2] **-ja** *adj* De un pueblo indígena boliviano que habita en el valle medio del río Mamoré. *Tb n, referido a pers.*

mojón[1] *m* 1 Piedra o señal que marca el límite entre dos propiedades o dos términos geográficos. ■ 2 Piedra o señal que en un camino o carretera indica las distancias. ■ 3 (*col*) Excremento.

mojón[2] *m* (*reg*) Trozo de pan u otra cosa similar que se moja [2].

mojonar *tr* (*reg*) Servir de límite o mojón[1] [a dos términos o propiedades (*cd*), o a uno (*cd*) con otro].

mojonera *f* Límite marcado por mojones[1] [1].

moka (*tb, raro, con la grafía* **moca**) I *m* 1 Variedad de café procedente de Moka (Yemen). II *adj* 2 [Color] marrón oscuro, propio del café. *Tb n m.*

mol *m* (*Quím*) En el sistema internacional: Molécula gramo.

molar[1] *adj* Apto para moler. *Frec n m, designando muela de la boca.*

molar[2] *intr* (*juv*) Gustar.

molar[3] *adj* (*Quím*) De(l) mol.

molareño -ña *adj* De El Molar (Madrid). *Tb n, referido a pers.*

molaridad *f* (*Quím*) Número de moles de cuerpo disuelto en un litro de disolución.

molasa *f* (*Mineral*) Variedad de arenisca rica en caliza y pobre en cuarzo.

molave *m* Árbol filipino cuya madera se usa en construcción naval (*Vitex geniculata*). *Tb su madera.*

moldavo -va I *adj* 1 De Moldavia (región del Este de Europa, correspondiente en parte a Rumanía y en parte a la antigua URSS). *Tb n, referido a pers.* II *m* 2 Lengua románica de Moldavia.

molde I *m* 1 Recipiente o dispositivo que lleva en hueco determinadas formas, las cuales se reproducen echando en él una masa líquida o pastosa y dejándola solidificar. ■ 2 Instrumento que sirve para estampar o para dar forma a algo que se le aplica externamente. **b)** (*Impr*) Forma ya preparada para la impresión. ■ 3 Forma o modelo establecidos. *Frec en pl.*
II *loc v* 4 **romper ~s.** Ser innovador o salirse de lo rutinario. ■ 5 (*col*) *Se usa en constrs como* LO HICIERON Y ROMPIERON EL ~ *para ponderar la extraordinaria rareza de alguien o algo.*
III *loc adj* 6 **de ~.** [Letra] impresa. ■ 7 **de ~.** [Pan] esponjoso de forma alargada y que se presenta en rebanadas más o menos cuadradas.
IV *loc adv* 8 **de ~.** Bien o adecuadamente. *Con intención ponderativa.*

moldeabilidad *f* Cualidad de moldeable.

moldeable *adj* Que se puede moldear.

moldeado¹ -da I *adj* 1 *part* → MOLDEAR. ■ 2 Que se hace con molde [1 y 2].
II *m* 3 Objeto fabricado con molde [1 y 2].

moldeado² *m* 1 Acción de moldear. ■ 2 Rizado artificial del cabello, más suave que la permanente.

moldeador -ra *adj* Que moldea. *Tb n, referido a pers y a máquina o producto.*

moldear *tr* 1 Dar forma [a algo (*cd*)] con un molde [1 y 2]. ■ 2 Modelar o dar forma. *Frec fig.*

moldeo *m* Acción de moldear.

moldista *m y f* Especialista en moldes [1 y 2].

moldura *f* (*Arquit y Carpint*) Adorno longitudinal de perfil constante.

molduración *f* (*Arquit y Carpint*) Acción de moldurar. *Frec su efecto.*

molduraje *m* (*Arquit y Carpint*) Molduración.

moldurar *tr* (*Arquit y Carpint*) Adornar con molduras. *Frec en part.*

moldurera *f* Garlopa para hacer molduras.

moldurón *m* Moldura muy ancha o llamativa. *Frec con intención desp.*

mole¹ *f* Cuerpo pesado y de grandes dimensiones. *Frec con intención humoríst, referido a pers.*

mole². **huevos ~s** → HUEVO.

molécula *f* (*Quím*) Partícula constituida por átomos, que representa la mínima cantidad [de un cuerpo] que puede existir en estado libre. **b)** **~ gramo.** Masa de la molécula [de un cuerpo] expresada en gramos.

molecular *adj* 1 (*Quím*) De (la) molécula. ■ 2 (*Filos*) [Proposición] compuesta por dos o más proposiciones simples.

molecularmente *adv* (*Quím*) De manera molecular [1].

moledera *f* Piedra que sirve para moler [1].

moledero *m* (*reg*) Estercolero.

moledor -ra *adj* Que muele, *esp* [1]. *Tb n f, referido a máquina.*

moler (*conjug* 18) *tr* 1 Reducir [algo] a polvo o a pequeños fragmentos, esp. por presión o frotamiento. *Tb abs.* ■ 2 Cansar o fatigar mucho. *Frec en part.* ■ 3 Destrozar o dejar maltrecho. *Gralm en la constr* ~ A PALOS. ■ 4 (*col*) Fastidiar.

molestador -ra *adj* Que molesta.

molestamente *adv* De manera molesta [1].

molestar A *tr* 1 Causar incomodidad o malestar, físicos o morales, [a alguien (*cd*)]. *Frec en fórmulas de cortesía.* * ¿Le molesta que fume? **b)** Doler ligeramente. ■ 2 Estorbar u obstaculizar. *Tb abs.* ■ 3 Ofender levemente.
B *intr pr* (~**se**) 4 Hacer [alguien algo (*compl* EN)] que le molesta [1] o podría molestarle. *Frec el compl se omite por consabido. Frec en fórmulas de cortesía.* * Deja, no te molestes, ya lo hago yo. ■ 5 Considerarse ligeramente ofendido.

molestia I *f* 1 Acción de molestar(se) [1, 2 y 4]. *Esp su efecto.* **b)** Dolor ligero. ■ 2 Cosa que molesta [1 y 2].
II *loc v* 3 **tomarse la ~** [de algo (*infin*)]. Molestarse [4] [en ello].

molesto -ta *adj* 1 Que causa molestia(s). ■ 2 Que siente molestia(s).

moleta *f* (*Mec*) Disco o rueda, gralm. de metal y con estrías, que se usa para agujerear, pulir, moler, arrancar chispas o trabajar materias duras.

molibdeno *m* (*Quím*) Metal, de número atómico 42, difícil de fundir y semejante al plomo en color y brillo, y que se usa en la fabricación de aceros.

molibdomancia *f* (*raro*) Adivinación mediante la observación de los movimientos de plomo fundido.

molicie *f* Excesiva comodidad y regalo en la forma de vivir.

molido¹ *m* Acción de moler [1].

molido² *m* (*reg*) Protección a modo de rodete o almohadilla que se coloca para evitar que una carga lastime a la pers. o animal que la lleva.

molienda *f* 1 Acción de moler [1]. ■ 2 (*col*) Fastidio.

moliente. corriente y ~ → CORRIENTE.

molimiento *m* Cansancio o fatiga grande.

molinar *adj* De(l) molino [1 y 2].

molinense *adj* De Molina de Segura (Murcia). *Tb n, referido a pers.*

molinería *f* 1 Industria molinera. ■ 2 Conjunto de (los) molinos [1].

molinero -ra I *adj* 1 De(l) molino [1 y 2]. ■ 2 (*reg*) [Casa] de un solo piso.
II *n* A *m y f* 3 Pers. que tiene a su cargo un molino [1 y 2] o trabaja en él.
B *f* 4 Hongo comestible de color blanco grisáceo (*Clitopilus prunulus*).

molinés -sa *adj* De Molina de Aragón (Guadalajara). *Tb n, referido a pers.*

molinete *m* 1 Aparato que funciona con movimiento de rotación y que gralm. está dotado de hélice o aspas. **b)** Molinillo (juguete). **c)** (*Mar*) Máquina empleada para virar cabos y cadenas, esp. para levar anclas. ■ 2 Movimiento circular hecho con una espada, un bastón o algo similar, para atacar al contrario o parar sus golpes. ■ **3** (*Taur*) Pase en que el torero gira en sentido contrario al de la embestida del toro.

molinillo *m* **1** Instrumento pequeño para moler [1]. ■ **2** Juguete consistente en un palito en cuya punta va una cruz o estrella de papel que gira con el viento. ■ **3** (*Taur, raro*) Molinete [3]. ■ **4 ~ de oración.** (*Rel*) *En el budismo:* Cilindro que encierra bandas de papel con fórmulas sagradas que se repiten como oración.

molinismo *m* (*Rel crist*) Doctrina teológica de Luis de Molina († 1600).

molinista *adj* (*Rel crist*) Del teólogo Luis de Molina († 1600), o de su doctrina sobre la gracia y el libre albedrío. **b)** Partidario de Luis de Molina o de su doctrina. *Tb n.*

molino *m* **1** Máquina o instalación para moler [1]. *Frec con un adj o compl especificador. Tb el edificio en que se encuentra.* **b)** Máquina, gralm. de movimiento giratorio, destinada a estrujar, laminar, estampar u otros usos. ■ **2** Instalación destinada a aprovechar la energía del viento, del agua corriente o de las mareas y transformarla en energía mecánica para un molino [1], una bomba de agua, u otros usos. ■ **3 ~ gástrico.** (*Zool*) *En los malacostráceos:* Estómago constituido por piezas quitinosas o calcáreas y destinado a triturar el alimento.

molinología *f* Estudio de los molinos [1 y 2].

molla *f* **1** Carne magra y sin hueso. ■ **2** (*col*) Bíceps. **b)** *En pl:* Músculos. **c)** Abultamiento redondeado de carne o grasa en el cuerpo de una pers. *Gralm en pl.* ■ **3** (*reg*) Carne o pulpa de la fruta. ■ **4** (*reg*) Miga de pan.

mollar *adj* **1** Blando o fácil de partir. *Dicho esp de variedades de fruta.* **b)** [Carne] magra y sin hueso. ■ **2** (*reg*) Blando o mullido. ■ **3** [Tierra] de gran fertilidad. ■ **4** [Cosa] fácil y sencilla. ■ **5** [Cosa] buena o grata. ■ **6** [Pers., esp. mujer] atractiva o de buena presencia.

mollate *m* (*reg*) Vino común.

molleja *f* **1** Estómago muscular de las aves, que les sirve para triturar el alimento. *Tb* (*lit*) *fig, referido a pers.* ■ **2** Excrecencia carnosa de las reses, formada gralm. por infarto de una glándula y que es comestible apreciado.

mollejón -na *adj* (*col, desp*) [Pers.] floja, o débil de genio.

mollera *f* (*col*) Cabeza (parte del cuerpo). *Tb fig.*

mollerusense *adj* De Mollerusa (Lérida). *Tb n, referido a pers.*

mollet (*fr; pronunc corriente,* /molét/; *pl normal,* ~s) *adj* (*Coc*) [Huevo] cocido en su cáscara el tiempo preciso para que se cuaje la clara y quede blanda la yema.

molleta *f* Pan redondo y esponjoso.

mollete *m* Panecillo redondo y esponjoso.

molletense *adj* De Mollet (Barcelona). *Tb n, referido a pers.*

mollinato -ta *adj* De Mollina (Málaga). *Tb n, referido a pers.*

mollón *m* (*raro*) Molla grande.

molón[1] **-na** *adj* (*juv*) Que mola[2].

molón[2] *m* (*reg*) Muela (piedra de molino).

molondra *f* (*reg*) Cabeza (parte del cuerpo).

molondro -dra *adj* (*reg*) Torpe y perezoso. *Tb n, referido a pers.*

molotov. cóctel ~ –> CÓCTEL.

molturación *f* Acción de molturar.

molturador -ra *adj* Que moltura. *Tb n, referido a pers.*

molturar *tr* Moler [1]. *Tb abs. Tb fig.*

moluquense *adj* Moluqueño. *Tb n.*

moluqueño -ña *adj* De las islas Molucas. *Tb n, referido a pers.*

moluqués -sa *adj* Moluqueño. *Tb n.*

moluria *f* (*Med*) Concentración molecular de la orina.

molusco *m* Animal invertebrado de cuerpo blando, no segmentado, desnudo o encerrado en una concha calcárea y gralm. con simetría bilateral. *Frec en pl, designando este taxón zoológico.*

molviceño -ña *adj* De Molvízar (Granada). *Tb n, referido a pers.*

moma *f* (*reg*) Pintarroja (pez).

momentáneamente *adv* **1** De manera momentánea. ■ **2** (*raro*) De manera inmediata.

momentaneidad *f* (*raro*) Cualidad de momentáneo.

momentáneo -a *adj* Que dura solo un breve espacio de tiempo.

momento I *m* **1** Porción muy pequeña de tiempo. *Frec se usa hiperbólicamente.* **b) un ~.** Formando frase independiente, se usa para interrumpir al que estaba hablando e introducir una objeción o pregunta gralm breves, o para pedirle que espere. * –Mañana salgo para París. –Un momento, ¿quieres decir que me dejas sola con este lío? ■ **2** Punto determinado en el tiempo. **b)** Época en que se habla o de que se habla. *Precedido de* EL. **c) buen** (o **mal**) **~.** Circunstancia favorable (o desfavorable). *En forma comparativa,* MEJOR (o PEOR) **~. d)** *Precedido de un posesivo o seguido de un compl* DE *o* PARA: Buen momento. ■ **3** (*lit*) Importancia o trascendencia. *Gralm en la constr* DE POCO **~.** ■ **4** (*Fís*) Producto de un vector por su distancia a un punto o a una recta.

II *loc v* **5 no ver el ~** [de algo (DE + *infin*)]. (*col*) Desear[lo] con impaciencia.

III *loc adv* **6 a cada ~.** De manera repetida y frecuente. ■ **7 al ~.** Inmediatamente, o en el momento [1] inmediato. ■ **8 de un ~.** (*reg*) En un momento [1]. ■ **9 de un ~ a otro.** De manera inminente. ■ **10 en todo ~.** Constantemente. ■ **11 por el ~,** o **de ~.** Indica que lo expresado por el *v* es válido para el momento de referencia, implicando la posibilidad de que no lo sea en un momento posterior. * Por el momento las cosas van bien. ■ **12 por ~s.** De manera rápida y progresiva.

IV *loc conj* **13 desde el ~ (en) que.** Puesto que.

momia *f* Cadáver que, natural o artificialmente, se deseca con el transcurso del tiempo sin entrar en putrefacción. **b)** *Frec se emplea en constrs de sent comparativo para ponderar la delgadez o la inmovilidad.* * ¿Qué haces ahí parada como una momia?

momificación *f* Acción de momificar(se). *Tb su efecto.*

momificar *tr* Convertir en momia [un cadáver]. **b)** *pr* (**~se**) Convertirse en momia.

momio -mia I *adj* **1** [Carne] momificada. ■ **2** [Carne u otro alimento] limpio o que no tiene desperdicio. *Tb n m.*
 II *m* **3** (*col*) Cosa conveniente que se consigue con poco esfuerzo. **b)** Cosa muy buena o extraordinaria.

momo *m* Gesto hecho como burla o para hacer reír. **b)** Gesto o visaje.

mon (*pl normal*, ~ *o* ~s) I *adj* **1** De un pueblo del sur de Birmania y oeste de Tailandia. *Tb n, referido a pers.*
 II *m* **2** Lengua de los mon [1], perteneciente a la familia mon-jemer.

mona[1] → MONO[1].

mona[2] *f* Dulce propio de Pascua de Resurrección, consistente en una rosca con huevos cocidos o en una artística construcción de chocolate, característico esp. de Cataluña. *Gralm* ~ DE PASCUA.

monacal *adj* De (los) monjes.

monacato *m* **1** Institución monástica. ■ **2** Estado monacal.

monacillo *m* (*reg*) Monaguillo.

monada *f* (*col*) **1** (*desp*) Gesto o acción afectados con que se trata de atraer la atención o la simpatía de los demás. ■ **2** Acción graciosa de un niño o un animal. *Tb* (*humoríst*) *referido a adultos.* ■ **3** Pers. o cosa mona (bonita o atractiva). *Más frec en lenguaje femenino. Frec usado como vocativo, con intención cariñosa o irónica.*

mónada *f* (*Filos*) Unidad simple e indivisible del ser. *Esp en la filosofía de Leibniz* († *1716*). *Tb* (*lit*) *fig, fuera del ámbito filosófico.*

monadelfo -fa *adj* (*Bot*) [Estambre] que está soldado a otros por el filamento formando un solo haz. *Gralm en pl. Tb dicho de la flor o planta que tiene este tipo de estambres.*

monádico -ca *adj* (*Filos*) De (las) mónadas o del monadismo.

monadismo *m* (*Filos*) Sistema de Leibniz († 1716), basado en las mónadas.

monadofito -ta *adj* (*Biol*) [Organismo] flagelado que presenta caracteres autótrofos. *Tb n.*

monadología *f* (*Filos*) Teoría de las mónadas.

monago *m* Monaguillo.

monaguillo *m* **1** Niño que ayuda al sacerdote en la misa y en otros actos de culto. ■ **2** Acólito o seguidor.

monaquismo *m* Monacato.

monarca *m* **1** Jefe de estado en una monarquía. ■ **2** (*semiculto*) En *pl*: Reyes (monarca y su consorte).

monarquía *f* **1** Régimen de gobierno hereditario ejercido por una sola persona. **b)** (*raro*) Gobierno de una sola persona. *Tb fig.* ■ **2** Estado cuya forma de gobierno es la monarquía [1a].

monárquico -ca *adj* De (la) monarquía. **b)** Partidario de la monarquía. *Tb n, referido a pers.*

monarquismo *m* **1** Cualidad de monárquico. ■ **2** (*Pol*) Doctrina o tendencia que propugna la monarquía [1a] como forma de gobierno.

monarquizante *adj* Que tiende a monárquico.

monasterial *adj* De(l) monasterio.

monasterio *m* Convento, esp. situado fuera de poblado.

monasti. nasti. ~ → NASTI.

monásticamente *adv* De manera monástica.

monástico -ca *adj* De (los) monjes o de(l) monasterio.

monastrell *adj* (*Agric*) [Variedad de uva] procedente del Ampurdán. *Tb n m o f.*

moncheta *f* (*reg*) Judía o alubia.

monclovita *adj* (*humoríst*) Del palacio de la Moncloa (residencia del Presidente del Gobierno).

monda *f* **1** Piel o cáscara que se quita a un fruto al mondarlo [1]. ■ **2** Acción de mondar. ■ **3** Exhumación de restos para conducirlos a la fosa o al osario. ■ **4** (*reg*) Terreno sin árboles. ■ **5** la ~. (*col*) Pers. o cosa que causa mucha risa. *Gralm con el v* SER. ■ **6** la ~. (*col*) El colmo. *Gralm con el v* SER.

mondadientes *m* Pequeño utensilio acabado en punta y gralm. de madera, que sirve para limpiarse los dientes de las partículas de comida.

mondador -ra *adj* Que monda [1]. *Tb n f, referido a máquina.*

mondadura *f* Monda [1].

mondaoídos *m* (*hist*) Utensilio en forma de cucharilla para limpiar los oídos.

mondar A *tr* **1** Quitar la piel o la cáscara [a algo, esp. un fruto]. ■ **2** Limpiar [algo] quitándole lo superfluo o extraño. *Tb fig. Frec con un compl* DE. ■ **3** Pelar o rapar. *Tb fig.*
 B *intr pr* (~se) **4** (*col*) Reírse mucho. *Tb* ~SE DE RISA.

mondarizano -na *adj* De Mondariz (Pontevedra). *Tb n, referido a pers.*

mondejano -na *adj* De Mondéjar (Guadalajara). *Tb n, referido a pers.*

mondeño -ña *adj* De Monda (Málaga). *Tb n, referido a pers.*

móndida *adj* (*reg*) [Mujer] que representa a una de las vírgenes entregadas a los cabecillas moros por los cristianos de la región de San Pedro Manrique (Soria). *Tb n f, frec en pl, designando la fiesta conmemorativa.*

mon Dieu (*fr; pronunc corriente,* /mon-dié/) *interj* (*humoríst*) Dios mío.

mondo -da *adj* Totalmente limpio o pelado. *Frec en la constr* ~ Y LIRONDO. **b)** Pelado o que carece de cualquier aditamento. *Frec en la constr* ~ Y LIRONDO.

mondonga *f* (*desp, raro*) Criada zafia.

mondongo *m* **1** Intestinos [de un animal, esp. del cerdo]. *Alguna vez en pl.* **b)** (*col*) Intestinos [de una pers.]. ■ **2** Relleno para las morcillas y otros embutidos. *Tb los mismos embutidos.*

mondonguería *f* **1** Tienda en que se venden mondongos [1a] y a veces otros despojos. ■ **2** *En un matadero:* Lugar en que se limpian y preparan los mondongos [1a].

mondonguero -ra I *adj* **1** De(l) mondongo. *Tb n f, referido a vasija.*
 II *m y f* **2** Pers. encargada de preparar el mondongo [1a y 2].

mondragonés -sa *adj* De Mondragón (Guipúzcoa). *Tb n, referido a pers.*

monecillo *m* (*reg*) Monaguillo.

moneda I *f* **1** Pieza de metal en forma de disco y acuñada por ambas caras, que, por su valor efectivo o por el que se le atribuye, sirve de medida para el precio de las cosas y para facilitar los cambios. ■ **2** Signo material o imaginario del valor de las cosas, aceptado oficialmente para hacer efectivos contratos y cambios. **b)** Unidad monetaria [de un país]. ■ **3** (*raro*) Dinero o caudal. ■ **4 ~ corriente.** Cosa habitual o acostumbrada. *Gralm con el v* SER.

II *loc v* **5 pagar** [a alguien] **con** (*o* **en**) **la misma ~.** Comportarse [con él] de manera acorde con su propio comportamiento.

monedero -ra I *adj* **1** (*raro*) De (la) moneda [1 y 2].

II *m* **2** Bolsa pequeña para llevar monedas [1]. ■ **3** Fabricante de moneda [1 y 2]. **b) ~ falso.** Falsificador de moneda. ■ **4** *En una máquina que funciona con monedas:* Ranura por la que se introducen las monedas [1].

monegasco -ca *adj* De Mónaco. *Tb n, referido a pers.*

monegrino -na *adj* De los Monegros (comarca aragonesa). *Tb n, referido a pers.*

monema *m* (*Ling*) Unidad mínima dotada de forma y sentido.

monería *f* **1** (*col*) Monada. ■ **2** Acción graciosa propia de un mono[1] [1].

monetal *adj* (*E*) De las monedas [1].

monetariamente *adv* De manera monetaria.

monetario -ria I *adj* **1** De (las) monedas [1 y 2a].

II *m* **2** Colección de monedas [1]. *Tb el mueble en que se instala.*

monetarismo *m* (*Econ*) Teoría que otorga al dinero un papel preponderante en las fluctuaciones económicas y que propugna la reducción de la masa monetaria para combatir la inflación. *Tb la política correspondiente.*

monetarista *adj* (*Econ*) De(l) monetarismo. **b)** Partidario del monetarismo. *Tb n.*

monetizable *adj* (*Econ*) Que se puede monetizar.

monetización *f* (*Econ*) Acción de monetizar.

monetizar *tr* (*Econ*) Transformar en moneda [1 y 2].

money (*ing; pronunc corriente,* /mónei/) *m* (*col*) Dinero.

monfí *m* (*hist*) *Después de la Reconquista:* Moro o morisco de Andalucía perteneciente a una cuadrilla de salteadores.

monfortino -na *adj* De Monforte de Lemos (Lugo). *Tb n, referido a pers.*

mongol -la (*tb se usa la forma* MONGOL *para el f*) I *adj* **1** De Mongolia (región del Asia central). *Tb n, referido a pers.* **b)** De la república de Mongolia. *Tb n, referido a pers.* **c)** De los mongoles [1a].

II *m* **2** Lengua de los mongoles.

mongolfier → MONTGOLFIER.

mongólico -ca *adj* **1** Mongol [1a y c]. **b)** [Raza] amarilla. ■ **2** De(l) mongolismo. ■ **3** Que padece mongolismo. *Tb n.*

mongolismo *m* Anomalía congénita que se manifiesta por el aspecto mongoloide del rostro y un retraso mental que puede llegar hasta la idiotez.

mongoloide *adj* Que presenta alguno o algunos de los caracteres de la raza mongólica [1]. *Tb n, referido a pers.*

mongoloidismo *m* Condición de mongoloide.

moni (*tb, raro, con la grafía* **mony**) *m* (*col*) Dinero.

moniato *m* (*pop*) Boniato (planta y tubérculo).

monicaco -ca *m y f* (*col*) Monigote [2]. *Esp referido a niños, con intención cariñosa.*

monición *f* (*Rel crist*) Advertencia hecha por una autoridad eclesiástica.

monifato *m* (*reg, desp*) Monigote [2].

monigote *m* **1** Muñeco pintado o modelado sin arte. ■ **2** Pers. insignificante. *Frec usado como insulto, a veces cariñoso.* **b)** Pers. que se deja manejar por los demás.

monigotear *intr* (*reg*) Hacer el tonto o el monigote [2].

moniliasis *f* (*Med*) Infección causada por hongos del género *Monilia*.

monillo[1] *m* (*Mar*) Instrumento de calafate que sustituye a la pitarrasa donde esta no puede aplicarse.

monillo[2] *m* (*reg*) Prenda femenina sin mangas, que cubre de los hombros a la cintura y sirve para ajustar el pecho.

monimiácea *adj* (*Bot*) [Planta] dicotiledónea leñosa, propia de Australia, Polinesia y Sudamérica, de la familia del boldo. *Frec como n f en pl, designando este taxón botánico.*

monín[1] *m* (*Naipes*) Comodín.

monín[2] **-na** → MONO[2].

monis *m* (*col*) Dinero.

monises *m pl* (*col*) Dinero.

monismo *m* (*Filos*) Sistema o doctrina que admite un único principio o sustancia.

monista *adj* (*Filos*) De(l) monismo. **b)** Partidario del monismo. *Tb n.*

monístico -ca *adj* (*Filos*) De(l) monismo.

mónita *f* (*lit, raro*) Astucia con suavidad y halago.

monitor[1] **-ra** A *m y f* **1** Pers. que enseña determinadas disciplinas, esp. educación física o deportes. *Frec con un compl especificador.*

B *m* **2** (*E*) Dispositivo electrónico visual o acústico, que permite seguir el desarrollo de un fenómeno o proceso, o el funcionamiento de un aparato o de un órgano fisiológico. **b)** Receptor de televisión que toma las imágenes directamente de las instalaciones filmadoras y sirve para seguir la transmisión. ■ **3** (*Informát*) Pantalla de ordenador.

monitor[2] *m* (*Mar, hist*) Buque blindado de poco calado y armado de cañones, usado para bombardeo de costas y como barco fluvial.

monitorio -ria *adj* Que advierte o amonesta.

monitorización *f* (*E*) Acción de monitorizar.

monitorizar *tr* (*E*) **1** Seguir o controlar [algo] mediante monitor[1] [2]. ■ **2** Dotar de monitor[1] [2] [a algo (*cd*)]. *Frec en part.* ■ **3** Realizar [algo] con ayuda de monitor[1] [2]. *Frec en part.*

mónitum *m* (*Rel crist*) Monición (advertencia).

monje -ja I *m y f* **1** Pers. perteneciente a una orden religiosa.

II *loc adj* **2** [Buitre] **~**, [foca] **~**, [oreja] **de ~** → BUITRE, FOCA, OREJA. ■ **3 de monja.** [Pellizco] muy doloroso que se da cogiendo muy poca carne y retorciéndola.

mon-jemer *adj* [Grupo de lenguas] del sudeste asiático, que incluye como lenguas principales el mon y el jemer.

monjil *adj* **1** De (la) monja o de (las) monjas. ■ **2** [Paloma] de color gralm. blanco, que tiene en la cabeza unas plumas largas que le caen por los lados.

monjío *m* **1** Estado de monja. ■ **2** Entrada de una mujer en religión.

mono¹ -na I *n* A *m* **1** Animal simio. *A veces con un adj especificador de las distintas especies:* ~ ARAÑA (*gén Ateles*), ~ AULLADOR (*gén Alouata*), ~ NEGRO *o* CAPUCHINO (*gén Cebus*). *Tb designa solo el macho.* **b)** Piel de mono. ■ **2** Pers. que imita a otra. *Frec* ~ DE IMITACIÓN. ■ **3** (*col*) Dibujo grotesco o sin arte. *A veces con intención afectiva.* ■ **4** (*col*) Síndrome de abstinencia de un drogadicto. *Tb fig, fuera del ámbito de las drogas.* ■ **5** (*jerg*) Guardia o policía. ■ **6** (*Taur*) Monosabio. ■ **7 el último ~.** (*col*) La pers. más insignificante o de menos categoría en un lugar.
  B *f* **8** Hembra del mono [1]. **b)** *Frec se usa como término de comparación para ponderar enfado o vergüenza.* * Estaba más corrido que una mona. ■ **9** Simio catarrino que vive salvaje en el Peñón de Gibraltar y en África noroccidental (*Macacus innus*). *Gralm* MONA DE GIBRALTAR. ■ **10** (*Naipes*) Juego en que se reparten todas las cartas menos una y que consiste en emparejar el resto. *Tb la carta que queda desparejada.* ■ **11** (*col*) Borrachera.
  C *m y f* **12** (*col*) Pers. insignificante. *Frec usado como insulto, a veces cariñoso.*
  II *loc v* **13 irse a freír monas, mandar a freír monas** → IR, MANDAR. ■ **14 pintar la mona.** (*col, raro*) Presumir. ■ **15 tener ~s en la cara.** (*col*) *Se usa gralm en forma negativa o interrogativa para comentar las miradas insistentes de alguien o protestar por ellas.* * ¿Qué miras? ¿Es que tengo monos en la cara?
  III *loc adv* **16 de ~s.** (*col*) En situación de enfado. *Referido a una pareja, esp de novios.*

mono² -na (*dim* MONÍN) *adj* (*col, gralm en boca de mujeres*) Bonito. **b)** Cuidado o arreglado en su aspecto. **c)** [Mujer o niño] gracioso y atractivo. **d)** *Más o menos vacío de significado, se emplea frec como vocativo dirigido a una mujer o a un niño.* * ¡Uy, por Dios, mona, qué bobada! **e)** *En vocativo, se emplea frec con intención irónica, dirigido a niños o a adultos.* * ¡Mira qué mono, él se va y aquí te deja el muerto! * ¡Qué terca eres, monina!

mono³ *m* Prenda de vestir de trabajo, que consta de pantalones y cuerpo en una sola pieza. **b)** Prenda de vestir femenina que consta de pantalones y cuerpo en una sola pieza.

mono⁴ *adj invar* (*col*) Monoaural. *Tb n.*

mono- *r pref* **1** Que tiene un solo elemento. * Monoesquí. * Monotubular. ■ **2** (*Quím*) Que contiene un solo átomo. * Monocálcico. * Monohidrato.

monoandria *f* (*Sociol*) Monogamia de la mujer que está casada, o tiene relación sexual, con un solo hombre.

monoatómico -ca *adj* (*Quím*) [Molécula] formada por un solo átomo.

monoaural *adj* [Sistema de reproducción o transmisión de sonidos] que tiene un solo canal y no permite obtener el relieve sonoro. *Se opone a* ESTEREOFÓNICO. *Tb n.*

monobikini *m* Traje de baño femenino consistente en una especie de braga de tamaño muy reducido.

monobloc (*pl normal,* ~s) *adj* De una sola pieza. *Tb n m.*

monocable *adj* (*E*) Que funciona con un solo cable. *Tb n, referido a transportador aéreo.*

monocarpelar *adj* (*Bot*) De un solo carpelo.

monocarril *adj* Que funciona con un solo carril. *Tb n m, referido a ferrocarril o transportador.*

monocasco I *adj* **1** (*E*) [Célula de avión o carrocería de automóvil] con revestimiento reforzado con el fin de contribuir a la resistencia mecánica del bastidor. *Tb n m.*
  II *m* **2** (*Dep*) Barco de vela con un solo casco.

monocerote *m* Unicornio (animal mítico).

monociclo *m* Aparato de locomoción constituido por un caballete que se apoya sobre una sola rueda movida por pedales.

monocilíndrico -ca *adj* (*Mec*) De un solo cilindro.

monocito *m* (*Biol*) Leucocito mononuclear de gran tamaño.

monoclínico -ca *adj* (*Mineral*) [Sistema cristalino] que tiene tres ejes oblicuos, dos de los cuales son iguales entre sí. **b)** De(l) sistema monoclínico.

monoclonal *adj* (*Biol*) [Anticuerpo] específico contra un solo antígeno.

monocolor *adj* De un solo color. **b)** (*Pol*) De un solo partido o tendencia.

monocorde *adj* **1** De sonido monótono y reiterado. ■ **2** Monótono o falto de variación.

monocordemente *adv* De manera monocorde.

monocotiledónea *adj* (*Bot*) [Planta] cuyo embrión posee un solo cotiledón. *Frec como n f en pl, designando este taxón botánico.*

monocracia *f* (*Pol*) Gobierno de uno solo.

monocrático -ca *adj* (*Pol*) De (la) monocracia.

monocristal *m* (*Mineral*) Cristal simple o elemental, cuya red cristalina es perfecta.

monocristalino -na *adj* (*Mineral*) De(l) monocristal o de (los) monocristales.

monocromático -ca *adj* (*Fís*) Monocromo. **b)** Que solo deja pasar los rayos luminosos correspondientes a un color del espectro.

monocromatizador *m* (*Fís*) Dispositivo óptico para aislar radiaciones monocromáticas.

monocromía *f* **1** Cualidad de monocromo. ■ **2** (*Pint*) Utilización de un solo color.

monocromo -ma *adj* De un solo color. *Tb fig.*

monocular *adj* (*E*) De un solo ojo. **b)** [Instrumento óptico] que sirve para mirar con un solo ojo.

monóculo -la I *adj* **1** (*raro*) Que tiene un solo ojo.
  II *m* **2** Lente para un solo ojo.

monocultivo *m* Cultivo único o predominante de una especie vegetal.

monodia (*tb* **monodía**) *f* (*Mús*) Canto a una voz con o sin acompañamiento.

monodiálogo *m* Monólogo en que la pers. que habla dialoga con alguien cuya respuesta es imposible.

monódico -ca *adj* (*Mús*) De (la) monodia.

monodrama *m* (*TLit*) Obra dramática para un solo actor.

monofásico -ca *adj* (*Electr*) [Corriente] alterna de una sola fase. **b)** De corriente monofásica.

monofilamento *m* (*Tex*) Hilo de resina sintética que consta de una sola fibra.

monofilético -ca *adj* (*Biol*) Que procede de un origen único.

monofisismo *m* (*Rel crist*) Doctrina monofisita.

monofisista *adj* (*Rel crist*) Monofisita.

monofisita *adj* (*Rel crist*) Que niega la existencia de dos naturalezas en Jesucristo. *Tb n, referido a pers.*

monofisitismo *m* (*Rel crist*) Monofisismo.

monofito -ta *adj* (*Bot*) De una sola especie de plantas.

monofónico -ca *adj* (*Acúst*) Monoaural.

monogamia *f* Condición o estado de monógamo [1]. *Tb el régimen familiar correspondiente.*

monogámico -ca *adj* Monógamo, *esp* [3].

monógamo -ma *adj* **1** [Pers.] que está casada o mantiene relación sexual con una sola pers. *Más frec referido a hombre. Tb n.* **b)** [Animal] que se aparea con una sola hembra. ■ **2** De (las) perss. o animales monógamos [1]. ■ **3** De (la) monogamia.

monogástrico -ca *adj* (*Zool*) [Animal] que tiene un solo estómago.

monografía *f* Estudio extenso y detallado sobre un tema concreto y relativamente restringido.

monográficamente *adv* De manera monográfica.

monográfico -ca *adj* **1** De (la) monografía. ■ **2** De tema particular o único. *Tb n: m, referido a número de revista o a estudio; f, referido a exposición de arte.*

monografista *m y f* Autor de una monografía.

monograma *m* Enlace de letras que representa abreviadamente un nombre.

monohíbrido -da *adj* (*Biol*) Híbrido cuyos generadores solo difieren en un carácter. *Tb n m.*

monoico -ca *adj* **1** (*Bot*) [Planta] que tiene flores unisexuales masculinas y femeninas en un mismo pie. ■ **2** (*Zool*) Que presenta órganos masculinos y femeninos en un mismo individuo.

monokini *m* Monobikini.

monolingüe *adj* **1** Que habla una sola lengua. *Tb n, referido a pers.* ■ **2** Que está en una sola lengua.

monolingüismo *m* Condición de monolingüe [1].

monolingüístico -ca *adj* De(l) monolingüismo.

monolíticamente *adv* De manera monolítica.

monolítico -ca *adj* De(l) monolito. *Tb fig.* **b)** Constituido por un solo bloque de piedra. **c)** Constituido por elementos fuertemente unidos y homogéneos. *Esp en política. Gralm con intención peyorativa.*

monolitismo *m* Condición de monolítico, *esp* [1c].

monolito *m* Bloque grande de piedra, que gralm. constituye por sí mismo un monumento. **b)** *Se usa a veces en constrs de sent comparativo para ponde-* rar la rigidez, la falta de flexibilidad o la homogeneidad estricta. * En las reuniones, el único que estaba hecho un monolito y no se avenía a razones era él.

monologal *adj* De(l) monólogo.

monologalmente *adv* De manera monologal.

monologante *adj* Que monologa. *Tb n.*

monologar *intr* Hablar solo, o con otros como estando solo.

monólogo *m* **1** Hecho de hablar una pers. sin dialogar con otra. **b)** (*Escén*) Parlamento dicho por un personaje sin dialogar con otro. **c)** ~ **interior.** (*TLit*) Técnica narrativa en que, en forma de largo monólogo, se pretende reproducir el fluir de los pensamientos y sentimientos del personaje. ■ **2** (*TLit*) Obra dramática en que habla un solo personaje.

monologuismo *m* (*raro*) Tendencia al monólogo [1a].

monologuista *adj* (*raro*) Partidario del monólogo [1a]. *Tb n.*

monomando *adj* [Grifo] que con una sola palanca regula la cantidad y la temperatura del agua. *Tb n m.*

monomanía *f* Manía que se limita a una sola idea o a un solo orden de ideas.

monomaniaco -ca (*tb* **monomaníaco**) *adj* Que tiene una monomanía. *Tb n.*

monómero -ra *adj* (*Quím*) [Compuesto] constituido por moléculas simples. *Tb n m. Se opone a* POLÍMERO.

monometálico -ca *adj* (*Econ*) [Sistema monetario] basado en un patrón único.

monomio -mia (*Mat*) **I** *adj* **1** (*raro*) Que consta de un solo término.
II *m* **2** Expresión algebraica que consta de un solo término.

monomotor *m* Avión de un solo motor.

mononuclear *adj* (*Biol*) Que tiene un solo núcleo.

mononucleosis *f* (*Med*) Exceso de leucocitos mononucleares en la sangre.

monoparental *adj* [Familia] que no cuenta con el padre y la madre, sino solo con uno de ellos.

monopartidista *adj* (*Pol*) De un solo partido.

monopatín *m* Juguete que consiste en una tabla con cuatro ruedecillas sobre la que se patina apoyando alternativamente uno o los dos pies.

monoplano *m* Avión con un solo par de alas que forman un mismo plano.

monoplaza *adj* [Vehículo] de una sola plaza. *Tb n m.*

monopolar *adj* (*E*) Que tiene un solo polo.

monopolio *m* Régimen económico en que una empresa o grupo de empresas explota en exclusiva una industria o comercio. *Tb la misma empresa.* **b)** Disfrute exclusivo [de algo].

monopolismo *m* Sistema de(l) monopolio.

monopolista *adj* De(l) monopolio. **b)** Que tiene un monopolio. *Tb n.*

monopolísticamente *adv* De manera monopolística.

monopolístico -ca *adj* De(l) monopolio.

monopolización *f* Acción de monopolizar.

monopolizador -ra *adj* Que monopoliza. *Tb n, referido a pers.*

monopolizar *tr* Tener el monopolio [de algo (*cd*)].

monopolo *m* **1** (*Fís*) Partícula magnética o eléctrica dotada de un solo polo. ■ **2** (*Radio*) Antena de radio aérea que consiste en una barra con una conexión en uno de sus extremos. *Tb* ANTENA ~.

monopoly (*n comercial registrado*) *m* Palé (juego).

monoptongación *f* (*Fon*) Paso de un diptongo o un triptongo a un monoptongo.

monoptongo *m* (*Fon*) Vocal que no cambia de timbre en el transcurso de su emisión. *Se opone a* DIPTONGO *y* TRIPTONGO.

monorquidia *f* (*Anat*) Existencia de un solo testículo en el escroto.

monórquido *adj* (*Anat*) Que tiene un solo testículo.

monorraíl *adj* [Tren] que funciona con un solo raíl. *Tb n m.*

monorreactor *adj* [Avión] de un solo reactor. *Tb n m.*

monorrefringencia *f* (*Fís*) Cualidad de monorrefringente.

monorrefringente *adj* (*Fís*) Que produce una refracción simple.

monorrimo -ma *adj* (*TLit*) [Estrofa o composición] de una sola rima.

monorrítmico -ca *adj* De un solo ritmo.

monosabio *m* (*Taur*) Mozo que ayuda al picador en la plaza.

monosacárido *m* (*Quím*) Azúcar que no se puede descomponer en otro más simple por hidrólisis.

monosémico -ca *adj* (*Ling*) [Palabra o morfema] que solo tiene un sentido. **b)** De (la) palabra o (el) morfema monosémicos.

monosilábico -ca *adj* **1** Monosílabo. ■ **2** Que consta exclusiva o fundamentalmente de monosílabos. **b)** (*Ling*) [Lengua] en que la mayoría de los morfemas léxicos y gramaticales son monosílabos. ■ **3** [Pers.] que se expresa predominantemente con monosílabos. *Gralm con intención ponderativa.*

monosilabismo *m* Predominio del uso de monosílabos.

monosílabo -ba *adj* De una sola sílaba. *Tb n m, referido a palabra.*

monospermo -ma *adj* (*Bot*) Que solo contiene una semilla.

monote *m* (*raro*) Riña o alboroto.

monoteísmo *m* Creencia en un solo dios.

monoteísta *adj* **1** De(l) monoteísmo. ■ **2** Que cree en un solo dios. *Tb n, referido a pers.*

monoteístico -ca *adj* (*raro*) Monoteísta [1].

monoteleta *adj* (*Rel crist*) Monotelita. *Tb n.*

monotelita *adj* (*Rel crist*) Que admite dos naturalezas en Jesucristo, pero una sola voluntad divina. *Tb n, referido a pers.*

monotema *m* Tema único. *A veces con intención desp.*

monotemáticamente *adv* De manera monotemática.

monotemático -ca *adj* De un solo tema. *A veces con intención desp. Tb fig.*

monotipia *f* (*Impr*) Máquina de componer que funde los caracteres uno a uno. *Tb la técnica de componer con esa máquina.*

monotipo *m* (*Arte*) Técnica de estampa consistente en pintar al óleo sobre una plancha de cobre, vidrio o materia plástica, y luego aplicar la plancha a presión sobre el papel, obteniendo un ejemplar único sin posibilidad de copias. *Tb la obra obtenida con esta técnica.*

monótonamente *adv* De manera monótona [1b y 2].

monotonía **I** *f* **1** Cualidad de monótono.
II *loc adj* **2 de ~.** (*Mat*) [Ley] monótona [3].

monotonizar *tr* (*raro*) Dar carácter monótono [2] [a algo (*cd*)].

monótono -na *adj* **1** [Sonido] que carece de variaciones de tono. **b)** Que implica sonido monótono. ■ **2** [Pers. o cosa] que carece de variaciones. *Frec con intención ponderativa.* ■ **3** (*Mat*) [Ley o propiedad] según la cual, si a los dos miembros de una desigualdad se les somete a la misma operación con el mismo número, se mantiene el mismo sentido de la desigualdad.

monotrema *adj* (*Zool*) [Mamífero] ovíparo, con pico y con un solo orificio para el recto y los conductos urinarios y genitales, cuya hembra posee glándulas mamarias carentes de pezón. *Frec como n m en pl, designando este taxón zoológico.*

monovalente *adj* **1** (*Quím*) Que tiene valencia 1. ■ **2** (*Med*) [Suero o vacuna] que solo sirve para una especie o enfermedad determinada.

monovero -ra *adj* De Monóvar (Alicante). *Tb n, referido a pers.*

monoviga *adj* (*E*) Monorraíl. *Tb n m.*

monovolumen *adj invar* [Automóvil] en que el capó y el portaequipajes siguen la línea de los cristales, sin los habituales salientes. *Tb n m.* **b)** De(l) automóvil monovolumen.

monoxeno -na *adj* (*Biol*) [Parásito] de un solo huésped.

monóxido *m* (*Quím*) Óxido cuya molécula posee un solo átomo de oxígeno.

monóxilo -la *adj* (*Mar*) [Embarcación] de una sola pieza.

monrealense *adj* De Monreal del Campo (Teruel). *Tb n, referido a pers.*

monrealero -ra *adj* Monrealense. *Tb n.*

monroviano -na *adj* De Monrovia. *Tb n, referido a pers.*

monseñor *m* Tratamiento propio de los prelados, y de algunos otros eclesiásticos por concesión papal. * Al acto asistió el arzobispo de Madrid, monseñor Morcillo. **b)** Pers. que tiene tratamiento de monseñor. **2** *Tratamiento dado en Francia al delfín y a otras perss de alta dignidad.* * El primo del Rey de España recibe en Francia el tratamiento de monseñor.

monserga *f* (*desp*) Exposición oral o escrita fastidiosa y que no merece atención. **b)** Asunto fastidioso.

monstruizar *(conjug* **1e***) tr* Convertir en monstruo [a alguien o algo]. *Tb abs.*

monstruo -trua *(la forma* MONSTRUA, *rara, solo se aplica a mujer en aceps 2, 3 y 4)* **I** *n* **A** *m* **1** Ser fantástico, gralm. de apariencia temible. **b)** Animal real espantoso, esp. por sus dimensiones gigantescas. **c)** Pers. o cosa cuya fealdad causa horror. *Frec con intención ponderativa.*

B *m y (raro) f* **2** Ser que presenta anomalías o desviaciones notables respecto a su especie. ■ **3** Pers. que por su crueldad o por su maldad causa horror. *Con intención ponderativa.* ■ **4** Pers. sobresaliente o extraordinaria. *Con intención ponderativa. Frec con un compl especificador de la actividad en que se sobresale.* **b)** **~ sagrado.** Pers. que se ha convertido en mito dentro de una actividad, normalmente artística.

II *adj invar* **5** Muy grande o enorme.

monstruosamente *adv* De manera monstruosa.

monstruosidad *f* **1** Cualidad de monstruoso. ■ **2** Cosa monstruosa.

monstruoso -sa *adj* **1** De(l) monstruo o de (los) monstruos [1 y 2]. **b)** Que tiene carácter de monstruo [1 y 2]. ■ **2** Extremadamente contrario a la razón o a la moral. *Con intención ponderativa.* ■ **3** Muy grande o enorme. *Con intención ponderativa.*

monta¹ *f* **1** Acción de montar [2, 3 y 15]. ■ **2** Valor o importancia. *Gralm en la constr* DE POCA ~.

monta² *m (col)* Montacargas o montaplatos.

montacamillas *m* Ascensor destinado a transportar camillas.

montacargas *m* Ascensor destinado esp. a transportar pesos.

montacoches *m* Ascensor para transportar automóviles.

montado -da **I** *adj* **1** *part →* MONTAR. ■ **2** *(Mil)* [Policía, guardia o artillería] que se desplaza a caballo. **b)** [Plaza] **montada** *→* PLAZA. ■ **3** *(Moda)* [Manga] que va cosida al borde exterior del hombro.

II *m* **4** Tapa de cocina consistente en una rebanada pequeña de pan con un filete de lomo de cerdo o algo similar. *Frec* ~ DE LOMO, *o* MONTADITO (DE LOMO).

montador -ra *adj* Que monta [6 y 7]. *Tb n, referido a pers.*

montaje *m* **1** Acción de montar [6, 7, 8 y 9]. *Tb su efecto.* **b)** Fotografía o grabación que se monta [6] mezclando otras varias. ■ **2** Acción preparada con el fin de engañar o confundir. ■ **3** *(raro)* Cantidad total a que asciende una cuenta.

montalbanense *adj* De Montalbán (Teruel). *Tb n, referido a pers.*

montalbeño -ña *adj* De Montalbán de Córdoba (Córdoba). *Tb n, referido a pers.*

montanchego -ga *adj* De Montánchez o de la sierra de Montánchez (Cáceres). *Tb n, referido a pers.*

montanera *f* **1** Monte o dehesa de robles, encinas o hayas donde pastan los cerdos. ■ **2** Aprovechamiento de los pastos de montanera [1]. *Tb el tiempo que dura.* **b)** Sistema de pasto de montanera [1].

montanero *m (hist)* Guarda de monte.

montanismo *m (Rel crist)* Doctrina de Montano (s. II) que sostiene la inminente venida del Espíritu Santo y el reinado milenario de Cristo.

montanista *adj (Rel crist)* Adepto al montanismo. *Tb n.*

montano -na *adj* De(l) monte.

montante *m* **1** Cantidad a que asciende una cuenta. ■ **2** Importancia o valor a que llega [algo *(compl de posesión)*]. ■ **3** Ventana, fija o abatible, que se pone sobre una puerta. ■ **4** Listón o columna pequeña que divide el vano de una ventana. ■ **5** *(E)* Elemento vertical de un aparato o armazón, que sirve de soporte o refuerzo. ■ **6** *(raro)* Flujo o pleamar. ■ **7** *(hist)* Espada grande que ha de esgrimirse con ambas manos.

montaña **I** *f* **1** Elevación grande del terreno. ■ **2** Zona o región de montañas [1]. ■ **3** Cantidad muy grande [de algo]. *Con intención ponderativa.* ■ **4** ~ **rusa.** Artefacto de feria con rieles y grandes altibajos, por el que se desliza un vehículo a gran velocidad.

II *loc adj* **5 de ~.** [Bicicleta] ligera, resistente y de neumáticos gruesos y muy estriados, especial para terrenos accidentados o escabrosos.

III *loc v* **6 hacer** [de algo] **una ~.** Exagerar su dificultad o su importancia.

montañero -ra **I** *adj* **1** De (la) montaña [1 y 2]. **II** *m y f* **2** Pers. que practica el montañismo.

montañés -sa **I** *adj* **1** De (la) montaña [1 y 2]. *Tb n, referido a pers.* ■ **2** De Cantabria, esp. de la zona de la Montaña. *Tb n, referido a pers.*

II *m* **3** *(reg)* Tabernero. ■ **4** *(hist)* En la Revolución Francesa: Convencional de la Montaña (grupo exaltado que ocupaba los escaños más altos de la Asamblea).

montañesismo *m* Condición de montañés, esp. amante de lo montañés [2].

montañeta *f* Montaña [1] pequeña.

montañismo *m* Deporte que consiste en escalar montañas [1].

montañón *m* Montaña [1] grande.

montañoso -sa *adj* **1** De (la) montaña o (las) montañas [1]. **b)** Abundante en montañas [1]. ■ **2** *(Mar)* [Mar] con olas de altura excepcional (9 a 14 m).

montaplatos *m* Pequeño montacargas para transportar alimentos u otros artículos desde la cocina al comedor.

montar **I** *v* **A** *tr* **1** Poner [a una pers. o cosa encima de otra *(compl adv)*]. *Tb sin compl adv con cd pl.* **b)** Poner [una cosa *(compl* CON*)* sobre otra *(cd)*]. **c)** Hacer subir [a alguien *(cd)* a una caballería o a un vehículo *(compl* EN*)*]. ■ **2** Subirse [a una caballería o a un vehículo, esp. una bicicleta o motocicleta *(cd)*]. **b)** Ir [sobre una caballería o un vehículo, esp. una bicicleta o motocicleta *(cd)*]. ■ **3** Cubrir [el animal macho a la hembra]. **b)** *(vulg)* Realizar [una pers.] el acto sexual [con otra *(cd)*] poniéndose sobre ella. ■ **4** Importar [una cuenta determinada cantidad]. * La cuenta monta quinientas pesetas. ■ **5** Batir [claras o nata] hasta poner[las] esponjosas y consistentes. ■ **6** Poner en el lugar adecuado [una pieza *(cd)* o el conjunto de las piezas de algo *(cd)*]. **b)** Unir ordenadamente las distintas secuencias [de una película *(cd)*]. **c)** Engastar [una piedra preciosa en un metal]. ■ **7** Instalar (establecer [algo en un sitio]. *Tb sin compl de lugar.* **b)** Instalar (dotar [a un local o edificio (*cd*)] de los enseres y servicios necesarios). ■ **8** Organizar (crear o formar [algo]). **b)** *pr* (**~se**) Organizarse o formarse [algo]. ■ **9** Organizar (preparar la ejecución o desarrollo [de algo (*cd*)]). **b)** Preparar u organizar la representación [de una obra de teatro (*cd*)]. **c)** **~selo.** (*col*) Organizar [alguien] su vida o sus actividades. ■ **10** Poner [un arma] en disposición de disparar. ■ **11** (*Naipes*) Matar. *Tb abs.* ■ **12** ~ **tanto** [una cosa] **como** [otra]. Ser igual o equivalente [a ella]. *Frec* TANTO MONTA, MONTA TANTO. **b) tanto monta.** Es igual o da lo mismo. ■ **13** ~ **guardia** → GUARDIA.

B *intr* ➤ **a** *normal* **14** Estar [una cosa] total o parcialmente [sobre otra]. **b)** (*Juegos*) *En el juego de echar a pies:* Quedar [el pie que corresponde echar] sobre los otros dos. (→ *acep.* 21.) *Normalmente no se menciona el suj.* ■ **15** Subirse [a una caballería o a un vehículo (*compl* EN)]. *Tb pr* (**~se**). *A veces se omite el compl por consabido.* **b)** Ir [sobre una caballería o un vehículo (*compl* EN)]. *Referido a caballería, frec* ~ A CABALLO. *Frec se omite el compl por consabido.* **c)** Ir sobre una caballería. *Sin compl.* * No sé montar. ■ **16** Ascender [una cuenta a determinada cantidad]. * El coste montó a dos millones de dólares. ■ **17** (*raro*) Subir o ascender. ■ **18** (*vulg*) Fornicar. ■ **19 ~ en cólera** → CÓLERA[1].

➤ **b** *pr* (**~se**) **20** (*col*) Enriquecerse. *Frec en part y en la constr* ESTAR MONTADO (EN EL DÓLAR, *o* EN ORO).

II *loc n m* **21 monta y cabe.** (*Juegos*) Juego de echar a pies. (→ *acep.* 14*b*.)

montaracía *f* (*raro*) **1** Cualidad de montaraz. ■ **2** Acción o actitud montaraz [2*c*].

montaraz **I** *adj* **1** [Animal o planta] que se cría salvaje en el monte. ■ **2** [Pers.] que vive libremente en el monte. **b)** [Pers.] que no se somete a las normas convencionales. *Tb fig, referido a cosa.* **c)** Propio de la pers. montaraz.

II *m* **3** (*reg*) Guarda de monte o de heredad.

montarral *m* (*reg*) Matorral alto y espeso.

montazgo *m* (*hist*) Tributo pagado por pasar el ganado por un monte, o por pastar en él.

montblanquense *adj* De Montblanc (Tarragona). *Tb n, referido a pers.*

monte **I** *m* **1** Elevación grande del terreno. ■ **2** Formación vegetal de árboles, arbustos y matas, que gralm. se encuentra en un monte [1]. *Frec con un compl especificador:* ALTO, BAJO, CERRADO, PARDO. *Tb el terreno en que se encuentra.* ■ **3** (*Naipes*) Juego en que el jugador que corta descubre cuatro cartas y sobre ellas se hacen las apuestas. ■ **4** (*Juegos*) Conjunto de cartas o de fichas de dominó que quedan para robar después de repartir las correspondientes a cada jugador. ■ **5 ~ de piedad.** Establecimiento benéfico, gralm. combinado con una caja de ahorros, en que se hacen préstamos sobre prendas y a interés módico. *Tb simplemente* ~. ■ **6 ~ de Venus.** Pubis de la mujer. **b)** Pequeña elevación en la palma de la mano, en la raíz de cada dedo. ■ **7 ~ nevado.** (*reg*) Merengue (dulce).

II *loc adj* **8** **de** ~. [Cuchillo] de caza. ■ **9** [Lagartija] **de** ~, [oreja] **de** ~ → LAGARTIJA, OREJA.

III *loc v* **10 echarse** (*o* **tirarse**) [alguien] **al** ~. Alzarse en rebeldía yéndose a vivir fuera de poblado. *Tb fig.* ■ **11 ser todo el** ~ **orégano.** Ser todo facilidades o ventajas. *Gralm con los vs* CREER *o* PENSAR.

montea *f* (*Arquit*) Dibujo a tamaño natural de un elemento arquitectónico, para tenerlo a la vista cuando se construye o para sacar plantillas.

montealegrino -na *adj* De alguna de las poblaciones denominadas Montealegre. *Tb n, referido a pers.*

montear **A** *tr* **1** Perseguir [caza] en el monte. *Tb abs.* **b)** Cazar [en un monte (*cd*)].

B *intr* **2** (*reg*) Ir [el ganado] al monte.

montefrieño -ña *adj* De Montefrío (Granada). *Tb n, referido a pers.*

montehermoseño -ña *adj* De Montehermoso (Cáceres). *Tb n, referido a pers.*

montenegrino -na *adj* De Montenegro (república federada de Yugoslavia). *Tb n, referido a pers.*

monteo *m* (*raro*) Acción de montear [1].

montepío *m* Institución que recibe las aportaciones de los individuos de un cuerpo o profesión para distribuir en su momento pensiones u otras ayudas. *Frec con un compl especificador.*

montera **I** *f* **1** Gorro del traje de torero, negro y con borlas a ambos lados. ■ **2** Gorro de piel o paño. ■ **3** Cubierta de cristales [de un patio o galería].

II *loc v* **4 ponerse el mundo por** ~. (*col*) Despreocuparse de las opiniones ajenas. *A veces el término* MUNDO *se sustituye por otros como* GENTE *o* VIDA. **b) ponerse** [algo] **por** ~. Despreocuparse o hacer caso omiso [de ello].

monterero -ra *m y f* Pers. que hace o vende monteras [1 y 2].

montería *f* **1** Caza de animales grandes, esp. jabalíes o venados. ■ **2** Cacería de animales grandes.

montero -ra **I** *adj* **1** De (los) monteros [2].

II *m y f* **2** Pers. que participa en una montería [2].

monterrosino -na *adj* De Monterroso (Lugo). *Tb n, referido a pers.*

montés (*alguna vez tb* MONTESA *para el f*) *adj* [Animal o planta] que se cría salvaje en el monte. *Normalmente como especificador con* CABRA, GATO *o* PUERCO. **b)** [Macho] ~ → MACHO[1].

montesino -na *adj* De(l) monte [1 y 2]. **b)** [Escribano] ~ → ESCRIBANO.

montevideano -na *adj* De Montevideo. *Tb n, referido a pers.*

montgolfier (*fr; pronunc corriente,* /mongolfiér/; *tb con la grafía* **mongolfier**; *pl normal,* ~ES *o* ~S) *m* Aeróstato de aire caliente. *A veces en aposición.*

montgomery (*ing; pronunc corriente,* /mongómeri/) *m* (*hoy raro*) Prenda de abrigo semejante a la trenca[1].

montículo *m* Monte [1] pequeño y gralm. aislado.

montieleño -ña *adj* De Montiel o del Campo de Montiel (Ciudad Real). *Tb n, referido a pers.*

montijano -na *adj* De Montijo (Badajoz). *Tb n, referido a pers.*

montilla *m* Vino fino de la región de Montilla (Córdoba).

montillano -na *adj* De Montilla (Córdoba). *Tb n, referido a pers.*

montisonense *adj* (*lit*) Monzonés. *Tb n, referido a pers.*

montmorillonita *f* (*Mineral*) Mineral constituido por silicato de aluminio hidratado, que contiene pequeñas proporciones de magnesio y sirve para depurar aceites.

monto *m* Cantidad total a que asciende una cuenta.

montón I *m* **1** Conjunto [de cosas] puestas unas encima de otras, gralm. desordenadamente. ■ **2** Cantidad grande [de algo]. ■ **3** (*reg*) *En pl:* Banca (juego de cartas). **II** *loc adj* **4 del ~.** (*col*) Corriente o que no destaca. **III** *loc adv* **5 a ~es.** (*col*) En gran cantidad. ■ **6 un ~.** (*col*) Mucho. *Tb* ~ES.

montonera *f* **1** (*col*) Montón [1 y 2]. ■ **2** (*Dep*) *En una carrera:* Conjunto de participantes caídos en montón [1].

montonero -ra *adj* De la organización guerrillera urbana peronista Montoneros, surgida en Argentina hacia 1970. *Tb n, referido a pers.*

montoreño -ña *adj* De Montoro (Córdoba). *Tb n, referido a pers.*

montoso -sa *adj* (*raro*) De(l) monte [1 y 2].

montpellierense (*pronunc corriente,* /mompelierénse/) *adj* De Montpellier (Francia). *Tb n, referido a pers.*

montrealés -sa *adj* De Montreal (Canadá). *Tb n, referido a pers.*

montserratense *adj* Montserratino. *Tb n.*

montserratino -na *adj* De la montaña o de la abadía de Montserrat (Barcelona). *Tb n, referido a pers.*

montuno -na *adj* **1** De(l) monte [1 y 2]. ■ **2** [Animal] montés o montaraz. **b)** [Puerco] ~ → PUERCO. ■ **3** (*reg*) [Pers.] montaraz. *Tb n.*

montuosidad *f* **1** Cualidad de montuoso. ■ **2** Lugar montuoso.

montuoso -sa *adj* Montañoso. *Tb fig.*

montura *f* **1** Animal sobre el que se monta. **b)** Vehículo sobre el que se monta. ■ **2** Conjunto de arreos propios de un animal de silla. ■ **3** Armadura o soporte en que se coloca el elemento principal [de algo, esp. de una joya, de unas gafas o de un instrumento óptico].

monturqueño -ña *adj* De Monturque (Córdoba). *Tb n, referido a pers.*

monumental *adj* **1** De(l) monumento o de (los) monumentos [1, 2 y 3]. **b)** Que tiene carácter de monumento. ■ **2** Grandioso por su magnitud. **b)** (*col*) Muy grande. *Con intención ponderativa.* ■ **3** (*col*) Excepcional en su línea. *Con intención ponderativa.*

monumentalidad *f* Cualidad de monumental.

monumentalismo *m* Tendencia a lo monumental [2a].

monumentalista *adj* Que tiende a lo monumental [2a].

monumentalización *f* Acción de monumentalizar.

monumentalizar *tr* Dar carácter monumental [a algo (*cd*)]. **b)** *pr* (~**se**) Tomar carácter monumental.

monumentera *f* (*reg*) Cierto dulce propio de Alcántara (Cáceres).

monumento *m* **1** Obra arquitectónica o escultórica erigida en recuerdo de alguien o algo. ■ **2** Edificio o construcción de notable interés artístico, arqueológico o histórico. **b)** ~ **nacional** → NACIONAL. ■ **3** Obra artística, científica o literaria de mérito

excepcional. ■ **4** (*E*) Objeto o documento de utilidad para el estudio de la historia o de la prehistoria. ■ **5** (*Rel catól*) Altar decorado con flores y luces en el que se reserva el Santísimo Sacramento desde los oficios del Jueves Santo hasta los del Viernes. ■ **6** (*col*) Mujer muy hermosa y atractiva.

mony → MONI.

monzón *m* o (*más raro*) *f* Viento periódico, propio esp. del Océano Índico, que sopla durante seis meses del mar a la tierra y otros seis de la tierra al mar. *Frec en pl.*

monzonés -sa *adj* De Monzón (Huesca). *Tb n, referido a pers.*

monzónico -ca *adj* De (los) monzones. **b)** (*Meteor*) [Clima] determinado por los monzones, de veranos lluviosos e inviernos secos.

moña¹ *f* **1** Adorno de cintas, borlas o flores que se pone en la cabeza. **b)** Adorno en forma de lazo o pompón. ■ **2** (*Taur*) Adorno de cintas o flores que se coloca al toro en lo alto del morrillo.

moña² *f* (*col*) Borrachera.

moña³ *f* (*reg*) Muñeca (juguete).

moñarse *intr pr* (*reg*) Emborracharse.

moñiga *f* (*pop*) Boñiga.

moñigo *m* (*pop*) Boñigo.

moño I *m* **1** Cabellera, o porción de ella, arrollada y sujeta, esp. en la parte posterior de la cabeza. ■ **2** *En las aves:* Grupo de plumas que sobresale en la cabeza. ■ **3** Lazo de adorno hecho con cintas. ■ **4** (*col*) euf por COÑO. *Se usa para reforzar o marcar la intención desp de la frase, o como interj.* **II** *loc v* **5 estar hasta el ~.** (*col*) Estar hasta la coronilla. ■ **6 ponerse ~s.** (*col*) Presumir o pavonearse.

moñón -na *adj* [Ave] que tiene moño [2].

moñudo -da I *adj* **1** [Ave] que tiene moño [2]. **b)** [Porrón] ~ → PORRÓN³. ■ **2** [Animal] que tiene lana o pelo en la cabeza. **II** *f* **3** (*reg*) Cogujada (ave).

moog (*n comercial registrado; ing; pronunc corriente,* /mug/; *pl normal,* ~**s**) *m* (*Mús*) Sintetizador que produce una variedad de sonidos.

mopa *f* Utensilio para limpiar suelos en seco, constituido por un palo largo y un soporte forrado de tejido o hilos gruesos. *Tb este mismo soporte.*

moqueante *adj* Que moquea.

moquear *intr* Echar mocos.

moquero *m* (*col*) Pañuelo de nariz.

moqueta *f* Tejido fuerte de textura aterciopelada, que se usa para cubrir suelos y paredes.

moquetar *tr* (*raro*) Enmoquetar (cubrir de moqueta).

moquete *m* (*col*) Golpe dado en la cara con el dorso de la mano.

moquillanto *m* (*raro*) Lloriqueo o gimoteo.

moquillo *m* Enfermedad catarral de algunos animales, esp. perros y gatos. **b)** (*col, humoríst*) Catarro, esp. de nariz.

moquita *f* Moco claro que fluye de la nariz.

moquitear *intr* **1** Segregar moquita. ■ **2** Lloriquear, esp. sonándose.

mor. por ~ de. *loc prep* (*lit*) Por causa de.

mora[1] *f* Fruto de la morera, del moral o de la zarza, pequeño, blando, constituido por agregación de pequeños glóbulos y de color morado, negro o blanco.

mora[2] *f* (*Der*) Tardanza en cumplir una obligación.

morabetí *m* (*hist*) Maravedí (moneda).

morabetín *m* (*hist*) Maravedí (moneda).

morabito *m* 1 Ermitaño o santón musulmán. ■ 2 Ermita de un morabito [1].

morácea *adj* (*Bot*) [Planta] dicotiledónea, leñosa, de hojas alternas, flores pequeñas y unisexuales en inflorescencias cimosas y fruto en aquenio o drupa. *Frec como n f en pl, designando este taxón botánico.*

moracho[1] **-cha** *adj* De Mora (Toledo). *Tb n, referido a pers.*

moracho[2] **-cha** *adj* (*raro*) Morado poco intenso.

moraco -ca *adj* (*col, desp*) [Pers.] mora (del Norte de África). *Gralm n.*

morada *f* (*lit*) 1 Lugar en que se mora. **b)** última **~.** (*lit*) Cementerio. *Gralm con un compl de posesión.* ■ 2 Acción de morar.

morado -da I *adj* 1 [Color] intermedio entre rojo y azul. *Tb n m.* **b)** Que tiene color morado. **c)** Acardenalado. *Dicho esp de ojo.*
II *m* 2 Cardenal (mancha de la piel).
III *loc v* 3 **pasarlas moradas.** (*col*) Pasar grandes apuros o dificultades. ■ 4 **ponerse ~.** (*col*) Darse un hartazgo [de algo (*compl* DE o A), esp. muy apetecido].

morador -ra *adj* (*lit*) Que mora. *Tb n.*

moradura *f* Cardenal (mancha de la piel).

moraga *f* (*reg*) 1 Asado [de frutas secas o pescado, esp. sardinas] hecho al aire libre. **b)** Magro de cerdo frito al ajillo que se come en las matanzas. ■ 2 Gavilla de mies alrededor de la cual bailan los segadores el último día de siega. ■ 3 Manojo que forman los espigadores.

moral[1] I *adj* 1 Relativo al comportamiento humano en cuanto a su calidad de bueno o malo. **b)** Que tiene por objeto educar el comportamiento humano. ■ 2 Que se ajusta a las normas morales [1]. **b)** Que se ajusta a las normas morales [1] establecidas para la relación entre los sexos. **c)** Que está sometido a normas o principios morales [1]. ■ 3 Que se basa en el sentido de bueno o malo de la propia conciencia. ■ 4 Subjetivo, o que no se basa en datos objetivos. ■ 5 Relativo a la conciencia o al espíritu. *Se opone a* MATERIAL *o* FÍSICO. **b)** Que tiene efectos psicológicos y no tangibles.
II *f* 6 Conjunto de (las) normas o principios morales [1a]. ■ 7 Ética (estudio del comportamiento humano en cuanto a su calidad de bueno o malo). ■ 8 Estado de ánimo. *Gralm con los adjs* BUENA *o* MALA, ALTA *o* BAJA, *o vs como* SUBIR *o* BAJAR. **b)** Ánimo o disposición para afrontar algo. *Gralm con los adjs* BUENA *o* MALA, ALTA *o* BAJA, *o vs como* SUBIR *o* BAJAR. **c)** *Sin compl:* Moral buena o alta.
III *loc v* 9 **comerle** [a alguien] **la ~.** (*col*) Desmoralizar[le] o dejar[le] sin ánimo. *Frec* TENERLE COMIDA LA ~.

moral[2] *m* 1 Árbol cuyo fruto es una mora negra muy jugosa (*Morus nigra*). *Tb ~* NEGRO *o* COMÚN. **b)** **~ blanco.** Morera (*Morus alba*). ■ 2 **~ papelero,** o **de la China.** Morera del papel.

moraleja *f* Enseñanza que se deduce de un cuento o fábula, o de un suceso.

moralejano -na *adj* De Moraleja (Cáceres). *Tb n, referido a pers.*

moraleño -ña *adj* De Moral de Calatrava (Ciudad Real). *Tb n, referido a pers.*

moralidad *f* 1 Cualidad de moral[1] [2a y b]. ■ 2 Moral[1] [6]. ■ 3 (*TLit*) Pieza de teatro medieval, corta, gralm. alegórica y de carácter moral[1] [1b]. ■ (*raro*) Ejemplo o enseñanza moral[1] [1b].

moralina *f* (*desp*) Moral[1] [6] superficial o hipócrita.

moralismo *m* Tendencia a dar importancia predominante a la moral[1] [6].

moralista I *adj* 1 De(l) moralismo.
II *m y f* 2 Tratadista de moral[1] [6]. **b)** Pers. que se propone la enseñanza moral[1] [1b].

moralización *f* Acción de moralizar.

moralizador -ra *adj* 1 Que moraliza. *Tb n, referido a pers.* ■ 2 De (la) moralización.

moralizante *adj* Moralizador. **b)** Que tiende a moralizar.

moralizar A *tr* 1 Dar carácter moral[1] [2a y b] [a alguien o algo (*cd*)].
B *intr* 2 Dar enseñanza moral[1] [1b].

moralmente *adv* En el aspecto moral[1], *esp* [1].

moralo -la *adj* De Navalmoral de la Mata (Cáceres). *Tb n, referido a pers.*

moranco -ca *adj* (*col, desp*) [Pers.] mora (del Norte de África). *Gralm n.*

morángano -na *adj* (*col, desp*) [Pers.] mora (del Norte de África). *Gralm n.*

morañego -ga *adj* De la Moraña (comarca de Ávila). *Tb n, referido a pers.*

morañés -sa *adj* De Moraña (Pontevedra). *Tb n, referido a pers.*

morapio *m* (*col*) Vino tinto.

morar *intr* (*lit*) Vivir o residir.

moratallero -ra *adj* De Moratalla (Murcia). *Tb n, referido a pers.*

morateño -ña *adj* De Morata de Tajuña (Madrid). *Tb n, referido a pers.*

moratón *m* (*col*) Cardenal (mancha de la piel).

moratoria *f* Prórroga que se concede para el pago de una deuda, esp. tributaria, ya vencida. **b)** Prórroga de un plazo.

moravo -va *adj* De Moravia (región de la República Checa). *Tb n, referido a pers.*

mórbidamente *adv* (*lit*) De manera mórbida.

morbidez *f* (*lit*) 1 Cualidad de mórbido. ■ 2 Carne mórbida [1].

morbididad *f* (*Med*) Morbilidad.

mórbido -da *adj* 1 (*lit*) Blando y delicado. *Gralm referido a las formas del cuerpo femenino, implicando sensualidad.* ■ 2 (*Med o lit*) Morboso [1 y 3].

morbífico -ca *adj* (*Med*) Que causa enfermedad.

morbígeno -na *adj* (*Med*) Que causa enfermedad.

morbilidad *f* 1 (*Estad*) Número de casos de enfermedad en una población y período determinados. ■ 2 (*Med*) Estado de enfermedad.

morbiliforme *adj* (*Med*) Semejante al sarampión.

morbo *m* **1** (*Med o lit*) Enfermedad. *Tb fig.* **b)** ~ **gálico.** (*Med*) Sífilis. **c) cólera** ~ → CÓLERA². ■ **2** Alteración enfermiza de carácter psicológico. **b)** Afición o inclinación exagerada [a algo (*compl de posesión*)]. **c)** Gusto o atracción por lo prohibido, inconfesable o truculento. ■ **3** Atractivo propio de lo prohibido, inconfesable o truculento. **b)** Atractivo o encanto. ■ **4** Morbosidad.

morbosamente *adv* De manera morbosa [3].

morbosidad *f* Cualidad de morboso [2 y 3].

morboso -sa *adj* **1** De(l) morbo. ■ **2** Que tiene morbo [2 y 3]. *Tb n, referido a pers.* ■ **3** Que denota o implica morbo [2 y 3].

morcajo *m* Mezcla de trigo y centeno y a veces otros granos.

morcella *f* Chispa que salta del pabilo de una luz.

morciguillo *m* (*reg*) Murciélago.

morcilla I *f* **1** Embutido hecho con sangre y especias y frec. cebolla, arroz, pan o piñones. **b)** *Se usa en constrs de sent comparativo para ponderar la gordura o la hinchazón de una parte del cuerpo.* * Tiene los dedos como morcillas. ■ **2** (*col*) Añadido que se improvisa al decir o leer un texto, esp. de teatro. ■ **3** (*jerg*) Pene. ■ **4** (*reg*) Almohadilla cilíndrica que los costaleros llevan arrollada a la cabeza. **II** *loc v* **5 dar** ~ [a alguien]. (*col*) Fastidiar[le]. *Normalmente en la constr* QUE TE (LE, *etc*) DEN ~, *usada como fórmula de rechazo o desprecio.*

morcillero -ra I *adj* **1** De (la) morcilla [1]. **II** *m y f* **2** Pers. que fabrica morcillas [1]. ■ **3** (*col*) Actor que acostumbra a añadir morcillas [2].

morcillo¹ *m* Carne de la parte alta de las patas de los bovinos.

morcillo² -lla *adj* [Caballo] de color negro rojizo.

morcillón¹ *m* **1** Morcilla [1] gruesa, hecha esp. con el estómago del cerdo u otro animal. ■ **2** (*reg*) Mejillón (molusco).

morcillón² -na *adj* (*col*) Gordo o grueso.

morcilludo -da *adj* (*reg*) Morcillón².

morcón *m* **1** Embutido hecho con las tripas más anchas. *Tb la misma tripa.* ■ **2** (*reg*) Pers. pasmada.

mordacidad *f* Cualidad de mordaz.

mordaga *f* (*col*) Borrachera.

mordaz *adj* Que ataca moralmente con aguda o ingeniosa malignidad.

mordaza *f* **1** Pañuelo u otro objeto que se pone en la boca para impedir hablar. *Frec fig.* ■ **2** (*Mec*) Dispositivo formado por dos piezas que aprietan fuertemente un objeto, para sujetarlo o quebrarlo. ■ **3** (*Mec*) Zapata de freno.

mordazmente *adv* De manera mordaz.

mordedor -ra *adj* Que muerde [1].

mordedura *f* Acción de morder [1 y 2]. *Tb su efecto.*

mordente *m* (*Mús*) Ornamento consistente en la rápida alternación de la nota escrita y la inmediatamente inferior.

morder (*conjug 18*) *tr* **1** Clavar los dientes [en alguien o algo (*cd*)]. *Tb abs.* **b)** Producir [algo a alguien (*cd*)] un dolor semejante al del mordisco. *Tb fig. Tb abs.* **c)** ~ **el polvo, (no)** ~**se la lengua** → POLVO, LENGUA. ■ **2** Quitar pequeñas porciones [de

algo (*cd*)]. *Tb fig.* ■ **3** (*col*) Manifestar [alguien] gran enojo. *Normalmente abs. Gralm en las constrs* QUE MUERDE *o* A ~. ■ **4** (*col*) Besar con intención erótica. *Tb abs.* ■ **5** (*jerg*) Conocer.

mordida *f* **1** Mordisco [1]. ■ **2** (*col*) Comisión ilegal.

mordiente I *adj* **1** Que muerde [1 y 2]. *Tb n, referido a pers.* ■ **2** Agresivo o hiriente. **b)** Mordaz (que ataca moralmente con aguda o ingeniosa malignidad). ■ **3** Enérgico y eficaz. **II** *m* **4** Carácter de mordiente [1, 2 y 3]. *Tb fig.* ■ **5** Carácter de lo que excita o atrae el interés o la curiosidad. ■ **6** Agente corrosivo empleado para atacar la superficie de los metales. ■ **7** Sustancia utilizada para fijar colores o panes de oro. ■ **8** (*Mec*) Mordaza para sujetar o apretar.

mordiscar *tr* (*raro*) Mordisquear.

mordisco *m* **1** Acción de morder [1a, 2 y 4]. *Tb su efecto.* ■ **2** Trozo que se arranca al morder [1a y 2].

mordisquear *tr* Dar mordiscos pequeños y reiterados [a algo (*cd*)].

mordisqueo *m* Acción de mordisquear.

mordoré *adj invar* (*raro*) Marrón rojizo con reflejos dorados.

mordvo *m* Lengua del grupo fino-ugrio hablada en la región del medio Volga.

moré *m* Lengua principal de la región del Alto Volta.

moreda *f* Morera [1].

morellano -na *adj* De Morella (Castellón). *Tb n, referido a pers.*

morena¹ *f* Pez marino muy feroz, semejante a la anguila, de color pardo con manchas amarillentas y con una sola aleta dorsal que va de la cabeza al ano (*Muraena helena*).

morena² *f* Montón de mies o hierba que se hace en la tierra donde ha sido segada. **b)** (*reg*) Montón.

morenero *m* Hombre encargado del moreno [3] en un esquileo.

morenez *f* Cualidad de moreno.

moreno -na I *adj* **1** [Color] oscuro que tira a negro. *Gralm referido al de la piel. Tb n m.* **b)** Que tiene color moreno. **c)** [Pers.] de pelo castaño o negro. *Tb n.* **d)** [Cosa] que presenta una tonalidad oscura dentro de su especie. ■ **2** (*col*) [Pers.] negra. *Tb n.* **II** *n A m* **3** Masa de carbón molido y vinagre usada por los esquiladores para curar las cortaduras al ganado. **B** *m y f* (*hoy raro*) **4** (*Taur*) Espectador de sol en una plaza de toros. ■ **5** (*Escén*) Espectador que silba o patea una obra de teatro. **III** *fórm or* (*col*) **6 como no, morena.** *Se usa para negar enfáticamente la posibilidad futura que se acaba de mencionar.* * De concursos en la tele me van a hablar a mí ahora. Como no, morena. ■ **7 si lo que te rondaré, morena** → RONDAR.

morense *adj* De Mora de Ebro (Tarragona). *Tb n, referido a pers.*

morera *f* **1** Árbol cuyo fruto es una mora blanca o rojiza y cuyas hojas se usan para alimentar gusanos de seda (*Morus alba*). *Tb* ~ BLANCA *o* COMÚN. **b)** ~ **negra.** Moral² (*Morus nigra*). ■ **2** ~ **del papel, o del Japón.** Árbol ornamental de origen asiático, de cuya corteza se extraen fibras para hacer papel (*Broussonetia papyrifera*).

morería *f* (*hist*) **1** Barrio destinado a los moros. ▪ **2** País de moros.

mores *m* (*raro f*) *pl* (*Sociol*) Costumbres asumidas como norma de comportamiento por un grupo.

moretón *m* Cardenal (mancha de la piel).

morfa *f* (*jerg*) Morfina.

morfema *m* (*Ling*) **1** Parte de una palabra que indica la función gramatical de esta. ▪ **2** Unidad mínima de significado.

morfemático -ca *adj* (*Ling*) De(l) morfema.

morfina *f* Alcaloide que se extrae del opio y se emplea como soporífero y anestésico.

morfinomanía *f* Adicción a la morfina.

morfinómano -na *adj* Que padece morfinomanía. *Tb n.*

morfo *m* (*Ling*) Realización sustancial de un morfema.

morfofonología *f* (*Ling*) Morfonología.

morfogénesis *f* (*Biol y Geol*) Origen y desarrollo de los caracteres morfológicos.

morfogenético -ca *adj* (*Biol y Geol*) De (la) morfogénesis.

morfología *f* **1** (*Biol*) Estudio de la forma o estructura [de un ser o de sus partes]. ▪ **2** (*Gram*) Estudio de la forma de las palabras. **b)** Conjunto de normas que rigen la forma y estructura de las palabras de una lengua. ▪ **3** Forma o estructura [de algo].

morfológicamente *adv* En el aspecto morfológico.

morfológico -ca *adj* De (la) morfología.

morfonología *f* (*Ling*) Estudio de la estructura fonológica de los morfemas.

morfopsicólogo -ga (*tb* **morfosicólogo**) *m y f* (*Psicol*) Pers. especializada en el estudio de las relaciones entre la morfología y la psicología humanas.

morfosintáctico -ca *adj* (*Ling*) De (la) morfosintaxis.

morfosintaxis *f* (*Ling*) Estudio combinado de las formas y las funciones gramaticales.

morga *f* (*reg*) Gordolobo (planta, *Verbascum thapsus*).

morganáticamente *adv* De manera morganática.

morganático -ca *adj* [Matrimonio] contraído entre una pers. de estirpe real y otra que no lo es, en el cual cada cónyuge conserva su condición anterior. *Tb fig.* **b)** De(l) matrimonio morganático. **c)** [Pers.] que ha contraído matrimonio morganático. *Tb n.*

morganita *f* (*Mineral*) Variedad de berilo de color rosado.

morgue *f* Depósito de cadáveres.

morguera *f* (*reg*) **1** Navaja (molusco). ▪ **2** Varilla metálica terminada en un cono pequeño, usada para pescar morgueras [1] o muergos.

moribundez *f* (*col*) Estado de moribundo.

moribundo -da *adj* Que está muriendo. *Tb fig. Tb n, referido a pers.*

moridero *m* Lugar adonde se retira un animal para morir. *Tb fig, referido a pers.*

moriego -ga *adj* (*raro*) Moro (del Norte de África). *Tb n, referido a pers.*

morigerable *adj* Que se puede morigerar.

morigeración *f* Moderación en las costumbres y modo de vida.

morigerado -da *adj* **1** *part* → MORIGERAR. ▪ **2** [Pers.] moderada en sus costumbres y modo de vida. **b)** Propio de la pers. morigerada.

morigerar *tr* Moderar [algo, esp. las costumbres o el modo de vida]. **b)** Moderar las costumbres o modo de vida [de alguien (*cd*)]. *Frec el cd es refl.*

moriles *m* Vino fino de la región de Moriles (Córdoba).

morilla *f* **1** Colmenilla (seta). ▪ **2** (*reg*) Vasar o repisa sobre el hogar.

morillo *m* Caballete de hierro para sujetar la leña en un hogar o chimenea.

morio *m* (*reg*) Pared de mampostería seca.

moriondo -da *adj* [Animal ovino, esp. oveja] que está en celo.

morir **I** *v* (*conjug* 52) *intr* ➤ **a** *normal* **1** Dejar de vivir. *En part, referido a pers, frec se usa como n.* **b)** (*Rel crist*) Verse privado de la salvación. *Tb* ~ ETERNAMENTE. **c) ni muerto.** (*col*) *Se usa para enfatizar la negativa absoluta a hacer algo.* * –¿Vienes con nosotras de viaje? –Ni muerto. ▪ **2** Acabarse o terminarse [una cosa (*suj*)]. *Tb pr* (~se). ▪ **3 muera.** *Seguido de un n de pers o cosa, expresa rechazo u odio hacia ellas. Se emplea normalmente como grito político. A veces se sustantiva (como n m).* * ¡Muera el fascismo! ▪ **4 a ~ (por Dios).** (*col*) *Fórmula con que se manifiesta que todo está perdido o que no hay nada que hacer.* * Cuando le da, se queda fijo mirándote, sin decir palabra, y a morir por Dios. ➤ **b** *pr* (~se) **5** (*col*) Morir [1] de muerte natural. **b) que me muera.** (*col*) *Se usa en fórmulas de juramento para ponderar la veracidad de lo que se dice. Frec seguido de una condicional con* SI. * Que me muera si es mentira. **c) muérete,** o **que se muera.** (*col*) *Se usa para manifestar rechazo a alguien.* * –A eso le llamo yo envidia. –Muérete. ▪ **6** (*col*) Tener o sentir intensamente [algo (*compl* DE)]. *A veces sin compl, por consabido.* **b)** Reírse mucho. *Gralm* ~SE DE RISA. ▪ **7** (*col*) Desear vivamente [algo (*compl* POR)]. **b)** (*col*) Sentir amor intenso [hacia alguien (*compl* POR)].

II *loc adj* **8 de** (o **para**) **~se.** (*col*) Extraordinario. *A veces seguido de un compl* DE + *adj.* * Es para morirse de guapa.

III *loc adv* **9 a ~.** Muy mal o en grave peligro de muerte. *Con vs como* ESTAR o PONER(SE). *Con intención ponderativa.* ▪ **10 a ~.** Mucho o intensamente. *Con el v* QUERER. ▪ **11 que te mueres.** (*col*) Muy bien o estupendamente. *Tb adj.*

morisco -ca *adj* **1** (*raro*) Moro o moruno. **b)** *Se usa como especificador de algunas variedades de plantas o de animales.* ▪ **2** (*hist*) [Moro] bautizado que permanece en España, tras la Reconquista, hasta 1609. *Tb n.* **b)** De (los) moriscos. ▪ **3** (*hist*) [Pers.] nacida en América de español y mulata, o de mulato y española. *Tb n.*

morisma. la ~. *f* (*hist*) Los moros. *Referido a la época de la Reconquista.*

morisqueta *f* **1** Mueca o visaje. ▪ **2** (*raro*) Arroz cocido sin sal.

morito *m* Ave zancuda de plumaje muy oscuro y lustroso y pico curvo, que vive en zonas pantanosas (*Plegadis falcinellus*).

morlaco *m* (*Taur*) Toro de gran tamaño.

mormojear *intr* (*reg*) Refunfuñar.

mormón -na *adj* (*Rel crist*) [Individuo] perteneciente a la Iglesia de Jesucristo de los Santos de los Últimos Días, fundada en Estados Unidos por Joseph Smith en 1830. *Tb n.* **b)** De (los) mormones.

mormónico -ca *adj* (*Rel crist*) De (los) mormones.

mormonismo *m* (*Rel crist*) Iglesia mormónica. *Tb su doctrina.*

moro -ra **I** *adj* **1** Del Norte de África, esp. de Marruecos. *Tb n, referido a pers.* ■ **2** Musulmán. *Tb n. Esp referido a los que ocuparon parte de la Península Ibérica durante la Edad Media.* **b)** Musulmán de Mindanao (Filipinas) u otra isla de Malasia. *Tb n.* ■ **3** (*col*) [Pers.] no bautizada. **b)** [Vino] no aguado. ■ **4** (*col*) [Hombre] que tiene muy sometida a su mujer. *Tb n.* ■ **5** [Animal] de color negro o muy oscuro. *Frec en la forma* MORITO. ■ **6** [Hierba] **mora,** [langosta] **mora,** [lechuza] **mora** → HIERBA, LANGOSTA, LECHUZA. **II** *m* **7** **el ~.** (*col*) Marruecos. ■ **8** Dialecto de Mindanao (Filipinas). ■ **9** **el ~ Muza.** (*hoy raro*) *En frases de negación o rechazo, designa a una pers imaginaria de gran importancia, para dar énfasis al rechazo.* * –¿Esto es tuyo? –No, es del moro Muza. ■ **10** **~s y cristianos.** Judías pintas con arroz. **III** *loc v* **11** **haber ~s en la costa.** Existir peligro de que alguien no deseado vea o escuche algo.

morocho¹ -cha *adj* (*col*) [Pers.] morena. *Tb n.*

morocho² -cha *adj* (*reg*) Mocho (chato o romo).

morón -na *adj* [Variedad de aceituna] semejante a la manzanilla, pero más basta y desabrida y de mayor hueso.

morondanga *f* (*desp, raro*) Cosa inútil o molesta.

moronense *adj* De Morón de la Frontera (Sevilla). *Tb n, referido a pers.*

morónido *adj* (*Zool*) [Pez] de cuerpo alargado y esbelto, con aletas provistas de radios espinosos, de la familia de la lubina. *Frec como n m en pl, designando este taxón zoológico.*

morosamente *adv* De manera morosa.

morosidad *f* **1** Cualidad de moroso. ■ **2** Actitud morosa.

moroso -sa *adj* **1** Que se retrasa en un pago. *Tb n, referido a pers.* ■ **2** Lento o reposado. ■ **3** Que tarda o se retrasa.

morquera *f* Ajedrea (planta).

morra¹ *f* **1** (*raro*) Parte superior de la cabeza. ■ **2** Cerro redondeado. **b)** (*reg*) Cerro de cumbre plana y paredes verticales.

morra² *f* Juego semejante al de los chinos, consistente en acertar el número total de dedos levantados que presentan los jugadores.

morrada *f* (*col*) Golpe en la cara. **b)** Golpe por caída o choque.

morral *m* Bolsa, gralm. de lona, usada por caminantes, pastores y cazadores para llevar provisiones y echar la caza. **b)** Cantidad de caza cobrada en una jornada por un cazador.

morralada *f* Cantidad que cabe en un morral.

morralero -ra *m y f* Pers. que acompaña a un cazador para ayudarle.

morralla *f* **1** (*col*) Conjunto de perss. o cosas despreciables o sin valor. ■ **2** Conjunto de pescados menudos y revueltos.

morrazo *m* (*reg*) Morrada.

morrear **A** *intr* **1** (*col*) Besarse en la boca [dos perss., o una con otra]. *Gralm pr* (**~se**). **B** *tr* **2** (*col*) Besar [a alguien] en la boca. ■ **3** (*reg*) Beber a morro [algo o de un recipiente (*cd*)]. *Tb abs.*

morrena *f* (*Geol*) Montón de piedras y otras materias arrastradas y depositadas por un glaciar.

morrénico -ca *adj* (*Geol*) De (la) morrena.

morreo *m* (*col*) Acción de morrear(se).

morrilla *f* Alcachofa (planta).

morrillo *m* **1** Porción carnosa de las reses en la parte anterior y superior del cuello. *Tb fig, referido a pers.* ■ **2** Canto rodado. ■ **3** (*reg*) Grava.

morrina *f* (*reg*) Peste mortífera, esp. entre el ganado.

morriña *f* Tristeza, esp. por nostalgia de la tierra natal. *Gralm referido a gallegos.*

morriñento -ta *adj* (*reg*) **1** Que tiene morriña. ■ **2** Que denota o implica morriña. ■ **3** Triste o enfermizo.

morriñoso -sa *adj* **1** Que tiene morriña. ■ **2** Que denota o implica morriña.

morrión¹ *m* (*hist*) **1** Casco esférico y ligero, de bordes elevados en punta por delante y por detrás. ■ **2** Gorro militar cilíndrico y con visera.

morrión² *m* (*reg*) Colina sobresaliente en una montaña o sierra.

morris *m* (*raro*) Sillón extensible.

morro **I** *m* **1** Hocico [de un animal]. ■ **2** (*col*) Labios, esp. gruesos, de una pers.]. *Frec en pl.* ■ **3** (*col*) Cara [de una pers.]. *En constrs como* CAERSE DE ~S, PARTIR(SE) LOS ~S, ROMPER(SE) LOS ~S, DAR EL ~. ■ **4** (*col*) Gesto de enfado. *Tb el mismo enfado. Frec en pl y en la forma* MORRITO(S). ■ **5** (*col*) Caradura o frescura. *Frec en la constr* TIENE UN ~ QUE SE LO PISA. ■ **6** Parte delantera y saliente [de un vehículo, esp. un coche]. ■ **7** Punta o saliente redondeado [de algo]. **b)** Cabo (accidente geográfico). ■ **8** Monte o peñasco redondeado. **II** *loc v* (*col*) **9** **arrugar,** *o* **torcer, el ~.** Poner mala cara. *Tb fig.* ■ **10** **asomar** [alguien] **el ~.** Aparecer [por un lugar]. ■ **11** **calentársele** [a alguien] **el ~.** Calentársele la boca. ■ **12** **dar en los ~s** [a alguien]. Fastidiar[le] haciendo ostentación de algo. ■ **13** **darse el ~.** Besarse en la boca. ■ **14** **pasar** [algo] **por los ~s.** Hacer ostentación [de ello] para fastidiar. ■ **15** **sobar** [a alguien] **el ~,** *o* **los ~s.** Pegar[le] o golpear[le]. **III** *loc adv* (*col*) **16** **a ~.** Aplicando directamente los labios al líquido o a la botella. *Con el v* BEBER. ■ **17** **de ~(s).** En situación de enfado. *Frec con los vs* ESTAR *o* PONERSE. ■ **18** **por el ~.** Gratis o por la cara.

morrocotudo -da *adj* (*col*) Extraordinario. *Con intención ponderativa.*

morrón¹ *m* (*col*) Golpe por choque o caída, esp. de frente.

morrón² *adj* [Pimiento] rojo, dulce y muy carnoso.

morrongo -ga *m y f* (*col*) Gato (animal). *Tb fig, referido a pers como apelativo cariñoso.*

morrosco -ca (*tb con la grafía* **morrosko**) (*reg*) **I** *adj* **1** Huraño.
II *m y f* **2** Mocetón.

morrudo -da *adj* Que tiene morro [1, 2 y 4].

morsa *f* Mamífero carnívoro de gran tamaño, de cuerpo macizo y caninos superiores muy desarrollados, propio de los mares árticos (*Odobaenus rosmarus*).

morsana *f* Planta herbácea perenne, propia de sitios incultos y usada como vermífuga (*Zygophyllum fabago*).

morse (*frec con mayúscula*) *m* Sistema de telegrafía electromagnética que utiliza un alfabeto formado por combinación de puntos y rayas. *Frec en aposición. Tb fig.* **b)** Alfabeto propio del sistema morse. *Frec en aposición.*

mortadela *f* Embutido tierno y grueso, hecho con carne de cerdo y de vaca mezcladas con tocino.

mortaja[1] *f* Sábana u otra prenda con que se envuelve el cadáver antes de enterrarlo.

mortaja[2] *f* (*E*) Hueco hecho en una cosa para encajar otra.

mortajar *tr* (*E*) Hacer mortajas[2] [en algo (*cd*)]. *Tb abs.*

mortal **I** *adj* **1** [Ser] que está destinado a morir. **b) restos ~es** → RESTO. ■ **2** [Cosa] que causa o puede causar la muerte. *Frec* (*col*) *con intención enfática.* **b)** (*Rel crist*) [Pecado] que priva al alma de la vida de la gracia. ■ **3** [Odio u otro sentimiento similar] implacable. ■ **4** (*raro*) Que parece muerto o próximo a morir.
II **5** Ser humano.
III *fórm or* **6 las señas son ~es** → SEÑA.

mortalidad *f* (*Estad*) Número de defunciones en una población y período determinado.

mortalmente *adv* De manera mortal, *esp* [2].

mortandad *f* Multitud de muertes causadas por una epidemia o un hecho violento.

mortecinamente *adv* De manera mortecina [1].

mortecino -na *adj* **1** Que carece de viveza o vigor. ■ **2** Que está casi muriendo. *Tb fig.*

mortera *f* (*reg*) Cuenco de madera.

morterada *f* Morterazo. *Tb fig.*

morterazo *m* Disparo de mortero[2].

morterete[1] *m* Mortero[1] [1] de metal.

morterete[2] *m* Utensilio que sirve para disparar salvas en las festividades. *Tb la salva.*

mortero[1] *m* **1** Recipiente de madera, piedra o metal que sirve para machacar cosas en él. ■ **2** (*Mar*) Recipiente cilíndrico o semiesférico con tapa de cristal, en cuyo interior se aloja la rosa de los vientos o la aguja magnética.

mortero[2] *m* **1** Pieza de artillería que se carga por la boca y es capaz de efectuar tiros de trayectoria muy curva y de corto alcance. ■ **2** Morterete[2].

mortero[3] *m* (*Constr*) Masa de cemento o cal con arena y agua.

morteruelo *m* Guiso pastoso hecho con hígado de cerdo machacado, especias y pan rallado.

mortíferamente *adv* De manera mortífera.

mortífero -ra *adj* [Cosa] que causa o puede causar la muerte, esp. a muchos seres.

mortificación *f* Acción de mortificar(se). *Tb su efecto.*

mortificador -ra *adj* **1** Que mortifica [1]. ■ **2** De (la) mortificación.

mortificante *adj* Que mortifica [1].

mortificar **A** *tr* **1** Causar pesadumbre o disgusto [a alguien (*cd*)]. **b)** Causar sufrimiento, esp. físico [a una pers. (*cd*)], con una intención ascética o espiritual. *Frec el cd es refl.*
B *intr pr* (**~se**) **2** (*Med*) Gangrenarse o necrosarse. ■ **3** (*Coc*) Sufrir [la carne] un comienzo de descomposición.

mortificativo -va *adj* Mortificador.

mortinatalidad *f* (*Estad*) Número de nacimientos de niños muertos en una población y período determinados.

mortinato -ta *adj* (*Med*) [Criatura] que nace muerta. *Tb n.*

mortis causa (*lat; pronunc,* /mórtis-káusa/) *loc adj* (*Der*) [Donación o transmisión] que ha de tener efecto después de la muerte de quien la hace. *Tb adv.*

mortuorio -ria **I** *adj* **1** De(l) muerto. **b)** [Cámara] **mortuoria** → CÁMARA.
II *m* **2** Lugar, en un hospital, destinado a depositar los cadáveres antes de que sean llevados a enterrar.

moruchada *f* (*Taur*) Corrida de moruchos[2].

morucho[1] **-cha** *adj* (*col*) [Pers.] morena. *Tb n.*

morucho[2] **-cha** *adj* (*Taur*) [Res] de media casta brava, propia del campo de Salamanca. *Tb n.*

morueco *m* Carnero destinado a la reproducción. **b)** *A veces se usa en constrs de sent comparativo para ponderar la testarudez.* * Son tercos como moruecos.

morugo -ga *adj* (*reg*) **1** [Pers.] callada y huraña. ■ **2** Pers. bruta o de cortos alcances.

mórula *f* (*Biol*) Estadio del desarrollo del huevo fecundado en que este presenta el aspecto de una mora.

morular *adj* (*Biol*) De (la) mórula.

moruno -na *adj* **1** De(l) moro [1]. ■ **2** [Pincho de cocina] constituido por varios trozos de carne adobada pinchados en una varilla metálica y asados a la plancha. ■ **3** [Langostino] **~**, [perdiz] **moruna** → LANGOSTINO, PERDIZ.

mosaico[1] **I** *m* **1** Obra decorativa de muros y pavimentos, hecha por yuxtaposición de trocitos de mármol, piedra, vidrio o cerámica que forman figuras. **b) ~ de madera.** Entarimado hecho con tablitas de diferentes maderas o matices. *Tb simplemente ~.* **c) ~ de madera.** Taracea. *Tb simplemente ~.* ■ **2** Baldosa o baldosín. ■ **3** Conjunto de elementos variados yuxtapuestos. ■ **4** (*Bot*) Enfermedad de las plantas causada por virus, que gralm. produce manchas irregulares en las hojas.
II *adj invar* **5** (*E*) [Filtro o efecto] que presenta una imagen dividida en numerosos cuadritos a manera de mosaico [1]. *Tb n m.*

mosaico[2] **-ca** *adj* De Moisés (profeta hebreo que dio a los israelitas la ley revelada por Dios). **b)** Que sigue la ley de Moisés. *Tb n, referido a pers.*

mosaiquista *m y f* Pers. que hace mosaicos[1] [1].

mosaísmo *m* Religión mosaica.

mosaísta *m y f* Pers. que hace mosaicos[1] [1].

mosano -na *adj* (*Arte*) [Arte] desarrollado durante la Edad Media en el valle medio del Mosa. **b)** De(l) arte mosano.

mosca[1] I *f* **1** Insecto díptero de pequeño tamaño, negro y de alas transparentes, muy común en el verano, esp. en los lugares en que hay animales y suciedad (*Musca domestica*). **b)** Se da este *n* a otros muchos insectos dípteros de aspecto semejante al de la mosca común. *Gralm con un adj o compl especificador:* ~ AZUL (*Calliphora vomitoria*), ~ BORRIQUERA (*Hippobosca equina*), ~ DE LA CARNE (*Sarcophaga carnaria*), ~ DEL VINAGRE (*Drosophila melanogaster*), ~ VERDE (*gén Lucilia*), ~ TSE-TSE (*gén Glossina*), *etc.* **c)** ~ **cojonera.** Mosca que se sitúa sobre los genitales de las caballerías causándoles gran desazón. *Frec en constrs de sent comparativo para ponderar el carácter molesto o inquietante de una pers.* * *Eres como una mosca cojonera.* **d)** Cebo de pesca hecho con plumas de colores que imita a una mosca. *Tb* ~ ARTIFICIAL. **e) pájaro** ~ → PÁJARO. ■ **2** Mancha pequeña y oscura que, por defecto visual, se ve delante de los ojos. *Gralm en pl.* ■ **3** Porción de barba que se deja entre el labio inferior y el comienzo de la barbilla. ■ **4** (*col*) Dinero. *Frec con los vs* AFLOJAR *o* SACUDIRSE. **b)** (*raro*) Moneda. ■ **5** (*col*) Borrachera. ■ **6** (*Zool*) Larva del saltamontes en la fase intermedia entre mosquito y saltón. ■ **7** ~ **muerta.** (*col*) Pers. de apariencia mansa o apocada que encubre malicia. *Más frec* MOSQUITA MUERTA. ■ **8 la** ~ **en** (o **detrás de**) **la oreja.** (*col*) Recelo o desconfianza. *En constrs como* ESTAR CON LA ~ EN LA OREJA, TENER LA ~ EN LA OREJA, *o* PONÉRSELE [a alguien] LA ~ EN LA OREJA. **II** *adj* **9** (*col*) [Pers.] recelosa. *Normalmente como predicat con vs que indican estado.* * *Está mosca.* * *Me tiene mosca esa reacción.* ■ **10** (*Dep, esp Boxeo*) [Peso] cuyo límite superior es de 50,8 kg. *Tb referido al deportista de ese peso; en este caso, frec como m en pl.* ■ **11** (**de**) ~. [Bigote] muy pequeño. **III** *loc v y fórm o* (*col*) **12 átame esa** ~ **por el rabo.** *Fórmula con que se comenta un despropósito.* * *Quieres criticarle y quedar bien con él. Átame esa mosca por el rabo.* ■ **13 matar una** ~. Hacer el más mínimo mal a nadie. *En constrs como* NO MATAR, *o* NO SER CAPAZ DE MATAR, UNA ~. ■ **14 no oírse** (*u otro v equivalente*) **una** ~ (*o* **el vuelo de una** ~). No oírse nada. *Con intención ponderativa.* ■ **15 papar** ~**s.** Estar embobado o sin hacer nada, con la boca abierta. *Frec en ger.* ■ **16 ¿qué** ~ **te** (**le**, *etc*) **ha picado?** ¿Qué te (le, etc.) ocurre, o qué te inquieta, para que actúes así? ■ **17 sacudirse** (*o* **espantarse**) [alguien] **las** ~**s.** Librarse de problemas o compromisos. **IV** *loc adv* (*col*) **18 como** ~**s.** En gran cantidad. *Con vs como* CAER, MORIR *o* ACUDIR. ■ **19 por si las** ~**s.** Por si acaso.

mosca[2] *adj* (*hist*) Chibcha o muisca. *Tb n, referido a pers.*

moscada. nuez ~ → NUEZ.

moscarda *f* Mosca[1] [1b] grande y zumbadora que pone sus huevos en la carne (*Sarcophaga carnaria*, *Calliphora vomitoria* y *gén. Lucilia*). *Tb* ~ DE LA CARNE, ~ AZUL *o* ~ VERDE, *respectivamente.*

moscardón *m* **1** Moscarda. ■ **2** (*col*) Moscón [2]. *Gralm referido al hombre que asedia a una mujer con pretensiones amorosas.*

moscardonear *intr* Mosconear.

moscardoneo *m* Mosconeo.

moscarrón *m* (*raro*) Moscardón [1].

moscatel[1] (*pl*, ~ *o* ~ES) *adj* **1** [Uva] grande, blanca y muy dulce y aromática. *Tb n m. Tb referido a la vid que la produce.* ■ **2** [Vino] dulce fabricado con uva moscatel. *Frec n m.*

moscatel[2] *adj* (*reg*) Tonto o pazguato.

mosco *m* (*Pesca*) Mosca[1] [1d] artificial.

moscóforo *m* (*Arte*) Escultura de un hombre que lleva sobre los hombros un animal para el sacrificio.

moscón *m* **1** Moscardón [1]. **b) pájaro** ~ → PÁJARO. ■ **2** (*col*) Pers. que se mueve alrededor de otra asediándola con sus pretensiones. *Tb adj.*

mosconear *intr* **1** Producir un zumbido de moscardón [1]. ■ **2** (*col*) Moverse [una pers. alrededor de otra] asediándola con sus pretensiones. ■ **3** (*col*) Importunar o ser pesado.

mosconeo *m* Acción de mosconear. *Tb su efecto.*

moscorra *f* (*reg*) Borrachera.

moscoso *m* (*col*) Día libre para asuntos propios, de los varios de que puede disponer un funcionario. *Tb fuera del ámbito de la Administración.*

moscote *m* (*reg*) Tursio (cetáceo).

moscovita[1] *adj* **1** De Moscú. *Tb n, referido a pers.* ■ **2** De(l) gobierno ruso o del régimen de la URSS.

moscovita[2] *f* (*Mineral*) Mica blanca.

mosén *m* **1** (*reg*) Tratamiento dado a los clérigos. * *Vino a visitarnos mosén Francisco.* **b)** Cura o sacerdote. ■ **2** (*hist*) Tratamiento dado a un noble de segunda clase en la corona de Aragón. * *Gonzalo de Guzmán venció en 1428 al caballero navarro mosén Luis de Falces.*

mosqueado -da *adj* **1** *part* → MOSQUEAR. ■ **2** Que tiene pintas.

mosqueante *adj* (*col*) Que mosquea [1 y 2].

mosquear *tr* (*col*) **1** Causar recelo [a alguien (*cd*)]. **b)** *pr* (~**se**) Sentir recelo. ■ **2** Causar enojo o enfado. **b)** *pr* (~**se**) Enfadarse o sentir enojo. ■ **3** (*raro*) Responder [alguien algo] resentido o molesto.

mosqueo *m* (*col*) **1** Acción de mosquear(se) [1 y 2]. *Frec su efecto.* ■ **2** Tomadura de pelo. *Frec en la constr* UNA (DOS, *etc*) DE ~.

mosquera *f* (*reg*) **1** Fleco que se pone a los animales en la cabezada o bajo el yugo para espantarles las moscas[1]. ■ **2** Arbusto espinoso de hojas persistentes y coriáceas y flores blancas con cinco pétalos, en corimbos (*Rosa sempervirens*).

mosquero *m* (*reg*) Fleco que se pone en la cabezada de una caballería para espantarle las moscas[1].

mosquerola *adj* Mosqueruela.

mosqueruela *adj* [Pera] redonda, de color rojo oscuro y verde amarillento y carne dulce y granulosa.

mosqueta[1] *f* Se da este *n* a varias especies de rosales: *Rosa sempervirens*, *R. damascena*, *R. canina* y *R. moschata*.

mosqueta[2] *f* (*reg*) Hemorragia nasal producida por un golpe. *Tb el mismo golpe.*

mosquete *m* (*hist*) Arma de fuego antigua, semejante al fusil, pero de mayor calibre, que se dispara apoyándola en una horquilla.

mosquetería *f* (*hist*) Tropa de mosqueteros [1].

mosqueteril *adj* De(l) mosquetero [1]. *Tb fig.*

mosquetero I *m* (*hist*) **1** Soldado armado con mosquete. ■ **2** *En los ss XVII y XVIII:* Espectador teatral que asiste de pie en la parte posterior del patio.
II *adj* **3** [Guante] que se ensancha notablemente en la parte del puño. *Tb* DE ~.

mosquetón[1] *m* Arma de fuego semejante al fusil, pero más corta.

mosquetón[2] *m* Anilla o gancho que cierran mediante un muelle.

mosquetería *f* (*raro*) Conjunto de (los) mosquitos [1].

mosquitero -ra I *adj* **1** De (los) mosquitos [1]. **b)** [Tela] destinada a evitar el paso de los mosquitos [1]. **c)** [Curruca] **mosquitera** → CURRUCA.
II *n* A *m* **2** Pabellón de gasa o tejido similar, que se pone sobre la cama para evitar las picaduras de mosquito. ■ **3** Pájaro de color verdoso y amarillo que habita gralm. en los bosques (*Phylloscopus collybita*). *Tb* ~ COMÚN. *Con un adj especificador, designa otras especies del mismo gén:* ~ MUSICAL (*P. trochilus*), ~ PAPIALBO (*P. bonelli*), ~ SILBADOR (*P. sibilatrix*), *etc.*
B *f* **4** Mosquitero [2].

mosquito I *m* **1** Insecto díptero de pequeño tamaño, cuerpo delgado, patas largas y finas y alas transparentes (gén. *Culex* y otros). ■ **2** (*Zool*) Larva de saltamontes en la fase inmediata a su salida del huevo.
II *loc v* **3** tener sesos de ~, *o* menos sesos que un ~ → SESO[1].

mosso d'esquadra (*cat; pronunc corriente,* /móso-deskuádra/) *m* Miembro de la policía autónoma catalana. *Tb simplemente* MOSSO. *Frec en pl, designando el cuerpo.*

mostacero *m* Tarro para servir la mostaza [2].

mostacho *m* Bigote grande.

mostachón *m* Cierta torta de harina y huevo.

mostachudo -da *adj* Que tiene mostacho.

mostacilla *f* Se da este *n* a las plantas herbáceas *Thlaspi alliaceum* y *T. perfoliatum*. *Tb* ~ BRAVA *o* SALVAJE.

mostagán[1] *m* (*col*) Vino.

mostagán[2] *m* (*reg*) Hombre vago y algo bruto. *Tb adj.*

mostajo *m* Árbol de la familia de las rosáceas, de fruto elíptico pardo o rojo, cuya madera se usa en ebanistería (gén. *Sorbus*, esp. *S. aria*).

mostayal *m* (*reg*) Mostajo (árbol, *Sorbus aria*).

mostaza I *f* **1** Planta herbácea de flores amarillas en racimo y fruto en silicua con numerosas semillas pequeñas, de olor irritante y sabor picante, que se emplean en cocina y medicina (*Brassica nigra*). *Tb* ~ NEGRA. *Otras especies se distinguen por medio de adjs o compls:* ~ BLANCA (*Sinapis alba*), ~ DE LOS CAMPOS (*Sinapis arvensis*), ~ SALVAJE (*Thlaspi arvense*), *etc.* ■ **2** Salsa preparada con semillas de mostaza [1]. ■ **3** ~ nitrogenada. (*Med*) Compuesto químico del grupo de los homólogos del gas mostaza, que se emplean en el tratamiento de las leucemias y otras enfermedades.
II *adj* **4** [Color] amarillo oscuro propio de la mostaza [2]. *Tb n m.* **b)** De color mostaza. ■ **5** [Gas] ~ → GAS.

mosteador *m* (*reg*) En las bodegas de vinos: Ayudante del arrumbador.

mostellar *m* (*reg*) Mostajo (árbol, *Sorbus aria*).

mosteyal *m* (*reg*) Mostajo (árbol, *Sorbus aria*).

mostillo *m* Dulce hecho con mosto [1] o aguamiel, harina, especias y a veces frutos secos o trozos de fruta.

mosto *m* **1** Zumo de la uva, antes de fermentar. ■ **2** (*E*) Mezcla de materias vegetales y agua que sirve para fabricar alcohol o bebidas alcohólicas.

mostoleño -ña *adj* De Móstoles (Madrid). *Tb n, referido a pers.*

mostoso -sa *adj* **1** (*raro*) [Vino] poco fermentado. ■ **2** (*reg*) [Fruta, esp. uva] pringosa o pegajosa.

mostra (*it; pronunc corriente,* /móstra/) *f* Muestra (exposición o exhibición). *Referido a las celebradas en Italia.*

mostrable *adj* Que se puede mostrar.

mostración *f* (*lit*) Acción de mostrar.

mostrador *m* **1** En determinados establecimientos públicos, esp tiendas o locales de bebidas: Tablero o mueble alargado que separa al cliente de la pers. que le atiende. ■ **2** En una cocina: Tablero o mueble alargado que gralm. separa dos ambientes. ■ **3** (*col*) Pechos (de mujer).

mostrar (*conjug 4*) A *tr* **1** Enseñar (poner [algo (*cd*) ante alguien (*ci*)] de manera que lo vea). *A veces se omite el ci.* **b)** Tener visible [algo]. **c)** Tener [algo que se ve o puede ser visto]. ■ **2** Hacer ver [algo abstracto (*cd*) a alguien (*ci*)]. **b)** Manifestar o dejar ver [un hecho]. ■ **3** (*Caza*) Hacer [un perro] la muestra [de algo (*cd*)]. *Tb abs.*
B *copulat pr* (~se) **4** Aparecer o presentarse [de una determinada manera (*adj predicat*)].

mostrativo -va *adj* Que muestra.

mostrencamente *adv* De manera mostrenca [2].

mostrenco -ca *adj* **1** Que no tiene dueño conocido. ■ **2** Indefinido o sin carácter propio. ■ **3** [Pers.] torpe o de cortos alcances.

mota[1] *f* **1** Partícula redondeada [de algo]. ■ **2** Mancha o dibujo pequeños y redondeados. ■ **3** (*reg*) Cantidad mínima de dinero. *En constrs negativas de intención ponderativa, como* NO TENER UNA ~, *o* NI ~. ■ **4** (*Mar, hist*) Participación en la financiación de una expedición comercial, cuyos beneficios se liquidan al término de esta.

mota[2] *f* Eminencia del terreno de poca altura. *Frec en la forma dim* MOTILLA.

motacilla *f* Lavandera (ave).

motano -na *adj* De Mota del Marqués (Valladolid). *Tb n, referido a pers.*

motard (*fr; pronunc corriente,* /motár/; *pl normal,* ~s) *m y f* Motorista o motociclista.

mote *m* **1** Apodo, frec. de carácter despectivo. ■ **2** Texto muy breve que figura como leyenda en un escudo. **b)** (*hist*) Texto usado como empresa en las justas y torneos. ■ **3** Cita que encabeza un libro o una composición literaria. ■ **4** (*TLit*) Texto, gralm. de un solo verso, que sirve de cabeza a una glosa.

moteado[1] **-da** *adj* **1** *part* → MOTEAR. ■ **2** Que tiene motas[1] [2].

moteado[2] *m* **1** Acción de motear. *Tb su efecto.* ■ **2** Enfermedad del peral producida por el hongo

Venturia pirina y que se caracteriza por la aparición de manchas oscuras en hojas, ramas y frutos.

motear *tr* Salpicar [algo] de motas[1] [2].

motejar *tr* **1** Dar [a alguien (*cd*)] la denominación o calificación despectiva [que se expresa (*compl* DE)]. ■ **2** Poner [a alguien (*cd*)] un mote [1].

motel *m* Establecimiento hotelero situado fuera de los núcleos urbanos y en las proximidades de las carreteras, con alojamiento en departamentos con entrada independiente desde el exterior y garaje o cobertizo.

moteño -ña *adj* De Mota del Cuervo (Cuenca). *Tb n, referido a pers.*

motero -ra (*col*) **I** *adj* **1** De (las) motos o de (los) motoristas.
    II *m y f* **2** Motorista o motociclista.

motete *m* Breve composición musical, de carácter religioso o profano, a dos o tres voces, cada una de las cuales canta una letra diferente.

moth Europa (*pronunc corriente*, /móθ-európa/) *m* (*Dep*) Yate de regatas con una vela mayor triangular y sin foque.

motil *m* (*reg*) Muchacho cocinero en un barco.

motilidad *f* (*Med*) Movilidad.

motilla → MOTA[2].

motillano -na *adj* De Motilla del Palancar (Cuenca). *Tb n, referido a pers.*

motillón *m* Mota[2] o motilla grande.

motilón[1] -na *adj* **1** Pelón (que no tiene pelo o lo tiene muy escaso o muy corto). ■ **2** Del pueblo indígena americano de la familia caribe que vive en la región de la Sierra de Perijá, en la frontera entre Colombia y Venezuela, y que se caracteriza por su corte de pelo en forma de casquete. *Tb n, referido a pers.* ■ **3** (*Rel catól*) En un convento: Lego. *Tb n.*

motilón[2] -na *adj* (*reg*) [Pers.] corpulenta.

motín *m* Movimiento colectivo de protesta, de ámbito limitado, en forma tumultuosa y violenta y gralm. espontáneo, contra una autoridad.

motivación *f* **1** Acción de motivar, *esp* [4]. ■ **2** Motivo[1] o conjunto de motivos [1].

motivacional *adj* (*Psicol*) De (la) motivación.

motivadamente *adv* Con motivación.

motivador -ra *adj* Que motiva. *Tb n, referido a pers.*

motivar *tr* **1** Ser el motivo[1] [1] [de algo (*cd*)]. ■ **2** Explicar los motivos[1] [1] [de algo (*cd*)]. ■ **3** Mover o incitar [a alguien a algo (*compl* PARA)]. ■ **4** Despertar el interés o el deseo de actividad [de alguien (*cd*)].

motívico -ca *adj* (*Mús*) De(l) motivo[1] [3].

motivo[1] I *m* **1** Causa [de una acción o de una actitud]. **b)** Causa que mueve a actuar. ■ **2** Figura, gralm. repetida, que sirve de elemento decorativo. *Frec* ~ DECORATIVO *u* ORNAMENTAL. ■ **3** (*Mús*) Tema característico que se repite a lo largo de una composición. *Tb fig, fuera del ámbito musical.*
    II *loc prep* **4 con ~ de.** A causa de.

motivo[2] -va *adj* (*E*) Que mueve o sirve para mover.

moto[1] I *f* **1** Motocicleta. **b)** *Con un compl especificador como* DE AGUA *o* DE NIEVE, *designa otros vehí-*culos similares a la motocicleta pero adecuados para el medio que se expresa.
    II *loc v* **2 vender la** ~ [a alguien]. (*col*) Engañar[le].
    III *loc adv* **3 como una** ~. (*col*) En estado de gran excitación, frec. por consumo de drogas o alcohol. *Gralm con vs como* ESTAR, IR *o* PONERSE.

moto[2] *m* (*lit*) **1** Lema (frase que condensa un ideal de conducta o de acción). ■ **2** Mote (cita que encabeza un libro o una composición literaria).

moto-[1] *r pref* De motor. * Motofresadora. * Motobuque.

moto-[2] *r pref* De (la) motocicleta. * Motoclub. * Motodeportivo.

motoazada *f* (*Agric*) Vehículo agrícola de pequeñas dimensiones provisto de un dispositivo para excavar la tierra.

motobomba *f* (*E*) Bomba aspirante e impelente que funciona por medio de un motor.

motocarro *m* (*alguna vez f*) Vehículo de tres ruedas, con motor, destinado al transporte de cargas ligeras.

motocicleta *f* Vehículo automóvil, gralm. de dos ruedas, cuyo motor está unido a una estructura que soporta a la vez una de las ruedas y el asiento del conductor.

motociclismo *m* Deporte de la motocicleta.

motociclista I *adj* **1** De (las) motocicletas o de(l) motociclismo.
    II *m y f* **2** Pers. que practica el motociclismo. ■ **3** Pers. que conduce una motocicleta.

motociclístico -ca *adj* (*raro*) Motociclista [1].

motociclo *m* (*admin*) Motocicleta.

motocine (*tb con la grafía* **moto-cine**) *m* Cine al aire libre en que los espectadores ven la proyección desde sus vehículos.

motocompresor *m* (*E*) Compresor que forma cuerpo con su propio motor.

moto-cross (*pronunc,* /motokrós/; *tb con la grafía* **motocross**) *m* Variedad de deporte motociclista practicada en terreno accidentado. *Tb la prueba de este deporte.*

motocultivador *m* (*Agric*) Motocultor.

motocultor *m* (*Agric*) Arado provisto de motor y de manceras para dirigirlo.

motofurgón *m* Motocarro cubierto.

motonauta *m y f* Pers. que practica la motonáutica [2].

motonáutico -ca I *adj* **1** De (la) motonáutica [2].
    II *f* **2** Deporte consistente en la navegación en pequeñas embarcaciones de motor.

motonave *f* Buque propulsado por un motor de explosión o eléctrico, y no de vapor.

motoneurona *f* (*Anat*) Neurona motora.

motoniveladora *f* (*Constr*) Vehículo automóvil dotado de dispositivo adecuado para nivelar el suelo.

motopesquero *m* Barco pesquero propulsado por motor.

motopropulsor -ra *adj* (*Mec*) [Grupo, o conjunto de órganos] que mueve un vehículo.

motor – movilidad

motor **motor -ra** (*tb f* **motriz** *en acep 1*) **I** *adj* **1** Que produce movimiento. *Tb fig. Tb n m, referido a elemento o principio.* ■ **2** [Lancha] que tiene motor [4]. *Tb n f.* ■ **3** (*Fís*) [Trabajo] equivalente al producto de la potencia por su espacio recorrido.
II *m* **4** Máquina que transforma en movimiento una energía. *A veces con un compl especificador.*
III *loc v* **5 calentar ~es.** Prepararse para el comienzo de una actividad.

motórico -ca *adj* (*Fisiol*) De(l) sistema motor [1].

motorismo *m* Deporte del automóvil o esp. de la motocicleta.

motorista I *adj* **1** De(l) motorismo.
II *m y f* **2** Pers. que practica el motorismo. ■ **3** Pers. que conduce una motocicleta. ■ **4** Mecánico encargado de la reparación y mantenimiento de motores [4].

motorístico -ca *adj* De(l) motorismo.

motorizable *adj* (*Mil*) [Unidad de infantería] que no dispone de vehículos, pero está entrenada para ser motorizada.

motorización *f* **1** Acción de motorizar(se). ■ **2** Tipo de motor [4] de que está dotado un vehículo.

motorizado -da *adj* **1** *part* → MOTORIZAR. ■ **2** (*Mil*) [Unidad de infantería] que dispone de los vehículos necesarios para su propio transporte.

motorizar *tr* **1** Dotar de vehículos automóviles [a alguien o algo (*cd*)]. **b)** *pr* (**~se**) Pasar a tener vehículo automóvil. *Frec en part.* ■ **2** Dotar de motor [a algo (*cd*)]. *Frec en part.*

motorola (*n comercial registrado*) *f* Teléfono móvil.

motorship (*ing; pronunc corriente,* /mótorʃip/; *tb con la grafía* **motor ship**; *pl normal,* ~s) *m* (*Mar*) Motonave.

moto-scooter (*pronunc corriente,* /motoskúter/; *pl normal,* ~s) *m* Scooter.

motosegadora *f* Máquina segadora movida por motor de explosión.

motoserrista *m* Obrero que trabaja con una motosierra.

motosierra *f* Sierra portátil accionada por motor, esp. para cortar árboles.

motosierrista *m* Motoserrista.

motovelero (*tb con la grafía* **moto-velero**) *m* Velero con motor auxiliar.

motricidad *f* (*Fisiol*) Propiedad de los centros nerviosos de provocar la contracción muscular.

motril *m* (*reg*) Muchacho que sirve de pastor o criado.

motrileño -ña *adj* De Motril (Granada). *Tb n, referido a pers.*

motriz *adj* **1** *forma f de* MOTOR. ■ **2** (*invar en gén*) (*semiculto*) Motor.

motto (*it; pronunc corriente,* /móto/) *m* Moto² o lema.

motu propio *loc adv* (*semiculto*) Motu proprio [1]. *Gralm* DE ~.

motu proprio (*lat; pronunc,* /mótu-próprio/) **I** *loc adv* **1** Libre y espontáneamente. *Tb* (*semiculto*) DE ~.
II *m* **2** Bula apostólica expedida por propia iniciativa.

mountain bike (*ing; pronunc corriente,* /móntan-báik/ *o* /mónten-báik/; *pl normal, invar o* ~s) *f* Bicicleta de montaña.

mousse (*fr; pronunc corriente,* /mus/) *f* Plato preparado con nata o claras de huevo batidas a punto de nieve.

mouton (*fr; pronunc corriente,* /mutón/) *m* (*Peletería*) Piel de cordero.

movedizamente *adv* (*raro*) De manera movediza [1a].

movedizo -za *adj* **1** Que se mueve [1] mucho. **b)** [Arena] que, por la humedad y la forma de sus granos, constituye una masa en que pueden hundirse los cuerpos. *Frec con el n en pl. Tb fig.* **c)** [Terreno] inseguro o poco firme. ■ **2** [Pers.] inconstante o variable.

mover (*conjug 18*) **A** *tr* **1** Cambiar [algo o a alguien] de posición o de situación. *Tb abs, referido a fichas de juegos.* **b)** *pr* (**~se**) Cambiar [alguien o algo] de posición o de situación. ■ **2** Cambiar o alterar [algo no material]. *Gralm en constr neg.* **b)** (*Filos*) Cambiar o alterar. **c)** *pr* (**~se**) Cambiar o alterarse. ■ **3** Causar [algo que implica movimiento [1], agitación o violencia]. ■ **4** Inducir o impulsar [a alguien (*cd*) a algo]. *Tb abs.* **b)** Inducir o impulsar [a algo (*cd*)]. ■ **5** Actuar para que [un asunto (*cd*)] se resuelva con prontitud o no quede detenido. ■ **6 ~ la lengua, ~ el vientre** → LENGUA, VIENTRE.
B *intr pr* (**~se**) **7** Actuar o desenvolverse. *Con compl de lugar.* ■ **8** Actuar con diligencia y prontitud. ■ **9** Resultar desenfocada o poco clara [una fotografía o una imagen dentro de ella]. *Gralm en la constr* SALIR MOVIDO.

movible *adj* **1** Que se puede mover [1]. **b)** (*Rel catól*) [Fiesta] que no se celebra todos los años en el mismo día. ■ **2** (*raro*) Que se mueve [1].

movición *f* (*pop*) **1** Movimiento [1]. ■ **2** Aborto (acción de abortar).

movida *f* (*juv*) **1** Suceso o hecho irregular o fuera de lo habitual. ■ **2** Fiesta o juerga. ■ **3** Lío o alboroto. ■ **4** Movimiento sociocultural al margen de los valores establecidos. **b)** Ambiente cultural y festivo propio de la juventud de los años 80. *Frec referido a Madrid.*

movido -da *adj* **1** *part* → MOVER. ■ **2** [Cosa] que tiene o implica agitación o movimiento notables. *Frec fig.* **b)** [Ritmo] rápido. *Frec referido a la música o baile que lo tienen.* **c)** Que tiene o implica muchas incidencias o hechos notables. **d)** Que tiene o implica discusiones o altercados. ■ **3** [Pers.] activa e inquieta.

moviente *adj* **1** Que se mueve [1]. ■ **2** (*Heráld*) [Pieza] que sale de los flancos, del jefe o de la punta del escudo. *Frec con un compl* DE.

móvil I *adj* **1** Que se puede mover [1 y 2]. **b)** [Teléfono] portátil incorporado a una red de transmisores de alta frecuencia. *Tb se aplica a la telefonía correspondiente.* **c)** [Sello o timbre] que se pega en el papel. *Tb n m.* ■ **2** Que se mueve. **b)** (*Fís*) [Polea] que cambia de posición subiendo o bajando. ■ **3** [Parque] ~ → PARQUE.
II *m* **4** (*Fís*) Cuerpo en movimiento [1a]. ■ **5** (*Arte*) Conjunto formado por varios elementos ensamblados de forma que cambian de posición a causa del viento u otra circunstancia. ■ **6** Cosa que mueve [4].

movilidad *f* Cualidad de móvil [1a y 2].

movilista *adj* **1** [Colmena] dotada de cuadros móviles para los panales. *Tb n f.* ■ **2** (*Geol*) [Teoría] según la cual los movimientos tectónicos han proseguido durante el Cuaternario.

movilizable *adj* Que se puede movilizar.

movilización *f* Acción de movilizar(se).

movilizador -ra *adj* Que moviliza.

movilizar *tr* **1** Poner en pie de guerra [a un ejército o a sus componentes]. *Tb abs.* **b)** Hacer que [alguien o algo (*cd*)] intervenga en una lucha. *Tb fig.* ■ **2** Poner [algo o a alguien] en movimiento.

movimentista *adj* Movimientista. *Tb n.*

movimientista *adj* De(l) Movimiento [6c]. **b)** Adepto al Movimiento. *Tb n.*

movimiento (*con mayúscula en acep 6b y c*) *m* **1** Acción de mover(se) [1]. **b)** Posibilidad de moverse o de ser movido [1]. ■ **2** Hecho de haber [en un lugar] perss. o vehículos que van y vienen, o entran y salen. **b)** Actividad [en un establecimiento]. **c)** Conjunto de entradas y salidas [de dinero, mercancías u otras cosas]. ■ **3** Cualidad que expresa o denota movimiento [1]. ■ **4** (*Mús*) Parte extensa [de una composición] con que predomina un determinado ritmo. ■ **5** Cambio o alteración [de algo no material, esp. un valor]. **b)** (*Filos*) Cambio o alteración. ■ **6** Acción colectiva tendente a producir un cambio de ideas y de actitudes en el terreno artístico, cultural o político. *Tb la organización que la realiza.* **b)** Alzamiento militar. *Normalmente designa el español de 1936, tb llamado* → NACIONAL. **c)** Partido único surgido en España tras el Alzamiento Nacional. ■ **7** (*E*) Conjunto de mecanismos de un reloj.

moviola (*n comercial registrado*) *f* Aparato de proyección que permite regular el movimiento de la película, y que se usa en montaje y en transmisiones deportivas. *Tb fig.*

moxa *f* (*Med*) Pequeño cono o cilindro de material blando y combustible, esp. preparado con hojas de artemisa, destinado a ser quemado sobre la piel como medio de cauterización. *Tb la misma cauterización.*

moxibustión *f* (*Med*) Procedimiento terapéutico basado en el uso de moxas.

moyo *m* (*reg*) Medida de capacidad equivalente a 16 cántaras.

moyuelo *m* Salvado muy fino que se obtiene al limpiar perfectamente la harina.

mozada *f* Conjunto de (los) mozos [1, 2 y 4].

mozalbete -ta (*el uso f es raro*) *m y f* (*desp*) Muchacho.

mozalbillo *m* (*raro*) Mozalbete.

mozallón -na *m y f* Pers. joven y corpulenta.

mozambicano -na *adj* Mozambiqueño. *Tb n.*

mozambiqueño -ña *adj* De Mozambique. *Tb n, referido a pers.*

mozancón -na *m y f* Pers. joven y corpulenta.

mozárabe **I** *adj* **1** (*hist*) Habitante cristiano de la España musulmana. *Tb n.* **b)** De los mozárabes. ■ **2** De(l) mozárabe [3]. **II** *m* **3** Lengua romance hablada por los mozárabes [1].

mozarabía *f* Conjunto de (los) mozárabes [1].

mozarabismo *m* **1** Cualidad de mozárabe. ■ **2** Palabra o rasgo idiomático propios de la lengua mo-

zárabe o procedentes de ella. ■ **3** (*Arte*) Tendencia mozárabe.

mozarabista *m y f* Pers. que estudia la lengua y la cultura mozárabes.

mozarela *f* Mozzarella.

mozarrón -na *m y f* Pers. joven y corpulenta.

mozcorra *f* (*raro*) Prostituta.

mozo -za **I** *adj* **1** (*pop o lit*) [Pers.] joven. *Tb n. Tb* (*lit*) *referido a cosa.* **b)** (*pop*) [Pers.] adolescente. *Tb n. Frec con intención ponderativa, referido a niños.* **c)** (*hist*) *Sigue al n propio o al apellido de una pers para diferenciarla de su homónima de más edad. Se opone a* VIEJO. * *Herrera el Mozo.* **d)** De (la) juventud. *Gralm referido a años.* ■ **2** (*pop*) [Pers.] soltera. *Tb n.* **b)** [Pers.] virgen. ■ **3** (*reg*) [Árbol] alto y bien desarrollado.

II *n* **A** *m y f* **4** Pers. que sirve al público o a una pers., normalmente en una casa o en un establecimiento. *Gralm con un compl especificador:* DE CUERDA (*o* CORDEL), DE ESTOQUES, DE ESTRIBO, DE MULAS, *etc* (→ CUERDA, ESTOQUE, *etc*). *Frec el compl se omite por consabido.* ■ **5 buen,** *o* **real, ~.** (*col*) Pers. alta, fuerte y gralm. de buena presencia. *Tb adj.*

B *m* **6** Hombre sometido al servicio militar, desde que es alistado hasta que entra en la caja de reclutamiento. ■ **7** Tentemozo (puntal o palo del carro).

C *f* **8 moza de fortuna** (o **de(l) partido**). (*lit*) Prostituta. ■ **9 moza de quiñón.** (*reg*) Mujer que trabaja como ayudante de los pescadores en algunas labores secundarias de tierra.

III *loc v* **10 ser moza** [una jovencita]. (*pop*) Tener por primera vez la menstruación.

mozón -na *m y f* (*reg*) Pers. soltera y de edad madura.

mozzarella (*it; pronunc corriente,* /modsaréla/) *f* Queso fresco italiano típico de la Campania, preparado originariamente con leche de búfala.

mu¹ **I** *interj* **1** *Imita el mugido.* **II** *loc pr* **2 ni ~.** (*col*) Absolutamente nada. *Gralm con vs como* DECIR *o* ENTENDER.

mu² *f* (*jerg*) Mui (lengua).

mu³ → MUCHO.

mua *interj* (*col*) *Imita el sonido del beso.*

muaré *m* Tejido de ligamento acanalado que presenta aguas o visos. *Tb adj.*

muble *m* (*reg*) Lisa (pez).

mucamo -ma *m y f* (*raro*) Sirviente o criado.

mucarna (*tb con la grafía* **mukarna**) *f* (*Arte*) Mocárabe.

muceta *f* Esclavina abotonada por delante, propia de doctores, licenciados, prelados y algunos eclesiásticos.

muchachada *f* Conjunto de (los) muchachos [1a y b].

muchachear *intr* (*raro*) Comportarse como muchacho [1a y b].

muchachería *f* Muchachada.

muchachez *f* Adolescencia.

muchachil *adj* De(l) muchacho [1a y b].

muchacho -cha **A** *m y f* **1** Pers. adolescente. *Tb adj.* **b)** Pers. joven. *Tb adj.* **c)** *En conversación, se usa, a veces expletivamente, como vocativo dirigido a un adulto, en tono de familiaridad.* * *Tú sueñas, muchacho.* ■ **2** Niño de corta edad. ■ **3** Pers. que

muchamiel – mudo

pertenece [a una cuadrilla o equipo (*compl de posesión*)] o está bajo las órdenes [de alguien]. *Tb fig.*
B *f* **4** Sirvienta o criada.

muchamiel *adj invar* (*Agric*) [Variedad de tomate] originaria de Muchamiel (Alicante).

muchedumbre *f* Multitud [de perss. o animales].

mucho -cha (*tb* **muy**, *pop* **mu**, *en el grupo III*) **I** *adj* (*normalmente antepuesto al sust*) **1** Que está en gran cantidad o número. **b)** *Con ser adv, ante los adjs* MÁS *o* MENOS (mucha más gente = gente en cantidad mucho mayor), *a veces tb ante otros adjs comparativos.* ■ **2** Intenso. *Gralm con ns de sensación o de emoción.* ■ **3** (*col*) *Pondera admirativamente la calidad o la importancia de una pers o cosa.* * ¡Es mucho Madrid! ■ **4** Excesivo en cantidad, en intensidad o en calidad. *Gralm seguido de un compl* PARA.
II *pron* **5** *En pl, en forma m o f, designando seres ya mencionados o aludidos:* Gran cantidad o número. *Frec con compl* DE. * Muchos de los presentes asintieron. ■ **6** *En pl m, sin referencia a un ser mencionado o aludido:* Mucha gente. * Estos hechos sorprenden a muchos. ■ **7** *En sg, en forma m:* Muchas cosas. *Frec con compl* DE. * Espero mucho de vosotros. * Mucho de lo que tengo procede de allí. **b)** *Gran cantidad* [de una cosa]. *Frec sin compl por consabido, esp referido a tiempo o dinero.* * Mucho de lo molido era trigo. * Hace mucho que no los veo. **c)** *Pers. o cosa excesiva en cantidad, en tamaño, en intensidad o en calidad. Gralm con compl* PARA. * Un médico era mucho para una chica como ella.
III *adv* (*toma la forma* MUY *cuando precede inmediatamente a un adj o a otro adv, excepto los comparativos* MAYOR, MENOR, MEJOR, PEOR, MÁS, MENOS, ANTES, DESPUÉS) **8** Intensamente o en alto grado. *A veces repetido con intención enfática.* **b)** **muy ~**. (*lit*) Muchísimo. ■ **9** Con frecuencia. ■ **10 como ~.** A lo sumo o como máximo. ■ **11 con ~.** *Se usa para reforzar la expresión de una diferencia.* * Supera con mucho a los anteriores. **b) ni con ~.** En absoluto o de ninguna manera. *Reforzando una negación, expresa o implícita.* * La plaza no está llena ni con mucho. ■ **12 ni ~ menos.** *Fórmula enfática de negación o de refuerzo de una negación.* * No es cosa de ahora ni mucho menos. ■ **13 ni poco ni ~ →** POCO. ■ **14 un ~.** (*lit*) Mucho [8]. *Frec en contraposición a* UN POCO. * La cosa resulta un poco llamativa y un mucho forzada.
IV *interj* **15** (*col*) *Expresa aplauso.* * ¡Mucho lo tuyo, Miguel!

muciana *adj* (*Der, reg*) [Presunción] según la cual los bienes adquiridos por la mujer durante el matrimonio se consideran donados por el marido.

mucilaginoso -sa *adj* (*CNat*) **1** De(l) mucílago. ■ **2** Que contiene mucílago, o tiene su viscosidad o consistencia.

mucílago (*tb, raro,* **mucilago**) *m* (*CNat*) Sustancia viscosa que se encuentra en algunos vegetales o se prepara disolviendo goma en agua.

mucina *f* (*Quím*) Proteína que se encuentra en determinados líquidos viscosos de procedencia animal.

muco- *r pref* (*Med*) De(l) mucus o de (las) mucosas.
* Mucohemorrágico. * Mucosanguinolento.

mucociliar *adj* (*Med*) De la mucosa y los cilios de las vías respiratorias.

mucocutáneo -a *adj* (*Med*) De la mucosa y la piel.

mucoide **I** *adj* **1** (*Med*) Semejante al mucus.

II *m* **2** (*Quím*) Proteína similar a la mucina.

mucolítico -ca *adj* (*Med*) Que disuelve la mucosidad. *Tb n m, referido a producto.*

mucomembranoso -sa *adj* (*Med*) De las membranas mucosas.

mucopolisacárido (*tb con la grafía* **muco--polisacárido**) *m* (*Quím*) Polisacárido complejo que contiene nitrógeno en su molécula.

mucopurulento -ta *adj* (*Med*) De moco y pus.

mucosidad *f* (*E o lit*) Sustancia mucosa [1].

mucoso -sa *adj* (*Anat*) **1** Semejante al mucus. ■ **2** [Membrana] que segrega mucus y tapiza alguna de las cavidades animales que están en contacto con el exterior. *Tb n f.* **b)** De la membrana mucosa.

mucrón *m* (*Bot*) Punta.

mucronado -da *adj* (*Bot*) Que termina en punta.

mucus *m* (*Anat*) Sustancia fluida y viscosa segregada por determinadas glándulas animales.

muda *f* **1** Acción de mudar, *esp* [1, 2 y 5]. *Normalmente referido a pluma, piel o voz.* ■ **2** Conjunto de prendas, esp. interiores, que se mudan [1] periódicamente. ■ **3** (*hist*) Cierto afeite para el rostro.

mudable *adj* **1** Que muda [5] con facilidad. ■ **2** Que se puede mudar [1, 2, 3 y 4].

mudada *f* (*reg*) Acción de mudar [2].

mudadizo -za *adj* Mudable [1].

mudamente *adv* (*raro*) Callada o silenciosamente.

mudamiento *m* (*raro*) Acción de mudar.

mudanza *f* **1** Acción de mudar(se). **b)** *Esp:* Cambio de casa. ■ **2** (*Danza, hist*) Conjunto de movimientos dotados de cierta unidad.

mudar **A** *tr* **1** Cambiar [una cosa por otra]. *Frec omite el segundo compl por consabido.* ■ **2** Cambiar [a alguien (*cd*) de algo]. *Frec el cd es refl. Frec se omite el compl* DE, *referido a ropa o casa. Referido a lugar, a veces con un compl* A, *que expresa el nuevo.* ■ **3** Cambiar [algo o a alguien] dándo[les] una situación, condición o apariencia diferentes. ■ **4** Cambiar [una cosa en otra].
B *intr* **5** Cambiar (pasar a tener otra situación, condición o apariencia). *Tb pr* (**~se**).

mudéjar *adj* (*hist*) Habitante musulmán de la España cristiana. *Tb n.* **b)** De los mudéjares. **c)** [Estilo arquitectónico] que integra en los estilos cristianos materiales y ornamentación típicamente árabes. *Tb n m.* **d)** De(l) arte mudéjar.

mudejarismo *m* Tendencia mudéjar, esp. en arte.

mudejarista *adj* De(l) mudejarismo.

mudez *f* Condición de mudo, *esp* [1].

mudo -da *adj* **1** [Pers.] que, por defecto físico, no puede hablar. *Tb n.* **b)** Que, por efecto de una emoción, no puede hablar. *Gralm con un compl* DE *que expresa la emoción.* * Mudo de asombro. **c)** Que está callado o silencioso. *Tb fig.* **d)** [Cisne] ~ **→** CISNE. ■ **2** [Cosa] que se expresa sin palabras o sonidos. **b)** (*Ling*) [Letra] que no se pronuncia. ■ **3** Que no va acompañado de palabras o sonidos. **b)** [Cine o película] que carece de registro del sonido. ■ **4** [Mapa] que no tiene escritos los nombres de los lugares que representa.

mueblaje *m* Mobiliario o moblaje.

mueble I *adj* 1 [Bien] que puede trasladarse de una parte a otra. **b)** Propio del bien mueble.
II *m* 2 Objeto transportable, frec. de madera, que sirve para hacer habitable o decorar una casa u otro lugar. **b)** *Se usa en constrs de sent comparativo para ponderar la inmovilidad o inactividad de alguien.* * Ahí está, como un mueble, sin hacer nada. ■ 3 **mueble-bar.** *(pl normal,* MUEBLES-BAR(ES)) *m* Mueble [2a] destinado a contener botellas y otros utensilios para servir bebidas. ■ 4 **mueble-cama** *(tb con la grafía* **mueble cama**; *pl normal,* MUE-BLES-CAMA(S)) *m* Mueble [2a] que contiene una cama abatible o plegable.

mueblería *f* 1 Establecimiento en que se fabrican o venden muebles [2a]. ■ 2 Industria del mueble [2a].

mueblero -ra *adj* De (los) muebles [2a].

mueblista *m y f* Pers. que fabrica o vende muebles [2a].

mueca *f* Gesto violento o anormal del rostro. *Gralm con un compl especificador. Sin compl, frec referido a burla.*

muecín *(tb con la grafía* **muezín**) *m* *(Rel musulm)* Musulmán encargado de convocar a los fieles a la oración desde el alminar.

mueco *m* *(Taur)* Pilar de madera en que se sujeta al toro para determinadas operaciones, esp. para afeitarle o embolarle los cuernos.

muega *f* *(reg)* Planta vivaz de tallo hueco y robusto y flores rojizas, propia de cañaverales y riberas *(Scrophularia auriculata).*

muela I *f* 1 Diente de la parte posterior de la boca, ancho y de corona aplastada, que sirve para triturar los alimentos. ■ 2 Piedra de molino. ■ 3 Rueda de asperón o de materias abrasivas conglomeradas, que se utiliza para afilar instrumentos cortantes o labrar metales o materias duras. ■ 4 Cerro de cima plana. ■ 5 Almorta.
II *loc v* 6 **echar** [alguien] **las ~s.** *(col)* Sentir gran disgusto o enfado. *Gralm en la constr* ESTAR [alguien] QUE ECHA LAS ~S. ■ 7 **reírse las ~s.** *(col)* Desternillarse de risa.

muelense *adj* De Muel (Zaragoza). *Tb n, referido a pers.*

muelle[1] *m* 1 Pieza elástica, gralm. de metal, que puede soportar grandes deformaciones y recobrar después su forma. **b)** [Pañí] **de ~** → PAÑÍ. ■ 2 *(col, humoríst)* Esfínter. *Gralm en la constr* TENER LOS ~S FLOJOS.

muelle[2] *m* 1 Obra hecha en la orilla del mar, de un lago o de un río para permitir el atraque de barcos y facilitar su carga y descarga. ■ 2 Andén alto destinado a la carga y descarga de mercancías.

muelle[3] *adj* *(lit)* Blando y cómodo. **b)** Blando y agradable. **c)** Delicado y suave.

muellemente *adv* *(lit)* De manera muelle[3].

muelo *m* *(reg)* Montón [de algo]. **b)** Montón de grano que se recoge en la era después de limpio.

muequear A *intr* 1 Hacer muecas.
B *tr* 2 *(raro)* Hacer [determinada mueca].

muera → MORIR.

muérdago *m* Planta perenne de hojas coriáceas y fruto en baya traslúcida, que vive semiparásita en los troncos y ramas de los árboles *(Viscum album).*

muerdo *m* 1 *(pop)* Mordisco (acción de morder con los dientes). **b)** *(jerg)* Beso erótico. ■ 2 *(reg)* Bocado (porción de comida).

muergo *m* *(reg)* Navaja (molusco).

muermera *f* Clemátide (planta, *Clematis vitalba* y *C. flammula*). *La segunda especie, tb* HIERBA ~.

muermo *m* 1 Enfermedad de las caballerías caracterizada por ulceración y flujo de la mucosa nasal e infarto de los ganglios linfáticos próximos. ■ 2 *(col)* Catarro o resfriado. ■ 3 *(col)* Decaimiento físico o moral. **b)** Aburrimiento. ■ 4 *(col)* Pers. o cosa que aburre. *Tb adj (a veces invar).*

muerte I *f* 1 Hecho de morir. *Tb fig.* **b)** Personaje imaginario que simboliza el hecho de morir y que habitualmente se representa como un esqueleto humano con una guadaña. *Normalmente escrito con inicial mayúscula y precedido de* LA. ■ 2 Acción de matar. ■ 3 *(col)* Cosa sumamente ingrata o insufrible. *Precedido de* LA *o* UNA *y normalmente con el v* SER. *A veces* ~ PELONA. ■ 4 *(Pesca)* Saliente puntiagudo de la parte interior de la punta del anzuelo. ■ 5 ~ **chiquita.** *(col)* Estremecimiento o convulsión instantáneos, frec. motivados por una sensación de frío. ■ 6 ~ **civil.** *(Der)* Privación de los derechos civiles. ■ 7 ~ **súbita.** *(Tenis)* Tie-break.
II *loc adj* 8 **a ~.** [Lucha] que no se abandona hasta que muere uno de los contendientes. *Tb fig. Tb adv.* **b)** **a ~** *(tb, raro,* **de ~).** Implacable. *Con ns como* ODIO, PERSECUCIÓN. *Tb adv.* ■ 9 **de mala ~.** *(col)* [Cosa] de muy poco valor o importancia. ■ 10 [Lecho] **de ~** → LECHO. ■ 11 **de ~.** *(Taur)* [Toro] destinado a ser lidiado y muerto en el ruedo. ■ 12 **de ~.** Capaz de causar la muerte [1]. *Frec (col) usado hiperbólicamente.* **b)** *(Taur)* [Rejón] usado en el último tercio de la lidia para matar al toro. ■ 13 **de ~.** *(col)* Enorme o extraordinario. *Con intención ponderativa. Tb adv.*
III *loc v* 14 **dar ~** [a alguien *(ci)*]. Matar[le].
IV *loc adv* 15 **a la ~.** A punto de morir. *Con vs como* ESTAR, PONER, TENER. ■ 16 **a ~.** *(raro)* Para ser destruido. *Tb adj.* ■ 17 **a ~.** *(col)* De manera total o absoluta. ■ 18 **a vida o ~, entre la vida y la ~** → VIDA.

muerto -ta I *adj* 1 *part con función adj o sust* → MORIR *y* MATAR. ■ 2 *(col)* Sumamente cansado. *Tb* MEDIO ~. **b)** **más ~ que vivo.** *(col)* Maltrecho o en condiciones físicas lamentables. **c)** **más ~ que vivo.** *(col)* Embargado por el miedo. ■ 3 Inerte o que no tiene vida. **b)** [Seto] constituido por palos entretejidos, y no por plantas vivas. **c)** **ni vivo ni ~** → VIVO. ■ 4 [Cosa] que no tiene actividad o funcionamiento. **b)** [Cosa] no útil o no utilizada. **c)** [Lengua] que no está en uso en el momento de que se trata. ■ 5 Poco vivo o intenso. **b)** [Marea] de mínima intensidad, por contrarrestarse las atracciones del Sol y de la Luna. ■ 6 [Agua] estancada. *Normalmente en pl.* ■ 7 [Cal o yeso] a los que se ha añadido agua. **b)** [Yeso] que ha perdido su eficacia. **c)** [Yeso] calentado a una temperatura superior a 160°, que no se fragua ni se endurece. ■ 8 *(Dep)* En baloncesto: [Tiempo] solicitado por el entrenador de un equipo para hablar con sus jugadores y que no cuenta como tiempo de juego. *Tb fig, fuera del ámbito deportivo.* ■ 9 [Ángulo] ~, [horas] **muertas,** [letra] **muerta,** [mano] **muerta,** [manos] **muertas,** [mosca (o mosquita)] **muerta,** [naturaleza] **muerta,** [obra] **muerta,** [peso] ~, [punto] ~, [vía] **muerta** → ÁNGULO, HORA, LETRA, MANO, MOSCA, NATURALEZA, OBRA, PESO[1], PUNTO, VÍA.

II *n* **A** *m y f* **10 ~ de hambre.** (*col*) Pers. a la que se desprecia por su pobreza o por su insignificancia. **B** *m* **11** (*col*) Asunto sumamente enojoso. **b)** Responsabilidad. *Gralm en constrs como* ECHARLE [a uno] EL ~, CARGAR [uno] CON EL ~, CARGARLE [a uno] CON EL ~. ■ **12** (*col*) Pers. aburrida o pesada. ■ **13** (*Mar*) Boya fondeada provista de un argollón para que a él se amarren las embarcaciones. **III** *loc v* **14 hacer el ~.** (*col*) Ponerse flotando en el agua boca arriba. ■ **15 no tener dónde caerse ~** —> TENER. ■ **16 resucitar a un ~** [algo]. (*col*) Ser sumamente reconfortante o estimulante. **IV** *loc adv* **17 como un ~.** (*col*) Totalmente callado o inactivo. *Con vs como* CALLAR *o* QUEDARSE. ■ **18 en ~.** (*raro*) Sin vida. ■ **19 por tus** (**mis, sus,** *etc*) **~s.** (*col*) *Refuerza enfáticamente una afirmación o una petición. Frec con vs como* JURAR, ASEGURAR *o* PEDIR. * Te lo pido por tus muertos, no me dejes en la estacada. **V** *interj* **20 tus ~s.** (*col*) *Expresa desprecio.* * –Te has vuelto muy importante. –Tus muertos.

muesca *f* **1** Hueco que se hace en una cosa para que encaje con otra. ■ **2** Corte hecho en un borde o en una superficie, quitando una pequeña parte de materia.

mueso *m* (*reg*) Meningitis.

muestra **I** *f* **1** Porción o unidad [de algo, esp. una mercancía] que sirve para dar a conocer sus cualidades. **b)** Porción [de una materia] que permite el análisis y determinación de sus características físicas, químicas o mecánicas. **c)** Parte o elemento [de un conjunto] considerado como representativo del mismo. ■ **2** Cosa que se usa como modelo para un trabajo. ■ **3** Exposición o exhibición artística o técnica. ■ **4** Señal o indicio. ■ **5** Primera señal de fruto que se ve en las plantas. *Tb el primer fruto.* ■ **6** (*Caza*) Detención que hace el perro al acecho de la caza para levantarla a su tiempo. ■ **7** (*raro*) Rótulo de una tienda. **II** *loc adj* **8 de ~.** (*Caza*) [Perro] capacitado para la muestra [6]. ■ **9 de ~s.** [Feria] en que se exhiben muestras [1a] de productos, esp. manufacturados. **III** *loc v* **10 hacer la ~** [de una acción]. (*col*) Realizar[la] mínimamente para dar la sensación de que se realiza. *Tb sin compl, por consabido.* **IV** *loc adv* **11 ni para ~.** (*col*) *Se usa para ponderar la falta total de algo.* * No hay un gato ni para muestra.

muestral *adj* (*Estad*) De (la) muestra [1c].

muestrario *m* Conjunto de muestras [1 y 2].

muestrear *tr* (*raro*) Seleccionar muestras [1c] [de algo (*cd*)] para estudiar sus características. **b)** Seleccionar [algo o a alguien (*cd*)] como muestra [1c].

muestreo *m* Selección de muestras [1c] para estudiar las características de un conjunto. *Esp en estadística.*

muestrero -ra *m y f En la industria azucarera:* Operario encargado de tomar muestras de remolacha en los distintos lugares de recepción.

muezín —> MUECÍN.

muezzin (*ár; pronunc corriente,* /mueθín/) *m* Muecín.

muffin (*ing; pronunc corriente,* /máfin/; *pl normal,* **~s**) *m* Bollito de pan que se toma normalmente tostado y con mantequilla.

mufla *f* (*Cerámica*) Recipiente o recinto cerrado que se coloca dentro del horno principal para proteger

los objetos de la acción directa del fuego, o de la oxidación.

muflón¹ -na **A** *m* **1** Mamífero rumiante salvaje, de la familia de los ovinos, propio de Córcega y Cerdeña (*Ovis musimon*). *Tb designa solamente el macho de la especie.* **B** *f* **2** (*raro*) Muflón hembra.

muflón² *m* (*raro*) Tejido de abrigo, de pelo largo e irregular.

muftí *m Entre los musulmanes:* Jurisconsulto con funciones religiosas y judiciales.

muga *f* (*reg o lit*) **1** Mojón (piedra o señal que marca el límite entre dos propiedades o dos términos geográficos). ■ **2** Límite o frontera.

mugante *adj* (*reg*) Limítrofe.

mugar *intr* (*reg*) Limitar o lindar.

mugardés -sa *adj* De Mugardos (La Coruña). *Tb n, referido a pers.*

múgel (*tb con la grafía* **mújel**) *m* (*reg*) Lisa o mújol (pez).

mugido *m* Acción de mugir. *Tb su efecto.*

mugidor -ra *adj* Que muge.

mugiente *adj* Que muge.

múgil (*tb con la grafía* **mújil**) *m* (*reg*) Lisa o mújol (pez).

mugílido *adj* (*Zool*) [Pez] de la familia de la lisa o mújol. *Frec como n m en pl, designando este taxón zoológico.*

mugir *intr* Emitir [un animal bovino] la voz que le es propia. *Tb* (*lit*) *fig, referido al viento, al mar o a una pers.*

mugre *f* Suciedad. *Tb fig.* **b)** Suciedad grasienta característica de la lana.

mugriento -ta *adj* Que tiene mugre.

mugrón *m* Rama que, sin cortarla de su planta, se entierra para que eche raíces.

muguasaja *f* (*TLit*) Moaxaha.

muguet¹ *m* (*Med*) Afección causada por el hongo *Candida albicans* y caracterizada por la aparición de placas blanquecinas en las mucosas de la boca y la faringe.

muguet² (*fr; pronunc corriente,* /mugé/) *m* Muguete.

muguete *m* Planta herbácea propia de bosques y zonas umbrías, con hojas lanceoladas y flores blancas en racimo, usada en perfumería y medicina (*Convallaria majalis*).

mui (*tb con la grafía* **muy**) (*jerg*) **I** *f* **1 la ~.** La lengua. *Gralm en la constr* IRSE DE LA ~. **II** *loc v* **2 achantar la ~.** Callarse.

muidera *f* (*reg*) Lugar en que se ordeñan las ovejas y se elabora el queso.

muil *m* (*reg*) Lisa o mújol (pez).

muiñeira *f* (*reg*) Muñeira.

muir (*conjug 48*) *tr* (*reg*) Ordeñar.

muisca *adj* (*hist*) Chibcha. *Tb n: m y f, referido a pers; m, referido a lengua.*

mujaidín *m* Muyahidín. *Tb adj.*

mújel —> MÚGEL.

mujer **I** *f* **1** Ser animado racional del sexo femenino, esp. adulto. **b)** (*col*) *Precedido de* LA, *se emplea con matiz afectivo para referirse a una mujer citada*

o consabida. * Ayer vi a Lola. La mujer anda pachucha. **c)** Mujer dotada de las cualidades que tradicionalmente se consideran específicas de su sexo, esp. la afectividad y el orden. *Tb adj, frec con un adv de intensidad.* * La española es una mujer muy mujer. **d)** *(euf)* Prostituta. *Normalmente en las constrs* CASA DE ~ES *o* IRSE DE ~ES. **e) mala ~.** Mujer que ejerce la prostitución o que tiene un comportamiento sexual que no se ajusta a la moral admitida. **f) buena ~.** *(hoy raro) Se usa para dirigirse con intención de cordialidad a una mujer desconocida de clase social inferior.* * Oiga, buena mujer, ¿hay una farmacia por aquí? **g) ~objeto.** *(pl normal,* ~ES-OBJETO*)* Mujer considerada solo como objeto de placer sexual. **h) ~ de la calle, ~ de la vida, ~ de su casa, ~ fatal, ~ pública** → CALLE, VIDA, CASA, FATAL, PÚBLICO. ■ **2** Esposa.
    II *loc v* **3 ser ~** [una jovencita]. Tener por primera vez la menstruación. **b)** Tener [una jovencita] la menstruación.
    III *loc adv* **4 de ~ a ~.** [Hablando dos mujeres] con toda franqueza y sin intermediarios.
    IV *interj (col; dirigida a mujeres y gralm en boca de mujeres)* **5** *Expresa afecto o intención persuasiva.* * ¿Qué te pasa, mujer, estás mala? ■ **6** *Expresa protesta o reproche.* * No te rías así, mujer. ■ **7** *Expresa duda o reserva.* * Mujer, no sé qué te diga; no me parece tan mal.

mujeriego -ga I *adj* **1** [Hombre] muy aficionado a las mujeres [1a]. *Tb n.* ■ **2** *(raro)* De (la) mujer [1a].
    II *loc adv* **3 a la mujeriega,** *o* **a mujeriegas.** Cabalgando con las dos piernas sobre el mismo lado.

mujeril *adj* De (la) mujer [1a]. **b)** Femenino o propio de mujer [1a].

mujerío *m (col)* Mujeres, o conjunto de mujeres [1a].

mujerzuela *f (desp)* Prostituta.

mujik *(tb, raro, con la grafía* **mujic***; pl normal,* ~S*) m* Campesino ruso.

mújil → MÚGIL.

mújol *m (reg)* Lisa (pez).

mukarna → MUCARNA.

mula → MULO.

muladar *m* Estercolero. *Tb fig.* **b)** Lugar en que se tiran o amontonan desechos.

muladí *adj (hist) En la España musulmana:* Hijo musulmán de un matrimonio mixto. **b)** Cristiano convertido al islam. *Tb n.*

mular *adj* De (las) mulas (→ MULO [2a]).

mulata *f (reg)* Cangrejo de color casi negro, propio del Cantábrico *(Pachygrapsus marmoratus).*

mulato -ta *adj* **1** [Pers.] nacida de blanco y negra, o de negro y blanca. **b)** De (los) mulatos. ■ **2** Que presenta una tonalidad oscura dentro de su especie. ■ **3** *(Taur)* [Toro] de color negro mate y parduzco.

mule *m (reg)* Lisa o mújol (pez).

mulé. dar ~. *loc v (jerg)* Matar [a alguien *(ci)*].

muleño -ña *adj* De Mula (Murcia). *Tb n, referido a pers.*

mulero -ra I *adj* **1** De (las) mulas (→ MULO [2a]).
    II *m y f* **2** Pers. encargada de cuidar mulas (→ MULO [2a]). ■ **3** *(reg)* Pequeño propietario o colono que posee una yunta con que hace labores a jornal.

muleta[1] *f* **1** Bastón con un soporte para la mano y otro para la axila o la parte posterior del brazo, que se usa para apoyarse al andar. *Tb fig.* ■ **2** *(Taur)* Palo que lleva pendiente un trapo rojo, usado por el torero para engañar al toro.

muleta[2] → MULETO.

muletada *f* Conjunto de mulas (→ MULO [2a]) y otras caballerías.

muletazo *m (Taur)* Pase dado con la muleta[1] [2].

muletear *tr (Taur)* Torear con la muleta[1] [2].

muleteo *m (Taur)* Acción de muletear.

muletería *f (raro)* Actividad de muletero[1] [1].

muleteril *adj (Taur)* De (la) muleta[1] [2].

muletero[1] **-ra I** *m y f* **1** Traficante de mulas (→ MULO [2a]). ■ **2** Pers. que cuida las mulas (→ MULO [2a]) y otras caballerías.
    II *adj* **3** *(raro)* De(l) muletero [1].

muletero[2] **-ra** *adj (Taur)* **1** De (la) muleta[1] [2]. ■ **2** [Torero] diestro en el toreo de muleta[1] [2]. *Tb n.*

muletilla *f* **1** Palabra o frase que se repite con frecuencia, de manera mecánica y normalmente innecesaria. **b)** Fórmula de forma fija o casi fija que se utiliza con frecuencia. **c)** Lugar común o idea manida que se repite con frecuencia.

muletillero -ra *m y f* Pers. que usa muletillas.

muleto -ta *m y f* Mulo [1a] joven.

muletón *m* **1** Tela gruesa y afelpada, de algodón o lana. ■ **2** Manta o pieza de muletón [1].

múlido *adj (Zool)* [Pez] de la familia del salmonete. *Frec como n m en pl, designando este taxón zoológico.*

mulilla *f (Taur)* Mula de las que sacan del ruedo los toros o los caballos muertos. *Gralm en pl.*

mulillero *m (Taur)* Hombre encargado de las mulillas.

mullar *tr (jerg)* Matar.

mullido -da I *adj* **1** *part* → MULLIR. ■ **2** [Cosa] blanda y esponjosa que produce una sensación grata al pisarla o al sentarse o tumbarse sobre ella.
    II *n A m* **3** Materia mullida [2] que hace blando y confortable algo, esp. un asiento o un lecho.
    B *f* **4** *(reg)* Mullido [3].

mullir *(conjug 53) tr* **1** Poner [algo] blando y esponjoso, de modo que produzca una sensación grata al pisarlo o al sentarse o tumbarse sobre ello. ■ **2** Cavar alrededor [de una cepa *(cd)*] para ahuecar la tierra. ■ **3** *(reg)* Preparar la cama [al ganado *(cd)*] con hierbas o paja. ■ **4** *(jerg)* Pegar o golpear.

mulo -la I *n A m y f* **1** Animal hijo de burro y yegua o de caballo y burra. **b)** **~ romo** → ROMO. **c)** *Frec se usa en constrs de sent comparativo para ponderar la fuerza física o la falta de inteligencia.* * Estás hecho un mulo. **d) ~ de carga.** *(col)* Pers. que carga con el trabajo más duro.
    B *f* **2** Animal hijo de burro y yegua o de caballo y burra, sin distinción de sexo. **b)** *Frec se usa en constrs de sent comparativo para ponderar la terquedad, el esfuerzo en el trabajo, o el trato brusco y desabrido.* * Es terca como una mula. * Es una mula trabajando. * No esperes que te salude; es una mula. ■ **3** *(jerg)* Pers. que pasa droga de un país a otro. ■ **4 mula** (o **mulita**) **mecánica.** Motocultor.
    II *loc adj* **5 de mulas.** *(hist)* [Mozo] encargado de las mulas [2a] de coche o de labranza.

multa *f* Castigo pecuniario que se impone por contravenir una ley o mandato.

multar *tr* **1** Poner una multa [a alguien (*cd*)]. ■ **2** Castigar [algo] con una multa.

multazo *m* (*col*) Multa grande.

multi- *r pref* Denota *multiplicidad.* * Multiconfesional. * Multicefalia.

multicable *adj* (*E*) Que tiene varios cables o que funciona con varios cables.

multicanal *adj* (*E*) Que tiene varios canales.

multicasco *m* (*Dep*) Barco de vela con varios flotadores o cascos paralelos.

multicelular *adj* (*Biol*) Compuesto de numerosas células.

multicéntrico -ca *adj* Que se realiza en varios centros.

multicentro *m* Centro comercial compuesto por numerosas tiendas independientes.

multicine *m* Sala cinematográfica de pequeñas dimensiones, adosada a otra u otras análogas. *Gralm en pl.* **b)** Local cinematográfico que consta de varias salas independientes.

multicolor *adj* De muchos colores.

multicopia *f* Procedimiento de reproducción mediante multicopista. *Tb la copia así obtenida.*

multicopiador -ra *adj* (*raro*) Multicopista.

multicopiar (*conjug* **1a**) *tr* Reproducir [algo] mediante multicopista. *Tb fig.*

multicopista *adj* [Máquina] que permite hacer numerosas copias de un escrito o dibujo realizado previamente en un cliché o en papel estucado. *Frec n f.*

multidimensional *adj* (*Filos*) Que tiene muchas dimensiones de conocimiento o de experiencia.

multidisciplinar *adj* Pluridisciplinar (que se refiere o extiende a varias disciplinas).

multidisciplinariamente *adv* De manera multidisciplinaria.

multidisciplinario -ria *adj* Multidisciplinar.

multidivisa *adj invar* (*Econ*) Que se efectúa en varias divisas.

multifacético -ca *adj* De múltiples facetas.

multifactorial *adj* Que se debe a numerosos factores.

multifloro -ra *adj* (*Bot*) De muchas flores.

multifocal *adj* (*Ópt*) Que tiene varios focos o distancias focales.

multiforme *adj* Que tiene muchas formas.

multifunción *adj invar* Multifuncional.

multifuncional *adj* De varias funciones.

multigrado *adj invar* [Aceite lubricante] cuya viscosidad se mantiene dentro de unos límites amplios de temperatura.

multilateral *adj* (*Pol y Econ*) De varias partes.

multilateralidad *f* (*Pol y Econ*) Multilateralismo.

multilateralismo *m* (*Pol y Econ*) Cualidad de multilateral.

multilateralización *f* (*Pol y Econ*) Acción de dar carácter multilateral [a algo (*compl de posesión*)].

multilingüe *adj* Plurilingüe.

multimedia (*pl normal, invar*) *adj* Que utiliza en forma combinada varios medios de comunicación. *Tb n m, referido a sistema.*

multímetro *m* (*Electr*) Instrumento medidor de tensión, intensidad y resistencia.

multimilenario -ria *adj* Varias veces milenario.

multimillonario -ria *adj* **1** Que posee muchos millones. *Tb n, referido a pers.* ■ **2** Que asciende a muchos millones.

multimotor *adj* (*Aer*) [Avión] propulsado por varios motores. *Tb n m.*

multinacional *adj* **1** Que se refiere o se extiende a muchas naciones. ■ **2** [Empresa o grupo] que, teniendo su centro en un determinado país, desarrolla importantes actividades productivas, comerciales o financieras en diversos países. *Frec n f.*

multípara *adj* **1** (*Zool y Fisiol*) [Hembra] que tiene varios hijos en un solo parto. ■ **2** (*Fisiol*) [Mujer] que ha tenido varios partos. *Tb n.*

multipartidario -ria *adj* (*Pol*) Multipartidista.

multipartidismo *m* (*Pol*) Existencia de numerosos partidos.

multipartidista *adj* (*Pol*) De(l) multipartidismo o que lo implica.

múltiple *adj* **1** Compuesto de varios elementos. *Se opone a* SIMPLE. ■ **2** *En pl:* Muchos o numerosos.

múltiplemente *adv* De manera múltiple.

multiplete *m* (*Fís*) Conjunto de varias rayas afines y muy próximas en un espectro de emisión o de absorción.

múltiplex *m* **1** (*E*) Sistema que permite establecer varias comunicaciones independientes por una sola línea o canal. ■ **2** (*RTV*) Sistema que permite comunicarse por radio o televisión, a través de un estudio central, a varios interlocutores situados en puntos distantes entre sí.

multiplexor *m* (*E*) Dispositivo con que funciona un sistema de múltiplex.

multiplicable *adj* Que se puede multiplicar.

multiplicación *f* Acción de multiplicar(se).

multiplicador -ra **I** *adj* **1** Que multiplica o sirve para multiplicar. *Tb n, m o f, referido a máquina o aparato.*
II *m* **2** (*Mat*) Número por el que se multiplica otro. ■ **3** (*Econ*) Coeficiente que, multiplicado por la variable de un fenómeno, da la medida de la variación de otro fenómeno relacionado con el primero.

multiplicando *m* (*Mat*) Número que se multiplica por otro.

multiplicante *adj* (*raro*) Multiplicador.

multiplicar **A** *tr* **1** (*Mat*) Sumar [un número] tantas veces como indica [otro (*compl* POR)]. *Tb abs.*
■ **2** Hacer que [algo (*cd*)] aumente en número o cantidad.
B *intr pr* (**~se**) **3** Aumentar [algo] en número o cantidad. ■ **4** Reproducirse [un ser vivo]. ■ **5** Realizar [alguien] una actividad desbordante para atender muchas cosas a la vez.

multiplicativo -va *adj* **1** De (la) multiplicación. ■ **2** (*Gram*) [Palabra] que expresa el número de veces en que se considera el objeto o la acción a que se hace referencia. *Tb n m, designando adj o sust.* **b)** De las palabras multiplicativas.

multiplicidad *f* Condición de múltiple.

múltiplo I *m* **1** (*Mat*) Cantidad que contiene un número exacto de veces [a otra (*compl de posesión*)]. *Frec la unidad de medida que corresponde a esa cantidad.* II *adj* **2** (*Gram*) [Adjetivo numeral] que expresa multiplicación. *Tb n m.*

multipolar *adj* **1** (*Electr*) Que tiene varios polos. ■ **2** (*Biol*) [Neurona] que tiene numerosas ramificaciones.

multipremiado -da *adj* Que ha recibido muchos premios.

multiprocesador (*Informát*) I *adj* **1** [Sistema] que puede ejecutar simultáneamente varios programas, esp. mediante dos o más procesadores que comparten una única memoria. II *m* **2** Ordenador dotado de sistema multiprocesador [1].

multiprofesional *adj* De profesionales de distintas especialidades.

multipropiedad *f* (*Der*) Forma de copropiedad, esp. de viviendas de vacaciones, en que el uso del bien por cada copropietario está limitado a una parte del año.

multipunto *adj invar* Que funciona o actúa en muchos puntos a la vez.

multirracial *adj* De muchas razas.

multirregulable *adj* Que se puede regular de muchas formas.

multirrepetido -da *adj* Repetido muchas veces.

multirriesgo *adj invar* [Seguro] que cubre varios riesgos con un solo contrato.

multisecular *adj* De muchos siglos.

multiseguro *m* Seguro múltiple.

multitarea *f* (*Informát*) Trabajo con varios programas a la vez.

multitud *f* Cantidad grande [de perss. o cosas]. *Frec sin compl, referido a pers.*

multitudinariamente *adv* De manera multitudinaria.

multitudinario -ria *adj* De (la) multitud o de (las) multitudes.

multitudinoso -sa *adj* (*lit, raro*) Multitudinario.

multiuso *adj invar* Apto para varios usos diferentes.

multiválvulas *adj* (*Mec*) De muchas válvulas. *Tb n m, referido a motor.*

multivisión *f* Sistema de proyección simultánea de diapositivas sobre varias pantallas.

munda *adj* (*invar en subacep b*) [Individuo] aborigen, no indoeuropeo, de la India, de alguna de las tribus que en la actualidad habitan zonas del centro y del este. *Tb n.* **b)** De (los) mundas. *Esp referido a lengua.*

mundanal *adj* (*lit*) Mundano [3]. *Frec en la constr* EL ~ RUIDO.

mundanalidad *f* Cualidad de mundanal.

mundanería *f* (*raro*) Mundanidad.

mundanidad *f* **1** Cualidad de mundano. ■ **2** Cosa mundana [3]. ■ **3** Ambiente mundano [2].

mundanismo *m* Cualidad de mundano.

mundanización *f* Acción de mundanizar(se).

mundanizar *tr* Hacer mundano [3].

mundano -na I *adj* **1** [Pers.] dada a los placeres y frivolidades de la vida social. ■ **2** [Cosa] del gran mundo [4c] o de la vida social. ■ **3** Del mundo [3]. II *f* **4** (*raro*) Prostituta.

mundaria *f* (*raro*) Prostituta.

mundial *adj* **1** De todo el mundo [6]. *A veces con intención ponderativa.* **b)** De gran parte de los países del mundo. **c)** (*Dep*) [Campeonato] en que participan deportistas o equipos de prácticamente todo el mundo. *Tb n m.*

mundialismo *m* (*Pol*) Tendencia a la colaboración entre todos los países del mundo para solucionar los problemas de la humanidad y a la creación de un gobierno mundial.

mundialista *adj* **1** (*Pol*) De(l) mundialismo. **b)** Adepto al mundialismo. *Tb n.* ■ **2** (*Dep*) De(l) mundial o de (los) mundiales [1c]. **b)** [Pers.] que participa en un campeonato mundial [1c]. *Tb n.*

mundialización *f* Hecho de dar carácter mundial [a algo (*compl de posesión*)]. **b)** Cooperación política de todos los países del mundo en forma de un gobierno mundial.

mundialmente *adv* En todo el mundo [6].

mundificar *tr* (*lit, raro*) Limpiar.

mundillo¹ *m* (*col*) Conjunto de perss. que constituyen el ambiente [de una determinada actividad (*adj o compl especificador*)].

mundillo² *m* Almohadilla para hacer encaje de bolillos.

mundillo³ *m* Arbusto propio de los bosques húmedos y lugares pantanosos, con flores blancas en corimbo, cultivado a veces como ornamental (*Viburnum opulus*). *Frec en pl con sent sg.*

mundo (*frec con mayúscula en aceps 6a y 7b*) I *m* **1** Conjunto de todo lo que tiene existencia material. ■ **2** Conjunto de todos los seres humanos. **b) todo el ~.** Toda la gente. *Frec con intención ponderativa.* **c) medio ~.** Una gran cantidad de gente. ■ **3** Sociedad humana. **b)** (*Rel*) Vida en medio de la sociedad humana. *En contraposición a la vida monástica.* ■ **4** Parte de la sociedad humana [caracterizada por alguna cualidad o circunstancia (*compl especificador*)]. **b)** Ambiente (conjunto de circunstancias en que se desarrolla la vida de las perss.). *Con un compl especificador.* **c) el gran ~.** La sociedad distinguida. *Tb, raro, simplemente* EL ~. ■ **5** Arte de desenvolverse en el trato con los demás. **b)** Experiencia de la vida y del trato social. *Gralm en constrs como* TENER ~, SER [pers.] DE ~. ■ **6 el ~.** La Tierra. *Frec se usa con intención ponderativa, siguiendo a una expr superlativa. Tb, en carácter religioso o moral,* ESTE ~ (*por contraposición a* EL OTRO ~; → acep. 8). **b) medio ~.** Numerosos países. ■ **7** Parte de la Tierra. *Normalmente con un compl especificador.* **b) tercer ~.** Conjunto de los países subdesarrollados. ■ **8 el otro ~.** (*Rel*) El lugar donde viven las almas después de la muerte corporal. ■ **9** Astro, esp. habitado. **b) otro ~.** Lugar totalmente distinto de otro que se toma como referencia. ■ **10** Conjunto complejo e importante de cosas. *Frec en la constr* ES UN ~. ■ **11** (*hoy raro*) Baúl de grandes dimensiones. *Tb* BAÚL ~. ■ **12 medio ~**. → MEDIOMUNDO.

II *loc pr* **13 un ~**. (*col*) Mucho. *Con el v* VALER, *referido a pers.*

III *loc adj* **14 del otro ~**. (*col*) Extraordinario o de gran importancia. *Frec como compl de* COSA *o de* NADA.

IV *loc v y fórm or* **15 arreglar el ~**. (*col*) Comentar asuntos políticos o de interés general. ■ **16 caerse el ~** → acep. 24. ■ **17 comerse** (*o, raro,* **tragarse**) [alguien] **el ~**. (*col*) Lograr grandes cosas. **b) parecer que** [alguien] **va a comerse el ~**. (*col*) Dar [alguien] muestras o hacer alarde de grandes ímpetus. ■ **18 correr ~** → acep. 32. ■ **19 echar al ~** → acep. 28. ■ **20 echarse al ~** [una mujer]. (*euf, col*) Hacerse prostituta. ■ **21 el ~ al revés.** *Fórmula que se usa para comentar una situación en que está invertido el orden normal o habitual de las cosas. Tb en las constrs* ESTAR, *o* ANDAR, EL ~ AL REVÉS. * *Quieren casarse por la Iglesia, pero no por lo civil.* ¡El mundo al revés! ■ **22 enviar al otro ~** → acep. 26. ■ **23 hacer un ~** [de una cuestión]. Considerar[la] como un asunto grave o difícil, sin serlo. **b) hacérsele** [a alguien una cosa] **un ~**. Presentársele como muy ardua, sin serlo. ■ **24 hundirse** (*u otro v equivalente*) **el ~**. (*col*) Ocurrir un cataclismo. *Normalmente se usa en sent fig, con intención ponderativa.* **b)** *En constrs de sent concesivo, se usa para manifestar seguridad o decisión.* * *Lo hará, así se hunda el mundo.* **c) hundírsele** [a alguien] **el ~**, *o* **venírsele** (*o* **caérsele**) **el ~ encima.** Sentirse abrumado ante una situación lamentable o muy difícil y angustiosa. ■ **25 irse al otro ~**. (*col*) Morirse. ■ **26 mandar** (*o* **enviar**) **al otro ~**. (*col*) Matar. ■ **27 ponerse el ~ por montera** → MONTERA. ■ **28 traer** (*o, pop,* **echar**) **al ~** [a alguien una mujer]. Parir[lo] o dar[lo] a luz. **b) traer al ~** [a alguien un hombre]. Dar[le] vida. ■ **29 tragarse el ~** → acep. 17. ■ **30 venir al ~**. Nacer. ■ **31 venírsele** [a alguien] **el ~ encima** → acep. 24. ■ **32 ver** (*o* **correr**) **~**. Viajar por países extranjeros. *Tb con otros vs de sent semejante.*

V *loc adv* **33 como vino al ~**, *o* **como su madre le trajo al ~**. En completa desnudez. ■ **34 desde que el ~ es ~**. Desde siempre. ■ **35 por esos ~s** (**de Dios**). (*col*) Por diversas tierras. *Frec con intención peyorativa.* ■ **36 por nada del ~**. *Se usa como refuerzo de una frase que expresa la negativa a hacer algo.* * *No lo dejaría por nada del mundo.*

mundología *f* (*col*) Mundo [5]. *Gralm con intención humoríst.*

mundólogo -ga *m y f* (*raro*) Pers. que tiene mundología.

mundovisión *f* Sistema de transmisión de imágenes de televisión de un continente a otro mediante satélites.

munición **I** *f* **1** Conjunto de proyectiles y cargas de las armas de fuego. *Tb en pl con sent sg. Tb fig.*

II *loc adj* **2 de ~**. [Cosa] que el Estado suministra a la tropa para su manutención y equipo. ■ **3 de ~**. [Artículo de consumo] de baja calidad.

municionamiento *m* Acción de municionar. *Tb su efecto.*

municionar *tr* Proveer de medios de subsistencia y de defensa, esp. de munición [1] [al ejército o a una plaza]. *Tb abs.*

municipal *adj* De(l) municipio. *Tb n, referido a guardia o policía.*

municipalidad *f* Ayuntamiento (organismo rector del municipio). *Tb el mismo municipio.*

municipalismo *m* (*Pol*) Tendencia que propugna la primacía de la administración municipal frente a la central.

municipalista *adj* De(l) municipalismo. **b)** Adepto al municipalismo. *Tb n.*

municipalización *f* Acción de municipalizar.

municipalizar *tr* Hacer que pasen a depender del municipio [bienes o servicios de propiedad particular (*cd*)].

municipalmente *adv* (*raro*) En el aspecto municipal.

munícipe *m y f* (*lit*) Miembro de un ayuntamiento.

municipio *m* Unidad administrativa constituida por una o varias poblaciones y determinada extensión de terreno, regida toda ella por una misma corporación.

munificencia *f* (*lit*) Generosidad o liberalidad.

munificente *adj* (*lit*) Generoso o liberal.

munífico -ca *adj* (*lit*) Munificente. *Tb n, referido a pers.*

muniqués -sa *adj* De Múnich (Alemania). *Tb n, referido a pers.*

munir *tr* (*raro*) Proveer o pertrechar [a alguien de algo].

muñeca[1] → MUÑECO.

muñeca[2] *f* Parte del cuerpo humano en que se articula la mano con el antebrazo.

muñeco -ca **A** *m y f* **1** Figura de pers., hecha gralm. de trapo, plástico o goma, que se usa esp. como juguete o adorno. ■ **2** Niño o joven muy guapo y atractivo. *Referido a un hombre joven, tiene intención desp. A veces usado como vocativo, con intención cariñosa o irónica.* ■ **3** Pers. que se deja manejar por los demás.

B *m* **4** Figura de animal, hecha gralm. de trapo, plástico o goma, que se usa como juguete o adorno. **b)** (*Caza*) Figura de ave usada como reclamo.

C *f* **5** Lío de trapo, pequeño y redondeado, que se usa para barnizar. *Frec en la constr* A MUÑECA. ■ **6** (*raro*) Rayuela (juego de niñas).

muñeira *f* Danza popular gallega, de compás de seis o tres por ocho, que se acompaña con gaita y pandero. *Tb su música.*

muñequera *f* **1** Tira elástica o de cuero con que se sujeta la muñeca[2]. ■ **2** (*raro*) Pulsera [de reloj].

muñequería *f* **1** Conjunto de muñecos [1 y 4]. ■ **2** Arte o industria de fabricar muñecos [1 y 4].

muñequerío *m* (*col*) Conjunto de muñecos [1 y 4].

muñequero -ra **I** *adj* **1** De(l) muñeco [1 y 4]. **II** *m y f* **2** Fabricante de muñecos [1 y 4].

muñequilla *f* Muñeca (lío de trapo, pequeño y redondeado, que se usa para barnizar). *Frec en la constr* A ~.

muñequillar *tr* Barnizar a muñequilla. *Tb abs.*

muñidor -ra *m y f* Pers. hábil y activa para amañar o muñir [algo (*compl especificador*), esp. elecciones]. *Tb adj.*

muñir (*conjug* 53) *tr* **1** Amañar o preparar [algo] con habilidad y gralm. por medios poco honrados. *Frec en política.* ■ **2** (*raro*) Llamar o convocar.

muñón *m* Parte [de un miembro amputado] que permanece adherida al cuerpo. *Tb fig.*

muón (*tb con la grafía* **muon**) *m* (*Fís*) Partícula elemental inestable del género de los leptones, cuya masa en reposo es unas 207 veces la del electrón.

muónico -ca *adj* (*Fís*) De(l) muón.

muradano -na *adj* De Muros (La Coruña). *Tb n, referido a pers.*

muraje *m* Planta herbácea anual de tallos tendidos y flores rojas o azules, usada en medicina (*Anagallis arvensis*). *Frec en pl con sent sg.* **b)** *Con un adj o compl especificador, designa otras especies:* ~S AMARILLOS (*Lysimachia nemorum*), ~ DE HOJA ESTRECHA, *o* DE HOJA DE LINO (*Anagallis linifolia*), ~ DE LOS PÁJAROS (*Stellaria media*).

mural I *adj* **1** De(l) muro o pared. **b)** Destinado a ser colocado en un muro o pared. II *m* **2** Pintura o decoración mural [1]. ■ **3** Cartel mural [1]. ■ **4** Mueble destinado a cubrir una pared.

muralismo *m* (*Arte*) Arte y técnica del mural [2].

muralista (*Arte*) I *adj* **1** De(l) mural [2]. II *m y f* **2** Artista que hace murales [2].

muralla *f* Muro defensivo que rodea un lugar, esp. una población o fortaleza. **b)** Pers. o cosa que actúa como defensa u obstáculo. *Tb* ~ CHINA, *con intención ponderativa.*

murallón *m* Muro o muralla grande y fuerte.

murano *m* Cristal de Murano (Italia).

murar *tr* Cercar [algo] con muros o murallas. *Gralm en part.*

murchantino -na *adj* De Murchante (Navarra). *Tb n, referido a pers.*

murcianismo *m* **1** Palabra o rasgo idiomático propios del murciano [2] o procedentes de él. ■ **2** Condición de murciano [1], esp. amante de lo murciano.

murciano -na I *adj* **1** De Murcia. *Tb n, referido a pers.* II *n* A *m* **2** Dialecto de Murcia. ■ **3** (*reg, desp*) Inmigrante en Cataluña procedente de una región española que no es de lengua catalana, esp. meridional. *Frec n.* **b)** (*reg*) Peón de la construcción. B *f* **4** Modalidad de fandango propia de la región de Murcia.

murciar (*conjug* 1a) *tr* (*jerg*) Robar.

murciélago *m* Mamífero quiróptero. *Diversas especies se distinguen por medio de compls o adjs:* ~ COMÚN (*Pipistrellus pipistrellus*), ~ BIGOTUDO (*Selysius mystacinus*), ~ DE BOSQUE (*Barbastella barbastellus*), ~ DE HERRADURA (*gén Rhinolophus*), ~ HORTELANO (*Vespertilio serotinus*), ~ RATERO (*Myotis myotis*), ~ TROGLODITA *o* DE CUEVA (*Miniopterus schreibersii*), *etc.*

murcielaguina *f* Estiércol de murciélago.

murecada *f* (*reg*) Rebaño de moruecos.

mureco *m* (*reg*) Morueco.

murénido *adj* (*Zool*) [Pez] de cuerpo largo, cilíndrico y gralm. sin escamas, de la familia de la morena. *Frec como n m en pl, designando este taxón zoológico.*

murense *adj* De Muros (La Coruña), de Muros de Nalón (Asturias) o de Muro (Mallorca). *Tb n, referido a pers.*

murete *m* Muro poco elevado y de poco espesor.

múrex *m* Múrice.

murga I *f* **1** Conjunto de músicos de poca calidad que toca por las calles. **b)** Banda o conjunto musical de baja calidad. **c)** Grupo que canta canciones satíricas, típico de los carnavales de Cádiz y Canarias. ■ **2** (*col*) Cosa fastidiosa o molesta por su ruido o su repetición. II *loc v* **3** dar (la) ~. (*col*) Fastidiar o molestar.

murgón *m* Cría del salmón.

murguista I *adj* **1** De (la) murga [1]. II *m y f* **2** Pers. que forma parte de una murga [1].

muriato *m* (*Quím*) Clorhidrato.

múrice *m* Molusco gasterópodo marino del que antiguamente se extraía la púrpura (*gén. Murex*).

múrido -da *adj* (*Zool*) [Roedor] de la familia del ratón y de la rata. *Frec como n m en pl, designando este taxón zoológico.* **b)** De (los) múridos.

muriente *adj* (*lit*) Que muere. **b)** Propio de la pers. o cosa que muere.

murillense *adj* De Murillo de Río Leza (Rioja). *Tb n, referido a pers.*

murino -na *adj* (*Zool*) [Roedor múrido] de la subfamilia del ratón y de la rata. *Frec como n m en pl, designando este taxón zoológico.* **b)** De (los) murinos.

múrmel *m* (*Peletería*) Piel de marmota, gralm. teñida, cuyo aspecto recuerda el del visón.

murmujear *intr* (*raro*) Murmurar. *Tb tr.*

murmujeo *m* (*raro*) Acción de murmujear. *Tb su efecto.*

murmullear *intr* (*raro*) Murmurar [1 y 3]. *Tb tr.*

murmulleo *m* (*raro*) Acción de murmullear. *Tb su efecto.*

murmullo *m* Ruido continuado, confuso y poco intenso, causado esp. por voces o por el agua o el viento.

murmuración *f* Acción de murmurar [2]. *Tb su efecto.*

murmurador -ra *adj* Que murmura [1 y 2]. *Tb n, referido a pers.*

murmurante *adj* (*lit*) Que murmura.

murmurar A *intr* **1** Hablar en voz baja o entre dientes, esp. mostrando o protesta. ■ **2** Hablar [de alguien ausente o de algo] criticándo[lo]. *Tb sin compl.* ■ **3** (*lit*) Producir murmullo [algo], esp. el viento o el agua]. B *tr* **4** Decir [algo] murmurando [1 y 2]. ■ **5** Rumorear.

murmurear *intr* (*raro*) Murmurar, *esp* [3].

murmureo *m* (*raro*) Acción de murmurear. *Tb su efecto.*

murmurio *m* (*lit*) Murmullo.

muro *m* **1** Pared, esp. gruesa y destinada a soportar cargas o empujes o cerrar un espacio. ■ **2** (*Min*) Cara inferior de un yacimiento.

murria *f* (*col*) Tristeza o abatimiento.

murriar (*conjug* 1a) *tr* (*reg*) Poner murrio.

murrio -rria *adj* (*col*) **1** Que tiene o muestra murria. ■ **2** Que denota o implica murria.

murrioso -sa *adj* (*reg*) Murrio.

murta *f* Mirto o arrayán.

mus[1] *m* **1** Juego de envite que se juega con baraja española de 40 cartas entre dos, cuatro o seis jugadores, con cuatro cartas cada uno y con posibilidad de descartes. ■ **2** *En el juego del mus* [1]: Descarte.

mus[2]. ni ~. *loc pr* (*col*) Ni mu, o absolutamente nada.

musa *f* **1** (*Mitol clás*) Divinidad de las nueve protectoras de las artes liberales. ■ **2** (*lit*) Inspiración artística, esp. poética. *Frec en la constr* SOPLAR [a alguien] LA ~. *Tb fig.* **b)** Mujer o cosa que inspira a un artista, esp. a un poeta. **c)** Mujer que se presenta como emblema de un movimiento político o cultural.

musaca (*frec con la grafía* **musaka**) *f* Plato típico de Grecia y las zonas limítrofes, compuesto básicamente de berenjenas y carne picada gratinadas al horno.

musáceo -a *adj* (*Bot*) [Planta] dicotiledónea tropical, de hojas penninervias muy grandes e inflorescencias vistosas en panoja o espiga, de la familia del bananero. *Frec como n f en pl, designando este taxón botánico.* **b)** De (las) musáceas.

musaka → MUSACA.

musaraña **I** *f* **1** Mamífero insectívoro de pequeño tamaño, semejante al ratón y con hocico puntiagudo (géns. *Sorex, Crocidura, Neomys* y otros). *A veces con un compl especificador:* ~ COMÚN (*Crocidura russula*), ~ ACUÁTICA (*Neomys fodiens*), ~ CAMPESINA (*Crocidura suaveolens*), ~ DE COLA CUADRADA (*Sorex araneus*), ~ ENANA (*Sorex minutus*), etc.
II *loc v* (*col*) **2 pensar en las ~s,** *o* **mirar a las ~s.** Estar distraído sin atender a lo que se debe.

musarañita *f* Musaraña diminuta cuyo peso no sobrepasa los 2 g (*Suncus etruscus*).

muscardina *f* (*E*) Enfermedad del gusano de seda, causada por un hongo parásito.

muscardino *m* Roedor semejante a un ratón pequeño, de pelaje leonado, propio de los bosques de coníferas (*Muscardinus avellanarius*).

muscarina *f* (*Quím*) Sustancia tóxica propia de la seta *Amanita muscaria*.

muscarínico -ca *adj* (*Quím*) De la muscarina.

muscimol *m* (*Quím*) Alcaloide alucinógeno que se halla en la *Amanita muscaria* y otros hongos.

muscínea *adj* (*Bot*) Briofita. *Frec como n f en pl, designando este taxón botánico.*

muscogi *adj* De un pueblo indio norteamericano del sudeste de los Estados Unidos. *Tb n, referido a pers.*

musculación *f* Acción de muscular(se). *Tb su efecto.*

musculado -da *adj* **1** *part* → MUSCULAR[2]. ■ **2** De músculos [1] fuertes y pronunciados.

muscular[1] *adj* **1** De(l) músculo o de (los) músculos [1]. ■ **2** (*Psicol*) [Pers.] de estatura media y complexión musculosa.

muscular[2] *tr* Dotar de músculos fuertes y desarrollados. **b)** *pr* (~**se**) Pasar a tener músculos fuertes y desarrollados.

muscularidad *f* (*Psicol*) Cualidad de muscular[1] [2].

muscularmente *adv* **1** De manera muscular[1] [1]. ■ **2** En el aspecto muscular[1] [1].

musculatura *f* Conjunto de los músculos [1]. **b)** Complexión muscular.

músculo *m* **1** Órgano compuesto por fibras contráctiles y encargado de producir el movimiento y mantener la posición de las partes del cuerpo humano o animal. ■ **2** (*col*) Musculatura [1b]. *Usado con intención enfática para ponderar la fortaleza física. Tb en pl con sent sg.*

musculoso -sa *adj* **1** Dotado de músculos [1]. ■ **2** De músculos fuertes y pronunciados.

museable *adj* Digno de figurar en un museo [1a].

museal *adj* De(l) museo [1].

musear *tr* Conservar [algo] en un museo [1a]. *Frec en part.*

museísticamente *adv* En el aspecto museístico.

museístico -ca *adj* De(l) museo [1].

muselina[1] *f* **1** Tejido de algodón, lana o seda, claro, fino, ligero y gralm. con apresto. ■ **2** Pieza o prenda de muselina [1].

muselina[2] *adj* (*Coc*) [Salsa] holandesa a la que se añade crema o claras batidas.

museo **I** *m* **1** Lugar en que se reúnen y clasifican numerosos objetos de interés artístico, científico, histórico o cultural, para su conservación y estudio y para exponerlos al público. **b)** Lugar lleno de objetos artísticos o curiosos. *A veces en aposición.* ■ **2** (*hist*) Lugar destinado al estudio de las ciencias, las letras y las artes.
II *loc adj* **3 de ~.** Digno de figurar en un museo [1a]. *Con intención ponderativa.*

museografía *f* Técnica de la organización y funcionamiento de los museos [1a].

museográfico -ca *adj* De (la) museografía.

museología *f* Estudio de los conocimientos y técnicas relativos al montaje y organización de museos [1a].

museológico -ca *adj* De (la) museología.

museólogo -ga *m y f* Especialista en museología.

musequí *m* (*hist*) Parte de la coraza que cubre la espalda.

muserola *f* Parte de la brida que pasa sobre la nariz de la caballería y sirve para asegurar la posición del bocado.

muserón *m* (*raro*) Se da este n a las setas comestibles *Lyophyllum georgii* y *Clitocybe geotropa*.

musgaño *m* Musaraña acuática (*Neomys fodiens* y *N. anomalus*). *Tb* ~ PATIBLANCO *y* ~ DE CABRERA, *respectivamente.*

musgo[1] **I** *m* **1** Planta briofita, gralm. de color verde, pardo o amarillento, que crece formando masas mullidas sobre el suelo, las piedras o las cortezas de los árboles. *Gralm en sg con sent colectivo. A veces en pl, designando esta clase de plantas.* ■ **2 ~ de platino.** (*Quím*) Masa esponjosa de platino metálico usada como catalizador.
II *adj invar* **3** [Color verde] semejante al verde oliva, pero más claro. *Tb n m.*

musgo² **-ga** *adj* (*raro*) Pardo oscuro.

musgoso **-sa** *adj* **1** De(l) musgo¹ [1]. ■ **2** Que tiene musgo¹ [1]. ■ **3** De aspecto o consistencia de musgo¹ [1].

música → MÚSICO.

musicación *f* Acción de musicar. *Tb su efecto.*

musical *adj* **1** De (la) música (→ MÚSICO [2 y 3a]). ■ **2** [Género u obra teatral o cinematográfica] en que la música desempeña un papel fundamental. **b)** [Comedia teatral o cinematográfica] ligera, en que alternan el diálogo, las canciones y los bailes, enlazados por una trama sencilla. *Tb n m.* ■ **3** Que posee alguno de los caracteres esenciales de la música (→ MÚSICO [3a]). ■ **4** [Mosquitero] ~ → MOS-QUITERO.

musicalidad *f* Cualidad de musical [3].

musicalización *f* Acción de musicalizar.

musicalizar *tr* **1** Dar carácter musical [2 y 3] [a algo (*cd*)]. ■ **2** Dotar de música (→ MÚSICO [3b]) [a algo (*cd*)]. *Frec en part.* ■ **3** Musicar [1].

musicalmente *adv* En el aspecto musical.

musicante *adj* Que toca un instrumento músico. *Tb n.*

musicar *tr* **1** Poner música (→ MÚSICO [3b]) [a algo]. ■ **2** Acompañar [algo] con música (→ MÚSICO [3a y b]).

musicasete *f* (*a veces m*) Casete (cinta) de música.

musicassette (*ing; pronunc corriente,* /musikasét/) *m o f* Musicasete.

music-hall (*ing; pronunc corriente,* /miúsik-χól/; *pl normal,* ~S) *m* Establecimiento destinado a espectáculos de variedades. **b)** Género de variedades propio del music-hall.

músico **-ca** **I** *adj* **1** De (la) música [2].
II *n* **A** *f* **2** Arte de combinar armónicamente los sonidos, según unas reglas dadas. **b)** Conjunto de obras de música. *Gralm con un adj o compl especificador.* ■ **3** Conjunto de sonidos ordenados armónicamente. **b)** Composición musical, gralm. destinada a acompañar a un texto. **c)** (*col*) *Se usa en constrs como* NI QUE TUVIERA ~, *o* ¿TIENE ~?, *para ponderar el precio excesivo de algo.* ■ **4** (*col, desp*) Asunto que se desvía de lo fundamental o de lo que interesa. *Gralm en pl.* **b)** ~ **celestial.** (*col*) Palabras que se escuchan sin interés o con escepticismo.
B *m y f* **5** Pers. que ejecuta o compone música [3].
III *loc adj* **6** [Caja] **de** ~ → CAJA.
IV *loc adv* **7** **con la** ~ **a otra parte.** (*col*) A otra parte. *Gralm con los vs* IR *o* MARCHAR. *Tb fig.*

musicografía *f* Conjunto de escritos acerca de la música (→ MÚSICO [2]).

musicógrafo **-fa** *m y f* Pers. que escribe obras acerca de la música (→ MÚSICO [2]).

musicología *f* Estudio de la teoría y la historia de la música.

musicológico **-ca** *adj* De (la) musicología.

musicólogo **-ga** *m y f* Especialista en musicología.

musicomanía *f* Afición exagerada por la música.

musicoterapeuta *m y f* Especialista en musicoterapia.

musicoterapia *f* Tratamiento de determinadas enfermedades mediante la música.

músico-vocal (*tb con la grafía* **musicovocal**) *adj* [Conjunto] musical cuyos componentes tocan instrumentos y cantan.

musiquero *m* Mueble para partituras y libros de música.

musiquilla *f* (*desp*) **1** Música (→ MÚSICO [3b]) fácil y ramplona. ■ **2** Sucesión más o menos armoniosa de sonidos.

musista *m y f* Jugador de mus¹.

musitación *f* Acción de musitar.

musitante *adj* Que musita.

musitar **A** *intr* **1** Hablar en voz baja o entre dientes.
B *tr* **2** Decir [algo] en voz baja o entre dientes.

musivario **-ria** *adj* (*Arte*) [Arte o artista] de(l) mosaico.

musivo **-va** *adj* (*Arte*) [Obra] de mosaico.

muslada *f* (*col*) Muslos. *Referido a mujer.*

muslamen *m* (*col*) Muslos. *Normalmente referido a mujer. A veces en pl expresivo.*

muslari *m y f* (*reg*) Musista.

muslera *f* **1** Parte del pantalón correspondiente al muslo. ■ **2** Venda o pieza que cubre el muslo.

muslim *adj* (*lit*) Musulmán. *Tb n, referido a pers.*

muslime *adj* (*lit*) Musulmán. *Tb n, referido a pers.*

muslímico **-ca** *adj* (*lit*) De (los) muslimes.

muslo *m* Parte de la pierna comprendida entre la cadera y la rodilla.

musmé *f* (*hoy raro*) Muchacha japonesa.

must (*ing; pronunc corriente,* /must/; *pl normal,* ~S) *m* Cosa imprescindible o absolutamente necesaria para estar al día.

mustang (*pl normal,* ~S *o invar*) *m* Caballo salvaje americano de las llanuras de Méjico y California.

mustélido *adj* (*Zool*) [Mamífero] carnívoro de cuerpo alargado y ágil, hocico puntiagudo, patas cortas y piel gralm. estimada, de la familia de la nutria y el visón. *Frec como n m en pl, designando este taxón zoológico.*

musteriense *adj* (*Prehist*) [Cultura o período] del Paleolítico medio, cuyos principales vestigios corresponden a Moustier (Francia). *Tb n m.* **b)** De(l) período musteriense.

mustiamente *adv* De manera mustia.

mustiar (*conjug* 1a) **A** *tr* **1** Hacer que [algo (*cd*)] se mustie [2].
B *intr pr* (~**se**) **2** Ponerse mustio.

mustio **-tia** *adj* **1** Marchito o falto de lozanía. *Dicho esp de plantas.* ■ **2** Ajado o deslucido. ■ **3** Triste o melancólico.

musulmán *adj* Que profesa la religión de Mahoma. *Tb n.* **b)** De (los) musulmanes.

mutabilidad *f* (*lit*) Cualidad de mutable.

mutable *adj* (*lit*) Mudable.

mutación *f* Cambio o alteración. **b)** (*Escén*) Cambio de escena en que se varían el telón y los bastidores. **c)** (*Biol*) Alteración brusca producida en la estructura o en el número de los genes de un organismo vivo, que se transmite por herencia.

mutacional *adj* (*Biol*) De la mutación [1c].

mutagénesis *f* (*Biol*) Producción de mutaciones [1c].

mutante *adj* (*Biol*) [Gen u organismo] producido por mutación. *Gralm n m.*

mutar A *tr* **1** (*lit*) Mudar o transformar.
B *intr* **2** (*lit*) Mudar o transformarse. **b)** (*Biol*) Sufrir mutación [1c].

mutarrotación *f* (*Quím*) Cambio de la actividad óptica que se produce con el paso del tiempo en las soluciones de determinados compuestos, esp. azúcares.

mutatis mutandis (*lat; pronunc,* /mutátis-mutándis/) *loc adv* (*lit*) Cambiando lo que se debe cambiar.

mutilación *f* Acción de mutilar.

mutilador -ra *adj* Que mutila. *Tb n, referido a pers.*

mutilante *adj* (*lit o E*) Que mutila.

mutilar *tr* **1** Cortar [a un ser vivo (*cd*)] una parte externa del cuerpo. **b)** Cortar [a un ser vivo (*ci*) una parte externa del cuerpo (*cd*)]. ■ **2** Cortar o quitar una parte [de algo o de alguien (*cd*)]. *Tb fig.*

mutil-danza (*tb con la grafía* **mutil-dantza**) *f* Danza típica navarra en que los mozos forman rueda alrededor del chistulari.

mutis I *m* **1** (*Escén*) Salida de escena de un actor. *Tb fig, fuera del ámbito teatral.* ■ **2** Silencio guardado por una pers.
II *loc v* **3 hacer ~.** (*Escén*) Desaparecer de escena. *Frec fig, fuera del ámbito teatral y gralm en la constr* HACER ~ POR EL FORO. **b)** Callarse o guardar silencio.
III *interj* (*col*) **4** *Se usa para mandar callar.* * Mutis, no digas nada.

mutismo *m* Actitud, voluntaria o impuesta, de completo silencio.

mutón *m* (*raro*) Mouton.

mutoscopio *m* (*hist*) Aparato óptico en que pueden verse una serie de fotografías o dibujos en movimiento, a través de una abertura y girando un mango situado en uno de sus lados.

mutua → MUTUO.

mutual I *adj* (*Der*) **1** Mutuo. ■ **2** De (la) mutualidad.
II *f* **3** Mutualidad.

mutualidad *f* Asociación basada en un régimen de prestaciones mutuas.

mutualismo *m* Régimen o sistema de (la) mutualidad.

mutualista I *adj* **1** De (la) mutualidad. **b)** Que tiene carácter de mutualidad.
II *m y f* **2** Pers. perteneciente a una mutualidad.

mutualización *f* Acción de mutualizar.

mutualizar *tr* **1** Dar carácter de mutualidad [a algo (*cd*)]. ■ **2** Inscribir en una mutualidad.

mutuamente *adv* De manera mutua.

mutuo -tua I *adj* **1** Recíproco, o correspondiente a cada uno de varios sujetos.
II *f* **2** Mutualidad.

muwassaha (*pronunc corriente,* /muasáχa/; *tb, raro, con las grafías* **muwaschaha** *o* **muwaxaha**) *f* (*TLit*) Moaxaja.

muy[1] → MUCHO.

muy[2] → MUI.

muyahidin (*ár; pronunc corriente,* /muyaχidín/) I *m pl* **1** Muyahidines [1].
II *adj invar* **2** De los muyahidines [1].

muyahidín (*tb con la grafía* **muyaidín**) I *m* **1** Guerrillero fundamentalista de algunos países musulmanes, esp. Afganistán. *Gralm en pl.*
II *adj* **2** De los muyahidines [1].

my → MI[3].

n

n → ENE.

na → NADA.

naba *f* Planta herbácea de raíz grande y comestible, hojas radicales, grandes, y flores pequeñas, blancas o amarillentas, que se consumen como hortaliza (*Brassica campestris* o *B. rapa*). *Tb su raíz.*

nabab (*pl normal*, ~s) *m* **1** Gobernador de una provincia de la India musulmana. ■ **2** Hombre muy rico o poderoso.

nabal I *adj* **1** (*raro*) De(l) nabo o de (los) nabos [1]. II *m* **2** Tierra sembrada de nabos.

nabateo -a *adj* (*hist*) De un pueblo nómada árabe de la zona comprendida entre el mar Rojo y el río Éufrates. *Tb n, referido a pers.*

nabí (*pl*, ~s o ~ES) *m* (*Pint*) Pintor de un grupo surgido en Francia a fines del s. XIX, que se caracteriza por su contraposición al naturalismo y al impresionismo y por la yuxtaposición de colores. *Frec en pl.*

nabina *f* Semilla del nabo [1a].

nabiza *f* **1** Hoja tierna del nabo [1a y b]. ■ **2** Raíz de la naba o nabo silvestre. *Tb la planta.*

nabizal *m* (*reg*) Tierra sembrada de nabos [1a y b].

nabo *m* **1** Planta de raíz carnosa, blanca o amarillenta, comestible, hojas grandes y flores amarillas (*Brassica napus*). *Frec su raíz y tb su semilla.* **b)** ~ **gallego** (o **silvestre**). Naba. **c)** ~ **del diablo.** Planta tóxica, de tubérculos alargados y flores blancas o rosadas en umbela (*Oenanthe crocata*). *Tb su raíz.* ■ **2** (*jerg*) Pene.

naboría (*tb* **naboria**) *f* (*hist*) Repartimiento de indios al servicio personal de un conquistador español.

nácar *m* **1** Sustancia dura, de color blanco brillante con reflejos irisados, que reviste el interior de algunas conchas. **b)** Adorno de nácar. ■ **2** (*lit*) Color blanco brillante con reflejos irisados, propio del nácar.

nacarado -da *adj* De(l) nácar. **b)** De color o brillo de nácar.

nacarina *f* Materia que imita el nácar, usada frec. para botones.

nacedero -ra I *adj* **1** Que puede nacer. II *m* **2** Lugar en que nace [2] [algo (*compl de posesión*), esp. una corriente de agua].

nacedizo -za *adj* (*reg*) [Piedra o canto] fijos en el suelo.

nacedor -ra *adj* (*lit, raro*) Que nace [6]. *Tb fig.*

nacedura *f* (*reg*) Hecho de nacer [1a], esp. las plantas. *Tb su efecto.*

nacela *f* (*Arquit*) Moldura cóncava correspondiente al cuarto de círculo.

nacencia *f* (*pop o lit*) Nacimiento [1].

nacer (*conjug* 11) **A** *intr* ➤ **a** *normal* **1** Salir [un ser vivo] del vientre de la madre, o del huevo, o de la semilla. **b)** Salir [un ser vivo (*suj*)] del vientre de la madre, del huevo o de la semilla (*compl* DE)]. **c)** (*col*) Salir indemne de un peligro de muerte. *Con un compl de tiempo. Frec* VOLVER A ~, ~ DE NUEVO o ~ OTRA VEZ. **d) haber nacido.** (*col*) Existir. *En frases desafiantes como* NO HA NACIDO QUIEN... **e) haber nacido cansado.** (*col*) Ser holgazán. **f) haber nacido de pie** → PIE. ■ **2** Pasar a existir [algo]. **b)** Tener [una pers. o cosa] su origen [en otra (*compl* DE)]. **c)** Tener principio [una cosa en otra]. ■ **3** Aparecer [el Sol] en el horizonte. ■ **4** Aparecer en el exterior [de una pers. o cosa (*compl* EN o *ci*)] algo que procede del interior. ➤ **b** *pr* (~**se**) **5** Deshilarse [una tela, una prenda o una costura (*suj*)] por estar cosida muy a la orilla. ■ **6** (*reg*) Estropearse o enmohecerse [una sustancia, esp. un alimento]. **B** *tr* **7** (*lit*) Hacer nacer [1a y 2a]. *Tb fig.*

naci → NAZI.

nacianceno -na *adj* (*hist*) De Nacianzo (antigua ciudad de Capadocia, en Asia Menor). *Tb n, referido a pers.*

nacido -da *adj* **1** *part* → NACER. ■ **2 bien** (o **mal**) ~. [Pers.] noble (o malintencionada) en su manera de comportarse. *Tb n.*

naciente I *adj* **1** Que nace, *esp* [2 y 3]. *Frec referido al Sol. Tb fig.* **b)** (*Heráld*) [Figura] de la que solo aparece en el escudo la parte superior. **c)** Propio de la pers. o cosa que nace. **2** (*Quím*) [Quím] que se está formando en el curso de una reacción y que se caracteriza por una actividad muy intensa. **b)** (*Quím*) [Estado] propio del cuerpo naciente. II *m* **3** (*lit*) Este u oriente (*punto cardinal*).

nacimiento I *m* **1** Hecho de nacer [1 a 4]. ■ **2** Lugar en que nace [2c] [algo, esp. una corriente de agua (*compl de posesión*)]. ■ **3** Representación, esp. escultórica, del nacimiento [1] de Jesús, constituida básicamente por las figuras de la Virgen, el Niño, san José, el buey y la mula. II *loc adj* **4 de ~.** [Peculiaridad] que se tiene desde el momento de nacer. *Tb adv.*

nación *f* **1** Grupo humano que, asentado sobre un territorio definido y con una autoridad soberana, constituye una unidad política. **b)** Territorio de una

nacional – nada

nación. ■ **2** Grupo humano, gralm. amplio, de origen étnico, lengua y tradiciones comunes. ■ **3** (*pop*) Nacimiento [1]. *Normalmente en la constr* DE ~.

nacional *adj* **1** De la nación [1 y 2]. *Tb n, referido a pers.* **b)** [Monumento] que el Estado toma bajo su protección. **c)** [Fiesta] ~, [lotería] ~, [parque] ~ → FIESTA, LOTERÍA, PARQUE. ■ **2** (*hist*) *En la Guerra Civil de 1936:* Del bando defensor de las ideas conservadoras y antimarxistas. *Tb n, referido a pers.* **b)** Propio de los nacionales.

nacionalcatolicismo *m* (*hoy raro*) Vinculación estrecha entre la Iglesia católica y el poder político. *Tb la tendencia correspondiente. Esp referido a la época de Franco.*

nacionalcatólico -ca *adj* (*hoy raro*) De(l) nacionalcatolicismo.

nacionalidad *f* **1** Condición de perteneciente a una nación [1]. ■ **2** Condición de nación [1]. ■ **3** Nación [2]. **b)** *En los años inmediatamente posteriores al franquismo:* Región que aspira a la autonomía.

nacionalismo *m* **1** Sentimiento apasionado hacia la propia nación y a cuanto le pertenece, gralm. acompañado de xenofobia y de afán de aislamiento. *Tb la doctrina política basada en este sentimiento.* **b)** Tendencia estética, esp. musical, de exaltación de la cultura, el folclore o la historia de la nación propia. ■ **2** Aspiración de un grupo humano a constituirse como nación [1].

nacionalista *adj* De(l) nacionalismo. **b)** Partidario del nacionalismo. *Tb n.*

nacionalización *f* Acción de nacionalizar(se), *esp* [2].

nacionalizador -ra *adj* Relativo a la acción de nacionalizar [2].

nacionalizar *tr* **1** Hacer [a alguien (*cd*)] ciudadano de una determinada nación (*predicat o, más raro, compl de lugar*)]. *Gralm el cd es refl.* ■ **2** Hacer que pasen a depender del estado [bienes o servicios de propiedad particular (*cd*)]. ■ **3** Dar [a algo (*cd*)] carácter nacional [1].

nacionalmente *adv* **1** En el aspecto nacional [1]. ■ **2** En toda la nación [1].

nacionalsindicalismo *m* (*hoy raro*) Doctrina politicosocial, de base falangista, asumida en 1939 como programa de gobierno por el régimen de Franco.

nacionalsindicalista *adj* (*hoy raro*) De(l) nacionalsindicalismo. **b)** Partidario del nacionalsindicalismo. *Tb n.*

nacionalsocialismo *m* (*hist*) Movimiento político alemán surgido después de la primera Guerra Mundial y caracterizado por el racismo, el anticomunismo y el afán imperialista.

nacionalsocialista (*tb, raro, con la grafía* **nacional-socialista**) *adj* (*hist*) De(l) nacionalsocialismo. **b)** Partidario del nacionalsocialismo. *Tb n.*

nacismo, nacista → NAZISMO, NAZISTA.

naco -ca *adj* (*reg*) Pequeño.

nacra *f* Molusco lamelibranquio de unos 80 cm, con la superficie de la concha rugosa e interior nacarado, propio del Mediterráneo (*Pinna nobilis*).

nada (*tb, pop,* **na**) **I** *pron* (*invar; siempre funciona como m sg. Cuando en la or se presenta después del v, este ha de ir normalmente precedido de una pala-*

bra *negativa, excepto en las aceps 5 y 6*) **1** Ninguna cosa. *Tb, enfáticamente,* ~ DE ~. * Esperaba que no tocase nada. * Debajo no lleva nada de nada. ■ **2** Ninguna cosa importante. *Tb, enfáticamente,* ~ DE ~. * ¿Cómo se puede hablar tanto para no decir nada? **b)** Ninguna cosa suficiente. *Seguido de un compl* PARA. * No te ha hecho nada para que te pongas así. **c)** ~ **entre dos platos** → PLATO. ■ **3** Ninguna cantidad. *Gralm seguido de un compl* DE. *A veces, enfáticamente,* ~ DE ~. * No tengo nada de dinero. **b)** *Se usa como exclusión enfática.* * Haré natillas auténticas, nada de polvos. ■ **4** Casi ninguna cantidad, esp. de espacio o de tiempo. * Dentro de nada estarás de vuelta. * Una persona sola vive con nada. ■ **5** Cualquier cosa insignificante. *Tb, enfáticamente,* ~ DE ~. *Frec precedido de* POR, *esp en la loc* POR MENOS DE ~. *Tb* (*pop*) POR ~ Y NO ~. * Se enfada por nada. * Es tan delicado que se rompe por menos de nada. ■ **6** Algo. *Se usa con intención enfática en interrogs retóricas cuya respuesta esperable sería "nada".* * ¿Viste nada igual?

II *f* **7** la ~. El no ser. **b)** Posición oscura o insignificante de una pers. **c)** *En contraposición con los objetos materiales:* El aire o el vacío.

III *loc adj* **8** de ~. Insignificante o sin ninguna importancia.

IV *fórm or* **9** ahí es ~, *o* casi ~. *Se usa, frec en forma exclam, para ponderar la importancia de algo.* * Un sobresaliente, casi nada. ■ **10** de ~. *Fórmula de cortesía con que se responde a una frase de agradecimiento.* * –Muchas gracias. –De nada. ■ **11** ~. *Precede a una or que expresa la conclusión o resumen de lo observado o expuesto antes.* * –Nos casamos mañana. –Pues nada, mi enhorabuena. * Nada, no hay quien le convenza. ■ **12** *Se usa para negar validez a una objeción o quitar importancia a un problema. A veces* ~, ~. * –Pero si no me apetece... –Nada, nada, tienes que salir. ■ **13** ~ **de eso**; **de eso** ~. (*col*) *Se usa como negación enfática. En lugar del pron* ESO *puede ir un sust o un adj. A veces* (*humoríst*) DE ESO, MONADA. * –Prefiero quedarme. –De eso nada. * De tímido nada; menudo es. ■ **14** ~ **más**. *Se usa para dar por terminado un asunto.* * Fue siempre un traidor, y nada más. ■ **15** no **es por** ~. *Se usa irónicamente para introducir una objeción o una advertencia.* * No es por nada, pero a mí también me gustaría ir.

V *adv* (*en las aceps 16 y 17, y a veces en la 20, cuando en la or se presenta después del v, este ha de ir normalmente precedido de una palabra negativa*) **16** De ningún modo. *Tb, enfáticamente,* ~ DE ~. * No estoy nada satisfecha; pero nada de nada. **b)** *Como simple negación, con ligero matiz enfático.* * –¿No llegó aún? –Nada, ya ve. **c) para** ~. (*col*) En absoluto. * –¿Estás contento? –Para nada. ■ **17** Con muy poca intensidad o en muy poca cantidad. *Tb, enfáticamente,* ~ DE ~. * Este coche no corre nada. ■ **18** a **cada** ~. Con suma frecuencia. * Llama a su madre a cada nada. ■ **19** **como si** ~. (*col*) Con indiferencia, o sin acusar ninguna reacción aun cuando uno debiera provocarla. * Se lo dije, y él como si nada. **20** ~ **más**. Solamente. *Tb, en comienzo o interior de frase,* ~ MÁS QUE. * Estuvo tres o cuatro días nada más. * Reñimos por eso y nada más que por eso. ■ **21** ~ **menos**. *Pondera la importancia de lo que se expresa. Tb, en interior de frase,* ~ MENOS QUE. * Vino nada menos que el Canciller. ■ **22** ~ **más y menos**. Ni más ni menos (→ NADA). *Normalmente seguido de* QUE. * Es nada más y nada menos que el director. ■ **23** ~ **más** (*raro,* ~ **más que**) + *v en infin, o* ~ **más que** + *v en ind* = TAN PRONTO COMO + *v en ind.* * Nada más llegar llamó. **b)** ~ **más** + *part* ~

TAN PRONTO COMO + *v en ind en forma pr* (~**se**) (nada más celebrada la reunión = tan pronto como se celebró la reunión). ■ **24 ni ~.** *Remata enfáticamente, a modo de resumen, un enunciado negativo. A veces* NI ~ DE ~. * Hoy no es fiesta ni nada. **b)** *Frec en expresiones de carácter ponderativo o a veces irónico.* * No es chulo ni nada. ■ **25 por menos de ~.** A la mínima ocasión u oportunidad, o por el mínimo motivo. * Por menos de nada te deja plantado.

nadada *f* (*reg*) Acción de nadar [1] durante un rato.

nadador -ra I *adj* **1** Que nada [1]. **b)** Adaptado para nadar. ■ **2** Relativo a la acción de nadar. **II** *m y f* **3** Pers. que se dedica al deporte de la natación.

nadante *adj* (*Heráld*) Que nada [1].

nadar A *intr* **1** Sostenerse avanzando en el agua mediante el movimiento del cuerpo. **b)** ~ **y guardar la ropa** → ROPA. ■ **2** Flotar [una cosa en un líquido], o mantenerse sin hundirse. ■ **3** Tener [alguien] gran abundancia [de algo (*compl* EN)]. **b)** ~ **en la abundancia** → ABUNDANCIA. **B** *tr* **4** Recorrer nadando [1] [una distancia (*cd*)].

nadería *f* Cosa sin importancia.

nadie (*tb, rur,* **naide**) **I** *pron* (*invar; siempre funciona como m sg. Cuando en la or se presenta después del v, este ha de ir normalmente precedido de una palabra negativa*) **1** Ninguna pers. * Casi nadie sabía leer. ■ **2** Ninguna pers. de alguna importancia. * Para él los inmortales griegos no eran nadie. **b)** Ninguna pers. capacitada o autorizada. *Seguido de un compl* PARA. * Tú no eres nadie para mandarnos. **c)** Ninguna pers. útil o válida. * Yo, hasta después de las once, no soy nadie. ■ **3** (*lit*) Alguien. *Se usa con intención enfática en interrogs retóricas cuya respuesta esperable sería "nadie".* * ¿Vio nadie cosa semejante? **II** *m* **4 un don ~.** Un individuo insignificante. **III** *form or* **5 no es ~.** *Se usa para ponderar la importancia de alguien. Gralm seguido de una expresión de modo o tiempo que expresa el aspecto o la cualidad en que destaca esa pers.* * ¡No es nadie presumiendo el niño! ■ **6 no somos ~.** *Se usa, frec humoríst, para ponderar la fragilidad de lo humano.* * ¡Hay que ver qué cosas pasan! ¡No somos nadie!

nadificarse *intr pr* (*Filos*) Convertirse en nada.

nadir *m* (*Astron*) Punto de la esfera celeste diametralmente opuesto al cenit. *Tb* (*lit*) *fig.*

nado. a ~. *loc adv* Nadando [1].

nafta *f* **1** Fracción ligera del petróleo usada como combustible y disolvente. ■ **2** Petróleo.

naftaleno *m* (*Quím*) Naftalina.

naftalina *f* Hidrocarburo sólido, blanco, cristalino y aromático, que se emplea esp. contra la polilla y como desinfectante.

naftol *m* (*Quím*) Fenol derivado de la naftalina, que se emplea en la fabricación de antisépticos, colorantes, perfumes e insecticidas.

naga *adj* De la región de Naga (India). *Tb n, referido a pers.*

nagra (*n comercial registrado*) *m* (*RTV*) Magnetófono profesional que registra los sonidos con control de modulación.

nahua I *adj* (*hist*) **1** [Individuo] de la gran familia indígena que en el momento de la conquista española ocupaba la altiplanicie mejicana y parte de Amé-

rica Central. *Tb n.* **b)** De los indios nahuas. ■ **2** De(l) nahua [3].
II *m* **3** Idioma de los nahuas [1a], que aún es hablado en algunas zonas mejicanas.

náhuatl *adj* (*hist*) Nahua. *Tb n, referido a pers y a idioma.*

nahuatlismo *m* Palabra o giro propios de la lengua náhuatl o procedentes de ella.

naide → NADIE.

naïf (*fr; pronunc corriente,* /naíf/; *pl normal,* ~) *adj* (*Arte*) [Arte o artista] que representa la realidad afectando la ingenuidad de la sensibilidad infantil. *Tb n, referido a pers.* **b)** Propio del arte o del artista naïf.

nailon *m* Resina sintética del grupo de las poliamidas, usada esp. en la fabricación de distintos tipos de tejidos. *Tb la fibra correspondiente.*

naipe I *m* **1** Carta de la baraja. **b)** Baraja (conjunto completo de las cartas). ■ **2** (*Naipes*) Suerte. *Frec en la constr* TENER BUEN (*o* MAL) ~. ■ **3** (*col*) Humor o estado de ánimo. *Frec en la constr* TENER BUEN (*o* MAL) ~.
II *loc v* **4 darle** [a una pers.] **el ~** [por una cosa]. (*col*) Tomar [esa pers.] afición o manía [por ella].

naipero -ra *m y f* Pers. que fabrica naipes [1].

naira *f* Unidad monetaria de Nigeria.

naja. de ~ (*o, más raro,* **de ~s**). *loc adv* (*jerg*) Huyendo o corriendo. *Gralm en la constr* SALIR DE ~.

najarse *intr pr* (*jerg*) Marcharse, esp. precipitadamente.

najerano -na *adj* De Nájera (Rioja). *Tb n, referido a pers.*

najerense *adj* Najerano. *Tb n.*

najerino -na *adj* Najerano. *Tb n.*

nalga *f* Parte, carnosa y redondeada, de las dos situadas entre el final de la columna vertebral y el nacimiento del muslo. *Frec en pl, designando la parte del cuerpo constituida por ambas nalgas.*

nalgada *f* **1** Golpe dado en la nalga. ■ **2** Golpe dado con la nalga.

nalgario *m* (*reg*) Nalgatorio.

nalgatorio *m* Conjunto de ambas nalgas.

nalguear *intr* Mover exageradamente las nalgas.

nalgueo *m* Acción de nalguear.

nalorfina *f* (*Med*) Compuesto cristalino blanco derivado de la morfina, usado esp. como estimulante respiratorio en envenenamientos con morfina y otros opiáceos.

namibio -bia *adj* De Namibia. *Tb n, referido a pers.*

nana I *f* **1** Canto con que se arrulla a un niño. ■ **2** Saco pequeño, abierto longitudinalmente con una cremallera, que sirve para envolver y abrigar a los niños de pecho.
II *loc adj* **3** [El año] **de la ~** (*o* **nanita**) → AÑO.

nanay (*tb con la grafía* **nanái**) *interj* (*col*) Expresa negación más o menos vehemente de lo que se acaba de oír o de decir. *Tb* ~ DE LA CHINA. * –Déjame el coche, anda. –Nanay.

nanismo *m* (*Med*) Enanismo.

nano -na (*reg*) **I** *adj* **1** Enano. *Tb n, referido a pers.*
II *m y f* **2** Chico o niño. *Gralm usado como vocativo.*

nano- *r pref* (*E*) Milmillonésima parte. *Antepuesta a ns de unidades de medida, forma compuestos que designan unidades mil millones de veces menores.*

nanogramo *m* (*E*) Unidad de medida equivalente a la milmillonésima parte del gramo.

nanoingeniería *f* (*E*) Ingeniería que opera con dimensiones del orden del nanómetro.

nanómetro *m* (*E*) Unidad de medida equivalente a la milmillonésima parte del metro.

nanosegundo *m* (*E*) Unidad de medida equivalente a la milmillonésima parte del segundo.

nanotecnología *f* (*E*) Tecnología que opera en escalas del orden del nanómetro.

nansa *f* (*reg*) Nasa.

nansouk (*fr; pronunc corriente,* /nansúk/; *pl normal,* ~S) *m* Tela de algodón, ligera y de aspecto sedoso, que se emplea esp. en lencería.

nao *f* **1** (*lit*) Nave (embarcación). ■ **2** (*Mar, hist*) Nave de alto bordo, con castillo a proa y con aparejo redondo en el trinquete y mayor y latino en bauprés y mesana.

naonato -ta *adj* Nacido en un barco durante la navegación. *Tb n, referido a pers.*

naos *f* (*o m*) (*Arquit*) *En los templos clásicos, esp griegos:* Sala destinada a la divinidad.

napa *f* **1** Piel suave, gralm. de cordero o cabra, usada esp. para guantes y prendas de vestir. ■ **2** Capa [de una materia] que recubre o protege.

napalm *m* Gasolina gelificada por medio de sales de sodio o de aluminio y que se emplea en la fabricación de bombas incendiarias.

napar *tr* (*Coc*) Cubrir o recubrir.

nápel *m* Piel artificial que imita la napa.

napelo *m* Acónito (planta, *Aconitum napellus*).

napias *f pl* (*col, humoríst*) Narices [1a].

napies *f pl* (*col, humoríst*) Napias o narices [1a].

napiforme *adj* (*Bot*) [Raíz] muy gruesa y desarrollada por almacenar sustancias de reserva.

napo -pa *adj* De un pueblo indio habitante de la región del Napo, en Ecuador. *Frec n, referido a pers.*

napoleón *m* (*hist*) **1** Moneda francesa de oro con la efigie de Napoleón I o de Napoleón III, con valor de 20 francos. ■ **2** Moneda francesa de plata con la efigie de Napoleón I, con valor de 5 francos, y usada en España como unidad efectiva de pago hasta 1848, con un valor aproximado de 20 reales.

napoleónico -ca *adj* **1** De Napoleón Bonaparte († 1821). **b)** Partidario de Napoleón Bonaparte. *Tb n, referido a pers.* ■ **2** [Cosa] que tiene carácter propio de la administración creada por Napoleón Bonaparte.

napoleonismo *m* Cualidad de napoleónico, esp [2].

napolitano -na **I** *adj* **1** De Nápoles (Italia). *Tb n, referido a pers.* **II** *m* **2** Dialecto italiano propio de Nápoles y zonas circundantes.

nappa (*it; pronunc corriente,* /nápa/) *f* (*raro*) Napa (piel).

naque *m* (*Escén*) Ñaque (compañía de dos actores).

naranja **I** *f* **1** Fruto del naranjo, de forma redondeada y color característico entre amarillo y rojo.

Diferentes variedades se distinguen por medio de compls o adjs: GRANO DE ORO, SANGUINA, WASHINGTON, *etc.* ■ **2 media ~.** (*col, humoríst*) Esposo o novio [de una pers. (*compl de posesión*)]. *Más frec referido a la mujer.* ■ **3 media ~.** (*Arquit*) Bóveda semiesférica. **b)** Cúpula. ■ **4 ~ de mar.** (*Zool*) Espongiario cuya forma y color son semejantes a los de la naranja [1].

II *adj* **5** [Color] propio de la naranja [1]. *Tb n m.* **b)** De color naranja. ■ **6 de ~.** [Piel] que presenta aspecto granulado, típica de la celulitis.

III *interj* **7 ~s.** (*col*) Expresa negación más o menos vehemente de lo que se acaba de oír o de decir. *Frec en la forma* ~S DE LA CHINA. * *Todo eso que dicen de los estudiantes, naranjas.*

naranjada *f* Bebida refrescante hecha con zumo de naranja, agua y azúcar.

naranjado -da *adj* Anaranjado, o de color naranja.

naranjal *m* Terreno plantado de naranjos.

naranjazo *m* Golpe dado con una naranja [1].

naranjel *m* (*reg*) Naranjal.

naranjero -ra **I** *adj* **1** De (la) naranja [1]. ■ **2** (*col*) [Fusil] de gran calibre. *Tb n m.* **II** *m y f* **3** Pers. que cultiva o vende naranjas [1].

naranjo *m* Árbol de 4 a 6 m de alto, tronco liso y ramoso con copa abierta y hojas ovaladas, duras, lustrosas y siempre verdes (*Citrus aurantium*). *Tb su madera.*

narbonense *adj* (*hist*) De Narbona (ciudad de la Galia prerromana y romana). *Frec n, referido a pers.*

narbonés -sa *adj* De Narbona (Francia). *Tb n, referido a pers.*

narcisismo *m* Complacencia en la propia perfección física o moral.

narcisista *adj* **1** De(l) narcisismo. ■ **2** [Pers.] que tiene o muestra narcisismo. *Tb n.*

narciso[1] *m* Planta herbácea bulbosa, de flores blancas o amarillas, muy olorosas, que se cultiva frec. en los jardines (gén. *Narcissus*). *Diversas especies se distinguen por medio de adjs o compls:* ~ BLANCO o POÉTICO (*N. poeticus*), ~ TROMPÓN, DE LOS PRADOS o DE LECHUGUILLA (*N. pseudonarcissus*), *etc.*

narciso[2] *m* Hombre que se autocomplace en su perfección física o moral.

narco[1] *m y f* Narcotraficante.

narco[2] *m* Narcotráfico.

narco- *r pref* De los narcóticos o las drogas. * *Narcoadicto.* * *Narcovalija.*

narcodinero *m* Dinero procedente del narcotráfico.

narcodólar *m* Dinero procedente del narcotráfico. *Frec en pl.*

narcolepsia *f* (*Med*) Estado morboso caracterizado por accesos irresistibles de sueño profundo.

narcosis *f* (*Med*) Sueño producido por un narcótico o un anestésico. *Tb fig.*

narcoterrorismo *m* Terrorismo vinculado con el narcotráfico.

narcoterrorista *adj* De(l) narcoterrorismo. **b)** [Pers.] perteneciente a una organización narcoterrorista. *Frec n.*

narcótico -ca *adj* **1** [Sustancia] que produce sopor, relajación muscular y embotamiento de la sensibilidad. *Frec n m.* ■ **2** [Planta] de la que se extrae una sustancia narcótica [1].

narcotización *f* Acción de narcotizar.

narcotizante *adj* [Sustancia] que narcotiza [1a]. **b)** Propio de la sustancia narcotizante.

narcotizar *tr* Producir narcosis [a alguien (*cd*)]. *Tb fig.* **b)** Administrar narcóticos [a alguien (*cd*)].

narcotraficante *m y f* Pers. que se dedica al narcotráfico.

narcotráfico *m* Tráfico de drogas, esp. a gran escala.

nardo *m* Planta liliácea de flores blancas muy olorosas, esp. de noche, que se cultiva en jardines y es muy empleada en perfumería (*Polianthes tuberosa*). *Tb su flor.* **b)** *Con un adj o compl especificador, designa otras plantas:* ~ CORONADO *o* MARINO (*Pancratium maritimum*), ~ DE MONTE *o* MONTANO (*Valeriana montana y V. tuberosa*), *etc.*

narguile *m* Pipa oriental en la que el humo que se aspira pasa antes por un pequeño recipiente de agua perfumada.

narigón -na *adj* Narigudo. *Tb n, referido a pers.*

narigudo -da *adj* Que tiene la nariz [1a] grande. *Tb n, referido a pers.*

narinal *adj* (*lit*) De la nariz [1a].

nariz I *n A f* **1** *En el hombre:* Parte saliente de la cara, entre la frente y la boca, con dos orificios en su parte inferior y que tiene función olfativa y respiratoria. *Frec en pl con sent sg.* **b)** *En los animales:* Parte de la cabeza con situación y funciones equivalentes a las de la nariz humana. **c)** *En determinadas cosas:* Saliente puntiagudo cuya forma recuerda la de la nariz humana. ■ **2** Sentido del olfato. ■ **3** (*raro*) Orificio de la nariz [1]. ■ **4** (*col*) *En pl:* Valor o coraje. ■ **5** (*col*) *En pl y vacía de significado, se emplea para reforzar la intención desp de la frase. En constrs como* NI + *n* + NI NARICES, *o* QUÉ NARICES. * No sé qué narices le pasa.

B *m* **6** *En la industria del perfume:* Individuo experto en la identificación y clasificación de perfumes por el olfato. *Tb* HOMBRE ~. **b)** Creador de perfumes.

II *loc adj* **7 de las narices.** (*col*) *Se emplea siguiendo a un n o adj sustantivado para marcarlos despectivamente.* * El niño de las narices no deja de dar el tostón. ■ **8 de (tres pares de) narices.** (*col*) Extraordinario o sumamente grande. *Tb adv intensificador.*

III *loc v y fórm or* **9 asomar las narices** (*o la* ~). (*col*) Aparecer [en un lugar], esp. para curiosear. ■ **10 dar** [algo a alguien] **en la** ~ (*o en las narices*). (*col*) Presentárse[le] como sospecha. ■ **11 dar** [a alguien] **en las narices.** (*col*) Desairar[le] o fastidiar[le]. ■ **12 dar(se) de narices** [con, contra o en una cosa]. (*col*) Estrellarse [contra ella]. **b) darse de narices** [con una pers. o cosa]. (*col*) Encontrarse inesperadamente [con ella]. ■ **13 hinchársele** [a alguien] **las narices.** (*col*) Perder [alguien] la paciencia, o enfurecerse. ■ **14 importar** [algo] **tres narices** [a alguien]. (*col*) No importar[le] en absoluto. ■ **15 meter** [alguien] **la** ~ (*o las narices*) [en algo]. (*col*) Entrometerse [en ello]. ■ **16 no haber más narices.** (*col*) No haber más remedio. ■ **17 no ver** [alguien] **más allá de sus narices.** (*col*) Ser muy corto de vista. *Frec fig.* ■ **18 pasar** (**restregar, refrotar** *o* **refregar**) [algo a alguien] **por las narices.** (*col*) Mostrár[selo] o repetír[selo] con insis-

tencia para fastidiar[le], humillar[le] o dar[le] envidia. ■ **19 romper las narices** [a alguien]. (*col*) Golpear[le] en la cara. *Gralm en frases de amenaza.* **b) romperse** [alguien] **las narices.** (*col*) Darse un golpe de frente o estrellarse. ■ **20 salirle** [algo a alguien] **de las narices.** (*euf, col*) Antojárse[le]. ■ **21 tiene** (*o* **manda**) **narices.** (*euf, col*) *Fórmula que expresa admiración ante algo negativo.* * Tiene narices que no sepas ni hacerte la maleta. ■ **22 tocar las narices.** (*euf, col*) Molestar o fastidiar. ■ **23 tocarse las narices.** (*euf, col*) No hacer nada de provecho. **b)** *En imperativo, se usa para manifestar rechazo despectivo a alguien.* * No estoy para bromas, así que tócate las narices.

IV *loc adv* **24 como una patada en las narices, con un palmo** (*o* **tres palmos**) **de narices** → PATADA, PALMO. ■ **25 en** (*o* **delante de**) **las narices** [de alguien]. (*col*) En [su] presencia. **b) en las narices** [de una pers. o cosa]. (*col*) A muy poca distancia [de ella]. ■ **26 hasta las narices.** (*col*) En situación de hartura total. *Gralm con el v* ESTAR. ■ **27 por narices.** (*col*) A la fuerza o porque sí.

V *interj* (*col*) **28 narices, o qué narices.** *Expresa enfado o protesta.* * Está en su derecho, qué narices. ■ **29 narices,** *o* **unas narices.** *Expresa negación con desprecio a lo que se acaba de oír.* * –Te han suspendido. –¡Unas narices! ■ **30 tócate las narices** (*o* **manda narices**). *Expresa admiración ante algo negativo.* * ¡Anda, tócate las narices, ahora se pone a tronar!

narizón *m* (*col*) Nariz [1a] grande.

narizotas *m y f* (*humoríst*) Pers. que tiene la nariz grande.

narpias *f pl* (*col, humoríst*) Narices [1a] o napias.

narra *m* Árbol filipino de la familia de las papilionáceas, de flores blancas y fruto en vaina casi circular, cuya madera, dura y de color rojo vivo, es usada en ebanistería (*Pterocarpus santalinus*). *Tb su madera.*

narrable *adj* (*lit*) [Hecho] que puede ser narrado.

narración *f* Acción de narrar. *Frec su efecto.*

narrador -ra *adj* Que narra. *Frec n, referido a pers.*

narrar *tr* (*lit*) Referir o contar [un hecho, real o ficticio].

narrativo -va I *adj* **1** De (la) narración. **b)** [Obra] de carácter narrativo.
II *f* **2** Literatura narrativa [1].

narria *f* Cajón de carro, a propósito para llevar arrastrando cosas de gran peso.

nártex *m* (*Arquit*) *En la basílica cristiana:* Parte del atrio destinada a los catecúmenos.

narval *m* Cetáceo de unos 6 m de largo, cuerpo robusto, blanco con manchas pardas, cabeza grande y boca pequeña dotada solo de dos dientes incisivos, uno de los cuales se desarrolla horizontalmente, en los machos, hasta cerca de 3 m (*Monodon monoceros*).

nasa *f* Arte de pesca que consiste en un cilindro de juncos entretejidos o una manga de red ahuecada de forma circular por medio de aros de madera.

nasal *adj* **1** De la nariz [1a y b]. *Tb n m, referido a hueso.* ■ **2** (*Fon*) [Articulación o sonido] en cuya pronunciación el aire espirado sale total o parcialmente por la nariz. *Tb n f, referido a consonante.* **b)** De sonido nasal.

nasalidad *f (Fon)* Condición de nasal [2].

nasalización *f (Fon)* Acción de nasalizar(se). *Tb su efecto.*

nasalizar *tr (Fon)* Convertir en nasal [un sonido o fonema oral]. **b)** *pr* (**~se**) Convertirse en nasal [un sonido o fonema oral].

nasardo *m (Mús)* Registro del órgano, que produce un sonido nasal.

nascencia *f (Agric)* Nacimiento [de una planta].

nascente *adj (lit)* Que nace.

nasciturus *m (Der)* Pers. que va a nacer.

naso *m (lit, raro)* Nariz [1a].

nasofaríngeo -a *adj (Anat)* De la nariz y la faringe.

nasogástrico -ca *adj (Med)* Que va de la nariz al estómago. *Gralm referido a sonda.*

nasolabial *adj (Anat)* De la nariz y los labios.

nasserismo *m* Doctrina o actitud política propia de Gamal Abdel Nasser (presidente egipcio, † 1970).

nasti *adv (col, humoríst)* Nada. *Frec en la constr* ~, MONASTI, *o* ~ DE PLASTI.

nastia *f (Bot)* Movimiento de repliegue de las hojas o flores de una planta debido a un estímulo externo, esp. la falta de luz o un choque.

nata *f* **1** Sustancia espesa y untuosa de color blanco amarillento que se forma sobre la leche cuando se deja en reposo. **b)** Nata de leche cruda batida con azúcar hasta convertirla en una masa esponjosa. ■ **2** Capa más espesa que se forma sobre una sustancia más o menos líquida. ■ **3** *(jerg)* Semen.

natación *f* Acción de nadar (sostenerse avanzando en el agua mediante el movimiento del cuerpo). **b)** Deporte que consiste en nadar.

natal *adj* [Lugar] en que se ha nacido.

natalicio -cia *(lit)* **I** *adj* **1** *(raro)* Del día del nacimiento [de una pers.]. **II** *m* **2** Nacimiento. *Siempre referido a pers.*

natalidad *f* **1** *(Estad)* Número de nacimientos en una población y período determinados. ■ **2** *(admin)* Premio que se concede a un empleado por haber tenido un hijo.

natalista *adj* Que tiende a favorecer el aumento de la natalidad [1].

natatorio -ria *adj* **1** De (la) natación. ■ **2** *En los peces:* [Vejiga] que sirve para mantener el equilibrio a un nivel determinado.

natero -ra **I** *adj* **1** De (la) nata [1]. *Tb n f, referido a vasija.* **II** *m y f* **2** Pers. que fabrica o vende nata [1].

natillas *f pl* Dulce de consistencia cremosa, hecho con yemas de huevo, leche, azúcar y frec. harina.

natío -a *adj (lit, raro)* Nativo [2].

natividad *f (lit)* Nacimiento. *Referido gralm a la Virgen, San Juan Bautista y esp a Jesucristo.*

nativismo *m* **1** *(Filos)* Innatismo. ■ **2** Política que protege o favorece a los nativos de un lugar. *Referido esp a EE.UU.*

nativista *adj* De(l) nativismo. **b)** Adepto al nativismo. *Tb n.*

nativo -va *adj* **1** Nacido [en un lugar *(compl* DE)]. *Frec referido a individuos de pueblos poco civilizados. Tb n.* ■ **2** [Lugar] en el que ha nacido [una

pers. u otro ser vivo *(compl de posesión)*]. **b)** Propio del lugar nativo. ■ **3** Innato. ■ **4** [Metal o mineral] que se encuentra en la naturaleza sin estar combinado con otros. **b)** Propio del metal o mineral nativo.

nato -ta *adj* **1** Siguiendo a un n que designa pers que ejerce un cargo: Que es [lo expresado por el n.] en razón de su condición o empleo. ■ **2** Siguiendo a un n que designa pers que posee una condición moral: Que es [lo expresado por el n.] de manera innata.

natoso -sa *adj (lit, raro)* De nata o como de nata [1].

natura *(lit)* **I** *loc adj* **1** contra ~. Antinatural. *Referido frec a la relación homosexual.* **II** *loc adv* **2** de ~. Por naturaleza.

naturaca *adv (col, humoríst)* Naturalmente [2].

natural **I** *adj* **1** Propio de la naturaleza [1]. **b)** Espontáneo o instintivo. **c)** Esperable o lógico. **d)** *(Ling)* [Lengua] que se ha desarrollado históricamente como medio de comunicación de una colectividad. *Se opone a* ARTIFICIAL. ■ **2** Relativo a la naturaleza [2, 3 y 4]. **b)** Producido por la naturaleza sin intervención del hombre. ■ **3** Tal como se produce en la naturaleza, o sin elaboración o transformación especial. **b)** [Muerte] que se produce por enfermedad y no por accidente o violencia. **c)** *(Mús)* [Nota] no modificada por sostenido ni bemol. **d)** *(admin)* [Día] hábil o inhábil, indistintamente. *Se opone a* HÁBIL. **e)** *(col, humoríst)* [Tamaño] muy grande. *Frec en la constr* DE TAMAÑO ~. **f)** [Parque] ~, [persona] ~ → PARQUE, PERSONA. ■ **4** Que se muestra tal cual es, sin afectación. **b)** [Cosa] que produce impresión de verdad o de simplicidad. ■ **5** [Pers.] nacida [en un lugar *(compl* DE)]. *Tb n.* ■ **6** [Hijo o descendiente] nacido de padres no unidos en matrimonio. *Tb se dice de los parentescos que se crean en esta forma.* ■ **7** [Ley] basada exclusivamente en la razón individual y que constituye los primeros principios de moralidad. **b)** [Derecho] basado en la ley natural. **c)** [Religión o teología] basada exclusivamente en la razón. ■ **8** *(Mat)* [Número] entero positivo. **b)** De (los) números naturales. ■ **9** *(Taur)* [Pase] en que el torero despide al toro por el mismo lado de la mano en que tiene la muleta. *Frec n m.* ■ **10** *(hist)* En el régimen feudal: [Señor] bajo cuyo dominio ha nacido un siervo, o que por su linaje tiene derecho al señorío. **II** *m* **11** Condición o carácter [de una pers.]. ■ **12** *(Arte)* Modelo constituido por la pers. o cosa misma que es tema de la obra. *Normalmente en la constr* DEL ~. ■ **13** *(hist)* En el régimen feudal: Súbdito por naturaleza. **III** *adv* **14** *(col)* Naturalmente [2]. ■ **15** al ~. En estado natural [3a], o sin transformación o elaboración especial. *Tb adj.* ■ **16** al ~. *(Heráld)* Con sus colores propios. *Tb adj.* ■ **17** de ~. Naturalmente o por naturaleza.

naturaleza *(frec con mayúscula en aceps 2ª y 4ª)* **1** Conjunto de caracteres que constituyen la esencia de un ser. **b)** segunda ~. Conjunto de hábitos cuya fuerza es semejante a la de los instintos. ■ **2** Principio activo que crea y organiza según un cierto orden todo lo existente. *Tb (lit)* LA MADRE ~. ■ **3** Conjunto de leyes o causas físicas o fisiológicas que determinan el funcionamiento de un organismo. **b)** Constitución o contextura física [de una pers.]. **c)** Carácter o temperamento. ■ **4** Conjunto de todo lo que existe o se produce sin intervención del hombre. **b)** Campo. *Se opone a* POBLACIÓN. **c)** ~ muer-

ta. Pintura que representa seres inanimados o animales muertos. ■ **5** Condición de natural [1]. ■ **6** Condición de natural [5] de un lugar. *Normalmente en lenguaje admin.* **b) carta de ~** → CARTA.

naturalidad *f* Cualidad de natural [4].

naturalismo *m* **1** (*TLit*) Corriente del s. XIX que tiende a retratar la realidad en sus más crudos aspectos con una ideología determinista. ■ **2** (*Arte*) Tendencia a la representación realista de la naturaleza. ■ **3** (*Filos*) Doctrina que atribuye a la naturaleza valor absoluto, excluyendo lo sobrenatural.

naturalista I *adj* **1** (*E*) Del naturalismo. **b)** Adepto al naturalismo. *Tb n.* ■ **2** Basado en la naturaleza [2 y 4]. ■ **3** (*raro*) De (las) ciencias naturales.
II *m y f* **4** Especialista en ciencias naturales.

naturalísticamente *adv* En el aspecto naturalístico.

naturalístico -ca *adj* De (la) naturaleza [1, 2, 3 y 4].

naturalización *f* Acción de naturalizar(se).

naturalizar *tr* **1** Admitir como natural [a un extranjero]. **b)** *pr* (~se) Adquirir [un extranjero] los derechos y deberes de los naturales de un país. *Frec con un compl* EN. ■ **2** Admitir como propia de un país o de un lugar [una cosa extranjera]. ■ **3** Hacer que [una especie animal o vegetal (*cd*)] adquiera las condiciones necesarias para vivir y perpetuarse en un lugar distinto de aquel de donde procede. ■ **4** Dar carácter natural [a algo (*cd*)]. ■ **5** Disecar [animales]. *Tb abs.*

naturalmente *adv* **1** De manera natural [1]. **b)** Lógica o consecuentemente. ■ **2** *Indica que lo que se acaba de decir es algo irrefutable o fuera de toda duda. Frec se emplea como fórmula de afirmación o asentimiento.* *—¿Vienes? —Naturalmente que voy.

nature (*fr; pronunc corriente,* /natúr/) *adj invar* Natural (tal como se produce en la naturaleza, sin elaboración o transformación especial). *Referido a vinos. Tb n m.*

naturismo *m* **1** Doctrina que preconiza el empleo exclusivo de los agentes naturales para la conservación de la salud y el tratamiento de las enfermedades. ■ **2** Doctrina que preconiza la vuelta a la naturaleza en la manera de vivir.

naturista *adj* **1** De(l) naturismo. **b)** Partidario del naturismo. *Tb n.* ■ **2** Que practica el naturismo [1]. *Tb n.*

naturópata *m y f* (*Med*) Especialista en naturopatía.

naturopatía *f* (*Med*) Tratamiento de enfermedades mediante el uso de agentes naturales, con exclusión de drogas y cirugía.

naufragar *intr* **1** Hundirse o destruirse [una embarcación] por un accidente marítimo. **b)** Sufrir [alguien] el hecho de naufragar la embarcación en que viaja. ■ **2** Fracasar [algo, esp. una empresa o negocio]. **b)** Fracasar [alguien en algo, esp. en una empresa o negocio].

naufragio *m* **1** Acción de naufragar. ■ **2** (*raro*) Desgracia o desastre.

náufrago -ga *adj* Que ha naufragado [1]. *Frec n, referido a pers. Tb fig.*

naumaquia *f* (*hist*) **1** *Esp entre los romanos:* Espectáculo consistente en un combate naval. ■ **2** Lugar destinado a la celebración de naumaquias [1].

nauplio *m* (*Zool*) *En algunas especies de crustáceos:* Larva provista de un solo ojo y tres pares de apéndices.

nauplius (*lat; pronunc corriente,* /náuplius/) *m* (*Zool*) Nauplio.

náusea I *f* **1** Malestar producido gralm. por dilatación estomacal y que va acompañado de ansias de vomitar y abundante segregación de saliva. *Frec en pl.* ■ **2** Repugnancia o aversión. ■ **3** (*Filos*) *En el existencialismo francés:* Reacción instintiva del individuo frente al disgusto provocado por lo extraño y absurdo del mundo.
II *loc adj* **4 de ~.** Repugnante.
III *loc adv* **5 hasta la ~.** Hartando hasta el extremo de provocar repugnancia. *Referido a cosas exageradamente repetidas. Tb adj.*

nauseabundo -da *adj* Que produce náuseas.

nausear *intr* (*raro*) **1** Tener náuseas [1]. ■ **2** Sentir náusea [2].

nauseoso -sa *adj* (*Med*) De la náusea [1] o que la implica.

nauta *m* (*lit*) Navegante.

náuticamente *adv* De manera náutica [1].

náutico -ca I *adj* **1** De (la) navegación. **b)** De (la) navegación de recreo. **c)** [Milla] **náutica**, [rosa] **náutica** → MILLA, ROSA. ■ **2** [Zapato] semejante al mocasín pero sujeto con un cordón. *Frec n m.*
II *f* **3** Ciencia o arte de navegar.

nautiloideo *adj* (*Zool*) [Cefalópodo] de concha externa muy desarrollada y dividida por tabiques lisos. *Frec como n m en pl, designando este taxón zoológico.*

nautilus *m* Cefalópodo dotado de cuatro branquias y gran número de tentáculos y provisto de una concha dividida interiormente en celdas (gén. *Nautilus*, esp. *N. pompilius*).

nava *f* Tierra baja y llana, a veces pantanosa, situada gralm. entre montañas.

navaja *f* **1** Cuchillo cuya hoja puede doblarse sobre el mango para que el filo quede guardado. ■ **2** *En algunos animales, esp el jabalí:* Colmillo. ■ **3** *Se da este n a distintos moluscos lamelibranquios de cuerpo y concha muy alargados, que viven hundidos en la arena, cerca de la costa, sobre todo a las especies Solen vagina, S. siliqua y Ensis ensis.*

navajada *f* Navajazo.

navajazo *m* Golpe dado con una navaja [1]. *Frec la herida producida.*

navajear *tr* Dar navajazos [a alguien (*cd*)].

navajeo *m* Acción de navajear. **b)** (*col*) Ataque verbal o maniobrero.

navajero¹ -ra I *adj* **1** De (la) navaja [1]. ■ **2** De (los) navajeros [4].
II *m* **3** Fabricante de navajas [1]. ■ **4** Delincuente que utiliza habitualmente la navaja como arma.

navajero² -ra *adj* De Navajas (Castellón de la Plana). *Tb n, referido a pers.*

navajo¹ -ja I *adj* **1** [Indio] de una de las principales tribus que habitaban en el oeste de los Estados Unidos y que hoy viven en reservas en los estados de Utah, Arizona y Nuevo Méjico. *Tb n.* **b)** Propio de los navajos.
II *m* **2** Idioma de los navajos [1].

navajo² *m* Lavajo.

navajudo -da *adj* (*raro*) Que lleva navaja [1].

navajuela *f* Molusco semejante a la navaja [3] (*Tagelus dombeii* y *Ensis* o *Solen macha*).

naval *adj* 1 De (las) naves o embarcaciones. ∎ 2 De (la) navegación.

navalqueño -ña *adj* De Navalcán (Toledo). *Tb n, referido a pers.*

navarca *m* (*hist*) Jefe de una armada griega.

navarra → NAVARRO.

navarrés -sa *adj* De Nava del Rey (Valladolid). *Tb n, referido a pers.*

navarrismo *m* Condición de navarro, esp. amante de lo navarro.

navarrización *f* Acción de navarrizar(se).

navarrizar *tr* Dar carácter navarro [a algo (*cd*)]. **b)** *pr* (~se) Tomar carácter navarro.

navarro -rra I *adj* 1 De Navarra. *Tb n, referido a pers.* ∎ 2 Propio del navarro [3].
II *n* A *m* 3 Variedad navarra [1] del navarroaragonés [3].
B *f* 4 (*Taur*) Lance de capa en que el torero se coloca frente al toro y, una vez pasada la cabeza, gira en dirección contraria a la del toro para quedar de nuevo frente a él.

navarroaragonés -sa (*tb con la grafía* **navarro-aragonés**) I *adj* 1 De Navarra y Aragón. *Tb n, referido a pers.* ∎ 2 (*hist*) Propio del navarroaragonés [3].
II *m* 3 (*hist*) Dialecto romance de Navarra y Aragón.

navazo *m* 1 Nava pequeña. ∎ 2 (*reg*) Huerto situado en los arenales inmediatos a las playas.

nave I *f* 1 Embarcación. *Frec fig, esp en la fórmula* ~ DEL ESTADO. **b)** (*hist*) Embarcación a vela de gran porte y con cubierta. ∎ 2 Aeronave. *Frec en la constr* ~ ESPACIAL. ∎ 3 *En grandes edificios:* Espacio interior longitudinal delimitado por los muros y arcadas o pilares. **b)** Local amplio y no dividido destinado esp. a usos industriales.
II *loc v* 4 **quemar las ~s.** Tomar una decisión arriesgada e irreversible.

navegabilidad *f* Cualidad de navegable.

navegable *adj* Que se puede navegar [5 y 6]. *Esp referido a ríos.*

navegación *f* 1 Acción de navegar. ∎ 2 Ciencia o arte de navegar.

navegador -ra *adj* Navegante. *Tb n.*

navegante *adj* Que navega [1 y 2]. *Frec n, referido a pers.*

navegar A *intr* 1 Moverse en el agua [una embarcación]. *Tb fig.* **b)** Viajar [alguien] por el agua en una embarcación. ∎ 2 Moverse en el aire [algo, esp. un aparato aéreo]. **b)** (*raro*) Viajar [alguien] en un aparato aéreo. ∎ 3 Errar o andar de un lado para otro. ∎ 4 Marchar o funcionar.
B *tr* 5 Navegar [1 y 2] [a través de un lugar (*cd*) o a lo largo de una distancia (*cd*)]. ∎ 6 Navegar [1] [en una embarcación (*cd*)].

navego *m* (*reg*) Actividad o movimiento.

nável *adj* [Naranja] de una variedad caracterizada por su jugosidad, por la ausencia de pepitas y por tener un ombligo bastante desarrollado. *Tb n f.*

navero -ra *adj* De alguno de los pueblos denominados (La) Nava o (Las) Navas, como Las Navas del

Marqués (Ávila) o Nava de la Asunción (Segovia). *Tb n, referido a pers.*

naveta *f* 1 (*Rel catól*) Recipiente, gralm. en figura de nave pequeña, destinado a guardar el incienso en las iglesias. ∎ 2 (*Arqueol*) Monumento funerario prehistórico cuya forma semeja una nave.

naveto -ta *adj* De Nava (Asturias). *Tb n, referido a pers.*

navicular *adj* (*Anat*) [Hueso] escafoides. *Tb n m.*

Navidad *f* 1 Día en que se conmemora el nacimiento de Jesús. ∎ 2 Período de tiempo comprendido entre el día de Navidad y el día de Reyes. *Frec en pl con sent sg.*

navideño -ña *adj* De (la) Navidad.

naviego -ga *adj* De Navia (Asturias). *Tb n, referido a pers.*

naviero -ra I *adj* 1 De (la) navegación. *Tb n f, designando compañía o empresa.* **b)** De (las) compañías o empresas navieras. ∎ 2 (*raro*) De (la) nave o embarcación.
II *m* y *f* 3 Pers. dueña de uno o más buques mercantes o pesqueros.

naviforme *adj* (*lit*) Que tiene forma de nave [1].

navío *m* Embarcación grande, esp. la dotada de más de una cubierta. **b)** ~ **de línea** → LÍNEA.

naya *f* (*reg*) En una plaza de toros: Galería descubierta.

náyade *f* (*Mitol clás*) Ninfa de los ríos y de las fuentes.

nazareno -na I *adj* 1 De Nazaret (antigua Palestina). *Tb n, referido a pers. Normalmente dicho de Jesucristo.* ∎ 2 [Imagen de Jesucristo] vestida con túnica morada. *Tb n m.* ∎ 3 *En las procesiones de Semana Santa:* [Pers.] que asiste como penitente vestida con túnica, gralm. morada. *Frec n m.* **b)** De (los) nazarenos [3a]. ∎ 4 (*raro*) Cristiano. ∎ 5 (*Pint*) De un grupo alemán de hacia 1810, establecido en Roma e inspirado en Durero y Rafael. *Tb n, referido a pers.* ∎ 6 De Dos Hermanas (Sevilla). *Tb n, referido a pers.*
II *m* 7 (*jerg*) Estafador que toma géneros a crédito y los revende sin pagar al proveedor. *Tb la estafa correspondiente. Frec en la constr* EL TIMO DEL ~. ∎ 8 *En pl:* Planta herbácea de flores azul oscuro (*Muscari atlanticum* o *racemosum* y *M. comosum*). *Tb se da este n a la planta Acanthus mollis, llamada a veces* ~s DE ANDALUCÍA.

nazaretano -na *adj* De Nazaret (antigua Palestina). *Tb n, referido a pers.*

nazarí *adj* (*hist*) Nazarita. *Tb n, referido a pers.*

nazarita *adj* (*hist*) [Pers.] de la dinastía musulmana que reinó en Granada del s. XIII al XV. *Tb n.* **b)** De los nazaritas.

nazca *adj* (*hist*) [Individuo] de la tribu india que en la época de la conquista del Perú ocupaba la región sur del litoral, cerca de Nazca. *Tb n.* **b)** De (los) nazcas.

nazi (*tb, raro, con la grafía* **naci**) *adj* Nacionalsocialista. *Tb n, referido a pers.*

nazismo (*tb, raro, con la grafía* **nacismo**) *m* Nacionalsocialismo.

nazista (*tb con la grafía* **nacista**) *adj* (*raro*) Propio del nazismo.

názuras *f pl* (*reg*) Requesón.

nazurón *m* (*reg*) Requesón.

ndowe (*pronunc corriente*, /endóbe/) **I** *adj* **1** De cierto pueblo habitante de Guinea Ecuatorial. *Tb n, referido a pers.*   **II** *m* **2** Lengua ndowe.

nea *f* (*reg*) Anea o enea (planta).

neandertalense (*tb, más raro, con la grafía* **neanderthalense**) *adj* (*Prehist*) De Neandertal (Alemania). *Tb n m, referido al hombre primitivo allí aparecido.*

nébeda *f* Se da este *n* a varias plantas herbáceas de la familia de las labiadas, esp *Nepeta cataria, N. nepetella y Satureja calamintha.*

nebí *m* (*raro*) Neblí.

neblí *m* Halcón común.

neblina *f* Niebla ligera y baja. *Tb fig.*

neblinoso -sa *adj* Que tiene neblina. *Tb fig.*

nebreda *f* Enebral.

nebrina *f* Fruto del enebro.

nebrisense *adj* (*lit*) **1** De Lebrija (Sevilla). *Tb n, referido a pers.*   ■ **2** Del gramático Antonio de Nebrija († 1522).

nebulización *f* (*Med o lit*) Acción de nebulizar. *Tb fig.*

nebulizador *m* (*Med*) Instrumento que sirve para nebulizar.

nebulizar *tr* (*Med o lit*) Pulverizar [un líquido (*cd*) o algo (*cd*) con un líquido].

nebulosa → NEBULOSO.

nebulosidad *f* (*lit*) **1** Cualidad de nebuloso. ■ **2** Cosa nebulosa [2].

nebuloso -sa I *adj* **1** Que tiene niebla. ■ **2** Falto de claridad o nitidez. *Gralm fig.*   **II** *f* **3** Masa de materia cósmica celeste, difusa y luminosa, que presenta aspecto de nube.

necátor *m* Nematodo que vive parásito en el intestino delgado del hombre, alimentándose de la sangre que mana de las heridas producidas en la mucosa intestinal por sus dientes (*Necator americanus*).

necedad *f* (*lit*) **1** Cualidad de necio. ■ **2** Hecho o dicho necio.

necesaria → NECESARIO.

necesariamente *adv* De manera necesaria.

necesariedad *f* Cualidad de necesario.

necesario -ria I *adj* **1** [Pers. o cosa] sin la cual no es posible la existencia, la actividad o el buen estado [de otra (*compl* PARA)] o la realización [de algo (*compl* PARA)]. *Frec se omite el compl por consabido.* **b)** [Cosa] que debe realizarse. *Frec en la constr* SER ~ + *infin o* QUE + *subj.* ■ **2** Que ha de ser o suceder de manera inevitable.   **II** *f* **3** (*raro*) Letrina. *Normalmente en pl.*

neceser *m* Estuche para guardar utensilios, esp. de aseo. **b)** Maletín de mujer para llevar en un viaje los objetos más indispensables.

necesidad I *f* **1** Hecho de ser necesario [alguien o algo (*compl* DE)]. *Tb sin compl.* ■ **2** Hecho de sentir [algo (*compl* DE)] como necesario [1]. ■ **3** Situación en que se necesita ayuda. **b)** Situación apurada por la falta o escasez de medios para vivir. *A veces en pl con sent sg.* **c)** Estado de debilidad causado por la falta prolongada de alimento. ■ **4** Cosa necesaria. ■ **5** Evacuación de orina o de excrementos. *Frec en pl. Gralm con el v* HACER.   **II** *loc adj* **6 de ~.** [Herida o mal mortal] sin remedio. ■ **7 de primera ~.** [Cosa] imprescindible.

necesitado -da *adj* **1** *part* → NECESITAR. ■ **2** Que necesita [algo (*compl* DE)]. ■ **3** [Pers.] que está en una necesidad [3b]. *Tb n.*

necesitar A *tr* **1** Tener [a alguien o algo] como necesario [1].   **B** *intr* **2** Tener [a alguien o algo (*compl* DE)] como necesario [1].

neciamente *adv* (*lit*) De manera necia.

necio -cia *adj* (*lit*) [Pers.] tonta o de poco seso. *Tb n.* **b)** Propio de la pers. necia.

nécora *f* Crustáceo marino muy apreciado, semejante a un cangrejo, de unos 25 cm de ancho (*Portunus puber y P. corrugatus*).

necrodactilar *adj* (*Med*) De las huellas dactilares de un cadáver.

necrofagia *f* Hecho de comer cadáveres.

necrófago -ga *adj* Que come cadáveres.

necrofilia *f* **1** Afición por la muerte y cuanto se relaciona con ella. ■ **2** Perversión sexual que consiste en procurarse placer erótico con cadáveres.

necrofílico -ca *adj* De (la) necrofilia.

necrófilo -la *adj* [Pers.] dada a la necrofilia. *Tb n.* **b)** Propio de la pers. necrófila.

necróforo *m* Insecto coleóptero que entierra los cadáveres de otros animales para depositar en ellos sus huevos (gén. *Necrophorus*).

necrolatría *f* (*Rel*) Culto a los muertos.

necrolátrico -ca *adj* (*Rel*) De (la) necrolatría.

necrología *f* **1** Semblanza en honor de alguien fallecido recientemente. ■ **2** Noticia acerca de la muerte de una pers.

necrológico -ca *adj* De (la) necrología. *Tb n f, referido a nota o comentario.*

necrólogo -ga *m y f* Autor de necrologías [1].

necromancia (*tb* **necromancía**) *f* Adivinación por evocación de los muertos.

necromanía *f* (*Med*) Necrofilia.

necrópolis *f* (*lit*) Cementerio, esp. de grandes dimensiones y de carácter monumental. **b)** (*Arqueol*) Conjunto de enterramientos de una población.

necropsia *f* (*Med*) Autopsia.

necrópsico -ca *adj* (*Med*) De (la) necropsia.

necrosamiento *m* (*Med y Biol*) Acción de necrosar(se). *Tb* (*lit*) *fig.*

necrosar *tr* (*Med y Biol*) Producir necrosis [en una parte (*cd*)]. **b)** *pr* (~**se**) Pasar a sufrir necrosis.

necrosis *f* (*Med y Biol*) Muerte de células, tejidos u órganos. *Tb* (*lit*) *fig.*

necrótico -ca *adj* (*Med y Biol*) **1** De (la) necrosis. ■ **2** Que padece necrosis.

néctar *m* **1** Jugo azucarado [de las flores]. ■ **2** Bebida preparada con zumo y pulpa de fruta. ■ **3** (*Mitol clás*) Bebida de los dioses. *Frec fig, con intención ponderativa.*

nectarífero -ra *adj* (*Bot*) Que segrega néctar [1].

nectarina *f* Fruta que resulta del injerto de ciruelo y melocotonero.

nectario *m* (*Bot*) Glándula que segrega el néctar [1].

necton *m* (*Biol*) Conjunto de organismos acuáticos capaces de nadar por su propio impulso.

nectónico -ca *adj* (*Biol*) [Animal] perteneciente al necton. **b)** Propio de los animales nectónicos.

neerlandés -sa I *adj* **1** Holandés. *Tb n, referido a pers.*
II *m* **2** Lengua germánica hablada en los Países Bajos y de la que son dialectos el holandés y el flamenco.

nefandario -ria *adj* (*raro*) Sodomita.

nefando -da *adj* (*lit*) Repugnante moralmente. **b)** pecado ~ –> PECADO.

nefario -ria *adj* (*lit*) Indigno o malvado. *Tb n, referido a pers.*

nefas. por fas o por ~ –> FAS.

nefasto -ta *adj* **1** Que causa o lleva consigo males. ■ **2** (*col*) Desastroso o sumamente malo.

nefelibata *adj* (*lit*) [Pers.] soñadora. *Tb n.*

nefelina *f* (*Mineral*) Mineral constituido por silicato de aluminio y sodio, que cristaliza en el sistema hexagonal.

nefelínico -ca *adj* (*Mineral*) Que contiene nefelina.

nefelismo *m* (*Meteor*) Conjunto de caracteres que presentan las nubes.

nefrectomía *f* (*Med*) Extirpación de riñón.

nefridio *m* (*Anat*) *En los animales de simetría bilateral:* Órgano excretor de tipo tubular.

nefrita *f* (*Mineral*) Variedad compacta de anfíbol, de color blanco, gris amarillento o verde oscuro.

nefrítico -ca *adj* (*Med*) **1** Del riñón. ■ **2** Que padece nefritis. *Tb n.*

nefritis *f* (*Med*) Inflamación renal.

nefroblastoma *m* (*Med*) Tumor renal constituido por elementos embrionarios.

nefrología *f* (*Med*) Estudio de las enfermedades de los riñones.

nefrológico -ca *adj* (*Med*) De (la) nefrología.

nefrólogo -ga *m y f* (*Med*) Especialista en nefrología.

nefropatía *f* (*Med*) Enfermedad de los riñones.

nefrosis *f* (*Med*) Enfermedad renal en la que predominan las lesiones degenerativas de los tubos, con poca o ninguna inflamación del resto del órgano.

nefrostoma *m* (*Anat*) Porción inicial más ensanchada de un nefridio.

nefrótico -ca *adj* (*Med*) De (la) nefrosis.

nefrotóxico -ca *adj* (*Med*) Tóxico para el riñón.

negación *f* **1** Acción de negar. ■ **2** Palabra o sintagma que sirve para negar. ■ **3** Pers. o cosa totalmente opuesta a otra (*compl de posesión*)]. *Precedido de* LA. ■ **4** (*col*) Pers. inepta. *Con intención ponderativa.*

negado -da *adj* **1** *part* –> NEGAR. ■ **2** (*col*) Inepto. *Si lleva compl, este va introducido por* PARA. *Frec n.*

negador -ra *adj* Que niega. *Tb n, referido a pers.*

negar (*conjug* 6) **A** *tr* **1** Decir que [algo (*cd*)] no es verdad o que no existe. ■ **2** No dar [a alguien (*ci*)

algo que ha pedido o a que tiene derecho]. ■ **3** No reconocer públicamente [a una pers.].
B *intr* ➤ **a** *normal* **4** Decir que no. *Gralm como respuesta a una pregunta.*
➤ **b** *pr* (~**se**) **5** No aceptar [algo (A + *infin, n de acción o prop con* QUE)]. *Tb sin compl.*

negativa –> NEGATIVO.

negativamente *adv* De manera negativa, *esp* [1, 6 y 8].

negatividad *f* Cualidad de negativo [1a y b].

negativismo *m* Actitud negativa o de rechazo.

negativista *adj* De(l) negativismo o que lo implica.

negativo -va I *adj* **1** De (la) negación [1]. **b)** Que niega. **c)** [Orden o precepto] en que se prohíbe hacer algo. ■ **2** [Cosa] que no se produce o no tiene lugar. ■ **3** [Prueba fotográfica] en que los claros y oscuros salen invertidos. *Frec n. m.* **b)** (*E*) [Molde] en que los relieves y concavidades aparecen invertidos. **c)** (*Arte*) [Pintura] realizada por el procedimiento de proteger una parte de la superficie, de un agente que ha de actuar sobre las zonas contiguas. *Tb* EN ~. ■ **4** [Movimiento] que supone un avance en sentido contrario al positivo. *Tb se dice del sentido mismo.* ■ **5** Que supone imperfección. ■ **6** Pernicioso o nocivo. **b)** Que se limita a criticar sin aportar soluciones. ■ **7** (*Mat*) Menor que cero. **b)** [Signo] propio de las cantidades negativas. **c)** Que tiene signo negativo. ■ **8** (*Fís*) [Electricidad] del electrón. **b)** De (la) electricidad negativa. ■ **9** (*Fút*) [Punto] perdido en el propio terreno. *Frec n.*
II *f* **10** Acción de negar(se) [2, 4 y 5].

negatorio -ria I *adj* **1** Que niega o sirve para negar.
II *f* **2** (*Der*) Acción real que compete al dueño de una finca libre, para oponerse a quien pretende tener sobre ella alguna servidumbre.

negligé (*fr; pronunc corriente,* /negliʒé/ *o* /neglisé/) *m* **1** Bata ligera femenina para estar en casa. ■ **2** (*raro*) Falta de esmero o de atildamiento en el vestir.

negligencia *f* **1** Cualidad de negligente. ■ **2** Actuación negligente.

negligente *adj* [Pers.] que actúa con poco cuidado o sin interés, esp. en aquello a lo que está obligado. **b)** Propio de la pers. negligente.

negligentemente *adv* De manera negligente.

negligible *adj* (*lit, raro*) Que no merece tenerse en cuenta.

negligir *tr* (*lit, raro*) Descuidar [algo] o no prestar[le (*cd*)] atención.

negociabilidad *f* Cualidad de negociable.

negociable *adj* Que se puede negociar [2 y 3]. *Tb n, referido a efectos bancarios.*

negociación *f* Acción de negociar [2 y 3].

negociadamente *adv* Mediante negociación o discusión.

negociado *m* *En una organización administrativa:* Dependencia destinada a despachar [determinados asuntos (*compl especificador*)]. *Tb sin compl.* **b)** jefe de ~ –> JEFE.

negociador -ra *adj* **1** [Pers.] que negocia [3]. *Frec n.* ■ **2** De (la) negociación.

negociante *adj* [Pers.] que negocia [1 y 2]. *Frec n.*

negociar (*conjug* 1a) **A** *intr* **1** Realizar un negocio [1a] [con algo (*compl* EN *o* CON)]. *Tb sin compl.*

B *tr* **2** Realizar un negocio [1a] [con algo (*cd*)]. **b)** Realizar una operación [con un valor bancario o bursátil (*cd*)]. ■ **3** Tratar o discutir las condiciones [de un asunto (*cd*)]. *Tb abs.*

negocio I *m* **1** Actividad mercantil en que se persigue una ganancia. **b)** Local destinado a un negocio. ■ **2** Actuación de la que se obtiene un provecho o ganancia. *Frec con los adjs* BUENO *o* MALO. **b) mal ~.** Cosa de la que se derivan consecuencias desagradables. ■ **3** Utilidad o ganancia. ■ **4** Trabajo u ocupación. ■ **5** Asunto o cuestión.
II *loc v* **6 hacer ~.** Obtener ganancia. ■ **7 ir** [alguien] **a su ~,** *o* **hacer su ~.** Actuar mirando solo el propio interés.

negocioso -sa *adj* (*raro*) [Pers.] diligente y cuidadosa en sus negocios. *Tb n.*

negral I *adj* **1** Que tira a negro. *Usado como especificador de algunas especies botánicas:* PINO ~, ROBLE ~, SABINA ~ –> PINO[1], ROBLE, SABINA. **b)** De pino negral.
II *m* **2** Pino negral.

negrales *adj* (*col, raro*) Negro [3b].

negramente *adv* (*raro*) De manera negra.

negreante *adj* (*lit*) Que negrea [1].

negrear A *intr* **1** Tener o mostrar color negro o que tira a negro.
B *tr* **2** Hacer que [algo (*cd*)] negree [1].

negrería *f* Negros [2a], o conjunto de negros.

negrero -ra *adj* **1** Dedicado al tráfico o comercio de esclavos negros [2a]. *Tb n, referido a pers.* **b)** De (los) esclavos negros. ■ **2** (*col*) [Pers.] que explota a sus subordinados. *Frec n.*

negreta *adj* [Avellana] de una variedad pequeña y oscura.

negrete *adj* [Variedad de trigo] de grano largo y oscuro y harina dulzona. *Tb n m.*

negrez *f* (*raro*) Negrura [1].

negri- *r pref* Negro. * Negriblanco. * Negriverde.

negrilla –> NEGRILLO.

negrillera *f* Lugar poblado de negrillos [4].

negrillo -lla I *adj* **1** *dim* –> NEGRO. ■ **2** (*Impr*) [Letra] negrita. *Tb n f.* ■ **3** [Álamo] ~ –> ÁLAMO.
II *n* **A** *m* **4** *Se da este n a varios árboles, esp al* álamo negro (*Populus nigra*) *y al* olmo (*Ulmus campestris y U. carpinifolia*). ■ **5** Cierto grano usado como alimento de pájaros.
B *f* **6** Hongo microscópico que vive parásito en las hojas del olivo y otras plantas (*géns. Capnodium y Limacinia*). *Tb la enfermedad que produce.* ■ **7** Hongo comestible con sombrerillo negruzco (*Tricholoma terreum y T. portentosum*).

negrito -ta I *adj* **1** *dim* –> NEGRO. ■ **2** (*Impr*) [Letra] gruesa que se destaca de los tipos ordinarios. *Frec n f.* ■ **3** [Individuo] de alguno de los pueblos de tez oscura y talla reducida que habitan en el archipiélago malasio, esp. en Filipinas. *Tb n.*
II *m* **4** Tiburón de pequeño tamaño y color oscuro (*Etmopterus spinax*).

negritud *f* (*lit*) Mundo negro [2b].

negrizo -za *adj* (*raro*) Negruzco.

negro -gra (*superl,* NEGRÍSIMO *o, lit,* NIGÉRRIMO) **I** *adj* **1** [Cosa] que no presenta ningún color, por au-

sencia total de luz o porque absorbe todas las radiaciones luminosas. **b)** [Color] propio de las cosas negras. *Tb n m.* ■ **2** [Pers.] cuyos caracteres raciales son piel oscura, labios gruesos, nariz achatada, pelo negro [1a] y crespo y prognatismo. *Frec n.* **b)** De (los) negros. ■ **3** [Cosa] muy oscura o más oscura de lo normal. **b)** [Pers.] morena. *Tb* (*hoy raro*) *usado como piropo dirigido a una mujer.* ■ **4** [Cosa o animal] que presenta la tonalidad más oscura dentro de su especie. *Tb n m, referido a tabaco o cigarrillo.* **b)** *Se emplea, siguiendo a ns, pralm de animales o plantas, para designar especies caracterizadas por su tonalidad negra, que las diferencia de otras especies semejantes a ellas.* **c)** [Carretera] de asfalto. **d)** (*reg*) [Vino] tinto. ■ **5** [Café] solo, o que no va acompañado de leche. ■ **6** (*Taur*) [Banderilla] de doble lengüeta, más larga y gruesa que la de ordinario, con el palo revestido de negro [1b] y que se utiliza en los toros que no toman las varas reglamentarias. ■ **7** Pesimista. ■ **8** [Cosa] sumamente desgraciada o triste. **b)** Maldito. *Usado como calificativo despectivo.* **c)** Tremendo u horroroso. *Frec referido a frío.* ■ **9** (*lit*) Relativo a la muerte. **b)** [Punto] ~ –> PUNTO. **c)** [Humor] basado en la muerte o en las desgracias físicas. **d)** [Novela o película] que trata de crímenes. *Tb referido al género correspondiente.* ■ **10** (*col*) [Pers.] irritada o exasperada. *En constrs como* ESTAR ~, PONER(SE) ~ *o* TENER ~. **b)** [Pers.] excitada sexualmente. *En constrs como* ESTAR ~ *o* PONER(SE) ~. ■ **11** (*col*) [Asunto] difícil de conseguir. *En constrs como* ESTAR ~, PONER(SE) ~ *o* TENERLO ~. ■ **12** Clandestino e ilegal. **b)** Que escapa al control fiscal. *Esp referido a dinero.* **c)** [Escopeta] furtiva. *Designando a un cazador.* ■ **13** [Magia] en que interviene el demonio. ■ **14** [Lista], gralm. secreta, de personas o entidades consideradas sospechosas o peligrosas, esp. la confeccionada por un gobierno o una organización. *Tb fig.* ■ **15** [Helada] que produce quemadura en las plantas. ■ **16** [Aguas] residuales de las poblaciones. **b)** [Pozo] destinado a recoger las aguas inmundas. ■ **17** (*hist*) [Pers.] liberal y partidaria de la constitución de 1812. *Tb n. Usado a veces como insulto.* **b)** (*hist*) Cristino (defensor o partidario de Isabel II durante la regencia de María Cristina, frente al pretendiente Carlos de Borbón). *Tb n, referido a pers.* ■ **18** [Leyenda] **negra,** [misa] **negra,** [oreja] **de negra,** [oro] ~, [pena] **negra,** [peste] **negra,** [pie] ~, [pies] ~**s,** [viruela] **negra,** [vómito] ~ –> LEYENDA, MISA, OREJA, ORO, PENA, PESTE, PIE, VIRUELA, VÓMITO.
II *n* **A** *m y f* **19** Esclavo. *Normalmente en sent fig y esp en la comparación* COMO UN ~. **b)** (*col*) Pers. que realiza un trabajo, esp. de carácter literario, que luego es firmado por otro. *Tb ~* LITERARIO.
B *m* **20 ~ animal.** Carbón obtenido por calcinación de materias animales, esp. de huesos, y usado como decolorante. ■ **21 ~ de humo.** Materia colorante obtenida de los humos de materias resinosas, cuyo color se considera el más cercano al negro puro. ■ **22 ~ de platino.** (*Quím*) Platino finamente dividido, que se obtiene por precipitación de una disolución de una sal de platino con un agente reductor. ■ **23 el ~ de una uña.** (*col*) La cantidad mínima. *En frases ponderativas. Gralm con el v* FALTAR.
C *f* **24** (*Mús*) Nota cuyo valor es la mitad de una blanca. ■ **25 la negra.** (*col*) La desgracia o la mala suerte.
III *loc v* **26 estorbarle** (*u otro v equivalente*) [a alguien] **lo ~.** (*col*) No tener [esa pers.] hábito de leer. **b)** (*col*) No saber leer. ■ **27 pasarlas negras.** (*col*) Pasar grandes apuros o dificultades. ■ **28**

verse [alguien] ~ [para algo]. (*col*) Encontrar graves dificultades [para ello].
IV *loc adv* **29** ~ **sobre blanco.** (*lit*) Por escrito.

negroafricano -na (*tb con la grafía* **negro--africano**) *adj* Del África negra [2b].

negroide *adj* Que presenta alguno o algunos de los caracteres de la raza negra [2b]. *Tb n, referido a pers.*

negrón -na **I** *adj* **1** De color negro o casi negro. *Dicho esp de animales.* **b)** [Pato] de plumaje totalmente negro y con una mancha amarilla en el pico (*Melanitta nigra*). *Frec n m. Con un adj especificador, designa otras especies:* ~ CARETO (*M. perspicillata*), ~ ESPECULADO (*M. fusca*).
II *m* **2** (*Mineral*) En el granito: Mancha grande de biotita. ■ **3** (*Agric*) Se da este n a varias enfermedades de la patata, cebolla y otras plantas, producidas por hongos de los *géns Alternaria* y *Pleospora*.

negror *m* (*lit*) Negrura [1].

negro spiritual (*ing; pronunc corriente,* /négro--espirituál/; *pl normal,* ~S) *m* Espiritual (canto religioso de los negros norteamericanos).

negrucio -cia *adj* (*desp*) Negruzco.

negrura *f* **1** Cualidad de negro. **b)** Oscuridad o falta de luz. ■ **2** Cosa negra, *esp* [7 y 8].

negrusco -ca *adj* (*raro*) Negruzco.

negruzco -ca *adj* Que tira a negro.

neguilla *f* Planta herbácea anual abundante en los sembrados y cuyas semillas son pequeñas bolitas negras (*gén. Nigella*, esp. *N. arvensis* y *N. sativa*). *A veces con un adj especificador:* ~ DAMASCENA o DE DAMASCO (*N. damascena*), ~ DE ESPAÑA (*N. hispanica*), ~ HORTENSE (*N. sativa*). *Tb su semilla.*

neguillón *m* Neguilla (planta).

negundo *m* Árbol ornamental de la familia del arce (*Acer negundo*).

negus (*frec con mayúscula*) *m* **1** Emperador de Etiopía. ■ **2** (*hist*) Avión de reconocimiento.

neis (*pl invar*) *m* (*Mineral*) Gneis.

nema *f* (*raro*) Cierre de una carta.

nematelminto *adj* (*Zool*) [Gusano] de cuerpo cilíndrico o alargado, no segmentado, desprovisto de apéndices locomotores y con tegumentos impregnados de quitina. *Frec como n m en pl, designando este taxón zoológico.*

nematocida *adj* Que destruye nematodos. *Tb n m, referido a producto.*

nematocístico -ca *adj* (*Zool*) De(l) nematocisto.

nematocisto *m* (*Zool*) En los celentéreos: Órgano urticante contenido en las células epiteliales.

nematodo *adj* (*Zool*) [Nematelminto] con aparato digestivo consistente en un tubo recto que se extiende a lo largo del cuerpo entre la boca y el ano. *Frec como n m en pl, designando este taxón zoológico.*

nemeo -a *adj* (*hist*) De Nemea (Grecia). *Tb n, referido a pers. Gralm referido a los juegos que se celebraban en esta ciudad.*

némesis *f* (*lit*) Venganza.

nemine discrepante (*lat; pronunc,* /némine--diskrepánte/) *loc adv* (*lit*) Unánimemente o sin oposición de nadie.

nemónico → MNEMÓNICO.

nemoral *adj* (*Bot*) De(l) bosque.

nemoroso -sa **I** *adj* **1** (*lit*) Que tiene apariencia de bosque.
II *f* **2** Anemone de los bosques (*Anemone nemorosa*).

nemotecnia, nemotécnico → MNEMOTECNIA, MNEMOTÉCNICO.

nene -na **A** *m y f* **1** (*col*) Niño pequeño. *A veces se usa, con intención afectiva o humoríst, designando a perss de más edad.* ■ **2 el ~,** o **la nena.** (*col, humoríst*) Yo.
B *f* **3** *En lenguaje masculino, se usa para designar a una mujer joven.* * Esa nena quiere guerra, pensó. ■ **4** *En lenguaje masculino:* Prostituta. *Frec en la constr* IR DE NENAS.

neno -na *m y f* (*reg*) Nene.

nenúfar *m* Se da este n a varias plantas de los *géns Nuphar* y *Nymphaea*, esp *Nuphar luteum* (~ AMARILLO) y *Nymphaea alba* (~ BLANCO). *Tb su flor.*

neo[1] *m* Neón (gas)

neo[2] **-a** *adj* (*hist, desp*) Neocatólico. *Tb n, referido a pers.*

neo- *r pref* Nuevo, o que se presenta con una nueva forma. * Neoautárquico. * Neociencismo.

neoántropo *m* (*Prehist*) Tipo humano fósil correspondiente al Paleolítico superior.

neoártico -ca *adj* (*Geogr*) [Región] que comprende toda América del Norte, desde el centro de Méjico hasta el círculo polar ártico.

neobarroco -ca *adj* (*Arquit*) [Estilo], propio de la segunda mitad del s. XIX, que imita el barroco. *Tb n m.* **b)** De(l) estilo neobarroco.

neobizantino -na *adj* (*Arquit*) [Estilo], propio de finales del s. XIX, que se inspira en el bizantino. **b)** De(l) estilo neobizantino.

neocapitalismo *m* (*Econ*) Forma de capitalismo caracterizada por la intervención del Estado en la economía y por la progresiva concentración del poder en las grandes sociedades.

neocapitalista *adj* (*Econ*) De(l) neocapitalismo.

neocatolicismo *m* (*hist*) En el último tercio del s XIX: Doctrina que aspira a restablecer en todo su rigor las tradiciones católicas en la sociedad y en el gobierno.

neocatólico -ca *adj* (*hist*) De(l) neocatolicismo. **b)** Partidario del neocatolicismo. *Tb n.*

neocelandés → NEOZELANDÉS.

neoclasicismo *m* (*Arte y TLit*) Movimiento dominante en Europa en la segunda mitad del s. XVIII y caracterizado por la vuelta a los gustos y las normas de la antigüedad clásica.

neoclasicista *adj* (*Arte y TLit*) De(l) neoclasicismo.

neoclásico -ca *adj* (*Arte y TLit*) De(l) neoclasicismo. **b)** Adepto al neoclasicismo. *Tb n.*

neocolonialismo *m* Predominio e intervención en los asuntos internos de países subdesarrollados, por parte de grandes países capitalistas, esp. a través del control de la economía.

neocolonialista *adj* De(l) neocolonialismo.

neocórtex *m* (*Anat*) Parte mayor y más reciente de la corteza cerebral, situada en la región dorsal de esta.

neocortical *adj* (*Anat*) Del neocórtex.

neodadaísmo m (Arte) Corriente de mediados del s. XX, continuadora del dadaísmo.

neodadaísta adj (Arte) Del neodadaísmo. **b)** Cultivador del neodadaísmo. Tb n.

neodarwinismo m (Biol) Teoría evolucionista que sintetiza la doctrina de Darwin y los nuevos descubrimientos genéticos.

neodarwinista adj (Biol) De(l) neodarwinismo. **b)** Adepto al neodarwinismo. Tb n.

neodimio m (Quím) Metal del grupo de las tierras raras, de número atómico 60, de color blanco y que es fácilmente corroído por el aire.

neoescolasticismo m (Filos) Doctrina filosófica, surgida en el s. XIX, que trata de incorporar a la de Santo Tomás las adquisiciones de la ciencia moderna.

neoescolástico -ca adj (Filos) De(l) neoescolasticismo.

neoestalinismo m (Pol) Neostalinismo.

neoexpresionismo m (Pint y TLit) Tendencia que supone una evolución o renovación del expresionismo.

neoexpresionista adj (Pint y TLit) De(l) neoexpresionismo. **b)** Cultivador del neoexpresionismo. Tb n.

neofascismo m Movimiento político italiano, posterior a la segunda Guerra Mundial, que defiende la doctrina fascista.

neofascista adj De(l) neofascismo. **b)** Adepto al neofascismo. Tb n.

neofilia f (raro) Inclinación o gusto por lo nuevo.

neófito -ta adj **1** [Pers.] recién incorporada a una religión. Tb n. ■ **2** [Pers.] recién incorporada a una colectividad o a una actividad. Tb n.

neógeno -na adj (Geol) [Período o sistema] correspondiente a la segunda mitad de la Era Terciaria. Tb n m.

neogótico -ca adj (Arquit) [Estilo], propio del s. XIX, que se inspira en el gótico. **b)** De(l) estilo neogótico.

neografía f (E) Estudio de la escritura moderna. Se opone a PALEOGRAFÍA.

neogramático -ca adj (Ling) [Escuela] de finales del s. XIX, caracterizada por conceder importancia primordial a las leyes fonéticas. **b)** De la escuela neogramática. Tb n, referido a pers.

neogranadino -na adj (hist) De Nueva Granada (antiguo nombre de Colombia). Tb n, referido a pers.

neoguineano -na adj De Nueva Guinea. Tb n, referido a pers.

neoimpresionismo m (Pint) Técnica basada en la yuxtaposición de colores, sin mezclarlos en el cuadro.

neoimpresionista adj (Pint) De(l) neoimpresionismo. **b)** Cultivador del neoimpresionismo. Tb n.

neokantiano -na adj (Filos) De(l) neokantismo. **b)** Adepto al neokantismo. Tb n.

neokantismo m (Filos) Doctrina que propugna el retorno a Kant, por oposición al positivismo y al materialismo.

neolatino -na adj (Ling, hoy raro) [Lengua] románica.

neolector -ra m y f Pers. que ha sido alfabetizada recientemente.

neoliberal adj (Econ y Pol) De(l) neoliberalismo. **b)** Partidario del neoliberalismo. Tb n.

neoliberalismo m (Econ y Pol) Forma del liberalismo que admite una intervención limitada del Estado. Tb fig, fuera del ámbito técn.

neolingüística f (Ling) Escuela que afirma el carácter individual o poético de las innovaciones lingüísticas, incluidas las fonéticas.

neolítico -ca adj (Prehist) [Período] segundo y último de la Edad de Piedra. Frec n m; en este caso, gralm con inicial mayúscula. **b)** Del período neolítico.

neología f (Ling) Proceso de formación de palabras nuevas.

neológico -ca adj (Ling) De (la) neología o de(l) neologismo.

neologismo m Vocablo o uso nuevo en una lengua.

neologista adj (Ling) Que usa muchos neologismos. Tb n, referido a pers.

neomaltusianismo (tb con la grafía **neomalthusianismo**) m (Econ) Teoría y práctica del control de la natalidad basadas en el maltusianismo.

neomicina f (Med) Antibiótico obtenido de cultivos del Streptomyces fradiae, usado en infecciones locales, esp. de piel y ojos.

neomongol -la adj De un pueblo de raza amarilla caracterizado por redondez de facciones y al que pertenecen chinos, japoneses y coreanos. Tb n, referido a pers.

neomudéjar adj (Arquit) [Estilo], propio del s. XIX español, que se inspira en la arquitectura arabigoespañola. **b)** De(l) estilo neomudéjar.

neomudejarismo m (Arquit) Estilo neomudéjar.

neón (tb, raro, **neon**) m **1** Gas noble, de número atómico 10, que se encuentra en pequeñas cantidades en la atmósfera terrestre. ■ **2** Luz de neón [1].

neonatal adj (Med) De(l) neonato.

neonato m (Med) Criatura recién nacida.

neonatología f (Med) Rama de la pediatría que se ocupa de los neonatos.

neonatológico -ca adj (Med) De (la) neonatología.

neonazi adj (Pol) De(l) neonazismo. **b)** Partidario del neonazismo. Tb n.

neonazismo m (Pol) Movimiento que defiende la doctrina nacionalsocialista con posterioridad a la segunda Guerra Mundial.

neopaganismo m Tendencia social al abandono de los principios morales del cristianismo y a la adopción de aspectos morales del paganismo.

neopitagorismo m (Filos) Movimiento alejandrino de los ss. I a.C. a II d.C. consistente en doctrinas pitagóricas contaminadas con la tradición platónica y aristotélica.

neoplasia f (Med) Formación anormal de un tejido cuyas células sustituyen a las de los tejidos normales.

neoplásico -ca *adj* (*Med*) De (la) neoplasia.

neoplateresco -ca *adj* (*Arquit*) [Estilo], propio del s. XIX, que se inspira en el plateresco. *Tb n m.*

neoplatónico -ca *adj* (*Filos*) De(l) neoplatonismo. **b)** Adepto al neoplatonismo. *Tb n.*

neoplatonismo *m* (*Filos*) Doctrina surgida en Alejandría hacia el s. III y basada en la filosofía de Platón.

neopopularismo *m* (*TLit*) Tendencia poética española, surgida entre 1920 y 1930, que se inspira en los temas y formas de la poesía popular y tradicional.

neopopularista *adj* (*TLit*) De(l) neopopularismo. **b)** Adepto al neopopularismo. *Tb n.*

neopositivismo *m* (*Filos*) Doctrina, propia del s. XX, de carácter esencialmente lógico-científico.

neopositivista *adj* (*Filos*) De(l) neopositivismo. **b)** Adepto al neopositivismo. *Tb n.*

neopreno (*n comercial registrado*) *m* Caucho sintético de gran resistencia, frec. usado en objetos impermeables.

neoprofesional *adj* (*Dep*) Profesional que actúa por primera vez. *Tb n.*

neorrealismo *m* Movimiento cinematográfico que nace en Italia después de la segunda Guerra Mundial y que se caracteriza por tratar los temas más humanos de la vida de una manera sencilla, con valor documental y con intención de denuncia social. **b)** Movimiento literario de características semejantes a las del neorrealismo cinematográfico.

neorrealista *adj* De(l) neorrealismo. **b)** Adepto al neorrealismo. *Tb n.*

neorrománico -ca *adj* (*Arquit*) [Estilo], propio del s. XX, que se inspira en el románico. **b)** De(l) estilo neorrománico.

neosalvarsán (*n comercial registrado*) *m* (*Med*) Medicamento derivado del salvarsán, con las mismas aplicaciones que este, pero diferente de él por ser de reacción neutra, más soluble y menos tóxico.

neostalinismo *m* (*Pol*) Sistema que se propone adaptar a las circunstancias modernas el autoritarismo stalinista.

neostalinista *adj* (*Pol*) De(l) neostalinismo. **b)** Partidario del neostalinismo. *Tb n.*

neotenia *f* (*Biol*) Persistencia de caracteres larvarios o juveniles en el estado adulto.

neotérico -ca *adj* (*hist*) En la Roma antigua: De una escuela poética innovadora, del s. I a.C., que se inspira en los autores alejandrinos. *Tb n, referido a pers.*

neoterismo *m* (*lit*) Afán de modernidad.

neotestamentario -ria *adj* (*lit*) Del Nuevo Testamento.

neotrópico -ca *adj* (*Geogr*) [Región] que comprende América Central y América del Sur, hasta el círculo polar antártico.

neoyorquino -na (*tb con la grafía* **neoyorkino**) *adj* De Nueva York (Estados Unidos). *Tb n, referido a pers.*

neozelandés -sa (*tb con la grafía* **neocelandés**) *adj* De Nueva Zelanda. *Tb n, referido a pers.*

neozoico -ca *adj* (*Geol*) Terciario.

nepa *f* Escorpión acuático (insecto).

nepalés -sa I *adj* 1 De Nepal. *Tb n, referido a pers.* II *m* 2 Idioma de Nepal.

nepalí *adj* Nepalés. *Tb n.*

nepente (*tb* **nepentes**) *f* Planta propia de Malasia cuyas hojas se prolongan en un zarcillo terminado en un receptáculo dotado de tapadera en el que atrapa y digiere insectos y otros animalillos (gén. *Nepenthes*).

neperiano -na *adj* (*Mat*) [Logaritmo] que tiene por base el número 2,718281, también llamado base *e*.

nepote *m* (*lit*) Pariente protegido.

nepótico -ca *adj* (*lit*) De(l) nepote o de(l) nepotismo.

nepotismo *m* Preferencia dispensada a los parientes para los empleos públicos. *Tb fig, referido a amigos.*

neptunio *m* (*Quím*) Elemento transuránico radiactivo, de número atómico 93, obtenido artificialmente a partir del uranio.

nequáquam (*lat; pronunc corriente,* /nekuákuam/) *adv* (*col, hoy raro*) Nada. *Usado como negación enfática.*

nereida *f* (*Mitol clás*) Ninfa del mar.

nereis *m* Gusano anélido dotado de tentáculos bien desarrollados y de sedas flexibles por todo el cuerpo (gén. *Nereis*).

nerio -ria *adj* (*hist*) De un pueblo prerromano habitante de la región comprendida entre La Coruña y Finisterre. *Tb n, referido a pers.*

nerítico -ca *adj* (*Biol*) [Zona] marina correspondiente a la plataforma continental. **b)** De (la) zona nerítica.

nerjeño -ña *adj* De Nerja (Málaga). *Tb n, referido a pers.*

nerolí (*tb* **neroli**) *m* Esencia que se obtiene destilando las flores de azahar.

nerón *m* Hombre cruel.

nertobrigense *adj* (*hist*) De Nertóbriga (antigua ciudad celtibérica, hoy Calatorao, Zaragoza). *Tb n, referido a pers.*

nervado -da *adj* (*E*) Que tiene nervios [5 y 7].

nervadura *f* (*Arquit y Bot*) 1 Conjunto de nervios [4 y 5]. ■ 2 Nervio [4 y 5].

nervatura *f* 1 (*Arquit y Bot*) Nervadura. ■ 2 (*lit*) Conjunto de nervios [9].

nervense *adj* De Nerva (Huelva). *Tb n, referido a pers.*

nérveo -a *adj* (*Anat*) De los nervios [1, 3 y 4].

nerviación *f* 1 (*Bot*) Nervadura. ■ 2 (*Anat*) Conjunto de nervios [1a y 3].

nerviado -da *adj* (*Anat*) Que tiene nervios [3 y 4].

nervino -na *adj* (*Med*) Que afecta al sistema nervioso. *Tb n m, referido a agente o medicamento.*

nervio I *m* 1 *En los animales:* Cordón blanquecino filamentoso que actúa como transmisor de los impulsos sensoriales y motores. **b)** *En pl se usa para referirse a los nervios [1a] como reflejo de la capacidad de reacción de una pers ante tensiones o excitaciones internas o externas.* * Tiene nervios de acero.

c) *En pl:* Excitación nerviosa. ■ **2** Tendón. ■ **3** (*Zool*) Saliente con forma de hilo o cordón de las alas de los insectos. ■ **4** (*Bot*) Haz fibroso que en forma de hilo o cordoncillo se percibe esp. en el envés de las hojas. ■ **5** (*Arquit*) Elemento saliente y corrido del intradós de una bóveda. ■ **6** (*Encuad*) Cordel transversal del lomo de un libro. *Tb el saliente correspondiente.* ■ **7** (*E*) Refuerzo en forma de cordón o barra. ■ **8** Fuerza o vigor. *Tb fig.* ■ **9** Línea maestra o punto clave [de algo].

II *loc v* **10** alterar, atacar, o crispar, [a alguien] los ~s, o poner[le] los ~s de punta. (*col*) Poner[le] excitado o irritado. *Tb sin compl de pers.* **b)** alterársele, o crispársele, [a alguien] los ~s, o ponérsele los ~s de punta. (*col*) Excitarse o irritarse [esa pers.]. ■ **11** perder los ~s. Perder la calma o la serenidad. ■ **12** ser (un) puro ~. (*col*) Ser muy activo e inquieto.

nerviosamente *adv* De manera nerviosa [5].

nerviosidad *f* Nerviosismo.

nerviosismo *m* Estado de nervioso [4].

nervioso -sa **I** *adj* **1** De (los) nervios [1]. **b)** (*Anat*) [Sistema] transmisor de los impulsos sensoriales y motores. ■ **2** Que tiene nervios [2]. ■ **3** [Pers. o animal] que tiene los nervios muy excitables. **b)** [Pers. o animal] incapaz de permanecer quieto mucho tiempo. ■ **4** [Pers. o animal] que tiene los nervios excitados. ■ **5** Propio de la pers. o animal nerviosos [3 y 4]. ■ **6** (*raro*) Fuerte o vigoroso. ■ **7** (*Mil*) [Gas] tóxico, usado en la guerra química, mortal por su efecto paralizante sobre el sistema nervioso [1b].

II *m* **8** (*reg*) Ataque de nervios.

nervosera *f* (*raro*) Nerviosismo.

nervosidad *f* (*raro*) Nerviosidad.

nervosismo *m* (*raro*) Nerviosismo.

nervudo -da *adj* Que tiene muy marcados los músculos y las venas. **b)** Que tiene fuerza física.

nesca (*tb con la grafía* neska) *f* (*reg*) Muchacha o moza.

nescafé (*n comercial registrado*) *m* Café soluble.

nesciencia *f* (*lit*) Ignorancia o falta de ciencia.

nesciente *adj* (*lit, raro*) Ignorante o falto de ciencia.

nesga *f* (*Lab*) Pieza de forma triangular que da vuelo a una prenda de vestir.

nesgado -da *adj* **1** *part* → NESGAR. ■ **2** Que tiene nesgas.

nesgar *tr* (*Lab*) Dar [a algo] forma de nesga.

neska → NESCA.

nestorianismo *m* (*Rel, hist*) Herejía de Nestorio (s. V), según la cual en Jesucristo había dos personas, siendo María madre de la persona humana solamente.

nestoriano -na *adj* (*Rel, hist*) De(l) nestorianismo. **b)** Partidario del nestorianismo. *Tb n.*

net (*ing; pronunc corriente, /net/; pl normal, ~s*) *m* (*Tenis*) Servicio nulo por haber tocado la red.

netamente *adv* De manera neta.

neto -ta *adj* **1** Que queda después de deducir todo lo que le es extraño. ■ **2** Preciso o sin aproximaciones.

neuma (*tb con la grafía* pneuma) *m* (*Mús, hist*) Signo propio del canto gregoriano, que representa únicamente las inflexiones de la línea melódica o los sonidos que deben emitirse en un solo aliento.

neumático¹ -ca (*tb, lit y raro,* pneumático) **I** *adj* **1** [Cosa] que funciona con (el) aire. **b)** (*Fís*) [Máquina] destinada a extraer el aire u otros gases de un recipiente cerrado. **c)** [Correo] entre varias oficinas locales o entre distintos puntos de un edificio, mediante una red de tuberías y por aspiración o compresión de aire. **d)** [Transporte] continuo a través de un sistema de tuberías mediante succión. ■ **2** Que contiene aire.

II *n* **A** *m* **3** Pieza formada por una cubierta de caucho y una cámara de aire envuelta y protegida por aquella, y que se monta en la llanta de las ruedas de un vehículo.

B *f* **4** Ciencia que estudia el movimiento de los gases. ■ **5** (*E*) Maquinaria neumática [1a].

neumático² -ca (*tb con la grafía* pneumático) *adj* (*Mús, hist*) De(l) neuma. **b)** [Estilo gregoriano] que se caracteriza porque a cada sílaba le corresponden dos o tres notas.

neumatolítico -ca (*tb* pneumatolítico) *adj* (*Geol*) [Mineral] originado mediante emanaciones gaseosas de los magmas eruptivos.

neumococo *m* (*Med*) Microorganismo que produce ciertas neumonías (*Diplococcus pneumoniae*).

neumoconiosis (*tb* pneumoconiosis) *f* (*Med*) Enfermedad broncopulmonar causada por la inhalación de polvos orgánicos o inorgánicos.

neumoencefalografía *f* (*Med*) Radiografía del encéfalo con inyección de aire u otro gas.

neumogástrico *adj* (*Anat*) [Nervio] vago. *Tb n m.*

neumología *f* (*Med*) Estudio de las enfermedades de los pulmones o de las vías respiratorias.

neumológico -ca *adj* (*Med*) De (la) neumología.

neumólogo -ga *m y f* (*Med*) Especialista en neumología.

neumomediastino *m* (*Med*) Presencia de aire en el mediastino.

neumonectomía *f* (*Med*) Extirpación total o parcial de un pulmón.

neumonía *f* (*Med*) Pulmonía.

neumónico -ca *adj* (*Med*) **1** De(l) pulmón. ■ **2** Que padece neumonía. *Tb n.*

neumonitis *f* (*Med*) Neumonía.

neumopatía *f* (*Med*) Enfermedad de los pulmones.

neumostoma (*tb* pneumostoma) *m* (*Anat*) *En los moluscos gasterópodos terrestres:* Orificio respiratorio.

neumotórax *m* (*Med*) Entrada anormal de aire o gas en la cavidad de la pleura, frec. realizada quirúrgicamente con fines terapéuticos.

neura¹ *f* (*col, humoríst*) Neurastenia.

neura² *adj* (*col, humoríst*) Neurasténico.

neural *adj* (*Med*) De (los) nervios o del sistema nervioso.

neuralgia *f* (*Med*) Dolor intenso a lo largo de un nervio y de sus ramificaciones.

neurálgico -ca *adj* **1** (*Med*) De (la) neuralgia. ■ **2** [Punto o lugar] clave o de gran interés.

neurastenia *f* Enfermedad nerviosa caracterizada por el abatimiento físico y la tristeza.

neurasténico -ca *adj* 1 De (la) neurastenia. ■ 2 [Pers.] que padece neurastenia. *Frec (col) con intención desp, para indicar que alguien no es psíquicamente normal. Tb n.*

neurinoma *m* (*Med*) Tumor sobre un nervio, esp. periférico.

neurita *f* (*Anat*) Prolongación filiforme de la neurona, que entra en contacto con otras células.

neurítico -ca *adj* (*Anat*) De (la) neurita.

neuritis *f* (*Med*) Inflamación de un nervio, gralm. acompañada de dolor y pérdida de función.

neuro- *r pref* (*Anat y Med*) De los nervios o del sistema nervioso. * Neurobioquímica. * Neuromotor.

neuroanatomía *f* (*Anat*) Anatomía del sistema nervioso.

neuroanatómico -ca (*Med*) I *adj* 1 De la neuroanatomía.
II *m y f* 2 Especialista en neuroanatomía.

neurobiología *f* (*Biol*) Biología del sistema nervioso.

neurobiológico -ca *adj* (*Biol*) De (la) neurobiología.

neurobiólogo -ga *m y f* (*Biol*) Especialista en neurobiología.

neuroblasto *m* (*Anat*) Célula nerviosa embrionaria.

neuroblastoma *m* (*Med*) Tumor maligno formado en los neuroblastos.

neurociencia *f* (*Biol*) Rama de la biología que estudia la anatomía, la fisiología, la bioquímica o la biología molecular de los nervios y del tejido nervioso. *Tb cada uno de esos estudios.*

neurocirugía *f* (*Med*) Cirugía del sistema nervioso.

neurocirujano -na *m y f* (*Med*) Cirujano especialista en neurocirugía.

neurocráneo *m* (*Anat*) Porción del esqueleto de la cabeza que contiene el cerebro.

neurodegenerativo -va *adj* (*Med*) De (la) degeneración nerviosa o que la implica.

neuroendocrinología *f* (*Med*) Estudio de las relaciones entre el sistema nervioso y las glándulas endocrinas.

neuroesqueleto *m* (*Anat*) Esqueleto interno propio de los vertebrados.

neurofarmacología *f* (*Med*) Estudio de la acción de los fármacos sobre el sistema nervioso.

neurofarmacólogo -ga *m y f* (*Med*) Especialista en neurofarmacología.

neurofibrilla *f* (*Anat*) Filamento de los que forman una red extendida en todas direcciones dentro del citoplasma del cuerpo de la célula nerviosa. *Tb la red formada por estos filamentos.*

neurofibromatosis *f* (*Med*) Deformación congénita en diversas partes del cuerpo, esp. en el sistema nervioso central.

neurofisiología *f* (*Med*) Fisiología del sistema nervioso.

neurofisiológico -ca *adj* (*Med*) De (la) neurofisiología.

neurofisiólogo -ga *m y f* (*Med*) Especialista en neurofisiología.

neurógeno -na *adj* (*Med*) De origen nervioso.

neuroglia (*tb* **neuroglía**) *f* (*Anat*) Tejido especial que rellena los espacios comprendidos entre las neuronas y que realiza una función trófica.

neuróglico -ca *adj* (*Anat*) De (la) neuroglia.

neurohipófisis *f* (*Anat*) Porción nerviosa del lóbulo posterior de la hipófisis.

neuroléptico -ca *adj* (*Med*) Que calma la agitación y la hiperactividad neuromuscular. *Tb n m, referido a medicamento.*

neurología *f* Estudio del sistema nervioso y sus enfermedades.

neurológicamente *adv* Desde el punto de vista neurológico.

neurológico -ca *adj* De (la) neurología.

neurólogo -ga *m y f* Especialista en neurología.

neuromuscular *adj* (*Anat*) De los nervios y los músculos.

neurona *f* (*Anat*) Célula nerviosa. b) (*col*) *Se usa para aludir al cerebro o a la inteligencia.* * Pon a funcionar las neuronas.

neuronal *adj* 1 (*Anat*) De (la) neurona. ■ 2 (*Informát*) [Computadora] que imita el funcionamiento del cerebro humano.

neuropatía *f* (*Med*) Afección nerviosa.

neuropático -ca *adj* (*Med*) De (la) neuropatía.

neuropatología *f* (*Med*) Patología de las enfermedades del sistema nervioso.

neuropléjico -ca *adj* (*Med*) Capaz de suprimir determinadas funciones nerviosas.

neuropsiquiatra *m y f* (*Med*) Especialista en neuropsiquiatría.

neuropsiquiatría *f* (*Med*) Rama de la medicina que trata de los casos a la vez neurológicos y mentales.

neuropsiquiátrico -ca *adj* (*Med*) De (la) neuropsiquiatría.

neuropsíquico -ca *adj* (*Anat*) Del sistema nervioso y del psiquismo simultáneamente.

neuróptero *adj* (*Zool*) [Insecto] masticador con cuatro alas membranosas muy nerviadas. *Frec como n m en pl, designando este taxón zoológico.*

neuroquirúrgico -ca *adj* (*Med*) De (la) neurocirugía.

neurorradiología *f* (*Med*) Radiología del sistema nervioso.

neurósico -ca *adj* (*Med*) Neurótico [1].

neurosis *f* (*Med*) Afección funcional del psiquismo, que se manifiesta con síntomas diversos que no presentan desorganización importante de la personalidad y de cuyo carácter patológico es consciente el enfermo.

neuróticamente *adv* De manera neurótica.

neurótico -ca *adj* 1 De (la) neurosis. ■ 2 Que padece neurosis. *Tb n.* b) Propio de la pers. neurótica.

neurotismo *m* (*Med*) Actitud o comportamiento neuróticos.

neurotización *f* Acción de neurotizar(se).

neurotizante *adj* Que neurotiza.

neurotizar *tr* Hacer neurótico [a alguien o algo (*cd*)]. **b)** *pr* (~se) Volverse neurótico.

neurotóxico -ca *adj* (*Med*) De acción tóxica sobre el sistema nervioso.

neurotoxina *f* (*Med*) Toxina que ataca al tejido nervioso.

neurotransmisión *f* (*Biol*) Transmisión de impulsos nerviosos.

neurotransmisor -ra *adj* (*Biol*) [Sustancia o producto] que transmite los impulsos nerviosos. *Tb n m.*

neurótropo -pa *adj* (*Biol*) [Agente químico o microorganismo] que afecta al tejido o al sistema nervioso.

neurovegetativo -va (*tb, más raro, con la grafía* **neuro-vegetativo**) *adj* (*Anat*) [Sistema nervioso] de la vida vegetativa. **b)** Del sistema neurovegetativo.

neutral *adj* **1** Que no se inclina a favor de ninguna de las partes en lucha u oposición. *Tb n, referido a pers.* **b)** Propio de la pers. o el estado neutral. ■ **2** Que no es de ninguna de las partes en cuestión.

neutralidad *f* **1** Condición de neutral. ■ **2** (*Quím*) Cualidad de neutro [2].

neutralismo *m* **1** Doctrina política que preconiza la neutralidad [1]. ■ **2** Tendencia a la neutralidad [1]. *Tb la actitud correspondiente.*

neutralista *adj* De(l) neutralismo. **b)** Partidario del neutralismo. *Tb n.*

neutralizable *adj* Que se puede neutralizar.

neutralización *f* Acción de neutralizar(se).

neutralizador -ra *adj* Que neutraliza.

neutralizante *adj* Que neutraliza.

neutralizar *tr* **1** Anular o contrarrestar [algo]. **b)** *pr* (~se) Anularse. ■ **2** Anular la acción o la capacidad de acción [de alguien (*cd*)]. ■ **3** Hacer neutral. ■ **4** (*Quím*) Hacer neutra [2] [una sustancia]. **b)** *pr* (~se) Hacerse neutra [una sustancia]. ■ **5** (*Cicl*) No contabilizar el tiempo [de una etapa o trayecto (*cd*) o de los participantes (*cd*)].

neutrino *m* (*Fís*) Partícula elemental eléctricamente neutra, cuya masa es prácticamente nula y que se mueve a la velocidad de la luz.

neutro -tra *adj* **1** Que carece de características o de significación definidas. **b)** Que no toma partido por ninguna de las opciones posibles. *Esp en política. Tb n, referido a pers.* **c)** Inexpresivo. **d)** [Color o tono] que no destaca. *Tb n m.* **e)** (*Ling*) [Término o palabra] que carece de connotación. ■ **2** (*Quím*) Que no es ácido ni básico. ■ **3** (*Fís*) Que no presenta fenómeno alguno eléctrico o magnético. **b)** (*Electr*) Que no tiene electricidad positiva ni negativa. ■ **4** (*Gram*) [Género] que no es masculino ni femenino. *Tb n m.* **b)** [Sustantivo o adjunto] de género neutro. *Tb n m.* **c)** Propio del género neutro. *Tb n m, designando la forma.* ■ **5** (*Gram, raro*) Intransitivo. ■ **6** (*Zool, raro*) Que no tiene sexo. *Tb fig, fuera del ámbito técn.*

neutrofilia *f* (*Med*) Aumento del número de leucocitos neutrófilos en la sangre.

neutrófilo -la *adj* (*Anat*) [Leucocito] que fija colorantes neutros. **b)** De (los) leucocitos neutrófilos.

neutrón *m* (*Fís*) Partícula fundamental del núcleo atómico, desprovista de carga eléctrica.

neutrónico -ca *adj* (*Fís*) De(l) neutrón.

nevada *f* Hecho de nevar. *Tb su efecto.*

nevadilla *f* Planta herbácea perenne que se cría en terrenos arenosos o pedregosos, considerada diurética y astringente (*Paronychia argentea*).

nevado -da *adj* **1** *part* → NEVAR. ■ **2** (*Taur*) [Res] que, sobre capa de color uniforme, tiene pequeñas pintas blancas. ■ **3** [Mastranzo] ~ → MASTRANZO.

nevadón *m* Nevada grande.

nevar (*conjug* 6) **A** *intr impers* **1** Caer nieve.   **B** *tr* **2** Cubrir [una cosa (*cd*)] con algo que imita a la nieve]. ■ **3** (*raro*) Hacer caer [algo] como nieve.

ne varietur (*lat; pronunc,* /né-bariétur/) *loc adj* (*Bibl*) [Texto] definitivo o que no debe alterarse. *Tb adv.*

nevasca *f* (*raro*) Nevada.

nevatilla *f* Aguzanieves (ave).

nevazo *m* Nevada, esp. grande.

nevazón *f* (*raro*) Nevada.

neverita *f* (*reg*) Nevatilla o aguzanieves (ave).

nevero -ra **A** *m* **1** Lugar donde se acumula la nieve conservándose durante todo el año. *Tb la nieve allí acumulada.* ■ **2** (*reg*) Pinzón común (ave). *Tb* PICO ~.   **B** *f* **3** Mueble revestido de materia aislante destinado a mantener frías determinadas cosas, esp. alimentos. **b)** Cámara frigorífica. ■ **4** Lugar en que se conserva nieve. ■ **5** Lugar muy frío. *Con intención ponderativa.*   **C** *m y f* **6** (*hist*) Hasta principios del s XX: Pers. que vende nieve.

nevisca *f* Nevada corta y de copos menudos.

neviscar *intr impers* Nevar ligeramente.

neviza *f* Nieve compacta de estructura granuda que se forma en las alturas de nieves perpetuas.

nevoso -sa *adj* [Tiempo] de nieve.

nevus *m* (*Med*) Malformación circunscrita y congénita de la piel, en forma de mancha de color marrón o azulado.

new age music (*ing; pronunc corriente,* /niú-éiç-miúsik/) *f* (*Mús*) Estilo de música moderna, pralm. instrumental, surgido a mediados de los años ochenta y caracterizado por la suavidad melódica y la improvisación. *Frec* NEW AGE.

new deal (*ing; pronunc corriente,* /niú-díl/) *m* **1** (*Pol*) Programa de recuperación económica y reforma social propuesto por Roosevelt en Estados Unidos en los años treinta. *Tb la época correspondiente.* ■ **2** (*Econ*) Programa económico inspirado en el new deal [1]. *Tb la época en que se desarrolla.*

new look (*ing; pronunc corriente,* /niú-lúk/) *m* **1** (*Moda y Pol*) Nuevo estilo. *A veces en aposición.* ■ **2** Nuevo aspecto [de una pers.] en lo relativo a su arreglo o atuendo.

newton (*ing; pronunc corriente,* /niúton/; *pl normal,* ~s) *m* (*Fís*) En el sistema MKSA: Unidad de fuerza equivalente a la fuerza necesaria para imprimir a la masa de un kilogramo la aceleración de un metro por segundo cada segundo.

newtoniano -na *adj* **1** Del físico inglés Isaac Newton († 1727). ■ **2** (*Fís*) Relativo a las leyes de Newton.

new wave (*ing; pronunc corriente, /niú-wéib/*) *f* (*Mús*) Música rock de finales de los años setenta, frec. con letra agresiva o de protesta.

nexo *m* Elemento que sirve para unir una cosa con otra.

ni[1] (*con pronunc átona*) **I** *conj* **1** *Une ors, palabras o sintagmas enunciados negativamente.* * No se puede abrir ni cerrar. ■ **2** (*lit*) Y no. *Une dos ors, de las cuales solo la segunda es negativa.* * Salió corriendo; ni podía ser de otro modo conociéndola.
II *adv* **3** No. *Con valor enfático, precede al primero de los miembros coordinados por la conj NI [1].* * Los médicos ni sienten ni padecen, según él. **b)** *Es expletivo cuando la o se ha iniciado ya en forma negativa.* * La villa no era ni muy poderosa ni muy rica. ■ **4** *Negación enfática referida a un hecho que se supone lo mínimo que cabría esperar. A veces seguida de* AUN, SIQUIERA *o* TAN SIQUIERA. * Mi madre ni sospechaba tal cosa. **b)** *Seguido de diversos advs o locs advs, vs o constrs vs, expresa negación rotunda:* ~ A TIROS, ~ HABLAR, ~ LO PIENSES, ~ LO SUEÑES, ~ MUCHO MENOS, ~ PENSARLO, ~ POR CUANTO, ~ POR ESAS, ~ POR PIENSO, ~ REMOTAMENTE, ~ SOÑARLO, *etc.* * No quiere ir ni a tiros. **c)** ~ **caso** → CASO. ■ **5** ~ **que.** (*col*) *Introduce un comentario exclam que expresa en forma hipotética algo cuya realidad se niega enfáticamente. El v va siempre en pret o antepret de subj.* * Ni que esto fuera un hotel.

ni[2] (*tb con la grafía* **ny**) *f* Letra del alfabeto griego que representa el sonido [n]. (V. PRELIM.)

niacina *f* (*Quím*) Ácido nicotínico.

niágara *m* (*lit, raro*) Catarata. *Tb fig.*

niala (*tb con la grafía* **nyala**) *m* Antílope africano con cuernos en espiral (*Tragelaphus angasi*).

niara *f* Almiar de paja.

nica *adj* (*col, raro*) Nicaragüense. *Tb n.*

nícalo *m* (*reg*) Níscalo.

Nicanor → DON NICANOR.

nicaragüense *adj* De Nicaragua. *Tb n, referido a pers.*

nicaragüeño -ña *adj* Nicaragüense. *Tb n.*

nicense *adj* De Niza (Francia). *Tb n, referido a pers.*

nicho *m* **1** Concavidad hecha en un muro, gralm. en forma de semicilindro, destinada a colocar en ella una estatua o un objeto de adorno. **b)** *En un cementerio:* Hueco hecho en un muro para colocar en él un cadáver o sus cenizas. ■ **2** (*Ecol*) Hábitat que proporciona los elementos necesarios para la existencia de un organismo o especie. **b)** Situación de un organismo o especie en una comunidad o en un ambiente dados.

nicobarés -sa I *adj* **1** De Nicobar (archipiélago asiático dependiente de la India). *Tb n, referido a pers.*
II *m* **2** Lengua de las islas Nicobar.

nícol (*tb* **nicol**) *m* (*Ópt*) Prisma de espato de Islandia que forma par con otro constituyendo un instrumento con que se obtiene luz polarizada para estudiar las propiedades ópticas de los cuerpos.

nicolaísmo *m* (*Rel, hist*) **1** Doctrina de carácter agnóstico y liberal surgida en el s. I en las iglesias de Éfeso y Pérgamo. ■ **2** Disfrute de cargos eclesiásticos por hombres sin vocación, para usufructuar sus rentas.

nicolaíta *adj* (*Rel, hist*) De(l) nicolaísmo. **b)** Seguidor del nicolaísmo. *Tb n.*

nicotina *f* Alcaloide de las hojas de tabaco, líquido, venenoso e incoloro, que se vuelve amarillo en contacto con el aire.

nicotinado -da *adj* Que contiene nicotina.

nicotinamida *f* (*Quím*) Amida del ácido nicotínico, usada contra la pelagra.

nicotínico -ca *adj* **1** De (la) nicotina. **b)** (*Quím*) [Ácido] que forma parte del complejo de la vitamina B y cuya carencia ocasiona la pelagra. ■ **2** Impregnado o manchado de nicotina.

nicotinizar *tr* Someter [a alguien o algo (*cd*)] a los efectos de la nicotina. **b)** *pr* (**~se**) Sufrir [alguien o algo] los efectos de la nicotina.

nictaginácea *adj* (*Bot*) [Planta] dicotiledónea propia de las regiones cálidas, con hojas gralm. opuestas, flores rodeadas por brácteas, que frec. tienen colores vivos, y fruto seco e indehiscente. *Frec como n f en pl, designando este taxón botánico.*

nictálope *adj* (*Fisiol*) Que ve mejor de noche que de día.

nictemeral *adj* (*Biol*) De(l) espacio de tiempo que comprende un día y una noche consecutivos.

nictinastia *f* (*Bot*) Nastia producida por el cambio del día a la noche.

nictinástico -ca *adj* (*Bot*) Que presenta nictinastia.

nictitante *adj* (*Zool*) En las aves: [Membrana] transparente que constituye el tercer párpado.

nidada *f* Conjunto de huevos o de crías que están en un nido [1a y b].

nidal *m* **1** Lugar destinado a que las aves domésticas pongan sus huevos. ■ **2** Lugar al que acuden aves salvajes a poner sus huevos. ■ **3** Nido [1a y b]. ■ **4** Lugar que sirve de refugio o escondite.

nidificación *f* (*Zool*) Acción de nidificar.

nidificador -ra *adj* (*Zool*) Que nidifica.

nidificante *adj* (*Zool*) Nidificador.

nidificar *intr* (*Zool*) Construir [un ave] su nido.

nidífugo -ga *adj* (*Zool*) [Ave] que nace con el desarrollo suficiente para poder abandonar inmediatamente el nido.

nidio -dia *adj* (*reg*) Suave.

nido I *m* **1** Construcción fabricada por las aves para depositar sus huevos y cuidar sus crías. **b)** Refugio en el que procrean [algunos animales (*compl de posesión*)]. **c)** (*lit, frec humoríst*) Hogar [una pers. o, más frec., de una pareja, esp. de recién casados]. *Frec en la forma* NIDITO (DE AMOR). ■ **2** *En una maternidad:* Lugar en que se tiene a los recién nacidos. **b)** *En una guardería:* Lugar en que se tiene a los bebés. *Tb el servicio correspondiente.* ■ **3** Lugar en que surge o se desarrolla [algo (*compl* DE), esp. negativo]. ■ **4** Lugar en que se reúnen perss. o cosas que se consideran nefastas. ■ **5** Escondrijo. **6** (*Mil*) Lugar protegido, ocupado por un pequeño grupo de soldados y dotado de armas automáticas. *Gralm. en la constr* ~ DE AMETRALLADORAS. ■ **7** (*Geol*) Yacimiento mineral aislado, de pequeño tamaño y forma más o menos aovada. ■ **8** Conjunto formado por dos camas, o tres o cuatro mesas, que se guardan unas debajo de otras. *Frec en aposición en la forma* CAMA ~ *o* MESA ~. ■ **9** ~ **de abeja.** (*Lab*)

Bordado que forma un entramado semejante al de los panales de las abejas. **b)** *(E)* Estructura que recuerda la forma de los panales de las abejas. ■ **10 ~ de ave,** o **de pájaro.** Planta vivaz, rosada, que vive parásita en las raíces de los árboles y cuyas fibras radicales tienen el aspecto de un nido de pájaro *(Neottia nidus-avis).* ■ **11 ~ de golondrina.** *(Mil, hist)* Garita pequeña y circular situada en lo alto de las murallas para disparar desde ellas con seguridad. ■ II *loc v* **12 caer(se)** (*o* **haber(se) caído**) **del** (*o* **de un**) **~.** *(col)* Ser sumamente inocente o crédulo. **b)** Enterarse de la verdad, o tomar conciencia de una realidad evidente para otros.

nidoblasto *m (Zool)* Cnidoblasto.

nidófilo -la *adj (Zool)* [Ave] que nace sin el desarrollo preciso para poder abandonar el nido, y debe permanecer en él hasta alcanzarlo.

niebla *f* **1** Suspensión de gotitas de agua en el aire, en la parte de la atmósfera que está en contacto con el suelo, que dificulta más o menos la visión. ■ **2** Situación de falta de claridad o nitidez. *Gralm fig.* ■ **3** *(Fís)* Suspensión de partículas de líquido en un gas. ■ **4** *(Agric)* Se da este *n* a varias *enfermedades de las plantas, esp el tizón de los cereales o el mildiu de la vid, cuyo desarrollo se ve favorecido por el ambiente húmedo.*

nieblero -ra *adj* De Niebla (Huelva). *Tb n, referido a pers.*

nieblina *f (pop)* Neblina.

nielado *m* Acción de nielar. *Frec su efecto.*

nielar *tr* Adornar [un metal precioso] mediante una labor en hueco rellena de un esmalte negro hecho de plata y plomo fundidos con azufre.

nietastro -tra *m y f* Hijo del hijastro o de la hijastra [de una pers.]. *Tb sin compl.*

nieto -ta *m y f* Hijo del hijo o de la hija [de una pers.]. *Tb sin compl.* **b) sobrino ~** → SOBRINO.

nieve I *f* **1** Agua helada que cae de las nubes formando copos blancos. **b)** *Frec se usa en constrs de sent comparativo para ponderar la blancura.* * Tiene el pelo blanco como la nieve. **c) agua ~** → AGUA-NIEVE. **d) ~s perpetuas.** Nieve [1a] que cubre permanentemente las cumbres de las montañas altas. ■ **2** *En pl:* Nevadas. ■ **3** *(raro)* Hielo. ■ **4** *(jerg)* Droga blanca (heroína o esp. cocaína). ■ **5 ~ carbónica.** Anhídrido carbónico sólido que forma una masa blanca como hielo. ■ II *loc adj* **6 de ~.** [Punto] de la clara de huevo batida en que esta queda blanca y consistente. ■ **7 de ~.** *(hist)* [Pozo] destinado a almacenar nieve para el verano. ■ **8** [Pajarita] **de las ~s** → PAJARITA.

NIF *(sigla) m* Número de identificación fiscal.

nife *m (Geol)* Núcleo central de la Tierra, que se cree formado de níquel y hierro.

nigeriano -na *adj* De Nigeria. *Tb n, referido a pers.*

nigerino -na *adj* Del Níger. *Tb n, referido a pers.*

nigérrimo → NEGRO.

night-club *(ing; pronunc corriente,* /náit-klúb/; *pl normal, ~s) m* Sala de fiestas.

nigromancia *(tb* nigromancía*) f* **1** Arte de adivinar el futuro invocando a los muertos. ■ **2** *(raro)* Acción nigromántica.

nigromante *m y f* Pers. que practica la nigromancia.

nigromántico -ca I *adj* **1** De (la) nigromancia. II *m y f* **2** Nigromante.

nigrosina *f (Quím)* Azul negro de anilina.

nigua *f* Insecto afaníptero, propio de África y de América tropical, semejante a la pulga pero de menor tamaño, cuya hembra penetra bajo la piel de los animales y del hombre, produciendo picazón y úlceras *(Tunga penetrans).*

nihilismo *m (Filos)* Doctrina o creencia según la cual no existe nada absoluto. **b)** *(Pol, hist)* Doctrina anarquista revolucionaria surgida en Rusia a mediados del s. XIX y que se basa en la negación de los valores sociales y morales.

nihilista *adj (E)* De(l) nihilismo o que lo implica. **b)** Partidario del nihilismo. *Tb n.*

nihil obstat *(lat; pronunc corriente,* /níil-óbstat/*)* *Fórmula con que la censura eclesiástica manifiesta su aprobación para la publicación de un libro. Frec sustantivado como n m.* * Desconocía la normativa canónica referente al "nihil obstat".

niki *(tb con las grafías* niky *o* niqui*) m* Jersey o camisa de punto de tejido fresco y gralm. de manga corta.

nilón *(tb con la grafía* nylón*) m* Nailon.

nilota *adj (lit)* Nilótico.

nilótico -ca *adj* **1** Del río Nilo. ■ **2** De un grupo étnico de los valles alto y medio del Nilo y zonas limítrofes, caracterizado por su gran estatura. *Tb n, referido a pers.*

nimbar *tr* Rodear [a alguien o algo] de un nimbo [1]. *Frec fig.*

nimbo *m* **1** Aureola, o círculo luminoso que rodea la cabeza de una imagen o representación, esp. sagrada. *Tb fig.* ■ **2** *(Meteor)* Nube baja de color oscuro uniforme que suele dejar caer lluvia, nieve o granizo.

nimbus *m (Meteor)* Nimbo [2].

nimiedad *f (lit)* **1** Cualidad de nimio. ■ **2** Cosa nimia.

nimio -mia *adj (lit)* **1** [Cosa, esp. no material] insignificante o que tiene poca importancia. ■ **2** Minucioso o escrupuloso. ■ **3** Excesivo o exagerado.

ninchi *m y f (jerg, hoy raro)* Niño. *Normalmente usado como vocativo afectivo.*

ninfa *f* **1** *(Mitol clás)* Deidad femenina de rango inferior que habita en los ríos, las fuentes, el mar, las montañas o los bosques y que se representa como una joven hermosa. **b) ~ Egeria.** *(lit)* Pers. que dicta secretamente las decisiones y la conducta de otra. ■ **2** *(jerg)* Chica o muchacha. ■ **3** *(jerg)* Prostituta. ■ **4** *(Zool)* En la metamorfosis de los insectos: Animal en la fase siguiente a la de larva. ■ **5** Hongo comestible de color pardo tostado, que nace en la hierba *(Marasmius oreades).*

ninfea *f* Nenúfar (planta).

ninfeácea *adj (Bot)* [Planta] dicotiledónea acuática, de hojas y flores flotantes, de la familia del nenúfar y el loto. *Frec como n f en pl, designando este taxón botánico.*

ninfeo *m (Arte)* **1** Templo dedicado a las ninfas. ■ **2** Fuente monumental dedicada a las ninfas, frec. situada en las cercanías de las termas.

ninfo *m* (*lit, raro*) Narciso (hombre que se autocomplace en su perfección física o moral).

ninfómana *adj* (*lit o Med*) [Mujer] que padece ninfomanía. *Tb n f.*

ninfomanía *f* (*lit o Med*) Exageración patológica del deseo sexual en la mujer.

ninfomaníaco -ca (*tb* ninfomaniaco) *adj* (*lit o Med*) **1** De (la) ninfomanía o que la implica. ■ **2** [Mujer] que padece ninfomanía. *Tb n f.*

nínfula *f* (*lit*) Muchacha muy joven.

ningún → NINGUNO.

ningunear *tr* Ignorar [a alguien (*cd*)] o mostrar una actitud de menosprecio [respecto a él (*cd*)].

ninguneo *m* Acción de ningunear.

ninguno -na (*cuando la* or *se presenta después del* v, *este ha de ir normalmente precedido de una palabra de sent negativo*) **I** *adj* (*rara vez usado en pl; la forma* f NINGUNA *se convierte en* NINGÚN *cuando va inmediatamente delante del* n *del cual es adjunto, y tb cuando entre los dos se interpone algún adj. La forma* f NINGUNA *se convierte normalmente en* NINGÚN *cuando el* n *al que precede inmediatamente comienza por* /a/ *tónica:* ningún aula) **1** *Indica la ausencia o no existencia de perss o cosas de la especie designada por el* n. * No hay ninguna novedad. ■ **2** *Se usa como refuerzo enfático de una negación.* * El padre ya no era ningún mozo. **II** *pron* (*solo usado en* sg) **3** *Indica la ausencia o no existencia de perss o cosas de una especie aludida.* * –¿Tienes hermanos? –Ninguno.

ninivita *adj* (*hist*) De Nínive (ciudad del Asia antigua). *Tb n, referido a pers.*

ninja (*jap; pronunc corriente,* /nínya/) *m* Guerrero japonés especializado en ninjutsu.

ninjutsu (*jap; pronunc corriente,* /ninyútsu/) *m* Arte marcial japonés del espionaje.

ninot (*pl normal,* ~s) *m* Muñeco de una falla.

niñato -ta *m y f* (*desp*) Joven inmaduro y frec. petulante.

niñería *f* Dicho o hecho que por su poca trascendencia o importancia se considera propio de niños [1a].

niñero -ra I *adj* **1** [Pers.] a quien le gustan los niños [1a].
II *f* (*y, más raro, m*) **2** Pers. que se dedica a cuidar niños [1a]. **b)** (*humoríst*) Pers. que cuida a una pers. mayor como si fuese un niño.

niñez *f* **1** Período de la vida humana comprendido entre el nacimiento y la adolescencia. ■ **2** Condición de niño [1 y 3]. ■ **3** Niños o conjunto de (los) niños [1a].

niño -ña I *n* A *m y f* **1** Pers. que se encuentra en la niñez [1]. *Tb adj. Tb fig, referido a cosa.* **b)** *Se emplea como tratamiento para dirigirse o referirse a un niño cuyo n se ignora o no se quiere mencionar.* * Por favor, niño, ¿sabes dónde está la plaza? **c)** Hijo de corta edad. ■ **2** Pers. joven o que tiene pocos años. *Tb adj.* **b)** (*col o reg*) *A veces se emplea como vocativo para referirse afectivamente a una pers. adulta.* * ¿Puedo saber qué te pasa, mi niño? **c)** ~ **bitongo,** ~ **gótico,** ~ **pitongo,** ~ **prodigio,** ~ **zangolotino,** *etc* → BITONGO, GÓTICO, PITONGO, PRODIGIO, ZANGOLOTINO, *etc.* ■ **3** (*col*) Pers. adulta cuyo comportamiento es el propio de un niño [1a], esp. por su ingenuidad o falta de madurez. *Tb adj.* ■ **4**

(*reg*) Pers. soltera. ■ **5** ~ **bonito.** (*col*) Pers. que recibe un trato privilegiado. *Tb fig.* (→ BONITO.) ■ **6** ~ **de la guerra.** Pers. que vivió una guerra siendo niño. ■ **7** ~ **mimado.** (*col*) Pers. más considerada o favorecida. (→ MIMADO.)
B *f* **8** Pupila [del ojo]. **b)** *Frec se usa en constrs de sent comparativo para ponderar el cariño o el aprecio hacia alguien o algo.* * La quería como a las niñas de sus ojos. ■ **9** (*col*) Prostituta. ■ **10 la niña bonita.** (*col*) *En la lotería de cartones:* El número quince.
II *adj* **11** [Pájaro] ~ → PÁJARO.
III *fórm or* **12 qué + n + ni qué ~ muerto.** (*col*) *Manifiesta rechazo vehemente hacia lo que se acaba de oír.* * Qué coche ni qué niño muerto, si no tiene.
IV *loc adv* **13 como ~ con zapatos nuevos** → ZAPATO.

niobio *m* (*Quím*) Metal blanco, dúctil, de número atómico 41, siempre asociado en la naturaleza con el tantalio, y que se usa en aleaciones.

nipa *f* Árbol de la familia de las palmeras, propio de la región indomalaya, con hojas grandes y casi circulares, que se emplean frec. para techumbres (*Nipa fruticans*). *Tb su hoja.*

nipis *m* Tela fina, casi transparente y de color amarillento, fabricada con las fibras más tenues del abacá y que es propia de Filipinas.

nipo- *r pref* Japonés. * Nipoamericano.

nipón -na *adj* (*lit*) Japonés. *Tb n, referido a pers.*

níquel *m* **1** Metal, de número atómico 28, de color blanco argentino, dúctil, maleable, magnético y muy duro, usado frec. en aleaciones para dar dureza, ductilidad y resistencia a otros metales. ■ **2** Adorno de níquel [1]. ■ **3** Moneda de níquel [1]. ■ **4** Moneda estadounidense de cinco centavos.

niquelado *m* Acción de niquelar. *Tb su efecto.*

niquelador -ra *m y f* Pers. que tiene por oficio niquelar.

niqueladura *f* Acción de niquelar.

niquelar *tr* Cubrir [un metal o un objeto de metal] con un baño de níquel [1]. *Frec en part, a veces sustantivado.*

niqui → NIKI.

nirvana *m* **1** (*Rel*) *En el budismo:* Bienaventuranza total, consistente en la fusión del individuo con la esencia divina y en la carencia de deseo. ■ **2** (*lit*) Estado de felicidad con olvido o ignorancia de la realidad.

nirvánico -ca *adj* (*lit*) De(l) nirvana.

níscalo *m* Hongo comestible de color anaranjado o rojizo muy abundante en los pinares (*Lactarius deliciosus*).

niso *m* (*reg*) **1** Variedad de ciruelo de flores blancas (*Prunus insititia*). ■ **2** *Se da este* n *a diversas variedades de ciruelas, esp silvestres.*

níspero *m* **1** Arbolito de hojas elípticas, flores solitarias blancas y fruto globoso, pardo y peloso que, una vez cogido, se deja fermentar hasta hacerse dulce y comestible (*Mespilus germanica*). *Tb* COMÚN. **b)** ~ **del Japón.** Árbol de hojas grandes y coriáceas, flores blancas en espiga cubiertas por un denso tomento rojizo y fruto globoso amarillento y comestible (*Eriobotrya japonica*). ■ **2** Fruto del níspero [1].

níspola *f* (*reg*) Níspero [2].

nispolero *m* (*reg*) Níspero [1].

nistagmo *m* (*Med*) Movimiento espasmódico del globo ocular.

nistagmus *m* (*Med*) Nistagmo.

nistatina *f* (*Med*) Antibiótico obtenido de cultivos del *Streptomyces noursei* y usado en el tratamiento de infecciones de ciertos hongos, esp. *Candida albicans.*

nítidamente *adv* De manera nítida.

nitidez *f* Cualidad de nítido.

nítido -da *adj* **1** [Cosa] que se percibe con precisión o claridad. ■ **2** (*lit*) Limpio o puro.

nitración *f* (*Quím*) Acción de nitrar.

nitrado -da *adj* (*Quím*) **1** *part* → NITRAR. ■ **2** [Compuesto] que contiene el grupo constituido por un átomo de nitrógeno y dos de oxígeno.

nitrador *m* (*Quím*) Recipiente adecuado para nitrar.

nitrante *adj* (*Quím*) Que nitra. *Tb n m, referido a agente o sustancia.*

nitrar *tr* (*Quím*) Reemplazar [en un compuesto (*cd*)] uno o más átomos de hidrógeno por otros tantos grupos formados por un átomo de nitrógeno y dos de oxígeno.

nitratina *f* (*Mineral*) Nitro de Chile.

nitrato *m* (*Quím*) Sal del ácido nítrico. *Frec con un adj o compl especificador.* **b)** (*col*) *Sin compl:* Nitrato de plata.

nitrería *f* Lugar en que se recoge y beneficia el nitro.

nítrico -ca *adj* (*Quím*) **1** De(l) nitrógeno. ■ **2** [Bacteria] que transforma el ácido nitroso en ácido nítrico.

nitrificación *f* (*Quím*) Transformación del amoniaco y de las sustancias nitrogenadas orgánicas en nitratos o en nitrógeno mineral por la acción de bacterias especiales.

nitrificante *adj* (*Quím*) [Bacteria] que produce la nitrificación del amoniaco y de las sustancias nitrogenadas.

nitrilo *m* (*Quím*) **1** Compuesto en cuya molécula existe un triple enlace de carbono con hidrógeno. ■ **2** Radical constituido por un átomo de nitrógeno y dos de oxígeno.

nitrito *m* (*Quím*) Sal del ácido nitroso.

nitro *m* **1** Nitrato potásico, que se presenta en forma de agujas o de polvillo blanquecino en la superficie de los terrenos húmedos y salados. ■ **2** ~ **de Chile, o del Perú.** Nitrato sódico, que se presenta frec. en masas blancas o grises, usado frec. como abono.

nitrobenceno *m* (*Quím*) Líquido amarillento y oleoso, derivado nitrado del benceno, que se usa esp. en perfumería y en la industria de los colorantes.

nitrocelulosa *f* (*Quím*) Nitrato de celulosa, usado esp. en explosivos.

nitrocelulósico -ca *adj* (*Quím*) De (la) nitrocelulosa.

nitrocompuesto *m* (*Quím*) Compuesto nitrado [2].

nitrófilo -la *adj* (*Bot*) [Planta] que requiere para su desarrollo suelos ricos en nitrógeno.

nitrogenado -da *adj* Que contiene nitrógeno. **b)** [Mostaza] **nitrogenada** → MOSTAZA.

nitrogénico -ca *adj* (*Quím*) De(l) nitrógeno o que lo contiene.

nitrógeno *m* Metaloide gaseoso, incoloro, inodoro, insípido, de número atómico 7, que constituye el 78% del aire y es elemento fundamental en la composición de los seres vivos.

nitrogenoideo *adj* (*Quím*) [Elemento] del grupo constituido por el nitrógeno, fósforo, arsénico, antimonio y bismuto. *Tb n m.*

nitroglicerina *f* Líquido aceitoso, amarillento, venenoso y sumamente inestable, que resulta de la acción de los ácidos nítrico y sulfúrico sobre la glicerina y que se emplea esp. en la fabricación de explosivos.

nitrosilo *m* (*Quím*) Radical formado por un átomo de nitrógeno y otro de oxígeno.

nitroso -sa *adj* (*Quím*) **1** Que contiene nitrógeno. ■ **2** [Compuesto oxidado del nitrógeno] que posee menor cantidad de oxígeno que el ácido nítrico. ■ **3** [Bacteria] que oxida el amoniaco convirtiéndolo en ácido nitroso.

nitruro *m* (*Quím*) Compuesto formado por la combinación del nitrógeno con otro elemento, esp. un metal.

nival *adj* (*E*) De (la) nieve. *Frec usado como especificador de algunas especies zoológicas:* BÚHO ~, PERDIZ ~ (→ BÚHO, PERDIZ).

nivea (*n comercial registrado*) *f* Crema para suavizar y proteger la piel.

nivel **I** *m* **1** Altura [de una línea o de un plano] con respecto a un plano horizontal y paralelo. **b)** Altura [de una cosa tomada como referencia (*compl de posesión*)]. **c)** ~ **del mar.** Altura cero, con referencia a la cual se miden las altitudes geográficas. ■ **2** Altura o grado [de algo no material]. **b)** Grado jerárquico. **c)** ~ **de vida.** Grado de bienestar material [de una colectividad o de un individuo]. *Tb sin compl.* ■ **3** Instrumento que sirve para determinar la horizontalidad de una superficie.
II *loc adj* **4** **a** ~. [Paso] en que un ferrocarril se cruza con una carretera o camino al mismo nivel [1a].
III *loc adv* **5** **a** ~. A la misma altura. *Tb fig.* **b)** Horizontal.
IV *loc prep* **6** **a(l)** ~ **de.** A la altura de. **b)** **a** ~ **de.** (*semiculto*) Con matices diversos: "en o con el grado de", "entre", "en el ámbito de", "desde el punto de vista de", "en el aspecto de".

nivelación *f* Acción de nivelar(se). *Tb su efecto.*

nivelador -ra *adj* **1** Que nivela. *Tb n f, referido a máquina.* ■ **2** De (la) nivelación.

nivelar *tr* **1** Poner horizontal [un plano o una superficie]. ■ **2** Poner [una cosa] al mismo nivel [1 y 2] [que otra (*compl* CON)]. *Tb sin compl, con un cd pl o colectivo.* **b)** *pr* (~**se**) Pasar a estar [una cosa] al mismo nivel [que otra (*compl* CON)]. *Tb sin compl, con un suj pl o colectivo.* ■ **3** Poner al mismo nivel [1 y 2] las distintas partes o aspectos [de una cosa (*cd*)]. **b)** *pr* (~**se**) Pasar a estar al mismo nivel las distintas partes o aspectos [de una cosa (*suj*)].

níveo -a *adj* (*lit*) De (la) nieve. **b)** Blanco como la nieve.

nivoso *m* (*hist*) Cuarto mes del calendario revolucionario francés, que va del 21 de diciembre al 19 de enero.

nizam *m* (*hist*) Soberano de Haiderabad (India).

nizardo -da *adj* De Niza (Francia). *Tb n, referido a pers.*

nízcalo *m* Níscalo (hongo).

no¹ I *adv* **1** *Indica la falta del hecho, cualidad o circunstancia expresados por la palabra o sintagma a que se refiere.* * No conviene que se entere. **b)** *Delante de un n, expresa la supresión o ausencia de lo designado por este.* (→ NO-.) * Rusia propone: No bases militares en la Luna. **c)** *Se usa en forma interrog, al final de una frase, pidiendo confirmación de esta.* * Has visto esa película, ¿no? **d)** *¿~?* (*col*) *Se intercala en la exposición para pedir la conformidad o la atención del oyente.* * Íbamos por la calle, ¿no? , y se nos acerca un guardia. **e)** *En frases interrogs se usa a veces enfáticamente, implicando la certidumbre de lo preguntado, que es presentado como argumento.* * ¿Por qué no ha de vivir aún? ¿No vives tú? **f)** *En frases interrogs se usa a veces reforzando la idea de mandato expresada por una interrog.* * ¿No te callarás? **g)** (*col*) *Se usa irónicamente en ors exclams.* * ¡Que no está guapo ni nada! **h)** **~ más.** Nada más. *Precediendo a la palabra a que se refiere, tb ~* MÁS QUE. * Diría que es no más un madero. * Está no más que aburrido. **i)** **~ sin** → SIN. ■ **2** *Se usa como réplica para expresar rechazo o disconformidad con respecto a lo que se acaba de oír.* * –¿Vienes? –No. He dicho que no, y que no. ■ **3** *Precede necesariamente a un v que va seguido de un suj o compl de sen negativo* (NADIE, NADA, NINGUNO, NUNCA, JAMÁS, EN ABSOLUTO, EN MODO ALGUNO, EN MI VIDA...). * No habla mal de nadie. ■ **4** *Se usa expletivamente:* **a)** *Siguiendo a la conj* QUE *en el segundo término de una comparación.* (→ QUE².) * Tiene más ratos buenos que no malos. **b)** *Siguiendo a vs o locs vs que expresan temor.* * Temo no le vaya a pasar algo. **c)** (*lit*) *Con intención enfática, en ors exclams.* * ¡Cuánto no habíamos odiado su altivez! **d)** (*col*) *Introduce, sin valor negativo, una réplica en el diálogo.* * –¿Cómo dice? –No, que yo trabajo en seguros. ■ **5 ~ bien.** (*lit*) Apenas. *Seguido de una prop introducida por* CUANDO. * No bien llegaron cuando se puso a llover. ■ **6 ~ solo** (*o* **~ tan solo, ~ solamente, ~ únicamente, ~ exclusivamente, ~ ya;** *a veces simplemente* **~)... sino** (*o* **sino que,** *o* **mas)...** *Constr utilizada para destacar enfáticamente la acumulación de dos circunstancias o dos hechos.* * No solo hemos de permitirlo, sino que hemos de pagarlo. **b)** *A veces se omite* SINO (*o* SINO QUE). * Habría no ya cinco, hasta quince. **II** *conj* **7** (*col*) Para evitar que. *Frec ~* SEA QUE *o* VAYA A SER QUE. * Me tengo que ir, no se den cuenta. ■ **8 ~ bien.** (*lit*) Tan pronto como. * No bien llegaba, mandaba aviso. **III** *m* **9** Negativa. *Tb el gesto o palabras con que se expresa.*

no² (*tb con la grafía* **nô**) *m* Drama lírico japonés de carácter tradicional, en que se combinan la música, la danza y el recitado y cuyos actores, todos hombres, visten a la usanza del s. XIV. *A veces en aposición.*

no- *Uso pref del adv* NO. *Se une con guión a un n o a un adj. A veces se escribe separado del n, sin guión.* * El no-ser. * La no violencia. * Comprensión no-semántica de la lengua.

nobel (*sueco; pronunc corriente,* /nóbel/ *o, más raro,* /nóbél/; *pl normal, invar*) *m y f* Pers. que ha recibido un premio Nobel.

nobelio *m* Elemento transuránico radiactivo, de número atómico 102, obtenido artificialmente a partir del curio.

nobiliario -ria I *adj* **1** De (la) nobleza [2]. **II** *n* **A** *m* **2** Libro o catálogo que trata de la nobleza y genealogía de las familias. **B** *f* **3** Estudio de la nobleza y genealogía de las familias.

noble *adj* **1** [Pers.] honrada, leal y generosa. *Tb fig, referido a animal o cosa.* **b)** Propio de la pers. o el animal nobles. ■ **2** [Pers.] que por nacimiento o gracia particular pertenece a una clase privilegiada. *Tb n.* **b)** De los nobles. ■ **3** Superior en calidad a los otros seres u objetos de su especie. **b)** *En una vivienda o local similar:* [Zona] destinada al uso de las perss. más importantes, y esp. todo lo que no son servicios. **b)** (*Quím*) [Gas] químicamente inactivo. **b)** (*Quím*) [Metal] resistente a la oxidación.

noblejano -na *adj* De Noblejas (Toledo). *Tb n, referido a pers.*

noblemente *adv* De manera noble [1b].

nobleza *f* **1** Cualidad de noble, *esp* [1 y 2]. ■ **2** Conjunto de los nobles [2a].

nobuk *m* Piel bovina, esp. de ternera, de superficie aterciopelada.

nocedal *m* Lugar plantado de nogales.

noceo *m* (*reg*) Nogal.

noche I *f* **1** Tiempo que transcurre desde la puesta del Sol hasta el amanecer. **b)** *En el verano de las regiones nórdicas:* Tiempo durante el cual el Sol se mantiene parcialmente oculto tras el horizonte. *Tb ~* BLANCA. **c)** Tiempo meteorológico que hace en la noche [1a] de que se habla. **d) media ~** (*o* MEDIANOCHE, MEDIO. **c) primera** *o* **prima, ~.** (*lit*) Primeras horas de la noche [1a]. **f) ~ buena, ~ vieja** → NOCHEBUENA, NOCHEVIEJA. ■ **2 la ~ de los tiempos.** (*lit*) La más remota antigüedad. ■ **3 el día y la ~** → DÍA. **II** *adj invar* **4** [Azul] oscuro. **III** *loc v y fórm o* **5 buenas ~s.** *Fórmula de saludo y despedida que se emplea por la noche* [1a]. * Buenas noches. Me voy a la cama. **b) dar las buenas ~s.** Despedirse al irse a dormir por la noche. ■ **6 hacer ~.** Quedarse de noche [11] (*en un sitio*). ■ **7 hacerse de ~.** Anochecer. **IV** *adv* **8** Por la noche [1a]. *Esp en la constr* AYER ~. ■ **9 como de la ~ al día,** *o* **como del día a la ~** → DÍA. ■ **10 de la ~ a la mañana.** En un espacio de tiempo inesperadamente breve. ■ **11 de ~.** Después de ponerse el Sol, o antes de salir. ■ **12 ~ y día,** *o* **de ~ y de día** → DÍA.

nochear *intr* (*col*) Andar vagando a altas horas de la noche [1a], gralm. en diversiones.

nochebuena (*tb, más raro, con la grafía* **noche buena**; *frec con mayúscula*) *f* Noche que precede al día de Navidad. *Tb el día correspondiente; frec* DÍA DE ~.

nocheriego -ga *adj* Nocherniego.

nocherniego -ga *adj* (*lit*) Nocturno o de (la) noche [1a]. **b)** Noctámbulo.

nochero -ra *adj* (*raro*) De la noche [1a].

nochevieja (*tb, más raro, con la grafía* **noche vieja**; *frec con mayúscula*) *f* Noche [1a] de fin de año. *Tb el día correspondiente; frec* DÍA DE ~.

nochizo *m* Avellano silvestre.

nociceptor *m* (*Fisiol*) Receptor de estímulos de dolor.

noción *f* Idea o conocimiento [de algo]. **b)** Conocimiento elemental [de algo]. *Frec en pl. En frases negativas se emplea para ponderar ignorancia.* * No tiene ni noción del caso.

nocional *adj* De la noción.

nocivamente *adv* De manera nociva.

nocividad *f* Cualidad de nocivo.

nocivo -va *adj* Perjudicial o dañino.

no comment (*ing; pronunc corriente,* /nóu-kóment/) *fórm or* Sin comentarios. *Se usa como respuesta a una pregunta que no se quiere contestar, o para marcar el carácter llamativo o chocante de lo que se acaba de mencionar.*

noctambulear *intr* (*raro*) Actuar como noctámbulo.

noctambulismo *m* Cualidad de noctámbulo.

noctámbulo -la *adj* [Pers.] que anda vagando a altas horas de la noche, gralm. en diversiones. *Frec n.* **b)** Trasnochador. **c)** Propio de la pers. noctámbula.

noctiluca *f* Protozoo marino flagelado de cuerpo esférico y fosforescente (*Noctiluca scintillans*).

noctívago -ga *adj* (*lit*) Noctámbulo. *Tb n, referido a pers.*

noctuido *adj* (*Zool*) [Insecto] lepidóptero de medianas dimensiones, cuerpo macizo, librea gris o parda y costumbres nocturnas, perjudicial para la agricultura. *Frec como n m en pl, designando este taxón zoológico.*

nóctulo *m* Murciélago de gran tamaño, orejas amplias y pelo denso de color pardo rojizo (*Nyctalus noctula*). *Tb se da este n a otras especies del mismo gén.*

nocturnal *adj* (*lit*) Nocturno [1a y b].

nocturnamente *adv* De manera nocturna [1b].

nocturnidad *f* (*Der*) Circunstancia agravante de un delito y que consiste en haber sido cometido durante la noche.

nocturno -na I *adj* **1** De (la) noche [1a]. **b)** Que se produce o realiza por la noche. *Tb n f, referido a corrida de toros.* **c)** [Local de diversión] que funciona de noche. **d)** Que actúa de noche. **e)** [Animal o planta] que desarrolla sus principales funciones o actividades durante la noche. ■ **2** (*lit*) Melancólico y triste. **II** *m* **3** (*Mús*) Pieza, gralm. para piano, de carácter lírico y melancólico. ■ **4** (*Rel catól*) Oficio de los varios de maitines. ■ **5 el ~.** (*lit*) La noche [1a].

nodal *adj* **1** (*lit*) De(l) nudo. ■ **2** (*Econ*) [Centro] que cuenta con ventajas estratégicas en los costes de distribución y obtención de productos primarios, pudiendo convertirse en zona de transformación industrial. ■ **3** (*E*) De(l) nodo o de(l) nódulo.

nodo[1] *m* **1** (*Astron*) Punto en que la órbita de un astro corta la eclíptica. ■ **2** (*Fís*) Punto que permanece fijo en un cuerpo vibrante.

nodo[2] (*n comercial registrado; tb con las grafías* **No-Do** *y* **no-do**) *m Durante la época de Franco:* Noticiario cinematográfico español.

nodriza *f* **1** Mujer que cría a sus pechos a una criatura ajena. *Tb fig, referido a animales.* ■ **2** Avión o buque dotado de combustible y de los dispo-

sitivos necesarios para aprovisionar a otros en vuelo o en alta mar. *En aposición con* AVIÓN, BUQUE *u otro término equivalente.*

nódulo *m* **1** (*Anat y Med*) Concreción o agrupación celular, gralm. de pequeño tamaño. ■ **2** (*Mineral*) Concreción de forma esférica o arriñonada y de pocos centímetros de tamaño, contenida en algunas rocas sedimentarias. **b)** Concreción polimetálica formada en el fondo del mar.

nodular *adj* (*Med*) Formado por nódulos [1].

Noé. arca de ~ → ARCA.

Noel *m* (*hoy raro*) Navidad. *Gralm en la constr* ÁRBOL DE ~.

noema *m* (*Filos*) Objeto del pensar. *Se opone a* NOESIS.

noemático -ca *adj* (*Filos*) De(l) noema.

noesis *f* (*Filos*) Pensamiento (acción de pensar). *Se opone a* NOEMA.

noético -ca (*Filos*) **I** *adj* **1** De (la) noesis. **II** *f* **2** Ciencia del pensar.

nogada *f* Salsa cuyo componente principal es la nuez.

nogal *m* Árbol de unos 15 m de altura, tronco robusto, copa amplia y redondeada, hojas compuestas de hojuelas ovales y puntiagudas, cuyo fruto es la nuez y cuya madera, dura, homogénea y de color pardo rojizo, es muy apreciada en ebanistería (*Juglans regia*). *Tb su madera.* **b)** Con un adj o compl especificador designa otras especies del gén Juglans: ~ NEGRO *o* AMERICANO (*J. nigra*), ~ DE CUBA (*J. cinerea*), *etc.*

nogala *f* (*reg*) Nogal [1a] (árbol).

nogalina *f* Sustancia extraída de la cáscara verde de la nuez y que se emplea para dar a la madera un color similar al del nogal.

noguera *f* Nogal [1a] (árbol).

nogueral *m* Lugar plantado de nogales.

nojeño -ña *adj* De Noja (Cantabria). *Tb n, referido a pers.*

noluntad *f* (*Filos*) Acto de no querer.

nómada *adj* [Individuo o grupo] que vive errante y no tiene domicilio fijo. *Tb n. Se opone a* SEDENTARIO. **b)** Propio de los nómadas.

nomadear A *intr* **1** Practicar el nomadismo. *Tb fig.* **B** *tr* **2** (*raro*) Practicar el nomadismo [por un lugar (*cd*)]. *Tb fig.*

nomadeo *m* Acción de nomadear. *Tb fig.*

nomádicamente *adv* De manera nomádica.

nomádico -ca *adj* De (los) nómadas o de(l) nomadismo.

nomadismo *m* Vida nómada.

nomadizar *intr* Nomadear. *Tb fig.*

no man's land (*ing; pronunc corriente,* /nóu-máns-lánd/) *f* Tierra de nadie.

nombrable *adj* Que puede ser nombrado.

nombradía *f* Fama o renombre.

nombrado -da *adj* **1** *part* → NOMBRAR. ■ **2** Renombrado o famoso. ■ **3** Que tiene el nombre [que se indica].

nombramiento *m* Acción de nombrar [2]. *Tb su efecto.* **b)** Documento en que consta un nombramiento.

nombrar *tr* **1** Decir el nombre [1] [de alguien o algo (*cd*)]. ■ **2** Designar (señalar [a alguien (*cd*)] para que sea [el que desempeñe (*predicat*) un cargo o función]). **b)** Asignar [a alguien (*cd*) una condición (*predicat*)]. ■ **3** Dar nombre [1 y 3] [a alguien o algo (*cd*)]. **b)** Dar [a alguien o algo (*cd*)] el nombre [que se indica (*predicat*)].

nombre I *m* **1** Palabra o grupo de palabras que sirve para designar a un ser distinguiéndolo de los de la misma especie. **b)** Palabra o grupo de palabras que sirve para designar a una pers. distinguiéndola de las que llevan el mismo o los mismos apellidos que ella. *Tb ~ DE PILA.* **c) mal ~.** Apodo. *Frec en la constr POR MAL ~, acompañando al apodo.* **d) ~ artístico, ~ de guerra** → ARTÍSTICO, GUERRA. ■ **2** Fama o prestigio. **b)** Honorabilidad o buena reputación. *Frec BUEN ~.* ■ **3** Palabra que sirve para designar todas y cada una de las cosas (reales o abstractas) que pertenecen a una misma especie o categoría. ■ **4** (*Gram*) Palabra sustantiva con contenido semántico estable. *Opuesto a* PRONOMBRE. *Tb* (*raro*) ~ SUSTANTIVO. ■ **5 ~ adjetivo.** (*Gram, raro*) Adjetivo. **II** *loc v* **6 no tener ~** [una cosa]. Ser incalificable. **III** *loc adv* **7 a ~** [de una pers. o entidad]. Figurando [esa pers. o entidad] como propietaria o destinataria. ■ **8 en ~** [de alguien]. En representación [suya]. **b) en ~** [de una cosa]. Invocándo[la] o tomándo[la] como fundamento moral.

nomenclador *m* (*raro*) Nomenclátor.

nomenclátor *m* Lista de nombres.

nomenclatura *f* **1** Conjunto de las voces técnicas [de una ciencia o de una actividad]. ■ **2** Conjunto de reglas y principios para la denominación inequívoca de los términos [de una ciencia]. ■ **3** (*Pol*) Nomenklatura.

nomenklatura *f* (*Pol*) Clase privilegiada por razones políticas. *Normalmente referido a la antigua URSS y otros países del Este. Frec con intención desp.*

nomeolvides (*tb con la grafía* **no me olvides**) *m* (*o, raro, f*) **1** Planta herbácea de flores azules y hojas ásperas (gén. *Myosotis*, esp. *M. alpestris* y *M. palustris*). *Tb su flor.* ■ **2** Pulsera de metal en forma de cadena con una placa en la que se suele grabar el nombre de una pers. o algún dato referido a ella.

nómina *f* **1** Lista de nombres propios de perss. o cosas. ■ **2** Relación de los nombres de las perss. que cobran sueldo en un lugar de trabajo, en la cual se expresan los haberes respectivos y donde, al cobrarlos, firman los interesados. **b)** Sueldo que se cobra por nómina. ■ **3** Cierto amuleto.

nominación *f* Acción de nominar.

nominador -ra *adj* (*lit*) Que nomina. *Tb n, referido a pers.*

nominal *adj* **1** De(l) nombre o de (los) nombres [1, 3 y 4]. **b)** [Cosa] que se hace con expresión de nombre o nombres. **c)** (*Gram*) Propio del nombre. **d)** (*Gram*) [Predicado] en que el verbo va acompañado de predicativo. (→ PREDICADO.) ■ **2** Que tiene el nombre [1 y 3] [que se expresa], pero que, en todo o en parte, no es realmente lo significado por él. **b)** (*Econ*) [Valor] que figura escrito en una cosa y que es independiente de su precio efectivo. *Tb n m.* ■ **3**

(*Econ*) [Capital] escriturado o autorizado en la constitución de una sociedad anónima.

nominalismo *m* (*Filos*) **1** Doctrina que niega la existencia objetiva de los universales, considerándolos como meros nombres. ■ **2** Cualidad de nominalista.

nominalista *adj* (*Filos*) Del nominalismo. **b)** Partidario del nominalismo. *Tb n.*

nominalizar *tr* (*Gram*) Dar carácter nominal [a un elemento del discurso (*cd*)].

nominalmente *adv* De manera nominal.

nominar *tr* **1** (*lit*) Dar nombre [a alguien o algo (*cd*)]. ■ **2** Proclamar o proponer oficialmente [a alguien] como candidato. *Frec con un compl PARA.*

nominátim *adv* (*lit*) Nominalmente.

nominativamente *adv* De manera nominativa [1].

nominativo -va *adj* **1** Nominal [1b y 2a]. **b)** (*Com*) [Título] que se extiende haciendo constar el nombre de la pers. que ha de ser su poseedora. ■ **2** Que sirve para nombrar. ■ **3** (*Gram*) [Caso] que corresponde a la función de sujeto. *Más frec como n m; entonces puede designar tb el sust que va en dicho caso.*

nominilla *f* Extracto personal de una nómina, que se entrega al trabajador al recibir su paga.

nomo *m* (*hist*) En el antiguo Egipto: División administrativa semejante a la provincia.

nomoteta *m* (*hist*) En la antigua Grecia: Legislador.

nomotético -ca *adj* (*Filos*) Que formula leyes.

non I *adj* **1** [Número] impar. *Tb n.* **II** *loc v* **2 jugar,** *o* **echar, a pares y ~es** → PAR. **III** *adv* **3 ~es.** (*col*) No. *Normalmente formando prop con* QUE *y dependiendo del v* DECIR. * Le pregunté y dijo que nones. ■ **4 de ~.** Sin pareja. *Normalmente con los vs* ESTAR *o* QUEDAR.

nona → NONO.

nonada *f* (*lit*) Cosa sin ninguna entidad o importancia.

nonagenario -ria *adj* [Pers.] de edad comprendida entre los noventa y los cien años. *Tb n.*

nonagésimo -ma *adj* (*lit*) Que ocupa un lugar inmediatamente detrás o después del octogesimonoveno. *Seguido de los ordinales* PRIMERO *a* NOVENO, *forma los adjs ordinales correspondientes a los números 91 a 99.*

nonagesimo- *r pref* (*lit*) Unida sin guión a los ordinales PRIMERO *a* NOVENO (*o* NONO), *forma los adjs ordinales correspondientes a los números 91 a 99.* * Nonagesimoquinto.

nonano *m* (*Quím*) Hidrocarburo saturado cuya molécula contiene nueve átomos de carbono.

nonato -ta (*tb con la grafía* **nonnato**) *adj* No nacido aún. *Tb fig, referido a cosa.* **b)** No nacido naturalmente, sino extraído del claustro materno.

non bis in idem (*lat; pronunc corriente,* /nón-bís-in-ídem/) *fórm or* (*Der*) No dos veces por el mismo hecho.

nonchalance (*fr; pronunc corriente,* /nonʃaláns/) *f* (*lit*) Indolencia o desgana.

nonchalante *adj* (*lit*) Indolente o desganado.

noneto *m* (*Mús*) **1** Conjunto de nueve instrumentos. ■ **2** Composición para nueve instrumentos.

noningentésimo -ma *adj* (*lit*) Que ocupa un lugar inmediatamente detrás o después del octingentésimo nonagesimonoveno.

nonius *m* (*Fís*) Dispositivo que permite efectuar medidas con precisión mayor que la de menor graduación de la escala de un instrumento. *Tb fig*.

nonnato → NONATO.

nono -na I *adj* (*lit*) **1** Noveno, o que ocupa el lugar siguiente al octavo.
II *f* **2** (*Rel catól*) Hora canónica que se reza después de sexta. ■ **3** (*hist*) *Entre los antiguos romanos*: Última de las cuatro partes en que se dividía el día artificial, y que duraba desde media tarde hasta la puesta del Sol. *Tb* HORA NONA. ■ **4** (*hist*) *Entre los antiguos romanos*: Día 7 [de marzo, mayo, julio u octubre], o día 5 [de los demás meses].

non plus ultra (*lat; pronunc corriente,* /nón-plús-últra/) *m* Grado máximo de perfección. *Con intención ponderativa*.

non sancto -ta (*pronunc corriente,* /nón-sánto/) *adj* (*euf, humoríst*) No santo o no decente.

non-stop (*ing; pronunc corriente,* /nón-estóp/) *adj* Que no tiene interrupción.

noología *f* (*Filos*) Ciencia del espíritu.

noológico -ca *adj* (*Filos*) De (la) noología.

nopal *m* Se da este *n* a distintas plantas cactáceas del *gén Opuntia, esp* a la chumbera.

nopalería *f* Plantación de nopales.

nopi *adv* (*col, hoy raro*) No.

noque *m* Pila o estanque pequeño en que se ponen a curtir pieles.

noqueador *m* (*Boxeo*) Boxeador que noquea a sus contrarios.

noquear *tr* (*Boxeo*) Dejar [al contrario] fuera de combate.

nor- *r pref* Del norte. * Noratlántico. * Noreuropeo.

norabuena *adv* (*lit, raro*) Enhorabuena.

noradrenalina *f* (*Fisiol*) Sustancia segregada por la médula suprarrenal, de efectos biológicos semejantes a los de la adrenalina.

noray (*pl normal, ~s*) *m* (*Mar*) Poste que sirve para afirmar las amarras.

norcoreano -na *adj* De Corea del Norte. *Tb n, referido a pers*.

nordés (*frec con mayúscula*) *m* (*reg*) Nordeste.

nordeste (*frec con mayúscula*) *m* **1** Punto del horizonte situado entre el norte y el este, a igual distancia de ambos. *Tb en aposición*. ■ **2** Parte [de un territorio o lugar] que está hacia el nordeste [1]. *Frec en aposición*. ■ **3** Viento que sopla del nordeste [1]. *Tb* VIENTO ~.

nórdico -ca *adj* **1** Del norte. ■ **2** Del norte de Europa, esp. de Escandinavia. *Tb n, referido a pers*.

nordista *adj* (*hist*) En la guerra de Secesión de los Estados Unidos (1861-1865): Partidario de la Unión. *Frec n*.

noreste (*frec con mayúscula*) *m* Nordeste.

noria *f* **1** Máquina para sacar agua de un pozo, compuesta de una rueda horizontal, movida por una palanca, y otra vertical, que se engrana en la prime-ra y que mueve una cadena sin fin de recipientes que suben el agua. *Tb el conjunto formado por el pozo y la noria*. **b)** *Frec fig*, designando cosa que supone dar vueltas sin fin, sin cambio, sin posibilidad de salida, o sin un resultado positivo. * Hemos entrado en la noria de la sociedad de consumo. ■ **2** Aparato de verbena consistente en una gran rueda vertical y giratoria de la que penden unas barquitas en las que se colocan las perss. ■ **3** (*hoy raro*) Paseo que se realiza yendo y viniendo repetidamente a lo largo de un espacio determinado.

norirlandés -sa *adj* De Irlanda del Norte. *Tb n, referido a pers*.

norma *f* **1** Principio que determina cómo debe hacerse una cosa, o cómo debe ser o suceder. *Tb su formulación*. ■ **2** Conjunto de (las) normas [1].

normal I *adj* **1** Que se ajusta a la norma. **b)** Que carece de modificación patológica. *Frec referido a la capacidad mental*. **c)** Corriente o habitual. *A veces con intención de modestia*. ■ **2** [Escuela] destinada a la formación de maestros de primera enseñanza. *Tb n f*. **b)** (*raro*) [Maestro] de primera enseñanza. ■ **3** (*Geom*) [Línea o plano] perpendicular. *Tb n f, referido a línea*. ■ **4** (*Quím*) [Disolución] que contiene un equivalente-gramo de sustancia disuelta por litro.
II *adv* **5** (*col*) Normalmente.

normalidad *f* **1** Cualidad de normal [1]. ■ **2** Situación normal. ■ **3** (*Quím*) Número de equivalentes-gramo de cuerpo disuelto que contiene un litro de disolución.

normalista *adj* De (la) escuela normal. *Frec n, referido a pers*.

normalización *f* Acción de normalizar(se).

normalizado -da *adj* **1** *part* → NORMALIZAR. ■ **2** Que se ajusta a unas normas establecidas.

normalizador -ra *adj* Que normaliza.

normalizante *adj* (*lit*) Normalizador.

normalizar *tr* **1** Hacer que [algo (*cd*)] tenga una norma. ■ **2** Hacer que [algo (*cd*)] sea normal [1]. **b)** *pr* (*~se*) Pasar [algo] a ser normal [1].

normalmente *adv* De manera normal [1].

normando -da *adj* **1** De Normandía (región de Francia). *Tb n, referido a pers*. ■ **2** (*hist*) [Individuo] de los pueblos escandinavos que entre los ss. VIII y XI atacaron las costas del oeste y sur de Europa. *Tb n*. **b)** De los normandos.

normar *tr* (*raro*) **1** Dotar de norma [a algo (*cd*)]. ■ **2** Servir de norma [a algo (*cd*)].

normativa → NORMATIVO.

normatividad *f* **1** Cualidad de normativo. ■ **2** (*raro*) Normativa.

normativismo *m* Tendencia abusiva a dictar normas.

normativo -va I *adj* **1** De (la) norma [1]. **b)** Que establece normas [1] o tiene carácter de norma [2]. II *f* **2** Conjunto de normas. *Frec con un compl especificador*.

normotenso -sa *adj* (*Med*) [Pers.] que tiene tensión arterial normal. *Tb n*.

noroccidental *adj* Del noroeste.

noroeste (*frec con mayúscula*) *m* **1** Punto del horizonte situado entre el norte y el oeste, a igual distancia de ambos. *Tb en aposición*. ■ **2** Parte [de un territorio o lugar] que está hacia el noroeste [1].

Frec en aposición. ■ **3** Viento que sopla del noroeste [1]. *Tb* VIENTO ~.

nororiental *adj* Del nordeste.

nortada *f* Viento fresco del norte que sopla de manera continuada.

norte (*frec con mayúscula*) **I** *m* **1** Punto cardinal situado enfrente de un observador a cuya derecha está el este. ■ **2** Parte [de un territorio o lugar] que está hacia el norte [1]. ■ **3** Viento que sopla del norte [1]. *Tb* VIENTO ~. ■ **4** (*lit*) Cosa que guía u orienta. **II** *adj* (*invar*) **5** [Cosa] que está hacia el norte o que corresponde al norte [1]. **b)** [Polo] de la aguja imantada que señala aproximadamente el Polo Norte [1] geográfico. **c)** [Polo magnético] de la Tierra, próximo al Polo Sur geográfico, que atrae al polo sur de la aguja imantada. **d)** (*Fís*) En el imán: [Polo] positivo. **III** *loc v* **6 dar ~.** (*reg*) Dar orientación o información [de algo o de alguien]. *Tb sin compl.*

norte- *r pref* Nor-. * Nortepirenaico.

norteafricano -na *adj* Del Norte de África. *Tb n, referido a pers.*

norteamericanización *f* Acción de norteamericanizar(se).

norteamericanizar *tr* Dar carácter norteamericano [a alguien o algo (*cd*)]. **b)** *pr* Pasar [alguien o algo] a tener carácter norteamericano.

norteamericano -na **I** *adj* **1** De los Estados Unidos de América. *Tb n, referido a pers.* **II** *m* **2** Inglés hablado en los Estados Unidos de América.

nortear *intr* (*raro*) **1** Señalar el norte [1]. ■ **2** (*Mar*) Declinar [el viento] hacia el norte [1].

norteño -ña *adj* Del norte [2]. *Tb n, referido a pers.*

norteoccidental *adj* Noroccidental.

norteoriental *adj* Nororiental.

noruego -ga **I** *adj* **1** De Noruega. *Tb n, referido a pers.* **II** *m* **2** Idioma de Noruega.

norvietnamés -sa *adj* (*raro*) Norvietnamita. *Tb n.*

norvietnamita *adj* De Vietnam del Norte. *Tb n, referido a pers.*

nos[1] → NOSOTROS.

nos[2] (*con pronunc tónica*) *pron pers pl* Lo emplea en ocasiones solemnes el jerarca eclesiástico para referirse a sí mismo. Se pronuncia átono cuando funciona como cd o ci sin prep. * –Nos querríamos –agregó el Pontífice– hacernos oír en cada conciencia.

noseana *f* (*Mineral*) Mineral incoloro o de color blanco, gris o azulado, presente en las rocas eruptivas y constituido por la combinación de un silicato de aluminio y sodio con un sulfato de sodio.

nosocomial *adj* (*lit o Med*) De(l) nosocomio.

nosocomio *m* (*lit o Med*) Hospital.

nosografía *f* (*Med*) Clasificación y descripción de las enfermedades.

nosográfico -ca *adj* (*Med*) De (la) nosografía.

nosología *f* (*Med*) Parte de la medicina que tiene por objeto describir y clasificar las enfermedades.

nosológico -ca *adj* (*Med*) De (la) nosología.

nosotros -tras **I** *pron pers pl* **1** Designa dentro de la frase al propio ser que la enuncia, cuando se asocia con otro u otros. Toma la forma NOS (*que se pronuncia átona*) cuando funciona como cd o ci sin prep; cuando NOS va inmediatamente después del v, se escribe unido a él en una sola palabra. * Nosotros no vamos. * Nos da pena. * Llévanos al cine. ■ **2** (*lit*) A veces lo emplea el escritor para referirse a sí mismo. Solo en la forma m. * Pagamos los cafés y el camarero nos indicó: –Vaya usted al número quince. **II** *loc adv* **3 entre ~.** Confidencialmente [entre las pers. que dialogan]. *Tb* PARA ENTRE ~ *y frec precedido de* AQUÍ.

nostalgia *f* Tristeza causada por la lejanía o la ausencia [de alguien o algo querido].

nostálgicamente *adv* De manera nostálgica [1].

nostálgico -ca *adj* **1** De (la) nostalgia o que la implica. ■ **2** Que siente nostalgia.

nostalgioso -sa *adj* (*raro*) Nostálgico.

nostramo *m* (*Mar*) Contramaestre.

nota **I** *n A f* **1** Señal escrita en un lugar para llamar la atención sobre él. ■ **2** Comentario o aclaración sobre lo dicho en un párrafo de un escrito y que se escribe en su margen. **b)** Aclaración o ampliación que, precedida de su correspondiente llamada, figura a pie de página o al final del capítulo o del libro. ■ **3** Breve comunicación escrita. **b)** Escrito entre embajadas, o entre un embajador y el gobierno ante el que está acreditado. **c)** ~ **verbal** → VERBAL. ■ **4** Apunte gráfico y esquemático [sobre algo (*compl* DE)]. ■ **5** Factura [de un restaurante o de otro establecimiento similar]. ■ **6** Calificación [de un examen o de una evaluación]. **b)** Buena nota. ■ **7** Calificación o consideración [de algo negativo que se expresa]. ■ **8** Signo con que se representa un sonido musical. *Tb el sonido mismo.* ■ **9** Carácter (rasgo peculiar [de una pers. o cosa]). **b)** Detalle o elemento. **c)** ~ **dominante.** Característica más destacada [de algo]. **d)** ~ **discordante.** Elemento que rompe la armonía [de un conjunto]. **B** *m* **10** (*jerg*) Tipo o individuo. **II** *adj* **11** (*juv*) Pasmado o estupefacto. *Frec con el v* QUEDARSE. ■ **12** (*juv, desp*) [Pers.] que llama la atención. *Tb n.* ■ **13 de mala ~.** [Casa o mujer] de mala fama. ■ **14 de ~.** (*lit*) [Pers.] notable o destacada. ■ **15 de ~,** o **para ~.** (*col*) [Pers. o cosa] excepcional o sobresaliente. *Frec con intención irónica.* ■ **16 de primera ~.** (*lit, raro*) De primera calidad o categoría. **III** *loc v* **17 dar** [alguien] **la ~.** Llamar la atención por lo inadecuado de su comportamiento. ■ **18 exagerar** (*u otro v equivalente*) **la ~.** Exagerar. ■ **19 tomar** (**buena**) **~** [de una cosa]. Fijarse bien [en ella].

notabilidad *f* Pers. o cosa muy notable.

notable **I** *adj* **1** Superior a lo normal en cantidad, calidad o importancia. **b)** [Pers.] destacada o importante. *Frec n.* ■ **2** (*raro*) Que se puede notar. **II** *m* **3** (*Enseñ*) Calificación inmediatamente superior al aprobado o al bien. *Tb fig. A veces referido a la pers que obtiene esa calificación.*

notablemente *adv* De manera notable [1a].

notación *f* (*E*) **1** Acción de representar mediante signos o símbolos. *Tb su efecto.* **b)** Representación por medio del dibujo. ■ **2** Sistema de signos convencionales. ■ **3** Escritura musical.

notado -da *adj* 1 *part* → NOTAR. ▪ 2 (*lit*) Destacado o notable.

notar *tr* 1 Percibir o sentir [algo o, más raro, a alguien]. **b) hacerse ~.** Destacar o llamar la atención. *Frec con intención desp.* ▪ 2 Señalar o advertir. ▪ 3 (*E*) Representar mediante signos o símbolos.

notaría *f* 1 Cargo o función de notario [1]. ▪ 2 Oficina del notario [1].

notariado *m* 1 Cargo o función de notario [1]. ▪ 2 Cuerpo constituido por los notarios [1].

notarial *adj* 1 De(l) notario [1]. ▪ 2 Hecho o autorizado por el notario. **b)** Propio de lo notarial.

notarialmente *adv* De manera notarial.

notariar (*conjug* 1a) *tr* Autorizar con fe notarial.

notariesco -ca *adj* (*raro*) Propio de(l) notario.

notario -ria A *m y f* 1 Pers. autorizada oficialmente para dar fe de los contratos, testamentos y otros actos extrajudiciales.
B *m* 2 (*Rel catól*) Funcionario eclesiástico autorizado para dar fe en los documentos públicos y redactar las actas de las sesiones celebradas.
C *f* 3 Mujer del notario [1].

notarizar *tr* Notariar.

notebook (*ing; pronunc corriente,* /nóutbuk/; *pl normal,* ~s *o invar*) *m* (*Informát*) Ordenador portátil de pequeño tamaño y poco peso.

noticia I *f* 1 Información [sobre alguien o algo (*compl* DE *o* SOBRE), esp. sobre un suceso reciente y nuevo]. *Frec sin compl.* **b)** Suceso del que se informa. ▪ 2 Conocimiento, esp. elemental o superficial [de algo]. *Frec con el v* TENER. **b)** Recuerdo. *Gralm con los vs* GUARDAR *o* CONSERVAR.
II *loc v* 3 **ser ~** [una pers. o cosa]. Ser objeto de una noticia [1] destacada en los medios de comunicación.

noticiable *adj* Que merece ser objeto de una noticia [1].

noticiario *m* 1 Espacio dedicado a noticias [1] en un medio de comunicación, esp. radio o televisión. ▪ 2 Película cinematográfica de noticias [1].

noticierismo *m* (*raro*) Afán excesivo por las noticias [1].

noticiero -ra I *adj* 1 De noticias o que da noticias [1].
II *m* 2 Noticiario [2].

notición *m* (*col*) Noticia [1a] extraordinaria.

noticioso -sa *adj* 1 De (la) noticia [1]. ▪ 2 Que tiene noticia [2] [de algo (*compl* DE)].

notificación *f* Acción de notificar. **b)** Documento en que se realiza una notificación.

notificar *tr* 1 Hacer saber oficialmente [una cosa]. **b)** (*col*) Hacer saber [una cosa]. ▪ 2 Notificar [1] [algo (*compl* DE) a al guien (*cd*)].

notificativo -va *adj* De (la) notificación.

notificatorio -ria *adj* Notificativo.

notocorda *f* (*Zool*) Notocordo.

notocordo *m* (*Zool*) En los cordados: Eje esquelético de naturaleza conjuntiva que sirve de sostén a la médula espinal.

notonecta *f* (*Zool*) Insecto hemíptero que nada de espaldas (gén. *Notonecta*, esp. *N. glauca*).

notoriamente *adv* De manera notoria.

notoriedad *f* Cualidad de notorio.

notorio -ria *adj* 1 Conocido públicamente. ▪ 2 Evidente o que no ofrece duda.

nótula *f* (*lit, raro*) Pequeña nota o glosa.

noumenal *adj* (*Filos*) De(l) nóumeno.

nóumeno *m* (*Filos*) 1 Cosa pensada, objeto de la razón o de la intuición no sensible. *Se opone a* FENÓMENO. ▪ 2 Cosa en sí.

nouveau roman (*fr; pronunc corriente,* /nubó--r̄omán/) *m* (*TLit*) Tendencia de mediados del s. XX en la novela francesa, la cual, reaccionando contra la novela tradicional, se caracteriza pralm. por la descripción objetiva y el rechazo del análisis psicológico.

nouvelle cuisine (*fr; pronunc corriente,* /nubél--kuisín/) *f* (*Coc*) Tendencia surgida en Francia en los años 70, caracterizada por el empleo escaso de harina y grasas y por las salsas ligeras y los alimentos frescos de temporada.

nouvelle vague (*fr; pronunc corriente,* /nubél--bág/) (*Cine*) **A** *f* 1 Tendencia francesa de mediados del s. XX, caracterizada por la abstracción y el simbolismo y por la experimentación en la técnica fotográfica.
B *m y f* 2 Realizador adepto a la nouvelle vague [1].

nova *f* (*Astron*) Estrella que temporalmente adquiere un brillo superior al que le es habitual.

novac → NOVAK.

nova cançó (*cat; pronunc corriente,* /nóba-cansó/) *f* Tendencia musical de finales de los 60 en las regiones de habla catalana o valenciana, caracterizada por el empleo de la lengua vernácula y el carácter contestatario de las canciones.

novachord (*n comercial registrado; pronunc corriente,* /nobakórd/) *m* (*Mús*) Instrumento electrónico de teclado de 6 octavas.

novaciano -na *adj* (*Rel crist*) Seguidor de la herejía de Novato (s. III), que negaba a la Iglesia el poder de perdonar los pecados cometidos después del bautismo. *Tb n.*

novación *f* 1 (*Der*) Sustitución de una obligación por otra. ▪ 2 (*lit*) Innovación o renovación.

novador -ra *adj* (*lit*) Renovador o innovador. *Tb n, referido a pers. Esp referido a los que en la primera mitad del s* XVIII *propugnaron una renovación de los estudios.*

novak (*tb, raro, con la grafía* **novac**) *m* Nobuk.

novar *tr* (*Der*) Sustituir [una obligación]. *Tb abs.*

novatada *f* (*col*) 1 Broma o burla que hacen al novato sus compañeros veteranos. *Frec con el v* GASTAR. ▪ 2 Contratiempo debido a la propia inexperiencia. *Frec con el v* PAGAR.

novato -ta *adj* (*col*) [Pers.] nueva [en un lugar o situación] e inexperta. *Frec sin compl. Frec n.* **b)** [Cosa] propia del novato.

novator *m* (*hist*) Novador.

novecentismo *m* (*Arte y TLit*) 1 Movimiento intelectual y estético español surgido hacia 1900 y caracterizado por su tendencia europeizante, el sentido lúdico del trabajo intelectual y un cierto clasicismo. ▪ 2 Siglo XX.

novecentista *adj* (*Arte y TLit*) **1** De(l) novecentismo [1]. **b)** Partidario o cultivador del novecentismo [1]. *Tb n.* ■ **2** Del siglo XX.

novecientos -tas (*tb, pop,* **nuevecientos**) **I** *adj* **1** *Precediendo a susts en pl:* Ochocientos noventa y nueve más uno. *Puede ir precedido de art o de otros determinantes, y en este caso sustantivarse.* * Tengo novecientas pesetas. ■ **2** *Precediendo o siguiendo a ns en sg* (*o, más raro, en pl*): Noningentésimo. *Frec el n va sobrentendido.* * El año novecientos.
II *pron* **3** Ochocientas noventa y nueve más una perss. o cosas. *Referido a perss o cosas mencionadas o consabidas, o que se van a mencionar.* * Paga novecientas de piso.
III *m* **4** Número de la serie natural que sigue al ochocientos noventa y nueve. *Frec va siguiendo al n* NÚMERO. * El número premiado es el novecientos. ■ **5** Siglo XX. * Los artistas del novecientos.

novedad I *f* **1** Cualidad de nuevo (que acaba de hacerse o de aparecer). ■ **2** Cosa nueva. *Esp en sent no material.* **b)** Cosa nueva que suscita el interés o la curiosidad general. ■ **3** Suceso reciente. *Tb su noticia.* **b)** Suceso anómalo digno de ser contado. **c)** (*Mil*) Noticia que, reglamentariamente y a manera de saludo, da un inferior a un superior sobre el estado de una unidad o de un puesto.
II *loc adv* **4** sin ~. En perfecta normalidad.

novedosamente *adv* (*raro*) De manera novedosa.

novedoso -sa *adj* [Cosa] que destaca por su novedad.

novel *adj* [Pers.] nueva en una actividad. *Tb n.*

novela *f* Obra literaria en prosa, de alguna extensión, en la que se narran hechos total o parcialmente imaginarios presentados como componentes de una unidad. *Diversos géneros se distinguen por medio de compls o adjs:* DE AVENTURAS, DE CABALLERÍAS, PICARESCA, POLICÍACA, ROSA, *etc* (→ AVENTURA, CABALLERÍA, *etc*).

novelable *adj* Que se puede novelar [1].

novelador -ra I *m y f* **1** Novelista.
II *adj* **2** (*raro*) Relativo a la acción de novelar.

novelar A *tr* **1** Narrar o tratar [algo] en forma de novela. **b)** Convertir [a alguien] en personaje de novela.
B *intr* **2** Escribir novelas.

noveldense *adj* De Novelda (Alicante). *Tb n, referido a pers.*

novelería *f* (*desp*) Cosa novelesca o fantástica. **b)** Bobada propia de novela.

novelero -ra *adj* (*desp*) [Pers.] aficionada a novelerías. **b)** Propio de la pers. novelera.

novelescamente *adv* De manera novelesca.

novelesco -ca *adj* De (la) novela. **b)** Propio de la novela. *Frec ponderando el carácter fantástico o de aventura de algo.*

novelista *m y f* Pers. que escribe novelas.

novelísticamente *adv* **1** De manera novelística. ■ **2** En el aspecto novelístico.

novelístico -ca I *adj* **1** De (la) novela.
II *f* **2** Género novelístico [1].

novelización *f* Acción de novelizar.

novelizar A *tr* **1** Dar forma o carácter novelesco [a algo (*cd*)]. ■ **2** Novelar [1] [algo].
B *intr* **3** Novelar [2].

novelón *m* (*desp*) Novela extensa y de carácter recargadamente melodramático.

novembrino -na *adj* De noviembre.

novena → NOVENO.

novenario *m* Ejercicio devoto que se practica durante nueve días seguidos, esp. en sufragio de un difunto.

noveno -na I *adj* **1** Que ocupa un lugar inmediatamente detrás o después del octavo. *Frec el n va sobrentendido.* ■ **2** [Parte] que es una de las nueve en que se divide o se supone dividido un todo.
II *n* **A** *m* **3** Parte de las nueve en que se divide o se supone dividido un todo. *Gralm seguido de un compl* DE.
B *f* **4** Ejercicio devoto que se practica durante nueve días seguidos en honor de Dios, la Virgen o algún santo.
III *adv* **5** En noveno lugar.

noventa I *adj* **1** *Precediendo a susts en pl:* Ochenta y nueve más uno. *Puede ir precedido de art o de otros determinantes, y en este caso sustantivarse.* * Tiene noventa años. ■ **2** *Precediendo o siguiendo a ns en sg* (*o, más raro, en pl*): Nonagésimo. *Frec el n va sobrentendido.* * Página noventa.
II *pron* **3** Ochenta y nueve más una perss. o cosas. *Referido a perss o cosas mencionadas o consabidas, o que se van a mencionar.* * Noventa de los invitados no acudieron.
III *m* **4** Número de la serie natural que sigue al ochenta y nueve. *Frec va siguiendo al n* NÚMERO. * El número premiado es el noventa. **b)** Cosa que en una serie va marcada con el número noventa. * Le calificaron con un noventa. ■ **5** los (años) ~, *o, más raro,* los (años) ~s. Último decenio de un siglo, esp. del XX. * Los noventa son nuestros.

noventayochista *adj* (*TLit*) De la Generación de 1898. *Tb n, referido a pers.*

noventón -na *adj* (*col*) [Pers.] de edad comprendida entre los noventa y los cien años. *Tb n.*

novesano -na *adj* De Novés (Toledo). *Tb n, referido a pers.*

noviaje *m* (*reg*) Noviazgo.

noviajo *m* (*col*) Noviazgo. *A veces con intención desp.*

noviazgo *m* Relación de novio [1]. *Tb el tiempo que dura.*

noviciado *m* **1** Condición de novicio. *Tb el tiempo que dura.* ■ **2** Residencia o casa de novicios [1]. ■ **3** Conjunto de (los) novicios [1].

novicio -cia *m y f* **1** Pers. que ha tomado el hábito en una orden religiosa y no ha profesado todavía. ■ **2** Principiante. *Frec con un compl* EN *o* DE.

noviear *intr* (*col*) Tener relación de novio [1] [con alguien]. *Tb sin compl.*

noviembre *m* Undécimo mes del año. *Se usa normalmente sin art.*

novieo *m* (*col*) Acción de noviear.

noviero -ra *adj* (*col*) [Pers.] enamoradiza o que ha tenido muchos novios.

noviete -ta *m y f* (*col*) Novio [1] no formal.

novillada *f* Corrida de novillos. **b)** Conjunto de novillos que se lidian en una novillada.

novillería *f* Conjunto de novilleros [1].

novilleril *adj* De(l) novillero o de (los) novilleros [1].

novillero -ra *m y f* **1** Pers. que lidia novillos [1]. ■ **2** Pers. que cuida novillos [1]. ■ **3** (*col*) Pers. que hace novillos [2]. *Tb adj.*

novillo -lla A *m y f* **1** Toro o vaca de tres a cuatro años. B *m* **2** (*col*) En pl: Falta injustificada a clase. *Gralm en la constr* HACER ~S. *Tb fig, referido a cualquier obligación.*

novilunio *m* (*Astron*) Conjunción de la Luna con el Sol.

novio -via I *m y f* **1** Pers. que mantiene relaciones amorosas formales [con otra (*compl de posesión*)] con intención de casarse con ella. *Tb sin compl, en pl.* **b)** Pers. que mantiene relaciones amorosas [con otra (*compl de posesión*)]. *Tb sin compl, en pl.* ■ **2** Pers. que se casa o acaba de casarse. **b)** Se usa en constrs de sent comparativo para ponderar la elegancia de un hombre. * ¡Qué elegante! ¡Vas hecho un novio! ■ **3** (*col, humoríst*) Aspirante a la posesión [de algo]. II *loc adj* **4 compuesta y sin ~** (*o* **compuesto y sin novia**). (*col*) Sin algo que se esperaba y para lo que se habían hecho los preparativos oportunos. *Normalmente con los vs* QUEDARSE *o* DEJAR.

no-violencia (*tb con la grafía* **no violencia**) *f* (*Pol*) Renuncia, por principio, al uso de la fuerza física para la consecución de los objetivos propuestos. *Tb el mismo principio.*

novísimo -ma I *adj* **1** *superl* → NUEVO. II *m* **2** (*Rel catól*) Postrimería. *Normalmente en pl.*

novocaína (*n comercial registrado*) *f* (*Med*) Procaína.

novocaínico -ca *adj* (*Med*) De (la) novocaína.

noxa *f* (*Med*) Influencia o agente nocivo.

noyés -sa *adj* De Noya (La Coruña). *Tb n, referido a pers.*

nozal *m* (*reg*) Nogal.

nozaleda *f* (*reg*) Nogueral.

nuba *f* **1** Cierta canción popular norteafricana. *Tb su música.* ■ **2** Música militar de tambores y chirimías propia del Norte de África.

nubada *f* Golpe abundante de agua que cae de una nube en un lugar determinado.

nubado -da *adj* Coloreado en figura de nubes [1a].

nubarro *m* (*raro*) Nubarrón.

nubarrón *m* Nube [1a] grande y densa de color oscuro, que amenaza tormenta. *Tb fig.*

nubazo *m* (*reg*) Nube de tormenta.

nube I *f* **1** Masa de vapor de agua suspendida en la atmósfera. **b)** Masa [de humo, gas o polvo] en forma de nube. *Con un compl especificador.* ■ **2** Agrupación muy numerosa [de aves, insectos u objetos que vuelan juntos]. **b)** Gran cantidad [de perss. o cosas]. ■ **3** Mancha blanquecina que se forma en la parte exterior de la córnea del ojo. ■ **4** Nube [1a] de tormenta. *Tb la misma tormenta.* **b)** ~ **de verano.** Lluvia tormentosa repentina y breve. *Tb fig.* **c)** Enfado pasajero. *Tb* ~ DE VERANO. II *loc v* **5 poner** [a una pers. o cosa] **por las ~s.** (*col*) Alabar[la] mucho. ■ **6 ponerse** [alguien] **por las ~s.** (*col*) Enfadarse mucho.

III *loc adv* **7 en** (*o por*) **las ~s.** (*col*) Fuera de la realidad o sin enterarse de lo que sucede. *Frec con los vs* VIVIR, ESTAR *o* ANDAR. ■ **8 por las ~s.** (*col*) A un precio elevadísimo. *Normalmente con los vs* ESTAR *o* PONERSE.

núbil *adj* (*lit*) [Pers., esp. mujer] que está en edad apta para contraer matrimonio. **b)** Propio de la pers. núbil.

nubilidad *f* (*lit*) Condición de núbil. *Tb la edad en que se alcanza esa condición.*

nubio -bia *adj* (*hist*) De Nubia (región de África). *Tb n, referido a pers.*

nublado I *m* **1** Acumulación de nubes en el cielo, esp. de tormenta. **b)** Tormenta. *Tb fig.* II *loc v* **2 temer** [a alguien o algo] **más que a un ~,** *o* **tener**[le] **más miedo que a un ~.** Temer[lo] muchísimo.

nublar A *tr* **1** Ocultar u oscurecer [las nubes (*suj*) el cielo o la luz del Sol o de la Luna]. *Tb fig.* **b)** Ocultar u oscurecer [las nubes (*suj*)] el cielo [de un lugar (*cd*)]. **c)** *pr* (~**se**) Ocultarse u oscurecerse tras las nubes [un astro o su luz]. ■ **2** Hacer que [algo (*cd*)] pierda su claridad o nitidez. *Tb fig.* **b)** *pr* (~**se**) Perder [algo] su claridad o nitidez. *Tb fig.* ■ **3** Ofuscar [a una pers. o su mente]. **b)** *pr* (~**se**) Ofuscarse [una pers. o su mente]. ■ **4** (*lit*) Entristecer o ensombrecer. **b)** *pr* (~**se**) (*lit*) Entristecerse o ensombrecerse. B *intr* ➤ **a** *personal pr* (~**se**) **5** Llenarse de nubes [el cielo o el tiempo]. ➤ **b** *impers* **6** (*raro*) Llenarse de nubes el cielo o el tiempo. *Frec pr* (~**se**).

nublazo *m* (*reg*) Nube grande de tormenta.

nublo -bla (*pop o lit*) I *adj* **1** Nublado, o cubierto de nubes. II *m* **2** Nublado [1].

nubloso -sa *adj* (*raro*) Nublado, o cubierto de nubes.

nubosidad *f* Cualidad de nuboso. *Tb fig.*

nuboso -sa *adj* [Cielo o tiempo] que tiene nubes.

nuca *f* Parte posterior de la cabeza en que esta se une al cuello.

nucela *f* (*Bot*) Parte central y principal del óvulo.

nucleación *f* Acción de nuclear². *Tb su efecto.*

nucleado -da *adj* **1** *part* → NUCLEAR². ■ **2** (*Biol*) Provisto de núcleo [2].

nucleador -ra *adj* Que nuclea.

nucleamiento *m* Acción de nuclear². *Tb su efecto.*

nuclear¹ *adj* **1** De(l) núcleo [1, 2 y 3]. ■ **2** [Energía] procedente de la ruptura del núcleo del átomo. **b)** De (la) energía nuclear. **c)** Que utiliza la energía nuclear. **d)** De (las) armas nucleares [2c]. **e)** [Resonancia] ~ → RESONANCIA. ■ **3** (*Sociol*) [Familia] constituida exclusivamente por la pareja y sus hijos.

nuclear² *tr* **1** Ser núcleo [1a y b] [de algo (*cd*)]. ■ **2** Organizar [algo (*cd*)] alrededor de un núcleo [1a y b]]. *Tb sin compl.*

nuclearista *adj* Partidario de la nuclearización. *Tb n, referido a pers.*

nuclearización *f* Acción de nuclearizar.

nuclearizar *tr* Establecer el uso de la energía nuclear con fines civiles o militares [en un lugar (*cd*)].

nuclearmente *adv* De manera nuclear¹.

nucleasa *f* (*Biol*) Enzima que desintegra los ácidos nucleicos.

nucleico *adj* (*Biol*) [Ácido] constituido por una purina, un azúcar y un ácido fosfórico y que es fundamental en la vida de los seres.

nucleínico *adj* (*Biol*) Nucleico.

núcleo *m* **1** Parte central o fundamental [de algo]. **b)** Parte principal [de un conjunto] alrededor de la cual se organizan los demás elementos. **c)** Parte central [de la Tierra]. **d)** Parte más densa y brillante [de un astro]. ■ **2** (*Biol*) *En la célula:* Corpúsculo redondeado u ovoide contenido en el citoplasma y que rige las funciones de nutrición y reproducción. ■ **3** (*Fís*) *En el átomo:* Parte central, de carga positiva, formada de protones y neutrones. ■ **4** (*Electr*) Pieza de materia magnética sobre la cual se devana el hilo de las bobinas, inductores y otros circuitos. ■ **5** Agrupación de perss. unidas por algo común. ■ **6** (*Prehist*) Piedra de sílex u otra materia semejante, trabajada para obtener lascas.

nucléolo (*tb* **nucleolo**) *m* (*Biol*) Corpúsculo esférico que se encuentra en el interior del núcleo celular.

nucleón *m* (*Fís*) Partícula (protón o neutrón) componente del núcleo atómico.

nucleónico -ca *adj* (*Fís*) [Física] del núcleo atómico. *Tb n f.* **b)** De (la) física nucleónica.

nucleoproteido *m* (*Quím*) Componente proteico del núcleo de las células, constituido por la combinación de una proteína con un ácido nucleico.

nucleótido *m* (*Quím*) Producto de la hidrólisis del ácido nucleico por la nucleasa, constituido por una base nitrogenada, un azúcar y un grupo fosfato.

núclido *m* (*Fís*) Átomo definido por su número atómico, su número de masa y su estado de energía nuclear.

núcula *f* (*Bot*) Aquenio cuya semilla es libre.

nudillo *m* **1** Parte exterior de las articulaciones de los dedos de la mano. ■ **2** (*Arquit*) Viga pequeña horizontal que une por su parte central dos pares que forman tijera.

nudismo *m* Práctica de mostrarse desnudo en público, esp. por razones higiénicas, estéticas o religiosas. *Tb la doctrina que la preconiza.*

nudista *adj* De(l) nudismo. **b)** Adepto al nudismo. *Tb n.*

nudo[1] *m* **1** Entrelazamiento hecho en una cosa flexible, o entre dos, de manera que, cuanto más se tira de sus extremos, más apretado queda. *Diversas modalidades se distinguen por medio de compls o adjs:* CORREDIZO, MARINERO, DE TEJEDOR, *etc.* **b)** **~ en la garganta.** Opresión que impide hablar y que es motivada por una emoción fuerte. ■ **2** Lugar en que se cruzan, o de donde parten, varias líneas [de comunicación (*adj o compl* DE)]. ■ **3** *En las plantas:* Punto de donde brotan las ramas o las hojas. **b)** *En la madera:* Parte más oscura y dura, de forma redondeada, que corresponde al nacimiento de una rama. **c)** Ensanchamiento que presenta a distintas alturas [un cuerpo cilíndrico (*compl* DE)]. ■ **4** Punto esencial [de algo]. **b)** (*TLit*) *En una obra dramática o en una narración:* Parte central que conduce la acción a su punto culminante. **c)** **~ gordiano.** Cuestión de dificultad extrema o insoluble. ■ **5** (*Mar*) Medida de velocidad que equivale a una milla marina por hora.

nudo[2] **-da** *adj* **1** (*lit*) Desnudo. *En sent fig.* ■ **2** (*Der*) [Propiedad o propietario] de un bien sobre el cual otra pers. tiene derecho de usufructo.

nudosidad *f* Abultamiento en forma de nudo[1] [3].

nudoso -sa *adj* Que tiene nudos[1] [3].

nuececilla *f* (*Bot*) Nucela.

nuégado *m* Dulce hecho con una pasta de harina, miel y nueces, u otro fruto seco, cocida al horno.

nuera *f* Esposa del hijo [de una pers.].

nuero *m* (*reg o humoríst*) Yerno.

nuerza *f* (*reg*) Nueza (planta).

nuestro -tra (*cuando va delante del n del cual es adjunto, se pronuncia átono*) **I** *adj* **1** De nosotros. * Vamos a nuestra casa. **b)** (*lit*) *A veces lo emplea el escritor para referirse a sí mismo.* * Nuestra obra solo pretende servir de ayuda. El autor. **c)** **lo ~** (hemos trabajado lo nuestro); **los ~s** (es de los nuestros); **~ + *n* propio** (nuestro Juan); **delante** (**detrás**, *etc*) **~**; **muy ~s** → SUYO. ■ **2** De nos[2]. * –Nuestro deber –dijo el obispo– es velar por nuestra diócesis.
II *loc v* **3** **hacer (una) de las nuestras**; **salirnos con la nuestra** → HACER, SALIR.

nueva → NUEVO.

nuevamente *adv* De nuevo.

nuevaolero -ra *adj* De la nueva ola (→ OLA). *Tb n, referido a pers.*

nueve **I** *adj* **1** *Precediendo a susts en pl:* Ocho más uno. *Puede ir precedido de art o de otros determinantes, y en este caso sustantivarse.* * Tiene nueve años. ■ **2** *Siguiendo a susts en sg:* Noveno. *Frec el n va sobrentendido.* * Página nueve.
II *pron* **3** Ocho más una perss. o cosas. *Referido a perss o cosas mencionadas o consabidas, o que se van a mencionar.* * Lleva leídas trescientas páginas y le quedan nueve.
III *n* **A** *m* **4** Número que en la serie natural sigue al ocho. *Frec va siguiendo al n* NÚMERO. * El número premiado es el nueve. **b)** Cosa que en una serie va marcada con el número nueve. * Esta baraja tiene ochos y nueves. **c)** **~ largo** (*o* **corto**). Calibre 9 de arma de fuego con proyectil largo (o corto). *Tb se llama así la pistola que tiene ese calibre.*
B *f pl* **5** Novena hora después de mediodía o de medianoche. *Normalmente precedido de* LAS.

nuevecientos → NOVECIENTOS.

nuevo -va (*superl*, NOVÍSIMO) **I** *adj* **1** [Cosa] que acaba de hacerse o de aparecer. **b)** [Producto agrícola] de la última cosecha. **c)** [Año] **~**, **nueva** [ola] → AÑO, OLA. ■ **2** [Pers.] que está desde hace poco en un lugar o situación. *Frec n.* **b)** [Pers.] que actúa o se presenta por primera vez [en un lugar]. **c)** (*hist*) [Cristiano] converso o que no es hijo de cristianos. *Tb se aplica a sus descendientes. Se opone a* VIEJO. **d)** **~** [rico] → RICO. ■ **3** [Cosa] que aún no se ha empezado a usar. **b)** (*reg*) [Mujer] virgen. ■ **4** [Cosa] que no está deteriorada por el uso. *Frec en la constr* COMO **~**. **b)** (*col*) [Pers.] que ha recuperado su perfecto estado físico o moral. *Frec en la constr* COMO **~**. ■ **5** [Pers. o cosa] que se añade a las ya existentes o conocidas, o las sustituye. **b)** [Cosa] que tiene los mismos caracteres [que otra (*n propio*)]. *Antepuesto al n.* **c)** **~** [Testamento] → TESTAMENTO. ■ **6** (*reg*) [Pers. o animal] de corta edad. **b)** [Pers.] joven. ■ **7** [Luna] que, por estar en conjunción con el Sol, no es visible desde la Tierra.

II *f* **8** (*lit*) Noticia o información. **b)** **la buena nueva.** (*Rel crist*) El Evangelio.

III *loc v* **9 cogerle** (*o* **pillarle**) [algo a alguien] **de nuevas.** (*col*) Sorprender[le] sin tener previa sospecha de ello. ■ **10 hacerse** [alguien] **de nuevas.** (*col*) Afectar desconocimiento de algo que le comunican.

IV *loc adv* **11 de ~.** Otra vez. *Expresa la repetición de la acción enunciada por el v, o denota que esta acción es inversa de otra anterior.* * Habló de nuevo. * Morir y nacer de nuevo.

nuevorriquismo *m* (*raro*) Actitud propia de nuevo rico (→ RICO).

nuez **I** *f* **1** Fruto del nogal, consistente en una drupa ovoide de unos 3 cm de diámetro, con el pericarpio verde, liso y caedizo y el endocarpio lignificado y rugoso, en cuyo interior se encuentra la semilla, dividida en cuatro gajos, que es oleaginosa, comestible y muy sabrosa. *Tb la semilla.* ■ **2** *Se da este n a otros frutos diferentes pero que se asemejan a la nuez* [1] *en su forma o tamaño.* **a)** ~ **moscada.** Fruto del árbol *Myristica fragans*, semejante a una nuez pequeña, de color oscuro y que se emplea como especia. **b)** ~ **vómica.** Fruto del árbol *Strychnos nux vomica*, de forma redondeada y aplastada y color gris, muy venenoso y que se emplea en medicina como febrífugo. **c)** ~ **de coco.** Fruto del cocotero. **d)** ~ **de cola.** Fruto o semilla de la cola³ (planta). ■ **3** Prominencia que forma el cartílago tiroides en la parte anterior del cuello del hombre. *Tb* ~ DE ADÁN. ■ **4** Trozo [de una sustancia] del tamaño de una nuez. ■ **5** (*raro*) Parte posterior del muslo [de la ternera].

II *loc v y fórm or* **6 ser más el ruido que las nueces,** *o* **mucho ruido y pocas nueces** → RUIDO.

nueza *f* **1** Planta herbácea de hojas y zarcillos semejantes a los de la vid, flores verdosas, fruto en baya roja del tamaño de un guisante y raíz gruesa de la que se extrae un glucósido usado como purgante violento (*Bryonia dioica*). *Tb* ~ BLANCA. ■ **2** ~ **negra.** Planta herbácea de tallos trepadores, hojas acorazonadas, flores de color verde amarillento y fruto en baya roja del tamaño de un garbanzo, usada en medicina para resolver derrames y eliminar cardenales (*Tamus communis*).

nulamente *adv* De manera nula.

nulense *adj* De Nules (Castellón). *Tb n, referido a pers.*

nulidad *f* **1** Cualidad de nulo. **b)** Hecho de ser declarado nulo un matrimonio. ■ **2** (*col*) Pers. inepta.

nulípara *adj* (*Fisiol*) [Mujer] que no ha tenido hijos. *Tb n f.*

nuliparidad *f* (*Fisiol*) Condición de nulípara.

nullius (*lat; pronunc,* /nulíus/) *adj* [Abad] de poderes equiparables a los del obispo y que en ocasiones gobierna un territorio independiente de toda diócesis. **b)** [Abadía] de(l) abad nullius.

nulo -la *adj* **1** Falto de validez. ■ **2** (*col*) Inepto. *Gralm con un compl* PARA. ■ **3** [Cosa] inexistente o que no tiene lugar.

numantinismo *m* Actitud numantina [2b]. *Tb fig.*

numantino -na *adj* **1** (*hist*) De Numancia (antigua ciudad en la actual provincia de Soria). *Tb n, referido a pers.* ■ **2** [Pers.] que defiende algo heroicamente, resistiendo hasta el límite de su vida. *Tb n. Frec con intención ponderativa.* **b)** Propio de los numantinos.

number one (*ing; pronunc corriente,* /nómber-wán/) *m y f* Pers. o cosa que es el número uno en su especie o en su grupo. *A veces en aposición.*

numen *m* **1** (*lit*) Inspiración. ■ **2** (*Rel*) *En las creencias paganas:* Deidad que preside una actividad o un lugar determinados.

numerable *adj* Que se puede numerar.

numeración *f* **1** Acción de numerar. *Tb su efecto.* ■ **2** Sistema de los números. *Frec con un adj especificador.*

numerador -ra **I** *adj* **1** Que sirve para numerar [2]. *Tb n, m o f, referido a aparato o máquina.*

II *m* **2** (*Mat*) Número que, en un quebrado, indica cuántas partes de la unidad contiene.

numeral *adj* **1** De(l) número. ■ **2** (*Gram*) Que expresa cantidad numérica o hace referencia a los números. *Tb n m, referido a adjetivo o pronombre.* **b)** (*Gram*) De los numerales. ■ **3** (*Impr*) [Folio] que indica el número de la página.

numerar *tr* **1** Expresar numéricamente [una cantidad]. ■ **2** Marcar con un número [a alguien o algo (*cd*)].

numerario -ria **I** *adj* **1** Perteneciente a una corporación compuesta por un número limitado de perss. *Normalmente siguiendo al n del cargo correspondiente, esp* PROFESOR *o* CATEDRÁTICO. **b)** (*Rel catól*) [Miembro del Opus Dei] que observa el celibato, se dedica con su máxima disponibilidad a las empresas de apostolado y vive ordinariamente en las sedes de la orden. *Tb n.* ■ **2** (*raro*) De(l) numerario [3].

II *m* **3** Dinero efectivo. **b)** Moneda acuñada.

numerero -ra *adj* (*col*) [Pers.] dada a montar números [6b].

numéricamente *adv* De manera numérica.

numérico -ca *adj* De(l) número. **b)** Compuesto o realizado con números.

número **I** *m* **1** Expresión de las unidades que contiene un conjunto. **b)** (*Mat*) Número positivo abstracto. **c)** *En un sorteo:* Número [1b] que entra en suerte. **d)** ~ **redondo, ~s rojos** → REDONDO, ROJO. ■ **2** Cifra (signo de los que se emplean para representar los nueve primeros números [1a y b] y el cero). ■ **3** Cantidad [de perss. o cosas]. ■ **4** Número [1b] o señal en cifras que se atribuye a una pers. o cosa para distinguirla de sus semejantes o para clasificarla en una serie. **b)** Pers. o cosa marcada o distinguida [por el número que se expresa]. *Frec en aposición.* **c)** ~ **uno.** Pers. o cosa principal o más importante. *Normalmente en aposición.* **d)** Edición [de una publicación periódica] marcada con el número correlativo correspondiente. **e)** ~ **atómico** → ATÓMICO. ■ **5** Individuo raso [de la Guardia Civil, de la Policía o en gral. de una guardia]. ■ **6** Actuación que forma parte de un programa circense, musical o de variedades. **b)** (*col*) Espectáculo dado por una pers. que se hace notar. *Frec en la forma* NUMERITO. *Frec con los vs* MONTAR, ORGANIZAR *o* HACER. **c)** (*col*) Pers. o cosa que llama la atención por lo espectacular o grotesco. **d)** ~ **de fuerza.** Acción difícil en que se hace gala de una gran destreza. *Frec fig.* ■ **7** (*Gram*) Categoría que expresa, en los sustantivos y en las palabras que con ellos conciertan, unidad o pluralidad de los objetos designados por aquellos. ■ **8** (*TLit y Mús*) Cadencia o medida proporcional que hace armoniosos los períodos musicales y los poéticos o retóricos.

II *loc adj* **9 de ~.** Perteneciente a una corporación compuesta por un número [3] limitado de perss. *Normalmente siguiendo al n del título o cargo correspondiente, esp* ACADÉMICO. ■ **10 sin ~.** (*lit*) Innumerable. *Siguiendo al n.*
III *loc v* **11 hacer** (*o* **echar**) **~s.** Calcular las posibilidades del dinero disponible. ■ **12 tomar** [a alguien] **el ~ cambiado.** (*col*) Equivocarse [respecto a él]. *Tb sin ci. Tb, más raro,* EQUIVOCARSE DE ~.

numerología *f* Estudio del significado oculto de los números [2] y de su influencia en la vida humana.

numerólogo -ga *m y f* Especialista en numerología.

numerosidad *f* (*lit, raro*) Cualidad de numeroso.

numeroso -sa *adj* **1** Que incluye gran número [3] de perss. o cosas. ■ **2** *En pl:* Muchos.

numerus clausus (*lat; pronunc,* /númerus-kláusus/; *pl invar*) *m* (*lit*) Número [3] limitado establecido por norma. *Frec referido a la limitación discriminatoria establecida en ciertos centros o cuerpos.*

númida *adj* (*hist*) De Numidia (antigua región del Norte de África). *Tb n, referido a pers.* **b)** De (los) númidas.

numídico -ca *adj* (*hist*) [Cosa] númida.

numinoso -sa *adj* (*lit*) De (la) divinidad. **b)** Sagrado. **c)** Religioso. **d)** Mágico o misterioso.

numisma *m* (*Numism*) Moneda. *A veces f, en uso humoríst.*

numismata *m y f* Numismático [2].

numismático -ca **I** *adj* **1** De (las) monedas. **b)** De (la) numismática [3].
II *n* *m y f* **2** Experto en numismática [3].
B *f* **3** Ciencia que trata del estudio de las monedas y de las medallas, esp. antiguas.

nummulites *m* (*Zool*) Protozoo foraminífero fósil del período eoceno, de caparazón calcáreo similar a una moneda (gén. *Nummulites*).

nummulítico -ca *adj* (*Geol*) De (los) nummulites. **b)** [Período] paleógeno. *Tb n m.*

nunca *adv* **1** En ningún momento. *A veces seguido de* JAMÁS, *con intención enfática, esp referido al fut.* ■ **2** De ningún modo. *Se usa rechazando enfáticamente una propuesta.* * –¿Por qué no vas a pedirle perdón? –¡Nunca! ■ **3** Alguna vez. *Se usa en interrogs (directas o indirectas) cuya respuesta más probable sería "nunca".* * ¿Quién vio nunca cosa igual?

nunchaco *m* (*Dep*) Bastón de madera dura que, unido a otro mediante una correa o una cuerda de nailon, se usa en artes marciales. *Más frec en pl.*

nunchaku *m* (*Dep*) Nunchaco.

nunciatura *f* **1** Cargo o dignidad de nuncio [1]. *Tb el tiempo que dura.* ■ **2** Sede en que el nuncio realiza sus funciones.

nuncio **I** *m* **1** Representante diplomático del Papa. *Tb ~ DE SU SANTIDAD, o ~ APOSTÓLICO.* **b)** (*col*) *En frases de negación o rechazo, designa a una pers imaginaria de gran importancia, para dar énfasis al rechazo.* * Si viene tu padre como si viene el nuncio; tú no sales. **c)** (*col*) *En frases de deseo, designa pers imaginaria de gran importancia, propuesto como*
sujeto u objeto de una acción en que el hablante se niega rotundamente a participar.* * Cuéntaselo al nuncio.* * Que lo haga el nuncio. ■ **2** (*raro*) Mensajero. ■ **3** (*reg*) Pregonero. ■ **4** (*lit*) Anuncio o augurio.
II *loc v* **5 recibir la visita del ~.** (*col*) Tener [una mujer] la menstruación.

nuncupatorio -ria *adj* (*lit*) [Escrito] en el que se dedica a alguien una obra, se le nombra heredero o se le confiere un empleo.

nupcial *adj* De (las) nupcias. **b)** [Teas] **~es** → TEA.

nupcialidad *f* **1** (*admin*) Condición de contrayente. *Frec el premio que se concede a un empleado por este motivo.* ■ **2** (*Estad*) Número de matrimonios en una población y período determinados.

nupcias *f pl* (*lit*) Casamiento.

nuraga *f* (*Arqueol*) Construcción prehistórica, peculiar de Cerdeña, en forma de torre cónica truncada.

nurágico -ca *adj* (*Arqueol*) De (las) nuragas.

nuremburgués -sa *adj* De Nuremberg (Alemania). *Tb n, referido a pers.*

nurse *f* (*raro*) Niñera extranjera.

nursery (*ing; pronunc corriente,* /nurserí/; *pl normal,* NURSERIES) *f* (*raro*) Guardería infantil.

nutación *f* **1** (*Astron*) Oscilación periódica del eje de la Tierra, causada por la atracción del Sol y, en mayor proporción, por la de la Luna. ■ **2** (*Bot*) Cambio de dirección de los órganos vegetales a causa del crecimiento.

nutka **I** *adj* **1** De la tribu indígena que habita en la costa oeste de la isla de Vancouver (Canadá). *Tb n, referido a pers.*
II *m* **2** Idioma de los nutkas [1].

nutria *f* Mamífero carnicero que habita en las orillas de ríos y arroyos, de cuerpo alargado, cabeza aplastada, patas cortas con los dedos unidos por una membrana, y pelaje muy espeso y suave de color pardo rojizo (*Lutra lutra*). *Tb su piel.*

nutricio -cia *adj* Que nutre o sirve para nutrir [1 a 4].

nutrición *f* Acción de nutrir(se) [1 y 2]. *Tb su efecto.*

nutricional *adj* De (la) nutrición.

nutricionalmente *adv* En el aspecto nutricional.

nutricionista *m y f* (*Med*) Especialista en nutrición.

nutrido -da *adj* **1** *part* → NUTRIR. ■ **2** Numeroso o abundante. **b)** [Aplauso] general e intenso.

nutridor -ra *adj* (*raro*) Que nutre [2 y 4]. *Tb n, referido a pers.*

nutriente *adj* Que nutre [1 y 2]. *Tb n m, referido a sustancia.*

nutrimental *adj* (*raro*) Que sirve de nutrimento.

nutrimento *m* Nutrimiento.

nutrimiento *m* **1** Acción de nutrir(se). ■ **2** Sustancia nutritiva.

nutrir *tr* **1** Servir [una sustancia] para que [un ser vivo (*cd*)] repare, al asimilarla, las pérdidas sufridas en su actividad vital. *Tb abs.* ■ **2** Proporcionar [a un ser vivo (*cd*)] sustancias que le nutran [1]. **b)** *pr* (**~se**) Tomar [un ser vivo (*suj*)] sus sustancias nu-

tritivas [de alguien o algo (*compl* DE *o* CON)]. ■
3 Servir [una pers. o cosa] para que [algo (*cd*)] exista o funcione. ■ **4** Proporcionar [a algo (*cd*)] lo necesario para que exista o funcione. **b)** *pr* (**~se**) Tomar [una cosa (*suj*) de otra (*compl* DE *o* CON)] lo necesario para existir o funcionar. ■ **5** Cubrir [una necesidad (*cd*)].

nutritivamente *adv* En el aspecto nutritivo.

nutritivo -va *adj* **1** Que sirve para nutrir [1]. ■ **2** De (la) nutrición.

nutrología *f* (*Med*) Parte de la medicina que trata de la nutrición.

nutrólogo -ga *m y f* (*Med*) Especialista en nutrología.

ny → NI².

nyala → NIALA.

nylon (*n comercial registrado; ing; pronunc corriente,* /náilon/) *m* Nailon.

nylón → NILÓN.

ñ

ñ → EÑE.

ñaclo -cla *m y f* (*reg*) Niño pequeño.

ñajo -ja *adj* (*jerg*) Pequeño. *Tb n, referido a pers.*

ñame *m* **1** Planta herbácea cultivada frec. en los países intertropicales por sus tubérculos, semejantes a la batata (*Dioscorea batatas*). *Tb su raíz.* ■ **2** Planta herbácea ornamental, de hojas grandes y rizoma grande y comestible (*Colocasia antiquorum*). *Tb* ~ DE CANARIAS. *Tb su raíz.*

ñamera *f* (*reg*) Ñame (planta).

ñandú *m* Ave corredora de la región sur de Sudamérica, similar al avestruz, de plumaje grisáceo y pies con tres dedos (*Rhea americana*).

ñáñigo -ga *adj* [Pers.] perteneciente a una antigua sociedad secreta formada por negros en Cuba. *Tb n.* **b)** De (los) ñáñigos. *Tb n m, referido a música.*

ñaque *m* **1** (*Escén, hist*) Compañía constituida por dos hombres. *Tb, raro, modernamente, designando en gral compañía de dos actores.* ■ **2** (*raro*) Conjunto de cosas inútiles o despreciables.

ñipa *f* Arbusto chileno de olor muy fuerte y desagradable (*Escallonia illinata*).

ñiquiñaque *m* (*raro*) Pers. o cosa despreciable.

ñire *m* Árbol de la familia del haya, con flores solitarias y hojas profundamente aserradas, propio de la región austral chilena (*Nothofagus antarctica*).

ño *interj* (*reg*) *euf por* COÑO.

ñoñada *f* (*desp*) Ñoñería [2].

ñoñería *f* (*desp*) **1** Cualidad de ñoño. ■ **2** Hecho o dicho ñoño.

ñoñez *f* (*desp*) **1** Cualidad de ñoño. ■ **2** Hecho o dicho ñoño.

ñoño -ña *adj* (*desp*) **1** [Pers.] timorata o pacata. *Tb n.* **b)** Propio de la pers. ñoña. ■ **2** [Cosa] sosa o falta de gracia y desenvoltura.

ñoqui *m* Bola de una pasta compuesta fundamentalmente de harina, huevos, queso y especias, que suele prepararse al horno.

ñora[1] *f* (*reg*) Noria.

ñora[2] *f* (*reg*) **1** Pimiento pequeño y redondo. ■ **2** Guindilla (pimiento picante).

ñu *m* Antílope africano de gran tamaño, con pelo pardo y con cuernos tanto en el macho como en la hembra (*gén. Connochaetes*).

ñudo *m* (*reg*) Nudo.

ñudoso -sa *adj* (*reg*) Nudoso.

ñusta *f* (*hist*) Princesa virgen de los antiguos incas.

O

o¹ (*con pronunc átona. Toma la forma* u *ante palabra que comienza por el fonema /o/. Entre cifras, se suele escribir* ó: 4 ó 5) *conj* **1** *Une ors, palabras o sintagmas denotando que de las nociones expresadas por ellos solamente una puede alcanzar efectividad. Tb, a veces,* ~ BIEN. * ¿Es o no es? * Él se reía o bien me llamaba inútil. **b)** *Se repite con carácter enfático ante el primero de los miembros coordinados. Tb, a veces,* ~ BIEN. * O se casa, o lo mato. **c)** *A veces se emplea para dar énfasis a una afirmación, equivaliendo a* TANTO... COMO... * Aquí o en mi patria, estoy siempre a sus órdenes. ■ **2** *Entre adjs o prons numerales, denota aproximación.* * Falta aún un 70 u 80 por ciento. ■ **3** *Une palabras o sintagmas denotando que las nociones expresadas por ellos son equivalentes.* * Tesoro de la lengua castellana o española. **b)** ~ sea → SER¹.

o² **I** *f* **1** Letra del alfabeto (*o*, *O*), que en español corresponde al fonema /o/. (V. PRELIM.) *A veces tb se llama así el fonema representado por esta letra.* **II** *loc v* **2 no saber** (**ni**) **hacer la** ~ **con un canuto.** (*col*) Ser muy ignorante.

oasis *m* **1** Paraje con agua y vegetación, aislado en el desierto. **b)** Lugar agradable aislado en medio de un terreno agreste o inhóspito. ■ **2** Lugar o momento de descanso en medio de una situación de lucha o de agobio.

oaxaqueño -ña (*pronunc,* /oaχakéño/) *adj* De Oaxaca (ciudad y estado mejicanos). *Tb n, referido a pers.*

obcecación *f* Acción de obcecar(se). *Tb su efecto.*

obcecadamente *adv* Con obcecación.

obcecamiento *m* (*raro*) Obcecación.

obcecante *adj* (*lit, raro*) Que obceca.

obcecar *tr* Cegar u ofuscar [a una pers. o su razón (*cd*)]. **b)** *pr* (~se) Cegarse u ofuscarse [una pers. o su razón].

obedecer (*conjug* 11) **A** *tr* **1** Hacer [alguien] lo que le manda [una pers., una indicación o un precepto (*cd*)]. *Tb abs. Cuando el cd designa cosa, frec lleva la prep* A. **b)** Funcionar [una cosa] de acuerdo [con una exigencia o deseo (*cd*) o con la pers. que los tiene o muestra (*cd*)]. **B** *intr* **2** Reaccionar de manera adecuada [una pers. o cosa (*suj*) ante un agente o una acción (*compl* A) que obra sobre ella]. ■ **3** Ser [algo] debido [a una causa].

obediencia *f* **1** Hecho de obedecer [1]. ■ **2** Cualidad de obediente.

obediente *adj* Que obedece, *esp* [1]. **b)** Propio de la pers. obediente.

obedientemente *adv* De manera obediente.

obelisco *m* Monumento en forma de pilar alto, de cuatro caras iguales ligeramente convergentes y rematado por una pirámide achatada.

óbelo *m* (*raro*) Señal que se pone en el margen de un libro para llamar la atención sobre determinado punto.

obencadura *f* (*Mar*) Conjunto de obenques.

obenque *m* (*Mar*) Cabo o cable que sirve para sujetar los mástiles y masteleros para que puedan soportar los esfuerzos laterales.

obertura *f* (*Mús*) **1** Pieza instrumental que constituye la introducción de una ópera, un oratorio, una opereta o una suite. ■ **2** Pieza instrumental breve e independiente, a veces a manera de pequeño poema sinfónico.

obesidad *f* (*lit o Med*) Cualidad de obeso.

obeso -sa *adj* (*lit o Med*) [Pers.] excesivamente gruesa. *Tb fig, referido a cosa.*

obi *m* Faja ancha de seda que forma parte del vestido tradicional japonés.

óbice *m* (*lit*) Impedimento u obstáculo. *Gralm en la constr* NO SER ~.

obispado *m* **1** Dignidad o autoridad de obispo. ■ **2** Territorio sometido a la jurisdicción de un obispo. ■ **3** Sede episcopal. **b)** Edificio donde están instaladas las oficinas del obispo.

obispal *adj* De(l) obispo.

obispillo *m* **1** Muchacho que en algunas iglesias visten de obispo por la fiesta de San Nicolás de Bari, y que así vestido asiste a las solemnidades religiosas. ■ **2** *En las aves:* Rabadilla. ■ **3** (*reg*) Embutido grueso en forma de morcilla.

obispo -pa (*en acep 2 a veces se usa la forma* OBISPO *referida a mujer*) **A** *m* **1** (*Rel catól*) Hombre que ha recibido las órdenes sagradas en su grado máximo y puede administrar los sacramentos del orden y de la confirmación. **B** *m y f* **2** (*Rel crist*) Pers. que gobierna una diócesis o a un grupo de sacerdotes.

obiter dicta (*lat; pronunc,* /óbiter-díkta/) *loc n m pl* Opiniones dichas de pasada.

óbito *m* (*lit*) Fallecimiento. *Tb fig, referido a cosa.*

obituario *m* **1** Libro parroquial en que se anotan las partidas de defunción. **b)** Registro de defunciones. ■ **2** Nota necrológica.

objeción *f* **1** Acción de objetar. *Frec su efecto.* ■ **2** **~ de conciencia.** Negativa a cumplir el servicio militar, por razones de conciencia. *Tb, simplemente, ~.*

objetable *adj* Que puede ser objetado [2].

objetal *adj* (*lit*) De(l) objeto o de (los) objetos.

objetante *adj* Que objeta. *Tb n, referido a pers.*

objetar A *tr* **1** Decir [algo] como argumento que se opone a lo dicho. ■ **2** Oponer reparo [a algo o a alguien (*cd*)]. B *intr* **3** Negarse a cumplir el servicio militar, por razones de conciencia.

objetivable *adj* Que puede ser objetivado.

objetivación *f* Acción de objetivar(se).

objetivador -ra *adj* Que objetiva.

objetivamente *adv* **1** De manera objetiva [1a y 2]. ■ **2** En el aspecto objetivo [1a y 2].

objetivar A *tr* **1** Dar carácter objetivo [1a y 2] [a algo (*cd*)]. **b)** *pr* (**~se**) Tomar [algo] carácter objetivo. B *intr pr* (**~se**) **2** (*Med*) Manifestarse o exteriorizarse [una cosa].

objetividad *f* Cualidad de objetivo, *esp* [1].

objetivismo *m* (*lit*) Tendencia a dar primacía a lo objetivo [1a y 2] sobre lo subjetivo.

objetivista *adj* (*lit*) [Pers.] que practica el objetivismo. *Tb n.*

objetivizar *tr* Objetivar [1a]. **b)** *pr* (**~se**) Objetivarse [1b].

objetivo -va I *adj* **1** Que no depende de los sentimientos de la pers. o no está basado en ellos. **b)** [Pers.] que en sus juicios o valoraciones no se deja arrastrar por sus sentimientos. **c)** (*Enseñ*) [Examen o prueba] en los que el examinando ha de responder a cuestiones que solo admiten una respuesta correcta, y en los que, por tanto, la evaluación no deja lugar a ningún criterio subjetivo por parte de los que califican. ■ **2** Que existe fuera del sujeto pensante o actuante o con independencia de él. **b)** (*Med*) [Síntoma] que está al alcance de la observación del médico. ■ **3** (*Filos*) De(l) objeto [4]. ■ **4** (*Gram*) De(l) objeto [5a]. II *m* **5** Cosa que se trata de conseguir o a la que se dirige una acción. ■ **6** (*Mil*) Punto o zona que se ha de atacar. ■ **7** (*Ópt*) Lente o sistema de lentes colocadas en el extremo del microscopio o de un anteojo, en la parte más próxima al objeto examinado. ■ **8** (*Fotogr*) Lente que han de atravesar los rayos luminosos antes de penetrar en la cámara oscura.

objeto I *m* **1** Cosa material perceptible por los sentidos. ■ **2** Cosa sólida e inerte. ■ **2** Cosa que se trata de conseguir o a la que se dirige una acción. **b)** **hombre ~, mujer ~** → HOMBRE, MUJER. ■ **3** Pers. o cosa sobre la que versa [algo (*compl de posesión*)]. **b)** Pers. o cosa que recibe [un hecho (*compl de posesión*)]. ■ **4** (*Filos*) Ser externo al sujeto, sobre el cual recae el pensar o el actuar de este. ■ **5** **~ directo.** (*Gram*) Complemento directo. *Tb, simplemente, ~.* **b)** **~ indirecto.** (*Gram*) Complemento indirecto. II *loc v* **6** **hacer** [a alguien o algo] **~** [de un hecho]. Dár[selo] o dedicár[selo]. **b)** **ser** [alguien o algo] **~** [de un hecho]. Recibir[lo]. ■ **7** **tener ~** [algo]. Ser útil o servir de algo. *En constr neg o en interrog retórica.*

III *loc prep* **8** **con** (**el**) **~ de** (*o, semiculto,* **al ~ de**). Para. *Normalmente seguida de prop de infin o con* QUE + *subj.*

objetor -ra I *adj* **1** Que objeta. *Tb n, referido a pers.* II *m* **2** Hombre que declara objeción de conciencia. *Frec ~ DE CONCIENCIA.*

objetual *adj* (*lit*) **1** De(l) objeto. ■ **2** Objetivo [1a y 2a].

objetualizar *tr* (*lit*) Dar carácter objetual [a alguien o algo (*cd*)].

oblación *f* (*lit*) Ofrenda, esp. hecha a Dios.

oblada *f* Pez marino de la familia del besugo, de color azulado y con una mancha negra en el comienzo de la cola, frecuente en acantilados y muelles del Mediterráneo (*Oblada melanura*).

oblata → OBLATO.

oblatividad *f* (*Psicol*) Actitud de entrega a los demás sin esperar nada a cambio.

oblativo -va *adj* (*lit, raro*) De (la) ofrenda u oblación.

oblato -ta I *adj* **1** [Religioso] de determinadas congregaciones que se dan a sí mismas la denominación de "oblatos" (ofrecidos). *Tb n.* ■ **2** [Religiosa] de la Congregación del Santísimo Redentor, orden fundada para librar a las jóvenes del peligro de la prostitución. *Frec n.* ■ **3** [Pers.] seglar acogida en un monasterio a cambio de determinados trabajos o servicios, o de la ofrenda de sus bienes. *Frec n.* II *f* **4** (*Rel catól*) Pan y vino que se ofrecen en la misa.

oblea *f* **1** Hoja delgada de pan ácimo. **b)** *Frec se usa en constrs de sent comparativo para ponderar la delgadez o el aplastamiento.* * *La pilló un taxi y la dejó como una oblea.* ■ **2** (*hist*) Trocito de una lámina preparada con goma arábiga o con harina y agua, usado para cerrar cartas.

oblicuamente *adv* De manera oblicua [1a y 2].

oblicuar (*conjug* 1b) *tr* Dar disposición oblicua [1a] [a algo (*cd*)].

oblicuidad *f* **1** Cualidad de oblicuo, *esp* [1]. ■ **2** (*Astron*) Ángulo que forma la eclíptica con el ecuador.

oblicuo -cua *adj* **1** Que se aparta de la horizontal o de la vertical. **b)** (*Anat*) [Músculo] de fibras oblicuas. *Tb n m.* **c)** (*Geol*) [Pliegue] cuyo plano axial no es vertical. **d)** (*Geom*) [Ángulo] que no es recto ni llano. **e)** (*Geom*) [Plano o línea] que al cortar a otros no forman con ellos un ángulo recto. **f)** (*Geom*) [Cilindro o cono] cuyo eje no es perpendicular a la base. **g)** (*Geom*) [Prisma] cuyas aristas no son perpendiculares a la base. ■ **2** Indirecto o que no se produce de manera directa. ■ **3** (*Gram*) [Caso] que no es nominativo, ni acusativo, ni vocativo.

obligación *f* **1** Hecho de estar obligado (→ OBLIGAR [1]). **b)** Hecho de obligar [1]. ■ **2** Cosa que se está obligado (→ OBLIGAR [1]) a hacer. **b)** *En pl*: Perss. o cosas a las que se está obligado a atender. ■ **3** (*Com*) Título al portador y con interés fijo, que representa una suma prestada a la entidad que lo emitió.

obligacionista *m y f* (*Com*) Portador o tenedor de obligaciones [3].

obligadamente *adv* De manera obligada.

obligado -da I *adj* **1** *part* → OBLIGAR. ■ **2** [Cosa] que implica obligación [1]. **b)** [Cosa] inevitable, o que no se puede eludir.

II *m* **3** (*Mús*) Parte tocada o cantada como principal por un solista, acompañado por los demás instrumentos o voces. ■ **4** (*hist*) Individuo encargado de abastecer de determinados géneros a una población. *Frec con un compl especificador.*

obligar A *tr* **1** Hacer que [alguien (*cd*)] haga o deje de hacer [algo (*compl* A)], sin dejarle otra posibilidad. *Tb abs y sin el 2º compl.* ■ **2** Vencer por la fuerza la resistencia [de una cosa (*cd*)]. ■ **3** (*Der*) Sujetar [bienes (*cd*)] a un pago u otra prestación (*compl* A)].

B *intr pr* (**~se**) **4** Comprometerse [a algo] o contraer [una obligación (*compl* A)]. *Tb sin compl.*

obligativo -va *adj* (*raro*) Obligatorio.

obligatoriamente *adv* De manera obligatoria.

obligatoriedad *f* Cualidad de obligatorio.

obligatorio -ria *adj* [Cosa] que obliga [1] o implica obligación [1].

obliteración *f* (*lit o Med*) Acción de obliterar(se).

obliterante *adj* (*Med*) [Arteriosclerosis] que produce obliteración progresiva de las arterias.

obliterar *tr* **1** (*Med*) Cerrar [un conducto o una cavidad]. **b)** *pr* (**~se**) Cerrarse [un conducto o una cavidad]. ■ **2** (*lit*) Anular o tachar. ■ **3** (*lit*) Anular o borrar.

oblongado -da *adj* (*Anat*) Oblongo. *Referido a la parte superior de la médula espinal.*

oblongamente *adv* (*lit*) De manera oblonga.

oblongo -ga *adj* (*lit*) [Cosa] más larga que ancha.

obnubilación *f* (*lit*) Acción de obnubilar(se). *Tb su efecto.*

obnubilante *adj* (*lit*) Que obnubila.

obnubilar *tr* **1** (*lit*) Ofuscar o turbar [las facultades mentales o los sentidos]. **b)** Ofuscar [a una pers.]. **c)** *pr* (**~se**) Ofuscarse o turbarse. ■ **2** (*raro*) Nublar u oscurecer. *En sent fig.*

obo *m* (*Mar*) Buque mercante acondicionado para el transporte de mineral y petróleo.

oboe (*tb, semiculto,* **óboe**) A *m* **1** Instrumento músico de viento, hecho de madera, con embocadura cónica y lengüeta doble. *Variantes de este instrumento se distinguen por medio de compls:* D'AMORE, DA CACCIA.

B *m y f* **2** Pers. que toca el oboe [1].

oboísta *m y f* Pers. que toca el oboe.

óbolo *m* **1** (*lit*) Donativo en dinero. **b)** **~ de San Pedro.** (*Rel catól*) Colecta con que las diócesis del mundo ayudan a las necesidades de la Santa Sede. ■ **2** (*hist*) Moneda de plata de la antigua Grecia, equivalente a un sexto de dracma. **b)** *En la Edad Media:* Moneda de vellón equivalente a medio dinero.

obra I *f* **1** Cosa hecha [por alguien o algo (*compl de posesión*)]. *Tb sin compl. Tb en sg con sent colectivo.* **b)** Producto artístico. *Tb en sg con sent colectivo.* **c)** Producto literario. *Tb en sg con sent colectivo.* **d)** ~ **de arte,** ~ **de romanos,** ~ **maestra** → ARTE, ROMANO, MAESTRO. ■ **2** Trabajo de construcción de un edificio. *Tb el lugar donde se realiza.* **b)** *En gral:* Trabajo de construcción. *Frec en las constrs* EN ~S o DE ~S. **c) la ~ de El Escorial.** (*col*) Cosa que tarda mucho en terminarse. ■ **3** Trabajo de albañilería.

b) Técnica de albañilería. ■ **4** Institución. *Referido a las de carácter benéfico o social.* ■ **5** *En un alto horno:* Parte inmediatamente superior al crisol. ■ **6 ~ muerta.** (*Mar*) Parte del casco del barco que está por encima de la línea de flotación. ■ **7 ~ viva.** (*Mar*) Parte sumergida de un barco.

II *loc adj* **8** [Mano] **de ~,** [maestro] **de ~s** → MANO, MAESTRO. ■ **9 de ~ prima.** [Zapatero] de nuevo.

III *loc v* **10 poner manos a la ~** → MANO. ■ **11 poner por ~.** Realizar o llevar a cabo [una idea o un proyecto].

IV *loc adv* **12 a pie de ~** → PIE. ■ **13 de ~.** De manera material. *Con vs como* MALTRATAR *u* OFENDER. *Tb adj, con ns como* TRATO *u* OFENSA.

V *loc prep* **14 por ~ de.** Por la acción de. **b) por ~ y gracia de.** Gracias a.

obrada *f* **1** Medida agraria castellana equivalente a 53,832 áreas (en Palencia), 39,303 (en Segovia) o 46,582 (en Valladolid). ■ **2** (*hoy raro*) Labor que hace en un día un hombre o una yunta en una tierra.

obrador -ra I *adj* **1** (*raro*) Que obra [5]. *Tb n, referido a pers.*

II *m* **2** Taller de trabajo manual.

obraje *m* (*hist*) Taller de tejido. **b)** *En gral:* Factoría.

obrante *adj* (*lit*) Que obra.

obrar A *intr* **1** Actuar (realizar acciones). **b)** Actuar o producir su efecto [una medicina]. ■ **2** Trabajar (actuar de manera continuada y con esfuerzo, para obtener un resultado útil). ■ **3** Encontrarse [algo en un lugar]. *En la constr* ~ EN PODER + *compl de posesión.* ■ **4** (*lit*) Evacuar el vientre.

B *tr* **5** Hacer [algo abstracto]. **b)** *pr* (**~se**) Producirse [algo abstracto]. ■ **6** Hacer o elaborar [algo material]. **b)** (*raro*) Construir o edificar.

obrería *f* (*raro*) Conjunto de (los) obreros [3].

obrerismo *m* **1** Movimiento de defensa de los derechos del obrero [3]. ■ **2** Clase obrera [2]. ■ **3** Condición de obrero [2].

obrerista *adj* Del obrerismo.

obrerizas *f pl* (*reg*) Trabajos personales que los vecinos aportan al municipio.

obrero -ra I *adj* **1** Que trabaja como obrero [3]. ■ **2** De (los) obreros [3].

II *m y f* **3** Trabajador manual, esp. en la industria. ■ **4** (*Zool*) *En los insectos sociales:* Individuo encargado del trabajo de la sociedad. *A veces en aposición.*

obrizo *adj* [Oro] muy puro y de muchos quilates. *Tb n m.*

obscenamente *adv* De manera obscena.

obscenidad *f* **1** Cualidad de obsceno. ■ **2** Hecho o dicho obsceno.

obsceno -na *adj* Que ofende al pudor deliberadamente.

obscuramente, obscurantismo, obscurantista, obscurecer, obscurecida, obscureciente, obscurecimiento, obscurícola, obscuridad, obscuro → OSCURAMENTE, OSCURANTISMO, *etc.*

obsecuencia *f* (*lit*) Cualidad de obsecuente.

obsecuente *adj* (*lit*) Complaciente.

obsedente *adj* (*lit, raro*) Obsesionante.

obseder *tr* (*lit, raro*) Obsesionar.

obsequiador -ra *adj* (*lit*) Que obsequia. *Tb n*, referido a pers.

obsequiar (*conjug* 1a) *tr* (*lit*) **1** Hacer un regalo [a alguien (*cd*)]. **b)** Regalar [algo a alguien]. ■ **2** Agasajar [a una pers.] o tener atenciones [con ella (*cd*)]. ■ **3** Galantear [a una mujer].

obsequio (*lit*) **I** *m* **1** Acción de obsequiar. ■ **2** Cosa que se regala.
II *loc v* **3** **hacer**[le a alguien] **el ~** [de algo (DE + *infin*)]. (*hoy raro*) Hacer el favor o tener la amabilidad [de ello]. *Gralm en forma imperat, como ruego cortés.* * Hágame el obsequio de seguirme.
III *loc prep* **4 en ~ de**, *o* **en ~ a.** En atención a, o en homenaje a.

obsequiosamente *adv* De manera obsequiosa.

obsequiosidad *f* Cualidad de obsequioso.

obsequioso -sa *adj* [Pers.] muy dispuesta a hacer la voluntad de otra. **b)** [Cosa] propia de la pers. obsequiosa.

observable *adj* Que puede ser observado, *esp* [1, 2 y 3].

observación *f* **1** Acción de observar [1, 2 y 3]. ■ **2** Frase, comentario o exposición con que se hace observar [3] algo.

observador -ra **I** *adj* **1** [Pers.] que observa [1, 2 y 3]. *Tb n*. **b)** *Esp*: [Pers.] con dotes especiales para observar [3]. *Tb n*. **c)** Propio de la pers. observadora.
II *n* **A** *m y f* **2** Pers. admitida oficialmente en un congreso o reunión, sin derecho a participar y con el único objeto de tomar nota de lo tratado.
B *m* **3** (*hist*) Auxiliar de navegación de un vehículo aéreo, encargado de la exploración y reconocimiento.

observancia *f* **1** Acción de observar [5]. ■ **2** Ley, precepto o costumbre que se observa [5]. **b)** (*Der, reg*) Uso o costumbre recogidos y autorizados con fuerza de ley por una compilación oficial.

observante *adj* Que observa [5].

observar *tr* **1** Mirar o considerar atentamente [algo o a alguien] para conocer sus características o su estado. *Tb abs*. **b)** Estudiar, con instrumentos adecuados, los movimientos o la evolución [de los astros o del tiempo (*cd*)]. ■ **2** Mirar [algo o a alguien] con atención y disimulo. *Tb abs*. ■ **3** Notar [una cosa] o darse cuenta [de ella (*cd*)]. ■ **4** Decir [algo] como observación o comentario. ■ **5** Practicar [una ley, un precepto o una costumbre]. *Tb abs, referido a preceptos religiosos.*

observatorio *m* Lugar adecuado para observar [1 y 2]. **b)** Instalación destinada a la observación astronómica o meteorológica.

obsesión *f* Idea o imagen que se impone a la mente con persistencia. **b)** Deseo, que tiene carácter de idea fija, [de hacer algo (DE o POR + *infin*)].

obsesionador -ra *adj* Obsesionante.

obsesionante *adj* Que obsesiona.

obsesionar *tr* Producir obsesión [en alguien (*cd*)]. **b)** *pr* (**~se**) Pasar a tener obsesión.

obsesivamente *adv* De manera obsesiva.

obsesivo -va *adj* **1** De (la) obsesión o que la implica. ■ **2** Que padece obsesión. *Tb n, referido a pers.*

obseso -sa *adj* [Pers.] que padece obsesión. *Tb n. Frec* (*col*) referido a lo sexual.

obsidiana *f* (*Mineral*) Roca volcánica vítrea de color negro o muy oscuro.

obsolecer (*conjug* 11) *intr* (*raro*) Caer en desuso.

obsolescencia *f* (*lit*) Cualidad de obsolescente.

obsolescente *adj* (*lit*) Que está volviéndose obsoleto.

obsoleto -ta *adj* (*lit*) Anticuado o pasado de moda.

obstaculista *m y f* (*Dep*) Deportista especializado en carreras de obstáculos [1b].

obstaculización *f* Acción de obstaculizar.

obstaculizador -ra *adj* Que obstaculiza.

obstaculizar *tr* **1** Poner obstáculos [a alguien o algo (*cd*)]. ■ **2** Ser [alguien o algo] un obstáculo [para algo (*cd*)].

obstáculo *m* **1** Cosa que estorba o dificulta el paso. **b)** (*Dep*) Dificultad que se pone en la pista en que se desarrollan determinadas carreras. *Frec se usa en aposición con una medida de longitud, para indicar que esta se corre con interposición de obstáculos.* * Corre los 3.000 m obstáculos. ■ **2** Pers. o cosa que estorba [una acción o un propósito (*compl* PARA o A)].

obstante. no ~. (*lit*) **I** *loc adv* **1** Sin embargo. **b)** **esto** (*o* **ello**) **no ~.** A pesar de esto (o de ello).
II *loc prep* **2 A pesar de. b)** *Rara vez seguida de una prop con* QUE. * No obstante que los votos necesarios fuesen 428, ningún candidato ha alcanzado esta meta.

obstar *intr* (*lit*) Estorbar o ser obstáculo [para un hecho].

obstativo -va *adj* (*raro*) Que obsta.

obstetra *m y f* (*Med*) Especialista en obstetricia.

obstetricia *f* (*Med*) Especialidad de la medicina que se ocupa de la gestación, el parto y el puerperio.

obstétrico -ca *adj* (*Med*) De (la) obstetricia.

obstinación *f* Hecho de obstinarse. *Tb su efecto.*

obstinadamente *adv* De manera obstinada.

obstinado -da *adj* **1** *part* → OBSTINARSE. ■ **2** [Pers.] que se obstina. **b)** Propio de la pers. obstinada. ■ **3** [Cosa] insistente o reiterada.

obstinarse *intr pr* Mantenerse [alguien en una actitud u opinión] sin dejarse vencer por razones u obstáculos.

obstrucción *f* Acción de obstruir(se). *Tb su efecto.*

obstruccionar *tr* Obstruir [2].

obstruccionismo *m* Actitud que se propone obstruir [2]. *Esp en política.*

obstruccionista *adj* De(l) obstruccionismo. **b)** Que practica el obstruccionismo o es partidario de él. *Tb n, referido a pers.*

obstructivo -va *adj* De (la) obstrucción o que la implica.

obstructor -ra *adj* Que obstruye.

obstruir (*conjug* 48) *tr* **1** Impedir el paso [por un conducto, un orificio o un camino (*cd*)]. **b)** *pr* (**~se**) Quedar impedido el paso [por un conducto, un orificio o un camino (*suj*)]. ■ **2** Impedir u obstaculizar [una acción].

obstruyente *adj* (*Fon*) [Consonante] no sonante.

obtención *f* Acción de obtener. *Tb su efecto.*

obtener (*conjug* 31) *tr* Llegar a tener [algo que se desea o que se merece]. **b)** Pasar a tener [algo] como resultado de una acción u operación. *Frec con un compl* DE, *que expresa procedencia.*

obtenible *adj* Que puede ser obtenido.

obtentor -ra *adj* Que obtiene. *Tb n, referido a pers.*

obturación *f* Acción de obturar.

obturador -ra I *adj* **1** Que obtura.
II *m* **2** Dispositivo que sirve para obturar. **b)** *En una máquina fotográfica:* Dispositivo destinado a hacer que la luz que atraviesa el objetivo impresione la superficie sensible en el momento deseado. **c)** (*Cine*) *En un proyector:* Dispositivo que interrumpe el paso de la luz mientras se mueve la película.

obturar *tr* Tapar o cerrar [una abertura o un conducto]. *Tb fig.*

obtusángulo *adj* (*Geom*) [Triángulo] que tiene obtuso uno de sus ángulos.

obtuso -sa *adj* **1** (*Geom*) [Ángulo] mayor que el recto. ■ **2** [Cosa] roma o sin punta. ■ **3** Torpe o sin penetración intelectual.

obús *m* **1** Pieza de artillería cuya longitud con relación al calibre es menor que la del cañón. ■ **2** Proyectil de un obús [1].

obvención *f* Retribución periódica al margen del sueldo. *Gralm en pl.*

obvencional *adj* [Derecho] que se percibe periódicamente, al margen del sueldo. *Tb n m en pl.*

obviable *adj* Que puede ser obviado.

obviamente *adv* De manera obvia.

obviar (*conjug* 1a) *tr* Esquivar o dejar a un lado [una dificultad]. **b)** Dejar de lado [a alguien o algo] o no tener[los] en consideración.

obviedad *f* **1** Cualidad de obvio. ■ **2** Cosa obvia.

obvio -via *adj* [Cosa] clara o evidente.

oc. lengua de ~. *loc n f* Occitano (lengua).

oca¹ I *f* **1** Ganso (ave). ■ **2** Juego con dados que se desarrolla sobre un cartón donde están pintadas diversas figuras en 63 casillas dispuestas en espiral. ■ **3 la ~.** (*col*) Una cosa exagerada o disparatada. *Se usa normalmente como predicat con* SER, *referido a pers o cosa.*
II *loc adj* **4 de la ~.** (*Mil*) [Paso] que se realiza levantando la pierna hasta formar ángulo recto.

oca² *f* Planta americana, de hojas compuestas de tres hojuelas ovales, flores amarillas y raíz con tubérculos comestibles (*Oxalis tuberosa*).

ocal *adj* Muy gustoso y delicado. *Referido esp a frutas.*

ocalito *m* (*reg*) Eucalipto (árbol).

ocañense *adj* De Ocaña (Toledo). *Tb n, referido a pers.*

ocapi → OKAPI.

ocarina *f* Instrumento músico de viento, de carácter popular, hecho de barro cocido, de forma ovoide más o menos alargada y con varios orificios.

ocasión I *f* **1** Momento acompañado de determinadas circunstancias. **b) las grandes ~es.** Los actos sociales importantes. ■ **2** Momento favorable o propicio [para algo (*compl* DE o PARA)]. *Frec sin compl.* **b)** (*Rel catól*) Riesgo de pecar. ■ **3** Condiciones especialmente favorables de precio en que se ofrece a

la venta algo. **b)** Cosa que se ofrece a la venta en condiciones muy favorables de precio. ■ **4** Justificación o punto de partida [de un determinado comportamiento].
II *loc adj* **5 de ~.** [Objeto] que se vende rebajado, gralm. por ser de segunda mano. *Tb se aplica a la pers que habitualmente vende estos objetos, o a su tienda. A veces tb usado como adv.* ■ **6 de ~.** Ocasional [1].
III *loc adv* **7 en ~es.** A veces.
IV *loc prep* **8 con ~ de.** En la circunstancia de.

ocasionado -da *adj* **1** *part* → OCASIONAR. ■ **2** (*lit, raro*) Dado o inclinado [a algo negativo].

ocasional *adj* **1** Que actúa o se produce en una ocasión [1a] aislada. ■ **2** Hecho para una ocasión [1a] determinada.

ocasionalidad *f* Cualidad de ocasional.

ocasionalismo *m* (*Filos*) Doctrina según la cual no existen en el mundo de las criaturas causas eficientes, sino solamente ocasionales [1].

ocasionalista *adj* (*Filos*) De(l) ocasionalismo.

ocasionalmente *adv* De manera ocasional.

ocasionar *tr* **1** Ser causa [de algo (*cd*)]. ■ **2** (*lit, raro*) Exponer [algo o a alguien (*cd*)] a una contingencia]. *Frec en part.*

ocaso *m* **1** (*lit o Astron*) Puesta del Sol. **b)** (*Astron*) Puesta [de un astro]. ■ **2** (*lit*) Decadencia o declinación.

occidental *adj* Del oeste. **b)** De(l) Occidente [2b, c y d]. *Tb n, referido a pers.*

occidentalidad *f* Occidentalismo [1].

occidentalismo *m* **1** Cualidad de occidental [1b]. ■ **2** (*Ling*) Palabra o giro propios de una lengua de la región occidental, o procedentes de ella.

occidentalista *adj* Partidario de Occidente [2d]. *Tb n, referido a pers.*

occidentalización *f* Acción de occidentalizar(se). *Tb su efecto.*

occidentalizante *adj* De tendencia occidental [1b].

occidentalizar *tr* Dar [a alguien o algo (*cd*)] carácter occidental [1b]. **b)** *pr* (~**se**) Tomar [alguien o algo] carácter occidental [1b].

occidentalmente *adv* (*raro*) **1** De manera occidental [1b]. ■ **2** Desde el punto de vista occidental [1b].

occidente (*frec con mayúscula, esp en aceps 2b, c y d*) *m* **1** Oeste (punto cardinal). ■ **2** Parte [de un territorio] que está hacia el oeste. **b)** Conjunto de naciones que está en el oeste de Europa. **c)** Conjunto de países que participan de la cultura originaria del occidente de Europa. **d)** (*Pol*) Bloque de las naciones capitalistas.

occiduo -dua *adj* (*Astron*) De(l) ocaso.

occipital *adj* (*Anat*) Del occipucio. **b)** [Hueso] del cráneo, correspondiente al occipucio. *Frec n m.*

occipucio *m* Parte de la cabeza por donde esta se une con las vértebras del cuello.

occisión *f* (*Der*) Muerte violenta.

occiso -sa *adj* (*Der*) Muerto violentamente. *Frec n.*

occitánico -ca *adj* Occitano.

occitanismo *m* **1** Palabra o giro propios de la lengua occitana o procedentes de ella. ■ **2** Adopción de occitanismos [1].

occitano -na I *adj* **1** De Occitania (antigua región del sur de Francia). *Tb n, referido a pers.* ■ **2** Del occitano [3].
II *m* **3** Lengua, o conjunto de dialectos, de la zona meridional de Francia, que se caracteriza por el uso del adverbio de afirmación *oc*, a diferencia del antiguo francés del norte, en que se usaba *oïl* (actual *oui*).

oceánicamente *adv* De manera oceánica [3].

oceánico -ca *adj* **1** De(l) océano, esp. del Atlántico. **b)** [Clima] determinado por la proximidad al océano Atlántico y caracterizado por la presencia de lluvias y la moderación de temperaturas en todas las estaciones. ■ **2** De Oceanía. ■ **3** Muy grande. *Con intención ponderativa.*

oceánide *f (Mitol clás)* Ninfa del mar.

océano *m* **1** Mar (masa total del agua salada que cubre gran parte de la Tierra). ■ **2** Masa muy extensa de agua salada que separa dos o más continentes. *Gralm con un adj especificador que funciona como n propio. Tb fig.*

oceanografía *f* Ciencia que estudia el mar en sus aspectos físico y biológico.

oceanográfico -ca *adj* De (la) oceanografía.

oceanógrafo -fa *m y f* Especialista en oceanografía.

ocelado -da *adj (Zool)* **1** Que tiene ocelos [2]. **b)** [Lagarto] ~ –› LAGARTO. ■ **2** Que tiene forma de ocelo [2].

ocelo *m (Zool)* **1** *En algunos artrópodos:* Ojo simple. ■ **2** *En ciertos animales:* Mancha redondeada bicolor en la piel, en las alas o en las plumas.

ocelot *m* Ocelote (piel).

ocelote *m* Mamífero americano semejante a un gato grande, de pelaje amarillo grisáceo con manchas negras, muy apreciado en peletería (*Felis pardalis*). *Tb su piel.*

ocena *f (Med)* Rinitis que causa fetidez nasal.

ochandino -na *adj* De Ochando (Segovia). *Tb n, referido a pers.*

ochava *f (Arquit)* Esquina de un cuerpo ochavado. **b)** Esquina o chaflán.

ochavado -da *adj (Arquit)* [Cuerpo] cuya base es un polígono de ocho ángulos iguales en el cual los lados son todos iguales o lo son dos a dos.

ochavilla *f (TLit, raro)* Octavilla (estrofa).

ochavo *m* **1** *(hist) Hasta mediados del s XIX:* Moneda de cobre equivalente a medio cuarto. ■ **2** *(col)* Moneda de muy poco valor. *Se usa en exprs de carácter ponderativo, como* NO VALER UN ~, NO TENER UN ~, GASTAR HASTA EL ÚLTIMO ~.

ochena *f (reg)* Moneda de diez céntimos.

ochenta I *adj* **1** *Precediendo a susts en pl:* Setenta y nueve más uno. *Puede ir precedido de art o de otros determinantes, y en este caso sustantivarse.* * Tiene ochenta años. ■ **2** *Precediendo o siguiendo a ns en sg (o, más raro, en pl):* Octogésimo. *Frec el n va sobrentendido.* * Página ochenta.
II *pron* **3** Setenta y nueve más una perss. o cosas. *Referido a perss o cosas mencionadas o consabidas, o que se van a mencionar.* * El autobús no puede pa-

sar de ochenta. * Ochenta de los invitados no acudieron.
III *m* **4** Número de la serie natural que sigue al setenta y nueve. *Frec va siguiendo al n* NÚMERO. * El número premiado es el ochenta. **b)** Cosa que en una serie va marcada con el número ochenta. * Le calificaron con un ochenta. ■ **5** los (años) ~, *o, más raro,* los (años) ~s. Noveno decenio de un siglo, esp. del XX. * Nació en los ochenta.

ochentón -na *adj (col)* [Pers.] de edad comprendida entre los ochenta y los noventa años. *Tb n.*

ochío *m (reg)* Torta de aceite.

ocho I *adj* **1** *Precediendo a susts en pl:* Siete más uno. *Puede ir precedido de art o de otros determinantes, y en este caso sustantivarse.* * Cumple ocho años. ■ **2** *Siguiendo a susts en sg:* Octavo. *Frec el n va sobrentendido.* * Página ocho.
II *pron* **3** Siete más una perss. o cosas. *Referido a perss o cosas mencionadas o consabidas, o que se van a mencionar.* * Somos ocho. * Regaló ocho de sus trajes.
III *n A m* **4** Número que en la serie natural sigue al siete. *Frec va siguiendo al n* NÚMERO. * El número premiado es el ocho. **b)** Cosa que en una serie va marcada con el número ocho. * Vive en el ocho de mi calle. **c)** *(col) Se usa en constr comparativa para ponderar la chulería.* * Eres más chulo que un ocho. ■ **5** Figura semejante a la del número ocho.
B *f l* **6** Octava hora después de mediodía o de medianoche. *Normalmente precedido de* LAS.
IV *loc v* **7** ser, *o* dar, lo mismo ~ que ochenta. *(col)* Dar lo mismo una cosa que otra.

ochocentista *adj* Del siglo XIX.

ochocientos -tas I *adj* **1** *Precediendo a susts en pl:* Setecientos noventa y nueve más uno. *Puede ir precedido de art o de otros determinantes, y en este caso sustantivarse.* * Cuesta ochocientas pesetas. ■ **2** *Precediendo o siguiendo a ns en sg (o, más raro, en pl):* Octingentésimo. *Frec el n va sobrentendido.* * Hoy se cumple el ochocientos aniversario.
II *pron* **3** Setecientas noventa y nueve más una perss. o cosas. *Referido a perss o cosas mencionadas o consabidas, o que se van a mencionar.* * Me costó unas ochocientas.
III *m* **4** Número de la serie natural que sigue al setecientos noventa y nueve. *Frec va siguiendo al n* NÚMERO. * El número premiado es el ochocientos. ■ **5** Siglo XIX. * Hay cuadros del ochocientos.

ochomil *m (Dep) En montañismo:* Cumbre de más de 8.000 m.

ochote *m (reg)* Coro formado por ocho cantores.

ocio *m* Cesación del trabajo.

ociosidad *f* Estado de la pers. ociosa.

ocioso -sa *adj* **1** Que está sin hacer nada. **b)** [Cosa] que se tiene sin usar. ■ **2** [Cosa] que está de más. *Frec referido a lo que se dice.*

ocle *m (reg)* Algas, o conjunto de algas.

ocluir *(conjug 48) tr* **1** *(lit o Med)* Cerrar [una abertura o un conducto]. **b)** *pr* (~se) Cerrarse [una abertura o un conducto]. ■ **2** *(lit)* Cerrar o encerrar. *En sent fig.* ■ **3** *(Quím)* Absorber [un metal (*suj*) un gas (*cd*)]. ■ **4** *(Meteor)* Alcanzar [un frente frío (*suj*) a un frente cálido que le precede], impeliéndolo hacia arriba.

oclusión *f (lit o E)* Acción de ocluir(se). *Tb su efecto.*

oclusivo -va *adj* **1** (*lit o E*) Que ocluye. ▪ **2** (*Fon*) [Sonido] en cuya producción los órganos de articulación forman un contacto que interrumpe la salida del aire espirado. *Tb se dice de la articulación de ese sonido. Tb n f, referido a consonante.*

ocráceo -a *adj* Que tira a ocre [3].

ocre **I** *m* (*Mineral*) **1** Mineral de óxido de hierro hidratado, terroso y de color amarillo, que se emplea en pintura. *Tb ~* AMARILLO. ▪ **2 ~ rojo.** Almagre (mineral).
II *adj* **3** [Color] amarillo oscuro. *Tb n m.* **b)** De color ocre.

ócrea *f* (*Bot*) Anillo membranoso que forman las estípulas en la base del pecíolo.

octaédrico -ca *adj* (*Geom*) Que tiene figura de octaedro.

octaedro *m* (*Geom*) Sólido de ocho caras.

octagonal *adj* Octogonal.

octágono -na *adj* Octógono. *Frec n m.*

octal *adj* (*Informát*) [Sistema de numeración] de base ocho. *Tb referido a lo basado en él.*

octanaje *m* En un carburante: Número de octanos.

octano *m* **1** (*Quím*) Hidrocarburo saturado cuya molécula contiene ocho átomos de carbono. ▪ **2** Unidad que expresa la resistencia a la detonación de un carburante. *Tb* ÍNDICE DE ~.

octástilo -la *adj* (*Arquit*) [Edificio, esp. templo clásico] que tiene una fila de ocho columnas en la fachada.

octatlón (*tb con la grafía* **octathlón**) *m* (*Dep*) Prueba de atletismo que comprende ocho competiciones.

octava → OCTAVO.

octavario *m* (*Rel catól*) Ejercicio devoto que se practica durante ocho días seguidos.

octaviano -na *adj* Del emperador romano Octavio César Augusto († 14 d.C.). **b)** (*lit*) [Paz] total o generalizada.

octavilla *f* **1** Hoja de papel del tamaño de un octavo de pliego. ▪ **2** Hoja de propaganda. ▪ **3** (*TLit*) Estrofa de ocho versos de arte menor, con rima total de distribución variable.

octavo -va **I** *adj* **1** Que ocupa un lugar inmediatamente detrás o después del séptimo. *Frec el n va sobrentendido.* ▪ **2** [Parte] que es una de las ocho en que se divide o se supone dividido un todo. ▪ **3 siete ~s.** (*Moda*) [Abrigo o chaquetón] que cubre aproximadamente las siete octavas partes de lo normal en un abrigo. *Tb n m.*
II *n* **A** *m* **4** Parte de las ocho en que se divide o se supone dividido un todo. *Gralm seguido de un compl* DE. ▪ **5** *En un libro, folleto, etc:* Tamaño de la octava parte de un pliego, aproximadamente. *Gralm precedido de la prep* EN. ▪ **6 ~s de final.** (*Dep*) Conjunto de las ocho competiciones cuyos ganadores pasan a los cuartos de final de un campeonato que se gana por eliminación del contrario y no por puntos.
B *f* **7** Conjunto de los ocho días que siguen a una fiesta solemne de la Iglesia y en los cuales se conmemora el objeto de aquella. *Tb fig, referido a conmemoraciones de carácter familiar.* **b)** Último día de una octava. ▪ **8** (*TLit*) Estrofa de ocho versos de arte mayor. **b)** *Esp:* Octava formada por endecasílabos rimados todos en consonante alternadamente menos los dos últimos, que forman un pareado. *Tb*

OCTAVA REAL *y* OCTAVA RIMA. ▪ **9** (*Mús*) Serie diatónica en que se incluyen los siete sonidos constitutivos de una escala y la repetición del primero de ellos. *Tb el registro correspondiente en el órgano.* ▪ **10** (*Mús*) Sonido resultante de doblar la frecuencia de otro sonido o de reducirla a la mitad. *Tb* OCTAVA ALTA *y* BAJA, *respectivamente.*
III *adv* **11** En octavo [1] lugar.

octete *m* (*Quím*) Grupo estable de ocho electrones.

octeto *m* **1** (*Mús*) Conjunto de ocho instrumentos. ▪ **2** (*Mús*) Composición o parte musical para ocho instrumentos. ▪ **3** (*Informát*) Secuencia de ocho dígitos o bits. ▪ **4** (*Quím*) Octete.

octillizo -za *adj* [Pers.] nacida del mismo parto que otras siete. *Más frec como n y en pl.*

octingentésimo -ma *adj* (*lit*) Que ocupa un lugar inmediatamente detrás o después del septingentésimo nonagesimonoveno.

octodecasílabo -ba *adj* (*TLit*) [Verso] de dieciocho sílabas. *Tb n m.*

octogenario -ria *adj* [Pers.] de edad comprendida entre los ochenta y los noventa años. *Tb n.*

octogésimo -ma *adj* (*lit*) Que ocupa un lugar inmediatamente detrás o después del septuagesimonoveno. *Seguido de los ordinales* PRIMERO *a* NOVENO, *forma los adjs ordinales correspondientes a los números 81 a 89.*

octogesimo- *r pref* (*lit*) Unida sin guión a los ordinales PRIMERO *a* NOVENO (*o* NONO), *forma los adjs ordinales correspondientes a los números 81 a 89.* * Octogesimoquinto.

octogonal *adj* De(l) octógono [2]. **b)** De forma de octógono.

octógono -na **I** *adj* **1** Octogonal.
II *m* **2** Polígono de ocho lados.

octonario -ria *adj* (*TLit*) [Verso] de dieciséis sílabas. *Tb n m.*

octópodo *adj* (*Zool*) [Molusco cefalópodo] que tiene ocho tentáculos iguales provistos de ventosas. *Frec como n m en pl, designando este taxón zoológico.*

octorón -na *adj* (*raro*) [Pers.] mestiza que tiene un octavo de sangre negra. *Tb n.*

octosilábico -ca *adj* (*TLit*) Octosílabo.

octosílabo -ba *adj* (*TLit*) **1** De ocho sílabas. *Tb n m, designando verso.* ▪ **2** Formado por versos de ocho sílabas.

octubre *m* Décimo mes del año. *Se usa normalmente sin art.*

óctuple *adj* (*raro*) [Cosa] formada por ocho elementos.

octuplicar **A** *tr* **1** Multiplicar por ocho [una cosa]. **B** *intr* **2** Pasar [algo] a ser ocho veces mayor. *Tb pr* (*~se*).

óctuplo -pla *adj* (*raro*) **1** [Cantidad] ocho veces mayor [que otra (*compl de posesión*)]. *Tb n m.* ▪ **2** ~ + *n* = OCHO + *el mismo n en pl.* * La suprema felicidad se consigue a través del "óctuplo sendero".

ocuje *m* Árbol tropical de hermoso follaje, con hojas coriáceas y brillantes, estimado por la calidad y dureza de su madera (*Calophyllum calaba*).

ocular **I** *adj* **1** De (los) ojos. **b)** [Cosa] que se realiza con los ojos. **c)** [Testigo] que estuvo presente en los hechos de que se trata.

II *m* **2** Lente de algunos aparatos de óptica por donde aplica el ojo el observador.

ocularista *m y f* Pers. que fabrica ojos artificiales.

ocularmente *adv* De manera ocular [1b].

oculista *m y f* Médico especialista en ojos.

óculo *m* (*Arquit*) Ventana pequeña redonda u ovalada.

oculomotor *adj* (*Anat*) [Nervio] de los movimientos del ojo. *Tb n m.*

ocultable *adj* Que se puede ocultar.

ocultación *f* Acción de ocultar(se).

ocultador -ra *adj* Que oculta. *Tb n m, referido a utensilio.*

ocultamente *adv* De manera oculta.

ocultamiento *m* Ocultación.

ocultar A *tr* **1** Esconder (impedir que [alguien o algo (*cd*)] esté visible). **b)** *pr* (**~se**) Dejar de estar a la vista. ■ **2** Callar [algo que debiera manifestarse].
 B *intr pr* **3** **~se** [algo a alguien]. (*lit*) Ser[le] desconocido o pasar[le] inadvertido. *Frec en constr neg.*

ocultatorio -ria *adj* Que sirve para ocultar.

ocultismo *m* **1** Conjunto de las ciencias ocultas y de las prácticas relativas a ellas. ■ **2** Actitud proclive a ocultar información.

ocultista *adj* De(l) ocultismo, *esp* [1]. **b)** [Pers.] que profesa o practica el ocultismo, *esp* [1]. *Tb n.*

oculto -ta *adj* Que no se deja ver o conocer. **b) ciencias ocultas** → CIENCIA.

ocume → OKUME.

ocupa → OKUPA.

ocupable *adj* Que puede ser ocupado.

ocupación *f* **1** Acción de ocupar(se). **b)** (*Der*) Modo de adquirir la propiedad de una cosa que no pertenece a nadie, por la toma de posesión de la misma con la intención de hacerla propia. ■ **2** Trabajo o quehacer.

ocupacional *adj* De (la) ocupación [2].

ocupador -ra *adj* Que ocupa [1, esp. 1b].

ocupante *adj* Que ocupa [1, 2 y 3]. *Tb n, referido a pers.*

ocupar A *tr* **1** Instalarse [en un lugar (*cd*)]. **b)** Instalarse por la fuerza [en un lugar (*cd*)]. **c)** Estar instalado [en un lugar (*cd*)]. ■ **2** Estar [en un lugar (*cd*)]. **b)** Desempeñar [un cargo]. ■ **3** Estar haciendo uso [de determinados aparatos, servicios o lugares (*cd*)], esp. un teléfono, una línea telefónica, una cabina o un cuarto de baño]. *Frec en part.* ■ **4** Llenar [alguien un espacio o un espacio]. ■ **5** Llenar [un espacio de tiempo (*cd*) una actividad (*suj*) o alguien (*suj*) con una actividad (*compl* EN)]. ■ **6** Dar trabajo [a una pers. (*cd*)]. *A veces en part, frec sustantivado.* ■ **7** (*Der*) Aprehender [una autoridad (*suj*) algo a alguien]. *Tb sin ci.*
 B *intr pr* (**~se**) **8** Dedicar [alguien su actividad [a una cosa (*compl* EN o DE)]. **b)** Encargarse [de alguien o algo] o tomar[lo (*compl* DE)] bajo su cuidado o responsabilidad. **c)** Dedicar [alguien] su atención [a una pers. o cosa (*compl* DE)]. ■ **9** (*vulg*) En ambiente prostibulario: Acostarse [con alguien].

ocurrencia *f* **1** Cosa, frec. original o ingeniosa, que se le ocurre [a alguien (*compl de posesión*)]. ■ **2** Hecho de ocurrir o producirse. ■ **3** (*Ling*)

Presencia o aparición de un elemento lingüístico en un texto.

ocurrente *adj* [Pers.] que tiene ocurrencias ingeniosas. **b)** Propio de la pers. ocurrente.

ocurrir *intr* **➤ a** *normal* **1** Producirse o tener existencia [un hecho, esp. desfavorable].
 ➤ b *pr* (**~se**) **2** Venir [una idea] a la mente [de alguien (*ci*)].

oda *f* (*TLit*) Poema lírico de tono elevado.

odalisca *f* Mujer perteneciente a un harén. *Tb fig.*

odeón *m* (*hist*) En la Grecia antigua: Local destinado a audiciones musicales.

odiable *adj* (*raro*) Digno de ser odiado.

odiador -ra *adj* Que odia.

odiar (*conjug* **1a**) *tr* Sentir odio [contra alguien o algo (*cd*)].

odinismo *m* (*Rel*) Religión de los antiguos germanos, cuyo dios principal es Odín.

odio *m* Sentimiento profundo de repulsión [hacia alguien o algo (*compl* A, CONTRA o HACIA)]. *Frec el compl se omite.*

odiosamente *adv* De manera odiosa.

odiosidad *f* Cualidad de odioso.

odioso -sa *adj* Que provoca odio.

odisea *f* **1** Viaje acompañado de peripecias o dificultades. ■ **2** Serie de peripecias o dificultades.

odógrafa (*tb con la grafía* **hodógrafa**) *f* (*Fís*) Gráfico que representa el camino recorrido o que se ha de recorrer.

odómetro *m* (*E*) Aparato que sirve para medir la distancia recorrida por un vehículo o el número de pasos dados por una pers.

odonato *adj* (*Zool*) [Insecto] que tiene cuatro alas iguales y membranosas, boca masticadora y metamorfosis sencilla. *Frec como n m en pl, designando este taxón zoológico.*

odontalgia *f* (*Med*) Dolor de muelas o dientes.

odontoide (*tb* **odontoides**) *adj* (*Anat*) Que tiene forma de diente. *Normalmente referido a la apófisis del axis.*

odontología *f* Estudio y tratamiento de los dientes.

odontológico -ca *adj* De (la) odontología.

odontólogo -ga *m y f* Especialista en odontología.

odontómetro *m* (*E*) Utensilio para medir la distancia entre los dientes de un sello de correos.

odorífero -ra *adj* (*lit o E*) Que emite olor.

odorífico -ca *adj* (*lit*) Que da buen olor. **b)** De(l) buen olor.

odre *m* Cuero de animal, esp. de cabra, que, cosido por todas partes menos por la correspondiente al cuello, sirve para contener líquidos.

odrero *m* Fabricante de odres.

oersted (*pronunc corriente,* /oérsted/; *pl normal,* **~s**) *m* (*Fís*) En el sistema CGS: Unidad de intensidad del campo magnético, que equivale a la intensidad de un campo magnético en el vacío en que un polo magnético está sometido a la fuerza de una dina.

oeste (*frec con mayúscula*) *m* **1** Punto cardinal por donde se pone el Sol en los equinoccios. *Tb en aposición.* ■ **2** Parte [de un territorio o lugar] que está hacia el oeste [1]. *Frec en aposición.* **b)** (*gralm con mayúscula*) Región occidental de los Estados Unidos. *Frec considerada como escenario de un género cinematográfico que tiene como fondo la historia de esta región en la segunda mitad del s XIX y cuyos principales temas son la colonización, la lucha contra los indios y la represión del bandidaje. Frec en la constr* PELÍCULA DEL ~. ■ **3** Viento que sopla del oeste [1]. *Tb* VIENTO ~.

ofender A *tr* **1** Hacer, con palabras o acciones, que [alguien (*cd*)] se sienta humillado o despreciado. *Tb abs.* ■ **2** Ir [contra una cosa (*cd*)] o hacer[le (*cd*)] daño.
    B *intr pr* (**~se**) **3** Considerarse ofendido [1].

ofendido -da *adj* **1** *part* → OFENDER. ■ **2** Que denota ofensa.

ofendiente *adj* (*raro*) Que ofende. *Tb n, referido a pers.*

ofensa *f* **1** Acción de ofender. *Tb su efecto.* ■ **2** Cosa que ofende.

ofensivamente *adv* De manera ofensiva.

ofensivo -va I *adj* **1** [Cosa] que ofende. ■ **2** De ataque. *Se opone a* DEFENSIVO.
    II *f* **3** (*Mil*) Operación de ataque. *Frec fig, referido a cualquier otra actividad.*

ofensor -ra *adj* [Pers.] que ofende. *Frec n.*

oferente *adj* (*Rel, Com o lit*) Que ofrece. *Tb n, referido a pers.*

oferta *f* **1** Hecho de ofrecer [1 y 2]. *Tb su efecto.* ■ **2** (*Com*) Hecho de poner en venta. **b)** Hecho de poner en venta un artículo a precio rebajado. *Frec en la constr* EN ~ *o* DE ~. ■ **3** Mercancía en oferta [2, esp. 2b]. *Tb en sg, con sent colectivo.*

ofertante *adj* Que oferta. *Tb n, referido a pers.*

ofertar *tr* Hacer una oferta [1 y 2] [de algo (*cd*)].

ofertor -ra *adj* (*raro*) Que ofrece. *Tb n, referido a pers.*

ofertorio *m* **1** (*Rel*) Rito en el que se ofrece algo a la divinidad. ■ **2** (*Rel catól*) Parte de la misa en la que el sacerdote ofrece a Dios la hostia y el vino aún sin consagrar. **b)** Antífona que lee el sacerdote en el ofertorio de la misa. *Tb la música con que se canta.*

off (*ing; pronunc corriente,* /of/). **en ~.** *loc adj* (*Escén*) [Voz] de un narrador o explicador que está fuera del campo visual del espectador. *Tb adv. Tb fig, fuera del ámbito técn.*

office (*fr; pronunc corriente,* /ófis/, *a veces tb* /ofís/) *m* Habitación pequeña que sirve de anejo a la cocina.

offset (*ing; pronunc corriente,* /ófset/; *pl normal,* ~s) *m* (*Impr*) **1** Procedimiento en el que una plancha entintada imprime sobre un cilindro de caucho que transfiere la impresión al papel. *Se usa frec en aposición.* ■ **2** Papel apropiado para la impresión offset [1]. *Frec* PAPEL ~.

off-shore (*ing; pronunc corriente,* /óf-ʃór/) I *m* **1** (*Dep*) Motonáutica de alta mar. *A veces en aposición.*
    II *adj* **2** (*Dep*) [Embarcación] de alta mar. ■ **3** (*E*) [Explotación petrolífera] que se realiza en el fondo del mar.

offside (*ing; tb con la grafía* **off-side**; *pronunc corriente,* /ófsaid/; *pl normal,* ~s) *m* (*Dep*) Fuera de juego. *Tb fig, fuera del ámbito técn. Frec en la constr* EN ~.

off the record (*ing; pronunc corriente,* /óf-de-ˈřékor/) *adv* (*Per*) En un plano confidencial. *Referido a declaraciones u opiniones. Tb adj. Tb fig, fuera del ámbito técn.*

oficial -la (*la forma f* OFICIALA *solo se usa en acep 5*) I *adj* (*invar en gén*) **1** De las autoridades o el gobierno, o que tiene validez emanada de ellos. **b)** Que está reconocido por quien tiene autoridad para hacerlo. **c)** Propio de las cosas oficiales. ■ **2** [Institución, edificio o actividad] que se sostiene con fondos públicos y está bajo la dependencia del Estado o de las entidades territoriales. **b)** [Alumno] inscrito en un centro oficial y que debe asistir a las clases. *Tb n.*
    II *n* A *m* **3** Militar que posee grado o empleo de alférez, teniente o capitán. **b)** ~ **general.** Militar que posee el grado o empleo de general de brigada, general de división, teniente general o capitán general. ■ **4** (*hist*) Funcionario regio.
    B *m y f* **5** *En los oficios manuales:* Pers. de grado intermedio entre el aprendiz y el maestro. ■ **6** *En la administración del Estado:* Funcionario de categoría inmediatamente superior a la de auxiliar. **b)** ~ **mayor.** *En algunos organismos públicos:* Funcionario responsable del personal administrativo y subalterno. *Tb designa a veces al funcionario administrativo de mayor jerarquía en alguna dependencia.* ■ **7** *En determinadas oficinas privadas:* Empleado de categoría similar a la de oficial [6] público. ■ **8** *En la policía municipal:* Miembro de categoría inmediatamente superior a la del suboficial.

oficialazgo *m* (*raro*) Grado de oficial [5].

oficialía *f* **1** Grado o categoría de oficial [5, 6 y 7]. ■ **2** Oficialidad [2]. ■ **3** ~ **mayor.** Oficina del oficial mayor.

oficialidad *f* **1** Cualidad de oficial [1 y 2]. ■ **2** Conjunto de los oficiales [3].

oficialismo *m* Presencia excesiva de lo oficial [1].

oficialista *adj* **1** Que tiene el apoyo oficial [1a]. ■ **2** Que tiende a lo oficial [1a].

oficialización *f* Acción de oficializar.

oficializar *tr* Dar carácter oficial [1] [a algo (*cd*)].

oficialmente *adv* De manera oficial [1].

oficiante *adj* *En un acto religioso:* [Clérigo] que oficia [1 y 4]. *Tb n. Tb fig, referido a actos profanos.*

oficiar (*conjug* 1a) A *intr* **1** Celebrar un acto litúrgico, esp. la misa. ■ **2** Actuar [en calidad de algo (*compl* DE)]. *A veces sin compl.* ■ **3** (*admin*) Enviar un oficio [4] [a alguien].
    B *tr* **4** Celebrar [un acto litúrgico, esp. la misa]. ■ **5** (*admin*) Comunicar [algo] mediante un oficio [4].

oficina *f* **1** Lugar en que se realizan trabajos administrativos o similares. **b)** *Forma parte de la denominación de distintos departamentos, organismos o dependencias, de carácter más o menos administrativo.* * Oficina para la Coordinación y Programación Económica. ■ **2** (*raro*) Laboratorio [de farmacia]. ■ **3** (*hist*) Taller o local en que se trabaja.

oficinal *adj* (*Med*) **1** [Planta] que tiene utilidad farmacéutica. ■ **2** [Producto] preparado en farmacia.

oficinesco -ca *adj* De (la) oficina [1a]. *Frec con intención desp.*

oficinista *m y f* Pers. que trabaja en una oficina [1a].

oficio (*normalmente con mayúscula en acep 6*) **I** *m* **1** Actividad laboral que requiere exclusivamente habilidad manual o esfuerzo físico. **b)** *En gral:* Dedicación o actividad habitual. **c)** Dominio del oficio. ■ **2** Papel o función [de una cosa]. ■ **3** (*Rel catól*) Conjunto de oraciones rituales. *Frec con un compl o adj especificador. Tb la música con que se acompaña.* **b)** Conjunto de rezos diarios obligatorios para los eclesiásticos. *Tb ~* DIVINO. **c)** Función de Iglesia, esp. la correspondiente a alguno de los días de Semana Santa. *Frec en pl con sent sg.* ■ **4** Comunicación escrita, referente a asuntos del servicio, expedida por una oficina pública. ■ **5 buenos ~s.** Mediación, o gestión favorable. ■ **6 Santo ~.** Congregación vaticana cuya misión es velar por la pureza de la fe. **b)** (*hist*) Inquisición (tribunal eclesiástico). ■ **7** (*raro*) Office. ■ **8** (*hist*) Oficina o despacho.
II *loc adj* **9 de ~.** Que tiene carácter oficial. *Tb adv.* **b)** (*Der*) [Abogado] designado por turno para defender gratuitamente a un procesado que no ha nombrado defensor propio. *Tb referido al turno.* ■ **10 sin ~ ni beneficio.** (*col*) [Pers.] que no tiene ocupación fija.

oficionario *m* (*Rel catól*) Libro que contiene el oficio canónico. *Tb fig.*

oficiosamente *adv* De manera oficiosa.

oficiosidad *f* **1** Cualidad de oficioso, *esp* [2]. ■ **2** Acción oficiosa [1 y 2b].

oficioso -sa *adj* **1** Que no es oficial [1] pero tiene un carácter cercano al oficial. ■ **2** [Pers.] que se muestra solícita por agradar y ser útil. *Frec con intención desp denotando entrometimiento. Tb n.* **b)** Propio de la pers. oficiosa. ■ **3** [Mentira] que se dice buscando un provecho o ventaja.

oficleido *m* (*hist*) Instrumento músico de viento, con llaves y embocadura, hoy desusado por su sonoridad ruda.

ofídico -ca *adj* (*lit*) De (los) ofidios o de ofidio. **b)** Que tiene carácter o naturaleza de serpiente. *Tb fig.*

ofidio *adj* (*Zool*) [Reptil] ápodo, de cuerpo largo y cilíndrico, piel escamosa y boca muy dilatable. *Frec como n m en pl, designando este taxón zoológico.*

ofimático -ca I *adj* **1** De (la) ofimática [2].
II *n* **A** *f* **2** Informática destinada a oficinas.
B *m y f* **3** Especialista en ofimática [2].

ofis (*tb* **ofís**) *m* Office.

ofita[1] *f* (*Mineral*) Roca volcánica de color verdoso, compuesta de feldespato, piroxeno y nódulos calizos o cuarzosos, que se emplea como piedra de adorno.

ofita[2] *adj* (*hist*) De una secta gnóstica que rinde culto a la serpiente. *Tb n, referido a pers.*

ofiura *f* Se da este *n a* diversas especies de ofiuroideos del orden *Ophiurae*, las cuales se caracterizan por tener el disco y los brazos casi siempre cubiertos de placas y escamas.

ofiúrido *adj* (*Zool*) Ofiuroideo. *Tb n.*

ofiuro *m* (*Zool*) Ofiura.

ofiuroideo *adj* (*Zool*) [Equinodermo] de cuerpo estrellado, formado por un disco central y cinco brazos serpentiformes netamente separados de él. *Frec como n m en pl, designando este taxón zoológico.*

ofrecedor -ra *adj* Que ofrece, *esp* [1]. *Tb n, referido a pers.*

ofrecer (*conjug* 11) **A** *tr* **1** Poner [una pers. o cosa (*cd*)] a disposición [de alguien (*ci*)]. *Frec con cd refl, en fórmulas de cortesía.* **b)** Poner a disposición [de alguien (*ci*) una posibilidad que se está dispuesto a cumplir]. **c)** Obsequiar [a alguien (*ci*) con algo (*cd*), esp. una fiesta o celebración]. **d)** *Como acto religioso:* Obsequiar [con algo (*cd*)] o prometer[lo], frec. para pedir algún favor. ■ **2** Manifestar [la cantidad que se está dispuesto a pagar por algo]. *Tb abs.* ■ **3** Presentar [algo], esp. a la vista o a la mente. **b)** *pr* (*~se*) Presentarse [algo], esp. a la vista o a la mente. ■ **4** Presentar [algo a alguien] para que lo tome. *Tb abs.*
B *intr* *pr* **5 ~sele** [algo a una pers.]. Desear[lo esa pers.]. *Normalmente en frases interrogs de cortesía.*

ofreciente *adj* (*lit, raro*) Que ofrece, *esp* [1].

ofrecimiento *m* Acción de ofrecer [1]. *Tb efecto.*

ofrenda *f* **1** Acción de ofrecer [1c y d]. **b)** Palabras con que se ofrece. ■ **2** Cosa ofrecida [1c y d].

ofrendar *tr* (*lit*) Dar como ofrenda.

oftalmia (*tb* **oftalmía**) *f* (*Med*) Inflamación de los ojos.

oftálmico -ca *adj* (*Med*) Del ojo.

oftalmología *f* Parte de la medicina que estudia el ojo y sus enfermedades.

oftalmológico -ca *adj* De (la) oftalmología.

oftalmólogo -ga *m y f* Especialista en oftalmología.

oftalmómetro *m* (*Med*) Instrumento que sirve para medir el grado de curvatura y el poder de refracción de la córnea.

oftalmoscopia *f* (*Med*) Examen del interior del ojo mediante el oftalmoscopio.

oftalmoscopio *m* (*Med*) Instrumento para reconocer las partes interiores del ojo, constituido por un espejo plano o cóncavo agujereado en su centro y montado sobre un mango.

ofuscación *f* Acción de ofuscar(se). *Tb su efecto.*

ofuscador -ra *adj* Que ofusca.

ofuscamiento *m* Ofuscación.

ofuscante *adj* (*lit*) Que ofusca.

ofuscar *tr* **1** Quitar pasajeramente la claridad mental [a una pers. (*cd*)]. **b)** *pr* (*~se*) Perder claridad mental pasajeramente [una pers.]. ■ **2** Quitar claridad [a la mente o a la vista (*cd*)]. **b)** *pr* (*~se*) Perder claridad [la mente o la vista].

ogro -gresa *m y f* **1** Gigante imaginario que devora seres humanos. *Frec fig, designando hiperbólicamente a una pers devoradora.* ■ **2** Pers. feroz e intratable. *Tb adj.*

oh *interj* **1** *Puede expresar muy diversos sentimientos, esp sorpresa y rechazo. A veces se sustantiva como n m.* * ¡Oh! ¡Dios mío! ¡Qué horror! ■ **2** (*lit*) *Se emplea enfáticamente precediendo a un vocativo.* * ¡Oh, tú, Honesto, el mejor de los hombres!

ohm (*pl normal, ~s*) *m* (*Fís*) Ohmio.

óhmico -ca *adj* (*Fís*) Relativo al ohmio o a la la ley de Ohm.

ohmio *m* (*Fís*) Unidad de resistencia eléctrica, equivalente a la resistencia que da paso a una corriente de un amperio cuando entre sus extremos existe una diferencia de potencial de un voltio.

oídas. de ~. loc adv Sin otro conocimiento que el haber oído hablar de alguien o algo. Con el v CONO-CER u otro equivalente.

oídio m Hongo parásito de la vid y otras plantas, el cual forma sobre las hojas una red de filamentos blanquecinos y polvorientos (gén. Oidium, esp. O. tuckeri). Tb la enfermedad causada por él.

oídium m Oídio.

oído I m 1 Sentido corporal por el cual se perciben los sonidos. **b)** Órgano del sentido del oído. ■ **2** Atención. Frec en forma exclam y con un compl A. ■ **3** Aptitud para percibir y reproducir con exactitud la altura relativa de los sonidos musicales. Frec con el v TENER. ■ **4** En algunas armas: Agujero de la recámara que comunica el fuego a la carga. ■ II loc v y fórm or **5 cerrar los ~s** [a algo]. Negarse a escuchar[lo] o a atender[lo]. ■ **6 dar** (o **prestar**) **~s.** Prestar atención o dar acogida favorable [a algo, esp. a lo que alguien dice]. **b)** Prestar atención o dar acogida favorable a lo que dice [alguien (ci)]. ■ **7 entrarle** [a alguien una cosa] **por un ~ y salirle por el otro.** (col) No prestar [esa pers.] ninguna atención [a lo que se le dice]. ■ **8 hacer ~s sordos,** o (lit) **de mercader,** [a algo]. No prestar[le] atención. ■ **9 llegar** [una cosa] **a ~s** [de alguien]. Enterarse [esa pers. de esa cosa] de un modo indirecto. ■ **10 ~ al parche.** (col) Fórmula que se emplea para recomendar atención. * Oído al parche, que lo que dice al jefe no es ninguna tontería. ■ **11 regalar** [a alguien] **los ~s** (o **el ~**). Adular[le]. ■ **12 ser** [alguien] **todo ~s.** (col) Escuchar con suma atención. TODO puede permanecer invariable o concordar con el suj. * Somos todo oídos. * Soy toda oídos. ■ **13 silbarle** (o **sonarle,** o **zumbarle**) **los ~s** [a alguien]. Se dice cuando esa pers es objeto de murmuraciones o comentarios en su ausencia. * A Luisa le deben estar sonando los oídos. ¡Qué mañana lleváis a costa de la pobre! ■ III loc adv **14 al ~.** Junto al oído [1b] del oyente y normalmente en voz muy baja. Gralm con los vs DE-CIR o HABLAR. ■ **15 al ~** (o **de ~**). A través del sentido del oído, sin otra confirmación. ■ **16 de ~.** Solo por conocimiento auditivo, sin estudios especiales. Normalmente referido a música. **b)** De oídas (sin otro conocimiento que el haber oído hablar de alguien o algo).

oidor m (hist) Ministro togado que en las audiencias oye y sentencia las causas y pleitos.

oïl (fr; pronunc corriente, /óil/). **lengua de ~.** loc n f (hist) Lengua, o conjunto de dialectos, de la zona septentrional de Francia, que se caracterizaba por el uso del adverbio de afirmación oïl (actual oui), a diferencia del occitano, en que se usaba oc.

oír I v (conjug 54) tr ➤ **a** como simple v **1** Percibir [algo] por el oído. Tb abs. **b)** Percibir lo que dice [alguien (cd)]. ■ **2** Atender [a los ruegos, consejos o argumentos (cd) de alguien]. **b)** Atender a los ruegos, consejos o argumentos [de alguien (cd)]. ■ **3** Asistir [a misa (cd)]. ■ **4** (hist) Asistir a la explicación [de una disciplina académica (cd)]. ➤ **b** en locs y fórm or **5 ¿lo oyes?, ¿me oyes?,** u **¿oyes?** (col) Fórmula con que se insiste enfáticamente en la aseveración que se está haciendo. * Tú no sales, ¿me oyes? ■ **6 me va a ~** (o, más raro, **me oye**). (col) Fórmula con que se expresa la irritación ante algo y el propósito de reconvenir a la pers responsable. * Esta fresca me va a oír. ■ **7 ni oye ni**

entiende. Se usa para ponderar la incapacidad de alguien para enterarse de nada. * No me importa que se lo digas; ese ni oye ni entiende. ■ **8 ~, ver y callar.** Se usa para expresar el deseo o la necesidad de asistir a los hechos como simple espectador, sin intervenir en absoluto. * Usted, oír, ver y callar. Es lo mejor. ■ **9 oye** (u **oiga**). (col) Se emplea, con intención enfática, para llamar la atención sobre lo que se va a decir. A veces en tono de represión o de protesta. * Gabardina nueva, oye, qué elegancia. * Oiga, no sea grosero. ■ **10 oye** (u **oiga**). Se usa para dirigirse a alguien, frec desconocido, y pedirle su atención. * Oiga, por favor, ¿podría ayudarme? ■ II loc adv **11 como lo oyes, como lo estás oyendo, lo que oyes,** o **lo que estás oyendo.** (col) Se usa para ratificar lo que se acaba de decir o insinuar y que ha resultado sorprendente al interlocutor. * —¿Eso dijo? —Como lo oyes. ■ **12 como quien** (o **el que**) **oye llover** → LLOVER.

oíslo m (lit, raro) Pers. querida y estimada [por otra (compl de posesión)]. Gralm designa la mujer respecto de su marido.

ojal m **1** Abertura alargada y reforzada en sus bordes para abrochar botones. **b)** Abertura de forma alargada. ■ **2** Agujero que atraviesa algo de parte a parte.

ojalá interj Expresa deseo de que ocurra lo que se acaba de oír, o lo que se dice a continuación. En este último caso (tb, pop, ~ QUE, ~ Y), le sigue una prop con v en subj. * —Creo que vienen los dos. —Ojalá. * Ojalá llueva.

ojalado -da adj [Res] que tiene el pelo de alrededor de los ojos más oscuro que el resto. Tb n.

ojalador -ra m y f Pers. cuyo oficio es hacer ojales [1a].

ojalar intr Hacer ojales [1a].

ojalatero -ra adj (hist, desp) En la 2ª Guerra Carlista: [Pers.] que en una contienda se limita a desear el triunfo de su partido o de sus ideas. Tb n.

ojáncano m (Mitol cánt) Gigante maligno que tiene un solo ojo.

ojaranzal m Lugar poblado de ojaranzos.

ojaranzo m Arbusto de hojas persistentes lanceoladas y flores grandes de color rojo purpúreo (Rhododendron ponticum).

ojeada f Mirada rápida o superficial. Normalmente con el v ECHAR.

ojeador -ra m y f Pers. que ojea[2].

ojear[1] tr **1** Mirar rápida o superficialmente [a una pers. o cosa (cd)]. ■ **2** (raro) Dirigir la mirada [a alguien o algo (cd)].

ojear[2] tr Levantar [la caza] y acosarla para que vaya al lugar donde se la ha de cazar. **b)** Ojear la caza [en un lugar (cd)].

ojén m Aguardiente anisado dulce, hecho originariamente en Ojén (Málaga).

ojeo[1] m Acción de ojear[1].

ojeo[2] m Acción de ojear[2]. **b)** Cacería con ojeo.

ojera f Mancha amoratada, habitual o accidental, que bordea el ojo, esp. en la base del párpado inferior. Normalmente en pl.

ojeriza f (col) Antipatía o mala voluntad.

ojeroso -sa adj Que tiene ojeras.

ojete *m* **1** Abertura redonda y pequeña cuyos bordes van bordados, o reforzados por anillos metálicos, y que se utiliza para pasar por ella un cordón u otra cosa que sujete, o como simple adorno, esp. en labores. ■ **2** (*pop*) Ano.

ojetero -ra *adj* Que sirve para hacer ojetes [1].

ojigarzo -za *adj* (*lit*) De ojos azules.

ojijunto -ta *adj* (*raro*) De ojos juntos.

ojímetro. a ~. *loc adv* (*humoríst*) A ojo [58].

ojinegro -gra *adj* De ojos negros.

ojirri *m* (*col*) Ojito u ojillo.

ojitos (*tb* ojito) *m* (*reg*) Gallo (pez).

ojituerto -ta *adj* (*raro*) Bizco.

ojiva *f* **1** (*Arquit*) Figura formada por dos arcos de círculo iguales que se cortan en uno de sus extremos formando un ángulo curvilíneo. *Frec en la constr* DE ~ *o* EN ~, *esp referido a arco.* **b)** Arco que tiene figura de ojiva. ■ **2** (*Mil*) Parte superior de un proyectil, cuyo corte longitudinal tiene forma de ojiva [1a]. *Frec* ~ NUCLEAR. *Tb el mismo proyectil.*

ojival *adj* (*Arquit*) **1** De (la) ojiva [1]. ■ **2** Gótico.

ojivo -va *adj* (*Arquit*) Ojival [1].

ojizaino -na (*tb* ojizaíno) *adj* (*raro*) Que mira atravesado y con malos ojos [62].

ojizarco -ca *adj* (*lit*) De ojos azules. *Tb n, referido a pers.*

ojo I *m* **1** Órgano de la vista. **b) cuatro ~s.** (*col, humoríst*) Pers. con gafas. *Usado como sg.* ■ **2** *En pl*: Mirada. *Raro en sg.* **b)** Consideración. ■ **3** Atención o cuidado. *Frec en la constr* ANDAR, *o* ESTAR, CON ~, *o* CON CIEN ~S. *Se emplea tb, formando or independiente, como llamada de atención. En este caso, frec en forma exclam.* **b)** Llamada de atención puesta al margen de un escrito. ■ **4** Perspicacia o sagacidad. *Frec* ~ CLÍNICO. ■ **5** Agujero que atraviesa una cosa de parte a parte. **b)** *En un puente*: Vano comprendido entre dos arcos o estribos. **c)** Hueco en la masa de algunas sustancias. ■ **6** Área, gralm. circular, situada en el centro de un huracán o de una tempestad. *Frec* EL ~ DEL HURACÁN. *En esta forma, frec fig.* ■ **7** Gota de grasa que flota en otro líquido. ■ **8** Círculo de colores que tiene el pavo real en la extremidad de cada pluma de la cola. ■ **9** Yema [de la patata]. ■ **10** Aplicación de jabón a la ropa que se lava. ■ **11** Manantial. *Tb* ~ DE AGUA. ■ **12** (*reg*) Hoyo de más profundidad que diámetro. ■ **13** (*Impr*) Relieve de los tipos que, impregnado en tinta, produce la impresión. ■ **14 el ~** (*u* ojito) **derecho** [de una pers.]. (*col*) La pers. más estimada [por ella]. *Frec con el v* SER. ■ **15** ~ **de boticario.** (*hist*) Lugar de una farmacia en que se guardan los productos de más valor. (→ acep. 61.) ■ **16** ~ **de buey.** Ventana o claraboya de forma circular u ovalada. ■ **17** ~ **de gallo.** Callo redondo y algo cóncavo en el centro que se forma en los dedos de los pies. ■ **18** ~ **de gallo.** *En el vino*: Color pardo anaranjado. *Tb el vino de este color.* ■ **19** ~ **de gato.** Se da este n a varias piedras preciosas, esp ciertas variedades de cuarzo, que reflejan los rayos luminosos de tal modo que recuerdan la pupila de un gato. ■ **20** ~ **de halcón.** Variedad de cuarzo de color azul grisáceo, que se utiliza en joyería como piedra de adorno. ■ **21** ~ **del culo.** (*col*) Ano. ■ **22** ~ **de perdiz.** Dibujo de las telas formado por un rombo con otro muy pequeño relleno de color más oscuro en uno de sus vértices. ■ **23** ~ **de perdiz.** (*Taur*) Toro que tiene alrededor de los ojos un cerco encarnado. ■

24 ~ **de pez.** (*Ópt*) Objetivo gran angular caracterizado por lo extremo de su distancia focal y del ángulo de visión. ■ **25** ~ **de tigre.** Piedra semipreciosa, agregado de cuarzo, de infinitas fibras paralelas, originaria de África del Sur. ■ **26** ~ **mágico.** (*hoy raro*) *En un receptor de radio*: Piloto que indica el ajuste de una sintonía. ■ **27 un** ~ **de la cara.** (*col*) Un precio muy elevado. *Con vs como* COSTAR *o* COBRAR.

II *loc v y fórm or* **28 abrir los ~s** [a alguien]. Descubrir[le] algo que debería saber, o desengañar[le]. *A veces referido a perss cuya inocencia se desea preservar ante la realidad de la vida.* **b) abrir** [alguien] **los ~s.** Descubrir algo que debía saber, o desengañarse. ■ **29 abrir los ~s.** (*lit*) Nacer. ■ **30 cerrar los ~s** [ante algo]. No querer reconocer[lo] o enterarse [de ello]. *Esp referido a una verdad desagradable.* **b) cerrar los ~s.** Decidirse a hacer una cosa dejando a un lado los inconvenientes. ■ **31 cerrar el ~** (*o* los ~s). (*col*) Morir. ■ **32 cerrar ~ →** acep. 50. ■ **33 coger entre ~s** [a alguien]. (*col*) Coger[le] antipatía. ■ **34 comer(se)** (*o* devorar) **con los ~s** [a alguien o algo]. Mirar[lo] intensamente con muestras de deseo. ■ **35 echar el ~** [a alguien o algo]. (*col*) Escoger[lo] mentalmente para algún propósito. ■ **36 echar el ~** (*o* los ~s) **encima** [a alguien o algo]. (*col*) Ver[lo], o echar[le] la vista encima. *Frec en constr neg.* ■ **37 echar un ~** [a una cosa]. (*col*) Examinar[la] someramente. **b) echar un ~** [a una pers. o cosa]. (*col*) Prestar[le] algún cuidado o vigilancia. ■ **38 entrar por los ~s,** *o* **por el ~ (derecho)** [a alguien una pers. o cosa]. Gustar[le], esp. por su aspecto. ■ **39 írsele** [a uno] **los ~s** [por, tras, o detrás de, una pers. o cosa]. (*col*) Atraer [esa pers. o cosa] su atención intensamente. ■ **40 llenar el ~** [a alguien]. (*col*) Gustar[le] o resultar[le] agradable. ■ **41 meter** [a una pers. o cosa] **por los ~s** [a alguien]. (*col*) Ponderár[sela] en exceso o hacer[le] excesiva propaganda [de ella]. ■ **42 mirar con otros ~s** [a alguien o algo]. Cambiar de actitud o consideración [respecto a ellos]. ■ **43 mirar de mal ~.** (*raro*) Mirar con malos ojos (→ acep. 62). ■ **44 mirarse en los ~s** [de alguien]. Querer[lo] mucho. ■ **45 no lo verán tus ~s.** *Fórmula con que se niega enfáticamente la posibilidad de que se cumpla algo futuro que se acaba de mencionar.* * —Cuando te cases... —No lo verán tus ojos. ■ **46 no quitar ~** [a una pers. o cosa], *o* **no quitar los ~s** [de ella]. (*col*) No dejar de mirar[la]. ■ **47 no tener ~s más que para** [una pers. o cosa]. (*col*) Estar pendiente de lo absorto en su contemplación. *Tb fig.* ■ **48 ¿no tienes ~s en la cara?,** *o* **¿dónde tienes los ~s?** (*col*) *Se usa para comentar la incapacidad para percibir algo que salta a la vista.* * ¿Cómo has podido coger una cosa tan fea? ¿Dónde tienes los ojos? ■ **49 no ver más que por los ~s** [de alguien]. (*col*) Querer mucho [a esa pers.], estando pendiente [de ella]. ■ **50 pegar,** *o* **cerrar,** **(el,** *o* un**) ~,** *o* **los ~s.** (*col*) Dormir, o conciliar el sueño. *Gralm en constr neg.* ■ **51 poner los ~s** [en una pers. o cosa]. Fijarse [en ella] con intención de hacerla suya. ■ **52 poner los ~s a cuadros.** (*col*) Dar muestras de asombro. ■ **53 poner los ~s en blanco.** Dar muestras de gran admiración. ■ **54 poner los ~s encima** [a alguien]. (*col*) Echar[le] los ojos encima (→ acep. 36). *Frec en constr neg.* ■ **55 salir de ~.** Saltar a la vista. ■ **56 tener de ~** [a alguien]. Sentir recelo de él. ■ **57 traer,** *o* **tener,** **entre ~s** [a alguien]. Sentir recelo o antipatía [hacia él].

III *loc adv* **58 a ~.** A bulto o por aproximación. *Tb* A ~ DE BUEN CUBERO. ■ **59 a** (*o* con los) ~s cerra-

dos, *o* **a cierra ~s**. Sin dudarlo. *Tb (más raro)* A ~S CIEGAS. ■ **60 a ~s vistas**. De manera evidente. ■ **61 como pedrada en ~ de boticario** –> PEDRADA. ■ **62 con buenos** (*o* **malos**) **~s**. Con (o sin) simpatía o agrado. *Normalmente con los vs* VER *o* MIRAR. ■ **63 con los ~s abiertos**, *o* **con un ~ cerrado y otro abierto**. En actitud vigilante. *Con el v* DORMIR *u otro equivalente*. ■ **64 en un abrir y cerrar de ~s**. Rapidísimamente. ■ **65 hasta los ~s**. (*col*) *Pondera el alto grado en que se produce algo. Frec dependiendo del v* EMPEÑAR, *que a veces puede quedar implícito*. * Se ha comprado un piso y está empeñado hasta los ojos. ■ **66 ~ avizor**. Alerta. ■ **67 ~ por ~**. Devolviendo el mismo daño que se ha recibido. *A veces se añade* Y DIENTE POR DIENTE. ■ **68 por los ~s bellidos**. (*lit, raro*) Por la cara o de balde. ■ **69 por** (*o* **con**) **sus** (**propios**) **~s**. Personalmente. *Con el v* VER *u otro equivalente*.

IV *loc exclam* (*col*) **70 dichosos los ~s** *o* **dichosos los ~s que te ven**. *Fórmula con que se manifiesta el agrado que supone volver a ver a alguien. A veces con matiz irónico, reprochando a esa pers una ausencia prolongada*. * ¡Cuánto tiempo sin verte! ¡Dichosos los ojos! ■ **71 no es nada lo del ~**. *Fórmula con que se comenta la gravedad de algo a lo que otro no da importancia*. * Que le hable de cosas serias, dice. Pues no es nada lo del ojo.

ojú *interj* (*reg*) Jesús. *A veces se sustantiva como* n *m*.

okapi (*tb con la grafía* **ocapi**) *m* Mamífero rumiante africano de la familia de la jirafa, aunque de cuello más corto y talla menor, con pelaje rojizo y con los cuartos traseros rayados como la cebra (*Okapia johnstoni*).

okey *interj* (*raro*) Se usa para manifestar aprobación o asentimiento. * –¿Todos de acuerdo? –Okey.

okume (*tb con la grafía* **ocume**; *tb* **okumé**) *m* Árbol africano cuya madera, ligera y de color rosado, es apreciada en ebanistería (*Aucoumea klaineana*). *Tb su madera*.

okupa (*tb, raro, con la grafía* **ocupa**) *m y f* (*jerg*) Pers. que okupa.

okupación *f* (*jerg*) Acción de okupar.

okupante *adj* (*jerg*) Que okupa. *Frec* n.

okupar *tr* (*jerg*) Ocupar por la fuerza [una vivienda o local deshabitados].

ola *f* **1** Onda de gran amplitud formada en la superficie del agua. ■ **2** Oleada. ■ **3** Irrupción sensible [de calor o de frío]. ■ **4 nueva ~**. Generación que empieza a actuar. *Tb fig, referido a cosa. Tb adj*.

olaga *f* (*reg*) Aulaga (planta).

olambrilla *f* Azulejo decorativo que, combinado con baldosas rectangulares rojas, se utiliza en pavimentos y zócalos. **b)** Pavimento de olambrilla.

ólcade *adj* (*hist*) [Individuo] de una tribu de la Hispania prerromana, vecina de los carpetanos. *Tb n*.

ole (*tb* **olé**) (*col*) **I** *interj* **1** *Expresa entusiasmo ante lo que se ve o se oye. A veces se incrementa en las formas* ~ YA, ~ AHÍ, ~ CON ~. *Puede ir seguida de la mención de la pers o cosa que provoca entusiasmo, formando con ella una unidad sintáctica exclamativa. A veces se sustantiva como* n *m*. * A cada muletazo el público gritaba: ¡olé! * ¡Ole tu gracia, resalao! * Se oían los aplausos y olés del público.
II *loc adj* **2 de**(**l**) **~**, *o* **de ~ con ~**. Extraordinario.

oleáceo -a *adj* (*Bot*) [Árbol o arbusto] dicotiledóneo, de hojas opuestas, flores hermafroditas y fruto en drupa o baya. *Frec como* n f *en pl, designando este taxón botánico*.

oleada *f* Afluencia abundante y repentina.

oleaginoso -sa *adj* **1** (*lit*) Aceitoso. ■ **2** (*Bot*) [Planta] de la que se obtiene una sustancia oleaginosa [1]. *Tb* n f. **b)** De (la) planta oleaginosa.

oleaje *m* Movimiento de (las) olas [1]. *Tb fig*.

oleandrina *f* (*Quím*) Sustancia venenosa y amarga contenida en la adelfa.

oleandro *m* Adelfa (planta).

olear *intr* (*raro*) Formar olas [1]. *Tb fig*.

oleario -ria *adj* De(l) aceite.

oleastro *m* Olivo silvestre.

oleato *m* (*Quím y Med*) Sal del ácido oleico, usada en medicina como disolvente de determinadas sustancias o medicamentos.

olecraniano -na *adj* (*Anat*) Del olécranon.

olécranon *m* (*Anat*) Apófisis gruesa y curva del extremo superior del cúbito.

oledor -ra *adj* Capaz de percibir olores. *Tb* n, *referido a pers*.

olefina *f* (*Quím*) Hidrocarburo etilénico.

olefínico -ca *adj* (*Quím*) De (la) olefina.

oleico *adj* (*Quím*) [Ácido] etilénico que resulta de la saponificación de los cuerpos grasos.

oleícola **I** *adj* **1** De (la) oleicultura.
II *m y f* **2** Oleicultor.

oleicultor -ra *m y f* Pers. que se dedica a la oleicultura.

oleicultura *f* Industria que comprende el cultivo del olivo y la fabricación del aceite.

oleífero -ra *adj* (*E*) Que contiene aceite.

oleína *f* (*Quím*) Éster del ácido oleico que entra en la composición de los aceites líquidos y las grasas.

oleirense *adj* De Oleiros (La Coruña). *Tb* n, *referido a pers*.

óleo **I** *m* **1** (*raro*) Aceite. **b)** (*Rel catól*) Aceite consagrado que se usa en algunos sacramentos y ceremonias. *Frec* SANTOS ~S. *A veces con un compl especificador*. ■ **2** Pintura al óleo [4]. ■ **3** Cuadro pintado al óleo [4].
II *loc adj* **4 al ~**. [Pintura] con colores disueltos en aceite secante. *Tb adv*.

oleoducto *m* Tubería de grandes dimensiones que sirve para transportar petróleo entre los campos petrolíferos, las refinerías, los puertos y los centros de consumo o distribución.

oleografía *f* Procedimiento litográfico que intenta reproducir los efectos de la pintura al óleo. *Tb la obra obtenida por este procedimiento*.

oleográfico -ca *adj* De (la) oleografía.

oleomargarina *f* (*Quím*) Margarina. *Tb la grasa líquida de que se obtiene*.

oleoneumático -ca *adj* (*Mec*) [Dispositivo] hidráulico en que la fuerza se transmite al émbolo mediante aire comprimido y aceite.

oleorresina *f* (*Quím*) Sustancia segregada por algunos árboles, esp. el pino, constituida por resina disuelta en aceite volátil.

oleosidad *f* Cualidad de oleoso [1].

oleoso -sa *adj* **1** Aceitoso. ■ **2** (*Pint*) De(l) óleo [2].

oler (*conjug* 19) **A** *tr* **1** Percibir [algo] por el sentido del olfato. *Tb abs.* ■ **2** Aspirar aire por la nariz para percibir el olor [de algo o de alguien (*cd*)]. *Tb fig.* ■ **3** (*col*) Sospechar o adivinar. *Frec con un compl de interés.* **b) no ~las.** (*col*) No percatarse de nada. ■ **4** (*col*) Curiosear.
B *intr* ➤ **a** *normal* **5** Exhalar olor. *Frec con un compl* A. ■ **6** (*col*) Tener visos [de algo (*compl* A)]. **b) ~** [algo a alguien]. Parecer[le]. ■ **7** (*col*) Ser muy vieja o manida [una cosa]. *Gralm en la constr* YA HUELE. ■ **8 ~ mal,** *o* **no ~ bien** [algo]. (*col*) Inspirar sospechas de que encubre algo malo.
➤ **b** *impers* **9** Haber [determinado olor (*compl* A)] en un lugar].

olesano -na *adj* De Olesa de Montserrat (Barcelona). *Tb n, referido a pers.*

óleum *m* (*Quím*) Ácido sulfúrico fumante que contiene mayor proporción de anhídrido sulfúrico que el normal.

olfacción (*tb* **olfación**) *f* (*Fisiol*) Acción de oler (percibir por el olfato).

olfateador -ra *adj* Que olfatea.

olfatear *tr* **1** Aspirar aire por la nariz para percibir el olor [de alguien o algo (*cd*)]. *Tb abs.* ■ **2** Descubrir por el olfato el rastro [de alguien o algo (*cd*)]. ■ **3** Adivinar o sospechar. ■ **4** Curiosear.

olfateo *m* Acción de olfatear.

olfativo -va *adj* De(l) olfato.

olfato *m* **1** Sentido corporal por el cual se perciben los olores. **b)** (*raro*) Órgano del olfato. *Tb en pl con sent sg.* ■ **2** Sagacidad o intuición.

olfatorio -ria *adj* **1** Que sirve al olfato [1]. ■ **2** Olfativo.

olíbano *m* Incienso (gomorresina).

oliente *adj* Que huele o da olor.

olifante *m* (*hist*) En la Edad Media: Cuerno (instrumento músico) de marfil.

oligarca *m y f* (*Pol*) **1** Pers. que forma parte de una oligarquía. ■ **2** Pers. partidaria de la oligarquía.

oligarquía *f* (*Pol*) **1** Régimen en que la soberanía pertenece a un grupo o clase privilegiados. ■ **2** Grupo o clase privilegiados que detentan la soberanía.

oligárquico -ca *adj* (*Pol*) De (la) oligarquía.

oligisto *m* (*Mineral*) Mineral gris negruzco o pardo rojizo, constituido por óxido de hierro.

oligoceno -na *adj* (*Geol*) [Período] de la Era Terciaria que sigue al eoceno. *Tb n m.* **b)** De(l) período oligoceno. *Tb n m, referido a terreno.*

oligoclasa *f* (*Mineral*) Mineral constituido por una mezcla de albita y anortita, con predominio de la primera.

oligoelemento *m* (*Biol*) Elemento que interviene en el metabolismo de los seres vivos en dosis muy reducida, pero necesaria para su desarrollo.

oligofrenia *f* (*Med*) Deficiencia o retraso mental, de carácter congénito o precoz.

oligofrénico -ca *adj* (*Med*) [Pers.] que padece oligofrenia. *Frec n.*

oligomenorrea *f* (*Med*) Menstruación escasa en cantidad o en duración.

oligometálico -ca *adj* (*Med*) Que contiene poca cantidad de metales.

oligopolio *m* (*Econ*) Mercado en que un número reducido de vendedores tienen el monopolio de la oferta.

oligopolista *m y f* (*Econ*) Vendedor que opera en situación de oligopolio.

oligopolístico -ca *adj* (*Econ*) De(l) oligopolio.

oligoqueto *adj* (*Zool*) [Anélido] caracterizado por el corto número de sedas, gralm. terrestre, sin pies ni apéndices. *Frec como n m en pl, designando este taxón zoológico.*

oligotrófico -ca *adj* (*Biol*) Que contiene pocas sustancias o elementos nutritivos.

oligozoospermia *f* (*Med*) Escasez en el número de espermatozoides en el semen.

oliguria *f* (*Med*) Disminución o insuficiencia de la secreción de orina.

olimpiada (*frec con mayúscula; tb* **olimpíada**) *f* **1** Juegos olímpicos. *Tb en pl con sent sg. Tb fig.* ■ **2** (*hist*) *Entre los griegos:* Período de cuatro años comprendido entre dos juegos olímpicos consecutivos y que servía como unidad para el cómputo del tiempo.

olímpicamente *adv* De manera olímpica, *esp* [4].

olímpico -ca *adj* **1** Del Olimpo (morada de los dioses helénicos). **b)** Propio de los dioses del Olimpo. ■ **2** De Olimpia (Grecia). ■ **3 juegos ~s →** JUEGO. **b)** De los juegos olímpicos. **c)** Participante en los juegos olímpicos. *Tb n, referido a pers.* ■ **4** Altivo o despreciativo. *Normalmente dicho de cosa.*

olimpismo *m* Actividad olímpica [3b].

olimpo *m* (*lit*) **1** Morada exclusiva de seres privilegiados o superiores. *Tb fig.* ■ **2** Conjunto de seres que habitan un olimpo [1].

olisbo (*tb* **olisbos**) *m* (*lit*) Consolador (utensilio en forma de pene destinado a la masturbación femenina).

oliscador -ra *adj* (*raro*) Que olisca. *Tb n, referido a pers.*

oliscar *tr* (*raro*) Olisquear. *Tb abs.*

olisma *f* (*reg*) Olor. *Tb fig.*

olisqueador -ra *adj* Que olisquea.

olisquear *tr* **1** Olfatear (aspirar aire por la nariz para percibir el olor [de alguien o algo (*cd*)]). *Tb abs.* ■ **2** Olfatear (adivinar o sospechar). ■ **3** Indagar o buscar disimuladamente. *Tb abs.*

olisqueo *m* Acción de olisquear.

olitense *adj* De Olite (Navarra). *Tb n, referido a pers.*

oliva **I** *f* **1** Aceituna. *Más frec en la constr* ACEITE DE ~. *Salvo en esta constr, el uso es reg.* ■ **2** Olivo (árbol). ■ **3** (*E*) Masa u objeto en forma de oliva [1]. **b)** (*Arquit*) Pequeña masa oblonga que, en serie con otras, se usa como adorno.
II *adj invar* **4** [Color verde] oscuro propio de la aceituna. *Tb n m.* **b)** De color verde oliva.

oliváceo -a *adj* [Color] verdoso semejante al de la aceituna u oliva. **b)** De color oliváceo.

olivación *f* Acción de olivar³.

olivar[1] *m* Lugar plantado de olivos.

olivar[2] *adj* (*Med*) De (la) oliva [1].

olivar[3] *tr* Podar [árboles].

olivarda *f* Planta muy ramosa, cuyas hojas segregan una sustancia viscosa, y que tiene propiedades medicinales (*Inula viscosa*).

olivarero -ra *adj* Del cultivo del olivo [1]. **b)** Que se dedica al cultivo del olivo. *Tb n, referido a pers.*

olivastro *m* Olivo silvestre.

oliventino -na *adj* De Olivenza (Badajoz). *Tb n, referido a pers.*

olivera *f* (*reg*) Olivo (árbol).

olivero -ra *adj* De Oliva de la Frontera (Badajoz). *Tb n, referido a pers.*

olivicultor -ra *m y f* Pers. que se dedica a la olivicultura.

olivicultura *f* Cultivo del olivo.

olivilla *f* Planta de hasta 1 m de altura, con flores pequeñas amarillas y fruto en forma de tres bolitas rojas y finalmente negras, usada como purgante enérgico (*Cneorum tricoccum*).

olivino *m* (*Mineral*) Peridoto (mineral).

olivo I *m* 1 Árbol de tronco corto y grueso, copa ancha y ramosa, hojas persistentes verdes y lustrosas por la haz y blanquecinas por el envés, y flores blancas, y de cuyo fruto se obtiene el aceite común (*Olea europaea*). *Tb su madera.*
II *loc v* **2 tomar el ~.** (*Taur*) Guarecerse en la barrera.

olla *f* **1** Vasija de barro o metal, de forma cilíndrica, boca ancha y con una o dos asas, usada normalmente para cocer alimentos o calentar agua. ■ **2** Guiso consistente en una mezcla cocida de carne, legumbres y hortalizas, esp. garbanzos y patatas, a la que se añaden a veces embutidos y otros ingredientes. **b)** ~ **podrida.** Olla a la que se añaden jamón, aves y embutidos. ■ **3** ~ **de grillos** → GRILLO.

ollao *m* Cerco de metal destinado a reforzar un ojete.

ollar *m* Orificio de la nariz, esp. de la caballería.

ollería *f* Taller o tienda del ollero.

ollero -ra *m y f* Pers. que se dedica a la fabricación o a la venta de ollas [1].

ollomol *m* (*reg*) Se da este n a varias especies de peces del gén *Pagellus*, esp *P. acarne*, *P. bogaraveo*, *P. centrodontus* y *P. erythrinus*.

ollón *m* Olla [1] grande.

olma *f* Olmo muy corpulento y frondoso.

olmaza *f* (*reg*) Hormaza (pared de piedra seca).

olmeca *adj* (*hist*) [Individuo] de un pueblo mejicano que ocupaba los actuales estados de Veracruz, Tabasco y Oaxaca, y cuya civilización floreció entre los ss. IX y II a.C. *Tb n.* **b)** De los olmecas.

olmeda *f* Lugar plantado de olmos.

olmedano -na *adj* De Olmedo (Valladolid). *Tb n, referido a pers.*

olmedo *m* Olmeda.

olmo *m* Árbol de tronco robusto y derecho, corteza gruesa y resquebrajada, copa ancha, hojas elípticas vellosas por el envés, flores de color blanco rojizo y fruto en sámara (*Ulmus campestris*). *Tb se da este n a otras especies del gén* Ulmus.

ológrafo -fa (*tb con la grafía* **hológrafo**) *adj* **1** [Testamento o memoria testamentaria] de puño y letra del testador. **b)** Propio del testamento ológrafo. ■ **2** *En gral:* Autógrafo.

olor I *m* (*tb, lit o reg, f*) **1** Emanación volátil [de algunos cuerpos] capaz de provocar una sensación específica en la nariz. *A veces con un compl especificador con* A. *Tb fig.* **b)** ~ **a chamusquina.** Hecho de oler a chamusquina (→ CHAMUSQUINA).
II *loc adj* **2 de ~.** Que huele bien. **b)** [Agua] **de ~,** [grama] **de ~,** [juncia] **de ~,** [malva] **de ~** → AGUA, GRAMA, JUNCIA, MALVA.
III *loc adv* **3 en ~ de santidad.** Con reputación de santo. ■ **4 en ~ de multitud(es).** En medio del fervor o entusiasmo popular.
IV *loc prep* **5 en ~ de.** En atmósfera o ambiente de. *Seguido de n abstracto sin art.*

oloriento -ta *adj* (*lit, raro*) Oloroso [1].

oloroso -sa *adj* **1** Que exhala olor [1a]. *A veces con un compl* A. **b)** [Juncia] **olorosa,** [junquillo] ~ → JUNCIA, JUNQUILLO. ■ **2** [Vino de Jerez] de mucho aroma, de color dorado oscuro y de 18° o más. *Frec n m.*

olotense *adj* Olotino. *Tb n.*

olotino -na *adj* De Olot (Gerona). *Tb n, referido a pers.*

olusatro *m* Planta de hasta 1 m de altura, tallo robusto y flores amarillas en umbela (*Smyrnium olusatrum*).

olvidable *adj* Que se puede olvidar.

olvidadero -ra *adj* (*raro*) Que se puede olvidar.

olvidadizo -za *adj* Que olvida con facilidad.

olvidanza *f* (*lit, raro*) Olvido [1].

olvidar A *tr* **1** Dejar de tener en la memoria [algo o a alguien]. *Tb pr* (~**se**) (*col*), *cuando el cd es una prop.* * *Me olvidé que teníamos cita.* **b)** Dejar de tener en cuenta [algo o a alguien]. **c)** **olvídame** o **que me olvides.** (*col*) *Se usa como fórmula de rechazo.* * *Olvídame, no quiero oír más bobadas.* ■ **2** Dejar de sentir amor [hacia alguien o algo (*cd*)]. **3** Dejar u omitir [algo] por descuido o inadvertencia. *Frec con compl de interés.*
B *intr pr* (~**se**) **4** Olvidar [1, 2 y 3] [a alguien o algo (*compl* DE)]. *Tb sin compl.* ■ **5** Dejar de estar presente [algo] en la memoria [de alguien (*ci*)]. ■ **6** Ser dejado u omitido [algo] por descuido o inadvertencia [de alguien (*ci*)].

olvido I *m* **1** Acción de olvidar. *Tb su efecto. Frec en constrs como* CAER EN EL ~, RELEGAR AL ~, YACER EN EL ~. ■ **2** (*lit*) Cosa que se ha olvidado [1].
II *loc v* **3 echar en ~.** Olvidar [1b].

omagua *adj* De una tribu india de la alta Amazonia. *Tb n, referido a pers.*

omaní *adj* Del sultanato de Omán. *Tb n, referido a pers.*

ombligo I *m* **1** *En los mamíferos:* Cicatriz redonda y arrugada en medio del vientre, residuo del cordón umbilical. ■ **2** Cordón umbilical. ■ **3** (*Bot*) Pequeña depresión en el ápice de algunos frutos, opuesta al pedúnculo. ■ **4** ~ **de Venus.** Planta vivaz de hojas carnosas, redondeadas y con cierta concavidad en la inserción del rabillo, que se cría en los muros y rendijas de las peñas y es usada como diurética y vulneraria (*Umbilicus pendulinus* o *U. rupestris*). *Tb* ~ DE ROCA. ■ **5** ~ **de la reina.** Cierta planta cactácea, redonda y con púas. ■ **6 el** ~ **del mundo.** El centro o lo más importante del mundo. *Frec con intención desp, con vs como* CREERSE *o* CONSIDERARSE. **II** *loc v* **7 encogérsele** (*o* **arrugársele**) [a uno] el **~.** (*col*) Entrar[le] temor o desánimo. ■ **8 mirarse el ~.** (*col*) Complacerse en la contemplación de sí mismo.

ombliguero *m* Venda que se pone a los niños recién nacidos para sujetar la gasa que cubre el ombligo [2] hasta que este cicatriza.

ombliguismo *m* (*desp*) Tendencia a considerarse el ombligo del mundo (→ OMBLIGO [6]).

ombría *f* (*raro*) Umbría.

ombú *m* Árbol de la América Meridional, de corteza gruesa y blanda, copa muy densa, hojas elípticas y flores en racimos (*Phytolacca dioica*).

ombudsman (*sueco e ing; pronunc corriente,* /ómbudsman/; *pl normal,* ~S *o, más raro,* OMBUDSMEN) *m* **1** (*Pol*) Defensor del pueblo. *Gralm referido a los países escandinavos.* ■ **2** Defensor de los derechos [de un determinado grupo de perss.]. *Tb sin compl, por consabido.*

omega *f* **1** Última letra del alfabeto griego, que representa el sonido [o] larga. (V. PRELIM.) **b**) **alfa y ~** → ALFA. ■ **2** Pieza o figura en forma de omega [1].

omento *m* (*Anat*) Epiplón.

omero *m* (*reg*) Aliso (árbol).

omeya *adj* (*hist*) De la familia de Moavia I o de la dinastía musulmana fundada por él en el s. VII, cuya corte estuvo en Damasco, y que se prolongó en el s. VIII en Córdoba. *Tb de lo relativo a su época.*

ómicron (*tb* **omicrón**) *f* Letra del alfabeto griego que representa el sonido [o] breve. (V. PRELIM.)

ominosamente *adv* (*lit*) De manera ominosa.

ominoso -sa *adj* (*lit*) **1** Abominable. ■ **2** De mal agüero.

omisión **I** *f* **1** Hecho de omitir. **II** *loc adj* **2 de ~.** (*Rel catól*) [Pecado] que consiste en no hacer algo a que se está obligado.

omisivo -va *adj* De (la) omisión o que la implica.

omiso. hacer caso ~ → CASO.

omitir *tr* **1** No consignar [una cosa] o pasar[la] en silencio. ■ **2** Dejar sin llevar a cabo [una cosa].

ommatidia *f* (*Zool*) En algunos artrópodos: Ojo simple de los que constituyen el ojo compuesto.

ómnibus **I** *m* **1** Tren de cercanías que para en todas las estaciones. *Frec en la aposición* TREN ~. ■ **2** Coche con capacidad para más de nueve perss., incluido el conductor. *Alguna vez* VEHÍCULO ~. **b**) Autobús. **II** *adj invar* **3** Que incluye muchos temas diversos.

omnicomprensivo -va *adj* Que lo comprende todo.

omnilateral *adj* (*raro*) Que abarca todos los lados o aspectos.

omnímodamente *adv* (*lit*) De manera omnímoda.

omnímodo -da *adj* (*lit*) Absoluto, o que lo abarca todo. *Frec referido a poder o autoridad.*

omnipotencia *f* Cualidad de omnipotente.

omnipotente *adj* Todopoderoso.

omnipresencia *f* Cualidad de omnipresente.

omnipresente *adj* Que está a la vez en todas partes. *Tb n, referido a pers.*

omnisapiente *adj* (*lit*) Omnisciente.

omnisciencia *f* (*lit*) Conocimiento de todas las cosas.

omnisciente *adj* (*lit*) Que tiene conocimiento de todas las cosas.

omnívoro -ra *adj* (*Zool*) [Animal] que se alimenta de toda clase de sustancias orgánicas. *Tb* (*lit*) *fig.* **b**) Propio de los animales omnívoros.

omóplato (*tb* **omoplato**) *m* Hueso plano, simétrico con otro y triangular en el hombre, situado en la parte posterior y superior del tórax. *Tb la región correspondiente del cuerpo.*

onaballo *m* Planta vivaz de hojas opuestas y flores de color rojo negruzco en umbelas (*Vincetoxicum nigrum*).

onagro *m* Asno salvaje de Asia (*Equus hemionus onager*).

onanismo *m* (*lit*) Masturbación. *Tb fig.*

onanista *adj* (*lit*) De(l) onanismo. **b**) Que practica el onanismo. *Tb n, referido a pers. Tb fig.*

onanístico -ca *adj* (*lit*) De(l) onanismo.

once **I** *adj* **1** *Precediendo a susts en pl:* Diez más uno. *Puede ir precedido de art o de otros determinantes, y en este caso sustantivarse.* * Tiene once años. ■ **2** *Precediendo o siguiendo a susts en sg (o, más raro, en pl):* Undécimo. *Frec el n va sobrentendido.* * Página once. **II** *pron* **3** Diez más una perss. o cosas. *Referido a perss o cosas mencionadas o consabidas, o que se van a mencionar.* * De los dieciséis que quedan, formará el equipo de once. **III** *n* **A** *m* **4** Número de la serie natural que sigue al diez. *Frec va siguiendo al n* NÚMERO. * Mi número favorito es el once. **b**) Cosa que en una serie va marcada con el número once. * Le calificaron con un once. ■ **5** Equipo deportivo, esp. de fútbol, formado por once [1] jugadores. * El once que jugará mañana será el mismo que ganó ayer. **B** *f pl* **6** Undécima hora después de mediodía o de medianoche. *Normalmente precedido de* LAS. ■ **7** Refrigerio que se toma a media mañana. **IV** *loc adv* **8 a las ~.** (*col*) En disposición indebidamente ladeada o inclinada.

onceavo -va *adj* **1** [Parte] que es una de las once en que se divide o se considera dividido un todo. *Tb n m.* ■ **2** (*semiculto*) Undécimo.

oncejo *m* (*reg*) Vencejo (ave).

onceno -na *adj* Undécimo.

oncete *m* (*reg*) Avión (ave).

oncocercosis *f* (*Med*) Enfermedad tropical de la piel y del tejido conjuntivo, causada por el gusano parásito *Onchocerca volvulus* y que puede producir ceguera total o parcial.

oncogén *m* (*Med*) Gen cuya activación provoca la aparición del cáncer.

oncogénesis *f* (*Med*) Formación de tumores.

oncogénico -ca *adj* (*Med*) De (la) oncogénesis o que la implica.

oncógeno -na *adj* (*Med*) Que forma tumores.

oncología *f* (*Med*) Especialidad médica que estudia los tumores.

oncológicamente *adv* (*Med*) En el aspecto oncológico.

oncológico -ca *adj* (*Med*) **1** De (la) oncología. ■ **2** Que padece un tumor.

oncólogo -ga *m y f* (*Med*) Especialista en oncología.

oncosfera (*tb* **oncósfera**) *f* (*Zool*) Embrión de la tenia.

onda I *f* **1** Curva saliente o entrante que forma serie con otras en una línea o en una superficie, frec. en el cabello. ■ **2** Elevación momentánea, que forma serie con otras, producida en la superficie de un líquido cuando esta es agitada por un agente mecánico. **b)** (*lit*) Ola (onda de gran amplitud formada en la superficie del agua). ■ **3** (*Fís*) Movimiento periódico de oscilación o vibración que se propaga en un medio físico o en el vacío. **b)** Propagación o difusión [del sonido, la luz, la electricidad o el magnetismo] en forma de ondas. *Tb fig.* **c)** Frecuencia [de una emisora]. *A veces se usa formando parte del n de algunas emisoras.* ■ **4** (*col*) Línea o estilo [de alguien o algo]. **b)** (*col*) Moda o estilo que se lleva. *Frec en la constr* ESTAR EN LA ~. ■ **5** Ambiente o atmósfera. *En sent fig.* **b)** Mundo o ambiente que se vive. *En constrs como* ESTAR EN (LA) ~ *o* FUERA DE ~. ■ **6** ~**s Martenot.** (*Mús*) Instrumento electrónico de teclado, en el que el sonido se produce por vibraciones de lámparas radioeléctricas.

II *loc v* **7 coger,** *o* **captar, (la) ~.** (*col*) Entender el mensaje. *Frec referido a insinuaciones o indirectas.* ■ **8 coger (la) ~** [de alguien o algo]. (*col*) Adaptarse [a ellos]. ■ **9 llegar la ~** [a una pers.]. (*col*) Oír o llegar a enterarse [esa pers.].

ondarrés -sa *adj* De Ondárroa (Vizcaya). *Tb n, referido a pers.*

ondeado -da *adj* **1** *part* → ONDEAR. ■ **2** Que tiene ondas [1].

ondeante *adj* Que ondea.

ondear **A** *intr* **1** Formar ondas [1 y 2] [una cosa]. **b)** Agitarse [una tela] en el aire formando ondas [1]. **B** *tr* **2** Hacer que [una cosa (*cd*)] se agite en el aire formando ondas [1].

ondense *adj* De Onda (Castellón). *Tb n, referido a pers.*

ondia *interj* (*reg*) Expresa asombro.

ondina *f* (*Mitol germ*) Divinidad de las aguas. **b)** (*lit*) Nadadora.

ondisonante *adj* (*lit, raro*) Que suena con ruido de oleaje.

ondulación *f* **1** Movimiento formando ondas [1, 2 y 3]. ■ **2** Onda o curva. ■ **3** Cualidad de ondulado[1] [2]. ■ **4** Acción de ondular [1]. *Tb su efecto.*

ondulado[1] -da *adj* **1** *part* → ONDULAR. ■ **2** Que forma ondas [1] o curvas.

ondulado[2] *m* Acción de ondular [1]. *Tb su efecto.*

ondulante *adj* Que tiene ondulación u ondulaciones [1 y 2].

ondulantemente *adv* De manera ondulante.

ondular **A** *tr* **1** Hacer ondas [1 y 2] [en algo (*cd*)], esp. en el cabello. **b)** *pr* (~**se**) Formar ondas [algo]. ■ **2 anda y que te ondulen.** (*col, hoy raro*) Fórmula con que se expresa rechazo a alguien. * *Por mí... ¡Anda y que te ondulen, chico!* **B** *intr* **3** (*Fís*) Formar ondas [3].

ondulatorio -ria *adj* De (la) ondulación [1].

ondulear *intr* (*raro*) Formar ondas [1 y 2].

onduleo *m* Acción de ondulear. *Tb su efecto.*

onduloso -sa *adj* Que forma ondas [1].

oneomanía *f* (*lit*) Impulso morboso de comprar sin necesidad.

onerosamente *adv* (*lit*) De manera onerosa.

oneroso -sa *adj* **1** (*lit*) Gravoso o costoso. ■ **2** (*lit*) Que implica pesadumbre o molestia. ■ **3** (*lit*) Pesado. *En sent físico.* ■ **4** (*Der*) Que implica una contraprestación.

ónice *m* (*tb, raro, f*) Ágata listada de colores alternados claros y muy oscuros.

onicofagia *f* (*Med*) Hábito de morderse las uñas.

onicófago -ga *adj* (*Med*) Que tiene onicofagia. *Tb n.*

onilense *adj* De Onil (Alicante). *Tb n, referido a pers.*

oníricamente *adv* (*lit*) De manera onírica.

onírico -ca *adj* (*lit*) De los sueños.

onirismo *m* (*lit o Med*) Estado de conciencia propio de los sueños o semejante al de los sueños.

oniromancia (*tb* **oniromancía**) *f* Adivinación por los sueños.

oniromántico -ca *adj* De (la) oniromancia o que la implica.

ónix *m* (*tb, raro, f*) Ónice.

on-line (*ing; pronunc corriente, /on-láin/*) *loc adv* (*Informát*) **1** En conexión o funcionamiento con la unidad central. ■ **2** En el mismo instante de la operación y no en diferido. *Tb adj.*

onomancia (*tb* **onomancía**) *f* Adivinación por los nombres de las personas.

onomasiología *f* (*Ling*) Estudio de los significantes a partir de los significados.

onomasiológico -ca *adj* (*Ling*) De (la) onomasiología. **b)** [Diccionario o vocabulario] que partiendo de los significados ofrece los significantes o unidades léxicas que les corresponden.

onomásticamente *adv* En el aspecto onomástico.

onomástico -ca **I** *adj* **1** De(l) nombre propio, o de (los) nombres propios, esp. de pers. **II** *n* **A** *m* **2** (*raro*) Nombre de pila. **B** *f* **3** Especialidad lingüística que estudia los nombres propios. ■ **4** Conjunto de los nombres propios. ■ **5** Día del santo [de una pers.].

onomatopeya *f* (*TLit*) Imitación de un sonido o ruido por medio de fonemas. **b)** Palabra formada por onomatopeya.

onomatopéyicamente *adv* (*TLit*) De manera onomatopéyica.

onomatopéyico -ca *adj* (*TLit*) De (la) onomatopeya. **b)** Que se basa en la onomatopeya.

onoquiles *f* Planta herbácea, vellosa y de flores azules, usada en tintorería y, en medicina, como vulneraria (*Alkanna tinctoria*).

on the rocks (*ing; pronunc corriente, /on-de-rŏks/*) *loc adv* Con hielo. *Referido al modo de servir las bebidas. Tb adj.*

ónticamente *adv* (*Filos o lit*) **1** De manera óntica. ■ **2** En el aspecto óntico.

óntico -ca *adj* (*Filos o lit*) Del ser.

ontina *f* Planta muy ramosa, de color blanco, con flores en cabezuela muy pequeña y usada a veces con fines medicinales (*Artemisia herba-alba*).

ontogénesis *f* (*Biol*) Ontogenia.

ontogenético -ca *adj* (*Biol*) De (la) ontogénesis.

ontogenia *f* (*Biol*) Desarrollo de un organismo individual, desde el embrión hasta la madurez. *Se contrapone a* FILOGENIA.

ontología *f* (*Filos*) Parte de la metafísica que trata del ser en general.

ontológicamente *adv* (*Filos o lit*) **1** De manera ontológica. ■ **2** En el aspecto ontológico.

ontológico -ca *adj* (*Filos o lit*) De (la) ontología. **b)** [Argumento] que trata de demostrar a priori la existencia de Dios, partiendo de la idea del ser perfectísimo.

ontologismo *m* (*Filos*) **1** Doctrina según la cual Dios es conocido directamente, a través de la experiencia. ■ **2** Tendencia o doctrina que da importancia determinante al punto de vista ontológico en la formulación de los problemas especulativos. *Tb* (*lit*) *fig, fuera del ámbito filosófico.*

ontologista *adj* (*Filos*) Del ontologismo. **b)** Adepto al ontologismo. *Tb n.*

ontólogo -ga *m y f* (*Filos*) Especialista en ontología.

onuano -na *adj* De la ONU (Organización de las Naciones Unidas).

onubense *adj* De Huelva. *Tb n, referido a pers.*

onusiano -na *adj* (*raro*) Onuano.

onusto -ta *adj* (*raro*) Pesado o grave.

onza[1] *f* **1** Unidad antigua de peso equivalente a 28,7 g. **b)** ~ **troy.** Unidad de peso de metales preciosos, que equivale a 13,103 g. ■ **2** Porción [de chocolate] correspondiente a la dieciseisava parte de una libra. **b)** Porción de tableta [de chocolate], marcada por un surco. ■ **3** (*hist*) Moneda de oro, de peso aproximado de una onza [1a], con valor de 320 reales, y en curso desde el reinado de Felipe III hasta el de Fernando VII. *Tb* ~ DE ORO.

onza[2] *f* Félido semejante a la pantera, con pelaje parecido al del leopardo, y que vive en África y en los desiertos del sur de Asia (*Felis onca*).

onzavo -va *adj* (*raro*) Onceavo.

oñacino -na *adj* De Oñate (Guipúzcoa). *Tb n, referido a pers.*

oñatiarra *adj* Oñacino. *Tb n.*

oogénesis *f* (*Biol*) Proceso de formación del óvulo.

oogonia *f* (*Biol*) Gonia femenina.

oogonio *m* (*Bot*) *En las talofitas:* Órgano en que se forman los gametos femeninos.

ooquineto *m* (*Biol*) Zigoto móvil.

oosfera *f* (*Bot*) Célula sexual femenina.

ooteca *f* (*Zool*) Estuche que contiene huevecillos y que es depositado, en la puesta, por la hembra de algunos ortópteros.

op I *adj invar* **1** De(l) op-art.
II *m* **2** Op-art.

opa (*tb con la grafía* **OPA**) *f* (*Econ*) Operación de bolsa que consiste en la notificación pública a los accionistas de una sociedad de que se está dispuesto a adquirir sus títulos a un precio superior a su cotización oficial. *Tb fig, fuera del ámbito técn.*

opacamente *adv* De manera opaca.

opacar *tr* Hacer opaco. *Tb fig.* **b)** *pr* (~**se**) Hacerse opaco. *Tb fig.*

opacidad *f* Cualidad de opaco.

opacificación *f* (*Med*) Acción de opacificar(se).

opacificar *tr* (*Med*) Hacer opaco [1]. **b)** *pr* (~**se**) Hacerse opaco [1].

opaco -ca *adj* **1** [Cosa] que no deja pasar la luz u otra radiación. *A veces con un compl* A. ■ **2** [Cosa] no transparente o que no permite ver claramente a través de ella. **b)** [Cosa] poco clara o poco comprensible. **c)** (*raro*) [Dinero] negro o de procedencia no clara. ■ **3** No brillante. *Tb fig.* ■ **4** (*lit*) [Cosa] sombría o triste.

opal[1] *m* Tejido fino de algodón, liso y tupido, usado en la confección de ropa interior femenina.

opal[2] *adj* [Cristal] no transparente, convertido en blanco y mate por un revestimiento interno de sílice.

opalescencia *f* Reflejo opalescente.

opalescente *adj* Que tiene diversos colores o irisaciones, como el ópalo [1].

opalina *f* Vidrio opalescente con que se hacen vasijas y objetos decorativos. **b)** Vasija u objeto de opalina.

opalino -na *adj* **1** De(l) ópalo o propio del ópalo [1]. ■ **2** Que tiene color o irisaciones propias del ópalo [1].

opalizar *tr* Dar aspecto o color opalino [a algo, esp. al vidrio (*cd*)].

ópalo *m* **1** Mineral de sílice hidratada, de aspecto lechoso con reflejos irisados, algunas de cuyas variedades son apreciadas para joyas y objetos artísticos. *A veces con un adj o compl especificador:* DE FUEGO, LECHOSO, NOBLE, *etc.* ■ **2** Color opalino [1]. *A veces en aposición con el n* COLOR.

op art (*tb con la grafía* **op-art**) *m* (*Arte*) Tendencia artística fundada en el efecto óptico, propia de los años sesenta. *Tb el conjunto de obras pertenecientes a esta tendencia. A veces usado en aposición.*

opción *f* **1** Posibilidad de elegir. **b)** Elección (hecho de elegir). **c)** Cosa que se puede elegir entre varias. ■ **2** Posibilidad de optar o aspirar a algo. **b)** (*Econ*) Derecho de comprar o vender algo dentro de un período de tiempo y en unas condiciones determinadas. *Frec* ~ DE COMPRA, *o* DE VENTA.

opcional *adj* [Cosa] que se puede escoger voluntariamente entre varias.

opcionalmente *adv* De manera opcional.

open (*ing; pronunc corriente,* /ópen/ *u* /óupen/) *adj invar* (*Dep*) [Competición] abierta tanto para los aficionados como para los profesionales. *Frec n m.*

open market (*ing; pronunc corriente,* /óupen-márket/) *m* (*Econ*) Técnica de intervención del banco central en el mercado monetario mediante compra y venta de títulos.

ópera *f* **1** Obra dramática musical cuyo texto es totalmente cantado. *Tb su música sola y su texto literario solo. Tb el género correspondiente.* ■ **2** Teatro destinado a la representación de óperas [1].

operabilidad *f* Cualidad de operable.

operable *adj* **1** Que puede ser operado. ■ **2** Que está en condiciones de operar [4a].

operación *f* Acción de operar. *Tb su efecto.* **b)** Acción compleja, constituida por un conjunto coordinado de acciones.

operacional *adj* **1** De (la) operación. ■ **2** Que está en condiciones de operar [4a]. *Esp referido a operaciones militares.*

operador -ra I *adj* **1** Que opera, *esp* [2, 3 y 6]. *Tb n: m y f, referido a pers; f, referido a empresa.* ■ **2** Relativo a la acción de operar [6].
II *m y f* **3** Técnico encargado del manejo [de determinados aparatos, esp. una central telefónica, una cámara de cine o un proyector].

operante *adj* Que opera [1 y esp. 4a]. *Tb n, referido a pers.*

opera omnia (*lat; pronunc,* /ópera-ómnia/) *loc n f* Totalidad de la obra [de un autor]. *Tb fig.*

opera prima (*it; pronunc,* /ópera-príma/) *loc n f* Primera obra.

operar A *tr* **1** Realizar o llevar a cabo. **b)** *pr* (~se) Realizar o llevarse a cabo. ■ **2** Realizar un acto quirúrgico [sobre una pers. o animal (*cd*) o sobre una parte (*cd*) de su cuerpo]. *Tb abs. Frec con un compl* DE. **b)** *pr* (~se) Hacerse operar. ■ **3** Explotar [algo] o trabajar [con ello (*cd*)]. **b)** Gestionar o atender [algo].
B *intr* **4** Realizar [alguien o algo] su actividad o su función. **b)** Actuar o comportarse. ■ **5** Ejercer alguna acción [sobre algo (*compl* EN o SOBRE)]. ■ **6** Realizar actos comerciales. ■ **7** (*Mat*) Realizar una acción o un conjunto de acciones por las que a partir de unas cantidades o expresiones se obtienen otras.

operario -ria A *m y f* **1** Trabajador, pralm. especializado. *Tb adj.* ■ **2** (*Rel catól*) Pers. que coopera en las actividades de una parroquia.
B *m* **3** ~ **diocesano.** (*Rel catól*) Miembro de la Hermandad de Sacerdotes Operarios Diocesanos del Corazón de Jesús, fundada en 1883 por Manuel Domingo Sol y dedicada esp. a la formación de seminaristas.

operativamente *adv* De manera operativa.

operatividad *f* Cualidad de operativo.

operativo -va I *adj* **1** [Cosa] que opera o tiene capacidad de operar [4a]. ■ **2** Relativo a la acción de operar [4a]. **b)** [Sistema] ~ → SISTEMA.
II *f* **3** Modo de operar [4].

operatorio -ria I *adj* **1** De (la) operación, esp. quirúrgica.
II *f* **2** (*E*) Operaciones o conjunto de operaciones comerciales o matemáticas.

opérculo *m* (*CNat*) Pieza a manera de tapadera que sirve para cerrar una abertura.

opere citato (*lat; pronunc corriente,* /ópere-θitáto/) *loc adv* En la obra citada. *En citas o referencias textuales y gralm en la forma abreviada* OP. CIT.

opereta I *f* **1** Obra teatral ligera en que alternan los pasajes hablados y los cantados. *Tb música sola y su texto literario solo. Tb el género correspondiente.*
II *loc adj* **2 de ~.** Ridículo.

operetesco -ca *adj* De (la) opereta.

operetístico -ca *adj* De (la) opereta.

operista *m y f* Autor de óperas [1].

operístico -ca *adj* De (la) ópera [1].

opiáceo -a *adj* (*Med*) Que contiene opio o alguno de sus derivados. *Tb n m, referido a producto.*

opiado -da *adj* (*Med*) Que contiene opio.

opiata *f* (*Med*) Preparado que contiene opio.

opilación *f* (*raro*) Obstrucción. *Tb fig.*

opilar *tr* (*raro*) Obstruir. *Tb fig.* **b)** *pr* (~se) Obstruirse. *Tb fig.*

opimo -ma *adj* (*lit, raro*) [Fruto] abundante.

opinable *adj* [Cosa] sobre la que se puede opinar [3].

opinador -ra *adj* Opinante. *Frec n.*

opinante *adj* Que opina [3b]. *Tb n.*

opinar A *tr* **1** Tener [una determinada opinión [1a] (*cd*)]. **b)** Manifestar [alguien su opinión [1a] (*cd*)].
B *intr* **2** Tener [alguien] su opinión [1a] [con unas determinadas características (*compl adv*)]. ■ **3** Tener [alguien] su propia opinión [1a y d]. **b)** Manifestar [alguien] su opinión [1a y d].

opinativo -va *adj* De (la) opinión [1].

opinión I *f* **1** Actitud o postura mental [de una pers. respecto a alguien o algo (*compl* ACERCA DE, SOBRE o DE)]. *A veces se omite el compl, pero se sobreentiende.* **b)** Expresión de la opinión [1a]. **c)** Juicio que se tiene por verdadero, si bien admitiendo la posibilidad de error. **d)** Manera de pensar acerca de problemas generales. *Frec en pl con sent sg.* ■ **2** Conjunto de opiniones [1a] dominantes en una sociedad sobre problemas generales, colectivos y actuales. *Frec* ~ PÚBLICA. **b)** Conjunto de la sociedad en cuanto sujeto de opinión [1a]. *Frec* ~ PÚBLICA. ■ **3** Reputación [de una pers.], o postura mental de los demás [respecto a ella (*compl de posesión*)]. *Tb sin compl. Con los adjs* BUENO, MALO *u otro equivalente. Tb* ~ Buena opinión. **b)** *Sin adj:* Buena opinión.
II *loc adv* **4 en ~** [de una pers.]. Según la opinión [1a] [de esa pers.].

opio I *m* **1** Sustancia narcótica obtenida de las cabezas de las adormideras verdes, frec. consumida como droga. ■ **2** Droga (cosa grata que acaba por convertirse en un hábito de efectos negativos al que es muy difícil renunciar). ■ **3** Cosa que produce adormecimiento moral.
II *loc v* **4 dar el ~.** (*hoy raro*) Cautivar el ánimo o los sentidos.

opioide *adj* (*Med*) Opiáceo. *Tb n m.*

opíparamente *adv* De manera opípara [1]. *Normalmente con el v* COMER.

opíparo -ra *adj* **1** Abundante y espléndido. *Gralm referido a comida.* ■ **2** (*col, humoríst*) [Mujer] atractiva.

opistógrafo -fa *adj* (*Paleogr o Impr*) Que se escribe o imprime por ambas caras. *Tb n m, referido a libro o impreso.*

oponente *m y f* **1** Pers. que se opone [1]. ■ **2** Actor o actriz que comparte el papel principal [con otro (*compl de posesión*)], esp. del sexo opuesto.

oponer (*conjug 21*) A *tr* **1** Poner [a una pers. o cosa (*cd*) contra otra (*compl* A)] para estorbar o impedir su acción. *Gralm el cd es refl.* **b)** Presentar [una razón] contra algo, esp. contra lo que se acaba de oír. **c)** Enfrentar en competición. *Gralm el cd es refl.* ■ **2** Colocar [una cosa (*cd*) frente a otra (*compl* A)]. ■ **3** Poner juntas [dos cosas (*cd*), o una cosa (*cd*) con otra (*compl* A)] para compararlas. ■ **4** (*E*) Poner [dos elementos (*cd*) de un sistema, o uno (*cd*) con otro (*compl* A)] en relación de oposición [2].

B *intr pr* (~**se**) **5** Ser [una pers. o cosa] contraria u opuesta [a otra]. ■ **6** (*E*) Estar en relación de oposición [2] [dos elementos de un sistema, o uno (*suj*) con otro (*compl* A)].

oponible *adj* Que puede ser opuesto (→ OPONER, *esp* [2]).

opopónaco *m* Gomorresina extraída de la raíz y el tallo de la pánace y de otras plantas umbelíferas, usada como antiespasmódico y expectorante.

oporto *m* Vino dulce y reforzado, fabricado en la región de Oporto (Portugal).

oportunamente *adv* En el momento oportuno.

oportunidad *f* **1** Cualidad de oportuno. ■ **2** Momento o circunstancia oportunos. **b)** Momento en que una cosa es posible. **c)** Posibilidad pasajera de lograr algo a que se aspira. **d)** Posibilidad de desarrollarse o progresar. *Gralm en pl.* ■ **3** Ocasión o vez. ■ **4** Cosa que se ofrece a la venta en condiciones esp. favorables de precio.

oportunismo *m* (*desp*) Actitud de acomodación a las circunstancias para obtener provecho de ellas, sacrificando más o menos los propios principios. *Esp en política.*

oportunista *adj* **1** (*desp*) De(l) oportunismo. **b)** [Pers.] que actúa con oportunismo. *Tb n.* ■ **2** (*Med*) [Microorganismo] que no es patógeno habitualmente, pero que puede serlo en individuos con mecanismos defensivos disminuidos. *Tb referido a la infección causada por ellos.*

oportuno -na *adj* **1** Que se presenta o actúa en el momento conveniente. ■ **2** Adecuado o correspondiente.

oposición I *f* **1** Acción de oponer(se). *Tb su efecto.* ■ **2** (*E*) Relación de contraste entre dos elementos de un sistema. ■ **3** Sector de una colectividad que representa una posición discrepante de la de quienes gobiernan. *Esp en política.* ■ **4** Serie de pruebas a que son sometidos los aspirantes a determinados empleos, a fin de seleccionar a los más competentes. *Frec en pl con sent sg y en la constr* HACER ~ES. ■ **5** (*Astron*) Situación relativa de dos o más astros cuyas longitudes difieren en dos ángulos rectos. ■ **6** (*Astrol*) Aspecto de dos astros que ocupan casas celestes diametralmente opuestas.

II *loc v* **7** hacer ~es [a algo no deseable]. (*humoríst*) Actuar de modo que sea fácil que [ello] se produzca.

oposicionismo *m* Actitud o tendencia oposicionista.

oposicionista *adj* De la oposición [3]. *Tb n, referido a pers.*

opositar *intr* Concurrir a una oposición [4]. *Frec con compl* A.

opositor -ra I *adj* **1** Que se opone [1]. *Tb n, referido a pers.*

II *m y f* **2** Pers. que concurre a una oposición [4].

opóssum *m* Mamífero marsupial americano del tamaño de un gato, con hocico puntiagudo, patas cortas y piel apreciada (*Didelphis virginiana*). *Tb se da este n a otros animales similares. Tb su piel.*

opportune et importune (*lat; pronunc,* /oportúne-et-importúne/) *loc adv* Con insistencia y

en todas las circunstancias. *Con vs como* DECIR *o equivalentes.*

opresión *f* Acción de oprimir. *Tb su efecto.* **b)** Sensación de presión sobre el pecho, con dificultad para respirar.

opresivamente *adv* De manera opresiva.

opresivo -va *adj* **1** De (la) opresión. ■ **2** [Cosa] que oprime.

opresor -ra *adj* Que oprime, *esp* [2]. *Tb n, referido a pers.*

oprimente *adj* Que oprime, *esp* [1b].

oprimir *tr* **1** Apretar [una cosa o, más raro, a una pers.] o ejercer presión [sobre ella (*cd*)]. **b)** Angustiar o agobiar. ■ **2** Someter [a alguien] a una autoridad excesiva e injusta. *Frec en part, a veces sustantivado.*

oprobio *m* (*lit*) Deshonor o ignominia. **b)** Pers. o cosa que es causa de oprobio [para alguien (*compl de posesión*)].

oprobiosamente *adv* (*lit, raro*) De manera oprobiosa.

oprobioso -sa *adj* (*lit*) Que implica o causa oprobio [1a].

opsonina *f* (*Fisiol*) Anticuerpo constitutivo del suero sanguíneo, que facilita la fagocitación de las bacterias.

optante *adj* Que opta. *Tb n, referido a pers.*

optar A *intr* **1** Decidirse [por alguien o algo]. ■ **2** Aspirar [a un puesto o a un premio].

B *tr* **3** (*raro*) Elegir [a una pers. o cosa] u optar [1] [por ella (*cd*)].

optativamente *adv* De manera optativa [1].

optativo -va *adj* **1** [Cosa] que puede ser escogida voluntariamente entre varias. ■ **2** (*Gram*) Que expresa deseo. **b)** *En el griego y otras lenguas indoeuropeas:* [Modo] que expresa deseo o posibilidad. *Tb n m.*

optense *adj* De Huete (Cuenca). *Tb n, referido a pers.*

ópticamente *adv* En el aspecto óptico [1 y 3].

óptico -ca I *adj* **1** De la vista o de la visión. ■ **2** De (la) luz. ■ **3** De la óptica [8]. ■ **4** [Blanco] puro obtenido mediante el uso de determinadas sustancias químicas. *Tb esas sustancias.* ■ **5** (*Fís*) [Fibra] continua de material transparente y dieléctrico, por la cual puede propagarse la luz aunque forme curvas o dé vueltas. ■ **6** (*Informát*) [Disco] en que los datos son leídos mediante rayo láser. **b)** [Lápiz] ~ → LÁPIZ.

II *n* **A** *m y f* **7** Fabricante o comerciante de objetos de óptica [8].

B *f* **8** Parte de la física que estudia las leyes y fenómenos de la luz y su relación con la visión. ■ **9** Establecimiento que fabrica y vende aparatos de óptica [8]. ■ **10** Sistema óptico [3]. ■ **11** Punto de vista.

optimación *f* (*lit, raro*) Optimización.

óptimamente *adv* (*lit*) De manera óptima.

optimate *m* (*hist*) *En la Roma antigua:* Patricio o aristócrata. *Tb* (*lit*) *fig, referido a nuestra época.*

optimismo *m* **1** Cualidad de optimista [1]. **b)** Actitud optimista [1c]. ■ **2** (*Filos*) Doctrina según la cual el mundo tiene la mayor perfección posible.

óptimist (*pl normal*, ~s) *m* (*Dep*) Embarcación a vela para regatas, con un tripulante único de edad comprendida entre 7 y 15 años.

optimista *adj* **1** [Pers.] que ve o tiende a ver las cosas en su aspecto más favorable. **b)** [Pers.] que confía en que los hechos tomen un giro favorable. **c)** [Cosa] propia de la pers. optimista. ■ **2** [Cosa] que denota o implica optimismo [1]. ■ **3** (*Filos*) De(l) optimismo [2]. **b)** Adepto al optimismo. *Tb n.*

optimistamente *adv* De manera optimista.

optimización *f* (*lit*) Acción de optimizar.

optimizar *tr* (*lit*) Conseguir que [algo (*cd*)] llegue a una situación o resultado óptimos. **b)** *pr* (~**se**) Llegar [algo (*suj*)] a una situación o resultado óptimos.

óptimo -ma (*lit*) **I** *adj* **1** Sumamente bueno. ■ **2** [Pers. o cosa] mejor que ninguna otra en su género. **II** *m* **3** Situación más favorable posible.

óptimum (*pl invar*) *m* (*lit*) Óptimo [3].

optoelectrónico -ca (*E*) **I** *adj* **1** De (la) optoelectrónica [2].
    II *f* **2** Rama de la electrónica relativa a los dispositivos sensibles a la acción de la luz o en los que intervienen los rayos luminosos.

optometría *f* Parte de la óptica que tiene por objeto la medida de la agudeza visual y la selección de lentes para corregir los defectos visuales.

optometrista *m y f* Especialista en optometría.

optotipo *m* (*Med*) Letra o signo de los usados por los oculistas para medir la agudeza visual.

optrónica *f* (*E*) Optoelectrónica.

opuesto -ta *adj* **1** *part* → OPONER. ■ **2** [Pers. o cosa] que presenta la mayor diferencia posible [respecto a otra (*compl* A o DE)]. *Tb sin compl, por consabido. Referido a n en pl, no lleva compl.* **b)** (*Filos*) [Proposición] que tiene el mismo sujeto y predicado que otra, pero distinto significado. ■ **3** [Pers. o cosa] que está en desacuerdo total [con algo (*compl* A)]. ■ **4** (*Bot*) [Órgano, esp. hoja] que nace enfrente de otro y a la misma altura del tallo.

opugnación *f* (*raro*) Acción de opugnar. *Tb su efecto.*

opugnar *tr* (*raro*) Oponerse [a algo (*cd*)] con fuerza.

opulencia *f* Condición de opulento.

opulento -ta *adj* **1** [Pers.] muy rica o acaudalada. *Tb fig.* ■ **2** [Cosa] que denota o implica gran riqueza o abundancia. ■ **3** Exuberante. *Referido a una mujer o a partes de su cuerpo.*

opus[1] (*pl invar*) *m* (o, más raro, *f*) (*Mús*) Obra musical catalogada. *Normalmente seguido del número con que figura la obra en el catálogo de las de su autor.* ■ **2** (*lit*) Obra (conjunto de libros publicados).

opus[2] *m* (*col*) Miembro del Opus Dei (instituto secular católico). *Tb adj.*

opúsculo *m* Obra escrita, esp. didáctica, de poca extensión.

opusdeísta *adj* Del Opus Dei (instituto secular católico). *Tb n, referido a pers.*

oque. de ~. *loc adv* (*raro*) Gratis.

oquedad *f* **1** Cualidad de hueco. ■ **2** Hueco, o espacio vacío en un cuerpo sólido. ■ **3** Cosa hueca.

oquedal *m* Monte de árboles solamente, sin matas.

ora. ~..., ~... (*lit*) **I** *adv* **1** Unas veces..., otras veces...
    II *conj* **2** Tanto si... como si... *Con v en subj.*

oración *f* **1** Acción de orar [1]. *Tb su efecto.* **b)** Conjunto de palabras con que se ora, esp. el que constituye una fórmula establecida. **c)** ~ **dominical.** Padrenuestro. **d)** Toque de campana que se da al atardecer, para invitar al rezo del avemaría. *Gralm* TOQUE DE ~. **e)** (*Mil*) Toque de corneta que se ejecuta al anochecer. *Gralm* TOQUE DE ~. ■ **2** (*lit*) Discurso, o pieza oratoria. ■ **3** (*Gram*) Conjunto de palabras delimitado por dos pausas mayores, que tiene autonomía sintáctica y cuya estructura normal se reduce a un sujeto y un predicado. **b)** ~ **simple.** Oración que contiene un solo verbo en forma personal. **c)** ~ **compuesta** o **compleja.** Estructura sintáctica constituida por más de una oración, o por una oración que incluye alguna proposición u oración subordinada. **d)** ~ **principal.** Segmento de una oración compuesta que va completado o ampliado por una oración subordinada. **e)** ~ **subordinada.** Proposición (conjunto de palabras organizado con estructura de oración, pero sin autonomía sintáctica).

oracional I *adj* **1** De (la) oración, *esp* [3].
    II *m* **2** Libro de oraciones [1b].

oracionero -ra *adj* [Pers.] que reza oraciones [1b]. *Tb n.*

oracular *adj* **1** De(l) oráculo. ■ **2** Que tiene carácter de oráculo.

oráculo *m* **1** *En la religión grecolatina:* Respuesta dada por un dios, a través de un médium, a una pregunta que se le hace en determinados lugares sagrados. **b)** Agente a través del cual se transmite un oráculo. **c)** Santuario en que se consultan los oráculos [1a] de un dios. ■ **2** Vaticinio. **b)** Opinión a la que se reconoce una gran autoridad. ■ **3** Pers. que habla con gran autoridad o a la que se considera infalible en lo que dice.

orador -ra *m y f* Pers. que cultiva la oratoria (→ ORATORIO² [2]). **b)** Pers. que pronuncia un discurso o una conferencia.

oraje *m* (*reg*) Tiempo (estado de la atmósfera).

oral *adj* **1** De la boca. ■ **2** Hablado. *Se contrapone a* ESCRITO. ■ **3** (*Fon*) [Articulación o sonido] en cuya pronunciación el aire sale por la boca y no por la nariz. *Se contrapone a* NASAL. ■ **4** (*Med*) Que se ingiere por la boca. **b)** Que se realiza a través de la boca.

oralidad *f* Cualidad de oral [2].

oralina *f* (*hoy raro*) Cierta aleación que imita el oro.

oralmente *adv* De manera oral, *esp* [2].

orange *m* (*hoy raro*) Refresco embotellado de naranja.

orangista *adj* **1** De la dinastía de Orange, en los Países Bajos. ■ **2** Irlandés, esp. del Ulster, partidario del dominio inglés y de la religión protestante. *Tb n, referido a pers.*

orangután -na A *m* **1** Mono antropomorfo, de hasta 2 m de altura, cabeza alargada, hocico saliente, nariz deprimida y, en el macho, protuberancias adiposas en las mejillas, que habita en las selvas de Sumatra y Borneo (*Pongo pygmaeus*). *Tb designa solo el macho de esta especie.*
    B *f* **2** Hembra del orangután [1].

orante *adj* (*lit*) Que ora [1]. *Tb n, referido a pers.*
b) (*Arte*) [Figura] arrodillada en actitud de orar.
Frec n. **c)** Propio de la pers. orante.

orar *intr* (*lit*) **1** Rezar (dirigirse oral o mentalmente a Dios, la Virgen o los santos). ■ **2** (*raro*) Hablar en público como orador.

orate *m y f* (*lit*) Pers. loca o demente.

orate fratres *m* (*Rel catól*) Oración que reza el sacerdote en el ofertorio de la misa y que comienza con las palabras latinas "orate, fratres" (orad, hermanos).

oratoria → ORATORIO².

oratoriamente *adv* **1** De manera oratoria (→ ORATORIO²[1]). ■ **2** En el aspecto oratorio² [1].

oratoriano -na *adj* De la congregación del Oratorio¹ [2]. *Tb n m, referido a pers.*

oratorio¹ (*con mayúscula en acep 2*) *m* **1** Sala de una vivienda, destinada a la oración o al culto en privado. ■ **2** Congregación de presbíteros fundada en el s. XVI por San Felipe Neri. ■ **3** Composición musical de tema religioso, con alternancia de recitativos, arias y coros.

oratorio² -ria I *adj* **1** De (la) oratoria [2].
II *f* **2** Arte de hablar en público.

orballado, orballar, orballo → ORVALLADO, ORVALLAR, ORVALLO.

orbe *m* (*lit*) Mundo o universo. *Tb fig.*

orbicular *adj* (*Anat*) [Músculo] redondo o circular. *Tb n m.* **b)** De la órbita o del músculo orbicular del ojo.

órbita I *f* **1** Curva que describe [un cuerpo, esp. un astro o un satélite artificial (*compl de posesión*)] en torno a su centro de gravitación. **b)** Trayectoria prevista [de alguien o de algo]. ■ **2** Ámbito de actividad o influencia [de alguien]. ■ **3** Cuenca [del ojo].
II *loc adv* **4 en ~.** En situación de seguir una órbita [1]. *Frec con vs como* ESTAR *o* PONER. ■ **5 en ~.** (*jerg*) En estado de excitación a causa de la droga. *Frec con vs como* ESTAR *o* PONER. ■ **6 en ~** (*o fuera de ~*). En situación de enterado o informado (o no). *Frec con vs como* ESTAR *o* PONER. ■ **7 en ~** (*o fuera de ~*). En situación de conocido o popular (o no). *Frec con el v* PONER. ■ **8 en ~.** En situación adecuada o conveniente. *Frec con el v* PONER.

orbital *adj* **1** De (la) órbita. ■ **2** [Estación] que está en órbita [4]. ■ **3** (*lit, raro*) Circular.

orbitar A *tr* **1** Girar en órbita [1] [en torno de algo (*cd*)]. **b)** Girar una órbita completa [en torno de algo (*cd*)].
B *intr* **2** Girar en órbita [1] [en torno de algo].

orbitario -ria *adj* (*Anat*) De (la) órbita [3].

orca *f* Cetáceo de unos diez metros de largo, de cabeza redondeada y cuerpo robusto, que vive en los mares del norte y persigue a las focas y ballenas (*Orcinus orca*).

orcaneta *f* **1** Onoquiles (planta). ■ **2 ~ amarilla.** Planta herbácea muy vellosa, de hojas largas y estrechas y flores amarillas en ramillete, y de la cual se obtiene una sustancia colorante roja (*Onosma echioides*).

orcelitano -na *adj* De Orihuela (Alicante). *Tb n, referido a pers.*

orcense *adj* De Orce (Granada). *Tb n, referido a pers.*

orcereño -ña *adj* De Orcera (Jaén). *Tb n, referido a pers.*

orchilla *f* Liquen que produce una materia colorante roja (gén. *Roccella*).

órdago I *m* **1** (*Juegos*) En el mus: Envite en que se apuestan todos los tantos de un juego.
II *loc adj* **2 de ~.** (*col*) Extraordinario. *Tb* DE ~ A LA GRANDE.

ordalía *f* (*hist*) Juicio de Dios.

orden¹ I *n* **A** *m* **1** Manera de estar colocadas perss. o cosas de una serie, o de sucederse en el espacio o en el tiempo, según una determinada norma. *Gralm seguido de un compl o adj.* **b)** **~ del día.** Lista de los asuntos que han de ser tratados en una junta, con indicación del orden que han de seguir. **c)** **~ abierto.** (*Mil*) Formación en que la tropa se dispersa para ofrecer menor blanco y cubrir mayor espacio de terreno. **d)** **~ cerrado.** (*Mil*) Formación en que la tropa se agrupa para ocupar menor espacio. ■ **2** Disposición correcta de las unidades de un conjunto, según una norma prevista. ■ **3** Funcionamiento normal y regular de las actividades de una pers., de una colectividad o de la sociedad. **b)** **~ público.** Ausencia de alborotos en la vida de un país o una ciudad. ■ **4** Fila o hilera. ■ **5** Categoría o nivel. *Frec precedido de los adjs* PRIMERO, SEGUNDO *o* TERCERO. **b)** (*hist*) Clase social. ■ **6** Terreno o ámbito. *A veces en la constr* EN OTRO ~ DE COSAS. **b)** Tipo o modalidad. *Frec en constrs como* DE TODO ~, DE OTRO ~. ■ **7** (*CNat*) Grupo taxonómico comprendido entre la clase o la cohorte y la familia. ■ **8** (*Arquit*) Conjunto formado por la columna y el entablamento dispuestos según cánones más o menos fijos. *Normalmente solo con los adjs* DÓRICO, JÓNICO, CORINTIO, COMPUESTO, TOSCANO. ■ **9** Sacramento que confiere la potestad de ejercer las funciones eclesiásticas. *Tb* ~ SACERDOTAL.
B *m* **10** Grado del sacramento del orden [9]. *En pl, frec* LAS ~ES SAGRADAS. **b)** **~es mayores, ~es menores** → MAYOR, MENOR. ■ **11** Instituto religioso formado por perss. que viven en comunidad sometidas a una regla. *Frec con el adj* RELIGIOSA. **b)** **~ tercera.** Asociación, dependiente de una orden religiosa, cuyos miembros no viven en comunidad. ■ **12** Instituto de carácter religioso y militar cuya finalidad primitiva era combatir contra los musulmanes y actualmente es solo honorífica. *Frec con el adj* MILITAR. ■ **13** Instituto de carácter civil o militar fundado para recompensar u honrar a determinadas perss.
II *loc adj* **14 de ~.** [Pers.] de ideas conservadoras o cuyas costumbres se ajustan a la moral tradicional.
III *loc v* **15 llamar** [a alguien (*cd*)] **al ~.** Recordar[le] una obligación que tenía abandonada, esp. la corrección en el comportamiento.
IV *loc adv* **16 sin ~ ni concierto.** De manera desorganizada.
V *loc prep* **17 del ~ de.** Con posibilidad de medirse en. *Seguido de la mención de la unidad de medida.* **b)** Con posibilidad de estimarse en. *Seguido de una expresión de cantidad.* ■ **18 en ~ a.** Para. *Seguido de infin o n de acción.* ■ **19 en ~ a.** (*raro*) Con respecto a.

orden² I *f* **1** Mandato (cosa que se manda). ■ **2 ~ del día.** (*Mil*) Comunicación que da un jefe militar diariamente a sus fuerzas.
II *loc v y fórm or* **3 estar** [una cosa] **a la ~ del día.** (*col*) Ser muy corriente. ■ **4 a sus ~es**, *o* **a la ~ (de usted).** (*Mil*) Fórmula que se usa como saludo

dirigido a un superior. * A sus órdenes, mi sargento. ¿Puedo servirle en algo? **b)** *Se usa para expresar la disposición a cumplir las órdenes del superior a que se dirige. Tb (humoríst), fuera del ámbito militar. * –Quiero que dentro de cinco minutos estén todos aquí. –A la orden, mi capitán.* **III** *loc adv* **5 a las ~es** [de alguien]. Cumpliendo [sus] órdenes [1] o bajo [su] dirección. **b)** En disposición de cumplir la voluntad [de alguien].

ordenabilidad *f* Cualidad de ordenable.

ordenable *adj* Que se puede ordenar[1].

ordenación *f* Acción de ordenar[1]. *Tb su efecto.*

ordenada *f* (*Mat*) Distancia de un punto en un plano a la coordenada horizontal.

ordenadamente *adv* De manera ordenada (→ ORDENADO [3]).

ordenado -da *adj* **1** *part* → ORDENAR[1]. ■ **2** [Pers.] que tiende a hacer o a tener las cosas en orden[1] [2]. ■ **3** [Cosa] que se ajusta a un orden[1] [1, 2 y 3].

ordenador[1] -ra I *adj* **1** Que ordena[1], *esp* [1]. ■ **2** Relativo a la acción de ordenar[1] [1]. **II** *m* **3** Máquina electrónica capaz de cálculos aritméticos, operaciones lógicas y tratamiento de información en general, según operaciones programadas.

ordenador[2] -ra *adj* Que ordena[2].

ordenamiento *m* **1** Acción de ordenar[1] o poner en orden[1], *esp* [3]. *Tb su efecto.* ■ **2** Colección de leyes.

ordenancismo *m* Cualidad de ordenancista.

ordenancista *adj* Que busca el cumplimiento estricto de las ordenanzas o reglamentos. *Tb n, referido a pers.*

ordenanza I *n* **A** *f* **1** Disposición reglamentaria. *Más frec en pl.* **B** *m* **2** Soldado que está a las órdenes de un jefe o de un oficial para asuntos del servicio. ■ **3** Empleado subalterno en una oficina pública. **II** *loc adj* **4 de ~.** [Ceremonias u honores] establecidos por el reglamento.

ordenar[1] *tr* **1** Poner [una cosa] en orden[1] [1, 2 y 3]. ■ **2** Disponer [una actividad para un determinado fin (*compl* A)]. ■ **3** Conferir las órdenes sagradas [a una pers. (*cd*)]. *Frec en la constr* ~ SACERDOTE *u* ~ DE SACERDOTE. **b)** *pr* (**~se**) Recibir las órdenes sagradas. *Frec en la constr* ~SE SACERDOTE *u* ~SE DE (*o, raro,* COMO) SACERDOTE.

ordenar[2] I *tr* **1** Mandar autoritariamente. **II** *loc n m* **2 ordeno y mando.** (*col*) Actitud autoritaria o despótica. *Frec en la constr adj* (DE) ORDENO Y MANDO.

ordenata *m* (*juv*) Ordenador[1] [3].

ordenativo -va *adj* Que sirve para ordenar[2].

ordeñadero *m* Recipiente en que se recoge la leche cuando se ordeña.

ordeñador -ra *adj* Que ordeña, *esp* [1a]. *Tb n: m y f, referido a pers; f, referido a máquina.*

ordeñadura *f* (*reg*) Acción de ordeñar [1a].

ordeñar *tr* **1** Extraer la leche [de una hembra, esp. una vaca (*cd*)] exprimiendo la ubre. *Tb abs.* **b)** Extraer [la leche] de la ubre. **c)** (*col*) Extraer parte del contenido [de un recipiente (*cd*)]. ■ **2** Coger las aceitunas [del olivo (*cd*)] o las hojas [de un árbol (*cd*)] recorriendo con la mano la rama para que esta

las vaya soltando. **b)** Coger [las aceitunas o las hojas] recorriendo con la mano la rama para que esta las vaya soltando. ■ **3** (*col*) Sacar el dinero [a alguien (*cd*)]. **b)** (*col*) Sacar [el dinero a alguien].

ordeño I *m* **1** Acción de ordeñar. **II** *loc adj* **2 de ~.** [Ganado] del que se aprovecha la leche.

órdiga (*pop*) **I** *interj* **1** *Denota admiración, enfado o protesta. Frec en las formas* LA ~ *y* ANDA LA ~. *Tb (reg)* ~S. * ¡Anda la órdiga, con lo que sale ahora! **II** *f pl* **2** (*reg*) *Se usa siguiendo a un término exclamativo para reforzar o marcar la intención despectiva de la frase.* * ¡Qué órdigas tanto llorar! **b)** **ni ~s.** (*reg*) *Se usa como refuerzo de una expr negativa iniciada por* NI. * –Vamos a ser la risión. –¡Ni risión, ni órdigas!

ordinal *adj* (*Gram*) [Adjetivo numeral] que indica el lugar que un elemento ocupa en una serie. *Tb n m.* **b)** De(l) adjetivo numeral ordinal.

ordinariamente *adv* De manera ordinaria, *esp* [1a].

ordinariato *m* Cargo o dignidad de obispo ordinario [1b].

ordinariez *f* **1** Acción o actitud ordinaria [2b]. ■ **2** Dicho de mal gusto. ■ **3** Cualidad de ordinario [2].

ordinario -ria I *adj* **1** Corriente, o acorde con lo normal y habitual. **b)** [Obispo] diocesano. *Tb n m.* ■ **2** [Pers.] tosca o sin educación. **b)** Propio de la pers. ordinaria. ■ **3** [Cosa] vulgar o de poca estimación. **b)** [Cosa] hecha con materiales pobres o sin arte. **II** *m* **4** (*hoy raro*) Recadero. **III** *loc adv* **5 de ~.** Habitualmente.

ordo *m* (*Rel catól*) Libro litúrgico que indica el oficio divino y la misa que corresponden a cada día.

ordovícico -ca *adj* (*Geol*) [Período] de la Era Primaria posterior al cámbrico y anterior al silúrico. *Tb n m.*

öre (*sueco; pronunc corriente, /óre/; pl normal, invar*) *m* Moneda sueca, danesa o noruega equivalente a la centésima parte de la corona.

oreador -ra *adj* Que orea.

oreamiento *m* Acción de orear(se).

oreana *f* Buscadora de oro en el Bierzo (León).

oreante *adj* Que orea.

orear *tr* **1** Hacer que le dé el aire [a una cosa (*cd*)], gralm. para que se seque o se refresque. ■ **2** Ejercer [el aire u otro agente ambiental (*suj*)] su influjo [sobre alguien o algo (*cd*)], esp. secándo[lo] o refrescándo[lo]. *Tb (lit) fig.* **b)** *pr* (**~se**) Recibir [alguien o algo] el influjo del aire o del ambiente, esp. secándose o refrescándose.

oréctico -ca *adj* (*Psicol*) De (los) deseos.

orégano I *m* **1** Planta aromática de hasta 1 m de altura, con hojas pequeñas y flores sonrosadas en ramillete protegidas por hojas rojizas, usada como condimento y como tónico (*Origanum vulgare*). **II** *loc v* **2 ser todo el monte ~** → MONTE.

oreja I *f* **1** Parte exterior del órgano del oído. **b)** (*col*) Sentido del oído. *Tb en pl con sent sg. Tb fig.* ■ **2** Atención. *Frec en la constr* AGUZAR LA ~. ■ **3** Parte saliente, a veces formando pareja con otra simétrica, junto a la boca o el extremo [de un arma o un utensilio]. ■ **4** Borde saliente a cada lado del

respaldo de un sillón, en el cual se puede apoyar la cabeza. *Frec en la constr* SILLÓN DE ~S. ■ **5** Borde saliente a cada lado de la parte delantera de algunos zapatos, que sirve para ajustarlo al empeine. ■ **6** (*raro*) Orejera [de gorro]. ■ **7** (*col*) Pecho femenino. *Gralm en pl.* ■ **8 ~ de mar.** Molusco gasterópodo de concha ovalada, en la que hay una especie de labio con una serie de orificios, parduzca por fuera y nacarada por dentro (gén. *Haliotis*). ■ **9** *Con un adj o compl especificador, designa distintas plantas:* ~ DE ABAD, DE FRAILE o DE MONJE (*Umbilicus pendulinus*), ~ DE LIEBRE (*Phlomis lychnitis*), ~ DE MONTE (*Saxifraga hirsuta*), ~ DE NEGRO (*Enterolobium contortisiliquum*), ~ DE OSO (*Primula auricula*), ~ DE RATÓN (*Hieracium pilosella, Cerastium arvense, C. vulgatum y Myosotis palustris*), ~ GIGANTE (*Acanthus mollis*), etc. ■ **10** *Con un compl especificador, designa distintos hongos:* ~ DE ASNO (*Peziza anotica*), ~ DE GATO (*Helvella crispa, H. elastica, H. lacunosa, H. infula*), ~ DE LIEBRE (*Peziza leporina*), etc. ■ **11** *Frec con un compl especificador, designa distintos dulces regionales:* ~ DE FRAILE, ~ DE CAMINANTE, etc.
II *loc adj* **12 de dos ~s.** [Vino] fuerte y bueno. ■ **13 de ~ a ~.** (*col*) [Boca o sonrisa] muy amplia. *Tb adv.*
III *loc v* **14 asomar,** *o* **enseñar,** [una pers.] **la ~,** *o* **vérsele la ~.** (*col*) Dejar ver involuntariamente [esa pers.] su verdadera manera de ser o sus propósitos. **b) asomar,** *o* **enseñar, la ~** [algo]. Dejarse ver. ■ **15 bajar** (*o* **agachar**) **las ~s.** (*col*) Ceder con humildad. *En una discusión o ante una represión.* ■ **16 calentarle** [a alguien] **las ~s.** (*col*) Castigar[le] o reprender[le]. ■ **17 mojar la ~** [a alguien]. (*col*) Aventajar[le] o superar[le] ampliamente. **b)** Humillar o avergonzar. ■ **18 planchar la ~.** (*col*) Dormir. ■ **19 ponerle** [a alguien] **las ~s coloradas.** (*col*) Reprender[le] avergonzándo[le]. ■ **20 salir(se)le** [algo a alguien] **por las ~s.** (*col*) Rebosar[le] o ser muy abundante [en él]. ■ **21 tirar de la ~ a Jorge.** (*col, raro*) Jugar a las cartas. ■ **22 verle las ~s al lobo.** (*col*) Darse cuenta de la inminencia de un mal.
IV *loc adv* **23 con las ~s gachas.** (*col*) En actitud contristada o humilde. ■ **24 hasta las ~s.** (*col*) Completamente. *Gralm en constrs como* METERSE EN UN NEGOCIO HASTA LAS ~S.

orejear A *tr* **1** (*Taur*) Premiar con la oreja [1a] del toro [a un matador (*cd*)].
B *intr* **2** Mover las orejas [1a].

orejera I *f* **1** Pieza destinada a cubrir la oreja [1a], que gralm. forma parte de un gorro. ■ **2** Oreja [de sillón]. ■ **3** Pieza oblicua del arado, al lado del dental, y que junto con otra simétrica sirve para ensanchar el surco. ■ **4** Pieza de la cabezada, que protege los ojos de las caballerías. *Gralm en pl.*
II *loc v* **5 llevar** (*u otro v equivalente*) **~s.** Tener una visión limitada o parcial de las cosas.

orejero -ra *adj* [Sillón, o mueble similar] de orejas [4]. *Tb n, m o f, referido a sillón o butaca.*

orejil *adj* (*Taur*) De (la) oreja o de (las) orejas [1a] del toro.

orejisano -na *adj* (*Taur*) Que carece de señal en las orejas [1a] o en cualquier otra parte del cuerpo.

orejón¹ -na I *adj* **1** Orejudo [1].
II *m* **2** (*hist*) Indio noble peruano que tenía distendidos los lóbulos de las orejas [1a] en señal de distinción.

orejón² *m* **1** Trozo de fruta, esp. melocotón, secado al aire y al sol, y que se toma como dulce. ■ **2** (*reg*) Cierto dulce de sartén. ■ **3** (*reg*) Cierto hongo comestible.

orejudo -da *adj* **1** Que tiene grandes orejas [1a]. ■ **2** [Murciélago] de grandes orejas [1a] ovales y pelaje fino y pardo (*Plecotus auritus*). *Frec n m.*

oremus. perder el ~. *loc v* (*col*) Perder el juicio, la cordura o la idea de lo que se va a hacer o decir.

orensano -na *adj* De Orense. *Tb n, referido a pers.*

oreo *m* Acción de orear(se). *Tb fig.*

oreopiteco *m* (*Zool*) Primate fósil del mioceno superior italiano, muy semejante al hombre.

oretano -na *adj* **1** (*hist*) De un pueblo prerromano habitante de la Oretania (región que comprendía la actual provincia de Ciudad Real y parte de las de Toledo y Jaén). *Frec n, referido a pers.* ■ **2** De los Montes de Toledo.

orete *m* (*reg*) Calorcillo continuo que desprende la lumbre de brasa. *Frec en la constr* AL ~. *Tb fig.*

orfanato *m* Asilo de huérfanos.

orfanatorio *m* (*raro*) Orfanato.

orfandad *f* Condición de huérfano. *Tb fig.* **b)** Pensión que percibe un huérfano por su condición de tal.

orfanotrofio *m* (*raro*) Orfanato.

orfebre *m* Hombre que tiene por oficio labrar objetos artísticos de oro, plata u otros metales preciosos.

orfebrería *f* **1** Arte del orfebre. ■ **2** Conjunto de obras de orfebrería [1].

orfebrero -ra *adj* (*raro*) De (la) orfebrería o de(l) orfebre.

orfelinato *m* (*semiculto*) Orfanato.

orfeón *m* Agrupación de canto coral, de carácter privado. *Tb fig.*

orfeónico -ca *adj* De(l) orfeón.

órfico -ca *adj* (*Rel*) Del orfismo.

orfismo *m* (*Rel*) Secta mistérica de la antigüedad, inspirada en el pensamiento atribuido a Orfeo.

orgaceño -ña *adj* De Orgaz (Toledo). *Tb n, referido a pers.*

organdí *m* Tejido muy ligero, fino y transparente de algodón, gralm. de color blanco y con bastante apresto.

organería *f* Arte u oficio del organero.

organero -ra I *adj* **1** De (la) fabricación de órganos [3].
II *m* **2** Fabricante de órganos [3].

orgánicamente *adv* De manera orgánica.

organicidad *f* Cualidad de orgánico [1].

organicismo *m* **1** (*Filos*) Doctrina que concibe el mundo como algo similar a un organismo vivo. ■ **2** (*Med*) Doctrina según la cual todas las enfermedades dependen de lesiones orgánicas.

organicista *adj* (*Filos o Med*) De(l) organicismo. **b)** Adepto al organicismo. *Tb n.*

orgánico -ca *adj* **1** Constituido por partes cuyas funciones se coordinan entre sí. **b)** Fundado en una estructura jerárquica. *Normalmente referido a la democracia de carácter corporativo, que prescinde* *del sufragio universal.* ■ **2** Relativo a la constitución y funciones [de una entidad colectiva o corporación]. ■ **3** (*Arquit*) [Arquitectura] que se caracteriza por la integración armónica del edificio, el paisaje y los elementos de construcción. ■ **4** [Ser] vivo (animal o vegetal). *Se opone a* INORGÁNICO. **b)** De los seres orgánicos. ■ **5** (*Quím*) [Sustancia] que tiene como componente el carbono y que forma parte de los seres vivos. **b)** De (las) sustancias orgánicas. **c)** [Química] que estudia las sustancias orgánicas. ■ **6** (*Med*) [Trastorno o síntoma] en que la alteración patológica de un órgano va acompañada de una lesión visible. *Se opone a* FUNCIONAL. ■ **7** (*Mús*) De(l) órgano [3].

organigrama *m* Cuadro esquemático de la organización [de una entidad o de un conjunto sistemático de cosas].

organillero -ra A *m y f* **1** Pers. que toca el organillo.
B *m* **2** (*raro*) Fabricante de organillos.

organillo *m* Instrumento musical mecánico y portátil, que se hace sonar por medio de un cilindro con púas movido por un manubrio y encerrado en un cajón.

organismo *m* **1** Conjunto de órganos del cuerpo animal o vegetal. **b)** Ser vivo. **c)** Cuerpo humano. ■ **2** Conjunto de oficinas, dependencias y perss. que tienen una misión específica de carácter oficial o público.

organista *m y f* Pers. que toca el órgano [3].

organístico -ca *adj* De(l) órgano [3].

organístrum *m* (*Mús, hist*) Instrumento medieval semejante a la guitarra, en que las cuerdas se frotan con una rueda accionada por una manivela.

organizable *adj* Que puede ser organizado.

organización *f* **1** Acción de organizar(se). *Tb su efecto.* ■ **2** Conjunto organizado [de perss. o cosas]. ■ **3** Organismo [2]. *Frec formando parte de la denominación oficial de algunos de ellos.*

organizadamente *adv* De manera organizada [2 y 3b].

organizado -da *adj* **1** *part* → ORGANIZAR. ■ **2** Que denota o implica organización [1]. ■ **3** [Pers.] que se organiza [5] bien. **b)** Propio de la pers. organizada.

organizador -ra I *adj* **1** Que organiza. *Tb n, referido a pers.* **b)** Que tiene especial aptitud para organizar.
II *m* **2** Utensilio que sirve para organizar(se) [1 y 5].

organizante *adj* (*raro*) Que organiza.

organizar A *tr* **1** Disponer el orden, distribución o funcionamiento [de una cosa (*cd*)]. ■ **2** Preparar la ejecución y el desarrollo [de una cosa (*cd*)]. ■ **3** Crear o formar [una cosa]. **b)** *pr* (~se) Crearse o formarse [una cosa]. ■ **4** ~**la**. (*col*) Organizar [3] un lío o un alboroto.
B *intr pr* (~se) **5** Distribuir [una pers.] sus actividades.

organizativamente *adv* En el aspecto organizativo.

organizativo -va *adj* De (la) organización [1].

órgano *m* **1** Parte [de una cosa, esp. de un cuerpo animal o vegetal] que realiza una función específica. ■ **2** Periódico que sirve de portavoz [a un partido u otra colectividad (*compl de posesión*)]. ■ **3** Instru-

mento musical constituido por una serie de tubos sonoros a los que se suministra aire mecánicamente, y accionado por uno o varios teclados y un pedal. **b)** Instrumento musical electrónico de sonido semejante al del órgano. *Frec con un compl especificador.*

organo- *r pref* (*Quím*) Orgánico [5]. * Organoclorado. * Organomineral.

organofosfato *m* (*Quím*) Pesticida organofosforado.

organofosforado -da *adj* (*Quím*) Que contiene fósforo y un radical orgánico. *Tb n m.*

organogénesis *f* (*Biol*) Desarrollo o crecimiento de los órganos [1].

organógeno -na *adj* (*Biol*) [Sustancia] cuya misión es la reparación del desgaste material de los órganos [1], o el crecimiento de los mismos durante el período de desarrollo.

organografía *f* **1** (*Anat*) Descripción de los órganos [1] de los seres vivos. ■ **2** (*Mús*) Estudio de los instrumentos musicales.

organográfico -ca *adj* (*Anat o Mús*) De (la) organografía.

organoléptico -ca *adj* (*lit*) [Propiedad o carácter] perceptible por los sentidos.

organología *f* (*Anat o Mús*) Organografía.

organometálico -ca *adj* (*Quím*) Compuesto de un metal o un metaloide y un radical orgánico.

organoterapia *f* (*Med*) Tratamiento con jugos o extractos de órganos [1] animales.

orgánulo *m* (*Biol*) Órgano [1] muy pequeño.

órganum *m* (*Mús*) Tipo más antiguo y rudimentario de polifonía medieval, consistente en doblar un canto dado a su cuarta o quinta.

organza *f* Tejido semejante al organdí, más blando que este y de colores o estampado, hecho gralm. de seda, rayón o nailon.

orgásmico -ca *adj* (*Fisiol*) De(l) orgasmo.

orgasmo *m* Punto culminante del placer sexual.

orgástico -ca *adj* (*Fisiol*) De(l) orgasmo.

orgenomesco -ca *adj* (*hist*) De cierto pueblo prerromano habitante de la región de Cantabria. *Frec n, referido a pers.*

orgía *f* **1** Fiesta en que se cometen actos de desenfreno. ■ **2** (*lit*) Despliegue o exhibición muy abundante [de algo].

orgiasta *m y f* (*lit*) Pers. que participa en una orgía [1].

orgiástico -ca *adj* De (la) orgía o que la implica.

orgiveño -ña *adj* De Órgiva (Granada). *Tb n, referido a pers.*

orgullo *m* **1** Alta estima de sí mismo o de las cosas propias, frec. con sentimiento de superioridad sobre los demás. ■ **2** Pers. o cosa que es causa de orgullo [1] [para alguien (*compl de posesión*)].

orgullosamente *adv* De manera orgullosa.

orgulloso -sa *adj* [Pers.] que tiene o muestra orgullo [1]. **b)** Propio de la pers. orgullosa.

orí *interj* que en el juego del escondite grita el escondido para avisar que ya se le puede buscar.

oribe → ORIVE.

oricalco *m* (*raro*) Cobre o aleación de cobre.

orientable *adj* Que puede ser orientado [2].

orientación *f* **1** Acción de orientar(se). *Tb su efecto.* ■ **2** Indicación o noticia que orienta [3 y 4].

orientador -ra *adj* Que orienta, *esp* [3 y 4]. *Tb n, referido a pers.*

oriental *adj* **1** Del este. **b)** De(l) Oriente [2b]. **c)** Del Extremo Oriente, o del este de Asia. *Tb n, referido a pers.* **d)** Propio de un oriental [1c]. ■ **2** [Piedra preciosa] caracterizada por su brillo.

orientalismo *m* **1** Gusto por las cosas de Oriente [2b]. ■ **2** Cualidad de oriental [1b y c].

orientalista *adj* **1** De(l) orientalismo. ■ **2** [Pers.] especialista en el estudio de las lenguas y culturas orientales [2b y c]. *Frec n.*

orientalística *f* Conjunto de disciplinas relativas al estudio de las lenguas y culturas del Oriente [2b].

orientalización *f* Acción de orientalizar(se).

orientalizante *adj* De tendencia oriental [1b].

orientalizar *tr* Dar [a alguien o algo *(cd)*] carácter oriental [1b]. **b)** *pr* (~se) Tomar [alguien o algo] carácter oriental [1b].

orientar **A** *tr* **1** Determinar la posición o dirección [de alguien o algo *(cd)*] con respecto a los puntos cardinales. *Frec el cd es refl.* **b)** Señalar el punto norte [en un mapa o plano *(cd)*]. ■ **2** Colocar [una cosa] de modo que mire [hacia un lugar, esp. un punto cardinal *(compl A o HACIA)*]. **b)** Tener [algo *(suj)*] una parte *(cd)* mirando [hacia un lugar, esp. un punto cardinal *(compl A o HACIA)*]. **c)** *pr* (~se) Colocarse [algo en determinada dirección *(compl adv)*]. ■ **3** Indicar [a alguien *(cd)*] el camino que busca. **b)** *pr* (~se) Averiguar el camino que se busca. ■ **4** Informar o aconsejar [a alguien *(cd)*] para que pueda decidir o actuar adecuadamente. ■ **5** Encaminar [a alguien *(cd)*] a un oficio o actividad *(compl A, HACIA o POR)*]. **b)** *pr* (~se) Encaminarse [a un oficio o actividad *(compl A, HACIA o POR)*]. ■ **6** Dirigir o encaminar [una cosa a un fin o en una dirección]. *Tb sin compl.*
B *intr pr* (~se) **7** *(col)* Enterarse, o captar adecuadamente la realidad. ■ **8** Actuar adecuadamente para sacar provecho de la situación.

orientativamente *adv* De manera orientativa.

orientativo -va *adj* [Cosa] que orienta o sirve para orientar [4].

oriente *(con mayúscula en acep 4 y frec en 1 y 2, esp 2b)* *m* **1** Este (punto cardinal). ■ **2** Parte [de un territorio] que está hacia el este. **b)** Conjunto de los países asiáticos y, a veces, Egipto. *Frec en las constrs* ~ PRÓXIMO *o* CERCANO ~, MEDIO ~ *u* ~ MEDIO *y* EXTREMO ~. *Sin adj, designa frec China y Japón.* ■ **3** Brillo [de una perla]. ■ **4** **Gran** (o **Grande**) ~. *En la masonería:* Logia de la capital.

orificar *tr (lit)* Dorar.

orífice *m (lit)* Hombre que trabaja el oro.

orificial *adj (E)* De(l) orificio.

orificio *m (lit o E)* Agujero.

oriflama *f (lit)* Estandarte o bandera.

origen **I** *m* **1** Hecho de empezar. *Frec en las constrs* DAR ~ *y* TENER ~. **b)** *(Mat)* Punto o de partida [de alguien o algo]. **b)** *(Mat)* Punto a partir del cual se mide una coordenada u otra magnitud. ■ **3** Cosa de la que procede [otra *(compl de posesión)*]. ■ **4** Circunstancias que dan lugar a la aparición [de una cosa *(compl de posesión)*]. *A veces en pl con sent sg.* ■ **5** Primera época. *A veces en pl con sent sg.*
II *loc adj* **6** de ~. [Cosa] que se tiene desde el momento de la fabricación, aparición o nacimiento. *Tb adv.*
III *loc adv* **7** en ~. *(Com)* En el punto de partida.

originable *adj* Que se puede originar.

originador -ra *adj* Que origina.

original **I** *adj* **1** [Cosa] primera o primitiva, anterior a toda elaboración, cambio o sustitución. **b)** *(Rel crist)* [Pecado] que se tiene heredado de Adán y Eva. ■ **2** Que no imita a otros. **b)** Que se aparta de lo corriente o conocido. *A veces con intención desp. Tb n, referido a pers.* ■ **3** [Cosa] de la que se saca una copia. *Frec n m, esp referido a escrito.*
II *m* **4** Pers. o cosa cuya imagen está reproducida en una pintura o en una fotografía. ■ **5** *(Impr)* Texto que ha de ser impreso.

originalidad *f* **1** Cualidad de original, *esp* [2]. ■ **2** Hecho o rasgo original [2].

originalmente *adv* **1** De manera original [2]. ■ **2** En un principio, o en la forma primitiva.

originante *adj* Originador.

originar *tr* Hacer que [algo *(cd)*] tenga origen [1]. **b)** *pr* (~se) Tener origen [1].

originariamente *adv* Originalmente [2].

originario -ria *adj* **1** Que tiene su origen [1] [en un lugar o en una cosa *(compl DE)*]. ■ **2** [Cosa] que es origen [2 y 3] [de otra]. ■ **3** [Cosa] original [1a].

originativo -va *adj* Que origina o sirve para originar.

orilla[1] **I** *f* **1** Extremo de la extensión superficial [de una cosa]. ■ **2** Extremo o remate [de un tejido o una prenda]. ■ **3** Faja lateral [de una calle o camino]. ■ **4** Faja de tierra que está más inmediata al agua [de una corriente o acumulación de agua]. ■ **5** la otra ~. *(lit)* El otro mundo.
II *loc prep* **6** a la ~ de. Junto a la orilla [3 y 4] de. **b)** ~ de. *(pop)* Al lado de o junto a. *Tb (rur) simplemente* ~.

orilla[2] *f (reg)* Tiempo (estado de la atmósfera).

orillar **A** *tr* **1** Bordear [una cosa *(cd)*] o estar situado a la orilla[1] [de ella *(cd)*]. **b)** Bordear [una cosa] o ir por la orilla [de ella *(cd)*]. ■ **2** *(lit)* Esquivar o dejar al margen [algo, esp. una dificultad]. **b)** Esquivar o evitar [a alguien] ■ **3** Rematar la orilla[1] [de una prenda *(cd)*]. *Tb abs.* ■ **4** Llevar o arrimar [algo] a la orilla[1] [3 y 4].
B *intr* **5** Arrimarse a la orilla[1] [3 y 4]. *Gralm pr* (~se).

orillear *tr* Orillar o bordear.

orillero -ra *adj* **1** De la orilla[1]. *Tb n, referido a pers.* ■ **2** [Cazador] que caza junto a los límites exteriores de un coto. *Tb n.*

orillo *m* **1** Orilla[1] longitudinal [de un tejido]. ■ **2** Tejido hecho con recortes de orillos [1]. ■ **3** *(reg)* Borde u orilla[1].

orín[1] *m* Óxido que se forma en la superficie del hierro por la acción de la humedad.

orín[2] *m* Orina. *Frec en pl con sent sg.*

orina *f* Secreción líquida de los riñones, expelida por la uretra.

orinal *m* Vasija para recoger la orina o las heces.

orinar A *intr* ➤ **a** *normal* **1** Expeler la orina. ➤ **b** *pr* (~se) **2** Expeler la orina involuntariamente. *Frec con un compl* EN *o con el adv* ENCIMA. ■ **3** Expeler la orina voluntariamente. *Gralm con un compl* EN. **B** *tr* **4** Expeler por la uretra. ■ **5** Orinar u orinarse [1, 2 y 3] [sobre alguien o algo (*cd*)].

oriniento -ta *adj* Que tiene orín[1].

oriolano -na *adj* De Orihuela (Alicante). *Tb n, referido a pers.*

oriolense *adj* Oriolano. *Tb n.*

oriólido *adj* (*Zool*) [Pájaro] de pico cónico y largo, tarsos cortos, cola mediana y plumaje de colores vivos, de la familia de la oropéndola. *Frec como n m en pl, designando este taxón zoológico.*

oriónidas *f pl* (*Astron*) Estrellas fugaces cuyo punto radiante está en la constelación de Orión.

oriotarra *adj* De Orio (Guipúzcoa). *Tb n, referido a pers.*

oriundez *f* Origen o ascendencia.

oriundo -da *adj* **1** Que tiene su origen [en un lugar (*compl* DE)]. ■ **2** (*Dep*) [Pers.] nacida en el extranjero de padres españoles.

orive (*tb con la grafía* **oribe**) *m* (*lit, raro*) Orífice.

órix *m* Antílope africano de largos cuernos casi rectos (gén. *Oryx*, esp. *O. gazella*).

orla *f* **1** Motivo ornamental que encuadra o circunda algo. **b)** Adorno pintado o impreso en las orillas [de una hoja de papel o materia semejante] rodeando el texto o la figura en ella estampados. ■ **2** Lámina de cartulina o papel, con orla [1], en que se reúnen los retratos de todos los condiscípulos de una promoción de estudios. ■ **3** Orilla adornada [de una tela o una prenda].

orladura *f* Acción de orlar. *Frec su efecto.*

orlar *tr* Poner orla [1] [a algo (*cd*)]. **b)** Servir de orla [a algo (*cd*)].

orleanista *adj* Partidario de la casa de Orléans en sus pretensiones al trono de Francia. *Tb n, referido a pers.*

orlo *m* (*hist*) Cromorno (instrumento músico).

orlón (*n comercial registrado*) *m* Fibra sintética acrílica de origen estadounidense y canadiense.

ornamentación *f* Acción de ornamentar. **b)** Conjunto de ornamentos [2].

ornamentador -ra *adj* Que ornamenta. *Tb n, referido a pers.*

ornamental *adj* De (la) ornamentación.

ornamentar *tr* Poner ornamentos [2] [a algo (*cd*)]. **b)** Servir de ornamento [2] [a algo (*cd*)].

ornamentista *adj* De(l) ornamento [2].

ornamento *m* **1** Acción de adornar u ornar. ■ **2** Cosa que adorna. ■ **3** (*Rel catól*) Prenda de tela con que se revisten el sacerdote y el altar para la misa u otras ceremonias.

ornar *tr* (*lit*) Adornar. *Tb abs.*

ornato *m* (*lit*) Adorno u ornamento.

ornítico -ca *adj* (*Zool*) De (las) aves.

ornitina *f* (*Quím*) Aminoácido que actúa en la síntesis de la urea.

ornitología *f* Parte de la zoología que trata de las aves.

ornitológicamente *adv* En el aspecto ornitológico.

ornitológico -ca *adj* De (la) ornitología o de su objeto.

ornitólogo -ga *m y f* Especialista en ornitología.

ornitópodo *adj* (*Zool*) [Dinosaurio] herbívoro del jurásico y cretácico, esencialmente bípedo, con cola robusta y patas posteriores fuertes y pesadas. *Frec como n m en pl, designando este taxón zoológico.*

ornitorrinco *m* Mamífero australiano del orden de los monotremas, del tamaño de un conejo, de boca semejante al pico de un pato y con pies palmeados (*Ornithorhynchus anatinus*).

ornitosis *f* (*Med*) Enfermedad infecciosa de tipo respiratorio que afecta a diversas aves y puede ser transmitida al hombre.

oro I *m* **1** Metal amarillo, de número atómico 79, muy dúctil, maleable y pesado, solo atacable por el cloro, el bromo y el agua regia, y muy apreciado, esp. en joyería. ■ **2** Cosa o conjunto de cosas de oro [1]. **b)** Cosa o conjunto de cosas que tiene apariencia de oro [1]. **c)** (*Dep*) Medalla de oro [12]. ■ **3** Color dorado. **b)** (*Heráld*) Color dorado o amarillo. ■ **4** (*hist*) Monedas de oro [1]. **b)** (*lit*) Dinero o riqueza. ■ **5** (*Naipes*) En la baraja española: Figura que representa una moneda de oro [1], que corresponde a uno de los cuatro palos. *En pl designa el palo de esta figura.* **b)** Carta o naipe de oros. **c)** el ~. El as de oros. ■ **6** ~ alemán. Aleación de cobre de color amarillo. ■ **7** ~ blanco. Aleación de oro y níquel, paladio, plata o zinc. ■ **8** ~ blanco. (*lit*) Agua. ■ **9** ~ molido. (*col*) Pers. o cosa excelente. *Normalmente como predicat con* SER. ■ **10** ~ negro. (*lit*) Petróleo. ■ **11** el ~ y el moro. (*col*) Cosas exageradas o fantásticas. *Referido a lo que alguien promete o a lo que alguien cree que tiene o va a tener.* II *loc adj* **12** de ~. [Medalla] de oro [1] que corresponde al galardón de quien gana una competición u concurso. *Tb referido a otros tipos de premios.* ■ **13** de ~. Dorado. *Frec* (*lit*) *referido a cabello.* ■ **14** de ~. [Cosa] sumamente buena o valiosa. ■ **15** de ~. [Ley o regla] más importante o excelente (→ REGLA). ■ **16** de ~. (*TLit*) [Edad o época] de máximo esplendor. ■ **17** de ~. [Libro] en que, en algunos centros oficiales o culturales, o en ciertos establecimientos, se recogen las firmas de visitantes ilustres. ■ **18** [Ascua] de ~, [bodas] de ~, [botón] de ~, [patrón] (de) ~, [pico] de ~, [pinillo] de ~, [siglo] de ~, [toisón] de ~ → ASCUA, BODA, BOTÓN, PATRÓN, PICO[1], PINILLO, SIGLO, TOISÓN. ■ **19** ~ viejo. (*invar*) [Color] dorado oscuro. *Tb n m.* **b)** De color oro viejo. III *loc v* **20** estar montado en ~. → MONTAR. ■ **21** hacerse de ~. Enriquecerse, o ganar mucho dinero. IV *loc adv* **22** a peso de ~ → PESO[1]. ■ **23** como ~ en paño. Con gran cuidado. *Con vs como* GUARDAR, CONSERVAR *o* TENER. *Se dice para ponderar el gran aprecio en que se tiene la cosa de que se habla.*

orobal (*tb con la grafía* **oroval**) *m* Arbusto de hojas enteras, cáliz y corola acampanados y fruto en baya (*Withania somnifera y W. frutescens*).

orobale (*tb con la grafía* **orovale**) *m* Orobal (planta).

orobanca *f* Planta sin clorofila que vive parásita sobre las raíces de algunas leguminosas (gén. *Orobanche*).

orobanque *m* Orobanca.

orogénesis *f* (*Geol*) Proceso de formación de las montañas.

orogenia *f* (*Geol*) Orogénesis. *Frec su estudio.*

orogénico -ca *adj* (*Geol*) De (la) orogenia.

orografía *f* **1** (*Geogr*) Estudio o descripción de las montañas. ■ **2** Conjunto de las montañas [de un territorio]. *Tb* (*lit*) *fig.*

orográfico -ca *adj* De (la) orografía.

orógrafo -fa *m y f* (*Geogr*) Especialista en orografía [1].

orón *m* (*reg*) As de oros.

orondo -da *adj* (*col*) **1** [Pers.] satisfecha de sí misma. **b)** Propio de la pers. oronda. ■ **2** [Pers. o cosa] gruesa y redondeada.

oronimia *f* (*Ling*) Estudio de los orónimos. *Tb el objeto de ese estudio.*

oronímico -ca *adj* (*Ling*) De(l) orónimo o de (la) oronimia.

orónimo *m* (*Ling*) Nombre propio de montaña u otra forma de relieve terrestre.

oronja *f* **1** Seta comestible, muy apreciada, de anillo y pie amarillos, sombrerillo rojo anaranjado sin verrugas, y volva blanca en cucurucho (*Amanita caesarea*). ■ **2** *Con un adj especificador, designa varias setas venenosas del gén Amanita:* ~ BLANCA (*A. verna*), FALSA ~ (*A. muscaria*), ~ VERDE (*A. phalloides*), *etc.*

oropel *m* **1** Lámina de latón muy batida y adelgazada, que imita al oro. ■ **2** Adorno de poco valor y mucha apariencia. *Frec referido a cosas inmateriales.*

oropelesco -ca *adj* De oropel [2].

oropéndola *f* Pájaro de plumaje amarillo, con alas y cola negras, que hace su nido colgándolo de las ramas horizontales de los árboles (*Oriolus oriolus*).

oropesa *f* Planta vivaz de hojas lineares casi planas y flores en panícula, violáceas por fuera y blancas por dentro (*Simaethis planifolia*).

oropesano -na *adj* De Oropesa (Toledo). *Tb n, referido a pers.*

oropimente *m* (*Mineral*) Mineral compuesto de arsénico y azufre, de color amarillo y brillo céreo, y que se presenta acompañando al rejalgar.

orotavense *adj* De La Orotava (Tenerife). *Tb n, referido a pers.*

oroval, orovale → OROBAL, OROBALE.

orozuz *m* Regaliz (planta).

orquesta *f* **1** Conjunto de instrumentos musicales agrupados en secciones, entre las que es fundamental la de cuerda. *Tb los músicos que los tocan.* **b)** **hombre-~** → HOMBRE. ■ **2** *En algunos teatros:* Zona rebajada destinada a los músicos y situada entre la escena y las butacas. **b)** (*hist*) *En los teatros griegos y romanos:* Espacio semicircular situado delante de la escena.

orquestación *f* Acción de orquestar. *Tb su efecto.*

orquestador -ra *adj* Que orquesta [1 y 2]. *Tb n, referido a pers.*

orquestal *adj* De (la) orquesta [1].

orquestalmente *adv* En el aspecto orquestal.

orquestar *tr* **1** Adaptar para orquesta [1] [una partitura musical]. ■ **2** Organizar [una operación], utilizando diversos medios, con el fin de crear un estado de opinión. *Gralm se usa con intención peyorativa.* ■ **3** Organizar o estructurar [algo complejo].

orquestina *f* (*hoy raro*) Orquesta [1] pequeña que actúa en locales de baile, cafés o salones. *Frec desp.*

orquidácea *adj* (*Bot*) [Planta] herbácea perenne, monocotiledónea, de flores de forma y coloración rara y fruto en cápsula. *Frec como n f en pl, designando este taxón botánico.*

orquídea *f Se da este n a numerosas especies de plantas herbáceas de la familia de las orquidáceas, caracterizadas por sus flores irregulares de larga floración y muy apreciadas como ornamentales. Tb, esp, las flores. Tb en pl, designando este taxón botánico.*

orquítico -ca *adj* (*Med*) **1** De (la) orquitis. ■ **2** Que padece orquitis. *Tb n.*

orquitis *f* (*Med*) Inflamación de los testículos.

orre. en ~. *loc adv* (*reg*) En gran abundancia.

órsay *m* (*Dep, col*) Offside. *Tb fig. Frec en la constr* EN ~.

ortega *f* Ave semejante a la paloma, de plumaje ceniciento y anaranjado en la parte superior y negro en el vientre (*Pterocles orientalis*).

ortegano -na *adj* De Ortigueira (La Coruña). *Tb n, referido a pers.*

orteguina *f* (*Taur*) Lance que se ejecuta con el capote cogido por detrás y que se acompaña de un cambio de mano por la espalda.

ortesis *f* (*Med*) Aparato ortopédico.

ortiga *f* **1** Planta herbácea de 6 a 8 dm de altura, hojas opuestas, agudas y dentadas cubiertas de pelos que segregan un líquido urente, y flores verdosas en racimos axilares (*Urtica dioica*). *Tb* ~ COMÚN *u* ~ MAYOR. **b)** *Con un adj especificador designa otras especies:* ~ BLANCA (*Lamium album*), ~ HEDIONDA (*Stachys sylvatica*), ~ MENOR (*Urtica urens*), ~ ROMANA (*Urtica pilulifera*), *etc.* ■ **2** ~ **de mar.** Medusa (celentéreo).

ortigal *m* Terreno poblado de ortigas [1].

ortigarse *intr pr* Sufrir irritación cutánea por el contacto con ortigas [1].

ortivo -va *adj* (*Astron*) De(l) orto.

orto *m* (*Astron o lit*) Salida [de un astro] por el horizonte. *Tb fig.*

orto- *r pref* **1** Normal o correcto. * Ortopodología. ■ **2** (*Quím*) *Designa cuerpo más hidratado que los restantes de su especie.* * Ortofosfórico. * Ortosilicato.

ortocentro *m* (*Geom*) Punto en que se cortan las tres alturas de un triángulo.

ortoclasa *f* (*Mineral*) Ortosa.

ortodoncia *f* Tratamiento y corrección de las irregularidades dentarias.

ortodóncico -ca *adj* Ortodóntico.

ortodoncista *m y f* Especialista en ortodoncia.

ortodóntico -ca *adj* De (la) ortodoncia.

ortodoxamente *adv* **1** De manera ortodoxa [1]. ■ **2** En el aspecto ortodoxo [1].

ortodoxia *f* **1** Condición de ortodoxo, *esp* [1]. ■ **2** Pensamiento o postura ortodoxos [1]. ■ **3** Iglesia o religión ortodoxa [2].

ortodoxo -xa *adj* **1** Conforme con la doctrina establecida como verdadera. *Frec referido a religión. Tb n, referido a pers. Tb fig.* ■ **2** [Iglesia o religión] cristiana cismática de rito oriental, separada de Roma desde el s. XI. **b)** De la iglesia ortodoxa. *Tb n, referido a pers.*

ortoédrico -ca *adj* (*Geom*) De forma de ortoedro.

ortoedro *m* (*Geom*) Paralelepípedo rectángulo.

ortoepía *f* (*Fon*) Rama de la fonética que trata de la pronunciación correcta.

ortofonía *f* (*Med y Fon*) Corrección de los defectos de la voz y de la pronunciación.

ortofónico -ca *adj* (*Med y Fon*) De (la) ortofonía.

ortofonista *m y f* (*Med y Fon*) Especialista en ortofonía.

ortognatismo *m* (*Anat*) Disposición casi vertical de la línea de perfil de la frente a la barbilla.

ortognato -ta *adj* (*Anat*) Que presenta ortognatismo.

ortogonal *adj* (*Geom*) **1** De(l) ángulo recto. ■ **2** [Proyección] que resulta de trazar todas las líneas proyectantes perpendiculares a un plano.

ortogonalidad *f* (*Geom*) Cualidad de ortogonal.

ortografía *f* Conjunto de las normas que rigen la representación escrita de una lengua. **b)** Escritura [de una palabra u otro elemento lingüístico, o de un texto] con arreglo a normas de ortografía. **c)** Uso correcto [de una letra o de un signo de escritura].

ortografiar (*conjug* **1c**) *tr* Escribir [algo] con arreglo a la ortografía.

ortográficamente *adv* De manera ortográfica.

ortográfico -ca *adj* De (la) ortografía. **b)** [Acento] ~ → ACENTO.

ortografista *m y f* Ortógrafo.

ortógrafo -fa *m y f* Especialista en ortografía.

ortología *f* (*Fon*) Conjunto de las normas que rigen la pronunciación de una lengua. **b)** Pronunciación normal [de un elemento lingüístico].

ortólogo -ga *m y f* (*Fon*) Especialista en ortología.

ortomixovirus *m* (*Med*) Virus de la familia que comprende los causantes de la gripe y de la peste aviar.

ortopeda *m y f* Ortopedista.

ortopedia *f* **1** Técnica que tiene por objeto prevenir o corregir, por medio de aparatos, las deformidades del cuerpo. *Tb fig.* ■ **2** Tienda de artículos de ortopedia [1].

ortopédicamente *adv* De manera ortopédica. *Tb fig.*

ortopédico -ca *adj* De (la) ortopedia. **b)** [Pers.] especialista en ortopedia [1]. *Tb n.*

ortopedista *m y f* Especialista en ortopedia [1]. *Tb fig.*

ortopraxia *f* (*raro*) Acción o práctica recta.

ortóptero *adj* (*Zool*) [Insecto] masticador, de metamorfosis sencilla, que tiene un par de élitros consistentes y otro de alas membranosas plegadas longitudinalmente. *Frec como n m en pl, designando este taxón zoológico.*

ortóptica *f* (*Med*) Técnica para corregir la visión binocular defectuosa, esp. en el estrabismo, mediante ejercicios oculares.

ortorrómbico -ca *adj* (*Mineral*) Rómbico.

ortosa *f* (*Mineral*) Feldespato constituido por silicato de alúmina y potasa. *Tb* FELDESPATO ~.

ortosimpático -ca *adj* (*Anat*) [Sistema] que forma parte del sistema nervioso neurovegetativo y cuyos centros se encuentran en las alas laterales de la médula torácica y lumbar. **b)** Del sistema ortosimpático.

ortosis *f* (*Med*) Pieza o aparato ortopédicos destinados a enderezar una parte torcida.

ortostático -ca *adj* (*Med*) Relativo a la posición vertical o de pie.

ortótropo -pa (*tb* ortotropo) *adj* (*Bot*) **1** Que tiende a orientarse en la dirección en que actúa el estímulo. ■ **2** [Óvulo] que tiene el micrópilo y el funículo en línea recta.

oruga *f* **1** Larva de insecto lepidóptero. ■ **2** Llanta articulada, a manera de cadena sin fin, que se aplica a las ruedas de cada lado del vehículo permitiéndole avanzar sobre terreno difícil. *Frec se usa en aposición siguiendo al n del vehículo que la tiene. A veces, sobrentendido este, conserva su género.* * Tractor oruga. * La planchó un autobús de esos grandotes, un oruga. ■ **3** Planta herbácea de hojas rizadas y hendidas, que crece en los campos y a orillas de los caminos y se usa como condimento (*Eruca vesicaria*). **b)** *Con un adj especificador designa otras especies:* ~ MARINA (*Cakile maritima*), ~ SILVESTRE (*Diplotaxis erucoides*), *etc.*

orujo *m* **1** Hollejo de la uva después de exprimida. **b)** Residuo de la aceituna molida y prensada. **c)** (*E*) *En general:* Residuo [de un fruto que se prensa]. ■ **2** Aguardiente de orujo [1a].

orvallado -da (*tb con la grafía* orballado) *adj* (*reg*) **1** *part* → ORVALLAR. ■ **2** Abundante en orvallo.

orvallar (*tb con la grafía* orballar) *intr impers* (*reg*) Lloviznar. *Gralm referido a Galicia y Asturias.*

orvallo (*tb con la grafía* orballo) *m* (*reg*) Llovizna. *Gralm referido a Galicia y Asturias.*

orza[1] *f* Vasija vidriada de barro, alta y sin asas, usada gralm. para guardar conservas.

orza[2] **I** *f* (*Mar*) **1** Acción de orzar. *Frec en la loc* A ~. ■ **2** Pieza suplementaria, fija o móvil, que se aplica a algunas embarcaciones a vela para mejorar su estabilidad. *Tb* ~ DE QUILLA.
II *loc v* **3 traer a** ~ [a alguien]. (*reg*) Traer[le] a mal traer.

orzar *intr* (*Mar*) Inclinar la proa hacia la parte de donde viene el viento. *Tb fig.*

orzuelo[1] *m* Divieso pequeño que nace en el borde de un párpado.

orzuelo[2] *m* Cierto cepo o trampa para cazar animales.

os[1] → VOSOTROS *y* VOS.

os[2] → OX.

osa[1] *f* (*Quím*) Hidrato de carbono no hidrolizable.

osa[2] → OSO.

osadamente *adv* (*lit*) De manera osada.

osadía *f* (*lit*) **1** Cualidad de osado [2]. ■ **2** Acción osada [2].

osado -da *adj* (*lit*) **1** *part* –> OSAR. ■ **2** Atrevido. *A veces con un compl* A.

osamenta *f* Conjunto de los huesos del esqueleto. *Tb fig, referido a seres inanimados.*

osar *tr* (*lit*) Atreverse [a algo excesivo o indebido (*cd*)]. *El cd es normalmente un infin.*

osario *m* Lugar de una iglesia o cementerio en que se reúnen los huesos que se sacan de las sepulturas. *Tb fig.*

osatura *f* Osamenta. *Tb fig.*

osazona *f* (*Quím*) Compuesto formado por los monosacáridos y la fenilhidracina.

óscar (*pl normal,* ~S) *m* **1** Premio, consistente en una estatuilla dorada, que concede anualmente la Academia de Ciencias y Artes Cinematográficas de Hollywood. ■ **2** Premio concedido por un jurado [en una actividad determinada (*compl especificador*)].

oscense[1] *adj* De Huesca. *Tb n, referido a pers.*

oscense[2] *adj* De Huéscar (Granada). *Tb n, referido a pers.*

oscilación *f* **1** Acción de oscilar. ■ **2** Medida de la distancia recorrida por una cosa que oscila [1 y 2], entre sus dos posiciones extremas.

oscilador -ra *adj* (*E*) Que sirve para producir oscilaciones eléctricas o mecánicas. *Tb n m, referido a aparato o elemento.*

oscilante *adj* Que oscila [1 y 2]. **b)** (*Electr*) [Circuito] en el cual, cuando existe una diferencia de potencial entre dos elementos, se iguala la tensión de ambos al cabo de una serie de oscilaciones.

oscilar *intr* **1** Efectuar [algo] un movimiento de vaivén. ■ **2** Variar alternativamente [algo] en su intensidad o en su medida. *Frec con un compl* ENTRE... Y, *o* DE... A. **b)** Tener [alguien] variaciones en el comportamiento o en la manera de pensar. *Frec con un compl* ENTRE... Y, DE... A, *o* DESDE... HASTA. ■ **3** (*juv*) Retirarse o marcharse. *Gralm en imperat.*

oscilatorio -ria *adj* De (la) oscilación.

oscilógrafo *m* (*E*) Aparato registrador de oscilaciones.

oscilograma *m* (*E*) Registro gráfico hecho con un oscilógrafo.

oscilómetro *m* (*E*) Oscilógrafo.

osciloscopio *m* (*Electr*) Aparato que convierte las oscilaciones en imágenes visibles.

oscitancia *f* (*lit, raro*) Olvido o abandono.

osco -ca *adj* (*hist*) **1** De un antiguo pueblo itálico de la región de Campania. *Tb n, referido a pers.* ■ **2** [Lengua] itálica antigua hablada en la mayor parte de la Italia meridional, desde el Samnio y la Campania. *Frec n m.* **b)** De(l) osco.

osco-umbro -bra (*hist*) **I** *adj* **1** De un pueblo itálico antiguo establecido en la Italia central. *Tb n, referido a pers.*
II *m* **2** Grupo de lenguas itálicas formado por el osco, el sabélico y el umbro.

osculado. porrón ~ –> PORRÓN[3].

osculeo *m* (*humoríst*) Besuqueo.

ósculo *m* **1** (*lit*) Beso. *Frec humoríst.* ■ **2** (*Zool*) *En los espongiarios:* Orificio apical, por el que sale el agua recibida por los poros laterales.

oscuramente (*tb* **obscuramente**) *adv* De manera oscura.

oscurana *f* (*reg*) Oscurecimiento del cielo.

oscurantismo (*tb* **obscurantismo**) *m* Oposición a la cultura o a su difusión.

oscurantista (*tb* **obscurantista**) *adj* De(l) oscurantismo. **b)** Partidario del oscurantismo. *Tb n.*

oscurecer (*tb* **obscurecer**; *conjug* 11) **A** *tr* **1** Poner oscuro o más oscuro. *Tb fig.*
B *intr* ➤ **a** *normal* **2** Ponerse oscuro o más oscuro. *Frec pr* (~**se**). *Tb fig.*
➤ **b** *impers* **3** Ponerse oscuro el cielo al hacerse de noche. **b)** Ponerse oscuro el cielo al nublarse. *Tb pr* (~**se**).

oscurecida (*tb* **obscurecida**) *f* Hora del día en que oscurece o se hace de noche.

oscureciente (*tb* **obscureciente**) *adj* (*lit*) Que oscurece [1].

oscurecimiento (*tb* **obscurecimiento**) *m* Hecho de oscurecer(se). *Tb fig.*

oscurícola (*tb* **obscurícola**) *adj* (*Zool*) [Animal] cuya actividad se desarrolla en la oscuridad.

oscuridad (*tb* **obscuridad**) *f* Condición de oscuro. **b)** Ausencia de luz. *A veces en pl con sent sg. Tb fig.*

oscuro -ra (*tb* **obscuro**) **I** *adj* **1** Que tiene poca o ninguna luz. **b)** [Cielo] que tiene poca o ninguna luz por estarse poniendo o haberse puesto el Sol. *Frec en las constrs* ESTAR ~, PONERSE ~, *o* SER ~, *con suj implícito.* **c)** [Día o cielo] nublado. *Frec en las constrs* ESTAR ~, *o* PONERSE ~, *con suj implícito.* **d)** [Cámara] **oscura** –> CÁMARA. ■ **2** [Color o tono] más próximo al negro que al blanco. **b)** De color o tono oscuro. **c)** [Gafas] de cristales oscuros [2b] destinadas a filtrar la luz. ■ **3** [Cosa] poco lucida o poco brillante. ■ **4** [Pers. o cosa] poco conocida de la gente. ■ **5** [Cosa] difícil de entender o descifrar. **b)** [Pers.] que se expresa de manera poco comprensible. ■ **6** [Cosa] imprecisa o confusa. ■ **7** [Cosa] misteriosa y que infunde desconfianza. ■ **8** [Cosa] sombría (triste o pesimista).
II *m* **9** (*Escén*) Apagón de las luces de la escena, que marca el final de un cuadro.
III *loc adv* **10 a oscuras.** Sin luz. **b)** (*col*) En completa ignorancia.

osear *tr* Oxear. *Tb fig.*

osecico, osecillo –> HUESO.

oseína *f* (*Anat*) Sustancia orgánica que forma parte fundamental de los huesos y que se encuentra también en la piel y los cartílagos.

óseo -a *adj* (*Anat*) De(l) hueso.

osero -ra **I** *adj* **1** Del oso o de los osos.
II *f* **2** Guarida del oso.

oseta **I** *adj* **1** De un pueblo iranio habitante de la región de Osetia, en el Cáucaso. *Tb n, referido a pers.*
II *m* **2** Lengua de los osetas [1].

osetio -tia *adj* De la región de Osetia, en el Cáucaso. *Tb n, referido a pers.*

oseto -ta *adj* Osetio. *Tb n.*

osezno *m* Cachorro de oso.

osido *m* (*Quím*) Hidrato de carbono que se hidroliza dando lugar a otro hidrato de carbono.

osificación *f* Acción de osificarse.

osificarse *intr pr* Convertirse en hueso.

osiforme *adj* (*Anat*) De apariencia de hueso.

osífraga. águila ~ –→ ÁGUILA.

osmanlí *adj* Turco u otomano. *Tb n, referido a pers.*

osmio *m* (*Quím*) Metal duro, de número atómico 76, que se presenta en cristales blancos frec. asociado al iridio o al platino y que es muy atacable por los ácidos.

osmómetro *m* (*Fís*) Aparato para medir la presión osmótica.

ósmosis (*tb, más raro*, **osmosis**) *f* **1** (*Fís*) Paso recíproco de dos líquidos de distinta densidad a través de una membrana semipermeable que los separa. ■ **2** (*lit*) Penetración o influencia recíproca.

osmótico -ca *adj* (*Fís o lit*) De (la) ósmosis.

osmundácea *adj* (*Bot*) [Planta] de la familia de helechos cuyo tipo es el gén. *Osmunda. Frec como n f en pl, designando este taxón botánico.*

oso -sa I *n* A *m* **1** Mamífero de la familia de los úrsidos. *Diversas especies se distinguen por medio de adjs:* ~ COMÚN, *o* PARDO (*Ursus arctos*), ~ BLANCO, PO-LAR *o* MARÍTIMO (*Thalaretos maritimus*), ~ BEZUDO (*Melursus ursinus*), *etc*. ■ **2** ~ **hormiguero.** Mamífero desdentado de América central y meridional, de más de 1 m de largo, pelo áspero y hocico muy alargado, que se alimenta de hormigas y termes (*Myrmecophaga tridactyla*). ■ **3** ~ **panda** –→ PAN-DA². ■ **4** (*hoy raro*) Hombre que galantea a una mujer paseándole la calle.
    B *f* **5** Hembra del oso [1].
    II *loc adj* **6** [Abrazo] **del ~**, [ajo] **de ~**, [oreja] **de ~**, [uva] **de ~** –→ ABRAZO, AJO¹, OREJA, UVA.
    III *loc v* **7 hacer el ~.** (*col*) Hacer tonterías, exponiéndose a la burla de la gente.
    IV *interj* **8 anda la osa.** (*col*) Expresa sorpresa.
    * ¡Anda la osa, mira quién viene!

osobuco *m* Ossobuco.

ossobuco (*it; pronunc corriente*, /osobúko/; *tb con la grafía* **osso buco**) *m* Plato que se prepara con pierna de vaca cortada en rodajas transversales y con hueso, cocida en salsa de vino y cáscara de limón. *Tb la carne con que se prepara.*

oste –→ OXTE.

osteíctio *adj* (*Zool*) [Pez] de esqueleto óseo. *Frec como n m en pl, designando este taxón zoológico.*

osteína *f* (*Anat*) Oseína.

osteítis *f* (*Med*) Inflamación del tejido óseo.

ostensible *adj* **1** Manifiesto o patente. **b)** Muy visible. ■ **2** Que se puede mostrar o manifestar.

ostensiblemente *adv* De manera ostensible.

ostensión *f* (*lit, raro*) Manifestación notoria [de algo].

ostensorio *m* (*Rel catól*) Parte de la custodia donde se coloca el viril. **b)** Custodia (objeto litúrgico).

ostentación *f* Acción de ostentar, *esp* [1]. *Tb su efecto.*

ostentador -ra *adj* Que ostenta.

ostentar *tr* **1** Mostrar [algo] con intención de que sea admirado. *Tb abs.* ■ **2** Tener o llevar [algo] de modo que sea bien visible. ■ **3** Tener de manera pública [un título, un cargo o dignidad o un derecho].

ostentativo -va *adj* (*raro*) Ostentoso.

ostentatorio -ria *adj* (*raro*) Ostentoso.

ostento *m* Fenómeno de carácter prodigioso.

ostentóreo -a *adj* (*humoríst*) **1** Ostentoso. ■ **2** Llamativo y ruidoso. *Gralm referido a risa.*

ostentosamente *adv* De manera ostentosa.

ostentosidad *f* Cualidad de ostentoso.

ostentoso -sa *adj* [Cosa] que llama la atención por su magnificencia o por su aparato.

osteoarticular *adj* (*Med*) De los huesos y sus articulaciones.

osteoblasto *m* (*Anat*) Célula ósea.

osteocito *m* (*Anat*) Osteoblasto.

osteoclasto *m* (*Anat*) Célula destructora del hueso.

osteocondritis *f* (*Med*) Necrosis simultánea de un hueso y su cartílago.

osteodistrofia *f* (*Med*) Distrofia ósea.

osteófito *m* (*Med*) Producción ósea a expensas del periostio en las proximidades de un foco inflamatorio crónico.

osteogénesis *f* (*Anat*) Desarrollo del tejido o sistema óseo.

osteogenético -ca *adj* (*Anat*) De (la) osteogénesis.

osteogénico -ca *adj* (*Anat*) De (la) osteogénesis.

osteógeno -na *adj* (*Anat*) Que realiza la osteogénesis.

osteointegración *f* (*Med*) Unión íntima y duradera entre el hueso y el implante.

osteointegrado -da *adj* (*Med*) [Implante] que se realiza con osteointegración.

osteoma *m* (*Med*) Tumor de naturaleza ósea o de estructura semejante a la del tejido óseo.

osteomalacia *f* (*Med*) Trastorno metabólico de los huesos caracterizado por el progresivo reblandecimiento.

osteomielítico -ca *adj* (*Med*) Afectado de osteomielitis.

osteomielitis *f* (*Med*) Inflamación simultánea del hueso y de la médula ósea.

osteópata *m y f* (*Med*) Especialista en osteopatía [2].

osteopatía *f* (*Med*) **1** Afección ósea. ■ **2** Tratamiento de las enfermedades basado en el principio de la relación entre las afecciones de los órganos internos y las del esqueleto.

osteoplastia *f* (*Med*) Cirugía plástica de los huesos.

osteoplástico -ca *adj* (*Med*) De (la) osteoplastia.

osteoporosis *f* (*Med*) Formación de espacios anormales en el hueso o rarefacción del mismo.

osteoporótico -ca *adj* (*Med*) Afectado de osteoporosis.

osteosarcoma *m* (*Med*) Sarcoma de hueso.

osteosíntesis *f* (*Med*) Reunión de los fragmentos de un hueso fracturado, por medios mecánicos o quirúrgicos.

osteotomía *f* (*Med*) Incisión o sección quirúrgica de un hueso.

osteotómico -ca *adj* (*Med*) De (la) osteotomía.

osti –→ HOSTI.

ostiaco -ca I *adj* **1** De un pueblo finés de la Siberia Occidental, establecido pralm. a orillas del Obi. *Tb n, referido a pers.* II *m* **2** Lengua fino-ugra del Obi (Siberia).

ostiariado *m* (*Rel catól*) Orden de ostiario, suprimida a partir del Concilio Vaticano II.

ostiario *m* (*Rel catól*) Clérigo que ha recibido la primera de las órdenes menores.

ostiense *adj* De Ostia (Italia). *Tb n, referido a pers.*

ostinato (*it; pronunc corriente, /ostináto/; pl normal, OSTINATI*) *m* (*Mús*) Breve frase melódica repetida constantemente por la misma voz o instrumento y en el mismo tono.

ostiolo *m* (*Bot*) Orificio.

ostión *m* Molusco semejante a la ostra, pero de mayor tamaño y más basto (*Crassostrea angulata*).

ostipense *adj* De Estepa (Sevilla). *Tb n, referido a pers.*

ostpolitik (*al; pronunc corriente, /ostpolitík/*) *f* Política de aproximación a los países de régimen comunista.

ostra I *f* **1** Molusco lamelibranquio marino de valvas desiguales de color pardo verdoso, la mayor de las cuales se adhiere a las rocas, y que es comestible muy apreciado (*Ostrea edulis*). **b)** *Se da tb este n a otras especies similares, pralm de los géns Ostrea y Meleagrina. Normalmente con un adj o compl especificador.* **c)** *Se usa frec en constrs de sent comparativo para ponderar aburrimiento.* * Se aburre como una ostra con ese tipo de películas. II *interj* **2 ~s.** (*euf, reg*) Expresa sorpresa o enojo. * ¡Ostras, tú, qué frío hace!

óstraca → ÓSTRACON.

ostracismo *m* **1** (*lit*) Exilio (separación, voluntaria o forzosa, del propio país, por razones políticas). **b)** (*hist*) *En la antigua Grecia:* Destierro político de 5 o 10 años, dictado por la asamblea popular contra determinados individuos. ■ **2** Exclusión, voluntaria o forzosa, de un cargo público, por motivos políticos. *Tb fig.* ■ **3** Incomunicación o aislamiento voluntarios.

ostracista *adj* De(l) ostracismo [2 y 3].

ostracodermo *adj* (*Zool*) [Pez] fósil de piel en forma de coraza. *Frec como n m en pl, designando este taxón zoológico.*

ostrácodo *adj* (*Zool*) [Crustáceo] de pequeñas dimensiones, con cuerpo no segmentado cubierto de un caparazón bivalvo, que vive en el fondo de las aguas dulces o marinas. *Frec como n m en pl, designando este taxón zoológico.*

óstracon (*pl normal, ÓSTRACA*) *m* (*Arqueol*) Fragmento de arcilla usado en la antigüedad clásica como superficie para escribir.

ostreícola *adj* (*raro*) Ostrícola.

ostreicultura *f* (*raro*) Ostricultura.

ostrería *f* Establecimiento dedicado especialmente a la venta de ostras [1a y b].

ostrero -ra I *adj* **1** De (las) ostras [1a y b]. II *n* A *m y f* **2** Pers. que se dedica a la venta de ostras [1a y b]. **B** *m* **3** Ave limícola de gran tamaño, de plumaje negro con franjas alares y obispillo blancos y pico anaranjado comprimido lateralmente (*Haematopus*

ostralegus). ■ **4** Lugar en que se crían las ostras [1a y b]. **C** *f* **5** Vasija especial para servir ostras [1a y b].

ostrícola *adj* De (la) ostricultura.

ostricultor -ra *m y f* Pers. que se dedica a la ostricultura.

ostricultura *f* Cría de ostras [1a y b].

ostrogodo -da *adj* (*hist*) [Individuo] del pueblo godo oriental establecido en Ucrania en el s. IV y en Italia entre 493 y 555. *Tb n.* **b)** De los ostrogodos.

ostrogótico -ca *adj* (*raro*) De los ostrogodos.

ostugo *m* (*lit, raro*) **1** Rincón. ■ **2** Pizca o porción muy pequeña [de algo].

osunés -sa *adj* De Osuna (Sevilla). *Tb n, referido a pers.*

osuno -na *adj* De(l) oso (animal).

otalgia *f* (*Med*) Dolor de oído.

otánico -ca *adj* De la OTAN (Organización del Tratado del Atlántico Norte).

otanismo *m* (*Pol*) Actitud otanista.

otanista *adj* (*Pol*) Favorable al ingreso en la OTAN (Organización del Tratado del Atlántico Norte). *Tb n, referido a pers.*

otárido -da *adj* (*Zool*) [Animal] mamífero pinnípedo cuyas patas posteriores pueden girar hacia delante, facilitando el avance sobre el suelo, y que está dotado de orejas. *Frec como n m en pl, designando este taxón zoológico.*

otario *m* Mamífero pinnípedo semejante a la foca, pero de cabeza más pequeña y alargada y provista de orejas (*géns Otaria, Arctocephalus, Callorhinus y otros*).

oteador -ra *adj* Que otea. *Tb n, referido a pers.*

oteante *adj* Que otea.

otear *tr* Examinar, esp. desde un punto elevado, [una gran extensión de terreno]. *Tb abs. Tb fig.*

oteizano -na *adj* De Oteiza (Navarra). *Tb n, referido a pers.*

oteo *m* Acción de otear.

otero (*dim OTERUELO*) *m* Cerro aislado en un llano.

ótico -ca *adj* (*Anat*) Del oído.

otilar *intr* (*reg*) Aullar [el lobo].

otitis *f* (*Med*) Inflamación del oído.

otiveño -ña *adj* De Otívar (Granada). *Tb n, referido a pers.*

oto- *r pref* (*Med*) Del oído. * Otoneurocirugía. * Otoneurólogo.

otoesclerosis *f* (*Med*) Otosclerosis.

otófono *m* Audífono.

otología *f* (*Med*) Estudio del oído y de sus enfermedades.

otológico -ca *adj* (*Med*) De (la) otología.

otólogo -ga *m y f* (*Med*) Especialista en otología.

otomán *m* Tejido de algodón con dibujo acanalado transversal, usado esp. en decoración y para vestidos de mujer.

otomano -na I *adj* **1** Turco. *Tb n, referido a pers. Gralm usado con relación a épocas pasadas.* II *f* **2** Diván de forma rectangular.

otoniano -na *adj* (*hist*) De Otón I, II y III, emperadores del Sacro Imperio Romano-Germánico (s. X). *Gralm referido al arte de este período.*

otoñada *f* **1** Otoño. ■ **2** Pastos de otoño [1].

otoñal *adj* **1** De(l) otoño. ■ **2** [Pers.] de edad madura. *Tb n.* **b)** De (la) pers. otoñal.

otoñar *intr* Pasar el otoño.

otoñear *intr* **1** Pasar el otoño. **b)** Estar en el otoño. ■ **2** Tener o mostrar carácter otoñal.

otoñizo -za *adj* Otoñal [1].

otoño *m* **1** Estación templada que sigue al verano y que en el hemisferio norte abarca oficialmente del 23 de septiembre al 21 de diciembre. ■ **2** (*lit*) Período de la vida en que comienza el declive de la plenitud hacia la vejez.

otorgador -ra *adj* Que otorga. *Tb n, referido a pers.*

otorgamiento *m* Acción de otorgar.

otorgante *adj* Que otorga. *Tb n, referido a pers.*

otorgar A *tr* **1** Conceder [algo que es deseado o pedido]. ■ **2** (*Der*) Disponer o establecer [algo] ante notario u otra pers. autorizada.
    B *intr pr* (~se) **3** *En la fórmula del matrimonio religioso:* Entregarse [una pers. como esposa de otra (*ci*)].

otorragia *f* (*Med*) Hemorragia en el oído.

otorrea *f* (*Med*) Flujo mucoso o purulento por el conducto auditivo externo.

otorrino[1] *m y f* (*col*) Otorrinolaringólogo.

otorrino[2] *f* (*argot Med*) Otorrinolaringología.

otorrinolaringología *f* Estudio del oído, la nariz y la garganta, y de sus enfermedades.

otorrinolaringológico -ca *adj* De (la) otorrinolaringología.

otorrinolaringólogo -ga *m y f* Especialista en otorrinolaringología.

otosclerosis *f* (*Med*) Esclerosis de los tejidos del oído medio e interno.

otoscopio *m* (*Med*) Instrumento para reconocer el oído.

ototóxico -ca *adj* (*Med*) De efectos perjudiciales sobre el oído.

otre -tra *pron* (*reg*) Otro.

otredad *f* **1** (*Filos o lit*) Condición de otro o diferente. ■ **2** Conjunto de los otros o diferentes.

otreidad *f* (*semiculto*) Otredad.

otro -tra I *adj* (*siempre antepuesto al n*) **1** Uno diferente del mencionado, consabido o presente. *No precedido de art.* **b)** Uno diferente del que se cita a continuación. *El sust que designa la pers o cosa de referencia va precedido de* QUE. **c)** Uno mejor. **d)** **otra cosa, ~ tanto** → COSA, TANTO. ■ **2** Uno adicional o nuevo. *No precedido de art.* ■ **3** Restante. *Precedido del art* EL *o de un posesivo o demostrativo. Gralm acompañando a ns en pl. A veces se sustantiva.* **b)** **esto y lo ~** → ESTO. ■ **4** Inmediato en el tiempo o en el espacio. *Precedido del art* EL. ■ **5** **el ~.** *Precediendo a* DÍA, MAÑANA, TARDE, NOCHE: Uno pasado, no lejano. *Tb* (*reg*) *en las constrs* LOS ~S DÍAS, *etc.* ■ **6** **el ~.** (*col*) Siempre sustantivado, normalmente *m sg*, designa una pers anónima o que no interesa nombrar. *Frec como suj del v* DECIR. * *Paciencia y barajar, que diría el otro.* **b)** **el ~** (*o, más*

frec, **la otra**). (*euf, col*) El (o la) amante. ■ **7 lo ~.** *Euf que sustituye al elemento considerado más malsonante en una enumeración. Tb humoríst.* * *Tras de cornudo, lo otro.* ■ **8** (*lit*) Distinto o diferente. *Frec precedido de* MUY.
    II *pron* **9** Una pers. o cosa diferente de la mencionada o consabida. **b)** Una pers. o cosa mejor. ■ **10** Una pers. o cosa adicional o nueva.
    III *fórm or* **11 esa** (*o* **esta**) **es otra.** (*col*) *Se usa para indicar que se acaba de mencionar un problema nuevo que se añade al ya planteado.* * *En cuanto a lo del gusto, esa es otra.* ■ **12 otra le quedaba.** (*col*) *Se usa para indicar que alguien se queda con reservas respecto a lo que acaba de decir.* * *Contestó que sí, pero otra le quedaba.* ■ **13 ~ que tal** (*u* ~ **que tal baila**). (*col*) *Se usa para comentar la semejanza, en algún inconveniente o defecto, entre la pers de quien se habla y alguna ya citada o consabida. Refiriéndose a un hecho, se usa la forma* OTRA QUE TAL. * *—Pepe tampoco está de acuerdo. —Otro que tal baila.*
    IV *interj* **14 otra.** (*pop*) *Expresa protesta o asombro.* * *¡Otra! ¡Y qué quieres que haga!*

otrora *adv* (*lit*) En otro tiempo.

otrosí *adv* (*lit*) También.

ouija (*fr y al; pronunc corriente,* /wíχa/, *o, raro,* /wíya/; *tb con la grafía* **oui-ja**) *f* (*Rel*) Güija.

out (*ing; pronunc corriente,* /áut/; *pl normal en acep 1,* ~S) **I** *m* **1** (*Tenis*) Salida de la pelota fuera del terreno de juego.
    II *adj invar* (*hoy raro*) **2** [Pers.] desconectada de la moda o de la actualidad. *Se opone a* IN. *Tb n.* **b)** [Cosa] pasada de moda o desfasada.
    III *interj* **3** (*Boxeo*) *Voz con que el árbitro declara a un boxeador fuera de combate.*

out-board (*ing; pronunc corriente,* /áut-bord/; *pl normal,* ~S) *m* (*Mar*) Fueraborda.

outlaw (*ing; pronunc corriente,* /áutlo/; *pl invar*) *m* (*raro*) Individuo que está fuera de la ley.

output (*ing; pronunc corriente,* /áutput/; *pl normal,* ~S) *m* **1** (*Econ*) Resultado final o elemento terminal de un proceso. *Se opone a* INPUT. ■ **2** (*Informát*) Salida de información. *Se opone a* INPUT.

outrigger (*ing; pronunc corriente,* /autříger/; *pl normal,* ~S) *m* Embarcación ligera, de remo, destinada a regatas, en la cual los remos se apoyan en soportes metálicos fuera de borda.

outsider (*ing; pronunc corriente,* /autsáider/; *pl normal,* ~S) **A** *m* **1** (*Híp*) Caballo que no figura entre los favoritos, pero tiene posibilidades de ganar.
    B *m y f* **2** Pers. que no se encuentra integrada en la sociedad o en un determinado grupo. ■ **3** Pers. que participa en una competición sin figurar entre los favoritos.

ova[1] *f* Alga unicelular verde, de diversas especies, flotante o fija en el fondo, y que se cría en aguas corrientes o estancadas. *Gralm en pl, o en sg con sent colectivo.*

ova[2] *f* (*Arquit*) Adorno en forma de huevo.

ovación *f* Aplauso ruidoso colectivo.

ovacionar *tr* Tributar una ovación [a alguien o algo (*cd*)].

oval *adj* De(l) óvalo. **b)** Que tiene forma de óvalo.

ovalado -da *adj* **1** *part* → OVALAR. ■ **2** Oval.

ovalar *tr* **1** Dar forma oval [a algo (*cd*)]. **b)** *pr* (~**se**) Tomar forma oval. ■ **2** Señalar [algo] con un óvalo.

ovalizarse *intr pr* (*Mec*) Desgastarse irregularmente [la pared interior de un cilindro o cojinete], de manera que su sección deje de ser circular y se haga oval.

óvalo *m* Curva cerrada, plana, oblonga y simétrica respecto de uno o de dos ejes. **b)** Cosa que tiene forma de óvalo. *Frec referido al rostro.*

ovambo -ba *adj* De un pueblo africano, mezcla de hotentote y negroide, que habita esp. en la región de Namibia. *Tb n, referido a pers.*

ovárico -ca *adj* Del ovario.

ovario I *m* **1** (*Anat*) Glándula sexual femenina de los animales, productora de los óvulos. ■ **2** (*Bot*) Parte inferior del pistilo, que contiene los óvulos.
II *loc v* **3 estar hasta los ~s.** (*vulg*) Estar muy harta [una mujer]. ■ **4 salir**[le a una mujer algo] **de los ~s.** (*vulg*) Antojárse[le].

ovaritis *f* (*Med*) Inflamación de los ovarios [1].

oveja I *f* **1** Mamífero bóvido de dimensiones medias y con el cuerpo cubierto de lana espesa, por la cual, así como por su carne, es apreciado (gén. *Ovis*, esp. *O. aries*). *Frec designa solo la hembra adulta, por oposición al macho* (CARNERO) *y a la cría* (CORDERO). ■ **2 ~ negra.** (*col*) Pers. que difiere desfavorablemente de las demás [de su familia o colectividad]. *Tb fig, referido a cosa.*
II *loc adj* **3** [Lengua] **de ~** → LENGUA.
III *loc v* **4 aburrir** (**hasta**) **a las ~s.** (*col*) Ser [una pers. o cosa] sumamente aburrida o pesada.

ovejero -ra *adj* **1** De (la) oveja [1]. ■ **2** Que cuida ovejas [1]. *Tb n, referido a pers.*

ovejuno -na *adj* **1** De (la) oveja [1]. ■ **2** Semejante a la oveja [1].

over (*ing; pronunc corriente,* /óber/) *m* (*Dep*) Estilo de natación que consiste en nadar con uno o los dos brazos fuera. *Tb ~* SENCILLO *y* DOBLE, *respectivamente.*

overa *f En las aves:* Ovario.

overbooking (*ing; pronunc corriente,* /oberbúkin/; *pl normal,* ~S) *m* Reserva de plazas superior a la capacidad real.

overo[1] **-ra** *adj* De color parecido al del melocotón. *Esp referido a caballo.*

overo[2] *adj* (*raro*) [Ojo] saltón.

overol *m* (*raro*) Mono (prenda de trabajo).

ovetense *adj* De Oviedo. *Tb n, referido a pers.*

ovicida *adj* Que destruye los huevos de insectos y ácaros.

óvido *adj* (*Zool*) [Mamífero] rumiante, frec. cubierto de abundante lana, con cuernos de sección triangular y retorcidos en espiral o encorvados hacia atrás. *Frec como n m en pl, designando este taxón zoológico.*

oviducto *m* (*Anat*) *En los animales:* Conducto por el que los óvulos salen del ovario para ser fecundados.

ovillador -ra I *adj* **1** Que ovilla [1]. *Tb n, referido a pers.*
II *f* **2** Devanadora para hacer ovillos.

ovillar *tr* **1** Poner [un hilo o algo similar] en forma de ovillo [1]. ■ **2** Encoger o recoger en forma de bola. *Frec el cd es refl.*

ovillejo *m* (*TLit*) Combinación métrica formada por tres versos octosílabos, seguido cada uno de un pie quebrado que con él rima en consonante, y por una redondilla cuyo último verso se compone de los tres pies quebrados.

ovillo *m* **1** Bola que se forma al enrollar un hilo o algo similar sobre sí mismo. ■ **2** Bola o cuerpo redondeado que se forma al encoger o recoger algo. *Gralm en la constr* HACER(SE) UN ~.

ovino -na I *adj* **1** De (la) oveja [1].
II *m* **2** Res ovina [1]. *Frec con sent colectivo.*

oviparismo *m* (*Zool*) Condición de ovíparo.

ovíparo -ra *adj* (*Zool*) [Animal] que se reproduce por huevos.

oviscapto *m* (*Zool*) *En las hembras de algunos insectos:* Órgano con que perforan agujeros para depositar sus huevos.

ovni I *m* **1** Objeto volador no identificado, de supuesta procedencia extraterrestre.
II *adj* **2** De los ovnis [1].

ovnilogía *f* Estudio de los ovnis.

ovninauta *m* Extraterrestre que viaja en un ovni.

ovo *m* (*Arquit*) Adorno en forma de huevo.

ovoalbúmina *f* (*Quím*) Albúmina de la clara del huevo.

ovocito *m* (*Biol*) Célula sexual femenina durante las fases de crecimiento y maduración.

ovogénesis *f* (*Biol*) Oogénesis (proceso de formación del óvulo).

ovoidal *adj* (*lit*) Ovoide [1].

ovoide I *adj* **1** (*lit o E*) [Figura] de huevo. **b)** Que tiene figura ovoide.
II *m* **2** (*Geom*) Cuerpo o figura ovoide [1]. ■ **3** Conglomerado de carbón de forma ovoide [1].

ovoideo -a *adj* (*lit o E*) Ovoide [1].

ovoproducto *m* (*E*) Producto industrial derivado de los huevos.

ovoteste *m* (*Biol*) Glándula sexual simultáneamente masculina y femenina.

ovótida *f* (*Biol*) Óvulo apto para la fecundación.

ovoviviparismo *m* (*Zool*) Condición de ovovivíparo.

ovovivíparo -ra *adj* (*Zool*) [Animal] ovíparo cuyo huevo no sale del cuerpo materno hasta que está muy adelantado el desarrollo embrionario.

ovulación *f* (*Biol*) *En los mamíferos:* Desprendimiento natural de un óvulo en el ovario, a fin de que pueda ser fecundado.

ovular *intr* (*Biol*) Realizar la ovulación.

ovulatorio -ria *adj* (*Biol*) De (la) ovulación.

óvulo *m* **1** (*Zool*) Célula sexual femenina. ■ **2** (*Bot*) Órgano ovoide que encierra una oosfera. ■ **3** (*Med*) Medicamento que se presenta en forma semejante a la del supositorio y que se administra por vía vaginal. ■ **4** (*Arquit*) Adorno en forma de huevo.

ox (*pronunc corriente,* /os/; *tb, raro, con la grafía* **os**) *interj* Se usa normalmente para espantar a las aves domésticas y a la caza.

oxácido m (Quím) Ácido que contiene oxígeno.

oxalato m (Quím) Sal de ácido oxálico.

oxálico adj (Quím) [Ácido] orgánico tóxico, presente en la acedera y otras plantas, usado como agente de limpieza y para la fabricación de tintes.

oxear tr Espantar [a las aves domésticas o a la caza]. Tb fig.

óxford m Tela de algodón hecha con urdimbre fina y trama gruesa, con diferentes ligamentos que forman listas o cuadrículas, y usada esp. en camisas de caballero.

oxfordiano -na adj De Oxford (Inglaterra). Tb n, referido a pers.

oxhídrico -ca adj (Quím) [Mezcla o reacción] de oxígeno e hidrógeno. **b)** [Llama o luz] producida por mezcla oxhídrica. **c)** [Soplete] que funciona con mezcla oxhídrica.

oxhidrilo → OXIDRILO.

oxiacetilénico -ca adj (Quím) [Soplete] que funciona con mezcla de oxígeno y acetileno. **b)** De(l) soplete oxiacetilénico.

oxiacetileno m (Quím) Mezcla de oxígeno y acetileno.

oxibutírico adj (Quím) [Ácido] tóxico que se encuentra a veces en la orina y en la sangre de los diabéticos.

oxicorte m (Metal) Corte de metales con el soplete.

oxidable adj Que se puede oxidar.

oxidación f Acción de oxidar(se). Tb su efecto.

oxidante adj **1** Que oxida o sirve para oxidar, esp [2]. Tb n m, referido a agente. ■ **2** Relativo a la acción de oxidar [2].

oxidar tr **1** Alterar [un cuerpo (cd)] el aire o los agentes atmosféricos], cubriéndolo de una capa de óxido. **b)** pr (~se) Alterarse [un cuerpo] por la acción del oxígeno del aire o de los agentes atmosféricos, cubriéndose de una capa de óxido. ■ **2** (Quím) Hacer que [un cuerpo (cd)] sufra la incorporación de átomos de oxígeno, o la pérdida de electrones o de átomos de hidrógeno. **b)** pr (~se) Sufrir [un cuerpo] la incorporación de átomos de oxígeno, o la pérdida de electrones o de átomos de hidrógeno. ■ **3** Hacer que [alguien o algo (cd)] pierda su soltura o agilidad. Tb fig. **b)** pr (~se) Perder [alguien o algo] su soltura o agilidad. Tb fig.

oxidasa f (Biol) Enzima que cataliza reacciones de oxidación.

oxidativo -va adj (Quím) De (la) oxidación.

óxido m (Quím) Cuerpo resultante de la combinación del oxígeno con otro elemento, esp. un metal, o con un radical. Normalmente con un compl especificador.

oxidrilo (tb con la grafía **oxhidrilo**) m (Quím) Hidroxilo (radical formado por un átomo de hidrógeno y otro de oxígeno).

oxigenación f Acción de oxigenar(se).

oxigenado -da adj **1** part → OXIGENAR. ■ **2** Que contiene oxígeno. ■ **3** [Color rubio] obtenido con agua oxigenada u otro decolorante. Tb n m. Frec con intención desp.

oxigenador -ra adj Que oxigena. Tb n m, referido a aparato.

oxigenante adj Que oxigena. Tb fig.

oxigenar tr **1** Dotar o enriquecer de oxígeno [a alguien o algo]. **b)** pr (~se) Tomar oxígeno o enriquecerse de oxígeno. ■ **2** Airear [a alguien], o hacer[le] respirar aire limpio. Tb fig. ■ **3** Teñir de rubio [a una pers. o su pelo] con agua oxigenada u otro decolorante. Frec en part. Frec con intención desp.

oxígeno m Elemento químico no metal, de número atómico 8, de estado natural gaseoso, esencial para la vida, y parte integrante del aire y del agua.

oxigenoterapia f (Med) Tratamiento terapéutico con oxígeno.

oxihemoglobina f (Fisiol) Producto resultante de la combinación de la hemoglobina de la sangre con el oxígeno en los pulmones.

oxihidrogenado -da adj (Quím) Que contiene oxígeno e hidrógeno.

oxiliquita f (Quím) Explosivo compuesto de carbón vegetal u otro combustible sólido impregnado de aire u oxígeno líquido.

oxilita f (Quím) Peróxido de sodio, usado como generador de oxígeno.

oximetileno m (Quím) Masa cristalina blanca que se obtiene por polimerización del aldehído fórmico.

oximiel m (o f) Jarabe preparado con vinagre y miel.

oxímoron (pl normal, OXÍMOROS) m (TLit) Procedimiento retórico que consiste en unir palabras de sentido aparentemente contradictorio.

oxisal f (Quím) Sal de un oxácido.

oxitetraciclina f (Med) Terramicina.

oxitocina f (Biol) Hormona producida por el lóbulo posterior de la hipófisis, que estimula la contracción uterina y la secreción de la leche.

oxítono -na adj (Fon) Agudo.

oxiuriasis f (Med) Infestación con oxiuros.

oxiuro m (Zool) Lombriz intestinal (Enterobius vermicularis u Oxyuris vermicularis).

oxiurosis f (Med) Oxiuriasis.

oxomense adj De El Burgo de Osma (Soria). Tb n, referido a pers.

oxoniense adj (lit) De Oxford (Inglaterra). Tb n, referido a pers.

oxte. no decir ~ ni moxte (tb con la grafía **no decir oste ni moste**). loc v (col) No decir ni una palabra. Frec se transforma en loc adv: SIN DECIR ~ NI MOXTE.

oyente adj **1** Que oye o escucha. Frec n, referido a pers. ■ **2** [Alumno] no oficial que tiene permiso para asistir a las clases. Frec n. ■ **3** [Pers.] que asiste a un congreso o asamblea sin estar inscrito oficialmente. Frec n.

ozonar tr Ozonizar.

ozonización f Acción de ozonizar.

ozonizador -ra adj Que ozoniza. Frec n m, referido a aparato.

ozonizar tr **1** Dotar o enriquecer de ozono. Tb fig. ■ **2** Tratar o purificar con ozono.

ozono m Gas azul, de olor fuerte, y cuya molécula está constituida por tres átomos de oxígeno.

ozonopino *m* Líquido para purificar el aire, con olor a pino.

ozonosfera *f* (*Meteor*) Capa de la estratosfera caracterizada por una mayor proporción de ozono.

ozonoterapia *f* (*Med*) Tratamiento terapéutico con ozono.

ozoquerita *f* (*Mineral*) Mineral constituido por parafina y otros hidrocarburos, de aspecto similar a la cera de abeja.

p

p → PE.

pa → PARA¹.

pab *m* Pub.

pabellón *m* **1** Edificio, gralm. aislado, dependiente de otro mayor o que forma parte de un conjunto organizado. **b)** Pequeño edificio de recreo en el campo. ■ **2** Bandera, esp. la que lleva un barco para indicar su nacionalidad. *Tb fig.* ■ **3** Dosel. *Tb fig.* ■ **4** (*hist*) Tienda de campaña en forma de cono, sostenida por un palo central. ■ **5** (*E*) Ensanche cónico en el extremo de un tubo, un conducto o un instrumento músico. **b)** ~ **auditivo,** *o* **de la oreja.** (*Anat*) Oreja. ■ **6** (*Constr*) Cubierta piramidal de edificios poligonales, con tantas vertientes como fachadas. *Tb* CUBIERTA DE ~. ■ **7** (*Mil*) Conjunto de tres o más fusiles o armas similares, apoyados unos en otros con las culatas en el suelo.

pabilo (*tb, más raro,* **pábilo**) *m* **1** Mecha o torcida [de una vela, un candil u otra lámpara similar]. **b)** Parte quemada de la mecha. ■ **2** (*reg*) Corazón de la mazorca.

pablar *intr* (*raro*) Hablar.

pabú *m* (*col, infantil o humoríst*) Automóvil.

pábulo *m* **1** Cosa que sirve para fomentar o mantener [algo no material (*compl de posesión*)]. *Frec en la constr* DAR ~ A. ■ **2** (*lit*) Comida o alimento.

paca¹ *f* Fardo prensado y atado [de lana, forraje o materias semejantes].

paca² *m* Roedor propio de América tropical, de extremidades y cola cortas y color castaño con manchas longitudinales claras (*Cuniculus paca*).

pacana *f* Árbol de gran tamaño, hojas compuestas y fruto semejante a la nuez (*Carya illinoensis*). *Tb su fruto.*

pacatería *f* Cualidad de pacato.

pacatez *f* Pacatería.

pacato -ta *adj* [Pers.] timorata (que se escandaliza exageradamente ante cosas no acordes con la moral tradicional). **b)** Propio de la pers. pacata.

paccionar *tr* (*Der*) Pactar. *Usado en part.*

pacedero -ra *adj* Que se puede pacer.

pacemaker (*ing; pronunc corriente,* /peisméiker/) *m* (*Med*) Marcapasos.

pacense *adj* De Badajoz. *Tb n, referido a pers.*

paceño -ña *adj* De La Paz (Bolivia). *Tb n, referido a pers.*

pacer (*conjug* 11) **A** *intr* **1** Comer [el ganado] hierba en el campo. *Tb fig.* **B** *tr* **2** Comer [hierba (*cd*)] el ganado]. **b)** Comer [el ganado la hierba de un lugar (*cd*)].

pachá *m* (*hist*) Bajá. *Modernamente usado como título.* **b)** (*col*) *Frec se usa en constrs de sent comparativo para ponderar opulencia o regalo.* * *Vive como un pachá.*

pachanga *f* **1** Baile de origen cubano, muy movido y desenfadado, de moda a mediados de los sesenta. *Tb su música.* ■ **2** (*col*) Cosa falta de seriedad.

pachanguero -ra *adj* (*col, desp*) [Música] fácil, pegadiza y de escasa calidad. *Tb referido al artista que la hace.*

pacharán *m* **1** Aguardiente de endrinas. ■ **2** (*reg*) Endrina (fruto del endrino). ■ **3** (*reg*) Endrino.

pachas. a ~. *loc adv* (*col*) **1** De acuerdo o en colaboración. ■ **2** A medias.

pachequero -ra *adj* De Torre Pacheco (Murcia). *Tb n, referido a pers.*

pachón *adj* [Perro] de patas cortas, con aptitud especial para descubrir liebres y otros animales que viven en madrigueras. *Tb n m.*

pachorra *f* (*col, desp*) Calma o tranquilidad al actuar.

pachorrento -ta *adj* (*col, desp, raro*) Pachorrudo.

pachorrudo -da *adj* (*col, desp*) Que tiene pachorra.

pachuchez *f* (*col*) Estado de pachucho.

pachucho -cha *adj* (*col*) **1** Mustio o falto de frescura. ■ **2** Que padece alguna enfermedad o dolencia de poca importancia o que no reviste gravedad.

pachulí *m* Perfume poco apreciado que se obtiene de la planta labiada *Pogostemon patchouli*. *Tb la misma planta.*

paciencia **I** *f* **1** Capacidad de soportar sufrimientos o molestias sin protestar o rebelarse. ■ **2** Capacidad de esperar con tranquilidad y sosiego. ■ **3** Capacidad de perseverar en una actividad larga o pesada. ■ **4** Galleta pequeña, redonda, abultada y muy dura. ■ **5** Resalte inferior del asiento de una silla de coro, que sirve de apoyo a quien está de pie. **II** *fórm or* **6** ~, *o* ~ **y barajar.** *Se usa para expresar o aconsejar paciencia [1, 2 y 3] ante un contratiempo.* * *Nos cogió el atasco. Paciencia y barajar.*

paciente I *adj* **1** Qu e tiene paciencia [1, 2 y 3]. **b)** Que denota o implica paciencia [1, 2 y 3]. ■ **2** (*lit* o *E*) [Pers. o sujeto] que recibe o padece una acción. *Frec n*. **b)** (*Gram*) [Sujeto] de un verbo en voz pasiva. ■ **3** (*lit*) Que sufre o padece. **II** *m y f* **4** Pers. que es objeto de un examen o tratamiento médico.

pacientemente *adv* De manera paciente [1b].

pacienzudamente *adv* De manera pacienzuda.

pacienzudo -da *adj* Que tiene o muestra mucha paciencia [1, 2 y 3]. **b)** Propio de la pers. pacienzuda.

pacificación *f* Acción de pacificar.

pacificador -ra *adj* Que pacifica. *Tb n, referido a pers*.

pacíficamente *adv* De manera pacífica[1].

pacificante *adj* (*lit*) Que pacifica.

pacificar *tr* **1** Restablecer la paz [en un lugar (*cd*) o entre perss. (*cd*) que estaban en guerra o discordia]. ■ **2** Sosegar o calmar.

pacífico[1] **-ca** *adj* **1** Amante de la paz. **b)** No agresivo o violento. ■ **2** De (la) paz. **b)** Que se hace o se desarrolla en paz. **c)** (*Der*) [Posesión] que no tiene oposición o contradicción.

pacífico[2] **-ca** *adj* Del océano Pacífico.

pacifismo *m* Actitud o doctrina favorable a la paz.

pacifista *adj* De(l) pacifismo. **b)** Partidario del pacifismo. *Tb n*.

pack (*ing; pronunc corriente*, /pak/; *pl normal*, ~S) *m* (*Com*) Paquete o lote constituido por un número dado de determinados elementos.

package (*ing; pronunc corriente*, /pákič/) *m* (*Informát*) Conjunto de programas destinados a resolver una aplicación determinada.

packaging (*ing; pronunc corriente*, /pákayin/) *m* (*Com*) Técnica del diseño de los envases de los productos.

paco[1] *m* (*hist*) Francotirador.

paco[2] *m* (*reg*) Umbría.

pacotilla I *f* **1** Conjunto de objetos, gralm. pequeños, de baja calidad. *Tb fig*. ■ **2** (*raro*) Caudal que alguien logra reunir en un trabajo o empleo. *Frec con el v* HACER. **II** *loc adj* **3** de ~. (*col*) De baja calidad.

pactante *adj* Que pacta. *Tb n*.

pactar A *tr* **1** Decidir [dos o más perss. o partes algo] de común acuerdo y obligándose a su cumplimiento. **B** *intr* **2** Hacer un pacto [dos o más perss. o partes, o una con otra]. *Tb sin compl, por consabido*.

pactismo *m* Actitud favorable a los pactos.

pactista *adj* De(l) pactismo. **b)** Partidario del pactismo. *Tb n*.

pacto *m* Acuerdo a que llegan dos o más perss. o partes, obligándose a su cumplimiento. **b)** ~ **de retro** → RETRO[2].

padano -na *adj* Del Po (río de Italia).

padda *m* Pájaro de color gris oscuro y pico rosa, propio de Indonesia (*Padda oryzivora*).

paddle (*ing; pronunc corriente*, /pádel/) *m* (*Dep*) Juego semejante al tenis, que se practica con pala de madera y pelota de esponja de goma. *Tb* ~-TENIS.

paddock (*ing; pronunc corriente*, /pádok/; *pl normal*, ~S) *m* (*Dep*) **1** Recinto en que se preparan y pasean los caballos antes de la carrera. ■ **2** Área cercana a la pista en que los coches o motos se preparan antes de la carrera.

padecer (*conjug* 11) A *tr* **1** Experimentar [un daño o dolor, físico o moral]. *Tb fig*. **b)** Tener [una enfermedad]. **c)** Tener [alguien un error o equivocación]. **d)** Ser objeto [de una acción o un suceso (*cd*) perjudicial, dañino o molesto]. **B** *intr* **2** Sufrir (sentir dolor, físico o moral). **b)** Preocuparse. *Gralm en la constr* NO PADEZCA(S). ■ **3** Sufrir (recibir daño [una cosa]). ■ **4** Tener [una enfermedad (*compl* DE)]. **b)** Tener enferma [una parte del cuerpo (*compl* DE)].

padecimiento *m* **1** Acción de padecer. *Tb su efecto*. ■ **2** Enfermedad.

pádel *m* (*raro*) Paddle.

padilla *f* Horno pequeño con una abertura central para la entrada del aire y para sacar la ceniza.

padovano -na *adj* (*raro*) Paduano. *Tb n*.

padparacha *f* (*Joy*) Corindón de color anaranjado.

padrastro *m* **1** Marido de la madre [de una pers. huérfana de padre (*compl de posesión*)]. **b)** Mal padre. ■ **2** Pequeña porción de piel que se levanta en el borde de las uñas de las manos.

padrazo *m* (*col*) Padre que está muy dedicado a sus hijos y los trata con mucho cariño.

padre I *m* **1** Hombre que ha engendrado [a otra pers. (*compl de posesión*)]. *A veces sin compl. Tb fig, designando al que hace las veces de padre o tiene un comportamiento propio de padre*. **b)** ~ **nuestro**, ~ **político** → PADRENUESTRO, POLÍTICO. **c)** (*Rel catól*) Primera pers. de la Santísima Trinidad. *Frec en aposición*. **d)** **el** ~ **eterno**. Dios. **e)** ~ **de familia**. Hombre que tiene a su cargo una familia con hijos. **f)** **su** (o **tu**) ~. (*col*) Se emplea en fórmulas de rechazo, haciendo a la pers aludida agente o paciente de algo ofensivo o molesto que acaba de decirse. *A veces la alusión es impers*. * Hazte guardia, me dice. Que se haga su padre. **g)** (*col*) Hombre que ayuda grandemente [a otra pers. (*compl de posesión*)]. *Frec en la fórmula* ERES MI ~. ■ **2** *En los seres sexuados*: Macho que ha engendrado [a otro ser de su especie (*compl de posesión*)]. *A veces sin compl*. ■ **3** *En pl*: Conjunto formado por el padre [1a y 2] y la madre. **b)** (*lit*) Antepasados. ■ **4** (*lit*) Hombre del que procede [un pueblo o una estirpe (*compl de posesión*)]. **b)** Hombre que ha creado [algo, esp. una ciencia, un arte o una actividad (*compl de posesión*)]. ■ **5** Cosa de la que procede [otra (*compl de posesión*)]. *A veces sin compl. Normalmente dicho de cosas con n m. A veces en aposición*. ■ **6** Sacerdote perteneciente a una orden religiosa. *A veces designa a un sacerdote no religioso. Frec como tratamiento*. **b)** ~ **santo** (o, *más raro*, ~ **santo**). (*lit*) Papa. *Normalmente con el art* EL. *Tb como tratamiento*. **c)** ~ **de la Iglesia**, **santo** ~. Escritor eclesiástico de los primeros siglos. **d)** ~ **apostólico**. Padre de la Iglesia de tiempos de los apóstoles. **e)** ~ **conciliar**. Clérigo que asiste a un concilio. **f)** ~ **espiritual**. Director espiritual. ■ **7** ~ **de la patria**. (*lit*) Miembro de las Cortes o del Parlamento. *A veces con intención humoríst*. **b)** ~ **conscripto**. (*hist*) En la antigua Roma: Senador. *Tb* (*lit*) *fig, referido a los parlamentarios modernos*. ■ **8** (*col*) Se usa, a manera de vocativo expletivo, siguiendo como apoyo enfático a los advs SÍ o NO, enunciados como respuesta, gralm por el mismo que pregunta. * ¿Se ha metido alguien contigo? No padre. ¡Pues entonces! ■ **9** (argot Mil) Soldado del reemplazo anterior al último.

II adj **10** (col) Sumamente grande o importante. Siguiendo a un n, gralm de acción, precedido del art EL o LA. **b)** (col) [Vida] sumamente placentera. ■ **11** [Hermano] **de ~** –→ HERMANO. ■ **12 de ~ y muy señor mío.** (col) [Cosa] muy grande o extraordinaria. Con intención ponderativa. ■ **13 cada uno** (o **cada cual**) **de su ~ y de su madre.** (col) [Elementos] faltos de armonía entre sí. Normalmente como predicat.

III loc pr **14 ni su ~.** (col) Nadie.

IV loc v **15 estar** [un hombre] **para hacerle ~** (**y darle las gracias**). (col) Ser muy atractivo. En boca de mujeres. ■ **16 no tener** [alguien] **~ ni madre ni perro** (o **perrito**) **que le ladre.** (col, humoríst) Estar solo en el mundo. ■ **17 ser ~.** Pasar [alguien] a tener un hijo. Tb en pl, referido a la pareja.

V interj **18 su** (o **mi**) **~.** (col) Expresa susto o sorpresa desagradable. * –¡Acaban de detener a Paco! –¡Su padre! ■ **19 su** (o **tu**) **~.** (col) Se usa como insulto, o como rechazo de lo que acaba de oírse. * –¡Eres un berzas! –¡Tu padre!

padrear **A** intr **1** Ejercer [un animal macho] las funciones de la generación. **B** tr **2** (raro) Fecundar [un animal macho a la hembra].

padrenuestro (tb con la grafía **padre nuestro**) m Oración cristiana que comienza por las palabras "Padre nuestro".

padrinazgo m **1** Condición de padrino [1, 2 y 3]. ■ **2** Protección o ayuda.

padrino m **1** Hombre que presenta o asiste [a una pers. (compl de posesión) que recibe un sacramento o que profesa en una orden]. A veces sin compl. **b)** En pl: Conjunto formado por el padrino y la madrina. ■ **2** Hombre que presenta y acompaña [a una pers. (compl de posesión) que recibe algún grado u honor]. ■ **3** Hombre que acompaña [a una pers. (compl de posesión)] a fin de asistirla en la defensa de sus derechos. ■ **4** (col) Protector o valedor. Frec en pl y en la frase EL QUE TIENE ~S SE BAUTIZA.

padrón[1] m **1** Nómina o lista oficial de los habitantes [de una población]. Frec ~ MUNICIPAL. **b)** Nómina o registro oficial [de algo]. ■ **2** (raro) Nota pública de infamia o deshonra. Tb aquello que la causa. Frec ~ DE IGNOMINIA.

padrón[2] m (reg) Cerca de piedra.

padronal adj De(l) padrón[1] [1].

padronés -sa adj De Padrón (La Coruña). Tb n, referido a pers.

padrote m (reg) Semental.

padrusco m (reg) Gorrión viejo.

paduano -na adj De Padua (Italia). Tb n, referido a pers.

paedomórfico -ca adj (Biol) Que presenta paedomorfosis.

paedomorfosis f (Biol) Evolución que implica la retención de caracteres infantiles o juveniles en el adulto.

paella f **1** Plato típico valenciano, hecho con arroz, legumbres, carnes o pescados y mariscos. ■ **2** (reg) Paellera [4].

paellada f Comida colectiva consistente fundamentalmente en paella.

paellero -ra **I** adj **1** De (la) paella [1]. ■ **2** [Pers.] que hace o vende paellas [1]. Tb n. ■ **3** [Pers.] aficionada a la paella [1]. Tb n. **II** n **A** f **4** Recipiente de hierro, redondo, poco profundo y con dos asas, propio para hacer la paella [1]. **B** m **5** Hornillo especial para hacer paella [1].

páez (pl invar) adj De un pueblo indígena colombiano de la cuenca del alto Magdalena. Tb n, referido a pers.

paf interj Imita el ruido propio de un golpe, una caída o un estallido.

paflagonio -nia adj (hist) De Paflagonia (antigua región de Asia Menor). Tb n, referido a pers.

paga f Cantidad fija y periódica asignada a una pers. por su trabajo. **b)** Cantidad que se paga a alguien, esp. por un trabajo o un servicio. **c)** Cantidad de dinero que se da habitualmente a un niño o muchacho para sus gastos.

pagable adj Que se puede o debe pagar [1, 2 y 3, esp. 1a y b].

pagadero -ra adj Que se puede o esp. se debe pagar [1a y b]. Normalmente con un compl de modo o de tiempo.

pagador -ra adj Que paga [1a, b y c]. Tb n, esp referido al encargado de pagar.

pagaduría f Oficina donde se paga [1a, b y c].

págalo m Ave marina parecida a la gaviota, de plumaje oscuro y vuelo muy rápido, que obtiene su alimento obligando a otras aves, esp. las gaviotas, a regurgitar su propia comida o a soltar la presa que han cogido (gén. Stercorarius). Frec con un adj especificador: ~ GRANDE (S. skua), ~ PARÁSITO (S. parasiticus), ~ POMARINO (S. pomarinus), ~ RABERO (S. longicaudus).

paganía f (raro) Paganismo.

paganini m y f (col, humoríst) Pers. que paga una cuenta común o de otro.

paganismo m **1** Religión de los paganos[2] [1]. ■ **2** Cualidad de pagano[2].

paganización f Acción de paganizar(se).

paganizante adj Que tiende al paganismo.

paganizar tr Dar carácter pagano[2] [a alguien o algo (cd)]. **b)** pr (**~se**) Tomar carácter pagano [alguien o algo].

pagano[1] **-na** adj (col) Que paga [1a y 3], esp. por abuso de otros. Más frec n.

pagano[2] **-na** adj **1** Que no es cristiano, judío o musulmán. Tb n, referido a pers. Gralm referido a Grecia y Roma. ■ **2** Ajeno u opuesto a la moral cristiana tradicional.

pagante adj (raro) Que paga.

pagar **A** tr **1** Dar dinero o algo equivalente [por algo (cd)]. Tb abs. A veces con un compl CON o EN, que expresa el medio de pago. **b)** Dar [dinero o algo equivalente (cd) por algo (compl DE o POR)]. A veces se omite el segundo compl por consabido. Tb abs. **c)** Dar dinero [a alguien (cd) por algo, esp. un trabajo o un servicio]. Tb abs. **d)** Estar obligado a pagar [1a, b y c] [algo]. Tb abs. ■ **2** Compensar [una cosa abstracta con otra]. **b)** Corresponder [a un sentimiento o acción (cd) con otros]. **c)** Recompensar [a alguien (cd) con algo]. **d)** Compensar [a alguien (cd) de algo]. Tb abs. **e)** **~la** [con alguien o algo]. (col) Hacer [alguien] que [esa pers. o cosa] sufra las consecuencias de su disgusto o enfado. **f)** **~ el pato,**

~ los vidrios rotos –> PATO, VIDRIO. ■ **3** Sufrir el castigo [de una falta o error (*cd*)]. **b)** Sufrir [las consecuencias de algo]. **c) ~las.** (*col*) Sufrir el castigo o las consecuencias correspondientes a un comportamiento. *Frec en fórmulas de amenaza y con ci de pers.* * Me las pagarás. **d) ~ justos por pecadores** –> JUSTO.

B *intr* ➤ **a** *normal* **4** Sufrir castigo [por algo]. ➤ **b** *pr* (**~se**) **5** Ufanarse o envanecerse [de algo]. *Frec en part.*

pagaré *m* Documento mercantil en que alguien se obliga a pagar una cantidad en un tiempo determinado.

pagaza *f* Ave de unos 38 cm, propia de las marismas salobres, costas arenosas y aguas del interior, con pico corto, robusto y negro y cola gris (*Gelochelidon nilotica*). *Tb* **~** PICONEGRA o DE PICO NEGRO. **b) ~ piquirroja.** Ave de unos 53 cm, propia esp. del litoral, con pico robusto y rojo (*Hydroprogne caspia*).

pagel (*tb con la grafía* **pajel**) *m* Breca (pez).

página *f* **1** Cara de una hoja de libro, periódico o cuaderno. *Tb lo escrito en ella.* **b)** (*Impr*) Texto compuesto correspondiente a una página. *Tb su formato.* ■ **2** (*lit*) Parte o período [de la vida o de la historia de una pers., un grupo o una nación]. ■ **3** (*lit*) Composición musical breve.

paginación *f* **1** Acción de paginar. *Tb su efecto.* ■ **2** Conjunto de páginas [1] [de algo].

paginar *tr* Numerar las páginas [1] [de algo (*cd*)].

pago[1] **I** *m* **1** Acción de pagar. ■ **2** (*reg*) Dotación de bienes, enseres, alimentos y ropas que aporta al matrimonio cada uno de los contrayentes. *Tb el documento en que consta.*
II *loc adj* **3 de ~.** Que exige pago [1] por parte del usuario. *Se usa por contraposición a* GRATUITO *o* ESTATAL. ■ **4 de ~s (al Estado).** [Papel] timbrado expendido por Hacienda para hacer determinados pagos [1] al Estado.

pago[2] *m* **1** (*reg o lit*) Aldea. ■ **2** (*lit*) *En pl:* Tierra o lugar. *Gralm en la constr* POR ESTOS ~S.

pago[3] **-ga** *adj* (*reg*) Pagado.

pagoda *f* Templo de los países del Extremo Oriente.

pahlavi *m* Pehlevi (lengua).

paidofilia *f* (*Psicol*) Atracción erótica hacia niños.

paidofílico -ca *adj* (*Psicol*) De (la) paidofilia.

paidófilo -la *adj* (*Psicol*) **1** De (la) paidofilia. ■ **2** Que tiene o muestra paidofilia. *Tb n, referido a pers.*

paidología *f* Estudio de la evolución fisiológica y psicológica del niño.

paila *f* Vasija metálica redonda, grande y poco profunda.

pailebote *m* (*Mar*) Goleta sin gavia.

paillette (*fr; pronunc corriente,* /payét/) *f* (*Moda*) Lámina de metal u otra materia, que se cose como adorno en una prenda.

paíno *m* (*reg*) Paíño.

paíño *m* Se da este n a varias aves marinas que suelen seguir a los barcos y solo vienen a tierra para reproducirse, esp Hydrobates pelagicus (~ COMÚN), Oceanodroma leucorrhoa (~ DE LEACH), Oceanites oceanicus (~ DE WILSON) y Oceanodroma castro (~ DE MADEIRA).

paipay (*tb con las grafías* **paipái** (*más frec*), **pai-pai** o **pay-pay**) *m* Utensilio en forma de pala y con mango, que sirve para aliviar el calor agitando el aire.

paiportino -na *adj* De Paiporta (Valencia). *Tb n, referido a pers.*

pairal *adj* (*reg*) [Casa] paterna o solariega.

pairo. al ~. *loc adv* **1** (*Mar*) Con las velas tendidas pero sin avanzar. ■ **2** A la espera o a la expectativa. ■ **3** (*col*) Sin cuidado. *Con el v* TRAER.

pairón *m* (*reg*) Pequeño monumento en forma de columna o de torrecilla con una imagen, situado a la entrada de una población.

país **I** *m* **1** Territorio en el que se asienta una nación. **b)** Nación (grupo humano que constituye una unidad política). ■ **2** Región geográfica más o menos netamente delimitada y considerada sobre todo en su aspecto físico. *Frec en la loc* DEL ~. **b)** (*reg*) Vino del país o de la tierra. ■ **3** Tela, papel u otra materia similar, que constituye la parte superior del abanico.
II *loc v* **4 vivir sobre el ~.** (*Mil*) Mantenerse [las tropas] a expensas del territorio que dominan. *Tb fig, fuera del ámbito técn.*

paisa *m* (*col, hist*) En la Guerra Civil de 1936: Soldado marroquí.

paisaje *m* **1** Parte de terreno que se presenta ante un observador. ■ **2** Pintura o dibujo que representa un paisaje [1] y en que las figuras, si existen, son accesorias.

paisajismo *m* **1** Pintura de paisajes [2]. ■ **2** Estudio o diseño del paisaje [1], esp. en parques y jardines.

paisajista **I** *adj* **1** De(l) paisaje. ■ **2** De(l) paisajismo [2].
II *m y f* **3** Pintor de paisajes [2]. ■ **4** Especialista en paisajismo [2].

paisajísticamente *adv* En el aspecto paisajístico.

paisajístico -ca *adj* De(l) paisaje [1] o de(l) paisajismo [2].

paisanaje *m* **1** Conjunto de paisanos [1, 2 y 3]. **b)** (*lit*) Gente. ■ **2** Condición de paisano [1].

paisano -na **I** *adj* **1** [Pers.] que es del mismo pueblo, provincia, región o país [que otra (*compl de posesión*)]. *Tb n.* ■ **2** Campesino o aldeano. *Frec n, referido a pers.*
II *n* **A** *m* **3** Hombre no militar. *En contraposición con* MILITAR.
B *f* **4** (*col*) Mujer o esposa.
III *loc adj* **5 de ~.** [Traje] que no es de uniforme o hábito.
IV *loc adv* **6 de ~.** Sin uniforme o hábito. *Tb adj.*

paisista *adj* (*raro*) Paisajista o de(l) paisaje [2]. *Tb n, referido a pintor.*

paiute (*tb* **payuté**) **I** *adj* **1** De(l) paiute [2].
II *m* **2** Lengua de la familia uto-azteca, hablada en parte de los estados de Utah, Arizona, Nevada y California (EE. UU.).

paja **I** *f* **1** Tallo seco de los cereales, esp. separado del grano. ■ **2** Caña de paja o de plástico usada para sorber líquidos. ■ **3** Trozo pequeño de paja [1] o de otra materia vegetal. ■ **4** Conjunto de pajas [1], esp. trituradas. ■ **5** Conjunto de tallos y hojas [de determinadas plantas] una vez separado el fruto. ■ **6** Parte inútil o no importante [de algo no material]. ■ **7** (*vulg*) Masturbación. *Gralm con el v* HACER. **II** *adj invar* **8** [Color] amarillento propio de la paja [1]. ■ **9** [Hombre] **de ~** → HOMBRE. **III** *loc v* **10 dormirse en las ~s.** (*col*) Permanecer inactivo o despreocupado. ■ **11 no caberle** [a alguien] **una ~ por el culo.** (*vulg*) Rebosar de satisfacción. *Gralm con los vs* ESTAR *o* PONERSE. ■ **12 ver la ~ en el ojo ajeno (y no ver la viga en el suyo).** Fijarse en los defectos ajenos y no en los propios, que son mayores. **IV** *loc adv* (*col*) **13 por un quítame allá esas ~s.** Por cualquier motivo sin importancia.

pajar *m* Lugar en que se guarda la paja [4].

pájara → PÁJARO.

pajarada *f* Conjunto de pájaros [1].

pajarear *intr* Vagabundear.

pajarejino -na *adj* De Pajarejos (Segovia). *Tb n, referido a pers.*

pajarería *f* **1** Tienda en que se venden pájaros y otros animales caseros. ■ **2** Conjunto de (los) pájaros. *Tb fig.* ■ **3** Actividad de pajarero [2].

pajareril *adj* De (los) pajareros [2].

pajarero -ra I *adj* **1** De (los) pájaros [1]. ■ **2** [Pers.] aficionada al estudio, cría o caza de pájaros [1]. *Frec n.* ■ **3** [Pers.] excesivamente amiga de divertirse. ■ **4** De colores llamativos y chillones. *Referido esp a prendas o a la pers que las lleva.* ■ **5** (*col*) [Culo] desnudo. *Frec en la constr* A CULO ~. **II** *f* **6** Jaula grande para pájaros [1]. ■ **7** Árbol sobre el que se posan numerosas aves. ■ **8** Planta herbácea anual de flores pequeñas en cimas terminales, que nace como mala hierba en los cultivos y escombreras y se usa en medicina contra el reumatismo (*Stellaria media*).

pajaril *adj* De (los) pájaros [1].

pajarilla I *f* **1** Bazo, esp. de cerdo. **II** *loc v* (*col*) **2 alegrársele** [a alguien] **la(s) ~(s).** Entrarle gran animación o contento. **b) alegrar la(s) ~(s)** [a alguien]. Poner[le] animado o contento. ■ **3 traerle** [a alguien] **las ~s volando.** (*raro*) Complacer[le] o dar[le] gusto.

pajarita I *f* **1** Figura de ave, hecha con papel doblado repetidas veces. *Frec* ~ DE PAPEL. *Tb se da este n a otras figuras hechas por el mismo procedimiento.* ■ **2** Corbata en forma de lazo pequeño y rígido. ■ **3** ~ **de las nieves.** Aguzanieves o lavandera blanca (ave). **II** *loc adj* **4 de ~.** [Cuello de camisa] almidonado y con las puntas hacia arriba, propio para pajarita [2].

pajarito I *m* **1** *dim* → PÁJARO. ■ **2** (*col*) Se usa en constrs como MIRAR AL ~, *o* QUE SALE EL ~, para reclamar atención e inmovilidad al posar para una fotografía. * *Atención, todos sonriendo, que sale el pajarito.* **II** *loc v* (*col*) **3 comer como un ~.** Comer muy poco habitualmente o ser de poco comer. ■ **4 quedarse (como un) ~,** *o* **morir como un ~.** Morir apaciblemente y sin sufrimiento. **b) estar (como un) ~.** Estar muerto. ■ **5 quedarse (como un) ~.** Quedarse helado [alguien]. **b) estar (como un) ~.** Estar [alguien] helado o muy frío.

pájaro -ra I *n* A *m* **1** Ave, esp. de pequeño tamaño. **b)** (*Zool*) Ave paseriforme. ■ **2** *Seguido de un adj o compl,* designa diversas aves, pertenecientes o no al orden de las paseriformes. **b)** ~ **bobo**

(*o* **niño**). *Se da este n a varias aves palmípedas marinas, de mediana o gran altura, no voladoras y de postura casi erecta, propias esp de la región austral* (*géns Aptenodytes, Pygoscelis, Eudyptes y otros*). **c)** ~ **carpintero.** Pito real. **d)** ~ **mosca.** Colibrí. **e)** ~ **moscón.** Pájaro de unos 11 cm, con una amplia mancha negra en la zona de los ojos y dorso rojizo (*Remiz pendulinus*). ■ **3** Perdiz. *Tb* ~ PERDIZ. ■ **4** (*col*) Pene. *Frec en la forma* PAJARITO, *esp referido a niños.* ■ **5** ~ **bitango.** Cometa (juguete). ■ **6** (*col*) *En pl:* Ilusiones vanas o ideas alocadas. *Gralm en las constrs* TENER LA CABEZA LLENA DE ~S, *o* TENER MUCHOS ~S EN LA CABEZA.

B *f* **7** Pájaro [1] hembra. ■ **8** (*Dep*) Desfallecimiento o agotamiento. *Gralm en ciclismo.* ■ **9** (*col*) Mujer de moral sexual relajada. *Tb* PÁJARA PINTA.

C *m y f* **10** (*col*) Pers. sinvergüenza o de cuidado. *Tb* ~ PINTO *o* ~ DE CUENTA. *A veces con intención afectiva.* **b)** (*desp*) Tipo o individuo. **II** *loc adj* **11** [Lengua] **de ~,** [nido] **de ~,** [pie] **de ~,** [uva] **de ~** → LENGUA, NIDO, PIE, UVA. **III** *loc v* (*col*) **12 asarse** (*o* **cocerse**) **los ~s.** Hacer mucho calor. ■ **13 matar dos ~s de un tiro.** Conseguir dos propósitos con una sola acción. ■ **14 haber volado el ~.** Haberse ido la pers. que se esperaba encontrar. ■ **15 quedarse como un ~.** Quedarse como un pajarito. ■ **16 tener la cabeza a ~s** → CABEZA.

pajarón *m* (*Cicl*) Pájara [8] grande.

pajarota *f* **1** (*col, raro*) Noticia falsa o engañosa. ■ **2** (*reg*) Cogujada (ave).

pajarraco -ca (*desp*) A *m* **1** Pájaro [1] grande cuyo nombre no se conoce o no se quiere decir. **B** *m y f* **2** Pájaro [9 y 10]. **C** *f* **3** (*jerg*) Lío o jaleo.

paje *m* **1** (*hist*) Muchacho que está al servicio de un señor para acompañarle y atenderle, esp. en algunos menesteres domésticos. ■ **2** (*Mar*) Aprendiz de marinero. *Tb* ~ DE ESCOBA.

pajear *intr* (*raro*) Comportarse o actuar.

pajel → PAGEL.

pajería *f* Tienda en que se vende paja [4].

pajero -ra A *m y f* **1** Pers. que vende paja [4]. **B** *m* **2** Montón o depósito de paja [4]. **C** *f* **3** Pajero [2].

pajiguero *m* (*reg*) Montón de paja [4].

pajilla *f* (*raro*) Sombrero de paja. *Tb* SOMBRERO DE ~.

pajillero -ra *m y f* (*jerg*) Pers. que masturba a otros o se masturba. *Frec designa a la mujer que masturba por dinero.*

pajizo -za *adj* **1** [Color] amarillento propio de la paja. *Tb n m.* **b)** Que tiene color pajizo. **c)** Que tiene pelo de color pajizo. ■ **2** Hecho de paja.

pajolería *f* (*col*) Dicho o hecho fastidioso o molesto.

pajolero -ra *adj* (*col*) **1** Fastidioso o molesto. *A veces con intención afectiva.* ■ **2** *Precede inmediatamente al n para expresar rechazo o afecto.* * *No lo he visto en toda mi pajolera vida.*

pajón *m* Paja larga y gruesa, esp. de la rastrojera.

pajonal *m* **1** Terreno cubierto de pajón. ■ **2** Terreno poblado de gramíneas. *Gralm referido a* América.

pajoso -sa *adj* De (la) paja.

pajucero *m* (*reg*) **1** Montón de paja que se forma en la era al aventar el grano. ■ **2** Depósito de paja o pajuz.

pajuela *f* **1** Paja, varilla o mecha recubierta de azufre, que arde al arrimarle una brasa. ■ **2** Paja menuda. *Tb fig.*

pajuz *m* Paja desechada de los pesebres o en la era y destinada a estiércol.

pajuzo *m* (*reg*) Pajuz.

pakistaní, pakistano → PAQUISTANÍ, PAQUISTANO.

pal *m* (*Heráld*) Palo (pieza vertical en el escudo). *Frec en la constr* EN ~.

pala I *f* **1** Utensilio constituido por una plancha de metal u otra materia y un mango largo, que se usa esp. para arrancar o mover tierra, grano u otras cosas. **b)** Máquina excavadora de cuchara. *Tb* ~ MECÁNICA. **c)** (*col*) *Se usa frec en la constr* RECOGER CON ~ *para ponderar el alto grado de cansancio o agotamiento de una pers.* * Estoy para que me recojan con pala. ■ **2** Utensilio de forma semejante a la de la pala [1a]. *Gralm con un compl especificador.* **b)** Juego de pelota que se realiza con pala. *Frec* ~ CORTA *o* LARGA. ■ **3** Parte ancha y plana [de determinados objetos]. **b)** *En una hélice o algo similar:* Elemento móvil de propulsión. **c)** *En el calzado:* Parte que cubre el pie. **d)** *En la chumbera:* Segmento oval y aplanado del tallo. ■ **4** (*col*) Diente incisivo superior. ■ **5** (*reg*) Diente [de la oveja]. II *loc adv* **6 a punta de ~** → PUNTA.

palá. aguja → AGUJA.

palabra I *f* **1** Conjunto fijo de fonemas que constituye una unidad indivisible dotada de significado y función estables. **b)** Representación gráfica de una palabra. ■ **2** *En pl:* Cosas que se dicen. **b)** *En pl:* Pasaje o fragmento [de un texto o de un autor]. **c)** *En pl:* Expresión adecuada [para algo]. *Frec en constrs como* FALTARLE [a uno] ~S, NO TENER ~S, NO ENCONTRAR ~S, *empleadas con intención enfática.* **d)** **una ~,** *o* **dos ~s,** *o* **cuatro ~s.** Una explicación, o una conversación muy breve. **e) medias ~s.** Expresiones incompletas o reticentes. **f) buenas ~s.** Expresiones halagüeñas o promesas vagas que no inspiran mucha seguridad. **g)** (*Rel catól*) Frase. *Gralm en el sintagma* LAS SIETE ~S, *designando las pronunciadas por Cristo en la cruz.* ■ **3** Acto de hablar. *Gralm en la constr* DIRIGIR LA ~ [a alguien]. **b)** *En una asamblea o reunión:* Derecho a hablar. *Frec con los vs* PEDIR, CONCEDER, TENER. **c)** Facultad de expresarse oralmente. **d)** Lenguaje (medio de comunicación). ■ **4** (*Rel*) Mensaje divino contenido en las Escrituras. *Frec* ~ DE DIOS. ■ **5** *Sin art o con* UNA, *en frases negativas:* Nada. *Tb* NI ~, NI UNA ~, NI MEDIA ~. ■ **6** Cosa dicha como verdad o como promesa. *Frec en constrs como* CUMPLIR *o* MANTENER [alguien] SU ~, *o* FALTAR A SU ~. **b)** Fidelidad en el cumplimiento de lo prometido. *Frec en constrs como* TENER ~, *o* SER UNA PERSONA DE ~. ■ **7 ~ de rey.** Afirmación digna del mayor crédito. ■ **8 última ~.** Decisión final. *Con vs como* DECIR, PRONUNCIAR, SER *o* TENER. ■ **9 la última ~.** Lo último o lo más moderno. *Gralm con un compl con* EN. ■ **10 ~s mayores.** Cosa de importancia mayor de la corriente. ■ **11 ~s cruzadas.** (*hoy raro*) Crucigrama. II *loc adj* **12 de ~.** (*TLit*) [Figura] de dicción. ■ **13 ~ de honor.** (*Moda*) [Escote] muy pronunciado a la altura del pecho y sin hombreras. **b)** [Vestido] que tiene escote palabra de honor.

III *loc v y fórm or* **14 coger,** *o* **tomar, la ~** [a alguien]. Considerar lo dicho [por esa pers.] como un ofrecimiento formal y pedir su cumplimiento. ■ **15 dar** [alguien] (**su**) **~** (**de honor**) [de una cosa]. Asegurar por su honor [esa cosa]. **b) ~** (**de honor**). *Fórmula que se usa como aseveración formal de lo dicho.* * Es verdad, palabra. ■ **16 dejar** [a alguien] **con la ~ en la boca.** (*col*) Marcharse, o cortarle, sin escuchar lo que va a decir o lo que ha empezado a decir. **b) quedarse** [alguien] **con la ~ en la boca.** (*col*) Dejar de ser oído o escuchado por la pers. a quien se dirige. ■ **17 medir** [alguien] **sus ~s.** Hablar con cuidado para no decir algo inconveniente o indebido. ■ **18 no oírse una ~ más alta que otra.** (*col*) Haber [en un lugar concurrido] rumor discreto de voces, sin ninguna estridencia. **b)** Haber [en un lugar] armonía y buenos modos en el trato entre las perss. ■ **19 no tener** [alguien] **más que una ~,** *o* **ser pers. de una sola ~.** Mantener de manera irrevocable lo que se dice. ■ **20 quitarle** [a alguien] **la(s) ~(s) de la boca** → BOCA. ■ **21 santa ~.** (*col*) *Fórmula con que se manifiesta complacencia por lo que se acaba de oír.* * –Es la hora del café. –Santa palabra. ■ **22 tener unas** (*o* **algunas**) **~s** [dos perss., o una con otra]. (*col*) Discutir en términos desagradables.

IV *loc adv* **23 de ~.** Oralmente. ■ **24 en pocas** (*o* **breves,** *o* **dos**) **~s.** Muy brevemente. *Referido a algo que se dice.* ■ **25 en una ~.** En resumen. ■ **26 ~ por ~.** Trasladando con fidelidad una por una las palabras [1] originales. *Tb adj.* **b)** Con total exactitud y sin omitir detalle.

palabrear *intr* (*desp, raro*) Hablar mucho.

palabreja *f* (*desp*) Palabra [1] rara.

palabreo *m* (*desp*) Acción de hablar mucho.

palabrería *f* (*desp*) Abundancia de palabras inútiles.

palabrero -ra *adj* (*desp*) **1** Que incurre en palabrería. *Tb n, referido a pers.* ■ **2** Que denota o implica palabrería.

palabro *m* (*col*) **1** Palabrota. ■ **2** Palabra [1] rara.

palabrota *f* (*col*) Palabra [1] malsonante.

palacete *m* Edificio pequeño, de cierto valor arquitectónico, normalmente destinado a residencia señorial, esp. de recreo.

palacial *adj* De(l) palacio, *esp* [1].

palaciano -na *adj* Palaciego o cortesano.

palaciego -ga *adj* **1** De(l) palacio real. ■ **2** [Pers.] que forma parte de la corte o la frecuenta con asiduidad. *Tb n.*

palacio *m* **1** Edificio grande y lujoso destinado a residencia de reyes o altos personajes. *Tb fig, con intención ponderativa. Frec con un adj especificador que a veces se omite por consabido, esp* REAL. *En este caso, frec sin art.* **b) ~ episcopal** (*o* **arzobispal**). Edificio que sirve de residencia a un obispo (o arzobispo). *A veces se omite el adj por consabido. En este caso, frec sin art.* ■ **2** *Se da este a determinados edificios públicos monumentales o de grandes dimensiones. Con un compl especificador.* * Palacio de Justicia. * Palacio de Congresos. ■ **3** (*reg*) Sala principal de una casa.

palada *f* **1** Cantidad que se coge de una vez con la pala [1]. ■ **2** Movimiento de la pala, esp. del remo o de la hélice.

paladar *m* **1** Parte superior e interna de la boca. ■ **2** Gusto, o capacidad de percibir los sabores. *Tb fig.* ■ **3** Gusto o sabor. ■ **4** [Aguja] ~ → AGUJA.

paladear A *tr* **1** Saborear. *Tb fig.*
B *intr* **2** Frotar o apretar la lengua contra el paladar.

paladeo *m* Acción de paladear.

paladín *m* **1** (*lit*) Defensor ferviente [de alguien o algo]. ■ **2** (*hist*) Caballero voluntario en la guerra y que se distingue por sus hazañas. **b)** Caballero del séquito de Carlomagno.

paladinamente *adv* De manera paladina.

paladino -na *adj* Claro o patente.

paladio *m* (*Quím*) Metal, de número atómico 46, blanco, maleable y de cualidades semejantes a las del platino.

paládium *m* (*Quím, semiculto*) Paladio.

palafítico -ca *adj* (*Arqueol*) De(l) palafito.

palafito *m* (*Arqueol*) Vivienda prehistórica construida sobre estacas o pilares en lagos, ríos o zonas pantanosas.

palafrén *m* (*hist*) Caballo manso usado por reyes y damas en alguna solemnidad.

palafrenero *m* (*hist*) Criado que lleva el freno del palafrén y cuida de los caballos.

palafrugellense *adj* De Palafrugell (Gerona). *Tb n, referido a pers.*

palamenta *f* (*Mar*) Conjunto de los remos de una embarcación.

palamosense *adj* De Palamós (Gerona). *Tb n, referido a pers.*

palanca I *f* **1** Máquina simple consistente en un cuerpo rígido móvil alrededor de un punto de apoyo, que permite multiplicar una fuerza aplicada a una resistencia. ■ **2** Órgano de dirección [de una máquina o aparato], que funciona como una palanca [1] o recuerda su forma. ■ **3** Medio para dar impulso y vencer resistencias. ■ **4** (*Dep*) Plataforma desde la que salta el nadador, y que en las competiciones oficiales mide 2,6 m de ancho por 6 de largo y está situada a 10 m de altura.
II *loc v* **5 hacer ~** [con algo]. Utilizar[lo] a manera de palanca [1 y 3]. *Frec se omite el compl por consabido.*

palancana *f* (*reg*) Palangana [1].

palancanero *m* (*reg*) Palanganero [1].

palanco *m* (*reg*) Palo largo y grueso.

palangana *f* **1** Recipiente redondo, no muy profundo y más ancho por los bordes, usado para lavarse. ■ **2** (*reg*) Bandeja.

palanganero *m* **1** Mueble que sirve de soporte a la palangana y a veces también a la jarra del agua. ■ **2** (*jerg*) Empleado de prostíbulo.

palangre *m* Arte de pesca consistente en un cordel largo del que penden ramales con anzuelos.

palangrero -ra *adj* Que pesca con palangre. *Frec n m, referido a barco o a pescador.*

palankari *m* (*reg*) Tirador de barra.

palanquear A *tr* **1** Mover [algo o a alguien] con una palanca [1 y 3].
B *intr* **2** Hacer palanca [5]. *Gralm con compl adv.*

palanqueta *f* **1** Barra pequeña de hierro para forzar puertas o cerraduras. ■ **2** (*Mar, hist*) Barra de hierro con dos cabezas gruesas, empleada en lugar de bala en la artillería naval.

palanquetazo *m* (*jerg*) Forzamiento de una puerta o cerradura mediante una palanqueta [1].

palanquetero -ra *m y f* (*jerg*) Palanquetista.

palanquetista *m y f* (*jerg*) Ladrón que utiliza la palanqueta [1].

palanquilla *f* (*Metal*) Tocho de hierro laminado de grosor comprendido entre 5 y 14 cm.

palanquín[1] *m* (*hist*) Utensilio a modo de andas usado esp. en Oriente para llevar a personajes importantes.

palanquín[2] *m* (*Mar, hist*) Aparejo usado para sujetar las piezas de artillería.

palanquista *m y f* (*jerg*) Palanquetista.

palastro *m* (*Metal*) Hierro o acero laminado.

palatal *adj* **1** De(l) paladar, *esp* [1]. ■ **2** (*Fon*) [Articulación o sonido] que se realiza mediante la aproximación o el contacto del dorso de la lengua y el paladar. *Tb n f.*

palatalización *f* (*Fon*) Acción de palatalizar(se).

palatalizar (*Fon*) A *tr* **1** Hacer palatal [un sonido].
B *intr* **2** Hacerse palatal [un sonido]. *Tb pr* (~**se**).

palatalmente *adv* (*Fon*) Con articulación palatal [2].

palatino[1] **-na** *adj* (*Anat*) De(l) paladar [1]. *Tb n m, referido a hueso.*

palatino[2] **-na** *adj* **1** De(l) palacio [1]. ■ **2** [Pers.] que ostenta un alto cargo en palacio. *Tb n.* **b)** (*hist*) *Se usa aplicado a determinados altos dignatarios en algunas cortes europeas.* * Conde Palatino del Rhin.

palatino[3] **-na** *adj* Del Palatinado (región alemana).

palatograma *m* (*Fon*) Registro o representación gráficos de la posición de la lengua y el paladar en el proceso articulatorio.

palavano *m* Lengua malayo-polinesia de las islas Palau (Micronesia).

palaya *f* (*reg*) Lenguado (pez).

palazo *m* Golpe dado con una pala [1 y 2].

palco *m* **1** *En un teatro:* Compartimento que contiene varias sillas. *Tb fig.* ■ **2** *En una plaza de toros:* Localidad independiente con balcón. ■ **3** (*jerg*) Balcón o ventana.

palé[1] (*n comercial registrado*) *m* Juego de mesa que se realiza sobre un tablero, avanzando con las fichas según las tiradas de un dado, y cuyo objetivo es la adquisición de las propiedades urbanas correspondientes a las casillas que se ocupan.

palé[2] *m* (*E*) Palet.

paleador -ra *adj* Que palea. *Tb n: m y f, referido a pers; f, referido a máquina.*

paleal *adj* (*Zool*) De(l) manto de los moluscos.

paleántropo *m* (*Prehist*) Hombre fósil del Pleistoceno medio.

palear *tr* Cargar, descargar o mover [algo] con la pala. *Tb abs. Tb fig.*

paleártico -ca *adj* (*Geogr*) [Región] que comprende Europa, el norte de África hasta el trópico de Cáncer y el norte de Asia hasta el Himalaya.

palenque *m* 1 Valla de madera o cerca de estacas con que se cierra un terreno. ■ 2 (*hist*) Terreno cerrado con palenque [1], esp. para celebrar una fiesta pública. ■ 3 **bomba de ~** –→ BOMBA.

palentino -na *adj* De Palencia. *Tb n, referido a pers.*

paleo- *r pref* (*E*) Antiguo. * Paleoamericano. * Paleotestamentario.

paleoantropología *f* (*E*) Rama de la antropología que estudia al hombre primitivo a través de sus restos fósiles.

paleoasiático -ca *adj* De alguno de los pueblos del norte y este de Asia considerados como los más antiguos habitantes de Siberia y cuyas lenguas no pertenecen a ninguna de las principales familias. *Tb n, referido a pers.*

paleobiología *f* (*E*) Estudio de las formas de vida de los seres hoy fósiles.

paleobiólogo -ga *m y f* (*E*) Especialista en paleobiología.

paleobotánico -ca (*E*) I *adj* 1 De (la) paleobotánica [3].
II *n* A *m y f* 2 Especialista en paleobotánica [3].
B *f* 3 Parte de la paleontología que estudia los vegetales fósiles.

paleoclima *m* (*E*) Clima de una época geológica antigua.

paleoclimatología *f* (*E*) Estudio de los paleoclimas.

paleocristiano -na *adj* (*Arte*) [Arte] cristiano primitivo (hasta el s. VI).

paleoencéfalo *m* (*Anat*) Encéfalo primitivo, que constituye todo el cerebro menos la corteza.

paleógeno -na *adj* (*Geol*) [Período o sistema] correspondiente a la primera mitad de la Era Terciaria. *Tb n m.*

paleogeografía *f* (*E*) Parte de la geografía que trata de la descripción del globo en los distintos períodos geológicos.

paleografía *f* Estudio de las escrituras antiguas.

paleográfico -ca *adj* De (la) paleografía.

paleógrafo -fa *m y f* Especialista en paleografía.

paleolítico -ca *adj* (*Prehist*) [Período] más antiguo de la Edad de Piedra. *Frec n m; en este caso, gralm con inicial mayúscula.* **b)** Del período paleolítico. *Tb* (*lit*) *fig, ponderando la antigüedad.*

paleomagnético -ca *adj* (*E*) De(l) paleomagnetismo.

paleomagnetismo *m* (*E*) Estudio del magnetismo en las rocas, usado para investigar la pasada configuración del campo magnético terrestre.

paleontología *f* (*E*) Estudio de los seres orgánicos de las épocas prehistóricas a través de sus fósiles.

paleontológico -ca *adj* (*E*) De (la) paleontología.

paleontólogo -ga *m y f* (*E*) Especialista en paleontología.

paleopatología *f* (*E*) Estudio de las enfermedades por el examen de las momias o de los restos fósiles.

paleopatológico -ca *adj* (*E*) De (la) paleopatología.

paleopatólogo -ga *m y f* (*E*) Especialista en paleopatología.

paleozoico -ca *adj* (*Geol*) [Era] primaria. *Tb n m.* **b)** De (la) era primaria. *Tb n m, referido a terreno.*

paleozoología *f* (*E*) Parte de la paleontología que estudia los animales fósiles.

palera *f* (*reg*) Nopal (planta).

palería *f* Limpieza de cauces.

palerma *adj* (*reg*) Pazguato.

palermitano -na *adj* De Palermo (Sicilia). *Tb n, referido a pers.*

palermo -ma *adj* De Palos de la Frontera (Huelva). *Tb n, referido a pers.*

palero *m* (*reg*) Mirón (pers. que se complace en la contemplación de escenas eróticas o de desnudos).

palestésico -ca *adj* (*Med*) De (las) vibraciones.

palestinés -sa *adj* Palestino. *Tb n.*

palestiniano -na *adj* Palestino. *Tb n.*

palestino -na *adj* De Palestina. *Tb n, referido a pers.*

palestra *f* (*hist o lit*) Lugar donde se lucha por juego o deporte. **b)** Lugar en que se ha de competir o demostrar la propia capacidad. *Gralm en la constr* SALIR A LA ~.

palet (*pl normal*, ~s) *m* (*E*) Plataforma transportable con carretillas elevadoras, para almacenar y trasladar mercancías.

paleta A *f* 1 Utensilio en forma de pala pequeña. *Frec con un compl especificador.* ■ 2 Instrumento de albañilería formado por una plancha metálica triangular con espiga acodada y un mango de madera, y que se usa para coger y aplicar la masa. ■ 3 Tabla pequeña, con un agujero para sujetarla con el pulgar, en la que el pintor coloca y mezcla los colores. **b)** Conjunto de colores propios [de un pintor]. *Tb fig, fuera del ámbito pictórico.* ■ 4 Paletilla [de animal, esp. de cerdo]. ■ 5 Pala [de una hélice o algo similar]. ■ 6 (*col*) Pala (diente incisivo superior), esp. grande. ■ 7 (*reg*) Pala [del nopal]. ■ 8 (*raro*) Pala (juego de pelota). ■ 9 (*raro*) Paletón[1] (de una llave).
B *m* 10 (*reg*) Albañil.

paletada[1] I *f* 1 Cantidad que se coge de una vez con una pala o paleta [1 y 2]. ■ 2 Movimiento de la paleta [1, 2 y 5]. ■ 3 Golpe de paleta [1].
II *loc adv* 4 **a ~s.** (*col*) En gran cantidad. *Gralm referido a dinero. Tb adj.*

paletada[2] *f* (*col, desp*) Cosa paleta (→ PALETO[1]).

paletamente *adv* De manera paleta (→ PALETO[1]).

paleteo *m* Golpeteo de las paletas [5].

paletería *f* (*col, desp*) Cualidad de paleto[1].

paletilla *f* 1 Omóplato. **b)** *En los animales de consumo:* Parte que comprende el omóplato y la carne que lo rodea. ■ 2 Ternilla en que termina el esternón. *Frec en las constrs* CAÉRSELE [a alguien] LA

~, o LEVANTARLE [a alguien] LA ~, *en medicina popular.*

paletín *m* (*Constr*) Instrumento de albañilería en forma de paleta [2] pequeña.

paletina *f* (*Pint*) Pincel de forma aplastada.

paletismo *m* (*desp*) Cualidad de paleto[1].

paletización *f* (*E*) Acción de paletizar.

paletizar *tr* (*E*) Disponer [algo] en palets.

paleto[1] -ta *adj* (*col, desp*) [Pers.] rústica o que no sabe desenvolverse en la ciudad. *Tb n. Tb fig, referido a la falta de cultivo intelectual o estético.* **b)** Propio de la pers. paleta.

paleto[2] *m* **1** (*col*) Pala (diente incisivo superior). ■ **2** (*raro*) Gamo (animal). ■ **3** (*reg*) Espátula (ave). *Tb* PATO ~.

paletó *m* (*hist*) Gabán de paño grueso, largo y entallado. *Hoy gralm en la frase* CUANDO FERNANDO VII GASTABA ~, *usada para ponderar antigüedad.*

paletón *m* **1** *En una llave:* Parte que penetra en la cerradura y en que están labrados los dientes. ■ **2** (*reg*) Paleto (diente incisivo superior). ■ **3** (*reg*) Espátula (ave).

palette (*fr; pronunc corriente,* /palét/) *f* (*E*) Palet.

pali I *adj* **1** De(l) pali [2].   II *m* **2** Lengua india, derivada del sánscrito, usada en los libros canónicos de los budistas.

palia *f* (*Rel catól*) Lienzo con que se cubre el cáliz y la patena en la misa. **b)** *Esp:* Lienzo redondo con que se cubre la patena hasta el ofertorio.

paliar (*conjug 1a o 1c*) *tr* **1** Mitigar o atenuar [algo negativo]. ■ **2** (*raro*) Cubrir u ocultar.

paliativo -va I *adj* **1** Que sirve para paliar [1]. *Frec n m, referido a remedio.* **b)** (*Med*) Que alivia pero no cura. *Tb n m, referido a medicamento o remedio.*   II *loc adv* **2 sin ~s.** Con claridad o con crudeza. *Tb adj.*

palicar *intr* (*reg*) Charlar o conversar [con alguien].

pálidamente *adv* (*lit*) De manera pálida.

palidecer (*conjug 11*) *intr* **1** Ponerse pálido [1]. ■ **2** Perder brillo, intensidad o viveza. *Tb fig.*

palidez *f* Cualidad de pálido.

pálido -da (*a veces con mayúscula en acep 4*) I *adj* **1** [Pers.] que tiene el rostro más blanco o descolorido de lo habitual. *Frec denota enfermedad o miedo.* ■ **2** [Color] menos intenso que el considerado normal. **b)** Que tiene un color pálido. *A veces usado como especificador de algunas especies zoológicas:* VENCEJO ~, ZARCERO ~. **c)** [Luz] poco brillante. ■ **3** [Cosa no material] falta de colorido o de viveza.   II *loc n* **4 la pálida.** (*lit*) La muerte.

palier *m* (*Mec*) *En un automóvil:* Mitad de las dos en que se divide el eje de las ruedas motrices.

paliero *m* (*reg*) Hombre que ayuda a llevar el palio [1].

palilla *f* (*reg*) Paleta [1].

palillero *m* **1** Recipiente para colocar los palillos [1a]. ■ **2** (*hoy raro*) Mango en que se encaja la plumilla.

palillo I *m* **1** Utensilio consistente en un trocito de madera largo, estrecho y con ambos extremos afilados, que se usa para limpiarse los dientes o pinchar comida. **b)** (*col*) *Frec se emplea en constrs de sent comparativo para ponderar la delgadez.* * Se le han quedado las piernas como palillos. ■ **2** Palito largo y redondeado de los dos que a modo de pinzas se usan en algunos países orientales para tomar los alimentos. *Gralm en pl.* ■ **3** Varita redondeada con que se toca el tambor. ■ **4** Bolillo. ■ **5** Escobajo del racimo de uvas. ■ **6** Vena de las hojas del tabaco. ■ **7** (*Taur*) Banderilla. ■ **8** Castañuela.   II *loc v* **9 tocar todos los** (*o* **muchos**) **~s.** (*col*) Intentar todos los (o muchos) recursos.

palimpsesto *m* (*Bibl*) Pergamino manuscrito cuya primera escritura ha sido borrada para escribir en él de nuevo. *Tb* (*lit*) *fig.*

palíndromo *m* Palabra o frase que resulta igual leída de derecha a izquierda que de izquierda a derecha.

palingenesia *f* (*Rel*) Renacimiento o regeneración. *Tb fig, fuera del ámbito religioso.*

palingénesis *f* (*Rel, raro*) Palingenesia. *Tb fig, fuera del ámbito religioso.*

palinodia I *f* **1** Retractación, o manifestación pública de un cambio de opinión.   II *loc v* **2 cantar la ~.** Retractarse.

palinología *f* (*Bot*) Estudio del polen y de las esporas.

palinológico -ca *adj* (*Bot*) De (la) palinología.

palinólogo -ga *m y f* (*Bot*) Especialista en palinología.

palinúrido *adj* (*Zool*) [Crustáceo macruro] caracterizado por la ausencia de pinzas en las patas. *Frec como n m en pl,* designando este taxón zoológico.

palio *m* **1** Dosel formado por una tela rica y cuatro o más varas, con el cual se cubre en una procesión al sacerdote que lleva la eucaristía, o una imagen, y en otras ceremonias al papa, a un prelado o a un jefe de Estado. ■ **2** (*Zool*) *En los moluscos:* Manto. ■ **3** (*Rel catól*) Banda de lana blanca con cruces negras que llevan sobre los hombros el papa, los arzobispos y algunos obispos en las ceremonias solemnes. ■ **4** (*hist*) Prenda del traje masculino griego y romano, consistente en un manto corto que se sujeta al pecho por una hebilla o broche.

palique *m* (*col*) **1** Conversación intrascendente o de puro entretenimiento. *Frec en las constrs* ESTAR DE ~ [con alguien], DAR ~ [a alguien]. ■ **2** Labia, o facilidad para hablar.

paliquero -ra *adj* (*col, raro*) [Pers.] dada al palique [1].

palisandro *m* Madera de color rojo oscuro con vetas negras, muy apreciada en ebanistería, proporcionada por árboles de los géns. *Dalbergia, Jacaranda* y *Machaerium. Tb el árbol que la produce.*

palista *m y f* **1** Jugador de pelota con pala. ■ **2** Piragüista. ■ **3** Operario que maneja una pala mecánica.

palitroque *m* **1** Palo (trozo de madera) pequeño. ■ **2** (*Taur*) Banderilla.

paliza I *n* A *f* **1** Conjunto de golpes dados a una pers. o a un animal. ■ **2** Acción o conjunto de acciones que dejan maltrecha a una pers. o cosa. *Tb fig.* ■ **3** (*col*) Discurso o conversación fastidiosos o aburridos. **b)** Cosa aburrida o pesada.   B *m y f* **4** (*col*) Pers. pesada o fastidiosa. *Frec en la forma* PALIZAS. *Tb adj.*

II *loc v* (*col*) **5 dar una ~** (*o* **la ~**) [a alguien o algo]. Someter[le] a un trabajo o esfuerzo muy intenso. *Frec el ci es refl.* ■ **6 dar la ~** (*o* **una ~**) [a alguien]. Fastidiar[le] o aburrir[le] con lo que se dice. *Tb sin ci.* ■ **7 darse la ~.** Realizar [dos perss., o una con otra] una serie de acciones de carácter lascivo o sexual.

palizón *m* Paliza [1, 2 y 3] grande. *Frec con el v* DAR.

pallarda *f* (*Coc*) Tajada delgada de ternera a la parrilla. *Gralm ~ DE* TERNERA.

pallarés -sa *adj* Del Pallars (comarca de Lérida). *Tb n, referido a pers.*

pallaza *f* Palloza.

pallet (*ing; pronunc corriente, /palét/; pl normal, ~S*) *m* (*E*) Palet.

pallete *m* (*Mar*) Tejido hecho con hilos o cordones de cabos, usado para proteger del roce ciertas partes del barco.

palloza *f* Construcción típica gallega, de planta redondeada y cubierta de paja, usada para vivienda y para el ganado.

palma **I** *f* **1** Cara interna [de la mano]. ■ **2** Palmera (árbol). *Frec con un adj especificador.* ■ **3** Hoja de palma [2]. *Frec designa la utilizada en la ceremonia litúrgica del Domingo de Ramos.* **b)** *Se usa como símbolo de la virginidad o del martirio, frec en constrs como* GANAR, *o* MERECER, LA ~ DEL MARTIRIO. ■ **4** *En pl:* Serie de golpes dados con una palma [1] contra la otra, esp. para aplaudir o marcar un ritmo. *Gralm con vs como* TOCAR *o* BATIR. **b) ~s de tango** → TANGO. **II** *loc adj* **5** (**a** *o* **de**) **~.** [Variedad de juego de bolos] que se juega con bola esférica sujeta exclusivamente con la palma de la mano y que es propia de Cantabria. **III** *loc v* **6 llevarse la ~.** Ganar o ser el mejor en una comparación o competencia. **IV** *loc adv* (*col*) **7 como la ~ de la mano.** Con aspecto totalmente liso. *Frec siguiendo a* LISO *o* LLANO. ■ **8 como la ~ de la mano.** Perfectamente o con todo detalle. *Con el v* CONOCER *y referido a lugar.* ■ **9 en ~s.** En palmitas. *Gralm con vs como* TRAER, LLEVAR *o* TENER.

palmáceo -a *adj* (*Bot*) [Planta] de la familia de la palma o palmera. *Frec como n f en pl, designando este taxón botánico.*

palmacristi *f* Ricino (planta).

palmada *f* **1** Golpe dado con la palma de la mano, esp. como manifestación de afecto. ■ **2** Golpe dado con la palma de una mano contra la de la otra. *Tb el ruido que produce.*

palmado -da *adj* (*Bot*) Palmeado [2].

palmadocompuesto -ta (*tb con la grafía* **palmado-compuesto**) *adj* (*Bot*) Palmaticompuesto.

palmar¹ *m* Lugar poblado de palmas [2].

palmar² (*col*) **A** *intr* **1** Morir. ■ **2** Perder en el juego. **B** *tr* **3 ~la.** Morir.

palmar³ *adj* (*Anat*) De la palma [1]. *Tb n m, referido a músculo. Tb* (*lit*) *fuera del ámbito técn.*

palmareño -ña *adj* De El Palmar (Murcia). *Tb n, referido a pers.*

palmarés *m* **1** Lista de premiados [de un concurso o competición]. ■ **2** Lista de premios o galardo-

nes conseguidos [por alguien (*compl de posesión*)]. *Tb fig.* **b)** (*lit*) Historial o currículum.

palmariamente *adv* De manera palmaria.

palmario -ria *adj* Claro o evidente.

palmaticompuesto -ta *adj* (*Bot*) [Hoja] compuesta cuyos folíolos se originan todos en el ápice del pecíolo.

palmatinerviado -da *adj* (*Bot*) Palmatinervio.

palmatinervio -via *adj* (*Bot*) [Hoja] cuyos nervios arrancan todos de un mismo punto.

palmatoria *f* Soporte circular con asa y con un receptáculo central en forma de tubo para colocar la vela.

palmeado -da *adj* **1** *part* → PALMEAR. ■ **2** (*Bot*) Semejante a la mano abierta. ■ **3** (*Zool*) [Dedos] ligados entre sí por una membrana. **b)** De dedos palmeados.

palmear **A** *tr* **1** Golpear con la palma de la mano en señal de afecto. **b)** Golpear con la palma de la mano. **c)** Golpear con una pieza plana de madera. ■ **2** Acompañar [algo o a alguien] con palmas, o tocar [algo] con palmas [4]. **B** *intr* **3** Dar palmadas [1 y esp. 2].

palmejar *m* (*Mar*) Madero o refuerzo longitudinal para impedir que las cuadernas se doblen.

palmense *adj* De Las Palmas. *Tb n, referido a pers.*

palmeño -ña *adj* De Palma del Río (Córdoba). *Tb n, referido a pers.*

palmeo *m* Acción de palmear.

palmer *m* (*E*) Instrumento de precisión que consta de un punto fijo y un tornillo móvil, destinado a medir espesores muy pequeños.

palmera *f* **1** Planta monocotiledónea propia de las regiones tropicales, de tallo no ramificado, grandes hojas en penacho, flores pequeñas y fruto en baya o en drupa. *Gralm con un adj o compl especificador:* ~ COMÚN *o* DATILERA (*Phoenix dactylifera*), ~ DE CANARIAS (*Phoenix canariensis*), ~ DE ACEITE (*Elaeis guineensis*), ~ ENANA (*Chamaerops humilis*), ~ REAL (*Oreodoxa regia o Roystonea regia*), *etc.* ■ **2** Dulce de hojaldre en forma de hoja de palmera.

palmeral *m* Terreno poblado de palmeras.

palmerero *m* Hombre que ata o poda las hojas de la palmera.

palmerino -na *adj* De La Palma del Condado (Huelva). *Tb n, referido a pers.*

palmero¹ -ra *adj* De la isla de La Palma. *Tb n, referido a pers.*

palmero² -ra *m y f* Pers. que acompaña con palmas los cantes y bailes flamencos.

palmero³ -ra *adj* (*reg*) De un palmo de longitud. *Frec n, referido a algún objeto consabido, como cigarro o vaso.*

palmero⁴ *m* (*hist*) Peregrino de Tierra Santa.

palmesano -na *adj* De Palma de Mallorca. *Tb n, referido a pers.*

palmeta *f* **1** (*Arte*) Motivo ornamental en forma de hoja de palma. ■ **2** Utensilio de mimbre, de forma redonda y con mango, usado esp. para sacudir alfombras. ■ **3** (*hist*) Tablilla usada por los maestros para golpear en la palma de la mano.

palmetada *f* Palmetazo [1].

palmetazo *m* **1** Golpe dado con la palmeta [2 y esp. 3]. ■ **2** Corrección áspera o descortés. ■ **3** Palmada (golpe dado con la palma de la mano).

palmiche *m* (*reg*) Hoja de palmito.

palmiforme *adj* (*Arquit*) Que tiene forma de palma o palmera.

palmilla *f* (*E*) Plantilla de zapato.

palminervio -via *adj* (*Bot*) Palmatinervio.

palmípedo -da *adj* (*Zool*) [Ave] que tiene los dedos palmeados [3]. *Tb n m. Frec como n f en pl, designando este taxón zoológico.* **b)** *En gral*: Que tiene dedos palmeados.

palmireno -na *adj* (*hist*) De Palmira (Siria). *Tb n, referido a pers.*

palmiste *m* Fruto de la palmera de aceite (*Elaeis guineensis*).

palmita I *f* **1** *dim* → PALMA.
 II *loc adv* **2 en ~s.** (*col*) Con mucho mimo o consideración. *Con vs como* TRAER, LLEVAR *o* TENER.

palmítico *adj* (*Quím*) [Ácido] graso presente en muchas grasas animales y vegetales, esp. en el aceite de palma.

palmitina *f* (*Quím*) Éster de ácido palmítico y glicerina.

palmito[1] *m* Palmera de tallo corto y hojas grandes en abanico, propia de la zona mediterránea y cultivada frec. como ornamental (gén. *Chamaerops*, esp. *C. humilis*, y otros). **b)** Cogollo comestible del palmito.

palmito[2] *m* (*col*) Cara o talle de mujer, esp. atractivos. *Tb, raro, referido a hombre.*

palmo I *m* **1** Medida de longitud equivalente a 21 cm y que corresponde aproximadamente a la distancia entre el dedo pulgar y el meñique de la mano estirada de un hombre. **b)** *A veces se usa para ponderar la pequeñez, esp referido a terreno.*
 II *loc adv* **2 ~ a ~.** Con minuciosidad y detenimiento. **b)** Con lentitud o poco a poco. ■ **3 con un ~ (o dos, o tres, ~s) de narices.** (*col*) Con un chasco o decepción. *Con los vs* DEJAR *o* QUEDARSE.

palmón *m* (*reg*) Palma del Domingo de Ramos.

palmotazo *m* (*reg*) Palmada (golpe dado con la palma de la mano).

palmotear A *tr* **1** Palmear (golpear con la palma de la mano).
 B *intr* **2** Dar palmadas.

palmoteo *m* Acción de palmotear.

palo I *m* **1** Trozo de madera más largo que ancho y gralm. cilíndrico y manejable. **b)** *Frec se emplea en constrs de sent comparativo para ponderar la delgadez o la tiesura.* * *Te has quedado hecha un palo.* ■ **2** (*Mar*) Madero vertical para sostener las velas. **b)** **~ mayor** → MAYOR. ■ **3** (*Dep*) Poste de una portería. ■ **4** (*Dep*) Utensilio consistente en un palo [1a] terminado en una espátula de hierro o madera, usado para golpear la pelota de golf. ■ **5** (*Taur*) Garrocha del picador. ■ **6** (*Taur*) Banderilla. *Frec en pl.* ■ **7** (*reg*) Prueba de fuerza que consiste en tratar de levantar al contrario, estando ambos contrincantes sentados frente a frente y sujetando con las manos un palo [1a] horizontal puesto sobre sus pies. ■ **8** *En la escritura*: Trazo vertical o que tiende a vertical. ■ **9** Madera (materia de los árboles). **b)** *Con un adj o compl especificador, designa distintas maderas y los árboles que las producen*: ~ BLANCO

(*Simaruba glauca*), ~ CAJÁ (*Schmidelia viticifolia*), ~ CAMPECHE (*Haematoxilon campechianum*), ~ (DE) HIERRO (*gén Sideroxylon*), ~ (DE) ROSA (*Cordia myxa*, *Tipuana speciosa y otros*), ~ SANTO (*Guajacum officinale*), *etc*. ■ **10** Golpe dado con un palo [1a] u otro objeto semejante. *Tb fig.* **b)** **~ de ciego.** Golpe dado sin mirar a quién o dónde. *Frec en la constr* DAR, *o* PEGAR, ~S DE CIEGO. **c)** **~ de ciego.** Medida o castigo que se aplica de manera arbitraria o irreflexiva. *Frec en la constr* DAR, *o* PEGAR, ~S DE CIEGO. **d)** **~ de ciego.** Acción que se realiza por puro tanteo, sin una visión clara de sus consecuencias. *Gralm en la constr* DAR ~S DE CIEGO. ■ **11** (*jerg*) Robo. *Gralm con los vs* DAR *o* PEGAR. ■ **12** (*Naipes*) Serie de las cuatro en que se divide la baraja. *Tb fig.* ■ **13** Modalidad de las varias que componen el cante flamenco. ■ **14** (*Heráld*) Pieza que se coloca verticalmente en la mitad del escudo y que cuando es una sola ocupa una tercera parte del mismo. ■ **15** (*jerg*) Cópula sexual. *Gralm en la constr* ECHAR EL (*o* UN) ~. ■ **16 ~ cortado.** Jerez oloroso con aroma de amontillado y seco al paladar. *Tb simplemente* ~.
 II *loc adj* **17 de ~.** (*col*) [Cara] inexpresiva o de circunstancias.
 III *loc v y fórm or* (*col*) **18 aguantar cada ~ su vela.** Ser cada uno responsable de sus asuntos. *Gralm en la constr* QUE CADA ~ AGUANTE SU VELA. ■ **19 caérsele** [a uno] **los ~s del sombrajo.** Abatírsele el ánimo. ■ **20 dar por el ~** [a alguien o algo]. Dar[le] gusto o seguir[le] la corriente. ■ **21 merecer ~s.** Ser reprobable o inaceptable. *Gralm en la constr* QUE MERECEN ~S. ■ **22 ~ y tente tieso.** Fórmula con que se alude a la dureza de trato. * *Ya conoces su sistema: palo y tentetieso.*
 IV *loc adv* **23 a ~ seco.** (*col*) Sin más. ■ **24 en ~.** (*Heráld*) Verticalmente.

paloblanco *m* Palo blanco (→ PALO).

paloduz (*tb, pop,* **palodú**) *m* Regaliz (planta). *Tb designa un trozo de su tallo, de sabor dulce, que los niños chupan como golosina.*

paloluz (*tb, pop,* **palolú**) *m* (*reg*) Paloduz.

paloma *f* **1** Ave, doméstica o salvaje, de pequeño tamaño, plumaje más o menos gris azulado, pico pequeño y alas cortas (gén. *Columba*). *Diversas especies o variedades se distinguen por medio de adjs o compls*: ~ BRAVÍA (*C. livia*), ~ TORCAZ (*C. palumbus*), ~ ZURITA (*C. oenas*), ~ RABICHE (*C. junoniae*), ~ TURQUÉ (*C. trocaz*), *etc*. ■ **2** Pers. bondadosa y apacible, incapaz de hacer daño. *Tb* ~ SIN HIEL. *A veces usado como término afectivo o irónico.* ■ **3** (*Pol*) Pers. o país partidario de una actitud conciliadora y negociadora. *Se opone a* HALCÓN. *Frec en aposición.* ■ **4** Palomita (bebida compuesta de agua y aguardiente anisado). ■ **5** (*Fút*) Palomita (estirada espectacular del portero). ■ **6** (*jerg*) Sábana de la cama.

palomar *m* **1** Lugar destinado a la cría de palomas [1]. ■ **2** (*raro*) *En un cine o teatro*: Gallinero. ■ **3** (*jerg*) Prostíbulo.

palomazo *m* (*Caza*) Caza de palomas [1].

palomear *intr* (*Mar*) Formar [el mar] olas espumosas.

palomero -ra I *adj* **1** De (las) palomas [1].
 II *n* A *m y f* **2** Pers. que se dedica a la cría, comercio o caza de palomas [1].
 B *f* **3** (*reg*) Paraje en que se cazan palomas.

palometa *f* **1** (*reg*) Japuta (pez). **b)** **~ roja.** Pez marino de color rojo, semejante al besugo (*Beryx decadactylus*). ■ **2** Cierto hongo (*Russula virescens*). ■ **3** Palomilla (mariposa).

palometero -ra *adj* Que se dedica a la pesca de palometa [1]. *Tb n, referido a pers o a barco.*

palomilla *f* 1 Soporte en forma de triángulo rectángulo. ■ 2 Pieza de hierro que se fija a un poste o a un muro y que sirve de soporte a los hilos de la luz, el teléfono o el telégrafo. **b)** Pieza de porcelana o vidrio que sirve de aislador a los hilos de la luz, el teléfono o el telégrafo. ■ 3 Tuerca provista de dos aletas que permiten enroscarla y desenroscarla con los dedos. *Tb* TUERCA DE ~. ■ 4 Polilla (mariposa pequeña y nocturna). ■ 5 *Se da este n a varias plantas herbáceas del gén Fumaria, esp F. officinalis, F. capreolata (~ PINTADA) y F. densiflora (~ ROMANA).* ■ 6 ~ **de muro.** Planta herbácea de tallos rastreros o colgantes y flores solitarias de color violeta pálido, propia de muros viejos y paredones (*Cymbalaria muralis* o *Linaria cymbalaria*).

palomina *f* Excremento de paloma.

palomino *m* 1 Cría de la paloma silvestre. ■ 2 (*desp*) Palomo [3]. ■ 3 (*col*) Mancha de excremento en la ropa interior. ■ 4 (*Agric*) Cierta variedad de vid propia de Jerez de la Frontera.

palomita *f* 1 Grano de maíz tostado. *Frec ~ DE MAÍZ.* ■ 2 Bebida compuesta de agua y aguardiente anisado. ■ 3 (*Fút*) Estirada espectacular del portero. ■ 4 Cierto hongo comestible (*Tricholoma columbetta*).

palomo I *m* 1 Paloma [1] macho. ■ 2 (*reg*) Paloma [1]. ■ 3 (*desp*) Hombre sumamente ingenuo o cándido. II *adj* 4 [Hueso] del cóccix.

palón *m* (*reg*) Eje del rodezno del molino.

palorrosa *m* (*raro*) Palo (de) rosa (→ PALO).

palosanto *m* Palo santo (→ PALO). *Tb su fruto.*

palotada. ni ~. *loc adv* (*col*) Ni palote [4].

palotazo *m* (*Taur*) Golpe dado por la banderilla.

palote I *m* 1 Trazo recto de los que se hacen para aprender a escribir. **b) Perico el de los ~s** → PERICO. ■ 2 (*raro*) Rodillo de cocina. ■ 3 (*reg*) Remo grande usado como timón por el patrón de una embarcación a remo. II *loc adv* 4 (**ni**) ~. (*col*) Nada. *En constrs como* NO SABER, *o* NO ENTENDER, (NI) ~.

paloteado *m* Paloteo.

palotear *intr En danzas populares:* Golpear un palo con otro al compás de la música.

paloteo *m* Acción de palotear. *Frec la danza popular en que se realiza.*

palpable *adj* Que se puede palpar, *esp* [2].

palpablemente *adv* De manera palpable.

palpación *f* (*Med*) Acción de palpar [1].

palpala (*tb* **palpalá**) *interj Se usa para imitar el canto de la codorniz. A veces se sustantiva como n m.*

palpar *tr* 1 Tocar [algo] con las manos para reconocer[lo] o examinar[lo]. **b)** Tocar repetidamente [algo] para obtener una información táctil. *Frec abs.* ■ 2 Percibir claramente [algo no material].

palpas. a ~. *loc adv* (*reg*) A tientas.

palpebral *adj* (*Anat*) De(l) párpado.

palpitación *f* Acción de palpitar. **b)** Latido del corazón, más acelerado de lo normal. *Gralm en pl.*

palpitante *adj* 1 Que palpita. ■ 2 Que causa gran interés o emoción. *Con intención ponderativa.*

palpitar *intr* 1 Latir (contraerse y dilatarse alternativamente [el corazón o las arterias]). **b)** Percibirse [en una parte del cuerpo (*suj*)] el movimiento de las arterias u otro movimiento involuntario semejante. **c)** Latir aceleradamente el corazón [de alguien (*suj*)]. ■ 2 (*lit*) Tener [un ser] manifestaciones de vida. *Tb fig.* **b)** Dar [alguien o algo] muestras evidentes [de algo no material, esp. de un sentimiento o pasión]. ■ 3 Percibirse o manifestarse [algo no material] por indicios.

pálpito *m* 1 Presentimiento o corazonada. ■ 2 Palpitación [1a].

palpo *m* (*Zool*) Apéndice articulado situado alrededor de la boca y destinado a sujetar el alimento, propio de ciertos artrópodos, anélidos y moluscos.

palpusa *f* (*jerg*) Parpusa o gorra.

palquista *m y f* (*jerg*) Ladrón que entra por balcones o ventanas para robar.

palstaba *f* (*Arqueol*) Hacha, gralm. de bronce, hecha para usar esp. con mango de madera.

palta *f* (*raro*) Aguacate.

palúdico -ca *adj* 1 De(l) paludismo. ■ 2 Que padece paludismo. *Tb n.* **b)** Propio de la pers. palúdica. ■ 3 (*lit*) Palustre².

paludismo *m* Enfermedad infecciosa caracterizada por accesos de fiebre, producida por un protozoo y transmitida al hombre por la picadura de mosquitos anofeles.

palurdo -da *adj* (*desp*) 1 [Pers.] rústica e ignorante. *Tb n. Tb fig, referido a animales.* **b)** Propio de la pers. palurda. ■ 2 (*Taur*) [Res] de media casta.

palustra *f* (*reg*) Palustre¹.

palustre¹ *m* Paleta de albañil.

palustre² *adj* (*lit*) De (la) laguna o de(l) pantano.

pam *interj Imita el sonido de un golpe, un disparo o una explosión. A veces se sustantiva como n m.*

pambufo -fa *adj* (*reg*) Gordo.

pamela *f* Sombrero femenino de ala ancha y flexible.

pamema *f* (*col*) 1 Tontería o simpleza. ■ 2 Aspaviento, o acción exagerada o afectada.

pamemero -ra *adj* (*col*) [Pers.] dada a las pamemas [2].

pampa *f* Llanura extensa y sin árboles, de América del Sur. *Gralm referido a Argentina.*

pámpana *f* Hoja de vid.

pampango -ga I *adj* 1 De la provincia filipina de Pampanga, en la isla de Luzón. *Tb n, referido a pers.* II *m* 2 Lengua hablada en la provincia de Pampanga.

pampangueño -ña *adj* Pampango. *Tb n.*

pámpano *m* Vástago tierno de la vid.

pampeano -na *adj* De las pampas o de la Pampa (Argentina). *Tb n, referido a pers.*

pampeño -ña *adj* (*raro*) Pampero.

pampero -ra *adj* De las pampas o de la Pampa (Argentina). *Tb n: m y f, referido a pers; m, referido a viento.*

pampirolada *f (col)* Tontería o bobada.

pampliegueño -ña *adj* De Pampliega (Burgos). *Tb n, referido a pers.*

pamplina *f* **1** *(col)* Tontería, o cosa sin importancia. ■ **2** *(col)* Atención exagerada o mimo. ■ **3** *(col)* Fingimiento o acción afectada. ■ **4** *Se da este n a varias plantas herbáceas, esp Hypecoum procumbens, Samolus valerandi* (~ DE AGUA), *Veronica agrestis* (~ BASTA) *y Stellaria media* (~ DE CANARIOS).

pamplinero -ra *adj (col)* [Pers.] dada a las pamplinas [2 y 3].

pamplinoso -sa *adj (col)* Pamplinero.

pamplonés -sa *adj* De Pamplona. *Tb n, referido a pers.*

pamplonica *adj (col)* Pamplonés. *Tb n.*

pampsiquismo *m (Filos)* Doctrina que admite la existencia de un elemento psíquico en el mundo objetivo.

pamue (*tb* **pamúe**) *adj* Fang. *Tb n: m y f, referido a pers; m, referido a lengua.*

pan I *m* **1** Alimento hecho con una masa de harina, agua, sal y normalmente levadura, cocida al horno. *Frec con un adj o compl especificador de los distintos tipos.* **b)** *Se usa frec en constrs de sent comparativo para ponderar la bondad.* * Es más bueno que el pan. ■ **2** Pieza de pan [1], esp. grande y redonda. ■ **3** Pieza [de determinadas sustancias] de forma redondeada y semejante a la del pan [2]. ■ **4** Alimento, o medios de subsistencia. **b)** ~ **y toros.** Alimento y diversión, como recursos políticos para mantener sumiso al pueblo. ■ **5** Cereal. *Frec en la loc* DE ~ LLEVAR, *referida a tierra.* ■ **6** *(Rel catól)* Hostia. *Tb* ~ EUCARÍSTICO *o* DE LOS ÁNGELES. ■ **7** Lámina muy fina [de oro o plata]. ■ **8 el ~ (nuestro) de cada día.** *(col)* Algo muy acostumbrado. ■ **9** ~ **comido.** *(col)* Pers. o cosa fácil de conseguir o dominar. *Gralm con el v* SER. ■ **10** ~ **sin sal.** *(col, desp)* Pers. sosa. ■ **11** *Seguido de un compl especificador, designa distintas plantas herbáceas:* ~ DE CUCO (*Sedum acre y Oxalis corniculata*), ~ DE CUCILLO (*Oxalis acetosella*), ~ Y QUESO (*Capsella bursa-pastoris y Teesdalia nudicaulis*), *etc.* ■ **12** ~ **de gaviota.** Esponja de forma redondeada y color anaranjado, propia del Mediterráneo. ■ **13** ~ **de lobo.** Champiñón. ■ **14** ~ **y quesillo.** Flor de la acacia blanca. **II** *loc adj* **15 de(l) ~ pringao.** *(col, desp)* Remilgado o cursi. *Gralm en la constr* SEÑORITA DEL ~ PRINGAO. **III** *loc v y fórm or* **16 comer ~ a manteles.** (*lit*) Comer en mesa con mantel. ■ **17 con su ~ se lo coma.** *(col) Expresa indiferencia o desinterés por lo que le ocurra a otro o por lo que haga.* * Con su pan se lo coma, que haga lo que quiera. ■ **18 contigo ~ y cebolla.** *(col) Fórmula que expresa el total desinterés económico de un enamorado. Frec con intención humoríst.* * Lo de contigo pan y cebolla se lleva poco hoy. ■ **19 estar como un ~ (de higo), más bueno que el ~, para mojar ~, o de toma ~ y moja.** *(col)* Ser muy guapo o atractivo. ■ **20 hacer un ~ como unas hostias (o tortas).** *(col)* Cometer un error o desacierto grave. ■ **21 llamar al ~ ~, y al vino vino.** *(col)* Hablar con total franqueza o claridad. *A veces se omite el v* LLAMAR. ■ **22 negar el ~ y la sal** [a alguien]. Tratar[le] con suma dureza o crueldad. ■ **23 no haber ~ partido** [entre dos o más perss.]. Existir gran amistad y confianza. ■ **24 quitarse el ~ de la boca.** Privarse de lo más necesario [por, o para, alguien o algo]. ■ **25 ser** [algo] ~ **para hoy y hambre para mañana.** *(col)* Solucionar solo de manera imperfecta y pasajera un problema dado.

pana¹ *f* Tejido grueso, gralm. de algodón, de textura de terciopelo y que frec. forma dibujo acanalado.

pana² *f (reg)* Pieza grande de corteza de alcornoque.

pánace *f* Planta herbácea de flores amarillas en umbela, de cuya raíz y tallo se extrae el opopónaco (*Opoponax chironium*).

panacea *f* Remedio que sirve para curar todas las enfermedades. *Tb* ~ UNIVERSAL. **b)** Remedio que sirve para solucionar todos los males. *Tb* ~ UNIVERSAL.

panaché *m* Guiso compuesto por una mezcla de verduras. *Tb* ~ DE VERDURAS.

panadería *f* **1** Establecimiento en que se hace o esp. se vende pan [1a]. ■ **2** Oficio de panadero [3].

panadero -ra **I** *adj* **1** De(l) pan [1a]. ■ **2** (*Moda*) [Camiseta] de escote redondo, con tapa y botones en la parte superior delantera. **II** *n* **A** *m y f* **3** Pers. que hace o vende pan [1a]. **B** *m pl* **4** Baile andaluz semejante al zapateado. **C** *f* **5** *(reg)* Paliza.

panadizo *m* Inflamación aguda de un dedo, gralm. cerca de la uña.

panafricanismo *m (Pol)* Doctrina o sistema que propugna la unidad y la solidaridad de los países africanos.

panafricano -na *adj* Del conjunto de los pueblos africanos.

panal **I** *m* **1** Conjunto de celdillas de cera que las abejas construyen para depositar la miel. ■ **2** *(reg)* Trozo de jabón para lavar la ropa. **II** *loc adj* **3 de** ~. [Construcción o estructura] de células prismáticas yuxtapuestas.

panalemán -na *adj* Del conjunto de los pueblos alemanes.

panamá *m* **1** Tejido de algodón de hilos gruesos entrecruzados, muy apropiado para el bordado. ■ **2** Sombrero de jipijapa. *Tb* SOMBRERO DE ~.

panameño -ña *adj* De Panamá. *Tb n, referido a pers.*

panamericanismo *m (Pol)* Doctrina o sistema que propugna la unidad y solidaridad de los países americanos bajo la dirección de los Estados Unidos.

panamericano -na *adj* Del conjunto de los países americanos.

panárabe *adj* Del conjunto de los países árabes.

panarábigo -ga *adj* Panárabe.

panarabismo *m (Pol)* Doctrina o sistema que propugna la unidad y la solidaridad de los países árabes.

panario -ria *adj* De(l) pan [1a].

panarteritis *f (Med)* Inflamación de todas las arterias o de todas las túnicas de una arteria.

panasiático -ca *adj* **1** Del conjunto de los países asiáticos. ■ **2** De la unidad y la solidaridad de los países asiáticos.

panateneas *f pl (hist)* Fiestas celebradas en Atenas en honor de la diosa Atenea.

panavisión (*n comercial registrado*, PANAVISION) *f* (*Cine*) Sistema de filmación y proyección que emplea grandes formatos tanto de celuloide como de pantalla.

pancarta f Cartel que se exhibe en una manifestación o en otro acto público, y en el que gralm. se expresa una petición, una protesta o un saludo.

panceta f Tocino entreverado con magro.

pancha f (reg) Chopa (pez).

panchito m Cacahuete pelado, frito y con sal.

pancho¹ -cha adj (col) Tranquilo o que no se altera. Gralm en la constr TAN ~.

pancho² m (reg) Besugo, esp. de pequeño tamaño.

panchonera f (reg) Pescadera.

pancierba (tb con la grafía **pancierva**) f (reg) Planta vivaz de hasta 1 m de altura, con hojas vellosas y flores amarillas, propia de taludes y bordes de caminos (Thapsia villosa).

pancista adj (col) [Pers.] que solo procura su provecho y tranquilidad. Tb n.

pancitopenia f (Med) Anemia caracterizada por la escasez de todos los elementos celulares de la sangre.

pancorbino -na adj De Pancorbo (Burgos). Tb n, referido a pers.

pancracio m (Dep, hist) Ejercicio grecorromano que combina la lucha y el pugilato.

páncreas m (Anat) Glándula situada en el abdomen, que segrega insulina y un jugo digestivo.

pancreático -ca adj (Anat) De(l) páncreas.

pancreatitis f (Med) Inflamación del páncreas.

pancromático -ca adj (Fotogr) Sensible a todos los colores del espectro.

panda¹ f Pandilla.

panda² m 1 Mamífero semejante al oso, de pelaje denso blanco y negro y cola muy corta, propio de la región del Tíbet (Ailuropoda melanoleuca). Tb OSO ~, ~ MAYOR, o ~ GIGANTE. ■ 2 Mamífero semejante al gato, de pelaje rojizo y larga cola, propio de los bosques del Himalaya (Ailurus fulgens). Tb PEQUEÑO ~.

panda³ f Galería [de un claustro o algo similar].

panda⁴ → PANDO.

pandanácea adj (Bot) [Planta] monocotiledónea, leñosa, de hojas lineales o lanceoladas, flores en espádice y fruto en drupa o baya, de la familia cuyo género más importante es Pandanus. Frec como n f en pl, designando este taxón botánico.

pandanus m Árbol tropical semejante a la palmera, de cuyas hojas y raíces se extrae una fibra textil (gén. Pandanus).

pandear tr Deformar [algo, esp. una pared, una viga o algo similar] curvándo[lo] por el centro.

pandeirada f Danza popular gallega que se acompaña con el pandero [1].

pandemia f (Med) Enfermedad epidémica que afecta a grandes extensiones de la Tierra.

pandémico -ca adj (Med) [Enfermedad] que tiene carácter de pandemia.

pandemónium m (lit) 1 Lugar en que hay mucho ruido y confusión. ■ 2 Mezcla confusa de ruidos intensos.

pandeo m Deformación curva [de una pared, una viga o algo similar].

pandera f 1 Pandero [1]. ■ 2 (reg) Recipiente hecho con un aro de madera y una piel, gralm. de cabra u oveja. ■ 3 (reg) Mujer necia o de cortos alcances. ■ 4 (reg) Mujer gorda.

panderada f (reg) Cantidad que cabe en una pandera [2] o en un pandero [5].

pandereta I f 1 Pandero [1] pequeño.
II loc v 2 **zumbar la ~** [a alguien]. (col) Dar[le] una paliza.

panderete m Tabique hecho con ladrillos puestos de canto. Frec TABIQUE DE ~.

panderetero -ra I adj 1 De (la) pandereta.
II m y f 2 Pers. que fabrica o vende panderetas o panderos [1]. ■ 3 Pers. que toca la pandereta o el pandero [1].

pandero I m 1 Instrumento músico constituido por un aro de madera con sonajas y una piel muy lisa y estirada. **b)** (col) Se usa frec en frases de sent comparativo para ponderar el tamaño del trasero. ■ 2 (col) Trasero. ■ 3 (hoy raro) Cometa (juguete). ■ 4 (reg) Pers. necia o de cortos alcances. ■ 5 (reg) Recipiente troncocónico hecho con paja de trigo o de centeno y mimbre.
II loc v 6 **poner** [a alguien] **el culo como un ~.** (col) Pegarle fuerte en el trasero. Con intención enfática.

pandilla f Grupo de amigos que se divierten en común. **b)** Grupo de perss. asociadas para cometer delitos.

pandillaje m Actividad de pandillas de maleantes.

pandillero -ra adj De (la) pandilla o de (las) pandillas. **b)** [Pers.] que pertenece a una pandilla de maleantes. Tb n.

pándit m (Rel) Brahmán. Usado frec como título antepuesto al n propio.

pando -da I adj 1 Curvado. ■ 2 Lento o pausado. ■ 3 (reg) Soso o simple.
II n A m 4 (reg) Terreno casi llano situado entre dos montañas.
B f 5 (reg) Loma suave y prolongada.

pandorga f (reg) Zambomba.

pandorgada f (reg) Comilona.

panecillo m 1 dim → PAN. ■ 2 (reg) Semilla de la malva.

panegírico -ca I adj 1 Laudatorio o encomiástico.
II m 2 Elogio, o discurso de alabanza.

panegirista m y f Pers. que hace un panegírico [2]. **b)** Pers. que habla o escribe a favor [de alguien o algo].

panegirizar tr (raro) Hacer el panegírico [2] [de alguien o algo (cd)].

panel¹ m 1 En una pared, una puerta o algo similar: Porción lisa limitada por franjas o molduras. ■ 2 Tablero o pieza plana de grandes dimensiones. **b)** Elemento prefabricado, plano y de grandes dimensiones, usado esp. para tabiques o revestimientos. ■ 3 Tablero o superficie plana para mostrar informaciones o anuncios. **b)** Tablero en que están los indicadores o mandos de un aparato o instalación.

panel² m 1 Conjunto de perss. seleccionadas para actuar como jurado o para discutir un asunto en público. ■ 2 Mesa redonda (reunión). ■ 3 (Estad) Muestra representativa de un sector de la población, cuya composición permanece invariable a lo largo de varios sondeos a fin de estudiar la evolución de un factor determinado. *Tb los resultados de esos sondeos.*

panela[1] *f* (*Heráld*) Figura en forma de hoja o corazón.

panela[2] *f* (*reg*) Suelo plano de la lancha.

panelable *adj* Que se puede recubrir con un panel[1] [2b].

panelista *m y f* Pers. que forma parte de un panel[2] [2 y 3].

panellet (*pl*, ~s) *m* Dulce pequeño y de formas diversas, hecho básicamente de masa de pan, típico de Cataluña en la noche de Todos los Santos.

pane lucrando (*lat*; *pronunc corriente*, /páne-lukrándo/) *loc adv* Para ganarse el sustento. *Frec* DE ~. *Tb adj.*

panem et circenses (*lat*; *pronunc*, /pánem-et-θirθénses/) *loc n m* Alimento y diversión, como recursos políticos para mantener sumiso al pueblo.

panenteísmo *m* (*Filos*) Teoría de Krause († 1832), según la cual Dios contiene al mundo y este trasciende de Dios.

panero -ra I *adj* 1 [Pers.] que gusta de comer mucho pan. II *n* A *f* 2 Recipiente para servir el pan a la mesa. ■ 3 Recipiente o lugar para guardar el pan. ■ 4 Granero (lugar en que se guarda el grano). B *m* 5 (*raro*) Panera [2].

paneslavismo *m* (*hist*) Doctrina o sistema que propugna la unidad y la solidaridad de los países eslavos.

paneslavista *adj* (*hist*) De(l) paneslavismo. b) Adepto al paneslavismo. *Tb n.*

panetela *f* (*hoy raro*) Cigarro puro delgado.

panetería *f* (*hist*) Oficina de palacio destinada a la distribución del pan.

panetone *m* Bollo milanés semejante al roscón de Reyes, en forma de cúpula.

paneuropeísmo *m* (*Pol*) Doctrina o sistema que propugna la unidad y la solidaridad de los países europeos.

paneuropeísta *adj* (*Pol*) Del paneuropeísmo.

paneuropeo -a *adj* (*Pol*) Del conjunto de los países europeos.

panfilio -lia *adj* (*hist*) De Panfilia (antigua región de Asia Menor). *Tb n, referido a pers.*

panfilismo *m* (*lit*) Benignidad extremada.

pánfilo -la *adj* (*col, desp*) [Pers.] boba o ingenua. *Tb n.* b) Propio de la pers. pánfila.

panfletariamente *adv* De manera panfletaria.

panfletario -ria I *adj* 1 De(l) panfleto. b) Que tiene carácter o estilo de panfleto. II *m y f* 2 Panfletista.

panfletista *m y f* Autor de panfletos.

panfleto *m* Escrito breve, gralm. de carácter político, en que se ataca con violencia a alguien o algo.

pange lingua (*lat*; *pronunc*, /pánge-língua/ o /pánxe-língua/) *m* (*Rel catól*) Himno que comienza con las palabras "pange lingua" y que se canta en alabanza del Santísimo Sacramento.

pangermánico -ca *adj* (*hist*) De(l) pangermanismo.

pangermanismo *m* (*hist*) Doctrina o sistema que propugna la unidad y la solidaridad de los pueblos germánicos.

pangermanista *adj* (*hist*) De(l) pangermanismo. b) Adepto al pangermanismo. *Tb n.*

panglosiano -na (*tb con la grafía* **panglossiano**) *adj* (*lit*) Que se caracteriza por la creencia de que la humanidad vive en el mejor de los mundos posibles.

pangolín *m* Mamífero desdentado y cubierto totalmente de escamas duras, propio de las zonas ecuatoriales de África y Asia (gén. *Manis*).

panhelénico -ca *adj* (*hist*) Del conjunto de los pueblos helénicos.

panhelenismo *m* (*hist*) Doctrina o sistema que propugna la unidad y la solidaridad de los pueblos griegos.

paniaguado -da *m y f* 1 (*desp*) Pers. que disfruta de una situación privilegiada gracias al favor o la protección de otra. *Tb adj.* ■ 2 (*hist*) Servidor que recibe habitación, alimento y salario.

pánico -ca I *adj* 1 (*lit*) [Miedo o terror] muy intenso. b) (*raro*) De(l) terror pánico. ■ 2 (*lit*) Del dios Pan. ■ 3 (*lit*) Cósmico o total. ■ 4 de ~. (*col*) De miedo (impresionante). *Con intención ponderativa. Tb adv.* II *m* 5 Temor repentino y extremo, gralm. irracional. *Frec con intención ponderativa.*

panícula *f* (*Bot*) Racimo de racimos.

panículo *m* (*Anat*) Capa de tejido adiposo situada bajo la piel. *Tb* ~ ADIPOSO.

paniego -ga I *adj* 1 De(l) cereal. *Esp referido a tierra.* II *f* 2 (*reg*) Romaza (planta).

panier *m* (*raro*) Cestillo o canasta.

panificable *adj* Que se puede panificar.

panificación *f* Acción de panificar.

panificador -ra *adj* Que panifica. *Tb n f, referido a fábrica.*

panificar *tr* Transformar en pan [trigo u otro cereal, o su harina]. *Tb abs.*

panilla[1] *f* Pana fina y lisa.

panilla[2] *f* (*reg*) Medida para aceite, equivalente a la cuarta parte de una libra.

panique *m* Murciélago del tamaño del conejo, propio de Oceanía (*Pteropus lanensis* y *P. edulis*).

paniquesillo *m* Pan y quesillo (→ PAN).

panislamismo *m* (*Pol*) Doctrina o sistema que propugna la unidad y la solidaridad de los países islámicos.

panizo *m* Planta gramínea de flores en panoja y grano de color amarillo rojizo, que se usa para alimento del ganado (*Setaria italica* o *Panicum italicum*). *Tb su fruto.*

panlogismo *m* (*Filos*) Doctrina según la cual todo lo que es real es inteligible.

panlogista *adj* (*Filos*) Adepto al panlogismo. *Tb n.*

panne (*fr*; *pronunc corriente*, /pan/) *f* Parada accidental del funcionamiento de una máquina o de un motor.

panneau (*fr; pronunc corriente,* /panó/; *pl,* ~x) *m* (*raro*) Panel o tablero.

panocha I *f* **1** Panoja [1 y 2]. ■ **2** (*vulg*) Órgano sexual masculino.
II *adj invar* **3** [Color] rojizo propio de la panocha [1] del maíz. **b)** (*col*) [Pers.] pelirroja. *Tb n.*

panocho -cha I *adj* **1** De la huerta murciana. *Tb n, referido a pers.*
II *m* **2** Dialecto murciano.

panoja *f* **1** Inflorescencia formada por una espiga densa o por un conjunto de espigas que nacen de un eje o pedúnculo común. *Gralm designa la del maíz.* ■ **2** (*jerg*) Dinero.

panoli[1] *adj* (*col*) [Pers.] boba o simple. *Tb n.*

panoli[2] *m* (*reg*) Dulce hecho con harina, azúcar, aceite y vino blanco o aguardiente, cocido al horno.

panónico -ca *adj* (*hist*) Panonio.

panonio -nia *adj* (*hist*) De Panonia (antigua región de Europa correspondiente a la actual Hungría). *Tb n, referido a pers.*

panoplia *f* **1** Tablero decorativo, gralm. en forma de escudo, en que se colocan distintas armas. ■ **2** Conjunto de armas. *Gralm con un compl o un adj especificador. Tb fig.* ■ **3** Juguete consistente en un equipo de prendas e instrumentos característicos de una actividad, presentados en un cartón.

panorama *m* **1** Paisaje muy amplio. ■ **2** Visión o descripción de conjunto [de algo complejo]. ■ **3** Situación de conjunto [de algo complejo]. ■ **4** Horizonte (conjunto de posibilidades o perspectivas).

panorámicamente *adv* De manera panorámica [1a].

panorámico -ca I *adj* **1** De(l) panorama. **b)** [Imagen] que representa una vasta extensión de terreno. *Tb n f.* **c)** [Autocar o vagón] que permite ver cómodamente el paisaje en todas direcciones. **d)** (*Cine*) [Pantalla] de superficie cóncava y más ancha que la normal, destinada a películas en cinemascope y similares.
II *f* **2** Panorama [1 y 2]. ■ **3** (*Cine y TV*) Toma de vistas que se efectúa haciendo girar la cámara sobre un eje.

panoramizar *tr* (*raro*) Hacer el panorama [2] [de algo (*cd*)].

panote *m* Baldosa de cemento usada esp. en pavimentación de aceras.

panqueque *m* Torta blanda de harina, leche, huevos y manteca, que se hace en sartén y se sirve con dulce o jarabe, típica esp. de Argentina.

panservio -via *adj* (*hist*) Panservista.

panservismo *m* (*hist*) Doctrina o sistema que propugna la hegemonía serbia en los Balcanes.

panservista *adj* (*hist*) Del panservismo.

pansexualismo *m* (*Psicol*) Doctrina que considera el instinto sexual como base de toda actividad psíquica.

pansido -da *adj* (*reg*) Seco o paso. *Dicho gralm de fruta.*

panspermia *f* (*Biol*) Teoría según la cual la vida sobre la Tierra proviene de gérmenes venidos de fuera.

pantagruélicamente *adv* De manera pantagruélica.

pantagruélico -ca *adj* Que evoca a Pantagruel (personaje literario famoso por su voracidad).

pantagruelismo *m* Condición de pantagruélico.

pantalán *m* Muelle o embarcadero pequeño sobre pilotes.

pantalla *f* **1** Superficie que se coloca ante un foco luminoso para evitar que la luz dañe los ojos o para dirigirla en determinada dirección. ■ **2** Superficie que sirve para detener determinadas radiaciones, para atenuarlas o para hacer visibles las que no lo son normalmente. **b)** Superficie que sirve para proteger del ruido. *Frec* ~ ACÚSTICA. ■ **3** Pers. o cosa que sirve para ocultar o mantener en la sombra algo o a alguien. ■ **4** Telón u otra superficie rectangular sobre los que se proyectan imágenes, esp. cinematográficas. ■ **5** Superficie sobre la que se forman las imágenes televisivas o de un aparato electrónico. ■ **6** (*lit*) Cine (arte). *Tb* ~ GRANDE. **b)** **pequeña** ~. (*lit*) Televisión.

pantalón I *m* **1** Prenda de vestir que cubre por separado ambas piernas, partiendo desde la cintura hasta el muslo, la rodilla o gralm. hasta el tobillo. *Frec en pl con sent sg. A veces con un adj o compl especificador de la longitud o la forma.* **b)** *Se usa frec en aposición con* FALDA, FAJA *o* MEDIA *para designar las que a partir de la ingle cubren por separado ambas piernas.* **c)** **traje** ~ → TRAJE. ■ **2** (*hist*) Prenda interior femenina que se ajusta a la cintura y cubre separadamente ambas piernas. *Tb en pl con sent sg.* ■ **3** (*col*) *En pl:* Hombre u hombres. *En contraposición explícita o implícita con* FALDAS. ■ **4** ~ **de montar.** (*col*) Engrosamiento excesivo en la zona de las caderas y muslos, propio de las mujeres.
II *loc v* (*col*) **5 bajarse los** ~**es.** Ceder en condiciones deshonrosas. ■ **6 coger** (*o* **pillar**) **con los** ~**es en la mano.** Coger desprevenido y en una situación lamentable. ■ **7 estar con los** ~**es de** (*o* **a**) **cuadros, llevar** (**puestos**) **los** ~**es de** (*o* **a**) **cuadros.** Mostrar una actitud muy dura o exigente. ■ **8 llevar los** ~**es.** Mandar o ejercer la autoridad [en un sitio]. *Normalmente referido a mujer.* **b)** **ponerse los** ~**es.** Imponer [alguien] su autoridad. *Normalmente referido a mujer.* ■ **9 llevar los** ~**es bien puestos.** Ser enérgico y autoritario.

pantalonero -ra I *adj* **1** Que lleva pantalones [1a]. *Gralm referido a mujer.*
II *m y* (*más frec*) *f* **2** Pers. que hace pantalones [1a].

pantanal *m* Terreno pantanoso.

pantano I *m* **1** Estancamiento de aguas poco profundas y de fondo más o menos cenagoso, en que suele crecer una densa vegetación acuática. ■ **2** Embalse (depósito artificial de agua). ■ **3** ~ **barométrico.** (*Meteor*) Depresión barométrica de gradiente horizontal débil.
II *loc adj* **4 de los** ~**s** (*o* **de** ~). [Gas] metano.

pantanoso -sa *adj* De(l) pantano o de (los) pantanos [1].

pantaruja *f* (*reg*) Pers. disfrazada de fantasma.

pantasana *f* Arte de pesca consistente en un cerco de redes caladas a plomo y rodeadas de otras horizontales. *Tb la embarcación que lo usa.*

pantasma *f* (*reg*) Fantasma.

panteísmo *m* Doctrina filosófica que identifica el universo con Dios.

panteísta *adj* De(l) panteísmo. **b)** Adepto al panteísmo. *Tb n.*

panteón *m* **1** Monumento funerario destinado a contener varias sepulturas. ■ **2** Conjunto de divinidades [de una religión o un pueblo politeísta].

panteónico -ca *adj* (*raro*) De(l) panteón.

pantera *f* **1** Leopardo. *Esp se da este n a la variedad de pelaje negro, tb llamada* ~ NEGRA. *Tb su piel.* ■ **2** (*col*) Mujer de mucho carácter.

pantiatra *m y f* (*lit, raro*) Médico general.

panticuto -ta I *adj* **1** De Panticosa (Huesca). *Tb n, referido a pers.* II *m* **2** Dialecto aragonés del valle de Tena (Huesca).

pantocazo *m* (*Mar*) Golpe dado en el pantoque.

Pantocrátor *m* (*Arte*) Representación de Cristo sentado con un libro en la mano izquierda y en actitud de bendecir, propia del románico. *A veces en aposición.*

pantografista *m y f* Pers. que maneja un pantógrafo.

pantógrafo *m* Instrumento que sirve para reproducir dibujos a escalas diferentes.

pantomima *f* **1** Representación teatral hecha exclusivamente con gestos y movimientos, sin recurrir al lenguaje. ■ **2** Farsa o simulación. ■ **3** (*raro*) Gesto exagerado o grotesco.

pantomímico -ca *adj* **1** De (la) pantomima [1]. ■ **2** (*raro*) [Pers.] que hace muchas muecas o gestos.

pantópodo *adj* (*Zool*) [Artrópodo] marino con tres pares de apéndices en la parte anterior y de cuatro a seis pares de patas ambulacrales en la posterior. *Frec como n m en pl, designando este taxón zoológico.*

pantoque *m* (*Mar*) En un barco: Parte del casco que forma el fondo a lo largo de la quilla.

pantorra *f* (*col*) Pantorrilla, esp. gruesa.

pantorrilla *f* Parte carnosa de la pierna, comprendida entre la corva y el tobillo.

pantorrillera *f* Venda o pieza que cubre la pantorrilla.

pantortilla *f* (*reg*) Torta redonda y aplastada de hojaldre, con huevo, mantequilla y azúcar.

pantoténico *adj* (*Quím*) [Ácido] presente en todo tipo de organismos y células, que constituye un factor dietético esencial y pertenece al complejo vitamínico B.

pantufla *f* Zapatilla sin talón.

pantuflero -ra *m y f* (*raro*) Pers. que hace o vende pantuflas.

panty *m* **1** Prenda interior femenina en forma de pantalón. ■ **2** Prenda de vestir femenina consistente en dos medias altas, gralm. finas, que se prolongan en forma de pantalón ajustado hasta la cintura.

panza I *f* **1** (*col*) Vientre [de una pers. o animal]. ■ **2** Parte abultada [de algo, esp. de una vasija]. ■ **3** (*Anat*) Primera cavidad del estómago de los rumiantes. II *loc adj* **4** (de) ~ de burra (o burro). Gris oscuro. *Gralm referido al cielo nublado.* III *loc adv* **5** ~ arriba. (*col*) Reposando o yaciendo sobre el dorso.

panzada *f* (*col*) **1** Hartazgo o atracón. *Frec con un compl especificador*: DE + *n o infin, o* A + *infin.* ■ **2** Golpe que se recibe en el vientre.

panzazo *m* (*col*) Golpe que se da con el vientre, o que se recibe en el vientre.

panzer (*al; pronunc corriente,* /pánθer/; *pl normal,* ~s) *m* Carro de combate alemán.

panzón -na I *adj* **1** Panzudo. II *f* **2** Carpín (pez).

panzudo -da *adj* Que tiene mucha panza [1 y 2].

pañal I *m* **1** Prenda de bebé, de forma más o menos triangular, que pasa por entre las piernas y se sujeta en la cintura. ■ **2** *En pl*: Conjunto de prendas con que se envuelve a los niños recién nacidos. ■ **3** (*lit*) *En pl*: Cuna u origen [de una pers.]. *Gralm con un adj calificador.* II *loc adv* **4** en ~es. En los comienzos, o sin alcanzar el grado de perfección o desarrollo adecuado. *Gralm con el v* ESTAR.

pañería *f* **1** Tienda de paños [1]. ■ **2** Paños o conjunto de paños [1 y, raro, 2].

pañero -ra I *adj* **1** De(l) paño [1]. II *m y f* **2** Pers. que fabrica o vende paños [1].

pañete *m* Paño [1] delgado o de inferior calidad.

pañí *f* (*jerg*) **1** Agua. ■ **2** ~ de muelle. Sifón.

pañito *m* Paño [2a] de adorno, gralm. de encaje.

pañizuelo *m* (*lit, raro*) Pañuelo [1].

paño I *m* **1** Tejido de lana, compacto y raso. ■ **2** Prenda de tela, gralm. rectangular o cuadrada y no muy grande, que sirve esp. para limpiar, cubrir o adornar. *Frec con un adj o compl especificador.* **b)** Trozo de tela. ■ **3** Trozo de tela del ancho de la pieza, que se une a otros para conseguir la anchura necesaria. ■ **4** (*Arte*) Vestidura o prenda de tela. *Normalmente en pl.* ■ **5** Lienzo de pared. ■ **6** Conjunto de manchas de la piel, esp. las que salen en el rostro durante el embarazo. ■ **7** Suciedad o impurezas que disminuyen el brillo o la transparencia. ■ **8** (*Escén*) Bastidor. ■ **9** ~ de lágrimas. Pers. a quien [otra (*compl de posesión*)] confía sus penas y de quien recibe consuelo y ayuda. ■ **10** ~s calientes. Medios suaves y poco enérgicos, gralm. ineficaces, con que se trata de solucionar o atenuar un problema. II *loc v* (*col*) **11** conocer (o entender) el ~. Conocer a la pers. o cosa de que se trata y saber a qué atenerse respecto a ellas. ■ **12** poner el ~ al púlpito. Lucirse hablando de algo que se conoce. III *loc adv* **13** a dos (o todos los) ~s. Procurándose ventaja por dos (o todos los) medios, incluso opuestos entre sí. ■ **14** al ~. (*Escén*) Detrás de un bastidor o asomándose detrás de él. **b)** (*lit*) Medio a escondidas. *Tb adj.* ■ **15** como oro en ~ → ORO. ■ **16** en ~s menores. En ropa interior.

pañol *m* (*Mar*) Compartimento para guardar víveres, municiones o pertrechos. *Frec con un compl especificador.*

pañolería *f* **1** Pañuelos o conjunto de pañuelos. ■ **2** Industria o comercio de pañuelos.

pañolero *m* (*Mar*) Marinero encargado de un pañol.

pañoleta *f* **1** Prenda femenina de forma triangular que se pone sobre los hombros, propia esp. de los trajes regionales. ■ **2** Pañuelo pequeño, o prenda triangular a modo de medio pañuelo, que se pone al cuello o a la cabeza.

pañolón *m* Pañuelo [2] grande.

pañosa *f* (*col, hoy raro*) Capa de paño [1].

pañuelero -ra *m y f* Pers. que vende pañuelos de papel en la calle.

pañuelo *m* **1** Pieza cuadrada de tela o papel, que se usa esp. para limpiarse la nariz o enjugarse el sudor. *Tb* ~ DE NARIZ, *o* DE BOLSILLO. ■ **2** Prenda cuadrada, de diferentes tejidos y gralm. de colores, que se usa como adorno o abrigo. *Frec con un compl especificador*: DE CABEZA, DE CUELLO.

papa[1] (*en acep 1a, normalmente con mayúscula*) **I** *m* **1** Jefe supremo de la Iglesia católica romana. **b)** Pers. de autoridad reconocida e indiscutible [en un grupo o actividad (*compl de posesión*)].
II *loc v* **2** **ser más papista que el ~.** Mostrar en un asunto más celo o interés que las perss. directamente implicadas.

papa[2] *f* **1** (*reg*) Patata. ■ **2** (*col*) Cosa mínima. *Con intención ponderativa. Normalmente en la constr* NI ~, *con vs como* SABER *o* ENTENDER, *en forma negativa*.

papa[3] *m* (*pop*) Papá.

papá *m* (*col*) **1** Padre. *Referido a pers. En el lenguaje infantil o humoríst, tb a animales. Gralm con connotación afectiva.* ■ **2** *En pl*: Padre y madre.

papable *adj* (*col*) [Cardenal] que es considerado como posible papa[1] [1a].

papada[1] *f* **1** *En las perss*: Abultamiento carnoso debajo de la barbilla. ■ **2** *En algunos animales*: Pliegue cutáneo del borde inferior del cuello, que se extiende hasta el pecho.

papada[2] *f* (*reg*) Guiso o comida cuyo ingrediente principal son las papas o patatas.

papado *m* **1** Cargo o dignidad de papa[1] [1a]. *Tb el tiempo que dura*. ■ **2** Institución papal.

papafigo *m* Oropéndola (ave).

papagayo *m Se da este n a diversas especies de aves tropicales de dimensiones variadas, con plumaje de colores vivos a veces muy contrastados, pico corto y robusto con la parte superior sobresaliendo de la inferior, ojos redondos, patas cortas y pies muy prensiles, y que tienen la facultad de imitar la palabra humana.* **b)** (*desp*) *Se usa frec en constrs de sent comparativo para ponderar que alguien habla mucho y sin sustancia o que repite lo dicho por otros sin comprenderlo.* * *Este niño repite todo como un papagayo.*

papahígo *m* **1** (*Mar*) Vela mayor, cuando se navega solo con velas mayores. ■ **2** (*raro*) Gorro que cubre el cuello y parte de la cara.

papaína *f* (*Quím*) Fermento que se extrae del jugo del papayo.

papal *adj* De(l) papa[1] [1a].

papalina[1] *f* **1** Gorra con dos prolongaciones que cubren las orejas. ■ **2** (*hist*) Gorro femenino a modo de cofia con adornos.

papalina[2] *f* (*col*) Borrachera.

papamoscas **A** *m* **1** *Se da este n a algunos pájaros de los géns Muscicapa y Ficedula, de pequeño tamaño, que se caracterizan por posarse erguidos en espera de coger con el pico los insectos que pasan. Las diferentes especies se distinguen por un especificador*: ~ GRIS (*Muscicapa striata*), ~ CERROJILLO PETERSON (*Ficedula hipoleuca*), ~ COLLARINO, *o* DE COLLAR (*Ficedula albicollis*), ~ PAPIRROJO (*Ficedula parva*), *etc.*
B *m y f* **2** (*col*) Papanatas.

papamóvil *m* (*col*) Vehículo blindado y con la parte posterior del habitáculo alta y transparente, para conducir al papa entre la multitud.

papanatas *m y f* (*col*) Pers. simple que se pasma ante cualquier novedad y trata de imitarla. *Tb adj*. **b)** Pers. tonta o idiota.

papanatería *f* (*col*) Papanatismo.

papanatez *f* (*col*) Tontería o idiotez.

papanatismo *m* (*col*) Condición o actitud de papanatas.

papanduja *f* (*raro*) Bagatela.

papar *tr* (*col*) **1** Comer. **b)** ~ **moscas** → MOSCA[1]. ■ **2** Sufrir [algo negativo]. *Gralm con un compl de interés*.

paparajote *m* (*reg*) Dulce de sartén, compuesto de harina, leche, azúcar y huevo.

paparamanta *f* (*reg*) Pers. disfrazada de fantasma.

paparazzo (*it; pronunc corriente*, /paparátso/; *pl normal*, PAPARAZZI) *m* Reportero gráfico que persigue a personajes famosos en busca de fotografías sensacionales.

paparda *f* Pez marino comestible muy parecido a la aguja pero de menor tamaño (*Scomberesox saurus*).

paparote -ta *m y f* (*raro*) Pers. boba. *Con intención ponderativa*.

paparrucha *f* (*col*) Tontería o cosa sin sentido.

paparruchada *f* (*col*) Paparrucha.

papas *f pl* (*reg*) **1** Sopas. ■ **2** Gachas.

papaverácea *adj* (*Bot*) [Planta] herbácea dicotiledónea, de hojas alternas, flores vistosas con cuatro pétalos y fruto en cápsula, de la familia de la amapola. *Frec como n f en pl, designando este taxón botánico*.

papaverina *f* (*Quím*) Alcaloide cristalino del opio.

papavientos *m* Chotacabras (ave).

papaya *f* **1** Fruto del papayo, semejante al melón, de pulpa jugosa y fácilmente digerible. ■ **2** Papayo.

papayo *m* Árbol tropical que produce las papayas y un látex del que se extrae la papaína (*Carica papaya*).

papear *tr* (*col*) Comer. *Tb abs*.

papel **I** *m* **1** Materia, en forma de hoja delgada, que se obtiene de una pasta de sustancias vegetales y se usa esp. para escribir sobre ella o envolver. **b)** *Diversas clases se distinguen por medio de adjs o compls*: DE BARBA, DE ESTRAZA, DE SEDA, RAYADO, SATINADO, SECANTE, *etc* (→ BARBA, ESTRAZA, *etc.*). **c)** ~ **de plata.** Materia, en forma de hoja muy delgada, de aluminio o de una aleación de estaño, usada esp. para envolver alimentos. *Tb* (DE) ALUMINIO, *o* DE ESTAÑO. ■ **2** Hoja o trozo de papel [1]. ■ **3** Hoja de papel [1] escrita o impresa. ■ **4** (*pop*) Periódico. *Frec en pl*. ■ **5** Documento (escrito que sirve de prueba o testimonio). ■ **6** Dinero en billetes de banco. *Tb* (*Econ*) ~ MONEDA. **b)** (*col*) Billete de banco. ■ **7** Conjunto de valores mobiliarios que salen a negociación en el mercado. **b)** ~ **del Estado.** Conjunto de documentos emitidos por el Estado reconociendo créditos a favor de sus tenedores. ■ **8** Billetaje [de un espectáculo]. ■ **9** (*raro*) Tabaco en cigarrillos. ■ **10** ~ **mojado.** Documento o disposición que carece de efectividad. ■ **11** *En una obra*

teatral o cinematográfica: Parte correspondiente a un actor. *Frec fig, fuera del ámbito técn. Frec con vs como* INTERPRETAR, HACER *o* DESEMPEÑAR. ■ **12** Cometido o función. *Frec con vs como* HACER, DESEMPEÑAR *o* JUGAR.
   II *loc adj* **13 de ~.** *(col)* Poco resistente.
   III *loc v* **14 hacer** [alguien] **buen** (*o* **mal** *u otro adj de sent equivalente*) **~** [en un lugar o situación]. Quedar bien (o mal) o comportarse adecuadamente (o no). **b) hacer** [alguien o algo] **buen** (*o* **mal** *u otro adj de sent equivalente*) **~** [en un lugar]. Ser útil o adecuado (o no). ■ **15 hacer el ~.** Fingir o simular. ■ **16 perder** [alguien] **los ~es.** Perder la serenidad o la compostura. **b)** Perder el rumbo o la dirección. ■ **17 traer** (*u otro v equivalente*) **los ~es debajo del brazo.** *(col)* Estar [un hombre] dispuesto a casarse inmediatamente.
   IV *loc adv* **18 sobre** (*o* **en**) **el ~.** Teóricamente.

papela *f* **1** *(col)* Papel [2, 3 y 5]. ■ **2** *(jerg)* Documentación.

papelamen *m* *(col)* Conjunto de papeles [3 y 5].

papelear *intr* Trabajar en papeles [3 y 5] relativos a trámites o negocios.

papeleo *m* **1** Acción de papelear. ■ **2** Conjunto de papeles [3 y 5] relativos a un trámite o negocio. **b)** Conjunto de papeles [3 y 5].

papelería *f* **1** Tienda en que se venden papel [1] y objetos de escribir y dibujar. ■ **2** Fabricación de papel [1].

papelero -ra **I** *adj* **1** De(l) papel [1].
   II *n* **A** *m y f* **2** Pers. que fabrica o vende papel [1].
   B *f* **3** Fábrica de papel [1]. ■ **4** Recipiente para echar en él los papeles [3] inútiles. ■ **5** *(hist)* Mueble, a modo de escritorio, para guardar papeles [3].

papeleta *f* **1** Trozo pequeño de papel [1] en que constan formal u oficialmente determinados datos, esp. un número de una rifa o sorteo, un voto, un resultado de examen o un resguardo. *Gralm con un compl especificador.* ■ **2** Ficha (papel [3] en que se apuntan determinados datos). ■ **3** *(col)* Asunto difícil de resolver. ■ **4** Paquetito de papel [1] que contiene una pequeña dosis [de especias, levadura o medicamentos].

papeletear *tr* Papeletizar.

papeletización *f* Acción de papeletizar.

papeletizar *tr* Hacer papeletas [2] [de un texto *(cd)*].

papelillo *m* **1** Paquetito de papel [1] que contiene una pequeña dosis de medicamento. ■ **2** *(jerg)* Papel [2] de fumar.

papelina *f* *(jerg)* Paquetito de papel [1] que contiene una pequeña dosis [de cocaína o heroína].

papelista *m* *(raro)* Empapelador.

papelón -na *(col)* **I** *adj* **1** [Pers.] que finge o aparenta.
   II *m* **2** Farsa o fingimiento. ■ **3** Papel [12] desairado o bochornoso. ■ **4** *(reg)* Cucurucho de papel [1]. *Tb su contenido.*

papelorio *m* *(desp)* Papel [3 y 5]. *Frec en sg con sent colectivo.*

papelote *m* **1** *(desp)* Papel [3 y 5]. ■ **2** Conjunto de desperdicios de papel [1] y papeles [2] usados, que se emplea esp. para fabricar nueva pasta de papel.

papeo *m* *(col)* Comida.

papera *f* **1** Inflamación de las parótidas. *Normalmente en pl.* ■ **2** Bocio. *Normalmente en pl.* ■ **3** *(raro)* Papada[1] [1]. ■ **4** Enfermedad contagiosa de los équidos, caracterizada por catarro de las fosas nasales y supuración de los ganglios próximos. *Normalmente en pl.*

papero[1] -ra *m y f* *(reg)* Pers. que cultiva papas (patatas) o comercia con ellas.

papero[2] *adj* *(reg)* [Puchero] para hacer papas (sopas o gachas). *Frec n m.*

papi *m* *(col)* Papá. *A veces con intención humoríst.*

papialbo. mosquitero ~ –→ MOSQUITERO.

papiamento *m* Lengua criolla de las Antillas holandesas.

papila *f* *(Anat)* Pequeña elevación cónica, esp. de la piel o de las mucosas.

papilar *adj* *(Anat)* De (las) papilas.

papilífero -ra *adj* *(Anat)* Que contiene papilas.

papilio *m* Mariposa diurna de color amarillento y negro, con las alas posteriores prolongadas en dos salientes (*Papilio machaon*).

papilionácea *adj* *(Bot)* [Flor o corola] de cinco pétalos en forma de mariposa. **b)** [Planta] angiosperma dicotiledónea, con flores papilionáceas y fruto en legumbre. *Frec como n f en pl, designando este taxón botánico.*

papilla **I** *f* **1** Comida infantil de consistencia pastosa, hecha gralm. con harina, fécula o frutas. ■ **2** Pasta más o menos espesa, hecha de diversas sustancias mezcladas con agua u otro líquido.
   II *loc v* *(col)* **3 echar** (**hasta**) **la primera ~.** Tener un vómito muy fuerte. ■ **4 hacer ~** [a alguien o algo]. Destrozar[lo] o dejar[lo] maltrecho. *Frec fig.* **b) hacerse ~** [algo]. Romperse o destrozarse totalmente.

papillot *f* Papillote.

papillote *f* Papel untado con mantequilla o aceite con que se envuelven ciertos alimentos que se van a asar. *Frec en la constr* A LA ~, *o* EN ~.

papiloma *m* *(Med)* Alteración de la piel o de las mucosas caracterizada por la hipertrofia de las papilas.

papión *m* *Se da este n a varios monos catarrinos del gén Papio, esp P. sciacma* (~ NEGRO) *y P. hamadryas* (~ SAGRADO).

papiráceo -a *adj* De(l) papiro. **b)** Semejante al papiro o al papel.

papiriforme *adj* *(Arte)* Que tiene forma de papiro.

papiro *m* **1** Planta oriental de hojas radicales y caña cilíndrica de 2 o 3 m de altura, de la que los egipcios fabricaban láminas para escribir (*Cyperus papyrus*). ■ **2** Materia para escribir, en forma de lámina, que se extrae de la caña del papiro [1]. **b)** Manuscrito o pintura sobre papiro.

pápiro *m* *(col)* Billete de banco.

papiroflexia *f* Técnica de hacer figuritas doblando papel.

papirología *f* *(E)* **1** Rama de la paleografía que estudia los papiros [2b]. ■ **2** Papiroflexia.

papirológico -ca *adj* *(E)* De (la) papirología.

papirólogo -ga *m y f* *(E)* Especialista en papirología.

papirotazo *m* **1** Golpe que se da haciendo resbalar sobre la yema del pulgar el envés de la última falange de otro dedo de la misma mano. ■ **2** Golpe, gralm. ligero, que se da con la mano.

papirrojo. papamoscas ~ –→ PAPAMOSCAS.

papisa *f* Mujer que tiene el cargo o dignidad de papa¹. *Normalmente usado para designar al personaje legendario de la papisa Juana.*

papista I *adj* **1** (*desp*) Católico romano. *Tb n, referido a pers.* ■ **2** (*hist*) Partidario del papa¹ (jefe de la Iglesia católica).
II *loc v* **3 ser más ~ que el papa** → PAPA¹.

papo I *m* **1** Papada (abultamiento del cuello). **b)** (*reg*) Bocio. **c)** (*reg*) Cierta enfermedad contagiosa del ganado. ■ **2** Buche (de ave). *Tb fig.* ■ **3** (*col*) Mejilla o carrillo, esp. abultados. ■ **4** (*col*) Cara o desfachatez. ■ **5** (*vulg*) *euf por* COÑO. *Usado tb como interj.*
II *loc v* **6 hablar de ~.** (*col, raro*) Farolear o presumir.

papocolorado *m* (*reg*) Petirrojo (ave).

papón -na *adj* (*col*) [Pers.] boba o simple. *Tb n.*

páprika (*tb* **paprika**) *f* Pimiento rojo y picante de origen húngaro, que, reducido a polvo, se usa como condimento.

papú *adj* [Individuo] negro de Oceanía, de la isla de Nueva Guinea o de las islas vecinas. *Tb n.* **b)** De los papúes.

papúa *adj* Papú. *Tb n.*

papuchi *m* (*col*) Papá. *A veces con intención humoríst.*

papudo -da *adj* De papo [1a] grande. *Tb n, referido a pers.*

papujado -da *adj* (*raro*) Abultado o hinchado.

papujón -na *adj* (*raro*) Abultado.

pápula *f* (*Med*) Elevación eruptiva pequeña y sólida de la piel.

papuloso -sa *adj* (*Med*) Que se caracteriza por la presencia de pápulas.

paquear *intr* (*hist*) Disparar como francotirador.

paquebote *m* Buque de línea para el transporte de pasajeros y correo.

paqueo *m* (*hist*) Acción de paquear.

paquete *m* **1** Objeto constituido por una o varias cosas envueltas o atadas. **b)** Envase o envoltorio. ■ **2** Conjunto [de cosas] que forman una unidad. **b)** (*Impr*) Conjunto de material tipográfico debidamente ordenado formando molde. **c)** (*Informát*) Conjunto de programas que se venden unidos. ■ **3** (*Cicl*) Pelotón. ■ **4** (*col*) Pers. que viaja en una motocicleta sin conducirla. ■ **5** (*col*) Pers. torpe o inútil. ■ **6** (*col*) Tripa o barriga. ■ **7** (*col*) Enfermedad venérea. ■ **8** (*col*) Genitales masculinos. *Frec en la constr* MARCAR ~. ■ **9** (*col*) Castigo o sanción. *Esp en milicia.* ■ **10** (*col, raro*) Hombre muy compuesto y acicalado. *Frec en la constr* HECHO UN ~. ■ **11** (*reg*) Barco de vapor, de carga y pasaje.

paquetería *f* **1** Paquetes, o conjunto de paquetes [1]. ■ **2** Mercancía que se guarda o vende en paquetes [1]. ■ **3** (*reg*) Mercería.

paquetero -ra *adj* Que se dedica al transporte de paquetes [1]. *Frec n: m y f, referido a pers; f, referido a vehículo.*

paquidérmico -ca *adj* **1** De(l) paquidermo. ■ **2** Semejante a un paquidermo.

paquidermo I *adj* **1** (*Zool*) [Mamífero artiodáctilo] de piel muy gruesa y dura. *Frec como n m en pl, designando este antiguo taxón zoológico.*
II *m* **2** Elefante.

paquistaní (*tb con la grafía* **pakistaní**) *adj* De Pakistán. *Tb n, referido a pers.*

paquistano -na (*tb con la grafía* **pakistano**) *adj* Paquistaní. *Tb n.*

par I *adj* **1** [Número] divisible por dos. *Tb n.* ■ **2** (*Mat*) [Conjunto] constituido por dos elementos. ■ **3** (*Anat*) [Órgano] que corresponde simétricamente a otro igual. ■ **4** (*lit*) Igual o muy semejante. *Tb n.* **b) sin ~.** (*lit*) Único o incomparable.
II *m* **5** Conjunto de dos [perss. o cosas de una misma especie (*compl* DE)]. *Frec se omite el compl por consabido.* ■ **6** Número indeterminado muy reducido [de perss. o cosas]. *Gralm precedido de* UN *y seguido de un compl* DE. ■ **7** (*Electr*) Conjunto de dos cuerpos heterogéneos que en determinadas condiciones producen una corriente eléctrica. ■ **8** (*Mec*) Sistema de dos fuerzas iguales y paralelas, pero dirigidas en sentidos opuestos. *Frec ~* DE FUERZAS. ■ **9 ~ motor.** (*Mec*) Trabajo instantáneo que puede realizar un motor. *Tb simplemente ~.* ■ **10** (*Arquit*) Madero inclinado de los que forman la vertiente del tejado. *Frec en las constrs* DE ~ E HILERA, *o* DE ~ Y NUDILLO, *referidas a armadura.* ■ **11** (*Golf*) Número de golpes establecido para uno o más hoyos. *Frec seguido de un numeral que expresa ese número. Frec en la constr* BAJO ~, *siguiendo a un numeral.* ■ **12** (*hist*) En el feudalismo francés: Noble de dignidad similar a la del rey.
III *loc v* **13 jugar,** *o* **echar, a ~es y nones** (*o a ~es o nones*). Echar a suertes [dos perss. (*suj*) sobre una cosa (*cd*)] con un número determinado de objetos, siendo ganador el que acierta si ese número es par o impar.
IV *loc adv* **14 al ~,** *o* **a la ~.** Juntamente o a la vez. *Frec en la loc prep* AL ~, *o* A LA ~, *o en la loc conj* AL ~, *o* A LA ~, QUE. ■ **15 a (la) ~.** Junto o al lado. *Frec en la loc prep* A (LA) ~ DE. ■ **16 a la ~.** (*Econ*) Con igualdad entre el valor nominal y el efectivo. *Referido a monedas o a efectos negociables. Tb adj.* ■ **17 a ~es.** De dos en dos. *Tb fig, con intención ponderativa.* ■ **18 de ~ en ~.** Enteramente. *Con el v* ABRIR *y referido a puertas o ventanas. Tb fig, referido al corazón o al alma. Tb adj. A veces se omite el v* ABRIR.

para¹ (*tb, pop,* **pa**) (*con pronunc átona*) *prep* **1** *Precede a un compl (gralm prop) que expresa la finalidad de una acción.* * Las golondrinas salen de sus nidos para el primer vuelo matinal. * Saca el pañuelo para que salga el primero. ■ **2** *Precede a un n o infin* (REMATE, COLMO, ACABAR DE FASTIDIARLO, *etc*) *acompañando a una o cuya acción se presenta enfáticamente como culminación de un hecho anterior.* * Era un matrimonio tímido, que para colmo se llamaban Joaquín y Ana. ■ **3** *Precede a un infin* (*acompañado de un adv de tiempo*) *que expresa un hecho venidero con relación al que se ha expuesto.* * Había algo en su forma de clavar el pico para alzarse a continuación y sonreír, que la seducía. ■ **4** *Precede a un sust que designa la pers o cosa a la que se destina algo.* * No tengo dinero ni para los gastos. * Concierto para piano. ■ **5** *Denota fecha o momento previsto del cumplimiento de un hecho.* * Espera a su hijo para septiembre. **b)** *Denota fecha aproximada en que ocurre algo.* * Esto sucedió allá por el año

74, para abril. ▪ **6** *Denota duración prevista de un hecho.* * ¿Vienes para muchos días? ▪ **7** *Precede a un sust (esp infin) que expresa aquello con respecto a lo cual existe disposición, aptitud o mérito.* * Está para cogerlo con pinzas. * Es para matarte, qué ideas. **b)** *Entre dos numerales consecutivos en orden creciente, indica estado intermedio o de paso de uno a otro.* * No recuerdo exactamente la edad; creo que trece para catorce. ▪ **8** *Seguida de pron pers refl o algún sintagma equivalente* (MIS ADENTROS, SU FUERO INTERNO, *etc*), *indica que la acción del v es interior a la pers.* * Masculló algo para sus adentros. ▪ **9** *Precede a un compl que expresa una meta tomada como referencia de una medición. En ors con vs como* FALTAR, QUEDAR *o equivalentes.* * Ya falta poco para que acabe tu guardia. ▪ **10** *Denota dirección.* * Voy para abajo. * Miraba para aquí. ▪ **11** *Denota relación o correspondencia.* * Se controla mucho para la edad que tiene. * Para medio cubo de agua, un sobre de cola. ▪ **12** En lo referente a. * Para perdices, el año pasado. **b)** ~ **con.** * Se hacían lenguas de su bondad para con su hermano. ▪ **13** A juicio de. * Para él nada tiene valor. ▪ **14** *Siguiendo a una expresión de intensidad, precede a un compl (gralm prop) que expresa algo que se considera excesivo.* * Ya tiene uno bastantes penas para que vayamos a aumentarlas a lo bobo. ▪ **15** *Introduce un compl que se presenta como una premisa inadmisible que motiva lo expuesto en la or.* * Para pasar mal rato, me quedo en casa. ▪ **16 como** ~ → COMO.

para[2] *m* Moneda yugoslava equivalente a la centésima parte del dinar.

para[3] *m* (col) Paracaidista. *Esp referido a los franceses.*

para- *pref* **1** (lit o E) Denota similitud o paralelismo. * Paraescolar. * Paranatural. * Paracelta. ▪ **2** (Quím) Designa compuestos de la serie bencénica en que dos de los átomos de hidrógeno que ocupaban los vértices 1 y 4 del hexágono han sido reemplazados por dos radicales. * Paratartrato.

parabéllum (pronunc corriente, /parabélum/; frec con mayúscula) f o m Cierto modelo de metralleta de gran calibre, de origen alemán. *Tb el cartucho correspondiente.*

parabién *m* Felicitación.

parábola[1] **I** *f* **1** Narración alegórica de la que se desprende una enseñanza moral. *Gralm referido a las evangélicas.* **II** *loc adv* **2 en ~.** De manera alegórica u oscura. *Gralm con el v* HABLAR. *Frec con intención irónica.*

parábola[2] *f* (Geom) Línea curva cuyos puntos equidistan de un punto fijo y de una recta fija. **b)** Objeto en forma de parábola.

parabólico[1] **-ca** *adj* De (la) parábola[1].

parabólico[2] **-ca** *adj* De (la) parábola[2]. **b)** Que tiene forma de parábola[2] o de paraboloide. **c)** [Estufa] que tiene pantalla en forma de parábola[2].

parabolizar *tr* Simbolizar o representar alegóricamente.

paraboloidal *adj* (Geom) De forma de paraboloide.

paraboloide *m* (Geom) Superficie en que todas las secciones obtenidas por planos son parábolas[2] y elipses o parábolas[2] e hipérbolas.

parabrís *m* (raro) Parabrisas.

parabrisas *m* En un vehículo: Luna delantera.

paraca *m* (col) Paracaidista.

paracaídas *m* Artefacto hecho de tela resistente y gralm. en forma de casquete esférico, que sirve para frenar la caída de perss. o cosas en la atmósfera, o para frenar aeronaves al aterrizar.

paracaidismo *m* Actividad o deporte del salto con paracaídas.

paracaidista *adj* [Pers.] adiestrada en el salto con paracaídas. *Frec n.* **b)** De (los) soldados paracaidistas.

paracentesis *f* (Med) Punción quirúrgica de una cavidad u órgano, gralm. para evacuar un líquido acumulado.

paracetamol *m* (Med) Cierto compuesto usado como analgésico y antitérmico de efecto suave.

parachispas *m* Dispositivo protector contra las chispas de un horno o chimenea o de un contacto eléctrico.

parachoques *m* Pieza situada en la parte delantera y trasera de un vehículo, para proteger la carrocería contra los choques. *Tb fig.*

parachutar *tr* **1** Lanzar en paracaídas. ▪ **2** Meter de improviso [a alguien] en un lugar o situación que le es completamente extraño. **b)** Nombrar de improviso [a alguien] para un puesto para el que no está preparado.

parachutista *m y f* (raro) Paracaidista.

paráclito *adj* (Rel crist) Consolador. *Referido al Espíritu Santo. Frec n.*

parada *f* **1** Acción de parar(se) (dejar de moverse, de avanzar o de actuar; detener, o hacer que algo o alguien se pare). **b)** (Caza) Muestra que hace el perro parándose al descubrir la caza. ▪ **2** Lugar intermedio de un trayecto, destinado a que pare un vehículo de servicio público para recoger o dejar viajeros. *A veces designa tb la cabecera o el final de trayecto.* **b)** Lugar destinado al estacionamiento de vehículos de alquiler. **c)** ~ **y fonda.** (col) Lugar donde alguien se detiene durante largo rato. ▪ **3** Lugar destinado a que los sementales cubran a las hembras. *Tb ~ DE SEMENTALES.* ▪ **4** Lugar en que se juntan o recogen las reses. ▪ **5** Formación militar para revista o desfile. *Tb ~* MILITAR. ▪ **6** Relevo de la guardia. ▪ **7** (Taur) Conjunto de cabestros que se utilizan para las operaciones con los toros. *Tb ~ DE CABESTROS o DE BUEYES.* ▪ **8** (reg) Puesto de venta.

paradero *m* Lugar, gralm. secreto o desconocido, en que para o está [alguien o algo (compl de posesión)].

paradigma *m* **1** Ejemplo o modelo arquetípico. ▪ **2** (Ling) Esquema flexivo. ▪ **3** (Ling) Conjunto virtual de elementos sustituibles entre sí en un contexto dado.

paradigmáticamente *adv* De manera paradigmática [1].

paradigmático -ca **I** *adj* **1** Que tiene carácter de paradigma [1]. ▪ **2** (Ling) De(l) paradigma [3]. **II** *f* **3** (Ling) Estudio de los paradigmas [3].

paradina *f* Monte bajo de pasto, donde suele haber corrales para el ganado lanar.

paradisiaco -ca (tb **paradisíaco**) *adj* De(l) Paraíso. **b)** [Lugar] que tiene una belleza natural semejante a la considerada propia del Paraíso terrenal.

paradislero -ra *m y f* Pers. que caza a la espera o a pie quedo.

paradista *m y f* Dueño o encargado de una parada de sementales.

parado -da I *adj* 1 *part* → PARAR. ■ 2 Que no tiene trabajo. *Tb n.* ■ 3 [Pers.] tímida o poco decidida. **b)** Propio de la pers. parada. ■ 4 Sorprendido o confuso. *Con vs como* DEJAR *o* QUEDARSE. ■ 5 (*Taur*) [Res] tarda o remisa de movimientos. II *m* 6 Baile de ritmo solemne, variedad del bolero mallorquín, propio de Valldemosa. *Tb su música.* III *loc v* 7 **salir** (*o* **quedar**, *o* **resultar**) **bien** (**mal, mejor** *o* **peor**) ~. Obtener un resultado bueno (malo, mejor o peor).

paradoja *f* Hecho o dicho aparentemente contrario a la lógica. **b)** (*TLit*) Figura retórica que consiste en una expresión que encierra una aparente contradicción.

paradojal *adj* (*raro*) Paradójico.

paradójicamente *adv* De manera paradójica.

paradójico -ca *adj* [Cosa] que encierra en sí paradoja. **b)** [Pers.] que se comporta de un modo paradójico.

paradojismo *m* (*raro*) Condición de paradójico.

paradojo -ja *adj* (*raro*) Paradójico.

paradón *m* (*Dep, col*) Parada espectacular.

parador *m* 1 Establecimiento hotelero de alta categoría, dependiente del Estado. *Tb* ~ NACIONAL, *o* ~ DE TURISMO. ■ 2 (*raro*) Mesón.

paradoxal *adj* (*raro*) Paradójico.

paradoxalmente *adv* (*raro*) Paradójicamente.

paraestatal *adj* [Organismo o entidad] que coopera con el Estado, pero sin formar parte de la administración pública.

parafascista *adj* Que tiene similitud con el fascismo o lo fascista.

parafernal *adj* (*Der*) [Bien] de una mujer casada no aportado como dote, o adquirido después sin ser vinculado a esta. *Gralm en pl.*

parafernalia *f* (*lit, desp*) Conjunto aparatoso de elementos rituales o decorativos que rodean un acto o a una pers. *Frec fig y con intención ponderativa.*

parafilia *f* Perversión sexual.

parafina *f* Sustancia sólida, blanca, derivada del petróleo y constituida por una mezcla de hidrocarburos, de múltiples aplicaciones industriales y farmacéuticas.

parafinación *f* Acción de parafinar.

parafinar *tr* Tratar [algo, esp. papel] con parafina. *Frec en part, a veces sustantivado.*

parafínico -ca *adj* (*Quím*) [Compuesto orgánico] saturado de cadena abierta.

parafiscal *adj* (*admin*) [Tasa o exacción] que no forma parte de los impuestos fiscales del Estado.

parafiscalidad *f* (*admin*) Conjunto de tasas y exacciones parafiscales.

parafiso *m* (*Bot*) Célula alargada y estéril del himenio de los hongos ascomicetos y basidiomicetos.

parafraseador -ra *adj* Que parafrasea. *Tb n.*

parafrasear *tr* Hacer una paráfrasis [de un texto o de su autor (*cd*)].

paráfrasis *f* 1 Desarrollo o amplificación explicativos [de un texto]. **b)** Texto que expresa con palabras semejantes una idea semejante [a la de otro texto muy conocido (*compl de posesión*)]. ■ 2 (*TLit*) Traducción en verso en que se sigue más o menos libremente el original. ■ 3 (*Ling*) Frase sinónima de una palabra o de otra frase.

parafrástico -ca *adj* (*E*) Que constituye una paráfrasis.

parafusa *f* (*reg*) Huso grande para torcer el hilo.

paragnosta *m y f* (*raro*) Paragnóstico.

paragnóstico -ca *m y f* (*E*) Pers. clarividente o con poder de adivinación.

paragoge *f* (*Ling*) Adición de un sonido, esp. vocal, al final de una palabra.

paragógico -ca *adj* (*Ling*) De (la) paragoge.

paragolpes *m* Parachoques.

paragrafía *f* (*Med*) Sustitución inconsciente de unas unidades por otras en la escritura como consecuencia de un trastorno psíquico.

parágrafo *m* Párrafo.

paraguas I *m* 1 Utensilio portátil para protegerse de la lluvia, constituido por una tela montada sobre una armadura plegable de varillas sujetas a un mango. ■ 2 Forma aproximadamente semiesférica propia del paraguas [1]. ■ 3 Entidad o sistema que sirve de protección o defensa. *Frec* ~ PROTECTOR *o* DEFENSIVO. ■ 4 (*jerg*) Preservativo. II *fórm or* 5 **que te frían un** ~. (*col*) Fórmula con que se manifiesta desprecio o rechazo. * ¡Que te frían un paraguas, pesado!

paraguayo -ya I *adj* 1 Del Paraguay. *Tb n, referido a pers.* ■ 2 (*reg, humoríst*) [Pers.] forastera que visita Ceuta. *Tb n.* II *n* A *f* 3 Fruta muy dulce y jugosa, similar al melocotón, de forma aplastada y color verdoso y rojizo. B *m* 4 Variedad de melocotonero que produce la paraguaya [3]. ■ 5 Paraguaya [3].

paraguazo *m* Golpe dado con un paraguas [1].

paragüería *f* Tienda de paraguas [1].

paragüero -ra A *m y f* 1 Pers. que hace, vende o arregla paraguas [1]. B *m* 2 Mueble o recipiente para colocar los paraguas [1]. C *f* 3 Fábrica de paraguas [1].

parainfluenza *f* (*Med*) Virus asociado o responsable de ciertas infecciones respiratorias en los niños.

paraíso (*gralm con mayúscula en aceps 1 y 2*) *m* 1 Lugar delicioso en que Dios colocó a Adán y Eva. *Tb* ~ TERRENAL. ■ 2 (*Rel*) Cielo o gloria. ■ 3 Lugar de gran belleza natural. **b)** Lugar o situación sumamente gratos o agradables. **c)** Lugar sumamente favorable o ventajoso [para algo (*adj o compl especificador*)]. **d)** ~ **fiscal**. País que por su régimen fiscal favorable atrae capitales extranjeros. ■ 4 *En un teatro:* Conjunto de las localidades más altas y baratas. ■ 5 *Se da este* ~ *a numerosas especies de pájaros de talla media, propios de Nueva Guinea y Australia, caracterizados por los bellos penachos de plumas de colores de los machos (esp gén Paradisea). Más frec* AVE DEL ~. ■ 6 Cinamomo (árbol). *Tb* ÁRBOL DEL ~.

paraje *m* Lugar. *Referido a un espacio al aire libre.*

paralaje *f* (*Astron*) Desplazamiento aparente de un objeto sobre un fondo distante cuando el observador cambia de punto de vista. *Tb su ángulo.*

paralelamente *adv* De manera paralela [1, 2 y 3].

paralelepipédico -ca *adj* (*Geom*) De(l) paralelepípedo [2]. **b)** Que tiene forma de paralelepípedo.

paralelepípedo -da (*Geom*) **I** *adj* **1** Paralelepipédico.
II *m* **2** Prisma cuyas bases son paralelogramos.

paralelinervio -via *adj* (*Bot*) [Hoja] de nervios paralelos o aproximadamente paralelos.

paralelismo *m* **1** Condición de paralelo [1, 2 y 3]. ■ **2** (*Filos*) Doctrina según la cual a todo fenómeno psíquico corresponde uno físico y viceversa. ■ **3** (*TLit*) Uso de estructuras paralelas, a veces con repetición de un mismo pensamiento, en dos o más frases, versos o estrofas sucesivos.

paralelístico -ca *adj* De(l) paralelismo [1 y 3].

paralelo -la **I** *adj* **1** (*Geom*) [Línea o superficie] que permanece equidistante [respecto a otra (*compl* A)]. *Tb sin compl, en pl. Frec n f, referido a línea.* **b)** Propio de las líneas o superficies paralelas. ■ **2** Semejante o similar. ■ **3** [Cosa] que se desarrolla al mismo tiempo [que otra (*compl* A)]. *Tb sin compl, en pl.* ■ **4 en ~.** (*Electr*) [Montaje] en que van unidos todos los polos positivos por una parte y los negativos por otra. *Tb adv.* ■ **5 en ~.** (*Informát*) [Transmisión] simultánea de todos los bits. *Tb referido al aparato o sistema dotado con ella. Tb simplemente ~.*
II *n* **A** *m* **6** (*Geogr*) Círculo paralelo [1] al Ecuador. ■ **7** Comparación o parangón. ■ **8** Semejanza o similitud. ■ **9** Pers. o cosa semejante o comparable [a otra (*compl de posesión*)]. *Frec se omite el compl.*
B *f pl* **10** Aparato de gimnasia constituido por dos barras paralelas [1].

paralelográmico -ca *adj* (*Geom*) Que tiene forma de paralelogramo.

paralelogramo *m* (*Geom*) Cuadrilátero cuyos lados opuestos son paralelos dos a dos.

paralenguaje *m* (*Ling*) Medio de comunicación natural no lingüístico, empleado en gral. simultáneamente con la lengua.

paralimpiada (*frec con mayúscula; tb* **paralimpíada**) *f* Juegos paralímpicos. *Tb en pl con sent sg.*

paralímpico -ca *adj* [Juegos] ~s → JUEGO. **b)** De los juegos paralímpicos. **c)** Participante en los juegos paralímpicos. *Tb n, referido a pers.*

paralingüístico -ca *adj* (*Ling*) De(l) paralenguaje.

paralís *m* (*pop*) Parálisis.

parálisis *f* Pérdida de la capacidad de movimiento. *Tb fig.* **b)** (*Med*) Con un *adj* especificador, designa distintas enfermedades caracterizadas por alguna forma de parálisis: ~ AGITANTE (enfermedad de Parkinson), ~ INFANTIL (poliomielitis), *etc.*

paraliteratura *f* (*TLit*) Conjunto de las obras escritas con propósito de entretenimiento y no reconocidas gralm. como literarias por los estudiosos.

paralítico -ca *adj* **1** De (la) parálisis. *Tb fig.* ■ **2** Que padece parálisis. *Tb n, referido a pers.*

paraliturgia *f* (*Rel*) Conjunto de ceremonias religiosas que se celebran al margen de la liturgia.

paralitúrgico -ca *adj* (*Rel*) De (la) paraliturgia.

paralización *f* Acción de paralizar(se).

paralizador -ra *adj* Que paraliza.

paralizante *adj* Que paraliza.

paralizar *tr* **1** Hacer que [alguien o algo (*cd*)] pierda la capacidad de movimiento. **b)** *pr* Perder [alguien o algo] la capacidad de movimiento. ■ **2** Detener [la actividad, o algo o a alguien que la muestra]. **b)** *pr* Detenerse [la actividad, o alguien o algo que la muestra].

paralogismo *m* (*Filos*) Razonamiento falso hecho de buena fe.

paramagnético -ca *adj* (*Fís*) [Sustancia] que es ligeramente atraída por los imanes.

paramecio *m* (*Zool*) Protozoo ciliado de forma de zapatilla, muy abundante en las aguas estancadas (gén. *Paramoecium*).

paramédico -ca *adj* Que está relacionado con la medicina pero no pertenece propiamente a ella. *Tb n, referido a pers.*

paramento *m* **1** (*Arquit*) Superficie lateral de un muro o pared. **b)** Muro o pared. ■ **2** (*raro*) Ornamento litúrgico. *Gralm* ~S SACERDOTALES.

parameño -ña *adj* De(l) páramo [1].

paramera *f* Extensión de terreno en que abundan los páramos [1].

paramero -ra *adj* De(l) páramo [1].

paramétrico -ca *adj* (*E*) De(l) parámetro o de (los) parámetros.

parámetro *m* **1** (*Mat*) Valor constante en una expresión o ecuación, que puede ser fijado a voluntad. ■ **2** (*Geom*) Cuerda perpendicular al eje mayor de una cónica, trazada desde un foco de la curva. ■ **3** (*Mineral*) Medida de la porción de eje cristalográfico comprendida entre el centro de coordenadas y una cara. ■ **4** (*Mús*) Factor o propiedad determinante de un sonido. ■ **5** Factor constante y limitador, esp. en un cálculo o en un juicio.

paramilitar *adj* Que, sin ser militar, se asemeja a lo militar, esp. en la disciplina o estructura.

paramilitarmente *adv* De manera paramilitar.

paramnesia *f* (*Med*) Trastorno de la memoria que consiste en el falso recuerdo de algo que se percibe por primera vez.

páramo *m* **1** Terreno yermo e inhóspito. **b)** Terreno raso, yermo y desabrigado, más elevado que los que lo rodean. ■ **2** Lugar o período carentes de vida o actividad cultural.

parangón *m* Comparación (acción de comparar).

parangonable *adj* Comparable. *Frec con un compl* A.

parangonar *tr* Comparar (establecer la semejanza [entre dos perss. o cosas (*cd*), o entre una (*cd*) y otra (*compl* CON)]).

paranínfico -ca *adj* (*raro*) De(l) paraninfo [1].

paraninfo *m* **1** Salón de actos de una universidad. ■ **2** (*lit, raro*) Mensajero que trae una noticia feliz.

paranoia *f* (*Med*) Trastorno mental caracterizado por delirios sistematizados y persistentes, dentro de una lógica normal de pensamiento.

paranoico -ca *adj* (*Med*) **1** De (la) paranoia. ■ **2** Que padece paranoia. *Tb n.*

paranoide *adj* (*Med*) **1** Semejante a la paranoia. ■ **2** Que muestra actitudes o comportamientos relacionados con la paranoia.

paranomasia *f* (*TLit*) Paronomasia.

paranormal *adj* (*Psicol*) [Cosa, esp. fenómeno] que no tiene explicación científica.

parántropo *m* (*Zool*) Mono australopitécido del gén. *Paranthropus*.

paranza *f* (*Pesca*) Cerca de cañizo para coger peces, propia de la zona del Mar Menor.

parao *m* Embarcación semejante al junco, propia de los mares de China y de la India.

paraolimpiada *f* Paralimpiada. *Tb en pl con sent sg.*

paraolímpico -ca *adj* Paralímpico.

parapente *m* (*Dep*) Paracaídas rectangular diseñado para el lanzamiento deportivo desde cumbres o precipicios. **b)** Deporte que consiste en el lanzamiento en parapente.

parapentista *m y f* (*Dep*) Pers. que practica el lanzamiento en parapente.

parapetar *tr* **1** Proteger [detrás de algo]. *Normalmente el cd es refl. Tb fig.* ■ **2** Escudar o justificar. *Normalmente el cd es refl.*

parapeto *m* **1** *En un puente u otro punto elevado:* Muro bajo que protege de las caídas. ■ **2** Pared, terraplén u otra cosa semejante, tras la que se protege alguien que lucha. *Tb fig.*

paraplejía (*tb* **paraplejia**) *f* (*Med*) Parálisis de partes simétricas del cuerpo, esp. de los miembros inferiores.

parapléjico -ca *adj* (*Med*) **1** De (la) paraplejía. ■ **2** Que padece paraplejía. *Tb n.*

parapoco (*pl invar*) *m y f* (*col*) Pers. de poco valor o de poco carácter. *Tb adj.*

parápodo *m* (*Zool*) *En algunos anélidos:* Saliente lateral que se inserta la cerda de la locomoción.

parapolicial *adj* [Grupo o individuo] que realiza actos ilegales violentos, como asaltos, asesinatos y secuestros, aparentemente en apoyo de la policía gubernamental y al margen de ella.

parapsicología (*tb* **parasicología**) *f* Estudio de los procesos intelectuales y psíquicos no explicados por la psicología científica.

parapsicológico -ca (*tb* **parasicológico**) *adj* De (la) parapsicología.

parapsicólogo -ga (*tb* **parasicólogo**) *m y f* Especialista en parapsicología.

parapsíquico -ca (*tb* **parasíquico**) *adj* Paranormal.

parar I *v* **A** *intr* ➤ **a** *normal* **1** Dejar de moverse o de avanzar. *Tb pr* (*~se*). *Tb fig. Gralm con un compl de lugar en donde.* **b)** Tener parada [en un lugar un vehículo público]. ■ **2** Cesar [en una acción (DE + *infin*). *Frec se omite el compl por consabido, esp en constr negativa con intención ponderativa.* **b)** Interrumpir temporalmente el trabajo en señal de protesta. **c) y pare usted** (*o* **para**) **de contar.** (*col*) Y nada más. ■ **3** Cesar o terminar [algo]. *Tb pr* (*~se*). ■ **4** Terminar en determinado lugar o circunstancia]. **b)** Terminar siendo [algo (*compl* EN)]. **c) dónde va a ~.** (*col*) *Fórmula con que se pondera la diferencia establecida entre dos perss o cosas.* * *Este es más bonito, dónde va a pa-*

rar. **d) querer** (*u otro v equivalente*) **ir a ~** [a algo]. Referirse o aludir [a ello]. *Gralm en constr interrogativa.* ■ **5** Vivir o alojarse [en un lugar], esp. de manera transitoria. **b)** Estar [alguien en un lugar o en una situación] durante un tiempo más o menos prolongado. *Gralm en frases negativas.* **c) no poderse ~** [en un sitio]. Ser [ese sitio] muy incómodo o desagradable [por algo (*compl* DE *u otro compl de causa*)]. *A veces se omite el lugar por consabido.* ■ **6** (*col*) Estar situado [un lugar]. **b)** Estar colocado [algo]. ■ **7** Reparar o fijarse [en algo]. ■ **8** (*admin*) Recaer [algo sobre alguien (*ci*)]. *Gralm con* PERJUICIO.

➤ **b** *pr* (*~se*) **9** Dejar de actuar [alguien]. ■ **10** Dejar de funcionar [algo que se mueve o que implica movimiento]. ■ **11** Dedicar tiempo y atención [a alguien o algo (A + *infin*, *o* EN *o* CON + *sust*)].

B *tr* **12** Hacer que [alguien o algo (*cd*)] pare [1, 2 y 3]. ■ **13** (*Taur*) Moderar el ímpetu [del toro (*cd*)]. *Tb abs.* ■ **14** Prestar [atención]. **b) ~ mientes** → MIENTES. ■ **15** (*raro*) Preparar o disponer. ■ **16** (*Caza*) Mostrar [un perro (*suj*) la caza] parándose [1a] al descubrirla o con alguna otra señal.

II *loc adv* **17 sin ~.** Continuamente. *Frec con intención ponderativa.*

pararrayos *m* Dispositivo para proteger edificios, barcos o instalaciones de las descargas eléctricas atmosféricas.

parasanga *f* (*hist*) Medida de longitud persa equivalente a unos 5 o 6 km.

parasceve *f* (*Rel jud*) Víspera del sábado.

parasicología, parasicológico, parasicólogo → PARAPSICOLOGÍA, *etc.*

parasimpático -ca *adj* (*Anat*) [Sistema nervioso simpático] constituido por la división craneal y la sacra. *Tb n m.* **b)** De(l) sistema nervioso parasimpático.

parasíntesis *f* (*Ling*) Formación de palabras en que intervienen la derivación y la composición.

parasintético -ca *adj* (*Ling*) De (la) parasíntesis.

parasíquico → PARAPSÍQUICO.

parasitación *f* (*Biol*) Acción de parasitar [1].

parasitar A *tr* **1** (*Biol*) Vivir como parásito [1a] [de alguien o algo (*cd*)].

B *intr* **2** (*lit*) Vivir como parásito [2] [de alguien o algo (*compl* EN *o* DE)]. *Tb sin compl.*

parasitariamente *adv* De manera parasitaria [1a].

parasitario -ria *adj* **1** De (los) parásitos, esp [1a]. **b)** (*Med*) [Enfermedad] causada por parásitos [1a]. ■ **2** Parásito [1a y 2]. *Tb fig.*

parasiticida *adj* (*E*) [Sustancia] que se emplea para destruir los parásitos [1a]. *Tb n m.*

parasítico -ca *adj* (*Biol*) Parasitario.

parasitismo *m* Sistema de vida propio del parásito [1a y 2].

parasitizar *tr* (*Biol*) Parasitar [1].

parásito -ta *adj* **1** [Animal o planta] que vive a expensas de otro ser vivo al que causa perjuicio. *Tb n m.* **b)** [Págalo] **~** → PÁGALO. **c)** De (los) parásitos. ■ **2** (*Pers.*) que vive a expensas de los demás. *Frec n.* ■ **3** (*Telec*) [Ruido o interferencia] que altera la recepción de señales radioeléctricas, telefónicas o telegráficas. *Gralm n m en pl.* ■ **4** (*raro*) [Elemento] adventicio o añadido y perturbador.

parasitología *f* (*Biol*) Estudio de los parásitos [1a].

parasitológico -ca *adj* (*Biol*) De (la) parasitología.

parasitólogo -ga *m y f* (*Biol*) Especialista en parasitología.

parasitosis *f* (*Med*) Enfermedad causada por parásitos [1a].

parasol *m* **1** Sombrilla grande para proteger del sol. ■ **2** *En un vehículo:* Pantalla orientable situada en la parte superior interna del parabrisas, para evitar deslumbramientos. ■ **3** Matacandelas (hongo). ■ **4** (*Bot*) Umbela.

parata *f* Bancal pequeño y estrecho en un terreno pendiente.

paratáctico -ca *adj* (*Gram*) De (la) parataxis.

parataxis *f* (*Gram*) Coordinación.

paratífico -ca *adj* (*Med*) **1** [Fiebre] paratifoide. *Frec n f en pl.* ■ **2** Que produce la fiebre paratífica [1].

paratifoide *adj* (*Med*) [Fiebre] de síntomas muy semejantes o idénticos a los de la fiebre tifoidea, causada por bacilos del gén. *Salmonella*.

paratifus *m* (*Med*) Enfermedad similar al tifus.

paratión *m* (*Quím*) Compuesto fosforado que se usa como insecticida en agricultura.

paratiroideo -a *adj* (*Fisiol*) De las glándulas paratiroides.

paratiroides *adj* (*Anat*) [Glándula] endocrina de pequeño tamaño de las situadas alrededor del tiroides. *Tb n f.*

paratohormona *f* (*Biol*) Hormona segregada por las glándulas paratiroides.

paratuberculosis *f* (*Med*) Enfermedad no tuberculosa producida por las condiciones creadas por la tuberculosis.

parca (*gralm con mayúscula*)**. la ~.** *f* (*lit*) La Muerte.

parcamente *adv* De manera parca (→ PARCO).

parcela *f* **1** Porción de terreno, gralm. de pequeño tamaño, de distinto dueño o uso que el resto. **b)** Porción de terreno destinada a la construcción de un chalé. *Tb el conjunto constituido por el terreno y el chalé.* ■ **2** Parte o división. *Frec con un compl especificador.*

parcelable *adj* Que se puede parcelar.

parcelación *f* Acción de parcelar.

parcelar *tr* Dividir [algo] en parcelas [1 y 2]. **b)** *pr* (*~se*) Dividirse [algo] en parcelas [2].

parcelario -ria *adj* De (las) parcelas [1]. *Gralm referido a* CONCENTRACIÓN. *En este caso, tb* (*col*) *n f.*

parcelero -ra *m y f* (*raro*) Parcelista.

parcelista *m y f* Pers. que posee una parcela [1b].

parche I *m* **1** Trozo de tela, papel u otra materia que se pega sobre una parte desgastada o rota para taparla. **b)** Trozo de tela u otra materia similar que se cose sobre una parte desgastada o rota para taparla y reforzarla, o sobre una nueva para protegerla o adornarla. **c)** (*desp*) Cosa con que se trata de arreglar algo o suplir una deficiencia de manera transitoria. **d)** Cosa sobrepuesta a otra y que se destaca del resto. *Frec con intención desp.* ■ **2** Trozo de tela impregnado con una sustancia medi-

camentosa, que se pega como remedio en alguna parte del cuerpo. ■ **3** Piel del tambor. *Tb el mismo tambor.*
    II *loc adj* **4 de ~.** [Bolsillo] sobrepuesto a la prenda.
    III *fórm or* **5 oído al ~.** → OÍDO.

parchear *tr* **1** Poner parches [1] [a algo (*cd*)]. ■ **2** (*jerg*) Manosear lascivamente [a alguien].

parcheo *m* Acción de parchear.

parchís *m* Juego que se practica en un tablero con cuatro o seis salidas, en el que cada jugador, provisto de cuatro fichas del mismo color, trata de hacerlas llegar a la casilla central moviéndola cada vez los puestos que determina un dado. *Tb el mismo tablero.*

parchista *m y f* (*col, raro*) Sablista.

parcial *adj* **1** De una parte solamente. *Tb n m, referido a examen. Se opone a* TOTAL *o* GENERAL. **b)** [Elección] que se celebra fuera de las generales y solo afecta a algunos lugares. ■ **2** Favorable u opuesto a alguna de las partes en conflicto. ■ **3** (*lit*) Partidario [de alguien o algo]. *Tb n, referido a pers.*

parcialidad *f* **1** Cualidad de parcial, *esp* [2]. ■ **2** (*lit*) Bando o facción.

parcialismo *m* Actitud o comportamiento parcial.

parcialización *f* Acción de parcializar.

parcializar *tr* Dar carácter parcial, *esp* [2], [a algo (*cd*)].

parcialmente *adv* De manera parcial [1 y 2].

parco -ca *adj* Escaso o muy moderado. *A veces con un compl* EN.

pardal *m* (*reg*) Gorrión (ave).

pardear *intr* Tomar color pardo.

pardela *f* Ave marina semejante a la gaviota, de plumaje negro por encima y blanco por debajo (*Puffinus puffinus*). *Tb* ~ COMÚN *o* PICHONETA. *Otras especies se distinguen por medio de adjs:* ~ CAPIROTADA (*P. gravis*), ~ SOMBRÍA (*P. griseus*), ~ CENICIENTA (*Procellaria diomedea*), *etc.*

pardeño -ña *adj* De El Pardo (Madrid). *Tb n, referido a pers.*

pardillo -lla I *adj* **1** (*desp*) [Pers.] rústica e ignorante. *Frec n. A veces usado como insulto vago y leve.* **b)** [Pers.] a quien se engaña o de quien se abusa con facilidad. *Frec n.* ■ **2** [Vino] de color entre blanco y tinto, más bien dulce y de baja calidad. *Tb n.* ■ **3** [Perdiz] de cola y cabeza rojizas (→ PERDIZ). *Tb n f.*
    II *n* **A** *m* **4** Pájaro de plumaje pardo castaño, con frente y pecho rojos en el macho (*Acanthis cannabina*). *Otras especies se distinguen por medio de adjs:* ~ PIQUIGUALDO (*A. flavirostris*), ~ SIZERÍN (*A. flammea*).
    B *f* **5** Pez de agua dulce, de la familia del ciprino, abundante en las cuencas del Guadalquivir y del Guadiana (*Rutilus lemmingii*). ■ **6** (*reg*) Cierto hongo comestible (*Clitocybe nebularis*).

pardina *f* (*reg*) **1** Labor o hacienda en el monte, con casa, pastos y gralm. arbolado. ■ **2** Yermo o despoblado.

pardo -da *adj* **1** [Color] oscuro indefinido que tira a rojizo. *Tb n m.* **b)** Que tiene color pardo. **c)** [Monte] de encinas. ■ **2** Mulato. *Tb n.* ■ **3** [Gramática]

parda, [lógica] **parda**, [picos] **~s** → GRAMÁTICA, LÓGICO, PICO[1].

pardón *m* (*reg*) Ratonero (ave de presa).

pardusco -ca *adj* Que tira a pardo [1].

parduzco -ca *adj* Pardusco.

pare *m* Parada o frenada.

pareado -da I *adj* 1 *part* → PAREAR. ■ 2 (*Arquit*) [Columna] doble o geminada.
II *m* 3 Estrofa formada por dos versos que riman entre sí.

parear *tr* 1 Igualar o poner a la par. *A veces con un compl* A. ■ 2 Unir [cosas] de dos en dos. *Gralm en part.* ■ 3 (*Taur*) Poner un par de banderillas [al toro (*cd*)]. *Tb abs.*

parecer[1] I *v* (*conjug* 11) A *copulat* 1 Causar [una pers. o cosa (*suj*)] la impresión de ser [algo (*predicat*)]. *El predicat es un adj, el pron* LO *o un* n. B *intr* ➤ **a** *normal* 2 Existir la impresión [de un hecho (*suj*)]. *El suj es una prop con* QUE (*a veces* COMO SI *o, más raro,* COMO QUE). *A veces se omite.* **b) a lo que parece**, *o* **según parece**. Al parecer [7]. **c) ~le** [a uno (*ci*) un hecho (*suj*)]. Tener [uno] la impresión [de ese hecho]. *El suj es una prop con* QUE. **d) ¿qué te parece** [esto (*suj*)]? ¿Qué opinas [de esto]? *Frec se omite el suj.* **e) ~le** [a uno (*ci*)] **bien** (*o* **mal**) [algo (*suj*)]. Ser, a su juicio, correcto o aceptable (o no). *Alguna vez se omite el pron* LE. **f) ~le** [a uno (*ci*)] **bien** [algo (*suj*)] (*o simplemente* **~le**). (*col*) Antojársele, o ser su gusto. **g) ~ bien** (*o* **mal**) [una pers. o cosa]. (*pop*) Causar buena (o mala) impresión a la vista. ■ 3 (*pop*) Aparecer. ■ 4 (*reg*) Parecerse [5]. ➤ **b** *pr* (**~se**) 5 Tener semejanza [una pers. o cosa (*suj*) con otra (*ci*)]. *A veces sin ci, con suj pl.* C *tr* 6 Causar [una pers. o cosa (*suj*)] la impresión [de algo (*infin*)]. II *loc adv* 7 **al ~**. A juzgar por los indicios.

parecer[2] *m* 1 Opinión o modo de pensar. *Tb su expresión.* ■ 2 (*lit*) Aspecto o disposición física [de una pers.]. *En las constrs* DE BUEN ~ *o* DE NO MAL ~. ■ 3 **buen ~**. (*lit*) Conveniencias o formas sociales. *Gralm en la constr* POR EL BUEN ~.

parecidamente *adv* (*raro*) De manera parecida [2].

parecido[1] **-da** *adj* 1 *part* → PARECER[1]. ■ 2 Semejante (igual en algunos aspectos o partes). *Frec con un compl* A. ■ 3 **bien** (*o* **mal**) **~**. (*lit*) [Pers.] de aspecto físico agradable (o desagradable). *Con* MAL, *gralm en constr negativa.*

parecido[2] *m* Semejanza (igualdad en algunos aspectos o partes).

pared I *f* 1 Obra de fábrica que se levanta verticalmente para cerrar un espacio o sostener una techumbre. ■ 2 Terreno, esp. rocoso, cortado verticalmente. ■ 3 Cara o superficie lateral [de algo]. ■ 4 Superficie que limita [algo cerrado (*compl de posesión*)]. ■ 5 (*Dep*) Obstáculo que un jugador presenta con su cuerpo, para que el compañero que lleva la pelota pueda avanzar libremente. *Frec en la constr* HACER LA ~. II *loc adj* 6 **de ~**. [Cosa] destinada a estar colgada o instalada en una pared [1]. III *loc v* 7 **poner pies en ~** → PIE. ■ 8 **subirse** [alguien] **por las ~es**. (*col*) Mostrarse muy irritado. *Frec* ESTAR [alguien] QUE SE SUBE POR LAS ~ES. IV *loc adv* 9 **contra la ~**. En situación sumamente comprometida o violenta. *Frec con el v* PONER. ■

10 **entre cuatro ~es**. Sin salir de casa o sin trato con la gente. ■ 11 **~ por medio**. Con una pared [1] como única separación.

paredaño -ña *adj* [Lugar] que está pared por medio [de o con otro]. *Tb fig.*

paredeño -ña *adj* De Paredes de Nava (Palencia). *Tb n, referido a pers.*

paredero *m* (*raro*) Constructor de paredes [1].

paredón *m* 1 Pared [1 y 2] muy ancha o muy grande. ■ 2 Pared que queda en pie de un edificio en ruinas. ■ 3 Pared contra la que se ejecuta a alguien fusilándole. *Frec en constrs como* LLEVAR, MANDAR *o* ENVIAR AL ~.

paregórico *adj* (*Med*) [Elixir] calmante que contiene extracto de opio.

pareja → PAREJO.

parejamente *adv* (*lit*) Al mismo tiempo.

parejo -ja I *adj* 1 Semejante o parecido. *Frec con un compl* A. ■ 2 Igualado, o que no presenta grandes diferencias. II *f* 3 Conjunto de dos perss. o (*más raro*) de dos cosas, asociadas de algún modo una con otra. *Gralm con un compl especificador.* **b)** Esp de varón y mujer (*o macho y hembra*). *Frec en la forma* PAREJITA, *referido a hijos.* **c)** Unidad constituida por dos guardias civiles. *Alguna vez referido a policías.* **d)** (*Juegos*) Reunión de dos cartas o dados del mismo valor. **e)** (*Mar*) Conjunto de dos embarcaciones iguales con las que se remolca un arte de arrastre. ■ 4 Cosa que se agrupa normalmente con otra con la que forma pareja [3]. ■ 5 Compañero o compañera [de una pers., o de un animal, del sexo opuesto]. *A veces referido a homosexuales.* III *loc v* 6 **correr parejas**. Ser comparables o semejantes [dos cosas, o una a otra (*compl* CON)]. *Tb* CORRER ~, *en que* ~ *concuerda con el suj.* IV *adv* 7 De modo igual o muy semejante. *Frec con un compl* A.

paremia *f* (*TLit*) Refrán o proverbio.

paremiología *f* (*TLit*) Estudio de los refranes o proverbios. *Tb los mismos refranes.*

paremiológico -ca *adj* (*TLit*) De (la) paremiología.

paremiólogo -ga *m y f* (*TLit*) Especialista en paremiología.

parénesis *f* (*lit*) Exhortación o amonestación.

parenético -ca *adj* (*lit*) De (la) parénesis.

parénquima *m* 1 (*Bot*) Tejido esponjoso en que se elaboran o almacenan materias orgánicas. ■ 2 (*Anat*) Tejido esponjoso de órganos glandulares.

parenquimático -ca *adj* (*E*) De(l) parénquima.

parenquimatoso -sa *adj* (*E*) De(l) parénquima.

parental *adj* 1 (*Der*) De los padres o de los parientes. ■ 2 (*Biol*) De los padres o progenitores.

parentela *f* Conjunto de (los) parientes [de alguien].

parenteral *adj* (*Med*) Que se realiza por una vía distinta de la digestiva o intestinal.

parentesco *m* 1 Relación entre personas que descienden unas de otras o de un tronco común, o están ligadas por vínculos matrimoniales. **b)** (*Rel* *catól*) Vínculo espiritual que contraen el ministro y los padrinos con el sujeto, en los sacramentos del bautismo y de la confirmación. *Frec* ~ ESPIRITUAL. ■ **2** Relación entre cosas que tienen un mismo origen o son muy semejantes entre sí.

paréntesis **I** *m* **1** Signo ortográfico constituido por dos líneas curvas verticales, en que suelen encerrarse frases o aclaraciones incidentales. *Tb cada una de esas líneas. Alguna vez* ~ CURVO. **b)** *(Mat)* Signo igual al paréntesis ortográfico, que aísla una expresión e indica que determinada operación se ha de efectuar con la expresión completa. **c)** ~ **cuadrado**, o **rectangular.** Corchete (signo). ■ **2** *(Gram)* Frase, frec. con independencia sintáctica, que se intercala en otra sin alterar su estructura general ni su sentido fundamental y que suele escribirse entre paréntesis [1] o entre rayas. **b)** *(TLit)* Parte incidental y accesoria de un texto. ■ **3** Intervalo de tiempo que se destaca con características propias dentro de un proceso amplio.
II *loc adv* **4 entre** ~. De manera incidental. ■ **5 entre** ~. En duda o en tela de juicio. *Gralm con el v* PONER. **b)** En reserva o en compás de espera.

parentético -ca *adj* *(E)* De(l) paréntesis [2].

pareo *m* Prenda femenina de playa, consistente en una pieza rectangular de tela que, con diversos plegados, puede ponerse a modo de vestido o de falda.

paresia *f* *(Med)* Parálisis leve que consiste en la debilidad de las contracciones musculares.

parestesia *f* *(Med)* Trastorno de la sensibilidad que se manifiesta por la percepción de sensaciones anormales o que no corresponden a ningún estímulo externo.

parfait *(fr; pronunc corriente,* /parfé/*) m* *(raro)* Crema helada.

pargo *m* Pez marino comestible propio del Mediterráneo, de hasta 70 cm de longitud y color rojo *(Sparus pagrus).*

parhilera *f* *(Arquit)* Madero en que se afirman los pares y que forma el lomo de la armadura. *Frec en la loc* DE ~, *referida a armadura.*

paria *m y f* **1** Pers. de la ínfima clase social hindú. ■ **2** Pers. pobre y despreciada socialmente.

parias[1] *f pl* Placenta.

parias[2] **I** *f pl* **1** *(hist)* Tributo pagado por un soberano a otro.
II *loc v* **2 rendir** ~. *(lit, raro)* Rendir tributo.

parida[1] → PARIDO.

parida[2] *f (col)* Tontería o sandez.

paridad *f* **1** *(lit)* Igualdad o similitud. ■ **2** *(Econ)* Valor relativo [de una moneda] respecto a otra o al patrón oro. ■ **3** *(Informát)* Bit o carácter que se añade con fines de control para que la suma de los bits de una fila o columna sea siempre par o impar. *Tb la condición, par o impar, de dicha suma.*

paridera **I** *adj* **1** [Hembra] fecunda.
II *f* **2** Acción de parir el ganado. *Tb el tiempo en que se produce.* ■ **3** Lugar en que pare el ganado, esp. el lanar.

parido -da *adj* **1** *part* → PARIR. ■ **2** [Hembra] que acaba de parir. *Frec* RECIÉN PARIDA. *Tb n f, referido a mujer.* ■ **3 bien** ~. *(col)* [Pers.] guapa o atractiva. *Con el v* ESTAR.

párido *adj* *(Zool)* [Pájaro] de pico corto, robusto y puntiagudo, cuerpo pequeño y uñas curvadas. *Frec como n m en pl, designando este taxón zoológico.*

paridor -ra *adj* **1** Que pare. *Tb fig.* **b)** Que pare en abundancia. *Tb fig.* ■ **2** *(raro)* Relativo a la acción de parir.

pariente -ta *(en aceps 1 y 2 se usa a veces la forma m tb con valor de f) m y f* **1** Pers. que tiene relación de parentesco [con otra *(compl de posesión)*]. *Tb sin compl. Tb adj.* ■ **2** Cosa relacionada [con otra *(compl de posesión)*] por tener el mismo origen o ser muy semejante. *Tb sin compl. Tb adj.* ■ **3** ~ **pobre.** Pers. o cosa que en un conjunto recibe un trato de inferioridad respecto al resto o respecto a otro. ■ **4** *(col)* Esposo. *Referido a hombre es más raro.*

parietal *adj* **1** *(Anat)* [Hueso plano] de los dos que constituyen la parte media y superior del cráneo. *Tb n m.* **b)** De(l) hueso parietal. ■ **2** *(Anat)* De la pared de un órgano o cavidad. **b)** Que se sitúa en la pared de un órgano o cavidad. ■ **3** *(Arte)* [Pintura, esp. prehistórica] que se realiza sobre paredes. **b)** De (la) pintura parietal. ■ **4** *(lit, raro)* De (la) pared.

parietaria *f* Planta de la familia de las ortigas, que crece en las grietas de las paredes viejas, en las rocas y en los terrenos incultos (gén. *Parietaria*, esp. *P. diffusa*).

parigual *(lit o reg)* **I** *adj* **1** Igual o muy semejante. *A veces con un compl* A.
II *adv* **2** De manera igual o semejante.

parihuela *f* Utensilio formado por dos varas largas y una plataforma atravesada, que se usa como camilla o para llevar algo pesado entre dos. *Frec en pl con sent sg.*

paripé *m* *(col)* Simulación o engaño. *Frec en la constr* HACER EL ~.

paripinnado -da *(tb con la grafía* **paripinado***) adj* *(Bot)* [Hoja pinnadocompuesta] terminada en un par de folíolos.

parir **A** *intr* **1** Expulsar al exterior [una hembra vivípara] el hijo concebido. *Referido a mujer, frec col.* ■ **2** Producir fruto [algo]. *Frec lit.* ■ **3 poner a** ~ [a alguien]. *(col)* Hablar muy mal [de él] o criticar[le] con palabras duras.
B *tr* **4** Expulsar al exterior [una hembra vivípara *(suj)* el hijo concebido *(cd)*]. *Referido a mujer, frec col.* ■ **5** Producir [algo *(suj)* determinado fruto]. *Frec lit.* ■ **6** *(lit)* Producir [alguien algo de su creación].

parisién **I** *adj* **1** Parisiense. *Solo con ns en sg.*
II *m* **2** Barquillo cilíndrico y alargado.

parisiense *adj* De París. *Tb n, referido a pers.*

parisino -na *adj* Parisiense. *Tb n.*

paritariamente *adv* De manera paritaria.

paritario -ria *adj* Que se basa en un criterio de igualdad o paridad. **b)** [Organismo] constituido por igual número de representantes de cada una de las partes integrantes.

paritarismo *m* Condición de paritario.

paritorio *m* En un hospital: Sala de partos.

parka *f* Prenda de abrigo a modo de chaquetón, de tejido impermeable y con capucha.

parking *(ing; pronunc corriente,* /párkin/*; pl normal,* ~s*) m* Aparcamiento.

Parkinson *(pronunc,* /párkinson/*; tb con la grafía* **párkinson** *en acep 2) (Med)* **I** *adj* **1 de** ~. [Enfermedad o síndrome] causados por degeneración de la

masa gris del cerebro y caracterizados por temblores y rigidez muscular.
II *m* **2** Enfermedad de Parkinson [1].

parkinsoniano -na *adj* (*Med*) **1** De(l) parkinsonismo o enfermedad de Parkinson. ■ **2** Que padece parkinsonismo. *Tb n.*

parkinsonismo *m* (*Med*) Enfermedad de Parkinson.

parla *f* (*col, a veces lit o humoríst*) **1** Acción de parlar. ■ **2** Lengua (lenguaje).

parlada *f* (*col*) Parla o conversación.

parlador -ra *adj* (*col*) Hablador. *Tb n.*

parlamentar *intr* Hablar o negociar [con el enemigo o con un adversario] para llegar a un acuerdo. *Tb sin compl, por consabido.*

parlamentariamente *adv* De manera parlamentaria [1a].

parlamentario -ria **I** *adj* **1** De(l) parlamento [5]. **b)** [Pers.] que forma parte de un parlamento. *Frec n.*
II *m y f* **2** Pers. encargada de parlamentar.

parlamentarismo *m* Sistema parlamentario [1a].

parlamento (*gralm con mayúscula en acep 5*) *m* **1** Acción de parlamentar. ■ **2** Discurso (exposición oral más o menos amplia). ■ **3** (*raro*) Charla o conversación. ■ **4** (*Escén*) Intervención oral larga y continuada [de un actor]. ■ **5** Asamblea legislativa, constituida por una cámara o por dos. *Tb su sede.*

parlanchín -na *adj* (*col*) Que habla mucho, esp. de manera indiscreta o inoportuna.

parlante *adj* **1** (*col, a veces lit*) Que habla. *Tb n, referido a pers. Tb fig.* ■ **2** (*Heráld*) [Arma] que representa un objeto de nombre igual o parecido al de la persona o estado que las usa. *Tb fig, fuera del ámbito técn.* ■ **3** (*raro*) Relativo a la acción de hablar.

parlar (*col, a veces humoríst*) **A** *intr* **1** Hablar o charlar.
B *tr* **2** Hablar o decir [algo], esp. de manera indiscreta o inoportuna.

parleño -ña *adj* De Parla (Madrid). *Tb n, referido a pers.*

parlería *f* (*lit*) Parla o habla abundante. *A veces con intención desp. Tb fig.*

parlero -ra *adj* **1** (*col*) Hablador o charlatán. *Tb n, referido a pers.* ■ **2** (*lit*) [Cosa] expresiva, o que comunica o da a conocer algo. ■ **3** (*lit*) [Ave] cantarina.

parleta *f* (*col*) Charla (conversación).

parletano -na *adj* (*raro*) Hablador o charlatán.

parlón -na *adj* (*col, raro*) Parlanchín o hablador.

parlotear (*col, desp*) **A** *intr* **1** Hablar o charlar.
B *tr* **2** Hablar [algo].

parloteo *m* (*col, desp*) Acción de parlotear.

parmesano -na *adj* De Parma (Italia). *Tb n, referido a pers.* **b)** [Queso] de pasta dura, hecho con leche de vaca descremada, propio de la región de Parma. *Tb n m.*

parnasianismo *m* (*TLit*) Movimiento parnasiano.

parnasiano -na *adj* (*TLit*) [Escuela] poética surgida en Francia en el último tercio del s. XIX, caracterizada por la defensa del arte por el arte y la perfección formal. **b)** De (la) escuela parnasiana. *Tb n, referido a pers.*

parnasillo *m* (*raro*) Tertulia literaria. *Tb el lugar en que se reúne.*

parnaso *m* (*lit*) **1** Conjunto de (los) poetas. *A veces con un adj o compl especificador.* ■ **2** Conjunto de (las) poesías.

parné *m* (*col*) Dinero.

paro[1] *m* **1** Acción de parar(se) (dejar de moverse o actuar). ■ **2** Interrupción temporal del trabajo, esp. en señal de protesta. ■ **3** Circunstancia de no tener trabajo. *Tb ~ FORZOSO. Frec en la constr EN ~ o* (*col*) EN EL ~. ■ **4** (*Econ*) Conjunto de individuos sin trabajo y en situación de buscarlo. ■ **5** Subsidio de paro [3].

paro[2] *m* Carbonero (pájaro). *Tb ~ CARBONERO.*

parodia *f* Imitación burlesca [de alguien o algo].

parodiable *adj* Que se puede parodiar.

parodiar (*conjug 1a*) *tr* Hacer una parodia [de alguien o algo (*cd*)].

paródico -ca *adj* De (la) parodia, o que la implica.

parodista *m y f* Pers. que hace parodias.

parodístico -ca *adj* De (la) parodia, o que la implica.

parola *f* (*desp, raro*) Charla.

parolar *intr* (*desp, raro*) Charlar.

parolímpico -ca *adj* Paralímpico.

parón *m* Parada o detención brusca y total.

paronimia *f* (*Ling*) Semejanza grande de sonidos entre dos palabras.

parónimo -ma *adj* (*Ling*) [Palabra] de sonido muy semejante [al de otra (*compl de posesión*)]. *Frec n m.*

paronomasia *f* (*TLit*) Figura literaria que consiste en reunir en la frase voces de sonido muy semejante.

parótida *adj* (*Anat*) [Glándula salival] situada debajo del oído y detrás de la mandíbula inferior. *Tb n f.*

parotídeo -a *adj* (*Anat*) De (la) glándula parótida.

parotiditis *f* (*Med*) Inflamación de las glándulas parótidas.

paroxismo *m* **1** Grado más alto [de una sensación o de un sentimiento]. ■ **2** (*E*) Momento en que un fenómeno se muestra con la máxima intensidad o violencia.

paroxístico -ca *adj* De(l) paroxismo. **b)** (*Med*) Que se presenta en accesos bruscos o paroxismos [2].

paroxitonismo *m* (*Fon*) Condición de paroxítono.

paroxítono -na *adj* (*Fon*) Llano o grave.

parpadeante *adj* Que parpadea, *esp* [2]. *Tb* (*lit*) *fig.*

parpadear *intr* **1** Mover los párpados. ■ **2** Temblar u oscilar [una luz o algo luminoso].

parpadeo *m* Acción de parpadear.

párpado *m* Membrana móvil que cubre y protege la parte visible del ojo.

parpaja *f (reg)* Garrapatillo (insecto).

parpusa *f (jerg)* Gorra a cuadros propia del traje típico madrileño.

parque *m* **1** Terreno amplio con arbolado, plantas ornamentales y gralm. entretenimientos, situado en el interior de una población y destinado a ornato y recreo. **b)** Jardín extenso anejo a un edificio. ■ **2** Paraje extenso y agreste destinado a la conservación de la fauna y flora. *Frec* ~ NATURAL, *o* ~ NACIONAL. ■ **3** ~ **de atracciones.** Lugar vallado y ajardinado, con numerosas y variadas instalaciones mecánicas de feria, salas para espectáculos y cafeterías o establecimientos similares. **b)** ~ **acuático.** Lugar de recreo con piscinas y otras atracciones acuáticas. ■ **4** ~ **infantil.** Terreno dentro de una población dotado de diversas instalaciones para recreo de los niños. ■ **5** ~ **zoológico.** Lugar en que se guardan y exhiben animales exóticos. ■ **6** Pequeño recinto protegido y portátil, para que en su interior juegue un niño que aún no anda. ■ **7** Conjunto de aparatos o materiales destinados a un servicio. *Con un adj o compl especificador.* **b)** Conjunto de vehículos [de una colectividad]. *Frec con un adj o compl especificador, esp* AUTOMOVILÍSTICO *o* DE AUTOMÓVILES. **c)** ~ **móvil.** Conjunto de vehículos de propiedad estatal, al servicio de un ministerio u organismo. ■ **8** Lugar que sirve para almacenar materiales o estacionar vehículos de un servicio. *Con un adj o compl especificador.* ■ **9** Lugar destinado a instalaciones científicas o industriales. *Frec con un adj especificador.* ■ **10** Estanque en que se crían mariscos.

parqué *m* **1** Suelo de maderas pequeñas que forman dibujos geométricos. ■ **2** *(Econ)* Lugar en que se sitúan los agentes de bolsa durante la sesión bursátil. *Tb el conjunto de agentes y el conjunto de valores controlado por ellos.* ■ **3** *(Dep)* Cancha de parqué [1]. *Gralm referido a baloncesto.*

parquear *tr (raro)* **1** Aparcar [un vehículo]. *Tb abs.* **b)** *(Mil)* Guardar o almacenar [artillería]. ■ **2** Cultivar [mariscos] en parques [10].

parquedad *f* Cualidad de parco. *A veces con intención irónica.*

parquet *(fr; pronunc corriente, /parké/; pl normal, ~s) m* Parqué.

parquetería *f (raro)* Fabricación o colocación de parqué [1].

parquímetro *m* Aparato que, mediante pago, determina el tiempo permitido de aparcamiento de un vehículo.

parra¹ I *f* **1** Vid cuyos sarmientos se sostienen a cierta altura mediante algún soporte. ■ **2** ~ **virgen.** Planta trepadora ornamental, cuyas hojas se vuelven rosas antes de caer (gén. *Parthenocissus*). II *loc v* **3** **subirse** [alguien] **a la** ~. *(col)* Encolerizarse. **b)** Insolentarse. **c)** Envanecerse o darse importancia. **d)** Exagerar en un precio o en una valoración.

parra² *f (reg)* Orza (vasija).

parrado -da *adj (col)* [Pers.] de Cercedilla (Madrid). *Tb n.*

parrafada *f (col)* **1** Párrafo largo. *Tb referido a lo que se expresa oralmente de una sola vez. Tb fig. Frec con intención desp.* ■ **2** Charla o conversación. *Gralm en la constr* ECHAR UNA ~.

parrafear *intr (raro)* Charlar o conversar.

parrafeo *m (raro)* Acción de parrafear.

párrafo I *m* **1** *En un escrito en prosa:* Conjunto de líneas seguidas no separadas entre sí por punto y aparte. *Tb su contenido.* ■ **2** Signo ortográfico en forma de dos eses enlazadas verticalmente, con que a veces se marcan los párrafos [1]. II *loc v* **3** **echar un** ~ *(o* ~s). *(col)* Charlar o conversar.

parragués -sa *adj* De Parres o Arriondas (Asturias). *Tb n, referido a pers.*

parral *m* Parra¹ o conjunto de parras [1] sostenidas con armazón.

parrancano -na *adj (reg)* [Pers.] pequeña y gruesa.

parranda *f (col)* **1** Diversión o juerga fuera de casa, gralm. yendo de un sitio a otro. *Frec en constrs como* IR, *o* ANDAR, DE ~. ■ **2** *(reg)* Fiesta nocturna por la calle con acompañamiento de música. *Tb las perss que la forman.*

parrandero -ra *adj (col)* De (la) parranda [1]. **b)** Aficionado a las parrandas.

parrandista *m y f (col)* Pers. que va de parranda.

parrera *f (reg)* Parra¹ [1].

parreta *f (reg)* Parra² u orza.

parricida *adj* **1** Que comete parricidio. *Frec n, referido a pers.* ■ **2** Propio del parricida [1] o del parricidio.

parricidio *m* Acción de matar a un ascendiente, descendiente o cónyuge.

parrilla *f* **1** Utensilio de hierro en forma de rejilla, que se pone directamente sobre el fuego para asar o tostar algo. *Tb en pl con sent sg.* ■ **2** Pieza o estructura formada por tiras o elementos paralelos o entrecruzados. **b)** *En una caldera u otro aparato similar:* Armazón de barrotes sobre la que arde el combustible. ■ **3** *En un coche:* Calandra (parte vertical de la carrocería, situada delante del radiador y gralm. en forma de rejilla). ■ **4** *(Dep) En una pista de carreras:* Espacio en que se señala el lugar en que debe situarse cada uno de los vehículos que han de tomar la salida. *Gralm* ~ DE SALIDA. *Tb fig.* ■ **5** Restaurante especializado en carne asada en parrilla [1]. ■ **6** Sala de baile [de un hotel]. ■ **7** *(TV)* Rejilla (de programación). ■ **8** ~ **costal.** *(Anat)* Pared lateral del tórax.

parrillada *f* Plato compuesto por diversas carnes o pescados asados a la parrilla [1].

parro *m* Pato silvestre o ánade real (*Anas platyrhynchos*).

parrocha *f (reg)* Sardina joven.

párroco *adj* [Cura] encargado de una parroquia [1]. *Gralm n m.*

parrón *m* Parra¹ [1].

parroquia *f* **1** Iglesia que tiene a su cargo administrar los sacramentos a los fieles de un distrito determinados. *Tb el mismo territorio.* ■ **2** Feligresía (conjunto de feligreses). ■ **3** Clientela. *Tb fig.* ■ **4** Demarcación administrativa gallega, dentro del municipio, y que agrupa varios caseríos.

parroquial *adj* De (la) parroquia [1]. *Tb n f, referido a iglesia.* **b)** [Misa] principal de las que se celebran los domingos y fiestas en una parroquia.

parroquialidad *f* Asignación o pertenencia a una parroquia [1] determinada.

parroquiano -na *m y f* Pers. que pertenece a una parroquia [1, 2 y 3].

parrulo *m* (*reg*) Pato (ave).

parrús *m* (*jerg*) Genitales femeninos externos.

pársec *m* (*Astron*) Unidad de longitud equivalente a 3,26 años luz.

parsi *adj* (*Rel*) [Indio] que sigue la religión de Zoroastro y desciende de los persas expulsados de su país por los musulmanes. *Tb n*. **b)** De los parsis.

parsimonia *f* Calma o lentitud.

parsimoniosamente *adv* De manera parsimoniosa.

parsimonioso -sa *adj* Lento o calmado.

parte[1] **I** *f* **1** Cosa que, con otra u otras, forma [una unidad (*compl de posesión*)]. **b)** Conjunto más o menos amplio de partes o elementos [de un todo]. *Frec con un adj cuantitativo. Frec la presencia de art indef alterna con su ausencia*. **c)** División de las varias importantes que se establecen [en algo (*compl de posesión*), esp. en un texto escrito o en una obra teatral o cinematográfica]. **d)** Obra entera que está en relación [con otra u otras también enteras (*compl de posesión*) con las que forma un todo]. ■ **2** Cantidad o conjunto de cosas que corresponden [a alguien (*compl de posesión*) o una distribución]. **b)** (*Escén*) Papel (parte [1a]) correspondiente a un actor o cantante). **c)** la ~ del león. La parte [2a] más importante o más beneficiosa. ■ **3** Pers. o entidad que tiene con otra u otras una relación de tipo dialéctico o comercial. *Frec en derecho. A veces con un compl* EN *o* DE. ■ **4** Sitio o lugar. *Tb fig*. **b)** Lado. *Tb fig*. *Frec en la constr discontinua* POR (*o* DE) UNA ~..., POR (*o* DE) OTRA. **c)** **salva sea la ~.** Parte del cuerpo considerada pudenda, esp. las nalgas. ■ **5** (*euf, col*) En *pl:* Órganos sexuales. *Frec* SUS ~S. *Tb* (*lit*) ~S PUDENDAS *o* VERGONZOSAS, *o* (*más raro*) LA ~. ■ **6** – **de la oración.** (*Gram*) Clase o categoría de palabra.
II *loc adj* **7** [Acusativo] **de ~ →** ACUSATIVO.
III *loc v y fórm or* **8 dar ~** [a alguien en algo]. Permitir[le] que intervenga [en ello]. ■ **9 echar** (*o* **tomar**) [algo] **a** (*o* **en**) **mala ~.** Interpretar[lo] torcidamente o en mal sentido. ■ **10 formar ~** [de algo]. Entrar en la composición [de ello]. ■ **11 ir** (*o* **entrar**) **a la ~.** Intervenir [con otros en un asunto o negocio] participando proporcionalmente en sus resultados. ■ **12 ir por ~s.** Considerar aisladamente cada uno de los aspectos de la materia que se trata. ■ **13 llamarse a ~** [de algo]. Reclamar [alguien] participar [en ello]. ■ **14 llevar** [alguien] **la mejor** (*o* **la peor**) ~, *o* **tocarle** [a alguien] **la mejor** (*o* **la peor**) ~. Resultar el más (o menos) favorecido. ■ **15 no ir a ninguna ~** [con alguien o algo]. No tener ninguna importancia. ■ **16 no poder ir a ninguna ~** [con alguien o algo]. No poder hacer nada positivo [con ellos]. ■ **17 poner** (*o* **hacer**) [alguien] **algo de su ~.** Colaborar algo, o poner algo de interés. *En lugar de* ALGO *puede aparecer otro cuantitativo*. ■ **18 seguir la peor ~.** (*Filos*) Ser [la conclusión] particular o negativa en lugar de universal o afirmativa. ■ **19 tomar** (*o*, *lit*, **ser** *o* **tener**) ~ [en algo]. Participar [en ello]. ■ **20 a buena ~ vas** (**a parar**). (*col*) Fórmula con que se pondera lo inadecuado que resulta respecto a la pers citada lo que se acaba de decir. * ¿Callarse esta? ¡A buena parte vas a parar!

IV *adv* **21** ~ ... (**y**) ~. En parte [28] o parcialmente..., en parte o parcialmente. ■ **22 a la ~.** Participando proporcionalmente en los beneficios o pérdidas. *Tb adj*. ■ **23 a ~s iguales.** En la misma medida. ■ **24 de** + *expr de cantidad de tiempo* + **a esta ~** = DESDE HACE + *la misma expr*. * De un año a esta parte está desconocido. **b) de** + *expr de fecha* + **a esta ~** = DESDE + *la misma expr*. * Del año 50 a esta parte ha cambiado mucho la situación. ■ **25 de ~** [de una pers.]. Por encargo u orden [de ella], o en [su] nombre. **b)** Siendo [esa pers.] el agente o autor. ■ **26 de ~** [de una pers. o cosa]. A favor [de ella]. *Con vs como* ESTAR *o* PONERSE. ■ **27 de ~ a ~.** De un extremo al opuesto. *Tb fig, frec con el v* EQUIVOCARSE *u otro equivalente*. ■ **28 en ~.** En lo que respecta a una parte [1a y b]. ■ **29 por ~** [de una pers.]. En lo que respecta [a ella]. **b) por ~ de** + *n que expresa parentesco*. Por la rama de parentesco [que se expresa (*compl* DE)]. * Son primos por parte de madre. ■ **30 por ~** (*o*, *lit*, **de**) **otra ~.** Además, o en un aspecto suplementario.

parte[2] **I** *m* **1** Comunicación o notificación oficial. *Tb el documento en que consta*. **b)** (*raro*) Comunicación o notificación. ■ **2** (*pop, hoy raro*) Programa radiofónico de noticias.
II *loc v* **3 dar** (**el**) ~ [de algo]. Notificar[lo]. *Frec sin compl*. **b) dar ~** [de alguien o algo]. Denunciar[lo]. *Tb sin compl*.

partear *tr* **1** Asistir [a una mujer] en el parto. *Tb abs*. ■ **2** Dar a luz [algo]. *En sent fig*.

parteluz *m* (*Arquit*) Columna que divide en dos el hueco de una ventana o puerta.

partenaire (*fr; pronunc corriente*, /partenér/) *m y f* Pers. que actúa como compañero o pareja [de otra en algo, esp. en una interpretación].

partenogénesis *f* (*Biol*) Modo de reproducción en que los óvulos se desarrollan sin fecundación previa.

partenogenéticamente *adv* (*Biol*) De manera partenogenética.

partenogenético -ca *adj* (*Biol*) De (la) partenogénesis. **b)** Que se reproduce por partenogénesis. *Tb* (*lit*) *fig, fuera del ámbito técn*.

partenopeo -a *adj* (*lit*) Napolitano.

partero -ra I *m y f* **1** Pers. que atiende a una parturienta, esp. sin título facultativo para ello.
II *adj* **2** [Sapo] cuyo macho lleva adheridos a la parte posterior los huevos que puso la hembra (→ SAPO).

parterre *m* Trozo de jardín con flores o césped.

partesana *f* (*hist*) Arma antigua semejante a la alabarda, con el hierro grande, ancho y de dos filos, adornado en su base por dos aletas puntiagudas o en forma de media luna.

partible *adj* Que se puede partir o repartir.

particella (*it; pronunc corriente*, /partichéla/) *f* (*Mús*) Parte correspondiente a un instrumento o a un cantante.

partición *f* **1** Acción de partir o repartir. *Esp referido a herencia*. ■ **2** Parte de las varias en que se parte o divide algo.

particional *adj* (*Der*) De (la) partición [1].

particionero -ra *adj* (*raro*) Partícipe.

participable *adj* Que se puede participar [3].

participación *f* **1** Acción de participar [1 y 2]. ■ **2** Comunicación o notificación (acción o texto). ■ **3** Parte con que se participa [2] [en un negocio (*compl* EN *o* DE)]. **b)** Parte, inferior al décimo, con que se participa [en una lotería (*compl* DE *o* EN)]. *Tb el documento en que consta.*

participante *adj* Que participa [1 y 2]. *Tb n, referido a pers.*

participar **A** *intr* **1** Ser [alguien] uno de los que realizan [algo (*compl* EN) que se hace entre varios]. ■ **2** Tener una parte [de algo (*compl* EN *o* DE) que se posee, se disfruta o se padece entre varios]. **b)** Tener [algo (*compl* DE) que otros también tienen]. **B** *tr* **3** Comunicar o hacer saber. ■ **4** (*Econ*) Poseer una parte [de una sociedad o empresa (*cd*)]. *Normalmente en part.* ■ **5** (*raro*) Participar [1] [en algo (*cd*)]. *Normalmente en part.*

participativo -va *adj* **1** De (la) participación [1]. ■ **2** Que tiende a participar [1].

participatorio -ria *adj* Participativo [1].

partícipe *adj* Que participa [1 y 2]. *Tb n, referido a pers.*

participial *adj* (*Gram*) De(l) participio.

participio *m* (*Gram*) Forma no personal del verbo, susceptible de tener desinencias de género y número. **b)** Forma no personal del verbo, que en español termina en *-do*, usada en la formación de los tiempos compuestos y de la voz pasiva, y que puede funcionar como adjetivo, refiriéndose al sustantivo como paciente de la acción verbal. *Tb ~* PASIVO, (DE) PRETÉRITO *o* (DE) PASADO. **c)** *~ activo o* **(de) presente.** Forma no personal del verbo, que en español termina en *-nte* y que gralm. funciona como adjetivo, refiriéndose al sustantivo como agente de la acción verbal.

partícula *f* **1** Parte muy pequeña [de algo]. ■ **2** (*Ling*) Elemento invariable que funciona como palabra de unión o como afijo. ■ **3** (*Fís*) Corpúsculo material de dimensiones subatómicas.

particular **I** *adj* **1** Relativo a alguno o algunos de los componentes de un conjunto. *Se opone a* GENERAL *o* UNIVERSAL. **b)** Propio exclusivamente de una pers. o cosa. **c)** [Voto] de uno o varios miembros de una comisión, distinto del de la mayoría y justificado explícitamente. **d)** (*Filos*) [Proposición] cuyo sujeto está tomado solo en parte de su extensión. *Se opone a* UNIVERSAL. ■ **2** Poco usual o que se sale de lo común. *A veces con intención desp.* **b)** [Pers.] rara o especial en sus gustos o en su comportamiento. **c)** [Cosa] especial o digna de mención. *Frec en las constrs* NADA DE *~ y* ALGO DE *~*. ■ **3** Concreto o determinado. ■ **4** Privado (no público ni oficial). **II** *n* **A** *m* **5** Asunto o cuestión determinados. ■ **6** Detalle o aspecto concreto. **B** *m y f* **7** Pers. que no ostenta una representación oficial o no pertenece a un organismo dado. **III** *loc adv* **8 en ~.** De manera particular [3]. **b)** Especialmente o sobre todo. ■ **9 sin otro ~.** Sin más que añadir. *Usado en cartas, como fórmula de despedida.*

particularidad *f* Cualidad particular [1a y b].

particularismo *m* **1** Tendencia a dar más importancia al interés particular que al general. ■ **2** Individualismo o tendencia a la autonomía.

particularista *adj* De(l) particularismo o que lo implica.

particularización *f* Acción de particularizar(se).

particularizar **A** *tr* **1** Dar carácter particular [1a y b] [a alguien o algo (*cd*)]. ■ **2** Hacer [una pers.] que [lo que dice o escribe (*cd*)] se refiera a alguien o algo en particular. *Tb abs.* **B** *intr pr* (*~se*) **3** Distinguirse o caracterizarse.

particularmente *adv* De manera particular [1, 3 y 4]. **b)** Especialmente o sobre todo.

partida **I** *f* **1** Acción de partir (salir o marcharse). ■ **2** Asiento en un registro civil o religioso. *Con los compls* DE NACIMIENTO, DE BAUTISMO *o* DE DEFUNCIÓN, *frec designa el documento en que consta. Tb fig.* ■ **3** En una cuenta o presupuesto: Cantidad parcial. *Frec con un compl especificador.* ■ **4** Cantidad [de una mercancía] que se entrega o recibe de una vez. ■ **5** Grupo de perss. unidas para algún fin. ■ **6** Grupo de guerrilleros o de maleantes armados. **b)** (*desp*) Grupo o cuadrilla. ■ **7** Conjunto de jugadas previamente establecidas [de un juego de mesa o de pelota] para que alguien se proclame ganador. *Tb fig.* ■ **8** (*raro*) Serie o conjunto [de algo]. ■ **9** (*reg*) División territorial de un término municipal rural. ■ **10 mala ~,** *o* **~ serrana.** Mala pasada. ■ **11 ~ de caza.** Excursión de varias perss. para cazar. **II** *loc v* **12 andar** (*o* **correr**) [alguien] **las siete ~s.** Andar mucho y por muchas partes. ■ **13 ganar** [alguien] **la ~.** Conseguir su propósito [contra otro u otros (*ci*)]. *Tb sin compl.*

partidario -ria *adj* **1** [Pers.] que apoya o favorece [a una pers. o idea (*compl de posesión*) frente a otra u otras]. *Tb n.* ■ **2** Partidista.

partidillo *m* (*Fút*) Partido[2] [7] de entrenamiento.

partidismo *m* Tendencia exagerada a favor de un partido[2] [1 y 2], opinión o pers.

partidista *adj* De(l) partidismo. **b)** Que tiene o muestra partidismo. *Tb n, referido a pers.*

partidistamente *adv* De manera partidista.

partido¹ -da *adj* **1** *part →* PARTIR. ■ **2** Que está dividido en dos o más partes. **b)** (*Heráld*) Dividido de arriba abajo en dos partes iguales. **c)** (*Bot*) [Hoja] cuyas divisiones llegan al menos a la mitad de la distancia entre el borde y el nervio medio.

partido² **I** *m* **1** Grupo de perss. de la misma opinión o tendencia. ■ **2** Agrupación organizada de perss. con una misma ideología política. *Frec ~* POLÍTICO. ■ **3** Decisión u opción. *Gralm con el v* TOMAR. ■ **4** Provecho. *Gralm con el v* SACAR. ■ **5** Pers. interesante como posible consorte, en el aspecto económico o social. *Gralm con los adjs* BUENO, MALO *o equivalentes.* ■ **6** Éxito entre los individuos del otro sexo. *Alguna vez* (*humoríst*) *referido a animales.* ■ **7** Encuentro deportivo entre dos equipos o dos perss. ■ **8** Territorio que comprende varios pueblos y que está bajo la jurisdicción de un juez de primera instancia. *Tb ~* JUDICIAL. **II** *loc adj* **9** [Moza] **de(l) ~ →** MOZO. **III** *loc v* **10 darse a ~.** (*lit*) Ceder [alguien] en su empeño. ■ **11 tomar ~.** Optar o decidirse [por alguien o algo]. *Tb sin compl.*

partidura *f* (*reg*) Acción de partir [4].

partija *f* **1** (*raro*) Partición o repartimiento. ■ **2** (*reg*) Parcela (porción de terreno).

partillo *m* (*Med*) Hemorragia genital que se produce gralm. entre la segunda y la sexta semana del puerperio.

parti-pris (*fr; pronunc corriente,* /partí-prí/; *pl normal, invar*) *m* Opinión preconcebida.

partiquino -na *m y f* (*Escén*) Cantante que en una ópera ejecuta una parte muy breve o de poca importancia. **b)** Actor que representa un papel de poca importancia.

partir I *v tr* **1** Hacer partes [de un todo (*cd*)]. *A veces con un compl* EN, *que expresa el número de partes.* **b)** *pr* (~se) Hacerse partes [un todo]. *A veces con un compl* EN, *que expresa el número de partes.* ∎ **2** (*Mat*) Dividir [una cantidad por otra]. ∎ **3** Repartir o dividir [algo entre varios]. *Tb abs.* ∎ **4** Romper (separar las partes [de un todo (*cd*)] de manera más o menos violenta, destruyendo su unión). *Tb abs.* **b)** *pr* (~se) Romperse [algo (*suj*)]. **c) que te parta un rayo, mal rayo te parta** → RAYO. ∎ **5** Cortar [uno o más trozos (*cd*) de algo]. ∎ **6** Causar un perjuicio grave [a alguien (*cd*)]. *Tb* ~ POR (EL) MEDIO, ~ POR LA MITAD, *o* ~ POR EL EJE.

B *intr* ➤ A *normal* **7** (*lit*) Salir o marcharse [de un lugar]. ∎ **8** Tener o tomar [algo (*compl* DE)] como base o punto de inicio. ➤ **b** *pr* (~se) **9** (*col*) Morirse [de risa]. *Tb sin compl.*

II *loc prep* **10 a ~ de.** Desde. **b) a ~ de** [algo]. Tomándo[lo] como base.

partisano -na *adj* (*hist*) Guerrillero. *Tb n, referido a pers. Gralm referido a la segunda Guerra Mundial.*

partita *f* (*hist, Mús*) Serie de piezas instrumentales semejante a la suite.

partitivo -va *adj* (*Gram*) Que expresa parte de un todo. *Tb n m, referido a adj.*

partitocracia *f* (*Pol*) Sistema basado en el predominio excesivo de los partidos políticos.

partitocrático -ca *adj* (*Pol*) De (la) partitocracia.

partitura *f* Texto completo de una obra musical.

partnership (*ing; pronunc corriente,* /párnerʃip/; *pl normal,* ~s) *m* (*Pol*) Relación de asociación o cooperación entre estados en un plano de igualdad.

parto[1] *m* **1** Acción de parir. *Tb fig.* ∎ **2** Hijo, o ser nacido de un parto [1]. **b)** Fruto o producción [de alguien o algo]. **c) el ~ de los montes.** Cosa de muy poca importancia en relación con la gran expectación creada a su alrededor.

parto[2] *adj* (*hist*) [Individuo] del pueblo que en el primer milenio antes de Cristo se estableció en Partia (antigua región de Asia). *Tb n.* **b)** De (los) partos.

part-time (*ing; pronunc corriente,* /párt-taim/) *m* Media jornada.

parturienta *adj* [Mujer] que está de parto o acaba de parir. *Tb n.*

party (*pl normal,* ~s, *a veces con la grafía ing* PARTIES) *m* (*tb, raro, f*) Fiesta o guateque.

partyline (*ing; pronunc corriente,* /párti-láin/; *pl normal,* ~s) *m* Línea telefónica comercial de entretenimiento, en que pueden hablar simultáneamente varias perss. *A veces en aposición.*

parusía *f* (*Rel crist*) Venida de Cristo glorioso al fin del mundo.

parva[1] *f* **1** Montón de mies extendida en la era para trillarla, o ya trillada. ∎ **2** (*reg*) Trilla. ∎ **3** (*raro*) Montón.

parva[2] *f* (*reg*) **1** Desayuno. **b)** Trozo de pan con una copa de aguardiente que se toma a primera hora de la mañana. ∎ **2** Refacción (comida ligera).

parvada[1] *f* (*raro*) Conjunto de pollos que cría un ave de una vez.

parvada[2] *f* (*reg*) Tontería o necedad.

parvamente *adv* (*lit, raro*) De manera parva (→ PARVO [1]).

parvedad *f* **1** (*lit*) Cualidad de parvo [1]. ∎ **2** (*Rel catól*) Pequeña cantidad de alimento que se toma por la mañana en los días de ayuno.

parvenu (*fr; pronunc corriente,* /parbenú/) *adj* (*lit*) Advenedizo. *Tb n.*

parvero *m* Montón de mies trillada y dispuesta para aventarla.

parvificar *tr* (*raro*) Empequeñecer.

parvo -va *adj* **1** (*lit*) Pequeño en cantidad o importancia. ∎ **2** (*Rel catól*) [Oficio] establecido por la Iglesia en alabanza de la Virgen. ∎ **3** (*reg*) Tonto o necio. *Tb n.*

parvobacteria *f* (*Biol, hoy raro*) Bacteria gramnegativa de tamaño relativamente pequeño, que vive como parásito de los animales de sangre caliente.

parvovirus *m* (*Biol*) Virus muy pequeño y resistente a los agentes externos.

parvulario -ria I *m* **1** Centro de enseñanza preescolar. II *adj* **2** (*raro*) De párvulos [1].

parvulista *m y f* Maestro de párvulos.

párvulo -la I *m y f* **1** Niño que recibe enseñanza preescolar. **b)** (*lit*) Niño pequeño. II *adj* **2** (*lit*) De niño pequeño. **b)** Inocente o poco experimentado.

P.A.S. (*tb con la grafía* pas) *m* (*Med*) Cierto antibiótico activo contra el bacilo de la tuberculosis.

pasa[1] *f* Acción de pasar las aves migratorias.

pasa[2] *f* En el juego de pelota: Saque antirreglamentario en que la pelota bota rebasando la línea de saque más lejana del frontis.

pasa[3] → PASO[2].

pasable *adj* Regular o que puede pasar [5]. *Tb adv.*

pasablemente *adv* De manera pasable.

pasabola (*tb* **pasabolas**) *m* (*Billar*) Lance en que la bola impulsada toca lateralmente a otra y va a dar en la banda opuesta, desde donde vuelve para tocar a la tercera.

pasabolo *m* Variedad del juego de bolos propia de algunos pueblos de Cantabria.

pasacalle *m* Marcha popular de compás muy vivo.

pasacintas *m* Entredós que lleva en su parte central agujeros para pasar una cinta.

pasada I *f* **1** Acción de pasar [1]. **b)** Acción de pasar un aparato aéreo sobre un lugar a baja altura. **c)** Acción de pasar ligeramente [un utensilio (*compl* DE) por algo]. *Frec sin compls o consabido. Gralm en la constr* DAR UNA ~. ∎ **2** Aplicación de las varias habituales o posibles [de una sustancia]. ∎ **3** Repaso ligero. *Frec fig, gralm en la constr* DAR UNA ~. ∎ **4** (*col*) Cosa que sobrepasa los límites de lo normal o lógico. *Con intención ponderativa.* ∎ **5 mala ~.** Acción, frec. malintencionada, con que se daña a alguien. *Gralm con el v* JUGAR. *Tb, raro, sim-*

plemente ~. ■ **6** (*Lab*) Vuelta o fila de puntos. ■ **7** (*reg*) Paso vadeable de un río.
II *loc adv* **8 de ~.** De paso.

pasadero -ra **I** *adj* **1** Pasable.
II *n* **A** *f* **2** Piedra o conjunto de piedras que sirven para pasar una corriente o acumulación de agua. ■ **3** (*reg*) Colador o escurridor.
B *m* **4** Pasadera [2].

pasadismo *m* Actitud o tendencia pasadista.

pasadista *adj* Que mira exclusivamente al pasado, gralm. con rechazo de cualquier innovación. *Frec n, referido a pers.*

pasadizo *m* Paso [8] estrecho u oculto.

pasado[1] **-da** **I** *adj* **1** *part* → PASAR. ■ **2** [Período de tiempo] inmediatamente anterior a aquel en que se está. ■ **3** ~ **mañana** → MAÑANA. ■ **4** (*Taur*) [Pinchazo, puyazo o algo similar] que se clava más atrás de lo normal. *Tb adv.* ■ **5 al ~.** (*Lab*) [Bordado] que se hace pasando las hebras de un lado al otro, sin cosido. *Tb adv.*
II *m* **6** Tiempo anterior al presente, gralm. lejano. ■ **7** Vida pasada [1] [de una pers. o colectividad]. *Frec implica que esa vida cuenta con aspectos dignos de mención o de ocultación.*

pasado[2] *m* (*E*) Acción de pasar.

pasador -ra **I** *adj* **1** (*raro*) Que pasa.
II *m* **2** Cierre que consta de una barrita metálica que corre hasta encajar en una hembrilla. *Tb la misma barrita.* **b)** Varilla metálica que pasa por los anillos de determinadas piezas y sirve de eje y sujeción. ■ **3** Alfiler de adorno que sirve para sujetar determinadas prendas, esp. la corbata o las dos partes del cuello. ■ **4** Aguja grande usada para sujetar el pelo o algún adorno de cabeza. ■ **5** Trabilla [del cinturón]. ■ **6** Utensilio en forma de dos botones unidos que sirve para sujetar el cuello postizo de la camisa.

pasadura *f* (*reg*) Pasada [1a y c].

pasagonzalo *m* (*raro*) Golpe pequeño dado con la mano, esp. en las narices.

pasaitarra *adj* De Pasajes (Guipúzcoa). *Tb n, referido a pers.*

pasaje **I** *m* **1** Acción de pasar [1a y 2a]. ■ **2** Sitio por donde se pasa [1a] de una parte a otra. **b)** Calle corta o galería que une dos calles. ■ **3** Fragmento [de un texto escrito u oral, o de una obra musical]. ■ **4** Billete [de barco o de avión]. ■ **5** Conjunto de viajeros [de un barco o un avión].
II *loc adj* **6 de ~.** [Barco o avión] destinado al transporte de viajeros.

pasajeramente *adv* De manera pasajera [1].

pasajero -ra **I** *adj* **1** Que pasa pronto o dura poco. ■ **2** [Lugar] transitado o por el que pasa gente.
II *m y f* **3** Pers. que viaja en un vehículo sin conducirlo o sin formar parte de la tripulación.

pasamanería *f* **1** Conjunto de adornos en forma de trenza, cordón, borla o fleco, usados esp. para uniformes o tapicería. ■ **2** Oficio o actividad de pasamanero.

pasamanero -ra *m y f* Pers. que fabrica adornos de pasamanería [1].

pasamanos (*tb* **pasamano**) *m* Parte superior de la barandilla de una escalera, sobre la que se apoya la mano. **b)** Barandilla de escalera. **c)** Cordón, cadena, barra o listón que, sujetos a la pared, hacen las veces de barandilla.

pasamontañas *m* Gorro que cubre toda la cabeza hasta el cuello, dejando al descubierto el rostro o solo la zona de los ojos.

pasante **I** *adj* **1** Que pasa, *esp* [1]. *Tb n, referido a pers.* **b)** (*raro*) Transeúnte. *Frec n.* **c)** (*Heráld*) Que está en actitud de andar o pasar.
II *m y f* **2** Abogado que trabaja como ayudante [de un notario o de otro abogado]. ■ **3** (*reg*) Profesor particular, o suplente en la enseñanza privada.

pasantía *f* **1** Cargo o actividad de pasante [2]. ■ **2** (*reg*) Clase particular o de repaso.

pasapán *m* (*col*) Garganta (parte del cuerpo).

pasapasa *m* (*raro*) Juego de manos. *Tb* JUEGO DE ~ (o DE PASA PASA).

pasapiri *m* (*jerg*) Pasaporte.

pasaportar *tr* **1** (*Mil*) Dar [a alguien (*cd*)] un pasaporte [2]. ■ **2** (*col*) Dar el pasaporte [4]. *Tb fig.*

pasaporte **I** *m* **1** Documento de identidad para salir al extranjero. ■ **2** (*Mil*) Documento en que consta el envío de un militar a un punto determinado, y que sirve para justificar la ausencia de su unidad y disfrutar de los derechos correspondientes. ■ **3** (*lit, raro*) Aval o certificado. *En sent fig.*
II *loc v* **4 dar (el) ~.** (*col*) Despedir o echar [a alguien]. **b)** Matar.

pasapurés (*tb* **pasapuré**) *m* Utensilio de cocina compuesto de un colador y un disco o brazo que oprime los alimentos contra él y los reduce a puré.

pasar **I** *v* **A** *intr* ➤ **a** *normal* **1** Ir [a otro lugar, gralm. inmediato, o al otro lado]. *Tb pr* (~**se**). *Tb fig.* *Tb sin compl, por consabido.* **b)** Seguir su proceso [una cosa]. *Frec en infin dependiendo de* DEJAR. ■ **2** Ir [de un estado o situación a otros nuevos (A + *n* o *infin*)]. **b)** ~ **a** + *infin* = PROCEDER A + *infin.* * Se pasó después a estudiar la equiparación salarial. **c)** ~ **a mayores**, ~ **a la historia**, ~ **a mejor vida** → MAYOR, HISTORIA, VIDA. ■ **3** Ir [a través de un lugar o marchando en algún momento junto a él (*compl* POR)]. *Tb fig. Tb sin compl, por consabido.* **b)** Ir [a un lugar (*compl* POR)] por poco tiempo, frec. aprovechando el camino hacia otro. *Frec pr* (~**se**). **c)** Ser [una pers. o cosa (*compl* POR)] elemento básico o decisivo [para algo (*suj*)]. * La pacificación pasa por una serie de condiciones. **d)** ~ **le** [a alguien algo] **por la cabeza** (*u otro n equivalente*). (*col*) Imaginar[lo] fugazmente. *Frec pr* (~**se**). **e) no saber** [una pers.] **lo que ha pasado** [por ella]. No poder explicar lo que ha sentido o lo que le ha sucedido. ■ **4** ~ [por algo]. Consentir[lo] o resignarse [a ello]. **b)** ~ **por el aro** → ARO[1]. ■ **5** Ser considerado válido. **b) pase.** Puede consentirse o tolerarse. *El suj es gralm una prop con* QUE. ■ **6** Ser tenido [por algo] o considerado [como algo]. **b) hacerse ~ por.** Fingirse. *Seguido de un predicat.* **c)** ~ [alguien o algo] **por** + *infin* = CONSIDERARSE QUE [alguien o algo] + *ind.* * Alberti y Aleixandre pasan por ser lo mejor del surrealismo español. ■ **7** Ocurrir. *Frec en la fórmula* ¿QUÉ PASA? (*tb, jerg,* ¿PASA, TÍO?, *o* ¿PASA CONTIGO?), *usada a veces* (*col*) *como saludo.* **b)** ¿**qué pasa?**, *o* ¿**pasa algo?** (*col*) Fórmulas con que se apoya lo dicho o hecho, desafiando cualquier posible objeción. **c) pase lo que pase.** Fórmula con que se ratifica enfáticamente una decisión o una afirmación. * Iré pase lo que pase. **d) lo pasado, pasado.** Fórmula con que se exhorta a olvidar los motivos de disensión. * Bueno, lo pasado, pasado. A partir de hoy amigos otra vez. ■ **8** Transcurrir [el tiempo o una acción]. *Tb pr* (~**se**). **b)** Terminar [una cosa] o llegar a su fin. *Frec pr* (~**se**). ■ **9** Mantenerse o resistir más o menos bien. **b)** ~ [sin una pers. o cosa]. Prescindir [de ellas]. *Frec pr* (~**se**) *y en frases negativas*. ■ **10** Ir más allá [de un límite]. *Como pr* (~**se**)*, expresa que la acción es involuntaria. Tb sin compl, por consabido.* **b)** Salir [de una determinada categoría o condición (DE + *n o infin*)]. ■ **11** (*Juegos*) No querer jugar [alguien] cuando le toca el turno. ■ **12** (*col*) Abstenerse [de algo]. *Frec sin compl, por consabido.* ■ **13** (*col*) Mantener una actitud de indiferencia o despreocupación [ante alguien o algo (*compl* DE)]. *Tb sin compl, por consabido.*

➤ **b** *pr* (~**se**) **14** No detenerse [una pieza o mecanismo] en el lugar debido. *Referido al tornillo*, ~SE DE ROSCA. **b)** (*col*) Ir [uno], en sus actos o palabras, más allá de lo discreto o razonable. *A veces*, ~SE DE LA RAYA *o* DE ROSCA. **c)** Sufrir en exceso los efectos [de algo]. *Frec en part.* **d)** Ser [algo (*compl* DE + *adj*)] de manera excesiva o inaceptable. **e)** ~**se de listo.** (*col*) Equivocarse por exceso de malicia. ■ **15** Dejar de estar [algo, esp. un alimento] en el momento adecuado u óptimo para su utilización o consumo. *Tb fig, referido a pers.* **b)** Envejecer [una tela], haciéndose fácilmente rompible. *Frec en part.* **c)** Dejar de estar de moda. *Frec* ~SE DE MODA. *Frec en part.* **d)** ~**sele el arroz** → ARROZ. ■ **16** Convertirse totalmente en brasa [el carbón]. *Frec en part.* ■ **17** ~**sele** [a alguien algo]. (*col*) Quedar[le] inadvertido u olvidarse[le]. *A veces* ~SELE POR ALTO. ■ **18** (*col*) Quedarse momentáneamente [un niño] sin poder respirar, a causa de un llanto muy violento. ■ **19** (*col*) Producir [los dientes] cierta sensación de dolor, frec. a causa del frío.

B *tr* **20** Hacer que [alguien o algo (*cd*)] vaya [a otro lugar, gralm. inmediato, o al otro lado]. *Frec sin el compl* A*, por consabido.* **b)** Hacer que [algo (*cd*)] llegue [a otra pers. (*ci*)]. **c)** Introducir o sacar [géneros de contrabando]. **d)** Poner [a una pers. (*cd*) otra que está hablando por teléfono] en comunicación [con una tercera]. ■ **21** Hacer que [alguien o algo (*cd*)] empiece a estar [en un estado o situación nuevos (*compl* A)]. **b)** Poner [algo, esp. un escrito, en otra presentación (*compl* A)]. *En constrs como* ~ A LIMPIO, ~ A MÁQUINA. *A veces se omite el compl, por consabido.* ■ **22** Ir [a través de un lugar (*cd*) o marchando en algún momento junto a él (*cd*)]. *Tb fig.* **b)** ~ **lista** → LISTA. ■ **23** Estar [determinado tiempo (*cd*) en una situación o una actividad (*compl adv, o adj concertado con el n de tiempo*)]. *Tb pr* (~**se**). **b)** ~ **el rato**, ~**se la vida** → RATO, VIDA. **c)** ~**lo.** Estar [en alguna situación y durante un tiempo con una sensación agradable o desagradable]. *Con los advs* BIEN *o* MAL*, u otros de sent equivalente. Tb* (*col*) *pr* (~**se**). **d) que usted lo pase bien.** (*pop*) *Fórmula de despedida, esp dirigida a alguien que marcha a alguna diversión. Tb* ~LO BIEN. * Adiós, muchas gracias y que usted lo pase bien. **e)** ~**las canutas, moradas, negras,** *etc* → CANUTAS, MORADO, NEGRO, etc. ■ **24** Experimentar [una sensación o situación, gralm. desagradable]. **b)** Tener por objeto [de una prueba o un examen (*cd*)]. **c)** Ser considerado apto [en una prueba o examen o en la materia correspondiente (*cd*)]. ■ **25** Tolerar o dar por bueno [a alguien o algo]. ■ **26** Hacer que [alguien o algo (*cd*)] vaya [a través de un lugar o a lo largo de él (*compl* POR)]. *Tb sin compl, por consabido.* **b)** Someter [a una pers. o cosa (*cd*)] a la acción [de algo (*compl* POR)]. **c)** ~ **por las armas,** ~ **a cuchillo** → ARMA, CUCHILLO. **d)** Someter [un alimento] a la acción del calor. *Con un compl de intensidad.* **e)** (*col*) Limpiar [algo] pasando por su superficie un trapo o algo similar. ■ **27** Llevar a cabo. *El cd es un n de*

acción como REVISTA, VISITA, CONSULTA. ■ **28** Ir más allá [de un límite (*cd*)]. **b)** Adelantar [a alguien o algo]. *Tb fig.* **c)** Superar o aventajar [a alguien o algo]. *Frec con un compl cuantitativo.* ■ **29** Omitir o saltar [un elemento de una serie]. *Tb* ~ POR ALTO. *Frec con un compl de interés.* **b)** ~ **por alto** [a alguien o algo]. No tener[lo] en cuenta. ■ **30** Proyectar [una película]. ■ **31** (*Moda*) Llevar puesto [un modelo] o lucir [algo] a lo largo de un espacio determinado, para que puedan observarlo los posibles clientes.

II *m* **32** Situación económica suficiente para vivir. *Normalmente en la constr* UN BUEN, *o* MEDIANO, ~.

pasarela *f* **1** Puente estrecho para uso de peatones. ■ **2** Plano inclinado móvil que permite el acceso a un barco. ■ **3** Plataforma alargada sobre la que se realiza un desfile de modelos.

pasaroniego -ga *adj* De Pasarón de la Vera (Cáceres).

pasarratos *m* Pasatiempo.

pasatiempo *m* Cosa que sirve de diversión o entretenimiento.

pasavolante *m* (*raro*) Toque o pasada rápida.

pasavoleo *m* (*raro*) Toque o pasada rápida.

pascal[1] *m* (*Fís*) *En el sistema internacional:* Unidad de presión equivalente a la ejercida por una fuerza de un newton sobre una superficie plana de un metro cuadrado.

pascal[2] *m* (*Informát*) Lenguaje desarrollado a partir del algol, destinado a la enseñanza y aplicado en la actualidad a ordenadores personales.

pascua (*con mayúscula en aceps 1, 2, 3, 4 y a veces en 5 y 10*) **I** *f* **1** (*Rel catól*) Fiesta en que se celebra la resurrección de Jesús. *Tb* ~ FLORIDA *o* DE RESURRECCIÓN. ■ **2** (*Rel catól*) Fiesta con que se celebra el nacimiento de Cristo, la adoración de los Magos o la venida del Espíritu Santo. *Gralm con los compls* DE NAVIDAD, DE EPIFANÍA *o* DE PENTECOSTÉS. **b)** ~ **militar.** Celebración militar de la Epifanía. ■ **3** *En pl:* Fiestas de Navidad. **b)** (*col*) Se usa frec en constrs de sent comparativo para ponderar la alegría o contento. * Iba más contento que unas pascuas. ■ **4** (*Rel jud*) Fiesta hebrea en memoria de la salida de Egipto. **b)** Comida de Pascua. *Tb fig, en la religión cristiana, designando a Jesucristo.*

II *loc adj* **5 de** ~. [Huevo] de chocolate que se regala por la Pascua [1]. **b)** [Mona] **de** ~ → MONA. ■ **6 de** ~(**s**). (*col*) [Cara] que expresa alegría o satisfacción.

III *loc v y fórm or* **7 hacer la** ~. (*col*) Fastidiar. ■ **8** (**y**) **santas** ~**s.** (*col*) (Y) ya está, o (y) eso es todo. ■ **9 santas** ~**s.** *Fórmula que expresa indiferencia.* * ¿Que está enfermo? Pues santas pascuas, como si se muere.

IV *loc adv* **10 de** ~**s a ramos.** (*col*) Muy de tarde en tarde.

pascual *adj* **1** De (la) pascua. **b)** [Cirio] muy grueso que se bendice el sábado santo y arde en la iglesia en ciertas solemnidades hasta el día de la Ascensión. **c)** [Precepto] que obliga a comulgar por Pascua de Resurrección. ■ **2** [Cordero] que ya come pasto.

pascuense *adj* De la isla de Pascua (Chile).

pascuero *m* Flor de Pascua (planta).

pase **I** *m* **1** Acción de pasar, esp [20 y 30]. ■ **2** Movimiento de los que hace con las manos un hipnotizador o mago. ■ **3** (*Taur*) Lance que consiste en citar al toro con la muleta y, cuando embiste, dejarlo pasar haciendo un quiebro. ■ **4** Permiso dado por la autoridad competente para disfrutar de un privilegio, esp. no pagar en determinados lugares o medios de transporte. *Tb el documento en que consta.* **b)** Permiso dado por escrito para que algunas cosas puedan circular por un territorio. **II** *loc v* **5 tener** [algo o alguien] **un ~.** (*col*) Ser aceptable.

paseadero *m* (*raro*) Paseo [2].

paseador -ra *adj* [Pers.] aficionada a pasear [1a]. *Tb n.*

paseante -ta (*la forma f* PASEANTA *es rara*) **I** *adj* **1** Que pasea [1a y b]. *Frec n, referido a pers.* **II** *m* **2 ~ en corte.** (*hist*) Hombre sin empleo u ocupación fijos.

pasear A *intr* **1** Andar por placer o por deporte. *Tb pr* (~se). **b)** Hacer un recorrido [a caballo o en otro medio de transporte] por puro placer o por deporte. *Tb pr* (~se). **c)** Moverse [algo] lentamente [por un lugar]. *Tb pr* (~se). **B** *tr* **2** Sacar a pasear [1] [a alguien]. ■ **3** Llevar [algo o a alguien] de un sitio a otro. ■ **4** Pasear [1] [por un lugar (*cd*)]. **b)** Recorrer [un lugar] sin prisas, como quien pasea [1]. *Tb fig.* **c)** (*hoy raro*) Pasear [4a] con frecuencia [la calle (*cd*) de una mujer (*compl de posesión o ci*)] para cortejarla. **d)** (*hoy raro*) Cortejar [a una mujer] paseando [4a] con frecuencia la calle donde vive. ■ **5** (*hist*) *En la Guerra Civil de 1936:* Dar el paseo [5].

paseata *f* Paseo [1] largo. *Tb fig.*

paseíllo *m* (*Taur*) Desfile de las cuadrillas por el ruedo antes de comenzar la corrida. *Frec en la constr* HACER EL ~.

paseo I *m* **1** Acción de pasear(se). *Frec en constrs como* IR DE ~ *o* LLEVAR DE ~. **b)** Salida en las horas de asueto [de un soldado o de otra pers. que vive en régimen de internado]. ■ **2** Lugar para pasear [1a y b]. *A veces forma parte de la denominación de algunas calles largas, anchas y con arbolado.* * Vive en el Paseo de la Habana. ■ **3** Distancia corta que puede recorrerse a pie. *Frec con intención ponderativa.* ■ **4** (*Taur*) Paseíllo. *Gralm en la constr* CAPOTE DE ~. ■ **5** (*hist*) *En la Guerra Civil de 1936:* Acción de llevarse a alguien por la fuerza y matarle sin juicio previo. *Frec en la constr* DAR EL ~. ■ **6 ~ militar.** Campaña guerrera que no ofrece dificultades. *Tb fig, fuera del ámbito militar. A veces simplemente ~.* **II** *loc v y fórm or* **7 a ~.** (*col*) Fórmula con que se expresa rechazo o desaprobación. * A paseo los problemas, que estamos de vacaciones. **b) irse a ~, mandar a ~** → IR, MANDAR.

pasera *f* Lugar donde se ponen a secar frutas para que se hagan pasas (→ PASO²).

paseriforme *adj* (*Zool*) [Ave] que tiene tres dedos dirigidos hacia adelante y uno hacia atrás, de modo que puede asirse a las ramas. *Frec como n m en pl, designando este taxón zoológico.*

pasiego -ga *adj* Del valle del Pas (Cantabria). *Tb n, referido a pers.*

pasificación *f* Transformación de uva fresca en pasa.

pasiflora *f* Pasionaria (planta).

pasiflorácea *adj* (*Bot*) [Planta] dicotiledónea trepadora, de flores hermafroditas y vistosas y fruto gralm. en baya. *Frec como n f en pl, designando este taxón botánico.*

pasil *m* (*reg*) Parte por donde se puede atravesar a pie un río o arroyo.

pasillo *m* **1** *En un edificio:* Pieza larga y estrecha que sirve de paso. ■ **2** *En un lugar abierto o cerrado:* Espacio estrecho, alargado y limitado por los lados, que sirve de paso. **b)** (*Dep*) Espacio estrecho y limitado por los lados, destinado a la práctica de determinados deportes. *Con un compl especificador.* **c) ~ aéreo.** Itinerario balizado que deben seguir los aviones, esp. en la cercanía de los aeropuertos y otras zonas de mucho tráfico. ■ **3** (*TLit*) Pieza dramática breve de carácter cómico, propia de finales del s. XIX y principios del XX.

pasión (*normalmente con mayúscula en acep 1*) *f* **1** Conjunto de sufrimientos pasados por Cristo desde su apresamiento hasta su muerte. **b)** Narración evangélica de la Pasión. **c)** (*Mús*) Oratorio que tiene por tema la Pasión [1a]. **d)** (*lit, raro*) Sufrimiento o padecimiento. ■ **2** Sentimiento causado por un deseo o tendencia. ■ **3** Sentimiento ciego o irreflexivo. **b)** Entusiasmo o vehemencia. ■ **4** Deseo sexual, esp. intenso. ■ **5** Afición o inclinación muy viva.

pasional *adj* **1** De (la) pasión, *esp* [3 y 4]. **b)** [Narración] cuyo tema es una pasión amorosa arrebatadora que lleva a un desenlace trágico. **c)** Causado por la pasión [4]. ■ **2** Apasionado o lleno de pasión [3 y 4].

pasionalmente *adv* De manera pasional.

pasionario -ria I *adj* **1** De la Pasión [1a]. **II** *n* **A** *m* **2** Libro de canto que contiene la Pasión de Jesús. **B** *f* **3** Planta trepadora ornamental de origen americano y flores vistosas, cuyos estambres, pistilos y corona central de filamentos recuerdan los instrumentos de la Pasión de Cristo (*gén.* Passiflora, esp. *P. caerulea*). *Tb su flor.*

pasionero -ra *adj* (*raro*) De (la) Pasión [1a].

pasionista *adj* **1** De la congregación religiosa de la Pasión y Cruz de Cristo. *Tb n m, referido a clérigo.* ■ **2** (*raro*) De la Pasión [1a].

pasito *adv* Despacio y sin hacer ruido. **b)** Despacio y en voz baja.

pasitrote *m* Trote corto propio de las caballerías no amaestradas.

pasivado *m* (*Metal*) Preparación de la superficie de un metal que se ha de pintar.

pasivamente *adv* De manera pasiva [1b].

pasividad *f* Cualidad de pasivo [1 y 3]. **b)** Actitud pasiva [1b].

pasivo -va I *adj* **1** Que no actúa o no interviene. **b)** Que no implica actuación o intervención. **c)** [Resistencia] que consiste en oponerse a una autoridad o a una ley en forma de no cooperación, o en negarse a lo que otro pide. **d)** [Fumador] ~ → FUMADOR. ■ **2** [Situación del funcionario] en la cual ha dejado de estar en activo. **b)** [Clases] **pasivas** → CLASE. **c)** [Pers.] que pertenece a clases pasivas. **d)** [Haberes] de la pers. que pertenece a clases pasivas. **e)** [Derechos] que adquiere un funcionario o trabajador, mediante un descuento de sus haberes, para devengar una jubilación o pensión cuando deje de estar en activo. ■ **3** [Pers.] poco dada a actuar o a tomar iniciativas. ■ **4** [Homosexual] que hace el papel de hembra. ■ **5** (*Com*) Que no produce o no sirve para producir beneficio. ■ **6** (*Gram*) [Forma o voz verbal] cuyo sujeto designa la pers. o cosa que es objeto de la acción. *Tb n f, designando voz.* **b)** [Oración] que tiene el verbo en voz pasiva. **c)** [Participio] ~ → PARTICIPIO.

II *m* **7** (*Com*) Importe total de los débitos y gravámenes de una pers. o una entidad.

pasma (*jerg*) **A** *f* **1** Policía (cuerpo). **B** *m y f* **2** Policía (miembro).

pasmado -da *adj* **1** *part* → PASMAR. ■ **2** Bobo o alelado. *Tb n, referido a pers.* ■ **3** Que denota o implica pasmo [1].

pasmar **A** *tr* **1** Asombrar o causar admiración [a alguien (*cd*)]. **b)** *pr* (~se) Asombrarse o admirarse. ■ **2** Causar [a alguien (*cd*)] suspensión o pérdida de los sentidos o del movimiento. **b)** *pr* (~se) Quedarse [alguien] inmóvil y sin saber qué hacer. ■ **3** (*col*) Causar enfriamiento o pasmo [a alguien o a una parte del cuerpo (*cd*)]. **b)** *pr* (~se) Sufrir enfriamiento o pasmo [alguien o una parte del cuerpo]. **B** *intr pr* (~se) **4** (*Pint*) Empañarse [un barniz o color].

pasmarote *m* (*col*) Pers. pasmada (→ PASMADO [2]).

pasmo *m* **1** Admiración o asombro intensos, frec. acompañados de paralización y desconcierto. ■ **2** Paralización general. *Gralm en la constr* DAR UN ~. ■ **3** (*col*) Enfriamiento (enfermedad). ■ **4** (*Bot*) Se da este n a varias enfermedades de plantas, causadas gralm por hongos.

pasmón -na *m y f* (*col*) Pasmarote. *Tb adj.*

pasmosamente *adv* De manera pasmosa.

pasmoso -sa *adj* Que causa pasmo [1].

paso[1] **I** *m* **1** Movimiento hecho con cada uno de los pies para desplazarse. *Frec con el v* DAR. *Tb fig, referido a algo que evoluciona o progresa.* **b)** (*Dep*) En pl: Falta que comete un jugador al avanzar determinado número de pasos sin botar la pelota. ■ **2** Espacio recorrido en cada paso [1]. *Frec en constrs como* (A) UN ~, (A) DOS ~S, *para ponderar la cercanía en el espacio o en el tiempo.* **b)** *En una máquina de escribir o en una impresora:* Espacio de separación entre letras. **c)** Unidad de medida de gasto en un contador. ■ **3** Manera o velocidad con que se dan los pasos [1]. *Frec con un adj o compl calificador o especificador:* DE CARGA, LIGERO, DE GANSO, DE LA OCA, DE TORTUGA (→ CARGA, LIGERO, *etc*). ■ **4** Modo natural de andar las caballerías, en el que no tienen en el aire más que un pie. *Frec en la constr* AL ~. **b)** Velocidad normal de andar una pers. *Frec en la loc* AL ~. ■ **5** Manera de mover los pies y el cuerpo propia [de una determinada danza]. ■ **6** Acción de pasar [1, 2, 3, 8, 20, 21, 22 y 26]. **b)** Posibilidad de pasar. *Frec con los vs* ABRIR, CERRAR o DAR. *Tb fig.* ■ **7** ~ **del Ecuador.** Fiesta con que se celebra en un barco el cruce del Ecuador. **b)** Fiesta con que una promoción de estudiantes celebra la mitad de su carrera. ■ **8** Lugar adecuado para pasar [1 y 20], o destinado especialmente para ello. **b)** Estrecho. *Solo en determinadas denominaciones geográficas.* * Paso de Calais. **c)** (*Caza*) Lugar por donde suele pasar la caza. **d)** ~ **a nivel,** ~ **de cebra.** → NIVEL, CEBRA. ■ **9** Acción, esp. la que se realiza para la consecución o resolución de algo. *Frec con el v* DAR. **b)** **mal** ~. Acción que supone una equivocación o una contravención de las normas establecidas. *Frec con el v* DAR. ■ **10** Trance o situación. *Gralm con un adj calificador o en la constr* SALIR DEL ~. ■ **11** (*raro*) Suceso o episodio digno de mención. ■ **12**

Grupo escultórico que representa alguno de los sucesos destacados de la Pasión de Cristo, y que se saca en procesión en Semana Santa. **b)** Imagen llevada en procesión. ■ **13** (*TLit*) Pieza teatral corta, de carácter cómico. *Gralm referido a los de Lope de Rueda* (s XVI). ■ **14** (*Danza*) Parte o secuencia. *Con un compl especificador del número de bailarines que lo ejecutan:* ~ A DOS, ~ A TRES, *etc*. ■ **15** (*Informát*) Instrucción o serie de instrucciones que realizan una determinada operación. ■ **16** (*Mec*) Distancia entre dos resaltes sucesivos de la hélice de un tornillo o tuerca. *Tb* ~ DE ROSCA. ■ **17** (*Mec*) Distancia que media entre los ejes delantero y trasero de un vehículo de cuatro ruedas.

II *loc adj* **18 de** ~. [Llave] que sirve para abrir o cerrar el paso [6] de un fluido por una tubería. ■ **19 de** ~. [Ave] que se detiene en un lugar solo para descansar y comer durante sus viajes migratorios (→ AVE).

III *loc v* **20 abrirse** ~ [alguien o algo]. Conseguir la aceptación o reconocimiento ajenos. ■ **21 andar en malos** ~s (*o alguna vez* no andar en buenos ~s). Frecuentar malas compañías. ■ **22 dar** ~ [a una pers. o cosa]. Permitir que actúe o funcione. **b) dar** ~ [una pers. o cosa a otra]. Ser sucedida [por ella]. ■ **23 dar un** ~ **al frente.** Presentarse u ofrecerse voluntario para una acción arriesgada o difícil. ■ **24 llevar el** ~, **marcar el** ~ → LLEVAR, MARCAR. ■ **25 salir al** ~ [a alguien]. Presentarse y detener[le] en su marcha, frec. con intención agresiva. *Tb fig.* **b) salir al** ~ [de una afirmación o de quien la hace]. Impugnar su veracidad. ■ **26 seguir los** ~s [a o de alguien]. Perseguir[le]. **b)** Imitar[le] o seguir su ejemplo. ■ **27 volver** [alguien] **sobre sus** ~s. Desandar lo andado. **b)** Dar por no válido lo pensado o hecho anteriormente, para comenzar de nuevo.

IV *loc adv* **28 a cada** ~. Con mucha frecuencia. ■ **29 a ese** (*o* este) ~. Si las cosas siguen así. ■ **30 al** ~. Al pasar por una parte yendo a otra. **b)** De paso o de pasada. ■ **31 a** ~s **agigantados.** Con mucha rapidez. ■ **32 de** ~. Pasando por un lugar en dirección a otro. *Frec con el v* IR. **b)** Viviendo temporalmente en un lugar dado, mientras se va a otro lugar. *Gralm con el v* ESTAR *u otro equivalente.* **c)** En el camino normal para ir a otro lugar o realizar otra acción. *Gralm con los vs* ESTAR, COGER o (*col*) PILLAR. **d)** Al mismo tiempo que se hace otra acción que se presenta como principal. *A veces seguido de una prop con* QUE. **e)** De manera incidental o secundaria, sin profundizar o detenerse. *Frec con los vs* DECIR o TRATAR. ■ **33 más que a** ~. Muy deprisa. ■ **34 ~ a** ~. Poco a poco. ■ **35 por sus** ~s (**contados**). Sin alterar el ritmo normal.

V *loc conj* **36 al** ~ **que.** Mientras. *Frec con sent adversativo.*

paso[2] **-sa** **I** *adj* **1** [Fruta, esp. uva, higo o ciruela] desecada.

II *f* **2** Uva pasa [1]. **b)** *Frec se emplea en constrs de sent comparativo para ponderar la delgadez y arrugamiento de una pers.* * Está como una pasa, arrugadito, arrugadito.

pasodoble *m* Pieza musical española con ritmo de marcha. *Tb su baile.*

pasón *m* (*juv*) Pasada (cosa que sobrepasa los límites de lo normal o lógico).

pasota (*a veces, hoy raro, tb con la grafía* **passota**) (*col*) **I** *n* **A** *m y f* **1** Joven de ideas ácratas, de costumbres y vestido poco convencional, aficionado a la droga y a la música rock, y al que se atribuye una jerga propia. **b)** Pers. a quien todo da lo mismo. *Tb adj.*

B *m* **2** Jerga de los pasotas [1a].

II *adj* **3** De los pasotas [1a].

pasote *m* (*jerg*) Pasada (cosa que sobrepasa los límites de lo normal o lógico).

pasotismo *m* (*col*) Condición o actitud de pasota [1].

paspartú *m* Recuadro de papel o tela que bordea un dibujo o algo similar, por la parte interior del marco. **b)** Cinta que a modo de marco sujeta un dibujo o algo similar y un cristal.

paspié *m* (*hist*) Danza bretona en tres tiempos, de movimiento vivo y semejante al minué, propia del s. XVII.

pasquín *m* **1** Escrito anónimo de carácter satírico, que se fija en un sitio público. ■ **2** Cartel anunciador. ■ **3** Hoja de propaganda.

pasquinero -ra *m y f* Autor de un pasquín [1].

passe-partout (*fr; pronunc corriente*, /paspartú/; *pl normal*, ~s) *m* Paspartú.

passe-pied (*fr; pronunc corriente*, /paspié/) *m* (*hist*) Paspié.

pássim *adv* En diversos lugares de la obra citada. *En citas bibliográficas.*

passing-shot (*ing; pronunc corriente*, /pásin-sót/; *pl normal*, ~s) *m* (*Tenis*) Tiro largo en que la pelota rebasa al jugador colocado para hacer una volea. *Tb simplemente* PASSING.

passota → PASOTA.

password (*ing; pronunc corriente*, /pásword/; *pl normal*, ~s) *m* (*Informát*) Clave de seguridad.

pasta I *f* **1** Masa blanda y frec. moldeable. **b)** *Esp:* Masa de harina y otros ingredientes, usada en pastelería y cocina. **c)** ~ **flora**, ~ **quebrada** → PASTAFLORA, QUEBRADO. **d)** ~ **tierna.** (*Arte*) Porcelana que no contiene caolín. ■ **2** Alimento preparado con una masa de trigo y agua, cortada en formas variadas y desecada. *Tb* ~ ALIMENTICIA. *Frec en sg con sent genérico.* ■ **3** Dulce de pequeño tamaño y consistencia dura, hecho con pasta [1b] de pastelería y frec. adornado con chocolate, almendras o frutas. ■ **4** Tapa [de un libro]. ■ **5** (*Encuad*) Encuadernación hecha con cartones cubiertos con piel o pergamino. *Normalmente con los adjs* ESPAÑOLA *o* VALENCIANA. ■ **6** Material sintético de consistencia dura. ■ **7** (*col*) Carácter o temperamento [de una pers.]. *Frec con el adj* BUENA. ■ **8** (*col*) Dinero. **b)** **una ~ (gansa).** Mucho dinero.

II *loc v* **9 tocar la ~** [a alguien]. (*jerg*) Vivir a costa [de él].

pastadero *m* Terreno donde pasta el ganado.

pastaflora (*tb con la grafía* **pasta flora**) **I** *f* **1** Pasta muy delicada, hecha de harina, azúcar y huevo.

II *loc v* **2 ser** [alguien] **de ~.** (*col*) Tener un carácter muy dulce y apacible.

pastar A *intr* **1** Pacer [el ganado].

B *tr* **2** Comer [hierba el ganado].

pastel¹ *m* **1** Golosina de pequeño tamaño hecha con una pasta dulce y blanda, rellena o adornada con crema, nata, chocolate, frutas u otras sustancias. ■ **2** Golosina de pequeño tamaño hecha con una pasta salada rellena o adornada de distintas sustancias. *Frec* PASTELILLO. ■ **3** Guiso [de carne, pescado u otra sustancia] preparado en molde. ■ **4**

Tarta (dulce). *Gralm con un compl especificador.* **b)** (*Pol, col*) Tarta (totalidad de poder o de bienes que han de repartirse). ■ **5** (*col*) Manejo o asunto que se oculta. *Gralm en la constr* DESCUBRIRSE EL ~. ■ **6** (*desp*) Obra arquitectónica recargada y de mal gusto.

pastel² **I** *m* **1** Barrita de dibujo hecha con materia colorante y agua de goma. ■ **2** Dibujo hecho con pastel [1]. ■ **3** Planta herbácea de flores pequeñas amarillas y tallo alto y ramoso, de cuyas hojas se extrae una materia colorante azul (*Isatis tinctoria*). *Tb* HIERBA ~.

II *adj* (*gralm invar*) **4** [Color] suave y claro. **b)** Que tiene color pastel.

pastelear *intr* (*col*) Contemporizar con miras interesadas.

pasteleo *m* **1** (*col*) Acción de pastelear. ■ **2** (*jerg*) Venta de alhajas falsas.

pastelería *f* **1** Establecimiento en que se fabrican o venden pasteles¹ [1] y otros dulces. ■ **2** Actividad o industria de hacer pasteles¹ [1] y otros dulces. ■ **3** Pasteles o conjunto de pasteles¹ [1]. ■ **4** (*desp*) Condición de pastel¹ [6].

pastelero -ra I *adj* **1** De (la) pastelería [2].

II *m y f* **2** Pers. que fabrica o vende pasteles¹ [1] y otros dulces. ■ **3** (*desp*) Pers. que contemporiza y se aviene a todo con facilidad.

pastelina *f* (*pop*) Plastilina.

pastelista *m y f* Pintor de pinturas al pastel² [1].

pastenco -ca *adj* (*reg*) [Cordero] que come pasto.

pastera *f* (*Constr*) Plancha en que se realiza el amasado del mortero.

pasterización *f* Pasteurización.

pasterizar *tr* Pasteurizar.

pastero¹ -ra *adj* (*raro*) De (la) pasta [1].

pastero² -ra *adj* (*reg*) [Ternero] que come pasto.

pasteurización *f* Acción de pasteurizar.

pasteurizador -ra *adj* Que sirve para pasteurizar. *Tb n m, referido a aparato.*

pasteurizar *tr* Someter [la leche u otro líquido] a una temperatura inferior a la de ebullición para destruir las bacterias nocivas. *Tb abs.*

pastiche *m* (*desp*) Imitación en que se mezclan distintos elementos o aspectos característicos del modelo. **b)** Mezcla de elementos distintos e inconexos.

pastilla I *f* **1** Pieza pequeña y redondeada de un preparado medicinal. ■ **2** Golosina pequeña de forma cuadrangular o redondeada. *Con un compl especificador.* ■ **3** Tableta [de chocolate o turrón]. ■ **4** Pieza [de jabón de tocador]. ■ **5** (*E*) Pieza pequeña cuadrangular o redondeada y plana. ■ **6** (*raro*) Dibujo en forma de disco pequeño. ■ **7** (*raro*) Saliente de ciertas cubiertas de neumático y suelas de calzado, para conseguir mayor adherencia al terreno.

II *loc adv* **8 a toda ~.** (*col*) A toda velocidad.

pastillero *m* Cajita para pastillas [1].

pastina *f* Pasta alimenticia de tamaño muy pequeño y forma variada.

pastinaca *f* Pez marino semejante a la raya, con dos aguijones venenosos en la base de la cola (*Dasyatis pastinaca*).

pastira *f* (*reg*) Hortelana de la vega de Jaén.

pastís *m* Licor anisado que se consume con agua, típico de Provenza.

pastizal *m* Terreno abundante en pasto[1].

pastizara *f* (*jerg*) Pasta o dinero.

pasto[1] **I** *m* **1** Hierba que el ganado come directamente en el campo. ■ **2** Terreno de pasto [1]. ■ **3** Alimento o comida. *Gralm referido a animales.* **b)** (*lit*) Alimento espiritual. *Frec* ~ ESPIRITUAL. ■ **4** Cosa que sirve para fomentar o mantener [algo no material (*compl de posesión*)]. *Frec en la constr* DAR ~ A. ■ **5** Objeto de una acción destructora o dañina. *Gralm en la constr* SER ~ DE. **II** *loc adj* **6 de ~.** [Vino] corriente. **III** *loc adv* **7 a** (**todo**) **~.** (*col*) En abundancia.

pasto[2] **-ta** *adj* De una tribu de indios colombianos de la región de Nariño. *Tb n, referido a pers.*

pastoforio *m* (*hist*) Habitación de los sumos sacerdotes en algunos templos gentiles. *Tb* (*lit*) *fig.*

pastón[1] *m* (*col*) Cantidad grande de dinero. *Gralm en la constr* UN ~.

pastón[2] *m* (*reg*) Porción de excremento del ganado bovino.

pastor -ra **I** *n* **A** *m y f* **1** Pers. que cuida y apacienta ganado, esp. ovejas. ■ **2** Sacerdote protestante. *Tb* ~ PROTESTANTE. **B** *m* **3** (*lit*) Eclesiástico que tiene fieles a su cargo, esp. obispo. **II** *adj* **4** De(l) pastor o de (los) pastores [1]. ■ **5** [Perro] que cuida el ganado. *Tb n m.*

pastora *f* (*jerg*) Pasta o dinero.

pastorado *m* Oficio y dignidad de pastor [2].

pastoraje *m* Pastoría.

pastoral **I** *adj* **1** De(l) pastor [2 y 3]. **b)** Del sacerdote o de su actividad como pastor de almas. ■ **2** Pastoril. **b)** (*Arte y TLit*) Que evoca o refleja la vida pastoril y campestre. *Tb n f.* **II** *f* **3** Carta pastoral (→ CARTA). ■ **4** (*Rel catól*) Actividad evangelizadora y de atención espiritual a los fieles. *Tb el conjunto de normas que la inspiran.*

pastoralismo *m* (*Rel catól*) Actividad pastoral [1].

pastoralista *m* (*Rel catól*) Especialista en pastoral [4].

pastoralmente *adv* **1** De manera pastoral [1]. ■ **2** En el aspecto pastoral [1].

pastorear *tr* **1** Cuidar y apacentar [ganado]. *Tb fig, referido a pers.* ■ **2** (*lit*) Cuidar y atender [fieles un eclesiástico]. *Tb abs.*

pastorela *f* (*TLit*) Composición lírica provenzal que consiste en un diálogo entre un caballero y una pastora.

pastoreo *m* Acción de pastorear [1]. *Tb la actividad correspondiente.*

pastoría *f* Actividad u oficio de pastor [1].

pastoriego -ga *adj* De(l) pastor [1].

pastoril *adj* De (los) pastores [1]. **b)** (*TLit*) [Novela] idealista y sentimental, típica del Renacimiento, cuyos personajes son pastores.

pastorilmente *adv* En el aspecto pastoril [1a].

pastosidad *f* Cualidad de pastoso.

pastoso -sa *adj* **1** De (la) pasta (masa blanda y moldeable). **b)** Que tiene consistencia de pasta. ■ **2** [Lengua o boca] de saliva espesa y pegajosa. ■ **3** [Lengua] que pronuncia con falta de claridad y nitidez. *Tb referido al modo de hablar.* ■ **4** (*Mús*) [Voz] llena y cálida. *Tb referido a sonido.*

pastrami *m* Carne de vaca ahumada y sazonada.

pastranense *adj* De Pastrana (Guadalajara). *Tb n, referido a pers.*

pastranero -ra *adj* De Pastrana (Guadalajara). *Tb n, referido a pers.*

pastueño -ña *adj* **1** (*Taur*) [Res] que acude sin recelo al engaño. **b)** Propio de la res pastueña. ■ **2** (*raro*) [Caballería] mansa y noble.

pastura *f* Porción de comida que se da a los animales. **b)** Alimento para los animales, preparado con una masa de harina o salvado.

pasturaje *m* Lugar de pasto, esp. comunal.

pasturar **A** *tr* **1** Apacentar [ganado]. **B** *intr* **2** Pastar [el ganado].

pat (*pl normal*, ~s) *m* (*Golf*) Putt (golpe para acercar la pelota al hoyo o introducirla en él).

pata[1] **I** *f* **1** *En los animales:* Miembro que sirve para la locomoción y que gralm. soporta el peso del cuerpo. ■ **2** (*col, humoríst*) Pierna [de una pers.]. **b)** ~ **de palo.** Pieza de madera que suple la pierna amputada de una pers. ■ **3** *En un mueble u otro utensilio:* Pieza más o menos larga, estrecha y sobresaliente sobre la que se apoya. **b)** (*Aer*) Elemento vertical del tren de aterrizaje. ■ **4** *Con un compl especificador, se usa para designar distintas cosas cuya forma evoca la de la pata* [1] *de algún animal.* **a)** ~ **de elefante.** Forma de la pernera del pantalón en que esta se va ensanchando en la parte inferior. **b)** ~ **de gallina.** (*raro*) Muesca de la barra de la romana. **c)** ~ **de gallo.** Arruga de surcos divergentes que se forma en el ángulo externo del ojo. **d)** ~ **de gallo.** (*Tex*) Dibujo en forma de tres líneas divergentes que arrancan de un ángulo. **e)** ~ **de liebre.** Cierta variedad de trébol (*Trifolium arvense*). ■ **5 mala ~.** (*col*) Mala suerte. **b)** Falta de gracia. ■ **6** (*reg*) Parte de las cuatro que se distinguen en la nuez. **II** *loc adj* **7 de ~ de banco.** (*col*) [Argumento] disparatado o absurdo. *Frec con los ns* SALIDA *o* RAZÓN. ■ **8** (**de**) ~ **negra.** (*col*) De calidad superior. **III** *loc v* **9 bailar en una ~.** (*col, raro*) Estar muy contento. ■ **10 descender** (*u otro v equivalente*) **de la ~ del Cid.** (*col*) Ser de origen noble. ■ **11 echar la ~** [a alguien o algo]. (*col*) Ganar[le] o aventajar[le]. ■ **12 echar** (*o, raro,* **tirar**) **las ~s por alto.** (*col*) Dar rienda suelta a los impulsos o dejar de contenerse. ■ **13 estirar la ~.** (*col*) Morirse. ■ **14 meter la ~.** (*col*) Actuar de manera inoportuna o inconveniente. ■ **15 poner** [a alguien] **de ~s** (*o, más frec,* **de patitas**) **en la calle.** (*col*) Despedir[lo] o echar[lo]. **IV** *loc adv* **16 a cuatro ~s.** A gatas. ■ **17 a** (**la**) ~ **coja.** Con una pierna encogida y saltando sobre la otra. ■ **18 a la ~ la llana.** (*col*) Llanamente o sin artificio. ■ **19 a** ~ (*o, frec,* **a patita**). (*col*) Andando. ■ **20 a** ~ **suelta.** (*col, raro*) A pierna suelta. ■ **21 ~s arriba.** (*col*) Completamente vuelto, con lo de abajo arriba. *Frec fig.* **b)** (*col*) En completo desorden.

pata[2] → PATO.

pataca[1] *f* Planta herbácea de la familia de las compuestas, cultivada por sus tubérculos, utilizados en la alimentación humana y del ganado y para jarabes y alcoholes (*Heliantus tuberosus*). *Tb su tubérculo.*

pataca[2] *f* Unidad monetaria de Macao.

patache *m* **1** Embarcación de cabotaje de dos palos, propia del norte de España. ■ **2** (*hist*) Embarcación de dos palos, utilizada para el servicio de otra.

pataco *m* (*reg*) Patacón.

patacón *m* (*reg*) **1** (*hoy raro*) Moneda de diez céntimos. ■ **2** Cantidad mínima de dinero. *Normalmente precedido de* UN, *y en constrs negativas de intención ponderativa como* NO TENER UN ~, *o* NO DAR UN ~ [por algo]. ■ **3** *En pl:* Dinero.

patada I *f* **1** Golpe dado con el pie o con la pata[1]. *Tb fig.* ■ **2** (*col*) *En pl:* Paseos o idas y venidas para gestionar algo. ■ **3** (*raro*) Huella de pisada de animal.
    II *loc v* (*col*) **4 dar cien ~s (en la barriga).** Desagradar o disgustar profundamente. ■ **5 dar la ~** [a alguien]. Echar[le] o despedir[le], esp. del trabajo. *Tb* DAR LA ~ DE CHARLOT, *o* DAR LA (*o* UNA) ~ EN EL CULO. ■ **6 dar una ~** [a algo]. Mandar[lo] a paseo. ■ **7 darse (de) ~s** [dos cosas, o una con otra]. Combinar muy mal.
    III *loc adv* (*col*) **8 a ~s.** En gran abundancia. ■ **9 a ~s.** Con desconsideración o de malos modos. *Gralm con los vs* ECHAR *o* TRATAR. ■ **10 como una ~ en la espinilla, (en el estómago, en las narices, en los cojones** (*vulg*), *etc*). Muy mal. *Con el v* SENTAR *u otro equivalente.* ■ **11 en dos ~s.** Muy rápidamente o en muy poco tiempo.

patado -da *adj* (*Arte y Heráld*) [Cruz] cuyos extremos se ensanchan un poco. **b)** Propio de la cruz patada.

patadón *m* (*col*) Patada [1] muy fuerte.

patagio *m* (*Zool*) Membrana de las alas de los quirópteros.

patagón -na *adj* **1** De Patagonia (región argentina). *Tb n, referido a pers.* ■ **2** (*hist*) [Indio precolombino] de la zona sur de Argentina, correspondiente a la actual Patagonia. *Tb n.*

patagónico -ca *adj* De Patagonia (región argentina).

pataleante *adj* Que patalea.

patalear *intr* **1** Agitar las piernas o las patas. ■ **2** Dar patadas en el suelo en señal de enfado.

pataleo *m* **1** Acción de patalear. **b)** (*col*) Protesta que se manifiesta a sabiendas de su inutilidad. *Gralm en la constr* EL RECURSO DEL ~, *o* EL DERECHO AL (*o* DE) ~. ■ **2** (*reg*) Acción de pisar reiteradamente uva o mies.

pataleta *f* (*col*) **1** Convulsión o ataque de nervios. ■ **2** Rabieta.

patán *m* (*desp*) **1** Hombre rústico y grosero. ■ **2** Hombre campesino o aldeano.

patanería *f* Rusticidad y grosería.

pataquilla *f* (*reg, hoy raro*) Moneda de cinco céntimos.

patarata *f* Tontería o cosa sin importancia.

patata I *f* **1** Planta solanácea cuyos tubérculos constituyen uno de los alimentos más útiles para el hombre (*Solanum tuberosum*). *Tb su tubérculo; en este caso, frec en sg con sent colectivo.* ■ **2** (*col*) Cosa mínima. *Con intención ponderativa. Normalmente en la constr* NI ~, *con vs como* SABER *o* ENTENDER, *en forma negativa.* ■ **3** (*col*) Reloj malo. ■ **4** (*jerg*)

Genitales externos femeninos. ■ **5 ~ caliente.** (*col*) Asunto comprometido o enojoso.
    II *loc adj* **6 de ~.** (*col, Mil*) Chusquero. ■ **7 de la ~.** (*Juegos*) [Corro] cuya canción comienza con las palabras "al corro de la patata".
    III *loc v* **8 comerse** [algo o a alguien] **con ~s.** Comérselo o tragárselo. *Frec en frases de sent desp.*

patatal *m* Terreno sembrado de patatas [1].

patatar *m* Patatal.

patatero -ra I *adj* **1** De (la) patata [1]. **b)** (*reg*) [Morcilla] hecha con patata. ■ **2** (*col, Mil*) Chusquero. ■ **3** [Rollo] ~ —> ROLLO.
    II *m y f* **4** Pers. que se dedica al cultivo o al comercio de la patata [1].

patatín. (**y) que si ~ (y) que si patatán,** *o* (**y) ~ (y) patatán.** (*col*) *Fórmula con que se alude a palabras dichas por otro a las que se concede poco valor.* * *Empezó a decir que aquello no podía ser y que si patatín y que si patatán, y hubo que dejarlo.*

patatús *m* (*col*) Indisposición repentina, esp. desmayo.

patazas *m* (*col, raro*) Hombre torpe y rudo.

patchwork (*ing; pronunc corriente, /páchwork/*) *m* Tejido hecho con retazos de otros. **b)** Cosa resultante de una mezcla de elementos heterogéneos.

paté *m* Pasta hecha normalmente con carne o hígado picados y especiados, que se consume fría.

pateador -ra *adj* Que patea[1] [1]. *Tb n, referido a pers.*

pateadura *f* **1** Acción de patear[1]. *Tb su efecto.* ■ **2** (*col, raro*) Represión violenta.

patear[1] A *tr* **1** Golpear [algo o a alguien] con los pies o las patas. **b)** (*Rugby*) Dar una patada [al balón (*cd*)]. *Frec abs.* ■ **2** Golpear el suelo con los pies para manifestar enojo o protesta [por un espectáculo o un discurso (*cd*)]. ■ **3** Pisotear. *Tb fig.* ■ **4** Recorrer a pie [un lugar]. ■ **5** (*col*) Gastar, esp. alegremente.
    B *intr* **6** Agitar las piernas o las patas. ■ **7** Golpear el suelo con los pies, frec. en señal de enojo o protesta. ■ **8** Andar mucho para hacer algo, esp. gestiones o diligencias.

patear[2] *tr* (*Golf*) Golpear suavemente [la pelota] para acercarla al hoyo o introducirla en él. *Frec abs.*

patela *f* (*reg*) Lapa (molusco).

patelar *adj* (*Anat*) De (la) rótula. *Gralm referido a reflejo.*

patelo *m* (*reg*) Cangrejo de mar cuyas patas posteriores terminan en forma de paleta (*Polybius henslowi*).

patén[1] *m* (*reg*) Tejido de algodón perchado.

patén[2] *m* (*reg*) Vino que paga un mozo a sus compañeros cuando se casa.

patena *f* (*Rel catól*) Platillo sobre el que se coloca la hostia durante la misa. **b)** *Frec se usa en constrs de sent comparativo para ponderar la limpieza.* * *Tiene la casa como una patena.*

patencia *f* Cualidad de patente [1].

patentable *adj* Que se puede patentar.

patentar *tr* Obtener la patente [3] [de algo (*cd*)]. *Tb fig.*

patente I *adj* **1** Claro o evidente.
    II *f* **2** Documento en que se acredita un derecho, un privilegio o un permiso. **b)** Certificado [de una

cualidad o condición]. ■ **3** Documento en que se concede el derecho exclusivo a la explotación de un invento. *Tb* ~ DE INVENCIÓN. *Tb el mismo derecho.* ■ **4** ~ **de corso.** Autorización para realizar actos prohibidos a los demás.
  III *loc v* **5 pagar la** ~. (*col*) Cargar con las culpas o con las consecuencias negativas [de algo].

patentemente *adv* De manera patente [1].

patentizar *tr* Hacer patente [1] [algo].

pateo *m* Acción de patear, *esp* [2 y 7].

páter[1] *m* Capellán castrense. **b)** (*col*) Sacerdote.

páter[2] *m* Pater noster.

patera → PATERO.

pátera *f* (*hist*) **1** Vaso de poco fondo usado por los antiguos romanos en los sacrificios. ■ **2** Adorno en rosetón que recuerda la forma de la pátera [1].

paterfamilias (*tb con la grafía* **pater-familias**) *m* (*hist*) *Entre los romanos*: Jefe de la familia. *Tb* (*lit*) *fig.*

paternal *adj* **1** De(l) padre. ■ **2** Que muestra una actitud o un afecto propios de padre.

paternalismo *m* (*desp*) Actitud o tendencia de una autoridad que, bajo apariencia de protección, trata de imponer su dominio o control.

paternalista *adj* (*desp*) **1** Que se comporta con paternalismo. *Tb n, referido a pers.* ■ **2** Que denota o implica paternalismo.

paternalmente *adv* De manera paternal.

paternidad *f* **1** Condición de padre. **b)** *Referido a la pareja*: Condición de padres. **c)** Condición de autor [de algo]. ■ **2 su** ~, *o* **vuestra** ~. *Se usa como tratamiento dirigido a algunos eclesiásticos.* * Buenas noches, padre, y perdone Su Paternidad por la molestia.

paterno -na *adj* De(l) padre. **b)** [Pariente] de la línea del padre.

paternofilial (*tb con la grafía* **paterno-filial**) *adj* De (los) padres y (los) hijos.

paternóster (*tb con la grafía* **pater noster**) *m* **1** Padrenuestro. ■ **2** Parte de la misa en que se reza o canta el padrenuestro. *Tb la composición musical correspondiente.*

patero -ra I *adj* **1** De (los) patos.
  II *n* A *m y f* **2** Cazador de patos.
  B *f* **3** Barca de fondo muy plano para perseguir patos en aguas de poco calado, y usada frec. por inmigrantes ilegales en el estrecho de Gibraltar.

pateta (*gralm con mayúscula*)**. llevarse** ~ [a una pers.]**.** *loc v* (*col, humorist*) Morirse [esa pers.].

patéticamente *adv* De manera patética [1].

patético -ca *adj* **1** Que conmueve vivamente o causa un gran sentimiento de pena. **b)** (*TLit*) [Figura retórica] destinada a excitar los sentimientos. ■ **2** (*Anat*) [Nervio] que mueve el músculo oblicuo mayor del ojo. *Tb n m.*

patetismo *m* Cualidad de patético [1].

páthico -ca *adj* (*lit*) De(l) sufrimiento.

pathos *m* (*lit*) Carga emocional o capacidad de conmover.

pati *m* (*reg*) Rayuela (juego de niñas).

pati- *r pref* De pata(s). * Patiatado. * Patilargo.

patiabierto -ta *adj* (*col*) Abierto de piernas.

patibulario -ria *adj* **1** De(l) patíbulo. ■ **2** De aspecto criminal. *Tb n, referido a pers.*

patíbulo *m* Tablado en que se ejecuta una pena de muerte. **b)** Lugar en que se ejecuta una pena de muerte.

paticojo -ja *adj* (*col*) [Pers., animal o mueble] cojos. *Tb n, referido a pers.*

paticorto -ta *adj* De patas cortas. **b)** (*col*) De piernas cortas.

patidifuso -sa *adj* (*col*) Admirado o asombrado.

patihendido -da *adj* [Animal] que tiene el pie hendido o dividido en dos partes.

patilla I *f* **1** Parte de pelo o de barba situada delante de la oreja. ■ **2** Pieza o dispositivo que sirve para sujetar otros. ■ **3** Parte [de las gafas] con que se apoyan en las orejas.
  II *adv* **4 de** ~. (*reg*) De raíz.

patilludo -da *adj* De grandes patillas [1].

patín[1] *m* **1** Aparato provisto de ruedas o de una cuchilla, que se adapta al pie y sirve para deslizarse sobre el suelo o sobre el hielo. *Frec en pl.* ■ **2** Patinete. ■ **3** Aparato formado por dos flotadores paralelos unidos transversalmente, que se desliza mediante vela, remo o pedales. ■ **4** (*Aer*) Pieza fija en la parte inferior del fuselaje o en la cola de algunos aviones para facilitar su aterrizaje.

patín[2] *m* (*reg*) Patio [1] pequeño.

pátina *f* **1** Capa de óxido que se forma sobre determinados metales, esp. que bronce o cobre, expuestos a los agentes atmosféricos. ■ **2** Capa que se forma sobre determinados objetos antiguos, esp. pinturas, suavizando su color. ■ **3** Barniz o coloración con que se recubren artificialmente algunos objetos para decorarlos o protegerlos imitando la pátina [1 y 2].

patinada *f* (*raro*) Acción de patinar[1].

patinado[1] **-da** *adj* **1** *part* → PATINAR[2]. ■ **2** Que tiene pátina.

patinado[2] *m* Acción de patinar[2].

patinador -ra *adj* Que patina[1] [1]. *Frec n, referido a pers.*

patinaje *m* Acción de patinar[1] [1 y 2]. **b)** Deporte del patín[1] [1].

patinar[1] *intr* **1** Deslizarse sobre patines[1]. ■ **2** Deslizarse o resbalar. **b)** (*Mec*) Deslizarse indebidamente [un órgano] por falta de adherencia. ■ **3** (*col*) Errar o equivocarse.

patinar[2] *tr* **1** Dar pátina, *esp* [3] [a algo (*cd*)]. *abs.* **b)** *pr* (~**se**) Cubrirse [algo] de pátina [1 y 2]. ■ **2** (*lit*) Cubrir [algo] con una capa delgada a modo de pátina.

patinazo *m* (*col*) Acción de patinar[1] [2 y 3].

patinegro -gra *adj* De patas negras. *Usado como especificador de algunas especies zoológicas.*

patineta *f* (*raro*) Patinete.

patinete *m* Juguete que consiste en una pequeña plataforma con ruedas y manillar, que sirve para deslizarse poniendo un pie encima y empujando con el otro.

patinillo *m* Patio [1] pequeño.

patio *m* **1** *En un edificio*: Espacio cerrado con paredes y descubierto. **b)** ~ **de armas.** *En un palacio o un cuartel*: Explanada cercada o zona interior destinada al relevo o parada de tropas. **c)** ~ **de caballos.** *En una plaza de toros:* Espacio en que se prueban las cabalgaduras y en que están situadas las cuadras. **d)** ~ **de cuadrillas.** *En una plaza de toros:* Espacio en que se reúnen y preparan las cuadrillas antes del paseíllo. ■ **2** Espacio cercado de los que forman parte de un cementerio. ■ **3** *En un teatro o cine:* Planta baja. *Tb* ~ DE BUTACAS. ■ **4** (*col*) Ambiente o situación. *Gralm en la constr* CÓMO ESTÁ EL ~. ■ **5** ~ **de Monipodio.** (*lit*) Lugar de reunión de ladrones y rufianes.

patirrojo -ja *adj* De patas rojas. *Tb n f, referido a perdiz.*

patita → PATA¹.

patitieso -sa *adj* (*col*) **1** Que tiene las piernas o las patas inmóviles o paralizadas. ■ **2** Admirado o asombrado.

patito *m* **1** *dim* → PATO. ■ **2** ~ **feo.** (*col*) Pers. o cosa a la que se desprecia o posterga injustamente. ■ **3 los dos ~s.** (*col*) *En la lotería de cartones:* El número 22.

patituerto -ta *adj* Que tiene las piernas o patas torcidas.

patizambo -ba *adj* Zambo (que tiene juntas las rodillas y separadas las piernas).

patizuelo *m* Patio [1] pequeño.

pato -ta I *n* A *m* **1** Ave palmípeda, salvaje o doméstica, de pico ancho y aplastado (géns. *Anas, Spatula, Aix, Netta, Aythya, Bucephala, Melanita, Somateria, Oxyura, Mergus, Tadorna, Histrionicus*). *Frec con un adj especificador:* ~ COLORADO (*Netta rufina*), ~ CUCHARA (*Anas clypeata*), ~ MANDARÍN (*Aix galericulata*), ~ REAL (*Anas platyrhyncha*), *etc. A veces designa solo al macho.* **b)** ~ **malvasía,** ~ **negrón** → MALVASÍA, NEGRÓN. **c)** *Frec se emplea en frases de sent comparativo para ponderar la torpeza, esp en el andar.* * Tiene andares de pato. ■ **2** (*col*) Pers. torpe, esp. en sus movimientos. *Tb* ~ MAREADO. B *f* **3** Hembra del pato [1]. II *loc v* **4 pagar el ~.** (*col*) Cargar con las culpas o con las consecuencias negativas [de algo (*compl* DE, o, más raro, POR)]. *Frec sin compl, por consabido.*

patochada *f* (*col*) Disparate o despropósito.

patogenesia *f* (*Med*) Conjunto de síntomas que aparecen en una pers. al administrarle con carácter experimental una determinada sustancia.

patogénesis *f* (*Med*) Patogenia.

patogenia *f* (*Med*) Origen y desarrollo [de una enfermedad].

patogénico -ca *adj* (*Med*) De (la) patogenia.

patógeno -na *adj* (*Med*) Que causa enfermedad.

patognomónico -ca *adj* (*Med*) [Síntoma] específico de una enfermedad.

patografía *f* (*Med*) Descripción de las enfermedades.

patográfico -ca *adj* (*Med*) De (la) patografía.

patois (*fr; pronunc corriente,* /patuá/; *pl invar*) *m* (*Ling*) Dialecto local.

patojo -ja *adj* [Pers.] de piernas o pies torcidos.

patología *f* Estudio de las enfermedades y de los trastornos que causan en el organismo. **b)** Conjunto de enfermedades o trastornos [de alguien o algo].

patológicamente *adv* **1** De manera patológica. ■ **2** En el aspecto patológico.

patológico -ca *adj* De (la) patología. **b)** De (la) enfermedad o que la implica.

patólogo -ga *m y f* Especialista en patología.

patorrillo *m* (*reg*) Guiso hecho con patas de cordero o cabrito y otros ingredientes.

patosamente *adv* De manera patosa.

patosería *f* Cualidad de patoso.

patoso -sa *adj* **1** [Pers.] torpe y desmañada, esp. al andar. *Tb n.* ■ **2** [Pers.] torpe o inoportuna. *Tb n.*

patraña *f* **1** Mentira, o noticia falsa. ■ **2** Relato de pura invención.

patrañero -ra *adj* **1** [Pers.] dada a contar o inventar patrañas. *Tb n.* ■ **2** De (la) patraña.

patria (*frec con mayúscula en acep 1*) I *f* **1** Nación a la que [alguien (*compl de posesión*)] pertenece. *Frec con intención retórica.* **b)** País en el que se asienta la patria. **c) madre** ~ → MADRE. ■ **2** Lugar de nacimiento [de una pers.]. *Frec* ~ CHICA, *designando la población.* ■ **3** ~ **celestial.** (*lit*) Gloria o cielo. II *loc adj* **4** [Padre] **de la** ~ → PADRE. III *loc v* **5 servir a la** ~ → SERVIR.

patriarca *m* **1** (*Rel catól*) Obispo [de determinadas sedes importantes, esp. Alejandría, Jerusalén o Constantinopla]. *Gralm referido a la Iglesia primitiva.* **b)** Obispo, a título honorífico, sin sede ni jurisdicción, [de un territorio]. ■ **2** (*Rel crist*) Jefe [de una Iglesia oriental]. ■ **3** (*hist*) Jefe del pueblo hebreo, desde Abraham hasta Moisés. ■ **4** Jefe de una comunidad familiar gitana. ■ **5** Hombre de edad avanzada que goza de gran respeto y autoridad moral en una familia o colectividad. **b)** *Frec se emplea en frases de sent comparativo para ponderar el respeto y el bienestar que rodean a una pers.*

patriarcado *m* **1** Cargo o dignidad de patriarca [1 y 2]. *Tb el territorio correspondiente.* ■ **2** (*Sociol*) Sistema de organización social basado en la preponderancia del padre.

patriarcal *adj* **1** De(l) patriarca. ■ **2** De(l) patriarcado [2]. **b)** [Familia] muy numerosa dirigida por la autoridad de un patriarca [5]. ■ **3** [Autoridad o gobierno] ejercidos con sencillez y benevolencia. **b)** Que ejerce una autoridad patriarcal.

patriarcalidad *f* Condición de patriarca [5].

patriarcalismo *m* (*raro*) **1** Patriarcado [2]. ■ **2** Tendencia a la autoridad patriarcal [3].

patriciado *m* **1** Conjunto de los patricios [1a y 2a]. ■ **2** Dignidad o condición de patricio [1a y 2a].

patricial *adj* De(l) patriciado o de los patricios [2].

patriciamente *adv* (*lit, raro*) De manera patricia [2b].

patricio -cia *adj* **1** (*hist*) *En la antigua Roma:* [Pers.] de la clase social más alta. *Más frec n.* **b)** De (los) patricios. ■ **2** (*lit*) Noble o aristócrata. *Más frec n, referido a pers.* **b)** Noble o distinguido.

patrimonial *adj* De(l) patrimonio.

patrimonialista *adj* De(l) patrimonio.

patrimonialización *f* Acción de patrimonializar.

patrimonializar *tr* Convertir [algo] en patrimonio.

patrimonio *m* **1** Conjunto de bienes que se transmite por herencia. ■ **2** Conjunto de bienes susceptibles de estimación económica [de una pers. o entidad]. ■ **3** Bien propio [de alguien o algo].

patrio -tria *adj* **1** (*lit*) De la patria. ■ **2** [Potestad] que los padres tienen sobre los hijos no emancipados. *Normalmente antepuesto al n.*

patriota *adj* **1** [Pers.] que ama a su patria [1]. *Frec n.* ■ **2** (*raro*) [Cosa] que denota o implica amor a la patria [1].

patriotería *f* (*desp*) Actitud o comportamiento patrioteros.

patrioterismo *m* (*desp*) Patriotería.

patriotero -ra *adj* (*desp*) **1** [Pers.] que alardea de patriotismo. ■ **2** [Cosa] que denota o implica alarde de patriotismo.

patrióticamente *adv* De manera patriótica.

patriótico -ca *adj* De(l) patriota o de(l) patriotismo.

patriotismo *m* Condición o comportamiento de patriota [1].

patrístico -ca **I** *adj* **1** De (la) patrística [2]. **II** *f* **2** Estudio de la vida y obras de los Padres de la Iglesia. *Tb las mismas obras.*

patrocinador -ra *adj* Que patrocina. *Tb n.*

patrocinar *tr* **1** Amparar o defender [a alguien o algo]. **b)** Apoyar o favorecer [algo]. ■ **2** Sufragar los gastos [de alguien o algo (*cd*)], esp. con fines publicitarios.

patrocinio *m* Acción de patrocinar.

patrología *f* Patrística.

patrón -na **I** *n* **A** *m y f* **1** Protector bajo cuya advocación está una iglesia, un pueblo o una colectividad. ■ **2** Pers. que ayuda o protege [a alguien o algo (*compl de posesión*)]. ■ **3** Fundador [de una obra pía]. ■ **4** Dueño de la pensión en que [alguien (*compl de posesión*)] vive. *Tb sin compl. Gralm referido a mujer.* **b)** Dueño de la casa en que [alguien (*compl de posesión*)] se aloja. *Tb sin compl.* ■ **5** Pers. para la que trabaja [alguien (*compl de posesión*)]. *Tb sin compl. A veces usado como tratamiento.* **B** *m* **6** Hombre autorizado para mandar una embarcación de hasta determinado tonelaje en navegaciones más o menos restringidas, según el título. *Tb usado como tratamiento.* ■ **7** Pieza, gralm. de papel, con una forma determinada, que sirve para cortar otras iguales a ella. *Gralm en costura. Tb fig.* **8** Cosa que se toma como modelo o punto de referencia para medir o evaluar otras. *Frec en aposición.* **b)** ~ **metálico.** (*Econ*) Sistema en que los metales preciosos se imponen como medio de intercambio. **c)** ~ (**de**) **oro** (*o* (**de**) **plata**). (*Econ*) Sistema monetario en que cada moneda equivale a una cantidad fija de oro (o de plata). ■ **9** Planta en que se hace un injerto. ■ **10** (*Biol*) Huésped (animal o vegetal a cuyas expensas vive un parásito o comensal, o en que se aloja un inquilino). **C** *f* **11** Mujer del patrón [5]. **II** *loc v* **12 estar** [perss. o cosas] **cortadas por el mismo** ~. Ser muy semejantes. *Frec con intención irónica.* ■ **13 estar de patrona.** Vivir en una pensión.

patronaje *m* Fabricación de patrones [7].

patronal **I** *adj* **1** De(l) patrón [1 y 5] o de(l) patrono [1 y 2]. **II** *f* **2** Conjunto de los patronos [2].

patronato *m* **1** Consejo encargado de la dirección, asesoramiento o control [de determinadas fundaciones, esp. de carácter benéfico o cultural]. *Tb la misma fundación.* ■ **2** Patronazgo. ■ **3** Patronal [2].

patronazgo *m* Condición o comportamiento de patrón [1 y 2].

patronear *tr* Ejercer el cargo de patrón [6] [de un barco (*cd*) o en un viaje (*cd*)]. **b)** Dirigir o gobernar.

patronímico *adj* (*hist*) [Apellido] formado sobre el nombre de pila del padre. *Frec n m.*

patronista *m y f* Pers. que hace patrones [7] de costura.

patrono -na **A** *m y f* **1** Patrón [1]. ■ **2** Pers. que emplea [a otras (*compl de posesión*)] a su servicio. *Tb sin compl.* ■ **3** Pers. que tiene a su cargo el mantenimiento [de una obra pía]. **B** *m* **4** Patrón [6].

patrulla **I** *f* **1** Grupo pequeño de soldados o gente armada, barcos o aviones, que prestan servicio de vigilancia. **II** *adj invar* **2** [Coche] policial destinado a patrullar por las calles. *Tb n m.*

patrullaje *m* Acción de patrullar.

patrullamiento *m* Patrullaje.

patrullar **A** *intr* **1** Ir en patrulla [por un lugar]. **B** *tr* **2** Vigilar en patrulla [un lugar].

patrullero -ra *adj* Que presta servicio de patrulla. *Tb n: m, referido a pers, barco o coche; f, referido a lancha.*

pattern (*ing; pronunc corriente,* /pátern/; *pl normal,* ~s) *m* (*lit*) Modelo o patrón.

patuco *m* **1** Bota de punto para bebé. ■ **2** Calcetín de lana.

patudo *m* Pez marino de la misma familia que el atún, propio de los mares tropicales (*Thunnus obesus*).

patulea *f* (*col*) **1** Conjunto de gente despreciable. *A veces con intención afectiva, esp referido a niños.* ■ **2** Muchedumbre incontrolada.

patum (*cat; pl normal,* ~s) *f* **1** Figura que representa un animal fabuloso. ■ **2** Pers. que goza de consideración más por el lugar que ocupa o por su fama que por sus méritos.

patuño *m* (*reg*) Pata de cerdo.

paúl[1] *m* Sitio pantanoso cubierto de hierba.

paúl[2] *adj* De la Congregación de la Misión, fundada en 1625 por San Vicente de Paúl. *Tb n, referido a pers.*

paular *m* Terreno pantanoso.

paulatinamente *adv* De manera paulatina.

paulatino -na *adj* Que se produce de una manera lenta y gradual.

paulilla *f* (*reg*) Garrapatillo (insecto).

paulina *f* (*Rel catól*) Carta o despacho de excomunión expedidos en los tribunales pontificios para el descubrimiento de algunas cosas que se sospecha han sido robadas u ocultadas maliciosamente.

paulino -na *adj* De(l) apóstol San Pablo.

paulista *adj* De São Paulo (Brasil). *Tb n, referido a pers.*

paulistano -na *adj* Paulista.

pauperismo *m* (*Sociol*) Situación permanente de pobreza de una parte de la sociedad. **b)** (*lit*) Pobreza o indigencia.

pauperización *f* (*Sociol*) Empobrecimiento relativo de una clase social.

paupérrimo → POBRE.

paupertad *f* (*lit, raro*) Pobreza.

paurópodo *adj* (*Zool*) [Miriápodo] de pequeño tamaño, con diez pares de patas y antenas terminadas en tres largas sedas. *Frec como n m en pl, designando este taxón zoológico.*

pausa *f* **1** Breve interrupción de una acción. **b)** (*Ling*) Silencio dentro de la cadena hablada. **c)** (*Mús*) Interrupción temporal del sonido. *Tb el signo que la representa.* ■ **2** Lentitud o falta de apresuramiento.

pausadamente *adv* De manera pausada.

pausado -da *adj* **1** *part* → PAUSAR. ■ **2** Lento o reposado.

pausar *tr* (*raro*) Interrumpir o retardar.

pauta *f* **1** Instrumento que sirve para trazar rayas de guía para los renglones. *Tb el conjunto de rayas.* ■ **2** Guía o modelo a seguir.

pautado -da *adj* **1** *part* → PAUTAR. ■ **2** [Papel] que tiene pauta [1] para escribir o pentagrama para la música.

pautar *tr* Marcar la pauta [de algo (*cd*)].

pava[1] *f* (*jerg*) Colilla [de cigarro, esp. de hachís o marihuana].

pava[2] *f* (*reg*) Coliflor.

pava[3] → PAVO[1].

pavada *f* **1** Manada de pavos[1]. ■ **2** (*col*) Tontería o bobada.

pavana *f* (*hist*) **1** Danza de carácter lento y solemne, de moda en los ss. XVI y XVII. *Tb su música.* ■ **2** (*TLit*) Composición poética destinada al canto, propia del s. XVI, formada por estrofas de 7 versos dodecasílabos, excepto el 5º y 6º, que son normalmente hexasílabos.

pavano -na *adj* (*raro*) Paduano.

pavería *f* (*reg*) Cualidad de pavero [3].

pavero -ra **I** *m y f* **1** Pers. que cuida una manada de pavos[1]. **II** *adj* **2** [Sombrero] de ala ancha y recta y copa en forma de cono truncado, propio de Andalucía. *Frec n m.* ■ **3** (*reg*) Presumido o vanidoso. *Tb n. Más o menos vacío de significado, se usa como insulto.* ■ **4** (*reg*) Simpático o chistoso.

pavés[1] **I** *m* **1** (*hist*) Escudo grande y oblongo que cubre casi todo el cuerpo. **II** *loc v* **2 alzar** (*u otro v equivalente*) [a alguien] **sobre el ~.** (*lit*) Encumbrar[le] o erigir[le] en caudillo.

pavés[2] *m* **1** Ladrillo o bloque de vidrio moldeado. ■ **2** (*Cicl*) Adoquinado.

pavesa *f* Partícula ligera que salta de una materia en combustión y acaba por convertirse en ceniza. **b)** *Frec se emplea en constrs de sent comparativo para ponderar la debilidad o delgadez de alguien.* * Se ha quedado como una pavesa.

pavesada *f* (*Mar, hist*) Mamparo de tablas que protege la batayola.

pavía[1] *f* Variedad de melocotón de piel lisa. *Tb el árbol que la produce.*

pavía[2]. **soldado** *o* **soldadito de ~** → SOLDADO.

pávido -da *adj* (*lit, raro*) Que tiene miedo.

pavimentación *f* Acción de pavimentar. *Tb su efecto.*

pavimentado *m* Acción de pavimentar. *Tb su efecto.*

pavimentador -ra *adj* Que sirve para pavimentar. *Frec n f, referido a máquina.*

pavimentar *tr* Recubrir con pavimento.

pavimento *m* Revestimiento que se aplica al suelo para hacerlo sólido y llano o para mejorar su aspecto. **b)** Material utilizado para pavimento.

pavimentoso -sa *adj* (*Anat*) [Epitelio] de células planas.

pavipollo *m* Pollo de pavo[1].

pavisosería *f* (*raro*) Cualidad de pavisoso.

pavisoso -sa *adj* [Pers.] sosa o sin gracia. *Tb n. Tb fig.*

pavitonto -ta *adj* [Pers.] tonta o necia.

pavo[1] **-va** **I** *n* **A** *m* **1** Ave gallinácea doméstica, de plumaje pardo, cuello y cabeza desnudos y cubiertos de carúnculas (*Meleagris gallopavo*). *Tb designa solo el macho de esta especie.* ■ **2 ~ real.** Ave gallinácea originaria de la India, cuyo macho tiene un espléndido plumaje azul y una cola de largas plumas con ocelos de colores que despliega en forma de abanico (*Pavo cristatus*). *Tb designa solo el macho de esta especie.* **b)** *Se usa frec en constrs de sent comparativo para ponderar la fatuidad o el engreimiento de una pers.* * No le soporto, es un auténtico pavo real.
B *f* **3** Hembra del pavo [1 y 2].
C *m y f* **4** Pers. sosa o parada. *Tb adj.*
II *loc adj* **5 del ~.** (*col*) [Edad] de la adolescencia, en que los muchachos muestran un carácter difícil e inestable. *A veces con intención desp.* ■ **6** [Moco] **de ~** → MOCO.
III *loc v* **7 ir** (*o* **navegar**) **como una pava.** (*Mar*) Llevar mucha vela o ir con todo el aparejo largo y lleno. ■ **8 pelar la pava.** (*col*) Estar de conversación [dos novios]. ■ **9 subír(se)le el ~** [a alguien]. (*col*) Ruborizarse.

pavo[2] *m* (*col*) Duro (moneda).

pavo[3] *m* (*jerg*) Síndrome de abstinencia. *Tb ~ FRÍO.*

pavón *m* **1** Pavo real. ■ **2** Mariposa de gran tamaño con manchas redondeadas en las alas (*Saturnia pavonia* y *S. pyri*). ■ **3** Capa superficial de óxido de color azulado, negro o café, con que se cubren las piezas de acero para mejorar su aspecto y evitar su corrosión.

pavonada. darse una ~. *loc v* (*raro*) Entretenerse o divertirse.

pavonado[1] **-da** **I** *adj* **1** *part* → PAVONAR. **II** *m* **2** Objeto pavonado.

pavonado[2] *m* Acción de pavonar. *Tb su efecto.*

pavonado[3] **-da** *adj* Azulado oscuro.

pavonar *tr* Dar pavón [3] [a algo (*cd*)]. *Frec en part.*

pavonear *intr* Presumir o darse importancia. *Frec pr* (*~se*). *A veces con un compl DE.*

pavoneo *m* Acción de pavonear(se). **b)** Alarde u ostentación que hace un animal de sus cualidades ante la hembra o ante un oponente.

pavor *m* Terror, o miedo muy intenso.

pavorde *m* (*hist*) Prepósito. *Referido a Cataluña.*

pavorido -da *adj* (*lit*) Lleno de pavor.

pavorosamente *adv* De manera pavorosa.

pavoroso -sa *adj* **1** Que causa pavor. *Frec con intención enfática.* ■ **2** (*col*) Muy grande o extraordinario. *Normalmente referido a cosas negativas.*

pavura *f* (*lit*) Pavor.

pax tecum (*lat; pronunc,* /páks-tékum/) *m* (*raro*) Portapaz.

payador *m* Cantor popular errante. *Referido a los países del Río de la Plata.*

payasada *f* Hecho o dicho propio de payaso.

payasear *intr* Hacer el payaso.

payaso -sa **A** *m y f* **1** Artista de circo que hace reír con sus trajes, gestos y dichos extravagantes. ■ **2** Pers. que hace reír con sus gestos y dichos. *Tb adj.* ■ **3** (*desp*) Pers. poco seria en su comportamiento. *A veces usado como insulto.*
B *m* **4** Pez de pequeño tamaño y coloración brillante que vive en simbiosis con las actinias (*Amphiprion percula*). *Tb* PEZ ~.

payés -sa *m y f* Campesino. *Referido a Cataluña o Baleares.* **b)** ~ **de remensa** → REMENSA.

payesía *f* **1** Conjunto de (los) payeses. ■ **2** Conjunto de masías y campos correspondientes. ■ **3** Masía.

payo¹ -ya *adj* **1** (*col*) [Pers.] de raza no gitana. *Tb n. En oposición a* GITANO. **b)** De (los) payos. ■ **2** (*raro*) Aldeano o paleto. *Tb n.*

payo² *m* (*reg*) Sobrado o desván.

pay-pay → PAIPAY.

payuté → PAIUTE.

paz **I** *f* **1** Estado o circunstancia de no haber guerra en un país o de no estar en guerra con otros. **b)** Estado de sosiego y armonía entre los miembros de una comunidad. **c)** Estado de una pers. a la que nada altera o preocupa. **d)** Ausencia de agitación o ruido. ■ **2** Tratado por el que se pone fin a una guerra. ■ **3** Reconciliación o vuelta a la amistad y concordia. *Frec en pl y en la constr* HACER LAS PACES. ■ **4** Saludo con el que se desea a alguien paz [1b y c]. *Gralm referido al que se da durante la misa. Gralm en la constr* DAR LA ~.
II *loc adj* **5 de ~ .** [Gente] tranquila y de bien. *Gralm como respuesta a las preguntas* ¿QUIÉN VA? *o* ¿QUIÉN VIVE? ■ **6** [Juez] **de ~** → JUEZ.
III *loc v y fórm or* **7 dar ~** [a alguien o algo]. Dejar[le] descansar. ■ **8 dejar en ~** [a alguien]. No molestar[lo] o inquietar[lo]. **b) dejar** [a alguien] **en ~** [de algo]. No hablar[le] de ello). **c) dejar en ~** [algo]. No tocar[lo]. *Tb fig.* ■ **9 descansar en ~ o en la ~ del Señor.** (*lit*) Morir. **b) descanse en ~ .** *Fórmula con que se desea la bienaventuranza a alguien que acaba de morir.* * Descanse en paz nuestro querido compañero. **c) que en ~ descanse.** *Fórmula piadosa que sigue a la mención de un difunto.* * El abuelo, que en paz descanse, era muy divertido y cariñoso. ■ **10 no salvar** [a alguien] **ni la ~ ni la caridad.** (*col*) No tener ninguna posibilidad de salvación. ■ **11 a la ~** (**de Dios**). (*pop*) *Fórmula de saludo.* * A la paz de Dios, ¿hay alguien? ■

12 y en ~ , *o* **y aquí ~ y después gloria.** (*col*) Y ya está, o y eso es todo.
IV *loc adv* **13 en ~ .** Sin deber nada [a alguien (*compl* CON)]. *Tb fig. Con vs como* ESTAR *o* QUEDAR. *Tb sin compl, en ors con suj pl y sent recíproco.* ■ **14 en ~ .** Sin ganar ni perder nada. *Con vs como* ESTAR *o* QUEDAR. ■ **15 en ~** (**y en gracia de Dios**). Con tranquilidad moral.

pazguatería *f* Cualidad de pazguato.

pazguato -ta *adj* Simple o pasmado. *Tb n, referido a pers.*

pazo *m* Casa señorial gallega, esp. edificada en el campo.

pazpuerco -ca *adj* (*raro*) [Pers.] sucia y grosera. *Tb n.*

PC (*sigla; pronunc,* /pe-cé/) *m* Ordenador personal.

pche (*tb con las grafías* **psche** *o* **pse**) *interj* Expresa indiferencia, displicencia o reserva. * –¿Te gusta? –¡Pche!

pe **I** *f* **1** Letra del alfabeto (*p, P*), que en español corresponde al fonema /p/. (V. PRELIM.) *A veces tb se llama así el fonema representado por esta letra.*
II *loc adv* **2 de ~ a pa.** (*col*) Desde el principio hasta el fin, o de un extremo a otro. *Frec con vs como* DECIR *o* SABER.

peaje *m* **1** Derecho que se paga por transitar por un lugar. *Frec en la constr* DE ~ . *Tb fig.* ■ **2** Lugar en que se paga el peaje [1].

peal *m* Pieza de tela o cuero con que se cubre el pie, usada esp. por los pastores.

peán *m* (*hist*) En la antigua Grecia: Himno solemne en honor de Apolo u otra divinidad, de súplica, de alegría, de combate o de victoria.

peana **I** *f* **1** Base sobre la que se coloca algo, esp. una figura o imagen. ■ **2** (*col*) Pie (parte del cuerpo). ■ **3** (*raro*) Plataforma o tarima, esp. la situada delante del altar. ■ **4** (*reg*) Tierra que se amontona al pie de un olivo para mantenerlo más firme.
II *loc v* **5 adorar el santo por la ~** → SANTO.

peaña *f* (*hist*) Peana.

peatón -na *m y f* **1** Pers. que camina o va a pie. *Se opone a automovilista o a pers que va en un vehículo.* ■ **2** Cartero que hace su trabajo a pie.

peatonal *adj* **1** De (los) peatones [1]. ■ **2** [Cartero] que hace su trabajo a pie.

peatonalización *f* Acción de peatonalizar.

peatonalizar *tr* Hacer peatonal [una calle].

peatonil *adj* (*raro*) Peatonal [1].

peba *f* (*reg*) Simiente de melón, sandía o calabaza.

pebble culture (*ing; pronunc corriente,* /pébl-kálĉer/) *f* (*Arqueol*) Cultura de los guijarros, propia de los comienzos del Paleolítico.

pebete *m* Pasta aromática, gralm. en forma de varilla, que al quemarse exhala un olor agradable.

pebetero *m* **1** Recipiente, esp. con cubierta agujereada, usado para quemar perfumes. ■ **2** Recipiente en que arde la antorcha olímpica.

pebre *m o f* Salsa de pimienta, ajo, perejil y vinagre.

pebrina *f* (*Zool*) Enfermedad de los gusanos de seda caracterizada por la aparición de pequeños puntos negros en su cuerpo.

peca *f* **1** Pequeña mancha oscura del cutis, esp. de la cara. ■ **2** (*Bot*) Mancha pequeña, gralm. de color pardo o rojizo, que aparece en la epidermis de algunos frutos atacados por hongos.

pecable *adj* (*raro*) Que puede pecar.

pecado I *m* **1** Acción u omisión contraria a los preceptos religiosos. **b)** ~ **nefando.** (*Rel catól*) Sodomía. **c)** ~ **solitario.** (*Rel catól*) Masturbación. ■ **2** Falta o delito. *Con intención ponderativa.* ■ **3** Estado del que ha cometido un pecado [1]. ■ **4** (*col*) Blasfemia o palabra malsonante.
    II *loc adj* (*col*) **5 de mis ~s.** Querido. *A veces con intención irónica.* ■ **6 de ~ (mortal).** Muy bueno. *Con intención ponderativa. Tb adv.*
    III *loc v* **7 llevar en el ~ la penitencia.** Sufrir las consecuencias negativas de una acción reprobable o desacertada. *A veces con un compl* DE. ■ **8 vivir en ~.** Vivir maritalmente [dos perss.] fuera del matrimonio.

pecador -ra *adj* **1** Que peca [1]. *Tb n, referido a pers.* ■ **2** [Mujer] que se dedica a la prostitución. *Tb n f.* ■ **3** De(l) pecado o que lo implica.

pecadoso -sa *adj* (*reg*) Pecador [1].

pecaminosamente *adv* De manera pecaminosa.

pecaminosidad *f* Cualidad de pecaminoso.

pecaminoso -sa *adj* Que implica pecado [1].

pecar *intr* **1** Contravenir uno o más preceptos religiosos. *Alguna vez con un compl* CONTRA. ■ **2** Contravenir [una ley o norma (*compl* CONTRA)]. ■ **3** Cometer un error o falta. ■ **4** Tener el defecto de ser [algo (DE + *adj*)] o de tener [algo (DE + *n de cualidad*)]. * Peca de tacaño. * Peca de tacañería.

pécari (*tb* **pecarí**; *tb con la grafía* **pékari**) *m* Mamífero americano semejante al jabalí, de cuya piel se obtiene un cuero muy apreciado por su flexibilidad (*Tayassu tajacu, T. pecari* y otras especies del mismo gén.). *Tb su piel.*

pecblenda *f* (*Mineral*) Mineral constituido por óxido de uranio y varios metales raros, entre ellos el radio.

peccata minuta (*lat; pronunc,* /pekáta-minúta/) *loc n* Cosas pequeñas o sin importancia. *Normalmente como predicat con* SER.

pecé *m y f* (*col*) Miembro del Partido Comunista de España.

pececillo *m* **1** *dim* → PEZ¹. ■ **2 ~ de plata.** Insecto apterigógeno de cuerpo aplanado cubierto de escamas, que habita en las casas (*Lepisma saccharina*).

pececito *m* **1** *dim* → PEZ¹. ■ **2 ~ de plata.** Pececillo de plata.

peceño -ña *adj* Que tiene el color de la pez². *Esp referido a caballos.*

pecera *f* Vasija, gralm. de cristal, para tener peces vivos.

pecero -ra *m y f* (*col*) Miembro del Partido Comunista de España.

pecha *f* (*hist*) Pecho² o tributo.

pechada *f* (*col*) Hartazgo o atracón. *Frec con un compl especificador*: DE + *n o infin*, o A + *infin*.

pechamen *m* (*col*) Pechos¹ [3]. *Referido a mujer.*

pechar¹ A *intr* **1** Asumir [una carga o responsabilidad (*compl* CON)]. ■ **2** (*hist*) Pagar pechos² o tributos.
    B *tr* **3** (*hist*) Pagar [algo] como pecho² o tributo.

pechar² *tr* (*reg*) Cerrar con llave o cerrojo. *Tb fig.*

pechar³ *intr* (*reg*) Empujar o chocar [contra alguien o algo].

pechblenda *f* (*Mineral*) Pecblenda.

pechelingüe *m* (*raro*) Pirata de mar.

pechera *f* **1** Parte de la camisa u otra prenda de vestir, que cubre el pecho¹. ■ **2** (*col*) Pechos¹. *Referido a mujer.*

pechería *f* (*hist*) Conjunto de pechos² o tributos.

pecherín *m* Pechera [1] corta y adornada que gralm. va sobrepuesta.

pechero -ra *adj* (*hist*) **1** [Pers.] que paga tributos. *Tb n.* ■ **2** Plebeyo. *Tb n. Se opone a* CABALLERO *o a* NOBLE.

pechiazul *m* Pájaro de pequeñas dimensiones, de plumaje pardo, con plumas azules y negras mezcladas en la garganta y el pecho¹ [2] (*Luscinia svecica*).

pechina *f* (*Arquit*) Triángulo curvilíneo que forma la cúpula con los arcos en que se apoya.

pechirrojo *m* (*reg*) Petirrojo (ave).

pechisacado -da *adj* Erguido y que saca el pecho¹ [1]. *Tb fig.*

pecho¹ I *m* **1** *En el ser humano:* Parte del cuerpo comprendida entre el cuello y el vientre. ■ **2** *En los animales:* Parte anterior del tronco, comprendida entre el cuello y las patas. *Frec en pl, referido a caballos o toros.* ■ **3** Mama¹. *Referido a mujer. Tb en sg con sent pl.* **b)** Leche materna. ■ **4** (*lit*) Corazón (lugar en que se consideran situados los sentimientos y el valor). *Tb los sentimientos o el valor.*
    II *loc adj* **5 de ~.** [Niño] que mama. ■ **6 de ~.** (*Taur*) [Pase] por alto cambiado y forzado. ■ **7** [Angina] **de ~,** [do] **de ~,** [golpe] **de ~** → ANGINA, DO, GOLPE.
    III *loc v* **8 criar** [una pers. a otra] **a sus ~s.** Formar[la] y educar[la]. ■ **9 dar el ~.** Amamantar. ■ **10 dar el ~.** Afrontar un peligro o responsabilidad. ■ **11 echarse** [algo] **a ~s.** (*lit, raro*) Beber[lo] con ansia. ■ **12 partirse el ~** [por alguien o algo]. Luchar denodadamente [por ellos]. **b) partirse el ~** [haciendo algo]. Hacer[lo] con el máximo empeño. **c) partirse el ~** [de risa]. Reírse intensamente. *Tb sin compl.* ■ **13 sacar** (el) **~.** Erguirse en actitud arrogante o de desafío. *Tb fig.* ■ **14 tomar** [algo] **a ~,** o (*lit*) **a ~s.** Dar[le] importancia y obrar en consecuencia. **b)** Tomar[lo] con empeño.
    IV *loc adv* **15 a ~ descubierto.** Sin ayuda o defensa. ■ **16 del ~.** (*pop*) De tuberculosis pulmonar. *En constrs como* ENFERMO, *o* ENFERMAR, DEL ~, *o* ESTAR DEL ~. ■ **17 de ~s.** (*lit*) Apoyando los brazos y el pecho [1]. ■ **18 entre ~ y espalda.** Dentro o en el estómago. *Gralm con vs como* ECHAR, METER *o* LLEVAR. *Tb fig.*

pecho² *m* (*hist*) Tributo o contribución.

pechuga *f* **1** Pecho¹ [2] de ave. **b)** Mitad de una pechuga. ■ **2** (*col*) Pechos¹ [3] de mujer. **b)** (*raro*) Pecho¹ o teta. *Gralm en pl.* ■ **3** (*col*) Pecho¹ [1] de hombre.

pechugón¹ -na *adj* **1** (*col*) De pechuga abultada. *Esp referido a mujer.* ■ **2** (*raro*) [Hombre] de pecho abultado.

pechugón² *m* (*reg*) Esfuerzo físico intenso, esp. caminando.

pecina *f* Cieno negruzco que se forma en los lugares en que hay materias orgánicas en descomposición.

pecinal *m* Estancamiento de agua con pecina.

pecio *m* Restos de una nave naufragada.

peciolado -da *adj* (*Bot*) Que tiene pecíolo.

peciolar *adj* (*Bot*) De(l) pecíolo.

pecíolo (*tb* **peciolo**) *m* (*Bot*) Parte estrecha de la hoja, por donde se une al tallo.

pécora *f* 1 Mujer maligna o de malas intenciones. *Frec usado como insulto. Frec en la constr* MALA ~. *Tb adj.* ■ 2 (*raro*) Cabeza de ganado lanar.

pecoreador -ra *adj* Que pecorea.

pecorear *intr* Salir [las abejas] a recolectar néctar.

pecoreo *m* Acción de pecorear.

pecoso -sa *adj* Que tiene pecas [1].

péctico -ca *adj* (*Quím*) De (la) pectina.

pectina *f* (*Quím*) Glúcido común en las plantas, esp. en el jugo de algunos frutos maduros.

pectíneo -a *adj* (*Anat*) De(l) pubis. *Tb n m, referido a músculo.*

pectocelulósico -ca *adj* (*Quím*) De pectina y celulosa.

pectoral I *adj* 1 De(l) pecho¹. *Tb n m, referido a músculo.* ■ 2 (*Zool*) [Aleta] de la parte anterior del vientre. ■ 3 [Medicamento o sustancia] que combate las afecciones pulmonares o bronquiales. *Tb n m.*
II *m* 4 Cruz que llevan sobre el pecho¹ los obispos y otros prelados. ■ 5 (*hist*) Adorno que cubre el pecho¹, propio de faraones y sumos sacerdotes. ■ 6 (*col, humoríst*) Pecho¹ de mujer. *Gralm en pl.*

pecuario -ria *adj* De(l) ganado.

peculado *m* (*Der*) Hurto de caudales públicos por el encargado de administrarlos.

peculiar *adj* 1 Propio y característico [de una pers. o cosa]. ■ 2 Raro o extraño.

peculiaridad *f* 1 Cualidad de peculiar. ■ 2 Rasgo o carácter peculiar.

peculiarización *f* Acción de peculiarizar.

peculiarizar *tr* Dar carácter peculiar [1] [a alguien o algo (*cd*)].

peculiarmente *adv* De manera peculiar.

peculio *m* Dinero o bienes particulares [de una pers.]. **b)** Dinero de que dispone un recluso en la cárcel.

pecunia *f* (*lit*) Dinero.

pecuniariamente *adv* En el aspecto pecuniario.

pecuniario -ria *adj* De(l) dinero.

pecunio *m* (*lit*) Dinero.

pedagogía *f* Ciencia de la educación y de la enseñanza.

pedagógicamente *adv* 1 De manera pedagógica. ■ 2 En el aspecto pedagógico.

pedagógico -ca *adj* 1 De (la) pedagogía. ■ 2 Que trata de enseñar o educar.

pedagogismo *m* (*desp*) Sumisión pedantesca a un sistema pedagógico.

pedagogista *adj* (*desp*) De(l) pedagogismo.

pedagogo -ga *m y f* 1 Especialista en pedagogía. ■ 2 Pers. con dotes para la enseñanza. ■ 3 (*hist*) Educador de un niño.

pedal¹ *m* 1 Palanca que se acciona con el pie. **b)** (*Mús*) *En algunos instrumentos:* Palanca que se acciona con el pie y que permite modificar la intensidad sonora o la afinación. ■ 2 (*lit*) Ciclismo.

pedal² (*jerg*) I *m* 1 Borrachera.
II *adj* 2 Borracho.

pedalada *f* Impulso dado al pedal de la bicicleta u otro vehículo similar.

pedaleador -ra *adj* Que pedalea. *Tb n.*

pedaleante *adj* Que pedalea. *Tb n.*

pedalear A *intr* 1 Mover el pedal o los pedales. *Gralm referido a bicicleta u otro vehículo similar.*
B *tr* 2 (*raro*) Mover los pedales [de una bicicleta u otro vehículo similar (*cd*)].

pedaleo *m* Acción de pedalear.

pedalera *f* (*Mús*) Teclado de órgano accionado con los pies.

pedalier *m* 1 *En un vehículo o aparato:* Conjunto de los pedales. **b)** *En una bicicleta:* Conjunto de los pedales y la rueda dentada. ■ 2 (*Mús*) Pedalera.

pedalismo *m* (*raro*) Ciclismo.

pedalista *m y f* (*raro*) Ciclista.

pedalístico -ca *adj* (*raro*) De(l) pedalismo.

pedáneo. alcalde ~ –→ ALCALDE.

pedanía *f* 1 Territorio bajo la jurisdicción de un alcalde pedáneo. ■ 2 Oficina del alcalde pedáneo.

pedante *adj* (*desp*) [Pers.] que alardea de erudición. *Tb n.* **b)** Propio de la pers. pedante.

pedantear *intr* Hablar con pedantería.

pedantemente *adv* De manera pedante.

pedantería *f* 1 Cualidad de pedante. ■ 2 Dicho o hecho pedante.

pedantescamente *adv* De manera pedantesca.

pedantesco -ca *adj* Propio de la pers. pedante.

pedantismo *m* Pedantería [1].

pedazo I *m* 1 Trozo o parte [de algo partido o roto]. ■ 2 Parte [de un todo] considerada independientemente. *Frec sin compl, por consabido.* ■ 3 ~ de + *n.* (*col*) *Constr con que se pondera la importancia de lo designado por* n *o la intensidad de la cualidad a que se refiere.* * ¡Vaya pedazo de coche! * ¡Pedazo de animal! ■ 4 un ~ de pan. (*col*) Una pers. muy buena. *Gralm con el v* SER.
II *loc v* 5 caerse [algo] a ~s. Desmoronarse o venirse abajo de viejo. **b)** caerse [alguien] a ~s. (*col*) Mostrarse sumamente decaído por cansancio o sueño. ■ 6 hacer ~s [algo o a alguien]. Destrozarlo totalmente. *Referido a pers, frec fig, ponderando cansancio.* ■ 7 morirse (*u otro v equivalente*) por los ~s [de una pers.]. (*col*) Estar muy enamorado [de ella]. ■ 8 saltar [algo] hecho ~s, *o* en ~s. Estallar y quedar totalmente destrozado. *Tb fig.*

pederasta (*lit*) I *m* 1 Hombre que practica la pederastia.
II *adj* 2 Propio del pederasta.

pederastia *f* (*lit*) Relación homosexual de un hombre con niños. **b)** Relación homosexual masculina.

pedernal *m* **1** Variedad de cuarzo de color gris amarillento, fractura concoidea y bordes traslúcidos, que da chispas con el eslabón. **b)** *Frec se usa en constrs de sent comparativo para ponderar la dureza.* * Está duro como el pedernal. ■ **2** Trozo de pedernal [1], esp. el usado en los mecheros para producir chispas.

pedero *m* (*Vet*) Enfermedad infecciosa de ovejas y cabras, que consiste en la inflamación ulcerosa de las pezuñas.

pedestal I *m* **1** Pieza, gralm. con molduras, sobre la que se apoya una estatua, una columna o algo similar. **b)** Base o fundamento que sirve de apoyo a algo.
II *loc adv* **2** **en** (*o* **sobre**) **un ~.** En muy alta estima o consideración. *Con vs como* TENER, PONER *o* ESTAR.

pedestre *adj* **1** Que se hace a pie. ■ **2** Vulgar o ramplón.

pedestrismo *m* Deporte pedestre [1].

pedial *adj* (*Anat*) Pedio.

pediatra (*tb, raro,* **pediátra**) *m y f* Médico especialista en niños.

pediatría *f* Rama de la medicina que estudia las enfermedades de los niños.

pediátrico -ca *adj* De (la) pediatría.

pedicelario *m* (*Zool*) Pinza minúscula de los equinodermos.

pedicelo *m* (*Bot*) Parte alargada y carnosa que sostiene el sombrerillo de las setas.

pédico -ca *adj* (*Med*) De(l) pie.

pediculado -da *adj* (*Anat*) Provisto de pedículo.

pediculicida *adj* (*Quím*) Que mata piojos. *Tb n m, referido a producto.*

pedículo *m* (*Anat*) Porción estrecha y alargada que sirve de soporte o de punto de implantación a una planta, a un órgano o a un tumor.

pediculosis *f* (*Med*) Infestación de piojos. **b)** Afección cutánea producida por los piojos.

pedicura *f* Cuidado y arreglo de los pies.

pedicuro -ra *m y f* Pers. que se dedica al cuidado y arreglo de los pies.

pedida I *f* **1** Petición de mano.
II *loc adj* **2** **de ~.** [Pulsera] que suele regalar el novio a la novia el día de la petición de mano.

pedido *m* Encargo de géneros hecho a un vendedor o fabricante.

pedidor -ra *adj* (*raro*) Que pide. *Tb n.*

pedigree (*ing; pronunc corriente,* /pedigrí/) *m* Pedigrí.

pedigrí *m* Genealogía de un animal de raza. *Tb el documento en que consta. Tb* (*humoríst*) *referido a pers o cosa.*

pedigüeñar *intr* (*reg*) Pedigüeñear.

pedigüeñear *intr* Actuar o comportarse como pedigüeño.

pedigüeñeo *m* Acción de pedigüeñear.

pedigüeñería *f* Condición o actividad de pedigüeño.

pedigüeño -ña *adj* [Pers.] que acostumbra a pedir [1a y c] con excesiva frecuencia o con inoportunidad. *Tb n.* **b)** Propio de la pers. pedigüeña.

pedilón -na *adj* (*reg*) Pedigüeño.

pediluvio *m* Baño de pies tomado como medicina.

pedimento *m* (*Der*) Petición.

pedio -dia *adj* (*Anat*) De(l) pie.

pedipalpo *m* (*Zool*) Segundo apéndice bucal de los arácnidos.

pedir (*conjug 62*) **A** *tr* **1** Manifestar [a alguien (*ci*)] el deseo o la necesidad [de algo (*cd*)] para que los satisfaga. *Tb abs.* **b)** *A veces con sent de obligación.* * ¿Es este el nivel que se debe pedir a los alumnos? **c)** *Como abs:* Pedir limosna. **d)** Manifestar [alguien (*suj*) a los parientes (*ci*) de una mujer (*cd*)] el deseo de que la concedan en matrimonio a él o a su representado. **e)** ~ **la mano** → MANO. **f)** Necesitar [una cosa (*suj*)] algo (*cd*)] para su realización o complemento. **g)** **no haber más que** ~ → HABER. ■ **2** Poner [el vendedor (*suj*)] una cantidad (*cd*)] como precio [a su mercancía (*compl* POR)]. *Tb sin compl* POR, *por consabido.* ■ **3** (*reg*) Preguntar.
B *intr* **4** Rezar [por alguien o algo]. ■ **5** (*reg*) Preguntar [por alguien].

pedisecuo -cua *adj* (*lit, raro*) Esclavo. *Tb fig.*

pedo I *m* **1** (*vulg*) Ventosidad. ■ **2** (*vulg*) Ruido o explosión semejante a una ventosidad. ■ **3** ~ **de lobo.** Hongo blanco y globoso que al llegar a la madurez se rompe y deja salir un polvo negro (*Lycoperdon perlatum*). ■ **4** ~ **libre.** (*col*) Abertura en la parte posterior de una prenda de vestir. *Frec en la loc* DE ~ LIBRE. ■ **5** (*jerg*) Borrachera. **b)** Estado similar a la embriaguez, producido por el consumo de droga.
II *adj* **6** (*jerg*) [Pers.] que está bajo los efectos del alcohol o de las drogas.

pedofilia *f* (*Psicol*) Paidofilia.

pedófilo -la *adj* (*Psicol*) Paidófilo. *Tb n, referido a pers.*

pedolobo *m* Pedo de lobo (hongo).

pedómano -na *m y f* (*raro, humoríst*) Pers. que hace alardes de habilidad expeliendo ventosidades.

pedorrear (*vulg*) **A** *intr* **1** Expeler ventosidades de manera reiterada. ■ **2** Producir [algo] un ruido parecido al de las ventosidades.
B *tr* **3** (*raro*) Expeler [algo] con ruido parecido al de las ventosidades.

pedorrera *f* (*vulg*) Expulsión reiterada de ventosidades.

pedorrero -ra *adj* (*vulg*) Que expele ventosidades de manera reiterada. *Tb n, referido a pers.*

pedorreta (*col*) I *f* **1** Ruido que se hace con la boca imitando el de las ventosidades. *Frec como señal de burla o desprecio.* ■ **2** Ruido parecido al de una ventosidad. ■ **3** Ventosidad pequeña.
II *loc v* **4** **hacer** [a alguien] **una** (*o* **la**) ~. Mostrar[le] burla o desprecio, esp. con una pedorreta [1].

pedorro -rra *adj* (*vulg*) Que expele ventosidades con frecuencia. *Tb n, referido a pers. A veces, vacío de significado, se emplea como insulto.*

pedrada I *f* **1** Golpe dado con una piedra lanzada.
II *loc adv* **2** **como ~ en ojo de boticario.** (*col*) Muy a propósito.

pedrajero -ra *adj* De Pedrajas de San Esteban (Valladolid). *Tb n, referido a pers.*

pedrazano -na *adj* De Pedraza (Segovia). *Tb n, referido a pers.*

pedrea *f* 1 Pelea a pedradas. ▪ 2 Acción de apedrear. ▪ 3 (*raro*) Granizada (hecho de caer granizo). ▪ 4 (*col*) Conjunto de premios menores de la lotería. *Tb fig.*

pedregada *f* (*reg*) Granizada.

pedregal *m* Terreno cubierto de piedras sueltas.

pedregar *intr* (*reg*) Granizar.

pedregón *m* (*reg*) Piedra grande y suelta.

pedregoso -sa *adj* [Terreno] que tiene muchas piedras.

pedregullo *m* (*reg*) Grava o gravilla.

pedreñero -ra *adj* De Pedreña (Cantabria). *Tb n, referido a pers.*

pedrería *f* Conjunto de piedras preciosas.

pedrero -ra I *adj* 1 De (la) piedra.
II *n* A *m* 2 Hombre que labra piedras. ▪ 3 (*hist*) Pieza de artillería destinada a disparar bolas de piedra.
B *f* 4 Cantera (sitio de donde se saca piedra). ▪ 5 (*Geol*) Pedriza [2].

pedrés -sa *adj* (*reg*) [Gallo o gallina] de plumas irisadas.

pedresina *f* (*Taur*) Cambio de muleta ejecutado de espaldas al toro y con la muleta plegada en la mano izquierda.

pedrisca *f* (*raro*) Pedrisco [3].

pedrisco *m* 1 Granizo, esp. grueso. ▪ 2 (*raro*) Conjunto de piedras lanzadas. ▪ 3 (*raro*) Piedra suelta. *Tb en sg con sent colectivo.*

pedriza → PEDRIZO.

pedrizal *m* (*raro*) Pedregal.

pedrizo -za I *adj* 1 [Terreno] cubierto de piedras.
II *f* 2 Terreno cubierto de piedras sueltas. b) (*Geol*) Acumulación de fragmentos de roca, resultante de la acción mecánica, esp. del hielo, sobre la roca madre. ▪ 3 (*reg*) Montón de piedras.

Pedro. como ~ por su casa. *loc adv* (*col*) Con completa libertad o desenvoltura. *Con vs como* ENTRAR *o* MOVERSE.

pedrojiménez (*tb con la grafía* **Pedro Jiménez** *o* **Pedro Ximénez**) *m* Variedad de uva propia de la región de Jerez de la Frontera, de racimo grande y grano esférico, liso, traslúcido y dorado. *Tb el vino elaborado con ella.*

pedrón *m* Piedra grande.

pedroñero -ra *adj* De Las Pedroñeras (Cuenca). *Tb n, referido a pers.*

pedroseño -ña *adj* De El Pedroso (Sevilla). *Tb n, referido a pers.*

pedroso -sa *adj* (*raro*) De piedra.

pedrusco *m* Piedra grande.

peduco *m* (*reg*) Calcetín gordo, gralm. de lana.

pedugo *m* (*reg*) Calcetín gordo, gralm. de lana.

pedunculado -da *adj* (*Anat*) Provisto de pedúnculo.

pedúnculo *m* (*Anat*) 1 Porción estrecha y alargada que sirve de soporte o de punto de implantación, esp. a una planta o parte de ella o a un animal. ▪ 2 Cordón de sustancia nerviosa que une dos órganos o dos partes de órganos.

peeling (*ing; pronunc corriente,* /pílin/) *m* Técnica de tratamiento cosmético en que se logra una descamación de la piel.

peep-show (*ing; pronunc corriente,* /píp-sóu/ *o* /píp-ʃóu/; *pl normal,* ~s) *m* Cabina con mirilla a través de la cual se contempla un espectáculo pornográfico o a una pers. desnuda. *Tb el mismo espectáculo.*

peer (*conjug 17*) *intr* (*vulg*) Expeler ventosidades. *Tb pr* (~se).

pega[1] *f* 1 (*col*) Problema o dificultad. *Frec en pl.* ▪ 2 Acción de pegar [1a]. b) Sustancia que sirve para pegar. ▪ 3 (*Min*) Carga explosiva de un barreno. ▪ 4 (*reg*) Marca de pez[2]. ▪ 5 (*raro*) Chasco o engaño.
II *loc adj* 6 de ~. (*col*) Falso o de mentira.

pega[2] *f* (*reg*) Urraca (ave).

pegacarteles *m y f* Pers. que pega carteles de propaganda.

pegada *f* 1 Capacidad de pegar [6 y 18]. ▪ 2 Acción de pegar [1a].

pegadizo -za *adj* Que se graba fácilmente en la memoria. *Esp referido a música.*

pegado[1] **-da** I *adj* 1 *part* → PEGAR. ▪ 2 [Lugar] inmediato [a otro]. ▪ 3 (*col*) Que no sabe qué decir, por sorpresa o ignorancia. *Gralm con vs como* ESTAR, DEJAR *o* QUEDAR. ▪ 4 (*Moda*) [Manga] que va cosida al extremo exterior del hombro. ▪ 5 (*Moda*) Ajustado o sin vuelo.
II *m* 6 (*hoy raro*) Parche medicinal.

pegado[2] *m* Acción de pegar [1a].

pegador -ra *adj* 1 Que pega [1a]. *Tb n.* ▪ 2 (*Boxeo*) Que pega o golpea fuerte. *Tb n.*

pegadura *f* 1 Acción de pegar [1a y 2]. ▪ 2 Unión o lugar en que se pegan [1a y 2] dos cosas.

pegajosamente *adv* De manera pegajosa.

pegajosería *f* Pegajosidad [1].

pegajosidad *f* 1 Cualidad de pegajoso. ▪ 2 (*raro*) Cosa pegajosa [1a].

pegajoso -sa *adj* 1 Que pega [1b] o se pega [21a] con facilidad. b) [Frío, calor o cosa semejante] que pone la piel pegajosa [1a]. ▪ 2 (*col*) [Pers. o cosa] de la que resulta difícil desprenderse o desembarazarse. b) (*Taur*) [Res] que insiste reiteradamente en su embestida, esp. en la suerte de varas. ▪ 3 (*col*) Excesivamente amable o cariñoso.

pegalajareño -ña *adj* De Pegalajar (Jaén). *Tb n, referido a pers.*

pegamento *m* Sustancia que sirve para pegar [1].

pegamín (*n comercial registrado*) *m* Pegamento.

pegapases *m y f* (*Taur, desp*) Torero sin arte.

pegar A *tr* ➤ **a** *normal* 1 Unir [dos cosas, o una con otra (*compl* A, CON *o* EN)] mediante una sustancia que impide que se separen. b) Unir [una sustancia (*suj*) dos cosas] de modo que no se separen. *Frec abs.* ▪ 2 Unir [dos cosas, o una con otra (*compl* A, CON *o* EN)] cosiéndo[las] o sujetándo[las] de algún modo. *Tb con el 2.º compl.* ▪ 3 Acercar [dos cosas o (más raro) perss., o una a otra (*compl* A *o* CONTRA)] de modo que se toquen o estén muy próximas. *Tb fig.* ▪ 4 (*col*) Transmitir [a alguien] por trato o contacto [algo que se tiene, esp. una cualidad o una enfermedad]. ■ **5** Golpear [a alguien]. *Frec con suj pl y cd recíproco.* ■ **6** Dar [un golpe] o infligir [una agresión]. ■ **7** (*col*) Dar (hacer o realizar). *El cd es un n que expresa acción o efecto.* ■ **8** ~ (**el** *o* **un**) **ojo** → OJO.

➤ **b** *pr* **9** ~**sela**. (*col*) Darse un golpe [contra algo (*compl* CONTRA *o* CON)]. *Tb sin compl.* ■ **10** ~**sela** [a alguien]. (*col*) Engañar[le]. *Esp en sentido sexual.*

B *intr* ➤ **a** *normal* **11** Quedarse unido al sitio al que se aplica [un objeto o sustancia dispuestos para ello]. ■ **12** (*col*) Armonizar, o estar en consonancia, [dos cosas, o una con otra (*ci o compl* CON)]. *Frec en la constr* NO ~ NI CON COLA. **b)** ~ [una cosa a alguien o algo]. (*col*) Ir[le] bien o ser[le] adecuado. *Frec en las constrs* NO ~ NI CON COLA, *o* ~ COMO A CRISTO DOS PISTOLAS. ■ **13** (*col*) Rimar [versos]. ■ **14** Tocar o estar muy próxima [una cosa a otra (*compl* A, EN *o* CON)]. *Frec en ger. Tb sin compl, con suj pl.* ■ **15** Dar o chocar [contra algo (*compl* EN *o* CONTRA)]. *Tb pr* (~**se**), *referido a seres animados.* ■ **16** Hacer que [algo que se lanza (*compl* CON)] choque [contra algo (*compl* EN *o* CONTRA)]. ■ **17** (*col*) Dar (tener [un agente (*suj*) a alguien o algo (*ci o compl de lugar*)] bajo su exposición). ■ **18** Ejercer [algo] con intensidad la acción que le es propia. *Frec* ~ FUERTE. **b)** (*col*) Causar impacto o tener éxito. *Tb* ~ FUERTE. **c)** **venir pegando**. (*col*) Presentarse en un determinado ambiente [una pers. nueva] con mucho ímpetu y afán de dominio. *Frec* VENIR PEGANDO FUERTE. ■ **19** Realizar [con una cosa (*ci*)] la acción adecuada. ■ **20** (*reg*) Empezar. *Gralm con un compl* A + *infin, que a veces se omite por consabido.*

➤ **b** *pr* (~**se**) **21** Quedarse unidas [dos cosas, o una a otra] a causa de una sustancia que impide que se separen. *Tb sin compl, por consabido.* **b)** Quedarse unido al recipiente [un guiso], esp. por exceso de fuego o falta de caldo. **c)** ~**sele** [a alguien] **las sábanas** → SÁBANA. ■ **22** Pasar [algo, esp. una cualidad o una enfermedad (*suj*) a alguien] por trato o contacto con otros. ■ **23** ~**sele** [algo a alguien]. (*col*) Pasar a ser suyo por medios poco honrados. *A veces usado como euf.* ■ **24** ~**sele** [algo no deseado a alguien]. (*col*) Pasar a ser de su incumbencia sin corresponderle realmente. ■ **25** (*col*) Unirse [a alguien] sin ser invitado. ■ **26** Reñir a golpes [con alguien]. ■ **27** (*col*) Tropezar [con algo].

pegata *f* (*col, raro*) Pegatina.

pegatina *f* Adhesivo pequeño en que va escrito o impreso algo, esp. un eslogan.

pegmatita *f* (*Mineral*) Granito caracterizado por el grosor de sus componentes.

pego. dar el ~. *loc v* (*col*) Engañar [alguien o algo] con su apariencia.

pegolete *m* (*Taur*) Lance falsamente brillante.

pegolino -na *adj* De Pego (Alicante). *Tb n, referido a pers.*

pegollo *m* (*reg*) Pilar del hórreo.

pegón -na *adj* (*col*) [Pers.] aficionada a pegar a otros. *Tb n.*

pegote *m* **1** Porción [de algo] que se ha pegado. ■ **2** (*col*) Añadido o intercalación que destaca negativamente. *Tb fig.* ■ **3** (*col*) Mentira o farol. *Frec en la constr* ECHARSE, *o* TIRARSE, UN ~. ■ **4** (*col*) Pers. que se une a otras sin ser invitada.

pegotear *tr* (*col, desp*) Pegar [1a].

peguero -ra **A** *m y f* **1** Pers. que fabrica o vende pez².

B *f* **2** Hoyo en que se quema leña de pino para obtener la pez². ■ **3** Lugar en que se calienta la pez² para marcar el ganado.

pegujal *m* Pequeña porción de terreno de cultivo.

pegujalero -ra *m y f* **1** Labrador que tiene poca labor. ■ **2** Ganadero que tiene poco ganado.

pegujar *m* Pegujal.

peguntoso -sa *adj* **1** Pegajoso, o que se pega con facilidad. ■ **2** (*raro*) Pegajoso, o excesivamente amable.

pehlevi *m* (*hist*) Iranio medio occidental (lengua).

peina *f* Peineta [1].

peinable *adj* Que puede ser peinado.

peinado *m* **1** Modo de ir colocado el cabello. ■ **2** Acción de peinar [1, 2 y 5].

peinador -ra **A** *m y f* **1** Pers. que tiene por oficio peinar [1].

B *m* **2** Prenda que las mujeres se ponen sobre los hombros para peinarse. ■ **3** Tocador (mueble). **C** *f* **4** (*reg*) Tocador (mueble).

peinar *tr* **1** Desenredar y ordenar [el cabello] con el peine [1]. **b)** Desenredar y ordenar el cabello [de una pers. (*cd*)] con el peine. *Frec el cd es refl.* ■ **2** Alisar [fibras textiles] limpiándolas y ordenándolas paralelamente. ■ **3** Arreglar o preparar. ■ **4** Tocar o rozar ligeramente. ■ **5** Rastrear minuciosamente [una zona]. *Tb fig.* **b)** Registrar o examinar con cuidado [algo]. ■ **6** Barajar [las cartas] cogiendo a la vez la de arriba y la de abajo.

peinazo *m* (*Carpint*) Travesaño que forma los cuarterones [de una puerta o ventana].

peine **I** *m* **1** Utensilio formado por una fila de dientes o púas paralelos y unidos por su base, que se usa para desenredar y ordenar el cabello. ■ **2** Pieza o herramienta con una o varias hileras de dientes. ■ **3** *En un arma de fuego*: Pieza que contiene una serie de proyectiles. ■ **4** Figura o estructura cuya forma recuerda al peine [1]. ■ **5** (*Zool*) Conjunto de pelos del extremo de las patas de los artrópodos. **b)** Lámina córnea situada en la base del último par de patas del escorpión. ■ **6** (*col*) Pers. astuta.

II *loc v* **7** **saber** (*o* **enterarse de**) **lo que vale un** ~. (*col*) Saber lo que es bueno. **b)** **saber** (*o* **enterarse de**) **cuántas púas tiene un** ~ → PÚA¹.

peineta *f* **1** Utensilio en forma de peine [1] curvo, usado por las mujeres como adorno y para sujetar el peinado. ■ **2** (*hist*) Utensilio en forma de peine [1] curvo usado por los toreros para sujetar la cofia.

peje *m* (*col, raro*) Hombre astuto y sagaz.

pejerrey *m* Pez marino de cuerpo plateado con bandas oscuras a los lados, que abunda en las costas españolas y en las lagunas litorales y es comestible apreciado (gén. *Atherina*).

pejesapo *m* (*reg*) Rape (pez).

pejeverde *m* Cierto pez de las islas Canarias.

pejigo *m* (*reg*) Albaricoque.

pejiguera **I** *f* **1** (*col*) Cosa fastidiosa o molesta. ■ **2** Planta herbácea propia de lugares húmedos y sin cultivar, con flores rojizas en espiga (*Polygonum persicaria*). *Tb* HIERBA ~.

II *adj* **3** (*col*) [Pers.] fastidiosa o molesta. *Tb n.*

pejín -na *adj* (*reg*) Pejino. *Tb n.*

pejino -na *adj* (*reg*) **1** De la costa de Cantabria. *Tb n, referido a pers.* ■ **2** Laredano. *Tb n.*

pekan *m* Marta del Canadá, muy apreciada por su piel (*Martes pennanti*). *Tb su piel.*

pékari → PÉCARI.

pekinés → PEQUINÉS.

pela[1] *f* Acción de pelar [2 y 3].

pela[2] *f* (*col*) **1** Peseta. ■ **2** Dinero. *Frec en pl.*

pelada *f* **1** Caída del pelo. ■ **2** Acción de pelar [1].

peladera *f* (*raro*) Caída del pelo.

peladilla *f* **1** Almendra recubierta con una capa blanca y dura de azúcar. ■ **2** (*col*) Canto o guijarro.

peladillo *m* (*reg*) Variedad de albaricoque de piel lustrosa y carne dura pegada al hueso.

pelado[1] **-da** **I** *adj* **1** *part* → PELAR. ■ **2** [Cosa] que carece de aquello que habitualmente la recubre. ■ **3** Que carece de cualquier aditamento. ■ **4** [Número] que consta de decenas, centenas o millares justos. ■ **5** (*col*) [Pers.] pobre o de baja categoría social. *Frec n.* **b)** Desgraciado. *Usado como insulto.* ■ **6** (*col*) Que se ha quedado sin dinero. **II** *m* **7** Zona pelada [2]. *Esp referido a terreno.*

pelado[2] *m* Acción de pelar [1, 2 y 3].

pelador -ra *adj* Que pela [1, 2 y 3]. *Tb n: m y f, referido a pers; f, referido a máquina; m, referido a aparato.*

peladura *f* **1** Acción de pelar(se) [1, 2, 3 y 7]. *Frec su efecto.* ■ **2** Piel o cáscara que se quita a un fruto.

pelafustán -na *m y f* (*raro*) Pers. insignificante.

pelagatos *m y f* (*col*) Pers. insignificante. *Tb adj.*

pelagianismo *m* (*Rel crist*) Doctrina de Pelagio (s. V), que niega la transmisión del pecado original y la necesidad de la gracia.

pelagiano -na *adj* (*Rel crist*) De(l) pelagianismo. **b)** Adepto al pelagianismo. *Tb n.*

pelágico -ca *adj* (*Biol*) [Zona] de alta mar. **b)** De (la) zona pelágica.

pelagra *f* Enfermedad debida a la carencia de determinadas vitaminas y caracterizada por trastornos digestivos y nerviosos y eritema en las partes descubiertas de la piel.

pelagroide *adj* (*Med*) Semejante a la pelagra.

pelagroso -sa *adj* [Pers.] que padece pelagra. *Tb n.*

pelaire *m* (*hist*) Oficial que trabaja lanas y paños, frec. cardador.

pelairía *f* (*hist*) Oficio o actividad de(l) pelaire.

pelaje *m* **1** Pelo [de un animal]. *Gralm con referencia a sus cualidades.* ■ **2** (*desp*) Aspecto [de una pers.]. ■ **3** (*desp*) Clase o categoría [de una pers.].

pelambre *f* Pelo, esp. abundante y revuelto. *Referido a pers, gralm desp.*

pelambrera *f* Pelambre.

pelambrero *m* Oficial encargado de pelar las pieles.

pelamen *m* Pelaje [1].

pelanas *m y f* (*col*) Pers. insignificante. *Tb adj.*

pelandrín *m* (*reg*) Pelantrín.

pelandrusca *f* (*col*) Pelandusca.

pelandusca *f* (*col*) Prostituta. *Frec usado como insulto.*

pelángano *m* (*col, desp*) Pelo largo.

pelantrín *m* (*reg*) Labrador pobre. *Frec, más o menos vacío de significado, se usa como insulto.*

pelar **I** *v* **A** *tr* **1** Cortar o arrancar el pelo [a alguien o algo (*cd*)]. *Referido a pers, es col.* **b)** Cortar o arrancar [el pelo]. ■ **2** Quitar las plumas [a un ave (*cd*)]. ■ **3** Quitar la piel o la corteza [a alguien o algo (*cd*)]. **b)** Quitar la envoltura [a algo (*cd*)]. ■ **4** (*col*) Despojar [a alguien] de cuanto tiene, esp. en el juego. ■ **5** (*argot Mil*) Hacer [una guardia]. ■ **6** ~**sela** [a un hombre]. (*vulg*) Masturbar[le]. *Gralm el ci es refl.* **B** *intr pr* (~**se**) **7** Perder [alguien o algo] el pelo, las plumas o la piel. ■ **8** ~**se de frío.** (*col*) Pasar mucho frío. **II** *loc adj* **9** **duro** (*o* **difícil,** *o* **malo**) **de ~.** (*col*) [Pers. o cosa] que ofrece grandes dificultades. ■ **10** **que pela.** (*col*) *Pondera la intensidad del frío.* * Hace un frío que pela. **III** *loc adv* **11** **que se las pela.** (*col*) *Pondera la intensidad con que se realiza la acción que se acaba de expresar.* * Corre que se las pela.

pelargón (*n comercial registrado*) *m* Leche en polvo para bebés.

pelargonio *m* Geranio (gén. *Pelargonium*). *A veces con un adj especificador.*

pelas *m* (*jerg*) Taxi.

pelásgico -ca *adj* (*hist*) De (los) pelasgos.

pelasgo -ga *adj* (*hist*) [Individuo] de un pueblo prehelénico habitante de Grecia y de las islas y costas del mar Egeo. *Tb n.*

pelayo[1] **-ya** *adj* De Huertapelayo (Guadalajara). *Tb n, referido a pers.*

pelayo[2] *m* (*hist*) Niño requeté.

peldaño *m* En una escalera: Parte en que se apoya el pie para subir o bajar. *Tb fig.*

pelé *m* (*jerg*) Testículo. *Más frec en pl. Tb fig, aludiendo al valor.*

pelea **I** *f* **1** Acción de pelear(se). **b)** (*Dep*) Encuentro de lucha o de boxeo. **II** *loc v* **2** **pedir ~.** (*col*) Tratar [una mujer] de llamar la atención de los hombres con movimientos o gestos.

peleador -ra *adj* **1** Que pelea [1]. *Tb n, referido a pers.* ■ **2** Dispuesto o propenso a pelear [1]. **b)** Propio de la pers. o el animal peleadores. ■ **3** (*col, raro*) Peleón [2].

peleano -na *adj* (*Geol*) [Tipo de volcán] caracterizado por una lava poco fluida que se solidifica formando una cúpula de gran altura.

pelear **A** *intr* ➤ **a** *normal* **1** Luchar [con o contra alguien o algo, o por o para algo]. *Tb sin compl. A veces con suj pl, sin compl, con sent recíproco.* ■ **2** Reñir o enfrentarse [con alguien] de palabra o de obra. *Tb sin compl, con suj pl. Tb pr* (~**se**). ➤ **b** *pr* (~**se**) **3** Reñir o enemistarse [con alguien]. *Tb sin compl, con suj pl.* **B** *tr* **4** (*raro*) Pelear [1] [por algo (*cd*)].

pelechar *intr* **1** Echar [un animal] pelo o pluma, o cambiar de pelo o de pluma. ■ **2** Mejorar [una pers.] en su salud o en su economía.

pelegrina *f* (*reg*) Vieira (molusco).

pelele *m* **1** Muñeco con figura humana, hecho de paja y trapo y propio esp. de carnaval. ■ **2** (*desp*) Pers. que se deja manejar por otros. ■ **3** Prenda de punto de una sola pieza, gralm. usada por los niños para dormir.

pelendengue *m* (*col*) Perendengue.

pelendón -na *adj* (*hist*) [Individuo] de una tribu celtíbera habitante de las fuentes del Duero. *Tb n.* **b)** De (los) pelendones.

pelentrín *m* (*reg*) Pelantrín.

peleño -ña *adj* De Navalvillar de Pela (Badajoz). *Tb n, referido a pers.*

peleón -na *adj* **1** Dispuesto o propenso a pelear. *Tb n, referido a pers.* **b)** Propio de la pers. o el animal peleones. ■ **2** (*col*) [Tema o cuestión] que suscita muchas discusiones. ■ **3** (*col*) [Vino] corriente, esp. de baja calidad. *Tb n m.*

pelerina *f* (*hoy raro*) Esclavina de mujer.

pelet (*pl normal,* ~s) *m* (*Metal*) Pellet.

pelete. en ~. *loc adv* (*col, raro*) En cueros.

peletería *f* **1** Industria o comercio de la piel (de animal, esp. con su pelo). ■ **2** Establecimiento en que se fabrican o venden artículos de peletería [1]. ■ **3** Pieles o conjunto de pieles (de animal, esp. con su pelo).

peletero -ra **I** *adj* **1** De (la) peletería [1]. *Tb n f, referido a empresa.* **II** *m y f* **2** Pers. que fabrica o vende artículos de peletería [1].

peletización *f* (*Metal*) Pelletización.

peli *f* (*col*) Película [4b].

péliade. víbora ~. → VÍBORA.

peliagudo -da *adj* (*col*) Difícil o complicado.

pelicano -na *adj* De pelo cano.

pelícano *m* Ave palmípeda de pico largo, debajo del cual tiene un saco membranoso en que conserva los peces de que se alimenta (*Pelecanus onocrotalus*).

película **I** *f* **1** Piel o membrana muy fina. ■ **2** Capa delgada que cubre una superficie. ■ **3** Cinta fotosensible para impresionar fotografías o imágenes cinematográficas. ■ **4** Película [3] cinematográfica revelada y dispuesta para ser proyectada. **b)** Obra cinematográfica. ■ **5** Desarrollo [de hechos]. **II** *loc adj* **6 de ~.** (*col*) Extraordinario. *Con intención ponderativa. Tb adv.* **III** *fórm or* **7 allá ~s.** (*col*) Expresa el deseo de desentenderse de algo. * Por mí, allá películas.

pelicular *adj* (*E*) De (la) película [1, 2 y 3].

peliculero -ra (*col*) **I** *adj* **1** De (la) película [4b]. ■ **2** Aficionado al cine. ■ **3** Fantasioso, o que se deja llevar por la fantasía. **II** *m y f* **4** Pers., esp. actor, que hace películas cinematográficas. *Frec con intención desp.*

peliculescamente *adv* (*raro*) De manera peliculesca.

peliculesco -ca *adj* (*raro*) De (la) película [4b].

peliculón *m* (*col*) **1** (*desp*) Película [4b] extensa y de carácter recargado dramático. ■ **2** Película [4b] muy buena.

peliforra *f* (*raro*) Prostituta.

peligarza *f* (*reg*) Bronca (discusión o reprensión).

pelignio *m* (*hist*) Lengua del grupo osco-umbro hablada en Corfinium (sur de Italia).

peligrar *intr* Estar en peligro.

peligro *m* Posibilidad de que se produzca un daño o un contratiempo. *Frec con el v* CORRER. **b)** Pers. o cosa que implica peligro.

peligrosamente *adv* De manera peligrosa.

peligrosidad *f* Cualidad de peligroso.

peligroso -sa *adj* [Pers. o cosa] que implica peligro [1a]. **b)** [Pers.] que supone un peligro por su tendencia a hacer daño.

pelilargo -ga *adj* De pelo largo.

pelillo **I** *m* **1** *dim* → PELO. **II** *fórm or* **2 ~s a la mar.** (*col*) Se usa para expresar la propuesta o el hecho de la reconciliación. * Por mí, pelillos a la mar.

pelilloso -sa *adj* (*raro*) Quisquilloso.

pelín (*col*) **I** *loc pr* **1 un ~.** Un pelo (un poco). **b)** (**ni**) **un ~.** Nada. **II** *loc adv* **2** (**un**) **~.** Un pelo (un poco). **b)** **por un ~.** Por muy poco.

pelirrojo -ja *adj* De pelo rojo.

pelirrubio -bia *adj* De pelo rubio.

pelitieso -sa *adj* De pelo tieso.

pelitre *m* Planta herbácea semejante al crisantemo, cuya raíz, reducida a polvo, se usa como insecticida (*Anacyclus pyrethrum*). *Tb su raíz y el polvo obtenido de esta.*

pelitrique *m* (*desp, raro*) Adorno inútil y de poco valor.

pella *f* **1** Porción de masa o de otra sustancia blanda. *Gralm con un compl especificador, que a veces se omite por consabido.* **b)** *Sin compl:* Porción de masa que se da como alimento al ganado. ■ **2** (*argot Enseñ*) *En pl:* Falta injustificada a clase. *Gralm en las constrs* HACER ~S, *o* IRSE DE ~S.

pellada *f* Pella [1].

pelleja *f* Pellejo[1] [1a, 4 y 5].

pellejero -ra *m y f* Pers. que adoba pellejos[1] [1a] o comercia con ellos.

pellejo[1] **I** *m* **1** Piel [de un animal], esp. separada del cuerpo. **b)** (*col*) Piel [de una pers.]. **c)** (*raro*) Piel [de un fruto]. **d)** *Se usa en constrs como* NO TENER MÁS QUE ~, QUEDARSE EN EL ~, SER TODO ~ *o* SER UN ~, *para ponderar la extrema delgadez o consunción.* * Te has quedado en el pellejo. ■ **2** Pequeña porción de piel levantada o arrancada. ■ **3** Odre. ■ **4** (*col*) Vida. *En constrs como* JUGARSE, PERDER *o* SALVAR EL ~. ■ **5** (*col*) Circunstancias [de alguien]. *En constrs como* ESTAR EN EL ~ [de alguien]. **II** *loc v* (*col*) **6 no caber** [alguien] **en su ~.** Estar sumamente contento. ■ **7 dejarse el ~** [en algo]. Dedicar[le] el máximo esfuerzo.

pellejo[2] -ja *adj* (*col*) **1** [Pers.] libertina o licenciosa. *Frec n. Referido a mujer, como adj, se usan las formas* PELLEJO *o* PELLEJA. *A veces usado como insulto.* ■ **2** Delgado o flaco. *Tb n.*

pellejudo -da *adj* Que tiene la piel formando bolsas o arrugas.

pellet (*ing; pronunc corriente,* /pélet/ *o* /pelét/; *pl normal,* ~s) *m* (*Metal*) Agregado mineral esférico de pequeño tamaño, fabricado a partir de materiales finamente divididos.

pelletización (*pronunc corriente,* /peletiθaθión/) *f* (*Metal*) Fabricación de pellets.

pellica *f* Piel pequeña [de animal].

pelliza *f* **1** Zamarra (chaqueta hecha de piel con su lana o pelo). ■ **2** Chaqueta de abrigo forrada de piel o con el cuello y las bocamangas reforzados de piel o tela.

pellizcamiento *m* Acción de pellizcar.

pellizcar *tr* **1** Coger con dos dedos una pequeña porción de carne [de alguien o de una parte del cuerpo (*cd*)] apretando hasta causar dolor. **b)** Coger y apretar con dos dedos una pequeña porción [de algo (*cd*)]. ■ **2** Coger o quitar una pequeña cantidad [de algo (*cd*)]. *Tb abs.*

pellizco *m* **1** Acción de pellizcar. *Tb su efecto.* **b)** Acción de pillar una pequeña porción de algo entre dos cosas duras. *Tb su efecto.* ■ **2** Porción pequeña [de algo], que gralm. se toma con dos dedos. **b)** Porción [de algo]. *Con un adj de cantidad. Frec se omite el compl por consabido.* ■ **3** (*col*) Sentimiento o emoción. *Referido al cante o al toreo.*

pellizón *m* (*hist*) Prenda medieval de abrigo usada sobre el brial, más corta que este y con mangas más anchas.

pellote *m* (*hist*) Cierto vestido talar antiguo, hecho gralm. de piel.

pelma (*col*) **I** *n* **A** *m y f* **1** Pers. pesada y molesta. *Tb adj.*
    B *f* **2** (*raro*) Pesadez o molestia.
    II *loc v* **3 dar la ~.** Fastidiar o dar la lata.

pelmacería *f* (*col*) Condición de pelmazo.

pelmazo -za (*la forma* PELMAZA *es rara, y gralm se usa* PELMAZO, *con art m, designando a mujer*) *m y f* (*col*) Pelma [1]. *Tb adj.*

pelo I *m* **1** Filamento de naturaleza córnea que nace en la piel de algunos animales, esp. en los mamíferos. **b)** Filamento de los que nacen en los órganos de algunas plantas. **c)** Filamento de los que sobresalen en la superficie de un tejido. **d)** Partícula o cuerpo en forma de filamento. ■ **2** Conjunto de los pelos [1a, b y c]. **b)** Conjunto de pelos [1a] de la cabeza humana. ■ **3** Color del pelo [2a] [del caballo u otro animal]. ■ **4** Aspecto exterior [de un animal], que se manifiesta en el brillo y calidad de su pelo [2a]. ■ **5** (*Caza*) Animal de pelo [2a]. *Se opone a* PLUMA. ■ **6** Raya o grieta [de una piedra, de un objeto de vidrio o metal o de otra materia]. ■ **7** *Con un compl especificador como* DE CAMELLO, DE CABRA, DE LLAMA, *designa el tejido hecho con pelo* [2a] *de estos animales o con alguna imitación de él.* ■ **8 el ~ de la dehesa.** (*col*) La rusticidad o tosquedad [de una pers. de origen rural]. *Frec con el v* PERDER. ■ **9 ~ malo.** Plumón [de las aves]. *Tb* (*reg*) ~S MALOS. ■ **10 ~s de gorrino.** (*col, reg*) Moco de pavo (→ MOCO). *Con el v* SER. ■ **11 ~s y señales.** (*col*) Pormenores o detalles. *Gralm en la constr* CON ~S Y SEÑALES.
    II *loc adj* **12 al ~.** (*admin*) Del mismo color que el pelo de la cabeza. *Gralm referido a cejas.* ■ **13 de medio** (*o poco*) **~.** (*col*) [Pers. o cosa] de poca clase o categoría. ■ **14 de ~ en pecho.** (*col*) [Pers.] decidida y valiente. *Normalmente referido a hombre.* ■ **15 en ~.** (*col*) [Carrera] que se realiza a toda velocidad. **b)** [Corrida] **en ~** → CORRIDA.
    III *loc pr* (*col*) **16 un ~.** Un poco. **b)** (**ni**) **un ~.** Nada.
    IV *loc v y fórm* **17 caérsele el ~** [a alguien]. (*col*) Recibir un castigo fuerte o sufrir una consecuencia negativa grave. *Frec la forma en pasado tiene sent futuro.* * *Si te equivocas, se te ha caído el pelo.* ■ **18 contarle los ~s al diablo** (*o al gato*).

(*col*) Ser muy listo o astuto. ■ **19 cortar un ~ en el aire.** (*col*) Ser muy listo o perspicaz. ■ **20 crecer,** *o* **lucir, el ~** [a alguien]. (*col*) Ir[le] la vida o los asuntos [de un modo determinado (*compl adv*)]. *Frec en la constr* ASÍ LE LUCE EL ~. ■ **21 dar para el ~** [a alguien]. (*col*) Dar[le] una paliza. *Tb fig.* ■ **22 echar** [alguien] (**buen**) **~.** (*col*) Prosperar. **b)** **echar buen ~.** Mejorar de salud. ■ **23 hacer a ~ y** (**a**) **pluma.** (*Caza*) Cazar todo tipo de animales, tanto mamíferos como aves. **b)** (*col*) Adaptarse a todo. **c)** (*col*) Ser bisexual. ■ **24 no tener ~s en la lengua.** (*col*) Decir sin miramientos lo que se piensa. ■ **25 poderse ahogar** [a una pers.] **con un ~.** (*col*) Estar [esa pers.] muy abatida. ■ **26 ponérsele** [a alguien] **los ~s de punta.** (*col*) Erizársele de miedo el cabello. *Frec con intención ponderativa.* **b)** **poner los ~s de punta.** (*col*) Horrorizar. ■ **27 soltarse el ~.** (*col*) Decidirse a hablar o actuar sin miramientos. ■ **28 tirarse de los ~s.** (*col*) Estar o mostrarse desesperado o arrepentido. ■ **29 tocar** [a alguien] **un ~ de la ropa.** (*col*) Hacer[le] el más mínimo daño. *Frec en frases de amenaza.* **b)** **tocar** [a alguien] **la punta de un ~** → PUNTA. ■ **30 tomar el ~** [a alguien]. (*col*) Burlarse [de él]. ■ **31 ver el ~** [a alguien]. (*col*) Ver[le]. *Con intención de ponderar una presencia o una ausencia.* ■ **32 y yo** (*o* **y tú,** *etc*) **con estos ~s.** (*col*) Y yo (o y tú, etc.) sin haber hecho los preparativos necesarios.
    V *loc adv* **33 a ~.** (*col*) Con la cabeza descubierta. ■ **34 a ~** (*o* **en ~**). Sin aparejos de montar. *Gralm con el v* MONTAR. ■ **35 a ~.** Sin ayuda, protección o acompañamiento de ninguna clase. ■ **36 a ~.** (*col*) A cuento o con oportunidad. *Con el v* VENIR. ■ **37 al ~.** (*col*) A la medida de la necesidad o del deseo. ■ **38 al ~.** En la dirección del pelo [2]. ■ **39 a medios ~s.** (*col*) En estado de mediana embriaguez. ■ **40 dejando ~s en la gatera.** (*reg*) Con apuros. ■ **41 hasta los ~s,** *o* **hasta el último ~.** (*col*) En situación de hartura total. *Gralm con el v* ESTAR. **b)** **hasta la punta de los ~s** → PUNTA. ■ **42 ~ a ~** (*o* **~ por ~**). Uno por otro, sin añadido de ningún tipo. *Con el v* CAMBIAR *u otro de sent equivalente.* ■ **43 por los ~s.** (*col*) A punto de no haber conseguido lo que se pretendía. **b)** De manera forzada o con poca oportunidad. *Gralm con el v* TRAER. ■ **44 un ~.** (*col*) Un poco. **b)** (**ni**) **un ~.** (*col*) Nada. **c)** **por un ~.** (*col*) Por muy poco.

pelógeno -na *adj* (*Bot*) Que se cría en terrenos cenagosos.

pelón -na I *adj* **1** Que no tiene pelo [2] o lo tiene muy escaso o muy corto.
    II *f* **2 la pelona.** (*col*) La muerte.

peloponesio -sia *adj* (*hist*) Del Peloponeso (península griega). *Tb n, referido a pers.*

pelosilla *f* Se da este *n* a varias plantas herbáceas de los géns *Hieracium y Parietaria,* esp *H. pilosella.*

peloso -sa *adj* Que tiene pelo [2].

pelota[1] I *n* **A** *f* **1** Bola, gralm. pequeña y de material elástico, que se usa para jugar. **b)** Balón (de deporte). **c)** **~ de viento.** Vejiga llena de aire y cubierta de cuero, que se usa para jugar. ■ **2** Juego que se realiza con una pelota [1a]. **b)** Deporte vasco en que los jugadores, divididos en dos equipos, lanzan la pelota contra un muro, a mano o con una pala o cesta. *Tb* ~ VASCA. **c)** **~ base.** Béisbol. ■ **3** Masa u objeto de forma esférica. ■ **4** Proyectil no explosivo [de un arma de fuego antigua]. ■ **5** Amasijo de pan rallado, huevo, especias y a veces carne picada, que se añade al cocido. **b)** (*reg*) Bola de carne picada, semejante a una albóndiga de gran tamaño. ■ **6** (*col*) Cabeza (de pers.). ■´ **7** (*vulg*) Testículo. **b)** *Frec se emplea como sinónimo de* COJÓN *en distintas locs y constrs*. * Haz lo que te salga de las pelotas. * Si se me hinchan las pelotas, no van a saber dónde meterse. * A él eso de las huelgas le toca las pelotas. * La cosa tiene pelotas, vamos. **B** *m y f* **8** (*col*) Pers. aduladora. *Tb adj*.

II *loc v* (*col*) **9 echar**, *o* **pasar**, **la ~**. Eludir la responsabilidad pasándosela [a otro]. ■ **10 estar** (*u otro v equivalente*) **la ~ en el tejado**. Estar pendiente de resolución un asunto o negocio. ■ **11 devolver la ~**. Responder a un hecho o dicho con otros equivalentes. ■ **12 hacer la ~**. Adular interesadamente. ■ **13 jugar a la ~** [con alguien]. Traer[le] de un sitio para otro inútilmente.

III *loc adv* **14 en ~s**. (*vulg*) En pelota[2].

pelota[2]. **en ~**. *loc adv* En cueros o sin ropa. *Tb* (*col*) EN ~ VIVA *o* PICADA.

pelotari *m y f* Jugador de pelota[1] [2b].

pelotazo *m* **1** Golpe dado con una pelota[1] [1 y 3]. ■ **2** Golpe que se da un ave al caer abatida. ■ **3** (*col*) Golpe, o impresión súbita. ■ **4** (*col*) Copa o trago. ■ **5** (*col*) Ganancia rápida de dinero. *Gralm en la constr* PEGAR EL ~. *Frec con intención desp, aludiendo a la poca limpieza*.

pelote[1] *m* Pelo de cabra, usado esp. para relleno.

pelote[2] *m* **1** (*reg*) Piedra. ■ **2** (*jerg*) Duro (moneda).

pelotear **A** *intr* **1** Devolverse o pasarse repetidamente la pelota. *Tb fig*. ■ **2** Golpear o pasar la pelota repetidamente, como entrenamiento o sin la formalidad de hacer partido.

B *tr* **3** Poner en circulación [una letra de cambio] sin que obedezca a una operación comercial auténtica.

peloteo *m* **1** Acción de pelotear. ■ **2** Acción de adular o hacer la pelota.

pelotera *f* (*col*) Riña o disputa.

pelotero[1] *adj* [Escarabajo] que forma unas bolas de excrementos en las que deposita sus huevos (→ ESCARABAJO).

pelotero[2] **-ra** *m y f* (*raro*) Futbolista.

pelotilla **A** *f* **1** *dim* → PELOTA[1]. ■ **2** Bolita pequeña [de algo moldeable], hecha con los dedos. *Sin compl, esp designa la de moco o suciedad*. ■ **3** (*col*) Adulación interesada. *Gralm en la constr* HACER LA ~. ■ **4** (*jerg*) Automóvil utilitario.

B *m y f* (*col*) **5** Pers. aduladora. *Tb adj*.

pelotilleo *m* (*col*) Acción de adular o hacer la pelotilla [3].

pelotillero **-ra** *adj* (*col*) [Pers.] que hace la pelotilla [3]. *Tb n*. **b)** Propio de la pers. pelotillera.

pelotístico **-ca** *adj* De(l) juego de pelota[1] [2b].

peloto *adj* [Trigo] de espiga pequeña y achatada y grano blando y de poco salvado.

pelotón *m* **1** Pelota[1] [1a] grande. **b)** Balón (de deporte). ■ **2** Masa u objeto grande y de forma esférica. ■ **3** Grupo [de perss.] que están o marchan juntas. **b)** **~ de los torpes**. (*col*) Grupo de los alumnos más atrasados. *Tb fig*. ■ **4** (*Cicl*) Grupo compacto de corredores. ■ **5** (*Mil*) Cuerpo de soldados mandado por un cabo o un sargento.

pelouse (*fr; pronunc corriente*, /pelús/) *f* Terreno sembrado de césped. *Gralm referido a un hipódromo*.

peltado **-da** *adj* (*Bot*) [Hoja] redondeada y con el pecíolo inserto en el centro.

peltinervio **-via** *adj* (*Bot*) Peltado.

peltre *m* Aleación de cinc, plomo y estaño.

pelu[1] *f* (*col*) Peluquería.

pelu[2] *f* (*juv*) Película (obra cinematográfica).

peluca *f* Cabellera postiza.

peluche *m* **1** Tejido aterciopelado de pelo largo, gralm. hecho de fibras artificiales. ■ **2** Muñeco de peluche [1].

pelúcido **-da** *adj* (*Anat*) Transparente o traslúcido.

peluco *m* (*jerg*) Reloj.

pelucón *m* Peluca grande.

pelucona *f* (*hist*) Onza de oro, esp. con el busto de un rey de la casa de Borbón, hasta Carlos IV inclusive.

peludo **-da** *adj* Que tiene mucho pelo. **b)** [Malvavisco] ~ → MALVAVISCO.

peluquería *f* **1** Establecimiento en que se corta y arregla el pelo. ■ **2** Oficio o actividad de peluquero.

peluquero **-ra** **I** *adj* **1** De (la) peluquería.

II *m y f* **2** Pers. que tiene por oficio cortar y arreglar el pelo.

peluquín **I** *m* **1** Peluca pequeña que solo cubre parte de la cabeza. ■ **2** (*hist*) Peluca con bucles y coleta propia de fines del s. XVIII y principios del XIX.

II *fórm or* **3 ni hablar del ~** → HABLAR.

pelusa *f* **1** Conjunto de pelos muy delgados y cortos [de una pers., una planta o fruto o una tela]. *Frec en la forma* PELUSILLA. ■ **2** Conglomerado de briznas de polvo que se forma en las habitaciones. ■ **3** (*col*) Envidia. *Gralm referido a niños*.

peluso **-sa** **I** *adj* **1** (*reg*) [Pers.] de mal aspecto. *Tb n*.

II *m* **2** (*argot Mil*) Recluta.

pelusón **-na** *adj* Que tiene pelusa [1 y 3].

pelvi (*tb* pelví) (*hist*) **I** *m* **1** Pehlevi (lengua).

II *adj* **2** Del pelvi [1].

pelviano **-na** *adj* (*Anat*) De la pelvis.

pélvico **-ca** *adj* (*Anat*) De la pelvis.

pelviperitonitis *f* (*Med*) Inflamación del peritoneo de la pelvis.

pelvis *f* (*Anat*) **1** Anillo óseo que forma la base del tronco y sirve de arranque a las extremidades inferiores. ■ **2** Cavidad del riñón, en forma de embudo, de donde parte el uréter.

pena **I** *f* **1** Tristeza (estado de ánimo). **b)** Compasión o lástima. **c)** Contrariedad. ■ **2** Motivo de pena [1]. *Frec como predicat con* SER, *seguido de infin o de* QUE + *subj*. * Es una pena dejarlo ahora. * Es una pena que se pierda. * Es una pena ese chico. ■ **3 la ~ negra**, **las ~s del purgatorio**, *o* **las ~s del infierno**. Un sufrimiento intenso. *Normalmente con el v* PASAR. ■ **4** *En pl*: Penalidades. ■ **5** (*hoy raro*) Crespón negro que pende del sombrero de las mujeres en señal de luto. ■ **6** Castigo impuesto por la autoridad legítima al que ha cometido un delito o falta. **b)** **~ capital**, **~ de cámara**, **~ de daño**, **~ de sentido**, **~ de la vida**, **última ~** → CAPITAL, CÁMARA, DAÑO, SENTIDO, VIDA, ÚLTIMO.

penable – pendularmente

II *loc adj* **7 de ~.** [Cosa] lamentable o deplorable. *Tb adv.* ■ **8** [Alma] **en ~ ~** → ALMA. ■ **9 hecho una ~.** Que ha pasado a tener aspecto lamentable.

III *loc v y fórm or* **10 allá ~s.** (*col*) Se usa, formando or independiente, para manifestar el deseo de desentenderse de un problema. * Por mí, allá penas. Me atengo a los resultados, y listo. ■ **11 pasar ~.** (*reg*) Preocuparse. ■ **12 sacar el vientre de ~s** → VIENTRE. ■ **13 valer,** o **merecer, la ~.** Ser [una pers. o cosa] interesante o valiosa. *Cuando el suj es un infin o una prop con* QUE, *a veces va introducido por* DE.

IV *loc adv* **14 a duras ~s.** Con gran dificultad. ■ **15 sin ~ ni gloria.** Sin especial relieve o sin notoriedad.

V *loc prep* **16 so ~ de** → SO¹. **b) so ~ de** + *infin* = A NO SER QUE + *subj.* * Eso no se consigue, so pena de ser santo.

penable *adj* Que merece ser penado (→ PENAR [1]).

penacho *m* **1** Grupo de plumas que tienen algunas aves en la parte superior de la cabeza. ■ **2** Adorno de plumas que se pone sobre la cabeza de una pers. o animal o sobre un tocado o casco. ■ **3** Masa [de humo o de vapor] que se eleva de una chimenea o de algo similar.

penado -da **I** *adj* **1** *part* → PENAR.
II *m y f* **2** Pers. que cumple una pena [6].

penal **I** *adj* **1** De las penas [6].
II *m* **2** Prisión donde se cumplen penas [6] graves.

penalidad *f* **1** *En pl:* Situaciones difíciles y aflictivas. ■ **2** Pena [6] determinada por la ley o por una disposición de la autoridad. *Esp en derecho.* ■ **3** (*lit, raro*) Castigo.

penalista *adj* **1** [Abogado] especializado en derecho penal. *Tb n.* ■ **2** De(l) derecho penal.

penalizable *adj* Digno de penalización.

penalización *f* Acción de penalizar. *Tb su efecto.*

penalizador -ra *adj* Que penaliza.

penalizar *tr* Imponer una sanción o castigo [a alguien o algo]. *Esp en deportes.*

penalmente *adv* De manera penal.

penalty (*tb con la grafía* **penalti**; *pl normal,* ~s, *a veces con la grafía* PENALTIES) **I** *m* **1** (*Dep*) Castigo máximo que consiste en un tiro directo a la portería desde un punto determinado y sin más defensa que el portero. *Tb la falta que lo motiva.*
II *loc adv* **2 de ~.** (*col*) Estando la novia embarazada. *Con el v* CASAR. *Tb adj.*

penar **A** *tr* **1** Castigar con pena [6] [algo o a alguien].
B *intr* **2** (*lit*) Pasar pena [1] o sufrir. ■ **3** Cumplir pena [6] o condena [por algo].

penates *m pl* (*Mitol clás*) Dioses domésticos protectores de la familia.

penca *f* **1** Hoja carnosa y aplanada de algunas plantas, esp. el nopal y la pita. ■ **2** Nervio central y pecíolo de las hojas de determinadas plantas, esp. hortalizas. *Frec con un compl especificador.* ■ **3** Tronco de la cola de algunos cuadrúpedos. ■ **4** (*col*) Pierna (de pers.). ■ **5** (*reg*) *En pl:* Cara dura. *En la constr* TENER ~S.

pencar *intr* (*reg*) **1** Apencar o apechugar. ■ **2** Trabajar o esforzarse mucho.

penco *m* **1** Caballo flaco o matalón. ■ **2** Pers. inútil o despreciable. *A veces usado como insulto.*

pendant (*fr; pronunc corriente,* /pandán/) *m* Juego, o combinación armoniosa. *Gralm con el v* HACER.

pendejada *f* (*col*) Necedad o bobada.

pendejo -ja *m y f* (*col*) **1** Pers. de vida licenciosa. *A veces la forma m designa indistintamente hombre o mujer.* ■ **2** Sinvergüenza.

pendeloque *m* Colgante de una lámpara.

pendencia *f* **1** Riña o contienda. *Tb fig.* ■ **2** (*Der*) Condición de pendiente [2].

pendenciero -ra *adj* [Pers.] dada a las pendencias [1]. *Tb n.* **b)** Propio de la pers. pendenciera.

pendentif (*fr; pronunc corriente,* /pandantíf/; *pl normal,* ~s) *m* Colgante (joya).

pender *intr* **1** Estar [algo] colgado [de un sitio]. ■ **2** Gravitar o cernerse [sobre algo]. ■ **3** (*lit*) Depender [de algo]. ■ **4** (*Der*) Estar [algo] en espera de resolución o conclusión.

pendiente **I** *adj* **1** Que pende [1]. ■ **2** Que está en espera [de algo (DE + n de acción o prop de infin o QUE + subj)]. *Frec se omite el compl por consabido.* ■ **3** Que presta mucha atención [a alguien o algo (compl DE)]. ■ **4** [Terreno o superficie] que no está horizontal.
II *n* **A** *m* **5** Adorno que se pone en el lóbulo de la oreja. ■ **6** (*Min*) Techo. ■ **7** *En pl:* Tembladera (planta).
B *f* **8** Cuesta o declive. *Tb fig.* ■ **9** Grado de inclinación [de algo, esp. de un terreno].

pendil. tomar el ~. *loc v* (*reg*) Marcharse.

pendingue. tomar el ~. *loc v* (*reg*) Marcharse.

pendio *m* (*reg*) Cuesta o pendiente.

péndola¹ *f* (*lit*) **1** Pluma de ave. *Tb fig.* ■ **2** Pluma de escribir.

péndola² *f* (*Constr*) Madero de la armadura de cubierta que baja desde la lima hasta la solera.

pendolario *m* (*hist*) Pendolista [2].

péndolas *f pl* (*Taur*) Agujas.

pendolista *m y f* **1** Pers. que escribe con caligrafía. ■ **2** (*hist o lit*) Amanuense.

pendolón *m* (*Constr*) Pieza vertical central de la armadura, que va de la hilera al tirante.

pendón¹ **I** *m* **1** (*hist*) Bandera pequeña usada como distintivo de una unidad militar o de una institución. ■ **2** Bandera de una parroquia o de una cofradía.
II *loc v* **3 levantar ~(es).** (*hist*) Levantar bandera.

pendón² -na (*col*) **I** *adj* **1** [Pers.] libertina o licenciosa. *Frec n. Referido a mujer, como adj se usan las formas* PENDÓN y PENDONA; *como n,* UN PENDÓN y UNA PENDONA.
II *m* **2** Prostituta.

pendonear *intr* (*col*) **1** Ir de un sitio a otro con el único fin de divertirse. ■ **2** Comportarse como un pendón².

pendoneo *m* (*col*) Acción de pendonear.

pendonista *m y f* Pers. que lleva o acompaña el pendón¹ en una procesión.

pendulación *f* Acción de pendular².

pendulante *adj* Que pendula.

pendular¹ *adj* De(l) péndulo [2].

pendular² *intr* Moverse pendularmente. *Frec fig.*

pendularmente *adv* De manera pendular¹.

pendulazo *m* Movimiento pendular[1] muy fuerte. *En sent fig.*

pendulear **A** *intr* **1** Moverse pendularmente. *Tb fig.* **B** *tr* **2** Mover [algo] pendularmente.

penduleo *m* Acción de pendulear.

péndulo -la **I** *adj* **1** (*lit o E*) Que pende [1]. **II** *m* **2** Cuerpo que, suspendido de un punto por un hilo o varilla, puede oscilar de una parte a otra. *Tb el conjunto formado por el cuerpo y el hilo o varilla.*

pene *m* Órgano copulador del macho.

peneano -na *adj* (*Anat*) De(l) pene.

penel *m* (*Mar, hist*) Cataviento.

penene *m y f* (*col*) Profesor no numerario.

peneque *adj* (*col*) Embriagado o borracho.

penetrabilidad *f* Cualidad de penetrable.

penetrable *adj* Que puede penetrar o se puede penetrar [1, 4 y 5].

penetración *f* **1** Acción de penetrar [1, 4 y 5]. ■ **2** Capacidad de entender o comprender.

penetrador -ra *adj* Que penetra [1, 4 y 5]. *Tb n, referido a pers.*

penetrante *adj* **1** Que penetra [1, 4, 5 y 6]. **b)** (*Fís*) [Radiación] capaz de atravesar la materia sin ser sensiblemente absorbida por esta. ■ **2** Que denota o implica penetración [2].

penetrantemente *adv* De manera penetrante.

penetrar **A** *intr* ➤ **a** *normal* **1** Pasar al interior [de un cuerpo (*compl* EN)]. *Tb sin compl.* **b)** Entrar [en un lugar]. *Tb fig.* **c)** Ir al fondo [de algo no material (*compl* EN)]. ➤ **b** *pr* (~**se**) **2** Percatarse o enterarse a fondo [de algo]. ■ **3** (*raro*) Fundirse o mezclarse [una cosa con otra]. **B** *tr* **4** Pasar al interior [de un cuerpo (*cd*)]. **b)** Entrar [en un lugar (*cd*)]. **c)** Poseer sexualmente [a una pers.]. ■ **5** Entender o comprender [algo]. **b)** Conocer el pensamiento o las intenciones [de alguien (*cd*)]. ■ **6** Afectar intensamente [una sensación o sentimiento a alguien o a una parte de su ser].

penetrativamente *adv* De manera penetrativa.

penetrativo -va *adj* Que penetra [1 y 4].

penetrómetro *m* (*Fís*) Instrumento utilizado para medir la dureza de un material.

peneuvista *adj* Del PNV (Partido Nacionalista Vasco). *Tb n, referido a pers.*

pénfigo *m* (*Med*) Enfermedad de la piel caracterizada pralm. por la formación de vesículas que dejan manchas de pigmento.

peniano -na *adj* (*Anat*) Peneano.

penibético -ca *adj* De la cordillera Penibética. **b)** De la zona de la cordillera Penibética.

penicilamina *f* (*Med*) Agente que produce la eliminación por la orina del cobre, mercurio, cinc y plomo.

penicilina *f* Antibiótico extraído inicialmente del hongo *Penicillium notatum*, dotado de una poderosa acción contra los microbios.

penicilínico -ca *adj* (*Med*) De (la) penicilina.

penillanura *f* (*Geol*) Terreno poco ondulado y muy extenso, que ha perdido los grandes relieves montañosos a causa de la erosión.

península *f* Territorio rodeado de agua por todas partes excepto una, relativamente estrecha, que la une a otro territorio mayor.

peninsular *adj* De (la) península. **b)** De la Península Ibérica. *Tb n, referido a pers. Se opone a* INSULAR, BALEAR, CANARIO, CEUTÍ, MELILLENSE *o* HISPANOAMERICANO.

penique *m* Moneda inglesa equivalente a la centésima parte de una libra. *Hasta 1971 su valor era la duodécima parte del chelín.*

penitencia **I** *f* **1** (*Rel catól*) Sacramento por el que se perdonan los pecados cometidos después del bautismo, mediante confesión de los mismos. ■ **2** (*Rel catól*) Obligación impuesta por el confesor como satisfacción por los pecados confesados. **b)** (*humoríst*) Castigo impuesto a alguien por una acción indebida. ■ **3** (*hist*) Castigo público impuesto por el tribunal de la Inquisición o por la autoridad eclesiástica. *Tb* ~ PÚBLICA. ■ **4** Mortificación o serie de mortificaciones que alguien se impone para pedir a Dios el perdón de sus culpas. ■ **5** (*col*) Cosa fastidiosa o molesta que hay que soportar. ■ **6** (*Rel catól*) Virtud que consiste en el dolor de haber pecado y el propósito de no pecar más. **II** *loc v* **7 llevar en el pecado la** ~ → PECADO.

penitencial **I** *adj* **1** De (la) penitencia [1, 2, 3 y 4]. **II** *m* **2** (*hist*) Libro que contiene las normas y ritos de la penitencia [1, 2 y 3].

penitenciar (*conjug* 1a) **A** *tr* **1** Imponer [a alguien] una penitencia [3]. *Gralm en part, frec sustantivado.* **B** *intr* **2** (*raro*) Hacer penitencia [4].

penitenciaría (*con mayúscula en acep* 2) *f* **1** Prisión (establecimiento). ■ **2** (*Rel catól*) Tribunal eclesiástico romano encargado de despachar las bulas y dispensas.

penitenciario -ria **I** *adj* **1** (*Rel catól*) [Presbítero o canónigo] que tiene la obligación de confesar [en una iglesia determinada, esp. una catedral (*compl de posesión*)]. *Frec n m, referido a canónigo. Tb sin compl.* ■ **2** De (la) penitenciaría [1]. ■ **3** (*raro*) De (la) penitencia [4]. **II** *m* **4** (*Rel catól*) Cardenal presidente del tribunal de la Penitenciaría [2]. *Tb* ~ MAYOR.

penitenciero *m* (*hist*) Penitenciario [1 y 4].

penitente -ta (*la forma* PENITENTA *es rara: gralm se usa* PENITENTE *como m y f*) **A** *m y f* **1** Pers. que se confiesa sacramentalmente. ■ **2** Pers. que hace penitencia [4] o cumple una penitencia [3]. **b)** Pers. que va en una procesión para hacer penitencia [4]. **B** *m* **3** (*hist*) Obrero encargado de probar si hay gases inflamables en la mina.

penninervio -via *adj* (*Bot*) [Hoja] cuyo pecíolo se prolonga en nervios secundarios semejantes a las barbas de una pluma.

penol *m* (*Mar*) Extremo de una verga.

penología *f* (*Der*) Ciencia que estudia las finalidades que debe cumplir la pena y los medios de su aplicación.

penosamente *adv* De manera penosa.

penosidad *f* (*raro*) Cualidad de penoso [2].

penoso -sa *adj* 1 Que produce pena [1]. ■ 2 Que lleva consigo penalidades [1]. **b)** Que implica dificultad o esfuerzo grandes.

pensable *adj* Que se puede pensar, *esp* [1].

pensadamente *adv* (*raro*) De manera pensada o reflexiva.

pensado -da *adj* 1 *part* → PENSAR. ■ 2 Que denota o implica reflexión. ■ 3 **mal ~** → MALPENSADO. **b) bien ~.** [Pers.] propensa a considerar buenas las intenciones ajenas. *Frec con intención irónica.*

pensador -ra I *adj* 1 [Pers.] que piensa [4].
II *m y f* 2 Pers. que reflexiona y escribe con profundidad sobre problemas generales, frec. sin llegar a construir un sistema filosófico.

pensamiento I *m* 1 Facultad de pensar, *esp* [1a y 4]. ■ 2 Acción de pensar [1a y 4]. *Frec su efecto.* **b)** Máxima (frase breve y concisa que encierra un pensamiento [2a] de carácter doctrinal o moral). ■ 3 Actividad de pensar [1a y 4]. ■ 4 Conjunto de ideas [propias de una pers. o de una colectividad]. ■ 5 Idea o intención. ■ 6 Planta violácea anual, cultivada en jardín, de flores aterciopeladas cuyos pétalos van del amarillo al violeta (*Viola tricolor*). *Tb su flor.*
II *loc adj* 7 **de ~.** (*TLit*) [Figura] que se basa en las ideas y sirve para expresar pensamientos [2a] o sentimientos.

pensante *adj* Que piensa, *esp* [4]. **b)** Propio de la pers. que piensa.

pensar I *v* (*conjug* 6) **A** *tr* 1 Formar [una idea o un juicio (*cd*)]. **b)** Tener [una opinión o juicio (*cd*) acerca de alguien o algo (*compl* DE, o, *más raro*, SOBRE o ACERCA DE)]. *Tb sin compl. Tb* (*col*) *pr* (**~se**). **c)** Tener [algo o a alguien] en la mente o en el pensamiento. **d) ¿qué te piensas?, ¿qué te has pensado?, ¿qué se habrá pensado?,** etc. (*col*) *Fórmulas con que se protesta de la actitud injusta o abusiva (real o imaginada) de la pers. mencionada en el suj.* * *Naturalmente que fue un héroe, ¿qué te pensabas?* ■ 2 Formar ideas y juicios [acerca de algo (*cd*)] más o menos detenidamente. *Tb abs. Tb* (*col*) *pr* (**~se**). **b)** (*lit*) Considerar. *Con un predicat.* **c) no ~(se)** [algo] **dos veces.** (*col*) No dudar[lo]. ■ 3 Tener la intención [de hacer algo (*cd*)]. *El cd es un infin o* (*más raro*) *una prop con* QUE.
B *intr* 4 Formar ideas y juicios [acerca de algo (*compl* EN)]. *Frec sin compl.* **b) no ~ más que** (*o* **~ solo**) [en una pers. o cosa]. Estar constantemente pendiente de ella. ■ 5 Evocar o recordar [a alguien o algo (*compl* EN)]. *Tb* (*col*) *pr* (**~se**). ■ 6 **dar que ~** [a alguien (*ci*)]. Inducir[le] a cavilaciones o sospechas. ■ 7 **~ mal.** Creer que [una pers. o cosa (*compl* DE)] encierra en sí maldad. *A veces sin compl.*
II *loc adv* 8 **antes de que lo pienses** (*o* **lo piense,** *etc*). Rápidamente o en seguida. *Con intención ponderativa.* ■ 9 **cuando menos se piensa** (*o* **lo pienses,** *etc*). En el momento más inesperado. ■ 10 **el día menos pensado** → DÍA. ■ 11 **ni lo pienses,** *o* **ni ~lo.** *Se usa como negación enfática.* * *–¿Vienes? –Ni pensarlo.* ■ 12 **sin ~.** Involuntariamente o sin sentir.

pensativamente *adv* De manera pensativa.

pensativo -va *adj* [Pers.] que muestra en su expresión que está pensando. **b)** Propio de la pers. pensativa.

pensil (*tb, raro,* **pénsil**) (*lit*) I *adj* 1 Que pende o cuelga.
II *m* 2 Jardín colgante.

pensilvánico -ca *adj* (*Geol*) [Período] correspondiente al Carbonífero superior en Norteamérica.

pensión *f* 1 Asignación periódica que percibe una pers. y que no es remuneración de un trabajo. **b)** Cantidad que se concede a una pers. para ampliar estudios, esp. en el extranjero. ■ 2 Hecho de alojarse mediante pago en una casa, comiendo o no en ella. *Gralm en constrs como* ESTAR DE ~, *o* TENER EN ~. ■ 3 En un establecimiento hotelero o en un colegio: Manutención. *En las constrs* MEDIA ~ *o* ~ COMPLETA (→ MEDIO, COMPLETO). ■ 4 (*admin*) Establecimiento hotelero que no dispone de más de doce habitaciones y facilita hospedaje gralm. en régimen de pensión [3] completa. **b)** Casa de huéspedes. **c)** Establecimiento similar a la pensión [4a] destinado a alojar animales domésticos. ■ 5 Cantidad que se paga de pensión [2, 3 y 4].

pensionado[1] **-da** *adj* 1 *part* → PENSIONAR. ■ 2 [Cosa] que lleva consigo una pensión [1a].

pensionado[2] *m* 1 Internado (colegio donde viven alumnos internos). ■ 2 Pensión [4c] para animales domésticos.

pensionar *tr* Conceder una pensión [1b] [a alguien (*cd*)]. *Frec en part, frec sustantivado.*

pensionario *m* (*hist*) En la república de las Provincias Unidas, en los ss XVII y XVIII: Gobernador de provincia que desempeña el papel de secretario de los estados.

pensionista *m y f* 1 Pers. que cobra una pensión [1a]. ■ 2 Pers. que vive en una pensión [4].

penta *f* (*jerg*) Pentazocina.

pentacampeón -na *m y f* (*Dep*) Pers. o equipo que ha sido cinco veces campeón.

pentacloruro *m* (*Quím*) Cloruro cuya molécula contiene cinco átomos de cloro.

pentadecasílabo -ba *adj* (*TLit*) De 15 sílabas. *Referido esp a verso.*

pentaedro *adj* (*Geom*) [Poliedro] de cinco caras. *Gralm n m.*

pentáfono -na *adj* (*Mús*) De cinco sonidos.

pentagonal *adj* Que tiene forma de pentágono.

pentágono *m* Polígono de cinco lados.

pentagrama (*tb, raro,* **pentágrama**) *m* Conjunto de cinco líneas paralelas sobre las que se escriben las notas musicales.

pentalfa *f* Figura mística en forma de estrella de cinco puntas.

pentámero -ra *adj* 1 (*Bot*) [Flor] que consta de cinco piezas. ■ 2 (*Zool*) [Insecto coleóptero] que tiene cinco artejos en cada tarso.

pentámetro *m* (*TLit*) Verso de cinco pies. *Tb adj.*

pentano *m* (*Quím*) Hidrocarburo saturado que contiene cinco átomos de carbono.

pentapartido *m* (*Pol*) Coalición de cinco partidos. *Tb el gobierno o la mayoría parlamentaria correspondiente.*

pentasilábico -ca *adj* (*Fon y TLit*) Pentasílabo.

pentasílabo -ba *adj* (*Fon y TLit*) De cinco sílabas. *Tb n m, referido a verso.*

pentathleta, pentathlon → PENTATLETA, PENTATLÓN.

pentatleta (*tb con la grafía* **pentathleta**) *m y f* (*Dep*) Deportista que participa en una prueba de pentatlón.

pentatlón (*tb con la grafía* **pentathlon**) *m* (*Dep*) Conjunto de cinco ejercicios olímpicos.

pentatónico -ca *adj* (*Mús*) De cinco tonos.

pentavalente *adj* (*Quím*) Que tiene valencia 5.

pentazocina *f* (*Med*) Fármaco de propiedades parecidas a las de la morfina.

pentecostal *adj* (*Rel crist*) [Cristiano o cristianismo] que da especial importancia a los dones del Espíritu Santo y tiende a una interpretación literal de la Biblia.

pentecostalismo *m* (*Rel crist*) Cristianismo pentecostal.

Pentecostés *m* **1** (*Rel crist*) Fiesta que se celebra a los 50 días de la Pascua de Resurrección, en que se conmemora la venida del Espíritu Santo. ■ **2** (*Rel jud*) Fiesta que se celebra a los 50 días de la Pascua, en conmemoración de la entrega de las tablas de la ley en el monte Sinaí.

pentosa *f* (*Quím*) Glúcido que tiene en su molécula cinco átomos de carbono.

pentotal (*n comercial registrado*) *m* Barbitúrico que, administrado por vía intravenosa, produce narcosis.

pénula *f* (*hist*) Manto corto y redondo usado por los romanos. *Tb* (*lit*), *referido a época moderna.*

penúltimo -ma *adj* Inmediatamente anterior al último. *Tb n.*

penumbra *f* **1** Iluminación muy débil o escasa. *Tb la zona así iluminada.* **b)** (*Fís*) Sombra parcial creada por un cuerpo opaco que intercepta parte de los rayos de una fuente de luz. *Tb la zona correspondiente.* ■ **2** (*lit*) Condición de oscuro o poco conocido.

penumbral *adj* (*Fís*) De (la) penumbra [1b].

penumbralmente *adv* (*Fís*) De manera penumbral.

penumbroso -sa *adj* Que tiene penumbra o está en penumbra [1a y 2].

penuria *f* Pobreza o escasez de medios para vivir. **b)** Pobreza o escasez [de algo].

penutiano -na *adj* [Grupo de lenguas] de los indios norteamericanos de la costa del Pacífico.

peña *f* **1** Roca aislada o que se destaca del suelo. ■ **2** Monte o cerro rocoso. ■ **3** Asociación recreativa. **b)** Grupo de amigos que se reúnen habitualmente para practicar una afición común.

peñafielense *adj* De Peñafiel (Valladolid). *Tb n, referido a pers.*

peñalvero -ra *adj* De Peñalver (Guadalajara). *Tb n, referido a pers.*

peñamellero -ra *adj* De Peñamellera Alta o Alles, o de Peñamellera Baja o Panes (Asturias). *Tb n, referido a pers.*

peñarandino -na *adj* De Peñaranda de Bracamonte (Salamanca), o de Peñaranda de Duero (Burgos). *Tb n, referido a pers.*

peñascal *m* Sitio cubierto de peñascos [1].

peñascazo *m* (*reg*) Pedrada.

peñasco *m* **1** Peña [1] grande. **b)** (*reg*) Piedra grande. ■ **2** (*Anat*) Porción del hueso temporal que encierra el oído interno.

peñascoso -sa *adj* Que tiene peñascos [1a].

peñazo *m* **1** (*col*) Pers. o cosa sumamente pesada o aburrida. ■ **2** (*reg*) Pedrada.

peñiscolano -na *adj* De Peñíscola (Castellón). *Tb n, referido a pers.*

peñista *m y f* Miembro de una peña [3].

péñola *f* (*lit*) Pluma (utensilio para escribir).

peñón *m* **1** Monte rocoso o peñascoso. ■ **2** Peña [1] grande.

peón -na (*la forma f es rara*) **I** *n* **A** *m y f* **1** Jornalero que realiza trabajos auxiliares o no especializados. **B** *m* **2 ~ caminero.** Obrero encargado del cuidado y reparación de un camino o carretera. ■ **3** (*Taur*) Torero subalterno que ayuda al matador durante la lidia. *Tb* (*lit*) *fig.* ■ **4** (*Cicl*) Corredor que trabaja en un equipo al servicio de otras figuras destacadas. ■ **5** Peonza (juguete). ■ **6** Pieza de las damas, o de las ocho iguales que se utilizan en el ajedrez. ■ **7** (*hist*) Soldado de infantería. ■ **8** (*hist*) Individuo que en una fiesta pública actúa a pie. *Se opone a* CABALLERO. ■ **9** (*reg*) Palo que sirve para apoyar el carro cuando está parado. **II** *loc adv* **10 a ~.** (*col*) A pie.

peonada *f* **1** Conjunto de (los) peones [1]. ■ **2** Trabajo de un peón [1] en un día. *Gralm referido a labores agrícolas.*

peonaje *m* **1** Conjunto de (los) peones [1 y 3]. ■ **2** Trabajo de peón [1].

peonar *intr* (*reg*) Trabajar como peón [1].

peonía (*tb* **peonia**) *f* Planta herbácea de hojas alternas y flor terminal, solitaria, de color rojo, rosado o blanco, cultivada a veces como planta de adorno (gén. *Paeonia*). *Tb su flor.*

peonza I *f* **1** Juguete de madera, de forma cónica y acabado en una púa de hierro, al cual se enrolla una cuerda para lanzarlo y hacerlo girar. **II** *loc adv* **2 a ~.** (*col*) A pie.

peor I *adj* (*comparativo de* MALO) **1** Más malo. *El segundo término comparado va introducido por* QUE *o* DE. * Esto es peor que eso. * Es peor de lo que pensaba. **b)** *A veces se omite el segundo término.* * En su época de concejal, peores los ha habido, se hicieron varias obras. **c)** lo ~. *Se usa como euf para designar una realidad triste o desagradable.* * Si le ocurre lo peor, habrá muerto por asfixia. **d)** lo ~. Lo más bajo (social o moralmente). **II** *loc v* **2 ir a ~.** Empeorar. **III** *adv* (*comparativo de* MAL) **3** Más mal, de manera más mala o inconveniente. *El segundo término comparado va introducido por* QUE *o* DE. * Canta peor que tú. * Le salió peor de lo que esperaba. **b)** *A veces se omite el segundo término.* * Las cosas se ponen peor cada día. ■ **4** *En final de frase o como réplica, expresa desaprobación. Tb* TANTO ~, ~ QUE ~ (*enfático*). * –Estas de aquí son cartas de amor. –Peor todavía. ■ **5 a ~.** (*col*) A lo mejor. *Denotando que la posibilidad expresada es poco deseable.* ■ **6 mejor o ~ , de mal en ~** → MEJOR, MAL.

peoría *f* (*reg*) Empeoramiento.

Pepa. viva la ~. *fórm or* (*col*) Se usa para comentar una situación de desbarajuste. * ¡Venga, viva la Pepa, cada cual a su aire!

pepe -pa (*a veces con mayúscula en aceps 2 y 3*) **I** *m* **1** (*jerg*) Genitales femeninos externos. **II** *loc v* **2 ponerse como un ~.** (*col*) Hartarse o saciarse. **III** *loc adv* **3 como un ~.** (*col*) Se usa en constrs como PUNTUAL COMO UN ~ *o* ESTAR COMO UN ~, *para ponderar la puntualidad.* * *Cuando llegues, él estará allí como un pepe.*

peperomia *f* Planta tropical americana, cultivada en invernadero por la belleza de sus hojas perennes y coloreadas (*gén. Peperomia*).

pepinazo *m* (*col*) Bombazo o cañonazo. *Tb fig.*

pepinillo *m* **1** Pepino [1] pequeño encurtido. ▪ **2** Pepino [1]. ▪ **3 ~ del diablo**, **amargo** *o* **loco.** Planta semejante al pepino [1], con frutos pedunculados en forma de salchicha (*Ecballium elaterium*).

pepino I *m* **1** Planta herbácea de tallo rastrero, hojas acorazonadas, flores acampanadas amarillas y fruto cilíndrico que se come crudo (*Cucumis sativus*). *Frec su fruto.* ▪ **2** (*col*) Melón insípido por no estar maduro. *Tb adj.* ▪ **3** (*col*) Bomba, u otro proyectil análogo. ▪ **4 ~ de mar.** Holoturia. **II** *loc pr* **5 un ~** (*o* **tres ~s**). (*col*) Nada. *Con intención ponderativa. Con vs como* VALER *o* IMPORTAR. **III** *loc v* (*col*) **6 irse a tomar por donde amargan los ~s**, **mandar a tomar por donde amargan los ~s** → IRSE, MANDAR.

pepinoide *adj* De forma alargada semejante a la del pepino (fruto).

pepión *m* (*hist*) Antigua moneda de vellón equivalente a medio dinero.

pepita[1] *f* **1** Simiente pequeña [de una fruta o fruto]. ▪ **2** Masa pequeña y rodada [de un metal nativo, esp. oro].

pepita[2] **I** *f* **1** Pequeño tumor de la lengua de las gallinas. **II** *loc v* **2 no tener ~ en la lengua.** (*col*) Decir sin miramientos lo que se piensa.

pepito *m* **1** Bocadillo de filete de carne. ▪ **2** Bollo alargado relleno de crema o chocolate.

pepitoria *f* Guiso normalmente de ave, esp. gallina, en trozos y con una salsa que contiene yema de huevo. *Frec en la loc* EN ~.

pepla *f* (*col*) **1** Cosa fastidiosa o molesta. ▪ **2** Achaque o alifafe.

peplo *m* (*hist*) Vestidura femenina griega, amplia, suelta y sin mangas, que cubre de los hombros a la cintura.

péplum (*pl normal*, **~s**) *m* (*argot Cine*) Película histórica basada en la antigüedad clásica.

pepona *f* Muñeca grande y tosca, gralm. de cartón. **b)** *Frec se emplea en constrs de sent comparativo para ponderar el aspecto redondo y colorado del rostro de una mujer.* * *Pareces una pepona.*

pepónide *m* (*Bot*) Fruto carnoso unido al cáliz, con una sola celda y muchas semillas adheridas a tres placentas.

peppermint (*ing; pronunc corriente*, /pepermín/ *o* /pipermín/) *m* Pipermín.

pépsico -ca *adj* (*Fisiol*) De (la) pepsina.

pepsina *f* (*Fisiol*) Fermento segregado por las glándulas gástricas que transforma las sustancias albuminoideas.

pepsinógeno *m* (*Fisiol*) Sustancia gástrica que se convierte en pepsina durante la digestión.

péptico -ca *adj* (*Med*) [Úlcera] de la mucosa del estómago o del duodeno.

peptídico -ca *adj* (*Quím*) De (los) péptidos.

péptido *m* (*Quím*) Compuesto formado por la unión de dos o más aminoácidos.

peptona *f* (*Fisiol*) Sustancia procedente de la transformación de los albuminoides por la pepsina.

peque *adj* (*col*) Pequeño [2]. *Más frec n.*

pequeñez *f* **1** Cualidad de pequeño. ▪ **2** Cosa pequeña, *esp* [3].

pequeño -ña I *adj* **1** Que ocupa menos espacio o superficie de lo normal o de lo corriente en los seres que forman serie con el nombrado. **b)** [Pers.] de corta estatura. ▪ **2** [Niño] de corta edad. **b)** [Niño] de menos edad [con respecto a otro u otros (*compl* DE)]. *Tb n. Frec sin compl.* **c)** *Sustantivado*: Niño. **d)** *Sustantivado, tb se aplica a un adulto como expresión de cariño, normalmente en uso vocativo.* * *Ven aquí, pequeña.* ▪ **3** Poco importante en calidad, cantidad o intensidad. **b)** *Relativamente poco importante. Gralm en lenguaje comercial y referido a empresas o empresarios.* **II** *loc adv* **4 en ~.** En tamaño pequeño [1a]. *Tb adj. Tb fig.*

pequeñoburgués -sa (*tb con las grafías* **pequeño-burgués** *o* **pequeño burgués**) *adj* De (la) clase media baja. *Tb n, referido a pers.*

pequinés -sa (*tb con la grafía* **pekinés**) *adj* **1** De Pequín. *Tb n, referido a pers.* ▪ **2** [Perro] de origen chino, pequeño, chato, de orejas caídas, ojos prominentes y pelo largo. *Tb n.*

PER (*sigla; tb con la grafía* **per**) *m* (*Econ*) Razón aritmética entre el precio de un título y las ganancias por acción.

pera[1] **I** *f* **1** Fruta carnosa comestible, gralm. cilíndrica en su base y más estrecha por la parte superior, producida por el peral. *Diversas variedades se distinguen por medio de adjs o compls:* AHOGADIZA, BERGAMOTA, LIMONERA, MOSQUERUELA, DE AGUA, *etc.* ▪ **2** Objeto hueco de goma con figura de pera [1], usado esp. para impulsar líquidos o aire. ▪ **3** Interruptor de luz o llamador que remata en forma de pera [1]. ▪ **4 ~** (*o* **perita**) **en dulce.** Pers. o cosa muy grata o deseable. ▪ **5 la ~.** (*col*) Una cosa exagerada o disparatada. *Se usa normalmente como predicat con ser, referido a pers o cosa.* * *Eres la pera.* ▪ **6** (*vulg*) Pene. ▪ **7** (*jerg*) Masturbación. **II** *adj* **8** (*desp*) Afectadamente elegante. ▪ **9** [El año] **de la ~** → AÑO. **III** *loc v* **10 partir las ~s.** (*col*) Romper [con alguien]. *Tb sin compl, con suj pl.* ▪ **11 pedir ~s al olmo.** (*col*) Esperar o pretender imposibles. ▪ **12 poner las ~s a(l) cuarto** [a alguien]. (*col*) Ajustar[le] las cuentas. ▪ **13 tocarse la ~.** (*vulg*) Estar inactivo o no trabajar.

pera[2] *m y f* (*jerg*) Perista.

per accidens (*lat; pronunc,* /per ákθidens/) *loc adv* (E) Por las circunstancias o accidentes. *Tb adj.*

peral *m* Árbol de tronco robusto, madera rojiza muy estimada, hojas ovales coriáceas y flores blancas en corimbo, cuyo fruto es la pera[1] [1] (*Pirus communis*). *Tb su madera.*

peraleda *f* Terreno plantado de perales.

peralejano -na *adj* De Peralejos de las Truchas (Guadalajara). *Tb n, referido a pers.*

peraleo -a *adj* De Peraleda de San Román o de Peraleda de la Mata (Cáceres). *Tb n, referido a pers.*

peraltado -da *adj* **1** *part* → PERALTAR. ■ **2** (*Arquit*) [Arco o cañón de bóveda] cuya altura es mayor que la mitad de su luz. ■ **3** [Curva de un camino o vía] que tiene más alta la parte exterior.

peraltar *tr* **1** (*E*) Dar peralte [a un arco, bóveda o curva]. ■ **2** (*raro*) Dar realce [a algo].

peralte *m* (*E*) **1** *En un arco o bóveda:* Exceso de altura respecto a la mitad de la luz. ■ **2** *En una curva de camino o vía:* Diferencia de altura entre la parte exterior y la interior. ■ **3** (*raro*) Resalte o elevación.

peraltés -sa *adj* De Peralta (Navarra). *Tb n, referido a pers.*

peralto *m* (*raro*) Altura o elevación.

per annum (*lat; pronunc,* /per-ánnum/) *loc adv* Por año. *Tb adj.*

perborato *m* Sal oxigenada del ácido bórico, usada esp. como blanqueador y desinfectante.

perca *f* Pez de río, de unos 40 cm de largo y cuerpo comprimido de color verdoso con estrías negras, muy apreciado por su carne (*Perca fluviatilis*). *Tb se da este n a otras especies afines:* ~ AMERICANA (*Micropterus salmoides*), ~ SOL (*Lepomis gibbosus*).

percal I *m* **1** Tela corriente de algodón, con ligamento de tafetán. ■ **2** (*Taur*) Capote.
    II *loc v* **3 conocer el ~.** (*col*) Conocer el paño (→ PAÑO).

percalina *f* Percal [1] de baja calidad, muy brillante por un lado, que se emplea esp. para forros.

percance *m* **a)** Accidente o daño imprevisto. **b)** Contratiempo o inconveniente.

per cápita *loc adj* (*Econ*) Individual o por cabeza. *Tb adv.*

percatación *f* Acción de percatarse.

percatarse *intr pr* Darse cuenta [de algo]. *Tb sin compl.*

percebe *m* **1** Crustáceo con un caparazón compuesto de cinco piezas y un pedúnculo carnoso comestible (*Pollicipes cornucopiae*). ■ **2** (*col*) Hombre tonto o ignorante. *Usado como insulto.*

percepción *f* **1** Acción de percibir. *Tb su efecto.* ■ **2** Cosa, esp. cantidad de dinero, que se percibe [2].

perceptibilidad *f* Cualidad de perceptible.

perceptible *adj* Que se puede percibir, *esp* [1].

perceptiblemente *adv* De manera perceptible.

perceptivo -va *adj* (*Psicol*) De (la) percepción mental.

percepto *m* (*Psicol*) Objeto de la percepción.

perceptor -ra *adj* Que percibe. *Tb n.*

perceptual *adj* (*Psicol*) Perceptivo.

percha *f* **1** Soporte con un gancho en su parte superior, que sirve para colgar prendas en un armario o en una barra. ■ **2** Utensilio con uno o varios ganchos, que se sujeta a la pared o se apoya en el suelo y sirve para colgar cosas, esp. ropa. ■ **3** Palo dispuesto de manera que se pueda colgar algo en él. ■ **4** Utensilio usado por los cazadores para colgar las piezas cazadas. *Frec el conjunto de piezas.* ■ **5** Soporte para que se posen las aves. ■ **6** Lazo de cazar perdices u otras aves. ■ **7** Camilla para ser trans-portada por una sola pers. sobre la espalda. ■ **8** (*col*) Tipo o figura [de una pers.]. ■ **9** (*Taur*) Cuerno. *Gralm en pl y con intención ponderativa.* ■ **10** (*Tex*) Máquina para perchar [1]. ■ **11** (*reg*) Pértiga (vara larga). ■ **12** (*E*) Pieza larga, delgada y de sección circular, usada esp. en ejercicios gimnásticos o circenses.

perchado *m* (*Tex*) Cardado.

perchar A *tr* **1** (*Tex*) Cardar [lana o paño].
    B *intr* **2** (*reg*) Impulsar la barca con la percha [11].

perchelero -ra *adj* De El Perchel (barrio malagueño). *Tb n, referido a pers.*

perchero *m* Mueble con varias perchas [1] o ganchos, que se sujeta a la pared o se apoya en el suelo y sirve para colgar cosas, esp. ropa.

percherón -na I *adj* **1** [Caballo] de una raza francesa caracterizada por su fuerza y corpulencia. *Tb n.*
    II *m y f* **2** (*col, humoríst*) Pers. corpulenta.

perchista *m y f* Artista de circo que realiza ejercicios con percha [12].

percibir *tr* **1** Conocer [algo], o tener conciencia [de ello (*cd*)], a partir de los datos suministrados por los sentidos. ■ **2** Recibir [una cantidad de dinero (*cd*) u otro bien].

percibo *m* (*Der*) Acción de percibir [2].

percipiente *adj* (*E*) Que percibe [1].

perclorato *m* (*Quím*) Sal del ácido perclórico, utilizada en explosivos.

perclórico *adj* (*Quím*) [Anhídrido o ácido] del cloro con la máxima oxidación.

percolación *f* (*Quím y Geol*) Lixiviación.

percolador *m* (*Quím*) Aparato para efectuar la percolación.

percolar *tr* (*Quím*) Lixiviar.

percuciente *adj* (*raro*) Percutiente. *Tb fig.*

percudir *tr* **1** Ajar o deslucir [algo]. ■ **2** (*reg*) Ensuciar [algo] intensa y profundamente.

percusión *f* **1** Acción de percutir. ■ **2** (*Mús*) Conjunto de instrumentos cuyo sonido se produce por percusión [1]. ■ **3** (*Med*) Modo de exploración que permite conocer el estado de algunos órganos según el ruido que producen al golpearlos.

percusionista *m y f* Músico que toca uno o varios instrumentos de percusión.

percutáneo -a *adj* (*Med*) Que se practica a través de la piel.

percutante *adj* (*raro*) Que percuta. *Frec fig.*

percutar *tr* (*raro*) Percutir o golpear.

percutiente *adj* Que percute. *Tb fig.*

percutir A *tr* **1** Golpear [algo]. *Tb fig.*
    B *intr* **2** Golpear [en algo (*compl adv*)]. *Tb fig.*

percutivo -va *adj* (*Mús*) De (la) percusión.

percutor -ra I *adj* **1** Que percute o golpea. *Tb n f, referido a máquina.*
    II *m* **2** *En un arma de fuego:* Pieza que golpea el fulminante y produce su detonación.

perdedero *m* Lugar por donde se zafa la liebre perseguida. *Tb fig.*

perdedor -ra I *adj* **1** Que pierde, *esp* [4 y 5]. *Tb n, referido a pers.*

perder – perdonador

II *m y f* **2 buen** (*o* **mal**) **~.** Pers. que acepta (o no) de buenos modos perder [4 y 5].

perder (*conjug* 14) **A** *tr* **1** Dejar de tener [algo o a alguien]. **b)** *A veces, cuando el cd designa a una pers ligada afectivamente a la designada en el suj, indica que aquella ha muerto.* * Ha perdido a sus padres en un accidente. **c)** Sufrir [una mujer] la muerte [de un hijo no nacido o al nacer]. **d)** *Referido a peso, salud, capacidad, consideración, conteni- do, etc, frec se alude a estas nociones, sin mencionar- las, por medio de cuantitativos. A veces como abs, esp referido a peso. A veces con un compl* EN. * En la última enfermedad perdió mucho. * Tienes que per- der, pero solo de caderas. * Si se prescinde de esta parte, la catedral pierde mucho en belleza. **e) ~ de vista.** Dejar de ver o de mirar. *Tb fig.* ■ **2** Dejar de tener [a una pers. o cosa (*cd*)], temporal o defini- tivamente, por no saber dónde se encuentra. ■ **3** Ocasionar la ruina material o moral [a una pers. o cosa (*cd*)]. *Frec el cd es refl.* **b)** (*hoy pop*) Deshonrar [a una mujer (*cd*)]. **c)** Estropear [algo]. **d) echar a ~ →** ECHAR. ■ **4** Resultar perjudicado, esp. econó- micamente, [en algo (*cd*)]. *Tb abs.* **b) llevar las de ~ →** LLEVAR. ■ **5** Resultar vencido [en una lucha o competición (*cd*)]. *Frec como abs.* ■ **6** No sacar el debido provecho [de una cosa (*cd*)] o desperdi- ciar[la]. *Frec referido a tiempo.* ■ **7** No llegar a tiempo de poder utilizar [un medio de transporte (*cd*)]. ■ **8** No llegar a percibir sensorialmente [al- go (*cd*)]. *Más frec con compl de interés.* **b) no te lo pierdas.** *Fórmula con que se pondera el interés de algo.* * Mira qué follón se está organizando; no te lo pierdas. **c) tú te lo pierdes** (*o* **él se lo pierde**, *etc*)**.** (*col*) *Fórmula con que se expresa desdén ante una renuncia de otro, que se considera absurda.* * Si no quiere venir, él se lo pierde. ■ **9 ~ la cabeza, ~ el culo, ~ la vida, ~ terreno,** *etc* **→** CABEZA, CULO, VIDA, TERRENO, etc.

B *intr pr* (**~se**) **10** Errar el camino. **b)** Dejar de seguir el hilo de un razonamiento. **c)** No hallar sa- lida. *Tb fig, frec en part.* ■ **11** Desaparecer. *Frec en la constr* ~SE DE VISTA. **b) piérdete.** (*col*) *Se usa pa- ra decir a alguien que se vaya.* * ¡Anda, piérdete, pe- sado! ■ **12** Dejar de conocerse el paradero [de algo (*suj*)]. **b) habérsele perdido** (*o* **~sele**) [algo a una pers. en un sitio]. (*col*) *Existir motivo suficiente pa- ra que* [esa pers.] *esté allí. Gralm en constr interro- gativa o negativa.* ■ **13** Dejar de estar [la mirada] fija en algo concreto. *Frec en part y a veces con un compl* EN. ■ **14** Malograrse o estropearse [una co- sa]. ■ **15** Pervertirse [una pers.].

perdicero -ra *adj* De (la) perdiz. **b)** Que caza perdices. *Tb n, referido a pers.* **c)** [Águila] **perdice- ra →** ÁGUILA.

perdición *f* Acción de perder(se) [3]. **b)** *Frec se usa para ponderar el carácter negativo o caótico de una cosa o de una situación.* * La copia que se con- serva es una perdición.

pérdida **I** *f* **1** Acción de perder(se), excepto [3]. ■ **2** Cosa perdida. *Frec referido a cantidad.*
II *loc v* **3 entrar en ~.** Empezar a perder altura [un aparato de aviación]. ■ **4 no tener ~** [un lu- gar]. (*col*) Ser perfectamente fácil de encontrar, esp. si se siguen las instrucciones recibidas.

perdidamente *adv* Total o completamente. *Gralm referido al v* ENAMORAR.

perdidizo -za *adj* (*raro*) Que tiende a perderse o desaparecer.

perdido -da **I** *adj* **1** *part* **→** PERDER. ■ **2** [Lugar] que está en una zona apartada o fuera de camino. ■ **3** [Terreno] inculto o no cultivado. *Tb n m.* ■ **4** [Pers.] libertina. *Tb n. Referido a una mujer, gralm designa la de mala vida.* ■ **5** *Siguiendo a un adj que expresa cualidad negativa, o que se ve como tal, indica que esta se posee en el más alto grado. A veces el adj queda sobrentendido.* * Es tonto perdido. * Está perdido por ella. ■ **6** Impresentable, esp. por sucio. *Gralm con vs como* PONER *o* DEJAR. ■ **7** [Man- ga] abierta y pendiente del hombro. ■ **8** [Caso] **~,** [fondo] **~,** [rato] **~ →** CASO, FONDO, RATO.
II *m* **9** (*Impr*) Número de ejemplares que se tiran de más para suplir los defectuosos.

perdidoso -sa *adj* (*lit*) Perdedor.

perdigacho *m* Perdiz enjaulada que suele usarse como reclamo.

perdigana *f* (*reg*) Perdigón[1].

perdigón[1] *m* Pollo de perdiz.

perdigón[2] *m* **1** Grano de plomo de los que forman la munición de los cartuchos de caza. ■ **2** (*col*) Gota de saliva que se suelta al hablar. *Tb* ~ DE SALIVA.

perdigón[3] -na *adj* (*raro*) [Pers.] derrochadora.

perdigonada *f* **1** Disparo de perdigones[2] [1]. *Tb el impacto que produce.* ■ **2** Enfermedad que ataca a los frutales de hueso y que se manifiesta por man- chas rojizas en las hojas, que acaban por quedar perforadas y secarse.

perdigonazo *m* Perdigonada [1].

perdiguero -ra **I** *adj* **1** Que caza perdices. *Tb n, referido a perro.*
II *f* **2** Se da este n a varias plantas herbáceas del gén *Helianthemum*.

perdis *m* (*col, hoy raro*) Hombre libertino. *Tb adj.*

perdiz **I** *f* **1** Ave gallinácea de unos 33 cm de longi- tud, cuello corto, cabeza pequeña y plumaje pardo rojizo o pardo grisáceo, muy apreciada por su carne (gén. *Alectoris* y *Perdix*). *Diversas especies se distin- guen por medio de adjs:* ~ COMÚN *o* ROJA (*Alectoris rufa*), ~ CHUCAR (*A. chukar*), ~ GRIEGA (*A. graeca*), ~ MORUNA (*A. barbara*), ~ PARDILLA (*Perdix perdix*). **2 ~ blanca,** *o* **nival.** Lagópodo de alta montaña que durante el invierno es completamente blanco y en verano solo en el vientre y las alas (*Lagopus mutus*).
II *loc adj* **3** [Ojo] **de ~ →** OJO.
III *loc v* **4 marear la ~** (*raro*, **a la ~**). (*col*) Entrete- ner al interlocutor con rodeos o artificios para dar largas a la solución del asunto.

perdón **I** *m* **1** Acción de perdonar.
II *fórm or* **2** *Se emplea para pedir a alguien que perdone. Frec como fórmula de cortesía.* * Perdón, le hice sin querer. **b)** *Introduce una rectificación o cor- tés a lo dicho por otro.* * —Ha perdido por primera vez. —Perdón, esta es su segunda derrota. **c)** *En for- ma interrog se usa para preguntar algo que no se ha entendido.* * ¿Perdón? ¿Cómo dice? ■ **3** (**dicho sea con ~,** *o* **con ~ sea dicho**)**.** (*col*) *Fórmula que acom- paña a una expresión o afirmación que podría resul- tar ofensiva o molesta para el oyente.* * El uno guar- daba pavos y el otro cerdos, con perdón sea dicho. ■ **4 no tener ~** (**de Dios**)**.** (*col*) Ser totalmente imper- donable. *Con intención ponderativa.*

perdonable *adj* Que se puede perdonar.

perdonador -ra *adj* Que perdona. *Tb n, referido a pers.*

perdonanza *f* (*raro*) Perdón o indulgencia.

perdonar *tr* **1** Renunciar [alguien] a castigar [un delito u ofensa] o a cobrar [una deuda]. *A veces el cd designa la pers en cuyo favor se renuncia. Tb abs y fig.* **b)** No guardar resentimiento [contra una pers. (*cd*) o por algo (*cd*)]. **c)** *En imperat, se usa frec como fórmula de cortesía para pedir perdón, esp por una incorrección o molestia. Tb abs.* * Perdone, ¿puedo pasar? ■ **2** Eximir [a alguien (*ci*) de un castigo, una obligación o una molestia (*cd*)]. ■ **3** (*col*) Dejar pasar o escapar [algo]. *Más frec en frases negativas.*

perdonavidas *m* Valentón que finge contener su agresividad por desprecio hacia el contrario.

perdulario -ria *adj* Vicioso incorregible. *Tb n. Más o menos vacío de significado, se usa como insulto.*

perdurabilidad *f* Cualidad o condición de perdurable.

perdurable *adj* Que dura siempre. *A veces con intención ponderativa.*

perduración *f* Hecho de perdurar.

perduradero -ra *adj* (*raro*) Que perdura o puede perdurar.

perdurar *intr* Subsistir o seguir existiendo.

perecedero -ra *adj* Que ha de perecer [1]. **b)** [Producto] que dura poco porque se echa a perder muy pronto.

perecer (*conjug* 11) *intr* ➤ **a** *normal* **1** (*lit*) Morir [un ser vivo], esp. de manera violenta o no natural. **b)** Acabarse o dejar de existir [algo]. ➤ **b** *pr* (**~se**) **2** Sentir intensa atracción [por alguien o algo].

perecimiento *m* (*raro*) Hecho de perecer [1].

perecuación *f* (*Econ*) Relación o proporción equitativa.

peregrinación *f* Acción de peregrinar.

peregrinaje *m* Acción de peregrinar, *esp* [2].

peregrinamente *adv* De manera peregrina [4].

peregrinante *adj* (*lit*) Que peregrina.

peregrinar *intr* **1** Ir como peregrino [1] [a un lugar]. *Tb fig.* ■ **2** Recorrer sucesivamente [varios lugares (*compl de lugar, esp* POR)] o ir de un sitio a otro. *Tb fig.* ■ **3** (*lit*) Vivir como peregrino [2].

peregrino -na I *adj* **1** [Pers.] que por devoción va a visitar un lugar sagrado. *Más frec n.* ■ **2** (*lit*) Que anda por tierras extrañas. *Frec n. Tb fig.* **b)** (*lit*) Trotamundos. ■ **3** Propio de la pers. peregrina [1 y 2]. ■ **4** Raro o extraño. *Frec con intención ponderativa y a veces peyorativa.* **b)** (*lit*) Extraordinario o fuera de lo común. *Normalmente referido a* BELLEZA. ■ **5** [Halcón] ~ → HALCÓN. **II** *m* **6** Pez de la familia del tiburón, de cuerpo delgado, que alcanza unos 15 m de longitud y un peso de 8 toneladas (*Cetorhinus maximus*).

pereion *m* (*Zool*) *En los crustáceos*: Cefalotórax.

perejil *m* **1** Planta herbácea, de hojas muy recortadas y aromáticas, que se usa como condimento (*Petroselinum hortense*). **b)** ~ **de perro.** Cicuta menor. ■ **2** ~ **de todos los guisos.** (*col*) Pers. entrometida. *Tb adj.* ■ **3** (*col, desp*) Adorno o aderezo. *Gralm en pl.*

perejila *f* Juego de cartas en que el siete de oros es comodín. **b)** *En el juego de la perejila*: Siete de oros.

perejilera *f* Vasija para el perejil [1a].

perejilero *m* Vasija para el perejil [1a].

perén *adj* (*reg*) Perenne [1 y 3].

perendeca *f* (*raro*) Prostituta.

perendengue *m* (*col*) **1** Adorno superfluo. ■ **2** *En pl*: Dificultades o complicaciones. ■ **3** *En pl*: *euf por* COJONES. *Gralm en la constr* TENER ~S.

perengano -na (*gralm con mayúscula*) *m y f Se usa, sin art y solo en sg, para sustituir al n propio de una pers que no se quiere o no se puede precisar. En contextos en que ha aparecido el n* FULANO *y casi siempre tb* MENGANO *y* ZUTANO. *Frec en la forma dim* PERENGANITO, *con valor expresivo.* * Fulano hace esto, Mengano lo otro, Zutano lo de más allá y Perengano ni se sabe.

perenne *adj* **1** Continuo o que dura indefinidamente. ■ **2** (*Bot*) Que vive más de dos años. *A veces se usa como especificador de algunas especies botánicas:* VEZA ~. ■ **3** (*pop*) [Pers.] que se mantiene sana y fuerte.

perennemente *adv* De manera perenne [1].

perennidad *f* Cualidad de perenne [1 y 2].

perennifolio -lia *adj* (*Bot*) Que conserva su follaje todo el año.

perennizar *tr* Hacer perenne [1] [algo]. **b)** *pr* (**~se**) Hacerse perenne [1] [algo].

perentoriamente *adv* De manera perentoria.

perentoriedad *f* Cualidad de perentorio.

perentorio -ria *adj* **1** Urgente o apremiante. ■ **2** Definitivo o no modificable.

perestroika *f* (*Pol*) Reestructuración política de carácter aperturista promovida en la URSS por Gorbachov a partir de 1985. *Frec fig, fuera del ámbito político ruso.*

pereza *f* **1** Falta de ganas de actuar, esp. de moverse o de trabajar. ■ **2** Lentitud o torpeza en el funcionamiento o en el movimiento [de algo].

perezosamente *adv* De manera perezosa [3].

perezoso -sa I *adj* **1** [Pers.] que tiene o muestra pereza [1]. *Tb n.* ■ **2** [Cosa] lenta o torpe en su funcionamiento o movimiento. ■ **3** [Cosa] que denota o implica pereza. **II** *n* **A** *m* **4** *Se da este n a varios mamíferos arborícolas americanos, desdentados y de movimientos lentos, esp al Bradypus tridactylus, tb llamado* ~ TRIDÁCTILO. **B** *f* **5** (*reg*) Mesa abatible sujeta a la pared.

perfección I *f* **1** Cualidad de perfecto [1 y 3]. ■ **2** Cualidad excelente. ■ **3** Perfeccionamiento. **II** *loc adv* **4 a la ~.** Perfectamente [1].

perfeccionable *adj* Que se puede perfeccionar.

perfeccionador -ra *adj* Que perfecciona.

perfeccionamiento *m* Acción de perfeccionar(se).

perfeccionante *adj* Que perfecciona.

perfeccionar *tr* Hacer perfecto o más perfecto [1] [a alguien o algo]. **b)** *pr* (**~se**) Hacerse perfecto o más perfecto [1] [alguien o algo].

perfeccionismo *m* Cualidad o actitud de perfeccionista. *Frec con intención desp.*

perfeccionista *adj* [Pers.] que tiende a mejorar indefinidamente un trabajo buscando su perfección. *Tb n. Frec con intención desp.* **b)** Propio de la pers. perfeccionista.

perfectamente *adv* **1** De manera perfecta [1 y 2]. ■ **2** Muy bien o de acuerdo. *Usado para expresar conformidad o asentimiento.*

perfectibilidad *f* Cualidad de perfectible.

perfectible *adj* Susceptible de perfeccionamiento.

perfectivamente *adv* De manera perfectiva [1].

perfectivo -va *adj* **1** Que perfecciona o puede perfeccionar. ■ **2** (*Gram*) [Verbo] cuya acción es puntual y no se puede realizar sin que llegue a su término. *Tb referido a la misma acción verbal.* ■ **3** (*Gram*) [Aspecto verbal] que presenta una acción, pasada o futura, como acabada.

perfecto -ta *adj* **1** Que tiene todas las cualidades exigibles o imaginables. **b)** (*Der*) Que tiene plena eficacia o validez. ■ **2** *Antepuesto a un n calificador:* Total o completo. ■ **3** (*Gram*) [Tiempo verbal] que presenta la acción, pasada o futura, como acabada. *Normalmente siguiendo a* PRETÉRITO *o a* FUTURO. *Tb n m, referido al pretérito. Tb se refiere a la misma acción.* ■ **4** (*TLit*) [Rima] consonante. ■ **5** (*Mat*) [Número] que es igual a la suma de sus divisores.

pérfidamente *adv* (*lit*) De manera pérfida.

perfidia *f* (*lit*) Deslealtad o traición.

pérfido -da *adj* (*lit*) Desleal o traidor. *A veces usado como insulto.*

perfil I *m* **1** Aspecto [de alguien o esp. de su rostro] visto de lado. ■ **2** Contorno o línea que limita la figura [de alguien o algo]. **b)** (*raro*) Figura o imagen. ■ **3** Conjunto de rasgos que definen el carácter o la condición [de alguien o algo]. ■ Serie de datos importantes o característicos de la vida [de una pers.]. ■ **4** Adorno que se pone en el canto o extremo de algo. ■ **5** (*E*) Dibujo del corte vertical [de un cuerpo]. ■ **6** (*Metal*) Barra metálica de perfil [5] determinado. ■ **7** (*Geol*) Corte del terreno que muestra la sucesión y la forma de las capas geológicas. ■ **8** (*E*) Trazado topográfico [de una corriente de agua o de una carretera o línea férrea]. ■ **9** (*E*) Trazo delgado de la escritura. *Se opone a* GRUESO. ■ **10** (*raro*) *En pl:* Complementos o aditamentos. II *loc adv* **11 de ~.** De lado. *Tb adj. Referido esp a pers.*

perfilado *m* Acción de perfilar, *esp* [4].

perfilador -ra *adj* Que perfila [4]. *Tb n, referido a pers.* **b)** Que sirve para perfilar [1]. *Tb n m, referido a lápiz.*

perfilar A *tr* **1** Marcar el perfil [1 y 2] [de alguien o algo (*cd*)]. **b)** *pr* (*~se*) Marcarse el perfil [1 y 2] [de alguien o algo (*suj*)]. ■ **2** Completar [algo] con detalles precisos. ■ **3** Rematar con esmero [algo]. ■ **4** (*Metal*) Dar un perfil [5] determinado [a algo (*cd*)]. ■ **5** (*Taur*) Poner de perfil [11]. *Frec el cd es refl.* B *intr pr* (*~se*) **6** Aparecer de manera clara o definida.

perfilero -ra *adj* (*Taur*) [Torero] que se perfila [5]. **b)** Propio del torero perfilero.

perfoliado -da *adj* (*Bot*) [Hoja] que por su base rodea totalmente el tallo.

perfolla *f* (*reg*) Hoja seca del maíz.

perforación *f* Acción de perforar(se). *Tb su efecto.*

perforado *m* Acción de perforar.

perforador -ra *adj* Que perfora. *Tb n f, referido a máquina; m, referido a aparato; m y f, referido a*

pers. **b)** (*Zool*) [Insecto] que perfora las hojas o excava galerías en la madera de las plantas que ataca. *Tb n m.*

perforante *adj* Que perfora. *Tb fig.* **b)** [Proyectil] destinado a atravesar los blindajes metálicos o de hormigón.

perforar *tr* Agujerear [algo], esp. atravesándo[lo] de parte a parte. **b)** *pr* (*~se*) (*Med*) Producirse una abertura u orificio [en un órgano o parte (*suj*)].

perforista *m y f* (*Informát*) Pers. que trabaja en la perforación de fichas.

performance (*ing; pronunc corriente,* /perfórmans/) *f* **1** Resultado de una actuación en público [de un atleta o de un caballo de carreras]. ■ **2** Resultado posible [de una máquina o aparato]. ■ **3** (*raro*) Representación teatral.

perfumado -da I *adj* **1** *part* → PERFUMAR. ■ **2** Que tiene o exhala perfume [1]. ■ **3** [Colonia] de calidad semejante al perfume [2]. II *m* **4** (*col*) Carajillo.

perfumador -ra I *adj* **1** Que perfuma. *Tb n m, referido a producto.* II *m* **2** Utensilio para pulverizar perfumes.

perfumar *tr* Comunicar [a alguien o algo (*cd*)] olor agradable. *Tb abs.* **b)** Aplicar un perfume [a alguien o algo (*cd*)]. **c)** Aplicar [a algo (*cd*)] una sustancia aromática (*compl* DE *o* CON)].

perfume *m* **1** Olor agradable. *A veces con intención irónica.* ■ **2** Sustancia líquida o sólida elaborada para dar un olor agradable. *Esp designa la líquida muy concentrada, en oposición a la colonia.*

perfumería *f* **1** Tienda en que se venden perfumes [2] y otras sustancias u objetos de tocador. ■ **2** Industria del perfume [2]. ■ **3** Perfumes, o conjunto de perfumes [2].

perfumero -ra *adj* (*raro*) De(l) perfume [2].

perfumista *m y f* Pers. que fabrica o vende perfumes [2].

perfunctorio -ria *adj* (*raro*) [Cosa] superficial o descuidada.

perfundir *tr* (*Med, raro*) Someter a perfusión.

perfusión *f* (*Med*) Introducción lenta y continuada de un líquido en un órgano u organismo, por vía intravenosa, subcutánea o rectal.

perfusionista *m y f* (*Med*) Especialista en perfusión.

pergaminero -ra *m y f* Pers. que fabrica o vende pergaminos [1].

pergamino *m* **1** Piel adobada, de superficie lisa, que se utiliza esp. para escribir en ella o para hacer encuadernaciones. **b) ~ artificial.** Imitación de pergamino [1a] hecha con papel o tela. ■ **2** Documento escrito en pergamino [1]. ■ **3** Título de nobleza. *Más frec en pl. Tb fig.*

pergaña *f* (*reg*) Lodo o barro.

pergenio *m* (*raro*) Pergeño.

pergeñar *tr* **1** Trazar o bosquejar. ■ **2** Realizar o ejecutar [algo].

pergeño *m* Traza o apariencia.

pérgola *f* Construcción de jardín formada por vigas sostenidas por columnas, que sirve de apoyo a plantas trepadoras.

perhidrol *m* (*Quím*) Solución de agua oxigenada al 30 por 100.

peri- *r pref* (*E*) De alrededor. *Gralm en compuestos con adj.* * Peribucal. * Perimediterráneo.

perianal *adj* (*Anat*) Situado alrededor del ano.

periantal *adj* (*Bot*) De(l) periantio.

periantio *m* (*Bot*) Conjunto de envolturas que protegen los órganos reproductores de la flor.

periartritis *f* (*Med*) Inflamación de los tejidos que rodean una articulación, esp. de las bolsas serosas.

perica *f* **1** (*col*) Mujer de vida libertina o desenvuelta. *A veces usado como insulto.* ■ **2** (*jerg*) Cocaína.

pericárdico -ca *adj* (*Anat*) De(l) pericardio.

pericardio *m* (*Anat*) Membrana serosa que envuelve el corazón.

pericarditis *f* (*Med*) Inflamación del pericardio.

pericarpio *m* (*Bot*) Parte exterior del fruto, que envuelve la semilla.

pericia *f* Habilidad o maestría.

pericial *adj* De(l) perito.

pericialmente *adv* De manera pericial.

periciclo *m* (*Bot*) Capa periférica del cilindro central del tallo o de la raíz.

periclitante *adj* (*lit*) Que periclita.

periclitar *intr* (*lit*) Declinar o decaer.

perico (*con mayúscula en aceps 6 y 7*) **I** *m* **1** (*col*) Orinal. ■ **2** (*col*) Pers. de vida libertina o desenvuelta. *Frec referido a mujer. A veces usado como insulto.* ■ **3** (*jerg*) Cocaína. ■ **4** (*raro*) Variedad de espárrago de gran tamaño. ■ **5** (*hist*) Tocado de pelo postizo que cubre la parte anterior de la cabeza. ■ **6 ~ el de los palotes.** (*col*) Una pers. indeterminada y sin importancia. **II** *loc adv* **7 como ~ por su casa.** (*col*) Como Pedro por su casa (→ PEDRO).

pericón *m* **1** Abanico muy grande. *Tb* ABANICO ~. ■ **2** Baile popular de la región del Plata, que se acompaña con guitarras y se interrumpe con pausas para que los bailarines digan coplas. *Tb su música.* ■ **3** *Se da este n a varias plantas herbáceas perennes del gén Hypericum.*

perícopa *f* (*Rel*) Pasaje de la Biblia leído en un oficio religioso.

pericosa *f* (*reg*) Cima o parte más alta [de un árbol u otra cosa].

pericote *m* Cierto baile popular de Asturias y zonas limítrofes. *Tb su música.*

periculoso -sa *adj* (*lit*) Peligroso. *Frec con intención humoríst.*

peridótico -ca *adj* (*Mineral*) De(l) peridoto.

peridotita *f* (*Mineral*) Roca plutónica de color oscuro, compuesta pralm. por peridoto.

peridoto *m* (*Mineral*) Mineral constituido por un silicato de hierro y magnesio, de color verde amarillento, usado como piedra semipreciosa.

perieco (*tb períeco*) *m* (*hist*) En la antigua Esparta: Indígena sometido, establecido por la fuerza en un territorio periférico.

periespíritu *m* En espiritismo: Envoltura semimaterial del espíritu, que une a este con el cuerpo.

periferia *f* Parte más exterior [de algo], en torno al centro. **b)** Contorno [de una figura].

periférico -ca *adj* De (la) periferia. **b)** (*Anat*) De las regiones externas del cuerpo o de un órgano. *Frec referido al sistema nervioso.* **c)** (*Informát*) [Aparato] que funciona conectado a la unidad central de un ordenador. *Frec n m.*

perifolicular *adj* (*Anat*) Situado alrededor de un folículo.

perifollo *m* **1** Planta herbácea aromática de la familia de las umbelíferas, usada como condimento y en medicina (*Athriscus carefolium*). **b)** *Con un adj especificador, designa otras plantas similares al perifollo común:* ~ ÁSPERO (*Chaerophyllum temulentum*), ~ BULBOSO (*Chaerophyllum bulbosum*), ~ OLOROSO (*Myrrhis odorata*). ■ **2** (*col*) Adorno excesivo o de mal gusto. *Más frec en pl.*

periforme *adj* (*raro*) De forma de pera.

perífrasis *f* **1** (*TLit*) Modo de expresión que consiste en sustituir un término dado por una serie de palabras. ■ **2** (*Gram*) Forma de expresión que se sirve de varias palabras gráficas para una noción que en otra lengua, o incluso en la propia, puede expresarse mediante una sola palabra.

perifrástico -ca *adj* (*E*) De (la) perífrasis. **b)** Abundante en perífrasis.

perigallo *m* (*reg*) Cuero del tirachinas.

perigeo *m* (*Astron*) Punto de la órbita de la Luna o de un satélite artificial en que estos se hallan más cerca de la Tierra.

perigino -na *adj* (*Bot*) [Periantio o androceo] que se inserta en torno al gineceo. *Tb dicho de la flor.*

periglacial *adj* (*Geogr*) Periglaciar.

periglaciar *adj* (*Geogr*) **1** Que rodea a un glaciar. ■ **2** Propio de las regiones afectadas por los glaciares o por el hielo.

perigordiense *adj* (*Prehist*) [Cultura o período] del Paleolítico superior, cuyos principales vestigios corresponden a la región de Périgord (Francia). *Tb n m.* **b)** De la cultura o del período perigordiense.

perihelio *m* (*Astron*) Punto de la órbita de un planeta o un cometa en que este se encuentra más cerca del Sol.

perilinfa *f* (*Fisiol*) Líquido contenido entre el laberinto membranoso y el óseo del oído interno.

perilla **I** *f* **1** Porción de pelo que se deja crecer en la punta de la barbilla. ■ **2** Pera (objeto de goma o interruptor en forma de pera). ■ **3** Adorno en forma de pera. ■ **4** (*Mar, reg*) Remate de un palo. **II** *loc adv* **5 de ~.** (*col*) Muy bien o a propósito. *Con vs como* IR *o* VENIR. *Tb, más raro,* DE ~S.

perillán *m* (*col, hoy raro*) Hombre pícaro y astuto. *Frec con intención afectiva referido a muchacho. Tb adj.*

perilustre *adj* (*lit, raro*) Muy ilustre.

perimetral *adj* (*E*) Perimétrico.

perimétrico -ca *adj* (*E*) De(l) perímetro, o que está situado en él.

perímetro *m* Medida del contorno [de una figura o de un cuerpo].

perimir *intr* (*lit*) Caducar o caer en desuso. *Gralm en part.*

perimisio *m* (*Anat*) Membrana de tejido conjuntivo que envuelve las fibras musculares.

perimundo *m* Entorno, o mundo circundante.

perinatal *adj* (*Med*) Del período comprendido entre la 28ª semana de gestación y el séptimo día de vida del recién nacido.

perinatología *f* (*Med*) Estudio de la fisiología y patología del período perinatal.

perinatólogo -ga *m y f* (*Med*) Especialista en medicina perinatal.

perínclito -ta *adj* (*lit, raro*) Ínclito en sumo grado.

periné *m* (*Anat*) Espacio que media entre el ano y las partes sexuales.

perineal *adj* (*Anat*) De(l) periné.

perineumonía *f* (*Vet*) Enfermedad contagiosa del ganado vacuno caracterizada por inflamación del pulmón y de la pleura. *Tb* ~ CONTAGIOSA *o* BOVINA.

perinola *f* 1 Peonza pequeña con un mango en su parte superior, que se hace girar con los dedos. ■ 2 Adorno en forma de perinola [1]. ■ 3 (*col*) Pene.

periódicamente *adv* De manera periódica [1a].

periodicidad *f* Cualidad de periódico [1]. *Frec con un adj o compl que expresa tiempo*.

periódico -ca I *adj* 1 Que se produce a intervalos regulares de tiempo. **b)** [Publicación] que aparece a intervalos regulares de tiempo. *Gralm n m, esp designando la diaria*. **c)** (*Fís*) [Fenómeno] cuyas fases se repiten permanentemente y con regularidad. **d)** (*Astron*) [Cometa] cuyas apariciones ocurren regularmente. ■ 2 (*Mat*) [Fracción decimal] que tiene período [5]. ■ 3 (*Mat*) [Función] que tiene el mismo valor cada vez que su variable aumenta en una cantidad fija. ■ 4 (*Quím*) [Clasificación, tabla o sistema] que agrupa los elementos químicos según sus números atómicos y sus propiedades.
II *m* 5 Sede o redacción de un periódico [1b].

periodificación *f* Acción de periodificar.

periodificar *tr* Dar carácter periódico [a algo].

periodiquero -ra *m y f* 1 (*col*) Vendedor de periódicos [1b]. ■ 2 (*humoríst*) Periodista [1].

periodismo *m* Actividad o profesión de periodista [1].

periodista *m y f* 1 Pers. que se dedica a la información en un medio de comunicación, esp. en un periódico. ■ 2 (*col*) Vendedor de periódicos [1b].

periodísticamente *adv* En el aspecto periodístico.

periodístico -ca *adj* De (los) periodistas [1].

periodización *f* División en períodos [1].

período (*tb* periodo) *m* 1 Porción de tiempo. *Normalmente con un adj o compl que expresa su duración o la actividad, cualidad o circunstancias que lo caracterizan*. **b)** (*Geol*) División de una era, correspondiente a un sistema de terrenos. ■ 2 Menstruación. ■ 3 (*Gram*) Conjunto de oraciones enlazadas sintácticamente. ■ 4 (*Fís*) Tiempo que tarda [algo (*compl de posesión*)] en cumplir un ciclo y volver a la misma posición o estado que tenía al principio. ■ 5 (*Mat*) *En una división inexacta:* Cifra o cifras que se repiten indefinidamente después del cociente entero. ■ 6 (*Quím*) Tiempo necesario para que se desintegre la mitad de la masa [de un elemento radiactivo]. ■ 7 (*Quím*) Serie de elementos que en la tabla de clasificación figuran entre dos gases raros sucesi-

vos. ■ 8 (*Mineral*) Distancia constante con que se repite un nudo de una estructura cristalina en una determinada dirección. *Tb* ~ DE IDENTIDAD.

periodoncia *f* (*Med*) Tratamiento de los tejidos y estructuras que rodean a los dientes.

periodontal *adj* (*Med*) De(l) periodonto.

periodontitis *f* (*Med*) Inflamación del periodonto.

periodonto *m* (*Med*) Membrana que envuelve el diente.

periostio *m* (*Anat*) Membrana fibrosa que envuelve los huesos.

peripatéticamente *adv* (*lit*) De manera peripatética [2].

peripatético -ca I *adj* 1 (*Filos*) [Escuela] aristotélica. **b)** De la escuela aristotélica. *Tb n, referido a pers*. ■ 2 (*lit*) Que se realiza paseando. ■ 3 (*lit*) De(l) paseo.
II *f* 4 (*humoríst*) Prostituta callejera.

peripatetismo *m* (*Filos*) Doctrina aristotélica.

peripato *m* (*Filos*) 1 Doctrina aristotélica. ■ 2 Escuela aristotélica.

peripecia *f* Acontecimiento imprevisto o cambio súbito de situación. *Gralm en pl*.

periplo *m* Gran viaje por mar, esp. alrededor del mundo o de un lugar. **b)** Viaje largo, por vía terrestre o aérea. **c)** Recorrido largo, gralm. con regreso al punto de partida.

períptero -ra *adj* (*Arquit*) [Edificio] rodeado por columnas.

peripuesto -ta *adj* [Pers.] arreglada o acicalada con esmero. *A veces con intención desp, indicando afectación*.

periquete. en un ~. *loc adv* (*col*) En un momento o en seguida.

periquito¹ *m* 1 Papagayo de pequeño tamaño y colores vistosos, muy usual como animal doméstico (*Melopsittacus undulatus*). ■ 2 ~ entre ellas. (*col*) Hombre que gusta de estar siempre entre mujeres.

periquito² -ta *adj* (*col*) Del Real Club Deportivo Español (equipo de fútbol). *Tb n, referido a pers*.

periquito³ -ta *m y f* (*jerg*) Pers. joven.

perisarco *m* (*Zool*) Revestimiento quitinoso de los hidrozoos.

periscopio *m* Instrumento óptico que permite ver objetos que no están en la línea directa de visión, esp. el que permite en un submarino ver por encima de la superficie del agua.

perisodáctilo *adj* (*Zool*) [Mamífero ungulado] que tiene los dedos en número impar y el central más desarrollado. *Frec como n m en pl, designando este taxón zoológico*.

perisología *f* (*TLit*) Repetición o amplificación inútil de los conceptos.

perispermo *m* (*Bot*) Tejido de reserva de algunas semillas, procedente de la nucela.

perispómeno -na *adj* (*Ling*) [Palabra griega] que tiene acento circunflejo en la última sílaba. *Tb dicho del mismo acento*.

perista *m y f* (*jerg*) Comprador de objetos robados.

peristalsis *f* (*Fisiol*) Movimiento peristáltico.

peristálticamente adv (Fisiol) De manera peristáltica.

peristáltico -ca adj (Fisiol) [Movimiento] de contracción propio de ciertos órganos tubulares, esp. del intestino, en virtud del cual avanza su contenido. **b)** De (los) movimientos peristálticos. Tb n f, referido a actividad.

peristaltismo m (Fisiol) Peristalsis.

peristilo m (Arquit) Columnata que rodea un patio interior o un edificio. Tb el área correspondiente.

peristoma m (Zool) **1** En algunos animales inferiores: Región que rodea la boca. ■ **2** En los moluscos: Borde que limita la abertura de la concha.

perita dim → PERA[1] Y PERITO.

peritación f Acción de peritar.

peritaje m **1** Peritación. ■ **2** Carrera de perito [2].

peritar **A** tr **1** Evaluar [algo] o dictaminar [sobre ello (cd)] como perito.
B intr **2** Actuar como perito.

periteca f (Bot) En los hongos: Receptáculo que encierra los órganos de fructificación.

perito -ta (en acep 2 se usa la forma m con valor de m y f) **I** adj **1** [Pers.] experta o entendida [en algo]. Tb sin compl. Tb n. Tb fig, referido a animales.
II m y f **2** Pers. que posee el título de ingeniero técnico de grado medio. Gralm con un compl especificador. Denominación hoy no oficial.

peritoneal adj (Anat) De(l) peritoneo.

peritoneo m (Anat) Membrana serosa que tapiza la cavidad abdominal y las vísceras en ella contenidas.

peritonitis f (Med) Inflamación del peritoneo.

perjudicante adj (raro) Que perjudica [1].

perjudicar tr **1** Causar perjuicio [a alguien o algo (cd)]. ■ **2** (Der) Disminuir la eficacia [de una letra u otro título de crédito (cd)] por omisión de alguna formalidad exigida. Gralm en part.

perjudicial adj Que perjudica [1].

perjudicialmente adv De manera perjudicial.

perjuicio **I** m **1** Pérdida que afecta al valor o a la integridad de una cosa, o al bienestar, a la economía o a la estimación moral de una pers.
II loc prep **2** sin ~ de. Dejando aparte o dejando a salvo.

perjurar tr Afirmar o negar [algo] insistiendo en la propia veracidad. **b)** jurar y ~ → JURAR.

perjurio m **1** Juramento en falso. ■ **2** Incumplimiento de una promesa hecha bajo juramento.

perjuro -ra adj Que comete perjurio. Frec n.

pérkins adj invar [Cuello] cerrado y ancho que llega poco más arriba de la base del cuello. **b)** [Jersey] de cuello pérkins. Tb n m.

perla **I** f **1** Concreción dura, brillante y gralm. esférica, muy apreciada en joyería, formada por capas concéntricas de nácar segregadas por algunos moluscos, esp. la madreperla, para aislar algún parásito. **b)** (lit) Se usa en constrs de sent comparativo para designar algo que por su brillo, su forma o su blancura recuerda a la perla, esp gotas o dientes. * Al reír mostraba las perlas de su boca. ■ **2** Pers. o cosa de gran valía. Con intención ponderativa y a veces irónica. ■ **3** Frase desafortunada que causa risa. ■ **4** (E) Bola pequeña de una sustancia química o medicinal.
II adj invar **5** [Gris] muy claro. **b)** De color gris perla. **c)** De color gris amarillento claro y brillante. Referido a caballos.
III loc adv **6** de ~s. Muy bien, o perfectamente.

perlado -da adj **1** part → PERLAR. ■ **2** Nacarado.

perlar tr (lit) Cubrir [una cosa (cd)] algo redondeado a manera de perla, esp. gotas]. **b)** pr (~se) Cubrirse [de algo redondeado, esp. gotas].

perlé m Hilo de algodón fino y brillante usado esp. para confeccionar prendas de punto.

perlero -ra adj De (la) perla [1a].

perlesía f (hoy raro) Parálisis, esp. acompañada de temblor.

perlífero -ra adj Que produce perlas [1a].

perlingual adj (Med) [Modo de aplicación de medicamentos] que consiste en colocar estos sobre o bajo la lengua para ser absorbidos.

perlino -na adj (lit) De color de perla [1a].

perlita f (Metal) Agregado de ferrita y cementita, constituyente de las aleaciones ferrosas.

perlítico -ca adj (Metal) Que contiene perlita.

perlón (n comercial registrado) m Poliamida de origen alemán, usada como fibra textil.

permanecer (conjug 11) intr Mantenerse o continuar [en un lugar, estado o circunstancias determinados].

permanencia f **1** Acción de permanecer. ■ **2** En pl: En algunos centros de enseñanza: Tiempo de estudio vigilado por el profesor. Tb la remuneración asignada al profesor por esta función.

permanentado m Permanente [3].

permanentar tr Rizar [cabello] con permanente [3].

permanente **I** adj **1** Que permanece. **b)** Invariable o constante. ■ **2** (Gram, raro) Imperfectivo.
II f **3** Rizado artificial del cabello, que se mantiene durante mucho tiempo.

permanentemente adv De manera permanente [1].

permanganato m (Quím) Sal formada por el ácido de manganeso con una base. **b)** (col) Permanganato potásico, usado como desinfectante.

permeabilidad f **1** Cualidad de permeable. **b)** ~ magnética. (Fís) Relación entre la inducción magnética y la intensidad del campo magnético.

permeabilizar tr (raro) Hacer permeable. Tb fig. **b)** pr (~se) Hacerse permeable.

permeable adj [Cuerpo] que puede ser atravesado por un fluido, esp. por un líquido, o por una radiación o campo magnético. Tb fig.

permear **A** intr **1** Pasar a través de un cuerpo permeable.
B tr **2** Pasar a través [de un cuerpo permeable (cd)]. Frec fig.

permiano -na adj (Geol) Pérmico.

pérmico -ca adj (Geol) [Período] último de la Era Primaria. Tb n m. **b)** Del período pérmico. Tb n m, referido a terreno.

permisibilidad f (semiculto) Permisividad.

permisible *adj* Que puede ser permitido.

permisión *f* Acción o actitud de consentir o tolerar.

permisionario -ria *adj* [Pers.] que disfruta un permiso [2]. *Tb n.*

permisivamente *adv* De manera permisiva.

permisividad *f* Actitud permisiva.

permisivismo *m* Permisividad.

permisivo -va *adj* Que consiente o tolera.

permiso I *m* 1 Efecto de permitir moralmente. *Frec con un compl* PARA *o* DE. ■ 2 Autorización, esp. extraordinaria, para faltar al trabajo u obligación durante un tiempo determinado. II *fórm or* 3 **con ~.** *Fórmula de cortesía con que uno se excusa ante los presentes por algo que va a hacer, por ej, abrir una carta, coger el teléfono, retirarse, o pasar por en medio. En este último caso, tb simplemente* ~. * Con permiso, me voy a dormir. * Permiso, por favor, que mancho. ■ 4 **¿da (usted) su ~?** *Fórmula de respeto con que se pide autorización para entrar.* * –¿Da usted su permiso? –Pasa, por favor.

permitir *tr* ➤ **a** *normal* 1 Dar posibilidad física o moral [de que se produzca un hecho o una circunstancia (*cd*)]. ➤ **b** *pr* (**~se**) 2 Concederse o arrogarse el privilegio [de algo (*cd*)]. **b)** Tener el atrevimiento [de hacer algo (*cd*)]. *Normalmente en 1ª pers, como fórmula de cortesía.* * Me permito recordarte que allí hace frío.

permitividad *f* (*Electr*) Grado con que una sustancia aislante transmite la inducción.

permuta *f* Acción de permutar. *Frec en derecho y administración.*

permutabilidad *f* Cualidad de permutable.

permutable *adj* Que se puede permutar.

permutación *f* Acción de permutar. *Frec fuera del derecho y la administración.*

permutador -ra *adj* Que permuta. *Tb n m, referido a aparato.*

permutante *adj* Que permuta. *Tb n, referido a pers.*

permutar A *tr* 1 Cambiar [dos cosas entre sí, o una cosa por otra (*compl* POR *o* CON)]. B *intr pr* (**~se**) 2 (*raro*) Cambiarse o transformarse [una cosa en otra].

permutita *f* (*Quím*) Silicato artificial de aluminio y sodio, que en contacto con el agua se apodera del calcio y del magnesio y libera el sodio.

pernada. de ~. *loc adj* (*hist*) [Derecho] de un señor feudal a entrar en el lecho de una desposada antes que su marido. *Hoy frec fig.*

pernal *m* (*reg*) Pedernal (piedra).

pernala *f* (*reg*) Pedernal (piedra).

pernear *intr* Mover las piernas.

pernera *f En un pantalón o prenda semejante:* Parte que cubre la pierna.

perneta. en ~(s). *loc adv* (*col*) Con las piernas desnudas. **b)** En cueros. *Tb fig.*

perniciosamente *adv* De manera perniciosa.

pernicioso -sa *adj* Altamente perjudicial o dañino. **b)** (*Med*) [Anemia] grave caracterizada por la disminución progresiva de glóbulos rojos.

pernil *m* 1 Anca y muslo [de un animal, esp. del cerdo]. ■ 2 (*reg*) Pernera.

pernio *m* Gozne.

perniosis *f* (*Med*) Afección de la piel debida al frío.

perniquebrar (*conjug* 6) *tr* Romper [a alguien (*cd*)] una pierna o pata. **b)** *pr* (**~se**) Romperse [alguien] una pierna o pata.

perno *m* Pieza metálica larga con cabeza en un extremo y que se asegura por el otro con una tuerca, una chaveta o un remache.

pernocta A *f* 1 Pernoctación. **b)** (*Mil*) Pernoctación en el propio domicilio. *Normalmente en las constrs* PASE DE ~ *o* PERMISO DE ~. B *m* 2 (*Mil*) Soldado que tiene permiso de pernocta [1b].

pernoctación *f* Acción de pernoctar.

pernoctar *intr* Pasar la noche [en un lugar, esp. fuera del domicilio habitual].

pernod (*n comercial registrado*) *m* Aperitivo anisado francés.

pero[1] (*con pronunc átona, excepto en aceps 5 y 6*) I *conj* 1 *Une dos elementos (ors, palabras o sintagmas) denotando que la noción expresada por el segundo se opone a la expresada por el primero, sin ser incompatible con ella.* * Es chiquito pero matón. * Quiere salir, pero no lo hace. ■ 2 *En comienzo de frase, tiene valor expletivo, con un matiz de protesta o disconformidad.* * Pero ¿esto qué es? ¡Aún en la cama! ■ 3 (*lit*) Sino. *En la constr* NO SOLO... ~ (TAMBIÉN)... * El florecimiento no fue solo económico, pero también artístico. II *adv* 4 (*col*) *Refuerza enfáticamente una expresión. Tb* ~ QUE. *Gralm precede a* MUY *o* MUCHO. * Eso está pero que muy bien. III *m* 5 Defecto o inconveniente. ■ 6 Objeción. *Frec con el v* PONER.

pero[2] *m* 1 Variedad de manzana más larga que gruesa. *Tb el árbol que la produce.* ■ 2 (*reg*) Peral.

perogrullada *f* (*col*) Verdad de Pero Grullo (→ VERDAD).

perogrullesco -ca *adj* (*col*) De Pero Grullo.

Pero Grullo (*tb con la grafía* **Perogrullo**) I *m* 1 Personaje imaginario a quien se atribuyen afirmaciones tan obvias que parece una tontería decirlas. II *loc adj* 2 [Verdad] **de ~** → VERDAD.

perojo *m* (*reg*) Pera pequeña y redonda que madura temprano.

perol *m* 1 Vasija metálica de cocina, de forma cilíndrica, que se usa para cocer. ■ 2 (*reg*) Comida en el campo.

perola *f* Perol, esp. grande.

perolada *f* (*reg*) Guiso en gran cantidad. *Tb la comida correspondiente.*

perolo *m* Perol grande.

peroné *m* (*Anat*) Hueso largo y delgado de la pierna, situado detrás de la tibia.

peroneo -a (*tb, raro,* **peróneo**) *adj* (*Anat*) De(l) peroné. *Tb n: m, referido a músculo; f, referido a arteria.*

peronismo *m* Régimen dictatorial de carácter obrerista implantado en Argentina por Juan Domingo Perón († 1974). *Tb su tendencia o doctrina.*

peronista *adj* De(l) peronismo. **b)** Adepto al peronismo. *Tb n.*

peronospora *m Se da este n a varios hongos parásitos de plantas (géns Peronospora, Plasmopara y Phytophthora).*

peroración *f* Acción de perorar. *Tb su efecto.*

perorante *adj* Que perora. *Tb n.*

perorar *intr* Pronunciar un discurso. *Frec fig, con intención humoríst.*

perorata *f* Discurso o exposición oral. *Frec con intención desp, denotando pesadez o duración excesiva.*

perote *m (reg)* Variedad de pera pequeña.

peróxido *m (Quím)* Óxido que contiene la mayor cantidad posible de oxígeno.

perpendicular *adj* [Línea o plano] que forma ángulo recto [con otra línea u otro plano (compl A)]. *Tb sin compl, en pl. Frec n f, referido a línea.*

perpendicularidad *f* Cualidad de perpendicular.

perpendicularmente *adv* De manera perpendicular.

perpetración *f* Acción de perpetrar.

perpetrador -ra *adj* Que perpetra. *Tb n, referido a pers.*

perpetrante *adj* Que perpetra. *Tb n, referido a pers.*

perpetrar *tr* Cometer o realizar [un delito]. **b)** *(humoríst)* Realizar [una obra].

perpetuación *f* Acción de perpetuar(se).

perpetuador -ra *adj* Que perpetúa.

perpetuamente *adv* De manera perpetua.

perpetuar *(conjug 1d) tr* Hacer perpetuo [algo o a alguien]. *Frec con intención ponderativa.* **b)** *pr* (**~se**) Hacerse perpetuo [alguien o algo]. *Frec con intención ponderativa.*

perpetuidad I *f* 1 Cualidad de perpetuo. II *loc adv* **2 a ~.** Para siempre.

perpetuo -tua I *adj* 1 Que dura para siempre. *Frec con intención ponderativa.* **b)** [Cargo] que puede ser desempeñado ininterrumpidamente por su titular hasta su jubilación. *Tb referido a la pers que lo desempeña.* **c)** [Cadena] **perpetua** → CADENA. II *f* 2 Cadena perpetua. ■ **3** *Se da este n a varias plantas herbáceas cuyas flores mantienen durante mucho tiempo su aspecto lozano, esp a la Helichrysum stoechas* (~ AMARILLA) *y a la Gomphrena globosa* (~ ENCARNADA o BLANCA).

perpiaño *(Arquit)* I *adj* 1 [Arco] transversal al eje de la nave, que ciñe la bóveda. *Tb n m.* II *m* 2 Piedra que atraviesa toda la pared. III *loc adv* **3 a ~.** De manera que atraviesa toda la pared.

perpiñanés -sa *adj* De Perpiñán (Francia). *Tb n, referido a pers.*

perplejamente *adv* De manera perpleja.

perplejidad *f* 1 Cualidad de perplejo. ■ **2** Actitud perpleja.

perplejo -ja *adj* Confuso o desconcertado.

perquirir *(conjug 38) tr (raro)* Investigar, o buscar [algo] con cuidado y diligencia.

perra → PERRO.

perramente *adv (col)* Muy mal.

perrechico *m (reg)* Cierta seta comestible (Lyophyllum georgii).

perrera → PERRERO.

perrería *f (col)* 1 Acción malvada. ■ **2** Insulto u otro dicho ofensivo.

perrero -ra I *adj* 1 [Pers.] aficionada a los perros. *Tb n.* II *n* A *m* **2** Hombre que tiene a su cargo perros de caza. ■ **3** Empleado municipal encargado de recoger perros abandonados. ■ **4** *En una iglesia, esp catedral:* Subalterno con funciones de vigilancia. B *f* **5** Sitio en que se encierran perros [1]. ■ **6** *(col)* Calabozo. ■ **7** *(reg)* Flequillo.

perrillo -lla A *m* y *f* 1 *dim* → PERRO. B *m* **2** *En un arma de fuego:* Gatillo. C *f* **3** *(hoy raro)* Perra chica (moneda de cinco céntimos).

perritoro *m (Taur)* Toro sumamente suave y noble.

perro -rra *(a veces en aceps 15 y 16 se usa la forma m con art f)* I *n* A *m* 1 Mamífero carnicero doméstico, del que existen numerosas razas que cumplen distintas funciones para el hombre (Canis familiaris). *Las diversas razas se distinguen por medio de compls o adjs:* DE CAZA, PASTOR, DE COMPAÑÍA, DE AGUAS, PERDIGUERO, DOGO, *etc* (→ CAZA, PASTOR, COMPAÑÍA, *etc). Frec designa solo el macho de esta especie.* **b)** *Frec se usa en frases de sent comparativo para ponderar la fidelidad.* * *Ella le seguía a todas partes como un perro.* ■ **2** Pez marino comestible, semejante al lenguado (Psetodes erumei belcheri). ■ **3 ~** (o **perrillo**) **de las praderas.** Roedor semejante a la marmota, propio de las grandes praderas de América del Norte (Cynomis ludovicianus y C. gunnisoni). ■ **4** *(hoy raro)* Perra [12 y 13]. ■ **5 ~** (o *frec* **perrito**) **caliente.** Salchicha en un pan especial alargado, con tomate o mostaza. ■ **6 ~ faldero.** *(col)* Pers. que acompaña continuamente a otra de manera servil. ■ **7 el ~ del hortelano.** *(col)* Pers. que no aprovecha algo ni permite a otros que lo hagan. ■ **8 ~ viejo.** *(col)* Pers. experimentada. B *f* **9** Hembra del perro [1]. ■ **10** *(col)* Rabieta o llantina. *Frec con el v* COGER. ■ **11** *(col)* Manía u obstinación. *Frec con el v* COGER. ■ **12 perra gorda.** *(col, hoy raro)* Moneda de diez céntimos. *Tb simplemente* PERRA. *Frec en constrs de intención ponderativa como* ESTAR SIN UNA PERRA, NO TENER NI UNA PERRA. **b) cuatro perras (gordas).** *(col)* Pequeña cantidad de dinero. ■ **13 perra chica.** *(col, hoy raro)* Moneda de cinco céntimos. ■ **14** *(col) En pl:* Dinero. C *m* y *f (col)* **15** Pers. despreciable. *Tb adj.* ■ **16** Pers. muy holgazana. *Tb adj.* II *adj* **17** *(col)* [Cosa] muy mala o desagradable. ■ **18 de ~.** *(col)* [Cara] de hostilidad o de reprobación. ■ **19** [Apio] **de ~,** [hijo] **de perra,** [lengua] **de ~,** [perejil] **de ~,** [uva] **de ~** → APIO, HIJO, LENGUA, PEREJIL, UVA. ■ **20 de ~s.** *(col)* Muy malo o desagradable. *Normalmente referido al tiempo, la vida o el humor.* III *loc v y fórm or* **21 a otro ~ con ese hueso.** *(col) Fórmula con que se rechaza algo por increíble.* * –El piso lo he comprado con las horas extraordinarias. –¡A otro perro con ese hueso! ■ **22 atar los ~s con longaniza(s)** [en un lugar]. *(col)* Nadar en la abundancia. ■ **23 dar ~.** *(raro)* Engañar. ■ **24 echar a ~s** [un espacio de tiempo]. *(col)* Perder[lo] o desperdiciar[lo]. ■ **25 echar los ~s** [a alguien]. *(col)* Reprenderle severamente. ■ **26 estar** [en un lugar] **como los ~s en misa.** *(col)* Estorbar. ■ **27**

hinchar (*o* **inflar**) **el ~.** (*col*) Exagerar. ■ **28 no tener** [alguien] (**ni**) **~** (*o* **perrito**) **que le ladre.** (*col*) Estar solo en el mundo. ■ **29 para ti la perra gorda.** (*col*) Fórmula con que se zanja una discusión a favor del contrario para no seguir discutiendo. * Vale, para ti la perra gorda, no merece la pena discutir. ■ **30 que se mea** (*o* **caga**) **la perra.** (*vulg*) Fórmula con que se pondera la intensidad de lo que se acaba de decir. * Suelta cada palabrota que se mea la perra. ■ **31 si es un ~ te** (**me,** *etc*) **muerde.** Fórmula con que se comenta que lo que se busca se tiene muy cerca. * –¿Dónde está el martillo? –Sí es un perro te muerde. Míralo. **IV** *loc adv* **32 a cara de ~ –>** CARA. ■ **33 como a un ~.** Como si no se tratase de un ser humano. Con *vs como* TRATAR *o* MATAR. ■ **34 como un ~.** (*col*) Sin auxilio de nadie. *Normalmente con el v* MORIR. ■ **35 como** (**el**) **~ y** (**el**) **gato.** (*col*) Peleando continuamente. Con *vs como* ESTAR *o* LLEVARSE.

perrochico *m* (*reg*) Perrechico.

perrona *f* (*reg, hoy raro*) Perra gorda (moneda de diez céntimos).

perronilla *f* (*reg*) Perrunilla (dulce).

perruca *f* (*reg, hoy raro*) Perra chica (moneda de cinco céntimos).

perrunilla *f* Dulce semejante al mantecado, pero más compacto.

perruno -na I *adj* **1** De(l) perro [1]. ■ **2** [Tos] bronca y sin expectoración. ■ **3** (*reg*) [Uva] traslúcida y de sabor áspero. *Tb n f.* **II** *f* **4** (*reg*) Perrunilla.

persa I *adj* **1** (*hist*) De Persia. *Tb n, referido a pers.* **b)** Iraní. *Tb n, referido a pers.* **c)** [Verónica] **~ –>** VERÓNICA. **II** *m* **2** (*hist*) Idioma de Persia. **b)** Idioma del Irán. *Tb* **~** MODERNO. ■ **3** (*hist*) Diputado realista español de los que en 1814 firman un manifiesto a favor de la monarquía absoluta.

per saecula (**saeculorum**) (*lat; pronunc corriente,* /per-sékula-sekulórum/; *tb con la grafía* **per secula seculorum**) *loc adv* Por siempre.

per se (*lat; pronunc corriente,* /per-sé/) *loc adv* (*lit*) Por sí mismo.

persecución *f* Acción de perseguir.

persecutor -ra *adj* (*lit*) Perseguidor. *Tb n, referido a pers.*

persecutorio -ria *adj* De (la) persecución o que la implica. **b)** [Manía] que consiste en sentirse objeto de persecución o de mala voluntad por parte de una o más perss.

perseguible *adj* Que se puede perseguir.

perseguidor -ra *adj* Que persigue. *Tb n, referido a pers.*

perseguir (*conjug 62*) *tr* **1** Seguir [a alguien o algo que huye o corre] para alcanzar[lo]. ■ **2** Tratar de encontrar [a alguien que se oculta]. ■ **3** Seguir continuamente [a alguien]. *Tb fig. A veces con intención desp, indicando molestia o acoso.* ■ **4** Actuar [contra alguien o algo (*cd*)] procurando su exterminio o el mayor daño posible. ■ **5** Pretender o tratar de conseguir [algo o a alguien].

persevante *m* (*hist*) En la Edad Media: Oficial de armas inferior al faraute.

perseveración *f* (*Psicol*) Persistencia en una respuesta a preguntas o estímulos diferentes.

perseverancia *f* **1** Hecho de perseverar. ■ **2** Cualidad de perseverante.

perseverante *adj* **1** Que persevera. ■ **2** Que denota o implica perseverancia [1].

perseverantemente *adv* De manera perseverante [2].

perseverar *intr* **1** Mantenerse constante [en una idea, una acción o una actitud]. ■ **2** Permanecer [en un estado o circunstancia determinados].

Persia. **verónica de ~ –>** VERÓNICA.

persiana *f* **1** Cierre hecho con láminas de madera u otro material, fijas o móviles, que se coloca en una ventana para impedir o graduar el paso de la luz. ■ **2** Dispositivo cuya forma o funcionamiento recuerda los de la persiana [1]. *Tb en la constr* DE ~. ■ **3** (*col*) Párpado.

persianero -ra *m y f* Persianista.

persianista *m y f* Pers. que fabrica, coloca o arregla persianas [1].

persicaria *f* Planta herbácea propia de lugares húmedos y sin cultivar, con flores rojizas en espiga (*Polygonum persicaria*). *Con un adj especificador, designa otras especies del mismo gén:* ~ ANFIBIA (*P. amphibium*), ~ PICANTE (*P. hydropiper*).

persignación *f* (*raro*) Acción de persignarse.

persignarse *intr pr* Signarse, esp. santiguándose a continuación.

persistencia *f* Acción de persistir. *Tb el tiempo que dura.*

persistente *adj* Que persiste. **b)** (*Bot*) [Órgano] que perdura después de realizar su función fisiológica.

persistentemente *adv* De manera persistente.

persistir *intr* **1** Perdurar o subsistir. ■ **2** Mantenerse constante [en algo, esp. en una idea].

persona I *f* **1** Individuo de la especie humana. *A veces* ~ HUMANA, *en filosofía o con intención expresiva.* **b)** Designa a una persona [1a] cuyo sexo no se puede o no se quiere precisar. * Invitó solo a diez o doce personas. **c)** Con un compl de posesión, se usa para destacar la individualidad de la persona designada por el compl. * Culpan expresamente a la persona de Mao. * Una ofensa a su persona. **d)** ~ **mayor.** Adulto. *Se opone a* NIÑO. ■ **2** (*col*) Persona [1a] formal o cabal. *Tb adj.* ■ **3** (*col*) Persona [1a] que se encuentra en condiciones plenas de salud o desarrollo. *Gralm como predicat con* HACERSE. ■ **4** (*Filos*) Supuesto racional. **b)** (*Rel catól*) Se da este *n* genéricamente al Padre (PRIMERA ~), al Hijo (SEGUNDA ~) y al Espíritu Santo (TERCERA ~), que constituyen la Santísima Trinidad. ■ **5** (*Der*) Persona [1a] o entidad capaz de tener derechos y deberes. *Gralm en las constrs* ~ NATURAL *o* FÍSICA, *designando persona, y* ~ JURÍDICA, *designando entidad o sociedad.* ■ **6** (*Gram*) Categoría por la cual se expresa en el discurso la distinción entre el que habla (PRIMERA ~), aquel a quien se habla (SEGUNDA ~) y cualquier otro ser (TERCERA ~). *Tb* ~ GRAMATICAL. **b)** Forma verbal correspondiente a una persona gramatical. **II** *loc adv* **7 en ~.** Realmente o directamente, no por representación o mediación de alguien o algo. *Tb adj. Referido a seres humanos, o a animales o cosas personificados.*

personación *f* (*Der*) Acción de personarse.

personaje *m* **1** Persona [1a] importante. *A veces con intención desp, esp en la forma* PERSONAJILLO. ■ **2** Persona [1a] o animal que toma parte en la acción de una obra literaria o cinematográfica.

personal I *adj* **1** Particular o propio exclusivamente de una persona. **b)** [Pers.] de estilo o gustos personales. ■ **2** [Cosa] que se realiza directamente por una pers. determinada, y no a través de alguien o algo. ■ **3** Relativo a las personas. *Esp en derecho.* **b)** De persona [1a]. **c)** (*Gram*) Que indica persona [6]. ■ **4** (*Baloncesto*) [Falta] en que se incurre un jugador por contacto accidental con el adversario, o por acercarse a este impidiendo sus movimientos normales. *Frec n f.*
   II *m* **5** Conjunto de trabajadores [de una empresa, un centro de trabajo o una actividad laboral]. ■ **6** (*pop*) Gente. *Frec, col, con intención humoríst.*

personalidad *f* **1** Conjunto de cualidades por el que una persona [1a] se diferencia de las demás. *Tb fig, referido a cosa o animal.* **b)** Carácter (conjunto de cualidades psíquicas y afectivas que condicionan la conducta de una pers. distinguiéndola de las demás). **c)** Carácter acusado o enérgico. *Gralm con los adjs* POCA *o* MUCHA. ■ **2** (*Der*) Condición de persona [5]. ■ **3** Carácter o condición. *Con un adj especificador.* ■ **4** Persona [1a] importante, esp. en el ámbito oficial.

personalismo *m* **1** Tendencia a imponer el criterio o la voluntad personales, o a destacar la propia personalidad. *Esp en política. Tb la actitud correspondiente.* ■ **2** (*Filos*) Doctrina según la cual la persona es el valor supremo.

personalista *adj* De(l) personalismo. **b)** Partidario o practicante del personalismo [1]. *Tb n.* **c)** (*Filos*) Adepto al personalismo [2]. *Tb n.*

personalización *f* Acción de personalizar.

personalizado -da *adj* **1** *part* → PERSONALIZAR. ■ **2** [Cosa] que se atiene a la realidad de la persona [1a].

personalizador -ra *adj* Que personaliza.

personalizante *adj* (*raro*) Personalizador.

personalizar A *intr* **1** Referirse expresamente a una persona determinada al decir algo de alcance general. **B** *tr* **2** Dar carácter personal [1] [a algo (*cd*)]. **b)** Dar personalidad [1] [a alguien o algo (*cd*)]. **3** Atribuir [a algo (*cd*)] o dar [a alguien (*cd*)] condición de persona [1a].

personalmente *adv* **1** De manera personal [1 y esp. 2]. ■ **2** En el aspecto personal [1]. ■ **3** En lo que respecta a la persona en cuestión.

persona non grata (*lat; pronunc,* /persóna-nón-gráta/) *f* Persona no aceptable. *Referido esp a un diplomático con respecto a un gobierno.*

personarse *intr pr* **1** Presentarse [una pers. en un lugar]. ■ **2** (*Der*) Comparecer como parte [en un juicio o pleito].

personera *f* Mujer que, en las fiestas de Santa Águeda de Zamarramala (Segovia), ayuda, junto con otras, a la alcaldesa.

personero *m* (*hist*) Procurador elegido por un pueblo para la defensa de sus intereses. *Tb* SÍNDICO ~.

personificación *f* **1** Acción de personificar. ■ **2** Pers. que personifica [2].

personificador -ra *adj* Que personifica. *Tb n, referido a pers.*

personificante *adj* Que personifica.

personificar *tr* **1** Atribuir condición de persona [1a] [a un animal o a una cosa]. ■ **2** Representar [una pers. (*suj*)] algo, esp. una idea, una época o una actitud o sentimiento colectivos (*cd*)]. **b)** Representar el papel [de alguien (*cd*)]. ■ **3** Hacer que [alguien (*compl* EN)] personifique [2a] [algo].

perspectiva → PERSPECTIVO.

perspectivismo *m* **1** (*Filos*) Doctrina según la cual la realidad solo puede ser conocida desde varios puntos de vista dados. ■ **2** (*TLit*) Técnica consistente en presentar simultáneamente desde distintos ángulos o perspectivas los hechos o circunstancias relatados o descritos.

perspectivístico -ca *adj* (*TLit*) De(l) perspectivismo [2].

perspectivo -va I *adj* **1** (*raro*) De (la) perspectiva [2].
   II *f* **2** Técnica de representación de objetos en una superficie plana, según su posición en el espacio con referencia al ojo del observador. *Frec en la constr* EN PERSPECTIVA. *Tb la misma representación.* ■ **3** Aspecto que presenta un paisaje visto desde cierta distancia. *Tb el mismo paisaje.* ■ **4** Hecho o conjunto de hechos que se presentan como posibles o probables en un futuro. ■ **5** Distancia adecuada para poder observar algo en conjunto. *Frec fig.* ■ **6** Punto de vista.
   III *loc adv* **7** **en perspectiva.** En proyecto o con grandes posibilidades de llegar a producirse. *Tb adj.*

perspectógrafo *m* (*E*) Aparato para trazar la perspectiva de un plano o planta, o para levantar un plano dada la perspectiva.

pérspex (*n comercial registrado*) *m* Resina acrílica usada esp. como sustituto del vidrio.

perspicacia *f* Cualidad de perspicaz.

perspicaz *adj* [Pers., vista o ingenio] que percibe con claridad cosas que pasan inadvertidas para otros. **b)** Propio de la pers. perspicaz.

perspicuidad *f* (*lit*) Cualidad de perspicuo.

perspicuo -cua *adj* (*lit*) Claro o nítido. *Frec fig.*

persuadir A *tr* **1** Convencer (conseguir con razones que [alguien (*cd*)] crea o haga [algo (*compl* DE o PARA)]). **B** *intr pr* (~se) **2** Convencerse (llegar a saber o creer con seguridad [algo (*compl* DE)] por la propia reflexión). *Frec en part.*

persuasión *f* Acción de persuadir(se). *Tb su efecto.*

persuasivamente *adv* De manera persuasiva.

persuasivo -va *adj* Que tiene capacidad para persuadir.

persuasor -ra *adj* **1** Que persuade. *Tb n, referido a pers.* ■ **2** Persuasivo.

persuasorio -ria *adj* Persuasivo.

persulfato *m* (*Quím*) Sal del ácido persulfúrico, que se utiliza como sustancia blanqueadora.

persulfúrico *adj* (*Quím*) [Ácido] del azufre con la máxima oxidación.

pertegal *m* (*reg*) Cama del carro.

pertenecer (*conjug* 11) *intr* **1** Ser propiedad [de alguien (*ci*)]. ■ **2** Formar parte [de algo (*ci*)]. ■

3 Ser [una cosa] propia [de alguien o algo (*ci*)]. ▪ **4** Ser [una cosa] obligación [de alguien (*ci*)].

pertenecidos *m pl* (*raro*) Pertenencias [2].

perteneciente *adj* Que pertenece.

pertenencia *f* **1** Hecho de pertenecer. ▪ **2** Cosa que pertenece [1 y 2] [a alguien o algo (*compl de posesión*)]. *Normalmente en pl.* ▪ **3** (*Min*) Unidad de medida superficial de una concesión, equivalente a un cuadro de una hectárea.

pértiga *f* **1** Pieza larga y delgada de sección circular, de madera u otra materia. ▪ **2** Lanza del carro.

pértigo *m* Lanza del carro.

pertiguero *m* Subalterno que en una catedral asiste a determinadas ceremonias llevando en la mano una vara larga guarnecida de plata.

pertiguista *m* (*Dep*) Saltador con pértiga [1].

pertinacia *f* Cualidad de pertinaz.

pertinaz *adj* **1** Terco u obstinado. ▪ **2** [Cosa negativa] prolongada o persistente.

pertinazmente *adv* De manera pertinaz.

pertinencia *f* Cualidad de pertinente.

pertinente *adj* **1** Adecuado u oportuno. *A veces con un compl* A. ▪ **2** Correspondiente o propio. ▪ **3** (*Ling*) [Rasgo] distintivo.

pertinentemente *adv* De manera pertinente [1].

pertrechar *tr* Abastecer de pertrechos. *Frec el cd es refl.*

pertrechos *m pl* **1** Armas, maquinaria, municiones y demás instrumentos de guerra. *Tb* ~ DE GUERRA. ▪ **2** Conjunto de utensilios necesarios para algo. *Frec con un compl especificador.*

perturbación *f* Acción de perturbar. *Tb su efecto.*

perturbado -da *adj* **1** *part* → PERTURBAR. ▪ **2** [Pers.] que tiene perturbadas (→ PERTURBAR [1]) sus facultades mentales. *Tb n. Tb* ~ MENTAL.

perturbador -ra *adj* Que perturba. *Tb n.*

perturbar *tr* **1** Alterar o trastornar [algo]. ▪ **2** Intranquilizar o desasosegar [a alguien].

Perú I *loc u* **1** [Bálsamo] **del** ~ → BÁLSAMO.
II *loc v* **2** **valer** (*o* **costar**, *u otro v equivalente*) **un** ~. Ser de gran valor.

peruano -na *adj* Del Perú. *Tb n, referido a pers.*

peruco *m* (*reg*) Manzana de forma semejante a la de la pera.

peruétano *m* Peral silvestre. *Tb su fruto.*

perula *f* (*reg*) Vasija de barro de forma casi esférica, con base y boca estrechas.

perulero -ra (*raro*) *adj* **1** Del Perú. ▪ **2** Indiano procedente del Perú. *Más frec n.*

perusino -na *adj* De Perusa (Italia). *Tb n, referido a pers.*

perversamente *adv* De manera perversa.

perversidad *f* Cualidad de perverso.

perversión *f* **1** Acción de pervertir(se). *Tb su efecto.* ▪ **2** Desviación de los instintos normales. **b)** Acción que implica perversión.

perverso -sa *adj* **1** Inclinado al mal o que se complace en hacer mal. ▪ **2** Que denota o implica

perversión. ▪ **3** Que altera negativamente el orden o estado normal de las cosas.

pervertido -da *adj* **1** *part* → PERVERTIR. ▪ **2** [Pers.] de costumbres sexuales viciosas. *Frec n.*

pervertidor -ra *adj* Que pervierte. *Tb n, referido a pers.*

pervertir (*conjug 60*) *tr* **1** Hacer malo o vicioso [a alguien o algo]. **b)** *pr* (~**se**) Hacerse malo o vicioso [alguien o algo]. ▪ **2** Alterar negativamente [algo].

pervinca *f* Vinca o vincapervinca (planta).

pervivencia *f* Acción de pervivir.

pervivir *intr* Seguir viviendo o existiendo.

pesa *f* **1** Pieza, de peso determinado, que sirve para pesar[1] [7]. ▪ **2** Pieza pesada que en un mecanismo sirve de contrapeso o para dar movimiento. ▪ **3** *En pl:* Instrumento gimnástico consistente en una barra con una bola o uno o varios discos en cada extremo.

pesabebés (*tb, raro, con la grafía* **pesa-bebés**) *m* Balanza de platillo grande y abarquillado, propia para pesar bebés.

pesacartas *m* Balanza automática muy pequeña, que sirve para pesar cartas con el fin de determinar su franqueo.

pesada *f* Acción de pesar[1] [7].

pesadamente *adv* **1** De manera pesada (→ PESADO[1] [6 y 9]). ▪ **2** De manera que se hace sentir todo el peso[1] [1].

pesadez *f* **1** Cualidad de pesado[1]. ▪ **2** Cosa o pers. pesada (→ PESADO[1] [9]).

pesadilla *f* **1** Sueño angustioso o aterrador. ▪ **2** Honda preocupación o angustia. **b)** Pers. o cosa que causa honda preocupación o angustia.

pesado[1] -da *adj* **1** *part* → PESAR[1]. ▪ **2** Que tiene un peso[1] [1] elevado, o superior al normal o al que tienen los otros seres que forman serie con el nombrado. **b)** *Con un adv comparativo:* Que tiene [más o menos] peso[1] [1]. * Los barcos se construyen en materiales más pesados que el agua. **c)** (*Dep, esp Boxeo*) [Peso] superior a los 79,378 kg. *Tb referido al deportista de ese peso; en este caso, frec como n m en pl* (→ PESO[1]). **d)** [Vehículo automóvil] de gran tonelaje, destinado al transporte de mercancías o perss. **e)** [Industria] de maquinaria y armamento pesados [1a]. **f)** [Aceite] ~, [agua] **pesada** → ACEITE, AGUA. ▪ **3** [Cosa] que da la sensación de pesar mucho, por ser maciza o compacta. ▪ **4** [Parte del cuerpo] que experimenta una sensación anormal de peso[1] [1]. ▪ **5** [Tiempo] de presión atmosférica alta, que produce opresión o abatimiento. ▪ **6** Tardo o lento. **b)** Torpe de movimientos. ▪ **7** [Comida] difícil de digerir. ▪ **8** [Sueño] profundo. ▪ **9** Molesto o enfadoso, esp. por reiterativo o por excesivamente largo.

pesado[2] *m* Acción de pesar[1] [7].

pesador -ra *adj* Que pesa[1] [7]. *Frec n: m y f, referido a pers; f, referido a máquina.*

pesadumbre *f* **1** Pena o pesar. ▪ **2** (*lit*) Peso[1] [1 y 8]. ▪ **3** (*lit*) Cualidad de pesado[1] [7].

pesaje *m* Acción de pesar[1] [7].

pésame *m* Manifestación de condolencia por la muerte de alguien, dirigida a un allegado suyo. *Frec en la constr* DAR EL ~.

pesante *adj* (*lit*) Pesado[1] [2, 3 y 9].

pesantez *f* (*lit*) Peso[1] [1].

pesar[1] **I** *v* **A** *intr* **1** Tener peso[1] [1]. **b)** Tener mucho peso[1] [1]. ■ **2** Tener importancia o trascendencia. ■ **3** Ejercer [una cosa] su peso[1] [1 y 8] [sobre alguien o algo]. **b)** Recaer [algo negativo, esp. una obligación o carga, sobre alguien o algo]. ■ **4** Hacer sentir [una cosa (*suj*) a alguien (*ci*)] su peso[1] [1 y 8] con especial intensidad. **b)** Hacerse pesado[1] [9]. ■ **5** Causar [un hecho] arrepentimiento o dolor [a alguien].
B *tr* **6** Tener [un peso determinado]. ■ **7** Determinar el peso[1] [1] [de alguien o algo (*cd*)] mediante un instrumento adecuado. ■ **8** Examinar o considerar la importancia [de algo (*cd*)].
II *loc adv* **9 mal que me** (**te, le,** *etc*) **pese.** Aunque no sea de mi (tu, su, etc.) agrado. ■ **10 pese a quien pese.** A pesar de todo (→ PESAR[2]).
III *loc prep* **11 pese a.** A pesar de (→ PESAR[2]).

pesar[2] **I** *m* **1** Sentimiento o pena.
II *loc adv* **2 a ~ de** (**todos**) **los ~es.** (*col*) A pesar [3] de todo.
III *loc prep* **3 a ~ de.** Sin importar la oposición de. *Frec* A ~ DE + *pron pers se sustituye por* A ~ + *posesivo.* * Lo hizo a pesar de su familia. * Eran palabras razonables; a pesar suyo la convencieron. **b)** Sin importar el hecho o el inconveniente de.

pesario *m* Aparato que se coloca en la vagina para mantener el útero en su posición normal o para impedir la fecundación.

pesarosamente *adv* De manera pesarosa [2].

pesaroso -sa *adj* **1** [Pers.] que siente pesar[2] [1]. ■ **2** [Cosa] que expresa o denota pesar[2] [1].

pesca *f* **1** Acción de pescar [1 y 2]. *Tb su efecto.* ■ **2** Conjunto de animales que son objeto de pesca [1]. ■ **3 y toda la ~.** (*col*) Concluyendo una or, pone énfasis en lo que se acaba de enunciar y en lo que queda sin decir. * Viene con la familia, el perro y toda la pesca.

pescable *adj* (*raro*) Que se puede pescar [1].

pescada *f* (*reg*) Merluza (pez).

pescadería *f* **1** Tienda en que se vende pescado. ■ **2** Comercio de(l) pescado.

pescadero -ra I *adj* **1** De (la) pescadería [2].
II *m y f* **2** Pers. que vende pescado.

pescadilla *m* **1** Merluza que no sobrepasa los 2 kg de peso. ■ **2 ~ que se muerde la cola.** (*col*) Cosa que implica círculo vicioso o encadenamiento circular.

pescado I *m* **1** Animal que vive dentro del agua y que se pesca [1a] para su consumo. *Frec en sg con sent colectivo.*
II *loc adj* **2 de ~.** (*hoy raro*) De vigilia. *Tb adv.* ■ **3** [Cola] **de ~** → COLA[2].

pescador -ra I *adj* **1** Que pesca [1a]. *Frec n, referido a pers.* **b)** [Águila] **pescadora** [marta] **pescadora,** [martín] **~** → ÁGUILA, MARTA, MARTÍN.
II *n* **A** *m y f* **2** (*reg*) Pescadero.
B *f* **3** Prenda de vestir veraniega, en forma de blusa suelta sin botones.

pescantazo *m* (*col, hoy raro*) Incumplimiento de un compromiso matrimonial. *Frec con el v* DAR.

pescante *m* **1** *En un carruaje:* Asiento delantero exterior destinado al conductor. ■ **2** (*raro*) *En un vehículo automóvil:* Asiento destinado al conductor. ■ **3** (*Mar*) *En un barco:* Armadura o aparato para suspender anclas o botes o para mover pesos. ■ **4**

En una pared: Armadura o pieza saliente para sostener algo.

pescantina *f* (*reg*) Mujer que vende pescado al por menor.

pescar *tr* **1** Coger o capturar [peces u otros animales que viven dentro del agua]. *Tb abs.* **b)** Sacar [algo] del agua. ■ **2** (*col*) Conseguir o lograr [algo, esp. un novio]. *Tb abs.* ■ **3** (*col*) Coger o tomar. ■ **4** (*col*) Coger [una enfermedad o una borrachera]. ■ **5** (*col*) Coger o entender. ■ **6** (*col*) Coger o sorprender [a alguien o algo]. ■ **7** (*col*) Detener o capturar. ■ **8** saber [uno] **lo que se pesca** → SABER[1].

pescata *f* (*raro*) Acción de pescar [1a]. *Frec su efecto.*

pescatería *f* (*reg*) Pescadería.

pescatero -ra *m y f* (*reg*) Pescadero.

pescozada *f* Pescozón.

pescozón *m* Golpe dado en el cuello.

pescuecero -ra *adj* (*Taur*) [Vara, banderilla, pinchazo o estocada] que se sitúa en el pescuezo del toro.

pescuezo *m* Cuello [de un animal]. **b)** (*pop*) Cuello [de una pers.].

pescuño *m* Cuña con que se aprietan la esteva, la reja y el dental de la cama del arado.

pesebre *m* **1** Recipiente en forma de cajón en que se pone el pienso a los animales equinos o bovinos. ■ **2** (*desp*) Fuente de prebendas de que disfrutan los que pertenecen al partido gobernante o colaboran con él. ■ **3** (*reg*) Belén o nacimiento.

pesebrera *f* Fila o conjunto de pesebres [1] de una cuadra o de otro lugar similar.

pesebrismo *m* **1** (*desp*) Sistema basado en el pesebre [2]. ■ **2** (*reg*) Belenismo.

pesebrista *adj* **1** (*desp*) Que se beneficia del pesebre [2]. ■ **2** (*reg*) Belenista. *Tb n.*

peseta I *f* **1** Unidad monetaria de España. **b)** Unidad monetaria de Guinea Ecuatorial durante los primeros años de su independencia. ■ **2** Cantidad mínima de dinero. *Normalmente precedido de* UNA *y en constrs negativas de intención ponderativa.* * Murió sin una peseta. ■ **3** *En pl:* Dinero. ■ **4** (*col*) Corte de mangas. *En la constr* HACER LA ~. ■ **5** *En pl:* Planta herbácea ornamental, con inflorescencias en racimo y fruto en silicua elipsoidal aplanada, usada para ramos de flores secas (*Lunaria annua* o *biennis*).
II *loc v* **6 cambiar la ~.** (*col*) Vomitar. ■ **7 mirar la ~.** (*col*) Gastar con cuidado.

pesetero -ra *adj* (*desp*) **1** [Pers.] muy aficionada al dinero. ■ **2** (*hist*) Que cuesta una peseta [1]. *Tb n m, referido a coche.*

pesetón *m* (*hist, reg*) Moneda de dos pesetas.

pesia *m* (*lit, raro*) Juramento o maldición.

pésico -ca *adj* (*hist*) De uno de los pueblos primitivos habitantes de la región de los Picos de Europa. *Frec n, referido a pers.*

pésimamente *adv* De manera pésima.

pesimismo *m* **1** Cualidad de pesimista [1]. **b)** Actitud pesimista [1c]. ■ **2** (*Filos*) Doctrina según la cual el universo tiene la mayor imperfección posible.

pesimista *adj* **1** [Pers.] que ve o tiende a ver las cosas en su aspecto más desfavorable. **b)** [Pers.]

que teme que los hechos tomen un giro desfavorable. **c)** Propio de la pers. pesimista. ■ **2** Que denota o implica pesimismo [1]. ■ **3** (*Filos*) De(l) pesimismo [2]. **b)** Adepto al pesimismo. *Tb n.*

pésimo -ma *adj* Sumamente malo.

peso¹ I *m* **1** Fuerza que ejerce un cuerpo sobre su punto de apoyo, debida a la acción de la gravedad. *Frec su medida.* ■ **2** (*Dep, esp Boxeo*) Categoría de los atletas según su peso [1]. *Gralm con un adj especificador:* LIGERO, PESADO, PLUMA, *etc* (→ LIGERO, PESADO, *etc*); *en este caso, frec referido al deportista.* **b)** ~ **pesado.** Pers. de gran importancia [en un ámbito o una actividad (*compl* DE)]. ■ **3** Cuerpo pesado¹ [1]. ■ **4** (*Dep*) Bola de metal, de peso [1] determinado, usada en lanzamientos. ■ **5** Objeto de peso [1] determinado que sirve para pesar¹ [7]. ■ **6** Balanza (utensilio que sirve para pesar¹ [7]). ■ **7** ~ **muerto.** Carga máxima que puede transportar un buque, incluyendo combustible, víveres, dotación y pasaje. **b)** Pers. o cosa que sirve de lastre o freno para el funcionamiento de algo. ■ **8** Fuerza que oprime moralmente. *Frec en la constr* QUITAR UN ~ DE ENCIMA. ■ **9** Carga o responsabilidad [de algo]. *Frec con el v* LLEVAR. ■ **10** Importancia o trascendencia [de alguien o algo]. *Frec en la constr* DE ~. ■ **11** (*hist*) Puesto o sitio público en que se venden comestibles al por mayor. **II** *loc v* **12** caer(se) [algo] por (*o* de) su (propio) ~. Ser elemental o evidente. **III** *loc adv* **13** al ~. Por su peso o según su peso [1]. *Con vs como* COMPRAR *o* VENDER. *Tb adj.* ■ **14** a ~ de oro. A precio muy elevado. ■ **15** en ~. En el aire o sin ningún apoyo. *Con vs como* COGER *o* LLEVAR.

peso² *m* **1** Unidad monetaria de diversos países hispanoamericanos y de Filipinas. ■ **2** (*reg*) Duro (moneda). ■ **3** (*hist*) Antigua moneda de plata de peso¹ [1] de una onza. *Tb* ~ DURO *o* FUERTE. **b)** ~ **ensayado.** (*hist*) Moneda imaginaria usada como unidad en las casas de moneda de América para apreciar las barras de plata, de valor algo superior al del peso fuerte.

pespunte *m* Labor de costura, de puntadas seguidas e iguales, que es la normal de las máquinas de coser y que a mano se realiza volviendo a pasar la aguja por el final de la puntada precedente.

pespunteado *m* Acción de pespuntear. *Tb su efecto.*

pespuntear *tr* **1** Coser o adornar con pespuntes. *Tb fig.* ■ **2** Tocar [algo] a la guitarra hiriendo las cuerdas una a una.

pesquera → PESQUERO.

pesquería *f* **1** Acción de pescar [1a]. *Tb su efecto.* ■ **2** Lugar en que se pesca [1a].

pesquero -ra I *adj* **1** De (la) pesca. *Tb n m, referido a barco.* **II** *n* **A** *f* **2** Lugar en que se pesca [1a]. ■ **3** (*reg*) Presa o muro para detener el agua. **B** *m* **4** Pesquera [2].

pesqui *m* (*col*) Pesquis.

pesquis *m* (*col*) Inteligencia o perspicacia. **b)** Mente o cabeza.

pesquisa *f* Indagación.

pesquisar *tr* (*raro*) Hacer pesquisa [de algo (*cd*)]. *Tb abs.*

pesquisear *tr* (*raro*) Pesquisar. *Tb abs.*

pesquiseo *m* (*raro*) Acción de pesquisear.

pesquisición *f* Pesquisa.

pesquisidor -ra *adj* Que hace pesquisas. **b)** (*hist*) [Juez] destinado para hacer jurídicamente la pesquisa de un delito o reo. *Tb n m.*

pestaña I *f* **1** Pelo de los que bordean los párpados. ■ **2** Filamento de los que bordean algunas células y protozoos. ■ **3** Parte estrecha y saliente en el borde de una cosa. **b)** Reborde de tela que sobresale en una costura. **c)** Reborde de la rueda del tren, que impide que se salga del carril. **II** *loc v* (*col*) **4** jugarse (hasta) las ~s. Apostar en el juego todo lo que se tiene. ■ **5** mojar la ~. Llorar. ■ **6** quemarse las ~s. Leer o estudiar mucho, esp. durante la noche.

pestañazo *m* Pestañeo violento o intenso.

pestañear *intr* Mover los párpados. **b)** *En constr negativa, esp en la fórmula* SIN ~, *se usa para ponderar la atención con que se mira o escucha o la decisión con que se actúa.* * La niña le escucha sin pestañear. * Obedeció sin pestañear.

pestañeo *m* Acción de pestañear. *Tb* (*lit*) *fig.*

pestañoso -sa *adj* Que tiene pestañas [2].

pestazo *m* (*col*) Peste [4] muy intensa. *Tb fig.*

peste *f* **1** Enfermedad grave, epidémica y contagiosa que causa gran mortandad. *Frec con un adj especificador.* **b)** *Esp:* Enfermedad humana muy grave, epidémica y contagiosa, producida por el *Bacillus pestis. Tb* ~ BUBÓNICA, *o* (*hist*) ~ NEGRA. **c)** ~ **blanca.** Tuberculosis. ■ **2** Excesiva abundancia [de algo nocivo o molesto]. *Tb fig, humoríst.* ■ **3** Pers. o cosa muy molesta y que cansa. ■ **4** Mal olor. *Tb fig.* ■ **5** *En pl:* Palabras de crítica o enojo. *Gralm en la constr* ECHAR ~S.

pesticida *adj* [Sustancia] que sirve para destruir las plagas de animales o plantas. *Tb n m.*

pestífero -ra *adj* **1** Pestilente. *Tb fig.* ■ **2** Que padece peste [1]. *Tb n.*

pestilencia *f* **1** Peste [1]. ■ **2** Mal olor.

pestilencial *adj* De (la) pestilencia [1]. **b)** Que origina pestilencia.

pestilente *adj* Que huele muy mal.

pestillo *m* **1** Cierre que consta de una barrita metálica que se corre hasta encajar en una hembrilla. ■ **2** *En una cerradura:* Pieza que, accionada por una manivela, una llave o un resorte, penetra en el cerradero.

pestiño *m* **1** Dulce de sartén hecho con una masa de harina y huevos y bañado con miel. ■ **2** (*col*) Pers. o cosa pesada o aburrida.

pestorejo *m* Parte posterior del cuello. **b)** Cuello.

pestorejón *m* Golpe dado en el pestorejo [1a].

pestorejudo -da *adj* Que tiene grande el pestorejo.

pestoso -sa *adj* De (la) peste [1].

pestucio *m* (*col*) Pestazo.

pesuño *m* (*Zool*) Cubierta córnea que envuelve el dedo de los ungulados.

peta¹ *f* (*jerg*) **1** Identidad o documentación. *Esp designa la falsa; en este caso, frec* ~ CHUNGA. ■ **2** ~ **chunga.** Apodo.

peta² *m* (*jerg*) Cigarrillo de hachís o marihuana.

peta- *r pref (E) En el sistema internacional:* Mil billones. *Antepuesta a ns de unidades de medida, forma compuestos que designan unidades mil billones de veces mayores.*

petaca I *f* **1** Estuche de bolsillo para cigarros o tabaco picado. ■ **2** Licorera pequeña y aplastada, propia para llevarla en el bolsillo. *Tb en la constr* DE ~. ■ **3** Doblez formada, por broma, en la sábana superior, que impide meterse en la cama. *Gralm en la constr* HACER LA ~.
II *loc adj* **4 de ~.** [Funda de gafas] abierta por un extremo. ■ **5 de ~.** [Mesa] extensible cuyas ampliaciones se ocultan lateralmente bajo el tablero principal.

petacho *m (reg)* Remiendo.

pétalo *m* Órgano en forma de hoja de los que constituyen la corola de una flor.

petaloideo -a *adj (Bot)* Semejante a un pétalo. **b)** Semejante a una corola.

petanca *f* Juego de bolas de origen francés, que consiste en tirar a cierta distancia una bola pequeña de madera y tratar de aproximarse lo más posible a ella con otras tres más grandes y de metal.

petanquista *m y f* Jugador de petanca.

petar *intr (col)* Apetecer o gustar.

petardazo *m (col)* **1** Explosión o estallido, esp. de petardo. *Tb el hecho de provocarlos. Tb fig.* **b)** Atentado con explosivos. ■ **2** Fracaso rotundo. *Frec en constrs como* DAR, *o* PEGAR, EL ~.

petardeante *adj* Que petardea [2].

petardear **A** *tr* **1** Poner un petardo [a algo *(cd)*]. *Tb fig.*
B *intr* **2** Producir [algo, esp. un motor] pequeñas explosiones.

petardeo *m* Acción de petardear [2].

petardista *m y f (raro)* Activista revolucionario que coloca artefactos explosivos.

petardo[1] *m* **1** Canuto relleno de explosivo que provoca detonaciones y que según su potencia se usa en determinados trabajos, en actividades terroristas o como objeto de juego. ■ **2** *(jerg)* Cigarrillo de hachís o marihuana. ■ **3** *(col)* Fracaso. *Frec en toros y en la constr* DAR, *o* PEGAR, UN ~.

petardo[2] **-da** *(col)* I *adj* **1** Aburrido o pesado. *Tb n, referido a pers. Referido a mujer, se usan las formas* UN ~ *o* UNA PETARDA.
II *m* **2** Cosa aburrida o pesada. ■ **3** Pers. o cosa que carece de las cualidades exigibles. ■ **4** Pers. o cosa fea o poco atractiva.

petate I *m* **1** Lío de la colchoneta y la ropa de un soldado, un marinero o un preso. ■ **2** Cama de un soldado o un preso, constituida por una armazón de tablas y una colchoneta. **b)** Camastro. ■ **3** *(Mil, hist)* Esterilla de palma, usada para dormir sobre ella. ■ **4** Bolsa grande de lona con base circular, usada esp. por soldados y marineros para llevar su ropa. ■ **5** *(col)* Hombre despreciable.
II *loc v (col)* **6 liar** *(o* **hacer)** **el ~.** Marcharse, o cambiar de residencia. ■ **7 liar el ~.** Morir.

petchenego -ga *adj (hist)* [Individuo] de un pueblo turco procedente de las estepas de Asia central, que en el s. IX ocupó un extenso territorio al norte del Mar Negro y fue prácticamente exterminado en los ss. XI y XII. *Tb n.*

petenera I *f* **1** Cante popular andaluz semejante a la malagueña.

II *loc v* **2 salir(se) por ~s.** *(col)* Hacer o decir algo inoportuno o fuera de propósito.

petequia *f (Med)* Pequeña mancha roja que aparece como consecuencia de una hemorragia y que no desaparece por la presión del dedo.

petequial *adj (Med)* De (la) petequia.

petersburgués -sa *adj* De San Petersburgo o Leningrado (Rusia). *Tb n, referido a pers.*

petición *f* **1** Acción de pedir (manifestar [a alguien *(ci)*] el deseo o la necesidad [de algo *(cd)*] para que los satisfaga). *Tb su efecto.* **b)** Acción de pedir a una mujer en matrimonio. *Frec* ~ DE MANO. *Tb el acto formal correspondiente.* ■ **2** ~ **de principio.** *(Filos)* Vicio que consiste en poner por antecedente lo mismo que se desea probar.

peticionar *tr (raro)* Hacer la petición [1a] [de algo *(cd)*].

peticionario -ria *adj (admin)* Que pide o solicita oficialmente algo. *Tb n, referido a pers.*

petifoque *m (Mar)* Vela triangular más pequeña que el foque y que se orienta fuera de él.

petigrís *m* Variedad de ardilla de Siberia cuya piel es muy estimada en peletería. *Frec su piel.*

petimetre -tra *m y f (hist)* Pers. excesivamente atildada y preocupada de seguir la moda. **b)** *Más o menos vacío de significado, se usa modernamente como insulto.* *Este pueblo no se merece estar gobernado por tales petimetres.*

petirrojo *m* Pájaro pequeño de color pardo oliváceo con el pecho y la frente de color naranja vivo *(Erithacus rubecula).*

petisú *m* Pastelillo alargado, relleno gralm. de crema y cubierto de chocolate o de una pasta de azúcar.

petit comité *(fr; pronunc corriente, /petí-komité/) m* Reunión de pocas personas. *Gralm en la constr* EN ~.

petit-gris *(fr; pronunc corriente, /petigrí/) m* Petigrís.

petitorio -ria I *adj* **1** De (la) petición [1a].
II *n* **A** *f* **2** *(raro)* Petición [1a].
B *m* **3** *(Med)* Lista de los medicamentos de que ha de disponer una farmacia.

petit point *(fr; pronunc corriente, /petí-puán/) m* Bordado de pequeñas puntadas diagonales, usado esp. para tapicería.

petítum *m (Der)* Petición [1a].

peto *m* **1** Prenda, o parte de una prenda, que cubre el pecho. **b)** *(hist)* Parte de la armadura que cubre el pecho. ■ **2** *(Taur)* Defensa de cuero y guata con que se protege el pecho y el costado derecho de los caballos en la suerte de varas. ■ **3** *(Zool)* Parte inferior del caparazón de los quelonios. ■ **4** *En una faja elástica:* Refuerzo delantero. ■ **5** Antepecho (barandilla o muro bajo que se pone en determinados lugares altos para evitar caídas). ■ **6** Herramienta que por una parte es azadón y por otra pico. *Tb* AZADÓN, *o* AZADA, DE ~. ■ **7** *Se da este n a varios peces marinos comestibles propios esp de Canarias. Tb* PEZ.

petral *m* Correa que, asida por ambos lados a la parte delantera de la silla de montar, rodea el pecho de la cabalgadura. *Tb (reg)* PECHO ~.

petrarquesco *adj* **1** De Francesco Petrarca (poeta italiano, † 1374). ■ **2** Petrarquista.

petrarquismo *m* Imitación de la poesía de Petrarca († 1374). *Tb la corriente literaria correspondiente.*

petrarquista *adj* Que imita la poesía de Petrarca († 1374). *Tb n, referido a pers.*

pétreamente *adv* (*lit*) De manera pétrea.

petrel *m Se da este n a distintas aves marinas que suelen seguir a los barcos y solo vienen a tierra para reproducirse, esp Macronectes giganteus* (~ GIGANTE), *Bulweria bulwerii* (~ DE BULWER), *Hydrobates pelagicus* (~ COMÚN), *Oceanodroma leucorrhoa* (~ DE LEACH).

petrelense *adj* De Petrel (Alicante). *Tb n, referido a pers.*

pétreo -a *adj* (*lit*) **1** De piedra. ■ **2** Duro o fuerte como la piedra.

petrificación *f* Acción de petrificar(se).

petrificante *adj* Que petrifica.

petrificar *tr* **1** Transformar en piedra [una sustancia orgánica]. **b)** *pr* (~se) Transformarse en piedra [una sustancia orgánica]. *Tb fig.* ■ **2** Inmovilizar o paralizar [a alguien] por una emoción violenta. ■ **3** Inmovilizar [algo o a alguien que se mueve o cambia]. **b)** *pr* (~se) Inmovilizarse [algo o alguien que se mueve o cambia].

petril *m* (*reg*) Pretil.

petrodólar *m* Unidad monetaria, valorada en dólares estadounidenses, usada para cuantificar las divisas obtenidas por exportación de petróleo, y esp. las depositadas en bancos europeos. *Gralm en pl.*

petrogenético -ca *adj* (*Geol*) Que forma las rocas.

petroglifo *m* (*Arqueol*) Grabado sobre roca, esp. prehistórico.

petrografía *f* (*Geol*) Parte de la geología que estudia las rocas.

petrográfico -ca *adj* (*Geol*) De (la) petrografía.

petroleado *m* Acción de petrolear.

petrolear *tr* Pulverizar o bañar [algo, esp. un coche] con petróleo [1].

petróleo **I** *m* **1** Líquido oleaginoso e inflamable, gralm. de color oscuro, constituido por una mezcla de hidrocarburos. *Tb* ~ CRUDO *o* BRUTO. **b)** Petróleo refinado, que se usa como combustible. **c)** ~ **lampante.** Queroseno.
II *adj invar* **2** (*raro*) [Color] compuesto por una mezcla de azul, gris y verde.

petroleoquímico -ca **I** *adj* **1** Petroquímico.
II *f* **2** Petroquímica.

petrolero -ra *adj* **1** De(l) petróleo [1]. *Tb n m, referido a barco.* ■ **2** [Pers. o empresa] que se dedica a la industria o el comercio del petróleo. *Tb n: m y f, referido a pers; f, referido a empresa.* ■ **3** (*hist*) [Pers.] que con fines subversivos provoca incendios con petróleo. *Tb n.*

petrolífero -ra *adj* **1** Que produce petróleo. ■ **2** (*semiculto*) Petrolero [1 y 2]. *Tb n, referido a pers.*

petrología *f* (*Geol*) Petrografía.

petrológico -ca *adj* (*Geol*) De (la) petrología.

petrolquímico -ca **I** *adj* **1** Petroquímico.
II *f* **2** Petroquímica.

petromax (*n comercial registrado*) *m* Lámpara de petróleo.

petromizónido *adj* (*Zool*) [Pez] de la familia a que pertenece la lamprea. *Frec como n m en pl, designando este taxón zoológico.*

petroquímico -ca **I** *adj* **1** De (la) petroquímica [2].
II *f* **2** Química industrial que utiliza como materias primas el petróleo y el gas natural.

petroso -sa *adj* (*Anat*) [Parte] maciza del hueso temporal, que aloja el oído interno.

petudo -da *adj* (*reg*) Jorobado o cheposo.

petulancia *f* Cualidad de petulante.

petulante *adj* [Pers.] arrogante y presumida. *Tb n.* **b)** Propio de la pers. petulante.

petunia *f* Planta herbácea ornamental de la familia de las solanáceas, con flores en forma de embudo y de diversos colores (gén. *Petunia*, esp. *P. hybrida*).

peul (*pl normal*, ~s) *adj* Fula o fulaní. *Tb n.*

peyorativamente *adv* De manera peyorativa.

peyorativo -va *adj* Que implica una valoración negativa de aquello de lo que se habla. *Se opone a* MELIORATIVO.

peyote *m* Planta cactácea de Méjico y Tejas que contiene principios narcóticos (*Echinocactus williamsii*).

pez[1] **I** *m* **1** Animal vertebrado acuático, ovíparo, de sangre fría y respiración branquial, con las extremidades en forma de aletas y el cuerpo gralm. cubierto de escamas. *Frec como n m en pl, designando este taxón zoológico.* **b)** *Seguido de un adj o un n en aposición, designa distintas especies:* ~ AGUJA (*Syngnathus acus*), ~ ÁNGEL (*Squatina squatina*), ~ DE SAN PEDRO (*Zeus faber*), ~ ERIZO (*Diodon hystrix*), ~ ESPADA (*Xiphias gladius*), ~ LUNA (*Mola mola*), ~ MARTILLO (*Sphyrna zygaena*), ~ RATA (*Uranoscopus scaber*), ~ SABLE (*Trichiurus lepturus*), ~ SIERRA (*Pristis pristis*), ~ VOLADOR (*Exocoetus volitans*), etc. ■ **2** ~ **gordo.** (*col*) Pers. importante. ■ **3** (*reg*) Montón alargado [de trigo limpio]. ■ **4** (*reg*) *En una res vacuna:* Parte redonda de la zona baja del cuello, parecida al solomillo.
II *adj* **5** (*col*) [Pers.] que no sabe nada o sabe muy poco [de algo (*compl* EN *o* DE)]. *Frec con el v* ESTAR.
III *loc v* **6 reírse de los peces de colores.** (*col*) No dar importancia a algo o no tomarlo en serio. *Gralm en la forma* ME RÍO YO DE LOS PECES DE COLORES, *usada para ponderar la importancia de algo que parecía no tenerla.* * *Vaya lío que has montado; me río yo de los peces de colores.*
IV *loc adv* **7 como (el) ~ en el agua.** (*col*) Con total comodidad y adaptación.

pez[2] *f* Sustancia blanda y pegajosa, frec. negruzca, que se obtiene de la destilación incompleta de la trementina o de maderas resinosas. *A veces con un adj especificador:* BLANCA, NEGRA, AMARILLA, RUBIA. **b)** *Frec se emplea en frases de sent comparativo para ponderar la negrura.* * *Tiene el pelo negro como la pez.*

pezcuño *m* (*reg*) Pescuño.

peziza *f Se da este n a numerosos hongos ascomicetos del gén Peziza, algunos de los cuales son comestibles.*

pezón *m* **1** Parte saliente de la mama, por donde sale la leche. ■ **2** Pecíolo. ■ **3** Extremo libre de un eje de carruaje, que sobresale de la rueda.

pezonera *f* Aparato que succiona la leche del pezón [1].

pezuña *f* **1** Extremo de la pata de los ungulados, constituido por uno o dos pesuños. **b)** Pesuño. ■ **2** (*col, humoríst*) Pie [de una pers.]. *Frec en la constr* METER LA ~, 'meter la pata' (—> PATA). **b)** (*raro*) Mano [de una pers.]. ■ **3** (*reg*) Glosopeda.

pezuñar *tr* (*raro*) Pisar con las pezuñas [1a].

pezuñear *intr* (*raro*) Mover las pezuñas [1a].

pezuño *m* (*reg*) Hombre torpe o bruto. *A veces usado como insulto.*

pH (*pronunc,* /pé-áĉe/) *m* (*Quím*) Índice del grado de acidez o de alcalinidad de una disolución.

phi —> FI.

phot (*pronunc,* /fot/) *m* (*Fís*) En el sistema CGS: Unidad de iluminación equivalente a 10.000 lux.

pi[1] *f* **1** Letra del alfabeto griego que representa el sonido [p]. (V. PRELIM.) ■ **2** (*Geom*) Símbolo del número que representa la relación de una circunferencia a su diámetro, y cuyo valor constante es 3,14159...

pi[2] *interj* Imita un pitido, esp del tren.

piada *f* Acción de piar [1]. *Tb su efecto.*

piadosamente *adv* De manera piadosa.

piadoso -sa *adj* **1** [Pers.] que tiene piedad. **b)** Propio de la pers. piadosa. ■ **2** De (la) piedad o fervor religioso.

piafante *adj* Que piafa.

piafar *intr* Golpear el suelo [el caballo], alzando y bajando las patas delanteras.

pial *m* (*reg*) Peal.

piamadre *f* (*Anat*) Meninge interna.

pía maisa *f* (*reg*) Pídola (juego).

piamáter (*tb con la grafía latina* **pia mater**) *f* (*Anat*) Piamadre.

píamente *adv* De manera pía.

piamontés -sa I *adj* **1** Del Piamonte (región del norte de Italia). *Tb n, referido a pers.*
II *m* **2** Dialecto italiano hablado en el Piamonte.

pian *m* (*Med*) Enfermedad contagiosa, propia de países cálidos, caracterizada por erupciones en la cara, manos, pies y regiones genitales.

pianísimo *adv* (*Mús*) Pianissimo. *Tb adj y n m.*

pianismo *m* (*Mús*) Arte o técnica del piano[1], en la composición o en la ejecución.

pianissimo (*it; pronunc,* /piánísimo/) *adv* (*Mús*) Muy suavemente. *Tb adj, referido al pasaje ejecutado de esa forma; tb n m. Tb fig.*

pianista *m y f* Músico que toca el piano[1].

pianístico -ca *adj* De(l) piano[1].

piano[1] I *m* **1** Instrumento músico de teclado de cuerdas golpeadas. ■ **2** ~ (*o* **pianillo**) **de manubrio.** Organillo. *Tb, simplemente,* ~.
II *loc v* **3 tocar el ~.** (*col*) Fregar los platos. ■ **4 tocar el ~.** (*jerg*) Imprimir las huellas digitales en la ficha policial.
III *loc adj* **5 como un ~.** (*col*) Muy grande o enorme.

piano[2] *adv* (*Mús*) Suavemente. *Tb adj, referido al pasaje ejecutado en esa forma; tb n m. Tb fig.*

piano-bar *m* Establecimiento de bebidas, abierto esp. por la noche, en que se ofrece como atracción música de piano[1].

pianoforte *m* (*Mús, hist*) Instrumento músico de teclado, precursor inmediato del piano[1], usado en el s. XVIII y principios del XIX.

pianofortista *m y f* Músico que toca el pianoforte.

pianola *f* Piano[1] que puede tocarse mecánicamente por medio de pedales o de corriente eléctrica.

pian piano *loc adv* Despacio o poco a poco. *Frec en la forma* PIAN PIANITO.

piante *adj* Que pía [1 y 3].

piar (*conjug* 1c) **A** *intr* **1** Emitir [las aves, esp. los pollos] pequeños gritos agudos. ■ **2** (*col*) Anhelar vivamente [algo (*compl* POR)]. ■ **3** (*col*) Protestar o quejarse.
B *tr* **4** (*jerg*) Decir o revelar [algo]. ■ **5** ~las. (*jerg*) Hablar más de la cuenta. ■ **6** ~las. (*col*) Protestar o quejarse.

piara *f* Manada [de animales, esp. de cerdos]. **b)** (*desp*) Manada [de perss.].

piarero -ra *m y f* Pers. que cuida una piara de ganado.

piaroa *adj* [Individuo] del pueblo indio que habita en el Alto Orinoco (Venezuela). *Tb n.*

piastra *f* **1** Unidad monetaria de Vietnam del Sur. ■ **2** Moneda fraccionaria de Egipto, Líbano, Sudán, Siria, Turquía y Libia. ■ **3** (*col*) Peseta.

piazo *m* (*reg*) **1** Trozo cuadrado de cordellate con que se cubre desde la punta del pie hasta la rodilla. ■ **2** Porción de terreno labrantío.

pibe -ba *m y f* (*juv*) Chico o muchacho.

pica[1] **I** *f* **1** (*hist*) Lanza larga usada por los soldados de infantería. ■ **2** Palo de la baraja francesa cuya figura representa una punta de pica [1] negra. ■ **3** (*Taur*) Garrocha de picador. ■ **4** (*Taur*) Puyazo. ■ **5** (*E*) Acción de reabrir los cortes por donde sale la resina.
II *loc v* **6 poner una ~ en Flandes.** Conseguir algo muy difícil.

pica[2] *f* (*Med*) Perversión del apetito, que lleva a ingerir sustancias no comestibles.

pica[3] *f* (*reg*) Breca (pez).

picabuey (*tb* **picabueyes**) *m* Garcilla bueyera.

picacho *m* Cima muy aguda de una montaña.

picachón *m* (*reg*) **1** Pico (herramienta). ■ **2** Picacho.

picada *f* **1** Acción de picar [1, 3, 4, 7, 18, 19 y 28]. ■ **2** (*reg*) Picadillo [1]. ■ **3** (*reg*) Golpe o impulso que envía la lanzadera de un extremo a otro del telar.

picadera *f* Utensilio que sirve para picar [11].

picadero *m* **1** Lugar en que se adiestran caballos y se aprende a montar. ■ **2** (*col*) Vivienda que se destina a relaciones sexuales ocasionales. ■ **3** (*col*) Prostíbulo o casa de citas.

picadillo **I** *m* **1** Aderezo o condimento [de uno o varios ingredientes picados]. ■ **2** Guiso compuesto básicamente de carne y tocino picados y aderezados con especias. ■ **3** Magro de cerdo picado y preparado para hacer embutidos. ■ **4** (*col*) Enfrentamiento verbal de alusiones o indirectas. *Frec en la constr* DE ~.
II *loc v* **5 hacer ~** [a alguien]. (*col*) Matar[lo]. *Con intención ponderativa, frec en frases de amenaza.*

picado[1] **-da** I *adj* **1** *part* → PICAR. ■ **2** [Pers. o parte de su cuerpo] que presenta pequeños hoyos en la piel, como consecuencia de la viruela. *Frec ~ DE VIRUELA*. ■ **3** [Temple] que presenta pequeñas rugosidades. ■ **4** (*Taur*) [Novillada] que incluye la suerte de varas. ■ **5** (*reg*) [Mano] dolorida. *En el juego de pelota*.
II *loc adv* **6 en pelota picada** → PELOTA².

picado[2] **-da** *adj* (*Heráld*) [Ave] que tiene el pico de distinto esmalte que el resto del cuerpo.

picado[3] *m* **1** Acción de picar [4, 8, 11, 16 y 22]. ■ **2** Descenso muy rápido y casi vertical [de algo que vuela o cae, esp. un ave o avión]. *Frec en la constr EN ~*. *Tb fig, esp referido a salud o negocios*. ■ **3** (*Cine y TV*) Toma efectuada por la cámara inclinada de arriba hacia abajo. ■ **4** (*Mús*) Modo de ejecutar las notas interrumpiendo momentáneamente el sonido entre ellas. ■ **5** Picadillo [1].

picador -ra I *adj* **1** Que pica [4, 9 y 11]. *Tb n, m y f, referido a pers, máquina o aparato*.
II *m* **2** Hombre encargado de picar [5] toros en una corrida. ■ **3** Hombre encargado de domar y adiestrar caballos.

picadura *f* **1** Acción de picar [4]. *Frec su efecto. Gralm referido a insectos o reptiles. Tb (lit) fig*. ■ **2** Agujero pequeño producido en una tela u otra materia, esp. metálica. **b)** Caries. ■ **3** Conjunto de partículas resultantes de picar [11] [algo (*compl especificador*)]. **b)** *Sin compl*: Tabaco picado. *Tb TABACO DE ~*.

picafigo *m* (*reg*) Se da este *n* a las aves oropéndola (*Oriolus oriolus*) y curruca mirlona (*Sylvia hortensis*).

picaflor *m* **1** Colibrí (ave). ■ **2** (*raro*) Hombre frívolo e inconstante en el amor.

picagallina *f* Planta herbácea propia de las regiones templadas, con flores pequeñas y blancas, de cinco pétalos (*Stellaria media*).

picajoso -sa *adj* Quisquilloso.

picamaderos *m* Pájaro carpintero o pito real.

picamulo *m* (*raro*) Arriero.

picana *f* Tortura que consiste en aplicar una corriente eléctrica a una parte del cuerpo.

picandería *f* (*Taur, hoy raro*) Conjunto de los picadores [2].

picante I *adj* **1** [Alimento o sabor] que produce sensación de ardor en el paladar. **b)** [Aire u olor] que produce sensación de escozor o picor en los órganos de la respiración. **c)** [Persicaria] ~ → PERSICARIA. ■ **2** (*col*) Ligeramente indecente u obsceno. ■ **3** [Dicho] malintencionado e hiriente. ■ **4** (*lit*) Estimulante o atractivo.
II *m* **5** Sustancia picante [1a]. ■ **6** Cualidad de picante [1, 2, 3 y 4].

picañar *tr* (*reg*) Remendar [calzado].

picaño -ña *adj* (*lit, raro*) Pícaro o desvergonzado.

picapedrero *m* **1** Hombre que pica o labra piedras. ■ **2** (*Taur, humoríst*) Picador [2].

picapica (*frec con la grafía* **pica-pica**) *adj invar* [Polvos] que, aplicados sobre la piel, producen picor. *Tb DE ~*.

picapinos *m* Pájaro de plumaje negro, blanco y rojo, propio de bosques y jardines de Europa y Asia (*Dendrocopos major*). *Tb PICO ~ (→ PICO¹)*.

picapleitos *m y f* (*desp o humoríst*) **1** Abogado. ■ **2** (*raro*) Pers. dada a andar en pleitos.

picapoll *f* Variedad de vid cultivada en la comarca tarraconense del Priorato para producción de vinos blancos.

picaporte I *m* **1** Cierre de una puerta o ventana, consistente en una barrita articulada en la hoja y que encaja de golpe en una muesca del marco. *Frec la manivela con que se acciona*. ■ **2** Aldaba o llamador.
II *loc adj* **3 de ~**. [Moño] formado por una trenza ancha y aplastada.

picar I *v A tr* ➤ **a** *normal* **1** Coger o presionar [un ave (*suj*)] algo con el pico. *Tb abs*. ■ **2** Comer pequeñas cantidades [de algo (*cd*)]. *Frec abs*. **b)** Comer [uvas] tomándolas grano a grano. ■ **3** Morder [un pez el anzuelo]. *Tb fig, referido a pers*. ■ **4** Herir leve y superficialmente con un instrumento punzante. **b)** Clavar [un animal a alguien (*cd*)] su aguijón u otro órgano punzante. ■ **5** Clavar la garrocha [al toro (*cd*)]. *Tb abs*. ■ **6** Clavar las espuelas [al caballo (*cd*)] para que corra más. **b)** ~ **espuelas**. Clavar las espuelas [al caballo (*ci*)] para que corra más. *Frec sin compl*. ■ **7** (*jerg*) Inyectar droga [a alguien (*cd*)]. *Gralm el cd es refl*. **b)** (*jerg*) Inyectar [droga]. ■ **8** Hacer agujeros pequeños [en algo (*cd*)]. **b)** Taladrar [un billete de un medio de transporte] para invalidarlo. **c)** (*jerg*) Matar a tiros. ■ **9** Golpear [una cosa] con un pico u otra herramienta semejante para labrar[la], desgastar[la] o arrancar[la]. *Tb abs*. **b)** (*reg*) Sacar filo [a la guadaña (*cd*)]. ■ **10** (*Billar*) Golpear [la bola] con la punta del taco. ■ **11** Partir o cortar [algo] en trozos menudos. *Referido a tabaco, frec en part, a veces sustantivado*. ■ **12** Incitar o estimular. ■ **13** Provocar [a alguien] con palabras o acciones. ■ **14** Agitar [las aguas] produciendo oleaje. ■ **15** Aligerar [el paso]. ■ **16** Componer o copiar [algo] en una máquina de teclado.
➤ **b** *pr* (**~se**) **17** (*vulg*) Poseer sexualmente [a alguien].
B *intr* ➤ **a** *normal* **18** Clavar [un ave] el pico [en un lugar]. ■ **19** Morder [un pez en el anzuelo]. *Frec sin compl. Tb fig, referido a pers*. ■ **20** Caer [en una trampa o engaño]. *Tb sin compl*. **b)** (*col*) Acudir [alguien] a comprar en un establecimiento. ■ **21** Golpear [en un sitio] con un pico u otra herramienta semejante. ■ **22** Producir [un motor] ruido de martilleo metálico. ■ **23** Presentar picor [una parte del cuerpo a alguien (*ci*)]. **b)** Presentárse[le] picor [a alguien (*ci*) en una parte del cuerpo]. **c)** Producir picor [a alguien (*ci*)]. *Tb sin compl*. ■ **24** Producir [un alimento] sensación de ardor en el paladar. ■ **25** Calentar [el sol]. ■ **26** (*col*) Causar [a alguien (*ci*)] desasogo o molestia [algo que se le dice]. ■ **27** (*col*) Correr, o andar deprisa. ■ **28** Descender [un ave o un avión] rápida y casi verticalmente. ■ **29** (*lit*) Lindar o rayar [en algo]. ■ **30** ~ **alto**. Aspirar a alguien o algo importante.
➤ **b** *pr* (**~se**) **31** Agujerearse [una tela u otra materia]. **b)** Cariarse [un diente]. ■ **32** Estropearse o echarse a perder [un alimento, esp. el vino, la carne, el pescado o la fruta]. ■ **33** (*col*) Sentirse ofendida [una pers. con otra]. *Tb sin compl*. ■ **34** (*col*) Sentirse estimulado a hacer algo o a emular lo hecho por otros. ■ **35** Agitarse [el mar]. *Frec en part*.
II *loc adv* **36 aunque me** (**te, le,** *etc*) **piquen.** (*col*) Por ningún motivo o bajo ninguna condición.

pícaramente *adv* De manera pícara [2 y 3].

picaraña *f* (*reg*) Zapapico (herramienta).

picaraza *f* Urraca (ave).

picardear A *tr* **1** Hacer pícaro [1b, 2 y 3] [a alguien o algo]. **b)** *pr* (**~se**) Hacerse pícaro [alguien o algo].
B *intr* **2** Hacer o decir picardías [2].

picardía *f* **1** Cualidad de pícaro. ■ **2** Acción o dicho pícaros [2 y 3].

picardías *m* Conjunto de dormir femenino, compuesto de bragas y una prenda superior corta y escotada.

picardo -da I *adj* **1** De Picardía (región francesa). *Tb n, referido a pers.*
II *m* **2** Dialecto de la lengua de oïl hablado en Picardía.

picarescamente *adv* **1** De manera picaresca. ■ **2** En el aspecto picaresco.

picaresco -ca I *adj* **1** De(l) pícaro. **b)** (*TLit*) Que tiene como personaje central un pícaro [1a]. *Frec n f, referido a literatura o novela.*
II *f* **2** Vida o actitud de pícaro. **b)** Comportamiento propio de la pers. habilidosa para engañar a otros o burlar las leyes.

picarismo *m* Picaresca [2].

pícaro -ra I *adj* **1** [Pers.] astuta y sin escrúpulos que vive engañando a los demás. *Frec n. Gralm referido a personajes literarios del Siglo de Oro.* **b)** [Pers.] astuta y maliciosa que tiene gran habilidad para engañar a los demás. *Tb n. Frec con intención afectiva.* ■ **2** Malicioso. ■ **3** Ligeramente erótico u obsceno.
II *m* **4** ~ de cocina. (*hist*) Pinche.

picarón -na *adj* Pícaro [1b, 2 y 3]. *Con intención afectiva.*

picaronamente *adv* De manera picarona.

picarrelincho *m* Pájaro carpintero o pito real.

picatoste *m* Trozo pequeño y alargado de pan frito.

picatroncos *m* (*reg*) Picamaderos o pájaro carpintero.

picayos *m pl* Danza popular cántabra de carácter religioso, propia de romerías, procesiones y ciertos actos profanos. *Tb su música.*

picaza *f* Urraca (ave).

picazón *f* **1** Picor. ■ **2** Desazón o inquietud.

piccolo (*it; pronunc corriente,* /píkolo/) (*Mús*) I *m* **1** Flautín.
II *adj* **2** [Instrumento] que tiene el tono más agudo entre los instrumentos de su familia.

picea *f* Se da este n a varias plantas coníferas del gén Picea, esp *P. pungens*.

picha *f* (*vulg*) Miembro viril.

pichafría *m* (*vulg*) Hombre impotente. *A veces usado como insulto.*

pichar *intr* (*vulg*) Realizar [el hombre] el acto sexual.

pichel *m* Vaso alto y redondo, gralm. de estaño, con tapa unida al remate del asa.

pichela *f* (*reg*) Jarra de vino.

pichelero -ra *m y f* Pers. que fabrica picheles.

pichi *m* Vestido sin mangas y muy escotado que se usa con blusa o jersey. *Tb* FALDA ~.

pichicharra *f* (*reg*) Obsesión o manía.

pichichi (*con mayúscula en subacep a, y a veces tb en la b*) *m* (*Fút*) Premio que se concede al jugador que es máximo goleador en una temporada. **b)** Jugador que ha obtenido el Pichichi.

pichinglis (*tb con la grafía* **pichinglish**) *m* Pidgin English.

picholero -ra *adj* (*reg, desp*) [Labrador] que tiene muy pocas viñas. *Tb n.*

pichón -na A *m* **1** Cría de paloma. ■ **2** (*raro*) Establecimiento de tiro de pichón [1]. ■ **3** (*raro*) *En pl*: Tórtolos (pareja de enamorados).
B *m y f* **4** Se usa como apelativo cariñoso dirigido a una pers. * O sea, pichona, que no somos nadie.

pichoneta. pardela ~ → PARDELA.

Pichote. más tonto que ~. *loc adj* (*col*) Sumamente tonto.

pichurri *m y f* (*col*) Se usa como apelativo cariñoso dirigido a una pers. * ¿Qué quieres, pichurri?

picia *f* (*pop*) Pifia.

piciazo *m* (*pop*) Pifiazo.

Picio. más feo que ~. *loc adj* (*col*) Sumamente feo. *Gralm referido a pers.*

pick-up (*ing; pronunc corriente,* /pikáp/ o /pikú/; *pl normal,* ~S) *m* **1** Dispositivo que sirve para recoger y transformar en corriente variable las vibraciones sonoras registradas en un disco. ■ **2** (*hoy raro*) Tocadiscos.

picnic (*ing; pronunc corriente,* /píknik/; *pl normal,* ~S) *m* Merienda campestre.

pícnico -ca *adj* (*Psicol*) [Pers., o tipo de constitución] corpulentos, rechonchos y tendentes a la obesidad. *Tb n, referido a pers. Tb* (*lit*) *fig, referido a cosa.*

picnómetro *m* (*Fís*) Aparato para determinar la densidad de sólidos y líquidos.

picnomorfo -fa *adj* (*Psicol*) Pícnico. *Tb n.*

picnosomía *f* (*Psicol*) Tipo de constitución humana caracterizado por la corpulencia y la tendencia a la obesidad.

pico[1] I *m* **1** *En las aves:* Parte saliente de la cabeza, constituida por dos piezas córneas, que les sirve para tomar el alimento. ■ **2** (*col*) Boca [de una pers.]. *Gralm considerada como órgano de la palabra y en constrs como* ABRIR EL ~, CERRAR EL ~, PERDERSE POR EL ~. **b)** (*col*) Facilidad para hablar. *Frec ~ DE ORO.* **c)** ~ de oro. (*col*) Pers. que habla muy bien. ■ **3** Parte puntiaguda que sobresale o que forma ángulo. **b)** Saliente acanalado que en algunas vasijas facilita el vertido de líquidos. **c)** Saliente puntiagudo formado anormalmente en un hueso. **d)** (*Taur*) Parte puntiaguda y sobresaliente [de la muleta]. *Tb el hecho de ejecutar los pases con esta parte, evitando cruzarse con el toro.* **e)** ~ de(l) estaño. (*Mineral*) Macla de casiterita constituida por dos cristales que forman ángulo entrante. ■ **4** Cima aguda [de una montaña]. *Tb la propia montaña.* ■ **5** Herramienta con mango y dos puntas, una al menos aguda, usada esp. para cavar suelos duros, remover piedras o arrancar minerales. ■ **6** (*hoy raro*) Pañal triangular. ■ **7** Cantidad que excede de un número redondo o entero. *Frec en la constr* Y ~, *siguiendo a la mención de una cantidad.* ■ **8** Cantidad grande [de algo, esp. de dinero]. *Frec sin compl.* ■ **9** (*reg*) Colín de 3 o 4 cm de largo. ■ **10** *Seguido de un compl* DE + *n de ave, designa distintas plantas:* ~ DE CIGÜEÑA (*Erodium ciconium*), ~ DE GORRIÓN (*Polygonum avi-*

culare), ~ DE GRULLA (*Erodium gruinum*), ~ DE PALO-MA (*Geranium columbinum*), etc. ■ **11** *Se da este n a distintas aves de pico robusto, pies fuertes y colas cortas y tiesas que les sirven de apoyo para trepar a los árboles, donde viven y gralm excavan su nido* (*gén Dendrocopos y otros*). *Frec con un adj especificador:* ~ MENOR (*Dendrocopos minor*), ~ MEDIANO (*D. medius*), ~ PICAPINOS o CARPINTERO (*D. major*), ~ REAL o CARPINTERO (*Picus viridis*), etc. ■ **12** (*jerg*) Inyección de droga. ■ **13** (*jerg*) Dedos con que roba el carterista.
  II *loc adj* **14 de ~.** [Flauta] dulce.
  III *loc v* **15 darse el ~.** Rozarse el pico [dos aves]. **b)** (*col*) Besarse [dos perss.]. **c)** (*humoríst*) Entenderse bien [con alguien]. ■ **16 hincar el ~.** (*col*) Morir. **b)** (*col*) Claudicar. ■ **17 llevar** [a alguien] **en el ~.** (*col*) Sacar[le] mucha ventaja. *Frec en juegos de cartas.*
  IV *loc adv* **18 a ~.** Verticalmente. *Normalmente con el v* CORTAR. ■ **19 de ~s pardos.** (*col*) En busca de una relación sexual ocasional una prostituta. *Tb fig, referido a mujeres. Con vs como* IR o ANDAR. **b)** De juerga. *Con vs como* IR o ANDAR.

pico[2] *m* (*jerg*) Guardia civil. *Gralm en pl.*

pico- *r pref* (*E*) *En el sistema internacional: Billonésima parte. Antepuesta a ns de unidades de medida, forma compuestos que designan unidades un billón de veces menores.*

picocruzado (*tb con la grafía* **pico cruzado**) *m* (*reg*) Piquituerto común (ave).

picofino -na (*tb con la grafía* **pico-fino** *en acep* 2) **I** *adj* **1** De pico[1] [1] fino. *Usado como especificador de algunas especies de aves.*
  II *m* **2** Pájaro cantor propio de zonas pantanosas (*Cettia cetti*).

picogordo (*tb con la grafía* **pico gordo**) *m* Pájaro de pico[1] [1] grande y cónico, cuello corto y grueso y cola corta con punta blanca (*Coccothraustes coccothraustes*).

picola *f* (*reg*) Piqueta (herramienta).

picoleto *m* (*jerg*) Guardia civil. *Gralm en pl.*

pícolo *m* (*Mús, raro*) Piccolo.

picón[1] *m* **1** Carbón muy menudo, que solo sirve para braseros. ■ **2** (*reg*) Arena volcánica muy gruesa.

picón[2] **-na** **I** *adj* **1** (*reg*) Picudo.
  II *m* **2** Comiza (pez).

picón[3] **-na** *adj* (*reg*) Picante [1]. **b)** [Queso] de Cabrales. *Tb n m.*

piconegro -gra *adj* [Ave] de pico[1] [1] negro. *Usado como especificador de algunas especies zoológicas:* PAGAZA PICONEGRA (→ PAGAZA).

piconeo *m* Fabricación de picón[1] [1].

piconero -ra *m y f* Pers. que fabrica o vende picón[1] [1].

picor *m* Desazón que impulsa a rascarse.

picorota *f* (*reg*) Picota [2].

picorrelincho *m* (*reg*) Pico carpintero (ave).

picota **I** *f* **1** Columna destinada antiguamente a exponer los reos a la vergüenza pública, o las cabezas de los ajusticiados. ■ **2** Parte superior y puntiaguda [de algo alto, esp. una torre o montaña]. ■ **3** Cereza carnosa, dura y de forma algo apuntada, que normalmente se vende sin rabo.
  II *loc adv* **4 en la ~.** En situación de crítica o descrédito. *Con vs como* ESTAR o PONER.

picotada *f* Picotazo [1].

picotazo *m* **1** Golpe dado por un ave con el pico[1] [1]. ■ **2** Picadura [de un insecto, un reptil u otro animal similar]. ■ **3** (*jerg*) Pinchazo (de droga). *Tb la señal que deja.* ■ **4** (*Taur*) Puyazo superficial. ■ **5** (*raro*) Golpe dado con el pico (herramienta).

picote *m* (*hist*) Tejido de seda muy lustroso.

picoteador -ra *adj* Que picotea [1].

picoteante *adj* (*raro*) Que picotea [1].

picotear **A** *tr* **1** Picar [las aves (*suj*) algo (*cd*)] de manera reiterada y continua. *Tb abs.* ■ **2** Picar (comer pequeñas cantidades [de algo (*cd*)]). *Tb abs.* ■ **3** (*raro*) Golpear reiteradamente [algo].
  B *intr* **4** (*col, desp*) Hablar o charlar. ■ **5** (*col*) Ocuparse sucesiva y pasajeramente de cosas distintas.

picoteo *m* Acción de picotear [1, 2 y 5]. *Tb su efecto. Tb fig.*

picotero -ra *adj* (*reg*) Que habla mucho, de manera insustancial o impertinente. *Tb n.*

picrato *m* (*Quím*) Sal del ácido pícrico.

pícrico *adj* (*Quím*) [Ácido] derivado del fenol, sólido, cristalizado y de color amarillo brillante, que se usa para tintes, antisépticos y explosivos.

picrotoxina *f* (*Med*) Compuesto amargo y venenoso usado como antídoto para envenenamientos por barbitúricos.

pictografía *f* Escritura que representa las ideas por medio de figuras simbólicas.

pictográfico -ca *adj* De (la) pictografía.

pictograma *m* Signo pictográfico.

pictóricamente *adv* En el aspecto pictórico.

pictoricidad *f* Carácter expresivo propio de la pintura.

pictoricista *adj* Que denota una búsqueda acusada de los efectos pictóricos.

pictórico -ca *adj* De (la) pintura (arte).

picú *m* (*hoy raro*) Tocadiscos.

picudo -da *adj* Que tiene pico[1] [3a], esp. muy destacado.

piculina *f* (*col*) Prostituta.

pide *m* (*hist*) Miembro de la policía política portuguesa durante el régimen de Salazar.

pidgin (*ing; pronunc corriente,* /pídyin/) *m* Lengua formada con elementos de otras dos o más, esp. del inglés, usada en las relaciones entre hablantes de distintas lenguas. *Frec ~* ENGLISH *cuando el componente principal es el inglés. Tb adj.*

pidientero *m* (*raro*) Pordiosero o mendigo.

pídola *f* Juego de muchachos que consiste en saltar por encima de uno o varios que se agachan hasta poner la espalda horizontal.

pidón -na *adj* (*raro*) Pedigüeño. *Tb n.*

pie **I** *m* **1** *En el cuerpo humano:* Parte que está en el extremo de la pierna. **b)** ~ **equino,** ~ **plano,** ~ **valgo,** *etc* → EQUINO, PLANO, VALGO, *etc.* **c)** Parte [de un calcetín, media o bota] destinada a cubrir el pie. ■ **2** *En los animales:* Parte que está en el extremo de cada una de las patas, esp. de las posteriores. ■ **3** *En una planta:* Tallo o tronco. **b)** *En los hongos:* Pedicelo (parte alargada y carnosa que sostiene el sombrerillo). **c)** Raíz. **d)** Planta, esp. de las que forman una plantación. ■ **4** *En un objeto:* Parte que le sirve de apoyo. ■ **5** Objeto que se coloca debajo [de otro] para servirle de soporte. ■ **6** Parte inferior [de una cosa]. *Frec en la constr* AL ~. **b)** Sitio que está junto a la parte baja [de una cosa]. ■ **7** Sitio que está al lado [de una cosa]. ■ **8** *En pl:* Parte opuesta a la cabecera. *Se dice esp referido a una cama o a un templo.* ■ **9** Parte final [de un escrito o una página] y que no pertenece a su contenido o cuerpo. **b)** Nombre de la pers. o de la entidad destinataria [de un escrito], y que se pone al pie de este. ■ **10** Texto explicativo, gralm. breve, que acompaña a una fotografía o grabado en un periódico o libro. ■ **11** *(Escén)* Palabra o palabras finales del parlamento de un actor, que sirven a otro de señal para iniciar el suyo. ■ **12** Motivo u ocasión [para algo]. *Gralm con los vs* DAR *o* TOMAR. **b)** Motivo o tema que condiciona una creación. ■ **13** Medida de longitud, distinta según los países. *(Pie castellano = 28 cm; pie inglés = 30,5 cm.)* ■ **14** *(TLit)* En las lenguas en que la versificación se basa en la cantidad silábica: Parte de dos, tres o más sílabas en que se divide un verso para su medida. ■ **15** *(Juegos)* En el dominó: Pers. a quien toca jugar. ■ **16** *(Naipes)* En el tresillo: Jugador que ocupa el segundo lugar a la derecha del mano. ■ **17** *(Geom)* Punto de encuentro [de una línea o un plano] con la perpendicular bajada sobre una u otro. ■ **18** *Con un compl especificador, designa distintas plantas herbáceas:* ~ DE CABALLO *(Tussilago farfara),* ~ DE GALLINA *(Echinochloa crusgalli),* ~ DE GALLO *(Lotus corniculatus),* ~ DE GANSO *(Chenopodium bonus-henricus y C. murale),* ~ DE GATO *(Antennaria dioica),* ~ DE LEÓN *(Alchemilla vulgaris, A. arvensis y Leontopodium alpinum),* ~ DE PÁJARO *(Ornithopus perpusillus), etc.* **b)** *Con un adj o compl especificador, designa distintos hongos:* ~ AZUL *(Tricholoma nudum o Rhodopaxillus nudus),* ~ DE CORDERO *(Hydnum repandum),* ~ DE GALLO *(Ramaria flava o Clavaria flava),* ~ ROJO *(Boletus erythropus), etc.* ■ **19** ~ **de amigo.** Soporte que sirve para afirmar y fortalecer algo. ■ **20** ~ **de atleta.** *(Med)* Afección cutánea de los pies [1a] causada por hongos del gén. *Trichophyton,* caracterizada por la aparición de vesículas, grietas y enrojecimiento. ■ **21** ~ **de cabra.** Palanqueta hendida por uno de sus extremos en forma de dos uñas. ■ **22** ~ **de imprenta.** Indicación del taller, lugar y fecha de la impresión, que figura al principio o al final de un texto impreso. ■ **23** ~ **de monte** → PIEDEMONTE. ■ **24** ~ **de paliza.** *(col)* Paliza. ■ **25** ~ **de pato.** Aleta de nadador. ■ **26** ~ **derecho.** Madero puesto verticalmente y que sirve de apoyo. ■ **27** ~ **de rey.** *(Mec)* Instrumento para medir calibres o espesores y que consiste en una regla graduada con un tope fijo y una abrazadera móvil. ■ **28** ~ **editorial.** Inscripción que, gralm. en la portada de un libro y en su parte inferior, indica el nombre y la dirección del editor. ■ **29** ~ **forzado.** Condición que limita una actuación. ■ **30** ~ **negro.** Inmigrante francés procedente de Argelia. ■ **31** ~ **quebrado.** *(TLit)* Verso de pie quebrado (→ acep. 39). ■ **32** ~**s de gato.** Calzado de suela muy adherente usado en alpinismo. ■ **33** ~**s negros.** Individuo de un pueblo indígena de las llanuras noroccidentales de América del Norte, caracterizado por su belicosidad. *Gralm en pl.* ■ **34 tres** ~**s para un banco.** *(humoríst)* Tres perss. traviesas.

II *loc adj* **35** de a ~. [Soldado] que va a pie o realiza su función a pie [84]. **b)** [Pers. o gente] corriente o no destacada. *Frec en la constr* CIUDADANO DE A ~. ■ **36** de ~. [Agua] que corre o fluye. ■ **37** de ~ de banco. *(col)* [Argumento] disparatado o absurdo.

Normalmente con los ns SALIDA *o* RAZÓN. ■ **38** de ~ de cama. [Alfombra] para los lados de la cama. ■ **39 de ~ quebrado.** *(TLit)* [Verso] de cuatro o cinco sílabas que alterna con otros más largos. ■ b) *(TLit)* [Estrofa] que contiene versos de pie quebrado. *Gralm referido a la copla manriqueña.* ■ **40 sin** ~**s ni cabeza.** [Cosa] incoherente o absurda.

III *loc v y fórm or* **41 arrastrarse a los** ~**s** [de alguien]. Humillarse [ante él] para conseguir algo. ■ **42 atar** [a alguien] **de** ~**s y manos.** Impedir[le] actuar. ■ **43 besar los** ~**s** [a, o de, alguien]. *(raro)* Manifestar[le] sumo respeto. *Se usa al final de algunas cartas, ante la firma, en la fórmula ceremoniosa* QUE LE BESA LOS ~**s.** ■ **44 buscar(le) tres** (o, *más raro,* **cinco**) ~**s al gato.** *(col)* Meterse en complicaciones inútiles o peligrosas. ■ **45 caer de** ~. *(col)* Salir con éxito de una situación arriesgada o difícil. **b)** Tener éxito o fortuna. ■ **46 cojear** [una pers.] **del mismo** ~ [que otra]. *(col)* Tener el mismo defecto o debilidad. ■ **47 comer(le)** [a alguien *(ci)* algo *(suj)*] **por un** ~, o **por los** ~**s.** *(col)* Resultar[le] muy costoso. **b) comerle** [a alguien *(ci)* una pers. o cosa *(suj)*] **por un** ~, o **por los** ~**s.** *(col)* Avasallar[le] o dominar[le]. ■ **48 darle** [una pers.] **el** ~ [a otra] **y tomarse** (o **coger**) [esta] **la mano** (o **darle la mano y tomarse** (o **coger**) **el** ~). *(col)* Se dice a propósito de la pers a quien se hace una concesión y que se toma, con ocasión de ello, otras que no se le han dado. * *Aquí, ya se sabe, nos dan la mano y nos tomamos el pie.* ■ **49 echar a** ~**s.** *(Juegos)* Sortear una primacía [dos niños] poniendo alternativamente los pies a lo largo de una distancia. ■ **50 echar el** ~ **delante** (o **adelante**) → acep. 68. ■ **51 echar los** ~**s por alto.** *(col)* Perder la paciencia o ponerse enérgico. ■ **52 echar a tierra.** Apearse [esp. un jinete]. ■ **53 echarse a los** ~**s** [de alguien]. *(lit)* Rogar[le] con sumisión. ■ **54 haber nacido de** ~. *(col)* Ser muy afortunado. ■ **55 hacer** ~. *(col)* No hacer nada con acierto. ■ **56 hacer un** ~ **agua** [a alguien]. *(col)* Causar[le] una gran molestia o contrariedad. ■ **57 írsele** [a alguien] **los** ~**s.** Sentir deseos de bailar, o de acomodarse al ritmo con los pies [1a]. ■ **58 meter los** ~**s.** *(col, hoy raro)* Patear. *Referido a teatro.* ■ **59 no dar** ~ **con bola** (o, *más raro,* **con bolo**). *(col)* No hacer nada con acierto. ■ **60 no perder** ~ [a alguien]. *(raro)* Estar pendiente [de él]. ■ **61 no poner los** ~**s en el suelo.** *(col)* Correr o caminar muy rápidamente. ■ **62 no tener** ~**s ni cabeza.** Ser [algo] incoherente o absurdo. ■ **63 no tenerse en** ~ (o **de** ~). Encontrarse [alguien] muy débil o agotado. **b)** No tener consistencia [un argumento o razonamiento]. ■ **64 pararle** [a alguien] **los** ~**s.** *(col)* Contener[le] en sus palabras o actos desconsiderados. **b)** *(Taur)* Fijar [al toro] para torearlo con mayor facilidad. ■ **65 perder** ~. Dejar de pisar terreno firme. *Frec fig.* ■ **66** ~**s, para qué os quiero.** *(col)* Fórmula que expresa la resolución de quien habla, o de aquel de quien se habla, de huir de un peligro, o de salir corriendo de un lugar. * *En cuanto oyó el primer disparo, pies, para qué os quiero.* ■ **67 poner** [a alguien] **a los** ~**s de los caballos.** Hablar [de él] con el mayor desprecio. ■ **68 poner** (o **echar**) **el** ~ **delante** (o **adelante**) [a alguien]. *(col)* Aventajar[le]. ■ **69 poner los** ~**s** [en un sitio]. Presentarse [en él]. ■ **70 poner** ~**s en pared.** *(reg)* Ponerse firme o enérgico. ■ **71 poner** ~ **en polvorosa.** *(col)* Huir. ■ **72 saber de qué** ~ **cojea** [alguien]. Conocer bien sus defectos o debilidades. *Tb, raro, referido a cosa.* ■ **73 saber** [alguien] **dónde pone los** ~**s.** *(col)* Estar seguro de lo que se hace. *Frec en constr negativa.* ■ **74 saber el ~** (*o* **los ~s**) **que calza** [alguien]. Conocer[le] bien o saber lo que puede esperarse [de él]. ■ **75 sacar los ~s del plato,** *o* **del tiesto,** *o* **de las alforjas.** (*col*) Insolentarse, o cometer algún exceso. ■ **76 sacar** (*o* **salir,** *u otro v equivalente,* **con**) **los ~s fríos y la cabeza caliente** (*o* **la cabeza caliente y los ~s fríos**). (*col*) No sacar nada en limpio o de provecho. ■ **77 salir por ~s** → acep. 106. ■ **78 ser** [una pers.] **los ~s y las manos** [de otra]. Servir[le] de gran ayuda y descanso. ■ **79 vestirse por los ~s.** (*col*) Ser un hombre. *Ponderando la autoridad.*

IV *loc adv* **80 a cuatro ~s.** A gatas. ■ **81 al ~ de la letra.** Literalmente. ■ **82 al ~ del cañón.** En constante atención a un quehacer. ■ **83 a los ~s** [de alguien]. De rodillas a sus pies [1a] en señal de acatamiento o respeto. **b)** (*raro*) Sometido a su voluntad. *Frec en la fórmula de cortesía, dirigida a una señora,* A SUS ~S. ■ **84 a ~.** Marchando sobre los pies [1a]. ■ **85 a ~ cojito.** (*col*) A la pata coja. ■ **86 a ~ de fábrica.** En el lugar mismo de producción. *Referido frec a entrega de mercancías.* ■ **87 a ~ de obra.** En el lugar mismo en que se realiza una construcción. *Tb adj. Introducido por otra prep, se sustantiva.* ■ **88 a ~ enjuto.** (*lit*) Sin mojarse los pies [1a] al pasar por un sitio donde hay o suele haber agua. *Tb fig.* ■ **89 a ~ firme.** Manteniéndose sobre los pies [1a] sin moverse del sitio. *Tb fig.* ■ **90 a ~** (*o* **a ~s**) **juntillas** (*o, reg,* **a ~s de trago**). Sin la menor duda. *Con el v* CREER. ■ **91 con buen** (*o* **mal**) **~,** *o* **con el ~ derecho** (*o* **izquierdo**). Con buena (o mala) suerte, o con mucho (o poco) acierto. *Normalmente con los vs* LEVANTARSE, ENTRAR *o* EMPEZAR. ■ **92 con los ~s.** (*col*) Con muy poca inteligencia. *Normalmente con vs como* HACER, PENSAR *o* ESCRIBIR. ■ **93 con los ~s en la tierra** (*o* **en el suelo**). Con realismo. **b)** **con los ~s en la tierra.** Con seguridad o tranquilidad. ■ **94 con los ~s por delante** (*o* **para la tierra**). Estando muerto. *Normalmente con los vs* SACAR, SALIR, LLEVAR *o equivalentes.* ■ **95 con ~s de plomo.** (*col*) Con suma cautela. *Normalmente con los vs* ANDAR(SE), IR *o* ACTUAR. ■ **96 con un ~ en el estribo.** A punto de emprender un viaje. *Tb fig, referido a la muerte.* ■ **97 con un ~ en la sepultura,** *o* **en el sepulcro,** *o* **en la tumba.** Cerca de la muerte. *Frec con el v* ESTAR. ■ **98 de ~** (*pop,* **de ~s**). Sosteniéndose sobre los pies [1a]. ■ **99 de ~.** En situación de causar molestias o problemas. *Con vs como* ESTAR *o* PONERSE. ■ **100 de ~ quieto.** De manera fija o permanente. *Con el v* ESTABLECERSE *u otro equivalente.* ■ **101 de ~s a cabeza.** Completamente. *Se dice esp referido a pers.* ■ **102 en ~.** De pie [98]. **b)** Manteniéndose sin ser derribado o eliminado. *Frec fig. Normalmente con los vs* QUEDAR, DEJAR *o equivalentes.* ■ **103 en ~ de guerra.** En disposición de comenzar una guerra. ■ **104 en ~ de igualdad.** Sin distinción de categorías. *Normalmente con el v* TRATAR *u otro equivalente.* ■ **105 ~ a tierra.** De pie [98], después de desmontar de una caballería. ■ **106 por ~s.** (*col*) Corriendo. *Normalmente con los vs* SALIR, ESCAPAR, HUIR *o equivalentes.* ■ **107 por su propio ~.** Andando, sin ser transportado por nadie. ■ **108 un ~ tras otro.** Andando o caminando.

V *loc prep* **109 al ~ de.** Junto a la parte baja de. ■ **110 al ~ de.** (*lit*) Alrededor de o cerca de. *Seguido de una indicación de número.*

piecear *tr* (*reg*) Echar piezas o remiendos [a una prenda (*cd*)].

piecería *f* Piezas o conjunto de piezas [1].

piecerío *m* Piecería.

piecero[1] *m* Parte opuesta a la cabecera [de la cama].

piecero[2] **-ra** *m y f* (*reg*) Oficial de sastrería que tiene bajo su responsabilidad la confección de la americana y que se encarga de acabarla.

piedad *f* **1** Compasión o misericordia. ■ **2** Devoción, o fervor religioso. ■ **3** (*lit*) Actitud afectuosa y de respeto para con las perss. próximas, especialmente los padres. ■ **4** (*Arte*) Representación de la Virgen con Jesús muerto en los brazos.

pied à terre (*fr; pronunc corriente,* /pié-atér/) *m* Vivienda de paso.

piedemonte (*tb con la grafía* **pie de monte**) *m* (*Geol*) Llanura formada al pie de un macizo montañoso.

pied-noir (*fr; pronunc corriente,* /pié-nuár/; *pl normal,* PIEDS-NOIRS) *m* Pie negro (inmigrante francés procedente de Argelia).

piedra I *f* **1** Mineral sólido, duro y de aspecto no metálico. **b)** *Seguido de un adj o compl, designa distintas clases.* **c)** **~ lipe,** *o* **~ lipes** → PIEDRALIPE. **d)** *Frec se emplea en frases de sent comparativo para ponderar la dureza o la insensibilidad.* * Está duro como una piedra. * Tiene el corazón como una piedra. ■ **2** Trozo de piedra [1a]. ■ **3** Trozo de piedra [1a], gralm. labrado, usado en construcción. **b)** *En pl:* Monumentos o construcciones antiguos. **c)** **primera ~.** Sillar de la primera hilada de un edificio notable, con que se da comienzo solemne a su construcción. *Tb fig.* **d)** **~ sobre ~.** Construcción en pie o sin arrasar. *En la constr* NO QUEDAR (*o* DEJAR) ~ SOBRE ~. ■ **4** Pieza de piedra [1a] destinada a un uso determinado. *Con un adj o compl especificador.* * Piedra de molino. * Piedra de afilar. ■ **5** Trozo de pedernal usado para producir chispa en un arma o en un encendedor. **b)** Trozo de una aleación de hierro que se usa para producir chispa en un encendedor. *Frec* ~ DE MECHERO. ■ **6** Piedra preciosa (→ PRECIOSO). ■ **7** Concreción calcárea de relativo tamaño que se forma anormalmente en el riñón, en la vejiga o en la vesícula biliar. ■ **8** Granizo. ■ **9** (*jerg*) Porción de hachís. ■ **10 ~ angular** (*o* **fundamental**). Elemento básico sobre el que se asienta una idea o un proyecto. **b)** (*Arquit*) **~ angular** → ANGULAR. ■ **11 ~ de escándalo.** Origen o motivo de escándalo. ■ **12 ~ de toque.** Jaspe que se emplea para conocer la ley del oro o de la plata. **b)** Cosa que sirve para probar la bondad o autenticidad de otra. ■ **13 ~ de rayo.** Hacha prehistórica de piedra pulimentada, que se cree popularmente que procede de la caída de un rayo. ■ **14 ~ filosofal.** (*hist*) Materia con que los alquimistas pretendían hacer oro artificialmente. **b)** Remedio maravilloso para cualquier problema.

II *loc adj* **15 de** (**la**) **~.** [Edad] prehistórica caracterizada por el uso de útiles de piedra [1a]. ■ **16 de ~.** [Carbón] mineral. ■ **17** [Mal] **de ~** → MAL[2]. ■ **18** (**de**) **~.** [Sal] gema. ■ **19 de ~.** Desconcertado o que no sabe qué decir o hacer. *Con vs como* DEJAR *o* QUEDARSE. ■ **20 de ~.** Insensible, esp. a los estímulos sexuales. *Normalmente en la constr* NO SER DE ~. ■ **21** [Cartón] **~** → CARTÓN.

III *loc v y fórm* **22 menos da una ~.** *Fórmula con que se comenta irónicamente la escasez de lo conseguido.* * No es mucho, pero menos da una piedra. ■ **23 pasar por la ~.** (*col*) Poseer sexualmente. **b)** (*col*) Someter o humillar. ■ **24 señalar** (*o* **marcar**) **con ~ blanca** [una fecha u ocasión].

Considerar[la] afortunada o digna de recuerdo. ■ **25 tirar** (*o* **lanzar**) **la ~ y esconder la mano.** Hacer [alguien] algo vergonzoso o dañino y no responsabilizarse como autor. ■ **26 tirar la primera ~.** Ser el primero en acusar a alguien, por encontrarse libre de culpa. ■ **27 tirar** [alguien] **~s contra su tejado.** Actuar en contra de sus propios intereses. **IV** *loc adv* **28 a ~ y lodo.** Completamente, o con imposibilidad o prohibición absoluta de abrir. *Normalmente con el v* CERRAR.

piedrabuenero -ra *adj* De Piedrabuena (Ciudad Real). *Tb n, referido a pers.*

piedrahitense *adj* De Piedrahíta (Ávila). *Tb n, referido a pers.*

piedralipe (*tb* **piedralipes, piedra lipe** *o* **piedra lipes**) *f* (*reg*) Vitriolo azul.

piejo *m* (*pop*) Piojo.

piel I *n* **A** *f* **1** Tejido orgánico que recubre el cuerpo de los vertebrados. ■ **2** Piel [1] de animal separada del cuerpo. **b)** Piel de animal curtida y despojada de pelo. **c)** Piel de animal curtida y con su pelo, que se usa esp. para prendas de abrigo. **d)** Prenda de piel [2c]. ■ **3** Tejido que recubre algunos frutos y animales inferiores. ■ **4** (*col*) Vida. *En constrs como* JUGARSE, PERDER *o* SALVAR LA ~. ■ **5** (*col*) Circunstancias [de alguien]. *En constrs como* METERSE DENTRO DE LA ~ [de alguien]. ■ **6 ~ de ángel.** Tejido de seda semejante al raso, pero más flexible y menos brillante. **b)** (*Joy*) Coral rosa. ■ **7 ~ de gallina.** (*reg*) Carne de gallina. ■ **8 ~ de melocotón.** Tejido de algodón cuyo aspecto y tacto recuerdan los de la piel [3] del melocotón. ■ **9 ~ de naranja.** (*col*) Celulitis. ■ **10 ~ de toro** (*tb con mayúsculas*). (*lit*) Territorio español peninsular. ■ **11 media ~.** (*Encuad*) Encuadernación holandesa en que la piel [2b] cubre la mitad de las tapas. **B** *m y f* **12 ~ roja.** Indio de América del Norte. *Tb adj.* **II** *loc v* (*col*) **13 dejarse la ~** [en algo]. Dedicar[le] el máximo esfuerzo. ■ **14 quitar** (*o* **arrancar**, *o* **sacar**) [a alguien] **la ~** (**a tiras**). Criticar[le] duramente. ■ **15 ser** (**de**) **la ~ del diablo** (*o* **del demonio**, *o* **de Barrabás**). Ser muy travieso o revoltoso. *Gralm dicho de niños.*

piélago *m* (*lit*) **1** Mar. ■ **2** Cantidad inmensa [de algo].

pielero *m* Individuo que comercia con pieles [2a] no curtidas de animales.

pielitis *f* (*Med*) Inflamación de la pelvis del riñón.

pielonefritis *f* (*Med*) Pielitis acompañada de nefritis.

piensar *tr* Dar pienso[1] [1] [al ganado (*cd*)].

pienso[1] *m* **1** Alimento con que se cuida al ganado. ■ **2** Porción de alimento seco que se da al ganado. ■ **3** (*col, humoríst*) Comida para las perss.

pienso[2]. **ni por ~.** *loc adv* (*col*) Se usa como negación enfática. * Quise contentarla, pero ni por pienso.

pierde. no tener ~ [un lugar]. *loc v* (*pop*) No tener pérdida. **b) no tener ~** [algo]. No ofrecer duda o posibilidad de confusión.

pierdetiempo *m* (*col*) Cosa inútil y que supone una pérdida de tiempo.

pierna I *f* **1** Extremidad inferior del hombre. **b)** Parte comprendida entre la rodilla y el pie. **c)** *En pl*: Capacidad de andar o correr con rapidez. ■ **2**

Parte [de una prenda de vestir] que cubre la pierna [1a y b]. ■ **3** Muslo [de un animal descuartizado para el consumo]. ■ **4** Pieza de las dos que unidas por uno de sus extremos forman el compás. ■ **5** (*raro*) Parte alargada del pie [de una copa]. **II** *loc v* **6 abrirse de ~s.** (*vulg*) Acceder o mostrarse dispuesta [una mujer] a tener relaciones sexuales. *Tb fig.* ■ **7 estirar las ~s.** Desentumecer[las], esp. paseando, tras un período de quietud. ■ **8 hacer ~s.** Hacer ejercicio andando. ■ **9 salir por ~s.** Huir. **III** *loc adv* **10 a ~ suelta.** Con total despreocupación. *Normalmente con el v* DORMIR. ■ **11 en ~s.** Con las piernas [1a y b] desnudas.

piernamen *m* (*col*) Piernas [1a y b]. *Referido a mujer.*

piernas *m* (*col*) Hombre insignificante.

pierniabierto -ta *adj* Abierto de piernas [1a].

piernicorto -ta *adj* De piernas [1a] cortas.

piernilargo -ga *adj* De piernas [1a] largas.

pierrot (*fr; pronunc corriente*, /pieró/; *pl*, ~s) *m* Pers. disfrazada de Pierrot (personaje de la pantomima), con la cara enharinada y un traje blanco de anchos pantalones y blusa de cuello redondo. **b)** Disfraz de pierrot.

piesco *m* (*reg*) Melocotón.

pietismo *m* (*Rel crist*) **1** Movimiento reformista protestante surgido en Alemania en el s. XVII, orientado a la renovación del ideal piadoso. ■ **2** Religiosidad basada fundamentalmente en la piedad.

pietista *adj* (*Rel crist*) De(l) pietismo. **b)** Adepto al pietismo. *Tb n.*

pieza I *n* **A** *f* **1** Parte diferenciable o independiente [de un objeto, frec. una máquina]. *A veces en constrs como* EN, *o* DE, UNA (SOLA) ~, *para indicar carencia de estas partes.* ■ **2** Trozo de tela u otro material, que se pone en una prenda o en otro objeto para sustituir una parte deteriorada o suplir una falta. *Frec con los vs* ECHAR *o* PONER. ■ **3** Cantidad determinada [de algo, esp. de tejido] que constituye un todo. ■ **4** Porción de terreno perteneciente a un dueño. ■ **5** Objeto o elemento independiente, de los que componen un conjunto o de los que pertenecen a la misma especie. **b)** Arma de fuego de artillería. *Tb ~* DE ARTILLERÍA. **c)** (*Heráld*) Figura geométrica. ■ **6** Obra artística completa y acabada en sí misma, o considerada con independencia del conjunto del que forma parte. *Frec con un compl especificador, que a veces se omite por consabido.* **b)** Obra teatral u oratoria. *Gralm con un adj especificador.* **c)** Composición o fragmento musical de los que se tocan separadamente en un baile o en un acto musical. **d)** Objeto interesante o valioso coleccionable o que forma parte de una colección. ■ **7** Habitación u otro espacio de los varios separados por tabiques en un edificio. ■ **8** Moneda (de metal). ■ **9** Animal que se caza o se pesca. ■ **10** (*Der*) Actuación de las que se siguen independientemente en un proceso. *Tb la documentación correspondiente.* ■ **11** (*col*) Pers. maliciosa o tramposa. *En constrs como* BUENA ~, MENUDA ~, VAYA ~. ■ **12** (*jerg*) Vendedor de hachís o marihuana. **B** *m* **13 dos ~s.** Vestido compuesto de falda y blusa o chaqueta. **b)** Traje de baño femenino compuesto de sujetador y braga o pantalón. **II** *loc adj* **14 de una ~.** (*col*) Totalmente sorprendido. *Con los vs* DEJAR *o* QUEDAR(SE). ■ **15 de una ~.** [Pers.] cabal.

piezgo *m En un odre:* Parte correspondiente a una extremidad del animal.

piezoelectricidad (*tb con la grafía* **piezo-electricidad**) *f* (*Electr*) **1** Conjunto de fenómenos eléctricos que se manifiestan en determinados cuerpos sometidos a presión o a deformaciones mecánicas. ■ **2** Propiedad de algunos cuerpos de producir electricidad al ser sometidos a presión o a deformaciones mecánicas.

piezoeléctrico -ca (*tb con la grafía* **piezo--eléctrico**) *adj* (*Electr*) **1** De (la) piezoelectricidad. ■ **2** Dotado de piezoelectricidad [2].

piezometría *f* (*Fís*) Medición de presiones o de compresibilidad de materiales sometidos a presión.

piezométrico -ca *adj* (*Fís*) De (la) piezometría.

pífano *m* **1** Flautín de tono muy agudo, usado en las bandas militares. ■ **2** Músico que toca el pífano [1].

pifia *f* (*col*) **1** Desacierto o error. ■ **2** Acción indebida que causa daño o molestia.

pifiar (*conjug* **1a**) (*col*) **A** *intr* **1** Cometer pifias o una pifia [1]. **B** *tr* **2** Errar [algo]. **b)** **~la.** Errar o equivocarse.

pifiazo *m* (*col*) Pifia grande.

pigmeísmo *m* (*Med*) Enanismo que consiste exclusivamente en la pequeñez de la talla, sin deformaciones.

pigmentación *f* Acción de pigmentar(se). *Tb su efecto.*

pigmentador -ra *adj* Que pigmenta. *Tb n m, referido a producto.*

pigmentante *adj* Que pigmenta.

pigmentar *tr* **1** Producir acumulación de pigmento [1] [en un ser vivo o en una parte de su organismo, esp. en la piel (*cd*)]. **b)** *pr* (**~se**) Sufrir acumulación de pigmento [un ser vivo o una parte de su organismo, esp. la piel]. *Frec en part.* ■ **2** Dar color [a algo (*cd*)].

pigmentario -ria *adj* **1** De(l) pigmento. ■ **2** (*Med*) [Retinosis] caracterizada por la formación de depósitos de pigmento [1].

pigmento *m* **1** Sustancia que da su color característico a los tejidos y líquidos orgánicos. ■ **2** Sustancia pulverizada y gralm. insoluble que se agrega a un soporte para darle su color o hacerlo opaco.

pigmentoso -sa *adj* Pigmentario.

pigmeo -a *adj* **1** [Individuo o pueblo] perteneciente a alguna de las razas de talla muy pequeña de África e Insulindia. *Tb n.* ■ **2** De poca talla o estatura. *Referido a pers, tb n y frec fig, gralm con intención desp.*

pigmoide *adj* (*Etnogr*) Que presenta caracteres semejantes a los de los pigmeos [1]. *Tb n, referido a pers.*

pignorable *adj* (*Der o Econ*) Que se puede pignorar.

pignoración *f* (*Der o Econ*) Acción de pignorar.

pignorar *tr* **1** (*Der*) Empeñar o dejar en prenda. ■ **2** (*Econ*) Dar [algo] como garantía de un préstamo o crédito.

pignoraticio -cia *adj* (*Der o Econ*) De (la) pignoración o que la implica.

pigre *adj* (*lit*) [Pers.] perezosa o negligente. **b)** Propio de la pers. pigre.

pigricia *f* (*lit*) Cualidad de pigre.

pihuela *f* Correa con que se sujetan los pies de los halcones y otras aves de cetrería.

pija *f* (*vulg*) Órgano sexual [del hombre o de un animal macho].

pijada *f* (*col, desp*) **1** Cosa insignificante. ■ **2** Hecho o dicho tonto, impertinente o molesto.

pijama *m* **1** Traje de dormir compuesto de chaqueta y pantalón. ■ **2** Postre compuesto de helado y frutas. ■ **3 ~ de madera** (*o* **de pino**). (*col, humoríst*) Ataúd.

pijero *m* (*reg*) Órgano sexual [de un animal macho].

pijo¹ -ja *adj* (*col, desp*) **1** [Pers.] afectada y esnob. *Tb n.* ■ **2** Refinado o elegante.

pijo² (*vulg*) **I** *m* **1** Órgano sexual [del hombre o de un animal macho]. **II** *loc v* **2 ir de ~ sacado.** Estar abrumado de trabajo.

pijota *f* (*reg*) Pescadilla (merluza pequeña).

pijotada *f* (*col, desp*) Tontería o pijada.

pijote *m* (*vulg*) Órgano sexual [del hombre o de un animal macho].

pijotería *f* (*col, desp*) Tontería o pijada.

pijotero -ra *adj* (*col, desp*) [Pers. o cosa] fastidiosa o molesta. *Tb n, referido a pers. A veces usado como insulto.* **b)** *Se usa precediendo inmediatamente al n al que se refiere para manifestar rechazo.* * *Con este pijotero calor no hay quien viva.*

pika *m* Roedor semejante a un conejillo, sin rabo y con orejas cortas y redondeadas, propio de las regiones montañosas de América del Norte y Asia (gén. *Ochotona*).

piky (*n comercial registrado*) *m* Prenda de nylon o algodón que cubre la parte del pie que va dentro del zapato.

pila¹ *f* **1** Conjunto [de cosas] puestas unas sobre otras. ■ **2** (*col*) Cantidad grande [de algo]. ■ **3** (*Arquit*) Pilar¹ de fábrica [de un puente].

pila² **I** *f* **1** Recipiente cóncavo y profundo destinado a contener agua o a recoger la que cae de un grifo o de una fuente. **b)** Concavidad. ■ **2** Pila [1], decorada y con pedestal, que se usa en las iglesias para administrar el bautismo. *Tb ~* BAUTISMAL. **II** *loc adj* **3 de ~.** [Nombre] personal que precede al apellido y que a los cristianos se les impone en el bautismo. **III** *loc v* **4 sacar** [a alguien] **de ~.** (*col*) Ser [su] padrino o madrina de bautismo. **b)** Bautizar.

pila³ **I** *f* **1** Generador que transforma la energía química en energía eléctrica. **b)** *Esp:* Pila seca (→ SECO). **c)** (*col*) *En pl:* Fuerzas o energías. *Frec en constrs como* CARGAR [alguien] (LAS) ~S, *o* AGOTÁRSELE [a alguien] LAS ~S. ■ **2** (*Fís*) Generador eléctrico que utiliza un tipo de energía distinto de la química. *Gralm con un adj especificador.* ■ **3 ~ atómica.** (*Fís*) Reactor nuclear. **II** *loc v* **4 desconectar**, *o* **desenchufar, las ~s** (*o* **la ~**). (*col*) Dejar de atender o de prestar atención.

pilaf *m* Arroz guisado con grasa y especias y frec. con trozos de carne, pescado o marisco. *Frec* ARROZ ~.

pilancón *m* (*Geol*) Cavidad cilíndrica y lisa, de gran tamaño, producida en el lecho rocoso de un río o en el litoral por los cantos rodados o por el viento.

pilar[1] *m* **1** (*Arquit*) Elemento vertical aislado y macizo, que sirve de soporte a una carga y que normalmente no es cilíndrico ni guarda las proporciones de un orden. ■ **2** (*lit*) Cosa que asegura la estabilidad o firmeza [de alguien o algo]. ■ **3** (*Anat*) Repliegue muscular del borde del paladar.

pilar[2] *m* Pilón[2].

pilar[3] *tr* Descascarillar [grano].

pilastra *f* (*Arquit*) Pilar[1] [1] adosado, que suele adornarse con basa y capitel. **b)** Pilar[1] [1].

pilastrón *m* (*Arquit*) Pilastra grande.

píldora **I** *f* **1** Preparado farmacéutico de pequeño tamaño, de forma esférica u ovalada, destinado a ingerirse por la boca. *Frec designa tb cualquier comprimido.* **b)** (*col*) Preparado anticonceptivo que se toma por vía oral. *Frec* LA ~. **c)** ~ **del amor.** Éxtasis (droga). ■ **2** (*col*) Pelotilla de moco. *Frec en la constr* HACER ~S.
II *loc v* (*col*) **3 dorar la ~.** Dulcificar con palabras un hecho o dicho desagradable. ■ **4 tragarse la ~.** Creerse un engaño.

pildorazo *m* (*Mil, col*) Cañonazo.

pildorera *f* Cajita para guardar píldoras [1].

pildorero *m* Pildorera.

pilea *f* Planta intertropical oriunda de América, cultivada para adorno (gén. *Pilea*).

pileño -ña *adj* De Pilas (Sevilla). *Tb n, referido a pers.*

píleo *m* **1** (*Zool*) Parte más alta de la cabeza de un ave. ■ **2** (*hist*) *En la antigua Roma:* Gorro propio de los hombres libres.

pileta *f* Pila[2] [1a], esp. pequeña.

pilífero -ra *adj* (*Bot*) Que tiene pelos.

pilila *f* (*col*) Pene. *Esp de niño.*

pilili (*col*) **I** *f* **1** Prostituta.
II *interj* **2** *Se usa, a modo de vocativo, como refuerzo expresivo.* * Arsa, pilili.

pililla[1] *f* (*col*) Pene o pilila.

pililla[2] *f* (*reg*) Saliente que forma la pared del hogar.

pilingui *f* (*col*) Prostituta.

pilipino *m* Tagalo (lengua).

pilistra *f* (*reg*) Aspidistra (planta).

pillabán *m* (*reg*) Pillo o granuja.

pillaje *m* Saqueo en situación de guerra o de anormalidad.

pillar **A** *tr* **1** (*col*) Coger o atrapar [a alguien o algo que se persigue]. *Tb fig.* **b) aquí te pillo (y) aquí te mato.** *Fórmula con que se expresa el deseo o el hecho de aprovechar de modo inmediato una ocasión propicia.* * Ya le conoces: Aquí te pillo y aquí te mato. ■ **2** (*col*) Coger o alcanzar [a alguien (*cd*) algo que se mueve hacia él, esp. un vehículo o la pers. que lo dirige]. ■ **3** Coger y aprisionar [algo o a alguien con algo que se mueve] causándo[le] daño. ■ **4** (*col*) Coger o encontrar [a alguien en determinada situación]. *A veces se omite la mención de la situación, cuando esta es indebida o se desea mantener oculta.* ■ **5** (*col*) Coger [una enfermedad, una borrachera o un disgusto]. ■ **6** (*lit, raro*) Saquear o robar, esp. en guerra. ■ **7** (*jerg*) Comprar, o conseguir de otro modo.
B *intr* **8** (*col*) Resultar [un hecho o un lugar de una determinada manera respecto a la pers. mencionada en el ci. o a otro punto de referencia]. *Tb sin ci. Tb fig.* * Ese cine me pilla lejos.

pillastre *m* (*col*) Pillo [1].

pillería *f* **1** Cualidad de pillo. ■ **2** Acción propia de un pillo. ■ **3** Conjunto de (los) pillos [1].

pillete *m* (*col*) Pilluelo. *Frec con intención afectiva.*

pillo -lla *adj* (*col*) **1** [Pers.] que engaña con habilidad y picardía. *Tb n. A veces con intención afectiva, esp referido a niños.* ■ **2** Astuto o sagaz.

pilluelo -la *m y f* (*col*) Muchacho que comete pequeños delitos. *Frec con intención afectiva.*

pilo *m* (*hist*) Arma arrojadiza, a modo de lanza o venablo.

pilocarpina *f* (*Quím*) Alcaloide extraído de las plantas del gén. *Policarpus*, esp. de la *P. jaborandi*, usado en medicina.

pilón[1] **I** *m* **1** Pesa de la romana. ■ **2** Pieza cónica [de azúcar o, más raro, de sal]. ■ **3** Elemento vertical a modo de pilar o columna, que gralm. sirve como soporte.
II *adj* **4** [Azúcar] que se presenta en piezas cónicas. *Tb* DE ~. ■ **5** [Martillo] que funciona con vapor o aire comprimido y que alcanza un peso de hasta 125 toneladas.

pilón[2] *m* Pila[2] que recoge el agua de una fuente o de una acequia y que se usa esp. como abrevadero.

pilón[3] *m* (*raro*) Parte inferior del muslo del pollo.

pilonada *f* (*jerg*) Cunnilingus.

pilongo -ga *adj* **1** [Castaña] seca. *Tb n f.* ■ **2** Flaco y débil o enfermizo. *Tb n, referido a pers.*

pilonidal *adj* (*Med*) [Fístula o quiste] que tiene pelos en su interior.

pilono *m* (*Arquit*) Pórtico monumental del templo egipcio, constituido por dos macizos en forma de pirámide truncada que flanquean la puerta. *Tb cada uno de esos macizos.*

piloñés -sa *adj* De Piloña (Asturias). *Tb n, referido a pers.*

pilórico -ca *adj* (*Anat*) De(l) píloro.

píloro *m* (*Anat*) Orificio que comunica el estómago con el intestino.

piloroplastia *f* (*Med*) Cirugía plástica del píloro.

pilorriza *f* (*Bot*) Cofia (capa que protege el extremo de la raíz).

pilosebáceo -a *adj* (*Anat*) Del pelo y su glándula sebácea.

pilosela *f* Vellosilla (planta).

pilosidad *f* (*Anat*) Revestimiento piloso.

piloso -sa *adj* **1** (*Anat*) De(l) pelo. ■ **2** (*Anat o lit*) Que tiene pelo.

pilotaje[1] *m* Acción de pilotar [1].

pilotaje[2] *m* Instalación de pilotes.

pilotar *tr* **1** Dirigir como piloto [1] [un vehículo]. *Referido a coches o motos, tb fig, fuera del ámbito deportivo.* ■ **2** (*lit*) Conducir o dirigir [algo o a alguien].

pilote *m* Madero puntiagudo, barra de hierro o pilar de hormigón armado que se hinca en el suelo para servir de soporte a los cimientos de una construcción. *Tb fig.*

pilotear *tr (Mar)* Pilotar [un barco].

piloto I *n* **A** *m y f* **1** Pers. que dirige un navío. **b)** Pers. que dirige un aparato aeronáutico. **c)** Pers. que conduce un vehículo de carreras. *Tb fig, fuera del ámbito deportivo.*
B *m* **2** Luz pequeña que advierte de la situación de un vehículo o del funcionamiento de un aparato. ■ **3** Llama pequeña y permanente que sirve para encender ciertos aparatos de gas. ■ **4 ~ automático.** Dispositivo que dirige automáticamente un navío o un aparato aeronáutico.
II *adj (normalmente invar, aunque a veces varía el número)* **5** Que funciona como modelo o con carácter experimental.

pil-pil *(tb con la grafía* **pilpil***).* **al ~.** *loc adj* [Bacalao] hervido en aceite a fuego lento, de modo que la salsa quede trabada.

pilpileante *adj (Coc)* Que pilpilea.

pilpilear *intr (Coc)* Hervir lentamente.

piltra *f (col)* Cama (mueble para dormir).

piltraca *f (raro)* Parte de carne flaca, que casi no tiene más que pellejo.

piltrafa *f* **1** Trozo de carne pequeño y de poco provecho. ■ **2** *(col)* Cosa inútil o sin valor. *Frec fig referido a pers, en sent físico o moral.*

pimentada *f* Guiso de pimientos.

pimentar *(conjug 6) tr* Aderezar con pimienta.

pimentero *m* **1** Arbusto trepador originario de la India y cultivado en las regiones tropicales por su fruto, que es la pimienta *(Piper nigrum).* **b) ~ falso.** Árbol de América meridional, de hoja perenne, ramas péndulas y frutos rojos, cultivado como ornamental *(Schinus molle). Tb simplemente ~.* ■ **2** Utensilio de mesa destinado a contener pimienta molida.

pimentón *m* Condimento que se obtiene moliendo pimiento rojo seco.

pimentonar *m (reg)* Terreno sembrado de pimientos.

pimentonero -ra I *adj* **1** De(l) pimentón.
II *m y f* **2** Pers. que vende pimentón.

pimienta I *f* **1** Pequeña baya redonda, muy aromática y picante, de color blanco o negro según el sistema de secado, que se usa como condimento y es el fruto del pimentero [1a]. **b)** *Con un adj o compl especificador, designa otras especies semejantes y a veces tb las plantas que las producen:* DE CHIAPAS, DE TABASCO, DE CAYENA, *etc.* ■ **2** Picante o atractivo. **b) sal** *v* **–→** SAL. ■ **3 ~ de agua** (o **acuática**). Planta herbácea con hojas de sabor a pimienta [1a] *(Polygonum hydropiper).*
II *loc v* **4 dar ~.** *(Boxeo)* Refregar los guantes en los ojos del contrario.

pimiento I *m* **1** Planta herbácea anual, cultivada como hortaliza, cuyo fruto es una baya carnosa de color verde, rojo o amarillo y forma más o menos cónica *(Capsicum annuum). Más frec su fruto. Frec con un adj o compl especificador de la variedad. Frec se usa en constrs de sent comparativo para ponderar la rojez.* * Tienes la nariz como un pimiento.
II *loc pr* **2 un ~.** *(col)* Nada. *Con intención ponderativa. Tb adv. Frec con el v* IMPORTAR.

pim-pam *interj (col)* Se usa para imitar la repetición de un sonido, esp un disparo, o de una acción.

* Se oía a los cazadores pim-pam, pim-pam, tras las palomas. * No sabes lo que es estar todo el día pim-pam, pim-pam con el mismo rollo.

pimpampún *(tb* **pimpampum***; tb con la grafía* **pim-pam-pum***) m* **1** Juego en que se trata de derribar muñecos a pelotazos. ■ **2** *(col)* Pers. que es objeto constante de críticas por parte de otros.

pimpante *adj (col)* Lleno de vitalidad y frescor. **b)** Vivo y alegre.

pimpi *adj (reg)* [Pers.] peripuesta y ufana. *Frec n.*

pimpinela *f* Se da este *n* a varias plantas herbáceas de los *géns* Pimpinella, Sanguisorba y Poterium, esp a la *Pimpinella major* (~ MAYOR), la *Pimpinella saxifraga* (~ BLANCA), la *Sanguisorba officinalis* (~ MAYOR) y la *Poterium sanguisorba* (~ MENOR).

pimplar *(col)* **A** *tr* **1** Beber [bebidas alcohólicas]. *Frec abs.*
B *intr pr* (**~se**) **2** Emborracharse.

pimple *m (col)* Acción de pimplar.

pimpollada *f* Sitio poblado de pimpollos [1]. **b)** Conjunto de pimpollos [1].

pimpollar *m* Sitio poblado de pimpollos [1].

pimpollo *m* **1** Pino¹ nuevo. ■ **2** Vástago o tallo nuevo. ■ **3** *(reg)* Punta de las ramas de un árbol. ■ **4** Capullo de rosa. ■ **5** Pers. joven y lozana. *Tb ~ DE CANELA.*

pimpón *m* Ping-pong.

pimporro *m (reg)* Botijo.

pin¹ *(pl normal, ~*S*) m* Alfiler decorativo en forma de pequeña figura de metal.

pin² *(pl normal, ~*S*) m (Electr)* Vástago o patilla de un enchufe múltiple.

pina *f* Pieza curva de madera de las que forman la rueda de un coche o carro.

pinabete *m* Se da este *n* a varias especies de abeto, esp al abeto blanco *(Abies pectinata o A. alba).*

pinabeto *m (raro)* Pinabete.

pinácea *adj (Bot)* [Planta] leñosa conífera de la familia del pino¹. *Frec como n f en pl, designando este taxón botánico.*

pinacle *m* Pináculo (juego).

pinacoidal *adj (Mineral)* De(l) pinacoide.

pinacoide *m (Mineral)* Par de caras paralelas al plano de simetría que forman dos de los ejes.

pinacoteca *f* Museo de pinturas.

pináculo *m* **1** *(Arquit)* Remate cónico o piramidal, esp. de un contrafuerte o de un muro. **b)** Remate saliente de una obra de gran altura. ■ **2** Cumbre o cima [de algo inmaterial]. ■ **3** Juego de cartas que se juega con dos barajas de tipo inglés y que consiste en descartarse lo antes posible uniendo las cartas en series mínimas de tres. **b)** Jugada que consiste en reunir once cartas iguales.

pinada *f* Pinar¹.

pinado -da *adj (reg)* **1** *part* → PINAR². ■ **2** Que está vertical o de pie.

pinalero -ra *adj (reg)* De(l) pinar¹.

pinaque *m (reg)* Arado.

pinar¹ *m* Terreno poblado de pinos¹.

pinar² *tr (reg)* Poner en posición vertical.

pinariego -ga *adj* **1** De(l) pinar[1]. *Tb n, referido a pers.* ■ **2** De Palacios de la Sierra (Burgos) o de Quintanar de la Sierra (Burgos). *Tb n, referido a pers.*

pinastro *m* Pino[1] marítimo.

pinatar *m* Pinar[1].

pinatarense *adj* De San Pedro del Pinatar (Murcia). *Tb n, referido a pers.*

pinatón *m* (*reg*) Pino[1] pequeño.

pinaza[1] *f* Hojarasca del pino[1] y otras coníferas.

pinaza[2] *f* (*hist*) **1** Antigua embarcación de vela y remo, con tres palos, mucha eslora, poca manga y popa cuadrada. ■ **2** Antigua embarcación de pesca y cabotaje, sin cubierta, con poca manga y hasta 20 m de eslora, propia del Cantábrico.

pinball (*ing; pronunc corriente, /*pímbol*/; tb con la grafía* **pin-ball***; pl normal,* ~s) *m* Juego que consiste en mover una bolita a través de distintos obstáculos de un tablero dotados de impulsos eléctricos. *Tb la máquina correspondiente.*

pincel *m* **1** Utensilio constituido por un manojo de pelos o fibras unido a un mango, que se usa esp. para pintar. **b)** (*lit*) Actividad pictórica. *Frec en pl.* **c)** (*lit*) Estilo o técnica [de un pintor]. ■ **2** (*E*) Conjunto de pelos, filamentos o rayos cuya forma recuerda la del pincel [1a]. ■ **3** *Se usa frec en constrs de sent comparativo para ponderar limpieza y arreglo esmerados.* * Va siempre como un pincel.

pincelación *f* (*E*) Acción de pincelar.

pincelada **I** *f* **1** Pasada del pincel [1a] sobre la superficie que se pinta. *Tb* (*lit*) *fig.* ■ **2** (*lit*) Toque o detalle.
    II *loc v* **3 dar la última** ~, *o* **las últimas** ~s. Dar el último toque.

pincelar *tr* (*E*) Aplicar [una sustancia (*compl* CON) sobre una superficie (*cd*)] mediante un pincel [1a] u otro utensilio semejante.

pincelazo *m* (*raro*) Pincelada [1] enérgica.

pincelería *f* Conjunto de (los) pinceles [1a].

pincerna *m* **1** (*reg*) En una catedral: Subalterno con funciones de vigilancia. ■ **2** (*hist*) Escanciador o escanciano.

pincha[1] *f* **1** Espina (de planta, madera o pescado). *Tb fig.* ■ **2** (*reg*) Pincho[1] [1].

pincha[2] → PINCHE[1].

pincha[3] → PINCHE[2].

pinchada *f* (*reg*) Pinchazo.

pinchadiscos *m y f* (*col*) En una discoteca: Pers. que selecciona y pone discos. **b)** En una emisora de radio: Pers. que selecciona y presenta discos de música pop.

pinchado *m* Acción de pinchar(se) [1].

pinchador -ra *adj* Que pincha. *Tb n, referido a pers.*

pinchadura *f* Acción de pinchar(se).

pinchar **A** *tr* **1** Clavar [algo puntiagudo (*compl* EN *o* CON) en algo o alguien (*cd*)]. *Tb sin el primer compl.* **b)** *pr* (~se) Sufrir [una cosa inflable] la acción de clavarse en ella algo puntiagudo. ■ **2** (*Taur*) Clavar ligeramente el estoque [al toro]. *Frec abs.* ■ **3** (*col*) Apuñalar. ■ **4** (*col*) Poner una inyección [a alguien (*cd*)]. **b)** (*jerg*) Inyectar droga [a alguien (*cd*)]. *Gralm el cd es refl.* **c)** (*jerg*) Inyectar [una droga]. ■ **5** Sujetar [una cosa con algo puntiagudo que se clava]. ■ **6** (*col*) Poner [un disco]. ■ **7** (*col*) Intervenir [un teléfono]. ■ **8** (*col*) Incitar o estimular. ■ **9** (*col*) Provocar [a alguien] con palabras o acciones. ■ **10** (*vulg*) Penetrar [el macho a la hembra]. *Tb abs.*
    B *intr* **11** Clavarse [algo puntiagudo (*suj*)]. ■ **12** Sufrir [alguien] un pinchazo en el vehículo en que va. ■ **13** Doler [una parte del cuerpo] con un dolor agudo y momentáneo. ■ **14** (*col*) Sufrir un fracaso. ■ **15 no** ~ **ni cortar.** (*col*) No tener ninguna importancia o influencia [alguien que se supone que la tiene o que podría tenerla]. ■ **16** ~ **en hueso** → HUESO.

pinchaúvas *m* **1** (*col*) Hombre insignificante. *Frec usado como insulto. Tb adj.* ■ **2** (*Taur*) Torero que falla reiteradamente en la suerte de matar.

pinchazo *m* **1** Acción de pinchar(se). ■ **2** Dolor agudo y momentáneo semejante al que produce algo puntiagudo al clavarse.

pinche[1] -**cha** *m y f* Ayudante de cocina. **b)** Ayudante.

pinche[2] -**cha** *adj* (*reg*) Pincho[2].

píncher (*pl normal,* ~s) *m* Perro guardián de origen alemán, de talla mediana y pelo corto y lustroso de color entre marrón y negro, al que suelen cortársele el rabo y las orejas.

pincho[1] *m* **1** Objeto puntiagudo que pincha [11] o sirve para pinchar [1]. *Tb fig.* **b)** (*Taur*) Espada o estoque. **c)** (*jerg*) Navaja u otra arma blanca. **d)** (*jerg*) Jeringuilla empleada para drogarse. *Tb la misma droga.* ■ **2** Tapa o aperitivo que se presentan pinchados en un palillo u otro utensilio semejante. *Frec en la forma* PINCHITO. **b)** ~ **moruno** → MORUNO. ■ **3** Palangre grueso para pescar en mucho fondo, propio de Galicia. *Frec en la constr* DE(L) ~, *esp referida a merluza.*

pincho[2] -**cha** *adj* (*col*) Peripuesto.

pinchoso -sa **I** *adj* **1** Que pincha [11] o tiene pinchos[1] [1a].
    II *f* **2** (*jerg*) Navaja.

pinchudo -da *adj* Que tiene pinchos[1] [1a].

pinciano -na *adj* (*lit*) Vallisoletano. *Tb n.*

pindio -dia *adj* (*reg*) Pino o empinado.

pindongo -ga *m y f* (*col*) Pers. que sale mucho de casa para entretenerse o divertirse. *Referido esp a mujer, frec alude a falta de moral sexual. A veces usado como insulto. Tb adj.*

pindonguear *intr* (*col*) Andar fuera de casa para entretenerse o divertirse.

pindongueo *m* (*col*) Acción de pindonguear.

pineal *adj* (*Anat*) [Glándula] cuya forma recuerda la de la piña, situada en el encéfalo, entre los hemisferios cerebrales y el cerebelo.

pinealoma *m* (*Med*) Tumor de la glándula pineal.

pineda *f* Terreno poblado de pinos.

pinga[1] *f* (*reg*) Gota (de líquido).

pinga[2] *f* (*reg*) Mujer que es un pingo [2].

pingada *f* (*reg*) Acción de pingar [6].

pingajo *m* (*desp*) **1** Andrajo o harapo. ■ **2** Pers. descuidada y mal vestida. *Normalmente referido a mujer.* ■ **3** Pingo [2]. *Normalmente referido a mujer.*

pingajoso -sa *adj* (*desp*) Harapiento o andrajoso. *Tb n, referido a pers.*

pingante *adj* (*lit*) Que pinga [1 y 2].

pingar A *intr* **1** Pender o colgar. ■ **2** Ser [una prenda] indebidamente más larga por unas partes que por otras. ■ **3** Gotear [alguien o algo empapado]. *Gralm en la constr* ESTAR, *o* PONER(SE), PINGANDO. ■ **4 poner** [a alguien] **pingando.** (*col*) Poner[le] como un pingo (→ PINGO [4]).
B *tr* **5** Inclinar [algo]. *Tb abs.* ■ **6** (*reg*) Poner vertical.

pingo (*col*) **I** *m* **1** Harapo o andrajo. *Frec con intención ponderativa.* ■ **2** (*desp*) Pers. de moral sexual libre. *Normalmente referido a mujer; en este caso, se usa con art m o, raro, f. A veces usado como insulto. Tb adj.* ■ **3** Pers. que sale mucho de casa para entretenerse o divertirse. *Tb adj. Frec en la constr* IR DE ~.
II *loc v* **4 poner** [a alguien] **como un ~.** Insultar[le] o criticar[le] duramente.

pingoleta *f* (*reg*) Pirueta.

pingón -na *adj* (*reg*) Que pinga, *esp* [1 y 2].

pingonear *intr* (*col*) Andar fuera de casa para entretenerse o divertirse.

pingoneo *m* (*col*) Acción de pingonear.

pingorota *f* (*col*) Cima o picota.

ping-pong (*n comercial registrado*) *m* Juego semejante al tenis, que se juega sobre una mesa y con palas.

pingue *m* (*hist*) Antigua embarcación de carga, usada esp. en Italia.

pingüe *adj* **1** (*lit*) Abundante o copioso. *Frec referido a beneficio.* ■ **2** (*raro*) Grasiento.

pingüemente *adv* (*lit, raro*) De manera pingüe [1].

pingüi *m* (*Taur*) Adorno efectista y sin mérito.

pingüinera *f* Lugar en que se reúnen los pingüinos en la época de su reproducción.

pingüino I *m* **1** Pájaro bobo. **b)** Ave marina palmípeda extinguida (*Alca impennis* o *Pinguinus impennis*).
II *loc adv* **2 de ~.** (*col*) De frac. *Con vs como* IR *o* VESTIR(SE). *Tb adj.*

pingullo *m* (*raro*) Pinquillo.

pinillo *m Se da este n a las plantas Ajuga chamaepitys* (~ OLOROSO), *A. iva* (~ ALMIZCLADO), *Hypericum ericoides* (~ DE ORO), *Teucrium pseudochamaepitys* (~ FALSO *o* ~ BASTARDO) *y otras.*

pinitos *m pl* (*col*) Primeros pasos de un bebé. *Gralm con el v* HACER. **b)** Primeros pasos [en una actividad (*adj o compl especificador*)]. *Tb sin compl, por consabido.* **c)** Ensayo o intento [en una actividad (*adj o compl especificador*)] en que no se es profesional]. *Tb sin compl, por consabido.*

pinjante I *adj* **1** (*raro*) [Joya u objeto de adorno] que cuelga.
II *m* **2** Colgante (joya). ■ **3** (*Arquit*) Adorno que cuelga, esp. de un techo o bóveda.

pinkillo → PINQUILLO.

pinky *m* Piky (prenda que cubre parte del pie).

pinna *f* (*Bot*) Folíolo.

pinnado -da *adj* (*CNat*) **1** Que tiene forma de pluma. **b)** (*Bot*) [Hoja compuesta] cuyos folíolos se insertan a ambos lados del pecíolo. ■ **2** (*Zool, raro*) Cetáceo. *Tb n.*

pinnadocompuesto -ta *adj* (*Bot*) Pinnado [1b].

pinnípedo -da *adj* (*Zool*) [Mamífero] carnívoro y acuático, de cuerpo pisciforme y pies en forma de aletas con membrana interdigital, como la foca. *Frec como n m en pl, designando este taxón zoológico.*

pino[1] *m* **1** Árbol resinoso de hojas persistentes y aciculares (*gén. Pinus*). *Tb su madera. Diversas especies se distinguen por medio de adjs o compls:* ~ ALBAR (*P. pinea, P. sylvestris*), ~ CARRASCO (*P. halepensis*), ~ DE CANARIAS (*P. canariensis*), ~ DE MONTERREY (*P. radiata*), ~ (DE) VALSAÍN (*P. sylvestris*), ~ GALLEGO (*P. pinaster*), ~ LARICIO (*P. laricio, P. nigra*), ~ MARÍTIMO (*P. pinaster*), ~ NEGRAL (*P. laricio, P. nigra, P. pinaster, P. sylvestris*), ~ NEGRO (*P. montana, P. unciata*), ~ PIÑONERO (*P. pinea*), ~ RODENO (*P. pinaster*), ~ SILVESTRE (*P. sylvestris*), *etc.* **b)** *Con un especificador, designa tb coníferas de otros géns, esp Abies, Picea y Araucaria.* ■ **2 el quinto ~.** (*col*) Un lugar muy apartado. ■ **3** Ejercicio gimnástico que consiste en ponerse en posición vertical apoyando las manos en el suelo. *Gralm en la constr* HACER EL ~.

pino[2] -na *adj* **1** Empinado o pendiente. ■ **2** Vertical o derecho.

pinocha *f* Conjunto de hojas de pino[1] [1].

pinochada *f* Pelea en que se usan pinochos [1] como arma y que constituye un festejo típico de Vinuesa (Soria).

pinochazo *m* Golpe dado con un pinocho [1].

pinocho *m* **1** Rama de pino[1] [1]. ■ **2** Pino[1] [1] nuevo.

pinole *m* (*hist*) Mezcla de polvos de vainilla y otras especias, usada para dar sabor y aroma al chocolate.

pinquillo (*tb con la grafía* **pinkillo**) *m* Flauta travesera americana.

pinrel *m* (*col*) Pie (de pers.).

pinsapal *m* Pinsapar.

pinsapar *m* Terreno poblado de pinsapos.

pinsapo *m* Abeto de hasta 25 m de altura, con ramas dispuestas horizontalmente y ramitas rojizas insertas en ángulo recto, propio de la serranía de Ronda (*Abies pinsapo*).

pinscher (*al; pronunc corriente,* /pínĉer/; *pl normal,* ~S) *m* Píncher.

pinta[1] *f* **1** Mancha o dibujo pequeños y redondeados. ■ **2** Aspecto o apariencia. *Frec con un adj o compl especificador o apreciativo.* ■ **3** Color de la piel [de un toro o de un caballo]. ■ **4** (*Naipes*) Señal que tienen los naipes en sus extremos, por la que se conoce, sin descubrirlos enteros, de qué palo son. ■ **5** (*Naipes*) Carta que se descubre al comienzo del juego y que determina el palo de triunfo.

pinta[2] *m y f* (*col*) Pers. sinvergüenza. *Frec con intención afectiva. Tb adj.*

pinta[3] *f* **1** Medida anglosajona de capacidad que en Gran Bretaña equivale a 0,568 litros y en Estados Unidos 0,473. ■ **2** (*reg*) Cantidad pequeña [de algo].

pintable *adj* Que se puede pintar.

pintacilgo *m* Jilguero (pájaro).

pintada *f* Acción de pintar en las paredes letreros o dibujos, frec. de carácter político. *Esp su efecto.*

pintado¹ -da I *adj* **1** *part* → PINTAR. ■ **2** Que tiene diversos colores, o toques de otro color sobre el general. ■ **3** [Papel], gralm. de colores y con dibujos, usado para decorar paredes. ■ **4** (*hist*) [Pan] adornado en su parte superior con determinadas labores. ■ **5** (*col*) Totalmente adecuado o a la medida. *Con vs como* ESTAR *o* QUEDAR *y gralm en la constr* QUE NI ~.
    II *n* A *f* **6** Gallina de Guinea.
    B *loc n m* **7 el más ~.** (*col*) Cualquier pers., por lista o experimentada que sea.
    III *loc v* **8 no poder ver** [a alguien o algo] **ni ~.** (*col*) Sentir odio o aversión total [hacia ellos]. *A veces se omite* NO PODER VER, *por consabido.*

pintado² *m* Acción de pintar [1].

pintalabios *m* Lápiz de labios.

pintamonas *m y f* (*desp*) Artista pintor de poca calidad.

pintar A *tr* **1** Cubrir de color [algo, esp. una superficie]. ■ **2** Representar [algo] con líneas y colores. *Tb abs.* **b)** *Se usa en constrs como* TENDREMOS QUE ~LO, COMO NO LO PINTE, *etc, para ponderar la falta absoluta de algo o de los medios para conseguirlo.* * *Ahora sale con que quiere un aro. ¡Como no lo pinte!* **c)** *pr* (~**se**) Representarse [algo] con líneas y colores. ■ **3** Hacer determinada representación con líneas y colores [en un lugar (*cd*)]. ■ **4** Maquillar. *Frec el cd es refl.* ■ **5** Describir o mostrar [algo] mediante palabras u otro medio distinto del dibujo. ■ **6 ~la.** (*col, hoy raro*) Presumir o lucirse.
    B *intr* ➤ **a** *normal* **7** Marcar o dejar señal [un lápiz o un utensilio semejante]. ■ **8** Empezar a tomar color [algo, esp. los frutos al madurar]. *Tb pr* (~**se**). ■ **9** Salir o aparecer. ■ **10** Comenzar a mostrar [una apariencia determinada (*compl adv*)]. ■ **11** Ir o desarrollarse [algo (*suj*) de una manera determinada (*compl adv*)]. **b)** *Sin compl:* Ir bien. ■ **12** (*reg*) Probar o sentar [algo a alguien]. ■ **13** (*Naipes*) Ser triunfo [un palo de la baraja]. *Tb* (*lit*) *fig.* ■ **14** (*col*) Tener importancia o influencia. *Gralm en constrs de sent negativo.* **b)** Tener que hacer [algo en un lugar o en un asunto]. *A veces con un predicat con* DE *o* COMO.
    ➤ **b** *pr* **15 ~se solo** [para algo]. (*col*) Ser muy apto o hábil [para ello].
    ➤ **c** *impers* **16** Ser triunfo [un palo de la baraja (*compl* EN)]. *Tb* (*lit*) *fig.*

pintarrajar *tr* (*desp*) Pintarrajear.

pintarrajear *tr* (*desp*) Pintar [1, 2, 3 y 4] sin arte.

pintarrajeo *m* (*desp*) Acción de pintarrajear.

pintarrajo *m* (*desp*) Pintura o dibujo descuidados o mal hechos.

pintarroja *f* Pez selacio de unos 60 cm, de dorso gris con manchas oscuras, propio de las costas europeas (*Scylliorhinus canicula*).

pintaúñas *m* Esmalte o pintura para uñas.

pintear *intr* (*reg*) Gotear.

pintense *adj* Pinteño. *Tb n.*

pinteño -ña *adj* De Pinto (Madrid). *Tb n, referido a pers.*

pintiparado -da *adj* (*col*) Perfectamente adecuado o ajustado. *Frec con un compl* PARA.

pinto¹ -ta I *adj* **1** [Animal o cosa] que tiene manchas de distintos colores. **b)** [Pájaro] ~, [pájara] **pinta** → PÁJARO.
    II *m* **2** (*reg*) Maragota (pez). *A veces se da tb este n a otras especies afines.*

Pinto². **entre ~ y Valdemoro.** *loc adv* (*col*) En situación indecisa o poco definida entre dos términos. *Frec con el v* ESTAR *y gralm referido al estado de embriaguez.*

pintojo -ja *adj* Que tiene pintas o manchas. *A veces se usa como especificador de algunas especies zoológicas.*

pintón -na *adj* **1** [Fruta] que va tomando color al madurar. ■ **2** Que tiene pintas o manchas. *Tb n f, referido a trucha.* ■ **3** (*reg*) Medio borracho.

pintor -ra *m y f* **1** Pers. que tiene por oficio pintar [1 y 2a]. *Tb* ~ DE BROCHA GORDA. ■ **2** Artista que se dedica a la pintura [2].

pintorescamente *adv* De manera pintoresca.

pintoresco -ca *adj* **1** Que atrae y agrada por su originalidad o tipismo. ■ **2** Curioso o chocante.

pintoresquismo *m* **1** Cualidad de pintoresco, esp [1]. ■ **2** Gusto por lo pintoresco [1]. ■ **3** Rasgo o elemento pintoresco [1].

pintoresquista *adj* **1** De(l) pintoresquismo. ■ **2** Aficionado a lo pintoresco [1]. *Tb n.*

pintorrear *tr* (*desp*) Pintarrajear.

pintura I *f* **1** Acción de pintar [1, 2, 3, 4 y 5]. ■ **2** Arte de pintar [2a]. ■ **3** Obra de pintura [2]. ■ **4** Sustancia con que se pinta [1 y 2a].
    II *loc v* **5 no poder ver** [a alguien o algo] **ni en ~.** (*col*) Sentir odio o aversión total [hacia ellos]. *A veces se omite* NO PODER VER, *por consabido.*

pinturería *f* (*col, hoy raro*) Cualidad de pinturero.

pinturero -ra *adj* (*col, hoy raro*) [Pers.] que presume de belleza o elegancia. **b)** Propio de la pers. pinturera.

pin-up (*ing; pronunc corriente,* /pin-áp/; *pl normal,* ~S) *f* Mujer atractiva que aparece fotografiada total o parcialmente desnuda. *Tb la misma fotografía. Tb* PIN-UP-GIRL.

pinza I *f* **1** Instrumento constituido por dos brazos articulados, que sirve para sujetar. **b)** (*Zool*) En las patas de algunos artrópodos: Artejo constituido por dos piezas que pueden aproximarse entre sí y sirven como órgano prensor. **c)** *En pl:* Utensilio constituido por dos brazos, gralm. unidos por un extremo, y que se usa para coger o sujetar cosas pequeñas. **d)** (*col*) *Se usa en frases como* ESTAR [alguien o algo] PARA COGER[LO] (*o* RECOGER[LO]) CON ~S, *para ponderar su alto grado de suciedad o desmenuzamiento.* * *El niño está para cogerlo con pinzas.* * *El golpe fue tal que hubo que recogerlo con pinzas.* ■ **2** Cerco que se hace a alguien por dos partes para atraparle entre ambas. ■ **3** Pliegue que se hace en una prenda para disminuir su amplitud.
    II *loc adj* **4** [Lentes] **de ~** → LENTE.

pinzado *m* Acción de pinzar.

pinzamiento *m* Acción de pinzar. **b)** (*Med*) Compresión de un órgano entre dos superficies, frec. articulares.

pinzar *tr* **1** Coger o sujetar con pinzas [1]. **b)** Coger o sujetar [con algo que funciona a manera de pinza [1], esp. con los dedos]. *Frec se omite el compl por consabido.* **c)** Pillar o aprisionar [una cosa (*cd*) otra que actúa a manera de pinza [1]]. ■ **2** Cortar con los dedos [los brotes terminales de una planta].

pinzoleta *f* (*reg*) Se da este *n* a varias aves de los géns *Sylvia, Phylloscopus* y *Acrocephalus.*

pinzón *m* Pájaro cantor de unos 15 cm, con doble franja blanca en las alas y plumaje pardo, más rojizo en el macho (*Fringilla coelebs*). *Tb* ~ COMÚN o VULGAR. *Otras especies se distinguen por medio de adjs o compls:* ~ REAL o DE MONTAÑA (*F. montifringilla*), ~ DEL TEIDE (*F. teydea*), ~ REAL (*Pyrrhula pyrrhula*).

pinzote *m* Hierro en forma de escarpia, que sirve de gozne o macho.

piña *f* **1** Fruto del pino y otras coníferas, de forma cónica y con numerosas piezas leñosas imbricadas a manera de escamas. ■ **2** Granada de mano, cuya forma recuerda la de la piña [1]. *Tb* BOMBA DE ~. ■ **3** (*hist*) Masa esponjosa de plata, de figura cónica, que queda en los moldes de fundición. ■ **4** Conjunto muy compacto [de perss. o cosas]. *Referido a perss, frec en sent moral.* ■ **5** Racimo [de plátanos]. ■ **6** Fruto del ananás. *Tb la misma planta. Tb* ~ AMERICANA, o DE AMÉRICA. **b)** Zumo de piña. **c)** ~ **colada.** Bebida preparada con zumo de piña, ron y coco. ■ **7** Tejido fabricado con los filamentos de las hojas del ananás, propio de Filipinas. ■ **8** (*reg*) Puñetazo.

piñada *f* (*jerg*) Dentadura.

piñata **I** *f* **1** Juego que consiste en tratar de romper con un palo y llevando los ojos vendados un recipiente colgado y lleno gralm. de dulces. *Tb el recipiente.* **II** *loc adj* **2 de** ~. (*hoy raro*) [Domingo] primero de cuaresma, en que solía celebrarse la piñata [1].

piñero -ra *m y f* (*reg*) Pers. que recoge y vende piñas [1].

piño *m* (*col*) Diente (de pers.). *Más frec en pl.*

piñón[1] **I** *m* **1** Semilla del pino[1]. **b)** Parte interior comestible de la semilla del pino[1] piñonero. **c)** Golosina consistente en un piñón [1b] recubierto con una capa blanca y dura de azúcar. **II** *loc adj* **2 de** ~. (*col*) [Boca] muy pequeña. **III** *loc v* (*col*) **3 estar a partir un** ~ [dos perss., o una con otra]. Tener una amistad muy íntima y armoniosa. ■ **4 no caberle** [a alguien] **un** ~ **por** (*o* **en**) **el culo.** Tener mucho miedo o estar muy asustado.

piñón[2] **I** *m* **1** Rueda pequeña y dentada de un engranaje. **II** *loc adv* (*col*) **2 a** ~ **fijo.** De manera fija o invariable. *Referido al modo de actuar. Tb adj.* ■ **3 a** ~ **libre.** De manera libre o en libertad. *Referido al modo de actuar.*

piñón[3] *m* (*Arquit*) Parte superior de un muro acabada en punta y que gralm. sirve de apoyo a la armadura de la techumbre.

piñonada *f* Pasta hecha o adornada con piñones[1] [1b].

piñonate *m* **1** Pasta dulce hecha con piñones[1] [1b] y azúcar. ■ **2** Dulce de sartén hecho con harina, huevo y miel.

piñonear **A** *intr* **1** Producir [el macho de perdiz] un sonido característico cuando está en celo. **B** *tr* **2** (*lit, raro*) Comunicar [algo] piñoneando [1].

piñoneo *m* Acción de piñonear. *Frec su efecto.*

piñonero -ra **I** *adj* **1** [Pino] de tronco recto y copa ancha, cuyos piñones[1] [1a] son comestibles (→ PINO[1]). **II** *m y f* **2** Pers. que vende piñones[1] [1].

piñorro -rra *m y f* Pers. que ataviada con traje típico participa en la pinochada de Vinuesa (Soria).

pío[1] **I** *interj* **1** *Imita la voz del pollo. Frec se enuncia repetida. Frec se sustantiva.* **II** *m* **2** (*col*) Anhelo o ilusión. **III** *loc pr* **3 ni** ~. (*col*) Nada. *Gralm en la constr* NO DECIR NI ~. *Tb adv.*

pío[2] **-a** *adj* (*lit*) Piadoso o religioso.

pío[3] **-a** *adj* [Animal, esp. caballería] de pelo blanco con manchas de otro color.

piocha *f* (*raro*) Piqueta (herramienta).

piociánico -ca *adj* (*Med*) [Germen] que colorea de azul el pus.

piógeno -na *adj* (*Med*) Que produce pus.

piojar *m* (*reg*) Pegujal.

piojento -ta *adj* Que tiene piojos [1].

piojera[1] *f* Plaga de piojos [1].

piojera[2]. **hierba** ~ → HIERBA.

piojería *f* Plaga de piojos [1].

piojillo *m* Piojo [1b] de pequeño tamaño que vive parásito de algunos animales y plantas, esp. de las aves.

piojina *f* (*reg*) Piojillo de las aves.

piojo **I** *m* **1** Insecto áptero de pequeño tamaño que vive parásito en el hombre chupando su sangre. *Frec con un adj especificador:* ~ DE LA CABEZA (*Pediculus humanus capitis*), ~ DEL CUERPO, DE LA ROPA o DE LOS VESTIDOS (*Pediculus humanus corporis*) y ~ DEL PUBIS (*Phthirus pubis*). **b)** *Se da tb este n a otros insectos semejantes al piojo común, parásitos de animales y de plantas:* ~ DE LAS ABEJAS (*Braula caeca*), ~ DEL MANZANO (*Eriosoma lanigerus*), ~ DEL POLLO (*Menopon gallinae*), *etc.* ■ **2** (*argot Mil*) Recluta que lleva menos de tres meses en el servicio militar. ■ **3** ~ **resucitado** (*o* **puesto en limpio**). (*col, desp*) Pers. de clase humilde que ha prosperado socialmente. **II** *loc adv* **4 como** ~**s en costura.** (*col*) En gran apretura por falta de espacio.

piojoso -sa *adj* **1** Que tiene piojos [1]. *Tb n, referido a pers.* ■ **2** (*desp*) [Pers.] pobre o miserable. *Tb n.* **b)** *Más o menos vacío de significado, se usa frec como insulto.* * Quita de ahí, piojoso. ■ **3** (*desp*) [Letra] muy pequeña y de mal aspecto.

piola[1] *f* (*Mar o reg*) Cuerda delgada.

piola[2] *f* (*reg*) Pídola (juego).

piolet (*fr; pronunc corriente,* /piolé/; *pl normal,* ~S) *m* Bastón de alpinista, herrado en uno de sus extremos y provisto de un pequeño pico en el otro.

pion *m* (*Fís*) Mesón cuya masa es unas 270 veces mayor que la del electrón y que se utiliza en el tratamiento del cáncer.

pión -na (*tb con la grafía* **pion**) *adj* [Ave] que pía mucho.

pionerismo *m* Condición de pionero [2].

pionero -ra *m y f* **1** Pers. que inicia la exploración o colonización de nuevas tierras. **b)** (*Biol*) Especie animal o vegetal que inicia la colonización de un territorio. ■ **2** Pers. que abre camino en una actividad. *Con un compl especificador. Tb fig, referido a cosa.* ■ **3** (*hist*) Niño encuadrado en la organización juvenil comunista.

pionono *m* Dulce hecho de bizcocho, cubierto de crema o de huevo y gralm. enrollado.

piornal *m* Terreno poblado de piornos.

piornalego -ga *adj* De Piornal (Cáceres). *Tb n, referido a pers.*

piornaliego -ga *adj* Piornalego. *Tb n.*

piorneda *f* Terreno poblado de piornos.

piorno *m* *Se da este n a diversos arbustos de los géns Adenocarpus, Cytisus, Erinacea, Genista, Spartium, Vella y otros.*

piorrea *f* Inflamación purulenta de los alveolos dentarios.

piorreico -ca *adj* (*Med*) De (la) piorrea.

pipa[1] **I** *n* **A** *f* **1** Utensilio para fumar tabaco picado, consistente en una cazoleta unida a un tubo con boquilla. **b)** Objeto o elemento en forma de pipa de fumar. **2** Cantidad [de tabaco u otra sustancia] que se fuma de una vez en una pipa [1a]. ■ **3** (*Mec*) Tubo de conducción. ■ **4** (*jerg*) Pistola. ■ **5** (*jerg*) Clítoris.
B *m y f* **6** (*jerg*) Pers. que fuma droga.
C *m* (*jerg*) **7** Hombre homosexual. ■ **8** Hombre encargado de montar y desmontar los instrumentos y el equipo de un conjunto musical.
II *adv* **9** (*col*) Muy bien. *Frec con vs como* PASAR *o* ESTAR.

pipa[2] **I** *f* **1** Semilla pequeña [de una fruta o un fruto]. **b)** *Esp:* Pipa de girasol, que se come como golosina. **c)** *Se usa en frases gralm negativas, como* NO NO TENER *o* NO QUEDAR NI PARA ~S, *para ponderar la escasez de dinero.* * *Con esto no tenemos ni para pipas.* ■ **2** (*reg*) Hueso [de determinadas frutas, como el melocotón o la ciruela].
II *loc adv* **3** **con diez de ~s.** (*col*) Con una cantidad mínima. *Con intención ponderativa.*

pipa[3] *f* Cuba o tonel. *Tb la medida de capacidad correspondiente.*

pipada *f* (*reg*) Chupada (al cigarro).

pipar *intr* (*reg*) Gotear.

pipe-line (*ing; tb con la grafía* **pipeline**; *pronunc corriente,* /páip-láin/ *o* /pipelíne/) *f* Tubería de gran tamaño para transportar a largas distancias petróleo, gas u otro fluido.

piperacina *f* (*Quím*) Compuesto nitrogenado blanco y cristalino, usado esp. como antihelmíntico.

pipería *f* (*Mar*) Conjunto de pipas o toneles.

piperita *adj* [Menta] que tiene olor y sabor a pimienta (→ MENTA).

pipermín *m* Licor de menta.

pipermint *m* Pipermín.

pipero[1] **-ra** *m y f* Pers. que vende pipas[2] [1b] y otras golosinas.

pipero[2] *m* (*reg*) Lugar situado en la planta baja de una casa, en que se reúnen los mozos para beber durante las fiestas.

piperropil *m* Torta de anís típica de Navarra.

pipeta *f* Tubo pequeño, gralm. graduado y con un ensanchamiento en su parte central, usado en los laboratorios, esp. para trasvasar líquidos.

pipi[1] *m* (*infantil*) Pájaro o pollo.

pipi[2] *m* (*euf, col*) Piojo (insecto).

pipi[3] *m* (*col*) Pipiolo [1].

pipí[1] *m* **1** (*infantil o euf col*) Orina. *Frec en la constr* HACER ~. ■ **2** (*col*) Pene.

pipí[2] *m* Bisbita (pájaro).

pipil *adj* (*hist*) De un pueblo indígena precolombino de Guatemala, El Salvador y Honduras, descendiente de los aztecas. *Frec n, referido a pers.*

piping (*ing; pronunc corriente,* /páipin/) *m* (*Ingen*) Instalación de tuberías.

pipiolo -la *m y f* (*col, desp*) **1** Pers. inexperta o novata. *Tb adj.* ■ **2** Jovencito.

pipiricojo. **a(1)** ~. *loc adv* (*reg*) A la pata coja.

pipirigallo *m* Esparceta (planta, *Onobrychis viciaefolia* y *Hedysarum coronarium*).

pipirijaina *f* (*raro*) Compañía de cómicos ambulantes.

pipiripao (*raro*) **I** *m* **1** Banquete espléndido.
II *loc adj* **2** **del ~.** [Tierra] de abundancia y placer.

pipiritaje *m* (*reg*) Patatús o soponcio.

pipirrana *f* (*reg*) Ensalada de tomate a la que suelen añadirse otros ingredientes, como pepino, escabeche, huevos duros y aceitunas.

pipo[1] *m* (*reg*) Semilla de ciertas legumbres o frutos. **b)** Judía roja.

pipo[2] *m* (*reg*) Botijo.

piporro *m* (*reg*) Botijo.

pipote *m* (*reg*) **1** Botijo. ■ **2** Pipero[2].

pippermint (*pronunc,* /pipermín/) *m* Pipermín.

pipudo -da *adj* (*col*) Extraordinario o excelente. *Con intención ponderativa.*

pique[1] *m* **1** Rivalidad o competencia. **b)** Roce o desavenencia. **c)** Enfado o disgusto. ■ **2** Acción de picar, o hacer señales o agujeros. *Frec su efecto.* ■ **3** Acción de picar, o hacer trozos. ■ **4** Columna de agua originada por el impacto en el mar de un proyectil de artillería o una bomba.

pique[2] **I** *loc v* **1** **echar a ~.** Hundir. *Tb fig.* ■ **2** **irse a ~.** Hundirse. *Tb fig.*
II *loc adv* **3** **a ~.** (*Mar*) En posición vertical respecto a algo hundido o al fondo del mar.
III *loc prep* **4** **a ~ de.** A punto de. *Frec con el v* ESTAR.

pique[3] *m* (*Mar*) Varenga en forma de Y que se pone en el extremo de proa de la quilla, o en la popa.

piqué *m* Tejido de algodón con dibujos en relieve.

piquera *f* **1** *En una colmena:* Abertura por la que entran y salen las abejas. ■ **2** Abertura u orificio, esp. de salida.

piquero[1] *m* **1** (*Taur*) Picador. ■ **2** (*hist*) Soldado cuya arma es la pica.

piquero[2] **-ra** **A** *m y f* **1** (*jerg*) Carterista.
B *m* **2** (*reg*) Pico o saliente. ■ **3** (*raro*) Ave palmípeda de América del Sur, semejante al pelícano, de pico recto y puntiagudo (*Sula variegata* y *S. nebouxii*).

piquet (*fr; pronunc corriente,* /piké/) *m* (*Naipes*) Cientos (juego).

piqueta[1] *f* Herramienta de albañil, usada esp. para derribar, cuyo hierro tiene una cabeza de martillo y una boca plana y aguzada.

piqueta[2] *f (reg)* Aguapié (vino bajo).

piquete[1] *m* **1** Grupo poco numeroso de soldados que se emplea en diferentes servicios extraordinarios. *Tb, raro, referido a policías.* ■ **2** Grupo de perss. que, pacífica o violentamente, intenta imponer una consigna de huelga.

piquete[2] *m* **1** Agujero o daño pequeños hechos con algo punzante. ■ **2** *(reg)* Estaca o poste pequeño que se clava en el suelo para sostener una alambrada o delimitar un terreno.

piquigualdo -da *adj* [Ave] de pico amarillo. *Usado como especificador de algunas especies zoológicas:* PARDILLO ~, CUCO ~, *etc* (→ PARDILLO, CUCO, *etc*).

piquilla *f (reg)* Pique[1] [1].

piquillo I *m* **1** *dim* → PICO[1]. ■ **2** Tira de adorno en zigzag.
II *loc adj* **3** de(l) ~. [Pimiento] de punta encorvada y gusto picante.

piquirrojo -ja *adj* [Ave] de pico rojo. *Usado como especificador de algunas especies zoológicas:* CHOVA PIQUIRROJA, PAGAZA PIQUIRROJA, *etc* (→ CHOVA, PAGAZA, *etc*).

piquituerto *m* Pájaro propio de los bosques de coníferas y caracterizado por tener el pico cruzado (*Loxia curvirostra*). *Tb* ~ COMÚN. *Otras especies se distinguen por medio de adjs:* ~ FRANJEADO (*Loxia leucoptera*), ~ LORITO (*L. pityopsittacus*).

pira[1] *f* Hoguera en que se quema a un difunto o la víctima de un sacrificio. **b)** Hoguera.

pira[2] *(col)* I *loc v* **1 salir de ~.** Marcharse a toda prisa.
II *loc adv* **2 de ~.** De juerga o de parranda. *Frec con el v* IR.

pirabar *tr (jerg)* Realizar el acto sexual [con alguien (*cd*)].

pirado -da *adj (col)* **1** *part* → PIRAR. ■ **2** [Pers.] loca. *Tb n.*

piragua *f* Embarcación muy ligera, larga y estrecha, frec. de una sola pieza, que navega a remo y a veces a vela.

piragüismo *m* Deporte que consiste en la navegación en piragua.

piragüista I *m y f* **1** Pers. que practica el piragüismo.
II *adj* **2** Piragüístico.

piragüístico -ca *adj* De(l) piragüismo.

piral *m* Se da este n a numerosas mariposas nocturnas de pequeño tamaño, algunas de las cuales constituyen auténticas plagas, esp la Ostrinia nubilalis (~ DEL MAÍZ), la Tortrix viridiana (~ DEL ROBLE y DE LA ENCINA) y la Sparganothis pillerana (~ DE LA VID).

piramidado -da *adj (Geom)* [Figura] que tiene una pirámide en cada cara.

piramidal *adj* De (la) pirámide, *esp* [1]. **b)** Que tiene forma de pirámide [1]. **c)** *(Anat)* [Hueso] de figura de pirámide [1], que forma parte del carpo. *Tb n m.* **d)** *(Anat)* [Músculo] de forma piramidal [1a], del abdomen, de la pelvis o de la nariz. **e)** *(Anat)* [Vía o sistema] de transmisión de movimientos voluntarios.

piramidalmente *adv* De manera piramidal [1a y b].

pirámide *f* **1** Sólido que tiene por base un polígono y por caras laterales triángulos que se unen en un vértice común. ■ **2** Construcción egipcia en forma de pirámide [1], usada como tumba faraónica. **b)** Construcción escalonada en forma de tronco de pirámide [1], propia de los aztecas. ■ **3** *(Anat)* Órgano con forma de pirámide [1]. ■ **4** Esquema o representación cuya forma recuerda la de la pirámide [1]. **b)** ~ de edades, *o* de población. Gráfico que representa la distribución en edades de una población. ■ **5** *(jerg)* Cierta variedad de LSD.

piramidón *(n comercial registrado) m* Cierta sustancia contra la fiebre. *Frec el medicamento que la contiene.*

pirandón -na *m y f (col)* **1** Pers. juerguista. *Tb adj.* ■ **2** Golfo o sinvergüenza. *Frec con intención afectiva.*

pirante *m (col, hoy raro)* Golfo o sinvergüenza.

piraña *f* Pez de río, propio de las regiones tropicales de América del Sur, de cuerpo comprimido y boca con dientes robustos, y conocido por su extremada voracidad (gén. *Serrasalmo,* esp. *S. piraia,* y otros afines).

pirar *(col)* A *intr* ➤ **a** *normal* **1** Irse o marcharse. *Más Frec pr* (~se). **b)** *En imperativo, se usa para manifestar rechazo.* * ¡Amos, pira, hombre! ¡A mí con esas!
➤ **b** *pr* (~se) **2** Sufrir los efectos de la droga. *Frec en part.*
B *tr pr* **3** ~selas. Irse o marcharse. **b)** Morirse.

pirargirita *f (Mineral)* Mineral de color rojo oscuro, mena de la plata, consistente en un sulfuro de antimonio y plata.

pirata I *m y f* **1** Pers. que asalta y roba barcos en el mar. ■ **2** Pers. que secuestra un avión. *Tb* ~ AÉREO *o* DEL AIRE. ■ **3** Pers. que ilegalmente se adueña o hace uso de algo que no le pertenece.
II *adj* **4** De(l) pirata [1]. **b)** [Pantalón] que llega hasta debajo de la rodilla. *Tb n m.* ■ **5** Ilegal o que carece de la debida licencia. *Referido esp a taxi, emisora, edición o copia. Tb n m, referido a taxi u otro vehículo.*

piratear A *intr* **1** Ejercer la piratería [1].
B *tr* **2** Adueñarse o hacer uso ilegalmente [de algo (*cd*)]. **b)** Reproducir ilegalmente [algo, esp. un libro, una cinta de casete o de vídeo, o un programa informático].

pirateo *m* Acción de piratear.

piratería *f* **1** Actividad de pirata [1, 2 y 3]. ■ **2** Acto propio de un pirata [3].

piratesco -ca *adj* De(l) pirata [1, 2 y 3].

pirático -ca *adj* De(l) pirata [1].

pirazolona *f (Med)* Compuesto de acción semejante a la de la antipirina, pero menos eficaz.

pire *(col)* I *m* **1** Acción de pirarse. *Tb su efecto. Tb fig.*
II *loc v* **2 darse el ~.** Irse o pirarse.

pirenaico -ca *adj* De los montes Pirineos. *Tb n, referido a pers.*

pirenina *f (Biol)* Sustancia refringente que constituye el nucléolo celular.

pireno *m* (*Quím*) Hidrocarburo policíclico que se extrae esp. del alquitrán de hulla.

piretógeno -na *adj* (*Med*) Que produce fiebre. *Tb n m, referido a agente o sustancia.*

piretrina *f* (*Quím*) Principio resinoso de la raíz del pelitre, usado como insecticida y antihelmíntico.

piretro *m* Pelitre (planta).

piretroide *m* (*Quím*) Compuesto sintético relacionado con la piretrina y de propiedades análogas.

pírex → PYREX.

pírgano *m* (*reg*) Nervio central de la hoja de la palmera.

piri *m* (*col*) Cocido (guiso o comida).

pirídico -ca *adj* (*Quím*) De (la) piridina.

piridina *f* (*Quím*) Base nitrogenada que se extrae del alquitrán de hulla y de otras materias orgánicas, y que se utiliza en el tratamiento del asma y para desnaturalizar alcoholes.

piriforme *adj* (*E*) De forma de pera.

pirindola *f* (*reg*) Perinola.

pirineos (*tb* **pirineo**) *m* Tejido de poliéster, muy suave y con aspecto de lana cardada, usado esp. para batas de casa. *Tb* LANA ~.

pirinola *f* (*reg*) Parte más alta [de algo].

piriñaca *f* (*reg*) Ensalada de pimiento, tomate y cebolla.

piripi *adj* (*col*) Borracho.

pirita *f* Mineral de sulfuro de hierro, brillante y de color amarillo. *Tb* ~ DE HIERRO, AMARILLA, CÚBICA o MARCIAL. **b)** *Con un adj o compl especificador, designa otros sulfuros metálicos naturales:* ~ ARSENICAL, ~ BLANCA, ~ DE COBRE, ~ DE NÍQUEL, *etc.*

pirítico -ca *adj* De (la) pirita.

piro. darse el ~. *loc v* (*col*) Pirarse o marcharse.

pirocatequina *f* (*Quím*) Fenol procedente de la destilación seca del catecú y de la acción de la potasa cáustica sobre el lignito y ciertas resinas.

piroclástico -ca *adj* (*Geol*) [Roca] que contiene fragmentos sólidos de origen volcánico.

piroclasto *m* (*Geol*) Material sólido arrojado por un volcán.

piroelectricidad *f* (*Fís*) Electricidad provocada en un cuerpo por los cambios de temperatura.

piroeléctrico -ca *adj* (*Fís*) De (la) piroelectricidad. **b)** Que presenta piroelectricidad.

pirofilita *f* (*Mineral*) Mineral constituido por un silicato de aluminio hidratado, de color grisáceo, verdoso o amarillento y fácilmente exfoliable.

pirofórico -ca *adj* (*Fís*) Que se inflama espontáneamente en contacto con el aire, o que produce abundantes chispas al ser golpeado o raspado.

pirogalato *m* (*Quím*) Sal o éster del pirogalol.

pirogalol *m* (*Quím*) Sólido blanco y cristalino, soluble en agua, con función de ácido y alcohol, que se usa como revelador fotográfico y como reductor en enfermedades de la piel.

pirogénico -ca *adj* (*Med*) Pirógeno.

pirógeno -na *adj* (*Med*) Que produce fiebre. *Tb n m, referido a sustancia o agente.*

pirograbado *m* Grabado mediante un estilete incandescente, gralm. sobre madera o cuero.

pirograbador -ra *m y f* Pers. que hace pirograbados.

pirograbar *tr* Grabar mediante un estilete incandescente.

pirografía *f* Pirograbado.

pirografiar (*conjug* 1c) *tr* Pirograbar.

pirolagnia *f* (*Psicol*) Excitación sexual por el fuego.

piroleñoso *m* (*Quím*) Parte acuosa de los productos que resultan de la destilación de la madera, que contiene ácido acético, alcoholes y cetonas.

pirólisis (*tb, más raro,* **pirolisis**) *f* (*Quím*) Descomposición mediante calor.

pirolítico -ca *adj* (*Quím*) De (la) pirólisis.

pirología *f* Estudio del fuego.

pirolusita *f* (*Mineral*) Mineral de bióxido de manganeso.

piromanía *f* (*Med*) Tendencia patológica a la provocación de incendios. **b)** Gusto por el fuego o por quemar cosas.

pirómano -na *adj* **1** Que padece piromanía [1a]. *Tb n.* **b)** (*semiculto*) [Pers.] incendiaria. *Tb n.* ■ **2** (*raro*) De (la) piromanía.

pirometría *f* (*Fís*) Medición y estudio de las altas temperaturas.

pirométrico -ca *adj* (*Fís*) De (la) pirometría.

pirómetro *m* (*Fís*) Instrumento para medir temperaturas elevadas.

piromorfita *f* (*Mineral*) Mineral de color verdoso o pardo, constituido por fosfato y cloruro de plomo, que abunda en los yacimientos de galena.

piromusical *adj* [Espectáculo] de pirotecnia combinada con música.

piropeador -ra *adj* Que piropea. *Tb n.*

piropeante *adj* Que piropea. *Tb n.*

piropear *tr* Decir piropos [1, esp. 1b] [a alguien o algo (*cd*)].

piropeo *m* Acción de piropear.

piroplasmosis *f* (*Vet*) Enfermedad de los animales causada por un protozoo parásito de los glóbulos de la sangre de los mamíferos.

piropo *m* **1** Expresión de alabanza y elogio dirigida a una pers. o cosa. **b)** Expresión dirigida a una pers., esp. mujer, ponderando su belleza. ■ **2** Granate de color rojo intenso, muy apreciado en joyería.

pirosfera *f* (*Geol*) Masa candente supuestamente situada en el interior de la Tierra.

pirosis *f* (*Med*) Sensación de ardor que sube del estómago a la faringe, acompañada de flatos y excreción de saliva clara.

pirotecnia *f* **1** Técnica de la fabricación y utilización de explosivos y fuegos artificiales. ■ **2** Conjunto de fuegos artificiales. ■ **3** Fábrica de fuegos artificiales.

pirotécnico -ca **I** *adj* **1** De (la) pirotecnia [1 y 2]. ■ **2** Especialista en pirotecnia [1 y 2]. *Frec n.* **II** *f* **3** Pirotecnia [1 y 2].

pirouette (*fr; pronunc corriente,* /piruét/; *pl normal,* ~s) *f* (*Danza*) Vuelta o serie de vueltas que un bailarín ejecuta sobre la punta de los pies.

piroxeno *m* (*Mineral*) Mineral de silicato de calcio y magnesio, que es uno de los principales constituyentes de las rocas eruptivas.

pirrar (*col*) **A** *tr* **1** Volver loco [a alguien (*cd*)] o gustar[le] mucho.
B *intr pr* (~**se**) **2** Volverse loco [por una pers. o cosa] o ser muy aficionado [a algo (*compl* POR)].

pirriar (*conjug* **1a**) *tr e intr pr* (~**se**) (*col*) Pirrar.

pírricamente *adv* (*lit*) De manera pírrica [1].

pírrico -ca *adj* **1** [Victoria] obtenida con grave daño del vencedor. ■ **2** (*hist*) [Danza de la antigua Grecia] que imita un combate. *Tb fig. Tb n f.*

pirrol *m* (*Quím*) Líquido incoloro nitrogenado que se extrae de la destilación de varias materias animales y del alquitrán de hulla.

pirrónico -ca *adj* (*Filos*) De(l) pirronismo.

pirronismo *m* (*Filos*) Doctrina escéptica de Pirrón († 275 a.C.).

pirronista *adj* (*Filos*) De(l) pirronismo.

pirueta *f* **1** Giro ágil y rápido sobre sí mismo. ■ **2** Acción ágil o habilidosa para salvar una situación comprometida.

piruétano *m* Peral silvestre.

piruetear *intr* Hacer piruetas.

piruja *adj* (*col, raro*) [Mujer] de moral sexual libre y desenvuelta. *Tb n.*

pirula *f* (*col*) **1** Faena o mala pasada. ■ **2** (*humoríst*) Miembro viril.

pirulero *m* (*reg*) Pájaro parecido a la oropéndola.

piruleta (*n comercial registrado*) *f* Caramelo de forma circular sostenido por un palito.

pirulí *m* **1** Caramelo, gralm. de forma cónica, sostenido por un palito. ■ **2** Adorno en forma cónica. ■ **3** (*col, humoríst*) Miembro viril.

pirulina *f* (*col, humoríst*) Miembro viril.

pirulo *m* **1** Pirulí (adorno en forma cónica). ■ **2** (*col, humoríst*) Miembro viril. ■ **3** (*jerg*) Piloto (luz de un vehículo).

pis *m* (*col*) Orina. *Frec en la constr* HACER ~.

pisa *f* Acción de pisar [2].

pisable *adj* Que se puede pisar [1].

pisada **I** *f* **1** Acción de pisar [1a y 11]. ■ **2** Huella que se deja al pisar [1a y 11].
II *loc v* **3 seguir las ~s** [de alguien]. Seguir su ejemplo.

pisadera *f* (*reg*) Pedal[1] (de un telar).

pisado *m* Acción de pisar [1 y 2].

pisador -ra *adj* Que pisa [2]. *Frec n: m y f, referido a pers; f, referido a máquina.*

pisano -na *adj* De Pisa (Italia). *Tb n, referido a pers.*

pisapapeles *m* Objeto pesado y gralm. decorativo que se coloca sobre los papeles para evitar que se muevan.

pisar **A** *tr* **1** Poner el pie [sobre alguien o algo (*cd*)]. **b)** Oprimir con el pie [un pedal]. *Referido al acelerador, frec abs.* ■ **2** Apretar o estrujar [algo] con los pies, o con un pisón o maza. *Tb abs.* ■ **3** Cubrir [un ave macho a la hembra]. ■ **4** Apretar con los dedos [una tecla o cuerda de un instrumento]. ■ **5** Cubrir en parte [una cosa a otra]. *Tb fig.* ■ **6** Ir [a un lu-

gar (*cd*)], o estar [en él (*cd*)]. *Frec en constr negat.* ■ **7** (*col*) Conseguir [algo o a alguien (*cd*)] anticipándose a otro (*ci*)]. ■ **8** Tratar con desprecio o desconsideración. ■ **9 ~selos.** (*vulg*) Ser excesivamente tranquilo o calmoso. ■ **10 que se lo** (**la**, *etc*) **pisa.** (*col*) *Se usa siguiendo a los ns* MORRO, CARA, JETA *u otro equivalente, para ponderar su magnitud.*
B *intr* **11** Poner los pies en el suelo al andar. *A veces con un compl de lugar en donde.* ■ **12** Ir [por un lugar], o estar [en él (*compl* POR)]. ■ **13 ~ fuerte** (*o* **firme**). Desenvolverse con seguridad y soltura [en algo]. *Frec se omite el compl, por consabido.*

pisasfalto *m* Variedad de asfalto de consistencia parecida a la de la pez[2].

pisaúvas (*tb, raro,* **pisaúva**) *m y f* Pers. que pisa uvas.

pisaverde *m* (*desp, hoy raro*) Hombre joven fundamentalmente dedicado a su arreglo personal y sus galanteos.

piscardo *m* Pez de agua dulce de la familia del ciprino, que frec. se usa en piscifactorías como alimento de las truchas (*Phoxinus phoxinus*).

piscator *m* (*hist*) Almanaque con pronósticos meteorológicos.

piscatorio -ria *adj* (*lit*) De (la) pesca o de (los) pescadores.

piscícola *adj* **1** De (la) piscicultura. ■ **2** De (los) peces.

piscicultor -ra *m y f* Pers. que se dedica a la piscicultura.

piscicultura *f* Cría de peces y otros animales acuáticos.

piscifactoría *f* Establecimiento de piscicultura.

pisciforme *adj* (*E*) De forma de pez.

piscina *f* **1** Estanque destinado al baño y a ejercicios o deportes acuáticos. ■ **2** (*Fís*) Estanque en que se halla inmerso un reactor nuclear. ■ **3** (*hist*) Estanque destinado a usos religiosos.

piscis (*frec escrito con inicial mayúscula en acep* 1) **I** *adj* **1** [Pers.] nacida bajo el signo de Piscis. *Tb n.*
II *fórm or* **2 a mí, ~.** (*col, raro*) A mí me da lo mismo.

pisco[1] *m* Aguardiente fabricado originalmente en Pisco (Perú).

pisco[2] → PIZCO.

piscolabis *m* (*col*) Comida ligera.

piscuala *f* Arbusto tropical trepador, de hojas grandes y enteras y flores en espiga de color rosa o escarlata (*Quisqualis indica*).

pisiforme *adj* (*Anat*) [Hueso] de figura de guisante, que forma parte del carpo. *Tb n m.*

piso **I** *m* **1** Suelo (superficie sobre la que se anda). **b)** Pavimento. ■ **2** Suela [del calzado]. ■ **3** Superficie horizontal de las varias que, superpuestas a distintas alturas, constituyen la zona habitable u ocupable [de un edificio, un vehículo o un utensilio]. *Referido a edificio, esp designa los que no están a nivel del suelo.* **b)** (*E*) Capa o nivel. ■ **4** Vivienda en una casa de varios pisos [3a]. ■ **5** Habitación en que vive un seglar en un convento. *Gralm en las constrs* ESTAR, *o* VIVIR, DE ~, *o* SEÑORA DE ~. ■ **6** (*reg*) Convite que ha de pagar un forastero a los mozos del pueblo de su novia.

II *loc v* **7 poner ~.** Instalar [una pers. a otra, esp. un hombre a una mujer] en una vivienda para que sea su amante.

pisón *m* Instrumento constituido por una masa pesada con la que se golpea el suelo para apisonarlo.

pisonar *tr* (*raro*) Apisonar.

pisotear *tr* **1** Pisar [1a] repetidamente, causando daño. **b)** (*desp*) Pisar [1a] repetidamente. ■ **2** Tratar con desprecio o desconsideración.

pisoteo *m* Acción de pisotear.

pisotón *m* **1** Pisada fuerte, esp. sobre el pie de otro. ■ **2** (*Per*) Acción de adelantarse en la publicación de una noticia.

pispa¹ *f* (*col, raro*) Niña vivaracha.

pispa² *m* (*jerg*) Ladrón.

pispajo *m* (*col*) **1** Andrajo. ■ **2** Pers. pequeña o desmedrada. *Frec con intención afectiva.*

pispar *tr* (*jerg*) Robar.

pispás. en un ~. *loc adv* (*col*) En un santiamén.

pista **I** *f* **1** Rastro o huella que puede servir para localizar a alguien o algo. **b)** Noticia o dato que sirve para averiguar o descubrir algo. ■ **2** Terreno llano y preparado para determinados usos. *Con un compl especificador, que frec se omite por consabido.* **b)** ~ **de aterrizaje.** (*col, humoríst*) Calva. ■ **3** Vía pública destinada a la circulación de determinados vehículos. *Con un compl especificador.* **b)** Autopista. **c)** Camino forestal. *Frec* ~ FORESTAL. ■ **4** Faja longitudinal de una cinta magnetofónica o banda lateral de una película, en que se graba el sonido. **II** *loc v* **5 perder la ~** [a, o de, alguien o algo]. Dejar de saber [de ellos].

pistache *m* Pistacho. *Tb adj.*

pistacho **I** *m* **1** Semilla del árbol *Pistacia vera*, pequeña, elíptica y de pulpa verdosa, muy usada en cocina y pastelería y consumida como fruto seco. *Tb el mismo árbol.* **II** *adj invar* **2** [Color] verde amarillento propio del pistacho [1]. *Tb n m. Tb* VERDE ~. **b)** De color pistacho.

pistard (*fr; pronunc corriente,* /pistár/; *pl normal,* ~s) *m* (*Cicl*) Corredor especializado en pruebas sobre pista.

pistero *m* Vasija para dar líquido a los enfermos que no pueden incorporarse.

pistilo *m* (*Bot*) Órgano femenino de la flor.

pisto **I** *m* **1** Guiso hecho con diversas hortalizas picadas y fritas, esp. tomate, pimiento, calabacín y cebolla. ■ **2** (*raro*) Mezcla o jaleo. **II** *loc v* **3 darse ~.** (*col*) Presumir o darse importancia.

pistola *f* **1** Arma de fuego corta, que puede usarse con una sola mano. **b)** ~ **ametralladora** → AMETRALLADOR. ■ **2** Utensilio para pulverizar pinturas, barnices u otros líquidos. ■ **3** Pieza de pan larga y estrecha, gralm. de unos 250 g. ■ **4** (*hist*) Se da este n a distintas monedas, entre ellas el escudo de oro de Carlos V y doña Juana y una moneda de cuenta usada para el comercio exterior, que en el s XVII equivalía a 10 libras francesas.

pistolera *f* **1** Funda de pistola [1]. ■ **2** (*col*) Gordura en las caderas.

pistoleril *adj* De(l) pistolero o de (los) pistoleros.

pistolerismo *m* Actividad de(l) pistolero o de (los) pistoleros.

pistolero *m* Malhechor que usa habitualmente la pistola [1] para atracar, asaltar o realizar atentados personales, frec. mercenariamente.

pistoletazo *m* Disparo de pistola [1]. **b)** ~ **de salida.** (*Dep*) Disparo de pistola [1] de fogueo con que se da la señal de comienzo en una carrera. *A veces simplemente ~. Frec fig, fuera del ámbito técn.*

pistolete *m* (*hist*) Pistola [1] pequeña.

pistolo *m* (*col*) Soldado.

pistolón *m* Pistola [1] grande.

pistón **I** *m* **1** Émbolo. ■ **2** *En un instrumento músico de viento:* Llave en forma de émbolo. ■ **3** *En un cartucho:* Cilindro pequeño y hueco que contiene el fulminante. ■ **4** Trocito de cartón con una mezcla de fósforo, usado por los niños para hacerlo explotar en las pistolas de juguete. **II** *loc v* **5 bajar el ~.** (*col*) Moderar las pretensiones.

pistonudamente *adv* (*col*) De manera pistonuda.

pistonudo -da *adj* (*col*) Formidable o extraordinario.

pita¹ *f* Planta de hojas radicales carnosas y flores amarillentas en ramillete sobre un largo tallo de 6 a 7 m, de la que se extrae una fibra textil y un líquido azucarado con que se fabrica el pulque (*Agave americana*). *Tb su fibra.*

pita² *f* Silba.

pita³ *f* (*col*) Gallina. *Se usa frec como vocativo para llamar a las gallinas o, a veces, a otras aves.*

pita⁴ *f* (*jerg*) Pene.

pita⁵ *f* (*reg*) **1** Tala (juego). ■ **2** Tejo (trozo de teja, piedra o disco de metal usado en determinados juegos).

pita⁶ *f* (*reg*) Hueso [de fruta].

pitaco *m* (*reg*) Rodaja de tronco de pita¹ que se utiliza como asiento.

pitada *f* **1** Pitido. ■ **2** Silba o pita². ■ **3** (*jerg*) Chupada dada a un pitillo o a un porro.

pitagórico -ca *adj* (*Filos*) De Pitágoras, filósofo griego (s. VI a.C.). **b)** De la escuela de Pitágoras. *Tb n, referido a pers.*

pitagorismo *m* (*Filos*) Doctrina pitagórica.

pitagorizante *adj* (*Filos*) Que tiende al pitagorismo.

pitanga *f* Árbol tropical de la familia de las mirtáceas, de fruto semejante a la guinda (*Eugenia uniflora*). *Con un adj especificador, designa tb otras especies del mismo gén:* ~ AMARILLA (*E. selloi*).

pitanza *f* (*lit*) Comida o alimento.

pitañoso -sa *adj* Legañoso.

pitar **A** *intr* **1** Tocar el pito¹ [1]. ■ **2** Sonar [un pito u otro instrumento semejante]. ■ **3** (*col*) Funcionar, o dar el rendimiento esperado. ■ **4** (*col*) Tener una situación destacada o preeminente. ■ **5** (*col*) Darse prisa. *Normalmente en ger.* **B** *tr* **6** Silbar [el público] para manifestar desaprobación [ante alguien o algo (*cd*)]. *Tb abs.* ■ **7** (*Dep*) Señalar [algo el árbitro] mediante el silbato. **b)** Arbitrar [un partido].

pitarra¹ *f* (*raro*) Legaña.

pitarra² *f* (*reg*) **1** Vino casero. ▪ **2** Cosecha de vino.

pitarrasa *f* (*Mar*) Hierro grande de calafate, con mango de hierro.

pitarrasear *tr* (*Mar*) Apretar [costuras] con la pitarrasa. *Tb abs.*

pitarroso -sa *adj* Legañoso.

pitazo *m* (*col*) Toque de claxon.

pitcher (*ing; pronunc corriente,* /píčer/) *m* (*Béisbol*) Jugador que lanza la pelota.

pitecantrópido *adj* (*Zool*) [Mamífero] del grupo correspondiente al pitecántropo. *Gralm como n m en pl, designando este taxón zoológico.*

pitecántropo *m* (*Zool*) Mamífero fósil que presenta a la vez caracteres de los simios y de los homínidos (gén. *Pithecanthropus*).

pitera *f* (*reg*) Pita¹ (planta).

pitero *m* (*reg*) Músico que toca el pito¹ [2]. **b)** *En pl:* Pareja o conjunto de tocadores de pito¹ y tamboril.

pítico -ca (*hist*) **I** *adj* **1** Del dios Apolo. *Gralm referido a los juegos celebrados en Delfos en la antigüedad.*
II *f* **2** Sacerdotisa del oráculo de Apolo en Delfos.

pitido *m* Acción de pitar [1 y 2]. *Frec su efecto.*

pitilín *m* (*col*) Pene.

pitillera *f* Estuche de bolsillo para pitillos.

pitillo *m* **1** Cigarrillo. ▪ **2** Pantalón largo de pernera muy estrecha. *Tb* PANTALÓN ~.

pítima *f* (*col*) Borrachera.

pitiminí. de ~. *loc adj* **1** [Rosa] muy pequeña y delicada. *Tb referido al rosal que la produce.* ▪ **2** Muy fino y delicado. *Frec con intención desp.*

pitio -tia *adj* (*hist*) Pítico. *Tb n f.*

pitipié *m* Escala de medida.

pitiriasis *f* (*Med*) Dermatosis caracterizada por descamación epidérmica.

pito¹ **I** *m* **1** Silbato (instrumento acústico). **b)** (*humoríst*) Claxon. ▪ **2** (*reg*) Gaita o dulzaina. ▪ **3** Pitido. **b)** Silbido de protesta o desaprobación. *Gralm en pl.* **c)** Silbido respiratorio debido a un estrechamiento bronquial, propio del período inicial de la bronquitis y del asma. ▪ **4** (*col*) Voz muy aguda. ▪ **5** Ruido que se hace frotando los dedos pulgar y corazón. ▪ **6** (*Dominó*) Punto único en una de las dos mitades de una ficha. ▪ **7** (*col*) Pitillo. ▪ **8** (*col*) Pene.
II *loc adj* **9 de ~.** (*col*) [Voz] muy aguda.
III *loc v y fórm or* (*col*) **10 ¿qué ~ toca?** ¿Qué intervención tiene? *Frec en otras interrogaciones retóricas de sent negativo, como* ¿TOCA ALGÚN ~?, NO SÉ QUÉ ~ TOCA, *etc.* ▪ **11 tomar** [a alguien] **por el ~ del sereno.** Tener[le] en poca o ninguna consideración.
IV *loc adv* (*col*) **12 entre ~s y flautas.** Entre unas cosas y otras. ▪ **13 por ~s o por flautas.** Por un motivo o por otro. ▪ **14 un ~,** o **tres ~s.** Nada. *Tb pron. Gralm con el v* IMPORTAR.

pito² *m* Se da este n a varios pájaros del grupo de los picos: ~ REAL (*Picus viridis*), ~ CANO (*P. canus*), ~ NEGRO (*Dryocopus martius*).

pito³ -ta *adj* (*reg*) Fuerte o bueno de salud.

pitoche. un ~. *loc adv* (*col*) Un pito¹ [14], o nada. *Gralm con el v* IMPORTAR. *Tb pron.*

pítola *f* (*reg*) Tala o pita⁵ (juego).

pitón¹ **I** *m* **1** Punta del cuerno del toro. ▪ **2** Pitorro¹ (de una vasija). ▪ **3** Bulto pequeño que sobresale en punta en la superficie de una cosa. ▪ **4** (*col*) Pecho (de mujer). *Gralm en pl.* ▪ **5** (*Geogr*) Pico (de montaña).
II *loc adv* **6 a ~ pasado.** Después del momento clave.

pitón² *m* o *f* Serpiente de gran tamaño, no venenosa, propia de las regiones ecuatoriales de África, Asia, América y Oceanía (gén. *Python*). *Frec* SERPIENTE ~.

pitonazo *m* (*Taur*) Golpe o herida poco profunda causados por el pitón¹ del toro.

pitongo -ga *adj* (*col*) [Pers. joven] remilgada y presumida. *Siguiendo a* NIÑO.

pitoniso -sa **A** *f* **1** (*hist*) Sacerdotisa de Apolo que daba los oráculos en el templo de Delfos.
B *m y f* **2** Profeta o adivino. *Frec con intención humoríst.*

pitopausia *f* (*col, humoríst*) Climaterio masculino.

pitopáusico *adj* (*col, humoríst*) [Hombre] que está en el climaterio. *Tb n.*

pitorra *f* (*reg*) Chocha (ave).

pitorrearse *intr pr* (*col*) Reírse o burlarse [de alguien, gralm. presente, o de algo]. *A veces se suprime el compl por consabido.*

pitorreo *m* (*col*) Acción de pitorrearse. *Frec en la constr* TOMAR A ~.

pitorro¹ *m* **1** *En una vasija:* Saliente para moderar la salida del líquido. ▪ **2** (*col*) Pene. ▪ **3** (*raro*) Saliente pequeño.

pitorro² *m* (*reg*) Arao (ave).

pitosporácea *adj* (*Bot*) [Planta] dicotiledónea de la familia del pitósporo. *Frec como n f en pl, designando este taxón botánico.*

pitósporo (*tb* **pitosporo**) *m* Arbusto de hoja perenne y flores pequeñas, blancas y muy perfumadas, cultivado frec. para setos (*Pittosporum tobira*).

pitote *m* (*col*) Barullo o jaleo.

pitpit *m* Bisbita (pájaro).

pitraco *m* (*reg*) Piltrafa. *Tb fig.*

pitreño -ña *adj* De Pitres (Granada). *Tb n, referido a pers.*

pituco -ca *adj* (*reg*) Presumido.

pitudo -da *adj* (*col, raro*) [Voz] de pito¹ [9].

pitufo -fa *adj* (*col*) Pequeño. *Frec n, referido a pers. Frec como apelativo cariñoso, esp en la forma* PITUFÍN.

pituitario -ria *adj* (*Anat*) **1** [Membrana] que tapiza las fosas nasales, que segrega moco y en la que reside el sentido del olfato. *Tb n f.* ▪ **2** [Glándula o cuerpo] hipofisario.

pituso -sa *adj* (*col*) Pequeño. *Usado como apelativo cariñoso dirigido a niños. Tb n.*

pívot (*pl normal,* ~S) *m y f* (*Baloncesto*) Jugador más alto del equipo, que juega cerca del aro para recoger rebotes y anotar puntos.

pivotante *adj* (*Bot*) [Raíz] cuya extremidad central se desarrolla verticalmente y más que las secundarias.

pivotar *intr* Moverse o apoyarse [sobre un pivote o sobre algo que funciona como tal]. *Gralm fig.*

pivote *m* **1** Extremo cilíndrico o puntiagudo de una pieza, donde se apoya o inserta otra, gralm. de modo que una de ellas pueda girar u oscilar respecto a la otra. **b)** Punto de apoyo. *Tb fig.* ■ **2** Pieza de forma cilíndrica o puntiaguda que se apoya sobre el suelo y gralm. sirve para impedir el paso.

píxel (*pl normal*, ~s) *m* (*Fís*) Punto de los que constituyen una imagen grabada.

píxide *f* (*Rel catól*) Copón o caja pequeña en que se guarda el Santísimo Sacramento o se lleva para dárselo a los enfermos.

pixidio *m* (*Bot*) Caja con dehiscencia transversal.

pizarra *f* **1** Roca de color negro azulado y estructura hojosa, que se usa esp. para tejados. ■ **2** Trozo de pizarra [1]. **b)** Trozo de pizarra, pulimentado y de forma rectangular, que se usa para escribir sobre él. ■ **3** Tablero u otra superficie pintados adecuadamente para escribir sobre ellos, usados esp. en las aulas.

pizarral *m* Lugar en que hay pizarra [1].

pizarreño¹ -ña *adj* Pizarroso.

pizarreño² -ña *adj* De Pizarra (Málaga). *Tb n, referido a pers.*

pizarrería *f* Lugar en que se extrae y labra pizarra [1].

pizarrero *m* Obrero que labra la pizarra [1] o la coloca en los edificios.

pizarrilla *f* (*reg*) Cayuela (roca).

pizarrín *m* **1** Barrita de pizarra [1], u otro utensilio similar, que sirve para escribir sobre la pizarra [2]. ■ **2** (*col, humoríst*) Pene.

pizarrosidad *f* (*Mineral*) Carácter hojoso de las rocas pizarrosas [2].

pizarroso -sa *adj* **1** De (la) pizarra [1]. ■ **2** Que tiene aspecto o color de pizarra [1].

pizca (*col*) **I** *f* **1** Porción muy pequeña [de algo]. *Gralm en la constr* UNA ~. **II** *loc pr* **2** ni ~. Nada. **III** *loc adv* **3** ni ~. Nada. ■ **4** una ~. Un poco. ■ **5** ~ más o menos. Poco más o menos.

pizcar *tr* (*reg*) Pellizcar. *Tb abs.*

pizco (*tb* **pisco** *en zonas de seseo*) (*reg*) **I** *m* **1** Pizca o pellizco (porción pequeña). ■ **2** Pellizco (acción de pellizcar). **II** *loc adv* **3** un ~. Una pizca o un poco.

pizpireto -ta *adj* (*col*) Dinámico y alegre. *Esp referido a mujer.*

pizpirigaña *f* (*a veces m*) Juego de muchachos que consiste en pellizcarse las manos unos a otros.

pizza (*it; pronunc corriente*, /pídsa/) *f* Torta de harina de trigo, cubierta con tomate, queso, anchoas u otros ingredientes y cocida al horno.

pizzería (*pronunc corriente*, /pidsería/) *f* Establecimiento en que se fabrican, venden o sirven pizzas.

pizzero -ra (*pronunc corriente*, /pidséro/) *m y f* Pers. que hace pizzas.

pizzicato (*it; pronunc corriente*, /pidsikáto/) *m* (*Mús*) Modo de tocar un instrumento de arco pellizcando las cuerdas con los dedos.

placa *f* **1** Lámina plana y poco gruesa de metal o de otra materia rígida. ■ **2** Placa [1] con una inscripción o una señal. ■ **3** Insignia [de policía o de una condecoración]. **b)** Condecoración consistente en una placa [3a]. *Con un compl especificador.* ■ **4** Superficie superior de una cocina, en la que están los fuegos. *Tb esta misma parte constituyendo un elemento independiente.* ■ **5** (*Fotogr*) Soporte rígido recubierto de una emulsión sensible. **b)** Fotografía. *Con el v* TIRAR. ■ **6** (*jerg*) Tableta de hachís prensado. ■ **7** (*Anat*) Lámina o película. **b)** ~ **motriz.** Lugar en que se insertan las terminaciones nerviosas. ■ **8** (*Med*) Lesión de superficie bien delimitada. ■ **9** (*hoy raro*) Disco de gramófono.

placaje *m* (*Rugby*) Acción de placar.

placar *tr* (*Rugby*) Sujetar con las manos [al jugador que lleva el balón] forzándole a soltarlo.

placear (*Taur*) **A** *tr* **1** Torear [una res] en varias plazas. *Gralm en part.* **B** *intr pr* (~**se**) **2** Adquirir soltura [un torero] actuando en muchas plazas. *Gralm en part.*

placebo *m* (*Med*) Remedio que, careciendo de acción terapéutica, produce algún efecto curativo en el enfermo que tiene fe en él.

pláceme *m* (*lit*) Felicitación.

placenta *f* **1** Masa carnosa y esponjosa que está adherida al útero y envuelve el feto. ■ **2** (*Bot*) Parte del carpelo en que están insertos los óvulos.

placentación *f* (*E*) **1** Formación de la placenta [1]. ■ **2** Disposición de la placenta [1 y 2].

placentario -ria *adj* (*E*) De (la) placenta. **b)** (*Zool*) [Mamífero] que tiene placenta [1]. *Frec como n m en pl, designando este taxón zoológico.*

placenteramente *adv* De manera placentera.

placentero -ra *adj* Que causa placer¹ [1].

placentino -na *adj* De Plasencia (Cáceres). *Tb n, referido a pers.*

placer¹ **I** *m* **1** Sensación o sentimiento que se deriva de la satisfacción de un deseo o una necesidad, o de la presencia de algo que se considera bueno y se desea que continúe. *Frec usado en fórmulas de cortesía como* TENER EL ~ DE, TENER (MUCHO, SUMO) ~ EN, CON (MUCHO, SUMO) ~, *etc*. ■ **2** Cosa que causa placer [1]. *Frec usado en fórmulas de cortesía como* SER UN ~. **II** *loc adv* **3** a ~. Con completa satisfacción y sin impedimento alguno.

placer² (*conjug 11*) *intr* (*lit*) Causar placer¹ [1] o agradar.

placer³ *m* **1** Depósito de arenas que contiene minerales explotables. ■ **2** Banco de arena o piedra en el fondo del mar, llano y de bastante extensión.

placero -ra *adj* [Pers.] que vende en una plaza o mercado. *Tb n.*

plácet *m* Aprobación, por parte del gobierno de un país, de la designación de una persona como representante en él de otro país. **b)** Beneplácito o aprobación.

plácidamente *adv* De manera plácida.

placidez *f* Cualidad de plácido.

plácido -da *adj* Tranquilo y apacible.

placiente *adj* (*lit*) Agradable o placentero.

pládano *m* (*reg*) Plátano (árbol).

plaf *interj* (*col*) *Imita el sonido de un golpe o choque.*

plafón *m* **1** Lámpara plana y pegada al techo. ■ **2** Superficie, gralm. decorada, con que se recubre otra. ■ **3** Tablero. ■ **4** (*Econ*) Techo, o límite máximo.

plafond (*fr; pronunc corriente,* /plafón/) *m* (*Econ*) Plafón [4].

plaga *f* **1** Calamidad pública grave. **b)** Daño grave o enfermedad que afecta a gran número de perss. **c)** (*col*) Calamidad (pers. inútil y que suele actuar desacertadamente). ■ **2** Daño grave para la agricultura constituido por la presencia masiva de organismos animales o vegetales nocivos. ■ **3** Excesiva abundancia [de algo nocivo o molesto]. *Tb fig, humoríst.*

plágano *m* (*reg*) Plátano (árbol).

plagar *tr* Llenar [un lugar de algo, esp. nocivo o no conveniente por su excesivo número]. **b)** *pr* (~**se**) Llenarse [un lugar de algo, esp. nocivo o no conveniente por su excesivo número].

plagiador -ra *adj* Plagiario. *Tb n.*

plagiar (*conjug* 1a) *tr* **1** Copiar o imitar fraudulentamente [algo ajeno, esp. una obra literaria o artística, o a su autor]. ■ **2** (*raro*) Secuestrar [a alguien].

plagiario -ria *adj* Que plagia [1]. *Tb n, referido a pers.* **b)** Propio de la pers. plagiaria.

plagio *m* Acción de plagiar.

plagioclasa *f* (*Mineral*) Feldespato que contiene calcio y sodio.

plagioclásico -ca *adj* (*Mineral*) De (la) plagioclasa.

plagiótropo -pa (*tb* **plagiotropo**) *adj* (*Bot*) Que tiende a orientarse en ángulo respecto a la vertical del estímulo.

plaguicida *adj* [Producto] que combate las plagas agrícolas. *Tb n m.*

plajo *m* (*jerg*) Cigarrillo.

plan¹ **I** *m* **1** Proyecto o idea. **b)** Programa general [de un proyecto de determinada actividad]. ■ **2** Tratamiento prescrito a un enfermo, que incluye régimen alimenticio. *Frec en la constr* A ~. **b)** Régimen alimenticio, esp. de adelgazamiento. *Frec en la constr* A ~. ■ **3** (*col*) Relación sexual informal y pasajera. *Tb la pers con quien se mantiene.* ■ **4** (*col*) Situación (conjunto de circunstancias reales en que se encuentra alguien o algo). **II** *loc v* **5 no ser ~** [algo]. (*col*) No convenir o no ser oportuno. **III** *loc adv* (*col*) **6 en ~.** En actitud o disposición. *Con un adj y gralm con los vs* ESTAR *o* PONERSE. **b)** A la manera o al estilo. *Seguido de adj o de n en aposición.* ■ **7 en ~.** (*hoy raro*) En disposición de iniciar una relación amorosa. *Normalmente con el v* ESTAR. **IV** *loc prep* **8 en ~ de.** (*col*) Como, o en calidad de.

plan² *m* (*Mar*) Piso o suelo.

plana **I** *f* **1** Cara (de una hoja de papel). *Tb lo escrito en ella.* **b)** Página, esp. de un periódico o revista. *Gralm en constrs como* PRIMERA ~ *o* A TODA ~. ■ **2** Llanura (porción extensa de terreno llano). ■ **3 ~ mayor.** Conjunto de las perss. de más autoridad [de una organización].

II *loc v* **4 enmendar** (*o* **corregir**) **la** ~ [a alguien]. Corregir o hacer notar algún defecto en lo que ha hecho o dicho. **III** *loc adv* **5 a ~** (**y**) **renglón.** Con las mismas páginas y la misma disposición de las palabras en renglones que el original. *Referido a copia o reimpresión. Tb adj.*

planar *adj* (*Electrón*) De estructura plana. **b)** De (los) elementos de estructura plana.

plancha *f* **1** Utensilio manual de forma más o menos triangular, con base metálica lisa y un asa en la parte superior, que se calienta, normalmente por electricidad, y sirve para quitar arrugas o hacer pliegues a la ropa. ■ **2** Acción de planchar [1a]. ■ **3** Lámina [de metal u otra materia rígida] delgada y de grosor homogéneo. **b)** Lámina de metal o de madera para grabado o impresión. ■ **4** Placa metálica para asar o tostar alimentos. *Frec en la constr* A LA ~. ■ **5** Posición horizontal del cuerpo en el aire o en el agua. *Frec en la constr* EN ~. ■ **6** (*col*) Desacierto o error que deja en situación desairada o ridícula a quien lo comete. *Frec en la constr* TIRARSE UNA ~. ■ **7** (*col*) Sorpresa que desconcierta o decepciona. *Frec en la constr* LLEVARSE UNA ~. ■ **8** (*reg*) Lista electoral.

planchada *f* (*raro*) Tablero o plataforma.

planchado¹ -da *adj* **1** *part* → PLANCHAR. ■ **2** [Pers.] que lleva la ropa muy planchada y cuidada. ■ **3** (*col*) Completamente liso. **b)** (*col*) [Mujer] lisa o que tiene poco pecho. **c)** (*Taur*) [Muleta] que se presenta extendida y lisa. *Tb referido al pase ejecutado con ella.*

planchado² *m* Acción de planchar [1a].

planchador -ra **I** *adj* **1** Que plancha [1a]. *Tb n, m y esp f, referido a pers o a máquina.* **II** *m* **2** Lugar destinado a planchar [1a].

planchamangas *m* Utensilio a modo de soporte estrecho que permite planchar las mangas sin hacer dobleces.

planchamiento *m* Acción de planchar [2 y 3].

planchar *tr* **1** Quitar arrugas o hacer pliegues [a la ropa (*cd*)] mediante la plancha [1] u otro utensilio adecuado. *Tb abs.* **b)** Alisar o estirar. ■ **2** (*col*) Aplastar o aplanar. ■ **3** (*col*) Desconcertar o anonadar. *Usado en part, normalmente en la constr* DEJAR *o* QUEDARSE PLANCHADO.

planchazo *m* **1** Golpe dado con la plancha [1]. ■ **2** Planchado² ligero. ■ **3** (*col*) Plancha [6] grande.

planchero *m* Soporte para la plancha [1].

planchista *m y f* Operario que trabaja en planchas [3a] metálicas.

planchistería *f* Industria de planchas [3a] metálicas.

planchuela *f* (*Med, hist*) Conjunto plano de hilas poco apretadas, usado en la curación de heridas o llagas extensas.

plancton (*tb, raro, con la grafía* **plankton**) *m* (*Biol*) Conjunto de plantas y animales, gralm. diminutos, que flotan más o menos pasivamente en aguas saladas o dulces.

planctónico -ca (*tb, raro, con la grafía* **planktónico**) *adj* (*Biol*) De(l) plancton.

planeado *m* Acción de planear³.

planeador¹ -ra *adj* Que planea¹. *Tb n, referido a pers.*

planeador² **-ra** I *adj* **1** [Lancha] que planea² [2]. *Frec n f.*

     II *m* **2** Aparato aéreo sin motor, que vuela utilizando las corrientes de aire de la atmósfera.

planeador³ **-ra** *adj* Que planea³. *Tb n: m, referido a pers; f, referido a máquina.*

planeamiento *m* Acción de planear¹.

planear¹ *tr* Trazar el plan¹ [1] [de algo (*cd*)]. *Tb abs.*

planear² *intr* **1** Volar [un aparato aéreo] valiéndose únicamente de la gravedad y de las corrientes de aire de la atmósfera. *Tb fig.* **b)** Volar [un ave] con las alas abiertas pero sin moverlas. **c)** Flotar o estar suspendida [una cosa sobre alguien o algo]. *Tb fig.* ■ **2** (*Mar*) Navegar [una embarcación] elevándose parcialmente fuera del agua, reduciendo así su resistencia al avance.

planear³ *tr* Cepillar o alisar [una superficie de madera o de otra materia]. *Tb abs.*

planeo *m* Acción de planear².

planeta¹ *m* Cuerpo celeste sólido, sin luz propia, que gira alrededor del Sol o de otra estrella. *Precedido de* EL, ESTE *o* NUESTRO, *designa la Tierra.*

planeta² *f* (*Rel catól*) Casulla con la parte delantera más corta que las ordinarias.

planeta³ *adj* (*Agric*) [Almendra] de una variedad catalana muy apreciada en confitería.

planetariamente *adv* De manera planetaria [1 y 2].

planetario **-ria** I *adj* **1** De (los) planetas¹. ■ **2** De todo el planeta Tierra. ■ **3** (*Mec*) [Piñón] montado directamente en un eje y que es arrastrado por los satélites de la corona. *Frec n m.* **b)** [Engranaje] que consta de piñón planetario y satélites.

     II *m* **4** Aparato o instalación que representa la bóveda celeste con el sistema solar en movimiento.

planetárium *m* Planetario [4].

planetización *f* Acción de hacer(se) planetario [2].

planetoide *m* (*Astron*) Asteroide.

planicie *f* Llanura (terreno llano, esp. de gran extensión).

planificable *adj* Que se puede planificar.

planificación *f* Acción de planificar. *Tb su efecto.*

planificadamente *adv* Con planificación.

planificador **-ra** *adj* **1** Que planifica. *Tb n, referido a pers.* ■ **2** De (la) planificación.

planificar *tr* Organizar [algo] con arreglo a un plan determinado. *Tb abs.*

planigrafía *f* (*Med*) Tomografía.

planígrafo *m* (*E*) Instrumento para copiar planos o dibujos a escala distinta del original.

planilla *f* (*reg*) Hoja, impresa o no, destinada a apuntar determinados datos.

planimetría *f* (*E*) Técnica relativa a la representación de una porción de la superficie terrestre en un plano. *Tb la misma representación.*

planimétrico **-ca** *adj* (*E*) De (la) planimetría.

planímetro *m* (*E*) Instrumento para medir áreas de figuras planas.

planisferio *m* Mapa en que la esfera terrestre o la celeste están representadas sobre un plano.

planitud *f* (*lit, raro*) Llanura.

plankton, **planktónico** → PLANCTON, PLANCTÓNICO.

planning (*ing; pronunc corriente,* /plánin/; *pl normal,* ~s) *m* **1** Planificación. ■ **2** Panel u hoja en que se detalla el estado o la previsión de una actividad o de una organización.

plano **-na** I *adj* **1** Llano (que carece de relieves o desigualdades o que los tiene poco pronunciados). **b)** [Pie] que carece de curvatura en el arco de la planta. **c)** [Sierra] **plana** → SIERRA. ■ **2** Que carece de cambios o contrastes. *Frec con intención desp, denotando monotonía.* **b)** (*Pint*) [Color] liso y uniforme, sin cambios de matiz. ■ **3** (*Geom*) [Superficie] que, si contiene dos puntos de una recta, contiene toda la recta. **b)** [Ángulo o figura] trazados en una superficie plana. **c)** [Geometría] que trata de las figuras planas. **d)** (*Ópt*) De superficie plana. ■ **4** (*Impr*) [Máquina] que imprime tipográficamente por la acción de un cilindro sobre una superficie plana [3a].

     II *m* **5** Superficie plana [3a]. **b)** (*Aer*) Superficie plana de sustentación. **c)** ~ **inclinado.** (*Fís*) Máquina constituida por una superficie plana que forma con el horizonte un ángulo agudo, que facilita la elevación o el descenso de cuerpos pesados. ■ **6** Representación gráfica de la proyección horizontal [de un objeto, una construcción o una zona geográfica poco extensa, esp. una población]. ■ **7** Superficie imaginaria formada por puntos situados a la misma altura. ■ Nivel. *Referido a cosas inmateriales. Con un compl especificador.* **c)** Aspecto o punto de vista. *Con un compl especificador.* ■ **8** Superficie plana [3a] imaginaria y perpendicular a la mirada, que representa un grado de lejanía respecto al espectador de una escena real, fotografiada o representada. *Gralm con adjs como* PRIMERO, SEGUNDO, ÚLTIMO. **b)** Situación que representa un grado determinado de relieve o importancia. *Gralm con adjs como* PRIMERO *o* SEGUNDO. ■ **9** (*Fotogr, Cine y TV*) Imagen que se toma con un determinado encuadre y ángulo de enfoque. *Frec con un adj especificador:* PRIMER, MEDIO, AMERICANO, GENERAL, *etc* (→ PRIMERO, MEDIO, *etc*).

     III *loc adv* **10 de ~.** Total o completamente. *Gralm con vs como* CANTAR *o* RECHAZAR. *Tb adj.* ■ **11 de ~.** Con la parte plana [1a] y no con el borde o filo. *Tb adj.*

planta¹ *f* Vegetal (ser vivo). *Frec designa esp los vegetales herbáceos.* **b)** *Con un compl especificador, designa algunas especies vegetales.* * Planta de la plata. * Planta de tapioca.

planta² I *f* **1** Parte inferior del pie, sobre la cual se apoya el cuerpo. **b)** Pie. *En fórmulas de cortesía o devoción.* ■ **2** Plano de la sección horizontal [de un edificio o construcción], esp. de sus cimientos. ■ **3** Piso [de un edificio o construcción] que está al nivel del suelo. *Tb* ~ BAJA. **b)** Piso [de un edificio o construcción]. ■ **4** Plan [de un proyecto o trabajo]. ■ **5** Diseño o estructura [de algo]. ■ **6** Presencia o aspecto [de una pers. o animal]. *Frec con un adj calificativo.*

     II *loc adv* **7 de ~,** o, *más frec,* **de nueva ~.** Desde los cimientos, sin aprovechar una construcción anterior. *Con vs como* HACER *o* CONSTRUIR. *Frec fig, fuera del ámbito arquitectónico.* ■ **8 en ~.** En disposición de trabajar o funcionar.

planta³ *f* Instalación industrial.

plantá *f* Acción de colocar una falla (figura).

plantación *f* **1** Acción de plantar[1] [1]. ■ **2** Terreno, gralm. grande, plantado [de algo]. *Tb sin compl.*

plantada *f* (*reg*) Acción de plantar(se) [1, 6 y 10].

plantado -da *adj* **1** *part* → PLANTAR[1]. ■ **2** Que tiene buena planta[2] [6]. *Frec* BIEN ~.

plantador -ra **I** *adj* **1** Que planta[1] [1]. *Tb n: m y f, referido a pers; f, referido a máquina.*
II *n* **A** *m y f* **2** Dueño de una plantación [2].
B *m* **3** Utensilio de hierro usado para plantar[1] [1].

plantaginácea *adj* (*Bot*) [Planta] dicotiledónea, herbácea o arbustiva, de flores pequeñas en espiga, de la familia del llantén. *Frec como n f en pl, designando este taxón botánico.*

plantar[1] **A** *tr* **1** Poner [una planta[1], una parte de ella o una semilla en un lugar] para que se desarrolle. **b)** Poner [una planta[1], una parte de ella o su semilla (*compl* DE) en un lugar (*cd*)] para que se desarrolle. ■ **2** Colocar [algo] fijo y enhiesto [en un lugar], introduciéndo[lo] parcialmente en el suelo. ■ **3** Colocar [algo] en el terreno en que se ha de utilizar. **b)** Establecer o fijar [algo en un lugar]. ■ **4** (*col*) Hacer [una pers.] que [otra (*cd*)] la espere. **b)** No acudir a la cita que se tiene [con alguien (*cd*)]. *Normalmente en pasado y en la constr* DEJAR PLANTADO. ■ **5** (*col*) Abandonar [a alguien o algo que implica una obligación o compromiso]. *Frec* DEJAR PLANTADO. ■ **6** (*col*) Poner [algo o a alguien en un lugar], esp. de manera brusca o violenta. ■ **7** (*col*) Hacer que [alguien (*ci*)] reciba [algo negativo o molesto, o que implica brusquedad o violencia]. **b)** Decir o contar [algo a alguien] de manera brusca o inesperada. ■ **8** Prender [fuego a alguien o algo]. ■ **9** (*jerg*) Enterrar [algo robado].
B *intr pr* (~se) **10** Ponerse [alguien en un sitio] quedándose erguido e inmóvil. ■ **11** Negarse [alguien, esp. un animal] a moverse o a seguir adelante. ■ **12** Mantenerse firme, negándose a cualquier concesión. ■ **13** (*Naipes*) No querer más cartas de las que se tienen. ■ **14** (*col*) Presentarse [alguien en un lugar] de manera inesperada y molesta. ■ **15** (*col*) Llegar [a un lugar (*compl* EN) en un tiempo determinado, que se presenta como muy corto]. ■ **16** (*col*) Llegar [a un punto o situación determinados (*compl* EN)].

plantar[2] *adj* (*Anat*) De la planta del pie.

plante *m* **1** Acción de plantar[1] [3]. ■ **2** Protesta colectiva de perss. que trabajan o conviven en la misma situación, para rechazar o exigir algo.

planteamiento *m* Acción de plantear. *Tb su efecto.*

plantear *tr* **1** Exponer [a alguien un problema o dificultad] para que dé su opinión o su solución. ■ **2** Presentar u ocasionar [un problema o dificultad]. ■ **3** Enfocar la solución [de un problema (*cd*)]. ■ **4** Concebir o proyectar [algo].

plantel *m* **1** Lugar en que se crían plantas[1] para trasplantarlas después. *Tb el conjunto de plantas.* ■ **2** Lugar en que se forman personas aptas para determinada actividad. *Frec el conjunto de perss.*

planteo *m* Planteamiento.

plantera *f* (*reg*) Plantel [1].

plantero *m* (*reg*) Plantel [1].

plantificar *tr* (*col*) Plantar [5, 6, 7, 14, 15 y 16]. *Tb pr* (~se).

plantígrado -da *adj* (*Zool*) [Mamífero] que camina apoyando toda la planta del pie. *Tb n m.*

plantilla *f* **1** Suela sobre la que los zapateros arman el calzado. **b)** Pieza suelta, frec. de corcho o cuero, que se pone en el interior del calzado para corregir algún defecto del pie o para mayor comodidad. ■ **2** Plancha recortada según la forma y dimensiones de una pieza o de un dibujo, que sirve de guía o patrón. ■ **3** Relación de los empleados fijos, o de sus puestos, [de un organismo o de una empresa]. *Frec en la constr* DE ~, *referida a empleado.* ■ **4** (*Mús*) Conjunto de instrumentos que deben intervenir en la ejecución de una obra.

plantillazo *m* (*Fút*) Acción antirreglamentaria que consiste en colocar la suela de la bota ante otro jugador, con riesgo de lesionarle.

plantío *m* **1** Lugar plantado recientemente de vegetales, esp. árboles. ■ **2** Acción de plantar[1] [1].

planto *m* (*lit*) Llanto o lloro. **b)** Lamentación, esp. por una pers. muerta.

plantón[1] *m* Planta joven que se ha de trasplantar. **b)** Rama de árbol o planta joven plantadas para que arraiguen.

plantón[2] **I** *m* **1** (*col*) Hecho de estar esperando durante mucho tiempo en un lugar, esp. de pie e inmóvil. *Frec en constrs como* ESTAR, *o* TENER, DE ~, *o* DAR (UN) ~ [a alguien]. ■ **2** (*argot Mil*) Guardia o vigilancia. *Tb fig, fuera del ámbito técn.*
II *loc v* **3 dar ~.** (*col*) No acudir a una cita [con alguien (*ci*)].

plántula *f* (*Bot*) Planta recién nacida.

plánula *f* (*Zool*) Larva ciliada de los celentéreos.

plañideramente *adv* (*lit*) De manera plañidera [1].

plañidero -ra **I** *adj* **1** (*lit*) Que denota o implica plañido.
II *f* **2** (*hist*) Mujer pagada para llorar en un entierro.

plañido *m* (*lit*) Acción de plañir. *Tb su efecto.*

plañir (*conjug* 53) (*lit*) **A** *intr* ➤ *a normal* **1** Llorar y lamentarse.
➤ **b** *pr* (~se) **2** Lamentarse [de algo]. *Tb sin compl.*
B *tr* **3** (*raro*) Llorar [algo o a alguien] lamentándose.

plaqué *m* (*hoy raro*) Chapa muy delgada de oro o plata que recubre un metal de menos valor.

plaquear *tr* (*hoy raro*) Dar plaqué [a algo (*cd*)].

plaqueta[1] *f* (*Fisiol*) Elemento constitutivo de la sangre, de forma redondeada y sin núcleo, que interviene en la coagulación.

plaqueta[2] *f* Pieza de material cerámico, pequeña y de forma rectangular, que se usa para revestir paredes y suelo.

plaquetario -ria *adj* (*Fisiol*) De (las) plaquetas[1].

plaquette (*fr; pronunc corriente,* /plakét/) *f* (*lit, raro*) Libro de poco grosor.

plas[1] *interj* (*col*) Zas.

plas[2] -sa *m y f* (*jerg*) Hermano. *Usado a veces como tratamiento de confianza.*

plasenciano -na *adj* De Plasencia (Cáceres). *Tb n, referido a pers.*

plasentino -na *adj* Plasenciano. *Tb n.*

plasma *m* **1** (*Fisiol*) Parte líquida de la sangre o de la linfa. *Con un compl especificador.* **b)** *Sin compl*: Plasma sanguíneo. ■ **2** (*Biol*) Protoplasma. ■ **3** (*Fís*) Gas ionizado, presente en el Sol, muchas estrellas y reactores de fusión, que es considerado como el cuarto estado de la materia.

plasmación *f* Acción de plasmar(se).

plasmaféresis *f* (*Med*) Operación terapéutica que consiste en extraer cierta cantidad de sangre, separar sus corpúsculos, sustituir el plasma [1] y volver a inyectarla al paciente.

plasmar *tr* **1** Dar forma plástica [a algo (*cd*)]. **b)** Dar forma sensible [a algo no material (*cd*), esp. una idea]. **c)** *pr* (~se) Tomar cuerpo o forma [algo no material]. ■ **2** (*raro*) Formar o modelar.

plasmático -ca *adj* (*E*) De(l) plasma.

plásmido *m* (*Biol*) Molécula pequeña de DNA capaz de producir autónomamente otra idéntica a sí misma.

plasmodesmo *m* (*Biol*) Prolongación citoplasmática que une células contiguas.

plasmodial *adj* (*Biol*) De(l) plasmodio.

plasmodio *m* (*Biol*) **1** Masa de protoplasma con varios núcleos. ■ **2** Protozoo parásito del gén. *Plasmodium*, causante del paludismo.

plasmódium (*pl normal*, ~s) *m* (*Biol*) Plasmodio [2].

plasmogamia *f* (*Biol*) Fusión del protoplasma de dos o más células.

plasmólisis *f* (*Biol*) Reducción del volumen celular debida a pérdida de agua y sales por ósmosis.

plasta (*col*) **I** *n* **A** *f* **1** Cosa informe y aplastada. **b)** Cosa indebidamente pastosa. **c)** Excremento pastoso y aplastado. ■ **2** Pers. o cosa pesada o aburrida. **B** *m* **3** (*jerg*) Policía. **II** *adj* **4** Pesado o aburrido. *Tb n, referido a pers.*

plaste *m* Masa hecha gralm. con yeso y agua de cola, que se usa esp. para igualar superficies antes de pintarlas.

plastecer (*conjug 11*) *tr* Emplastecer. *Tb abs.*

plasti. nasti de ~ → NASTI.

plastia *f* (*Med*) Operación de cirugía reparadora.

plasticador -ra *m* y *f* (*hoy raro*) Terror. *.ta que usa explosivos plásticos [5].*

plásticamente *adv* **1** De manera plástica [3b, c y d]. ■ **2** En el aspecto plástico [3c].

plasticidad *f* Cualidad de plástico [1 y 3c y d].

plasticismo *m* Cualidad de plástico [3c].

plástico -ca **I** *adj* **1** Que puede ser modelado o moldeado. *Tb fig.* ■ **2** [Materia] sintética que puede ser modelada mediante presión o calor. *Frec n m.* **b)** De(l) plástico [2a]. **c) de ~.** (*col*) [Comida] barata de baja calidad, hecha con ingredientes adulterados o dudosos. **d) de ~.** [Dinero] que se paga mediante tarjeta de crédito. *Tb referido al pago correspondiente.* ■ **3** [Arte] que tiene por objeto la creación de formas bellas perceptibles por la vista. *Esp referido a la escultura o el modelado.* **b)** De las artes plásticas. *Tb n, referido a artista.* **c)** Que se percibe con la vista. *Frec fig con intención ponderativa, referido esp a descripciones o imágenes.* **d)** Que tiene belleza plástica [3c]. **e)** [Cuadro] escenificado con personajes vivos que permanecen inmóviles en el escenario. ■ **4** (*Biol*) Formativo o que da forma. **b)** [Alimento] que

sirve pralm. para reparar la pérdida de materia que sufre el organismo en sus funciones fisiológicas. **c)** (*Med*) [Cirugía o cirujano] que se ocupa de tratamientos de reconstrucción o estéticos. ■ **5** [Explosivo] amasado con un plastificante [2], que tiene la consistencia de la masilla. *Frec n m.* **II** *n* **A** *m* **6** Lámina o pieza de plástico [2a] flexible, que se usa esp. para envolver. ■ **7** (*col*) Disco (de música). **B** *f* **8** Conjunto de artes plásticas [3a]. ■ **9** Efecto estético de las formas consideradas en sí mismas.

plastidoma *m* (*Bot*) Conjunto de los plastos de una célula.

plastificación *f* Acción de plastificar [1 y 2].

plastificado *m* Acción de plastificar [1 y 2].

plastificador -ra *adj* Que plastifica [1]. *Tb n f, referido a máquina.*

plastificante **I** *adj* **1** Que plastifica [1]. **II** *m* **2** (*E*) Producto que se añade a una materia para aumentar su plasticidad.

plastificar *tr* **1** Recubrir [algo] con una lámina de plástico [2a]. ■ **2** Agregar [a una materia (*cd*)] un producto que aumente su plasticidad. ■ **3** Dar forma plástica [3c] [a algo].

plastilina (*n comercial registrado*) *f* Pasta de colores, compuesta de arcilla, cera, aceite, azufre y cinc, usada para modelar.

plastisol *m* (*Quím*) Emulsión de resina en un plastificante [2].

plasto *m* (*Bot*) Partícula del protoplasma de la célula vegetal, que elabora sustancias orgánicas.

plastón **I** *m* (*reg*) **1** Remiendo. ■ **2** Masa informe y aplastada. **II** *loc adj* **3 de ~.** [Bolsillo] que va cosido a la parte exterior de la prenda.

plastrón *m* (*hist*) Corbata muy ancha que cubre gran parte de la pechera de la camisa. *Tb* CORBATA DE ~.

plata **I** *f* **1** Metal precioso, de número atómico 47, blanco, brillante, dúctil y maleable. **b)** *Se usa frec en frases de sent comparativo para ponderar la limpieza y el brillo.* * *Su casa está siempre como la plata.* ■ **2** Objeto o conjunto de objetos de plata [1a]. **b)** (*Dep*) Medalla de plata [7]. ■ **3** (*Heráld*) Color blanco. ■ **4 ~ alemana.** Aleación de cobre, cinc y níquel a la que se agrega a veces plomo o estaño. ■ **5 ~ Meneses.** Cierta aleación de plata [1a], muy estimada. ■ **6 ~ roja.** (*Mineral*) *Se da este n a varios minerales de plata* [1a] *de color rojo más o menos intenso, esp a la pirargirita.* **II** *loc adj* **7 de ~.** [Medalla] de plata [1a] que corresponde al segundo galardón en una competición o un concurso. *Tb referido a otros tipos de premios.* ■ **8 de ~.** (*TLit*) [Edad o época] de esplendor inferior al de la edad de oro. ■ **9** [Bodas] **de ~,** [manos] **de ~,** [papel] **de ~,** [patrón (**de**) ~ → BODA, MANO, PAPEL, PATRÓN. **III** *loc adv* **10 en ~.** Claramente y sin rodeos. *Gralm con el v* HABLAR.

platabanda *f* Arriate.

platada *f* (*reg*) Cantidad que cabe en un plato [1] u otra vasija semejante.

plataforma *f* **1** Superficie horizontal construida a cierta altura sobre el suelo y destinada a servir de soporte a perss. o cosas. **b)** Construcción metálica inmovilizada en el agua, que sirve de asiento para la perforación y explotación de pozos de petróleo. **c)** Base o soporte. *En sent no material.* ■ **2** *En un vehículo de transporte público*: Parte inmediata a la puerta, desprovista de asientos. ■ **3** Vagón, u otro vehículo de transporte, plano y abierto. *Tb* VAGÓN DE ~. ■ **4** Pieza gruesa de corcho u otro material ligero, que va sobre la suela de determinados zapatos. ■ **5** ~ **continental.** (*Geol*) Región marítima de profundidad no superior a 200 m. ■ **6** Conjunto de principios o de peticiones de carácter político o profesional. ■ **7** (*Pol*) Asociación no estable de grupos o partidos para el logro de un objetivo común.

platal *m* (*raro*) Dineral.

platanácea *adj* (*Bot*) [Planta] arbórea dicotiledónea, de hojas palmadas y frutos reunidos en infrutescencias globosas, de la familia del plátano [3]. *Frec como n f en pl, designando este taxón botánico.*

platanal *m* Platanar.

platanar *m* Terreno poblado de plátanos [2].

platanero -ra I *adj* **1** De(l) plátano [1].
II *n* A *m* **2** Planta herbácea de gran porte, propia de regiones cálidas, cuyo fruto es el plátano [1] (gén. *Musa*, esp. *M. sapientium*).
B *f* **3** Platanero [2]. ■ **4** Platanar.

plátano *m* **1** Fruto largo, casi cilíndrico, carnoso y de gusto agradable, cubierto por una piel correosa de color amarillento. ■ **2** Platanero [2]. ■ **3** Árbol corpulento de corteza blanquecina y caediza, hojas lobuladas y frutos pequeños reunidos en cuerpos globosos, propio de parques y paseos (gén. *Platanus*). *A veces con un adj o compl especificador*: ~ DE LEVANTE *o* DE ORIENTE (*P. orientalis*), ~ DE OCCIDENTE *o* DE VIRGINIA (*P. occidentalis*), ~ DE LOS PASEOS *o* DE SOMBRA (*P. hybrida o P. hispanica*). ■ **4** ~ **falso.** Árbol de copa ancha y corteza lisa de la que se desprenden pequeñas placas, hojas lobuladas y fruto en sámara (*Acer pseudoplatanus*).

platea *f* **1** *En un teatro o cine*: Patio de butacas. ■ **2** *En un teatro*: Palco situado casi al nivel del patio de butacas. *Tb* PALCO ~.

plateado¹ -da *adj* **1** *part* → PLATEAR. ■ **2** De color semejante al de la plata [1a].

plateado² *m* Acción de platear [1].

plateante *adj* (*lit, raro*) Que tira a color de plata [1a].

platear *tr* **1** Recubrir [algo] con una capa de plata [1a]. ■ **2** (*lit*) Dar color de plata [1a] [a algo (*cd*)].

plateau (*fr; pronunc corriente*, /plató/) *m* (*Cine y TV*) Plató.

platelminto -ta *adj* (*Zool*) [Gusano] de cuerpo aplanado, cuya cavidad central está llena de tejido conjuntivo. *Frec como n m en pl, designando este taxón zoológico.*

platense *adj* **1** De La Plata (Argentina). *Tb n, referido a pers.* ■ **2** Rioplatense.

plateresco -ca *adj* (*Arte*) [Estilo] decorativo desarrollado en España en el s. XVI, que combina elementos clásicos y ojivales. *Tb n m.* **b)** De(l) estilo plateresco.

platería *f* **1** Tienda o taller del platero¹ [1]. ■ **2** Arte u oficio de platero¹ [1]. ■ **3** Conjunto de objetos de plata [1a].

platero¹ -ra I *m y f* **1** Pers. que fabrica o vende objetos de plata [1a].
II *adj* **2** (*reg*) [Asno] de pelo gris plateado. *Tb n.*

platero² -ra A *m* **1** Mueble o utensilio para colocar platos.
B *m y f* **2** *En un hotel u otro establecimiento similar*: Pers. encargada de fregar platos.
C *f* **3** Hongo comestible de color claro, con sombrero casi plano y con un abultamiento central (*Clitocybe geotropa*).

plática *f* **1** Charla o conversación. ■ **2** Sermón breve y poco solemne.

platicante *adj* Que platica. *Tb n.*

platicar *intr* Charlar o conversar.

platija *f* Pez marino comestible semejante al lenguado, de color pardo con manchas amarillentas en la cara superior (*Platichthys flesus*).

platillazo *m* Golpe dado con los platillos [2].

platillero -ra *m y f* Pers. que toca los platillos [2].

platillo *m* **1** Plato [1a] pequeño, que gralm. no se usa para comer en él. ■ **2** Pieza circular de latón, de unos 30 cm de diámetro, de las dos que constituyen un instrumento de percusión. *Normalmente en pl, designando el instrumento músico.* ■ **3** *En una balanza*: Pieza en forma de plato [1a] o disco, en que se colocan las pesas o lo que se ha de pesar. ■ **4** Pieza u objeto de forma semejante a un plato [1a] pequeño. ■ **5** (*Naipes*) Plato [3]. ■ **6** (*Taur*) Círculo central del ruedo. ■ **7** ~ **volante.** Objeto volador no identificado con forma de disco.

platina *f* **1** Pieza plana, que gralm. sirve de soporte. **b)** *En un microscopio*: Parte en que se coloca el portaobjetos. **c)** *En una máquina de imprimir*: Superficie plana sobre la que se fija la forma. ■ **2** Pletina (de magnetófono).

platinado -da *adj* Platino [3]. *Tb n m, referido a color rubio.*

platinífero -ra *adj* Que contiene platino [1].

platino I *m* **1** Metal precioso, de número atómico 78, del color de la plata, muy pesado, difícilmente fusible e inatacable por los ácidos. ■ **2** *En un motor de explosión*: Pieza de las que establecen contacto en el ruptor del sistema de encendido. *Más frec en pl.*
II *adj* **3** (*invar*) [Color] blanco brillante propio del platino [1]. **b)** [Rubio] muy claro. *Tb n m.* **c)** De color platino [3a y b]. ■ **4** [Bodas] **de** ~ → BODA.

platinocianuro *m* (*Quím*) Cuerpo formado por la combinación de cianuro de platino [1] con un cianuro alcalino.

platirrino -na *adj* **1** (*Zool*) [Mono] de tabique nasal muy ancho y aberturas nasales laterales. *Frec como n m en pl, designando este taxón zoológico.* ■ **2** (*lit, raro*) [Pers.] de nariz muy corta y ancha.

platitud *f* (*lit*) Banalidad o trivialidad.

plato *m* **1** Recipiente redondo y algo cóncavo, que se utiliza para servir o comer en él los alimentos. *Frec con un adj o compl especificador*: HONDO, LLANO, SOPERO, DE POSTRE. *Tb su contenido.* **b)** *Se usa en constr comparativa para ponderar la total apertura de los ojos, esp por sorpresa o estupor.* * Me miró con los ojos como platos. ■ **2** *Se da este n a algunas piezas u objetos de forma semejante a la del plato* [1a]. **b)** (*Mús*) Platillo [2]. **c)** *En una balanza*: Platillo [3]. **d)** *En una gorra*: Parte superior, plana y circular. *Gralm en la constr* GORRA DE ~. **e)** *En una ducha*: Pieza baja y ligeramente cóncava que recoge el agua. **f)** *En la bicicleta*: Rueda dentada que se mueve con los pedales. **g)** *En un tocadiscos*:

Pieza circular, provista de un pequeño vástago central, sobre la que se ponen los discos. *Tb el mecanismo completo del tocadiscos, sin altavoces ni mueble.* ■ **3** (*Naipes*) Plato [1a], u otro recipiente similar, en que se ponen las apuestas. *Tb el conjunto de las cantidades apostadas.* ■ **4** Guiso, o comida dispuesta para ser consumida. *Frec designa cada uno de los que componen una comida.* **b) ~ único.** (*hist*) Obligación de tomar un solo plato en la comida un día a la semana, establecida por decreto en la Zona Nacional durante la Guerra Civil de 1936. ■ **5** Alimento o comida [de una pers.]. ■ **6 ~ de gusto.** (*col*) Cosa agradable. *Gralm en la constr* NO SER ~ DE GUSTO. ■ **7 ~ de segunda mesa.** (*col*) Pers. o cosa despreciada o postergada por haber pertenecido antes a otro. ■ **8 ~ fuerte.** (*col*) Tema o asunto destacado o importante. ■ **9 nada entre dos ~s.** (*col*) Nada importante. *Usado para ponderar la insignificancia de algo que se presentaba como grande o importante.*

II *loc v* (*col*) **10 no haber roto** [alguien] **un ~ (en su vida** *o* **nunca).** No haber cometido jamás una falta. ■ **11 pagar los ~s rotos.** Sufrir las consecuencias desagradables de algo de lo que no se es culpable. ■ **12 sacar los pies del ~** → PIE.

plató *m* (*Cine y TV*) Recinto cubierto de un estudio, destinado a servir de escenario para un rodaje.

platónicamente *adv* De manera platónica.

platónico -ca *adj* **1** Del filósofo griego Platón († 347 a.C.). **b)** (*Filos*) Seguidor de Platón. *Tb n, referido a pers.* ■ **2** [Amor] exento de deseo físico. ■ **3** Idealista. *Tb n, referido a pers.*

platonismo *m* **1** (*Filos*) Doctrina de Platón († 347 a.C.). ■ **2** Cualidad de platónico [2 y 3].

platonizante *adj* (*Filos*) Que tiende a platónico [1b].

platonizar *tr* (*Filos*) Dar [a alguien o algo (*cd*)] carácter platónico [1].

platusa *f* (*reg*) Platija (pez).

plausibilidad *f* Cualidad de plausible.

plausible *adj* **1** [Cosa] digna de aplauso. ■ **2** [Cosa, esp. motivo] admisible o aceptable.

plausiblemente *adv* De manera plausible.

playa *f* Lugar plano y gralm. arenoso de la orilla del mar. **b)** Parte plana y arenosa de la orilla de un río o un lago.

playal *m* (*reg*) Playa.

playazo *m* Playa grande y extendida.

playback (*ing; pronunc corriente,* /pléibak/*; tb con la grafía* **play-back**) *m* Sonorización de una actuación mediante una grabación previa. *Tb la misma grabación.*

playboy (*ing; pronunc corriente,* /pléiboi/*; tb con la grafía* **play-boy**) *m* Hombre, gralm. rico y atractivo, que lleva una vida ociosa y frívola de seductor. **b)** Hombre atractivo y conquistador.

playero -ra **I** *adj* **1** De (la) playa. ■ **2** Aficionado a la playa. *Tb n.* ■ **3** (*Taur*) [Res] de cuernos muy abiertos o separados entre sí.

II *n* **A** *f* **4** Zapatilla de lona en forma de zapato con cordones. *Gralm en pl.* ■ **5** Cante popular andaluz, parecido a la siguiriya gitana.

B *m* **6** Playera [4]. *Gralm en pl.*

playeta *f* Playa pequeña.

playgirl (*ing; pronunc corriente,* /pléigerl/*; tb con la grafía* **play-girl**) *f* (*euf*) Prostituta de lujo.

play-off (*ing; pronunc corriente,* /pléi-óf/*; pl normal, invar*) *m* (*Dep*) Encuentro o serie de encuentros para determinar el campeón entre los ganadores de dos competiciones, o resolver el empate entre dos o más competidores.

plaza **I** *f* **1** Espacio amplio, abierto y rodeado de edificios, en el interior de una población y gralm. en la confluencia de varias calles. **b)** Espacio amplio y delimitado, semejante a una plaza [1a], en el interior de algunos jardines. **c)** **~ de armas.** *En una fortaleza o en un campamento*: Espacio limitado, al aire libre, donde forman o hacen ejercicios las tropas. ■ **2** Mercado (lugar cubierto y dividido en puestos en que se venden esp. productos alimenticios). ■ **3** Edificio circular con graderías destinado a corridas de toros. *Frec* ~ DE TOROS. *A veces se da este n a un recinto más o menos improvisado para este fin.* **b)** **~ partida.** (*hist*) Plaza de toros dividida por una valla en dos mitades, en cada una de las cuales se celebra una corrida. ■ **4** Lugar destinado a ser ocupado por una pers. o cosa. **b)** *En pl y precedido de un numeral, se sustantiva designando un mueble o un vehículo que se caracteriza por tener el número de asientos que se indica.* * Simca 1000, un cinco plazas con nervio. * He comprado un dos plazas para el salón. **c)** Puesto de trabajo. *Gralm con un compl especificador.* ■ **5** (*Com y Mil*) Población (núcleo urbano). **b)** (*Com y Mil*) *A veces se usa en direcciones de cartas para designar la misma ciudad en que se envían.* * Agencia Mundo. Alcalá, 31. Plaza. **c)** (*hist*) Población fortificada. *Frec* ~ FUERTE. **d)** (*hoy raro*) **~ de soberanía.** *Denominación administrativa que se aplica a Ceuta y Melilla.* ■ **6 ~ montada.** (*hist*) Soldado u oficial que usa caballo.

II *loc v* **7 abrir,** *o* **romper, ~.** (*Taur*) Ser [una res] la primera que se lidia. ■ **8 cerrar ~.** (*Taur*) Ser [una res] la última que se lidia. ■ **9 sacar a (la) ~** [algo]. Publicar[lo]. ■ **10 sentar ~** [de algo]. Pasar a tener reputación [de ello]. ■ **11 sentar ~.** (*hoy raro*) Entrar a servir de soldado.

plazo **I** *m* **1** Porción de tiempo cuya duración se determina. ■ **2** Fracción de las varias convenidas para un pago que se ha de efectuar a lo largo de cierto tiempo. *Frec en la loc* A ~S, *con vs como* COMPRAR, VENDER *o* PAGAR.

II *loc adv* **3 a corto ~.** (*Econ*) En un plazo [1] inferior a un año. *Tb adj.* **b)** En un futuro inmediato o próximo. *Tb adj.* ■ **4 a largo ~.** (*Econ*) En un plazo [1] superior a tres años. *Tb adj.* **b)** En un futuro no lejano. *Tb adj.* ■ **5 a medio ~.** (*Econ*) En un plazo [1] comprendido entre uno y tres años. *Tb adj.* **b)** En un futuro no lejano, pero no inmediato. *Tb adj.* ■ **6 a ~ (fijo).** (*Econ*) Con cumplimiento señalado en un día determinado. *Tb adj.*

plazoleta *f* Plaza [1a y b] pequeña.

plazuela *f* Plaza [1a y b] pequeña.

ple *m* Variedad de pelota vasca que consiste en lanzarla contra una pared.

pleamar *f* Altura máxima de la marea. *Tb el tiempo en que se produce.*

please (*ing; pronunc corriente,* /plis/) *adv* (*col, humoríst*) Por favor.

plebe *f* **1** Pueblo llano. *Referido a la época actual, es desp.* ■ **2** (*hist*) *En la antigua Roma*: Clase social de los no patricios.

plebeyamente *adv* (*lit*) De manera plebeya.

plebeyez *f* **1** Cualidad de plebeyo. ■ **2** Cosa plebeya [2].

plebeyismo *m* Plebeyez [1].

plebeyización *f* Acción de plebeyizar(se).

plebeyizar *tr* Hacer plebeyo [a alguien o algo]. **b)** *pr* (~se) Hacerse plebeyo [alguien o algo].

plebeyo -ya *adj* **1** De la plebe. *Tb n, referido a pers.* ■ **2** (*lit*) Bajo, social o moralmente.

plebiscitar *tr* **1** Someter a plebiscito [1]. ■ **2** Refrendar masivamente.

plebiscitariamente *adv* De manera plebiscitaria.

plebiscitario -ria *adj* De(l) plebiscito [1 y 2].

plebiscito *m* **1** Consulta al pueblo, mediante votación, de un asunto de estado, esp. de soberanía, para su aprobación. *Frec fig.* ■ **2** Refrendo o apoyo popular masivo. ■ **3** (*hist*) *En la antigua Roma:* Ley votada por la asamblea de la plebe.

plectognato *adj* (*Zool*) [Pez] teleósteo con la mandíbula superior fija, sin aletas abdominales y con la piel frec. cubierta de placas óseas. *Frec como n m en pl, designando este taxón zoológico.*

plectro *m* **1** (*Mús*) Palito o púa para tocar determinados instrumentos de cuerda. ■ **2** (*lit*) Inspiración poética.

plegable *adj* Que se puede plegar¹ [1 y 2].

plegadera *f* Instrumento, de forma semejante a un cuchillo, para plegar y cortar papel.

plegadizo -za *adj* **1** Fácil de plegar(se)¹, *esp* [4]. ■ **2** Plegable.

plegado *m* Acción de plegar¹ [1 y 2]. *Tb su efecto.*

plegador -ra I *adj* **1** Que pliega¹ [1]. *Tb n: m y f, referido a pers; f, referido a máquina.* — II *m* **2** (*Tex*) Cilindro en que se enrollan los hilos de la urdimbre.

plegamiento *m* Acción de plegar(se)¹ [3 y 4]. **b)** (*Geol*) Pliegue.

plegar¹ (*conjug* 6) *tr* **1** Doblar [una cosa] sobre sí misma. **b)** Plisar. **c)** (*Impr*) Doblar [los pliegos] antes de encuadernar. ■ **2** Recoger [algo articulado] poniendo sus partes una sobre otra. ■ **3** (*Geol*) Doblar u ondular [la corteza terrestre (*cd*) fuerzas laterales]. **b)** *pr* (~se) (*Geol*) Doblarse u ondularse [la corteza terrestre] por efecto de presiones laterales. ■ **4** (*lit*) Adaptar o someter. **b)** *pr* (~se) Adaptarse o someterse [a alguien o algo].

plegar² (*conjug* 6) *intr* (*reg*) **1** Terminar la jornada de trabajo. ■ **2** Cesar en un negocio.

plegaria *f* (*lit*) Oración o rezo.

pleistoceno -na *adj* (*Geol*) [Período] más antiguo de la Era Cuaternaria. *Tb n m.*

pleita *f* Tira trenzada de esparto, hojas de palma, pita u otra fibra, que se usa para hacer esteras, sombreros y labores de cestería.

pleiteante *adj* Que pleitea. *Tb n, referido a pers.*

pleitear *intr* Litigar o contender judicialmente.

pleitesía *f* Muestra reverente de sumisión o acatamiento. *Frec con el v* RENDIR.

pleitista *adj* [Pers.] amiga de pleitos [1 y 2]. *Tb n.* **b)** Propio de la pers. pleitista.

pleito *m* **1** Disputa judicial entre partes. ■ **2** Disputa o contienda. ■ **3** ~ **homenaje** → HOMENAJE.

plementería *f* (*Arquit*) Conjunto de piedras con que se rellenan los huecos entre los arcos de una bóveda gótica.

plemento *m* (*Arquit*) Plementería. *Frec designa cada uno de los paños que la componen.*

plenairista *adj* (*Pint*) [Pintura o pintor] que se basa en los efectos de luz y de atmósfera al aire libre.

plenamente *adv* De manera plena [1].

plenariamente *adv* De manera plenaria.

plenario -ria I *adj* **1** Total o completo. *Esp referido a indulgencia o a reunión.* — II *m* **2** Pleno, o reunión plenaria [1]. ■ **3** (*Der*) Parte del proceso criminal que sigue al sumario hasta la sentencia.

plenciano -na *adj* De Plencia (Vizcaya). *Tb n, referido a pers.*

plenificación *f* (*Filos*) Acción de plenificar.

plenificador -ra *adj* (*Filos*) Que plenifica.

plenificar *tr* (*Filos*) Hacer pleno [1a y b].

plenilunar *adj* De(l) plenilunio.

plenilunio *m* Fase de Luna llena.

plenipotenciario -ria *adj* [Agente diplomático] que tiene plenos poderes para llevar a cabo su misión. *Tb n.* **b)** [Ministro] ~ → MINISTRO.

plenitud *f* Cualidad de pleno [1]. **b)** Estado o situación de pleno [1].

pleno -na I *adj* **1** Total o completo. **b)** Completo o perfecto. **c)** *Se usa, gralm en la constr* EN ~, *precediendo a un n que expresa tiempo o lugar, para indicar que se trata de ellos exactamente, con todas sus cualidades y circunstancias.* * En plenas vacaciones. * En pleno monte. ■ **2** (*lit*) Lleno (que tiene gran cantidad [de algo]). ■ **3** Macizo o compacto. **b)** [Forma] redondeada. — II *m* **4** Acierto pleno [1] en un juego de azar. *Tb fig. Frec en la constr* ACERTAR UN ~. ■ **5** Reunión de todos los miembros de una corporación. ■ **6** (*raro*) Lleno (hecho de estar lleno un lugar). — III *loc adv* **7** de ~. De lleno. ■ **8** en ~. *Referido a una colectividad, esp una corporación:* Con todos sus miembros. *Tb adj.*

pleomorfismo *m* (*Biol*) Cambio de forma que experimentan determinados organismos según las variaciones de las circunstancias ambientales.

pleomorfo -fa *adj* (*Biol*) Que presenta pleomorfismo.

pleon *m* (*Zool*) *En los crustáceos:* Abdomen.

pleonasmo *m* (*TLit*) Uso de palabras innecesarias en cuanto al sentido, que insisten expresivamente en una idea.

pleonástico -ca *adj* (*TLit*) De(l) pleonasmo o que lo implica.

pleóptica *f* (*Med*) Técnica para devolver al ojo la agudeza visual en casos de ambliopía o estrabismo, mediante estimulación de la fóvea de la retina.

plepa *f* **1** Pepla (cosa fastidiosa o molesta). ■ **2** Pepla (achaque).

pléroma *m* (*Filos*) Plenitud del ser divino.

plesiántropo *m* (*Zool*) Mono australopitécido cuyo cráneo es muy parecido al del hombre (gén. *Plesianthropus*).

plesiosauro *m* (*Zool*) Reptil fósil marino, semejante a un lagarto gigantesco, perteneciente a la Era Secundaria. *Frec en pl, designando el taxón zoológico correspondiente.*

pletina *f* **1** Pieza metálica rectangular y de espesor reducido. ■ **2** Sistema reproductor-grabador de un magnetófono de casete.

pletismógrafo *m* (*Med*) Aparato para medir las variaciones de volumen de un miembro bajo la influencia de la corriente sanguínea.

plétora *f* **1** Abundancia excesiva [de algo]. ■ **2** (*Med*) Exceso de sangre o de otros humores en el cuerpo o en una parte de él.

pletórico -ca *adj* Que tiene gran abundancia [de algo]. *Tb sin compl, referido a alegría u optimismo.*

pleura *f* **1** (*Anat*) Membrana serosa que envuelve los pulmones y las paredes de la cavidad torácica. ■ **2** (*pop*) Pleuresía.

pleural *adj* (*Anat*) De (la) pleura [1].

pleuresía *f* Inflamación de la pleura [1].

pleuritis *f* (*Med*) Inflamación de la pleura [1].

pleurodinia *f* (*Med*) Dolor de los músculos intercostales, gralm. causado por pleuritis.

pleuronéctido *adj* (*Zool*) [Pez] de cuerpo comprimido y asimétrico, de la familia del lenguado. *Frec como n m en pl, designando este taxón zoológico.*

pleuropulmonar *adj* (*Med*) De la pleura [1] y los pulmones.

plex *m* Material plástico usado esp. para bolsos.

plexiforme *adj* (*Anat*) En forma de plexo.

plexiglás (*n comercial registrado*) *m* (*hoy raro*) Sustancia plástica transparente e irrompible, fabricada con metacrilato de metilo y usada como sustituto del vidrio. **b)** Material plástico transparente y flexible.

plexo *m* **1** (*Anat*) Red formada por varios filamentos nerviosos o vasculares entrelazados. *Frec con un adj especificador:* AÓRTICO, CARDÍACO, SOLAR, *etc.* **b)** *Sin especificador:* Plexo solar (→ SOLAR²). ■ **2** (*lit*) Red o entrecruzamiento.

pléyade *f* **1** (*lit*) Grupo de perss. destacadas que florecen a un tiempo. ■ **2** (*Quím*) Grupo de elementos isótopos que ocupan el mismo lugar del sistema periódico.

plica *f* Sobre cerrado y sellado que contiene un documento o noticia que no debe conocerse hasta un momento determinado.

plié (*fr; pronunc corriente, /plié/*) *m* (*Danza*) Movimiento que consiste en doblar las rodillas.

pliego I *m* **1** Hoja grande de papel plegada. **b)** Hoja grande de papel. ■ **2** (*Impr*) Hoja en que se hace la tirada. *Tb el conjunto de páginas impresas en ella. Frec* ~ SUELTO *o* DE CORDEL (→ CORDEL). ■ **3** Escrito en que constan [las condiciones de un contrato o subasta, los cargos que se le imputan a una pers. o los descargos que ella alega (*compl* DE)]. *Tb fig.* II *loc v* **4 tirarse el ~.** (*col*) Tirarse el farol.

pliegue *m* **1** Señal o marca que queda al plegar una materia flexible. ■ **2** Parte plegada de una materia flexible, constituida por dos capas que forman

ángulo. ■ **3** Ondulación que forma un tejido que cae más o menos suelto. ■ **4** (*Geol*) Doblez u ondulación producida en la corteza terrestre por el movimiento conjunto de rocas sometidas a una presión lateral. ■ **5** (*Anat*) Doblez u ondulación en una superficie.

plin (*tb* **plim**). **a mí, ~.** *fórm or* (*col*) Se usa para manifestar indiferencia. *Alguna vez se sustituye el pron* MÍ *por otro pron o por el n de la pers en cuestión.* * A mí, plin. Que haga lo que quiera. * Al duque, eso, plin.

plinto *m* **1** (*Arquit*) Elemento cuadrangular de la base de una columna o de una estatua. ■ **2** Aparato gimnástico para salto, en forma de plinto [1]. ■ **3** (*raro*) Zócalo.

plioceno -na *adj* (*Geol*) [Período] último de la Era Terciaria. *Tb n m.* **b)** De(l) período plioceno.

pliopolio *m* (*Econ*) Libre concurrencia.

plis¹ *adv* (*col, humoríst*) Por favor.

plis² *m* Líquido que se aplica al cabello antes de marcarlo, para que dure más el peinado.

plisado *m* Acción de plisar. *Tb su efecto.*

plisar *tr* Hacer pliegues [2] [en una tela o papel, o en algo hecho con ellos (*cd*)]. *Frec en part.*

plis-plas. en un ~. *loc adv* (*col*) En un santiamén.

plomada *f* **1** Utensilio constituido por una pesa metálica que pende de un hilo y que sirve para señalar la dirección vertical. ■ **2** Conjunto de plomos [4c] empleados en una red de pesca.

plomado -da *adj* **1** *part* → PLOMAR. ■ **2** Que contiene plomo [1a].

plomar *tr* Emplomar.

plombagina *f* (*Mineral*) Grafito.

plomeado *m* Acción de plomear [2].

plomear *tr* **1** Herir con perdigones. ■ **2** Poner plomos [4c] [a algo (*cd*)].

plomero *m* **1** Operario que trabaja el plomo [1a]. ■ **2** (*reg*) Fontanero.

plomífero -ra *adj* (*col*) Pesado (molesto o enfadoso).

plomizo -za *adj* **1** [Color o aspecto] de(l) plomo [1a]. **b)** Que tiene color de plomo. ■ **2** (*col*) Pesado (molesto o enfadoso).

plomo I *m* **1** Metal, de número atómico 82, muy blando y pesado y de color gris azulado. **b)** *Frec se usa en constrs de sent comparativo para ponderar la pesadez.* * Sus rodillas se hicieron de plomo. * Eres más pesado que el plomo. ■ **2** (*Impr*) Aleación de plomo [1a] con que se funden los tipos. **b)** Composición tipográfica. ■ **3** Fusible (de electricidad). *Frec en pl.* ■ **4** Pieza u objeto de plomo [1a]. **b)** Perdigón o bala. *Tb en sg con sent colectivo.* **c)** Pieza o pedazo de plomo [1a] que se pone en determinadas cosas para darles peso. **d)** (*Impr*) Cuña de plomo [1a] que se pone en el tintero de una máquina de imprimir para obturar una parte del mismo.

II *adj* **5** (*col*) Pesado (molesto o enfadoso). *Tb n m, referido a pers o cosa.* ■ **6** [Color] gris azulado propio del plomo [1a]. *Frec* GRIS ~. *Tb n m.* **b)** De color gris plomo. *Frec fig.* ■ **7 de ~.** Muy pesado. *Frec fig.*

III *loc v* **8 fundírsele** (*o* **saltársele**) [a alguien] **los ~s.** (*col, humoríst*) Paralizársele el cerebro, esp. por pensar mucho. ■ **9 llevar,** *o* **tener, ~ en las alas.** Encontrarse [alguien] al borde de la derrota en su actividad.

IV *loc adv* **10 a ~.** Verticalmente. *Con el v* CAER. *Tb adj. Tb fig.* ■ **11 a ~.** Pesadamente. *Gralm con el v* CAER. ■ **12 con pies de ~** → PIE.

plongeon *(fr; pronunc corriente, /plonʒón/ o /plon-yón/; pl normal, ~s) m (Fút)* Estirada.

plorante *adj (lit)* Que llora. *Tb n.*

plotter *(ing; pronunc corriente, /plóter/; pl normal, ~s) m (Informát)* Trazador de gráficos.

plum *interj (col)* Pum.

pluma **I** *n* **A** *f* **1** Excrecencia de las que cubren el cuerpo de las aves. *Tb en sg con sent colectivo.* **b)** Pluma, natural o artificial, utilizada como adorno. **c)** *Frec se usa en constrs de sent comparativo para ponderar la ligereza o levedad.* * Giraba como una pluma. ■ **2** Utensilio que sirve para escribir con tinta. **b)** Escritura (arte o actividad de escribir). **c)** *(lit)* Estilo o modo de escribir. **d)** *(lit)* Inspiración de escritor. **e)** *(lit)* Escritor. ■ **3** Pieza quitinosa que constituye la concha interna de los calamares. ■ **4** Mástil de una grúa. ■ **5** Unidad de medida para agua, que en Barcelona equivale a 0,025 litros por segundo. ■ **6** *(col)* Peseta. ■ **7** *(jerg)* Comportamiento característico de los hombres homosexuales. *Gralm con el v* TENER. ■ **8** *(jerg)* Pene. ■ **9** *(jerg)* Prostituta. ■ **10** *(raro)* Ventosidad sin ruido.
B *m* **11** *(hoy raro)* Impermeable muy ligero. ■ **12** *(jerg)* Hombre homosexual. *Tb adj.*
II *adj* **13** *(Dep, esp boxeo)* [Peso] cuyo límite superior es de 57,1 kg. *Tb referido al deportista de ese peso; en este caso, frec como n m en pl.* ■ **14 de ~.** *(reg)* [Perro] para cazar aves.
III *loc v* **15 adornarse** *(o* **vestirse) con ~s ajenas.** Apropiarse de las muestras de ingenio de otro. ■ **16 hacer a ~ y pelo.** *(col)* Hacer a pelo y pluma (→ PELO).
IV *loc adv* **17 a vuela ~** → VUELAPLUMA.

plumacho *m (reg)* Penacho.

plumada **I** *f* **1** Conjunto de plumas [1a] arrancadas.
II *loc adv* **2 de una ~.** *(raro)* De un plumazo.

plumado -da *adj* **1** *part* → PLUMAR. ■ **2** Que tiene plumas [1a].

plumaje *m* Conjunto de plumas [1a] [de un ave]. *Tb fig.*

plumar **A** *intr* **1** Echar plumas [1a] [un ave]. *Frec en part.*
B *tr* **2** *(reg)* Desplumar. *Tb fig.*

plumario -ria *adj* De (la) pluma [1a y b].

plumas *m (col)* Plumífero (anorak).

plumazo **I** *m* **1** *(hist)* Colchón o almohada grande de plumas [1a].
II *loc adv* **2 de un ~.** De manera expeditiva. *Gralm con vs como* RESOLVER *o* SUPRIMIR.

plumbago *m* Se da este *n* a varias plantas del gén *Plumbago*, esp a la *P. europaea* y la *P. auriculata*.

plúmbeo -a *adj* **1** *(lit)* De plomo [1a]. ■ **2** Sumamente pesado o aburrido.

plúmbico -ca *adj (Quím)* [Compuesto] de plomo [1a] en que este tiene valencia 4.

plumboso -sa *adj (Quím)* [Compuesto] de plomo [1a] en que este tiene valencia 2.

plum-cake *(ing; pronunc corriente, /plum-kéik/) m* Bizcocho con pasas y trozos de frutas.

plumear **A** *tr* **1** Sombrear [un dibujo] con líneas finas.

B *intr* **2** Escribir.

plumera *f (col, desp)* Hombre homosexual pasivo.

plumerazo *m* Golpe de plumero [1].

plumería *f* Arte de hacer objetos con plumas de ave.

plumero **I** *m* **1** Utensilio para limpiar el polvo, formado por un manojo de plumas [1a] sujetas a un mango. ■ **2** Penacho de plumas [1a y b] usado como adorno. ■ **3** *(col)* Hombre homosexual.
II *loc v (col)* **4 enseñar** [alguien] **el ~.** Dejar traslucir su pensamiento o sus intenciones. ■ **5 vérsele** [a alguien] **el ~.** Traslucirse su pensamiento o sus intenciones.

plumeti *m* Tejido con bordados en relieve.

plumier *m* Cajita en que los escolares guardan los útiles de escritura.

plumífero -ra **I** *adj* **1** *(lit)* Que tiene plumas [1a]. *Tb n m, referido a animal.*
II *n* **A** *m y f* **2** *(desp o humoríst)* Escritor. ■ **3** *(desp o humoríst)* Oficinista.
B *m* **4** Anorak relleno de plumas [1a] de ganso.

plumilla **A** *f* **1** *dim* → PLUMA. ■ **2** Parte de la pluma de escribir que, humedecida por la tinta, sirve para hacer los trazos. ■ **3** Dibujo hecho con plumilla [2].
B *m y f* **4** *(col)* Periodista.

plumillero *m (hoy raro)* Manguillero (mango en que se encaja la plumilla [2]).

plumín *m* Plumilla [2], esp. de la pluma estilográfica.

plumista *m y f* Pers. que fabrica o vende objetos de pluma [1a y b].

plumón *m* Conjunto de plumas [1a] muy pequeñas y suaves que constituyen el plumaje de las crías de ave y que funcionan como aislante térmico.

plumoso -sa *adj* Que tiene forma de pluma [1a].

plum-pudding *(ing; pronunc corriente, /plún-púdin/) m* Budín inglés típico de Navidad, hecho con pasas y frutas confitadas.

plúmula *f (Bot)* Parte del embrión de la planta que constituye un rudimento del tallo.

plural *adj (lit)* Múltiple o vario. **b)** *(Gram)* [Número] que expresa pluralidad. *Frec n m.* **c)** *(Gram)* [Forma] que corresponde al número plural. *Frec n m.*

pluralia tantum *(lat; pronunc, /plurália-tántum/; pl invar) loc n m (Gram)* Nombre que se usa solamente en plural. *Normalmente en pl.*

pluralidad *f* **1** Condición de plural [1a]. ■ **2** Conjunto [de perss. o cosas].

pluralismo *m* **1** Pluralidad de ideas o tendencias. **b)** Tendencia que defiende el pluralismo. ■ **2** *(Rel crist)* Acumulación de varios puestos eclesiásticos en una pers. ■ **3** *(Filos)* Doctrina que admite más de un principio o sustancia.

pluralista *adj* De(l) pluralismo [1]. **b)** Partidario del pluralismo [1 y 3]. *Tb n, referido a pers.*

pluralístico -ca *adj (raro)* Plural [1a].

pluralización *f* Acción de pluralizar.

pluralizar **A** *tr* **1** Poner en plural [una palabra que normalmente solo se usa en singular].
B *intr* **2** Atribuir a varias perss. o cosas algo que solo corresponde a una.

pluri- *r pref Denota multiplicidad.* * Pluricausal. * Plurirregional.

plurianual *adj* Que se refiere o se extiende a varios años.

pluricelular *adj* (*Biol*) Constituido por más de una célula. **b)** Propio de los seres o elementos pluricelulares.

pluridisciplinar *adj* Que se refiere o se extiende a varias disciplinas.

pluridisciplinario -ria *adj* Pluridisciplinar.

pluriempleado -da *adj* **1** *part* → PLURIEMPLEARSE. ■ **2** De (la) pers. pluriempleada [1].

pluriemplearse *intr pr* Trabajar en varios empleos al mismo tiempo. *Frec en part, a veces sustantivado.*

pluriempleo *m* Hecho de desempeñar una pers. varios empleos al mismo tiempo.

pluriformismo *m* Hecho de presentar una pluralidad de formas.

plurilingüe *adj* **1** Que habla varias lenguas. ■ **2** Que está en varias lenguas.

plurilingüismo *m* Condición de plurilingüe [1].

plurilocular *adj* (*Biol*) Dividido en muchas cavidades o cámaras.

plurimembre *adj* Que tiene muchos miembros.

plúrimo -ma *adj* (*lit*) Múltiple.

plurinacional *adj* De múltiples naciones.

plurinervio -via *adj* (*Bot*) Que tiene varios nervios.

plurinucleado -da *adj* (*Biol*) Que tiene varios núcleos.

pluripartidismo *m* (*Pol*) Existencia o participación de varios partidos.

pluripartidista *adj* (*Pol*) De(l) pluripartidismo. **b)** Que tiene pluripartidismo.

pluripersonal *adj* De varias personas.

plurivalencia *f* Polivalencia.

pluriverso *m* (*lit*) Universo múltiple.

plus[1] **I** *m* **1** Gratificación suplementaria. ■ **2** Añadido o suplemento.
II *loc adv* **3 de ~.** Por añadidura.

plus[2]. (**no**) **faltaría ~** → FALTAR.

pluscuamperfecto -ta *adj* **1** (*Gram*) [Pretérito] que expresa acción pasada anterior a otra también pasada. *Tb n m.* ■ **2** (*lit*) Sumamente perfecto.

plusmarca *f* Marca o récord.

plusmarquista *m y f* Deportista que consigue una plusmarca.

plus ultra (*lat; pronunc corriente,* /plús-últra/) *loc adv* (*lit*) Más allá. *Tb n m.*

plusvalía (*tb, hoy raro, con la grafía* **plus valía**) *f* **1** (*Econ*) Aumento del valor de una cosa por causas extrínsecas a ella. ■ **2** *En la doctrina marxista:* Diferencia entre el valor de los bienes producidos y el precio de los salarios de los trabajadores, la cual beneficia a los capitalistas.

plusvalor *m* Plusvalía [1].

plúteo *m* (*lit*) Tabla de una estantería.

plutocracia *f* **1** Preponderancia de los ricos en el gobierno del Estado. ■ **2** Conjunto de los plutócratas [2].

plutócrata *adj* **1** De (la) plutocracia. ■ **2** [Pers.] influyente por su riqueza. *Gralm n.*

plutocrático -ca *adj* De (la) plutocracia o de los plutócratas.

plutónico[1] **-ca** *adj* (*Geol*) [Roca] formada por magma solidificado a grandes profundidades. **b)** De (las) rocas plutónicas.

plutónico[2] **-ca** *adj* (*lit, raro*) De (la) riqueza.

plutonio *m* (*Quím*) Elemento transuránico radiactivo, de número atómico 94, obtenido artificialmente a partir del neptunio.

pluvial *adj* **1** De (la) lluvia. ■ **2** (*Rel catól*) [Capa] usada por sacerdotes y prelados en los actos de culto. *Tb n m.*

pluviano *m* Ave zancuda africana que limpia de insectos y parásitos el cuerpo del cocodrilo (*Pluvianus aegyptius*).

pluvimétrico -ca *adj* (*Meteor*) Pluviométrico.

pluviometría *f* (*Meteor*) Estudio de las precipitaciones caídas en una región. *Tb su medida.*

pluviométricamente *adv* (*Meteor*) En el aspecto pluviométrico.

pluviométrico -ca *adj* (*Meteor*) De (la) pluviometría.

pluviómetro *m* (*Meteor*) Instrumento para medir la cantidad de lluvia que cae en un lugar durante un tiempo determinado.

pluviosidad *f* (*Meteor*) Cantidad de lluvia que cae en un lugar durante un tiempo determinado.

pluvioso -sa I *adj* **1** (*lit*) Lluvioso.
II *m* **2** (*hist*) Quinto mes del calendario revolucionario francés, que va del 20 de enero al 18 de febrero.

pneuma[1] *m* (*Filos*) Soplo o espíritu vital.

pneuma[2] → NEUMA.

pneumático[1] **-ca** *adj* (*Filos*) De(l) pneuma[1].

pneumático[2] → NEUMÁTICO.

pneumatolítico, pneumoconiosis, pneumostoma → NEUMATOLÍTICO, NEUMOCONIOSIS, NEUMOSTOMA.

PNN (*sigla; pronunc,* /pé-éne-éne/ *o* /penéne/) *m y f* Profesor no numerario.

po *m* (*Naipes*) Pot.

poa *f* Planta herbácea de la familia de las gramíneas, común en los prados (*gén. Poa*).

pobeda *f* (*reg*) Lugar poblado de pobos.

poblacho *m* (*desp*) Pueblo feo y sin importancia.

poblachón *m* (*desp*) Pueblo grande y mal urbanizado.

población *f* **1** Acción de poblar. ■ **2** Conjunto de perss. que pueblan [1a] [un lugar (*compl de posesión*)]. **b)** Conjunto de seres que pueblan [1b] [un lugar (*compl de posesión*)]. ■ **3** Agrupación de edificios organizada como unidad administrativa y en la que habita una colectividad.

poblacional *adj* De (la) población.

poblacionalmente *adv* En el aspecto poblacional.

poblado -da I *adj* **1** *part* → POBLAR.
II *m* **2** Población [3]. **b)** Aldea o caserío. **c)** Lugar poblado o habitado. *Sin art.*

poblador -ra *adj* Que puebla. *Frec n, referido a pers.*

poblamiento *m* (*Geogr*) **1** Forma de población [1]. ■ **2** Acción de poblar. ■ **3** Población [3].

poblar (*conjug* 4) **A** *tr* **1** Habitar [una colectividad (*suj*) un país o región (*cd*)]. **b)** Ocupar [un lugar (*cd*) un conjunto de seres vivos (*suj*)] desarrollando en él su vida o su actividad. *Tb fig, referido a cosas.* ■ **2** Llenar [un lugar (*cd*) con perss. u otros seres vivos (*compl* DE *o* CON)] para que desarrollen en él su vida o su actividad. *A veces se omite el 2º compl por consabido. Tb fig, referido a cosas.* **b)** *pr* (**~se**) Llenarse [un lugar (*suj*) de seres vivos (*compl* DE) que desarrollan en él su vida o actividad]. *Tb fig, referido a cosas.*
B *intr pr* (**~se**) **3** Cubrirse [algo (*suj*) de la vegetación, el follaje o el pelo que le es natural (*compl* DE)]. *Gralm en part. Normalmente se omite el compl por consabido.*

poblense *adj* De La Puebla (Mallorca). *Tb n, referido a pers.*

pobo *m* (*reg*) Álamo blanco. *A veces designa tb al álamo negro.*

pobre (*superl*, POBRÍSIMO, *o, lit*, PAUPÉRRIMO) **I** *adj* **1** [Pers.] que tiene poco dinero o bienes. *Tb n.* **b)** (*Der*) [Pers.] que reúne las circunstancias legales exigidas para recibir gratuitamente determinados servicios, esp. la defensa judicial. *Tb n.* **c)** Propio de (la) pers. pobre. ■ **2** [Cosa] humilde o de poco valor. ■ **3** [Pers. o cosa] que tiene poca cantidad [de algo (*compl* DE *o* EN)]. *Frec se omite el compl por consabido.* ■ **4** Infeliz o desgraciado. *Usado para denotar compasión, gralm en forma exclam, seguido o no de n, o precedido de art y seguido o no de n.* * La niña, pobrecita, está enferma. * La pobre mujer insistía. **b)** *En forma exclam y seguido de un compl* DE, *se usa en fórmulas de amenaza o compasión.* * Pobre del que no obedezca. **c)** *Antepuesto al n, se usa como expr piadosa al mencionar a una pers difunta con la que se guarda un vínculo afectivo.* * El pobre abuelo tenía razón. **d)** ~ [hombre], ~ [diablo] → HOMBRE, DIABLO.
II *m y f* **5** Pers. que pide limosna. ■ **6 ~ de espíritu.** Pers. que desprecia las riquezas y los honores mundanos. **b)** (*desp*) Pers. de poco ánimo o iniciativa. *Tb adj.*

pobremente *adv* De manera pobre [1c, 2 y 3].

pobrera *f* (*reg*) Cobertizo o pajar para albergue de pobres [5] ambulantes.

pobrete -ta *adj* (*col*) Pobre [1a y c, 2 y 4a]. *Con intención desp o afectiva.*

pobretería *f* **1** Conjunto de (los) pobres [5]. ■ **2** Pobreza o miseria. *Frec desp.* ■ **3** Tacañería.

pobretón -na *adj* (*desp*) Pobre [1a, 2 y 3].

pobretonería *f* (*desp*) Cualidad de pobretón.

pobreza *f* Cualidad o condición de pobre [1, 2 y 3].

pocachicha (*tb con la grafía* **poca chicha**) *m* (*col, desp*) Hombre delgado y pequeño.

pocería *f* **1** Conjunto de pozos. ■ **2** Trabajo o actividad de pocero.

pocero *m* **1** Hombre que hace pozos. ■ **2** Hombre que limpia los pozos o cloacas. *Tb adj.*

poceta *f* (*reg*) **1** Hoyo que se hace alrededor de una planta para regarla. ■ **2** Porción rectangular de tierra limitada por caballones. ■ **3** Pileta.

pocha[1] *f* (*reg*) Judía temprana que se coge cuando la vaina está tierna. *Tb* JUDÍA ~.

pocha[2] *f* (*Naipes*) Juego en que cada jugador gana o pierde puntos según acierte o no las bazas que va a ganar.

pochar[1] *tr* (*Coc*) Freír lentamente [algo] en aceite. **b)** *pr* (**~se**) Freírse lentamente [algo] en aceite.

pochar[2]. **~la.** *tr En algunos juegos infantiles:* Desempeñar el papel menos agradable.

poché *adj* (*Coc*) [Huevo] cocido sin cáscara en un líquido hirviente. **b)** [Pescado u otro alimento] cocido en un líquido hirviente.

pochez *f* (*col*) **1** Cualidad de pocho. ■ **2** Pers. o cosa sin valor o importancia. *Frec con intención irónica.*

pocho -cha *adj* **1** Podrido o estropeado. *Dicho esp de frutas y hortalizas.* ■ **2** (*col*) Marchito o lacio. ■ **3** (*col*) Triste o abatido. ■ **4** (*col*) Enfermo. *Tb n, referido a pers.*

pocholada *f* (*col*) Cosa bonita o graciosa. *Esp en lenguaje femenino.*

pocholo -la *adj* (*col*) Bonito y gracioso. *Esp en lenguaje femenino y frec como apelativo cariñoso referido a pers.*

pocijón *m* (*reg*) Pileta.

pocilga *f* **1** Establo para cerdos. ■ **2** (*col*) Lugar, esp. vivienda, muy sucio.

pocillo *m* **1** Vasija empotrada en tierra para recoger un líquido, esp. el aceite o vino de un molino o lagar. ■ **2** (*reg*) Jícara. ■ **3** (*reg*) Cuenco. ■ **4** (*reg*) Hoyo hecho en el suelo.

pócima *f* **1** Bebida medicinal. ■ **2** (*desp*) Bebida, esp. la desagradable.

poción *f* (*Med*) Preparación magistral líquida que se administra por la boca.

pocket (*ing; pronunc corriente,* /póket/) *adj invar* De bolsillo.

poco -ca **I** *adj* (*normalmente antepuesto al n*) **1** Inferior, en cantidad o número, a lo normal o esperable. ■ **2 unos ~s.** Algunos o no muchos. *A veces* (*pop*) *el n va precedido de la prep* DE. * Trajo unos pocos libros. * Puso unos pocos de polvos en el agua. **b)** (*pop*) *Tb en sg. A veces el n va precedido de la prep* DE. * Trae una poquita de agua. ■ **3** De intensidad inferior a la normal o esperable. ■ **4** Insuficiente en cantidad, en tamaño, en intensidad o en calidad. *Gralm seguido de compl* PARA. ■ **5 de ~ más o menos.** [Pers. o cosa] de escasa categoría.
II *pron* **6** *En pl, en forma m o f, designando seres ya mencionados o aludidos:* Cantidad o número inferiores a lo normal o esperable. *Frec con compl* DE. * De los que escaparon del tren, pocos son los que viven. ■ **7** *En pl m, sin referencia a seres mencionados o aludidos:* Pocas personas. * Pocos vieron hoy salir el sol. ■ **8** *En sg, en forma m:* Pocas cosas. *Frec con compl* DE. * Poco de lo que aquí hay tiene valor. **b)** Cantidad [de una cosa] inferior a la normal o esperable. *Frec se omite el compl por consabido, esp referido a tiempo o dinero.* * Poco de lo molido es aprovechable. * Dentro de poco estarán allí. **c)** Pers. o cosa insuficiente en cantidad, en tamaño, en intensidad o en calidad. *Gralm con compl* PARA. * Todo es poco para ellos. ■ **9 unos ~s.** Algunos o no muchos.

III *m* **10** Pequeña cantidad [de algo]. *Gralm precedido de* UN. *Frec se omite el compl por consabido, esp referido a tiempo.* * Un poco de calma, por favor. * Dentro de un poco vuelves a llamar.

IV *adv* **11** En menor grado o con menor intensidad o frecuencia que lo normal o esperable. **b)** *Irónicamente, con entonación exclamativa:* ~ + *adj o adv* + *v* = *v* + MUY + *adj o adv* (¡poco listo que era! = "era muy listo"; ¡poco bien que está! = "está muy bien"); *o* ~ + QUE + *v* = *v* + MUCHO (¡poco que le gustaba! = "le gustaba mucho"). ■ **12 (a) cada ~.** Cada poco tiempo. ■ **13 a ~.** Poco tiempo después o poco rato después. ■ **14 como ~.** Por lo menos. ■ **15 más** + *adj de cualidad* + **que otro ~** (*col*) = SUMAMENTE + *adj.* * Eres más raro que otro poco. ■ **16 ni ~ ni mucho.** Nada. ■ **17 ~ a ~** (*o, más raro, a ~s*). De corta en corta cantidad. ■ **18 a ~.** Lentamente. **b)** *Se usa como or nominal para contener al que se precipita en palabras o hechos.* * –¡Le voy a matar! –Poco a poco. ■ **19 ~ más o menos,** *o* **sobre ~ más o menos.** Aproximadamente. ■ **20 ~ menos que.** Casi. ■ **21 por ~,** *o* **por ~ no** (*o, más raro,* **a ~,** *o* **a ~ más,** *o* **de ~,** *o* **de pocas,** *o* **por pocas)** + *v en infin o subj* (por poco me pilla = "estuvo a punto de pillarme"; por poco le matan = "estuvo a punto de que le mataran"). **b)** *Tb* **por ~ no** + *v en pret* (por poco no me pilló = "estuvo a punto de pillarme"). ■ **22 un ~.** Algo o no mucho. **b)** *Con intención atenuadora*: En cierta medida o en cierto modo.

V *loc v* **23 estar en ~ que no** + *v en subj* = FALTAR POCO PARA QUE + *v en subj.* * En poco estuvo que no la emprendiera a golpes con él. ■ **24 tener (estimar,** *u otro v equivalente)* **en ~.** Tener en poca estima.

poda *f* Acción de podar. *Tb la época del año en que se realiza.*

podadera *f* Herramienta de hoja curva y mango corto, que se utiliza para podar [1].

podador -ra *adj* Que poda. *Frec n, referido a pers.*

podadura *f (raro)* Acción de podar [1].

podagra *f (Med)* Gota, esp. cuando ataca a los pies.

podalirio *m* Mariposa diurna de color amarillento, negro y azul, con las alas posteriores prolongadas en dos salientes (*Iphiclides podalirius*).

podar *tr* **1** Cortar [a un árbol o arbusto (*cd*)] las ramas superfluas. *Tb abs.* **b)** Cortar [ramas superfluas]. ■ **2** Suprimir [en una cosa (*cd*)] partes que se consideran superfluas.

podenco -ca *adj* [Perro] de cuerpo robusto, cabeza redonda, orejas tiesas y pelo medianamente largo, muy bueno para la caza por su gran vista, olfato y resistencia. *Frec n.*

podenquero *m (Caza)* Hombre que tiene a su cargo los podencos.

poder[1] **I** *v* (*conjug 20*) **A** *tr* (*no admite constr pasiva*) **1** *Seguido de otro v en infin*, expresa la falta de impedimento (físico o moral) para que la acción designada en el infin sea realizada por el ser designado en el suj o se realice en él. * No puedo descansar. **b)** *En forma interrog* (*en pres o en pospret*), *introduce una petición cortés que se dirige a la pers designada en el suj. Lo que se solicita va en forma de prop de infin.* * ¿Podría darme la sal, por favor? **c)** (*col*) *En determinados usos el infin se omite habitualmente*: ¿SE PUEDE [pasar]?; PUEDE [ser] (= "es po-

sible", *con suj* QUE + *subj, que a veces se omite*); PORQUE SE PUEDE [hacer o ser] (= "porque tengo la posibilidad o la capacidad"). **d)** ~ + *infin* = QUIZÁ + *subj* (puede llover = "quizá llueva"). ■ **2** (*col*) Ser capaz de vencer [a alguien] en un combate. *Tb fig.* **b)** Irritar o hacer perder la paciencia [a alguien (*cd*)].

B *intr* **3** Tener poder[2] [1]. *Seguido de un adv de cantidad.* * No es nadie ni puede nada. * Es un hombre que puede mucho. ■ **4** Conseguir dominar [a alguien o algo (*compl* CON) que ofrece o supone alguna dificultad]. **b)** Soportar o tolerar [a alguien o algo (*compl* CON)]. *Gralm en constr negativa. Tb sin compl.* ■ **5 no ~ más.** Haber llegado al límite de la resistencia o capacidad. ■ **6 no ~** [alguien] **por menos,** *o* **no ~ menos, de** (*más raro,* **que)** + *infin* = NO PODER EVITAR + *infin.* * No pude menos de sonreír. ■ **b) no ~** [algo] **por menos,** *o* **no ~ menos, de** (*más raro* **que)** + *infin* = *v correspondiente al infin en el tiempo en que aparece* PODER + INEVITABLEMENTE (no pudo menos de suceder = "sucedió inevitablemente").

II *loc adv* **7 a más no ~.** Con la máxima intensidad. **b) hasta más no ~.** Llegando al límite en la intensidad. ■ **8 a ~ ser.** Si es posible.

poder[2] **I** *m* **1** Facultad de mandar o de actuar. ■ **2** Capacidad o aptitud. ■ **3** Fuerza o vigor. *Tb fig.* ■ **4** Gobierno o administración de un Estado. **b)** Aspecto de los varios que se presentan en el gobierno de un Estado. *Con un adj especificador.* **c) los ~es públicos.** Los organismos del Estado. **d)** ~ **fáctico.** Institución de las que por su importante peso social pueden influir de hecho en la política del país. *Frec en pl y referido esp a un banco, el ejército o la Iglesia.* **e) el cuarto ~.** (*lit*) La prensa o los medios de comunicación. ■ **5** Escrito que da capacidad legal a una pers. para actuar en nombre de otra u otras. *Frec en pl con sent sg.* ■ **6** Posesión actual. *Gralm en la constr* EN ~ + *compl de posesión*.

II *loc v* **7 hacer un ~.** (*col*) Esforzarse [alguien] en hacer algo que ha manifestado serle imposible. *Gralm en la constr exhortativa* HAZ UN ~.

III *loc adv* **8 de ~ a ~.** De igual a igual. *Tb adj.* **b)** (*Taur*) Sin ventaja alguna, partiendo al tiempo el toro y el torero de sus respectivos terrenos. ■ **9 por ~es,** *o* **por ~.** Con intervención de un apoderado.

poderdante *m y f (Der)* Pers. que da a otra poder[2] [5] o facultades para que la represente o actúe en su nombre.

poderhabiente *m y f (Der)* Pers. que tiene poder[2] [5] de otra para representarla o actuar en su nombre.

poderío *m* Poder[2] [1, 2 y 3]. *Gralm con intención ponderativa.*

poderosamente *adv* Mucho o fuertemente. *Gralm con vs como* INFLUIR *o* LLAMAR LA ATENCIÓN.

poderoso -sa *adj* Que tiene poder[2] [1, 2 y 3]. **b)** [Pers.] rica e influyente. *Tb n.*

podestá *m (hist)* En la Edad Media: Primer magistrado de algunas ciudades de Italia y del sur de Francia.

podio *m* **1** Pequeña plataforma elevada sobre la que se coloca a una pers. para ponerla en lugar visible. **b)** Plataforma sobre la que se coloca a los vencedores de una prueba deportiva. **c)** Plataforma sobre la que actúa el director de orquesta. ■ **2** (*Arquit*) Pedestal continuo que soporta una serie de columnas.

pódium *m* Podio.

podograma *m* (*Med*) Impresión gráfica de la planta del pie.

podología *f* Especialidad médica que trata de las afecciones y deformidades de los pies, cuando el tratamiento de estas no rebasa los límites de la cirugía menor.

podológico -ca *adj* De (la) podología.

podólogo -ga *m y f* Especialista en podología.

podómetro *m* (*E*) Aparato que sirve para contar el número de pasos que da quien lo lleva y la distancia recorrida.

podón *m* Podadera grande y fuerte.

podona *f* (*reg*) Podadera.

podre I *f* (*lit o reg*) **1** Podredumbre [1]. *Tb fig.* ■ **2** Pus.
II *adj* **3** (*reg*) Podrido.

podredumbre *f* **1** Putrefacción. *Frec fig.* ■ **2** Enfermedad de las plantas que destruye los tejidos.

podrido -da *adj* **1** *part* → PUDRIR. ■ **2** *Se usa como elemento enfático siguiendo a* MENTIRA. * ¡Mentira podrida! ■ **3** (*col*) Muy enfermo. ■ **4** [Olla] **podrida** → OLLA.

podrir → PUDRIR.

podsol *m* (*Geol*) Suelo ceniciento y muy deslavado, propio de regiones húmedas y frías con bosques de coníferas.

podsólico -ca *adj* (*Geol*) De(l) podsol.

podsolización *f* (*Geol*) Acción de podsolizar.

podsolizar *tr* (*Geol*) Transformar en podsol.

poema *m* **1** Obra de poesía [1]. **b)** ~ **en prosa.** Obra de poesía [1] en que se prescinde del verso. ■ **2** (*humoríst*) Cosa cómica o ridícula. *Normalmente en las constrs* SER (TODO) UN ~, *o* ESTAR HECHO UN ~. ■ **3** ~ **sinfónico.** Obra musical para orquesta, sin forma fija y de programa, inspirada esp. en una obra literaria.

poemario *m* (*lit*) Libro de poemas [1].

poemático -ca *adj* **1** De(l) poema [1]. ■ **2** Que tiene carácter de poema [1].

poesía *f* **1** Género literario que expresa o sugiere algo por medio del ritmo (esp. en verso), la armonía y la imagen. ■ **2** Poema [1a]. ■ **3** Conjunto de las cualidades no formales que se consideran esenciales de la poesía [1]. **b)** Belleza o encanto que suscitan emociones semejantes a las de la poesía [1]. ■ **4** (*hist*) Género literario que comprende todas las obras cuyo fin es la creación de belleza. ■ **5** Conjunto de (las) obras de poesía [1 y 4].

poeta -tisa (*en f, tb* POETA) *m y f* **1** Pers. que compone obras de poesía [1 y 4]. **b)** Pers. que hace versos. ■ **2** Escritor o artista cuya obra tiene poesía [3]. ■ **3** Pers. dotada de sensibilidad poética.

poetastro -tra *m y f* (*desp*) Mal poeta [1].

poéticamente *adv* **1** De manera poética [1 y 2]. ■ **2** En el aspecto poético [1].

poeticidad *f* Cualidad de poético.

poético -ca I *adj* **1** De (la) poesía. **b)** [Licencia] **poética,** [narciso] ~ → LICENCIA, NARCISO. ■ **2** Que tiene poesía [3].
II *f* **3** Tratado sobre los principios y reglas de la poesía [1 y 4]. **b)** Teoría o concepto de la poesía [1]. ■ **4** Poesía [5].

poetisa → POETA.

poetización *f* Acción de poetizar.

poetizador -ra *adj* Que poetiza.

poetizar A *tr* **1** Dar carácter poético [a algo (*cd*)]. **b)** Dar forma poética [a algo (*cd*)]. B *intr* **2** Componer poesías [2].

pogo *m* Cierto baile moderno que consiste en dar saltos sobre un mismo sitio.

pogrom (*pl normal,* ~ *o* ~s) *m* Manifestación violenta de antisemitismo con pillaje y matanzas. *A veces referido a otros grupos étnicos.*

pogromo *m* Pogrom.

poilu (*fr; pronunc corriente,* /pualú/) *m* (*raro*) Soldado francés, esp. de la primera Guerra Mundial.

póinter (*pl normal,* ~s) *adj* [Perro] de muestra de origen inglés, gralm. blanco con manchas negras. *Frec n m.*

poiquilotermo -ma *adj* (*Biol*) [Organismo, esp. animal] de temperatura variable según el medio ambiente.

poise (*fr; pronunc corriente,* /puás/) *m* (*Fís*) En el sistema *CGS*: Unidad de viscosidad, equivalente a un gramo por centímetro y segundo.

poitevino -na *adj* De la región de Poitou, o de Poitiers (Francia). *Tb n, referido a pers.*

poitrine (*fr; pronunc corriente,* /puatrín/) *f* (*euf, col*) Pechos (de mujer).

póker → PÓQUER.

polacada *f* (*lit*) Acto despótico o arbitrario.

polaco -ca I *adj* **1** De Polonia. *Tb n, referido a pers.* ■ **2** (*jerg*) Catalán. *Tb n, referido a pers.*
II *m* **3** Idioma de Polonia. ■ **4** (*hist*) En el *s* XVIII *y comienzos del* XIX: Componente del bando de los partidarios del teatro del Príncipe, de Madrid, en rivalidad con el de los partidarios del teatro de la Cruz.

polacra *f* (*hist*) Buque de dos palos enterizos sin cofas ni crucetas y con velas cuadradas.

polaina *f* **1** Prenda, gralm. de paño o cuero, que cubre la pierna hasta la rodilla. ■ **2** Prenda de bebé, consistente en un pantalón que cubre también el pie.

polaneco -ca *adj* De Polán (Toledo). *Tb n, referido a pers.*

polanquino -na *adj* De Polanco (Cantabria). *Tb n, referido a pers.*

polar *adj* **1** De(l) polo o de (los) polos. **b)** (*Electr*) [Pieza] que prolonga el núcleo de un electroimán y aumenta la sección de penetración del flujo magnético. ■ **2** (*Quím*) [Molécula] que presenta polaridad [1]. ■ **3** Totalmente opuesto.

polaridad *f* **1** (*Fís*) Propiedad que permite distinguir polos eléctricos o magnéticos en un cuerpo o sistema. *Tb fig.* ■ **2** (*lit*) Polo (extremo).

polarimetría *f* (*Fís*) Análisis mediante polarímetro.

polarimétrico -ca *adj* (*Fís*) De (la) polarimetría o de(l) polarímetro.

polarímetro *m* (*Fís*) Instrumento para medir el sentido y la extensión del poder rotatorio de un cuerpo sobre la luz polarizada.

polariscopio *m* (*Fís*) Instrumento para comprobar si una luz está o no polarizada.

polarización *f* Acción de polarizar(se).

polarizador -ra *adj* Que polariza. *Tb n m, referido a aparato.*

polarizante *adj* Que polariza [1].

polarizar *tr* **1** (*Fís*) Modificar [rayos luminosos u ondas] mediante reflexión o refracción, de modo que queden incapaces de reflejarse o refractarse de nuevo en determinadas direcciones. ■ **2** Concentrar [alguien o algo la atención o el interés]. **b)** *pr* (~**se**) Concentrarse [la atención o el interés en algo]. ■ **3** Dirigir [alguien la atención o el interés hacia algo].

polarógrafo *m* (*Quím*) Instrumento para determinar la concentración y naturaleza de los iones en una solución.

polaroid (*n comercial registrado*) **I** *m* **1** Lámina transparente de resina sintética que polariza la luz. **II** *adj invar* **2** [Máquina fotográfica] que funciona con polaroid [1] y que permite obtener automáticamente la imagen positiva del objeto. *Tb n f. Tb referido al sistema correspondiente.*

polca (*tb con la grafía* **polka** *en acep 1*) **I** *f* **1** Danza bohemia del s. XIX, de movimiento rápido y en compás de dos por cuatro. *Tb su música.* ■ **2** (*col*) Riña o pelea. **II** *loc adj* **3** [El año] **de la ~** → AÑO.

pólder (*pl normal,* ~**s**) *m* Terreno pantanoso ganado al mar y que, una vez desecado, se dedica al cultivo. *Gralm referido a los Países Bajos.*

pole (*ing; pronunc corriente,* /pól/) *f* (*Dep*) Pole position.

polea *f* Rueda, que gira libremente sobre un árbol o solidaria de sus movimientos, por cuyo cerco pasa una cuerda o correa y que sirve para levantar pesos o transmitir un movimiento. *Frec con un adj especificador:* FIJA, MÓVIL, *etc.*

poleadas *f pl* Gachas (comida).

polemarca *m* (*hist*) Polemarco.

polemarco *m* (*hist*) **1** *En la antigua Grecia:* Arconte encargado de los asuntos de la guerra. ■ **2** *En la antigua Grecia:* Jefe de un ejército.

polémicamente *adv* De manera polémica.

polémico -ca **I** *adj* **1** De (la) polémica [5]. ■ **2** Que es objeto de críticas o protestas. ■ **3** Que critica o censura. ■ **4** (*Mil*) [Zona] en que para la defensa de una plaza o fortificación se establecen excepciones legales y gubernativas. **II** *f* **5** Discusión o controversia, esp. por escrito.

polemista **I** *m y f* **1** Escritor que sostiene polémicas [5]. **II** *adj* **2** Que tiende a la polémica [5]. *Tb n, referido a pers.*

polemizador -ra *adj* **1** Que polemiza. *Tb n, referido a pers.* ■ **2** Relativo a la acción de polemizar.

polemizante *adj* Que polemiza. *Tb n, referido a pers.*

polemizar *intr* Sostener una polémica [5].

polemología *f* (*E*) Estudio sociológico de la guerra.

polemológico -ca *adj* (*E*) De (la) polemología.

polen *m* Polvo producido en las anteras y formado por granos microscópicos que contienen los gametos masculinos de las plantas.

polenta *f* Gachas de harina de maíz.

poleo *m* Planta labiada de olor agradable y flores azuladas o moradas, que se usa para infusiones (*Mentha pulegium*). *Tb su infusión.*

pole position (*ing; pronunc corriente,* /pól-posíʃon/) *loc n f* (*Dep*) Primera posición en la línea de salida de una carrera de coches o motos. *Tb fig.*

poleso -sa *adj* De Pola de Siero (Asturias). *Tb n, referido a pers.*

poli (*col*) **A** *f* **1** Policía (cuerpo). **B** *m y f* **2** Policía (miembro).

poli- *r pref* Múltiple. * Polisensibilidad. * Polivocal.

poliadelfo -fa *adj* (*Bot*) [Estambre] que está soldado a otros por el filamento, formando tres o más haces. *Gralm en pl. Tb dicho de la flor correspondiente.*

polialcohol *m* (*Quím*) Cuerpo que posee varias veces la función alcohol.

poliamida *f* (*Quím*) Compuesto caracterizado por la presencia de más de un grupo amida.

poliandra *adj* (*Sociol*) [Mujer] que tiene varios maridos a la vez. *Tb n.*

poliandria *f* (*Sociol*) Condición o estado de poliandra.

poliándrico -ca *adj* (*Sociol*) De (la) poliandria.

poliantea *f* (*hist*) Libro formado por una colección de noticias diversas.

poliaquenio *m* (*Bot*) Fruto formado por numerosos aquenios.

poliarquía *f* Gobierno de muchos.

poliárquico -ca *adj* De (la) poliarquía.

poliartritis *f* (*Med*) Artritis que afecta simultáneamente a varias articulaciones.

poliatómico -ca *adj* (*Quím*) Compuesto de muchos átomos.

polibán *m* Bañera pequeña con asiento.

policarbonato *m* (*Quím*) Se da este n a varios *polímeros termoplásticos caracterizados por su dureza y resistencia.*

policarpelar *adj* (*Bot*) Que tiene varios carpelos.

policéfalo -la *adj* (*lit*) Que tiene varias cabezas. *Tb fig.*

policéntrico -ca *adj* De varios centros, o que tiene varios centros.

polichinela *m* Personaje burlesco y deforme de las farsas y pantomimas italianas.

policía (*gralm con mayúscula en acep 1*) **I** *n* **A** *f* **1** Cuerpo encargado del mantenimiento del orden público y de la seguridad de los ciudadanos. *Frec con un compl especificador:* NACIONAL, URBANA, DE TRÁFICO. *Sin compl, gralm designa la Policía Nacional.* ■ **2** Cuidado o vigilancia [de algo]. ■ **3** (*lit*) Limpieza o aseo. **B** *m y f* **4** Miembro de la policía [1]. *Frec con un compl especificador.* **II** *adj invar* **5** [Perro] usado por la policía [1] en tareas de vigilancia y rastreo.

policíacamente (*tb* **policiacamente**) *adv* De manera policíaca.

policíaco -ca (*tb* **policiaco**) *adj* **1** De (la) policía [1]. ■ **2** [Literatura u obra literaria] que trata del esclarecimiento de un crimen más o menos misterioso. **b)** Propio de la literatura policíaca.

policial *adj* **1** De (la) policía [1]. ■ **2** (*raro*) Policíaco [2].

policialmente *adv* Desde el punto de vista policial [1].

policicio *m* (*Biol*) Agrupación de células en que los protoplasmas están separados por sus paredes celulares.

policíclico -ca *adj* (*Quím*) [Compuesto orgánico] cuya fórmula contiene varias cadenas cíclicas.

policitemia *f* (*Med*) Aumento anormal del número de glóbulos rojos de la sangre.

policlínico -ca I *adj* **1** [Hospital] que presta servicios de distintas especialidades médicas y quirúrgicas. *Frec n m*.
II *f* **2** Clínica con distintas especialidades médicas y quirúrgicas.

policopiar (*conjug* **1a**) *tr* Multicopiar.

policroísmo *m* (*Fís*) Propiedad de algunos cuerpos de presentar distinto color según se miren, debido a la polarización de la luz.

policromado *m* Acción de policromar. *Tb su efecto*.

policromador -ra *adj* Que policroma. *Frec n, referido a pers*.

policromar *tr* Pintar [algo] de varios colores. *Frec en part*.

policromía *f* **1** Cualidad de policromo. ■ **2** (*raro*) Conjunto policromo.

policrómico -ca *adj* (*raro*) Policromo.

policromo -ma (*tb* **polícromo**) *adj* De varios colores.

polidactilia *f* (*Med*) Existencia de uno o más dedos supernumerarios.

polideportivo -va *adj* [Conjunto o zona de instalaciones] de varios deportes. *Frec como n m*.

polidipsia *f* (*Med*) Sed excesiva.

polidrupa *f* (*Bot*) Fruto formado por varias drupas.

poliédrico -ca *adj* **1** (*Geom*) De(l) poliedro. **b)** Que tiene forma de poliedro. ■ **2** (*lit*) Que tiene muchas facetas o aspectos.

poliedro (*Geom*) I *adj* **1** [Ángulo] formado por varios planos que se cortan y concurren en un mismo vértice.
II *m* **2** Sólido limitado por superficies planas.

poliéster *m* Material sintético que consiste en un éster de peso molecular elevado, resultante del encadenamiento de numerosas moléculas de ésteres.

poliestireno *m* (*Quím*) Polímero termoplástico que resulta de la polimerización del estireno.

polietileno *m* (*Quím*) Materia plástica obtenida por polimerización del etileno.

polifacético -ca *adj* **1** [Pers.] que se dedica a diversas actividades o a distintas facetas de una actividad. **b)** Propio de la pers. polifacética. ■ **2** [Cosa] que ofrece varias facetas o aspectos.

polifacetismo *m* Cualidad de polifacético.

polifásico -ca *adj* (*Electr*) [Sistema de corrientes] alternas o sinusoidales de igual frecuencia pero desfasadas entre sí.

polifilético -ca *adj* (*Biol*) Que procede de un origen múltiple.

polifolículo *m* (*Bot*) Fruto compuesto de varios folículos.

polifonía *f* Música compuesta por varias partes melódicas relativamente independientes pero relacionadas armónicamente entre sí. **b)** Canto a varias voces.

polifónicamente *adv* De manera polifónica.

polifónico -ca *adj* **1** De (la) polifonía. *Tb n f, referido a agrupación*. ■ **2** (*Fon*) [Letra] capaz de representar varios sonidos diferentes.

polifonismo *m* Cultivo o técnica de la polifonía.

polifonista *m* y *f* Compositor de música polifónica.

poliforme *adj* (*raro*) Polimorfo.

polígala *f* Se da este *n* a diversas plantas herbáceas o leñosas de clima templado, de propiedades medicinales, y pertenecientes al gén *Polygala*, esp *P. rupestris* (~ RUPESTRE), *P. amara* (~ AMARGA *u* OFICINAL) *y P. senega* (~ DE VIRGINIA).

poligamia *f* Condición o estado de polígamo [1, esp. 1a]. *Tb el régimen familiar correspondiente*.

polígamo -ma *adj* **1** [Pers.] que está casada o mantiene relación sexual con varias perss. a la vez. *Normalmente referido a hombre. Tb n*. **b)** [Animal] que se aparea con varias hembras. **c)** (*Bot*) [Planta] que tiene a la vez flores hermafroditas y unisexuales. ■ **2** De (las) perss., animales o plantas polígamos [1]. ■ **3** De (la) poligamia.

poligástrico -ca *adj* (*Zool*) [Animal] que tiene varios sacos alimenticios o estómagos.

poliginia *f* (*Sociol*) Forma de matrimonio en que el hombre puede estar unido a dos o más mujeres reconocidas.

poliglobulia *f* (*Med*) Exceso de glóbulos rojos en la sangre.

políglota (*tb, raro*, **poliglota**; → POLÍGLOTO) *adj* **1** [Pers.] que habla varias lenguas. *Tb n*. ■ **2** [Texto] que está en varias lenguas.

poliglotía *f* (*raro*) Poliglotismo.

poliglotismo *m* Condición de políglota.

polígloto -ta (*tb, raro*, **poligloto**) *adj* (*lit*) Políglota. *Tb n: m y f, referido a pers; f, referido a Biblia*.

poligonácea *adj* (*Bot*) [Planta] dicotiledónea herbácea o arbustiva, con hojas simples provistas de ócrea, flores pequeñas hermafroditas y fruto en aquenio. *Frec como n f en pl, designando este taxón botánico*.

poligonal *adj* De(l) polígono[1] [1]. **b)** Que tiene forma de polígono[1] [1].

poligonato *m* Sello de Salomón (planta).

polígono[1] *m* **1** Superficie plana limitada por una línea quebrada cerrada. ■ **2** Superficie delimitada de terreno que constituye una unidad por su finalidad o por su consideración urbanística. *Gralm con un compl especificador*: INDUSTRIAL, DE TIRO, *etc*.

polígono[2]. ~ **trepador**. *m* Planta anual de tallos ramosos y flores blancas en fascículos que crece como mala hierba en los cultivos (*Polygonum convolvulus*).

poligrafía *f* Obra de varios autores sobre materias diversas, o colección de obras de uno o varios autores sobre materias diversas.

poligráfico -ca *adj* De(l) polígrafo.

polígrafo -fa A *m y f* **1** Autor que escribe sobre materias diferentes.
B *m* **2** (*Med*) Instrumento que registra simultáneamente una serie de constantes fisiológicas. **b)** Detector de mentiras.

polihíbrido -da *adj* (*Biol*) [Híbrido] cuyos generadores difieren en tres o más caracteres. *Tb n m.*

polilla[1] *f* Pequeña mariposa nocturna de color grisáceo o amarillento, cuyas larvas dañan a menudo tejidos, pieles y sustancias alimenticias. *Frec con un compl especificador:* ~ DE LA CERA (*Galleria mellonella*), ~ DE LA HARINA (*Pyralis farinalis*), ~ DE LA ROPA (*Tineola bisselliella*), ~ DE LOS CEREALES (*Sitotroga cerealella*), etc.

polilla[2] *m* (*argot Mil*) Alumno del Colegio de Guardias Jóvenes, de la Guardia Civil.

polilobulado -da *adj* (*Arquit*) Que tiene muchos lóbulos.

polimerasa *f* (*Biol*) Enzima que cataliza la formación de DNA y RNA.

polimería *f* (*Quím*) Hecho de estar unidas entre sí varias moléculas de un cuerpo, originando otro cuya composición es la misma que la del cuerpo original pero cuyo peso molecular es múltiplo del de aquel.

polimérico -ca *adj* (*Quím*) Polímero [1].

polimerizable *adj* (*Quím*) Que puede polimerizarse.

polimerización *f* (*Quím*) Acción de polimerizar(se).

polimerizar *tr* (*Quím*) Transformar en polímero [1]. **b)** *pr* (~se) Transformarse en polímero [1].

polímero -ra *adj* **1** (*Quím*) [Compuesto] cuya molécula se halla constituida por la unión de varias moléculas idénticas. *Tb n m. Se opone a* MONÓMERO. ■ **2** (*Bot*) Compuesto de varias partes.

polimetálico -ca *adj* Que contiene varios metales.

polimetría *f* (*TLit*) Empleo de metros diversos en una misma composición poética.

polimétrico -ca *adj* (*TLit*) Que presenta polimetría.

poli-mili *m y f* (*col*) Miembro de la rama político-militar de la organización terrorista ETA.

polimorfia *f* Polimorfismo [1a].

polimorfismo *m* **1** Cualidad de polimorfo. **b)** (*CNat*) Existencia de más de una clase de individuos en una misma especie. **c)** (*Mineral*) Propiedad de una sustancia de cristalizar en varios sistemas diferentes sin que cambie su composición química.

polimorfo -fa *adj* Que tiene o puede tener distintas formas.

polinación *f* (*Bot*) Emisión del polen.

polinar *intr* (*Bot*) Soltar [las anteras (*suj*)] el polen.

polinésico -ca *adj* Polinesio.

polinesio -sia *adj* De la Polinesia. *Tb n, referido a pers.*

polineurítico -ca *adj* (*Med*) De (la) polineuritis.

polineuritis *f* (*Med*) Inflamación simultánea de varios nervios periféricos.

polínico -ca *adj* (*Bot*) De(l) polen.

polinización *f* (*Bot*) Acción de polinizar.

polinizador -ra *adj* (*Bot*) Que poliniza.

polinizar *tr* (*Bot*) Transportar el polen a los estigmas [de una flor (*cd*)].

polinómico -ca *adj* (*Mat*) Que tiene forma de polinomio.

polinomio *m* (*Mat*) Expresión algebraica compuesta de dos o más monomios unidos por los signos más o menos.

polinosis *f* (*Med*) Trastorno alérgico producido por el polen. **b)** Fiebre del heno (→ FIEBRE).

polinuclear *adj* (*Biol*) Que tiene varios núcleos. *Tb n m, referido a leucocito.*

polinucleosis *f* (*Med*) Presencia de gran número de leucocitos polinucleares en la sangre o en un exudado.

polio *f* Poliomielitis.

polioencefalitis *f* (*Med*) Inflamación de la sustancia gris del encéfalo.

poliol *m* (*Quím*) Polialcohol.

poliomielítico -ca *adj* **1** De (la) poliomielitis. ■ **2** Que padece poliomielitis. *Tb n, referido a pers.*

poliomielitis *f* Enfermedad causada por lesión de las astas anteriores de la médula y cuyos síntomas principales son la atrofia y parálisis muscular.

poliorcético -ca (*Mil*) **I** *adj* **1** De (la) poliorcética [2].
II *f* **2** Arte de atacar y defender plazas fuertes.

poliosido *m* (*Quím*) Polisacárido.

polipasto *m* Polispasto.

polipéptido *m* (*Quím*) Compuesto formado por la unión de más de tres aminoácidos.

polipero (*tb* **polípero**) *m* Masa calcárea y gralm. arborescente que constituye el esqueleto común de una colonia de pólipos [1].

polipiel *m* Piel sintética.

polipnea *f* (*Med*) Respiración rápida.

pólipo *m* **1** Celentéreo en forma de saco con tentáculos alrededor de la boca, que vive fijo en el fondo del agua. ■ **2** (*Med*) Tumor blando, gralm. pediculado, que se forma esp. en las mucosas de la nariz, la vagina o la matriz.

polipodiácea *adj* (*Bot*) [Planta] de la familia de helechos cuyo tipo es el polipodio. *Frec como n f en pl, designando taxón botánico.*

polipodio *m* Helecho cuyo rizoma, de sabor parecido al regaliz, se usa como laxante (*Polypodium vulgare*).

políporo *m* Hongo basidiomiceto de cuerpo carnoso, coriáceo o leñoso, algunas de cuyas especies son comestibles (gén. *Polyporus* y otros).

polipropileno *m* (*Quím*) Materia plástica obtenida por polimerización del propileno.

políptico *m* **1** (*Arte*) Obra de pintura o escultura compuesta de más de tres paneles que se doblan unos sobre otros. ■ **2** (*hist*) En la antigua Roma: Conjunto de cuatro o más tablillas escritas unidas entre sí.

poliptoton *f* (*TLit*) Figura que consiste en repetir una palabra en distintas formas gramaticales dentro de una misma frase.

poliqueto *adj* (*Zool*) [Gusano anélido] caracterizado por respiración branquial, sexos separados, metamería evidente y parápodos arrollados, y cuyas especies son gralm. marinas. *Frec como n m en pl, designando este taxón zoológico.*

polirrizo *adj* (*Gram*) [Verbo] que forma su flexión con dos o más raíces diferentes.

polis *f* **1** (*lit*) Ciudad, como lugar de convivencia. ■ **2** (*hist*) *En la antigua Grecia:* Ciudad-estado.

polisacárido *m* (*Quím*) Hidrato de carbono formado por varias moléculas de un azúcar simple.

polisario -ria *adj* Del Frente Polisario (movimiento independentista del antiguo Sáhara español). *Tb n, referido a pers.*

polisemia *f* (*Ling*) **a)** Pluralidad de significados de una palabra. **b)** (*lit*) Pluralidad de significados de una obra de arte, esp. literaria.

polisémico -ca *adj* (*Ling*) [Palabra o morfema] que tiene varios significados.

polisílabo -ba *adj* (*Gram*) De varias sílabas. *Tb n m, referido a palabra.*

polisilogismo *m* (*Filos*) Cadena de silogismos en que la conclusión de uno sirve de premisa para el siguiente.

polisindético -ca *adj* (*Gram y TLit*) De(l) polisíndeton.

polisíndeton *m* (*Gram y TLit*) Uso, por motivos de expresividad, de más conjunciones de las necesarias para la comprensión lógica de la frase.

polisinodia (*tb* **polisinodía**) *f* (*Pol*) Forma de gobierno en que cada ministro es reemplazado por un consejo.

polisón *m* (*hist*) Armazón o almohadilla que, sujeta a la cintura, ahueca la falda por detrás.

polispasto *m* Máquina constituida por un sistema de poleas, unas fijas y otras móviles.

polispermo -ma *adj* (*Bot*) Que tiene varias semillas.

polissoir (*fr; pronunc corriente,* /polisuár/) *m* (*hoy raro*) Utensilio para pulir las uñas.

polista *m y f* Jugador de polo³.

polisulfuro *m* (*Quím*) Sulfuro más rico en azufre que el normal.

politburó *m En la antigua Unión Soviética y otros países comunistas:* Comité que ejerce la suprema autoridad política.

politécnico -ca *adj* De (las) ciencias aplicadas. *Normalmente referido a centro de enseñanza; en este caso, tb n f.*

politeísmo *m* Creencia en varios dioses.

politeísta *adj* **1** De(l) politeísmo. ■ **2** Que cree en varios dioses. *Tb n, referido a pers.*

politeno *m* (*Quím*) Material plástico, polímero del etileno.

política → POLÍTICO.

políticamente *adv* **1** De manera política. ■ **2** En el aspecto político [1a].

politicastro -tra *m y f* (*desp*) Político [2a] inhábil o inmoral.

politicismo *m* (*desp*) Politización excesiva.

político -ca **I** *adj* **1** De (la) política [5a y 6a]. **b)** [Derecho] que regula el orden y funcionamiento de los poderes del Estado y sus relaciones con los ciudadanos. **c)** [Economía] **política** → ECONOMÍA. **d)** [Geografía] que trata su objeto desde el punto de vista de la distribución en estados. **e)** [Mapa] que representa las divisiones en estados o provincias [de un territorio]. **f)** [Sociedad] organizada en forma política [1a]. ■ **2** [Pers.] que interviene en política [5a]. *Tb n.* **b)** De los políticos. **c)** [Partido] ~ → PARTIDO². ■ **3** Hábil o diplomático. ■ **4** [Pariente] consanguíneo de la pers. con quien [alguien (*compl de posesión*)] está casado. **b)** Propio de los parientes políticos.

II *f* **5** Actividad relativa al gobierno de la sociedad. **b)** **política-ficción.** Divagación imaginaria de carácter político [1a]. ■ **6** Actuación del poder respecto a los asuntos públicos en general o respecto a un campo determinado de ellos. *Gralm con un compl especificador.* **b)** *En el ámbito privado:* Conjunto de orientaciones o directrices que rigen una actuación. ■ **7** Habilidad o diplomacia.

politicólogo -ga *m y f* Politólogo.

politiquear *intr* (*desp*) Hacer política [5a].

politiqueo *m* (*desp*) Acción de politiquear.

politiquería *f* (*desp*) Politiqueo.

politiquero -ra *adj* (*desp*) [Pers.] que politiquea o es amiga de politiquear. *Tb n.* **b)** De (los) politiqueros.

politización *f* Acción de politizar(se). *Tb su efecto.*

politizante *adj* **1** Que politiza. ■ **2** Que tiende a político [1a].

politizar *tr* Dar carácter político [1a y 2] [a alguien o algo (*cd*)]. **b)** *pr* (~se) Tomar carácter político [1a y 2] [alguien o algo].

politología *f* Ciencia política [1a].

politológico -ca *adj* De (la) politología.

politólogo -ga *m y f* Especialista en politología.

politonal *adj* (*Mús*) Que tiene diversas tonalidades.

politraumatismo *m* (*Med*) Traumatismo múltiple.

polítrico (*tb* **politrico**) *m* Musgo común en el suelo de los bosques húmedos de las regiones templadas y frías (*Polytrichum commune*).

poliuretano *m* Resina obtenida por condensación de poliésteres, caracterizada por su poca densidad.

poliuria *f* (*Med*) Secreción y excreción de gran cantidad de orina.

polivalencia *f* Cualidad de polivalente.

polivalente *adj* Que tiene varios valores o capacidades. **b)** (*E*) Que actúa contra varios microbios o agentes nocivos.

polivinílico -ca *adj* De(l) polivinilo.

polivinilo *m* Resina termoplástica obtenida por polimerización de un derivado del vinilo.

póliza *f* **1** Documento justificativo de un contrato de seguros, de una operación de bolsa o de otra negociación comercial. *Frec con un compl especificador.* ■ **2** Sello suelto con que se satisface el impuesto del timbre en determinados documentos.

polizón *m* Pers. que viaja clandestinamente en un barco o en un avión.

polizonte *m* (*col, desp*) Policía (miembro).

poljé (*tb* **polje**) *m* (*Geol*) Gran depresión cerrada y alargada, propia de las regiones cársticas.

polka → POLCA.

polla → POLLO[1].

pollada *f* Conjunto de pollos[1] [1a] que saca de una vez un ave. *Tb fig.*

pollastre *m*   **1** Pollo[1] [1b].   ■   **2** (*hoy raro*) Pollo[1] [2].

pollear *intr* (*col*) Ser adolescente y comportarse como tal. *Tb* (*lit*) *fig.*

pollera[1] *f*   **1** (*hoy raro*) Andador de mimbre en forma de campana.   ■   **2** (*reg*) Falda de vuelo.   ■   **3** (*hist*) Falda que se pone sobre el guardainfante.

pollera[2] → POLLERO.

pollería *f* Tienda en que se venden pollos[1] [1b] y otras aves para el consumo.

pollero -ra I *adj*   **1** (*raro*) De(l) pollo[1] [1b].   II *m y f*   **2** Pers. que cría o vende pollos[1] [1b].

pollezno *m* (*raro*) Pollo[1] [1a].

pollino -na *m y f*   **1** Asno (mamífero).   ■   **2** (*col*) Pers. torpe e ignorante. *Tb adj.*

pollito -ta A *m y f*   **1** Cría pequeña de gallina, esp. cuando está en plumón.   **B** *f*   **2** Cría joven de gallina que comienza a poner huevos.   ■   **3** (*col, hoy raro*) Muchacha (mujer adolescente).

pollo[1] **-lla** I *n* A *m y f*   **1** Cría [de un ave]. *Gralm sin compl, esp referido a la gallina.*   **b**) *Esp*: Cría joven de gallina.   **B** *m*   **2** (*hoy raro*) Hombre joven. *A veces con intención desp. Tb* (*raro*) *adj.*   **b**) ~ **pera** → PERA.   **C** *f*   **3** (*vulg*) Pene.   **b**) *Vacío de significado, y a veces en pl, se usa para reforzar o marcar la intención desp de la frase. Tb* POLLAS EN VINAGRE. * Tenemos comido el tarro con tanta liberación de la mujer y tanta polla. * Letreritos, petarditos y pollas en vinagre.   ■   **4 polla de agua.** Ave zancuda de unos 30 cm, con pico rojo y plumaje negruzco, blanco en los flancos y en la parte inferior de la cola (*Gallinula chloropus*).   ■   **5 polla de mar.** (*reg*) Cabracho.   ■   **6 polla lisa.** (*vulg*) Buena suerte. *Gralm en la constr* TENER LA POLLA LISA.   II *adj*   **7** [Culo] **de ~**, [salicor] **~** → CULO, SALICOR.   III *loc v y fórm or* (*vulg*)   **8 comer la polla.** Hacer la felación [a un hombre].   ■   **9** (**y**) **una polla** (**como una olla**). *Se usa como negación enfática, con desprecio hacia lo que se acaba de oír.* * —El Estado ofrece las mismas oportunidades a todos. —Y una polla como una olla.

pollo[2] *m* (*vulg*) Escupitajo o esputo.

pollo[3] *m* (*jerg*) Lío o jaleo. *Frec con el v* MONTAR.

polluela *f* Ave zancuda de unos 20 cm, con pico corto y plumaje pardo en el dorso y gris azulado en el pecho en algunas especies (gén. *Porzana*). *Diversas especies se distinguen por medio de adjs o compls*: ~ PINTOJA (*P. porzana*), ~ CHICA (*P. pusilla*), ~ BASTARDA (*P. parva*).

polluelo *m* Cría de gallina cuando aún está en plumón.

polo[1] *m*   **1** Extremo de los dos del eje de rotación de un cuerpo esférico.   **b**) Punto de la superficie terrestre correspondiente a un polo. *Tb* ~ GEOGRÁFICO.   **c**) **~ magnético.** Punto de los dos de la superficie terrestre hacia los que se orienta la brújula.   ■   **2** Región contigua a un polo [1b] terrestre. *Gralm con*

los *adjs* NORTE o SUR.   ■   **3** Extremo de los dos de un circuito eléctrico. *Gralm con los adjs* POSITIVO o NEGATIVO.   ■   **4** Extremo de los dos de un imán, en que su fuerza atractiva es máxima.   ■   **5** (*Mat*) Extremo de los dos del diámetro [de una circunferencia o de un círculo].   ■   **6** (*Biol*) Extremo de los dos del huso acromático.   ■   **7** Extremo de los dos que se consideran opuestos [en algo (*compl de posesión*)]. *Frec sin compl, por consabido.*   ■   **8** Punto destacado [de desarrollo industrial o de otra actividad (*adj o compl especificador*)]. *Tb sin compl, por consabido.*   **b**) Punto destacado [de atracción o de interés].

polo[2] (*n comercial registrado*) *m* Helado consistente en un pequeño bloque de hielo aromatizado con distintas esencias, de forma gralm. prismática y con un palito en su base.

polo[3] I *m*   **1** Deporte similar al hockey, que se practica a caballo y con mazos de mango largo.   ■   **2** (*raro*) Deporte similar al polo [1], que se juega en bicicleta.   ■   **3 ~ acuático.** (*raro*) Waterpolo.   ■   **4** Jersey de cuello camisero y abierto hasta la parte superior del pecho. *Frec* CAMISA ~.   II *adj invar*   **5** [Cuello] propio del polo [4].

polo[4] *m* Cierto canto popular andaluz, perteneciente al cante hondo.

polo[5] *m* (*hist*) Prestación personal impuesta a los indígenas filipinos por el impuesto de capitación o por no pagar tributo.

pololo *m* Pantalón bombacho femenino, esp. el usado para hacer gimnasia o como prenda interior de algunos trajes regionales. *Frec en pl con sent sg.*

polonés -sa I *adj*   **1** (*raro*) Polaco. *Tb n, referido a pers.*   II *f*   **2** Danza de origen polaco en compás de tres por cuatro. *Frec su música.*

polonio *m* (*Quím*) Elemento radiactivo, de número atómico 84, afín al teluro y al bismuto.

polovtsiano -na *adj* (*hist*) De un pueblo de lengua altaica habitante, en los ss. IX al XI, de algunas zonas del sur de Rusia, y de las estepas moldava y válaca.

poltrón -na I *adj*   **1** Perezoso u holgazán.   II *f*   **2** Sillón de gran comodidad. *Frec como símbolo de un cargo destacado, esp ministerial.*

poltronería *f* Cualidad de poltrón [1].

polución *f*   **1** Contaminación, esp. intensa, del ambiente. *Tb fig.*   ■   **2** Emisión involuntaria de semen.   **b**) Masturbación. *Tb* ~ VOLUNTARIA.

polucionante *adj* (*raro*) Que poluciona.

polucionar *tr* Contaminar [el ambiente], esp. de manera intensa.

polutante *adj* (*raro*) Contaminante. *Tb n m, referido a agente o producto.*

polutivo -va *adj* (*raro*) Contaminante.

poluto -ta *adj* (*lit*) Sucio o manchado.

polvadera *f* (*rur*) Polvareda.

polvareda *f*   **1** Nube de polvo.   ■   **2** Escándalo o revuelo. *Frec con el v* LEVANTAR.

polvera *f* Cajita o estuche para polvos de tocador.

polverío *m* (*reg*) Polvareda.

polvete *m* (*vulg*) Polvo [4]. *Gralm en la constr* ECHAR UN ~.

polvo I *m*   **1** Conjunto de partículas sólidas pequeñísimas que se levantan del suelo, flotan en el aire o cubren los objetos. ■ **2** Materia sólida reducida a partículas muy pequeñas. *Gralm en pl con un compl* DE *que especifica la materia, o en la constr* EN ~. **b)** *En pl:* Cosmético constituido por una mezcla de sustancias minerales en polvo, que se usa para colorear la piel del rostro y disimular sus imperfecciones. **c)** ~s **de arroz.** (*hist*) Cosmético constituido básicamente por polvo de arroz. **d)** ~s **de gas.** Cloruro de cal, empleado como desinfectante. **e)** ~s **de la madre Celestina.** Remedio maravilloso. ■ **3** **un ~**, *o* **unos ~s.** Una pequeña cantidad [de una materia pulverulenta]. ■ **4** (*vulg*) Acto sexual. *Gralm en la constr* ECHAR UN ~. ■ **5** (*jerg*) Droga en polvo, esp. heroína o cocaína. **b)** ~ **de ángel.** Fenciclidina. **II** *loc adj* **6 limpio de ~ y paja.** Limpio o neto. *Referido a cantidad de dinero.* **III** *loc v* **7 hacer ~** [a alguien o algo]. Destrozar[lo]. *Frec fig, con intención enfática.* **b) hacerse ~** [alguien o algo]. Destrozarse. *Frec en part.* ■ **8 matar el ~** → MATAR. ■ **9 morder el ~** (**de la derrota**). Resultar vencido o derrotado. *Tb fig.* ■ **10 sacudir el ~** [a alguien]. Pegar[le]. *Tb abs.* ■ **11 tener un ~**, *o* **estar para un ~.** (*vulg*) Ser atractivo sexualmente.

pólvora **I** *f* **1** Mezcla explosiva sólida, gralm. granulada, que se usa esp. para impulsar los proyectiles de las armas de fuego, para volar rocas o construcciones y en fuegos artificiales. *Frec con un adj o compl especificador de las distintas variedades.* **b)** ~ **mojada.** *Se usa como término de comparación referido a perss de ideas revolucionarias que, a la hora de la verdad, no actúan en consecuencia.* * Eres como la pólvora mojada. No vales para nada. ■ **2** Medio o esfuerzo que se emplea para conseguir un fin. *Gralm con el v* GASTAR *y frec en constrs como* GASTAR (LA) ~ EN SALVAS, *o* ÍRSELE LA ~ EN SALVAS, *para ponderar la inutilidad del esfuerzo.* **II** *loc v* **3 correr la ~.** Correr a caballo disparando armas de fuego, lo que constituye un festejo propio de los moros. ■ **4 descubrir**, *o* **inventar**, **la ~.** Descubrir como novedad algo conocido de todos. **b)** *Se usa normalmente en constr negativa para ponderar la falta de inteligencia o de perspicacia.* * Su hijo no ha descubierto la pólvora, desde luego. ■ **5 tirar con ~ ajena.** Gastar dinero ajeno. **III** *loc adv* **6 como reguero de ~.** Muy rápidamente. *Con vs como* CORRER *o* EXTENDERSE *y referido a noticias.*

polvorera *f* Recipiente para la pólvora [1a].

polvoriento -ta *adj* Que tiene mucho polvo [1].

polvorilla *m y f* (*col*) Pers. de genio vivo e inquieto.

polvorín *m* **1** Construcción destinada a almacenar explosivos. **b)** Cosa que amenaza con estallar en cualquier momento. ■ **2** Recipiente para pólvora [1a].

polvorista *m y f* Pirotécnico.

polvorón *m* Dulce pequeño, hecho con harina, azúcar y manteca, que se deshace en polvo al comerlo y se presenta envuelto en papel.

polvoroso -sa **I** *adj* **1** (*raro*) Polvoriento. **II** *loc v* **2 poner pies en polvorosa** → PIE.

polvoso -sa *adj* (*raro*) Polvoroso o polvoriento.

pom *interj* Imita el ruido de un golpe o una explosión. * De golpe, pom, todo por los aires.

poma *f* **1** (*lit o reg*) Manzana (fruta). ■ **2** ~ **rosa** → POMARROSA.

pomada *f* **1** Preparado medicamentoso de uso externo, compuesto de una o varias drogas activas incorporadas a una grasa animal o vaselina. ■ **2** (*col*) Círculo de la gente destacada o importante. *Gralm en la constr* ESTAR EN LA ~.

pomar *m* (*reg*) **1** Manzanar. ■ **2** Manzano.

pomarada *f* (*reg*) Manzanar.

pomarino. págalo ~ → PÁGALO.

pomarrosa (*tb con la grafía* **poma rosa**) *f* Fruto tropical semejante a la manzana, de sabor dulce y olor de rosa y con una sola semilla, producido por el árbol *Eugenia jambos*. *Tb este árbol.*

pomelo *m* Fruta semejante a la naranja, grande, amarilla y ácida, producida por los árboles *Citrus grandis* y *C. decumana o paradisi*. *Tb este árbol.*

pomeranio -nia *adj* De Pomerania (región perteneciente en su mayor parte a Polonia). *Tb n, referido a pers.*

pómez *f* Feldespato volcánico, muy poroso y ligero, usado esp. para desgastar y pulir. *Gralm* PIEDRA ~.

pomo *m* **1** Tirador o agarrador redondeado. ■ **2** Extremo de la guarnición de la espada, que está encima del puño. ■ **3** Frasco pequeño, esp. destinado a contener perfume. ■ **4** (*Bot*) Fruto de mesocarpio carnoso y endocarpio coriáceo que contiene varias semillas.

pomoidea *adj* (*Bot*) [Planta rosácea] de fruto en pomo [4]. *Frec como n f en pl, designando este taxón botánico.*

pomología *f* (*Agric*) Cultivo de frutos comestibles.

pomológico -ca *adj* (*Agric*) De (la) pomología.

pompa **I** *f* **1** Suntuosidad. ■ **2** Vanidad (cosa vana). ■ **3** ~s **fúnebres.** Ceremonias relativas al entierro de un difunto. ■ **4** ~ **de jabón.** Burbuja de agua jabonosa. *Tb simplemente* ~. **b)** *Frec se usa en constrs de sent comparativo para ponderar lo efímero de algo.* * Sus ilusiones se disiparon como pompa de jabón. **II** *loc adj* **5 en ~.** (*col*) [Culo] que queda en posición destacada, esp. al doblar el cuerpo hacia delante. *Tb adv.*

pompático -ca *adj* (*raro*) Pomposo.

pompeyano[1] **-na** *adj* (*hist*) De Pompeya (antigua ciudad de Italia). **b)** [Estilo] propio de las pinturas pompeyanas. **c)** De(l) estilo pompeyano.

pompeyano[2] **-na** *adj* Partidario del general romano Pompeyo († 48 a.C.). *Tb n, referido a pers.*

pompi → POMPIS.

pompier (*fr; pronunc corriente*, /pompié/; *pl normal*, ~ *o* ~s) *adj* (*desp*) **1** (*Pint*) [Arte o artista] que recurre a procedimientos efectistas. *Gralm referido a ciertos pintores franceses de finales del s* XIX. *Tb n. Tb fig, referido a otras artes.* **b)** De(l) arte pompier. ■ **2** (*raro*) Pretencioso.

pompierismo *m* Condición de pompier.

pompis (*tb, más raro*, **pompi**) *m* (*euf col*) Trasero. *Frec en lenguaje femenino.*

pompón *m* Bola de lana u otro género, que sirve de adorno. **b)** (*hist*) Esfera metálica o bola de estambre o seda con que se adorna la parte anterior y superior del morrión.

pomposamente *adv* De manera pomposa.

pomposidad *f* **1** Cualidad de pomposo. ■ **2** (*raro*) Cosa pomposa.

pomposo -sa *adj* **1** [Pers.] que en su aspecto o en su comportamiento hace ostentación de importancia. ■ **2** [Pers. o cosa, esp. estilo o modo de expresión] altisonante. ■ **3** [Cosa] que llama la atención por su lujo o suntuosidad. ■ **4** [Cosa] abultada y redondeada.

pómulo *m* Hueso de la mejilla. **b)** Parte saliente de la mejilla, correspondiente al pómulo.

pomuloso -sa *adj* De pómulos marcados.

ponche *m* **1** Bebida hecha con ron u otro licor, azúcar, agua o leche y a veces otros ingredientes, esp. huevo. ■ **2** Tarta de bizcocho borracho cubierto de mazapán y azúcar tostado, típica de Segovia.

ponchera *f* Recipiente para preparar ponche [1].

poncho I *m* **1** Prenda de abrigo propia de América del Sur, en forma de manta con una abertura en el centro para meter la cabeza.
II *loc v* **2 pisar el ~** [a alguien]. Aventajar[le].

poncil *adj* [Limón] de corteza amarilla, gruesa y rugosa. *Tb n m.*

poncio *m* (*humoríst*) Gobernador de una provincia.

ponderable *adj* **1** Que se puede pesar. *Tb n m, referido a objeto.* ■ **2** Que se puede ponderar.

ponderación *f* **1** Acción de ponderar. ■ **2** Cualidad de ponderado [2]. ■ **3** (*Econ*) Valor atribuido a una variable de un índice, a fin de reflejar su importancia relativa. ■ **4** (*Arte*) Equilibrio estático [de las figuras].

ponderadamente *adv* De manera ponderada [2].

ponderado -da *adj* **1** *part* → PONDERAR. ■ **2** Equilibrado o mesurado. ■ **3 nunca bien ~.** Digno de toda ponderación [1]. *En la constr* EL NUNCA BIEN ~ + *n de pers o cosa. Frec con intención irónica.*

ponderal *adj* (*E*) De(l) peso.

ponderante *adj* (*raro*) Importante o de peso.

ponderar *tr* **1** Poner de relieve [algo], gralm. exagerándolo. *Tb abs.* **b)** Poner de relieve las cualidades o méritos [de alguien o algo (*cd*)], gralm. exagerándolos. ■ **2** Considerar con atención e imparcialidad [un asunto]. ■ **3** (*Econ*) Atribuir un valor particular [a los elementos de un índice (*cd*) o a alguna de sus variables (*cd*)] a fin de reflejar la importancia relativa de cada elemento.

ponderativamente *adv* De manera ponderativa.

ponderativo -va *adj* **1** Que pondera [1]. *Tb n m, referido a término gramatical.* ■ **2** De (la) ponderación [1].

pondio *m* (*Fís*) Unidad de fuerza equivalente a la milésima parte del kilopondio.

ponedero *m* Instalación destinada a que las aves, esp. las gallinas, pongan sus huevos.

ponedor -ra *adj* Que pone [21]. *Gralm referido a gallina.*

ponencia *f* **1** Informe o propuesta presentados por un ponente. **b)** *En un congreso científico*: Lección o conferencia extensa que se expone en sesión plenaria. ■ **2** Pers. o comisión encargadas de presentar una ponencia [1a]. ■ **3** Cargo de ponente.

ponente *m y f* Pers. encargada de presentar un informe o propuesta ante una asamblea o una autoridad que normalmente ha de resolver acerca de ellos.

ponentisco -ca *adj* (*raro*) De poniente u occidente.

poner (*conjug 21*) **A** *tr* ➤ **a** *normal* **1** Hacer que [alguien o algo (*cd*)] esté o se encuentre [en un sitio]. *Tb sin compl de lugar, por consabido.* **b)** *pr* (**~se**) Pasar a estar o encontrarse [en un lugar]. **c)** **donde se ponga... que se quite...** → QUITAR. ■ **2** Añadir [algo]. *Frec con ci.* ■ **3** Hacer que [alguien o algo (*cd*)] pase a estar [en determinada situación o posición (*predicat o compl adv*)]. **b)** *pr* (**~se**) Pasar a estar [en determinada situación o posición (*predicat o compl adv*)]. **c)** **~se en razón** → RAZÓN. **d)** **se ponga como se ponga.** (*col*) *Se usa para ponderar el carácter indiscutible de lo expuesto.* * *No se lo pienso aceptar, se ponga como se ponga.* **e)** **así se las ponían a Fernando VII.** *Fórmula con se pondera la extremada facilidad con que se le presenta un asunto a alguien.* * *No te quejarás. Así se las ponían a Fernando VII.* ■ **4** Hacer que [una prenda de vestir (*cd*)] tenga su posición adecuada [sobre alguien (*ci*)]. *Frec con un compl refl.* **b)** **~ de largo.** Presentar en sociedad en una fiesta especial [a una muchacha que viste sus primeras galas de mujer]. *Frec el cd es refl.* ■ **5** Instalar (poner [1] [algo] en el lugar y en la forma adecuados para que cumpla su función). **b)** Instalar o establecer [un negocio]. ■ **6** Hacer que [alguien o algo (*cd*)] empiece [a hacer algo (A + *infin* o EN + *n de acción*)]. **b)** *pr* (**~se**) Empezar [a hacer algo (A + *infin* o EN + *n de acción*)]. *Tb sin compl, por consabido.* ■ **7** Hacer que [un aparato (*cd*)] empiece a funcionar. ■ **8** Hacer los trámites oportunos [para una pleito, una denuncia o una demanda (*cd*)]. ■ **9** Dedicar [a alguien (*cd*) a una actividad (DE + *n* o A + *infin o n de acción*)]. ■ **10** Disponer o preparar. ■ **11** Dotar [a un local o edificio (*cd*)] de los enseres y servicios necesarios. ■ **12** Aportar [algo] o contribuir [con ello (*cd*)]. ■ **13** Arriesgar (poner [3] [algo] en riesgo). **b)** Apostar [algo]. *Frec con compl de interés.* ■ **14** Imponer [una obligación o un castigo]. **b)** (*raro*) Infundir [un sentimiento]. ■ **15** Asignar [un nombre]. *En constr interrog, a veces se sustituye el nombre por el adv* CÓMO. ■ **16** Calificar [a alguien] o hablar [de él (*cd*) de una determinada manera (*compl adv o predicat*)]. ■ **17** Escribir [algo breve]. **b)** (*col*) Tener [una cosa (*suj*) algo (*cd*)] escrito. ■ **18** Enviar [un telegrama, un cable, un fax o un télex] o hacer una llamada telefónica [por conferencia (*cd*)]. ■ **19** Hacer [una pers. (*cd*)] hable directamente [con otra] por teléfono. *A veces se omite el compl* CON. ■ **20** Presentar o mostrar. **b)** Presentar u ofrecer [un espectáculo o una emisión de radio o televisión]. **c)** Mostrar [una cara o gesto determinados (*adj o compl especificador*)]. ■ **21** Expulsar [el huevo (*cd*)] las hembras de los animales ovíparos]. *Tb abs.* ■ **22** Suponer [algo] o considerar[lo] como existente o verdadero. **b) un ~.** (*reg*) Un suponer. *Se usa como o independiente, expresando que lo que se dice es una suposición.*
➤ **b** *pr* (**~se**) **23** (*pop*) Decir. *Presentando palabras de otro.*
➤ **c** *impers* **24** Haber [algo] escrito [en un lugar]. *Tb sin compl, por consabido.*
B *intr pr* (**~se**) **25** Ocultarse [los astros] debajo del horizonte. ■ **26** (*col*) Competir [con alguien]. ■ **27** (*col*) Antojársele [algo a alguien] o metérsele en la cabeza. ■ **28** (*col*) Empeñarse [en algo]. ■ **29** (*pop*) Enfermar [de algo]. ■ **30** (*col*) Llegar [alguien] a un punto alto en los efectos del alcohol, la droga o la excitación sexual. *Gralm en part.* ■ **31** **no ~sele** [a uno] **nada** (*o palabra equivalente*) **por**

delante. (*col*) Actuar sin reparar en ningún obstáculo.

póney *m* Caballo de raza de poca alzada.

ponferradino -na *adj* De Ponferrada (León). *Tb n, referido a pers.*

póngido *adj* (*Zool*) [Primate catarrino] de complexión robusta, extremidades anteriores más largas que las posteriores, con dedo pulgar oponible y sin cola ni abazones. *Frec como n m en pl, designando este taxón zoológico.*

pongotodo *m* Cesto de plástico con rejilla y tapadera, para ropa sucia.

poni *m* Póney.

ponible *adj* [Prenda] que puede ponerse en muchas ocasiones.

poniente I *adj* **1** [Sol] que se pone [25]. **II** *m* **2** Oeste (punto cardinal). ■ **3** Viento del oeste.

pontaje *m* Pontazgo.

pontanés -sa *adj* De Puente Genil (Córdoba). *Tb n, referido a pers.*

pontano -na *adj* De Puente Genil (Córdoba). *Tb n, referido a pers.*

pontazgo *m* Derecho que se paga por pasar un puente.

pontear *tr* Poner un puente [en algo (*cd*)].

ponteareano -na *adj* De Puenteareas (Pontevedra). *Tb n, referido a pers.*

pontevedrés -sa *adj* De Pontevedra. *Tb n, referido a pers.*

póntico -ca *adj* **1** Del Ponto Euxino, hoy Mar Negro. ■ **2** Del Ponto (antigua región de Asia Menor). *Tb n, referido a pers.*

pontificación *f* Acción de pontificar [1].

pontificado *m* **1** Cargo o dignidad de pontífice, *esp* [1a]. *Tb el tiempo que dura.* ■ **2** Papado (institución papal).

pontificador -ra *adj* Que pontifica [1]. *Tb n.*

pontifical I *adj* **1** De(l) pontífice [1a y 2]. **b)** [Bendición] que dan el papa y los obispos, haciendo tres veces la señal de la cruz al nombrar las tres personas de la Santísima Trinidad. **c)** [Misa] solemne celebrada por un obispo. *Tb* DE ~. *Tb n m.* **II** *m* **2** Conjunto de ornamentos usados por el obispo para celebrar.

pontificalmente *adv* Con rito pontifical.

pontificar *intr* **1** Dogmatizar (exponer las propias opiniones como dogmas). ■ **2** (*raro*) Actuar como pontífice [1].

pontífice *m* **1** Papa (jefe supremo de la Iglesia católica romana). *Frec* SUMO, SOBERANO *o* ROMANO ~. **b)** Pers. de autoridad reconocida e indiscutible [en un grupo o actividad (*compl de posesión*)]. *A veces con intención irónica.* ■ **2** (*raro*) Obispo. ■ **3** (*hist*) Sacerdote.

pontificio -cia *adj* De(l) pontífice [1a]. **b)** [Nobleza o título] otorgados por el Papa. *Tb referido a la pers que los tiene.*

pontín *m* Embarcación filipina de cabotaje con anclas de madera y jarcias de abacá.

pontino -na *adj* De la región Pontina, en el Lacio (Italia). *Tb n, referido a pers.*

ponto *m* (*lit, raro*) Mar (masa de agua).

pontón *m* **1** Barcaza de fondo chato y proa y popa cortas, que se usa en los ríos y puertos para distintos fines, esp. transbordar cargas, tender puentes provisionales o dragar. ■ **2** Buque viejo que, fondeado o amarrado en un puerto, sirve de almacén, hospital o depósito de prisioneros. ■ **3** Puente de maderos o de una sola tabla.

pontona *f* (*reg*) Pontón [3].

pontonero *m* Hombre que maneja pontones [1].

ponzoña *f* Veneno (sustancia nociva). *Tb fig.*

ponzoñoso -sa *adj* Que tiene o encierra ponzoña.

pool (*ing; pronunc corriente,* /pul/; *pl normal,* ~s) *m* **1** Agrupación de productores de un mismo sector económico para fijar precios y eliminar competencia. ■ **2** Equipo de trabajo al servicio general de una empresa. *Esp referido al de mecanografía.* ■ **3** *Se da este n a ciertas variedades de billar, esp la que se juega con 15 bolas de color.*

pop I *adj invar* **1** [Música] moderna de origen angloamericano, de carácter popular y ritmo muy marcado, apreciada esp. por los jóvenes. *Tb n m.* **b)** De (la) música pop. ■ **2** Propio del ambiente que rodea a la música pop [1a]. **II** *m* **3** (*raro*) Pop art. *Tb* ARTE ~.

popa I *f* **1** Parte posterior de una embarcación. **b)** Parte posterior de un vehículo, esp. un avión. ■ **2** (*col*) Trasero o nalgas. **II** *loc adv* **viento en ~** → VIENTO.

pop art (*tb con la grafía* **pop-art**) *m* Corriente artística surgida en Estados Unidos en la década de los 60, que utiliza motivos típicos de la sociedad de consumo, como anuncios, cómics, señales de tráfico o envases. *Tb el conjunto de obras pertenecientes a esta corriente.*

pope *m* **1** Sacerdote de la Iglesia cismática griega. ■ **2** Pers. de autoridad reconocida e indiscutible [en un grupo o actividad (*compl de posesión*)]. *A veces con intención irónica.*

popel *adj* (*Mar*) Situado a popa o más a popa.

popelín *m* Tejido tupido y fino, gralm. de algodón y con un ligero canutillo transversal, usado esp. para camisas de caballero.

popero -ra *adj* (*col*) De (la) música pop. *Tb n, referido a cantante.*

poplíteo -a *adj* (*Anat*) De la corva.

popó[1] *m* (*col, humoríst*) Coche o automóvil.

popó[2] I *m* **1** (*col, euf*) Trasero o nalgas. **II** *loc v* **2 hacer ~.** (*infantil*) Exonerar el vientre.

popper (*ing; pronunc corriente,* /póper/) *m* (*jerg*) Droga estimulante constituida por nitrito de amilo o de butilo y que se ingiere por inhalación.

populachería *f* (*desp*) Popularidad fácil que se consigue complaciendo al populacho.

populacherismo *m* (*desp*) Tendencia a lo populachero.

populachero -ra *adj* (*desp*) **1** De(l) populacho. ■ **2** Que trata de complacer al populacho o de asimilarse a él.

populacho *m* (*desp*) Pueblo bajo. **b)** Plebe desmandada.

popular *adj* **1** Del pueblo (clase social). ■ **2** Conocido y aceptado por la gente en general. *Tb n, re-*

ferido a pers. ■ **3** (*raro*) Mayoritario o muy extendido. ■ **4** Del Partido Popular. *Tb n, referido a pers.*

popularidad *f* Cualidad de popular [2].

popularismo *m* **1** Tendencia a lo popular [1]. ■ **2** Condición de popular [1]. ■ **3** Palabra o giro de formación popular [1].

popularista *adj* Que tiende a lo popular [1].

popularización *f* Acción de popularizar(se). *Tb su efecto.*

popularizador -ra *adj* **1** Que populariza. *Tb n, referido a pers.* ■ **2** De (la) popularización.

popularizar *tr* Dar carácter popular [1 y 2] [a alguien o algo (*cd*)]. *Tb abs.* **b)** *pr* (**~se**) Tomar [alguien o algo] carácter popular.

popularmente *adv* De manera popular [1, 2 y 3].

populismo *m* Tendencia a prestar especial atención al pueblo y a cuanto se refiere a él. *Frec en política y con intención desp.*

populista *adj* De(l) populismo. *Esp en política y con intención desp.* **b)** Adepto al populismo. *Tb n.*

populoso -sa *adj* [Zona, esp. urbana] muy poblada.

popurrí (*tb, semiculto,* **popurri**) *m* **1** Pieza musical formada por fragmentos de obras diversas. ■ **2** Mezcolanza [de cosas diversas].

poquedad *f* (*lit*) **1** Escasez o insuficiencia. ■ **2** Insignificancia (cualidad). ■ **3** Timidez o apocamiento.

póquer (*tb con la grafía* **póker**) **I** *m* **1** Juego de cartas en que cada jugador dispone de cinco, con posibilidad de descarte, y apuesta sobre ellas, ganando el que tiene, o hace creer que tiene, la jugada más alta. **b)** **~ de dados.** Juego de dados con jugadas semejantes a las del póquer. ■ **2** *En el póquer* [1]: Combinación de cuatro cartas, o caras de dado, iguales. **II** *loc adj* **3 de ~.** [Cara] voluntariamente inexpresiva. ■ **4 de ~.** [Baraja] francesa.

por (*con pronunc átona; se pronuncia tónica en acep* 15b) *prep* **1** Introduce un compl que expresa lugar de tránsito en un movimiento real o fig. * He pasado varias veces por ese pueblo. * Es algo latoso por lo que hay que pasar. **b)** *El compl expresa el lugar al que se ha llegado hasta el momento en ese proceso.* * No sabe por dónde va la cosa en este momento. ■ **2** Introduce un compl que expresa el ámbito en que se realiza un movimiento. * Hizo un viaje por la costa. ■ **3** Introduce un compl que expresa un punto impreciso dentro de un lugar determinado. * La gente duerme tirada por los suelos. ■ **4** Precede a una expr de lugar que sirve como referencia para señalar la situación aproximada de lo mencionado antes. * Ese pueblo está por Badajoz. ■ **5** Introduce un compl que expresa la parte de un todo sobre la que se ejerce una acción. * Traía al mulo cogido por un ronzal. ■ **6** En busca de. *Con vs de movimiento.* * Ve por agua. **b)** **a ~ → A¹.** ■ **7** Precede al término que expresa el objeto de un sentimiento. * Su amor por ella aumentó. **b)** *El término expresa el objeto de una preferencia.* * Apuesto por él. * Optó por el grande. **c)** *El término expresa el destinatario de un ofrecimiento o de una alusión.* * Va por usted. * Lo de guapo va por ti. ■ **8** Introduce un compl que expresa tiempo durante el que dura la acción. * Estaba allí por poco tiempo. ■ **9** Precede a una expr de tiempo indicando que para ella se cumple lo enunciado antes, pero dando a entender que ello no implica que se ha-

ya de cumplir también posteriormente. * Por ahora la cosa va bien. ■ **10** Precede a los ns LA MAÑANA, LA TARDE o LA NOCHE, *para expresar la parte del día durante la cual ocurre lo mencionado.* * Llegaron por la tarde. ■ **11** Precede, con carácter enfático, al *n* VEZ *acompañado de un adj de cantidad.* * Lo hizo por tres o cuatro veces. **b)** *Precede siempre al n* VEZ *cuando le acompaña un adj que expresa orden.* * Por primera vez me sentí cómodo. ■ **12** Introduce un compl que expresa tiempo aproximado. * Llegó a París por el mes de marzo. ■ **13** Introduce el compl agente de una or de sent pasivo o, a veces, de un n de acción. * El documento ha de ser firmado por el testigo. * Se conoce su liberación por miembros de la banda. **b)** *Siguiendo inmediatamente a la mención de una obra literaria, científica o artística, precede al n de su autor, o al de su ejecutante, si lo hay.* * Historia de una finca. Novela. Por José y Jesús de las Cuevas. * Réquiem alemán, de Brahms, por la Orquesta y Coro nacionales. ■ **14** Con los vs MULTIPLICAR o DIVIDIR, *precede a la palabra que designa al multiplicador o el divisor.* * Divide por tres. * Multiplica lo largo por lo ancho. **b)** *Se emplea sin mención del v correspondiente introduciendo la palabra que designa el multiplicador.* * Cuatro por nueve, treinta y seis. **c)** *Se intercala entre los números que expresan las dimensiones de un objeto.* * La habitación mide 15 m por 7. ■ **15** Introduce un compl que expresa causa. * Los cuerpos caen por la gravedad. **b)** (*col*) *A veces se emplea solo, con pronunc tónica, formando o interrog.* * —Lo veo difícil. —¿Por? **c)** *Precede a un adj que expresa la cualidad que es causa del hecho enunciado.* * Casi lo mata por chivato. ■ **16** En lo que depende de. *Seguido de n o pron de pers.* * Por mí no hay problema. ■ **17** Introduce un compl que expresa algo de lo cual se infiere lo enunciado en la or. * Por lo que cuentas, es interesante. ■ **18** Precede al término que expresa la pers o cosa en cuyo favor se realiza la acción. * Haz un esfuerzo por tu familia. ■ **19** Introduce un compl que expresa finalidad. * Se asomó por verlos marchar. **b)** *v + ~ + el mismo v en infin* (*más raro, n + ~ + el mismo n*). *Expresa una actividad que no tiene finalidad o fundamento fuera de ella misma.* * Lo dice por decir. * El arte por el arte. ■ **20** Introduce un compl que expresa medio. * Envíelo por correo. ■ **21** Precede al término que designa lo que se obtiene en un cambio. * Ayudaba, por la merienda, a encender el horno de la tahona. **b)** *El término expresa precio.* * Lo tenía alquilado por una miserable cantidad. **c)** *El término expresa el valor de un documento comercial.* * Un cheque por cinco mil pesetas. ■ **22** Introduce un compl que expresa lo que es objeto de una sustitución. * Juega por mí, que ahora vuelvo. ■ **23** Precede a un n o adj que funciona como predicativo, gralm con vs que significan apreciación o consideración. * Pasa por avaro. * ¿Tomas por esposa a esta mujer? ■ **24** Introduce un compl que expresa modo. * Obró por su cuenta. ■ **25** Introduce un compl que expresa la unidad de medida que se aplica a la materia mencionada antes. * Los huevos se venden por docenas. ■ **26** Introduce un compl que expresa el término que se toma como base en una distribución. * De postre, un higo por cabeza. **b)** *El compl expresa una proporción.* * Produce el ciento por uno. ■ **27** *n sin art + ~ + el mismo n, o* **uno ~ uno.** *Indica que la acción se realiza sucesivamente en todos y cada uno de los elementos de un conjunto.* * Repetía, letra por letra, el nombre del patrón. * Saludó a todos, uno por uno. ■ **28** *n sin art + ~ + el mismo n, o ~ + n pl. En ors que expresan una progresión, denota el ritmo de esta.*

* Aumentan día por día los medios de transporte. * Su presencia se hacía, por días, más necesaria. ■ **29** *n sin art* + ~ + *el mismo n. Plantea una comparación entre dos o más elementos prácticamente equivalentes, y cuyo resultado se formula a continuación*. * Falta por falta, la suya es menor. ■ **30** ~ + *adj o adv* + **que** + *v en subj* = AUNQUE + *v en subj* + *adj o adv. Con intención ponderativa*. * Por bueno que sea, no lo quiero. **b)** ~ **más que.** Aunque. ■ **31** ~ + *infin* = PENDIENTE DE SER + *part (si el v es tr) o* PENDIENTE DE + *infin (si el v es intr)*. * Aún queda mucho por sembrar. * Está todo por suceder. ■ **32** *Introduce un compl que sirve de apoyo enfático a un aserto o un ruego*. * Lo juro por mi honor. * Por Dios, ayúdame. ■ **33** *Precede a un infin, en comienzo de or, para ponderar lo expresado en el infin*. * Por no tener, ni cerillas. ■ **34** *Introduce el compl característico de algunas palabras o aceps de las mismas*: BRINDAR, CLAMAR, MIRAR, PREGUNTAR, SUSPIRAR, *etc*. ■ **35** *Forma locs advs, preps y adjs*: ~ FAVOR, ~ FIN, ~ LAS BUENAS, ~ LA TREMENDA, ~ LO GENERAL, ~ PARTE DE, ~ TODO LO ALTO, *etc* (→ FAVOR, FIN, BUENO, *etc*). ■ **36** *Forma perífrasis vs*: ESTAR ~, HACER ~ + *infin* (→ ESTAR, HACER).

porca *f* Lomo de tierra que se levanta entre dos surcos.

porcata *f (jerg)* Bronca o pelea.

porcelana *f* **1** Material cerámico fino y traslúcido, cuyo principal ingrediente es el caolín. **b)** Objeto de porcelana. ■ **2** Metal esmaltado que se usa para objetos de menaje. ■ **3** Ciprea (molusco).

porcelanero -ra *m y f* Pers. que fabrica o vende porcelana [1].

porcelánico -ca *adj* De (la) porcelana [1].

porcentaje *m* Tanto por ciento. **b)** Porcentaje de inclinación [de una cuesta].

porcentual *adj* Calculado o expresado en tantos por ciento.

porcentualmente *adv* De manera porcentual.

porchada *f (reg)* Galería cubierta, con columnas o pilares.

porche *m* Construcción cubierta y con arcos o columnas que, adosada a un edificio, le sirve de entrada exterior.

porcicultor -ra *m y f* Pers. que se dedica a la cría de cerdos.

porcino -na I *adj* **1** De(l) cerdo (animal). ■ **2** [Ojos] cuyo aspecto recuerda los del cerdo. **II** *m* **3** Puerco (animal).

porción I *n* **A** *f* **1** Parte [de un todo]. **b)** Parte que corresponde [a alguien (*compl de posesión*)] en un reparto. **c)** ~ **congrua.** (*Rel catól*) Renta eclesiástica establecida para la manutención de un sacerdote. ■ **2** Cantidad [de un alimento, esp. queso o chocolate] que se considera adecuada para una pers. ■ **3** (*col*) Cantidad grande [de algo]. **B** *m* **4** (*pop*) Cantidad grande [de algo]. *Gralm en la constr* UN ~. **II** *adv* **5 un ~.** (*pop*) Mucho.

porciúncula *f* (*Rel catól*) Indulgencia plenaria que se gana el día 2 de agosto en las iglesias de los franciscanos.

pordiosear *intr* Mendigar o pedir limosna. *Tb fig*.

pordioseo *m* Acción de pordiosear.

pordiosería *f (raro)* Conjunto de pordioseros.

pordiosero -ra *m y f* Mendigo.

porfía I *f* **1** Acción de porfiar. **II** *loc adv* **2 a ~.** Con emulación o competencia.

porfiadamente *adv* De manera porfiada [2].

porfiado -da *adj* **1** *part* → PORFIAR. ■ **2** Tenaz u obstinado. *Tb n, referido a pers*.

porfiar (*conjug* 1c) *intr* Insistir con tenacidad u obstinación [en lo que se hace o se dice]. *Frec sin compl*.

porfídico -ca *adj* (*Mineral*) De(l) pórfido. *Esp referido a estructura*.

pórfido *m* (*Mineral*) Roca eruptiva muy dura y susceptible de hermoso pulimento, constituida por una materia amorfa y cristales grandes de cuarzo y feldespato.

porfión -na *adj* [Pers.] que porfía. *Tb n*.

porfiria *f* (*Med*) Enfermedad hereditaria caracterizada por la exagerada formación y eliminación de porfirinas.

porfírico[1] -ca *adj* (*Med*) **1** De (la) porfiria. ■ **2** Que padece porfiria. *Tb n, referido a pers*.

porfírico[2] -ca *adj* (*Mineral*) Porfídico. **b)** [Roca] de estructura porfírica.

porfirina *f* (*Quím*) Compuesto de color intenso, muy general en organismos animales y vegetales, cuya estructura consiste esencialmente en cuatro anillos de pirrol.

porfirínico -ca *adj* (*Quím*) De (la) porfirina.

porfolio (*tb* **portfolio**) *m* Conjunto de láminas o fotografías reunidas y encuadernadas, frec. con fines publicitarios. *Tb fig*.

poricida *adj* (*Bot*) [Dehiscencia] que se realiza por poros. **b)** De dehiscencia poricida.

porífero *adj* (*Zool*) Espongiario. *Frec n m en pl*.

porlan *m* Pórtland.

pormenor *m* Detalle, o aspecto parcial secundario. *Más frec en pl. A veces en sg con sent colectivo*.

pormenorización *f* Acción de pormenorizar.

pormenorizadamente *adv* De manera pormenorizada [2].

pormenorizado -da *adj* **1** *part* → PORMENORIZAR. ■ **2** Que incluye numerosos pormenores.

pormenorizador -ra *adj* Que pormenoriza.

pormenorizante *adj* Que pormenoriza.

pormenorizar *tr* Describir o exponer [algo] con pormenores. *Tb abs*.

porno I *adj invar* **1** Pornográfico. **II** *n* **A** *m* **2** Pornografía. **B** *f* **3** (*raro*) Pornografía.

porno- *r pref* Pornográfico. * Pornocultura. * Pornoerótico.

pornografía *f* Representación o descripción de cosas obscenas con el fin de excitar morbosamente la sexualidad.

pornográficamente *adv* De manera pornográfica.

pornográfico -ca *adj* De (la) pornografía.

pornógrafo -fa *m y f* Autor, editor o artista de obras pornográficas.

poro *m* **1** Pequeño orificio de la piel, en que desembocan las secreciones de las glándulas sudoríparas y sebáceas. **b)** (*Bot*) Pequeño orificio de la superficie de las plantas, a través del cual pasan los gases y el vapor de agua. **c)** (*Anat*) Orificio muy pequeño en que acaba un conducto. ■ **2** Intersticio que hay entre las partículas constituyentes de una materia sólida.

porosidad *f* Cualidad de poroso. *Tb fig.*

poroso -sa *adj* **1** Que tiene poros. **b)** Permeable. *Tb fig.* ■ **2** (*raro*) Sudoroso.

porque (*con pronunc átona*) *conj* **1** *Introduce una prop que expresa la causa de la acción del v pral.* * No viene porque no quiere. **b)** ~ **sí** → SÍ¹. ■ **2** *Para que. El v de la prop va en subj.* * Vine porque no estuvieras solo.

porqué *m* Causa o motivo. *Gralm precedido del art* EL.

porquera → PORQUERO.

porquería I *f* **1** Suciedad, o conjunto de cosas que ensucian. ■ **2** Excremento. ■ **3** Cosa que produce repugnancia. *Tb en sg con sent colectivo.* ■ **4** Pers. o cosa despreciable o inútil. *Tb en sg con sent colectivo.* **b)** Alimento o bebida de baja calidad, indigestos o poco nutritivos. *Tb en sg con sent colectivo.* ■ **5** *Frec se emplea en constrs de sent comparativo para ponderar la suciedad o el mal estado físico o moral.* * Llevo unos días hecho una porquería. ■ **6** Acción sucia o indecente.
II *loc v* **7 hacer (las) ~s.** (*col*) Copular, o realizar otras acciones encaminadas a proporcionarse placer sexual.

porquerizo -za A *m y f* **1** Pers. que cuida cerdos.
B *f* **2** Establo para cerdos.

porquero -ra A *m y f* **1** Pers. que cuida cerdos.
B *f* **2** Lugar en que se encaman los jabalíes en el monte.

porquerón *m* (*hist*) Agente de la justicia encargado de prender a los delincuentes.

porra I *n* A *f* **1** Arma en forma de palo cilíndrico y corto usada por algunos agentes de la autoridad o vigilantes. ■ **2** Cachiporra (palo cilíndrico y más abultado en su extremo inferior, que frec. se usa como arma). **b)** Cachiporra (extremo abultado). ■ **3** Pieza comestible alargada, cilíndrica y relativamente gruesa, hecha con masa de agua, harina y sal y frita en aceite, que se toma gralm. en desayunos y meriendas. ■ **4** *Vacía de significado y gralm en pl, se emplea para reforzar o marcar la intención desp de la frase.* * ¡Qué película ni qué porras! ¡A la cama ahora mismo! ■ **5** Juego en que cada participante aporta una cantidad fija apostando a un número, y en el cual se reparte gana el total acumulado. ■ **6** (*col, hoy raro*) Cigarro puro barato.
B *m* **7 el ~.** (*col*) El último en un juego. *Tb fig.*
II *loc adj* **8 de la ~.** (*col*) Despreciable. ■ **9 de la ~.** (*col, hoy raro*) [Guardia] municipal encargado de dirigir el tráfico en la calle. ■ **10 de la ~.** (*hist*) [Partida o grupo] de carácter irregular, que actúa en favor de un partido determinado.
III *loc v y fórm or* **11 a la ~.** (*col*) Fórmula con que se expresa rechazo o desaprobación. * ¡A la porra, no aguanto más! **b) irse a la ~, mandar a la ~** → IR, MANDAR. ■ **12 (y) una ~.** *Fórmula con que se pondera lo inadmisible de una pretensión o afirmación que se acaba de oír.* * –¿Me dejas tu coche? –¡Y una porra!
IV *interj* **13 ~,** o **~s.** (*col*) *Expresa contrariedad o rechazo.* * ¡Porras, me he vuelto a dar!

porrada (*col*) I *f* **1** Cantidad grande [de algo].
II *loc adv* **2 a ~s.** A montones o en gran cantidad.

porrazo *m* **1** Golpe dado con una porra [1 y 2]. ■ **2** (*col*) Golpe fuerte, esp. por caída o choque.

porredana *f* (*reg*) Pez de bahía que habita entre las algas (*Symphodus melops*).

porrería *f* (*raro*) Necedad o tontería.

porrero¹ -ra *m y f* (*jerg*) Pers. que fuma porros o los vende.

porrero² *m* (*reg*) Individuo disfrazado o enmascarado.

porreta. en ~(s). *loc adv* (*col*) En cueros o sin ropa.

porreto *m* (*reg*) Cierta variedad de alga marina.

porrillo. a ~. *loc adv* (*col*) En gran abundancia.

porrina *f* Estado de las mieses o sembrados cuando están muy pequeños y verdes.

porriñés -sa *adj* De Porriño (Pontevedra). *Tb n, referido a pers.*

porro¹ *m* (*col*) Cigarrillo de hachís o marihuana.

porro² -rra *adj* Tonto o bobo. *Frec n, referido a pers.*

porro³. ajo ~ → AJO¹.

porrón¹ *m* **1** Vasija de vidrio con un largo pitorro cónico, que sirve para beber vino a chorro. ■ **2** (*reg*) Botijo (vasija).

porrón² *m* (*col*) Cantidad grande [de algo].

porrón³ *m* *Se da este n a varias especies de patos buceadores cuyo color oscila entre el pardo y el gris* (*géns Aythya y Bucephala*). *Frec con un adj especificador:* ~ COMÚN (*A. ferina*), ~ BASTARDO (*A. marila*), ~ MOÑUDO (*A. fuligula*), ~ OSCULADO (*B. clangula*), ~ PARDO (*A. nyroca*), *etc.*

porronero *m* (*reg*) Vendedor de porrones¹ [2].

porrudo -da *adj* (*reg*) Testarudo.

porrusalda *f* (*reg*) **1** Sopa de puerros. ■ **2** Cierto baile vasco, suelto y muy movido.

porta¹ *adj* (*Anat*) [Vena] que lleva al hígado la sangre de los órganos digestivos abdominales.

porta² *f* (*Mar*) **1** Abertura en los costados de un buque, esp. para efectuar la carga y descarga o para colocar la artillería. ■ **2** Puerta, esp. la que cierra una porta [1].

porta³ *m* (*argot de laboratorios*) Portaobjetos.

porta⁴. a ~ gayola → PORTAGAYOLA.

porta- *r pref* Que sirve para llevar o transportar, o para sustentar o contener. * Portabebidas. * Portacarretes. * Portavasos.

portaaeronaves (*tb* **portaeronaves**) *m* Buque de guerra para el transporte de aeronaves, dotado de una amplia plataforma que permite el aterrizaje y despegue de estas.

portaaviones (*tb* **portaviones**) *m* Buque de guerra para el transporte de aviones, dotado de una amplia plataforma que permite el aterrizaje y despegue de estos.

portabebés *m* Pequeña cuna portátil, con asas, para transportar a un bebé.

portabilidad *f* Cualidad de portable.

portable *adj* (*hoy raro*) Portátil.

portabrocas *m* (*Mec*) Cabezal de la taladradora, en el cual se fija la broca.

portacarné (*tb* **portacarnés**) *m* Cartera, o departamento de cartera, para guardar carnés.

portacarnet (*tb* **portacarnets**; *pronunc corriente*, /portakarné, portakarnés/; *pl normal*, ~S) *m* Portacarné.

portacartas *m* Utensilio para colocar cartas.

portachuelo *m* Puerto de montaña, de poca entidad.

portacohetes *m* Portamisiles. *A veces en aposición.*

portacontainer (*frec con la grafía* **porta--container**; *pl normal*, ~S) *m* Portacontenedor. *A veces en aposición.*

portacontenedor (*tb* **portacontenedores**) *m* Buque que transporta contenedores. *A veces en aposición.*

portada *f* **1** Puerta ornamentada de un edificio monumental. ■ **2** *En un libro*: Página inicial en que figura el título completo de la obra, el nombre del autor y el pie editorial o el de imprenta. **b)** *En una publicación periódica*: Página, normalmente la primera, en que figura la cabecera. *Tb fig, referido a programas de radio o televisión.* ■ **3** (*reg*) Puerta grande de dos hojas, propia de las casas de labor.

portadera *f* Recipiente de madera que sirve para transportar cosas a mano o sobre caballería.

portadilla *f* (*Bibl*) **1** *En un libro dividido en varias partes*: Página que antecede a cada parte y en la que figura su título. ■ **2** Anteportada.

portadista *m y f* Pers. que diseña portadas [2].

portado -da *adj* **1** *part* → PORTAR. ■ **2** (*raro*) Vestido o arreglado. *Con los advs* BIEN, MAL *o equivalentes.*

portador -ra **I** *adj* **1** Que porta o lleva [algo (*compl* DE)]. *Tb n, esp referido a transmisor de enfermedades.*
　II *m* **2** (*Com*) Pers. que tiene o presenta un cheque u otro valor. *Gralm en la loc* AL ~.

portaequipajes *m* *En un vehículo*: Lugar destinado al equipaje.

portaeronaves → PORTAAERONAVES.

portaestandarte *m y f* **1** Pers. que lleva el estandarte. ■ **2** Abanderado (portavoz o propagandista de una causa).

portafirmas *m* Carpeta donde se llevan los documentos que ha de firmar una pers.

portafolios (*tb* **portafolio**) *m* **1** Cartera de mano. ■ **2** *En aposición con* FALDA *designa la que se cierra por delante montando un extremo sobre el otro. Solo en la forma* PORTAFOLIO. * Se lleva mucho la falda portafolio.

portafotos *m* Portarretratos.

portafusil (*tb* **portafusiles**) *m* Correa para colgar del hombro el fusil u otra arma semejante.

portagayola (*frec con la grafía* **porta gayola**). **a ~.** *loc adv* (*Taur*) Frente al toril, a la salida del toro. *Gralm con el v* RECIBIR.

portahelicópteros *m* Buque de guerra semejante al portaaviones, destinado a helicópteros.

portaherramientas *m* *En una máquina*: Pieza que sujeta la herramienta. *A veces en aposición.*

portainjerto (*tb con la grafía* **porta-injerto**) *m* Planta en que se hace un injerto.

portal *m* **1** *En una casa*: Pieza inmediata a la puerta de la calle y que sirve de entrada. ■ **2** Establo en que nació Jesús. *Frec* ~ DE BELÉN. *Tb su representación en un belén.* ■ **3** (*raro*) Pórtico de un templo o de otro edificio suntuoso. ■ **4** (*raro*) Portería de fútbol. ■ **5** (*reg*) Puerta de ciudad. ■ **6** (*reg*) Soportal.

portalada *f* Puerta grande y frec. monumental en la verja o muro delante de la fachada principal, propia esp. de Cantabria.

portalámparas *m* Dispositivo en que se encaja el casquillo de la bombilla.

portalápiz *m* Utensilio en que se coloca un lápiz para manejarlo con facilidad y que sirve para cubrir su punta cuando no se usa.

portalibros *m* Utensilio con correas para llevar libros y cuadernos.

portaligas *m* Liguero (prenda).

portalira *m* (*lit, raro*) Poeta.

portallaves *m* (*raro*) Llavero.

portalón *m* **1** Puerta grande que da al exterior. ■ **2** Portal [1] grande. ■ **3** *En un buque*: Abertura lateral a manera de puerta, para entrada y salida de perss. o cosas.

portamaletas *m* Portaequipajes.

portamantas *m* Utensilio constituido por dos correas unidas con un asa, que sirve para llevar la manta de viaje.

portamanteo *m* (*raro*) Bolsa de viaje que se cierra por ambos extremos con cordones.

portamento *m* (*Mús*) Paso gradual de una nota a otra, haciendo sentir, más o menos distintamente, todos los sonidos comprendidos en su intervalo.

portaminas *m* Lápiz de mina recambiable.

portamisiles (*tb, hoy raro, con la grafía* **porta-missiles**) *m* Buque de guerra dotado de misiles.

portamonedas *m* Monedero (bolsa pequeña para llevar monedas).

portante **I** *adj* **1** [Paso de caballería] que se da moviendo a la vez el pie y la mano del mismo lado. *Tb n m.* ■ **2** (*raro*) Que porta [1].
　II *loc v* **3** **tomar** (*o* **coger**, *o* **agarrar**) **el ~.** (*col*) Irse o marcharse. *Frec usado expletivamente.*

portañuela *f* Tira de tela que cubre la bragueta.

portaobjetos (*tb* **portaobjeto**) *m* Lámina de cristal en que se coloca lo que se ha de observar en el microscopio.

portapapeles *m* Utensilio de escritorio, con uno o más departamentos, para colocar verticalmente cartas y otros papeles.

portapaz *m* (*Rel catól, hist*) Placa decorada y frec. de metal precioso, destinada a ser besada en la ceremonia de la paz de las misas solemnes.

portaplumas *m* Mango en que se encaja la plumilla.

portar **A** *tr* **1** (*lit*) Llevar de una parte a otra. **b)** Llevar sobre sí.
　B *intr* ► **a** *normal* **2** (*reg*) Aparecer o dejarse ver [por un lugar]. *Gralm en constr neg.*
　► **b** *pr* (~**se**) **3** Comportarse. *Con un compl de modo.* **b)** *Sin compl*: Comportarse bien.

portarretratos (*tb, raro,* **portarretrato**) *m* Marco para fotografías.

portarrollos *m* Aparato para sostener rollos de papel, esp. higiénico.

portátil I *adj* **1** Que se puede llevar de un sitio a otro con facilidad. **II** *m* **2** Lámpara portátil [1].

portaventanero *m* Carpintero que hace puertas y ventanas.

portaviandas *m* (*raro*) Fiambrera.

portaviones → PORTAAVIONES.

portavocía *f* Cargo de portavoz.

portavoz *m y f* Pers. autorizada que habla en nombre de una colectividad.

portazgo *m* **1** Derechos que se pagan por pasar por un sitio determinado de un camino. ■ **2** Lugar en que se cobra el portazgo [1].

portazo *m* **1** Golpe dado por una puerta al cerrarse violentamente. **b)** Acción de cerrar la puerta violentamente al salir, manifestando enfado. *Frec en la constr* DAR UN ~. ■ **2** Negativa tajante [a una petición o propuesta]. *Frec en la constr* DAR ~.

porte *m* **1** Acción de llevar algo de un lugar a otro. **b)** Cantidad que se paga por llevar algo de un lugar a otro. ■ **2** Capacidad de carga [de un vehículo, esp. un barco]. ■ **3** Aspecto o apariencia [de una pers.]. *Gralm con un adj calificador.* **b)** Aspecto general [de una cosa]. ■ **4** Calidad o categoría.

porteador -ra *adj* Que portea. *Frec n, referido a pers.*

portear *tr* Llevar o transportar.

portegado *m* (*reg*) **1** Pórtico. ■ **2** Cobertizo.

portento *m* **1** Hecho extraordinario que sobrepasa lo natural y causa admiración. **b)** Hecho extraordinario o fuera de lo común. ■ **2** Pers. o cosa que causa gran admiración por alguna cualidad, gralm. positiva. *Frec con intención ponderativa.*

portentosamente *adv* De manera portentosa.

portentoso -sa *adj* Que tiene carácter de portento.

porteño -ña *adj* **1** De Buenos Aires. *Tb n, referido a pers.* ■ **2** De Valparaíso (Chile). *Tb n, referido a pers.* ■ **3** De alguna de las ciudades llamadas Puerto, esp. del Puerto de Santa María (Cádiz). *Tb n, referido a pers.* ■ **4** De una ciudad que tiene puerto. *Tb n, referido a pers.*

porteo *m* Acción de portear.

portería *f* **1** Lugar destinado al portero [1a]. **b)** Vivienda del portero. ■ **2** Cargo u oficio de portero [1a]. ■ **3** (*Dep*) Marco formado por dos postes y un larguero, por el cual ha de entrar el balón o pelota para conseguir un tanto.

porteril *adj* De(l) portero [1a y b].

portero -ra A *m y f* **1** Pers. que tiene a su cargo la vigilancia de la puerta de un edificio. *En la forma f se usa con intención desp para referirse al hábito de traer y llevar habladurías.* * *Eso son cotilleos de portera.* ■ **2** (*Dep*) Jugador que defiende una portería [3].
B *m* **3** ~ **automático.** Mecanismo que permite abrir el portal de un edificio desde los pisos.
C *f* **4** (*reg*) Puerta rústica en una valla o cierre.

portezuela *f* **1** Puerta pequeña. ■ **2** Puerta [de coche].

portfolio → PORFOLIO.

porticado -da *adj* Que tiene pórtico [1 y 2].

pórtico *m* **1** Galería con columnas situada delante de la puerta de un templo u otro edificio suntuoso. ■ **2** Galería con arcadas o columnas. ■ **3** (*Mec*) Armazón constituida por dos pies derechos que sostienen un elemento horizontal. *Frec en la constr* GRÚA (DE) ~. ■ **4** (*lit*) Parte previa o introductoria [de algo].

portilla *f* **1** Puerta o cierre rudimentarios en una cerca o algo similar. ■ **2** Puerta pequeña, gralm. no destinada al paso de perss. ■ **3** Portillo [3]. *Normalmente en topónimos.* ■ **4** (*Mar*) Portillo [4]. *Tb, raro, referido a aviones.*

portillera *f* Puerta de entrada a una finca.

portillo *m* **1** Abertura en un muro o tapia. *Tb fig.* **b)** Portilla [1]. ■ **2** Puerta pequeña, esp. la situada en otra mayor. **b)** Puerta pequeña de una población amurallada. *Frec en topónimos.* ■ **3** Puerto pequeño de montaña. ■ **4** (*Mar*) Abertura practicada en los costados de un buque para luz y ventilación.

portillón *m* (*reg*) Puerta grande de acceso a un corral.

pórtland (*pronunc corriente, /pórlan/*) *m* Variedad de cemento fabricada con caliza y arcilla machacadas y cocidas a altas temperaturas. *Tb* CEMENTO ~ y DE PÓRTLAND.

porto-flip (*tb con la grafía* **portoflip**; *pl normal,* ~S) *m* Cóctel de oporto, yema de huevo y azúcar.

portón *m* **1** Puerta grande de entrada a una casa. ■ **2** (*Taur*) Puerta grande que pone en comunicación el ruedo con el callejón. ■ **3** Puerta trasera de un automóvil.

portona *f* (*reg*) Puerta de acceso a una casa, dividida transversalmente en dos mitades.

portonovense *adj* De Portonovo (Pontevedra). *Tb n, referido a pers.*

portonovés -sa *adj* De Portonovo (Pontevedra). *Tb n, referido a pers.*

portor -ra *m y f* En los ejercicios circenses: Pers. que sostiene o recibe a los que hacen las acrobacias.

portorrealeño -ña *adj* De Puerto Real (Cádiz). *Tb n, referido a pers.*

portorriqueño -ña *adj* Puertorriqueño. *Tb n.*

portuario -ria *adj* De(l) puerto de mar. *Tb n, referido a obrero.*

portuense *adj* De alguna de las poblaciones llamadas Puerto, esp. del Puerto de Santa María (Cádiz). *Tb n, referido a pers.*

portugalés -sa *adj* (*hist*) De una facción de la ciudad de Badajoz durante el reinado de Sancho IV, rival de la facción de los bejaranos. *Tb n, referido a pers.*

portugalización *f* (*hoy raro*) Acción de portugalizar.

portugalizar *tr* (*hoy raro*) Dar [a alguien o algo] un carácter semejante al de la revolución portuguesa del 25 de abril de 1974.

portugalujo -ja *adj* De Portugalete (Vizcaya). *Tb n, referido a pers.*

portugués -sa I *adj* **1** De Portugal. *Tb n, referido a pers.* **II** *m* **2** Lengua románica hablada en Portugal, el Brasil y las antiguas posesiones portuguesas.

portuguesismo *m* **1** Palabra o rasgo idiomático propios de la lengua portuguesa o procedentes de ella. **b)** Tendencia al uso de portuguesismos. *Tb el mismo uso.* ▪ **2** Carácter portugués.

portulano -na I *adj* **1** (*hist*) [Carta o mapa] que representa detalladamente los puertos y las costas, con indicación de rumbos y distancias, pero sin atenerse a ningún sistema de proyección. *Frec n m.*
II *m* **2** Plano o colección de planos de puertos y costas. ▪ **3** (*hist*) Libro que contiene una descripción detallada de puertos y costas.

porvenir *m* **1** Tiempo futuro. ▪ **2** Situación en el tiempo futuro. **b)** Medio de vida en el futuro. **c)** Posibilidad de éxito en lo futuro.

porvenirismo *m* (*lit*) Atención predominante o exclusiva al porvenir.

porvenirista *adj* (*lit*) De(l) porvenirismo. **b)** Que se ocupa del porvenir o hace predicciones para el porvenir. *Tb n, referido a pers.*

pos. en ~ de. *loc prep* **1** Tras o detrás de. ▪ **2** Tras o en busca de.

pos- (*tb* **post-**) *pref* **1** *Denota posterioridad en el espacio, con respecto a lo designado o aludido en el término prefijado.* * Postcefálico. * Postconsonántico. ▪ **2** *Denota posterioridad en el tiempo, con respecto a lo designado o aludido en el término prefijado.* * Poscolonial. * Postcuaternario.

posa *f* (*reg*) **1** Parada que se hace cuando se lleva a enterrar un cadáver, para rezar un responso. ▪ **2** Detención o parada.

posada I *f* **1** Establecimiento de poca categoría en que se hospedan viajeros o forasteros. **b)** Cantidad que se paga por alojarse en una posada. ▪ **2** Alojamiento o albergue. ▪ **3** (*lit, raro*) Casa o residencia. ▪ **4 ~ de colmenas.** Trozo de monte en que hay un colmenar no cercado.
II *loc v* **5 hacer ~.** (*lit, raro*) Vivir o residir [en un lugar].

posaderas *f pl* (*col*) Nalgas.

posaderil *adj* (*raro*) De (la) posada [1].

posadero -ra A *m y f* **1** Pers. que tiene o atiende una posada [1a].
B *m* **2** Lugar en que habitualmente se posan las aves. ▪ **3** Asiento cilíndrico hecho de espadaña, esparto o corcho, propio esp. de la Mancha y Andalucía.

posado -da *adj* **1** *part* → POSAR. ▪ **2** Reposado o sosegado.

posante *adj* [Pers.] que posa² [1]. *Frec n.*

posapié (*tb* **posapiés**) *m* Lugar destinado a poner o apoyar el pie.

posar¹ A *tr* **1** Poner suavemente [algo en o sobre alguien o algo].
B *intr* ➤ **a** *normal* **2** (*lit, raro*) Alojarse u hospedarse.
➤ **b** *pr* (**~se**) **3** Ponerse [en o sobre un lugar un animal o un aparato al dejar de volar]. ▪ **4** Ponerse suavemente [algo en o sobre alguien o algo]. ▪ **5** Depositarse [las partículas que están en suspensión en un líquido o en el aire]. *Tb fig.* **b)** Quedar [un líquido] libre de partículas en suspensión por depositarse estas en el fondo del recipiente.

posar² *intr* **1** Permanecer en una determinada postura para servir de modelo a un pintor, un escultor o un fotógrafo. **b)** Dejarse fotografiar. ▪ **2** Adoptar actitudes estudiadas o afectadas.

posavasos *m* Tapete pequeño u objeto similar que se pone debajo de un vaso o copa para recoger el líquido que escurra. *A veces en aposición.*

posbalance (*tb* **postbalance**) *adj invar* [Venta] de artículos rebajados que un comercio realiza después del balance anual. *Tb n m.*

posbélico -ca *adj* (*lit*) Posterior a la guerra.

poscombustión (*tb* **postcombustión**) *f* (*Fís*) Combustión suplementaria, esp. la que permite aumentar la potencia o empuje de los turborreactores.

poscomunión (*tb* **postcomunión**) *f* (*Rel catól*) Oración que se dice en la misa después de la comunión.

poscomunismo *m* Época posterior a la caída de los regímenes comunistas en Europa.

poscomunista *adj* Del poscomunismo.

posconciliar (*tb* **postconciliar**) *adj* De(l) posconcilio. *Frec con intención ponderativa de apertura o renovación.*

posconcilio (*tb* **postconcilio**) *m* Período siguiente al Concilio Vaticano II (1962-1965). *Tb la situación correspondiente.*

posdata (*tb* **postdata**) *f* Texto que se añade a una carta ya terminada y firmada o a otra comunicación similar.

pose (*fr; pronunc corriente,* /pos/ *o* /póse/) *f* **1** Postura, esp. la que se adopta para posar² [1]. ▪ **2** Actitud estudiada o afectada. ▪ **3** Acción de posar² [1].

poseedor -ra *adj* Que posee [1, 2 y 3]. *Tb n, referido a pers.*

poseer (*conjug* 17) *tr* **1** Ser dueño [de algo (*cd*)]. *Tb abs.* ▪ **2** Tener [una pers. o cosa algo] en sí. ▪ **3** Tener [alguien (*suj*) algo (*cd*)] a su disposición. ▪ **4** Dominar [a alguien] o ejercer una influencia decisiva [sobre él (*cd*)]. *Frec en part.* **b)** Dominar [un espíritu a una pers.] o tener[la] bajo su poder. *Gralm en part, frec sustantivado.* ▪ **5** Realizar el acto sexual [con una pers., esp. con una mujer (*cd*)]. ▪ **6** Conocer [una lengua, arte o ciencia].

poseído -da *adj* **1** *part* → POSEER. ▪ **2** Creído, o convencido de la superioridad [de uno mismo o de algo suyo].

poselectoral (*tb* **postelectoral**) *adj* (*Pol*) Inmediatamente posterior a las elecciones.

posesión I *f* **1** Acción de poseer. **b)** (*Gram*) Hecho de poseer o de tener relación o correspondencia. *Frec en la constr* DE ~. ▪ **2** Cosa que se posee [1]. *Gralm referido a terreno.* **b)** Territorio situado fuera de las fronteras de una nación, pero que le pertenece por convenio, ocupación o conquista.
II *loc v* **3 dar ~** [de algo a alguien]. Entregár[selo] o transferír[selo] formalmente. ▪ **4 tomar ~** [de algo]. Pasar a ocupar[lo] o a ejercer dominio [sobre ello], esp. mediante alguna formalidad. *A veces en fórmulas de cortesía referidas a la propia casa.* * Ya sabe, ha tomado usted posesión de su casa.

posesionar A *tr* **1** Dar posesión [a alguien (*cd*) de algo]. *A veces se suprime el compl* DE *or consabido.*
B *intr pr* (**~se**) **2** Tomar posesión [de algo]. *A veces se suprime el compl por consabido.*

posesionero *m* (*hist*) Ganadero que ha adquirido la posesión de los pastos arrendados.

posesivamente *adv* De manera posesiva [2b].

posesivo -va *adj* **1** De (la) posesión [1a]. **b)** (*Gram*) [Adjetivo o pronombre] que expresa posesión [1b]. *Tb n m.* ■ **2** [Pers.] que tiene o muestra un excesivo deseo de poseer, controlar o dominar. **b)** Propio de la pers. posesiva.

poseso -sa *adj* [Pers.] poseída por un espíritu. *Frec n. Tb fig.*

posesor -ra *adj* (*lit*) Poseedor. *Frec n.*

posesorio -ria *adj* (*Der*) De (la) posesión [1a].

poseur (*fr; pronunc corriente,* /posŕ/) *adj* (*lit, raro*) [Pers.] afectada o que adopta una pose [2].

poseyente *adj* (*raro*) Que posee. *Tb n.*

posfranquismo (*tb* **postfranquismo**) *m* Época, o situación política, inmediatamente posterior al régimen de Franco (1939-1975).

posgrado (*tb* **postgrado**) *m* Estudios universitarios inmediatamente posteriores a la licenciatura.

posgraduado -da (*tb* **postgraduado**) *adj* [Pers.] graduada en una universidad y que continúa sus estudios para obtener una graduación superior. *Frec n.* **b)** De posgraduados.

posguerra (*tb, más raro,* **postguerra**) *f* Período inmediato a la terminación de una guerra y en el que se sufren las consecuencias de la misma. *Gralm referido a la Guerra Civil española de 1936 o alguna de las dos Guerras Mundiales.*

posibilidad *f* **1** Cualidad de posible [1]. *Frec con un adj cuantitativo o de intensidad y esp en pl, para expresar la intensidad o medida de esa cualidad. Normalmente con un compl* DE. ■ **2** Cosa posible [1]. **b)** *En pl*: Perspectivas. ■ **3** Capacidad de hacer. *Frec con un compl* DE. **b)** *En pl*: Medios, esp. económicos, de que se dispone.

posibilismo *m* Tendencia a aprovechar las posibilidades existentes para la realización de un fin.

posibilista *adj* De(l) posibilismo. **b)** Partidario del posibilismo. *Tb n.*

posibilitación *f* Acción de posibilitar.

posibilitador -ra *adj* Que posibilita.

posibilitar *tr* Hacer posible [1] [algo].

posible I *adj* **1** Que puede ser o suceder, o que puede realizarse.
 II *m pl* **2** (*col*) Medios económicos. *Frec en la constr* DE ~S. **b)** (*col, raro*) Posibilidades o medios de que se dispone para actuar.
 III *loc v y fórm or* **3** ¿**es** ~?, o **no es** ~. Fórmulas con que se expresa asombro o incredulidad ante lo que se acaba de oír. * –Adelgazó tres kilos en una semana. –¡No es posible! ■ **4 es** ~. *Fórmula usada para responder sin afirmar o negar aquello que se pregunta o que se afirma.* * –¿Lloverá? –Es posible. ■ **5 hacer (todo) lo** ~ (o, *col,* **hacer los** ~**s**) [por o para algo]. Procurar[lo] por todos los medios.

posiblemente *adv* Acaso o quizá.

posición I *f* **1** Modo de estar puesta una pers. o cosa. *Tb fig.* **b)** Modo habitual o adecuado de estar puesta una pers. o cosa. ■ **2** Manera de pensar o de actuar [respecto a algo o a alguien]. *Tb sin compl.* ■ **3** Lugar que ocupa una pers. o cosa. *Tb fig.* ■ **4** Categoría, o condición social o económica. *Frec con adjs como* BUENA, MALA *o equivalentes.* **b)** *Sin adj*: Buena posición. ■ **5** (*Mil*) Emplazamiento de tropas y de instalaciones militares en zona de conflicto. *Tb fig.*
 II *loc adj* **6 de** ~. [Alumbrado] que indica la posición [1 y esp. 3] de un vehículo. ■ **7 de** ~**es.** (*Mil*) [Guerra o campaña] en que las posiciones [5] de los ejércitos contendientes se mantienen inmóviles durante un tiempo prolongado.

posicionado *m* Acción de posicionar [1].

posicionador -ra *adj* Que posiciona [1]. *Frec n m, referido a aparato.*

posicional *adj* De (la) posición.

posicionalmente *adv* En el aspecto posicional.

posicionamiento *m* Acción de posicionar(se) [2 y 3].

posicionar A *tr* **1** Poner [algo o a alguien] en una posición [1 y 3] determinada. ■ **2** Situar ideológicamente [a alguien], o determinar su posición [2].
 B *intr pr* (~**se**) **3** Tomar una posición [2] determinada.

posimpresionismo (*tb* **postimpresionismo**) *m* (*Pint*) Época (finales del s. XIX y principios del XX) que sigue inmediatamente a la del impresionismo, caracterizada por cierta reacción frente a este.

posindustrial (*tb* **postindustrial**) *adj* De la época en que la base de la economía ha dejado de ser la industria pesada.

posío *m* (*reg*) Campo que se deja reposar varios años después de haber sido cultivado y que se dedica a pastos.

positivado *m* Acción de positivar.

positivamente *adv* De manera positiva, *esp* [1, 9 y 11b].

positivar *tr* Obtener el positivo [4] [de una imagen fotográfica (*cd*)].

positividad *f* Cualidad de positivo.

positivismo *m* **1** (*Filos*) Sistema que no admite más ciencia o conocimiento que los basados en la experiencia. ■ **2** Cualidad de positivo [9].

positivista *adj* **1** (*Filos*) De(l) positivismo [1]. **b)** Adepto al positivismo. *Tb n.* ■ **2** Que tiende a lo positivo [1 y 9].

positivizar *tr* Dar carácter positivo [a algo o a alguien (*cd*)]. **b)** *pr* (~**se**) Tomar carácter positivo.

positivo -va *adj* **1** Cierto o que no ofrece duda. **b)** [Ciencia o conocimiento] que se basa en la experiencia. ■ **2** [Cosa] efectiva o que tiene lugar. ■ **3** [Ley o religión] instituida y promulgada. *Se contrapone a* NATURAL. ■ **4** [Prueba fotográfica] en que aparecen las imágenes con sus verdaderas luces y sombras. *Frec n m.* **b)** (*E*) [Molde] en que aparecen las formas o dibujos con sus verdaderos relieves y concavidades. ■ **5** Que afirma. **b)** [Orden o precepto] en que se manda hacer algo. ■ **6** (*Gram*) [Grado del adjetivo o del adverbio] en que se expresa su significado sin establecer comparación. *Tb referido al mismo adjetivo o adverbio.* ■ **7** [Movimiento] que supone un avance en un sentido establecido o convencional. *Tb se dice del sentido mismo.* ■ **8** Que supone perfección. ■ **9** Beneficioso o favorable. **b)** Útil o práctico. **c)** [Pers.] que busca lo práctico. ■ **10** (*Mat*) Mayor que cero. **b)** [Signo] propio de las cantidades positivas. **c)** Que tiene signo positivo. ■ **11** (*Fís*) [Electricidad] del protón. **b)** De (la) electricidad positiva. ■ **12** (*Fút*) [Punto] ganado en terreno contrario. *Frec n m.* ■ **13** (*Mús, hist*) [Órgano] portátil.

pósito *m* **1** Depósito, esp. de grano. ■ **2** Institución municipal destinada a almacenar grano y prestarlo a los vecinos en momentos de escasez. ■ **3**

Asociación de pescadores para cooperación y auxilio mutuo.

positrón *m* (*Fís*) Partícula elemental con carga eléctrica igual a la del electrón, pero positiva.

positura *f* Postura.

posma *m y f* (*col*) Pers. pesada y molesta. *Tb adj.*

posmeridiano -na (*tb* **postmeridiano**) *adj* Posterior al mediodía.

posmo (*tb* **postmo**) *adj* (*col*) Posmoderno.

posmodernidad (*tb* **postmodernidad**) *f* Movimiento sociocultural de la década de los 80, caracterizado difusamente por un eclecticismo entre formas viejas y nuevas y un rechazo de todo lo considerado moderno.

posmodernismo (*tb* **postmodernismo**) *m* (*TLit*) Tendencia literaria subsiguiente al modernismo y que en algunos aspectos supone una reacción contra él.

posmodernista (*tb* **postmodernista**) *adj* (*TLit*) De(l) posmodernismo. **b)** Adepto al posmodernismo. *Tb n.*

posmoderno -na (*tb* **postmoderno**) *adj* De (la) posmodernidad. **b)** Adepto a la posmodernidad. *Tb n.*

posnatal (*tb* **postnatal**) *adj* Que sigue inmediatamente al nacimiento.

poso *m* Sedimento [de un líquido]. **b)** Sedimento o huella.

posología *f* (*Med*) Indicación de las dosis adecuadas de los medicamentos. *Tb la especialidad que las estudia.*

posoperatorio -ria (*tb* **postoperatorio**) *adj* Inmediatamente posterior a una operación quirúrgica. *Tb n m, referido a período.*

pospaladar, pospalatal → POSTPALADAR, POSTPALATAL.

pospierna *f En los cuadrúpedos, esp en las caballerías*: Muslo.

posponer (*conjug 21*) *tr* **1** Poner [a una pers. o cosa] detrás o después [de otra (*ci*)]. *Frec se omite el ci.* ■ **2** Dar menos valor o importancia [a una pers. o cosa (*cd*)] frente a otra (*ci*)]. *Frec se omite el ci.*

posposición (*tb* **postposición**) *f* **1** Acción de posponer. ■ **2** (*Ling*) Palabra invariable que sigue a un sintagma nominal desempeñando respecto a este una función análoga a la de la preposición.

posprandial (*tb* **postprandial**) *adj* (*lit o Med*) De después de las comidas.

pospretérito (*tb* **postpretérito**) *m* (*Gram*) En la terminología de Bello: Condicional.

posquemador *m* (*Fís*) Dispositivo en que se produce la poscombustión.

posromanticismo (*tb* **postromanticismo**) *m* (*Arte y TLit*) Tendencia o conjunto de tendencias artísticas y esp. literarias subsiguientes al romanticismo y que conservan, más o menos evolucionados, algunos caracteres de este. *Tb la época correspondiente.*

posromántico -ca (*tb* **postromántico**) *adj* (*Arte y TLit*) Del posromanticismo.

post- → POS-.

posta[1] *f* **1** Bala pequeña de plomo, mayor que el perdigón. ■ **2** (*Arquit*) Dibujo ornamental compuesto de curvas, volutas y líneas sinuosas.

posta[2] **I** *f* **1** (*hist*) Conjunto de caballerías dispuestas en los caminos de trecho en trecho para renovar las de viajeros a caballo, correos o diligencias. *Tb el lugar destinado a ellas.* ■ **2** (*hist*) Servicio de transporte de viajeros o de correo mediante postas [1]. **b)** (*lit*) Correo (servicio). ■ **3** (*Dep*) Relevo.
    II *loc v* **4 correr la ~.** (*hist*) Hacer un viaje o recorrido por medio de postas [1 y 2].

posta[3]. **a ~** → APOSTA.

postal *adj* [Cosa] de correos. **b)** [Tarjeta] que puede enviarse por correo sin necesidad de sobre y que gralm. presenta en una de sus caras una fotografía o un dibujo. *Frec n f.*

postbalance, postcombustión, postcomunión, postconciliar, postconcilio, postdata → POSBALANCE, POSCOMBUSTIÓN, *etc.*

postdorsal *adj* **1** (*Fon*) [Articulación o sonido] en que interviene fundamentalmente el postdorso. *Tb n f, referido a consonante.* ■ **2** (*Anat y Fon*) De(l) postdorso.

postdorso *m* (*Anat y Fon*) Parte posterior del dorso de la lengua.

postdorso- *r pref* (*Fon*) Postdorsal. *Se antepone a adjs que expresan punto de articulación.* * Postdorsovelar. * Postdorsouvular.

poste *m* **1** Madero, pilar o pieza metálica alargada, que se clava verticalmente en el suelo para servir de apoyo a algo, esp. un tendido o señal. **b)** Palo vertical de una portería deportiva. **c)** *Frec se emplea en frases de sent comparativo para ponderar la inmovilidad.* * ¿Qué haces ahí como un poste? ■ **2** Surtidor de gasolina. *Tb ~ DE GASOLINA.*

posteado *m* Acción de postear. *Tb su efecto.*

posteador -ra *adj* Que postea. *Tb n.*

postear *tr* Poner postes [1a] [a algo (*cd*)].

postelectoral → POSELECTORAL.

postema *f* Absceso que supura.

póster (*pl normal,* ~**s**) *m* Cartel ilustrado que se clava como adorno en la pared.

postergación *f* Acción de postergar.

postergar *tr* **1** Poner [a alguien o algo] en un lugar posterior o inferior al que le corresponde. ■ **2** (*raro*) Retrasar o posponer [algo].

posteridad *f* Conjunto de las generaciones venideras.

posterior I *adj* **1** Que está después o detrás. *Cuando se expresa el término de referencia, este va introducido por la prep A.* * La parte posterior es blanca. * Eso es posterior a la fecha dada. ■ **2** (*Fon*) [Vocal] que se articula aproximando el postdorso de la lengua a la parte posterior [1] del paladar.
    II *adv* (*pop*) **3** Después.

posterioridad I *f* **1** Cualidad de posterior. ■ **2** (*semiculto*) Posteridad.
    II *loc adv* **3 con ~.** Después. *Cuando se expresa el término de referencia, este va introducido por la prep A.*

posteriormente *adv* **1** Después, o en un momento posterior [1]. ■ **2** En la parte posterior [1].

postfranquismo, postgrado, postgraduado, postguerra → POSFRANQUISMO, POSGRADO, *etc.*

post hoc (*lat; pronunc,* /post-ók/) *loc adv* (*lit*) Después de esto.

posticería *f* **1** Arte o industria de fabricar pelucas y otros postizos de pelo. ■ **2** Establecimiento en que se venden pelucas y otros postizos de pelo.

postigo *m* **1** Contraventana. ■ **2** Hoja de una ventana o balcón. ■ **3** Puerta pequeña de una sola hoja. **b)** Puerta pequeña abierta en otra mayor. **c)** Puerta pequeña y secundaria de una muralla o un edificio grande.

postiguillo *m* (*reg*) Postigo [1].

postilla *f* Costra de una herida o de un grano.

postillón *m* (*hist*) Mozo que, montado en una caballería, dirige el tiro de un carruaje o sirve de guía a un grupo de viajeros a caballo.

postilloso -sa *adj* Que tiene postillas.

postimpresionismo → POSIMPRESIONISMO.

postín (*col*) **I** *m* **1** Distinción o importancia. *Frec en la loc* DE ~. ■ **2** Presunción afectada o sin fundamento.
II *loc v* **3 darse ~.** Darse tono o darse importancia.

postindustrial → POSINDUSTRIAL.

postinear *intr* (*col*) Darse postín.

postinero -ra *adj* (*col*) **1** [Pers.] que se da postín. *Tb n.* **b)** Propio de la pers. postinera. ■ **2** [Cosa] de postín [1].

postinoso -sa *adj* (*col, raro*) Postinero.

postismo *m* (*Arte y TLit*) Movimiento estético-literario surgido en Madrid en 1945, que constituye una continuación del surrealismo.

postista *adj* (*Arte y TLit*) De(l) postismo.

postiza *f* (*Mar, hist*) Pieza de madera colocada exteriormente en los costados de la galera para poner los remos en la posición más ventajosa.

postizo -za **I** *adj* **1** [Parte del cuerpo, esp. diente o pelo] que no es natural y que sustituye o complementa a la natural. **b)** Añadido o sobrepuesto. ■ **2** Falso o ficticio.
II *m* **3** Cosa postiza [1 y 2]. **b)** *Esp:* Añadido postizo de pelo que se adapta a voluntad al peinado.

postmeridiano, postmo, postmodernidad, postmodernismo, postmodernista, postmoderno → POSMERIDIANO, POSMO, *etc.*

post mortem (*lat; pronunc corriente,* /pos-mórtem/) *loc adv* Después de la muerte. *Tb adj.*

postnatal → POSNATAL.

postnominal *adj* (*Gram*) [Término] que se deriva de un nombre. *Tb n m.*

postónico -ca *adj* (*Fon*) Que sigue a la sílaba tónica.

postoperatorio → POSOPERATORIO.

postor -ra *m y f* **1** Pers. que ofrece precio en una subasta. *Frec en la constr* AL MEJOR ~. ■ **2** (*Caza*) Pers. que distribuye los puestos en una cacería.

postpaladar (*tb* **pospaladar**) *m* (*Fon*) Parte posterior del paladar.

postpalatal (*tb* **pospalatal**) *adj* (*Fon*) [Articulación o sonido] que se realiza mediante el contacto de la raíz de la lengua y el velo del paladar. *Tb n f, referido a consonante.*

post partum (*lat; pronunc corriente,* /pos-pártum/) *loc adj* Posterior al parto. *Tb n m, referido a período.*

postposición, postprandial, postpretérito → POSPOSICIÓN, POSPRANDIAL, *etc.*

postproducción *f* (*Cine y TV*) Conjunto de operaciones que siguen a la filmación de una película a fin de obtener la copia destinada a la exhibición.

postración *f* **1** Debilidad o falta de fuerzas, esp. por enfermedad. *Tb fig.* ■ **2** Abatimiento o desánimo.

postrado -da *adj* **1** *part* → POSTRAR. ■ **2** (*Bot*) [Tallo] que, debido a su debilidad, está caído y solo tiene erguida la extremidad. **b)** De tallos postrados.

postrar A *tr* **1** Abatir o debilitar. *Tb fig. Gralm en part.*
B *intr pr* (~se) **2** Hincarse de rodillas en actitud de humildad, esp. poniendo la cara contra el suelo.

postre¹ I *m* **1** Último plato de una comida, gralm. constituido por fruta o dulces. **b)** Final o remate [de una serie de cosas]. ■ **2** (*Naipes*) *En el tresillo:* Pie.
II *loc adv* **3 a los ~s.** A la hora del postre [1]. **b)** Al final [de un acto]. ■ **4 de ~,** o **para ~.** (*col*) Para colmo o por añadidura.

postre². **a la ~.** *loc adv* Al fin o por último. **b)** **al fin y a la ~** → FIN.

postrer → POSTRERO.

postreramente *adv* (*lit*) Finalmente.

postrero -ra (*toma la forma* POSTRER *cuando va delante del n m del que es adjunto, aunque se interponga otro adj. Es semiculto el empleo de esa forma ante n f*) *adj* (*lit*) Último.

postrimeramente *adv* (*lit, raro*) Postrera o finalmente.

postrimería *f* **1** (*Rel catól*) Realidad última, una de las cuatro (muerte, juicio, infierno y gloria) que esperan al hombre al final de su vida. *Normalmente en pl.* ■ **2** *pl* (*lit*) Finales. *Referido a tiempo.*

postrimero -ra *adj* (*lit*) Postrero.

postromanticismo, postromántico → POSROMANTICISMO, POSROMÁNTICO.

post scriptum (*lat; pronunc corriente,* /pos-kríptum/) *m* Posdata.

postuero *m* (*reg*) Lugar del monte en que acostumbra a sestear el ganado.

postulación *f* **1** Acción de postular. **b)** (*Rel catól*) Hecho de solicitar en la curia romana una beatificación o canonización. ■ **2** Postulado.

postulado *m* **1** Proposición cuya verdad se admite sin demostración y que sirve de base para ulteriores razonamientos. ■ **2** Principio o idea básica.

postulador -ra I *adj* **1** Que postula, *esp* [2]. *Tb n, referido a pers.*
II *m* **2** (*Rel catól*) Clérigo que solicita en la curia romana la beatificación o canonización de alguien.

postulantado *m* Tiempo en que se es postulante [2].

postulante -ta (*frec se usa la forma* POSTULANTE *como f, esp en acep 1*) **I** *adj* **1** Que postula, *esp* [1 y 4]. *Tb n, referido a pers.*

II *m y f* **2** Pers. que pide ser admitida en una comunidad religiosa.

postular A *tr* **1** Pedir o reclamar. ■ **2** Proponer [algo] como postulado. ■ **3** Proponer [a alguien] como candidato.
B *intr* **4** Pedir por la calle en una colecta benéfica.

póstumamente *adv* Después de la muerte de la pers. en cuestión.

póstumo -ma *adj* [Hijo] nacido después de la muerte de su padre. **b)** [Obra] publicada después de la muerte de su autor. **c)** [Acción] llevada a término después de la muerte de quien la emprendió. **d)** [Acto] realizado después de la muerte de la pers. a quien se dedica.

postura *f* **1** Disposición accidental de las partes del cuerpo [de una pers. o animal]. *Tb fig, referido a cosa.* **b)** Disposición accidental [de una parte del cuerpo]. ■ **2** Posición (manera de pensar o de actuar). ■ **3** (*Juegos*) Puesta (cantidad de dinero). ■ **4** Puesta o puja en una subasta. ■ **5** Puesta [de los animales ovíparos]. ■ **6** (*raro*) Puesta [de una astro]. ■ **7** (*raro*) Puesta [de una prenda]. ■ **8** Planta que se trasplanta. ■ **9** (*reg*) Ración de pienso que se da al ganado. ■ **10** (*jerg*) Cantidad de droga que ofrece el vendedor por determinada cantidad de dinero. ■ **11** (*hist*) Precio puesto por la justicia a los comestibles.

postural *adj* De (la) postura [1].

postventa → POSVENTA.

postverbal (*tb* **posverbal**) *adj* (*Gram*) [Término] que se deriva de un verbo. *Tb n m.* **b)** De (los) nombres postverbales.

posventa (*tb* **postventa**) I *f* **1** Período de tiempo que sigue a la venta de un artículo.
II *adj invar* **2** Relativo a la posventa [1].

posverbal → POSTVERBAL.

pot *m* (*Naipes*) En el póquer: Modalidad de apertura en que cada jugador pone una cantidad convenida antes de distribuirse las cartas y no puede abrirse el juego sin tener al menos una pareja de valets.

pota[1] *f Se da este n a varias especies de cefalópodos semejantes al calamar, esp al Ommastrephes sagittatus.*

pota[2] *f* (*reg*) Olla, esp. más baja y ancha que el pote. *Tb su contenido.*

pota[3] *f* (*jerg*) Vómito. *Gralm en la constr* ECHAR LA ~.

potabilidad *f* Cualidad de potable [1].

potabilización *f* Acción de potabilizar.

potabilizador -ra *adj* Que potabiliza. *Tb n, m y f, referido a aparato o instalación.*

potabilizar *tr* Hacer potable [el agua].

potable *adj* **1** Que se puede beber. ■ **2** (*col*) Pasable o aceptable.

potación *f* (*raro*) Acción de potar[1] o beber.

potaje *m* **1** Guiso de legumbres, esp. con verdura. ■ **2** (*desp*) Mezcla de cosas heterogéneas.

potajería *f* (*hist*) Almacén de las legumbres para la cocina de palacio.

potala *f* (*Mar*) Armazón de madera que sujeta una piedra u otro objeto pesado y que sirve de ancla para embarcaciones menores.

potamogeton *m Se da este n a varias plantas acuáticas del gén Potamogeton, con flores pequeñas en espiga, y que viven flotantes o sumergidas.*

potar[1] *tr* (*raro*) Beber.

potar[2] *tr* (*jerg*) Vomitar. *Frec abs.*

potasa *f Se da este n a varios derivados del potasio, esp al hidróxido de potasio (tb ~ CÁUSTICA), a los carbonatos de potasio (tb ~ CARBONATADA), y a algunos minerales que contienen cloruro de potasio.*

potásico -ca *adj* De(l) potasio.

potasio *m* Metal alcalino, de número atómico 19, blando, de color blanco argentino y muy oxidable.

pote I *m* **1** Vasija cilíndrica de cerámica, usada esp. para guardar sustancias diversas. ■ **2** Vasija, gralm. de hierro, panzuda, de boca ancha y con tres pies, que se usa para guisar y es típica de Galicia y Asturias. **b)** Vasija de cocina, de panza abultada, que se usa para guisar. ■ **3** Guiso típico de Galicia y Asturias, semejante al cocido. ■ **4** (*reg*) Vaso de vino.
II *loc v* **5** **darse ~.** (*col*) Darse importancia.

potear *intr* (*reg*) Beber.

potencia I *f* **1** Capacidad [de hacer algo o de producir un efecto]. *Frec con un adj especificador.* **b)** Facultad o capacidad [de la mente o del alma]. **c)** Capacidad de engendrar. *Tb ~ VIRIL o SEXUAL.* **d)** (*Fís*) Capacidad para producir un trabajo o efecto físico, medida por la cantidad de ese trabajo o efecto producida en una unidad de tiempo. **e)** Fuerza o energía. ■ **2** Poderío o poder. ■ **3** Nación o estado soberano y capaz de influir en la política internacional. ■ **4** Pers. o entidad poderosa o influyente. ■ **5** (*Filos*) Capacidad de llegar a ser. *Se opone a* ACTO. ■ **6** (*Fís*) Fuerza o conjunto de fuerzas capaces de producir trabajo u otros efectos. ■ **7** (*Electr*) Proporción o medida en que la energía entra en un aparato o sistema, o sale de él. ■ **8** (*Mat*) Producto que resulta de multiplicar una cantidad por sí misma determinado número de veces. ■ **9** (*Min y Geol*) Espesor [de un estrato o filón]. ■ **10** (*Rel*) Grupo de rayos de luz de los tres que se ponen en las imágenes de Cristo o de los dos de la frente en las de Moisés. ■ **11** (*Rel crist*) Espíritu celeste del segundo coro de la segunda jerarquía. *Gralm en pl.*
II *loc v* **12** **elevar a ~.** (*Mat*) Multiplicar [una cantidad] por sí misma tantas veces como indica su exponente. *Tb fig, fuera del ámbito técn.*
III *loc adv* **13** **en ~.** Como posible. *Frec adj.*

potenciación *f* **1** Acción de potenciar. ■ **2** (*Mat*) Operación de elevar a potencia [12].

potenciador -ra *adj* Que potencia. *Tb n m, referido a producto.*

potencial I *adj* **1** (*Filos*) Que puede existir, pero que aún no existe. *Tb (lit) fuera del ámbito técn.* ■ **2** (*Gram*) [Modo verbal, o tiempo del modo indicativo] que expresa hecho hipotético desde una perspectiva presente, o hecho futuro desde una perspectiva pasada. *Tb n m.* ■ **3** (*Fís*) [Energía] que posee un cuerpo por el hecho de hallarse sometido a un campo de fuerzas.
II *m* **4** Poder o potencia. *Gralm con un adj o compl especificador.* ■ **5** (*Electr*) Energía eléctrica acumulada en un cuerpo conductor y que se mide en unidades de trabajo. ■ **6** (*Fís*) Energía potencial [3] que posee la unidad de carga situada en un punto de un campo eléctrico.

potencialidad *f* **1** Cualidad de potencial [1]. ■ **2** Cosa que existe en potencia [13]. *Gralm en pl.* ■ **3** Poder o potencia.

potencialización *f* Acción de potencializar.

potencializar *tr* Dar fuerza o potencia [a algo (*cd*)]. **b)** (*Med*) Combinar [una sustancia con otra] para aumentar su potencia o efecto.

potencialmente *adv* De manera potencial [1].

potenciar (*conjug* **1a**) *tr* **1** Dar potencia o más potencia [1 y 2] [a algo (*cd*)]. **b)** Aumentar [algo, esp. una acción o un efecto]. ■ **2** Apoyar o impulsar [algo].

potenciométrico -ca *adj* (*Electr*) De(l) potenciómetro.

potenciómetro *m* (*Electr*) Instrumento para medir las diferencias de potencial eléctrico.

potentado -da *m y f* Pers. rica.

potente *adj* **1** Que tiene o muestra potencia [1]. ■ **2** Rico y poderoso. ■ **3** (*raro*) Grande.

potentemente *adv* De manera potente [1].

potentilla *f* Planta rosácea propia de las regiones templadas y frías (gén. *Potentilla*).

poteo *m* (*reg*) Acción de potear.

potera *f* Aparejo para pescar potas[1] y otros cefalópodos.

poterna *f En una fortificación*: Puerta menor que una principal y mayor que un portillo, que da al foso o al extremo de una rampa.

potestad *f* **1** Poder (facultad de mandar o de actuar). **b) patria ~** → PATRIO. ■ **2** Pers. que ejerce potestad [1]. **b)** (*hist*) Oficial público que, como delegado real, gobierna en un territorio. ■ **3** (*Rel crist*) Espíritu celeste del tercer coro de la segunda jerarquía. *Gralm en pl.*

potestativo -va *adj* Voluntario o no obligatorio.

potetería *f* (*reg*) Zalamería.

potingue *m* (*desp*) **1** Brebaje. ■ **2** Crema o ungüento.

potísimo -ma *adj* (*lit*) Principalísimo.

potito *m* Tarro de cristal que contiene alimentos infantiles preparados industrialmente para su consumo directo.

potlach *m* Desafío ceremonial propio de algunos indios americanos, que consiste en hacer pródigos regalos o destruir propiedades para demostrar riqueza.

potos *m* Planta ornamental de tallos colgantes y hojas coriáceas verdes o verdeamarillentas (*Pothos aureus*).

Potosí. valer un ~. *loc v* Valer muchísimo.

potosino -na *adj* De Potosí (Bolivia). *Tb n, referido a pers.*

pot-pourri (*fr; pronunc corriente,* /popurrí/; *tb con la grafía* **potpourri**) *m* Popurrí.

potra[1] *f* (*col*) **1** Suerte. ■ **2** Hernia en el escroto u otra parte blanda.

potra[2] → POTRO.

potranco -ca *m y f* Caballo que no pasa de tres años.

potreador -ra *adj* Que potrea.

potrear A *tr* **1** Molestar o mortificar.

B *intr* **2** Retozar alegremente [una pers., esp. joven].

potrero -ra I *adj* **1** [Cabezada] de cáñamo, que se pone a los potros.
II *m* **2** Lugar destinado a la cría y pasto del ganado caballar.

potrillo -lla *m y f* Caballo que no tiene más de tres años.

potro -tra A *m y f* **1** Cría de caballo hasta que muda los dientes de leche, aproximadamente a los cuatro años y medio.
B *m* **2** Aparato gimnástico para saltos, constituido por un paralelepípedo sostenido por cuatro patas. ■ **3** Aparato para sujetar los caballos u otros animales cuando se resisten a dejarse herrar o curar. ■ **4** (*hist*) Aparato utilizado para dar tormento. *Tb* ~ DE(L) TORMENTO.

potroso -sa *adj* (*col, raro*) Que tiene potra[1], *esp* [2].

poularda (*pronunc corriente,* /pulárda/) *f* Pularda.

poule (*fr; pronunc corriente,* /pul/) *f* (*Dep*) **1** Prueba en que los potros de tres años corren por primera vez en el año una distancia de 1.600 m. ■ **2** Competición deportiva en que cada participante se enfrenta sucesivamente a cada uno de sus adversarios. ■ **3** Grupo de participantes que han de enfrentarse entre sí en la primera fase de una competición.

pourparler (*fr; pronunc corriente,* /purparlé/) *m* Conversación para llegar a un acuerdo.

poya *f* (*hoy raro*) Derecho que se paga, en pan o en dinero, por utilizar el horno común o el de una tahona. *Frec en la loc* DE ~, *referida a horno o a pan.*

poyal *m* Poyo [1].

poyata *f* Vasar o repisa.

poyato *m* (*reg*) **1** Poyo [1] pequeño. ■ **2** Terreno que forma escalón o cornisa.

poyatón *m* (*reg*) Poyo o poyato.

poyete *m* (*reg*) **1** Poyo [1] de mampostería. ■ **2** Pequeña superficie horizontal, frec. a modo de repisa.

poyetón *m* (*reg*) Lugar imaginario destinado a las solteras. *Frec en constrs como* IRSE AL ~, SENTARSE, *o* QUEDARSE, EN EL ~.

poyo *m* **1** Banco de piedra o de obra que se construye arrimado a una pared. ■ **2** (*hist*) Derecho pagado a los jueces por administrar justicia.

poza *f* **1** Hoyo o concavidad en que hay agua detenida. ■ **2** Pozo [2]. ■ **3** Hoyo o concavidad poco profundos.

pozal *m* **1** Cubo, esp. el que sirve para sacar agua del pozo [1]. ■ **2** Brocal de pozo [1]. ■ **3** Vasija empotrada en tierra para recoger líquidos.

pozano -na *adj* De Poza de la Sal (Burgos). *Tb n, referido a pers.*

pozo *m* **1** Hoyo excavado en la tierra del cual se extrae agua subterránea. ■ **2** *En un río*: Hoyo profundo del cauce. ■ **3** Hoyo profundo. **b)** Hoyo, gralm. vertical, que se hace para permitir el acceso a las galerías mineras y facilitar su ventilación. **c)** Hoyo practicado en el suelo con barrenas para la prospección o la extracción de petróleo. **d)** ~ **airón**, ~ **de nieve**, ~ **negro** → AIRÓN, NIEVE, NEGRO. **e)** ~ **sin fondo**. *Se usa frec en constrs de sent comparativo para ponderar la insaciable necesidad de aportacio-*

nes de alguien o algo. * Esta casa es un pozo sin fondo. ■ **4** Pers. o cosa llena [de ciencia o de una cualidad oculta]. ■ **5** Situación lamentable de la que es muy difícil salir. *Frec con vs como* CAER *o* SACAR. ■ **6** (*Naipes*) *En la canasta*: Montón de los descartes.

pozoalbense *adj* Pozoblanquero. *Tb n.*

pozoblanquero -ra *adj* De Pozoblanco (Córdoba). *Tb n, referido a pers.*

pozuelero -ra *adj* De Pozuelo de Alarcón (Madrid). *Tb n, referido a pers.*

pozuelo *m En un molino de aceite*: Cavidad en que se deposita el caldo de la aceituna prensada.

pracritismo *m* (*hist*) Palabra o rasgo idiomático propios del prácrito o procedentes de él.

prácrito *m* (*hist*) Lengua o conjunto de lenguas derivadas del indio antiguo y que pertenecen al indio medio.

práctica → PRÁCTICO.

practicable I *adj* **1** Que se puede practicar. ■ **2** [Puerta o ventana] que se puede abrir. *Esp en decorados de teatro.* ■ **3** [Lugar o camino] que permite el paso o el tránsito.
II *m* **4** (*Escén*) Plano elevado, fijo o móvil, sobre el escenario y en el que pueden moverse los actores.

practicaje *m* (*Mar*) Actividad de práctico [9].

prácticamente *adv* **1** De manera práctica [1, 3 y 4]. ■ **2** De hecho o en la práctica. **b)** Casi.

practicanta -ta (*la forma* PRACTICANTA *es f col en acep 2*) I *adj* **1** Que practica [1]. *Tb n, referido a pers.*
II *m y f* **2** Pers. facultada para operaciones de cirugía menor, esp. poner inyecciones o hacer curas.

practicar *tr* **1** Realizar habitualmente [una actividad]. **b)** Realizar habitualmente los actos de culto [de una religión (*cd*)]. *Tb abs.* **c)** Hacer prácticas [5b] [de algo (*cd*)]. *Tb abs.* ■ **2** Hacer o realizar.

practicidad *f* Cualidad de práctico [4a y b].

practicismo *m* Tendencia a lo práctico [4a y b].

practicista *adj* Que tiende a lo práctico [4a y b].

práctico -ca I *adj* **1** De (la) práctica [5 y 7]. ■ **2** Que tiene práctica [6] [en algo]. *Tb sin compl, por consabido. Tb n, referido a pers.* ■ **3** De la realidad concreta o de la acción, no de la teoría. ■ **4** [Cosa] útil. **b)** [Cosa] en que predomina el aspecto útil. **c)** [Pers.] que busca pralm. el aspecto útil de las cosas.
II *n* A *f* **5** Realización continuada o repetida [de una acción]. **b)** Ejercicio en que se aplican determinados conocimientos teóricos a fin de adquirir maestría o destreza. *Más frec en pl.* ■ **6** Destreza [en una acción (*compl* DE *o* EN)], derivada de la práctica [5]. *Tb sin compl, por consabido.* ■ **7** Hecho de realizar. *Gralm en las constrs* LLEVAR A LA ~ *o* PONER EN ~. ■ **8** Costumbre o uso.
B *m* **9** Hombre de mar que tiene por misión dirigir los movimientos de los buques en sus entradas y salidas, así como en las maniobras de fondeo, atraque y desatraque.
III *loc adv* **10 en la práctica.** De hecho.

practicón -na *m y f* Pers. que tiene gran conocimiento práctico [de una profesión] pero carece de la adecuada formación teórica.

pradal *m* (*reg*) Prado.

pradense *adj* De Prades (Tarragona). *Tb n, referido a pers.*

pradeño -ña *adj* De(l) prado.

pradera *f* Terreno extenso, llano y con hierba.

pradería *f* Conjunto de prados.

praderío *m* Pradería.

pradero -ra *adj* (*raro*) De(l) prado.

pradial *m* (*hist*) Noveno mes del calendario revolucionario francés, que va del 20 de mayo al 18 de junio.

prado I *m* **1** Terreno en que se deja crecer o se siembra hierba para pasto del ganado.
II *loc adj* **2** [Grama] **de ~s,** [narciso] **de los ~s,** [reina] **de los ~s,** [veza] **de los ~s** → GRAMA, NARCISO, REY, VEZA.
III *loc adv* **3 a ~.** Pastando el animal en el campo.

pragmáticamente *adv* De manera pragmática.

pragmático -ca I *adj* **1** Que da primacía al aspecto práctico de las cosas. *Tb n, referido a pers.* ■ **2** Práctico (de la realidad concreta o de la acción, no de la teoría).
II *f* **3** (*hist*) Disposición legislativa emanada de un soberano sin mediar el asentimiento o concurrencia de ningún consejo o asamblea política. **b)** Pragmática sanción (→ SANCIÓN). ■ **4** (*Ling*) Disciplina que estudia el lenguaje en su relación con los usuarios y las circunstancias de la comunicación.

pragmatismo *m* **1** Tendencia a dar primacía al aspecto práctico de las cosas. ■ **2** (*Filos*) Doctrina filosófica que considera el valor práctico de las ideas como el único criterio válido para juzgarlas.

pragmatista *adj* De(l) pragmatismo. **b)** Adepto al pragmatismo. *Tb n.*

praguense *adj* De Praga. *Tb n, referido a pers.*

pragués -sa *adj* Praguense. *Tb n.*

pragueta *f* (*reg*) Pargo (pez).

praliné *adj* [Dulce, esp. chocolate] que contiene almendras caramelizadas. *Tb n m.*

prana *m* (*Rel*) *En el hinduismo*: Aliento vital.

pranayana *m* (*Yoga*) Control de la respiración.

praseodimio *m* (*Quím*) Metal del grupo de las tierras raras, de número atómico 59, de color amarillo claro y cuyas sales se usan como colorante verde.

prasiolita *f* (*Mineral*) Variedad de cuarzo de color verde.

pratense[1] *adj* De(l) prado.

pratense[2] *adj* De Prat de Llobregat (Barcelona). *Tb n, referido a pers.*

praticultor -ra *m y f* Pers. que se dedica a la praticultura.

praticultura *f* Cultivo de los prados.

pravedad *f* (*lit*) Depravación o perversión.

praviano -na *adj* De Pravia (Asturias). *Tb n, referido a pers.*

pravo -va *adj* (*lit*) Perverso.

praxinoscopio *m* Instrumento óptico que, pasando ante los ojos los dibujos que representan las fases sucesivas de un movimiento, produce la impresión de ese movimiento.

praxis *f* Práctica o realización. *Se opone a* TEORÍA.

pre. a ~ → APRÉ.

pre- *pref* **1** *Denota anterioridad en el espacio con respecto a lo designado en el término prefijado.* * Prelitoral. ■ **2** *Denota anterioridad en el tiempo* *con respecto a lo designado en el término prefijado.* * Preactual. * Precapitalista. **b)** *El término formado designa cosa de la misma naturaleza que lo designado en el término prefijado, y que se anticipa a ello o lo prepara.* * Preconstruido. * Preconvenio. **c)** *Precediendo a adjs de enfermedad, designa estado o circunstancia favorable a la aparición y desarrollo de ella.* * Preasmático. ■ **3** *Antepuesto a un n o adj de acción o a un v (normalmente en part), presenta la acción como realizada antes del tiempo tomado como referencia.* * Pregrabado.

preabdomen *m (Zool) En el escorpión*: Región anterior del abdomen.

preacuerdo *m* Acuerdo provisional entre dos partes, pendiente de ratificación.

preadamita *adj* [Ser humano] anterior a Adán. *Tb n.*

preagónico -ca *adj* [Estado] que precede a la agonía.

prealerta *f* Aviso de una probable situación próxima de peligro o emergencia. **b)** Prevención de una probable situación próxima de peligro o emergencia.

preambular[1] *adj (raro)* Que tiene carácter de preámbulo.

preambular[2] *tr (raro)* Poner preámbulo [1] [a algo (cd)].

preámbulo *m* **1** Introducción a un escrito o discurso. **b)** Introducción a un texto legal para explicar sus objetivos. ■ **2** Rodeo o digresión antes de entrar en materia o decir algo claramente. ■ **3** Parte previa o inmediatamente anterior.

preanunciar *(conjug 1a) tr* Anunciar [algo futuro].

preanuncio *m* Acción de preanunciar. *Tb su efecto.*

preautonomía *f (Pol)* Situación transitoria previa a la proclamación oficial de autonomía de una región o comunidad territorial.

preautonómico -ca *adj (Pol)* De (la) preautonomía.

preavisar *tr* Avisar previamente.

preaviso *m* Aviso previo.

prebélico -ca *adj* Inmediatamente anterior a una guerra o que la preludia.

prebenda *f* **1** Renta aneja a un oficio eclesiástico. ■ **2** Empleo de mucho provecho y poco trabajo.

prebendado -da *adj* **1** *part* → PREBENDAR. ■ **2** [Eclesiástico] que disfruta alguna prebenda [1]. *Frec n m.*

prebendar *tr (raro)* Dar [a alguien (cd)] una prebenda.

prebiótico -ca *adj (Biol)* Que precede al origen de la vida.

preboste *m* **1** *En determinados colectivos o comunidades*: Pers. que preside o gobierna. ■ **2** *(hist)* Oficial público designado por el rey o por un señor para la administración económica y judicial de un territorio. *Gralm referido a Francia.* ■ **3** *(hist)* Segundo de un maestro de armas.

prebostía *f* Cargo o dignidad de preboste.

precalentamiento *m* **1** *(Dep)* Conjunto de ejercicios destinados a desentumecer los músculos. ■ **2** Calentamiento previo.

precalentar *(conjug 6) tr* Calentar previamente.

precámara *f (Mec)* Oquedad o cámara que precede a otra mayor, esp. la que recibe el carburante en los motores Diesel antes de que lo aspire el émbolo en el cilindro.

precámbrico -ca *adj (Geol)* [Período] inmediatamente anterior al cámbrico. *Tb n m.* **b)** De(l) período precámbrico.

precampaña *f* Período preliminar de una campaña.

precancerosis *f (Med)* Estado previo al cáncer.

precanceroso -sa *adj (Med)* Que precede al desarrollo de un cáncer.

precandidato -ta *m y f* Pers. que aspira a ser candidato o tiene posibilidades de serlo.

precargar *tr* Cargar previamente.

precariamente *adv* De manera precaria.

precariedad *f* Cualidad de precario.

precario -ria **I** *adj* **1** [Cosa] insegura o inestable. **b)** Deficiente o escaso. *Frec referido a medios o recursos económicos.* **c)** [Situación] de escasez de medios. ■ **2** *(Der)* Que se posee o se ejerce sin título, por tolerancia o inadvertencia del dueño. **II** *loc adv* **3 en ~.** De manera precaria.

precarización *f* Acción de precarizar.

precarizar *tr* Hacer precario [1] [algo (cd)].

precaución *f* **1** Actitud de quien prevé un posible daño y trata de evitarlo. ■ **2** Medida para tratar de evitar un daño que se prevé como posible. *Frec con el v* TOMAR.

precautoriamente *adv* De manera precautoria.

precautorio -ria *adj* Que sirve de precaución [2].

precaver **A** *tr* **1** Prever [un peligro o daño] y tomar las medidas oportunas para evitarlo. **B** *intr pr (~se)* **2** Tomar precauciones [2] [contra alguien o algo que se ve como un peligro (compl* DE *o* CONTRA*)]. *Tb sin compl.*

precavidamente *adv* De manera precavida.

precavido -da *adj* **1** *part* → PRECAVER. ■ **2** [Pers.] que actúa con precaución [1]. **b)** Propio de la pers. precavida.

precedencia *f* Cualidad de precedente [1], esp. en jerarquía o consideración.

precedente **I** *adj* **1** Que precede. **II** *m* **2** Cosa anterior [a otra *(compl de posesión)*] y que le sirve de base o punto de partida. *Frec en constrs como* SENTAR ~ *o* SERVIR DE ~. **b)** Hecho anterior, semejante o igual a uno dado, que se toma como referencia.

precedentemente *adv* De manera precedente [1].

preceder *tr* Ir antes o delante [de una pers. o cosa *(cd)*]. *El cd va siempre introducido por la prep* A. *Tb abs.*

precelente *adj (lit, raro)* Muy excelente.

preceptista *m y f* Pers. que enseña o trata de imponer preceptos literarios.

preceptivamente *adv* De manera preceptiva [1].

preceptivo -va I *adj* **1** De(l) precepto. **b)** Obligatorio, u ordenado por un precepto.
II *f* **2** Conjunto de preceptos [1]. *Gralm con un adj especificador, que frec se omite por consabido.*

precepto I *m* **1** Regla o mandato de obligado cumplimiento. **b)** Regla o norma [de un arte o ciencia].
II *loc adj* **2 de ~.** (*Rel catól*) [Día o fiesta] en que es obligatorio oír misa. ■ **3 de ~.** [Cosa] obligada o inevitable.

preceptor -ra *m y* (*raro*) *f* Pers. encargada de la educación de un niño o joven en casa.

preceptual *adj* (*raro*) De(l) precepto [1].

preceptuar (*conjug* 1d) *tr* Establecer [algo] como precepto [1].

preces *f pl* (*Rel catól*) **1** Rezos u oraciones. **b)** Versículos de la Biblia que usa la Iglesia para rogar a Dios. ■ **2** Súplicas o instancias con que se pide una bula o despacho de Roma.

precesión *f* (*Astron*) Movimiento retrógrado de los puntos equinocciales o de intersección del ecuador con la eclíptica, por el que se anticipan las épocas de los equinoccios o el principio de las estaciones. *Tb* ~ DE LOS EQUINOCCIOS.

preciado -da *adj* **1** *part* → PRECIAR. ■ **2** Valioso o de gran estimación.

preciar (*conjug* 1a) **A** *tr* **1** Valorar (determinar o apreciar el valor [de alguien o algo (*cd*)]).
B *intr pr* (**~se**) **2** Sentirse orgulloso [de algo]. ■ **3** Sentir la dignidad de ser lo que se es. *En la loc* QUE SE PRECIE. *Tb fig, referido a cosa.*

precinta *f* Precinto [1] de papel que se pone en las aduanas a las cajas de tabaco.

precintado *m* Acción de precintar. *Tb su efecto.*

precintador -ra *adj* Que precinta. *Tb n: m y f, referido a pers; f, referido a máquina.*

precintaje *m* Acción de precintar.

precintar *tr* Poner precinto [1] [a algo (*cd*)].

precinto *m* **1** Cierre sellado o marcado que se pone esp. en un paquete, envase o puerta y sirve de garantía de que no han sido abiertos. ■ **2** Acción de precintar.

precio I *m* **1** Cantidad de dinero que hay que pagar para adquirir una cosa. **b)** Sacrificio o esfuerzo con que se paga algo.
II *loc adj* **2 de ~.** Valioso o de calidad.
III *loc v* **3 no tener ~.** Ser muy valioso. ■ **4 poner ~** [a algo]. Exigir dinero u otra recompensa a cambio [de ello]. ■ **5 poner ~ a la cabeza** [de una pers.]. Ofrecer una recompensa a quien entregue [a esa pers.] a la justicia. *Tb fig.*
IV *loc adv* **6 a ~ de oro.** A un precio [1] muy elevado. ■ **7 en ~.** A un precio [1a] asequible. *Gralm con el v* ESTAR.

preciosamente *adv* De manera preciosa [2].

preciosidad *f* (*col*) Pers. o cosa preciosa [2]. *Designando a una mujer o a un niño, frec como vocativo.*

preciosismo *m* **1** Afectación y atildamiento en el estilo. **b)** Cuidado esmerado en todos los detalles. *A veces con intención desp.* ■ **2** (*hist*) Tendencia al refinamiento excesivo en el lenguaje y el comportamiento, propia de la sociedad francesa de mediados del s. XVII.

preciosista *adj* De(l) preciosismo o que lo implica. **b)** Partidario o cultivador del preciosismo. *Tb n.*

precioso -sa *adj* **1** [Cosa] de gran valor. **b)** [Metal] de gran valor usado en joyería. *Se aplica casi exclusivamente al oro, la plata y el platino.* **c)** [Piedra] rara, fina, dura y transparente o traslúcida, que, tallada, se emplea en adornos de lujo. *Se aplica normalmente al diamante, el rubí, la esmeralda y el zafiro.* ■ **2** (*col*) Muy bonito. *Referido a mujeres y niños, frec como vocativo.*

preciosura *f* (*raro*) Pers. o cosa preciosa, *esp* [2].

precipicio *m* Corte muy profundo y vertical del terreno. *Tb fig.*

precipitación *f* **1** Acción de precipitar(se), *esp* [5 y 6]. ■ **2** Caída de agua, líquida o sólida, de la atmósfera.

precipitadamente *adv* De manera precipitada [3].

precipitado -da I *adj* **1** *part* → PRECIPITAR. ■ **2** [Pers.] que actúa con precipitación o apresuramiento. ■ **3** [Cosa] que denota o implica precipitación o apresuramiento.
II *m* **4** (*Quím*) Sustancia que, como resultado de una reacción, se separa del líquido en que está disuelta y se deposita en el fondo del recipiente. *Tb fig, fuera del ámbito técn.*

precipitador *m* (*Electr*) Dispositivo electrostático destinado a eliminar del aire humos y polvo.

precipitar A *tr* **1** Lanzar [algo o a alguien] desde un lugar alto. **b)** *pr* (**~se**) Caer [alguien o algo] desde un lugar alto. ■ **2** Lanzar [algo o a alguien] haciéndolo avanzar deprisa [hacia algo (*compl adv*)]. *Frec el cd es refl.* ■ **3** Hacer que [algo (*cd*)] suceda o se desarrolle antes de lo normal o esperable. **b)** *pr* (**~se**) Suceder o desarrollarse [algo] antes de lo normal o esperable. ■ **4** (*Quím*) Hacer que [una sustancia disuelta] se deposite en el fondo del recipiente.
B *intr* ➤ **a** *normal* **5** (*Quím*) Depositarse en el fondo del recipiente [una sustancia disuelta o en suspensión]. *Tb pr* (**~se**).
➤ **b** *pr* (**~se**) **6** Actuar de manera apresurada e irreflexiva. ■ **7** Caer a la tierra [agua de la atmósfera].

precipitina *f* (*Biol*) Anticuerpo que forma un precipitado insoluble al reaccionar con un antígeno.

precipuo -pua *adj* (*lit, raro*) Notable o señalado.

precisamente *adv* **1** De manera precisa [1]. ■ **2** *Se usa con intención enfática, para insistir en que se trata de la misma acción, circunstancia o asunto que se enuncia, y no de otros.* * *De él precisamente quería hablarte.* **b)** *Se usa con intención enfática para marcar una coincidencia casual.* * *Precisamente nos hospedábamos en el mismo hotel.* **c)** *A veces se usa para poner de relieve la contradicción entre lo que se ha dicho y la realidad que se expresa a continuación.* * *Los que ahora protestan son precisamente los causantes de esa situación.*

precisar A *tr* **1** Fijar o determinar [algo] de modo preciso [1a]. **b)** *pr* (**~se**) Fijarse o determinarse [algo] de modo preciso. ■ **2** Necesitar [a alguien o algo]. ■ **3** Obligar [a alguien a algo]. *Gralm en part.*
B *intr* **4** Necesitar [a alguien o algo (*compl* DE)]. ■ **5** (*lit*) Ser necesario. *Normalmente el suj es una prop constituida por infin o por* QUE + *subj.*

precisión I *f* **1** Cualidad de preciso [1]. ■ **2** Acción de precisar [1]. *Tb su efecto.* ■ **3** Necesidad (hecho de necesitar).

II *loc adj* **4 de ~.** [Utensilio o instrumento] construido con especial esmero para que funcione con precisión [1].

precisivamente *adv (Filos)* De manera precisiva.

precisivo -va *adj (Filos)* Que implica precisión o distinción.

preciso -sa *adj* **1** [Cosa] percibida o manifestada con exactitud, sin oscilaciones ni aproximaciones. **b)** [Pers. o cosa] que actúa o funciona con exactitud. ■ **2** [Cosa] concreta o determinada. ■ **3** Adecuado exactamente a la cosa en cuestión. ■ **4** Necesario. *Frec en la constr* SER ~, *seguido de una prop suj constituida por infin o* QUE + *subj.*

precitado -da *adj* Citado con anterioridad.

precito -ta *adj (Rel crist, o lit)* Condenado al infierno.

preclaramente *adv (lit, raro)* De manera preclara.

preclaro -ra *adj (lit)* Ilustre o insigne.

preclásico -ca *adj* Anterior a la época clásica.

preclasificado -da *adj (Dep)* Que se ha clasificado en una prueba anterior a la definitiva. *Tb n.*

preclímax *f (Bot)* Fase más lejana del óptimo de la clímax.

preclínico -ca *adj (Med)* **1** De (los) estudios previos a la experiencia clínica. ■ **2** Anterior a la experimentación clínica de un fármaco.

precocidad *f* Cualidad de precoz.

precocinado -da *adj* [Alimento o plato] que se vende ya cocinado. *Tb n m.*

precognición *f (Psicol)* Conocimiento de hechos futuros antes de que sucedan.

precognitivo -va *adj (Psicol)* De (la) precognición.

precolombino -na *adj (hist)* Anterior al descubrimiento de América por Colón. *Referido a América o a lo americano.*

preconcebir *(conjug 62) tr* Concebir de antemano [una idea o un sentimiento]. *Gralm en part.*

preconcepción *f* Idea preconcebida.

preconcepto *m* Idea preconcebida.

preconciliar *adj* De(l) preconcilio. *Frec con intención desp, denotando tradicionalismo o inmovilismo.*

preconcilio *m* Período anterior al Concilio Vaticano II (1962-1965). *Tb la situación correspondiente.*

precongresual *adj (Pol)* Inmediatamente anterior a un congreso.

preconizable *adj* Que se puede preconizar.

preconización *f* Acción de preconizar.

preconizador -ra *adj* Que preconiza. *Tb n, referido a pers.*

preconizar *tr* **1** Aconsejar o proponer [algo]. ■ **2** *(Rel catól)* Nombrar o proclamar [prelado *(predicat)*] a alguien).

preconsciente *adj (Psicol)* [Proceso mental] que, sin ser consciente, está casi en la consciencia.

precontrato *m* Contrato previo por el que dos o más perss. se comprometen a firmar en un plazo dado un contrato que de momento no quieren o no pueden estipular.

precordial *adj (Anat)* [Región del pecho] situada delante del corazón. **b)** De la región precordial.

precoz *adj* **1** [Cosa] que se produce antes de lo normal. **b)** Que se produce en una fase temprana de un proceso. **c)** [Diagnóstico o tratamiento] que se hace en una fase temprana de la enfermedad. ■ **2** [Fruto] que madura o se desarrolla antes de lo normal. *Tb fig.* **b)** De (los) frutos precoces. ■ **3** [Niño o joven] que se anticipa a los de su edad. *A veces acompañando al n que designa la pers que ejerce la actividad o posee la cualidad en que se produce la anticipación.* **b)** Propio de (la) pers. precoz.

precozmente *adv* De manera precoz.

precristiano -na *adj* Anterior al cristianismo.

precursor -ra *adj* [Pers. o cosa] que precede [a otra *(compl de posesión)*] anunciándola o anticipándola. *Tb n, referido a pers. Frec designa a San Juan Bautista (en este caso se escribe con mayúscula).*

predador -ra *adj* **1** [Animal] que mata a otros de distinta especie para comérselos. *Tb n m.* **b)** Propio del animal predador. ■ **2** Que sirve para robar o saquear.

predar *intr* Actuar como predador [1a]. *Tb fig.*

predatorio -ria *adj* Predador [1b y 2].

predecesor -ra *m y f* Pers. que ha precedido [a otra *(compl de posesión)*], esp. en un puesto o cargo.

predecible *adj* Que se puede predecir.

predecir *(conjug 55) tr* Anunciar [algo futuro] por conjetura, razonamiento, intuición o revelación.

predela *f (Arte)* Parte inferior de un retablo.

predentina *f (Anat)* Sustancia blanda que constituye la dentina primitiva.

predestinación *f* Hecho de estar predestinado para un fin. **b)** *(Rel)* Hecho de tener destinados Dios a los hombres a la salvación o a la condenación desde la eternidad.

predestinar *tr* Destinar anticipadamente [algo o a alguien para un fin *(compl* A *o* PARA)]. **b)** *(Rel)* Destinar [Dios a alguien] desde la eternidad [a la salvación o la condenación]. *Frec en part, frec sustantivado y sin compl, esp designando a los destinados a la gloria.*

predeterminación *f* Acción de predeterminar. *Tb su efecto.*

predeterminante *adj* Que predetermina.

predeterminar *tr* Determinar anticipadamente.

prediabetes *f (Med)* Estado de escasa tolerancia para el azúcar, que puede convertirse en diabetes.

predial *adj (Der)* De(l) predio.

prédica *f* Discurso o exposición oral en que se dan consejos o se hacen consideraciones de carácter moral.

predicabilidad *f (Filos)* Cualidad de predicable [1].

predicable **I** *adj* **1** Que se puede predicar, *esp* [4]. **II** *m* **2** *(Filos)* Forma de las cinco en que un predicado puede atribuirse a un sujeto.

predicación *f* Acción de predicar. *Tb su efecto.*

predicado *m* **1** *(Filos)* Término de la proposición en que se predica [4] algo del sujeto. ■ **2** *(Gram)*

Elemento de la oración cuyo núcleo es una palabra (verbo) caracterizada por su concordancia en número y persona con el núcleo del sujeto. *A veces se llama ~ al mismo núcleo.* **b)** *~* **nominal.** Predicativo. *Tb, simplemente, ~* (→ NOMINAL). **c)** *~* **verbal** → VERBAL.

predicador -ra *adj* Que predica [1, 2 y 3]. *Gralm n m, referido a pers.*

predicamental *adj* (*Filos*) De(l) predicamento [2].

predicamento *m* **1** Prestigio o estimación. ■ **2** (*Filos*) Clase o categoría lógica.

predicante *adj* (*raro*) Que predica [1 y 2].

predicar *tr* **1** Exponer oral y públicamente [el Evangelio o enseñanzas religiosas o morales]. *Tb fig. Tb abs.* ■ **2** Pronunciar [un sermón o sermones]. *Frec abs.* **b)** Pronunciar los sermones correspondientes [a un acto o celebración (*cd*)]. ■ **3** Aconsejar [algo] o exhortar [a ello (*cd*)], esp. públicamente. ■ **4** (*Gram y Filos*) Decir [algo de un sujeto]. ■ **5** (*raro*) Hacer público o dar a conocer [algo].

predicativo -va *adj* **1** (*Gram*) [Elemento (adjetivo o sustantivo) del predicado] que, normalmente siguiendo a los verbos "ser", "estar" u otro equivalente, enuncia una cualidad o suma de cualidades de lo designado en el sujeto. *Tb n m.* **b)** Propio del elemento predicativo. **c)** [Complemento] del verbo que al mismo tiempo actúa como predicativo del complemento directo. ■ **2** (*Gram*) [Verbo] no copulativo. **b)** Propio de verbo no copulativo. ■ **3** (*Filos*) De (la) predicación.

predicción *f* Acción de predecir. *Tb su efecto.*

predictibilidad *f* (*raro*) Cualidad de predictible.

predictible *adj* (*raro*) Predecible.

predictivo -va *adj* De (la) predicción o que la implica.

predictor -ra *adj* Que predice. *Tb n: m y f, referido a pers; m, referido a aparato.*

predigestión *f* (*Med*) Digestión preliminar.

predilección *f* Preferencia [por alguien o algo]. *Tb sin compl.*

predilectamente *adv* (*raro*) De manera predilecta.

predilecto -ta *adj* Preferido o favorito.

predinástico -ca *adj* (*hist*) En el antiguo Egipto: Anterior a la primera Dinastía.

predio *m* (*Der o lit*) Finca (propiedad inmueble, esp. rústica). **b)** (*lit*) Campo o terreno. *Tb fig.*

predisponente *adj* Que predispone.

predisponer (*conjug 21*) *tr* **1** Preparar o disponer anticipadamente [a una pers. o cosa para algo (*compl* A o PARA)]. *Tb abs.* ■ **2** (*Med*) Predisponer [1] al organismo [para una enfermedad o una alteración (*cd*)].

predisposición *f* Acción de predisponer. *Tb su efecto.*

predispositivo -va *adj* Que predispone.

prednisolona *f* (*Med*) Producto derivado de la hidrocortisona, con mayor actividad antiinflamatoria que esta.

prednisona *f* (*Med*) Producto derivado de la cortisona, con mayor actividad antiinflamatoria que esta.

predominancia *f* Cualidad de predominante.

predominante *adj* Que predomina.

predominantemente *adv* De manera predominante.

predominar *intr* Ser el más importante o destacado [entre varios (*compl* SOBRE o ENTRE)]. *Frec se omite el compl, por consabido.*

predominio *m* Hecho de predominar.

predorsal *adj* **1** (*Fon*) [Articulación o sonido] en que interviene fundamentalmente el predorso. *Tb n f, referido a consonante.* ■ **2** (*Anat y Fon*) De(l) predorso.

predorso *m* (*Anat y Fon*) Parte anterior del dorso de la lengua.

predorso- *r pref* (*Fon*) Predorsal. *Se antepone a adjs que expresan punto de articulación.* * Predorsodental. * Predorsoprepalatal.

preelectoral *adj* Previo a las elecciones.

preeminencia *f* **1** Cualidad de preeminente. ■ **2** Privilegio o ventaja de que alguien disfruta por sus méritos o su categoría.

preeminente *adj* Destacado o importante.

preeminentemente *adv* De manera preeminente.

preescolar *adj* [Educación] anterior a la escolar. *Tb n f.* **b)** De (la) educación preescolar.

preestablecer (*conjug 11*) *tr* Establecer con anterioridad [una norma]. *Gralm en part.*

preestreno *m* Presentación de una obra teatral o cinematográfica en sesión especial previa a su estreno oficial. *Tb fig.*

preexistencia *f* Hecho de preexistir.

preexistente *adj* Que preexiste.

preexistir *intr* Existir con anterioridad.

prefabricación *f* Acción de prefabricar.

prefabricado -da **I** *adj* **1** *part* → PREFABRICAR.
II *m* **2** Elemento o construcción prefabricados [1]. *Tb fig, con intención desp.*

prefabricar *tr* Fabricar, gralm. en serie, [elementos (*cd*) o todos los elementos de una construcción o de un objeto (*cd*)] para montarlos posteriormente. *Gralm en part. Tb fig, con intención desp.*

prefaciar (*conjug 1a*) *tr* Poner prefacio [1] [a algo (*cd*)].

prefacio *m* **1** Prólogo o introducción. ■ **2** (*Rel catól*) Parte de la misa que precede inmediatamente al canon.

prefecto *m* **1** *En un seminario o en un colegio eclesiástico:* Sacerdote encargado del control de la disciplina o los estudios. ■ **2** (*Rel catól*) *En la Curia Romana:* Prelado que está al frente de una congregación o de otro departamento. ■ **3** (*Rel catól*) Delegado eclesiástico con jurisdicción sobre un distrito misionero en que no está organizada la jerarquía ordinaria. *Tb ~* APOSTÓLICO. ■ **4** Delegado del gobierno en un departamento francés o en una provincia italiana. *Tb* (*hist*) *referido a España en la época napoleónica.* ■ **5** Jefe de la policía de París. *A veces referido a otras ciudades francesas.* ■ **6** (*hist*) *En la antigua Roma:* Alto funcionario civil o militar. *Esp designa al encargado de la administración de Roma o de un departamento del Imperio.* **b)**

~ del pretorio. Comandante de la guardia pretoriana.

prefectoral *adj* De(l) prefecto.

prefectura *f* **1** Cargo o dignidad de prefecto. ■ **2** Territorio gobernado por un prefecto [3, 4, 5 y 6]. ■ **3** Sede u oficina del prefecto. ■ **4** Servicios de dirección de la policía de París. *A veces referido a otras ciudades francesas.*

preferencia I *f* **1** Hecho de preferir. *Frec con un compl* POR. ■ **2** Ventaja, distinción o trato de favor frente a otros. ■ **3** *En un estadio*: Localidad de calidad intermedia entre la tribuna y la general.
II *loc adv* **4 de ~.** Preferentemente.

preferencial *adj* De (la) preferencia [2] o que la implica.

preferente *adj* Que tiene preferencia [2].

preferentemente *adv* De manera preferente.

preferible *adj* Digno de ser preferido.

preferiblemente *adv* De manera preferible.

preferir *(conjug* **60***) tr* Considerar mejor, o más adecuada al gusto o a las necesidades, [a una pers. o cosa *(cd)*] que a otra *(compl* A *o, semiculto,* QUE*)]. Frec se omite el segundo compl por consabido. Tb fig.*

prefiguración *f* Acción de prefigurar(se). *Frec su efecto.*

prefigurador -ra *adj* Que prefigura.

prefigurar *tr* Representar o sugerir anticipadamente [algo]. **b)** *pr* (**~se**) Representarse anticipadamente [algo].

prefijación *f (Ling)* Adición de prefijos.

prefijar *tr* Fijar de antemano.

prefijo -ja I *adj* **1** *(Ling)* [Afijo] antepuesto a la raíz. *Más frec n m.*
II *m* **2** Elemento, constituido por cifras o letras, que se antepone a un número, esp. de teléfono.

prefinanciación *f (Econ)* Provisión de recursos a título provisional para financiar una operación mientras se logra su financiación a largo plazo.

prefloración *f (Bot)* Época previa a la floración.

preformación *f (Biol)* Desarrollo que consiste en el crecimiento de una célula germen que contiene en sí el organismo completo. *Se opone a* EPIGÉNESIS.

preformar *tr* Dar forma [a algo *(cd)*] anticipadamente.

pregancia *f (reg)* Cadena que pende sobre el fuego para colgar la caldera u otro utensilio de cocina.

preglaciar *adj (Geol)* Anterior a la época glaciar.

pregnancia *f* **1** *(lit)* Cualidad de pregnante. ■ **2** *(Psicol)* Fuerza y estabilidad de una estructura perceptiva que se impone al sujeto con más intensidad que las otras estructuras posibles.

pregnante *adj (lit)* **1** Hinchado o abultado. ■ **2** Pleno de significado.

pregón *m* **1** Anuncio de una noticia o un aviso, hecho de viva voz por las calles de un pueblo y gralm. por un empleado municipal. **b)** Anuncio de una mercancía o un servicio, hecho a voces por las calles. **c)** Aviso que se da a voces. ■ **2** Discurso literario en que se anuncia al público la celebración de una fiesta y se le anima a participar en ella. ■ **3** *(lit)* Cosa que pregona [3] [algo *(compl de posesión)*].

pregonado -da *adj* **1** *part* → PREGONAR. ■ **2** *(Taur)* [Toro] ya corrido y conocido por su malicia y peligrosidad. *Tb n m.*

pregonar *tr* **1** Anunciar [algo] mediante un pregón [1]. ■ **2** Pronunciar el pregón [2] [de una fiesta *(cd)*]. ■ **3** Hacer pública [una cosa] o dar[la] a conocer a mucha gente. ■ **4** *(hist)* Declarar malhechor o infame públicamente [a alguien].

pregonero -ra I *adj* **1** Que pregona. *Tb n, referido a pers y (fig) a cosa.*
II *m y f* **2** Empleado municipal encargado de dar los pregones [1a].
III *loc v* **3 dar tres cuartos** (*o* **un cuarto**) **al ~** → CUARTO.

preguerra *f* Período inmediato al comienzo de una guerra. *Gralm referido a la Guerra Civil de 1936.*

pregunta I *f* **1** Acción de preguntar(se) [1, 2 y 3]. *Tb su efecto.*
II *loc adv* **2 a la cuarta ~.** *(col)* Sin dinero o con muy poco. *Gralm con vs como* ANDAR, ESTAR, DEJAR *o* QUEDARSE.

preguntador -ra *adj* Que pregunta, *esp* [1 y 3]. *Tb n, referido a pers.*

preguntante *adj* Que pregunta, *esp* [1 y 3]. *Tb n, referido a pers.*

preguntar **A** *tr* ➤ **a** *normal* **1** Pedir [a alguien *(ci)*], mediante palabras o gestos, que aclare [una duda *(cd)*] o diga lo que sabe [sobre algo *(cd)*]. *Tb abs.* **b)** Pedir información [a alguien *(cd)*]. **c) no me (lo) preguntes (pregunte,** *etc***).** *(col)* No (lo) sé. ➤ **b** *pr* (**~se**) **2** Pensar [algo] como dudoso, hipotético o ignorado.
B *intr* **3** Pedir información [sobre alguien o algo *(compl* POR*)*]. ■ **4** Pedir hablar [con alguien *(compl* POR*)*].

pregunteo *m (col)* Acción de preguntar [1 y 3] repetidamente.

preguntón -na *adj (col)* Que pregunta [1 y 3] mucho o de manera insistente o indiscreta. *Tb n, referido a pers.*

pregustar *tr (lit)* Gustar anticipadamente [algo, esp. un alimento].

prehensión *f (Biol)* Prensión.

prehispánico -ca *adj (hist)* Anterior a la conquista y colonización españolas. *Referido a América o a lo americano.*

prehistoria *f* **1** Período de la vida de la humanidad anterior a la aparición de la escritura. **b)** Ciencia que estudia la prehistoria. ■ **2** Período inicial [de una pers. o cosa], anterior a su desarrollo o plenitud.

prehistoriador -ra *m y f* Especialista en prehistoria [1b].

prehistóricamente *adv (raro)* De manera prehistórica.

prehistórico -ca *adj* **1** De (la) prehistoria. *Tb (raro) n, referido a pers.* ■ **2** Muy viejo o anticuado.

prehomínido *adj (Zool)* [Animal] fósil, de la familia de los primates, muy próximo a los homínidos. *Gralm como n m en pl.*

preincaico -ca *adj (hist)* Anterior a los incas.

preindustrial *adj* Aún no industrializado.

preinscribir (*conjug 46*) *tr* Hacer la preinscripción [de alguien (*cd*)]. *Frec el cd es refl.*

preinscripción *f* Solicitud de admisión, previa a la solicitud formal, la cual presenta una pers. para ser incluida en una lista de una entidad, esp. docente, y con el único fin de facilitar las previsiones de carácter administrativo.

preinserto -ta *adj* Que ha sido insertado antes en el texto en cuestión.

preinstalación *f* Instalación previa.

preinstalar *tr* Instalar previamente.

preislámico -ca *adj* (*hist*) Anterior al islamismo.

prejubilación *f* Jubilación anticipada.

prejubilar *tr* Jubilar anticipadamente. *Frec en part, frec sustantivado.*

prejudicial *adj* (*Der*) Que debe preceder a un juicio.

prejudicialidad *f* (*Der*) Condición de prejudicial.

prejuiciado -da *adj* Que muestra o implica prejuicio.

prejuicio *m* Creencia u opinión preconcebida. **b)** Idea rutinaria acerca del comportamiento impuesto por la educación o el medio. *Frec en pl.*

prejuicioso -sa *adj* Que muestra o implica prejuicio.

prejuzgar *tr* Juzgar anticipadamente y sin datos suficientes. *Tb abs.* **b)** Prever.

prelación *f* Preferencia que una pers. o cosa tiene frente a otras.

prelado *m* Alto dignatario eclesiástico, como cardenal, obispo o abad.

prelaticio -cia *adj* De(l) prelado.

prelativo -va *adj* (*Der*) De (la) prelación o que la implica.

prelatura *f* **1** Cargo o dignidad de prelado. ■ **2** Jurisdicción dependiente de un prelado.

prelegado *m* (*Der*) Legado hecho a favor de un heredero.

prelegatario -ria *m y f* (*Der*) Pers. a quien corresponde un prelegado.

prelenguaje *m* (*Ling*) Forma de comunicación en el niño previa a la adquisición del lenguaje.

preliminar *adj* [Cosa] que antecede [a otra (*compl de posesión*)] y le sirve de introducción. *Tb n m, normalmente en pl.*

preliminarmente *adv* De manera preliminar.

preludial *adj* De(l) preludio.

preludiar (*conjug 1a*) *tr* **1** Ser preludio, *esp* [2], [de algo (*cd*)]. ■ **2** Iniciar o comenzar [algo].

preludio *m* **1** (*Mús*) Introducción instrumental a una obra musical, esp. una ópera o una zarzuela o un acto de una ópera. **b)** (*Mús*) Composición independiente, breve, sin forma preestablecida y gralm. para piano. ■ **2** Cosa que sirve de principio o anuncio [de otra]. ■ **3** (*lit*) Prólogo o introducción.

premamá (*tb con la grafía* **pre-mamá**) *adj invar* [Ropa] destinada a la mujer embarazada. *Tb* DE ~. *Tb n m, referido a traje o vestido.*

premarital *adj* (*raro*) [Relación] prematrimonial.

prematrimonial *adj* Anterior al matrimonio.

prematuramente *adv* De manera prematura.

prematuridad *f* Condición de prematuro.

prematuro -ra *adj* **1** [Niño] que nace antes del tiempo normal. *Tb n.* ■ **2** [Cosa] que se hace o se produce antes del tiempo conveniente.

premeditación *f* Acción de premeditar.

premeditadamente *adv* De manera premeditada.

premeditado -da *adj* **1** *part* → PREMEDITAR. ■ **2** Que implica premeditación.

premeditar *tr* Pensar o planear [algo] antes de realizar[lo].

premenstrual *adj* (*Fisiol*) Que precede inmediatamente a la menstruación.

premiable *adj* Que se puede premiar.

premiación *f* (*raro*) Acción de premiar.

premiador -ra *adj* Que premia. *Tb n, referido a pers.*

premial *adj* De(l) premio [1].

premiar (*conjug 1a*) *tr* Dar un premio [1, 2a y 3] [a alguien o algo (*cd*)]. *Referido a acep 3, gralm en constr pasiva.* **b)** Dar un premio [1] [a alguien (*ci*)] por algo (*cd*)]. *Frec se omite el ci.*

premidera *f* (*Tex*) Cárcola.

premier (*ing; pronunc corriente*, /premiér/) *m y f* Primer ministro. *Normalmente referido a Gran Bretaña y países de la Commonwealth.*

première (*fr; pronunc corriente*, /premiér/) *f* Estreno, esp. solemne, [de una obra teatral o cinematográfica]. *Tb sin compl. Tb fig.*

premio *m* **1** Cosa que se da a alguien como reconocimiento de sus cualidades o acciones. **b)** ~ extraordinario. Calificación máxima que se obtiene en determinados grados académicos, previa selección especial. ■ **2** Cosa que se da a la pers. o cosa ganadora de un concurso o competición. **b)** *Frec forma parte de la denominación de determinados concursos.* * Forma parte del jurado para los Premios de San Antón. **c)** Pers. o cosa que ha obtenido un premio [2a]. ■ **3** Cosa que se da al agraciado en un juego de azar, lotería o apuestas. ■ **4** (*Econ*) Aumento de valor de una moneda.

premiosamente *adv* De manera premiosa.

premiosidad *f* Cualidad de premioso.

premioso -sa *adj* **1** Que se mueve con dificultad por estar muy ajustado. ■ **2** [Pers.] que actúa o se expresa con lentitud y falta de soltura. **b)** [Cosa, esp. lenguaje o expresión] falta de fluidez o soltura. **c)** (*raro*) Cohibido o embarazado. ■ **3** (*raro*) Que urge o apremia.

premisa *f* **1** (*Filos*) En un silogismo: Proposición de las dos que sirven para inferir la conclusión. **b)** ~ mayor, ~ menor → MAYOR, MENOR. ■ **2** Base o fundamento de un razonamiento o discusión.

premoción *f* (*Filos*) En la escolástica: Impulso divino previo.

premolar *adj* (*Anat*) [Diente] situado entre los caninos y las muelas. *Más frec n m.*

premonición *f* Advertencia de algo futuro, esp. intuida o presentida.

premonitor -ra *adj* Premonitorio.

premonitoriamente *adv* De manera premonitoria.

premonitorio -ria *adj* **1** De (la) premonición o que la implica. ■ **2** Precursor o antecedente.

premonstratense → PREMOSTRATENSE.

premoriencia *f* (*Der*) Hecho de premorir.

premoriente *adj* (*Der*) Que premuere. *Tb n.*

premorir (*conjug 52*) *intr* (*Der*) Morir [una pers.] antes [que otra (*ci*)].

premortal *adj* Que precede a la muerte.

premostratense (*tb* **premonstratense**) *adj* De la orden de canónigos regulares fundada por San Norberto (s. XII). *Tb n, referido a pers.*

premura *f* **1** Prisa o apresuramiento. ■ **2** Escasez [de tiempo].

premuroso -sa *adj* Que tiene o muestra premura.

prenatal *adj* **1** Que precede al nacimiento. ■ **2** Destinado a la mujer embarazada.

prenavideño -ña *adj* Que precede inmediatamente a la Navidad.

prenda I *n A f* **1** Objeto utilizado como vestido o calzado. **b)** Objeto de tela o material similar usado en una casa. ■ **2** Cosa que se entrega o compromete como garantía del cumplimiento de una obligación. *Frec en la constr* EN ~, *con vs como* DAR, DEJAR, TOMAR *o* QUEDAR. **b)** (*Juegos*) Objeto personal que el jugador que pierde entrega al que lo dirige, comprometiéndose a hacer lo que este le mande para poder recuperarlo. *Frec en pl, designando el juego.* ■ **3** Cosa que se da o se hace como prueba o señal [de algo]. *Gralm en la constr* EN ~. ■ **4** Pers. de buenas cualidades. *Frec con intención irónica.* **b)** *A veces se usa apelativo cariñoso, dirigido a una mujer o un niño.* * Gracias, prenda. ■ **5** Cualidad o atributo [de una pers.]. *Más frec en pl.*
B *m y f* **6** (*jerg*) Individuo o tipo.
II *loc v* **7 no doler ~s [a alguien].** No importar[le] admitir o reconocer algo costoso. ■ **8 pagar ~.** *En el juego de las prendas* [2b]: Entregar [alguien] una prenda o hacer lo que le han mandado como castigo. ■ **9 soltar ~.** (*col*) Romper [alguien] su actitud reservada o de silencio. *Gralm en constr neg.*

prendar A *tr* **1** (*lit*) Enamorar [a alguien]. ■ **2** (*Der*) Tomar una prenda [2a] [a alguien (*cd*)].
B *intr pr* (~se) **3** (*lit*) Enamorarse [de alguien o algo].

prendario -ria *adj* (*Der*) De (la) prenda [2a].

prendedor A *m* **1** Instrumento que sirve para prender [1a]. **b)** *Esp:* Broche o alfiler.
B *m y f* **2** (*raro*) Pers. que prende [1 a 4].

prender A *tr* **1** Enganchar o sujetar. *Tb fig.* **b)** Captar y retener [la atención]. **c)** Captar y retener la atención [de alguien (*cd*)]. ■ **2** Apresar o detener [a alguien]. ■ **3** Encender [fuego, luz o algo que arde o ilumina]. *Tb abs.* ■ **4** (*raro*) Adornar o engalanar [a una mujer]. *Gralm el cd es refl.*
B *intr* **5** Arraigar [una planta] o unirse al patrón [un injerto]. ■ **6** Pasar [algo] a hacer su efecto [en alguien o algo]. *Tb sin compl.* ■ **7** Causar fecundación. ■ **8** Encenderse [algo que arde o está destinado a arder]. *Tb pr* (~se). **b)** Incendiarse [algo no destinado a arder]. *Frec pr* (~se).

prendería *f* Tienda en que se compran y venden ropas y otros objetos usados.

prendero -ra *m y f* Pers. que comercia en ropas y otros objetos usados.

prendido *m* Adorno, gralm. de flores, que se prende [1a] al vestido o tocado femeninos.

prendimiento *m* Acción de prender [2]. *Normalmente referido al de Jesucristo.*

prenestino -na *adj* De la antigua Preneste, hoy Palestrina (Italia). *Tb n, referido a pers.*

prenoción *f* (*Filos*) Noción previa.

prenombrado -da *adj* Precitado.

prenotando *m* Preámbulo o preliminar.

prensa I *f* **1** Máquina para apretar o comprimir, constituida básicamente por dos elementos planos o cilíndricos que se aproximan por distintos procedimientos. *Gralm con un adj o compl especificador.* **b)** *Sin compl, esp:* Prensa de imprenta. **c)** Taller de imprenta. *Gralm en las constrs* DAR A LA ~, *o* EN ~. ■ **2** Conjunto de (las) publicaciones periódicas. **b)** Conjunto de perss. que se dedican a la información en un medio de comunicación.
II *loc v* **3 tener buena** (*o* **mala**) **~.** Disfrutar de una actitud favorable (o desfavorable) de la prensa [2]. **b)** Disfrutar de buena (o mala) opinión en un determinado ambiente.

prensada *f* (*reg*) Prensado.

prensado *m* Acción de prensar.

prensador -ra *adj* Que prensa. *Tb n, m y f, referido a máquina o aparato.*

prensaestopas (*tb* **prensaestopa**) *m* (*Mec*) Cámara anular que se rellena de estopa, algodón y otras fibras y que sirve para evitar los escapes en los cilindros de las máquinas de vapor o similares.

prensaje *m* (*raro*) Prensado.

prensapurés (*tb* **prensapuré**) *m* Pasapurés.

prensar *tr* Apretar o comprimir mediante una prensa [1a] u otro instrumento similar. **b)** Apretar o comprimir. *Tb fig.*

prensatelas *m* *En una máquina de coser:* Pieza móvil que sujeta la tela.

prensil *adj* (*CNat*) **1** Que sirve para prender o sujetar. ■ **2** De (la) prensión.

prensión *f* (*CNat*) Acción de prender o sujetar.

prensista *m y f* (*Impr*) Pers. que trabaja en una prensa de imprimir.

prensor -ra *adj* (*Zool*) **1** Prensil. ■ **2** [Ave] de mandíbula robusta y patas con dos dedos dirigidos hacia atrás. *Frec como n f en pl, designando este taxón zoológico.*

prenunciar (*conjug 1a*) *tr* Anunciar de antemano.

prenuncio *m* Anuncio anticipado.

prenupcial *adj* Anterior al matrimonio.

preñado -da *adj* **1** *part* → PREÑAR. ■ **2** [Hembra] que va a tener un hijo. *Referido a mujer, es pop o lit; a veces con un compl* DE *que designa al padre. Tb n, referido a mujer.* ■ **3** Que contiene algo en su interior. **b)** (*lit*) Lleno o cargado [de algo]. ■ **4** Abultado o abombado. *Dicho esp de pared.*

preñar *tr* **1** Fecundar [a una hembra]. *Referido a mujer, es pop o lit.* **b)** *pr* (~se) Quedar fecundada [una hembra]. *Referido a mujer, es pop.* ■ **2** (*lit*) Llenar. **b)** *pr* (~se) Llenarse.

preñez *f* **1** Estado de preñada [2]. ■ **2** Abultamiento o abombamiento.

preocupación *f* **1** Hecho de preocupar(se). ■ **2** Cosa que preocupa [1].

preocupadamente *adv* De manera preocupada [3].

preocupado -da *adj* **1** *part* → PREOCUPAR. ■ **2** [Pers.] que se preocupa [3 y 4]. ■ **3** [Cosa] que expresa o denota preocupación [1].

preocupador -ra *adj* (*raro*) Que preocupa [1 y 2]. *Tb n, referido a pers.*

preocupante *adj* Que preocupa [1].

preocupantemente *adv* De manera preocupante.

preocupar **A** *tr* **1** Ocupar [alguien o algo] insistentemente el pensamiento [de una pers. (*cd*)] causándo[le] desasosiego o temor. ■ **2** Hacer que [alguien (*cd*)] se preocupe [3]. **B** *intr pr* (**~se**) **3** Sentir desasosiego o temor [por alguien o algo (*compl* POR, DE o CON)]. *A veces se omite el compl, por consabido.* ■ **4** Dedicar [alguien] su atención [a una pers. o cosa (*compl* DE o POR)].

preolímpico -ca *adj* (*Dep*) [Prueba] de selección previa a los juegos olímpicos. *Tb n m, referido a torneo.* **b)** Que participa en las pruebas preolímpicas. *Tb n, referido a pers.*

preoperatorio -ria *adj* (*Med*) Inmediatamente anterior a una operación quirúrgica. *Tb n m, referido a período.*

preopinante *adj* [Pers.] que, en una discusión, ha manifestado su opinión con anterioridad. *Tb n.*

prepaladar *m* (*Fon*) Parte anterior del paladar.

prepalatal *adj* (*Fon*) **1** [Articulación o sonido] que se realiza acercando al dorso de la lengua a la parte anterior del paladar. *Tb n f, referido a consonante.* ■ **2** De(l) prepaladar.

preparación *f* **1** Acción de preparar(se). *Tb su efecto.* **b)** (*Rel jud*) Víspera o día de preparación [de una festividad]. ■ **2** Cosa preparada [1b]. **b)** (*Biol*) Porción de tejido u otra sustancia orgánica, preparada para ser observada con el microscopio.

preparado *m* Cosa compuesta de varios ingredientes y preparada para su utilización o consumo.

preparador -ra *adj* Que prepara. *Tb n, referido a pers, esp en el ámbito deportivo.*

preparar *tr* **1** Poner [algo o a alguien] en las condiciones adecuadas [para algo]. *Frec se omite el 2º compl, por consabido.* **b)** Poner [algo] en condiciones de ser utilizado o consumido. **c)** Poner [a alguien] en el estado anímico más conveniente [para algo]. *Tb sin el 2º compl, por consabido.* **d)** *Con cd refl, frec se usa en frases de advertencia o amenaza, o como comentario ante algo negativo que se ve como inminente.* * Si se entera tu padre, ya te puedes preparar.* ■ **2** Hacer las operaciones necesarias para que [algo (*cd*)] exista o se realice, o lo haga del modo deseado. **b)** *pr* (**~se**) Producirse los sucesos necesarios para que [algo (*suj*)] exista o se realice. ■ **3** Modificar [un automóvil o su motor] para que tenga más potencia.

preparativo -va **I** *adj* **1** Preparatorio. **II** *m* **2** Acción con que se prepara [2] [algo (*compl* DE o PARA)]. *Normalmente en pl.*

preparatorio -ria *adj* Que sirve para preparar(se). *Tb n m, referido a curso.*

preponderancia *f* Cualidad de preponderante.

preponderante *adj* Que prepondera.

preponderantemente *adv* De manera preponderante.

preponderar *intr* Ser el más importante, influyente o numeroso [en un lugar]. *Frec se omite el compl, por consabido.*

preponer (*conjug 21*) *tr* (*raro*) Anteponer.

preposición *f* (*Gram*) Palabra invariable que precede a un sustantivo para hacer que funcione como complemento.

preposicional *adj* (*Gram*) De (la) preposición.

prepositivo -va *adj* (*Gram*) De (la) preposición.

prepósito *m* (*Rel crist*) *En algunas comunidades religiosas:* Prelado o superior.

prepóstero -ra *adj* (*lit, raro*) Contrario a la naturaleza o al sentido común.

prepotencia *f* Condición de prepotente. **b)** Actitud prepotente [2b].

prepotente *adj* **1** Superior en poder o influencia. ■ **2** (*desp*) [Pers.] que trata de imponerse mediante la intimidación o la fuerza. **b)** Propio de la pers. prepotente.

prepuberal *adj* Que precede a la pubertad.

prepucio *m* (*Anat*) **1** Piel móvil que cubre el extremo del miembro viril. ■ **2** Pliegue mucoso que cubre el clítoris. *Tb ~ DEL CLÍTORIS.*

prerrafaelismo *m* (*Pint*) Estilo surgido en Inglaterra en el s. XIX y que se inspira en los artistas anteriores a Rafael de Urbino.

prerrafaelista *adj* (*Pint*) **1** [Pintor o pintura] anterior a Rafael de Urbino. *Tb n, referido a pers.* ■ **2** De(l) prerrafaelismo. **b)** Adepto al prerrafaelismo. *Tb n.*

prerrafaelita *adj* (*Pint*) Prerrafaelista [2]. *Tb n.*

prerrenacentista *adj* (*Arte y TLit*) De(l) prerrenacimiento.

prerrenacimiento (*tb con la grafía* **pre-renacimiento**) *m* (*Arte y TLit*) Tendencia de la baja Edad Media en que se dan aisladamente algunos caracteres renacentistas. *Tb la época correspondiente.*

prerrequisito *m* Requisito previo.

prerrogativa *f* Privilegio o derecho que alguien tiene en razón de su cargo o condición. **b)** Privilegio o derecho exclusivo de una autoridad o poder del Estado.

prerrománico -ca *adj* (*Arte*) [Arte] europeo surgido hacia el s. VI en las antiguas provincias del Imperio Romano de Occidente y que se desarrolla en distintos estilos regionales hasta la aparición del arte románico. **b)** Del arte prerrománico.

prerromano -na *adj* (*hist*) Anterior a la conquista y colonización romanas.

prerrománticamente *adv* (*TLit*) De manera prerromántica.

prerromanticismo *m* (*TLit*) Tendencia, dentro del neoclasicismo, en que se dan aisladamente algunos caracteres románticos, esp. el sentimentalismo. *Tb la época correspondiente.*

prerromántico -ca *adj* (*TLit*) De(l) prerromanticismo. **b)** Adepto al prerromanticismo. *Tb n.*

prerrotuliano -na *adj* (*Anat*) Situado delante de la rótula.

presa I *f* **1** Acción de prender. *Normalmente con el v* HACER *y un compl* EN. **b)** (*Mar*) Captura de un buque. *Tb el mismo buque capturado.* ◼ **2** Acción con que el luchador inmoviliza al contrario. ◼ **3** Construcción hecha en una corriente de agua a fin de retenerla para su ulterior aprovechamiento. ◼ **4** Acequia o zanja para regar. ◼ **5** Animal que es o puede ser cazado, esp. por otro animal. *Tb fig, referido a pers.* ◼ **6** (*lit*) Pers. dominada [por una emoción (*compl* DE)]. *Como predicat o como aposición explicativa.* ◼ **7** Tajada o porción pequeña de una cosa comestible, esp. carne.
   II *loc adj* **8 de ~.** [Perro] dogo. ◼ **9 de ~.** (*raro*) [Ave] rapaz.

presagiador -ra *adj* (*raro*) Que presagia.

presagiar (*conjug* 1a) *tr* **1** Ser [una cosa] presagio [de algo (*cd*)]. ◼ **2** Anunciar o prever [alguien algo futuro].

presagio *m* Señal o anuncio de algo futuro.

presantificado. misa de los ~s → MISA.

presbicia *f* Defecto óptico por el que se perciben confusamente los objetos próximos, debido a pérdida de elasticidad del cristalino y propio de perss. de edad media o avanzada.

présbita *adj* Que padece presbicia. *Tb n, referido a pers.*

presbiterado *m* (*Rel catól*) Orden de presbítero.

presbiteral *adj* (*Rel catól*) De(l) presbítero o de (los) presbíteros.

presbiteriado *m* (*Rel catól*) Presbiterado.

presbiterial *adj* (*Rel catól*) Presbiteral.

presbiterianismo *m* (*Rel crist*) Doctrina protestante derivada del calvinismo, que no reconoce la autoridad episcopal.

presbiteriano -na *adj* (*Rel crist*) De(l) presbiterianismo. **b)** Adepto al presbiterianismo. *Tb n.*

presbiterio *m* **1** *En una iglesia*: Zona correspondiente al altar mayor. ◼ **2** Conjunto de los presbíteros sometidos a la autoridad de un obispo.

presbítero *m* (*Rel catól*) Hombre que ha recibido las órdenes sagradas que le permiten celebrar misa.

presciencia *f* Conocimiento o intuición del futuro.

presciente *adj* Que tiene presciencia.

prescindencia *f* (*raro*) Acción de prescindir.

prescindible *adj* [Pers. o cosa] de la que se puede prescindir.

prescindir *intr* Dejar de utilizar o de tener en cuenta [a una pers. o cosa (*compl* DE)] o renunciar [a ellas (*compl* DE)].

prescribir (*conjug* 46) **A** *tr* **1** Ordenar o mandar [algo (*cd*)] alguien, esp. un médico, o una norma (*suj*)].
   B *intr* **2** Dejar de tener valor o efectividad [un derecho, una obligación o una responsabilidad].

prescripción *f* **1** Acción de prescribir. *Tb su efecto.* ◼ **2** (*Der*) Modo de adquirir dominio u otros derechos reales, o de extinguirse derechos u obligaciones, por transcurrir el tiempo establecido por la ley.

prescriptivo -va *adj* De (la) prescripción [1] o que la implica.

prescriptor -ra *adj* Que prescribe [1]. *Tb n, referido a pers.*

presea *f* (*lit*) Joya u objeto precioso.

preselección *f* Primera selección, cuyo resultado ha de ser sometido a una selección definitiva. **b)** Selección previa.

preseleccionar *tr* Elegir [a alguien o algo] en preselección.

presencia I *f* **1** Hecho de estar presente [1a]. ◼ **2** Apariencia o aspecto físico. *Frec con los adjs* BUENA (*o* MALA), MUCHA (*o* POCA). **b)** Buena apariencia. **c)** Apariencia que denota alta categoría. ◼ **3 ~ de ánimo.** Serenidad.
   II *loc adv* **4 a (la) ~,** *o* **ante la ~,** [de alguien]. Al lugar en que [esa pers. (*compl de posesión*)] está presente [1a]. *Con vs como* IR, LLEVAR *o* TRAER. ◼ **5 en** (*o, raro,* **a**) **~** [de alguien o algo]. Estando presente [1a] [esa pers. o cosa (*compl de posesión*)]. ◼ **6 en ~.** (*raro*) Enfrente. *Frec adj, referido a fuerzas enfrentadas.*

presencial *adj* De (la) presencia [1] o que la implica.

presencialidad *f* Cualidad de presencial.

presencializar *tr* Dar presencia [1] [a alguien o algo (*cd*)] o hacer[lo] presente [1a]. **b)** *pr* (**~se**) Cobrar presencia o hacerse presente [alguien o algo].

presenciar (*conjug* 1a) *tr* Ver [un hecho o un espectáculo], hallándose presente [1a] mientras tiene lugar. **b)** Ver [un hecho o un espectáculo].

presentable *adj* Que puede ser presentado. **b)** Que tiene aspecto o calidad aceptables. *Frec se usa como atenuación, esp refiriéndose a buena presencia.* **c)** Aceptable.

presentación *f* Acción de presentar(se). **b)** (*hoy raro*) Prerrogativa del Jefe del Estado, vigente hasta la década de 1970, por la que podía proponer los candidatos entre los que el Papa había de designar un nuevo prelado. *Tb* DERECHO DE **~. c)** Manera de presentar(se).

presentado -da *adj* **1** *part* → PRESENTAR. ◼ **2 bien ~.** [Pers. o cosa] cuidada o arreglada con esmero. *Gralm con el v* IR. *Tb, raro, simplemente* **~.** ◼ **3 bien ~.** [Pers. o animal, esp. toro] de buena presencia [2a].

presentador -ra *adj* Que presenta [5]. *Tb n, referido a pers, esp en un espectáculo.*

presentar A *tr* **1** Poner [a alguien o algo] de manera que sea visto o considerado. **b)** Dejar ver, o mostrar. **c)** Tener [algo que se muestra a la vista o a la consideración o que puede ser visto o considerado]. **d)** Hacer que [algo o alguien (*cd*)] aparezca [de una determinada manera (*compl adv o predicat*)]. **e)** Colocar provisionalmente [una cosa] para ver el efecto que causa. **f) ~ armas** → ARMA. ◼ **2** Ofrecer [algo a alguien] o poner[lo] a su disposición. **b)** *Con vs refl*: Ofrecerse [en calidad de algo (*predicat*)]. ◼ **3** Hacer entrega [de una instancia, solicitud o algo similar (*cd*)] en un lugar. **b)** Hacer entrega [de una carta de dimisión (*cd*) o de las cartas credenciales (*cd*)] a la autoridad correspondiente]. ◼ **4** Dar [quejas, excusas o disculpas a alguien]. **b) ~ batalla, ~ sus respetos** → BATALLA, RESPETO. ◼ **5** Decir [a una pers.] el nombre [de otra (*cd*)] que está ante ella] para que inicien su conocimiento mutuo. *A veces solo con cd en pl, que designa ambas perss.*

b) Escribir [a una pers.] dándole el nombre y otros datos [de la pers. que lleva la carta (*cd*)] para iniciar su conocimiento mutuo. **c)** Dar a conocer públicamente [algo o a alguien], manifestando sus datos o características más esenciales. **d)** Dar a conocer al público las características [de un programa o espectáculo que va a presenciar (*cd*)] o anunciar las distintas partes o actuaciones que [lo] componen. **e)** ~ **en sociedad** → SOCIEDAD. ■ **6** Proponer [a una pers.] para una dignidad o cargo. *Frec con un compl* PARA o A. ■ **7** Hacer que [alguien o algo (*cd*)] participe [en un certamen (*compl* A)] o se someta [a una prueba o examen o a una elección]. *Frec el cd es refl.* **B** *intr pr* (~**se**) **8** Ponerse a la vista o a la consideración. *Frec con un compl adv.* ■ **9** Dejarse ver [en un sitio], esp. por primera vez. ■ **10** Acudir a la presencia [de alguien (*ci o compl* ANTE)]. ■ **11** Acudir o llegar [a un lugar (*compl* EN)], esp. de modo inesperado o a horas intempestivas. *Tb sin compl, por consabido.* ■ **12** Producirse [algo], esp. de modo inesperado. **C** *copulat pr* (~**se**) **13** Ponerse a la vista o a la consideración [de una determinada manera (*adj predicat*)].

presente I *adj* **1** Que está en el mismo sitio que la pers. que habla o de que se habla, o en el lugar de que se habla, o en el lugar en que ocurre el hecho de que se habla. *Frec con un compl* EN, *que expresa lugar o suceso. Tb n, referido a pers.* **b)** Se usa como respuesta a la mención del propio n al pasar lista. * –Luisa Pérez. –Presente. **c)** **el** ~. (*lit o admin*) Este. *Gralm referido a escrito. En este caso, frec n f.* ■ **2** [Tiempo] en que se está cuando se habla. *Frec n m.* **b)** (*Gram*) [Tiempo] que expresa que la acción ocurre en el momento en que se habla. *Frec n m.* **c)** [Participio] (**de**) ~ → PARTICIPIO. ■ **3** Actual o de este momento. ■ **4** (*hoy raro*) En la época de Franco, grito ritual usado como respuesta a la invocación del n de un muerto del bando nacional, esp durante la Guerra Civil. * José Antonio Primo de Rivera, presente. **II** *m* **5** (*lit*) Regalo u obsequio. **III** *loc v y fórm or* **6 hacer** ~. Comunicar [algo a alguien] para que lo tenga en cuenta. ■ **7 mejorando lo** ~ → MEJORAR. ■ **8 tener** ~. Tener en la memoria o tener en consideración [algo o a alguien]. **IV** *loc adv* **9 al** ~. (*lit*) En el momento presente [2a].

presentible *adj* Que se puede presentir.

presentidor -ra *adj* Que presiente.

presentimiento *m* Acción de presentir. *Frec su efecto.*

presentir (*conjug* 60) *tr* Tener la sensación de que [algo (*cd*)] va a ocurrir. **b)** Tener la sensación más o menos precisa [de algo (*cd*)] que no se puede comprobar o que no existe aún].

presera *f Se da este n a las plantas Galium verum (galio) y G. aparine (amor de hortelano).*

presero -ra *adj* (*reg*) [Puchero o cazuela] en que se cuecen las presas o tajadas de carne para hacer caldo.

preservación *f* Acción de preservar.

preservador -ra *adj* Que preserva.

preservar *tr* Proteger [de un daño o peligro]. *Tb sin compl.*

preservativo -va I *adj* **1** Que preserva o sirve para preservar.

II *m* **2** Cubierta protectora del pene durante el coito, usada para prevenir infecciones o como medio anticonceptivo. **b)** Utensilio equivalente al preservativo [2a], para uso femenino. *Frec* ~ FEMENINO.

pre-shave (*ing; pronunc corriente, /preséib/*) *adj invar* [Loción] para antes del afeitado. *Frec n m.*

presi *m* (*col*) Presidente [2].

presidencia *f* **1** Cargo o dignidad de presidente [2]. *Tb el tiempo que dura.* **b)** Hecho de presidir. ■ **2** Lugar destinado al presidente [2]. **b)** Oficina del presidente. ■ **3** Pers. o conjunto de perss. que presiden un acto.

presidenciable *adj* (*col*) [Pers.] que es considerada como posible presidente [2]. *Tb n.*

presidencial *adj* De (la) presidencia.

presidencialismo *m* Sistema político en que el presidente de la república es también presidente del gobierno.

presidencialista *adj* De(l) presidencialismo. **b)** Adepto al presidencialismo. *Tb n.*

presidente -ta (*en acep 2 a veces se usa la forma* PRESIDENTE *como f*) **I** *adj* **1** Que preside. **II** *n* A *m y f* **2** Pers que preside [1]. **b)** *En una república*: Jefe del Estado. **B** *f* **3** Mujer del presidente [2].

presidiario -ria *m y f* Pers. que está en presidio [1].

presidio *m* **1** Cárcel en que los presos cumplen condena por delitos graves. ■ **2** Pena de privación de la libertad, inferior a la reclusión y superior al arresto. **b)** ~ **mayor**, ~ **menor** → MAYOR, MENOR. ■ **3** (*Mil, hist*) Guarnición de soldados para custodia y defensa de una plaza o fortaleza. *Tb la plaza o fortaleza.*

presidir A *tr* **1** Ocupar [alguien] el puesto de máxima autoridad o importancia [en un gobierno, una corporación u otra colectividad, o en un acto (*cd*)]. ■ **2** (*lit*) Ocupar [algo] el puesto más importante o destacado [en un acto o en un lugar (*cd*)]. *Tb fig.* **B** *intr* **3** (*lit*) Ocupar [algo] el puesto más importante o destacado [en un lugar]. *Tb sin compl, por consabido. Tb fig.*

presídium (*gralm con mayúscula*) *m* **1** En determinados países comunistas: Comisión permanente de un alto órgano de gobierno. *Gralm referido al Soviet Supremo de la URSS.* ■ **2** En algunos partidos socialistas: Comité ejecutivo no gubernamental.

presilla *f* Tirita de cordón, de tela o de varias vueltas de hilo unidas, que se pone en una prenda para abrochar un botón o corchete o para sujetar algo, esp. un cinturón.

presintonía *f* (*RTV*) Sintonía previa.

presión I *f* **1** Acción de apretar u oprimir. ■ **2** Fuerza que ejerce un cuerpo sobre otro. *Gralm su medida por unidad de superficie. Frec con un compl especificador*: ARTERIAL, ATMOSFÉRICA, OSMÓTICA, *etc, que a veces se omite por consabido.* **b)** Presión superior a la atmosférica. *Frec en la constr* A ~. ■ **3** Fuerza no física que se ejerce sobre una pers. o cosa para modificar su actuación o su estado. **b)** ~ **fiscal.** (*Econ*) Relación de los ingresos fiscales con el producto nacional bruto. **II** *loc adj* **4 a** ~. Que funciona o se realiza mediante agua o vapor a presión [2b]. ■ **5 de** ~. [Grupo] que, en su propio beneficio, influye en una organización, esfera o actividad social.

presionador -ra *adj* Que presiona. *Tb n f, referido a máquina.*

presionante *adj* Que presiona.

presionar A *tr* **1** Hacer presión [1] [sobre alguien o algo (*cd*)]. *Tb abs.*
B *intr* **2** Hacer presión [1] [sobre alguien o algo].

preso -sa I *adj* **1** Privado de libertad. *Tb fig.* **b)** *Esp*: [Pers.] que está en la cárcel. *Tb n.*
II *loc v* **2** coger, *o* hacer, ~. Apresar o detener. ■ **3** darse ~. Entregarse a la autoridad como detenido.

presocrático -ca *adj* (*Filos*) [Filósofo griego] anterior a Sócrates († 399 a.C.). *Tb n.* **b)** De los filósofos presocráticos.

presor *m* En un aparato: Elemento que sirve para apretar o sujetar.

presoterapia *f* (*Med*) Tratamiento destinado a eliminar los líquidos acumulados en las piernas, mediante la introducción de estas en un aparato a modo de bota.

pressing (*ing; pronunc corriente, */présin/*) *m* (*Dep*) Presión (fuerza no física). *Tb fig, fuera del ámbito deportivo.*

prest *m* (*Mil, hist*) Haber del soldado.

presta *f* (*reg*) Hierbabuena.

prestación *f* **1** Acción de prestar [3]. ■ **2** Servicio, acción o pago a que alguien está obligado por ley o por contrato. **b)** *En gral*: Servicio.

prestado. de ~. *loc adv* **1** Con cosas prestadas [1]. *Frec fig.* ■ **2** Sin pleno derecho o seguridad. *Gralm con el v* VIVIR.

prestador -ra *adj* Que presta, *esp* [1]. *Tb n, referido a pers.*

prestamente *adv* (*lit*) De manera presta o rápida.

prestamismo *m* Actividad o sistema de préstamos.

prestamista *adj* Que presta dinero con interés. *Más frec n, referido a la pers que se dedica a ello.*

préstamo *m* **1** Acción de prestar [1]. ■ **2** Cosa prestada [1], esp. cantidad de dinero. ■ **3** Hecho de tomar elementos de otra cultura o de otra lengua. ■ **4** Palabra tomada de otra lengua. **b)** Elemento cultural tomado de otra cultura.

prestancia *f* **1** Aspecto distinguido. ■ **2** Excelencia o superioridad.

prestancioso -sa *adj* (*lit*) Que tiene prestancia [1].

prestante *adj* (*lit*) Que tiene prestancia [1].

prestar A *tr* **1** Dar [alguien algo a otro] con idea de que se lo devuelva. *Tb abs.* ■ **2** Dar o comunicar [una cualidad]. ■ **3** Dar o hacer. *Con determinados ns, como* ATENCIÓN, APOYO, AYUDA, AUXILIO, DECLARACIÓN, SERVICIO. **b)** ~ oídos → OÍDO.
B *intr* ➤ **a** *normal* (*reg*) **4** Gustar [algo a alguien]. ■ **5** Sentar bien [algo a alguien]. ■ **6** Ceder o dar de sí.
➤ **b** *pr* (~se) **7** Acceder [a algo] o consentir [en ello (*compl* A)]. **b)** Ofrecerse [alguien a algo]. ■ **8** Hacer posible [algo (*compl* A)] o dar ocasión [a ello].

prestatario -ria *adj* Que toma dinero en préstamo. *Tb n, referido a pers.* **b)** Que toma algo en préstamo.

preste *m* **1** (*lit*) Sacerdote o presbítero. ■ **2** el ~ Juan (de las Indias). Se usa en constrs de carácter enfático, designando a un personaje imaginario de gran importancia. * No se cambia ni por el preste Juan de las Indias.

presteza *f* (*lit*) Rapidez o ligereza.

prestidigitación *f* **1** Arte o técnica de prestidigitador. ■ **2** Juego de prestidigitación [1]. *Tb fig.*

prestidigitador -ra I *m y f* **1** Pers. que, con la habilidad de sus manos, hace aparecer y desaparecer cosas, o que cambien de aspecto o lugar. *Tb fig.*
II *adj* **2** (*raro*) De(l) prestidigitador [1].

prestidigitar *tr* (*raro*) Hacer juegos de prestidigitación [1] [con algo (*cd*)]. **b)** Hacer desaparecer [algo] por prestidigitación [1].

prestigiado -da *adj* **1** *part* → PRESTIGIAR. ■ **2** Prestigioso [1].

prestigiamiento *m* (*raro*) Acción de prestigiar.

prestigiante *adj* (*lit*) Que prestigia.

prestigiar (*conjug* 1a) *tr* Dar prestigio [a alguien o algo (*cd*)].

prestigio *m* Estimación o buena opinión [de una pers. o cosa] entre la gente.

prestigiosamente *adv* De manera prestigiosa.

prestigioso -sa *adj* **1** Que tiene prestigio. ■ **2** Que da prestigio.

prestímano -na I *m y f* **1** Prestidigitador [1].
II *adj* **2** (*raro*) Prestidigitador [2].

prestiño *m* Pestiño (dulce).

prestissimo (*it; pronunc corriente, */prestísimo/*) *adj* (*Mús*) [Movimiento] muy rápido. *Tb n m y adv.*

presto¹ -ta (*lit*) I *adj* **1** Rápido o ligero. ■ **2** Preparado o dispuesto.
II *adv* **3** Pronto o rápidamente. *Tb* (*raro*) DE ~.

presto² *adj* (*Mús*) [Movimiento] más rápido que el allegro. *Tb n m y adv.*

presumible *adj* Que se puede presumir [1].

presumiblemente *adv* De manera presumible.

presumido -da *adj* **1** *part* → PRESUMIR. ■ **2** Que presume [2 y 3]. *Tb n, referido a pers.* **b)** Propio de la pers. presumida.

presumir A *tr* **1** Suponer (considerar [algo] como existente o verdadero).
B *intr* **2** Hacer [alguien] ostentación [de algo que posee, hace o le corresponde]. *Tb sin compl.* ■ **3** Cuidar [alguien] exageradamente su arreglo personal, para resultar elegante y atractivo.

presunción *f* **1** Acción de presumir. *Tb su efecto.* ■ **2** Cualidad de presumido [2].

presuntamente *adv* De manera presunta.

presuntivamente *adv* De manera presuntiva.

presuntivo -va *adj* Que se puede presumir [1].

presunto -ta *adj* Pretendido o supuesto. *Frec en derecho.*

presuntuosamente *adv* De manera presuntuosa.

presuntuosidad *f* Cualidad de presuntuoso.

presuntuoso -sa *adj* **1** Presumido o vanidoso. *Tb n, referido a pers.* ■ **2** [Cosa] que da una impresión de lujo o grandiosidad exagerados u ostentosos.

presuponer (*conjug* 21) *tr* **1** Suponer o presumir. ■ **2** Suponer o significar. ■ **3** (*raro*) Presupuestar.

presuposición *f* Acción de presuponer [1]. *Tb su efecto*.

presupositivo -va *adj* De (la) presuposición o que la implica.

presupuestar *tr* **1** Hacer el presupuesto [1b] [de una cosa (*cd*)]. ■ **2** Calcular [una cantidad] como presupuesto [1c].

presupuestariamente *adv* En el aspecto presupuestario.

presupuestario -ria *adj* Del presupuesto [1].

presupuesto *m* **1** Cálculo de los gastos e ingresos previstos [para algo (*compl especificador*)]. *Tb sin compl, por consabido*. **b)** Cálculo anticipado del coste [de una cosa]. **c)** Cantidad de dinero calculada para los gastos de la vida cotidiana o de algo particular. *A veces con un compl especificador*. ■ **2** Supuesto o postulado previo. ■ **3** Cosa que se necesita previamente.

presura[1] *f* (*lit, raro*) Prisa o aprieto.

presura[2] *f* (*Fisiol*) Fermento gástrico que coagula la leche.

presura[3] *f* (*hist*) Ocupación de tierras yermas o abandonadas.

presurización *f* Acción de presurizar.

presurizar *tr* **1** Mantener la presión atmosférica normal [en un recinto (*cd*), esp. un avión o un vehículo espacial], con independencia de la presión exterior. ■ **2** Someter [algo] a presión.

presurosamente *adv* De manera presurosa.

presuroso -sa *adj* Que actúa o se produce con prisa.

pretal *m* Petral.

prêt-à-porter (*fr; pronunc corriente,* /prét-a-porté/) *adj* [Ropa de vestir] confeccionada en serie. *Tb n m. Tb fig*.

pretecnología *f* (*Enseñ*) Trabajos manuales.

pretecnológico -ca *adj* (*Enseñ*) De (la) pretecnología.

pretemporada *f* Período inmediatamente anterior al comienzo de la temporada. *Esp en deportes*.

pretenciosamente *adv* (*desp*) De manera pretenciosa.

pretenciosidad *f* (*desp*) Cualidad de pretencioso.

pretencioso -sa *adj* (*desp*) Que tiene o muestra pretensiones [1].

pretender *tr* **1** Aspirar a conseguir [algo]. **b)** Querer [unas pers., esp. un hombre] tener relaciones formales [con otra (*cd*), esp. con una mujer]. ■ **2** Afirmar o sostener [algo dudoso o increíble]. **b)** Presentar [a alguien (*cd*) como algo (*predicat*)].

pretendidamente *adv* **1** De manera pretendida [2]. ■ **2** De manera voluntaria o intencionada.

pretendido -da *adj* **1** *part* → PRETENDER. ■ **2** Que se quiere hacer pasar [por algo]. *Antecediendo al n de aquello por lo que se quiere hacer pasar*. * El pretendido accidente no fue más que un engaño.

pretendiente -ta (*la forma f* PRETENDIENTA, *solo como n*) *adj* [Pers.] que pretende [1a] [algo (*compl* A)]. *Frec n. Tb sin compl, por consabido*. **b)** [Pers.,

esp. hombre] que pretende [1b] [a otra (*compl de posesión*), esp. a una mujer]. *Tb sin compl*.

pretensar *tr* (*Constr*) Someter a tracción la armadura de acero [del hormigón (*cd*)] antes de que fragüe. *Frec en part, a veces sustantivado como n m*.

pretensión *f* **1** Acción de pretender. *Frec en pl expresivo con sent sg. A veces con intención desp, denotando exceso, desproporción o falsedad*. **b)** *En pl*: Hecho de pretender ser [algo (*compl* DE)] o ser considerado [como tal (*compl* DE)]. **c)** *En pl*: Hecho de querer aparentar más calidad o importancia de la real. *Tb fig, referido a cosa*. ■ **2** Cosa que se pretende. *Frec en pl con sent sg*.

pretensioso -sa *adj* Pretencioso.

pretenso -sa *adj* (*lit*) Pretendido [2].

pretensor -ra *adj* (*raro*) Pretendiente [a algo]. *Tb n*.

preterición *f* **1** Acción de preterir. ■ **2** (*TLit*) Figura retórica que consiste en decir que se calla algo que se está diciendo.

preterintencional *adj* (*Der*) [Delito] que causa un daño superior al pretendido.

preterintencionalidad *f* (*Der*) Cualidad de preterintencional.

preterir (*solo se conjuga en algunas formas que tienen -i- en el formante*) *tr* **1** Postergar. ■ **2** (*Der*) Omitir [a un heredero forzoso] en la institución de herederos, sin desheredarlo expresamente en el testamento. *Frec en part, a veces sustantivado*.

pretérito -ta *adj* (*lit*) Pasado o no actual. *Tb n m, referido a tiempo*. **b)** (*Gram*) [Tiempo verbal] que expresa que la acción ocurrió en el tiempo pasado. *Frec n m*. **c)** (*Gram*) [Participio] (**de**) ~ → PARTICIPIO.

preterización *f* (*raro*) Acción de preterizar.

preterizante *adj* (*raro*) Que preteriza.

preterizar *tr* (*raro*) Dar carácter pretérito o pasado [a algo (*cd*)]. *Tb abs*.

pretermitir *tr* (*raro*) Postergar o preterir.

preternatural *adj* (*Rel*) Que sobrepasa lo natural. *Tb fig, fuera del ámbito técn*.

pretextar *tr* Alegar [algo] como pretexto.

pretexto **I** *m* **1** Razón que se alega para ocultar el verdadero motivo de una acción u omisión. **II** *loc prep* **2 con** (**el**) ~, **so** ~, **o**, *semiculto*, **a** ~, **de.** Alegando el pretexto [1] de.

pretibial *adj* (*Anat*) Situado en la cara anterior de la tibia.

pretil *m* Muro, barandilla o vallado que se pone en los puentes y sitios semejantes para evitar caídas.

pretina *f* **1** *En una prenda de vestir, esp un pantalón o una falda*: Tira que se pone en la cintura y sirve para ajustarla. ■ **2** (*raro*) Correa o cinta usada como cinturón.

preto -ta *adj* (*reg*) Prieto.

pretor *m* (*hist*) **1** *En la antigua Roma*: Magistrado encargado de la administración de justicia. ■ **2** *En la antigua Roma*: Gobernador de provincia.

pretorianismo *m* Tendencia a la intervención abusiva de los militares en la política.

pretoriano -na *adj* **1** (*hist*) De(l) pretor. ■ **2** (*hist*) *En la antigua Roma*: [Guardia] personal del emperador. **b)** (*lit*) [Guardia] encargada de proteger a un político o a un personaje destacado. **c)** (*hist o lit*) De (la) guardia pretoriana. *Tb n, referido a pers.*

pretorio *m* (*hist*) En la antigua Roma: Palacio en que vive y ejerce sus funciones el pretor.

pretuberculoso -sa *adj* (*Med*) Que padece una tuberculosis incipiente. *Tb n, referido a pers.*

pretura *f* (*hist*) Cargo o dignidad de pretor.

preu *m* (*col*) Curso preuniversitario.

preuniversitario -ria *adj* Preparatorio para el ingreso en la universidad. *Gralm m, referido a curso.*

prevalecer (*conjug 11*) *intr* **1** Imponerse o triunfar [una pers. o cosa sobre otra(s) (*compl* ENTRE, SOBRE o CONTRA)]. *Tb sin compl.* ■ **2** Sobresalir o destacarse [una cosa sobre otra(s) (*compl* SOBRE o ENTRE) o en otra].

prevaleciente *adj* Que prevalece.

prevalencia *f* **1** Hecho de prevalecer. ■ **2** (*Med*) Proporción de perss. que sufren una determinada enfermedad.

prevalente *adj* Que prevalece.

prevalentemente *adv* (*raro*) De manera prevalente.

prevalerse (*conjug 33*) *intr pr* Valerse o servirse [de algo que supone un privilegio o ventaja]. **b)** Valerse o servirse [de algo] de manera abusiva o ventajosa.

prevalimiento *m* Acción de prevalerse.

prevaricación *f* Acción de prevaricar.

prevaricador -ra *adj* Que prevarica. *Tb n, referido a pers.*

prevaricante *adj* (*raro*) Que incita a la prevaricación.

prevaricar *intr* **1** Faltar [un empleado u organismo público] a sus deberes, actuando injustamente, a sabiendas o por ignorancia inexcusable, para favorecer a alguien. ■ **2** (*lit*) Transgredir una ley, esp. la divina.

prevaricato *m* (*Der*) Prevaricación.

prevención *f* **1** Acción de prevenir(se). ■ **2** Actitud hostil o de recelo. *Frec con un compl* A *o* HACIA. ■ **3** Cosa prevenida. ■ **4** (*hoy raro*) Puesto de policía o vigilancia de un distrito, adonde son llevados los detenidos.

prevenible *adj* Que se puede prevenir.

prevenido -da *adj* **1** *part* → PREVENIR. ■ **2** [Pers.] que tiende a prevenirse [6] para cualquier necesidad.

prevenir (*conjug 61*) **A** *tr* **1** Precaver [un peligro o daño]. *Tb abs.* ■ **2** Prever (pensar que [algo] puede suceder y tomar las medidas adecuadas]. ■ **3** Advertir o informar con anticipación [de algo (*cd*) a alguien]. **b)** Advertir o informar con anticipación [a alguien (*cd*) de algo]. *Tb sin compl* DE. ■ **4** Establecer u ordenar [algo (*cd*) un reglamento o ley (*suj*), o en un reglamento o ley (*compl* EN)]. ■ **5** Predisponer [a una pers. en contra o a favor de otra o de una cosa]. ■ **6** Preparar o disponer con anticipación. ■ **7** (*raro*) Proveer [a alguien de algo] con anticipación. *Frec el cd es refl.*

B *intr pr* (~**se**) **8** Precaverse [de o contra alguien o algo]. *Tb sin compl.*

preventivamente *adv* De manera preventiva.

preventivo -va *adj* **1** Que previene o sirve para prevenir, *esp* [1]. ■ **2** [Prisión] que sufre el acusado en espera de juicio. **b)** [Preso] que está en prisión preventiva. *Tb n.* **c)** De (la) prisión o de(l) preso preventivos.

preventorial *adj* De(l) preventorio.

preventorio *m* Establecimiento destinado a prevenir el desarrollo de ciertas enfermedades, esp. de la tuberculosis.

prever (*conjug 34*) *tr* **1** Ver con anticipación. **b)** Conjeturar [algo futuro]. ■ **2** Pensar que [algo] puede ocurrir, y tomar las precauciones o medidas adecuadas. ■ **3** Establecer con antelación. **b)** Proyectar [algo futuro].

preverbio *m* (*Ling*) Prefijo antepuesto a una raíz verbal.

previamente *adv* De manera previa.

preview (*ing; pronunc corriente, /prebiú/*) *f* Exhibición especial de un espectáculo, previa a su presentación pública.

previo -via *adj* Anterior en el tiempo. *Frec en constr absoluta, precediendo al n.* * Los encargos se atenderán previo pago del importe.

previsibilidad *f* Cualidad de previsible.

previsible *adj* Que se puede prever.

previsiblemente *adv* De manera previsible.

previsión *f* **1** Acción de prever. *Tb su efecto.* ■ **2** Cualidad de previsor [1] .

previsor -ra *adj* **1** Que prevé [2]. ■ **2** Que implica previsión.

previsoramente *adv* De manera previsora [2].

prez *m o f* (*lit*) Gloria u honor.

priápico -ca *adj* (*lit*) De(l) príapo.

priapismo *m* (*Med*) **1** Erección anormal del pene sin apetito venéreo. ■ **2** Exaltación exagerada del impulso sexual en el hombre.

príapo *m* (*lit*) Pene.

priba → PRIVA.

prieguense *adj* Priegueño. *Tb n.*

priegueño -ña *adj* De Priego de Córdoba (Córdoba). *Tb n, referido a pers.*

priesa *f* (*reg*) Prisa.

prietamente *adv* (*raro*) De manera prieta [1].

prieto -ta *adj* **1** Apretado. ■ **2** Duro y consistente. *Esp referido a carne o a la pers. que la posee.* ■ **3** (*reg*) Avaro o tacaño. ■ **4** (*hist*) [Dinero] de color negro y ley baja, equivalente a 2/3 del burgalés. ■ **5** [Vómito] ~ → VÓMITO.

prima¹ *f* **1** Premio concedido por una autoridad para estimular una operación o una empresa. **b)** Cantidad que recibe un deportista como premio especial. ■ **2** Cantidad añadida, por algún concepto extraordinario, a la que constituye un pago. ■ **3** Cuota que el asegurado paga al asegurador.

prima² → PRIMO.

primacía *f* Condición de primero o más importante.

primacial *adj* De (la) primacía.

primada *f* (*col*) Acción propia de un primo [4].

primado¹ -da *adj* [Obispo] que tiene primacía sobre los demás obispos o arzobispos [de un país o región]. *Tb n m.* **b)** De(l) obispo primado.

primado² *m* Primacía.

primadona *f* Prima donna.

prima donna (*it; tb con la grafía* **primadonna**; *pronunc corriente,* /príma-dóna/) *f* Mujer que canta primeros papeles en las óperas. *Tb fig, fuera del ámbito musical.*

prima facie (*lat; pronunc corriente,* /príma-fáθie/) *loc adv* A primera vista o de primera intención.

primal -la *adj* [Cabra u oveja] de más de un año y menos de dos. *Tb n.*

primar¹ A *intr* **1** Tener primacía u ocupar el primer lugar. *Frec con un compl* SOBRE *o* EN. **B** *tr* **2** Dar primacía [a algo (*cd*)].

primar² *tr* Conceder una prima¹ [1] [a alguien o algo (*cd*)]. **b)** Premiar o recompensar.

primariamente *adv* De manera primaria.

primariedad *f* Cualidad de primario, *esp* [2].

primario -ria *adj* **1** Primero o de primer grado. *Normalmente solo se usa en series de muy pocos elementos, contraponiéndose a* SECUNDARIO, TERCIARIO, CUATERNARIO. **b)** (*Geol*) [Era] comprendida entre el precámbrico y la Era Secundaria, y cuyos terrenos datan de 500-200 millones de años a.C. *Tb n m.* **c)** Perteneciente a la Era Primaria. ■ **2** Primitivo o elemental. ■ **3** Básico o fundamental. **b)** (*Fís*) [Color] del que pueden ser derivados los demás. ■ **4** (*Econ*) [Sector] que comprende los productos de la naturaleza. **b)** De(l) sector primario. ■ **5** (*Quím*) Que resulta de la sustitución de un átomo o grupo.

primate I *adj* **1** (*Zool*) [Mamífero] plantígrado con extremidades terminadas en cinco dedos, de los cuales el pulgar es oponible al menos en las manos. *Frec como n m en pl, designando este taxón zoológico.* **b)** (*raro*) Propio de los primates. **II** *m* **2** (*lit*) Personaje destacado o importante.

primavera¹ I *f* **1** Estación templada que sigue al invierno y que en el hemisferio norte abarca oficialmente del 21 de marzo al 21 de junio. ■ **2** (*lit*) Juventud. *Tb fig. Frec* ~ DE LA VIDA. ■ **3** Proceso de apertura o liberalización política. *Esp en regímenes socialistas.* ■ **4** (*humoríst*) Año de edad. *Referido normalmente a pers joven.* ■ **5** Planta herbácea de hojas basales en roseta y flores amarillas, rojizas o violáceas, solitarias o en umbela (*gén. Primula*). **II** *loc adj* **6** [Rollo, o rollito] (**de**) ~ → ROLLO.

primavera² *adj* (*col*) Inocente o incauto. *Frec n.*

primaveral *adj* De (la) primavera¹, *esp* [1].

primaveralmente *adv* (*raro*) En tiempo de primavera¹ [1].

primear *tr* Dar tratamiento de primo [el rey a un grande de España]. *Tb fig.*

primer → PRIMERO.

prímer *adj invar* (*Juegos infantiles*) Primero [1].

primeramente *adv* Primero, o antes de todo.

prime rate (*ing; pronunc corriente,* /práim-řéit/) *m* (*Econ*) Interés preferente.

primería *f* (*reg*) Primer lugar.

primerizo -za *adj* **1** Principiante [en una actividad] o que la realiza por vez primera. *Frec sin compl, por consabido. Tb n.* **b)** [Hembra] que pare por vez primera. *Tb n f. Tb fig.* **c)** Propio de la pers. primeriza. ■ **2** Precoz o temprano.

primero -ra I *adj* (*toma la forma* PRIMER *cuando va delante del n m del que es adjunto, aunque se interponga otro adj. Es pop o semiculto el empleo de esa forma ante n f*) **1** Que en una serie o en una sucesión ocupa un lugar anterior a todos los demás elementos. *Frec el n va sobrentendido.* **b)** [Pers.] que actúa en primer lugar o más decididamente que los demás. *Frec con intención ponderativa y gralm en constrs como* SER EL ~ EN + *infin* (*o* QUE + *ind*), *o* COMO EL ~. ■ **2** Principal o más importante. *A veces, enfáticamente,* PRIMERÍSIMO. **b)** de primera. (*col*) Excelente. **c)** primera [materia] → MATERIA. ■ **3** (*Mil*) [Soldado, cabo o sargento] de categoría inmediatamente superior al simple soldado, cabo o sargento. *Tb* (DE) PRIMERA. ■ **4** (*Fotogr, Cine y TV*) [Plano] que se toma a la distancia adecuada para recoger la figura humana desde la cabeza hasta los hombros aproximadamente. *Antepuesto al n.* **II** *n* **A** *m* **5** Día primero [1] [de un mes]. ■ **6** *En pl*: Principios [de una determinada unidad de tiempo no inferior a la semana, esp. mes o año]. **B** *f* **7** Primera [1] categoría. *Frec en la loc* DE PRIMERA. **b)** En algunos medios de transporte: Primera [1] clase. *Tb el billete correspondiente.* ■ **8** (*Juegos*) En el tresillo, en *pl*: Jugada que consiste en ganar las cinco primeras [1] bazas seguidas. **III** *adv* **9** Antes de todo o en primer [1] lugar. ■ **10** Antes o delante. *A veces seguido de un término de comparación introducido por* QUE *o* DE. ■ **11** Con preferencia. *Frec seguido de un término de comparación introducido por* QUE *o* DE. ■ **12** a lo ~, *o* de primeras. Al principio. **b)** a las primeras de cambio → CAMBIO. **IV** *loc conj* **13** ~ que. Mientras o antes de que. *Con v gralm en ind.*

prime time (*ing; pronunc corriente,* /práim-táim/; *tb con la grafía* **prime-time**) *m* (*TV*) Banda horaria de mayor audiencia.

primichón *m* (*raro*) Madeja de seda torcida, usada esp. para bordados de imaginería.

primicia *f* **1** Fruto primero [de algo]. *Gralm en pl. Tb fig.* ■ **2** Primera información [de un hecho o de una noticia]. ■ **3** (*hist*) *En pl*: Tributo en frutos y ganados pagado a la Iglesia.

primidera *f* (*reg*) Cárcola o premidera.

primieval *adj* (*lit, raro*) Primitivo o primero.

primigeniamente *adv* De manera primigenia.

primigenio -nia *adj* Primitivo u originario.

primilla *f* (*reg*) Cernícalo primilla (→ CERNÍCALO).

primípara *adj* [Hembra] que pare por primera vez. *Tb n f.*

primisecular *adj* De principios de siglo.

primitivamente *adv* **1** En época primitiva [1]. **b)** En un primer momento. ■ **2** De manera primitiva [4 y 5b].

primitividad *f* (*raro*) Primitivismo.

primitivismo *m* Condición de primitivo [4, 5 y 6].

primitivista *adj* Que tiende al primitivismo.

primitivo -va I *adj* **1** De los orígenes o primeros tiempos. ■ **2** Que es el primero o más antiguo. ■ **3** [Cosa] que es fuente u origen de otra de la misma naturaleza. *Se opone a* DERIVADO. ■ **4** Elemental o falto de complicación. ■ **5** [Pueblo o individuo] que desconoce la escritura y la industria desarrollada. *Tb n, referido a pers.* **b)** Propio de un pueblo primitivo. ■ **6** [Arte o artista] de una época anterior a la considerada clásica, esp. anterior al Renacimiento. *Tb n, referido a pers.*

II *f* **7** Lotería primitiva (→ LOTERÍA).

primo -ma I *adj* **1** (*Mat*) [Número] que solo es divisible por sí mismo y por la unidad. ■ **2** (*lit*) Primero. *Frec en la constr* A PRIMA MAÑANA. **b)** [Materia] **prima** → MATERIA.

II *n* **A** *m y f* **3** Hijo del tío o de la tía [de una pers. (*compl de posesión*)]. *Tb sin compl, frec en pl, designando a las perss relacionadas por ese parentesco. Tb* ~ HERMANO *o* ~ CARNAL. **b)** ~ **segundo.** Hijo del primo o de la prima del padre o de la madre [de una pers. (*compl de posesión*)]. *Tb, simplemente,* ~. **c)** ~ **hermano.** (*col*) Pers. o cosa muy semejante en cualidades [a otra (*compl de posesión*)]. *Tb, simplemente,* ~. ■ **4** (*col*) Pers. incauta que se deja engañar o explotar. *Tb adj.* ■ **5** (*hist*) Usado como tratamiento del rey a los grandes de España.

B *f* **6** (*Rel catól*) Hora canónica que se reza después de laudes. ■ **7** (*hist*) *Entre los antiguos romanos*: Primera de las cuatro partes en que se dividía el día artificial, y que duraba desde la salida del Sol hasta media mañana. *Tb* HORA PRIMA. **b)** (*hist*) *En la universidad de los ss* XVI *a* XVIII: Primera hora lectiva. **c)** (*Mar*) Guardia de ocho a doce. *Tb* GUARDIA DE PRIMA. **d)** (*reg*) Primera hora. ■ **8** (*Mús*) *En algunos instrumentos*: Cuerda más delgada y de sonido más agudo que las demás.

III *loc v* **9 hacer** [alguien] **el** ~. (*col*) Dejarse engañar, o actuar de modo que otros se aprovechen de su bondad o generosidad.

primogénito -ta *adj* [Hijo] primero. *Tb n. Tb fig.*

primogenitura *f* Condición de primogénito. **b)** Derechos inherentes a la condición de primogénito. *Frec* DERECHO DE ~.

primoinfección *f* (*Med*) Infección que se produce por primera vez. *Gralm referido a la tuberculosis.*

primor I *m* **1** Cuidado exquisito con que se hace algo. ■ **2** Cosa que causa admiración por su belleza o por el primor [1] con que está hecha. *Con intención ponderativa.*

II *loc adj* **3 de** ~. [Cultivo] en que se protege a las plantas para acelerar su desarrollo.

primordial *adj* **1** [Cosa] principal o fundamental. ■ **2** (*Med*) Primitivo u originario.

primordialmente *adv* De manera primordial.

primordio *m* (*Biol*) Órgano que está en su primer estado de desarrollo.

primorear *tr* (*lit, raro*) Hacer [algo] con primor [1].

primorosamente *adv* De manera primorosa [1].

primoroso -sa *adj* **1** [Cosa] hecha con primor [1]. *Frec con intención ponderativa, denotando perfección o belleza.* ■ **2** Que hace las cosas con primor [1].

prímula *f* Primavera (planta).

primulácea *adj* (*Bot*) [Planta] herbácea dicotiledónea de la familia de la prímula o primavera. *Frec como n f en pl, designando este taxón botánico.*

primus inter pares (*lat; pronunc,* /prímus- -inter-páres/) *loc adj* Primero entre iguales. *Tb n.*

princesa → PRÍNCIPE¹.

principado *m* **1** Título o dignidad de príncipe¹ [1 a 5 y 14]. ■ **2** Territorio o estado gobernado por un príncipe¹ [4 y 9] o dos copríncipes. **b)** Territorio gobernado en otro momento por un príncipe [9]. *Referido a Cataluña.* ■ **3** Territorio al que está vinculado un título de príncipe¹ [1b y c]. ■ **4** (*hist*) Forma de estado presidida por un príncipe¹ [9]. ■ **5** (*Rel crist*) Espíritu celeste de los que constituyen el primer coro de la tercera jerarquía. *Gralm en pl.*

principal I *adj* **1** Más importante. ■ **2** Destacado o importante. ■ **3** (*Gram*) [Oración] ~ → ORACIÓN. **b)** (*Gram*) De la oración principal. ■ **4** (*hoy raro*) [Piso] situado sobre el bajo o el entresuelo. *Tb n m.* ■ **5** (*Bibl, raro*) [Edición] príncipe² [1].

II *m* **6** (*Econ*) Capital. *Se opone a* INTERÉS. ■ **7** (*raro*) Jefe o encargado de una casa de comercio, fábrica o almacén.

principalía *f* (*raro*) Principalidad.

principalidad *f* Cualidad de principal [1 y 2].

principalmente *adv* De manera principal [1].

príncipe¹, princesa A *m y f* **1** Hijo primogénito de(l) rey, heredero de su corona. **b)** ~ **de Asturias.** Príncipe heredero de España. **c)** ~ **de Gales.** Príncipe heredero de Gran Bretaña. ■ **2** Hijo de(l) rey. ■ **3** Individuo de una familia imperial o real. ■ **4** *En determinados estados*: Monarca. ■ **5** *En algunos países*: Pers. de un alto grado de nobleza, superior al duque. ■ **6** (*lit*) Pers., animal o cosa que tiene la supremacía entre los de su género, en un lugar o en una actividad. ■ **7** *Se emplea como apelativo cariñoso, esp referido a niños o jóvenes.* * Ven aquí, princesa. ■ **8** *Frec se usa en constrs de sent comparativo para ponderar comodidad y lujo.* * Viven como príncipes.

B *m* **9** (*hist*) Individuo que ostenta la autoridad suprema de un estado. **b)** *En el comienzo del Imperio Romano*: Primero de los senadores. ■ **10** ~ **azul** (*o* **encantado**). Enamorado ideal de una mujer. ■ **11** ~ **de la Iglesia.** (*lit*) Cardenal. ■ **12** ~ **de los demonios,** *o* **de las tinieblas.** Satanás. ■ **13** ~ **de Gales.** Tejido de lana con líneas finas cruzadas formando cuadros de color uniforme sobre fondo claro. *Tb el traje confeccionado con él.*

C *f* **14** Esposa de un príncipe [1 a 5].

príncipe² *adj* **1** [Edición] primera. *Normalmente referido a libros de interés filológico o bibliológico.* ■ **2** (*lit*) Principal o más importante.

principescamente *adv* De manera principesca.

principesco -ca *adj* De(l) príncipe¹ [1 a 6 y 9].

principiante -ta (*la forma f, col, solo se emplea como n*) *adj* [Pers.] que empieza [en una actividad]. *Más frec n.*

principiar (*conjug* 1a) (*lit*) **A** *intr* **1** Empezar o comenzar [algo (*suj*)]. **b)** ~ **a** + *infin* = EMPEZAR A + *el mismo infin.* ■ **2** Empezar o comenzar [por algo (*ger,* POR + *infin, o* POR O CON + *sust*)].

B *tr* **3** Empezar o comenzar [algo (*cd*)].

principio I *m* **1** Hecho de empezar. *Frec en la constr* TENER ~. ■ **2** Tiempo en que empieza [algo (*compl de posesión*)]. *Frec en pl y en la constr* A ~S DE, *seguida de un n que significa o implica tiempo.* **b)** Fase inicial [de un proceso]. ■ **3** Lugar por donde empieza o se empieza [algo (*compl* DE)]. **b)** (*Impr*) *En pl*: Partes que anteceden al texto de un libro. ■ **4** Cosa de la que procede [otra (*compl de po-*

sesión)]. **b)** ~ **activo.** (*Med*) Sustancia que entra en la composición de una droga o fármaco y le confiere las propiedades medicinales. **c)** ~ **inmediato.** Sustancia orgánica de composición definida que entra en la constitución de los seres vivos o de alguno de sus órganos. ■ **5** Fundamento o base. **b)** Proposición o noción en la que se basa el desarrollo de un orden de conocimientos. **c)** **petición de** ~ → PETICIÓN. **d)** **primeros** ~**s.** Nociones aceptadas como verdades evidentes para todas las ciencias. **e)** *En pl*: Nociones fundamentales [de un ciencia o arte]. ■ **6** Idea básica en el orden de la conducta. **b)** Idea que rige la conducta [de una pers.]. *Más frec en pl y en las locs* DE ~S, *o* SIN ~S, *aludiendo a su conformidad con la moral establecida.* ■ **7** (*hoy raro*) Plato de los que se sirven en una comida entre el primero y los postres.
II *loc v* **8 dar** ~ [a una cosa (*ci*)]. Empezar[la] o hacer que comience. ■ **9 dar** ~ [una cosa (*suj*)]. Empezar o comenzar.
III *loc adv* **10 al** ~, **en un** ~, *o* (*pop*) **de** ~. En los primeros momentos. *La loc* AL ~ *puede ir seguida de un compl* DE. ■ **11 de(l)** ~ **a(l) fin,** *o* **desde el** ~ **hasta el fin.** Completamente. *Referido a cosas que tienen extensión o duración.* ■ **12 desde el** (*o* **un**) ~. Desde el primer momento. ■ **13 en** ~. En una primera consideración. ■ **14 en** ~. En líneas generales. ■ **15 por** ~. Por decisión o determinación tomadas a priori.

prinda *f* (*reg*) Prenda.

pringado -da **I** *adj* **1** *part* → PRINGAR.
II *n* **A** *m* (*jerg*) **2** Hombre pobre e insignificante. **b)** (*desp*) Hombre despreciable. ■ **3** Víctima de un robo, una estafa o un timo. ■ **4** Pers. que paga las consecuencias o lleva la peor parte en algo.
B *f* **5** Rebanada de pan empapada en pringue o grasa.

pringamoza *f* Se da este *n* a varias plantas americanas cuyo contacto produce irritación en la piel.

pringar **A** *tr* **1** Manchar o ensuciar con pringue [1]. *Tb fig.* ■ **2** (*col*) Mojar [pan en pringue o en salsa]. *Tb abs.* ■ **3** (*jerg*) Coger [a la policía (*suj*) a alguien (*cd*)] como inculpado. ■ **4** (*col, raro*) Estropear o echar a perder [algo]. **b)** ~**la.** (*col*) Echar a perder el asunto de que se trata. ■ **5** ~**la.** (*col*) Morir. ■ **6** ~**la.** (*col*) Llevar la parte negativa o más desagradable.
B *intr* ➤ **a** *normal* **7** (*col*) Trabajar, esp. duramente. ■ **8** (*jerg*) Cometer un robo o una estafa. ■ **9** (*jerg*) Caer en manos de la policía.
➤ **b** *pr* (~**se**) **10** (*col*) Complicarse en una acción delictiva o poco honrada.

pringoso -sa *adj* **1** Sucio de grasa u otra sustancia pegajosa. *Tb fig.* ■ **2** Que ensucia o se pega como pringue [1].

pringue *m o f* **1** Grasa, esp. animal. *Tb fig.* **b)** Sustancia grasienta o pegajosa. *Tb fig.* ■ **2** Suciedad grasienta o pegajosa. ■ **3** (*jerg*) Robo.

pringuera *f* (*reg*) Grasera (vasija).

prior -ra **A** *m y f* **1** Superior [de un convento], a veces bajo la autoridad del abad. *Tb sin compl.* ■ **2** Superior [de una hermandad o cofradía].
B *m* **3** Superior [de una orden militar]. ■ **4** (*hist*) Cabeza de un consulado comercial.

prioral *adj* De(l) prior.

prioratino -na *adj* De la comarca del Priorato (Tarragona). *Tb n, referido a pers.*

priorato[1] *m* **1** Cargo o dignidad de prior. ■ **2** Territorio o convento bajo la autoridad de un prior [1 y 3].

priorato[2] *m* Vino de la comarca tarraconense del Priorato.

prioridad *f* **1** Anterioridad en tiempo o en orden. **b)** (*Filos*) Anterioridad de una cosa respecto a otra en cuanto causa suya, aunque existan en un mismo instante de tiempo. ■ **2** Preferencia (ventaja, distinción o trato de favor frente a otros).

prioritariamente *adv* De manera prioritaria.

prioritario -ria *adj* Que tiene prioridad, *esp* [2].

priorización *f* Acción de priorizar.

priorizar *tr* Dar prioridad [2] [a algo (*cd*)].

prioste *m* Mayordomo de una hermandad o cofradía.

prisa **I** *f* **1** Rapidez al actuar. ■ **2** Necesidad de actuar con rapidez. *Frec en la constr* TENER ~. ■ **3** Acumulación de perss. o cosas que demandan una atención urgente. *Gralm en pl.*
II *loc v y fórm or* **4 correr** ~ [algo]. Ser urgente. ■ **5 darse** ~ [alguien]. Actuar con rapidez. ■ **6 meter** (*o, raro,* **dar**) ~ [a alguien]. Instar[le] a actuar con rapidez. ■ **7 para qué las** ~**s.** (*col*) Fórmula con que se pondera lo expresado inmediatamente antes. *Normalmente en constr consecutiva.* * Tiene un genio que para qué las prisas.
III *loc adv* **8 a toda** ~. Muy rápidamente. ■ **9 de** ~ → DEPRISA.

priscilianismo *m* (*Rel crist*) Herejía de Prisciliano (s. IV), semejante en algunos puntos al agnosticismo y al maniqueísmo.

priscilianista *adj* (*Rel crist*) De(l) priscilianismo. **b)** Adepto al priscilianismo. *Tb n.*

prisciliano -na *adj* (*Rel crist*) Priscilianista. *Tb n, referido a pers.*

prisere *f* (*Bot*) Serie de agrupaciones vegetales de una sucesión primaria.

prisión *f* **1** Cárcel (edificio público destinado a la custodia de perss. privadas legalmente de libertad). ■ **2** (*Der*) Pena de privación de libertad, inferior a la reclusión y superior al arresto. **b)** ~ **mayor,** ~ **menor** → MAYOR, MENOR. ■ **3** (*raro*) Acción de prender o coger.

prisionero -ra *m y f* Pers. privada de libertad, esp. en la guerra, por motivos que no son delito. *Tb fig.*

prisma *m* **1** Poliedro que tiene dos bases iguales y paralelas y cuyas caras laterales son paralelogramos. **b)** (*Ópt*) Prisma de materia transparente y gralm. de sección triangular, que se usa para producir reflexión, refracción y descomposición de la luz. ■ **2** (*lit*) Punto de vista.

prismático -ca *adj* **1** De(l) prisma [1a]. **b)** De forma de prisma [1a]. ■ **2** (*Ópt*) [Anteojo o gemelo] provisto de prismas [1b]. *Gralm como n m en pl.*

prístino -na *adj* (*lit*) Primitivo o primero.

pritanía *f* (*hist*) En la república ateniense: Período de tiempo en que cada una de las tribus de la ciudad desempeña el poder en la bulé o senado.

prítano *m* (*hist*) En la república ateniense: Miembro de la bulé o senado durante una pritanía.

priva (*tb con la grafía* **priba**) *f* (*jerg*) **1** Bebida alcohólica. ■ **2** Bebida (hábito o vicio de beber).

privacidad *f* **1** Cualidad de privado[1] [2a y 3]. ■ **2** Vida privada [3] [de una pers.].

privación *f* **1** Acción de privar [1]. ■ **2** Hecho de carecer de algo necesario o deseado, por causas externas o por propia voluntad. *Frec en pl.*

privadamente *adv* De manera privada[1] [2 y 3].

privado[1] -da I *adj* **1** *part* → PRIVAR. ■ **2** Que no es público. **b)** (*Der*) [Derecho] que regula las relaciones entre los particulares, en situación de igualdad jurídica. ■ **3** Particular o personal. **II** *f* **4** (*hoy raro*) Lavabo o cuarto de baño. **III** *loc adv* **5 en ~.** Estando solas las personas en cuestión.

privado[2] *m* Valido.

privanza *f* **1** Hecho de ser privado[2] del rey. **b)** (*lit*) Hecho de ocupar el primer lugar en el afecto y confianza de alguien importante. ■ **2** (*lit*) Hecho de estar de moda.

privar A *tr* **1** Dejar [a una pers. o cosa (*cd*) sin algo que tiene o podría tener (*compl* DE)]. ■ **2** (*col, raro*) Quitar el sentido [a alguien (*cd*)]. **B** *intr* ➤ **a** *normal* **3** (*col*) Gustar mucho [a alguien (*ci*)]. *Tb sin ci.* ■ **4** (*col*) Estar de moda. ■ **5** (*jerg*) Beber (tomar bebidas alcohólicas). ➤ **b** *pr* (**~se**) **6** Renunciar [a algo (*compl* DE)] o abstenerse [de ello]. ■ **7** (*col*) Perder el sentido. ■ **8** (*jerg*) Emborracharse. *Frec en part.*

privatismo *m* Tendencia a dar preponderancia a lo privado sobre lo público.

privatista *adj* Que tiende a dar preponderancia a lo privado sobre lo público.

privativamente *adv* De manera privativa [2].

privativo -va *adj* **1** De (la) privación [1]. **b)** (*Filos*) [Oposición] que existe entre una cualidad normal en un sujeto y su carencia. ■ **2** Propio exclusivamente [de alguien o algo].

privatizable *adj* Que se puede privatizar.

privatización *f* Acción de privatizar.

privatizador -ra *adj* **1** Que privatiza. ■ **2** Relativo a la acción de privatizar.

privatizar *tr* Dar carácter privado[1] [2a] [a algo, esp. a una propiedad pública (*cd*)].

prive *m* (*jerg*) Priva.

privilegiadamente *adv* De manera privilegiada [3].

privilegiado -da *adj* **1** *part* → PRIVILEGIAR. ■ **2** Que tiene privilegio(s) [1 y 2a]. *Tb n, referido a pers.* **b)** (*Rel catól*) [Altar] que tiene el privilegio de la indulgencia plenaria para las misas celebradas en él. ■ **3** Que implica privilegio(s) [1 y 2a]. ■ **4** Excepcional. *Con intención ponderativa.*

privilegiar (*conjug* **1a**) *tr* Conceder privilegio(s) [a alguien o algo (*cd*)]. *Tb fig.*

privilegio I *m* **1** Excepción ventajosa a una norma, concedida a alguien o algo. *Tb el documento en que consta.* ■ **2** Ventaja o don excepcional de que disfruta una pers. o cosa frente a otras. **b)** (*hist*) Permiso exclusivo concedido por la autoridad a un editor por tiempo limitado para publicar un libro. **II** *loc adj* **3 de ~.** (*hist*) [Hidalgo] por compra o merced real.

pro[1] I *m* **1** Aspecto favorable o positivo [de algo]. *Normalmente en la constr* EL ~ Y EL CONTRA, *o* LOS ~S Y LOS CONTRAS. **II** *loc adj* **2 de ~.** (*lit*) [Pers.] de bien. **b)** [Pers.] importante o destacada. **III** *loc adv* **3 en ~.** En favor [de alguien o algo]. *A veces sin compl.*

pro[2] (*con pronunc átona*) *prep* En favor de. *Precediendo inmediatamente al* n, *sin ningún determinante.* * Ayuda pro damnificados.

pro- *pref* **1** Denota postura o actitud en favor de, o a favor de, lo designado por el *n* que sigue. * Proamnistía. * Pro-templos. ■ **2** Denota condición de partidario o de inclinado a la pers o cosa a que se refiere el *n* o *adj* que sigue. * Procastrista. * Prochino.

proa I *f* **1** Parte delantera de una embarcación. **b)** Parte delantera de un vehículo, esp. de un avión. **II** *loc v* **2 poner la ~** [a alguien o algo]. Ir en contra suya. ■ **3 poner ~** [a un lugar (*compl de lugar adonde*)]. Dirigirse [a él]. **III** *loc prep* **4 ~ a.** Rumbo a.

proar *intr* (*raro*) Dirigir la proa [hacia un punto].

probabilidad *f* **1** Cualidad de probable. *Frec con un adj cuantitativo o de intensidad y esp en pl, para expresar la intensidad o medida de esa cualidad.* ■ **2** Cosa probable.

probabiliorismo *m* (*Filos*) Doctrina moral que en asuntos dudosos propugna seguir la opción más probable.

probabilismo *m* (*Filos*) **1** Doctrina moral que en asuntos dudosos propugna seguir cualquiera de las opciones probables. ■ **2** Doctrina filosófica según la cual solo es posible conocer las cosas de un modo aproximado, excluyendo por principio la certeza.

probabilista *adj* **1** (*Filos*) De(l) probabilismo. **b)** Adepto al probabilismo. *Tb n.* ■ **2** De (la) probabilidad [1].

probabilístico -ca *adj* Probabilista [1a y 2].

probable *adj* [Cosa] que sin ser cierta o segura es muy posible que lo sea.

probablemente *adv* De manera probable.

probadamente *adv* De manera probada o demostrada.

probadero *m* (*Dep*) Lugar destinado a la prueba de bueyes, propio de algunas zonas del norte.

probador -ra I *adj* **1** Que prueba [1]. *Tb n: m y f, referido a pers; m, referido a aparato.* **II** *m* **2** En una tienda o en un taller de costura: Lugar destinado a probarse [1c] prendas de vestir.

probadura *f* **1** Acción de probar [3]. ■ **2** (*reg*) Prueba [7].

probanza *f* (*lit o Der*) Prueba o demostración.

probar (*conjug* **4**) A *tr* **1** Hacer que [una pers. o cosa (*cd*)] realice o sufra la acción a que está destinada, a fin de ver si cumple los requisitos exigidos. **b)** Someter [a una pers., una cualidad o un sentimiento (*cd*)] a una situación de dificultad o peligro para ver cómo responde. **c)** Poner [a alguien una prenda de vestir o un calzado] para ver cómo le está y hacer, en su caso, los arreglos oportunos. *Tb abs. Frec el ci es refl.* ■ **2** Demostrar (hacer ver la verdad [de algo (*cd*)] mediante un razonamiento riguroso o hechos evidentes). *Frec en part.* ■ **3** Tomar una pequeña cantidad [de alimento o bebida (*cd*)], gralm. para conocer su sabor. **b)** *En constr negativa:* No tomar absolutamente nada [de un alimento o bebida (*cd*)]. **c) no ~ bocado** → BOCADO. ■ **4** Pasar por la experiencia [de algo (*cd*)] durante un breve período de tiempo. *Tb abs.* ■ **5 ~ fortuna, ~ suerte** → FORTUNA, SUERTE.

B *intr* **6** Intentar, o hacer lo necesario para conseguir [algo (*compl* A, o, *reg*, DE, + *infin*)]. *Tb sin compl.* ■ **7 ~ bien** (*o* **mal**). Tener [algo] buen (o mal) efecto sobre la salud [de alguien (*ci*)]. *En lugar de* BIEN *o* MAL *puede aparecer otro adv equivalente.* **b)** *Sin adv*: Tener [algo] buen efecto sobre la salud [de alguien (*ci*)].

probática *adj* (*hist*) [Piscina] destinada a lavar y purificar las reses de los sacrificios. *Normalmente referido a la que existía junto al templo de Jerusalén. Tb fig.*

probativo -va *adj* Que sirve para probar [2].

probatoriamente *adv* En el aspecto probatorio [2].

probatorio -ria *adj* **1** Que sirve para probar [2]. ■ **2** De (la) prueba o demostración.

probatura *f* Acción de probar [1, 3, 4 y 6].

probenecid *m* (*Med*) Derivado del ácido benzoico que inhibe el transporte tubular renal de los ácidos orgánicos y que se usa esp. para conseguir niveles de penicilina más elevados y persistentes, ya que retrasa la eliminación de este antibiótico.

probeta **I** *f* **1** Vasija tubular de cristal usada en los laboratorios. **II** *adj invar* **2** [Niño o animal] que ha sido engendrado en una probeta [1].

probidad *f* (*lit*) Cualidad de probo.

problema **I** *m* **1** Cuestión a la que se busca una explicación o respuesta adecuada. **b)** Proposición en que se formulan una o más preguntas que se han de contestar a partir de unos datos determinados. ■ **2** Circunstancia adversa que hay que vencer. *Frec en pl.* **b)** Dificultad de trato o de relación [con alguien]. *Frec en pl.* ■ **3** Pers. o cosa que supone un problema [1 y 2]. **II** *loc v* **4 haber ~** [en algo]. Ser [eso] un problema [2] o dificultad. *Frec en la constr* NO HAY ~ *para manifestar aquiescencia a una petición. A veces en las fórmulas* NINGÚN ~, SIN ~(S). * –¿Puedo ir contigo? –No hay problema. ■ **5 ser** [una cosa] **~** [de alguien]. Ser asunto suyo. *Frec en la constr* ES TU ~, *para manifestar desinterés o despreocupación.* * –¿Dónde está ella? –Es su problema.

problemáticamente *adv* De manera problemática.

problematicidad *f* Cualidad de problemático.

problemático -ca **I** *adj* **1** Que supone un problema o tiene carácter de problema. ■ **2** Incierto o dudoso. **b)** (*Filos*) [Proposición] que enuncia tan solo una posibilidad. **c)** (*raro*) Que se plantea problemas o dudas. **II** *f* **3** Conjunto de problemas [de alguien o algo, esp. de una actividad]. **b)** (*semiculto*) Problema.

problematismo *m* Cualidad de problemático.

problematización *f* Acción de problematizar.

problematizar *tr* Dar carácter problemático [a alguien o algo (*cd*)]. **b)** *pr* (**~se**) Tomar carácter problemático [alguien o algo].

probo -ba *adj* (*lit*) Íntegro u honrado.

probón -na *adj* (*Taur*) [Res] que tantea o prueba la embestida antes de efectuarla.

probóscide *f* (*Zool*) Trompa (de elefante o de insecto).

proboscídeo -a *adj* (*Zool*) [Mamífero] herbívoro de gran talla, caracterizado por una larga trompa móvil. *Frec como n m en pl, designando este taxón zoológico.*

proboscidio -dia *adj* (*Zool*) Proboscídeo. *Tb n.*

proboscis *f* (*raro*) Probóscide.

procacidad *f* **1** Cualidad de procaz. ■ **2** Hecho o dicho procaz.

procaína *f* (*Med*) Sucedáneo poco tóxico de la cocaína, usado como anestésico local y en el tratamiento de la senilidad.

procapellán *m* (*hist*) Capellán principal de la capilla real.

procaz *adj* Desvergonzado o insolente en el aspecto sexual.

procazmente *adv* De manera procaz.

procedencia *f* **1** Punto de origen o de partida. ■ **2** Cualidad de procedente o conforme a razón o derecho. *Esp en lenguaje jurídico.*

procedente *adj* Que procede [1 y 5].

proceder **I** *intr* **1** Tener [una pers. o cosa] su origen [en otra (*compl* DE)]. **b)** Tener [un lugar (*compl* DE)] como punto de partida, o venir [de él]. ■ **2** Actuar (realizar acciones). **b)** Actuar o comportarse [de un modo determinado]. ■ **3** Pasar a realizar [un hecho (A + *infin o n de acción*) cuyas condiciones previas se han cumplido]. **b)** *A veces, sin alusión a condiciones, expresa la simple realización de lo indicado por el infin o el n.* * En su reinado se procedió a la reorganización del Ejército. ■ **4** (*Der*) Promover un juicio [contra alguien]. ■ **5** Ser [una cosa] conforme a razón o derecho. *Frec en lenguaje jurídico.* **II** *m* **6** Modo de proceder [2].

procedimental *adj* (*Der*) De procedimiento [2].

procedimiento *m* **1** Modo de proceder [2]. ■ **2** (*Der*) Actuación por trámites judiciales o administrativos.

procela *f* (*lit*) Tempestad o tormenta. *Tb fig.*

proceloso -sa *adj* (*lit*) Tormentoso o tempestuoso. *Tb fig.*

prócer **I** *adj* **1** (*lit*) Ilustre o destacado. *Más frec n, referido a pers. Tb fig, referido a cosa.* **II** *m* **2** (*hist*) En el Estatuto Real (1834): Pers. de categoría social o económica elevada, que forma parte de la cámara alta.

procerato *m* (*lit*) Condición de prócer.

procesado *m* Acción de procesar [1].

procesador -ra **I** *adj* **1** Que procesa [1]. **II** *m* **2** (*Informát*) Dispositivo capaz de recibir información, tratarla ejecutando unas instrucciones programadas y elaborar resultados. ■ **3 ~ de texto(s).** (*Informát*) Tratamiento de texto.

procesal *adj* **1** (*Der*) Del proceso [3]. ■ **2** (*Paleogr*) [Letra] manuscrita encadenada y de difícil lectura, propia de los ss. XVI y XVII.

procesalista *m y f* (*Der*) Especialista en derecho procesal.

procesalmente *adv* (*Der*) De manera procesal [1].

procesamiento *m* Acción de procesar.

procesar *tr* **1** Someter [algo] a un proceso [2]. ■ **2** (*Der*) Someter [a alguien] a un proceso judicial. *Frec en part sustantivado.*

procesión I *f* **1** Marcha ordenada de perss. como acto religioso. **b)** Marcha ordenada de perss. o cosas. ■ **2** (*Rel crist*) Hecho de proceder el Espíritu Santo del Padre y del Hijo.

II *loc v y fórm or* **3 la ~ va por dentro.** (*col*) *Fórmula con que se comenta que la aparente serenidad de una pers encubre una grave preocupación o contrariedad.* * –No pareces muy afectado. –La procesión va por dentro. **b)** *Fórmula con que se comenta que el buen aspecto de una pers no refleja su estado real.* * –Lo que pasa es que soy viejo. –Pues se conserva muy bien. –La procesión va por dentro. ■ **4 repicar y estar en la ~.** (*col*) Hacer al mismo tiempo dos cosas poco compatibles.

procesional *adj* De (la) procesión [1a].

procesionalmente *adv* De manera procesional.

procesionante *adj* Que procesiona [2]. *Tb n.*

procesionar A *tr* **1** Sacar en procesión [1a]. **B** *intr* **2** Ir en procesión [1a].

procesionariamente *adv* (*raro*) De manera procesionaria [1].

procesionario -ria *adj* **1** De (la) procesión [1]. ■ **2** Que va en procesión [1]. *Tb n, referido a pers.* **b)** [Oruga] caracterizada por desplazarse formando filas de gran longitud. *Gralm n f y frec con un compl especificador*: ~ DEL PINO (*Thaumatopoea pityocampa*), ~ DEL ROBLE *o* DE LA ENCINA (*T. processionea*).

procesionista *adj* Aficionado a las procesiones [1a]. *Tb n.*

proceso *m* **1** Conjunto de las fases o estados sucesivos que constituyen un hecho complejo. ■ **2** Conjunto de las operaciones a que se somete una cosa. ■ **3** (*Der*) Conjunto de las actuaciones de un tribunal para juzgar sobre un caso. *Tb los escritos correspondientes.*

procesual *adj* De(l) proceso [1 y 2].

proclama *f* **1** Alocución política o militar. ■ **2** (*Rel catól*) *En pl*: Amonestaciones.

proclamación *f* Acción de proclamar [1].

proclamador -ra *adj* Que proclama. *Tb n, referido a pers.*

proclamar A *tr* **1** Anunciar pública y solemnemente [algo]. **b)** Declarar públicamente, gralm. de manera solemne, [a alguien (*cd*) rey, campeón, u otro cargo o título (*predicat*)]. *Tb fig, referido a pers.* ■ **2** Decir [algo] abierta y públicamente. ■ **3** Manifestar o mostrar claramente [algo]. **b)** *pr* (~se) Manifestarse o mostrarse claramente [algo]. **B** *intr pr* (~se) **4** (*Dep*) Obtener el título [de campeón (*predicat*)] o la condición [de vencedor o de finalista (*predicat*)].

proclisis *f* (*Ling*) Unión prosódica de un término no acentuado con el que le sigue.

proclítico -ca *adj* (*Ling*) [Término] que se une a otro en proclisis.

proclive *adj* Que tiene inclinación o tendencia [a algo].

proclividad *f* Inclinación o tendencia. *Frec con un compl* A *o* HACIA.

procomún *m* Utilidad pública.

procónsul *m* **1** Gobernador o administrador de una colonia, un territorio ocupado u otra dependencia, gralm. con poder absoluto y sin control del gobierno central. ■ **2** (*hist*) *En la antigua Roma*: Gobernador de provincia.

proconsulado *m* Cargo o dignidad de procónsul. *Tb la administración correspondiente.*

proconsular *adj* De(l) procónsul o de(l) proconsulado.

procordado *adj* (*Zool*) [Animal] marino cuyo sistema nervioso se reduce a un cordón dorsal y que carece de columna vertebral, cráneo y cerebro. *Frec como n m en pl, designando este taxón zoológico.*

procrastinación *f* (*lit, raro*) Aplazamiento.

procreación *f* Acción de procrear.

procreador -ra *adj* **1** Que procrea. *Tb n, referido a pers. Tb fig.* ■ **2** Relativo a la acción de procrear.

procreante *adj* Que procrea. *Tb fig.*

procrear *tr* Engendrar [el hombre o los animales (*suj*) seres de su especie]. *Frec abs.*

procreativo -va *adj* Que sirve para procrear.

proctitis *f* (*Med*) Inflamación del recto.

proctología *f* (*Med*) Rama de la medicina que estudia las enfermedades del recto.

proctológico -ca *adj* (*Med*) De (la) proctología.

proctólogo -ga *m y f* (*Med*) Especialista en proctología.

proctoscopia *f* (*Med*) Examen visual del recto.

procumbente *adj* (*lit*) Echado de cara.

procura. en ~, *o* **a la ~, de.** *loc prep* (*lit*) En busca de.

procuración *f* **1** Acción de procurar(se). ■ **2** Actuación como procurador. ■ **3** Oficio o cargo de procurador.

procurador -ra A *m y f* **1** Pers. que, con la necesaria habilitación legal, representa a otra ante un tribunal. ■ **2** Pers. elegida o designada para representar a una comunidad en las Cortes. *Frec ~ EN* (*o, raro,* A) CORTES. **b)** (*hist*) Pers. que, con poder de otra o de una colectividad, actúa en su nombre. *Frec con un adj o compl especificador.* ■ **3** Pers. encargada de los asuntos económicos de un convento o comunidad religiosa. **B** *m* **4** (*hist*) *En la antigua Roma*: Funcionario encargado de las rentas imperiales o del gobierno de una provincia menor.

procuraduría *f* **1** Cargo de procurador. ■ **2** Oficina del procurador.

procurar A *tr* **1** Hacer lo posible para realizar o conseguir [algo]. *Frec con ci refl.* ■ **2** Proporcionar [algo a alguien]. **B** *intr* **3** (*raro*) Ocuparse [de alguien o algo (*compl* POR)].

prodigalidad *f* Cualidad de pródigo.

pródigamente *adv* De manera pródiga [2 y 3].

prodigar A *tr* **1** Dar con prodigalidad. **B** *intr pr* (~se) **2** Desarrollar demasiada actividad. ■ **3** Dejarse ver con demasiada frecuencia [por un lugar].

prodigio *m* **1** Hecho extraordinario que sobrepasa lo natural y causa admiración. ■ **2** Pers. o cosa que causa admiración por alguna cualidad positiva. *Frec* *con intención ponderativa.* **b)** Niño que muestra precozmente grandes dotes en un arte o en una actividad. *Normalmente* NIÑO ~. ■ **3** Milagro (hecho extraordinario debido a intervención sobrenatural).

prodigiosamente *adv* De manera prodigiosa.

prodigioso -sa *adj* Que tiene carácter de prodigio.

pródigo -ga *adj* **1** [Pers.] que malgasta o dilapida sus bienes. *Tb n.* ■ **2** Muy generoso o dadivoso. ■ **3** Muy abundante [en algo]. *Tb sin compl.*

pro domo sua (*lat; pronunc,* /pro-dómo-súa/) *loc adv* (*lit*) En su propio provecho.

prodrómico -ca *adj* (*Med*) De(l) pródromo [1].

pródromo *m* **1** (*Med*) Síntoma que precede a una enfermedad. ■ **2** (*lit*) Cosa que anuncia [un hecho (*compl de posesión*)].

producción *f* **1** Acción de producir. ■ **2** Cosa o conjunto de cosas producidas. ■ **3** (*Mil*) Comportamiento o rendimiento de un soldado.

producente *adj* (*raro*) Útil o provechoso.

producible *adj* Que se puede producir.

producir (*conjug 41*) **A** *tr* **1** Hacer que [algo (*cd*)] exista o llegue a ser realidad. **b)** *pr* (~**se**) Llegar [algo] a existir o ser realidad. ■ **2** Dar [algo] como fruto, utilidad o rendimiento. *Tb abs.* ■ **3** (*Econ*) Elaborar o crear [cosas útiles]. *Tb abs.* ■ **4** Proporcionar los equipos y perss. necesarios para realizar [una película, un programa de radio o televisión o un disco] y controlar sus presupuestos y gastos. ■ **5** (*Der*) Presentar [una alegación o una prueba]. **B** *intr pr* (~**se**) (*lit*) **6** Expresarse o hablar. *Gralm con un compl adv o un predicat.* **b)** Manifestarse ante los demás [con una actitud o unos modales determinados (*compl adv o predicat*)]. **c)** Comportarse o actuar [de un modo determinado (*compl adv*)]. ■ **7** Mostrarse o aparecer.

productible *adj* (*raro*) Producible.

productivamente *adv* De manera productiva [1].

productividad *f* **1** Cualidad de productivo [1]. ■ **2** (*Econ*) Relación entre la producción y los medios que intervienen en ella.

productivismo *m* (*Econ*) Tendencia a incrementar la producción.

productivista *adj* (*Econ*) De(l) productivismo. **b)** Partidario del productivismo. *Tb n, referido a pers.*

productivo -va *adj* **1** Que produce [2 y 3]. **b)** Útil o provechoso. ■ **2** (*Econ*) Relativo a la acción de producir [3].

product manager (*ing; pronunc corriente,* /pródukt-mánayer/) *m y f* (*Com*) Pers. responsable de la promoción y venta de un producto.

producto *m* **1** Cosa producida [1, 2 y 3]. **b)** (*Econ*) Conjunto de bienes producidos en un período de tiempo. ■ **2** (*Mat*) Resultado de una multiplicación.

productor -ra **I** *adj* **1** Que produce [1, 2, 3 y 4]. *Tb n: m y f, referido a pers; f, referido a empresa.* **II** *m y f* **2** (*Econ*) Trabajador.

proel (*Mar*) **I** *adj* **1** Situado a proa o más a proa. **II** *m y f* **2** Pers. que maneja el remo de proa y el bichero.

proemial *adj* De(l) proemio.

proemio *m* Prólogo o preámbulo.

proeza *f* Hazaña o acción destacada. *A veces con intención irónica.*

profanación *f* Acción de profanar.

profanador -ra *adj* **1** Que profana. *Tb n, referido a pers.* ■ **2** De (la) profanación.

profanamente *adv* De manera profana.

profanar *tr* Tratar sin el debido respeto [algo sagrado]. **b)** Tratar sin el debido respeto [algo que se considera digno de él].

profanidad *f* (*lit, raro*) **1** Cualidad de profano [1]. ■ **2** Cosa profana o mundana.

profanizar *tr* Dar carácter profano [1] [a algo (*cd*)].

profano -na *adj* **1** Que no es sagrado o no sirve para usos sagrados. ■ **2** Ignorante o lego [en una materia]. *Tb n.*

profase *f* (*Biol*) Primera fase de la mitosis.

profe -fa (*la forma f* PROFA *es rara; normalmente se usa* PROFE *como m y f*) *m y f* (*col*) Profesor.

profecía *f* **1** Predicción de algo futuro hecha por inspiración divina. **b)** Predicción de algo futuro. ■ **2** Capacidad de hacer profecías [1].

proferir (*conjug 60*) *tr* Emitir [palabras o sonidos, esp. violentos].

profermento *m* (*Biol*) Sustancia capaz de producir un fermento.

profesante *adj* Que profesa. *Frec con un compl* DE.

profesar **A** *tr* **1** Seguir [una idea o doctrina]. **b)** Confesar públicamente [una idea o doctrina]. *Tb abs.* ■ **2** Tener [un sentimiento o actitud hacia alguien o algo (*ci o compl* HACIA *o* POR)]. *Tb sin compl.* ■ **3** (*lit*) Ejercer [una profesión u oficio]. ■ **4** (*lit*) Ser profesor [de algo (*cd*)]. *Tb abs.* **B** *intr* ➤ **a** *normal* **5** Hacer los votos [en una orden religiosa]. *Tb sin compl.* ■ **6** Entrar a formar parte [de una comunidad religiosa (*compl* EN)]. ➤ **b** *pr* (~**se**) **7** Confesarse o proclamarse [lo que se expresa (*predicat*)].

profesión *f* **1** Actividad habitual [de una pers.], de la que gralm. obtiene una retribución. ■ **2** Acción de profesar [1 y 5]. ■ **3** Conjunto de (los) profesionales [2].

profesional **I** *adj* **1** De (la) profesión [1]. **b)** (*admin*) [Actividad] que supone por parte del sujeto pasivo la ordenación por cuenta propia de los medios de producción y de recursos humanos. ■ **2** [Pers.] que tiene [determinada actividad (*compl especificador*)] como profesión [1]. *Frec se omite el compl, por consabido.* **b)** [Pers.] que ejerce su profesión con preparación y competencia. *Tb n. Frec con intención ponderativa.* **c)** Propio de la pers. profesional. ■ **3** [Pers.] que practica [algo (*compl especificador*)] de forma habitual. *Tb n.* ■ **4** (*admin*) [Pers.] que realiza trabajos independientes en el libre ejercicio de su profesión [1]. *A veces se aplica extensivamente a otros trabajadores que no reciben sueldo fijo.* ■ **5** (*Pol*) [Miembro de una organización política o sindical] que trabaja exclusivamente para la organización y a expensas de esta. *Frec n.* **II** *f* **6** (*euf*) Prostituta.

profesionalidad *f* Condición de profesional [2a y b].

profesionalismo *m* Utilización de una profesión [1] como medio de lucro.

profesionalización *f* Acción de profesionalizar(se).

profesionalizador -ra *adj* **1** Que profesionaliza. ■ **2** Relativo a la acción de profesionalizar.

profesionalizar *tr* Dar carácter profesional [1 y 2] [a alguien o algo (*cd*)]. **b)** *pr* (~se) Tomar carácter profesional [alguien o algo].

profesionalmente *adv* De manera profesional [1 y esp. 2c].

profeso -sa *adj* [Pers.] que ha profesado [5]. *Tb n.*

profesor -ra *m y f* **1** Pers. que enseña [una ciencia o arte (*compl especificador*)]. *Frec sin compl.* ■ **2** Pers. de gran sabiduría o habilidad [en una ciencia o arte (*compl* DE o EN)]. ■ **3** Músico que toca un instrumento.

profesorado *m* **1** Actividad de profesor [1]. ■ **2** Conjunto de (los) profesores [1].

profesoral *adj* De(l) profesor o de (los) profesores, *esp* [1].

profesoralmente *adv* De manera profesoral.

profeta -tisa I *m y f* **1** Pers. que por inspiración divina predice cosas futuras. **b)** Pers. que predice cosas futuras. **II** *loc v* **2** ser [alguien] ~ **en su tierra.** Alcanzar en su ambiente el éxito que alcanza fuera de él. *Gralm en constr neg.*

proféticamente *adv* De manera profética.

profético -ca *adj* De (la) profecía o de(l) profeta. **b)** Que tiene carácter profético.

profetisa → PROFETA.

profetismo *m* Actividad profética [1a].

profetizar *tr* Predecir [algo] como profeta. *Tb abs.*

proficuamente *adv* (*lit, raro*) De manera proficua.

proficuo -cua *adj* (*lit, raro*) Provechoso.

profidén (*n comercial registrado*) *adj invar* (*col, humoríst*) [Sonrisa] que enseña mucho los dientes.

profilácticamente *adv* (*Med*) De manera profiláctica.

profiláctico -ca I *adj* (*Med*) **1** De (la) profilaxis. **b)** Que sirve para prevenir la enfermedad. *Tb n m, referido a sustancia o agente.* **II** *m* **2** Preservativo.

profilaxis *f* (*Med*) Prevención de la enfermedad. *Tb fig.*

profiterole (*fr; pronunc corriente, /profiteról/*) *m* Pastelillo relleno de crema o de otra pasta dulce o salada.

pro forma (*lat; pronunc, /pro-fórma/; tb con la grafía **proforma***) *loc adj* (*Com*) [Contrato, factura u otro documento similar] que se extiende antes de llevarse a cabo la operación comercial correspondiente. *Tb n f.*

prófugo -ga *adj* Que huye de la justicia o de otra autoridad. *Tb n.* **b)** [Mozo] que huye o se oculta para eludir el servicio militar. *Tb n m.*

profundamente *adv* De manera profunda, *esp* [5 y 8].

profundar *intr* (*reg*) Profundizar.

profundidad I *f* **1** Cualidad de profundo. ■ **2** Distancia del borde al fondo de una cavidad. ■ **3** Distancia bajo la superficie. ■ **4** Dimensión perpendicular al plano que se presenta de frente. ■ **5** Lugar profundo. *Frec en pl, con intención expresiva.* **II** *loc adv* **6** en ~. Afectando a la esencia, o de modo no superficial.

profundización *f* Acción de profundizar.

profundizador -ra *adj* Que profundiza.

profundizar A *tr* **1** Hacer más profunda [una cosa]. ■ **2** Penetrar o comprender [algo]. **B** *intr* **3** Penetrar [en algo] de manera profunda [5]. *Tb fig.* **b)** Ir más adentro.

profundo -da I *adj* **1** [Cavidad] que tiene el fondo más distante del borde que lo normal. **b)** *Con un adv cuantitativo:* Que tiene el fondo [más o menos] distante del borde. ■ **2** Que se encuentra muy distante bajo la superficie. *Tb fig.* **b)** *Con un adv cuantitativo:* Que se encuentra [más o menos] distante bajo la superficie. ■ **3** [Agua o suelo] cuyo fondo dista mucho de la superficie. **b)** *Con un adv cuantitativo:* Que tiene el fondo [más o menos] distante de la superficie. ■ **4** [Cosa] que tiene mucha distancia entre el punto de entrada y el final. **b)** *Con un adv cuantitativo:* Que tiene [más o menos] distancia entre el punto de entrada y el final. ■ **5** [Cosa] que penetra mucho o va hasta muy adentro. *Tb fig.* **b)** [Pers.] cuyo pensamiento ahonda en las cuestiones. **c)** [Ojo o mirada] que evoca hondura o profundidad [1]. ■ **6** [Voz, tos o suspiro] que procede de muy adentro, del fondo de los pulmones. *Tb fig.* **b)** [Voz] grave. **c)** (*Mús*) [Bajo] cuya voz excede en volumen y gravedad a la ordinaria de bajo. ■ **7** [Cosa] trascendente o no superficial. ■ **8** Muy intenso. *Referido esp a sensaciones o sentimientos.* ■ **9** (*Med*) [Oligofrénico] cuya edad mental no sobrepasa nunca los siete años. *Tb, más raro, referido a la enfermedad.* ■ **10** (*Ling*) En gramática generativa: [Estructura] constituida por el significado de la oración. **II** *m* **11** (*raro*) Profundidad [2, 3, 4 y 5]. **III** *adv* **12** De manera profunda [2, 5 y 6].

profusamente *adv* (*lit*) De manera profusa.

profusión *f* (*lit*) Cualidad de profuso.

profuso -sa *adj* (*lit*) **1** Abundante o copioso. ■ **2** (*raro*) Pródigo o generoso.

progenie *f* (*lit*) **1** Linaje o ascendencia. ■ **2** Descendencia o conjunto de hijos. ■ **3** Generación (acción de generar).

progenitor -ra I *adj* **1** (*Biol*) [Ser vivo] que es origen directo [de otro]. *Tb n m. Tb fig.* **II** *m y f* **2** (*lit*) Padre o madre. *Tb como m en pl, designando la pareja.*

progenitura *f* Progenie.

progeria *f* (*Med*) Vejez prematura.

progestativo -va *adj* (*Med*) Que ejerce una acción favorable a la gestación. *Tb n m, referido a medicamento o sustancia.*

progesterona *f* (*Biol*) Hormona segregada por el ovario, que prepara el útero para la gestación.

proglotis *m* (*Anat*) Anillo de tenia.

prognático -ca *adj* (*Anat*) Prognato.

prognatismo *m* (*Anat*) Disposición saliente de uno o de los dos maxilares.

prognato -ta *adj* (*Anat*) Que presenta prognatismo.

prognosis *f* (*lit o E*) Pronóstico.

programa *m* **1** Serie ordenada de las distintas partes [de un acto público, esp. un espectáculo o una emisión de radio o televisión]. *Tb el impreso en que consta.* **b)** Prospecto explicativo de una sesión de teatro o de otro espectáculo. *Tb ~ DE MANO.* ■ **2** Serie ordenada de los distintos temas que constituyen la materia [de un curso o examen]. *Tb el impreso en que consta.* ■ **3** Serie ordenada de actividades o proyectos. *Frec con un adj o compl especificador. Tb su exposición o el documento en que consta.* ■ **4** Conjunto de instrucciones detalladas y codificadas que permiten a una computadora u otro aparato automático efectuar las operaciones necesarias para resolver un problema o realizar su función. ■ **5** Parte independiente, de las que constituyen un programa [1] de radio o televisión. ■ **6** (*RTV*) Cadena o canal. ■ **7** (*Mús*) Asunto que se trata de describir o ilustrar musicalmente. *Gralm en la loc* DE ~.

programable *adj* Que se puede programar.

programación *f* Acción de programar. *Tb su efecto.*

programador -ra I *adj* **1** Que programa [1, 2 y 4]. *Frec n: m y f, referido a pers; f, referido a máquina.*
II *m* **2** Aparato que ejecuta un programa [4] automáticamente.

programar A *tr* **1** Hacer el programa [1, 2, 3 y 4] [de algo (*cd*)]. ■ **2** Establecer determinado programa [4] [en una máquina automática, esp. en una computadora (*cd*)]. *Tb fig.* ■ **3** Incluir [algo] en un programa [1, 2 y 3].
B *intr* **4** (*Informát*) Elaborar programas [4].

programáticamente *adv* De manera programática.

programático -ca *adj* De(l) programa, *esp* [3].

progre *adj* (*col*) Progresista. *Tb n, referido a pers.*

progrediente *adj* (*lit, raro*) **1** Que avanza o progresa. ■ **2** Que implica avance o progreso.

progresar *intr* **1** Avanzar hacia un estado de mayor perfección o desarrollo. ■ **2** Avanzar, o ir hacia adelante.

progresía *f* (*col*) **1** Conjunto de (los) progres. ■ **2** Condición de progre.

progresión *f* **1** Avance o marcha hacia adelante. *Tb fig.* ■ **2** (*E*) Avance o variación con arreglo a una secuencia. *Gralm con un adj especificador:* ARITMÉTICA, GEOMÉTRICA, ASCENDENTE O DESCENDENTE. *Tb la serie de números así formada.*

progresismo *m* Movimiento progresista. *Tb la doctrina correspondiente.*

progresista *adj* Partidario del progreso político y social. *Tb n, referido a pers.* **b)** (*Pol*) Partidario de un cambio político y social hacia un máximo de libertades. *Gralm referido a los partidos de izquierda. Tb n, referido a pers.* **c)** Propio de la pers. progresista.

progresivamente *adv* De manera progresiva, *esp* [1].

progresividad *f* Cualidad de progresivo [1, 2 y 3].

progresivo -va *adj* **1** Que progresa gradualmente. ■ **2** De (la) progresión o que la implica. ■ **3** (*Pol*) Progresista. *Tb n, referido a pers.* **b)** (*Econ*) [Impuesto, o sistema impositivo] que grava más las rentas elevadas. ■ **4** (*Gram*) [Aspecto verbal] que expresa acción prolongada o considerada en su desarrollo.

progreso *m* **1** Avance hacia un estado de mayor perfección o desarrollo. **b)** (*Pol*) Avance de la humanidad hacia un estado ideal de perfección o desarrollo. ■ **2** Avance, o marcha hacia adelante.

prohibible *adj* Que puede o debe ser prohibido.

prohibición *f* Acción de prohibir. *Tb su efecto.*

prohibicionismo *m* Actitud o tendencia favorable a la prohibición como medio para combatir el uso del alcohol o las drogas o como sistema de protección aduanera.

prohibicionista *adj* De(l) prohibicionismo. **b)** Partidario del prohibicionismo. *Tb n.*

prohibidor -ra *adj* Que prohíbe.

prohibir *tr* Mandar que no se use o no se realice [algo (*cd*)]. *Tb abs.*

prohibitivo -va *adj* **1** [Cosa] que prohíbe. **b)** De (la) prohibición o que la implica. ■ **2** [Precio o coste] excesivamente alto. **b)** De precio prohibitivo.

prohibitorio -ria *adj* [Cosa] que prohíbe.

prohijamiento *m* Acción de prohijar.

prohijar *tr* **1** Adoptar por hijo [a alguien]. ■ **2** Adoptar como propio [algo ajeno, esp. ideas o doctrinas].

prohombre *m* Hombre ilustre o destacado.

proindivisión *f* (*Der*) Condición de proindiviso [1].

proindiviso (*tb con la grafía* **pro indiviso**) (*Der*)
I *adj invar* **1** [Bien] que se posee en comunidad, sin repartir. *Tb n m.*
II *adv* **2** En comunidad o sin repartir.

pro infirmis (*lat; pronunc,* /pro-infírmis/) *loc adj* (*Rel catól*) [Misa] por los enfermos.

proís *m* (*Mar*) Piedra u otra cosa en tierra, en que se amarra una embarcación. *Tb la amarra.*

prójimo -ma A *m* **1** Pers., considerada como miembro del género humano y objeto de caridad o solidaridad. *Frec en sg con sent colectivo.* ■ **2** Pers. cercana [a otra (*compl de posesión*)]. *Tb fig.*
B *m y f* **3** (*desp*) Individuo. ■ **4** (*jerg*) Esposo.

prolactina *f* (*Biol*) Hormona segregada por la hipófisis y que estimula la secreción láctea.

prolapso *m* (*Med*) Caída o salida de una parte u órgano.

prole *f* Conjunto de hijos [de una pers. o animal].

prolegómeno *m* Cosa que antecede [a otra (*compl de posesión*)] y le sirve de introducción o preparación. *Normalmente en pl.*

proleta *m y f* (*col*) Proletario.

proletariado *m* Clase social constituida por los proletarios.

proletario -ria I *adj* **1** De(l) proletario o de (los) proletarios [2].
II *m y f* **2** Pers., esp. obrero, que no posee más medio de vida que su salario.

proletarismo *m* Condición de proletario.

proletarización *f* Acción de proletarizar(se).

proletarizador -ra *adj* Que proletariza.

proletarizante *adj* Que proletariza.

proletarizar *tr* Dar carácter proletario [a alguien o algo (*cd*)]. **b)** *pr* (~se) Tomar carácter proletario.

proliferación *f* Acción de proliferar.

proliferante *adj* Que prolifera.

proliferar *intr* **1** Multiplicarse o reproducirse [algo vivo, esp. células]. ■ **2** Multiplicarse abundantemente [algo].

proliferativo -va *adj* Capaz de proliferar.

prolífero -ra *adj* Prolífico.

prolíficamente *adv* De manera prolífica.

prolificidad *f* (*raro*) Cualidad de prolífico.

prolífico -ca *adj* **1** Capaz de producir copiosa descendencia. ■ **2** Que produce abundantes frutos. ■ **3** Abundante.

prolijamente *adv* De manera prolija.

prolijidad *f* Cualidad de prolijo.

prolijo -ja *adj* **1** Pesado por excesivamente largo o minucioso. ■ **2** Largo en exceso. ■ **3** Cuidadoso o esmerado en exceso.

prologal *adj* Que tiene carácter de prólogo.

prologar *tr* **1** Escribir el prólogo [1] [de un libro (*cd*)]. ■ **2** Servir de prólogo [3] [a algo (*cd*)].

prólogo *m* **1** Escrito de introducción a un libro. ■ **2** Primera parte [de una novela o de una obra teatral o cinematográfica] que presenta acontecimientos anteriores a la acción principal. ■ **3** Parte preliminar [de algo, esp. una celebración]. *A veces en aposición, esp referido a una etapa.*

proloquista *m y f* Autor de un prólogo o de prólogos [1].

prolongable *adj* Que se puede prolongar.

prolongación *f* **1** Acción de prolongar. ■ **2** Cosa o parte con que otra se prolonga.

prolongadamente *adv* De manera prolongada, *esp* [2].

prolongado -da *adj* **1** *part* → PROLONGAR. ■ **2** [Cosa] que se prolonga o dura mucho tiempo. ■ **3** De forma alargada.

prolongador -ra *adj* Que prolonga.

prolongamiento *m* Prolongación.

prolongar *tr* Alargar [una cosa] en el espacio o en el tiempo. **b)** *pr* (**~se**) Alargarse [una cosa], esp. en el tiempo.

proloquio *m* (*lit*) Dicho o sentencia.

prolusión *f* (*lit*) Introducción a un discurso o tratado.

promediar (*conjug* 1a) **A** *tr* **1** Calcular el promedio [1] [de algo (*cd*)]. ■ **2** Dividir o repartir [algo] en dos partes iguales o aproximadamente iguales. ■ **3** Colocar [algo] en el promedio [2]. **B** *intr* **4** Mediar, o intervenir como mediador. ■ **5** Llegar [un espacio de tiempo] a su mitad.

promedio **I** *m* **1** Media (resultado de dividir la suma de varias cantidades por el número de estas). ■ **2** Punto medio [de algo]. **II** *adj* **3** [Precio] medio o de promedio [1].

promesa *f* **1** Acción de prometer. *Tb su efecto.* ■ **2** Pers. o cosa que promete [4 y 7].

prometedor -ra *adj* Que promete [7].

prometedoramente *adv* De manera prometedora.

prometeicamente *adv* (*lit*) De manera prometeica.

prometeico -ca *adj* (*lit*) **1** De Prometeo (personaje mitológico que robó el fuego del Olimpo para dárselo a los hombres). ■ **2** Que se rebela contra la condición humana.

prometeísmo *m* (*lit*) Actitud prometeica.

prometer **A** *tr* **➤ a** *normal* **1** Decir [alguien] que hará o dará [algo], obligándose a ello. ■ **2** Prometer [1] que [una pers. (*cd*)] se casará [con otra (*compl* CON o A)]. *Gralm el cd es refl. Tb sin compl, con cd recípr.* ■ **3** Prometer [1] solemnemente [una pers.] que se someterá a los deberes y exigencias inherentes [a algo, esp. un cargo (*cd*)]. *Tb abs.* ■ **4** Augurar o anunciar [algo futuro y positivo]. ■ **5** Asegurar la certeza [de lo que se dice (*cd*)]. *Frec en la fórmula* (TE) LO PROMETO, *usada con intención enfática.* **➤ b** *pr* (**~se**) **6** Tener confianza en la consecución [de algo (*cd*)]. **b)** **~selas** (**muy**) **felices.** (*col*) Esperar un buen resultado con demasiado optimismo. **B** *intr* **7** Ofrecer [una pers. o cosa] buenas perspectivas para el futuro.

prometido -da **I** *adj* **1** *part* → PROMETER. **II** *m y f* **2** (*lit*) Pers. que tiene contraída [con otra (*compl de posesión*)] promesa de matrimonio. **b)** (*euf, raro*) Amante o querido.

prominencia *f* **1** Elevación o abultamiento. ■ **2** Cualidad de prominente.

prominente *adj* **1** [Cosa] que sobresale respecto a lo que está a su alrededor. ■ **2** Destacado o importante.

promiscuación *f* Acción de promiscuar, *esp* [2]. *Gralm en la constr* BANQUETE DE ~.

promiscuamente *adv* De manera promiscua.

promiscuar (*conjug* 1b o 1d) *intr* **1** Tratar indistintamente perss. o cosas heterogéneas e incluso opuestas. ■ **2** Comer carne y pescado en una misma comida, en días en que la Iglesia lo prohíbe.

promiscuidad *f* **1** Cualidad de promiscuo. ■ **2** Relación sexual con varias perss., de manera irregular o mezclada. *Frec* ~ SEXUAL.

promiscuo -cua *adj* **1** Mezclado de manera confusa e indiferenciada. ■ **2** [Pers.] que tiene relación sexual con varias perss. y de manera irregular o mezclada. *Tb referido a la misma forma de relación.*

promisión (*con mayúscula en acep* 1). **de ~.** **1** *loc adj* [Tierra] prometida por Dios al pueblo de Israel. *Precedido del art* LA. ■ **2** (*lit*) [Tierra] muy fértil y rica. *Tb fig.*

promisor -ra *adj* (*lit*) Prometedor.

promisorio -ria *adj* **1** Que encierra en sí promesa. ■ **2** Prometedor.

promitente *m y f* (*lit*) Pers. que hace una promesa.

promoción *f* **1** Acción de promover, *esp* [3]. **b)** Elevación a un nivel cultural o social superior. **c)** (*Dep*) Hecho de disputar la pertenencia a una categoría o división mediante un encuentro o un torneo entre los equipos implicados. *Tb el encuentro o el torneo en que se disputa.* **d)** (*Com*) Hecho de tratar de incrementar las ventas mediante publicidad, demostraciones, rebaja de precios u otra acción similar. **e)** Hecho de hacer publicidad de una pers. o cosa para que se la conozca y valore. ■ **2** Conjunto de individuos que obtienen al mismo tiempo un título, empleo o grado.

promocionable *adj* Que se puede promocionar.

promocionador -ra *adj* Que promociona.

promocional *adj* De (la) promoción.

promocionante *adj* Que promociona.

promocionar A *tr* **1** Hacer promoción [1b, d y e] [de alguien o algo (*cd*)]. ■ **2** Promover. **B** *intr* **3** Subir de rango o categoría.

promocionista *m* y *f* **1** (*Com*) Pers. que hace promoción [1d]. ■ **2** (*Dep*) Equipo que juega un partido de promoción o ascenso a una categoría superior.

promontorio *m* **1** Elevación del terreno que penetra en el mar. ■ **2** (*Anat*) Eminencia o elevación. *Esp referido al sacro o al tímpano.*

promotor -ra I *adj* **1** Que promueve o promociona. *Tb n, referido a pers.* **b)** [Pers. o empresa] que organiza y financia [algo (*compl de posesión*)]. *Esp referido a boxeo o construcción. Tb n.* **II** *m* **2 ~ de la fe.** (*Rel catól*) Individuo de la Sagrada Congregación de Ritos encargado de suscitar dudas y objeciones en las causas de beatificación y canonización. ■ **3 ~ fiscal.** (*hist*) Fiscal. ■ **4** (*Quím*) Sustancia que incrementa la acción de un catalizador.

promovedor -ra *adj* Promotor [1]. *Tb n, referido a pers.*

promover (*conjug 18*) *tr* **1** Impulsar el progreso o la existencia [de algo (*cd*)]. ■ **2** Causar o producir [algo, esp. un hecho]. ■ **3** Elevar [a alguien a un rango o categoría superior].

promulgación *f* Acción de promulgar.

promulgador -ra *adj* Que promulga. *Tb n, referido a pers.*

promulgar *tr* Publicar oficialmente [una ley o norma] para que comience a regir.

pronación *f* (*Anat*) Movimiento del antebrazo que hace girar la mano de fuera adentro.

pronaos (*tb* **pronao**) *m* (*Arquit*) En los templos griegos y romanos antiguos: Pórtico o vestíbulo abierto situado delante de la cella.

prono *adj* (*Med*) [Decúbito] en que el cuerpo descansa sobre el vientre.

pronombre *m* (*Gram*) Palabra sustantiva con contenido semántico ocasional. *Se opone a* NOMBRE.

pronominal *adj* (*Gram*) **1** De(l) pronombre. ■ **2** Que tiene forma o naturaleza de pronombre. ■ **3** [Verbo] que se construye en todas sus formas con pronombres reflexivos.

pronosticable *adj* Que se puede pronosticar.

pronosticador -ra *adj* Que pronostica. *Tb n, referido a pers.*

pronosticar *tr* **1** Anunciar [algo futuro] por conjetura o razonamiento. ■ **2** Anunciar o presagiar [una cosa (*suj*) algo futuro].

pronóstico I *m* **1** Acción de pronosticar. *Tb su efecto.* **b)** Juicio que forma el médico sobre el curso probable de una enfermedad. **II** *adj* **2** (*Med*) De(l) pronóstico [1b]. *Frec usado como invar.* ■ **3 de ~ (reservado).** (*col*) Terrible o de cuidado. *Con intención ponderativa.*

prontamente *adv* Con prontitud.

prontitud *f* Rapidez o celeridad.

pronto -ta I *adj* **1** Que se hace u ocurre dentro de un plazo breve. ■ **2** Que actúa con rapidez. ■ **3** Dispuesto a actuar o funcionar rápidamente. *Tb fig. Frec con un compl* A *o* PARA. ■ **4** Arrebatado o vehemente. ■ **5** [Moda] prêt-à-porter. **II** *m* **6** Arrebato o movimiento repentino del ánimo. **III** *adv* **7** En un plazo breve. ■ **8** En un momento o en un tiempo anterior al habitual, al debido o al esperado. **b)** *En el pred de una or cualitativa, se sustantiva:* Momento o tiempo anterior al habitual, al debido o al esperado. * *Es pronto todavía.* ■ **9 al ~.** En el primer momento. *Tb* DE ~. ■ **10 de ~.** De repente. ■ **11 más ~ o más tarde.** Tarde o temprano. ■ **12 por lo ~, o por de ~.** Por el momento o para empezar. ■ **13 tan ~... como..., o tan ~...** **tan ~...** → TANTO. **IV** *loc conj* **14 tan ~ como, tan ~ ~** → TANTO.

prontosil (*n comercial registrado*) *m* Primera sulfamida conocida, utilizada como poderoso bactericida.

prontuario *m* Resumen de las reglas [de una ciencia o arte].

pronúcleo *m* (*Biol*) Núcleo haploide de un gameto masculino o femenino antes de la fecundación.

pronunciación *f* **1** Acción de pronunciar [1]. ■ **2** Manera de pronunciar [1].

pronunciadamente *adv* De manera pronunciada [2].

pronunciado -da *adj* **1** *part* → PRONUNCIAR. ■ **2** [Cosa] acusada o marcada.

pronunciador -ra *adj* Que pronuncia [1 y 2]. *Tb n, referido a pers.*

pronunciamiento *m* **1** Acción de pronunciar(se) [2b y 4]. *Frec su efecto.* **b)** (*Der*) Resolución de las varias que comprende una sentencia o decisión judicial. *Tb fig, fuera del ámbito legal.* ■ **2** Sublevación, promovida por su jefe, de una fracción del ejército contra el gobierno. ■ **3** Cualidad de pronunciado [2].

pronunciar (*conjug 1a*) A *tr* **1** Realizar [un sonido o conjunto de sonidos del lenguaje]. **b)** Realizar el sonido o conjunto de sonidos correspondiente [a un signo escrito (*cd*)]. **c)** Articular los sonidos [de una lengua (*cd*)]. ■ **2** Emitir oralmente [un discurso, una frase o una palabra]. **b)** Emitir o dar a conocer [una sentencia]. ■ **3** Hacer pronunciada o acusada [una cosa]. **b)** *pr* (*~se*) Hacerse pronunciada o acusada [una cosa]. **B** *intr pr* (*~se*) **4** Manifestar [alguien] su opinión o su postura [sobre un asunto que se debate]. *Tb sin compl. Tb fig.* ■ **5** Iniciar un pronunciamiento [2].

pronuncio *m* (*Rel catól*) Eclesiástico que ejerce transitoriamente las funciones de nuncio.

propagación *f* Acción de propagar(se).

propagador -ra *adj* Que propaga. *Tb n, referido a pers.*

propaganda I *f* **1** Acción de dar a conocer algo, para atraer adeptos o compradores. *Esp referido a ideas.* ■ **2** Conjunto de mensajes de propaganda [1], o de los medios en que se divulgan. **II** *loc v* **3 hacer ~** [de o a alguien o algo]. Ponderar públicamente sus virtudes.

propagandismo *m* Tendencia a la propaganda [1].

propagandista *m* y *f* Pers. que hace propaganda, esp. ideológica.

propagandísticamente *adv* De manera propagandística.

propagandístico -ca *adj* De (la) propaganda.

propagar *tr* **1** Multiplicar por reproducción. **b)** *pr* (**~se**) Multiplicarse por reproducción. ▪ **2** Hacer que [algo (*cd*), esp. una idea] sea conocido y aceptado por muchas perss. en distintos lugares. **b)** *pr* (**~se**) Pasar [algo] a ser conocido y aceptado por muchas perss. en distintos lugares. ▪ **3** Hacer que [algo (*cd*)] se extienda o llegue a sitios distintos de aquel en que se produce. **b)** *pr* (**~se**) Extenderse o llegar [algo] a sitios distintos de aquel en que se produce.

propágulo *m* (*Bot*) Parte que sirve para multiplicar vegetativamente una planta.

propalación *f* Acción de propalar.

propalador -ra *adj* Que propala. *Tb n, referido a pers.*

propalar *tr* Divulgar [algo secreto o poco conocido].

propanal *m* (*Quím*) Aldehído derivado del propano.

propano *m* (*Quím*) Hidrocarburo saturado gaseoso derivado del petróleo y empleado como combustible.

propanoico *adj* (*Quím*) [Ácido] propiónico.

propanona *f* (*Quím*) Acetona.

propanotriol *m* (*Quím*) Glicerina.

proparoxitonismo *m* (*Fon*) Condición de proparoxítono.

proparoxítono -na *adj* (*Fon*) Esdrújulo. *Tb n m.*

propasarse *intr pr* **1** Excederse de lo razonable en lo que se hace o se dice. ▪ **2** Tomarse excesivas confianzas [con alguien]. *Referido a la relación hombre-mujer, esp en el aspecto sexual. Frec sin compl.*

propedéuticamente *adv* De manera propedéutica.

propedéutico -ca I *adj* **1** De (la) propedéutica [2]. II *f* **2** Enseñanza preparatoria para estudios superiores o más profundos.

propelente *adj* [Gas] que sirve para expulsar el líquido de un aerosol. *Tb n m.*

propender *intr* Tender o inclinarse [a algo (*compl* A *o, raro,* HACIA)].

propeno *m* (*Quím*) Propileno.

propensión *f* Inclinación o tendencia.

propenso -sa *adj* Que tiene propensión o tendencia [a algo].

propergol *m* (*Quím*) Sustancia o conjunto de sustancias que, al reaccionar en una cámara de combustión, producen la energía necesaria para la autopropulsión de cohetes.

propi (*col*) I *f* **1** Propina. II *loc adv* **2 de ~.** De propina o por añadidura.

propiamente *adv* **1** De manera propia [3, 4 y 5]. **b)** Hablando con exactitud. ▪ **2** Precisamente.

propiciación *f* Acción de propiciar [1]. **b)** Sacrificio ofrecido para propiciar a la divinidad. *Tb fig.*

propiciador -ra *adj* Que propicia. *Tb n, referido a pers.*

propiciamiento *m* Acción de propiciar [2].

propiciar (*conjug* 1a) *tr* **1** Hacer propicio [a alguien (*cd*)]. ▪ **2** Favorecer [algo].

propiciatoriamente *adv* De manera propiciatoria.

propiciatorio -ria I *adj* **1** Que sirve para propiciar. II *m* **2** (*hist*) Lámina cuadrada de oro situada sobre el Arca de la Alianza.

propicio -cia *adj* **1** [Pers.] favorable o bien dispuesta. *Frec con un compl* A, *o en la constr* SERLE ~ [a alguien]. ▪ **2** [Cosa, esp. circunstancia] favorable o adecuada. *Frec con un compl* A *o* PARA.

propiedad I *f* **1** Cualidad de propio [3, 4, 5 y 6]. ▪ **2** Cualidad propia [3] [de alguien o algo]. ▪ **3** Derecho de usar o disponer libremente [de algo o de alguien] o de ocupar vitaliciamente [un puesto (*compl de posesión*)] sin más limitaciones que las legales. ▪ **4** Cosa sobre la que [alguien (*compl de posesión*)] tiene derecho de propiedad [3]. **b)** Finca o conjunto de fincas que tienen un propietario. *Frec en pl.* ▪ **5 la ~.** El propietario. II *loc adv* **6 en ~.** Como titular o propietario.

propietario -ria *adj* Que tiene la propiedad [3] [de algo o de alguien]. *Frec n, referido a pers.* **b)** [Pers.] que tiene la propiedad [de una o varias fincas]. *Frec n. Frec sin compl.*

propilenglicol *m* (*Quím*) Líquido viscoso derivado del propileno, usado esp. como anticongelante y disolvente.

propileno *m* (*Quím*) Hidrocarburo gaseoso e incoloro que se obtiene en la refinación del petróleo y es usado para la sintetización de numerosos compuestos.

propileo *m* (*hist*) Pórtico de entrada a un templo u otro edificio suntuoso.

propina I *f* **1** Gratificación voluntaria por un servicio o favor. ▪ **2** Cosa que se da voluntariamente por encima de lo establecido o esperado. ▪ **3** (*col*) Cantidad de dinero que se da a un niño para sus gastos. II *loc adv* **4 de ~.** Por añadidura.

propinación *f* (*Med*) Acción de propinar [2].

propinar *tr* **1** Dar o pegar [un golpe]. *Tb fig* (*humoríst*). ▪ **2** (*Med*) Administrar [un medicamento]. *Tb fig* (*humoríst*). ▪ **3** (*reg*) Dar propina [a alguien (*cd*)].

propincuidad *f* (*lit*) Cualidad de propincuo.

propincuo -cua *adj* (*lit*) Cercano o próximo.

propino *m* (*Quím*) Hidrocarburo acetilénico derivado del propileno.

propio -pia I *adj* **1** Mismo. *Gralm precediendo al n y con art* EL *o un posesivo. A veces con intención enfática.* **b)** *Tb sustantivado con el art* LO. * Los demás hicieron lo propio. ▪ **2** De la misma pers. o cosa de que se habla. *A veces con intención enfática reiterando la propiedad ya enunciada por un posesivo.* **b)** Que se posee en propiedad [5]. **c)** [Amor] ~ → AMOR. ▪ **3** Característico [de una pers. o cosa], o que se produce [en ella (*compl* DE)] con más frecuencia o intensidad que en otras. *A veces sin n compl, en la constr* SERLE ~. **b)** (*Gram*) [Nombre] que designa a un ser sin atender a sus características y con la intención de distinguirlo entre los otros de su especie. ▪ **4** *Se aplica a determinados ns para indicar que expresan su concepto esencial o normal.* * Preposiciones propias e impropias. **b)** [Sentido o significado] normal u original [de una palabra o locución]. *Se opone a* FIGURADO. **c)** (*Mat*) [Fracción o quebrado] cuyo numerador es inferior al denominador. ■ **5** Adecuado o apto [para algo]. **b)** (*col*) Acertado u oportuno. ■ **6** (*pop*) [Pers. o cosa] representada o fotografiada con mucha fidelidad o realismo. *Frec como predicat con* ESTAR, SALIR *o* QUEDAR. **b)** [Imagen] que representa a una pers. o cosa con mucha fidelidad o realismo. ■ **7** [Cura] en propiedad [5] [de una parroquia]. ■ **8** (*Astron*) [Movimiento] independiente del de la Tierra y de la aberración astronómica.

   II *m* **9** Mensajero. *Frec con intención humoríst.* ■ **10** (*Filos*) Concepto universal que representa una cualidad que no es esencial pero que acompaña siempre a la esencia. ■ **11** (*hist*) Terreno u otro bien público [de una población]. *Gralm en pl y en la loc* DE ~S. ■ **12** ~s y extraños. (*lit*) Los de casa y los de fuera.

   III *loc adv* **13 de ~.** (*raro*) Expresa o intencionadamente.

propioceptor *m* (*Fisiol*) Receptor interno que informa sobre los movimientos del propio cuerpo.

propiónico *adj* (*Quím*) [Ácido] saturado presente en la leche, usado frec. para evitar el enmohecimiento del pan.

propóleo (*tb* **propóleos**) *m* (*E*) Sustancia resinosa o gomosa que las abejas recogen de algunos árboles y que utilizan para tapar grietas o agujeros o tapizar las paredes de la colmena.

proponente *adj* [Pers.] que propone [1 y 2]. *Tb n.*

proponer (*conjug* 21) *tr* ➤ **a** *normal* **1** Exponer o manifestar [algo a alguien] con intención de que lo acepte. **b)** Manifestar el deseo de que [alguien (*cd*)] sea elegido [para un puesto, un premio o algo similar]. ■ **2** Exponer [un problema o cuestión] para que se resuelva.

   ➤ **b** *pr* (~**se**) **3** Aspirar a conseguir. **b)** *En un tiempo pf:* Decidir.

proporción *f* **1** Relación entre las dimensiones de un cuerpo, o entre las de distintos cuerpos que forman un conjunto, según un ideal estético. **b)** *En pl:* Tamaño o dimensiones. *Tb fig.* ■ **2** Equilibrio o adecuada relación entre las cosas. ■ **3** Relación cuantitativa entre dos o más cosas. ■ **4** (*Mat*) Igualdad de dos razones. ■ **5** Ocasión o posibilidad [de algo]. *Frec sin compl, por consabido, esp referido a trabajo o matrimonio.* **b)** Partido (pers. interesante como posible consorte).

proporcionadamente *adv* De manera proporcionada.

proporcionado -da *adj* **1** *part* → PROPORCIONAR. ■ **2** [Pers. o cosa] cuyas medidas tienen proporción [1a]. *Tb* BIEN ~. ■ **3** [Cosa] que guarda proporción [2] [con otra (*compl* A)]. *Tb sin compl, referido a n en pl.*

proporcional *adj* De (la) proporción [3 y 4]. *Esp en matemáticas.* **b)** [Cantidad o magnitud] que tiene una razón o relación constante [con otra (*compl* A)]. *Tb sin compl, referido a n en pl.* **c)** Que se ajusta a una proporción [3 y 4].

proporcionalidad *f* Condición de proporcional [1b y c].

proporcionalmente *adv* De manera proporcional.

proporcionar *tr* **1** Hacer que [una pers. o cosa (*ci*)] tenga [algo] o pueda disponer [de ello (*cd*)]. *Frec*

sin ci. **b)** Causar o producir. ■ **2** Ajustar [algo] a proporción [1, 2 y 3].

proposición *f* **1** Acción de proponer [1]. *Frec su efecto.* **b)** (*col*) Proposición de matrimonio. **c)** *En pl, frec referido a acciones deshonestas.* * Llegó a hacerle proposiciones. **d)** Escrito en que se propone algo. ■ **2** (*Filos*) Expresión de un juicio. **b)** Afirmación o tesis. **c)** (*Mat*) Enunciado de una verdad demostrada o que se pretende demostrar. ■ **3** (*Gram*) Conjunto de palabras organizado con estructura de oración, pero sin autonomía sintáctica. **b)** Oración, o estructura de oración, que forma parte de una oración compuesta. ■ **4** (*TLit*) Parte del discurso en la que se anuncia el tema que se va a tratar.

proposicional *adj* (*Filos*) De (la) proposición [2a].

propósito **I** *m* **1** Hecho de proponerse algo. *Frec su efecto.* ■ **2** Oportunidad o justificación. ■ **3** (*raro*) Asunto o materia de que se trata.

   II *loc adj* **4 a ~.** Adecuado. *Tb adv.*

   III *loc adv* **5 a ~,** o (*lit*) **de ~.** Voluntariamente o con intención expresa. ■ **6 a ~.** *Indica que lo que se dice a continuación está sugerido por lo que se acaba de oír. Frec la idea sugeridora se expresa por medio de un compl* DE. * A propósito de arquitectos, ¿qué sabes de Pepe? ■ **7 a este ~,** o **al ~.** (*lit*) A propósito [9] de esto. ■ **8 fuera de ~.** (*lit*) A destiempo o inoportunamente.

   IV *loc prep* **9 a ~ de.** Acerca de.

propretor *m* (*hist*) *En la antigua Roma:* Pretor que, al finalizar su magistratura en Roma, pasa a gobernar una provincia.

propter hoc (*lat; pronunc,* /propter-ók/) *loc adv* (*lit*) A causa de esto.

propter nuptias (*lat; pronunc corriente,* /propter-núptias/ *o* /propter-núpθias/) *loc adj invar* (*Der*) [Donación] hecha por los padres a los hijos por causa del matrimonio de estos.

propuesta *f* Proposición, esp. la presentada a una autoridad para que resuelva sobre ella. *Frec en la constr* A ~ DE.

propugnáculo *m* (*lit, raro*) Baluarte o defensa.

propugnador -ra *adj* Que propugna. *Tb n, referido a pers.*

propugnar *tr* Defender o apoyar [una idea o proyecto].

propulsante *adj* (*E*) Que propulsa. *Tb n m, referido a producto.*

propulsar *tr* Impulsar [algo o a alguien] poniéndolo en movimiento. *Tb fig.*

propulsión *f* Acción de propulsar. **b)** ~ a chorro → CHORRO.

propulsor -ra *adj* Que propulsa. *Tb n: m y f, referido a pers; m, referido a aparato.*

prorrata *f* Reparto proporcional. *Frec en la constr* A ~.

prorratear *tr* Repartir o calcular a prorrata.

prorrateo *m* Acción de prorratear. *Frec en la constr* A ~.

prórroga *f* **1** Acción de prorrogar. ■ **2** Tiempo por el que se prorroga algo. *Frec en deportes, referido a encuentro.* ■ **3** (*Mil*) Aplazamiento de la incorporación a filas de un soldado, a petición de este.

prorrogable *adj* Que se puede prorrogar.

prorrogación *f* (*raro*) Acción de prorrogar.

prorrogar *tr* Hacer que [algo (*cd*)] dure más allá de un límite previamente fijado.

prorrumpir *intr* Iniciar repentina y vehementemente [una acción que muestra un estado de ánimo (*compl* EN)].

prosa *f* **1** Forma de expresión oral o escrita que no está sujeta a reglas de medida, ritmo o rima. *Se opone a* VERSO. **b)** ~ **rítmica** –> RÍTMICO. ■ **2** Modo de expresión en prosa [1] propio [de un autor, de un ámbito o de una época]. *Tb el conjunto de obras escritas así.* ■ **3** (*col*) Palabrería.

prosador -ra *m y f* Prosista.

prosaicamente *adv* De manera prosaica.

prosaico -ca *adj* Vulgar o falto de poesía.

prosaísmo *m* **1** Cualidad de prosaico. ■ **2** Rasgo prosaico.

prosapia *f* Alcurnia o linaje.

prosario -ria *adj* (*raro*) De (la) prosa [1].

proscenio *m* **1** *En un teatro*: Parte anterior del escenario, comprendida entre el borde y el primer orden de bastidores. *Tb fig.* ■ **2** Palco situado junto al proscenio [1]. *Tb* PALCO ~.

proscribir (*conjug* 46) *tr* **1** Condenar o prohibir. ■ **2** (*lit*) Declarar [a alguien] fuera de la ley, frec. por causas políticas y gralm. obligándole al exilio. *Tb fig.* ■ **3** (*hist*) *En la antigua Roma*: Desterrar [a alguien] confiscándole sus bienes.

proscripción *f* Acción de proscribir.

prosecución *f* Acción de proseguir.

proseguidor -ra *adj* Que prosigue. *Tb n, referido a pers.*

proseguir (*conjug* 62) **A** *tr* **1** Seguir o continuar [algo].
B *intr* **2** Seguir o continuar. *A veces con un compl* EN, CON *o un ger, que expresa actividad o estado.*

proselitismo *m* Celo para ganar prosélitos. **b)** Actividad tendente a ganar prosélitos.

proselitista *adj* Que tiende a ganar prosélitos. *Tb n, referido a pers.*

proselitizar *tr* Convertir [a alguien] en prosélito.

prosélito -ta *m y f* Partidario ganado para una idea o doctrina. **b)** (*hist*) Pers. convertida al judaísmo.

prosificación *f* Obra en que se pone en prosa otra escrita en verso.

prosificar *tr* Poner [algo] en prosa [1].

prosimio -mia *adj* (*Zool*) [Primate] nocturno de pequeño tamaño, con manos en las cuatro extremidades, cara cubierta de pelo, ojos grandes y dentición semejante a la de los insectívoros, propio esp. de Madagascar. *Frec como n m en pl, designando este taxón zoológico.* **b)** Propio de los prosimios.

prosista *m y f* Autor de obras en prosa.

prosístico -ca *adj* De (la) prosa [1].

prosodema *m* (*Fon*) **1** Rasgo fónico que afecta a una secuencia superior al fonema. ■ **2** Secuencia mínima capaz de recibir un acento.

prosodia *f* (*Fon*) **1** Estudio de los rasgos fónicos que afectan a secuencias superiores al fonema. *Tb el conjunto de esos rasgos.* ■ **2** Conjunto de las normas relativas a la entonación y la acentuación. *Tb la aplicación de esas normas.*

prosódicamente *adv* (*Fon*) En el aspecto prosódico.

prosódico -ca *adj* (*Fon*) De (la) prosodia. **b)** [Acento] ~ –> ACENTO.

prosopografía *f* (*TLit*) Descripción del exterior de una pers. o de un animal.

prosopopeya *f* **1** (*TLit*) Figura retórica que consiste en personificar cosas o animales, o en hacer hablar o actuar a perss. imaginarias, muertas o ausentes. ■ **2** Solemnidad, gralm. afectada.

prosopopéyico -ca *adj* **1** Afectadamente solemne. ■ **2** (*TLit*) De (la) prosopopeya [1] o que la implica.

prospección *f* **1** Exploración de un terreno para buscar yacimientos. ■ **2** Examen o exploración, esp. para buscar posibilidades o tendencias futuras. ■ **3** Reconocimiento que se hace para descubrir enfermedades latentes o incipientes.

prospectar *tr* Hacer prospecciones [de algo (*cd*) o en un lugar (*cd*)]. *Tb fig.*

prospectivamente *adv* De manera prospectiva.

prospectivo -va **I** *adj* **1** De (la) prospección. ■ **2** Que se refiere al futuro. ■ **3** [Pers.] especialista en prospectiva [4]. *Tb n.*
II *f* **4** Estudio de las posibilidades o tendencias futuras en una determinada materia. *Frec con un compl especificador.*

prospecto *m* **1** Impreso explicativo que acompaña a determinadas mercancías, esp. un medicamento. ■ **2** Hoja, gralm. plegada, o folleto, de carácter publicitario. ■ **3** (*hist*) Folleto publicitario que da noticia del contenido de un libro o periódico de próxima aparición.

prospector -ra *adj* Que prospecta. *Tb n, referido a pers.*

prósperamente *adv* De manera próspera.

prosperar *intr* **1** Mejorar [alguien o algo] en el aspecto económico. ■ **2** Progresar o desarrollarse con éxito [algo]. **b)** Obtener resultado favorable [algo, esp. una enmienda o un recurso].

prosperidad *f* **1** Condición de próspero. ■ **2** (*lit*) *En pl*: Sucesos prósperos. *Frec en fórmulas de felicitación con el v* DESEAR.

próspero -ra *adj* **1** Que tiene éxito en el aspecto económico. ■ **2** [Cosa] favorable o propicia.

prostaglandina *f* (*Fisiol*) Compuesto del grupo de los ácidos grasos no saturados, presente en la mayor parte de los tejidos animales y de acción biológica múltiple.

próstata *f En los machos de los mamíferos*: Glándula unida al cuello de la vejiga y a la uretra, que segrega un líquido que contribuye a formar el semen.

prostático -ca *adj* **1** De (la) próstata. ■ **2** [Hombre] que padece afección de la próstata. *Tb n m.*

prostatismo *m* (*Med*) Estado morboso debido a una afección prostática, esp. a la retención urinaria causada por la hipertrofia de la próstata.

prostatitis *f* (*Med*) Inflamación de la próstata.

prosternación *f* Acción de prosternarse.

prosternarse *intr pr* Arrodillarse o postrarse.

prostético -ca *adj* (*Quím*) [Grupo] no proteico de un prótido complejo.

prostibular *adj* Prostibulario.

prostibulario -ria *adj* De(l) prostíbulo.

prostíbulo *m* Casa de prostitución [2].

próstilo -la *adj* (*Arquit*) [Edificio, esp. templo] que tiene una de sus fachadas adornada con una hilera de columnas.

prostitución *f* **1** Acción de prostituir(se). ■ **2** Actividad propia de quien tiene relaciones sexuales con otra pers. por dinero.

prostituidor -ra *adj* (*raro*) Que prostituye.

prostituir (*conjug* 48) *tr* **1** Entregar [a alguien, esp. a uno mismo] a los deseos sexuales de otro por dinero. ■ **2** Deshonrar o envilecer [algo o a alguien] por intereses indignos.

prostituto -ta *m y f* Pers. que ejerce la prostitución [2]. *Normalmente referido a mujer.*

prostodoncia *f* (*Med*) Prótesis dental.

prostomio *m* (*Zool*) *En los anélidos*: Lóbulo situado en el extremo de la cabeza.

protagónico -ca *adj* (*lit*) De(l) protagonista.

protagonismo *m* Carácter o condición de protagonista, *esp* [1b].

protagonista I *m y f* **1** Personaje principal [de una obra literaria, teatral o cinematográfica]. *Tb, en teatro o cine, el actor que lo encarna.* **b)** Pers. o cosa que desempeña un papel principal [en algo, esp. en una acción o en un suceso (*compl de posesión*)]. II *adj* **2** De(l) protagonista [1].

protagonístico -ca *adj* De(l) protagonista.

protagonización *f* Acción de protagonizar.

protagonizar *tr* Ser protagonista [de algo (*cd*)]. *Tb abs.*

protalo (*tb* **prótalo**) *m* (*Bot*) Producto de la germinación de las esporas, sobre el que nacen los anteridios y los arquegonios.

protamina *f* (*Quím*) Proteína de carácter básico que se presenta asociada con los ácidos nucleicos y que está presente en el esperma de algunos peces.

protandria *f* (*Bot*) Hecho de madurar antes los estambres que los pistilos.

protándrico -ca *adj* (*Bot*) [Planta o flor] en que maduran antes los estambres que los pistilos.

prótasis *f* **1** (*Gram*) *En una constr condicional*: Parte en que se expone la condición. **b)** (*Filos*) Proposición que expresa una condición. ■ **2** (*Fon*) Rama tensiva de la entonación.

proteácea *adj* (*Bot*) [Planta] dicotiledónea leñosa, de hojas coriáceas y flores en espiga o racimo, propia esp. de Australia y África meridional. *Frec como n f en pl, designando este taxón botánico.*

proteasa *f* (*Biol*) Enzima que hidroliza los prótidos.

protección *f* **1** Acción de proteger. ■ **2** Cosa que protege.

proteccional *adj* (*raro*) De (la) protección.

proteccionismo *m* (*Econ*) Política o teoría económica que tiende a proteger [3] el sistema productivo nacional contra la competencia extranjera.

proteccionista *adj* (*Econ*) De(l) proteccionismo. **b)** Partidario del proteccionismo. *Tb n.*

protector -ra (*tb f* PROTECTRIZ, *raro, en acep 1*) *adj* **1** Que protege. *Tb n: m y f, referido a pers; m, referido a utensilio.* ■ **2** De (la) protección [1].

protectorado *m* **1** (*hist*) Soberanía parcial que, esp. en las relaciones exteriores, ejerce un estado sobre un territorio con gobierno propio. *Frec el territorio en que se ejerce esta soberanía.* ■ **2** Dirección e inspección que se reserva el poder público sobre las instituciones de beneficencia particular.

protectoramente *adv* De manera protectora.

protectoría *f* (*raro*) Acción protectora.

proteger *tr* **1** Evitar que [alguien o algo (*cd*)] sufra daño. *Frec con un compl* DE *o* CONTRA, *que expresa el daño o la pers o cosa que lo causa.* ■ **2** Ayudar [alguien] con su influencia o apoyo [a una pers. o cosa]. *Frec en part sustantivado, referido a pers.* ■ **3** Favorecer [la economía o los productos nacionales] frente a la competencia extranjera, esp. mediante la imposición de gravámenes aduaneros.

protegible *adj* Que se puede proteger.

protegido -da I *adj* **1** *part* → PROTEGER.
II *m y f* **2** Pers. que goza de la protección [1] [de otra].

proteicamente *adv* (*lit*) De manera proteica[1].

proteico[1] **-ca** *adj* (*lit*) Que cambia fácilmente de forma. *Tb fig.*

proteico[2] **-ca** *adj* (*Quím*) De (los) prótidos o de (las) proteínas. **b)** Que tiene naturaleza proteica.

proteido *m* (*Quím*) Prótido compuesto por una proteína y un compuesto no proteico. *A veces se usa como sinónimo de proteína.*

proteiforme *adj* (*lit*) Proteico[1].

proteína *f* Sustancia química constituida por carbono, oxígeno, hidrógeno, nitrógeno y frec. fósforo y azufre, que es componente esencial de todos los organismos vivos.

proteínico -ca *adj* (*Quím*) **1** De (las) proteínas o de (los) prótidos. ■ **2** Que contiene proteínas.

proteólisis (*tb* **proteolisis**) *f* (*Quím*) Hidrólisis de las proteínas por la acción de los fermentos.

proteolítico -ca *adj* (*Quím*) **1** De (la) proteólisis. ■ **2** Que produce proteólisis.

protervia *f* (*lit*) Cualidad de protervo.

protervo -va *adj* (*lit*) Perverso o malvado.

protésico -ca I *adj* **1** De (la) prótesis.
II *m y f* **2** Pers. que prepara y ajusta las piezas de una prótesis dental. *Tb ~* DENTAL.

prótesis *f* **1** Sustitución total o parcial de un miembro u órgano, mediante piezas o aparatos artificiales. **b)** Pieza o aparato con que se realiza una prótesis. ■ **2** (*Ling*) Adición de un sonido, esp. vocal, al principio de una palabra.

protesta *f* **1** Acción de protestar [1, 2 y 3]. *Tb su efecto.* **b)** Manifestación de disconformidad con las autoridades, las formas de vida o las ideas establecidas. *A veces en aposición con* CANCIÓN.

protestable *adj* Que se puede protestar [3].

protestación *f* (*raro*) Acción de protestar [5].

protestante *adj* **1** Cristiano que no reconoce la autoridad del Papa de Roma. *Tb n, referido a pers.* **b)** De (los) protestantes. ■ **2** Que protesta [1 y 3]. *Tb n, referido a pers.* ■ **3** De (la) protesta.

protestantismo *m* Religión protestante [1b].

protestar A *intr* **1** Manifestar disconformidad [con algo o, más raro, alguien (*compl* DE o CONTRA)]. *Tb sin compl, por consabido. Tb fig.* ■ **2** (*lit*) Proclamar [algo (*compl* DE)]. **B** *tr* **3** Manifestar disconformidad [con algo (*cd*)]. ■ **4** (*Com*) Hacer el protesto [de una letra de cambio (*cd*)]. ■ **5** (*lit*) Proclamar o declarar [algo] pública o formalmente.

protestatario -ria *adj* **1** Que protesta [1 y 3]. *Tb n, referido a pers.* ■ **2** De (la) protesta.

protestativamente *adv* De manera protestativa.

protestativo -va *adj* Que expresa o denota protesta.

protesto *m* (*Com*) Diligencia notarial para hacer constar que una letra de cambio no ha sido aceptada o pagada. *Tb el documento en que consta.*

protestón -na *adj* Que protesta [1 y 3], esp. con insistencia. *Tb n, referido a pers.*

protético -ca *adj* (*Ling*) [Sonido] que se añade al principio de una palabra.

protídico -ca *adj* (*Quím*) De (los) prótidos. **b)** Que tiene naturaleza de prótido.

prótido *m* (*Quím*) Proteína u otra sustancia de los organismos animales y vegetales, cuya hidrólisis da aminoácidos.

protio *m* (*Quím*) Isótopo del hidrógeno, de peso atómico 1 y cuyo núcleo es un protón.

proto *m* (*argot Mil*) Profesor de una escuela militar.

proto- *r pref* **1** Primero. * Protoelemento. * Protofabulista. ■ **2** Primitivo. * Protocristiano. * Protoforma. ■ **3** Precursor inmediato del más antiguo conocido históricamente. * Protoamericano. * Protorrománico.

protoactinio *m* (*Quím*) Elemento metálico radiactivo, de número atómico 91, perteneciente a la familia del actinio.

protocolariamente *adv* De manera protocolaria.

protocolario -ria *adj* De(l) protocolo [1].

protocolización *f* Acción de protocolizar.

protocolizar *tr* **1** Incorporar al protocolo [2] [un documento]. ■ **2** (*E*) Dar forma de protocolo [4].

protocolo *m* **1** Conjunto de reglas de etiqueta y comportamiento establecidas para las ceremonias oficiales. **b)** Conjunto de normas de cortesía y urbanidad establecidas socialmente. ■ **2** Conjunto de documentos originales que un notario autoriza y custodia con ciertas formalidades. ■ **3** Acta o conjunto de actas de una conferencia o un acuerdo internacional. **b)** Acta de un acuerdo o de una reunión. ■ **4** (*E*) Informe científico escrito. **b)** (*Med*) Información científica sobre medicamentos. ■ **5** (*E*) Plan de un tratamiento o de un experimento científico.

protodórico -ca *adj* (*Arquit, hist*) *En el antiguo Egipto*: [Pilar o columna] con estrías.

protoestrella *f* (*Astron*) Nube de gas y polvo espacial que da lugar a la formación de una estrella.

protofito -ta (*tb* **protófito**) *adj* (*Bot*) [Planta] talofita muy primitiva. *Frec como n f en pl, designando este taxón botánico.*

protoginia *f* (*Bot*) Hecho de madurar antes los pistilos que los estambres.

protógino -na *adj* (*Bot*) [Planta o flor] en que los pistilos maduran antes que los estambres.

protohistoria *f* Período de la vida de la humanidad, o de una parte de ella, inmediatamente anterior a la aparición de la escritura.

protohistórico -ca *adj* De (la) protohistoria.

protolítico -ca *adj* (*Prehist*) Del período más antiguo de la Edad de Piedra.

protomártir *m y f* Primer mártir del cristianismo. **b)** Primer mártir [de una causa].

protomedicato *m* (*hist*) Tribunal encargado de examinar y conceder licencias para el ejercicio de la medicina y dotado también de funciones consultivas.

protomédico *m* (*hist*) Médico principal perteneciente al protomedicato.

prótomo (*tb* **protomo**) *m* (*Arte*) Motivo ornamental constituido por la cabeza o parte del busto de un animal o una pers.

protón *m* (*Fís*) Partícula elemental estable y cargada positivamente, que se encuentra en el núcleo del átomo en un número fijo y característico igual al número atómico.

protonema *m* (*Bot*) *En las plantas briofitas*: Cuerpo celular, gralm. filamentoso, que se produce al germinar una espora.

protónico -ca *adj* (*Fon*) Que precede a la sílaba tónica.

protonotario *m* **1** (*hist*) Notario principal. ■ **2** ~ **apostólico.** (*Rel catól*) Prelado de la Curia Romana nombrado por el Papa y de rango superior entre los que no tienen carácter episcopal.

protoplasma *m* (*Biol*) Sustancia coloidal, de composición química compleja, que constituye la parte viva de la célula.

protoplasmático -ca *adj* (*Biol*) De(l) protoplasma.

protoplásmico -ca *adj* (*Biol*) Protoplasmático.

protórax *m* (*Zool*) *En los insectos*: Primer segmento del tórax.

prototerio *adj* (*Zool*) [Mamífero] monotrema. *Tb n m.*

prototípicamente *adv* De manera prototípica.

prototípico -ca *adj* De(l) prototipo. **b)** Que tiene carácter de prototipo [2].

prototipo *m* **1** Primer ejemplar [de un objeto, esp. una máquina o vehículo] construido como modelo para su fabricación en serie. ■ **2** Pers. o cosa que sirve de tipo o modelo [de algo].

protóxido *m* (*Quím*) Óxido que contiene la mínima cantidad de oxígeno.

protozoario -ria *adj* (*Zool*) **1** Protozoo. *Tb n.* ■ **2** De (los) protozoos.

protozoo *adj* (*Zool*) [Animal], gralm. microscópico, constituido por una sola célula o por una colonia de células iguales entre sí. *Frec como n m en pl, designando este taxón zoológico.*

protozoología *f* (*Zool*) Estudio de los protozoos.

protráctil *adj* (*Zool*) Que puede extenderse hacia adelante. *Dicho esp de la lengua de los reptiles.*

protrombina *f* (*Fisiol*) Sustancia que por la acción de la trombocinasa se transforma en trombina.

protrusión *f* (*Med*) Hecho de sobresalir o avanzar hacia adelante.

protuberancia *f* Parte que sobresale en una superficie. **b)** (*Astron*) Proyección gigantesca de gas que sobresale del disco solar. *Frec* ~ SOLAR. **c)** ~ **anular** *o* **cerebral**. (*Anat*) Órgano, situado en la parte inferior del encéfalo, que pone en conexión el cerebro, el cerebelo y el bulbo raquídeo.

protuberante *adj* Que sobresale en una superficie.

protutor -ra *m y f* (*Der*) Pers. designada legalmente para vigilar las funciones de la tutela.

proustianamente (*pronunc*, /prustiánaménte/) *adv* De manera proustiana.

proustiano -na (*pronunc*, /prustiáno/) *adj* **1** Del escritor francés Marcel Proust († 1922). ■ **2** (*lit*) Nostálgico o evocador. *Referido esp a autor u obra literaria.*

proustita *f* (*Mineral*) Mineral de color rojo vivo, mena de la plata, consistente en un sulfuro de arsénico y plata.

provecho I *m* **1** Efecto positivo, material o moral, [de algo (*compl de posesión*) o para alguien o algo (*compl de posesión*)]. ■ **2** Capacidad de producir provecho [1]. *En constrs como* DE ~, SIN ~, *o* TENER ~. ■ **3** (*col*) Eructo. *Normalmente referido a niños y frec en la forma* PROVECHITO. ■ **4 buen ~.** *Se usa como fórmula de cortesía o en la constr* DESEAR BUEN ~, *para manifestar el deseo de una buena digestión a quien va a comer o ha eructado, o de un resultado grato y provechoso a quien va a tener o disfrutar algo. Frec irónicamente.* * –Si gustan. –Buen provecho, gracias. * –Le ha tocado la lotería, pero no da nada a nadie. –Pues buen provecho. II *loc adj* **5 de ~.** [Pers.] útil a la sociedad.

provechosamente *adv* De manera provechosa.

provechoso -sa *adj* Que proporciona provecho [1].

provecto -ta *adj* (*lit*) [Edad] avanzada. **b)** [Pers.] de edad avanzada.

proveedor -ra *adj* Que provee [3]. *Frec n, referido a pers.*

proveer (*conjug* 22) A *tr* **1** Preparar o disponer [lo necesario]. *Tb abs.* ■ **2** Resolver o decidir. *Tb abs.* **b)** (*Der*) Dictar [un juez o tribunal una resolución]. *Tb abs. Frec en la constr* PARA MEJOR ~. ■ **3** Proporcionar [algo (*compl* DE *o, más raro,* CON) a una pers. o cosa (*cd*)] o dotar[las de ello]. ■ **4** Hacer que se cubra [un puesto o cargo vacante (*cd*)]. **B** *intr* **5** Atender [a algo] u ocuparse [de ello (*compl* A)]. **b)** Proporcionar lo necesario [para algo (*compl* A)].

proveído *m* (*Der*) Resolución judicial interlocutoria o de trámite.

provenciano -na *adj* De El Provencio (Cuenca). *Tb n, referido a pers.*

proveniencia *f* Hecho de provenir.

proveniente *adj* Que proviene.

provenir (*conjug* 61) *intr* Proceder o venir [de algo].

provenzal I *adj* **1** De Provenza (región del sur de Francia). *Tb n, referido a pers.* ■ **2** De(l) provenzal [3]. II *m* **3** Occitano (lengua), esp. de la región de Provenza.

provenzalismo *m* Palabra o rasgo idiomático propios del provenzal [3] o procedentes de él.

provenzalista *m y f* Especialista en lengua y literatura provenzales [2].

proverbial *adj* **1** [Frase] que tiene carácter de proverbio. ■ **2** [Cosa] conocida de siempre o por todos.

proverbialmente *adv* De manera proverbial.

proverbio *m* Frase breve y concisa de carácter tradicional, que encierra una enseñanza moral.

provicario *m* (*Rel catól*) Individuo que desempeña las funciones de vicario en caso de ausencia de este.

próvidamente *adv* (*lit*) De manera próvida.

providencia *f* **1** Gobierno o cuidado que Dios ejerce sobre la creación. *Frec con mayúscula, designando a Dios en esta función, esp en la forma* DIVINA ~. ■ **2** Disposición o medida, esp. de carácter preventivo. *Frec con el v* TOMAR. ■ **3** (*Der*) Resolución judicial no fundamentada, que decide cuestiones sencillas o de trámite.

providencial *adj* Muy oportuno y beneficioso.

providencialismo *m* (*Filos*) Doctrina según la cual todo sucede por disposición de la divina Providencia. *Tb la actitud correspondiente.*

providencialista *adj* (*Filos*) De(l) providencialismo o que lo implica. **b)** Adepto al providencialismo. *Tb n.*

providencialmente *adv* De manera providencial.

providenciar (*conjug* 1a) *tr* (*lit*) Disponer [algo] como providencia [2]. *Tb abs.*

providente *adj* (*lit*) **1** [Pers.] que cuida y vela por las necesidades de alguien o algo. **b)** Propio de la pers. providente. ■ **2** (*raro*) Previsor. ■ **3** (*raro*) Próvido.

providentemente *adv* (*lit*) De manera providente.

próvido -da *adj* (*lit*) Generoso o pródigo.

provincia *f* **1** Demarcación administrativa del territorio español sometida a la autoridad de un gobernador. ■ **2** Territorio gobernado como parte de un país o imperio. **b)** (*hist*) Territorio perteneciente al Imperio Romano fuera de Italia y sometido a la autoridad de un gobernador. ■ **3** División territorial eclesiástica bajo la autoridad de un arzobispo. *Frec* ~ ECLESIÁSTICA. ■ **4** División territorial de una orden religiosa, que contiene determinado número de casas o conventos. ■ **5** Parte del territorio nacional, especialmente ciudad, que no es la capital del estado. *Frec en pl.*

provincial *adj* **1** De (la) provincia. *Tb* (*raro*) *n, referido a pers.* ■ **2** [Religioso] que gobierna una provincia [4]. *Tb n.*

provincialato *m* Cargo o dignidad de provincial [2].

provincialidad *f* Cualidad de provincial [1].

provincialismo *m* **1** Preferencia por las cosas de la provincia [1] propia. *Frec con intención desp.* ■ **2** Palabra o rasgo idiomático propio de alguna provincia [1].

provincialista *adj* (*Pol*) Que centra su actividad en una sola provincia [1]. *Tb n, referido a pers.* **b)** De los provincialistas.

provincialización *f* Acción de provincializar.

provincializar *tr* Dar carácter provincial [1] [a algo (*cd*)].

provincianamente *adv* De manera provinciana.

provincianismo *m* Condición de provinciano.

provinciano -na *adj* De (la) provincia [5]. *A veces con intención desp, denotando rusticidad o paletería. Tb n, referido a pers.*

provinencia *f* (*semiculto*) Proveniencia.

provinente *adj* (*semiculto*) Proveniente.

proviniente *adj* (*semiculto*) Proveniente.

provisión *f* **1** Acción de proveer. ■ **2** Conjunto de cosas que se tienen prevenidas por si se necesitan. *Frec en pl y con un compl especificador.* **b)** *Esp*: Víveres. *Gralm en pl. Tb ~ES DE BOCA.* ■ **3** (*hist*) Despacho o mandamiento expedido por algunos tribunales, esp. consejos o audiencias, en nombre del rey.

provisional *adj* Temporal, o sujeto a cambio posterior. **b)** (*Libertad*) concedida, con o sin fianza, a un procesado durante la tramitación de la causa, no sometiéndolo a prisión preventiva. *Tb n f.* **c)** (*hist, Mil*) *Durante la Guerra Civil de 1936 y en el Ejército Nacional*: [Alférez o sargento] nombrado con carácter provisional tras un curso de escasa duración. *Tb n.*

provisionalidad *f* Cualidad de provisional.

provisionalmente *adv* De manera provisional.

provisionar *tr* Hacer provisión [1] [de una cantidad determinada (*cd*)]. **b)** Hacer provisión de fondos [para algo (*cd*)].

provisionista *m y f* Proveedor o abastecedor.

provisor -ra A *m y f* **1** Proveedor o abastecedor. **B** *m* **2** (*Rel catól*) Juez diocesano nombrado por el obispo, con autoridad ordinaria para entender en causas eclesiásticas.

provisoriamente *adv* De manera provisoria.

provisorio -ria *adj* Provisional [1a y b].

provitamina *f* (*Biol*) Sustancia que se convierte en vitamina en los tejidos animales.

provo *adj* Perteneciente a un movimiento de protesta antiburgués surgido en Holanda alrededor de 1965, caracterizado por el desprecio a las convenciones y a la autoridad estatal y que, no obstante, busca la consecución de sus objetivos políticos a través de los métodos del orden social existente. *Tb n, referido a pers.*

provocación *f* **1** Acción de provocar [1]. ■ **2** Cosa que provoca [1].

provocador -ra *adj* Que provoca [1 y 2]. *Tb n, referido a pers.* **b)** *Esp*: Que provoca disturbios o revueltas. *Tb n, referido a pers.*

provocadoramente *adv* De manera provocadora.

provocante *adj* Que provoca [1].

provocar *tr* **1** Incitar [a algo, esp. a la ira, la violencia o el deseo sexual]. *Frec sin compl, por consabido.* ■ **2** Ocasionar o causar. ■ **3** (*reg*) Producir náuseas [a alguien (*cd*)]. ■ **4** (*reg*) Vomitar [lo contenido en el estómago]. *Frec abs.*

provocativamente *adv* De manera provocativa.

provocativo -va *adj* Que provoca [1]. *Esp referido a mujer o a su físico, atuendo o actitudes. Tb n.*

provocatorio -ria *adj* [Cosa] provocadora.

proxeneta *m y f* (*lit*) Pers. que negocia con la prostitución ajena, o favorece por dinero relaciones sexuales ilícitas.

proxenetismo *m* (*lit*) Actividad de proxeneta.

proximal *adj* (*Anat o Med*) Próximo al centro, a la línea media o al punto de origen.

próximamente *adv* **1** En un futuro próximo [1a]. ■ **2** Aproximadamente o con poca diferencia.

proximidad *f* **1** Cualidad de próximo [1a y b y 2]. ■ **2** Lugares próximos [1a]. *Más frec en pl.*

próximo -ma *adj* **1** Cercano. *Tb fig. Frec con un compl* A. **b)** Que ocupa el lugar más cercano en un orden lógico. *Se opone a* REMOTO. **c)** (*Rel catól*) [Materia] que consiste en aplicar la materia remota con las palabras rituales de un sacramento. *Se opone a* REMOTO. ■ **2** Que está inmediatamente después. ■ **3** ~ **pasado.** (*admin*) Inmediatamente anterior. *Referido a tiempo.*

proyección *f* Acción de proyectar [3 a 9]. *Tb su efecto. Referido a acep 7, frec con un adj especificador.*

proyeccionista *m y f* Pers. encargada de la proyección de películas.

proyectante *adj* (*Geom*) [Línea recta] con que se proyecta [7] un punto en una superficie.

proyectar *tr* **1** Pensar [una acción futura], esp. calculando el modo de realizarla. ■ **2** Idear [una obra, esp. una construcción] realizando los cálculos, esquemas o dibujos precisos para su realización. ■ **3** Lanzar o impulsar con fuerza. *Tb fig.* ■ **4** Enviar o hacer llegar [luz o rayos luminosos sobre algo (*compl* SOBRE *o* EN)]. *Tb sin compl de lugar.* ■ **5** Hacer visible [sobre una superficie (*compl* SOBRE *o* EN) la imagen o la sombra (*cd*) de un cuerpo]. *Frec fig.* **b)** *pr* (~**se**) Hacerse visible [sobre una superficie (*compl* SOBRE *o* EN) la imagen o la sombra de un cuerpo]. ■ **6** Formar [sobre una pantalla (*compl* SOBRE *o* EN)] la imagen ampliada [de diapositivas, películas u objetos opacos (*cd*)]. **b)** Exhibir [una película en una sala de cine]. *Tb sin compl de lugar.* ■ **7** Representar [algo, esp. la Tierra u otro cuerpo] en un plano, trazando rectas imaginarias desde todos sus puntos, según determinadas reglas. ■ **8** Hacer llegar [a algo externo o lejano (*compl* SOBRE *o* EN) algo que sale de uno mismo]. **b)** *Con cd refl*: Extender [alguien] su actividad o su influjo [a algo externo o lejano (*compl* SOBRE *o* EN)]. ■ **9** (*Psicol*) Atribuir [a otro (*compl* SOBRE *o* EN) sentimientos, impulsos o estados de ánimo propios].

proyectil *m* Objeto que se lanza o proyecta, esp. mediante un arma de fuego.

proyectismo *m* (*raro*) Tendencia a idear proyectos [1].

proyectista I *adj* **1** (*raro*) Dado a idear proyectos [1]. *Tb n, referido a pers.*
 II *m y f* **2** Pers. que se dedica a preparar proyectos [2b]. *A veces en aposición.*

proyectividad *f* (*Psicol*) Tendencia a proyectar [9] en otras perss. los sentimientos, impulsos o estados de ánimo propios.

proyectivo -va *adj* De (la) proyección. **b)** [Geometría] que estudia las propiedades que permanecen invariables al proyectar [7] una figura sobre un plano. *Tb* n *f.* **c)** (*Psicol*) [Test o prueba] en que se presentan al sujeto estímulos ambiguos, en cuya interpretación proyecta [9] rasgos importantes de su personalidad.

proyecto I *m* **1** Cosa que se tiene intención de hacer. **b)** Idea de una situación o de un estado que se desea alcanzar. ■ **2** Esquema o bosquejo [de algo que se piensa realizar]. **b)** Conjunto de dibujos y textos explicativos para realizar una obra de arquitectura o ingeniería. **c)** Redacción provisional [de determinados textos, esp. de una ley].
II *loc adv* **3 en ~.** En fase de proyecto [1].

proyector -ra I *adj* **1** Que proyecta [5] imágenes. *Frec* n *m, referido a aparato.*
II *m* **2** Aparato que concentra y dirige en la dirección deseada los rayos de un manantial luminoso intenso.

prudencia *f* Cualidad de prudente.

prudencial *adj* **1** De (la) prudencia. ■ **2** [Cantidad o medida] moderada y suficiente.

prudencialmente *adv* De manera prudencial.

prudente *adj* **1** [Pers.] que actúa con sensatez y moderación, tratando de evitar peligros o daños innecesarios. **b)** [Pers.] que piensa y actúa con sentido común. **c)** [Cosa] propia de la pers. prudente. ■ **2** [Cantidad o medida] moderada y suficiente. ■ **3** Tímido o poco atrevido.

prudentemente *adv* De manera prudente.

prueba I *f* **1** Acción de probar. *Frec en constrs como* ESTAR, PONER *o* TENER A ~. ■ **2** Dificultad o situación apurada que ponen a prueba [1] a alguien o algo. ■ **3** Cosa, esp. hecho o razón, que prueba o con que se intenta probar o demostrar algo. ■ **4** Operación aritmética que sirve para comprobar la exactitud [de otra]. ■ **5** Acto deportivo en que los participantes compiten entre sí. ■ **6** (*Impr*) Muestra de una composición tipográfica, para corregir los posibles errores antes de su tirada definitiva. *Gralm en pl.* **b)** Muestra que se hace [de una reproducción, esp. un grabado o fotografía] antes de su realización definitiva. ■ **7** (*reg*) Cantidad pequeña [de algunas partes del cerdo recién sacrificado, o de sus embutidos], que sirve para probarlo o para obsequiar a los amigos. *Gralm en pl. Tb sin compl.*
II *loc adj* **8 a ~** [de algo]**.** Resistente [a ello]. *Tb adv.*
III *fórm or* **9 a las ~s me remito.** *Fórmula con que se aduce la realidad como prueba [3] de lo dicho.* * —No creo que se haya enfadado. —A las pruebas me remito.

pruebe *m* (*reg*) Prueba [1 y 7] o probadura.

pruebero *m* (*Per*) *En los talleres de un periódico:* Operario que saca pruebas [6].

pruina *f* Tenue recubrimiento céreo de las hojas, tallos o frutos de algunos vegetales.

prunal *m* (*reg*) Ciruelo silvestre.

pruno *m* **1** Ciruelo (árbol). *Esp designa la variedad silvestre u ornamental.* ■ **2** (*reg*) Ciruela silvestre.

prunoideo -a *adj* (*Bot*) [Planta rosácea] de fruto en drupa. *Frec como n f en pl, designando este taxón botánico.*

pruriente *adj* (*lit, raro*) Picante. *Tb fig.*

pruriginoso -sa *adj* (*Med*) De la naturaleza del prurigo o que produce prurito [1].

prurigo *m* (*Med*) Afección cutánea caracterizada esencialmente por prurito [1] violento y pápulas.

prurito *m* **1** (*Med*) Picor. ■ **2** (*lit*) Deseo incontenible [de algo].

Prusia. (**de**) **~.** *adj* [Azul] oscuro de ferrocianuro férrico.

prusianismo *m* Espíritu militarista y de severa disciplina, característico del Imperio Prusiano.

prusiano -na I *adj* **1** De Prusia (antiguo Imperio alemán). *Tb n, referido a pers.*
II *f* **2** (*raro*) Especie de sartén que se adapta a la chimenea.

prúsico *adj* (*Quím*) [Ácido] cianhídrico.

psche, pse → PCHE.

pseudo-, pseudocientífico, pseudoictericia, pseudoisódomo, pseudónimo, pseudópodo, pseudosolución → SEUDO-, SEUDOCIENTÍFICO, SEUDOICTERICIA, *etc.*

psi *f* Letra del alfabeto griego que representa la suma de los sonidos [p] y [s]. (V. PRELIM.)

psicastenia (*tb, raro,* **sicastenia**) *f* (*Med*) Neurosis caracterizada por fobias, ansiedad u obsesiones.

psicasténico -ca (*tb, raro,* **sicasténico**) *adj* (*Med*) **1** De (la) psicastenia. ■ **2** Que padece psicastenia. *Tb n.*

psico- (*tb, raro,* **sico-**) *r pref* Del psiquismo o de la psicología. * Psicoafectividad. * Psicoemocional.

psicoactivo -va (*tb, raro,* **sicoactivo**) *adj* (*Med*) Que afecta a la actividad mental.

psicoanálisis (*tb, más raro,* **sicoanálisis**) *m* Método de investigación y tratamiento de trastornos mentales o emocionales, basado en el estudio del subconsciente.

psicoanalismo (*tb, raro,* **sicoanalismo**) *m* (*raro*) Psicoanálisis.

psicoanalista (*tb, más raro,* **sicoanalista**) *m y f* Especialista en psicoanálisis.

psicoanalítico -ca (*tb, más raro,* **sicoanalítico**) *adj* De(l) psicoanálisis.

psicoanalizar (*tb, más raro,* **sicoanalizar**) *tr* Someter a tratamiento psicoanalítico.

psicobiología (*tb, raro,* **sicobiología**) *f* Estudio de las relaciones entre el cuerpo y la mente.

psicobiológico -ca (*tb, raro,* **sicobiológico**) *adj* De (la) psicobiología.

psicocirugía (*tb, raro,* **sicocirugía**) *f* (*Med*) Terapéutica de trastornos mentales mediante intervenciones quirúrgicas en el cerebro.

psicodelia (*tb, más raro,* **sicodelia**) *f* Mundo de lo psicodélico.

psicodélico -ca (*tb, más raro,* **sicodélico**) *adj* **1** [Estado mental] de incremento y alteración de la sensibilidad causados esp. por alucinógenos. **b)** De(l) estado psicodélico. ■ **2** [Droga] que produce estado psicodélico [1]. ■ **3** [Cosa] que sugiere un efecto similar al de las drogas, esp. mediante la intensidad sonora, el color llamativo o el rápido y continuo cambio de luces. ■ **4** [Pers.] del mundo psicodélico [2 y 3].

psicodelismo (*tb*, *más raro*, **sicodelismo**) *m* Psicodelia.

psicodiagnóstico (*tb*, *raro*, **sicodiagnóstico**) *m* (*Psicol*) Diagnóstico psicológico.

psicodinámico -ca (*tb*, *raro*, **sicodinámico**) *adj* (*Psicol*) De los procesos mentales.

psicodrama (*tb*, *raro*, **sicodrama**) *m* Representación teatral de fines psicoterápicos.

psicodramático -ca (*tb*, *raro*, **sicodramático**) *adj* De(l) psicodrama.

psicofármaco (*tb*, *raro*, **sicofármaco**) *m* (*Med*) Medicamento que actúa sobre los procesos psíquicos.

psicofísico -ca (*tb*, *raro*, **sicofísico**) *adj* (*Psicol*) De la relación entre la actividad psíquica y sus manifestaciones físicas.

psicofisiología (*tb*, *raro*, **sicofisiología**) *f* (*Psicol*) Fisiología de los procesos mentales.

psicofisiológico -ca *adj* (*Psicol*) De (la) psicofisiología.

psicofonía (*tb*, *más raro*, **sicofonía**) *f* (*Parapsicol*) Registro en cinta magnetofónica de voces atribuidas a espíritus. *Tb las mismas voces*.

psicofónico -ca (*tb*, *más raro*, **sicofónico**) *adj* (*Parapsicol*) Que se manifiesta por medio de psicofonías. *Tb humoríst, fuera del ámbito técn*.

psicogenético -ca (*tb*, *raro*, **sicogenético**) *adj* (*Med*) Psicógeno.

psicógeno -na (*tb*, *raro*, **sicógeno**) *adj* (*Med*) Que se origina en la psique.

psicogeriatra (*tb*, *raro*, **sicogeriatra**) *m y f* (*Med*) Especialista en psicogeriatría.

psicogeriatría (*tb*, *raro*, **sicogeriatría**) *f* (*Med*) Psicología geriátrica.

psicolingüista (*tb*, *raro*, **sicolingüista**) *m y f* (*Ling*) Especialista en psicolingüística.

psicolingüístico -ca (*tb*, *raro*, **sicolingüístico**) (*Ling*) **I** *adj* **1** De (la) psicolingüística [2]. **II** *f* **2** Estudio del comportamiento lingüístico desde el punto de vista psicológico.

psicología (*tb*, *más raro*, **sicología**) *f* **1** Estudio científico de los fenómenos psíquicos. ■ **2** Organización mental [de una pers. o colectividad], que le hace pensar y actuar de un modo determinado. ■ **3** Capacidad para comprender la psicología [2] ajena y prever sus reacciones.

psicológicamente (*tb*, *más raro*, **sicológicamente**) *adv* En el aspecto psicológico.

psicológico -ca (*tb*, *más raro*, **sicológico**) *adj* De (la) psicología. **b)** [Obra literaria] que se centra en el análisis psicológico.

psicologismo (*tb*, *más raro*, **sicologismo**) *m* Tendencia a dar importancia preponderante a la psicología, o a enfocar o explicar las cosas desde el punto de vista de ella.

psicologista (*tb*, *más raro*, **sicologista**) *adj* De(l) psicologismo. **b)** Adepto al psicologismo. *Tb n*.

psicologización (*tb*, *raro*, **sicologización**) *f* Acción de psicologizar.

psicologizar (*tb*, *raro*, **sicologizar**) *tr* Estudiar o tratar psicológicamente.

psicólogo -ga (*tb*, *más raro*, **sicólogo**) *m y f* **1** Especialista en psicología [1]. ■ **2** Pers. que tiene psicología [3]. *Tb adj*.

psicometría (*tb*, *raro*, **sicometría**) *f* (*Psicol*) Medida y examen de los fenómenos psíquicos.

psicométrico -ca (*tb*, *raro*, **sicométrico**) *adj* (*Psicol*) De (la) psicometría.

psicomotor -ra (*tb f* **psicomotriz**; *tb*, *más raro*, **sicomotor**) *adj* (*Psicol*) De los movimientos corporales asociados con la actividad mental.

psicomotricidad (*tb*, *raro*, **sicomotricidad**) *f* (*Psicol*) Actividad psicomotriz.

psicomotriz (*tb* **sicomotriz**) *adj* **1** *forma f de* PSICOMOTOR. ■ **2** (*invar en gén*) (*semiculto*) Psicomotor.

psiconeurosis (*tb*, *más raro*, **siconeurosis**) *f* (*Med*) Neurosis cuyos síntomas psíquicos o somáticos son expresión de un conflicto psíquico.

psicópata (*tb*, *más raro*, **sicópata**) *m y f* Pers. que padece una psicopatía. *Tb adj*.

psicopatía (*tb*, *más raro*, **sicopatía**) *f* (*Med*) Enfermedad mental, esp. caracterizada por comportamientos antisociales y falta de sentido de la responsabilidad moral.

psicopático -ca (*tb*, *más raro*, **sicopático**) *adj* (*Med*) **1** De (la) psicopatía. ■ **2** Que padece psicopatía. *Tb n*.

psicopatología (*tb*, *raro*, **sicopatología**) *f* (*Med*) Estudio de las enfermedades mentales.

psicopatológico -ca (*tb*, *raro*, **sicopatológico**) *adj* (*Med*) De (la) psicopatología.

psicopedagogía (*tb*, *más raro*, **sicopedagogía**) *f* Aplicación de la psicología experimental a la pedagogía.

psicopedagógico -ca (*tb*, *más raro*, **sicopedagógico**) *adj* De (la) psicopedagogía.

psicopedagogo -ga (*tb*, *más raro*, **sicopedagogo**) *m y f* Especialista en psicopedagogía.

psicosexual (*tb*, *raro*, **sicosexual**) *adj* De (los) aspectos mentales del sexo.

psicosis (*tb*, *más raro*, **sicosis**) *f* **1** (*Med*) Enfermedad mental, esp. con alteración grave de la personalidad y de la relación con la realidad. ■ **2** Obsesión.

psicosocial (*tb*, *raro*, **sicosocial**) *adj* (*Psicol*) De origen simultáneamente social y psicológico.

psicosociología (*tb*, *raro*, **sicosociología**) *f* Estudio psicológico de los fenómenos sociales.

psicosociológico -ca (*tb*, *raro*, **sicosociológico**) *adj* De (la) psicosociología.

psicosociólogo -ga (*tb*, *raro*, **sicosociólogo**) *m y f* Especialista en psicosociología.

psicosomático -ca (*tb*, *más raro*, **sicosomático**) *adj* (*Med*) **1** De la mente y el cuerpo. ■ **2** [Enfermedad] física debida a causas psíquicas. ■ **3** [Medicina] de las enfermedades psicosomáticas [2]. ■ **4** [Médico] especialista en enfermedades psicosomáticas [2]. *Tb n*.

psicotecnia (*tb*, *raro*, **sicotecnia**) *f* Rama de la psicología cuyo objeto es examinar y clasificar las aptitudes de los individuos con fines de selección u orientación.

psicotécnico -ca (*tb, raro,* **sicotécnico**) *adj* De (la) psicotecnia.

psicoterapeuta (*tb, raro,* **sicoterapeuta**) *m y f* (*Med*) Especialista en psicoterapia.

psicoterapéutico -ca (*tb, raro,* **sicoterapéutico**) *adj* (*Med*) De (la) psicoterapia.

psicoterapia (*tb, más raro,* **sicoterapia**) *f* (*Med*) Tratamiento de las enfermedades, esp. mentales, por métodos psicológicos.

psicoterápico -ca (*tb, más raro,* **sicoterápico**) *adj* (*Med*) De (la) psicoterapia.

psicótico -ca (*tb, más raro,* **sicótico**) *adj* (*Med*) 1 De (la) psicosis. ■ 2 Que padece psicosis. *Tb n.*

psicotónico -ca (*tb, raro,* **sicotónico**) *adj* (*Med*) Que estimula la actividad mental. *Tb n m, referido a medicamento.*

psicotrópico -ca (*tb, raro,* **sicotrópico**) *adj* (*Med*) Psicótropo. *Tb n m.*

psicótropo -pa (*tb, raro,* **sicótropo**) *adj* (*Med*) [Medicamento] que actúa sobre los procesos psicológicos. *Tb n m.*

psicrómetro (*tb, más raro,* **sicrómetro**) *m* (*Fís*) Instrumento para medir la humedad del aire mediante comparación de las temperaturas registradas simultáneamente por un termómetro seco y otro mojado.

psique (*tb, raro,* **sique**) *f* (*Psicol*) Mente o alma humana.

psiquedelia (*tb* **siquedelia**) *f* Psicodelia.

psiquedélico -ca (*tb* **siquedélico**) *adj* Psicodélico.

psiquiatra (*tb, más raro,* **siquiatra**) **I** *m y f* **1** Especialista en psiquiatría. **II** *loc adj* **2 de ~.** (*col*) Loco.

psiquiatría (*tb, más raro,* **siquiatría**) *f* Parte de la medicina que trata de las enfermedades mentales.

psiquiátricamente (*tb, más raro,* **siquiátricamente**) *adv* En el aspecto psiquiátrico.

psiquiátrico -ca (*tb, más raro,* **siquiátrico**) *adj* De (la) psiquiatría. *Tb n m, referido a hospital.*

psiquiatrizar (*tb, más raro,* **siquiatrizar**) *tr* Estudiar o tratar psiquiátricamente.

psíquicamente (*tb, más raro,* **síquicamente**) *adv* En el aspecto psíquico.

psíquico -ca (*tb, más raro,* **síquico**) *adj* Del alma o de la mente. *Se opone a* FÍSICO.

psiquis *f* Psique.

psiquismo (*tb, raro,* **siquismo**) *m* Conjunto de caracteres y funciones de orden psíquico.

psitácido -da *adj* (*Zool*) [Ave] prensora con plumaje de vivos colores y pico corto y muy encorvado. *Frec como n, m o f, en pl, designando este taxón zoológico.*

psitacosis *f* (*Med*) Enfermedad infecciosa propia de los papagayos y otras aves, que es transmisible al hombre.

psoas *m* (*Anat*) Músculo que se inserta en la parte anterior de las vértebras lumbares y dorsales y termina en el fémur.

psoraleno *m* (*Quím*) Sustancia presente en algunas plantas, que provoca una pigmentación oscura de la piel.

psoriásico -ca *adj* Que padece psoriasis. *Tb n.*

psoriasis (*tb* **soriasis**) *f* (*o m*) **1** Enfermedad de la piel que se caracteriza por la formación de puntos y manchas rojizos cubiertos de escamas blanquecinas. ■ **2** (*Bot*) Enfermedad de las plantas del gén. *Citrus,* caracterizada por la corteza escamosa del tronco y las ramas.

pteridofito -ta (*tb* **pteridófito**) (*pronunc corriente,* /teridofíto/) *adj* (*Bot*) [Planta] criptógama vascular, de generación alternante. *Frec como n f en pl, designando este taxón botánico.*

pterigio (*pronunc corriente,* /teríχio/) *m* (*Zool*) Miembro corporal del tipo de la aleta, característico de los peces.

pterigión (*pronunc corriente,* /teriχión/) *m* (*Med*) Engrosamiento triangular de la conjuntiva, que parte del ángulo interno del ojo hacia la córnea y puede dificultar la visión.

pterigoideo -a (*pronunc corriente,* /terigoidéo/) *adj* (*Anat*) Que tiene forma de ala. *Gralm referido a las apófisis del hueso esfenoides.*

pterodáctilo (*pronunc corriente,* /terodáktilo/) *m* (*Zool*) Reptil volador fósil, de alas membranosas, propio esp. del período jurásico (gén. *Pterodactylus*).

pterosaurio (*pronunc corriente,* /terosáurio/) *m* (*Zool*) Reptil fósil volador de los períodos jurásico y cretácico, con alas membranosas sostenidas por un dedo. *Frec como n m en pl, designando este taxón zoológico.*

ptialina (*pronunc corriente,* /tialína/) *f* (*Fisiol*) Fermento de la saliva, que interviene en la digestión del almidón.

ptialismo (*pronunc corriente,* /tialísmo/) *m* (*Med*) Secreción excesiva de saliva.

ptolemaico → TOLEMAICO.

ptolomeico → TOLOMEICO.

ptosis (*pronunc corriente,* /tósis/) *f* (*Med*) Caída o descenso de un órgano o parte de él.

púa[1] **I** *n* **A** *f* **1** Cuerpo pequeño, rígido y puntiagudo que forma parte de determinados objetos o del sistema defensivo de algunos animales o plantas. ■ **2** Pequeña pieza de marfil, concha o plástico, usada para tocar algunos instrumentos de cuerda. ■ **3** Fragmento de vástago que se introduce en el patrón para injertarlo. ■ **4** (*raro*) *euf por* PUTA. **B** *m y f* **5** (*col*) Pers. astuta. *Gralm con intención desp.* **II** *loc v* **6 saber** (*o* **enterarse de**) **cuántas ~s tiene un peine.** (*col*) Saber lo que vale un peine o lo que es bueno.

púa[2] *f* (*col*) Peseta.

puaf *interj* (*col*) *Expresa molestia o repugnancia.* * ¡Puaf! ¡Qué asco!

pub (*ing; pronunc corriente,* /pab/; *pl normal,* ~s) *m* Bar pequeño y elegante con mesas y música ambiental.

pubarquía *f* (*Med*) Aparición del vello pubiano.

púber (*a veces* PÚBERA *para el f*) *adj* **1** [Pers.] que está en la pubertad. *Tb n.* ■ **2** [Edad] de la pubertad.

puberal *adj* (*Med*) De (la) pubertad.

pubertad *f* Período de la vida en que comienza a manifestarse la madurez sexual.

pubescencia *f* (*raro*) Pubertad.

pubescente *adj* **1** Que ha llegado a la pubertad. *Tb n.* ▪ **2** (*Bot*) Cubierto de pelo fino y suave.

pubescer (*solo se usa en las formas en que la* c *va seguida de* e *o* i) *intr* (*raro*) Llegar a la pubertad.

pubiano -na *adj* De(l) pubis.

púbico -ca *adj* De(l) pubis.

pubill *m* (*Der, reg*) Hombre no instituido como heredero, que se casa con una pubilla [2].

pubilla *f* **1** Mujer que preside una fiesta típica catalana. ▪ **2** (*Der, reg*) Mujer instituida como heredera.

pubis *m* **1** Parte inferior del vientre, cubierta de vello en los adultos. ▪ **2** (*Anat*) En los mamíferos: Hueso delantero de los tres que forman el coxal.

publicable *adj* Que se puede o debe publicar.

publicación *f* **1** Acción de publicar. ▪ **2** Obra o escrito publicados [2].

publicador -ra *adj* Que publica [2]. *Tb n.*

públicamente *adv* De manera pública [1 y 2].

publicano *m* (*hist*) En la antigua Roma: Arrendador de impuestos, rentas o minas del Estado.

publicar *tr* **1** Hacer público [1] [algo]. **b)** Divulgar [algo reservado]. ▪ **2** Hacer llegar [algo] al público [un autor o editor (*suj*)] mediante la imprenta u otro procedimiento gráfico. *Tb abs.* **b)** Incluir [algo (*cd*)] un periódico o revista.

publicata *f* (*reg*) Amonestación matrimonial.

publicidad *f* **1** Cualidad de público [1]. ▪ **2** Acción de publicar [1]. *Frec en la constr* DAR ~. ▪ **3** Actividad de atraer la atención pública sobre alguien o algo, esp. con fines comerciales. **b)** Conjunto de mensajes de publicidad, o de los medios en que se divulgan.

publicismo *m* (*raro*) Publicidad [2 y 3].

publicista *m y f* **1** Pers. que se dedica a la publicidad [3]. ▪ **2** Pers. que escribe y publica libros o artículos de periódico.

publicístico -ca *adj* De(l) publicista [2].

publicitar *tr* Hacer publicidad [3] [de algo (*cd*)].

publicitariamente *adv* En el aspecto publicitario.

publicitario -ria I *adj* **1** De (la) publicidad [2 y esp. 3]. II *m y f* **2** Pers. que se dedica a la publicidad [3].

público -ca I *adj* **1** [Cosa o, más raro, pers.] conocida por todos. ▪ **2** [Cosa] hecha a la vista de todos o en presencia de testigos. **b)** [Penitencia] **pública**, [vergüenza] **pública** → PENITENCIA, VERGÜENZA. ▪ **3** [Cosa] abierta o accesible a todos. ▪ **4** [Cosa] de (la) colectividad social en su conjunto. **b)** De(l) Estado. **c)** [Derecho] que regula el orden jurídico del Estado y sus relaciones con otros entes públicos [4a] y privados. **d)** [Deuda] **pública**, [fuerza] **pública**, [hacienda] **pública**, [ministerio] ~, [opinión] **pública**, [orden] ~ → DEUDA, FUERZA, HACIENDA, MINISTERIO, OPINIÓN, ORDEN. ▪ **5** [Pers.] que interviene públicamente en asuntos políticos. *No referido a mujer.* ▪ **6** [Cosa] relativa a la función social de una pers. **b)** [Relaciones] **públicas** → RELACIÓN. ▪ **7** [Mujer] que se dedica a la prostitución. **b)** [Casa] de prostitución. II *m* **8** Conjunto de perss. que asiste a un espectáculo o a determinados actos públicos [2]. **b)** Conjunto de perss. que participan de una preferencia o

afición común. **c)** (*pop*) Gente o conjunto de (las) perss. que están en un lugar. ▪ **9 el ~.** La gente o el conjunto de las perss. **b) el gran ~.** La mayoría de la gente. III *loc v* **10 dar,** *o* **sacar, al ~.** Publicar [2a]. IV *loc adv* **11 en ~.** Públicamente o a la vista de todos.

public relations (*ing*; *pronunc corriente*, /públik-réléisons/) A *f pl* **1** Relaciones públicas (actividad). B *m y f* **2** Relaciones públicas (pers.).

publirreportaje *m* Reportaje publicitario de cine o televisión.

puchelón -na *m y f* (*jerg*) Cantante.

pucherazo *m* (*col*) Fraude electoral que consiste en falsear el resultado del escrutinio de votos.

pucherero -ra *m y f* (*raro*) Pers. que fabrica o vende pucheros [1].

puchero I *m* **1** Vasija de guisar, frec. de barro cocido, alta, de panza abultada y con una sola asa. ▪ **2** Cocido (guiso). ▪ **3** (*col*) Cocido (alimentación o sustento). ▪ **4** (*col*) Gesto que precede al llanto. *Frec en la constr* HACER ~S. II *loc v* **5 oler** [una cuestión] **a ~ de enfermo.** (*col*) Cansar por haber sido dicha o planteada muchas veces.

puches *m o f pl* Guiso consistente en harina cocida con agua, sal y otros condimentos.

puchinela *m* (*reg*) Polichinela.

puching (*pronunc corriente*, /púĉin/) *m* (*Boxeo, semiculto*) Punching-ball.

puching-ball (*pronunc corriente*, /púĉin-ból/) *m* (*Boxeo, semiculto*) Punching-ball.

pucho *m* (*raro*) Colilla de cigarro.

puck (*ing*; *pronunc corriente*, /pak/) *m* (*Dep*) Pelota de hockey sobre hielo.

pudding (*ing*; *pronunc corriente*, /púdin/; *tb con la grafía* **puding**) *m* Budín.

pudelación *f* (*Metal*) Transformación de hierro colado en dulce, quemando parte de su carbono en hornos de reverbero.

pudendo -da I *adj* (*lit*) **1** [Parte del cuerpo] que se oculta por pudor. **b)** [Partes] **pudendas** → PARTE[1]. II *m* **2** (*raro*) Órgano viril.

pudibundez *f* Cualidad de pudibundo.

pudibundo -da *adj* Muy pudoroso. *Frec con intención desp.*

púdicamente *adv* De manera púdica.

púdico -ca *adj* Pudoroso.

pudiente *adj* Rico o que dispone de medios de fortuna. *Tb n, referido a pers.*

pudín *m* Budín.

puding → PUDDING.

pudinga *f* (*Mineral*) Roca formada por un conglomerado de cantos rodados.

pudio *adj* (*reg*) [Pino] negral (→ PINO[1]).

pudor *m* **1** Sentimiento que mueve a ocultar el propio cuerpo a la vista de los demás o a evitar lo relacionado con el sexo. ▪ **2** Sentimiento que mueve a ocultar a los demás los sentimientos, pensamientos o hechos que se consideran íntimos o personales. ▪ **3** Vergüenza, o estimación de la propia dignidad.

pudorosamente *adv* De manera pudorosa [2].

pudoroso -sa *adj* 1 [Pers.] que tiene pudor. ■ 2 [Cosa] que denota pudor.

pudrición *f* Acción de pudrir(se). *Tb su efecto.*

pudridero *m* 1 Lugar destinado a los cadáveres antes de pasarlos al panteón. ■ 2 Lugar en que se ponen determinadas cosas para que se pudran. *Tb fig.*

pudridor -ra *adj* (*raro*) Que pudre [1].

pudrimiento *m* Acción de pudrir(se).

pudrir (*tb, raro,* **podrir**; *conjug* 56) **A** *tr* 1 Hacer que [algo (*cd*)] se pudra [3 y 4].
B *intr* ➤ **a** *normal* 2 (*raro*) Pudrirse [3].
➤ **b** *pr* (~se) 3 Descomponerse [una sustancia orgánica]. ■ 4 (*col*) Corromperse moralmente. *Normalmente solo en part.* ■ 5 (*col*) Estar encerrado [en un lugar, esp. en la cárcel]. ■ 6 (*col*) Colmarse o llenarse a rebosar [de algo, esp. dinero]. *Normalmente solo en part.* ■ 7 **no decir** [a alguien] (**por**) **ahí te pudras.** (*col*) Mostrar absoluta indiferencia [por él].

pudú (*tb* **pudu**) *m* Cérvido de pequeño tamaño propio de la región andina (*Pudu pudu*).

puebla *f* 1 (*hist*) En la Edad Media: Población de nueva fundación a la que se dota de ciertos privilegios. ■ 2 (*hist*) Carta puebla (→ CARTA). ■ 3 (*reg*) Barrio viejo [de un pueblo].

pueblano -na *adj* De alguna de las poblaciones denominadas Puebla. *Tb n, referido a pers.*

pueblense *adj* De alguna de las poblaciones denominadas Puebla, esp. Puebla del Caramiñal (La Coruña). *Tb n, referido a pers.*

puebleño -ña *adj* De alguna de las poblaciones denominadas Puebla. *Tb n, referido a pers.*

pueblerinismo *m* (*desp, raro*) Condición de pueblerino.

pueblerino -na *adj* 1 Del pueblo[1] [1]. *Frec con intención desp. Tb n, referido a pers.* ■ 2 (*desp*) [Ciudad] que tiene carácter de pueblo[1] [1].

pueblo[1] **I** *m* 1 Población de categoría inferior a la de ciudad, de tamaño variable pero frec. pequeño. ■ 2 Conjunto de habitantes [de una nación, una región o una población]. **b)** *Esp, por contraposición a los gobernantes.* * El poder de los reyes procede del pueblo. ■ 3 Conjunto de perss. pertenecientes a una misma raza y que forman una comunidad. **b)** Conjunto de perss. que forman una sociedad o comunidad espiritual. ■ 4 Clase social constituida fundamentalmente por los que viven del trabajo manual.
II *loc adj* 5 **de ~.** (*col, desp*) [Pers.] rústica o que no sabe desenvolverse en los ambientes urbanos.
III *loc v* 6 **ser** [alguien] **de su ~.** (*col*) Tener rarezas o manías.

pueblo[2] *adj* [Individuo] perteneciente a un grupo de tribus indígenas habitantes en los actuales estados norteamericanos de Nuevo Méjico, Arizona y Colorado, y caracterizadas por la dedicación a la agricultura. *Tb n.*

puelche *adj* De un pueblo indígena americano de la región oriental de los Andes en Argentina y Chile. *Tb n, referido a pers.*

puente *m* (*o, lit o rúst, f en acep 1*) 1 Construcción sobre una corriente de agua, una depresión del terreno o una vía de comunicación, para poder salvar-

los por encima. ■ 2 Pers. o cosa que sirve de nexo o de paso. *En sent no material. Frec en aposición.* **b)** ~ **aéreo.** Enlace aéreo muy frecuente entre dos lugares, establecido como línea regular o de emergencia. ■ 3 Vacación formada por dos o más días festivos próximos y sus intermedios o inmediatos. *Frec en la constr* HACER ~. ■ 4 Pieza o elemento que se coloca horizontalmente entre otros dos verticales o inclinados. *A veces en aposición. Tb el conjunto formado por los elementos verticales y horizontales.* ■ 5 Prótesis dental compuesta por una o más piezas falsas que se sujetan a las naturales inmediatas. ■ 6 Parte que une las dos cristales de las gafas y se apoya sobre la nariz. ■ 7 Parte curva de la planta del pie o del hueso de la nariz. ■ 8 Ejercicio gimnástico que consiste en arquear el cuerpo hacia atrás, apoyando en el suelo los pies y las manos. ■ 9 *En los instrumentos de cuerda:* Pieza de madera que sirve de apoyo a las cuerdas y transmite sus vibraciones a la caja. ■ 10 Cable o cosa similar que une dos puntos establecido entre ellos una conexión eléctrica. *Tb la misma conexión.* ■ 11 (*Electr*) Montaje constituido por cuatro elementos conectados en forma de un cuadrilátero cuyas diagonales son un manantial de corriente y un instrumento de medida. ■ 12 (*Mec*) Conjunto formado por el eje de las ruedas y los órganos solidarios del mismo. ■ 13 (*Mar*) *En un buque:* Superestructura más elevada, en el sentido de la manga, desde donde el oficial de guardia dirige las maniobras. ■ 14 *En un carro:* Palo o barra horizontal de los dos que aseguran por la parte superior las estacas verticales. ■ 15 ~ **de Varolio.** (*Anat*) Protuberancia anular.

puentear *tr* 1 Colocar un puente [10] [en un circuito o aparato eléctrico, o en un vehículo (*cd*)]. ■ 2 (*col*) Saltarse [algo o a alguien] obviando el orden jerárquico o lógico. ■ 3 (*Dep*) Lanzarse al vacío [desde un puente (*cd*)] sujetándose con cuerdas.

puenteareano -na *adj* De Puenteareas (Pontevedra). *Tb n, referido a pers.*

puenteño -ña *adj* De Puente del Arzobispo (Toledo). *Tb n, referido a pers.*

puenteo *m* (*col*) Acción de puentear [2].

puentesino -na *adj* De Puente la Reina (Navarra). *Tb n, referido a pers.*

puénting (*pronunc corriente,* /puéntin/) *m* (*Dep*) Deporte que consiste en tirarse al vacío desde un puente sujetándose con cuerdas.

puercamente *adv* De manera puerca [6].

puerco -ca I *n* **A** *m* 1 Cerdo (mamífero doméstico). *Tb designa solamente el macho de la especie.* ■ 2 Jabalí. *Tb* ~ MONTÉS, MONTUNO *o* SALVAJE. ■ 3 ~ **espín** → PUERCOESPÍN.
B *f* 4 Hembra del puerco [1 y 2].
C *m y f* 5 (*col*) Pers. sucia. *En sent físico o moral. Tb adj. Frec se usa como insulto gral, más o menos vacío de su significado.* * Son unos puercos, no me quieren llevar con ellos.
II *adj* 6 [Cosa] sucia. *En sent físico o moral.*

puercoespín (*tb con la grafía* **puerco espín**) *m* 1 Roedor de unos 60 cm de largo, con el lomo y los costados cubiertos de púas córneas (gén. *Hystrix,* esp. *H. cristata*). ■ 2 (*col*) Pers. huraña y poco sociable o cariñosa.

puericia *f* (*lit*) Período de la vida humana que abarca desde la infancia hasta la adolescencia.

puericultor -ra I *m y f* 1 Especialista en puericultura. *A veces en aposición.*

II *adj* **2** De (la) puericultura.

puericultura *f* Conjunto de reglas y cuidados para el mejor desarrollo físico y moral de los niños durante su primera infancia.

pueril *adj* Infantil. *Frec con intención desp.*

puerilidad *f* **1** Cualidad de pueril. ■ **2** Dicho o hecho pueril.

puerilización *f* (*raro*) Acción de puerilizar.

puerilizar *tr* (*raro*) Hacer pueril.

puerilmente *adv* De manera pueril.

puérpera *f* (*lit* o *Med*) Mujer recién parida.

puerperal *adj* (*Med*) De(l) puerperio.

puerperio *m* (*Med*) Tiempo que sigue inmediatamente al parto.

puerro[1] *m* Planta herbácea anual de la familia de las liliáceas, de tallo bulboso y cilíndrico, cultivada como hortaliza (*Allium porrum*). *Tb, raro,* AJO ~.

puerro[2] *m* (*jerg*) Porro (cigarrillo de droga).

puerta I *f* **1** Vano abierto en una pared o cerca, a nivel del suelo, para permitir el paso. **b)** *Frec se usa en topónimos urbanos tradicionales, designando una antigua puerta de entrada a la ciudad, o la plaza que ocupa el lugar en que está o estuvo una puerta.* * La Puerta del Sol. * La Puerta de Alcalá. ■ **2** Armazón móvil que se pone en la puerta [1a] para poder cerrarla. **b)** Pieza móvil que permite el acceso a un vehículo, un mueble o un aparato. **c)** *Se usa, gralm seguido de un número o una letra, para distinguir las diferentes viviendas de una misma planta.* * Vive en el piso tercero, puerta dos. ■ **3** (*Dep*) Portería. *Esp en fútbol.* ■ **4** (*Esquí*) Espacio comprendido entre dos estacas, por donde debe pasar el esquiador. ■ **5** Abertura que sirve de entrada y salida. **b)** Pers. o cosa que puede facilitar o impedir la realización o el éxito de algo. ■ **7** (*Informát*) Circuito lógico de entrada y salida de datos. ■ **8** (*col*) Negativa o desaire. *Frec con los vs* DAR *o* PEGAR. II *loc adj* **9** de ~s abiertas. [Día] en que se permite la visita pública de un edificio donde habitualmente no está permitida. *Referido esp a recintos militares.* **b)** [Régimen penitenciario] en que el recluso puede entrar y salir con ciertas restricciones. **c)** [Política] de transparencia informativa. III *loc v* **10** abrir la(s) ~(s). Dar buena acogida [a alguien o algo], o facilidad para que [algo (*ci*)] suceda o [alguien (*ci*)] tenga éxito. ■ **11** cerrar la(s) ~(s). Despedir [a alguien (*ci*)] no dándo[le] entrada, o poner dificultades para que [algo (*ci*)] suceda o [alguien (*ci*)] tenga éxito. ■ **12** coger (o tomar, o agarrar) la ~. (*col*) Irse. *Frec usado expletivamente.* * Cogió la puerta y se fue. ■ **13** dar [a alguien] con la ~ en las narices. (*col*) Cerrar bruscamente la puerta [2a] [ante él], impidiéndo[le] el paso. **b)** Desairar[le] o negar[le] bruscamente lo que pide. ■ **14** dar (o pegar) ~ [a alguien]. (*col*) Despedir[lo] o echar[lo]. **b)** darse (una) ~. Marcharse. ■ **15** entrar por ~s. (*lit*) Llegar o presentarse [alguien o algo] cuando no se los espera. ■ **16** llamar a la ~ [de alguien]. (*lit*) Pedir[le] ayuda. **b)** llamar [algo] a la ~. (*lit*) Estar muy próximo o inminente. ■ **17** no caber [alguien o algo] por la ~. (*col*) Ser muy grande. *Con intención ponderativa.* ■ **18** poner ~s al campo. (*lit*) Limitar lo que no admite límites. IV *loc adv* **19** a la(s) ~(s), o en ~s. Muy cerca o en situación de inminencia. *Frec con los vs* ESTAR *o* QUEDAR. ■ **20** a ~ cerrada. Sin presencia de públi-co. *Tb adj.* ■ **21** (de) ~ a ~. Desde el domicilio del remitente al del destinatario. *Tb adj.* ■ **22** de ~ en ~. De casa en casa. ■ **23** de ~s. (*Mil*) En servicio de vigilancia a las puertas [2a] de un cuartel u otro edificio. *Tb adj.* ■ **24** de ~s (para) adentro. En la intimidad o sin que trascienda a otros. **b)** de ~s (para) afuera. Fuera de la intimidad o con conocimiento de otros. ■ **25** por la ~ falsa. A escondidas o de manera no legal. ■ **26** por la ~ grande. (*Taur*) Por la puerta [1a] principal de la plaza. *Referido, normalmente con el v* SALIR, *a un torero que ha obtenido un éxito resonante.* **b)** De manera triunfal. *Gralm con los vs* ENTRAR *o* SALIR. ■ **27** por ~s. (*raro*) En extrema pobreza. *Con vs como* ESTAR, DEJAR *o* QUEDARSE. V *interj* **28** (*col*) Fuera.

puertaventana *f* Contraventana.

puerto I *m* **1** Lugar de la costa o de la orilla de un río navegable, abrigado natural o artificialmente, donde los barcos pueden permanecer seguros y efectuar operaciones. **b)** ~ franco → FRANCO[1]. ■ **2** (*lit*) Lugar de refugio o amparo. *Frec* ~ DE SALVACIÓN. ■ **3** Paso entre montañas. ■ **4** (*reg*) Dehesa o terreno de pasto. ■ **5** (*Informát*) Puerta [7]. ■ **6** ~ seco. (*hist*) Aduana de frontera. ■ **7** ~ de arrebatacapas. (*lit*) Lugar en que sopla mucho viento. **b)** (*col*) Lugar en que hay riesgo de robos o fraudes. II *loc v* **8** arribar, o llegar, a (buen) ~, o alcanzar ~. Llegar a la meta propuesta tras superar una situación difícil o peligrosa. **b)** llevar [algo] a buen ~. Hacer que llegue a buen puerto. ■ **9** tomar ~. (*Mar*) Llegar a puerto [1] [un barco].

puertollanense *adj* Puertollanero. *Tb n.*

puertollanero -ra *adj* De Puertollano (Ciudad Real). *Tb n, referido a pers.*

puertorriqueño -ña *adj* De Puerto Rico. *Tb n, referido a pers.*

pues[1] (*con pronunc átona*) *conj* **1** (*lit*) Introduce una or o una prop que expresa causa: Porque o ya que. *Con el v en ind. Tb* ~ QUE. * Nos limitamos a esto, pues aún no consideramos oportuno ir más lejos. ■ **2** *Introduce una or que expresa consecuencia:* Entonces. * –No estoy conforme. –Pues te aguantas. ■ **3** *Introduce una idea para la cual la or anterior sirve de premisa o exposición de antecedentes.* * Ya conocemos a Hans de Colonia y a su hijo Simón; pues hijo de Simón fue el autor de este retablo. **b)** ~ bien → BIEN[1]. ■ **4** (*col*) *Introduce la vuelta al tema anterior, después de una pausa, interrupción o digresión.* * Pues, como iba diciendo, no me gusta. ■ **5** (*col*) *Se usa expletivamente para introducir una respuesta o una réplica.* * –¿Esperas a alguien? –Pues no. ■ **6** (*col*) *Se usa expletivamente precediendo a la parte principal del enunciado cuando ocupa el primer lugar del mismo un compl o prop adv.* * Cuanta más ilusión conserve, pues mejor. ■ **7** *Introduce, con matiz de protesta, una or o exclam, aunque esta tenga a veces forma interrog.* * ¿Pues no me ha dicho que estaba gorda?

pues[2] (*con pronunc tónica*) *adv* **1** (*lit*) Por consiguiente. *Nunca va encabezando la frase.* * –¿Estás arrepentida, pues? –Sí, padre. **b)** así ~ → ASÍ. ■ **2** (*lit*) *Introduce la vuelta al tema anterior después de una digresión. Nunca va encabezando la frase.* * Salieron al alba, pues, los ilustres monarcas. ■ **3** *En forma interrog:* ¿Por qué? *Formando frase por sí solo.* * –Ahora parece que irá mejor. –¿Pues? ■ **4** (*reg*) *Usado expletivamente en final de frase.* * Calla pues; hablas como las viejas.

puesta *f* **1** Acción de poner(se). *Tb su efecto.* **b)** ~ **de espaldas** (*o simplemente* ~). (*Dep*) Lance de ciertos tipos de lucha en que el vencido da con los omóplatos en el suelo durante varios segundos. **c)** ~ **en marcha.** Mecanismo de arranque del automóvil. ■ **2** (*Juegos*) Cantidad que se pone en el fondo en disputa, por participar en el juego o por haber perdido. **b)** Apuesta. ■ **3** (*Juegos*) En el tresillo: Empate a bazas entre dos o los tres jugadores. ■ **4** Puja en una subasta.

puestero -ra *m y f* Pers. que posee o atiende un puesto [7].

puesto -ta (*en el grupo IV se pronuncia átono*) **I** *adj* **1** *part* → PONER. ■ **2** (*col*) [Pers.] vestida y arreglada con esmero. *Tb* BIEN ~. **b)** (*col*) [Lugar] elegante o decorado con gusto. ■ **3** (*col*) Enterado [en una materia]. *Tb sin compl, por consabido.* **b)** (*Taur*) Que está en forma y domina el oficio. ■ **4** (*Taur*) Dotado físicamente. *Con los advs* BIEN *o* MAL *y frec con un compl* DE. *Tb fig, fuera del ámbito taurino.* **II** *m* **5** Lugar que ocupa o ha de ocupar [una pers. o cosa]. *Tb fig.* **b)** Sitio donde se oculta el cazador para tirar desde él a la caza. ■ **6** Empleo (trabajo remunerado). *Frec* ~ DE TRABAJO. ■ **7** Establecimiento comercial situado en la calle, en un mercado o en una feria. ■ **8** Destacamento permanente de fuerzas armadas, esp. de guardia civil, cuyo jefe inmediato tiene grado inferior al de oficial. **III** *loc adv* **9 con lo** ~. Sin llevar consigo más que la ropa puesta (→ PONER [4a]). *Frec con intención ponderativa. Con vs que significan ir o llegar.* **IV** *loc conj* **10** ~ **que.** Porque.

puf[1] *m* Asiento bajo y gralm. circular, en forma de un grueso cojín de piel o tapicería, que se apoya directamente sobre el suelo.

puf[2] *interj* Expresa molestia o repugnancia. * ¡Puf, qué calor!

pufista *m y f* (*col*) Pers. que hace pufos.

pufo *m* (*col*) **1** Estafa o engaño. ■ **2** Deuda de dinero.

puga *f* (*reg*) Púa.

púgil *m* **1** Boxeador. ■ **2** (*hist*) Luchador que pelea con los puños.

pugilato *m* **1** Lucha de púgiles. **b)** Pelea a puñetazos. ■ **2** Contienda o disputa.

pugilismo *m* Boxeo.

pugilista *m* Púgil.

pugilístico -ca *adj* De(l) pugilismo.

pugna *f* Lucha, esp. de carácter inmaterial.

pugnacidad *f* (*lit*) Cualidad de pugnaz.

pugnante *adj* (*lit*) Que pugna. *Tb n, referido a pers.*

pugnar *intr* (*lit*) Luchar. *Frec con un compl* POR. *Tb fig.*

pugnaz *adj* (*lit*) **1** Belicoso o guerrero. ■ **2** Agresivo. *Tb fig.*

pugnazmente *adv* (*lit*) De manera pugnaz.

puja[1] *f* (*raro*) Acción de pujar[1] [2]. *Tb su efecto.*

puja[2] *f* **1** Acción de pujar[2]. ■ **2** Cantidad ofrecida por un licitador.

pujador -ra *m y f* Pers. que puja[2].

pujante *adj* Que tiene o muestra fuerza o empuje.

pujantemente *adv* De manera pujante.

pujanza *f* Fuerza o empuje.

pujar[1] *intr* **1** Luchar o esforzarse [por algo]. ■ **2** (*raro*) Hacer fuerza o empujar. *Tb fig.* **b)** Hacer pujos [4]. ■ **3** Subir o crecer con fuerza.

pujar[2] **A** *intr* **1** Ofrecer precio en una subasta. **B** *tr* **2** Ofrecer precio [por algo (*cd*)] en una subasta.

pujo *m* **1** Deseo frecuente y doloroso de orinar o evacuar el vientre, con dificultad para lograrlo. ■ **2** Gesto que manifiesta deseo incontenible de reír o llorar. ■ **3** Pretensión. *Gralm en pl.* ■ **4** Contracción abdominal, voluntaria o involuntaria, durante el período expulsivo del parto. ■ **5** Conato o intento.

pularda *f* Gallina joven cebada.

pulcramente *adv* De manera pulcra.

pulcritud *f* Cualidad de pulcro.

pulcro -cra (*superl* PULQUÉRRIMO *o* PULCRÍSIMO) *adj* **1** Limpio o aseado. ■ **2** Esmerado o cuidado.

pulga **I** *n* **A** *f* **1** Insecto de pequeño tamaño, sin alas y con patas adaptadas al salto, parásito del hombre y algunos animales (*Pulex irritans* y otras especies). ■ **2** (*col*) Bocadillo muy pequeño. *Frec en la forma* PULGUITA. ■ **3** ~ **de agua** (**dulce**). Pequeño crustáceo propio de aguas estancadas, que nada a saltos (gén. *Daphnia* y otros). ■ **4** ~ **de mar** (*o* **de arena**). Pequeño crustáceo que queda en las playas bajo las algas en la bajamar y que se desplaza a saltos (*Talitrus saltator*). ■ **5 malas** ~**s.** (*col*) Mal genio. *Gralm con el v* TENER. **B** *m y f* **6 malas** ~**s.** (*col*) Pers. de mal genio. *Tb adj.* **II** *loc v* **7 buscarle** [a alguien] **las** ~**s.** (*col*) Provocar[le]. ■ **8 sacudirse las** ~**s.** (*col*) Eludir responsabilidades.

pulgada *f* Medida de longitud equivalente a la duodécima parte del pie.

pulgar **I** *adj* **1** [Dedo] primero y más grueso de la mano. *Tb n m.* **II** *m* **2** Parte de sarmiento, con dos o tres yemas, que se deja en las vides al podarlas para que broten los vástagos.

pulgarada *f* Cantidad que puede tomarse entre las yemas del pulgar y otro dedo.

pulgareta *f* (*reg*) Castañuela que se sujeta en el dedo pulgar.

pulgón *m* Se da este *n* a distintos insectos hemípteros de pequeño tamaño, de color negruzco o verde, que viven parásitos sobre algunas plantas.

pulgoso -sa *adj* Que tiene pulgas [1].

pulguera *f* Se da este *n* a varias plantas herbáceas, esp *Inula viscosa* y *Jasonia glutinosa*. *Tb* HIERBA ~.

pulguero *m* (*jerg*) Cama.

pulguillas *m y f* (*col*) Pers. de mal genio.

pulicán *m* Tenaza de dentista.

pulidamente *adv* De manera pulida[1] [2].

pulidez *f* (*raro*) Cualidad de pulido[1].

pulido[1] **-da** *adj* **1** *part* → PULIR. ■ **2** Pulcro o primoroso. *A veces con intención desp, denotando afectación.*

pulido[2] *m* Acción de pulir [1].

pulidor -ra *adj* Que pule [1]. *Tb n, m y f, referido a pers, máquina o aparato.*

pulienta *f (reg)* Polenta. *Frec en pl.*

pulimentación *f* Acción de pulimentar.

pulimentado *m* Acción de pulimentar.

pulimentador -ra *adj* Pulidor. *Frec n.*

pulimentar *tr* Pulir [1]. *Tb abs.*

pulimento *m* **1** Acción de pulir [1, 2 y 3]. *Tb su efecto.* ■ **2** Sustancia que se usa para pulir [1].

pulir *tr* **1** Poner lisa y brillante la superficie [de algo *(cd)*] por frotamiento, esp. con un abrasivo. *Tb abs.* ■ **2** Perfeccionar [algo o a alguien]. ■ **3** Educar [a alguien] haciendo que pierda su tosquedad. ■ **4** *(col)* Gastar. *Frec denotando exceso o derroche.* ■ **5** *(col)* Vender. ■ **6** *(col)* Robar o hurtar.

pulla *f* Dicho agudo con que se zahiere a alguien, frec. en broma.

pullés -sa *adj* De Apulia (región de Italia). *Tb n, referido a pers.*

pullman *(ing; pronunc corriente, /púlman/; pl normal, ~s o invar)* *m* Autocar de lujo destinado esp. a turismo. *A veces en aposición.*

pullover *(ing; pronunc corriente, /pulóber/; pl normal, ~s)* *m* Jersey, con o sin mangas, que se mete por la cabeza.

pulmón I *m* **1** Órgano de la respiración de los dos que los vertebrados superiores tienen en el tórax. *A veces, en sg, designando el conjunto.* **b)** Órgano análogo al pulmón [1a], de otros vertebrados o invertebrados terrestres. ■ **2** Capacidad respiratoria. ■ **3** *En pl*: Voz potente [de una pers.]. *Gralm en constrs de intención ponderativa.* ■ **4** Zona de arbolado que funciona como fuente de oxígeno [de una población]. ■ **5 ~ de acero.** Cámara destinada a provocar los movimientos respiratorios del enfermo, mediante alternativas de la presión del aire reguladas automáticamente.
    II *loc adv* **6 a pleno ~.** Llenando completamente los pulmones [1a] de aire puro. *Con el v* RESPIRAR.

pulmonado -da *adj (Zool)* [Molusco gasterópodo] que tiene pulmón [1b]. *Frec como n m en pl, designando este taxón zoológico.*

pulmonar *adj* De(l) pulmón [1]. **b)** Que afecta al pulmón.

pulmonaria *f* **1** Planta herbácea usada en medicina contra las afecciones pulmonares (gén. *Pulmonaria*, esp. *P. affinis* y *P. officinalis*). ■ **2** Liquen coriáceo cuya superficie se asemeja a la de un pulmón [1a] cortado (*Lobaria pulmonaria* o *Lichen pulmonarius*).

pulmonía *f* Inflamación del pulmón [1a].

pulpa *f* **1** Parte carnosa de algunos frutos, esp. de las frutas. **b)** *(raro)* Carne sin hueso ni ternilla. ■ **2** Pasta de papel o de una materia vegetal]. ■ **3** Residuo pastoso que resulta del tratamiento de algunos vegetales, esp. de la remolacha. ■ **4** *(Anat)* Tejido conjuntivo que rellena la cavidad dentaria. ■ **5** *(Anat)* Pulpejo [1] del dedo.

pulpada *f* Comida a base de pulpo [1a] o en la que abunda el pulpo, propia de Galicia.

pulpar *adj (Anat)* De (la) pulpa [4].

pulpejo *m* **1** Parte carnosa y blanda de un miembro pequeño del cuerpo, esp. de la oreja, de la punta de los dedos o del arranque del pulgar. ■ **2** Parte

blanda y flexible de la parte inferior y posterior del casco de las caballerías.

pulpería *f (reg)* Preparación del pulpo [1a].

pulpero -ra *m y f (reg)* Pers. que prepara y vende pulpo [1a] en las ferias. *Gralm referido a mujer.*

pulpeta *f (raro)* Tajada de carne sin hueso.

pulpileño -ña *adj* De Pulpí (Almería). *Tb n, referido a pers.*

pulpitis *f (Med)* Inflamación de la pulpa dentaria.

púlpito *m* **1** *En una iglesia*: Plataforma elevada, con antepecho y tornavoz, para predicar o para dirigir algunos rezos. ■ **2** Actividad de predicador.

pulpo *m* **1** Molusco cefalópodo de gran tamaño, con ocho tentáculos provistos de ventosas, de carne comestible y apreciada esp. en los de pequeño tamaño (*Octopus vulgaris, Eledone aldrovandii y E. moschata*). *Las dos últimas especies, tb* ~ BLANCO *y* ~ AL-MIZCLADO, *respectivamente.* **b)** *(col)* Se usa a veces en constrs de sent comparativo para ponderar despiste, aburrimiento o capacidad de llegar con los tentáculos a muchos sitios.* *Está más aburrido que un pulpo en un garaje.* * *Él irrumpió en su tienda hecho un pulpo.* ■ **2** Utensilio con numerosos brazos de goma, que sirve para sujetar bultos en la baca. ■ **3** Aparato de feria constituido por numerosos brazos móviles que suben y bajan alternativamente.

pulposo -sa *adj* Que tiene pulpa. **b)** Carnoso.

pulque *m* Bebida alcohólica mejicana fabricada con el jugo de algunos agaves.

pulquería *f* Establecimiento público donde se sirven pulque y otras bebidas. *Referido a países americanos.*

pulquérrimo → PULCRO.

pulsación *f* **1** Acción de pulsar [1]. ■ **2** Presión hecha en una tecla de una máquina de escribir u otro aparato semejante. *Gralm con un numeral.* ■ **3** Latido arterial. **b)** *(Fisiol)* Latido. *Frec con un adj especificador.* **c)** *(lit)* Latido o manifestación de vida. ■ **4** *(Fís)* Variación cíclica de la amplitud de una vibración o del brillo de una estrella.

pulsador -ra *adj* [Botón o mando] que se acciona pulsándolo [1]. *Gralm n m.*

pulsante *adj (Fís)* Que tiene pulsaciones [4].

pulsar *tr* **1** Presionar con el dedo [una tecla, un botón o las cuerdas de un instrumento]. ■ **2** Tomar el pulso [7b].

púlsar *(pl normal, ~ES o, raro, ~s)* *m (Astron)* Estrella que emite radiaciones muy intensas a intervalos cortos y regulares.

pulsátil *adj* **1** Que golpea rítmicamente. ■ **2** Que se contrae y dilata rítmicamente.

pulsatila *f* Planta herbácea propia de los prados, de acción sedante, usada en medicina en determinadas inflamaciones y en afecciones respiratorias (*Anemone pulsatilla, A. pratensis* o *Pulsatilla pratensis*). *Tb se da este n a otras especies del gén Pulsatilla.*

pulsatilla *f* Pulsatila.

pulsera I *f* **1** Aro o cadena que se lleva en la muñeca, esp. como adorno. **b)** Aro o cadena de metal con que se sujeta a la muñeca un reloj. ■ **2** *(jerg)* *En pl*: Esposas.
    II *loc adj* **3 de ~.** [Reloj] que se lleva en la muñeca.

pulsión *f* (*Psicol*) Impulso o tendencia instintivos. *Tb* (*lit*) *fig*.

pulsional *adj* (*Psicol*) De (la) pulsión.

pulso I *m* 1 Sucesión de latidos de las arterias, que se percibe esp. en la muñeca. *Tb* (*pop*) *en pl con sent sg.* ∎ 2 Parte de la muñeca donde se siente el latido de la arteria. *Más frec en pl.* **b)** (*raro*) Muñeca. ∎ 3 Seguridad o firmeza en la mano para ejecutar determinadas acciones con acierto y precisión. ∎ 4 Tacto o cuidado al actuar. ∎ 5 Prueba que consiste en cogerse dos perss. por la mano y, con los codos apoyados sobre una mesa u otra superficie similar, tratar cada uno de doblar el brazo del contrario. *Frec en la constr* ECHAR UN ~. **b)** Desafío o reto. *Frec en la constr* ECHAR UN ~.
II *loc adj* 6 de ~ y púa. (*Mús*) De cuerda pulsada con dedos y púa.
III *loc v* 7 tomar el ~ [a alguien]. Reconocer al tacto la frecuencia o las características de su pulso [1]. *Tb sin ci.* **b)** tomar el ~ [a alguien o algo]. Tratar de conocer sus características o sus condiciones.
IV *loc adv* 8 a ~. Con el brazo en el aire, sin apoyarlo. *Con vs como* SOSTENER *o* LEVANTAR. **b)** Con trabajo o esfuerzo. **c)** Con el propio comportamiento o por méritos propios. *Frec irónicamente, referido a castigos.* * El expediente te lo ganaste a pulso, hijo.

pulsógrafo *m* (*Med*) Instrumento que registra las pulsaciones arteriales.

pulsómetro *m* (*Med*) Aparato para medir la amplitud de la onda sanguínea.

pululación *f* (*lit*) Hecho de pulular.

pululante *adj* (*lit*) Que pulula.

pulular *intr* 1 Bullir (moverse o agitarse [algo, esp. una masa de perss., animales o cosas]). ∎ 2 Abundar.

pulverizable *adj* Que se puede pulverizar.

pulverización *f* Acción de pulverizar. *Tb su efecto.*

pulverizado *m* Acción de pulverizar [2].

pulverizador -ra *adj* Que pulveriza [1 y esp. 2]. *Tb n m, referido a aparato.*

pulverizar *tr* 1 Reducir a polvo [una sustancia]. **b)** Reducir [una sustancia] a partículas muy pequeñas. **c)** *pr* (~se) Reducirse a polvo o a partículas muy pequeñas [una sustancia]. ∎ 2 Esparcir [una sustancia líquida o pulverulenta] en partículas muy pequeñas. **b)** Esparcir [una sustancia líquida o pulverulenta (*compl* CON)] en partículas muy pequeñas [sobre algo (*cd*)]. *A veces se omite el compl* CON, *por consabido.* ∎ 3 Destruir o aniquilar por completo [algo, esp. no material, o a alguien]. *Frec fig y con intención ponderativa.*

pulverulento -ta *adj* Que se presenta en forma de polvo.

pum (*tb* **pun**) I *interj* 1 (*col*) Imita el sonido de un golpe, una explosión o un disparo. * Cogió la escopeta y pum, pum, muerta.
II *loc pr* 2 ni ~. (*col*) Absolutamente nada. *Tb adv.*

puma *m* Mamífero felino americano semejante al tigre, de pelaje suave y leonado (*Felis concolor*).

pumarada *f* (*reg*) Manzanar o pomarada.

pumba[1] *interj* (*col*) Imita el sonido de un golpe o de una explosión. * De pronto, ¡pumba!, por los aires.

pumba[2] *adj* (*Juegos*) En el pináculo y otros juegos: [Jugador] que, después de su descarte, se queda con una sola carta. *Gralm en la constr* ESTAR ~.

pun → PUM.

puna *f* 1 Meseta alta y fría de los Andes. *Gralm en denominaciones geográficas.* ∎ 2 Malestar debido a la altura, que se experimenta en las regiones elevadas de los Andes.

punch[1] (*ing; pronunc corriente,* /punĉ/) *m* 1 (*Boxeo*) Golpe dado con el puño. ∎ 2 (*lit*) Fuerza o potencia.

punch[2] (*ing; pronunc corriente,* /panĉ/) *m* Bebida combinada, fría o caliente, gralm. con licor.

puncha *f* (*reg*) Pincha o espina. *Tb fig.*

puncheur (*fr; pronunc corriente,* /punĉér/) *m* (*Boxeo*) Boxeador de punch[1] potente.

punching (*pronunc corriente,* /púnĉin/) *m* (*Boxeo*) Punching-ball.

punching-ball (*ing; pronunc corriente,* /púnĉin-ból/) *m* (*Boxeo*) Balón sujeto con ataduras elásticas, que se golpea como ejercicio, esp. para entrenamiento de boxeadores.

punción *f* (*Med*) Operación que consiste en introducir una aguja u otro instrumento similar en una parte del cuerpo, frec. para extraer líquidos o material de análisis.

puncionar *tr* (*Med*) Realizar una punción o punciones [en una parte del cuerpo (*cd*)].

pundonor *m* Sentimiento de la propia estima, que impulsa a superarse en el cumplimiento del deber.

pundonoroso -sa *adj* 1 Que tiene pundonor. ∎ 2 Que denota o implica pundonor.

pungencia *f* (*lit*) Cualidad de pungente.

pungente *adj* (*lit*) Punzante o hiriente. *En sent fig.*

punibilidad *f* (*lit*) Cualidad de punible.

punible *adj* (*lit*) Que merece castigo.

punicácea *adj* (*Bot*) [Planta] dicotiledónea, arbustiva o arbórea, con flores vistosas y fruto de pericarpio coriáceo con muchas semillas alojadas en celdas. *Frec como n f en pl, designando este taxón botánico.*

punición *f* (*lit*) Castigo.

púnico -ca (*hist*) I *adj* 1 Cartaginés. *Tb n, referido a pers.*
II *m* 2 Lengua de los cartagineses.

punitivo -va *adj* (*lit*) De(l) castigo.

punk (*ing; pronunc corriente,* /punk/ *o* /pank/; *pl normal,* ~s) *adj* [Movimiento] contracultural juvenil, manifestado pralm. en el campo de la música popular como una modalidad del "rock" y caracterizado por el feísmo, la estridencia y la exaltación de la violencia. *Frec n m.* **b)** De(l) punk. **c)** Adepto al punk. *Frec n.*

punkero -ra *adj* Adepto al punk. *Frec n.*

punki (*pronunc corriente,* /púnki/ *o* /pánki/; *pl normal,* ~s, *a veces con la grafía ing* PUNKIES) *adj* Punk. *Tb n, referido a pers.*

punk-rock (*ing; pronunc corriente,* /púnk-r̄ók/ *o* /pánk-r̄ók/) *m* Modalidad de rock propia de finales de los años 70, de letras obscenas y ofensivas y realización agresiva.

punkrockero -ra *adj* Adepto al punk-rock. *Frec n.*

punta I *f* **1** Extremo (punto en que comienza o esp. en que termina algo). *Frec con un compl especificador.* **b)** Extremo agudo o que se estrecha progresivamente. **c)** Extremo agudo [de un lápiz o instrumento semejante] con que se trazan los rasgos. **d)** Colilla [de cigarro o cigarrillo]. ■ **2** Clavo pequeño. **b)** ~ **de París.** Clavo pequeño de cabeza plana y extremo piramidal. ■ **3** Saliente de tierra, gralm. bajo y de poca extensión, que penetra en el mar. *Frec en denominaciones geográficas.* **b)** (*Mar*) *En pl*: Espacio de mar comprendido entre la punta del rompeolas y el muelle. *En constrs como* ENTRE ~S *o* FUERA DE ~S. ■ **4** Protuberancia del asta del ciervo. ■ **5** (*Taur*) Pitón. ■ **6** Pers. o cosa que ocupa la parte más avanzada o vanguardista. *Frec* ~ DE LANZA. ■ **7** Punto máximo [de velocidad]. ■ **8** Pequeña porción de tiempo [de algo]. **c)** ~**s y ribetes.** (*lit*) Algo. *Normalmente en la constr* TENER [alguien] SUS ~S Y RIBETES [de algo]. ■ **9** Cantidad considerable [de perss. o cosas]. ■ **10** Sabor que tira a agrio. *Esp en el vino que se avinagra.* ■ **11** ~ **de diamante.** (*Arquit*) Pirámide de poca altura que como adorno se labra sobre una superficie plana, esp. de piedra. **b)** Diamante pequeño que, engastado en una pieza de acero, se usa esp. para cortar el vidrio. ■ **12** ~ **de lanza.** Forma aproximadamente triangular y puntiaguda. *Tb el objeto que tiene esa forma.* ■ **13** ~ **seca.** (*Arte*) Aguja con que se graban los trazos finos sobre el cobre. *Tb este procedimiento de grabado, y el grabado obtenido con él.* II *adj invar* **14** [Velocidad] máxima. ■ **15** [Hora o momento] de máxima intensidad de trabajo o de movimiento. *Frec referido a tráfico. Se opone a* VALLE. ■ **16** [Cesta] ~ → CESTAPUNTA. ■ **17** (de) ~. Puntero o que está en cabeza. ■ **18** de ~. [Sierra u otro utensilio] que termina en punta [1b] aguda. ■ **19** de (*o* en) ~s. (*Taur*) [Toro] que se lidia sin tener serradas o emboladas las astas. ■ **20** de (*o* en) ~s. (*Danza*) [Baile] que se realiza sobre las puntas [1a] de los pies. *Tb adv.* III *loc v* **21** sacar ~ [a algo o de algo]. (*col*) Inferir [de ello], a veces forzadamente, consecuencias o conclusiones que no eran evidentes. **b)** sacar ~ [a alguien]. (*col*) Criticar[le] o comentar sus defectos. ■ **22** tener [una cosa] en la ~ de la lengua. (*col*) Estar a punto de decir[la]. **b)** Estar a punto de recordar[la]. ■ **23** tener [algo] en la ~ de los dedos. Dominar[lo] o conocer[lo] a fondo. ■ **24** tocar [a alguien] la ~ de un pelo (*o* de un cabello). (*col*) Hacer[le] la más mínima agresión. IV *loc adv* **25** a ~ de capote (*o* con la ~ del capote). (*Taur*) Cogiendo la capa de una punta [1a] y ofreciendo la otra al toro. *Tb fig fuera del ámbito técn, ponderando habilidad o destreza.* ■ **26** a ~ de gas. (*Mec*) Pisando levemente el acelerador. ■ **27** a ~ de lanza. (*lit*) Con todo rigor. *Gralm con el v* LLEVAR. ■ **28** a ~ (de) pala. (*col*) En gran cantidad. *Con intención ponderativa.* ■ **29** de ~. En posición más o menos vertical. *Esp referido a pelo* (→ PELO). ■ **30** de ~. (*col*) En situación de excitación. *Referido a nervios* (→ NERVIO). ■ **31** de ~. (*col*) En actitud tirante u hostil. ■ **32** de ~ a ~, *o* de ~ a cabo. Desde el principio hasta el fin, o desde un extremo hasta el otro. *Tb fig.* ■ **33** de ~ en blanco. Con el mayor esmero en el vestir. *Gralm con vs como* IR, PONER *o* VESTIR. *Tb adj.* **b)** (*hist*) Con todas las piezas de la armadura. *Gralm con el v* ARMAR. ■ **34** en ~. (*Fút*) En posición de ataque. ■ **35** en ~. (*Mar*) En posición perpendicular al muelle. *Referido al*

modo de estar amarrado un barco. ■ **36** hasta la ~ de los pelos. (*col*) En estado de sumo fastidio o cansancio. *Normalmente en las constrs* ESTAR [de alguien o algo] HASTA LA ~ DE LOS PELOS, *o* TENER [alguien o algo a alguien] HASTA LA ~ DE LOS PELOS. ■ **37** por la otra ~. (*col*) *Se usa para negar enfáticamente lo que se acaba de decir.* * –Debe ser muy trabajadora. –Por la otra punta. V *loc prep* **38** a ~ de. Mediante el uso de. *Seguido de un n sin art, que designa arma o, fig, cualquier instrumento.* * A punta de pistola. * La conquistó a punta de dialéctica.

puntada I *f* **1** Acción de meter y sacar la aguja, u otro instrumento semejante, con el hilo, en la materia que se cose. *Tb la porción de hilo que queda visible como resultado de esta acción. Frec con el v* DAR. ■ **2** (*col*) Alusión hecha como al descuido en la conversación. *Frec en la forma* PUNTADITA *y con vs como* TIRAR *o* SOLTAR. II *loc adv* **3** sin perder ~. (*col*) Sin distraerse ni más mínimo o con toda atención.

puntal *m* **1** Madero hincado en firme con que se sostiene un edificio, o parte de él, que amenaza ruina. ■ **2** Madero o soporte vertical que sirve de apoyo. ■ **3** Pers. o cosa que es el principal apoyo o sostén [de alguien o algo]. *A veces en aposición.* ■ **4** Pequeño saliente costero en forma de punta. ■ **5** (*Mar*) Altura medida en el centro de la eslora de un buque, desde la quilla hasta las diversas cubiertas.

puntapié I *m* **1** Golpe dado con la punta del pie. *Tb fig.* II *loc adv* **2** a ~s. (*col*) Con desconsideración o de malos modos. *Gralm con vs como* ECHAR *o* TRATAR.

puntaumbreño -ña *adj* De Punta Umbría (Huelva). *Tb n, referido a pers.*

puntazo *m* **1** Herida hecha con la punta de un arma blanca u otro instrumento punzante. ■ **2** (*Taur*) Herida poco profunda causada por la punta del cuerno.

punteado¹ -da *adj* **1** *part* → PUNTEAR¹. ■ **2** Que tiene puntos [1]. ■ **3** [Forma de tocar un instrumento de cuerda] que se realiza hiriendo cada cuerda con un dedo.

punteado² *m* **1** Conjunto de puntos [1]. ■ **2** (*Encuad*) Decoración de dibujos pintados o grabados con puntos [1].

punteador -ra *adj* Que puntea¹ [1]. *Tb n, m y f, referido a pers y a máquina o aparato.*

puntear¹ A *tr* **1** Hacer puntos [1] [en algo (*cd*)]. *Tb fig.* **b)** Marcar [algo] con puntos [1]. ■ **2** Comprobar [las partidas o datos de una cuenta o relación], gralm. marcando con un punto [1] cada comprobación. ■ **3** Tocar [un instrumento de cuerda] hiriendo cada cuerda con un dedo. *Tb abs.* B *intr* **4** Mostrarse [una cosa] en forma de punto [1].

puntear² *tr* (*Taur*) Cornear rápida y ligeramente. *Frec abs.*

punteo *m* Acción de puntear¹ [3].

punterazo *m* Golpe dado con la punta del pie.

puntería *f* **1** Destreza del tirador para dar en el blanco. *Tb fig.* ■ **2** Acción de apuntar con un arma o un telescopio a un objetivo.

puntero -ra I *adj* **1** Que va en cabeza. *Frec en deportes. Frec fig.*

II *n* A *m* **2** Palo largo terminado en punta que sirve para señalar, esp. en una clase. ■ **3** Cincel de boca puntiaguda y cabeza plana usado por los canteros para labrar piedras muy duras. ■ **4** Tubo de la gaita gallega o asturiana que sirve para dar las notas.

B *f* **5** *En el calzado o en la media o calcetín*: Parte que cubre la punta del pie. ■ **6** Pieza que cubre la punta o extremo de algo.

puntiagudo -da *adj* Que termina en punta [1a] aguda.

punticular *adj* (*Med*) [Fiebre (enfermedad)] maligna con manchas.

puntiforme *adj* (*E*) Que tiene forma de punto [1].

puntilla I *f* **1** Encaje de hilo en forma de puntas [1b] u ondas que se pone como remate de adorno de una prenda. ■ **2** Puñal corto para rematar las reses, esp. en las corridas de toros. *Frec en la constr* DAR LA ~. **b)** la ~. (*col*) El remate, o lo que termina de estropearlo todo.

II *loc v* **3 dar la ~** [a alguien o algo]. (*col*) Terminar de destruir[lo].

III *loc adv* **4 de** (*raro*, **en**) ~s. Sobre la punta de los pies, sin apoyar los talones. *Tb fig, denotando cuidado de no hacer ruido.*

puntillado *m* (*Arte*) Procedimiento de dibujo o grabado por medio de puntos [1].

puntillar *tr* Puntear o marcar con puntos [1].

puntillazo *m* Golpe de puntilla [2]. *Frec fig.*

puntillero *m* Hombre que tiene por oficio dar la puntilla [2a] a las reses.

puntillismo *m* (*Pint*) Procedimiento, propio de los neoimpresionistas de finales del s. XIX, caracterizado por la descomposición de los tonos en pequeñas pinceladas o puntos. *Tb la escuela correspondiente. Tb* (*lit*) *fig, fuera del ámbito técn.*

puntillista *adj* (*Pint*) De(l) puntillismo. **b)** Adepto al puntillismo. *Tb n.*

puntillo *m* **1** Dosis [de un sentimiento]. ■ **2** Amor propio. *Tb* ~ DE HONOR.

puntillosamente *adv* De manera puntillosa.

puntillosidad *f* **1** Cualidad de puntilloso. ■ **2** Hecho o dicho puntilloso.

puntilloso -sa *adj* **1** [Pers.] que tiene amor propio susceptible. **b)** Propio de la pers. puntillosa. ■ **2** Minucioso o escrupuloso.

puntiseco -ca *adj* [Vegetal] seco por las puntas.

puntista (*Dep*) I *m y f* **1** Jugador de pelota en la modalidad de cestapunta.

II *adj* **2** De(l) juego de pelota en la variedad de cestapunta.

punto I *m* ➤ **a** *como simple n* **1** Señal o marca de dimensiones pequeñas, ordinariamente circular, perceptible en una superficie. ■ **2** Signo ortográfico, en forma de punto [1], con que se señala el final de una oración, o que indica que la letra o letras que preceden constituyen una abreviatura. ■ **3** Extremo [de la pluma de escribir], que se apoya directamente sobre el papel. ■ **4** Agujero que forma parte de una serie destinada a graduar o ajustar la disposición [de una cosa]. ■ **5** Punta de metal que sobresale, sola o formando parte con otra, junto a la boca de un arma de fuego, y que sirve para hacer puntería. *Tb* ~ DE MIRA. ■ **6** (*Geom*) Porción mínima concebible del espacio. ■ **7** Lugar preciso. **b)** (*hoy raro*) Lugar señalado en la vía pública para el

estacionamiento de taxis, u otros vehículos de alquiler, libres. ■ **8** (*lit*) Instante o momento. *Tb* ~ Y HORA, *esp en la constr* DESDE AQUEL ~ Y HORA. ■ **9** Extremo o grado. *En frases de sent ponderativo, frec seguidas de una prop consecutiva con* QUE. * Hasta tal punto es importante que la vida no podría existir sin el agua. ■ **10** Grado de desarrollo o elaboración. **b)** Grado perfecto de desarrollo o elaboración. *Gralm en la constr* EN SU ~. *Tb fig.* **c)** (*Coc*) Grado de consistencia. *Con un compl especificador*: DE NIEVE, DE CARAMELO, *etc* (→ acep. 64b). ■ **11** (*Fís*) Grado de intensidad de una variable, esp. de la temperatura, en que se produce [un fenómeno (*compl* DE)]. ■ **12** Unidad de valoración. *Se usa en calificaciones escolares, en concursos, en deportes y en juegos. Tb fig, fuera de estas circunstancias, en constrs como* PERDER ~S O GANAR ~S. **b)** Unidad de valoración del derecho a subsidio o ayuda familiar de los trabajadores. *Frec en pl, designando la misma ayuda familiar.* ■ **13** Medida de longitud equivalente a 6,6 mm, usada en zapatería. ■ **14** (*Impr*) Unidad de medida equivalente a 0,375 mm. ■ **15** (*Naipes*) *En algunos juegos*: As de cada palo. ■ **16** Tema o cuestión. **b)** Aspecto parcial o particular. ■ **17** Tejido hecho con una sola hebra que va de un lado a otro de la pieza formando lazadas unidas con las de la vuelta anterior y la siguiente. *A veces* ~ DE MEDIA. *Frec en la loc adj* DE ~ *o en la constr* HACER ~. *A veces con un compl que especifica el modo en que se unen esas lazadas.* **b)** *En una labor de punto*: Lazada. **c)** *En una prenda de punto*: Rotura de una lazada. ■ **18** Puntada con que se cose o borda. *Gralm con un compl especificador.* **b)** (*Med*) Puntada. *Frec* ~ DE SUTURA. ■ **19** (*col, raro*) Individuo o sujeto. **b)** (*desp*) Individuo poco escrupuloso o del que no puede uno fiarse. *Frec* ~ FILIPINO. *A veces se usa con intención afectiva.* ■ **20** Pers. que toma parte en una partida de cartas o de dados. **b)** *En algunos juegos*: Jugador que apunta contra el banquero. ■ **21** (*raro*) Pers. que frecuenta un local público. ■ **22** (*jerg*) Prostitución. *En constrs como* ESTAR EN EL ~ *o* PONERSE AL ~.

➤ **b** *en locs n* **23 dos ~s.** Signo ortográfico constituido por dos puntos [1] dispuestos en vertical, con el cual se indica, en general, que lo que sigue es desarrollo lógico de la oración que precede. ■ **24 los ~s de la pluma.** (*lit*) La mente en el acto de redactar. *Frec en la constr* VENIRLE [algo a uno] A LOS ~S DE LA PLUMA. ■ **25 medio ~.** (*Arquit*) Curva formada por un semicírculo. *Gralm en la loc adj* DE MEDIO ~, *referida a arco o bóveda.* ■ **26 ~ cero.** Punto de partida. *Tb fig.* ■ **27 ~ de apoyo.** Elemento en que se apoya algo. *Tb fig.* ■ **28 ~ débil** o **flaco.** Aspecto o parte más vulnerable [de alguien o algo]. ■ **29 ~ de honor,** o **de honra.** (*lit*) Pundonor. ■ **30 ~ de partida.** Lugar del que se parte. *Frec fig, referido a acciones o razonamientos.* ■ **31 ~ de referencia.** Pers. o cosa que se toma como elemento de contraste o confirmación de algo. ■ **32 ~ de (la) vista.** Punto [6] en que el rayo principal corta el plano óptico y al cual parecen concurrir todas las líneas perpendiculares al mismo plano. **b)** ~ **de vista.** Forma de considerar las cosas. **c)** Opinión. ■ **33 ~ fijo.** (*Fís*) Temperatura de las varias que se producen invariablemente en ciertos fenómenos. **34 ~ filipino** → acep. 19b. ■ **35 ~ final.** Punto [2] con que se termina un escrito o una parte importante de un texto. **b)** Término o fin [de algo] (→ acep. 55). ■ **36 ~ G.** Parte de la vagina en que la excitación sexual femenina es especialmente intensa. ■ **37 ~ muerto.** *En un motor*: Posición de los engranajes de la caja de cambios en que el movimiento del árbol del motor no se transmite al mecanismo que actúa sobre las ruedas. **b)** *En un negocio o en un trabajo*: Situación en que no se produce ningún avance. **c)** *(Geol)* Lugar de la desembocadura de un río en que se equilibran las fuerzas de las aguas de este y del mar. ■ **38 ~ negro.** Lugar de una carretera en que se producen numerosos accidentes mortales. **b)** Pers. que se destaca desfavorablemente [en una colectividad (*compl de posesión*)]. ■ **39 ~ rubí.** *(Med)* Pequeño angioma debido a una dilatación arterial. ■ **40 ~s suspensivos.** Signo ortográfico constituido por tres puntos [2] seguidos, con el cual se representa una interrupción o suspensión en el enunciado. ■ **41 ~ triple.** *(Fís)* Intersección de las curvas de fusión, vaporización y sublimación de un cuerpo puro, que indica a qué valor de esas magnitudes se hallan en equilibrio las fases sólida, líquida y gaseosa. ■ **42 ~ y aparte.** Punto [2] con que se termina un párrafo. **b)** Pers. o cosa que merece especial consideración. *Gralm con el v* SER. ■ **43 ~ y coma.** Signo ortográfico constituido por una coma con un punto [2] encima, con el cual se indica separación entre dos oraciones coordinadas, esp. de sentido adversativo, o bien pausa mayor que la de coma, en el interior de una oración. ■ **44 ~ y seguido** (*o, más raro*, ~ **seguido**). Punto [2] a continuación del cual sigue el mismo párrafo.

II *loc adj* **45 al** (*o* **de**) ~. *(jerg)* [Mujer] que ejerce la prostitución. ■ **46 de** (*o* **al**) ~. *(hoy raro)* [Coche] de alquiler, que suele situarse en un punto [7b]. ■ **47 en su ~.** [Cosa] acertada u oportuna.

III *loc v y fórm or* **48 calzar muchos ~s.** *(col)* Ser muy inteligente. *A veces en lugar de* MUCHOS *se usa otro cuantitativo* (→ *acep.* 58). ■ **49 coger el ~** [a algo]. *(col)* Acertar con las condiciones óptimas [para ello]. ■ **50 hacer ~.** Suspender lo que se está haciendo. ■ **51 ni ~ de comparación.** *Fórmula con que se pondera lo incomparable de una pers o cosa. Tb* (*raro*) NI ~. * Este era mucho más grande, ni punto de comparación. ■ **52 poner** [una cosa] **en su ~.** Exponer[la] o juzgar[la] con justeza. ■ **53 poner los ~s** [a una pers.]. *(col)* Tratar de conquistar[la] en el terreno amoroso. *Tb fig.* **b)** **poner los ~s** [a una cosa]. *(col)* Poner la mira [en ella] o tratar de conseguir[la]. ■ **54 poner los ~s sobre las íes.** Hacer las aclaraciones necesarias para disipar versiones o interpretaciones erróneas o torcidas. ■ **55 poner ~ (final)** [a algo]. Terminar[lo] o dar[lo] por terminado (→ *acep.* 35b). ■ **56 ~ en boca.** *(col) Fórmula con que se describe o propone una actitud, voluntaria o impuesta, de silencio.* * Tú, punto en boca, que esto no te incumbe. ■ **57 ~ redondo.** *(col) Fórmula con que se pone fin a una discusión.* * Si lo dice él, ya sabes, punto redondo. ■ **58 saber los ~s que calza** [una pers.]. Conocer[la] a fondo (→ *acep.* 48). ■ **59 subir de ~** [algo abstracto, esp. un estado de ánimo o un sentimiento]. *(lit)* Crecer. ■ **60 tomar los ~s** [a una pieza de caza]. Hacer puntería [sobre ella]. *Tb abs y fig.* ■ **61 y ~.** *Se usa como remate de una o para indicar que lo dicho anteriormente no admite discusión, réplica o comentario adicional.* * He dicho que no, y punto.

IV *loc adv* **62 al ~.** *(lit)* Inmediatamente. ■ **63 a ~.** En el momento oportuno. ■ **64 a ~.** En el estado o forma perfectos o correctos. *Gralm. con el v* PONER. *Tb adj.* **b)** **a ~ de caramelo.** En disposición inmejorable (→ *acep.* 10c). ■ **65 a ~ fijo.** *(lit)* Con certidumbre. *Gralm con el v* SABER. ■ **66 con ~s y comas.** Textualmente. ■ **67 de todo ~.** *(lit)* Absolutamente o de manera rotunda. ■ **68 en ~.** Con exactitud. *Referido a hora o momento. Frec siguiendo a una mención numérica de hora.* * Son las cinco en punto. ■ **69 hasta cierto ~.** En cierto modo. ■ **70 por ~s.** Por muy poco. ■ **71 ~ menos.** Casi totalmente. *En la forma* ~ MENOS QUE, *cuando precede al término modificado.* * Es punto menos que imposible. ■ **72 ~ por ~.** De manera pormenorizada. *Normalmente referido a relatos.*

V *loc prep* **73 a ~ de.** En situación inminente de. *Gralm seguido de infin.* ■ **74 en ~ a.** *(lit)* En cuanto a.

puntuable *adj* Que puede puntuar [4] o ser puntuado [1]. *Esp en deportes.*

puntuación *f* **1** Acción de puntuar. ■ **2** Conjunto de los signos gráficos con que se puntúa [2]. ■ **3** Número de puntos [12a]. ■ **4** *(Bot)* Punto de la pared celular en que no se produce engrosamiento y que corresponde a un pequeño orificio a través del cual se produce la permeabilidad del agua con las sales que lleva en disolución. *Gralm en pl.*

puntual *adj* **1** Exacto o preciso. ■ **2** Que llega o actúa en el momento debido o previsto. ■ **3** Concreto o que afecta solo a un punto concreto. ■ **4** *(Fís)* Que carece aparentemente de extensión, o que está concentrado en un punto, sin dimensiones aparentes. ■ **5** *(Ling)* [Aspecto verbal] que expresa la acción considerada en un momento de su desarrollo. *Se opone a* DURATIVO.

puntualidad *f* Cualidad de puntual, esp [2].

puntualizable *adj* Que puede ser puntualizado.

puntualización *f* Acción de puntualizar. *Tb su efecto.* **b)** *(euf)* Rectificación de una afirmación ajena equivocada.

puntualizador -ra *adj* Que puntualiza. *Tb n, referido a pers.*

puntualizante *adj* Que puntualiza.

puntualizar *tr* Precisar o concretar.

puntualmente *adv* De manera puntual [1, 2 y 3].

puntuar (*conjug* **1d**) **A** *tr* **1** Dar puntos [12a] [a una pers. o cosa (*cd*)]. ■ **2** Poner [en un texto (*cd*)] los signos ortográficos necesarios para expresar relaciones sintácticas y lógicas de las frases. *Tb abs.*
B *intr* **3** Obtener puntos [12a]. *Frec en deportes.* ■ **4** Entrar [algo, esp. una prueba deportiva] en el cómputo de puntos [12a].

puntura *f* *(Med)* Herida con objeto que pincha.

punzada *f* **1** Pinchazo (dolor agudo y momentáneo). ■ **2** Sentimiento penoso agudo y momentáneo. ■ **3** Acción de punzar [1 y 2]. *Tb su efecto.*

punzador -ra *adj* Que punza.

punzante *adj* **1** Que punza. **b)** Incisivo o agresivo. ■ **2** [Herida] producida por algo que se clava.

punzantemente *adv* De manera punzante.

punzar **A** *tr* **1** Pinchar [algo o a alguien] o clavar[le (*cd*)] algo puntiagudo (*compl* CON). *Tb sin compl* CON, *por consabido.* ■ **2** Herir o zaherir. *Tb abs.* ■ **3** Pinchar o incitar.
B *intr* **4** Producir punzadas [1 y 2].

punzón *m* **1** Instrumento puntiagudo que sirve para hacer agujeros u ojetes. ■ **2** Instrumento de acero con una figura grabada en la boca, que se usa para imprimir esa figura, mediante presión o percusión, en monedas, medallas, tipos de imprenta u otras piezas semejantes.

punzonado *m* (*E*) Acción de punzonar. *Tb su efecto.*

punzonar *tr* (*E*) Taladrar o marcar con punzón.

puñada *f* 1 Puñetazo. ■ 2 (*raro*) Puñado.

puñado I *m* 1 Cantidad [de algo] que cabe en la mano cerrada. ■ 2 Conjunto pequeño [de perss. o cosas]. II *loc adv* 3 a ~s. En gran cantidad. ■ 4 a ~s. (*hoy raro*) Sujetando en vilo por los brazos.

puñal I *m* 1 Arma de acero de 20 o 30 cm de largo, que solo hiere de punta. b) *Se usa frec en constrs de sent comparativo para ponderar la agudeza de algo o su facilidad para clavarse.* * Los granos de arena se clavaban como puñales. II *loc v* 2 **poner** [a alguien] **el ~ en el pecho.** Coaccionar[le] gravemente. III *interj* 3 **~es.** (*hoy raro*) euf por PUÑETA¹ [10].

puñalada I *f* 1 Herida causada con un puñal u otra arma semejante. ■ 2 (*col*) Disgusto o pesadumbre grandes causados de repente. b) ~ **trapera.** Traición o mala pasada. II *loc v y fórm or* (*col*) 3 **ser** [algo] **~ de pícaro.** Correr prisa o ser urgente. *Normalmente en constr neg.* ■ 4 **mala ~ le den.** *Fórmula usada para maldecir.* * Mala puñalada le den al tonto ese; mira que dejarse engañar así.

puñalero *m* (*hist*) Fabricante de puñales [1a].

puñalón *m* (*raro*) Puñalada [1].

puñema *interj* (*raro*) euf por PUÑETA¹ [10].

puñeta¹ (*col o vulg*) I *f* 1 Cosa fastidiosa o molesta. b) Tontería o bobada. c) Cosa sin importancia. *Frec en la forma* PUÑETITA. d) Manía o rareza. ■ 2 *Se usa como segundo elemento de una comparación de intención ponderativa.* * Eres más lento que la puñeta. ■ 3 *Vacía de significado, se emplea, frec en pl, para reforzar o marcar la intención desp de la frase. En constrs como* NI + *n* + NI + ~(S), *o* QUÉ ~(S). * Ni tele ni puñetas; a trabajar. ■ 4 **la quinta ~.** Lugar muy lejano. II *loc adj* 5 **de la ~,** o **de (mil) ~s.** Muy grande o extraordinario. *Referido a cosas negativas.* III *loc v* 6 **hacer la ~.** Fastidiar. ■ 7 **hacerse la ~.** Masturbarse [un hombre]. ■ 8 **ser la ~.** Ser el colmo. ■ 9 **importar tres ~s, irse a hacer ~s, mandar a hacer** (*o a freír*) **~s** → IMPORTAR, IR, MANDAR. IV *interj* 10 *Expresa enfado, protesta o sorpresa.* * ¡Cómo aprieta el sol, puñeta!

puñeta² *f* (*raro*) Adorno de puntilla o encaje en la bocamanga de algunas prendas, esp. de la toga.

puñetazo *m* Golpe dado con el puño [1].

puñeteramente *adv* (*col o vulg*) De manera puñetera.

puñetería *f* (*col o vulg*) Puñeta¹ [1].

puñetero -ra *adj* (*col o vulg*) 1 Fastidioso o molesto. ■ 2 Pícaro o malicioso. *A veces con intención afectiva.* ■ 3 *Se usa, gralm antepuesto al n, como calificativo desp genérico.* * A ver si empieza de una puñetera vez.

puño I *m* 1 Mano cerrada. ■ 2 *En una prenda de vestir:* Parte que rodea la muñeca. *Esp pieza que constituye esta parte.* ■ 3 *En algunos objetos, esp un bastón o una espada:* Parte por donde se agarra. ■ 4 Puñado [1].

II *loc adj* 5 **de a ~,** o **como un ~.** Muy grande. *Referido a argumentos o verdades.* ■ 6 **de(l) ~ en rostro.** (*col*) Tacaño. ■ 7 [Fanega] **de ~** → FANEGA. III *loc adv* 8 **de (mi, tu, su,** *etc*) **~ y letra.** De manera autógrafa. *Tb adj. Tb simplemente* DE ~. ■ 9 **en un ~.** En un estado de sometimiento o intimidación total. *Con vs como* ESTAR, TENER *o* METER. ■ 10 **por (mis, tus, sus,** *etc*) **~s.** (*raro*) Por (mi, tu, su, etc.) propio esfuerzo.

pupa¹ *f* 1 Pústula u otra lesión cutánea similar. ■ 2 (*infantil*) Daño. *Frec en la constr* HACER ~. *Tb humoríst, fuera del ámbito infantil.*

pupa² *f* (*Zool*) Ninfa o crisálida.

pupas *m y f* (*col*) Pers. desgraciada. *Frec en la constr* MÁS DESGRACIADO QUE EL PUPAS.

pupila¹ *f* 1 Orificio central del iris del ojo, por donde penetran los rayos luminosos. ■ 2 (*col*) Ojo (perspicacia o sagacidad). ■ 3 (*col*) Ojo (atención o cuidado).

pupila² → PUPILO.

pupilaje *m* 1 Condición de pupilo [1]. ■ 2 Pensión (lugar en que uno se hospeda y hecho de hospedarse). ■ 3 Alquiler permanente de una plaza en un garaje u otro lugar similar. *A veces en la constr* A ~. ■ 4 Cantidad que se paga de pupilaje [2 y 3]. ■ 5 Conjunto de pupilos [2].

pupilar¹ *adj* (*Anat*) De (la) pupila¹ [1].

pupilar² *adj* (*Der*) De(l) pupilo [1].

pupilarmente *adv* (*Der*) De manera pupilar².

pupilero -ra *m y f* (*raro*) Pers. que tiene pupilo(s) [1 y 2].

pupilo -la A *m y f* 1 Huérfano menor de edad que está a cargo [de un tutor]. ■ 2 Pers. que se hospeda en una pensión o casa de huéspedes. *A veces en la constr* ESTAR A (O DE) ~. ■ 3 Pers. o animal que está a cargo [de un entrenador]. B *f* 4 Prostituta que trabaja en un prostíbulo.

pupilometría *f* (*Med*) Técnica de medición del diámetro de la pupila¹ [1] mediante el pupilómetro.

pupilómetro *m* (*Med*) Instrumento para medir el diámetro de la pupila¹ [1].

pupitre *m* 1 Mueble semejante a una mesa pequeña, con tapa en forma de plano inclinado, usado esp. en los centros de enseñanza. ■ 2 Tablero de mandos, gralm. en forma de plano inclinado, [de una máquina o una instalación]. ■ 3 Mueble destinado a colocar las botellas inclinadas en una bodega.

puposis *f* (*Zool*) Fase de pupa².

puposo -sa *adj* Que tiene pupas¹.

puramente *adv* Única o estrictamente.

purasangre *m* Caballo de pura sangre (→ SANGRE).

puré *m* 1 Guiso de patatas, legumbres, verduras u otras sustancias, cocidas y trituradas. *Frec con un compl especificador.* ■ 2 **~ de guisantes.** Niebla que lleva en suspensión partículas tóxicas procedentes de humos. II *loc v* 3 **hacer ~** [algo o a alguien]. (*col*) Hacer[lo] trizas o destrozar[lo]. *Tb fig.* b) **hacerse ~** [algo o alguien]. (*col*) Hacerse trizas o destrozarse. *Tb fig.*

purero -ra A *m y f* 1 Fabricante de puros [11]. B *f* 2 Estuche para puros [11].

pureta *m y f* (*jerg*) **1** Pers. vieja. *Tb adj.* ■ **2** Pers. de ideas anticuadas o reaccionarias. *Tb adj.*

pureza *f* Cualidad de puro.

purga *f* **1** Acción de purgar [1, 2 y 3]. ■ **2** (*raro*) Medicina purgante. **b) la ~ de Benito.** (*col*) Algo de efectos inmediatos. *En constrs de sent comparativo.* * *–¿Ya?* –Tú te has creído que esto es la purga de Benito.

purgación *f* **1** Acción de purgar [4 y 5]. ■ **2** *En pl*: Blenorragia. **b) ~es de garabatillo** → GARABATILLO.

purgado *m* Acción de purgar [3].

purgador -ra *adj* Que purga [3]. *Tb n m, referido a aparato.*

purgante *adj* **1** Que hace evacuar el vientre, esp. con fines curativos. *Más frec n m, referido a medicina.* ■ **2** (*raro*) Que purga [5].

purgar *tr* **1** Administrar [a alguien (*cd*)] una medicina para evacuar el vientre. ■ **2** Destituir o eliminar [a alguien] por motivos políticos. *Gralm referido a los países comunistas.* ■ **3** Extraer de una máquina o aparato [aire, agua o algún residuo que dificulta su funcionamiento]. **b)** Extraer [de una máquina o aparato (*cd*)] aire, agua o algún residuo que dificulta su funcionamiento. ■ **4** Limpiar o purificar. ■ **5** Pagar la pena debida [por un delito o falta (*cd*)]. **b)** Pagar o cumplir [una condena].

purgativo -va *adj* De (la) purgación [1]. *Se dice gralm de una de las vías místicas.*

purgatorio *m* **1** (*Rel catól*) Lugar en que las almas de los justos purgan [5a] sus culpas antes de acceder a la gloria. **b) las penas del ~** → PENA. ■ **2** Lugar de padecimiento. ■ **3** Cosa que implica grandes padecimientos.

puri *m y f* (*jerg, raro*) Pers. vieja. *Tb adj.*

púrico -ca *adj* (*Quím*) Que se deriva de la purina.

puridad. en ~. *loc adv* (*lit*) En realidad.

purificación *f* Acción de purificar(se).

purificador -ra I *adj* **1** Que purifica. *Tb n m, referido a aparato.* **II** *m* **2** (*Rel catól*) Paño litúrgico con que en la misa el sacerdote limpia los vasos sagrados y sus propios dedos y labios.

purificante *adj* Que purifica.

purificar A *tr* **1** Hacer puro o más puro [1, 2 y 3] [a alguien o algo]. **b)** Limpiar [un defecto o falta (*cd*)], o a alguien (*cd*) de un defecto o falta]. **B** *intr pr* (**~se**) **2** (*Rel jud*) Acudir [una mujer] al templo a los cuarenta días de haber dado a luz un hijo, para quedar libre de impureza legal.

purificatorio -ria *adj* Que sirve para purificar.

purili *m y f* (*jerg, raro*) Pers. vieja. *Tb adj.*

purín *m* Líquido formado por las orinas de los animales y lo que rezuma del estiércol. *Frec en pl.*

purina *f* (*Quím*) Sustancia cristalina e incolora cuya oxidación produce ácido úrico.

purísima (*con mayúscula en acep 1*) **I** *f* **1 la ~.** (*Rel catól*) La Virgen María. **II** *adj invar* **2** [Azul] celeste.

purismo *m* Tendencia a ajustarse rigurosamente a los cánones tradicionales de corrección y pureza, esp. en el lenguaje o en el arte.

purista *adj* De(l) purismo. **b)** Adepto al purismo. *Tb n.*

puritanamente *adv* De manera puritana.

puritanismo *m* **1** Condición de puritano. ■ **2** (*hist*) Doctrina de los puritanos [2].

puritano -na *adj* **1** De moral muy estricta, esp. en el aspecto sexual. *Tb n, referido a pers. Frec con intención desp.* ■ **2** (*hist*) En los ss XVI y XVII: De una secta protestante inglesa que pretendía practicar un cristianismo más puro que el oficial. *Frec n, referido a pers.*

purna *f* (*reg*) Partícula.

puro -ra I *adj* **1** Que no tiene mezcla. **b)** (*Quím*) Que no contiene ningún elemento ajeno a su propia composición. **c) químicamente ~** → QUÍMICAMENTE. ■ **2** Que no contiene ningún elemento extraño o nocivo. ■ **3** Carente de imperfección moral o de pecado. **b)** Limpio de lujuria u obscenidad. **c)** Virgen. ■ **4** Que no contiene nada que le reste perfección o belleza. **b)** Que se ajusta totalmente a un canon o a un modelo que se toman como perfectos. ■ **5** *Gralm antepuesto al n, pondera la ausencia de cualquier circunstancia ajena a lo expresado por el n.* * El mundo le parecía pura pesadilla. ■ **6** [Arte o artista] que deja de lado cualquier preocupación ajena a su naturaleza específica. ■ **7** [Poesía o poeta] que busca una lírica esencial prescindiendo de todo elemento formal accesorio. ■ **8** [Ciencia o científico] que no se ocupa del aspecto práctico o experimental. ■ **9** (*Mat*) [Fracción periódica] en que el período comienza en la primera cifra decimal. ■ **10** (*Der*) Que no incluye ninguna condición, excepción o restricción ni plazo. **II** *m* **11** Cigarro constituido por hojas de tabaco prensadas que forman una masa compacta. *Tb* CIGARRO ~. ■ **12** Anea o espadaña, planta cuya inflorescencia recuerda a un puro [11]. *Tb la misma inflorescencia.* ■ **13** (*argot Mil*) Castigo o sanción. *Frec con el v* METER. *Tb* (*col*) *fuera del ámbito militar.* **III** *loc adv* **14 de ~ +** *adj* (o *n*) = DE TAN (o TANTO) + *adj* (o *n*). * De puro buena es tonta. * Se le doblaban las piernas de puro miedo.

púrpura I *f* **1** Materia colorante de color rojo, extraída pralm. de algunos moluscos del gén. *Murex* o *Purpura.* ■ **2** Molusco gasterópodo que produce la púrpura [1] (*Purpura haemostoma*). ■ **3** Tejido o vestidura de color rojo, símbolo de una alta dignidad. *Tb la misma dignidad. Frec, referido al cardenalato, ~* CARDENALICIA. ■ **4** (*Med*) Afección caracterizada por la aparición de manchas rojas en la piel, debidas a pequeñas hemorragias subcutáneas. ■ **5** (*Anat*) Sustancia rojiza de la retina. *Gralm ~* RETINIANA. **II** *adj invar* **6** [Color] rojo oscuro que tira a violado. *Frec* ROJO ~. *Tb n m.* **b)** (*Heráld*) [Color] que en pintura se representa por el violado y en dibujo por trazos diagonales que suben de izquierda a derecha. *Gralm n m.* **c)** De color púrpura.

purpurado *m* Cardenal de la Iglesia Romana. **b)** (*semiculto*) Obispo.

purpurar *tr* **1** Teñir de púrpura [1]. ■ **2** Vestir de púrpura [3].

purpúreo -a *adj* [Color] de (la) púrpura [1]. **b)** De color púrpura.

purpurina *f* Polvo finísimo de bronce o de metal blanco, que se añade a una pintura para dorarla o platearla. *Tb la pintura que lo contiene.*

purpurinar *tr* Pintar con purpurina. *Frec en part, a veces sustantivado.*

purpurino -na *adj* Purpúreo.

purrela *f* (*col*) **1** Cosa despreciable o sin valor. ■ **2** Montón o conjunto grande [de cosas]. ■ **3** (*desp*) Conjunto de perss. *Frec con intención afectiva, referido a niños.*

purria *f* (*reg*) Gentuza.

purriego -ga *adj* Del valle de Polaciones (Cantabria). *Tb n, referido a pers.*

purrusalda *f* (*reg*) Porrusalda.

purulencia *f* Formación purulenta.

purulento -ta *adj* **1** Que tiene pus. ■ **2** De(l) pus. ■ **3** Que tiene aspecto de pus.

pus *m* (*tb, pop, f*) Líquido amarillento, compuesto pralm. por leucocitos muertos, que se produce en los focos de infección del organismo.

pusco *m* (*jerg*) Pistola o revólver.

pusher (*ing; pronunc corriente,* /púĉer/) *m y f* (*jerg*) Traficante de drogas duras.

pusilánime *adj* [Pers.] falta de ánimo o coraje. *Tb n.* **b)** Propio de la pers. pusilánime.

pusilanimidad *f* Cualidad de pusilánime.

pústula *f* Vesícula inflamatoria de la piel, llena de pus.

pustuloso -sa *adj* (*Med*) Caracterizado por la presencia de pústulas.

puta[1] → PUTO.

puta[2] *adj* (*reg*) **1** Astuto o taimado. *Tb n, referido a pers.* ■ **2** Malvado.

putada *f* (*vulg*) Faena o mala pasada.

putañeo *m* (*vulg, raro*) Puteo.

putañería *f* (*vulg, raro*) **1** Condición de putañero. ■ **2** Hecho propio de putañero.

putañero -ra *adj* (*vulg*) [Hombre] putero. *Tb n.* **b)** De(l) hombre putañero.

putativo -va *adj* **1** [Padre o, raro, otro pariente] que es considerado como tal sin serlo naturalmente. ■ **2** Que se considera como existente.

puteado -da *adj* (*vulg*) **1** *part* → PUTEAR. ■ **2** Desgraciado, esp. por implicar trato desconsiderado o abusivo.

putear (*vulg*) **A** *intr* **1** Actuar como puta (→ PUTO [2 y 5]). **b)** Tener [un hombre] relación homosexual. ■ **2** Ir de prostitutas [un hombre]. **B** *tr* **3** Prostituir [un hombre a una mujer]. **b)** Explotar [a alguien]. ■ **4** Tratar [a alguien] de manera desconsiderada o abusiva.

puteo *m* (*vulg*) Acción de putear, *esp* [1 y 2].

putería *f* (*vulg*) **1** Condición de puta (→ PUTO [2]). ■ **2** Prostitución (actividad). ■ **3** Zalamería femenina. ■ **4** Astucia.

puteril *adj* (*vulg*) De (las) putas (→ PUTO [5]).

puterío *m* (*vulg*) **1** Prostitución (actividad). ■ **2** Conjunto de (las) prostitutas.

putero -ra *adj* (*vulg*) **1** De (las) putas (→ PUTO [5]). ■ **2** [Hombre] aficionado a las prostitutas. *Tb n.*

puticlub (*tb, más raro, con la grafía* **puti-club**) *m* (*vulg*) Bar de alterne.

putiferio *m* (*col, humoríst*) Puterío.

puto -ta (*vulg*) **I** *adj* **1** Se usa, gralm antepuesto al n, como calificativo despectivo genérico. * No tiene ni puta idea. ■ **2** [Mujer] fácil en el aspecto sexual. *Tb n.* ■ **3** [Hombre] astuto o taimado. *Tb n.* ■ **4** [Hijo] de (**la gran**) **puta** → HIJO.
II *n* **A** *m y f* **5** Prostituto. *Normalmente referido a mujeres.* **b)** *Más o menos vacío de significado, se usa frec como insulto, esp dirigido a mujeres. Tb adj.* * Son todas unas putas.
B *m* **6** Homosexual masculino.
C *f* **7** Sota de la baraja. ■ **8** *Frec se usa en fórmulas interjectivas como* LA PUTA (DE OROS), ME CAGO EN LA PUTA, ME CAGO EN TU PUTA MADRE, *etc.*
III *loc v* **9 pasarlas putas.** Pasar grandes apuros o dificultades.
IV *loc adv* **10 como puta por rastrojo.** En mala situación. ■ **11 como putas en cuaresma.** Sin dinero. ■ **12 de puta madre** → MADRE.

putón *m* (*vulg*) Puta (→ PUTO [2 y 5]). *A veces* ~ VERBENERO *o* DESOREJADO.

putrefacción *f* Acción de pudrir(se) o corromper(se). *Tb su efecto. Tb fig.*

putrefactivo -va *adj* De (la) putrefacción o que la implica.

putrefacto -ta *adj* Podrido o corrompido. *Tb fig.*

putrescible *adj* Que puede pudrirse o corromperse.

pútrido -da *adj* **1** Podrido o corrompido. *Tb fig.* ■ **2** De (la) putrefacción. ■ **3** [Fiebre] **pútrida** → FIEBRE.

putsch (*al; pronunc corriente,* /puĉ/) *m* Golpe de mano de un grupo político o militar con el fin de adueñarse del poder.

putt (*ing; pronunc corriente,* /pat/; *pl normal,* ~s) *m* (*Golf*) Golpe para introducir la pelota en el hoyo o para acercarla a él.

puya *f* **1** Punta de acero de la garrocha. ■ **2** Garrocha. ■ **3** Puyazo [1]. ■ **4** Pulla (dicho agudo con que se zahiere a alguien).

puyazo *m* **1** Pinchazo dado con la puya [1]. ■ **2** Puya [4].

puzle *m* Rompecabezas (juego). *Tb fig.*

puzolana *f* (*Mineral*) Roca eruptiva muy porosa, usada en construcción como aislante térmico y acústico y para la fabricación de cemento hidráulico.

puzolánico -ca *adj* (*Mineral*) De (la) puzolana.

puzzle (*ing; pronunc corriente,* /púθle/) *m* Puzle.

PVC (*pronunc,* /pé-úbe-θé/; *sigla del ing* polyvinyl chloride) *m* Materia termoplástica obtenida por polimerización del cloruro de vinilo, usada frec. para aislamientos.

PYME (*sigla; tb con la grafía* **pyme**; *pl,* ~ *o* ~s) *f* Pequeña y mediana empresa. *Normalmente en pl. A veces en sg con sent colectivo.*

pyrex (*n comercial registrado; pronunc corriente,* /píreks/ *o* /pírés/; *tb con la grafía* **pírex**) *m* Vidrio que resiste altas temperaturas, usado esp. para vajillas y menaje de cocina. *A veces* VIDRIO ~.

q

q → CU.

qasida → CASIDA.

quado → CUADO.

quadrívium *m* (*hist*) *En la Edad Media:* Grupo de disciplinas constituido por la aritmética, la geometría, la música y la astronomía.

quántico → CUÁNTICO.

quanto → CUANTO².

quántum (*pl* QUANTA) *m* **1** (*Fís*) Cuanto (unidad de radiación). ■ **2** (*lit*) Cantidad.

quark (*pl normal,* ~S) *m* (*Fís*) Hipotética partícula elemental con que se forman otras partículas.

quásar (*tb* **quasar**; *tb con la grafía* **cuásar** *o* **cuasar**; *pl normal,* ~S *o* ~ES) *m* (*Astron*) Cuerpo celeste de apariencia estelar cuyo espectro se caracteriza por líneas de emisión anchas y muy desplazadas hacia el rojo.

Quattrocento (*it; pronunc corriente,* /kuatroĉénto/). **el** ~. *m* El siglo XV. *Con referencia a Italia, esp a su arte y a su cultura.*

que¹ (*con pronunc átona*) *pron relativo* **A** *Introduce una prop adj* (*con antecedente*). **1** *El antecedente es un sust. Puede ir precedido de prep, y en este caso se usa frec con art.* (*Cuando la prop es explicativa, no se construye con prep sin art.*) * Estamos ante tú y yo, que somos del barrio. * Ni siquiera leía los periódicos y revistas de que se rodeaba. **b)** (*lit*) *Cuando el v de la prop es* SER, *el predicat puede anteponerse al relativo.* * Es una mujer honrada, lavandera que fue de la inclusa. **c)** *Se omite frec la prep* EN *cuando el pron* ~ *representa noción de tiempo:* el día que llegué. *Tb* (*col*) *cuando representa noción de lugar:* la casa que viven ellos. **d)** (*col*) *En otras nociones adverbiales normalmente representadas por prep* + ~, *se omite a veces la prep y se precisa la noción por medio de un ulterior compl "prep + pron pers":* el amigo que estuvimos ayer con él '*el amigo con el que estuvimos ayer*'. ■ **2 lo** ~. *El antecedente es gralm una or. El pron puede ir con o sin prep.* * Toreaba toros en puntas, con lo que el rejoneo adquiría mayor importancia. ■ **3 como quiera** ~, **cualquiera** ~, **dondequiera** ~, **quienquiera** ~ → COMO, CUALQUIERA, DONDEQUIERA, QUIENQUIERA.

B *Introduce una prop sust* (*sin antecedente*). **4** *Precedido siempre de art, con o sin prep.* * Mientras no reviente, coma las que le quepan. ■ **5 lo** ~. Cuánto. * ¡No sabes lo que significa para mí! **b)** *Cuando se refiere a un adj o un adv, estos se intercalan entre* LO *y* ~. * Es curioso lo rápido que lee.

C *Acompañado de diversas palabras, forma locs y constrs.* **6** *locs conjs de sent temporal.* **a) a lo** ~, **a**

la ~. (*pop*) Cuando. **b) en lo** ~. (*pop*) Mientras. ■ **7** *constrs vs* **a) dar** ~ + *infin* (HACER, HABLAR, PENSAR, *etc*) → DAR. **b) tener mucho** (*o* **algo, poco, nada**) ~ + *infin* → TENER. **c) lo** ~ **es**. *Se usa expletivamente precediendo a un sust o a una prop, con intención enfática.* * Lo que es llover, lloverá todo el día. ■ **8** *loc pr cuantitativa* **el** ~ **más y el** ~ **menos**. Todo el mundo, unos más y otros menos.

que² (*con pronunc átona*) **I** *conj* **A** *Introduce una prop.* **1** *Introduce una prop sust que desempeña en la or la función de cd, suj, predicat o compl de un sust o un adj. A veces precedido del art* EL, *esp en función de suj.* * Le daba rabia que se pareciera al abuelo. * Dijo que vendría. * No deja de ser curioso el hecho de que renuncie. * El que seas tú no importa. **b)** *Iniciando la contestación a una pregunta, dependiendo del v de esta.* * –¿Qué tengo que saber? –Que estás en mis manos. **c)** *Reitera algo dicho anteriormente y que no ha tenido respuesta.* * –¿Tiene tabaco? –¿Qué? –¡Que si tiene tabaco! **d)** (*col*) *A veces, cuando entre la conj y el v va intercalado un compl, se repite la conj delante del v.* * Gritaba que, si aparecía la tal, que a ella le diesen veneno. **e)** *Tb dependiendo de vs que exigen compl precedido de una determinada prep:* ACORDARSE DE, AVERGONZARSE DE, APROVECHARSE DE, NEGARSE A, CONFORMARSE CON, *etc*. **f)** ~ **si** (*tb, más raro,* ~). *Introduce una prop en la que se reproducen argumentos de otra pers a los que se niega validez. A veces se omite el v del que depende la conj.* * Ya sabes cómo habla: que si relativamente por aquí, que si singular por allá. * Que Pakistán es zona de paso ciclónico. Pues bueno. ■ **2** *Introduce un término* (*prop o palabra*) *que se toma como base de una comparación. Va siempre precedido de un antecedente* (MÁS, MENOS, MAYOR, MENOR, MEJOR, PEOR, ANTES, DESPUÉS, IGUAL, DOBLE, *etc*). * Carlos es más valiente que Luis. **b)** *A veces va seguido de un* NO *expletivo.* * Más graves problemas que no los de las bombas hemos tenido. **c) preferir** [a una pers. o cosa] ~ [otra] → PREFERIR. **d) otro** ~ → OTRO. ■ **3** *Introduce una prop presentada como consecuencia del hecho expuesto en la or. Puede ir precedido de un antecedente* TAL, TAN *o* TANTO, *u otra palabra equivalente.* * Una razón tan clara, tan irrebatible, que Marcelo se rinde sin luchar. * Pega semejantes retemblores que parece que va a estallar. * Estoy que no vivo. ■ **4** ~ **no** + *v en subj* = SIN QUE + *v en subj, o* SIN + *v en infin. Dependiendo del v en forma negativa.* * No habla que no meta la pata. ■ **5** Para que. *Después del v principal.* * Entra que te veamos. ■ **6** Porque. *Después del v principal.* * Tardaron en salir un mes, que se les había perdido la llave. **b)** *Siguiendo a un n o adj, pondera lo expresado por estos, frec presentándolo como causa de*

algo comentado antes. * Progre que es el funcionario. ■ **7** *Como. Introduce una prop con la que se presentan como palabras ajenas las que se acaban de enunciar.* * El Occidente neocapitalista (que llaman). ■ **8** *Precediendo a una negación, pone de relieve la idea que precede contraponiéndola a otra que sigue.* * Hermana melliza, que no gemela. **b)** *Precedido de una or negativa: Sino que.* * El accidente no existe por se, no es en sí, que es en otro. ■ **9** *Introduce una or aclaratoria intercalada entre paréntesis o comas.* * Hágalo si sabe, que me pienso que sí. ■ **10** ~ + *suj* (*gralm pron pers*) + *v* (*solo de conocimiento*) *en subj o ~ en gerundio + suj: ~ yo sepa* 'sabiéndolo yo'. ■ **11** ~ + *v en subj, ~ no* (*o ~ no + el mismo v*). *Aunque no + v en subj. A veces se suprime el primer ~.* * Que quiera, que no quiera, irá. * Quieras que no, aquí se está mejor. **B** *Introduce una or independiente.* **12** *Introduce una or* (*con v en ind*) *que expresa una advertencia.* * Profesor, que este no me deja ver. ■ **13** *Introduce una or* (*con v en subj*) *que expresa deseo.* * ¡Que Dios nos ayude! ■ **14** *Introduce una or exclam* (*con v en subj*) *que expresa lamentación.* * ¡Que me pase esto a mí! ■ **15** *Introduce una or interrog o exclam, que expresa incomprensión o asombro ante lo que se acaba de oír.* * —No quiere ir. —¿Que no quiere? **b)** *Introduce una or exclam con la que se constata un hecho.* * ¡Vamos, que no te fías de mí! ■ **16** *Si. Introduce una or que, con entonación más o menos interrog, presenta una objeción hipotética, a la que sigue inmediatamente su solución.* * ¿Que riñes? Pues santas pascuas. ■ **17** (*col*) *En comienzo de frase y a veces repetido dentro de ella, denota énfasis en una apreciación.* * Que muy bien, que es una oportunidad. * ¡Que te crees tú eso! ■ **18 a ~...** *Se usa para dar relieve al enunciado que sigue.* * ¡A que sé lo que estás pensando! ■ **19 y** + *ci de pers* + ~. *Introduce una observación que contradice lo que otro acaba de decir.* * —Los anuncios me cargan. —Y a mí que me entretienen... **C** *Se usa expletivamente.* **20** *Siguiendo a advs de afirmación* (SÍ, CLARO, NATURALMENTE, SEGURO, *etc*), *o a las locs advs de tiempo* EN ESTO, EN ESO. * Mira, memoria sí que tengo. ■ **21** (*pop*) *Siguiendo a expresiones exclams con* QUÉ + *adj o adv, o con* MENUDO (*u otro adj ponderativo semejante*) + *n.* * ¡Qué bien que nos vendría esa casa! * ¡Menudo saque que tiene! ■ **22** (*reg*) *Introduciendo una interrogación.* * —¿Por qué? —Por el color del pelo. ¿Que no lo ves? **D** *Se combina con otras palabras.* **23** *Precedido de otras palabras, gralm advs o preps, forma locs conjs* (AL PUNTO ~, A MENOS ~, ANTES (DE) ~, ASÍ ~, BIEN ~, COMOQUIERA ~, CON TAL ~, DADO ~, DE MANERA ~, DE MODO ~, DE ~, DESPUÉS (DE) ~, DONDEQUIERA ~, EN CUANTO ~, EN TANTO ~, ENTRE TANTO ~, LUEGO ~, MAL ~, MIENTRAS ~, NADA MÁS ~, NI ~, PARA ~, POR MÁS ~, PUESTO ~, SINO ~, SUPUESTO ~, YA ~, Y ESO ~, *etc*) → PUNTO, MENOS, ANTES, *etc.* ■ **24 por** + *adv o adj* + ~ (POR PRONTO ~, POR BUENO ~) → POR. ■ **25** *Forma constrs y perífrasis vs:* **ser** (*en 3ª pers sg*) + *adv o sust* + ~ (ES ASÍ ~, FUE ENTONCES ~, ES AQUÍ ~, ERA POR ESTO ~, *etc*) → SER; **haber** ~ → HABER; **tener** ~ → TENER; **– digamos** (*o* **se diga**) ~ → DECIR; **es** (**era**, *etc*) ~ → SER. ■ **26** *Forma locs prs:* **alguno** – **otro, uno ~ otro** → ALGUNO, UNO.
II *locs y constrs advs* **27** *v en 3ª pers sg de pres de ind* + ~ + *la misma forma verbal* (*o el mismo v en 2ª pers sg del fut de ind*) = *v en gerundio* + CONSTANTEMENTE: canta ~ canta 'cantando constantemente'. *Frec el 2º término va precedido del pron* TE: canta que te canta, canta que te cantarás. **b)** **dale** ~

dale, dale ~ le das → DAR; **erre ~ erre** → ERRE. ■ **28** (*raro*) *adj* + ~ + *el mismo adj* = SUMAMENTE + *adj.* * Estás gorda que gorda. ■ **29 pero ~.** (*col*) *Precediendo a una expresión de intensidad, la refuerza.* * Muy bonito, pero que muy bonito. ■ **30 ~ para qué.** (*pop; tb en la forma* ~ PA QUÉ) *Se usa para ponderar lo expresado por el v que precede. Tb adj, referido a un sust.* * Le ha sentado el campo que para qué. * Tiene un catarro que para qué.

qué (*con pronunc tónica*) **I** *pron interrog y exclam* **1** *En uso interrog, sirve para preguntar por la identidad de una cosa o por la cualidad de una pers o cosa. A veces tb* (*col*) EL ~, *o* (*pop*) LO ~. * Aguardó a ver qué pasaba. * Parecía buscar algo, aunque no sabía el qué. **b)** ¿y ~? *Se usa para pedir la ampliación de una noticia que se acaba de recibir.* * —¿Terminaste? —Ayer tarde. —¿Y qué? **c)** ¿de ~? ¿Por qué? *Implica negación. A veces en forma exclam.* * ¿Casarse con él? ¿De qué? **d)** ¿por ~ no...? *Fórmula con que se invita a la acción que se expresa a continuación.* * ¿Por qué no vamos de paseo? ■ **2** *En uso interrog, sirve para preguntar por la cantidad o el precio de algo.* * ¿Qué hay que añadir a 4/7 para tener 2/3? * ¿Qué cuesta esto? **b)** *En uso exclam, seguido de la prep* DE, *sirve para ponderar la cantidad.* * ¡Qué de coches! ■ **3** ¿y ~? *o* ¿y eso ~? *Expresa desprecio ante una objeción, o indiferencia hacia la cuestión que se acaba de exponer.* * —Seguro que se lo dice al jefe. —¿Y qué? No hacemos nada malo. **b)** *A veces se expresa la pers que toma esa actitud, mediante la constr* ¿Y A + *pron o n* + ~? * —Van a protestar. —¿Y a mí qué? ■ **4** *Formando or por sí solo: En uso interrog, ante algo dicho por otro y que no se ha comprendido, o respondiendo a una llamada. Tb* (*col*) ¿EL ~? * —Oiga, señor... —¿Qué? ¿Me llamaba? * —¿Tú crees que es malo? —¿El qué? **b)** *En uso exclam* (*aunque a veces en forma interrog*), *expresa protesta o sorpresa.* * —Hay que volver a empezar. —¡Qué dices! ¿Te has vuelto loco? ■ **5** *En diversas constrs y locs con* ~: **no hay da** ~ → HABER; ¿~ **es de** + *sust*? → SER; ¿~ **hay**? → HABER; **~ más da** → DAR; **no sé** ~, **~ sé yo, yo ~ sé** → SABER; **va** ~ → IR.
II *adj interrog y exclam* **6** *En uso interrog, sirve para preguntar por la identidad o la cualidad de una pers o cosa.* * ¿Por qué razón haces esto? **b)** *En uso exclam* (*a veces en concurrencia con un adj calificativo precedido de* TAN *o* MÁS) *sirve para ponderar la condición de lo expresado por el n o la cualidad expresada por el adj.* * ¡Qué cosas preguntas! * ¡Qué mujer más especial! ■ **7** *En uso interrog, sirve para preguntar por la cantidad.* * ¿Qué tiempo hace que le conoces? **b)** *En uso exclam, pondera la cantidad.* * ¡Qué pena da verlo! ■ **8** *En uso interrog retórico* (*a veces en forma exclam*) *implica negación. A veces con un incremento expresivo introducido por* NI. * ¡Qué rey ni qué niño muerto!
III *adv interrog y exclam* **9** *En uso interrog, sirve para preguntar por el modo de un hecho.* * ¿Qué te parece a ti? —Muy bien. ■ **10** *En uso interrog, sirve para preguntar por la intensidad de un hecho.* * Quería saber qué nos importaba aquello. **b)** *En uso exclam, sirve para ponderar la intensidad de una cualidad o una circunstancia.* * ¡Qué espléndido día! ¡Qué lejos todo! ■ **11** *Precediendo a una pregunta, la anticipa.* * ¿Qué? ¿Echó usted un sueñecito? ■ **12** *Precediendo a una interj, la refuerza enfáticamente.* * Es listo, qué demonios. ■ **13** (*col*) *En uso interrog, anticipa de manera vaga un compl adv por el que se pregunta a continuación.* * ¿Qué vienes, en metro o en coche? ■ **14** *En uso interrog retórico* (*a veces en forma exclam*), *implica negación.*

* Ya no viene, qué va a venir. ■ **15 ¿~ tal?** → TAL.

■ **16 sin ~ ni para ~**, *o* **sin venir a ~**. Sin motivo. ■ **17 que para ~** → QUE² [30].

IV *m* **18** Naturaleza o entidad [de una cosa]. *Precedido del art* EL. * Eso de las quemaduras no es el qué, es el cuánto. ■ **19 el ~ dirán**. La opinión de la gente. ■ **20 un no sé ~**. Una cosa que no se sabe explicar.

quebecense *adj* Quebequés. *Tb n.*

quebequeño -ña *adj* Quebequés. *Tb n.*

quebequés -sa *adj* De Quebec. *Tb n, referido a pers.*

quebracho *m* Nombre común a varias especies de árboles de América del Sur cuya madera es muy rica en tanino, esp la Aspidosperma quebracho-blanco, la Schinopsis lorentzii y la S. balansae. *Frec tb su madera.* **b)** **~ rojo.** Nombre común a las especies Schinopsis lorentzii y S. balansae.

quebrada *f* Abertura estrecha y áspera entre montañas.

quebradero *m (col)* Preocupación. *Normalmente* ~ DE CABEZA.

quebradizo -za *adj* Que se quiebra [2 y 4] con facilidad. **b)** [Salud] débil o delicada. **c)** *(raro)* Débil o inconsistente.

quebrado -da *adj* **1** *part* → QUEBRAR. ■ **2** [Terreno] desigual y escabroso. ■ **3** [Línea] constituida por varias porciones de rectas, unas a continuación de otras, sin que dos consecutivas caigan en la misma recta. ■ **4** [Número] que expresa una o más partes alícuotas de la unidad y que se representa mediante dos cantidades separadas por una raya horizontal u oblicua. *Frec n m.* ■ **5** *(Coc)* [Pasta] para horno preparada con harina, aceite o mantequilla, agua, huevos y sal. ■ **6** [Pie] ~ → PIE.

quebradura *f* **1** Hendidura. ■ **2** *(pop)* Hernia, esp. en el escroto.

quebrantable *adj (raro)* Que se puede quebrantar.

quebrantador -ra *adj* Que quebranta. *Tb n: m y f, referido a pers; f, referido a máquina.*

quebrantahuesos *m* Ave rapaz de gran tamaño, de plumaje pardo oscuro en la parte superior del cuerpo y blanco rojizo en la cabeza (Gypaetus barbatus).

quebrantamiento *m* Acción de quebrantar(se), *esp* [4].

quebrantaolas *m (Mar)* Navío que se echa a pique para que rompan en él las olas.

quebrantar *tr* **1** Producir quebraduras o grietas [en una cosa (cd)] de modo que se rompa más fácilmente. **b)** *pr* (~se) Producirse quebraduras o grietas [en una cosa (suj)]. ■ **2** Machacar [una cosa (cd)] reduciéndola a trozos, pero sin triturarla. ■ **3** Reducir [el ímpetu o la resistencia [de alguien o algo (cd)]. *Tb fig.* **b)** Reducir [las fuerzas o la salud (cd)] de alguien (compl de posesión)]. **c)** *pr* (~se) Decaer o disminuir [las fuerzas o la salud (suj)] de alguien (compl de posesión)]. ■ **4** Violar o incumplir [una ley u obligación (cd)]. **b)** Violar [una cerradura].

quebranto *m* **1** Acción de quebrantar(se), *esp* [3]. *Tb su efecto.* ■ **2** Pérdida o perjuicio. *Frec* ~ ECONÓMICO. **b)** **~ de moneda.** Comisión o gratificación concedida a los habilitados o pagadores.

quebrar *(conjug* **6)** **A** *tr* **1** Romper [algo duro (cd)] con violencia. **b)** Romper [algo material o inmaterial]. *Tb fig.* **c)** Hacer que se quiebre [4] [la voz (cd)].

B *intr* ➤ **a** *normal* **2** Romperse [algo material o inmaterial]. *Frec pr* (~se). *Tb fig.* ■ **3** Cesar [alguien] en un negocio por no poder hacer frente a las obligaciones contraídas al no alcanzar el activo a cubrir el pasivo. *En part, frec va sustantivado.*

➤ **b** *pr* (~se) **4** Sonar [la voz] discontinua y alterada, esp. a causa de la emoción. ■ **5** Interrumpir su continuidad [el terreno]. ■ **6** *(pop)* Herniarse. *Frec en part, a veces sustantivado.*

quechemarín *m* Embarcación pequeña de dos palos.

quechua *(tb, raro, con la grafía* **kechua**) **I** *adj* **1** [Indio] que en el momento de la colonización habitaba la región que se extiende al norte y poniente del Cuzco (Perú). *Tb n.* **b)** Propio de los indios quechuas. ■ **2** Del quechua [3].

II *m* **3** Lengua hablada por los quechuas [1] y que se extendió como lengua general por gran parte de América del Sur.

quechuismo *m* Palabra o giro propios de la lengua quechua o procedentes de ella.

queda *f* **1** Prohibición militar de circular por las calles durante determinadas horas de la noche, que se establece en tiempo de guerra o de desórdenes. *Más frec* TOQUE DE ~. ■ **2** *(reg)* Juego infantil en que el que se queda [8] permanece quieto un tiempo esperando a que los demás se alejen, para correr luego tras ellos y tratar de cogerlos.

quedado -da *adj* **1** *part* → QUEDAR. ■ **2** *(Taur)* [Toro] que se queda [7].

quedamente *adv (lit)* De manera queda (→ QUEDO [1]).

quedante *adj (raro)* Que queda.

quedar **A** *intr* ➤ **a** *normal* **1** Continuar estando [en un lugar o en una situación]. *Frec pr* (~se). *Referido a lugar, el uso no pr es lit.* * Pepe quedó en casa. **b)** **no ~ por** [alguien o algo]. No ser [esa pers. o cosa] la causa de que [algo (suj)] continúe sin realizarse. **c)** **ahí queda eso.** *(col)* Fórmula que pondera la rotundidad y oportunidad de lo que se acaba de hacer o decir. * Se aparta jactancioso del toro como diciendo: ¡Ahí queda eso! ■ **2** Pasar a estar [de una determinada manera (predicat o compl adv)] como consecuencia de un hecho. *Tb pr* (~se), *esp en sent material.* **b)** A veces el predicat se omite: ~ [interrumpido] ~ [muerto], ~ [fijo], ~ [embarazada], *etc.* * La conversación quedó aquí. * Casi se queda en el sitio. **c)** Aparecer ante los demás [de una determinada manera (adv,* COMO *+ art + adj,* O POR *+ adj)]. * No quiero quedar mal. * Quedas como un tonto. * Quedó por embustero. **d)** Resultar. *Con un predicat o compl adv.* * Queda bonito; sí, sí, queda muy bien. **e)** Tener [una acción o una serie de acciones] como resultado final y desproporcionadamente pequeño [algo (compl* EN*)]. **f)** Pasar a ser [de alguien (compl* POR*)] algo que está en liza. ■ **3** Estar [una cosa o alguien] en determinada situación local o temporal]. ■ **4** Ser [alguien o algo] el resto de un todo del que se van empleando o cumpliendo elementos o porciones. **b)** *(col)* Resultar suspendida [una asignatura (suj)] para alguien (ci)]. **c)** **~le otra** [a alguien]. *(col)* No estar íntimamente en conformidad con lo que se acaba de decir. ■ **5** Acordar [dos perss., o una con otra, algo (compl* EN *+ sust)]. *Tb (pop)* ~ DE *+ infin o una prop con* QUE. * Quedamos en eso. * Quedó de venir. **b)** Citarse [dos perss. o una con otra]. **c)** ¿**en qué quedamos?** *Fórmula con que se invita a poner término a una indecisión o aclarar una incongruencia.* * ¿En qué quedamos, quieres o no quieres?

➤ **b** *pr* (**~se**) **6** Fijarse [algo] en la memoria [de alguien (*ci*)]. ▪ **7** (*Taur*) Evitar [el toro] las arrancadas, por agotamiento o por temperamento. ▪ **8** *En algunos juegos infantiles:* Desempeñar [alguien] el papel menos agradable. ▪ **9** Pasar a la posesión [de algo (*compl* CON)], esp. mediante compra. *Tb fig.* **b)** Pasar [alguien] a la posesión definitiva [de algo (*compl* CON) que se le había confiado temporalmente]. **c)** Retener [algo (*compl* CON)] en la memoria. **d)** Decidirse [por alguien o algo (*compl* CON)] o elegir[lo (*compl* CON)]. **e)** (*col*) Sentir o mostrar atracción [por alguien o algo (*compl* CON)]. ▪ **10** (*col*) Burlarse [de alguien (*compl* CON)]. ▪ **11** ~**se solo.** (*col*) Ser exagerado. *Normalmente seguido de ger o de* A + *infin.* * Te quedas solo pidiendo, chico. * Se quedó solo a elogiarte.

B *tr* ➤ **a** *normal* **12** (*pop*) Dejar [algo o a alguien (*cd*) de una determinada manera (*predicat o compl adv*)]. ▪ **13** (*pop*) Acordar [algo (*prop con* QUE) dos perss. o una con otra].

➤ **b** *pr* (**~se**) **14** (*col*) Pasar a la posesión [de algo (*cd*)], esp. mediante compra. *Tb fig.* **b)** Pasar [alguien] a la posesión definitiva [de algo (*cd*) que se le había confiado temporalmente].

quede *m* (*col*) Burla o broma.

quedo -da I *adj* (*lit*) **1** Que apenas hace ruido. ▪ **2** Quieto o que no se mueve. **b)** Quieto o sosegado. II *adv* **3** Sin apenas hacer ruido.

quedón -na *adj* **1** (*col*) [Pers.] bromista o propensa a quedarse [10] con otras. *Tb n.* ▪ **2** (*col*) [Mujer] fácil de conquistar amorosamente. *Tb n.* ▪ **3** (*Taur*) [Toro] propenso a quedarse [7].

quehacer *m* Actividad en que uno se ocupa, esp. por obligación o necesidad.

queimada *f* Bebida típica gallega que se obtiene de mezclar aguardiente de orujo, azúcar y limón y flamearlo hasta que se consume parte del alcohol. *Tb la operación de prepararla.*

queísmo *m* (*Gram*) Uso de la conjunción *que* en casos en que la norma establece *de que.*

queja I *f* **1** Acción de quejarse. *Tb su efecto.* II *loc v* **2 dar ~(s).** Quejarse [2] [de alguien o algo]. **b) tener ~** (*o* ~**s**). No estar satisfecho [de alguien o algo]. *Frec en constr negativa.*

quejarse *intr pr* **1** Emitir [alguien] sonidos o palabras que expresan dolor o pena. *Tb fig.* ▪ **2** Manifestar [alguien] disgusto o protesta [por algo o alguien (*compl* DE)]. *Tb sin compl.* ▪ **3** Manifestar [alguien] padecimiento [en alguna parte del cuerpo (*compl* DE)]. **b)** Manifestar [un padecimiento (*compl* DE)].

quejica *adj* (*col*) [Pers.] que se queja mucho, y frec. con poco motivo. *Tb n.* **b)** (*raro*) Propio de la pers. quejica.

quejicoso -sa *adj* (*col, raro*) Quejumbroso.

quejido *m* Acción de quejarse [1]. *Tb su efecto.*

quejigal *m* Terreno poblado de quejigos.

quejigar *m* Quejigal.

quejigo *m* Se da este *n* a las variedades de roble *Quercus lusitanica, Q. faginea y Q. canariensis.*

quejilloso -sa *adj* (*raro*) [Pers.] que se queja mucho.

quejosamente *adv* De manera quejosa [2b].

quejoso -sa *adj* **1** Que tiene quejas [de alguien o algo]. *Frec con el v* ESTAR. ▪ **2** Que se queja. **b)** Propio de quien se queja.

quejumbre *f* (*lit*) Queja, esp. reiterada.

quejumbrosamente *adv* De manera quejumbrosa [2].

quejumbroso -sa *adj* **1** [Pers.] que se queja continuamente y esp. con poco motivo. *Tb fig, referido a cosa.* ▪ **2** [Cosa] propia de la queja, o que la implica.

quel *m* (*jerg*) Casa (lugar en que se vive).

quelante *adj* (*Med*) [Agente] capaz de fijar iones de carácter metálico o semimetálico, usado esp. para eliminar del organismo los metales pesados. *Tb n m.*

quelato *m* (*Quím*) Compuesto originado por la unión de átomos metálicos con moléculas orgánicas o inorgánicas.

queli *m* (*jerg*) Casa (lugar en que se vive).

quelícero *m* (*Zool*) Apéndice bucal de los arácnidos, frec. modificado en forma de pinza.

queloide (*tb* **queloides**) *m* (*Med*) Tumor cutáneo que forma un saliente duro, compacto, de color rosa encarnado y superficie lisa.

quelonio *adj* (*Zool*) [Reptil] provisto de un caparazón de elementos óseos y córneos, cuatro patas gruesas y cortas, cabeza pequeña, cola cónica y mandíbulas sin dientes y cubiertas por una envoltura córnea. *Frec como n m en pl,* designando este taxón zoológico.

quema I *f* **1** Acción de quemar [1]. II *loc v* **2 huir de la ~.** (*col*) Esquivar un peligro o una situación desagradable.

quemadero *m* Lugar destinado a quemar [1a] cosas en él. *A veces con un compl especificador.*

quemado -da *adj* **1** *part* → QUEMAR. ▪ **2** (*col*) [Pers.] disgustada o molesta por algo que se le ha hecho.

quemador -ra I *adj* **1** Que quema. II *m* **2** *En una cocina, un calentador u otro aparato similar:* Dispositivo en que se efectúa la combustión de un combustible líquido, gaseoso o pulverulento. ▪ **3** Aparato destinado a quemar [algo (*compl especificador*)].

quemadura *f* **1** Lesión causada en los tejidos orgánicos por el calor o por una sustancia corrosiva o cáustica. **b)** Señal o daño causados en algo por el calor o por una sustancia corrosiva o cáustica. ▪ **2** (*Bot*) Enfermedad de las plantas caracterizada por el decaimiento de las hojas y partes tiernas, causada por el calor o el frío intenso y a veces por hongos o bacterias.

quemante *adj* (*lit*) Que quema. *Tb fig.*

quemar I *v* **A** *tr* **1** Destruir [algo o a alguien (*cd*) el fuego, o alguien mediante este]. **b)** *pr* (~**se**) Destruirse [algo] a causa del fuego. ▪ **2** Someter [algo] a la acción del fuego. **b)** Someter [azúcar] a la acción del calor para convertirlo en caramelo. ▪ **3** Someter [algo] a combustión. ▪ **4** Tostar o curtir [el sol o el aire (*suj*) la piel, una parte del cuerpo o a una pers.]. **b)** *pr* (~**se**) Tostarse o curtirse. ▪ **5** Inutilizar [un alimento] al someterlo a un fuego excesivo o demasiado prolongado. **b)** *pr* (**~se**) Inutilizarse [un alimento] al someterlo a un fuego excesivo o demasiado prolongado. ■ **6** Causar daño o lesión [a alguien o algo (*cd*) el calor o una sustancia corrosiva o cáustica, o alguien mediante estos]. *Tb abs.* **b)** *pr* (**~se**) Sufrir daño o lesión [alguien o algo] a causa del calor o de una sustancia corrosiva o cáustica. ■ **7** Producir quemadura [2] [a una planta o a una parte de ella (*cd*)]. **b)** *pr* (**~se**) Sufrir quemadura [2] [una planta o una parte de ella]. ■ **8** Producir una sensación intensa de ardor o escozor [a alguien o a una parte de él (*cd*)]. *Frec abs. Tb fig.* ■ **9** Destruir [una cosa], o causar[le (*cd*)] un grave daño. ■ **10** Consumir o gastar sin provecho [algo (*cd*)]. ■ **11** Dejar [algo o a alguien] sin posibilidades futuras para desempeñar su función, debido a una utilización excesiva o abusiva. **b)** *pr* (**~se**) Quedar [alguien o algo] sin posibilidades futuras para desempeñar su función, gralm. debido a una utilización excesiva. ■ **12** Impacientar o desazonar [a alguien (*cd*)]. ■ **13** (*col*) Producir [algo a alguien (*cd*)] un deseo vehemente de desprenderse de ello. *Gralm en la constr* PARECE QUE TE QUEMA (EN LAS MANOS). ■ **14** (*col*) Vender [algo] a menos de su precio. *Con intención ponderativa.* ■ **15** ~ **etapas, ~ la sangre** → ETAPA, SANGRE.

B *intr* ➤ **a** *normal* **16** Estar [algo] muy caliente para tocarlo o tomarlo. **b)** Calentar intensamente. *Dicho esp del sol.* ■ **17** (*jerg*) Resultar comprometedor [algo].

➤ **b** *pr* (**~se**) **18** *Se usa en el juego de las adivinanzas, en constrs como* QUE TE QUEMAS *o* TE HAS QUEMADO, *para indicar acierto muy aproximado o total, respectivamente.* * –¿Viajante de comercio? –Casi se quema, amigo.

II *loc adv* **19 por donde quema.** (*col*) Por el lado ofensivo. *Con vs como* COGER *o* TOMAR.

quemarropa. a ~. *loc adv* **1** Desde muy cerca. *Con el v* DISPARAR *u otro equivalente. Tb adj.* ■ **2** Por sorpresa. *Gralm con el v* PREGUNTAR *u otro equivalente. Tb adj.*

quemazo *m* (*reg*) Acción de quemar, *esp* [2a y 6a].

quemazón *f* **1** Sensación de quemadura, ardor o escozor. ■ **2** Desazón o inquietud. ■ **3** Hecho de estar quemado o disgustado.

quena (*tb con la grafía* **kena**) *f* Flauta con cinco agujeros y sin embocadura, propia de los indios del Perú, Bolivia y el norte de Argentina.

quencia *f* Kentia (planta).

quenista *m y f* Músico que toca la quena.

quenopodiácea *adj* (*Bot*) [Planta] dicotiledónea con fruto en aquenio, de la familia de la espinaca y la remolacha, uno de cuyos géneros principales es *Chenopodium. Frec como n f en pl, designando este taxón botánico.*

quenopodio *m Se da este n a distintas plantas del gén* Chenopodium, *en especial a la* Ch. ambrosioides *y la* Ch. anthelminticum, *usadas en medicina como vermífugas.*

queo (*jerg*) **I** *interj* **1** *Se usa para avisar de un peligro o de la llegada de alguien cuya presencia no se desea.* * ¡Queo! ¡Los guardias!
II *loc v* **2 dar el ~.** Avisar de un peligro o de la llegada de alguien cuya presencia no se desea. ■ **3 darse el ~.** Marcharse.

quepis (*tb con la grafía* **kepis**) *m* Gorra cilíndrica con visera horizontal que forma parte de algunos uniformes.

quera *f* (*reg*) Polvo de madera carcomida.

querandí **I** *adj* (*hist*) **1** De un pueblo indio que en la época de la conquista habitaba en la margen derecha del Río de la Plata. *Tb n, referido a pers.* ■ **2** De(l) querandí [3]. *Tb n m, referido a término.*
II *m* **3** Lengua de los indios querandíes.

querargirita *f* (*Mineral*) Mineral constituido por cloruro de plata, que suele presentarse en masas compactas de color gris verdoso y consistencia de cera.

querático -ca *adj* (*Quím*) De (la) sustancia córnea.

queratina *f* (*Quím*) Sustancia albuminoidea rica en azufre, que, en los vertebrados, constituye parte de la epidermis y de los órganos derivados de esta, como plumas, uñas o pelos.

queratinización *f* (*Fisiol*) Acción de queratinizarse. *Tb su efecto.*

queratinizarse *intr pr* (*Fisiol*) Endurecerse [algo] por la acción de la queratina.

queratitis *f* (*Med*) Inflamación de la córnea.

queratocono *m* (*Med*) Deformidad de la córnea en forma cónica.

queratoma *m* (*Med*) Afección de la piel producida al queratinizarse los tegumentos.

queratoplastia *f* (*Med*) Cirugía plástica de la córnea.

quercínea *adj* (*Bot*) Cupulífera. *Frec como n f en pl.*

querella *f* **1** (*lit*) Disputa o pendencia. ■ **2** (*Der*) Acusación de un delito propuesta ante el juez o tribunal competente por el agraviado.

querellante *adj* (*Der*) Que se querella. *Tb n, referido a pers.*

querellarse *intr pr* (*Der*) Presentar querella [2] [contra alguien].

querelloso -sa *adj* (*Der, raro*) Que se querella. *Tb n.*

querencia *f* **1** Inclinación del hombre y de ciertos animales a volver a un lugar, esp. aquel en que se han criado. **b)** Lugar hacia el que se tiene inclinación a volver. ■ **2** Inclinación o tendencia. ■ **3** Afecto o cariño.

querenciarse (*conjug* 1a) *intr pr* (*Taur*) Aquerenciarse [el toro].

querencioso -sa *adj* **1** Que tiene o muestra querencia, *esp* [1a]. *Gralm referido a animales.* ■ **2** [Lugar] al que tienen querencia algunos animales.

querendón -na *adj* (*raro*) Cariñoso.

querer[1] **I** *v* (*conjug* 23) *tr* ➤ **a** *normal* **1** Tender con la mente a la obtención [de algo (*cd*)] o a la realización [de un hecho (*cd*)]. *El cd puede ser un sust, un infin o una prop introducida por* QUE. * Quiero verlo. * Quiero que vengas. **b)** *En forma interrog (en pres o en pospret), introduce una petición cortés que se dirige a la pers designada en el suj. Lo que se solicita va en forma de prop de infin.* * ¿Quieres pasarme la sal? * ¿Querrías pasarme la sal? ■ **2** Pretender o aspirar a conseguir [algo (*cd*)] de alguien]. *A veces* (*col*), *en lugar de compl* DE, *tiene ci.* * ¿Qué quieres de mí? * ¿Qué me querrá? **b)** Pedir [cierta cantidad por algo]. ■ **3** Pretender o aspirar a hacer creer [algo]. *Normalmente seguido de infin o de una*

prop introducida por QUE. ■ **4** Requerir o necesitar [algo (*suj*) una cosa (*cd*)]. ■ **5** Sentir afecto [hacia una pers. (*cd*) o hacia una cosa personificada (*cd*)]. **b**) ~ **bien** (*o* **mal**). Sentir afecto (o aversión) [hacia alguien (*cd*)]. ■ **6** Sentir afecto y atracción de carácter sexual [hacia una pers. (*cd*)]. *Tb abs.* **b**) Hacer el amor [dos perss., o una a otra]. ■ **7** Estar a punto [de producirse un fenómeno (*infin*)]. * Quiere llover. ■ **8** (*Naipes*) Aceptar [un envite]. *Frec abs.* ➤ **b** *en locs y fórm or* **9 cómo quieres.** (*col*) *Fórmula con que, frec en forma interrog, se niega enfáticamente lo dicho por otro. Seguido de una prop introducida por* QUE, *que a veces se omite por consabida.* * ¿Cómo quieres que me acuerde, si era un niño? ■ **10 dejarse** ~. Dejar [alguien] que otros actúen erróneamente de modo favorable respecto a él, sin intervenir para aclarar la situación. ■ **11 no** ~ **nada** [con alguien]. Rehuir el trato [con él]. ■ **12 no quieras saber,** *o* **pensar,** *o* **ver.** (*col*) *Fórmulas con que se pone de relieve el hecho que se narra.* * Yo, no quieras saber, ni contestar, salí despepitada. ■ **13 ¿qué más quieres?** (*col*) *Fórmula con que se comenta que lo conseguido por otro es más que suficiente teniendo en cuenta sus méritos o sus circunstancias.* * Ya te han subido el sueldo hace cinco años. ¿Qué más quieres? ■ **14 qué más quisieras** (**tú**). (*col*) *Fórmula con que se rechaza en tono de burla lo que otro acaba de decir.* * —No me conoces tú bien. –¡Qué más quisieras! ■ **15 qué quieres,** *o* **qué quieres que** (**le**) **haga.** (*col*) *Fórmula con que se expresa conformidad o excusa ante lo dicho antes.* * –¿Tú lees eso? –Qué quieres. Me aburro. ■ **16 que si quieres.** (*col*) *Fórmula con que se expresa enfáticamente la imposibilidad de lo que se ha expuesto como deseo o esperanza. Tb* QUE SI QUIERES ARROZ, CATALINA. * Traté de asustar al perro, pero que si quieres. Ni se movió. ■ **17** ~ **decir.** Significar. ■ **18 ¿quieres más?** (*col*) *Fórmula con que se pondera algo que se acaba de decir o que se dice a continuación.* * Si hasta tuvo que intervenir el director. ¿Quieres más?
II *loc adv* **19 como quiera, cuando quiera, donde quiera** → COMOQUIERA, CUANDO, DONDEQUIERA. ■ **20 como quiere.** (*col*) Muy bien. *Gralm con el v* ESTAR *y referido al aspecto físico o a la situación económica.* * En esa empresa estás como quieres. ■ **21 no** (**así**) **como quiera.** No de cualquier manera. *Pondera la importancia o magnitud de algo.* * Mueven mucho dinero, pero no así como quiera, dinero a paletadas. ■ **22 por lo que más quieras.** *Fórmula que antecede o sigue a la expresión de un ruego.* * Por lo que más quieras, déjame en paz. ■ **23 que quieras, que no quieras;** *o* **quieras que no** (**quieras**). Ineludiblemente. * Que quieras, que no quieras, has de hacerle caso. ■ **24 sin** ~. Sin intención o de manera involuntaria.
III *loc adj* **25 de quiero y no puedo.** Que pretende parecer algo mejor o superior, sin conseguirlo.
IV *loc n m* **26 quiero y no puedo.** Pretensión de parecer uno mismo, o de hacer que algo parezca, mejor o superior, sin conseguirlo.

querer² *m* **1** Acción de querer¹ [1 y 5]. ■ **2** (*col*) Amor o acción de querer¹ [6].

querido -da **I** *adj* **1** *part* → QUERER¹. ■ **2** *Se usa con valor más o menos afectivo (a veces como pura fórmula) en encabezados de cartas, precediendo inmediatamente a un n propio o al n que designa la relación que se tiene con el destinatario.* * Queridos padres: Desearía que al recibo de la presente se encuentren bien. ■ **3** (*col*) *Se emplea como vocativo*

afectivo. * Gracias, querida, no sabes cuánto te lo agradezco.
II *m y f* **4** (*col*) Pers. que mantiene relaciones sexuales ilícitas [con otra (*compl de posesión*)]. *Tb sin compl.*

queriente *adj* (*raro*) Que quiere. *Tb n, referido a pers.*

querindongo -ga *m y f* (*col, desp*) Querido [4].

quermés → KERMÉS.

quermese → KERMESSE.

queroseno (*tb con la grafía* **keroseno**) *m* Líquido amarillento derivado del petróleo, usado inicialmente para el alumbrado y en la actualidad como combustible para reactores y propulsores de cohetes.

querube *m* (*lit*) Querubín.

querubín *m* (*Rel crist*) Espíritu celeste de los que constituyen el segundo coro de la primera jerarquía y que se caracterizan por la plenitud de ciencia con que ven la belleza divina. **b**) (*Arte*) Niño pequeño con alas que representa un querubín. **c**) *Se emplea para designar afectivamente a un niño pequeño.* * ¿Dónde está mi querubín?

querubínico -ca *adj* (*raro*) De(l) querubín.

quesada *f* (*reg*) Quesadilla.

quesadilla *f* Pastel de queso y masa.

quesería *f* **1** Lugar en que se fabrica o vende queso [1]. ■ **2** Industria del queso [1].

quesero -ra **I** *adj* **1** De(l) queso [1].
II *n* **A** *m y f* **2** Pers. que fabrica o vende queso [1].
B *f* **3** Recipiente u otro lugar destinado a guardar y conservar queso [1]. ■ **4** Mesa o tabla a propósito para hacer queso [1]. ■ **5** Fábrica o local en que se hace queso [1].

quesiqués *m* (*raro*) Quisicosa.

quesito *m* Porción pequeña e independiente, de las varias que forman un envase de queso en porciones.

queso **I** *m* **1** Alimento sólido obtenido de la maduración de la cuajada de la leche y al que suele darse forma cilíndrica. *Tb la pieza fabricada de este alimento.* **b**) *Diversos tipos se distinguen por medio de compls o adjs:* DE BOLA, DE CABRALES, MANCHEGO, ROQUEFORT, *etc.* ■ **2** ~ **de cerdo.** Fiambre fabricado a base de carne de cabeza de cerdo o jabalí picada y prensada, y al que suele darse forma cilíndrica. ■ **3** (*col, humoríst*) Pie.
II *loc adj* **4 de** ~ (*o* **de medio** ~). [Sombrero] de forma semiesférica cuya ala va sujeta por encima de la copa.
III *loc v* **5 dársela** [a alguien] **con** ~. (*col*) Engañar[le].

queta *f* (*Zool*) Cerda [de los anélidos].

quetzal *m* **1** Ave trepadora de la América tropical, de plumaje verde tornasolado en las partes superiores del cuerpo y rojo en el pecho, con larga cola y moño de color verdoso (*Pharomachrus mocinno*). ■ **2** Unidad monetaria de Guatemala, en una de cuyas caras va grabada la imagen del quetzal [1].

quevedos *m pl* (*lit*) Gafas de cristales redondos.

quia *interj* (*col*) Expresa negación o rechazo más o menos vehemente de lo que se acaba de decir. * Pensé que esto me ayudaría, pero quia, fue peor.

quiasma *m* (*Anat*) Lugar en que se produce un cruzamiento en forma de X. *Frec con un adj especificador.*

quiasmo *m* (*TLit*) Disposición de un período en cuatro miembros que se cruzan, correspondiendo el primero al cuarto y el segundo al tercero.

quiástico -ca *adj* (*TLit*) De(l) quiasmo.

quibla *f* Punto del horizonte o lugar de la mezquita orientados a La Meca, hacia el que los musulmanes dirigen la vista cuando rezan.

quiche (*fr; pronunc, */kiʃ /) *f* Tarta de pasta quebrada, con un preparado de crema y huevos y trocitos de jamón, queso, champiñones, espárragos u otros ingredientes.

quiché **I** *adj* **1** [Indio] de origen maya que habita la zona occidental de Guatemala. *Tb n.* **b)** Propio de los quichés.
II *m* **2** Lengua de los quichés [1].

quichua *adj* Quechua. *Tb n.*

quicial *m* Madero o eje al que van unidas las hojas de una puerta o ventana y que encaja en el quicio. *Tb el mismo quicio.*

quicio *m* **1** *En una puerta o ventana:* Parte en que entra el madero o eje al que van unidas las hojas y sobre el que estas giran para abrirse o cerrarse. *Tb la zona correspondiente.* ■ **2** Orden o equilibrio adecuado de una cosa. *En constrs como* FUERA DE ~, SACAR, *o* SALIRSE, DE ~. **b)** Estado de normalidad psíquica o de equilibrio nervioso de una pers. *En constrs como* FUERA DE ~, SACAR, *o* SALIRSE, DE ~.

Quico. **ponerse como el ~.** *loc v* (*col*) Hartarse o saciarse [de algo]. *Tb sin compl, esp referido a comida.*

quicuyú → KIKUYU.

quid *m* Esencia o punto clave [de algo]. *Normalmente con el art* EL.

quídam (*pl invar*) *m* (*desp, raro*) Individuo desconocido y sin importancia.

quiddidad *f* (*Filos*) Esencia.

quid divinum (*lat; pronunc corriente,* /kíd-díbínum/) *loc n m* (*lit*) Inspiración propia del genio.

quid pro quo (*lat; pronunc corriente,* /kíd-pro-kuó/) *loc n m* (*lit*) Error que consiste en confundir a una pers. o cosa con otra. **b)** Confusión de una pers. o cosa con otra.

quiebra *f* **1** Acción de quebrar (cesar en un negocio por no poder hacer frente a las obligaciones contraídas). ■ **2** Ruptura o deterioro [de algo inmaterial]. ■ **3** Deficiencia o fallo. ■ **4** Quebradura o hendidura.

quiebrahacha *m* Quebracho.

quiebro *m* Movimiento rápido del cuerpo doblándolo por la cintura. **b)** Cambio brusco de dirección. **c)** (*Mús*) Alternancia rápida entre una nota dada y otra que es un tono o un semitono más alta. *Tb fig.*

quien (*con pronunc átona excepto en aceps 3 y 4*) *pron* **A** *relativo* **1** *Sin antecedente:* El que. *Normalmente referido a pers.* * La nota va dirigida a quienes piensan así. * Es el interés social quien condiciona el tratamiento de la noticia. **b)** *Precedido de negación:* Nadie que. * La fruta está que no hay quien la toque. **c)** Alguno que. *Referido a pers.* * Ahora, a dormir, que ya hay quien trabaje para ellos. ■ **2** *Con antecedente:* El cual. *Normalmente referido a pers. Cuando el pron funciona como suj, solo se usa introduciendo props explicativas* (*lit*); *precedido de prep, puede usarse introduciendo tb props especificativas.* * Nombró un nuevo director,

quien hizo algunos cambios. * El sacerdote se recoge para orar por los fieles por quienes ofrece la misa. * No es solo la temperatura quien influye sobre la velocidad de reacción. **b)** (*raro*) *A veces se usa como pl la forma* ~. * Ha enviado un telegrama a todos los jefes de estado con quien mantiene relaciones.
B *indefinido* **3 cada ~** → CADA.
C *cuantitativo* (*a veces con pronunc tónica*) **4 ~ más ~ menos.** Todo el mundo, unos más y otros menos.

quién (*con pronunc tónica*) **I** *pron* **A** *interrog y exclam* **1** ¿Qué persona? * ¿Quién llama? **b)** *A veces usado exclamativamente, en ors que expresan gralm deseo o admiración.* * ¡Quién fuera él! * ¡Quién le verá examinando a los nuevos! **c)** (*pop*) *A veces se usa como pl la forma* ~. * ¿Quién son ustedes?
B *indefinido* **2** (*lit, raro*) Alguien o alguno. * Quién creyó que Viena era una panadería, y se admiró al ver fotos de la ciudad. ■ **3** ~..., ~... (*o* ~**es...**, ~**es...**). Uno..., otro... (o unos..., otros...). * Quiénes charlaban, quiénes paseaban. **b)** *A veces* ~(ES) *alterna con otros prons, como* UNO(S), ALGUNO(S), OTRO(S). * Unos asistieron por tipismo; quién, por el espectáculo; otros, por nada. ■ **4 no sé ~.** Alguien. ■ **5 cada ~** → CADA.
C *cuantitativo* **6 ~ más ~ menos.** Todo el mundo, unos más y otros menos.
II *loc v* **7 no ser ~.** No estar capacitado [para algo (PARA + *infin*)]. ■ **8 ~ sabe, ¿~ va?** → SABER, IR.

quienquiera (*pl, raro,* QUIENESQUIERA) *pron* (*lit*) Cualquiera. *Normalmente seguido del relativo* QUE.

quiescente *adj* (*lit*) Que está quieto pudiendo tener movimiento propio.

quietamente *adv* (*lit*) De manera quieta [2].

quietismo *m* **1** Condición de quieto [1]. ■ **2** (*Rel catól*) Doctrina mística heterodoxa surgida en España en el s. XVII, que cifra la perfección del alma en el abandono de la voluntad para unirse con Dios y en la aceptación pasiva e indiferente de cuanto pueda sucederle. ■ **3** Actitud de apatía e indiferencia, basada gralm. en la aceptación fatalista de cuanto sucede.

quietista *adj* (*Rel catól*) Del quietismo [2]. **b)** Adepto al quietismo. *Tb n.*

quieto -ta *adj* **1** Que no se mueve. *Tb fig.* **b)** *Frec se usa, formando or independiente, para pedir u ordenar a alguien que no se mueva.* * ¡Quietos! ¡Manos arriba! ■ **2** (*lit*) Sosegado (apacible o tranquilo).

quietud *f* **1** Ausencia de movimiento. ■ **2** (*lit*) Sosiego o tranquilidad.

quif (*tb con la grafía* **kif**) *m* (*jerg*) Hachís.

quifi (*tb con la grafía* **kifi**) *m* (*jerg*) Quif.

quijada *f* *En los vertebrados con dientes:* Mandíbula.

quijal *m* (*raro*) Muela (de la boca).

quijera *f* *En la cabezada de las caballerías:* Correa que va de la frontalera a la muserola.

quijero *m* Lado en declive de una corriente de agua, frec. de una acequia.

quijotada *f* (*desp*) Acción propia de un quijote.

quijote *m* **1** Hombre idealista que actúa desinteresadamente en defensa de causas que considera justas. *Frec con intención desp. Tb adj.* ■ **2** (*hist*) Parte de la armadura destinada a cubrir el muslo.

quijotescamente *adv* De manera quijotesca.

quijotesco -ca *adj* **1** De don Quijote (personaje de Cervantes). ■ **2** Propio de un quijote [1].

quijotil *adj* Quijotesco.

quijotismo *m* **1** Condición de quijote [1]. ■ **2** Acción quijotesca [2].

quijotizar *intr (raro)* ➤ **a** *normal* **1** Actuar [alguien] como un quijote [1].
➤ **b** *pr* (~**se**) **2** Tomar carácter quijotesco [alguien o algo].

quilar *tr (jerg)* Realizar el acto sexual [con alguien (*cd*)]. *Tb pr* (~**se**).

quilataje (*tb con la grafía* **kilataje**) *m* Cantidad de quilates.

quilate (*tb con la grafía* **kilate**) *m* **1** Unidad de peso equivalente a 200 mg y que se emplea para pesar perlas y piedras preciosas. *Tb la pesa correspondiente.* ■ **2** Veinticuatroava parte de oro puro. *Se emplea para indicar la proporción de oro puro de una aleación.* ■ **3** *En pl:* Grado de perfección o de calidad [de algo no material]. *Frec en la constr* DE MUCHOS ~S.

quiliástico -ca *adj* (*lit, raro*) Milenarista.

quilífero *adj* (*Anat*) [Vaso] linfático de los intestinos que absorbe el quilo[1] y lo conduce al canal torácico.

quilificación *f* (*Fisiol*) Acción de transformar en quilo[1] el alimento ingerido.

quilla I *f* **1** Pieza que va de popa a proa por la parte inferior del barco y sostiene toda su armazón. ■ **2** Pieza de las varias que constituyen una falda, que se ajusta en la parte superior y va ensanchándose en la inferior. *Frec en la constr* FALDA DE ~S. ■ **3** (*Zool*) *En las aves:* Parte saliente del esternón. **b)** *En otros animales:* Parte longitudinal saliente y afilada. ■ **4** (*Bot*) *En las plantas papilionáceas:* Parte de la corola formada por los dos pétalos inferiores.
II *loc adv* **5 en** ~. (*Mar*) En construcción. *Tb adj.*

quillacinga *adj* De un pueblo indígena colombiano del departamento de Cauca. *Tb n, referido a pers.*

quillado -da *adj* (*Mar*) [Embarcación] que, proporcionalmente, tiene bastante elevación de las varengas sobre la horizontal del canto alto de la quilla. *Tb n m.*

quilo[1] I *m* **1** (*Fisiol*) Linfa blanquecina y asimilable procedente de la transformación del quimo en el intestino.
II *loc v* **2 sudar el** ~. (*col*) Trabajar con fatiga.

quilo[2] → KILO.

quilo- → KILO-.

quilómetro → KILÓMETRO.

quilópodo *adj* (*Zool*) [Artrópodo] de cuerpo alargado y dividido en segmentos, cada uno de los cuales lleva un par de patas, cabeza con antenas y patas maxilares con glándula venenosa. *Frec como n m en pl, designando este taxón zoológico.*

quima *f* (*reg*) Rama.

quimbambas *f pl* (*col*) Sitio muy lejano. *Frec en la constr* ESTAR [algo] EN LAS ~.

quimbaya *adj* [Individuo] de una tribu indígena colombiana habitante de la zona comprendida entre la Cordillera Central y el río Cauca. *Tb n.* **b)** De (los) quimbayas.

quimera *f* **1** Cosa que se propone a la imaginación como posible o verdadera, sin serlo. ■ **2** (*col, raro*)

Riña o contienda. ■ **3** (*Mitol clás*) Animal con cabeza de león, cuerpo de cabra y cola de dragón, que vomitaba llamas. **b)** Animal mitológico monstruoso. ■ **4** (*Biol*) Organismo, esp. creado artificialmente, compuesto por tejidos genéticamente diferentes. ■ **5** Pez selacio marino, con el hocico prolongado, una fuerte espina en el dorso y cola en forma de látigo (*Chimaera monstrosa*).

quimérico -ca *adj* Fantástico o imaginario. **2** [Pers.] fantasiosa o dada a las quimeras [1].

quimerista *adj* [Pers.] fantasiosa o dada a las quimeras [1]. *Tb n.*

químicamente *adv* **1** En el aspecto químico [1]. **b)** *En sent fig y precediendo al adj* PURO, *se emplea como intensificador, con intención ponderativa.* * *Se trata de política químicamente pura.* ■ **2** Por medios químicos [1].

químico -ca I *adj* **1** De (la) química [3a]. **b)** Concerniente al objeto de la química.
II *n* **A** *m y f* **2** Pers. especialista en química [3a].
B *f* **3** Ciencia que estudia la composición de la materia, sus transformaciones y sus propiedades. *Diversas especialidades se distinguen por medio de compls o adjs:* ORGÁNICA, INORGÁNICA, DEL CARBONO, *etc.* **b)** Conjunto de fenómenos que son objeto de la química. **c)** (*col*) *En pl:* Licenciatura en química. ■ **4** (*col*) Producto químico [1]. *A veces en sg con sent colectivo.* * *Vienen a echar química a las fuentes.* ■ **5** (*col*) Buen entendimiento [entre dos perss.].

quimio- *r pref* (*E*) Químico. * Quimioantibiótico. * Quimioprevención.

quimioprofilaxis *f* (*Med*) Profilaxis mediante sustancias químicas [1].

quimiorreceptor -ra *adj* (*Biol*) [Órgano] receptor de estímulos químicos [1b].

quimiosíntesis *f* (*Biol*) Síntesis de compuestos químicos orgánicos por la energía derivada de reacciones químicas [1b].

quimiosintético -ca *adj* **1** (*Biol*) De (la) quimiosíntesis. ■ **2** Que produce quimiosíntesis.

quimiotácticamente *adv* (*Biol*) De manera quimiotáctica.

quimiotáctico -ca *adj* (*Biol*) De (la) quimiotaxis.

quimiotaxia *f* (*Biol*) Quimiotaxis.

quimiotaxis *f* (*Biol*) Tendencia de las células a moverse en una dirección determinada por la influencia de estímulos químicos [1b].

quimioterapia *f* (*Med*) Tratamiento mediante sustancias químicas [1]. *Esp con referencia al cáncer.*

quimioterápico -ca *adj* (*Med*) De (la) quimioterapia. **b)** [Agente o medicamento] usado en la quimioterapia. *Tb n m.*

quimismo *m* (*Biol*) Actividad química [1].

quimo *m* (*Fisiol*) Pasta homogénea y agria que resulta de la transformación de los alimentos en el estómago por la digestión.

quimógrafo *m* (*Fon*) Aparato que registra por medio de curvas las cualidades de los sonidos del habla.

quimograma *m* (*Fon*) Registro gráfico hecho mediante un quimógrafo.

quimono (*tb con la grafía* **kimono**) *m* Túnica japonesa que usan esp. las mujeres. **b)** Bata de casa de amplias mangas, cruzada por delante y ceñida por un cinturón.

quina[1] **I** *f* **1** Corteza del quino, rica en alcaloides, usada en medicina bajo distintas formas, frec. polvos o extractos, por sus propiedades tónicas y febrífugas. *Tb la sustancia extraída de ella.* **b)** Quino. *Tb* ÁRBOL DE LA ~. ■ **2** Vino u otro líquido medicinal en cuya composición entra la quina [1a]. ■ **3** (*col*) *Se usa frec en frases comparativas con el adj* MALO, *para ponderar la maldad de alguien o algo.* * *Es más malo que la quina.*
II *loc v* **4 tragar ~.** (*col*) Aguantar una contrariedad sin manifestar protesta o disgusto.

quina[2] *f* **1** (*raro*) Conjunto de cinco elementos. ■ **2** (*hist*) *En la lotería antigua:* Acierto de cinco números.

quinado -da *adj* [Vino u otro preparado] que contiene quina[1] [1a]. *Tb n m, referido a vino.*

quinador *m* (*jerg*) Quinqui.

quinario *m* **1** Ejercicio devoto que se practica durante cinco días seguidos. ■ **2** (*hist*) Moneda romana de plata equivalente a 5 ases o medio denario.

quinasa *f* (*Biol*) Sustancia existente en varios tejidos, que activa la enzima específica de los mismos.

quincalla *f* **1** Conjunto de objetos de escaso valor, como tijeras, dedales o bisutería de baja calidad. *A veces con intención desp.* ■ **2** (*raro*) Quincallería [1].

quincallería *f* **1** Comercio de quincalla [1]. ■ **2** Quincalla [1]. *A veces con intención desp.*

quincallero -ra *m y f* Vendedor de quincalla [1].

quince I *adj* **1** *Precediendo a susts en pl:* Catorce más uno. *Puede ir precedido de o de otros determinantes, y en este caso sustantivarse.* * *Tiene quince años.* ■ **2** *Precediendo o siguiendo a ns en sg* (*o, más raro, en pl*): Decimoquinto. *Frec el n va sobrentendido.* * *Artículo quince.* * *La reunión será el quince de cada mes.*
II *pron* **3** Catorce más una perss. o cosas. *Referido a perss o cosas mencionadas o consabidas, o que se van a mencionar.* * *Íbamos por lo menos quince.* * *Quince de los invitados no acudieron.* **b) dar ~ y raya** → RAYA[1].
III *n* **A** *m* **4** Número de la serie natural que sigue al catorce. *Frec va siguiendo al n* NÚMERO. * *El número premiado ha sido el quince.* **b)** Cosa que en una serie va marcada con el número quince. * *Le han calificado con un quince.*
B *f pl* **5** Tres de la tarde. *Normalmente precedido de* LAS. * *La cita es a las quince treinta.*

quinceañero -ra *adj* [Pers.] que tiene alrededor de los quince años. *Tb n.* **b)** Propio de la pers. quinceañera.

quincena *f* **1** Conjunto de quince unidades. *Gralm seguido de un compl* DE. *Frec solo con sent aproximativo.* **b)** *Sin compl especificador:* Quince días. *A veces solo con sent aproximativo.* **c)** (*hist*) Arresto de quince días. ■ **2** (*Mús*) Intervalo que comprende las quince notas sucesivas de dos octavas. *Tb el registro correspondiente en el órgano.* ■ **3** (*reg*) Junta compuesta de quince vecinos, encargada de regir los concejos de 401 a 500 habitantes, y que interviene también en determinados asuntos de la administración de municipios regidos por ayuntamiento de 251 a 500 habitantes.

quincenal *adj* **1** De una quincena [1b]. *Con idea de duración.* ■ **2** Que corresponde a cada quincena o se produce cada quincena [1b].

quincenalmente *adv* Cada quince días.

quincenario -ria I *adj* (*raro*) **1** [Publicación] que aparece cada quince días. *Tb n m.*
II *m y f* **2** (*hist*) Pers. que sufre en la cárcel una o más quincenas [1c].

quinceno -na *adj* **1** [Caballería] de quince meses. *Tb n.* ■ **2** (*reg*) Quinceañero.

quinceño -ña *adj* (*raro*) Quinceañero. *Tb n.*

quincineta *f* Avefría (ave zancuda).

quincuagenario -ria *adj* (*lit*) [Pers.] de edad comprendida entre los cincuenta y los sesenta años.

quincuagésimo -ma I *adj* (*lit*) **1** Que ocupa un lugar inmediatamente detrás o después del cuadragesimonoveno. *Seguido de los ordinales* PRIMERO *a* NOVENO, *forma los adjs ordinales correspondientes a los números 51 a 59.*
II *f* **2** (*Rel catól*) Domingo que precede al primero de Cuaresma.

quincuagesimo- *r pref* (*lit*) *Unida sin guión a los ordinales* PRIMERO *a* NOVENO, *forma los adjs ordinales correspondientes a los' números 51 a 59.* * *Quincuagesimoquinto.*

quindenio *m* (*lit, raro*) Período de quince años.

quinesiología (*tb con la grafía* **kinesiología**) *f* Estudio de los movimientos del cuerpo humano y tratamiento de las afecciones relativas a ellos.

quinesiterapia (*tb con la grafía* **kinesiterapia**) *f* (*Med*) Cinesiterapia.

quingentésimo -ma *adj* (*lit*) Que ocupa un lugar inmediatamente detrás o después del cuadringentésimo nonagesimonoveno.

quinidina *f* (*Med*) Alcaloide que se extrae de la quina[1] [1] y cuyas propiedades terapéuticas son semejantes a las de la quinina.

quiniela *f* **1** Apuesta mutua en la que el apostante pronostica los resultados de una competición deportiva, esp. de fútbol. *Tb fig, referido a otros pronósticos múltiples.* ■ **2** Boleto que se utiliza para tomar parte en las quinielas [1].

quinielista *m y f* Pers. que apuesta en las quinielas [1].

quinielístico -ca *adj* De las quinielas [1].

quinielón *m* (*col*) Quiniela en que se aciertan 15 resultados.

quinientista *adj* (*raro*) Del siglo XVI. *Tb n, referido a pers.*

quinientos -tas I *adj* **1** *Precediendo a susts en pl:* Cuatrocientos noventa y nueve más uno. *Puede ir precedido de art o de otros determinantes, y en este caso sustantivarse.* * *Déjame quinientas pesetas.* ■ **2** *Precediendo o siguiendo a ns en sg* (*o, más raro, en pl*): Quingentésimo. *Frec el n va sobrentendido.* * *Página quinientas.*
II *pron* **3** Cuatrocientas noventa y nueve más una perss. o cosas. *Referido a perss o cosas mencionadas o consabidas, o que se van a mencionar.* * *En la boda seríamos quinientos.*
III *m* **4** Número de la serie natural que sigue al cuatrocientos noventa y nueve. *Frec va siguiendo al n* NÚMERO. * *El número premiado es el quinientos.* ■ **5** Siglo XVI. * *Los autores del quinientos.*

quinina _f_ Alcaloide que se extrae de la quina[1] [1a] y que se emplea como estimulante nervioso y como específico contra el paludismo.

quino _m_ _Se da este n a varios árboles del gén Cinchona, cuya corteza es rica en alcaloides utilizados en medicina por sus propiedades tónicas y febrífugas._

quínoa _f_ (_raro m_) Cereal americano semejante al trigo sarraceno.

quínola _f_ **1** (_Naipes_) Juego cuyo lance principal consiste en reunir cuatro cartas de un mismo palo. _Tb ese lance._ ■ **2** (_raro_) Rareza o extravagancia.

quinona _f_ (_Quím_) Compuesto derivado por oxidación de ciertos hidrocarburos.

quinqué _m_ **1** Lámpara de petróleo que consta de un depósito para el combustible y de un tubo y una pantalla de cristal para proteger la llama. ■ **2** (_col_) Vista o perspicacia.

quinquenal _adj_ **1** Que dura cinco años. ■ **2** Que ocurre cada cinco años.

quinquenio _m_ Período de cinco años.

quinqui _m y f_ Individuo, perteneciente a un grupo social marginado, que gralm. va por los pueblos como lañador o quincallero.

quinquillero -ra _m y f_ Quincallero. **b)** Quinqui.

quinquina _f_ Quina[1] (corteza o árbol).

quinta[1] **I** _f_ **1** Reemplazo anual para el ejército.
II _loc v_ **2 entrar en ~s.** Llegar [un hombre] a la edad en que es llamado para cumplir el servicio militar. ■ **3 ser** [uno] **de la misma ~** [que otro], **de la** (**misma**) **~** [de otro], o **compañero de ~** [de otro]. Tener la misma edad. _Tb fig. Tb sin compl, con suj pl._

quinta[2] _f_ Vivienda de recreo en el campo.

quinta[3] → QUINTO[1].

quintacolumnista _adj_ De la quinta columna (→ COLUMNA). **b)** [Pers.] que pertenece a la quinta columna de una causa o nación. _Frec n._

quintada _f_ Broma que gastan los soldados veteranos a los de nuevo reemplazo. _Tb fig, fuera del ámbito militar._

quintaesencia (_tb con la grafía_ **quinta esencia**) _f_ (_lit_) Última esencia o extracto [de una cosa]. **b)** _Normalmente se usa con intención ponderativa, designando a una pers o cosa que es lo más puro o refinado en el aspecto que se expresa._ * Es la quintaesencia de la perversión. * Madrid, quintaesencia de Castilla.

quintaesenciar (_conjug_ **1a**) _tr_ (_lit_) Reducir [algo] a su quintaesencia.

quintal _m_ **1** Unidad de peso equivalente a 100 kg. _Tb ~_ MÉTRICO. ■ **2** Unidad de peso equivalente a 100 libras, que en Castilla son 46 kg.

quintana _f_ (_reg_) Explanada delante de una casa, de propiedad particular o común a varios vecinos.

quintanareño -ña _adj_ De Quintanar de la Orden (Toledo). _Tb n, referido a pers._

quintante _m_ (_Mar_) Instrumento óptico similar al sextante, cuyo arco es la quinta parte del círculo.

quintañón -na _adj_ (_raro_) Centenario.

quintar _intr_ (_hist_) **1** Sortear uno de cada cinco hombres para el servicio militar. ■ **2** Pagar un impuesto del 20%.

quinteo _m_ Acción de sortear o seleccionar uno de cada cinco. _Esp en milicia para trabajos o castigos. Tb fig._

quintería _f_ (_reg_) Casa de campo o cortijo para labor.

quinterno _m_ (_Encuad_) Cuaderno de cinco pliegos.

quinteto _m_ **1** Grupo de cinco perss. o cosas. **b)** Conjunto de cinco instrumentos o cantantes. **c)** (_TLit_) Estrofa de cinco versos de arte mayor que riman de la misma manera que los de la quintilla. ■ **2** Composición o parte musical para cinco instrumentos o para cinco cantantes.

quintilla _f_ (_TLit_) Estrofa de cinco versos octosílabos, con dos rimas consonantes distribuidas a gusto del poeta, siempre que no vayan rimando entre sí tres versos seguidos y que los dos últimos no formen pareado.

quintillizo -za _adj_ [Pers.] nacida del mismo parto que otras cuatro. _Más frec como n y en pl._

quintillón _m_ Quinta potencia del millón.

Quintín → SAN QUINTÍN.

quinto[1] **-ta** **I** _adj_ **1** Que ocupa un lugar inmediatamente detrás o después del cuarto. _Frec el n va sobrentendido._ **b)** **quinta** [columna], **quinta** [esencia] → COLUMNA, QUINTAESENCIA. ■ **2** [Parte] que es una de las cinco en que se divide o se supone dividido un todo.
II _n_ **A** _m_ **3** Parte de las cinco en que se divide o se supone dividido un todo. _Gralm seguido de un compl_ DE.
B _f_ **4** (_Naipes_) Escalera de cinco cartas. ■ **5** (_Mús_) Intervalo que consta de tres tonos y un semitono mayor.
III _adv_ **6** En quinto lugar.

quinto[2] _m_ Hombre llamado a filas para cumplir el servicio militar y que todavía no ha jurado bandera. **b)** (_col_) _Se usa frec en constrs de sent comparativo para ponderar la ingenuidad._ * Le engañaron como a un quinto.

quinto[3] _m_ (_reg_) Parcela de gran extensión resultante de la división de una dehesa u otro terreno.

quintón _m_ (_hist_) Instrumento musical del s. XVIII, semejante a la viola pero más pequeño, y de cinco cuerdas.

quintoso -sa _adj_ (_Med_) [Tos] típica de la tos ferina. **b)** De (la) tos quintosa.

quíntuple **I** _adj_ **1** Cinco veces mayor en cantidad o en intensidad. _Frec seguido de un término de comparación introducido por_ QUE _o_ DE. * Su sueldo es quíntuple que el tuyo. ■ **2** [Cosa] formada por cinco elementos gemelos. * Apuesta quíntuple. **b)** ~ + _n_ = CINCO + _el mismo n en pl._ * Se trata de un quíntuple asesinato.
II _m y f pl_ **3** (_raro_) Quintillizos. * Nuevo nacimiento de quíntuples.

quintuplicar _tr_ **1** Multiplicar por cinco [una cosa]. _Frec fig, con intención ponderativa._ **b)** _pr_ (**~se**) Pasar [algo] a ser cinco veces mayor. ■ **2** Ser [una cantidad] cinco veces mayor [que otra (_cd_)]. ■ **3** Hacer [algo] quíntuple [2a].

quíntuplo -pla _adj_ (_raro_) [Cantidad] cinco veces mayor. _Gralm como n m._

quinzal _m_ (_reg_) Madero en rollo de 15 pies de largo.

quiñar _tr_ (_reg_) Aguijar [a un animal].

quiñón *m* **1** Parte que una pers. tiene con otras en una cosa productiva. *Gralm referido a tierras o pesca. Tb fig.* ■ **2** (*col*) *euf por* COJÓN.

quiosco (*tb con las grafías* **kiosco** *o* **kiosko**) *m* **1** Templete, gralm. de forma circular u octogonal, que, destinado a la banda de música, se instala en los parques y jardines. ■ **2** Construcción pequeña instalada en una calle o paseo para la venta de periódicos, flores, refrescos, helados o lotería. *Gralm con un compl especificador. Sin compl, normalmente designa al de prensa.*

quiosquero -ra (*tb con las grafías* **kiosquero** *o* **kioskero**) *m y f* Pers. que atiende un quiosco [2], esp. de prensa.

quipu *m* (*hist*) Haz de cuerdas anudadas y de distintos colores utilizado por los indios del Perú como sistema de signos.

quipucamayo *m* (*hist*) Funcionario encargado de la factura e interpretación de los quipus.

quiqui *m* (*col*) Quiquiriquí [2].

quiquiriquí (*tb con la grafía* **kikirikí**; *pl* ~s *o* ~ES) **I** *interj* **1** *Imita el canto del gallo. Frec se sustantiva como n m.* * Se oyo el quiquiriquí del gallo.
II *m* **2** (*col*) Mechón de pelo que se destaca sobre la cabeza. ■ **3** (*Taur*) Pase ayudado a la altura de la cintura, en el que el torero retira la muleta tan pronto como el toro intenta cogerla, para colocársela delante del otro ojo.

quiragra *f* (*Med*) Gota² de las manos.

quirguiz → KIRGUÍS.

quiridio *m* (*Zool*) Extremidad propia de los vertebrados tetrápodos.

quirie → KIRIE.

quirio *m* (*reg*) Grito.

quiritario -ria *adj* (*lit*) De(l) quirite o de (los) quirites.

quirite *m* (*hist*) Ciudadano romano. *Normalmente en pl. Frec* (*lit*) *fig, referido a época moderna.*

quirófano *m* Local acondicionado para realizar en él operaciones quirúrgicas.

quirografario -ria *adj* (*Der*) De(l) quirógrafo.

quirógrafo *m* (*Der*) Documento privado no autorizado o legalizado oficialmente.

quirogués -sa *adj* De Quiroga (Lugo). *Tb n, referido a pers.*

quirola *f* Arbusto enano de flores purpúreas, propio de la mitad occidental de la Península (*Erica umbellata*).

quirología *f* (*E*) Estudio de la mano y de sus líneas con fines adivinatorios.

quirólogo -ga *m y f* (*E*) Especialista en quirología.

quiromancia (*tb, raro,* **quiromancía**) *f* Adivinación por las rayas de la mano.

quiromante *m y f* (*raro*) Pers. que practica la quiromancia.

quiromántico -ca *adj* **1** De (la) quiromancia. ■ **2** [Pers.] que practica la quiromancia. *Tb n.*

quiromasaje *m* (*Med*) Masaje realizado con las manos.

quiromasajista *m y f* (*Med*) Especialista en quiromasaje.

quironomía *f* (*Mús*) Arte de dirigir con las manos, esp. un coro.

quiropráctico -ca (*Med*) **I** *adj* **1** De (la) quiropráctica [2].
II *n* **A** *f* **2** Sistema de tratamiento mediante manipulaciones en diversas partes del cuerpo, esp. en la columna vertebral.
B *m y f* **3** Especialista en quiropráctica [2].

quiróptero *adj* (*Zool*) [Mamífero] volador y nocturno cuyas alas están formadas por una membrana que se extiende entre los dedos de las extremidades anteriores y los lados del cuerpo, y engloba total o parcialmente las extremidades posteriores y la cola. *Frec como n m en pl, designando este taxón zoológico.*

quirosano -na *adj* De Quirós (Asturias). *Tb n, referido a pers.*

quirúrgicamente *adv* De manera quirúrgica.

quirúrgico -ca *adj* De (la) cirugía.

quirurgo *m* (*lit, raro*) Cirujano.

quisicosa *f* (*col*) **1** Cosa insignificante o de poca importancia. ■ **2** Cosa extraña y difícil de explicar.

quisling (*nor; pronunc corriente,* /kuíslin/) *adj invar* (*hoy raro*) [Gobernante o gobierno] de un país ocupado por una potencia extranjera, y que actúa sometiéndose a la voluntad de esta.

quisque, quisqui → CADA, TODO.

quisquilla *f* Crustáceo comestible semejante a una gamba de pequeño tamaño (*Crangon crangon*). *Tb se da este n a otras especies similares.*

quisquillosidad *f* **1** Cualidad de quisquilloso. ■ **2** Actitud quisquillosa.

quisquilloso -sa *adj* [Pers.] dada a ofenderse o disgustarse por poca causa. *Tb n.* **b)** [Pers.] excesivamente delicada. *Tb n.* **c)** Propio de la pers. quisquillosa.

quiste *m* **1** Saco membranoso cerrado, de contenido más o menos líquido, que se desarrolla, gralm. de manera anormal, en distintas partes del cuerpo. ■ **2** (*Biol*) Membrana que envuelve a un animal o vegetal microscópico o de pequeño tamaño, manteniéndolo totalmente aislado del medio. *Tb el cuerpo formado por esta membrana y el animal o vegetal que contiene.*

quístico -ca *adj* (*E*) De(l) quiste.

quisto. bien ~, mal ~ → BIENQUISTO, MALQUISTO.

quita *f* (*Der*) **1** Remisión o liberación que de la deuda o parte de ella hace el acreedor al deudor. ■ **2 ~ y espera.** Petición que un deudor hace judicialmente a sus acreedores para que aminoren los créditos o aplacen el cobro.

quitaesmalte (*tb* **quitaesmaltes**) *m* Sustancia especial para limpiar el esmalte de las uñas. *Tb adj.*

quitaipón *m* Quitapón.

quitamanchas *m* **1** Producto o sustancia que sirve para quitar las manchas, esp. de la ropa. *Tb adj.* ■ **2** (*raro*) Establecimiento donde se limpia la ropa.

quitameriendas *m o f* Planta herbácea muy parecida al cólquico, propia de eras y prados (*Merendera bulbocodium*). *A veces designa al mismo cólquico.*

quitamiedos *m* Parapeto o baranda que se coloca en los lugares elevados donde hay peligro de caer y que sirve pralm. para evitar el vértigo.

quitanieves *m* Mecanismo o vehículo destinado a quitar la nieve acumulada en las vías de comunicación. *Frec en aposición con* PALA *o* MÁQUINA.

quitapenas *m* (*col*) Quitapesares.

quitapesares *m* (*col*) Cosa que proporciona consuelo o alivio.

quitapón *m* Adorno con borlas de colores que se pone en la cabezada de una caballería.

quitar I *v* A *tr* 1 Tomar [algo o a alguien] separándolo [del lugar en que estaba]. *Tb abs. Tb sin compl, esp referido a prendas.* **b)** (*col*) Apartar [a alguien de algo no físico]. *Frec con cd refl.* **c)** ~ **de en medio, del medio, de encima,** *o* **de delante.** Hacer que [una pers. o cosa (*cd*)] deje de estorbar. *Frec con un ci refl.* **d)** ~ **de en medio,** *o* **del medio.** (*col*) Matar. **e)** ~ **de en medio,** *o* **del medio.** (*col*) Hacer que [alguien o algo (*cd*)] deje de estar expuesto a peligros o dificultades. *Frec el cd es refl.* **f)** ~ **donde esté** (*o* **se ponga**) [una pers. o cosa] **que se quite** [otra]. (*col*) *Fórmula ponderativa que se usa para manifestar preferencia.* * Donde esté una buena novela, que se quite el cine. **g)** ~ **la mesa** → MESA. ■ **2** Eliminar o suprimir. ■ **3** Hacer que [una pers. o cosa (*ci*)] deje de tener [algo (*cd*)]. **b)** ~ **la vida; que le quiten lo bailado** → VIDA, BAILAR. **c)** Robar (tomar para sí [algo ajeno] sin consentimiento del dueño). **d)** ~ **de las manos** → MANO. ■ **4** Impedir [algo]. ■ **5** Exceptuar. *Frec en ger.* ■ **6** (*Der*) Redimir o recuperar. *Frec en la loc* AL ~. ■ **7** (*reg*) Sacar. **B** *intr* **8** Ser obstáculo. *Si lleva compl, va precedido de* PARA. ■ **9** ni ~ **ni poner.** Hacer un relato o exposición sin alterar ningún detalle y con total imparcialidad. *Más frec en la constr* YO NI QUITO NI PONGO. ■ **10** quita, *o* quita de ahí. (*col*) *Se usa para rechazar a alguien o algo que se le acerca.* * Quita, besucón. **b)** quita, quita allá, *o* quita de ahí. (*col*) *Se usa para rechazar lo que dice otro o uno mismo.* * ¡Vamos, quita, no digas bobadas! * –Van a

matarse. –Quite usted allá, mujer. ¡Qué van a matarse! **II** *loc adj* **11 de quita y pon.** Que se puede quitar y poner. **b)** [Prenda o pieza] destinada a sustituir a otra en el uso. **III** *loc n m* **12 quita y pon.** Juego de dos cosas de caracteres similares y que se alternan en el uso. *Normalmente sin art.* **IV** *loc adv* **13 por un quítame allá esas pajas** → PAJA.

quitasol *m* Sombrilla grande para proteger del sol.

quitasueño *m* (*col*) Cosa que causa desvelos.

quite I *m* **1** (*Taur*) Suerte que ejecuta el torero, gralm. con el capote, para desviar la atención del toro respecto del torero o caballo al que está acometiendo. *Frec en la constr* ACUDIR AL ~. ■ **2** (*col*) Acción de salvar a otro en una situación de peligro o apuro. *Frec en la constr* ACUDIR AL ~. ■ **3** (*reg*) Habilidad. **II** *loc adv* **4 al ~.** Alerta para salvar una situación de peligro o apuro. *Frec con el v* ESTAR.

quiteño -ña *adj* De Quito. *Tb n, referido a pers.*

quitina *f* (*Biol*) Hidrato de carbono nitrogenado, de color blanco, insoluble en agua y en los líquidos orgánicos, que se encuentra en el dermatoesqueleto de los artrópodos, en la piel de los nematelmintos y en la membrana celular de muchos hongos y bacterias.

quitinoso -sa *adj* (*Biol*) De quitina.

quitón *m* (*hist*) Túnica griega, de hombre o de mujer.

quizá (*tb, más raro,* **quizás**) *adv* **1** *Expresa duda o inseguridad.* * Quizá vaya. ■ **2** ~ **y sin ~.** *Expresa seguridad ante algo que ha empezado pensándose o presentándose solo como posible.* * –Quizá lleves razón. –Quizá y sin quizá.

quodlibeto *m* (*hist*) Conjunto de disquisiciones sobre un tema teológico.

quórum (*pl invar*) *m* Número necesario de individuos de un cuerpo deliberante para que este pueda tomar determinados acuerdos.

r

r → ERRE.

ra *interj* (*col*) *Se usa, repetida tres veces, para animar a un equipo de fútbol. A veces se sustantiva como n m.* * Los aficionados comenzaron a entonar el ra, ra, ra.

raba *f* **1** Cebo que usan los pescadores, hecho con huevas de bacalao. ■ **2** (*reg*) Tentáculo [de un cefalópodo]. **b**) Rodaja o tira de calamar. *Gralm en pl.*

rabada *f* (*reg*) Rape (pez).

rabadán *m* Pastor. *Tb fig.*

rabadilla *f* Extremo inferior de la columna vertebral. **b**) *En las aves:* Extremidad móvil en que se insertan las plumas de la cola.

rabanero -ra **A** *m y f* **1** Pers. que vende rábanos [1].
B *f* **2** Fuente pequeña y alargada, usada esp. para servir aperitivos. ■ **3** (*col*) Mujer descarada y ordinaria. *Tb adj.*

rabaneta *f* (*reg*) Rábano pequeño que se toma como entremés.

rabanillo *m* Rábano silvestre.

rabaniza *f* Se da este n a las plantas *Diplotaxis erucoides, Raphanus raphanistrum, Spergularia marina, S. rubra y Sisymbrium columnae. A veces con un adj o compl especificador:* BLANCA, DE LOS SOSEROS, MORISCA.

rábano **I** *m* **1** Planta herbácea cultivada por sus raíces, comestibles y más o menos picantes (*Raphanus sativus*). *Frec su raíz.* **b**) *Otras especies o variedades se distinguen con un compl o adj:* SILVESTRE, DE MAR, *etc.* ■ **2** (*col*) *En pl y vacío de significado, se emplea para reforzar o marcar la intención desp de la frase. Gralm en la constr* NI (QUÉ) ~S. * ¡Qué hermana ni qué rábanos! Soy yo, Pepe.
II *loc pr* **3 un ~.** (*col*) Nada. *Con intención ponderativa. Tb adv. Gralm en el v* IMPORTAR.
III *loc v y fórm or* **4 coger** (*o* **tomar**) **el ~ por las hojas.** (*col*) Equivocarse totalmente en la interpretación de algo. ■ **5 (y) un ~.** (*col*) *Fórmula con que se pondera lo inadmisible de una pretensión o afirmación que se acaba de oír.* * –Él lo canta mejor que tú. –Y un rábano.

rabassa morta *f* (*Der, reg*) Contrato por el que el dueño de un terreno lo cede en renta a un cultivador, para plantación, esp. de viñas, durante la vida de las primeras plantas.

rabdomancia (*tb, raro,* **rabdomancía**) *f* Adivinación por medio de una varita.

rabdomante *m y f* Pers. que practica la rabdomancia.

rabel *m* Instrumento músico pastoril semejante al laúd, con tres cuerdas que se tocan con arco, usado en la Edad Media, y modernamente en algunas regiones.

rabelista *m y f* Pers. que toca el rabel.

rabeo *m* Acción de levantar a un animal tirándole del rabo.

rabera *f* **1** *En el carro:* Pieza de madera con que se une la tablazón de su asiento. ■ **2** (*reg*) Extremo de los dos que tiene la almadraba.

rabero. págalo ~ → PÁGALO.

rabí *m* Rabino.

rabia[1] *f* **1** Sentimiento de desagrado y rechazo que va acompañado de agitación nerviosa y que impulsa a la violencia. ■ **2** Sentimiento de disgusto o contrariedad. *Frec en la constr* DAR [a una pers.] ~ [una cosa]. ■ **3** (*col*) Antipatía o aversión. *Frec en la constr* TENER ~ [a alguien o algo (*ci*)]. ■ **4** (*raro*) Pasión o entusiasmo pasajeros.

rabia[2] *f* **1** Enfermedad mortal producida por un virus y que se transmite por mordedura de animales, esp. perros. ■ **2** Roya [del garbanzo].

rabiacán *m* Planta semejante al espárrago (*Arum italicum* e *Iris pseudacorus*).

rabiado -da *adj* **1** *part* → RABIAR. ■ **2** (*reg*) Rabioso[2].

rabiantín *m* (*reg*) Labrantín.

rabiar[1] **I** *v* (*conjug* 1a) *intr* **1** Sentir rabia[1] [1 y 2]. **b**) (*col*) Manifestar rabia[1]. **c**) **hacer ~** [a alguien]. (*col*) Decir o hacer algo que se sabe que le molesta, para provocar su enfado. ■ **2** (*col*) Padecer intensamente [un dolor, u otra sensación física penosa (*compl* DE]). **b**) (*col*) Tener deseo vehemente [de algo (*compl* POR)]. ■ **3** (*col*) Ser muy picante [un alimento]. *Frec en la constr* (PICA) QUE RABIA.
II *loc adv* **4 a ~.** (*col*) Enormemente. *Tb adj.*

rabiar[2] (*conjug* 1a) *intr* Enfermar de rabia[2] [1].

rabicano -na *adj* [Animal] que tiene cerdas blancas en el rabo.

rabiche. paloma ~ → PALOMA.

rábico -ca *adj* (*Med*) De (la) rabia[2] [1].

rabicorto -ta *adj* [Animal] de rabo corto.

rabieta *f* (*col*) Manifestación vehemente y pasajera de rabia[1] [2].

rabil *m* Pez marino semejante al atún, propio de mares cálidos (*Thunnus albacares*).

rabilargo -ga I *adj* **1** [Animal] que tiene el rabo o la cola largos.
II *m* **2** Ave semejante a la urraca, con alas azules, garganta blanca y el resto del cuerpo grisáceo (*Cyanopica cyanus*).

rabillo *m* **1** Ángulo externo del ojo. *Gralm* ~ DEL OJO. **b)** Línea que se pinta en la parte del rabillo para alargar el ojo. ■ **2** Rabo [de una hoja, una flor o un fruto].

rabinato *m* Cuerpo de rabinos.

rabínico -ca *adj* De(l) rabino, o de (los) rabinos.

rabino *m* **1** Jefe religioso de una comunidad judía. ■ **2** (*hist*) Escriba o doctor de ley judía. ■ **3** (*Naipes*) Cierta variedad del rummy (juego).

rabiñoso -sa *adj* (*reg*) Rabioso¹.

rabión *m* (*reg*) En una corriente de agua: Parte muy impetuosa, debido a la estrechez o inclinación del cauce.

rabiosamente *adv* De manera rabiosa¹ [1c y 2b].

rabioso¹ -sa *adj* **1** Que siente rabia¹ [1 y 2]. **b)** Que tiene furia o agresividad violenta. **c)** [Cosa] que denota o implica rabia¹ [1 y 2]. ■ **2** [Pers.] apasionada o fanática. **b)** [Cosa] muy intensa, o extremada. **c)** [Cosa] sumamente llamativa. ■ **3** (*col*) Que rabia¹ [2b] [por algo]. ■ **4** (*col*) Que rabia¹ [3].

rabioso² -sa *adj* Que padece rabia² [1].

rabisaco *m* (*Taur*) Señal que se hace en la oreja del toro rasgando una tira desde la punta hasta cerca de la base.

rabisalsera *adj* (*col*) [Mujer] muy viva y desenvuelta. *A veces con intención peyorativa. Tb n f.*

rabiza¹ *f* (*raro*) Prostituta.

rabiza² *f* (*Mar*) Cabo corto con que se sujeta algo.

rabo I *m* **1** Cola [de determinados animales, esp. cuadrúpedos]. **b)** ~ **de lagartija** → LAGARTIJA. ■ **2** Ramita que sostiene [a una hoja, una flor o un fruto (*compl de posesión*)]. *Esp la parte que queda unida a estos una vez cortados.* ■ **3** Saliente largo, delgado y frec. colgante [de un objeto]. *Tb fig.* **b)** Mango [de determinados utensilios, esp. la sartén]. ■ **4** (*vulg*) Órgano sexual masculino. ■ **5** *Seguido de un compl* DE + *n de animal, designa varias plantas de diversos géns:* ~ DE ZORRA, ~ DE ZORRO, ~ DE GATO, *etc.*
II *loc v* **6 quedar** (*o* **faltar**, *o* **estar**) **el** ~ **por desollar.** (*col*) Faltar aún lo más difícil para concluir algo. ■ **7 poner un** ~ [a alguien]. (*jerg*) Hacer que alguien [le] siga o vigile. ■ **8 poner** ~**s.** (*vulg*) Sobar [a una mujer] pegándose por detrás.
III *loc adv* **9 con el** ~ **entre las piernas.** (*col*) Quedando avergonzado o humillado. *Gralm con los vs* IRSE *o* SALIR.

rabón¹ -na I *adj* **1** [Animal] que no tiene rabo [1a], o lo tiene más corto de lo normal. ■ **2** (*reg*) [Cosa] falta de algo característico.
II *f* **3** (*reg*) Liebre.

rabón² *m* (*reg*) Papilla de harina y leche, esp. de vaca recién parida.

rabona. hacer ~. *loc v* (*col, hoy raro*) Faltar a una obligación, esp. a clase.

rabotada *f* **1** (*col*) Réplica o expresión destemplada u ofensiva. ■ **2** (*reg*) Huida o escapada.

rabotar *tr* Cortar el rabo [a un animal, esp. a un cordero (*cd*)].

rabotazo *m* (*raro*) Coletazo.

rabudo -da *adj* [Animal] de rabo o cola largos. *Frec como especificador de un ánade.*

rábula *m* (*lit*) Abogado ignorante y charlatán.

raca *m* (*jerg*) Coche.

rácanamente *adv* (*col*) De manera rácana.

racanear (*col*) A *intr* **1** Comportarse como un rácano.
B *tr* **2** Escatimar [algo], o dar[lo] con tacañería.

racaneo *m* (*col*) Acción de racanear.

racanería *f* (*col*) Cualidad de rácano.

rácano -na *adj* (*col*) **1** [Pers.] que rehúye el trabajo o escatima esfuerzos. *Frec n.* ■ **2** Miserable o mezquino.

racconto (*it; pronunc corriente, /r̄akónto/*) *m* (*Mús*) Raconto.

raccoon (*ing; pronunc corriente, /r̄akún/; tb con la grafía* **racoon**) *m* Mamífero carnívoro de cerca de un metro de longitud, pelaje abundante gris amarillento con manchas negras y cola con anillos grises y negros, propio de América septentrional (*Procyon lotor*). *Tb su piel.*

raccord (*fr; pronunc corriente, /r̄akór/; pl normal,* ~S) *m* **1** (*Mec*) Racor. ■ **2** (*Cine y TV*) Ajuste y continuidad [de movimientos, luz, decorado u otra cosa] al pasar de un plano a otro. *Frec con un compl especificador.*

racémico -ca *adj* (*Quím*) Ópticamente inactivo, por estar compensadas las moléculas dextrógiras y levógiras.

racemoso -sa *adj* (*Bot*) [Inflorescencia] que tiene forma de racimo.

racha *f* **1** Ráfaga [de viento]. ■ **2** Período breve de fortuna. *Frec con los adjs* BUENA, MALA *o equivalentes.* **b)** Período breve de tiempo caracterizado por la abundancia [de algo (*compl especificador*)].

racheado -da *adj* [Viento] que sopla a rachas [1].

rachear *intr* ➤ **a** *impers* **1** Soplar viento a rachas [1].
➤ **b** *pr* (~**se**) **2** Hacerse racheado [el viento].

rachel -la *adj* De Covarrubias (Burgos).

racial *adj* De (la) raza. **b)** Que representa los caracteres típicos de la raza.

racialmente *adv* En el aspecto racial.

racimo *m* **1** Conjunto de flores o de frutos cuyos pedúnculos nacen y terminan a distinta altura sobre un eje común. **b)** *Esp:* Racimo de uvas. ■ **2** Conjunto [de cosas, esp. frutos] agrupado en forma semejante a la del racimo [1]. ■ **3** Conjunto apretado [de perss. o cosas].

raciocinante *adj* (*lit*) **1** Que raciocina. *Tb n, referido a pers.* ■ **2** De(l) raciocinio [1].

raciocinar *intr* (*lit*) Razonar.

raciocinio *m* **1** Acción de raciocinar. *Tb su efecto.* ■ **2** Facultad de raciocinar.

ración I *f* **1** Cantidad [de comida] que se asigna o reparte [a una pers. o animal (*compl de posesión*)]. **b)** Cantidad [de un alimento] que se considera suficiente o apropiada para una pers. **c)** Cantidad [de algo] establecida como suficiente [para alguien o para un período de tiempo (*compl especificador*)]. ■ **2 ~ de vista.** (*col*) Contemplación de algo grato y deseable que no se tiene posibilidad de alcanzar. *Gralm con el v* DAR. ■ **3** (*hist*) Prebenda eclesiástica que tiene su renta en la mesa del cabildo. **II** *loc adv* **4 a ~.** Con limitación o tasa. *Tb adj.* ■ **5 a cuarta** (*o* **media**) **~.** Con escasez de medios de subsistencia.

racional I *adj* **1** [Ser] dotado de razón (facultad de razonar o pensar). ■ **2** De (la) razón. **b)** [Cosa] conforme con la razón. ■ **3** (*Mat*) [Número] entero, o fraccionario, cuyo cociente no tiene una representación decimal de infinitas cifras. **b)** [Expresión algebraica] que no contiene ningún radical. **c)** Relativo a números o expresiones racionales. **II** *m* **4** (*hist*) En la Corona de Aragón: Contador mayor.

racionalidad *f* Cualidad de racional.

racionalismo *m* **1** Actitud que concede a la razón primacía sobre la voluntad y la emoción. ■ **2** (*Filos*) Teoría según la cual la razón es la única fuente de conocimiento.

racionalista *adj* De(l) racionalismo. **b)** Adepto al racionalismo. *Tb n.*

racionalización *f* Acción de racionalizar. *Tb su efecto.*

racionalizador -ra *adj* Que racionaliza.

racionalizante *adj* Racionalizador.

racionalizar *tr* Hacer que [algo (*cd*)] sea racional [2 y 3]. **b)** *pr* (**~se**) Hacerse racional [algo]. **2** Reducir [algo] a normas o conceptos racionales.

racionalmente *adv* De manera racional [2].

racionamiento *m* Acción de racionar [1]. **b)** Ración [1] establecida por un racionamiento.

racionar *tr* **1** Someter [algo, esp. víveres (*cd*)] a un reparto por raciones [1] establecido por la autoridad. ■ **2** Dividir en raciones [1]. ■ **3** (*Mil*) Proveer de víveres [a la tropa (*cd*)].

racionero -ra A *m y f* **1** *En una comunidad religiosa:* Pers. que tiene a su cargo la distribución de las raciones [1a]. **B** *m* **2** (*hist*) Eclesiástico que tiene una ración [3].

raciovitalismo (*tb* **racio-vitalismo**) *m* (*Filos*) Filosofía de la razón vital, creada por José Ortega y Gasset († 1955).

racismo *m* Tendencia a considerar unas razas superiores a otras y, como consecuencia, a discriminar a las inferiores.

racista *adj* De(l) racismo. **b)** Partidario del racismo. *Tb n.*

raconto *m* (*Mús*) Fragmento cantado [de una ópera o zarzuela] en que se narra algún suceso.

racoon → RACCOON.

racor *m* (*Mec*) Pieza, frec. con rosca, que sirve para unir dos tubos u otras piezas que deben estar en comunicación.

rad (*pl normal*, **~s**) *m* (*Fís*) Unidad de dosis de radiación ionizante absorbida, equivalente a la energía de 100 ergios por gramo de materia irradiada.

rada *f* Bahía o puerto natural propios para servir de fondeadero.

radar (*tb, más raro,* **rádar**) *m* **1** Sistema de detección de objetos mediante la emisión de ondas hertzianas muy cortas, que, al reflejarse en ellos, per-

miten determinar su posición. **b)** Sexto sentido (capacidad de intuir o adivinar). ■ **2** Aparato de radar [1].

radarista *m y f* Especialista en el funcionamiento, instalación y mantenimiento de radares [2].

radiable *adj* Que se puede radiar.

radiación *f* **1** Emisión [de ondas electromagnéticas, de partículas atómicas o de rayos de cualquier índole]. **b)** (*Fís*) Modo de propagación del calor sin intervención de ningún medio transmisor. ■ **2** Acción de radiar [1 y 3]. *Tb su efecto.*

radiactivamente *adv* De manera radiactiva [2].

radiactividad *f* Cualidad de radiactivo.

radiactivo -va *adj* **1** [Cuerpo] cuyos átomos se desintegran espontáneamente emitiendo radiaciones corpusculares o electromagnéticas. ■ **2** De (la) radiactividad.

radiado¹ -da *adj* **1** Que consta de elementos dispuestos como los radios de la circunferencia. **b)** (*Zool*) [Animal] que tiene simetría radiada. *Frec como n m en pl, designando este taxón zoológico.* ■ **2** Que tiene radios¹ [2].

radiado² -da *adj* **1** *part* → RADIAR. ■ **2** Que se produce por radio³ [1].

radiador -ra A *adj* **1** (*Fís*) Que radia o emite radiaciones. *Tb n m, referido a cuerpo.* **II** *m* **2** Aparato de calefacción formado normalmente por una serie de tubos yuxtapuestos por los que circula un fluido caliente. ■ **3** Órgano de refrigeración de los motores de explosión, consistente en una serie de tubos por los que circula agua. **b)** Órgano de refrigeración de otros aparatos.

radial *adj* **1** De(l) radio¹, *esp* [1, 2 y 4]. ■ **2** Que tiene radios¹ [2]. ■ **3** Que parte del centro a la periferia, como los radios de la circunferencia. **b)** [Vía] que forma un radio¹ [1] partiendo del centro a la periferia. *Tb n f.* ■ **4** Situado en la periferia.

radialmente *adv* De manera radial [3a].

radián *m* (*Geom*) En el sistema internacional: Unidad de medida de ángulos planos, equivalente al ángulo central de una circunferencia en el cual la longitud del arco subtendido es igual a la de su radio.

radiante¹ *adj* **1** Que emite rayos o radiaciones. ■ **2** Muy brillante o luminoso. *Tb fig.* ■ **3** [Pers.] que da muestras visibles [de alegría o bienestar], esp. por la animación del rostro. *Frec se omite el compl, por consabido.* **b)** [Pers. o belleza] que se muestra en todo su esplendor. ■ **4** (*Fís*) [Calor] emitido por radiación [1b]. ■ **5** (*E*) Radial [3a].

radiante² *m* (*Geom*) Radián.

radiar (*conjug* **1a**) *tr* **1** Transmitir [algo] por medio de ondas hertzianas. ■ **2** Emitir [una radiación [1]]. ■ **3** (*Med*) Tratar con radiaciones [1].

radicación *f* **1** Acción de radicar. ■ **2** Arraigo [de algo, esp. un uso o costumbre]. ■ **3** (*Mat*) Extracción de raíces.

radical I *adj* **1** Esencial o fundamental. **b)** Que afecta a lo esencial o fundamental. **c)** Total o absoluto. ■ **2** Extremoso o tajante. **b)** (*Pol*) Partidario de reformas profundas en sentido democrático. *Tb n, referido a pers.* ■ **3** (*E*) De (la) raíz, *esp* [1 y 4]. **b)** (*Gram*) [Palabra] constituida exclusivamente por una raíz, sin ningún sufijo. **c)** (*Bot*) Que nace inmediatamente de la raíz.

II *m* **4** (*Gram*) Raíz [4]. **b)** Forma que toma la raíz en cada una de las voces de una misma familia. ■ **5** (*Quím*) Grupo de átomos que mantiene íntegra su estructura en reacciones que afectan al resto de la molécula. ■ **6** (*Mat*) Signo con que se indica la operación de extraer raíces.

radicalidad *f* Cualidad de radical [1 y 2].

radicalismo *m* **1** Cualidad de radical [2]. ■ **2** Actitud radical [2]. ■ **3** Doctrina política de los radicales [2b].

radicalización *f* Acción de radicalizar(se).

radicalizador -ra *adj* Que radicaliza.

radicalizante *adj* Que radicaliza.

radicalizar *tr* Dar [a algo o a alguien (*cd*)] carácter radical [2]. **b)** *pr* (~se) Tomar [alguien o algo] carácter radical.

radicalmente *adv* De manera radical [1 y 2].

radicando *m* (*Mat*) Número del que se ha de extraer una raíz.

radicante *adj* **1** (*admin*) Que radica [1]. ■ **2** (*Bot*) Que produce raíces adventicias.

radicar *intr* ➤ **a** *normal* **1** Estar establecida [en un lugar una pers. o cosa, esp. una propiedad o una empresa]. ■ **2** Tener [una cosa] su origen o fundamento [en otra].
➤ **b** *pr* (~se) **3** Establecerse [alguien en un lugar].

radicícola *adj* (*Biol*) Que vive parásito sobre las raíces de un vegetal.

radiciforme *adj* (*Bot*) Que tiene forma de raíz. *Tb* (*lit*) *fuera del ámbito técn.*

radícula *f* (*Bot*) Parte del embrión que al desarrollarse formará la raíz.

radicular *adj* (*Bot*) De (la) raíz.

radiculitis *f* (*Med*) Inflamación de las raíces de los nervios espinales.

radiestesia *f* Sensibilidad especial para captar ciertas radiaciones. *Tb el procedimiento de detección basado en ella.*

radiestésico -ca *adj* De (la) radiestesia.

radiestesista *m y f* Pers. que practica la radiestesia.

radio[1] *m* **1** (*Geom*) Segmento que une el centro del círculo con un punto cualquiera de la circunferencia. **b)** ~ **vector.** Segmento que une un punto de una curva con el foco o con uno de sus focos. ■ **2** *En una rueda*: Pieza de las que unen el cubo con la llanta. ■ **3** (*Anat*) Hueso más pequeño de los dos que forman el antebrazo. ■ **4** (*Anat*) Pieza larga y delgada de las que sostienen la parte membranosa de las aletas de los peces. ■ **5** (*Bot*) Elemento de los dispuestos alrededor del eje medular a manera de radios [1]. ■ **6** ~ **de acción.** Zona de actividad o de influencia [de alguien o algo]. **b)** Distancia máxima a la que [un vehículo (*compl de posesión*)] puede llegar regresando al punto de partida sin repostar.

radio[2] *m* Elemento metálico radiactivo, de número atómico 88, perteneciente a la familia del uranio.

radio[3] *f* **1** Sistema de transmisión de sonidos mediante ondas hertzianas. ■ **2** Radiodifusión. **b)** Conjunto de programas de radio. ■ **3** Emisora de radio [2]. **b)** ~ **macuto.** (*argot Mil*) Emisora imaginaria de donde parten rumores y bulos. *Tb* (*col*) *fuera del ámbito militar.* ■ **4** Aparato radiorreceptor.

radio[4] *m* Radiotelegrama.

radio[5] *m* Radiotelegrafista.

radio- *r pref* De las ondas electromagnéticas. * Radioastrofísica. * Radiomarcación. **b)** De (la) radio[3]. * Radioayuda. * Radiopredicador.

radioactividad *f* Radiactividad.

radioactivo -va *adj* Radiactivo.

radioaficionado -da *m y f* Pers. autorizada para comunicarse privadamente por radio[3] [1], usando bandas de frecuencia jurídicamente establecidas.

radioaltímetro *m* (*Aer*) Altímetro fundado en el uso de ondas radioeléctricas.

radioastronomía *f* Parte de la astronomía que estudia las radiaciones electromagnéticas de los cuerpos celestes.

radioastrónomo -ma *m y f* Especialista en radioastronomía.

radiobaliza *f* (*Aer y Mar*) Baliza dotada de aparatos radioeléctricos para la emisión y recepción de señales.

radiobiología *f* Parte de la biología que estudia el efecto de las radiaciones sobre los organismos.

radiocanal *m* (*Radio*) Canal de radio[3].

radiocarbono *m* (*Quím*) Carbono radiactivo.

radiocasete *m* Aparato en que se combinan un receptor de radio y un magnetófono de casetes.

radiocassette (*fr; pronunc corriente,* /ṝadiokasét/) *m* Radiocasete.

radiocirugía *f* (*Med*) Combinación de la cirugía y la radiología.

radiocomedia *f* Comedia especialmente escrita o adaptada para ser transmitida por radio.

radiocomunicación *f* (*Radio*) Comunicación por medio de ondas hertzianas.

radiodespertador *m* Reloj despertador que funciona haciendo sonar un aparato de radio a la hora prevista.

radiodiagnóstico *m* (*Med*) Diagnóstico mediante radioscopias y radiografías.

radiodifundir *tr* (*raro*) Radiar (transmitir por medio de ondas hertzianas).

radiodifusión *f* **1** Transmisión por ondas hertzianas de programas destinados al público. ■ **2** Actividad relativa a la radiodifusión [1].

radiodifusor -ra *adj* (*raro*) De (la) radiodifusión. *Tb n f, referido a emisora.*

radioelectricidad *f* (*Radio*) Técnica de la producción, propagación y recepción de ondas hertzianas.

radioeléctrico -ca *adj* (*Radio*) De (la) radioelectricidad.

radioelemento *m* (*Quím*) Elemento radiactivo.

radioenlace *m* (*Radio*) Sistema de transmisión de las señales de radio desde el centro de producción hasta el centro emisor.

radioescucha *m y f* Radioyente.

radiofacsímil *m* (*Radio*) Sistema de transmisión a distancia de imágenes fijas por medio de ondas radioeléctricas.

radiofaro *m* (*Aer y Mar*) Aparato emisor de ondas hertzianas que permite a los barcos o aviones determinar su posición.

radiofonía *f* Transmisión del sonido mediante ondas hertzianas.

radiofónicamente *adv* En el aspecto radiofónico.

radiofónico -ca I *adj* **1** De (la) radiofonía.
II *m y f* **2** Profesional de la radio[3] [1 y 2a].

radiofonismo *m* Conjunto de actividades relacionadas con la radio[3] [1 y 2a].

radiofonista *m y f* Profesional de la radio[3] [1 y 2a].

radiofoto *f* Fotografía transmitida a distancia por ondas hertzianas.

radiofotografía *f* (*Med*) Técnica radiográfica que consiste en fotografiar la pantalla radioscópica. *Tb la fotografía así obtenida.*

radiofotografiar (*conjug* **1c**) *tr* (*Med*) Someter a radiofotografía.

radiofrecuencia *f* (*Radio*) Frecuencia de las ondas electromagnéticas empleadas en la comunicación por radio[3] [1].

radiofuente *f* (*Astron*) Punto del cielo en el que se produce una emisión de ondas electromagnéticas captadas en radioastronomía.

radiogalaxia *f* (*Astron*) Radiofuente que se origina en una galaxia.

radiogoniómetro *m* (*Aer y Mar*) Radiorreceptor especial que permite saber la dirección de las emisoras captadas y determinar así la posición de un barco o un avión.

radiografía *f* Procedimiento que permite fotografiar la estructura interna de un cuerpo atravesado por rayos X. *Frec la fotografía así obtenida. Tb fig.*

radiografiar (*conjug* **1c**) *tr* Obtener la imagen radiográfica [de alguien o algo (*cd*)]. *Tb fig.*

radiográfico -ca *adj* De (la) radiografía.

radiograma *m* Radiotelegrama.

radiogramófono *m* (*hoy raro*) Radiogramola.

radiogramola *f* (*hoy raro*) Mueble que consta de un gramófono y un radiorreceptor.

radioguiado *m* (*Radio*) Teledirección por medio de ondas hertzianas.

radioisotópico -ca *adj* (*Quím*) De(l) radioisótopo.

radioisótopo *m* (*Quím*) Isótopo radiactivo.

radiolario -ria *adj* (*Zool*) [Protozoo] marino de esqueleto silíceo formado por agujas que parten de un centro común o por capas concéntricas. *Frec como n m en pl, designando este taxón zoológico.*

radiolocalización *f* (*Radio*) Determinación de la posición de un objeto por medio de las ondas hertzianas.

radiología *f* Parte de la medicina que estudia las radiaciones, esp. los rayos X, en sus aplicaciones al diagnóstico y tratamiento de las enfermedades.

radiológicamente *adv* De manera radiológica.

radiológico -ca *adj* De (la) radiología.

radiólogo -ga *m y f* Especialista en radiología.

radioluminiscente *adj* (*Fís*) Que tiene luminiscencia provocada por los rayos X.

radiomarítimo -ma *adj* (*Radio*) De (la) comunicación de los barcos entre sí, o de estos con emisoras terrestres, por medio de ondas hertzianas.

radiomensaje *m* Mensaje transmitido por radio[3] [1 y 2a].

radiómetro *m* (*Fís*) Instrumento para medir la intensidad de las radiaciones.

radionavegación *f* (*Aer y Mar*) Navegación que se realiza con el auxilio de dispositivos emisores y receptores de ondas hertzianas.

radionovela *f* Novela transmitida por radio[3] [2a] en episodios.

radionucleido *m* (*Fís*) Radionúclido.

radionúclido *m* (*Fís*) Núclido radiactivo.

radiopatrulla *m* Coche patrulla dotado de sistema de comunicación por radio[3] [1]. *Tb* COCHE ~.

radioquímica *f* Parte de la química que estudia los fenómenos provocados por la radiactividad.

radiorreceptor -ra *adj* [Aparato] que capta y reproduce sonidos u otras señales transmitidos por ondas hertzianas. *Frec n m.*

radioscopia *f* Procedimiento que permite el examen del interior de un cuerpo opaco mediante la imagen que proyecta en una pantalla al ser atravesado por rayos X. *Tb el examen realizado con este procedimiento.*

radioscópico -ca *adj* De (la) radioscopia.

radiosonda *m o f* (*Meteor*) Equipo de medición meteorológica transportado por un globo sonda que transmite automáticamente por radio[3] [1] las medidas registradas.

radiosondeo *m* (*Meteor*) Exploración vertical de la atmósfera mediante radiosondas.

radiotaxi *m* Taxi dotado de receptor-transmisor de radio[3] [1], por medio del cual se mantiene en comunicación con una central que le da instrucciones para el servicio. *Tb el mismo servicio de radiotaxis.*

radiotecnia *f* Técnica relativa a las comunicaciones por radio[3] [1].

radiotécnico -ca I *adj* **1** De (la) radiotecnia.
II *m y f* **2** Especialista en radiotecnia.

radiotelefonía *f* (*Radio*) Sistema de comunicación telefónica mediante ondas hertzianas.

radiotelefónico -ca *adj* (*Radio*) De (la) radiotelefonía.

radioteléfono *m* Teléfono que funciona mediante ondas hertzianas.

radiotelegrafía *f* (*Radio*) Sistema de comunicación telegráfica mediante ondas hertzianas.

radiotelegráfico -ca *adj* (*Radio*) De (la) radiotelegrafía.

radiotelegrafista *m y f* Pers. que se ocupa de la instalación o servicio de aparatos de radiotelegrafía.

radiotelegrama *m* Despacho transmitido por radiotelegrafía.

radiotelescopio *m* (*Astron*) Aparato que capta las ondas radioeléctricas de origen cósmico.

radioteletipo *m* (*Radio*) Teletipo que funciona al recibir señales transmitidas por ondas electromagnéticas.

radiotelevisar *tr* Retransmitir simultáneamente por radio y televisión.

radiotelevisión *f* Conjunto de instalaciones y transmisiones de radio y televisión.

radioterapeuta *m y f* (*Med*) Especialista en radioterapia.

radioterapia *f* (*Med*) Tratamiento de las enfermedades mediante rayos X o sustancias radiactivas.

radioterápico -ca *adj* (*Med*) De (la) radioterapia.

radiotermia *f* (*Med*) Diatermia por medio de radiaciones de onda corta.

radiotransmisor -ra *adj* [Aparato] que transmite sonidos u otras señales por ondas hertzianas. *Frec n m.*

radioyente *m y f* Pers. que escucha una emisión de radio[3] [2].

rádium *m* (*Med*) Radio[2]. *Tb su empleo terapéutico.*

radiumterapia *f* (*Med*) Empleo terapéutico del radio[2].

radón *m* (*Quím*) Gas radiactivo, de número atómico 86, que se origina en la desintegración del radio[2].

rádula *f* (*Zool*) *En algunos moluscos:* Placa lingual, quitinosa, dura y dotada de pequeños dientecillos.

raedera *f* Utensilio que sirve para raer [1].

raedor -ra I *adj* 1 Que rae [1]. *Tb fig.*
II *m* 2 Raedera.

raedura *f* Partícula desprendida de una cosa al raerla [1]. *Gralm en pl.*

raer (*conjug 24*) *tr* 1 Raspar. ■ 2 Eliminar completamente [algo o a alguien de un lugar].

rafa *f* (*Arquit*) Machón o pilar que se introduce en un muro para reforzarlo o reparar una grieta.

ráfaga *f* 1 Soplo de viento repentino y fuerte. ■ 2 Destello rápido y repentino [de luz]. ■ 3 Manifestación repentina y pasajera [de algo]. ■ 4 Serie de disparos [de un arma automática, esp. una ametralladora].

rafagosidad *f* (*Meteor*) Cualidad del flujo de aire caracterizado por las ráfagas [1].

rafe¹ A *m o f* 1 (*Bot*) Saliente en forma de costura que se observa en determinadas semillas.
B *m* 2 (*Anat*) Línea prominente de la región media de determinados órganos o partes, que parece producida por la unión de dos mitades simétricas.

rafe² *m* (*reg*) Alero [del tejado].

rafia *f* Fibra muy resistente y flexible, empleada esp. para tejer objetos de adorno, que se extrae de las hojas de distintas palmeras tropicales del gén. *Raphia. Tb la planta.*

rafita *adj* (*reg*) [Mujer] agria, desdeñosa y rápida en el decir. *Tb n f.*

raft (*ing; pronunc corriente, /ɾaft/; pl normal, ~s*) *m* (*Dep*) Balsa para practicar el rafting.

rafting (*ing; pronunc corriente, /ɾáftin/*) *m* (*Dep*) Descenso de ríos en balsa.

raga (*tb con la grafía* **râga**) *m o f En música hindú:* Forma convencional de melodía y ritmo de las que

sirven de base a composiciones interpretadas libremente.

raglán (*tb, más raro,* **raglan**) I *adj invar* 1 [Manga] que empieza en el cuello y cubre el hombro. **b)** (*raro*) Que tiene manga raglán.
II *m* 2 Escote propio de la manga raglán.

ragoût (*fr; pronunc corriente, /ɾagú/; pl normal, ~s*) *m* Ragú.

ragtime (*ing; pronunc corriente, /ɾágtaim/*) *m* Estilo de música de piano de jazz, de moda hacia 1900, que tiene por base un ritmo de 2 por 4 y una melodía sincopada.

ragú *m* Guisado de carne en trozos con patatas y otras hortalizas.

ragusiano -na I *adj* 1 De Ragusa, hoy Dubrovnik (Yugoslavia). *Tb n, referido a pers.*
II *m* 2 (*hist*) Lengua hablada en Ragusa.

rahez *adj* (*lit*) Vil o despreciable.

raicilla *f* (*Bot*) 1 Filamento de los que nacen del cuerpo principal de la raíz. ■ 2 Radícula.

raid (*ing; pronunc corriente, /ɾáid/; pl normal, ~s*) *m* 1 Incursión o asalto de carácter militar. ■ 2 (*Dep*) Recorrido de larga distancia, destinado a probar la resistencia del material y de los participantes.

raído -da *adj* 1 *part* → RAER. ■ 2 [Prenda] muy gastada por el uso. ■ 3 [Pers.] que viste prendas raídas [2].

raigal *adj* (*lit*) De (la) raíz [3c].

raigalmente *adv* (*lit*) De manera raigal.

raigambre *f* Conjunto de raíces [1 y esp. 2c].

raigón *m* Raíz [de una planta o de un diente], esp. la que queda después de desaparecer el resto.

raigrás *m* Planta gramínea utilizada para formar céspedes (*Lolium perenne* y *L. multiflorum*). *Tb ~ INGLÉS y ~ ITALIANO, respectivamente.*

raíjo (*tb* **raijo**) *m* (*reg*) Brote o renuevo.

raíl (*tb, más raro,* **rail**) *m* Carril de la vía férrea.

railite (*n comercial registrado*) *m* Materia de revestimiento de muebles, similar a la formica.

rais *m* (*raro*) Presidente de la República de Egipto.

raíz I *f* 1 Órgano vegetal que, introducido en la tierra u otro medio, absorbe las sustancias alimenticias y sirve de elemento de fijeza. **b)** Madera extraída de la raíz de algunos árboles. **c)** *Con un adj o compl DE, designa varias plantas de diversos géns:* ~ BLANCA, ~ NEGRA, ~ DE BICHO, ~ DEL TRAIDOR, *etc*. ■ 2 Parte [de una cosa] por donde se fija al punto en que está implantada. **b)** Parte [de un diente] que está encajada en los alveolos. **c)** Elemento de implantación o fijeza [de alguien o algo]. *Frec en pl.* ■ 3 Punto de arranque [de algo]. **b)** Origen o causa [de algo]. **c)** Base esencial [de algo, esp. un pueblo]. ■ 4 (*Gram*) Elemento [de una palabra] que queda después de quitar las desinencias, prefijos y sufijos. ■ 5 (*Mat*) Valor de los que puede tener la incógnita de una ecuación. ● 6 (*Mat*) Cantidad que se ha de multiplicar una o más veces por sí misma para obtener [un número determinado (*compl de posesión*)]. ■ 7 (*Der*) Bien raíz [8].
II *adj* 8 (*Der*) [Bien] inmueble. *Frec en pl.*
III *loc v* **9 echar raíces.** Fijarse o establecerse [en un lugar]. *Tb fig.*
IV *loc adv* **10 de ~.** Enteramente o incluyendo la raíz [1, 2 y 3]. *Con vs como* ARRANCAR, CORTAR, SUPRIMIR *o equivalentes.*

V *loc prep* **11 a ~ de.** A partir de.

raja *f* **1** Corte o abertura lineal cuyos bordes están poco distantes. **b)** (*col*) Hendidura de las nalgas. *Tb* ~ DEL CULO. **c)** (*vulg*) Órgano sexual femenino. *Tb* (*fig*) designando la mujer. ■ **2** Trozo [de un alimento] no muy grueso y cortado de manera uniforme. ■ **3** Trozo de leña que resulta de abrir un leño a lo largo.

rajá (*tb, raro, con la grafía* **rajah**) *m* **1** (*hist*) Soberano indio. **b)** (*col*) Se usa frec en constrs de sent comparativo para ponderar la opulencia o el regalo con que alguien vive. * Vive como un rajá. ■ **2** Noble indio.

rajado -da *adj* **1** *part* → RAJAR[1]. ■ **2** (*col*) [Pers.] cobarde o que tiende a rajarse[5]. *Tb n.* ■ **3** (*Heráld*) [Flor o fruto] que deja ver su interior.

rajador -ra *adj* Que raja[1] [1 y 3]. *Tb n, referido a pers.*

rajadura *f* Acción de rajar(se)[1]. *Frec su efecto.*

rajah → RAJÁ.

rajar[1] **A** *tr* **1** Hacer una raja [1a] [a alguien o algo (*cd*)]. **b)** *pr* (~se) Hacerse una raja [en algo (*suj*)]. ■ **2** (*col*) Herir [a alguien] con arma blanca. ■ **3** Hacer rajas [3] [un leño]. **b)** (*raro*) Destrozar o hacer pedazos. *Frec fig.* ■ **4** (*reg*) Arar [la tierra]. **B** *intr pr* (~se) **5** (*col*) Desistir, o volverse atrás. **b)** (*Taur*) Acobardarse [el toro] después de un buen comportamiento en la lidia.

rajar[2] *intr* (*col*) Hablar mucho.

rajatabla. a ~. *loc adv* De manera estricta y sin concesiones.

rajear *tr* (*reg*) Rasguear [la guitarra].

rajo[1] *m* (*reg*) Desgarro.

rajo[2] *m* (*reg*) Lomo de cerdo.

rajuca *f* (*reg*) Chochín (pájaro).

rajuela *f* Piedra delgada y pequeña que se usa en construcción.

raki (*tb con la grafía* **raqui**) *m* Aguardiente perfumado con anís, propio de algunos países de la Europa oriental.

ralea *f* (*desp*) Clase o raza.

ralear *intr* Hacerse ralo [algo, esp. la vegetación].

ralenti (*fr; pronunc corriente,* /r̄alantí/ *o* /r̄alentí/) *m* Ralentí.

ralentí *m* **1** Mínima velocidad de rotación de un motor. *Frec en la loc* EN (*o* AL) ~. ■ **2** (*Cine*) Cámara lenta. *Frec en la loc* EN (*o* AL) ~. *Tb fig.*

ralentización *f* Acción de ralentizar.

ralentizar *tr* **1** Poner en ralentí [un motor]. ■ **2** Hacer lento o más lento [algo].

rálido -da *adj* (*Zool*) Rállido. *Frec como n f en pl, designando este taxón zoológico.*

rallador *m* Utensilio de cocina consistente en una lámina metálica provista de agujeros salientes.

ralladora *f* Máquina de rallar.

ralladura *f* Partícula que se obtiene al rallar algo. *A veces en sg con sent colectivo.*

rallar *tr* Desmenuzar [algo] frotándolo contra una lámina metálica provista de agujeros salientes.

rállido -da *adj* (*Zool*) [Ave] acuática, de pico recto, robusto y comprimido y alas cortas y redondea-

das. *Frec como n m en pl, designando este taxón zoológico.*

rallo *m* (*reg*) Botijo.

rally (*ing; pronunc corriente,* /r̄áli/; *a veces con la grafía* **rallye**; *pl normal,* ~s) *m* (*Dep*) Prueba, gralm. automovilística, de resistencia y regularidad, en que los participantes deben reunirse en un lugar determinado, a veces siguiendo itinerarios diferentes.

ralo -la *adj* Poco denso o poblado. *Referido esp a pelo o vegetación.*

RAM *m* (*Informát*) Memoria de acceso directo. *Gralm* MEMORIA ~.

rama[1] **I** *f* **1** En una planta: Parte que resulta de dividirse o subdividirse el tallo. **b)** *Esp:* Parte que resulta de dividirse el tronco. ■ **2** División de las que surgen de una parte común. **b)** Conjunto de perss. que descienden de un ascendiente común. **c)** (*Anat*) División [de un vaso o de un nervio]. **II** *loc v* **3 andarse** (*o* **irse**) **por las ~s.** (*col*) Entretenerse en lo accesorio o menos importante, o desviarse de lo principal.

rama[2] *f* (*Impr*) Cerco cuadrangular de hierro con que se sujeta el molde que se ha de imprimir.

rama[3] **I** *f* **1** (*raro*) Materia en rama [2]. **II** *loc adv* **2 en ~.** Sin manufacturar o sin completar la manufactura. *Frec adj.* ■ **3 en ~.** Sin encuadernar. *Tb adj.*

ramadán *m* Noveno mes del año lunar mahometano, dedicado al ayuno.

ramaje *m* Conjunto de ramas[1] [1].

ramal **I** *m* **1** Cabo de los que forman una cuerda o cosa similar. ■ **2** Cuerda que se pone en el cabezón o la cabezada de una caballería, para dirigirla o tirar de ella. ■ **3** Rama o derivación [de algo principal, esp. una vía de comunicación]. ■ **4** Tramo de escalera de los que concurren en el mismo rellano. **II** *loc adv* **5 a ~ y media manta.** (*col*) Con escasez.

ramalazo *m* **1** Acometida brusca y pasajera [de algo no material, esp. un dolor o un sentimiento]. ■ **2** (*col*) Tendencia acusada [a la locura o a un comportamiento anormal (*compl especificador*)]. *A veces se omite el compl por consabido, esp referido a homosexualidad.* ■ **3** Ráfaga [de viento, lluvia u otra precipitación].

ramalera *f* (*reg*) Rienda de una caballería de tiro. *Frec en pl.*

ramaliego -ga *adj* De Ramales de la Victoria (Cantabria). *Tb n, referido a pers.*

ramalillo *m* (*reg*) Rienda de una caballería de tiro. *Frec en pl.*

rambla *f* **1** Cauce natural por el que discurren las aguas de lluvia. **b)** (*reg*) Cauce de una corriente intermitente de agua. **c)** (*reg*) Corriente impetuosa de agua debida a las lluvias. ■ **2** Calle ancha y con árboles, gralm. con andén central. *Referido a Cataluña y otras zonas de Levante.*

ramblazo *m* Rambla [1] grande.

rambleño -ña *adj* De La Rambla (Córdoba). *Tb n, referido a pers.*

ramblero -ra *adj* De las Ramblas de Barcelona. **b)** [Pers.] que frecuenta las Ramblas de Barcelona. *Tb n.*

ramblizo *m* Ramblazo.

rambután *m* Fruta roja brillante y cubierta de pelos, producida por el árbol asiático *Nephelium lappaceum*. *Tb el mismo árbol.*

rameado -da *adj* [Dibujo] de ramos [3]. *Tb n m.* **b)** Que tiene dibujo de ramos.

rameo *m* (*raro*) Movimiento de las ramas de un árbol.

ramera[1] *f* Mujer que por oficio tiene relación sexual con hombres.

ramera[2] *f* (*reg*) Leña de rama[1] [1].

ramería *f* (*lit, raro*) Casa de rameras[1].

ramificación *f* Acción de ramificar(se). *Frec su efecto.*

ramificado -da *adj* **1** *part* → RAMIFICAR. ■ **2** Que tiene ramificaciones.

ramificar **A** *intr* **1** Dividirse en ramas[1] [1 y 2]. *Frec pr* (**~se**).
B *tr* **2** Dividir [algo] en ramas[1] [2].

ramillete *m* **1** Ramo pequeño [de flores o plantas]. ■ **2** Conjunto selecto [de perss. o cosas].

ramio *m* Planta asiática de la que se extrae una fibra textil muy resistente (*Boehmeria nivea*). *Tb su fibra.*

ramirense *adj* De Ramiro I, rey de Asturias († 850). *Gralm referido al arte asturiano de este período.*

ramiro *m* (*Naipes*) Remigio.

ramnácea *adj* (*Bot*) [Planta] dicotiledónea leñosa de las regiones templadas y tropicales, de flores pequeñas y hojas simples. *Frec como n f en pl, designando este taxón botánico.*

ramo (*con mayúscula en acep 5*) **I** *m* **1** En las plantas: Rama[1] [1] que nace de otra. **b)** (*raro*) Rama pequeña. ■ **2** Conjunto [de flores, ramas o hierbas, esp. cortadas] dispuesto de modo que tengan sus tallos juntos. ■ **3** Motivo decorativo que representa un conjunto de flores y hojas. ■ **4** Rama[1] [2a] [de una actividad]. **b)** (*raro*) Clase. *Con compl especificador.* **c)** *Sin compl:* Clase de los homosexuales. *Frec en la loc* DEL ~.
II *loc adj* **5 de ~s.** (*Rel catól*) [Domingo] en que se conmemora la entrada triunfal de Jesús en Jerusalén, y que se celebra con una procesión de palmas y de ramos [1] de olivo.
III *loc adv* **6 de pascuas a ~s** → PASCUA.

ramón *m* **1** Conjunto de ramas[1] [1] pequeñas y delgadas [de una planta]. ■ **2** (*reg*) Rama[1] [1] pequeña y delgada.

ramonear **A** *intr* **1** Pacer [un animal] el ramón o los brotes tiernos de una planta.
B *tr* **2** Pacer [un animal] el ramón o los brotes tiernos [de una planta (*cd*)].

ramoneo *m* Acción de ramonear.

ramoso -sa *adj* **1** [Planta] que tiene muchas ramas[1] [1]. **b)** [Cuerno] que tiene ramas[1] [2a] o ramificaciones. ■ **2** Que tiene forma de rama[1] [1].

rampa[1] *f* Plano inclinado entre dos superficies de diferente nivel, que facilita el paso de una a otra. **b)** Superficie en pendiente.

rampa[2] *f* (*reg*) Calambre.

rampante *adj* **1** (*Heráld*) [Animal, esp. león] que está de pie y con las garras tendidas en actitud de agarrar. *Tb* (*lit*) *fuera del ámbito técn.* ■ **2** Que asciende o sube de manera acusada. *Tb fig.* ■ **3**

(*Arquit*) [Arco] que tiene los arranques a distinta altura.

rampar *intr* (*raro*) **1** Trepar o encaramarse [a un lugar]. ■ **2** Reptar.

ramplón -na *adj* Vulgar o falto de altura.

ramplonamente *adv* De manera ramplona.

ramplonería *f* **1** Cualidad de ramplón. ■ **2** Cosa ramplona.

ramplús *m* (*raro*) Herramienta, a modo de taladro, que se usa para hacer agujeros.

rampojo *m* (*reg*) Escobajo [del racimo de uvas].

ramujo *m* (*reg*) Conjunto de ramas pequeñas y delgadas cortadas.

rana **I** *f* **1** Batracio sin cola, de piel verdosa, ojos grandes y salientes, y patas posteriores más largas y adaptadas para el salto, que vive gralm. en charcas (*Rana ridibunda*). *Tb* ~ VERDE *o* COMÚN. *Otras especies se distinguen por medio de compls o adjs:* ~ BERMEJA *o* DE LOS PRADOS (*R. temporaria*), ~ DE MONTAÑA (*R. iberica*), ~ DE SAN ANTONIO (*Hyla arborea*), *etc.* **b)** **hombre-~, salto de la ~** → HOMBRE, SALTO. ■ **2** Juego que consiste en introducir desde cierta distancia chapas o monedas por la boca de una rana [1] de metal situada sobre una mesita especial provista además de otras aberturas. ■ **3** Traje infantil consistente en unas bragas amplias con peto.
II *loc v* **4 salir ~** [alguien o algo]. (*col*) Fallar o defraudar.
III *loc adv* **5 cuando la(s) ~(s) críe(n) pelo.** (*col*) Nunca.

ranchería *f* Conjunto de chozas o casas pobres.

ranchero -ra **I** *adj* **1** De(l) rancho [2].
II **A** *n m y f* **2** Pers. que se ocupa del rancho [1a]. ■ **3** Pers. que posee y atiende un rancho [2].
B *f* **4** Cierta canción popular mejicana. ■ **5** Turismo cuya carrocería tiene forma cuadrada en la parte posterior, lo que le da mayor capacidad.

rancho **I** *m* **1** Comida que se hace para muchos en común, esp. soldados o presos. **b)** *En gral:* Comida poco cuidada. *Frec con intención humoríst.* **c)** *Se usa como denominación de determinados guisos.* * Prueba el rancho de cordero. * Rancho del Maestrazgo. ■ **2** Finca de gran extensión dedicada a la cría de ganado. *Referido a América.* **b)** (*reg*) Finca rústica de poca extensión y gralm. con vivienda. **3** *En un barco:* Lugar destinado a alojamiento de la tripulación. ■ **4** (*reg*) Pequeña porción residual de un copo de pescado. ■ **5** (*reg*) Breca (pez).
II *loc v* **6 hacer** (*o* **formar**) **~ aparte.** Aislarse o separarse [un grupo de perss.] dentro de un grupo mayor.

rancidez *f* (*raro*) Cualidad de rancio [1].

ranciedad *f* Cualidad de rancio.

rancio -cia **I** *adj* **1** [Alimento] que con el tiempo ha sufrido una ligera alteración en su sabor o ha adquirido un sabor más fuerte. **b)** [Cosa] ligeramente corrompida o en mal estado. ■ **2** [Cosa] antigua o que tiene muchos años. ■ **3** (*desp*) [Pers. o cosa] anticuada.
II *m* **4** Tocino rancio [1].

rancioso -sa *adj* (*raro*) Rancio.

rand (*pl normal,* **~s**) *m* Unidad monetaria de la República Sudafricana.

randa[1] *m y f* (*col, hoy raro*) Ratero o ladrón.

randa[2] *f* Franja o tira de encaje.

ranglán *(tb, más raro, **ranglan**) adj* Raglán. *Tb n m.*

rango *m* Calidad o categoría.

ranita *f* **1** *dim de* RANA. ■ **2** ~ **de San Antonio.** Rana de San Antonio.

ranking *(ing; pronunc corriente, /ŕánkin/; pl normal, ~s) m* Lista de clasificación. *Tb la misma clasificación.*

rano *m (reg)* Rana [1], esp. grande.

ranunculácea *adj (Bot)* [Planta] dicotiledónea herbácea de la familia del ranúnculo, con hojas divididas y frec. con principios venenosos que se usan en medicina. *Frec como n f en pl, designando este taxón botánico.*

ranúnculo *m Se da este n a distintas plantas herbáceas del gén Ranunculus, silvestres o cultivadas como ornamentales, con flores de tres o cinco pétalos, gralm amarillas o blancas. Frec con un adj o compl especificador:* AMARGO, CAMPESTRE, DE RÍO, DE PRADO, *etc.*

ranura *f* Canal estrecha y larga abierta en un madero o en un objeto metálico o duro, que frec. sirve para hacer ensambles.

ranurado *m* Acción de ranurar. *Tb su efecto.*

ranurar *tr* Hacer ranuras [en algo *(cd)*]. *Frec en part.*

raña *f* **1** Terreno de monte bajo. ■ **2** *(Geogr)* Acumulación aluvial depositada sobre una llanura o una ladera poco pendiente, con grandes bloques rocosos y cantos rodados.

rañero -ra *adj* De (la) raña.

raño *m (reg)* Cabracho (pez).

rap *(ing; pronunc corriente, /ŕap/; pl normal, ~s) m* Música muy sincopada en que el monólogo prevalece sobre el canto.

rapa *f (reg)* Acción de rapar.

rapabarbas *m (col)* Barbero.

rapacería *f* **1** Rapacidad. ■ **2** Acción propia de la pers. rapaz[1] [1].

rapacidad *f* Cualidad de rapaz[1] [1].

rapado *m* Acción de rapar.

rapadura *f* Dulce canario de gofio y miel de caña.

rapagón *m (raro)* Joven al que aún no le ha salido la barba. *Tb adj.*

rapante *m (reg)* Gallo (pez).

rapapiés *m* Buscapiés.

rapapolvo *(tb, pop, **rapapolvos**) m (col)* Reprimenda.

rapar *tr* Cortar [algo, esp. el pelo] al rape. **b)** Cortar el pelo al rape [a alguien o algo *(cd)*]. **c)** Afeitar.

rapatán *m (reg)* Rabadán.

rapaz[1] *adj* **1** [Pers., o a veces animal] inclinados al robo o a la rapiña. **b)** Propio de la pers. rapaz. ■ **2** [Ave] carnívora, de pico y uñas robustos y encorvados. *Frec como n f en pl, designando este taxón zoológico.* **b)** Propio del ave rapaz. *Tb (lit) fig.* **c)** [Águila] ~ → ÁGUILA.

rapaz[2] -za *m y f (reg o lit)* Muchacho.

rape[1]. al ~. *loc adv* A la raíz o al límite. *Gralm con el v* CORTAR. *Tb adj.*

rape[2] *m* Pez marino de cuerpo deprimido y cabeza muy grande, que vive a menudo inmóvil en el fondo y cubierto de arena y es comestible apreciado *(Lophius piscatorius)*.

rapé *m (hist)* Tabaco en polvo que se aspira por la nariz para provocar el estornudo.

rapel *m (Dep)* Descenso mediante una cuerda que se desliza. *Gralm en la loc* EN, *o* A, ~.

rápel *m (Com)* Descuento progresivo en función del importe de la compra.

rapelar *intr (Dep)* Descender en rapel.

rápidamente *adv* De manera rápida [1a y b].

rapidez *f* Cualidad de rápido [1].

rápido -da I *adj* **1** Que actúa o se produce en poco tiempo, o en menos de lo normal o esperado. **b)** [Cosa] que se hace o puede hacerse en corto espacio de tiempo. **c)** [Restaurante] de comida rápida [1b]. **d)** Que avanza a gran velocidad. **e)** [Tren] que realiza su recorrido a más velocidad que el normal, por no parar más que en estaciones importantes. *Frec n m.* **f)** *(Metal)* [Acero] en cuya composición entra el volframio, capaz de resistir las temperaturas producidas por rozamiento a gran velocidad y que se emplea en máquinas-herramientas. **II** *m* **2** *En un curso de agua:* Parte en que la corriente es rápida [1d] y agitada. **III** *adv* **3** Rápidamente.

rapincho *m* Planta bianual de raíces carnosas y flores azules en ramilletes largos *(Campanula rapunculus)*.

rapiña I *f* **1** Acción de robar, o de apoderarse de cosas ajenas contra la voluntad de su dueño. **II** *loc adj* **2 de ~.** [Ave] rapaz (→ AVE y RAPAZ[1]).

rapiñador -ra *adj* Que rapiña.

rapiñar *tr* Robar [algo] o apoderarse indebidamente [de ello *(cd)*].

rápita *f (hist)* Fortaleza árabe defendida por una comunidad de carácter religioso y militar.

raposera *f* Madriguera de raposa.

raposería *f (lit)* Astucia.

raposero -ra *adj* [Perro] de pelo corto y orejas grandes y caídas, usado esp. en la caza del zorro. *Tb n.*

raposo -sa I *n* **A** *m* **1** Zorro (animal). *A veces designa solo el macho de esta especie.* **B** *f* **2** Zorra (animal). **C** *m y f* **3** Pers. astuta y taimada. **II** *adj* **4** *(reg)* Astuto. ■ **5** [Uva] **de raposa** → UVA.

rappel *(fr; pronunc corriente, /ŕapél/) m (Dep)* Rapel.

rapper *(ing; pronunc corriente, /ŕáper/; pl normal, ~s) m* Cantante de rap.

rapport *(fr; pronunc corriente, /ŕapór/) m* Informe.

rapsoda A *m y f (lit)* **1** Pers. que recita poesías. ■ **2** Poeta. **B** *m* **3** *(hist) En la antigua Grecia:* Cantor errante de poemas épicos.

rapsodia *f (Mús)* Composición instrumental de carácter fantástico, basada en temas populares.

rapsódico -ca *adj (Mús)* De (la) rapsodia.

raptar – raseado

raptar *tr* **1** Llevarse [un hombre a una mujer] violentamente o con engaño. ■ **2** Secuestrar [a alguien]. *Tb fig.*

rapto *m* **1** Acción de raptar, *esp* [1]. ■ **2** Arrebato (acometida violenta y repentina [de un sentimiento o de un estado de ánimo]). *Tb sin compl.*

raptor -ra *adj* Que rapta, *esp* [1]. *Tb n, referido a pers.*

raque *m* (*reg*) Acción de raquear.

raquear *intr* (*reg*) Vagar por puertos y playas recogiendo restos y objetos diversos.

raquerada *f* (*reg*) Acción propia de un raquero.

raquero -ra *adj* (*reg*) Golfo o vagabundo de puerto. *Frec n. Frec, vacío de significado, se emplea como término desp o cariñoso.* **b)** Propio del raquero.

raqueta *f* **1** Instrumento de forma oval y con mango, que se utiliza para impulsar la pelota en distintos juegos, esp. el tenis. **b)** (*lit*) Tenista. ■ **2** Utensilio semejante a la raqueta [1] de tenis, que se pone en los pies para andar sobre la nieve sin hundirse. ■ **3** Utensilio semejante a un rastrillo, que se emplea en las mesas de juego para retirar las posturas. ■ **4** *En una calle o carretera:* Trazado o dispositivo para canalizar el cambio de dirección en una bifurcación o cruce.

raquetazo *m* Golpe de raqueta [1a].

raquetista *m y f* Jugador de pelota con raqueta [1a].

raqui → RAKI.

raquídeo -a *adj* (*Anat*) De la columna vertebral. **b)** [Bulbo] ~ → BULBO.

raquis *m* **1** (*CNat*) Eje central [de una pluma, una hoja o una espiga]. ■ **2** (*Anat*) Columna vertebral.

raquítico -ca *adj* **1** [Ser vivo] pequeño y endeble. ■ **2** [Cosa] pequeña o escasa.

raquitismo *m* **1** Cualidad de raquítico. ■ **2** Enfermedad propia de los niños que se manifiesta por deformaciones variables del esqueleto y que es debida a una alteración en el metabolismo del fósforo y del calcio.

rara avis (*lat; pronunc corriente,* /rára-ábis/) *loc n f* Pers. o cosa singular o extraordinaria.

raramente *adv* De manera rara [1a y esp. 2].

rarefacción *f* **1** (*Fís*) Disminución de la densidad [de un gas]. ■ **2** (*Med*) Disminución de la densidad y peso [de un órgano] por atrofia o resorción, conservando el mismo volumen. ■ **3** (*raro*) Disminución de la cantidad [de algo].

rarefaciente *adj* (*Med*) Que causa rarefacción [2].

rareza *f* **1** Cualidad de raro [1, 2 y 3]. ■ **2** Cosa rara [1 y 2]. **b)** Hábito o manía de una pers. rara [3a].

rarificación *f* Acción de rarificar(se).

rarificar *tr* **1** Hacer raro [2] [algo]. **b)** *pr* (~se) Hacerse raro [algo]. ■ **2** (*Fís*) Enrarecer [un gas]. **b)** *pr* (~se) Enrarecerse [un gas].

raro -ra *adj* **1** Que se sale de lo común. **b)** Sorprendente o curioso. ■ **2** Poco abundante o poco frecuente. ■ **3** [Pers.] de carácter o comportamiento difícil o extravagante. *A veces* (*humoríst*) *en constr comparativa con intención intensificadora:* MÁS ~ QUE UN PERRO AZUL, QUE UN CANARIO A CUADROS, *etc.* **b)** (*col*) [Hombre] homosexual o afeminado. *Tb n.* **c)** Propio de la pers. rara. ■ **4** (*Quím*) [Gas] noble. **b)** [Tierras] **raras** → TIERRA.

ras¹ *loc adv* **1** **a(l)** ~. Al mismo nivel. *Gralm con un compl* DE. **b)** **a(l)** ~ **de tierra** (*o* **del suelo**). Sin altura o elevación. *En sent moral. Tb adj.* ■ **2** ~ **con** ~. Al mismo nivel.

ras² *interj* Imita el sonido de algo que se rasga o roza. *Frec se enuncia repetida.* * Cogió los pantalones y ¡ras, ras!, se los rasgó.

ras³ *m* Jefe etíope.

rasa *f* (*reg*) **1** Llanura alta y despejada. ■ **2** Extensión costera grande, de topografía suave y débil pendiente hacia el mar.

rasamente *adv* (*lit*) **1** De manera clara y sin embozo. ■ **2** De manera rasa o a ras del suelo.

rasante I *adj* **1** Que rasa [2]. **b)** [Vuelo] cuya trayectoria se mantiene muy próxima a tierra. ■ **2** [Tiro] cuya trayectoria se aproxima a la línea horizontal. **II** *f* **3** Inclinación respecto a un plano horizontal. *Normalmente referido a una calle o camino. Frec en la constr* CAMBIO DE ~.

rasar *tr* **1** Igualar la superficie [de una medida llena] para que contenga la cantidad justa. ■ **2** Pasar rozando [algo (*cd*)]. *Tb abs.* ■ **3** (*raro*) Cortar al rape el pelo [de algo (*cd*)].

rasca *f* (*col*) **1** Hambre. ■ **2** Frío intenso.

rascacielismo *m* (*raro*) Tendencia excesiva a la construcción de rascacielos.

rascacielístico -ca *adj* (*raro*) De(l) rascacielos.

rascacielos *m* Edificio muy alto y de muchos pisos.

rascacio *m* Pez marino comestible semejante al cabracho (*Scorpaena porcus*). *Tb* (*reg*) designa al propio cabracho (*Scorpaena scrofa*).

rascadera *f* **1** Almohaza. ■ **2** Rascador [3].

rascado *m* Acción de rascar, *esp* [1].

rascador -ra I *adj* **1** Que rasca [1]. ■ **2** (*Mec*) [Segmento] inferior de un émbolo, que sirve para recoger y eliminar la capa de aceite de la pared del cilindro. **II** *m* **3** Instrumento que sirve para rascar [1 y 2].

rascadura *f* Acción de rascar(se) [1].

rascar A *tr* **1** Frotar la piel [de alguien o de una parte de su cuerpo (*cd*)] con algo duro o áspero, esp. las uñas. *Frec se omite el segundo compl.* ■ **2** Frotar la superficie [de algo (*cd*)] con un instrumento duro o áspero. *Frec se omite el segundo compl.* **b)** Raspar [algo] para quitarlo de la superficie a que está unido. ■ **3** Producir roces o arañazos [en alguien o algo (*cd*)]. *Tb abs.* ■ **4** (*col*) Tocar mal [un instrumento de cuerda]. ■ **5** (*col*) Conseguir o lograr. *Gralm en la constr* NO HABER NADA QUE ~. ■ **6 llevar**, *o* **tener**, **qué** ~. (*col*) Haber de ocuparse en algo muy fastidioso o que ocasiona muchas molestias. **B** *intr pr* (~se) **7** (*reg*) Enfadarse o irritarse.

rascatripas *m y f* (*col*) Pers. que toca mal un instrumento de arco.

rascón *m* Ave zancuda de unos 30 cm de longitud, de cola y alas cortas y plumaje oliváceo (*Rallus aquaticus*).

raseado¹ -da *adj* **1** *part* → RASEAR. ■ **2** (*Fút*) Que va o se desarrolla a ras de tierra. ■ **3** [Vuelo] rasante.

raseado[2] *m* (*reg*) Acción de rasear [3].

rasear *tr* **1** (*Fút*) Llevar [la pelota] a ras de tierra. ■ **2** Rasar [2]. ■ **3** (*reg*) Igualar con la paleta [una pared] mientras está el yeso fresco.

rasero -ra I *adj* **1** (*raro*) Que va a ras del suelo. II *n* A *m* **2** Utensilio que sirve para rasar [1]. ■ **3** Medida o valoración [de una pers. o de algo no material]. *Normalmente en la constr* EL MISMO ~. ■ **4** (*reg*) Campo llano y sin arbolado. B *f* **5** (*reg*) Utensilio de cocina consistente en una paleta metálica, gralm. con agujeros, que se emplea esp. para los fritos. ■ **6** (*reg*) *En una corriente de agua:* Parte pendiente y poco profunda, con el cauce cubierto de cantos rodados.

rasgado[1] **-da** *adj* **1** *part* → RASGAR. ■ **2** [Ojo] alargado y con la comisura de los párpados muy prolongada.

rasgado[2] *m* Acción de rasgar(se).

rasgador -ra *adj* Que rasga.

rasgadura *f* Acción de rasgar(se). *Frec su efecto.*

rasgamiento *m* Acción de rasgar(se).

rasgar *tr* Romper [algo, esp. papel o tela] tirando con fuerza y sin usar ningún instrumento cortante. *Tb* (*lit*) *fig.* **b)** Romper [algo, esp. papel o tela] haciendo fuerza [con un instrumento más o menos cortante]. *Tb* (*lit*) *fig.* **c)** *pr* (~se) Romperse o abrirse [algo, esp. un papel o una tela]. **d)** ~se las vestiduras → VESTIDURA.

rasgo I *m* **1** Línea trazada al escribir, esp. ornamental. ■ **2** Línea característica [del rostro de una pers.]. *Normalmente en pl.* ■ **3** Peculiaridad o nota característica [de alguien o algo]. ■ **4** Acción que manifiesta [una cualidad (*adj o compl especificador*)]. **b)** *Sin compl:* Acción amable o generosa. II *loc adv* **5** a grandes ~s. Sin entrar en detalles. *Tb adj.*

rasgón *m* Rotura hecha al rasgar(se). *Tb* (*lit*) *fig.*

rasgueado *m* Rasgueo [1].

rasgueante *adj* Que rasguea.

rasguear A *tr* **1** Tocar [la guitarra u otro instrumento similar] rozando varias cuerdas a la vez con la punta de los dedos. *Tb abs.* B *intr* **2** Hacer rasgos [1] al escribir.

rasgueo *m* **1** Acción de rasguear. *Tb su efecto.* ■ **2** Ruido del roce de la pluma al escribir.

rasguño *m* **1** Arañazo. ■ **2** (*Pint*) Dibujo de tanteo.

rash (*ing; pronunc corriente,* /ȓas/) *m* (*Med*) Erupción cutánea.

rasilla *f* Ladrillo hueco y delgado que se emplea para solar y para hacer construcciones ligeras.

rasmia *f* (*reg*) Empuje y tesón.

raso[1] **-sa** I *adj* **1** Liso o que no tiene relieves ni asperezas. **b)** [Campo] llano, sin árboles ni edificaciones. **c)** [Cielo] ~ → CIELO. ■ **2** [Cielo o tiempo] que carece de nubes. ■ **3** [Medida] llena justo hasta el borde. ■ **4** [Soldado] que carece de graduación. *A veces se usa referido a otras actividades ajenas al ámbito militar.* ■ **5** Que va o se realiza a ras del suelo. ■ **6** [Silla o asiento] que carece de respaldo. II *m* **7** Terreno sin arbolado ni edificaciones. ■ **8** Intemperie de la noche. *Normalmente en la constr* AL ~. III *loc v* **9** hacer tabla rasa → TABLA.

raso[2] *m* Tejido que presenta por su derecho una superficie lisa y brillante, sin trama perceptible.

rasoliso *m* Cierta variedad de raso[2].

raspa I *n* A *f* **1** Espina de pescado, esp. la central. **b)** (*col*) Columna vertebral. ■ **2** Filamento del cascabillo [del grano de trigo u otra gramínea]. **b)** (*reg*) Cereal que tiene raspa. ■ **3** (*raro*) Filamento duro que sobresale de una superficie. ■ **4** Baile popular de carácter festivo, surgido alrededor de 1950, que se realiza cruzando las piernas con los brazos en las caderas y girando después alternativamente a un lado y a otro unidos los brazos opuestos de cada pareja. *Tb su música.* B *m y f* **5** (*col*) Pers. pilla o sinvergüenza. *Tb adj. Gralm referido a mujer.* II *loc pr* **6** (**ni**) **la**(**s**) ~(**s**). (*col*) Nada. *Gralm en la constr* NO QUEDAR NI LAS ~S.

raspado[1] **-da** *adj* **1** *part* → RASPAR. ■ **2** (*col*) Muy justo en cantidad o medida.

raspado[2] *m* Acción de raspar. **b)** ~ de matriz. Operación que consiste en raspar [1a] con una cuchilla cortante la mucosa de la matriz. *Frec simplemente* ~.

raspador -ra I *adj* **1** (*raro*) Que raspa. II *m* **2** Utensilio que sirve para raspar.

raspadura *f* **1** Acción de raspar. *Tb su efecto.* ■ **2** Partícula desprendida de una cosa al rasparla [1]. *Gralm en pl. A veces en sg con sent colectivo.*

raspalengua *f* Planta vivaz de tallos ásperos, hojas oscuras, coriáceas, con aguijones, y flores amarillentas en racimo (*Rubia peregrina*).

raspanera *f* (*reg*) Arándano (planta).

raspante *adj* Que raspa [2]. *Frec fig.*

raspar *tr* **1** Frotar la superficie [de algo (*cd*) con un objeto áspero, punzante o cortante]. *Frec se omite el segundo compl.* **b)** Frotar [algo con un objeto áspero, punzante o cortante] para quitarlo de la superficie a la que está unido. *Frec se omite el segundo compl.* ■ **2** Producir arañazos o roces [en algo (*cd*)]. *Frec abs. Tb* (*lit*) *fig.*

raspilla *f* Planta anual hirsuta, tendida o trepadora, de flores pequeñas rojas o violetas (*Asperugo procumbens*).

raspinegro -gra *adj* [Trigo] de raspa [2] negra.

raspón *m* **1** Lesión o erosión causada por un roce violento. ■ **2** (*reg*) Escobajo [del racimo de uvas].

rasponazo *m* Raspón [1].

rasposo -sa *adj* Áspero o que raspa [2]. *Tb fig.*

rasqueta *f* Utensilio de forma variada, frec. formado por una chapa afilada y un mango, y usado para raspar o frotar determinadas superficies.

rasquil *m* (*reg*) Rastro o rastrillo (utensilio agrícola).

rasquilar *tr* (*reg*) Recoger [la mies] con el rasquil. *Tb abs.*

rasquiña *f* (*reg*) Comezón que incita a rascarse.

rasta *adj* (*Rel*) Rastafari.

rastacuero (*tb, más raro,* **rastacueros**) *m* (*desp*) Nuevo rico. *Tb adj.* **b)** *Frec se usa para ponderar el mal gusto o la ignorancia.* * El rastacueros de Pepe acaba de descubrir el Mediterráneo.

rastafari *adj* (*Rel*) De un grupo religioso jamaicano que adora como dios a Haile Selassie. *Tb n, referido a pers.*

rastel *m* Barandilla.

rastra[1] **I** *f* **1** Tabla que, arrastrada por una caballería, sirve para recoger la parva de la era. ■ **2** Grada[2] (utensilio para alisar la tierra labrada). ■ **3** Cosa que va arrastrando. ■ **4** Cría [de una res], esp. la que aún mama. *Tb en sg con sent colectivo.* ■ **5** (*raro*) Pers. o animal que sigue o acompaña ordinariamente [a alguien (*compl de posesión*)]. ■ **6** (*reg*) Narria. ■ **7** (*reg*) Rastrillo[1] [5]. **II** *loc adv* **8** a ~s (*o, más raro,* a (la) ~). Arrastrando. *Tb fig.* **b)** De mala gana o a la fuerza.

rastra[2] *f* (*reg*) Ristra [de ajos o cebollas].

rastrar *tr* (*raro*) Llevar a rastras (→ RASTRA[1] [8]).

rastreable *adj* Que se puede rastrear.

rastreador -ra *adj* Que rastrea, esp [1]. *Frec n, referido a pers.*

rastrear *tr* **1** Seguir el rastro[1] [1] [de alguien o algo (*cd*)]. ■ **2** Buscar un rastro[1] [1] examinando detenidamente [un lugar (*cd*)]. *Tb fig.* ■ **3** Arrastrar [por el agua o su fondo (*cd*)] un utensilio adecuado para pescar o sacar algo. ■ **4** (*reg*) Llevar [algo] arrastrando. ■ **5** (*Taur*) Llevar [el toro la cabeza] casi tocando el suelo. *Tb abs.*

rastrel *m* Listón grueso de madera.

rastreo *m* Acción de rastrear.

rastreramente *adv* De manera rastrera[1] [2b y c].

rastrero[1] **-ra** *adj* **1** Que va a ras del suelo. **b)** (*Bot*) [Tallo] que crece a ras del suelo. **c)** [Planta] de tallo rastrero. **d)** [Enebro] ~, [sabina] **rastrera** → ENEBRO, SABINA. ■ **2** [Pers.] que para conseguir su propósito no duda en recurrir a procedimientos viles, tales como la adulación o la propia humillación. **b)** Propio de la pers. rastrera. **c)** Vil o despreciable.

rastrero[2] **-ra** **I** *adj* **1** De(l) rastro[2]. **II** *m y f* **2** Vendedor de un rastro[2].

rastrilla *f* Rastro[1] [2] que tiene el mango unido al travesaño en la parte opuesta a la de las púas.

rastrillado *m* Acción de rastrillar. *Tb* (*lit*) *fig.*

rastrillar *tr* **1** Recoger [algo, esp. hierba o mies] con el rastro[1] [2] o rastrillo[1] [1]. *Tb abs.* ■ **2** Allanar [la tierra] con la rastra[1] [2] o el rastrillo[1] [6]. ■ **3** Limpiar [el lino o el cáñamo] con la rastra[1] [7] o rastrillo[1] [5].

rastrillear *tr* (*reg*) Rastrillar.

rastrillo[1] *m* **1** Rastro[1] [2]. ■ **2** Utensilio semejante al rastrillo [1], sin púas, que se emplea en las mesas de juego para retirar las posturas. ■ **3** Verja o puerta de hierro [de una fortaleza o penal]. ■ **4** Reja que se pone en una boca de admisión de agua para impedir el paso de objetos flotantes. ■ **5** Peine de púas verticales de hierro usado para limpiar lino o cáñamo. ■ **6** Utensilio de labranza para alisar la tierra después de labrada.

rastrillo[2] *m* Mercadillo de objetos variados.

rastro[1] **I** *m* **1** Vestigio o huella. **b)** Olor que deja [alguien o algo]. ■ **2** Instrumento consistente en un mango largo que lleva en un extremo un travesaño con púas y que se utiliza para arrastrar hierba o mies. ■ **3** Instrumento a modo de azada con pala de dientes, que se emplea esp. para extender piedra. ■ **4** (*Pesca*) Instrumento consistente en un palo o una armazón de madera con púas de hierro, usado para extraer crustáceos y moluscos. **II** *loc pr* **5** ni ~(s). (*col*) Nada. *Gralm con los vs* HABER O QUEDAR.

rastro[2] *m* Mercado de compraventa de objetos variados.

rastrojal *m* Tierra de rastrojo.

rastrojera *f* Tierra de rastrojo. *A veces en sg con sent colectivo.*

rastrojo *m* **1** Conjunto de los restos de cañas que queda después de segar la mies. *Tb* (*lit*) *fig.* ■ **2** Campo del que se ha segado la mies y aún no se ha labrado de nuevo.

rasura *f* (*raro*) Raedura.

rasuración *f* Acción de rasurar.

rasurado *m* Acción de rasurar.

rasurador -ra *adj* Que rasura. *Tb n, m o f, referido a aparato o máquina.*

rasurar *tr* Afeitar [a alguien o una parte de su cuerpo].

rata **I** *n* **A** *f* **1** Mamífero roedor de unos 30 cm de longitud, con hocico puntiagudo y cola larga, muy prolífico y voraz, que vive en todo el mundo (gén. *Rattus*). **b)** (*col*) A veces se emplea como *término de comparación para ponderar la pobreza. Gralm en la constr* MÁS POBRE QUE LAS ~S. **c)** cola de ~ → COLA. ■ **2** Se da este *n* a otros roedores de aspecto semejante al de la rata [1]. *Frec con un compl especificador:* DE AGUA (*Arvicola amphibius*), ALMIZCLERA (*Ondatra zibethica*), *etc.* ■ **3** Pez marino de unos 30 cm, de color oscuro y con un filamento en el maxilar inferior (*Uranoscopus scaber*). *Tb* PEZ ~ y ~ DE MAR. ■ **4** (*col*) Pers. despreciable. *A veces con intención afectiva.* **b)** Pers. cobarde. ■ **5** ~ del desierto. (*col*) Soldado especializado en la lucha en el desierto. ■ **6** (*hist, col*) Avión de caza ruso. **B** *m* **7** ~ de hotel. (*col*) Individuo que se introduce en las habitaciones de los hoteles para robar a los clientes. **II** *loc adj* **8** de ~. (*col*) [Pelo] ralo y de poco cuerpo.

ratafía *f* Licor aromatizado con diversas frutas y hierbas, propio de Cataluña.

ratán *m* Caña de cierta palmera trepadora malaya (géns. *Calamus* y *Daemonorops*), usada en la fabricación de muebles.

rataplán *interj* Se usa para imitar *el sonido del tambor. A veces se sustantiva como n m.* * Se oía a lo lejos el rataplán de un tambor.

ratear **A** *tr* **1** Robar [cosas de poco valor]. *Tb abs.* **B** *intr* **2** Andar arrastrándose. ■ **3** Fallar [un motor de explosión].

ratel *m* (*reg*) Retel.

ratería *f* **1** Hurto de poca importancia. ■ **2** Acción vil o ruin.

ratero -ra *adj* **1** Ladrón que roba con maña cosas de poco valor. *Más frec como n m.* ■ **2** Que caza ratas [1 y 2]. *Tb n, referido a pers.*

raticida *adj* Que destruye ratas y ratones. *Gralm n m, designando producto.*

ratificación *f* Acción de ratificar.

ratificar **A** *tr* **1** Confirmar la verdad o validez [de algo (*cd*)]. **B** *intr pr* (~se) **2** Confirmar [alguien algo que ha dicho anteriormente (*compl* EN)].

ratihabición *f* (*Der*) Ratificación en que alguien aprueba y confirma lo que otro ha hecho en su nombre sin estar previamente autorizado para ello.

ratilla *f* Roedor semejante a la rata, pero de menor tamaño (gén. *Microtus*). *Frec con un adj especificador:* AGRESTE, CAMPESINA, NIVAL, *etc.*

ratimago *m* (*col*) Engaño o artimaña.

ratín *m* (*reg*) Chochín (pájaro).

rating (*ing; pronunc corriente,* /ŕátin/; *pl normal,* ~s *o invar*) *m* **1** (*Mar*) Clasificación de una embarcación de regatas, según sus características. ■ **2** (*Econ*) Calificación de solvencia [de una empresa].

ratino -na *adj* (*reg*) [Res vacuna] de pelo gris.

ratio *f o m* (*E*) Razón (relación entre dos magnitudes o cantidades). **b)** (*Econ*) Relación entre dos elementos o conjuntos de elementos cuantitativos de un balance o de las magnitudes características de una empresa.

rat musqué (*fr; pronunc corriente,* /ŕá-muské/; *tb con la grafía* **rat-musqué**) *m* Piel de la rata almizclera.

rato[1] **I** *m* **1** Porción indeterminada de tiempo, gralm. no mayor de una hora. **b)** ~ **perdido** (*o* **suelto**). (*col*) Momento libre entre una ocupación y otra. *Frec en pl y en la constr* A ~S PERDIDOS (*o* SUELTOS). ■ **2 buen** (*o* **mal**) ~. Rato [1a] de disfrute (o de sufrimiento). *Normalmente con el v* PASAR. **b) mal** ~. Disgusto o preocupación. *Gralm en constrs como* DARSE, *o* LLEVARSE, UN MAL ~.

  II *loc v* **3 pasar** (*o* **matar**) **el** ~. Entretenerse pasajeramente.

  III *loc adv* **4 a cada** ~. Cada pocos minutos. ■ **5 a** ~**s**. De manera intermitente. ■ **6 para** ~. Para mucho tiempo. ■ **7 un** ~. (*col*) Mucho. *A veces, con intención enfática, seguido del adj* LARGO. * Torcido será un rato largo, pero se le ve venir.

  IV *loc interj* **8 hasta otro** ~. (*col*) *Fórmula de despedida.* * Adiós, hasta otro rato.

rato[2] *adj* (*Der*) [Matrimonio] celebrado legítimamente y aún no consumado.

ratón -na A *m* **1** Mamífero roedor de pequeño tamaño, de hocico puntiagudo, larga cola y pelaje gris, muy prolífico y voraz, que vive en las casas (gén. *Mus*). *A veces designa solamente el macho.* ■ **2** Se da a este n a otros roedores de aspecto semejante al del ratón [1]. *Frec con un compl especificador.* ■ **3** ~ **de biblioteca** (*o* **de archivo**). (*col, humoríst*) Pers. estudiosa que trabaja mucho entre libros o archivos. ■ **4** (*Informát*) Dispositivo móvil de pequeño tamaño, que controla el movimiento del cursor en la pantalla.

  B *f* **5** Hembra del ratón [1 y 2].

  C *m y f* **6** (*col*) Se usa como apelativo cariñoso, esp dirigido a un niño. * Ven aquí, ratoncito.

ratonar *tr* Roer [algo (*cd*) los ratones [1 y 2]].

ratoneo *m* (*reg*) Acción de robar cosas de poco valor.

ratonería *f* Acción que implica intriga o engaño.

ratonero -ra I *adj* **1** Que caza ratones [1 y 2]. ■ **2** De(l) ratón [1 y 2]. ■ **3** (*col, desp*) [Música] mala. **b)** De (la) música ratonera.

  II *n* **A** *m* **4** Ave de presa semejante al águila, pero de menor tamaño, que caza ratas y ratones (gén. *Buteo*, esp. *B. buteo*). ■ **5** (*reg*) Chochín (pájaro).

  B *f* **6** Trampa para ratones [1]. **b)** Trampa. *Frec fig.* ■ **7** Jaula para ratones [1 y 2].

ratonesco -ca *adj* De(l) ratón [1 y 2].

ratonicida *adj* Que destruye ratones [1 y 2]. *Gralm n m, designando producto.*

ratonil *adj* De(l) ratón [1 y 2].

rattan (*ing; pronunc corriente,* /ŕatán/) *m* Ratán.

rauco -ca *adj* (*lit*) Ronco.

raudal *m* **1** Cantidad grande [de algo que fluye]. *Frec en la constr* A ~ES. *Tb fig.* ■ **2** Masa de agua que corre violentamente.

raudamente *adv* (*lit*) De manera rauda.

raudense *adj* De Roa (Burgos). *Tb n, referido a pers.*

raudo -da *adj* (*lit*) Rápido o veloz.

ravioles *m pl* Ravioli.

ravioli (*tb, semiculto,* ~s) *m pl* Pasta alimenticia en trozos rectangulares que se rellenan gralm. con carne picada.

raya[1] **I** *f* **1** Dibujo o señal en forma de línea. **b)** Señal longitudinal que queda en la cabeza al dividir los cabellos peinando unos a un lado y otros a otro. **c)** Lista (dibujo en forma de línea que se forma por alternancia de colores). **d) mil** ~**s** → MILRAYAS. ■ **2** Signo ortográfico en forma de raya [1] horizontal, que se usa para separar oraciones incidentales o para indicar el diálogo. ■ **3** Linde o frontera. ■ **4** Límite. *En sent fig. Frec en la constr* PASARSE DE LA ~. ■ **5** (*reg*) Vino oloroso de inferior calidad. ■ **6** (*jerg*) Dosis de cocaína o heroína en polvo. ■ **7 tres en** ~. Juego que consiste en colocar tres fichas sobre una de las rayas [1] de un cuadrado subdividido en otros cuatro y con las diagonales trazadas.

  II *loc v* **8 dar ciento** (*o* **quince**) **y** ~ [a alguien o algo]. (*col*) Superar[lo] con mucho.

  III *loc adv* **9 a** ~. Dentro de los justos límites. *Normalmente con los vs* TENER, PONER *o* MANTENER.

raya[2] *f* Pez marino de cuerpo aplanado, con aletas pectorales muy desarrolladas que le dan forma romboidal, y cola larga y delgada con espinas (gén. *Raja*). *Frec con un adj o compl especificador:* BLANCA, ESTRELLADA, DE CLAVOS, *etc. A veces designa otras especies de géns afines.*

rayable *adj* Que se puede rayar[1] [1].

rayadillo *m* Tela de algodón de rayas[1] [1c] estrechas.

rayado[1] **-da** *adj* **1** *part* → RAYAR[1]. ■ **2** Que tiene rayas[1] [1a y c]. ■ **3** [Disco] que ha sufrido una incisión que le impide girar normalmente, volviendo sin cesar al mismo surco. *Frec fig* (→ DISCO).

rayado[2] *m* Acción de rayar[1] [1]. *Tb su efecto.*

rayadura *f* Rayado[2].

rayajo *m* (*desp*) Raya[1] [1a].

rayano -na *adj* **1** Que raya o linda. ■ **2** Que está en la raya o frontera.

rayar[1] **A** *tr* **1** Hacer rayas[1] [1a] [en algo (*cd*)]. **b)** Marcar [algo] con rayas. **c)** Estropear o deteriorar [algo] con rayas o incisiones lineales.

  B *intr* **2** Lindar [con algo]. *Tb fig.* **b)** Ser [una cosa] aproximadamente igual [a otra (*compl* EN *o* CON)]. ■ **3** Llegar [a determinada altura moral].

rayar[2] *intr* Comenzar a aparecer la luz [del alba o el día (*suj*)].

rayente *adj* (*reg*) Fastidioso o cargante.

rayero -ra *adj* De La Raya (Murcia). *Tb n, referido a pers.*

ray-grass *(ing; pronunc corriente, /r̄ai-grás/) m* Raigrás.

ráyido *adj (Zool)* [Pez] de cuerpo comprimido del grupo cuyo tipo es la raya². *Frec como n m en pl, designando este taxón zoológico.*

rayo I *m* **1** Línea de las que, partiendo de un punto en que se produce una forma de energía, señalan la dirección en que esta se transmite. **b)** Línea de luz [de un cuerpo luminoso, esp. del Sol]. **c)** *En pl:* Radiación. *Con un adj o compl especificador.* **d)** *(col) En pl y sin compl:* Rayos X. ■ **2** Chispa eléctrica producida por descarga entre dos nubes o entre una nube y la tierra. **b)** *Se usa frec en constrs de sent comparativo para ponderar la rapidez o velocidad.* * Salió como un rayo en su busca. ■ **3** *(lit)* Pers. o cosa que actúa de modo rápido, repentino o violento. ■ **4** *(lit)* Pers. o cosa que ilumina o alegra el espíritu. *Normalmente con los compls* DE LUZ, DE SOL, *o* DE ESPERANZA. ■ **5** *(col)* Vacío de significado y normalmente en pl, se emplea para reforzar o marcar la intención desp de la frase. * ¿Qué rayos querrá ahora? ■ **6** Radio [de una rueda].
II *loc v y fórm or (col)* **7** echar ~s. Manifestar gran ira o enojo. ■ **8 (y) a mí (ti, él,** *etc)* **que me (te, le,** *etc)* **parta un** ~. *Fórmula con que se comenta el desinterés que alguien muestra por la pers designada por el pron, frente a una atención especial a otra.* * Hombre, muy bonito. Todo para él y a nosotros que nos parta un rayo. ■ **9 mal** ~ **te (le,** *etc)* **parta.** *Fórmula de maldición.*
III *loc adv* **10 a** ~s. *(col)* Muy mal. *Normalmente con vs como* OLER *o* SABER. ■ **11 cagando** ~s. *(vulg)* A toda prisa. *Normalmente con el v* IR.
IV *interj* **12** ~s. *(col)* Expresa sorpresa. * ¡Rayos! ¡Mira quién viene!

rayola *f (reg)* Rayo [del Sol].

rayón¹ *m* Raya¹ [1a] grande o mal trazada.

rayón² *m* Fibra textil artificial obtenida de la celulosa, de propiedades similares a las de la seda. *Tb el tejido fabricado con ella.*

rayón³ *m* Cría de jabalí, de pelaje a rayas.

rayuela *f* **1** Juego infantil que consiste en tirar monedas o tejos a una raya hecha en el suelo, para tocarla o aproximarse a ella lo más posible. ■ **2** Juego propio de niñas, que consiste en llevar un tejo, saltando sobre un solo pie, a través de diversas divisiones dibujadas en el suelo y sin pisar las rayas.

raza I *f* **1** Grupo de individuos de una misma especie que se distinguen por determinados caracteres que se transmiten por herencia. ■ **2** Hecho de pertenecer a una raza [1] o a una familia.
II *loc adj* **3 de** ~. [Animal] que pertenece a una raza [1] no cruzada. *Tb fig, con intención ponderativa.* **b)** *Siguiendo a un n que designa pers que se dedica a determinadas profesiones:* Auténtico.

razia *(frec con la grafía* **razzia***) f* Incursión en territorio enemigo para destruir o saquear. *Tb fig.*

razón I *f* **1** Facultad de razonar o de pensar. **b)** uso de ~ → uso. **c)** Facultad de razonar con cordura. ■ **2** Acierto en el modo de pensar o de actuar. *A veces, con incremento expresivo,* MÁS ~ QUE UN SANTO. ■ **3** Motivo o justificación. **b)** *(Filos)* Causa. **c)** Argumento que se aduce en apoyo de algo. ■ **4** *(Mat)* Relación entre dos magnitudes o cantidades. **b)** ~ **aritmética,** ~ **directa,** ~ **geométrica,** ~ **inversa** → ARITMÉTICO, DIRECTO, GEOMÉTRICO, INVERSO. **c)** Número constante que, sumado a un término de una progresión aritmética, o multiplicado por un término de una progresión geométrica, da el término siguiente. ■ **5** Información. *Frec con el v* DAR. **b)** *(pop)* Recado o mensaje. *Gralm con los vs* DAR, MANDAR *o* ENVIAR. ■ **6** ~ **social.** Nombre con que está registrada legalmente una sociedad mercantil. **b)** Sociedad mercantil.
II *loc adj* **7 de** ~. *(Filos)* [Ente] que solo existe en el entendimiento. ■ **8 de** ~, *o* **puesto en** ~. [Cosa] razonable [2].
III *loc v* **9 cargarse** [alguien] **de** ~. Hacer acopio de razones [3a] o motivos que justifican su actuación. ■ **10 dar la** ~ [a alguien]. Reconocer que es acertada su opinión. ■ **11 darse a** ~s. Dejarse convencer. ■ **12 entrar,** *o* **ponerse, en** ~. Pasar a ser razonable [1]. *Tb fig.* ■ **13 tener** (*o* **llevar**) ~ [una pers.]. Ser acertada su opinión. *A veces, con incremento expresivo,* TENER MÁS ~ QUE UN SANTO. ■ **14 tomar** ~ [de una cosa]. Inscribirla en el registro correspondiente. ■ **15 venir(se) a** ~s. Ponerse de acuerdo tras una discrepancia.
IV *loc prep* **16 a** ~ **de** [una cantidad] **(por)** [unidad de medida]. Correspondiendo [la una a la otra]. * Se venden a razón de cien pesetas kilo. * Avanza a razón de 36 km por hora. ■ **17 en** ~ **de** (*o, semiculto,* **a).** Por causa de, o debiéndose a. **b)** En lo relativo a.

razonabilidad *f* Cualidad de razonable.

razonable *adj* **1** [Pers.] sensata o que atiende a razones. **b)** Propio de la pers. razonable. ■ **2** [Cosa] ajustada a la razón [2]. **b)** [Cosa] proporcionada o equilibrada.

razonablemente *adv* De manera razonable [2].

razonadamente *adv* De manera razonada [2].

razonado -da *adj* **1** *part* → RAZONAR. ■ **2** Que se basa en razones [3].

razonador -ra *adj* [Pers.] dada a razonar. **b)** Propio de la pers. razonadora.

razonamiento *m* Acción de razonar, *esp* [2]. *Tb su efecto.*

razonante *adj* Razonador.

razonar A *intr* **1** Establecer relaciones entre distintas ideas o nociones, a fin de llegar a otras nuevas o formar un criterio. **b)** Hacer uso de la inteligencia o de la capacidad de razonar [1a]. ■ **2** *(Filos)* Inferir un juicio desconocido de otro u otros conocidos. ■ **3** Argumentar (exponer argumentos).
B *tr* **4** Dar las razones [3a] o motivos [de algo (cd)]. **b)** Demostrar [algo] con razones [3a].

razzia → RAZIA.

re *m* Segunda nota de la escala musical.

re- *pref* **1** Indica repetición. * Reacomodación. * Reaprovechar. ■ **2** *(col)* Antepuesto a un término que acaba de enunciarse y formando pareja con él, expresa enfáticamente reiteración. * Busca siempre causas y recausas a todo lo que ve. * Todos son primos y reprimos por parte de los cuatro abuelos. ■ **3** *(col)* Denota intensidad en la cualidad o en el modo, o intensificación en la acción. * Reguapo. * Rechupar. ■ **4** *(col)* Actúa como mero refuerzo expresivo. * ¡Releñe con este país!

reabrir *(conjug 37) tr* Volver a abrir.

reabsorber *tr* **1** *(Fisiol)* Hacer desaparecer [el organismo *(suj)*] un cuerpo o una sustancia que se ha producido o situado en él. **b)** *pr* **(~se)** Desaparecer

[algo] del lugar en que estaba o en que se había producido. ■ **2** (*Cicl*) Alcanzar [el pelotón (*suj*)] a un corredor que se había destacado].

reabsorción *f* Acción de reabsorber(se).

reacción I *f* **1** Acción o cambio producidos en un ser vivo como respuesta a un estímulo. *Tb fig.* **b)** Erupción u otra pequeña alteración producida en el organismo por un medicamento o una vacuna. **c)** (*Biol*) Modificación del organismo producida por una causa mórbida o una alteración del medio y que tiende a contrarrestar sus efectos. **d)** (*Psicol*) Formación reactiva (→ FORMACIÓN). ■ **2** Recuperación de la vitalidad normal después de una baja en la misma. *Tb fig.* ■ **3** (*Fís*) Fuerza que un cuerpo sometido a la acción de otro ejerce sobre él en dirección opuesta. ■ **4** (*Quím*) Acción recíproca de dos o más sustancias que da lugar a transformaciones en ellas. ■ **5** (*desp*) Actitud conservadora. *Esp en política.* **b)** Conjunto de los reaccionarios. II *loc adj* **6 de,** o **a, ~.** Basado en el principio de la acción y de la reacción [3].

reaccional *adj* (*E*) De (la) reacción [1].

reaccionante *adj* (*Quím*) Que reacciona.

reaccionar *intr* Tener una reacción [1, 2, 3 y 4] [con algo o ante algo].

reaccionario -ria *adj* (*desp*) De (la) reacción [5]. **b)** Partidario de la reacción. *Tb n.*

reaccionarismo *m* (*desp*) Tendencia reaccionaria.

reacio -cia *adj* [Pers. o animal] que se opone o se resiste [a algo]. *A veces se omite el compl por consabido.* **b)** Propio de la pers. o el animal reacios.

reacondicionamiento *m* Acción de reacondicionar.

reacondicionar *tr* Acondicionar de nuevo.

reactancia *f* (*Electr*) Componente de la impedancia debido a la existencia de una autoinducción, una capacidad o ambas.

reactivación *f* Acción de reactivar.

reactivador -ra *adj* Que reactiva.

reactivar *tr* Devolver la actividad [a algo (*cd*)].

reactividad *f* Cualidad de reactivo.

reactivo -va I *adj* **1** Capaz de reaccionar o que favorece una reacción. ■ **2** De (la) reacción [1, 2, 3 y 4]. **b)** [Formación] **reactiva** → FORMACIÓN. II *m* **3** Sustancia que se emplea para provocar una reacción química. ■ **4** (*Psicol*) Prueba.

reactor *m* **1** Instalación destinada a la producción y regulación de fisiones nucleares. *Tb ~ NUCLEAR.* ■ **2** Motor de reacción [6]. ■ **3** Avión con motor de reacción [6].

reactualización *f* Acción de reactualizar.

reactualizar *tr* **1** Volver a actualizar. ■ **2** Volver a poner de actualidad.

reacuñación *f* Acción de reacuñar. *Tb su efecto.*

reacuñar *tr* Volver a sellar [una moneda].

readaptación *f* Acción de readaptar(se).

readaptar *tr* Adaptar [a alguien o algo] a una nueva situación. **b)** *pr* (**~se**) Adaptarse [alguien o algo] a una nueva situación.

readmisión *f* Acción de readmitir.

readmitir *tr* Admitir de nuevo [a alguien o algo que ha salido o que ha sido expulsado].

readquirir (*conjug* **38**) *tr* Adquirir de nuevo.

readquisición *f* Acción de readquirir.

reafirmación *f* Acción de reafirmar(se).

reafirmador -ra *adj* Que reafirma.

reafirmante *adj* Que reafirma.

reafirmar *tr* **1** Afirmar de nuevo o confirmar. **b)** *pr* (**~se**) Afirmarse de nuevo o confirmarse. ■ **2** Dar mayor firmeza [a algo (*cd*)]. *Tb abs.*

reagrupación *f* Acción de reagrupar(se).

reagrupador -ra *adj* Que reagrupa. *Tb n, referido a pers.*

reagrupamiento *m* Acción de reagrupar(se).

reagrupar *tr* Agrupar de nuevo, o de modo diferente.

reajuntarse *intr pr* (*reg*) Amancebarse. *Gralm en part.*

reajustar *tr* Ajustar de nuevo.

reajuste *m* Acción de reajustar. **b)** (*euf admin*) Subida [de precios o tarifas].

real¹ *adj* **1** Que tiene existencia verdadera. ■ **2** (*E*) Relativo a las cosas. *Esp en derecho.* **b)** [Derechos] que se han de pagar en concepto de impuesto en la transmisión de bienes y en otros actos civiles. ■ **3** (*Mat*) [Número o expresión] racional o irracional. *Se opone a* IMAGINARIO. ■ **4** (*Fís*) [Imagen] que se forma por convergencia de los rayos de luz y que puede ser proyectada. *Se opone a* VIRTUAL.

real² I *adj* **1** De(l) rey. **b)** De la familia del rey. **c)** **~** [decreto] → DECRETO. ■ **2** *Se emplea, siguiendo a ns, pralm de animales o plantas, para designar variedades o especies caracterizadas por su mayor tamaño o belleza.* ■ **3** [Cosa] principal o más destacada en su género. **b)** (*hist*) [Camino] público capaz para carruajes y que comunica poblaciones de cierta importancia. ■ **4** **~** [hembra], **~** [mozo] → HEMBRA, MOZO. ■ **5** (*hist*) [Navío] de tres puentes y armado al menos con 120 cañones. ■ **6** (*hist*) [Galera] que lleva el estandarte del rey. *Tb n f.* II *f* **7 la realísima.** (*col*) La realísima gana (→ GANA).

real³ *m* **1** (*hoy raro*) Unidad de cuenta equivalente a 25 céntimos de peseta. **b)** **un ~,** o **dos ~es.** (*col*) Cantidad mínima de dinero. *Con intención ponderativa. Gralm con los vs* TENER *o* VALER. ■ **2** (*hist*) Antigua moneda castellana de plata utilizada como unidad monetaria desde el s. XIV al XIX. **b)** (*hist*) *Con los compls* DE A DOS, DE A CUATRO, DE A OCHO, DE A CINCUENTA, *designa distintas monedas cuyo valor es 2, 4, 8 o 50 reales de plata.* ■ **3** **~ de vellón.** (*hist*) Moneda de cuenta equivalente a la vigésima parte del duro.

real⁴ I *m* **1** Espacio acotado en que se celebra una feria. ■ **2** (*hist*) Sitio en que está acampado el ejército. II *loc v* **3 alzar** (o **levantar**) **sus ~es** (o **el ~**). (*hist*) Levantar el campamento y marcharse [un ejército]. *Tb fig.* ■ **4 sentar** (o **asentar,** *u otro v equivalente*) **sus ~es** (o **el ~**). (*hist*) Acampar o establecerse [un ejército en un lugar]. **b)** **sentar** (o **asentar**) [alguien] **sus ~es.** Establecerse [en un lugar].

realce *m* **1** Acción de realzar, *esp* [1]. *Tb su efecto.* ■ **2** Labor, esp. bordado, que sobresale de la superficie. ■ **3** Parte elevada o sobresaliente.

realejero -ra *adj* De Los Realejos (Tenerife). *Tb n, referido a pers.*

realejo *adj* (*Mús, hist*) [Órgano] positivo o portátil. *Tb n m.*

realengo -ga *adj* (*hist*) Que pertenece a la corona y está bajo el dominio y administración del monarca. *Tb n m, referido a territorio.*

realera *f* Celda de la abeja reina.

realeza *f* 1 Dignidad de rey. ■ 2 Carácter o condición de rey. ■ 3 Conjunto de los reyes.

realidad I *f* 1 Cualidad de real[1] [1]. ■ 2 Cosa real[1] [1]. *Frec en pl.* b) Hecho cierto o verdadero. ■ 3 Conjunto de lo real[1] [1]. b) Conjunto de hechos que concurren [en un momento o situación determinados (*compl de posesión*)] configurándolos. II *loc adv* 4 en ~. Realmente.

realismo *m* 1 Cualidad de realista[1] [1]. b) (*Arte y TLit*) Tendencia a representar la realidad tal como es. ■ 2 (*Filos*) Sistema que admite la existencia de cosas reales[1] [1] con independencia del sujeto que conoce.

realista[1] *adj* 1 [Pers.] que actúa teniendo muy en cuenta la realidad [3]. *Tb n.* b) (*Arte y TLit*) [Artista o arte] que aspira a representar la realidad tal como es. c) Propio de la pers. o el arte realistas. ■ 2 (*Filos*) Propio del realismo [2]. b) Adepto al realismo. *Tb n.*

realista[2] *adj* (*hist*) Partidario del rey. *Tb n, referido a pers.*

realistamente *adv* De manera realista[1] [1c].

realísticamente *adv* Realistamente.

realístico -ca *adj* Realista[1] [1c].

reality-show (*ing; pronunc corriente,* /r̄eáliti-sóu/ *o* /r̄eáliti-ʃóu/) *m* Programa de televisión que presenta casos reales de desapariciones, asesinatos o sucesos similares.

realizable *adj* Que se puede realizar.

realización *f* Acción de realizar(se). *Tb su efecto.*

realizador -ra I *adj* 1 Que realiza. *Tb n, referido a pers.* II *m y f* 2 (*RTV y Cine*) Pers. responsable de la ejecución artística y funcional de un programa o de una película.

realizar A *tr* 1 Convertir en real[1] [algo (*cd*) que solo existía como idea o posibilidad]. b) *pr* (~**se**) Convertirse en real[1] [algo que solo existía como idea o posibilidad]. ■ 2 (*lit*) Hacer. ■ 3 Convertir en dinero [cualquier tipo de bienes (*cd*)], mediante su venta. ■ 4 (*RTV y Cine*) Ser [alguien] el responsable de la ejecución artística y funcional [de un programa o de una película (*cd*)]. B *intr pr* (~**se**) 5 Llevar a efecto [una pers.] todas sus capacidades intelectuales o morales.

realmente *adv* De manera real[1] [1]. b) *Frec se emplea con intención ponderativa.* * Son declaraciones realmente trascendentales.

realojamiento *m* Acción de realojar.

realojar *tr* Dar nuevo alojamiento [a alguien (*cd*)].

realojo *m* Acción de realojar.

realpolitik (*al; pronunc corriente,* /r̄ealpolitík/) *f* (*Pol*) Política basada en principios realistas, por encima de los ideológicos o morales.

realquilado -da *adj* 1 *part* → REALQUILAR. ■ 2 [Pers.] que ocupa un local realquilado. *Frec n.*

realquilador -ra *adj* Que realquila. *Tb n.*

realquilar *tr* Ceder en alquiler [algo, esp. un local (*cd*), su arrendatario].

realzador -ra *adj* (*raro*) Que realza.

realzar *tr* 1 Destacar, o poner de relieve. b) Hacer que [alguien o algo (*cd*)] aparezca como más importante, mejor o más hermoso. ■ 2 Levantar o elevar. ■ 3 Labrar de realce [2].

reanimación *f* Acción de reanimar(se). *Esp en Med.*

reanimador -ra *adj* Que reanima. *Tb n, referido a pers.*

reanimar *tr* 1 Restablecer las fuerzas [a alguien decaído (*cd*)]. *Tb fig.* b) (*Med*) Restablecer las funciones vitales momentáneamente alteradas [de alguien (*cd*)]. c) *pr* (~**se**) Recobrar [alguien] las fuerzas, o la normalidad de las funciones vitales. ■ 2 Dar ánimos [a alguien (*cd*)]. b) *pr* (~**se**) Cobrar ánimos.

reanudación *f* Acción de reanudar(se).

reanudar *tr* Continuar [algo que se había interrumpido (*cd*)].

reaño → REDAÑO.

reaparecer (*conjug 11*) *intr* Volver a aparecer.

reaparición *f* Acción de reaparecer.

reapertura *f* Nueva apertura.

reargüir (*conjug 48*) *tr* Redargüir. *Tb abs.*

rearmar *tr* 1 Armar más o de nuevo [a una nación o a un ejército]. ■ 2 (*raro*) Volver a armar o montar [algo].

rearme *m* Acción de rearmar [1]. *Tb fig.*

reasegurador -ra *adj* [Pers. o entidad] que asume el riesgo garantizado en un contrato de reaseguro. *Frec n m, referido a pers.*

reaseguro *m* Contrato por el que un asegurador toma a su cargo, total o parcialmente, un riesgo ya cubierto por otro asegurador, sin alterar lo convenido entre este y el asegurado.

reasumir *tr* Volver a asumir o tomar.

reasunción *f* Acción de reasumir.

reata I *f* 1 Cuerda o correa para atar dos o más caballerías, una detrás de otra. ■ 2 Hilera [de caballerías o de presos] en que los componentes van atados uno tras otro. b) Conjunto grande [de perss. o cosas] en que los componentes van unidos uno tras otro. II *loc adv* 3 de ~, o en ~. Formando reata [2].

reatar *tr* (*raro*) Atar fuertemente.

reato *m* (*Rel catól*) Obligación que queda a la pena correspondiente a un pecado, aun después de perdonado.

reavivación *f* Acción de reavivar(se).

reavivamiento *m* Acción de reavivar(se).

reavivar *tr* Hacer más vivo [algo]. b) *pr* (~**se**) Hacerse más vivo [algo].

rebaba *f* Parte sobresaliente formada por la materia sobrante en el borde o las juntas de una pieza. *Tb fig.*

rebabador *m* Operario que quita la rebaba.

rebaja *f* Acción de rebajar algo, esp. un precio. *Tb su efecto.*

rebajado -da *adj* **1** *part* → REBAJAR. ■ **2** (*Arquit*) [Arco, o cañón de bóveda] cuya altura es menor que la mitad de su luz.

rebajador -ra *m y f* Obrero especializado en rebajes o rebajos.

rebajamiento *m* Acción de rebajar(se), *esp* [3b].

rebajar A *tr* **1** Poner [algo] a menor altura. *Tb fig.* ■ **2** Reducir la altura (dimensión vertical) [de una cosa (*cd*)]. ■ **3** Quitar [a algo (*cd*)] calidad o importancia. **b)** Hacer perder dignidad [a alguien (*cd*)]. *Frec el cd es refl.* ■ **4** Poner más bajo el grado de concentración [de un líquido (*cd*)]. **b)** Poner más baja la graduación alcohólica [de un licor (*cd*)]. ■ **5** Quitar [a algo (*cd*)] relieve, volumen o intensidad. **b)** Poner más bajo [el precio]. **c)** Poner más bajo el precio [de una cosa (*cd*)]. ■ **6** Quitar o descontar [una cantidad (*cd*) en el precio o la medida]. ■ **7** Dispensar temporalmente [a alguien, esp. a un soldado (*cd*) de un servicio]. *A veces el cd es refl con sent factitivo.*
B *intr* **8** Bajar de nivel [un líquido (*suj*)]. *Tb pr* (~**se**).

rebaje *m* Acción de rebajar, *esp* [5a]. *Tb su efecto.* **b)** Corte que se da en el canto de una pieza para disminuir su espesor.

rebajista (*raro*) **I** *adj* **1** De las rebajas, esp. de los grandes almacenes.
II *m y f* **2** Comprador de artículos rebajados (→ REBAJAR [5c]).

rebajo *m* Corte que se da en una pieza para disminuir su espesor. *Tb la parte correspondiente.*

rebalsa *f* Porción de agua detenida que forma balsa.

rebanada *f* Porción delgada [de algo, esp. de pan] cortada en toda su anchura.

rebanador -ra *adj* (*raro*) Que rebana.

rebanar *tr* **1** Cortar [algo] en rebanadas. ■ **2** Cortar [algo] separándolo del todo del que forma parte.

rebanco *m* (*Arquit*) Segundo zócalo, situado sobre el primero.

rebañador -ra *adj* (*raro*) Que rebaña. *Tb n, referido a pers.*

rebañaduras *f pl* Partes [de algo] que se recogen al rebañar. *Tb fig.*

rebañar *tr* Recoger [algo] sin dejar nada. *Tb fig.* **b)** Apurar o consumir [algo] de modo que no quede nada. *Tb fig.* **c)** Apurar los restos contenidos [en un recipiente (*cd*)]. *Tb fig.* **d)** Vaciar [algo] quitando restos o adherencias.

rebañego -ga *adj* De(l) rebaño.

rebaño *m* Grupo grande de ganado, esp. ovino. *Tb* (*desp*) *referido a perss. A veces se usa como metáfora designando a los fieles de la iglesia.* **b)** Grupo de animales salvajes que viven juntos.

rebarbar *tr* Quitar la rebaba [a algo (*cd*)]. *Tb abs.*

rebasamiento *m* Acción de rebasar.

rebasar *tr* **1** Ir más allá [de un límite o una señal determinados (*cd*)]. ■ **2** Dejar atrás [algo o a alguien].

rebase *m* Acción de rebasar.

rebatible *adj* Que se puede rebatir, *esp* [1].

rebatimiento *m* Acción de rebatir, *esp* [1].

rebatiña *f* (*col*) Acción de disputarse entre muchos algo que será para el primero que lo coja. *Frec en la constr* A LA ~.

rebatir *tr* **1** Refutar [un argumento]. ■ **2** (*E*) Doblar o replegar. ■ **3** (*Mar*) Dar [a las costuras (*cd*)] el último repaso de calafatería.

rebato *m* Llamada precipitada a los habitantes de un pueblo para advertirles de un peligro inminente. *Frec fig y en la constr* TOCAR A ~.

rebautizar *tr* Volver a dar nombre [a alguien o algo (*cd*)].

rebeca *f* Chaqueta femenina de punto ligero, sin cuello y esp. abrochada desde la garganta.

rebeco *m* Rumiante salvaje, del tamaño de una cabra grande, con los cuernos negros, lisos y derechos hasta la punta, que se dobla a manera de anzuelo (*Rupicapra rupicapra*).

rebelarse *intr pr* **1** Llevar a cabo [un grupo] una sublevación organizada y de cierta importancia. ■ **2** Negarse a obedecer [a quien manda (*compl* CONTRA)]. ■ **3** Negarse a aceptar o seguir [algo establecido (*compl* CONTRA)].

rebelde *adj* **1** [Pers.] que se rebela. *Tb n.* **b)** (*Der*) [Pers.] que no ha acudido al llamamiento que formalmente le ha hecho el juez. *Tb n.* ■ **2** [Cosa] difícil de dominar. **b)** [Enfermedad o síntoma] que no cede, o cede mal, al tratamiento.

rebeldía *f* **1** Cualidad de rebelde, *esp* [1a]. **b)** (*Der*) Situación jurídica de la pers. rebelde [1b]. ■ **2** Acto propio de rebelde [1a].

rebelión *f* Acción de rebelarse, *esp* [1].

rebencazo *m* Golpe dado con un rebenque [1]. *Tb fig.*

rebenque *m* **1** Látigo. ■ **2** (*Mar*) Trozo de cabo, de longitud adecuada, destinado a amarrar determinados objetos. **b)** Cuerda o cabo cortos.

rebina *f* Acción de rebinar [1].

rebinadura *f* (*reg*) Acción de rebinar [2]. *Tb fig.*

rebinar *tr* **1** Cavar por tercera vez [las viñas]. ■ **2** (*reg*) Reflexionar o volver a meditar [sobre algo (*cd*)]. *Tb abs.*

reblandecer (*conjug* 11) A *tr* **1** Poner o hacer blando [algo o a alguien (*cd*)]. *Frec fig.*
B *intr* **2** Ponerse o hacerse blando. *Frec pr* (~**se**). *Tb fig.*

reblandecimiento *m* Acción de reblandecer(se). **b)** (*Med*) Disminución de la consistencia natural de los tejidos orgánicos.

reblar *intr* (*reg*) Acobardarse o retroceder [ante algo].

rebobinado *m* Acción de rebobinar.

rebobinador -ra *adj* Que rebobina. *Frec n, m o f, referido a aparato o máquina.*

rebobinar *tr* Volver a enrollar [un hilo, cinta o película] en su bobina. *Tb abs. Tb fig.*

rebocillo *m* (*hist*) Mantilla o toca usada por las mujeres para cubrirse el rostro.

rebociño *m* (*hist*) Rebocillo.

rebojo *m* (*reg*) **1** Pedazo [de pan], esp. de sobras. ■ **2** Pan con huevo.

rebolada *f* Ronda popular segoviana dada al amanecer.

rebolla f (reg) Rebollo.

rebollar m Sitio poblado de rebollos.

rebollo m Se da este n a varias especies de árboles del gén Quercus, esp Q. cerris y Q. pyrenaica.

rebolludo -da adj [Pers.] gruesa.

rebombe m (reg) Ruido fuerte o estrepitoso.

rebomborio m (reg) Alboroto.

rebordador -ra adj Rebordeador. Tb n.

rebordar tr Rebordear.

reborde m Saliente estrecho a lo largo de un borde.

rebordeado m Acción de rebordear.

rebordeador -ra adj Que rebordea. Tb n, m o f, referido a máquina o aparato.

rebordear tr Formar el reborde [de algo (cd)].

rebosadero m Orificio o parte para dar salida a un líquido y evitar que rebose [1].

rebosamiento m Acción de rebosar.

rebosante adj Que rebosa.

rebosar A intr **1** Derramarse [un líquido] por encima de los bordes del recipiente que lo contiene. Frec fig. ■ **2** Estar [un recipiente] lleno [de algo] hasta los bordes. Frec fig. Frec en la constr A ~. **B** tr **3** Dejar que [algo (cd)] rebose [1]. Frec fig. ■ **4** Mostrar gran abundancia [de algo (cd)]. ■ **5** Llenar [algo] hasta sobrepasar los bordes.

rebose m Acción de rebosar.

rebotada f (pop) Rabotada (réplica descarada e insolente). Tb fig.

rebotado -da adj **1** part → REBOTAR. ■ **2** (col) [Sacerdote o religioso] que ha abandonado la vida eclesiástica. Tb n m.

rebotar A intr **1** Botar de nuevo [una pelota o algo similar (suj)] tras chocar [contra algo (compl EN o CONTRA)]. ■ **2** Cambiar [algo (suj)] de dirección por chocar [con un obstáculo (compl EN o CONTRA)]. **B** tr **3** Rechazar o despedir [algo o a alguien] en dirección contraria. ■ **4** (col) Expulsar [de un lugar].

rebote I m **1** Acción de rebotar, esp [1]. Tb su efecto. ■ **2** (juv) Enfado. Frec con el v PILLAR. II loc adv **3** de ~. De rechazo.

reboteador -ra adj (Balonc) **1** [Jugador] que rebotea. Frec n. ■ **2** Relativo a la acción de rebotear.

rebotear intr (Balonc) Recoger la pelota en los rebotes [1].

rebotica f **1** Habitación interior de la botica o farmacia, que le sirve de desahogo y que en otro tiempo era lugar de tertulia. ■ **2** (reg) Trastienda.

rebozar tr **1** Envolver [un alimento (cd) con harina, huevo u otra sustancia (compl EN o CON)], esp. para freírlo después. Tb fig. **b)** Manchar o ensuciar [a alguien o algo con una sustancia que se queda pegada]. Frec se omite el segundo compl. ■ **2** Cubrir o tapar. Tb fig. ■ **3** (hoy raro) Cubrir casi totalmente [el rostro o la cabeza con el manto o la capa]. **b)** Cubrir casi totalmente el rostro [de alguien (cd)] con el manto o la capa]. Frec el cd es refl.

rebozo I m (raro) **1** Prenda femenina a modo de mantilla. Frec referido a países americanos. ■ **2** Embozo de la sábana. II loc adv **3** sin ~ (o, raro, sin ~s). De manera franca y sin disimulos.

rebozuela f Rebozuelo.

rebozuelo m Hongo comestible, de color amarillo dorado, común en los bosques (Cantharellus cibarius).

rebramo m Bramido con que el ciervo u otro animal de su género responde al de otro de su especie o al reclamo.

rebrillar intr Brillar con fuerza.

rebrillo m Acción de rebrillar. Tb su efecto.

rebrincado -da adj **1** part → REBRINCAR. ■ **2** (Taur) [Toro] que embiste de manera descompuesta y a saltos. **b)** Propio del toro rebrincado.

rebrincador -ra adj Que rebrinca.

rebrincar intr Brincar reiteradamente. Tb fig. **b)** (Taur) Embestir [el toro] de manera descompuesta y a saltos.

rebrotar intr Volver a brotar.

rebrote m **1** Acción de rebrotar. ■ **2** Retoño (de una planta).

rebudiar (conjug 1a) intr Gruñir [el jabalí].

rebudio m Gruñido del jabalí.

rebufar intr Bufar o resoplar con fuerza.

rebufo m Expansión del aire alrededor de la boca de un arma de fuego o de un vehículo en movimiento. **b)** (Dep) Situación favorable del motorista que corre inmediatamente detrás de otro. Frec en la constr A(L) ~. Tb fig, fuera del ámbito deportivo.

rebujal m Terreno de extensión inferior a media fanega.

rebujar tr Arrebujar.

rebujina f (reg) Rebujiña.

rebujiña f (reg) Revoltijo. Tb fig, esp en sent sexual.

rebujo[1] m Apelotonamiento arrugado y apretado [de algo, esp. de papel o tela].

rebujo[2] m Resto o residuo.

rebujo[3] m (hist) Embozo usado por las mujeres para no ser conocidas.

rebullicio m Alboroto o agitación.

rebullir (conjug 53) intr Moverse levemente [alguien que estaba quieto]. Tb pr (~se). Tb fig.

rebullo m (reg) Rebujo[1].

rebumbio m (reg) Barullo o bullicio.

rebuño m (reg) Rebujo[1].

reburdear intr (Taur) Emitir [el toro] un sonido ronco, esp. cuando va a pelear o ventea sangre.

reburdeo m (Taur) Acción de reburdear. Tb su efecto.

reburujar tr (reg) Mezclar o revolver. Tb fig.

reburujina f (reg) **1** Revoltijo o mezcla. ■ **2** Alboroto de gente.

reburujo m (reg) Rebujo[1]. Tb fig.

reburujón m (reg) Rebujo[1] o reburujo.

rebús m Desperdicio o desecho.

rebusca f Acción de rebuscar.

rebuscado -da adj **1** part → REBUSCAR. ■ **2** Que denota rebuscamiento.

rebuscador -ra adj Que rebusca. Tb n, referido a pers.

rebuscamiento *m* Afectación o falta de naturalidad.

rebuscar *tr* Buscar con minuciosidad o con especial interés. *Tb abs.* **b)** Buscar y recoger el fruto que queda en los campos una vez levantada la cosecha.

rebusco *m* Acción de rebuscar, *esp* [1b].

rebusque *m* (*reg*) Rebusca o rebusco.

rebus sic stantibus (*lat; pronunc,* /r̄ēbus--sík-estántibus/) *loc adv* (*lit*) Estando así las cosas.

rebuznar *intr* Emitir [el asno] la voz que le es propia. *Tb fig, dicho de pers, con intención desp.*

rebuzno *m* Acción de rebuznar. *Más frec su efecto.*

recabador -ra *adj* Que recaba.

recabar *tr* **1** Conseguir [algo] mediante petición o súplica. ■ **2** Pedir o reclamar [algo inmaterial].

recacha *f* (*reg*) Abrigo o resguardo.

recadero -ra *m y f* Pers. que se dedica a hacer o llevar recados [1 y 2a].

recadista *m y f* Recadero.

recado *m* **1** Mensaje dado de palabra. ■ **2** Encargo que implica desplazamiento. **b)** Gestión que implica desplazamiento. **c)** Gestión (acción que se realiza para la consecución o resolución de algo). ■ **3** Conjunto de objetos necesarios [para algo, esp. para escribir (*compl* DE)]. ■ **4** (*raro*) Precaución o seguridad.

recaer (*conjug* **13**) *intr* **1** Volver a caer. *Más frec fig.* ■ **2** Agravarse de nuevo, o volver a caer enfermo de la misma enfermedad [alguien convaleciente o ya curado]. *A veces se especifica la enfermedad con un compl* EN. ■ **3** Ir a parar [algo, esp. un peso o responsabilidad, sobre alguien o algo (*compl* EN *o* SOBRE)].

recaída *f* Acción de recaer, *esp* [2].

recalada[1] *f* Acción de recalar[1].

recalada[2] *f* (*jerg*) Aspiración de humo de hachís o marihuana.

recalado *m* Acción de recalar(se)[2].

recalar[1] *intr* **1** (*Mar*) Detenerse transitoriamente [una embarcación] a la vista de la costa. ■ **2** Detenerse [alguien en un lugar]. **b)** Pasar o aparecer [por un lugar].

recalar[2] *tr* **1** Penetrar [un líquido] por los poros [de algo (*cd*)] dejándolo mojado. **b)** *pr* (~**se**) Quedar [algo] mojado al penetrar un líquido por sus poros. ■ **2** Hacer que [algo (*cd*)] se recale [1b].

recalcado -da *adj* **1** *part* → RECALCAR. ■ **2** (*reg*) Rechoncho.

recalcar A *tr* **1** Decir [algo] de manera enfática o insistente. **b)** Remarcar o subrayar [un gesto o expresión]. ■ **2** Machacar o golpear [una pieza metálica].

     B *intr pr* (~**se**) **3** (*reg*) Arrellanarse.

recalce *m* (*Arquit y Agric*) Acción de recalzar.

recalcificación *f* (*Med*) Restauración de las sales de cal en los tejidos orgánicos.

recalcitrante *adj* Obstinado.

recalcitrantemente *adv* De manera recalcitrante.

recalcitrar *intr* (*raro*) Obstinarse [en algo].

recalentador *m* Dispositivo o instalación que sirve para elevar la temperatura de algo ya caliente.

recalentamiento *m* Acción de recalentar(se).

recalentar (*conjug* **6**) *tr* **1** Volver a calentar. ■ **2** Calentar en exceso. *Tb fig.* **b)** *pr* (~**se**) Calentarse en exceso.

recalentón *m* Recalentamiento.

recalificación *f* Acción de recalificar.

recalificar *tr* Calificar de nuevo [a alguien o algo]. **b)** Calificar como edificable [un terreno que no lo era].

recalmón *m* Estado atmosférico caracterizado por ausencia de viento y mucho calor.

recalzar *tr* **1** (*Arquit*) Reparar los cimientos [de un edificio (*cd*)]. ■ **2** (*Agric*) Arrimar tierra alrededor [de una planta (*cd*)].

recamado *m* Acción de recamar. *Frec su efecto.*

recamar *tr* Bordar en realce. *Tb* (*lit*) *fig.*

recámara *f* **1** *En un arma de fuego:* Ensanchamiento del ánima del cañón, en el extremo opuesto a la boca, en el cual se coloca el cartucho. ■ **2** (*col*) Conjunto de pensamientos o intenciones que una pers. oculta o disimula. ■ **3** (*hist*) Habitación situada detrás de la cámara.

recambiable *adj* Que puede recambiarse.

recambiar (*conjug* **1a**) *tr* Cambiar o sustituir [una cosa que ha dejado de servir, esp. una pieza, o, raro, a una pers.] por otra que haga sus funciones.

recambio I *m* **1** Acción de recambiar. ■ **2** Cosa o pers. destinada a sustituir a otra que ha dejado de servir.

     II *loc adj* **3** **de ~.** [Cosa o pers.] destinada a sustituir a otra que ha dejado de servir.

recamo *m* Acción de recamar. *Frec su efecto. Tb* (*lit*) *fig.*

recantón *m* Poste o saliente de piedra que sirve para resguardar una esquina.

recapacitar *intr* Volver a considerar [algo, esp. una decisión (*compl* SOBRE *o* EN)]. *Tb sin compl.*

recapitulación *f* Acción de recapitular. *Tb su efecto.*

recapitulador -ra *adj* Que recapitula.

recapitular *tr* **1** Recordar de manera sumaria y ordenada [algo dicho o pensado con extensión]. ■ **2** (*semiculto*) Recapacitar o reflexionar.

recarga *f* **1** Acción de recargar [1 y 2]. ■ **2** Repuesto que contiene materia para recargar [1].

recargable *adj* Que se puede recargar [1].

recargadamente *adv* De manera recargada [2].

recargado -da *adj* **1** *part* → RECARGAR. ■ **2** Que tiene excesivos adornos.

recargamiento *m* Acumulación excesiva de elementos desde un punto de vista estético. **b)** Acumulación excesiva [de elementos varios].

recargar A *tr* **1** Volver a cargar. ■ **2** Cargar en exceso. ■ **3** Adornar con exceso. **b)** Poner exceso [de algo en un lugar (*cd*)]. ■ **4** Aumentar [algo que se debe pagar o satisfacer]. **b)** Aumentar [una pena o penalización].

     B *intr* ➤ **a** *normal* **5** (*Taur*) Insistir reiteradamente [el toro] en la misma suerte, esp. en la de varas.

➤ **b** *pr* (~se) **6** Aumentar de temperatura e hincharse [una parte del cuerpo, esp. las extremidades].

recargo *m* Acción de recargar, *esp* [4]. *Tb su efecto.*

recastado -da *adj* (*reg*) De casta cruzada.

recatadamente *adv* De manera recatada [2b].

recatado -da *adj* **1** *part* → RECATAR. ■ **2** [Pers.] que se comporta con recato. *Tb fig.* **b)** [Cosa] que denota o implica recato.

recatar A *tr* **1** Encubrir u ocultar. **b)** Encerrar o contener [una cosa (*suj*) algo (*cd*)] en su interior.
B *intr pr* (~se) **2** Mostrar recato [1] [de hacer algo].

recato *m* **1** Reserva o cautela. ■ **2** Modestia y falta de desenvoltura en el comportamiento. *Dicho esp de mujeres.*

recauchutado *m* Acción de recauchutar.

recauchutar *tr* Aplicar una nueva capa de caucho [a un neumático desgastado (*cd*)].

recaudación *f* **1** Acción de recaudar. ■ **2** Cantidad recaudada.

recaudador -ra *adj* **1** Que recauda, *esp* [1]. *Tb n, referido a pers.* ■ **2** Relativo a la acción de recaudar.

recaudar *tr* **1** Cobrar [impuestos]. ■ **2** Reunir [dinero] por distintas aportaciones o cobros.

recaudatorio -ria *adj* De (la) recaudación.

recaudo. a buen ~. *loc adv* En lugar seguro. *Gralm con los vs* ESTAR *o* PONER.

recayente *adj* (*reg*) Que cae o va a dar [a un lugar].

recazo *m* Pieza de metal redonda y cóncava, que forma parte de la guarnición de la espada y sirve para proteger la mano.

rección *f* (*Gram*) Relación que existe entre dos términos, uno de los cuales depende gramaticalmente del otro.

recebado *m* Acción de recebar.

recebar *tr* **1** Volver a llenar [un recipiente mermado]. **b)** Volver a poner [la cantidad gastada]. ■ **2** Echar [en una carretera (*cd*)] arena o gravilla para igualar y consolidar el firme. **b)** Echar [tierra (*compl* CON) en una superficie (*cd*)].

recebo. de ~. *loc adj* [Jamón] de cerdo de montanera cebado posteriormente.

rececho *m* **1** Acción de cazar andando cautelosamente a fin de sorprender a la pieza. ■ **2** Acecho.

recelante *adj* Que recela.

recelar A *tr* **1** Sospechar o temer [algo]. *A veces con un compl de interés.* * Receló que le seguían. * Dio un rodeo recelándose que el elemento era policía.
B *intr* **2** Sospechar o desconfiar [de alguien o algo]. *A veces con un compl de interés.* * Recela de todo. * Se recelaba de él.

recelo *m* Inquietud o desconfianza.

recelosamente *adv* De manera recelosa [2].

receloso -sa *adj* **1** [Pers. o animal] que siente recelo. ■ **2** [Cosa] que denota recelo.

recena *f* Cena segunda que se toma de madrugada.

recenar *tr* Tomar [algo] de madrugada como segunda cena.

recensión *f* **1** Reseña o comentario [de un libro]. ■ **2** Cotejo de una edición de una obra antigua con su manuscrito. *Tb la edición resultante.*

recensionar *tr* Hacer la recensión [1] [de algo (*cd*)].

recensionista *m y f* Pers. que hace recensiones [1].

recensor -ra *m y f* Recensionista.

recental *adj* [Cordero o ternero] lechal. *Frec n m, referido a cordero.*

recentar (*conjug* **6**) *tr* (*reg*) Poner [en la masa (*cd*)] la levadura reservada de la masa anterior. *Tb abs.*

recentísimo → RECIENTE.

recepción *f* **1** Acción de recibir. ■ **2** *En algunos edificios, esp hoteles:* Mostrador del personal destinado a recibir al público. *Tb el servicio correspondiente.* **b)** (*raro*) Recibimiento (habitación de entrada a una casa). ■ **3** Fiesta social de carácter oficial dada por una autoridad. **b)** Fiesta social dada por una pers. de alta categoría.

recepcionar *tr* (*raro*) Recibir.

recepcionista *m y f* Pers. encargada de atender al público en una recepción [2a].

receptación *f* (*Der*) Acción de receptar.

receptáculo *m* **1** Cavidad destinada a contener algo. ■ **2** (*Bot*) Ensanchamiento del pedúnculo, en que se asientan los verticilos de la flor o las flores de una inflorescencia.

receptador -ra *m y f* (*Der*) Pers. que recepta.

receptar *tr* (*Der*) Ocultar o encubrir [a un delincuente], o recibir [los efectos de un delito] para ocultarlos o lucrarse con ellos.

receptibilidad *f* (*semiculto*) Receptividad.

receptible *adj* (*semiculto*) Receptivo.

receptivamente *adv* De manera receptiva.

receptividad *f* Cualidad de receptivo.

receptivo -va *adj* Capaz de recibir.

receptor -ra I *adj* **1** Que recibe. *Tb n: m y f, referido a pers; m, referido a aparato o sistema.*
II *m* **2** (*hist*) Escribano comisionado por un tribunal para hacer cobranzas, recibir pruebas u otros actos judiciales.

recercar *tr* (*raro*) Cercar.

recesión *f* **1** (*Econ*) Disminución de la actividad económica. *Tb ~ ECONÓMICA.* ■ **2** (*E*) Retroceso.

recesionista *adj* (*Econ*) De la recesión [1].

recesivo -va *adj* **1** (*Econ*) De (la) recesión [1]. ■ **2** (*Biol*) [Carácter] que no se manifiesta en el fenotipo del individuo que lo posee, pero que puede aparecer en su descendencia.

receso *m* (*lit*) Cese temporal en una actividad. *Tb* (*col*) *con intención humorística.*

receta *f* **1** Prescripción médica. *Esp la nota en que se hace.* ■ **2** Relación detallada de los componentes y el modo de preparación [de algo, esp. un guiso]. ■ **3** Procedimiento adecuado [para algo].

recetador -ra *adj* [Pers.] que receta. *Tb n.*

recetar *tr* Prescribir [un médico (*suj*) un remedio, esp. un medicamento]. *Tb fig. Tb abs.*

recetario I *m* **1** Conjunto de recetas, *esp* [2].
II *adj* **2** (*raro*) De (las) recetas.

rechace *m* Rechazo [1].

rechazable *adj* Que se puede o se debe rechazar.

rechazamiento *m* Rechazo [1].

rechazar *tr* **1** Hacer retroceder [algo o a alguien (*cd*)] o impulsar[lo] lejos. **b)** Impedir que tenga éxito [un ataque o una agresión]. ■ **2** No aceptar [algo]. **b)** Negar [una afirmación]. **c)** (*Med*) No asimilar [un organismo (*suj*) un órgano o tejido trasplantado] por incompatibilidad inmunológica.

rechazo I *m* **1** Acción de rechazar.
    II *loc adv* **2 de ~.** Como efecto secundario y no pretendido. *Tb adj.*

rechifla *f* (*col*) **1** Burla o mofa. ■ **2** Acción de silbar insistentemente.

rechinamiento *m* Acción de rechinar. *Tb su efecto.*

rechinante *adj* Que rechina.

rechinar A *intr* **1** Crujir [algo, esp. los dientes]. **b) ~ los dientes** → DIENTE. ■ **2** Disonar [una expresión] o producir un efecto desagradable. *Tb fig.*
    B *tr* **3** Hacer que [algo (*cd*)] rechine [1].

rechistar *intr* (*col*) Romper [alguien] su silencio, esp. para replicar. *Frec en constr negativa.*

rechoncho -cha *adj* Gordo o ancho y de poca altura.

rechupado -da *adj* (*col*) Chupado o muy delgado.

rechupete. de ~. *loc adv* (*col*) Muy bien. *Con intención ponderativa. Tb adj.*

recial *m* Corriente impetuosa de agua.

reciamente *adv* De manera recia.

recibí *m* Documento en que se certifica haber recibido algo.

recibido -da *adj* **1** *part* → RECIBIR. ■ **2** Tradicional, o comúnmente aceptado.

recibidor -ra I *adj* **1** (*raro*) Que recibe.
    II *n m y f* **2** Pers. encargada de recibir [1a] las entradas en un lugar de espectáculos. ■ **3** (*reg*) Pers. encargada de recoger el vellón después de cortado.
    B *m* **4** Habitación de entrada a una casa. *Tb los muebles correspondientes.*

recibiente *adj* (*raro*) Que recibe.

recibimiento *m* **1** Acción de recibir [3, 4 y 5]. ■ **2** Recibidor [4].

recibir A *tr* **1** Pasar [una pers. o cosa] a tener [algo que se le da o se le envía, o que llega a ella]. **b)** Ser [alguien o algo] aquello adonde van a parar los efectos [de una acción o un fenómeno (*cd*)]. **c)** Tomar [un juramento]. **d)** Recibir [1a] [el sacramento de la comunión, o a Cristo bajo las especies sacramentales]. *Tb abs.* **e)** (*Der*) Aceptar formalmente [una obra o construcción terminada] el organismo público que ha de hacerse cargo de ella (*suj*)]. ■ **2** Aceptar la visita [de alguien (*cd*)]. *Tb abs.* **b)** Celebrar [alguien] en su domicilio reuniones sociales [con amigos (*cd*)]. *Gralm abs.* ■ **3** Esperar [a alguien que acomete). **b)** (*Taur*) Citar y esperar [al toro] a pie firme y con el estoque montado, hasta introducír[selo]. *Frec abs.* ■ **4** Ir al encuentro [de alguien que llega (*cd*)]. ■ **5** Reaccionar [de determinada manera ante alguien que llega o algo que se produce (*cd*)]. ■ **6** Sustentar o sostener [un cuerpo a otro]. ■ **7** (*Constr*) Sujetar [con una masa algo que se introduce en la obra].

    B *intr pr* (**~se**) **8** Pasar a ser oficialmente [algo (*compl* DE + *n que expresa título*)]. *A veces se omite el compl por consabido.*

recibo I *m* **1** Acción de recibir [1a, 2 y 3]. ■ **2** Documento en que se certifica haber recibido [1a] algo. **b)** Documento que se entrega al que paga una deuda.
    II *loc adj* **3 de ~.** Aceptable. *Gralm con el v* SER. **b)** Presentable. *Gralm con el v* ESTAR.
    III *loc v* **4 acusar ~.** Manifestar, gralm. por escrito, haber recibido [1a] [algo (*compl* DE)]. *Frec se omite el compl por consabido.*

reciclable *adj* Que se puede reciclar.

reciclado *m* Reciclaje.

reciclaje *m* Acción de reciclar.

reciclamiento *m* Reciclaje.

reciclar *tr* **1** Someter [a alguien o algo] a un proceso de puesta al día. ■ **2** Dar nueva utilidad [a alguien o algo (*cd*)].

recidiva *f* (*Med*) Nuevo acceso de una enfermedad después de curada.

recidivante *adj* (*Med*) Que recidiva.

recidivar *intr* (*Med*) Reaparecer [una enfermedad] después de curada. *Tb pr* (**~se**).

reciedumbre *f* Cualidad de recio.

recién *adv* Muy poco tiempo antes. *Referido a un part, al que precede.* **b)** (*col*) Muy poco después de hacerse [lo que expresa el n. al que precede].

reciente (*superl*, RECENTÍSIMO o, col, RECIENTÍSIMO) *adj* Que acaba de hacerse, de ocurrir o de empezar a ser.

recientemente *adv* En tiempo reciente.

reciento *m* (*reg*) Porción de masa que se reserva para levadura.

recilla *f* (*reg*) Rebaño pequeño de ovejas o de cabras.

recinto *m* Espacio limitado y cerrado. *Tb fig.*

recio -cia I *adj* **1** Fuerte y vigoroso. **b)** Fuerte e intenso. **c)** Fuerte y sólido. **d)** [Líquido] fuerte y con cuerpo. **e)** [Trigo] duro. ■ **2** Grueso o gordo.
    II *adv* **3** Reciamente.

récipe *m* (*lit, raro*) Receta.

recipiendario -ria I *adj* **1** Que recibe [1a]. *Tb n, referido a pers.*
    II *m y f* **2** Pers. que entra solemnemente en una corporación.

recipiente I *adj* **1** (*lit*) Que recibe. *Tb n, referido a pers.*
    II *m* **2** Utensilio hueco que sirve para contener sustancias sólidas, líquidas o gaseosas. **b)** Campana de la máquina neumática.

recíprocamente *adv* De manera recíproca [1 y 2].

reciprocar *tr* (*raro*) Responder [a una acción (*cd*)] con otra semejante.

reciprocidad *f* Cualidad de recíproco [1 y 2].

recíproco -ca I *adj* **1** [Acción o sentimiento] que se produce a la vez entre varios sujetos, cada uno sobre los otros. **b)** (*Gram*) [Verbo u oración] que expresa una acción recíproca. ■ **2** (*Mat*) Inverso. *Tb n f, referido a función.*
    II *loc v* **3 estar a la recíproca.** Corresponder recíprocamente.

III *loc adv* **4 a la recíproca.** Recíprocamente.

recisión *f* (*raro*) Rescisión.

recitación *f* Acción de recitar.

recitado *m* **1** Acción de recitar. *Tb su efecto.* ■ **2** (*Mús*) Recitativo [2].

recitador -ra *adj* [Pers.] que recita. *Tb n.*

recital *m* Sesión musical a cargo de un solo artista o un solo instrumento. *Frec con un compl especificador.* **b)** Sesión [de danza o de poesía] a cargo de un solo artista. **c)** Actuación en que [alguien o algo (*compl especificador*)] se convierte en centro de la atención general.

recitar *tr* Decir en voz alta [algo que se sabe de memoria, esp. versos]. **b)** Decir en voz alta y de memoria versos u otros textos [de alguien (*cd*)].

recitativo -va (*Mús*) **I** *adj* **1** [Estilo] que consiste en cantar recitando. **II** *m* **2** Parte cantada que por su ritmo e inflexiones se asemeja al recitado [1] y que suele preceder a un aria.

reciura *f* Cualidad de recio.

reclamable *adj* Que puede ser objeto de reclamación [1].

reclamación **I** *f* **1** Acción de reclamar, *esp* [1 y 4]. *Tb su efecto.* **II** *loc adj* **2 de ~es.** [Libro] que, en algunos establecimientos o servicios públicos, registra las quejas formuladas por los usuarios.

reclamador -ra *adj* (*raro*) Que reclama [1, 2 y 4]. *Tb n, referido a pers.*

reclamante *adj* Que reclama [1, 2 y 4]. *Tb n, referido a pers.*

reclamar **A** *tr* **1** Exigir [algo a lo que se tiene derecho]. **b)** Exigir [un tribunal (*suj*) la presencia de un reo (*cd*)]. ■ **2** Pedir con firmeza. ■ **3** Llamar [un ave a otra de su misma especie]. *Frec abs.* **b)** Llamar [a la caza (*cd*)] con el reclamo [2]. *Tb abs.* **B** *intr* ➤ **a** *normal* **4** Protestar contra algo injusto, esp. por el incumplimiento de un acuerdo o trato. ➤ **b** *pr* (**~se**) (*semiculto*) **5** Invocar [algo o a alguien (*compl* DE)] a su favor. ■ **6** Proclamarse [algo (*compl* DE)].

reclamista *m y f* Pers. que practica el reclamo [3].

reclamo *m* **1** Voz con que un animal, esp. un ave, llama a otro de su misma especie. **b)** (*raro*) Voz con que se llama a alguien. **c)** Llamada o atracción. *Frec en la constr* ACUDIR AL ~. ■ **2** Ave amaestrada o fingida que emplea el cazador para atraer a otras de su especie. **b)** Utensilio con que se imita el canto de un ave para atraer a otras de su especie. ■ **3** Recurso para atraer la atención sobre una cosa, gralm. con fines publicitarios. ■ **4** (*Der*) Reclamación. ■ **5** (*Bibl, hist*) Palabra o sílaba puesta al final de una página, que corresponde a aquella con que comienza la página siguiente.

reclinable *adj* Que se puede reclinar [1b].

reclinar *tr* Inclinar y apoyar [algo, esp. la cabeza o el cuerpo (*cd*) sobre algo (*compl* SOBRE, EN o CONTRA)]. *Frec el cd es refl.* **b)** Inclinar el respaldo [de un asiento (*cd*)].

reclinatorio *m* Mueble semejante a una silla baja, destinado a arrodillarse.

recluir (*conjug* 48) *tr* Encerrar [a una pers.]. *Tb fig.*

reclusión *f* Acción de recluir. **b)** ~ **mayor,** ~ **menor** → MAYOR, MENOR.

recluso -sa *m y f* Preso. *Tb adj.*

recluta **A** *f* **1** Acción de reclutar. **B** *m* **2** Soldado que aún no ha jurado bandera.

reclutador -ra *adj* [Pers.] que recluta. *Frec n.*

reclutamiento *m* Acción de reclutar.

reclutar *tr* Reunir [perss.] para el ejército. **b)** Reunir [perss. para un fin determinado]. *Tb fig.*

recobramiento *m* Recobro.

recobrar **A** *tr* **1** Volver a tener [algo perdido, prestado o depositado]. **B** *intr pr* (**~se**) **2** Volver [alguien] a la normalidad tras haber sufrido [un daño o una pérdida materiales o morales (*compl* DE)]. *Frec se omite el compl por consabido.*

recobro *m* Acción de recobrar(se).

recocer (*conjug* 18) *tr* **1** Volver a cocer. ■ **2** Cocer mucho. *Tb fig.* ■ **3** Calentar [vidrio o metal] a temperaturas elevadas para disminuir su fragilidad. *Tb abs.*

recochineo *m* (*col*) Burla con regodeo. **b)** Regodeo.

recocho -cha *adj* Recocido (→ RECOCER). *Tb fig.*

recocido *m* Acción de recocer, *esp* [3].

recocina *f* Habitación contigua a la cocina y que le sirve de desahogo.

recodo *m* Curva o ángulo que forma al cambiar de dirección [algo, esp. un río o camino (*compl de posesión*)].

recoge- *r pref* Que recoge. * Recogecenizas. * Recogefirmas.

recogedero *m* Parte en que se recoge [4] o junta algo.

recogedor -ra **I** *adj* **1** Que recoge, *esp* [4 y 5]. *Frec n: m y f, referido a pers; f, referido a máquina.* **II** *m* **2** (*reg*) Cogedor (utensilio para recoger [1b] la basura).

recogemigas *m* Utensilio para recoger [1b] las migas que quedan sobre el mantel.

recogepelotas *m y f* (*Dep*) Pers. encargada de recoger [1b] las pelotas en un partido de tenis.

recoger **A** *tr* **1** Volver a coger [algo o a alguien]. **b)** Coger [a alguien o algo que ha caído o que está en el suelo]. ■ **2** Volver a poner [algo] ordenado en su sitio. *Frec abs, referido a los útiles de trabajo al final de la jornada.* **b)** Ordenar [un lugar] poniendo las cosas en su sitio. **c)** ~ **la mesa** → MESA. ■ **3** Disponer [una cosa] de manera que ocupe menos espacio, gralm. plegándola o sujetándola. **b)** ~ **velas** → VELA. ■ **4** Juntar [perss. o cosas dispersas]. **b)** Juntar o congregar en sí [perss. o cosas dispersas]. **c)** Juntar o reunir con un fin determinado [algo que se solicita a otros]. **d)** *pr* (**~se**) Juntarse [cosas dispersas]. ■ **5** Tomar y reunir [los frutos del campo], esp. guardándolos adecuadamente. **b)** Tomar y reunir [una serie de cosas que interesan]. **c)** Pasar a tener o a disfrutar [los frutos de un trabajo]. ■ **6** Tomar [una cosa o a una pers.] haciéndose cargo de ella y llevándosela consigo. **b)** Reunirse [con una pers. (*cd*) en un lugar] para llevarla o ir con ella a alguna parte. *Frec se omite el compl de lugar por consabido.* ■ **7** Dar asilo [a una pers. o animal desamparados]. ■ **8** Registrar o hacer constar. ■ **9**

Retirar de los puntos de distribución o venta [una publicación], frec. por orden de la autoridad. **B** *intr pr* (~**se**) **10** Retirarse a casa o a descansar. ▪ **11** Aislarse o retirarse del trato social. **b)** Abandonar [alguien] la vida desordenada. ▪ **12** Abstraerse o concentrarse. ▪ **13** Acogerse o refugiarse.

recogida *f* Acción de recoger(se) [1 a 10].

recogidamente *adv* (*lit*) De manera recogida (→ RECOGIDO¹ [2]).

recogido¹ -da I *adj* **1** *part* → RECOGER. ▪ **2** Que implica recogimiento. ▪ **3** Que está poco extendido o que ocupa poco espacio. **b)** [Animal] corto de tronco. *Frec en Taur.* *Tb* ~ DE CUERPO. **c)** (*Taur*) [Animal] que tiene los cuernos muy juntos o que se cierran en la punta. *Tb* ~ DE CUERNOS (*o* CUERNA). **II** *f* **4** (*hist*) Mujer pública arrepentida que vive retirada en un convento.

recogido² *m* Acción de recoger [3]. *Esp su efecto. Gralm referido a vestido y peinado.*

recogimiento *m* Acción de recogerse [11 y 12]. *Tb su efecto.*

recognoscibilidad *f* (*raro*) Cualidad de recognoscible.

recognoscible *adj* (*raro*) Reconocible.

recolección¹ *f* Acción de recolectar. *Tb la época del año en que se realiza la de frutos.*

recolección² *f* Orden religiosa de recoletos [1].

recolecta *f* (*raro*) Colecta de donativos.

recolectar *tr* **1** Recoger [los frutos]. *Tb abs.* ▪ **2** Recoger [cosas dispersas].

recolector -ra *adj* **1** Que recolecta. *Tb n: m y f, referido a pers; f, referido a máquina.* ▪ **2** De (la) recolección¹.

recoleto -ta *adj* **1** [Religioso o convento] que practica una estrecha observancia de la regla. *Tb n. Referido normalmente a los agustinos reformados fundados a finales del s XVI.* ▪ **2** (*lit*) [Pers.] de vida o costumbres tranquilas y retraídas. *Tb fig.* **b)** Propio de la pers. recoleta. ▪ **3** (*lit*) [Lugar] tranquilo, de poca actividad o poco concurrido. ▪ **4** (*lit, raro*) Oculto (poco visible o poco conocido).

recolocación *f* Acción de recolocar.

recolocar *tr* Colocar de nuevo [a alguien o algo].

recomendable *adj* Que se puede recomendar.

recomendación *f* Acción de recomendar, esp [2].

recomendador -ra *adj* (*raro*) Que recomienda, esp [2]. *Tb n, referido a pers.*

recomendar (*conjug* 6) *tr* **1** Aconsejar [algo a alguien]. ▪ **2** Hablar [a una pers. (*ci*)] en favor [de otra (*cd*)] para que la ayude, esp. en el aspecto laboral. *Frec en part, gralm sustantivado.* **b)** Hacer [a alguien o algo] digno de aprecio o consideración. ▪ **3** (*Rel catól*) Encomendar a Dios [el alma de un moribundo].

recomendaticio -cia *adj* Que sirve para recomendar.

recomenzar (*conjug* 6) **A** *intr* **1** Volver a comenzar. **B** *tr* **2** Volver a comenzar [algo (*cd*)].

recomer A *tr* **1** Comer o corroer. *Tb fig.* **B** *intr pr* (~**se**) **2** Reconcomerse.

recompensa *f* Premio por un servicio, una virtud o una acción meritoria.

recompensar *tr* Premiar [un servicio, una virtud o una acción meritoria]. *Tb fig.* **b)** Premiar [a alguien (*cd*)] por un servicio, una virtud o una acción meritoria]. *Tb fig.*

recomponer (*conjug* 21) *tr* **1** Componer de nuevo [algo deshecho o descompuesto]. *Tb fig.* **b)** *pr* (~**se**) Componerse de nuevo [algo deshecho o descompuesto]. ▪ **2** Reconstruir o reproducir [algo que ya no existe o que no está presente]. ▪ **3** Componer o reparar [algo estropeado o viejo]. ▪ **4** Componer o engalanar mucho [a alguien]. *Gralm el cd es refl. Frec en part.*

recomposición *f* Acción de recomponer(se).

recompra *f* Acción de recomprar.

recomprar *tr* Volver a comprar [algo a aquel a quien se vendió].

reconcentración *f* Acción de reconcentrar(se).

reconcentrado -da *adj* **1** *part* → RECONCENTRAR. ▪ **2** [Pers.] excesivamente reservada.

reconcentrar A *tr* **1** Concentrar intensamente. **B** *intr pr* (~**se**) **2** Concentrarse o abstraerse.

reconciliable *adj* Que se puede reconciliar.

reconciliación *f* Acción de reconciliar(se).

reconciliador -ra *adj* Que reconcilia [1].

reconciliar (*conjug* 1a) **A** *tr* **1** Hacer que [una pers. (*cd*)] vuelva a tener buena relación [con otra]. *Tb sin el segundo compl, con cd pl.* **b)** Poner de acuerdo [a perss. o cosas contrarias, o unas con otras]. ▪ **2** (*Rel catól*) Hacer que vuelva al seno [de la Iglesia (*compl* CON) alguien (*cd*) separado de ella]. *Tb sin compl* CON. **B** *intr pr* (~**se**) **3** Volver [una pers.] a tener buena relación [con otra]. *Tb sin compl, con suj pl.* ▪ **4** (*Rel catól*) Volver al seno [de la Iglesia (*compl* CON) alguien separado de ella]. ▪ **5** (*Rel catól*) Confesarse, esp. de manera breve o de culpas ligeras.

reconciliatorio -ria *adj* Que sirve para reconciliar.

reconcomer A *tr* **1** Corroer moralmente [a alguien]. **B** *intr pr* (~**se**) **2** Sentir [alguien] un intenso y callado desasosiego moral.

reconcomio *m* **1** Inquietud o desasosiego moral. ▪ **2** Cosa que reconcome [1].

recónditamente *adv* De manera recóndita.

reconditez *f* **1** Cualidad de recóndito. ▪ **2** Parte recóndita.

recóndito -ta *adj* [Cosa] oculta o secreta. **b)** [Lugar] escondido o poco accesible.

reconducción *f* Acción de reconducir.

reconducir (*conjug* 41) *tr* Rectificar la dirección u orientación [de algo, esp. una acción o una situación].

reconfortación *f* **1** Acción de reconfortar. *Tb su efecto.* ▪ **2** Pers. o cosa que reconforta.

reconfortador -ra *adj* Que reconforta.

reconfortante *adj* Que reconforta.

reconfortantemente *adv* De manera reconfortante.

reconfortar *tr* Confortar física o moralmente.

reconocedor -ra *adj* Que reconoce. *Tb n, referido a pers.*

reconocer *(conjug 11) tr* **1** Identificar [a una pers. o cosa], o distinguirla entre otras. ■ **2** Admitir como cierta, íntima o públicamente, [una cosa]. **b)** Considerar [a una pers. o cosa *(cd)* con una determinada condición o cualidad *(predicat o compl* POR *o* COMO)]. ■ **3** Admitir [una cosa] como legítima. **b)** Declarar que se considera legítimo [un régimen político establecido de forma anormal]. **c)** Admitir legalmente [una pers. *(suj)*] que [alguien *(cd)*] es hijo suyo. ■ **4** Agradecer [un beneficio o favor]. ■ **5** Examinar físicamente [a alguien o algo] con detenimiento.

reconocible *adj* Que se puede reconocer, *esp* [1].

reconocidamente *adv* De manera reconocida [2 y 3].

reconocido -da *adj* **1** *part* → RECONOCER. ■ **2** Que se considera cierto o notable por un gran número de perss. ■ **3** Que reconoce un beneficio o favor.

reconocimiento *m* Acción de reconocer.

reconquista *f* Acción de reconquistar. *Frec con mayúscula, designando la realizada por los reinos cristianos contra los moros en la Edad Media.*

reconquistable *adj* Que se puede reconquistar.

reconquistador -ra *adj* **1** Que reconquista. *Tb n, referido a pers.* ■ **2** De (la) reconquista.

reconquistar *tr* Conquistar [algo perdido].

reconsideración *f* Acción de reconsiderar.

reconsiderar *tr* Volver a considerar o a estudiar [un asunto] con vistas a un posible cambio de la decisión tomada.

reconstitución *f* Acción de reconstituir.

reconstituir *(conjug 48) tr* **1** Reconstruir o rehacer. ■ **2** *(Med)* Volver [algo *(cd)*] a su estado normal.

reconstituyente *adj* Que restituye las fuerzas al organismo. *Frec n m, referido a medicamento. Tb fig.*

reconstrucción *f* Acción de reconstruir. *Tb su efecto.*

reconstructivo -va *adj* De (la) reconstrucción.

reconstructor -ra *adj* **1** Que reconstruye. *Tb n, referido a pers.* ■ **2** Relativo a la reconstrucción.

reconstruible *adj* Que se puede reconstruir.

reconstruir *(conjug 48) tr* **1** Volver a construir [un edificio destruido]. ■ **2** Rehacer [algo deshecho o roto]. *Tb fig.* ■ **3** Reproducir [algo que ya no existe o no está presente, o un suceso pasado].

recontar[1] *(conjug 4) tr* Contar [algo numerable], esp. para comprobar su número.

recontar[2] *(conjug 4) tr* Volver a contar o narrar.

reconvención *f* Acción de reconvenir. *Tb su efecto.*

reconvenir *(conjug 61) tr* **1** Reprender o censurar [a alguien]. ■ **2** *(Der)* Demandar durante el juicio [el demandado al demandante]. *Tb abs.*

reconversión *f* Acción de reconvertir, *esp* [2]. *Gralm referido a industrias.*

reconversor -ra *adj* Relativo a (la) reconversión.

reconvertible *adj* Que se puede reconvertir.

reconvertir *(conjug 60) tr* **1** Transformar [algo] volviendo[lo] a su estado primitivo. ■ **2** Transformar [algo o a alguien *(cd)*] en algo distinto desde el punto de vista de la actividad o utilidad]. *Frec sin compl* EN.

recoño *interj* *(vulg, raro)* Coño.

recopa *f* *(Fút)* Competición de copa entre los campeones de copa.

recopiar *(conjug 1a) tr* Copiar de nuevo [algo].

recopilación *f* Acción de recopilar. *Frec su efecto.*

recopilador -ra *adj* **1** Que recopila. *Tb n, referido a pers.* ■ **2** De (la) recopilación.

recopilar *tr* Reunir o juntar [algo, esp. escritos].

recopilatorio -ria *adj* Que sirve para recopilar.

recórcholis *interj* *(euf, col, raro)* Córcholis o caramba.

récord *(pronunc corriente, /r̄ékor/; pl normal, ~s) m* **1** *(Dep)* Marca. *Frec con los vs* BATIR *o* ESTABLECER. *Frec fig, fuera del ámbito deportivo.* **II** *adj invar* **2** No alcanzado hasta el momento de referencia.

recordable *adj* Que se puede recordar [1 y 2].

recordación *f* Acción de recordar [1 y 2].

recordador -ra *adj* *(raro)* Que recuerda [1 y 2]. *Tb n, referido a pers.*

recordar *(conjug 4)* **A** *tr* **1** Pasar [alguien] a tener en la mente [algo percibido anteriormente]. *Tb abs. A veces (pop) con un compl refl de interés.* * Recuerdo lo que dijo. * Me recuerdo que ella se enfadó. **b)** Tener presente [a alguien o algo]. **c) si mal no recuerdo,** *o* **si no recuerdo mal.** *Fórmula con que se atenúa la seguridad de la afirmación a la que acompaña.* * Si no recuerdo mal, ella también fue. ■ **2** Hacer que [alguien *(ci)*] recuerde [1] [algo *(cd)*]. *Frec sin ci.* ■ **3** Traer [algo] a la mente [de alguien *(ci)*] por asociación de ideas. **b)** Ser [una pers. o cosa] semejante [a otra *(cd)*].

B *intr pr (~se)* **4** *(pop)* Acordarse [de alguien o algo]. *Tb sin compl.* ■ **5** *(reg)* Venir [algo] a la mente [de alguien *(ci)*]. * Ahora se le recordaba el hecho.

recordatorio -ria **I** *adj* **1** Que sirve para recordar [1 y 2]. **II** *m* **2** Aviso o comunicación para recordar [1 y 2]. ■ **3** Impreso breve en que se recuerda [2] el fallecimiento, la primera comunión, los votos o el cante de misa de alguien.

recordman *(falso anglicismo; pronunc corriente, /r̄ekórman/ o /r̄ékorman/; pl normal, ~s) m* Plusmarquista masculino.

recordwoman *(falso anglicismo; pronunc corriente, /r̄ekorwóman/; pl normal, ~s) f* Plusmarquista femenino.

recorrer *tr* **1** Ir [por un lugar *(cd)*] o a lo largo de [una distancia *(cd)*]. ■ **2** Pasar la vista o la atención [por algo *(cd)*]. ■ **3** Reparar [el tejado]. ■ **4** *(Impr)* Justificar [líneas] pasando letras de una a otra. *Tb abs.*

recorrida *f* *(raro)* Recorrido [1].

recorrido *m* **1** Acción de recorrer. ■ **2** Espacio que se ha recorrido, se recorre o se ha de recorrer [1]. ■ **3** *(col)* Represión. *Gralm en la constr* DAR UN ~.

recortable *adj* Que se puede recortar. **b)** *Esp:* [Figura] que se puede recortar de un papel. *Tb n m.*

recortado¹ -da I *adj* **1** *part* → RECORTAR. ■ **2** [Borde] con muchos entrantes y salientes. ■ **3** Pequeño o de poca estatura.
II *f* **4** (*jerg*) Escopeta de cañones recortados.

recortado² *m* Acción de recortar.

recortadura *f* Recorte [2]. *Gralm en pl.*

recortar *tr* **1** Cortar los extremos o bordes [de una cosa (*cd*)] que sobresalen. ■ **2** Hacer [algo] un poco más corto de lo que era. *Frec fig, a veces como euf.* ■ **3** Cortar [un texto, una figura o una pieza] separándolos del papel u otra superficie en que se encuentran. ■ **4** (*Pint*) Señalar los perfiles [de una figura (*cd*)]. **b)** *pr* (**~se**) (*lit*) Mostrar [alguien o algo] netamente su contorno [sobre un fondo (*compl* SOBRE, EN *o* CONTRA)]. ■ **5** (*Taur*) Hacer recortes [4] [al toro (*cd*)].

recorte *m* **1** Acción de recortar. ■ **2** Trozo sobrante que queda al recortar [1, 2 y 3] algo. *Frec en pl.* ■ **3** Cosa recortada (→ RECORTAR [3]). ■ **4** (*Taur*) Cambio rápido de dirección para evitar la cogida del toro. *Tb fig, fuera del ámbito taurino.*

recoser *tr* Coser [algo descosido o roto] de manera intensa o descuidada. *Tb fig.*

recostar (*conjug* 4) *tr* Apoyar [algo, esp. la cabeza o la parte superior del cuerpo, o a alguien] en posición inclinada [sobre algo (*compl* SOBRE, EN *o* CONTRA)]. *Frec el cd es refl.*

recova *f* (*reg*) **1** Mercado de comestibles. ■ **2** Cuadrilla de perros de caza.

recoveco *m* **1** Vuelta [de una calle, o de otra cosa de estructura lineal]. *Frec en pl.* **b)** Rincón o zona escondida [de algo] formados por un ángulo o un cambio de dirección. *Tb fig.*

recovero -ra *m y f* (*reg*) **1** Pers. que vende en una recova [1]. ■ **2** Pers. que compra determinados productos, esp. alimenticios, para revenderlos. **b)** Revendedor ambulante, esp. de alimentos.

recreación¹ *f* Recreo [1a]. **b)** *En un convento:* Tiempo de diversión para descanso del trabajo.

recreación² *f* Acción de recrear².

recreador -ra *adj* Que recrea². *Tb n, referido a pers.*

recrear¹ A *tr* **1** Proporcionar distracción o esparcimiento [a una pers. o a sus sentidos (*cd*)]. **b)** *pr* (**~se**) Tener distracción o esparcimiento [una pers. o sus sentidos].
B *intr pr* (**~se**) **2** Gozar [con algo (*compl* EN *o* CON, *o ger*)], esp. de una manera voluntaria.

recrear² *tr* Volver a crear.

recreativo -va *adj* Que sirve para recrear¹. **b)** [Salón] provisto de mesas de billar, futbolines y máquinas de juego, destinado al esparcimiento de muchachos. *Tb n m, en pl.*

recrecer (*conjug* 11) A *tr* **1** Aumentar o acrecentar.
B *intr* ➤ **a** *normal* **2** Crecer o aumentar.
➤ **b** *pr* (**~se**) **3** Crecerse o cobrar bríos.

recrecido *m* (*raro*) Acción de recrecer(se). *Tb su efecto.*

recrecimiento *m* Acción de recrecer(se).

recreo *m* Diversión o esparcimiento. **b)** *En un colegio:* Tiempo entre clases dedicado a descansar o jugar.

recría *f* **1** Acción de recriar [1a]. ■ **2** Animal de recría [1]. *Gralm en sg con sent colectivo.*

recriador -ra *adj* Que recría [1a]. *Tb n, referido a pers.*

recriar (*conjug* 1c) *tr* Criar [un animal pequeño nacido en otra parte]. **b)** Criar [a una pers. en un lugar distinto al de su nacimiento]. *Frec en part.*

recriminación *f* Acción de recriminar. *Tb su efecto.*

recriminador -ra *adj* Que recrimina. *Tb n, referido a pers.*

recriminar *tr* Reprender o censurar [a alguien (*cd*)]. **b)** Censurar [algo a alguien].

recriminatoriamente *adv* De manera recriminatoria.

recriminatorio -ria *adj* Que recrimina o sirve para recriminar.

recrío *m* Recría.

recristianización *f* Acción de recristianizar.

recristianizar *tr* Devolver [a alguien o algo] al cristianismo.

recrudecer (*conjug* 11) A *intr* **1** Tomar incremento [algo negativo]. *Frec pr* (**~se**). **b)** (*Med*) Tomar incremento o nueva actividad [una enfermedad o un síntoma] después de remitir temporalmente. *Frec pr* (**~se**).
B *tr* **2** Dar incremento [a algo negativo (*cd*)].

recrudecimiento *m* Acción de recrudecer(se).

recrudescencia *f* (*lit*) Recrudecimiento.

recruzar *tr* Cruzar de nuevo.

recta → RECTO.

rectal *adj* (*Anat*) De(l) recto [7].

rectamente *adv* De manera recta [3 y 4].

rectangular *adj* **1** De(l) rectángulo [2]. **b)** Que tiene forma de rectángulo. ■ **2** (*Geom*) Que tiene uno o más ángulos rectos. ■ **3** (*Geom*) Que forma ángulos rectos.

rectángulo I *adj* **1** [Triángulo o paralelepípedo] que tiene uno o más ángulos rectos.
II *m* **2** Paralelogramo que tiene los cuatro ángulos rectos y los lados contiguos desiguales.

rectificable *adj* Que se puede rectificar.

rectificación *f* Acción de rectificar. *Tb su efecto.*

rectificado *m* Acción de rectificar [6 y 7].

rectificador -ra I *adj* **1** Que rectifica [1 y 7]. *Tb n, referido a pers.*
II *n* A *m* **2** (*Electr*) Dispositivo que sirve para rectificar [5].
B *f* **3** (*Metal*) Máquina que sirve para rectificar [7].

rectificante *adj* (*raro*) Que rectifica [1 y 2].

rectificar *tr* **1** Corregir [algo equivocado, inexacto o que no se ajusta a lo deseado]. **b)** Corregir [alguien lo dicho (*cd*) por él o por otro]. *Tb abs.* **c)** Corregir lo dicho [por alguien (*cd*)]. ■ **2** Corregir [alguien su conducta o su actitud]. *Frec abs.* ■ **3** Hacer que [algo (*cd*)] sea recto. ■ **4** (*Geom*) Determinar la longitud [de una curva (*cd*)]. ■ **5** (*Electr*) Transformar [una corriente alterna] en continua. ■

6 (*Quím*) Someter [un líquido] a destilación fraccionada para purificarlo o para separar sus constituyentes. ■ **7** (*Metal*) Afinar la superficie ya labrada [de una pieza (*cd*)].

rectilíneamente *adv* De manera rectilínea.

rectilíneo -a *adj* De (la) recta (→ RECTO [1]). **b)** Que tiene forma de línea recta. *Tb fig.*

rectinervio -via *adj* (*Bot*) [Hoja] de nervios rectos [1].

rectitis *f* (*Med*) Inflamación del recto [7].

rectitud *f* Cualidad de recto [2].

recto -ta I *adj* **1** Que no cambia de dirección. *Frec n f, referido a línea.* ■ **2** Que no se aparta de la norma moral o de una norma de conducta. **b)** [Pers.] exigente, consigo y con los demás, en el cumplimiento de la norma moral o de una norma de conducta. ■ **3** Correcto o adecuado. **b)** Adecuado a la norma lógica. ■ **4** [Sentido] literal [de una palabra o frase]. ■ **5** Vertical (perpendicular al horizonte). **b)** [Prenda de vestir] que cae verticalmente, sin ajustarse al cuerpo y sin amplitud. **c)** (*Anat*) [Músculo] de fibras verticales. *Tb n m.* **d)** (*Geom*) [Ángulo] formado por dos rectas [1] perpendiculares. *Tb n m.* **e)** (*Geom*) [Cilindro o cono] cuyo eje es perpendicular a la base. **f)** (*Geom*) [Prisma o sección] cuyas aristas son perpendiculares a la base. ■ **6** (*Mús*) [Flauta] dulce. II *m* **7** (*Anat*) Parte final del intestino grueso, que termina en el ano. ■ **8** (*Bibl*) Folio recto (→ FOLIO). III *adv* **9** En línea recta [1]. *Con vs como* IR *o* SEGUIR. *Tb* TODO ~. **b)** Sin desviarse o detenerse.

rectocolitis *f* (*Med*) Inflamación simultánea del recto y el colon.

rector -ra (*f* **rectriz** *en acep 1b*) I *adj* **1** Que rige o dirige. *Tb n, referido a pers.* **b)** (*Zool*) [Pluma] de la cola de las aves, que sirve para dirigir el vuelo. *Tb n f.* ■ **2** Relativo a la acción de regir o dirigir. II *n* A *m y f* **3** Director [de una universidad o de un seminario o colegio de religiosos]. B *m* **4** Párroco. **b)** Sacerdote encargado de una iglesia dependiente de una parroquia. *Frec* ~ DE IGLESIA.

rectorado *m* **1** Cargo de rector [3]. ■ **2** Oficina del rector [3].

rectoral I *adj* **1** De(l) rector [3 y 4]. II *f* **2** Casa del rector [4].

rectoría *f* **1** Cargo de rector [3 y 4]. ■ **2** Dependencia o conjunto de dependencias donde el rector [4] tiene su oficina y frec. su vivienda. ■ **3** (*lit*) Condición de rector [1].

rectoscopia *f* (*Med*) Examen visual del recto [7] por vía rectal.

rectriz → RECTOR.

recua *f* **1** Conjunto de animales de carga usados para transportar mercancías. ■ **2** (*col*) Conjunto de perss. o cosas que van juntas o unas tras otras.

recuadrar *tr* Encerrar [algo] en un recuadro.

recuadro *m* Cuadrado o rectángulo que limita una superficie. **b)** *En un periódico:* Escrito enmarcado en un recuadro para darle mayor relieve.

recuaje *m* (*hist*) Tributo pagado por el tránsito de recuas [1].

recubridor -ra *adj* (*raro*) Que recubre.

recubrimiento *m* **1** Acción de recubrir. ■ **2** Cosa que recubre.

recubrir (*conjug* **37**) *tr* Cubrir enteramente la superficie [de algo (*cd*)].

recuelo *m* **1** Café hecho con los posos que quedan después de un primer cocimiento. *Tb* CAFÉ DE ~. ■ **2** (*hoy raro*) Lejía muy fuerte.

recuenco *m* Seno o concavidad, esp. del terreno.

recuento[1] *m* Acción de recontar[1].

recuento[2] *m* Acción de recontar[2].

recuerdo *m* **1** Acción de recordar. ■ **2** Cosa que se recuerda. ■ **3** Cosa que recuerda [algo o a alguien (*compl de posesión*)]. **b)** Objeto que se compra o regala para recuerdo [1] [de un lugar, de un hecho o de una pers.]. ■ **4** *En pl:* Saludo afectuoso que se envía a una pers. por escrito o a través de otra.

recuero *m* Individuo encargado de una recua [1].

recuesta *f* **1** (*lit*) Requerimiento. ■ **2** (*hist*) Desafío. ■ **3** (*TLit*) *En la poesía de cancionero:* Poema breve de carácter satírico e intención provocativa dirigido a una pers. determinada.

recuesto *m* (*raro*) Cuesta o pendiente.

recula (*reg*) I *f* **1** *En un río:* Lugar en que el agua va en sentido contrario al de la corriente. II *loc adv* **2 de ~.** Retrocediendo, o andando hacia atrás.

reculada *f* Acción de recular.

reculamiento *m* Acción de recular.

recular *intr* Retroceder. *Tb fig.*

reculeo *m* (*raro*) Reculada o reculamiento.

reculón[1] **-na** *adj* Que recula. *Esp referido a toros.*

reculón[2] *m* Reculada. *Gralm en la constr* A ~ES.

recumbente *adj* (*Med*) [Posición] echada o de dormir.

recuncar *intr* (*reg*) Repetir el disfrute de algo.

recunque *m* (*reg*) Acción de recuncar.

recuperable *adj* **1** Que se puede recuperar, *esp* [1 y 2]. ■ **2** Que se debe recuperar [3].

recuperación *f* Acción de recuperar(se).

recuperador -ra I *adj* **1** Que recupera [1 a 4]. *Tb n: m y f, referido a pers; f, referido a empresa.* ■ **2** Que sirve para recuperar(se) [1 a 5]. II *m* **3** Aparato o instalación que permite recuperar [2] una parte del calor arrastrado por los gases de combustión de un horno o caldera, antes de que se pierda en la atmósfera.

recuperar A *tr* **1** Volver a tener [a alguien perdido, o algo perdido, prestado o depositado]. **b)** Rescatar (recuperar por la fuerza o mediante otro tipo de acción [a alguien o algo perdidos o en poder ajeno]). ■ **2** Aprovechar o poner de nuevo en servicio [algo dado por inservible]. ■ **3** Trabajar horas o días suplementarios para compensar [un tiempo de vacación]. *Tb abs.* ■ **4** Volver a examinarse [de una asignatura o de un examen suspensos (*cd*)]. B *intr pr* (~se) **5** Volver [alguien] a la normalidad tras haber sufrido [un daño o una pérdida materiales o morales (*compl* DE)]. *Frec se omite el compl por consabido.* **b)** Volver [algo] a la normalidad tras haber sufrido una crisis o un retroceso.

recuperativo -va *adj* [Cosa] que recupera o que sirve para recuperar(se).

recuperatorio -ria *adj* **1** Que sirve para recuperar(se). ■ **2** Relativo a la recuperación.

recurrencia *f* **1** Acción de recurrir [1]. ■ **2** Hecho de aparecer o producirse algo de modo intermitente o repetido.

recurrente *adj* **1** Que recurre, *esp* [2 y 3]. *Tb n, referido a pers.* ■ **2** Que aparece u ocurre de nuevo después de intermisiones. ■ **3** Que vuelve hacia atrás o hacia su origen.

recurribilidad *f* (*Der*) Cualidad de recurrible.

recurrible *adj* (*Der*) [Sentencia o resolución] contra la que se puede recurrir [2].

recurrido -da *adj* **1** *part* → RECURRIR. ■ **2** (*Der*) [Parte] a quien favorece la sentencia de que se recurre [2]. *Tb n.*

recurrir A *intr* **1** Buscar ayuda o remedio [en una pers. o cosa (*compl* A)] en un caso de necesidad. **b)** Usar o utilizar [algo (*compl* A)]. ■ **2** (*Der*) Entablar recurso o resolución (*compl* DE o CONTRA)]. *Frec se omite el compl por consabido.*

    B *tr* **3** (*Der*) Entablar recurso [3] [contra una sentencia o resolución (*cd*)].

recurso *m* **1** Acción de recurrir [1]. ■ **2** Cosa a la que se recurre o se puede recurrir [1]. **b)** *En pl:* Dinero o bienes. **c)** *En pl:* Posibilidades o capacidad para actuar. ■ **3** (*Der*) Reclamación contra una sentencia o resolución, ante la autoridad que las dictó o ante otra superior. *Gralm con un compl especificador.*

recusable *adj* Digno de ser recusado.

recusación *f* Acción de recusar. *Tb su efecto.*

recusar *tr* Rechazar o no aceptar [algo o a alguien]. **b)** (*Der*) Rechazar [a un juez, perito o testigo que ha de intervenir en un juicio].

red *f* **1** Utensilio hecho con un tejido de mallas. **b)** (*Fút*) Portería. **c)** Aparejo de pesca o de caza constituido esencialmente por tejido de mallas. **d)** Medio engañoso o astuto para atraer a alguien. *Normalmente con los vs* TENDER *o* CAER. ■ **2** Tejido de mallas. ■ **3** Conjunto de cosas de estructura lineal que se cruzan o entrelazan. *Frec con un adj o compl especificador.* **b)** Conjunto de calles que afluyen a un mismo punto. *Normalmente formando parte de denominaciones de conjuntos de este tipo.* * Vive en la Red de San Luis. ■ **4** Conjunto organizado de elementos de conducción o comunicación. *Normalmente con un compl especificador.* **b)** *Sin compl, esp:* Red eléctrica. ■ **5** Conjunto organizado de elementos que actúan en distintos puntos. *Gralm con un compl especificador.* ■ **6** (*Mineral*) Disposición regular de los iones, átomos o moléculas. ■ **7** (*reg*) Majada (lugar donde se recoge de noche el ganado).

redacción *f* **1** Acción de redactar. **b)** Ejercicio escolar consistente en desarrollar por escrito un tema narrativo o descriptivo. ■ **2** Conjunto de los redactores [de una publicación periódica o colectiva]. ■ **3** Oficina de los redactores de una publicación periódica o colectiva.

redaccional *adj* De (la) redacción. **b)** [Publicidad] que se presenta como un artículo ordinario de periódico o revista.

redactar *tr* Dar expresión escrita [a algo que se dice o se piensa (*cd*)]. *Tb abs.*

redactor -ra *m y f* Pers. que redacta. *Esp designa al profesional de una publicación periódica o colectiva.*

redada *f* **1** Acción de lanzar y recoger la red [1c]. *Frec el conjunto de peces o animales capturados de una vez.* ■ **2** Operación policial en que se detiene a varias perss. en un mismo recinto. *Tb el conjunto de perss detenidas.*

redaño (*frec en la forma pop* **reaño** *en acep* 2) *m* **1** Repliegue del peritoneo. ■ **2** (*col*) *En pl:* Brío o valor.

redargüir (*conjug* 48) *tr* Replicar o argüir en contra. *Tb abs.*

redecilla *f* **1** Utensilio pequeño hecho con un tejido de mallas. **b)** *Esp:* Prenda a modo de bolsa de mallas, usada para recoger el pelo. ■ **2** (*Anat*) Segunda cavidad del estómago de un rumiante.

rededor I *m* **1** (*raro*) Contorno o entorno. II *loc adv* **2 en ~.** (*lit*) Alrededor.

redención *f* Acción de redimir. *Frec con mayúscula, designando la realizada por Cristo.*

redentor -ra I *adj* **1** Que redime. *Tb n, referido a pers. Frec designa a Jesucristo (en este caso se escribe con mayúscula).* ■ **2** Relativo a la acción de redimir, *esp* [2]. II *loc v* **3 meterse a ~.** Intentar solucionar problemas ajenos sin tener atribuciones para ello.

redentorismo *m* Actitud de quien trata de redimir [2].

redentorista *adj* **1** De la congregación del Santísimo Redentor, fundada en 1732 por San Alfonso María de Ligorio. *Tb n, referido a pers.* ■ **2** De(l) redentorismo. ■ **3** Que tiende a redimir [2].

redeño *m* (*reg*) Saco pequeño de red sujeto a un aro y provisto de mango, que se utiliza para sacar la pesca o para pescar.

redero -ra *m y f* Pers. que hace o arma redes [1].

redescontable *adj* (*Econ*) Que puede redescontarse.

redescontar (*conjug* 4) *tr* (*Econ*) Descontar [los efectos presentados por un banco y ya descontados por él].

redescubridor -ra *adj* Que redescubre. *Tb n, referido a pers.*

redescubrimiento *m* Acción de redescubrir.

redescubrir (*conjug* 37) *tr* Volver a descubrir [a alguien o algo que estaba olvidado].

redescuento *m* (*Econ*) Nuevo descuento de los efectos presentados por un banco y ya descontados por él.

redicho -cha *adj* [Pers.] que habla o se expresa con corrección afectada.

rediez *interj* (*col, euf*) Rediós.

redil *m* **1** Lugar cercado, esp. con estacas y redes, para guardar el ganado. ■ **2** (*lit*) Ambiente en que una comunidad de perss. vive acatando unas normas o principios. *Frec en la constr* VOLVER AL ~.

redimensionamiento *m* Acción de redimensionar.

redimensionar *tr* Dar nuevas dimensiones [a algo, esp. a una empresa], adaptándo[lo] a las nuevas circunstancias.

redimente *adj* (*Der*) [Pers.] que redime [4 y 5]. *Gralm n.*

redimible *adj* Que se puede redimir.

redimir *tr* **1** Liberar [a un esclavo o cautivo] mediante precio. **b)** (*Rel crist*) Liberar [Jesucristo al hombre] del poder de Satanás reparando la ofensa hecha a Dios por el pecado original. ■ **2** Sacar [a alguien o algo de un estado o de una situación lamentables o penosos]. *Frec se omite el compl* DE, *por consabido*. ■ **3** Librar [a alguien o algo de una obligación]. **b)** (*hist*) Librar [a alguien o algo del servicio militar] mediante el pago de una cantidad. *Frec sin compl* DE. ■ **4** (*Der*) Comprar de nuevo [algo que se había vendido]. ■ **5** (*Der*) Cancelar [una hipoteca, obligación o gravamen]. ■ **6** Hacer perdonar [una pena o castigo]. ■ **7** (*Rel catól, raro*) Expiar [un pecado].

redingote *m* (*hist*) Capote de poco vuelo y con mangas ajustadas.

rediós *interj* (*pop*) *Expresa enfado, admiración o sorpresa.* * ¡Rediós, qué tino!

redistribución *f* Acción de redistribuir.

redistribuidor -ra *adj* Que redistribuye.

redistribuir (*conjug* 48) *tr* Distribuir de nuevo. *Tb abs.*

redistributivo -va *adj* De (la) redistribución.

rediticio -cia *adj* De(l) rédito.

rédito *m* Interés (cantidad producida por un capital en un período determinado). **b)** Interés (cantidad producida anualmente por cada cien unidades de un capital).

redituable *adj* Que produce utilidad o beneficio.

redituar (*conjug* 1d) *tr* Producir [utilidad o beneficio].

redivivo -va *adj* Resucitado. **b)** *Se usa en constrs de sent comparativo para ponderar el parecido de una pers con otra.* * Este niño es su abuelo redivivo.

redoblamiento *m* Acción de redoblar(se) [1 y 2].

redoblante I *adj* **1** Que redobla [4 y 5].
II *m* **2** Tambor de caja alta y sin bordones en la parte inferior.

redoblar A *tr* **1** Aumentar [algo (*cd*)] al doble. **b)** *pr* (~se) Aumentar [algo (*suj*)] al doble. ■ **2** Doblar [algo] sobre sí mismo. *Tb abs.* ■ **3** Tocar [un tambor] con redobles [1]. *Tb abs.* B *intr* **4** Sonar [un tambor] con redobles [1]. ■ **5** Producir [algo] un sonido reiterado.

redoble *m* **1** Toque vivo y sostenido del tambor o de otro instrumento similar, que se realiza haciendo rebotar los palillos sobre la piel del instrumento. ■ **2** Sonido reiterado [de algo]. ■ **3** Acción de redoblar(se) [1 y 2].

redolada *f* (*reg*) Comarca.

redolor *m* Dolor sordo. *Tb fig.*

redoma *f* Botella de laboratorio, de fondo ancho y cuello estrecho.

redomado -da *adj* Consumado o perfecto. *Siguiendo o acompañando a un n que expresa cualidad negativa.* * Es un pillo redomado.

redondamente *adv* De manera redonda [7].

redondeado -da *adj* **1** *part* → REDONDEAR. ■ **2** Que tira a redondo [1a y b].

redondeamiento *m* Acción de redondear(se). *Tb su efecto.*

redondear *tr* Hacer redondo [1, 2, 4 y 5] [algo]. *Referido a cantidad, tb abs y a veces con un compl* A. **b)** *pr* (~se) Hacerse redondo [algo].

redondel *m* Círculo o circunferencia. **b)** (*Taur*) Ruedo de una plaza de toros.

redondela *f* (*reg*) Utensilio de paja, redondo y plano, usado para llevar el pan al horno.

redondelano -na *adj* De Redondela (Pontevedra). *Tb n, referido a pers.*

redondeo *m* **1** Acción de redondear(se). ■ **2** Cualidad de rendondeado [2].

redondez *f* **1** Cualidad de redondo [1, 2 y 5]. ■ **2** Parte redonda [1 y 2]. ■ **3** Superficie [de un cuerpo redondo, esp. de la Tierra].

redondillo -lla I *adj* **1** [Trigo] de grano blando, redondeado y rojizo. ■ **2** [Letra manuscrita y caligráfica] vertical y circular.
II *f* **3** (*TLit*) Estrofa formada por cuatro versos octosílabos que riman el 1º con el 4º y el 2º con el 3º.

redondo -da I *adj* **1** Circular. **b)** Esférico. **c)** (*Taur*) [Pase] que da el torero girando sobre los pies y obligando al toro a dar la vuelta a su alrededor. *Tb n m.* ■ **2** Redondeado [2]. ■ **3** (*Impr*) Letra derecha, más o menos redondeada [2] y poco gruesa. *Tb n f.* ■ **4** [Cantidad numérica] que resulta de suprimir en otra las unidades de orden inferior. *Gralm en la constr* EN NÚMEROS ~S. ■ **5** [Cosa] perfecta o bien acabada. *Frec como predicat con vs como* SALIR *o* QUEDAR. ■ **6** Regular o sin desigualdades. *Dicho del funcionamiento de un motor.* **b)** (*Dep*) [Pedaleo] armónico y regular, que produce el máximo rendimiento. **c)** (*Dep*) [Ciclista] de pedaleo redondo. ■ **7** Claro o categórico. ■ **8** Desmayado o exánime. *Como predicat con* CAER(SE). ■ **9** (*Mar*) [Vela] cuadrilátera que se usa en las goletas y otras embarcaciones, con vientos largos y regulares. *Tb n f.* ■ **10** (*Mar*) [Viaje] de ida y vuelta de un puerto a otro, esp. sin escalas. ■ **11** (*jerg*) Bisexual. *Tb n.* ■ **12** [Coto] ~, [mesa] **redonda**, [punto] ~ → COTO, MESA, PUNTO.
II *n* A *m* **13** Parte inferior, de corte circular, del lomo de una res vacuna. ■ **14** Barra de hierro o acero de sección circular.
B *f* **15** (*Mús*) Nota del máximo valor. ■ **16** (*lit*) Alrededores.
III *loc adv* **17 a la redonda.** Alrededor. ■ **18 en ~.** Circularmente. *Normalmente con vs como* GIRAR *o* VIRAR. ■ **19 en ~.** Rotundamente. *Normalmente con los vs* AFIRMAR *o* NEGAR. ■ **20 por ~.** (*Mar*) Haciendo pasar la popa por la dirección del viento. *Con el v* VIRAR.

redondón *m* (*raro*) Figura redonda [1 y 2] grande.

redopelo. a ~. *loc adv* (*raro*) A contrapelo. *Tb fig.*

redor[1]. **en ~.** *loc adv* (*lit*) Alrededor. *Frec con un compl* DE.

redor[2] *m* (*reg*) Capacho de esparto con dos asas en que se pone a solear la uva.

redoso *m* (*Mar*) Abrigo o resguardo.

redox *adj invar* (*Quím*) [Reacción] reversible en que una sustancia sufre oxidación y la otra reducción.

redropelo. a ~. *loc adv* (*raro*) A contrapelo. *Tb fig.*

reducción *f* **1** Acción de reducir(se). **b)** ~ **al absurdo.** (*Filos*) Demostración de la verdad o falsedad de una proposición, por la imposibilidad de su contraria, o por la falsedad de sus consecuencias. ■ **2** (*hist*) *En la América colonial*: Pueblo de indios con cabildo propio, fundado por la Corona y con organización dirigida por misioneros.

reduccional *adj* (*E*) De (la) reducción [1].

reduccionismo *m* Tendencia a la reducción de elementos complejos a otros más simples.

reduccionista *adj* De(l) reduccionismo. **b)** Partidario del reduccionismo. *Tb n, referido a pers.*

reducibilidad *f* Cualidad de reducible.

reducible *adj* Que se puede reducir.

reducidamente *adv* De manera reducida [2].

reducido -da *adj* **1** *part* → REDUCIR. ■ **2** [Cosa] pequeña en tamaño, cantidad o importancia.

reducir (*conjug* 41) **A** *tr* **1** Hacer [algo o a alguien] más pequeño. *A veces con un compl* A. **b)** *pr* (~**se**) Hacerse [alguien o algo] más pequeño. *A veces con un compl* A. ■ **2** Transformar [una cosa (*cd*) en otra (*compl* A), esp. de menor valor, calidad o importancia]. **b)** *pr* (~**se**) Transformarse [una cosa en otra (*compl* A), esp. de menor valor, calidad o importancia]. ■ **3** (*Mec*) Poner [la marcha inmediatamente inferior]. *Frec abs y con un compl* A. ■ **4** Hacer que [una cosa (*cd*)] consista exclusivamente [en otra (*compl* A) de poca o menor entidad o importancia]. **b)** *pr* (~**se**) Consistir [una cosa (*suj*) en otra (*compl* A) de poca entidad o importancia]. ■ **5** (*Coc*) Disminuir y concentrar [un líquido (*cd*)] por evaporación. **b)** *pr* (~**se**) Disminuir y concentrarse [un líquido] por evaporación. ■ **6** (*Quím*) Hacer que [un cuerpo (*cd*)] pierda átomos de oxígeno u otros átomos, o grupos de átomos, electronegativos. **b)** *pr* (~**se**) Perder [un cuerpo] átomos de oxígeno u otros átomos, o grupos de átomos, electronegativos. ■ **7** Someter o dominar [a alguien o algo que ofrece resistencia]. **b)** Someter [a una situación no deseada (*compl* A) a una pers. o cosa]. ■ **8** (*Med*) Volver a la posición normal las partes [de una fractura, de una dislocación o de una hernia (*cd*)].

B *intr pr* (~**se**) **9** Centrar [alguien] la atención exclusivamente [en algo (*compl* A)]. ■ **10** (*raro*) Volver [alguien a un lugar].

reductasa *f* (*Biol*) Enzima que cataliza reacciones de reducción.

reductible *adj* Que se puede reducir.

reductivo -va *adj* Que reduce o sirve para reducir.

reducto *m* (*Mil*) Lugar fortificado y aislado. *Frec fig, fuera del ámbito militar.*

reductor -ra *adj* **1** Que reduce, *esp* [1 y 6]. *Tb n m, referido a agente o a aparato.* ■ **2** Relativo a la acción de reducir, *esp* [6].

redundancia *f* **1** Repetición innecesaria de un concepto. **b)** (*semiculto*) Repetición de una misma palabra o de otra de su misma familia. *Frec en la fórmula* VALGA LA ~. ■ **2** (*Ling*) Parte de un mensaje innecesaria para que este sea esencialmente completo.

redundante *adj* Que implica redundancia.

redundar *intr* Tener [una cosa (*suj*)] algo (*compl* EN)] como consecuencia.

reduplicación *f* Acción de reduplicar(se). *Tb su efecto.*

reduplicar *tr* **1** Duplicar o redoblar. **b)** *pr* (~**se**) Duplicarse o redoblarse. ■ **2** Repetir [algo, esp. una palabra].

reduplicativamente *adv* De manera reduplicativa.

reduplicativo -va *adj* Que reduplica o sirve para reduplicar. **b)** (*Filos*) [Proposición] en que uno de los términos se repite con la expresión *en tanto que*.

reedición *f* Acción de reeditar. *Tb su efecto. Tb fig.*

reedificación *f* Acción de reedificar.

reedificar *tr* Edificar de nuevo. *Tb fig.*

reeditar *tr* Editar de nuevo. *Tb fig.*

reeducación *f* Acción de reeducar.

reeducador -ra *adj* Que reeduca. *Tb n, referido a pers.*

reeducar *tr* Volver a educar. **b)** (*Med*) Enseñar [a un paciente (*cd*)] la práctica de actos o movimientos impedidos o dificultados por una enfermedad.

reeducativo -va *adj* Que reeduca o sirve para reeducar.

reelaboración *f* Acción de reelaborar.

reelaborar *tr* Elaborar de nuevo.

reelección *f* Acción de reelegir.

reelegible *adj* Que puede ser reelegido.

reelegir (*conjug* 62) *tr* Elegir de nuevo [a alguien].

reembarcar *tr e intr* Embarcar de nuevo.

reembarco *m* Acción de reembarcar.

reembolsable (*tb, raro,* **rembolsable**) *adj* Que se puede o debe reembolsar.

reembolsar (*tb, raro,* **rembolsar**) *tr* ➤ **a** *normal* **1** Devolver [a una pers (*ci*) una cantidad (*cd*) desembolsada por ella]. **b)** Devolver [a una pers. (*cd*)] una cantidad desembolsada por ella.

➤ **b** *pr* (~**se**) **2** Recuperar [alguien (*suj*)] una cantidad que había desembolsado (*cd*)].

reembolso (*tb, raro,* **rembolso**) **I** *m* **1** Acción de reembolsar(se).

II *loc adv* **2** **contra**, *o* **a**, ~. Para ser pagado en el momento de la entrega. *Con el v* ENVIAR. *Tb adj.*

reemisor *m* (*RTV*) Repetidor.

reemplazable (*tb, raro,* **remplazable**) *adj* Que se puede reemplazar.

reemplazamiento (*tb, raro,* **remplazamiento**) *m* Acción de reemplazar.

reemplazante (*tb, raro,* **remplazante**) *adj* Que reemplaza. *Tb n: m y f, referido a pers; m, referido a producto.*

reemplazar (*tb, raro,* **remplazar**) *tr* Sustituir [una pers. o cosa (*suj*) a otra (*cd*)]. *El cd siempre con* A, *excepto si es pron pers átono*. **b)** Sustituir [a una pers. o cosa (*cd*) por otra (*compl* CON *o* POR)]. *A veces se omite el 2º compl por consabido.*

reemplazo (*tb, raro,* **remplazo**) *m* **1** Acción de reemplazar. ■ **2** (*Mil*) Renovación parcial periódica de los soldados que cumplen el servicio militar. **b)** Conjunto de soldados que cumplen el servicio militar en un mismo período.

reemprender *tr* Continuar [una acción interrumpida (*cd*)].

reencarnación *f* **1** Acción de reencarnar(se). ■ **2** Ser en que ha tomado nueva forma corporal [otro ser (*compl de posesión*)]. *Tb sin compl.*

reencarnar *intr* Tomar [un ser, esp. humano] nueva forma corporal. *Frec pr* (**~se**). *Frec con un compl* EN.

reencontrar (*conjug* 4) *tr* Encontrar de nuevo. *Frec referido a cosas abstractas.*

reencuentro *m* Acción de reencontrar(se).

reenganchar *tr* **1** Alistar de nuevo [a un militar que ha cumplido su período de servicio]. *Gralm el cd es refl. Tb fig.* ■ **2** Enganchar de nuevo.

reenganche *m* Acción de reenganchar(se).

reentrada *f* Acción de reentrar.

reentrar *intr* Volver a entrar.

reenviar (*conjug* 1c) *tr* Enviar [algo o a alguien que se recibe o llega (*cd*), a otro lugar, esp. el de origen].

reenvidar *tr* (*Juegos*) Envidar sobre lo envidado. *Tb abs.*

reenvío *m* Acción de reenviar.

reenvite *m* (*Juegos*) Envite que se hace sobre otro.

reequipamiento *m* Acción de reequipar(se).

reequipar *tr* Volver a equipar.

reescribir (*tb, raro,* **rescribir**) (*conjug* 46) *tr* **1** Escribir de nuevo. ■ **2** (*Ling*) En gramática generativa: Convertir [un elemento] en otro u otros elementos.

reescritura (*tb, raro,* **rescritura**) *f* **1** Acción de reescribir [1]. *Tb su efecto.* ■ **2** (*Ling*) En gramática generativa: Conversión de un elemento en otro u otros. *Normalmente en el sintagma* REGLA DE ~.

reescritural (*tb, raro,* **rescritural**) *adj* (*Ling*) De (la) reescritura [2].

reestrenar *tr* **1** Volver a presentar [una obra cinematográfica, dramática o musical] pasado algún tiempo de su estreno. ■ **2** (*raro*) Estrenar por segunda vez.

reestreno **I** *m* **1** Acción de reestrenar. **II** *loc adj* **2 de ~.** [Sala de cine] que presenta películas inmediatamente después de retiradas del local de estreno.

reestructuración *f* Acción de reestructurar. *Tb su efecto.*

reestructurador -ra *adj* Que reestructura.

reestructurar *tr* Dar nueva estructura [a algo (*cd*)], o modificar la estructura [de algo (*cd*)].

reevaluación *f* Acción de reevaluar.

reevaluar (*conjug* 1d) *tr* Evaluar [algo] sobre nuevas bases.

reexamen *m* Acción de reexaminar.

reexaminar *tr* Volver a examinar.

reexpedición *f* Acción de reexpedir.

reexpedir (*conjug* 62) *tr* Expedir [algo que se recibe].

reexportación *f* Acción de reexportar.

reexportar *tr* Exportar [algo importado].

reexposición *f* (*Mús*) Vuelta a un tema precedente.

refacción *f* **1** (*lit*) Comida ligera que se toma para reparar fuerzas. ■ **2** (*Der*) Arreglo o reparación de algo dañado o estropeado. *Tb fig, fuera del ámbito técn.*

refaccionario -ria *adj* (*Der*) De (la) refacción [2].

refajo *m* (*hoy raro*) Falda interior de tela gruesa usada para abrigo.

refajona *adj* (*reg*) [Mujer] rústica que viste falda larga y refajo. *Tb n f.*

refanfinflar *tr* (*col, humoríst*) Dejar indiferente. *Normalmente en la constr* ME LA REFANFINFLA.

refección *f* Refacción [1 y 2].

refectorio *m* Comedor de un convento o de un seminario.

referencia **I** *f* **1** Acción de referir(se). *Tb su efecto.* ■ **2** En un escrito: Remisión. ■ **3** Informe sobre las aptitudes y cualidades [de una pers.]. *Normalmente en pl.* ■ **4** (*raro*) Información. **II** *loc adj* **5 de ~.** [Obra] de consulta. **III** *loc adv* **6 por ~(s).** De manera indirecta. *Con el v* CONOCER *u otro equivalente.* **IV** *loc prep* **7 con ~ a.** En relación con.

referenciable *adj* (*raro*) Que se puede referenciar.

referencial *adj* (*raro*) De (la) referencia [1].

referenciar (*conjug* 1a) *tr* (*raro*) Hacer referencia [1] [a algo (*cd*)]. *Gralm en part.*

referendario -ria *adj* De(l) referéndum.

referendo *m* Referéndum. *Gralm en pl.*

referéndum (*pl normal,* **~s** *o invar*) *m* Consulta al pueblo, mediante votación, de una ley o un acto administrativo, para su ratificación. *Tb fig.*

referente **I** *adj* **1** Que se refiere [3 y 4] [a alguien o algo]. **II** *m* **2** Término de referencia [1]. **b)** (*Ling*) Ser u objeto a que se refiere [4] el signo. **III** *loc prep* **3 ~ a.** Con referencia a o en relación con.

referibilidad *f* (*raro*) Cualidad de referible.

referible *adj* Que se puede referir [1, 2 y 3].

referido *m* (*Ling*) Referente [2b].

referir (*conjug* 60) **A** *tr* **1** Contar o narrar. **b)** Comunicar [algo] o dar noticia [de ello (*cd*)]. ■ **2** Poner [una cosa (*cd*)] en relación [con otra (*compl* A)]. *Frec en part.* **B** *intr pr* (**~se**) **3** Hablar o tratar [de alguien o algo (*compl* A)]. **b)** Citar o mencionar [a alguien o algo (*compl* A)]. *Frec en part.* **c)** Aludir [a alguien o algo]. ■ **4** Estar [una cosa] en relación [con alguien o algo (*compl* A)].

refilón. de ~. *loc adv* (*col*) **1** Oblicuamente. *Tb fig. Tb adj.* ■ **2** De pasada.

refilonazo *m* (*Taur*) Puyazo dado de pasada y no estando el toro fijo para la suerte.

refinación *f* Acción de refinar [1].

refinadamente *adv* De manera refinada[1] [2].

refinadera *f* (*hist*) Piedra larga y cilíndrica con que se labra el chocolate a mano después de hecha la mezcla.

refinado[1] -da **I** *adj* **1** *part* → REFINAR. ■ **2** Exquisito, o carente de tosquedad y vulgaridad. **II** *m* **3** Producto refinado [1].

refinado[2] *m* Acción de refinar, *esp* [1].

refinador -ra *adj* Que refina. *Tb n: m y f, referido a pers; f, referido a máquina.*

refinamiento *m* 1 Acción de refinar(se). ■ 2 Cualidad de refinado[1] [2]. ■ 3 Cosa que denota o implica refinamiento [2].

refinanciar (*conjug* 1a) *tr* (*Econ*) Financiar de nuevo [una deuda] sustituyendo los recursos utilizados por otros distintos.

refinar *tr* 1 Purificar [un producto] suprimiendo sus impurezas. **b)** Tratar [el petróleo o el gas natural] para eliminar sus impurezas y separar sus componentes. ■ 2 Pulir [algo o a alguien] perfeccionándolo o haciendo que pierda su tosquedad. **b)** *pr* (~se) Perfeccionarse [alguien o algo] o perder su tosquedad.

refinería *f* Instalación industrial para refinar [1] [un producto (*compl de posesión*)]. *Sin compl, frec designa la de petróleo.*

refinero -ra *adj* Que se dedica a la refinación o el refino. *Tb n: m y f, referido a pers; f, referido a fábrica o empresa.*

refino *m* Acción de refinar [1].

refitolear *tr* Curiosear.

refitolero -ra *adj* 1 Curioso o entrometido. ■ 2 Afectado o falto de naturalidad. **b)** [Pers.] redicha. ■ 3 Muy acicalado o compuesto. ■ 4 [Monje] encargado del refectorio. *Tb n.*

reflación *f* (*Econ*) Conjunto de acciones encaminadas a un aumento de la demanda y a una reanudación de la actividad económica y del empleo.

reflectante *adj* Que reflecta. *Tb n m, referido a dispositivo.*

reflectar *tr* (*E o lit*) Reflejar [1].

reflectómetro *m* (*E*) Aparato para medir la reflexión de un cuerpo.

reflector -ra I *adj* 1 Que refleja [1]. ■ 2 Relativo a la acción de reflejar [1]. ■ 3 (*Astron*) [Telescopio] cuyo objetivo es un espejo cóncavo. *Frec n m.* II *m* 4 Aparato empleado para reflejar ondas o radiaciones, esp. luminosas.

reflejamente *adv* (*E*) De manera refleja[2] [2 y 5].

reflejante *adj* 1 Que refleja. ■ 2 Relativo a la acción de reflejar.

reflejar *tr* 1 Desviar [una superficie (*suj*) las ondas o rayos que llegan a ella]. **b)** *pr* (~se) Desviarse [las ondas o rayos (*suj*)] al llegar a una superficie (*compl* EN). *Frec se omite el compl por consabido.* ■ 2 Devolver [una superficie brillante, esp. un espejo o el agua (*suj*), la imagen de alguien o algo (*cd*)]. **b)** *pr* (~se) Aparecer [la imagen de alguien o algo (*suj*) en una superficie brillante, esp. un espejo o el agua]. ■ 3 Mostrar o hacer patente [algo]. **b)** *pr* (~se) Mostrarse o hacerse patente [una cosa en otra].

reflejo[1] *m* 1 Acción de reflejar. ■ 2 Luz reflejada [1] por un objeto, a veces acompañada de una sensación de color. ■ 3 Imagen reflejada [2]. **b)** Cosa que es imagen [de otra anterior] o que presenta semejanza [con ella (*compl de posesión*)]. ■ 4 Cosa que refleja [3] [otra (*compl de posesión*)]. ■ 5 Cosmético que proporciona al cabello reflejos [1] de color.

reflejo[2] **-ja** *adj* 1 Reflejado. **b)** [Efecto, esp. dolor] que se percibe en un lugar distinto a aquel en que se produce. *Frec n m.* ■ 2 (*Fisiol*) [Cosa, esp. acto] que se produce involuntariamente como respuesta a un estímulo. *Frec n m, referido a acto.* ■ 3 (*Gram*) [Construcción pasiva] que se forma con el verbo en activa y el pronombre *se.* ■ 4 (*Gram*) Reflexivo [3]. ■ 5 (*Filos*) Reflexivo [2].

réflex *adj invar* [Visor fotográfico] que da una imagen de tamaño igual al del cliché. *Tb n m.* **b)** [Cámara] dotada de visor réflex. *Tb n f.*

reflexión *f* 1 Acción de reflexionar. *Tb su efecto.* ■ 2 Pensamiento que se expone a alguien para que reflexione sobre él antes de decidir. *Normalmente con el v* HACER. ■ 3 Acción de reflejar(se) [1]. *Tb su efecto.*

reflexionante *adj* (*lit, raro*) Que reflexiona. *Tb n, referido a pers.*

reflexionar *intr* Pensar detenidamente [sobre algo (*compl* SOBRE, *o, más raro,* EN)]. *Tb sin compl.*

reflexivamente *adv* De manera reflexiva [1b y 2].

reflexividad *f* (*raro*) Cualidad de reflexivo [1].

reflexivo -va *adj* 1 [Pers.] dada a la reflexión [1]. **b)** [Cosa] propia de la pers. reflexiva. ■ 2 [Cosa] hecha con reflexión [1]. ■ 3 (*Gram*) [Verbo u oración] que expresa una acción cuyo objeto designa la misma persona o cosa representada en el sujeto. **b)** [Pronombre] que, como complemento, representa a la misma persona o cosa designada por el sujeto de un verbo reflexivo. ■ 4 (*raro*) Reflectante.

reflexología *f* (*Med*) Estudio de los actos reflejos[2] [2].

reflexológico -ca *adj* (*Med*) De la reflexología.

reflexólogo -ga *m y f* (*Med*) Especialista en reflexología.

reflexoterapia *f* (*Med*) Utilización terapéutica de los reflejos condicionados.

reflorecer (*conjug* 11) *intr* Volver a florecer. *Tb fig.*

refloreciente *adj* Que reflorece.

reflorecimiento *m* Acción de reflorecer.

reflotación *f* Acción de reflotar.

reflotamiento *m* Acción de reflotar.

reflotar *tr* Poner de nuevo a flote [una embarcación sumergida o encallada]. **b)** Sacar a flote [una empresa en crisis].

refluir (*conjug* 48) *intr* 1 Retroceder o volver hacia atrás [un líquido]. ■ 2 Repercutir [sobre alguien o algo].

reflujo *m* 1 Movimiento de descenso de la marea. ■ 2 (*Med*) Retroceso de un líquido. *Frec con un adj especificador.*

refocilación *f* (*raro*) Acción de refocilar(se).

refocilamiento *m* Acción de refocilar(se).

refocilar *tr* Divertir o regocijar. *Gralm con intención peyorativa, denotando modo grosero o maligno.* **b)** *pr* (~se) Divertirse o regocijarse. *Normalmente con intención peyorativa.*

refocile *m* (*col*) Acción de refocilarse.

reforestación *f* Acción de reforestar.

reforestar – refrigerio
1518

reforestar *tr* Repoblar [un terreno] con plantas forestales.

reforma (*normalmente con mayúscula en acep 2*) **I** *f* **1** Acción de reformar. *Tb su efecto.* ■ **2** (*hist*) Movimiento religioso del s. XVI caracterizado por el propósito de reformar la Iglesia y del cual derivan las Iglesias protestantes.
II *loc adj* **3 de ~.** (*Der*) [Recurso] que se interpone para pedir a los jueces que reformen sus resoluciones, cuando estas no son sentencias.

reformable *adj* Que se puede o debe reformar.

reformación *f* (*raro*) Reforma [1].

reformado¹ -da *adj* **1** *part* → REFORMAR. ■ **2** [Iglesia o creyente cristiano] que sigue la Reforma protestante, esp. luterana. *Tb n, referido a pers.* ■ **3** [Religioso] perteneciente a una rama reformada de una orden (→ REFORMAR [1a]). *Tb n.*

reformado² *m* (*E*) Reforma [1].

reformador -ra *adj* **1** Que reforma. *Tb n, referido a pers.* ■ **2** De (la) reforma.

reformar *tr* Introducir cambios [en algo (*cd*)], esp. para corregir[lo] o mejorar[lo]. **b)** Cambiar, mejorándolo, el comportamiento [de alguien (*cd*)]. *Frec el cd es refl.*

reformatorio *m* Establecimiento en que son recluidos para su rehabilitación los delincuentes menores de edad.

reformismo *m* Doctrina o tendencia que preconiza reformas políticas, sociales o religiosas.

reformista *adj* De(l) reformismo. **b)** Partidario del reformismo. *Tb n.*

reforzado *m* Acción de reforzar.

reforzador -ra *adj* Que refuerza. *Tb n m, referido a producto.*

reforzamiento *m* Acción de reforzar(se).

reforzante *adj* Que refuerza. *Tb n m, referido a producto.*

reforzar (*conjug 4*) *tr* Dar más fuerza [a algo (*cd*)] o hacer[lo] más fuerte. **b)** *pr* (**~se**) Tomar más fuerza o hacerse más fuerte.

refracción *f* (*Fís*) Acción de refractar(se). *Tb su efecto.*

refractar *tr* (*Fís*) Hacer [un cuerpo (*suj*)] que cambie de dirección [un rayo u onda (*cd*)] que procede de un medio de distinta densidad]. **b)** *pr* (**~se**) Cambiar de dirección [un rayo u onda (*suj*)] al pasar a un medio de distinta densidad.

refractario -ria *adj* **1** [Material o cuerpo] que resiste, sin alteraciones notables, elevadas temperaturas. *Tb n m.* ■ **2** Reacio u opuesto [a algo]. *Tb sin compl.* ■ **3** (*Med*) Resistente o inmune [a una enfermedad].

refractividad *f* (*Fís*) Capacidad de producir refracción.

refractometría *f* (*Med*) Medición del índice de refracción ocular mediante el refractómetro.

refractómetro *m* (*Fís*) Instrumento para medir el índice de refracción.

refractor *adj* (*Astron*) [Telescopio] que consta de dos lentes. *Frec n m.*

refrán *m* **1** Dicho sentencioso de carácter popular y tradicional, breve y frec. en verso o con alguna rima. ■ **2** Estribillo.

refraneador -ra *adj* (*raro*) [Pers.] que refranea. *Tb n.*

refranear *intr* Decir refranes [1].

refranero -ra I *adj* **1** [Pers.] aficionada a decir refranes [1].
II *m* **2** Conjunto de los refranes [1]. **b)** Colección o recopilación de refranes.

refranesco -ca *adj* De(l) refrán [1].

refranista *m y f* Pers. aficionada a decir refranes [1].

refregar (*conjug 6*) *tr* **1** Volver a fregar. ■ **2** Refrotar. *Tb fig.*

refregón *m* Acción de refregar [2]. *Frec su efecto.*

refreír (*conjug 47*) *tr* **1** Volver a freír. ■ **2** Freír bien o mucho.

refrenado -da *adj* **1** *part* → REFRENAR. ■ **2** Que denota o implica freno o contención.

refrenar *tr* **1** Frenar y sujetar al caballo con el freno. **b)** Frenar o disminuir la velocidad [de alguien o algo (*cd*)]. ■ **2** Contener o reprimir.

refrendante *adj* (*raro*) Que refrenda. *Tb n.*

refrendar *tr* **1** Autorizar con la firma [un documento (*cd*) la pers. indicada para ello]. ■ **2** Ratificar o confirmar.

refrendario -ria *m y f* Pers. que refrenda.

refrendatario -ria *adj* De(l) referéndum.

refrendo *m* Acción de refrendar.

refrescador -ra *adj* Que refresca [1]. *Tb n m, referido a dispositivo o aparato.*

refrescamiento *m* Acción de refrescar(se), esp [4].

refrescante *adj* **1** Que refresca [1]. *Tb fig.* ■ **2** Relativo a la acción de refrescar.

refrescar A *tr* **1** Poner fresco o más fresco [a alguien o algo]. **b)** *pr* (**~se**) Ponerse fresco o más fresco [alguien o algo]. ■ **2** Actualizar o poner al día [la memoria o un recuerdo]. ■ **3** (*Mar*) Renovar [el agua o los víveres]. **b)** (*raro*) Renovar o rejuvenecer [algo].
B *intr* **4** Ponerse fresco [el tiempo]. *Tb como impers.* ■ **5** Ponerse [alguien] fresco, esp. bebiendo algo frío. ■ **6** (*Mar*) Hacerse más fuerte [el viento].

refresco I *m* **1** Bebida refrescante [1]. ■ **2** Agasajo en que se sirven bebidas y cosas de comer.
II *loc adj* **2 de ~.** Que se incorpora al trabajo o al servicio tras un descanso. *Tb adv.*

refriega *f* Lucha o enfrentamiento de poca importancia o con poca gente.

refrigeración *f* **1** Acción de refrigerar. *Tb su efecto.* ■ **2** Sistema de refrigeración [1].

refrigerador -ra I *adj* **1** Que refrigera. *Tb n, m o f, referido a aparato o máquina.*
II *n* **A** *m* **2** Nevera o frigorífico.
B *f* **3** (*raro*) Refrigerador [2].

refrigerante I *adj* **1** Que refrigera. *Tb n m, referido a agente o producto.*
II *m* **2** (*E*) Recipiente o dispositivo para refrigerar algo o para condensar vapores.

refrigerar *tr* Enfriar [algo] por procedimientos técnicos.

refrigerio *m* **1** Comida ligera. ■ **2** (*lit, raro*) Alivio o consuelo.

refringencia f (*Fís*) Cualidad de refringente.

refringente adj (*Fís*) Que produce refracción.

refritar tr (*col*) Hacer un refrito [3] [con algo (*cd*)].

refrito -ta I adj 1 part → REFREÍR.
II m 2 Condimento formado por aceite frito con otros ingredientes, esp. ajo, cebolla y tomate. ■ 3 (*col*) Obra, esp. literaria, hecha mezclando trozos de otras o dándoles nueva forma.

refrotar tr 1 Frotar repetida e intensamente. ■ 2 (*col*) Repetir o mostrar [a alguien] con insistencia [algo que le humilla o le ofende]. *Frec* ~ POR LAS NARICES, o POR LA CARA.

refuerzo m 1 Acción de reforzar(se). ■ 2 Cosa o pers. que refuerza o sirve para reforzar. **b)** (*Psicol*) Estímulo que aumenta la probabilidad de que un sujeto repita determinada respuesta.

refugiado -da I adj 1 part → REFUGIAR.
II m y f 2 Pers. que, a consecuencia de una guerra o una persecución política, vive en un país extranjero.

refugiar (*conjug* 1a) **A** tr 1 Dar refugio [1] [a alguien (*cd*)]. *Tb fig.*
B intr pr (**~se**) 2 Buscar o procurarse refugio [1] [en alguien o algo]. *A veces con un compl* DE *que expresa aquello contra lo que se desea protección. Tb fig.*

refugio m 1 Protección o amparo. ■ 2 Lugar apropiado para servir de protección. **b)** Zona de la calzada reservada a los peatones y protegida del tráfico. **c)** Construcción de montaña destinada a servir de alojamiento a caminantes o excursionistas. ■ 3 Pers. o cosa en que alguien encuentra protección.

refugo m (*reg*) Parte inservible del corcho, que se emplea para serrín.

refulgencia f (*lit*) Resplandor. *Tb fig.*

refulgente adj (*lit*) Que refulge.

refulgir intr (*lit*) Resplandecer. *Tb fig.*

refundación f Acción de refundar.

refundar tr Transformar radicalmente [una institución u organización, esp. un partido político] adaptándo[los] a las nuevas circunstancias.

refundición f Acción de refundir. **b)** Obra resultante de la refundición de otra.

refundidor -ra m y f Pers. que refunde.

refundir tr 1 Dar nueva forma [a un texto escrito (*cd*)]. ■ 2 Reunir [varias cosas en una]. *Tb sin el 2º compl.*

refunfuñador -ra adj Que refunfuña.

refunfuñante adj Que refunfuña.

refunfuñar **A** intr 1 Manifestar enojo o desagrado hablando entre dientes.
B tr 2 Decir entre dientes [algo] expresando enojo o desagrado.

refunfuño m Acción de refunfuñar. *Tb su efecto.*

refunfuñón -na adj [Pers.] que refunfuña mucho. **b)** Propio de la pers. refunfuñona.

refutación f Acción de refutar. *Tb su efecto.*

refutador -ra adj Que refuta. *Tb n, referido a pers.*

refutar tr Contradecir [algo dicho por otro] tratando de demostrar su falsedad.

regabina f (*reg*) Arado usado especialmente entre líneas o hileras.

regabinador m (*reg*) Operario que regabina.

regabinar tr (*reg*) Labrar con regabina.

regable adj Que se puede regar [1].

regacha f (*reg*) Reguera pequeña.

regada f Acción de regar, *esp* [1].

regadera f 1 Vasija portátil para regar [1], provista de un tubo con boca de orificios. **b)** (*col*) *Se usa frec en constrs de sent comparativo para ponderar la locura. Gralm* ESTAR COMO UNA ~. ■ 2 (*reg*) Reguera (cauce). ■ 3 (*Zool*) Esponja en forma de larga bocina, propia de los mares de Filipinas (*Euplectella aspergillum*). *Tb* ~ DE FILIPINAS.

regadío -a I adj 1 De(l) riego agrícola. ■ 2 de ~. [Tierra] que se puede regar [1].
II m 3 Tierra de labor que se puede regar [1]. ■ 4 Riego agrícola.

regado m Acción de regar [1].

regador -ra adj Que riega, *esp* [1]. *Tb n, m o f, referido a pers o a máquina o aparato.*

regadura f Acción de regar [1].

regajal m (*reg*) Regato.

regajo m 1 Charco que se forma de un arroyo. ■ 2 Arroyo pequeño.

regal m Órgano portátil propio de los ss. XVI y XVII.

regala f (*Mar*) Tabla que constituye el remate superior de la borda de una embarcación.

regaladamente adv De manera regalada [2].

regalado -da adj 1 part → REGALAR. ■ 2 Placentero o grato. **b)** Delicado o exquisito. ■ 3 (*col*) Muy barato.

regalar tr 1 Dar [algo] gratuitamente, esp. en señal de afecto o de simpatía. *Frec fig.* **b)** Vender [algo] muy barato. ■ 2 Halagar [los sentidos, esp. el oído]. **b)** ~ los oídos → OÍDO. ■ 3 Agasajar [a alguien].

regalgo -ga m y f (*reg*) Perro mixto de podenco y galgo. *Tb adj.*

regalía f 1 Derecho privativo de la corona. **b)** (*hist*) Prerrogativa real en asuntos de índole religiosa. ■ 2 Participación en los ingresos o cantidad fija que se paga al propietario de un derecho por el permiso de usarlo. ■ 3 ~ de aposento. (*hist*) Tributo pagado por el dueño de una casa en la corte, por la exención del alojamiento debido a la servidumbre de la casa real y a las tropas.

regalicia f (*reg*) Regaliz (planta).

regalismo m (*hist*) Tendencia o doctrina que defiende las regalías [1b].

regalista adj (*hist*) De las regalías [1b]. **b)** Partidario de las regalías. *Tb n, referido a pers.*

regaliz m Planta herbácea, de alrededor de 1 m de altura, hojas compuestas de hojillas elípticas, y flores pequeñas azuladas, en racimos axilares, y cuyos rizomas contienen un jugo usado en farmacia (*Glycyrrhiza glabra*). **b)** Extracto de rizoma de regaliz, esp. en forma de pastillas o de barras, que toman los niños como golosina.

regalo m 1 Cosa que se regala [1a]. **b)** (*col*) Cosa muy barata. ■ 2 Cosa que regala [2]. **b)** Conjunto de comodidades y placeres que rodean a una pers. ■ 3 Acción de regalar. ■ 4 (*lit*) Gusto o placer.

regalón -na *adj* [Pers.] que vive con mucho regalo [2b]. **b)** Propio de la pers. regalona.

regante *adj* Que riega [1]. *Tb n, referido a pers.*

regañadientes. a ~. *loc adv* Con disgusto o de mala gana.

regañado -da I *adj* 1 *part →* REGAÑAR. ■ 2 [Ojo o boca] que tiene un frunce que le impide cerrarse por completo. ■ 3 [Pan o ciruela] que se abre al llegar a su punto.
II *f* 4 (*reg*) Torta de pan muy delgada y recocida.

regañar A *tr* 1 Reñir o reprender [a alguien]. ■ 2 Enseñar [el perro los dientes] en señal de amenaza.
B *intr* 3 Reñir o pelearse [con alguien]. *Tb sin compl, con suj pl.*

regañina *f* Acción de regañar [1].

regaño *m* (*raro*) Acción de regañar [1].

regañón -na *adj* 1 [Pers.] que regaña [1] mucho. **b)** Propio de la pers. regañona. ■ 2 [Viento] del noroeste. *Tb n m.*

regar (*conjug* 6) *tr* 1 Esparcir agua [sobre algo (*cd*), esp. el suelo o las plantas]. ■ 2 Proporcionar agua [un río o algo similar (*suj*) a una zona (*cd*)]. **b)** Proporcionar sangre [una vena (*suj*) a una parte del cuerpo (*cd*)]. ■ 3 Esparcir [un líquido (*compl* CON) sobre algo (*cd*)]. **b)** Acompañar [una comida (*cd*) con una bebida]. ■ 4 Esparcir [algo (*compl* DE *o* CON) por un lugar (*cd*)]. *Tb fig. Tb sin el primer compl por consabido.* **b)** Esparcir o desparramar [algo].

regasificación *f* (*Quím*) Acción de regasificar.

regasificador -ra *adj* (*Quím*) Que regasifica.

regasificar *tr* (*Quím*) Volver al estado gaseoso [un producto petrolero que ha sido licuado].

regata[1] *f* Carrera entre varias embarcaciones ligeras. **b)** Carrera entre varios aparatos aeronáuticos.

regata[2] *f* (*reg*) Regato.

regate *m* Movimiento rápido para esquivar algo o a alguien. *Tb fig. Frec en deportes, esp fútbol.*

regateador -ra *adj* Que regatea[1]. *Tb n, referido a pers.*

regatear[1] A *tr* 1 Discutir [el vendedor y esp. el comprador el precio (*cd*) de algo]. *Frec abs.* ■ 2 Escatimar. *Frec en constr negat.* ■ 3 Hacer regates [a alguien o algo (*cd*)].
B *intr* 4 Hacer uno o más regates.

regatear[2] *intr* Competir en una regata[1].

regateo[1] *m* Acción de regatear[1].

regateo[2] *m* Acción de regatear[2].

regatero -ra *m y f* (*hist*) Regatón[2].

regatista *m y f* Pers. participante en una regata[1].

regato *m* 1 Arroyo. ■ 2 Reguera.

regatón[1] *m* Pieza de hierro, gralm. en forma de gancho o punta, que cubre el extremo de un bastón, una lanza u otro objeto similar.

regatón[2] **-na** *m y f* (*hist*) Pers. que vende al por menor comestibles comprados por junto. *Tb adj.*

regazo *m* Hueco que forma entre la cintura y las rodillas la falda de una mujer sentada. *Tb la parte del cuerpo correspondiente.* **b)** (*lit*) Lugar de refugio y consuelo.

regencia *f* 1 Gobierno de un regente o de un conjunto de regentes [1]. *Tb el tiempo que dura.* **b)** Conjunto de perss. que ejercen conjuntamente la regencia. ■ 2 Cargo de regente [1 y 2]. ■ 3 (*raro*) Acción de regir o gobernar.

regeneración *f* Acción de regenerar(se).

regeneracionismo *m* Tendencia ideológica que fija su atención en las realidades concretas de la vida nacional, para actuar eficazmente sobre ellas. *Normalmente designa el preconizado a fines del s XIX por Joaquín Costa.*

regeneracionista *adj* De(l) regeneracionismo. **b)** Partidario del regeneracionismo. *Tb n.*

regenerado -da I *adj* 1 *part →* REGENERAR.
II *m* 2 Materia regenerada (*→* REGENERAR [3]).

regenerador -ra *adj* Que regenera. *Tb n: m y f, referido a pers; m, referido a producto.*

regenerante *adj* Que regenera, *esp* [1].

regenerar *tr* 1 Dar nuevo ser [a algo destruido o degenerado]. **b)** *pr* (*~se*) Tomar nuevo ser [algo destruido o degenerado]. ■ 2 Hacer que [alguien (*cd*)] vuelva al camino recto o recobre las cualidades perdidas. **b)** *pr* (*~se*) Volver [alguien] al camino recto o recobrar las cualidades perdidas. ■ 3 Tratar [una materia usada] para que pueda servir de nuevo. ■ 4 (*Quím*) Restituir o formar de nuevo [algo].

regenerativo -va *adj* De (la) regeneración o que sirve para la regeneración.

regentar *tr* 1 Actuar como regente [1 y 2] [de algo (*cd*)]. ■ 2 Estar al frente [de un centro o de un puesto docente].

regente -ta (*la forma f* REGENTA, *solo en acep 8*) A *m y f* 1 Pers. que, designada para ello, gobierna una monarquía durante la menor edad, ausencia o incapacidad del soberano. ■ 2 *En determinados negocios, esp una imprenta o farmacia:* Pers. que, sin ser propietaria, está al frente de las operaciones. ■ 3 (*raro*) Pers. o cosa que rige [1]. ■ 4 (*hist*) Pers. que dirige una escuela aneja a la Escuela Normal de magisterio.
B *m* 5 *En algunos conventos:* Religioso que dirige los estudios. *Tb ~ DE ESTUDIOS.* ■ 6 (*Gram*) Término que rige [2]. *Tb adj.* ■ 7 (*hist*) Magistrado que preside una audiencia territorial.
C *f* 8 (*hist*) Mujer del regente [7].

reggae (*ing; pronunc corriente,* /ɾégei/) *m* Música popular de origen jamaicano, de ritmo muy marcado, y que combina elementos indígenas con el rock y el soul. *Tb adj.*

regiamente *adv* De manera regia [2].

regicida *adj* 1 Que comete regicidio. *Tb n, referido a pers.* ■ 2 (*raro*) De(l) regicidio o de(l) regicida [1].

regicidio *m* Acción de matar o intentar matar a un rey o soberano.

regidor -ra I *adj* 1 Que rige [1]. *Tb n, referido a pers.*
II *n* A *m y f* 2 (*Escén*) Pers. responsable del orden en escena y del cumplimiento de las instrucciones del director.
B *m* 3 (*hist*) Miembro de un cabildo municipal.

regidorato *m* (*hist*) Cargo de regidor [3].

regiduría *f* 1 Dirección o gobierno. ■ 2 (*hist*) Cargo de regidor [3].

régimen (*pl,* REGÍMENES. *Frec con mayúscula en acep 1b y c*) *m* 1 Sistema por el que se rige [1a] un Estado. **b)** *Durante la dictadura de Franco (1939-*

1975): Régimen de Franco. **c) antiguo ~.** (*hist*) Monarquía absoluta. *Tb fig, después de 1975, referido al régimen de Franco.* ■ **2** Sistema por el que se rige [1a y 5a] una actividad o una institución. *Normalmente con un compl especificador.* **b)** Conjunto de normas alimenticias o de higiene para conservar o recobrar la salud. **c)** Dieta (alimentación metódica basada en el uso exclusivo de determinados alimentos o en la exclusión de otros, gralm. con fines médicos o de control de peso). ■ **3** Conjunto de condiciones generales que caracterizan determinados fenómenos meteorológicos o hidrográficos. ■ **4** (*Mec*) Velocidad de rotación de un motor. **b)** Ritmo permanente de funcionamiento de una máquina o instalación. ■ **5** (*Fís*) Modo de circular un fluido por un conducto. ■ **6** (*Gram*) Término regido [2] [por otro (*compl de posesión*)]. **b)** Rección.

regimentación *f* Acción de regimentar.

regimental *adj* **1** De(l) regimiento [1a]. *Tb n, referido a pers.* ■ **2** (*raro*) De(l) régimen [2].

regimentar *tr* Someter [algo (*cd*)] a régimen [2].

regimiento *m* **1** Cuerpo de tropa bajo la dirección de un coronel. **b)** (*col*) Conjunto numeroso de perss. ■ **2** Acción de regir(se) [1 y 5].

regio -gia *adj* **1** De(l) rey o de la realeza. **b)** *En determinados edificios:* [Salón] destinado a grandes ceremonias. ■ **2** [Cosa] suntuosa o magnífica. ■ **3** [Agua] **regia** → AGUA.

regiomontano -na *adj* De Monterrey (Méjico). *Tb n, referido a pers.*

región *f* **1** Porción de territorio relativamente amplia y caracterizada por determinadas circunstancias, esp. geográficas, históricas o económicas. ■ **2** Parte de las que se establecen en el territorio nacional a efectos militares. *Gralm con los adjs* MILITAR, AÉREA *o* MARÍTIMA. ■ **3** Parte o zona [del cuerpo]. *Gralm con un adj especificador.* ■ **4** Ámbito o esfera.

regional *adj* De (la) región [1 y 2].

regionalidad *f* (*raro*) Condición de regional.

regionalismo *m* **1** Doctrina o tendencia que preconiza una atención especial a lo regional. ■ **2** Palabra o rasgo idiomático propios de una región [1].

regionalista *adj* De(l) regionalismo [1]. **b)** Adepto al regionalismo. *Tb n.*

regionalización *f* Acción de regionalizar.

regionalizar *tr* Transferir [algo] a la administración o gobierno regional.

regionalmente *adv* **1** De manera regional. ■ **2** Desde el punto de vista regional.

regir (*conjug 62*) **A** *tr* **1** Dirigir o gobernar. **b)** Establecer [una ley (*suj*)] la norma que debe seguir [en algo (*cd*)]. ■ **2** (*Gram*) Exigir [un término (*suj*)] la presencia [de otro (*cd*)].
B *intr* ➤ a *normal* **3** Estar en vigor. ■ **4** Funcionar [un mecanismo o un organismo]. *Frec referido a la mente.*
➤ **b** *pr* (**~se**) **5** Tener por norma o guía [algo (*compl* POR)]. **b)** Estar [un asunto] sujeto [a determinada ley o norma (*compl* POR)].

regista *m y f* (*Escén, raro*) Director.

registrabilidad *f* Condición de registrable.

registrable *adj* Que se puede registrar.

registración *f* (*Mús*) Selección de los registros² [1b] que deben emplearse en la ejecución de una obra para órgano.

registrador -ra **I** *adj* **1** Que registra. **b)** *Esp:* [Aparato] que anota automáticamente las indicaciones variables de su función. *Tb n: f, referido a caja* (→ CAJA); *m, referido a aparato.*
II *m y f* **2** Pers. encargada de un registro¹ [3] público. *Con un compl especificador.* **b)** *Sin compl:* Registrador de la propiedad.

registral *adj* De(l) registro¹ [2].

registralmente *adv* De manera registral.

registrar *tr* **1** Examinar [algo o a alguien] para buscar algo oculto. *Tb abs.* ■ **2** Inscribir [algo o a alguien] en un registro¹ [2]. *A veces el cd es refl con sent factitivo.* ■ **3** Recoger o constatar [algo] por escrito o gráficamente. ■ **4** Marcar [un aparato o instalación (*suj*) datos propios de su función]. ■ **5** Grabar [imágenes o sonidos] mecánicamente. ■ **6** Percibir o conocer [algo] y tomar nota [de ello (*cd*)]. *Frec en forma pasiva.* ■ **7** (*raro*) Poner un registro¹ [7] entre las hojas [de un libro (*cd*)]. ■ **8** (**a mí**) **que me registren.** (*col*) *Fórmula con que alguien alega falta de conocimiento o de responsabilidad respecto a aquello de que se habla.* * *–¿Alguien ha cogido mi libro? –A mí que me registren.*

registro¹ *m* **1** Acción de registrar. *Tb su efecto.* ■ **2** Libro destinado a que en él se anoten nombres o datos de los que debe quedar constancia. *Frec con un compl especificador:* CIVIL, DE LA PROPIEDAD, MERCANTIL, *etc.* ■ **3** Oficina en que se registra [2]. ■ **4** Cargo o función de registrador [2]. ■ **5** Abertura que permite examinar o reparar una conducción subterránea o empotrada. ■ **6** Llave o válvula para regular el tiro de una chimenea o la circulación de un fluido por un conducto. ■ **7** Cinta, unida a la encuadernación de un libro, que sirve para señalar la página en la que se debe iniciar o continuar la lectura. *A veces tb se da este n a otros objetos usados con la misma función.* ■ **8** (*Mar*) Tonelaje o arqueo. ■ **9** (*Informát*) Estructura digital destinada a almacenar información y a restituirla bajo determinadas condiciones.

registro² *m* **1** (*Mús*) Sección de timbre y calidad similares, de aquellas en que se divide la extensión de la voz humana o de un instrumento. *Tb fig, fuera del ámbito musical.* **b)** *En el órgano:* Serie de tubos que producen sonidos de timbre y calidad similares. *Tb el mecanismo que los incorpora a la acción musical.* ■ **2** Modo de comportamiento o de expresión escogido entre los varios de que se dispone. *Frec en constrs como* CAMBIAR DE ~, SACAR tal ~, SALIR POR tal ~, *o* TOCAR tal ~. **b)** (*Ling*) Forma de expresarse condicionada por la situación en que se produce el acto lingüístico. ■ **3** (*jerg*) Sistema de robo. *Frec con el v* TOCAR.

regla **I** *n* **A** *f* **1** Utensilio en forma de listón o barrita alargada, empleado esp. para trazar rectas o tomar medidas. **b)** **~ de cálculo.** Utensilio de cálculo constituido por dos reglas con graduación logarítmica que se desplazan una sobre otra. ■ **2** Norma (principio o fórmula que determina cómo debe hacerse una cosa o cómo debe suceder). **b)** **las ~s del juego.** Los usos a los que hay que someterse cuando se participa en determinada actividad. ■ **3** Conjunto de normas que rigen una orden religiosa. ■ **4** Moderación o medida. ■ **5** Fórmula o procedimiento que permite solucionar un problema o hacer un cálculo. *Esp en matemáticas. Gralm con un compl* *especificador:* DE TRES, DE INTERÉS, DE COMPAÑÍA, *etc* (→ TRES, INTERÉS, COMPAÑÍA). **b) ~ de tres.** Manera de razonar. *Gralm en las constrs* POR ESA ~ DE TRES *o* ¿POR QUÉ ~ DE TRES?, *para criticar falta de lógica o de justificación.* * ¿Por qué regla de tres tu caso es distinto? **c) las cuatro ~s.** Las cuatro operaciones aritméticas fundamentales: suma, resta, multiplicación y división. **d) ~ de oro.** Procedimiento o norma de actuación de la máxima validez [para algo (*compl* DE *o* PARA)]. ■ **6** Menstruación.

B *m y f* **7** (*reg*) Pers. que dirige un coro o un grupo teatral.

II *loc adj* **8 en** (**toda**) **~.** Acorde con las reglas [2]. **b) en ~.** Acorde con la ley. *Tb adv.*

III *loc adv* **9 por ~ general.** En la mayoría de los casos.

reglado -da *adj* **1** *part* → REGLAR[1]. ■ **2** Que se ajusta a una regla [2].

reglaje *f* Acción de reglar[1] [2]. *Tb su efecto.*

reglamentación *f* **1** Acción de reglamentar. ■ **2** Reglamento [1], o conjunto de reglas [2].

reglamentador -ra *adj* Que reglamenta. *Tb n, referido a pers.*

reglamentar *tr* Someter [algo] a reglamento [1].

reglamentariamente *adv* De manera reglamentaria.

reglamentario -ria *adj* Que se ajusta al reglamento [1] o está establecido en él.

reglamentarismo *m* Tendencia a reglamentarlo todo.

reglamentista *adj* [Pers.] que busca el cumplimiento estricto del reglamento [1].

reglamento **I** *m* **1** Conjunto de reglas [2] dadas por la autoridad competente para regir un organismo, una actividad o la aplicación de una ley. **II** *loc adj* **2 de ~.** Reglamentario.

reglar[1] **A** *tr* **1** Someter [algo] a regla(s) [2]. ■ **2** (*Mec*) Ajustar o reajustar [un mecanismo] para mantenerlo en perfecto funcionamiento o en la posición adecuada.

B *intr* **3** (*reg*) Tener la regla [6] [una mujer].

reglar[2] *adj* (*raro*) De (la) regla [3] o de una orden religiosa.

reglazo *m* **1** Golpe dado con una regla [1]. ■ **2** (*col*) Regla [6] muy abundante.

regleta *f* **1** (*Impr*) Lámina o plancha de metal que sirve para espaciar las líneas de un texto. ■ **2** (*Electr*) Soporte aislante sobre el que se colocan uno o más componentes de un circuito.

regletear *tr* (*Impr*) Espaciar [líneas o texto] con regletas [1].

regloscopio *m* (*Mec*) Aparato para comprobar el reglaje de los faros.

regnícola *adj* De(l) reino. *Tb n, referido a pers.*

regocijadamente *adv* De manera regocijada [2].

regocijado -da *adj* **1** *part* → REGOCIJAR. ■ **2** Que denota o implica regocijo [1].

regocijante *adj* Que regocija [1a].

regocijar *tr* Causar regocijo [1] [a alguien (*cd*)]. **b)** *pr* (**~se**) Sentir regocijo.

regocijo *m* **1** Júbilo o alegría. ■ **2** (*lit*) Fiesta o festejo. *Frec* → PÚBLICO.

regodeado -da *adj* **1** *part* → REGODEARSE. ■ **2** Que denota o implica regodeo.

regodearse *intr pr* Deleitarse o complacerse [con algo (*compl* EN *o* CON)]. *Frec con intención peyorativa, denotando modo grosero o maligno.*

regodeo *m* Acción de regodearse.

regojo *m* (*raro*) Trozo de pan que queda sobrante del que se ha partido para comer.

regola *f* (*reg*) Canal de riego.

regoldador -ra *adj* (*pop, raro*) Que hace regoldar.

regoldano -na *adj* [Castaño o castaña] silvestre.

regoldar (*conjug* 4) *intr* (*pop*) Eructar.

regoldo *m* Castaño silvestre.

regolfo *m* Lugar en que se remansa el agua.

regomello (*tb* **regomeyo**) *m* (*reg*) Malestar físico.

regordete -ta *adj* (*col*) Pequeño y algo gordo.

regordido -da (*frec en la forma pop* **regordío**) *adj* (*Taur*) [Res] excesivamente gorda.

regosto *m* (*raro*) **1** Deseo de repetir algo que proporciona gusto o placer. ■ **2** Regusto [2].

regraciar (*conjug* **1a**) *tr* (*raro*) Dar las gracias [a alguien (*cd*)].

regresar **A** *intr* **1** Ir de nuevo [alguien o algo (*suj*)] a un lugar del que ha salido]. *Tb fig. Frec se omite el compl por consabido. A veces con un compl de lugar que expresa origen.*

B *tr* **2** (*raro*) Hacer que [alguien (*cd*)] regrese [1].

regresión *f* (*lit o* E) Acción de ir hacia atrás. *Gralm fig.* **b)** (*Geol*) Retroceso de las aguas o del hielo, abandonando las tierras que cubrían. **c)** (*Biol*) Retorno a una fase anterior de evolución. **d)** (*Ling*) Creación de un nuevo término a partir de otro considerado erróneamente como derivado.

regresismo *m* (*Pol*) Tendencia a la regresión [1a].

regresista *adj* (*Pol*) Partidario de la regresión [1a].

regresivamente *adv* De manera regresiva.

regresividad *f* Cualidad de regresivo.

regresivo -va *adj* **1** De (la) regresión o que la implica. **b)** (*Ling*) [Término] derivado por regresión [1d]. *Tb n m.* ■ **2** (*Pol*) [Cosa] que no es progresiva o que se opone al progreso. **b)** (*Econ*) [Impuesto o sistema impositivo] que grava más las rentas pequeñas.

regreso *m* Acción de regresar.

regruesador -ra *adj* (*Carpint*) [Máquina o aparato] que sirve para dar el grueso debido a las tablas. *Tb n f.*

regüeldo *m* (*pop*) Acción de regoldar.

reguera *f* **1** Cauce pequeño para conducir el agua, esp. de riego. ■ **2** Reguero [1a].

regueral *m* (*reg*) Reguera [1].

reguero *m* **1** Hilo [de agua u otro líquido]. **b)** Hilo [de algo que se vierte]. *Tb fig.* **c) ~ de pólvora.** *Se usa como término de comparación para ponderar la rapidez. Normalmente con los vs* CORRER *o* EXTENDERSE. * La noticia corrió como reguero de pólvora. ■ **2** Reguera [1]. *Tb fig.*

reguerón *m* (*reg*) Reguera [1], esp. grande.

regulable *adj* Que se puede regular[2].

regulación *f* Acción de regular².

regulador -ra *adj* Que regula. *Tb n: m y f, referido a pers; m, referido a dispositivo o sistema.*

regular¹ I *adj* **1** Que se ajusta a una regla [2] establecida. **b)** Que se ajusta a la regla general. ∎ **2** Uniforme o que no tiene variaciones sensibles. **b)** Que se realiza a intervalos uniformes. ∎ **3** Mediano o corriente. *A veces con intención eufemística o irónica.* ∎ **4** (*Geom*) [Polígono o poliedro] cuyos ángulos y lados o caras son iguales. ∎ **5** (*Mineral*) Cúbico. ∎ **6** (*Bot*) Simétrico con relación a un eje. ∎ **7** Que pertenece a una orden religiosa. *Tb n, referido a pers.*
II *m* **8** (*hist*) *En pl:* Fuerzas militares españolas de infantería o caballería organizadas para prestar servicio en Marruecos.
III *adv* **9** De manera regular [3]. ∎ **10 por lo ~.** General o habitualmente.

regular² *tr* **1** Someter [algo] a regla [2], ajustándo[lo] a un ritmo o intensidad adecuados, deseados o uniformes. ∎ **2** Establecer las reglas [2] [de algo (*cd*)]. ∎ **3** Reducir [una plantilla de empleados] para ajustarla a las necesidades de la empresa.

regularidad *f* Cualidad de regular¹, *esp* [2].

regularización *f* Acción de regularizar(se). **b)** (*Econ*) Sustitución de un título antiguo por uno nuevo.

regularizador -ra *adj* Que regulariza.

regularizar *tr* Hacer regular¹ [1 y esp. 2] [algo (*cd*)]. *Tb abs.* **b)** *pr* (*~se*) Hacerse regular [algo].

regularmente *adv* De manera regular¹ [1, 2 y 3].

regulativo -va *adj* Que regula o sirve para regular.

regulín *adv* (*col*) Regular¹ [9]. *Tb adj. Frec ~*, REGULÁN.

régulo *m* Soberano de un país pequeño.

regurgitación *f* (*Fisiol*) Acción de regurgitar.

regurgitar *tr* (*Fisiol*) Volver [alguien alimentos] del estómago o del esófago a la boca, sin esfuerzo de vómito. *Tb abs.*

regusto *m* **1** Sabor que queda tras ingerir un alimento o bebida, distinto de su sabor natural. **b)** Gusto o sabor. ∎ **2** Sabor (cualidad peculiar que produce impresión en el ánimo). *Gralm con un adj o compl especificador.* **b)** Sabor (cualidad que evoca o recuerda). *Gralm con un adj o compl especificador.* ∎ **3** Placer o complacencia.

rehabilitación *f* Acción de rehabilitar. **b)** (*Med*) Conjunto de prácticas destinadas a recuperar una actividad o función perdida o disminuida.

rehabilitador -ra *adj* Que rehabilita. *Tb n, referido a pers.* **b)** Especialista en rehabilitación [1b]. *Tb n.*

rehabilitar *tr* Restituir a su estado anterior [a alguien o algo (*cd*)]. **b)** *Esp:* Restituir a la estimación pública [a una pers., su nombre o su memoria (*cd*)]. **c)** Volver a poner en condiciones de uso o de habitabilidad [un edificio antiguo].

rehacer (*conjug 16*) **A** *tr* **1** Volver a hacer.
B *intr pr* (*~se*) **2** Recuperarse.

rehala *f* Jauría o agrupación de perros de caza mayor.

rehalero *m* Hombre que dirige una rehala.

rehén *m y f* Pers. a la que se retiene como garantía del cumplimiento de una promesa o como elemento de presión en una negociación.

rehidratación *f* (*E*) Acción de rehidratar.

rehidratante *adj* (*E*) Que rehidrata.

rehidratar *tr* (*E, esp Med*) Reponer [en un cuerpo, organismo o tejido (*cd*)] el agua perdida. *Tb abs.*

rehilado -da *adj* **1** *part* → REHILAR. ∎ **2** (*Fon*) Rehilante.

rehilamiento *m* (*Fon*) Vibración que se produce en el punto de articulación de algunas consonantes y que suma su sonoridad a la originada por la vibración de las cuerdas vocales.

rehilante *adj* (*Fon*) [Consonante o articulación] que tiene rehilamiento.

rehilar (*conjug 1f*) **A** *tr* **1** (*Fon*) Hacer rehilante [una consonante]. **b)** *pr* (*~se*) Hacerse rehilante [una consonante].
B *intr* **2** (*lit, raro*) Temblar o agitarse [alguien o algo].

rehilete *m* (*Taur*) Banderilla.

rehiletero *m* (*Taur*) Banderillero.

rehilón -na *adj* (*raro*) Tembloroso.

rehogado *m* Acción de rehogar.

rehogar *tr* (*Coc*) Freír [algo] a fuego lento antes de añadirle el agua o caldo.

rehostia. la ~. *f* (*vulg*) El colmo. *Gralm como predicat con* SER, *referido a pers o cosa.*

rehoya *f* Hoyo o barranco profundo.

rehuible *adj* Digno de ser rehuido.

rehuir (*conjug 48*) *tr* Procurar evitar [algo o a alguien]. **b)** ~ **el bulto** → BULTO.

rehundido¹ -da *adj* **1** *part* → REHUNDIR. ∎ **2** Que presenta una depresión o concavidad.

rehundido² *m* Acción de rehundir. *Tb su efecto.*

rehundimiento *m* Acción de rehundir(se).

rehundir *tr* **1** Producir una depresión o concavidad [en algo (*cd*)]. **b)** *pr* (*~se*) Producirse una depresión o concavidad [en algo (*suj*)]. ∎ **2** Hundir o sumergir.

rehúsa *f* (*raro*) Acción de rehusar.

rehusar (*conjug 1f*) **A** *tr* **1** Rechazar o no aceptar [algo]. ∎ **2** Negar [a alguien algo que pide o a lo que tiene derecho].
B *intr* **3** (*semiculto*) Negarse [a algo]. *Frec pr* (*~se*).

rehúso *m* Acción de rehusar.

reich (*al; pronunc corriente, /r̄áiĉ/*) *m* Imperio alemán. *Normalmente referido al III Reich o estado nacionalsocialista (1933-1945).*

reichsmark (*al; pronunc corriente, /r̄áiĉmark/*) *m* (*hist*) Unidad monetaria alemana entre 1924 y 1948.

reidor -ra *adj* **1** [Pers.] que ríe con facilidad o con frecuencia. **b)** Propio de la pers. reidora. ∎ **2** [Gaviota] **reidora** → GAVIOTA.

reificación *f* (*Filos*) Acción de reificar.

reificador -ra *adj* (*Filos*) Que reifica.

reificar *tr* (*Filos*) Cosificar. **b)** *pr* (*~se*) Cosificarse.

reimplantación *f* (*Med*) Acción de reimplantar.

reimplantar *tr* (*Med*) Volver a colocar en su lugar [un órgano que había sido arrancado de él].

reimplante *m* (*Med*) Acción de reimplantar.

reimpresión *f* **1** Acción de reimprimir. *Tb su efecto.* ■ **2** Conjunto de ejemplares que se hacen en una reimpresión [1].

reimprimir (*conjug* **49**) *tr* Imprimir de nuevo [un texto] tal como fue impreso anteriormente, sin variaciones. **b)** Hacer nueva tirada de una edición [de un libro (*cd*)], aprovechando los mismos moldes de esta.

reina → REY.

reinado *m* **1** Ejercicio de la dignidad real. *Frec el tiempo que dura.* ■ **2** Predominio o preeminencia [de alguien o algo]. *Tb el tiempo que dura.*

reinal *m* Cuerda de cáñamo compuesta de dos ramales retorcidos.

reinante *adj* Que reina.

reinar *intr* **1** Ejercer [alguien] la función de monarca. ■ **2** Tener [una pers. o cosa] predominio o preeminencia. ■ **3** Existir [algo] de una manera prolongada o general.

reincidencia *f* Acción de reincidir.

reincidente *adj* Que reincide. *Tb n, referido a pers.*

reincidir *intr* Volver a incurrir [en un error, falta o delito]. *Tb sin compl. Tb fig.*

reincorporación *f* Acción de reincorporar(se).

reincorporar *tr* Volver a incorporar [a alguien o algo] a su puesto. *Frec el cd es refl. Frec con un compl* A.

reindustrialización *f* Acción de reindustrializar.

reindustrializar *tr* Dotar de nuevas industrias [a un país o región (*cd*)].

reineta *adj* [Manzana] muy aromática, de sabor algo ácido y forma ligeramente aplanada. *Frec n f.*

reineto *m* Variedad de manzano cuyo fruto es la reineta.

reinfección *f* (*Med*) Nueva infección con el mismo germen u otro semejante.

reingresar *intr* Ingresar de nuevo [en un lugar, esp. una colectividad o cuerpo o en un centro sanitario].

reingreso *m* Acción de reingresar.

reiniciar (*conjug* **1a**) *tr* Iniciar de nuevo [algo]. **b)** *pr* (~se) Iniciarse de nuevo [algo].

reinicio *m* Acción de reiniciar.

reino *m* **1** Territorio que está bajo la autoridad de un rey. **b)** Estado monárquico. **c)** *Se da este n a determinadas regiones, esp las que históricamente constituyeron un reino.* * El Reino de Valencia. ■ **2** Ámbito en que [alguien o algo (*compl de posesión*)] tiene predominio o preeminencia. ■ **3** (*CNat*) División de las tres en que se clasifican los seres y objetos naturales. *Gralm con los adjs* ANIMAL, VEGETAL *o* MINERAL. ■ **4** ~ **de los cielos.** (*Rel crist*) Cielo o gloria. ■ **5** ~ **de Dios.** (*Rel crist*) Estado social de justicia, paz y felicidad espiritual predicado por Jesucristo.

reinona *f* (*col*) Mujer de gran prestancia. *Tb referido a homosexuales.*

reinosano -na *adj* De Reinosa (Cantabria). *Tb n, referido a pers.*

reinserción *f* Acción de reinsertar(se). *Frec* ~ SOCIAL.

reinsertar *tr* Insertar de nuevo en la sociedad [a alguien separado de ella, esp. a un delincuente o a un terrorista].

reinstalación *f* Acción de reinstalar.

reinstalar *tr* Instalar de nuevo.

reinstauración *f* Acción de reinstaurar.

reinstaurar *tr* Instaurar de nuevo.

reintegrable *adj* **1** Que se puede reintegrar. ■ **2** Que se debe reintegrar.

reintegración *f* Acción de reintegrar, *esp* [1 y 4].

reintegrador -ra *adj* Que reintegra.

reintegrar **A** *tr* **1** Devolver [a alguien o algo (*cd*)] a un lugar o a una situación dados]. *Frec el cd es refl.* ■ **2** Devolver [a alguien (*ci*) una cantidad]. * Le reintegraron el importe. **b)** Devolver [a una pers. (*cd*) una cantidad (*compl* DE)]. * Fue reintegrado del importe. ■ **3** Poner [en un documento (*cd*)] las pólizas o estampillas reglamentarias. ■ **4** Volver a integrar.
B *intr pr* (~se) **5** Cobrar [alguien una cantidad (*compl* DE) que se le adeuda]. * Se reintegró de la citada factura.

reintegro *m* **1** Acción de reintegrar(se), *esp* [2 y 5]. ■ **2** Póliza o estampilla reglamentarias en un documento. ■ **3** *En la lotería:* Premio igual a la cantidad jugada.

reinterpretación *f* Acción de reinterpretar.

reinterpretar *tr* Interpretar o explicar [algo] de una manera nueva.

reinvención *f* Acción de reinventar.

reinventar *tr* Inventar de nuevo.

reinversión *f* (*Econ*) Acción de reinvertir.

reinvertir (*conjug* **60**) *tr* (*Econ*) Invertir [los beneficios obtenidos].

reír (*conjug* **57**) **A** *intr* ➤ **a** *normal* **1** Manifestar alegría con determinados sonidos y movimientos de la boca y con la expresión general del rostro. *Tb pr* (~se). **b)** Manifestar alegría [el rostro o los ojos]. **c)** **no me hagas** ~. (*col*) Fórmula con que se pondera irónicamente la imposibilidad o la falsedad de lo que se acaba de mencionar. * De dónde sacas eso; no me hagas reír. ■ **2** (*lit*) Producir [algo, esp. el agua] un sonido placentero y alegre. ■ **3** (*col*) Estar rota [una prenda]. *Tb pr* (~se).
➤ **b** *pr* (~se) **4** Burlarse [de alguien o algo]. *Tb* (*reg*) *intr no pr.* **b)** **me río yo,** *o* **ríete tú,** [de algo]. (*col*) Fórmulas con que se comenta irónicamente la falsedad de algo. * Me río yo de sus sacrificios; así cualquiera.
B *tr* **5** Reírse [1a] [de algo (*cd*)]. ■ **6** (*raro*) Reírse [4] [de alguien (*cd*)].

reiterable *adj* Que se puede reiterar.

reiteración *f* Acción de reiterar(se).

reiteradamente *adv* De manera reiterada [2].

reiterado -da *adj* **1** *part* → REITERAR. ■ **2** Que denota o implica reiteración.

reiterante *adj* Que reitera.

reiterar **A** *tr* **1** Repetir (volver a hacer o decir [algo]).

B *intr pr* (**~se**) **2** Repetir o reafirmar [alguien] su condición [de algo (*predicat*)]. *Normalmente en fórmulas de cortesía.* * Me reitero su seguro servidor. ■ **3** Reafirmarse [en algo].

reiterativamente *adv* De manera reiterativa.

reiterativo -va *adj* Que denota o implica reiteración.

reitre *m* (*hist*) Soldado de la caballería alemana.

reivindicable *adj* Que se puede reivindicar.

reivindicación *f* **1** Acción de reivindicar. ■ **2** Cosa reivindicada.

reivindicador -ra *adj* Que reivindica.

reivindicante *adj* Que reivindica.

reivindicar *tr* **1** Reclamar [algo a lo que se tiene derecho]. *Esp en política. Tb fig.* **b)** (*Der*) Reclamar [algo propio a quien, sin ser dueño, lo posee o detenta]. ■ **2** Reclamar la autoría [de un atentado (*cd*)]. ■ **3** Rehabilitar, o restituir a la estimación pública [a una pers. o su nombre (*cd*)].

reivindicativo -va *adj* Que reivindica.

reivindicatorio -ria *adj* **1** Que sirve para reivindicar. ■ **2** De (la) reivindicación.

reja[1] **I** *f* **1** Conjunto de barrotes, frec. enlazados artísticamente, que se ponen esp. en las ventanas y otras aberturas para protección y adorno. **II** *loc adv* **2** **entre ~s.** En prisión. *Tb adj.*

reja[2] *f* **1** *En el arado:* Pieza de hierro que sirve para romper y volver la tierra. ■ **2** Vuelta que se da a la tierra con el arado.

rejalcar *tr* (*reg*) Dar una cava superficial [a las mieses nacientes (*cd*)]. *Tb abs.*

rejalgar *m* **1** Mineral constituido por sulfuro de arsénico, de color rojizo y lustre resinoso. ■ **2** Ranúnculo de hoja arriñonada (*Ranunculus thora*).

rejería *f* **1** Arte de construir rejas[1]. ■ **2** Conjunto de rejas[1].

rejero *m* Constructor de rejas[1].

rejilla *f* **1** Pieza formada por tiras o láminas paralelas o entrecruzadas, tela metálica o chapa perforada, que sirve esp. para cubrir una abertura. **b)** (*Radio*) Electrodo en forma de malla que se interpone entre el ánodo y el cátodo para regular el flujo de electrones. ■ **2** Tejido formado con tallos flexibles entrecruzados, que se emplea para la fabricación de muebles. *Frec en la loc* DE ~, *referida a muebles.* ■ **3** *En un tren o un autocar:* Red o rejilla [1] para colocar el equipaje. ■ **4** (*RTV*) Cuadro de programación de una emisora.

rejo *m* **1** (*Bot*) Radícula o raicilla. ■ **2** (*raro*) Robustez o fortaleza.

rejón *m* **1** Asta de madera con punta de lanza y una muesca cerca de esta, que se utiliza en la lidia a caballo. ■ **2** Púa del trompo. ■ **3** (*Pesca*) Bolsa de malla para sumergir en el agua los peces cogidos. ■ **4** (*Pesca*) Saliente puntiagudo de la parte interior de la punta del anzuelo.

rejonazo *m* (*Taur*) Herida de rejón [1].

rejoncillo *m* (*Taur*) Rejón [1].

rejoneador -ra *m y f* Pers. que rejonea.

rejonear *tr* Torear [toros] a caballo. *Tb abs.*

rejoneo *m* Acción de rejonear. *Tb el arte correspondiente.*

rejuntado *m* (*Constr*) Acción de rejuntar [2]. *Tb su efecto.*

rejuntamiento *m* (*Constr*) Rejuntado.

rejuntar *tr* **1** (*pop*) Juntar. *Frec humoríst, fuera del nivel pop.* ■ **2** (*Constr*) Tapar o reparar las juntas de las piedras u otros elementos [de una pared u otra construcción (*cd*)].

rejuvenecedor -ra *adj* Que rejuvenece [1 y 2].

rejuvenecer (*conjug* 11) **A** *tr* **1** Dar [a alguien o algo (*cd*)] un aspecto o un carácter más juvenil. ■ **2** Dar un carácter o un aspecto más nuevo o moderno [a algo viejo (*cd*)]. **B** *intr* **3** Recobrar [alguien o algo] un aspecto o un carácter más juvenil. *Tb pr* (**~se**). ■ **4** Renovarse o recobrar fuerza [algo]. *Tb pr* (**~se**).

rejuvenecimiento *m* Acción de rejuvenecer(se).

relación **I** *n* **A** *f* **1** Hecho de estar dos o más cosas unidas, real o mentalmente, por alguna circunstancia. **b)** Hecho de estar dos cosas en una situación tal que cualquier modificación en una de ellas afecta también a la otra. ■ **2** Hecho de actuar un ser vivo en dependencia con otros seres o con factores externos del medio que le rodea. ■ **3** Hecho de tener una pers. o animal, o un grupo, alguna actividad común con otros. *Frec con un adj o compl especificador:* AMOROSA, SEXUAL, LABORAL, DE TRABAJO, CULTURAL, *etc, que frec se omite por consabido.* **b)** *Sin especificador:* Relación amorosa. *Gralm en pl, frec designando las previas al matrimonio. A veces en constrs como* ESTAR EN ~ES *o* PONERSE EN ~ES. ■ **4** *En pl:* Amigos o conocidos. ■ **5** **~es públicas.** Actividad profesional encaminada a crear, promocionar o mantener en el público una buena imagen de una pers. o una entidad. ■ **6** Serie escrita de nombres o datos. ■ **7** Relato. **b)** (*hist*) Relato poético sobre un suceso, que cantan y venden los ciegos por la calle. *Tb* ~ DE CIEGO. ■ **8** (*E*) Resultado de comparar dos magnitudes o cantidades. **B** *m y f* **9** **~es públicas.** Pers. dedicada profesionalmente a las relaciones públicas [5]. *Tb fig.* **II** *loc adj* **10** [Acusativo] **de ~.** → ACUSATIVO. **III** *loc v* **11** **hacer ~** [a algo]. Referirse [a ello] o estar en relación [1] [con ello]. **IV** *loc prep* **12** **con ~ a**, *o* **en ~ con** (*tb, semiculto,* **en ~ a**). De acuerdo con, o según. ■ **13** **con ~ a**, *o* **en ~ con** (*tb, semiculto,* **en ~ a**). Acerca de, o a propósito de.

relacionable *adj* Que se puede relacionar [1].

relacionado -da *adj* **1** *part* → RELACIONAR. ■ **2** Que se relaciona [3]. ■ **3** [Pers.] que tiene amigos o conocidos. *Frec con los advs* BIEN *o* MAL.

relacionador -ra *adj* Que relaciona [1].

relacional *adj* (*E*) De (la) relación [1, 2 y 3].

relacionante *adj* Que relaciona [1].

relacionar **A** *tr* **1** Establecer una relación [1, 2 y 3] [entre dos o más perss. o cosas (*cd*), o de una(s) (*cd*) con otra(s)]. ■ **2** Hacer una relación [6] [de algo (*cd*)]. **B** *intr pr* (**~se**) **3** Tener relación [1, 2 y 3] [dos o más perss. o cosas entre sí, o una(s) con otra(s)].

relais (*fr; pronunc corriente,* /rĕlé/; *pl invar*) *m* Relé.

relajación *f* Acción de relajar(se). *Tb su efecto.* **b)** (*E*) Pérdida de tensiones que sufre un material sometido a una deformación constante.

relajado -da *adj* 1 *part* → RELAJAR. ■ 2 Poco severo o riguroso en el aspecto moral. *Gralm referido a costumbres sexuales.* ■ 3 Distendido o falto de tensión. ■ 4 (*Fon*) [Sonido] que se realiza con una tensión muscular inferior a la normal.

relajador -ra *adj* Que relaja.

relajamiento *m* Acción de relajar(se) [1, 2, 3 y 5]. *Tb su efecto.*

relajante *adj* Que relaja [1a y 2a]. *Tb n m, referido a medicamento.*

relajar A *tr* 1 Hacer que [algo (*cd*), esp. un músculo] deje de estar tenso o contraído. **b)** *pr* (**~se**) Dejar de estar tenso o contraído [algo, esp. un músculo]. ■ 2 Hacer que [alguien (*cd*)] deje de estar tenso física o psíquicamente. **b)** *pr* (**~se**) Dejar [alguien] de estar tenso física o psíquicamente. ■ 3 Hacer que [algo, esp. una norma (*cd*)] pierda rigor o fuerza. **b)** *pr* (**~se**) Perder [algo] rigor o fuerza. ■ 4 (*hist*) Entregar [un juez eclesiástico (*suj*)] al secular un reo (*cd*) digno de la pena capital.

B *intr pr* (**~se**) 5 Abandonarse moralmente [una pers. o colectividad relajando [3] sus costumbres o normas de convivencia.

relajo *m* (*col*) 1 Relajamiento. *Esp referido a las costumbres o a la disciplina.* ■ 2 Barullo o desorden.

relamer A *tr* 1 Lamer repetidamente. *Tb fig.* ■ 2 (*raro*) Hacer relamido [2] [algo].

B *intr pr* (**~se**) 3 Lamerse los labios de gusto después de comer o beber. *Frec con intención ponderativa. Frec fig.*

relamida *f* (*raro*) Acción de relamer.

relamido -da *adj* 1 *part* → RELAMER. ■ 2 Afectadamente pulido.

relámpago *m* 1 Resplandor vivo y momentáneo que se produce en las nubes por una descarga eléctrica. **b)** *Frec se usa, como metáfora o como comparación, para ponderar la rapidez y fugacidad de algo.* * Pasó como un relámpago. * Cruzó mi mente como un relámpago. ■ 2 *Se usa en aposición para expresar la rapidez y brevedad de lo expresado por el n al que acompaña.* * Fue un noviazgo relámpago. **b)** (*raro*) [Cierre] de cremallera. ■ 3 Pastel relativamente grande y alargado relleno de crema.

relampagueante *adj* 1 Que relampaguea, *esp* [2]. *Tb fig.* ■ 2 Rápido como un relámpago [1a].

relampaguear *intr* ➤ **a** *impers* 1 Producirse relámpagos [1a].
➤ **b** *personal* 2 Producir destellos. ■ 3 (*raro*) Presentar relámpagos [1a].

relampagueo *m* Acción de relampaguear, *esp* [2].

relance. al ~. *loc adj* (*Taur*) [Suerte] que se realiza aprovechando la salida del toro de una suerte anterior. *Tb adv.*

relanzamiento *m* Acción de relanzar.

relanzar *tr* Dar nuevo impulso [a algo (*cd*)].

relapso -sa *adj* (*Rel catól, hist*) [Pers.] reincidente en una herejía de la que ha abjurado. *Tb n.*

relatable *adj* Que se puede relatar [1].

relatador -ra *adj* 1 Que relata [1]. *Tb n, referido a pers.* ■ 2 Relativo a la acción de relatar [1].

relatante *adj* Que relata [1]. *Tb n, referido a pers.*

relatar A *tr* 1 Referir o contar.
B *intr* 2 (*reg*) Reñir o regañar.

relativamente *adv* De manera relativa [1, 2 y 3].

relatividad *f* 1 Cualidad de relativo [1, 2 y 3]. ■ 2 (*E*) Teoría formulada por Einstein († 1955), según la cual la luz se propaga a una velocidad constante e independiente del movimiento del emisor o del receptor, no existen espacio o tiempo absolutos y no es posible saber si un cuerpo está en reposo o en movimiento rectilíneo y uniforme. *Frec* TEORÍA DE LA ~.

relativismo *m* 1 Doctrina según la cual todo conocimiento o valor es relativo [1, 2, 3 y 5]. ■ 2 Condición de relativo [1].

relativista *adj* 1 De (la) relatividad [2]. **b)** (*E*) [Velocidad] cercana a la de la luz y que produce alguno de los efectos físicos previstos por la teoría de la relatividad. ■ 2 Adepto al relativismo [1]. *Tb n.*

relativización *f* Acción de relativizar(se).

relativizador -ra *adj* Que relativiza.

relativizar *tr* Hacer relativo [1, 2 y esp. 3] [algo (*cd*)]. **b)** *pr* (**~se**) Hacerse relativo [algo].

relativo -va *adj* 1 [Cosa] que está en relación [1] [con otra (*compl* A)]. ■ 2 Considerado según una relación o comparación. *Se opone a* ABSOLUTO. ■ 3 Parcial o no completo. *Frec con intención eufemística.* ■ 4 *En una votación:* [Mayoría] constituida por el mayor número de votos de los obtenidos por las perss. o cosas que se votan. *Se opone a* ABSOLUTO. ■ 5 (*Mat*) [Valor] que tiene una cifra según el lugar que ocupa en una cantidad. *Se opone a* ABSOLUTO. ■ 6 (*Gram*) [Pronombre, adjetivo o adverbio] que, además de su función de pronombre, adjetivo o adverbio, tiene un papel de enlace, convirtiendo en subordinada la oración a que pertenece. *Tb n m.* **b)** [Oración] introducida por un relativo. ■ 7 (*Gram*) [Superlativo] en que el alto grado de la cualidad señalada en una pers. o en un objeto se pone en relación con el grado de ella en otros. *Se opone a* ABSOLUTO. ■ 8 (*Gram*) [Tiempo verbal] que expresa un hecho futuro o pasado con relación a otro. *Se opone a* ABSOLUTO.

relato *m* Acción de relatar [1]. *Tb su efecto.* **b)** Cuento (obra literaria y género).

relator -ra I *adj* 1 Que relata. *Tb n, referido a pers.*
II *m y f* 2 (*Der*) Letrado que en un tribunal hace relación de los autos o expedientes. ■ 3 Pers. que en un congreso o asamblea hace relación de los asuntos tratados y de las deliberaciones y acuerdos.

relatoría *f* (*Der*) Cargo de relator [2]. *Tb su oficina.* **b)** Conjunto de los relatores [2].

relavar *tr* Lavar mucho o a fondo.

relax (*pl invar*) *m* Relajación física o psíquica.

relé *m* (*Electr*) Dispositivo que, mediante el empleo de una pequeña corriente auxiliar, permite la regulación y dirección de la corriente principal de un circuito dado.

relectura *f* Acción de releer.

releer (*conjug* 17) *tr* Leer de nuevo.

relegable *adj* Que se puede relegar.

relegación *f* Acción de relegar.

relegar *tr* Poner [a alguien o algo (*cd*)] en un lugar secundario o en una situación de alejamiento u olvido (*compl* A)]. *Frec se omite el segundo compl por consabido.*

releje *m* Surco o señal que deja en el suelo la rueda de un vehículo.

relente[1] *m* Humedad que se nota en la atmósfera en las noches serenas.

relente[2] *m* (*raro*) Mal olor persistente.

relentizar *tr* (*raro*) Ralentizar (hacer lento o más lento).

relevación *f* (*Der*) Exención [de una obligación o un requisito].

relevador *m* (*Electr*) Relé.

relevancia *f* Cualidad de relevante.

relevante *adj* **1** Notable o importante. ■ **2** (*Ling*) [Rasgo] distintivo.

relevantemente *adv* De manera relevante.

relevar *tr* **1** Quitar [a alguien de un puesto o cargo]. *Frec se omite el segundo compl por consabido.* ■ **2** Sustituir [una pers. a otra] en un puesto o servicio. **b)** Sustituir [a una pers. o cosa con otra]. *Frec se omite el segundo compl por consabido.* ■ **3** Eximir [a alguien de algo]. ■ **4** Poner de relieve [algo].

relevista *m y f* (*Dep*) Pers. que participa en una carrera de relevos [1b].

relevo *m* **1** Acción de relevar [1 y 2]. **b)** (*Dep*) En *pl:* Prueba de velocidad en que la distancia total es recorrida por varios participantes que se relevan [2a]. ■ **2** Pers. que releva [2a] a otra en un puesto o servicio.

relicario *m* Lugar, esp. estuche, en que se guardan reliquias. *Tb fig.*

relicenciado -da *adj* (*reg*) Curioso o metomentado.

relíctico -ca *adj* (*CNat*) De seres o elementos relictos [2].

relicto -ta *adj* **1** (*Der*) [Bienes o caudal] que deja alguien al morir. ■ **2** (*CNat*) Que queda como resto de un grupo, especie o formación prácticamente desaparecidos.

relieve I *m* **1** Diferencia de planos en una superficie. *Tb fig referido a sonido.* ■ **2** Cosa que sobresale en una superficie. **b)** Conjunto de partes sobresalientes y deprimidas [de una superficie, esp. de la tierra]. ■ **3** Escultura cuyos elementos se destacan más o menos sobre un fondo plano. **b) alto ~**, **bajo ~** –→ ALTORRELIEVE, BAJORRELIEVE. **c) medio ~.** Escultura cuyos elementos destacan la mitad de la figura. **d) hueco ~.** Escultura formada por elementos rehundidos respecto al plano. ■ **4** Hecho de destacar o sobresalir de lo común o del resto. *Frec en la loc* DE ~.
II *loc v* **5 poner de ~.** Destacar o hacer notar.
III *loc adv* **6 en ~.** Formando relieve [1]. *Tb adj.*

relieves *m pl* (*lit*) Restos de lo que se come.

religación *f* Acción de religar. *Tb su efecto.*

religar *tr* Unir o ligar estrechamente.

religión *f* **1** Conjunto de creencias relativas a la divinidad y de normas y ritos derivados de ellas. *Frec con un adj o compl especificador.* ■ **2** (*Rel catól*) Virtud que mueve a dar a Dios el culto debido. ■ **3** Vida religiosa [3b]. *Frec en la constr* ENTRAR EN ~. **b)** Orden religiosa [3b]. ■ **4** (*lit*) Cosa que se respeta como sagrada.

religiosamente *adv* **1** De manera religiosa [1]. ■ **2** En el aspecto religioso [1]. ■ **3** Puntual o escrupulosamente. *Gralm con los vs* PAGAR *o* CUMPLIR.

religiosidad *f* Cualidad de religioso [2].

religioso -sa *adj* **1** De (la) religión [1]. ■ **2** [Pers.] que tiene una religión [1] y practica sus normas. ■ **3** [Pers.] que vive en comunidad y consagrada a Dios mediante los votos de pobreza, castidad y obediencia. *Tb n.* **b)** De (los) religiosos. ■ **4** [Cosa, esp. silencio o atención] que recuerda el respeto o la veneración propios de las cosas sagradas.

relimpio -pia *adj* (*col*) Sumamente limpio.

relinchador -ra *adj* Que relincha.

relinchar *intr* Emitir [el caballo] la voz que le es propia. *Tb* (*desp o humoríst*) *referido a pers o a otro animal.*

relincho *m* Acción de relinchar. *Tb su efecto.*

relinga *f* (*Mar*) Cuerda con que se refuerzan las orillas de las velas o de las redes grandes.

relingar *tr* (*Mar*) Afianzar con relingas.

reliquia *f* **1** Resto venerado [de un santo o de un objeto relacionado con él]. **b)** Cosa preciada que se guarda como recuerdo de algo querido y ya pasado. ■ **2** Resto [de algo pasado o desaparecido casi en su totalidad]. **b)** Achaque subsiguiente a una enfermedad o accidente.

rellamada *f En un teléfono:* Repetición, esp. automática, de la última llamada realizada.

rellano *m* **1** Espacio llano entre dos tramos de escalera. ■ **2** Parte llana horizontal que interrumpe la pendiente de un terreno.

rellena *f* (*reg*) Cría de choco.

rellenable *adj* Que se puede rellenar.

rellenado *m* Acción de rellenar.

rellenar *tr* **1** Volver a llenar [algo que ha perdido parte o la totalidad de su contenido]. ■ **2** Llenar [un hueco]. **b)** Llenar el interior [de una cosa (*cd*), esp. un alimento, con otra (*compl* DE *o* CON)]. **c)** Llenar los huecos [de un impreso (*cd*)].

relleno[1] **-na** *adj* **1** Que contiene [algo (*compl* DE *o* CON)] en su interior. *Tb sin compl.* ■ **2** (*col*) [Pers.] ligeramente gorda. *Gralm referido a mujer y frec en la forma* RELLENITA.

relleno[2] *m* **1** Acción de rellenar [2]. ■ **2** Cosa que rellena o sirve para rellenar [2]. **b)** Parte superflua con que se alarga algo, esp. un escrito. *Frec en la loc* DE ~. **c)** Amasijo de pan rallado, huevo, especias y a veces carne picada, que se añade al cocido. ■ **3** (*reg*) Embutido hecho gralm. con carnes picadas, huevos y especias.

reloj (*pronunc corriente,* /r̄elóʹ/; *tb, raro, con la grafía* **reló**; *pl normal,* RELOJES) I *m* **1** Aparato para medir y marcar las horas. *A veces con un adj o compl especificador.* **b)** Mecanismo hipotético responsable de la periodicidad de los procesos vitales o evolutivos. *Con un adj especificador:* BIOLÓGICO, GENÉTICO, *etc.* ■ **2** (*reg*) Pez marino de pequeño tamaño, cuerpo comprimido, cabeza y boca grandes, color rosáceo en el dorso y aletas rojizas (*Hoplostethus mediterraneus*).
II *loc adj* **3 contra ~** (*tb, raro,* **contra el ~**). (*Cicl*) [Etapa o carrera] que se realiza saliendo los corredores, o a veces los equipos, de uno en uno a intervalos regulares. *Tb adv. Tb fig.* (→ CONTRARRELOJ.) **b)** [Cosa] muy rápida o que ha de hacerse en un plazo de tiempo muy corto. *Tb adv.*
III *loc v* **4 parársele el ~** [a una pers.]. Quedarse [esa pers.] atrás o no evolucionar al ritmo debido.
IV *loc adv* **5 como un ~.** Con absoluta regularidad. *Con vs como* FUNCIONAR, IR *o* REGIR. **b)** En per-

fecto estado de funcionamiento. *Con vs como* ESTAR *o* QUEDAR.

relojería I *f* **1** Tienda o taller del relojero [2]. ■ **2** Arte u oficio de hacer o arreglar relojes [1a]. ■ **3** Industria o comercio de relojes [1a]. ■ **4** Conjunto de relojes [1a].
II *loc adj* **5 de ~.** [Artefacto o mecanismo] que funciona con un reloj o con un sistema similar al del reloj [1a].

relojero -ra I *adj* **1** De(l) reloj [1a].
II *m y f* **2** Pers. que fabrica, arregla o vende relojes [1a].

reluciente *adj* Que reluce [1].

relucir (*conjug* 51) A *intr* **1** Brillar o resplandecer. *Tb* (*raro*) *fig.* ■ **2** Ser tema incidental de conversación. *En la constr* SACAR, *o* SALIR, A ~.
B *tr* **3** (*reg*) Sacar brillo [a un objeto de metal (*cd*)].

reluctancia *f* **1** (*lit*) Resistencia u oposición. ■ **2** (*Fís*) Resistencia magnética.

reluctante *adj* (*lit*) Reacio u opuesto.

relumbrante *adj* Que relumbra.

relumbrar *intr* Resplandecer o brillar.

relumbre *m* Brillo o resplandor. *Tb fig.*

relumbro *m* (*raro*) Relumbre.

relumbrón I *m* **1** Relumbre. *Tb fig. Frec con intención desp.*
II *loc adj* **2 de ~.** Muy brillante en apariencia, pero sin verdadero valor. *Gralm con intención desp.*

rem *m* (*Fís*) Unidad de cantidad de radiación equivalente a la dosis de radiación que produce en el organismo humano los mismos efectos biológicos que un rad de rayos X.

rema *f* Acción de remar.

remachado *m* Acción de remachar.

remachador -ra *adj* Que remacha [1 y 2]. *Frec n f, referido a máquina.*

remachar *tr* **1** Golpear la punta [de un clavo o remache [1] (*cd*) ya introducido] para doblarlo o ensancharlo y evitar que pueda salirse. **b)** ~ **el clavo** → CLAVO. ■ **2** Unir mediante remaches [1]. ■ **3** Decir [algo] con énfasis o insistencia para que quede bien claro. *Frec abs.* ■ **4** (*Dep*) Rematar (hacer las últimas operaciones [en algo (*cd*)] de modo que quede perfecto).

remache *m* **1** Clavija que, una vez introducida en un taladro, se golpea para formar una segunda cabeza que impida su salida. ■ **2** Acción de remachar.

remachón -na *adj* [Pers.] que remacha [3]. **b)** Propio de la pers. remachona.

remador -ra *m y f* Pers. que rema.

remake (*ing; pronunc corriente,* /ṛeméik/; *pl normal,* ~s) *m* Versión nueva de una película antigua.

remallador -ra *adj* Que remalla. *Frec n f, referido a mujer o a máquina.*

remallar *tr* Reforzar las mallas [de un tejido o prenda de punto (*cd*)].

remallosa *adj* [Máquina] remalladora. *Tb n f.*

remamada *adj* (*reg*) [Mujer] que está amamantando y queda extenuada por mamar demasiado la criatura.

remanecer (*conjug* 11) *intr* (*reg*) **1** Volver a aparecer. ■ **2** Despertar.

remanente I *adj* **1** (*lit*) Que queda o resta.
II *m* **2** Resto o residuo.

remangado -da *adj* **1** *part* → REMANGAR. ■ **2** (*col*) Levantado o vuelto hacia arriba. *Frec referido a nariz.*

remangar A *tr* **1** Recoger hacia arriba las mangas [de una prenda (*cd*)]. *Frec con compl de interés.* * Remángate la camisa. **b)** Recoger hacia arriba [una prenda de vestir o una parte de ella]. *Frec con compl de interés.* ■ **2** Descubrir [el brazo] recogiendo hacia arriba la manga que lo cubre. *Tb abs. Frec con compl de interés.*
B *intr pr* (~**se**) **3** Disponerse con energía a emprender una acción.

remango *m* (*col*) Disposición para desenvolverse con habilidad y prontitud. *Frec en la constr* DE ~.

remangoso -sa *adj* (*reg*) Que tiene mucho remango.

remanguillé. a la ~. *loc adv* (*col*) De manera descuidada o inadecuada. *Tb adj.*

remansado -da *adj* **1** *part* → REMANSAR. ■ **2** (*lit*) [Cosa] sosegada o tranquila.

remansador -ra *adj* (*lit*) Que remansa [1].

remansar A *tr* **1** (*lit*) Hacer que [algo (*cd*)] se remanse [2 y 3].
B *intr pr* (~**se**) **2** Detenerse o hacerse muy lenta [una corriente de agua]. ■ **3** (*lit*) Detenerse o aquietarse [algo].

remanso *m* **1** Lugar donde el agua se remansa [2]. ■ **2** Lugar donde [algo (*compl especificador*)] se remansa [3].

remar *intr* **1** Mover el remo para impulsar una embarcación. ■ **2** Bogar (nadar con aletas).

remarcable *adj* Notable o digno de mención.

remarcar *tr* Subrayar o poner de relieve [algo].

rematadamente *adv* Total o completamente. *Precediendo a un adj desp, esp* LOCO *o* TONTO.

rematado¹ -da *adj* **1** *part* → REMATAR. ■ **2** Total o completo. *Siguiendo a un adj desp, esp* LOCO *o* TONTO. **b)** Loco de remate. **c)** Muy malo.

rematado² *m* Acción de rematar.

rematador -ra *adj* Que remata, *esp* [2]. *Tb n: m y f, referido a pers; f, referido a máquina.*

rematante *m y f* Pers. a quien se adjudica un objeto en una subasta.

rematar A *tr* **1** Terminar de matar [a una pers. o animal heridos de muerte]. *Tb fig.* ■ **2** Acabar o terminar [algo]. *Tb abs. A veces con un compl adv de modo, gralm introducido por* EN. **b)** Hacer las últimas operaciones [en algo (*cd*)] de modo que quede perfecto. **c)** (*Dep*) Lanzar [la pelota] contra la meta contraria, poniendo fin a una serie de jugadas. *Frec abs.* **d)** Sujetar [una costura] de modo que no se deshaga. **e)** Ser remate [2] [de algo (*cd*)]. ■ **3** Poner fin a la subasta [de algo (*cd*) con determinada oferta (*compl* EN)].
B *intr* **4** Terminar (tener final físico o temporal [de una determinada manera]). *Tb sin compl.* **b)** Terminar o acabar. *Tb pr* (~**se**).

remate I *m* **1** Acción de rematar. *Tb su efecto.* ■ **2** Final o terminación. **b)** (*Arquit*) Motivo ornamental que corona la parte superior de una construcción. ■

3 Puja que obtiene la adjudicación de algo subasta-do. ■ **4** Subasta.
II *loc v* **5 dar ~** [a algo]. Rematar[lo] [2a y b].
III *loc adv* **6 al ~**. (*col*) A fin de cuentas. ■ **7 de ~**. Rematadamente. *Siguiendo a un adj desp, esp* LOCO *o* TONTO. ■ **8 para ~**. Para colmo.

rembolsable, rembolsar, rembolso →
REEMBOLSABLE, REEMBOLSAR, REEMBOLSO.

remecer *tr* (*lit*) Mover reiteradamente [algo] con movimiento de vaivén. **b)** *pr* (**~se**) Moverse reitera-damente [algo] con movimiento de vaivén.

remedador -ra *adj* Que remeda. *Tb n, referido a pers.*

remedar *tr* Imitar. *Gralm implica que se hace de manera torpe o por burla.*

remediable *adj* Que se puede remediar.

remediador -ra *adj* Que remedia. *Tb n, referido a pers.*

remediar (*conjug* **1a**) **A** *tr* **1** Hacer que [un mal o daño (*cd*)] deje de existir o pierda intensidad. ■ **2** Evitar que se produzca [algo (*cd*)] que se considera un mal en sí o posible causa de mal]. ■ **3** Ayudar o socorrer [a alguien que se encuentra en una nece-sidad]. **B** *intr pr* (**~se**) **4** Salir [alguien] de un apuro o ne-cesidad.

remediavagos *m* (*col, desp*) Resumen o guía destinados a reducir al mínimo el esfuerzo necesario para el estudio, eludiendo toda profundización.

remedio I *m* **1** Cosa que hace que un mal deje de existir o pierda intensidad. ■ **2** Acción de reme-diar. ■ **3** Cosa que puede hacerse en determinadas circunstancias. *En las constrs* NO HABER, NO TENER, *o* NO QUEDAR MÁS (*u* OTRO) ~. *Seguido de una prop con* QUE, *que frec se omite por consabida.*
II *loc adv* **4 sin ~**. Inevitable. *Tb adv.*
III *loc v y fórm or* **5 no tener ~** [una pers.]. (*col*) Ser incorregible. ■ **6 poner ~** [a algo]. Remediar-[lo] [1]. *Tb sin compl.* ■ **7 ser peor el ~ que la en-fermedad.** *Fórmula con que se comenta lo negativo de una solución.* * Creo que ha sido peor el remedio que la enfermedad, porque esto no me gusta nada. ■ **8 qué ~**. (*col*) *Fórmula con que se comenta la im-posibilidad de hacer otra cosa.* * –¿Vienes por fin? –¡Qué remedio!
IV *loc adv* **9 ni para un ~**. (*col*) En absoluto. *Con valor negativo.* * No queda agua ni para un remedio.

remedo *m* Imitación. *Gralm implica torpeza o burla.*

remejer *tr* (*lit*) Remover (mover). *Tb fig. Tb abs.*

remembranza *f* (*lit*) Recuerdo (acción de recor-dar y cosa recordada).

remembrar *tr* (*raro*) Recordar, o traer a la me-moria.

rememoración *f* (*lit*) Acción de rememorar. *Tb su efecto.*

rememorador -ra *adj* (*lit*) Que rememora.

rememorante *adj* (*lit*) Que rememora.

rememoranza *f* (*lit, raro*) Remembranza.

rememorar *tr* (*lit*) Recordar, o traer a la me-moria.

rememorativo -va *adj* (*lit*) Que rememora o sirve para rememorar.

remendado *m* Acción de remendar. *Tb su efecto.*

remendador -ra *adj* Que remienda. *Tb n, refe-rido a pers.*

remendar (*conjug* **6**) *tr* Poner remiendos [a al-go (*cd*)].

remendería *f* (*Impr*) Conjunto de labores de poca importancia, esp. de impresos comerciales o de fan-tasía.

remendón *adj* [Zapatero] que arregla zapatos usados. *Tb n m.*

remenear *tr* (*raro*) Mover o menear de manera in-tensa o reiterada.

remensa. de ~. *loc adj* (*hist*) *Durante la Edad Media, en Cataluña:* [Payés] adscrito a la tierra que cultiva, de la que solo puede salir mediante el pago de una cantidad a su señor como redención.

remero -ra I *adj* **1** (*Zool*) [Pluma] grande del ala de las aves. *Tb n f.*
II *m y f* **2** Pers. que rema [1].

remesa *f* Conjunto de perss. o cosas que llegan o se envían de una vez.

remesar *tr* (*raro*) Remitir o enviar.

remeter *tr* **1** Meter [algo en un sitio] empujándo-lo. ■ **2** Sujetar [algo, esp. una prenda] metiendo los bordes en el sitio adecuado. ■ **3** Meter más aden-tro. **b)** *pr* (**~se**) Meterse más adentro.

remiche *m* (*hist*) *En una galera:* Espacio compren-dido entre banco y banco, destinado a los remeros.

remiendo *m* **1** Trozo de tela que se cose sobre una parte desgastada o rota. *Frec con los vs* ECHAR *o* PONER. ■ **2** Añadido que se pone a algo para arre-glarlo o suplir una deficiencia. *Tb fig.* ■ **3** Arreglo o reparación.

rémige *adj* (*Zool*) [Pluma] remera. *Tb n f.*

remigio *m* (*Naipes*) Cierta variedad del rummy (juego).

remilgado -da *adj* **1** *part* → REMILGARSE. ■ **2** [Pers.] afectadamente pulida y delicada. **b)** Propio de la pers. remilgada.

remilgarse *intr pr* Hacer remilgos.

remilgo *m* Gesto o actitud que denotan delicadeza o escrúpulos exagerados.

remilgoso -sa *adj* (*reg*) Remilgado [2].

remilguero -ra *adj* (*reg*) Remilgado [2].

remilitarización *f* Acción de remilitarizar(se).

remilitarizar *tr* Volver a dotar de fuerzas arma-das [a un país (*cd*)]. *Frec el cd es refl.*

reminiscencia *f* **1** Recuerdo vago o impreciso. ■ **2** Elemento literario o artístico que evoca [algo (*compl de posesión*)] o denota [su] influencia.

reminiscente *adj* Que recuerda o evoca [algo (*compl* DE)]. **b)** Que denota o implica reminiscencia.

remirado -da *adj* **1** *part* → REMIRAR. ■ **2** (*desp*) Excesivamente mirado o cuidadoso.

remirar *tr* (*col*) Mirar de nuevo poniendo especial atención. **b)** Mirar de manera atenta y reiterada.

remisible *adj* Que se puede remitir.

remisión I *f* **1** Acción de remitir(se). ■ **2** *En un escrito:* Indicación con que se remite [2] al lector a otro lugar. ■ **3** (*lit, raro*) Cualidad de remiso.
II *loc adv* **4 sin ~**. Irremediablemente. *Tb adj.*

remiso -sa *adj* Que muestra lentitud o indecisión al actuar. *Frec con un compl* A.

remisorio -ria *adj* Que sirve para remitir [4].

remite *m En un sobre o en un paquete que se envía:* Indicación del nombre y de las señas de la pers. que lo remite [1].

remitente *adj* 1 Que remite, *esp* [1]. *Tb n, referido a pers.* ■ 2 (*Med*) [Fiebre] que presenta alternativas de aumento y disminución en su intensidad.

remitido -da I *adj* 1 *part* → REMITIR.
II *m* 2 Artículo o noticia que por encargo de un particular se inserta en un periódico mediante pago.

remitir A *tr* 1 Enviar o hacer llegar [algo a una pers. o a un lugar distantes]. ■ 2 Mandar [a una pers. (*cd*)] que se dirija [a otra o a otro lugar] para hallar lo que busca. ■ 3 Ceder [a alguien un asunto] para que actúe o resuelva. ■ 4 Perdonar [una pena o una obligación]. ■ 5 (*raro*) Aplazar o diferir.
B *intr* ➤ **a** *normal* 6 Disminuir o perder intensidad [algo, esp. un síntoma o enfermedad].
➤ **b** *pr* (~**se**) 7 Tomar [algo (*compl* A)] como punto de referencia o de apoyo.

remo I *m* 1 Pala larga y estrecha de madera, que sirve para mover una embarcación haciendo fuerza en el agua. ■ 2 Deporte de la navegación a remo [1]. ■ 3 Brazo o pata [de un cuadrúpedo]. **b)** (*col, humoríst*) Brazo o pierna [de una pers.]. **c)** Ala [de un ave].
II *loc v* 4 **meter el ~.** (*col*) Meter la pata.

remoción *f* Acción de remover(se).

remodelación *f* Acción de remodelar.

remodelado *m* Acción de remodelar.

remodelador -ra *adj* Que remodela.

remodelaje *m* (*raro*) Remodelado.

remodelar *tr* Dar nueva forma o estructura [a algo (*cd*)].

remojar A *tr* 1 Mojar [algo] completamente, esp. sumergiéndo[lo] en agua u otro líquido. **b)** Mojar previamente [la ropa que se va a lavar] sumergiéndo[la] en agua, con o sin jabón, a fin de facilitar el lavado. *Tb abs.* **c)** *pr* (~**se**) Mojarse completamente. ■ 2 Celebrar [algo] bebiendo.
B *intr* 3 (*col*) Beber. *Tb pr* (~**se**).

remojo *m* Acción de remojar(se) [1]. *Normalmente en la constr* PONER EN, O A, ~.

remojón *m* 1 Acción de mojarse completamente, gralm. por tirarse o caer al agua o por efecto de la lluvia. ■ 2 (*reg*) Trozo de pan o de bollo empapado en vino, leche, aceite o salsa. ■ 3 (*reg*) Cierta variedad de ensalada.

remolacha *f* Planta herbácea de hojas ovales y raíz gruesa, carnosa y pivotante, utilizada para alimento del hombre y del ganado y también para la obtención de azúcar (*Beta vulgaris*). *Sus variedades se distinguen por medio de adjs:* AZUCARERA, FORRAJERA, ROJA. *Tb su raíz.*

remolachal *m* Remolachar.

remolachar *m* Terreno sembrado de remolacha.

remolachero -ra *adj* 1 De (la) remolacha. ■ 2 Que se dedica al cultivo, industrialización o venta de la remolacha. *Tb n, referido a pers.*

remolcable *adj* Que se puede remolcar.

remolcador -ra *adj* Que sirve para remolcar [1]. *Frec en m, referido a embarcación.*

remolcar *tr* 1 Arrastrar tras de sí [un vehículo a otro]. *A veces el suj y el cd designan a los ocupantes de dichos vehículos. Tb abs. Tb fig.* ■ 2 Arrastrar [a alguien o algo a un lugar o a una situación a los que no tienden por sí mismos].

remolinar A *intr* 1 Formar remolinos [1]. *Tb pr* (~**se**).
B *tr* 2 Formar remolinos [1] [en algo (*cd*)].

remolinear *intr* Formar remolinos [1].

remoliniego -ga *adj* De Arroyomolinos de la Vera (Cáceres). *Tb n, referido a pers.*

remolino *m* 1 Masa [de aire o de agua] en movimiento rápido y giratorio. *Tb el mismo movimiento. Tb fig.* ■ 2 Grupo de pelos que nacen en distintas direcciones, esp. en círculo. ■ 3 Amontonamiento confuso [de perss. o cosas en movimiento].

remollada *f* (*reg*) Montón.

remolón¹ -na *adj* (*col*) Que se resiste a trabajar o a hacer algo, esp. por pereza. *Frec en la constr* HACERSE EL ~.

remolón² *m* Colmillo de la mandíbula superior del jabalí.

remolonear *intr* (*col*) 1 Hacerse [alguien] el remolón¹. ■ 2 Vagar perezosamente.

remolque I *m* 1 Acción de remolcar [1]. ■ 2 Vehículo remolcado [1]. **b)** Vehículo sin motor destinado a ser remolcado. **c)** Vehículo con remolque [2b].
II *loc v* 3 **dar ~.** (*Mar*) Remolcar [1].
III *loc adv* 4 **a ~.** Remolcando, o siendo remolcado [1 y esp. 2]. *Normalmente con los vs* LLEVAR *o* IR, *y frec con un compl* DE *que expresa el agente que remolca.*

remondar *tr* Limpiar de nuevo [árboles o vides] quitando lo inútil o perjudicial.

remonta *f* Establecimiento militar destinado a la compra, cría y cuidado de caballos o mulas.

remontable *adj* Que se puede remontar.

remontada *f* Acción de remontar(se).

remontado -da *adj* 1 *part* → REMONTAR. ■ 2 (*raro*) Alto o elevado. *En sent intelectual o moral.*

remontaje *m* (*raro*) Acción de remontar [4].

remontante *adj* Que remonta.

remontar A *tr* 1 Recorrer [una corriente de agua] hacia su origen. *Tb fig.* ■ 2 Subir [una cuesta o pendiente]. ■ 3 Superar [algo, esp. una prueba, una dificultad o una situación negativa]. ■ 4 (*raro*) Dar cuerda a un reloj (*cd*)].
B *intr pr* (~**se**) 5 Subir o elevarse. *Tb fig.* ■ 6 Ir [hacia algo (*compl* A, HACIA *o* HASTA) que está más atrás en el tiempo]. ■ 7 Situarse [el origen de algo en un determinado momento pasado (*compl* A)]. **b)** Tener [algo] su origen [en un determinado momento pasado (*compl* A)]. ■ 8 Alterarse o estropearse [el vino] por llevar tiempo embotellado.

remonte *m* 1 Acción de remontar(se). ■ 2 Aparato utilizado para remontar [2] una pista de esquí. ■ 3 Variedad de juego de pelota que se realiza con cesta. ■ 4 (*reg*) Remiendo, esp. grande o sobrepuesto a otro.

remontista I *adj* 1 De(l) remonte [3].
II *m y f* 2 Jugador de remonte [3].

remontoir (*fr; pronunc corriente,* /r̄emontuár/; *pl normal,* ~**s**) *m* Dispositivo para dar cuerda a un reloj de bolsillo. *Tb el reloj dotado de este dispositivo.*

remoquete *m* (*col*) Mote o apodo.

remoquetear *tr* (*raro*) Apodar.

rémora *f* **1** *Se da este n a varias especies de peces marinos de cuerpo alargado y con un disco adhesivo en la cabeza, con el que se fijan a otros animales o a objetos flotantes* (*gén Echeneis y otros próximos*). ■ **2** Pers. o cosa que detiene o dificulta una acción.

remordedor -ra *adj* (*raro*) Que remuerde.

remorder (*conjug* 18) *tr* Inquietar o desasosegar interiormente [a alguien (*cd*)], esp. haciendo que se sienta culpable.

remordimiento *m* Sentimiento de culpabilidad y pesar causado por una mala acción.

remostarse *intr pr* Ponerse pegajosa o pringosa [la fruta, esp. las uvas].

remotamente *adv* De manera remota, *esp* [3 y 4]. *Frec en la constr* NI ~, *usada con intención enfática.*

remoto -ta *adj* **1** Sumamente distante o lejano, en el espacio o en el tiempo. **b)** Que ocupa el lugar más lejano en un orden lógico. *Se opone a* PRÓXIMO. **c)** (*Rel catól*) [Materia] sobre la cual se aplican las palabras rituales de un sacramento. *Se opone a* PRÓXIMO. ■ **2** Que está o se realiza a distancia. ■ **3** [Idea] vaga o imprecisa. ■ **4** Poco probable.

removedor -ra *adj* (*raro*) Que remueve.

remover (*conjug* 18) *tr* **1** Mover [algo] haciendo que sus componentes o partes cambien de posición. *Tb abs.* **b)** Mover, esp. de manera ligera y reiterada. *Frec el cd es refl. Tb fig.* ■ **2** Sacar [algo inmaterial] del estado de quietud o abandono en que se encuentra. **b)** *pr* (~**se**) Salir [algo inmaterial] del estado de quietud o abandono en que se encuentra. ■ **3** Alterar o cambiar [algo]. ■ **4** Deponer o apartar [a alguien de su cargo o destino]. ■ **5** Quitar o apartar [un inconveniente u obstáculo]. ■ **6** Quitar o eliminar [algo negativo].

removible *adj* Que se puede remover. **b)** (*Informát*) [Disco duro] extraíble. *Tb n m.*

removiente *adj* (*raro*) Que remueve o se remueve.

remozador -ra *adj* Que remoza [1]. *Tb n, referido a pers.*

remozamiento *m* Acción de remozar(se).

remozar **A** *tr* **1** Dar un carácter o aspecto más joven o moderno [a alguien o algo viejo (*cd*)]. **B** *intr* **2** Volverse [alguien o algo] más joven o moderno. *Gralm pr* (~**se**).

remplazable, remplazamiento, remplazante, remplazar, remplazo → REEMPLAZABLE, *etc.*

remplón. de ~. *loc adv* (*reg*) De repente.

rempujar *tr* (*pop*) Empujar.

rempujón *m* (*pop*) Empujón.

remudar (*reg*) **A** *tr* **1** Mudar o cambiar [algo]. ■ **2** Mudar [a alguien] de ropa. *Frec el cd es refl.* **B** *intr pr* (~**se**) **3** Mudarse o cambiar.

remugar *tr* Rumiar. *Tb fig.*

remunerable *adj* Que se puede o debe remunerar.

remuneración *f* **1** Acción de remunerar. ■ **2** Cosa, esp. cantidad de dinero, con que se remunera.

remunerador -ra *adj* Que remunera. *Tb n, referido a pers.*

remunerar *tr* Recompensar [algo o a alguien (*cd*)]. **b)** *Esp:* Recompensar en dinero [un servicio o trabajo, o a la pers. que lo presta (*cd*)].

remunerativo -va *adj* [Cosa] que remunera.

remuneratorio -ria *adj* Que sirve para remunerar. **b)** (*Der*) [Contrato] en que se da algo a cambio de lo recibido.

remusgo *m* Inquietud o desasosiego. *Frec en la forma dim* REMUSGUILLO.

renacentismo *m* Estilo renacentista.

renacentista *adj* De(l) Renacimiento [2].

renacer (*conjug* 11) *intr* Volver a nacer. *Tb fig, en sent moral.* **b)** Cobrar nuevo impulso o vitalidad.

renaciente *adj* (*lit*) De(l) Renacimiento [2].

renacimiento (*en acep 2, gralm con mayúscula*) *m* **1** Acción de renacer. ■ **2** Movimiento cultural y artístico, propio de los ss. XV y XVI, caracterizado por el estudio e imitación de la antigüedad grecolatina. **b)** Época del Renacimiento. ■ **3** Resurgimiento cultural.

renacuajo -ja **A** *m* **1** Larva de la rana. **B** *m y f* **2** (*desp*) Pers. pequeña. *Frec como apelativo cariñoso, referido a niño. Frec se usa la forma m referida a mujer.*

renaixença (*cat; pronunc corriente,* /r̄enaʃénsa/; *gralm con mayúscula*) *f* Movimiento de recuperación de la lengua y de la literatura catalanas surgido hacia la segunda mitad del s. XIX.

renal *adj* De(l) riñón.

renano -na *adj* **1** De Renania (región alemana). ■ **2** Del río Rin.

renard (*fr; pronunc corriente,* /r̄enár/; *pl normal,* ~s) *m* (*Peletería*) Zorro.

rencilla *f* Resentimiento o rencor mutuo, que a veces se manifiesta en discusiones o enfrentamientos. *Gralm en pl.*

renco -ca *adj* Rengo o cojo.

rencor *m* Sentimiento de hostilidad y deseo de venganza, motivado por el recuerdo de una ofensa o un perjuicio.

rencorosamente *adv* De manera rencorosa [2].

rencoroso -sa *adj* **1** [Pers.] que tiene rencor. ■ **2** [Cosa] que denota o implica rencor.

rendez-vous (*fr; pronunc corriente,* /r̄andebú/; *pl invar*) *m* (*raro*) Cita (para un encuentro).

rendibú *m* (*raro*) Agasajo o lisonja.

rendición *f* Acción de rendir(se) [1 y 5].

rendidamente *adv* De manera rendida [2].

rendido -da *adj* **1** *part* → RENDIR. ■ **2** Que muestra sumisión o acatamiento. *Gralm en frases de cortesía.*

rendija *f* Abertura larga y estrecha que atraviesa un cuerpo de parte a parte o que queda entre dos elementos próximos. *Tb fig.*

rendimiento *m* **1** Sumisión o subordinación. ■ **2** Amabilidad obsequiosa y generosa con que se trata a alguien. ■ **3** Producto o utilidad que rinde [6] [alguien o algo (*compl de posesión*)]. **b)** Proporción entre el resultado obtenido y los medios utilizados. ■ **4** Acción de rendir(se) [2 y 7]. *Tb su efecto.*

rendir (*conjug* 62) *tr* **1** Poner [algo o a alguien] bajo la propia autoridad o voluntad venciendo su oposición o resistencia. **b)** Poner [a una pers. o cosa] bajo la autoridad o el dominio [de otra (*ci*)] haciendo que cese toda oposición o resistencia. *Frec el cd es refl. Frec se omite el ci por consabido. Tb fig.* **c)** *pr* (~se) Dejar [alguien] de resistirse u oponerse. *Frec con un compl* A *o* ANTE. ■ **2** Dejar sin fuerzas [a alguien]. **b)** *pr* (~se) Quedarse sin fuerzas [alguien]. *Más frec en part.* ■ **3** Bajar [el arma o la bandera] en señal de sumisión o respeto. **b)** Entregar [las armas] reconociéndose vencido. *Tb* (*lit*) *fig.* ■ **4** Dar [algo que implica sumisión o reconocimiento de superioridad, esp. culto u homenaje]. ■ **5** Dar o presentar [cuentas a alguien que tiene derecho a exigirlas]. *Tb fig. Frec en la constr* ~ CUENTAS. ■ **6** Dar [alguien o algo producto o utilidad]. *Frec abs. Tb fig.* ■ **7** Acabar [un viaje (*cd*)]. *Frec en la constr* ~ VIAJE.

renegado -da *adj* **1** *part* → RENEGAR. ■ **2** [Pers.] que ha renegado de su fe o creencias. *Frec n.* ■ **3** [Pers.] maldiciente o de mal carácter. *Tb n.*

renegador -ra *adj* (*raro*) Que reniega [3 y 4]. *Tb n.*

renegar (*conjug* 6) **A** *intr* **1** Abandonar [una fe o creencia (*compl* DE)]. ■ **2** Apartarse afectiva o intelectualmente [de alguien o algo que deja de considerarse aceptable]. ■ **3** Hablar mal o quejarse [de alguien o algo]. ■ **4** Decir maldiciones, blasfemias o palabras de enojo. **B** *tr* **5** (*raro*) Renegar [1 y 2] [de alguien o algo (*cd*)]. ■ **6** (*reg*) Enojar o irritar. **b)** *pr* (~se) (*reg*) Enojarse o irritarse.

renegociación *f* Acción de renegociar.

renegociar (*conjug* 1a) *tr* Negociar de nuevo.

renegrear *intr* Negrear intensamente.

renegrido -da *adj* [Color] que tira a negro. **b)** Que tiene color renegrido.

rengliz *f* (*reg*) Rendija.

renglón **I** *m* **1** Serie de palabras o caracteres escritos o impresos en la misma línea. **b)** (*raro*) Línea señalada en el papel para escribir sobre ella. **c)** *En pl*: Escrito, esp. breve. ■ **2** Parte o capítulo [de una cuenta o balance]. **b)** Apartado o capítulo [de algo]. **II** *loc adv* **3 a ~ seguido.** A continuación o seguidamente.

rengo -ga *adj* Cojo por lesión en la cadera. **b)** [Cosa] coja. *Tb fig.*

reniego *m* Maldición o exclamación de cólera o enojo.

reniforme *adj* (*E*) De forma de riñón.

renio *m* (*Quím*) Metal blanco, de número atómico 75, muy duro y pesado y difícilmente fusible.

renitente *adj* (*raro*) Que se resiste u opone.

reno *m* Mamífero de la familia del ciervo, con cuernos planos, propio de los países fríos del hemisferio norte, donde se le utiliza como animal de tiro (*Rangifer tarandus*).

renombrado -da *adj* Que tiene renombre [1].

renombre *m* **1** Fama o celebridad. ■ **2** (*raro*) Sobrenombre.

renovable *adj* Que se puede renovar.

renovación *f* Acción de renovar(se).

renovadamente *adv* De manera renovada (→ RENOVADO[1] [2]).

renovado[1] -da *adj* **1** *part* → RENOVAR. ■ **2** Que denota o implica renovación.

renovado[2] *m* (*raro*) Renovación.

renovador -ra *adj* Que renueva. *Tb n, referido a pers.*

renovar (*conjug* 4) *tr* **1** Sustituir [una cosa vieja o sin validez] por otra nueva. *Tb abs.* **b)** *pr* (~se) Pasar a ser sustituida [una cosa] por otra nueva de su misma naturaleza. ■ **2** Hacer de nuevo [una acción]. **b)** *pr* (~se) Producirse [algo] de nuevo. ■ **3** Dar nuevo impulso o intensidad [a algo (*cd*)]. **b)** *pr* (~se) Cobrar [algo] nuevo impulso o intensidad. ■ **4** Dar carácter o aspecto nuevo [a alguien o algo (*cd*)]. **b)** *pr* (~se) Adquirir carácter o aspecto nuevo [alguien o algo].

renqueante *adj* Que renquea.

renquear *intr* **1** Cojear [una pers. o animal]. **b)** Marchar [un vehículo] con dificultad. ■ **2** Realizar [alguien o algo] su actividad o función con dificultades.

renqueo *m* Acción de renquear.

renquera *f* (*raro*) Cojera.

renta *f* **1** Utilidad o beneficio económico que rinde [algo (*compl de posesión*)]. ■ **2** Ingresos anuales [de una pers.] no debidos al trabajo. *Frec en pl.* **b)** Recursos no monetarios debidos a un esfuerzo o a unas circunstancias anteriores. *Gralm en la loc* VIVIR DE LAS ~S. ■ **3** Total de ingresos [de una pers. o entidad] en un período de tiempo dado, gralm. un año. *Frec con un adj o compl especificador.* ■ **4** Cantidad que se paga por un arrendamiento o alquiler. **b)** (*col*) Gasto fijo de cierta importancia. ■ **5** Arrendamiento o alquiler. *Gralm en las locs* DE ~, *o* EN ~.

rentabilidad *f* **1** Cualidad de rentable. ■ **2** (*Econ*) Relación entre un capital invertido y la renta [1] que produce.

rentabilización *f* Acción de rentabilizar.

rentabilizar *tr* Hacer rentable [algo]. **b)** Aprovechar [algo no material] o sacar utilidad [de ello (*cd*)].

rentable *adj* Que produce una renta [1] suficiente. **b)** Que produce resultados válidos o interesantes.

rentablemente *adv* De manera rentable.

rentar **A** *tr* **1** Producir [algo (*suj*) determinada renta [1] (*cd*)]. ■ **2** Pagar [algo (*suj*) determinada renta [4] (*cd*)]. **B** *intr* **3** Producir renta [1]. *Tb fig.*

renteriano -na *adj* De Rentería (Guipúzcoa). *Tb n, referido a pers.*

rentero -ra *m y f* Pers. que tiene algo en renta [5], esp. una casa o una finca.

rentilla *f* Juego con seis dados, cada uno de ellos numerado en una sola cara.

rentista *m y f* Pers. que percibe rentas [2] de alguna propiedad. **b)** *Esp*: Pers. que vive de sus rentas.

rentoy (*pl normal*, ~S *o* RENTÓIS) *m* (*raro*) **1** (*Naipes*) Juego que suele jugarse por parejas, repartiéndose tres cartas a cada jugador, y en que el valor máximo corresponde al dos. ■ **2** (*col*) Chulería o desplante. ■ **3** (*col*) Pulla o indirecta.

rentrée (*fr; pronunc corriente,* /ʀantré/) *f* Vuelta o regreso, esp. después de las vacaciones de verano.

renuencia *f* (*lit*) Cualidad de renuente.

renuente *adj* (*lit*) Reacio o remiso. *A veces con un compl* A.

renuevo *m* **1** Tallo nuevo [de una planta, esp. de un árbol podado o cortado]. ■ **2** (*raro*) Acción de renovar(se).

renuncia *f* Acción de renunciar [1 y 3]. **b)** Documento en que consta una renuncia legal.

renunciabilidad *f* (*raro*) Cualidad de renunciable.

renunciable *adj* Que se puede renunciar [3 y 4].

renunciación *f* Renuncia, esp. con sacrificio o abnegación.

renunciador -ra *adj* **1** Que renuncia. ■ **2** De (la) renuncia.

renunciamiento *m* Renunciación.

renunciante *adj* Que renuncia. *Tb n, referido a pers.*

renunciar (*conjug* **1a**) **A** *intr* **1** Cesar voluntariamente en los derechos [sobre algo (*compl* A)]. *Tb sin compl, por consabido.* **b)** Cesar voluntariamente [en una pretensión o proyecto (*compl* A)], gralm. con sacrificio. **c)** Abstenerse voluntariamente [de algo (*compl* A)]. **d)** Apartarse voluntariamente [de alguien o algo (*compl* A)]. ■ **2** (*Juegos*) Faltar a las leyes del juego, no jugando la carta o la ficha debida. **B** *tr* **3** Renunciar [1] [a algo (*cd*)]. ■ **4** Rechazar o no aceptar.

renuncio *m* **1** Falta que se comete contra las leyes de un juego, no jugando la carta o la ficha debida. *Tb fig.* ■ **2** Mentira o contradicción. *Gralm en la constr* COGER EN ~.

reñidamente *adv* De manera reñida [2].

reñidero *m* Sitio destinado a riñas de animales, esp. de gallos.

reñido -da *adj* **1** *part* → REÑIR. ■ **2** [Cosa] que implica competencia o rivalidad. ■ **3** [Cosa] opuesta o incompatible [con otra]. *Normalmente como predicat con* ESTAR.

reñidor -ra *adj* Que riñe con frecuencia.

reñir (*conjug* **58**) **A** *tr* **1** Reprender con energía o brusquedad [a alguien]. *Tb abs.* ■ **2** Llevar a cabo [una batalla o algo similar]. **B** *intr* **3** Enfrentarse [con alguien] de palabra o de obra. *Tb sin compl, con suj pl.* **b)** Enemistarse o romper las relaciones [con alguien]. *Tb sin compl, con suj pl.* **c) echar a ~.** Comparar o poner en parangón.

reo[1] **-a** (*la forma f es rara; normalmente se usa la forma ~ como m y f*) *m y f* **1** Pers. acusada en un juicio. **b)** Pers. acusada o inculpada. ■ **2** Pers. que por sus culpas es merecedora [de un castigo, esp. la muerte].

reo[2] *m* Trucha que vive en el mar y en los ríos (*Salmo trutta*).

reo[3] (*reg*) **I** *m* **1** Vez o turno. **II** *loc adv* **2** a ~ → ARREO[2].

reobrar *intr* Actuar [sobre algo] como respuesta o reacción.

reoca. la ~. *f* (*col*) La oca (una cosa exagerada o disparatada). *Se usa normalmente como predicat con* SER, *referido a pers o cosa.*

reófilo -la *adj* (*CNat*) [Pez o planta] que vive en aguas de corriente impetuosa.

reóforo *m* (*Electr*) Conductor de los dos que establecen la comunicación entre un aparato eléctrico y una fuente de electricidad.

reógrafo *m* (*Electr*) Instrumento para registrar las variaciones de la intensidad de una corriente.

reojar *tr* Mirar de reojo.

reojo I *m* **1** (*raro*) Mirada que se produce con el rabillo del ojo y sin volver la cabeza. **II** *loc adv* **2 de ~.** Con el rabillo del ojo y sin volver la cabeza. *Normalmente con el v* MIRAR. *Tb adj, referido a mirada.* ■ **3 de ~.** Con antipatía o prevención. *Con el v* MIRAR.

reordenación *f* Acción de reordenar.

reordenador -ra *adj* Que reordena.

reordenamiento *m* Acción de reordenar.

reordenar *tr* Dar nueva ordenación [a algo (*cd*)].

reorganización *f* Acción de reorganizar.

reorganizador -ra *adj* **1** Que reorganiza. *Tb n, referido a pers.* ■ **2** De (la) reorganización.

reorganizar *tr* Dar nueva organización [a algo (*cd*)].

reorganizativo -va *adj* De (la) reorganización.

reorientación *f* Acción de reorientar.

reorientar *tr* Dar nueva orientación [a algo (*cd*)].

reóstato (*tb, semiculto,* **reostato**) *m* (*Electr*) Resistencia variable que, intercalada en un circuito, permite variar y regular la intensidad de la corriente.

repajo *m* Lugar cerrado con arbustos y matas.

repajolero -ra *adj* (*col*) **1** Maldito o condenado. ■ **2** Pícaro o travieso.

repanchigarse *intr pr* (*col*) Repantigarse. *Frec en part.*

repanchingarse *intr pr* (*pop*) Repanchigarse. *Frec en part.*

repanocha. la ~. *f* (*col*) El colmo. *Gralm como predicat con* SER, *referido a pers o cosa.*

repantigarse *intr pr* Sentarse extendiendo los miembros para mayor comodidad. *Frec en part.*

repantingarse *intr pr* (*col*) Repantigarse.

repápalo *m* (*reg*) Dulce casero a modo de buñuelo con relleno de pan.

reparable *adj* Que se puede reparar [1, 2 y 3].

reparación *f* Acción de reparar [1, 2 y 3].

reparado -da *adj* **1** *part* → REPARAR. ■ **2** (*Taur*) Que tiene un defecto visual. *Frec* ~ DE LA VISTA.

reparador -ra *adj* **1** Que repara [1, 2 y 3]. *Tb n, referido a pers.* ■ **2** [Religiosa] de la orden de María Reparadora, fundada por Émilie de Oultremont en 1854. *Tb n f.*

reparar A *tr* **1** Arreglar [algo estropeado o roto]. **b)** Arreglar [una rotura o desperfecto]. ■ **2** Dar compensación [a algo (*cd*) que ha sufrido un daño o menoscabo]. **b)** Remediar [una falta cometida o un daño causado]. ■ **3** Restablecer [las fuerzas]. ■ **4** (*reg*) Ver [a una pers. o cosa] o reparar [5] [en ella (*cd*)]. **B** *intr* **5** Darse cuenta de la presencia o de la existencia [de alguien o algo (*compl* EN)]. *Cuando el compl es una prop, a veces no lleva prep.* ■ **6** Detenerse a considerar [algo (*compl* EN)]. *Cuando el compl es una prop, a veces no lleva prep.*

reparcelación *f* Nueva parcelación.

reparo *m* **1** Dificultad o inconveniente. *Frec con el v* PONER. ■ **2** Advertencia de oposición o disconformidad. *Frec con el v* HACER. ■ **3** Vergüenza o retraimiento. **b)** Recelo o desconfianza. ■ **4** (*raro*) Acción de reparar, *esp* [1]. ■ **5** (*hist*) Remedio que se pone al enfermo en la boca del estómago para darle vigor.

reparón -na *adj* (*raro*) [Pers.] que tiende a poner reparos [1] exagerados. **b)** Propio de la pers. reparona.

repartible *adj* Que se puede repartir.

repartición *f* Acción de repartir.

repartidor -ra *adj* Que reparte. *Tb n, m y f, referido a pers y a aparato o máquina.*

repartimiento *m* Reparto [1]. **b)** (*hist*) Reparto de un determinado número de indios entre los colonizadores españoles, para dotar de mano de obra a las explotaciones agrícolas y mineras.

repartir *tr* **1** Dividir [algo] dando a cada parte un destino determinado. *Frec con un compl* ENTRE. **b)** *pr* (~**se**) Estar [algo] dividido [de un modo determinado]. ■ **2** Hacer llegar [algo a perss. distintas o lugares diferentes (*ci o compl* POR *o* ENTRE)]. *Tb sin el 2º compl.* ■ **3** Colocar [algo] extendiéndo[lo] o distanciándo[lo]. **b)** *pr* (~**se**) Estar [algo] extendido o distanciado. ■ **4** Adjudicar [a un actor un papel].

reparto *m* **1** Acción de repartir(se). ■ **2** Relación de los actores [de una obra teatral o cinematográfica] y de los personajes que encarnan. **b)** Conjunto de actores [de una obra].

repasado *m* Acción de repasar [3 y 6].

repasador -ra *adj* Que repasa, *esp* [3]. *Tb n, referido a pers.*

repasar A *tr* **1** Volver a pasar [algo (*cd*) por un sitio]. *Tb sin compl de lugar.* **b)** Volver a pasar [una cosa (*compl* CON) por otra (*cd*)]. **c)** (*raro*) Volver a pasar [por un sitio (*cd*)]. ■ **2** Volver a mirar o examinar [algo]. ■ **3** Revisar o examinar con cuidado. **b)** Revisar [algo] para corregir[lo] o arreglar[lo] si lo necesita. **c)** Revisar [la ropa] y coser[la] si lo necesita. *Tb abs.* ■ **4** Leer de nuevo o repetir [algo, esp. una lección] para recordar[lo]. *Tb abs.* **b)** Ayudar [a alguien (*ci*)] a estudiar o recordar [algo, esp. una lección, que ya es materia conocida]. ■ **5** Leer [algo] por encima o de manera ligera. ■ **6** (*Tex*) Abrir de nuevo [la lana] y peinar[la] después de teñida.
B *intr* ➤ **a** *normal* **7** Pasar otra vez [por un sitio]. ➤ **b** *pr* (~**se**) **8** Dejar pasar [un cuerpo] humedad o pequeñas gotas de líquido a través de sus poros. *Tb fig.*

repasata *f* (*col, raro*) Regañina o reprimenda.

repaso *m* **1** Acción de repasar, *esp* [2 a 5]. ■ **2** Acción de recordar [a alguien], en tono enérgico, una serie de cosas, esp. fallos, que debe tener en cuenta. *Gralm en la constr* DAR UN ~. **b)** Demostración de superioridad en conocimientos. *Gralm en la constr* DAR UN ~.

repatear A *intr* **1** (*col*) Desagradar profundamente.
B *tr* **2** (*raro*) Patear repetidamente [un lugar].

repatriación *f* Acción de repatriar(se).

repatriar (*conjug* 1c *o* 1a) *tr* Hacer que [alguien o algo (*cd*), esp. dinero] vuelva a su patria de origen. *Referido a pers, frec el cd es refl.*

repe *adj* (*col*) Repetido. *Frec referido a cromos.*

repechar *intr* Subir por un repecho o cuesta.

repecho *m* **1** Cuesta corta y empinada. ■ **2** (*raro*) Antepecho [de una ventana].

repeinar *tr* Peinar cuidadosamente. *Frec en part.*

repelado *m* (*reg*) Dulce de almendra y clara de huevo.

repelar *tr* **1** Pelar completamente. ■ **2** Tirar del pelo [a alguien (*cd*)]. *Tb abs.*

repelencia *f* **1** Acción de repeler. ■ **2** Cualidad de repelente.

repelente *adj* Que repele, *esp* [4]. *Tb n m, referido a producto.* **b)** (*col*) [Niño] que resulta antipático por ser excesivamente estudioso o disciplinado.

repeler A *tr* **1** Rechazar (hacer retroceder o impulsar lejos de sí). **b)** Rechazar (impedir que tenga éxito [un ataque o una agresión]). ■ **2** No admitir [una materia (*suj*)] que [algo (*cd*)] penetre en ella. ■ **3** Rechazar (no aceptar).
B *intr* **4** Causar repugnancia o aversión [a alguien (*ci*)]. *Tb sin compl.*

repellar *tr* (*Constr*) Echar pelladas de yeso [a una pared (*cd*) que se construye o repara]. *Tb abs.*

repelo. a (*o* **de**) ~. *loc adv* (*raro*) A contrapelo.

repelón I *m* **1** Tirón de pelo.
II *loc adv* **2 a** ~. (*reg*) A contrapelo. ■ **3 de** ~. (*raro*) Por los pelos.

repeluco *m* (*col*) Repeluzno.

repelús I *m* **1** (*col*) Repeluzno.
II *loc v* **2 dar el** ~ [a alguien]. (*reg*) Hacer[le] pagar si pierde a las cartas.

repeluzno *m* (*col*) Sacudida nerviosa causada por el frío, el miedo o la repugnancia. **b)** Sensación de frío, miedo o repugnancia.

repensar (*conjug* 6) *tr* Volver a pensar, o reflexionar, [sobre algo (*cd*)].

repente I *m* **1** Impulso repentino.
II *loc adv* **2 de** ~. De manera repentina. ■ **3 en un** ~. (*lit*) En un instante.

repentinamente *adv* De manera repentina.

repentino -na *adj* Que se produce de manera rápida e imprevista.

repentista *m y f* Pers. que repentiza.

repentización *f* Acción de repentizar.

repentizador -ra *adj* Que repentiza. *Tb n, referido a pers.*

repentizar *tr* Improvisar [una composición musical o literaria, o la ejecución de una obra musical]. *Tb abs.*

repera. la ~. *f* (*col*) La pera (una cosa exagerada o disparatada). *Se usa normalmente como predicat con* SER, *referido a pers o cosa.* **b)** Una cosa excepcionalmente buena.

repercusión *f* Acción de repercutir. *Tb su efecto.*

repercutible *adj* (*Econ*) Que se puede repercutir [2].

repercutir A *intr* **1** Influir o tener algún efecto [una cosa sobre una pers. o cosa (*compl* EN *o* SOBRE)].
B *tr* **2** (*Econ*) Hacer que [una cosa (*cd*), esp. una carga financiera] recaiga o tenga efecto [sobre otra].

repertorio *m* **1** Conjunto de obras preparadas [de una compañía teatral, una orquesta o un intérprete]. ■ **2** Colección de datos notables [de diversas materias o de alguna en particular]. ■ **3** Conjunto o serie [de cosas homogéneas].

repesca *f* (*col*) Acción de repescar.

repescar *tr* (*col*) **1** Admitir nuevamente [a alguien ya eliminado en una prueba o selección]. ■ **2** Recuperar [algo desechado en otro momento, omitido u olvidado].

repeso *m* **1** Peso que se hace para comprobar la exactitud de otro previo. ■ **2** Lugar destinado al repeso [1] oficial.

repetible *adj* Que se puede repetir [1 y esp. 6].

repetición I *f* **1** Acción de repetir(se). *Tb su efecto.* **b)** (*TLit*) Figura retórica consistente en repetir [1a] palabras. **II** *loc adj* **2 de ~.** [Arma de fuego] provista de una reserva de cartuchos que penetran en la recámara cuando el tirador acciona el cerrojo. ■ **3 de ~.** [Mecanismo] que repite su acción automáticamente. **b)** [Reloj] dotado de un mecanismo de repetición para dar la hora.

repetidamente *adv* De manera repetida [2].

repetido -da *adj* **1** *part* → REPETIR. ■ **2** Que denota u implica repetición [1a].

repetidor -ra *adj* **1** Que repite. *Tb n, referido a pers.* **b)** [Estudiante] que repite [1a] un curso o una asignatura. *Tb n.* **c)** (*Telec*) [Dispositivo] que reproduce, amplificándolas, las señales que recibe. *Gralm n m.* ■ **2** [Arma de fuego] de repetición [2].

repetir (*conjug 62*) **A** *tr* **1** Volver a hacer o a decir [algo]. *Tb abs.* **b)** Decir [algo oído o aprendido]. **c)** Hacer [algo hecho por otro]. ■ **2** Reproducir [algo (*suj*) un sonido o una imagen]. **B** *intr* ➤ **a** *normal* **3** Venir a la boca el sabor [de algo comido o bebido (*suj*)]. ■ **4** Tomar una nueva ración [de algo que se acaba de tomar]. *Tb sin compl.* ➤ **b** *pr* (**~se**) **5** Repetir [1a] [alguien] las mismas cosas. ■ **6** Volver a suceder o presentarse [algo].

repetitivo -va *adj* Que implica repetición [1a].

repicado¹ *m* (*RTV*) Acción de repicar². *Tb su efecto.*

repicado² *m* Acción de repicar³.

repicar¹ A *tr* **1** Tocar [una campana] produciendo un sonido vivo y gralm. alegre. *Frec abs.* ■ **2** Producir [un sonido reiterado semejante al de las campanas]. **B** *intr* **3** Sonar [una campana] con sonido vivo y gralm. alegre. ■ **4** Producir un sonido reiterado semejante al de las campanas. ■ **5 ~ gordo** (o, *raro*, **grande**). Ser día de fiesta o de celebración importante. *Frec en la constr* DÍA DE ~ GORDO.

repicar² *tr* (*RTV*) Pasar [algo] a un soporte o formato distinto.

repicar³ *tr* (*raro*) Trasplantar [una planta].

repilo *m* Enfermedad del olivo producida por un hongo y caracterizada por la aparición de unas manchas redondeadas en las hojas, que acaban por caer.

repinar A *tr* **1** Subir [una cuesta o pendiente]. **B** *intr pr* (**~se**) **2** Remontarse o elevarse.

repintado *m* Acción de repintar.

repintar *tr* **1** Pintar de nuevo. ■ **2** Pintar mucho y con cuidado. *Frec el cd es refl.*

repinte *m* Acción de repintar. *Tb su efecto.*

repipi *adj* (*col*) [Pers., esp. niño] afectada y pedante. *Tb n.* **b)** [Cosa] propia de la pers. repipi.

repipiez *f* (*col*) **1** Cualidad de repipi. ■ **2** Cosa repipi [1b].

repique *m* Acción de repicar¹. *Tb su efecto.*

repiquete *m* Repiqueteo.

repiquetear A *tr* **1** Repicar¹ [1 y 2] [algo] con fuerza e insistencia. **b)** Golpear repetidamente [sobre algo (*cd*)] produciendo ruido. **B** *intr* **2** Repicar¹ [3 y 4] con fuerza e insistencia.

repiqueteo *m* Acción de repiquetear.

repisa *f* **1** Tabla o cosa similar que se fija horizontalmente a la pared y sirve para colocar objetos sobre ella. **b)** Parte o pieza horizontal que sirve para colocar algo sobre ella. ■ **2** (*Arquit*) Parte sobresaliente del muro, más larga que ancha y que gralm. sirve de apoyo a un balcón. ■ **3** Saliente horizontal de una montaña.

repiso -sa *adj* (*reg*) Arrepentido.

replantación *f* Acción de replantar.

replantar *tr* Plantar de nuevo.

replanteador -ra *m y f* Pers. que replantea [2].

replanteamiento *m* Acción de replantear [1].

replantear *tr* **1** Volver a plantear [un asunto]. ■ **2** (*Constr*) Trazar en el terreno la planta [de un edificio u otra obra (*cd*)]. *Tb abs.*

replanteo *m* **1** Acción de replantear, *esp* [2]. ■ **2** Replantamiento.

repleción *f* (*Med o lit*) Cualidad de repleto.

replegable *adj* Que se puede replegar.

replegar (*conjug 6*) **A** *tr* **1** Plegar [algo desplegado]. ■ **2** (*reg*) Recoger o recolectar. **B** *intr pr* (**~se**) **3** Retirarse o retroceder ordenadamente [las tropas en campaña]. ■ **4** Pasar [alguien] a una actitud defensiva.

repletar *tr* (*raro*) Llenar completamente.

repleto -ta *adj* Completamente lleno.

réplica I *f* **1** Acción de replicar. *Tb su efecto.* **b)** Acción con que se responde a otra. **c)** (*Geol*) Temblor que sucede a un sismo. ■ **2** Copia o reproducción. **b)** Pers. o cosa que parece copia o imagen [de otra]. **c)** (*Arte*) Copia o repetición hecha por el mismo autor del original y que puede presentar ligeras variantes. **II** *loc v* **3 dar (la) ~.** Decir [un actor o personaje] la parte de diálogo que se opone o complementa [a otro]. *Tb fig.*

replicación *f* (*Biol*) Producción de copias exactas de una molécula compleja.

replicante *adj* (*raro*) Que replica. *Tb n, referido a pers.*

replicar *tr* Decir [algo a alguien] como respuesta o reacción a lo que acaba de decir, y esp. en contra de ello. *Frec abs.* * Me replicó que a él no le importaba. **b)** Decir [algo] como respuesta o reacción [a lo que alguien acaba de decir (*compl* A)], y esp. en contra de ello. *Frec abs.* * La mujer no replicó a esto.

repliegue *m* **1** Acción de replegar(se). ■ **2** Pliegue muy marcado. ■ **3** (*lit*) Parte disimulada o secreta.

repoblación *f* Acción de repoblar.

repoblador -ra *adj* **1** Que repuebla. *Tb n, referido a pers.* ■ **2** De (la) repoblación.

repoblar *(conjug 4) tr* **1** Volver a poblar [un lugar que ha quedado sin población o con muy poca]. ■ **2** Plantar de árboles [un terreno de escasa vegetación].

repóker → REPÓQUER.

repollez *f (col)* Cursilería.

repollo *m* Variedad de col comestible, de color verde claro, cuyas hojas están estrechamente unidas formando un cuerpo compacto y redondo. **b)** *(col) Se usa frec en constrs de sent comparativo para ponderar la cursilería.* * Es más cursi que un repollo con lazo.

repolludo -da *adj* **1** *(col)* [Pers.] rolliza. ■ **2** [Planta] que forma en su parte superior un conjunto de hojas compacto y redondeado.

reponer *(conjug 21)* **A** *tr* **1** Volver a poner [algo o a alguien en el lugar o estado en que estaba]. *Tb fig. Frec se omite el 2º compl.* ■ **2** Reemplazar [lo que falta o lo que se ha sacado de algún sitio]. ■ **3** Volver a llenar [un recipiente]. ■ **4** Volver a presentar [una obra de teatro o de cine que hace tiempo que no se exhibe]. ■ **5** Responder o replicar. *El v va siempre en pret de ind o de subj.*
B *intr pr* **(~se)** **6** Recuperarse [una pers. o cosa de algo]. *Frec se omite el compl, por consabido.*

repóquer *(tb con la grafía* **repóker***) m (Naipes) En el póquer:* Combinación de póquer más comodín. *Tb fig.*

reportaje *m* **1** Trabajo periodístico de carácter informativo, gralm. con fotografías o filmación, sobre perss. o temas que frec. se presentan en su propio ambiente. ■ **2** **~ gráfico.** Conjunto de fotografías sobre un suceso. *Tb simplemente ~.*

reportar¹ **A** *tr* **1** Proporcionar o traer como consecuencia [algo a alguien].
B *intr pr* **(~se)** **2** Moderar o refrenar [alguien] sus impulsos.

reportar² *tr (Econ)* Informar.

reporte *m (raro)* Reportaje.

repórter *(pl normal, ~s) m (hoy raro)* Reportero.

reporteril *adj* De(l) reportero.

reporterismo *m* Actividad de reportero.

reportero -ra *m y f* Periodista que recoge noticias.

reporting *(ing; pronunc corriente,* /r̄epórtin/*) m (Econ)* Informe.

reportorio *m (hist)* Calendario en forma de libro que incluye un repertorio de datos variados.

reposabrazos *m* Pieza que en un vehículo sirve para que la pers. sentada pueda apoyar en ella el brazo.

reposacabezas *m* Pieza acoplada en la parte superior de un asiento de un vehículo, que sirve para apoyar en ella la cabeza.

reposadamente *adv* De manera reposada [2].

reposadero *m* Lugar de reposo.

reposado -da *adj* **1** *part* → REPOSAR. ■ **2** Sosegado y tranquilo.

reposante *adj (raro)* Que produce sosiego o reposo.

reposapiés *m* Pieza u objeto que sirve para que la pers. sentada apoye en ellos los pies.

reposar **A** *intr* ➤ **a** *normal* **1** Permanecer [alguien] inactivo para descansar. *Tb (raro) pr* **(~se).** *Tb fig.* **b)** Permanecer [algo] quieto y sin sufrir ninguna acción exterior. ■ **2** Dormir o descansar. ■ **3** *(lit)* Yacer o estar enterrado [en un lugar]. ■ **4** Descansar o apoyarse [una cosa sobre o en otra].
➤ **b** *pr* **(~se)** **5** *(raro)* Tranquilizarse o sosegarse.
B *tr* **6** Reposar [1a] [después de una comida *(cd)*]. ■ **7** Descansar o apoyar [una cosa sobre o en otra]. *Tb fig.*

reposición *f* **1** Acción de reponer(se) [1, 2, 3, 4 y 6]. *Tb su efecto.* ■ **2** *(Der)* Petición dirigida a los jueces para que reformen sus resoluciones, cuando estas no son sentencias.

reposo *m* **1** Acción de reposar(se), *esp* [1]. **b)** *(Fís)* Inmovilidad de un cuerpo respecto a un sistema de referencia. ■ **2** Sosiego o tranquilidad. ■ **3** **el ~ del guerrero.** *(humoríst)* La mujer dedicada a mimar y complacer al hombre cuando vuelve del trabajo.

repostar *tr* **1** Reponer [combustible o provisiones]. *Frec abs, esp referido a combustible. Tb fig.* ■ **2** *(raro)* Reponer combustible [en un vehículo *(cd)*]. *Tb fig.*

reposte *m (reg)* Lugar en que se guardan los víveres.

repostería *f* **1** Arte y oficio de hacer pastas y dulces. ■ **2** Conjunto de productos de repostería [1]. ■ **3** Establecimiento en que se venden pastas y dulces junto con fiambres, embutidos y algunas bebidas.

repostero -ra **I** *adj* **1** De la repostería [1].
II *n* **A** *m y f* **2** Pers. que se dedica a la repostería [1].
B *m* **3** Paño cuadrado o rectangular con emblemas heráldicos. ■ **4** *(hist)* Pers. que en los palacios tiene a su cargo el orden y custodia de los objetos pertenecientes a alguno de los ramos del servicio.

repregunta *f (Der)* Segunda pregunta que hace al testigo el litigante contrario al que lo presenta.

repreguntar *tr (Der)* Hacer repreguntas [al testigo *(cd)*].

reprender *tr* **1** Manifestar [una pers. a otra *(cd)*] enojo o disgusto [por algo que esta ha hecho]. *Frec se omite el segundo compl.* ■ **2** *(raro)* Afear o censurar [algo].

reprensible *adj* Digno de reprensión.

reprensión *f* **1** Acción de reprender. ■ **2** Palabras con que se reprende.

reprensor -ra *adj* **1** Que reprende. *Tb n, referido a pers.* ■ **2** Que denota o implica reprensión.

represa *f* **1** Presa u obstáculo que detiene un curso de agua. ■ **2** Acumulación de agua detenida.

represada *f* Cantidad de agua represada (→ REPRESAR [1]).

represalia *f* Acto hostil [de una nación contra otra] como respuesta a un daño o una ofensa. *Frec en pl y con el v* TOMAR. **b)** Acto hostil y vengativo [contra alguien]. *Frec en pl y con el v* TOMAR.

represaliar *(conjug* **1a***) tr* Tomar represalias [contra alguien *(cd)*]. *Frec en part.*

represamiento *m* Acción de represar(se).

represar A *tr* **1** Detener mediante una presa o un obstáculo [un curso de agua]. *Tb fig.* ■ **2** Reprimir o contener.

B *intr* **3** Detenerse o estancarse [un curso de agua]. *Frec pr* (~se).

representable *adj* Que se puede representar, esp [2 y 4].

representación *f* **1** Acción de representar(se) [1 a 5]. **b)** (*Der*) Derecho de una pers. a ocupar el lugar de otra difunta, para la sucesión en una herencia o mayorazgo. ■ **2** Cosa que representa [1b, 2 y 3b] [a otra (*compl de posesión*)]. ■ **3** Pers. o conjunto de perss. que representan [5] [a otras (*compl de posesión*)]. ■ **4** Cargo de representante diplomático o comercial. *Tb la oficina correspondiente.* ■ **5** Importancia o categoría social. **b)** Apariencia que denota alta categoría social. *Referido frec a edificios.*

representante *adj* Que representa [1, 2, 3 y esp. 4 y 5]. *Normalmente como n, referido a pers.*

representar *tr* **1** Traer a la mente [una cosa ausente o abstracta (*cd*) por medio de otra sensible]. **b)** Traer a la mente [una cosa sensible (*suj*) otra ausente o abstracta (*cd*)]. **c)** *pr* (~se) Venir [algo] a la mente [de alguien (*ci*)]. ■ **2** Dar forma gráfica o plástica [a algo (*cd*)]. **b)** Ser [una cosa, esp. un dibujo o una pieza artística] la forma gráfica o plástica [de alguien o algo (*cd*)]. ■ **3** Ser [una pers. o cosa], entre varias, el elemento en que [algo no material, gralm. una condición o cualidad (*cd*)] resulta particularmente característico. **b)** Ser [una pers. o cosa] el elemento que atestigua la existencia o la presencia [de algo (*cd*)]. ■ **4** Ejecutar [una obra de teatro]. **b)** Hacer [determinado papel] en una obra de teatro. *Tb fig, fuera del ámbito teatral.* ■ **5** Actuar en nombre [de una pers. o de una entidad (*cd*)] en virtud de un derecho o de un encargo. **b)** Actuar oficialmente en nombre de una casa comercial como responsable de los contratos [de un determinado producto (*cd*)]. ■ **6** Aparentar [determinada edad]. ■ **7** Suponer o significar. ■ **8** (*raro*) Exponer o manifestar [algo a una autoridad].

representativamente *adv* De manera representativa.

representatividad *f* Cualidad de representativo.

representativo -va *adj* **1** Que representa o sirve para representar [1, 2 y 3]. ■ **2** De (la) representación [1 y 5]. **b)** (*Ling*) [Función] por la que se establece una comunicación de carácter objetivo.

represión *f* Acción de reprimir. *Tb su efecto.* **b)** (*Psicol*) Rechazo inconsciente de ideas, impulsos o sentimientos que no son aceptables para el sujeto.

represivo -va *adj* **1** Que reprime o sirve para reprimir. ■ **2** De (la) represión.

represor -ra *adj* Que reprime. *Tb n, referido a pers.*

reprimenda *f* Reprensión.

reprimido -da *adj* **1** *part* → REPRIMIR. ■ **2** [Pers.] que no se atreve a manifestar sus impulsos o tendencias. *Gralm con un adj especificador, que frec se omite por consabido. Tb n.* **b)** Propio de la pers. reprimida.

reprimir A *tr* **1** Impedir, frec. mediante violencia, que [algo no material, esp. un impulso o tendencia] se desarrolle o se manifieste. **b)** Dominar y castigar [un movimiento políticos o sociales o a las perss. que participan en ellos].

B *intr pr* (~se) **2** Contenerse o dominarse.

reprís *f* (*o m*) Reprise [1].

reprisar *tr* (*Escén*) Representar de nuevo.

reprise (*fr; pronunc corriente,* /ṝeprís/) **A** *f* (*o m*) **1** Paso rápido de un régimen bajo de motor a otro superior. *Tb fig.*

B *f* **2** Reposición teatral o cinematográfica. ■ **3** (*raro*) Repetición.

reprobable *adj* Digno de ser reprobado [1].

reprobación *f* Acción de reprobar, esp [1].

reprobador -ra *adj* **1** Que reprueba, esp [1]. ■ **2** Que denota o implica reprobación.

reprobadoramente *adv* De manera reprobadora [2].

reprobar (*conjug 4*) *tr* **1** Censurar o desaprobar [algo]. ■ **2** Suspender [a alguien en una prueba].

reprobatoriamente *adv* De manera reprobatoria.

reprobatorio -ria *adj* Que denota o implica reprobación.

réprobo -ba *adj* (*Rel crist*) **1** [Pers.] condenada a las penas eternas. *Tb n. Tb* (*lit*) *fig.* ■ **2** [Pers.] condenada por su heterodoxia religiosa. *Tb n.*

reprocesamiento *m* (*Quím*) Tratamiento a que se somete el combustible nuclear después de utilizado, con el fin de recuperar el uranio y el plutonio.

reprochable *adj* Digno de reproche.

reprochador -ra *adj* (*raro*) **1** Que reprocha. ■ **2** Que denota o implica reproche.

reprochadoramente *adv* (*raro*) De manera reprochadora [2].

reprochar *tr* **1** Manifestar [a alguien (*ci*)] censura o queja [por algo (*cd*)]. ■ **2** Censurar o reprender [a alguien].

reproche *m* **1** Acción de reprochar. ■ **2** Expresión con que se reprocha.

reproducción *f* **1** Acción de reproducir(se). ■ **2** Cosa que reproduce [1b] [otra (*compl de posesión*)].

reproducible *adj* Que se puede reproducir.

reproducir (*conjug 41*) **A** *tr* **1** Hacer o producir [una cosa (*cd*) que es igual o muy semejante a otra que se toma como referencia]. **b)** Ser [una cosa] igual o muy semejante [a otra (*cd*) que se toma como referencia]. ■ **2** Repetir [algo dicho o hecho por uno mismo o por otro].

B *intr pr* (~se) **3** Producir [un ser vivo] seres semejantes a sí mismo. ■ **4** Producirse [algo] de nuevo.

reproductividad *f* Facultad de reproducirse.

reproductivo -va *adj* De (la) reproducción.

reproductor -ra *adj* **1** Que reproduce. *Tb n, m y f, referido a pers y a máquina o aparato.* ■ **2** De (la) reproducción [1]. **b)** [Animal] destinado a la reproducción. *Tb n.*

reprografía *f* Reproducción mecánica de documentos, esp. mediante fotocopia.

reprográfico -ca *adj* De (la) reprografía.

reprógrafo -fa *m y f* Especialista en reprografía.

reptación *f* Modo de locomoción en el que el cuerpo avanza sobre la cara ventral mediante movimientos ondulatorios de conjunto.

reptador -ra *adj* Que repta.

reptante *adj* Que repta.

reptar *intr* **1** Desplazarse [un animal] por reptación. ■ **2** (*lit*) Avanzar o moverse arrastrándose por el suelo.

reptil *adj* **1** [Animal] vertebrado, ovíparo u ovovivíparo, de sangre fría y respiración pulmonar, que, por carecer de extremidades o tenerlas muy cortas, repta [1]. *Gralm n m, frec en pl, designando este taxón zoológico.* ■ **2** [Pers.] de carácter rastrero, sinuoso y traicionero. *Gralm n m.* ■ **3** (*raro*) Propio del reptil [2]. ■ **4** [Fondo] **de ~es** → FONDO.

reptilario *m* Lugar destinado a la cría o exhibición de reptiles [1].

reptiliano -na *adj* De (los) reptiles [1].

república *f* **1** Forma de gobierno en que el jefe de estado es un presidente elegido. **b)** Estado cuya forma de gobierno es la república. ■ **2** (*lit*) Conjunto de asuntos de interés público. ■ **3 ~ literaria**, *o* **de las letras.** (*lit*) Conjunto de los escritores. ■ **4** (*hoy raro*) Lugar donde reina el desorden por falta de disciplina.

republicanismo *m* **1** Cualidad de republicano. ■ **2** (*Pol*) Doctrina o tendencia que propugna la república [1a] como forma de gobierno. ■ **3** *En Estados Unidos*: Simpatía o apoyo al Partido Republicano [2].

republicanización *f* Acción de republicanizar.

republicanizar *tr* Dar carácter republicano [a alguien o algo (*cd*)].

republicano -na *adj* **1** De (la) república [1a]. **b)** Partidario de la república [1a]. *Tb n, referido a pers.* ■ **2** *En Estados Unidos:* [Partido] de tendencia conservadora. **b)** De(l) Partido Republicano. *Tb n, referido a pers.*

república *m* (*lit*) Hombre público.

repucharse *intr pr* (*reg*) Acobardarse o amilanarse.

repudiable *adj* **1** Que se puede repudiar. ■ **2** Digno de ser repudiado.

repudiación *f* Acción de repudiar.

repudiante *adj* Que repudia, *esp* [3]. *Tb n, referido a pers.*

repudiar (*conjug* **1a**) *tr* **1** Rechazar o no aceptar [algo o a alguien], *esp.* por motivos morales. ■ **2** Rechazar legalmente [el marido a su esposa], rompiendo el vínculo matrimonial. ■ **3** (*Der*) Renunciar [a algo (*cd*)], esp. a una herencia].

repudio *m* Acción de repudiar [1 y 2].

repudrir (*conjug* **56**) *tr* **1** Pudrir mucho. *Tb fig.* **b)** *pr* (**~se**) Pudrirse mucho. ■ **2** Consumir moralmente. **b)** *pr* (**~se**) Consumirse moralmente.

repuesto -ta I *adj* **1** *part* → REPONER. ■ **2** (*col, raro*) [Pers.] vestida y arreglada con mucho esmero. ■ **3** (*lit, raro*) Escondido o retirado. ■ **4 de ~.** [Cosa] destinada a sustituir a otra igual inservible o gastada.

II *m* **5** Cosa o conjunto de cosas destinadas a sustituir a otras iguales inservibles o gastadas.

repugnancia *f* **1** Sensación física de desagrado intenso que impulsa al rechazo. **b)** Sentimiento de rechazo moral o intelectual. ■ **2** (*lit*) Oposición o contradicción.

repugnante *adj* Que repugna [1].

repugnantemente *adv* De manera repugnante.

repugnar A *intr* **1** Causar repugnancia [1]. **B** *tr* **2** Sentir repugnancia [1] [por algo (*cd*)]. ■ **3** (*lit*) Estar [una cosa] en oposición o contradicción [con otra (*cd*)].

repujado[1] -da I *adj* **1** *part* → REPUJAR. **II** *m* **2** Objeto de cuero o metal repujado [1].

repujado[2] *m* Acción de repujar. *Tb su efecto.*

repujador -ra *m y f* Pers. que tiene por oficio repujar.

repujar *tr* Labrar en relieve [cuero o chapa].

repulgado -da *adj* Remilgado.

repulgo *m* **1** Remilgo. ■ **2** (*raro*) Borde saliente, esp. hecho como remate. *Tb fig.* ■ **3** (*raro*) Dobladillo hecho en una tela. *Tb el punto con que se cose.*

repuliciar (*conjug* **1a**) *tr* (*reg*) Acicalar.

repulido -da *adj* **1** *part* → REPULIR. ■ **2** Muy pulido o cuidado. *Frec con intención peyorativa.*

repulir *tr* Pulir intensamente. *Tb fig. Frec con intención peyorativa.*

repullarse *intr pr* (*reg*) **1** Levantarse [un ave] en el vuelo. ■ **2** Mostrar contrariedad.

repullo *m* (*reg*) Respingo de susto o sorpresa. *Tb la sensación correspondiente.*

repulsa *f* Rechazo condenatorio [de alguien o algo].

repulsado *m* (*raro*) Repujado[2] en metal.

repulsador -ra *m y f* (*raro*) Repujador en metal.

repulsar *tr* (*raro*) Manifestar repulsa [contra alguien o algo (*cd*)].

repulsión *f* **1** Acción de repeler o impulsar lejos de sí. ■ **2** Repugnancia o aversión.

repulsivo -va *adj* **1** Que causa repulsión, *esp* [2]. ■ **2** De (la) repulsión.

repunta *f* (*raro*) Indicio o atisbo.

repuntar *intr* ➤ **a** *normal* **1** (*Mar*) Comenzar [la marea, ascendente o descendente]. ■ **2** (*Econ*) Subir [un valor, esp. bursátil]. ➤ **b** *pr* (**~se**) **3** Agriarse ligeramente [el vino]. *Frec en part.*

repunte *m* Acción de repuntar [1 y 2].

reputación *f* Opinión de los demás [respecto a una pers. (*compl de posesión*)] en el aspecto moral o profesional. *Frec con los adjs* BUENA, MALA *o equivalentes. Referido a mujer, gralm alude a su moral sexual. Tb fig, referido a cosa.* **b)** *Sin calificativo:* Buena reputación.

reputado -da *adj* **1** *part* → REPUTAR. ■ **2** Que tiene buena reputación profesional o social.

reputar *tr* Juzgar o considerar. *Con un predicat, o con un compl* DE, COMO *o* POR.

requebrar (*conjug* **6**) *tr* Dirigir palabras de halago [a una pers., esp. una mujer (*cd*)], gralm. ponderando su belleza.

requemar *tr* **1** Quemar intensamente [algo o a alguien], esp. por la acción del fuego o de la intemperie. *Frec en part.* **b)** *pr* (**~se**) Quemarse intensamente, esp. por la acción del fuego o de la intemperie. ■ **2** Quemar (desazonar intensamente).

requenense *adj* De Requena (Valencia). *Tb n, referido a pers.*

requeridor -ra *adj* (*raro*) Que requiere.

requerimiento *m* Acción de requerir, *esp* [2]. *Tb* su efecto. *Frec en derecho.*

requerir (*conjug* 60) *tr* **1** Exigir [algo] o imponer la necesidad [de ello (*cd*)]. **b)** Necesitar. ■ **2** Pedir [algo (*compl* A *o* PARA) a alguien (*cd*)] como obligación o como favor. *Tb sin compl* A *o* PARA. *Frec en derecho.* ■ **3** (*lit*) Solicitar el amor [de una pers. (*cd*)]. *Más frec* ~ DE AMORES. ■ **4** (*lit*) Solicitar la presencia [de alguien (*cd*)]. ■ **5** (*lit*) Buscar [algo]. ■ **6** (*lit*) Echar mano [de algo (*cd*)].

requesón *m* Cuajada que se saca de los residuos de la leche después de hecho el queso.

requesonero -ra *m y f* Pers. que hace o vende requesón.

requete- *pref* (*col*) Se antepone a *adjs, advs y a veces vs* para añadir énfasis al significado. * Requetelisto. * Requetemal. * Requetemirar.

requeté *m* (*hoy raro*) **1** Individuo perteneciente a la organización militar carlista. ■ **2** Organización militar carlista. **b)** Unidad militar carlista similar a la sección en el ejército regular.

requetebién *adv* (*col*) Sumamente bien.

requiebro *m* Palabra o frase con que se requiebra.

réquiem (*pl normal*, ~S) *m* **1** Misa de difuntos. *Frec* MISA DE ~. *Frec fig.* ■ **2** Composición musical que se canta con el texto de la misa de difuntos, o con parte de él.

requilorio *m* (*desp*) **1** Complicación o detalle innecesario. *Gralm en pl.* ■ **2** Adorno o complemento excesivo o innecesario. *Gralm en pl.* ■ **3** *En pl:* Palabras formularias e innecesarias.

requintado -da *adj* (*reg*) Refinado o exquisito.

requinto *m* **1** Clarinete pequeño y de tono agudo que se usa en las bandas de música. *Tb el músico que lo toca.* ■ **2** Guitarrillo que se toca rasgueando con el dedo índice o el medio.

requirente *adj* (*Der*) [Pers.] que requiere [2].

requisa *f* **1** Acción de requisar. ■ **2** Inspección o registro.

requisar *tr* Apoderarse [el gobierno o una autoridad (*suj*) de algo particular (*cd*)], esp. con fines militares.

requisición *f* (*raro*) Requisa [1].

requisito *m* Condición necesaria [para algo].

requisitoria → REQUISITORIO.

requisitoriar (*conjug* 1a) *tr* (*Der*) Hacer una requisitoria [a alguien (*cd*)].

requisitorio -ria (*Der*) **I** *adj* **1** [Carta o despacho] de requerimiento.
II *f* **2** Requerimiento, esp. el publicado por un juez.

res *f* Se da este n a determinados cuadrúpedos domésticos, esp la vaca y la oveja, y a algunos salvajes que se cazan, esp el venado y el jabalí.

resabiar (*conjug* 1a) **A** *tr* **1** Hacer que [alguien, esp. un animal (*cd*)] adquiera resabios. **b)** *pr* (~se) Adquirir resabios.
B *intr pr* (~se) **2** Disgustarse o desazonarse.

resabido -da *adj* [Pers.] que se precia de sabia o entendida. **b)** Propio de la pers. resabida.

resabio *m* Vicio o mala costumbre.

resaca *f* **1** Movimiento de retroceso de las olas después que han llegado a la orilla. ■ **2** Malestar físico que se padece al día siguiente de beber alcohol en exceso. *Tb fig.* ■ **3** (*Com*) Letra de cambio que el tenedor de otra que ha sido protestada gira a cargo del librador o de uno de los endosantes.

resacador -ra *m y f* (*reg*) Ojeador.

resacón *m* (*col*) Resaca [2] muy grande.

resacoso -sa *adj* Que tiene resaca [2]. **b)** Propio de la pers. que tiene resaca.

resalado -da *adj* (*col*) Muy salado o gracioso. *Frec como piropo.*

resalir (*conjug* 59) *intr* (*raro*) Sobresalir o resaltar.

resallo *m* (*reg*) Nueva escarda.

resaltable *adj* Que se puede resaltar [3].

resaltar **A** *intr* **1** Sobresalir. *Tb fig.* ■ **2** Aparecer [una pers. o cosa] como más destacada o visible respecto a lo que la rodea.
B *tr* **3** Hacer que algo resalte [2].

resalte *m* **1** Acción de resaltar. ■ **2** Parte que sobresale.

resalto *m* Resalte.

resalvo *m* Vástago que, al limpiar un monte, se deja para formar un árbol.

resanar *tr* Reparar [algo dañado o estropeado]. **b)** Reparar [un daño o desperfecto].

resarcidor -ra *adj* (*raro*) Que resarce.

resarcimiento *m* Acción de resarcir.

resarcir *tr* Compensar [a alguien (*cd*) de un gasto o un daño]. **b)** Compensar [un gasto o un daño].

resbalabueyes *m* Junco de hojas planas propio de arenales húmedos (*Juncus bufonius*).

resbaladero *m* Lugar resbaladizo.

resbaladizo -za *adj* **1** [Cosa] en la que se resbala [1a y b y 2] fácilmente. ■ **2** Que resbala [1a] fácilmente. ■ **3** (*col*) [Pers.] con la que uno no sabe a qué atenerse.

resbalador -ra *adj* (*raro*) Que resbala [1].

resbalamiento *m* Acción de resbalar(se) [1a].

resbalar *intr* **1** Deslizarse [sobre una superficie (*compl adv*)]. *Tb pr* (~se). *Frec sin compl.* **b)** Írsele [a alguien (*suj*)] los pies al pisar [algo liso o húmedo (*compl* EN)]. *Frec se omite el compl por consabido. Tb pr* (~se). **c)** Ser o estar resbaladizo [1] [algo]. ■ **2** (*col*) Cometer [alguien] un desliz o equivocación. ■ **3** (*col*) Pasar sin dejar huella. ■ **4** (*col*) Resultar indiferente [algo a alguien].

resbalón *m* **1** Acción de resbalar [1a y esp. b y 2]. ■ **2** Pestillo que queda encajado por la presión de un resorte.

resbaloso -sa *adj* Resbaladizo.

rescaño *m* (*reg*) Cantero [de pan].

rescatable *adj* Que se puede rescatar.

rescatador -ra *adj* Que rescata. *Tb n, referido a pers.*

rescatar *tr* **1** Recuperar mediante dinero [a alguien o algo que está en poder ajeno]. **b)** Recuperar por la fuerza o mediante otro tipo de actuación [a alguien o algo perdido, preso o en poder ajeno]. *Tb fig.* ■ **2** Sacar [a alguien o algo de una situación lamentable o no deseada].

rescate *m* 1 Acción de rescatar. ■ 2 Precio que se exige para rescatar a alguien. ■ 3 (*Juegos*) Juego de muchachos que consiste en atrapar a los componentes del equipo contrario, que luego pueden ser rescatados por sus compañeros.

rescindible *adj* (*Der*) Que se puede rescindir.

rescindir *tr* (*Der*) Dejar sin efecto [un contrato u obligación (*cd*)].

rescisión *f* (*Der*) Acción de rescindir.

rescisorio -ria *adj* (*Der*) Que rescinde o sirve para rescindir.

rescoldo *m* 1 Conjunto de brasas que quedan entre la ceniza. ■ 2 (*lit*) Residuo mortecino [de algo muy vivo en otro momento, esp. de un sentimiento].

rescribir, rescritura, rescritural → REESCRIBIR, REESCRITURA, REESCRITURAL.

rescripto *m* (*Rel catól*) Respuesta pontificia a una petición de gracia, privilegio o dispensa.

resecación *f* Acción de resecar(se)[1]. *Tb su efecto.*

resecamiento *m* Acción de resecar(se)[1]. *Tb su efecto.*

resecar[1] *tr* Hacer que [alguien o algo (*cd*)] pase a estar muy seco o carente de humedad. **b)** *pr* (~se) Pasar [alguien o algo] a estar muy seco o carente de humedad.

resecar[2] *tr* (*Med*) Extirpar total o parcialmente [un órgano o parte].

resección *f* (*Med*) Acción de resecar[2].

reseco -ca I *adj* 1 Muy seco o carente de humedad. *Tb fig.* ■ 2 Muy seco o delgado.
II *m* 3 Sensación de sequedad en la boca.

reseda *f* Se da este *n* a distintas plantas del *gén Reseda*, esp la *R. odorata*, de flores amarillentas y perfumadas, cultivada como ornamental.

reseguir (*conjug* 62) *tr* Golpear [el filo de una espada] para quitarle las ondas o torceduras y dejarlo recto. *Tb fig.*

resellar *tr* Volver a sellar [algo, esp. una moneda]. *Tb fig.*

resello *m* Acción de resellar. *Tb su efecto.*

resembrar (*conjug* 6) *tr* Volver a sembrar [algo] por haberse malogrado la primera siembra. *Tb abs.*

resentido -da *adj* 1 *part* → RESENTIR. ■ 2 [Pers.] que tiene resentimiento. *Tb n.* **b)** Propio de la pers. resentida.

resentimiento *m* Sentimiento contenido de hostilidad hacia una pers. o hacia la sociedad en general por considerarse injustamente tratado por ellas.

resentir (*conjug* 60) A *intr pr* (~se) 1 Sentir dolor o molestias [en una parte del cuerpo (*compl* DE)]. ■ 2 Estar dolorida [una pers. o una parte del cuerpo a consecuencia de un daño ya pasado (*compl* DE o POR)]. ■ 3 Sufrir [una pers. o cosa] el efecto negativo [de algo (*compl* DE, POR o CON)]. ■ 4 Disgustarse [con alguien (*compl* CON o CONTRA) a consecuencia de una acción injusta o desconsiderada (*compl* DE o POR)]. *Frec sin compl, por consabido.*
B *tr* 5 (*raro*) Resentirse [3 y 4] [de algo (*cd*)].

reseña *f* Acción de reseñar. *Tb su efecto.*

reseñable *adj* Digno de ser reseñado.

reseñador -ra *adj* Que reseña. *Tb n.*

reseñar *tr* 1 Dar noticia sucinta [de algo (*cd*)], gralm. por escrito. **b)** (*lit*) Mencionar o señalar. ■ 2 Dar noticia [de un libro (*cd*)], gralm. comentándo[lo]. ■ 3 Describir [algo] dando sus señas distintivas.

reserva I *n* A *f* 1 Acción de reservar(se). **b)** (*Der*) Hecho de reservar [3] obligatoriamente ciertos bienes para transmitirlos a determinadas perss. **c)** (*E*) Procedimiento por el que una parte de superficie se protege de la acción de un agente que ha de actuar sobre las zonas contiguas. *Frec en la constr* EN ~. *Tb la zona protegida.* ■ 2 Conjunto de perss. o cosas que se tienen reservadas [1 a 4]. *Tb fig.* **b)** Cantidad aún no explotada [de una sustancia mineral]. **c)** (*Dep*) Conjunto de jugadores destinados a sustituir a los titulares en caso de necesidad. *Frec en la loc* DE ~. **d)** (*Biol*) Cantidad de sustancias acumuladas en los tejidos y utilizables en la nutrición en caso de necesidad. *Frec en la loc* DE ~. **e)** (*Econ*) Beneficio que se conserva a disposición de una empresa y no es incorporado al capital. ■ 3 Parte del ejército formada por los militares que ya no están en activo pero pueden ser llamados en caso de necesidad. **b)** Situación propia del militar que pertenece a la reserva. ■ 4 Lugar destinado a la conservación de especies botánicas o zoológicas. *Frec con un compl especificador.* ■ 5 Territorio destinado exclusivamente a los indios y sometido a un régimen especial. *Tb* ~ DE INDIOS. ■ 6 Condición de reservado [2 y 3]. ■ 7 Prevención o cautela. ■ 8 Restricción o salvedad. *Gralm en la constr* CON, o SIN, ~s.
B *m y f* 9 (*Dep*) Jugador de (la) reserva [2c]. *A veces en aposición con* JUGADOR.
C *m* 10 Vino que puede una crianza mínima de tres años en envase de roble y botellas.
II *loc adv* 11 **sin ~s.** Abierta y sinceramente. *Con vs como* HABLAR o DECIR. *Tb adj.*
III *loc prep* 12 **a ~ de.** Con la salvedad de.

reservable *adj* Que se puede reservar. **b)** (*Der*) [Bien] heredado bajo precepto legal de que pase después a otra pers. en casos determinados.

reservadamente *adv* De manera reservada [3].

reservado -da I *adj* 1 *part* → RESERVAR. ■ 2 [Pers.] reacia a comunicar a otros sus ideas o sentimientos, o algo que conoce. **b)** Propio de la pers. reservada. ■ 3 [Cosa] secreta o confidencial. **b)** [Fondos] ~s → FONDO. ■ 4 (*Med*) [Pronóstico] que el médico se reserva [5] a causa de las contingencias previsibles. (→ PRONÓSTICO.)
II *m* 5 *En algunos lugares públicos, esp un café o restaurante:* Lugar dispuesto para que determinadas perss. puedan aislarse del resto.

reservar A *tr* 1 Dejar sin utilizar por el momento [algo o a alguien]. *Frec con un compl* PARA, *que expresa el destino o momento futuro.* ■ 2 Hacer que [una pers. o cosa (*cd*)] quede a la disposición [de alguien (*ci o compl* PARA)] para un momento futuro. *Frec en constr causativa.* ■ 3 Destinar [a una pers. o cosa (*cd*)] en exclusiva [a alguien o algo (*ci o compl* PARA)]. ■ 4 Dejar sin hacer o sin tratar [algo] por el momento. *Frec con un compl* PARA, *que expresa el momento futuro.* ■ 5 Callar o no decir por el momento [algo, esp. una opinión o diagnóstico]. *Frec con compl de interés.* ■ 6 (*Rel catól*) Guardar [la hostia consagrada].
B *intr pr* (~se) 7 Reservar [1] [alguien] sus facultades [para una ocasión futura]. ■ 8 Reservar [5] [alguien] su opinión o algo que sabe.

reservatario -ria *adj* (*Der*) [Heredero] que tiene derecho a bienes reservables. *Tb n.*

reservista *adj* **1** [Militar] de la reserva [3a]. *Tb n.* ■ **2** (*Der*) [Pers.] obligada a una reserva [1b] de bienes. *Frec n.*

reservón -na *adj* **1** (*col*) [Pers.] muy reservada [2]. ■ **2** (*Taur*) [Toro] cauteloso en las embestidas.

reservorio *m* **1** (*CNat*) Lugar en que se almacena [algo (*compl de posesión*)]. ■ **2** (*Med*) Organismo en que se reproducen virus, bacterias o parásitos y que gralm. no es afectado por estos. ■ **3** (*raro*) Reserva (masa o conjunto acumulados).

reseso -sa *adj* (*reg*) [Alimento, esp. pan] seco o endurecido por el tiempo.

reset (*ing; pronunc corriente,* /r̄esét/) *m* (*Informát*) Dispositivo para poner a cero un ordenador.

resetear *tr* (*Informát*) Poner a cero [un ordenador]. *Tb abs.*

resfriado *m* Estado morboso, debido frec. a la exposición al frío o a la humedad y asociado con inflamación y secreción de las mucosas respiratorias.

resfriarse (*conjug* 1c) *intr pr* **1** Coger un resfriado. ■ **2** (*raro*) Enfriarse o entibiarse [un afecto o pasión].

resfrío *m* (*reg*) Enfriamiento.

resguardar *tr* Proteger [de alguien o algo nocivo]. *Frec sin compl.*

resguardecer (*conjug* 11) *tr* (*reg*) Resguardar.

resguardo I *m* **1** Acción de resguardar(se). *Tb su efecto.* ■ **2** Cosa, esp. lugar, que sirve para resguardar(se). ■ **3** Documento en que consta la entrega de algo. ■ **4** (*raro*) Prevención o cautela.
II *loc prep* **5 a ~ de.** Al abrigo de, o a cubierto de. ■ **6 a(l) ~ de.** Al abrigo de, o protegiéndose con.

residencia *f* **1** Acción de residir [1]. ■ **2** Lugar en que se reside [1]. **b)** Domicilio [de una entidad o corporación]. ■ **3** Casa en la que, con arreglo a determinadas normas, residen [1] perss. afines por su profesión, edad o condición. *Con un compl especificador. A veces designa un establecimiento similar destinado a animales domésticos.* **b)** Conjunto de viviendas familiares independientes para perss. de una misma profesión. *Con un compl especificador.* ■ **4** Establecimiento hotelero que no presta servicio de comedor, aunque suele tener cafetería. *Frec en las constrs* HOTEL-~, HOSTAL-~. ■ **5 ~ sanitaria.** Hospital. *Alguna vez se omite el adj por consabido.*

residenciación *f* Acción de residenciar.

residenciado -da *adj* **1** *part* → RESIDENCIAR. ■ **2** (*semiculto*) Residente [1a] [en un lugar].

residencial *adj* **1** [Zona] destinada pralm. a viviendas, esp. de clase acomodada. ■ **2** [Obispo] que debe residir [1] en su diócesis. ■ **3** (*raro*) De (la) residencia [1 y 4].

residencialidad *f* (*raro*) Cualidad de residencial [3].

residenciamiento *m* Acción de residenciar.

residenciar (*conjug* 1a) *tr* **1** Someter a investigación la conducta [de un juez o de otra pers. que ha ejercido un cargo público (*cd*)]. ■ **2** Hacer que [alguien o algo (*cd*)] resida [1] [en un lugar].

residente I *adj* **1** Que reside [1]. *Tb n, referido a pers. Frec con un compl* EN. **b)** [Pers.] que vive en una residencia [3a]. *Tb n.* ■ **2** [Médico] recién licenciado que presta sus servicios en un centro hospitalario para completar su formación clínica. *Tb n.*

■ **3** (*Informát*) [Programa] instalado de forma permanente en la memoria.
II *n* A *m y f* **4** Ministro residente. (→ MINISTRO.)
B *m* **5** (*hist*) Alto funcionario puesto por el estado protector en un protectorado. *Tb ~* GENERAL.

residir *intr* **1** Vivir habitualmente [en un lugar]. ■ **2** Estar o encontrarse [algo inmaterial en alguien o en algo].

residual *adj* **1** De(l) residuo o de (los) residuos. **b)** [Agua] que, después de haber sido utilizada, conserva sustancias disueltas o materias en suspensión. ■ **2** Que constituye un residuo o tiene carácter de residuo.

residualmente *adv* De manera residual.

residuo *m* Parte que queda [de un todo]. *Frec se omite el compl por consabido. Gralm en pl.* **b)** *Esp:* Parte inservible que queda [de algo]. *Gralm en pl.*

resiembra *f* Acción de resembrar.

resignación *f* Acción de resignarse [2]. **b)** (*Rel crist*) Virtud que inclina a resignarse con la voluntad divina. *Tb ~* CRISTIANA.

resignadamente *adv* De manera resignada [3].

resignado -da *adj* **1** *part* → RESIGNAR. ■ **2** Que tiene resignación [1b]. ■ **3** Que denota o implica resignación.

resignar A *tr* **1** Entregar [una autoridad el mando o los poderes a otra (*compl* EN)] en circunstancias especiales. *Tb sin el 2º compl.*
B *intr pr* (~**se**) **2** Aceptar [algo negativo (A + *infin o n, o* CON + *n*)], renunciando a luchar para evitar[lo]. *Frec se omite el compl por consabido.*

resina *f* **1** Sustancia sólida o pastosa, de color pardo amarillento e insoluble en agua, segregada por diversas plantas, esp. el pino. ■ **2 ~ artificial,** o **sintética.** Producto orgánico obtenido artificialmente y empleado en la industria como constituyente principal de las materias plásticas.

resinable *adj* Que se puede resinar [1].

resinación *f* Acción de resinar [1].

resinado -da *adj* **1** *part* → RESINAR. ■ **2** [Vino] blanco griego aromatizado con resina de pino.

resinar *tr* **1** Beneficiar la resina [1] [de una planta o de un conjunto de plantas (*cd*)]. ■ **2** Tratar [algo] con resina.

resinero -ra I *adj* **1** De (la) resina.
II *n* A *m y f* **2** Pers. que recoge o vende resina.
B *f* **3** Industria resinera [1].

resinificar *tr* (*Quím*) Transformar en resina [una sustancia]. **b)** *pr* (~**se**) Transformarse en resina [una sustancia].

resinoso -sa *adj* **1** Que contiene resina. ■ **2** Que produce resina. ■ **3** Propio de la resina.

resistencia *f* **1** Capacidad de resistir(se). *A veces con un compl* A. ■ **2** Acción de resistir(se), *esp* [3 y 5]. *Frec con un compl* A. **b)** Movimiento armado, frec. clandestino, de lucha contra un dominador extranjero o contra un régimen al que se considera ilegítimo. *Tb fig.* **c) ~ pasiva** → PASIVO. ■ **3** (*Fís*) Fuerza que se opone a la acción de otra. *Tb el cuerpo que la ejerce.* **b)** (*Electr*) Dificultad que opone un conductor al paso de la corriente. **c)** (*Electr*) Elemento que se intercala en un circuito para dificultar el paso de la corriente o para hacer que esta se transforme en calor.

resistencialismo *m* (*Pol*) **1** Actitud contestataria o de resistencia frente al régimen de Franco. ■ **2** Actitud inmovilista.

resistencialista *adj* (*Pol*) De(l) resistencialismo. **b)** Adepto al resistencialismo. *Tb n.*

resistente *adj* **1** Que (se) resiste. **b)** Que tiene resistencia [1]. *A veces con un compl* A. **c)** Que pertenece a la resistencia [2b]. *Tb n, referido a pers.* **2** (*Fís*) [Trabajo] equivalente al producto de la resistencia [3a] por su espacio recorrido.

resistero *m* **1** Calor intenso [producido por el sol (*compl* DE)]. *Tb sin compl. Tb fig.* ■ **2** Lugar en que se hace sentir el resistero [1].

resistible *adj* [Pers. o cosa] a la que se puede resistir.

resistir A *tr* **1** Ser objeto [de un sufrimiento, una circunstancia adversa o una fuerza exterior (*cd*)] sin ser vencido por ellos. *Tb abs.* **b)** Ser [algo, esp. una materia] objeto [de una acción (*cd*)] o recibir los efectos [de un agente (*cd*)] sin sufrir daño o alteración. **c)** Ser objeto [de una comparación (*cd*)] sin resultar inferior o peor. ■ **2** Tolerar [a una pers. o cosa que es molesta].
B *intr* ➤ **a** *normal* **3** Defenderse por la fuerza [contra una agresión o un agresor (*compl* A)]. *Frec se omite el compl.* ■ **4** Mantenerse [durante cierto tiempo]. ➤ **b** *pr* (~se) **5** Oponer fuerza [contra algo, esp. un hecho (*compl* A)]. *A veces se omite el compl.* ■ **6** Resultar [una pers. o cosa a alguien] difícil de dominar o conseguir.

resistividad *f* (*Electr*) Resistencia [3b] que presenta un conductor cuya longitud y sección son iguales a la unidad.

resma *f* Conjunto de 500 hojas o pliegos de papel.

res nullius (*lat; pronunc, /ɾés-nulíus/*) *loc n f* (*Der*) Cosa sin dueño.

resobado -da *adj* **1** *part* → RESOBAR. ■ **2** Muy ajado por el uso. ■ **3** Manido o trillado.

resobar *tr* Sobar o manosear intensamente.

resobrino -na *m y f* Hijo del sobrino carnal [de una pers.].

resol *m* Reverberación del sol.

resolana *f* Lugar donde se toma el sol al abrigo del viento.

resoli (*tb* **resolí**) *m* (*reg*) Rosoli.

resollante *adj* [Pers. o animal] que resuella, *esp* [1]. **b)** Propio de la pers. o animal que resuella.

resollar (*conjug* **4**) *intr* **1** Respirar agitadamente. ■ **2** Respirar (absorber y expulsar aire [una pers. o animal]). *Tb fig.* ■ **3** Dar un suspiro, esp. de alivio.

resoluble *adj* Que se puede resolver.

resolución I *f* **1** Acción de resolver(se). *Tb su efecto.* ■ **2** Ánimo o decisión. ■ **3** (*E*) Poder de separación de un instrumento de medida, de observación o de reproducción.
II *loc adv* **4** en ~. En definitiva.

resolutivo -va *adj* **1** De (la) resolución. **b)** (*Med*) Que favorece la resolución o sirve para resolver [4]. *Tb n m, referido a medicamento o agente.* ■ **2** Que actúa con resolución [2].

resoluto -ta *adj* Decidido o resuelto.

resolutorio -ria *adj* Que resuelve o sirve para resolver, *esp* [1 y 3].

resolver (*conjug* **35**) A *tr* **1** Dar solución [a un problema o dificultad (*cd*)]. **b)** *pr* (~se) Solucionarse o dejar de existir [un problema o dificultad]. ■ **2** Decidir. *Tb abs.* ■ **3** (*Der*) Anular o dejar sin efecto. **4** (*Med*) Hacer que desaparezca o se cure espontáneamente [algo, esp. una inflamación o edema]. **b)** *pr* (~se) Desaparecer o curarse espontáneamente [algo, esp. una inflamación o edema]. ■ **5** Transformar [una cosa en otra de menor entidad o importancia]. **b)** *pr* (~se) Transformarse [una cosa en otra de menor entidad o importancia].
B *intr pr* (~se) **6** Decidirse [a algo].

resonador -ra I *adj* **1** Que resuena.
II *m* **2** Aparato o dispositivo capaz de resonar [4] o de producir resonancia [1]. *Tb fig.* **b)** (*Fon*) Cavidad orgánica capaz de amplificar la onda sonora que la atraviesa y cuya frecuencia de vibración está próxima a la suya.

resonancia *f* **1** Hecho de resonar. *Frec su efecto.* ■ **2** (*Mús*) Sonido parcial de los que acompañan a una nota y comunican timbre particular a una voz o instrumento. ■ **3** (*Fís*) Aumento de amplitud que experimenta un movimiento periódico cuando el móvil recibe impulsos de frecuencia igual a la suya o múltiplo de ella. ■ **4** (*Quím*) Fenómeno que presentan determinadas moléculas que se pueden representar por dos o más estructuras electrónicas sin cambiar la disposición de los núcleos de sus átomos. ■ **5** ~ **magnética** (**nuclear**). (*Fís o Med*) Fenómeno de absorción de energía por los átomos de una sustancia al ser sometidos a campos magnéticos de frecuencias específicas, usado como método de diagnóstico médico. *Frec el mismo método.*

resonante *adj* **1** Que resuena. ■ **2** (*Quím*) De (la) resonancia [4].

resonar (*conjug* **4**) *intr* **1** Prolongarse o amplificarse [un sonido] por reflexión. *Tb fig.* ■ **2** Producir [algo (*suj*)] un sonido que resuena [1]. **b)** Reflejar [un lugar (*suj*)] los sonidos que recibe. ■ **3** Conocerse [un hecho o su noticia (*suj*)] en un lugar lejano de aquel en que se produce. ■ **4** (*Fís*) Vibrar [un cuerpo] al recibir impulsos de frecuencia igual a la suya o múltiplo de ella.

resoplante *adj* Que resopla. *Tb fig.*

resoplar I *intr* **1** Respirar con mucho ruido, esp. como señal de cansancio o de enfado. *Tb fig, referido a cosa.*
II *interj* **2 resopla.** (*col*) Sopla.

resoplido *m* Acción de resoplar. *Frec su efecto.*

resoplo *m* Resoplido.

resopón *m* Segunda cena que se toma cuando pasa mucho tiempo entre la cena y el momento de ir a dormir.

resorcina *f* (*Quím o Med*) Fenol utilizado como antiséptico y para la preparación de determinados colorantes.

resorción *f* (*Med*) Absorción [de un humor natural o patológico] o desaparición total o parcial [de algo normal o patológico].

resorte *m* **1** Muelle (pieza elástica capaz de soportar deformaciones y que tiende siempre a recobrar su forma primitiva). ■ **2** Fuerza o energía, gralm. oculta, que hace actuar o moverse. ■ **3** Medio de que se dispone para conseguir algo.

respaldar[1] A *tr* **1** Apoyar o amparar [algo o a alguien]. ■ **2** Proteger o defender. ■ **3** Cubrir o pro-

teger la espalda [de alguien (*cd*)]. *Tb fig.* ■ **4** Escribir en el dorso [de algo (*cd*), esp. de un documento].
B *intr pr* (**~se**) **5** Apoyar la espalda [en algo]. *Tb* (*lit*) *fig.*

respaldar² *m* Respaldo [2].

respaldo *m* **1** Apoyo o amparo. ■ **2** *En un asiento:* Parte para apoyar la espalda. ■ **3** *En un escrito o algo similar:* Dorso. *Tb lo escrito en él.*

respectar *intr* Referirse o atañer. *Normalmente en la constr* POR (*o* EN) LO QUE RESPECTA A.

respectivamente *adv* De manera respectiva.

respective (*pop*) **I** *loc prep* **1** ~ **a** (*más raro,* ~ **de**). Respecto a. *Frec* EN LO ~ A.
II *loc adv* **2 al ~.** Respectivamente.

respectivo -va *adj* Que atañe o se refiere [a cada pers. o cosa mencionada o presente (*compl de posesión*)].

respecto I *loc prep* (*se pronuncia gralm átona, esp si no va precedida de* CON) **1** ~ **a** (*más raro,* ~ **de**). A propósito de, o con relación a. *A veces precedido de* CON.
II *loc adv* **2 a este ~,** *o* **al ~.** A propósito de esto.

respegones *m pl* (*reg*) Lampazo (*Lappa minor*).

respetabilidad *f* Cualidad de respetable [1].

respetable I *adj* **1** Que merece ser respetado. *A veces en fórmulas de cortesía.* ■ **2** Importante o considerable. *Con intención ponderativa.*
II *m* **3 el ~.** (*col*) El público.

respetablemente *adv* De manera respetable.

respetar A *tr* **1** Sentir respeto [1a] [por alguien o algo (*cd*)]. **b)** Comportarse con respeto [1b] [con alguien o algo (*cd*)]. **c)** Obedecer [una ley o norma]. ■ **2** Mantener o conservar [algo o a alguien] sin alterarlo.
B *intr pr* (**~se**) **3** Preciarse (sentir la dignidad de ser lo que se es). *Normalmente en la constr* TODO EL QUE (*o* CUALQUIERA QUE) SE RESPETE.

respeto I *m* **1** Sentimiento [hacia una pers. o cosa] que lleva a actuar con cuidado de no ofender[la], dañar[la] o desobedecer[la]. **b)** Actitud o comportamiento propios de la pers. que siente respeto. **c)** ~ **humano.** Temor a la opinión de los demás, que retrae de actuar conforme a la moral o a la propia conciencia. *Frec en pl.* ■ **2** (*euf*) Miedo. ■ **3** Acción de respetar. ■ **4** *En pl:* Manifestación o muestra cortés de respeto [1a]. *Precedido de posesivo. Frec en frases de cortesía.*
II *loc adj* **5 de ~.** [Lugar] destinado a perss. importantes o a ocasiones solemnes. ■ **6 de ~.** [Pers. o cosa] destinada a sustituir a otra en caso de necesidad.
III *loc v y fórm or* **7 campar** [alguien] **por sus ~s** (*o, raro,* **por su ~**). Actuar a su antojo, sin someterse a norma alguna. ■ **8 faltar al ~** [a alguien]. Comportarse [con él] de modo desconsiderado y ofensivo. ■ **9 presentar** [una pers.] **sus ~s** [a otra]. Saludarla en señal de respeto [1a]. *Normalmente en fórmulas de cortesía.* ■ **10** (**dicho sea**) **con todos los ~s.** *Fórmula que acompaña a una afirmación que podría resultar ofensiva o molesta para el oyente o para la pers o cosa que se menciona.* * Si eso fuera cierto, uno, con todos los respetos, no tendría más remedio que llamar cosas muy feas a los responsables. ■ **11 un ~.** (*col*) *Fórmula con que se pide moderación ante la aparente falta de consideración o respeto que encierra lo que se acaba de*

oír. * –Son todos unos sinvergüenzas. –Oye, un respeto, no generalices.

respetuosamente *adv* De manera respetuosa [2].

respetuosidad *f* Cualidad de respetuoso.

respetuoso -sa I *adj* **1** [Pers.] que se comporta con respeto [1b]. ■ **2** [Cosa] que denota o implica respeto [1a y b].
II *f* **3** (*raro*) Prostituta.

réspice *m* (*lit*) Reprensión o amonestación. *Tb fig.*

respigo *m* (*reg*) Parte alta del maíz, el nabo o la berza.

respingado -da *adj* **1** *part* → RESPINGAR. ■ **2** Respingón.

respingar *intr* ➤ **a** *normal* **1** Dar respingos [1]. **b)** Sacudirse y gruñir [un animal] porque algo le molesta o le hace cosquillas.
➤ **b** *pr* (**~se**) **2** (*reg*) Ponerse de puntillas.

respingo *m* **1** Sacudida violenta del cuerpo, esp. debida a un susto o a una sorpresa. ■ **2** Movimiento con que se expresa desprecio o enfado.

respingón -na *adj* **1** [Nariz] cuya punta tira hacia arriba. **b)** De (la) nariz respingona. ■ **2** (*col*) [Trasero] graciosamente prominente.

respirable *adj* Que se puede respirar [7 y 8].

respiración I *f* **1** Acción de respirar [1a]. **b)** (*Biol*) Función que consiste en absorber oxígeno y expulsar anhídrido carbónico y agua. **c)** ~ **artificial.** Conjunto de acciones encaminadas a restablecer la respiración [1a] en alguien exánime. ■ **2** Entrada y salida de aire [de un recipiente o de un local cerrado].
II *loc adv* **3 sin ~.** Respirando [1a] con dificultad o agitadamente a causa de la fatiga. *Frec con el v* LLEGAR. ■ **4 sin ~.** En estado de paralización total a causa del asombro o de la impresión. *Con vs como* DEJAR *o* QUEDAR.

respiradero *m* Abertura por donde entra y sale el aire. **b)** (*raro*) Conducto de la respiración [1a].

respirador -ra *adj* Que sirve para respirar [1a]. *Frec n m, referido a aparato.*

respirar A *intr* **1** Absorber y expulsar aire [una pers. o animal]. **b)** (*Biol*) Realizar [un ser vivo] la función que consiste en absorber oxígeno y expulsar anhídrido carbónico y agua. ■ **2** Recibir [algo] aire, o tener comunicación con el aire exterior. ■ **3** Tener un ambiente más fresco o limpio en comparación con otro precedente caluroso o viciado. ■ **4** Experimentar una sensación de alivio tras una angustia o preocupación. ■ **5** Parar o cesar momentáneamente en una acción, esp. en el trabajo o en la atención. *Normalmente en frases negativas de intención ponderativa.* ■ **6** (*col*) Manifestarse [alguien] en lo relativo a sus sentimientos o intenciones. **b)** ~ **por la herida** → HERIDA.
B *tr* **7** Aspirar [algo] por las vías respiratorias. **b)** (*Biol*) Absorber [oxígeno] en la respiración [1b]. ■ **8** Estar inmerso [en un clima o ambiente determinado (*cd*)]. ■ **9** (*lit*) Exhalar [algo inmaterial].

respiratorio -ria *adj* De (la) respiración [1].

respiro *m* **1** Descanso o alivio pasajeros [en un trabajo, una preocupación o un malestar]. *Frec sin compl por consabido.* ■ **2** Respiración [1a y 2]. *Tb fig.*

resplandecer (*conjug* 11) *intr* **1** Brillar con resplandor. *Tb fig.* ■ **2** Manifestarse [algo, esp. la verdad] de modo patente. ■ **3** Brillar (sobresalir provocando admiración).

resplandeciente *adj* Que resplandece.

resplandor *m* **1** Luz muy viva y brillante. **b)** Luz que se destaca de la luminosidad ambiente. ■ **2** Brillo o esplendor.

responder A *tr* **1** Contestar [algo (*cd*) a una comunicación, esp. a una pregunta o llamada (*ci*), o a quien la hace (*ci*)]. *Tb abs.* **b)** Contestar [a una comunicación, esp. a una pregunta o llamada (*cd*), o a quien la hace (*cd*)]. **c)** (*raro*) Replicar. *Frec abs.*
B *intr* **2** Contestar [a una comunicación, esp. a una pregunta o llamada (*ci*) o a quien la hace (*ci*)]. ■ **3** Actuar [de un modo determinado (*compl adv*) ante una acción ajena o ante la pers. que la hace (*ci*)]. *Tb sin compl adv.* **b)** Acusar [una pers. o cosa] el efecto [de algo (*compl* A)]. ■ **4** Estar [una cosa] motivada o justificada [por otra (*compl* A)]. ■ **5** Corresponder o ajustarse [a algo]. ■ **6** Dar [alguien o algo] el rendimiento debido o esperado. ■ **7** Tener o asumir [alguien] la obligación de aceptar las consecuencias derivadas [de una acción propia o ajena]. **b)** Tener o asumir [alguien] la obligación de aceptar las consecuencias derivadas de las acciones [de alguien] o del funcionamiento [de una empresa o parte de ella]. **c)** Tener o asumir [alguien] la obligación de aceptar las consecuencias derivadas de que [un hecho (*compl* DE)] deje de producirse, o de que [alguien o algo (*compl* DE)] sufra daño, alteración o menoscabo. ■ **8** Garantizar [algo o a alguien (*compl* DE)]. ■ **9** Salir fiador [de alguien (*compl* POR)].

respondón -na *adj* (*col*) [Pers.] que replica irrespetuosamente. *Tb fig.* **b)** Propio de la pers. respondona.

responsabilidad I *f* **1** Cualidad de responsable [2]. ■ **2** Obligación legal de aceptar las consecuencias [de una acción propia o ajena]. ■ **3** Obligación moral de aceptar las consecuencias [de una acción propia o ajena].
II *loc adj* **4 de ~ limitada.** (*Com*) [Sociedad] formada por un número reducido de socios con derechos en proporción a sus aportaciones y en la que solo se responde de las deudas por la cuantía del capital social.

responsabilización *f* Acción de responsabilizar(se).

responsabilizador -ra *adj* Que responsabiliza.

responsabilizar *tr* Hacer responsable [1] [a alguien]. *Frec con un compl* DE. *Frec el cd es refl.*

responsable *adj* **1** [Pers.] que debe responder [7] [de alguien o algo]. *Tb n.* **b)** Culpable. **c)** [Pers.] que ejerce la función de jefe o director [de algo]. *Frec n.* ■ **2** [Pers.] sensata, consciente de sus obligaciones y que actúa de acuerdo con ellas. **b)** Propio de la pers. responsable.

responsablemente *adv* De manera responsable [2b].

responsar *intr* Rezar responsos.

responsear A *intr* **1** Rezar responsos.
B *tr* **2** (*reg*) Dar [monedas] al sacerdote para que rece un responso.

responsión *f* (*Arquit*) Pilastra o elemento de soporte adosado a un muro, que se corresponde con una columna o un contrafuerte.

responso *m* Conjunto de preces y versículos que se dicen por los difuntos. *Tb* (*lit*) *fig.*

responsorial (*Rel catól*) **I** *adj* **1** De(l) responsorio. **b)** [Salmo] leído o cantado como estribillo después de las lecturas de la misa o del oficio.
II *m* **2** Libro o colección de responsorios.

responsorio *m* (*Rel catól*) **1** Conjunto de versículos, o preces, y respuestas, leídos o cantados alternativamente por un solista y el pueblo o el coro, después de algunas lecturas de las Sagradas Escrituras. **b)** Versículo cantado por un solista y contestado por el coro o por el pueblo. ■ **2** Composición musical sobre el texto de un responsorio [1].

respuesta *f* Acción de responder [1 a 4]. *Frec su efecto.*

respulear *intr* (*reg*) Contestar o replicar.

resquebrajadura *f* Grieta o hendidura. *Tb fig.*

resquebrajamiento *m* Acción de resquebrajar(se). *Tb fig.*

resquebrajar *tr* Producir grietas o hendiduras [en algo (*cd*)]. *Tb fig.* **b)** *pr* (~**se**) Producirse grietas o hendiduras [en algo (*suj*)]. *Tb fig.*

resquemar *tr* (*raro*) Quemar (desazonar intensamente).

resquemor *m* Sentimiento de malestar o desasosiego moral, frec. acompañado de recelo o desconfianza.

resquicio *m* **1** Abertura estrecha, esp. la que queda entre el quicio y la puerta. *Frec fig.* ■ **2** Ocasión u oportunidad pequeña. ■ **3** (*raro*) Resto (parte que queda de un todo).

resta *f* Acción de restar [1 y 2].

restablecedor -ra *adj* (*raro*) Que restablece [1].

restablecer (*conjug* 11) **A** *tr* **1** Volver a establecer.
B *intr pr* (~**se**) **2** Recuperarse [de una enfermedad o dolencia]. *Frec se omite el compl por consabido.*

restablecimiento *m* Acción de restablecer(se).

restallante *adj* **1** Que restalla [1]. ■ **2** Llamativo y brillante.

restallar A *intr* **1** Producir [algo, esp. el látigo] un ruido seco y sonoro. ■ **2** Manifestarse [algo] de modo violento, llamativo o brillante.
B *tr* **3** Hacer que [algo, esp. el látigo (*cd*)] restalle [1].

restallido *m* Acción de restallar [1]. *Frec su efecto.*

restante *adj* Que queda sin incluir en lo enunciado o consabido.

restañar[1] *tr* **1** Detener la salida [de la sangre (*cd*)]. **b)** Curar [una herida] haciendo que deje de sangrar. *Frec fig.* ■ **2** (*raro*) Secar o enjugar.

restañar[2] *tr* (*raro*) Restallar [3].

restaño *m* Remanso [de agua].

restar A *tr* **1** (*Mat*) Quitar [una cantidad (*cd*)] de otra (*ci o compl* DE)]. *Tb sin el segundo compl, con cd pl. Tb abs.* ■ **2** Quitar [una cosa (*cd*)] de otra (*ci o compl* DE)]. ■ **3** (*Dep*) *En determinados juegos de pelota:* Devolver [un saque]. *Frec abs.*
B *intr* **4** Quedar como resto [2a].

restaurable *adj* Que se puede restaurar.

restauración (*frec con mayúscula en acep* 1b) *f* **1** Acción de restaurar. **b)** Restablecimiento en el poder [de un régimen político o de una pers. o dinastía]. *Gralm referido a la de la monarquía borbónica en España en 1874. Frec la época y el régimen correspondientes.* ■ **2** Actividad o industria del restaurante.

restaurado *m* (*raro*) Acción de restaurar [1].

restaurador -ra I *adj* **1** Que restaura [1 y 2]. *Frec n, referido a pers.* ■ **2** De (la) restauración. **II** *m y f* **3** Pers. que posee o dirige un restaurante.

restaurán *m* (*semiculto*) Restaurante.

restaurant (*fr; pronunc corriente,* /r̄estaurán/ *o* /r̄estorán/; *pl normal,* ~s) *m* Restaurante.

restaurante *m* Establecimiento público en que se sirven comidas y cenas mediante pago.

restaurar A *tr* **1** Arreglar [algo estropeado o roto]. ■ **2** Volver a poner [algo o a alguien] en el estado o situación que tenía. **b)** *pr* (~**se**) Volver a ponerse [alguien o algo] en el estado o situación que tenía.
B *intr pr* (~**se**) **3** Recuperar fuerzas comiendo.

restinga *f* Banco de arena situado bajo el agua a poca profundidad.

restitución *f* **1** Acción de restituir. ■ **2** (*Topogr*) Operación que consiste en reproducir en el plano las formas y detalles de un terreno, a partir de dos fotografías del mismo tomadas desde puntos de vista diferentes.

restituidor -ra *adj* **1** Que restituye. *Tb n, referido a pers.* ■ **2** (*Topogr*) [Aparato] que sirve para realizar la restitución [2]. *Tb n m.*

restituir (*conjug* **48**) *tr* **1** Devolver [una cosa a alguien o algo que había dejado de tenerla]. **b)** *Esp:* Devolver [algo robado a su dueño]. ■ **2** Volver a poner [algo o a alguien en el lugar o situación en que estaba (*compl* A)].

resto I *m* **1** Parte [de un todo] que queda sin incluir en lo enunciado o consabido. ■ **2** Parte [de un todo] aún no destruida, gastada o desaparecida. *Frec en pl.* **b)** *En pl:* Cuerpo muerto [de una pers.], o lo que queda de él. *Tb* ~s MORTALES. ■ **3** (*Mat*) Resultado de la resta. **b)** Diferencia entre el dividendo y el producto del divisor por el cociente. **c)** Diferencia entre el radicando y el cuadrado de la raíz cuadrada. ■ **4** (*Juegos*) Cantidad de que puede disponer cada jugador para el juego. ■ **5** (*Dep*) Acción de restar [3].
II *loc v* **6 echar** [alguien] **el ~.** Hacer el máximo esfuerzo, o poner todos los medios a su alcance.
III *loc adv* **7 para los ~s.** (*col*) Para siempre.

restorán *m* Restaurante.

restregar (*conjug* **6**) *tr* **1** Frotar repetida e intensamente [una cosa o una pers. (*cd*) con algo]. *Tb sin compl o compls.* **b)** Frotar repetida e intensamente [una cosa o a una pers. (*cd*) sobre otra (*compl adv*)]. *Tb sin compl o compls.* ■ **2** (*col*) Repetir o mostrar [a alguien] con insistencia [algo que le humilla o le ofende]. *Frec* ~ POR LA CARA *o* POR LAS NARICES.

restregón *m* Acción de restregar(se) [1]. *Frec su efecto.*

restricción *f* Acción de restringir. **b)** Limitación en el suministro [de algunos productos de consumo, esp. agua o electricidad], gralm. por escasez de los mismos. **c)** ~ **mental.** Acción por la que, sin llegar a mentir, se limita o desvirtúa el sentido de lo que se dice.

restrictamente *adv* (*raro*) De manera restricta.

restrictivamente *adv* De manera restrictiva.

restrictivo -va *adj* De (la) restricción [1a] o que la implica. **b)** (*Gram*) [Oración adversativa] que limita el alcance de lo expresado en la oración a la que va coordinada.

restricto -ta *adj* (*raro*) Restringido [2].

restringible *adj* Que se puede restringir.

restringidamente *adv* De manera restringida [2].

restringido -da *adj* **1** *part* → RESTRINGIR. ■ **2** Que denota o implica restricción [1a].

restringir *tr* Limitar o reducir. **b)** Limitar o reducir [a determinados límites].

resucitación *f* (*Med*) Acción de reanimar a un muerto aparente. *Tb fig.*

resucitador -ra *adj* Que resucita [1 y 2]. *Tb n, referido a pers.*

resucitante *adj* (*raro*) Que resucita. *Tb n, referido a pers.*

resucitar A *tr* **1** Volver a la vida [a un muerto (*cd*)]. **b)** ~ **a un muerto** → MUERTO. ■ **2** Dar nuevo auge o vigor [a alguien o algo desaparecido, decaído u olvidado (*cd*)].
B *intr* **3** Volver a la vida [un muerto (*suj*)]. ■ **4** Cobrar nuevo auge o vigor [alguien o algo desaparecido, decaído u olvidado].

resudar A *intr* **1** Sudar (expeler sudor) intensamente.
B *tr* **2** Sudar (impregnar de sudor) intensamente. *Frec en part.*

resuello I *m* **1** Acción de resollar.
II *loc v* **2 cortar** [a alguien] **el ~.** Dejar[le] sin respiración a causa de la impresión o del asombro. ■ **3 meter** [a alguien] **el ~ en el cuerpo.** Asustar[le] o intimidar[le].

resueltamente *adv* **1** De manera resuelta [2b]. ■ **2** Clara o decididamente.

resuelto -ta *adj* **1** *part* → RESOLVER. ■ **2** [Pers.] que actúa con ánimo o resolución. **b)** Propio de la pers. resuelta.

resulta I *f* **1** Vacante que se produce en un cuerpo por traslado o ascenso de su ocupante. *Gralm en pl.* ■ **2** Partida de un presupuesto que no ha sido pagada y pasa a otro. *Gralm en pl.*
II *loc adv* **3 de** (*o* **a**) ~**s.** Como consecuencia. *Gralm con un compl* DE.

resultado *m* **1** Cosa que resulta [1a y b] [de otra]. ■ **2** Efecto [de algo]. *Con un adj como* BUENO, MALO *o equivalentes.* **b)** *Sin adj:* Efecto bueno.

resultancia *f* (*raro*) Resultado [1].

resultando *m* (*Der*) Fundamento de hecho aducido en una sentencia o auto judicial, o en una resolución gubernativa.

resultante I *adj* **1** Que resulta [1a y b].
II *n* **A** *f* **2** (*Fís y Mat*) Elemento único que resulta [1a y b] de otros varios. *Tb fig, fuera del ámbito técn.*
B *m* **3** (*Fís y Mat*) Resultante [2].

resultar *intr* **1** Producirse [una cosa] a causa [de otra]. *Tb sin compl.* **b)** (*Mat*) Ser [algo] el efecto [de una operación o de una serie de operaciones]. **c)** Ocurrir o suceder [algo (*prop con* QUE)]. ■ **2** Producir un efecto [determinado (*compl adv, esp los advs* BIEN, MAL *o equivalentes*)]. **b)** (*col*) *Sin compl:* Producir un efecto bueno o satisfactorio. ■ **3** Dar [una pers. o cosa] impresión [de algo (*predicat*)]. **b)** (*col*) *Sin predicat:* Dar [alguien o algo] una impresión buena o grata. ■ **4** Acabar [una pers. o cosa] siendo [algo (*predicat*)]. **b)** Ser [una pers. o cosa (*suj*) algo (*predicat*)] desde un determinado punto de vista o teniendo en cuenta determinados factores. *Gralm con ci o compl* PARA. ■ **5** Tener [algo (*suj*) una cantidad (*compl* A o POR)] como precio final o definitivo.

resultón -na *adj* (*col*) [Pers.] que resulta [4b] atractiva. **b)** [Cosa] que resulta [4b] agradable o satisfactoria.

resumen I *m* **1** Acción de resumir [1 y 2]. *Frec su efecto.* ■ **2** Cosa que resume [2].
   II *loc adv* **3 en ~.** Resumiendo [1]. *Normalmente precede a una frase que se presenta como el resumen o la conclusión de lo dicho o pensado antes.* * En resumen, que solo contamos con dos.

resumible *adj* Que se puede resumir [1 y 2].

resumidamente *adv* De manera resumida [2].

resumido -da I *adj* **1** *part* → RESUMIR. ■ **2** Que denota o implica resumen.
   II *loc adv* **3 en resumidas cuentas** → CUENTA.

resumidor -ra *adj* Que resume [1 y 2]. *Tb n, referido a pers.*

resumir A *tr* **1** Reducir o abreviar [algo, esp. una exposición], ateniéndose a lo más esencial. *Tb abs.* ■ **2** Presentar [algo o a alguien] en sus rasgos más esenciales.
   B *intr pr* (~se) **3** Presentarse [una pers. o cosa] en sus rasgos esenciales [en otra].

resurgente *adj* (*Geogr*) [Corriente de agua] que aparece en la superficie tras haber sido subterránea.

resurgimiento *m* Acción de resurgir.

resurgir *intr* **1** Volver a surgir. ■ **2** Cobrar nuevo impulso o vitalidad.

resurrección *f* Acción de resucitar.

resurrecto -ta *adj* (*lit, raro*) Resucitado.

retabillo *m* (*reg*) Rastro o rastrillo (utensilio agrícola).

retablista *adj* De(l) retablo [1].

retablo *m* **1** Elemento decorativo arquitectónico que cubre el muro que queda tras un altar. ■ **2** Conjunto de figuras pintadas o esculpidas que representan en serie una historia o suceso. *Tb fig.* ■ **3** (*hist*) Pequeño escenario ambulante. ■ **4** (*col, desp, hoy raro*) Pers. muy vieja. **b)** Pers. anticuada.

retacar *tr* Apretar o hacer más compacto [un contenido] para que quepa más. *Tb abs.* **b)** Llenar [algo] apretando su contenido para que quepa más. *Tb fig.*

retaco -ca I *adj* **1** (*col*) [Pers.] de poca estatura. *Más frec como n m. Tb fig, referido a cosa.* **b)** Propio de la pers. retaca.
   II *m* **2** (*raro*) Escopeta de cañones recortados.

retador -ra *adj* **1** [Pers.] que reta. *Tb n. Tb fig.* ■ **2** [Cosa] que denota o implica reto.

retadoramente *adv* De manera retadora [2].

retaguardia I *f* **1** Parte del ejército que cierra la marcha. ■ **2** Zona que no es frente de combate. ■ **3** (*col, humoríst*) Trasero.
   II *loc adv* **4 en** (o **a**) **~.** Detrás.

retahíla (*tb, pop,* **retahila**) *f* Serie larga e ininterrumpida [de cosas, esp. palabras].

retajadero *m* (*reg*) Acción de retajar.

retajadura *f* (*raro*) Corte circular.

retajar *tr* Cortar circularmente [algo].

retal *m* **1** Recorte o trozo sobrante [de algo, esp. de una tela]. *Tb fig.* ■ **2** Fragmento desgajado [de algo]. ■ **3** (*reg*) Pieza tejida con retales [1] de tela y lana.

retallar *intr* (*raro*) Retoñar.

retama *f* Se da este n a diversas plantas papilionáceas, gralm arbustos de flores amarillas, esp el *Spartium junceum* (*tb* ~ DE OLOR), la *Genista tinctoria* (*tb* ~ DE TINTES o DE TINTOREROS), el *Cytisus scoparius* (*tb* ~ DE ESCOBAS o NEGRA) y la *Genista cinerea*.

retamal *m* Retamar.

retamar *m* Lugar poblado de retamas.

retambufa *f* (*col, raro*) Trasero.

retamilla *f* Agracejo (planta).

retamón *m* Retama (*Cytisus purgans*).

retar *tr* Provocar o incitar [una pers. a otra] a luchar o competir con ella. **b)** Provocar o incitar [a alguien (*cd*)] a algo.

retardación *f* Acción de retardar(se). *Tb su efecto.* **b)** (*Fís*) Disminución de una velocidad por unidad de tiempo.

retardado -da *adj* **1** *part* → RETARDAR. ■ **2** Que implica retardación. **b)** (*Fís*) [Movimiento] en que hay retardación [1b].

retardador -ra (*tb f* **retardatriz**) *adj* Que retarda. *Tb n m, referido a instrumento o producto.*

retardante *adj* Retardador.

retardar A *tr* **1** Retrasar (hacer que [algo (*cd*)] venga u ocurra después del tiempo previsto). ■ **2** Hacer más lento [un movimiento, o algo que se mueve o implica movimiento]. *Tb fig.*
   B *intr* **3** Hacerse más lento [un movimiento, o algo que se mueve o que implica movimiento]. *Más frec pr* (~se). *Tb fig.*

retardatario -ria *adj* Que se opone a un avance o progreso, o tiende a retrasarlo.

retardatriz → RETARDADOR.

retardo *m* Acción de retardar(se). *Tb su efecto.*

retazo *m* **1** Fragmento o parte [de algo] que están o se consideran separados del resto. ■ **2** Retal o trozo [de tela].

retechado *m* Acción de retechar.

retechar *tr* Retejar [un edificio].

retejado *m* Acción de retejar.

retejador -ra *adj* Que reteja. *Frec n, referido a pers.*

retejar *tr* Arreglar [un tejado] colocando las tejas que faltan o están rotas o corridas. *Tb abs.* **b)** Arreglar el tejado [de un edificio (*cd*)] colocando las tejas que faltan o están rotas o corridas.

retejo *m* Retejado.

retel *m* Arte de pesca consistente en un aro con una red en forma de bolsa, usado para pescar cangrejos.

retemblante *adj* Que retiembla.

retemblar (*conjug* **6**) *intr* Temblar repetida o intensamente [alguien o esp. algo].

retemblón *m* Retemblor.

retemblor *m* Acción de retemblar.

retén *m* **1** Grupo reducido de perss. que están al cuidado de un puesto para un caso de necesidad. *Tb el puesto en que está instalado.* **b)** (*Mil*) Grupo de soldados destinado a reforzar la vigilancia de un puesto. *Tb el puesto en que está instalado.* ■ **2** Reserva (conjunto de cosas que se tienen reservadas). ■ **3** (*Mec*) Pieza que sirve para inmovilizar.

retención *f* **1** Acción de retener. **b)** Detención o marcha lenta de vehículos por exceso de tráfico o dificultades de circulación. **c)** (*Med*) Detención anormal y prolongada, en el cuerpo, de materias que debieran expelerse. ■ **2** Cantidad retenida (→ RETENER [2]).

retenedor -ra *adj* Que retiene.

retener (*conjug* **31**) **A** *tr* **1** Impedir que [alguien o algo (*cd*)] pase o salga [del lugar o situación en que está (*compl* EN)]. *Frec se omite el compl por consabido.* **b)** Mantener [a alguien o algo (*cd*) en determinada situación (*predicat*)]. **c)** Conservar [algo] en sí o para sí, esp. impidiendo que pase o llegue a otro. **d)** (*Der*) Detener [a una pers.] reteniéndola [1a] en comisaría o en el juzgado por un plazo máximo de 72 horas. ■ **2** No pagar [a alguien un sueldo u otros haberes devengados, o una parte de ellos] por disposición judicial o administrativa, para que satisfaga lo que debe. **b)** Descontar [una cantidad de un pago, esp. del sueldo] en concepto de impuesto fiscal. ■ **3** Conservar [algo] en la memoria. ■ **4** Detener o parar. ■ **5** (*raro*) Reprimir o contener [un sentimiento o pasión].
B *intr pr* (~se) **6** (*raro*) Reprimirse o dominarse.

retenido -da *adj* **1** *part* → RETENER. ■ **2** (*raro*) Contenido (que tiene o muestra contención).

retentar (*conjug* **6**) *tr* **1** Volver a amenazar [a alguien (*cd*) un dolor o enfermedad que ya ha padecido]. ■ **2** (*Taur*) Volver a tentar [a una res].

retentivo -va I *adj* **1** De (la) retención.
II *f* **2** Facultad de retener [3].

retentor -ra *adj* (*raro*) Que retiene. *Tb n.*

reteñir (*conjug* **58**) *tr* Teñir de nuevo.

reteso *m* Teso pequeño.

retestinado -da *adj* (*reg*) Muy sucio. **b)** Propio de las cosas retestinadas.

reticencia *f* **1** Hecho de dar a entender algo, esp. maliciosamente. **b)** (*TLit*) Figura retórica que consiste en dejar una frase sin acabar por sobrentenderse el sentido. ■ **2** Actitud de reserva o desconfianza.

reticente *adj* **1** Que se expresa o actúa con reticencia. ■ **2** Que denota o implica reticencia.

reticentemente *adv* De manera reticente [2].

rético -ca I *adj* **1** De Retia (antigua región de los Alpes centrales). *Tb n, referido a pers.*
II *m* **2** Retorromano (lengua).

retícula *f* (*E*) Conjunto de líneas o elementos de estructura lineal que se cruzan o entrelazan estrechamente.

reticulación *f* (*E*) **1** Formación reticular[1]. ■ **2** Formación de enlaces suplementarios entre las cadenas de varias macromoléculas.

reticulado -da *adj* **1** *part* → RETICULAR[2]. ■ **2** (*E*) Reticular[1].

reticular[1] *adj* (*E*) Que tiene forma de red o retícula.

reticular[2] *tr* (*E o lit*) Dar [a algo (*cd*)] estructura de red o de retícula.

retículo *m* (*E*) **1** Tejido en forma de red. ■ **2** *En un instrumento óptico:* Conjunto de líneas cruzadas del foco, que sirve para efectuar medidas o precisar la visual.

reticuloendotelial (*tb con la grafía* **retículo-endotelial**) *adj* (*Anat*) **1** [Tejido] de características reticulares[1] y endoteliales. ■ **2** [Sistema] formado por las células endoteliales de los vasos, del bazo, de la médula ósea y de los ganglios linfáticos.

retienta *f* (*Taur*) Repetición de la tienta.

retina *f* Membrana interna del ojo, formada por una expansión del nervio óptico y encargada de recibir y transmitir las sensaciones luminosas.

retinal *adj* (*Anat*) De (la) retina.

retinglar *intr* (*reg*) Resonar o producir ruido.

retiniano -na *adj* (*Anat*) De (la) retina.

retinitis *f* (*Med*) Inflamación de la retina.

retinoblastoma *m* (*Med*) Tumor de la retina.

retinógrafo *m* (*Med*) Aparato para obtener fotografías de la retina y el fondo del ojo.

retinol *m* (*Med*) Vitamina A.

retinopatía *f* (*Med*) Trastorno inflamatorio de la retina.

retinosis *f* (*Med*) Afección degenerativa de la retina.

retintar *tr* (*raro*) **1** Remarcar con tinta. ■ **2** Tintar intensamente.

retinte *m* Tinte o matiz. *Tb fig.*

retintín *m* (*col*) Tono irónico con que se habla.

retinto -ta *adj* De color castaño muy oscuro. *Dicho esp de animales.* **b)** (*Taur*) [Res] de color colorado, desigual de tono y gralm. con cabos más oscuros o negros.

retiñir *intr* (*lit*) Producir un sonido vibrante [un metal o un cristal].

retiración *f* (*Impr*) Acción de retirar[2].

retirada I *f* **1** Acción de retirar(se)[1], *excepto* [7c].
II *loc v* **2 batirse en ~** → BATIR.

retirado -da I *adj* **1** *part* → RETIRAR. ■ **2** [Lugar] distante o apartado.
II *adv* **3** (*col*) Lejos.

retirar[1] **A** *tr* **1** Separar o alejar. *Frec el cd es refl.* **b)** Separar o apartar [de un todo]. ■ **2** Hacer que [alguien o algo (*cd*)] deje de estar [en un lugar (*compl* DE)]. *Frec se omite el 2º compl por consabido. Frec el cd es refl.* ■ **3** Sacar [algo del lugar en que está guardado o depositado]. *Frec se omite el 2º compl por consabido.* ■ **4** Quitar [la autoridad (*suj*)] a alguien algo que previamente le había concedido. **b)** ~ **el saludo** → SALUDO. ■ **5** Dar por no dicho o presentado [algo]. ■ **6** Hacer que [alguien (*cd*)] cese [en una lucha o competición (*compl* DE)]. *Gralm. el cd es refl. Frec se omite el 2º compl por consabido.* ■ **7** Hacer que [alguien (*cd*)] abandone [una actividad (*compl* DE)]. *Frec se omite el 2º compl por consabido. A veces el cd es refl.* **b)** Hacer que [una mujer (*cd*)] deje de ejercer la prostitución, poniéndole piso y manteniéndola. **c)** *pr* (**~se**) Cesar [alguien, esp. un militar] en el servicio activo. *Frec en part a veces sustantivado.* ■ **8** Hacer que [algo (*cd*)] deje de estar en uso. ■ **9** Hacer que [alguien (*cd*)] vaya [a un lugar en que esté protegido o aislado]. *Frec el cd es refl.* **b)** Hacer que [alguien (*cd*)] vaya [a su casa o a su habitación], esp. para descansar. *Gralm el cd es refl. Frec se omite el 2º compl por consabido.*

B *intr pr* (**~se**) **10** Retroceder [un ejército]. ■ **11** Dejar de presentarse [algo].

retirar² *tr* (*Impr*) Imprimir la segunda cara [de un pliego (*cd*)]. *Tb abs.*

retiro *m* **1** Acción de retirar(se)¹ [7, 8 y 9]. **b)** Ejercicio piadoso que consiste en apartarse durante uno o varios días de las ocupaciones diarias para dedicarse a la meditación. *Frec ~ ESPIRITUAL. Tb fig.* ■ **2** Jubilación (pensión). ■ **3** Lugar apartado al que alguien se retira [9].

reto *m* Acción de retar.

retocado *m* Acción de retocar [1].

retocador -ra *adj* Que retoca [1, esp. 1b]. *Frec n, referido a pers.*

retocar *tr* **1** Dar unos toques [a algo (*cd*) o al arreglo de alguien (*cd*)] para perfeccionar[lo]. **b)** Modificar [un grabado o fotografía] para corregir imperfecciones suyas o del original. *Tb abs.* ■ **2** (*raro*) Tocar repetida o intensamente.

retomar *tr* Tomar de nuevo [algo no material].

retoñar *intr* **1** Echar nuevos tallos [una planta, esp. un árbol podado o cortado]. *Tb* (*lit*) *fig.* ■ **2** Renacer o revivir [algo].

retoño *m* **1** Tallo nuevo de una planta, esp. de un árbol podado o cortado. ■ **2** (*col*) Hijo, esp. de corta edad.

retoque *m* Acción de retocar [1]. *Tb su efecto.*

retor *m* Tejido de algodón, fuerte y ordinario, en que la urdimbre y la trama están formadas normalmente por dos hilos torcidos. **b)** Trozo de retor.

rétor (*tb retor*) *m* (*hist*) Maestro de retórica.

retorcedura *f* Retorcimiento.

retorcer (*conjug 18*) **A** *tr* **1** Torcer (dar vueltas [a una cosa (*cd*)] sobre sí misma, de modo que tome forma helicoidal). *Tb fig.* **b)** *pr* (**~se**) Tomar [algo] forma helicoidal al dar vueltas sobre sí mismo. ■ **2** Torcer (dar un movimiento de giro o flexión, violento y antinatural, [a un miembro (*cd*) del cuerpo]). *A veces con un ci refl, implicando que el hecho es involuntario.* ■ **3** Torcer o cambiar [el sentido o contenido de lo dicho (*cd*)].

B *intr pr* (**~se**) **4** Doblarse [alguien] o girar convulsivamente sobre su cuerpo, gralm. por dolor o por risa.

retorcha *f* (*Arte*) Banda de bordado de oro que, sobrepuesta, sirve para bordear.

retorcido -da *adj* **1** *part* → RETORCER. ■ **2** [Cosa] que presenta muchas curvas o cambios de dirección. ■ **3** [Lenguaje o estilo] difícil de entender por su complicación o artificiosidad. **b)** [Pers. o cosa] de lenguaje o estilo retorcidos. ■ **4** [Pers.] sinuosa y maligna. **b)** [Cosa] propia de la pers. retorcida.

retorcijón *m* (*pop*) Retortijón.

retorcimiento *m* **1** Acción de retorcer(se). ■ **2** Cualidad de retorcido.

retóricamente *adv* De manera retórica [1].

retoricismo *m* (*desp*) Tendencia a la retórica [3c].

retoricista *adj* (*desp*) De(l) retoricismo.

retórico -ca **I** *adj* **1** De (la) retórica [3]. **b)** [Figura] **retórica**, [interrogación] **retórica** → FIGURA, INTERROGACIÓN. ■ **2** [Pers.] versada en retórica [3a]. *Tb n.* **b)** (*desp*) [Pers.] que al hablar o escribir concede más importancia a la elegancia y al efecto de la expresión que al contenido. *Tb n.*

II *f* **3** Técnica de hablar o escribir de manera persuasiva y eficaz. **b)** Habilidad [de una pers.] para expresarse con persuasión. **c)** (*desp*) Forma de expresión excesivamente artificiosa y falta de contenido.

retornable *adj* Que se puede o debe retornar [1].

retornar **A** *tr* **1** Volver o devolver [algo o a alguien (*cd*) a un lugar o situación anterior].

B *intr* **2** Volver [alguien o algo (*suj*)] a un lugar o situación anterior]. *A veces se omite el compl por consabido.*

retornelo *m* Ritornello. *Tb fig.*

retorno *m* Acción de retornar.

retorromano -na **I** *adj* **1** De(l) retorromano [2].

II *m* **2** Grupo de dialectos románicos hablados en la región de los Alpes centrales, que comprende el grisón y los dialectos afines tirolés, friulano y triestino.

retorsión *f* Acción de devolver contra alguien argumentos o medidas iguales o similares a los presentados por él.

retorta *f* Vasija de laboratorio, de cuello muy largo y dirigido hacia abajo, que se usa esp. para destilar.

retortero. al ~. *loc adv* (*col*) **1** Sin sosiego, o de acá para allá. *Con vs como TRAER, LLEVAR o ANDAR. Frec fig.* ■ **2** En desorden o en forma revuelta. *Con vs como ESTAR, TENER o DEJAR.*

retortijar *tr* Retorcer mucho.

retortijón *m* **1** Acción de retorcer(se) intensamente. ■ **2** Dolor intestinal breve y agudo, que produce sensación de retorcimiento. *Tb ~ DE TRIPAS.*

retostar (*conjug 1a*) *tr* Tostar intensamente. *Tb pr* (**~se**).

retozador -ra *adj* Que retoza.

retozante *adj* Que retoza.

retozar *intr* **1** Saltar o moverse alegremente [un animal pequeño o un niño], esp. como juego. *Tb fig.* ■ **2** Entregarse [alguien, esp. una pareja] a juegos eróticos. ■ **3** Pugnar por manifestarse [la risa].

retozo *m* Acción de retozar.

retozón -na *adj* Que retoza.

retracción *f* **1** Acción de retraer(se). ■ **2** (*Med*) Encogimiento o reducción de volumen.

retractación *f* Acción de retractar(se).

retractar **A** *tr* **1** Retractarse [2 y 3] [de algo (*cd*)].

B *intr pr* (**~se**) **2** Desdecirse [de algo]. ■ **3** Renegar [de algo]. ■ **4** (*Med*) Retraerse [4] o sufrir retracción [2].

retráctil **I** *adj* **1** [Parte del cuerpo animal, o mecanismo] que puede retraerse [1] ocultándose. ■ **2** (*lit*) Retraído [2].

II *m* **3** Envase hermético, ajustado y transparente, en plástico o celofán.

retractilado *m* Acción de retractilar.

retractilar *tr* Envasar [algo] en retráctil [3].

retracto *m* (*Der*) Derecho a quedarse por su precio con una cosa vendida a otro.

retraducir (*conjug 41*) *tr* Volver a traducir.

retraer (*conjug 32*) **A** *tr* **1** Llevar [a alguien o algo (*cd*) a un lugar o situación que está más atrás en el espacio o en el tiempo]. *A veces se omite el 2º compl por consabido.* **b**) *pr* (**~se**) Pasar [alguien o algo (*suj*) a un lugar o situación que está más atrás en el espacio o en el tiempo]. *A veces se omite el compl por consabido.* ■ **2** Apartar [de un intento]. *Frec se omite el compl por consabido. Frec el cd es refl.* **B** *intr pr* (**~se**) **3** Aislarse, o retirarse del trato. ■ **4** (*Med*) Sufrir retracción [2].

retraído -da *adj* **1** *part* → RETRAER. ■ **2** [Pers.] poco sociable o comunicativa. *Tb n.* **b**) [Pers.] tímida. **c**) [Cosa] propia de la pers. retraída.

retraimiento *m* **1** Acción de retraer(se) [2 y 3]. *Tb su efecto.* ■ **2** Cualidad de retraído [2a y b]. ■ **3** Actitud retraída [2c].

retranca *f* **1** (*col*) Intención disimulada u oculta. ■ **2** Correa ancha a manera de ataharre, que forma parte del atalaje y sirve para frenar o hacer retroceder el vehículo. ■ **3** (*Caza*) Línea de puestos situada detrás de los que baten.

retranquear *tr* (*Arquit*) Remeter el muro de fachada [de un edificio o de parte de él (*cd*)].

retranqueo *m* (*Arquit*) Acción de retranquear.

retransmisión *f* Acción de retransmitir. *Tb su efecto.*

retransmisor -ra *adj* Que retransmite. *Tb n: m y f, referido a pers; m, referido a estación.*

retransmitir *tr* Transmitir [algo que se recibe]. **b**) Transmitir [una emisora de radio o televisión algo transmitido a ella desde otro lugar].

retrasadamente *adv* Con retraso.

retrasado -da *adj* **1** *part* → RETRASAR. ■ **2** [Pers.] con desarrollo mental deficiente. *Frec n; en este caso puede ir acompañado del adj* MENTAL. ■ **3** Que se sitúa muy atrás o más atrás de lo normal.

retrasar A *tr* **1** Poner o situar más atrás. *A veces con un compl* A *de lugar.* ■ **2** Hacer que [algo (*cd*)] venga u ocurra después del tiempo previsto. ■ **3** Hacer que [un reloj (*cd*)] marque una hora anterior a la que marca. **B** *intr pr* (**~se**) **4** Quedarse atrás [en el espacio, en una actuación o en una evolución]. *Frec en part.* ■ **5** Ir o presentarse más tarde de lo previsto.

retraso *m* Acción de retrasar(se). *Tb su efecto.* **b**) Tiempo que alguien o algo se retrasa [5].

retratar A *tr* **1** Hacer el retrato [1] [de una pers. (*cd*)]. **b**) (*pop*) Fotografiar. *Tb abs.* ■ **2** Describir fielmente [a alguien o algo]. ■ **3** Reflejar o mostrar. ■ **4** (*col, humoríst*) Enseñar accidentalmente la entrepierna [una mujer a alguien (*cd*)]. **B** *intr pr* (**~se**) **5** (*col*) Pagar, o dar dinero.

retratismo *m* Actividad de retratista [1a].

retratista *m y f* Pers. que hace retratos [1a]. **b**) (*pop*) Fotógrafo.

retratístico -ca *adj* De(l) retrato o de los retratos [1a].

retrato I *m* **1** Representación [de alguien, esp. de su rostro], mediante dibujo, pintura o, más raro, es-

cultura. **b**) Fotografía [de una pers.]. ■ **2** Descripción fiel [de alguien o algo]. **II** *loc v* **3 ser** [una pers.] **el** (**vivo**) **~** [de otra]. Parecerse mucho físicamente [a ella].

retrechero -ra *adj* (*col, hoy raro*) Atractivo o seductor.

retreparse *intr pr* **1** Sentarse [en un asiento] acomodándose y recostándose plenamente. ■ **2** (*raro*) Apoyarse o recostarse. ■ **3** (*raro*) Echar hacia atrás la parte superior del cuerpo.

retreta *f En el ejército o en la cárcel:* Toque con que se ordena recogerse por la noche.

retrete *m* **1** Habitación dotada de las instalaciones necesarias para orinar y evacuar el vientre. **b**) Taza de váter. ■ **2** (*lit, raro*) Habitación íntima.

retribución *f* **1** Acción de retribuir. ■ **2** Cosa, esp. cantidad de dinero, con que se retribuye.

retribuidamente *adv* Con retribución.

retribuir (*conjug 48*) *tr* **1** Recompensar en dinero [un servicio o trabajo, o a la pers. que lo presta (*cd*)]. ■ **2** (*raro*) Compensar [algo], esp. económicamente.

retributivamente *adv* En el aspecto retributivo.

retributivo -va *adj* De (la) retribución.

retrillar *tr* Trillar de nuevo [lo ya trillado]. *Tb abs.*

retro¹ *adj* (*col*) **1** [Moda, estilo o modelo] que se inspira en otros pasados. ■ **2** (*hoy raro*) Retrógrado [1]. *Tb n, referido a pers.*

retro². de ~. *loc adj* (*Der*) [Pacto] por el que el comprador se obliga a devolver lo comprado al vendedor, por su precio.

retro³ *f* Retroexcavadora.

retro- *r pref* Expresa dirección o movimiento hacia atrás, o situación detrás. * Retrocargadora. * Retroprogresía.

retroacción *f* **1** (*Der*) Efecto retroactivo. ■ **2** (*Electrón, Mec*) Retorno de una parte de la salida de un circuito electrónico o un sistema mecánico a su entrada, con modificación consiguiente de las características de estos.

retroactivamente *adv* De manera retroactiva.

retroactividad *f* Cualidad de retroactivo.

retroactivo -va *adj* Que actúa o se produce sobre algo pasado.

retroalimentación *f* (*Electrón, Mec*) Retroacción [2].

retroauricular *adj* (*Anat*) Situado o que ocurre detrás de la oreja.

retrobulbar *adj* (*Anat*) Situado o que ocurre detrás del bulbo raquídeo o del globo ocular.

retrocarga *f* Procedimiento de carga de un arma de fuego que consiste en efectuarla por la culata o por la recámara. *Frec en la constr* DE ~.

retroceder *intr* Ir hacia atrás. *Tb fig.*

retrocesión *f* (*Der*) Cesión [de algo a quien lo había cedido antes].

retroceso *m* Acción de retroceder. *Tb su efecto.*

retrocohete *m* (*Aer*) Cohete que lanza sus gases en el sentido de la marcha y sirve para frenar o retroceder.

retrodonación *f* (*Der*) Donación [de algo a quien lo había donado antes].

retroexcavadora *adj* [Máquina] excavadora que trabaja el terreno con movimiento de arriba abajo. *Frec n f.*

retroflexo -xa *adj* (*Fon*) [Lengua, o punta de la lengua] recogida detrás de los dientes y aplicada contra el paladar.

retrogradación *f* (*Astron*) Retroceso aparente de los planetas.

retrógradamente *adv* De manera retrógrada [1b, 2 y 3].

retrogradar *intr* (*E*) Ir hacia atrás o retroceder. *Tb fig.* **b)** (*Astron*) Retroceder aparentemente [un planeta] en su órbita.

retrogradismo *m* (*desp*) Cualidad de retrógrado [1].

retrógrado -da *adj* **1** (*desp*) [Pers.] que tiende a volver a una situación pasada y se opone al progreso. *Esp en política. Tb n.* **b)** Propio de la pers. retrógrada. ■ **2** (*E*) Que retrocede, o va hacia atrás. ■ **3** (*Astron*) [Movimiento o sentido del movimiento] igual que el de las agujas del reloj.

retronar (*conjug* 4) *intr* Retumbar. *Tb fig.*

retroperitoneal *adj* (*Anat*) Situado detrás del peritoneo.

retropropulsión *f* (*Aer*) Propulsión que se realiza lanzando los gases en el sentido de la marcha y que sirve para frenar.

retroproyector *m* Proyector que reproduce la imagen en una pantalla situada detrás del operador.

retrospección *f* Mirada retrospectiva.

retrospectivamente *adv* De manera retrospectiva.

retrospectivo -va *adj* Que se refiere a un tiempo pasado.

retrotraer (*conjug* 32) *tr* Llevar [algo o a alguien (*cd*) a un tiempo que está más atrás (*compl* A)]. **b)** (*Der*) Hacer que [algo (*cd*)] tenga efectos legales desde un tiempo anterior a su propia existencia.

retrovender *tr* (*Der*) Vender [algo a la misma pers. a quien se compró], por el mismo precio.

retroventa *f* (*Der*) Acción de retrovender.

retroversión *f* **1** (*E*) Giro o vuelta hacia atrás. ■ **2** (*Enseñ*) Traducción inversa.

retroverso -sa *adj* (*lit, raro*) Vuelto hacia atrás.

retrovirus *m* (*Med*) Virus con ácido ribonucleico, una de cuyas formas es el agente del sida.

retrovisor *adj* [Espejo] que permite al conductor de un vehículo ver lo que está detrás sin volverse. *Frec n m.*

retrucar *tr* (*col*) Contestar o replicar. *Frec abs.*

retruécano *m* (*TLit*) **1** Figura retórica que consiste en repetir una frase invirtiendo sus términos. ■ **2** Juego de palabras.

retruque *m* **1** (*col*) Acción de retrucar. ■ **2** (*Billar*) Golpe que la bola golpeada, dando en la banda, vuelve a dar en la que la golpeó. **b)** (*col*) Carambola (resultado gralm. favorable obtenido como consecuencia de una acción encaminada a otro fin). *Frec en la constr* DE ~. ■ **3** (*Naipes*) En el truque: Segundo envite, en contra del primero.

retumbante *adj* **1** Que retumba. ■ **2** Grandilocuente o altisonante.

retumbar *intr* Resonar con fuerza y esp. en tono grave. *Tb fig.*

retumbo *m* Acción de retumbar. *Frec su efecto.*

retupido *m* (*E*) Acción de retupir.

retupidor -ra *adj* (*E*) Que retupe. *Tb n, referido a pers.*

retupir *tr* (*E*) Arreglar o restaurar [un tapiz].

reuleule *m* (*reg*) Movimiento de la mujer al andar.

reúma (*tb* **reuma**) *m* (o, *pop*, *f*) Reumatismo.

reumático -ca *adj* **1** De(l) reumatismo. ■ **2** Que padece reumatismo. *Tb n, referido a pers.*

reumatismo *m* Enfermedad caracterizada esp. por inflamaciones dolorosas en las articulaciones y los músculos.

reumatoide *adj* (*Med*) Semejante al reumatismo.

reumatología *f* Especialidad médica que trata de las afecciones reumáticas.

reumatológico -ca *adj* De (la) reumatología.

reumatólogo -ga *m y f* Especialista en reumatología.

reunificación *f* Acción de reunificar(se).

reunificar *tr* Unificar de nuevo.

reunión *f* Acción de reunir(se), esp [2]. *Tb su efecto.* **b)** Fiesta casera, gralm. de gente joven, en que se merienda y se baila.

reunir *tr* **1** Volver a poner juntas [a una pers. o cosa (*cd*) con otra (*compl* CON)]. *Los dos compls pueden aparecer como un solo cd, pl o colectivo. Frec el cd es refl.* **b)** *pr* (~**se**) Volver a estar juntas [varias perss. o cosas, o unas con otras]. ■ **2** Hacer que acudan a un mismo lugar [varias perss. (*cd*)]. **b)** *pr* (~**se**) Acudir a un lugar [para ver y hablar a otra pers. (*compl* CON). *A veces este compl está sustituido por un 2º suj* (A y B se reúnen = A se reúne con B); *en este caso el suj es frec un n colectivo.* * *Al amanecer se reunió otra vez el Sanedrín.* ■ **3** Poner juntas [varias cosas o cierta cantidad de algo]. **b)** Coleccionar. **c)** *pr* (~**se**) Pasar a estar juntas [varias cosas o unas con otras]. ■ **4** Tener juntas [a varias perss. o cosas]. **b)** Tener juntas en sí [varias perss. o cosas].

reusense *adj* De Reus (Tarragona). *Tb n, referido a pers.*

reutilizable *adj* Que se puede reutilizar.

reutilización *f* Acción de reutilizar.

reutilizar *tr* Utilizar de nuevo.

revacunación *f* Acción de revacunar.

revacunar *tr* Vacunar de nuevo.

revàlida *f* Acción de revalidar. **b)** Prueba o conjunto de pruebas con que se revalidan [estudios (*compl* de posesión)]. *Frec sin compl, esp referido a la de bachillerato.*

revalidar *tr* **1** Confirmar la validez [de algo (*cd*)] mediante alguna prueba. ■ **2** (*Dep*) Volver a conseguir [un título que se ostenta].

revaloración *f* (*raro*) Acción de revalorar. *Tb su efecto.*

revalorar *tr* (*raro*) Revalorizar.

revalorizable *adj* Que se puede revalorizar.

revalorización *f* Acción de revalorizar(se). *Tb su efecto.*

revalorizador -ra *adj* Que revaloriza.

revalorizante *adj* Que revaloriza.

revalorizar *tr* Hacer que [algo (*cd*)] tenga más valor. **b)** Revaluar. **c)** *pr* (~**se**) Pasar [algo (*suj*)] a tener más valor.

revaluación *f* (*Econ*) Acción de revaluar. *Tb su efecto.*

revaluador -ra *adj* (*Econ*) Que revalúa.

revaluar (*conjug* **1d**) *tr* (*Econ*) Aumentar el tipo de cambio [de una moneda (*cd*)]. **b)** *pr* (~**se**) Aumentar el tipo de cambio [de una moneda (*suj*)].

revancha *f* **1** Desquite o venganza. *Frec en la constr* TOMAR LA ~. ■ **2** (*Juegos*) Posibilidad de ganar o recuperarse el que ha perdido. *Gralm en la constr* DAR LA ~.

revanchismo *m* Actitud de revancha [1].

revanchista *adj* Que aspira a la revancha.

reveillón *m* Cena de fiesta de la noche de fin de año en un hotel o restaurante.

revejido -da *adj* Envejecido prematuramente.

revelable *adj* Que se puede revelar.

revelación *f* Acción de revelar(se) [1 y 2]. *Tb su efecto.*

revelado *m* Acción de revelar [3].

revelador -ra (*tb f* **revelatriz** (*E*), *referido a sustancia*) *adj* Que revela. *Tb n: m y f, referido a pers; m, referido a sustancia o aparato.*

revelante *adj* (*raro*) Que revela.

revelar *tr* **1** Manifestar [algo ignorado o secreto]. **b)** *Esp:* Manifestar [Dios a los hombres verdades inalcanzables por ellos mismos]. ■ **2** Mostrar o dejar adivinar [algo]. **b)** *pr* (~**se**) Mostrarse o aparecer. ■ **3** Someter [una película o placa fotográfica] a la acción de sustancias adecuadas para que se haga visible la imagen impresionada. *Tb abs.*

revelatriz → REVELADOR.

revellín *m* (*hist*) Primer recinto amurallado exterior de una fortaleza.

revendedor -ra *m y f* Pers. que revende.

revender *tr* Volver a vender [algo comprado], gralm. con intención de lucro.

revenido *m* (*Metal*) Recocido de los metales para eliminar la fragilidad que han adquirido al ser templados.

revenir (*conjug* **61**) *intr* ➤ **a** *normal* **1** Venir de nuevo. *Tb pr* (~**se**). ➤ **b** *pr* (~**se**) **2** Ponerse [algo] blando y correoso por la humedad o el calor. **b)** Perder [algo] la frescura o lozanía. *Tb fig.* ■ **3** Desprender humedad [una cosa].

reventa **A** *f* **1** Acción de revender. **b)** Actividad consistente en revender entradas para espectáculos, con recargo sobre su precio original. *Tb el lugar en que se realiza.* **B** *m y f* **2** (*col*) Pers. que se dedica a la reventa [1b].

reventador -ra *m y f* **1** (*col*) Pers. que asiste a un espectáculo o reunión pública para mostrar ruidosamente su desagrado y hacerlos fracasar. ■ **2** (*raro*) Pers. que revienta [8].

reventamiento *m* (*raro*) Acción de reventar(se) [1 y 8].

reventar (*conjug* **6**) **A** *intr* **1** Abrirse o romperse [algo] violentamente por presión interior. *Frec pr* (~**se**). *Tb fig.* **b)** Abrirse o romperse [algo]. *Frec pr* (~**se**). ■ **2** Morir [una pers. o animal] por exceso de fatiga. *Frec con intención ponderativa.* **b)** (*col*) Morir de indigestión. *Con intención ponderativa.* (*col*) Morir. **d)** *Siguiendo a una condicional que expresa la manifestación de un sentimiento o idea, pondera la necesidad de que tal manifestación se lleve a cabo.* * *Si no lo dice, revienta.* ■ **3** Estar completamente lleno [de algo]. *Frec sin compl. Frec en la loc* A ~. *Con intención ponderativa.* ■ **4** Desear vehementemente [algo (DE + *n*, o POR + *infin*)]. ■ **5** Estallar, o sobrevenir violentamente [algo]. ■ **6** Estallar, o manifestarse violentamente [alguien o algo]. ■ **7** Estallar o prorrumpir [en algo]. **B** *tr* **8** Hacer que [alguien o algo (*cd*)] reviente [1 y 2a]. **b)** Abrir [algo, esp. una puerta o una caja fuerte] con violencia. ■ **9** Cansar mucho. *Frec en part. Con intención ponderativa.* **b)** *pr* (~**se**) Cansarse mucho. ■ **10** (*col*) Hacer que [algo, esp. una obra de teatro (*cd*)] fracase. ■ **11** (*col*) Fastidiar o molestar.

reventón[1] **-na** *adj* **1** [Pers. o cosa] que da la impresión de ir a reventar [1]. **b)** Que revienta [3]. ■ **2** [Ojo] saltón. ■ **3** [Clavel] doble.

reventón[2] *m* Acción de reventar(se) [1, 2, 3 y 5]. *Frec con los vs* DAR *o* PEGAR.

reverberación *f* Acción de reverberar. *Tb su efecto.* **b)** (*Acúst*) Persistencia de los sonidos después de cesar su emisión, al reflejarse repetidamente las ondas sonoras.

reverberante *adj* Que reverbera.

reverberar *intr* Reflejarse [la luz, el calor o el sonido]. **b)** Reflejar [algo] la luz, el calor o el sonido que recibe.

reverbero **I** *m* **1** Acción de reverberar. *Tb su efecto. Tb* (*lit*) *fig.* ■ **2** (*hoy raro*) Farol con un espejo o superficie bruñida que hace reverberar la luz de la llama. **II** *loc adj* **3 de ~.** [Horno] en que la bóveda refleja el calor producido en el hogar.

reverdecedor -ra *adj* Que reverdece.

reverdecer (*conjug* **11**) **A** *intr* **1** Ponerse verde de nuevo [una planta mustia o seca]. ■ **2** Cobrar [algo] nuevo impulso o vigor. **B** *tr* **3** Hacer que [algo (*cd*)] reverdezca [1 y 2].

reverdeciente *adj* Que reverdece.

reverdecimiento *m* Acción de reverdecer.

reverencia *f* **1** Veneración o máximo respeto. ■ **2** Inclinación del cuerpo hacia adelante, en señal de respeto. ■ **3** *Se usa como tratamiento de religiosos de cierta dignidad. Normalmente precedido del posesivo* SU *o* VUESTRA. * *Perdone su reverencia mis gritos.*

reverenciable *adj* Que se debe reverenciar.

reverencial *adj* Que denota o implica reverencia [1].

reverencialmente *adv* De manera reverencial.

reverenciar (*conjug* **1a**) *tr* Venerar.

reverenciosamente *adv* De manera reverenciosa [3].

reverencioso -sa *adj* **1** [Pers.] que hace muchas reverencias [2]. ■ **2** [Pers.] que siente reverencia [1]. ■ **3** [Cosa] que denota o implica reverencia [1].

reverendísimo -ma *adj* **1** *superl de* REVEREN-DO. ■ **2** *Se usa como tratamiento dirigido a los cardenales, arzobispos y otras altas dignidades eclesiásticas. Gralm precediendo a otro tratamiento.* * Su Excelencia Reverendísima don P. Cantero, Arzobispo de Zaragoza.

reverendo -da *adj* **1** *Se emplea, antepuesto a los ns* PADRE *o* MADRE, *como tratamiento dirigido a un religioso.* * *Gracias, reverenda madre.* **b)** *Se usa, antepuesto al n o apellido, como tratamiento dirigido a un pastor protestante.* * El trabajo ha sido dirigido por el reverendo M. Bourdeaux. ■ **2** *(lit)* Venerable o digno de respeto por su edad o antigüedad.

reverente *adj* **1** [Pers.] que tiene o muestra reverencia [1]. ■ **2** [Cosa] que denota o implica reverencia [1].

reverentemente *adv* De manera reverente [2].

reverse *(ing; pronunc corriente, /r̄ebérse/ o /r̄ebérs/) m En determinados aparatos:* Dispositivo de cambio de dirección o posición.

reversibilidad *f* Cualidad de reversible, *esp* [3].

reversible *adj* **1** Que puede revertir [1 y 2]. ■ **2** [Prenda o tejido] utilizable por ambas caras. ■ **3** [Puerta o mueble] que puede instalarse de modo que abra de izquierda a derecha o de derecha a izquierda. ■ **4** *(E)* [Cosa] que puede producirse o actuar en sentidos contrarios.

reversión *f* Acción de revertir [1, 2 y 4].

reversional *adj (Der)* De (la) reversión.

reverso *m En un papel, moneda o medalla:* Parte opuesta al anverso. **b) el ~ de la medalla** *(o, más raro, el ~).* La antítesis, lo opuesto. *Gralm como predicat con el v* SER.

revertir *(conjug 60)* **A** *intr* **1** Volver [una cosa a un estado o condición anterior]. *A veces se omite el compl por consabido.* ■ **2** *(Der)* Volver [una cosa a su antiguo dueño], o pasar [a un nuevo dueño]. ■ **3** Redundar o venir a parar [en algo]. **B** *tr* **4** Hacer que [algo *(cd)*] revierta [1, 2 y 3]. ■ **5** Hacer que [el cobro *(cd)* de una llamada telefónica] recaiga sobre el receptor de la misma. *Normalmente en part.*

revés **I** *m* **1** *En una cosa plana o laminar:* Cara opuesta al derecho. *Tb fig.* ■ **2** Golpe que se da moviendo la mano desde el lado opuesto a la dirección del mismo. *Frec en deportes.* ■ **3** Suceso adverso o contratiempo. **II** *loc adv* **4 al ~.** Al contrario. *Frec con un compl* DE, *que expresa lo que se toma como referencia.* **b)** De modo contrario al normal, debido o esperado. ■ **5 de ~.** Moviendo la mano desde el lado opuesto. *Con vs como* DAR *o* GOLPEAR. *Tb adj. Gralm en deportes.*

revesa *f (Mar)* Corriente de agua que se mueve en sentido distinto al curso de la marea o corriente principal.

revesero -ra *adj (raro)* Desleal o traicionero.

revesino *m (Naipes)* Juego en que gana el que hace todas las bazas o el que hace menos.

revestido *m* Revestimiento.

revestimiento *m* **1** Acción de revestir [2]. ■ **2** Cosa que reviste [2]. *Tb fig.*

revestir *(conjug 62) tr* **1** Vestir [a alguien, esp. a un sacerdote] sobre lo que lleva puesto. *A veces con un compl* DE, *que expresa la prenda que se pone. Gralm el cd es refl.* ■ **2** Recubrir (cubrir enteramente la superficie [de algo *(cd)*]). ■ **3** Dar [a alguien o algo *(cd)*] un carácter o apariencia determinados *(compl* DE*). Frec el cd es refl.* **b)** *pr* **(~se)** Pasar a tener [un carácter o apariencia determinados *(compl* DE*)].* ■ **4** Tener o presentar [una cualidad o un carácter determinados].

reveza *f (Mar)* Revesa.

revezar *tr (rur)* Reemplazar o sustituir. *Frec referido a animales de labranza. Tb abs.*

revezo *m (rur)* **1** Recambio o sustitución. ■ **2** Cosa que sirve para sustituir [a otra *(compl de posesión)*].

reviejo -ja *adj (col)* Sumamente viejo.

revientapisos *adj (col)* [Pers.] que roba en las viviendas forzando la entrada. *Más frec n m.*

reviramiento *m (raro)* Acción de revirar.

revirar **A** *tr* **1** Torcer [algo, esp. los ojos] o desviar[lo] de su posición o dirección habitual. **B** *intr* ➤ **a** *normal* **2** Volver a virar o a cambiar de dirección. *Tb fig.* ➤ **b** *pr* **(~se)** **3** *(reg)* Revolverse o inquietarse.

revisable *adj* Que se puede revisar.

revisador -ra *adj (raro)* Revisor.

revisar *tr* Examinar [algo] con cuidado o detenimiento. **b)** *Esp:* Examinar [algo] con cuidado para comprobar su estado y hacer las correcciones o reparaciones necesarias.

revisión *f* **1** Acción de revisar. *Tb su efecto.* ■ **2** Reposición [de una obra, esp. musical o cinematográfica].

revisionismo *m (Pol)* Actitud o tendencia favorable a someter a revisión comportamientos o doctrinas a fin de actualizarlos. **b)** Tendencia ideológica, dentro del marxismo-leninismo, que preconiza la revisión de la doctrina ortodoxa.

revisionista *adj (Pol)* De(l) revisionismo. **b)** Partidario del revisionismo. *Tb n.*

revisitar *tr* Considerar o interpretar [una obra o a un autor] con un nuevo enfoque.

revisor -ra *adj* Que revisa. *Frec n m, referido al empleado encargado de revisar los billetes en el tren o en otro medio de transporte.*

revista **I** *f* **1** Inspección o revisión. **b)** *(Mil)* Inspección que un jefe u oficial hace a la tropa debidamente formada. **c)** *(Mil)* Presentación periódica obligatoria, ante la autoridad competente, del licenciado del servicio militar, mientras está en la reserva. *Tb* ~ MILITAR. *Frec con el v* PASAR. ■ **2** Publicación periódica, gralm. semanal o mensual, con artículos variados de actualidad o sobre un tema determinado. *A veces designa un programa radiofónico de características similares.* **b)** *En un periódico:* Sección en que se da noticia extractada de diferentes sucesos o comentarios relativos a un tema o a la actualidad. *Con un compl especificador.* ■ **3** Espectáculo teatral de carácter frívolo en el que alternan diálogo, música y baile. *Tb* ~ MUSICAL. **II** *loc v* **4 pasar ~.** Inspeccionar detenidamente [a alguien o algo *(compl* A*)* alguien con autoridad para ello]. *Tb fig.* **b)** Pasar [una autoridad *(suj)*] ante las tropas que le rinden honores *(compl* A*)*. **c)** Examinar detenidamente [una serie de cosas o los distintos elementos de algo *(compl* A*)].*

revistar *tr* Pasar revista [a alguien o algo *(cd)*].

revisteril *adj* De (la) revista [2 y esp. 3].

revistero -ra A *m y f* **1** Pers. encargada de escribir revistas [2b].
B *m* **2** Mueble para colocar revistas [2a].

revitalización *f* Acción de revitalizar(se).

revitalizador -ra *adj* Que revitaliza. *Tb n m, esp referido a producto.*

revitalizante *adj* Que revitaliza.

revitalizar *tr* Dar nueva vida o vigor [a algo (*cd*)]. **b)** *pr* (~se) Cobrar nueva vida o vigor [algo].

revival (*ing; pronunc corriente, /ȓibáibal/ o /ȓebáibal/*) *m* Retorno de la moda o la popularidad [de alguien o algo].

revivalismo *m* Tendencia a volver a formas o estilos del pasado.

revivalista *adj* De(l) revivalismo.

revivencia *f* (*lit, raro*) Acción de revivir [2 y 3].

revivificación *f* Acción de revivificar.

revivificador -ra *adj* Que revivifica.

revivificante *adj* Revivificador.

revivificar *tr* Reavivar o revitalizar.

revivir A *intr* **1** Volver a la vida [alguien o algo muerto o que parecía muerto]. *Tb fig.*
B *tr* **2** Volver a la vida [a alguien o algo muerto o que parecía muerto (*cd*)]. *Tb fig.* ■ **3** Evocar con viveza.

reviviscencia *f* (*lit o E*) **1** Acción de revivir. ■ **2** Propiedad o capacidad de revivir [1]. *Tb fig.*

reviviscente *adj* (*Biol*) Dotado de reviviscencia [2].

revocable *adj* Que se puede revocar, *esp* [1].

revocación *f* Acción de revocar [1].

revocado *m* Acción de revocar [3]. *Tb su efecto.*

revocador -ra *adj* Que revoca. *Frec n, referido a pers. Tb fig.*

revocar *tr* **1** Anular o dejar sin efecto [una disposición o mandato]. ■ **2** Hacer que [algo (*cd*), esp. el humo] vuelva atrás. ■ **3** Enlucir [un paramento, esp. las paredes exteriores de un edificio]. *Tb abs.* **b)** Enlucir las paredes exteriores [de un edificio (*cd*)].

revocatorio -ria *adj* Que revoca [1].

revoco *m* Acción de revocar [3]. *Tb su efecto.*

revolante *adj* (*lit*) Que revuela. *Tb fig.*

revolar (*conjug* 4) A *intr* **1** Volar haciendo giros. ■ **2** Alzar de nuevo el vuelo [un ave].
B *tr* **3** Volar haciendo giros [sobre algo (*cd*)]. ■ **4** Hacer que [un ave (*cd*)] alce de nuevo el vuelo.

revolcadera *f* Barullo o confusión formados por perss. o animales que se revuelcan [1].

revolcadero *m* Sitio en que habitualmente se revuelcan [1] los animales. *Tb fig.*

revolcar (*conjug* 4) *tr* **1** Echar o tirar [a alguien sobre un lugar (*compl* EN O POR)] haciendo que se refrote y dé vueltas. *Frec el cd es refl. Referido a pers, frec como acto erótico o sexual.* **b)** Con cd refl se usa enfáticamente para ponderar la risa o el dolor. * Se revolcaba de risa. ■ **2** Derribar y maltratar [a alguien]. ■ **3** (*col*) Vencer [a alguien en una disputa o competición]. ■ **4** (*col*) Suspender [a alguien en un examen].

revolcón *m* Acción de revolcar(se). *Frec en la constr* DAR(SE) UN ~.

revolear A *intr* **1** Volar haciendo giros o vueltas.
B *tr* **2** Volar haciendo giros o vueltas [sobre algo (*cd*)]. ■ **3** Mover [algo] haciendo que dé giros o vueltas a cierta altura.

revoleo *m* **1** Acción de revolear. ■ **2** Revuelo o agitación.

revolera *f* **1** (*Taur*) Remate en que el torero pasa el capote de una mano a otra haciendo que produzca la impresión de un círculo en movimiento. ■ **2** (*reg*) Revuelo o agitación.

revolica *f* (*reg*) Jaleo o enredo.

revolotear *intr* Volar haciendo giros en poco espacio. *Tb fig.*

revoloteo *m* Acción de revolotear.

revoltijo *m* Conjunto de varias cosas revueltas.

revoltillo *m* Revoltijo.

revoltoso -sa *adj* **1** [Niño] travieso o enredador. *Tb n.* ■ **2** Que participa en una revuelta [2]. *Tb n.* **b)** Propio de la pers. revoltosa.

revolú *m* (*raro*) Alboroto o confusión.

revolución I *f* **1** Cambio radical, esp. por la fuerza, en las instituciones políticas de una nación. **b)** Cambio brusco e importante en el orden social, económico o moral. *Tb fig. Frec con intención ponderativa.* **c)** (*col*) Desorden o confusión. ■ **2** (*Mec*) Giro que da una pieza sobre su eje. ■ **3** (*Astron*) Movimiento [de un astro] a lo largo del curso de su órbita. **b)** ~ **anomalística.** Intervalo entre dos pasos consecutivos de un astro por el afelio.
II *loc adj* **4 de ~.** (*Geom*) [Cuerpo o superficie] engendrados por el movimiento de una línea que gira alrededor de una recta fija, manteniendo cada uno de los puntos de aquella su distancia respecto a esta.

revolucionar *tr* **1** Causar una revolución [1b y c] [en algo, esp. un sitio o una colectividad (*cd*)]. **b)** *pr* (~se) Sufrir una revolución [algo, esp. un sitio o una colectividad]. ■ **2** Incitar o arrastrar [a alguien] a la revolución [1a]. *Frec fig.* **b)** *pr* (~se) Hacerse revolucionario [1b]. *Frec fig.* ■ **3** (*Mec*) Imprimir determinadas revoluciones [2] [a un motor (*cd*)]. *Frec con un cuantitativo.*

revolucionariamente *adv* De manera revolucionaria.

revolucionario -ria *adj* **1** De (la) revolución [1a y b]. **b)** Partidario de la revolución [1a y b], o que participa en ella. *Tb n.* ■ **2** [Cosa] que implica un cambio total respecto a lo anterior en su género.

revolucionarismo *m* (*Pol*) Tendencia a la revolución [1a].

revolucionarista *adj* (*Pol*) De(l) revolucionarismo. **b)** Partidario del revolucionarismo. *Tb n.*

revolvedor -ra *adj* (*raro*) Que revuelve [4].

revolver (*conjug* 35) A *tr* **1** Mover [una sustancia líquida o pulverulenta, o una pluralidad de cosas] de manera que sus partículas o sus componentes cambien de posición o se mezclen. *Tb abs.* ■ **2** Alterar la disposición o el orden normal o establecido [de una serie de cosas (*cd*)]. **b)** Poner en desorden las cosas [de un sitio (*cd*)]. *Tb abs.* ■ **3** Examinar o registrar [un recipiente] removiendo las cosas contenidas en él. ■ **4** Alterar o agitar [a alguien o sus ideas o sentimientos]. **b)** *pr* (~se) Alterarse o agitarse. ■ **5** Alterar [a alguien (*cd*)] el normal funcionamiento del aparato digestivo. ■ **6 ~ el estómago, la(s) tripa(s),** *o* **el cuerpo** [a alguien]. Alterar[le] el normal funcionamiento del aparato digestivo o causar[le] repugnancia. *Frec fig, en sent moral.* **b)** *pr* **~se**[le] **el estómago, la(s) tripa(s),** *o* **el cuerpo** [a alguien]. Alterárse[le] el normal funcionamiento del aparato digestivo o producírse[le] repugnancia. *Frec fig.* **c) ~ la bilis** → BILIS. ■ **7** Volver o doblar [una esquina].

B *intr pr* (**~se**) **8** Agitarse o volverse a un lado y a otro sin moverse del sitio, o dentro de un espacio muy limitado. **b) no poder ~se.** No tener espacio para moverse. *Con intención ponderativa.* ■ **9** Volverse o darse la vuelta. **b)** Volverse [hacia alguien que ataca o acosa (*compl* CONTRA)] para hacerle frente. *Tb sin compl. Tb fig.* **c)** Hacer frente [a una pers. o cosa (*compl* CONTRA)] o ponerse [contra ella].

revólver *m* **1** Arma corta de fuego con varias recámaras taladradas en un cilindro giratorio. ■ **2** (*Mec*) Dispositivo giratorio que permite el empleo sucesivo de distintas piezas. *Frec en aposición con* TORNO. **b)** Torno revólver.

revoque *m* Acción de revocar o enlucir. *Tb su efecto. Tb fig.*

revuelo I *m* **1** Acción de revolar. ■ **2** Agitación o alboroto.

II *loc adv* **3 al ~ de un capote.** (*Taur*) Aprovechando la salida del toro de una suerte de capa.

revuelta *f* **1** Cambio pronunciado de dirección, esp. el que va formando zigzag con otros. ■ **2** Movimiento colectivo de protesta que se manifiesta con alteraciones poco importantes del orden público.

revueltamente *adv* De manera revuelta (→ RE-VUELTO [2 y 3]).

revuelto -ta I *adj* **1** *part* → REVOLVER. ■ **2** [Cosa] llena de confusión o desorden. ■ **3** [Cosa] llena de agitación o inestabilidad. **b)** [Agua] agitada. **c)** [Río] ~ → RÍO. ■ **4** [Huevo] batido y cuajado en la sartén sin darle forma. *Gralm en pl.*

II *m* **5** Guiso cuyo principal ingrediente son huevos batidos y cuajados en una sartén sin darles forma. *Frec con un compl especificador.*

revuelvepiedras *m* Vuelvepiedras (ave).

revulsión *f* **1** (*Med*) Provocación de una inflamación o congestión superficial para sustituir con ella otra más profunda y peligrosa. ■ **2** Alteración o reacción que gralm. acaba produciendo efectos beneficiosos.

revulsionar *tr* Causar revulsión [2] [en alguien o algo (*cd*)].

revulsivo -va *adj* Que produce revulsión. *Tb n m, referido a medicamento o medio.*

rexismo *m* (*hist*) Movimiento político de tendencia fascista, surgido en Bélgica en 1935.

rexista *adj* (*hist*) De(l) rexismo. **b)** Adepto al rexismo. *Tb n.*

rey, reina I *n* A *m* y *f* **1** Jefe de estado en una monarquía. **b)** *Frec se usa en constrs de sent comparativo para ponderar comodidad y lujo.* * Viven como reyes. ■ **2** Pers., animal o cosa que tiene la supremacía entre los de su género, en un lugar o en una actividad. *Frec en constrs lexicalizadas:* EL ~ DE LA CREACIÓN *'el hombre'*, EL ~ DE LA SELVA *'el león'*, EL ~ DE LA CASA *'el bebé'*. **b)** *Se emplea como apelativo cariñoso, esp referido a niños.* * Ven, mi rey, no llo-

res. **c) ~ de la montaña.** (*Dep*) Ciclista campeón de las etapas de montaña.

B *m* **3** Esposo de una reina [1a]. ■ **4** *En pl:* Monarca y su consorte. ■ **5** *En la tradición cristiana:* Sabio oriental de los tres que guiados por una estrella fueron a Belén a adorar a Jesús. *Frec* ~ MAGO. **b)** *En pl:* Fiesta en que se celebra la adoración de los Magos, en la que es costumbre hacer regalos. *Frec sin art.* **c)** *En pl:* Regalo o conjunto de regalos de la fiesta de Reyes. ■ **6** *En la baraja española:* Carta, marcada con el número 12, que lleva representada la figura de un rey [1a]. **b)** *En la baraja francesa:* Carta, marcada con la letra K, que lleva representada la figura de un rey. *Tb, en los dados de póquer, la cara que representa esta figura.* ■ **7** *En el ajedrez:* Pieza principal. ■ **8** (*reg*) Palometa roja (pez). *Tb* BESUGO ~. ■ **9 ~ de armas.** Especialista en el estudio de los blasones de las familias nobles. **b)** (*hist*) *En la Edad Media:* Caballero encargado de transmitir mensajes de importancia, ordenar las grandes ceremonias y llevar los registros de la nobleza. ■ **10 ~ de Romanos.** (*hist*) *En el Imperio Alemán:* Príncipe designado para heredar la dignidad imperial, o emperador elegido pero aún no coronado en Roma. ■ **11 el ~ de Roma.** (*col, humoríst*) Pers. que aparece cuando se está hablando de ella. *Normalmente en la fórmula* HABLANDO DEL ~ DE ROMA...

C *f* **12** Esposa de un rey [1a]. ■ **13** *En la baraja francesa:* Dama. *Tb, en los dados de póquer, la cara que representa esta figura.* ■ **14** *En el ajedrez:* Pieza que sigue en importancia al rey [7]. ■ **15** Mujer que se elige para presidir honoríficamente una fiesta o celebración. *Con un compl especificador.* ■ **16** *En los insectos sociales:* Hembra fértil. *A veces en aposición.* ■ **17** (*jerg*) Heroína. **b) reina blanca.** (*jerg*) Cocaína. ■ **18 reina de los prados.** Planta herbácea común en los bosques frescos, con flores pequeñas y blancas en corimbos (*Spiraea ulmaria*). ■ **19 reina margarita.** Planta compuesta cultivada como ornamental (*Aster chinensis*).

II *loc adj* **20 del ~.** (*hoy raro*) [Escuela] pública. ■ **21** [Palabra] **de ~** → PALABRA. III *loc pr* **22** (**ni**) **~ ni roque.** (*col*) Nadie. IV *loc v* **23 no quitar ni poner ~.** Abstenerse de tomar partido por ningún contendiente o ninguna opción. *Gralm en 1ª pers.* ■ **24 servir al ~** → SERVIR.

reyerta *f* Riña o enfrentamiento, con agresión física, entre dos o varias perss.

reyezuelo *m* **1** (*desp*) Rey de un pequeño territorio sometido a un dominio superior. ■ **2** Pájaro diminuto, con plumaje verdoso, listado en las alas y amarillo anaranjado en la cabeza (*Regulus regulus* y *R. ignicapillus*). *Tb* ~ SENCILLO *y* ~ LISTADO, *respectivamente.*

rezador -ra I *adj* **1** [Pers.] que reza [1] mucho. **b)** Propio de la pers. rezadora.

II *f* **2** (*reg*) Mujer que tiene por oficio rezar [1] en entierros y velatorios.

rezagarse *intr pr* Quedarse atrás. *Tb fig.*

rezago *m* Acción de rezagarse. *Tb su efecto.*

rezandero -ra *adj* (*raro*) Rezador [1].

rezar A *tr* ➤ a *normal* **1** Decir oral o mentalmente [un conjunto de palabras que gralm. constituyen una fórmula establecida] dirigiéndose a Dios, la Virgen o los santos. *Frec abs.* ■ **2** Decir [la misa] sin cantar ninguna de sus partes. *Gralm en part.* ■ **3**

Decir [algo (*cd*) un escrito (*suj*)]. * Había un cartel que rezaba lo siguiente: "Se vende".

➤ **b** *impers* **4** Haber [algo (*cd*)] escrito [en un lugar]. * En el cartel reza lo siguiente: "Se vende".

B *intr* **5** (*col*) Refunfuñar o rezongar. ■ **6** Atañer o referirse [una cosa a alguien o algo (*compl* CON)].

rezo *m* **1** Acción de rezar [1]. ■ **2** Cosa que se reza [1].

rezón[1] **-na** *adj* (*raro*) Rezador [1].

rezón[2] *m* (*Mar*) Ancla de cuatro uñas y sin cepo, propia para embarcaciones menores.

rezongar **A** *intr* **1** Refunfuñar.
B *tr* **2** Decir [algo] refunfuñando.

rezongón -na *adj* Refunfuñón.

rezumadero *m* Lugar donde rezuma [3] agua.

rezumamiento *m* Acción de rezumar(se).

rezumante *adj* Que rezuma.

rezumar **A** *tr* **1** Dejar pasar [un cuerpo (*suj*)] a través de los poros [un líquido (*cd*) contenido en él]. *Tb abs. Tb fig.* ■ **2** Dejar ver [alguien o algo (*suj*)] una cualidad o un sentimiento (*cd*)] por su comportamiento o por su apariencia.
B *intr* **3** Salir [un líquido] al exterior a través de los poros del cuerpo que lo contiene. *Tb pr* (**~se**). **4** Dejarse ver [una cualidad o un sentimiento] a través del comportamiento o la apariencia [de alguien o algo (*ci*)].

rezumo *m* (*reg*) Acción de rezumar(se). *Tb su efecto.*

Rh (*pronunc, /ére-áce/*) *m* Factor Rh (→ FACTOR). *Frec designa el hecho de tener o no este factor en la sangre, gralm con los adjs* POSITIVO *o* NEGATIVO.

Rhesus. factor ~ → FACTOR.

rho → RO.

rhodesiano → RODESIANO.

rhythm and blues (*ing; pronunc corriente, /rídm-an-blús/*) *m* Música popular derivada del blues o influida por él.

ria *interj* (*rur*) Se usa para animar a las caballerías. * ¡Ria, mula!

ría *f* **1** Valle fluvial invadido por el mar. ■ **2** (*Dep*) Obstáculo consistente en un foso con agua que debe saltarse.

riacho *m* Riachuelo.

riachuelo *m* Río pequeño.

riada *f* **1** Crecida violenta del caudal de un río. ■ **2** Gran abundancia [de algo que afluye con ímpetu y violencia].

rial (*pl, ~ES o ~S*) *m* Unidad monetaria del Irán.

riañés -sa *adj* De Riaño (León). *Tb n, referido a pers.*

riatillo *m* (*raro*) Regato o arroyo pequeño.

riazano -na *adj* De Riaza (Segovia). *Tb n, referido a pers.*

riba *adv* (*rur*) Arriba.

ribacera *f* (*reg*) Ribazo [1].

ribadaviense *adj* De Ribadavia (Orense). *Tb n, referido a pers.*

ribadense *adj* De Ribadeo (Lugo). *Tb n, referido a pers.*

ribagorzano -na **I** *adj* **1** Del condado o comarca de Ribagorza (Huesca). *Tb n, referido a pers.*
II *m* **2** Dialecto de Ribagorza.

ribaldo *m* (*raro*) Rufián (de prostitutas).

ribazo *m* **1** Porción de tierra con elevación y declive. ■ **2** Caballón de división o de riego.

ribeirana *f* Baile gallego propio de la comarca del Ribeiro (Orense).

ribeirense *adj* De Ribeira o Santa Eugenia (La Coruña). *Tb n, referido a pers.*

ribeiro *m* Vino de la comarca del Ribeiro (Orense). *Tb* VINO DEL RIBEIRO.

ribera **I** *n* **A** *f* **1** Orilla [del mar, de un río o de un lago]. **b)** Faja de terreno regada por un río. *Frec con un compl especificador.* **c)** (*reg*) Huerta que linda con un río.
B *m* **2** **~ del Duero.** Vino de la región de la Ribera del Duero. *Tb* VINO DE LA ~ DEL DUERO.
II *loc adj* **3 de ~.** [Carpintero] especializado en obras navales.

ribereño -ña *adj* **1** De (la) ribera [1a]. *Tb n, referido a pers.* ■ **2** De Aranjuez (Madrid). *Tb n, referido a pers.*

riberiego -ga *adj* [Ganado o ganadero] de ribera [1].

ribero[1] *m* Ribera [1a].

ribero[2] **-ra** *adj* (*reg*) De la Ribera de Navarra.

ribete *m* **1** Tira estrecha que como adorno o refuerzo se pone en la orilla de una prenda de tela o de cuero. *Tb fig.* **b)** Borde u orilla que se destaca del resto. ■ **2** *En pl:* Pequeñas señales o indicios [de una cualidad o condición]. **b)** **puntas y ~s** → PUNTA.

ribeteado *m* Acción de ribetear.

ribetear *tr* Poner ribetes [1] [a algo (*cd*)].

riboflavina *f* (*Med*) Vitamina B_2.

ribonucleasa *f* (*Biol*) Enzima que cataliza la hidrólisis del ácido ribonucleico.

ribonucleico *adj* (*Biol*) [Ácido] nucleico presente en todas las células vivas, esencial en la síntesis de las proteínas y que por hidrólisis produce ribosa.

ribosa *f* (*Biol*) Pentosa que entra en la composición de algunos ácidos nucleicos.

ribosoma *m* (*Biol*) Gránulo del citoplasma celular, compuesto por una proteína y ácido ribonucleico, que interviene en la síntesis de las proteínas.

ribosómico -ca *adj* (*Biol*) De(l) ribosoma o de (los) ribosomas.

ricacho -cha *adj* (*desp*) [Pers.] rica [1a]. *Tb n. Frec en la forma aum* RICACHÓN.

ricahembra (*pl normal,* RICASHEMBRAS) *f* (*hist*) Mujer de la alta nobleza.

ricahombría *f* (*hist*) Título o condición de ricohombre.

ricamente *adv* **1** De manera rica [2 y 3]. ■ **2** (*col*) A gusto o cómodamente. *Gralm precedido de* TAN.

ricercare (*it; pronunc corriente, /ricerkáre/*) *m* (*Mús, hist*) Tiento. *Gralm referido a los de compositor extranjero.*

ricial *m* (*reg*) Tierra en que retoña el cereal, o que, al estar sin sembrar, produce hierbas espontáneas.

ricina *f* (*Quím*) Sustancia albuminoidea venenosa de las semillas del ricino.

ricino *m* Planta herbácea o arbustiva, de la familia de las euforbiáceas, de cuyas semillas se extrae un aceite usado como lubricante y como purgante (*Ricinus communis*). *Tb su madera.*

ricio *m* (*reg*) Campo que, después de segado, produce hierbas espontáneas. *Tb la propia hierba.*

rickettsia *f* (*Med*) Germen patógeno de carácter intermedio entre las bacterias y los virus (gén. *Rickettsia*).

rickettsiósico -ca *adj* (*Med*) De (la) rickettsiosis o de (la) rickettsia.

rickettsiosis *f* (*Med*) Enfermedad de las producidas por rickettsias.

rickshaw (*ing; pronunc corriente,* /ɾíkʃo/; *pl normal,* ~s) *m* Pequeño vehículo para personas usado en algunos países asiáticos, de dos ruedas y tirado por un hombre, o en forma de triciclo conducido por un hombre.

rico -ca *adj* **1** [Pers.] que tiene mucho dinero o bienes. *Tb n.* **b)** **nuevo ~.** (*desp*) Pers. que ha llegado súbitamente a la riqueza y se comporta con tosquedad y ostentación. ▪ **2** [Cosa] lujosa o de mucho valor. ▪ **3** Abundante. *Frec con un compl* EN, *que a veces se omite por consabido.* **b)** [Tierra] fértil o que tiene abundantes recursos. ▪ **4** Agradable al paladar. **b)** (*col*) Apetecible desde el punto de vista sexual. *Esp en lenguaje masculino.* ▪ **5** (*col*) [Pers. o cosa] bonita o encantadora. *Con intención ponderativa y esp en lenguaje femenino.* **b)** *Se emplea frec como vocativo cariñoso dirigido a niños, esp en lenguaje femenino.* * Ven, rico, no llores. **c)** *En vocativo, se emplea frec con intención irónica, dirigido a niños o a adultos.* * Mira, rica, no te aguanto más.

ricohombre (*pl normal,* RICOSHOMBRES) *m* (*hist*) Hombre de la alta nobleza.

rictus *m* Contracción de los labios que prolonga las comisuras y a veces da a la boca el aspecto de la sonrisa. *Frec con un adj o compl especificador.*

ricura *f* (*col*) Pers. o cosa rica [4 y esp. 5]. *Frec usado como vocativo, con intención cariñosa o irónica.*

ridi (*col, humoríst*) **I** *adj* **1** Ridículo. **II** *loc v* **2** **hacer el ~.** Hacer el ridículo.

ridículamente *adv* De manera ridícula [1, 2 y 3].

ridiculez *f* **1** Cualidad de ridículo [1, 2 y 3]. ▪ **2** Cosa ridícula [1, 2 y 3].

ridiculizable *adj* Que se puede ridiculizar.

ridiculización *f* Acción de ridiculizar.

ridiculizador -ra *adj* Que ridiculiza.

ridiculizante *adj* Que ridiculiza.

ridiculizar *tr* Presentar [algo o a alguien] como ridículo [1].

ridículo -la **I** *adj* **1** [Pers. o cosa] que provoca risa o burla. ▪ **2** [Pers. o cosa] tonta o absurda. ▪ **3** [Cosa] insignificante o sumamente pequeña. *Con intención ponderativa.* **II** *m* **4** Situación ridícula [1]. *Frec en la constr* EN ~, *gralm con vs como* ESTAR, PONER, QUEDAR *O* DEJAR. **b)** Actuación o comportamiento ridículos [1]. *Frec en la constr* HACER EL ~. ▪ **5** Carácter o condición de ridículo [1]. ▪ **6** (*hist*) Bolso femenino de mano, pendiente de cordones.

riega *f* (*reg*) Corriente de agua continua poco caudalosa.

riego *m* Acción de regar.

riel *m* **1** Barra metálica que sirve de guía a un mecanismo, esp. el que corre y descorre una cortina. ▪ **2** Carril (de trenes, vagones o tranvías).

rielar *intr* (*lit*) **1** Brillar con luz trémula. ▪ **2** Vibrar o temblar.

rienda **I** *f* **1** Correa o cuerda de las dos que, sujetas al freno de una caballería, sirven para dirigirla. ▪ **2** *En pl:* Gobierno o dirección [de algo]. *Frec con vs como* TOMAR *O* LLEVAR. **II** *loc adj* **3** **de (la) ~.** (*lit*) [Mano] izquierda. **III** *loc v* **4** **dar ~** [a alguien o algo]. Dejar de contener[lo] o reprimir[lo]. **IV** *loc adv* **5** **a ~ suelta.** Sin freno. *Frec fig. Tb adj.*

riente *adj* Que ríe. *Tb* (*lit*) *fig, referido a cosa.*

riera *f* (*reg*) Rambla (cauce natural por el que discurren las aguas de lluvia).

riesgo **I** *m* **1** Posibilidad de que se produzca un daño o contratiempo, o algo que habitualmente se considera tal. *Frec con el v* CORRER. ▪ **2** Daño previsible de los que cubre un seguro. **II** *loc adv* **3** **a** (*o* **con**) ~ [de algo]. Estando expuesto [a ese riesgo [1]]. **b)** **con ~** [de algo]. Exponiéndo[lo] a riesgo [1]. ▪ **4** **a ~ y ventura.** (*Der*) Aceptando la intervención del azar. *Tb adj, referido a contrato.* ▪ **5** **a todo ~.** (*Seguros*) Cubriendo prácticamente todos los riesgos [2]. *Con el v* ASEGURAR. *Tb adj.*

rifa *f* Sorteo de una cosa entre varios, mediante papeletas numeradas o cartas de la baraja.

rifador -ra *m y f* (*raro*) Pers. que rifa [1].

rifamicina *f* (*Med*) Antibiótico de los varios obtenidos del *Streptomyces mediterranei.*

rifampicina *f* (*Med*) Antibiótico del grupo de las rifamicinas que actúa inhibiendo la síntesis de ácido ribonucleico en los gérmenes sensibles.

rifar *tr* ➤ **a** *normal* **1** Efectuar la rifa [de algo (*cd*)]. ➤ **b** *pr* (~**se**) **2** (*col*) Disputarse [varias perss. algo o a alguien]. *Frec con intención ponderativa.*

rifeño -ña *adj* Del Rif (comarca de Marruecos). *Tb n, referido a pers.*

rififí *m* (*jerg*) Sistema de robo que consiste en abrir un boquete desde un local vecino. *Tb* SISTEMA (DE) ~. *Tb el robo realizado con este sistema.*

rifirrafe *m* (*col*) Disputa o contienda ligera.

rifle *m* Fusil de cañón rayado y relativamente largo.

rígidamente *adv* De manera rígida.

rigidez *f* Cualidad de rígido.

rigidizar *tr* (*raro*) Dar rigidez [a algo o a alguien (*cd*)].

rígido -da *adj* **1** Que no se puede doblar o torcer. **b)** (*Informát*) [Disco] duro. ▪ **2** Firme e inflexible.

rigodón *m* (*hist*) Danza cortesana muy viva y alegre de los ss. XVII y XVIII. *Tb su música.*

rigor **I** *m* **1** Dureza o severidad. ▪ **2** Dureza [del clima, del frío o del calor, del invierno o del verano]. *Frec en pl.* **b)** Época de máximo calor o frío [del verano o del invierno]. ▪ **3** Exactitud o precisión. *Esp referido a trabajos científicos.* ▪ **4** **el ~ de las desdichas.** Pers. a quien suceden muchas desdichas o contratiempos. *Frec con intención humoríst.*

II *loc adj* **5 de ~.** Obligado o acostumbrado.
III *loc adv* **6 en ~.** En realidad o estrictamente.

rigorismo *m* Rigor [1] extremado, esp. en materia de moral o de disciplina.

rigorista *adj* Extremadamente riguroso, esp. en materia de moral o de disciplina. *Tb n, referido a pers.*

rigor mortis (*lat; pronunc,* /ŕígor-mórtis/) *m* (*Med*) Rigidez cadavérica. *Tb* (*lit*) *fig, fuera del ámbito técn.*

rigurosamente *adv* De manera rigurosa.

rigurosidad *f* Cualidad de riguroso.

riguroso -sa *adj* **1** [Pers.] que actúa con rigor [1 y 3]. ■ **2** [Cosa] que denota o implica rigor [1, 2 y 3]. ■ **3** *Se usa frec antepuesto al n para ponderar la ausencia de cualquier circunstancia ajena a la propia esencia de lo expresado por él.* * Viaja de riguroso incógnito.

rija *f* Fístula que se forma debajo del lagrimal, por la que fluyen pus o lágrimas.

rijo *m* (*raro*) Rijosidad.

rijosidad *f* **1** Cualidad de rijoso. ■ **2** (*raro*) Actitud o comportamiento propios de la pers. rijosa.

rijoso -sa *adj* **1** [Pers. o animal] fuertemente inclinados al placer sexual. ■ **2** [Pers.] que muestra disposición o deseo de pelear.

rilar *intr* ➤ **a** *normal* **1** Temblar, esp. de miedo. ➤ **b** *pr* (~se) **2** Acobardarse o volverse atrás.

rilsán (*n comercial registrado*) *m* Fibra artificial, de propiedades y aplicaciones análogas a las del nailon, que se fabrica a partir del aceite de ricino.

rima *f* (*TLit*) **1** Hecho de que las palabras finales de dos o más versos o unidades rítmicas terminen por los mismos sonidos. ■ **2** Acción de rimar, *esp* [4]. ■ **3** Composición lírica. *Frec en pl.* ■ **4 octava ~, sexta ~** → OCTAVO, SEXTO.

rimado -da *adj* **1** *part* → RIMAR. ■ **2** (*TLit*) [Prosa] que tiene rima [1].

rimador -ra *adj* (*TLit*) [Escritor] que se distingue en sus composiciones poéticas más por la rima que por otras cualidades. *Tb n. Frec con intención desp.*

rimar A *intr* **1** (*TLit*) Terminar [un verso o una palabra] en los mismos sonidos [que otros (*compl* CON)]. *Tb sin compl, con suj pl.* ■ **2** (*lit*) Armonizar [una cosa con otra]. *Tb sin compl, con suj pl.* ■ **3** (*lit*) Componer versos. **B** *tr* **4** (*lit*) Hacer que [varias cosas, esp. versos (*cd*)] rimen [1 y 2]. *Tb abs.*

rimaya *f* (*Geol*) Grieta que se forma entre el hielo de un glaciar y la roca en que se apoya.

rimbombancia *f* (*desp*) Cualidad de rimbombante.

rimbombante *adj* (*desp*) [Cosa] ostentosa o llamativa. **b)** [Palabra o lenguaje] grandilocuente.

rimbombantemente *adv* (*desp*) De manera rimbombante.

rímel *m* Cosmético para oscurecer y endurecer las pestañas.

rimero *m* Conjunto [de cosas] puestas unas sobre otras. *Tb fig.*

rimmel (*n comercial registrado; pronunc corriente,* /ŕímel/) *m* Rímel.

rincha *f* (*reg*) Caballa (pez).

rinchi *m* En ciertos juegos infantiles de pillar: Lugar al que van los que han sido pillados. *Tb fig.*

rincón I *m* **1** Ángulo entrante que se forma en el encuentro de dos o tres superficies. ■ **2** Lugar retirado u oculto. *Tb fig.* ■ **3** Resto [de algo] que queda en lugar poco visible. **II** *loc adv* **4 por los ~es.** Calladamente o en soledad. *Gralm con el v* LLORAR.

rinconada *f* Rincón [1] grande formado esp. por edificios, calles o montes.

rinconero -ra I *adj* **1** [Mueble] de forma adecuada para ser colocado en un rincón [1]. **II** *f* **2** Mueble de forma adecuada para ser instalado en un rincón [1]. ■ **3** (*raro*) Rincón [1].

rinencéfalo *m* (*Anat*) Porción del cerebro relativa al sentido del olfato.

ring¹ (*ing; pronunc corriente,* /ŕin/; *pl normal,* ~s) *m* **1** Cuadrilátero elevado y cercado de cuerdas en que combaten los boxeadores y luchadores. *Tb fig.* ■ **2** (*lit*) Boxeo (deporte).

ring² *interj* Se usa, *gralm repetida,* para imitar el sonido de un timbre, esp del teléfono. A veces se sustantiva como n *m.* * A lo lejos se oía el ring de un teléfono.

ringla *f* (*col*) Ringlera.

ringlera *f* (*col*) Fila o hilera.

ringorrango *m* **1** Adorno exagerado y extravagante. *Frec en pl.* ■ **2** Complicación innecesaria.

ring-side (*ing; pronunc corriente,* /ŕín-said/) *m* (*Boxeo*) Zona de asientos situada inmediatamente alrededor del ring.

rinitis *f* (*Med*) **a)** Inflamación de la mucosa de las fosas nasales. **b)** Fiebre del heno. *Tb ~* ANAFILÁCTICA.

rino *m* (*col, raro*) Rinoceronte.

rinoceronte *m* Mamífero perisodáctilo propio de Asia y África, de gran tamaño, cuerpo macizo, piel dura y rugosa y uno o dos cuernos en la región nasal (*Rhinoceros unicornis, Diceros bicornis y Ceratotherium simum*). *Tb ~* INDIO, *~* NEGRO *y ~* BLANCO, *respectivamente.*

rinofaringe *f* (*Anat*) Porción de la faringe situada por encima del velo del paladar.

rinofaringitis *f* (*Med*) Inflamación de la rinofaringe.

rinofima *m* (*Med*) Acné que desfigura la nariz.

rinolalia *f* (*Med*) Nasalidad de la voz debida a una afección o un defecto de las fosas nasales.

rinología *f* (*Med*) Especialidad médica que versa sobre la nariz.

rinológico -ca *adj* (*Med*) De (la) rinología.

rinoplastia *f* (*Med*) Cirugía plástica de la nariz.

rinorrea *f* (*Med*) Flujo abundante de moco nasal, o flujo de líquido cefalorraquídeo por la nariz. *En el segundo caso, tb ~* CEREBROESPINAL.

rinrán (*tb con la grafía* **rin-ran**) *m* (*reg*) Guiso compuesto de tomates, pimientos, patatas y bacalao o atún.

riña *f* Acción de reñir (enfrentarse [con alguien] de palabra o de obra).

riñón I *m* **1** Órgano secretor que elabora la orina. **b)** **~ artificial.** Aparato para la depuración de la sangre en los casos de insuficiencia renal. ■ **2** *En pl:* Región lumbar. ■ **3** (*col, euf*) *En pl:* Valentía o

valor. ■ **4 un ~.** (*col*) Un precio muy elevado. *Con vs como* COSTAR *o* VALER. ■ **5 el ~ bien cubierto.** (*col*) Abundancia de dinero. *Gralm con el v* TENER. ■ **6** (*Arquit*) *En un arco o bóveda:* Parte inmediatamente superior al arranque.
II *loc v* **7 pegarse** [una comida] **al ~.** (*col*) Ser muy sustanciosa.

riñonada *f* Región lumbar. *Gralm hablando de animales de carne.*

riñonera *f* **1** Bolso pequeño que se sujeta a la altura de los riñones. ■ **2** (*col*) Región lumbar.

río I *m* **1** Corriente continua y natural de agua. ■ **2** Masa [de algo] que fluye o corre en abundancia. ■ **3 ~ revuelto.** Situación confusa o desordenada.
II *adj invar* **4** (*TLit*) [Novela] de gran extensión, que presenta numerosos personajes de varias generaciones. *Frec con la grafía* NOVELA-~.
III *loc v y fórm or* **5 de perdidos al ~.** *Se usa para presentar algo como una solución desesperada.* * De perdidos al río, mira. Yo me apunto al viaje. ■ **6 llevarse** [a una pers.] **al ~.** (*col*) Realizar el acto sexual [con ella (*cd*)].

riograndense *adj* Del estado de Río Grande del Sur (Brasil). *Tb n, referido a pers.*

rioja *m* Vino que se produce en la región de la Rioja. *Tb* VINO DE RIOJA.

riojanismo *m* Palabra o rasgo idiomático propios de la Rioja.

riojano -na I *adj* **1** De la región o de la comunidad autónoma de la Rioja. *Tb n, referido a pers.*
II *m* **2** Variedad riojana [1] del castellano.

riolita *f* (*Geol*) Roca volcánica de constitución semejante a la del granito.

riomunense *adj* De Río Muni (parte continental de la Guinea Ecuatorial). *Tb n, referido a pers.*

rioplatense *adj* De la región del Río de la Plata. *Tb n, referido a pers.*

riosecano -na *adj* De Medina de Rioseco (Valladolid). *Tb n, referido a pers.*

riosellano -na *adj* De Ribadesella (Asturias). *Tb n, referido a pers.*

riostra *f* (*Constr*) Pieza que sirve para reforzar una armazón y hacerla indeformable.

ríper (*tb con la grafía* **ripper**; *pl normal,* ~S) *m* (*hist*) Cierto coche de caballos de alquiler de alrededor de 1920.

ripia *f* **1** Tabla delgada, desigual y sin cepillar. *A veces en sg con sent colectivo.* ■ **2** (*reg*) Conjunto de palos sobre los que se asientan las tejas del tejado.

ripícola *adj* (*Bot*) Propio de las riberas.

ripieno *m* (*Mús, hist*) *En el concerto grosso:* Grupo principal de instrumentos, contrapuesto al solista o a los solistas. *Tb* (*lit*) *fig.*

ripio I *m* **1** Palabra o frase superflua que se emplea para rellenar un verso o conseguir una rima. ■ **2** (*Constr*) Conjunto de fragmentos de materiales de albañilería, usado para rellenar huecos. ■ **3** Guijo o guijarro.
II *loc v* (*col*) **4 no perder ~.** Escuchar u observar atentamente lo que se dice o se hace, para enterarse de todo. ■ **5 no perder ~.** Aprovechar todas las oportunidades.

ripioso -sa *adj* **1** [Poeta] que utiliza ripios [1]. ■ **2** [Verso o poesía] que contiene ripios [1]. ■ **3** De(l) ripio [1].

ripollense *adj* (*lit*) Ripollés. *Tb n.*

ripollés -sa *adj* De Ripoll (Gerona). *Tb n, referido a pers.*

ripper¹ (*ing; pronunc corriente,* /r̃íper/; *pl normal,* ~S) *m* Máquina de obras públicas provista de dientes metálicos para excavar terrenos duros.

ripper² → RÍPER.

ripple-mark (*ing; pronunc corriente,* /r̃ípelmark/; *pl normal,* ~S) *m* (*Geol*) Ondulación formada por el agua en la arena o el barro del litoral o de los ríos, o por el viento en las dunas.

riqueza *f* **1** Cualidad o condición de rico (que tiene mucho dinero o bienes). ■ **2** Cualidad de rico (lujoso o de mucho valor). ■ **3** Cualidad de rico o abundante. *Frec con un adj o compl especificador.* **b)** Proporción o cantidad relativa que una cosa posee [de otra (*adj o compl especificador*)]. *Tb sin compl por consabido.* ■ **4** Conjunto de dinero o bienes que se poseen. *Frec en pl, con sent sg.*

risa I *f* **1** Acción de reír (manifestar alegría con determinados sonidos y movimientos de la boca y con la expresión general del rostro). *Tb el sonido correspondiente.* **b)** *Frec en constrs cols de carácter enfático:* CAERSE, DESTERNILLARSE, MONDARSE, MORIRSE, PARTIRSE, REVENTAR, *etc, DE* ~. **c)** *Frec en diminutivo con matiz desp.* * ¿A qué viene esa risita? **d)** **~ de conejo, ~ floja** → CONEJO, FLOJO. ■ **2** Cosa que causa risa [1a]. ■ **3 ~ sardónica.** Mueca semejante al gesto de la risa [1a].
II *loc v y fórm or* (*col*) **4 echar,** *o* **hacer, unas ~s.** (*juv*) Pasar un rato de charla divertida. ■ **5 morirse de ~.** Estar inactiva [una pers.] o sin uso [una cosa] esperando algo que no llega. *Frec en part.* ■ **6 qué ~.** *Fórmula con que se manifiesta burla o rechazo ante lo que se acaba de oír.* * –Dice que él lo hacía en media hora. –¡Qué risa! ¡Como si fuera tan fácil! ■ **7 tomar a ~** [algo o, más raro, a alguien]. No dar[le] importancia o no hacer[le] caso.

risada *f* (*raro*) Risotada.

risca *f* (*reg*) Risco.

riscal *m* Lugar en que hay muchos riscos.

risco I *m* **1** Peñasco alto y escarpado.
II *loc adj* **2** [Té] **de ~** → TÉ.

risible *adj* Digno de risa [1a].

risión *f* (*pop*) **1** Burla o irrisión. **b)** Pers. o cosa que provoca burla o irrisión. ■ **2** Hecho de reírse intensamente. **b)** Cosa extremadamente cómica.

risolé *adj* (*Coc, raro*) Gratinado.

risorio¹ *adj* (*Anat*) [Músculo] que contrae las comisuras de los labios y produce el gesto de la risa [1a]. *Tb n m.*

risorio² *m* (*reg*) Risión.

risotada *f* Risa [1a] muy ruidosa.

risotear *intr* Dar risotadas.

risoteo *m* Acción de risotear.

risotero -ra *adj* (*reg*) Que se ríe mucho.

risotto (*it; pronunc corriente,* /r̃isóto/) *m* Guiso italiano hecho con arroz cocido y aderezado con tomate, queso rallado u otros ingredientes.

rispiajo *m* (*reg*) Porción de terreno en pendiente.

rispión *m* (*reg*) Rastrojo.

risquero -ra I *adj* **1** De(l) risco o de (los) riscos.
II *f* **2** Terreno en que abundan los riscos.

ris-ras *interj* Se usa para imitar el sonido de algo que se abre y se cierra o va y viene. A veces se sustantiva como n m. * Cada noche, ris-ras, abrir y cerrar la escopeta, ris-ras, meter y sacar los cartuchos.

ristra *f* **1** Conjunto [de ajos o cebollas] que se forma trenzando los tallos. ■ **2** Conjunto grande [de perss. o cosas] en que los componentes van uno tras otro.

ristre I *m* **1** *(hist)* En la armadura: Hierro en que se afianza la lanza. *Frec en la constr* LANZA EN ~. **II** *loc adv* **2 en ~.** Referido al modo de tener determinados utensilios: En disposición de utilizarlos.

risueñamente *adv* De manera risueña.

risueño -ña *adj* **1** [Pers.] alegre o de risa fácil. **b)** Propio de la pers. risueña. ■ **2** [Cosa] alegre o grata. ■ **3** [Cosa] favorable o próspera.

Rita *n p f (col)* Personaje imaginario que se usa como suj o compl de frases optativas o imperativas para indicar rechazo o incredulidad por parte de la pers. que habla. *Tb* ~ LA CANTAORA. * Que trabaje Rita.

ritidectomía *f (Med)* Cirugía plástica para la eliminación de las arrugas.

ritidoma *m (Bot)* Corteza arrugada y muerta de las plantas leñosas.

ritmado -da *adj* **1** *part* → RITMAR. ■ **2** *(lit, raro)* Rítmico o armonioso.

ritmar *tr (lit)* Dar ritmo [a algo *(cd)*] o someter[lo] a ritmo.

rítmicamente *adv* **1** De manera rítmica [1 y 2a]. ■ **2** En el aspecto rítmico [1].

rítmico -ca I *adj* **1** De(l) ritmo, *esp* [1 y 2]. ■ **2** Que implica ritmo, *esp* [1 y 2]. **b)** [Gimnasia] de movimientos rítmicos y encadenados, que se practica al compás de la música. **c)** [Música] en que el ritmo es el factor preponderante. **d)** [Versificación] que se basa en el acento de intensidad y no en el número o cantidad de sílabas. **e)** [Prosa] que presenta una disposición regular de los acentos. **II** *f* **3** Estudio de los ritmos. *Tb los propios ritmos.* ■ **4** Gimnasia rítmica [2b].

ritmista *m y f* Pers. que en un conjunto musical maneja los instrumentos destinados a marcar el ritmo [1].

ritmo *m* **1** Disposición de las duraciones relativas y de los acentos en las notas de una melodía. *A veces con un adj o compl especificador.* ■ **2** Disposición de las palabras en una secuencia más o menos regular de sílabas tónicas y átonas o largas y breves. *A veces con un adj o compl especificador.* ■ **3** Disposición de las formas, elementos o motivos ornamentales en una secuencia más o menos regular y alternada. ■ **4** Sucesión de determinados fenómenos que se repiten a intervalos más o menos regulares. ■ **5** Velocidad a la que se ejecuta una acción o se desarrolla un suceso o conjunto de sucesos.

rito *m* **1** Acto religioso sometido a unas normas tradicionales establecidas. **b)** Práctica establecida, de carácter sagrado o simbólico. **c)** Práctica que se realiza con arreglo a unas normas establecidas. ■ **2** Conjunto de normas establecidas para el culto y ceremonias religiosas. *Gralm con un adj especificador.* **b)** Conjunto de normas que rigen una práctica o costumbre.

ritón *m (hist)* Vaso, frec. en forma de cuerno o cabeza de animal, usado para beber.

ritornello *(it; pronunc corriente, /ritornélo/) m* **1** Pasaje que se repite en una obra musical, esp. entre las partes vocales de las arias o coros. ■ **2** *(lit)* Estribillo.

ritornelo *m (lit)* Ritornello.

ritual I *adj* **1** De(l) rito [1 y 2]. **b)** Que tiene carácter de rito [1]. ■ **2 de ~.** Establecido por el rito [2]. **b)** *(col)* Habitual o de costumbre. **II** *m* **3** Rito [2]. ■ **4** *(Rel catól)* Libro litúrgico que indica las ceremonias que han de observarse en los actos de culto.

ritualidad *f* Observancia del rito [2].

ritualismo *m* Tendencia a dar excesiva importancia al rito [2].

ritualista *adj* De(l) ritualismo. **b)** Partidario del ritualismo. *Tb n.*

ritualización *f* Acción de ritualizar.

ritualizar *tr* Dar [a algo *(cd)*] carácter ritual [1a].

ritualmente *adv* De manera ritual [1].

riudomense *adj* De Riudoms (Tarragona). *Tb n, referido a pers.*

riu-rau *m* Edificio de planta baja, con arcos a un lado, destinado a poner a secar uvas y propio de la comarca de la Marina (Alicante).

rival *m y f* Pers. o grupo que se opone [a otro *(compl de posesión)*] para conseguir la misma cosa o mostrar su superioridad. *Tb fig, referido a cosa.* **b)** Pers. o cosa comparable o equiparable [a otra *(compl de posesión)*].

rivalidad *f* Condición de rival. **b)** Oposición causada por rivalidad.

rivalizar *intr* Competir [con alguien o algo] como rival. *Tb sin compl, con suj pl. A veces con un compl* EN.

rivera *f* Arroyo, o río pequeño.

riza *f* Destrozo o estrago grandes. *Frec* HACER ~.

rizado¹ -da *adj* **1** *part* → RIZAR. ■ **2** Que tiene ondas o rizos¹ [1 y 2].

rizado² *m* **1** Acción de rizar. *Tb su efecto.* ■ **2** *(Dep)* Obstáculo constituido por una serie de elevaciones y descensos consecutivos.

rizador -ra *adj* Que riza [1], esp. el pelo. *Tb n m (raro f), referido a utensilio.*

rizapestañas *m* Aparato para rizar [1a] las pestañas.

rizar *tr* **1** Formar rizos¹ [1 y 2] u ondas [en algo *(cd)*], esp. en el pelo. **b)** *pr (~se)* Formar rizos [algo]. **c)** ~ **el rizo** → RIZO¹. ■ **2** Formar [el viento en el mar o en otra acumulación de agua *(cd)*] olas pequeñas. **b)** *pr (~se) (Mar)* Formarse [en el mar *(suj)*] olas pequeñas, de altura comprendida entre 0,25 y 0,75 m. *Gralm en part.*

rizo¹ I *m* **1** Mechón de pelo que forma círculos o espirales. ■ **2** Círculo o espiral. *Referido a una materia que no es pelo.* ■ **3** Tejido que presenta una superficie cubierta de rizos [2] de hilo. ■ **4** Círculo vertical descrito en el aire por un avión. **II** *loc v* **5 rizar el ~.** Hacer un rizo [4]. **b)** Hacer exhibición de habilidad o dominio acometiendo dificultades grandes.

rizo² *m* (*Mar*) Trozo de cabo que sirve para sujetar las velas.

rizo³ -za *adj* (*reg*) Rizado¹ [2].

rizobio *m* (*Bot*) Bacteria que se desarrolla en las raíces de las leguminosas y fija el nitrógeno (*gén.* *Rhizobium*).

rizocárpico -ca *adj* (*Bot*) [Planta] perenne cuyos órganos aéreos son anuales pero los subterráneos viven varios años.

rizofito -ta (*tb* **rizófito**) *adj* (*Bot*) [Planta] que tiene raíz. *Frec como n f en pl, designando este taxón botánico.*

rizogénesis *f* (*Bot*) Desarrollo de la raíz.

rizógeno -na *adj* (*Bot*) Que produce raíces.

rizoide *adj* (*Bot*) [Pelo] que hace las veces de raíz, en las plantas que carecen de ella. *Frec n m.*

rizoma *m* (*Bot*) Tallo subterráneo que crece horizontalmente.

rizomatoso -sa *adj* (*Bot*) [Planta] que tiene rizoma. *Tb n f.*

rizón *m* (*Mar*) Rezón (ancla).

rizópodo *adj* (*Zool*) [Protozoo] que emite seudópodos. *Frec como n m en pl, designando este taxón zoológico.*

rizoso -sa *adj* **1** [Pelo] que tiende a rizarse [1b]. ■ **2** Rizado¹ [2].

RNA (*sigla; pronunc, /ére-éne-á/*) *m* (*Biol*) Ácido ribonucleico.

ro (*tb con la grafía* **rho**) *f* Letra del alfabeto griego que representa el sonido [r] o [r̄]. (V. PRELIM.)

roano -na *adj* De color mezclado de blanco, gris y bayo. *Referido esp al caballo o a su pelo. Tb n m, referido a caballo.*

roast-beef (*ing; pronunc corriente, /rósbíf/*) *m* Rosbif.

robable *adj* Que se puede robar.

robada *f* (*reg*) Medida agraria equivalente a 8 áreas y 98 centiáreas.

robadera *f* Utensilio para igualar terrenos llevando tierra de las partes altas a las bajas.

robador -ra *adj* Que roba. *Frec n, referido a pers.*

robaliza *f* (*reg*) Róbalo, esp. de pequeño tamaño.

róbalo (*tb* **robalo**) *m* (*reg*) Lubina (pez).

robaperas *m y f* (*col, desp*) Pers. insignificante y de escasos medios. *Tb adj. A veces usado como insulto.*

robar *tr* **1** Tomar [alguien] para sí [algo ajeno] sin consentimiento del dueño, y esp. mediante violencia o engaño. *Frec abs. Tb fig.* **b)** Raptar [a alguien, esp. a una mujer]. **c)** Quitar [a alguien (*ci*)] algo no material]. **d)** Quitar [a una cosa (*ci*)] algo que le corresponde]. **e)** Robar [1a] algo [a alguien (*cd*)] o en un lugar (*cd*)]. **f)** (*col*) Cobrar un precio excesivo [a alguien (*cd*)]. *Tb abs.* ■ **2** (*Naipes*) Coger [una carta] del monte. *Frec abs.*

robellón (*tb con la grafía* **rovellón**) *m* (*reg*) Níscalo (hongo).

robezo *m* (*reg*) Gamuza (animal).

robinia *f* Acacia falsa.

robinsón *m* Hombre que vive en un lugar desierto y soluciona por sus propios medios todas las necesidades vitales.

robinsonianamente *adv* De manera robinsoniana.

robinsoniano -na *adj* De(l) robinsón.

robinsonismo *m* Condición o comportamiento de robinsón.

robla *f* **1** (*reg*) Robra o alboroque. ■ **2** (*hist*) Tributo de pan, vino y reses pagado por los ganaderos trashumantes.

roble *m* Árbol de gran tamaño, con hojas dentadas, fruto en bellota y madera muy dura y resistente (*Quercus robur*). *Diversas variedades o especies del mismo gén se distinguen por medio de adjs:* ~ ALBAR (*Q. robur o Q. pedunculata*), ~ NEGRAL o BORNE (*Q. toza o Q. pyrenaica*), ~ CARRASQUEÑO (*Q. faginea o Q. lusitanica*), *etc. Tb su madera.* **b)** *Frec se emplea en constrs de sent comparativo para ponderar la fortaleza o resistencia.* * *Estás hecho un roble.*

robleda *f* Robledal.

robledal *m* Lugar poblado de robles.

robledo *m* Robledal.

roblizo -za *adj* Fuerte y resistente.

roblón *m* Remache (clavija).

robo¹ **I** *m* **1** Acción de robar. **II** *loc adv* **2 a(l)** ~. Mediante pequeños tirones dados con frecuencia. *Referido al modo de pescar. Tb adj.*

robo² *m* (*reg*) Medida de capacidad para áridos equivalente a 28,13 litros.

roborar *tr* (*lit, raro*) Reforzar o confirmar.

robot (*pl normal,* ~s) **I** *m* **1** Máquina capaz de realizar automáticamente funciones gralm. asignadas a una pers. ■ **2** Pers. que actúa como una máquina, sin hacer uso de su inteligencia. *A veces usado como insulto.* **II** *adj invar* **3** [Retrato de una pers. desconocida] obtenido combinando distintos rasgos aportados por alguien que la ha visto.

robótico -ca **I** *adj* **1** De(l) robot o de (la) robótica [2]. **II** *f* **2** Tecnología relativa al diseño, construcción y empleo de robots [1].

robotismo *m* (*raro*) Tendencia al uso de robots [1].

robotización *f* Acción de robotizar.

robotizar *tr* **1** Dotar de robots [1] [a alguien o algo (*cd*)] o hacer que [algo (*cd*)] se realice mediante robots. ■ **2** Convertir [a alguien] en robot [2].

robra *f* Alboroque (agasajo).

robustamente *adv* De manera robusta.

robustecedor -ra *adj* Que robustece.

robustecer (*conjug 11*) *tr* Hacer robusto [a alguien o algo]. **b)** *pr* (~**se**) Hacerse robusto [alguien o algo].

robustecimiento *m* Acción de robustecer(se).

robustez *f* Cualidad de robusto.

robusto -ta *adj* Fuerte y resistente por su sólida constitución. *Tb fig.* **b)** Grueso. *Dicho esp de pers.*

roca **I** *f* **1** Masa muy dura y sólida de la corteza terrestre. *A veces referido a la de otros astros.* ■ **2**

Porción de roca [1] que emerge aislada o se destaca del suelo. **b)** *Frec se emplea metafóricamente en constrs de sent comparativo para ponderar la firmeza o la dureza.* * Ella permanecía firme como una roca. * Tiene el corazón como una roca. ■ **3** (*Geol*) Masa constituida por un solo mineral o por la asociación de varios en ciertas condiciones constantes. ■ **4** (*jerg*) Porción de cocaína cristalizada. **b)** Píldora o dosis de crack. II *loc adj* **5** [Cristal] **de** ~ → CRISTAL.

rocadero *m En la rueca:* Parte en que se coloca la lana que se ha de hilar.

rocalla *f* **1** Conjunto de trozos de roca [1]. *Tb el lugar en que está.* ■ **2** (*Arte*) Motivo decorativo que imita contornos de piedras y conchas, característico del estilo Luis XV.

rocambolesco -ca *adj* Lleno de peripecias extraordinarias.

rocambor *m* (*Naipes, hist*) Juego parecido al tresillo.

roce *m* **1** Acción de rozar (tocar ligeramente). **b)** Señal o desperfecto producidos por el roce en algo, esp. en una prenda. ■ **2** Trato o comunicación. ■ **3** Disputa o disensión de poca importancia.

roceño -ña *adj* De Las Rozas (Madrid). *Tb n, referido a pers.*

rocha *f* Seca (enfermedad de las plantas).

rocho¹ -cha *adj* (*reg*) [Tierra o terreno] poco fértil y con abundantes piedras. *Tb n.*

rocho² *m* (*reg*) Cuarto trastero.

rociada *f* **1** Acción de rociar. *Tb su efecto.* ■ **2** Serie [de acusaciones, reproches o insultos]. *Frec se omite el compl por consabido.* ■ **3** Rocío [1].

rociado *m* Acción de rociar.

rociador -ra *adj* Que rocía. *Gralm n m, referido a aparato.*

rociar (*conjug 1c*) *tr* Esparcir [agua u otro líquido] (*compl* DE *o* CON) sobre alguien o algo (*cd*)]. **b)** Esparcir [algo en polvo o en partículas, o un conjunto de cosas menudas (*compl* DE *o* CON), sobre alguien o algo (*cd*)]. **c)** Esparcir [agua u otro líquido, o algo en polvo o en partículas, sobre alguien o algo].

rociero -ra *adj* De la romería de la Virgen del Rocío (Huelva). *Tb n, referido a pers.*

rocín *m* Caballo de mala traza y poca alzada.

rocío *m* **1** Conjunto de gotitas de agua que se depositan sobre la tierra y las plantas al condensarse el vapor atmosférico con el frío de la madrugada. ■ **2** Conjunto de gotitas que se esparcen sobre algo. ■ **3** ~ **del Sol.** Drosera (planta, *Drosera rotundifolia* y *D. intermedia*).

rock I *m* **1** Rock-and-roll. **b)** Música derivada del rock-and-roll. II *adj invar* **2** [Música] derivada del rock-and-roll. **b)** De la música rock.

rockabilly (*ing; pronunc corriente,* /r̄okabíli/) **A** *m* **1** Música rock con elementos de country. **B** *m y f* **2** Pers. aficionada al rockabilly [1].

rock-and-roll (*pronunc corriente,* /r̄ók-anr̄ól/ *o* /r̄okanr̄ól/; *tb con la grafía* **rock and roll**) *m* Baile y música nacidos en los años 50, de ritmo muy marcado y melodía sencilla con elementos del blues.

rockanrollero -ra (*pronunc corriente,* /r̄okanr̄oléro/; *tb con las grafías* **rockandrollero** *y* **rockanrolero**) *adj* De(l) rock-and-roll.

rocker (*ing; pronunc corriente,* /r̄óker/; *pl normal,* ~s) *m y f* Pers. rockera [1b]. *Gralm contrapuesto a* MOD.

rockero -ra (*tb, raro, con la grafía* **roquero**) *adj* De (la) música rock. **b)** [Pers.] aficionada a la música rock y que gralm. participa del movimiento juvenil surgido en torno de ella. *Tb n.* **c)** Propio de la pers. rockera.

rockódromo *m* Auditorio de música rock.

rockservatorio *m* Escuela de música rock.

rococó *adj* **1** (*Arte*) [Estilo] barroco desarrollado en Francia en el s. XVIII y caracterizado por una ornamentación profusa y amanerada. *Tb n m.* ■ **2** (*lit, desp*) Excesiva y afectadamente ornamentado.

rocódromo *m* (*Dep*) Instalación para el entrenamiento de escalada en roca.

rocoso -sa *adj* De (la) roca o de (las) rocas. *Tb* (*lit*) *fig.*

roda¹ *f* (*Mar*) Pieza que limita el casco de un barco a proa.

roda² *m* (*jerg*) Coche o automóvil.

rodaballo *m* Pez marino de carne apreciada, de cuerpo aplanado y asimétrico, blanquecino por abajo y pardo por arriba, con los ojos muy juntos en el lado izquierdo (*Scophthalmus maximus, S. rhombus* y *Psetta maxima*).

rodada *f* Señal que deja una rueda en el suelo.

rodadero -ra *adj* Que rueda [2] con facilidad.

rodadizo -za *adj* Que rueda [2] con facilidad.

rodado¹ -da I *adj* **1** *part* → RODAR. ■ **2** [Canto] liso y redondeado a fuerza de rodar [1] impulsado por las aguas. ■ **3** [Tráfico o tránsito] de vehículos de ruedas. II *loc v* **4 venir** [algo] ~. Suceder por encadenamiento casual de las circunstancias.

rodado² *adj* (*hist*) [Privilegio] que lleva al pie un signo circular con una cruz y las armas reales.

rodador -ra *adj* **1** Que rueda [1, 2 y 3]. ■ **2** (*Dep*) [Ciclista] especializado en correr en terreno llano. *Frec n m.*

rodadura *f* Acción de rodar [1 y 3].

rodaja *f* Trozo o pieza de forma circular y plana.

rodaje *m* **1** Acción de rodar [1, 3, 7, 8 y 10]. ■ **2** Período durante el cual se hacen funcionar con velocidades y cargas moderadas las instalaciones y motores nuevos, hasta que el frotamiento ajuste perfectamente sus piezas. **b)** Período de adaptación o entrenamiento de una pers. en una actividad. ■ **3** (*raro*) Tráfico rodado.

rodal *m* **1** Lugar o espacio pequeño y más o menos circular que se distingue de lo que le rodea. *Tb fig.* ■ **2** (*reg*) Conjunto formado por las ruedas del carro y el eje.

rodamiento *m* **1** (*Mec*) Cojinete formado por dos cilindros concéntricos entre los que se intercala una corona de bolas o de rodillos que pueden girar libremente. ■ **2** (*raro*) Acción de rodar [3]. *Tb fig.*

rodante *adj* Que rueda, *esp* [3]. *Tb n, referido a pers.*

rodapié *m* Tira de protección que se pone en la parte baja de una pared, un mueble o un balcón.

rodar (*conjug 4*) **A** *intr* **1** Dar vueltas [un cuerpo] alrededor de su eje, esp. cambiando de lugar. ■ **2**

Caer dando vueltas o resbalando. **b) echar a** ~ ⟶ ECHAR. ■ **3** Moverse [algo] por medio de ruedas. **b)** Marchar o moverse [un vehículo de ruedas o la pers. que va en él]. ■ **4** Producirse o desarrollarse [una sucesión de hechos (*suj*) de un modo determinado (*compl de modo*)]. ■ **5** Ir de un sitio a otro [una pers. o cosa] sin fijarse en ninguno de manera estable. ■ **6** Desvivirse [por alguien o algo]. *Tb sin compl.*

B *tr* **7** Hacer que [algo (*cd*)] ruede [1, 2 y 3]. ■ **8** Conducir [un automóvil] durante el rodaje [2a]. ■ **9** (*raro*) Recorrer rodando [3] [un lugar]. ■ **10** Impresionar [una película cinematográfica]. *Tb abs.*

rodea *f* (*reg*) Paño de cocina.

rodeante *adj* Que rodea.

rodear **A** *tr* **1** Estar alrededor [de alguien o algo (*cd*)]. ■ **2** Poner [a una pers. o cosa (*compl* DE o CON)] alrededor [de otra (*cd*)]. **b)** Situarse alrededor [de alguien o algo (*cd*)]. *Con suj pl o colectivo.* **c)** Poner [a una pers. o cosa (*cd*)] alrededor [de otra (*compl* A o *ci*)]. ■ **3** Dar la vuelta alrededor [de algo (*cd*)]. *Tb fig.*

B *intr* **4** Seguir un camino más largo de lo necesario. *Tb fig.*

rodela *f* (*hist*) Escudo redondo (arma).

rodeno -na *adj* **1** Que tira a rojo. *Dicho esp de tierra o roca.* ■ **2** [Pino] ~ ⟶ PINO¹.

rodense *adj* De La Roda (Albacete) o de Rueda (Valladolid). *Tb n, referido a pers.*

rodenticida *adj* (*E*) [Sustancia] que mata roedores. *Frec n m, referido a producto.*

rodeño -ña *adj* De La Roda (Albacete). *Tb n, referido a pers.*

rodeo *m* **1** Acción de rodear, *esp* [3 y 4]. ■ **2** Camino más largo que el normal. ■ **3** Modo de actuar o de expresarse en que se evita afrontar directamente las dificultades. *Gralm en pl.* ■ **4** Reunión de ganado mayor, frec. para venderlo. *Tb el sitio en que está.* ■ **5** Fiesta americana en que se compite en habilidades relativas a la captura y doma de ganado, esp. montando en pelo potros salvajes o reses bravas.

rodero -ra **I** *adj* **1** (*raro*) De (la) rueda o de (las) ruedas.

II *f* **2** Rodada.

rodesiano -na (*tb, hoy raro, con la grafía* **rhodesiano**) *adj* De Rodesia. *Tb n, referido a pers.*

rodete *m* **1** Moño en forma de rosca y gralm. con el pelo trenzado. ■ **2** Rosca de trapo u otra materia, que se pone sobre la cabeza para cargar sobre ella un peso. ■ **3** (*Mec*) Rueda de álabes.

rodezno *m* (*Mec*) Rueda hidráulica de álabes combados y eje horizontal.

rodiado *m* (*Metal*) Acción de rodiar.

rodiar (*conjug* 1a) *tr* (*Metal*) Recubrir con rodio.

rodil *m* (*reg*) Prado situado entre tierras de labranza.

rodilla¹ **I** *f* **1** *En el hombre:* Articulación del muslo y la pierna. **b)** Zona de la rodilla por la parte delantera. ■ **2** *En los cuadrúpedos:* Articulación del antebrazo y la caña. ■ **3** (*Mec*) Rótula.

II *loc v* **4 doblar** (o **hincar**) **la ~.** Apoyar una rodilla [1] en tierra. **b)** Humillarse.

III *loc adv* **5 de ~s.** Con las rodillas [1] dobladas y el cuerpo descansando sobre ellas. *Frec en actitud de respeto o súplica, o como castigo.* **b)** De manera suplicante. ■ **6** ~ **en tierra.** Con una rodilla [1] apoyada en el suelo.

rodilla² *f* Paño de cocina, esp. de lienzo basto.

rodillazo *m* **1** Golpe dado con la rodilla¹ [1]. ■ **2** (*Taur*) Pase de muleta dado de rodillas¹ [5a].

rodillero -ra **I** *adj* **1** [Prenda de vestir] que llega hasta la rodilla¹ [1].

II *f* **2** Venda o pieza que cubre la rodilla¹ [1]. ■ **3** Abultamiento que se forma en el pantalón en la zona de la rodilla¹ [1]. ■ **4** Remiendo o pieza que se pone en el pantalón en la zona de la rodilla¹ [1].

rodillo *m* Cilindro que gira y que constituye por sí mismo un utensilio o forma parte de un aparato más complejo. **b)** (*Pol*) *Frec fig, referido al rodillo usado para aplastar o apisonar.* * *El rodillo socialista anula a las minorías.*

rodio¹ *m* (*Quím*) Metal, de número atómico 45, de color blanco de plata, inatacable por los ácidos y difícilmente fusible.

rodio² -dia *adj* De la isla de Rodas. *Tb n, referido a pers.*

rodo *m* (*reg*) Instrumento usado en las carboneras para voltear y sacar el carbón.

rodobacteriácea *adj* (*Bot*) [Bacteria] de color rojo. *Frec como n f en pl, designando este taxón botánico.*

rododendro *m* Árbol o arbusto de hojas coriáceas y flores vistosas, rosas, rojas, blancas o amarillas, en grupos, cultivado a veces como ornamental (gén. *Rhododendron*, esp. *R. ferrugineum*).

rodofícea *adj* (*Bot*) [Alga] de color rojo. *Frec como n f en pl, designando este taxón botánico.*

rodófito -ta (*tb* **rodófito**) *adj* (*Bot*) [Alga] rodofícea. *Frec como n f en pl.*

rodona *f* (*raro*) Prostituta.

rodonita *f* (*Mineral*) Mineral constituido por un silicato natural de calcio y manganeso, que se usa para fabricar objetos de adorno.

rodrigón *m* **1** Palo o soporte clavado en el suelo para sostener o enderezar una planta. *Tb fig.* ■ **2** (*hist*) Criado anciano cuya misión es acompañar a las señoras. *Tb* (*lit*) *fig.*

rodríguez (*tb con mayúscula*) *m* (*col*) Hombre casado que se queda solo en la ciudad mientras su familia está de vacaciones. *Frec en la constr* ESTAR DE ~. **b)** Hombre que ocasionalmente está libre para divertirse, por estar su pareja ocupada en otras actividades.

roedor -ra *adj* [Mamífero] con dos incisivos en cada mandíbula, largos, fuertes y de crecimiento continuo, que le sirven para roer. *Frec como n m en pl, designando este taxón zoológico.* **b)** Propio de los roedores.

roedura *f* **1** Acción de roer [1]. ■ **2** Señal que se deja al roer [1].

roel *m* (*Heráld*) Pieza redonda.

roentgen (*al; tb con la grafía* **röntgen**; *en acep 2, frec con inicial mayúscula; pronunc corriente,* /ʀéngen/; *pl normal,* ~s) (*Fís*) **I** *m* **1** Unidad de dosis de radiación equivalente a la irradiación necesaria para que los iones producidos en 1 cm³ de aire transporten una cantidad de electricidad igual a 3 diezmilmillonésimas de columbio.

II *adj* **2** [Rayos] ~. Rayos X.

roentgenografía (*pronunc corriente,* /r̄engeno-grafía/) *f* (*Med*) Radiografía.

roentgenográfico -ca (*pronunc corriente,* /r̄engenográfiko/) *adj* (*Med*) Radiográfico.

roentgenoterapia (*pronunc corriente,* /r̄enge-noterápia/) *f* (*Med*) Radioterapia (tratamiento con rayos X).

roentgenterapia (*pronunc corriente,* /r̄engente-rápia/) *f* (*Med*) Roentgenoterapia.

roer (*conjug* 25) *tr* **1** Desgastar [algo] cortando pequeños trozos con los incisivos. *Tb abs.* **b)** Quitar [a un hueso (*cd*)] la carne que tiene pegada, poco a poco y con los dientes. ■ **2** Corroer (destruir lentamente). *Tb fig.* **b)** Corroer (causar inquietud o sufrimiento continuos).

rogado -da *adj* **1** *part* → ROGAR. ■ **2** (*Der*) [Testigo] requerido esp. para un acto.

rogador -ra *adj* Que ruega. *Tb n, referido a pers.*

rogante *adj* (*lit*) Que ruega. *Tb n, referido a pers.*

rogar (*conjug* 4) **A** *tr* **1** Pedir [algo] como favor. *Tb abs.* **b) hacerse** [alguien] **de ~.** Negarse a una petición motivando la insistencia en ella, antes de aceptar. *Tb* HACERSE ~. **B** *intr* **2** (*lit*) Rezar o pedir [por alguien o algo].

rogativo -va I *adj* **1** Que denota o implica ruego. **II** *f* **2** Oración pública para pedir el remedio a una necesidad urgente, frec. la lluvia. *Frec en pl.*

rogatorio -ria *adj* Que implica ruego. **b)** [Comisión] **rogatoria** → COMISIÓN.

rogelio -lia (*tb con la grafía* **rojelio**) *adj* (*col*) Rojo [5]. *Tb n.*

rogerina *f* (*Taur*) Lance a dos manos de frente por detrás que, se ejecuta andando y cambiándole la salida al toro.

rojeante *adj* Que rojea.

rojear *intr* Tener o mostrar color rojo o rojizo.

rojelio → ROGELIO.

rojeras *adj* (*col, desp*) Rojo [5]. *Tb n, referido a pers.*

rojería *f* (*raro*) Rojerío.

rojerío *m* (*col*) Conjunto de (los) rojos [5].

rojez *f* **1** Cualidad de rojo. ■ **2** Mancha rojiza, esp. en la piel.

roji- *r pref* Rojo. *En compuestos cuyo segundo elemento designa otro color y que indican la suma de ambos.* * Rojiamarillo. * Rojinegro.

rojiblanco -ca *adj* Rojo y blanco. *Frec referido a equipos de fútbol, como el Athletic de Bilbao y el Atlético de Madrid, cuya camiseta tiene estos dos colores; en estos casos, tb n, referido a pers.*

rojizo -za *adj* Que tira a rojo [1 y 2].

rojo -ja I *adj* **1** [Color] vivo semejante al de la sangre, y que es el primero del espectro solar. *Tb n m.* **b)** De color rojo. *Frec se usa como especificador, formando parte de la denominación de distintas especies o variedades de animales, plantas o minerales.* ■ **2** Rubio muy encendido. ■ **3** [Carne] de res vacuna adulta. ■ **4** [Vino] tinto. ■ **5** (*col*) Izquierdista. *Frec con intención desp. Tb n, referido a pers. Frec con intención desp.* **b)** (*hist*) En la Guerra Civil de 1936: Republicano. *Tb n, referido a pers.* ■ **6** [Números], de color rojo [1], que expresan el debe en una cuenta. **b)** De números rojos. ■ **7** [Teléfono] secreto [de una alta personalidad]. **II** *m* **8** **~ de labios.** Cosmético, gralm. de color rojo [1] o rosado, que se aplica a los labios. **III** *loc adv* **9 al ~ (vivo).** De color rojo [1] debido a la alta temperatura. *Tb adj.* **b)** En estado de máxima tensión o excitación. ■ **10 al ~ blanco.** De color blanquecino debido a la alta temperatura. *Tb adj.*

rol¹ *m* Papel o función. *Esp en sociología.*

rol² *m* Lista o nómina. **b)** (*Mar*) Libro oficial en que consta la tripulación de un buque y otros datos relativos a este.

rolada *f* (*Mar*) Acción de rolar.

rolar *intr* (*Mar*) **1** Variar de dirección [el viento]. *Tb* (*lit*) *fig.* ■ **2** Dar vueltas en círculo.

roldana *f* Garrucha o polea.

rolde *m* (*reg*) Corro [de perss.].

roldón *m* Planta de flores pequeñas en racimos, frutos negros semejantes a las moras y hojas ovales y coriáceas de las que se extrae una sustancia curtiente (*Coriaria myrtifolia*).

roleo *m* (*Arte*) Voluta.

rollista *adj* (*col*) **1** [Pers.] que mete rollos [7 y 8]. *Tb n.* ■ **2** De(l) rollo [10].

rollizo -za *adj* **1** Gordo y robusto. *Tb fig.* ■ **2** [Madero] en rollo [1b]. *Frec n m.*

rollo (*tb con la grafía* **rrollo** *en acep* 10) **I** *m* **1** Cilindro [de una materia maciza, o de una materia laminar que vuelve sobre sí misma alrededor de un eje]. *A veces se omite el compl por consabido.* **b)** Madero descortezado y sin labrar. *Frec en la constr* EN ~. **c)** Cilindro de madera u otra materia dura usado como utensilio, esp. en cocina. **d)** Manuscrito en forma de rollo. **e)** Canto rodado de figura casi cilíndrica. **f)** (*hoy raro*) Cilindro en que está grabada una pieza para su reproducción en determinados aparatos musicales. **g)** **~ (o rollito) (de) primavera.** Cilindro de pasta relleno de verduras y frito, propio de la cocina china. ■ **2** Cuerpo formado por una materia lineal (*compl de posesión*) que vuelve sobre sí misma. ■ **3** Columna de piedra, gralm. rematada por una cruz, utilizada antiguamente como insignia de jurisdicción y a veces como picota. ■ **4** Pliegue de carne o grasa en el cuerpo. **b) ~ de manteca.** *Se usa en constrs de sent comparativo para ponderar la robustez de un niño pequeño.* * ¡Qué precioso está el crío! ¡Es un rollo de manteca! ■ **5** Pan o bollo en forma de rosca. ■ **6** (*Der*) Pieza de autos. *Esp designa el conjunto de actuaciones escritas de un recurso.* ■ **7** (*col*) Discurso o exposición largos y aburridos. *Frec con los vs* METER, COLOCAR, LARGAR *o* SOLTAR. *Tb* ~ MACABEO *o* PATATERO. **b)** Pers. o cosa pesada o aburrida. *Tb* ~ MACABEO *o* PATATERO. ■ **8** (*col*) Patraña o historia falsa. ■ **9** (*jerg*) Asunto o cosa. **b)** Relación amorosa. *Frec en la constr* TENER UN ~. ■ **10** (*jerg*) Ambiente contracultural de los años 70, desarrollado pralm. alrededor de la música rock y las drogas. ■ **11** (*jerg*) Ambiente o tipo de vida. **II** *adj* **12** (*col*) Pesado o aburrido. **III** *loc v* **13 dar el ~.** (*col*) Fastidiar o dar la matraca.

roll-on-roll-off (*ing; pronunc corriente,* /r̄ól-ón--ról-óf/; *pl normal, invar*) *m* Portacontenedores.

rolo *m* (*reg*) Tallo de la platanera.

Roma I *loc v* **1 revolver (o remover) ~ con Santiago.** Acudir a los lugares o a las perss. más dispares para encontrar o conseguir algo. ■ **2 ir a ~.** (*col*) Ir a misa o ser verdad [lo que se dice]. *Con intención ponderativa.*

II *interj* **3 a ~ por todo.** (*col*) *Se usa para animar a hacer algo, por difícil que sea.* * ¡Arriba la frente y a Roma por todo!

romadizo *m* (*raro*) Catarro de la mucosa nasal.

romaji (*ing; pronunc corriente,* /ȓómayi/) *m* Alfabeto latino usado para transcribir el idioma japonés.

román. **~ paladino.** *m* (*lit, humoríst*) Lenguaje normal.

romana *f* **1** Balanza de brazos desiguales, el mayor de los cuales lleva trazada la escala de los pesos y un peso fijo que se desliza para buscar el equilibrio con el peso suspendido del brazo más pequeño. ■ **2** (*Taur*) Peso [del toro].

romance I *adj* **1** [Lengua] románica. *Tb n m.* **b)** De las lenguas romances.

II *m* **2** (*lit*) Idioma español. ■ **3** (*TLit*) Composición métrica formada por una serie indefinida de versos, gralm. octosílabos, de los cuales riman los pares en asonante y quedan libres los impares. **b)** Poesía escrita en romance. ■ **4** Relación amorosa. *Tb* (*raro*) ~ DE AMOR.

romanceador -ra *adj* Que romancea. *Frec n, referido a pers.*

romancear *tr* **1** Dar forma romance [1b] [a algo (*cd*)]. ■ **2** (*raro*) Tratar [algo] en romances [3b].

romancerista *m y f* Pers. que publica un romancero [2b].

romancero -ra A *m y f* **1** Pers. que canta romances [3b].

B *m* **2** Conjunto de los romances [3b]. **b)** Colección o recopilación de romances.

romancesco -ca *adj* De(l) romance o de (los) romances [3].

romanche *m* Retorromano occidental, esp. el del valle alto del Rin.

romancillo *m* (*TLit*) Romance [3] de versos de menos de siete sílabas, esp. de seis.

romancista I *m y f* **1** Autor de romances [3b].

II *adj* (*hist*) **2** Que utiliza el romance [1] y no el latín. *Tb n. Frec con intención desp.*

romancístico -ca *adj* De(l) romance o de (los) romances [3].

romanear *tr* (*Taur*) Levantar en vilo con las astas [el toro al caballo]. *Tb abs.*

romanería *f* (*hoy raro*) Tienda o taller de romanas [1].

romanesco -ca I *adj* **1** (*raro*) Romano (de la ciudad de Roma).

II *m* **2** Dialecto de Roma y su región.

romaní (*jerg*) I *adj* **1** Gitano.

II *m* **2** Caló.

románico -ca *adj* **1** [Arte] desarrollado en Europa occidental del s. XI al XIII, y que en arquitectura se caracteriza por el empleo del arco de medio punto y la bóveda de cañón. *Frec n m.* **b)** De(l) arte románico. ■ **2** [Lengua] derivada del latín. *Tb* (*col*) *como n f en pl, designando el conjunto de estas lenguas como materia de estudio en la universidad.* * Estudió Románicas en Madrid. **b)** De las lenguas románicas.

romanidad *f* **1** (*hist*) Conjunto de pueblos sometidos al Imperio Romano. ■ **2** Carácter propio de los pueblos de lengua y cultura latinas.

romanismo *m* **1** Estudio del derecho romano [2]. ■ **2** Cultura romana [2]. ■ **3** (*raro*) Condición de romano [2].

romanista I *m y f* **1** Especialista en derecho romano. ■ **2** Especialista en filología románica [2b].

II *adj* **3** (*raro*) De (los) romanistas [1].

romanístico -ca I *adj* **1** De (los) romanistas.

II *f* **2** Filología románica [2b].

romanización *f* Acción de romanizar(se).

romanizar *tr* Dar carácter romano [2] [a alguien o algo (*cd*)]. **b)** *pr* (**~se**) Tomar carácter romano.

romano -na I *adj* **1** De la ciudad de Roma. *Tb n, referido a pers.* ■ **2** De la antigua Roma o de su imperio. *Tb n, referido a pers.* **b)** [Saludo], propio de los romanos, hecho con el brazo en alto y la mano abierta, y adoptado en el s. XX por los partidos fascistas. **c)** de **~s.** [Película] histórica ambientada en la antigüedad clásica. *Tb referido al género correspondiente.* **d)** de **~s.** (*col*) [Trabajo u obra] que exige un gran esfuerzo. ■ **3** De Roma en cuanto sede del Papa y del gobierno de la Iglesia católica. ■ **4** [Numeración] que utiliza las letras del alfabeto latino. *Se opone a* ARÁBIGO. *Tb n m, referido a número.* ■ **5** (*Impr*) [Letra] de trazos perpendiculares. *Se opone a* CURSIVA. ■ **6** (*reg*) [Gato] negro y pardo.

II *m* **7** (*jerg*) Guardia o policía. ■ **8** (*jerg*) Soldado que está cumpliendo el servicio militar.

III *loc adv* **9 a la romana.** (*Coc*) *Referido al modo de preparar determinados pescados, esp merluza o calamares: Rebozándolos y friéndolos. Frec adj.* ■ **10 a la romana.** Con el saludo romano [2b]. *Con el v* SALUDAR. *Tb adj.* ■ **11 de ~.** (*jerg*) De uniforme. *Referido a guardias o soldados. Gralm con los vs* IR *o* ESTAR.

romanó *m* (*jerg*) Caló.

romanones *m* (*col, hist*) Miembro del cuerpo de policía montada creado por el Conde de Romanones en el reinado de Alfonso XIII.

romanqueño -ña *adj* De Romancos (Guadalajara). *Tb n, referido a pers.*

románticamente *adv* De manera romántica, esp [2b y c].

romanticismo (*frec con mayúscula en acep 1*) *m* **1** Corriente literaria, cultural e ideológica de la primera mitad del s. XIX, caracterizada por su oposición al clasicismo y por su exaltación del sentimiento y la libertad. *Tb la época correspondiente.* ■ **2** Cualidad de romántico. ■ **3** Actitud romántica [2b].

romántico -ca *adj* **1** De(l) romanticismo [1]. **b)** Adepto al romanticismo. *Tb n.* ■ **2** [Pers.] sentimental, idealista y soñadora. *A veces con intención desp.* **b)** Propio de la pers. romántica. **c)** [Cosa] que provoca una actitud sentimental y soñadora.

romantización *f* (*lit*) Acción de romantizar.

romantizar *tr* (*lit*) Dar carácter romántico [2b y c] [a algo (*cd*)].

romanza *f* (*Mús*) **1** Aria de carácter sencillo y gralm. dividida en estrofas. ■ **2** Composición instrumental breve y de carácter melódico.

romanzar *tr* Romancear.

romañolo -la *adj* De la Romaña o Romagna (región de Italia). *Tb n, referido a pers.*

romaza *f Se da este n a varias plantas herbáceas del gén Rumex. Frec con un adj especificador:* AGUDA, HORTENSE, RIZADA, ROJA, SILVESTRE, *etc.*

rombal *adj* De figura de rombo.

rómbico -ca *adj* **1** De figura de rombo. ■ **2** (*Mineral*) [Sistema] que tiene tres ejes binarios, un centro y tres planos de simetría. **b)** De(l) sistema rómbico.

rombo *m* **1** Paralelogramo que tiene sus cuatro lados iguales y sus ángulos opuestos iguales dos a dos. **b)** (*hoy raro*) *Se usa, precedido de* UN *o* DOS, *como distintivo de la calificación moral de un programa de televisión. Tb fig, fuera del ámbito televisivo.* * La película de hoy tiene dos rombos. ■ **2** Pieza en figura de rombo [1a] en la zona de la entrepierna de los pantys.

rombododecaedro *m* (*Geom*) Dodecaedro cuyas caras son rombos [1].

romboédrico -ca *adj* (*Geom*) De(l) romboedro.

romboedro *m* (*Geom*) Paralelepípedo cuyas seis caras son rombos [1].

romboidal *adj* (*Geom*) De figura de romboide.

romboide *m* (*Geom*) Paralelogramo que tiene los lados y los ángulos opuestos iguales dos a dos, y los contiguos desiguales.

romboideo -a *adj* (*Geom*) Romboidal.

romeraje *m* (*raro*) Romería [2].

romeral[1] *m* Terreno poblado de romero[1].

romeral[2]. lechetrezna ~ → LECHETREZNA.

romería *f* **1** Fiesta popular que se celebra en una ermita o santuario el día de la festividad religiosa del lugar. **b)** *Se usa frec en constrs de sent comparativo para ponderar la gran afluencia de gente a un lugar.* * Ayer fui a verle al hospital y aquello era una romería. ■ **2** Peregrinación a un santuario o lugar sagrado.

romero[1] *m* Arbusto aromático de hojas lineales con el envés recubierto de pelos y flores pequeñas y azuladas (*Rosmarinus officinalis*).

romero[2] **-ra** I *adj* **1** De (la) romería o de (las) romerías [1a y 2].
II *m y f* **2** Pers. que va de romería [1a y 2].

romesco *m* Plato catalán compuesto esencialmente de bacalao desmenuzado con una salsa de pimiento rojo.

romí. azafrán ~ → AZAFRÁN.

romo -ma *adj* **1** Que no tiene punta o filo. ■ **2** [Nariz] chata. **b)** (*raro*) [Pers.] de nariz roma. ■ **3** Torpe o falto de agudeza. ■ **4** [Cosa] que tiene menos dimensión o alcance de lo normal. *En sent fig.* ■ **5** [Macho o mula] hijos de caballo y burra.

rompecabezas *m* **1** Problema o acertijo de difícil solución. ■ **2** Juego formado por cartones o cubos que llevan porciones de un dibujo que hay que componer colocándolos en el orden debido. *Tb fig.*

rompecoches *m* (*hist*) Tela de lana basta.

rompecorazones *m y f* (*col, humoríst*) Pers. que provoca enamoramientos a los que presta poca o ninguna atención. *Tb adj.*

rompedor -ra *adj* Que rompe, esp [1, 2 y 5]. *Tb n: m y f, referido a pers; f, referido a máquina.* **b)** Innovador o que rompe [5c] moldes. *Tb n, referido a pers.*

rompehielos *m* Buque capaz de abrirse camino y navegar por aguas heladas.

rompehuelgas *m y f* Obrero que no se suma a una huelga o que sustituye a un huelguista.

rompeolas *m* Dique construido a la entrada de un puerto para que no penetre en él el oleaje.

rompepiernas *adj* (*Cicl*) Que exige un gran esfuerzo de los músculos de las piernas.

romper I *v* (*conjug* 26) **A** *tr* **1** Separar las partes [de un todo (*cd*)] de manera más o menos violenta, destruyendo su unión. *Tb abs. Tb fig.* **b)** (*~se*) Separarse las partes [de un todo (*suj*)] de manera más o menos violenta, destruyéndose su unión. *Tb fig.* ■ **2** Estropear o inutilizar [algo material]. *Tb abs.* **b)** (*~se*) Estropearse o inutilizarse [algo material]. ■ **3** Deshacer [una fila (*cd*) las perss. que la forman]. *Gralm en la orden militar* ROMPAN FILAS. ■ **4** Interrumpir la continuidad [de un fluido (*cd*)] atravesándolo. **b)** Interrumpir o cortar [algo no material]. **b)** Interrumpir o cortar [el trato o la relación (*cd*) con alguien (*compl* CON)]. *Tb sin compl* CON, *con suj pl. Frec en las constrs* ~ LAS AMISTADES *o* ~ LAS RELACIONES, *esp referido a relaciones sentimentales.* **c)** Poner fin a la vigencia [de algo (*cd*)]. ■ **6** ~ [el servicio o el saque a alguien]. (*Tenis*) Vencer[le] en un juego en que tiene el servicio. ■ **7** ~ **aguas**, ~ **el fuego**, ~ **las hostilidades**, ~ **la marcha**, ~ **plaza**, **~se los codos** → AGUA, FUEGO, HOSTILIDAD, MARCHA, PLAZA, CODO.
B *intr* **8** Deshacerse en espuma [las olas o el agua], por la fuerza del viento o por chocar con algo, esp. con la costa. ■ **9** Iniciarse [el día]. ■ **10** Abrirse [una flor]. ■ **11** Salir o brotar [algo]. *Tb fig.* ■ **12** (*col*) Comenzar [alguien que tiene un cólico o una indisposición similar] a devolver o a evacuar. *Frec en constrs como* ~ POR ARRIBA *o* POR ABAJO, ~ POR ALGÚN SITIO. ■ **13** (*Taur*) Comenzar a mostrar sus cualidades [el toro en el toro]. ■ **14** ~ **a** + *infin* = EMPEZAR A + *el mismo infin. Gralm denota que se hace de modo súbito o tras una contención.* * Rompió a llorar. **b)** Prorrumpir o estallar. *Con un compl* EN + *n de acción.* * Rompió, rompe en una carcajada.
II *loc adj* **15** **de rompe y rasga**. (*col*) [Pers.] resuelta y de gran desembarazo. *Frec con intención peyorativa. Tb fig, referido a cosa.*

rompevejigas *m* (*Fís*) Aparato destinado a demostrar la presión atmosférica.

rompible *adj* Que se puede romper [1 a 6, esp. 1 y 2].

rompiente I *adj* **1** (*raro*) Que rompe [8].
II *m o f* **2** Lugar en que rompen [8] las olas o el agua.

rompimiento *m* **1** Acción de romper(se). ■ **2** (*raro*) Extenuación, o cansancio extremo. ■ **3** (*raro*) Roturación. ■ **4** (*Pint*) Parte del fondo de un cuadro, en que se pinta una abertura que deja ver algo lejano.

ron *m* Aguardiente que se obtiene de una mezcla fermentada de melazas y zumo de caña.

ronca *f* **1** Grito que da el gamo en celo. *Tb la época de celo.* ■ **2** (*raro*) Bravata. *Frec en pl y con el v* ECHAR.

roncador -ra *adj* Que ronca. *Tb n, referido a pers.*

roncalés -sa I *adj* **1** Del valle del Roncal (Navarra). *Tb n, referido a pers.*
II *m* **2** Dialecto vascuence del valle del Roncal.

roncamente *adv* De manera ronca (→ RON-CO [2 y 3]).

roncar *intr* 1 Producir [alguien] un sonido ronco [2] al respirar mientras duerme. ■ 2 Producir [algo] un sonido ronco [2]. ■ 3 Dar [el gamo u otro animal similar] su grito característico, llamando a la hembra.

roncear *intr* Mostrarse roncero.

ronceo *m* (*raro*) Acción de roncear.

roncero -ra *adj* 1 [Pers.] remolona. **b)** Propio de la pers. remolona. ■ 2 (*Mar*) [Embarcación] que se mueve tarda y perezosamente. *Tb fig, fuera del ámbito técn.*

roncha *f* Mancha rojiza o amoratada y frec. abultada que se produce en la piel. *Frec fig, gralm en la constr* LEVANTAR (*o* HACER) ~S.

ronchar *tr* Comer [algo] haciéndolo crujir al masticar.

ronchón *m* Roncha grande.

ronco -ca *adj* 1 [Pers.] que padece ronquera. ■ 2 [Voz o sonido] de timbre bajo y poco sonoro. ■ 3 [Voz o expresión] áspera y seca.

roncón *m* Tubo de la gaita gallega o asturiana que forma el bajo del instrumento.

ronda *f* 1 Acción de rondar [1, 2, 3 y 6]. *Tb fig.* ■ 2 Grupo de perss. que rondan [1 y 2]. ■ 3 Vuelta (vez u ocasión en que se repite un hecho que ha de realizarse según un turno). **b)** Distribución [de algo, esp. bebida o tabaco] a todos los componentes de un grupo. **c)** (*Pol*) Serie [de conversaciones o negociaciones] con distintos interlocutores, según un turno. *A veces se omite el compl por consabido.* ■ 4 Camino exterior e inmediato a la muralla de una plaza o contiguo al borde de la misma. *Tb* CAMINO DE ~. **b)** Calle que circunda una ciudad o su parte antigua. *Normalmente formando parte de algunos topónimos urbanos tradicionales.* * Vive en la Ronda de Valencia. ■ 5 (*Caza*) Caza mayor nocturna, a pie o a caballo. ■ 6 (*Dep*) Vuelta ciclista. ■ 7 (*raro*) Círculo.

rondada *f* (*reg*) Acción de rondar [2].

rondador -ra I *adj* 1 Que ronda, *esp* [2 y 3]. *Tb n, referido a pers.* ■ 2 (*raro*) De (la) ronda [1 y 2]. II *m* 3 Instrumento colombiano y ecuatoriano semejante a la flauta de Pan.

rondaflor *m* (*lit, raro*) Individuo que ronda [3 y 4].

rondalla *f* 1 Conjunto musical de pulso y púa. ■ 2 (*reg*) Ronda de mozos.

rondar A *tr* 1 Recorrer de noche [un lugar (*cd*)] en servicio de vigilancia. ■ 2 Recorrer [los mozos un lugar] tocando y cantando, esp. de noche. **b)** Tocar y cantar frente a la casa [de una mujer (*cd*)]. **c) y lo que te rondaré, (morena).** (*col*) *Fórmula con que se comenta ponderativamente que lo que acaba de decirse va a tener una larga continuación.* * Ha arruinado todos los años a miles de personas, y lo que te rondaré morena. ■ 3 Recorrer [la calle (*cd*) en que vive una mujer (*ci*)] para cortejarla. **b)** Pretender o cortejar [a una mujer]. **c)** Pretender o tratar de conseguir [algo]. ■ 4 Moverse alrededor [de alguien o algo (*cd*)], frec. por algún interés. *Tb fig.* ■ 5 Estar [una pers. o cosa] alrededor [de una edad o de un valor (*cd*)]. **b)** Estar próximo [a algo no material (*cd*)]. ■ 6 (*raro*) Recorrer [un lugar]. B *intr* 7 Rondar [1, 2a, 3a, 4 y 6] [un lugar (*compl* POR)].

rondeau (*fr; pronunc corriente, /ŕondó/*) *m* (*Mús*) Rondó.

rondel *m* (*TLit*) Composición poética breve en que se repite al final el primer verso o las primeras palabras.

rondeño -ña I *adj* 1 De Ronda (Málaga). *Tb n, referido a pers.* II *f* 2 Cante típico de Ronda, semejante al fandango.

rondín *m* (*raro*) Individuo que ronda [1].

rondó *m* (*Mús*) Composición musical en que el tema principal se repite periódicamente, alternando con otros secundarios.

rondón[1]. de ~. *loc adv* (*col*) Sin llamar o pedir permiso. *Con vs como* ENTRAR *o* COLARSE. *Tb fig.*

rondón[2] *m* (*reg*) Jota que se baila formando un círculo.

ronear *intr* (*jerg*) 1 Murmurar. ■ 2 Presumir o jactarse.

roneo *m* (*jerg*) 1 Acción de ronear. *Tb su efecto.* ■ 2 Ligue o plan.

rongo *m* (*reg*) Hinque (juego).

ronquear *intr* Hablar con voz ronca. *Tb fig.*

ronquera *f* Afección de la laringe que da a la voz un timbre bajo y poco sonoro.

ronquido *m* Acción de roncar. *Frec su efecto.*

ronquillero -ra *adj* De El Ronquillo (Sevilla). *Tb n, referido a pers.*

ronroneante *adj* Que ronronea.

ronronear *intr* Emitir [el gato] un sonido ronco y continuo en señal de placer. **b)** Emitir [alguien o algo] un sonido ronco y continuo.

ronroneo *m* Acción de ronronear. *Tb su efecto.*

röntgen → ROENTGEN.

ronzal *m* Cuerda que se ata al cuello o a la cabeza de una caballería para conducirla o sujetarla.

roña A *f* 1 Suciedad que forma una costra fuertemente adherida. ■ 2 Orín (óxido). ■ 3 Sarna de los animales, esp. del ganado lanar. ■ 4 Sarna de las plantas. **b)** Conjunto de lesiones superficiales de los frutos cítricos producidas por ácaros. ■ 5 (*reg*) Corteza del pino. B *m y f* 6 (*col*) Pers. tacaña. *Tb adj.*

roñica *m y f* (*col*) Pers. tacaña. *Tb adj.*

roñosería *f* (*col*) 1 Tacañería. ■ 2 Cantidad sumamente pequeña.

roñoso -sa *adj* 1 Que tiene roña [1 a 4]. ■ 2 (*col*) Tacaño. *Tb n, referido a pers.*

ropa I *f* 1 Conjunto de prendas, normalmente de tela, que se utilizan para vestir y para el servicio de casa. *A veces en pl con sent sg.* ■ 2 ~ **vieja.** Guiso de carne sobrante del cocido, o de la que se ha utilizado para hacer caldo. **b)** Garbanzos fritos sobrantes del cocido, con o sin carne. II *loc v* 3 **haber ~ tendida.** (*col*) Estar presentes perss. ante las cuales no conviene hablar sin cautela. ■ 4 **nadar y guardar la ~.** (*col*) Proceder con cautela al actuar, para obtener el mayor provecho con el mínimo riesgo. **b) guardar la ~.** Actuar con cautela para evitar un peligro. ■ 5 **tentarse la ~.** (*col*) Llevar cuidado y pensar detenidamente las cosas antes de actuar. ■ 6 **tocar la ~** [a alguien] (*col*) Pegar[le] o causar[le] algún daño. *Gralm en* *frases negativas o de amenaza.* **b) tocar** [a alguien] **un pelo de la ~** → PELO.

III *loc adv* **7 en ~s menores.** (*raro*) En paños menores (en ropa interior).

ropaje *m* **1** Ropa de vestir, esp. suntuosa o solemne. *A veces en pl con sent sg.* ▪ **2** (*lit*) Apariencia o presentación.

ropavejería *f* Tienda en que se vende ropa usada.

ropavejero -ra *m y f* Pers. que vende ropa usada.

ropería *f* Habitación en que se guarda la ropa de una comunidad.

ropero -ra I *adj* **1** [Armario o cuarto] de (la) ropa. *Frec n m.*

II *n* **A** *m* **2** Institución de caridad que reparte ropa a los necesitados. ▪ **3** Lugar en que se tienen las ropas, provisiones y utensilios durante el trabajo en el campo. *Tb el conjunto de objetos allí reunidos.* ▪ **4** Recadero de pastores trashumantes o de otras perss. que trabajan fuera de poblado durante una temporada. ▪ **5** (*hist*) Vendedor de ropa hecha.

B *m y f* **6** Pers. encargada de lavar, planchar y cuidar la ropa de una colectividad.

ropilla *f* (*hist*) Vestidura exterior, corta, ajustada y con mangas, de las que frec. penden otras sueltas.

ropón *m* **1** Prenda suelta que se pone sobre los demás vestidos. ▪ **2** Acolchado que se hace cosiendo una tela sobre otra o doblándolas. ▪ **3** (*reg*) Manta que se usa en el aparejo de una caballería.

roque[1] *adj* (*col*) Dormido. *Gralm con los vs* ESTAR *o* QUEDARSE.

Roque[2]. **de tócame ~.** *loc adj* (*col*) [Casa] en que hay mucha gente y mucho desorden.

roque[3] *m* Torre del ajedrez.

roque[4] *m* (*reg*) Roca o peñasco.

roqueda *f* Roquedal.

roquedal *m* Lugar abundante en rocas.

roquedo *m* Conjunto de (las) rocas.

roquefort *m* Queso de leche de oveja, de olor y sabor fuertes y manchas características de moho azulado. *Tb* QUESO (DE) ROQUEFORT.

roqueño -ña *adj* **1** De (la) roca. *Tb fig.* ▪ **2** Roquero[1] [1].

roquero[1] **-ra I** *adj* **1** Edificado sobre roca. ▪ **2** De (las) rocas. **b)** [Avión] ~ → AVIÓN[2].

II *m* **3** Roquedo. ▪ **4** Pájaro de color castaño o gris azulado propio de parajes rocosos (*Monticola saxatilis* y *M. solitarius*). *Tb ~* ROJO *o ~* SOLITARIO, *respectivamente.*

roquero[2] → ROCKERO.

roqueta *f* (*Mil*) Bomba o proyectil autopropulsado.

roquete *m* (*Rel crist*) Sobrepelliz.

roquetense *adj* De Roquetas (Tarragona). *Tb n, referido a pers.*

roquetero -ra *adj* De Roquetas de Mar (Almería). *Tb n, referido a pers.*

rorcual *m* Ballena con aleta dorsal, propia de los mares de España (*Balaenoptera physalus*).

rorro *m* (*col*) Bebé.

ros *m* (*Mil*) Chacó pequeño de fieltro y más alto por delante que por detrás.

rosa I *f* **1** Flor del rosal, gralm. cultivada como ornamental, y cuyo tipo primitivo es de un color rojo muy pálido. *Diversas variedades se distinguen por medio de compls o adjs:* DE TÉ, DE PITIMINÍ, *etc, que a veces se usan tb para designar la propia planta.* **b)** *Frec se usa en frases de sent comparativo para ponderar el buen estado de alguien o algo.* * Está como una rosa. ▪ **2** *Se da este n a otras flores vistosas más o menos semejantes a la rosa* [1], *y tb a las plantas que las producen:* ~ DE JERICÓ, ~ DE LOS ALPES, ~ DE NAVIDAD, *etc.* ▪ **3** *Se da este n a distintas cosas cuya forma imita o recuerda la de la rosa* [1]. * En el aperitivo se sirvieron los clásicos orejones y rosas, producto a base de miel, tradicional en las bodas. **b)** (*Taur*) Instrumento más pequeño que las banderillas cortas y adornado con una rosa de papel, propio del rejoneo. ▪ **4** Mancha rojiza y redondeada de la piel. ▪ **5** Círculo en que están marcados los 32 rumbos en que se divide la vuelta del horizonte. *Frec ~* DE LOS VIENTOS, *o ~* NÁUTICA. ▪ **6** (*Joy*) Diamante tallado con la superficie inferior plana. *Tb* DIAMANTE ~.

II *adj* **7** [Color] rojo pálido. *Tb n m.* **b)** De color rosa. ▪ **8** [Novela] de tema amoroso y sentimental y final feliz. *Frec con intención desp.* **b)** (*raro*) De (la) novela rosa. ▪ **9** (*Salsa*) preparada con mayonesa y salsa de tomate. ▪ **10** (*jerg*) De (los) homosexuales. ▪ **11 de color (de) ~.** Halagüeño. *Tb adv.* ▪ **12 de ~.** Sumamente suave. **b)** [Camino] **de ~s**, [lecho] **de ~s** → CAMINO, LECHO.

III *loc adv* **13 como las propias ~s.** (*col*) Muy bien o perfectamente. *Con intención ponderativa. Gralm con el v* QUEDAR.

rosáceo -a I *adj* **1** Que tira a rosa [7]. ▪ **2** (*Bot*) [Planta] dicotiledónea de hojas dentadas y flores regulares gralm. de cinco pétalos. *Frec como n f en pl, designando este taxón botánico.*

II *f* **3** (*Med*) Dermatosis del rostro caracterizada por enrojecimiento de las mejillas y de la nariz y dilatación de los capilares cutáneos. *Tb* ACNÉ ~.

rosacruz (*con mayúscula en acep* 1) **A** *f* **1** Asociación secreta y mística de origen alemán, cuyo emblema es una cruz con una rosa roja en el centro.

B *m* **2** Miembro de la Rosacruz [1].

rosada *f* (*reg*) Rocío o escarcha.

rosado -da *adj* Que tira a rosa [7]. *Tb n m, referido a vino.*

rosal *m* Arbusto rosáceo de tallos espinosos, muy cultivado por la belleza de sus flores (gén. *Rosa*). *Diversas variedades se distinguen por medio de compls o adjs:* AMARILLO, BLANCO, DE ALEJANDRÍA, DE CIEN HOJAS, SILVESTRE, TREPADOR, *etc.*

rosaleda *f* Sitio plantado de rosales.

rosariazo *m* Golpe dado con un rosario [2].

rosariero -ra I *adj* **1** (*raro*) De(l) rosario [2]. **II** *f* **2** Estuche para el rosario [2].

rosario I *m* **1** (*Rel catól*) Rezo dedicado a la Virgen, que consta de quince partes iguales constituidas por un padrenuestro, diez avemarías y un gloria. *Frec ~* COMPLETO *o* ENTERO. **b)** Rezo de cinco partes del rosario [1a]. **c)** Ceremonia religiosa en que se reza el rosario [1b]. **d) ~ de la aurora.** Procesión celebrada al amanecer durante la cual se reza el rosario [1b]. ▪ **2** Objeto devoto consistente en una sarta gralm. de cinco decenas de cuentas, que sirve para rezar el rosario [1]. **b)** Sarta de cuentas utilizada por los miembros de algunas religiones no cristianas para el rezo de sus oraciones. ▪

3 Sarta o serie [de cosas]. ■ **4** (*E*) Máquina elevadora de agua, consistente en una cadena sin fin con uno de sus extremos en el agua y una serie de cangilones o tacos que la suben a la superficie. *Tb* ~ HIDRÁULICO.
II *loc adv* **5 como el ~ de la aurora.** (*col*) De mala manera, frec. con dispersión general. *Gralm con el v* ACABAR.

rosbif (*pl normal,* ~ES *o* ~S) *m* Carne de vaca asada al estilo inglés.

rosca **I** *f* **1** Pan o bollo de forma circular con un agujero en el centro. ■ **2** Cosa de forma circular u ovalada con un agujero en el centro. ■ **3** Espiral [de un tornillo o tuerca]. ■ **4** (*Arquit*) Cara anterior o posterior [del arco]. ■ **5** (*Mar*) Casco [de un buque]. *Frec en la loc* EN ~.
II *loc v* (*col*) **6 comerse una ~.** Conseguir ligar. *Normalmente en constr neg.* **b)** Tener éxito, o conseguir lo que se pretende. *Normalmente en constr neg.* ■ **7 hacer la ~** [a alguien]. Adular[le] para conseguir algo. **b)** Cortejar o pretender [a una pers.]. ■ **8 pasarse de ~** → PASAR.

roscado[1] **-da** *adj* **1** *part* → ROSCAR. ■ **2** Que tiene rosca [3].

roscado[2] *m* Acción de roscar [1].

roscador -ra *adj* Que rosca [1]. *Tb n f, referido a máquina.*

roscar *tr* **1** Dotar de rosca [3] [a una pieza (*cd*)]. *Tb abs.* ■ **2** Atornillar o enroscar.

rosco **I** *m* **1** Rosca [1], esp. pequeña y de masa dulce. ■ **2** (*Enseñ, humoríst*) Cero. *En una calificación.* ■ **3** (*Fút, humoríst*) Gol.
II *loc v* **4 comerse un ~.** (*col*) Comerse una rosca (→ ROSCA [6]).

roscón *m* Rosca [1] grande de bollo. **b)** **~ de Reyes.** Rosca dulce de diversos tamaños típica de la fiesta de Reyes, gralm. con frutas en su parte superior y con una pequeña sorpresa en el interior. *Tb simplemente* ~.

rosellonense *adj* Rosellonés. *Tb n.*

rosellonés -sa *adj* Del Rosellón (comarca francesa). *Tb n, referido a pers.*

rosense *adj* De Rosas (Gerona). *Tb n, referido a pers.*

róseo -a *adj* (*lit*) Rosáceo [1]. **b)** [Malva] **rósea** → MALVA.

roséola *f* (*Med*) Erupción cutánea de pequeñas manchas rosáceas. **b)** **~ epidémica.** Rubéola.

roseta *f* **1** Rosa (flor) pequeña. ■ **2** *Se da este n a distintas cosas cuya forma imita o recuerda la de la rosa.* * Llevaba un colgante de plata con rosetas troqueladas. * El ábaco está adornado con las típicas rosetas.

rosetón *m* **1** Rosa (flor, o figura que la imita) grande. ■ **2** Mancha grande, rojiza y redondeada de la piel. ■ **3** (*Arquit*) Ventana circular calada y con adornos. ■ **4** (*Arquit*) Adorno circular, gralm. de escayola, que se coloca en el techo.

rosetti *adj* [Uva] de mesa, de una variedad caracterizada por tener el grano grande y el hollejo duro. *Tb n f.*

rosicler *m* **1** (*lit*) Color rosado propio de la aurora. ■ **2** (*Mineral*) Plata roja.

rosita. **de ~s.** *loc adv* (*col*) De balde o sin esfuerzo. **b)** Sin pagar lo que se debe o sin recibir el castigo merecido. *Gralm en la loc* IRSE DE ~S.

rosmar *intr* (*reg*) Rezongar o refunfuñar.

rosminiano -na *adj* (*Rel catól*) Del Instituto de la Caridad, congregación fundada por el filósofo italiano Antonio Rosmini en 1828. *Tb n, referido a pers.*

rosmón -na *adj* (*reg*) Que rosma.

roso -sa *adj* (*lit, raro*) Rojo.

rosoli (*tb* **rosolí**) *m* Licor compuesto de aguardiente, azúcar, canela, anís u otros ingredientes aromáticos.

rosquilla **I** *f* **1** Dulce en forma de rosca [1] pequeña. **b)** *Se usa a veces en constrs de sent comparativo para ponderar lo gustoso o apetitoso de alguien o algo.* * La hija del alcalde es una rosquilla. ■ **2** Larva de insecto que se enrosca al menor peligro.
II *loc v* **3 saber** [algo] **a ~s.** (*col*) Producir gusto o satisfacción. *Frec con intención irónica.*
III *loc adv* **4 como ~s.** (*col*) Mucho. *Con vs como* COMPRAR *o* VENDER.

rosquillero -ra *m y f* Pers. que hace o vende rosquillas [1a].

rosquillo *m* Rosquilla [1a] de masa frita.

rostelo *m* (*Zool*) Parte de la cabeza de un gusano endoparásito en la que están los ganchos.

rostrada *adj* (*Arte*) [Columna] rostral.

rostral **I** *adj* **1** (*Arte*) [Columna] adornada con espolones de naves y erigida en conmemoración de una victoria naval.
II *m* **2** (*reg*) Parte de la cabezada que pasa por encima del morro de la caballería.

rostrata *adj* (*Arte*) [Columna] rostral.

rostrillo *m* Adorno que se pone alrededor del rostro de las imágenes de la Virgen o de algunas santas.

rostrizo *m* (*reg*) Cochinillo asado.

rostro **A** *m* **1** (*lit*) Cara (parte anterior de la cabeza humana, o de la de algunos animales, esp. los mamíferos). **b)** Expresión o gesto del rostro. ■ **2** (*col*) Cara o caradura. ■ **3** (*Zool*) Pico [de ave]. ■ **4** (*hist*) Espolón [de la nave].
B *m y f* **5 ~ pálido.** *En lenguaje atribuido a pieles rojas:* Pers. de raza blanca. *Tb fig, humoríst.*

róstrum (*pl normal,* ROSTRA *o invar*) *m* (*lit*) Tribuna de oradores.

rota[1] *f* (*lit*) Derrota o vencimiento.

Rota[2] *f* Tribunal romano que juzga las causas eclesiásticas de toda la Iglesia católica. *Frec* TRIBUNAL DE LA ~.

rotación *f* **1** Movimiento [de un cuerpo] alrededor de su eje. ■ **2** Cambio alternativo.

rotacional *adj* (*E*) De (la) rotación.

rotacismo *m* (*Fon*) Paso de una consonante, esp. de la [s] o de la [l], a [r].

rotador -ra *adj* (*raro*) Que rota.

rotal *adj* De(l) Tribunal de la Rota.

rotámetro (*n comercial registrado*) *m* Utensilio utilizado para medir el flujo de un fluido.

rotante *adj* (*raro*) Que rota.

rotar A *intr* **1** Dar vueltas [un cuerpo] alrededor de su eje. ■ **2** Cambiar alternativamente.
B *tr* **3** Hacer que [alguien o algo (*cd*)] rote [1 y 2].

rotario -ria *adj* De un Rotary Club (asociación internacional de carácter filantrópico, nacida en Estados Unidos). *Tb n, referido a pers.*

rotativamente *adv* De manera rotativa [1].

rotativo -va I *adj* **1** De (la) rotación, *esp* [2]. ■ **2** Que tiene movimiento de rotación [1]. **b)** [Máquina de imprimir] cuyos elementos esenciales son cilíndricos y funcionan mediante movimiento de rotación. *Frec n f.*
II *m* **3** Periódico impreso en rotativa [2b].

rotatoriamente *adv* (*raro*) Rotativamente.

rotatorio -ria *adj* **1** De (la) rotación [1]. **b)** (*Quím*) [Poder] de girar el plano de polarización de la luz. ■ **2** Que tiene movimiento de rotación [1].

rotavirus *m* (*Med*) Virus responsable de cuadros diarreicos infantiles no epidémicos (gén. *Rotavirus*).

roten *m* (*hist*) Bastón, esp. el fabricado con la madera de la planta asiática *Calamus rotang*.

rotenona *f* (*Quím*) Sustancia tóxica y cristalina que se extrae de diversas plantas leguminosas y se usa como insecticida.

roteño -ña *adj* De Rota (Cádiz). *Tb n, referido a pers.*

rotífero -ra *adj* (*Zool*) [Organismo] microscópico que tiene en la parte anterior del cuerpo un disco retráctil circundado de cilios. *Frec como n m en pl, designando este taxón zoológico.*

roto -ta I *adj* **1** *part* → ROMPER. ■ **2** [Pers.] andrajosa o harapienta. ■ **3** (*col*) Sumamente cansado. ■ **4** [Voz] de tonalidad irregular. ■ **5** [Color blanco] que tira a marfil. *Frec en moda.*
II *m* **6** Abertura producida por una rotura, esp. en una tela. ■ **7** Individuo chileno de la clase social más baja.
III *loc v* **8** servir (*o* valer) lo mismo para un ~ que para un descosido. (*col*) Ser útil para cualquier cosa que sea precisa.

rotonda *f* **1** Edificio o habitación de planta circular. ■ **2** Plaza circular.

rotondo -da *adj* (*raro*) Redondo o circular.

rotoplana *f* (*Impr*) Máquina en que la forma es plana y el papel se enrolla a un cilindro, el cual presiona sobre la forma.

rotor *m* (*Fís y Mec*) **1** Parte giratoria de una máquina o mecanismo, esp. de un motor o generador o de una turbina. ■ **2** Conjunto del mecanismo y aspas que sirven de sustentación a los autogiros y helicópteros. ■ **3** Mecanismo náutico consistente en un cilindro hueco con movimiento de rotación alrededor de un mástil que le sirve de eje.

rotoso -sa *adj* (*raro*) **1** [Pers.] harapienta o andrajosa. ■ **2** [Prenda] rota o muy vieja y destrozada.

rottweiler (*al; pronunc corriente, /ṝótbailer/ o /ṝotbéiler/*) *adj* [Perro] pastor de origen alemán, de pelo corto negro y tostado oscuro. *Tb n.*

rótula *f* (*Anat*) **1** Hueso corto, plano y redondeado de la rodilla. ■ **2** (*Mec*) Articulación constituida por una pieza esférica que puede girar en un espacio hueco.

rotulación *f* **1** Acción de rotular[1]. ■ **2** Rótulo o conjunto de rótulos [1].

rotulado *m* Acción de rotular[1].

rotulador -ra I *adj* **1** Que rotula. *Tb n: m y f, referido a pers; f, referido a máquina.*
II *m* **2** Instrumento para escribir, semejante al bolígrafo, con punta de fieltro.

rotular[1] *tr* Poner rótulo [1] [a algo (*cd*)]. *Tb fig.*

rotular[2] *adj* (*Anat*) De (la) rótula.

rotulata *f* (*raro*) Rotulación [2].

rotuliano -na *adj* (*Anat*) De (la) rótula [1].

rotulista *m y f* Pers. que hace rótulos [1].

rótulo *m* **1** Letrero. **b)** Palabra o conjunto de palabras que expresan el título [de algo, esp. de un escrito]. ■ **2** (*Rel catól*) Despacho de la curia romana para pedir en nombre del Papa información sobre alguien a quien se quiere beatificar.

rotundamente *adv* De manera rotunda [1].

rotundez *f* Rotundidad.

rotundidad *f* Cualidad de rotundo.

rotundidez *f* Rotundidad.

rotundo -da *adj* **1** Que no deja lugar a dudas o a discusión. ■ **2** Firme y vigoroso. **b)** Robusto y abultado.

rotura *f* **1** Acción de romper(se). *Tb su efecto. Gralm en sent físico.* ■ **2** (*reg*) Terreno roturado.

roturable *adj* Que se puede roturar.

roturación *f* Acción de roturar.

roturador -ra *adj* Que rotura. *Tb n: m y f, referido a pers; f, referido a máquina.*

roturar *tr* Arar [un terreno no cultivado] para ponerlo en cultivo. *Tb abs.*

roturo *m* (*reg*) Roturación.

rouchi (*fr; pronunc corriente, /ṝuʃí/*) *m* Dialecto de la región de Valenciennes (Francia).

rouge (*fr; pronunc corriente, /ṝus/*) *m* (*hoy raro*) Rojo de labios.

rough (*ing; pronunc corriente, /ṝaf/*) *m* (*Golf*) Parte accidentada y de hierba alta que bordea la calle.

roulada (*pronunc corriente, /ṝouláda/ o /ṝuláda/*) *f* Rulada.

roulotte (*fr; pronunc corriente, /ṝulót/*) *f* Caravana (vehículo).

round (*ing; pronunc corriente, /ṝáun/; pl normal, ~s*) *m* (*Boxeo*) Asalto. *Tb fig, fuera del ámbito técn.*

roussoniano → RUSONIANO.

rovellón → ROBELLÓN.

roya *f* Hongo parásito de distintas plantas, esp. cereales, en las que produce enfermedades. *Tb la misma enfermedad.*

royada *f* (*reg*) Roya (enfermedad).

royalty (*ing; pronunc corriente, /ṝoyálti/; pl normal*, ROYALTIES) *m* (*Econ*) Derecho que se paga por la utilización de una patente o una propiedad extranjeras. *Más frec en pl.*

royo -ya *adj* (*reg*) Rojizo. **b)** [Pino] albar.

roza *f* **1** Hueco o canal abiertos en una pared de fábrica o de mineral. ■ **2** Acción de rozar [5]. ■ **3** Conjunto de matas que se obtienen al rozar [5] un campo. ■ **4** Mata propia de monte bajo. ■ **5** (*reg*) Arroyo pequeño en la ladera de un monte.

rozadera *f* Rozón (instrumento).

rozador -ra *adj* Que roza, *esp* [4]. *Tb n f, referido a máquina.*

rozadura *f* **1** Efecto de rozar(se) [3]. ■ **2** (*raro*) Acción de rozar [1 y 7].

rozagante *adj* De aspecto saludable y lleno de vitalidad.

rozamiento *m* **1** Acción de rozar [1 y 7]. ■ **2** Roce o disensión.

rozante *adj* (*raro*) Que roza [1 y 7].

rozar A *tr* **1** Tocar ligeramente [algo o a alguien], esp. por un movimiento. *Tb fig.* ■ **2** Estar [una pers. o cosa] cerca [de una edad o de un valor (*cd*)]. ■ **3** Producir [a alguien o algo (*cd*)] un pequeño daño o desperfecto al rozar[lo] [1]. **b)** *pr* (~se) Sufrir [alguien o algo] un pequeño daño o desperfecto al ser rozado [1]. ■ **4** Abrir un hueco o canal [en una pared (*cd*) de fábrica o de mineral]. ■ **5** Limpiar [un terreno o sus plantas]. *Tb abs.* ■ **6** Entonar [el cantante una nota] con inseguridad o con voz poco clara.
B *intr* ➤ **a** *normal* **7** Tocar ligeramente [algo o a alguien (*compl* CON o EN)], esp. por un movimiento. *Tb fig.* ■ **8** Estar en ligera contradicción u oposición [con alguien o algo].
➤ **b** *pr* (~se) **9** Tener [una pers.] trato [con otra]. *Tb sin compl, con suj pl.*

roznido *m* (*raro*) Rebuzno.

rozno *m* (*raro*) Asno (cuadrúpedo).

rozo[1]**. ser de buen ~.** *loc v* (*col*) Tener buen apetito y comer de todo.

rozo[2] *m* (*reg*) Brecina (planta).

rozón[1] *m* Instrumento semejante a la guadaña, que sirve para rozar [5].

rozón[2] *m* Arañazo o señal producidos por un roce.

rrollo → ROLLO.

rúa I *f* **1** (*reg*) Calle. **b)** (*lit*) Calle de pueblo.
II *loc adj* **2 de ~.** (*hist*) [Coche] de ciudad. *Se opone a* DE CAMINO.

ruada *f* (*reg, hist*) Fiesta nocturna que se celebra en la calle.

ruán *adj* (*reg*) Ruano[1]. *Tb n m.*

ruana *f* Prenda semejante al poncho, propia esp. de Colombia y Venezuela.

ruandés -sa *adj* De Ruanda. *Tb n, referido a pers.*

ruano[1] **-na** *adj* Roano. *Tb n m.*

ruano[2] **-na** *adj* (*hist*) En la Edad Media: [Pers.] burguesa. *Tb n.*

ruar (*conjug* **1d**) *intr* (*raro*) Pasear por las calles.

rubato (*it; pronunc corriente,* /r̄ubáto/) *adj* (*Mús*) [Tempo] ejecutado con cierta elasticidad para conseguir particulares efectos expresivos. *Frec n m.* **b)** Ejecutado en rubato.

rubefacción *f* (*Med*) Enrojecimiento de la piel.

rubefaciente *adj* (*Med*) Que produce rubefacción.

rubelita *f* (*Mineral*) Variedad de turmalina de color rojo o rosado.

rubéola (*tb* **rubeola**) *f* Enfermedad infecciosa de origen vírico, semejante al sarampión pero menos importante.

rubí I *m* **1** Piedra preciosa muy estimada, que es una variedad roja y transparente de corindón. *Tb* ~ ORIENTAL.
II *adj* **2** (*lit*) Rojo brillante. *Tb n m, referido a color.* ■ **3** [Punto] ~ → PUNTO.

rubia → RUBIO.

rubiácea *adj* (*Bot*) [Planta] dicotiledónea, herbácea o leñosa, de hojas opuestas o verticiladas, flores de cuatro pétalos en cimas o racimos y fruto en baya, caja o drupa. *Frec como n f en pl, designando este taxón botánico.*

rubial *adj* (*raro*) [Tierra o planta] que tira a amarillo dorado.

rubiales *m y f* (*col*) Pers. rubia [1c]. *Tb adj.*

rubianco -ca *adj* (*col*) Rubio [1]. *Frec con intención desp. Tb n, referido a pers.*

rubiasco -ca *adj* (*col*) Rubio [1]. *Frec con intención desp. Tb n, referido a pers.*

rubicán -na *adj* [Caballo] que tiene el pelo mezclado de blanco y rojo.

rubicela *f* (*Mineral*) Variedad de espinela de color amarillo o anaranjado.

Rubicón. pasar el ~. *loc v* (*lit*) Dar un paso decisivo y arriesgado.

rubicundez *f* **1** Cualidad de rubicundo. ■ **2** (*Med*) Rojez morbosa de la piel o las mucosas.

rubicundo -da *adj* Rojizo. *Dicho esp de cara y de pers.*

rubidio *m* (*Quím*) Metal alcalino, de número atómico 37, blanco y semejante al potasio.

rubio -bia I *adj* **1** [Color] amarillo dorado. *Gralm referido al del pelo. Tb n m.* **b)** Que tiene color rubio. *Tb n m, referido a tabaco o cigarrillo.* **c)** [Pers.] de pelo rubio. *Tb n.* ■ **2** (*col*) [Peseta] fabricada con cobre y estaño. *Más frec n f. A veces designa tb la peseta como unidad monetaria.*
II *n* A *m* **3** Pez marino comestible de hasta 60 cm de longitud, cuerpo rojizo, cabeza grande cortada oblicuamente y aletas pectorales con radios (gén. *Trigla*). ■ **4** (*Taur*) En pl: Centro de la cruz (parte más alta del lomo).
B *f* **5** Planta herbácea propia de las regiones templadas, cuyas raíces contienen una sustancia colorante roja usada en tintorería (*Rubia tinctorum*). *Tb esta sustancia.* ■ **6** Cierto pez de agua dulce, comestible, muy pequeño y de cuerpo alargado. ■ **7** (*hoy raro*) Automóvil tipo ranchera con la carrocería total o parcialmente de madera de color natural.

rublo *m* Unidad monetaria rusa.

rubor *m* **1** Enrojecimiento de la cara causado por la vergüenza. **b)** Vergüenza (sentimiento). ■ **2** (*Med*) Enrojecimiento.

ruborizador -ra *adj* Que ruboriza.

ruborizante *adj* Que ruboriza.

ruborizar *tr* Causar rubor [1] [a alguien (*cd*)]. **b)** *pr* (~se) Pasar a tener rubor [1].

ruborosamente *adv* De manera ruborosa [1].

ruboroso -sa *adj* **1** Que tiene o muestra rubor [1]. *Tb* (*lit*) *fig.* ■ **2** [Pers.] propensa a ruborizarse.

rúbrica I *f* **1** Trazo o conjunto de trazos personales característicos que acompañan habitualmente a la firma. **b)** Cosa con que se remata o ratifica algo. ■ **2** Título o epígrafe. **b)** Parte o apartado. ■ **3** (*Rel crist*) En los libros litúrgicos: Parte, impresa en rojo, que indica las reglas que deben seguirse. *Tb las mismas reglas.*

   II *loc adj* **4 de ~.** (*lit*) [Cosa] obligada o acostumbrada.

rubricar *tr* Poner rúbrica [1] [a algo (*cd*)]. *Tb abs.* **b)** Firmar [algo] como autor o responsable.

rubro *m* (*raro*) Rúbrica o título.

rucamar *f* (*reg*) Planta anual de hojas carnosas y flores lilas o blancas, propia de arenales litorales, usada en medicina como antiescorbútica y excitante (*Cakile maritima*).

ruche *m* (*raro*) Asno o pollino.

ruciniega *f* (*reg*) Mosca que acude esp. a las caballerías.

rucio -cia *adj* **1** [Animal, esp. asno] de color pardo claro, blanquecino o cano. *Tb n, referido a asno o caballo.* **b)** [Color] propio del animal rucio. ■ **2** [Pers.] entrecana. ■ **3** (*desp*) [Pers.] torpe o bruta.

ruda *f* **1** Planta arbustiva de flores amarillas en corimbo y olor fuerte y desagradable, usada en medicina, frec. como abortiva (*Ruta graveolens*). *Tb se da este n a otras especies del mismo gén.* ■ **2 ~ cabruna.** Planta vivaz propia de lugares húmedos, de flores amariposadas, azuladas o blanquecinas, cuyas hojas se emplean esp. para aumentar la secreción láctea (*Galega officinalis*). ■ **3** (*reg*) Chopa (pez).

rudamente *adv* De manera ruda.

rudeza *f* **1** Cualidad de rudo. ■ **2** Cosa ruda.

rudimentariamente *adv* De manera rudimentaria.

rudimentario -ria *adj* **1** De (los) rudimentos. ■ **2** Elemental o poco perfeccionado.

rudimentos *m pl* Nociones elementales [de algo, esp. una ciencia o arte].

rudista *adj* (*Zool*) [Molusco] lamelibranquio fósil, propio del período cretácico, de concha muy desarrollada y valvas desiguales. *Frec como n m en pl, designando este taxón zoológico.*

rudo -da *adj* **1** Tosco o basto. ■ **2** Duro o brutal.

rúe *f* (*col, humoríst*) Calle (espacio urbano no constituido por edificios). *Frec en constrs como* A LA ~, *o* EN LA ~.

rueca *f* Instrumento para hilar, consistente en una vara delgada con una pieza para poner el copo en su parte superior.

rueda I *f* **1** Órgano mecánico circular que gira sobre un eje. ■ **2** Círculo, o cosa circular. **b)** Rodaja (trozo circular y plano). ■ **3** Círculo o corro [de perss.]. **b)** Danza que se ejecuta formando círculo. ■ **4** Despliegue en abanico que hace el pavo con las plumas de la cola. ■ **5** (*raro*) Vez o turno. ■ **6 ~ de prensa,** o **informativa.** Reunión de una o varias perss. con un grupo de periodistas convocados previamente, para informarles de algún asunto y responder a sus preguntas. *Tb* (*raro*) *simplemente* ~. ■ **7 ~ de reconocimiento.** Trámite policial consistente en hacer que una pers. sea vista por otras a fin de identificarla como autora de un delito.
   II *loc adj* **8 de ~(s).** [Camino] adecuado para coches o carruajes.
   III *loc v* **9 chupar ~.** (*Cicl*) Ir [un ciclista] detrás [de otro] para protegerse del viento. **b)** (*col*) Ir detrás [de alguien]. *Frec se omite el compl por consabido.* **c)** (*col*) Aprovecharse de un esfuerzo ajeno. ■ **10 comulgar con ~s de molino.** (*col*) Creer algo inverosímil. ■ **11 dar** (o **perder)**

de ~. (*Cicl*) Dejar atrás [un corredor a otro que le sigue inmediatamente]. ■ **12 tener** [a alguien] **en ~.** (*col*) Hacer[le] ir de un sitio para otro en servicio propio.
   IV *loc adv* **13 a (la) ~.** (*Cicl*) Inmediatamente detrás [de otro], para evitar que pueda escaparse o para aprovechar su esfuerzo. ■ **14 sobre ~s.** Muy bien. *Con vs como* IR *o* MARCHAR.

ruedo I *m* **1** Círculo de la plaza de toros destinado a la lidia. **b) vuelta al ~** –→ VUELTA. ■ **2** Contorno [de una cosa redonda]. ■ **3** Conjunto de tierras situadas alrededor [de una población]. **b)** (*reg*) Conjunto de tierras que rodean el caserío de un cortijo. ■ **4 el ~ ibérico** (*tb con mayúscula*). (*lit*) España.
   II *loc v* **5 saltar,** o **lanzarse, al ~.** Decidirse a intervenir en un grupo de perss.

ruego *m* Acción de rogar. *Tb su efecto.* **b) ~s y preguntas.** *En una asamblea o reunión:* Espacio de tiempo destinado a que los asistentes hagan preguntas y propuestas a la presidencia.

ruejo *m* (*reg*) Piedra grande y redonda, esp. de molino.

rueño *m* (*reg*) Rodete (para llevar pesos sobre la cabeza).

ruezno *m* (*reg*) Corteza verde de la nuez.

rufián *m* **1** Hombre que vive a costa de una o varias prostitutas. ■ **2** Hombre vil y despreciable.

rufianesco -ca I *adj* **1** De(l) rufián o de (los) rufianes.
   II *f* **2** Vida de los rufianes.

rufianismo *m* Condición o comportamiento de rufián.

rufo¹ -fa *adj* **1** Rubio o rojizo. ■ **2** Rizado o ensortijado.

rufo² -fa *adj* (*lit*) Chulo o fanfarrón. *Tb n, referido a pers.*

rugbístico -ca *adj* De(l) rugby.

rugby (*ing; pronunc corriente,* /r̄úgbi/) *m* Deporte que se practica entre dos equipos de quince jugadores, con un balón ovalado y utilizando las manos y los pies.

rugido *m* Acción de rugir. *Frec su efecto.*

rugidor -ra *adj* Que ruge.

rugiente *adj* Que ruge.

ruginoso -sa *adj* (*lit, raro*) Herrumbroso u oxidado.

rugio -gia *adj* (*hist*) [Individuo] de un antiguo pueblo germánico que en el s. VI se mezcló con los ostrogodos. *Tb n.*

rugir A *intr* **1** Emitir [el león, el tigre u otra fiera similar] el sonido que le es propio. **b)** Emitir [un animal o una pers.] un sonido semejante al del león. ■ **2** Dar voces o gritos furiosos [una pers.]. ■ **3** Producir [algo] un sonido fuerte y ronco. ■ **4** Sonar [las tripas]. ■ **5** (*col*) Oler mucho y esp. mal.
   B *tr* **6** (*raro*) Decir [algo] rugiendo [1 y 2].

rugosidad *f* **1** Cualidad de rugoso. ■ **2** Arruga o pliegue irregular.

rugoso -sa *adj* Que tiene arrugas o pliegues irregulares.

ruibarbo *m* Planta herbácea perenne, de hojas anchas y flores en grandes panojas, cuya raíz se usa en medicina por sus propiedades purgantes y digestivas (gén. *Rheum*). *Tb se da este n a otras especies de los géns Rumex y Thalictrum.*

ruido I *m* **1** Sonido inarmónico. **b)** Mezcla confusa de sonidos. ■ **2** Serie abundante de comentarios o discusiones provocados por alguien o algo. *Frec con los vs* HACER *o* ARMAR. ■ **3** Alboroto o pendencia. ■ **4** (*TComunic*) Perturbación que estorba la comunicación. *Tb fig, fuera del ámbito técn.* ■ **5** ~ **de sables.** Malestar político en la clase militar, que anuncia un posible golpe de Estado.
II *loc v y fórm or* **6 ser más** (*o* **mayor) el** ~ **que las nueces.** (*col*) No haber en la cuestión de que se trata tanta importancia o gravedad como parece. ■ **7 mucho** ~ **y pocas nueces** (*o* **más** ~ **que nueces**). (*col*) *Fórmula con que se comenta la insignificancia de algo que parecía importante.* * –¿Qué pasó por fin con el expediente? –Nada. Mucho ruido y pocas nueces.

ruidosamente *adv* De manera ruidosa.

ruidosidad *f* Cualidad de ruidoso [1b].

ruidoso -sa *adj* **1** Que causa ruido, *esp* [1 y 2]. **b)** Escandaloso o llamativo. ■ **2** Que tiene ruido [1].

ruin I *adj* **1** Despreciable o mezquino. *Tb n, referido a pers.* ■ **2** Raquítico. ■ **3** Avaro o tacaño.
II *loc n m* **4 el** ~ **de Roma.** (*col, humoríst*) El rey de Roma (→ REY).

ruina *f* **1** Hecho de hundirse o destruirse [una construcción]. *Tb fig.* **b)** Estado de hundido o destruido. **c)** Construcción hundida o destruida. **d)** Pers. o cosa en estado de gran decadencia, esp. física. **e)** *En pl*: Restos [de una construcción hundida]. *Frec en la constr* EN ~S. ■ **2** Hecho de pasar a la pobreza o miseria [alguien que ha tenido bienes]. **b)** Estado de pobreza [de alguien que ha tenido bienes]. **c)** Pers. o cosa que supone un gran gasto o un perjuicio económico grave. ■ **3** (*jerg*) Pena muy larga de cárcel.

ruindad *f* **1** Cualidad de ruin, *esp* [1]. ■ **2** Acción ruin [1].

ruinmente *adv* De manera ruin [1].

ruinoso -sa *adj* **1** Que amenaza ruina [1a y 2a] o está en ruina(s) [1b y e y 2b]. ■ **2** Que causa ruina [2a].

ruiseñor *m* Pájaro de color pardo y cola ancha de color castaño, muy conocido por la belleza de su canto (*Luscinia megarhynchos*). *Tb se da este n a otras especies del gén Luscinia, esp a la L. luscinia* (~ RUSO *o* PINTADO). **b)** ~ **bastardo.** Pájaro semejante al ruiseñor común, pero algo más pequeño, rojizo y de cola levantada (*Cettia cetti*).

ruiseñoril *adj* (*raro*) De(l) ruiseñor.

rula *f* (*reg*) Lonja de contratación del pescado.

rulada *f* Fiambre de carne, de forma redonda, frec. con pimiento rojo y aceitunas.

rulante *adj* (*raro*) Que rueda.

rular *intr* **1** (*col*) Marchar o funcionar. ■ **2** (*jerg*) Liar un cigarrillo de hachís o marihuana.

rule *m* (*col*) Acción de rular [1].

rulé *m* (*col*) Trasero.

ruleta *f* **1** Juego de azar en el que una bolita, lanzada sobre una rueda horizontal giratoria dividida en 37 casillas numeradas, determina el ganador. *Tb la misma rueda.* ■ **2** ~ **rusa.** Prueba de valor que consiste en apretar el gatillo de un revólver cuyo

tambor, con un solo proyectil, se hace girar mientras se apunta a la propia sien. *Tb fig.*

ruletero -ra *adj* De (la) ruleta.

rulo *m* **1** Instrumento o pieza de forma cilíndrica o troncocónica que gira y sirve esp. para aplastar o triturar. ■ **2** Pequeño cilindro hueco y perforado al que se enrolla el pelo para rizarlo. ■ **3** Objeto enrollado de forma cilíndrica.

rumano -na I *adj* **1** De Rumanía. *Tb n, referido a pers.* ■ **2** De(l) rumano [3].
II *m* **3** Lengua rumana [1].

rumazón *m* (*Mar*) Conjunto de nubes.

rumba *f* **1** Danza afrocubana de compás de 2 por 4, que se baila con marcado movimiento de caderas. *Tb su música.* ■ **2** Baile flamenco de ritmo alegre y muy rápido. *Tb su música. Frec* ~ (*o* RUMBITA) FLAMENCA.

rumbar *intr* (*raro*) Zumbar o hacer ruido.

rumbear¹ *intr* Bailar la rumba.

rumbear² *intr* (*Mar*) Tomar el rumbo¹ [1b]. *Tb* (*lit*) *fuera del ámbito técn.*

rumbero -ra *adj* Que canta o baila rumbas, *esp* [2]. *Frec n, referido a pers.*

rumbo¹ I *m* **1** Dirección considerada en el plano del horizonte. **b)** Dirección [de un barco o un avión]. *Frec con el v* HACER. **c)** Dirección o camino que se pretende seguir. *Tb fig.*
II *loc prep* **2** ~ **a.** En dirección a.

rumbo² *m* **1** Esplendidez, o falta de miramiento en el gasto. ■ **2** Garbo o gracia. *Frec en la constr* DE ~.

rumbosamente *adv* De manera rumbosa.

rumboso -sa *adj* De rumbo² [1].

rumia *f* Acción de rumiar.

rumiación *f* (*Zool*) Acción de rumiar [1].

rumiadura *f* (*raro*) Rumia. *Tb fig.*

rumiante *adj* Que rumia. **b)** (*Zool*) [Mamífero artiodáctilo] herbívoro cuyo estómago está dividido en cuatro cavidades para permitir la rumia de los alimentos. *Frec como n m en pl, designando este taxón zoológico.*

rumiar (*conjug* 1a) *tr* **1** Masticar [un animal el alimento que previamente ha ingerido y que sube a la boca desde el estómago]. *Tb abs.* **b)** (*col*) Masticar. ■ **2** Pensar o reflexionar detenidamente [sobre algo (*cd*)].

rumio *m* Rumia.

rummy (*ing; pronunc corriente, /ŕúmi/*) *m* (*Naipes*) Juego que consiste en reunir grupos de tres o más cartas del mismo valor o series del mismo palo.

rumor *m* **1** Ruido sordo y continuado. ■ **2** Noticia no confirmada que circula entre la gente.

rumorear A *tr* **1** Hacer correr [un rumor [2] (*cd*)]. *Gralm en constr pasiva con* SE. * Se rumorea que deja la política. * La gente ha empezado a rumorear que dimitirá ponto. ■ **2** (*raro*) Emitir [un sonido o palabra] como un rumor [1].
B *intr* **3** Hacer correr un rumor o rumores [2] [sobre algo]. * Se acabó el rumorear sobre la sucesión. ■ **4** (*raro*) Sonar [algo] como un rumor [1].

rumoreo *m* (*raro*) Acción de rumorear.

rumorología *f* (*humoríst*) Utilización de los rumores [2].

rumorosamente *adv* De manera rumorosa.

rumoroso -sa *adj* Que produce rumor [1].

runa *f (Paleogr)* Signo gráfico de los antiguos escandinavos.

runflar *intr (reg)* Resoplar.

rúnico -ca *adj (Paleogr)* De (las) runas. **b)** [Piedra] que tiene grabados runas y dibujos de supuesto carácter mágico.

runrún *(tb con la grafía* **run-run***) m (col)* **1** Ruido sordo y continuado. ▪ **2** Rumor (noticia no confirmada que circula entre la gente).

runrunear **A** *intr* **1** Ronronear.
B *tr* **2** *(reg)* Decir [algo] entre dientes.

runruneo *m* Acción de runrunear. *Tb su efecto.*

rupestre *adj* Hecho sobre las rocas. *Esp referido a arte o pintura prehistóricos.* **b)** De (la) pintura rupestre.

rupia *f* **1** Unidad monetaria de la India, Pakistán y otros países. ▪ **2** *(col)* Peseta.

rupícola *adj (Biol)* Que se cría en las rocas.

ruptor *m (Electr)* Interruptor de una bobina de inducción.

ruptura *f* Acción de romper(se). *Gralm en sent moral.*

rupturismo *m (Pol)* Postura o tendencia que propugna la ruptura con el sistema establecido.

rupturista *adj (Pol)* De(l) rupturismo. **b)** Adepto al rupturismo. *Tb n.*

rural *adj* **1** De(l) campo (parte de la corteza terrestre dedicada a la agricultura y la ganadería). ▪ **2** *(lit, raro)* Rústico o tosco.

ruralía *f (raro)* **1** Carácter o condición de rural. ▪ **2** Mundo rural [1].

ruralidad *f (raro)* Carácter o condición de rural.

ruralismo *m* **1** Cualidad de rural. ▪ **2** Palabra o rasgo idiomático propios del habla rural [1] o procedentes de ella.

ruralización *f* Acción de ruralizar(se).

ruralizar *tr* Dar carácter rural [a alguien o algo *(cd)*]. **b)** *pr (~se)* Tomar [alguien o algo] carácter rural.

ruralmente *adv* De manera rural.

rusco *m* Brusco (planta).

ruseño -ña *adj* De Rus (Jaén). *Tb n, referido a pers.*

rush *(ing; pronunc corriente, / rás/) m (Dep)* Esfuerzo final en una competición.

Rusia. de ~. *loc adj* [Piel] adobada, perfumada mediante un aceite extraído de la corteza del abedul.

rusiente *adj (lit)* Candente o al rojo por el fuego. *Tb fig.*

rusificación *f* Acción de rusificar(se).

rusificar *tr* Dar carácter ruso [1 y 2] [a alguien o algo *(cd)*]. **b)** *pr (~se)* Tomar carácter ruso [alguien o algo].

ruso -sa **I** *adj* **1** De Rusia (actual república o antiguo imperio de los zares). *Tb n, referido a pers.* **b)** ~ **blanco.** De Rusia Blanca o Bielorrusia. *Tb n, referido a pers.* **c) gran ~.** *(hist)* De Rusia (actual república). *Tb n, referido a pers.* **d) pequeño ~.** *(hist)* Ruteno o ucraniano. *Tb n, referido a pers.* ▪ **2** Soviético. *Tb n, referido a pers.* ▪ **3** [Ensalada o ensa-

ladilla] compuesta esencialmente de patata y otros vegetales cocidos y mayonesa. ▪ **4** [Filete] de carne picada. ▪ **5** [Pastel] de hojaldre relleno de crema y bañado de azúcar glas. *Frec n m.* ▪ **6** [Montaña] **rusa**, [ruleta] **rusa** → MONTAÑA, RULETA.
II *m* **7** Lengua rusa [1a]. ▪ **8** Abrigo de paño grueso.

rusófono -na *adj* Rusohablante. *Tb n.*

rusohablante *adj* Que habla ruso [7]. *Tb n, referido a pers.*

rusoniano -na *(tb con la grafía* **roussoniano***) adj* **1** Del filósofo ginebrino Juan Jacobo Rousseau († 1778). ▪ **2** Seguidor de la teoría de Rousseau, según la cual el hombre nace bueno y libre y es la sociedad la que le corrompe. *Tb n, referido a pers.* **b)** De los rusonianos.

rusoparlante *adj* Rusohablante. *Tb n.*

rústicamente *adv* De manera rústica [2].

rusticidad *f* Cualidad de rústico, *esp* [2].

rusticismo *m* **1** Cualidad de rústico. ▪ **2** Palabra o rasgo lingüístico propios del habla rústica [1].

rústico -ca **I** *adj* **1** Rural o del campo. *Tb n, referido a pers.* ▪ **2** Tosco, o carente de delicadeza. **b)** Poco artístico o poco refinado.
II *f* **3** Encuadernación en papel o cartulina. *Frec en la constr* EN RÚSTICA.

rustidera *f* Bandeja que sirve para asar.

rustiquez *f* Rusticidad.

rustir *tr (reg)* Asar.

rúsula *f* Se da este *n* a distintos hongos basidiomicetos del *gén Russula*, algunos de los cuales son comestibles.

ruta *f* **1** Dirección o camino. *Tb fig.* **b)** Serie de puntos por donde está previsto o establecido el paso de alguien o de algo. ▪ **2** *(lit)* Carretera.

rutabaga *f (raro)* Variedad de nabo de origen sueco.

rutácea *adj (Bot)* [Planta] dicotiledónea, gralm. leñosa, de la familia cuyos géneros principales son *Ruta* y *Citrus. Frec como n f en pl, designando este taxón botánico.*

rutar *intr (reg)* Gruñir.

rute *m (reg)* Aguardiente de Rute (Córdoba).

rutenio[1] *m (Quím)* Metal, de número atómico 44, duro, quebradizo y químicamente análogo al estaño.

rutenio[2] **-nia** *adj (raro)* Ruteno. *Tb n.*

ruteno -na **I** *adj* **1** Ucraniano. *Tb n, referido a pers.* ▪ **2** *(Rel crist)* Del cristianismo ortodoxo ucraniano que acepta la autoridad del Papa. *Tb n, referido a pers.*
II *m* **3** Dialecto ucraniano de Galitzia y Bukovina.

ruteño -ña *adj* De Rute (Córdoba). *Tb n, referido a pers.*

rutero -ra *adj* **1** De (la) ruta, *esp* [2]. ▪ **2** Que distribuye prensa a los puestos de venta. *Gralm n m.*

rutilancia *f (lit, raro)* Brillo rutilante.

rutilante *adj* **1** *(lit)* Muy brillante. *Tb fig.* ▪ **2** *(E)* De color rojo muy vivo.

rutilantemente *adv (lit)* De manera rutilante [1].

rutilar *intr (lit)* Brillar intensamente. *Tb fig.*

rutilo *m* (*Mineral*) Mineral de óxido de titanio, que se presenta gralm. en cristales alargados de color amarillo, pardo rojizo o rojo, de brillo resinoso o diamantino.

rútilo -la *adj* (*lit, raro*) Rutilante.

rutina[1] *f* **1** Costumbre de actuar de una determinada manera sin necesidad de reflexionar o decidir. **b)** Conjunto de hábitos y prejuicios que se oponen a la novedad y el progreso. ■ **2** (*Informát*) Secuencia de instrucciones que pueden ser ejecutadas desde cualquier punto de un programa.

rutina[2] *f* (*Quím*) Sustancia cristalina que se encuentra en la ruda y otras plantas.

rutinariamente *adv* De manera rutinaria [1].

rutinario -ria *adj* **1** Que se hace por rutina [1] o que la implica. ■ **2** Que actúa por rutina [1]. *Tb n, referido a pers.*

rutinarismo *m* Condición de rutinario.

rutinero -ra *adj* Rutinario [2].

ruzafa *f* (*lit, raro*) Jardín.

S

s → ESE.

sabadellense *adj* De Sabadell (Barcelona). *Tb n, referido a pers.*

sabadiego -ga *adj* (*reg*) De(l) sábado.

sábado *m* Séptimo día de la semana (o sexto, según el cómputo popular), que entre los judíos está dedicado al Señor. **b)** ~ **inglés** → INGLÉS.

sábalo *m* Pez marino comestible, de la misma familia que el arenque, que alcanza unos 60 cm de largo y que en primavera remonta los ríos para desovar en ellos (*Alosa alosa*).

sabana *f* Llanura extensa sin vegetación arbórea.

sábana I *f* **1** Pieza de tela grande y rectangular, que sirve para aislar el cuerpo del roce del colchón o de las mantas. ■ **2** Pieza de tela a modo de sábana [1], que se emplea para diversos usos, esp. para planchar. **b)** (*reg*) Pieza de tela que se emplea en las faenas de trilla para transportar paja. **c)** ~ **de baño.** Toalla muy grande para baño. **d)** ~ **santa.** (*Rel crist*) Lienzo en que fue envuelto el cuerpo de Jesús. ■ **3** (*col*) Billete de mil pesetas.
II *loc adj* **4 en** ~. (*Med*) [Hemorragia] capilar continua en toda la extensión de una superficie sangrante.
III *loc v* **5 pegársele** [a una pers.] **las** ~**s.** (*col*) Levantarse [esa pers.] más tarde de lo debido o de lo habitual.

sabandija *f* **1** Animal pequeño y molesto, esp. insecto o lagartija. ■ **2** (*col*) Pers. muy inquieta. *Frec referido a niño, con intención afectiva.* ■ **3** (*desp*) Bicho (pers. de mala intención). *Tb adj.* ■ **4** (*desp*) Pers. despreciable moral o físicamente.

sabanero -ra *m y f* (*reg*) Pers. que se dedica a transportar paja con la sábana [2b].

sabanilla *f* **1** Pieza de tela a modo de sábana [1] pequeña, que se usa esp. para planchar. ■ **2** Pieza de tela que cubre un altar.

sabañón *m* Enrojecimiento, hinchazón o ulceración de la piel, esp. de las manos, los pies o las orejas, causada por el frío excesivo.

sabático -ca *adj* **1** De(l) sábado. ■ **2** (*hist*) [Año] en que, después de seis de labor, los hebreos dejaban descansar sus tierras, viñas y olivares. **b)** [Año o período] de descanso remunerado que en algunas universidades se concede al personal docente, gralm. cada siete años.

sabatino -na I *adj* **1** De(l) sábado.
II *f* **2** (*Rel catól*) Función religiosa propia del sábado.

sabayón *m* Crema compuesta de yemas de huevo, azúcar, vino y aromas.

sabbat (*pronunc corriente,* /sábat/) *m* (*hist*) Asamblea nocturna de brujos y brujas para dar culto al diablo.

sabedor -ra *adj* (*lit*) Enterado o conocedor [de algo].

sabelianismo *m* (*hist*) Herejía de Sabelio (s. III), que niega la distinción de perss. en la Santísima Trinidad.

sabélico -ca *adj* (*hist*) [Lengua o grupo de lenguas] de la antigua Italia central, perteneciente al grupo osco-umbro.

sabella *f* (*reg*) Sábalo.

sabelotodo *m y f* (*col, desp*) Pers. que habla de muchas materias como si fuese un entendido, pretendiendo deslumbrar a los demás. *Frec en aposición.*

sabeo -a *adj* (*hist*) **1** De Saba (antigua región de Arabia). *Tb n, referido a pers.* ■ **2** De la lengua sabea [1]. ■ **3** [Individuo] de una secta cristiana que rinde culto a los astros. *Tb n.*

saber[1] (*conjug 27*) A *tr* ➤ **a** *como simple v* **1** Tener conocimiento o noticia [de algo (*cd*)]. **b)** *A veces, con cd de pers, va seguido de predicativo o compl adv* (se sabe superior = sabe que es superior; te sabía en Madrid = sabía que estabas en Madrid). **c)** Tener grabado en la memoria. *Gralm con compl de interés. Tb* ~ DE MEMORIA. **d)** Tener seguridad [de un hecho futuro o imaginado (*cd*)]. ■ **2** Adquirir conocimiento o noticia [de algo (*cd*)]. *Solo en tiempo verbal pasado.* ■ **3** Tener capacidad o habilidad [para hacer algo (*cd*)]. *Seguido de infin.* * Sabe guisar. * No sabe vivir.
➤ **b** *en locs y fórm or* **4 a** ~. Esto es. *Fórmula que precede a la especificación de cosas que acaban de ser anticipadas en forma global.* **b) a** ~ → acep. 18. ■ **5 cómo lo sabes.** (*col*) *Se dice para confirmar lo que acaba de insinuar el interlocutor.* * –Parece que te gusta. –¡Cómo lo sabes! ■ **6 hacer** ~. Comunicar o avisar. ■ **7 ni se sabe.** (*col*) *Expresa la imposibilidad de conocer algo que se pregunta o que se presenta como dudoso. Con intención ponderativa, frec referido a cantidad.* * –¿De qué ha muerto? –Ni se sabe. * –¿Fueron muchos a la manifestación? –Ni se sabe. ■ **8 no** ~ **dónde meterse.** (*col*) *Se usa para ponderar el miedo o la vergüenza causados por alguien o algo.* * Cuando lo vi aparecer con aquella pinta, no sabía dónde meterme. ■ **9 no sé** (*o* **no sé cómo decirte,** *o* **decirlo, explicarte,** *o* **explicarlo**). (*col*) *Fórmula con que se trata de atenuar o difu-*

minar lo que se dice. * Esas amigas tuyas, no sé, son como viejas. * No es que sea feo, no sé cómo explicarte, pero me gusta. **b) no sé qué te diga.** *Fórmula de duda con que se trata de atenuar una negativa.* * *–¿Te gusta? –No sé qué te diga.* **c) no sé qué, no sé quién, no sé cuánto** → QUÉ, QUIÉN, CUÁNTO. ■ **10 para que (lo) sepas.** *(col) Fórmula con que se pone de relieve lo dicho, con intención polémica de desengañar al interlocutor.* * *No es su padre, sino su marido, para que lo sepas.* ■ **11 para sabido.** *(col) Fórmula con que el hablante lamenta el conocimiento tardío de una noticia que hubiera hecho cambiar su actuación.* * *Ahora resulta que la entrada era libre. Para sabido.* ■ **12 qué sé yo, o yo qué sé.** *(col) No sé. Con intención enfática; a veces referido a la cantidad o a la importancia de lo que se dice, y otras como remate expletivo de lo enunciado.* * *Parecían enemigos o qué sé yo.* * *Vinieron qué sé yo cuántos.* ■ **13 quién sabe.** *Expresa la imposibilidad de conocer algo que se presenta como dudoso o desconocido.* * *–¿Cuándo estará terminado? –Quién sabe. Tal vez el lunes.* ■ **14 ~ [uno] lo que es bueno; ~ lo que se trae entre manos; ~ lo que vale un peine; ~ dónde tiene la mano derecha; ~ dónde le aprieta el zapato; ~ de qué pie cojea** [otro] → BUENO, MANO, PEINE, ZAPATO, PIE. ■ **15 ~ [uno] por dónde se anda, o lo que se hace, o lo que se pesca, o cuántas son cinco.** *(col)* Tener conocimiento y capacidad en la cuestión de que se trata o en que se actúa. ■ **16 ~selas todas.** *(col)* Tener gran experiencia y habilidad para superar cualquier dificultad en una materia. *A veces se usa con intención irónica, referido a una pers presuntuosa.* ■ **17 ¿sabes?** (o **¿no sabes?**). *(col) Fórmula, frec expletiva, con que se pide al interlocutor comprensión sobre el verdadero sentido de lo que se dice.* * *Traía el pelo largo, con muchas horquillas y como mal rizado, ¿sabes?* ■ **18 vete** (o **vaya usted) a ~.** *(col)* Es muy difícil averiguar. *Con intención enfática. Frec solo* A ~.

B *intr* **19** Estar instruido [en gral. o en una materia]. *Frec con un compl* DE. **b)** *(col)* Ser astuto. *Con un adv de intensidad o una comparación.* * *–Este sabe mucho. –Sí, más que Lepe.* ■ **20** Adquirir noticia [acerca de alguien o de algo (*compl* DE)]. *Solo en tiempo verbal pasado.* **b)** Recibir o tener noticias [de alguien o de algo].

saber² *(conjug 27) intr* Afectar al sentido del gusto. *Con compl calificador* (BIEN, MAL, AMARGO, *etc*) *o especificador del gusto* (A HIEL, A CEBOLLA, *etc; a veces metafóricamente:* A GLORIA, A DEMONIOS, *etc). Tb fig.* **b) ~ a poco** [algo]. Resultar tan grato que se desearía mayor cantidad. **c) ~ mal** (*u otro adv equivalente*) [algo (*suj*)] a alguien (*ci*). Molestar o resultar desagradable.

saber³ I *m* **1** Ciencia (conjunto organizado de conocimientos). **b)** Conjunto de conocimientos que se tienen sobre las cosas. **c)** Conjunto de conocimientos personales adquiridos por el estudio y la reflexión. *A veces en pl con intención enfática.*
II *loc adv* **2 según mi** (o **tu**, *etc*) **leal ~ y entender.** *(lit)* De acuerdo con mi (o tu, etc.) conciencia.

saberense *adj* De Sabero (León). *Tb n, referido a pers.*

sabiamente *adv* De manera sabia.

sabicú *m* Árbol leguminoso propio de las Antillas y América Central, semejante a la acacia (*Lysiloma latisiliqua*).

sabidillo -lla *adj (col, desp)* Pedante.

sabido¹ -da *adj* **1** *part* → SABER¹. ■ **2** Que sabe¹ o entiende [de algo (*compl* EN)]. *Tb sin compl, por consabido.*

sabido² -da *adj (reg)* Sabroso [1a].

sabidor -ra *adj (lit, raro)* Sabedor.

sabiduría *f* **1** Cualidad de sabio. ■ **2** Saber³ [1b y c].

sabiendas. a ~. *loc adv* Con pleno conocimiento [de algo]. **b)** *Sin compl:* Deliberadamente.

sabihondez, sabihondo → SABIONDEZ, SABIONDO.

sabijondo -da *adj (reg)* Sabiondo.

sabina *f* Arbusto o árbol de la familia del ciprés, de hojas escamosas y fruto redondo, pequeño y de color negro azulado (*Juniperus sabina*). *Tb* ~ REAL *o* ~ CHAPARRA. *Otras especies se distinguen por medio de adjs:* ~ ALBAR (*J. thurifera*), ~ NEGRAL (*J. phoenicea*), *etc.*

sabinar *m* Terreno poblado de sabinas.

sabino¹ -na *adj (hist)* De un antiguo pueblo de Italia habitante de la región comprendida entre el Tíber y los Apeninos. *Tb n, referido a pers.*

sabino² *m* Sabina.

sabio -bia (*superl normal,* SAPIENTÍSIMO) *adj* **1** [Pers.] que tiene conocimientos científicos extraordinarios. *A veces con un compl* EN, *que especifica la materia sobre la que versan esos conocimientos. Frec n.* **b)** [Pers.] que tiene un profundo conocimiento de las cosas, esp. adquirido por la meditación y el estudio. ■ **2** [Pers.] prudente y de recto juicio. *Tb n. Tb fig, referido a cosa.* **b)** Propio de la pers. sabia. ■ **3** (*Naipes*) En el tresillo: [Puesta] en que cada jugador hace tres bazas.

sabiondez (*frec con la grafía* **sabihondez**) *f* (*desp*) **1** Cualidad de sabiondo. ■ **2** Dicho propio de la pers. sabionda.

sabiondo -da (*frec con la grafía* **sabihondo**) *adj* (*desp*) [Pers.] que alardea de sabio. *Tb n.* **b)** Propio de la pers. sabionda.

sablazo *m* **1** Golpe o herida causados con un sable¹ [1]. **b)** (*Taur, desp*) Estocada. ■ **2** (*col*) Acto de conseguir dinero de alguien, gralm. sin ánimo de devolverlo. *Gralm con los vs* DAR *o* PEGAR.

sable¹ *m* **1** Arma semejante a la espada, algo corva y gralm. de un solo corte. **b)** (*col*) *Se usa frec en la constr* HABERSE TRAGADO UN ~ *para ponderar la tiesura o envaramiento de una pers.* * *¡Qué tieso, ni que te hubieras tragado un sable!* ■ **2** *Se da este a distintas especies de peces de cuerpo largo y comprimido y piel plateada, esp el Trichiurus lepturus.* ■ **3** (*Mec*) Pieza o instrumento largo y corvo a manera del sable [1a] y a veces con filo cortante. *A veces en aposición.* ■ **4** (*Mar*) Pieza rectangular de madera o plástico que sirve de refuerzo a determinadas velas. ■ **5** (*col, raro*) Arte o hábito de sablear. ■ **6** (*reg*) Pers. pesada o aburrida.

sable² *m* (*Heráld*) Color negro. *Tb adj.*

sablear *tr (col)* Dar sablazos [2] [a alguien (*cd*)]. *Tb abs.*

sablera *f (reg)* Arenal.

sablista *m y f (col)* Pers. que sablea habitualmente.

saboga *f* Pez semejante al sábalo (*Alosa fallax*). *Tb designa al mismo sábalo.*

saboneta *f* (*hist*) Reloj de bolsillo cuya esfera, cubierta por una tapa metálica, se descubre apretando un muelle.

sabor I *m* 1 Cualidad [de una cosa, esp. un alimento] que es capaz de provocar una sensación específica en las papilas de la lengua y en el paladar. ■ 2 Cualidad peculiar [de una cosa] que produce impresión en el ánimo. **b)** Cualidad que evoca o recuerda [algo (*adj o compl especificador*)]. ■ 3 **buen** (o **mal**) ~ **de boca.** Sensación de placer (o de disgusto). *Gralm con los vs* QUEDAR *o* DEJAR.   II *loc adv* 4 **a ~.** (*lit*) A gusto o a satisfacción. *Tb fig.*

saboreable *adj* Que se puede saborear.

saboreador -ra *adj* Que saborea. *Tb n, referido a pers.*

saborear *tr* Comer o beber [algo] con la lentitud y la atención precisas para percibir plenamente su sabor, y esp. deleitándose en ello. **b)** Recrearse [en algo grato (*cd*)].

saboreo *m* Acción de saborear.

saborizante *adj* Que da sabor [1]. *Frec n m, referido a producto.*

sabotaje *m* Acción de sabotear.

saboteador -ra *adj* Que sabotea. *Tb n, referido a pers.*

sabotear *tr* Realizar actos conducentes a destruir [algo, esp. una instalación o un servicio] o a impedir su funcionamiento. *Tb fig, referido a cosas inmateriales.*

saboyano -na I *adj* 1 De Saboya (región francesa). *Tb n, referido a pers.* ■ 2 De la dinastía italiana de Saboya.   II *f* 3 (*hist*) Basquiña abierta por delante.

sabra *m y f* Judío nacido en Israel.

sabrosamente *adv* De manera sabrosa.

sabroseo *m* (*raro*) Saboreo.

sabroso -sa *adj* 1 [Alimento] que tiene sabor [1] agradable e intenso. **b)** (*col*) [Alimento] ligeramente salado. ■ 2 [Cosa] que tiene sabor [2] agradable o placentero.

sabrosón -na *adj* Grato y animado. *Gralm referido a música antillana.*

sabrosura *f* 1 Cualidad de sabroso. ■ 2 Cosa dulce o sabrosa. ■ 3 (*raro*) Deleite o fruición.

sabú *m* (*reg*) Saúco.

sabueso -sa I *adj* 1 [Perro] podenco de olfato muy fino. *Frec n m.*   II *m* 2 Pers. hábil para indagar o averiguar. *A veces con intención desp o humoríst, referido a policía o detective.*

sabugo *m* (*reg*) Saúco.

sabuloso -sa *adj* (*E*) Que tiene arena.

saburral *adj* (*Med*) [Lengua, o mucosa lingual] recubierta por una capa blancuzca o amarillenta, gralm. debido a trastornos digestivos.

saburroso -sa *adj* (*lit o Med*) 1 Saburral. ■ 2 [Diente] que tiene sarro. ■ 3 De(l) sarro de los dientes.

saca[1] *f* 1 Acción de sacar, esp [1]. ■ 2 (*Der*) En Aragón: Derecho de preferente adquisición, por parte de un pariente colateral, de bienes inmuebles que

han permanecido en la familia durante las dos generaciones anteriores a la del disponente.

saca[2] *f* Saco[1] grande.

sacabera (*tb* **sacavera**) *f* (*reg*) 1 Salamandra (anfibio). ■ 2 Pers. maldiciente.

sacabocados *m* Instrumento de boca hueca y bordes afilados que sirve para taladrar.

sacabuche (*tb* **sacabuches**) *m* Instrumento músico antiguo de metal, a manera de trompeta, que se alarga y acorta introduciéndose en sí mismo.

sacacorchos I *m* 1 Instrumento que consiste en un punzón retorcido en espiral y fijo en un mango, y que sirve para extraer el tapón de corcho de una botella o un frasco.   II *loc v* 2 **sacarle** [algo a alguien] **con ~.** (*col*) Conseguir, a fuerza de preguntas, que [lo] diga.

sacacuartos (*col*) A *m* 1 Cosa organizada para que la gente gaste en ella su dinero.   B *m y f* 2 Pers. hábil para sacar dinero a los incautos, gralm. con cosas de poco valor. *Tb adj.*

sacada *f* 1 Acción de sacar. ■ 2 (*Naipes*) *En el tresillo:* Jugada en que el que juega hace más bazas que ninguno de sus contrarios.

sacadera *f* (*reg*) Salabre (arte de pesca).

sacadineros *m y f* (*col*) Sacacuartos [1 y 2]. *Tb adj, referido a pers.*

sacador -ra I *adj* 1 Que saca. *Frec n, referido a pers.*   II *f* 2 Salabre (arte de pesca).

sacáis *m pl* (*jerg*) Acáis u ojos.

sacaleches *m* Instrumento para descargar de leche el pecho de una mujer.

sacamantecas *m* (*col*) 1 Destripador. ■ 2 **el ~.** Personaje imaginario con que se asusta a los niños.

sacamiento *m* Acción de sacar.

sacamuelas *m* 1 (*col, humoríst*) Dentista. **b)** (*hist*) Individuo que, sin preparación profesional, se dedica a extraer muelas y dientes. ■ 2 (*col*) Charlatán (vendedor callejero). *Frec se usa en constrs de sent comparativo para ponderar la excesiva locuacidad de una pers.* * ¡Lo que habla! ¡Parece un sacamuelas!

sacamuestras *m* Instrumento en forma de cuchara destinado a obtener muestras de distintas sustancias.

sacapuntas *m* Instrumento para afilar la punta del lápiz.

sacar *tr* ➤ **a** *como simple v* 1 Poner [a una pers. o cosa (*cd*)] fuera [del lugar donde está situada o contenida]. *Tb fig.* **b)** Quitar o apartar [a una pers. o cosa de la situación en que se halla]. *Con cd de pers, frec con un compl* DE + *n o adj.* * La sacaron de la pobreza. * La sacaron de pobre. **c)** Hacer desaparecer [una mancha]. ■ 2 Hacer que [alguien (*cd*)] salga de su lugar habitual, esp. para su distracción. ■ 3 Pedir [una pers. a otra, esp. un hombre a una mujer] que baile con ella. *Tb* ~ A BAILAR. ■ 4 Hacer [alguien] que se le entregue [dinero de una cuenta bancaria]. ■ 5 Salir llevando [una cosa] como parte del atuendo o arreglo personal. ■ 6 Heredar biológicamente [algo (*cd*) de alguien]. ■ 7 Conseguir, mediante habilidad o fuerza, que [alguien (*ci*)] diga o dé [algo]. ■ 8 Conseguir u obtener. **b)** Obtener [algo de un todo del que forma parte]. **c)** Adquirir [una entrada, un billete o algo similar]. **d)** Hacer

los trámites precisos para conseguir [un título, un carnet o algo similar]. *Frec con un compl de interés.* * Me estoy sacando el carnet de conducir. ■ **9** Inducir o deducir [una idea o un conocimiento]. ■ **10** Inventar [algo, esp. un apodo, un chiste, versos o coplas] inspirándose en algún hecho o circunstancia. ■ **11** Resolver [una cuenta, un pasatiempo, un acertijo o algo similar]. ■ **12** Aprobar [una asignatura o un curso]. ■ **13** Hacer [una fotografía, película, copia o cosa similar]. *Frec con compl de interés.* * Si te interesa, sácate una copia. ■ **14** Exceptuar o excluir. **b)** *(reg)* Quitar, esp. de encima. *Frec con un compl de interés y referido a prendas de vestir.* ■ **16** Hacer que [algo *(cd)*] sobresalga con respecto a su posición actual o habitual. ■ **17** *(col)* Tener de ventaja [sobre alguien *(ci)*] la medida que se expresa *(cd)*]. *A veces el cd puede ser al n* VENTAJA *u otro equivalente.* * Le saca más de diez años. * Le saca una ventaja de tres cuerpos. **b)** *En tiempo perf:* Obtener de ventaja. ■ **18** Alargar o ensanchar [una prenda o alguna parte de ella]. ■ **19** Hacer aparecer. *Tb fig.* **b)** *Seguido de* A + *n de acción:* Presentar [algo] para someterlo [a la acción expresada por el n.]. *A veces se omite el compl* A *por consabido, esp referido a venta.* * Mañana sacan a subasta el cuadro. * Seat saca un nuevo modelo. **c)** Poner a la vista [una cosa], gralm. para ofrecerla. ■ **20** Hacer que [una pers. *(cd)*] sea elegida o designada para un puesto. *Con predicat.* ■ **21** *(Dep)* Poner en juego [la pelota o el balón]. *Frec como abs.* ■ **22** Incubar [un ave sus huevos]. *Frec abs.*
➤ **b** *en locs* **23** ~ **adelante.** Hacer que [una pers. o alguna cosa *(cd)*] alcance el desarrollo apetecido. ■ **24** ~ **a relucir,** ~ **a la plaza,** ~ **de la cabeza,** ~ **de pila,** ~ **de quicio,** ~ **de sus casillas,** ~ **en limpio,** ~ **partido** → RELUCIR, PLAZA, CABEZA, PILA, QUICIO, CASILLA, LIMPIO, PARTIDO.

sacarasa *f (Quím)* Invertina.

sacárico -ca *adj (E)* De(l) azúcar.

sacárido *m (Quím)* Glúcido.

sacarina *f* Sustancia blanca pulverulenta, utilizada como sucedáneo del azúcar.

sacarino -na *adj (E)* Que tiene azúcar. **b)** *(Med)* [Diabetes] caracterizada por exceso de azúcar en la sangre.

sacaroideo -a *adj (Mineral)* [Estructura] semejante a la del azúcar. **b)** Que tiene estructura sacaroidea.

sacaromiceto *m* Hongo ascomiceto causante de la fermentación alcohólica de los azúcares (gén. *Saccharomyces*).

sacarosa *f (Quím)* Azúcar común, constituido por glucosa y fructosa.

sacatrapos *m (hist)* Instrumento helicoidal de hierro que, fijado en el extremo de la baqueta, sirve para sacar los tacos u otros objetos del cañón de un arma de fuego.

sacavera → SACABERA.

sacavinos *m* Pulgar largo que se deja en la cepa para que dé mayor producción.

sacciforme *adj (Anat)* Que tiene forma de saco.

sacedonense *adj* De Sacedón (Guadalajara). *Tb n, referido a pers.*

sacerdocio *m* **1** Oficio y dignidad de sacerdote. **b)** *(lit)* Actividad noble a la que alguien se consagra

con empeño y dedicación. ■ **2** Conjunto de los sacerdotes.

sacerdotal *adj* De(l) sacerdote.

sacerdote -tisa A *m y f* **1** Pers. dedicada a ofrecer sacrificios a la divinidad. **b)** *(lit)* Pers. que, en una determinada actividad, actúa o se comporta con la dedicación o con la dignidad de un sacerdote. *Frec con intención irónica.* ■ **2** *(Rel crist)* Pers. que ha recibido las órdenes sagradas que le permiten celebrar culto.
B *m* **3** *(Rel catól)* Hombre que ha recibido las órdenes sagradas que le permiten celebrar misa.

sacho *m (reg)* Azadón pequeño que se emplea esp. para escardar.

saciable *adj* Que se puede saciar.

saciador -ra *adj (raro)* Que sacia.

saciar *(conjug 1a) tr* Satisfacer completamente [el hambre o la sed *(cd)* de alguien]. *Tb fig, referido a otra necesidad física o espiritual.* **b)** Satisfacer completamente el hambre o la sed [de alguien *(cd)*]. *Frec el cd es refl. Tb fig, referido a otra necesidad física o espiritual. Frec con un compl* DE, *que expresa aquello con que se satisface.*

saciativo -va *adj (raro)* Que sacia.

saciedad I *f* **1** Condición de saciado o harto.
II *loc adv* **2** **hasta la** ~. Mucho. *Con intención ponderativa. Frec con el v* REPETIR.

saco[1] I *m* **1** Recipiente grande de tela, papel u otra materia flexible, de forma rectangular o cilíndrica y abierto por uno de sus lados estrechos. *Tb su contenido.* ■ **2** Bolso grande sin armadura empleado esp. para viaje. *Tb* ~ DE VIAJE, *o* DE MANO. ■ **3** ~ **de dormir.** Envoltura guateada que se cierra completamente alrededor del cuerpo y que sustituye a la ropa de cama. ■ **4** *(Anat)* Cavidad o envoltura en forma de saco [1]. ■ **5** Cosa que incluye o encierra dentro de sí otras muchas. **b)** Pers. que se caracteriza [por determinados comportamientos o cualidades negativos (compl DE)]. * Pepe es un saco de mentiras. ■ **6** *(col)* Mujer gorda y sin talle. *Frec* ~ DE PATATAS. ■ **7** Aparato de gimnasia consistente en un cilindro grande y relleno que se golpea con los puños. **b)** *(col)* *(Boxeo)* Boxeador que no tiene capacidad para replicar al contrario y solo recibe golpes. ■ **8** *(Mar)* Bahía. ■ **9** *(vulg)* Culo. *En las constrs* DAR, *o* TOMAR, POR (EL) ~.
II *adj invar* **10** [Vestido o línea] que carece de talle.
III *loc v* **11** **echar** [algo] **en** ~ **roto.** No tener[lo] en cuenta o hacer caso omiso [de ello]. *Normalmente en constr neg.*
IV *loc adv* **12** **en el** ~. *(col)* En actitud rendida. *Gralm referido a conquista amorosa y con los vs* TENER O ESTAR. **b)** En situación de prácticamente conseguido. *Referido a cosa. Gralm con los vs* TENER O ESTAR.

saco[2] I *m* **1** *(hist o lit)* Saqueo.
II *loc v* **2** **entrar a** ~ [en un sitio]. Saquear[lo]. *Tb fig.*

sacral *adj (lit)* Sagrado.

sacralidad *f (lit)* Cualidad de sacro o sacral.

sacralización *f* Acción de sacralizar.

sacralizador -ra *adj* Que sacraliza.

sacralizante *adj* Que sacraliza.

sacralizar *tr* Dar carácter sagrado [a alguien o algo (*cd*)]. **b)** *pr* (**~se**) Tomar carácter sagrado [alguien o algo].

sacralmente *adv* (*raro*) De manera sacral.

sacramentado -da *adj* 1 *part* → SACRAMENTAR. ■ 2 (*Rel catól*) [Jesús] que está en forma de hostia consagrada.

sacramental I *adj* 1 De(l) sacramento o de (los) sacramentos. **b)** (*TLit*) [Auto] que se refiere al sacramento de la Eucaristía. ■ 2 Que tiene carácter de sacramento. ■ 3 [Cosa, esp. palabra o fórmula] consagrada por el uso para un acto o ceremonia. ■ 4 (*Der*) En Cataluña: [Testamento] que se otorga con especiales formalidades de juramento religioso. II *n* A *m* 5 (*Rel crist*) Rito sagrado instituido por la Iglesia para obtener por su medio efectos espirituales. **b)** En *pl*: Medios para obtener el perdón de los pecados veniales y de las penas debidas por ellos o por los mortales. B *f* 6 Cementerio. *Formando parte del n de algunos cementerios de origen parroquial.* * Está enterrado en la sacramental de San Justo.

sacramentalidad *f* (*Rel crist*) Cualidad de sacramental.

sacramentalismo *m* (*Rel catól*) Tendencia a destacar la importancia de los sacramentos para conferir la gracia.

sacramentalista *adj* (*Rel catól*) De(l) sacramentalismo.

sacramentalización *f* (*Rel catól*) Administración de los sacramentos. *Tb el hecho de dar importancia predominante a ésta frente a la evangelización.*

sacramentalmente *adv* De manera sacramental [1 y 2].

sacramentar *tr* Administrar [a alguien (*cd*)] un sacramento, esp. los últimos sacramentos. *Tb abs.*

sacramentario -ria *adj* Sacramental [1]. *Tb n m, referido al libro que contiene el ritual de los sacramentos.*

sacramentino -na *adj* De la orden de la Adoración Perpetua del Santísimo Sacramento. *Tb n, referido a pers.*

sacramento *m* 1 Rito instituido por Jesucristo para producir o aumentar la gracia. **b)** **Santísimo ~** (*o* **~ del altar**). (*Rel catól*) Eucaristía. **c)** **Santísimo ~.** (*Rel catól*) Jesús bajo la forma de hostia consagrada. **d)** **últimos ~s**, *o* (**santos**) **~s.** (*Rel catól*) Sacramentos de la penitencia, eucaristía y extremaunción, que se administran al enfermo en peligro de muerte. ■ 2 En *pl*: Requisitos o garantías. *Gralm en la constr* CON TODOS LOS ~S.

sacratísimo → SAGRADO.

sacre. halcón ~ → HALCÓN.

sacrificable *adj* Que se puede sacrificar.

sacrificadamente *adv* De manera sacrificada [3].

sacrificado -da *adj* 1 *part* → SACRIFICAR. ■ 2 [Pers.] que se sacrifica o está predispuesta a sacrificarse [4]. ■ 3 [Cosa] que implica sacrificio para la pers. que la realiza.

sacrificador -ra *adj* Que sacrifica. *Tb n, referido a pers.*

sacrifical *adj* (*Rel*) Sacrificial.

sacrificante *adj* Que sacrifica.

sacrificar A *tr* 1 Ofrecer [a la divinidad un ser animado o inanimado] matándo[lo] o destruyéndo[lo]. *Tb abs.* ■ 2 Matar [un animal cautivo]. *Tb* (*lit*) *referido a pers.* ■ 3 Exponer o someter [a una pers. o cosa] a daño o destrucción [en favor de otra (*ci, o compl* POR *o* EN FAVOR DE)]. *Tb sin compl.* B *intr* (**~se**) 4 Renunciar a un bien o a la propia tranquilidad [en favor de alguien o algo (*compl* POR, PARA *o* EN FAVOR DE)]. *Tb sin compl.* **b)** Someterse voluntariamente [a algo desagradable o molesto].

sacrificatorio -ria *adj* (*raro*) Propio para el sacrificio.

sacrificial *adj* (*Rel*) De(l) sacrificio. **b)** [Misa] ~ → MISA.

sacrificio *m* Acción de sacrificar(se). **b)** **santo ~**, *o* **~ del altar**. (*Rel catól*) Misa.

sacrílegamente *adv* De manera sacrílega [2].

sacrilegio *m* (*Rel*) Acto grave de irreverencia contra alguien o algo sagrados. *Tb fig, fuera del ámbito religioso, con intención ponderativa.*

sacrílego -ga *adj* (*Rel*) 1 [Pers.] que comete sacrilegio. *Tb n.* ■ 2 [Cosa] que implica sacrilegio.

sacrismoche *m* (*raro*) Hombre mal vestido y deseaseado.

sacristán -na A *m y f* 1 Pers. encargada del cuidado y la limpieza de una iglesia y de los objetos de culto. ■ 2 (*col, desp*) Pers. pícara o astuta. B *m* 3 Collalba negra (ave, *Oenanthe leucura*). C *f* 4 Mujer del sacristán [1].

sacristanesco -ca *adj* (*desp*) De(l) sacristán [1]. *Tb fig.*

sacristía *f* 1 En *una iglesia*: Lugar en que se guardan los ornamentos y objetos de culto y donde se viste el sacerdote. ■ 2 (*reg, humoríst*) Bragueta.

sacro¹ -cra *adj* Sagrado [1]. *Excepto en determinadas constrs fijas como* ~ COLEGIO *o* MÚSICA SACRA, *es lit.*

sacro² -cra *adj* (*Anat*) [Hueso] de la parte inferior de la columna vertebral, que en el hombre está constituido por cinco vértebras soldadas entre sí. *Tb n m.* **b)** De(l) hueso sacro.

sacrosanto -ta *adj* (*lit*) Sagrado y santo. *A veces con intención irónica.*

sacudida *f* Acción de sacudir, *esp* [1]. *Tb su efecto.* **b)** Efecto semejante al calambre, causado en el cuerpo por el paso de una corriente eléctrica. *Tb* ~ ELÉCTRICA.

sacudidor -ra I *adj* 1 Que sacude o sirve para sacudir [1, 2 y 3]. *Frec n, m o f, referido a utensilio o máquina.* II *m* 2 Utensilio de mimbre, gralm. en forma de paleta, que se emplea esp. para sacudir [2] alfombras.

sacudimiento *m* Sacudida [1a].

sacudión *m* (*pop*) Sacudida brusca.

sacudir *tr* 1 Mover con fuerza [a alguien o algo] con movimiento de vaivén. **b)** Agitar o conmover [a alguien]. **c)** Hacer reaccionar [a alguien (*cd*)] de un estado de inactividad o abandono. ■ 2 Agitar [una cosa] en el aire, o golpear[la], para que suelte una sustancia adherida, esp. el polvo. **b)** ~ **la badana** → BADANA. ■ 3 Hacer que salga despedido [algo] moviendo o golpeando el lugar en que se encuentra. **b)** ~ **el polvo** → POLVO. **c)** Quitar de encima o apartar violentamente [algo o a alguien]. **d)** Desembarazar [de alguien o algo (cd)]. *Frec con compl de interés.* * Sacúdetela o nos fastidia la noche la pesada esa. ■ **4** (col) Pegar o golpear [a una pers.]. **b)** (col) Dar azotes [en el trasero (cd)]. ■ **5** (col) Dar o pegar [un golpe o un tiro]. *Tb fig, referido a otras acciones que implican movimiento brusco o agresión.* * Le sacudieron un multazo por aparcar mal. ■ **6** (col) Dar [dinero]. *Frec con compl de interés.* * No quiere sacudirse la mosca.

sáculo *m* (Anat) Pequeña vesícula del oído interno, de donde sale el caracol.

sadense *adj* De Sada (La Coruña). *Tb n, referido a pers.*

sadhu (scr; *pronunc corriente,* /sádu/) *m* Santón errante de la India.

sádicamente *adv* De manera sádica [1b].

sádico -ca *adj* [Pers.] que tiene o muestra sadismo. *Tb n.* **b)** Propio de la pers. sádica.

sadismo *m* **1** Perversión sexual propia de la pers. que provoca su propia excitación haciendo sufrir a la que es objeto de su deseo. ■ **2** Complacencia perversa en el sufrimiento ajeno.

sado (col) **I** *adj* **1** Sadomasoquista. **II** *m* **2** Sadomasoquismo.

sadomasoquismo *m* Sadismo y masoquismo unidos en una misma pers.

sadomasoquista *adj* Que es a la vez sádico y masoquista. *Tb n, referido a pers.*

saduceo -a *adj* (hist) De la secta judía que negaba la inmortalidad del alma y la resurrección del cuerpo. *Tb n, referido a pers.*

saeta¹ *f* Cante religioso andaluz que canta una pers. sola durante las solemnidades de la Semana Santa, esp. en las procesiones.

saeta² *f* **1** Flecha (arma arrojadiza). ■ **2** Manecilla [del reloj].

saetazo *m* Disparo de saeta² [1]. *Tb la herida hecha con ella.*

saetera *f* **1** Aspillera para disparar saetas² [1]. ■ **2** Ventana pequeña y muy estrecha.

saetero¹ -ra **I** *adj* **1** De (la) saeta¹. **II** *m y f* **2** Pers. que canta saetas¹.

saetero² *m* (hist) Hombre armado con arco y saetas² [1].

saetía *f* (hist) Embarcación latina de dos o tres palos y una sola cubierta.

safari *m* **1** Expedición de caza mayor en las selvas o estepas africanas. **b)** (col) Salida en busca de conquistas amorosas. *Gralm en la constr* IR DE ~. ■ **2** ~ **fotográfico.** Excursión a una reserva zoológica, en el curso de la cual pueden fotografiarse animales salvajes. ■ **3** Chaqueta deportiva con bolsillos extensibles y cinturón, semejante a la sahariana.

safarista *m y f* Pers. que participa en un safari.

safena *adj* (Anat) [Vena] de las dos que van a lo largo de la pierna por la parte interior y exterior. *Tb n f.*

sáfico -ca *adj* **1** (TLit) [Verso endecasílabo] acentuado en las sílabas 4ª y 8ª, o 1ª, 4ª y 8ª, o 4ª y 6ª. *Tb n m.* **b)** [Estrofa o composición] de versos sáficos. ■ **2** (lit) Lesbiano. *Tb n f, referido a pers.*

safismo *m* (lit) Lesbianismo.

safista *adj* (lit) Lesbiano. *Tb n f, referido a pers.*

safo *m* (jerg) Pañuelo.

safranina *f* (Quím) Materia colorante sintética de color rojo, usada en biología y en la industria textil.

saga *f* **1** Relato histórico o mitológico de la literatura medieval escandinava. **b)** Relato largo y detallado [de algo]. ■ **2** Historia, frec. novelada, [de una familia o de sus miembros (compl DE LOS + apellido)] a lo largo de varias generaciones. * Ha escrito una saga de los Baroja. ■ **3** Conjunto de los miembros [de una familia (compl DE LOS + apellido, o, más raro, apellido en aposición)]. * Acudió la saga Goytisolo. ■ **4** Conjunto de producciones artísticas [de un mismo género].

sagacidad *f* Cualidad de sagaz.

sagardúa *f* (reg) Sidra.

sagaz *adj* [Pers.] de inteligencia intuitiva y penetrante. *Tb fig, referido a animales.* **b)** Propio de la pers. sagaz.

sagazmente *adv* De manera sagaz.

sagital *adj* **1** Que tiene forma de saeta² o flecha. ■ **2** (Anat) [Plano] vertical que va de delante atrás. **b)** Que sigue el plano sagital.

sagitario (frec escrito con inicial mayúscula) *adj* [Pers.] nacida bajo el signo de Sagitario. *Tb n.*

sagrado -da (superl (lit) SACRATÍSIMO) **I** *adj* **1** Que es objeto de reverencia religiosa. **b)** De(l) culto divino. **c)** [Historia] contenida en las Sagradas Escrituras. ■ **2** Digno del máximo respeto. **II** *m* **3** Lugar sagrado [1]. **b)** (hist) Iglesia o convento, en que un delincuente tiene derecho a refugiarse para evitar la persecución de la justicia. *Normalmente en la constr* ACOGERSE A ~.

sagrario *m* En una iglesia: Pequeño recinto con puerta y gralm. situado sobre un altar, donde se guardan las hostias consagradas.

sagreño -ña *adj* De la Sagra (comarca de Toledo). *Tb n, referido a pers.*

sagú *m* Pequeña planta semejante a una palmera, de la que se extrae un almidón (gén. *Sagus* y *Cycas*, esp. *C. revoluta*). *Tb su almidón.*

ságum *m* (hist) **1** Capote corto usado por los romanos, esp. en la guerra. ■ **2** Capote con capucha propio de los iberos.

saguntino -na *adj* De Sagunto (Valencia). *Tb n, referido a pers. Frec referido a sus habitantes ibéricos del* s III a.C.

sah → SHA.

saharaui (pronunc corriente, /saxaráui/) *adj* Del antiguo Sáhara Español. *Tb n, referido a pers.*

sahariano -na (pronunc corriente, /saariáno/ o /saxariáno/ *en acep* 1 *y* /saariána/ o /sariána/ *en acep* 2) **I** *adj* **1** Del Sáhara. *Tb n, referido a pers.* **II** *f* **2** Chaqueta de tejido ligero y gralm. de color claro, con bolsillos de parche y cinturón y a veces con manga corta.

sahárico -ca (pronunc corriente, /saáriko/ o /saxáriko/) *adj* Del Sáhara.

saheliano -na (pronunc corriente, /saeliáno/ o /saxeliáno/) *adj* Del Sahel (región africana del sur del Sáhara).

sahumador *m* Vaso para quemar perfumes.

sahumar (*conjug* 1f) *tr* **1** Perfumar con humo aromático. *Tb fig.* **b)** *pr* (**~se**) Impregnarse de humo aromático. ■ **2** (*lit*) Perfumar [algo o a alguien].

sahumerio *m* **1** Acción de sahumar [1]. ■ **2** Sustancia quemada para sahumar [1].

saídico *m* Dialecto de la lengua copta hablado en el Alto Egipto.

saiga *m* Antílope propio de Europa oriental y Asia occidental, del tamaño de un gamo, con cuernos cortos y nariz abombada (*Saiga tatarica*).

saigonés -sa *adj* De Saigón. *Tb n, referido a pers.*

saín *m* (*reg*) Grasa animal, esp. de cerdo o de pescado. *Tb* GRASA DE ~, designando la del cerdo.

sainete I *m* **1** Pieza teatral de carácter cómico y popular, frec. con música. **b)** (*hist*) Pieza teatral breve, de carácter popular y jocoso, destinada a representarse como intermedio o final de una función. **c)** Suceso de carácter cómico y popular. *Frec con intención desp.*
II *loc adj* **2 de ~**. Cómico o que provoca risa. *Gralm con intención desp.*

sainetero -ra I *adj* **1** De(l) sainete.
II *m y f* **2** Autor de sainetes [1a y b]. *Tb fig.*

sainetesco -ca *adj* De(l) sainete.

sainetista *m y f* Sainetero [2].

saíta *adj* (*hist*) De Sais (ciudad del antiguo Egipto). *Dicho esp. del período histórico en que la capital era Sais. Tb n, referido a pers.*

sajadura *f* Acción de sajar. *Tb su efecto.*

sajar *tr* Hacer [a alguien (*cd*)] un corte en la carne, esp. como medio curativo. *Tb abs.* **b)** Abrir con un corte [un grano o tumor] para extraerle el pus. *Tb fig.*

sajeño -ña *adj* De Sax (Alicante). *Tb n, referido a pers.*

sajón -na I *adj* **1** (*hist*) [Individuo] del pueblo germánico que se estableció en Inglaterra en el s. v. *Tb n.* **b)** De (los) sajones. ■ **2** Anglosajón (de lengua y cultura inglesas). *Tb n, referido a pers.* ■ **3** De Sajonia (región alemana). *Tb n, referido a pers.*
II *m* **4** Dialecto bajo alemán de Sajonia.

sajonizar *tr* (*raro*) Dar carácter sajón [a alguien o algo].

sake *m* Bebida alcohólica japonesa obtenida por fermentación del arroz.

saki *m* Sake.

sal I *f* **1** Sustancia blanca, cristalina, constituida por cloruro sódico, de sabor característico y muy soluble en agua, que se emplea pralm. para condimentar y conservar alimentos. *Tb* ~ COMÚN o ~ DE COCINA. ■ **2** Cosa que da gracia o interés [a algo (*compl de posesión*)]. **b)** (*lit*) Elemento activo o vivificador [de algo]. ■ **3** (*col*) Gracia o desenvoltura. **b)** ~ **y pimienta**. Gracia picante o maliciosa. **c)** ~ **gorda** (o **gruesa**). Gracia ordinaria o chabacana. ■ **4** (*Quím*) Compuesto formado por la sustitución total o parcial del hidrógeno de un ácido por un metal o por un radical básico. *Frec con un adj o compl especificador.* **b)** ~ **amoníaco**. Cloruro de amonio. **c)** ~ **de acederas**. Oxalato potásico. **d)** ~ **fumante**. Disolución de ácido clorhídrico en agua.
II *loc adj* (*raro*) **5** ~ **y pimienta**. Grisáceo.
III *loc v* **6 echar** ~ **en las llagas**. Insistir en una cuestión enojosa, avivándola. ■ **7 no alcanzar**

(o **llegar**) [a alguien] **la** ~ **al agua**. Estar [esa pers.] falta de recursos.

sala *f* **1** *En una vivienda*: Habitación principal, para estar o para recibir visitas. *Tb su mobiliario. Frec* ~ DE ESTAR. ■ **2** *En un palacio, en determinados locales públicos o de trabajo, o en un barco*: Habitación de grandes dimensiones. *Gralm con un compl que especifica su uso y que a veces se omite por consabido. En algunas constrs habituales como* ~ DE ESPERA, *la habitación puede ser pequeña*. ■ **3** (*Der*) Local en que se constituye un tribunal de justicia para celebrar audiencia y despachar los asuntos de su competencia. *Frec con un adj o compl especificador. Tb el propio tribunal.* ■ **4** *Se usa en la denominación de algunos establecimientos públicos cuya actividad se desarrolla en una habitación de grandes dimensiones:* ~ DE CINE, DE BINGO, *etc.* **b)** Galería de arte. **c)** ~ **de fiestas** (o, *semiculto*, **de fiesta**). Establecimiento público con pista de baile, en que se sirven bebidas y se presenta algún espectáculo frívolo. ■ **5** *Se usa en aposición con el n de algunos deportes que normalmente se practican al aire libre, para designar la variedad practicada en local cerrado.* * *Practica el hockey sala*. **b)** **fútbol** ~ → FÚTBOL.

salabardear *tr* (*Mar*) Sacar la pesca [de una red (*cd*)] con el salabardo. *Tb abs.*

salabardo *m* (*Mar*) Salabre grande que se emplea para sacar la pesca de las redes.

salabre *m* (*Mar*) Arte de pesca consistente en un bolso de red sujeto a una armadura con mango, que se emplea para extraer la pesca de las redes grandes o directamente del agua.

salacenco -ca *adj* Del valle de Salazar (Navarra). *Tb n, referido a pers.*

salacidad *f* (*lit*) **1** Cualidad de salaz. ■ **2** Hecho o dicho salaz.

salacot *m* Sombrero en forma de casquete esférico o elipsoidal, muy liviano y propio de climas cálidos.

saladar *m* Terreno abundante en sales.

saladilla *f* **1** Almendra tostada y salada. ■ **2** Pan típico de la provincia de Granada, que lleva granos de sal en la corteza.

salado¹ -da I *adj* **1** *part* → SALAR. ■ **2** De (la) sal [1]. ■ **3** Que contiene sal [1]. *Tb n m, referido a alimento.* **b)** Que contiene más sal de la necesaria o habitual. *Gralm referido a alimento.* ■ **4** (*col*) Que tiene sal o gracia. *A veces con intención irónica.*
II *m* **5** (*reg*) Carne o pescado conservados en sal.

salado² *m* Acción de salar [1].

salador -ra *adj* Que sala. *Tb n, referido a pers.*

saladura *f* Acción de salar(se).

salamandra *f* **1** Anfibio semejante a la lagartija, con el cuerpo negro con manchas amarillas o anaranjadas (*Salamandra salamandra*). *Tb se da este n a otras especies del gén Salamandra o afines.* ■ **2** Estufa de carbón de combustión lenta y forma aproximadamente rectangular. **b)** *A veces se usa en constrs de sent comparativo para ponderar el calor o el abrigo.* * *Este paño azul es una salamandra.*

salamanqués -sa *adj* Salmantino. *Tb n.*

salamanquesa *f* Reptil semejante a la lagartija, de color ceniciento y dedos planos con unas laminillas que le permiten adherirse a las paredes (*Tarentola mauritanica*).

salame *m* Salami.

salami *m* Embutido muy grueso semejante al salchichón, en cuya composición entra carne de vacuno.

salangana *f* Pájaro semejante a la golondrina, propio de los países orientales, cuyos nidos contienen ciertas sustancias gelatinosas comestibles (*Collocalia esculenta*).

salar A *tr* **1** Poner en sal [1] [algo, esp. carne o pescado] para conservar[lo]. ■ **2** Echar sal [1] [a algo, esp. un alimento (*cd*)].
  B *intr pr* (**~se**) **3** Ponerse [algo, esp. un alimento] salado [3].

salareño -ña *adj* De Salar (Granada). *Tb n, referido a pers.*

salarial *adj* De(l) salario. **b)** [Masa] ~ → MASA.

salariar (*conjug* 1a) *tr* (*raro*) Asalariar.

salario *m* Cantidad de dinero con que el patrono retribuye de manera regular al trabajador, esp. manual.

salaz *adj* (*lit*) Lujurioso o lascivo.

salazarismo *m* Régimen político portugués de Antonio de Oliveira Salazar († 1970).

salazarista *adj* De Antonio de Oliveira Salazar o del salazarismo. **b)** Partidario de Oliveira Salazar o del salazarismo. *Tb n.*

salazón *f* **1** Acción de salar [1]. ■ **2** Carne o pescado conservados en salazón [1]. *Frec en pl.*

salazonero -ra I *adj* **1** De (la) salazón.
  II *m y f* **2** Pers. que se dedica a la salazón [1].

salbanda *f* (*Min*) Capa, gralm. arcillosa, que separa el filón de la roca estéril.

salbutamol *m* (*Med*) Sustancia empleada en forma de aerosol en el tratamiento del asma bronquial.

salce *m* (*reg*) Sauce.

salceda *f* (*reg*) Lugar poblado de salces.

salchicha I *f* **1** Embutido muy delgado que se consume fresco. ■ **2** (*reg*) *En pl:* Picadillo para hacer chorizo.
  II *adj* **3** [Perro] pequeño, de cuerpo muy alargado. *Tb n m.*

salchichada *f* Comida consistente en abundantes salchichas [1].

salchichería *f* Establecimiento destinado a la fabricación o venta de salchichas [1] y otros embutidos.

salchichero -ra *m y f* Pers. que fabrica o vende salchichas [1] y otros embutidos.

salchichón *m* Embutido de carne de cerdo, tocino y pimienta en grano, prensado y curado, que se consume crudo.

salcina *f* Arbusto del género de los sauces (*Salix eleagnos* o *S. incana*).

salcocho *m* (*reg*) Zancocho (guiso).

saldador -ra *adj* Que salda. *Tb n f, referido a máquina.*

saldañés -sa *adj* De Saldaña (Palencia). *Tb n, referido a pers.*

saldar *tr* **1** Liquidar [una cuenta]. *Tb fig.* ■ **2** Liquidar o vender a bajo precio [una mercancía].

saldo *m* **1** Resultado final [de una cuenta o de un balance]. *Tb fig.* ■ **2** Venta especial a precios rebajados para liquidar restos de mercancía. *Tb en pl con sent sg.* **b)** Mercancía de saldo. *Tb fig.*

saledizo -za I *adj* **1** Saliente o sobresaliente.
  II *m* **2** Elemento arquitectónico que sobresale de la pared maestra.

salega *f* Salegar[1].

salegar[1] *m* Lugar destinado para dar sal al ganado.

salegar[2] *tr* Dar sal [al ganado]. *Tb abs.*

salema *f* Pez marino comestible de color plateado, con diez bandas doradas en los flancos (*Sarpa salpa*).

salernitano -na *adj* De Salerno (Italia). *Tb n, referido a pers.*

salero *m* **1** Recipiente destinado a contener sal [1]. ■ **2** (*col*) Sal o gracia.

salerosamente *adv* (*col*) De manera salerosa.

saleroso -sa *adj* (*col*) Que tiene salero [2].

salesa *adj* [Religiosa] de la orden de la Visitación de Nuestra Señora, fundada por San Francisco de Sales. *Tb n f.*

salesiano -na *adj* [Religioso] de la congregación de San Francisco de Sales, fundada por San Juan Bosco. *Tb n.* **b)** De (los) salesianos.

saleta *f* **1** *En un palacio:* Habitación anterior a la antecámara del rey o de una pers. real. ■ **2** (*reg*) Sala [1] pequeña.

saletino -na *adj* De Salé (Marruecos). *Tb n, referido a pers.*

salfumán *m* Sal fumante (disolución de ácido clorhídrico en agua).

salgareño *adj* (*reg*) [Pino] negral (→ PINO).

salgueiro *m* (*reg*) Salguero o sauce.

salguera *f* (*reg*) Sauce.

salguero *m* (*reg*) Sauce.

sálica *adj* (*hist*) [Ley] que excluye del trono a las mujeres y sus descendientes.

salicácea *adj* (*Bot*) [Planta] dicotiledónea leñosa, de hojas simples, flores pequeñas dioicas y fruto en cápsula, de la familia del álamo. *Frec como n f en pl, designando este taxón botánico.*

salicaria *f* **1** Planta herbácea anual que crece a orillas de ríos y arroyos, con flores purpúreas en espiga y fruto capsular, que se emplea como astringente (*Lythrum salicaria*). *Con un adj o compl especificador, designa tb otras especies del mismo gén:* ~ MENOR, ~ CON HOJAS DE HISOPO. ■ **2** Infusión preparada con salicaria [1].

salicilato *m* (*Quím*) Sal del ácido salicílico. *Con un compl especificador.* **b)** *Sin compl:* Salicilato de bismuto, empleado contra el reumatismo.

salicílico *adj* (*Quím*) [Ácido] que se obtiene mezclando ácido fénico y anhídrido carbónico y que se emplea en medicina como analgésico y antipirético.

salicor *m* Planta quenopodiácea propia de suelos salobres (gén. *Salsola* y *Salicornia*). *Frec con un adj especificador:* ~ BORDE (*Salsola kali*), ~ DURO (*Salicornia perennis*), ~ FINO (*Salsola soda*), ~ POLLO (*Salicornia europaea*), etc.

salicornia *f* Planta quenopodiácea propia de suelos salobres (gén. *Salicornia*).

salida I *f* 1 Acción de salir, *esp* [1, 6, 7, 8, 9, 10, 14, 15, 23 y 25]. **b)** Acometida repentina de tropas de una plaza sitiada, contra los sitiadores. **c)** (*col*) Reacción u ocurrencia sorprendente, frec. graciosa. *Gralm con el v* TENER *y acompañado de algún término calificador.* **d)** ~ **de tono.** Inconveniencia. **c)** ~ **de pie** (*o* **pata**) **de banco** → PIE, PATA. ■ 2 Lugar por donde se sale [1] o desde el que se sale [6a]. ■ 3 Término, esp. de un período de tiempo. ■ 4 Solución o remedio. **b)** Réplica con que se soluciona la dificultad planteada por el interlocutor. ■ 5 Posibilidad profesional. ■ 6 Posibilidad de venta [de un género]. ■ 7 Cantidad que sale [1] de caja. ■ 8 Precio en que algo sale [15] a subasta. II *loc v* 9 **dar la ~.** (*Dep*) Hacer la señal prevista para indicar el comienzo de una carrera. ■ 10 **tomar la ~.** (*Dep*) Iniciar la carrera [un participante]. III *loc adv* 11 **de ~.** Desde el primer momento.

salidero *m* (*raro*) Salida [2].

salido -da I *adj* 1 *part* ➤ SALIR. ■ 2 Saliente o sobresaliente. ■ 3 [Animal hembra] que está en celo. **b)** (*col*) [Pers.] excitada sexualmente. **c)** (*col*) [Pers.] que tiene fuerte propensión al apetito sexual. *Tb n.* ■ 4 (*col*) [Pers.] alborotada o fuera de quicio. II *m* 5 (*reg*) Terreno, frec. cerrado, próximo a una casa.

saliente I *adj* 1 Que sale, *esp* [1 y 5]. II *m* 2 Parte que sobresale en una cosa. ■ 3 Dimensión de la profundidad de un objeto que sobresale de un plano. ■ 4 Oriente o levante.

salífero -ra *adj* (*lit*) Salino.

salinero -ra I *adj* 1 De (la) salina [3]. ■ 2 (*Taur*) [Res] jaspeada de colorado y blanco. II *m y f* 3 Pers. o entidad que fabrica sal [1] o comercia con ella.

salinidad *f* Cualidad de salino [1]. **b)** Proporción de sales disueltas [en un agua (*compl de posesión*)].

salinización *f* Acción de salinizar(se).

salinizar *tr* Transformar [agua dulce] en salina. **b)** *pr* (~**se**) Transformarse [agua dulce] en salina.

salino -na I *adj* 1 Que contiene sal [1]. ■ 2 De (la) sal [1 y 4]. **b)** Que tiene carácter de sal. II *f* 3 Lugar en que se beneficia la sal [1], esp. mediante evaporación del agua en que va disuelta.

salinómetro *m* (*E*) Aparato para medir la salinidad del agua.

salio *m* (*hist*) En la antigua Roma: Sacerdote de Marte.

salipirina *f* (*Med*) Salicilato de antipirina, usado para combatir las neuralgias y como antipirético.

salir I *v* (*conjug* 59) *intr* ➤ **a** *normal* 1 Pasar del interior al exterior [de un lugar limitado o cerrado]. *Tb fig. Tb pr* (~**se**). En este caso, con suj pers, expresa enfáticamente la voluntad de abandono. * Salió de su cuarto. * El puntal se salió del enganche. * Procura andar sin salirte de la moqueta. * ¿Por qué te saliste del seminario? **b)** *Referido a fluidos o a series de objetos, normalmente con* (~**se**). * Se sale la gasolina. **c)** Terminar el trabajo habitual. *Gralm con un compl de tiempo.* * Los viernes salimos a las cinco. **d)** Dejar de estar [en un tiempo o en una situación (*compl* DE)]. * Hemos salido de la primera etapa. **e)** ~ **de** + *adj o n* = DEJAR DE SER + *el mismo adj o n. Cuando el compl expresa oficio o cargo, frec se omite por consabido.* * No salimos de pobres. * A los ministros que salen los compensan con algún

puesto importante. ■ 2 Poder ser sacada [una cosa de otra en cuyo interior se encuentra]. *Frec sin compl, por consabido.* * Este cajón no sale. ■ 3 Poder ser separada [una cosa de otra que está en su interior]. * No me sale el anillo. ■ 4 Desaparecer [una mancha]. * No sale la mancha. ■ 5 Sobrepasar [un límite (*compl* DE)]. *Tb pr* (~**se**). * No intentes salirte de los cánones. **b)** Sobresalir [algo]. * Esta nevera sale demasiado. ■ 6 Marcharse [de un lugar]. *Tb sin compl.* * Ayer salió de París hacia Malta. * Los pájaros salieron disparados. **b)** ~ **por pies**, ~ **por piernas** → PIE, PIERNA. **c)** Iniciar el trayecto o recorrido. * El tren sale a las cinco. **d)** Iniciarse [un recorrido o algo que lo implica]. * ¿A qué hora sale la procesión? ■ 7 Dirigirse. *El punto de destino se expresa por un n o adv precedido de* PARA *o* HACIA. *Cuando el n es* CAMINO, ENCUENTRO *o* PASO, *la prep es* A. * Salgo para Madrid mañana. * Le salió al encuentro. ■ 8 Ir a parar [una calle o camino a un lugar]. * La calle sale a la carretera. ■ 9 Pasar a una parte visible o destacada del lugar en que se está. *Gralm con un compl de finalidad.* * El autor salió a saludar la noche del estreno. ■ 10 Nacer o brotar [algo]. * Han salido algunas setas. **b)** Producirse con naturalidad [un gesto o una actitud en alguien (*ci*)]. * Quiere ser amable, pero no le sale. **c)** ~**le** [algo a alguien] **del alma, de las narices,** *etc* → ALMA, NARIZ, *etc.* ■ 11 Surgir o pasar a existir de improviso [alguien o algo]. *Gralm con ci de pers.* * Le ha salido un protector. ■ 12 Proceder [una cosa de otra]. * El vino sale de la uva. **b)** Poder obtenerse [una cosa de otra]. *Tb sin compl.* * ¿Cuántos vasos salen de un litro de leche? ■ 13 Parecerse [una pers. a otra mayor de su familia o a algún maestro]. *Con el v en forma simple, frec tiene sent incoativo* (sale a su padre 'empieza a parecerse a su padre'). * Las chicas han salido a su madre. ■ 14 Aparecer o presentarse. * Le echaré una mano en lo que vaya saliendo. **b)** Aparecer en el cielo [un astro por un lugar y a una hora determinados]. *Tb sin compls, por consabidos.* * El Sol sale a las ocho. **c)** Aparecer [algo impreso, esp. una publicación periódica]. * La revista sale los lunes. **d)** Aparecer [en un retrato, en una fotografía o en una obra teatral o cinematográfica]. *Referido a obra teatral o cinematográfica y con suj pers, frec lleva un compl* DE *que expresa el papel representado.* * En la foto sale todo el grupo. * En la película sale de camarero. **e)** **ya salió aquello.** (*col*) *Fórmula con que se comenta la mención de algo inconveniente y que resulta molesto por su reiteración.* * —Al fin y al cabo es tu madre. —¡Ya salió aquello! **f)** ~ **a relucir** → RELUCIR. ■ 15 Pasar [algo] a una situación (A + *n sin art*)]. *Con ns como* LICITACIÓN, CONCURSO *o* SUBASTA. ■ 16 Resultar. *Con un predicativo o un adv.* * Con eso tú también sales ganando. **b)** *Sin adv:* Resultar bien o llegar a buen término [una cosa]. * A poco que le salgan las cosas, se lleva a toda la familia. **c)** ~ **mal.** Reñir. *Tb* NO ~ BIEN. ■ 17 Ser elegido por suerte o votación. * Ha salido el número 15. ■ 18 Tocar [a una cantidad] en un reparto. * Salimos a mil por cabeza. ■ 19 Percibir como ingresos [una cantidad (*compl* POR)]. * Sale por 200.000 al mes. ■ 20 Costar [una cantidad (*compl* A *o* POR)]. * El menú sale por 1.200 pesetas. ■ 21 (*lit*) Defender o justificar [a alguien (*compl* POR)]. * La muchacha salió por ella: que un desliz lo tiene cualquiera. ■ 22 (*col*) Decir o hacer [algo inesperado o intempestivo (*compl* CON)]. * Ahora sale con que quiere irse. ■ 23 Ir a lugares de diversión o esparcimiento. * Tienes que salir más. **b)** Librar en el trabajo [un sirviente]. * La muchacha sale los jueves. ■ 24 Frecuentar la compañía [de una pers. (*compl* CON)]. *Tb sin compl, con suj pl. Referido a perss de distinto sexo, frec implica relación amorosa.* * Sale con ella con frecuencia. * Pepe y Luisa salen desde hace meses. ■ **25** (*Juegos*) Ser el primero en jugar. * Tú sales. **b)** Hacer [un jugador] su primera jugada. * Me quedé con todas las cartas; no pude ni salir. ■ **26 ~ adelante.** Superar alguna dificultad o situación difícil. *Frec referido a la solución de los problemas económicos de la vida diaria.* * No te apures; ya saldremos adelante.

➤ **b** *pr* (~se) **27** Tener [un recipiente] alguna rotura por donde se puede derramar su contenido. * Este cántaro se sale. ■ **28** Rebosar [una sustancia (*suj*)] del recipiente que la contiene. * Se ha salido la leche. ■ **29** (*col, raro*) Excitarse sexualmente. * A lo mejor se ha salido de tanto oír hablar de boda. ■ **30** (*Juegos*) Sobrepasar la cantidad mínima de tantos necesaria para ganar. * Con las veinte del cante me salí. ■ **31 ~se** [alguien] **con la suya.** Hacer su voluntad en oposición a otros. *A veces, en lugar del posesivo aparece* SU PROPÓSITO, SU INTENTO, *etc.* * Siempre tiene que salirse con la suya.

II *loc adv* **32 a lo que salga.** Sin importar el resultado. * No pueden hacerse las cosas así, a lo que salga.

salitral *m* Lugar en que hay salitre.

salitre *m* **1** Nitro. ■ **2** Sustancia salina, esp. la que aflora en suelos y paredes.

salitrero -ra I *adj* **1** De(l) salitre.
II *f* **2** Criadero de salitre [1].

salitroso -sa *adj* Que tiene salitre. *Tb fig.*

saliva I *f* **1** *En los vertebrados terrestres y en los insectos:* Líquido alcalino y algo viscoso segregado en la cavidad bucal, que sirve para reblandecer los alimentos, facilitar su deglución e iniciar la digestión de algunos.
II *loc v* **2 gastar ~.** (*col*) Hablar inútilmente. ■ **3 tragar ~.** (*col*) Soportar en silencio algo que ofende o disgusta.

salivación *f* (*Fisiol*) Secreción de saliva, esp. en cantidad superior a la normal.

salival *adj* (*Fisiol*) De (la) saliva.

salivar[1] *adj* (*Fisiol*) Salival.

salivar[2] **A** *intr* **1** Segregar saliva. **b)** Escupir.
B *tr* **2** Mojar [algo] con saliva.

salivazo *m* Porción de saliva que se escupe de una vez.

saliveo *m* (*Fisiol*) Salivación.

salivoso -sa *adj* Que tiene o produce mucha saliva.

sallar *tr* (*reg*) Escardar.

salma *f* (*hist*) Unidad de capacidad de las embarcaciones, usada en los ss. XVI y XVII, equivalente al volumen que ocuparían dos toneles de 27 arrobas y media de agua cada uno.

salmanticense *adj* (*lit*) Salmantino.

salmantinismo *m* Condición de salmantino, esp. amante de lo salmantino.

salmantino -na *adj* De Salamanca. *Tb n, referido a pers.*

salmear *tr* (*raro*) Salmodiar.

salmer *m* (*Arquit*) Dovela inmediata al arranque de un arco.

salmerón *adj* [Trigo] de una variedad que ahíja poco y tiene la espiga larga y gruesa.

sálmico -ca *adj* De(l) salmo.

salmis (*fr; pronunc corriente,* /salmí/) *m* Preparación culinaria compuesta de piezas de caza asadas y servidas con una salsa especial. *Tb la salsa.*

salmista *m* Autor de salmos. *Gralm referido al profeta David.*

salmo *m* **1** Composición poética religiosa de las 150 que constituyen un libro del Antiguo Testamento, usada como oración o cántico litúrgico. **b)** Composición poética hecha a imitación de los salmos y gralm. destinada a ser cantada en la iglesia. ■ **2** Composición musical sobre el texto de un salmo [1].

salmodia *f* **1** Música con que se cantan los salmos. ■ **2** Canturreo monótono y prolongado. *Tb fig.*

salmodiador -ra *adj* Que salmodia. *Tb n, referido a pers.*

salmodiar (*conjug* 1a) *tr* Canturrear [algo] con entonación prolongada y monótona. **b)** Decir o repetir [algo] monótonamente.

salmódico -ca *adj* De (la) salmodia.

salmodioso -sa *adj* (*raro*) De sonido monótono y prolongado.

salmón I *m* **1** Pez marino de unos 15 kg de peso, de color gris con irisaciones y manchas negras, flancos plateados y vientre blanco, que remonta los ríos para desovar y cuya carne, de color rosado característico, es comestible apreciado (*Salmo salar*). *A veces se da este n a otros salmónidos.*
II *adj invar* **2** [Color] rosa propio de la carne del salmón [1]. *A veces en aposición con* ROSA. *Tb n m.* **b)** De color salmón.

salmonado -da *adj* **1** [Pez] semejante al salmón [1] en la carne. ■ **2** Que tira a salmón [2].

salmonela (*tb con la grafía* **salmonella**) *f* (*Med*) **1** Bacteria gramnegativa de carácter patógeno para el hombre y algunos animales (gén. *Salmonella*). ■ **2** Salmonelosis.

salmonelosis (*tb con la grafía* **salmonellosis**) *f* (*Med*) Enfermedad producida por salmonelas [1].

salmonero -ra *adj* De(l) salmón [1]. **b)** [Río] abundante en salmones.

salmonete *m* Pez marino de pequeño tamaño y color rojizo, que es comestible apreciado (*Mullus barbatus* y *M. surmuletus*). *Tb ~* DE FANGO *y* DE ROCA, *respectivamente.*

salmónido *adj* (*Zool*) [Pez] de cuerpo alargado, con escamas muy adherentes y una aleta adiposa detrás de la dorsal, que vive o se reproduce en agua dulce. *Frec como n m en pl, designando este taxón zoológico.*

salmorejo *m* **1** Salsa compuesta de agua, vinagre, aceite, sal y pimienta. ■ **2** Guiso semejante al gazpacho, compuesto gralm. de pan, aceite, ajo, agua, vinagre y sal.

salmuera *f* Agua saturada o muy cargada de sal, usada frec. para conservar alimentos.

salobral *adj* [Terreno] salobre. *Tb n m.*

salobre I *adj* **1** Que contiene sal o sales. *Frec referido a agua o terreno.*
II *m* **2** (*reg*) Salitre [2].

salobreñés -sa *adj* De Salobreña (Granada). *Tb n, referido a pers.*

saloma *f* (*Mar*) Sonido cadencioso que sirve para hacer simultáneo el esfuerzo de varias perss. que realizan juntas un trabajo físico.

salomar *intr* (*Mar*) Marcar el ritmo de un esfuerzo con la saloma.

Salomón. sello de ~ → SELLO.

salomónicamente *adv* De manera salomónica [1b].

salomónico -ca *adj* **1** De Salomón, rey de Israel, famoso por su sabiduría (s. X a.C.). **b)** Propio de Salomón. **c)** [Solución] que consiste en dar satisfacción por igual a las partes en litigio. ■ **2** (*Arquit*) [Columna] de fuste contorneado en espiral. *A veces referido a otro elemento similar.*

salón I *m* **1** *En una vivienda:* Habitación principal, para estar o para recibir visitas, que frec. sirve también de comedor. *Frec en la constr ~ COMEDOR. Tb su mobiliario.* ■ **2** *En un palacio o en un edificio público:* Habitación de grandes dimensiones, destinada a reuniones o actos públicos o solemnes. *Frec con un compl especificador:* DE ACTOS, DE CONFERENCIAS, DE SESIONES, DEL TRONO, *etc.* **b) ~ del Reino.** (*Rel*) Local en que se reúnen para celebrar sus ritos los testigos de Jehová. ■ **3** *Se usa en la denominación de algunos establecimientos públicos cuya actividad se desarrolla en una habitación de grandes dimensiones:* ~ DE BELLEZA, DE PELUQUERÍA, DE TÉ, RECREATIVO, *etc.* ■ **4** Muestra o exposición periódica de arte o industria. *Con un compl especificador.* ■ **5** Paseo amplio y ajardinado. *Solo en denominaciones tradicionales de algunos lugares de este tipo.* * El salón del Prado conservaba algo de su aire antañón. ■ **6** (*hist*) Reunión aristocrática de carácter literario, artístico o político. **II** *loc adj* **7 de ~.** [Toreo] que se ejecuta sin el toro, simplemente marcando la figura de los distintos pases. *Tb (desp) fig. Tb adv.* **b)** (*desp*) Frívolo o que carece de la seriedad esperable. ■ **8 de ~.** [Zapato femenino] de vestir, cerrado y sin adornos. ■ **9 de ~.** [Baile o música] propios de reuniones sociales.

salona *f* (*reg*) Sala principal de una casa.

saloncillo *m* **1** *dim de* SALÓN. ■ **2** *En un establecimiento público:* Sala reservada.

salonicitano -na *adj* De Salónica (Grecia). *Tb n, referido a pers.*

saloon (*ing; pronunc corriente, /salún/; pl normal, ~s*) *m* Bar del Oeste americano, que gralm. funciona también como casa de juego y lugar de espectáculos frívolos.

salouense *adj* De Salou (Tarragona). *Tb n, referido a pers.*

salpa *f* (*reg*) Salema.

salpicadero *m* *En un vehículo automóvil:* Tablero situado delante del asiento del conductor y en el que se encuentran algunos mandos y aparatos indicadores.

salpicado -da *adj* **1** *part* → SALPICAR. ■ **2** (*Taur*) [Res] que, sobre capa de color uniforme, tiene pintas blancas de cierto tamaño.

salpicadura *f* Acción de salpicar [1, 2, 3 y 4]. *Frec su efecto.*

salpicante *adj* (*raro*) Que salpica.

salpicar A *intr* **1** Saltar [gotas de un líquido o de una sustancia pastosa], esp. por choque o movimiento brusco. **B** *tr* **2** Manchar o mojar [algo o a alguien (*cd*) un líquido o una sustancia pastosa que salpica [1]]. **b)** Manchar o mojar [algo o a alguien (*cd*) con un líquido o una sustancia que salpica [1] (*compl* DE o CON)]. *Frec sin compl* DE o CON *por consabido.* ■ **3** Afectar [a alguien] de manera secundaria o en pequeña proporción [algo negativo, que gralm. implica descrédito]. ■ **4** Hacer que [algo (*cd*)] salpique [1, 2 y 3]. * Procure no salpicar el barro de la calle sobre los peatones. * Le odio por salpicarme su deshonor. ■ **5** Aplicar o extender [una cosa (*cd*) sobre otra] de modo que forme motas o manchas discontinuas. *Tb fig.* **b)** Aplicar o extender [una cosa (*compl* DE o CON) sobre otra (*cd*)] de modo que forme motas o manchas discontinuas. *Tb fig.* **c)** Formar [una cosa (*suj*) sobre otra (*cd*)] motas o manchas discontinuas. *Tb fig.*

salpicón *m* **1** Salpicadura. ■ **2** Guiso de carne, pescado o marisco, desmenuzados y aderezados con sal, aceite, vinagre, cebolla y otros ingredientes.

salpimentar (*conjug 6*) *tr* **1** Aderezar [un alimento] con sal y pimienta. ■ **2** Aderezar [algo, esp. un relato] con toques de gracia o picardía.

salpimienta *f* Mezcla de sal y pimienta. *Tb fig.*

salpingitis *f* (*Med*) Inflamación de la trompa de Falopio.

salpique *m* Acción de salpicar [1 y 2].

salpresar *tr* Salar [un alimento] para conservarlo.

salpreso -sa *adj* [Alimento] salado para su conservación.

salpuga *f* (*reg*) Especie de hormiga venenosa.

salpullido *m* Sarpullido.

salpullir (*conjug 33*) *tr* Sarpullir. *Tb fig.*

salsa¹ *f* **1** Composición más o menos líquida, hecha de distintas sustancias, que se emplea para aderezar y condimentar determinados guisos. *Frec con un compl especificador.* **b)** Cosa que da sabor y gracia [a algo (*compl de posesión*)]. *Tb sin compl.* **II** *loc adv* **2 en su (propia) ~.** En el ambiente y las circunstancias que más realzan sus características naturales.

salsa² *f* Música de baile de origen antillano, de ritmo muy movido y alegre. *Tb su baile.*

salsamento *m* (*raro*) Salazón (pescado salado).

salsear *tr* Aderezar [algo] con salsa¹ [1a]. *Frec con un compl* CON, *que especifica la salsa.*

salsedumbre *f* (*lit, raro*) Cualidad de salado.

salsero¹ -ra I *adj* **1** De (la) salsa¹ [1a]. *Frec referido a una variedad de tomillo.* ■ **2** Aficionado a las salsas¹ [1a]. **II** *n* **A** *f* **3** Vasija para servir salsas¹ [1a]. **B** *m* **4** (*reg*) Salpicadura de agua de mar.

salsero² -ra *adj* De (la) salsa².

salsifí *m* Planta herbácea de flores amarillas en capítulo, que se consume como hortaliza (*Tragopogon pratensis, T. porrifolius* y *Scorzonera hispanica*). *Esta última especie, tb ~* NEGRO o DE ESPAÑA.

salsifís *m* (*raro*) Salsifí.

salsoyódico -ca *adj* (*Quím*) Que contiene cloruro y yoduro de sodio.

saltabardales *m y f* (*lit, raro*) Pers. joven y alocada. *Tb adj.*

saltación *f* (*raro*) Acción de saltar [1].

saltada *f* (*Mar*) Aparejo de pesca semejante al trasmallo, que puede flotar horizontalmente y se mantiene tirante mediante cañas transversales.

saltadero *m* Salto de agua que forma un arroyo en una garganta estrecha.

saltador -ra I *adj* 1 Que salta [1, 2 y 3]. *Tb n*, referido a pers. **b)** Adaptado para saltar.
II *m* 2 Cuerda para saltar a la comba.

saltamonte *m* (*raro*) Saltamontes.

saltamontes *m Se da este n a diversos insectos ortópteros saltadores, con las patas posteriores muy largas y fuertes y alas membranosas que despliegan para ayudarse en el salto* (*Tettigonia viridissima, Chorthippus bruneus, C. parallelus, Tetrix undulata y otras especies*).

saltaojos *m* Peonía (planta).

saltaprados *m* (*reg*) Saltamontes.

saltar I *v* A *intr* 1 Elevarse [una pers. o cosa] separándose de su punto de apoyo con impulso y rapidez, para caer en el mismo sitio o en otro diferente. *Tb fig.* ▪ 2 Desplazarse [a un lugar] elevándose sobre el suelo con impulso y rapidez. *Tb fig.* ▪ 3 Lanzarse [desde un punto a otro inferior], esp. para caer de pie. *Frec se omiten los dos compls, o uno de ellos.* ▪ 4 Pasar a estar [en un lugar o en una situación (*compl* A)] de manera repentina. **b)** Ir [de un lugar o una situación a otros de la misma serie] sin pasar por los elementos o grados intermedios. ▪ 5 Salir [un jugador o un artista de circo al campo de juego o a la pista] corriendo o saltando [1]. ▪ 6 Abalanzarse [sobre alguien o algo]. ▪ 7 Desprenderse bruscamente [una cosa] de donde estaba unida o sujeta. *Tb pr* (**~se**). **b)** (*col*) Perder [alguien] su cargo. *A veces con un compl* DE *que expresa el cargo.* ▪ 8 Romperse violentamente [una cosa]. *A veces pr* (**~se**). **b)** ~ **por los aires**. Destrozarse [una cosa] por efecto de una explosión. *Tb fig.* ▪ 9 Surgir o producirse [algo] de manera repentina. ▪ 10 Brotar [las lágrimas] en los ojos [de alguien (*ci*)] sin llegar a derramarse. *Gralm pr* (**~se**). ▪ 11 Decir algo, esp. una protesta, de manera brusca o intempestiva. *A veces con un compl* CON *que expresa lo dicho.* ▪ 12 Manifestar [un grupo de perss.] en la calle y de manera repentina demandas o protestas de carácter político. ▪ 13 (*Juegos*) Quedar sin fondos [la banca] por haberlos ganado todos un jugador. ▪ 14 ~ **a la vista** → VISTA.
B *tr* 15 Llegar [a una altura o una distancia (*cd*)] saltando [1]. ▪ 16 Ir al otro lado [de algo (*cd*)] saltando [1]. **b)** **que no se lo salta un galgo** (*o un gitano, o un torero*). (*col*) Fórmula con que se pondera la magnitud o la importancia de lo expresado por el *n* al que sigue. * Se toma un bocadillo que no se lo salta un gitano. ▪ 17 No pasar [por algún elemento o grado intermedio (*cd*)] al ir de un lugar a otro de una serie. **b)** Omitir [algo de una serie]. *Gralm con compl de interés.* * Me he saltado una línea. ▪ 18 Hacer caso omiso [de algo (*cd*), esp. una ley o norma]. *Gralm con un compl de interés.* * Se ha saltado el disco. ▪ 19 Hacer que [algo (*cd*)] salte [7 y 8]. * Mira que te salto las muelas. * Con la piqueta fue saltando los precintos. ▪ 20 (*Juegos*) Hacer que [la banca (*cd*)] salte [13]. * Conseguí saltar la banca.
II *loc adv* (*col*) 21 **a la que salta**. Al acecho. *Con los vs* ESTAR *o* ANDAR. **b)** Al acecho de una oportu-

nidad ventajosa. *A veces con intención peyorativa, aludiendo a falta de escrúpulos. Con los vs* ESTAR *o* ANDAR.

saltarén *m* (*reg*) Saltamontes.

saltarín -na *adj* 1 Que da muchos saltos. ▪ 2 [Pers. o animal] que se mueve mucho y con alegría.

saltatrás (*tb con la grafía* **salta-atrás**; *pl*, ~ *o* ~ES) *m y f* (*hist*) Tornatrás.

saltatumbas *m y f* (*desp, raro*) Pers. sin escrúpulos para conseguir dinero por cualquier medio.

salteador -ra A *m y f* 1 Pers. que roba en despoblados o caminos. *Frec* ~ DE CAMINOS. *Tb fig y adj.*
B *f* 2 (*Coc, raro*) Utensilio especial para saltear [2].

saltear *tr* 1 Disponer [algo] de manera discontinua. *Frec en part.* ▪ 2 (*Coc*) Freír [un alimento] a fuego vivo, sin que se tueste o se pegue, moviendo el recipiente en que se fríe. ▪ 3 (*raro*) Acometer o asaltar.

saltense *adj* De Salt (Gerona). *Tb n*, referido a pers.

salteño -ña *adj* De Salta (Argentina). *Tb n*, referido a pers.

saltera *f* (*Coc, raro*) Utensilio especial para saltear [2].

salterio *m* (*Mús, hist*) Instrumento músico consistente en una caja prismática de madera sobre la cual se extienden varias hileras de cuerdas metálicas que se tocan con un macillo, con uñas de marfil o con las de las manos.

saltillo *m* (*Mar*) Escalón en la cubierta de un barco.

saltimbanqui *m y f* (*col*) Titiritero o acróbata ambulante.

saltimboca *m o f* Tajadita de ternera enrollada con jamón y salvia y frita en manteca, que constituye un plato típico de la cocina romana.

saltímetro *m* (*Dep*) Saltómetro.

salto I *m* 1 Acción de saltar [1, 2, 3, 4, 6, 15, 16 y 17]. *Tb su efecto.* **b)** ~ **de la rana**. (*Taur*) Lance en que el torero da en la cara del toro un salto semejante al de la rana. **c)** **triple** ~. (*Dep*) Salto de longitud en que el atleta apoya alternativamente los pies dos veces antes de caer con los dos pies juntos. ▪ 2 Palpitación violenta. *Gralm en la constr* DAR UN ~ EL CORAZÓN. ▪ 3 (*Geol*) Desnivel brusco del terreno. **b)** ~ **de agua**. Caída violenta de agua al encontrar en su curso un desnivel brusco del terreno. *Tb simplemente* ~. ▪ 4 Modalidad de caza que se realiza recorriendo el terreno y disparando sobre las piezas que salen al paso. *Gralm en la constr* AL ~. ▪ 5 Conato repentino de manifestación en la vía pública. ▪ 6 Acción de cubrir el macho a la hembra. ▪ 7 (*col*) Engaño o infidelidad conyugal. *Frec en la constr* HACER, *o* DAR, EL ~. ▪ 8 ~ **de caballo**. Pasatiempo consistente en distribuir las sílabas de una frase en un cuadro de escaques, de modo que esta se construya saltando de un escaque a otro como el caballo del ajedrez. ▪ 9 ~ **de cama**. Bata ligera femenina que se pone sobre el camisón al levantarse de la cama.
II *loc v* 10 **dar ~s de alegría**. Sentir o manifestar extrema alegría. ▪ 11 **perder el** ~. (*reg*) Perder la ocasión o la oportunidad.

III *loc adv* **12 a ~ de mata.** De manera irregular, aprovechando las ocasiones que depara la casualidad. *Tb adj.*

saltómetro *m* (*Dep*) Dispositivo que sirve para medir la altura de un salto.

saltón -na **I** *adj* **1** Que salta [1] mucho. *Tb fig.* ■ **2** [Ojo o diente] que sobresale más de lo normal. **II** *n* **A** *m* **3** Saltamontes, esp. en la fase en que tiene las alas rudimentarias. ■ **4** Larva que se cría en el tocino o el jamón mal curados. **B** *f* **5** Baile folclórico canario, con ritmo de seguidilla muy vivo.

saltuariamente *adv* (*lit, raro*) De manera saltuaria.

saltuario -ria *adj* (*lit, raro*) Que se realiza a saltos o sin la debida continuidad.

salubre (*superl* **salubérrimo**) *adj* Saludable [1]. *Tb fig.*

salubridad *f* Cualidad de salubre.

salud **I** *f* **1** Estado de buen funcionamiento fisiológico del organismo. *Tb fig.* **b)** Estado de funcionamiento fisiológico del organismo. *Frec con un adj calificador. Tb fig.* ■ **2** Estado de buen funcionamiento psíquico o mental. *Con los adjs* PSÍQUICA, MENTAL *u otro equivalente.* **b)** Estado de funcionamiento psíquico o mental. *Con los adjs* PSÍQUICA, MENTAL *u otro equivalente y frec con un adj calificador.* ■ **3** (*E*) Estado de completo bienestar físico, mental y social del individuo. ■ **4** (*Rel*) Estado de gracia. *Gralm* ~ ESPIRITUAL *o* DEL ALMA. ■ **5** (*Rel*) Salvación. **II** *loc v y fórm or* **6 curarse en ~.** Prevenirse anticipadamente contra un posible percance o una objeción. ■ **7 ~,** *o* **a su ~.** *Fórmula usada para brindar.* * Levantó su copa y dijo: "A su salud". **III** *loc adv* **8 en sana ~.** (*col*) En estado de perfecta salud [1].

saluda *m* Comunicación escrita breve, no firmada, en que van impresas la indicación del que la envía y la palabra *saluda*, a continuación de las cuales se escriben el nombre del destinatario y el texto del mensaje. *Tb el impreso correspondiente.*

saludable *adj* **1** Bueno para la salud [1a]. ■ **2** Que denota salud [1a]. ■ **3** (*lit*) Bueno o beneficioso.

saludador -ra **I** *adj* **1** Que saluda. **II** *m y f* **2** (*hoy raro*) Pers. que se dedica a curar la rabia u otros males con el aliento, la saliva y ciertas deprecaciones o fórmulas.

saludar *tr* **1** Dirigir [a una pers. (*cd*)] palabras o gestos corteses al encontrarla. ■ **2** Manifestar respeto [a alguien o algo (*cd*)] mediante gestos o frases formularias. *Tb abs.* ■ **3** Enviar saludos [2] [a alguien (*cd*)]. *Tb abs.* **b)** Dar saludos [2] [a alguien (*cd*)]. ■ **4** Acoger [a alguien o algo (*cd*)] con determinadas manifestaciones externas].

saludo **I** *m* **1** Acción de saludar [1 y 2]. **b)** Palabras o gestos que se emplean para saludar [1 y 2]. ■ **2** Manifestación de aprecio o consideración. **II** *loc v* **3 retirar el ~** [a alguien]. Dejar de saludar[le] y de tratarse [con él].

salurético -ca *adj* (*Med*) Que provoca la eliminación de iones de sodio y cloro por la orina.

salutación *f* (*lit*) Saludo [1a].

salutatorio -ria *adj* (*lit*) De saludo.

salutífero -ra *adj* (*lit*) Que proporciona salud.

salva *f* **1** Serie de disparos sin balas, hechos en señal de saludo o para rendir honores. *Frec en pl.* **b)** Serie numerosa [de algo]. ■ **2** Acción desvirtuada o falta de su contenido esencial. *Gralm en la constr* GASTAR (LA) PÓLVORA EN ~S (→ PÓLVORA). ■ **3 ~ de aplausos.** Aplauso unánime. *Tb simplemente* ~. ■ **4 ~ de extrasístoles.** (*Med*) Extrasístoles que se producen en sucesión rápida.

salvabarros *m* (*raro*) Guardabarros.

salvable *adj* Que puede ser salvado.

salvación **I** *f* **1** Hecho de salvar(se) [1, 2 y 3]. *Referido normalmente a enfermedades y a peligros no físicos.* **II** *loc adj* **2** [Áncora] **de ~,** [tabla] **de ~** → ÁNCORA, TABLA.

salvadera *f* (*hist*) Recipiente para echar la arenilla secante sobre un escrito. *Tb su contenido.*

salvado *m* Parte correspondiente a la cáscara de los cereales molidos, una vez separada de la harina.

salvador -ra *adj* **1** Que salva [1, 2 y 3]. *Tb n, referido a pers. Frec designa a Jesucristo* (*en este caso se escribe con mayúscula*). ■ **2** De (la) salvación.

salvadoreño -ña *adj* De El Salvador. *Tb n, referido a pers.*

salvaguarda *f* **1** Acción de salvaguardar. ■ **2** Pers. o cosa que sirve para salvaguarda [1].

salvaguardar *tr* Defender o proteger.

salvaguardia *f* Salvaguarda.

salvajada *f* Hecho o dicho propio de un salvaje. *Frec con intención ponderativa.*

salvaje *adj* **1** [Animal] no domesticado, gralm. feroz. **b)** Propio del animal salvaje. ■ **2** [Planta] silvestre. *Tb referido a su flor o fruto.* **b)** [Seda] ~ → SEDA. ■ **3** [Terreno] áspero e inculto. ■ **4** [Agua] que corre libremente sin cauce determinado. ■ **5** [Individuo o pueblo] primitivo y ajeno a la civilización. *Tb n, referido a pers.* **b)** [Pers.] de comportamiento violento, desconsiderado o cruel. *Tb n.* **c)** Propio de la pers. salvaje. *Frec con intención ponderativa.* ■ **6** Muy grande o intenso. *Con intención ponderativa.*

salvajemente *adv* De manera salvaje [5c].

salvajería *f* (*raro*) Condición de salvaje [5a y b].

salvajina *f* **1** Conjunto de animales salvajes. ■ **2** Animal salvaje.

salvajino -na *adj* Salvaje [1].

salvajismo *m* Cualidad o condición de salvaje, *esp* [1 y 5].

salvamanteles *m* Objeto destinado a ponerse debajo de las piezas del servicio de mesa para evitar que se queme o que se manche el mantel.

salvamento *m* Acción de salvar [1a y 2]. *Referido a accidentes o siniestros.*

salvar **A** *tr* **1** Poner [a alguien o algo (*cd*)] a salvo [de un peligro]. *Frec se omite el compl* DE *por consabido. Tb fig, con intención ponderativa.* **b)** *pr* (~**se**) Quedar a salvo o librarse [de algo]. *Tb sin compl, por consabido.* ■ **2** Evitar la muerte o la destrucción [de alguien o algo (*cd*)]. **b)** *pr* (~**se**) Quedar [alguien o algo] a salvo de la muerte o destrucción. ■ **3** (*Rel catól*) Evitar que [alguien (*cd*)] se condene eternamente. *Frec el cd es refl.* ■ **4** (*Dep*) Evitar [algo negativo]. **b)** Evitar los efectos negativos [de algo (*cd*)]. ■ **5** Exceptuar o excluir. ■ **6** Pasar por

encima [de un obstáculo o una dificultad (cd)]. Tb
fig. ■ 7 Recorrer [una distancia, que gralm. se presenta como una dificultad]. b) ~ las distancias →
DISTANCIA. ■ 8 Advertir en nota al final de un escrito que [las tachaduras, enmiendas o añadidos (cd)]
tienen validez. ■ 9 sálvese quien (o el que) pueda. Fórmula con que se indica que cada cual debe
actuar pensando en su propia salvación o utilidad.
Frec fig, con intención ponderativa. A veces sustantivada. * ¡Mira quién viene! ¡Sálvese quien pueda!
* Esto es el sálvese quien pueda.
B intr 10 (reg) Salvarse [1b].

salvariego m (reg) Araña (pez). Tb PEZ ~.

salvarsán (n comercial registrado) m (Med) Compuesto arsenical de acción rápida contra la sífilis.

salvatoriano -na adj De la congregación del
Divino Salvador, fundada por Franz Jordan en
1881. Tb n, referido a pers.

salvavidas I m 1 Aparato que, colocado alrededor del cuerpo de una pers., la mantiene a flote en
el agua. Tb fig.
II adj invar 2 [Objeto] que sirve para mantener a
las perss. a flote en el agua en caso de emergencia.

salve I f 1 Oración, dedicada a la Virgen, que comienza en español con las palabras "Dios te salve,
reina y madre" y en latín con "Salve, regina". Tb se
da este n a algunas variantes de esta oración. ■ 2
Composición musical sobre el texto de la salve [1].
II interj 3 (lit, a veces humoríst) Expresa saludo.
* ¡Salve, héroes hispanos!

salvedad f Excepción o limitación.

salvelino m Pez de agua dulce muy similar a la
trucha, con un matiz rojizo característico (Salvelinus salvelinus y S. fontinalis).

salve regina (lat; pronunc corriente, /sálbe-ře̞χí-
na/) m (tb f) Salve [1] rezada o cantada en latín.

salvia f Planta de flores azuladas en espiga, usada
como aromatizante y en infusiones (Salvia officinalis). Tb designa otras especies del mismo gén, que
gralm se distinguen por medio de adjs o compls: RO-
MANA (S. sclarea), DE PRADO (S. pratensis), etc.

salvífico -ca adj (lit) [Cosa] salvadora. Esp en
teología.

salvilla f (raro) Recipiente pequeño para contener
aceite, vinagre, sal o cosas similares.

salvio m (reg) Planta vivaz de hojas carnosas y flores amarillas en capítulo (Inula crithmoides).

salvo -va (con pronunc átona en las aceps 4 y 5) I
adj (lit) 1 Libre de un daño o peligro. b) sano y ~
→ SANO.
II adv 2 Excepto (exceptuando). ■ 3 a ~ (más ra-
ro, en ~). En situación libre de peligro. b) Fuera de
cualquier objeción. Frec con el v DEJAR.
III prep 4 Excepto (con excepción de).
IV conj 5 ~ que. A no ser que.

salvoconducto m 1 Documento expedido por la
autoridad pertinente, por el que se autoriza a alguien a transitar con libertad. Tb fig. ■ 2 Libertad
de acción.

salzburgués -sa adj De Salzburgo (Austria). Tb
n, referido a pers.

sama f Pez marino de la misma familia que el besugo, de carne apreciada (Dentex dentex y D. filosus).
Esta última especie, tb ~ DE PLUMA.

sámago m Albura de la madera.

sámara f (Bot) Aquenio alado.

samaritano -na adj 1 De Samaria (región de
la antigua Palestina). Tb n, referido a pers. ■ 2
[Pers.] caritativa. Gralm n. Tb BUEN ~.

samarugo m Pez de pequeño tamaño, propio de
aguas salobres o dulces próximas al mar de la región levantina (Valencia hispanica).

samba[1] f Baile popular brasileño de compás de dos
por cuatro y ritmo sincopado. Tb su música.

samba[2] f (Naipes) 1 Variedad del juego de la canasta, que se juega con tres barajas de tipo inglés.
■ 2 En el juego de la samba [1]: Escalera de siete
cartas correlativas del mismo palo, sin comodines.

sámbar m Mamífero semejante al ciervo, de cuernos muy desarrollados y pelo rojizo y grisáceo, propio de Asia (Cervus unicolor).

sambayo -ya m y f (hist) En las castas coloniales
americanas: Hijo de lobo e india o de indio y loba.

sambenitar tr (raro) Poner [a alguien (cd)] un
sambenito.

sambenito m 1 (hist) Vestidura distintiva de los
penitentes del tribunal de la Inquisición. ■ 2 Nota
de descrédito que pesa sobre una pers. o cosa, o que
se les atribuye maliciosamente. Gralm con los vs
LLEVAR O COLGAR.

sambista m y f Bailador de samba[1].

samblaje m (Carpint) Ensamblaje.

sambo m (Dep) Variedad de lucha semejante al judo, de origen ruso.

samio -mia adj De la isla de Samos (Grecia). Tb
n, referido a pers.

samiota adj Samio. Tb n.

samnita adj (hist) Del antiguo pueblo itálico habitante de la región de Samnio. Tb n, referido a pers.

samoano -na I adj 1 Del archipiélago de Samoa.
Tb n, referido a pers.
II m 2 Lengua del archipiélago de Samoa.

samovar m Utensilio de origen ruso para preparar
el té, consistente en un recipiente provisto de un tubo interior donde se ponen carbones encendidos.

samoyedo -da I adj 1 Del pueblo nómada del
norte de Rusia que habita el litoral ártico, desde el
mar Blanco al río Yeniséi. Tb n, referido a pers. ■
2 [Perro] de pelaje blanco y largo, propio de Siberia. Tb n.
II m 3 Idioma de los samoyedos [1], perteneciente
al grupo de las lenguas uraloaltaicas.

sampán (tb, a veces, con la grafía **shampán**) m
Pequeña embarcación china, movida a remo y provista de vela y toldo, que se emplea para transporte
de mercancías y como habitación flotante.

sampedrada f Fiesta con que se celebra la festividad de San Pedro. Esp referido a San Pedro Manrique (Soria).

sampedrano -na adj De San Pedro Manrique
(Soria). Tb n, referido a pers.

sampedreño -ña adj De San Pedro (Albacete)
o de San Pedro Manrique (Soria). Tb n, referido
a pers.

sámpler (pl normal, ~s) m Aparato capaz de aislar
el sonido de un instrumento en una canción previamente grabada, y reproducirlo cuando y como se
quiera.

samplero -ra *adj* De(l) sámpler.

samuga *f* (*reg*) Jamuga.

samugazo *m* (*reg*) Golpe dado con la mano o con un palo.

samugo -ga *adj* [Pers.] terca o pesada.

samurái *m* (*hist*) Guerrero japonés al servicio de un señor feudal.

san → SANTO.

sanabrés -sa **I** *adj* **1** De Sanabria (comarca de Zamora). *Tb n, referido a pers.* **II** *m* **2** Dialecto leonés de Sanabria.

sanador -ra *adj* **1** Que sana [2 y 3]. *Tb n, referido a pers.* ◼ **2** Relativo a la acción de sanar [2 y 3].

sanadura *f* Acción de sanar [2 y 3].

sanalotodo *m* Remedio con que se pretenden curar todos los males. *Tb fig. A veces en aposición.*

sanamente *adv* De manera sana [5b y 6].

San Andrés. cruz de ~ → CRUZ.

sanantona *f* (*reg*) Lavandera blanca (ave, *Motacilla alba*).

sanar **A** *intr* **1** Ponerse sana [una pers. o una parte de su cuerpo que estaban enfermas o lesionadas]. *A veces con un compl* DE, *que expresa la enfermedad o la lesión.* **B** *tr* **2** Hacer que [una pers. o una parte de su cuerpo que estaban enfermas o lesionadas (*cd*)] sanen [1]. *A veces con un compl* DE, *que expresa la enfermedad o la lesión. Tb fig.* ◼ **3** Curar [una enfermedad]. ◼ **4** (*raro*) Arreglar [algo roto].

sanatorial *adj* De(l) sanatorio.

sanatorio *m* Establecimiento acondicionado para la estancia y cuidado de enfermos que precisan tratamiento médico, quirúrgico o climatológico. *Tb fig.*

San Bernardo *adj* [Perro] de gran tamaño, de pelaje blanco y negro y típico de la región alpina de San Bernardo, especializado en hallar perss. extraviadas en la montaña. *Frec n m. Como adj, tb, más raro,* DE SAN BERNARDO.

sanchecia *f* Planta americana, de hojas grandes y flores amarillas en panículos terminales provistos de brácteas anchas de color rojo vivo (*Sanchezia nobilis*).

sanchete *m* (*hist*) Dinero de vellón acuñado en Navarra por Sancho el Mayor u otro rey homónimo. *Tb designa cualquier moneda de vellón acuñada en Navarra durante la Edad Media.*

sanchopancesco -ca *adj* **1** De Sancho Panza (personaje de Cervantes). ◼ **2** Falto de ideales.

sanchopancismo *m* Condición de sanchopanza.

sanchopanza (*tb con la grafía* **Sancho Panza**) *m* Individuo falto de ideales.

sanción *f* **1** Acto por el que el jefe del Estado o la autoridad competente confirma [una ley o disposición (*compl de posesión*)]. **b)** Confirmación o ratificación [de algo]. ◼ **2** Pena establecida para el que infringe una ley. **b)** Castigo, esp. el derivado de contravenir una orden o una prohibición. ◼ **3** **pragmática ~.** Disposición legislativa de un soberano sobre una materia fundamental.

sancionable *adj* Que se puede sancionar, *esp* [2].

sancionablemente *adv* (*raro*) De manera sancionable.

sancionador -ra *adj* Que sanciona, *esp* [2].

sancionar *tr* **1** Confirmar [una ley o disposición] mediante sanción [1]. **b)** Confirmar o ratificar [algo]. ◼ **2** Aplicar una sanción [2] [a alguien o algo (*cd*)].

sancionatorio -ria *adj* De (la) sanción [2].

sancochar, sancocho → ZANCOCHAR, ZANCOCHO.

sancta sanctorum (*lat; pronunc corriente,* /sánta-santórum/; *tb con la grafía* **sanctasanctórum**) *m* **1** (*hist*) En el Tabernáculo y en el templo de Jerusalén: Parte reservada en que se guarda el Arca de la Alianza. **b)** (*raro*) Tabernáculo o sagrario. **c)** (*raro*) Lugar íntimo o reservado de un templo u otro lugar de culto. ◼ **2** Lugar muy oculto y reservado.

sanctus (*lat; pronunc corriente,* /sántus/) *m* (*Rel catól*) En la misa: Rezo o cántico que comienza con el triple enunciado de la palabra "sanctus". *Tb la parte correspondiente de la misa.*

sandalia *f* Calzado compuesto por una suela que se asegura al pie mediante correas o cintas. **b)** Zapato de verano que deja al descubierto gran parte del pie.

sándalo *m* **1** Árbol semejante al nogal, propio de la India y Oceanía, de madera amarilla de excelente olor, de la que se extrae un aceite esencial empleado en perfumería y medicina (gén. *Santalum*, esp. *S. album*). *Frec su madera y su esencia.* ◼ **2 ~ rojo.** Árbol propio de Ceilán, de madera pesada, dura y de color rojo, muy estimada en ebanistería (*Pterocarpus santalinus*). *Frec su madera.* ◼ **3** *Se da este n a varias plantas herbáceas del gén Mentha, esp a la M. aquatica.*

sandáraca *f* **1** Resina amarillenta producida por el enebro y otras coníferas, que se emplea para la fabricación de barnices. ◼ **2** Rejalgar (mineral).

sandez *f* Tontería (hecho o dicho tonto).

sandía **I** *f* **1** Planta herbácea anual de tallos rastreros y vellosos, hojas redondeadas, flores amarillas y fruto grande y redondo u oblongo, de corteza verde o jaspeada y pulpa roja, acuosa y dulce con muchas pepitas negras aplastadas (*Cucumis citrullus*). *Frec su fruto.* **II** *loc adj* **2 de ~.** (*reg*) [Pañuelo] de algodón de fondo blanco o negro con grandes flores rojas.

sandiar *m* Terreno sembrado de sandías.

sandiez (*pop*) **I** *m* **1** *En determinadas fórmulas de maldición, sustituye por euf al n* DIOS. * ¡Vaya una playa, me cago en sandiez! **II** *interj* **2** *Expresa asombro, protesta o disgusto.* * ¡Sandiez, qué bicho!

sandinismo *m* Movimiento revolucionario nicaragüense basado en las ideas de Augusto César Sandino († 1934).

sandinista *adj* De(l) sandinismo. **b)** Adepto al sandinismo. *Frec n.*

sandio -dia *adj* (*lit*) Necio o tonto.

sandiola *interj* (*pop*) Sandiez.

sandunga *f* (*col*) Gracia o salero.

sandunguero -ra *adj* (*col*) Que tiene sandunga. *A veces con intención irónica. Se usa expletivamente en la constr* GRACIA SANDUNGUERA.

sandwich (*ing; pronunc corriente,* /sánwič/ o /sánwis/; *tb con la grafía* **sándwich**; *pl normal, ~ o ~ES*) *m* **1** Conjunto de dos o más rebanadas de pan de molde entre las cuales se coloca jamón, embutido, queso u otro alimento y que se consume crudo o asado a la plancha. ■ **2** Cosa cuya disposición recuerda la del sandwich [1]. **b)** Material compuesto constituido por dos capas de una materia entre las cuales va un relleno de materia diferente. *Frec en aposición con* PANEL.

sandwichera *(pronunc corriente, /*sanwiĉéra/) *f* Aparato especial para asar sándwiches [1].

saneable *adj* Que se puede sanear.

saneado[1] -da *adj* **1** *part* → SANEAR. ■ **2** [Fortuna, renta o negocio] que produce importantes beneficios. **b)** [Beneficio] importante o considerable.

saneado[2] *m* Saneamiento [1].

saneamiento *m* **1** Acción de sanear. ■ **2** *En pl:* Aparatos sanitarios.

sanear *tr* **1** Dar condiciones de salubridad [a un lugar (*cd*)], esp. quitándole la humedad. ■ **2** Poner [la economía] en buenas condiciones.

sanedrín *m* **1** *(hist) Entre los antiguos judíos:* Consejo supremo de carácter religioso y también judicial y administrativo. ■ **2** *(hist)* Lugar en que se reúne el sanedrín [1]. ■ **3** *(lit)* Junta de perss. dirigentes o poderosas.

sanedrita *m (hist)* Miembro del sanedrín [1].

saneras *m y f (col)* Pers. cordial y de buen carácter.

sanfeliuense *adj* De San Feliu de Llobregat (Barcelona). *Tb n, referido a pers.*

sanferminero -ra *adj* De los Sanfermines.

sanfermines *(frec con mayúscula) m pl* Fiestas de San Fermín, de Pamplona.

sánfor *(n comercial registrado) m* Procedimiento consistente en someter un tejido de algodón a tratamientos mecánicos y térmicos que evitan que encoja al lavarlo. *Frec en aposición con* CAMISA.

sanfrancisco *(tb con la grafía* **San Francisco***) m* Cóctel de zumos de fruta.

sango *m* Lengua no oficial de la República Centroafricana, utilizada en gran parte del país como lengua de comercio.

sangradera *f (reg)* **1** Vasija para recoger la sangre en la matanza. ■ **2** Acequia de riego.

sangrado *m* Acción de sangrar [1, 2, 3, 5 y 6]. *Tb su efecto.*

sangrador -ra I *adj* **1** Que sangra [1, 2 y 3]. **II** *m* **2** *(hist)* Hombre que tiene por oficio sangrar [1b].

sangrante *adj* **1** Que sangra [6]. *Tb fig.* ■ **2** Hiriente o ultrajante. *Con intención ponderativa.*

sangrar A *tr* **1** Extraer la sangre [1a] [a un animal muerto (*cd*)]. **b)** Extraer [a alguien (*cd*)] cierta cantidad de sangre [1a] con fines curativos. **c)** Hacer que [alguien (*cd*)] derrame sangre [1a]. ■ **2** Extraer una secreción [de un árbol (*cd*)], esp. mediante incisiones en su corteza. ■ **3** Extraer o dejar salir líquido [de un lugar en que está acumulado (*cd*)]. ■ **4** Abusar económicamente [de una pers. (*cd*)]. ■ **5** *(Impr)* Empezar [un renglón (*cd*)] más adentro que el resto. *Tb abs.*
B *intr* ➤ **a** *normal* **6** Arrojar sangre [1a]. *Tb fig.* ■ **7** **estar sangrando** [una cosa]. *(col)* Ser muy nueva o reciente.
➤ **b** *pr* (~**se**) **8** Desangrarse (perder mucha o toda la sangre). *Tb fig.*

sangraza *f (desp)* Sangre [1a y 2a].

sangre I *n* **A** *f* **1** *En los vertebrados:* Líquido viscoso de color rojo, que circula por el organismo a través de vasos y realiza funciones esenciales para la vida, esp. nutritivas, respiratorias y depuradoras. **b)** ~ **caliente**, ~ **fría** → CALIENTE, FRÍO. **c)** *A veces se da este n a otros líquidos de carácter o funciones semejantes a los de la sangre* [1a]. * La linfa es denominada también sangre blanca. ■ **2** Sangre [1a] derramada a consecuencia de heridas o muertes. *Frec en constrs como* CORRER (LA) ~, HABER ~, LAVAR CON ~. ■ **3** Linaje o parentesco. *Frec con un adj especificador.* **b)** ~ **azul** → AZUL. ■ **4** Condición o carácter [de una pers.]. *Con un adj o compl especificador:* ARDIENTE, GENEROSA, *etc.* **b)** ~ **de horchata**, **de nabo**, **gorda.** *(col)* Carácter inactivo o excesivamente calmoso. ■ **5** ~ **fría.** Dominio de sí mismo que impide ceder a la emoción del momento. ■ **6** *(col)* Intención o instintos. *Con los adjs* BUENA, MALA *u otro equivalente.* ■ **7 mala ~.** *(col)* Mal humor. *Con intención ponderativa.* ■ **8** ~ **de drago.** Resina roja que se saca del drago y de otros árboles. ■ **9** *Con un compl especificador:* DE CRISTO, DE TORO, DE LEGUMBRES, *designa distintas plantas herbáceas caracterizadas por el color rojo de sus flores o por su aspecto rojizo.*
B *m* **10** ~ **de toro.** Vino tinto oscuro y espeso.
C *m y f* **11 mala ~.** *(col)* Pers. vengativa o de mala intención. *Tb adj.*
II *loc adj* **12 a primera ~.** *(hist)* [Duelo o desafío] que debe cesar al producirse la primera herida en uno de los contendientes. *Tb fig. Tb adv.* ■ **13 (de) pura ~.** *(invar)* [Caballo] de raza pura. *Tb n, en la forma* PURA ~. *Tb fig, referido a pers o a otro animal.* ■ **14 de ~.** Animal. *Gralm con el n* TRACCIÓN. **b)** [Bautismo] **de ~**, [hospital] **de ~** → BAUTISMO, HOSPITAL.
III *loc v* **15 chorrear ~** [algo]. *(col)* Ser muy nuevo o muy reciente. *Con intención ponderativa.* ■ **16 chupar la ~** [a alguien]. *(col)* Explotar[le] o ir quitándo[le] los bienes en provecho propio. ■ **17 encender, freír, quemar, calentar, alterar**, *o* **pudrir, la ~** [a alguien]. *(col)* Exasperar[le] o irritar[le]. **b) encendérsele, calentársele, arderle, hervirle**, *o* **pudrírsele, la ~** [a alguien]. *(col)* Ponerse [esa pers.] exasperada o irritada. ■ **18 hacer ~.** Producir una herida leve de donde sale sangre [1a]. **b) hacerse ~.** Sufrir una herida leve de donde sale sangre. ■ **19 hacerse** [alguien] **mala ~.** *(col)* Encorajinarse o disgustarse. **b) hacérsele** [a alguien] **mala ~.** *(col)* Ponerse [esa pers.] encorajinada o disgustada. ■ **20 helar la ~** [a alguien]. Dejar[le] sobrecogido. **b) helársele** [a alguien] **la ~** (**en las venas**), **quedarse sin ~** (**en las venas**); *o (col)* **írsele**, *o* **bajársele, la ~ a los talones** (*o* **a los zancajos**). Quedar [esa pers.] sobrecogida de susto o de miedo. ■ **21 llegar la ~ al río.** *(col)* Tener una disputa consecuencias graves. *Normalmente en constr neg.* ■ **22 llevar** [alguien una cosa] **en la ~.** Ser [esa cosa] innata [en esa pers.]. ■ **23 subírsele** [a alguien] **la ~ a la cabeza.** *(col)* Ponerse [esa pers.] encolerizada o fuera de sí. ■ **24 sudar ~.** Realizar grandes esfuerzos o sufrir muchas penalidades [para conseguir algo]. ■ **25 tener ~ en las venas.** *(col)* Ser capaz de actuar con viveza y energía. *Frec en constr neg.*
IV *loc adv* **26 a ~ fría.** De manera calculada, y no provocada inmediatamente por el arrebato. ■ **27 a ~ y fuego.** Con el máximo rigor, matando y destruyéndolo todo. *Frec con el v* ENTRAR. *Tb fig. Tb adj.*

sangrecilla *f (reg)* Sangre [1] de un animal sacrificado, que se toma como alimento.

sangrero *m (reg)* **1** Hombre que tiene por oficio sangrar [1a]. ■ **2** Casquero.

sangría *f* **1** Acción de sangrar [1b y c y 5]. *Tb su efecto.* ■ **2** Pérdida continuada e importante [de algo, esp. de dinero]. ■ **3** Bebida refrescante compuesta esencialmente de vino tinto, azúcar y limón. ■ **4** Parte de la articulación del brazo opuesta al codo.

sangrientamente *adv* De manera sangrienta [3, 4 y 5].

sangriento -ta *adj* **1** De (la) sangre [1a]. **b)** *(lit)* De color de sangre [1a]. ■ **2** Manchado de sangre [1a]. ■ **3** Que provoca derramamiento de sangre [1a]. ■ **4** Sanguinario [1]. ■ **5** Hiriente o ultrajante. *Con intención ponderativa.*

sanguaza *f* Líquido sanguinolento.

sangüesino -na *adj* De Sangüesa (Navarra). *Tb n, referido a pers.*

sanguijuela *f* **1** Gusano de unos 10 cm de largo y color pardo verdusco, con una ventosa en cada uno de los extremos, que succiona la sangre de los animales que parasita y que se ha empleado en medicina para realizar sangrías [1] (*Hirudo medicinalis*). ■ **2** *(desp)* Pers. que explota a otra o la priva poco a poco de sus bienes.

sanguijuelero -ra *m y f (hist)* Pers. que se dedica a coger, vender o aplicar sanguijuelas.

sanguinario -ria **I** *adj* **1** [Pers.] que goza provocando derramamiento de sangre. *Tb fig, referido a animal.* **b)** Propio de la pers. sanguinaria. **II** *f* **2** Planta herbácea propia de lugares incultos y de los bordes de los caminos, con tallos rastreros y flores pequeñas blancas o rojizas (*Polygonum aviculare*). *Tb* SANGUINARIA MAYOR. ■ **3** Planta herbácea con una sola hoja y una flor, cuyo rizoma contiene un látex rojo usado en medicina como tónico y expectorante (*Sanguinaria canadensis*). *Tb* SANGUINARIA DEL CANADÁ.

sanguineidad *f (raro)* Condición de sanguíneo [2].

sanguíneo -a *adj* **1** De (la) sangre [1a]. **b)** De color de sangre [1a]. ■ **2** [Pers.] caracterizada por la corpulencia, la rojez de la cara y el carácter violento. *Tb n. Tb fig, referido a animales.* **b)** Propio de la pers. sanguínea.

sanguino -na **I** *adj* **1** De color de sangre [1a]. **b)** [Naranja] cuya pulpa es de color rojizo. *Tb n f.* ■ **2** *(reg)* Que produce sangre [1a]. ■ **3** *(reg)* Sanguíneo [2]. ■ **4** *(pop)* Agresivo o violento. **II** *n* **A** *m* **5** Cornejo (planta). ■ **6** Alaterno (planta). **B** *f* **7** Lápiz en forma de barrita de color rojo oscuro, fabricado con hematites. **b)** Dibujo hecho con sanguina.

sanguinolento -ta *adj* **1** De (la) sangre [1a]. **b)** De color de sangre [1a]. ■ **2** Manchado de sangre [1a].

sanguinoso -sa *adj* Semejante a la sangre, esp. en el color.

sanguis *m (Rel catól)* Sangre de Cristo bajo los accidentes del vino.

sanguisorba *f* Se da este *n* a dos plantas herbáceas de la familia de las rosáceas, Sanguisorba offi-

cinalis *y S. minor. Tb ~* MAYOR *y* MENOR, *respectivamente.*

sanícula *f* Planta herbácea de la familia de las umbelíferas, usada como vulneraria (*Sanicula europaea*). *Tb ~* MACHO. **b) ~ hembra.** Planta herbácea de la familia de las umbelíferas, cultivada a veces como ornamental (*Astrantia major*).

sanidad *f* Conjunto de servicios oficiales relativos a la salud pública. **b)** Ministerio de Sanidad.

sanioso -sa *adj (Med)* De(l) icor (líquido fétido de una llaga o úlcera).

sanisidros *(frec con mayúscula) m pl* Fiestas de San Isidro, de Madrid.

sanitariamente *adv* En el aspecto sanitario [1].

sanitario -ria *adj* **1** De (la) sanidad. **b)** [Pers.] que trabaja en los servicios de sanidad. *Tb n, esp referido al personal auxiliar. Tb fig.* ■ **2** [Aparato o instalación] de los servicios higiénicos y de agua de una casa. *Frec como n m en pl, designando el conjunto de aparatos del cuarto de baño.*

san jacobo *m* Conjunto formado por dos filetes de lomo empanados con una loncha de queso entre ellos.

sanjaviereño -ña *adj* De San Javier (Murcia). *Tb n, referido a pers.*

sanjoderse. ~ cayó en lunes (*o* **viernes**). *fórm or (vulg) Se usa para comentar la necesidad de resignarse.* * Si no te gusta, ya sabes, sanjoderse cayó en lunes.

sanjuanada *f* Fiesta con que se celebra la festividad de San Juan (24 de junio). *Gralm referido a Soria.*

sanjuanero -ra **I** *adj* **1** [Fruta] que madura por San Juan (24 de junio). *Tb referido al árbol que la produce.* ■ **2** [Fiestas] de San Juan. **b)** De las fiestas de San Juan. ■ **3** De San Juan del Monte (Burgos). *Tb n, referido a pers.* **II** *f* **4** Música típica de las fiestas de San Juan, de Soria.

sanjuanes *(frec con mayúscula) m pl* Fiestas de San Juan (24 de junio).

sanjuanista *adj* [Individuo] de la orden militar de San Juan de Jerusalén. *Tb n m.*

sanki → SANQUI.

sanleonardés -sa *adj* De San Leonardo de Yagüe (Soria). *Tb n, referido a pers.*

sanluqueño -ña *adj* De Sanlúcar de Barrameda (Cádiz), de Sanlúcar de Guadiana (Huelva) o de Sanlúcar la Mayor (Sevilla). *Tb n, referido a pers.*

sanmarinense *adj* De la República de San Marino. *Tb n, referido a pers.*

sanmarinés -sa *adj* Sanmarinense. *Tb n.*

sanmateos *m pl* Fiestas de San Mateo, de Logroño.

sano -na **I** *adj* **1** Que goza de salud, física, mental o espiritual. **b)** [Miembro] que carece de lesión o enfermedad y funciona normalmente. **c)** Curado [de una enfermedad o lesión]. *Tb sin compl.* **d) ~ y salvo.** [Pers.] que se encuentra en perfecto estado tras superar un peligro físico. *Tb fig, referido a cosa.* ■ **2** [Vegetal] que no está podrido o afectado de enfermedad. ■ **3** [Cosa] normal o que no presenta alteraciones. ■ **4** [Cosa] no estropeada o rota. ■ **5** [Pers.] carente de malicia o malos instintos. **b)**

Propio de la pers. sana. ■ **6** [Cosa] saludable (buena para la salud). *Tb fig.* ■ **7** Saludable (que denota salud).
II *loc v* **8 cortar por lo ~** –> CORTAR.

sanqui *(tb con la grafía* **sanki***) m* Casa prefabricada de suburbio.

San Quintín. la de ~. *loc n f (col)* Un lío o alboroto muy grande. *Con vs como* ARMAR(SE) *u* ORGANIZAR(SE).

sanroqueño -ña *adj* De San Roque (Cádiz). *Tb n, referido a pers.*

sanscritista *m y f* Pers. versada en lengua y literatura sánscritas.

sánscrito -ta *(tb, raro,* **sanscrito***) adj (hist)* [Lengua] antigua de los brahmanes. *Más frec n m.* **b)** De (la) lengua sánscrita.

sans-culotte *(fr; pronunc corriente,* /san-kulót/ *o* /san-külót/*; tb con la grafía* **sansculotte***) (hist)* **I** *m* **1** *En la Revolución Francesa:* Revolucionario extremista.
II *adj* **2** De los sans-culottes [1].

sanseacabó *interj (col) Expresa el final definitivo de algo. Gralm precedida de* Y *y frec como refuerzo de una negación.* * *Cuando te llega la hora, te largas y sanseacabó.* **b)** *Puesta al final de una enumeración, subraya lo escaso de esta.* * *Pones unas patatas fritas, unos frutos secos y sanseacabó.*

sansevieria *f* Planta herbácea perenne, de hojas radicales espesas, carnosas y largas, con estrías amarillas y verdes, cultivada frec. como ornamental (gén. *Sansevieria,* esp. *S. trifasciata*).

sans-façon *(fr; pronunc corriente,* /sanfasón/*) m o f* Desenvoltura o falta de ceremonia.

sansirolada *f (col)* Tontería o bobada.

sansirolé *adj (col)* Bobalicón. *Tb n.*

sansiviera *f* Sansevieria.

sansón -na *m y f* Pers. muy forzuda.

santaamaliense *adj* De Santa Amalia (Badajoz). *Tb n, referido a pers.*

santabárbara *f (Mar) En una embarcación:* Lugar destinado a guardar la pólvora o el armamento.

santacruceño -ña *adj* De alguna de las poblaciones llamadas Santa Cruz, esp. de Santa Cruz de Tenerife. *Tb n, referido a pers.*

santacrucero -ra *adj* De Santa Cruz de Tenerife. *Tb n, referido a pers.*

santaellano -na *adj* De Santaella (Córdoba). *Tb n, referido a pers.*

santamartense *adj* De Santa Marta (Badajoz). *Tb n, referido a pers.*

santamente *adv* De manera santa [1f].

santanderino -na *adj* De Santander. *Tb n, referido a pers.*

santapolero -ra *adj* De Santa Pola (Alicante). *Tb n, referido a pers.*

santateresa *f* Insecto de unos 8 cm de largo, de color verde, con las patas anteriores largas y robustas adaptadas para la aprehensión, las cuales mantiene unidas como en actitud orante cuando está en reposo (*Mantis religiosa*).

santcugatense *adj* De Sant Cugat del Vallés (Barcelona). *Tb n, referido a pers.*

santear *tr (jerg)* Informar [de algo *(cd)*] a un delincuente] para facilitar la comisión de un delito.

santelmo *(tb con la grafía* **San Telmo***) m* Fuego de San Telmo (–> FUEGO).

santense *adj* De Los Santos de Maimona (Badajoz). *Tb n, referido a pers.*

santeño -ña *adj* De alguna de las poblaciones denominadas Los Santos. *Tb n, referido a pers.*

santería *f (Rel)* Conjunto de creencias y prácticas religiosas, propio de los negros de Cuba, constituido por una mezcla de elementos católicos con supersticiones y fetichismo de origen africano.

santero -ra **I** *adj* **1** Que tributa a las imágenes un culto casi supersticioso. *Tb n, referido a pers.*
II *m y f* **2** Pers. que cuida de una ermita o un santuario. ■ **3** Pers. que lleva de casa en casa una imagen, recibiendo por ello una limosna. ■ **4** *(jerg)* Pers. que facilita a un delincuente información para cometer un delito.

santiagueño -ña *adj* De alguna de las poblaciones o provincias denominadas Santiago. *Tb n, referido a pers.*

santiaguero -ra *adj* De Santiago de Cuba. *Tb n, referido a pers.*

santiagués -sa *adj* De Santiago de Compostela (La Coruña). *Tb n, referido a pers.*

santiaguino -na *adj* De Santiago de Chile. *Tb n, referido a pers.*

santiaguiño *m* Crustáceo de pequeño tamaño, semejante a la cigala, en cuyo caparazón se dibuja una cruz de Santiago (*Scyllarus arctus*).

santiaguista *adj* De la orden militar de Santiago. *Tb n, referido a pers.*

santiamén **I** *loc adv* **1 en un ~.** Muy rápidamente o en muy poco tiempo.
II *m (raro)* Espacio muy breve de tiempo.

santidad *(con mayúscula en acep 2) f* **1** Cualidad de santo [1 y 2]. ■ **2** *Se usa como tratamiento del Papa. Normalmente precedido de adj posesivo:* SU ~, VUESTRA ~.

santificable *adj* Que se puede santificar.

santificación *f* Acción de santificar(se).

santificador -ra *adj* Que santifica, *esp* [1].

santificante *adj (Rel catól)* [Gracia] que santifica [1].

santificar *tr* **1** Hacer que [alguien *(cd)*] alcance la santidad o la perfección cristiana. *Frec el cd es refl.* ■ **2** Hacer santa [1f y 2] [una cosa]. *Tb fig.* **b)** Dar carácter religioso [a una fiesta *(cd)*] cumpliendo los preceptos religiosos y absteniéndose de trabajar. ■ **3** Reverenciar [una cosa] como santa [2]. *Solo en el padrenuestro.*

santiguación *f (raro)* Acción de santiguarse [1].

santiguada *f (raro)* Acción de santiguarse [1].

santiguador -ra *m y f (hist)* Pers. que realiza hechicerías o curaciones haciendo sobre sí mismo o sobre otro la señal de la cruz.

santiguarse *(conjug 1b) intr pr* **1** Hacer [alguien] la señal de la cruz desde la frente al pecho y desde el hombro izquierdo hasta el derecho, diciendo "en el nombre del Padre, del Hijo y del Espíritu Santo". ■ **2** Mostrar gran escándalo o asombro, esp. realizando el acto físico de santiguarse [1].

santo -ta (*con pronunc átona en acep 1b, donde toma la forma* SAN *inmediatamente delante de n propio m, excepto* TOMÁS, DOMINGO *y* TORIBIO. *Con mayúscula en aceps 3, 4, 8b y 12 y gralm en 1b, 11 y 13*) **I** *adj* **1** (*Rel crist*) [Pers.] que recibe culto público después de su muerte, tras reconocer oficialmente la Iglesia el alto grado de perfección alcanzado en vida. *Frec n.* **b)** *Se usa como tratamiento, sin art, precediendo inmediatamente al n propio.* * Santo Tomás no creía en la resurrección. * Reza a San Antonio. **c)** (*Rel catól*) [Pers.] que ha alcanzado la bienaventuranza eterna. *Gralm n.* **d)** [Pers.] moralmente irreprochable. *Tb n. A veces con intención ponderativa.* **e)** [Pers.] de bondad o paciencia ejemplares. *Tb n.* **f)** Propio de la pers. santa. *Frec fig, ponderando bondad.* ■ **2** De carácter sagrado. **b)** De carácter religioso. **c)** [Guerra] de religión. *Gralm referido a los mahometanos.* ■ **3** (*Rel crist*) [Semana] siguiente al Domingo de Ramos, en la cual se conmemora la Pasión de Jesús. **b)** [Día] de la Semana Santa. *Acompañando al n de cualquiera de los días, excepto el domingo.* ■ **4** (*Rel catól*) [Año] de jubileo o indulgencia plenaria. ■ **5** (*col*) *Precediendo a algunos ns como* VOLUNTAD, SUELO, DÍA, TARDE, *etc, tiene carácter ponderativo.* * Duerme en el santo suelo. **b)** **todo el ~ día →** DÍA. **II** *m* **6** Imagen de un santo [1a]. ■ **7** (*col*) Dibujo o ilustración. ■ **8** Día de la festividad del santo [1a] del nombre [de una pers.]. *Tb la fiesta con que se celebra.* **b) Todos los ~s.** Festividad con que la Iglesia honra el 1 de noviembre a todos los santos [1c] del cielo. *Tb la fecha en que se celebra. Tb* LOS ~S. ■ **9 ~ y seña.** (*Mil*) Contraseña con que alguien se da a conocer como amigo al centinela de un recinto militar para que le permita entrar en él. *Tb fig, fuera del ámbito militar.* ■ **10** (*jerg*) Información que se da a un delincuente para facilitarle la comisión de un delito. *Frec en la constr* DAR EL ~. ■ **11** (*Rel catól*) *En la misa:* Sanctus. ■ **12 el Santísimo.** (*Rel catól*) Cristo en la Eucaristía. ■ **13** (*hist*) *En el Tabernáculo y en el templo de Jerusalén:* Parte inmediatamente anterior al sancta sanctorum y separada de él mediante un velo. **b) ~ de los ~s,** o **Santísimo.** (*hist*) Sancta sanctorum. **III** *loc v y fórm or* **14 adorar al ~ por la peana.** (*col*) Tratar de agradar a una pers. siendo amable y complaciente con otra ligada afectivamente a ella. ■ **15 alzarse** [alguien] **con el ~ y la limosna.** (*col*) Apropiárselo todo, lo que le corresponde y lo ajeno. ■ **16 comerse** [alguien] **los ~s.** (*col*) Ser muy beato. ■ **17 desnudar** (**a**) **un ~ para vestir a otro.** (*col*) Privar a alguien o algo de una cosa que necesita, para dársela a otro que no la precisa más que el primero. ■ **18 hacer la santísima** [a alguien]. (*col, euf*) Causar[le] un daño o disgusto grande. ■ **19 írsele** [a alguien] **el ~ al cielo.** (*col*) Quedarse [esa pers.] distraída, u olvidarse de lo que iba a decir o hacer. ■ **20 llegar y besar el ~.** (*col*) Conseguir el propósito inmediatamente después de intentarlo. *Gralm como predicat.* ■ **21 no acordarse** (**ni**) **del ~ del nombre** [de una pers.]. (*col*) No acordarse [de ella] en absoluto. ■ **22 no es mi ~.** (*pop*) *Fórmula de rechazo despectivo.* * –¿Pero esto qué es? Digo, los tíos, ¿qué te parece? –¡Que no es mi santo! ■ **23 quedarse** [una mujer] **para vestir ~s.** (*col*) Permanecer definitivamente soltera. *Tb* (*humoríst*) *referido a hombre.* ■ **24 ~ y bueno.** *Fórmula de aprobación que precede normalmente a la manifestación de una reserva.* * Que ella se ría con las cosas de los chicos, santo y bueno. Pero él, es incomprensible. ■ **25 ser ~ de la devoción** [de alguien]. (*col*) Resultar[le] grato o simpático. *Gralm*

en constr neg. ■ **26 tener el ~ de cara** (*o* **de espaldas**). (*col*) Tener buena (o mala) suerte. **IV** *loc adv* **27 ¿a ~ de qué?** (*o, raro, ¿a qué ~?*). ¿Con qué motivo? *Gralm con intención polémica.* ■ **28 como un ~.** En paz y profundamente. *Con el v* DORMIR. **V** *interj* **29 por todos los ~s** (**del cielo**). *Expresa asombro y protesta ante algo disparatado o inoportuno.* * Por todos los santos, deja de dar la murga.

santolina *f* Planta herbácea de hojas carnosas grisáceas en inflorescencias en capítulos amarillos muy aromáticos, espontánea en lugares pedregosos y cultivada como ornamental (*Santolina chamaecyparissus*).

santolio *m* (*reg*) Santo óleo.

santón *m* **1** Hombre no cristiano que lleva una vida austera y penitente. ■ **2** Hombre muy respetado e influyente en la sociedad. *A veces con intención desp.* ■ **3** (*desp*) Hombre hipócrita que aparenta honradez o santidad.

santonina *f* (*Med*) Sustancia neutra, cristalina, incolora y amarga que se emplea en medicina como vermífugo.

santoñés -sa *adj* De Santoña (Cantabria). *Tb n, referido a pers.*

santoral **I** *adj* **1** De (los) santos [1a]. **II** *m* **2** Lista de los santos [1a] a los que conmemora la Iglesia, o de los que se conmemoran en cada día del año. *Tb fig.*

santorra *f* (*reg*) Crustáceo semejante a la langosta, pero sin antenas (*Maja squinado*).

santuario *m* **1** Templo en que se venera una imagen o la reliquia de un santo. **b)** Templo. *Tb fig.* ■ **2** Lugar de refugio o asilo. ■ **3** (*hist*) Santo [13a].

santurrón -na *adj* (*col*) [Pers.] exageradamente devota. *Frec con intención desp, ponderando la hipocresía de tal devoción.*

santurronería *f* (*col*) Cualidad de santurrón.

santurzano -na *adj* De Santurce (Vizcaya). *Tb n, referido a pers.*

sanvicenteño -ña *adj* De San Vicente de Alcántara (Badajoz). *Tb n, referido a pers.*

sanza *f* Instrumento musical africano, constituido por una tablita o por una pequeña caja armónica sobre la cual están fijadas una serie de láminas de madera o de metal que se hacen vibrar con los dedos.

saña *f* Furia cruel.

sañero *m* (*jerg*) Carterista.

sañudamente *adv* De manera sañuda.

sañudo -da *adj* **1** Que tiene o muestra saña. ■ **2** Que denota o implica saña.

sao *adj invar* De un pueblo negro habitante de las orillas del lago Chad. *Tb n, referido a pers.*

sapeli (*tb con la grafía* **sapely**) *m* Árbol del África occidental, de madera dura semejante a la caoba (*gén. Entandrophragma*). *Más frec su madera.*

sapenco *adj* [Caracol terrestre] con rayas pardas transversales (*Cepaea nemoralis*). *Tb n m.*

sapidez *f* (*lit o E*) Cualidad de sápido.

sápido -da *adj* (*lit o E*) **1** Que tiene sabor. ■ **2** (*raro*) De(l) sabor.

sapiencia *f* (*lit*) Sabiduría.

sapiencial *adj* **1** [Libro de la Sagrada Escritura] de carácter exclusivamente moral o filosófico. ∎ **2** (*lit*) De (la) sapiencia.

sapiente *adj* (*lit*) [Pers.] sabia. **b)** Propio de la pers. sabia.

sapientísimo → SABIO.

sapillo *m* **1** *dim de* SAPO. ∎ **2** Se da este n a algunas especies de sapos de pequeño tamaño. *Frec con un adj o compl especificador.*

sapina *f* (*reg*) Salicor (planta).

sapindácea *adj* (*Bot*) [Planta] dicotiledónea, frec. arbórea, propia esp. de las regiones tropicales de Asia y América, de la familia entre cuyos géneros destaca *Sapindus*. *Frec como n f en pl, designando este taxón botánico.*

sapo I *m* **1** Anfibio anuro de cuerpo rechoncho, de unos 15 cm de longitud, patas cortas y piel pardusca y verrugosa (*Bufo bufo*). **b)** *En gral se da este n a otros anfibios anuros semejantes al sapo común. Frec con un adj o compl especificador:* ~ VERDE (*Bufo viridis*), ~ CORREDOR (*Bufo calamita*), ~ DE ESPUELAS (*Pelobates fuscus*), ~ PARTERO (*Alytes obstetricans*), etc. **c)** (*col*) *Se da este n a cualquier animalillo acuático semejante al sapo o a los gusanos.* * El agua está llena de sapos. ∎ **2** (*col*) Pers. despreciable. *Usado a veces como insulto.* ∎ **3** (*reg*) Rape (pez). ∎ **4 ~s y culebras.** (*col*) Injurias o maldiciones. *Con los vs* SOLTAR *o* ECHAR. ∎ **5 ~s y culebras.** (*col*) Revoltijo de cosas despreciables o dañinas. II *loc v* **6 tragar(se) un ~.** (*col*) Aguantar una contrariedad sin exteriorizarlo.

sapoconcho *m* (*reg*) Tortuga.

saponaria *f* Planta herbácea de flores blancas o rojizas, cuya raíz se emplea para lavar telas y desengrasar lanas (*Saponaria officinalis*). *Tb se da este n a otras especies similares de los géns Saponaria y Gypsophila. Gralm con un adj o compl especificador:* MENOR, DE LA MANCHA.

saponificación *f* (*Quím*) Acción de saponificar(se).

saponificar *tr* (*Quím*) Transformar en jabón [un cuerpo graso], esp. por combinación con un álcali. *Tb abs.* **b)** *pr* (*~se*) Transformarse en jabón [un cuerpo graso], esp. por combinación con un álcali.

saponina *f* (*Quím*) Sustancia vegetal de las varias que, disueltas en agua, forman espuma y son capaces de emulsionar las grasas y otras materias insolubles.

sapotácea *adj* (*Bot*) [Planta] dicotiledónea tropical, arbórea o arbustiva, de hojas simples y flores axilares. *Frec como n f en pl, designando este taxón botánico.*

sapristi *interj* (*humoríst*, *raro*) *Expresa asombro o admiración.* * ¡Sapristi! ¡Vaya aparición!

saprofíticamente *adv* (*Biol*) De manera saprofítica.

saprofítico -ca *adj* (*Biol*) **1** Propio de los seres saprofitos. ∎ **2** Saprofito.

saprofitismo *m* (*Biol*) Sistema de vida propio de los saprofitos.

saprofito -ta (*tb* **saprófito**) *adj* (*Biol*) [Vegetal] que vive a expensas de materias orgánicas en descomposición. *Tb n m.*

saprolegnia *f* (*Bot*) Hongo microscópico que vive como saprofito o parásito de plantas o animales acuáticos y produce graves epizootias (gén. *Saprolegnia*).

sapropel *m* (*Geol*) Lodo con materia orgánica en descomposición, que interviene en la formación del petróleo, pizarras bituminosas o cuencas hulleras.

saque *m* **1** (*Dep*) Acción de sacar. ∎ **2** (*col*) Hábito de comer mucho. *Gralm en la constr* TENER BUEN ~.

saqueador -ra *adj* Que saquea. *Tb n, referido a pers.*

saqueamiento *m* Saqueo.

saquear *tr* Apoderarse violentamente [los soldados] de cuanto hallan [en un lugar enemigo (*cd*)]. *Tb abs.* **b)** Robar o desvalijar [un lugar o a una pers.]. *Tb fig. Tb abs.*

saqueo *m* Acción de saquear.

saquerío *m* Sacos[1] o conjunto de sacos (recipientes).

saquero -ra I *adj* **1** De(l) saco[1] (recipiente). *Frec referido a* AGUJA. II *m y f* **2** Pers. que fabrica o vende sacos[1].

sarama *f* (*reg*) Basura.

sarampión *m* **1** Enfermedad vírica contagiosa y frec. epidémica, propia esp. de la infancia, que se manifiesta por síntomas catarrales y multitud de pequeñas manchas rojas sobre la piel. ∎ **2** Estado pasajero de gran interés o preocupación [por algo (*adj o compl especificador*)].

sarampionoso -sa *adj* **1** De(l) sarampión [1]. ∎ **2** Que padece sarampión [1].

sarao *m* (*hist*) Fiesta nocturna de carácter distinguido, con baile o música. **b)** (*lit o humoríst*) Fiesta o reunión de carácter social.

sarape *m* Prenda de vestir mejicana a modo de manta, gralm. de vivos colores, que a veces lleva una abertura para la cabeza.

sarasa *m* (*col*) Marica[1] (hombre homosexual o afeminado). *Tb adj.*

sarcasmo *m* Burla o ironía cruel.

sarcásticamente *adv* De manera sarcástica.

sarcástico -ca *adj* Que tiene o muestra sarcasmo.

sarcina *f* (*Biol*) Agrupación de cocos formando masa.

sarcófago *m* Urna sepulcral de piedra, gralm. con relieves o inscripciones.

sarcolema *m* (*Anat*) Membrana muy fina que envuelve una fibra muscular.

sarcoma *m* (*Med*) Tumor maligno de tejido conjuntivo.

sarcoplasma *m* (*Anat*) Protoplasma de la célula o de la fibra muscular.

sarcopoyesis *f* (*Fisiol*) Producción de carne o tejido muscular.

sarcosporidio *m* (*Zool*) Protozoo que vive parásito en las fibras musculares de diversos animales (gén. *Sarcocystis*). *Frec en pl, designando este taxón zoológico.*

sarda[1] *f* (*reg*) Monte bajo.

sarda[2] *f* (*reg*) Se da este n a varios peces, esp a la caballa (*Scomber scombrus*), al bonito (*Sarda sarda*) y a cierto pececillo de río.

sardana *f* Danza típica catalana que se baila en corro y con las manos cogidas. *Tb su música.*

sardanista I *adj* **1** De (la) sardana. **II** *m y f* **2** Pers. que baila sardanas.

sardanístico -ca *adj* De (la) sardana.

sardesco -ca *adj* **1** [Ganado caballar] de pequeño tamaño. ■ **2** [Pers.] de mal carácter. ■ **3** [Risa] sardónica.

sardina I *f* **1** Pez marino de unos 20 cm de largo, con grandes escamas azuladas o verdosas en el dorso y plateadas en el resto del cuerpo, cuya carne, bastante apreciada, se consume fresca o en conserva (*Sardina pilchardus*). **b)** ~ **arenque.** Arenque. ■ **2** (*Taur, desp*) Toro pequeño. **II** *loc adv* **3** **como ~s en lata** (*o, más raro,* **en banasta**). (*col*) En gran apretura por falta de espacio.

sardinada *f* Comida a base de sardinas [1].

sardinal *m* (*Mar*) **1** Arte de pesca formado por redes rectangulares que se dejan en posición vertical entre dos aguas para que queden atrapadas las sardinas [1]. ■ **2** Embarcación destinada a la pesca de la sardina [1].

sardinel *m* (*Arquit*) Obra de ladrillos puestos de canto y tocándose por las caras mayores. *Frec en la constr* EN, *o* A, ~.

sardinero -ra I *adj* **1** De (la) sardina [1]. ■ **2** [Embarcación] dedicada a la pesca de sardinas [1]. *Frec n m, referido a barco, y f, referido a barca.* **II** *m y f* **3** Pers. que vende sardinas [1].

sardineta *f* **1** Golpe dado con los dedos índice y corazón juntos y extendidos. ■ **2** Adorno de ciertos uniformes militares, consistente en dos galones apareados y terminados en punta.

sardiñada *f* (*reg*) Sardinada.

sardo -da I *adj* **1** De la isla de Cerdeña (Italia). *Tb n, referido a pers.* ■ **2** De(l) sardo [4]. ■ **3** [Res vacuna] cuyo pelaje tiene mezcla de negro, blanco y colorado. **II** *m* **4** Lengua o conjunto de dialectos de Cerdeña.

sardón *m* (*reg*) Monte bajo.

sardonia *f* Ranúnculo cuyo jugo produce en la cara una contracción semejante a la risa (*Ranunculus sceleratus*).

sardónicamente *adv* De manera sardónica [2].

sardónice *f* (*Mineral*) Variedad de calcedonia con franjas alternantes de color pardo rojizo y amarillento.

sardónico -ca *adj* **1** [Risa] **sardónica** → RISA. ■ **2** Irónico o sarcástico.

sarga[1] *f* Tela cuyo tejido forma líneas diagonales.

sarga[2] *f* Se da este n a varios arbustos del gén Salix, esp S. purpurea, S. elaeagnos, S. incana, S. triandra y S. atrocinera.

sargazo *m* Alga parda marina, de talo muy desarrollado, que abunda en los mares tropicales y en el Atlántico (gén. *Sargassum*).

sargento *m* **1** Suboficial del grado más bajo, inmediatamente superior al cabo primero. **b)** *En la policía municipal:* Miembro de categoría inmediatamente superior a la del cabo. **c)** ~ **primero** → PRIMERO. **d)** ~ **mayor.** (*hist*) Oficial encargado de la instrucción y disciplina de un regimiento. ■ **2** (*col*) Pers. de carácter brusco y autoritario. *Frec referido a mujer.* ■ **3** (*Carpint*) Herramienta usada para mantener juntas piezas recién encoladas.

sargo *m* Pez marino comestible, de cuerpo comprimido lateralmente y color plateado con franjas transversales negras (*Diplodus sargus*).

sari *m* Traje largo femenino típico de algunos países del sur de Asia, esp. de la India.

sarín *m* Agente químico de guerra sumamente tóxico, que actúa como inhibidor de la colinesterasa.

sarisa *f* (*hist*) Lanza larga usada por los soldados de las falanges macedonias.

sarmentera *f* Lugar donde se guardan los sarmientos para leña.

sarmentoso -sa *adj* **1** De(l) sarmiento o de (los) sarmientos. ■ **2** Enjuto a manera de sarmiento. *Frec referido a mano.* ■ **3** (*Bot*) [Planta] de ramas leñosas, flexibles y nudosas que pueden apoyarse en los objetos próximos.

sarmiento *m* Vástago o renuevo de la vid.

sarna *f* **1** Enfermedad contagiosa, común al hombre y a varios animales domésticos, producida por un ácaro y caracterizada por multitud de vesículas y pústulas que originan intenso picor. **b)** (*col*) *Se usa en constrs comparativas para ponderar la vejez.* * Es más viejo que la sarna. ■ **2** Enfermedad de las plantas causada por ácaros y que frec. se manifiesta por pústulas escamosas.

sarnoso -sa *adj* Que padece sarna. *Tb n, referido a pers.*

sarong (*pl normal,* ~s) *m* Prenda de vestir para ambos sexos, propia de Malasia e Indonesia, constituida por una banda de tela que se rodea alrededor del cuerpo.

sarpullido *m* Erupción cutánea de granitos o ronchas. *Tb fig.*

sarpullir (*conjug* 53) *tr* Producir sarpullido [a alguien o algo (*cd*)]. *Tb fig.*

sarraceno -na *adj* **1** Árabe o mahometano. *Tb n, referido a pers.* ■ **2** [Trigo] ~ → TRIGO.

sarracina *f* (*col*) **1** Mortandad o destrozo grandes. ■ **2** Riña o pelea grave o en que hay heridas o muertes.

sarriano -na *adj* De Sarria (Lugo). *Tb n, referido a pers.*

sarrio *m* Variedad de gamuza típicamente pirenaica, algo más pequeña y rojiza que la común.

sarro *m* **1** Sustancia amarillenta de naturaleza calcárea que se adhiere al esmalte de los dientes. ■ **2** Sedimento que un líquido deja adherido en una vasija o en un conducto.

sarroso -sa *adj* Que tiene sarro.

sarruján *m* (*reg*) Zagal a las órdenes de un pastor que cuida ganado en los puertos.

sarrusofón *m* Instrumento de viento, de cobre, de doble lengüeta y de timbre parecido al del saxofón, que se usa en bandas militares.

sarta *f* Conjunto [de cosas, gralm. de la misma clase] atravesadas una tras otra en un hilo o en algo similar. **b)** Serie [de cosas no materiales] que van una tras otra.

sartén I *f* **1** Utensilio de cocina redondo, poco hondo y con mango largo, que se emplea esp. para freír. **II** *loc adj* **2** [Fruta] **de** ~ → FRUTA.

III *loc v* **3 tener** [alguien] **la ~ por el mango.** *(col)* Estar en situación de decidir pudiendo obligar a los demás a someterse a su voluntad.

sartenada *f* Conjunto de cosas que caben en una sartén o que se fríen en ella de una vez.

sartenazo *m* **1** Golpe dado con una sartén. *A veces se emplea con intención ponderativa como sinónimo de* GOLPAZO. ■ **2** *(Taur, desp)* Estocada mal ejecutada y de mala colocación.

sartorial *adj* De (la) sastrería [1] o de (los) sastres [1].

sartorio *adj* *(Anat)* [Músculo] del muslo, que se extiende oblicuamente por sus caras anterior e interna. *Tb n m.*

sasánida *adj (hist)* [Pers.] de la dinastía persa que reinó del s. III al VII. *Tb n.* **b)** De los sasánidas. **c)** De la época de los sasánidas.

sastre -tra *(tb, reg, f* **sastresa**) **I** *m y f* **1** Pers. que tiene por oficio cortar y coser trajes de hombre. **II** *adj invar* **2** [Traje] femenino de chaqueta de hechura semejante a la del traje masculino. *Frec n m.* **b)** Propio del traje sastre. **3** [Cajón] **de ~,** [jabón] *o* [jaboncillo] **de ~ →** CAJÓN, JABÓN, JABONCILLO. **III** *fórm or* **4** (eso) **será lo que tase** (*o, raro,* **la que cante**) **un ~.** *(col) Expresa duda ante la realización de un proyecto que acaba de formularse, o resignación ante lo que pueda suceder.* * Eso será lo que tase un sastre.

sastrería *f* **1** Oficio de sastre [1]. ■ **2** Establecimiento en que se confeccionan o venden trajes de hombre.

satán *m* Hongo venenoso de sombrero blanco grisáceo *(Boletus satanas). A veces en aposición con* HONGO.

satánicamente *adv* De manera satánica.

satánico -ca *adj* Diabólico. *Frec se emplea para ponderar maldad o malicia.*

satanismo *m* **1** Culto al Diablo. ■ **2** Perversidad satánica. ■ **3** *(TLit)* Actitud propia del romanticismo y el decadentismo, que va desde el desafío intelectual a la moral establecida hasta el culto a Satán.

satanista *adj (raro)* Adepto al satanismo [1]. *Tb n.*

satanizar *tr* Atribuir carácter satánico [a alguien o algo *(cd)*]. *Frec fig.*

satelitario -ria *adj* De(l) satélite o de (los) satélites, *esp* [2].

satélite **I** *m* **1** Astro sin luz propia que gira alrededor de un planeta. **b)** ~ **artificial.** Ingenio que desde la Tierra se pone en órbita alrededor de un astro, con fines científicos, militares o de comunicación. *Tb, simplemente,* ~. **II** *adj* **2** [Pers. o cosa] que depende completamente de otra, o que actúa o se presenta como sometida a ella. *Frec n m.* **b)** [Estado] que depende completamente de otro más poderoso, al cual se encuentra sometido en el aspecto ideológico, político y económico. *Frec n m.* **c)** [Ciudad] situada en las proximidades de otra más importante y de la cual depende de algún modo. *Frec n m.* ■ **3** *(Mec)* [Piñón] cuyo eje describe una trayectoria circular alrededor del eje de otra rueda. *Frec n m.*

satelización *f* Acción de satelizar.

satelizado -da *adj* **1** *part →* SATELIZAR. ■ **2** *(raro)* De(l) satélite [1b y 2].

satelizar *tr* Convertir [algo o a alguien] en satélite, *esp* [2].

sateloide *m (E)* Satélite artificial.

satén *m* **1** Raso (tejido). **b)** *Se usa a veces en constrs de sent comparativo para ponderar la suavidad o la tersura.* * Sintió su tibia mano de satén sobre su hombro. ■ **2** Madera semejante al nogal, producida por varios árboles tropicales.

satín *m* Satén [1].

satina *f* Tela semejante a la sarga, en la que los surcos del tejido son interrumpidos o cambian de dirección cada dos puntos.

satinado -da *adj* **1** *part →* SATINAR. ■ **2** De(l) satén [1]. **b)** [Brillo] ligeramente apagado. **c)** [Color] de brillo ligeramente apagado. *Tb n m.* ■ **3** Que tiene la tersura o el brillo del satén [1].

satinador -ra *adj* Que satina. *Tb n f, referido a máquina.*

satinar *tr* Dar [a algo *(cd)*] la tersura y el brillo del satén [1]. *Tb abs. Frec en part, esp referido a papel.*

sátira *f* **1** Crítica o censura de carácter irónico o burlesco. **b)** Escrito, discurso u obra artística en que se critica a alguien o algo, ridiculizándolos o burlándose de ellos. ■ **2** *(TLit, hist)* Composición poética en que se critican las costumbres públicas o los vicios de alguien. *Tb el género correspondiente.*

satiriasis *f (Med)* Exaltación exagerada del impulso sexual en el hombre.

satíricamente *adv* De manera satírica.

satírico -ca *adj* De (la) sátira. **b)** [Pers., esp. escritor] que cultiva la sátira. *Tb n.*

satirión *(tb* **satirion**) *m* Se da este *n* a varias plantas herbáceas de la familia de las orquídeas, *esp* a la Platanthera bifolia y a varias especies del *gén* Orchis. *Frec con un adj especificador.*

satirizar *tr* Hacer [a alguien o algo *(cd)*] objeto de sátira [1].

sátiro *m* **1** *(Mitol clás)* Divinidad de los bosques representada por un ser con cuerpo de hombre y cuernos y patas de cabra. ■ **2** *(lit)* Hombre lascivo o morbosamente lujurioso. *A veces usado como insulto.*

satisfacción **I** *f* **1** Acción de satisfacer. *Tb su efecto.* ■ **2** Gusto o placer. **b)** Cosa que causa gusto o placer. **II** *loc v* **3 tomar ~** [de alguien o de una injuria o agravio]. Vengarse [de ellos]. **III** *loc adv* **4 a (plena) ~.** Conforme a lo deseado.

satisfacer *(conjug 28)* **A** *tr* **1** Hacer desaparecer [un deseo o una necesidad] proporcionando lo apetecido o necesitado. **b)** Dar respuesta adecuada [a una duda o pregunta *(cd)*]. **c)** Cumplir [algo, esp. condiciones, requisitos o exigencias]. **d)** *(Mat)* Cumplir [algo] las condiciones [de un problema o ecuación *(cd)*]. ■ **2** Proporcionar [a alguien *(cd)*] lo que necesita o desea. **b)** Proporcionar gusto o placer [a alguien o algo *(cd)*]. *Frec en part con un compl* DE. * Pareció quedar muy satisfecho de que le hablase de aquel modo. ■ **3** Pagar [algo, esp. una deuda]. **b)** Pagar [la pena debida por un delito o falta]. ■ **4** Compensar [a alguien *(cd)* por una falta o daño *(compl* DE *o* POR*)* cometidos contra él]. *Frec sin cd.* **B** *intr pr* (~**se**) **5** Contentarse o conformarse [con algo].

satisfactoriamente *adv* De manera satisfactoria.

satisfactorio -ria *adj* Que satisface [2].

satisfechamente *adv* De manera satisfecha.

satisfecho -cha *adj* 1 *part* –> SATISFACER. ■ 2 Que denota o implica satisfacción [2].

sativo -va *adj* (*Bot*) [Planta] cultivada. *Se opone a* SILVESTRE. *Gralm como especificador.*

sátrapa *m* 1 (*hist*) Gobernador de una provincia de la antigua Persia. ■ 2 (*lit*) Hombre poderoso. *Frec con intención desp, denotando ostentación o abuso de poder.*

satrapía *f* 1 (*hist*) Territorio gobernado por un sátrapa [1]. *Tb* (*lit*) *fig.* ■ 2 (*lit*) Gobierno despótico o tiránico.

satsuma *f* Variedad de mandarina de piel fina y suelta, gajos fácilmente separables y gralm. sin semillas.

saturación *f* Acción de saturar(se). *Tb su efecto.*

saturado -da *adj* 1 *part* –> SATURAR. ■ 2 (*Quím*) [Disolución] que contiene la máxima cantidad posible de cuerpo disuelto. ■ 3 (*Quím*) [Compuesto] que no admite adiciones.

saturante *adj* Que satura. *Esp referido a vapor.*

saturar *tr* (*Quím*) Cubrir [las valencias (*cd*) de un cuerpo] en un proceso de combinación. **b)** (*Fís y Quím*) Impregnar [un fluido (*cd*) de otro cuerpo] hasta la máxima cantidad que puede admitir. **c)** Llenar [a alguien o algo (*cd*) de una cosa] hasta el punto de no poder admitir más. *Frec con intención ponderativa.* **d)** Hacer funcionar [una línea o circuito (*cd*)] con su máxima capacidad. *Frec en part.* **e)** *pr* (*~se*) Pasar a estar saturado [a, b, c y d].

saturnal I *adj* 1 (*lit*) Del dios Saturno. II *f pl* 2 (*hist*) Fiestas en honor del dios Saturno. **b)** (*lit*) Orgía o bacanal. *Tb fig.*

saturnino -na *adj* 1 Del planeta Saturno. *Tb n, referido a pers.* ■ 2 (*lit*) Triste o taciturno. ■ 3 [Cólico] ~ –> CÓLICO.

saturnio *adj* (*TLit*) [Verso] de la poesía arcaica latina, compuesto de 7 pies y medio.

saturnismo *m* (*Med*) Intoxicación aguda o crónica causada por el plomo o sus compuestos.

saucal *m* Sitio poblado de saúcos.

sauce *m* Se da este n a distintas plantas leñosas del gén Salix, propias de lugares húmedos y con hojas alargadas u ovales, esp a la S. alba y a la S. babylonica, llamadas tb ~ BLANCO y ~ LLORÓN, respectivamente.

sauceda *f* Sitio poblado de sauces.

saúco *m* 1 Arbusto o árbol con tallo y ramas ricos en médula, fruto en drupa negra y flores blancas en umbela, pequeñas y olorosas, cuyo cocimiento se emplea en medicina (*Sambucus nigra*). ■ 2 (*reg*) Médula [de la madera o del cuerno].

saudade *f* (*lit*) Nostalgia o añoranza. *Gralm referido a Galicia o Portugal.*

saudadoso -sa *adj* (*lit*) Que tiene o muestra saudade.

saudí *adj* De Arabia Saudita. *Tb n, referido a pers.*

saudita *adj* Saudí. *Tb n.*

saudosismo *m* (*lit*) Tendencia a la saudade.

saudoso -sa *adj* (*lit*) Que tiene o muestra saudade.

sauna *f* 1 Baño de vapor a elevada temperatura. ■ 2 Lugar destinado a saunas [1]. *Frec en constrs de sent comparativo para ponderar la elevada temperatura de un lugar.* * Esta habitación es una sauna.

sauquillo *m* Yezgo (planta).

saurio *adj* (*Zool*) [Reptil] que posee cuatro patas cortas, cuerpo y cola largos, piel con escamas o tubérculos y mandíbulas con dientes. *Frec como n m en pl, designando este taxón zoológico.*

sauté (*fr; pronunc corriente,* /soté/) *m* (*Coc*) Guiso que se prepara salteando el alimento que le sirve de base. *Gralm con un compl especificador.*

sauzgatillo *m* Arbusto ornamental de hojas grisáceas, flores azuladas y fruto en drupa negra (*Vitex agnus-castus*).

savia *f* 1 Jugo nutritivo de las plantas vasculares. ■ 2 (*lit*) Elemento vital o vivificador [de algo].

savoir faire (*fr; pronunc corriente,* /sabuár-fér/) *m* (*lit*) Habilidad para desenvolverse con elegancia y eficacia en cualquier situación.

savoir vivre (*fr; pronunc corriente,* /sabuár--bíbr(e)/) *m* (*lit*) Capacidad para desenvolverse con soltura en la vida social.

saxífraga (*tb* **saxifraga**) *f* Planta herbácea de hojas basales en roseta y flores blancas, amarillas o rojizas (gén. *Saxifraga*). *Frec con un adj especificador.* **b)** *Con un adj especificador, designa a veces otras especies de la misma familia o de otras diferentes.*

saxifragáceo -a *adj* (*Bot*) [Planta] dicotiledónea, herbácea o leñosa, con flores hermafroditas gralm. regulares, dispuestas en racimos, panojas o cimas. *Frec como n f en pl, designando este taxón botánico.*

saxifragia *f* Saxífraga.

saxo *m* (*col*) Saxofón.

saxofón A *m* 1 Instrumento músico de viento, metálico, con llaves, lengüeta y boquilla, cuya forma recuerda la de la letra jota. B *m y f* 2 Músico que toca el saxofón [1].

saxofonista *m y f* Músico que toca el saxofón [1].

saxófono *m* Saxofón [1].

saya *f* 1 Falda larga y con vuelo, propia del traje tradicional, que a veces se usa en número de dos o tres superpuestas. *Tb* (*rúst o humoríst*) *designa la falda actual larga y con vuelo.* ■ 2 (*hist*) Prenda de vestir masculina semejante a la túnica.

sayagués -sa I *adj* 1 De Sayago (región de Zamora). *Tb n, referido a pers.* ■ 2 De(l) sayagués [3]. II *m* 3 Lengua rústica de base leonesa, usada en el teatro del Siglo de Oro para caracterizar los personajes villanescos.

sayal *m* Tela de lana muy basta. **b)** Prenda, esp. hábito, de sayal.

sayalero -ra *m y f* Pers. que fabrica sayales.

sayo *m* (*desp*) 1 Falda o vestido largos y sin gracia. ■ 2 (*hist*) Vestido de hechura simple.

sayón *m* (*hist*) 1 Verdugo que ejecuta las penas a que son condenados los reos. *Gralm referido a los que azotaron a Jesús. Tb* (*lit*) *fig.* ■ 2 Agente de la justicia encargado pralm. de hacer las citaciones y ejecutar los embargos.

saz *m* (*reg*) Sauce.

sazón I *f* **1** Estado adecuado o perfecto [de algo que cambia o evoluciona, esp. un fruto]. *Frec en la constr* EN ~. *Tb fig.* **b)** Punto adecuado que se da a los alimentos al prepararlos. *Frec en la constr* EN ~. ■ **2** Ocasión o coyuntura.
II *loc adv* **3 a la ~.** *(lit)* En aquel tiempo.

sazonamiento *m (raro)* **1** Acción de sazonar. ■ **2** Condimento (sustancia que se añade a la comida para hacerla más agradable al paladar).

sazonar A *tr* **1** Condimentar. *Tb abs.*
B *intr* **2** Llegar [algo] a su sazón [1]. *Frec en part. Tb fig.*

scalextric *(n comercial registrado; pronunc corriente,* /eskaléstrik/) *m (col)* Cruce combinado de varias calzadas a distintos niveles sobre el suelo.

scalp *(ing; pronunc corriente,* /eskálp/; *pl normal,* ~s) *m (Med)* Arrancamiento accidental del cuero cabelludo.

scanner *(ing; pronunc corriente,* /eskáner/; *pl normal,* ~s) *m* Escáner.

scat *(ing; pronunc corriente,* /eskát/; *pl normal,* ~s) *m* Canción de jazz con sonidos vocales improvisados en vez de palabras.

scheelita *(pronunc corriente,* /ʃelíta/ *o* /selíta/) *f (Mineral)* Mineral constituido por tungstato de calcio, que es una de las menas del tungsteno.

scherzo *(it; pronunc corriente,* /eskérso/) *m* Composición musical de carácter festivo y animado, que es gralm. movimiento intermedio en la sinfonía o en la sonata.

schuss *(al; pronunc corriente,* /ĉus/) *m (Dep)* En esquí: Descenso directo por la mayor pendiente.

scoop *(ing; pronunc corriente,* /eskúp/; *pl normal,* ~s) *m (Per)* Primicia informativa.

scooter *(ing; pronunc corriente,* /eskúter/; *pl normal,* ~s) *m (tb, más raro, f)* Vehículo de motor, semejante a la motocicleta, pero de ruedas pequeñas y cuadro abierto, y en el que el conductor va sentado y no a horcajadas.

score *(ing; pronunc corriente,* /eskór/) *m (Dep)* Puntuación o tanteo.

scotch *(ing; pronunc corriente,* /eskóĉ/; *pl normal,* ~s) *m* Whisky escocés.

scout *(ing; pronunc corriente,* /eskáut/; *pl normal,* ~s) **I** *m y f* **1** Muchacho perteneciente a una organización internacional que tiene por finalidad el desarrollo físico y moral de la pers. por medio de actividades al aire libre.
II *adj* **2** De (los) scouts [1].

scoutismo *(pronunc corriente,* /eskautísmo/ *o* /eskoutísmo/) *m* Escultismo.

scrabble *(ing; pronunc corriente,* /eskrábel/; *n comercial registrado) m* Juego que consiste en formar palabras por medio de fichas con letras, de manera parecida a un crucigrama.

scratch *(ing; pronunc corriente,* /eskráĉ/) *adj invar (Dep)* **1** [Tiempo o clasificación] mejor de todas las categorías. ■ **2** *(Golf)* [Modalidad] que se realiza sin hándicap. *Tb n m.* **b)** De la modalidad scratch.

screening *(ing; pronunc corriente,* /eskrínin/; *pl normal,* ~s) *m (Med)* Investigación destinada a descubrir la existencia o la importancia de determinadas afecciones o condiciones morbosas.

script *(ing; pronunc corriente,* /eskrípt/; *pl normal,* ~s) *m y f (Cine y TV)* Secretario encargado de llevar un diario con las incidencias y detalles relativos al rodaje.

script-girl *(ing; pronunc corriente,* /eskrípt-gérl/; *pl normal,* ~s) *f (Cine y TV)* Script.

scrubber *(ing; pronunc corriente,* /eskrúber/; *pl normal,* ~s *o* ~) *m (E)* Aparato para purificar un gas por pulverización de agua.

scull *(ing; pronunc corriente,* /eskúl/; *pl normal,* ~s) *m (Dep)* Embarcación ligera de regatas, movida por uno o dos hombres mediante remos cortos.

se[1] *(con pronunc átona)* **I** *pron* **1** *Forma que toman los prons* ÉL, ELLA, ELLOS, ELLAS, ELLO, USTED, USTEDES, *cuando funcionan como cd o ci refiriéndose al suj de su propia or. Se convierte en* SÍ *(que se pronuncia tónica) cuando esos prons funcionan como compl con prep; si la prep es* CON, SÍ *se une con ella formando la palabra* CONSIGO. * Se roció la nuca con agua. * Nunca habla de sí mismo. * Lo trajo consigo.
■ **2** *Indica que la acción del v es sufrida, no realizada, por la cosa designada en el suj.* * El estudio del pensamiento de Ortega se había abandonado por la mayoría de los filósofos españoles. ■ **3** *Con v solo en sg, indica que este funciona como impers, dando a entender que la acción expresada por él es realizada por una pers, o conjunto de perss, indeterminadas. El v es intr, o tr con cd de pers; no es normal con cd de cosa.* * Es importante que se actúe con prudencia. * Casi no se te entiende. * El Estado va perdiendo poder y se lo puede combatir con facilidad. **b)** *(col) Indica, a veces con un matiz de modestia, que el realizador de la acción es la pers que habla.* * –Siéntese, por favor. –Se agradece.
II *loc v* **4 dar de sí, volver en sí** → DAR, VOLVER.
III *loc adv* **5 de por sí,** *o* **por sí.** Por su propia naturaleza. ■ **6 por sí y ante sí.** Por su propia cuenta. ■ **7 fuera de sí** → FUERA.

se[2] → ÉL.

sebáceo -a *adj (Anat)* De(l) sebo [1b].

sebe *f (reg)* Seto.

sebiche *(tb con la grafía* **seviche***) m* Cebiche.

sebo *m* Grasa sólida de los animales herbívoros, usada esp. para guisar y para fabricar velas y jabones. *A veces designa otras grasas similares. Tb (desp) referido a pers.* **b)** *(Fisiol)* Materia grasa segregada por determinadas glándulas de la piel. **c)** *(col) Se usa en constrs de sent comparativo para ponderar maldad.* * Este chico es más malo que el sebo.

seborrea *f (Med)* Secreción excesiva de las glándulas sebáceas.

seborreico -ca *adj (Med)* **1** De (la) seborrea. ■ **2** Que padece seborrea. *Tb n.*

seboso -sa *adj* Que tiene abundante sebo. *Frec desp, referido a pers.* **b)** Untado de sebo o de grasa.

seca *f* **1** Bulto producido por infarto de una glándula. ■ **2** *Se da este n a distintas enfermedades de las plantas, que se manifiestan por desecación total o parcial de estas.* * Vuelve la seca del garbanzo. ■ **3** *(raro)* Acción de secar(se)[1] [4 y 5]. ■ **4** *(reg)* Sequía. ■ **5** *(Mar)* Banco de arena, u otro punto, que queda sin cubrir por el agua.

secadal *m* Terreno muy seco.

secadero *m* Sitio destinado a poner a secar[1] algo.

secado *m* Acción de secar[1], *esp* [1, 5 y 6].

secador -ra adj Que seca¹ [1]. *Gralm n: m, referido a aparato para secar, esp el cabello o las manos; f, referido a máquina para secar, esp ropa.*

secaje m Secado.

secamanos m Secador de manos.

secamente adv **1** De manera seca (→ SECO [12b]). ▪ **2** Con un golpe seco [15a].

secano -na I adj **1** (raro) [Tierra] que no tiene riego. ▪ **2** (reg) Seco o delgado. ▪ **3 de ~.** [Tierra] que no tiene riego. ▪ **4 de ~.** [Pers.] de tierra adentro y poco acostumbrada al agua. ▪ **5 de ~.** (humoríst) [Pers.] acostumbrada a beber poco. *Gralm en constr neg.* ▪ **6 de ~.** (desp) [Abogado] que no ejerce o que tiene poco éxito o competencia profesional. *Frec fig, referido a quien alardea de perito en leyes, sin serlo.* II m **7** Tierra de labor que no tiene riego.

secante¹ adj Que seca¹ [1 y 3]. *Tb m: m y f, referido a pers; m, referido a sustancia.* **b)** [Papel] esponjoso empleado esp. para secar lo escrito. *Frec n m.* **c)** (Quím) [Aceite] que absorbe el oxígeno de los cuerpos oxidantes o del aire y se transforma en barniz sólido.

secante² I adj **1** (Geom) [Línea o superficie] que corta [a otra]. *Frec n f. Tb fig, fuera del ámbito geométrico.* II f **2** (Mat) Razón resultante de dividir 1 por el coseno [de un ángulo].

secapelos (tb secapelo) m Secador de pelo.

secaplatos m (raro) Escurreplatos.

secar¹ A tr **1** Hacer que [alguien o algo (cd)] pase a estar seco, esp [1, 2 y 8]. ▪ **2** Hacer que desaparezca [algo que moja, esp. lágrimas o sudor]. ▪ **3** (Dep) Anular [un jugador] la eficacia del juego [de otro (cd)]. B intr ➤ **a** normal **4** Pasar [algo] a estar seco [1a]. ➤ **b** pr (~se) **5** Pasar [alguien o algo] a estar seco, esp [1, 2, 4, 7, 8 y 10]. ▪ **6** Evaporarse [un líquido].

secar² tr (raro) Cortar o atravesar.

secarón -na adj (reg) Muy seco.

secarral m Terreno muy seco.

sección f **1** Parte de aquellas en que se divide [un todo o un conjunto (compl de posesión)]. *A veces se omite el compl, por consabido.* **b)** Parte de las que constituyen [una organización (compl de posesión)]. *Frec se omite el compl, por consabido.* **c)** (Mil) Pequeña unidad homogénea que forma parte de una compañía o un escuadrón y que normalmente es mandada por un teniente o un alférez. ▪ **2** (E) Acción de cortar (dividir o partir por medio de un filo). *Tb su efecto.* ▪ **3** Dibujo de perfil que resultaría de cortar un cuerpo por un plano. **b)** Superficie de (la) sección. ▪ **4** (Geom) Figura resultante de la intersección de una superficie con otra o con un cuerpo. ▪ **5 ~ áurea.** (Arte) Razón que existe entre dos dimensiones tales que la mayor es a la menor como la suma de ambas es a la mayor, y que se toma como norma de proporción armónica. ▪ **6 ~ eficaz.** (Fís) Superficie frontal de la zona situada alrededor de un núcleo atómico y dentro de la cual este reacciona con las partículas.

seccionador m (Electr) Aparato que sirve para abrir o cerrar un circuito eléctrico sin carga.

seccional adj (E) De (la) sección.

seccionamiento m Acción de seccionar. *Tb su efecto.*

seccionar tr Hacer secciones [1 y 2] [en algo (cd)].

secesión f Separación de una parte de un estado o de un conjunto político unitario. *Gralm referido a EE. UU.* **b)** Separación de algún elemento de una corriente política, literaria o artística.

secesionar tr Llevar a cabo la secesión [de alguien o algo (cd)]. *Gralm el cd es refl.*

secesionismo m Tendencia a la secesión.

secesionista adj De (la) secesión o del secesionismo. **b)** Partidario de la secesión. *Tb n, referido a pers.*

seco -ca I adj **1** [Cosa] que carece de humedad. **b)** [Fruto] que no tiene jugo. *Esp designa los que el hombre consume crudos, como almendras, avellanas, nueces, etc.* **c)** [Alimento] deshidratado para su conservación. **d)** [Hielo] ~ → HIELO. ▪ **2** [Río, lago o cosa semejante] que está sin agua. *A veces con intención ponderativa.* **b)** [Guiso] que no tiene caldo. **c)** (Mar) [Dique] en el que se achica el agua mediante bombas, una vez introducida en él la embarcación (→ DIQUE). **d)** [Puerto] ~ → PUERTO. ▪ **3** [Tiempo] falto de lluvias. **b)** [Territorio] en que habitualmente hay pocas lluvias. **c)** [Tormenta] que no va acompañada de precipitación. ▪ **4** (col) Sediento. *Con intención ponderativa.* ▪ **5** [Ley] seca → LEY¹. ▪ **6** [Hembra] que no produce leche. **b)** (hoy raro) [Ama] cuya única misión es cuidar a un niño, sin amamantarlo. ▪ **7** Estéril o improductivo. *Esp referido a cosas intelectuales.* ▪ **8** [Planta o parte de ella] muerta. ▪ **9** (col) Muerto en el acto. *Con los vs* DEJAR *o* QUEDARSE. **b)** (col) Estupefacto o anonadado. *Con los vs* DEJAR *o* QUEDARSE. ▪ **10** [Pers. o animal] muy delgado. ▪ **11** (col) Falto de dinero. *Con vs como* ESTAR, DEJAR *o* QUEDARSE. ▪ **12** [Pers.] brusca y desabrida, o poco comunicativa. **b)** Propio de la pers. seca. **c)** [Cosa] falta de amenidad o gracia. **d)** (lit) Duro e insensible. ▪ **13** [Cosa, frec. alimento] que no va acompañada de otra u otras accesorias. **b)** [Aguardiente] puro, no aromatizado ni azucarado. ▪ **14** [Vino] que no tiene sabor dulce. ▪ **15** [Golpe] fuerte, rápido y que no resuena. **b)** [Sonido] breve y sin resonancias. ▪ **16** [Tos] que no va acompañada de expectoración. ▪ **17** (Electr) [Pila] en que el electrólito se halla espesado con materias sólidas. ▪ **18** (Quím) Que se efectúa sin emplear disolventes u otros líquidos, gralm. mediante calentamiento de las sustancias. ▪ **19** (Constr) [Pared] cuyos elementos no están unidos con argamasa u otra mezcla. II loc adv **20 a secas.** Simplemente o sin más. ▪ **21 en ~.** Fuera del agua o de un lugar húmedo. **b)** Sin agua. *Con el v* LIMPIAR. *Tb adj, referido a limpieza.* ▪ **22 en ~.** De manera brusca y total. *Con vs como* DETENER *o* FRENAR.

secoya f Secuoya (árbol).

secre m y f (col) Secretario.

secreción f (Biol) **1** Acción de segregar. ▪ **2** Sustancia segregada.

secrétaire (fr; pronunc corriente, /sekretér/) m Secreter.

secretamente adv De manera secreta [1].

secretar tr (Biol) Segregar.

secretaría f **1** Cargo o función de secretario [1, 2, 4, 5, 6 y 7]. ▪ **2** Oficina del secretario [1, 2, 4, 5, 6 y 7].

secretariado *m* **1** Profesión de secretario [1b]. ■ **2** Secretaría [2] [de determinados organismos o instituciones]. ■ **3** Conjunto de (los) secretarios [1].

secretarial *adj* De(l) secretario [1].

secretario -ria A *m y f* **1** Pers. encargada de la administración [de un organismo, una asamblea o una oficina] y cuyas funciones principales son tramitar los asuntos, atender la correspondencia, dar fe de los acuerdos y custodiar los documentos. **b)** Pers. encargada de atender la correspondencia y los asuntos de despacho [de una oficina o de una pers.]. *A veces, esp referido a mujer, designa al simple mecanógrafo.* ■ **2** Ministro (del gobierno). *Actualmente, hablando de determinados países extranjeros; hist* (*m*) *en España. En este último caso, tb* ~ DE ESTADO *o* ~ DE DESPACHO. ■ **3** Auxiliar que acompaña al cazador y permanece con él en el puesto. ■ **4** ~ **de embajada.** Diplomático de grado inmediatamente inferior al de embajador. ■ **5** ~ **de redacción.** Pers. que tiene a su cargo la compaginación [de un periódico o revista]. ■ **6** ~ **general.** Pers. que asiste al director o presidente y que organiza efectivamente el trabajo [de un organismo u organización]. ■ **7** ~ **general técnico.** Pers. que [en un ministerio civil (*compl de posesión*)] tiene categoría de director general y la misión de realizar estudios y reunir documentación sobre materias propias del departamento.
B *m* **8** Ave rapaz africana de plumaje gris azulado, con patas, cola y cuello largos y con un penacho eréctil en la cabeza, y que se alimenta de serpientes (*Sagittarius serpentarius*).

secretear A *intr* **1** Hablar en voz baja, de modo que solo puedan oír los interlocutores. *Frec con intención desp.*
B *tr* **2** Decir [algo] secreteando [1].

secreteo *m* Acción de secretear. *Frec con intención desp.*

secreter *m* Escritorio (mueble).

secretero -ra *adj* (*reg*) [Pers.] amiga de secretos [6].

secretina *f* (*Biol*) Hormona producida por la mucosa del duodeno y que estimula la secreción del jugo pancreático y de la bilis.

secretismo *m* Actitud proclive al secreto [7b] o a los secretos [6].

secretista *adj* Proclive al secreto [7b] o a los secretos [6].

secreto -ta I *adj* **1** [Cosa] que solo es conocida por una pers. o por un pequeño número de perss. que cuidan de no difundir su conocimiento. *Tb fig.* **b)** [Cosa] que se hace de manera oculta o reservada. ■ **2** [Cuerpo de policía] que no utiliza uniforme. *Frec n f.* **b)** [Agente] de la policía secreta. *Frec n m, en la forma* SECRETA. ■ **3** [Servicio o agente] de espionaje. ■ **4** [Enfermedad] venérea. *Tb n f.* ■ **5** (*Rel catól*) *En la misa:* [Oración] que se dice en voz baja inmediatamente antes del prefacio. *Frec n f.*
II *n* A *m* **6** Noticia o conocimiento secretos [1]. **b)** Fórmula o receta secreta [1]. **c)** ~ **a voces.** Cosa que pretende mantenerse secreta [1] cuando ya es conocida por todo el mundo. ■ **7** Condición de secreto [1]. **b)** Reserva o silencio sobre algo que uno ha conocido o que se le ha confiado. **c)** Obligación o compromiso de no divulgar algo confidencial conocido en el ejercicio de la profesión. *Gralm con un compl especificador, como* BANCARIO, DE CONFESIÓN. *Frec* ~ PROFESIONAL. ■ **8** (*hoy raro*) Departamento secreto [1] que tienen algunos muebles antiguos para guardar objetos o documentos.
B *f* **9** (*raro*) Secreto [8].
III *loc adv* **10 en** ~. De manera secreta [1]. ■ **11 en el** ~ [de algo que no es del dominio general]. En el conocimiento [de ello]. *Con los vs* ESTAR *o* PONER. *Frec se omite el compl por consabido.*

secretor -ra *adj* (*Biol*) **1** Que segrega. ■ **2** De (la) secreción.

secretorio -ria *adj* (*Biol*) Secretor.

secta *f* **1** Conjunto organizado de perss. que, en una comunidad religiosa, tiene unas creencias parcialmente divergentes. *Frec con un adj o compl que especifica la comunidad religiosa. Frec fig, referido a ideología.* ■ **2** Grupo pequeño, o considerado poco importante, de adeptos a una creencia religiosa. *Frec fig, referido a ideología.*

sectariamente *adv* De manera sectaria.

sectario -ria *adj* **1** De (la) secta. ■ **2** Seguidor de una doctrina. *Tb n. Frec fig con intención desp, denotando intolerancia y estrechez de miras.*

sectarismo *m* Condición o actitud de sectario [2].

séctil *adj* (*E*) Que se puede cortar.

sector *m* **1** Parte diferenciada [de un todo o de un conjunto]. ■ **2** (*Geom*) Porción de círculo limitada por dos radios. *Tb* ~ CIRCULAR. **b)** ~ **esférico.** Cuerpo engendrado por la rotación de un sector circular alrededor de un diámetro que no lo corta. **c)** ~ **poligonal.** Superficie de polígono regular limitada por dos radios de la circunferencia circunscrita.

sectorial *adj* De(l) sector, *esp* [1].

sectorialización *f* Sectorización.

sectorialmente *adv* De manera sectorial.

sectorización *f* Acción de sectorizar.

sectorizar *tr* Dividir en sectores [1]. *Gralm en part.*

secuacidad *f* (*lit, raro*) Seguimiento o adhesión.

secuaz *m y f* Partidario o seguidor [de una pers. o, más raro, de una idea o doctrina]. *Gralm con intención peyorativa.*

secuela *f* Cosa, normalmente negativa, que se produce como consecuencia [de otra]. *Gralm en pl.* **b)** (*Med*) Lesión o afección que se produce como consecuencia de otra. *Gralm en pl.*

secuencia *f* **1** Sucesión ordenada o progresiva. ■ **2** Conjunto o serie de cosas entre las cuales existe relación de continuidad. *Frec con un adj o compl especificador.* **b)** (*Cine*) Conjunto de planos que, sucediéndose en el debido orden, constituyen una escena. **c)** (*Ling*) Conjunto de palabras que, formando o no una oración, expresan un contenido. ■ **3** Pasaje [del Evangelio]. ■ **4** (*Rel catól*) Lectura que en ciertas misas sigue al gradual. **b)** Canto que prolonga el aleluya o el tracto. ■ **5** (*raro*) Consecuencia.

secuenciación *f* Acción de secuenciar.

secuenciador -ra *adj* Que secuencia. *Frec n, m o f, referido a máquina o dispositivo.*

secuencial *adj* **1** De (la) secuencia, *esp* [1 y 2]. ■ **2** Que se ajusta a una secuencia [1].

secuencialmente *adv* De manera secuencial.

secuenciar (*conjug 1a*) *tr* Establecer la secuencia [1] [de algo (*cd*)].

secuestrable *adj* Que se puede secuestrar. *Tb fig.*

secuestrador -ra *adj* Que secuestra, *esp* [1a y b]. *Frec n, referido a pers.*

secuestrar *tr* **1** Aprehender indebidamente [a una pers.], esp. para pedir dinero por su rescate. **b)** Apoderarse violentamente [de algo, esp. un avión (*cd*)], gralm. como medio de presión. **c)** Robar o apoderarse [de algo (*cd*)]. *En sent fig.* ■ **2** Embargar judicialmente [algo, esp. una publicación].

secuestro *m* Acción de secuestrar.

secular *adj* **1** De uno o más siglos. *Frec con intención ponderativa para expresar mucha antigüedad.* ■ **2** Seglar. *Frec en la constr* BRAZO ~ (→ BRAZO). ■ **3** [Clérigo] que vive en medio de la sociedad humana, y no en clausura.

secularidad *f* Condición de secular [2 y 3].

secularismo *m* **1** Laicismo, o independencia de toda confesión religiosa. ■ **2** Condición de secular [2 y 3].

secularista *adj* De(l) secularismo [1]. **b)** Adepto al secularismo.

secularización *f* Acción de secularizar(se).

secularizador -ra *adj* **1** Que seculariza. *Tb n, referido a pers.* ■ **2** De (la) secularización.

secularizante *adj* Secularizador.

secularizar *tr* **1** Hacer que [una pers. o cosa eclesiástica (*cd*)] pase a ser seglar. **b)** *pr* (~**se**) Pasar a ser seglar. ■ **2** Hacer que [algo (*cd*), esp. la sociedad] pase a ser independiente de toda confesión religiosa o ajeno a lo religioso.

secularmente *adv* De manera secular [1].

secundador -ra *adj* Que secunda. *Tb n, referido a pers.*

secundar *tr* **1** Apoyar o ayudar [a alguien o algo (*cd*)]. ■ **2** Seguir o imitar [a alguien] en su acción. **b)** Seguir o imitar [la acción (*cd*) de otro].

secundariamente *adv* De manera secundaria.

secundario -ria *adj* **1** Segundo o de segundo grado. *Normalmente solo se usa en series de muy pocos elementos, contraponiéndose a* PRIMARIO, TERCIARIO, CUATERNARIO. **b)** (*Geol*) [Era] comprendida entre la primaria y la terciaria, y cuyos terrenos datan de 200-65 millones de años a.C. *Tb n m.* **c)** Perteneciente a la era secundaria. *Tb n m, referido a terreno.* ■ **2** [Cosa] que es consecuencia [de otra (*compl* A)]. *Frec sin compl.* **b)** (*Fís*) [Color] que resulta de la mezcla de dos primarios. ■ **3** De importancia menor. ■ **4** (*Econ*) [Sector] que comprende la industria. **b)** De(l) sector secundario. ■ **5** (*Quím*) Que resulta de la sustitución de dos átomos o grupos.

secundina *f* **1** (*Bot*) Segunda membrana de las que envuelven el óvulo. ■ **2** (*Fisiol*) *En pl:* Placenta y membranas expulsadas en el parto.

secuoya *f* Se da este *n* a varias especies de plantas coníferas americanas del *gén Sequoia*, esp a la *S. gigantea*, que alcanza más de 100 m de altura. *A veces con un adj especificador.*

securizado *m* Acción de securizar.

securizar *tr* Segurizar.

sed *f* **1** Deseo y necesidad de beber. **b)** Necesidad de agua o humedad [del campo o las plantas]. **c)** **una ~ de agua.** (*col*) La cosa más pequeña o menos costosa. *Con intención ponderativa. Gralm en la constr* NO DAR [a alguien] UNA ~ DE AGUA. ■ **2** Deseo ardiente [de algo, gralm. inmaterial].

seda I *f* **1** Sustancia en forma de hilo segregada por la larva de la mariposa *Bombix mori* y utilizada como fibra textil. **b)** Hilo de seda. **c)** Tejido de seda. ■ **2** Sustancia en forma de hilo segregada por artrópodos diferentes del *Bombix mori*, esp. las arañas. **b)** ~ **salvaje.** Sustancia producida por ciertas orugas orientales que se crían en estado salvaje y que es empleada para tejidos de menor regularidad y mayor rugosidad que la seda [1c]. *Tb el tejido fabricado con ella.* ■ **3** ~ **artificial.** Rayón (fibra). *Tb el tejido fabricado con ella.* ■ **4** (*Zool*) Cerda [de un animal]. ■ **5** ~**s de mar.** Planta de tallos ramificados, hojas en forma de cinta y flores sin pétalos, propia de praderas marinas sumergidas (*Zostera marina*). **II** *loc adj* **6** de ~. [Gusano] que produce la seda [1a]. ■ **7** de ~. Sedoso [2]. ■ **8** de ~. [Papel] muy fino, traslúcido y flexible. **III** *loc v* **9** hacer ~. (*col*) Dormir. **IV** *loc adv* **10** como una (o la) ~. (*col*) Con mucha facilidad o sin problemas. *Con intención ponderativa.* ■ **11** como una ~. (*col*) En actitud o disposición muy afable. *Gralm con vs como* ESTAR *o* DEJAR.

sedación *f* Acción de sedar.

sedado -da *adj* **1** *part* → SEDAR. ■ **2** (*raro*) Sosegado o calmado.

sedal *m* **1** *En la caña de pescar:* Hilo del que pende el anzuelo. ■ **2** (*Med*) Herida que tiene orificio de entrada y salida y recorre un trayecto subcutáneo. *Tb* HERIDA EN ~.

sedán *m* Automóvil de carrocería cerrada, con dos o cuatro puertas.

sedanés -sa *adj* De Sedano (Burgos). *Tb n, referido a pers.*

sedante *adj* Que seda [1]. *Frec n m, referido a fármaco. Tb fig.*

sedar *tr* **1** Sosegar o calmar. **b)** *pr* (~**se**) Sosegarse o calmarse. ■ **2** (*Med*) Administrar sedantes [a alguien (*cd*)].

sedativo -va *adj* (*Med*) Sedante.

sede (*con mayúscula en aceps 2c y 3b*) *f* **1** Lugar en que tiene su residencia oficial [una autoridad, un organismo o una sociedad (*compl de posesión*)]. **b)** Lugar en que se reside, o en que se produce [algo (*compl de posesión*)]. ■ **2** Capital de una diócesis o archidiócesis. *Gralm con los adjs* EPISCOPAL *o* ARZOBISPAL. **b)** Territorio sometido a la jurisdicción del obispo o arzobispo. *Tb* ~ EPISCOPAL *o* ARZOBISPAL. **c)** **la Santa ~.** El Vaticano. ■ **3** Cargo o dignidad de obispo o arzobispo. *Gralm con el adj* EPISCOPAL *o* ARZOBISPAL. **b)** ~ **apostólica,** ~ **pontificia,** *o* **Santa ~.** Cargo o dignidad de papa.

sedellano -na *adj* De Sedella (Málaga). *Tb n, referido a pers.*

sedentariamente *adv* De manera sedentaria.

sedentariedad *f* Sedentarismo.

sedentario -ria *adj* **1** [Individuo o grupo] asentado de manera fija en un lugar. *Se opone a* NÓMADA. **b)** Propio de los individuos o grupos sedentarios. ■ **2** [Actividad o modo de vida] que no lleva consigo desplazamientos. ■ **3** [Pers.] que apenas se mueve de su residencia. *Tb n.* **b)** Propio de la pers. sedentaria.

sedentarismo *m* Condición de sedentario.

sedentarización *f* Acción de sedentarizar.

sedentarizar *tr* Convertir en sedentario [1] [a alguien].

sedente *adj* (*lit*) Que está sentado. **b)** [Posición] del que está sentado.

sedeño -ña *adj* (*lit*) Sedoso.

sedería *f* **1** Conjunto de tejidos de seda [1a]. **b)** Producto o prenda de seda [1]. *Gralm en pl.* ■ **2** Tienda de sedas [1c, 2b y 3].

sedero -ra **I** *adj* **1** De (la) seda [1]. **II** *m y f* **2** Pers. que fabrica o vende seda [1].

sedicente *adj* (*lit*) Que impropiamente o sin derecho se hace llamar [el n. que acompaña]. *Gralm con intención desp.*

sedicentemente *adv* Atribuyéndose impropia o abusivamente [el n. que se expresa].

sedición *f* Actuación, concertada entre varios, encaminada a derribar a los que ostentan la autoridad del Estado.

sediciosamente *adv* De manera sediciosa.

sedicioso -sa *adj* De (la) sedición. **b)** [Pers.] que toma parte en una sedición, o la promueve. *Tb n.*

sediento -ta *adj* Que tiene sed.

sedimentable *adj* Que se puede sedimentar.

sedimentación *f* Acción de sedimentar(se).

sedimentador -ra *adj* Que sedimenta.

sedimentar **A** *tr* **1** Dejar [algo] como sedimento. **B** *intr* **2** Constituir sedimento. *Tb pr* (**~se**). ■ **3** Estabilizarse [algo]. *Frec pr* (**~se**).

sedimentario -ria *adj* (*Geol*) De (la) sedimentación o de (los) sedimentos. **b)** [Roca] formada por sedimentación.

sedimento *m* **1** Materia que queda depositada en el fondo [de un líquido en el que estaba disuelta o en suspensión]. **b)** (*Geol*) Materia depositada por el aire, el agua o el hielo. ■ **2** (*lit*) Elemento o conjunto de elementos de carácter espiritual o cultural que quedan después del paso de alguien o algo.

sedosamente *adv* (*raro*) De manera sedosa.

sedosidad *f* Cualidad de sedoso [2].

sedoso -sa *adj* **1** De (la) seda [1]. ■ **2** Suave como la seda [1].

seducción *f* **1** Acción de seducir. ■ **2** Capacidad de seducir, *esp* [3].

seducible *adj* [Pers.] que se puede seducir. *Tb n.*

seducir (*conjug* 41) *tr* **1** Persuadir para el mal [a alguien] con argucias o halagos. **b)** Persuadir [a alguien] con argucias o halagos. *Frec con un compl* PARA. ■ **2** Conseguir sexualmente [a una pers.] mediante mañas o engaños. ■ **3** Ejercer [alguien o algo] un gran atractivo [sobre alguien (*cd*)].

seductor -ra *adj* Que seduce, *esp* [3]. *Tb n, referido a pers, esp a hombre.*

seductoramente *adv* De manera seductora.

sefardí **I** *adj* **1** [Judío] descendiente de los judíos españoles desterrados en el s. XV. *Tb n.* **b)** De los sefardíes. **II** *m* **2** Variedad del español hablada por los sefardíes [1a].

sefardita *adj* Sefardí [1]. *Tb n.*

segable *adj* Que se puede segar.

segado *m* (*raro*) Acción de segar.

segador -ra *adj* Que siega, *esp* [1]. *Tb n: m y f, referido a pers; f, referido a máquina.*

segar (*conjug* 6) *tr* **1** Cortar [mies o hierba], esp. para su recolección. *Frec abs, esp referido a mies.* **b)** Cortar la mies o la hierba [de un campo (*cd*)]. ■ **2** (*lit*) Cortar violentamente. *Gralm referido a vida.* ■ **3 verdes las han segado** → VERDE.

segedano -na *adj* De Zafra (Badajoz). *Tb n, referido a pers.*

seglar *adj* (*Rel crist*) No eclesiástico. *Tb n, referido a pers.*

seglaridad *f* (*Rel crist*) Condición de seglar.

seglarismo *m* (*Rel crist*) Condición de seglar.

segmentable *adj* Susceptible de ser segmentado.

segmentación *f* Acción de segmentar(se). *Tb efecto.*

segmentado -da *adj* **1** *part* → SEGMENTAR. ■ **2** (*Anat*) Que tiene segmentos [1 y 3].

segmental *adj* (*E*) De(l) segmento, *esp* [4].

segmentar *tr* Dividir [algo] en segmentos. **b)** *pr* (**~se**) Dividirse [algo] en segmentos.

segmentario -ria *adj* (*E*) De (la) segmentación o de(l) segmento.

segmento *m* **1** Parte cortada, real o imaginariamente, [de algo]. **b)** Parte o sección de las que se establecen en algo (*compl de posesión*)]. ■ **2** (*Geom*) Parte delimitada [de una línea, superficie o volumen]. *Frec se omite el compl por consabido, esp referido a recta.* ■ **3** (*Zool*) Parte de las que constituyen el cuerpo de los gusanos y artrópodos, dispuestas en serie lineal y que presentan aproximadamente la misma estructura. ■ **4** (*Ling*) Signo o conjunto de signos que pueden aislarse por análisis en la cadena oral. ■ **5** (*Mec*) Aro metálico y elástico que sirve de junta entre el émbolo y el cilindro.

segobrigense *adj* **1** (*lit*) De Segorbe (Castellón). *Tb n, referido a pers.* ■ **2** (*hist*) De la antigua ciudad prerromana de Segóbriga. *Tb n, referido a pers.*

segorbino -na *adj* De Segorbe (Castellón). *Tb n, referido a pers.*

segovianismo *m* Condición de segoviano, esp. amante de lo segoviano.

segoviano -na *adj* De Segovia. *Tb n, referido a pers.*

segregación *f* **1** Acción de segregar(se), *esp* [2]. *Tb su efecto.* **b)** (*Biol*) Separación de los alelos o caracteres en la meiosis. **c)** (*Mineral*) Separación de uno de los minerales que forman una roca endógena, que acaba por formar una concentración en el interior de esta o una excrecencia alrededor de ella. *Tb esa concentración o excrecencia.* ■ **2** Separación discriminatoria de un grupo social distinto del dominante, esp. por razón de su raza.

segregacionismo *m* Actitud o doctrina de segregación [2].

segregacionista *adj* De(l) segregacionismo. **b)** Partidario del segregacionismo. *Tb n.*

segregador -ra *adj* Que segrega [2].

segregar *tr* **1** (*Biol*) Producir y despedir de sí [una glándula, un órgano o un organismo (*suj*)] una sustancia (*cd*)]. *Tb fig.* ■ **2** Separar o apartar. **b**) *pr* (~**se**) Separarse o apartarse.

segueta *f* Sierra de marquetería.

segueteado *m* Acción de seguetear.

seguetear *tr* Trabajar [algo] con la segueta. *Tb abs.*

seguida *loc adv* **1** en ~ → ENSEGUIDA. ■ **2** a ~. (*raro*) Enseguida. ■ **3** de ~. (*pop*) Enseguida.

seguidamente *adv* A continuación, o inmediatamente después.

seguidilla *f* **1** (*TLit*) Estrofa de cuatro versos, de los cuales son heptasílabos y libres los impares y pentasílabos y con rima asonante los pares. ■ **2** Canción popular de carácter vivo, que alterna los compases de 3 por 4 y 3 por 8. *Tb su música y su baile.* ■ **3** Seguiriya o siguiriya. *Tb* ~ GITANA o FLAMENCA. ■ **4** (*col*) En pl: Descomposición o diarrea.

seguidismo *m* (*desp*) Actitud de quien sigue las pautas o directrices de otro.

seguidista *adj* (*desp*) De(l) seguidismo. **b**) Que practica el seguidismo. *Tb n.*

seguido[1] **-da** I *adj* **1** *part* → SEGUIR. ■ **2** Que se produce o se presenta sin interrupción de tiempo o de espacio. **II** *adv* **3** Sin cambiar de dirección. ■ **4** De manera seguida [2]. **b**) Continuando en el mismo renglón o sin iniciar párrafo nuevo. *Normalmente en la constr* PUNTO (Y) ~. ■ **5** a ~. (*reg*) A continuación, o inmediatamente después.

seguido[2] *m* (*reg*) Serie o secuencia.

seguidor -ra *adj* Que sigue [2, 3, 5 y esp. 1]. *Frec n, referido a pers.*

seguimiento *m* Acción de seguir(se), *esp* [1 y 3].

seguir (*conjug* 62) **A** *tr* **1** Ir detrás o después [de alguien o algo (*cd*)]. *Tb abs. Tb fig.* **b**) Ir detrás [de alguien (*cd*)] o andar buscándo[le], frec. con propósito hostil. *Tb en constrs como* ~ LOS PASOS, LAS HUELLAS o LA PISTA [a o de alguien]. *Tb fig, referido a cosa.* **c**) ~ los pasos, o las huellas, [de alguien] → PASO, HUELLA. **d**) Estar, en una serie, detrás [de alguien o algo (*cd*)]. *Tb abs.* ■ **2** Acomodarse o atenerse [a algo ya existente o establecido (*cd*)]. *A veces el cd designa la pers o el texto que expuso o estableció aquello a que uno se atiene.* **b**) Tomar [una dirección], manteniéndose en ella durante cierto tiempo. ■ **3** Prestar atención continuada [a un hecho o serie de hechos (*cd*)]. **b**) Mantener fija la mirada [sobre alguien o algo que se desplaza (*cd*)]. *Frec con compls como* CON LA MIRADA, CON LA VISTA, CON LOS OJOS. **c**) Ir comprendiendo de manera continuada [una exposición, o a la pers. que la hace]. ■ **4** No interrumpir [lo que se estaba realizando], o cesar en la interrupción [de ello (*cd*)]. * Debemos seguir la lucha. * Tras una breve pausa, seguiremos la lectura. ■ **5** Llevar a cabo de manera continuada [una actividad o conjunto de actividades, esp. estudios]. **b**) Instruir [un proceso o un expediente].

B *intr* ➤ **a** *normal* **6** No interrumpirse [en una determinada situación o actividad] o cesar en la interrupción [de ella]. *Con un predicat, un compl adv o un gerundio.* * Sigue fiel a la tradición. * Seguimos con la lectura en unos minutos. * Sigue leyendo, por favor. **b**) Estar todavía [en un sitio]. **c**) ~ adelante. No interrumpir el avance. *Tb fig.*

➤ **b** *pr* (~**se**) **7** Ser [una cosa] consecuencia [de otra]. *A veces se omite el compl, por consabido.*

seguiriya *f* Siguiriya.

según I *prep* **1** Con arreglo a. * Dios da a cada uno según sus obras. ■ **2** Con arreglo a la opinión o testimonio de. * Según él, no hay motivo de preocupación. ■ **3** Desde el punto de vista de. * Está a la derecha, según el espectador. ■ **4** *Seguido de un término interrog* (QUÉ, QUIÉN, DÓNDE, *etc*), *denota que el hecho expresado en la or depende de la pers o circunstancia mencionadas detrás de la prep.* * Iré contigo según dónde. **b**) ~ qué. (*reg*) Algunos. * Según qué veces vinieron a reventar las huelgas.

II *conj* **5** Con arreglo a como. * –No es posible. –Según se mire. ■ **6** Dependiendo de que. *Tb* ~ QUE. *Con el v en subj.* * Según les apeteciera, salían o no. ■ **7** De la misma manera que. *Tb* ~ Y COMO, o ~ Y CONFORME, *con matiz enfático.* * Se lo diré según y como tú me lo dices. ■ **8** A juzgar por como. * Parece que la finca es de él, según la defiende. ■ **9** Mientras. * Lo vi ayer, según cazaba. ■ **10** A medida que. * El amor crea su propio lenguaje según va discurriendo. ■ **11** Inmediatamente después que. * La casa está según se tuerce.

III *adv* **12** *Formando or por sí solo, indica que el cumplimiento de lo expresado antes depende de una eventualidad que no se manifiesta. Tb* ~ Y COMO o ~ Y CONFORME, *con matiz enfático.* * –¿Piensas venir? –Según.

segundamente *adv* (*raro*) En segundo lugar.

segundar *tr* (*raro*) Secundar o apoyar.

segundero -ra I *adj* **1** [Corcho] que se obtiene al pelar el alcornoque por segunda vez. **II** *m* **2** *En el reloj:* Dispositivo que señala los segundos.

segundo -da I *adj* **1** Que ocupa un lugar inmediatamente detrás o después del primero. *Frec el n va sobrentendido.* **b**) [Tío] ~, [primo] ~, [sobrino] ~ → TÍO, PRIMO, SOBRINO. **c**) **segunda** [intención] → INTENCIÓN. **II** *n* **A** *m y f* **2** Pers. que sigue en autoridad al jefe o principal. *A veces* ~ DE A BORDO. **B** *m* **3** (*Dep*) Pers. que asiste al boxeador o al luchador a lo largo del combate. ■ **4** Sexagésima parte del minuto de tiempo. ■ **5** (*Geom*) Sexagésima parte del minuto de circunferencia. **C** *f pl* **6** (*col*) Segunda intención. *Gralm en la constr* CON SEGUNDAS. **III** *adv* **7** En segundo lugar. ■ **8 de segundas.** (*col*) Por segunda vez. *Frec con el v* CASAR.

segundogénito -ta *adj* [Hijo] nacido después del primogénito. *Esp designa al nacido en segundo lugar. Tb n.* **b**) De(l) hijo segundogénito.

segundón -na *adj* **1** [Hijo] que no es primogénito. *Esp designa al nacido en segundo lugar. Tb n.* ■ **2** [Pers.] que en su actividad o en su clase no destaca o queda ensombrecida por otra u otras. *Tb n.*

seguntino -na *adj* De Sigüenza (Guadalajara). *Tb n, referido a pers.*

segur *f* (*lit*) Hacha.

seguramente *adv* **1** De manera probable o casi segura [3a]. ■ **2** De manera segura [3a].

segureño -ña *adj* **1** De Segura de la Sierra (Jaén), o de Segura de León (Badajoz). *Tb n, referido a pers.* ■ **2** [Ganado lanar] mocho, fuerte, de lana entrefina y carne sabrosa, propio de la cuenca del Segura y zonas limítrofes.

seguridad I *f* **1** Cualidad o condición de seguro. **b**) *En pl:* Dichos o hechos que dan garantía o seguridad. ■ **2** ~ **social.** Servicio estatal destinado a garantizar atención a los trabajadores en caso de enfermedad, accidente, paro o jubilación. *Tb la organización correspondiente.* ■ **3** Cuerpos de seguridad [4].

II *loc adj* **4 de ~.** [Cuerpo o fuerza] destinados a mantener el orden y la seguridad [1] interna en un Estado. **b)** [Empresa] destinada a prestar servicios privados de seguridad. ■ **5 de ~.** [Cosa, esp. mecanismo] que sirve para impedir o limitar los riesgos o las consecuencias negativas de un accidente.

segurizar *tr* Hacer que [un cristal (*cd*)] sea de seguridad [5].

seguro -ra **I** *adj* **1** Libre de peligro o riesgo. ■ **2** Firme o sujeto. ■ **3** [Cosa] que no ofrece duda. **b)** Que ofrece garantía o que no falla. ■ **4** [Pers.] que no siente duda [sobre alguien o algo (*compl* DE)]. *Frec como predicat con* ESTAR. *Cuando el compl es una prop con* QUE, *a veces* (*col*) *se omite* DE.

II *m* **5** Dispositivo que impide el movimiento fortuito o involuntario [de un mecanismo]. ■ **6** Contrato por el que una de las partes se compromete a garantizar a la otra, mediante el pago de una prima o una cuota, la asunción de determinadas responsabilidades o el pago de una suma, caso de producirse unas circunstancias dadas. *Frec con un compl especificador.* **b)** (*col*) Cantidad asegurada mediante seguro. **c)** (*col*) Empresa aseguradora. ■ **7** Lugar libre de peligro. *Tb fig.*

III *adv* **8** De manera segura [3a]. ■ **9** De manera casi segura [3a]. *Tb* A BUEN ~ (*lit*), o DE ~ (*col*). ■ **10** **a ~, o en ~.** A salvo o sin peligro. *Frec con vs como* ESTAR *o* PONERSE. ■ **11 sobre ~.** Sin riesgo. *Frec con vs como* ACTUAR *u* OBRAR.

seis **I** *adj* **1** *Precediendo a sust en pl:* Cinco más uno. *Puede ir precedido de art o de otros determinantes, y en este caso sustantivarse.* * Tiene seis petardos. ■ **2** *Siguiendo a sust en sg:* Sexto. *Frec el n va sobrentendido.* * Página seis.

II *pron* **3** Cinco más una perss. o cosas. *Referido a perss o cosas mencionadas o consabidas, o que se van a mencionar.* * En tu situación hay otros seis.

III *n* **A** *m* **4** Número que en la serie natural sigue al cinco. *Frec va siguiendo al n* NÚMERO. * El número premiado es el seis. **b)** Cosa que en una serie va marcada con el número seis. * Tengo el seis de copas.

B *f pl* **5** Sexta hora después de mediodía o de medianoche. *Normalmente precedido de* LAS.

seiscentista *adj* (*lit*) Del siglo XVII.

seiscientos -tas **I** *adj* **1** *Precediendo a sust en pl:* Quinientos noventa y nueve más uno. *Puede ir precedido de art o de otros determinantes, y en este caso sustantivarse.* * Déjame seiscientas pesetas. ■ **2** *Precediendo o siguiendo a n en sg (o, más raro, en pl):* Sexcentésimo. *Frec el n va sobrentendido.* * Página seiscientas.

II *pron* **3** Quinientas noventa y nueve más una perss. o cosas. *Referido a perss o cosas mencionadas o consabidas, o que se van a mencionar.* * –¿Cuánto vale? –Seiscientas.

III *m* **4** Número de la serie natural que sigue al quinientos noventa y nueve. *Frec va siguiendo al n* NÚMERO. * El número premiado es el seiscientos. ■ **5** (*lit*) Siglo XVII. * Velázquez marca el apogeo de la pintura española del Seiscientos.

seise *m* **1** Niño de los que, gralm. en número de seis y ataviados con traje característico, cantan y bailan en determinadas catedrales. *Gralm referido a Sevilla.* ■ **2** (*hist*) *En la comunidad de Ayllón* (*Segovia*): Vecino de los seis elegidos para repre-

sentar cada uno a seis pueblos en las juntas comuneras.

seisena *f* Conjunto de seis unidades.

seísmo *m* Sismo o terremoto.

sel *m* (*reg*) Prado comunal destinado a pasto.

selacio *adj* (*Zool*) [Pez] de esqueleto cartilaginoso, piel áspera, boca en arco con la mandíbula inferior móvil y varias aberturas branquiales a los lados del cuello. *Frec como n m en pl, designando este taxón zoológico.*

selaginela *f* Planta pteridofita propia de lugares húmedos y umbríos de las regiones tropicales (gén. *Selaginella*).

seldjúcida *adj* (*hist, raro*) Seljúcida. *Tb n.*

selección *f* **1** Acción de elegir, entre varias perss. o cosas, aquellas que se consideran mejores o más convenientes. **b)** Elección de las mejores semillas o reproductores como medio para mejorar las especies. *Tb* ~ ARTIFICIAL. **c)** ~ **natural.** Proceso biológico por el cual los individuos más débiles o peor dotados son eliminados, permitiendo a la especie perfeccionarse. ■ **2** Conjunto de perss. o cosas seleccionadas. **b)** (*Dep*) Equipo, gralm. nacional, formado por selección [1] de elementos de diversas procedencias.

seleccionable *adj* Que se puede seleccionar.

seleccionado -da *adj* **1** *part* → SELECCIONAR. ■ **2** Selecto.

seleccionador -ra **I** *adj* **1** Que selecciona. *Tb n, m o f, referido a pers, a aparato o a máquina.* **II** *m y f* **2** (*Dep*) Pers. encargada de seleccionar los componentes de una selección [2b].

seleccionar *tr* Elegir por selección [1].

seleccionismo *m* **1** (*Biol*) Doctrina evolucionista basada en la hipótesis de la selección natural. ■ **2** Tendencia a la selección.

selectivamente *adv* De manera selectiva.

selectividad *f* **1** Cualidad de selectivo. ■ **2** Conjunto de medidas o pruebas para llevar a cabo una selección. **b)** Pruebas de acceso a la universidad de los alumnos procedentes del Curso de Orientación Universitaria. *Frec* PRUEBAS DE ~.

selectivo -va *adj* **1** De (la) selección. ■ **2** Que implica selección. ■ **3** Que selecciona.

selecto -ta *adj* Que es o se considera de lo mejor en su especie. *Frec con intención ponderativa.*

selector -ra *adj* Seleccionador. *Tb n m, referido a aparato.*

selenio *m* (*Quím*) Metaloide, de número atómico 34, químicamente semejante al azufre, usado esp. en células fotoeléctricas y en la coloración del vidrio y de la cerámica.

selenita *adj* De la Luna. *Tb n, referido a habitante. Tb fig.*

selenitoso -sa *adj* (*Geol*) Que contiene yeso.

selenocéntrico -ca *adj* (*Astron*) Que tiene la Luna como centro.

selenología *f* (*Astron*) Estudio de la Luna.

selenológico -ca *adj* (*Astron*) De (la) selenología.

seléucida *adj* (*hist*) De la dinastía fundada por Seleuco, general de Alejandro Magno, que gobernó la mayor parte de su imperio desde el año 312 al 64 a.C. *Tb n, referido a pers.*

selfactina *f* (*Tex*) Máquina de hilar automática.

self-control (*ing; pronunc corriente,* /sélf-kón-trol/) *m* Autocontrol.

self-made-man (*ing; pronunc corriente,* /sélf--meid-man/) *m* Hombre que ha conseguido situarse en la vida únicamente con su propio esfuerzo.

self-service (*ing; pronunc corriente,* /sélf-sérbis/) *m* Autoservicio.

seljúcida *adj* (*hist*) De la dinastía turca que dominó en Asia occidental de los ss. XI al XIII. *Tb n, referido a pers.*

sella *f* (*reg*) Herrada.

sellado *m* Acción de sellar, esp [3]. *Tb su efecto.*

sellador -ra *adj* Que sella [3]. *Frec n m, referido a utensilio o producto.*

sellar *tr* **1** Poner sello(s) [1 y esp. 2] [a algo (*cd*)]. ■ **2** Precintar. ■ **3** Cerrar o tapar herméticamente [algo]. *Tb fig.* ■ **4** Dar término o remate [a algo (*cd*)]. ■ **5** Confirmar o ratificar.

sello *m* **1** Estampita de valor convencional emitida por el servicio de correos, que se pega a las cartas o paquetes para satisfacer los gastos de envío. ■ **2** Utensilio que lleva grabados en relieve dibujos, letras u otros signos, para estamparlos a presión en una materia blanda o, entintados, imprimirlos en papel, gralm. como prueba de autenticidad. **b)** Marca o impresión hecha con un sello. ■ **3** Anillo con las iniciales o el escudo de una pers., que puede servir de sello [2]. ■ **4** (*hist*) Disco de cera o plomo que, estampado con un sello [2], unía los hilos, cintas o correas que ataban determinados documentos, para garantizar que no eran abiertos hasta llegar a su destino. **b)** Precinto. ■ **5** (*hoy raro*) Conjunto de dos obleas pegadas entre las cuales se encierra una dosis de medicamento en polvo, para tragarlo sin percibir su sabor. ■ **6** Carácter peculiar o distintivo [de una pers. o cosa]. ■ **7** Firma o marca comercial. *Esp referido a discos.* ■ **8** ~ **de Salomón** (*o de Santa María*). Planta liliácea de flores blancas o verdosas y fruto en baya negruzca, cuyo rizoma presenta cicatrices hundidas a modo de impronta de sello (*Polygonatum officinale, P. multiflorum y P. verticillatum*).

seltz (*pronunc corriente,* /selθ/; *a veces con mayúscula en acep 1*) **I** *loc adj* **1 de ~.** [Agua] gasificada artificialmente. ■ **II** *m* **2** (*col*) Agua de seltz [1].

selva *f* **1** Bosque grande e inculto propio de las zonas ecuatoriales. **b)** ~ **virgen** → VIRGEN. **c) ley de la ~** → LEY¹. **d)** (*raro*) Bosque. ■ **2** Cosa enmarañada o llena de confusión.

selvatán -na *adj* De La Selva (Tarragona). *Tb n, referido a pers.*

selvático -ca *adj* **1** De (la) selva. ■ **2** (*lit*) Salvaje (ajeno a la civilización).

selvatiquez *f* (*lit*) Cualidad de selvático.

selvícola *adj* De (la) selvicultura.

selvicultor -ra *m y f* Silvicultor.

selvicultura *f* Silvicultura.

selvoso -sa *adj* Que tiene carácter de selva. *Tb fig.*

selyúcida *adj* (*hist*) Seljúcida. *Tb n.*

sema *m* (*Ling*) Rasgo semántico distintivo mínimo.

semafórico -ca *adj* De(l) semáforo o de (los) semáforos.

semaforización *f* Acción de dotar de semáforos.

semáforo *m* **1** Aparato eléctrico de señales luminosas para regular la circulación. ■ **2** Poste provisto de un sistema de señales ópticas.

semana **I** *f* **1** Serie de siete días consecutivos, que oficialmente se cuenta de domingo a sábado y popularmente de lunes a domingo. **b)** Serie de siete días consecutivos. **c)** Reunión dedicada durante una semana al estudio o celebración [de algo]. **d)** ~ **inglesa**, ~ **Santa** → INGLÉS, SANTO. ■ **2** Salario de una semana [1a]. ■ **3** (*Juegos*) Variedad de la rayuela, en que las casillas se designan con el nombre de los días de la semana [1a]. ■ **4** (*raro*) Período de siete unidades consecutivas de tiempo, superiores a los días. *Gralm con compl especificador.*
II *loc adj* **5 de ~.** Que está de servicio durante la semana [1a] en cuestión. *Tb adv.*
III *loc adv* **6 entre ~.** En un día cualquiera a excepción del lunes, sábado o domingo.

semanada *f* (*reg*) Salario semanal. **b)** Pago semanal.

semanal **I** *adj* **1** De una semana [1]. *Con idea de duración.* ■ **2** Que corresponde a cada semana o se produce cada semana [1]. **II** *m* **3** (*reg*) Salario semanal [1].

semanalmente *adv* De manera semanal [2].

semanario *m* **1** Periódico que se publica semanalmente. *Tb (raro) adj.* ■ **2** *En un reloj:* Dispositivo que señala el día de la semana. *Frec en la aposición* RELOJ ~. ■ **3** Conjunto de siete pulseras de aro iguales.

semanasantero -ra *adj* De (la) Semana Santa.

semanero -ra *adj* [Pers.] que ejerce un empleo o cargo por semanas [1]. *Tb n.*

semanilla *f* (*hoy raro*) Libro que contiene los rezos de Semana Santa.

semanista *m y f* Pers. que participa en una semana [1c].

semantema *m* (*Ling*) (*hoy raro*) Lexema.

semánticamente *adv* En el aspecto semántico.

semántico -ca **I** *adj* **1** De la semántica [2]. **II** *f* **2** Estudio del significado de los signos lingüísticos. **b)** Estudio del significado. **c)** Significado.

semantismo *m* (*Ling*) Contenido semántico.

semantista *m y f* Especialista en semántica [2a].

semasiología *f* (*Ling*) **1** Estudio de los significados a partir de los significantes. ■ **2** (*hoy raro*) Semántica [2a].

semasiológico -ca *adj* (*Ling*) De (la) semasiología. **b)** [Diccionario o vocabulario] que partiendo de los significados o unidades léxicas ofrece los significados que les corresponden.

semblante *m* **1** Apariencia del rostro [de una pers.] en cuanto que refleja su estado físico o psíquico. **b)** Aspecto que presenta [algo (*compl de posesión*)]. *A veces se omite el compl, por consabido.* ■ **2** (*lit*) Cara o rostro.

semblanza *f* **1** Bosquejo físico, moral o biográfico [de una pers.]. ■ **2** (*raro*) Semejanza o parecido.

sembrable *adj* Que se puede sembrar.

sembradera *f* **1** Máquina para sembrar. ■ **2** Utensilio a modo de bolsa que se lleva al hombro para echar la semilla al sembrar.

sembradío -a *adj* [Terreno] destinado o a propósito para la siembra. *Tb n m.*

sembrado¹ -da I *adj* **1** *part* → SEMBRAR. ■ **2** *(col)* [Pers.] graciosa u ocurrente. *En la constr* ESTAR ~.
II *m* **3** Terreno sembrado (→ SEMBRAR [1c]).

sembrado² *m* *(raro)* Acción de sembrar [1 y 3].

sembrador -ra *adj* Que siembra, *esp* [1]. *Frec n: m y f, referido a pers; f, referido a máquina.*

sembradura *f* Acción de sembrar [1].

sembrar *(conjug 6) tr* **1** Depositar en la tierra la semilla [de una planta *(cd)*] para que germine. *Tb abs.* **b)** Depositar en la tierra [la semilla *(cd)* de una planta] para que germine. **c)** Depositar semillas de plantas [en un sitio *(cd)*] para que germinen en él. **d)** Depositar [algo en un sitio] para que se desarrolle o multiplique. ■ **2** Realizar las primeras acciones para que [algo inmaterial *(cd)*] se desarrolle y dé fruto. **b)** Ser causa o motivo [de algo inmaterial *(cd)*]. ■ **3** Esparcir [algo en un lugar] de manera abundante y gralm. desordenada. **b)** Esparcir [algo *(compl* DE)] en un lugar *(cd)*] de manera abundante y gralm. desordenada.

semejante I *adj* **1** [Pers. o cosa] igual [a otra *(compl* A)] en algunos aspectos o partes. *La relación tb puede expresarse designando con un n en pl las dos o más perss o cosas relacionadas (los edificios son semejantes = un edificio es semejante al otro).* **b)** *(Geom)* [Figura o cuerpo] que tiene [con respecto a otro *(compl* A)] iguales los ángulos y proporcionales los lados o aristas correspondientes. ■ **2** [Pers. o cosa] así, o de estas características. *Frec con intención ponderativa.* **b)** *(pop o humoríst)* Se usa con valor demostrativo, frec con intención euf, en constrs como ~ SITIO, ~ PARTE, referidas al cuerpo humano.
II *m* **3** Prójimo. *Normalmente acompañado de un adj de posesión. Frec en pl.* ■ **4** *(raro)* Semejanza.

semejantemente *adv* De manera semejante [1a].

semejanza I *f* **1** Cualidad de semejante [1]. ■ **2** Parte o aspecto en que dos perss. o cosas son semejantes [1].
II *loc prep* **3 a ~ de.** De manera semejante a.

semejar A *copulat* **1** *(lit)* Parecer. *El predicat es siempre sust.*
B *intr pr* (~**se**) **2** *(raro)* Parecerse. *Con un compl* A*, o con suj pl.*

semeje *m* *(reg)* **1** Parecido o semejanza. ■ **2** Apariencia o aspecto.

semema *m* *(Ling)* Conjunto de los semas o rasgos semánticos mínimos de una palabra.

semen *m* Sustancia reproductora segregada por las glándulas genitales masculinas.

semencera *f* *(reg)* Sementera.

semental *adj* [Animal macho] destinado a la reproducción. *Frec n m. Tb, desp, referido a hombre.*

sementera *f* **1** Acción de sembrar [1]. *Tb la época del año en que se realiza.* ■ **2** Terreno sembrado.

semestral *adj* **1** De un semestre. *Con idea de duración.* ■ **2** Que corresponde a cada semestre o se produce cada semestre.

semestralmente *adv* De manera semestral [2].

semestre *m* Período de seis meses.

semi- *r pref* **1** *Indica mitad.* * Semietapa. Semisecular. ■ **2** *Indica condición, cualidad o proceso parcial o a medias.* * Semiautárquico. * Semicerrado.

semialto -ta *adj* *(Fon)* [Vocal] que se realiza con una posición intermedia entre la de vocal alta y la de vocal media. *Se aplica normalmente a las vocales* [i] *abierta y* [u] *abierta.*

semianalfabetismo *m* Cualidad de semianalfabeto.

semianalfabeto -ta *adj* [Pers.] casi analfabeta. *Frec fig, denotando nivel cultural muy bajo. Tb n.*

semianticadencia *f* *(Fon)* Tonema ligeramente ascendente, en menor grado que la anticadencia.

semiárido -da *adj* *(Geogr)* Casi árido. *Esp referido al clima de las zonas limítrofes de los desiertos.*

semiautomático -ca *adj* [Mecanismo o aparato] que efectúa automáticamente una parte de sus operaciones.

semicadencia *f* *(Fon)* Tonema ligeramente descendente, en menor grado que la cadencia.

semicilíndrico -ca *adj* De(l) semicilindro. **b)** De forma de semicilindro.

semicilindro *m* *(Geom)* Mitad de las dos en que queda dividido un cilindro por un plano que pasa por el eje. *Tb el objeto que tiene esa forma.*

semicircular *adj* De(l) semicírculo. **b)** Que tiene forma de semicírculo.

semicircularmente *adv* De manera semicircular.

semicírculo *m* *(Geom)* Mitad de las dos en que el diámetro divide al círculo. *Tb el objeto que tiene esa forma.* **b)** ~ **graduado.** Transportador de ángulos.

semicircunferencia *f* *(Geom)* Mitad de las dos en que el diámetro divide a la circunferencia. *Tb el objeto que tiene esa forma.*

semiconductor -ra *adj* *(Electr)* [Cuerpo] de conductividad intermedia entre la de los metales y la de los aislantes. *Tb n m.*

semiconsonante *adj* *(Fon)* **1** [Sonido] vocálico cerrado que inicia un diptongo. *Más frec n f.* ■ **2** [Sonido] caracterizado por un grado de abertura de la cavidad bucal intermedio entre el de las consonantes y el de las vocales. *Frec n f.*

semicorchea *f* *(Mús)* Nota cuyo valor es la mitad de una corchea.

semicultismo *m* *(Ling)* Palabra que no ha sufrido por completo la evolución fonética normal.

semiculto -ta *adj* **1** [Pers.] que tiene un ligero barniz cultural, pero cuya verdadera formación es deficiente o descuidada. *Tb n.* **b)** Propio de la pers. semiculta. ■ **2** *(Ling)* De(l) semicultismo.

semicúpula *f* *(Arquit)* Media cúpula.

semideponente *adj* *(Ling)* [Verbo latino] que se conjuga como deponente en el perfecto y sus derivados y como activo en los demás tiempos.

semidescremar *tr* Quitar parcialmente la crema o grasa [a la leche o sus derivados *(cd)*]. *Gralm en part.*

semidestruir *(conjug 48) tr* Destruir casi totalmente. *Gralm en part.*

semidiferencia *f* *(Mat)* Mitad de la diferencia.

semidiós -sa *m y f* **1** (*Mitol clás*) Ser nacido de un dios y un mortal. ■ **2** Pers. que está muy por encima de lo que se considera normal. *Con intención ponderativa, frec irónica.*

semidoble *adj* (*Rel catól*) [Rito] intermedio entre el doble y el simple. *Tb referido a la fiesta que tiene este rito.*

semidormido -da *adj* Casi dormido.

semiduro -ra *adj* (*Mineral*) Que puede ser rayado con dificultad por la navaja.

semiesfera *f* Media esfera. *Tb el objeto que tiene esa forma.*

semiesférico -ca *adj* De (la) semiesfera. **b)** Que tiene forma de semiesfera.

semiespacio *m* (*Geom*) Parte de las dos en que un plano divide al espacio.

semiesquina *adv* Casi haciendo esquina [con una vía pública (*compl* A)]. *Normalmente en anuncios.*

semiestrenar *tr* Entrar en posesión [de algo casi nuevo (*cd*)]. *Normalmente en anuncios y solo en infin.*

semiestreno *m* Acción de semiestrenar. *Normalmente en anuncios.*

semifallo *m* (*Naipes*) Carta única de un palo.

semifinal *adj* [Confrontación] penúltima [de una competición o un concurso], de la cual debe salir un finalista. *Más frec como n f.*

semifinalista *adj* Que participa en una semifinal. *Tb n.*

semifondo *m* (*Dep*) Media distancia.

semifusa *f* (*Mús*) Nota cuyo valor es la mitad de una fusa.

semihilo *m* Tela de hilo con mezcla de otra fibra, esp. algodón.

semiinconsciencia *f* Cualidad de semiinconsciente.

semiinconsciente *adj* Casi inconsciente.

semiínfero -ra *adj* (*Bot*) [Ovario] situado en lugar inferior respecto a los demás verticilos, rodeado en forma de copa por el tálamo floral, pero sin encerrarlo totalmente.

semiinscrito -ta *adj* (*Geom*) [Ángulo] que tiene el vértice en una circunferencia, y de cuyos lados, uno es tangente a ella y el otro secante.

semilla *f* **1** (*Bot*) Óvulo fecundado, transformado y maduro, que al desarrollarse en las debidas condiciones da lugar a una nueva planta. **b)** Huevo o elemento que al desarrollarse da lugar a un nuevo ser. ■ **2** Cosa que es causa u origen [de otra]. ■ **3** Semen.

semillado *m* Acción de semillar.

semillar *tr* Sembrar [1]. *Frec referido a barbecho.*

semillero *m* **1** Lugar en que se siembran semillas para trasplantar después la planta producida. ■ **2** Cosa que es causa u origen [de otras].

semilunar *adj* (*Anat*) De forma de media luna. **b)** [Hueso] segundo de la primera fila del carpo. *Tb n m.*

semimanufactura *f* (*Econ*) Semiproducto (materia en grado de elaboración más o menos avanzado).

semimedio -dia *adj* **1** (*Dep, esp Boxeo*) [Peso] wélter. ■ **2** (*Fon*) [Vocal] que se realiza con una posición intermedia entre la de vocal media y la de vocal baja. *Se aplica normalmente a las vocales* [e] *abierta y* [o] *abierta.*

semimembranoso -sa *adj* (*Anat*) Parcialmente membranoso. *Esp referido al músculo que ocupa la parte posterior del muslo.*

semimetal *m* (*Quím*) Metal caracterizado por su escasa dureza.

seminal *adj* (*E o lit*) **1** De(l) semen. ■ **2** De (la) semilla [1a].

seminario *m* **1** Establecimiento eclesiástico para formar futuros sacerdotes. *Tb* ~ CONCILIAR *y* ~ MAYOR. **b)** ~ **menor.** Escuela secundaria de carácter eclesiástico, para jóvenes que no necesariamente han de ser sacerdotes. **c)** (*hist*) Lugar destinado a la educación de niños y jóvenes. ■ **2** Lugar, normalmente en la universidad, en que se reúne un profesor con sus discípulos para realizar trabajos de investigación. **b)** Conjunto formado por el profesor y los discípulos que trabajan en un seminario. ■ **3** Reunión o coloquio de expertos para tratar de un tema determinado. *Gralm con un compl especificador.*

seminarista *m* Alumno de un seminario [1a y b].

seminífero -ra *adj* (*Anat*) Que produce o contiene semen.

seminola *adj* De una tribu de indios americanos establecida en Florida. *Tb n, referido a pers.*

seminole *adj* Seminola. *Tb n.*

seminómada *adj* [Individuo o grupo] que ejerce alternativamente el pastoreo nómada y la agricultura. *Tb n.*

seminomadismo *m* Condición de seminómada. *Tb fig.*

seminuevo -va *adj* [Cosa] casi nueva o poco usada. *Normalmente en anuncios.*

semiología *f* (*E*) Estudio de los signos. **b)** (*Med*) Estudio de los síntomas.

semiológicamente *adv* (*E*) **1** Desde el punto de vista semiológico. ■ **2** De manera semiológica.

semiológico -ca *adj* (*E*) **1** De (la) semiología. ■ **2** De (los) signos.

semiólogo -ga *m y f* (*E*) Especialista en semiología [1a].

semioruga *adj* [Vehículo automóvil] provisto de ruedas para la dirección y de orugas para la tracción.

semioscilación *f* (*Fís*) Mitad de una oscilación.

semioscuridad *f* Penumbra.

semiótico -ca (*E*) **I** *adj* **1** De (la) semiótica [3]. ■ **2** De (los) signos. **II** *n* **A** *f* **3** Semiología. **B** *m y f* **4** Especialista en semiótica [3].

semiparásito -ta *adj* (*Bot*) Hemiparásito.

semipenumbra *f* Ligera penumbra.

semiperímetro *m* (*Geom*) Mitad del perímetro.

semiperíodo *m* (*Fís*) Mitad de un período.

semipermeable *adj* (*Fís*) [Cuerpo poroso] que permite el paso del disolvente pero no de la sustancia disuelta.

semipesado -da *adj* (*Dep, esp Boxeo*) [Peso] cuyo límite superior es de 79,3 kg. *Tb referido al* deportista de ese peso; en este caso, frec como n m en pl.

semiplano m (Geom) Porción de las dos en que queda dividido un plano por una cualquiera de sus rectas.

semiprecioso -sa adj [Piedra] de joyería de calidad inferior a las piedras preciosas.

semiproducto m **1** (Econ) Materia en grado de elaboración más o menos avanzado, sin llegar a su terminación. ■ **2** (Mat) Mitad del producto.

semipúblico -ca adj **1** [Cosa] privada que en algunos aspectos funciona como pública. ■ **2** (Rel catól) [Oratorio] erigido para una comunidad o grupo de perss. y no abierto al resto de los fieles.

semirrecta f (Geom) Porción de las dos en que queda dividida una recta por cualquiera de sus puntos.

semirremolque m **1** Remolque que carece de ruedas delanteras y que se articula en el vehículo tractor. ■ **2** Camión que lleva articulado un semirremolque [1]. Frec CAMIÓN ~.

semirrígido -da adj Casi rígido.

semis m (hist) Moneda romana de bronce equivalente a medio as.

semisalvaje adj Medio salvaje.

semiseco adj [Vino] que no es dulce ni seco. Tb n m.

semisólido -da adj Parcialmente sólido.

semisótano m Planta de un edificio situada parcialmente bajo el nivel de la calle.

semisuma f (Mat) Mitad de la suma.

semita adj [Individuo] de un grupo étnico originario de Asia occidental que engloba, entre otros pueblos, a los árabes y los hebreos. Tb n. **b)** De los semitas.

semítico -ca adj De (los) semitas.

semitismo m **1** Condición de semita. ■ **2** Palabra o giro propios de las lenguas semíticas, o procedentes de ellas.

semitista m y f Pers. especialista en las lenguas y culturas semíticas.

semitono m (Mús) Parte de las dos en que se divide el intervalo de un tono.

semitrailer (ing; pronunc corriente, /semitráiler/; pl normal, ~s) m Semirremolque.

semitransparente adj Casi transparente.

semiuncial adj (Paleogr) [Escritura] derivada de la uncial, de características análogas a ella y usada en la alta Edad Media.

semivacío -a adj Casi vacío.

semivivo -va adj Medio vivo.

semivocal adj (Fon) **1** [Sonido] vocálico cerrado que termina un diptongo. Más frec n f. ■ **2** Semiconsonante [2]. ■ **3** [Sonido] consonántico capaz de aparecer en el segmento central de la sílaba.

sémola I f **1** Harina granulada que se obtiene de la trituración del trigo u otros cereales y usada esp. para la fabricación de pastas alimenticias. ■ **2** Restos de la trituración de los cereales.
II adj invar **3** (Coc) [Azúcar] en polvo.

semolero -ra adj De (la) sémola.

semoviente adj Que se mueve por sí mismo. Tb n. Gralm en derecho, designando al ganado. Tb humoríst, referido a pers.

sempiternamente adv (lit) De manera sempiterna.

sempiterno -na adj (lit) Eterno o perpetuo.

sen[1] m Arbusto leguminoso de flores amarillas en racimo, cuyas hojas se emplean en infusión como purgante (gén. Cassia, esp. C. angustifolia, C. acutifolia y C. obovata).

sen[2] m Centésima parte del yen y de otras monedas de Extremo Oriente.

senado m **1** En un sistema político bicameral: Cuerpo colegislador formado por perss. elegidas por sufragio o designadas por razón de su cargo o de su condición. ■ **2** Edificio en que se reúne el senado. ■ **3** (hist) Consejo supremo de la antigua Roma, constituido por patricios. ■ **4** (lit) Conjunto de perss. respetables.

senador -ra m y f Pers. que es miembro de un senado [1 y 3].

senaduría f Cargo o dignidad de senador.

senara f (reg) **1** Finca de pequeña extensión. A veces designa la que se da a ciertos criados para que la labren por su cuenta. ■ **2** Tierra común a los vecinos de un pueblo. ■ **3** Tierra sembrada y aricada. ■ **4** Cosecha (frutos del campo).

senario -ria adj (E) **1** Compuesto de seis elementos o unidades. ■ **2** (TLit) En poesía grecolatina: [Verso] de seis pies. Tb n m.

senatorial adj **1** De(l) senado o de (los) senadores. ■ **2** (lit) [Edad] avanzada. **b)** De edad avanzada.

senatorio -ria adj Senatorial [1].

sencido -da adj (reg) Intacto o no hollado. Tb fig.

sencillamente adv De manera sencilla [2]. Frec se emplea con intención ponderativa, precediendo a un adj.

sencillez f Cualidad de sencillo, esp [1 y 2].

sencillo -lla adj **1** Que no ofrece dificultad. ■ **2** Que carece de complicaciones o artificios. **b)** Que carece de ostentación o adornos. **c)** [Pers.] que trata con naturalidad y sin engreimiento a sus inferiores. ■ **3** [Pers.] de clase social o cultural modesta. ■ **4** Que consta de un solo elemento o de una sola serie de ellos. Tb n m, referido a cantidad, en la constr APOSTAR DOBLE CONTRA ~. **b)** [Disco] de grabación corta, de 18 cm de diámetro y 45 revoluciones por minuto. Frec n m. ■ **5** Que tiene poco cuerpo o poca resistencia. ■ **6** (reg) Débil o delicado de salud.

senda f Camino estrecho formado por el paso reiterado de perss. o animales. Frec fig.

senderina f (reg) Senderuela (hongo).

senderismo m (Dep) Deporte que consiste en caminar por el campo siguiendo sendas o caminos.

senderista adj Del movimiento guerrillero peruano Sendero Luminoso, de tendencia maoísta. Tb n, referido a pers.

sendero m Senda. Tb fig.

senderuela f (reg) Hongo de la familia de las agaricáceas, comestible y de olor agradable, que nace en los caminos y sendas (Marasmius oreades).

sendos -das adj Uno a cada uno. Siempre precediendo al n en pl.

séneca *m* (*lit*) Hombre de gran sabiduría. *Frec con intención irónica.*

senecio *m* *Se da este n a distintas plantas del gén Senecio, esp a algunas especies arbóreas típicas de las altas montañas de África.*

senecto -ta *adj* (*lit*) [Pers.] anciana. *Tb n.*

senectud *f* (*lit*) Vejez o ancianidad.

senegalés -sa *adj* Del Senegal. *Tb n, referido a pers.*

senense -sa *adj* De Siena (Italia). *Tb n, referido a pers.*

senequismo *m* 1 Doctrina moral y filosófica de Lucio Anneo Séneca († 65). ■ 2 Condición de senequista [1b].

senequista *adj* De(l) senequismo [1]. **b)** Adepto al senequismo [1]. *Tb n.*

senés -sa *adj* De Siena (Italia). *Tb n, referido a pers.*

senescal *m* (*hist*) *En algunos países europeos:* Gran oficial de la corte, esp. mayordomo mayor de la casa real, a veces con atribuciones judiciales, administrativas o militares.

senescencia *f* (*lit o E*) Envejecimiento.

senil *adj* De(l) viejo o de (la) vejez.

senilidad *f* Estado de debilidad orgánica y mental propio de la vejez.

senilmente *adv* De manera senil.

sénior (*tb con la grafía* **senior**; *pl normal*, ~s) *adj* 1 Más viejo. *Sigue al n propio o al apellido de una pers para diferenciarla de su pariente homónimo de menos edad, esp el hijo. Se opone a* JÚNIOR. * *Trabajó con Marbel sénior.* ■ 2 (*Dep*) [Deportista] de la categoría superior por edad o por méritos. *Frec n.* **b)** De (los) séniors. ■ 3 [Pers.] de experiencia en su oficio.

seno *m* 1 Concavidad. **b)** (*Anat*) Cavidad existente en un hueso o formada por la reunión de varios huesos. ■ 2 Interior [de una cosa, esp. no material]. **b)** (*lit*) Interior del vientre materno, donde se aloja el hijo antes de nacer. ■ 3 (*lit*) Mama de mujer. ■ 4 (*lit*) Regazo. ■ 5 ~ **de Abrahán.** (*Rel jud*) Lugar en que las almas de los justos esperan la llegada del Redentor. ■ 6 (*Mat*) Razón existente entre el cateto opuesto [a un ángulo (*compl de posesión*)] y la hipotenusa.

senografía *f* (*Med*) Mamografía.

senógrafo *m* (*Med*) Aparato para hacer senografías.

senói *adj* (*E*) [Individuo] de tipo australoide propio de Malaca. *Tb n.*

senología *f* (*Med*) Estudio de las afecciones de la mama.

senón -na *adj* (*hist*) Del pueblo galo establecido antes de la conquista romana entre el Loira y el Marne. *Tb n, referido a pers.*

sensación I *f* 1 Impresión producida en los sentidos por un estímulo exterior o interior. **b)** Hecho de percibir o experimentar sensaciones. ■ 2 Percepción mental de un hecho, con independencia de las impresiones sensoriales. ■ 3 Impresión fuerte producida en el ánimo, gralm. colectivo, por una pers. o cosa. *Frec con un adj intensificador.* **b)** Pers. o cosa que causa sensación.
II *loc adj* 4 **de ~.** (*col*) Sensacional. *Tb adv.*

sensacional *adj* Que causa sensación [3]. **b)** (*col*) Sumamente bueno.

sensacionalismo *m* Cualidad de sensacionalista.

sensacionalista *adj* [Pers. o medio de comunicación] que gusta de dar noticias sensacionales [1a].

sensacionalmente *adv* De manera sensacional.

sensatamente *adv* De manera sensata.

sensatez *f* 1 Cualidad de sensato. ■ 2 Hecho o dicho sensato [1b].

sensato -ta *adj* [Pers.] que piensa y actúa con sentido común. *Tb n.* **b)** Propio de la pers. sensata.

sensibilidad *f* 1 Cualidad de sensible [1 y 2]. ■ 2 Modo de sentir o de pensar [de una pers. o de una colectividad].

sensibilización *f* Acción de sensibilizar(se). *Tb su efecto.*

sensibilizador -ra *adj* Que sensibiliza. *Tb n m, referido a agente o producto.*

sensibilizante *adj* (*Med*) Sensibilizador. *Tb n m.*

sensibilizar *tr* Hacer sensible o más sensible [1 y 2] [a alguien o algo (*cd*)]. **b)** *pr* (~**se**) Hacerse sensible [alguien o algo].

sensible *adj* 1 [Ser u órgano] capaz de experimentar sensaciones [1a]. **b)** [Cosa] que puede ser afectada por la acción [de un agente (*compl* A)]. *A veces sin compl, por consabido.* **c)** [Aparato] capaz de captar o registrar magnitudes o diferencias de muy poca intensidad. ■ 2 [Pers.] capaz de responder a estímulos emocionales o estéticos. *Frec con un compl* A. *Frec con intención ponderativa, denotando delicadeza estética o de sentimientos.* **b)** [Pers.] impresionable o susceptible ante un trato frío o poco delicado. ■ 3 [Cosa] perceptible por los sentidos. *Tb (Filos) n m.* **b)** (*Filos*) Relativo a los sentidos. ■ 4 Considerable o muy perceptible. ■ 5 [Cosa] lamentable o digna de ser sentida.

sensiblemente *adv* De manera sensible [3 y 4].

sensiblería *f* (*desp*) 1 Cualidad de sensiblero. ■ 2 Hecho o dicho sensiblero.

sensiblero -ra *adj* (*desp*) 1 [Pers.] sensible o sentimental en exceso. ■ 2 [Cosa] que denota o implica exceso de sensibilidad o sentimentalismo.

sensismo *m* (*Filos*) Sensualismo [2].

sensista *adj* (*Filos*) Sensualista. *Tb n, referido a pers.*

sensitivamente *adv* De manera sensitiva.

sensitivo -va I *adj* 1 De los sentidos o de las sensaciones [1]. **b)** (*Anat*) Capaz de percibir o transmitir una sensación. **c)** (*Filos*) [Alma o vida] del conocimiento sensorial y de los instintos. ■ 2 Dotado de sensibilidad [1]. **b)** De sensibilidad fina y delicada.
II *f* 3 Mimosa (planta, *Mimosa pudica*).

sensomotor -ra (*tb f* **sensomotriz**) *adj* (*Psicol*) Relativo simultáneamente a la sensación [1] y al movimiento.

sensor *m* Dispositivo, gralm. electrónico, que, en un sistema de control, registra los valores de una magnitud física o detecta sus variaciones.

sensorial *adj* De la sensación [1] o del sensorio.

sensorialidad *f* (*raro*) Sensibilidad [1].

sensorialmente *adv* De manera sensorial.

sensorio *m* (*Fisiol*) Facultad de distinguir y coordinar los datos recibidos por los sentidos externos. *Tb* ~ COMÚN. **b)** Centro cerebral de todas las sensaciones. *Tb* ~ COMÚN.

sensorizar *tr* Dotar de sensores [a algo (*cd*)]. *Gralm en part.*

sensual *adj* **1** Propio de los placeres de los sentidos. **b)** Que incita a los placeres de los sentidos. ■ **2** [Pers.] dada a buscar y gozar lo que halaga los sentidos, esp. en el aspecto sexual.

sensualidad *f* Cualidad de sensual, *esp* [2].

sensualismo *m* **1** Sensualidad. ■ **2** (*Filos*) Doctrina según la cual los sentidos son la única fuente de conocimiento.

sensualista *adj* De(l) sensualismo. **b)** Adepto al sensualismo [2]. *Tb n.*

sensualmente *adv* De manera sensual.

sensu stricto (*lat; pronunc corriente, /*sénsu--estríkto/*) loc adv* Stricto sensu (en sentido estricto).

sentada I *f* **1** Acción de sentar(se) [1]. *Frec su efecto.* **b)** Acción de permanecer sentado en el suelo durante un tiempo relativamente largo un grupo de perss. para manifestar una protesta o para apoyar una petición.
II *loc adv* **2 de una ~.** (*col*) De una vez o sin interrupción.

sentadilla *f* (*Dep*) En halterofilia: Posición en que el cuerpo se apoya sobre los pies con las rodillas dobladas y las pesas por encima de la cabeza.

sentado[1] **-da** *adj* **1** *part* → SENTAR. ■ **2** [Pers.] sensata o juiciosa. ■ **3** Tranquilo o sosegado. ■ **4** (*Bot*) Que no tiene pedúnculo.

sentado[2] *m* Acción de sentar [2].

sentajo *m* (*reg*) Asiento rústico o improvisado.

sentar (*conjug* 6) **A** *tr* **1** Poner [a alguien] con las nalgas apoyadas [en un sitio]. *Frec el cd es refl. Frec se omite el compl de lugar.* **b)** ~ **a la mesa** → MESA. ■ **2** Apoyar [algo en un sitio]. **b)** Hacer que [algo (*cd*)] quede perfectamente apoyado en lo que está debajo. **c)** ~ **la cabeza,** ~ **las costuras,** ~ **la mano** → CABEZA, COSTURA, MANO. ■ **3** Establecer [una idea o un principio]. **b) dar** [algo] **por sentado.** Dar[lo] por supuesto. **c)** ~ **plaza,** ~ **los reales** → PLAZA, REAL[3].
B *intr* ➤ **a** *normal* **4** ~ **bien** (*o* **mal**). Tener [algo] buen (*o* mal) efecto sobre la salud [de alguien (*ci*)]. *En lugar de* BIEN *o* MAL *puede aparecer otro adv equivalente. Tb sin ci.* **b)** *Sin adv*: Tener [algo] buen efecto sobre la salud [de alguien (*ci*)]. ■ **5** ~ **bien** (*o* **mal**). Causar [algo] buen (*o* mal) efecto sobre el ánimo [de alguien (*ci*)]. *En lugar de* BIEN *o* MAL *puede aparecer otro adv equivalente.* ■ **6** ~ **bien** (*o* **mal**). Resultar [algo] adecuado (*o* no) [a alguien *o* algo (*ci*)]. *En lugar de* BIEN *o* MAL *puede aparecer otro adv equivalente.* **b)** *Sin adv*: Resultar [algo] adecuado [a alguien (*ci*)]. ■ **7** ~ **bien** (*o* **mal**). Resultar [una prenda o una parte de ella] bien (*o* mal) adaptada [a alguien]. *En lugar de* BIEN *o* MAL *puede aparecer otro adv equivalente. Tb sin ci.* **b)** *Sin adv*: Resultar [una prenda o una parte de ella] bien adaptada [a alguien]. *Tb sin ci.* ■ **8** ~ **bien** (*o* **mal**). Quedar [algo] apoyado perfectamente (*o* no) en lo que está debajo. *En lugar de* BIEN *o* MAL *puede aparecer otro adv equivalente.* **b)** *Sin adv*: Quedar [algo] perfectamente apoyado en lo que está debajo.

■ **9** Estabilizarse [algo revuelto, esp. el tiempo]. *Gralm pr* (~**se**).
➤ **b** *pr* (~**se**) (*col*) **10** Posarse o sedimentarse. ■ **11** Tomar consistencia o cuerpo [una masa, esp. el pan].

sentencia *f* **1** Resolución pronunciada por el juez, que pone fin a un juicio. *Tb fig, fuera del ámbito judicial.* ■ **2** Frase breve y concisa que encierra un pensamiento de carácter doctrinal o moral.

sentenciador -ra *adj* Que sentencia. *Tb n, referido a pers.*

sentenciar (*conjug* 1a) **A** *tr* **1** Determinar [algo] como sentencia [1]. *Frec fig, fuera del ámbito judicial.* **b)** Determinar o decidir. ■ **2** Condenar [a alguien (*cd*) a algo] mediante sentencia [1]. *Tb fig, fuera del ámbito judicial. Frec se omite el segundo compl, por consabido.* ■ **3** Hacer que quede determinado o decidido el resultado definitivo [de algo (*cd*)].
B *intr* **4** Dictar sentencia [1].

sentenciosamente *adv* De manera sentenciosa.

sentenciosidad *f* (*raro*) Cualidad de sentencioso.

sentencioso -sa *adj* **1** De (la) sentencia [2]. **b)** Que encierra sentencia [2]. ■ **2** [Pers.] que se expresa diciendo sentencias [2], o con la misma gravedad que si las dijese.

sentidamente *adv* De manera sentida[1] [2].

sentido[1] **-da** *adj* **1** *part* → SENTIR[1]. ■ **2** [Cosa] que implica mucho sentimiento. ■ **3** [Pers.] muy sensible a una reprensión o a un trato poco delicado. **b)** [Pers.] sensible emocionalmente.

sentido[2] **I** *m* **1** Facultad de las cinco localizadas en los órganos corporales y mediante las cuales los seres animados perciben el mundo exterior. **b)** (*Fisiol*) Facultad de las varias mediante las cuales los seres animados perciben el mundo exterior y el estado de sus propios órganos. **c) los cinco ~s.** La máxima atención. *Frec con el v* PONER. **d) un ~.** (*col*) Precio excesivamente caro. *Con vs como* COSTAR, PEDIR *o* COBRAR. **e) sexto ~.** Capacidad de intuir o adivinar. ■ **2** Conciencia o noción de la propia existencia. ■ **3** Sensación [1 y 2]. ■ **4** ~ **común,** *o* **buen ~.** Capacidad de entender o juzgar con lógica. *Tb simplemente* ~. ■ **5** Capacidad de sentir o de entender [algo (*compl* DE, *o, más raro, adj*)]. **b)** Modo de sentir o de entender [algo (*compl* DE, *o, más raro, adj*)]. ■ **6** Justificación o razón de ser. ■ **7** Significado [de una palabra o frase]. *Tb fig.* **b)** *En una lectura o recitación:* Expresión adecuada a su significado. **c)** (*Ling*) Variante, aceptada por el uso, del significado de una palabra. ■ **8** Orientación de las dos opuestas en que es posible tomar una dirección. **b)** Dirección (línea). **c)** Orientación [de un movimiento]. *Tb fig.* **d)** Intención.
II *loc adj* **9 de ~.** (*Rel catól*) [Pena] sensorial que padecen los condenados en el infierno y en el purgatorio.
III *loc v* **10 quitar,** *o* **hacer perder, el ~** [una pers. o cosa (*suj*)]. Causar gran impresión por su belleza o calidad.

sentidor -ra *adj* (*raro*) Que siente, o tiene capacidad de sentir. *Tb n.*

sentiente *adj* (*raro*) Que siente.

sentimental *adj* **1** Del sentimiento, *esp* [1b]. **b)** Amoroso. **c)** [Compañero] ~ → COMPAÑERO. ■ **2** [Pers.] que tiende a dejarse llevar por los sentimientos. *Tb n. A veces con intención desp, denotando exageración o afectación.* ■ **3** [Cosa] que denota o implica sentimientos tiernos y delicados. *A veces con intención desp, denotando exageración o afectación.*

sentimentalidad *f* Cualidad de sentimental [2 y 3].

sentimentalismo *m* **1** Cualidad de sentimental [2 y 3]. *Frec con intención desp.* ■ **2** Actitud sentimental [3].

sentimentalizar *tr (raro)* Dar carácter sentimental [a alguien o algo (*cd*)].

sentimentalmente *adv* **1** En el aspecto sentimental. ■ **2** De manera sentimental.

sentimentaloide *adj (desp)* Falsamente sentimental.

sentimiento I *m* **1** Acción de sentir[1] [1b, 3a, 4 y 5a]. *Frec su efecto.* **b)** Estado afectivo. *Frec en pl con sent sg.* **c) buenos ~s.** Manera de ser bondadosa hacia los demás. **II** *loc adj* **2 sin ~s.** [Pers.] insensible o dura en su comportamiento para con los demás.

sentina *f En un barco:* Cavidad inferior en donde se reúnen las aguas procedentes de filtraciones.

sentir[1] *(conjug 60)* **A** *tr* **1** Experimentar [una sensación o sensaciones]. *Tb abs.* **b)** Experimentar [un estado afectivo o de ánimo]. **c)** Ser afectado [por algo (*cd*)]. ■ **2** Percibir [algo] por los sentidos. *Normalmente referido al oído o al tacto, más raro al gusto o al olfato y nunca a la vista.* **b)** *(pop)* Oír. **c) dejarse ~** [una cosa]. Hacerse muy perceptible. ■ **3** Percibir mentalmente [algo o a alguien (*cd*)], o tener conciencia [de algo (*cd*)]. *Cuando el cd designa pers, frec es refl y va acompañado de un predicat o un adv* (~se feliz, ~se mal). **b)** Presentir. **c) sin ~** [algo]. Sin darse cuenta [de ello]. *Frec abs.* ■ **4** Responder [a un estímulo afectivo o estético (*cd*)]. **b)** Estar [una pers.] compenetrada [con una actividad (*cd*)]. ■ **5** Lamentar [una cosa (*cd*)] o sufrir [por causa de ella (*cd*)]. *Frec en la fórmula de cortesía* LO SIENTO. **b) dar que ~** [a una pers.]. Ocasionarle disgustos. **c) ni ~ ni padecer.** Ser insensible. **B** *intr pr* (~se) *(raro)* **6** Padecer algún dolor o daño [en una parte del cuerpo (*compl* DE)]. ■ **7** Considerarse ofendido, o enfadarse.

sentir[2] *m* **1** Sentimiento. ■ **2** Opinión. *Frec en la constr* EN MI (TU, SU, *etc*) ~.

seña I *f* **1** Gesto o ademán con que se comunica algo. *Frec en las constrs* HACER ~S O HABLAR POR ~S. ■ **2** Rasgo peculiar o característico [o cosa], que permite distinguirla o reconocerla. *Frec en pl.* ■ **3** Señal o marca. ■ **4** Señal o indicio. *Gralm en pl.* ■ **5** *En pl:* Conjunto de datos relativos a la ubicación exacta del domicilio [de una pers. o entidad]. ■ **6** *(raro)* Enseña o bandera. **II** *fórm or* **7 las ~s son mortales.** *Se usa para comentar que los datos o indicios en cuestión se refieren inequívocamente a algo consabido.* * *–¿Será esto? –Las señas son mortales.* **III** *loc adv* **8 por más ~s.** Además, o para completar la descripción. *Siguiendo a la mención de un rasgo caracterizador.* * *Tiene un medio novio muy celoso, basurero por más señas.*

señal I *f* **1** Indicio. **b)** Huella [de un golpe, una lesión u otro daño]. ■ **2** Cosa sensible (objeto, dibujo, gesto o sonido) que tiene por fin indicar algo. **b) ~ de la Cruz.** Representación de la cruz de Jesucristo por medio de los dedos o del movimiento de la mano. **c)** *(Fís)* Variación de una corriente eléctrica u otra

magnitud, mediante la cual se transmite información. *Tb la información transmitida.* ■ **3** Parte del precio total pagada anticipadamente, como garantía, por el que encarga un servicio o se compromete a efectuar una compra. **II** *loc adj* **4 en ~.** *(reg)* [Oveja] que aún no tiene cuatro años y da señal [1a] de su edad en los dientes. **III** *loc v* **5 dar ~es de vida.** *(col)* Ponerse en contacto con otras perss., esp. allegadas o conocidas. *Gralm en forma neg.* **IV** *loc prep* **6 en ~ de.** En prueba o demostración de.

señaladamente *adv* De manera señalada.

señalado -da *adj* **1** *part* → SEÑALAR. ■ **2** Destacado.

señalador -ra *adj* Que señala.

señalamiento *m* Acción de señalar(se), *esp* [6].

señalar A *tr* **1** Hacer una señal [2], esp. con la mano, [hacia una pers. o cosa (*cd*)], para llamar la atención sobre ella. **b) ~ con el dedo** → DEDO. ■ **2** Aludir [a alguien]. *Frec abs.* ■ **3** Hacer notar [algo, esp. un hecho o una cualidad]. **b)** Registrar [un aparato (*suj*)] un dato físico (*cd*)]. **c)** Marcar [una cosa (*suj*)] con su presencia [la existencia de otra (*cd*)]. ■ **4** Poner señal [2] [en una cosa (*cd*)] para hacerla notar, para distinguirla de otras o para precisar su lugar. ■ **5** Dejar señales [1b] de golpes o heridas [en una pers. (*cd*) o en una parte de su cuerpo (*cd*)]. ■ **6** Determinar o establecer [algo]. ■ **7** *(Taur)* Amagar [una herida (*cd*)] llegando al sitio en que ha de producirse, sin hacerlo. **B** *intr pr* (~se) **8** Hacerse notar, o distinguirse [una pers.].

señalero -ra *m y f* Pers. encargada de hacer señales [2a], esp. en un barco o en un aeropuerto.

señalizable *adj* Que se puede señalizar.

señalización *f* Acción de señalizar. *Tb su efecto.*

señalizador -ra *adj* Que señaliza. *Tb n m, referido a aparato.*

señalizar *tr* **1** Dotar [a una vía de comunicación (*cd*)] de señales [2a] destinadas a asegurar su buen uso y la seguridad de los usuarios. ■ **2** Señalar o hacer notar [algo] mediante una señal [2a].

señera *f* Bandera de Cataluña, de Valencia o de Baleares.

señeramente *adv (lit)* De manera señera.

señero -ra *adj (lit)* Sin par o sin rival. **b)** Destacado o sobresaliente.

seño *f (argot Enseñ)* Señorita o maestra. *Tb fig, humoríst, referido a otras mujeres que ejercen autoridad.*

señor -ra *(con mayúscula en aceps 6, 7, 10, 13, 14 y 15)* I *n* **A** *m y f* **1** Pers. que posee [una cosa (*compl de posesión*)] o tiene dominio [sobre ella (*compl de posesión*)]. *Tb fig.* **b)** *(hist) En el régimen feudal:* Pers. que posee un estado o lugar con dominio y jurisdicción, o con solo prestaciones territoriales. **c)** Pers. que tiene un señorío como título de nobleza. ■ **2** Pers. a la que sirve [un criado (*compl de posesión*)]. *Tb sin compl. Tb usado como tratamiento.* **b)** *Tratamiento que se da a una pers real para dirigirse a ella.* * *Permitidme, Señor, que diga públicamente lo que pido a mi Soberano.* **c) el ~.** Usted. *Dicho por un camarero, o por un sirviente en actitud ceremoniosa.* ■ **3** Pers. de posición. **b)** Pers. que en su

porte o en su comportamiento manifiesta distinción o dignidad. ■ **4** Pers. de edad madura. **b)** *Como tratamiento, se emplea para dirigirse o referirse a una pers no muy joven (o no niño, si es varón), cuyo nombre se ignora o no se quiere mencionar.* * *¿Fuma usted, señora?* * Opino como este señor. **c)** *Se emplea siguiendo a los advs* SÍ *o* NO *como respuesta cortés o respetuosa. Frec (col) con intención enfática.* * *–¿Usted lo presenció? –No, señor.* * *¡Ah, no, señor, por ahí no paso!* **d)** *Se antepone al apellido de un hombre, o al de una mujer casada, viuda o de edad.* * El señor Álvarez no interviene. **e)** *En pl y seguido de la prep* DE + *el apellido del marido, se emplea para designar a un matrimonio.* * *En la ceremonia saludé a los señores de González.* **f)** *(pop o reg) Se usa, por respeto, antepuesto al n de pila solo.* * La señora Adela era la comadrona del pueblo. **g)** *Precede al tratamiento* DON *que se antepone al n y apellido de una pers. Normalmente en la dirección de una carta. Tb (semiculto) sin* DON. * Acudieron los académicos señores don Rafael Lapesa y don Pedro Laín. **h)** *Precede a la mención de un título o cargo.* * Han llegado el señor conde y el señor ministro. **i)** *(reg) Se usa antepuesto al n de un santo.* * Es la fiesta de nuestro señor San Pedro. **j)** **muy ~ mío.** *Fórmula de cortesía empleada en las cartas para dirigirse a alguien con quien no se tiene trato.* * *Encabeza todas sus cartas con el consabido "Muy señor mío", sin concesiones afectivas.* **k)** **~ mío.** *Se emplea en vocativo, como cortesía reticente, dirigido a alguien que no se conoce o al que en ese momento se desea alejar afectivamente.* * Sepa usted, señor mío, que eso que pide es imposible. ■ **5** *(reg)* Suegro.
B *m* **6 el ~.** *(Rel crist)* Dios. **b)** Jesucristo, esp. bajo las especies sacramentales. **c)** Viático (comunión dada a un enfermo). ■ **7 ~ mío Jesucristo.** Oración católica que comienza por las palabras "Señor mío Jesucristo".
C *f* **8** Mujer. *En sent genérico.* * Confección de señora. **b)** *(col) En sent individual, aludiendo al aspecto sexual.* * Sale con unas señoras imponentes. ■ **9** Esposa. *Como forma de cortesía ceremoniosa o cortesía popular. Seguido de la prep* DE + *el apellido del marido, se emplea como tratamiento cortés.* * Acudieron el embajador francés y señora. * Necesito una muchacha pa que ayude a mi señora. * A continuación aparecían el Presidente del Gobierno y la señora de Carrero Blanco. ■ **10 Nuestra Señora.** La Virgen.
II *adj* **11** Distinguido o elegante. ■ **12** *Antepuesto a un n, se emplea para ponderar la calidad de lo designado por este.* * Es un señor vino. ■ **13 del ~.** *(lit)* [Año] de la era cristiana.
III *loc v* **14 descansar (dormir,** o **morir) en el ~.** *(lit)* Morir cristianamente.
IV *interj* **15** Denota disgusto o protesta. * ¡Señor, qué prisas!

señoreante *adj (lit)* Que señorea.

señorear A *tr* **1** Ejercer dominio [sobre alguien o algo (cd)]. *Tb fig.* **b)** *(lit)* Estar [una cosa] a una altura o nivel superiores [a los de otra (cd)]. *Tb fig.*
B *intr* ➤ **a** *normal* **2** Ejercer dominio [sobre alguien o algo (compl SOBRE o EN)].
➤ **b** *pr (~se)* **3** Disponer [de alguien o algo] como si fuese su dueño. *Tb sin compl.*

señoría *f* **1** *Tratamiento que se da a perss de determinada dignidad, como jueces o diputados.* * Sus señorías pueden abandonar el Congreso. **b)** Pers. a quien se da tratamiento de señoría. ■ **2** *(hist) En ciertas ciudades italianas durante la Edad Media y el Renacimiento:* Forma de gobierno caracterizada

por la concentración de poderes en una sola pers. *Frec la ciudad así gobernada.*

señorial *adj* **1** De(l) señor [1, 2 y 3]. ■ **2** Distinguido o elegante.

señorialmente *adv* De manera señorial.

señoril *adj (lit)* Señorial.

señorío *m* **1** Dominio o mando [sobre una cosa]. ■ **2** Territorio perteneciente a un señor [1b]. ■ **3** Título de nobleza inferior al de conde. ■ **4** Dignidad de señor [1]. ■ **5** Cualidad de señor [11]. ■ **6** *(col)* Conjunto de los señores [3a].

señoritil *adj (desp)* De(l) señorito [1].

señoritingo -ga *(desp)* **I** *m y f* **1** Señorito [1, esp. 1b].
II *adj* **2** Señorito [6 y 7].

señoritismo *m* **1** *(desp)* Actitud o comportamiento social propios de señorito [1b y c]. ■ **2** Condición de señorito [6 y 7].

señorito -ta I *n* **A** *m y f* **1** Hijo de un señor [1 y esp. 2]. *Frec como tratamiento en boca de sirvientes.* **b)** *(desp)* Joven de familia rica que lleva una vida desocupada. **c)** *(desp)* Pers. rica. ■ **2** *(reg)* Señor [2]. **b)** *(col, humoríst)* Jefe o mandamás.
B *f* **3** *Tratamiento que se emplea para referirse o dirigirse a una mujer soltera o joven.* * Señorita, por favor, ¿puede atenderme? ■ **4** Maestra, o profesora no universitaria. *Gralm como tratamiento.* ■ **5** *(reg)* Haz de lino dispuesto para secar.
II *adj* **6** [Pers.] de posición. **b)** Propio de la pers. de posición. ■ **7** [Pers.] con excesivas pretensiones de lujo y comodidad. **b)** [Pers.] delicada o remilgada.

señorón -na *m y f (humoríst o desp)* Pers. importante o que aparenta serlo.

señuelo *m* **1** Cosa que atrae o induce con engaño. *Tb fig.* ■ **2** *(Caza)* Ave que se emplea para atraer a otras. **b)** Artificio que se emplea para atraer aves o peces.

sépalo *m (Bot)* Pieza de las que constituyen el cáliz.

separable *adj* Que se puede separar.

separación *f* **1** Acción de separar(se). *Tb su efecto.* **b)** Interrupción de la vida conyugal, por acuerdo entre las partes o por fallo judicial, sin extinción del vínculo del matrimonio. **c)** **~ de bienes.** *(Der)* Régimen matrimonial en virtud del cual cada cónyuge conserva sus bienes propios, usándolos y administrándolos sin intervención del otro. ■ **2** Espacio que separa [2].

separadamente *adv* De manera separada o independiente.

separado -da I *adj* **1** *part* → SEPARAR. ■ **2** [Cosa] que no está unida [a otra (compl DE)]. *Tb sin compl.*
II *loc adv* **3 por ~.** De manera separada o independiente.

separador -ra *adj* Que separa. *Tb n, m y f, referido a pers y a máquina o dispositivo.* **2** De (la) separación [1a].

separar *tr* **1** Hacer que [una pers. o cosa (cd)] deje de estar unida o próxima [a otra (compl DE)]. *Tb sin compl* DE, *por consabido, o con cd pl. Frec el cd es refl, a veces con sent recíproco. Tb fig.* * Separa una hoja de otra. * Separa las hojas. * Los luchadores se separaron ante la indicación del árbitro. **b)** *pr (~se)* Dejar [una pers. o cosa] de estar unida o próxima [a otra (*compl* DE)]. *Tb sin compl* DE, *con suj pl.* * A partir de aquí, los caminos se separan. ■ **2** Hacer que [una pers. o cosa (*cd*)] no esté unida o próxima [a otra (*compl* DE)]. *Tb sin compl* DE, *por consabido, o con cd pl. Tb fig.* * La sierra separa las dos provincias. ■ **3** Hacer que [dos o más perss. (*cd*)] cesen de pelear. * Traté de separar a los contendientes. ■ **4** Hacer que [una pers. (*cd*)] deje de vivir [con otra (*compl* DE)]. * Es tremendo separar a un hijo de su madre. **b)** *pr* (~se) Dejar de vivir [una pers. con otra (*compl* DE)]. *Frec con suj pl con sent recíproco. Esp referido a matrimonios o parejas.* * Los hermanos se separaron al comenzar los estudios. * Sus padres se han separado. ■ **5** Distinguir o diferenciar [dos cosas, o una de otra]. * Hay que separar lo importante de lo no importante. ■ **6** Quitar [a alguien (*cd*) una cosa que tenía por derecho (*compl* DE)]. *Tb sin compl* DE, *por consabido.* * Fue separado de la herencia. **b)** Hacer que [alguien (*cd*)] deje de desempeñar [un empleo o cargo (*compl* DE)]. *Tb sin compl* DE, *por consabido. A veces el cd es refl.* * Le compete nombrar y separar libremente a sus ministros.

separata *f* Ejemplar de una impresión independiente que se hace de un artículo de una revista o de un capítulo de una obra, aprovechando los moldes de estas. **b)** Suplemento especial monográfico [de una revista o de un diario].

separatismo *m* **1** Tendencia o doctrina que propone separar políticamente una región de la nación a que pertenece. ■ **2** Cualidad de separatista.

separatista *adj* Del separatismo. **b)** Partidario del separatismo [1]. *Tb n.*

separatorio -ria *adj* (*raro*) Separador.

sepelio *m* (*lit*) Entierro (acción de enterrar un cadáver).

sepia I *f* **1** Jibia (cefalópodo).
   II *adj* **2** [Color] pardo amarillento oscuro. *Tb n m.* **b)** Que tiene color sepia.

sepiolita *f* (*Mineral*) Mineral poroso, ligero y de color blanco grisáceo, constituido por silicato magnésico hidratado.

sepsis *f* (*Med*) Septicemia.

septembrino -na *adj* Del mes de septiembre.

septena *f* Conjunto de siete unidades. *Gralm con un compl* DE.

septenado *m* Septenato.

septenal *adj* Que dura siete años.

septenario *m* Ejercicio devoto que se practica durante siete días seguidos.

septenato *m* Septenio. *Referido a la duración de un mandato.*

septenio *m* Período de siete años.

septentrión *m* (*lit*) **1** Norte (punto cardinal). ■ **2** Parte [de un territorio o lugar] que está hacia el norte.

septentrional *adj* (*lit*) Del norte.

septeto *m* (*Mús*) **1** Conjunto de siete instrumentos. ■ **2** Composición o parte musical para siete instrumentos.

septicemia *f* (*Med*) Infección general del organismo por el paso a la sangre de diversos gérmenes patógenos procedentes de supuración, sin localizarse en un órgano determinado.

septicémico -ca *adj* (*Med*) De (la) septicemia.

septicida *adj* (*Bot*) [Dehiscencia] que se realiza hendiéndose los tabiques de separación del fruto.

séptico -ca *adj* **1** (*Med*) De (la) infección. ■ **2** [Fosa] **séptica** → FOSA.

septiembre *m* Noveno mes del año. *Se usa normalmente sin art.*

septífraga *adj* (*Bot*) [Dehiscencia] que se realiza rompiendo los tabiques de separación del fruto.

septillizo -za *adj* [Pers.] nacida del mismo parto que otras seis. *Más frec como n y en pl.*

septimino *m* (*Mús*) Septeto [2].

séptimo -ma I *adj* **1** Que ocupa un lugar inmediatamente detrás o después del sexto. *Frec el n va sobrentendido.* ■ **2** [Parte] que es una de las siete en que se divide o se supone dividido un todo.
   II *n* A *m* **3** Parte de las siete en que se divide o se supone dividido un todo. *Gralm seguido de un compl* DE.
   B *f* **4** (*TLit*) Estrofa de siete versos de arte mayor. ■ **5** (*Mús*) Sonido que en una escala diatónica ocupa el grado séptimo, en sentido ascendente, respecto a la tónica. *Tb el intervalo correspondiente.*
   III *adv* **6** En séptimo lugar.

septingentésimo -ma *adj* (*lit*) Que ocupa un lugar inmediatamente detrás o después del sexcentésimo nonagesimonoveno.

septo *m* (*Anat*) Tabique.

septoplastia *f* (*Med*) Corrección de la desviación del tabique nasal con reposición plástica del cartílago desviado.

septoria *f* (*Bot*) Hongo parásito que produce enfermedades en diversas plantas (gén. *Septoria*).

septoriosis *f* (*Bot*) Enfermedad causada por septorias.

septuagenario -ria *adj* [Pers.] de edad comprendida entre los setenta y los ochenta años. *Tb n.*

septuagésimo -ma I *adj* (*lit*) **1** Que ocupa un lugar inmediatamente detrás o después del sexagesimonoveno. *Seguido de los ordinales* PRIMERO *a* NOVENO, *forma los adjs ordinales correspondientes a los números 71 a 79.*
   II *f* **2** (*Rel catól*) Primero de los tres domingos que preceden a la Cuaresma. **b)** Tiempo litúrgico que precede a la Cuaresma.

septuagesimo- *r pref* (*lit*) Unido sin guión a los ordinales PRIMERO *a* NOVENO, *forma los adjs ordinales correspondientes a los números 71 a 79.* * Septuagesimoquinto.

séptuple *adj* (*raro*) [Cosa] formada por siete elementos. **b)** ~ + *n* = SIETE + *el mismo n en pl.* * El autor del séptuple crimen.

séptuplo -pla *adj* (*raro*) [Cantidad] siete veces mayor. *Más frec como n m.*

sepulcral *adj* De(l) sepulcro. **b)** [Silencio] total. *Con intención ponderativa.*

sepulcralmente *adv* (*raro*) De manera sepulcral.

sepulcro *m* Obra levantada del suelo para enterrar un cadáver. *Tb* (*lit*) *designa una tumba.* **b)** **santo ~.** Lugar en que fue enterrado Jesucristo.

sepultar *tr* **1** Enterrar (poner [un cadáver] en una sepultura [2]). ■ **2** Cubrir [algo o a alguien] de modo que desaparezca totalmente. *Tb fig.* **b)** (*lit*) Introducir [algo] de modo que desaparezca totalmente.

sepulto -ta *adj* (*lit*) Sepultado.

sepultura I *f* **1** Acción de sepultar. ■ **2** Lugar, excavado en el suelo o levantado sobre él, en que se deposita definitivamente un cadáver. ■ **3** (*hoy raro*) Lugar de la iglesia en el que [una familia (*compl de posesión*)] coloca la ofrenda por sus difuntos. II *loc v* **4 dar ~** [a alguien]. Enterrar[lo] o sepultar[lo].

sepulturero -ra I *adj* **1** (*raro*) De(1) sepulturero [2]. II *m* **2** Hombre que tiene por oficio sepultar muertos.

sepulvedano -na *adj* De Sepúlveda (Segovia). *Tb n, referido a pers.*

sequedad *f* Cualidad de seco.

sequerón -na *adj* (*reg*) Seco. *Frec con intención desp.*

sequeroso -sa *adj* Seco (falto de humedad).

sequete *m* Trozo de pan o bollo seco y duro.

sequía *f* Falta prolongada de lluvias.

sequillo *m* Dulce en forma de rosquilla, bizcocho o galleta, de masa seca y no grasienta, frec. cubierto por una capa blanca de azúcar.

séquito *m* Conjunto de perss. que acompañan [a otra (*compl de posesión*)] con la que tienen relación de obediencia o respeto]. *Tb fig.*

sequizo -za *adj* Seco, o falto de humedad. *Con intención ponderativa.*

sequoia (*pronunc corriente, /sekuóya/*) *f* Secuoya.

ser[1] I *v* (*conjug 29*) **A** copulat **1** *Sirve para presentar en forma de pred de la or un adj o un sust (o cualquier otra palabra o sintagma trasladados a estas funciones) que expresan una característica o un conjunto de características pensadas como propias de lo designado en el suj.* * El Sol es una estrella. * ¿Quién es ella? * ¿Tú eras de los buenos? **b) manera,** o **modo, de ~** → MANERA, MODO. **c)** *Con predicat sust puede expresar identidad o equivalencia.* * Dos y dos son cuatro. **d)** *Cuando el predicat es un adj de cualidad, ~ se opone a* ESTAR: *~ presenta esa cualidad como permanente, mientras que* ESTAR *la presenta como resultante de algún cambio o evolución observados o supuestos en lo designado por el suj.* * No está guapa, es guapa. **e)** *El predicat puede ser una prop adj (introducida por un pron o adv relativos). En este caso el suj (sust o adv sustantivado) frec ocupa el segundo lugar de la or, después del v ~:* fui yo quien...; ha sido Juan el que...; es allí donde...; era entonces cuando...; es por esto por lo que... **f)** (*reg o semiculto*) *A veces el relativo que introduce la prop adj está sustituido por la partícula* QUE: es el propio Juan que...; es allí que...; era entonces que...; es por esto que... **g)** *Sin expresión de suj, y con predicat constituido por determinados ns, advs o compls advs de tiempo, enuncia la circunstancia temporal.* * Ya es verano. * Es de noche. ■ **2** *Seguido del part de un v tr, forma la constr pasiva, con la que se denota que lo designado en el suj "recibe" o "sufre" la acción significada por el segundo v.* * Fue expulsado del colegio. ■ **3 ~ de** + *infin* = DEBER SER o MERECER SER + *part. El suj es una prop o un n de acción.* * Es de esperar que cambie. ■ **4 ~ a** + *infin* = DEDICARSE A + *infin o* CONTRIBUIR A + *infin.* * Todos eran a llevar paquetes. **B** *intr* ➤ **a** *como simple v* **5** Tratarse de [alguien o algo (*suj*)]. * –¡Cómo han alargado los días! –Es la primavera que llega. ■ **6** Ocurrir o suceder. * Si

no lo hice, no sé por qué fue. ■ **7** (*lit*) Existir. *Tb fig.* * Vive en la orilla del río, donde son verdes prados. * ¡Aquí fue Numancia! **b) érase** (*a veces,* **érase que se era**). *Fórmula con que comienzan los cuentos infantiles.* * Érase un rey que tenía tres hijas. ■ **8** (*raro*) Estar. *En determinadas fórmulas, seguido de un compl que expresa compañía.* * Soy con usted en un momento. **b)** Tener su lugar propio o su sede. *Con un compl que expresa lugar.* * ¿Es aquí el Instituto? ■ **9** *Acompañado de una indicación de hora:* Marcar el reloj [la hora que se expresa (*suj*)]. * Son las dos. ■ **10** *Acompañado de una expresión de precio:* Valer o costar. *Cuando la expresión de precio es en pl, el v suele ir tb en pl.* * –¿Cuánto es esto? –Son cuatro mil pesetas. ➤ **b** *en locs y fórm or* **11 a** (*o* **de**) **no** + **~** *en infin* = SI NO + *~ en ind o subj:* a no ser por ti = si no fuera por ti. *Frec en la constr* A NO **~** QUE + *otro v en subj* = SI NO + *el mismo v en ind o subj:* a no ser que venga = si no viene. ■ **12 ahí es nada** → NADA. ■ **13 así es.** *Fórmula de asentimiento que se usa como or independiente.* * –¿Viene la abuela? –Así es. ■ **14 así sea.** *Fórmula con que se manifiesta deseo de que se cumpla lo que se acaba de oír. Frec en plegarias.* * –¡Ojalá tengas suerte! –Así sea. ■ **15 es más.** *Precede a la enunciación de un argumento que se acumula a los ya expuestos.* * Esto ha sido difícil para ellos. Es más, ha supuesto un verdadero problema. ■ **16 eso es** → ESO. ■ **17 es que.** *Fórmula inicial de ors con que se presenta una explicación o una objeción.* * –¿Por qué no comes? –Es que no me apetece. ■ **18 ¿es que no?** *Se usa al final de una frase, pidiendo confirmación de esta.* * Si el mar fuera para los hombres, naceríamos con aletas ¿es que no? ■ **19 esto es** → ESTO. ■ **20 lo que sea sonará.** (*col*) *Fórmula con que se expresa la conveniencia o el propósito de despreocuparse de una dificultad que amenaza.* * Deja de preocuparte. Lo que sea sonará. ■ **21 no siendo,** o **si no es.** Exceptuando. * No siendo dos o tres, los otros están de acuerdo. ■ **22** (**o**) **somos o no somos.** *Fórmula con que se comenta que, por el hecho de ser quien se es, se puede o debe hacer algo.* * –No debías haberte molestado. –Pero bueno, somos o no somos. ■ **23 ¿qué es de** + *sust?* = ¿QUÉ OCURRE CON, *o* CUÁL ES LA SITUACIÓN DE + *el mismo sust?* * ¿Qué es de tu hermano? ■ **24 ¿qué va a ~?** (*col*) *Fórmula con que en determinados establecimientos, como un bar, una peluquería o una gasolinera, se pregunta al cliente por su deseo.* * –¿Qué va a ser? –Uno con leche. ■ **25 sea lo que sea,** o **sea como sea** (*lit:* **sea lo que fuere**; **sea como fuere**; **como quiera que sea**). *En cualquier caso. Normalmente precede a una or que expresa algo esencial con respecto a lo considerado accesorio que se ha expresado inmediatamente antes.* * Sea lo que sea, lo importante es la salud. ■ **26 también sería.** (*raro*) Solo faltaría. *Gralm seguido de* QUE. * ¡También sería que me quedabas aquí como un perro! II *loc adv* **27 es decir.** *Introduce la explicación, o a veces la rectificación, de lo que acaba de decirse.* * Estoy de acuerdo, es decir, básicamente de acuerdo. ■ **28 o sea** (*o, pop,* **o séase**). Es decir. *Frec* (*pop*) *se usa expletivamente y alguna vez en la forma* O SEAN *referida a un sust en pl.* * –Tengo algunas reservas. –O sea, que no te gusta. ■ **29 sea..., sea...** (*en pasado:* **fuera..., fuera...**). (*lit*) *Introduce los dos miembros de una disyunción. El segundo* SEA *a veces es sustituido por* O *o algo* O BIEN. * Sea uno, sea otro, habrá que hacer algo. ■ **30 tanto** (*o* **tan**) **es así** → TANTO. ■ **31 un sí es no es** (*o* **un si es no es**) → Un poco. * Está un sí es no es triste.

III *loc conj* **32 como sea que.** (*reg*) Comoquiera que. * Como sea que no puede evitar la comparación, se siente defraudado. ■ **33 siendo así que.** Aunque. * Lo llamaban tuerto, siendo así que tenía unos bonitos ojos.

ser² *m* **1** Lo que existe, esp. viviente. ■ **2** Existencia. ■ **3** Esencia o naturaleza. **b)** Modo normal de ser o de presentarse [una cosa (*compl de posesión*)]. **c)** Modo de ser [de una pers.].

sera *f* Espuerta grande y frec. sin asas. *Tb su contenido.*

seráficamente *adv* De manera seráfica.

seráfico -ca *adj* **1** De (los) serafines. **b)** (*lit*) Angelical. ■ **2** (*lit*) Franciscano. *Gralm referido a orden.*

serafín *m* (*Rel crist*) Espíritu celeste de los que constituyen el primer coro de la primera jerarquía y que se caracterizan por su amor a las cosas divinas.

seraje *m* Conjunto de seras, esp. de carbón.

serano *m* (*reg*) Tertulia nocturna, al aire libre o alrededor de la lumbre.

serba *f* Fruto en forma de pera pequeña, de color amarillo rojizo, que se torna pardo oscuro tras madurar entre paja.

serbal *m* Árbol de la familia de las rosáceas, de tallo alto, recto y liso, hojas compuestas y flores en corimbo, cuyo fruto es la serba (*Sorbus domestica* y *S. aucuparia*). *La segunda especie se llama tb* ~ DE (LOS) CAZADORES *o* ~ SILVESTRE.

serbio -bia (*tb con la grafía* **servio**) **I** *adj* **1** De Serbia (Yugoslavia). *Tb n, referido a pers.* **II** *m* **2** Idioma serbio [1], o variedad serbia del serbocroata.

serbocroata (*tb con las grafías* **serbo-croata**, **servocroata** *y* **servo-croata**) **I** *adj* **1** De Serbia y Croacia (Yugoslavia). *Tb n, referido a pers.* ■ **2** De(l) serbocroata [3]. **II** *m* **3** Lengua eslava meridional que se habla en Serbia, Croacia y otras regiones yugoslavas, y que ha sido el idioma oficial de Yugoslavia.

sere *f* (*Bot*) Serie de cambios que se producen en una sucesión ecológica de una comunidad particular.

serenador -ra *adj* (*raro*) Que serena.

serenamente *adv* De manera serena [2 y 3b].

serenar *tr* Hacer que [alguien o algo (*cd*)] pase a estar sereno [1, 2 y 3]. **b)** *pr* (~**se**) Pasar [alguien o algo] a estar sereno [1, 2 y 3].

serenata *f* **1** Música dirigida a una pers., que se toca durante la noche frente a su casa. *Frec con el v* DAR. **b)** (*col*) Ruido prolongado y molesto, esp. durante la noche. ■ **2** (*Mús*) Composición instrumental constituida por una serie de piezas ligeras, de las cuales el comienzo y el final son semejantes a marchas, y las de la parte media, de estilo de minueto.

serendipidad *f* Facultad de hacer un descubrimiento o un hallazgo afortunado de manera accidental. **b)** Hallazgo o descubrimiento accidental.

serenero *m* (*hist*) Toca femenina usada como defensa contra la humedad de la noche.

sereniano -na *adj* De la Serena (comarca de Badajoz).

serenidad *f* Cualidad de sereno, *esp* [3].

serenísimo -ma *adj* **1** *superl* de SERENO. ■ **2** *Se usa, normalmente siguiendo al n* ALTEZA *o precediendo al n* SEÑOR, *como tratamiento dirigido a reyes o príncipes.* * Su Alteza Serenísima hizo su entrada en el salón del trono. **b)** *A veces se usa tb referido a determinadas repúblicas antiguas y a algunos personajes importantes.* * La República Serenísima de Venecia.

sereno -na **I** *adj* **1** [Tiempo] despejado y apacible. ■ **2** [Cosa] dulce y apacible. ■ **3** [Pers.] que no está o no se muestra alterada por ninguna pasión. **b)** Propio de la pers. serena. ■ **4** [Pers.] que no está bajo los efectos del alcohol. **II** *n* **A** *m* **5** Intemperie de la noche. *Normalmente en la constr* AL ~. ■ **6** (*hoy raro*) Hombre encargado de vigilar las calles durante la noche para seguridad del vecindario. **b)** Vigilante nocturno. *Referido a ciertos locales cerrados.* **B** *f* **7** (*reg*) Sereno [5].

sereta *f* (*reg*) Sera pequeña.

seri *adj* De un pueblo indio mejicano habitante en el estado de Sonora. *Tb n, referido a pers.*

seriación *f* Acción de seriar.

serial **I** *adj* **1** De (la) serie [1]. **b)** [Música] que se basa en la serie [1e]. ■ **2** (*Informát*) Dispuesto en serie [5]. **II** *m* **3** Obra radiofónica o televisiva, esp. novela, que se difunde en emisiones sucesivas. **b)** (*col, humoríst*) Serie de acontecimientos truculentos o melodramáticos. **c)** (*Per*) Serie de artículos sobre un mismo tema que se publican en números sucesivos de un periódico o revista.

serialismo *m* (*Mús*) Manera de composición basada en la serie [1e].

serialización *f* Acción de serializar.

serializar *tr* **1** Ordenar [algo] formando una o más series [1]. **b)** (*RTV*) Disponer [algo] en forma de serie o serial. **c)** Publicar [algo] en capítulos de aparición periódica. ■ **2** Seriar (hacer en serie). *Gralm en part.*

seriamente *adv* De manera seria.

seriar (*conjug* **1a**) *tr* **1** Ordenar [algo] formando una o más series [1]. **b)** (*RTV*) Disponer [algo] en forma de serie [1c]. *Frec en part.* ■ **2** Hacer en serie, *esp* [3a]. *Gralm en part.*

sericícola *adj* (*E*) De (la) sericicultura.

sericicultura *f* (*E*) Cría del gusano de seda para la obtención de esta materia textil.

sérico¹ **-ca** *adj* (*E o lit*) De (la) seda.

sérico² **-ca** *adj* (*Biol*) De(l) suero, esp. sanguíneo.

sericultura *f* (*E*) Sericicultura.

serie **I** *f* **1** Conjunto [de cosas relacionadas entre sí y que se suceden unas a otras]. *Frec sin compl y en la constr* EN ~. **b)** Conjunto [de cosas, esp. obras de arte, relacionadas entre sí por el tema, el estilo o la época a que pertenecen]. *Frec sin compl.* **c)** (*RTV*) Conjunto de capítulos, frec. con independencia argumental, pero con los mismos personajes básicos y el mismo carácter, que se suceden periódicamente en la programación. **d)** Conjunto de billetes de los varios conjuntos que constituyen el total de un sorteo de lotería. **e)** (*Mús*) Conjunto de los doce sonidos de la escala cromática en un orden determinado, gralm. por alturas o frecuencias. ■ **2** Conjunto numeroso [de cosas o perss.].

II *loc adj* **3 en ~.** [Método de fabricación] de un número elevado de objetos, todos iguales y por medios mecánicos. *Tb adv.* **b) de ~.** [Cosa] fabricada en serie. ■ **4 en ~.** (*Electr*) [Montaje] caracterizado por el hecho de que la corriente total atraviesa sucesivamente todos los elementos acoplados. *Tb adv.* ■ **5 en ~.** (*Informát*) [Transmisión] secuencial, o de un bit detrás de otro. *Tb referido al aparato o sistema dotado con ella. Tb simplemente ~, en anuncios.* ■ **6 fuera de ~.** Extraordinario o fuera de lo común. *Tb n, referido a pers.*

seriedad *f* Cualidad de serio.

serigrafía *f* Procedimiento de impresión mediante una pantalla o tamiz de seda, nailon o tela metálica fina, donde se realiza primero el dibujo que se quiere reproducir. **b)** Dibujo reproducido por serigrafía.

serigrafiado *m* Acción de serigrafiar. *Tb su efecto.*

serigrafiar (*conjug* **1d**) *tr* Decorar [algo] por serigrafía. *Frec en part.*

serigráfico -ca *adj* De (la) serigrafía.

serigrafista *m y f* Especialista en serigrafía.

serija *f* Sera pequeña.

serijo *m* **1** Sera pequeña. ■ **2** (*reg*) Asiento de pleita o esparto.

serilla *f* Sera pequeña.

serillo *m* Sera pequeña.

serín *m* Pájaro pequeño semejante al canario (*Serinus canarius* y *S. serinus*).

serina *f* (*Quím*) Aminoácido presente en numerosas proteínas y esp. en los productos de descomposición de la seda.

serio -ria I *adj* **1** [Pers.] poco propensa a exteriorizar su alegría o regocijo. **b)** [Pers.] que no sonríe o que se muestra pensativa o preocupada. **c)** Hosco o duro. *Tb fig.* ■ **2** [Pers.] formal y con sentido de la responsabilidad. **b)** [Pers. o entidad] que cumple honradamente sus compromisos. **c)** Concienzudo. ■ **3** Propio de la pers. seria [1 y 2]. ■ **4** [Propuesta o compromiso] que se formula asumiendo sus consecuencias. ■ **5** [Cosa] importante o trascendente. **b)** [Obra de arte o intelectual] cuya finalidad no es la mera diversión y que aspira a ser considerada de cierta importancia. ■ **6** (*Taur*) [Toro] cuajado, grande y bien dotado de cuernos.
II *loc adv* **7 en ~.** De manera formal y responsable. **b)** Intensa y concienzudamente.

seriógrafo *m* (*Med*) Aparato para hacer radiografías en serie.

sermón *m* **1** Discurso de carácter religioso o moral, esp. pronunciado por un sacerdote en la iglesia. ■ **2** (*col, desp*) Exposición, gralm. larga, con que se reprende o aconseja a alguien.

sermonario -ria I *adj* (*raro*) **1** De(l) sermón. ■ **2** Que pronuncia sermones.
II *m* **3** Libro que contiene sermones [1].

sermoneador -ra *adj* (*col, desp*) [Pers.] que sermonea, *esp* [1]. *Tb n.* **b)** [Cosa] que implica sermón, *esp* [2].

sermoneante *adj* (*col, desp*) Sermoneador.

sermonear A *tr* **1** (*col, desp*) Echar sermones [2] [a alguien (*cd*)]. *Tb abs.*
B *intr* **2** Echar sermones [1].

sermoneo *m* (*col, desp*) Acción de sermonear.

sermonero -ra *adj* (*reg*) Aficionado a sermones. *Tb n.*

serna *f* **1** Porción de tierra de sembradura. ■ **2** (*reg*) Tierra labrada y sembrada.

seroalbúmina *f* (*Fisiol*) Albúmina del suero sanguíneo.

seroglobulina *f* (*Fisiol*) Globulina del suero sanguíneo.

seroja *f* (*reg*) Viruta que se saca del tronco de los pinos resineros al hacerles el corte para que segreguen la resina.

serología *f* Estudio de los sueros y de sus reacciones inmunológicas.

serológico -ca *adj* De (la) serología. **b)** De los sueros.

serón[1] *m* **1** Doble bolsa de esparto, que cuelga a ambos lados del lomo de una caballería y que se emplea para transportar carga. *Tb su contenido.* ■ **2** Sera grande.

serón[2] **-na** *adj* (*reg*) De la Serena (comarca de Badajoz). *Tb n, referido a pers.*

serondo -da *adj* [Fruto] tardío. *Tb* (*lit*) *fig.*

seronegativo -va *adj* (*Med*) [Pers.] cuyo suero sanguíneo no contiene anticuerpos específicos. *Tb n.*

seronero -ra *m y f* Pers. que fabrica o vende serones[1].

seropositivo -va *adj* (*Med*) [Pers.] cuyo suero sanguíneo contiene anticuerpos específicos. *Tb n.*

seroprofilaxis *f* (*Med*) Profilaxis mediante inyección de sueros inmunes.

serora *f* (*reg*) Mujer que cuida de una iglesia.

serosidad *f* (*Fisiol*) Líquido seroso [1], que puede ser normal o patológico.

seroso -sa *adj* (*Anat*) **1** Semejante al suero. ■ **2** [Membrana] que produce serosidad. *Tb n f.* **b)** De (las) serosas.

seroterapia *f* (*Med*) Tratamiento terapéutico con sueros, esp. de animales inmunizados.

serótino -na *adj* (*lit*) Tardío.

serotonina *f* (*Fisiol*) Sustancia transportada en las plaquetas, de acción vasoconstrictora y favorecedora del peristaltismo intestinal.

serotonínico -ca *adj* (*Fisiol*) De (la) serotonina.

serpeante *adj* (*lit*) Que serpea.

serpear *intr* (*lit*) Serpentear.

serpentaria *f* Se da este n a diversas plantas, esp a la *Aristolochia serpentaria*, cuyo rizoma posee propiedades contra la mordedura de las serpientes.

serpentario *m* Lugar destinado a la cría o a la exhibición de serpientes.

serpenteante *adj* Que serpentea.

serpentear *intr* Moverse o extenderse formando numerosas curvas y contracurvas.

serpenteo *m* Acción de serpentear. *Tb fig.*

serpentiforme *adj* (*E*) Que tiene forma de serpiente.

serpentín *m* Tubo que forma una línea espiral o quebrada y que se emplea esp. en aparatos de destilación, calefacción o refrigeración.

serpentinamente *adv* (*raro*) De manera serpentina [1].

serpentinizarse *intr pr* (*Mineral*) Transformarse en serpentina [5].

serpentino -na I *adj* (*raro*) **1** Que tiene forma ondulada. ■ **2** (*Mineral*) [Mármol] que contiene serpentina [5] o es de color verde abigarrado.
II *f* **3** Tira arrollada de papel de color que se desenrolla cuando se lanza. ■ **4** (*Taur*) Remate de una larga por bajo, en que el capote describe un zigzag alrededor del cuerpo del torero. ■ **5** (*Mineral*) Roca metamórfica verdosa constituida por silicato de magnesio, alguna de cuyas variedades es susceptible de hermoso pulimento. ■ **6** *Se da este n a las plantas Arum dracunculus, Dracunculus vulgaris, Veronica tenuifolia y V. agrestis*.

serpeo *m* (*lit, raro*) Acción de serpear.

serpeta *f* Cochinilla parásita del naranjo (*Mytilaspis citricola*). *Tb la enfermedad que produce*.

serpiente I *f* **1** Reptil sin patas, de cuerpo cilíndrico y largo recubierto de escamas. *Diversas especies se distinguen por medio de compls o adjs*: DE ANTEOJOS, DE CASCABEL, *etc*. **b)** Piel de serpiente. **c)** (*Rel catól*) Se usa como símbolo del Demonio. * Eva fue tentada por la serpiente. ■ **2 ~ de verano.** (*Per*) Información, fantástica o no, que es materia de comentarios cuando hay escasez de noticias interesantes, como suele ocurrir en verano. ■ **3** (*Econ*) Margen de fluctuación de los cambios acordado para un conjunto determinado de monedas. *Frec con el adj* MONETARIA.
II *loc adj* **4** [Lengua] **de ~** → LENGUA.

serpillo *m* Serpol (planta).

serpol *m* Planta labiada, de hojas pequeñas ovales y flores rojizas, usada para aromatizar comidas (*Thymus serpyllum* y *T. pulegioides*).

serpollo *m* Retoño de una planta, esp. el que nace al pie o en la parte por donde se ha podado.

serrablés -sa *adj* Del Serrablo (comarca de Huesca). *Tb n, referido a pers*.

serradella *f* Planta herbácea anual, de flores blancas o rosadas, cultivada a veces como forrajera (*Ornithopus sativus*).

serradillano -na *adj* De Serradilla (Cáceres). *Tb n, referido a pers*.

serrado -da *adj* **1** *part* → SERRAR. ■ **2** Que tiene dientes menudos como los de una sierra.

serrador -ra *adj* Que sierra. *Frec n m, referido a pers; f, referido a máquina*.

serradura *f* Partícula desprendida de una materia al serrarla. *Gralm en pl*.

serrallo *m* **1** Harén. ■ **2** Lugar en que se cometen desórdenes obscenos.

serramiento *m* (*raro*) Acción de serrar.

serrán *m* (*reg*) *Se da este n a los peces Symphodus melops, S. pirca y S. tinca*.

serranía *f* Zona cruzada por montañas y sierras.

serraniego -ga *adj* Serrano[1] [1a].

serranilla *f* (*TLit*) Composición lírica, típica de finales de la Edad Media, escrita en verso corto y que trata del encuentro de un caballero y una pastora.

serrano[1] -na I *adj* **1** De (la) sierra. *Tb n, referido a pers*. **b)** [Jamón] ~, [partida] **serrana**, [verderón] ~ → JAMÓN, PARTIDA, VERDERÓN.
II *f* **2** Variedad rústica de la caña (canción popular andaluza). ■ **3** (*TLit*) Composición lírica medie-

val, que trata del encuentro de un viajero con una pastora. **b)** Serranilla.

Serrano[2]. de ~. *loc adj* (*reg, desp*) [Joven] rico y esnob. *Siguiendo a* NIÑO.

serrar (*conjug* 6) *tr* Cortar [algo, esp. madera] con la sierra.

serrato *adj* (*Anat*) [Músculo del tronco] que tiene bordes dentados. *Tb n m*.

serreño -ña *adj* Serrano[1] [1a].

serrería *f* Taller mecánico en que se sierra madera.

serreta *f* **1** (*raro*) Sierra pequeña. ■ **2** Hierro de forma semicircular y con dientecillos o puntas, que se pone sujeto a la cabezada sobre la nariz o a veces bajo la boca de las caballerías. ■ **3** Ave semejante al pato, de pico delgado y con filos dentados (gén. *Mergus*, esp. *M. merganser, M. serrator* y *M. albellus*). *Frec con un adj especificador*: GRANDE, MEDIANA y CHICA, *respectivamente*. ■ **4** (*Tex*) Hilo de fantasía con efecto similar al de los dientes de sierra.

serretazo *m* Tirón dado a la serreta [2] para frenar o castigar a la caballería. *Frec fig*.

serrezuela *f* Sierra o cadena montañosa de muy poca extensión.

serrijón *m* Sierra de montes pequeños.

serrín *m* Conjunto de partículas de madera que se desprenden de esta al serrarla. **b)** Conjunto de partículas [de una materia] que se desprenden de ella al serrarla. **c)** (*col*) *Se usa en constrs como* TENER LA CABEZA LLENA DE ~ *o* NO TENER MÁS QUE ~ EN LA CABEZA, *para ponderar la falta de seso o inteligencia de una pers*.

serrón *m* Sierra grande con mango en ambos extremos.

serrote *m* (*reg*) Serrucho.

serrucho *m* Sierra de hoja rígida y gralm. más espesa que la normal, con un solo mango.

seruendo -da *adj* (*reg o lit*) [Fruto] tardío o serondo.

serum (*lat; pronunc*, /sérum/; *pl normal*, SERA) *m* (*Med*) Suero.

serventesio *m* (*TLit*) Estrofa de cuatro versos de arte mayor, que riman en consonante el 1º con el 3º y el 2º con el 4º.

servia *f* (*reg*) Serviola[2] (pez).

servible *adj* **1** Que puede servir [9]. ■ **2** Que puede ser servido, *esp* [4].

servicial *adj* [Pers.] dispuesta a hacer favores o prestar servicios. **b)** Propio de la pers. servicial.

servicio I *m* **1** Acción de servir(se), *esp* [1, 2, 3, 9 y 10]. **b)** Actividad de sirviente. **c)** ~ **militar.** Cumplimiento de la obligación de ser soldado durante cierto tiempo. *Tb el tiempo que dura esa acción. Tb simplemente* ~. **d) flaco ~.** Acción que, lejos de servir de ayuda, resulta negativa. *Frec con vs como* HACER O PRESTAR. ■ **2** Acción de realizar [alguien o algo] el cometido que le es propio. *Tb el tiempo establecido para esta acción.* **b)** Acto de culto. *Esp en las iglesias protestantes. Frec* ~ RELIGIOSO. ■ **3** Organización y personal destinados a cuidar intereses o satisfacer necesidades del público o de alguna entidad. **b)** (*Econ*) *En pl*: Actividades del sector de la población activa cuyo trabajo no se orienta a la producción inmediata de bienes materiales. ■ **4** Conjunto de perss. que sirven [1a, 2 y 8a]. ■ **5** Conjunto de objetos utilizados para una determinada acción, esp. para servir a la mesa. **b)** Conjunto de objetos que se ponen en la mesa para cada comensal. ■ **6** Retrete. *Frec en pl y esp referido a los de lugares públicos.* ■ **7** *En pl:* Conjunto de habitaciones de una casa no dedicadas a vivienda propiamente dicha, como cocina, cuarto de baño, despensa o dormitorios de los criados. ■ **8** (*hist*) Tributo extraordinario concedido a los monarcas por las Cortes. *Frec en pl.*

II *loc adj* **9 de ~.** [Instalación] secundaria destinada a usos accesorios. **b)** Destinado a los sirvientes. **c)** [Comisión] **de ~,** [estación] **de ~** → COMISIÓN, ESTACIÓN.

servidor -ra A *m y f* **1** Pers. que sirve [1] [a alguien o algo (*compl de posesión*)]. *Tb sin compl.* **b)** *Se usa en fórmulas de cortesía con las que el que habla se pone a disposición del interlocutor. En cartas de cumplido, en la fórmula* SU SEGURO ~. * Simplicio Roces, servidor de ustedes. **c) un ~.** Yo. *Con* v *en 3ª pers. Usado como forma de cortesía (esp pop). Tb, simplemente, ~. Esta última forma se usa para responder que se está presente al oír enunciar el propio nombre.* * –¿Quién ha sido? –Un servidor. * Servidor sabe muy bien lo que se hace. * –¡Pacífico Pérez! –Servidor. ■ **2** Pers. adscrita al manejo [de un arma o una máquina (*compl de posesión*)].

B *m* **3** (*Informát*) Unidad central de una red.

servidumbre *f* **1** Obligación o carga dura e inexcusable. **b)** (*Der*) Obligación que pesa sobre una finca con respecto a los dueños de otra contigua o próxima. *Con un adj o compl* DE, *que especifica esa obligación.* ■ **2** Condición de siervo. *Tb fig.* **b)** Condición de servidor [1]. ■ **3** Conjunto de perss. que sirven en una casa.

servil *adj* **1** (*desp*) [Pers.] que muestra una sumisión excesiva a la autoridad o a la voluntad de otro. **b)** Propio de la pers. servil. ■ **2** [Pers. o cosa] que carece de originalidad, por someterse totalmente a un modelo. ■ **3** [Trabajo] en el que predomina el esfuerzo corporal. ■ **4** (*hist, desp*) *En el s XIX:* Partidario de la monarquía absoluta. *Frec n.* ■ **5** (*hist*) *En el feudalismo:* [Manso] concedido a un siervo.

servilismo *m* **1** Cualidad de servil, *esp* [1 y 2]. **b)** Actitud o comportamiento servil. ■ **2** (*desp*) Servidumbre [2].

servilla *f* (*hist*) Cierto zapato ligero de suela muy delgada.

servilleta I *f* **1** Pieza de tela o papel que se emplea para limpiarse las manos y la boca cuando se come.

II *loc v* **2 estar,** o **ir, de ~ prendida.** (*hoy raro*) Comer convidado en casa ajena.

servilletero *m* **1** Aro en que se recoge arrollada la servilleta. ■ **2** Utensilio en que se colocan servilletas de papel.

servilmente *adv* De manera servil.

servio → SERBIO.

serviola¹ (*Mar*) A *f* **1** *En algunos barcos:* Pescante que sale de las bordas del castillo hacia fuera por una y otra banda, para suspender las anclas.

B *m* **2** Marinero que está de vigía cerca de la serviola [1], o en el puente, las cofas o el castillo.

serviola² *f* Pez marino comestible, de hasta 180 cm de largo, cuerpo comprimido y dorso azul (*Seriola dumerilii*).

servir (*conjug* 62) A *tr* ➤ **a** *normal* **1** Trabajar como criado [de alguien (*cd*)]. **b)** Hacer [a alguien (*cd*)] algún favor o prestar[le (*cd*)] ayuda. *Frec en frases de cortesía, esp en la fórmula* PARA ~LE, *o* (*pop*) PARA ~ A DIOS Y A USTED, *usada al presentarse. Tb abs.* **c)** Trabajar en favor [de algo (*cd*)]. **d) ~ al rey,** o **a la patria.** (*hoy raro*) Hacer el servicio militar. ■ **2** Atender [a un cliente] o proporcionar[le (*cd*)] lo que pide. *Tb abs.* **b)** Proporcionar [a un cliente (*ci*) lo que pide (*cd*)]. *Tb abs.* **3** Atender al funcionamiento o a las necesidades [de algo (*cd*)]. ■ **4** Poner [comida o bebida (*cd*)] en el plato o vaso [de alguien (*ci*)]. *Tb abs.* **b)** Presentar a la mesa [un alimento (*cd*)]. **c)** Presentar u ofrecer [algo, esp. un espectáculo, a alguien]. ■ **5** (*Naipes*) Dar o repartir [las cartas]. *Tb abs.* **b)** *En el póker:* Dar [a alguien (*cd*)] las cartas que precisa. *Normalmente en part.* **c)** Echar carta [del palo (*cd*) del que salió]. **d)** Echar [una carta] siguiendo la jugada iniciada por el mano. ■ **6 ir servida** [una pers.]. Tener bastante con lo que se le ha dado. *Tb fig.* **b)** *Fórmula con que se comenta irónicamente lo equivocada que está.* * Si espera hacer carrera en un lugar como ese, va servido.

➤ **b** *pr* (~se) **7** (*lit*) Tener a bien. *Seguido de infin. Gralm se emplea en forma imperat para pedir u ordenar de manera cortés lo expresado en el infin.* * Por favor, sírvase acompañarme.

B *intr* ➤ **a** *normal* **8** Trabajar como criado. **b)** Trabajar como funcionario [en un determinado puesto o lugar]. **c)** (*hoy raro*) Hacer el servicio militar. *Frec con un compl de lugar.* ■ **9** Ser [una pers. o cosa] adecuada a las necesidades [de alguien (*ci*) o algo (*compl* PARA)]. **b)** Tener provecho. *Gralm con un compl* PARA o DE. *A veces con un compl adv formado por* DE + *un pron de cantidad.* * Esto no sirve para nada. * Me sirvió de mucho el haber conducido motos. **c)** Producir [algo un determinado efecto (*compl* DE o COMO)]. * Que te sirva de escarmiento. ■ **10** (*Dep*) *En determinados juegos de pelota:* Sacar.

➤ **b** *pr* (~se) **11** Usar o utilizar [a una pers. o cosa (*compl* DE)]. *Frec con intención desp, denotando abuso.* **b)** Hacer uso de un determinado servicio, esp. de peluquería.

servita *adj* De la orden de los Siervos de María, fundada por siete nobles florentinos en el s. XIII. *Tb n, referido a pers.*

servo *m* (*Mec*) Servomecanismo.

servo- *r pref* (*Mec*) Que funciona con servomecanismo. * Servotransmisión.

servoasistido -da *adj* (*Mec*) Asistido mediante un servomecanismo.

servocroata → SERBOCROATA.

servodirección *f* (*Mec*) Servomecanismo que amplifica los movimientos dados a la dirección por el conductor de un vehículo.

servofreno *m* (*Mec*) Servomecanismo que asegura el funcionamiento de los frenos con un esfuerzo limitado del conductor.

servomecanismo *m* (*Mec*) **1** Mecanismo auxiliar que, accionado por una fuerza débil, la amplifica hasta conferirle la magnitud necesaria para hacer funcionar un aparato. ■ **2** Mecanismo que, dotado de un programa, asegura automáticamente su ejecución y subsana por sí mismo los errores o las deficiencias que puedan producirse.

servomotor *m* (*Mec*) Órgano motor que sirve para dirigir y regular el movimiento de un motor.

sesada *f* Sesos[1] [1]. *Esp de animal y destinados al consumo.*

sésamo (*frec con mayúscula en acep 2*) **I** *m* **1** Planta herbácea originaria de Asia tropical, cultivada por sus semillas, que proporcionan un aceite comestible y se usan a veces como condimento (*Sesamum indicum*). *Tb su semilla.* **II** *fórm or* **2 ábrete, ~, o ~, ábrete.** *Se usa como fórmula mágica para abrir puertas o superar obstáculos. Frec se sustantiva como n m, a veces en la simple forma ~.* * *Esperaba que alguien pronunciase la frase mágica: Sésamo, ábrete.*

sesamoideo *adj* (*Anat*) [Hueso] pequeño, aislado y plano, situado alrededor de las articulaciones.

seseante *adj* (*Fon*) Que sesea. *Tb n, referido a pers.*

sesear *intr* (*Fon*) Pronunciar como /s/ el fonema /θ/ (*z o c*).

sesenta I *adj* **1** *Precediendo a susts en pl:* Cincuenta y nueve más uno. *Puede ir precedido de art o de otros determinantes, y en este caso sustantivarse.* * *Tiene sesenta años.* ■ **2** *Precediendo o siguiendo a ns en sg (o, más raro, en pl):* Sexagésimo. *Frec el n va sobrentendido.* * *Página sesenta.* **II** *pron* **3** Cincuenta y nueve más una perss. o cosas. *Siempre referido a perss o cosas mencionadas o consabidas, o que se van a mencionar.* * *Faltan por llegar cincuenta o sesenta.* **III** *m* **4** Número de la serie natural que sigue al cincuenta y nueve. *Frec va siguiendo al n* NÚMERO. * *Ha salido premiado el número sesenta.* **b)** *Cosa que en una serie va marcada con el número sesenta.* * *Le han calificado con un sesenta.* ■ **5 los (años) ~, o, más raro, los (años) ~s.** Séptimo decenio de un siglo, esp. del XX. * *Estuvo de moda en los años sesenta.* ■ **6 ~ y nueve.** (*col*) Acto erótico en que el hombre y la mujer realizan al mismo tiempo, respectivamente, el cunnilingus y la felación, o en que cada miembro de la pareja acaricia oralmente el sexo de la otra.

sesentena *f* Edad comprendida entre los sesenta y los setenta años.

sesentón -na *adj* (*col*) [Pers.] que está en la sesentena. *Tb n.*

seseo *m* (*Fon*) Acción de sesear.

seseoso -sa *adj* (*Fon*) Seseante.

sesera (*col*) **I** *f* **1** Cráneo. ■ **2** Seso[1] [1 y 2]. **II** *loc v* **3 quitar de la ~.** Quitar de la cabeza. ■ **4 sorber la ~.** Sorber el seso.

sesgadamente *adv* De manera sesgada.

sesgado -da *adj* **1** *part* → SESGAR. ■ **2** Oblicuo. *Tb fig.* ■ **3** [Información] que, sin ser falsa, está presentada con orientación tendenciosa.

sesgar A *tr* **1** Cortar o disponer [algo] oblicuamente. **b)** Torcer o desviar [algo no material]. **B** *intr* **2** Tomar dirección o disposición oblicua.

sesgo -ga I *adj* **1** (*lit*) Sesgado. **II** *m* **2** (*lit*) Cualidad de sesgado. ■ **3** Rumbo u orientación [de algo no material]. **III** *loc adv* **4 al ~.** Oblicuamente. *Tb adj.*

sésil *adj* **1** (*Bot*) Sentado (que carece de pedúnculo). ■ **2** (*Anat*) Que posee una amplia base de implantación.

sesión I *f* **1** Junta [de una corporación o asamblea]. ■ **2** Dedicación [a algo (*compl especificador*)] durante una porción limitada de tiempo. **b)** (*col*)

Dedicación intensa y prolongada [a una actividad (*compl especificador*)]. *A veces se omite el compl, por consabido. Frec en la constr* DARSE UNA ~. ■ **3** Proyección o representación completa [de un espectáculo]. *Tb fig.* **II** *loc adj* **4 de ~ continua.** (*col, humoríst*) Continuado o que no tiene interrupción (→ CONTINUO).

sesionar *intr* Celebrar sesión [1].

sesma (*tb con la grafía* **sexma**) *f* (*hist*) Sesmo.

sesmero (*tb con la grafía* **sexmero**) *m* (*hist*) Encargado de la representación y administración de un sesmo.

sesmo (*tb con la grafía* **sexmo**) *m* (*hist*) División territorial que comprende cierto número de pueblos asociados para la administración de bienes comunes.

seso[1] I *m* **1** Masa nerviosa contenida en el cráneo. *Frec en pl.* ■ **2** Inteligencia. **b)** Juicio o sensatez. **II** *loc v* **3 devanarse** (*o* **estrujarse**, *o* **hacerse agua**) **los ~s.** (*col*) Cavilar o pensar mucho. **b)** **hacérsele** (*o* **volvérsele**) [a alguien] **los ~s agua.** Perder [esa pers.] el juicio por cavilar o pensar en exceso. ■ **4 sorber** [a alguien] **el ~** (*raro,* **los ~s**). (*col*) Hacer[le] perder el juicio, esp. por ejercer [sobre él] una atracción irresistible. *Frec en la constr* TENER SORBIDO EL ~ *y referido al amor.* ■ **5 tener ~s de mosquito, o menos ~s que un mosquito.** (*col*) Ser poco inteligente.

seso[2] *m* (*reg*) Pieza con que se calza una olla en la lumbre.

sespiriano -na *adj* De William Shakespeare († 1616).

sesquicarbonato *m* (*Quím*) Carbonato en el que el ácido carbónico se ha combinado con una base en la proporción de 3 a 2.

sesquicentenario *m* (*lit*) Ciento cincuenta aniversario [de algo].

sesquióxido *m* (*Quím*) Óxido cuya molécula está constituida por tres átomos de oxígeno y dos de otro elemento.

sesquipedal *adj* (*lit*) [Palabra] muy larga.

sesquiplano *m* (*Aer*) Biplano en el que una de las alas, gralm. la inferior, tiene una superficie aproximadamente igual a la mitad de la de la otra.

sesquisulfuro *m* (*Quím*) Sulfuro cuya molécula está constituida por tres átomos de azufre y dos de otro elemento.

sestaoarra *adj* (*reg*) De Sestao (Vizcaya). *Tb n, referido a pers.*

sesteante *adj* (*lit*) Que sestea. *Frec fig.*

sestear *intr* **1** Dormir la siesta. *Tb fig.* ■ **2** Descansar [el ganado] a la sombra durante las horas de calor.

sesteo *m* **1** Acción de sestear. *Tb fig.* ■ **2** Hora de la siesta, o en la que sestea el ganado.

sestercio *m* (*hist*) Moneda romana de plata equivalente a dos ases y medio.

sestero I *adj* **1** De (la) siesta o de(l) sesteo. **II** *m* **2** Acción de sestear. ■ **3** Hora de la siesta, o en la que sestea el ganado. ■ **4** Lugar en que sestea el ganado.

sesudamente *adv* De manera sesuda.

sesudez *f* Cualidad de sesudo.

sesudo -da *adj* [Pers.] sabia o muy inteligente. *Frec con intención humoríst.* **b)** Propio de la pers. sesuda.

set (*ing; pronunc corriente,* /set/; *pl normal,* ~s) *m* **1** (*Dep*) *En determinados juegos de pelota, esp tenis:* Conjunto de juegos que constituyen una unidad de cómputo para el tanteo. ■ **2** Conjunto de objetos de la misma clase o destinados al mismo uso. *Tb el estuche que los contiene.* **b)** Juego de manteles individuales. *Tb cada uno de estos.* ■ **3** (*Cine*) Plató o escenario.

seta *f* **1** Hongo en forma de sombrero sostenido por un pie. *Diversas especies se distinguen por medio de compls o adjs:* COMÚN, DE CARDO, *etc. Frec designa las especies Agaricus campestris o Psalliota campestris* (~ COMÚN) *y Pleurotus eringii* (~ DE CARDO). ■ **2** Utensilio de cocina de forma semejante a la de una seta [1], empleado para aplastar contra el colador la masa que se quiere colar.

setabense *adj* (*lit*) De Játiva (Valencia). *Tb n, referido a pers.*

set-ball (*ing; pronunc corriente,* /sét-ból/; *pl normal,* ~s) *m* (*Dep*) *En determinados juegos de pelota, esp tenis:* Tanto que decide juego y set.

setecentista *adj* (*lit*) Del siglo XVIII.

setecientos -tas **I** *adj* **1** *Precediendo a susts en pl:* Seiscientos noventa y nueve más uno. *Puede ir precedido de art o de otros determinantes, y en este caso sustantivarse.* * Tengo setecientas pesetas. ■ **2** *Precediendo o siguiendo a ns en sg* (o, *más raro, en pl*): Septingentésimo. *Frec el n va sobrentendido.* * Página setecientas. **II** *pron* **3** Seiscientas noventa y nueve más una perss. o cosas. *Siempre referido a perss o cosas mencionadas o consabidas, o que se van a mencionar.* * Eran por lo menos setecientos. **III** *m* **4** Número de la serie natural que sigue al seiscientos noventa y nueve. *Frec va siguiendo al n* NÚMERO. * El número setecientos es mi favorito. ■ **5** Siglo XVIII. * Pintores del setecientos.

setembril *adj* (*raro*) Setembrino.

setembrino -na *adj* Septembrino.

setenta **I** *adj* **1** *Precediendo a susts en pl:* Sesenta y nueve más uno. *Puede ir precedido de art o de otros determinantes, y en este caso sustantivarse.* * Cumple setenta años. ■ **2** *Precediendo o siguiendo a ns en sg* (o, *más raro, en pl*): Septuagésimo. *Frec el n va sobrentendido.* * Página setenta. **II** *pron* **3** Sesenta y nueve más una perss. o cosas. *Siempre referido a perss o cosas mencionadas o consabidas, o que se van a mencionar.* * Faltan setenta todavía. **III** *m* **4** Número de la serie natural que sigue al sesenta y nueve. *Frec va siguiendo al n* NÚMERO. * El setenta es un número mágico. **b)** Cosa que en una serie va marcada con el número setenta. * Le calificaron con un setenta. ■ **5** los (años) ~, o, *más raro,* los (años) ~s. Octavo decenio de un siglo, esp. del XX. * Hizo furor en los setenta.

setentena *f* **1** Conjunto de setenta unidades. *Gralm con un compl* DE. *Frec solo con sent aproximativo.* ■ **2** Edad comprendida entre los setenta y los ochenta años.

setentón -na *adj* (*col*) [Pers.] que está en la setentena. *Tb n.*

setero -ra *adj* **1** De (la) seta [1]. *Esp referido a una especie de cardo alrededor del cual se crían se-* tas. ■ **2** [Pers.] que recoge setas [1] o es aficionado a ellas. *Tb n.*

setiano -na (*tb con la grafía* **sethiano**) *adj* (*hist*) [Hereje] gnóstico de los primeros siglos del cristianismo, que consideraba a Set como el Mesías.

setiembre *m* Septiembre. *Se usa sin art.*

seto *m* Fila espesa de matas o arbustos, o armazón de palos entretejidos, que sirve esp. para cercar un lugar o para impedir el paso.

setter (*ing; pronunc corriente,* /séter/; *pl normal,* ~s) *m* Perro grande de caza, de pelo largo, sedoso y ondulado, de color negro y blanco (~ INGLÉS) o castaño (~ IRLANDÉS). *Tb adj.*

seudo -da *adj* (*raro*) Supuesto o falso.

seudo- (*tb con la grafía* **pseudo-**) *r pref Denota falsedad o falsa apariencia.* * Seudocamarero. * Pseudocomedia.

seudocientífico -ca (*tb con la grafía* **pseudocientífico**) *adj* Falsamente científico.

seudohermafroditismo *m* (*Med*) Condición de la pers. que tiene las gónadas y cromosomas de un sexo y algunos caracteres sexuales secundarios del opuesto.

seudoictericia (*tb con la grafía* **pseudoictericia**) *f* (*Med*) Coloración amarillenta de la piel no debida a la presencia de pigmentos biliares en la sangre.

seudoisódomo -ma (*tb con la grafía* **pseudoisódomo**) *adj* (*Arquit*) [Obra o aparejo] hechos de hiladas de dos alturas dispuestas alternadamente.

seudónimo -ma (*tb, raro, con la grafía* **pseudónimo**) **I** *adj* **1** [Pers.] que firma con seudónimo [2]. **II** *m* **2** Nombre empleado para una pers. para ocultar el suyo verdadero.

seudópodo (*tb con la grafía* **pseudópodo**) *m* (*Biol*) Prolongación protoplásmica transitoria que emiten algunas células y protozoos para desplazarse y capturar su alimento.

seudosolución (*tb con la grafía* **pseudosolución**) *f* (*Quím*) Disolución aparentemente homogénea pero que no tiene las propiedades de la verdadera solución.

seulense *adj* De Seúl. *Tb n, referido a pers.*

severamente *adv* De manera severa.

severidad *f* Cualidad de severo.

severo -ra *adj* **1** [Pers. o entidad] muy exigente en el cumplimiento de la norma o disciplina. ■ **2** [Acción o actitud] dura o rigurosa. ■ **3** Serio y austero. ■ **4** Grave o importante. *Esp en medicina.*

seviche → SEBICHE.

sevicia *f* (*lit*) **1** Crueldad (cualidad de cruel). ■ **2** Acto de violencia cruel. *Normalmente en pl.*

sevillanismo *m* Condición de sevillano, esp. amante de lo sevillano.

sevillanista *adj* De(l) sevillanismo. **b)** [Pers.] que hace gala de sevillanismo. *Tb n.*

sevillano -na **I** *adj* **1** De Sevilla. *Tb n, referido a pers.* **b)** [Aceituna] de una variedad verde, no muy grande, propia esp. para aperitivo. **c)** [Duro] **sevillano** → DURO. **II** *f* **2** Cante para bailar, con letra de seguidilla, propio de Sevilla y su región. *Frec en pl.*

sexador -ra *m y f* Pers. que se dedica a sexar animales.

sexagenario -ria *adj* [Pers.] de edad comprendida entre los sesenta y los setenta años. *Tb n.*

sexagesimal *adj* (*Mat*) Que tiene como base el número 60.

sexagésimo -ma I *adj* (*lit*) **1** Que ocupa un lugar inmediatamente detrás o después del quincuagesimonoveno. *Seguido de los ordinales* PRIMERO *a* NOVENO, *forma los adjs ordinales correspondientes a los números 61 a 69.* ▪ II *f* **2** (*Rel catól*) Segundo de los tres domingos que preceden a la Cuaresma.

sexagesimo- *r pref* (*lit*) *Unida sin guión a los ordinales* PRIMERO *a* NOVENO, *forma los adjs ordinales correspondientes a los números 61 a 69.* * Sexagesimosegundo.

sex-appeal (*ing; pronunc corriente, /seksapíl/*) *m* Atractivo sexual [de una pers.].

sexar *tr* Determinar el sexo [de un animal (*cd*)].

sex center (*ing; pronunc corriente, /séks-θénter/ o /séks-sénter/*) *m* Establecimiento destinado a actividades relacionadas con los placeres sexuales.

sexcentésimo -ma *adj* (*lit*) Que ocupa un lugar inmediatamente detrás o después del quingentésimo nonagesimonoveno.

sexcentista *adj* (*lit*) Seiscentista.

sexenal *adj* **1** [Cosa] de seis años. ▪ **2** Que ocurre cada seis años.

sexenio *m* Período de seis años.

sexismo *m* Discriminación basada en el sexo. *Gralm con respecto a la mujer.*

sexista *adj* De(l) sexismo. **b)** [Pers.] que en sus opiniones o en su comportamiento muestra sexismo. *Tb n.*

sexitano -na *adj* De Almuñécar (Granada). *Tb n, referido a pers.*

sexma, sexmero, sexmo → SESMA, SESMERO, SESMO.

sexo *m* **1** Condición orgánica por la cual un ser es masculino o femenino. ▪ **2** Conjunto de los seres que tienen un mismo sexo [1]. *Normalmente con los adjs* MASCULINO (*o* FUERTE, *o* FEO) *o* FEMENINO (*o* DÉBIL, *o* BELLO). ▪ **3** Sexualidad. ▪ **4** Órganos genitales externos.

sexo- *r pref* De(l) sexo. * Sexoadicto. * Sexofobia.

sexología *f* Estudio de la sexualidad y de las cuestiones relacionadas con ella.

sexológico -ca *adj* De (la) sexología.

sexólogo -ga *m y f* Especialista en sexología.

sex-shop (*ing; pronunc corriente, /sék-sop/ o /sék--ʃop/; pl normal, ~s*) *m o f* Tienda especializada en objetos relacionados con el sexo [3].

sex-symbol (*ing; pronunc corriente, /sék-símbol/; pl normal, ~s*) *m* Pers. famosa, esp. estrella del espectáculo, considerada como un símbolo sexual por su gran atractivo físico.

sextante *m* (*Mar y Aer*) Instrumento óptico que consta de una sexta parte del círculo y que sirve para medir la altura de los astros y determinar así la posición de un barco o un avión.

sexteto *m* **1** Conjunto de seis perss. o cosas. **b)** (*Mús*) Conjunto de seis instrumentos. *Tb los músi-*

cos que los tocan. ▪ **2** (*Mús*) Composición o parte musical para seis instrumentos. ▪ **3** (*TLit*) Estrofa de seis versos de arte mayor, gralm. endecasílabos, de rima consonante.

sextilla *f* (*TLit*) Estrofa de seis versos de arte menor.

sextillizo -za *adj* [Pers.] nacida del mismo parto que otras cinco. *Más frec como n y en pl.*

sextina *f* (*TLit*) **1** Estrofa de seis versos. ▪ **2** Composición poética formada por seis estrofas de seis versos endecasílabos y una de tres, en todas las cuales los versos terminan con las mismas palabras, pero en orden diferente.

sexto -ta I *adj* **1** Que ocupa un lugar inmediatamente detrás o después del quinto. *Frec el n va sobrentendido.* ▪ **2** [Parte] que es una de las seis en que se divide o se supone dividido un todo. ▪ II *n* A *m* **3** Parte de las seis en que se divide o se supone dividido un todo. *Gralm seguido de un compl* DE. ▪ **4 el ~.** (*col*) El sexto mandamiento, relativo al sexo [3]. ▪ B *f* **5** (*Rel catól*) Hora canónica que se reza después de tercia. ▪ **6** (*hist*) *Entre los antiguos romanos:* Tercera de las cuatro partes en que se dividía el día artificial, y que duraba desde mediodía hasta media tarde. *Tb* HORA (DE) SEXTA. *Tb, lit, referido a época actual.* ▪ **7 sexta rima.** (*TLit*) Estrofa formada por seis versos endecasílabos, de los cuales riman en consonante alternadamente los cuatro primeros y forman pareado los dos últimos. ▪ **8** (*Mús*) Intervalo de una nota a la sexta [1] ascendente o descendente en la escala. ▪ III *adv* **9** En sexto [1] lugar.

séxtuple *adj* (*raro*) [Cosa] formada por seis elementos. * Parto séxtuple. **b)** ~ + *n* = SEIS + *el mismo n en pl.* * Séxtuple asesinato.

sextuplicado -da I *adj* **1** *part* → SEXTUPLICAR. ▪ II *loc adv* **2 por ~.** Seis veces, o en seis copias. *Tb adj.*

sextuplicar *tr* Multiplicar por seis [algo]. *Tb fig, con intención ponderativa.* **b)** *pr* (~**se**) Pasar [algo] a ser seis veces mayor.

séxtuplo -pla *adj* (*raro*) [Cantidad] seis veces mayor. *Más frec como n m.*

sexuado -da *adj* **1** Que tiene sexo [1] u órganos sexuales. ▪ **2** [Cosa] en que interviene o está presente el sexo [1].

sexual *adj* **1** De(l) sexo [1, 2 y 3]. ▪ **2** Que se basa en el sexo [1 y 3]. **b)** De la reproducción sexual.

sexualidad *f* Comportamiento o actividad relativos al sexo [1].

sexualismo *m* Exaltación de lo sexual.

sexualización *f* Acción de sexualizar.

sexualizar *tr* Dar carácter sexual [a algo (*cd*)].

sexualmente *adv* **1** De manera sexual. ▪ **2** En el aspecto sexual.

sexy (*ing; pronunc corriente, /séksi/; pl normal, ~s*) I *adj* **1** [Pers.] que tiene atractivo sexual. *Esp referido a mujer.* ▪ **2** Que provoca sexualmente. *A veces con intención eufemística.* ▪ II *m* **3** Atractivo sexual.

sha (*pronunc corriente, /sa/; tb, raro, con la grafía* **sah**) *m* Monarca del Irán.

shampán → SAMPÁN.

shampoo (*ing; pronunc corriente,* /ʃampú/; *pl normal,* ~s) *m* Champú.

shangainés -sa *adj* De Shangai (China). *Tb n, referido a pers.*

shantung (*ing; pronunc corriente,* /santún/; *pl normal,* ~s) *m* Tejido de seda, algodón o fibra, con grano irregular a lo largo de los hilos de la trama.

sheriff (*ing; pronunc corriente,* /sérif/; *pl normal,* ~s) *m* Funcionario responsable, en un condado de Estados Unidos, del mantenimiento del orden y del cumplimiento de las sentencias.

sherpa (*nepalés; pronunc corriente,* /sérpa/) *adj* [Individuo] del pueblo mongol que habita en Nepal, esp. en las laderas del Himalaya. *Tb n. Se da este n esp a los guías de las expediciones al Himalaya, pertenecientes a este pueblo.*

sherry (*ing; pronunc corriente,* /séri/ o /ʃéri/; *pl normal,* ~s) *m* Jerez (vino).

shetland (*ing; pronunc corriente,* /sétlan/ o /ʃétlan/; *pl normal,* ~s) *m* Tejido de lana de Escocia. **b)** Lana gruesa de Escocia.

shií (*pronunc corriente,* /ʃií/) *adj* Chiita. *Tb n.*

shiita (*pronunc corriente,* /ʃiíta/) *adj* (*raro*) Chiita. *Tb n.*

shock (*ing; pronunc corriente,* /sok/; *pl normal,* ~s) *m* Choque (conmoción grave y esp. repentina de carácter físico o psíquico). *Tb fig.* **b)** (*Med*) Choque (estado de gran postración causado por fallo circulatorio o por descenso súbito de la presión sanguínea).

shogún (*pronunc corriente,* /sogún/; *tb, raro, con la grafía* **sogún**) *m* (*hist*) Jefe supremo militar que, en Japón, ejerce el poder absoluto en nombre del emperador, entre el s. XIII y el último tercio del XIX.

shogunado (*pronunc corriente,* /sogunádo/; *tb, raro, con la grafía* **sogunado**) *m* (*hist*) Cargo o dignidad de shogún. *Tb el régimen de dominio de los shogunes.*

shogunal (*pronunc corriente,* /sogunál/; *tb, raro, con la grafía* **sogunal**) *adj* (*hist*) De (los) shogunes.

shogunato (*pronunc corriente,* /sogunáto/; *tb, raro, con la grafía* **sogunato**) *m* (*hist*) Shogunado.

shopping (*ing; pronunc corriente,* /sópin/; *pl normal,* ~s) *m* Acción de ir de tiendas.

shopping center (*ing; pronunc corriente,* /sópin-sénter/; *pl normal,* ~s) *m* Conjunto de establecimientos comerciales agrupados en un mismo recinto.

short (*ing; pronunc corriente,* /sort/; *pl normal,* ~s) *m* Pantalón corto de adulto. *Frec en pl con sent sg. Tb en aposición con* PANTALÓN.

show (*ing; pronunc corriente,* /sóu/, /ĉóu/ o /ʃóu/; *pl normal,* ~s) *m* Espectáculo de variedades. **b)** Número que forma parte de un espectáculo de variedades. **c)** (*col*) Espectáculo dado por una pers. que se hace notar. *Frec con el v* MONTAR.

show-business (*ing; pronunc corriente,* /sóu-bísnes/, /ĉóu-bísnes/ o /ʃóu-bísnes/; *pl normal, in var*) *m* Mundo de los negocios relacionados con los espectáculos.

showgirl (*ing; pronunc corriente,* /sóugerl/, /ĉóugerl/ o /ʃóugerl/; *pl normal,* ~s) *f* Presentadora y animadora de un show [1a y b].

showman (*ing; pronunc corriente,* /sóuman/, /ĉóuman/ o /ʃóuman/; *pl normal,* ~s o SHOWMEN) *m* Presentador y animador de un show [1a y b].

show-room (*ing; pronunc corriente,* /sóuṟum/, /ĉóuṟum/ o /ʃóuṟum/; *pl normal,* ~s) *m* Salón destinado al desfile de modelos.

shrapnel (*ing; pronunc corriente,* /esṟápnel/; *pl normal,* ~s) *m* (*hist*) Granada que al hacer explosión dispara proyectiles.

shunt (*ing; pronunc corriente,* /sunt/ o /ʃant/; *pl normal,* ~s) *m* (*Electr*) Resistencia que se monta en derivación en un circuito para limitar la tensión o la corriente que pasa por él.

shuntar (*pronunc corriente,* /suntár/) *tr* (*Electr*) Conectar [un aparato] con un shunt.

si[1] (*con pronunc átona*) *conj* **A** *Introduce una prop adv.* **1** *Presenta un hecho de cuya realización depende la del hecho expresado en la or.* * *Si cambias de opinión, avísame.* **b)** **apenas** ~ → APENAS. **c)** **como** ~ → COMO. **d)** ~ **acaso** → ACASO. **e)** ~ **los hay** → HABER. **f)** ~ **más no** → MÁS. **g)** ~ **no es** → SER**[1]**. ■ **2 por** ~. *Previendo la posibilidad de que. Tb* PARA ~ (*pop*), *añadiendo un matiz de finalidad.* * *Acercó la nariz a las paredes por si se habían impregnado de aquel perfume.* * *Se llevó el paraguas para si llovía.* **b)** **por** ~ **acaso** → ACASO. ■ **3** *La prop presenta la consecuencia del hecho expresado en la or.* * *Pensaba a veces que, si no se casó allí, se debió principalmente a su recuerdo.* ■ **4** *La prop presenta un hecho que, contrapuesto al de la or, lo pone de relieve. Va siempre al principio de la frase.* * *Si no su simpatía, me gané su oculta admiración.* **b)** (*lit*) *Aunque.* * *El traje, si decente, ponía de relieve su figura.* **c)** ~ **bien** → BIEN**[1]**. ■ **5** ~ **que.** (*raro*) *Si bien.* * *El establecimiento de una industria adecuada –si que moderada– resulta urgente.* **b)** ~ **que también bién.** (*raro*) *Pero también.* * *Hay un equilibrio adolescente, si que también un deseo inmoderado de vivir.*

B *Introduce una prop sust.* **6** *La prop desempeña en la or la función de cd, suj, predicat, o compl de un sust o adj, y expresa pregunta, incertidumbre o desconocimiento sobre un hecho.* * *Algo me zumba; no sé si será una abeja.* * *Pensé si le habría pasado algo.* **b)** *Tb dependiendo de vs que exigen compl precedido de una determinada prep:* ACORDARSE DE, CONVENCERSE DE, *etc.* * *La expectación se centraba en si estaría conforme.* **c)** *Cuando la prop depende de un v que expresa pregunta, puede ir introducida por* QUE ~. * *Le preguntó que si quería helado.* ■ **7** *La prop desempeña en la or la función de cd de un v de percepción en imperat, y tiene valor ponderativo. Va siempre acompañada de la expresión de la consecuencia del hecho.* * *Mire si tendrá valor, que lo han asegurado en varios millones.*

C *Introduce una o independiente dándole carácter enfático.* **8** *Refuerza una afirmación. El v siempre en fut o cond.* * *Eso sí tiene seguro. ¡Si lo sabrá él!* **b)** *A veces el refuerzo de la afirmación se intensifica mediante una prop que expresa la consecuencia.* * *Si tendría confianza con él, que le dejó las llaves.* ■ **9** *Denota protesta o sorpresa.* * *¡Si ya son las once!* ■ **10** *Denota deseo de algo que en el momento se considera irrealizable o muy improbable. El v va siempre en pret imperf o plusc de subj.* * *¡Si pudieras venir un día o dos!* ■ **11** *Introduce una pregunta sobre un hecho que se sospecha probable.* * *¿Si lo habré perdido?*

si[2] *m* Séptima nota de la escala musical.

sí[1] **I** adv **1** Se usa para contestar afirmativamente a una pregunta o aceptar una propuesta. * –¿Quieres un poco? –Sí. ■ **2** Se usa para asentir a una afirmación que se acaba de oír. * –Dicen que se ha levantado la veda. –Sí, así es. **b)** Irónicamente, niega lo que se acaba de oír. * –Eso es pintura. –¡Sí, sí, pintura! **c)** ¿~? Se usa para manifestar sorpresa ante lo que se acaba de oír, como pidiendo confirmación o aclaración, o simplemente para acusar recibo de ello. * –Me he comprado una casa. –¿Sí? **d)** ¿~? Se usa al descolgar el teléfono, para invitar a hablar al que hace la llamada. * ¿Sí? Dígame. ■ **3** Se usa para replicar a una negación oponiendo la afirmación de lo contrario. * –Aquí no hay mucho bocio. –Sí hay, sí. ■ **4** Se usa para dar énfasis a lo que se afirma en la frase. Cuando va delante del v puede seguirle la partícula QUE. * ¡Sí que te conformas con poco! **b)** ~ que... Se usa irónicamente expresando negación. Como réplica, gralm precedido de PUES. * ¡Pues sí que estamos bien! **c)** ~ que ~. Se usa como réplica para manifestar contrariedad. * –Estamos sin gasolina. –¡Pues sí! ■ **5 porque ~**. Por capricho o sin motivo aparente. * Hace las cosas porque sí. **b)** Se emplea frec como respuesta para eludir una justificación. * –¿Por qué lo has hecho? –Porque sí. ■ **6 porque ~**. (col) Se usa para ponderar un hecho. * Es una película divertida porque sí. ■ **7 por ~ o por no**. (col) Por si acaso. * Por sí o por no, tomó nota.
II conj **8** ~ que. (raro) Si bien. * Hemos llegado –sí que con rodeos– a precisar la finalidad de estas páginas. ■ **b)** ~ que también. (raro) Pero también. * Se recibían principalmente noticias políticas, sí que también sucesos internacionales.
III m **9** Aceptación o asentimiento. Tb el gesto o palabras con que se expresa.
IV loc v **10 dar el ~**. Manifestar aceptación ante una proposición, esp. de matrimonio.

sí[2] → SE[1].

sial m (Geol) Parte superficial del globo terrestre, en la cual predominan los silicatos de aluminio.

siálico -ca adj (Geol) De(l) sial.

sialorrea f (Med) Secreción exagerada de saliva.

siamés -sa I adj **1** De Siam o Tailandia. Tb n, referido a pers. **b)** [Gato] de color gris rojizo pálido, con la cabeza y las patas de color chocolate. Tb n m. ■ **2** Gemelo que ha nacido unido a su hermano por alguna parte del cuerpo. Más frec en pl. Tb n.
II m **3** Lengua de Siam o Tailandia.

sibarita adj **1** (hist) De Síbaris (antigua ciudad de Italia). Tb n, referido a pers. ■ **2** [Pers.] que busca placeres refinados. Tb n. **b)** Propio de la pers. sibarita.

sibaríticamente adv De manera sibarítica.

sibarítico -ca adj De(l) sibarita [2].

sibaritismo m Condición de sibarita [2].

siberiano -na adj De Siberia (antigua URSS).

siberita f (Mineral) Variedad de turmalina de color rojo.

sibila f (hist) En la antigüedad grecolatina: Mujer dotada de espíritu profético. Tb (lit) fig.

sibilancia f (Med) Silbido respiratorio debido a un estrechamiento bronquial, propio del período inicial de la bronquitis y del asma.

sibilante adj (lit) Silbante (que silba). **b)** (Fon) [Sonido fricativo] que se caracteriza por un ruido semejante a un silbido. Tb se dice de la articulación de ese sonido. Tb n f, referido a consonante.

sibilinamente adv De manera sibilina, esp [2].

sibilino -na adj **1** De (la) sibila. ■ **2** Enigmático o misterioso.

sibilítico -ca adj Sibilino.

sic adv Se emplea, gralm entre paréntesis, a continuación de una palabra o frase que puede parecer equivocada, para indicar que la cita es textual.

sicalipsis f (hoy raro) Erotismo picante, esp. en un espectáculo.

sicalíptico -ca (col, hoy raro) **I** adj **1** Erótico y picante. Esp referido a espectáculo. Tb fig.
II f **2** Prostituta.

sicario m (lit) Asesino a sueldo.

sicastenia, sicasténico → PSICASTENIA, PSICASTÉNICO.

siciliano -na I adj **1** De la isla de Sicilia (Italia). Tb n, referido a pers.
II m **2** Dialecto italiano de Sicilia.

sicler m (Mec) Chicler (surtidor del carburador).

siclo m (hist) **1** Moneda de plata usada por los hebreos y otros pueblos vecinos. ■ **2** Unidad de peso usada por los hebreos y otros pueblos vecinos.

sico-, sicoactivo, sicoanálisis, sicoanalismo, sicoanalista, sicoanalítico, sicoanalizar, sicobiología, sicobiológico, sicocirugía, sicodelia, sicodélico, sicodelismo, sicodiagnóstico, sicodinámico, sicodrama, sicodramático → PSICO-, PSICOACTIVO, etc.

sicofancia f (lit, raro) Actividad de sicofante.

sicofanta m (lit) Sicofante.

sicofante m (lit) Calumniador o delator.

sicofármaco, sicofísico, sicofisiología, sicofisiológico, sicofonía, sicofónico, sicogenético, sicógeno, sicogeriatra, sicogeriatría, sicolingüista, sicolingüístico, sicología, sicológicamente, sicológico, sicologismo, sicologista, sicologización, sicologizar, sicólogo, sicometría, sicométrico → PSICOFÁRMACO, etc.

sicomoro (tb **sicómoro**) m **1** Árbol originario de Egipto, con hojas parecidas a las de morera, fruto pequeño de color amarillento y madera incorruptible (Ficus sycomorus). ■ **2** Arce blanco (Acer pseudoplatanus).

sicomotor, sicomotricidad, sicomotriz, siconeurosis → PSICOMOTOR, etc.

sicono m (Bot) Infrutescencia carnosa consistente en un agregado de aquenios sobre un receptáculo carnoso.

sicópata, sicopatía, sicopático, sicopatología, sicopatológico, sicopedagogía, sicopedagógico, sicopedagogo, sicosexual, sicosis, sicosocial, sicosociología, sicosociológico, sicosociólogo, sicosomático, sicotecnia, sicotécnico, sicoterapeuta, sicoterapéutico, sicoterapia, sicoterápico, sicótico, sicotónico, sicotrópico, sicótropo, sicrómetro → PSICÓPATA, etc.

sicu (*tb con la grafía* **siku**) *m* Flauta de Pan usada esp. en Perú.

sículo -la *adj* **1** (*hist*) De un antiguo pueblo itálico habitante de Sicilia. *Tb n, referido a pers.* ■ **2** (*lit*) Siciliano. *Tb n, referido a pers.*

sida (*tb con la grafía* **SIDA**) *m* Enfermedad, transmisible por vía sexual y sanguínea, caracterizada por la pérdida de las defensas inmunitarias del organismo.

sidático -ca *adj* (*raro*) Sidoso. *Tb n, referido a pers.*

sidazo *m* (*col*) Sida. *Con intención ponderativa.*

sidecar (*ing; pronunc corriente,* /sidekár/; *pl normal,* ~ES) *m* Cochecillo adosado al costado de una motocicleta y apoyado sobre una rueda. **b)** Motocicleta con sidecar.

sideración *f* (*Med*) Aniquilación súbita de las funciones vitales, gralm. como consecuencia de un accidente.

sideral *adj* De (los) astros.

siderar *tr* (*Med*) Fulminar, o causar sideración [a alguien (*cd*)].

sidéreo -a *adj* (*Astron*) **1** De (las) estrellas o de (los) astros. ■ **2** [Tiempo] que se mide por el movimiento aparente de las estrellas, esp. del primer punto de Aries. **b)** De(l) tiempo sidéreo.

siderita *f* (*Mineral*) Mineral constituido por carbonato de hierro, que se presenta gralm. en forma de masas compactas de color que varía del amarillento al pardo negruzco.

siderito *m* (*Geol*) Meteorito compuesto esencialmente por hierro y níquel.

siderometalúrgico -ca *adj* Siderúrgico. *Tb n.*

siderosa *f* (*Mineral*) Siderita.

siderosis *f* (*Med*) Afección pulmonar causada por depósito de hierro en los pulmones.

siderurgia *f* **1** Metalurgia del hierro. ■ **2** Empresa siderúrgica.

siderúrgicamente *adv* De manera siderúrgica.

siderúrgico -ca *adj* De (la) siderurgia [1]. *Tb n: m y f, referido a pers; f, referido a fábrica o empresa.*

sidol (*n comercial registrado*) *m* Producto para limpiar y abrillantar dorados.

sidonio -nia *adj* (*hist*) De Sidón (antigua ciudad de Fenicia). *Tb n, referido a pers.*

sidoso -sa *adj* Que padece sida. *Tb n, referido a pers.*

sidra *f* Bebida alcohólica obtenida por fermentación del zumo de manzana.

sidrería *f* Establecimiento en que se sirve sidra.

sidrero -ra I *adj* **1** De (la) sidra. II *m y f* **2** Pers. que se dedica a la fabricación o comercio de la sidra.

siega *f* Acción de segar. *Tb fig. Tb la época en que se realiza.*

siembra *f* **1** Acción de sembrar. *Tb la época del año en que se realiza. Tb fig.* ■ **2** Terreno sembrado.

siemens (*al; pronunc corriente,* /siémens/ *o* /símens/; *pl invar*) *m* (*Electr*) Unidad de conductancia que equivale a la de un conductor cuya resistencia es de un ohmio.

siempre I *adv* **1** En todo tiempo o en todas las ocasiones. * Siempre van juntos. **b)** *Precedido de prep, o como suj de una or cualitativa, se sustantiva:* Todo tiempo o todas las ocasiones. * Ya está con el tema de siempre. **c)** **de ~,** *o* **desde ~.** Desde tiempo inmemorial. * Lo sabes de siempre, ¿para qué preguntas? **d)** *Precedido de* POR *o* PARA: Todo tiempo futuro. *A veces seguido de* JAMÁS, *con intención enfática.* * Lo guardan así para siempre jamás. ■ **2** En todo caso. * Aunque no lo consigas, siempre te queda el consuelo de haberlo intentado. II *loc conj* **3** ~ **que.** En todos los casos en que, o en todas las ocasiones en que. * Siempre que viene me llama. ■ **4** ~ **que,** *o* ~ **y cuando** (*más raro,* ~ **y cuando que**). Con la condición de que. *El v que sigue va siempre en subj.* * Puedes hacerlo, siempre y cuando no abuses. III *loc adj* **5** **de ~.** Habitual. * Estaban los clientes de siempre. IV *fórm or* **6** **hasta ~.** *Expresa despedida cordial para tiempo indefinido.* * Adiós, hasta siempre. Ha sido un placer conocerlos.

siempreviva *f* Se da este *n* a distintas plantas herbáceas de los *géns* Helichrysum, Sempervivum y Sedum, caracterizadas por no presentar nunca aspecto de marchitas. *Tb su flor. A veces con un adj especificador:* AMARILLA, MAYOR, MENOR, *etc.*

sien *f* Parte lateral de la cabeza comprendida entre la frente, la oreja y el extremo del ojo.

siena *adj* [Color] ocre. *Frec n m.* **b)** Que tiene color siena.

sienés -sa *adj* De Siena (Italia). *Tb n, referido a pers.*

sienita *f* (*Mineral*) Roca plutónica granuda, compuesta de feldespatos, biotita y hornblenda.

sierpe *f* (*lit*) Serpiente (reptil).

sierra *f* **1** Herramienta constituida por una hoja de acero con dientes en uno de sus bordes, gralm. sujeta a un mango o bastidor, y que se emplea para cortar materias duras, esp. madera o metal. **b)** **pez ~** → PEZ[1]. ■ **2** Cadena montañosa de poca extensión. **b)** ~ **plana.** (*Geogr*) Relieve costero cuya cumbre forma un llano continuo.

sierro *m* (*reg*) Teso de sierra.

siervo -va *m y f* **1** (*lit*) Servidor (pers. que sirve). *Tb fig.* **b)** ~ **de Dios.** (*Rel catól*) Pers., esp. miembro de una orden religiosa, que ha vivido sirviendo a Dios y guardando sus mandamientos. **c)** ~ **de los** ~**s de Dios.** *Denominación usada para referirse al Papa.* ■ **2** (*hist*) En la antigüedad: Esclavo. ■ **3** (*hist*) En el régimen feudal: Pers. sometida a la potestad del señor, aunque disfrutando de cierta capacidad jurídica, y que normalmente trabaja en el cultivo de las tierras de este. **b)** ~ **de la gleba** → GLEBA.

sieso[1] *m* Ano.

sieso[2] -sa *adj* (*reg*) [Pers.] molesta o despreciable. *Tb n.*

siesta *f* **1** Rato de sueño o de descanso después de la comida de mediodía. *Gralm con los vs* DORMIR *o* ECHAR(SE). **b)** ~ **del carnero,** *o* **del canónigo.** (*col*) Rato de sueño antes de comer. ■ **2** Tiempo siguiente al mediodía, en que el calor es más intenso. **b)** (*raro*) Calor intenso propio de la siesta.

siete I *adj* **1** *Precediendo a susts en pl:* Seis más uno. *Puede ir precedido de art o de otros determinantes, y en este caso sustantivarse.* * Tiene siete cartas. **b)** ~ **octavos** –> OCTAVO. ■ **2** *Siguiendo a susts en sg:* Séptimo. *Frec el n va sobrentendido.* * *Página siete.*

II *pron* **3** Seis más una perss. o cosas. *Siempre referido a perss o cosas mencionadas o consabidas, o que se van a mencionar.* * *Siete de los invitados no acudieron.*

III *n* **A** *m* **4** Número que en la serie natural sigue al seis. *Frec va siguiendo al n* NÚMERO. * *Mi número favorito es el siete.* **b)** Cosa que en una serie va marcada con el número siete. * *Le han calificado con un siete.* ■ **5** (*col*) Desgarradura en ángulo que se produce en una tela o en un material de consistencia similar. ■ **6 los tres ~s.** (*Naipes*) Juego cuyo objeto es llegar a 21 puntos.

B *f pl* **7** Séptima hora después de mediodía o de medianoche. *Normalmente precedido de* LAS. ■ **8 las ~ y media.** (*Naipes*) Juego en que gana el que suma siete puntos y medio o el que, sin pasarlos, se aproxima más a ellos.

IV *loc adv* **9 más que ~, por ~,** *o* **como ~.** (*col*) Mucho.

sietecallero -ra *adj* (*reg*) De las Siete Calles de Bilbao, centro histórico de la ciudad. *Tb n, referido a pers.*

sietecolores *m* (*reg*) Jilguero (pájaro).

sietemachos *m* (*col, desp*) Hombre muy pequeño.

sietemesino -na *adj* **1** Nacido a los siete meses de engendrado. *Tb n.* ■ **2** (*col, desp*) [Pers.] raquítica. *Tb n. A veces se usa como insulto. Tb fig.*

sifilazo *m* (*col*) Sífilis. *Con intención ponderativa.*

sifilicomio *m* (*raro*) Hospital para sifilíticos.

sífilis *f* Enfermedad venérea de carácter infeccioso, causada por la bacteria *Treponema pallidum,* que se adquiere por contagio o se transmite por herencia.

sifilítico -ca *adj* **1** De (la) sífilis. ■ **2** Que padece sífilis. *Tb n, referido a pers.*

sifón *m* **1** Tubo encorvado que sirve para trasvasar líquidos de un recipiente a otro situado en un nivel inferior, pasando por un nivel superior a ambos. **b)** (*Geol*) Conducto cerrado en el que una de las partes está por encima del nivel del agua. ■ **2** Tubo en forma de *s* que se coloca en el desagüe de los aparatos sanitarios para impedir que salgan malos olores. ■ **3** Botella que contiene agua con gas carbónico y que está provista de una llave que, al ser abierta, da paso al líquido empujado por la presión del gas. *Frec el agua que contiene.* ■ **4** (*Zool*) En los lamelibranquios: Prolongación del orificio de entrada o de salida de agua. ■ **5** (*Bot*) Tubo celular alargado. ■ **6** (*E*) Parte de camino constituida por un ascenso y un descenso pronunciados y consecutivos.

sifonado -da *adj* (*Bot o Zool*) Provisto de sifones [4 y 5].

sifonar *tr* (*E*) Trasvasar [un líquido] mediante un sifón [1]. *Tb abs.*

sifonazo *m* (*raro*) Golpe dado con un sifón [3].

sifónico *adj* (*Font*) [Bote] que funciona como un sifón [2], impidiendo que salgan malos olores.

sifonier *m* Chiffonnier.

sifonóforo -ra *adj* (*Zool*) [Hidrozoo] de los que constituyen colonias caracterizadas por el polimorfismo de los individuos de acuerdo con su función. *Frec como n m en pl, designando este taxón zoológico.*

sigilaria *f* (*Bot*) Árbol fósil del período carbonífero, cuyo tronco presenta señales regulares en forma de sello (gén. *Sigillaria*).

sigillata (*lat; pronunc corriente,* /siχiláta/) *f* (*Arqueol*) Terra sigillata.

sigilo *m* **1** Cuidado para no ser oído o descubierto. ■ **2** Secreto (reserva o silencio debidos a compromiso u obligación). *Gralm con los adjs* PROFESIONAL, SACRAMENTAL *o* CONFESIONAL.

sigilografía *f* Estudio de los sellos antiguos empleados para autorizar o cerrar documentos.

sigilográfico -ca *adj* De (la) sigilografía o de los sellos que son objeto de su estudio.

sigilosamente *adv* De manera sigilosa [2].

sigiloso -sa *adj* **1** Que actúa con sigilo [1]. ■ **2** [Cosa] que denota o implica sigilo [1].

sigisbeo *m* (*hist*) Chichisbeo.

sigla *f* **1** Letra inicial de cada una de las palabras que constituyen la denominación de algo, esp. una entidad. *Normalmente en pl.* ■ **2** Conjunto de siglas [1] de la denominación [de algo].

siglo (*con mayúscula en acep 3*) **I** *m* **1** Período de cien años. **b)** Período de cien años de cada centena en el cómputo de la era cristiana. ■ **2 un ~.** (*col*) Mucho tiempo. *Tb, sin art, ~s.* ■ **3 ~ de Oro.** Período de auge del arte y la literatura españoles que abarca desde principios del s. XVI hasta finales del XVII. ■ **4** (*Rel crist*) Vida en medio de la sociedad humana. *Usado en contraposición a la vida del sacerdocio o a la monástica.*

II *loc adv* **5 por los ~s de los ~s.** Por toda la eternidad. *Frec con intención ponderativa.*

sigma A *f* **1** Letra del alfabeto griego que representa el sonido [s]. (V. PRELIM.)

B *m* **2** (*Anat*) Colon sigmoideo.

sigmoidectomía *f* (*Med*) Escisión del colon sigmoideo o de una parte de él.

sigmoideo -a *adj* (*Anat*) Que tiene forma de sigma. *Gralm referido a una porción del colon, a las válvulas de las arterias pulmonar y aorta y a la cavidad del cúbito.*

signar A *tr* **1** (*Rel catól*) Hacer la señal de la cruz [sobre alguien o algo (cd)]. ■ **2** (*lit*) Firmar [un documento, esp. de alto nivel]. ■ **3** (*lit*) Marcar o señalar. *Más frec fig.*

B *intr pr* (~**se**) **4** (*Rel catól*) Hacer tres cruces, una en la frente, otra en la boca y otra en el pecho, con el dedo pulgar de la mano derecha, o con este y el índice cruzados, diciendo "por la señal de la santa cruz, de nuestros enemigos líbranos, Señor, Dios nuestro".

signatario -ria *adj* **1** Firmante o que signa [2]. *Tb n, referido a pers.* ■ **2** (*raro*) Que sirve para signar [2].

signatura (*con mayúscula en acep 4*) *f* **1** Conjunto de números y letras que indican la colocación de un libro o documento en una biblioteca o en un archivo. ■ **2** (*Impr*) Señal que se pone al pie en la primera página de cada pliego, para guía del encuadernador. **b)** *En manuscritos e impresos antiguos:* Letra, o letra y número, que al pie de algunas páginas indican el orden de estas, con función semejante a la de la moderna paginación. ■ **3** Marca puesta en una cosa para distinguirla de las demás. ■ **4 ~ Apostólica.** Tribunal supremo de la Curia Romana.

sígnico -ca *adj* (*raro*) De(l) signo.

significación *f* **1** Acción de significar(se). *Tb su efecto.* ▪ **2** Significado [3]. ▪ **3** Importancia.

significado -da I *adj* **1** *part* → SIGNIFICAR. ▪ **2** [Pers.] conocida o destacada en cierta actividad o ideología. II *m* **3** Cosa significada (→ SIGNIFICAR [1]) [por otra (*compl de posesión*)]. **b)** *Esp:* Concepto o pensamiento representado [por una palabra o grupo de palabras (*compl de posesión*)]. *En lingüística se opone a* SIGNIFICANTE *y a* SENTIDO. ▪ **4** Significación o importancia.

significancia *f* (*raro*) Significación o importancia.

significante I *adj* **1** Que significa [1]. II *m* **2** (*Ling*) Serie de fonemas o de caracteres que constituye el soporte material de un significado. *Se opone a* SIGNIFICADO.

significar *tr* **1** Ser [una cosa] signo [1 y 2a y b] [de otra (*cd*)]. **b)** *Esp:* Ser [una palabra o grupo de palabras] el signo o representación [de un concepto o de un pensamiento (*cd*)]. ▪ **2** Ser [una cosa] igual [a otra (*cd*)] en valor o efecto. ▪ **3** Tener [un valor o una importancia determinados]. ▪ **4** Expresar o hacer saber. ▪ **5** Mostrar o dejar ver [algo (*suj*)] clara y públicamente las ideas o sentimientos [de alguien (*cd*)]. **b)** *pr* (**~se**) Mostrar o dejar ver [alguien] pública y abiertamente sus ideas o sentimientos. *Esp en política.*

significativamente *adv* **1** De manera significativa. ▪ **2** En el aspecto significativo.

significatividad *f* Cualidad de significativo.

significativo -va *adj* **1** Que tiene significación. ▪ **2** De (la) significación [1 y 2].

signo *m* **1** Indicio o muestra. ▪ **2** Señal (cosa sensible que tiene por fin indicar algo). **b)** Cosa sensible, esp. figura dibujada o escrita, que tiene por fin evocar en la mente la imagen de otra determinada. **c)** **~ de la Cruz.** Señal de la Cruz. ▪ **3** *En un texto escrito:* Figura que no es letra ni número. **b)** Figura de diversos rasgos entrelazados que el notario añade a su firma en un documento público. ▪ **4** (*Mat*) Figura, no numérica ni literal, que indica determinadas nociones, esp. el tipo de operación que se ha de realizar. **b)** (*E*) Figura que indica el valor positivo o negativo de una magnitud o una cantidad. *Tb el valor mismo.* ▪ **5** Dirección u orientación ideológica o intelectual. ▪ **6** Parte de las doce iguales en que se considera dividido el Zodiaco y que, según la astrología, influyen en la vida de las perss. nacidas en la respectiva época del año que a aquellas corresponde. ▪ **7** (*lit*) Destino o hado. ▪ **8 ~ lingüístico.** (*Ling*) Unidad constituida por un significante y un significado. *Tb simplemente ~.* ▪ **9 ~ monetario.** (*Econ*) Unidad de un sistema monetario. *Tb simplemente ~.*

sígueme *m En un aeropuerto:* Furgoneta pequeña que se coloca delante de un avión para guiar al piloto al lugar de aparcamiento.

siguiente *adj* Que va inmediatamente después. **b)** Que se enuncia a continuación.

siguiriya *f* Copla gitana de cuatro versos, el tercero de 11 sílabas y los otros de 6, que se canta con compás alterno. *Tb su música y su baile.*

siguiriyero -ra *m y f* Cantaor de siguiriyas.

sij (*pl normal,* ~**s**) *adj* De la secta religiosa fundada en el s. XVI por el reformador hindú Nanak Dev. *Tb n, referido a pers.*

sikh (*ing; pronunc corriente,* /sik/; *pl normal,* ~**s**) *adj* Sij. *Tb n.*

sikhara (*sánscrito; pronunc corriente,* /sikára/) *f En un templo brahmánico:* Estancia cubierta por una especie de cúpula muy elevada, en que se venera la imagen sagrada.

siku → SICU.

sílaba *f* Sonido o conjunto de sonidos que se pronuncian en una sola emisión de voz.

silabación *f* Silabeo.

silabario *m* **1** Libro para enseñar a leer, en el que aparecen sílabas sueltas y palabras descompuestas en sílabas. ▪ **2** Sistema de signos gráficos que representan sílabas.

silabear *tr* Pronunciar [algo] marcando la separación de las sílabas. *Tb abs. Tb fig, con intención ponderativa.*

silabeo *m* **1** Acción de silabear. ▪ **2** División en sílabas.

silábicamente *adv* De manera silábica.

silábico -ca *adj* **1** De (la) sílaba. ▪ **2** (*Ling*) [Sistema gráfico] que tiene por base la sílaba. ▪ **3** (*Fon*) Que puede formar sílaba o ser centro de una sílaba.

silabismo *m* **1** Distribución silábica [1]. ▪ **2** Sistema de escritura silábica [2].

silba *f* Acción de silbar [3].

silbable *adj* Que se puede silbar [2].

silbador -ra *adj* Que silba. *Tb n, referido a pers o a ave.*

silbante *adj* Que silba [1, esp. 1c]. **b)** (*Med*) Acompañado de un sonido semejante al silbido. **c)** (*Fon*) Sibilante. *Tb n f.*

silbar A *intr* **1** Emitir [alguien] un sonido agudo haciendo salir el aire por una abertura estrecha de la boca, o por un instrumento adecuado. **b)** Emitir [un animal, esp. un ave o una serpiente] un sonido agudo semejante al silbido humano. **c)** Producir [algo] un sonido agudo, frec. por frotamiento. **d)** Tener [alguien (*ci*) en los oídos (*suj*)] la sensación de un sonido agudo y continuado que no se produce en el exterior. **e)** **~ los oídos** → OÍDO. B *tr* **2** Entonar [una pieza musical] silbando [1a y b]. ▪ **3** Manifestar [el público] desaprobación [ante alguien o algo (*cd*)] silbando [1a]. ▪ **4** (*raro*) Pronunciar [algo] con una especie de silbido.

silbato *m* **1** Instrumento acústico pequeño y hueco, de forma variada, en el que el paso del aire a presión por una ranura produce un sonido agudo. **b)** Instrumento acústico constituido por un tubo en el que una corriente de vapor, al pasar por una muesca o ranura, produce un sonido agudo e intenso. ▪ **2** Silbido dado con un silbato [1].

silbido *m* Acción de silbar [1]. *Frec su efecto.*

silbo *m* **1** Silbido. ▪ **2** Silbato [1].

silbón *m* Ánade que de noche emite sonidos semejantes a silbidos (*Anas penelope*). *Tb* ÁNADE ~.

silboso -sa *adj* (*raro*) Que silba [1]. *Tb n, referido a pers.*

silbote *m* Flauta vasca más grande que el chistu.

silembloc *m* (*Mec*) Silentbloc.

silenciador -ra *adj* **1** Que silencia. *Tb n, referido a pers.* ▪ **2** [Dispositivo] que se aplica a un motor o a un arma para amortiguar el ruido que producen. *Gralm n m.*

silenciamiento *m* Acción de silenciar.

silenciante *adj* (*raro*) Que silencia.

silenciar (*conjug* **1a**) *tr* **1** Guardar silencio [2c] [sobre alguien o algo (*cd*)]. ■ **2** Hacer callar [a alguien o algo (*cd*)]. *Frec fig.*

silenciario -ria *m y f* (*raro*) Pers. cuyo oficio es hacer guardar silencio en un lugar.

silencio **I** *m* **1** Ausencia total de sonidos o ruidos. **b)** (*Mús*) Pausa. *Tb el signo que lo indica.* ■ **2** Hecho de permanecer callado. **b)** Hecho de no expresar una pers. su opinión o sus sentimientos. **c)** Hecho de no citar a una pers. o cosa o de no hablar sobre ella. **d)** ~ **administrativo.** Procedimiento de desestimación de una petición o un recurso por el mero vencimiento del plazo que la administración tiene para resolver sobre ellos. ■ **3** (*Med*) Ausencia de todo indicio o actividad. *Con un adj especificador.* **II** *loc adj* **4 de ~.** (*Mil*) [Toque] que indica que a partir de ese momento debe estar cada soldado en su cama, en silencio [2a] y con la luz apagada.

silenciosamente *adv* De manera silenciosa [4].

silenciosidad *f* (*raro*) Cualidad de silencioso.

silencioso -sa **I** *adj* **1** [Cosa, esp. lugar] en que hay silencio [1a]. ■ **2** [Pers. o cosa] que no hace ruido. ■ **3** [Pers. o animal] que permanece callado. ■ **4** [Cosa] que se realiza en silencio [1a]. *Tb fig.* **II** *m* **5** Silenciador [2].

sileno *m* (*Mitol clás*) Deidad de los bosques muy similar al sátiro.

silense *adj* De Santo Domingo de Silos (Burgos), esp. de su monasterio. *Tb n, referido a pers.*

silentbloc (*ing; n comercial registrado; pronunc corriente,* /silemblók/; *pl normal,* ~s) *m* (*Mec*) Bloque de caucho que se coloca entre dos piezas para absorber ruidos y vibraciones.

silente *adj* (*lit*) Silencioso.

sileño -ña *adj* De Siles (Jaén). *Tb n, referido a pers.*

silepsis *f* **1** (*TLit*) Uso de una palabra en dos sentidos a la vez. ■ **2** (*Gram*) Concordancia por el sentido y no conforme a las reglas gramaticales.

silesiano -na *adj* De Silesia (región de Europa Central). *Tb n, referido a pers.*

silesio -sia *adj* Silesiano. *Tb n.*

sílex *m* Pedernal.

sílfide *f* **1** (*Mitol germ*) Genio femenino del aire. ■ **2** (*col*) Mujer muy delgada y esbelta.

silfo *m* (*Mitol germ*) Genio masculino del aire.

silicatar *tr* (*Quím*) Tratar o mezclar con silicatos.

silicato *m* (*Quím*) Sal del ácido silícico.

sílice *f* (*Mineral*) Mineral constituido por óxido de silicio, blanco o incoloro y de gran dureza, muy abundante y contenido por numerosos minerales.

silíceo -a *adj* (*Quím*) Que contiene sílice o está formado por ella.

silícico -ca *adj* (*Quím*) De (la) sílice.

silicícola *adj* (*Bot*) [Planta] que habita en suelos silíceos.

silicio *m* (*Quím*) Elemento no metálico, de número atómico 14, muy abundante en la naturaleza en forma de sílice o silicatos.

silicona *f* Sustancia sintética compuesta básicamente de silicio y oxígeno, de muy variados usos en la industria, el bricolaje y la cirugía plástica.

silicosis *f* (*Med*) Enfermedad pulmonar causada por inhalación de polvo de sílice. *Tb fig.*

silicoso -sa *adj* Silicótico. *Tb n.*

silicótico -ca *adj* Que padece silicosis. *Tb n, referido a pers.*

silicua *f* (*Bot*) Fruto seco dehiscente, bicarpelar y con un tabique central que sostiene las semillas.

silícula *f* (*Bot*) Silicua corta.

silla **I** *f* **1** Mueble consistente en un asiento con respaldo y normalmente sin brazos, para una sola pers. **b)** *Acompañado de diversos adjs o compls especificadores, designa distintos muebles destinados a que se siente en ellos una pers:* GESTATORIA, DE RUEDAS, ELÉCTRICA, *etc.* **c)** *Se usa en constrs como* MOVER, QUITAR *o* PERDER LA ~, *aludiendo al puesto que alguien ocupa.* ■ **2** Dignidad o cargo de prelado. *Con un adj o compl especificador como* EPISCOPAL, APOSTÓLICA, DE SAN PEDRO. **b)** (*raro*) Sillón [2]. ■ **3** Aparejo formado por una armazón forrada de cuero que se ajusta al lomo de una caballería, para montar sobre ella o para sujetar las varas. *Tb* ~ DE MONTAR. ■ **4** Parte [de un animal] comprendida entre la pierna y la primera costilla. ■ **5** ~ (*más frec sillita*) **de la reina.** Asiento formado con las manos enlazadas de dos perss., para transportar a otra. *Gralm en la constr* LLEVAR [a alguien] A LA ~ DE LA REINA. ■ **6** ~ **de manos.** (*hist*) Vehículo formado por una caja con asiento para una pers. y con dos varas largas para ser portada en vilo por hombres. ■ **7** ~ **de posta.** (*hist*) Carruaje en que se corre la posta. ■ **8** ~ **turca.** (*Anat*) Escotadura en forma de silla [1a] del hueso esfenoides. **II** *loc adj* **9 de ~.** [Animal] que se emplea para montarlo.

sillar *m* Piedra labrada que se emplea en construcción. *Tb fig.*

sillarejo *m* (*Constr*) Sillar pequeño labrado toscamente.

sillazo *m* Golpe dado con una silla [1a].

sillense *adj* De Silla (Valencia). *Tb n, referido a pers.*

sillería¹ *f* **1** Sillas, o conjunto de sillas [1a]. **b)** Conjunto de sillas y otros asientos a juego con que se amuebla una habitación. ■ **2** *En el coro de determinadas iglesias, esp catedrales:* Conjunto de asientos unidos entre sí y trabajados según un mismo estilo. ■ **3** Oficio de sillero. ■ **4** Tienda o taller de sillero.

sillería² *f* (*Constr*) Obra hecha con sillares. *Tb el conjunto de sillares.*

sillero -ra *m y f* Pers. que fabrica, arregla o vende sillas [1a y 3].

silleta *f* **1** Asiento sin respaldo. ■ **2** (*reg*) Parte de la cumbre de un monte que forma una doble curvatura, semejante a la de la silla de montar. ■ **3** (*hist*) Piedra sobre la que se muele el chocolate.

silletazo *m* Golpe dado con una silla [1a].

sillete *m* Asiento sin respaldo.

silletero -ra *m y f* (*raro*) Sillero.

silletín *m* (*reg*) Asiento pequeño sin respaldo.

sillico *m* (*reg*) Orinal.

sillín *m* **1** Asiento pequeño y sin respaldo de una bicicleta o motocicleta o de determinadas máquinas. **b)** (*raro*) Asiento pequeño y sin respaldo. ■ **2** Silla de montar más ligera que la común.

sillón *m* **1** Mueble consistente en un asiento con brazos y respaldo, para una sola pers., y gralm. mullido. ■ **2** Puesto [de académico]. *A veces se omite el compl por consabido.*

silo *m* **1** Depósito de cereales y otros productos agrícolas, originariamente subterráneo y hoy gralm. en forma de torre elevada. ■ **2** Construcción que sirve de depósito para combustibles sólidos, cemento, arena y otras materias. ■ **3** Depósito subterráneo para el lanzamiento de misiles.

silogismo *m* (*Filos*) Razonamiento deductivo que consta de tres proposiciones categóricas, la última de las cuales se deriva de las otras dos.

silogísticamente *adv* (*Filos*) De manera silogística [1].

silogístico -ca I *adj* **1** (*Filos*) De(l) silogismo. ■ **2** (*lit*) Lógico y razonador. *A veces con intención desp.*
II *f* (*Filos*) **3** Parte de la lógica que estudia el silogismo. ■ **4** Teoría o doctrina del silogismo.

silueta *f* **1** Dibujo que representa solo el contorno del objeto. ■ **2** Forma [de un objeto] que se perfila sobre un fondo más claro. ■ **3** Figura o forma exterior [de alguien o algo].

siluetar *tr* Siluetear.

siluetear *tr* **1** Hacer la silueta [1] [de alguien o algo (*cd*)]. ■ **2** Marcar la silueta [2 y 3] [de alguien o algo (*cd*)]. **b)** *pr* (**~se**) Marcarse la silueta [de alguien o algo (*suj*)].

siluriano -na *adj* (*Geol*) Silúrico.

silúrico -ca *adj* (*Geol*) [Período] segundo de la Era Primaria. *Tb n m.* **b)** Del período silúrico. *Tb n m, referido a terreno.*

siluro *m* Pez de agua dulce semejante a la anguila (*Silurus glanis*). *Tb se da este n a otras especies de la misma familia.*

silva[1] *f* (*TLit*) Combinación de versos endecasílabos y heptasílabos que riman y se alternan a gusto del poeta.

silva[2] *f* (*reg*) Zarza.

silvanita *f* (*Mineral*) Mineral constituido por la combinación de teluro con oro o plata.

silvano *m* (*Mitol clás*) Semidiós de los bosques.

silvestre *adj* **1** [Planta] que se cría espontáneamente en el campo. ■ **2** [Cosa] no cultivada. ■ **3** [Animal] no domesticado, gralm. no feroz. *A veces usado como especificador.*

silvestrino -na *adj* De la rama de San Silvestre de la orden benedictina. *Tb n, referido a pers.*

silvicultor -ra *m y f* Pers. que se dedica a la silvicultura.

silvicultura *f* Cultivo y explotación de los árboles forestales.

silvina *f* (*Mineral*) Mineral constituido por cloruro de potasio, de caracteres análogos a los de la sal común, con que suele presentarse asociada.

silvinita *f* (*Mineral*) Mineral constituido por una mezcla de cloruro de potasio y de cloruro de sodio, y utilizado como abono.

sima[1] *f* Cavidad muy profunda del terreno. *Tb fig.*

sima[2] *m* (*Geol*) Capa de la corteza terrestre inmediatamente inferior al sial, en la que predominan la sílice y el magnesio.

simarubácea *adj* (*Bot*) [Planta] dicotiledónea leñosa tropical, de hojas compuestas, flores unisexuales en racimos y fruto en drupa. *Frec como n f en pl, designando este taxón botánico.*

simbionte *m* (*Biol*) Ser que vive en simbiosis.

simbiosis *f* (*Biol*) Asociación de individuos de diferente especie con beneficio mutuo. *Tb fig, fuera del ámbito técn.*

simbióticamente *adv* (*Biol*) De manera simbiótica. *Tb fig.*

simbiótico -ca *adj* (*Biol*) **1** De (la) simbiosis. ■ **2** [Ser] que vive en simbiosis.

simbólicamente *adv* De manera simbólica.

simbólico -ca *adj* **1** De(l) símbolo. ■ **2** [Pers. o cosa] que sirve de símbolo.

simbolismo *m* **1** Condición de simbólico. ■ **2** Sistema o conjunto de símbolos. ■ **3** (*TLit*) Movimiento, esp. poético, surgido en Francia a finales del s. XIX y caracterizado por el uso simbólico de imágenes y por la sugerencia.

simbolista *adj* **1** De(l) símbolo. ■ **2** (*TLit y Arte*) De(l) simbolismo [3]. **b)** Adepto al simbolismo. *Tb n.*

simbolización *f* Acción de simbolizar. *Tb su efecto.*

simbolizador -ra *adj* Que simboliza.

simbolizante *adj* Que simboliza.

simbolizar *tr* **1** Ser [una cosa] símbolo [de otra (*cd*)]. ■ **2** Representar [algo (*cd*)] mediante un símbolo (*compl adv*)].

símbolo *m* Cosa o pers. que representa a otra de manera convencional o arbitraria, a veces basada en una relación de analogía. *Frec con un compl de posesión.* **b)** (*TLit*) Asociación subliminal de las palabras para producir emociones conscientes. **c)** (*Quím*) Letra o letras con que se representa un cuerpo simple. **d)** (*Mat*) Letra u otro signo con que se representan cantidades conocidas o desconocidas, unidades de medida u operaciones que se han de realizar. **e)** **~ de la fe, de los Apóstoles**, o **de Nicea.** (*Rel catól*) Credo.

simbología *f* **1** Estudio de los símbolos. ■ **2** Sistema o conjunto de símbolos.

simetría *f* Correspondencia de dimensiones, forma y posición, respecto a un punto, a una línea o un plano, de los elementos de un conjunto, o de dos o más conjuntos entre sí. *Tb fig.*

simétricamente *adv* De manera simétrica.

simétrico -ca *adj* Que tiene simetría.

símido -da *adj* (*Zool*) Póngido. *Frec como n m en pl, designando este taxón zoológico.*

simiente I *f* **1** Semilla, esp [1]. ■ **2** Reproducción o procreación. *Referido a animales o plantas. Gralm en la constr* DE, *o* PARA, **~**.
II *loc v* **3 quedar para ~ de rábanos.** (*col, humoríst*) Sobrevivir o no morir. *Se usa, frec en forma negativa, para ponderar lo inevitable de la muerte.*

* No te creas que vas a quedar aquí para simiente de rábanos.

III *loc adv* **4 para ~ de rábanos.** (*col, humoríst*) Para no ser útil en ningún momento. *Con vs como* DEJAR, GUARDAR *o* QUEDAR. * ¿Para qué guardas el abrigo nuevo, para simiente de rábanos?

simienza *f* (*reg*) Acción de sembrar. *Tb su efecto.*

simiescamente *adv* De manera simiesca.

simiesco -ca *adj* **1** De(l) simio. ■ **2** Semejante al simio.

simil- *r pref* Imitación [del material que se expresa]. * Similglass. * Simil-piel.

símil *m* **1** (*lit*) Expresión en la que se comparan dos perss. o cosas con el fin de dar una idea más viva de la enunciada en primer lugar. ■ **2** (*raro*) Figura que es reproducción o imitación de un original.

similar I *adj* **1** Semejante (igual en algunos aspectos o partes).

II *m pl* **2** Perss. o cosas semejantes a las que acaban de enunciarse. *Sin art.* * Venta de alfombras, tapicería, muebles de lujo y similares.

similarmente *adv* De manera similar.

similicadencia *f* (*TLit*) Figura retórica consistente en terminar dos o más cláusulas o miembros del período con palabras de sonido semejante, esp. por estar usadas en los mismos accidentes gramaticales.

similitud *f* (*lit*) Semejanza.

similor I *m* **1** Aleación de latón y cinc con la que se imita el oro.

II *loc adj* **2 de ~.** Falso o que solo tiene apariencia. **b)** Falso o de imitación.

simio -mia *adj* (*Zool*) [Primate] antropoide. *Frec como n m en pl, designando este taxón zoológico.* **b)** De (los) simios.

simón *m* Coche de caballos, de alquiler.

simonía *f* (*Rel crist*) Compraventa de cosas espirituales o de cargos eclesiásticos.

simoniaco -ca (*tb* **simoníaco**) *adj* (*Rel crist*) Que comete simonía.

simoun (*fr; pronunc corriente,* /simún/) *m* Simún.

simpar *adj* (*raro*) Sin par (→ PAR).

simpatía *f* **1** Inclinación afectiva favorable y gralm. espontánea [hacia alguien o algo]. ■ **2** Cualidad de simpático [1]. ■ **3** (*lit*) Participación en los sentimientos, esp. en el dolor, de otro. ■ **4** (*Med*) Relación de actividad fisiológica y patológica entre algunos órganos o sujetos que no tienen entre sí conexión directa. ■ **5** (*Fís*) Relación entre dos cuerpos o sistemas por la que el comportamiento de uno de ellos provoca otro similar en el otro.

simpáticamente *adv* De manera simpática [1].

simpático -ca *adj* **1** Que inspira simpatía [1]. *A veces con intención irónica.* **b)** (*col*) Gracioso o que tiene capacidad para divertir o hacer reír. ■ **2** Que actúa por simpatía [4 y 5]. ■ **3** [Tinta] que no permite ver lo escrito con ella hasta que se le aplica el reactivo conveniente. ■ **4** (*Anat*) [Sistema nervioso] vegetativo. *Tb n m, frec en el sintagma* GRAN ~. **b)** Del sistema nervioso simpático. ■ **5** (*Anat*) Ortosimpático. *Tb n m.*

simpaticolítico -ca *adj* (*Med*) Que paraliza el sistema simpático [4]. *Tb n m, referido a medicamento.*

simpaticomimético -ca *adj* (*Med*) Que tiene efectos análogos a los de la estimulación de las fibras adrenérgicas del simpático [4].

simpaticón -na *adj* (*col*) [Pers.] capaz de inspirar fácilmente una simpatía [1] superficial. *Frec con intención desp.*

simpaticote -ta *adj* (*col*) Simpaticón.

simpaticotónico -ca *adj* (*Med*) Que produce excitación del tono del sistema simpático [4]. *Tb n m, referido a medicamento.*

simpaticótropo -pa *adj* (*Med*) Simpaticotónico.

simpatina *f* (*Med*) Noradrenalina.

simpatizante *adj* Que simpatiza [1a] [con alguien o algo, esp. con una ideología o partido (*compl de posesión*)]. *Tb n, referido a pers.*

simpatizar *intr* Sentir simpatía [1] [hacia alguien o algo (*compl* CON)]. **b)** *Con compl de pers, gralm indica que esa simpatía es recíproca. Tb sin compl con suj pl.* * Simpatizamos en seguida.

simpecado *m* Insignia con el lema *Sine labe concepta,* que en las procesiones andaluzas encabeza la sección de cofradías de la Virgen.

simpétalo -la *adj* (*Bot*) Gamopétalo. *Tb como n f en pl, designando este grupo de plantas.*

simple (*superl* SIMPLÍSIMO *o, lit,* SIMPLICÍSIMO) *adj* **1** Formado por un solo elemento. **b)** (*raro*) [Materia o sustancia] natural no elaborada ni mezclada con otras. *Tb n m.* **c)** [Oración] ~ → ORACIÓN. ■ **2** Sencillo o sin complicaciones. **b)** *Precediendo al n:* Solo o mero. **c)** (*Rel catól*) [Fiesta o rito] de categoría litúrgica normal. ■ **3** Tonto o ingenuo. *Tb n, referido a pers.* ■ **4** (*Mat*) [Interés] producido por un capital, sin agregarle los réditos vencidos. ■ **5** (*Mat*) [Regla de tres] en la que solo intervienen 4 términos, uno de los cuales es la incógnita.

simplejo *m* (*desp*) Falso complejo psicológico. *Normalmente siguiendo a* COMPLEJO.

simplemente *adv* De manera simple [2].

símplex *adj* (*Telec*) [Sistema técnico, esp. de comunicación] que puede actuar en ambas direcciones, pero no simultáneamente.

simpleza *f* **1** Cualidad de simple [3]. ■ **2** Hecho o dicho simple [3]. ■ **3** Cosa insignificante o de poco valor.

simplicidad *f* Cualidad de simple [1 y 2].

simplicísimo → SIMPLE.

simplicista *adj* Que tiende a la simplicidad o ausencia de complicaciones.

simplificable *adj* Que se puede simplificar.

simplificación *f* Acción de simplificar. *Tb su efecto.*

simplificadamente *adv* De manera simplificada.

simplificador -ra *adj* Que simplifica. *Tb n, referido a pers.*

simplificar *tr* Hacer [algo] más simple [2a]. **b)** (*Mat*) Reducir [una fracción, una ecuación o una expresión] a su forma más simple. *Tb abs.*

simplificatoriamente *adv* (*lit, raro*) De manera simplificatoria.

simplificatorio -ria *adj* (*lit, raro*) Simplificador.

simplísimo → SIMPLE.

simplismo *m* Cualidad de simplista.

simplista *adj* Que simplifica las cosas considerando solo un aspecto parcial de las mismas. *Gralm con intención peyorativa. Tb n, referido a pers.*

simplistamente *adv* De manera simplista.

simplón -na *adj* (*col*) Simple [3]. *Tb n, referido a pers. Con intención ponderativa, frec desp.*

simposio *m* Reunión científica, frec. internacional, de un grupo reducido de especialistas para tratar de temas de su competencia.

simpósium (*pl normal*, ~s) *m* Simposio.

simulación *f* Acción de simular. *Tb su efecto.* **b)** (*Der*) Alteración aparente de la causa, la índole o el objeto verdaderos de un acto o contrato.

simulacro *m* **1** Cosa que es una simulación [de otra]. *A veces sin compl. Frec con intención peyorativa.* ■ **2** (*lit*) Imagen o representación [de una pers. o cosa].

simuladamente *adv* De manera simulada.

simulador -ra *adj* Que simula. *Tb n, referido a pers.* **b)** [Aparato] que permite reproducir artificialmente un fenómeno o un funcionamiento real. *Gralm n m.*

simular *tr* Fingir (hacer aparecer como cierto o real [algo que no lo es (*cd*)]).

simultáneamente *adv* De manera simultánea.

simultanear *tr* Hacer simultáneas [dos o más cosas o una con otra].

simultaneidad *f* Cualidad de simultáneo.

simultaneísmo *m* (*Arte y TLit*) Representación simultánea en un mismo plano de diversos aspectos de un objeto, que en realidad solo pueden verse sucesivamente.

simultáneo -a *adj* [Cosa] que sucede o se realiza al mismo tiempo [que otra (*compl* CON)]. *Frec sin compl, esp en pl.* **b)** [Traducción oral] que se hace mientras habla la pers. cuyas palabras se traducen. **c)** [Intérprete] que realiza traducción simultánea. **d)** [Partida de ajedrez] en que un jugador se enfrenta al mismo tiempo a varios adversarios. *Frec n f.*

simún *m* Viento abrasador que sopla en los desiertos de África y Arabia.

sin (*con pronunc átona*) *prep* **1** *Precede a un sust denotando carencia de lo designado por él.* * *Aves sin nido.* **b)** ~ + *infin* (o ~ + QUE + *subj*) = NO + *ger.* * *Habla sin gritar.* * *Hazlo sin que se enteren.* **c)** (*lit*) *Precedido de* NO, *equivale a una expresión afirmativa atenuada.* * *Me sonrió, no sin cierta tristeza.* ■ **2** No incluyendo o no teniendo en cuenta. * *Este es el sueldo base, sin complementos ni antigüedad.*

sinaco -ca *adj* (*reg*) Tonto o bobo.

sinagoga *f* Edificio consagrado al culto judío.

sinagogal *adj* De (la) sinagoga.

sinaítico -ca *adj* Del monte Sinaí (Egipto), donde, según la Biblia, Dios habló a Moisés. *Frec (lit) aludiendo al poder y la severidad divinos.*

sinalagmático -ca *adj* (*Der*) Que comporta obligación recíproca entre las partes.

sinalefa *f* (*Fon y TLit*) Fusión en una sola sílaba de la vocal o vocales finales de una palabra y la vocal o vocales iniciales de la siguiente.

sinalefar *tr* (*TLit*) Unir por sinalefa.

sinandro -dra *adj* (*Bot*) [Estambre] soldado por el filamento y la antera. *Tb referido a la planta que tiene este tipo de estambres.*

sinántropo *m* (*Zool*) Gran primate fósil descubierto en China.

sinapismo *m* Cataplasma de polvo de mostaza negra.

sinapizado -da *adj* Que contiene mostaza. *Gralm referido a baño.*

sinapsis *f* **1** (*Anat*) Región de contacto de dos neuronas. *Tb el mismo contacto.* ■ **2** (*Biol*) Fenómeno consistente en la unión de los cromosomas por parejas durante la profase.

sináptico -ca *adj* (*E*) De (la) sinapsis.

sinarquía *f* (*Pol*) Gobierno de varias perss. o grupos a la vez. *Frec fig, con intención peyorativa, referido a los grupos de presión.*

sinartrosis *f* (*Anat*) Articulación fija de dos huesos.

sinaxis *f* (*Rel crist*) Misa de los catecúmenos.

sincategoremático -ca *adj* (*Filos*) [Término] que solo cobra sentido en virtud de su inserción en un enunciado.

sinceración *f* Acción de sincerarse.

sinceramente *adv* De manera sincera. *A veces con intención ponderativa.*

sincerarse *intr pr* Hablar con sinceridad [con alguien], esp. descubriendo algo que se mantenía oculto.

sinceridad *f* Cualidad de sincero.

sincero -ra *adj* **1** [Pers.] que dice lo que piensa o siente. **b)** Propio de la pers. sincera. ■ **2** Auténtico o no fingido. *Dicho de pers., siempre acompañando a un adj o n calificador, y referido a él.* * *Tiene un sincero deseo de aprender.* * *Se trata de católicos sinceros.*

sincicio *m* (*Biol*) Sincitio.

sincio *m* (*reg*) Deseo apremiante [de algo, que gralm. constituye un vicio].

sincitio *m* (*Biol*) **1** Célula simple o masa protoplasmática con muchos núcleos. ■ **2** Tejido compuesto de células epiteliales que forma la capa externa fetal de la placenta.

sinclinal *adj* (*Geol*) [Pliegue] que tiene forma de V. *Gralm n m.*

sinclinorio *m* (*Geol*) Grupo de pliegues más o menos paralelos que en conjunto presentan disposición de sinclinal.

síncopa *f* **1** (*Ling*) Supresión de uno o más sonidos dentro de un vocablo. ■ **2** (*Mús*) Forma rítmica que consiste en desplazar el acento del tiempo fuerte del compás al débil. *Tb en poesía.*

sincopación *f* (*TLit, raro*) Síncopa [2].

sincopado -da *adj* **1** *part* → SINCOPAR. ■ **2** Fragmentario o discontinuo. *Esp referido a la expresión.* ■ **3** (*Mús*) Que se caracteriza por la síncopa [2]. *Tb en poesía.*

sincopal *adj* (*Med*) De(l) síncope.

sincopar *tr* **1** (*Ling*) Reducir [algo] por síncopa [1]. ■ **2** Reducir o abreviar.

síncope *m* (*Med*) Parada súbita y momentánea de la acción del corazón, acompañada de suspensión respiratoria y pérdida de conocimiento.

sincorbatismo *m* (*hoy raro*) Tendencia a no usar corbata.

sincorbatista *adj* (*hoy raro*) Partidario del sincorbatismo. *Tb n.*

sincréticamente *adv* De manera sincrética.

sincrético -ca *adj* Que engloba un conjunto de elementos, esp. ideas o doctrinas, diferentes.

sincretismo *m* **1** Cualidad de sincrético. ■ **2** Englobamiento de un conjunto de elementos, esp. ideas o doctrinas, diferentes. ■ **3** (*Ling*) Concentración de dos o más funciones gramaticales en un único morfema.

sincretista *adj* De(l) sincretismo.

sincretizar *tr* Reunir o englobar [elementos, esp. ideas o doctrinas, diferentes].

sincro *m* (*Electr*) Aparato que sirve para sincronizar.

sincronía *f* **1** (*lit*) Cualidad de sincrónico [1]. ■ **2** (*Ling*) Método de estudio sincrónico [2].

sincrónicamente *adv* (*lit*) De manera sincrónica.

sincrónico -ca *adj* **1** (*lit o E*) [Cosa] que sucede o actúa al mismo tiempo [que otra (*compl* CON o DE)]. *Frec sin compl, referido a un n en pl.* ■ **2** (*Ling*) Que tiene por objeto un momento dado de una evolución.

sincronismo *m* (*lit o E*) Cualidad de sincrónico [1].

sincronización *f* Acción de sincronizar. *Tb su efecto.*

sincronizadamente *adv* Con sincronización.

sincronizador -ra *adj* Que sincroniza [1]. *Frec n m, referido a dispositivo.*

sincronizar **A** *tr* **1** Hacer sincrónicas [1] [dos cosas, o una con otra]. **B** *intr* **2** Ser sincrónicas [1] [dos cosas, o una con otra].

síncrono -na *adj* (*lit o E*) Sincrónico [1].

sincrotrón *m* (*Fís*) Acelerador de partículas en el que el campo magnético se intensifica en función de la energía de estas, de modo que describen una trayectoria circular y no espiral.

sincrotrónico -ca *adj* (*Fís*) De(l) sincrotrón.

sindactilia *f* (*Anat y Med*) Hecho de tener los dedos soldados entre sí.

sindáctilo -la *adj* (*Anat y Med*) Que tiene dos o más dedos soldados entre sí. *Tb n: m y f, referido a pers; m, referido a ave.*

sindéresis *f* **1** (*lit*) Capacidad natural para juzgar rectamente. ■ **2** (*Filos*) *Entre los escolásticos:* Facultad o hábito del entendimiento para conocer los primeros y más generales principios de la vida moral.

sindesmosis *f* (*Med*) Unión ósea por ligamentos o membranas.

sindhi (*tb con la grafía* **sindi**) *m* Lengua indoirania hablada en el sur de Pakistán.

sindicable *adj* Que se puede sindicar, *esp* [1].

sindicación *f* Acción de sindicar(se), *esp* [1].

sindical *adj* **1** De(l) sindicato o de (los) sindicatos [1]. ■ **2** De(l) síndico o de (los) síndicos.

sindicalismo *m* **1** Sistema y movimiento sindical [1]. ■ **2** Actividad sindical [1].

sindicalista **I** *adj* **1** De(l) sindicalismo. **II** *m y f* **2** Pers. perteneciente a un sindicato [1], esp. la que desempeña en él un papel activo.

sindicalización *f* Acción de sindicalizar(se).

sindicalizar *tr* Sindicar [1].

sindicalmente *adv* De manera sindical [1].

sindicar *tr* **1** Agrupar en sindicato. *Frec el cd es refl.* **b)** Afiliar a un sindicato. *Frec el cd es refl.* ■ **2** (*Econ*) Sujetar [una cantidad de dinero, o cierta clase de valores o mercancías] a compromisos especiales para negociarlos o venderlos.

sindicato **I** *m* **1** Asociación de trabajadores que tiene por objeto la defensa de los intereses económicos y profesionales. *Gralm con un compl especificador. Sin compl, designa esp el sindicato obrero.* **b) ~ vertical** → VERTICAL. ■ **2** (*Econ*) Asociación constituida por bancos u otros organismos financieros, para asegurar la colocación de títulos en el momento de su emisión o para llevar a cabo cualquier acción concertada en el mercado. **II** *loc adv* **3 por el ~ de las prisas** (*o* **de la vía rápida**). (*col*) Estando la novia embarazada. *Con el v* CASAR.

sindicatura *f* Oficio o cargo de síndico [1 y 2].

síndico -ca **A** *m y f* **1** (*Der*) *En una quiebra o concurso de acreedores:* Pers. encargada de liquidar el activo y el pasivo del deudor. ■ **2** Pers. que preside la junta directiva del colegio de agentes de bolsa. ■ **3** (*hist, hoy reg*) Pers. elegida por una comunidad o corporación, esp. un municipio, para cuidar de sus intereses. **B** *m* **4** (*hist*) Encargado de las limosnas de los religiosos mendicantes. **C** *f* **5** Mujer que en las fiestas de Santa Águeda, de Zamarramala (Segovia), ostenta un cargo representativo y auxilia a la alcaldesa.

síndone (*gralm con mayúscula*) *f* (*Rel crist*) Lienzo en que fue envuelto Jesucristo muerto y que lleva impresa la imagen de su cuerpo.

sindonología *f* Estudio histórico y científico de la Síndone.

sindonológico -ca *adj* De la sindonología.

síndrome *m* (*Med*) Conjunto de síntomas bien definidos y característicos. *Gralm con un compl especificador, frec formando la denominación de distintas enfermedades o alteraciones de carácter físico o psicológico. Tb fig, fuera del ámbito médico.* **b) ~ de abstinencia.** Conjunto de trastornos que presenta un paciente acostumbrado a una droga cuando se le priva súbitamente de ella. *Gralm referido a drogadicto.* **c) ~ de Down.** Mongolismo. **d) ~ de Estocolmo.** Reacción favorable hacia los secuestradores que a veces se produce en las víctimas de un secuestro. **e) ~ de inmunodeficiencia adquirida.** Sida. **f) ~ tóxico.** Enfermedad causada por intoxicación de un agente desconocido, gralm. identificado con el aceite de colza.

sindrómico -ca *adj* (*Med*) De(l) síndrome.

sinécdoque *f* (*TLit*) Figura consistente en denominar el todo por la parte o la parte por el todo.

sinecura *f* (*lit*) Cargo o empleo provechoso y de poco o ningún trabajo.

sine die (*lat; pronunc,* /sine-díe/) *loc adv* Sin fijar día o plazo. *Tb adj.*

sine qua non (*lat; pronunc,* /sine-kua-nón/) *loc adj* [Condición] imprescindible.

sinéresis *f* (*Fon y TLit*) Reducción a una sola sílaba, dentro de una palabra, de vocales que normalmente se pronuncian separadas.

sinergia *f* (*Biol*) Acción conjunta de varios elementos o factores cuyo efecto es superior a la suma de los efectos individuales. *Frec* (*lit*) *fig, fuera del ámbito biológico.*

sinérgico -ca *adj* (*Biol*) De (la) sinergia. *Tb* (*lit*) *fig.*

sinérgida *adj* (*Bot*) [Célula] de las dos laterales que acompañan a la oosfera en el saco embrionario. *Frec n f.*

sinergismo *m* (*Biol*) Sinergia.

sinergista *m* (*Biol*) Agente o elemento que potencia la acción de otro.

sinestesia *f* **1** (*Fisiol o Psicol*) Sensación que se produce en una parte del cuerpo o en un sentido distintos a aquellos que han recibido el estímulo. ■ **2** (*TLit*) Metáfora en que una sensación correspondiente a un sentido se expresa por medio de otra correspondiente a otro.

sinfalangia *f* (*Med*) Malformación consistente en tener las falanges soldadas.

sínfilo *adj* (*Zool*) [Miriápodo] de pequeñas dimensiones, con el cuerpo dividido en segmentos, doce de los cuales llevan patas, que vive en suelos húmedos, debajo de las piedras. *Frec como n m en pl, designando este taxón zoológico.*

sinfín *m* **1** Infinidad. *Gralm en la constr* UN ~ DE + *n.* ■ **2** Dispositivo dotado de una correa sin fin (→ FIN).

sínfisis *f* (*Anat*) Articulación poco móvil, unida mediante un cartílago fibroso.

sinfonía *f* **1** (*Mús*) Composición para orquesta, bastante amplia y que consta de varios movimientos, gralm. uno más o menos rápido seguido de otro lento, de un minueto o un scherzo y de un final. ■ **2** (*Mús*) Pieza instrumental de estructura y función similar a la obertura o al preludio. ■ **3** ~ **concertante.** (*Mús*) Concierto para orquesta y varios solistas. ■ **4** (*lit*) Conjunto de sonidos musicales. *Tb fig.* **b)** Conjunto de cosas que concurren para producir un efecto armonioso.

sinfónicamente *adv* En el aspecto sinfónico [2b].

sinfónico -ca *adj* **1** De (la) sinfonía o de (las) sinfonías [1]. ■ **2** [Música] seria para gran orquesta. **b)** De (la) música sinfónica. ■ **3** [Orquesta] de gran variedad instrumental y numerosos ejecutantes, dedicada a la música sinfónica [2a]. *Tb n f.*

sinfonier *m* (*semiculto*) Chiffonnier.

sinfonismo *m* Composición de sinfonías [1].

sinfonista *m y f* Compositor de sinfonías [1].

sinfonola (*n comercial registrado*) *m* Juke-box.

singalés -sa *adj* Cingalés. *Tb n.*

singamia *f* (*Biol*) Unión de dos gametos de sexo contrario.

singaporense *adj* De Singapur. *Tb n, referido a pers.*

singenésico -ca *adj* (*Bot*) [Estambre] soldado por la antera. *Tb referido a la planta que tiene este tipo de estambres.*

singladura *f* (*Mar*) **1** Viaje [de una embarcación]. *Frec* (*lit*) *fig.* ■ **2** Navegación de una embarcación en un día.

singlar *intr* (*Mar*) Navegar.

single (*ing; pronunc corriente,* /síngel/; *pl normal,* ~s) **I** *adj* **1** Sencillo (que consta de un solo elemento o de una sola serie de ellos). **b)** Destinado a ser usado por una sola pers. *Tb n m, referido a compartimiento de tren.* **II** *m* **2** Disco sencillo. ■ **3** (*Tenis*) Partido entre dos jugadores.

singspiel (*al; pronunc corriente,* /sínspil/) *m* Variedad de ópera cómica alemana, surgida en el s. XVIII, que alterna partes cantadas y habladas.

singuel *m* (*raro*) Single (disco sencillo).

singular *adj* **1** Individual o de un solo individuo. **b)** (*Gram*) [Número] que expresa unidad. *Frec n m.* **c)** (*Gram*) [Forma] que corresponde al número singular. *Frec n m.* **d)** (*lit*) [Combate] que se realiza entre dos individuos. ■ **2** Excepcional o fuera de lo común. ■ **3** [Edificio] que no forma bloque con otros.

singularia tantum (*lat; pronunc,* /singulária-tántum/; *pl invar*) *loc n m* (*Gram*) Nombre que se usa solamente en singular. *Normalmente en pl.*

singularidad *f* **1** Cualidad de singular, *esp* [2]. ■ **2** Cosa singular [2].

singularización *f* Acción de singularizar(se).

singularizador -ra *adj* Que singulariza.

singularizante *adj* Que singulariza.

singularizar *tr* Distinguir o destacar [a una pers. o cosa] entre otras de su especie. **b)** *pr* (~**se**) Distinguirse o destacarse [una pers. o cosa] entre otras de su especie.

singularmente *adv* De manera especial o particular.

singultoso -sa *adj* (*lit, raro*) Convulsionado por sollozos.

sinhueso (*tb con la grafía* **sin hueso**). **la ~.** *f* (*col*) La lengua, como órgano de la palabra. *Gralm en la constr* DARLE A LA ~.

sínico -ca *adj* (*lit*) [Cosa] china.

siniestrabilidad *f* (*semiculto*) Siniestralidad.

siniestrado -da *adj* **1** Que ha sufrido un siniestro [4]. *Tb n, referido a pers.* ■ **2** (*Heráld*) [Pieza o figura] que tiene a su izquierda [otra (*compl* DE)].

siniestralidad *f* (*Estad*) Número de siniestros [4].

siniestramente *adv* De manera siniestra [2b y 3].

siniestro -tra **I** *adj* **1** (*lit*) Izquierdo. *Tb n f, referido a mano.* ■ **2** [Pers.] que inspira temor por su apariencia maligna. *Frec con intención ponderativa.* **b)** Propio de la pers. siniestra. ■ **3** [Cosa] que hace temer un daño o una desgracia. *Frec con intención ponderativa.* **II** *m* **4** Suceso, esp. incendio, hundimiento o naufragio, que ocasiona daños importantes o muertes. **b)** (*Seguros*) Daño sufrido por alguien o algo asegurado.

sinistralidad *f* (*Psicol*) Tendencia a utilizar preferentemente la mano izquierda.

sinistrógiro -ra *adj* (*E*) Que se desvía hacia la izquierda.

sinnúmero *m* (*lit*) Infinidad. *Gralm en la constr* UN ~ DE + *n*.

sino[1] (*con pronunc átona*) *conj* **1** *Une dos elementos* (*ors, palabras o sintagmas*) *denotando que la noción afirmativa expresada por el segundo se opone a la negativa expresada por el primero, con la cual es incompatible. Cuando los elementos unidos son ors, gralm toma la forma* ~ QUE. * No es blanco, sino negro. * No es mudo, sino que habla. ■ **2** ~ **que.** (*lit*) Pero. * Las preguntas eran tan elementales como las del catecismo. Sino que estas se imprimían de un modo funcional e infantil. ■ **3 no** (*u otra palabra negativa*) + *v* + ~... Solamente + *v*. *Con carácter enfático.* (No es sino madera = Solo es madera.) **b)** *Tb en interrog retórica:* ¿**quién, alguien,** *etc,* ... **sino...?** (¿Quién sino ella podía decirlo? = Solo ella podía decirlo.) ■ **4 no solo...** ~... → NO[1].

sino[2] *m* Destino (fuerza que determina el curso de los acontecimientos, y conjunto de tales acontecimientos).

sinoble *m* (*Heráld*) Sinople. *Tb adj. Tb* (*lit*) *fuera del ámbito técn.*

sinodal *adj* De(l) sínodo. *Tb n: m, referido a pers; f, referido a constitución.*

sinódico -ca *adj* (*Astron*) De (la) conjunción de dos planetas en el mismo grado de la eclíptica o en el mismo círculo de posición.

sínodo *m* (*Rel crist*) Asamblea de eclesiásticos, esp. de obispos.

sinología *f* Estudio de la lengua y cultura chinas.

sinólogo -ga *m y f* Especialista en sinología.

sinonimia *f* **1** (*Ling*) Condición de sinónimo. ■ **2** (*Ling*) Uso de voces sinónimas o de significación semejante. ■ **3** (*E*) Lista o conjunto de sinónimos.

sinonímico -ca *adj* (*Ling*) De (la) sinonimia.

sinonimizar *tr* (*raro*) Hacer sinónimas [dos palabras, o una con otra].

sinónimo -ma *adj* (*Ling*) [Palabra o expresión] que tiene la misma significación [que otra (*compl de posesión*)]. *Frec sin compl, referido a un n en pl. Frec n m. Tb fig.*

sinople *m* (*Heráld*) Color verde. *Tb adj.*

sinopsis *f* Resumen o esquema.

sinópticamente *adv* De manera sinóptica [1].

sinóptico -ca *adj* **1** Que permite ver en conjunto el esquema general [de algo]. *Esp referido a cuadro.* ■ **2** (*Rel crist*) [Evangelio o evangelista] de los tres (Mateo, Marcos y Lucas) que, debido a su paralelismo, permiten una comparación entre los relatos de un mismo hecho. *Tb n m, esp en pl.*

sinostosis *f* (*Med*) Soldadura o fusión de los huesos, esp. del cráneo.

sinovia *f* (*Fisiol*) Líquido transparente y viscoso de las articulaciones y vainas tendinosas.

sinovial *adj* (*Anat*) De (la) sinovia.

sinovitis *f* (*Med*) Inflamación de las membranas sinoviales, esp. de las articulaciones.

sinrazón *f* **1** Cosa, esp. acción, no sujeta a razón. ■ **2** Falta de razón o de lógica.

sinsabor *m* Disgusto o pesar.

sinsentido *m* **1** Cosa absurda o carente de sentido. ■ **2** Absurdo, o falta de sentido.

sinsombrerismo *m* (*col, hoy raro*) Tendencia a no usar sombrero.

sinsombrerista *adj* (*col, hoy raro*) Partidario del sinsombrerismo. *Tb n.*

sinsonte *m* Pájaro americano semejante al zorzal, conocido por su canto, que imita la voz de otros vertebrados (*Mimus polyglottus, Dumetella carolinensis* y otros). *A veces con un adj especificador:* YANQUI, GATUNO, *etc.*

sinsorgada *f* (*reg*) Dicho propio de un sinsorgo.

sinsorgo -ga *adj* (*reg*) [Pers.] insustancial. *A veces usado como insulto. Tb n.*

sinsustancia (*tb, raro,* **sinsubstancia**) *adj* (*col*) Insustancial. *Frec n, referido a pers.*

sintácticamente *adv* (*Gram*) En el aspecto sintáctico.

sintáctico -ca *adj* (*Gram*) De (la) sintaxis.

sintagma *m* (*Ling*) Grupo de elementos que sintácticamente funciona como una unidad.

sintagmáticamente *adv* (*Ling*) En el aspecto sintagmático.

sintagmático -ca (*Ling*) **I** *adj* **1** Que se produce o funciona entre dos o más unidades de la oración. **II** *f* **2** Estudio de los sintagmas.

sintasol (*n comercial registrado*) *m* Revestimiento plástico y ligero usado esp. para suelos.

sintaxis *f* **1** (*Gram*) Estudio de las relaciones existentes entre los elementos de la frase, así como de las funciones de estos elementos. ■ **2** (*Gram*) Conjunto de las normas que rigen la construcción de las frases. **b)** Aplicación o uso adecuados de las normas de construcción de las frases. ■ **3** (*Informát*) Conjunto de normas que regulan la estructura de las expresiones de un lenguaje. ■ **4** (*Arte*) Técnica de la construcción o de la combinación.

sinterización *f* (*Metal*) Acción de sinterizar.

sinterizado *m* (*Metal*) Producto obtenido por sinterización.

sinterizar *tr* (*Metal*) Reducir a piezas de gran dureza y resistencia [conglomerados de polvo, gralm. metálicos] sometiéndolos a presión y a temperatura inferior a la de fusión. *Tb abs.*

síntesis *f* **1** Composición de un todo por reunión de sus partes. **b)** (*Quím*) Proceso que permite obtener [un compuesto (*compl de posesión*)] a partir de sus componentes. *Tb sin compl.* ■ **2** Proceso mental que reduce a unidad lógica un conjunto de datos. ■ **3** Resumen. *Frec en la constr* EN ~. ■ **4** (*Filos*) Proposición o término que realiza la unidad dialéctica de la tesis y la antítesis. *Esp en la filosofía de Hegel* († *1831*).

sintéticamente *adv* De manera sintética.

sintético -ca *adj* **1** De (la) síntesis. ■ **2** [Producto] obtenido por síntesis [1b]. **b)** De fibra sintética.

sintetismo *m* Condición de sintético [1].

sintetización *f* Acción de sintetizar.

sintetizador -ra **I** *adj* **1** Que sintetiza. **II** *m* **2** Aparato electroacústico que transforma elementos sonoros diversos haciendo su síntesis a partir de sus constituyentes. **b)** Instrumento electrónico que funciona con teclado y pedales y en el que los sonidos son producidos por una serie de generadores de ondas.

sintetizar *tr* Hacer la síntesis [de algo (*cd*)].

sintoísmo *m* (*Rel*) Religión japonesa de carácter politeísta y animista.

sintoísta *adj* (*Rel*) De(l) sintoísmo. **b)** Adepto al sintoísmo. *Tb n.*

síntoma *m* **1** Fenómeno revelador [de una enfermedad]. *Frec sin compl.* ■ **2** Indicio revelador [de algo].

sintomáticamente *adv* De manera sintomática.

sintomático -ca *adj* **1** De(l) síntoma. ■ **2** Que constituye un síntoma.

sintomatología *f* (*Med*) Conjunto de síntomas [1].

sintomatológicamente *adv* (*Med*) De manera sintomatológica.

sintomatológico -ca *adj* (*Med*) De (la) sintomatología.

sintonía *f* **1** (*RTV*) Ajuste o adecuación de la frecuencia de un aparato receptor con la de una emisora. *Tb la propia frecuencia.* **b)** (*Fís*) Igualdad de frecuencia de oscilaciones. ■ **2** Armonía o acuerdo. ■ **3** Música u otra señal sonora característica y distintiva [de un programa de radio o de televisión] y que suena a su comienzo.

sintonización *f* Acción de sintonizar. *Tb su efecto.*

sintonizador *m* Aparato o sistema que permite ajustar la frecuencia de un aparato receptor con la de una emisora.

sintonizar **A** *tr* **1** Poner en sintonía [un aparato receptor (*cd*) con una emisora]. *Tb abs.* **b)** Poner en sintonía [un aparato receptor [con una emisora (*cd*)]. **B** *intr* **2** Estar en sintonía [1 y esp. 2].

sinú *adj* (*hist*) De un pueblo precolombino colombiano, habitante de la cuenca del río Sinú. *Tb n, referido a pers.*

sinuosidad *f* **1** Cualidad de sinuoso. ■ **2** Curva [de una cosa sinuosa].

sinuoso -sa *adj* **1** Que presenta una serie de curvas irregulares y en sentidos diferentes. ■ **2** Que no manifiesta francamente su objetivo.

sinusal *adj* (*Med*) De(l) seno. *Esp referido a un nódulo del corazón.*

sinusitis *f* (*Med*) Inflamación de la mucosa de un seno, esp. de la cara.

sinusoidal *adj* **1** (*Mat*) De (la) sinusoide. ■ **2** (*Fís*) Que tiene forma de sinusoide.

sinusoidalmente *adv* (*Mat o Fís*) De manera sinusoidal.

sinusoide *adj* (*Mat*) [Curva] que representa gráficamente la función seno. *Gralm n f.*

sinvergonzada *f* Hecho o dicho propio de un sinvergüenza.

sinvergonzón -na *adj* (*col*) Sinvergüenza. *Tb n. Frec con intención afectuosa.*

sinvergonzonada *f* (*col*) Sinvergonzada.

sinvergonzonería *f* (*col*) **1** Cualidad de sinvergüenza. ■ **2** Hecho o dicho propio de un sinvergüenza.

sinvergüenza *adj* [Pers.] que actúa sin escrúpulos morales. *Frec con intención afectuosa. Tb n.* **b)** [Pers.] que en sus modales o comportamiento muestra falta de vergüenza, comedimiento o pudor. *Frec con intención afectuosa. Tb n.*

sinvergüenzada *f* (*col*) Sinvergonzada.

sinvivir (*tb con la grafía* **sin vivir**) *m* (*reg*) Inquietud o desazón constantes.

sionismo *m* (*Pol*) Movimiento que preconiza el establecimiento de un estado judío en Palestina.

sionista *adj* (*Pol*) De(l) sionismo. **b)** Adepto al sionismo. *Tb n.*

sioux (*ing; pronunc corriente, /síuks/ o /síus/; pl invar*) *adj* [Individuo] de un pueblo indio de las llanuras del centro de América del Norte. *Tb n.* **b)** De los sioux.

sipi *adv* (*col, hoy raro*) Sí.

sipia *f* (*reg*) **1** Sepia o jibia. ■ **2** Piedra caliza de color amarillento, porosa y que se puede rayar con la uña. *Tb adj.*

sique → PSIQUE.

siquedelia, siquedélico → PSIQUEDELIA, PSIQUEDÉLICO.

siquiatra, siquiatría, siquiátricamente, siquiátrico, siquiatrizar → PSIQUIATRA, *etc.*

síquicamente, síquico → PSÍQUICAMENTE, PSÍQUICO.

siquiera **I** *adv* **1** *Introduce una restricción a la afirmación que se acaba de hacer.* * Brasil es una nación sin límites, o siquiera estos no son aparentes. ■ **2** *Se usa para dar énfasis a una negación referida a un hecho que se supone lo mínimo que cabría esperar. A veces* TAN ~. * No le miró siquiera. * Muchos sitios ni tan siquiera los recuerdo. **II** *conj* **3** (*lit*) Aunque. * Hazlo, siquiera sea por él.

siquismo → PSIQUISMO.

sir (*ing; pronunc corriente, /ser/, átono*) *m Se usa como tratamiento honorífico que se antepone al n de pila, o al n y apellido, del baronet o del que ha recibido del rey de Inglaterra el título de "knight" o caballero.* * Sir Ronald se refugió en Italia.

siracusano -na *adj* De Siracusa (Sicilia). *Tb n, referido a pers.*

sire *m* (*hist*) Señor. *Se usa como tratamiento dirigido a reyes o emperadores de determinados países.* * Sire, los embajadores aguardan.

sirena *f* **1** (*Mitol clás*) Ninfa marina con la parte superior del cuerpo de mujer y la inferior de pez o ave, que atrae a los marineros con la dulzura de su canto. *Tb fig, designando a una mujer muy seductora.* **b) canto de ~** → CANTO. ■ **2** Aparato sonoro que se oye a gran distancia, empleado esp. en buques, en fábricas y en automóviles de servicios especiales.

sirenazo *m* Toque de sirena [2].

sirénido *adj* (*Zool*) Sirenio. *Tb n.*

sirenio *adj* (*Zool*) [Mamífero] acuático, con cuerpo en forma de pez, sin aletas abdominales y con aleta caudal horizontal. *Frec como n m en pl, designando este taxón zoológico.*

sirga *f* **1** Acción de sirgar. ■ **2** Camino de sirga [1].

sirgar *tr* Arrastrar o remolcar [una embarcación] con una cuerda desde la orilla. *Tb fig.*

siriaco -ca (*tb* **siríaco**) **I** *adj* **1** (*hist*) De Siria. *Tb n, referido a pers.* ■ **2** De(l) siriaco [3]. **II** *m* **3** Variedad del arameo hablada en Siria hasta el s. XIII aproximadamente y usada en la actualidad como lengua litúrgica de algunas iglesias orientales.

sirimiri *m* (*reg*) Llovizna, esp. muy menuda. *Gralm referido a las provincias vascas.*

siringa[1] *f* Flauta de Pan.

siringa[2] *f* Árbol americano que produce un caucho fino (*Hevea discolor, H. brasiliensis, Siphonia elastica* y otros). *Tb el mismo caucho.*

siringe *f* (*Zool*) Órgano vocal de las aves.

siringomielia *f* (*Med*) Afección de la médula espinal, caracterizada por la pérdida del sentido del dolor y de la temperatura.

sirio -ria I *adj* **1** De Siria. *Tb n, referido a pers.* **II** *m* **2** Siriaco [3].

sirla *f* (*jerg*) Atraco, esp. con navaja.

sirlar *tr* (*jerg*) Atracar, esp. con navaja.

sirle *m* Excremento de ganado lanar o cabrío.

sirlero -ra *m y f* (*jerg*) Atracador, esp. con navaja.

siro- *r pref* Sirio. * Siro-maronita.

siroco *m* **1** Viento cálido, seco y polvoriento que sopla del norte de África sobre el sur de Europa. ■ **2** (*jerg*) Estado de estupefacción de quien ha consumido drogas.

sirope *m* Jarabe (líquido espeso que consiste en azúcar cocido en agua con esencias refrescantes). *Frec con un compl especificador.*

sirtaki *m* Baile tradicional griego, normalmente de hombres solos, en que los danzantes se colocan en línea. *Tb su música.*

sirte *f* (*Mar*) Banco de arena, o escollo sumergido. *Tb fig.*

siruposo -sa *adj* (*E*) **1** De(l) jarabe. ■ **2** Que tiene la consistencia del jarabe.

sirviente -ta (*la forma f* SIRVIENTA *solo en acep 2, aunque a veces se usa la forma* SIRVIENTE *como f*) **I** *adj* **1** (*Der*) [Predio] gravado con una servidumbre. **II** *m y f* **2** Criado.

sirviola *f* (*reg*) Pez marino de bastante tamaño, de color gris azulado y carne apreciada (*Seriola dumerilii*).

sisa *f* **1** (*col*) Acción de quedarse ilícitamente con cierta cantidad al manejar dinero de otro. *Tb la misma cantidad.* ■ **2** *En una prenda de vestir:* Escotadura, esp. la correspondiente a la manga. ■ **3** (*hist*) Impuesto sobre comestibles consistente en una reducción en los pesos y medidas.

sisal *m* Fibra textil del agave, que se emplea esp. en la fabricación de cuerdas y tejidos bastos. *Tb la planta que la produce.*

sisar *tr* **1** (*col*) Hurtar [algo a alguien] mediante sisa [1]. ■ **2** Hacer sisa [2] [en una prenda (*cd*)]. *Frec abs.*

siseante *adj* Que sisea.

sisear **A** *intr* **1** Emitir prolongadamente el sonido *s* o *ch*, esp. para mandar callar, llamar la atención o mostrar desagrado. **b)** Producir [algo] un sonido semejante al de la pers. que sisea. **B** *tr* **2** Sisear [1a] [a alguien o algo (*cd*)]. ■ **3** Decir [algo] produciendo un sonido reiterado de *s* o *ch*.

siseo *m* Acción de sisear. *Frec su efecto.*

sísmicamente *adv* **1** De manera sísmica. *Tb fig.* ■ **2** En el aspecto sísmico.

sismicidad *f* Grado de frecuencia e intensidad de los fenómenos sísmicos. *Gralm con un compl especificador de lugar.*

sísmico -ca *adj* De(l) sismo o de (los) sismos.

sismo *m* Terremoto (sacudida de la corteza terrestre).

sismografía *f* Técnica de registro de fenómenos sísmicos basada en el uso del sismógrafo.

sismográfico -ca *adj* De (la) sismografía.

sismógrafo *m* Instrumento que registra gráficamente los movimientos sísmicos.

sismograma *m* Gráfico de un sismo, obtenido mediante un sismógrafo.

sismología *f* Estudio de los terremotos.

sismológico -ca *adj* De (la) sismología.

sismólogo -ga *m y f* Especialista en sismología.

sismómetro *m* Instrumento que sirve para medir la fuerza de las oscilaciones en un terremoto.

sismonastia *f* (*Bot*) Movimiento debido a un golpe o sacudida o a otro estímulo mecánico.

sismorresistente *adj* Relativo a la resistencia a los sismos o terremotos.

sisón *m* Ave zancuda de unos 40 cm, con plumaje pardo arenoso en la parte superior y blanco en las inferiores (*Otis tetrax*).

sistema I *m* **1** Conjunto ordenado de normas o procedimientos. *Gralm con un adj o compl especificador.* **b)** Sistema político establecido. **c)** Método o procedimiento. ■ **2** Conjunto organizado de ideas. *Gralm con un adj o compl especificador.* ■ **3** Conjunto organizado de elementos que contribuyen al mismo objeto. *Gralm con un adj o compl especificador.* **b)** Conjunto de mecanismos que contribuyen a una misma acción. **c)** ~ **operativo.** (*Informát*) Programa, o conjunto de ellos, que controla la gestión de los procesos de un ordenador y la ejecución de los demás programas. ■ **4** Conjunto organizado de elementos afines por su naturaleza o estructura. **b)** (*Geol*) Conjunto de montañas que forman una o varias cordilleras afines por sus orígenes y su ubicación. **c)** (*Meteor*) Conjunto formado por las distintas clases de nubes de una perturbación. **II** *loc adv* **5 por ~.** De manera sistemática [2].

sistemáticamente *adv* De manera sistemática.

sistemático -ca I *adj* **1** Que se ajusta a un sistema [1a y 2]. **b)** [Catálogo] que ordena los asientos de materias según las notaciones que establece la biblioteca. ■ **2** Reiterado o constante, como si estuviera sujeto a norma. *Gralm con intención peyorativa.* **II** *f* **3** (*Biol*) Ciencia de la clasificación de las especies. *Tb la clasificación misma.* ■ **4** Sistemas, o conjunto de sistemas [1a].

sistematismo *m* Cualidad de sistemático [1].

sistematización *f* Acción de sistematizar. *Tb su efecto.*

sistematizador -ra *adj* **1** Que sistematiza. *Tb n, referido a pers.* ▪ **2** De (la) sistematización.

sistematizante *adj* Que sistematiza.

sistematizar *tr* Reducir [algo] a sistema.

sistémico -ca *adj* **1** De un sistema en su conjunto. ▪ **2** (*Med*) De la circulación general de la sangre.

sistemista *m y f* (*Informát*) Experto en sistemas o en análisis de sistemas.

sístole *f* (*tb, semiculto, m*) (*Fisiol*) Movimiento de contracción del corazón.

sistólico -ca *adj* (*Fisiol*) De (la) sístole.

sistro *m* Instrumento de percusión usado en el antiguo Egipto y modernamente en ceremonias religiosas en Etiopía, formado por un aro o herradura con numerosas varillas móviles y sonoras, y provisto de mango.

sitar *m* Instrumento musical de cuerdas pulsadas propio de la India, semejante a una guitarra con mástil muy largo.

sitatunga *m* Antílope propio de zonas pantanosas de África central (*Tragelaphus spekei*).

sitgetano -na (*pronunc corriente, /siĉetáno/*) *adj* De Sitges (Barcelona). *Tb n, referido a pers.*

sitiador -ra *adj* Que sitia. *Frec n, referido a pers.*

sitial *m* Asiento de ceremonia reservado en actos solemnes para las perss. de alta dignidad. **b)** Puesto destacado o de honor.

sitiar (*conjug 1a*) *tr* **1** Rodear [un lugar] impidiendo a las perss. que están en él la huida o la recepción de ayuda exterior. ▪ **2** Impedir [a alguien (*cd*)] que salga del lugar en que está o que reciba ayuda exterior.

sit-in (*ing; pronunc corriente, /sítin/; pl normal, invar*) *m* (*hoy raro*) Sentada (acción de protesta).

sitio[1] **I** *m* **1** Lugar (parte del espacio que está o puede estar ocupada por alguien o algo). *Frec en constrs como* HACER *o* DEJAR ~, TENER ~ *o* HABER ~. **b)** Lugar (puesto que corresponde a una pers. por su categoría o por sus circunstancias). **c)** (*Taur*) Lugar adecuado para ejecutar las suertes con lucimiento. *Frec en constrs como* ESTAR EN EL ~, ESTAR SIN ~, DAR ~, PERDER EL ~. ▪ **2 real ~,** *o* **~ real.** Palacio, situado fuera de la corte, destinado a residencia temporal o de recreo de los reyes. ▪ **3** (*Der, reg*) Bien inmueble.
II *loc v* **4 dejar** [a alguien] **en el ~.** Matar[le] en el acto. ▪ **5 poner las cosas en su ~.** Hacer volver a su dimensión real algo que había sido desorbitado. **b) poner** [a alguien] **en su ~.** Hacer ver la categoría real [de esa pers.], que ha sido sobrevalorada por los demás o, más frec., por ella misma. **c) ponerse** [alguien] **en su ~.** Hacer valer su autoridad o su carácter para poner freno a una actitud de abuso o desconsideración. ▪ **6 quedarse en el ~.** Morir en el acto.

sitio[2] *m* Acción de sitiar. *Tb su efecto. Frec en las constrs* PONER ~ *y* LEVANTAR EL ~.

sito -ta *adj* (*admin*) Situado [en un lugar].

sitting room (*ing; pronunc corriente, /sítin-rúm/; pl normal, ~s*) *m* (*raro*) Cuarto de estar.

situable *adj* Que puede ser situado.

situación *f* **1** Lugar que ocupa una pers. o cosa con relación a otras. *Frec con un compl de posesión.* *Tb fig.* **b)** Posición social o económica. *Sin compl calificador, indica que esta es buena o destacada.* **2** Circunstancia o conjunto de circunstancias en que se encuentra alguien o algo. *Frec con compl de posesión.* ▪ **3** (*Pol*) Grupo que está en el poder. *Normalmente precedido de* LA.

situacional *adj* De (la) situación.

situacionismo *m* Adaptación a la situación o a las circunstancias.

situacionista *adj* Que depende de la situación o las circunstancias, o se adapta a ellas.

situado *m* (*raro*) **1** Parada (lugar destinado al estacionamiento de vehículos de alquiler). ▪ **2** Puesto (de venta).

situar (*conjug 1d*) **A** *tr* **1** Poner [a alguien o algo en un sitio[1] [1] o situación [1 y 2] determinados]. **b)** Poner [a alguien o algo en un determinado tiempo]. ▪ **2** Determinar la situación [1 y 2] [de alguien o algo (*cd*)], esp. como consecuencia de una reflexión o investigación.
B *intr pr* (**~se**) **3** Estar [alguien o algo en determinada situación local o temporal].

situs *m* (*Med*) Sitio[1] o lugar. *Tb* (*lit*) *fig, fuera del ámbito técn.*

siurell (*cat; pronunc corriente, /siurél/ o /siuréĺ/; tb con las grafías* **xiurell** *o* **ciurell***; pl normal, ~s*) *m* Silbato de barro cocido, típico de Mallorca y gralm. en forma de animal.

siux *adj* Sioux. *Tb n.*

sizerín. pardillo ~ → PARDILLO.

skai (*n comercial registrado; pronunc corriente, /eskái/*) *m* Cuero sintético.

skateboard (*ing; pronunc corriente, /eskéitbord/; tb con la grafía* **skate-board**) *m* Monopatín.

skeet (*ing; pronunc corriente, /eskít/*) *m* (*Dep*) Variedad de tiro al plato en que este es lanzado con distintos ángulos y velocidades y el tirador dispara desde ocho puestos diferentes situados en semicírculo.

sketch (*ing; pronunc corriente, /eskéĉ/; pl normal, ~s o ~ES*) *m* Escena corta, gralm. cómica y rápida, interpretada por muy pocos actores.

ski (*nor-ing; pronunc corriente, /eskí/*) *m* (*hoy raro*) Esquí.

skiff (*ing; pronunc corriente, /eskíf/; pl normal, ~s*) *m* (*Dep*) Embarcación de regatas, muy larga y afilada, de un solo remero.

skijama (*n comercial registrado; pronunc corriente, /eskiχáma/*) *m* Pijama de punto, ceñido y cerrado.

skimmer (*ing; pronunc corriente, /eskímer/; pl normal, ~s*) *m* Dispositivo para quitar la suciedad de la superficie del agua de una piscina.

skin (*pronunc corriente, /eskín/; pl normal, ~s*) **I** *m y f* **1** Skinhead.
II *adj* **2** De (los) skinheads.

skinhead (*ing; pronunc corriente, /eskínhed/; pl normal, ~s*) *m y f* Individuo perteneciente a un grupo juvenil violento, de ideología nazi, caracterizado por llevar la cabeza rapada y vestimenta de estilo militar.

skip (*ing; pronunc corriente, /eskíp/; pl normal, ~s*) *m* (*Min*) Montacargas.

skua (*ing; pronunc corriente*, /eskúa/) *m* Ave acuática parecida a la gaviota, de plumaje oscuro y cola larga (*Stercorarius parasiticus*).

slalom (*nor-ing; pronunc corriente*, /eslálom/; *pl normal*, ~s) *m* (*Dep*) **1** Competición de esquí consistente en un descenso sinuoso con paso obligado entre varios pares de estacas. ■ **2** Prueba similar al slalom [1] disputada con coches u otros vehículos.

slang (*ing; pronunc corriente*, /esláng/; *pl normal*, ~s) *m* Argot inglés.

sleeping (*ing; pronunc corriente*, /eslípin/; *pl normal*, ~s) *m* (*hoy raro*) Coche-cama.

slip (*ing; pronunc corriente*, /eslíp/; *pl normal*, ~s) *m* **1** Prenda interior masculina, de punto, que cubre la parte inferior del tronco ajustándose por debajo de la cintura y en las ingles. ■ **2 ~ de baño.** Calzón de baño de forma semejante a la del slip [1]. *A veces se omite el compl, por consabido.* ■ **3** (*raro*) Prenda interior femenina a modo de braga pequeña.

slogan (*ing; pronunc corriente*, /eslógan/; *pl normal*, ~s) *m* Eslogan.

slot (*ing; pronunc corriente*, /eslót/; *pl normal*, ~s) *m* (*Informát*) Ranura o conector para enchufar periféricos, accesorios o extensiones de memoria.

slow (*ing; pronunc corriente*, /eslóu/; *pl* ~s) *m* (*hoy raro*) Fox lento.

slum (*ing; pronunc corriente*, /eslám/; *pl normal*, ~s) *m* Barrio marginal con ínfimas condiciones de vida.

smash (*ing; pronunc corriente*, /esmás/, /esmáĉ/ o /esmáʃ/; *pl normal*, ~ES) *m* (*Dep*) En tenis, ping-pong y balonvolea: Lanzamiento fuerte y rápido de la pelota desde arriba, haciéndola caer fuera del alcance del adversario.

smithsonita (*pronunc corriente*, /esmitsoníta/) *f* (*Mineral*) Mineral de carbonato de cinc, originado por alteración de la blenda.

smock (*ing; pronunc corriente*, /esmók/) *m* Bordado sobre frunces. *Frec en aposición con* PUNTO.

smog (*ing; pronunc corriente*, /esmóg/) *m* Niebla que lleva en suspensión partículas tóxicas procedentes de humos.

smoking (*ing; pronunc corriente*, /esmókin/; *pl normal*, ~s) **I** *m* **1** Esmoquin (chaqueta o traje). **II** *adj invar* **2** [Cuello] esmoquin.

snack (*ing; pronunc corriente*, /esnák/; *pl normal*, ~s) *m* Bar en que se sirven rápidamente comidas ligeras a cualquier hora.

snack-bar (*ing; pronunc corriente*, /esnák-bár/; *pl normal*, ~s) *m* Snack.

snifada (*pronunc corriente*, /esnifáda/) *f* (*jerg*) Esnifada.

snifar (*pronunc corriente*, /esnifár/) *tr* (*jerg*) Esnifar.

snipe (*ing; pronunc corriente*, /esnáip/) *m* (*Dep*) Balandro de regatas de orza móvil.

snob (*ing; pronunc corriente*, /esnób/; *pl normal*, ~s) *adj* (*desp*) Esnob. *Tb n, referido a pers.*

snobismo (*pronunc corriente*, /esnobísmo/) *m* (*desp*) Esnobismo.

so¹ (*con pronunc átona*) *prep* (*lit*) Bajo. *Se usa solo ante los ns* PENA, PRETEXTO, CAPA, COLOR.

so² (*con pronunc átona*) *adv* (*col*) Se usa, en constr vocativa, antepuesto a un *adj*, normalmente desp, con intención ponderativa. * Calla, so tonto.

so³ *interj* Se emplea para ordenar a las caballerías que se detengan. *A veces se sustantiva.* * ¡So, mula!

soasar *tr* (*raro*) Asar ligeramente.

soba¹ *f* (*col*) Paliza. *Tb fig.*

soba² *adj* (*jerg*) Dormido.

sobable *adj* Que se puede sobar¹.

sobaco **I** *m* **1** Axila (de pers., animal o planta). **b)** *En una prenda de vestir:* Escotadura correspondiente a la axila. **II** *loc v* **2 pasarse** [algo] **por debajo del ~.** (*col*) Despreciar[lo] o no dar[le] importancia.

sobadero *m* Lugar destinado a sobar¹ [1b].

sobado¹ *m* Acción de sobar¹ [1b].

sobado² (*frec en la forma* **sobao**) *m* Dulce típico de la región de Cantabria, compuesto de harina, azúcar, huevos y mantequilla y hecho al horno en un envase de papel de forma cuadrada.

sobador -ra *adj* Que soba¹, *esp* [1c].

sobajar *tr* (*lit*) Sobar¹ [1c].

sobano -na *adj* Del valle de Soba (Cantabria). *Tb n, referido a pers.*

sobao → SOBADO².

sobaquera **I** *f* **1** Parte correspondiente al sobaco [de una pers. o de una prenda]. ■ **2** Pieza que refuerza una prenda de vestir por la parte del sobaco. **II** *loc v* **3 coger** [a alguien] **las ~s.** (*col*) Ganar[le] la voluntad.

sobaquillo. *loc adv* **1 a** (o **de**) **~.** Haciendo un giro con el brazo que lanza e impulsando el objeto hacia arriba. *Con vs como* TIRAR *o* LANZAR. ■ **2 a** (o **de**) **~.** Sin apoyar los brazos en el cuerpo. *Con el v* DISPARAR. ■ **3 de ~.** (*Taur*) Dejando el banderillero pasar la cabeza del toro y clavando las banderillas hacia atrás al mismo tiempo que emprende la huida.

sobaquina *f* Olor característico del sudor del sobaco.

sobar¹ *tr* **1** Tocar reiteradamente [algo] o pasar repetidamente la mano [por ello (*cd*)]. **b)** Trabajar [una cosa] tocándo[la] u oprimiéndo[la] reiteradamente con las manos, esp. para ablandar[la] o suavizar[la]. **c)** (*col*) Tocar reiteradamente [a una pers. o una parte de su cuerpo] con intención lasciva. **d)** (*col*) Tratar [una cuestión] o utilizar [un procedimiento] con reiteración excesiva. *Más frec en part.* ■ **2** Ajar o estropear [algo] por el uso o el manoseo reiterado. **b)** *pr* (**~se**) Ajarse o estropearse [algo] por el uso o el manoseo reiterado. ■ **3** (*col*) Dar una paliza [a alguien (*cd*)]. *Tb fig.* **b) ~ los morros** → MORRO.

sobar² *intr* (*jerg*) Dormir.

sobejos *m pl* (*raro*) Sobras de la mesa.

sobeo *m* (*col*) Acción de sobar¹, *esp* [1c].

sobaranamente *adv* De manera soberana.

soberanía **I** *f* **1** Cualidad de soberano [1]. ■ **2** Suprema autoridad pública. **II** *loc adj* **3** [Plaza] **de ~** → PLAZA.

soberano -na **I** *adj* **1** Que tiene la autoridad suprema e independiente. **b)** [Estado] independiente. ■ **2** Superior o extraordinario. *Frec con intención ponderativa.* ■ **3** De(l) soberano [4]. **II** *n* A *m* y *f* **4** Pers. que en una monarquía ejerce la autoridad suprema.

B *m* **5** (*hist*) Moneda de oro inglesa de valor igual al de la libra esterlina.

soberbia *f* Condición de la pers. que se cree superior a los demás. **b)** Condición de la pers. que trata con altivez y desprecio a los demás.

soberbiamente *adv* De manera soberbia (→ SOBERBIO [1b y 2]).

soberbio -bia I *adj* **1** [Pers.] que tiene soberbia. *Tb n.* **b)** Propio de la pers. soberbia. ■ **2** Excelente o magnífico. *Frec con intención ponderativa.* II *adv* **3** (*col*) Magníficamente o muy bien.

soberbioso -sa *adj* (*raro*) Soberbio [1].

sobijo *m* (*reg*) Trenza de tres cabos con que se cose el esparto.

sobo *m* Acción de sobar¹, *esp* [1c]. *Tb su efecto.*

sobón -na *adj* (*col, desp*) **1** [Pers.] aficionada a tocar o acariciar a otras. *Tb n.* ■ **2** (*reg*) [Pers.] que con maña y halagos consigue lo que quiere. *Tb n.*

sobordo *m* (*Mar*) Documento en que se anotan todos los efectos o mercancías que constituyen el cargamento de un barco.

sobornable *adj* Que se puede sobornar.

sobornador -ra *adj* Que soborna. *Tb n.*

sobornar *tr* Dar dinero o regalos [a alguien (*cd*)] para conseguir de él algo indebido o ilegal. *Tb fig, con intención humoríst.*

soborno *m* Acción de sobornar.

sobra I *f* **1** Hecho de sobrar [1]. ■ **2** *En pl:* Conjunto de (las) cosas que sobran [2]. ■ **3** *En pl:* Parte del haber del soldado que se le entrega en mano. II *loc v* **4 estar de ~.** Sobrar [3]. III *loc adv* **5 de ~** (*tb, reg,* **de ~s**). Con exceso, o más de lo estrictamente necesario. *Frec con intención ponderativa. Tb adj.*

sobradamente *adv* De manera sobrada [2].

sobrado¹ -da I *adj* **1** *part* → SOBRAR. ■ **2** Que sobra [1]. *Frec con intención ponderativa.* ■ **3** Que tiene [algo (*compl* DE)] en más cantidad de la necesaria. *A veces se omite el compl por consabido, esp referido a dinero o bienes.* II *adv* **4** De sobra.

sobrado² *m* Desván.

sobrancero -ra *adj* Que no trabaja.

sobrante I *adj* **1** Que sobra. ■ **2** Sobrado¹ [3]. II *m* **3** Conjunto de (las) cosas que sobran, *esp* [2].

sobrar *intr* ➤ **a** *normal* **1** Existir [una cosa] en más cantidad de la necesaria. ■ **2** Quedar [una parte de una cosa] después de utilizar lo necesario. ■ **3** No ser necesaria [una pers. o cosa] o estar de más. *Frec con intención peyorativa.* ➤ **b** *impers* **4** Haber más que suficiente [con alguien o algo]. **b)** **basta y sobra** → BASTAR. ➤ **c** *pr* (**~se**) **5** (*reg*) Rebosar [un líquido o el recipiente que lo contiene]. ■ **6 bastarse y ~se** → BASTAR.

sobrasada *f* Embutido grueso hecho de carne de cerdo muy triturada y adobada con pimentón.

sobre¹ (*con pronunc átona*) *prep* **1** Precede al n que designa una pers o cosa que está en un plano inferior con respecto a otra (*sustentándola o no*) y en la misma vertical. *Tb fig.* * Se sentó sobre el césped. * Tengo una responsabilidad grande sobre mis hombros. **b)** Precede al n que designa una pers o cosa que está en un plano inferior con respecto a otra y en

distinta vertical. * Se veía la torre sobre los rojos tejados. **c)** A veces se destaca la idea de situación inmediata. * La ciudad está situada sobre el río. ■ **2** Precede al n que designa una pers o cosa que está en rango, categoría o consideración inferior con respecto a otra. * Júpiter está sobre el resto de los dioses. ■ **3** Precede al n que designa una pers o cosa que se toma como base. * Los demás servicios se calculan sobre el kilometraje correspondiente. ■ **4** (*Econ*) Precede al n que designa una cosa que se toma como garantía. * Pidió un préstamo sobre el coche. ■ **5** (*Econ*) Precede a un n que designa los bienes a los que afecta una carga o gravamen. * Impuesto sobre el valor añadido. ■ **6** (*Econ*) Precede al n de la pers o entidad contra la que se gira una cantidad o al de la plaza donde ha de hacerse efectiva. * También operaba la banca en órdenes sobre las bolsas de París y Londres. ■ **7** A expensas de. *En la constr* VIVIR ~ EL PAÍS (*o n equivalente*). ■ **8** Acerca de. * Se pusieron a deliberar sobre dónde irían. ■ **9** *Entre dos números:* De. * Sus diputados son 17 sobre 120. ■ **10** En dirección a. *Esp referido a una operación ofensiva de tipo militar.* * El ejército marcha sobre Lisboa. ■ **11** Precede al n que designa una pers o cosa que es el destino de una acción. * Toño transforma un penalti cometido sobre Fernández. ■ **12** Denota aproximación en tiempo o en cantidad. * Suele venir sobre las cuatro. ■ **13** *n* + ~ + *el mismo n. Denota reiteración o acumulación.* * ¡Vaya día, duelo sobre duelo! ■ **14** Además de. * Sobre alcalde y presidente, fue poeta destacado. ■ **15** En actitud de atención o vigilancia respecto a. * Está siempre sobre sus hijos.

sobre² I *m* **1** Cubierta de papel plegado y que se puede cerrar, destinada a contener una carta u otro escrito. ■ **2** Bolsa de papel plana y hermética, esp. destinada a contener un alimento. *Tb su contenido.* ■ **3** (*col*) Paga o sueldo. **b)** Gratificación especial no establecida ni reglamentada. **c)** Cantidad de dinero dada como soborno. ■ **4** (*jerg*) Cama. II *loc adj* **5 de ~.** [Alimento, esp. sopa] preparado industrialmente y que se vende en sobres [2].

sobre- *pref* **1** Denota cantidad o intensidad superiores a lo normal o deseable. * Sobreexplotar. ■ **2** Denota lugar superior. * Sobrecúpula. * Sobretecho. ■ **3** Denota superposición. * Sobrecristalamiento. * Sobreimponer. ■ **4** Denota condición o calidad superior. * Sobrenaturaleza.

sobreabundancia *f* Hecho de sobreabundar.

sobreabundante *adj* Que sobreabunda.

sobreabundar *intr* Abundar extraordinariamente.

sobreactividad *f* (*Med*) Actividad excesiva [de un órgano].

sobreactuado -da *adj* (*Escén*) Que tiene actuación exagerada.

sobreaguar (*conjug* **1b**) *intr* (*raro*) Sobrenadar. *Tb fig.*

sobreagudo -da *adj* (*Mús*) [Sonido] más agudo del sistema musical, esp. de un instrumento. *Tb n m.*

sobrealimentación *f* Acción de sobrealimentar.

sobrealimentar *tr* **1** Dar [a alguien (*cd*)] más alimento del que necesita. ■ **2** Reforzar la alimentación [de alguien o algo (*cd*)]. *Tb fig.*

sobrealzamiento *m* Acción de sobrealzar. *Tb su efecto.*

sobrealzar *tr* Alzar [algo] más de lo normal.

sobreañadir *tr* Añadir [algo a lo que ya está completo].

sobreasada *f* Sobrasada.

sobreático *m* Piso situado encima del ático.

sobrecalentador *m* (*E*) Dispositivo para sobrecalentar [2].

sobrecalentamiento *m* Acción de sobrecalentar(se). *Tb su efecto.*

sobrecalentar (*conjug 6*) *tr* **1** Calentar en exceso. *Tb fig.* **b)** *pr* (~se) Calentarse en exceso. *Tb fig.* ■ **2** (*E*) Calentar [algo] a una temperatura muy elevada.

sobrecama *f* (*raro*) Colcha.

sobrecaña *f* (*Vet*) Tumor óseo que se forma en la caña de la mano de una caballería.

sobrecarga *f* **1** Acción de sobrecargar [1]. *Tb su efecto.* ■ **2** (*Impr*) Segunda impresión tipográfica hecha oficialmente sobre un sello para alterar su valor o para otro fin determinado.

sobrecargar *tr* **1** Cargar en exceso o más de lo normal. *Tb fig.* ■ **2** Coser [una costura] por segunda vez, de modo que queden ocultos los bordes. ■ **3** (*Impr*) Poner sobrecarga [2] [en un sello (*cd*)].

sobrecargo *m* **1** *En un barco mercante:* Oficial responsable del cargamento. ■ **2** *En un avión:* Jefe de los auxiliares de vuelo.

sobrecejo *m* Parte de la frente inmediata a las cejas.

sobrecielo *m* Cubierta o tejadillo.

sobrecogedor -ra *adj* Que sobrecoge.

sobrecoger *tr* Impresionar o asustar. *Tb abs.* **b)** *pr* (~se) Sentir impresión o susto.

sobrecogido -da *adj* **1** *part* → SOBRECOGER. ■ **2** Que implica sobrecogimiento.

sobrecogimiento *m* Acción de sobrecoger(se). *Tb su efecto.*

sobrecomida *f* (*raro*) Sobremesa.

sobrecompensación *f* (*Psicol*) Acción de sobrecompensar.

sobrecompensar *tr* (*Psicol*) Esforzarse por superar [una deficiencia] exagerando su contrario.

sobrecubierta *f* Cubierta de papel, gralm. con una impresión atractiva, que protege la encuadernación de un libro.

sobredimensión *f* (*Econ*) Dimensiones excesivas [de algo, esp. de una actividad o de una empresa].

sobredimensionar *tr* (*Econ*) Dar dimensiones excesivas [a algo, esp. a una actividad o una empresa (*cd*)]. *Tb fig, fuera del ámbito técn.*

sobredorar *tr* Recubrir [un metal] con una capa de oro.

sobredosificación *f* (*Med*) Administración de dosis excesivas.

sobredosis *f* Dosis excesiva [de algo]. *Frec sin compl, referido a drogas.*

sobreelevar *tr* Aumentar la elevación [de algo (*cd*)] o poner[lo] por encima del nivel normal.

sobreeltodo (*tb con la grafía* **sobre el todo**) *m* (*Heráld*) Escusón.

sobreentender, sobreentendido, sobreesdrújulo → SOBRENTENDER, *etc.*

sobreesfuerzo (*tb* **sobresfuerzo**) *m* Esfuerzo excesivo.

sobreestimar (*tb* **sobrestimar**) *tr* Estimar o valorar excesivamente [algo o a alguien].

sobreexceder (*tb* **sobrexceder**) *tr* Exceder en mucho.

sobreexcitación (*tb* **sobrexcitación**) *f* Acción de sobreexcitar(se). *Tb su efecto.*

sobreexcitar (*tb* **sobrexcitar**) *tr* Aumentar la excitación [de alguien o algo (*cd*)]. **b)** *pr* (~se) Sufrir [alguien o algo] aumento de excitación.

sobreexponer (*tb* **sobrexponer**; *conjug 21*) *tr* (*Fotogr*) Someter [una emulsión fotográfica] a una exposición demasiado prolongada.

sobrefalda *f* Falda corta que se pone como adorno sobre otra.

sobregiro *m* (*Econ*) Giro o libranza que rebasa la cantidad o crédito de que se puede disponer.

sobreguarda *m* Jefe de los guardas.

sobrehaz *f* (*lit*) Superficie o cara exterior [de algo]. *Tb fig.*

sobrehilado *m* Acción de sobrehilar. *Tb su efecto.*

sobrehilar (*conjug 1f*) *tr* Dar puntadas sobre el borde [de una tela cortada (*cd*)] para evitar que se deshilache.

sobrehueso *m* Tumor duro que está sobre un hueso.

sobrehumanamente *adv* De manera sobrehumana.

sobrehumano -na *adj* Que está por encima de lo humano. *Frec con intención enfática, esp en la constr* ESFUERZOS ~S.

sobreimpresión *f* (*Cine y Fotogr*) Acción de sobreimprimir. *Tb su efecto.*

sobreimprimir (*conjug 49*) *tr* (*Cine y Fotogr*) Hacer que [un texto o una imagen (*cd*)] aparezcan superpuestos a otra imagen.

sobreintendente *m* Superintendente.

sobrejuanete *m* (*Mar*) Verga de las que se cruzan sobre los juanetes. *Tb la vela correspondiente.*

sobrelecho *m* (*Arquit*) Cara inferior de un sillar, que se asienta sobre la hilada precedente.

sobrellevar *tr* Aguantar o soportar [un daño o una desgracia].

sobremanera (*tb, raro, con la grafía* **sobre manera**) *adv* (*lit*) Mucho o en extremo.

sobremesa **I** *f* **1** Tiempo inmediatamente siguiente a una comida, durante el cual los comensales permanecen reunidos y conversando. **b)** (*RTV*) Tiempo inmediatamente anterior o posterior a la comida del mediodía. *Frec en la constr* DE ~. **II** *loc adj* **2 de ~.** [Objeto] destinado a ser colocado sobre una mesa u otro mueble similar.

sobrenadar **A** *intr* **1** Mantenerse a flote en la superficie [de un líquido (*compl* EN)]. ■ **2** (*lit*) Mantenerse vivo o sobrevivir. *En sent no material.* **B** *tr* **3** Mantenerse a flote en la superficie [de un líquido (*cd*)].

sobrenatural *adj* Que sobrepasa lo natural o no puede ser explicado por causas naturales. *Frec* *fig, con intención ponderativa.* **b)** (*Rel catól*) De la gracia.

sobrenaturalidad *f* (*raro*) Cualidad de sobrenatural.

sobrenaturalismo *m* Doctrina o actitud intelectual en que se da importancia destacada a lo sobrenatural.

sobrenaturalista *adj* De(l) sobrenaturalismo.

sobrenaturalizar *tr* (*raro*) Dar [a alguien o algo] carácter sobrenatural.

sobrenaturalmente *adv* De manera sobrenatural.

sobrenombre *m* Nombre calificador que se añade al nombre de una pers. **b)** Apodo.

sobrentender (*tb* **sobreentender**; *conjug* **14**) *tr* Entender [algo que no está expreso, aunque sí puede suponerse por el contexto o la situación].

sobrentendido (*tb* **sobreentendido**) *m* Idea que se sobrentiende.

sobrepaga *f* (*raro*) Aumento sobre la paga ordinaria.

sobrepaño *m* (*raro*) Lienzo o paño que se pone sobre otro paño.

sobreparto *m* (*hoy raro*) Puerperio (tiempo que sigue inmediatamente al parto). *Esp el estado delicado de salud propio de ese tiempo y las complicaciones producidas en él.*

sobrepasar *tr* **1** Pasar o rebasar [un límite]. ■ **2** Superar o aventajar. **b)** Adelantar [al que precede].

sobrepelliz *f* (*tb, semiculto, m*) (*Rel crist*) Vestidura blanca y corta que se pone sobre la sotana el clérigo o el lego en las funciones de iglesia.

sobrepeso *m* Exceso de peso.

sobreponer (*conjug* **21**) **A** *tr* **1** Poner [una cosa] encima [de otra (*ci*)]. *Tb fig. Frec se omite el ci.* **B** *intr pr* (**~se**) **2** Hacerse superior [a una pers. o cosa]. **b)** Dominar [alguien] su pena o su abatimiento, o aquello que los causa. *A veces con un compl* A.

sobreprecio *m* Recargo sobre el precio ordinario.

sobrepresión *f* (*Fís*) Exceso de presión.

sobreprima *f* (*Seguros*) Prima adicional.

sobreproducción *f* (*Econ*) Superproducción (producción en cantidad superior a la necesaria).

sobrepuerta *f* Pintura, tela u otra pieza de adorno que se pone sobre el dintel de una puerta.

sobrepuesto *m* Adorno que se sobrepone [1] a una tela.

sobrepujar *tr* Superar o aventajar [a alguien o algo en algún aspecto (*compl* EN O POR)]. *Tb sin el 2º compl. El cd va siempre precedido de* A, *excepto cuando es pron pers átono.*

sobrequilla *f* (*Mar*) Pieza que va de proa a popa sobre la quilla, para aumentar su resistencia y consolidar las uniones con las cuadernas.

sobrero -ra *adj* **1** (*raro*) Que sobra o sobreabunda. ■ **2** (*Taur*) [Toro] que se tiene preparado por si se inutiliza alguno de los destinados a una corrida. *Más frec n m.*

sobrerrealidad *f* (*TLit*) Realidad que se supone que está más allá de la realidad corriente.

sobrerrealismo *m* (*raro*) Surrealismo.

sobrerrealista *adj* (*raro*) Surrealista. *Tb n.*

sobresaliente -ta (*la forma f* SOBRESALIENTA *solo se usa en la acep* 3) **I** *adj* **1** Que sobresale. **II** *n* **A** *m* **2** (*Enseñ*) Calificación máxima. *Tb fig. A veces referido a la pers que obtiene esa calificación.* **B** *m y f* **3** Pers. destinada a suplir al titular en caso de necesidad. *Esp en los toros.*

sobresalientemente *adv* De manera sobresaliente.

sobresalir (*conjug* **59**) *intr* Exceder [una pers. o cosa] en tamaño respecto a lo que la rodea. *Frec fig.* **b)** Estar [una cosa] en un plano más saliente [respecto a algo]. *Frec sin compl.*

sobresaltadamente *adv* De manera sobresaltada [2].

sobresaltado -da *adj* **1** *part* → SOBRESALTAR. ■ **2** [Cosa] acompañada de sobresalto, o que lo implica.

sobresaltador -ra *adj* (*raro*) Que sobresalta.

sobresaltar *tr* Causar sobresalto [a alguien (*cd*)]. **b)** *pr* (**~se**) Sentir sobresalto.

sobresalto *m* Sensación repentina de susto o congoja.

sobrescrito *m* (*raro*) Sobre con una dirección escrita.

sobresdrújulo -la (*tb* **sobreesdrújulo**) *adj* (*Fon*) Acentuado en la sílaba anterior a la antepenúltima. *Tb n m.*

sobreseer (*conjug* **22**) *tr* (*Der*) **1** Suspender la tramitación [de una causa (*cd*)], o dejar sin curso ulterior [un procedimiento]. ■ **2** Cesar en el cumplimiento [de una obligación (*cd*)].

sobreseimiento *m* (*Der*) Acción de sobreseer.

sobresfuerzo → SOBREESFUERZO.

sobrestante *m* **1** Trabajador que, bajo la dirección de un técnico, ejecuta determinadas obras dirigiendo a un pequeño número de obreros. ■ **2** (*hist*) Empleado a cuyo cargo está el cuidado de los coches destinados a las perss. reales. *Tb ~ DE COCHES.*

sobrestimar → SOBREESTIMAR.

sobresueldo *m* Retribución que se añade al sueldo normal.

sobretasa *f* Recargo sobre la tasa ordinaria. *Esp referido a sellos de correos.*

sobretasación *f* Acción de tasar por encima de lo ordinario.

sobretensión *f* (*Electr*) Tensión superior a la normal.

sobretodo *m* (*hoy raro*) Abrigo o gabán.

sobrevaloración *f* Acción de sobrevalorar(se).

sobrevalorar *tr* Valorar con exceso. **b)** *pr* (**~se**) (*Econ*) Valorarse con exceso.

sobrevenido -da *adj* **1** *part* → SOBREVENIR. ■ **2** [Objeción de conciencia] que se declara fuera del plazo establecido para ello. ■ **3** [Objetor] que alega objeción de conciencia fuera del plazo establecido para ello.

sobrevenir (*conjug* **61**) *intr* Suceder o presentarse [algo] de manera repentina o imprevista. **b)** (*raro*) Venir o presentarse [alguien] de manera repentina o imprevista.

sobrevesta *f* (*hist*) Prenda de vestir, a modo de túnica, que se pone sobre la armadura o sobre la ropa normal.

sobrevestir (*conjug* 62) *tr* Poner [a alguien (*cd*)] una prenda de vestir (*compl* CON)] sobre las otras que lleva puestas. *Frec el cd es refl.*

sobrevida *f* (*Med*) Tiempo que se sobrevive.

sobrevivencia *f* Acción de sobrevivir.

sobreviviente *adj* [Pers.] que sobrevive. *Tb n.*

sobrevivir *intr* Seguir viviendo [después de alguien o algo (*ci*)]. *Tb sin compl, por consabido.*

sobrevolar (*conjug* 4) *tr* Volar [sobre alguien o algo (*cd*), esp. sobre un lugar].

sobrevuelo *m* Acción de sobrevolar.

sobrexceder, sobrexcitación, sobrexcitar, sobrexponer → SOBREEXCEDER, *etc.*

sobriamente *adv* De manera sobria [2].

sobriedad *f* Cualidad de sobrio.

sobrino -na *m y f* Hijo del hermano o de la hermana [de una pers. (*compl de posesión*)]. *Tb sin compl. Tb* ~ CARNAL. **b)** ~ **segundo.** Hijo del primo o de la prima [de una pers. (*compl de posesión*)]. *Tb, simplemente,* ~. **c)** ~ **nieto.** Nieto del hermano o de la hermana [de una pers. (*compl de posesión*)]. *Tb, simplemente,* ~.

sobrio -bria *adj* **1** [Pers.] moderada, esp. en comer y beber. ■ **2** [Cosa] que carece de exceso, esp. en el adorno. ■ **3** (*col*) [Pers.] que no está ebria.

sobroseño -ña *adj* De Villasobroso (Pontevedra). *Tb n, referido a pers.*

soca. hacerse el ~. *loc v* (*col*) Hacerse el tonto.

socairar *tr* (*raro*) Poner [algo o a alguien] al socaire [1]. *Frec el cd es refl.*

socaire **I** *m* **1** Abrigo que ofrece un lugar por la parte opuesta a aquella de donde sopla el viento. *Tb el propio lugar.* **II** *loc adv* **2 al ~** [de algo]. A [su] resguardo o protección. *Frec fig.*

socaliña *f* (*col*) Ardid o trampa, esp. para conseguir que alguien dé algo.

socaliñar *tr* (*col*) **1** Sacar [algo a alguien] con socaliñas. ■ **2** Engañar [a alguien] con socaliñas.

socarrar *tr* Quemar ligera o superficialmente [una cosa]. *Tb fig.* **b)** *pr* (~**se**) Quemarse [un guiso].

socarrena *f* (*reg*) **1** Hueco o agujero. ■ **2** Socarreña.

socarreña *f* (*reg*) Cobertizo, esp. para guardar los aperos de labranza.

socarrina *f* **1** Acción de socarrar(se). *Tb fig.* ■ **2** Enfermedad de diversas plantas caracterizada porque las hojas o partes verdes aparecen como quemadas.

socarrón -na *adj* [Pers.] que se burla con disimulo. *Tb n.* **b)** Propio de la pers. socarrona.

socarronamente *adv* De manera socarrona [1b].

socarronería *f* Cualidad de socarrón.

socava *f* Acción de socavar.

socavación *f* Acción de socavar.

socavador -ra *adj* Que socava.

socavar *tr* **1** Excavar [algo] por debajo. ■ **2** Minar o debilitar [algo o a alguien]. *En sent moral.*

socavón *m* **1** Hundimiento del suelo por haberse producido una oquedad subterránea. ■ **2** Acción de socavar [1]. *Esp su efecto.*

sochantre *m* (*Rel crist*) Director del coro en los oficios divinos.

sociabilidad *f* Cualidad de sociable.

sociable *adj* **1** Que tiende a vivir en grupo o en sociedad con otros seres de su misma especie. ■ **2** Capaz de una convivencia amable. **b)** Que gusta de la compañía.

social *adj* **1** De (la) sociedad. **b)** Destinado a promover la relación y la amistad entre las personas. ■ **2** De las clases sociales [1a]. **b)** Relativo a las clases sociales no pudientes y a sus condiciones de vida. ■ **3** Que vive en sociedad [1] o en grupo. ■ **4** [Brigada de policía] cuyo cometido es la represión de las actividades políticas y sociales [1a] no autorizadas. *Tb* POLÍTICO-~. *Frec* (*col*) *n f.* **b)** [Policía] que pertenece a la Brigada Social. *Tb n m.*

social- *r pref* (*Pol*) Socialista o del socialismo. * Socialcomunismo. * Socialimperialista.

socialcapitalismo *m* (*Pol*) Capitalismo de tendencia socialista.

socialcristiano -na *adj* (*Pol*) Cristianosocial. *Tb n.*

socialdemocracia *f* (*Pol*) Socialismo parlamentario y reformista.

socialdemócrata *adj* (*Pol*) De la socialdemocracia. **b)** Adepto a la socialdemocracia. *Tb n.*

socialdemocrático -ca *adj* (*Pol*) [Cosa] socialdemócrata.

socialero -ra *adj* (*desp, raro*) Socialista. *Tb n.*

socialidad *f* Cualidad o condición de social [3].

socialismo *m* **1** Doctrina y sistema económicos y políticos que defienden la preponderancia del interés colectivo frente al particular y la posesión por parte del Estado de los medios de producción. ■ **2** Partido o conjunto de partidos de izquierda no comunistas y no liberales.

socialista *adj* Del socialismo. **b)** Adepto al socialismo. *Tb n.*

socialización *f* Acción de socializar(se).

socializador -ra *adj* Que socializa.

socializante *adj* Que tiende al socialismo [1].

socializar *tr* **1** Transferir al Estado, con fines sociales [2b], [algo, esp. medios de producción, de propiedad particular]. ■ **2** Hacer colectivo [algo particular o minoritario]. **b)** *pr* (~**se**) Pasar a ser colectivo [algo particular o minoritario]. ■ **3** Hacer socialista [una sociedad o un estado]. *Gralm en part.* ■ **4** (*Sociol*) Integrar socialmente [a un individuo] o adaptar[lo] a las normas de comportamiento social [1a].

socialmente *adv* En el aspecto social [1a y 2].

socialrealismo *m* (*TLit*) Realismo social.

socialrealista *adj* (*TLit*) De(l) socialrealismo. **b)** Adepto al socialrealismo. *Tb n.*

sociata *adj* (*col, desp*) Socialista. *Tb n, referido a pers.*

sociedad **I** *f* **1** Agrupación más o menos numerosa de perss. o animales que conviven de manera orga-

nizada. **b)** ~ **de consumo** → CONSUMO. ■ **2** Agrupación legal de perss., motivada por una actividad o unos intereses comunes. **b)** Grupo organizado e instituido legalmente con fines económicos o comerciales. *Gralm con un compl especificador:* ANÓNIMA, COMANDITARIA, POR ACCIONES, *etc.* ■ **3** Clase constituida por las perss. distinguidas y que llevan intensa vida de relación. **b) alta** (*o* **buena**) ~. Sector más distinguido de la sociedad. ■ **4** (*raro*) Compañía (hecho de estar con otra pers.).
II *loc adj* **5 de** ~. [Vida] de relación con otras perss. **b)** Relativo a la vida de sociedad.
III *loc v* **6 presentar en** ~ [a una muchacha]. Incorporar[la] simbólicamente a la vida social mediante la celebración de una fiesta o baile.

societal *adj* (*raro*) Relativo a la sociedad [1].

societariamente *adv* De manera societaria.

societario -ria *adj* De (la) sociedad o de las sociedades [2], esp. obreras.

societarismo *m* Tendencia societaria.

sociniano -na *adj* (*Rel crist*) [Doctrina o seguidor] de Socino (s. XVI), que negaba la Santísima Trinidad y la divinidad de Jesucristo. *Tb n, referido a pers.*

socio -cia *m y f* **1** Miembro [de una sociedad [2] o de una asociación]. ■ **2** Pers. que forma [con otra u otras (*compl de posesión*)] una sociedad [2]. *Tb sin compl, en pl.* ■ **3** (*col, humoríst*) Individuo. *Referido a mujer, frec desp, a veces designando prostituta.* ■ **4** (*jerg*) Se usa como tratamiento afectivo. * ¿Qué tal, socio, cómo te va?

socio- *r pref* Social. * Socioambiental. * Sociopastoral.

sociobiología *f* Estudio de las bases biológicas del comportamiento social.

sociobiológicamente *adv* Desde el punto de vista sociobiológico.

sociobiológico -ca *adj* De la sociobiología.

sociobiólogo -ga *m y f* Especialista en sociobiología.

sociocultural *adj* De la cultura propia de un grupo social.

socioeconomía *f* Economía en relación con los fenómenos sociales.

socioeconómicamente *adv* En el aspecto socioeconómico.

socioeconómico -ca *adj* De los fenómenos económicos en su relación con los sociales.

sociografía *f* Descripción ordenada y detallada de datos sociológicos.

sociohistórico -ca *adj* De (la) historia social.

sociolaboral *adj* De los fenómenos laborales en su relación con los sociales.

sociolecto *m* (*Ling*) Conjunto de los usos lingüísticos que caracterizan a un grupo social.

sociolingüista *m y f* Especialista en sociolingüística [2].

sociolingüístico -ca **I** *adj* **1** De (la) sociolingüística [2].
II *f* **2** Rama de la lingüística que estudia las relaciones entre lengua y sociedad.

sociología *f* **1** Estudio de las sociedades humanas y de los fenómenos sociales. **b)** Estudio [de algo] en relación con la sociedad o con los fenómenos socia-

les. ■ **2** Conjunto de circunstancias sociológicas [de alguien o algo].

sociológicamente *adv* En el aspecto sociológico.

sociológico -ca *adj* **1** De (la) sociología. ■ **2** (*raro*) Social [1a].

sociologismo *m* **1** Tendencia a considerar los hechos humanos solo desde el punto de vista sociológico [1]. ■ **2** (*raro*) Doctrina que considera el bien social como ideal supremo del hombre.

sociologista *adj* De(l) sociologismo.

sociólogo -ga *m y f* Especialista en sociología [1a].

sociometría *f* Estudio estadístico de las relaciones sociológicas, esp. de las preferencias y aversiones dentro de un grupo social.

sociométrico -ca *adj* De (la) sociometría.

sociópata *m y f* (*Med*) Enfermo mental caracterizado por comportamientos contrarios a la sociedad.

sociopolíticamente *adv* En el aspecto sociopolítico.

sociopolítico -ca *adj* De los fenómenos políticos en su relación con los sociales.

socioprofesional *adj* Del aspecto social de la profesión.

sociorreligioso -sa *adj* De la religión en su relación con los factores sociales.

sociosanitario -ria *adj* De la sanidad en su relación con los factores sociales.

socioterapia *f* (*Med*) Psicoterapia orientada a la integración armoniosa del individuo en el grupo social al que corresponde.

sococha *tr* (*reg*) Cocer a medias.

soconusco *m* (*hoy raro*) **1** Mezcla de polvos de vainilla y otras especias empleada esp. para condimentar el chocolate cocido. ■ **2** Chocolate hecho.

socorredor -ra *adj* Que socorre. *Tb n, referido a pers.* **b)** Propio de la pers. que socorre.

socorrer *tr* Ayudar [a alguien que se encuentra en un peligro o necesidad].

socorrido -da *adj* **1** *part* → SOCORRER. ■ **2** [Cosa] capaz de proporcionar la solución en un momento de apuro y a la que se recurre con frecuencia.

socorrismo *m* Actividad reglamentada para prestar los primeros auxilios en caso de accidente.

socorrista *m y f* Especialista en socorrismo.

socorro **I** *m* **1** Acción de socorrer. ■ **2** Cosa con que se socorre.
II *loc adj* **3 de** ~. [Puerta o salida] de emergencia. ■ **4 de** ~. [Bautismo] administrado sin las solemnidades debidas, en caso de necesidad. *Tb adv.* **b)** [Agua] **de** ~ → AGUA. ■ **5** [Casa] **de** ~ → CASA.

socráticamente *adv* De manera socrática [1].

socrático -ca *adj* **1** Del filósofo griego Sócrates († 399 a.C.). ■ **2** Seguidor de la doctrina o del método de Sócrates. *Tb n.*

socratismo *m* Doctrina socrática [1].

socuellamino -na *adj* De Socuéllamos (Ciudad Real). *Tb n, referido a pers.*

soda *f* **1** Agua gasificada artificialmente y a veces aromatizada con esencias de frutas, usada para mezclar con bebidas alcohólicas. ■ **2** (*Quím*) Sosa.

sodado -da *adj* (*Quím*) Que contiene soda [2].

sodalicio *m* (*lit*) Asociación o corporación.

sodalita *f* (*Mineral*) Mineral de silicato de aluminio y sodio clorado, que cristaliza en el sistema cúbico y gralm. se presenta en cristales incoloros o blancuzcos.

sódico -ca *adj* **1** De(l) sodio. ■ **2** Que contiene sodio.

sodio *m* Metal, de número atómico 11, muy blando y maleable, de color y brillo plateados, que se oxida rápidamente en contacto con el aire y descompone el agua a la temperatura ordinaria.

sodomía *f* Relación anal de un hombre con otro hombre o con una mujer.

sodomita *adj* Que practica sodomía. *Frec n m.*

sodomítico -ca *adj* De (la) sodomía.

sodomización *f* Acción de sodomizar.

sodomizar *tr* Someter [a alguien] a actos de sodomía.

soez *adj* Grosero y desvergonzado.

soezmente *adv* De manera soez.

sofá (*pl normal*, ~s) *m* Asiento mullido con respaldo y brazos para dos o más perss. **b)** ~**-cama.** (*pl normal*, ~s-cama(s)) Sofá transformable en cama.

sofaldar *tr* Alzar las faldas [a una mujer (*cd*)].

sofaldear *tr* Sofaldar.

sofaldeo *m* (*raro*) Acción de sofaldear.

soffione (*it; pronunc corriente*, /sofióne/; *pl normal*, SOFFIONI) *m* (*Geol*) Emisión natural de vapor de agua que sale del suelo a elevada temperatura y presión.

sofión *m* Contestación o comentario bruscos y destemplados.

sofisma *m* Argumento falso con apariencia de verdadero. *A veces con intención peyorativa, implicando mala fe.*

sofista A *m y f* **1** (*desp*) Pers. que utiliza sofismas. **B** *m* **2** (*hist*) En la antigua Grecia, esp en los ss V y IV a.C.: Maestro profesional de filosofía y retórica.

sofisticación *f* Acción de sofisticar. *Tb su efecto.*

sofisticadamente *adv* De manera sofisticada.

sofisticado -da *adj* **1** *part* → SOFISTICAR. ■ **2** Afectado, o falto de naturalidad. ■ **3** Complicado o complejo.

sofísticamente *adv* De manera sofística.

sofisticar *tr* **1** Adulterar o falsificar. ■ **2** Hacer afectado o artificial [a alguien o algo (*cd*)]. *Frec en part.*

sofístico -ca I *adj* **1** De (los) sofistas. ■ **2** Que denota o implica sofisma. ■ **3** (*desp*) [Pers.] que utiliza sofismas. II *f* **4** (*Filos*) Movimiento filosófico propio de los sofistas [2].

soflama *f* **1** Discurso ardoroso destinado a mover el ánimo de los oyentes. ■ **2** Llama tenue del fuego. ■ **3** Bochorno o calor intenso.

soflamado *m* Acción de soflamar.

soflamar *tr* Someter [algo] al efecto de la llama.

soflamero -ra *adj* Que utiliza o incluye soflamas [1].

sofocable *adj* (*raro*) Que se puede sofocar, *esp* [3].

sofocación *f* Acción de sofocar(se). *Tb su efecto.* **b)** Dificultad de respirar, o asfixia. **c)** Sofoco [1b].

sofocadamente *adv* De manera sofocada.

sofocado -da *adj* **1** *part* → SOFOCAR. ■ **2** [Voz u otro sonido] que se emite de manera contenida y poco perceptible o poco sonora.

sofocador -ra *adj* Que sofoca, *esp* [3].

sofocamiento *m* Acción de sofocar(se).

sofocante *adj* Que sofoca [1]. *Frec referido a calor, gralm con intención ponderativa.*

sofocar A *tr* **1** Producir [algo (*suj*) a alguien (*cd*)] ahogo, o congestión del rostro. *Tb abs. Tb fig.* (~**se**) Congestionarse o sentir ahogo. ■ **2** Producir [a alguien (*cd*)] enrojecimiento del rostro, por vergüenza, excitación o nerviosismo. **b)** *pr* (~**se**) Mostrar [alguien] enrojecimiento del rostro, por vergüenza, excitación o nerviosismo. ■ **3** Extinguir [un incendio o una rebelión]. **b)** Apagar o hacer menos perceptible [un sonido].
B *intr pr* (~**se**) **4** (*col*) Perder la calma o irritarse. **b)** Disgustarse.

sofocativo -va *adj* (*raro*) Que sofoca [1].

sofocleo -a *adj* Del trágico griego Sófocles (s. V a.C.).

sofoco *m* **1** Efecto de sofocar(se) [1]. **b)** Sensación súbita de calor congestivo que sube al rostro, gralm. acompañada de enrojecimiento. ■ **2** (*col*) Rubor o vergüenza. ■ **3** (*col*) Disgusto. ■ **4** Calor intenso y sofocante.

sofocón *m* (*col*) Sofoco grande, *esp* [3].

sofoquina *f* (*col*) Sofoco grande, *esp* [3].

sofreír (*conjug* 47) *tr* Freír ligeramente.

sofrenar *tr* Refrenar [el jinete a la caballería] tirando de las riendas. *Tb abs.* **b)** (*lit*) Refrenar o reprimir.

sofrito -ta I *adj* **1** *part* → SOFREÍR. II *m* **2** Condimento compuesto de diversos ingredientes, esp. ajo, cebolla o tomate, sofritos.

sofrología *f* (*Med*) Técnica psicoterápica destinada a la modificación de estados concretos de la vida vegetativa y anímica, esp. mediante hipnosis o relajación.

sofrológico -ca *adj* (*Med*) De (la) sofrología.

sofrólogo -ga *m y f* (*Med*) Especialista en sofrología.

sofrónico -ca *adj* (*Med*) Producido por sofrología.

sofronización *f* (*Med*) Acción de sofronizar.

sofronizar *tr* (*Med*) Relajar mediante sofrología.

soft *m* (*Informát*) Software.

software (*ing; pronunc corriente*, /sófwer/) *m* (*Informát*) Conjunto de programas y otros elementos destinados a la utilización de un ordenador. *Se opone a* HARDWARE.

soga I *f* **1** Cuerda gruesa de esparto. ■ **2** (*hist*) Medida agraria de extensión variable según las provincias.
II *loc v* (*col*) **3** echar (*o* poner) [a alguien] la ~ al cuello. Poner[le] en un grave riesgo o apuro. ■ **4** echar (*o* dar) ~ [a un asunto]. Dar[le] cuerda o impulso. ■ **5** mentar la ~ en casa del ahorcado. Decir algo que pueda recordar a una pers. presente algo desagradable o molesto para ella.

III *loc adv* **6 a ~.** (*Arquit*) Referido al modo de colocar un sillar o un ladrillo: De modo que la dimensión mayor quede paralela a la pared. *Tb adj.* ■ **7 a ~ y cordel.** En líneas o trazos muy rectos. ■ **8 con la ~ al cuello.** (*col*) En grave apuro o dificultad. *Gralm con el v* ESTAR.

sogdiano -na (*hist*) **I** *adj* **1** De Sogdiana (región de la antigua Persia). *Tb n, referido a pers.*
II *m* **2** Lengua de la antigua Sogdiana, que fue lengua internacional de toda el Asia central.

sogueado -da *adj* (*Arte*) [Motivo ornamental] que presenta forma de soga o cuerda. **b)** Decorado con motivos en forma de soga o cuerda.

sogueamiento *m* (*hist*) Acción de medir con soga [2].

sogueo *m* (*reg*) **1** Acción de atar con soga [1]. ■ **2** Soga [1].

soguero -ra *m y f* Pers. que fabrica o vende sogas [1].

soguilla A *f* **1** Trenza delgada de esparto.
B *m* **2** (*hist*) Mozo de cuerda.

sogún, sogunado, sogunal, sogunato
→ SHOGÚN, *etc.*

soirée (*fr; pronunc corriente, /suaré/*) **I** *f* **1** Fiesta o reunión nocturna. ■ **2** Función nocturna [de un espectáculo]. *Frec se omite el compl por consabido.*
II *loc adj* **3 de ~.** [Traje] de noche.

soja *f* Planta leguminosa de cuyas semillas, muy nutritivas y semejantes a la judía, se extrae aceite (*Soja hispida*).

sojuzgador -ra *adj* Que sojuzga. *Tb n, referido a pers.*

sojuzgamiento *m* Acción de sojuzgar. *Tb su efecto.*

sojuzgar *tr* Dominar [a alguien o algo] con violencia. *Tb abs.*

soka-tira *m* (*reg*) Juego popular, entre dos equipos, consistente en tirar cada uno de un extremo de una cuerda hasta hacer que el otro sobrepase una línea marcada en el suelo.

sol¹ (*con mayúscula en acep 1*) **I** *m* **1** Estrella que da luz y calor a la Tierra y alrededor de la cual giran esta y los demás planetas de nuestro sistema. ■ **2** Rayos del Sol [1]. *A veces en la forma dim* SOLECITO *o aum* SOLAZO. ■ **3** Imagen tradicional del Sol [1], en forma de círculo del que parten numerosos rayos. **b)** *A veces se da este n a algunos objetos cuya forma imita o evoca a la del Sol.* * Apliques, soles y espejos en hierro negro. ■ **4** (*col, esp en lenguaje femenino*) Pers. o cosa de gran encanto, bondad o belleza. *Gralm en la constr* SER UN ~. *A veces en la forma dim* SOLETE. ■ **5** (*col, esp en lenguaje femenino*) Se usa como apelativo cariñoso, esp referido a niños. *Tb en la forma dim* SOLETE. * Ven aquí, solete. * ¿Qué quiere mi sol? ■ **6 el ~ que más calienta.** (*col*) Quien mejor puede ayudar o favorecer. *En constrs como* ARRIMARSE, PONERSE, *o* ESTAR, AL ~ QUE MÁS CALIENTA. *Con intención desp.* ■ **7** Unidad monetaria del Perú. ■ **8 ~ y sombra.** Copa de anís y coñac mezclados.
II *loc v y fórm or* **9 como el ~ que nos alumbra.** *Fórmula con que se asegura enfáticamente la verdad de algo.* * –¿Es eso cierto? –Como el sol que nos alumbra. ■ **10 salga el ~ por Antequera.** *Fórmula que sigue a la mención de un propósito o de un hecho, para indicar que no importan sus conse-*

cuencias. * Lo mandan, se hace y salga el sol por Antequera.
III *loc adv* **11 bajo el ~.** En la Tierra. *Gralm en la constr* NADA NUEVO BAJO EL ~. ■ **12 de ~ a ~.** Desde que amanece hasta que anochece. ■ **13 ni a ~ ni a sombra.** De ninguna manera o en ningún momento. *En constr negativa y normalmente con el v* DEJAR.

sol² *m* Quinta nota de la escala musical.

sol³ *m* (*Quím*) Coloide diluido o que se presenta en forma líquida.

solado *m* **1** Acción de solar³. ■ **2** Revestimiento con que se cubre un suelo.

solador -ra *m y f* Pers. que tiene por oficio solar³.

solaje *m* (*reg*) Poso [de un líquido].

solamente *adv* Con exclusión de cualquier otra cosa, pers., lugar o tiempo. *A veces, enfáticamente,* TAN ~. **b)** no ~..., sino (que) (también)... → NO¹.

solana *f* **1** Lugar donde da el sol¹ [2] de lleno. **b)** Vertiente de un valle expuesta al sol. ■ **2** (*reg*) Galería o balcón corrido expuestos al sol¹ [2]. ■ **3** (*reg*) Sobrado o desván.

solanácea *adj* (*Bot*) [Planta] dicotiledónea, herbácea o arbustiva, de hojas alternas, flores hermafroditas y fruto en baya o en cápsula. *Frec como n f en pl, designando este taxón botánico.*

solanas *adj* (*jerg*) Solo o sin compañía. *Tb* DE ~.

solanero¹ -ra **I** *adj* **1** [Lugar] expuesto al sol¹ [2].
II *f* **2** Solana [1]. ■ **3** (*Taur*) Parte de la plaza en que da el sol¹ [2]. *Tb el público que la ocupa.* ■ **3** Influencia directa de los rayos solares, esp. cuando son muy fuertes.

solanero² -ra *adj* De La Solana (Ciudad Real). *Tb n, referido a pers.*

solanina *f* (*Quím*) Sustancia tóxica contenida en algunas plantas de la familia de las solanáceas.

solano¹ -na *adj* De levante u oriente. *Frec n m, referido a viento.*

solano² *m* Se da este n a varias plantas solanáceas de los géns Solanum y Atropa, esp la *S. nigrum*. *Frec con un adj especificador:* NEGRO, AMARILLO, FURIOSO, *etc.*

solapa *f* **1** *En una prenda de vestir:* Parte superior del delantero, que se dobla hacia afuera. ■ **2** *En un libro:* Prolongación lateral de la sobrecubierta o de la cubierta, que se dobla hacia adentro. *Tb lo escrito en ella.* ■ **3** *En un sobre:* Parte que sirve de cierre. ■ **4** *En determinados objetos:* Parte que se dobla sobre otra a la que cubre total o parcialmente. ■ **5** (*raro*) Disimulo u ocultación.

solapable *adj* Que se puede solapar.

solapadamente *adv* De manera disimulada u oculta.

solapado -da *adj* **1** *part* → SOLAPAR. ■ **2** Disimulado, que no se manifiesta abiertamente. ■ **3** (*raro*) Que tiene solapas [1].

solapamiento *m* Acción de solapar(se).

solapar A *tr* **1** Disimular u ocultar [algo] maliciosamente.
B *intr pr* (**~se**) **2** Superponerse total o parcialmente [dos cosas, o una a otra (*compl* CON)].

solape *m* Disimulo u ocultación.

solapín *m* (*raro*) Solapa [1] pequeña.

solar[1] **I** *adj* **1** [Casa] que es la más antigua [de una familia noble].
II *m* **2** Terreno destinado a edificar sobre él, o sobre el cual hay construido un edificio. ■ **3** Linaje noble. *Gralm con un compl* DE + *apellido*. ■ **4** Casa solar [1]. ■ **5** (*lit*) Suelo. ■ **6** (*reg*) Suelo de la era.

solar[2] *adj* **1** Del Sol. ■ **2** Que funciona con la luz o las radiaciones solares [1]. **b)** Que transforma la luz solar en energía eléctrica. ■ **3** Que protege de las radiaciones solares [1]. ■ **4** (*raro*) Que tiene radiación solar [1]. ■ **5** (*Anat*) [Plexo] situado delante de la aorta abdominal.

solar[3] (*conjug* 4) *tr* Poner suelo [a algo (*cd*)].

solar[4] (*conjug* 4) *tr* Poner suela [al calzado (*cd*)].

solariego -ga *adj* **1** De solar[1] (linaje noble). *Tb n, referido a pers*. ■ **2** (*hist*) [Pers.] establecida en tierras de un señor, del que recibe campos para su cultivo en virtud de un contrato por el que queda sometida al señor de la tierra. *Tb n*.

solario *m* Terraza u otro local adecuado para tomar baños de sol.

solárium (*pl normal, ~ o ~s*) *m* Solario.

solarización *f* (*Fotogr*) Procedimiento que consiste en exponer a la luz las superficies sensibles y ya impresionadas, mientras se están revelando.

solateras *adj* (*jerg*) Solo o que no tiene compañía.

solaz *m* (*lit*) Placer o recreo.

solazador -ra *adj* (*lit, raro*) Que solaza.

solazar *tr* (*lit*) **1** Proporcionar placer o solaz [a alguien o a una parte o facultad suya]. **b)** *pr* (~**se**) Sentir placer o solaz. ■ **2** Ocupar [un tiempo] de modo placentero.

solazo → SOL[1].

solazoso -sa *adj* (*lit, raro*) Que causa solaz.

soldabilidad *f* (*E*) Cualidad de soldable.

soldable *adj* (*E*) Que se puede soldar.

soldada *f* **1** Sueldo o paga. **b)** Paga del soldado. ■ **2** (*reg*) Cantidad que, pagada periódicamente, aporta la mujer al matrimonio.

soldadera *f* (*hist*) **1** Mujer que gana su vida acompañando a un juglar y bailando en público. ■ **2** Mujer que acompaña a los soldados en campaña.

soldadesca *f* (*desp*) Conjunto de (los) soldados.

soldadesco -ca *adj* (*desp*) De(l) soldado [1]. *Frec en la constr* A LA SOLDADESCA.

soldado I *n* A *m* y *f* **1** Pers. cuya misión es el uso de las armas en caso de guerra. **b)** Militar (pers. que pertenece al ejército). ■ **2** Militar sin graduación. **b)** ~ **primero** → PRIMERO.
B *m* **3** (*lit*) Pers. cuya actividad es la lucha en defensa [de alguien o algo]. ■ **4** (*Zool*) *En los insectos sociales:* Individuo encargado de la defensa de la sociedad. ■ **5** ~ (*o, más frec,* **soldadito**) **de Pavía.** Tajada de bacalao rebozado y frito.
II *fórm or* **6 para que te vayas con los ~s.** (*col*) Para que te fíes o para que escarmientes.

soldador -ra *adj* Que suelda. *Frec n, referido a pers y a aparato o máquina.*

soldadura *f* **1** Acción de soldar(se). *Tb su efecto. Tb fig.* ■ **2** Aleación usada para soldar.

soldán *m* (*hist*) Sultán. *Esp referido a Persia o Egipto.*

soldanella *f* **1** Planta herbácea de flores azules o violáceas en forma de campana, propia de zonas montañosas (*Soldanella alpina*). ■ **2** Planta de tallos rastreros y flores acampanadas rosas con estrías blancas, propia de arenales marítimos (*Calystegia soldanella*).

soldar (*conjug* 4) *tr* Unir [dos piezas metálicas o una con otra] mediante fusión, bien de ellas mismas o de otra materia similar pero más fusible. *Tb fig*. **b)** *pr* (~**se**) Unirse [dos cosas] por fusión o por crecimiento de una materia común en la zona de contacto. *Tb fig*.

soleá (*pl,* SOLEARES) *f* Copla flamenca de 3 o 4 versos, que se canta con compás de 3 por 8. *Tb su música y su baile.*

soleada *f* (*reg*) Insolación (conjunto de trastornos causados por excesiva exposición, esp. de la cabeza, al sol).

soleado[1] **-da** *adj* **1** *part* → SOLEAR. ■ **2** Que tiene sol o irradiación solar. ■ **3** Que recibe sol o irradiación solar.

soleado[2] *m* Acción de solear(se).

soleamiento *m* **1** Acción de solear(se). ■ **2** (*reg*) Hecho de brillar el Sol.

solear A *tr* **1** Exponer [algo o a alguien] a la acción de los rayos solares. **b)** *pr* (~**se**) Recibir [alguien o algo] la acción de los rayos solares.
B *intr* **2** (*reg*) Brillar el Sol.

soleares → SOLEÁ.

solearilla *f* Soleá corta.

solecismo *m* (*Gram*) Incorrección sintáctica.

solecito → SOL[1].

soledad *f* **1** Condición de solo (que no tiene compañía). ■ **2** Condición de solo (poco frecuentado, o solitario). ■ **3** (*lit*) Lugar solitario. *Gralm en pl.*

soledoso -sa *adj* (*lit*) **1** Solitario. ■ **2** (*raro*) Que tiene o muestra añoranza por la ausencia o la pérdida de alguien o algo.

soledumbre *f* (*lit*) Soledad [1 y 2].

solemne *adj* **1** Que se hace o se celebra públicamente y con pompa. **b)** Que implica cierto lujo u ostentación. **c)** (*Rel catól*) [Misa] cantada y con incensación, en que acompañan al sacerdote el diácono y el subdiácono. ■ **2** Que se hace públicamente y con todas las formalidades requeridas. ■ **3** Que tiene la seriedad propia de las perss. o cosas importantes. *A veces con intención desp, denotando afectación.* ■ **4** Grande o importante. *Frec con intención ponderativa, precediendo a ns como* TONTERÍA, MAJADERÍA *o* DISPARATE.

solemnemente *adv* De manera solemne.

solemnidad I *f* **1** Cualidad de solemne. ■ **2** Acto o ceremonia solemne [1 y 2]. ■ **3** Formalidad de un acto solemne [2]. *Gralm en pl.*
II *loc adv* **4 de ~.** De manera notoria. *Aplicado a adjs, esp* POBRE.

solemnizar *tr* **1** Hacer solemne [1 y 2] [algo]. ■ **2** Celebrar [algo] de manera solemne.

solenoide *m* (*Electr*) Bobina cuyas espiras se hallan yuxtapuestas en una o varias capas sobre un cuerpo cilíndrico de modo que la corriente produce un campo magnético uniforme.

sóleo *m* (*Anat*) Músculo de la pantorrilla que, unido a los gemelos por su parte inferior, forma el tendón de Aquiles.

soler (*conjug* 18) *tr* (*no admite constr pasiva*). ~ + *v en infin* = *el mismo v* (*en el mismo modo y tiempo que* ~) + HABITUALMENTE (suelen venir = vienen habitualmente).

solera *f* **1** Entramado del suelo. ■ **2** Madero asentado horizontalmente en el suelo o sobre las vigas, en el cual descansan o se ensamblan otros maderos verticales o inclinados. ■ **3** Suelo o base. **b)** Parte inferior y refractaria [de un horno]. ■ **4** Vino añejo y generoso que se destina para dar fuerza al nuevo. *Frec* VINO DE ~. ■ **5** Antigüedad y prestigio [de una cosa]. *Frec en la constr* DE ~.

solería *f* Solado, o revestimiento del suelo.

solero *m* (*reg*) Suelo o base.

solespones. a ~. *loc adv* (*reg*) A la puesta del Sol.

soleta *loc v* (*col*) **1 dar ~** [a alguien]. Echar[le] o despedir[le]. *Tb fig.* ■ **2 tomar ~.** Marcharse deprisa.

solete → SOL¹.

soletilla *f* Bizcocho pequeño y fino en forma de suela. *Gralm* BIZCOCHO DE ~.

soleto -ta *adj* (*reg*) Desvergonzado.

solevantar *tr* (*raro*) Levantar [algo] empujando desde abajo.

solfa I *f* **1** Arte de leer y entonar un texto musical. ■ **2** Conjunto de signos musicales. ■ **3** Música. *Frec en constrs como* PONER ~ *o* PONER EN ~. ■ **4** (*col*) Paliza o zurra. *Frec en la constr* HABER ~. **II** *loc v* **5 poner en ~.** (*col*) Ridiculizar o criticar.

solfatara *f* (*Geol*) Emanación volcánica constituida básicamente por vapor de agua y gases sulfurosos. *Tb el terreno en que se encuentra.*

solfear *tr* Cantar [algo] pronunciando el nombre de las notas. *Tb abs.* **b)** (*raro*) Cantar [las notas] pronunciando sus nombres.

solfeo *m* Sistema de lectura de un texto musical, según los valores de altura y duración de las notas. *Tb la misma lectura.*

solferino *adj* [Color] rojo que tira a rosa o morado. *Tb n m.*

solicitación *f* **1** Acción de solicitar, *esp* [3]. ■ **2** Cosa que solicita [3b] la atención o el interés.

solicitador -ra *adj* (*raro*) Que solicita. *Tb n, referido a pers.*

solícitamente *adv* De manera solícita.

solicitante *adj* **1** [Pers.] que solicita [1]. *Más frec n.* ■ **2** (*Der*) [Clérigo] que hace proposiciones deshonestas en el confesonario.

solicitar *tr* **1** (*admin*) Pedir (manifestar [a alguien (*ci*)] el deseo o la necesidad [de algo (*cd*)] para que lo satisfaga). *Tb* (*lit*) *fuera del ámbito burocrático.* ■ **2** Tratar de conseguir la amistad, la compañía o la ayuda [de alguien (*cd*)]. ■ **3** Atraer la atención o el interés [de alguien (*cd*)]. **b)** Atraer [la atención o el interés (*cd*)]. ■ **4** Atraer [una fuerza a un cuerpo].

solícito -ta *adj* [Pers.] diligente y pronta en atender a alguien o algo. **b)** Propio de la pers. solícita.

solicitud *f* **1** Acción de solicitar [1]. **b)** Escrito en que se solicita algo oficialmente. ■ **2** Cualidad de solícito.

sólidamente *adv* De manera sólida [2 y 3].

solidariamente *adv* De manera solidaria.

solidaridad *f* **1** Condición de solidario [1 y 2]. ■ **2** (*raro*) Acción de manifestar solidaridad [1]. ■ **3** (*Ling*) Interdependencia entre dos términos de una función.

solidario -ria *adj* **1** [Pers.] que se adhiere [a una causa o a la pers. que la defiende (*compl* DE *o* CON)], esp. dispuesta a compartir responsabilidades o afrontar las consecuencias. **b)** [Pers.] que se siente moralmente obligada a ayudar a los demás y a compartir sus problemas. **c)** Propio de la pers. solidaria. ■ **2** (*Der*) [Obligación o responsabilidad] que es compartida por varias perss., cada una de las cuales es responsable de la totalidad. **b)** [Pers.] que participa en una obligación solidaria. ■ **3** [Pieza] que va unida [a otra (*compl* DE)] en su movimiento, por contacto directo, por engranaje o por un intermediario. *Tb fig.*

solidarismo *m* Doctrina o tendencia social basada en la solidaridad [1].

solidarizar *tr* Hacer solidaria [a una pers. o cosa con otra]. *Frec el cd es refl.*

solideo *m* **1** Casquete que usan algunos eclesiásticos para cubrirse la corona. ■ **2** Casquete no eclesiástico semejante al solideo [1].

solidez *f* Cualidad de sólido [1, 2 y 3].

solidificación *f* Acción de solidificar(se).

solidificar **A** *tr* **1** Convertir en sólido [1b] [un líquido]. **B** *intr* **2** Convertirse en sólido [1b] [un líquido]. *Tb pr* (~**se**).

sólido -da I *adj* **1** [Estado de la materia] en que las moléculas tienen una gran cohesión y mantienen una forma constante. **b)** [Cuerpo] que está en estado sólido. *Frec n m.* ■ **2** Firme (que no se mueve, por estar bien apoyado o sujeto). *Tb fig.* ■ **3** Resistente, o que no se rompe o altera con facilidad. ■ **4** (*Geom*) [Ángulo] formado por varios planos que se cortan y concurren en un mismo vértice. **II** *m* **5** (*Geom*) Objeto material de tres dimensiones. ■ **6** (*hist*) Moneda romana de oro, equivalente a unos 25 denarios de oro.

solifluxión *f* (*Geol*) Deslizamiento del suelo, debido a la presencia de arcilla o de légamos que le confieren cierta viscosidad.

soliloquio *m* Hecho de hablar una pers. sin dialogar con otra. *Tb su efecto.*

solimán *m* (*hist*) Cosmético compuesto de preparados de mercurio.

solina *f* (*reg*) Solanera (influencia directa de los rayos solares, esp. cuando son muy fuertes).

soling (*ing; pronunc corriente,* /sólin/; *pl normal,* ~**s**) *m* (*Dep*) Balandro de regatas con una eslora total de 8,19 m, manga de 1,90 y desplazamiento de 1.000 kg.

solio *m* **1** Trono papal. *Frec* ~ PONTIFICIO. *Gralm mencionado como símbolo de la dignidad de papa.* ■ **2** (*raro*) Trono de un soberano. *Gralm mencionado como símbolo de la dignidad de soberano.*

solípedo *adj* (*Zool*) Équido. *Tb n.*

solipsismo *m* (*Filos*) Doctrina según la cual no existe más realidad que el sujeto pensante más que él mismo. *Tb fig, fuera del ámbito filosófico.*

solipsista adj (*Filos*) De(l) solipsismo. **b)** Adepto al solipsismo. *Tb n.*

solisombra f Mezcla de sol y sombra.

solista adj (*Mús y Danza*) Que interpreta un solo [4 y 5]. *Más frec n, referido a pers.*

solitariamente adv De manera solitaria [3].

solitario -ria I adj **1** [Pers.] que está sola [2]. **b)** [Pers.] amante de la soledad. **c)** [Cosa] que está sola [2] o aislada. **d)** (*Bot*) [Flor] que no forma inflorescencia, sino que nace aislada. ■ **2** [Lugar] no habitado o no transitado. ■ **3** [Cosa] que implica soledad o falta de compañía. **b)** [Pecado] ~ → PECADO.
  II n A m **4** Juego, gralm. de cartas, que es ejecutado por una sola pers. ■ **5** Brillante que se engasta solo en una joya, esp. en un anillo. *Tb la joya.* ■ **6** Roquero solitario (ave, *Monticola solitarius*).
  B f **7** Tenia. *Frec se usa en constrs de sent comparativo* (*como* TENER LA SOLITARIA) *para ponderar el apetito voraz de una pers y su delgadez.* * No sé dónde echas lo que comes. Parece que tienes la solitaria. ■ **8** Pieza del traje regional asturiano, que se pone sobre los hombros y cruza delante del pecho hasta la espalda.
  III loc adv **9 en ~.** Sin compañía. *Gralm referido al modo de llegar en una carrera deportiva.*

sólito -ta (*lit*) I adj **1** Habitual o acostumbrado.
  II loc adv **2 de ~.** De costumbre o habitualmente.

solitud f (*lit, raro*) Soledad.

soliviantador -ra adj (*raro*) Que solivianta.

soliviantar tr **1** Alterar el ánimo [de alguien (*cd*)] haciéndole tomar una actitud rebelde u hostil. **b)** pr (~se) Alterarse [una pers.] tomando una actitud rebelde u hostil. ■ **2** Alterar o poner nervioso [a alguien]. **b)** pr (~se) Alterarse o ponerse nervioso [alguien]. ■ **3** Alterar o alborotar [a alguien] haciéndole concebir ilusiones.

solivianto m Acción de soliviantar(se). *Frec su efecto.*

soliviar (*conjug 1a*) tr Alzar ligeramente [a una pers. sentada o echada]. *Frec el cd es refl.*

solivo m (*reg*) Madero de sierra o viga.

solla f (*reg*) Se da este n a varios peces semejantes al lenguado, esp al *Pleuronectes platessa* y *Platichthys flesus*.

sollado m (*Mar*) En un barco: Piso o cubierta inferior, en que suelen instalarse alojamientos y pañoles.

sollamar tr (*raro*) Someter [algo] al efecto de la llama.

sollastre m (*raro*) Pinche de cocina.

sollerense adj De Sóller (Mallorca). *Tb n, referido a pers.*

sollo m (*reg*) Esturión (pez).

sollozante adj **1** Que solloza. ■ **2** Que se produce entre sollozos.

sollozar intr Llorar con movimientos convulsivos y entrecortados.

sollozo m Movimiento convulsivo y entrecortado que se produce al llorar. *Frec en pl.*

solo -la (*en los grupos IV, V y VI, la forma* SOLO *puede escribirse con tilde si hay riesgo de anfibología*) I adj **1** Que no forma pareja o serie con ningún otro ser de su especie. **b)** (*col*) Se usa en la constr

COMO ÉL (*u otro pron pers*) ~, *para ponderar el alto grado de una cualidad, sin comparación posible.* * Es listo como tú solo. * Eres egoísta como tú sola. ■ **2** Que no tiene o lleva compañía o acompañamiento. *A veces en la constr ponderativa* MÁS ~ QUE LA UNA. **b)** [Café] que se sirve sin leche. *Frec n m.* ■ **3** [Lugar] poco frecuentado o en que no hay nadie.
  II m **4** Composición musical, o parte de ella, cantada o tocada por una pers. sola [2]. ■ **5** Paso de danza que se ejecuta sin pareja. ■ **6** (*Naipes*) En el tresillo: Lance en que se hacen todas las bazas sin robar. ■ **7** (*Naipes*) Juego semejante al tresillo, en el que gana el jugador que hace por lo menos 36 tantos.
  III loc v **8 dar un ~.** (*col*) Aburrir [a alguien (*ci*)]. ■ **9 quedarse ~.** (*col*) No tener competidor. *Tb fig.*
  IV adv **10** Solamente. *A veces, enfáticamente,* TAN ~. **b) no ~..., sino (que) (también)...** → NO[1]. ■ **11 a solas.** En soledad. ■ **12 a ~.** (*Mús*) [Cantando o tocando] una pers. sola [2]. *Tb adj.*
  V prep **13** Inmediatamente después de. *Seguido de infin.*
  VI loc conj **14 ~ que.** Pero.

solomillo m En las reses destinadas al consumo: Tira de carne que se extiende entre las costillas y el lomo.

solomo m (*raro*) Solomillo.

solovox m Instrumento musical electrónico de teclado, cuyo sonido es semejante al del órgano.

solsonense adj De Solsona (Lérida). *Tb n, referido a pers.*

solsticial adj (*Astron*) De(l) solsticio.

solsticio m (*Astron*) Momento en la trayectoria aparente del Sol en que este alcanza su máximo alejamiento del ecuador.

soltar (*conjug 4*) A tr **1** Hacer que [alguien o algo (*cd*)] deje de estar atado o sujeto. *Tb abs.* **b)** pr (~se) Dejar [alguien o algo] de estar sujeto. ■ **2** Dejar libre [a alguien que está encerrado o preso]. **b)** Dejar salir [algo detenido o interceptado]. ■ **3** Dejar caer [algo]. ■ **4** (*col*) Desprenderse [de una cosa (*cd*)] o dejar de tener[la] en las manos. *Tb fig.* ■ **5** Desprender [una pers. o cosa (*suj*) algo] de sí. ■ **6** Dejar que se produzca [una acción fisiológica o una manifestación afectiva, esp. contenidas]. ■ **7** (*col*) Decir. *Normalmente implica que lo dicho o el modo en que se dice no son oportunos o debidos, o son bruscos.* * La buena señora soltó una andanada de tacos. ■ **8** (*col*) Dar [un golpe]. ■ **9** Aligerar [el vientre]. **b)** pr (~se) Aligerarse [el vientre].
  B intr ➤ **a** normal **10** Comenzar [a algo (A + infin)].
  ➤ **b** pr (~se) **11** Adquirir desenvoltura [en algo (A + infin, ger, o EN + n)]. *A veces se omite el compl por consabido.* **b)** Sin compl: Adquirir desenvoltura en el trato con los demás o en un determinado ambiente.

soltería f Estado o condición de soltero.

soltero -ra adj **1** [Pers.] que no se ha casado. *Tb n.* ■ **2** (*col*) [Pers. casada] que se encuentra ocasionalmente sin su cónyuge.

solterón -na adj Soltero de edad avanzada. *Frec n. Referido a mujer, frec con intención desp o humoríst.*

soltura f Agilidad y desenvoltura.

solubilidad f (*Quím*) Cualidad de soluble [1]. **b)** Grado o coeficiente de solubilidad.

solubilizar *tr* (*Quím*) **1** Hacer soluble [1] [una sustancia]. ■ **2** Disolver [un cuerpo en otro].

soluble *adj* **1** [Sustancia] que se puede disolver. ■ **2** [Problema] que se puede resolver.

solución *f* **1** Cosa que hace que [un problema o dificultad (*compl de posesión, o* A)] deje de existir. *Frec sin compl*. **b)** Respuesta [a una cuestión dificultosa (*compl de posesión, o* A)]. *Frec sin compl*. **c)** Desenlace [de una situación difícil]. ■ **2** Hecho de solucionar(se). ■ **3** ~ **de continuidad.** Interrupción, o falta de continuidad. ■ **4** (*Quím*) Disolución.

solucionable *adj* Que se puede solucionar.

solucionador -ra *adj* Que soluciona. *Tb n, referido a pers*.

solucionar *tr* Dar solución [1] [a algo (*cd*)]. **b)** *pr* (~se) Dejar de existir [un problema o dificultad] o pasar a tener solución [1].

solucionario *m* Libro o colección de soluciones [1b].

solunar *adj* (*Astron*) Del Sol y de la Luna conjuntamente.

soluto *m* (*Quím*) Cuerpo disuelto.

solutoide *m* (*Quím, raro*) Disolución verdadera.

solutrense *adj* (*Prehist*) [Cultura o período] del Paleolítico superior, cuyos principales vestigios corresponden a Solutré (Francia). *Tb n m*.

solvatación *f* (*Quím*) Combinación de las moléculas de un cuerpo disuelto con las del disolvente.

solvencia *f* Cualidad de solvente [1, 2 y 3].

solventable *adj* Que se puede solventar.

solventador -ra *adj* Que solventa. *Tb n, referido a pers*.

solventar *tr* Resolver o solucionar. **b)** *pr* (~se) Resolverse o solucionarse.

solvente *adj* **1** Que puede satisfacer sus deudas u obligaciones. ■ **2** Capaz de cumplir debidamente una obligación o un cargo. ■ **3** Fiable o que merece crédito. ■ **4** (*Quím*) Disolvente. *Gralm n m*.

solventemente *adv* De manera solvente [3].

soma *m* (*Biol*) Cuerpo. *Se opone a* PSIQUE *o* ESPÍRITU. **b)** Conjunto de las células que constituyen el cuerpo de un organismo, esp. animal, excluidas las reproductoras. *Se opone a* GERMEN.

somalí I *adj* **1** De Somalia. *Tb n, referido a pers*. II *m* **2** Idioma de Somalia.

somanta *f* (*col*) Tunda o paliza.

somarrar *tr* (*reg*) Socarrar o chamuscar.

somarro *m* (*reg*) Trozo de carne fresca asado en las brasas.

somatén *m* (*hist*) **1** Milicia ciudadana organizada para coadyuvar a la seguridad. *Gralm referido a Cataluña*. ■ **2** (*reg*) Rebato.

somatenista *m* (*hist*) Individuo que forma parte de un somatén [1].

somáticamente *adv* (*Biol*) En el aspecto somático.

somático -ca *adj* (*Biol*) De(l) soma. **b)** Relativo al cuerpo como armazón, en oposición a las vísceras.

somatización *f* (*Med*) Acción de somatizar.

somatizar *tr* (*Med*) Transformar [un problema psíquico] en enfermedad orgánica o en síntomas somáticos. *Tb* (*lit*) *fig, fuera del ámbito médico*.

somatoceptor *m* (*Psicol*) Órgano sensorial que recibe estímulos del propio cuerpo. *Tb adj*.

somatopsíquico -ca *adj* (*Psicol*) Del cuerpo y de la mente.

somatotípico -ca *adj* (*Psicol*) De(l) somatotipo.

somatotipo *m* (*Psicol*) Tipo de constitución del cuerpo.

somatotrofina *f* (*Biol*) Hormona segregada por el lóbulo anterior de la hipófisis, que estimula el crecimiento corporal.

sombra I *n* A *f* **1** Proyección oscura [de un cuerpo opaco que intercepta los rayos de un foco luminoso, esp. el Sol]. **b)** Pers. o cosa inseparable [de otra]. *Gralm con el v* SER. **c)** ~s **chinescas.** Espectáculo consistente en la proyección de sombras [1a] de siluetas recortadas. ■ **2** Lugar que no recibe radiación luminosa, esp. solar. **b)** (*Telec*) Lugar al que no llegan las señales de una emisora. ■ **3** Oscuridad. *Gralm en pl*. **b)** Parte no clara en la comprensión de un asunto. ■ **4** Situación en que no se destaca o no se aparece públicamente. *Gralm en la constr* EN LA ~. **b)** Clandestinidad. *Gralm en política y en la constr* EN LA ~. ■ **5** Tono más oscuro o menos brillante, que gralm. representa una sombra [1a]. **b)** Cosmético empleado para colorear los párpados. *Gralm* ~ DE OJOS. ■ **6** Mancha consistente en una ligera oscuridad o falta de brillo. *Tb fig*. ■ **7** Señal leve [de algo]. *Frec en constr negat, con intención ponderativa*. **b)** Recuerdo vago o desdibujado [de algo]. *Con intención ponderativa. Gralm en las constrs* NO SER NI SU ~, *o* NO SER NI ~ DE LO QUE ERA. ■ **8** Forma imprecisa de algo que no se percibe más que el contorno. **b)** (*lit*) Cosa vana o engañosa. ■ **9** (*col*) Gracia o desenvoltura. ■ **10** (*col*) Suerte. *Gralm con los adjs* BUENA *o* MALA. ■ **11** (*col*) Intención. *Gralm con el adj* MALA.

B *m y f* (*col*) **12** mala ~. Pers. de mala intención. *Tb adj*.

II *loc v* **13** hacer [una pers. o cosa] ~ (*o, raro,* la ~). Ser causa, debido a su calidad o importancia, de que [esta] parezca menos importante o valiosa. ■ **14** dejar [alguien] de hacer ~. (*col*) Morir.

III *loc adv* **15** a la ~. (*col*) En la cárcel. ■ **16** a la ~ [de alguien o algo]. Bajo su protección o amparo. ■ **17** de su ~. (*col*) De todo el mundo. *Gralm con el v* REÍR. **b)** ni de su ~. (*col*) De nadie. *Gralm con el v* FIAR.

sombraje *m* (*raro*) Lugar sombreado.

sombrajo I *m* **1** Armazón rudimentaria para proporcionar sombra [1a]. ■ **2** Sombra [1a] pequeña o escasa. II *loc v* **3** caérsele [a alguien] los palos del ~. (*col*) Quedar totalmente decepcionado.

sombreado¹ -da *adj* **1** *part* → SOMBREAR. ■ **2** Que tiene sombra [1a] o que está en sombra [2a].

sombreado² *m* Acción de sombrear [2]. *Tb su efecto*.

sombreador -ra I *adj* **1** Que sombrea. II *m* **2** Cosmético empleado para colorear los párpados.

sombreante *adj* Que sombrea.

sombrear *tr* **1** Dar sombra [1a] [a algo (*cd*)]. ■ **2** Marcar o destacar [algo] mediante sombras [5].

sombrera *f* (*reg*) Sombrero femenino de paja.

sombrerazo *m* (*col*) **1** Saludo que se hace quitándose el sombrero [1]. *Tb fig.* ■ **2** Golpe dado con un sombrero [1].

sombrerería *f* Tienda o taller de sombreros [1].

sombrerero -ra A *m y f* **1** Pers. que fabrica o vende sombreros [1].
B *f* **2** Caja para guardar sombreros [1].
C *m* (*raro*) **3** Sombrerera [2]. ■ **4** Percha para sombreros [1].

sombrerete *m* Pieza en forma de sombrero [1] que se emplea para cubrir algo, esp. una chimenea.

sombrerillo *m* **1** (*Bot*) Parte superior, gralm. redondeada, de las setas. ■ **2 ~ de agua.** Planta de tallo blanquecino y rastrero, hojas redondeadas y flores pequeñas, blancas o rosadas, propia de lugares húmedos (*Hydrocotyle vulgaris*).

sombrero I *m* **1** Prenda que cubre la cabeza, de contextura más o menos rígida, sin visera pero gralm. con ala. *Diferentes tipos se distinguen por medio de compls o adjs:* CORDOBÉS, DE COPA, HONGO, *etc.* ■ **2** (*Bot*) Sombrerillo [1]. ■ **3** Capa que se forma en la superficie del mosto en fermentación, constituida por hollejos y otras partículas sólidas.
II *loc v* (*col*) **4 colgar** [alguien] **el ~.** Abandonar la vida de trabajo. ■ **5 quitarse el ~** [ante una pers. o cosa]. Sentir respeto y admiración [hacia ella].

sombríamente *adv* De manera sombría [2].

sombrilla *f* **1** Utensilio semejante a un paraguas, gralm. de colores muy vivos, usado para protegerse del sol. **b)** (*Pol*) Entidad o sistema que sirve de protección o defensa. ■ **2** (*Zool*) Umbrela.

sombrío -a *adj* **1** [Lugar] que recibe poca radiación solar. ■ **2** Triste o pesimista.

sombrón -na *adj* (*col*) Tristón.

sombroso -sa *adj* (*lit*) Que hace mucha sombra [1a].

somelier *m* Sumiller (encargado de los vinos en un restaurante).

someramente *adv* De manera somera.

somero -ra *adj* Superficial o poco profundo. *Frec fig.*

somestésico -ca *adj* (*Psicol*) De la sensibilidad corporal.

someter *tr* **1** Poner por la fuerza bajo la propia autoridad [a una pers. o un territorio]. **b)** Poner [a alguien o un territorio] por la fuerza [bajo un dominio o autoridad (*compl* A)]. ■ **2** Subordinar [una pers. o cosa (*cd*) a otra], o hacer[la] depender [de ella (*ci*)]. **b)** *pr* (**~se**) Estar subordinada [una cosa (*suj*) a otra (*ci*)]. ■ **3** Proponer [algo a alguien] para que dé su opinión sobre ello. ■ **4** Hacer que [alguien o algo (*cd*)] sufra los efectos [de un agente o una acción (*ci*)].

sometible *adj* Que se puede someter.

sometimiento *m* Acción de someter(se). *Tb su efecto.*

somier *m* Pieza de la cama, consistente gralm. en un bastidor con muelles o tela metálica, que sirve de soporte elástico al colchón.

somita *m* (*Biol*) Segmento primitivo del tronco del embrión.

sommelier (*fr; pronunc corriente,* /somelié/; *pl normal,* ~s) *m* Somelier.

somnífero -ra *adj* Que produce sueño. *Gralm n m, referido a medicamento. Tb* (*lit*) *fig.*

somnolencia *f* Pesadez y entorpecimiento motivados por el sueño.

somnoliento -ta *adj* Que tiene somnolencia. **b)** Propio de la pers. somnolienta.

somontano -na *adj* **1** [Terreno o región] situados al pie de una montaña. *Frec n m.* ■ **2** Del Somontano (comarca de Huesca).

somonte *m* Terreno situado en la falda de una montaña. *Tb* (*lit*) *fig.*

somorgujar *intr* (*lit*) Bucear (nadar bajo el agua). *Tb fig.*

somorgujo *m* Somormujo.

somormujo *m* Se da este *n* a varias especies de aves acuáticas del *gén* Podiceps, que se zambullen para capturar sus presas; esp *P.* cristatus y *P.* griseigena, llamados tb ~ LAVANCO y ~ CUELLIRROJO, respectivamente.

son I *m* **1** Sonido, esp. musical. ■ **2** Música (partitura o pieza musical). ■ **3** (*Taur*) Modo suave y templado de embestir el toro. *Frec en la constr* TENER BUEN ~.
II *loc v* (*col*) **4 bailar** [alguien] **al ~ que** [otro] **le toca.** Acomodar [alguien] su comportamiento a las circunstancias creadas [por otro]. ■ **5 bailar** [alguien] **a poco ~** (*o sin* ~). Necesitar poco (o ningún) motivo para actuar.
III *loc adv* **6 al ~** [de un instrumento]. Con [su] acompañamiento. ■ **7 a qué ~,** *o* **a ~ de qué.** (*col*) Por qué motivo.
IV *loc prep* **8 en ~ de.** En actitud de. *Seguido de los ns* GUERRA, PAZ *u otro de sent equivalente.*

sonado -da *adj* **1** *part* → SONAR¹. ■ **2** [Cosa] que llama la atención y da que hablar. ■ **3** Famoso o muy conocido. ■ **4** [Boxeador] que ha perdido facultades mentales a consecuencia de los golpes recibidos en los combates. **b)** (*col*) Atontado a causa de los golpes recibidos. **c)** (*col*) Medio loco.

sonador -ra (*raro*) **I** *adj* **1** Que suena [1a].
II *m* **2** Timbre (aparato para llamar).

sonaja *f* **1** Par de chapas de metal que se colocan en algunos instrumentos para hacerlas sonar cuando se agitan. ■ **2** (*hoy raro*) Instrumento músico constituido por un aro de madera en el que van insertas varias sonajas [1].

sonajeo *m* (*raro*) Sonido de sonajas.

sonajero -ra I *adj* **1** (*raro*) Que suena [1a].
II *m* **2** Juguete para bebés, provisto de un mango y que suena [1a] cuando se mueve.

sonámbulamente *adv* De manera sonámbula.

sonambúlicamente *adv* De manera sonambúlica.

sonambúlico -ca *adj* De(l) sonambulismo.

sonambulismo *m* Estado de sonámbulo.

sonámbulo -la *adj* [Pers.] que durante el sueño, natural o hipnótico, realiza ciertos actos coordinados, esp. caminar o hablar. **b)** Propio de la pers. sonámbula.

sonancia *f* Cualidad de sonante.

sonanta *f* (*reg*) Guitarra.

sonante *adj* **1** Que suena, *esp* [1a]. *Frec referido a moneda*. **b) contante y ~ →** CONTANTE. ■ **2** (*Fon*) [Consonante] sonora que en su articulación presenta un grado de abertura próximo al de las vocales, y que por ello es capaz de funcionar en determinadas lenguas como centro de sílaba. *Tb n f.*

sonántico -ca *adj* (*Fon*) Sonante.

sonar¹ *v* (*conjug* 4) **A** *intr* **1** Producir [algo] un sonido. *A veces con un compl* A. * El timbre no suena. * Esto suena a chatarra. **b) lo que sea sonará →** SER¹. ■ **2** Producirse [un sonido]. ■ **3** Tener [una letra] valor fónico. **b)** Tener [una letra determinado valor fónico (*predicat o compl adv, esp* COMO)]. ■ **4** Ser nombrado o mencionado a menudo [alguien o algo], esp. para un destino. ■ **5** Resultar conocida [a alguien una pers. o cosa] de manera imprecisa. ■ **6** Parecer [algo (*prop con* QUE) a alguien]. ■ **7** Causar [determinado efecto (*compl adv, gralm* A, o *predicat*) algo, esp. que se dice o escribe]. **b)** *Sin compl:* Causar buen efecto al oído.
B *tr* **8** Hacer que [algo (*cd*)] suene [1a]. ■ **9** Limpiar [los mocos (*cd*) a alguien (*ci*)] haciendo que los expulse con una espiración brusca. **b)** Limpiar [la nariz (*cd*) a alguien (*ci*)] haciendo que expulse los mocos con una espiración brusca. **c)** Sonar los mocos [a alguien (*cd*)]. *Frec el cd es refl.*
II *loc adv* **10 como suena** (o **así como suena**, o **tal como suena**). (*col*) Se usa para ratificar lo que se acaba de decir y que debe resultar sorprendente al interlocutor. * Podía haberme roto la crisma. Así como suena.

sonar² (*tb* **sónar**) *m* (*Mar*) Aparato de detección submarina basado en la reflexión de las ondas sonoras o ultrasonoras.

sonarista *m* (*Mar*) Encargado del sonar².

sonata *f* (*Mús*) Composición musical para uno, dos o tres instrumentos, con tres o cuatro movimientos, de estructura ternaria y con dos temas.

sonatina *f* (*Mús*) Sonata breve y de fácil ejecución.

sonatista *m y f* (*Mús*) Compositor de sonatas.

sonda *f* Aparato que sirve para sondar. *Tb fig. A veces en aposición.*

sondador -ra *adj* (*raro*) Que sonda. *Tb n m, referido a aparato.*

sondaje *m* Acción de sondar. *Tb su efecto.*

sondar *tr* **1** Introducir en el cuerpo [de alguien (*cd*)] por un conducto natural o accidental, un instrumento destinado a combatir estrecheces, eliminar obstáculos, introducir o extraer sustancias o realizar investigaciones. ■ **2** Sondear [1].

sondeador -ra *adj* (*raro*) Que sondea. *Tb n, referido a pers.*

sondear *tr* **1** Explorar de manera local y metódica [un medio o materia] con un aparato apropiado. ■ **2** Intentar conocer [algo, esp. la opinión, los sentimientos o las intenciones de alguien]. **b)** Intentar conocer la opinión, los sentimientos o las intenciones [de alguien (*cd*)].

sondeo *m* Acción de sondear.

sondiqués -sa *adj* De Sondica (Vizcaya). *Tb n, referido a pers.*

sondista *m y f* Pers. especializada en sondeos geológicos.

sonecillo *m* Son ligero y alegre.

sonería *f* Mecanismo que hace sonar las horas en un reloj. *Tb el sonido que produce.*

soneteo *m* (*raro*) Acción de componer sonetos.

sonetista *m y f* Autor de sonetos.

soneto *m* Composición poética de catorce versos, formada por dos cuartetos y dos tercetos.

sónico -ca *adj* (*Fís*) De la barrera del sonido.

sonidista *m y f* (*TV*) Técnico especializado en la toma de sonido.

sonido *m* **1** Sensación producida en el oído por las vibraciones de un cuerpo transmitidas a través de un medio elástico, esp. el aire. **b)** (*Fís*) Agente físico que se manifiesta en forma de energía vibratoria y que es causa de la sensación auditiva mientras las vibraciones se mantienen dentro de ciertos límites. **c)** (*Ling*) Unidad mínima de expresión perceptible por el oído. ■ **2** Intensidad del sonido [1a y b]. ■ **3** Conjunto de las cualidades acústicas [de algo]. *Referido a música moderna, frec en aposición con un n propio.*

soniquete *m* Sonsonete.

sonoboya *f* (*Mar*) Sonda que sirve para localizar submarinos en inmersión.

sonochada *f* (*lit, raro*) Principio de la noche.

sonometría *f* (*E*) Estudio de los sonidos mediante el sonómetro.

sonómetro *m* (*E*) Instrumento que sirve para medir y comparar sonidos, esp. musicales.

sonoramente *adv* De manera sonora [2 y 3].

sonoridad *f* **1** Cualidad de sonoro [2, 3, 4 y 5]. ■ **2** Calidad del sonido [de un instrumento].

sonorización *f* (*E*) Acción de sonorizar(se). *Tb su efecto.*

sonorizar *tr* **1** (*Cine*) Hacer sonora [2b] [una película]. ■ **2** (*Acúst*) Dotar [a un lugar (*cd*)] de aparatos de reproducción y difusión de sonido. ■ **3** (*Fon*) Hacer sonora [5a] [una consonante sorda]. *Tb abs.* **b)** *pr* (~**se**) Hacerse sonora [una consonante sorda].

sonoro -ra *adj* **1** De(l) sonido [1a y b]. ■ **2** Que suena [1a]. **b)** [Cine o película] que se realiza con registro de diálogos y demás sonidos. *Tb n m, referido a sistema.* ■ **3** Que resulta agradable al oído. ■ **4** [Lugar] adecuado para que en él se perciban bien los sonidos. ■ **5** (*Fon*) [Sonido] que se articula con vibración de las cuerdas vocales. **b)** Propio del sonido sonoro.

sonoroso -sa *adj* (*lit*) Sonoro [2a y 3].

sonotone (*n comercial registrado*) *m* (*col*) Audífono.

sonreidor -ra *adj* (*raro*) Sonriente.

sonreír (*conjug* 57) *intr* **1** Reír levemente y sin ruido. *Tb pr* (~**se**). ■ **2** Mostrarse [algo] favorable [a alguien].

sonriente *adj* Que sonríe. **b)** Propio de la pers. sonriente.

sonrientemente *adv* De manera sonriente.

sonrisa *f* Acción de sonreír.

sonrisueño -ña *adj* (*lit, raro*) Sonriente.

sonrojante *adj* Que sonroja.

sonrojar *tr* Hacer que [alguien (*cd*)] se ponga colorado, esp. de vergüenza. **b)** *pr* (~**se**) Ponerse colorado, esp. de vergüenza.

sonrojo *m* Acción de sonrojar(se). *Tb su efecto.* **b)** Vergüenza (sentimiento).

sonrosado -da *adj* **1** *part* → SONROSAR. ■ **2** [Color] que tira a rosa. *Gralm referido al del rostro, denotando buena salud.* **b)** Que tiene color sonrosado.

sonrosar *tr* (*lit*) Dar [a algo (*cd*)] color que tira a rosa.

sonsacar *tr* **1** Conseguir con habilidad [algo, esp. información (*cd*), de alguien (*ci*)]. ■ **2** Conseguir información [de alguien (*cd*)] con habilidad.

sonsera *f* (*reg*) Cualidad de sonso.

sonso -sa *adj* (*reg*) Tonto o zonzo.

sonsonete *m* Sonido reiterado y monótono. **b)** Cantinela.

sonsoniche *interj* (*raro*) Se usa para pedir silencio. * Que pase de mano en mano la bota, y sonsoniche, que ha sonado el clarín.

soñación. ni por ~. *loc adv* (*col*) De ninguna manera.

soñador -ra *adj* [Pers.] que sueña o a quien le gusta soñar [2]. **b)** Propio de la pers. soñadora.

soñadoramente *adv* De manera soñadora.

soñante *adj* (*lit, raro*) Que sueña.

soñar (*conjug* 4) **A** *intr* **1** Tener [alguien] mientras duerme la actividad psíquica consistente en la percepción o vivencia de escenas o sucesos no reales. *Frec con un compl* CON, *raro* EN, *que expresa la pers o cosa con que se relacionan tales escenas o sucesos.* ■ **2** Imaginar como posibles o reales cosas que no lo son. *A veces con un compl* CON. *Tb ~* DESPIERTO. ■ **3** Desear vivamente [algo o a alguien (*compl* CON *o*, *raro*, EN)]. **B** *tr* **4** Soñar [1, 2 y 3] [con alguien o algo (*cd*)]. **b) ni lo sueñes, o ni ~lo.** (*col*) Fórmula que se usa como negación enfática. * –Vendrás mañana, ¿no? –Ni lo sueñes.

soñarra *f* (*reg*) Sueño muy fuerte o muy pesado.

soñarrera *f* (*col*) Sueño muy fuerte o muy pesado.

soñera *f* (*col*) Sueño (gana de dormir).

soñoliento -ta *adj* **1** Somnoliento. ■ **2** Que causa sueño.

sopa **I** *f* **1** Plato compuesto de caldo y pasta, rebanadas de pan, arroz, verdura u otros ingredientes hervidos en él. *Gralm con un compl especificador.* ■ **2** Pasta para sopa [1]. ■ **3** Rebanada fina de pan para echar en caldo, leche o vino. **b)** *En pl:* Plato constituido por rebanadas de pan y el líquido que las empapa. *Gralm con un compl especificador.* ■ **4** Trozo de pan, bollo u otro alimento semejante que se moja en un líquido. **b)** (*col*) *Frec se usa en constrs de sent comparativo* (HECHO UNA ~, o COMO UNA ~), *para ponderar el hecho de estar completamente empapado de agua.* * Llegó como una sopa. ■ **5** (*hist*) Comida que se reparte a los pobres en los conventos. *Tb* ~ BOBA. ■ **6 ~ de letras.** Pasatiempo que consiste en descubrir una serie de palabras uniendo horizontal, vertical o diagonalmente las letras que las componen y que están alineadas en aparente desorden con otras muchas. ■ **7** (*col, raro*) Borrachera. **II** *loc v* (*col*) **8 comer la ~ boba,** o **andar a la ~ (boba).** Vivir a expensas de otro. ■ **9 dar** [una pers. o cosa] **~s con honda** [a otra]. Ser muy superior [a ella]. ■ **10 estar** [alguien] **para sopitas (y buen vino).** Estar decrépito. *Frec con intención*

ponderativa. ■ **11 poderse comer ~s** [en un sitio]. Estar [el sitio] sumamente limpio. **III** *loc adv* **12 hasta en la ~.** (*col*) En todas partes. *Con vs como* ESTAR *o* TENER, *para comentar la excesiva presencia de alguien o algo.* * Tenemos niño hasta en la sopa. ¡Qué pesadez!

sopaipa *f* (*reg*) Dulce de masa frita y con miel, en forma de hojuela gruesa.

sopapear *tr* (*col*) Dar sopapos [1] [a alguien (*cd*)]. *Tb fig.*

sopapeo *m* (*col*) Acción de sopapear. *Tb fig.*

sopapo *m* **1** (*col*) Golpe dado en la cara, esp. con el dorso de la mano. ■ **2** (*Taur*) Estocada.

sopazas *m y f* (*col*) Pers. boba.

sopear **A** *tr* **1** Hacer sopas [4] [con algo (*cd*), esp. pan o bollo]. **B** *intr* **2** Hacer sopas [4] [con algo, esp. pan o bollo].

sopeña *f* Concavidad que forma una peña por su parte inferior.

sopero -ra **I** *adj* **1** [Plato o cucharada] de (la) sopa [1]. ■ **2** (*col*) [Pers.] aficionada a la sopa [1]. **II** *f* **3** Vasija honda, gralm. con tapa y asas, para servir a la mesa sopa [1] u otro guiso con caldo.

sopesar *tr* **1** Levantar [algo] en vilo para tantear su peso. ■ **2** Estudiar atentamente [algo] teniendo en cuenta sus pros y sus contras. **b)** Estudiar atentamente [los pros y contras de algo].

sopeta *f* (*reg*) Pedazo de pan mojado en vino.

sopetón[1] *m* **1** (*raro*) Cosa que se produce de manera brusca y repentina. **II** *loc adv* **2 de ~.** (*col*) De golpe o de improviso.

sopetón[2] *m* (*reg*) Pan tostado que se moja en aceite.

sopicaldo *m* (*desp o humoríst*) Sopa [1].

sopista *m* (*hist*) Estudiante sin más recursos que la caridad.

sopitipando *m* (*col*) Indisposición repentina, esp. desmayo.

soplado[1] **-da** *adj* **1** *part* → SOPLAR. ■ **2** (*col*) [Pers.] bebida o borracha. ■ **3** (*col, raro*) [Pers.] que se da importancia.

soplado[2] *m* Acción de soplar [5 y 6].

soplador -ra **I** *adj* **1** Que sopla, *esp* [1b, 5 y 6]. *Tb n, referido a pers y a máquina o aparato.* **II** *m* **2** (*reg*) Soplillo (utensilio para avivar el fuego).

soplagaitas *m y f* (*col*) Pers. imbécil. *Frec usado como insulto. Tb adj.*

soplamocos *m* (*col*) Golpe dado en la cara con el dorso de la mano, esp. en las narices.

soplante *adj* (*E*) Que sopla [1b, 5 y 6]. *Frec n, referido a máquina o aparato.*

soplapitos *m y f* (*col, raro*) Pers. imbécil. *Tb adj.*

soplapollas *m y f* (*vulg*) Pers. imbécil. *Frec usado como insulto. Tb adj.*

soplapollez *f* (*vulg*) Hecho o dicho propio de un soplapollas.

soplar **I** *v* **A** *intr* **1** Despedir aire con fuerza por la boca, estrechando la abertura de los labios. **b)** Despedir [algo] con fuerza aire u otro gas. ■ **2** Producir aire [con un instrumento adecuado, esp. un fuelle o un soplillo]. ■ **3** Existir [viento]. *Tb fig, referido a* *suerte o fortuna.* ■ **4** (*col*) Tomar bebidas alcohólicas en cantidad.

B *tr* **5** Hinchar [algo, esp. cristal] soplando [1 y 2], o insuflar aire [en algo (*cd*)]. ■ **6** Soplar [1 y 2] [sobre algo (*cd*)]. **b)** Apartar [algo] soplando [1 y 2]. **c)** Poner o introducir [algo] soplando [1 y 2]. ■ **7** (*raro*) Producir [algo] soplando [1]. ■ **8** (*col*) Decir disimuladamente [a alguien algo que precisa decir y no recuerda o ignora]. *Tb abs. Gralm en lenguaje estudiantil o teatral.* ■ **9** (*col*) Comunicar [algo a alguien] como delación. *Tb fig. Tb abs.* ■ **10** (*col, humoríst*) Dejar [a alguien] sin [algo (*cd*)], quitándo[selo] o ganándo[selo]. ■ **11** (*col*) Poseer sexualmente [a alguien]. *Con compl de interés.*

II *interj* **12 sopla.** (*col*) *Expresa admiración.* * ¡Sopla, mira quién llega!

soplete *m* Instrumento con el que se obtiene una llama muy caliente que puede ser proyectada contra un cuerpo para calentarlo o para fundirlo.

soplido *m* Acción de soplar [1]. *Tb su efecto.*

soplillo I *m* **1** Utensilio, gralm. de esparto, circular y con mango, que se emplea para avivar el fuego. **b)** *Frec se emplea en frases de sent comparativo para ponderar la condición de grandes y salientes de las orejas.* * ¡Vaya par de soplillos! ■ **2** (*reg*) Alfiler que se clava soplando por un tubo. ■ **3** (*reg*) Diente de león (planta). ■ **4** (*hist*) Tela de seda muy ligera. *Gralm en la constr* MANTO DE ~.

II *loc adj* **5 de ~.** (*hist*) [Moneda] de cobre, de poco valor, usada durante los reinados de Felipe IV y Carlos II.

soplo *m* **1** Acción de soplar [1, 2, 3, esp. 1a]. ■ **2** (*col*) Cantidad muy pequeña [de algo]. **b)** (*col*) *Sin compl:* Cantidad muy pequeña de tiempo. *Frec en la constr* EN UN ~. ■ **3** (*col*) Acción de soplar [8 y esp. 9]. *Gralm en la constr* DAR EL ~, *o* IR CON EL ~. ■ **4** (*Med*) Ruido de soplo [1] percibido por auscultación, que es síntoma de una lesión de las válvulas cardiacas. *Frec la misma lesión.*

soplón -na *m y f* (*col, desp*) Pers. que sopla [9]. *Tb adj.*

soplonería *f* (*raro*) Condición de soplón.

sopón[1] *m* Sopa [3a] grande.

sopón[2] *m* (*hist*) Sopista.

soponcio *m* (*col*) Indisposición repentina, esp. desmayo. **b)** Disgusto grave causado por una fuerte impresión. *Frec con intención ponderativa.*

sopor *m* Estado enfermizo de sueño. **b)** Somnolencia.

soporífero -ra *adj* Que causa sopor. *Frec fig, con intención ponderativa, aludiendo a lo pesado o aburrido de alguien o algo. Tb n m, referido a medicamento.*

soporífico -ca *adj* (*raro*) Soporífero.

soporoso -sa *adj* **1** (*Med*) De(l) sopor. ■ **2** (*raro*) Soporífero.

soportabilidad *f* (*raro*) Cualidad de soportable.

soportable *adj* Que se puede soportar [2 y 3].

soportación *f* Acción de soportar.

soportador -ra *adj* Que soporta.

soportal *m* Espacio cubierto que precede a la entrada de un edificio. **b)** *En pl:* Espacio cubierto a lo largo de una fachada o de una calle o plaza, constituido por pilares o columnas que soportan la parte delantera de los edificios.

soportalado -da *adj* (*raro*) Que tiene soportales.

soportano -na *adj* De Sopuerta (Vizcaya). *Tb n, referido a pers.*

soportar *tr* **1** Sostener [una pers. o cosa (*suj*)] el peso de algo (*cd*) que gravita sobre ella]. *Tb fig. Frec en constr pasiva.* ■ **2** Ser objeto [de un sufrimiento, de una circunstancia adversa o de una fuerza exterior (*cd*)] sin dejarse vencer por ellos. *Tb abs.* ■ **3** Tolerar [a alguien o algo que molesta].

soporte *m* **1** Cosa que soporta [1]. *Tb fig.* ■ **2** (*Informát*) Material o dispositivo destinado a registrar información.

soprano A *m* **1** Voz femenina que es la más aguda de las humanas. *Gralm* VOZ DE ~.

B *f* (*más raro, m*) **2** Cantante que tiene voz de soprano [1].

sor (*con pronunc átona*) *f* Hermana. *Se usa como tratamiento, precediendo al n propio de una religiosa. A veces se usa sin acompañamiento del n propio, y en este caso es tónico.* * Ayer vi a sor Lucía. * Gracias, sor.

sora *m* Lengua del grupo munda hablada en Orissa y Assam (India).

sorabo -ba *adj* (*hist*) De un antiguo pueblo de Lusacia (región de Alemania). *Tb n, referido a pers.*

sorber *tr* **1** Beber aspirando. *Tb abs.* ■ **2** Atraer o arrastrar con fuerza [una pers. o cosa algo] hacia su interior. *Tb fig.* ■ **3** Prestar la máxima atención [a algo (*cd*)]. ■ **4 ~ el juicio, ~ el seso, ~ la sesera** → JUICIO, SESO, SESERA.

sorbete *m* Refresco, gralm. de frutas, que se sirve a medio congelar. **b)** *Frec se usa en constrs de sent comparativo para ponderar el frío.* * Me quedé hecho un sorbete.

sorbeteo *m* Acción de sorber [1], esp. de manera reiterada o ruidosa.

sorbetera *f* Utensilio destinado a la preparación de sorbetes o helados.

sorbetón *m* (*col*) Acción de sorber [1 y 2] con fuerza, esp. con la nariz.

sorbo I *m* **1** Acción de sorber [1]. *Tb la cantidad que se sorbe de una vez.* **b)** Cantidad muy pequeña de líquido. *Con intención ponderativa.*

II *loc adv* **2 a ~s.** Poco a poco. ■ **3 de un ~.** De una vez.

sorche *m* (*col*) Soldado que está haciendo el servicio militar.

sorchi *m* (*col*) Sorche.

sordamente *adv* De manera sorda [3 y 4].

sordera *f* **1** Carencia o disminución de la facultad de oír. ■ **2 ~ verbal, mental** o **psíquica.** (*Med*) Pérdida de la capacidad de entender lo que se oye.

sórdidamente *adv* (*lit*) De manera sórdida.

sordidez *f* (*lit*) **1** Cualidad de sórdido. ■ **2** Cosa sórdida.

sórdido -da *adj* (*lit*) **1** Miserable o vil. ■ **2** Miserable o sumamente pobre.

sordina *f* **1** Pieza que se ajusta a determinados instrumentos musicales para disminuir la intensidad y variar el timbre del sonido. ■ **2** Medio que se emplea para disminuir la intensidad de un sonido. *Gralm en constrs como* PONER ~, *o* CON ~. *Frec fig.*

sordo -da I *adj* **1** [Pers. o animal] que por defecto físico no oye, o no oye bien. *Tb n, referido a pers.* ■ **2** (*lit*) [Pers.] que no presta atención [a un ruego o petición]. ■ **3** [Sonido o ruido] apagado o poco sonoro. ■ **4** [Cosa] que no se manifiesta exteriormente, o lo hace de manera disimulada o poco llamativa. **b)** [Dolor] difuso y continuado. *Se opone a* AGUDO. ■ **5** (*Fon*) [Sonido] que se articula sin vibración de las cuerdas vocales. **b)** Propio del sonido sordo. ■ **6** [Linterna] **sorda** → LINTERNA.
  II *f* **7** (*reg*) Agachadiza (ave). *Tb* AGACHADIZA SORDA. **b)** (*reg*) Chocha o becada (ave).
  III *loc v* **8 hacer oídos ~s** → OÍDO.
  IV *loc adv* **9 a lo ~.** De manera disimulada o sin llamar la atención sobre lo que se hace.

sordomudez *f* Condición de sordomudo.

sordomudo -da *adj* [Pers.] sorda [1] de nacimiento y privada por ello de la facultad de hablar. *Tb n.*

sorgo *m* Planta gramínea cultivada como cereal o forrajera y para la fabricación de escobas (gén. *Sorghum*, esp. *S. halepense, S. vulgare* y *S. saccharatum*). *Esta última especie, tb ~* AZUCARADO. *Tb su fruto.*

sorguiño -ña *m y f* (*reg*) Brujo.

sorianismo *m* **1** Condición de soriano, esp. amante de lo soriano. ■ **2** Palabra o giro propios del habla soriana o procedentes de ella.

soriano -na *adj* De Soria. *Tb n, referido a pers.*

soriasis → PSORIASIS.

sorites *m* (*Filos*) Encadenamiento silogístico en que el predicado de cada premisa es sujeto de la siguiente, hasta dar en una conclusión constituida por el sujeto de la primera y el predicado de la última.

sorna *f* Ironía (burla fina y disimulada).

sornador -ra *m y f* (*jerg*) Pers. que roba a alguien que está dormido o sin sentido.

sornar *intr* (*jerg*) Dormir.

soro *m* (*Bot*) Grupo de esporangios de los helechos y de algunos hongos.

soror (*tb* **sóror**) *f* (*raro*) Monja o religiosa.

sororal *adj* (*lit, raro*) De (la) hermana.

sorosis *f* (*Bot*) Infrutescencia carnosa procedente de la reunión de frutos de una inflorescencia.

sorprendedor -ra *adj* (*raro*) Que sorprende [1a].

sorprendente *adj* Que sorprende [1a]. *Frec con intención ponderativa.*

sorprendentemente *adv* De manera sorprendente.

sorprender *tr* **1** Causar sorpresa [1] [a alguien (*cd*)]. **b)** *pr* (**~se**) Sentir o manifestar sorpresa [1]. ■ **2** Coger desprevenido [a alguien]. ■ **3** Descubrir [a alguien en una circunstancia o en una acción que no desea dar a conocer (*compl adv*)]. *A veces se omite el segundo compl por consabido.* **b)** Descubrir [algo oculto o no manifiesto]. ■ **4** Engañar o burlar [la buena fe de alguien].

sorpresa I *f* **1** Impresión causada por algo inesperado. ■ **2** Cosa que causa sorpresa [1]. **b)** Atención o regalo con que se pretende una sorpresa [1] agradable. **c)** Figurita que se introduce en el roscón de Reyes.

II *loc adv* **3 por** (*o* **de**) **~.** De manera inesperada o imprevista. *Tb adj. Frec con vs como* COGER *O* PILLAR.

sorpresivamente *adv* De manera sorpresiva.

sorpresivo -va *adj* **1** Que denota o implica sorpresa [1]. ■ **2** Sorprendente.

sorra *f* (*raro*) Arena gruesa que suele usarse como lastre en las embarcaciones. *A veces en aposición.*

sorrapear *tr* (*reg*) Limpiar de hierbas y maleza [un terreno] con la azada u otro instrumento similar.

sorrentino -na *adj* De Sorrento (Italia). *Tb n, referido a pers.*

sorriba *f* (*reg*) Acción de roturar un terreno. *Frec su efecto.*

sort (*ing; pronunc corriente, /*sort*/*) *m* (*Informát*) Clasificación u ordenación.

sortear A *tr* **1** Someter la adjudicación o el reparto [de una o varias cosas o perss. (*cd*)] a un sistema basado exclusivamente en la suerte o azar. ■ **2** Eludir con habilidad [una dificultad o un obstáculo].
  B *intr* **3** (*col*) Ser sorteado [1] [un mozo] para el servicio militar.

sorteo *m* Acción de sortear [1].

sortija *f* **1** Anillo (joya). ■ **2** Rizo de pelo en forma de anilla. *Frec en la forma* SORTIJILLA. ■ **3** (*hist*) Anilla que, pendiente de una cinta, debe ensartarse en la punta de una lanza u otro objeto puntiagudo corriendo a caballo. *Gralm en la constr* CORRER ~S.

sortilegio *m* **1** Adivinación por suertes supersticiosas. ■ **2** Embrujo o hechizo. *Tb fig.*

S.O.S. (*pronunc,* /ése-ó-ése/) *m* Llamada para pedir socorro. *Tb fig.*

sosa *f* **1** Hidróxido de sodio, de color blanco y muy soluble en agua, que se emplea esp. en la fabricación de jabones duros. *Tb ~* CÁUSTICA. ■ **2** *Se da este a varias plantas de los géns* Salsola, Salicornia, Suaeda, Arthrocnemum, Chenopodina, Atriplex *y otros. Frec con un adj o compl especificador.*

sosaina *adj* (*col, desp*) Soso [2]. *Frec n, referido a pers.*

sosamente *adv* De manera sosa (→ SOSO [2]).

sosegadamente *adv* De manera sosegada.

sosegado -da *adj* **1** *part* → SOSEGAR. ■ **2** Apacible o tranquilo.

sosegador -ra *adj* Que sosiega.

sosegante *adj* Que sosiega.

sosegar (*conjug 6*) A *tr* **1** Tranquilizar o apaciguar [a alguien o algo].
  B *intr* **2** Tranquilizarse o apaciguarse [alguien o algo]. *Gralm pr* (**~se**). **b)** Estar tranquilo.

sosera *f* Sosería [1].

soseras *m y f* (*col*) Pers. sosa (→ SOSO [2]). *Tb adj.*

sosería *f* **1** Cualidad de soso [1b y esp. 2]. ■ **2** Hecho o dicho soso [2].

sosia *m y f* Pers. de gran parecido [con otra (*compl de posesión*)] hasta el punto de poder ser confundida con ella u ocupar su lugar.

sosias *m y f* Sosia.

sosiego *m* Tranquilidad o calma.

soslayable *adj* Que se puede soslayar.

soslayar *tr* Esquivar o dejar de lado [algo, esp. una dificultad].

soslayo. de ~ *(tb, raro,* **al** ~*). loc adv* Oblicuamente. *Gralm con el v* MIRAR. *Tb adj. Tb fig.*

soso -sa *adj* **1** Que carece de sal o tiene menos de la necesaria. *Gralm referido a alimento.* **b)** Que tiene poco sabor. ■ **2** Que carece de gracia o desenvoltura. **b)** [Cosa] que carece de gracia o atractivo. ■ **3** *(raro)* Que no tiene azúcar.

sospecha *f* Acción de sospechar. *Tb su efecto.*

sospechable *adj* Que se puede sospechar [1].

sospechar **A** *tr* **1** Tener la idea [de algo *(cd)*] basándose en conjeturas o indicios. **b)** Imaginar [algo] o tener idea [de ello]. **B** *intr* **2** Considerar [a una pers. *(compl* DE)] como posible autora de un delito o falta, basándose en conjeturas o indicios. ■ **3** Desconfiar [de alguien o algo]. *Frec sin compl.*

sospechosamente *adv* De manera sospechosa.

sospechoso -sa *adj* Que inspira sospecha. *Tb n, referido a pers.*

sostén *m* **1** Acción de sostener [1, 2 y 4]. ■ **2** Pers. o cosa que sostiene [1, 2 y 4]. ■ **3** Sujetador (prenda femenina).

sostenedor -ra *adj* Que sostiene. *Tb n, referido a pers.*

sostener *(conjug 31) tr* **1** Mantener [a una pers. o cosa] de manera que no caiga o se desprenda. *Tb fig.* **b)** ~ **la mirada.** Mantenerse [alguien] mirando [a otro *(ci)*] que a su vez le mira]. ■ **2** Mantener [a alguien o algo *(cd)*] en una determinada posición o situación *(compl adv)*]. **b)** *pr* (~**se**) Mantenerse [en una determinada posición o situación]. ■ **3** Llevar a cabo [una acción] a lo largo de cierto tiempo. **b)** Permanecer prolongadamente [en una actitud o situación *(cd)*]. ■ **4** Atender a las necesidades vitales [de alguien *(cd)*]. **b)** Atender a los gastos [de algo *(cd)*]. ■ **5** Defender [una opinión o una afirmación].

sostenible *adj* Que puede ser sostenido.

sostenidamente *adv* De manera sostenida [2].

sostenido -da **I** *adj* **1** *part* → SOSTENER. ■ **2** [Cosa] que se mantiene sin variación apreciable. ■ **3** *(Mús)* [Nota] cuya entonación excede en un semitono mayor a la que corresponde a su sonido natural. **II** *m* **4** *(Mús)* Signo que se antepone a una nota para indicar que ha de elevarse un semitono.

sostenimiento *m* Acción de sostener(se). *Tb su efecto.*

sostre *m (Mar, hist)* Cubierta.

sota **A** *f* **1** *En la baraja española:* Décima carta de cada palo, que se representa con la figura de un paje. ■ **2** *(col)* Mujer insolente y descarada. *Tb adj.* ■ **3** *(col)* Prostituta. **B** *loc n m* **4** ~, **caballo y rey.** *(col)* Conjunto de cosas dispuestas y ordenadas de manera fija y rutinaria.

sotabanco *m* **1** Piso habitable situado encima de la cornisa general de un edificio. ■ **2** *(Arte)* Predela.

sotabarba *f* Papada.

sotacola *f* Ataharre.

sotacómitre *m (Mar, hist)* Hombre que ocupa el puesto inmediatamente inferior al de cómitre, al que sustituye en caso de necesidad.

sotamano *m (Dep) En el juego de pelota:* Golpe que se da a la pelota antes de que bote y haciendo girar el brazo por debajo del hombro. *Frec en la constr* A ~.

sotana *f* Vestidura talar ajustada por el cuerpo y abotonada por delante de arriba abajo, propia de los eclesiásticos, y a veces usada también por los legos en las funciones de iglesia.

sotanilla *f* Sotana de monaguillo o de seminarista.

sótano *m* Planta de un edificio situada por debajo del nivel de la calle.

sotapatrón *m (Mar)* Hombre que ocupa el puesto inmediatamente inferior al de patrón, al que sustituye en caso de necesidad.

sotaventear *intr (Mar)* Ir a sotavento. *Tb pr* (~**se**). *Tb fig.*

sotavento *m (Mar)* Parte opuesta a aquella de donde viene el viento. *Frec en la constr* A ~. *Tb fig.*

sotechado *m* Cobertizo.

soteño -ña *adj* Que se cría en soto. *Gralm como especificador de una especie de escribano (ave)* (→ ESCRIBANO).

soteriología *f (Rel)* Doctrina de la salvación.

soteriológico -ca *adj (Rel)* De (la) soteriología.

soterradamente *adv* De manera soterrada.

soterrado -da *adj* **1** *part* → SOTERRAR. ■ **2** Subterráneo. *Frec fig.*

soterramiento *m* Acción de soterrar.

soterraño -ña *adj (lit)* Soterrado o subterráneo.

soterrar *tr* Enterrar o poner bajo tierra [a alguien o algo].

sotho *(ing; pronunc corriente, /sóto/) adj* De un grupo de pueblos del Sur de África, que habita pralm. en Botsuana, República Sudafricana y Lesotho. *Tb n, referido a pers.*

sotileza *f (lit, raro)* Sutileza.

soto *m* Sitio de poca extensión poblado de árboles y arbustos.

sotobosque *m* Vegetación de matas y arbustos que crece bajo los árboles de un bosque.

sotrozo *m* Pasador de hierro que atraviesa el pezón del eje para que no se salga la rueda.

sotto voce *(it; pronunc corriente, /sóto-bóĉe/) loc adv* En voz baja. *Frec fig. Tb adj.*

sotuer *(Heráld)* **I** *m* **1** Pieza en forma de aspa, formada por una banda y una barra cruzadas. **II** *loc adv* **2 en** ~. En aspa.

soturno -na *adj (lit, raro)* Taciturno.

soubrette *(fr; pronunc corriente, /subrét/) f* Sirvienta de comedia. **b)** Doncella o camarera amable y despierta.

soufflar → SUFLAR.

soufflé *(fr; pronunc corriente, /suflé/; tb con la grafía semiculta* **soufé**) *adj* Suflé. *Más frec n m.*

souflar → SUFLAR.

souflé → SOUFFLÉ.

soul *(ing; pronunc corriente, /sóul/) adj* [Música] de los negros americanos, en que se combinan elementos de jazz, pop y blues. *Frec n m.*

souteneur *(fr; pronunc corriente,* /sutenér/; *pl normal,* ~s) *m* (*hoy raro*) Hombre que vive a costa de una o varias prostitutas.

souvenir *(fr; pronunc corriente,* /subenír/; *pl normal,* ~s) *m* Objeto adquirido u obtenido en un lugar, como recuerdo de la visita a este.

soviet *(ruso; pronunc corriente,* /sóbiet/; *pl normal,* ~s) *m* **1** Cámara de representantes de la antigua URSS. ▪ **2** *En pl:* Régimen o gobierno de la antigua URSS. ▪ **3** (*hist*) *En la Revolución rusa de 1917:* Consejo de delegados obreros y soldados.

soviético -ca *adj* De la antigua URSS. *Tb n, referido a pers.*

sovietismo *m* Tendencia o sistema soviéticos.

sovietista *adj* (*raro*) Soviético.

sovietización *f* Acción de sovietizar(se).

sovietizador -ra *adj* Que sovietiza.

sovietizante *adj* Partidario de la antigua URSS. *Tb n, referido a pers.*

sovietizar *tr* Someter [algo o a alguien] a la autoridad o a la influencia soviéticas. **b)** *pr* (**~se**) Pasar a estar sometido a la autoridad o a la influencia soviéticas.

sovietólogo -ga *m y f* (*Pol*) Especialista en política soviética.

sovjós *m En la antigua URSS:* Granja piloto perteneciente al Estado.

sovoz. a ~. *loc adv* (*lit*) En voz baja. *Tb fig.*

spaghetti *(it; pronunc corriente,* /espagéti/) *m pl* Espagueti.

spaghetti-western *(ing; pronunc corriente,* /espagéti-wéstern/; *pl normal, invar*) *m* Western-spaghetti.

spahi *(fr; pronunc corriente,* /espaí/ o /espái/) *m* Espahi.

spanglish *(ing; pronunc corriente,* /espánglis/) *m* (*humoríst*) Lengua española usada con abundancia de anglicismos.

spaniel *(ing; pronunc corriente,* /espániel/; *pl normal,* ~s) *m* Perro de caza inglés, de origen español, de largas orejas y pelo sedoso. *Tb adj.*

sparring *(ing; pronunc corriente,* /espárin/; *pl normal,* ~s) *m* (*Boxeo*) Boxeador que actúa como adversario en el entrenamiento [de otro]. *Tb fig, fuera del ámbito del boxeo.*

sparring-partner *(ing; pronunc corriente,* /espárin-párner/; *pl normal,* ~s) *m* (*Boxeo*) Sparring.

speaker *(ing; pronunc corriente,* /espíker/; *pl normal,* ~s) *m* **1** (*hoy raro*) Locutor de radio. ▪ **2** (*Pol*) *En Gran Bretaña y otros países de la Commonwealth:* Presidente de la Cámara de los Comunes.

speech *(ing; pronunc corriente,* /espíč/; *pl normal,* ~es) *m* Discurso. *Tb fig.*

speed *(ing; pronunc corriente,* /espíd/) *m* (*jerg*) **1** Anfetamina. ▪ **2** Estado de euforia causado por el consumo de drogas.

speedball *(ing; pronunc corriente,* /espídbol/) *m* (*jerg*) Mezcla de cocaína y heroína, morfina o anfetamina.

spencer *(ing; pronunc corriente,* /espénser/; *pl normal,* ~s) *m* Chaqueta corta y ajustada. *Tb* CHAQUETA ~.

speos *(tb* **speo**) *m* (*Arqueol*) Templo excavado en la roca.

spider *(ing; pronunc corriente,* /espáider/; *pl normal,* ~s) *m* Automóvil deportivo, descapotable y de dos plazas.

spin *(ing; pronunc corriente,* /espín/; *pl normal,* ~s) *m* (*Fís*) Movimiento de rotación de una partícula elemental sobre sí misma.

spinnaker *(ing; pronunc corriente,* /espináker/; *pl normal,* ~s) *m* (*Dep*) Vela grande, triangular y muy ligera, usada en yates de regatas esp. con vientos flojos y largos.

spinto -ta *(it; pronunc corriente,* /espínto/) *adj* (*Mús*) [Cantante] cuya voz reúne calidad lírica y dramática. *Tb n.*

spiritual *(ing; pronunc corriente,* /espirituál/; *pl normal,* ~s) *m* Espiritual (canto religioso de los negros norteamericanos).

spleen *(ing; pronunc corriente,* /esplín/; *pl normal,* ~s) *m* Esplín.

splitting *(ing; pronunc corriente,* /esplítin/) *m* (*Econ*) Sistema de repartición del impuesto sobre la renta, basado en la suma de dos rentas y su división por dos.

spoiler *(ing; pronunc corriente,* /espóiler/; *pl normal,* ~s) *m* (*Autom*) Dispositivo destinado a mejorar las condiciones de penetración de un vehículo en el aire, reduciendo el consumo de carburante en relación con la velocidad.

sponsor *(ing; pronunc corriente,* /espónsor/; *pl normal,* ~s) *m* Patrocinador (pers. que patrocina económicamente). *Frec en deportes.*

sponsorización *(pronunc corriente,* /esponsoriθaθión/) *f* Esponsorización.

sport *(ing; pronunc corriente,* /espór/; *pl normal,* ~s *en acep 1; invar en las demás*) **I** *m* **1** (*hoy raro*) Deporte. ▪ **2** Estilo de vestir de sport [3]. **II** *loc adj* **3 de ~.** [Vestido o calzado] informal, pero que puede ser elegante. *Tb, simplemente,* ~. *Tb adv.* **b)** [Calcetín] que llega a la rodilla, gralm. más grueso de lo normal. *Tb, simplemente,* ~. ▪ **4 de ~.** [Automóvil] de línea semejante a los de competición. *Tb, simplemente,* ~. **III** *loc adv* **5 por ~.** (*col*) Por deporte.

sportman *(pronunc corriente,* /espórman/; *pl normal,* ~s; *raro,* SPORTMEN) *m* (*raro*) Hombre que practica el deporte por afición. **b)** Hombre que se comporta con deportividad.

sportswear *(ing; pronunc corriente,* /espórtwer/; *pl normal,* ~s) *m* (*raro*) Ropa de sport [3].

spot *(ing; pronunc corriente,* /espót/; *pl normal,* ~s) **I** *m* **1** Película publicitaria que dura muy pocos segundos. *Frec* ~ PUBLICITARIO. ▪ **2** Pequeño proyector de luz que concentra su haz en un objeto determinado. **II** *adj* **3** (*Econ*) [Mercado] de pago al contado o en efectivo.

spotter *(ing; pronunc corriente,* /espóter/; *pl normal,* ~s) *m* (*Mil*) Cierto aparato de observación.

spray *(ing; pronunc corriente,* /esprái/; *pl normal,* ~s) *m* Envase que contiene un líquido mezclado con un gas a presión, de modo que al oprimir una válvula sale el líquido finamente pulverizado. *Tb el mismo líquido.*

sprint *(ing; pronunc corriente,* /esprínt/ o /esprín/; *pl normal,* ~s) *m* (*Dep*) Aceleración máxima para destacarse en una carrera, esp. al llegar cerca de la meta. *Tb fig.*

sprintar *(pronunc corriente, /esprintár/) intr (Dep)* Esprintar.

sprinter *(ing; pronunc corriente, /esprínter/; pl normal, ~s) m y f (Dep)* Esprínter.

sputnik *(ruso; pronunc corriente, /espútnik/; pl normal, ~s) m (hoy raro)* Satélite artificial ruso.

squash *(ing; pronunc corriente, /eskuás/) m* Modalidad de tenis, para 2 o 4 jugadores, que se juega en una habitación cerrada botando con raquetas de mango largo una pelota contra la pared.

squatter *(ing; pronunc corriente, /eskuáter/; pl normal, ~s) m y f* Pers. que ocupa ilegalmente una vivienda vacía.

srilankés -sa *(pronunc corriente, /esr̄ilankés/) adj* De Sri Lanka. *Tb n, referido a pers.*

stabat mater *(lat; pronunc corriente, /éstabat-máter/) m* Himno dedicado a los dolores de la Virgen, que comienza con las palabras *stabat mater. Tb su música.*

staccato *(it; pronunc corriente, /estakáto/; pl normal, STACCATI) m (Mús)* Modo de ejecución con notas netamente separadas entre sí.

stack *(ing; pronunc corriente, /esták/; pl normal, ~s) m (Informát)* Zona de memoria destinada a contener información transitoria.

stádium *(pronunc corriente, /estádium/; pl normal, ~s) m* Estadio (campo de deportes).

staff *(ing; pronunc corriente, /estáf/; pl normal, ~s) m* Equipo de colaboradores, esp. importantes, [de un directivo o de una empresa].

stage *(fr; pronunc corriente, /estáʒ/) m* Curso de formación o de perfeccionamiento.

stagflación *(pronunc corriente, /estagflaθión/) f (Econ)* Estanflación.

stajanovismo *(pronunc corriente, /estaχanobísmo/) m (Econ) En los países de economía socialista:* Sistema encaminado a incrementar el rendimiento, por medio de incentivos ofrecidos a los trabajadores más eficientes.

stajanovista *(pronunc corriente, /estaχanobísta/) m y f (Econ)* Trabajador que aplica los principios del stajanovismo. *Tb fig, humoríst, fuera del ámbito técn.*

staliniano -na *(pronunc corriente, /estaliniáno/) adj* Stalinista [1].

stalinismo *(pronunc corriente, /estalinísmo/) m* Sistema político stalinista [1].

stalinista *(pronunc corriente, /estalinísta/) adj* **1** Del líder soviético José Stalin († 1953), cuyo mandato dictatorial se caracterizó por la extrema dureza. **b)** Del sistema político de Stalin. ■ **2** Adepto a las ideas o a los métodos de Stalin. *Tb n.*

stand *(ing; pronunc corriente, /estánd/ o /están/; pl normal, ~s) m* **1** Instalación cubierta, gralm. provisional, reservada a un expositor dentro del recinto de una exposición o una feria. ■ **2** *(Bot)* Conjunto de plantas que crecen en un área determinada.

standard *(ing; pronunc corriente, /estándar/; pl normal, ~s, para el n; invar, para el adj) m* Estándar. *Tb adj.*

standardización *(pronunc corriente, /estandardiθaθión/) f (hoy raro)* Estandardización.

standardizar *(pronunc corriente, /estandardiθár/) tr (hoy raro)* Estandardizar.

standarización *(pronunc corriente, /estandariθaθión/) f (hoy raro)* Estandarización.

standarizar *(pronunc corriente, /estandariθár/) tr (hoy raro)* Estandarizar.

standing *(ing; pronunc corriente, /estándin/; pl normal, ~s) m* **1** Representación o apariencia adecuada a un nivel económico y social alto. *Normalmente referido a edificio o vivienda. Frec. en la constr* DE ALTO ~. ■ **2** Posición económica y social.

star *(ing; pronunc corriente, /estár/; pl normal, ~s)* **A** *m y f* **1** Estrella cinematográfica.
B *m* **2** *(Dep)* Embarcación a vela de regatas, de unos 7 m de eslora y 750 kg de desplazamiento.

staretz *(ruso; pronunc corriente, /estárets/; pl normal, invar) m (hist)* Ermitaño o peregrino ruso, considerado como taumaturgo o profeta y frec. maestro espiritual.

starking *(ing; pronunc corriente, /estárkin/; pl normal, invar) adj* [Manzana] roja, de carne harinosa, originaria de América. *Tb n f.*

starlet *(ing; pronunc corriente, /estárlet/; pl normal, ~s) f* Actriz joven de cine que aspira a ser estrella.

starlette *(fr; pronunc corriente, /estarlét/) f (raro)* Starlet.

star system *(ing; pronunc corriente, /estár-sístem/; tb con la grafía* **star-system**) *m (Cine)* Organización de la producción y de la distribución en la cual la base es la popularidad de un actor o actriz.

starter *(ing; pronunc corriente, /estárter/; pl normal, ~s) m* **1** *(Autom)* Estrangulador. ■ **2** *(Dep)* Aparato que registra el momento de salida en una carrera.

statu quo *(lat; pronunc corriente, /éstatu-kuó/) m* Estado de cosas actual o de un momento dado. *Gralm referido a la política.*

status *(lat; pronunc corriente, /estátus/; pl normal, invar) m* Estado o situación [de una pers.] con respecto a otras o dentro de una estructura. **b)** Posición social [de una pers.]. *Tb ~* SOCIAL.

steeple *(ing; pronunc corriente, /estípel/) m (Dep)* Steeple-chase.

steeple-chase *(ing; pronunc corriente, /estípel-čéis/) m (Dep)* Carrera de obstáculos.

stéreo *adj* Estéreo. *Tb n m.*

stick *(ing; pronunc corriente, /estík/; pl normal, ~s) m* **1** *(Dep)* Palo de hockey. ■ **2** Barra de cosméticos.

stilb *(ing; pronunc corriente, /estílb/; pl normal, ~s) m (Fís) En el sistema CGS:* Unidad de brillo, equivalente a una candela por centímetro cuadrado.

stock *(ing; pronunc corriente, /estók/; pl normal, ~s) m* **1** Cantidad de mercancía almacenada en reserva. ■ **2** Conjunto de cosas disponibles o acumuladas para su uso futuro.

stokes *(ing; pronunc corriente, /stouks/; pl invar) m (Fís) En el sistema CGS:* Unidad de viscosidad cinemática, equivalente a un centímetro cuadrado por segundo.

stol *(ing; pronunc corriente, /estól/; pl normal, ~s) m (Aer)* Avión capaz de aterrizar y despegar en un espacio de terreno muy corto.

stop (*ing; pronunc corriente,* /estóp/; *pl normal,* ~s) **I** *m* **1** Señal de tráfico que indica obligación de detenerse. ■ **2** *En un telegrama:* Punto. **II** *interj* **3** Alto. *Gralm en sent fig.*

stop and go (*ing; pronunc corriente,* /estóp-an-góu/; *pl invar*) *m* (*Econ*) Política que alterna actuaciones de freno y estímulo de la economía nacional.

stotinka (*búlg; pronunc corriente,* /estotínka/; *pl normal,* STOTINKI) *m* Unidad monetaria búlgara equivalente a la centésima parte del lev.

STP (*pronunc,* /ése-té-pé/) *m* Droga alucinógena sintética, relacionada químicamente con la mescalina.

strass (*al; pronunc corriente,* /estrás/; *pl normal, invar*) *m* Cristal rico en plomo, que imita el diamante y otras piedras preciosas. *Tb* CRISTAL DE ~.

streaking (*ing; pronunc corriente,* /estríkin/; *pl normal,* ~s) *m* (*hoy raro*) Hecho de correr desnudo por un lugar concurrido, normalmente como protesta. *Tb fig.*

strelitzia (*pronunc corriente,* /estrelíθia/) *f* Planta herbácea propia de África meridional, de hojas grandes lanceoladas y flores con tépalos anaranjados, rojos y azules en espiga unilateral (gén. *Strelitzia,* esp. *S. regina*).

stress (*ing; pronunc corriente,* /estrés/; *pl, invar o* ~ES) *m* (*Med*) Estrés.

stressante (*pronunc corriente,* /estresánte/) *adj* (*Med*) Estresante.

stretch (*ing; pronunc corriente,* /estréč/; *pl normal,* ~S *o invar*) *adj* (*Moda*) Elástico. *Tb n m, referido a tejido.*

stretching (*ing; pronunc corriente,* /estréčin/; *pl normal,* ~s) *m* Gimnasia de estiramiento y relajamiento muscular.

stricto sensu (*lat; pronunc corriente,* /estríkto-sénsu/) *loc adv* En sentido estricto. *Tb adj. Se opone a* LATO SENSU.

strip-poker (*ing; pronunc corriente,* /estríp-póker/; *tb con la grafía* **strip-póker**) *m* (*Naipes*) Variedad del póker en que el jugador que pierde paga quitándose una prenda de vestir.

strip-tease (*ing; pronunc corriente,* /estríptis/ *o* /estriptís/) *m* Espectáculo consistente en que una o varias pers., esp. mujeres, se desnudan progresivamente al son de la música. **b)** (*humoríst*) Acción de desnudar(se). *Frec fig.*

stud-poker (*ing; pronunc corriente,* /estád-póker/; *tb con la grafía* **stud-póker**) *m* (*Naipes*) Variedad del póker en que la primera carta que se sirve a cada jugador va boca abajo y las cuatro restantes boca arriba, o bien tres boca abajo y cuatro boca arriba, haciéndose las puestas después de cada vuelta.

stupa (*sánscrito; pronunc corriente,* /estúpa/) *f* (*Rel*) Monumento destinado a albergar las reliquias de Buda.

styling (*ing; pronunc corriente,* /estáilin/; *pl normal,* ~s) *m* Línea o diseño.

su → SUYO.

suabo -ba *adj* De Suabia (región de Alemania). *Tb n, referido a pers.*

suaci, suací → SUAZI.

suahili (*pronunc corriente,* /suaχíli/) *adj* Suajili. *Tb n.*

suajili **I** *adj* **1** Del pueblo o conjunto de pueblos que hablan el suajili [2]. *Tb n, referido a pers.* **II** *m* **2** Lengua bantú, escrita en caracteres árabes, que se habla en Tanzania.

suancino -na *adj* De Suances (Cantabria). *Tb n, referido a pers.*

suarismo *m* (*Filos*) Doctrina de Francisco Suárez († 1617).

suarista *adj* (*Filos*) De(l) suarismo. **b)** Adepto al suarismo. *Tb n.*

suasoriamente *adv* (*lit*) De manera suasoria.

suasorio -ria **I** *adj* **1** (*lit*) Que sirve para persuadir. **II** *f* **2** (*lit, raro*) Discurso propio para persuadir.

suave **I** *adj* **1** [Cosa] que no presenta asperezas. ■ **2** [Cosa] poco intensa, o carente de brusquedad o violencia. **b)** [Cosa] grata a los sentidos por su carencia de cambios fuertes o bruscos. **c)** [Cosa] de gusto grato y poco intenso. **d)** [Cosa] de efecto poco intenso. **e)** *En la escritura griega:* [Espíritu] que representa ausencia de aspiración. ■ **3** [Pers.] de comportamiento apacible o que actúa sin violencia. *Frec con intención desp denotando hipocresía.* **b)** Propio de la pers. suave. ■ **4** [Pers. o animal] dócil o manejable. *Tb fig, referido a cosa.* ■ **5** (*col*) Se emplea con intención irónica para ponderar violencia o brusquedad. * La niña, que debía ser suave, le soltó una bofetada. * La que se armó fue suave. **II** *m* **6** (*jerg*) Aguardiente. **III** *adv* **7** De manera suave [2a y 3b]. **b)** De manera discreta o sin llamar la atención.

suavemente *adv* De manera suave [2a y 3b].

suavidad *f* Cualidad de suave.

suavización *f* Acción de suavizar(se). *Tb fig.*

suavizador -ra *adj* Que suaviza. *Tb n m, referido a utensilio.*

suavizante *adj* Que suaviza. *Tb n m, referido a producto.*

suavizar *tr* Hacer suave [algo o a alguien]. *Tb fig.* **b)** *pr* (~**se**) Hacerse suave [algo o alguien].

suazi (*tb con la grafía* **suaci**; *tb* **suazí** *y* **suací**) **I** *adj* **1** De Suazilandia. *Tb n, referido a pers.* **II** *m* **2** Idioma de Suazilandia.

sub- *pref* **1** *Denota altura, grado o nivel inferior.* * Subdermis. * Subestructura. **b)** *Denota zona marginal.* * Subatlántico. * Subcantábrico. **c)** (*Dep*) *Precediendo a un numeral, denota edad inferior a la expresada por este.* * Sub-17. ■ **2** *Referido a pers, denota categoría o cargo inmediatamente inferior.* * Subcapataz. * Subgerente. ■ **3** *Denota calidad o estado inferior a lo normal o a lo generalmente reconocido.* * Subcapitalización. * Subchabola. ■ **4** *Denota subdivisión.* * Subapartado. * Subcategoría. ■ **5** *Denota tendencia o aproximación.* * Subadulto. * Subembriaguez.

subacepción *f* (*Ling*) Acepción que constituye un matiz especial de otra y que en el diccionario se registra como dependiente de esta.

subacuático -ca *adj* Que existe, se realiza o se utiliza bajo la superficie del agua.

subafluente *m* Afluente de un afluente.

subagudo -da *adj* (*Med*) Intermedio entre agudo y crónico.

subalimentación *f* (*Med*) Alimentación insuficiente.

subalterno -na *adj* **1** [Cosa] de categoría secundaria. ■ **2** [Pers.] que trabaja a las órdenes [de otra], esp. en los niveles inferiores. *Tb sin compl. Gralm n.* **b)** (*admin*) [Empleado] de categoría inferior, destinado a servicios que no requieren aptitudes técnicas. *Gralm n.* **c)** (*Taur*) [Torero] que forma parte de la cuadrilla de un matador. *Gralm n.* ■ **3** Propio de la pers. subalterna [2].

subálveo -a *adj* (*Geol*) Que está debajo del lecho de un río. *Tb n m, referido a curso.*

subaracnoideo -a *adj* (*Anat*) Situado debajo de la aracnoides.

subarbustivo -va *adj* (*Bot*) [Planta] de tipo intermedio entre la hierba y el arbusto.

subarbusto *m* (*Bot*) Planta de tipo intermedio entre la hierba y el arbusto.

subarrendador -ra *adj* Que subarrienda [1]. *Frec n, referido a pers.*

subarrendar (*conjug 6*) *tr* **1** Dar en arriendo [una cosa su arrendatario]. ■ **2** Tomar en arriendo [una cosa a su arrendatario].

subarrendatario -ria *adj* Que subarrienda [2]. *Frec n, referido a pers.*

subarriendo *m* Acción de subarrendar. *Tb su efecto.*

subasta *f* **1** Venta o contratación en que los aspirantes hacen libremente sus ofertas, quedando como adjudicatario el que haya hecho la mejor. *Frec ~ PÚBLICA.* ■ **2** Acción de subastar [2]. *Tb su efecto.*

subastable *adj* Que se puede subastar.

subastado -da *adj* **1** *part* → SUBASTAR. ■ **2** (*Naipes*) [Tute] que se juega con subasta de tantos. *Frec n m.*

subastador -ra *adj* Que subasta. *Frec n, referido a pers.*

subastar *tr* **1** Vender o contratar en subasta [1]. ■ **2** Ofrecer [una cantidad] en una subasta [1]. *Tb abs. Gralm en juegos de cartas.*

subastero -ra *m y f* Pers. que por profesión participa en las subastas [1] de los juzgados.

subatómico -ca *adj* (*Fís*) [Partícula] más pequeña que el átomo y componente del mismo.

subbético -ca *adj* (*Geogr*) De la cordillera Subbética (grupo septentrional del sistema Bético).

subcamarero *m* Camarero de segunda categoría.

subcampeón -na *m y f* (*Dep*) Segundo clasificado en una competición.

subcampeonato *m* (*Dep*) Puesto de subcampeón.

subcentral *f* Central secundaria, dependiente de otra central.

subcepción *f* (*Psicol*) Captación inconsciente de estímulos leves.

subceptivo -va *adj* (*Psicol*) De (la) subcepción.

subclase *f* (*CNat*) Grupo taxonómico que es subdivisión de la clase. *Tb fig, fuera del ámbito técnico.*

subclavio -via *adj* (*Anat*) Que está debajo de la clavícula. *Frec n f, referido a vena.*

subclímax *f* (*Bot*) Etapa que precede inmediatamente a la clímax.

subclínico -ca *adj* (*Med*) Que no tiene manifestación clínica evidente.

subcomarca *f* Subdivisión de las que constituyen una comarca.

subcomarcal *adj* De (la) subcomarca.

subcomisario *m* Funcionario de categoría inferior al comisario y en el que este delega parte de sus funciones.

subcomisión *f* Grupo de miembros de una comisión al cual se ha encomendado un papel especial.

sub conditione (*lat; pronunc corriente,* /subkonditióne/ *o* /subkondiθióne/) *loc adv* Bajo condición.

subconsciencia *f* Subconsciente [2].

subconsciente I *adj* **1** De(l) subconsciente [2]. **II** *m* **2** Parte no consciente del psiquismo, que interviene como elemento de procesos mentales activos.

subconscientemente *adv* De manera subconsciente.

subconsumo *m* (*Econ*) Nivel de consumo inferior a las posibilidades resultantes de la oferta.

subcontinente *m* Masa de tierra de gran extensión que se considera como subdivisión del continente al que pertenece.

subcontrata *f* Contrata para un trabajo o parte de él, hecha por el titular de la contrata principal de ese trabajo.

subcontratación *f* Acción de subcontratar.

subcontratar *tr* Hacer subcontrata [de un trabajo (cd)].

subcontratista *adj* Que toma un trabajo en subcontrata. *Tb n, referido a pers.*

subcortical *adj* (*Anat*) Situado debajo de la corteza cerebral.

subcultura *f* Cultura de calidad inferior.

subcultural *adj* De (la) subcultura.

subcutáneamente *adv* (*Med*) Por vía subcutánea.

subcutáneo -a *adj* (*Anat*) Que está inmediatamente debajo de la piel.

subdelegación *f* Cargo de subdelegado. *Tb su oficina.*

subdelegado -da *m y f* Funcionario que ocupa un cargo inmediatamente inferior al de delegado y que tiene encomendadas algunas de las funciones de este.

subdesarrollado -da *adj* [País o pueblo] de bajo desarrollo económico. **b)** Propio de país subdesarrollado.

subdesarrollo *m* Bajo desarrollo económico.

subdesértico -ca *adj* (*E*) De clima semiárido.

subdiaconado *m* (*Rel crist*) Orden de subdiácono, suprimida a partir del Concilio Vaticano II.

subdiácono *m* (*Rel crist*) Clérigo que ha recibido la primera de las órdenes mayores y cuya misión principal es leer la epístola.

subdialecto *m* (*Ling*) Variedad de un dialecto.

subdirección *f* Cargo de subdirector. *Tb su oficina.*

subdirector -ra *m y f* Pers. que ocupa un cargo inmediatamente inferior al de director y que desempeña algunas de las funciones de este.

súbdito -ta *m y f* **1** Pers. sometida [a una autoridad soberana (*compl de posesión*), esp. a un monarca]. ■ **2** Ciudadano [de un país].

subdividir *tr* Dividir [algo que es resultado de una división anterior]. **b)** Dividir [algo ya sometido a una división anterior].

subdivisible *adj* Que se puede subdividir.

subdivisión *f* Acción de subdividir. *Tb su efecto.*

subdominante *adj* (*Bot*) [Especie] preponderante pero subordinada a otra principal en una comunidad.

subempleado -da *adj* [Pers.] que trabaja en régimen de subempleo. *Tb n.*

subempleo *m* (*Econ*) Empleo por tiempo no completo, o retribuido por debajo de lo normal, o con insuficiente aprovechamiento de la capacidad del trabajador.

subentender (*conjug* 14) *tr* Sobrentender.

súber *m* (*Bot*) Tejido secundario protector cuyas células tienen la membrana impregnada de suberina. **b)** Corcho.

suberificación *f* (*Bot*) Acción de suberificarse.

suberificarse *intr pr* (*Bot*) Impregnarse de suberina [la célula vegetal o su membrana].

suberina *f* (*Bot*) Materia impermeable y elástica que forma parte de las células del corcho y que procede de la transformación de la celulosa.

suberinización *f* (*Bot*) Suberificación.

suberización *f* (*Bot*) Acción de suberizarse.

suberizarse *intr pr* (*Bot*) Suberificarse.

suberoso -sa *adj* (*Bot*) De(l) súber.

subescapular *adj* (*Anat*) Situado debajo de la escápula.

subespecie *f* (*CNat*) Grupo taxonómico de rango inmediatamente inferior a la especie.

subestación *f* (*Electr*) Conjunto de aparatos de transformación o distribución de la energía destinados a alimentar una parte de la red.

subestimación *f* Acción de subestimar.

subestimar *tr* Estimar [a alguien o algo] por debajo de su valor o importancia.

subfamilia *f* (*CNat*) Grupo taxonómico que es subdivisión de la familia.

subfase *f* Fase menor, de las que se pueden distinguir dentro de una fase.

subforo *m* (*Der*) Contrato por el cual la pers. que tiene un foro cede el dominio útil a otra que se subroga en sus obligaciones para con el poseedor del dominio directo.

subfusil *m* Arma de fuego, individual, portátil y automática, de gran velocidad de disparo. **b)** ~ **ametrallador** → AMETRALLADOR.

subgénero *m* (*E, esp CNat*) Subdivisión de las que constituyen un género.

subgobernador -ra *m y f* Pers. que ocupa un cargo inmediatamente inferior al de gobernador y que desempeña algunas de las funciones de este.

subgrupo *m* Subdivisión de las que constituyen un grupo.

subhúmedo -da *adj* (*CNat*) [Clima] de humedad insuficiente para el desarrollo de árboles, pero suficiente para el de la vegetación herbácea.

subida *f* **1** Acción de subir [1, 2, 3, 4, 7 y 8]. *Tb su efecto.* ■ **2** Cuesta o pendiente.

subido -da *adj* **1** *part* → SUBIR. ■ **2** Alto o elevado. ■ **3** Fuerte o intenso. *Esp referido a color.* **b)** (*col*) *Se usa siguiendo a un adj sustantivado que expresa cualidad, para ponderar el alto grado en que esta se posee.* * Estás de un guapo subido. ■ **4** (*col*) [Cosa, esp. chiste o conversación] que toca temas indecentes u obscenos. *Frec* ~ DE COLOR, o DE TONO.

subiente *adj* Que sube. *Tb n m, referido a elemento decorativo.*

subigüela *f* (*reg*) Alondra (ave).

subíndice *m* Letra o número que se coloca en la parte inferior derecha de una palabra o de un símbolo para diferenciarlos de otros iguales.

subinspector -ra *m y f* Pers. que ocupa un cargo inmediatamente inferior al de inspector y que desempeña algunas de las funciones de este.

subir **I** *v* **A** *intr* ➤ **a** *normal* **1** Ir a un lugar más alto que el punto de partida. *Frec se especifica el lugar, por medio de un compl* A. *A veces con compl de interés.* **b)** ~ **y bajar.** Ir y venir, o ir y volver. ■ **2** Ponerse más alto. *Frec fig.* **b)** Ponerse más alto el precio de algo (*suj*). **c)** Crecer en altura [algo, esp. una masa o un alimento que está en cocción]. **d)** Mejorar de estado, nivel o calidad. ■ **3** Empezar a ejercer las funciones propias [de determinados cargos, dignidades o situaciones altos (*compl* A)]. *Frec* ~ AL TRONO, AL PODER. ■ **4** Ponerse [sobre un animal o cosa, más raro pers. (*compl* A, EN, SOBRE o ENCIMA DE)]. *Tb sin compl, por consabido. Frec con compl de interés.* ■ **5** Entrar [en un vehículo (*compl* A o EN)]. *Tb sin compl, por consabido. Frec con compl de interés.* ■ **5** Llegar [hasta un punto alto]. **b)** Llegar [una cuenta a determinada cantidad]. ■ **6** Sobrepasar [una cantidad o medida (*compl* DE)]. *Gralm en constr negativa.* ■ **7** (*Tenis*) Acercarse [el jugador a la red]. ■ **8** (*jerg*) Producir efecto [la droga]. ➤ **b** *pr* (~**se**) **9** Desplazarse [una prenda] hacia arriba. ■ **10** (*col*) Hacer sentir sus efectos [una bebida alcohólica]. *Tb* ~SE A LA CABEZA. ■ **11** Hacerse notar [en una pers. (*ci*)] el sentimiento de superioridad provocado [por una nueva situación (*suj*)]. *Tb* ~SE A LA CABEZA. * Se le ha subido el cargo a la cabeza. **B** *tr* **12** Hacer que [alguien o algo (*cd*)] suba [1, 2, 4 y 5]. ■ **13** Ir [por un sitio (*cd*)] hacia arriba. **II** *m* **14** **sube y baja.** (*col*) Acción de subir [1a] y bajar constantemente. **III** *loc adj* **15** **de sube y baja.** Que se puede subir [12] y bajar.

súbitamente *adv* De manera súbita.

subitaneidad *f* (*lit*) Cualidad de subitáneo.

subitáneo -a *adj* (*lit*) Súbito.

súbito -ta **I** *adj* **1** Repentino e imprevisto. **II** *adv* **2** de ~, o (*raro*) ~. De manera súbita [1].

subjefe -fa *m y f* Pers. que ocupa un cargo inmediatamente inferior al de jefe y que desempeña algunas de las funciones de este.

subjetivación *f* Acción de subjetivar(se).

subjetivamente *adv* De manera subjetiva.

subjetivar *tr* Subjetivizar. *Tb pr* (**~se**).

subjetividad *f* **1** Cualidad de subjetivo [1 y 2]. ■ **2** Ámbito de las realidades subjetivas [2].

subjetivismo *m* Actitud que consiste en atenerse solo a los datos subjetivos [1a], prescindiendo de los objetivos. *Tb la teoría que preconiza esta actitud.*

subjetivista *adj* De(l) subjetivismo. **b)** Adepto al subjetivismo. *Tb n.*

subjetivización *f* Acción de subjetivizar(se).

subjetivizar *tr* Dar carácter subjetivo [1a y 2] [a algo (*cd*)]. **b)** *pr* (**~se**) Tomar [algo] carácter subjetivo.

subjetivo -va *adj* **1** Que depende de los sentimientos de la pers., o está basado en ellos. **b)** [Pers.] que en sus juicios o valoraciones se deja arrastrar por sus sentimientos. ■ **2** Que solo existe en función del pensamiento o del sujeto pensante. **b)** (*Med*) [Síntoma] solo perceptible para el enfermo. ■ **3** (*Filos y Psicol*) De(l) sujeto (ser pensante o actuante). ■ **4** (*Gram*) De(l) sujeto (elemento de la oración).

sub judice (*lat; pronunc corriente,* /sub-yúdiθe/) *loc adv* (*Der*) En espera de resolución judicial. *Tb* (*lit*) *fuera del ámbito técnico. Tb adj.*

subjuntivo -va *adj* (*Gram*) [Modo del verbo] correspondiente por naturaleza a la subordinación, en el cual la acción no aparece presentada como real, sino como pensada. *Tb n m.*

sublegado *m* (*Der*) Legado que tiene que satisfacer el legatario.

sublevación *f* Acción de sublevar(se), *esp* [3].

sublevar **A** *tr* **1** Hacer que [alguien (*cd*)] se subleve [3]. ■ **2** Excitar indignación [en alguien (*cd*)]. *Frec abs.*
B *intr pr* (**~se**) **3** Negarse [alguien, esp. un grupo] a obedecer a la autoridad, iniciando frente a ella la resistencia o el ataque armados. *Tb fig.*

sublimación *f* Acción de sublimar(se).

sublimado -da **I** *adj* **1** *part* → SUBLIMAR.
II *m* **2** Sustancia química venenosa formada por combinación de cloro y mercurio, que se emplea como desinfectante. *Tb* ~ CORROSIVO.

sublimador -ra *adj* Que sublima. *Tb n m, referido a aparato.*

sublimar *tr* **1** Elevar [a alguien o algo] a una categoría moral o estética superior. **b)** *pr* (**~se**) Elevarse [alguien o algo] a una categoría moral o estética superior. ■ **2** (*Psicol*) Transformar [un impulso] en un valor socialmente reconocido. ■ **3** (*Quím*) Transformar directamente en vapor [una sustancia sólida]. **b)** *pr* (**~se**) Transformarse directamente en vapor [una sustancia sólida].

sublimatorio -ria *adj* Que sublima.

sublime *adj* Que por su excepcional altura moral o estética produce un sentimiento de admiración. *Frec con intención ponderativa.* **b)** (*col*) Extraordinario o sumamente bueno.

sublimemente *adv* De manera sublime.

sublimidad *f* Cualidad de sublime.

subliminal *adj* **1** (*Psicol o Med*) Subliminar. ■ **2** Implícito o sobrentendido.

subliminalmente *adv* De manera subliminal.

subliminar *adj* **1** (*Psicol*) Que está por debajo del nivel de la conciencia. ■ **2** (*Med*) [Estímulo] de duración o intensidad inferior al mínimo necesario para producir respuesta directa. ■ **3** Subliminal [2].

subliminarmente *adv* De manera subliminar.

sublimizar *tr* Sublimar [1 y 2].

sublingual *adj* (*Anat*) Situado debajo de la lengua.

subliterario -ria *adj* De (la) subliteratura.

subliteratura *f* Literatura de calidad inferior destinada al consumo popular.

sublunar *adj* (*lit*) Terreno (de la Tierra).

subluxación *f* (*Med*) Luxación parcial, en la cual el hueso descoyuntado no pierde por completo su posición.

submarinismo *m* Conjunto de actividades submarinas de carácter deportivo, científico o militar.

submarinista *adj* **1** De(l) submarinismo. ■ **2** [Pers.] que practica el submarinismo. *Frec n.* ■ **3** [Individuo de una armada] especializado en el servicio de submarinos. *Más frec n m.*

submarino -na **I** *adj* **1** Que está o se realiza debajo de la superficie del mar. **b)** Que está o se realiza bajo la superficie del agua. ■ **2** Que funciona o se mueve bajo la superficie del agua.
II *m* **3** Vehículo marino destinado a navegar bajo la superficie del agua. ■ **4** (*col*) Pers. infiltrada en una organización política.

submaxilar *adj* (*Anat*) Situado en la cara interna del maxilar inferior.

submersión *f* (*raro*) Sumersión.

submerso -sa *adj* (*Bot*) Sumergido.

submeseta *f* (*Geogr*) Subdivisión de las que constituyen una meseta.

submicrón *adj invar* (*E*) De medida inferior a una micra.

submicroscópico -ca *adj* (*E*) Que no puede ser visto por el microscopio ordinario.

submúltiplo *m* (*Mat*) Cantidad que está contenida un número exacto de veces [en otra (*compl de posesión*)]. *Frec la unidad de medida que corresponde a esa cantidad.*

submundo *m* Mundo inferior.

subnitrato *m* (*Quím*) Nitrato básico.

subnormal *adj* [Pers.] afectada de una deficiencia mental de carácter patológico. *Tb n.* **b)** (*col*) [Pers.] tonta o imbécil. *A veces usado como insulto.*

subnormalidad *f* Condición de subnormal.

suboccipital *adj* (*Anat*) Situado debajo del occipital.

suboficial *m* **1** Militar que posee grado o empleo de sargento, brigada o subteniente. ■ **2** *En la policía municipal:* Miembro de categoría inmediatamente superior a la del sargento.

suborden *m* (*CNat*) Grupo taxonómico que es subdivisión del orden.

subordinación *f* **1** Acción de subordinar(se). *Tb su efecto.* ■ **2** Relación entre un elemento subordinado y su principal.

subordinadamente *adv* **1** De manera subordinada. ■ **2** Con subordinación o sometimiento a la autoridad correspondiente.

subordinado -da *adj* **1** *part* → SUBORDINAR. ■ **2** [Pers.] que está bajo las órdenes o la autoridad [de otra]. *Frec n.* ■ **3** [Cosa] secundaria en orden o importancia [respecto a otra (*compl de posesión o* A)]. *Tb sin compl. Se opone a* PRINCIPAL. ■ **4** (*Gram*) [Oración] **subordinada** → ORACIÓN. **b)** De (la) oración subordinada. ■ **5** (*Filos*) [Concepto] que está comprendido en la extensión [de otro (*compl de posesión o* A)].

subordinante *adj* **1** Que subordina. *Esp en gramática.* ■ **2** (*Gram*) [Oración] principal. *Tb n f.*

subordinar *tr* **1** Poner [a una pers. o conjunto de perss.] bajo la autoridad [de otra (*compl* A)]. *Tb sin el 2º compl, por consabido.* ■ **2** Poner [a una pers. o cosa] en una situación secundaria [respecto a otra (*compl* A)]. ■ **3** Hacer depender [una cosa (*cd*) de otra (*compl* A)]. ■ **4** (*Gram*) Hacer que [un elemento gramatical (*cd*)] pase a desempeñar una función [respecto a otro (*compl* A)]. *Tb sin el 2º compl.*

subordinativo -va *adj* (*Gram*) Subordinante [1].

subóxido *m* (*Quím*) Óxido que contiene una cantidad relativamente pequeña de oxígeno.

subperitoneal *adj* (*Anat*) Situado debajo del peritoneo.

subprefecto *m* Funcionario que en Francia está al frente de un distrito representando al poder central. *Tb* (*hist*) *referido a España en la época napoleónica.*

subprefectura *f* Cargo de subprefecto. *Tb su oficina.*

subproducto *m* Producto secundario que en un proceso industrial resulta después de haber obtenido el producto principal. *Tb fig.*

subproletariado *m* Sector del proletariado que es objeto de mayor explotación y vive en la mayor pobreza.

subrayado (*pronunc normal,* /sub.r̄ayádo/) *m* Acción de subrayar. *Tb su efecto.*

subrayar (*pronunc normal,* /sub.r̄ayár/) *tr* **1** Trazar una raya debajo [de algo escrito (*cd*)]. **b)** Trazar una raya debajo de las palabras o frases interesantes [de un texto (*cd*)]. ■ **2** Destacar o poner de relieve [algo].

subregión (*pronunc normal,* /sub.r̄eχión/) *f* (*Geogr*) Región que es subdivisión de otra.

subregional (*pronunc normal,* /sub.r̄eχionál/) *adj* (*Geogr*) De (la) subregión.

subreino (*pronunc normal,* /sub.r̄éino/) *m* (*CNat*) Grupo taxonómico que es subdivisión del reino.

subrepticiamente *adv* De manera subrepticia.

subrepticio -cia *adj* Que se hace o se produce a escondidas.

subrigadier *m* (*hist*) Militar que desempeña las funciones de sargento segundo de brigada.

subrogación (*pronunc normal,* /sub.r̄ogaθión/) *f* (*Der*) Acción de subrogar(se).

subrogante (*pronunc normal,* /sub.r̄ogánte/) *adj* Que subroga. *Tb n, referido a pers.*

subrogar (*pronunc normal,* /sub.r̄ogár/) (*Der*) **A** *tr* **1** Sustituir [una pers. o cosa a otra] en una relación jurídica.
B *intr pr* (**~se**) **2** Sustituir [en una obligación o un derecho] a la pers. que los tiene previamente.

subrutina (*pronunc normal,* /sub.r̄utína/) *f* (*Informát*) Secuencia de instrucciones para realizar una

determinada tarea, que puede usarse repetidamente.

subsahariano -na (*pronunc corriente,* /subsaariáno/ *o* /subsaχariáno/) *adj* Del sur del Sáhara.

subsanable *adj* Que se puede subsanar.

subsanación *f* Acción de subsanar.

subsanar *tr* Remediar [un error, un defecto, un problema o un perjuicio].

subscribible, subscribir, subscripción, subscriptor, subscrito → SUSCRIBIBLE, *etc.*

subsecretaría *f* Cargo de subsecretario. *Tb su oficina.*

subsecretario -ria *m y f* Pers. que en un ministerio desempeña el cargo inmediatamente inferior al del ministro.

subsector *m* Sector secundario de los que se pueden distinguir dentro de un sector principal.

subsecuente *adj* Subsiguiente.

subseguir (*conjug* 62) *intr* Seguir [una cosa] inmediatamente [a otra].

subsere *f* (*Bot*) Serie de agrupaciones vegetales en una sucesión secundaria.

subsidial *adj* De(l) subsidio.

subsidiar (*conjug* 1a) *tr* Dar subsidio [a alguien o algo (*cd*)].

subsidiariamente *adv* De manera subsidiaria.

subsidiaridad *f* Subsidiariedad.

subsidiariedad *f* Cualidad de subsidiario.

subsidiario -ria *adj* **1** [Cosa] secundaria que sirve de apoyo [a otra principal (*compl de posesión*)]. *Tb sin compl.* ■ **2** (*Der*) [Pers. o cosa] que suple o sirve de apoyo [a la principal (*compl de posesión*)]. *Tb sin compl.*

subsidio *m* Cantidad que, como ayuda oficial, recibe una pers., una entidad o una actividad. **b)** Ayuda económica.

subsiguiente *adj* Que subsigue.

subsiguientemente *adv* De manera subsiguiente.

subsistema *m* (*E*) Subdivisión de un sistema.

subsistencia *f* **1** Acción de subsistir. ■ **2** *En pl:* Conjunto de cosas necesarias para la vida humana, esp. alimentos. ■ **3** (*Filos*) Incomunicabilidad de la existencia, propia de la sustancia individual.

subsistencial *adj* De (la) subsistencia.

subsistente *adj* **1** Que subsiste. ■ **2** (*Filos*) Que tiene subsistencia [3].

subsistir *intr* Seguir existiendo. **b)** Seguir viviendo.

subsolado *m* Acción de subsolar.

subsolador *m* Utensilio para subsolar.

subsolamiento *m* Acción de subsolar.

subsolar *tr* Remover [la tierra] por debajo de la capa arable, sin voltear[la].

subsónico -ca *adj* (*Fís*) De velocidad inferior a la del sonido.

sub specie (*lat; pronunc corriente,* /sub-espéθie/) *loc adv* En la forma o aspecto [que se expresa (*adj*)].

sub specie aeternitatis (*lat; pronunc corriente*, /sub-espéθie-eternitátis/) *loc adv* En su forma esencial o universal.

substancia, substanciación, substancial, substancialidad, substancialismo, substancialista, substancializar, substancialmente, substanciar, substancioso → SUSTANCIA, *etc.*

substantivación, substantivamente, substantivar, substantividad, substantivizar, substantivo → SUSTANTIVACIÓN, *etc.*

substitución, substituible, substituidor, substituir, substitutivo, substituto, substitutorio, substituyente → SUSTITUCIÓN, *etc.*

substracción, substraendo, substraer → SUSTRACCIÓN, *etc.*

substrato → SUSTRATO.

substrátum *m* (*E*) Sustrato.

subsuelo *m* Parte de la corteza terrestre que se encuentra debajo de la capa arable. **b)** *En gral:* Capa que se encuentra debajo del suelo.

subsumible *adj* (*lit*) Que se puede subsumir.

subsumir *tr* (*lit*) Incluir [una cosa en otra que la engloba o en un conjunto más amplio].

subsunción *f* (*lit*) Acción de subsumir.

subtender (*conjug 14*) *tr* (*Geom*) **1** Unir [una recta] los extremos [de un arco (*cd*)]. ■ **2** Estar opuesto [a un ángulo (*cd*)] y delimitar[lo].

subteniente *m* **1** Suboficial de categoría superior a la de brigada. ■ **2** (*hist*) Oficial de categoría inferior a la de teniente. *Corresponde al actual alférez.*

subterfugio *m* Medio hábil y engañoso para conseguir algo.

subterráneamente *adv* De manera subterránea.

subterráneo -a I *adj* **1** Que está o se realiza debajo de tierra. **b)** (*lit*) Oculto o que no se manifiesta abiertamente.
II *m* **2** Recinto o pasaje subterráneo [1a].

subtipo *m* (*CNat*) Grupo taxonómico que es subdivisión del tipo.

subtitulación *f* (*raro*) Acción de subtitular. *Tb su efecto.*

subtitular A *tr* **1** Dar [a algo (*cd*)] como subtítulo [1] [el n. que se expresa (*predicat*)]. *A veces con un compl de modo en lugar del predicat, esp en ors interrogs.* ■ **2** Poner subtítulos [2 y 3] [a algo (*cd*)].
B *copulat pr* (~se) **3** Tener por subtítulo [1] [el n. que se expresa (*predicat*)]. *A veces con un compl de modo en lugar del predicat, esp en ors interrogs.*

subtítulo *m* **1** Título secundario, que se coloca debajo del principal. ■ **2** Traducción condensada del diálogo de una película, que se proyecta sobreimpresionada en la parte baja de la imagen. ■ **3** (*raro*) Pie de fotografía.

subtotal I *adj* **1** (*Med*) Casi total.
II *m* **2** Total constituido por una suma de elementos, el cual ha de sumarse a otros para formar el total general.

subtropical *adj* (*Geogr*) [Clima] cálido, con lluvias de carácter estacional, propio de la zona situada entre los trópicos y las tierras templadas. **b)** De clima subtropical.

subumbilical *adj* (*Anat*) Situado debajo del ombligo.

suburbano -na *adj* De(l) suburbio. **b)** [Ferrocarril] que comunica la ciudad con las zonas suburbanas. *Frec n m.*

suburbial *adj* De(l) suburbio.

suburbiano -na *adj* De(l) suburbio. *Tb n, referido a pers.*

suburbicario -ria *adj* (*Rel catól*) De la provincia eclesiástica de Roma.

suburbio *m* Barrio situado en las afueras [de una población] y esp. habitado por gente pobre.

suburense *adj* (*lit*) De Sitges (Barcelona). *Tb n, referido a pers.*

subvaloración *f* (*raro*) Infravaloración.

subvalorar *tr* (*raro*) Infravalorar.

subvención *f* Ayuda económica dada por el Estado u otra entidad para el mantenimiento de una actividad o empresa.

subvencionable *adj* Que se puede subvencionar.

subvencionar *tr* Dar una subvención [a alguien o algo (*cd*)].

subvenir (*conjug 61*) *intr* **1** Ayudar [a algo]. ■ **2** Costear o sufragar [algo (*compl* A)].

subversión *f* **1** Acción de subvertir, esp. el orden social o la situación política establecidos. ■ **2** Movimiento o conjunto de perss. que intentan la subversión [1] política.

subversivamente *adv* De manera subversiva.

subversivo -va *adj* De (la) subversión.

subvertidor -ra *adj* Que subvierte. *Tb n, referido a pers.*

subvertir (*conjug 60*) *tr* Perturbar o trastornar [algo, esp. el orden moral o legal].

sub voce (*lat; pronunc corriente*, /sub-bóθe/) *loc adv* Dentro de la entrada o artículo [que se expresa]. *Referido a diccionario o enciclopedia.*

subyacencia *f* (*raro*) Cualidad de subyacente.

subyacente *adj* Que subyace.

subyacer (*conjug 36*) *intr* Yacer o estar debajo [de algo (*compl* A, EN o BAJO)].

subyugación *f* Acción de subyugar.

subyugador -ra *adj* Que subyuga.

subyugadoramente *adv* De manera subyugadora.

subyugante *adj* Que subyuga.

subyugar *tr* **1** Ejercer una atracción irresistible [sobre alguien (*cd*)]. ■ **2** Dominar o sojuzgar.

succenturiado. ventrículo ~ → VENTRÍCULO.

succinita *f* (*Mineral, raro*) Ámbar.

succino *m* (*Mineral*) Ámbar.

succión *f* Acción de chupar o absorber.

succionador -ra *adj* Que succiona. *Tb n m, referido a máquina.*

succionar *tr* Chupar o absorber.

sucedáneo -a *adj* [Cosa, esp. producto] que puede sustituir [a otra (*compl de posesión*)]. *Más frec n m, gralm con intención peyorativa.* **b)** (*desp*) [Cosa o, raro, pers.] que es una imitación [de otra]. *Tb n m.*

suceder A *tr* **1** Pasar [una pers.] a sustituir [a otra (*cd*) en algo, esp. un puesto o cargo]. *Frec sin compl* EN, *por consabido.* **b)** Heredar [a alguien]. *Tb abs.* ▪ **2** Ir [una cosa] después [de otra (*cd con* A)]. *A veces con compl recíproco.* * El trueno sucede al relámpago. * En el entablamento se suceden tres partes: arquitrabe, friso y cornisa. B *intr* **3** Producirse [un hecho].

sucedido *m* Cosa sucedida [3].

sucesión *f* **1** Acción de suceder [1 y 2]. *Tb su efecto.* ▪ **2** Descendiente o descendientes directos [de una pers.]. ▪ **3** (*Ecol*) Conjunto de cambios que se producen en la composición de una comunidad en su desarrollo hacia un estado final de equilibrio.

sucesivamente *adv* De manera sucesiva.

sucesivo -va I *adj* **1** Que sucede [2]. *Normalmente acompañando a un n en pl, expresando que las perss o cosas por él designadas se suceden inmediatamente unas a otras.* * Hablaremos de esto en días sucesivos. II *loc adv* **2** en lo ~. A partir del momento en que se habla.

suceso *m* **1** Cosa que sucede [3], esp. de cierta importancia. ▪ **2** Noticia sobre un hecho delictivo o un accidente desgraciado. *Gralm en pl.* ▪ **3** (*lit*) Éxito o triunfo.

sucesor -ra *adj* [Pers.] que sucede [1]. *Tb fig, referido a cosa. Frec n.*

sucesorio -ria *adj* De la sucesión [1].

suciamente *adv* De manera sucia.

suciedad *f* **1** Cualidad de sucio, *esp* [1 y 6]. ▪ **2** Conjunto de manchas, polvo u otras cosas similares que hacen que algo esté sucio [1a]. ▪ **3** Cosa sucia [6 y 7].

sucintamente *adv* De manera sucinta.

sucintarse *intr pr* (*raro*) Reducirse o ceñirse.

sucinto -ta *adj* **1** Breve y conciso. ▪ **2** (*lit*) Breve o pequeño.

sucio -cia I *adj* **1** [Pers. o cosa] que tiene manchas, polvo u otra cosa similar que desluce su aspecto. *Tb fig.* **b)** [Conciencia] de quien ha hecho algo indebido. **c)** (*col*) [Lengua] saburrosa. **d) de ~.** [Cuaderno o cosa similar] de escritos en borrador o en presentación poco cuidada. ▪ **2** [Cosa] que tiene impurezas o imperfecciones. *Tb fig.* ▪ **3** [Color] que tira a pardo o negruzco. **b)** (*Taur*) [Res] cuya pinta no muestra nitidez en el color. ▪ **4** [Pers. o animal] que tiende a mantener sucios [1a] su propio aspecto o sus cosas. **b)** Que mancha o ensucia. **c)** Que contamina. ▪ **5** [Cosa] que se ensucia fácilmente. ▪ **6** Innoble o vil. **b)** Que implica ilegalidad o inmoralidad. **c)** [Dinero] que está fraudulentamente fuera del control fiscal. **d)** [Trapos] ~s → TRAPO. ▪ **7** Obsceno (que ofende al pudor). **b)** [Palabra o expresión] que ofende al buen gusto por referirse al sexo o a las excreciones. II *adv* **8** De manera sucia [1 y 6]. **b)** [Jugar] ~ → JUGAR. ▪ **9** en ~. En presentación provisional y descuidada. *Referido a escritos. Tb adj.* ▪ **10** en ~. Sin quitar los desperdicios o cosas inútiles. *Tb adj.*

sucopira *f* Árbol leguminoso de la América tropical, del cual se obtiene una madera oscura de gran dureza (*Bowdichia major* y *B. virgilioides*). *Tb la misma madera.*

sucrasa *f* (*Quím*) Invertina o invertasa.

sucrato *m* (*Quím*) Compuesto formado por la combinación del azúcar con un óxido metálico.

sucre *m* Unidad monetaria del Ecuador.

súcubo *adj* [Demonio] que, bajo la apariencia de mujer, tiene trato carnal con un hombre. *Frec n m.*

sucucho *m* (*raro*) Rincón, o lugar pequeño y escondido.

suculencia *f* **1** Cualidad de suculento. ▪ **2** Cosa suculenta [1].

suculentamente *adv* De manera suculenta [1 y 2].

suculento -ta *adj* **1** Muy sabroso o grato al paladar. **b)** Deseable o apetecible. ▪ **2** Importante o sustancioso. *Con intención ponderativa.* ▪ **3** (*Bot*) [Planta u órgano] carnosos y con abundante jugo. ▪ **4** (*Med*) Jugoso.

sucumbir *intr* **1** Ceder o rendirse [ante algo (*compl* A)]. *Tb sin compl.* **b)** Cesar en una lucha o resistencia. ▪ **2** (*lit*) Morir en circunstancias extraordinarias, esp. luchando o en una catástrofe. **b)** Ser derrotado.

sucursal *adj* [Establecimiento] que depende [de otro], aunque funcione con relativa autonomía, pero sin personalidad jurídica propia. *Normalmente n f. Tb fig.*

sucursalismo *m* **1** (*Com*) Modo de organización comercial con sucursales múltiples. ▪ **2** (*Pol*) Tendencia a actuar una fuerza política regional como dependiente de otra central.

sucursalista *adj* De(l) sucursalismo, *esp* [2]. **b)** Partidario del sucursalismo. *Tb n.*

sucusión *f* (*Med*) Acción de sacudir o agitar con violencia.

sud- *r pref* Del sur. * Sudasiático. * Sudmoluqueño.

sudaca *adj* (*col, desp*) Sudamericano. *Frec n, referido a pers.*

sudación *f* Acción de sudar [1].

sudadera *f* **1** Sudadero [1]. ▪ **2** Prenda deportiva a modo de jersey amplio, de tejido afelpado. ▪ **3** (*col*) Acción de sudar [1] en abundancia.

sudadero *m* **1** Manta pequeña que se pone a las caballerías, gralm. debajo del aparejo. ▪ **2** (*reg*) Lugar donde se encierra el ganado lanar antes de esquilarlo.

sudador -ra *adj* (*raro*) Que suda [1] con facilidad o por gusto.

sudafricano -na *adj* De Sudáfrica (país o subcontinente). *Tb n, referido a pers.*

sudamericano -na *adj* De América meridional. *Tb n, referido a pers.* **b)** Hispanoamericano. *Tb n, referido a pers.*

sudanés -sa I *adj* **1** Del Sudán. *Tb n, referido a pers.* ▪ **2** [Lengua] perteneciente a un grupo de lenguas africanas habladas en Sudán, Uganda, Kenia, Chad y algunas zonas atlánticas. II *m* **3** Conjunto de lenguas sudanesas [2].

sudante *adj* (*raro*) Que suda [1].

sudar – suelto

sudar A *intr* **1** Expeler sudor [1]. ■ **2** Segregar gotas de líquido [algo, esp. una planta o un cuerpo poroso]. ■ **3** (*col*) Trabajar con esfuerzo [para conseguir algo].

B *tr* **4** Segregar [algo] por los poros de la piel. **b)** ~ **la gota gorda**, ~ **sangre**, ~ **tinta** → GOTA, SANGRE, TINTA. ■ **5** Segregar [algo (*suj*), esp. una planta o un cuerpo poroso, un líquido (*cd*)]. ■ **6** Impregnar [algo] de sudor [1]. ■ **7** (*col*) Conseguir [algo] trabajando con esfuerzo. ■ **8** (*col*) Curar [un catarro o algo similar] sudando [1]. ■ **9** ~**sela** [una pers. o cosa a alguien]. (*col*) No importar[le] en absoluto.

sudario *m* Paño con que se envuelve un cadáver o con que se cubre su rostro. **b) santo** ~. (*Rel crist*) Sábana santa. **2** (*raro*) Paño con que se enjuga el sudor.

sudcoreano -na *adj* Surcoreano. *Tb n.*

sudeslavo -va *adj* (*raro*) Yugoslavo. *Tb n, referido a pers.*

sudeste (*frec con mayúscula*) *m* **1** Punto del horizonte situado entre el sur y el este, a igual distancia de ambos. *Tb en aposición.* ■ **2** Parte [de un territorio o lugar] que está hacia el sudeste [1]. *Frec en aposición.* ■ **3** Viento que sopla del sudeste [1]. *Tb* VIENTO ~.

sudeta *adj* Sudete. *Tb n.*

sudete *adj* De los Sudetes (montes de la República Checa). *Tb n, referido a pers.*

sudista *adj* **1** De los Estados norteamericanos del sur. **b)** (*hist*) *En la guerra de Secesión de los Estados Unidos* (*1861-1865*): Partidario de la independencia de los Estados del sur. *Frec n, referido a pers.* ■ **2** De la zona meridional [de un país políticamente dividido en dos partes]. *Tb n, referido a pers.*

suditálico -ca *adj* Del sur de Italia.

sudoccidental *adj* Del sudoeste.

sudoeste (*frec con mayúscula*) *m* **1** Punto del horizonte situado entre el sur y el oeste, a igual distancia de ambos. *Tb en aposición.* ■ **2** Parte [de un territorio o lugar] que está hacia el sudoeste [1]. *Frec en aposición.* ■ **3** Viento que sopla del sudoeste [1]. *Tb* VIENTO ~.

sudor *m* **1** Líquido claro y transparente, de olor más o menos fuerte, segregado por determinadas glándulas de la piel. ■ **2** Líquido que segregan determinadas cosas, esp. una planta o un cuerpo poroso. ■ **3** Acción de sudar [1]. *Frec en pl.* ■ **4** (*col*) *En pl:* Trabajos o esfuerzos.

sudoración *f* Acción de sudar [1].

sudoral *adj* (*Med*) De(l) sudor [1].

sudoriental *adj* Del sudeste.

sudorífico -ca *adj* (*Med*) Que provoca sudor [1]. *Tb n m, referido a medicamento o sustancia.*

sudoríparo -ra *adj* (*Anat*) Que segrega sudor [1].

sudoroso -sa *adj* Que tiene sudor [1].

sudoso -sa *adj* Sudoroso.

sudra *m y f* Individuo de la casta india constituida por agricultores y servidores.

sudvietnamés -sa *adj* (*raro*) Sudvietnamita. *Tb n.*

sudvietnamita *adj* Survietnamita. *Tb n.*

suecano -na *adj* De Sueca (Valencia). *Tb n, referido a pers.*

sueco -ca I *adj* **1** De Suecia. *Tb n, referido a pers.*

II *m* **2** Lengua nórdica hablada en Suecia y en la costa de Finlandia.

III *loc v* **3 hacerse** [alguien] **el** ~. (*col*) Fingir que no oye o no entiende algo que no le interesa.

suegro -gra I *m y f* **1** Padre o madre del cónyuge [de una pers. (*compl de posesión*)]. *Tb sin compl. En m pl, a veces designa al conjunto formado por el suegro y la suegra.*

II *loc sust* **2 lo que ve la suegra.** (*col*) Lo que está más a la vista. *Referido a la limpieza de la casa.*

suela I *f* **1** *En el calzado:* Parte inferior, que toca el suelo. **b) media** ~. Pieza con que se remienda la suela, desde la punta hasta el enfranque. *Gralm en pl y frec en la constr* ECHAR MEDIAS ~S. *Tb fig.* ■ **2** Cuero grueso y fuerte, empleado esp. para suelas [1]. **b)** Trozo de cuero que se pega a la punta del taco de billar. ■ **3** (*jerg*) Tableta de hachís.

II *loc adj* **4 de siete ~s.** (*col*) *Se usa siguiendo a un n calificador para ponderar su significado.* * Es un golfo de siete suelas.

III *loc v* **5 no llegar** [una pers. a otra] **a la ~ del zapato.** (*col*) Ser muy inferior [a ella].

suelda *f Se da este n a varias plantas herbáceas de los géns Symphytum, Polygonatum, Polygonum y Herniaria, esp a la Symphytum officinale* (~ *o* ~ CONSUELDA).

sueldo I *m* **1** Cantidad fija y periódica asignada a una pers. por su trabajo. ■ **2** (*hist*) Moneda antigua, de valor variable según los países y las épocas.

II *loc adv* **3 a ~.** Cobrando un sueldo [1]. *Tb adj.*

suelo I *m* **1** Superficie sobre la que se anda. **b)** Material con que se recubre el suelo. ■ **2** Parte superficial de la corteza terrestre, esp. aquella en que se desarrolla la vida de las plantas. ■ **3** Territorio. *Con un adj o compl especificador.* ■ **4** Superficie inferior [de algo]. *Tb fig.* ■ **5** Nivel mínimo que puede alcanzar [alguien o algo (*compl de posesión*)].

II *loc v* **6 arrastrar** (*o* **tirar**) **por los** ~**s** (*o* **por el** ~) [a una pers. o cosa]. (*col*) Desacreditar[la]. ■ **7 besar el** ~. (*col*) Caerse de bruces. ■ **8 echar al** ~ [una cosa]. (*col*) Derribar[la]. **b) echar al** ~, *o* **por los** ~**s** [una cosa]. Frustrar[la] o malograr[la]. ■ **9 hacer** ~**s.** (*reg*) Quitar el matorral o rastrojo que hay alrededor de los árboles. ■ **10 medir el** ~. (*col*) Caerse a la larga. ■ **11 tocar** ~. Llegar [alguien o algo] a su nivel mínimo.

III *loc adv* **12 a ras de** ~ → RAS. ■ **13 por los** ~**s** (*o* **por el** ~). En situación muy baja respecto al valor o valoración. *Frec con los vs* ESTAR *o* PONER. **b)** En situación muy baja respecto al crédito o fama. *Gralm con el v* PONER. **c)** En situación muy baja respecto al ánimo o a las fuerzas. *Gralm con el v* ESTAR.

suelta *f* Acción de soltar [algo o a alguien atado, sujeto o contenido]. *Frec con el v* DAR.

suelto -ta I *adj* **1** Que no está sujeto. *Tb fig.* **b)** Libre, o que puede obrar según su voluntad. *Tb fig.* **c)** (*Taur*) [Res] que abandona la suerte por su propia iniciativa y sin hacer caso del engaño. ■ **2** [Baile] que se realiza sin que la pareja se enlace. *Tb n m.* ■ **3** Que no forma conjunto o serie con otros de su especie. **b)** Separado del todo del que forma parte. **c)** Que no está envasado o empaquetado. **d)** [Pliego] ~ → PLIEGO. ■ **4** [Moneda] fraccionaria. *Frec n m, referido a dinero.* ■ **5** Disgregado o poco compacto. ■ **6** Ágil y desenvuelto. ■ **7** Que no se ajusta o ciñe. ■ **8** (*col*) Que tiene diarrea. ■ **9** (*TLit*) [Verso] que no rima, dentro de una composición rimada.

II *m* **10** *En un periódico:* Información de extensión superior a la de la gacetilla e inferior a la del artículo.

III *loc adv* **11 por ~.** Aisladamente.

sueño I *m* **1** Hecho de dormir. *Tb* (*lit*) *fig, designando la muerte y gralm con el adj* ETERNO. **b)** (*Bot*) Hecho de tener las plantas sus hojas u otros órganos en determinada posición durante las horas de ausencia de luz. ■ **2** Gana de dormir. ■ **3** Hecho de soñar. **b)** Cosa que se sueña. **c)** Cosa que se desea con ilusión. *Frec ~* DORADO. **d) mal ~.** Pesadilla (sueño [3b] angustioso o aterrador). ■ **4** (*col*) Pers. o cosa muy bonita o excelente en su clase. *Normalmente en lenguaje femenino. Con intención ponderativa.* ■ **5** (*Agric*) Cierta enfermedad de la remolacha.

II *loc adj* **6 de ~.** (*col*) Excelente en su clase, esp. por su belleza. *Normalmente en lenguaje femenino. Con intención ponderativa.*

III *loc v* **7 coger,** *o* **conciliar, el ~.** Dormirse. ■ **8 echar,** *o* **descabezar, un ~.** (*col*) Dormir durante breve rato. ■ **9 estar en siete ~s.** (*col*) Estar profundamente dormido. ■ **10 perder** [alguien] **el ~** [por una pers. o cosa]. Preocuparse [por ella]. ■ **11 quitar el ~** [a alguien]. Preocupar[le].

IV *loc adv* **12 en ~s.** Soñando. ■ **13 entre ~s.** Durmiendo de manera poco profunda. ■ **14 ni en ~s,** *o* **ni por ~(s).** (*col*) Fórmula de negación enfática. * –¿No vas con ellos? –Ni en sueños.

suero *m* **1** Parte no coagulable [de un líquido orgánico animal, esp. de la sangre]. *Tb sin compl.* **b)** Preparado de suero sanguíneo que contiene un anticuerpo específico, y que se emplea con fines curativos o preventivos. *Frec con un adj o compl especificador.* ■ **2** Solución salina inyectable. *Tb ~* ARTIFICIAL *o* FISIOLÓGICO.

sueroterapia *f* (*Med*) Seroterapia.

suerte I *f* **1** Causa supuesta de los sucesos no previsibles o no intencionados. **b)** Fuerza o poder imaginarios, favorables o adversos, que se supone determinan los sucesos, o un suceso, de la vida de un individuo. *Con los adjs* BUENA *o* MALA, *u otros equivalentes.* **c)** *Sin calificar:* Buena suerte. ■ **2** Destino, o situación que las circunstancias imponen a alguien o algo. ■ **3** (*lit*) Manera. ■ **4** (*lit*) Clase o género. **b)** (*lit*) Especie (cosa aproximadamente igual). *Con un compl* DE. ■ **5** Parcela, o tierra de labor separada de otras por sus lindes. ■ **6** (*Taur*) Tercio (parte de las tres en que se divide la lidia). **b)** Acto de los que ejecuta el diestro en la lidia. *Tb fig, fuera de este ámbito.*

II *loc v* **7 abandonar,** *o* **dejar,** [a una pers. o cosa] **a su ~.** Desentenderse [de ella] o dejar de cuidar[la]. ■ **8 caer,** *o* **tocar, en ~** [algo a alguien]. Corresponder[le] por suerte [1] en un reparto. *Tb fig.* ■ **9 cargar la ~.** (*Taur*) Ejecutar [el diestro] un lance adelantando un pie e inclinando el cuerpo hacia el toro. ■ **10 desafiar,** *o* **tentar, a la ~.** Arriesgarse temerariamente. ■ **11 echar a ~s** (*o, raro,* **echar ~s**). Someter una decisión o una elección a algo ajeno a la voluntad humana. **b)** echar [algo] **a ~s.** Decidir[lo] echando a suertes. ■ **12 entrar en ~.** Ser [algo] objeto de un sorteo, o participar [alguien] en él. ■ **13 estar echada la ~.** Estar decidido irremediablemente el asunto en cuestión. *Gralm en la fórmula* LA ~ ESTÁ ECHADA. ■ **14 probar ~.** Actuar con la esperanza de que la suerte [1b] sea favorable, en algo cuyo resultado se

ve incierto. ■ **15 repetir la ~.** Volver a hacer lo ya hecho. ■ **16 tener la ~ de cara** (*o* **de espaldas**). Tener buena (o mala) suerte [1b].

III *loc adv* **17 a ~s** (*o* **por ~**). Echando a suertes [11]. ■ **18 de todas ~s.** (*lit*) De todos modos. ■ **19 por ~.** Afortunadamente.

IV *loc conj* **20 de ~ que.** (*lit*) De modo que.

suertoso -sa *adj* (*col*) Que tiene buena suerte [1b].

suertudo -da *adj* (*col*) Que tiene buena suerte [1b].

suesetano -na *adj* (*hist*) [Individuo] de un pueblo celta habitante en la zona central de Navarra. *Tb n.*

sueste *m* (*Mar*) Sombrero impermeable de ala estrecha y levantada por delante y ancha y caída por detrás.

suéter (*pl normal, ~*ES; *tb, más raro, ~*S) *m* Jersey.

suévico -ca *adj* (*hist*) De los suevos.

suevo -va *adj* (*hist*) [Individuo] del grupo de pueblos germánicos que en el s. V, unido a borgoñones, vándalos y alanos, invadió las Galias y el noroeste de España. *Tb n.* **b)** De los suevos.

sufeta *m* (*hist*) Sufete.

sufete *m* (*hist*) *Entre los fenicios:* Magistrado de los dos supremos que gobiernan una ciudad. *Tb* (*lit*) *fig.*

sufí *adj* De(l) sufismo. **b)** Adepto al sufismo. *Tb n.*

suficiencia *f* Cualidad de suficiente.

suficiente I *adj* **1** Bastante o que basta [para algo]. *Tb sin compl.* ■ **2** [Pers.] pedante y segura de sí. **b)** [Pers.] arrogante o engreída. **c)** Propio de la pers. suficiente.

II *m* **3** (*Enseñ*) Calificación mínima de aptitud.

III *pron* **4** *En sg:* Cantidad necesaria [para algo]. *Tb sin compl.*

IV *loc v* **5 ser ~.** Bastar [con alguien o algo].

suficientemente *adv* De manera suficiente [1].

sufijación *f* (*Ling*) Adición de sufijos.

sufijo -ja *adj* (*Ling*) [Afijo] pospuesto a la raíz. *Más frec n m.*

sufismo *m* Doctrina mística mahometana, desarrollada esp. en Persia.

suflar (*tb con las grafías semicultas* **soufflar** *y* **souflar**) *intr* (*Coc*) Subir e hincharse con la cocción [un alimento].

suflé I *adj* **1** (*Coc*) [Plato] que sube y se hincha con la cocción. *Más frec n m.*

II *m* **2** (*col, raro*) Inflamiento. *En sent fig.*

sufra *f* (*reg*) Correa que sostiene las varas de una caballería de tiro.

sufragáneo -a *adj* Que depende de la jurisdicción o autoridad [de otro]. *Tb sin compl.* **b)** [Obispo] de una diócesis de las que componen una provincia eclesiástica.

sufragante *adj* Que sufraga.

sufragar *tr* **1** Pagar o costear. ■ **2** (*raro*) Ayudar o favorecer.

sufragio *m* **1** (*Rel catól*) Ayuda espiritual [al alma de un difunto (*compl de posesión*)]. *Tb sin compl.* **b)** (*raro*) Ayuda o socorro. ■ **2** *En gral:* Oración, sacrificio u obra buena que se ofrece por las almas del purgatorio. ■ **3** Voto (opinión expresada en una

una asamblea deliberante, en un cuerpo político o en una elección). ■ **4** Voto o votación.

sufragismo *m* (*hist*) Movimiento político en favor del voto femenino.

sufragista *adj* (*hist*) De(l) sufragismo. **b)** Partidario del sufragismo. *Tb n, esp f.*

sufridamente *adv* De manera sufrida [2b].

sufrido -da *adj* **1** *part* → SUFRIR. ■ **2** [Pers.] que sufre sin quejarse. **b)** Propio de la pers. sufrida. ■ **3** [Cosa] que es capaz de soportar circunstancias adversas sin dañarse o estropearse demasiado. **b)** [Cosa, esp. color] que soporta el uso sin ensuciarse o deslucirse.

sufridor -ra *adj* Que sufre [1, 3, 5 y 7]. *Tb n, referido a pers.* **b)** Propio de la pers. que sufre.

sufriente *adj* (*lit*) Que sufre [1, 3, 5 y 7]. *Tb n, referido a pers.* **b)** Propio de la pers. sufriente.

sufrimiento *m* Hecho de sufrir [1, 3, 5 y 7]. *Tb su efecto.*

sufrir **A** *tr* **1** Padecer [un daño o dolor, una enfermedad o un error o equivocación]. **b)** Ser objeto [de una acción o un suceso (*cd*) perjudiciales o dañinos]. ■ **2** Ser objeto [de una acción o un suceso (*cd*)]. ■ **3** Aguantar o soportar [a alguien o algo perjudicial o molesto]. ■ **4** Soportar o sostener [un peso o presión].
B *intr* **5** Sentir dolor, físico o moral. ■ **6** Recibir daño [una cosa]. ■ **7** Padecer [una enfermedad (*compl* DE)]. **b)** Tener enferma [una parte del cuerpo (*compl* DE)].

sufusión *f* (*Med*) Derrame [de un líquido orgánico, esp. de sangre].

sugerencia *f* Acción de sugerir. *Frec su efecto.*

sugerente *adj* Que sugiere [1]. **b)** Que atrae e interesa por lo que sugiere.

sugerentemente *adv* De manera sugerente.

sugeridor -ra *adj* (*lit*) Sugerente.

sugerir (*conjug* 60) *tr* **1** Traer a la mente [de alguien (*ci*) una imagen o un concepto] de manera indirecta o incipiente. ■ **2** Proponer [una idea o proyecto] de manera no firme o no formal. *Tb abs.*

sugestibilidad *f* (*Psicol*) Cualidad o condición de sugestible.

sugestible *adj* (*Psicol*) Sugestionable.

sugestión *f* **1** (*raro*) Sugerencia. ■ **2** Influencia no percibida como tal por la pers. que la sufre, y que altera su normal modo de obrar o de juzgar. *Esp en psicología.*

sugestionabilidad *f* (*raro*) Cualidad de sugestionable.

sugestionable *adj* Que se puede sugestionar.

sugestionador -ra *adj* Que sugestiona.

sugestionante *adj* (*raro*) Que sugestiona.

sugestionar *tr* Producir sugestión [2] [en alguien (*cd*)]. **b)** *pr* (~**se**) Pasar [alguien] a sufrir sugestión.

sugestivamente *adv* De manera sugestiva.

sugestividad *f* (*raro*) Cualidad de sugestivo.

sugestivo -va *adj* **1** Que atrae, o que suscita el interés. ■ **2** Que sugestiona. *Tb n, referido a pers.*

suicida *adj* **1** [Pers.] que se suicida. *Más frec n.* ■ **2** De(l) suicidio. **b)** [Cosa] que implica suicidio, o conduce a él.

suicidamente *adv* De manera suicida [2].

suicidar *tr* **1** *Con cd refl:* Matarse a sí mismo. *Tb fig. A veces con intención ponderativa.* ■ **2** (*raro*) Hacer que [alguien (*cd*)] se suicide [1]. *A veces humoríst.*

suicidario -ria *adj* De(l) suicidio.

suicidio *m* Acción de suicidarse. **b)** Hecho de arriesgar la vida gravemente. **c)** Acción que destruye o perjudica gravemente a quien la hace.

suido -da *adj* (*Zool*) [Mamífero artiodáctilo] de cuerpo pesado cubierto de pelos duros, cabeza grande terminada en un hocico o corta trompa, y caninos muy desarrollados, que a veces constituyen robustas defensas. *Frec como n m en pl, designando este taxón zoológico.*

sui generis (*lat; pronunc,* /suí-χéneris/ *o* /sui--χéneris/) *loc adj* Peculiar o particular.

suite (*fr; pronunc corriente,* /suít/) *f* **1** En un hotel o establecimiento similar: Conjunto de habitaciones comunicadas entre sí, que se alquilan a un cliente. ■ **2** (*Mús*) Composición formada por varias danzas o piezas de la misma tonalidad.

suizo -za *adj* **1** De Suiza. *Tb n, referido a pers.* ■ **2** [Guardia] pontificia, constituida por ciudadanos suizos [1]. **b)** [Soldado] de la guardia suiza. *Tb n.* ■ **3** [Bollo] de harina, huevo y azúcar, muy blando y esponjoso y de forma ovalada. *Más frec n m.* ■ **4** [Chocolate hecho] que se sirve con nata. *Frec n m.*

sujeción *f* **1** Acción de sujetar(se). *Tb su efecto.* ■ **2** Cosa que sujeta [1a y b].

sujetable *adj* Que se puede sujetar.

sujetador *m* Instrumento que sujeta [1a y b]. **b)** Prenda femenina que sujeta el pecho dándole forma.

sujetalibros *m* Pieza de metal u otra materia, en ángulo recto, que sirve para sostener libros en posición vertical sobre un estante o una mesa.

sujetapapeles *m* Utensilio a modo de pinza que sirve para sujetar [1a] hojas de papel.

sujetar *tr* **1** Tener [a alguien o algo] impidiendo que se mueva o caiga. *Tb fig.* **b)** Fijar [una cosa en un sitio]. **c)** (*Taur*) Mantener fija en el engaño la atención [del toro (*cd*)], impidiendo que se vaya o que acuda a otro objeto. *Tb abs.* **d)** *pr* (~**se**) Mantenerse [algo] sin moverse o caer. *Tb fig.* ■ **2** Someter o subordinar [a alguien o algo] a la propia autoridad. **b)** Someter o subordinar [a una pers. o cosa (*cd*)] a la autoridad o las exigencias [de otra (*ci*)]. **c)** Someter [a alguien] a orden o disciplina. **d)** *pr* (~**se**) Estar sometida [una cosa] a las exigencias [de otra (*ci*)].

sujeto¹ -ta *adj* Que está sujetado.

sujeto² *m* **1** Persona o individuo. **b)** (*col*) Hombre. *Frec con matiz peyorativo.* **b)** (*Der*) Pers. o entidad capaz de tener derechos y deberes. *Frec* ~ DE DERECHO. ■ **3** (*Filos y Psicol*) Ser considerado como pensante o actuante. *Se opone a* OBJETO. ■ **4** (*Filos*) Término del que se predica algo. ■ **5** (*Gram*) Elemento de la oración cuyo núcleo es una palabra caracterizada por exigir en el verbo concordancia en número y persona con él. *Tb se llama* ~ *al mismo núcleo.* ■ **6** (*lit*) Tema sobre el que se habla o escribe. **b)** (*Mús*) Tema (de la fuga).

sula *f* (*reg*) Se da este n a dos peces pequeños, alargados y plateados (*Atherina presbyter* y *Argentina sphyraena*).

suletino -na I *adj* **1** De la región de Soule (País Vasco francés).
    II *m* **2** Dialecto vascuence de la región de Soule y del valle del Roncal.

sulfa *f (argot Med)* Sulfamida.

sulfamida *f (Med)* Compuesto que contiene azufre, oxígeno, nitrógeno e hidrógeno, usado en el tratamiento de diversas enfermedades infecciosas.

sulfamídico -ca *adj (Med)* De (las) sulfamidas.

sulfatación *f* Acción de sulfatar(se).

sulfatado¹ -da *adj* **1** *part* → SULFATAR. ■ **2** Que contiene sulfato.

**sulfatado² ** *m* Acción de sulfatar(se).

sulfatador -ra *adj* Que sulfata. *Frec n, referido a aparato o máquina.*

sulfatar A *tr* **1** Pulverizar o tratar [algo, esp. las plantas] con sulfatos, gralm. de cobre o de hierro. *Tb abs.*
    B *intr pr* (~**se**) **2** Cubrirse de sulfato de plomo [la placa de un acumulador eléctrico].

sulfato *m (Quím)* Sal de ácido sulfúrico.

sulfhídrico -ca *adj (Quím)* [Ácido] formado por combinación de azufre e hidrógeno, de olor muy desagradable. **b)** De(l) ácido sulfhídrico. **c)** Que contiene ácido sulfhídrico.

súlfido *m (Quím)* Compuesto formado por azufre y un elemento más electropositivo, o caracterizado por la unión de un átomo de azufre y dos de carbono.

sulfitar *tr (Quím)* Tratar [algo] con sulfitos o con anhídrido sulfuroso, esp. para desinfectarlo, decolorarlo o evitar su fermentación.

sulfito *m (Quím)* Sal o éster del ácido sulfuroso.

sulfobacteria *f (Biol)* Bacteria que vive en medios sulfurosos y acumula azufre en su cuerpo.

sulfohemoglobina *f (Med)* Sustancia verdosa derivada de la hemoglobina por acción del sulfuro de hidrógeno.

sulfona *f (Quím)* Compuesto orgánico usado en el tratamiento de la lepra y de la tuberculosis, que contiene un grupo constituido por un átomo de azufre y dos de oxígeno.

sulfonación *f (Quím)* Fijación en la molécula de un cuerpo, mediante la acción del ácido sulfúrico, del radical constituido por un átomo de azufre, tres de oxígeno y uno de hidrógeno.

sulfonado -da *adj (Quím)* [Derivado] que contiene en su molécula el radical constituido por un átomo de azufre, tres de oxígeno y uno de hidrógeno.

sulfonamida *f (Med)* Sulfamida.

sulfonato *m (Quím)* Sal o éster del ácido sulfónico.

sulfónico *adj (Quím)* [Ácido] que contiene el grupo constituido por un átomo de azufre, tres de oxígeno y uno de hidrógeno.

sulfurado -da *adj* **1** *part* → SULFURAR. ■ **2** Que contiene azufre. **b)** *(Quím)* Que se encuentra combinado con el azufre o en estado de sulfuro.

sulfurante *adj* Que sulfura [1].

sulfurar *tr* **1** *(col)* Irritar o encolerizar [a alguien]. **b)** *pr* (~**se**) Irritarse o encolerizarse [alguien]. ■ **2** *(Quím)* Tratar o combinar [algo] con azufre.

sulfúrico -ca *adj (Quím)* De(l) azufre. *Tb (lit) fuera del ámbito técn.* **b)** [Anhídrido] constituido por un átomo de azufre y tres de oxígeno. **c)** [Ácido] derivado de la combinación de anhídrido sulfúrico y agua. *Tb n m.* **d)** [Éter] ~ → ÉTER.

sulfuro *m (Quím)* Sal del ácido sulfhídrico, o combinación directa del azufre con un metal.

sulfuroso -sa *adj (Quím)* **1** De(l) azufre. **b)** [Anhídrido o gas] constituido por un átomo de azufre y dos de oxígeno. **c)** [Ácido] derivado de la combinación de anhídrido sulfuroso y agua. ■ **2** Que contiene ácido sulfhídrico.

sultán -na A *m* **1** *(hist)* Emperador turco. ■ **2** En algunos países musulmanes: Soberano. ■ **3** *(col, humoríst)* Hombre que tiene un harén (conjunto de amantes simultáneas). **b)** Hombre que ejerce un control muy estricto sobre su mujer o sobre las mujeres que están bajo su autoridad.
    B *f* **4** Mujer del sultán [1 y 2]. *Frec fig, con intención ponderativa.* ■ **5** Cierto dulce fabricado con coco.

sultanato *m* **1** Cargo o dignidad de sultán [1 y 2]. ■ **2** Territorio bajo la autoridad de un sultán [1 y 2].

suma I *f* **1** Acción de sumar(se), *esp* [1]. *Tb su efecto.* ■ **2** Conjunto o agregado. *Con un compl especificador.* ■ **3** Cantidad [de dinero]. *Frec sin compl.* ■ **4** *(raro)* Resumen o compendio.
    II *loc adv* **5 en ~**. En resumen.

sumable *adj* Que se puede sumar.

sumación *f (Med)* Efecto producido por la suma [1] de varios estímulos. *Tb (lit) fuera del ámbito técn.*

sumado -da *adj* **1** *part* → SUMAR. ■ **2** *(Heráld)* [Figura] que lleva [otra *(compl DE)*] unida en su parte superior.

sumador -ra *adj* Que suma [1]. *Tb n: m y f, referido a pers; f, referido a máquina.*

sumamente *adv* De manera suma (→ SUMO¹ [2]).

sumando *m (Mat)* Cantidad de las que se suman [1]. *Tb fig, fuera del ámbito técn.*

sumar A *tr* **1** Reunir [dos o más cantidades homogéneas] en una. *Tb abs.* **b)** Unir [una cantidad *(cd)*] a otra]. ■ **2** Componer [varias cantidades o elementos *(suj)*] un total *(cd)*]. **b) suma y sigue**. *Fórmula que se antepone a la suma parcial que figura al pie de una página, para indicar que continúa en la siguiente. Frec sustantivada como n m. Tb fig.* * A pie de página lleva el suma y sigue en letras rojas. * Prosigue un suma y sigue de asesinatos al que por el momento no se le ve término. ■ **3** Añadir o agregar. **b)** *pr* (~**se**) Añadirse o agregarse.
    B *intr pr* (~**se**) **4** Unirse [a una doctrina u opinión, a una actitud o a una acción].

sumarial *adj (Der)* De(l) sumario [4].

sumariamente *adv* De manera sumaria.

sumariedad *f (Der)* Condición de sumario [3].

sumario -ria I *adj* **1** [Exposición o cosa similar] resumida y breve. ■ **2** [Cosa] rápida o elemental. **b)** [Cosa] elemental o rudimentaria. ■ **3** *(Der)* [Cosa, esp. juicio o procedimiento] que se realiza rápidamente y prescindiendo de algunas formalidades habituales.
    II *m* **4** *(Der)* Conjunto de actuaciones judiciales encaminadas a preparar un juicio. ■ **5** Indicación

breve del contenido [de un texto], normalmente en forma de lista.

sumarísimamente *adv* (*Der*) Por procedimiento sumarísimo.

sumarísimo -ma *adj* (*Der*) [Juicio o procedimiento] de tramitación brevísima, debido esp. a la gravedad o a la flagrancia del hecho.

sumarro *m* (*reg*) Somarro (carne asada en las brasas).

sumativamente *adv* (*Enseñ*) En conjunto o de manera sumativa.

sumativo -va *adj* (*Enseñ*) Acumulativo o de suma.

sumergible I *adj* 1 Que se puede sumergir [1]. II *m* 2 Submarino (barco).

sumergido -da *adj* 1 *part* → SUMERGIR. ■ 2 Que está o se desarrolla bajo la superficie del agua. ■ 3 Clandestino. *Gralm referido a trabajo o trabajador. Tb n, referido a pers.* b) [Economía] que escapa al control fiscal y estadístico.

sumergimiento *m* (*raro*) 1 Acción de sumergir(se). ■ 2 Hecho de convertir(se) en sumergido [3].

sumergir *tr* 1 Meter [algo o a alguien] bajo la superficie [de un líquido (*compl de lugar*), esp. agua]. b) *pr* (~se) Pasar [algo] a estar bajo la superficie [de un líquido (*compl de lugar*), esp. agua]. ■ 2 Meter [a alguien] totalmente [en una situación o en una actividad]. *Gralm el cd es refl.*

sumérico -ca *adj* (*hist, raro*) Sumerio [1b].

sumerio -ria (*hist*) I *adj* 1 [Individuo] del pueblo antiguo que ocupó la región de Sumeria (Mesopotamia). *Tb n.* b) De los sumerios. ■ 2 De(l) sumerio [3]. II *m* 3 Lengua sumeria [1b].

sumeroacadio -dia *adj* (*hist*) De los sumerios y los acadios.

sumersión *f* Acción de sumergir(se). *Tb fig.*

sumidad *f* Extremo más alto [de algo, esp. de una planta].

sumidero *m* 1 Abertura o conducto por donde salen a la cloaca las aguas de lluvia o residuales. ■ 2 (*Geogr*) Agujero que se extiende desde la superficie a una cavidad subterránea, formado gralm. por filtración del agua superficial.

sumido -da *adj* 1 *part* → SUMIR. ■ 2 Consumido o muy delgado.

sumiller *m* 1 Encargado de los vinos en un restaurante. ■ 2 (*hist*) Jefe [de un servicio de palacio (*compl especificador*)]. b) Sumiller de corps (→ CORPS).

suministrador -ra *adj* Que suministra. *Tb n: m y f, referido a pers; f, referido a empresa.*

suministrar *tr* Proporcionar [algo a alguien] o proveer[le de ello (*cd*)].

suministro *m* 1 Acción de suministrar. ■ 2 Conjunto de víveres o utensilios que se suministran.

sumir A *tr* 1 Hacer que [alguien (*cd*)] pase a estar totalmente dentro [de una situación o de una actividad (*compl* EN)]. ■ 2 (*lit, raro*) Meter [algo o a alguien] bajo la superficie [de un líquido (*compl de lugar*)]. ■ 3 (*raro*) Hacer que [una parte del cuerpo, esp. la boca (*cd*)] forme una concavidad anormal. ■

4 (*Rel catól*) Consumir [el sacerdote las especies consagradas]. B *intr pr* (~se) 5 Desaparecer [un líquido] por filtración o evaporación. ■ 6 Formar [una parte del cuerpo, esp. la boca] una concavidad anormal. *Frec en part.*

sumisamente *adv* De manera sumisa.

sumisión *f* 1 Acción de someter(se) [a una autoridad o dependencia]. *Frec sin compl, por consabido.* ■ 2 Cualidad de sumiso.

sumiso -sa *adj* 1 [Pers.] que se somete [a una autoridad o dependencia]. *Frec sin compl, por consabido. Tb fig, referido a cosa.* ■ 2 [Cosa] que denota sumisión.

summa cum laude (*lat; pronunc,* /súma-kum-láude/) *loc adv* Con la máxima calificación. *Referido a tesis doctoral.*

súmmum *m* Grado más alto [de algo no material, esp. de una cualidad]. b) el ~. Lo que ya no se puede superar.

sumo¹ -ma I *adj* 1 Máximo, o superior a todos los de su especie. ■ 2 Muy grande en calidad o intensidad. *Frec con intención ponderativa.* II *loc adv* 3 a lo ~. Como máximo.

sumo² *m* (*Dep*) Lucha japonesa en que resulta derrotado el que toca el suelo con una parte del cuerpo que no sea las plantas de los pies o se sale del área marcada.

súmulas *f pl* (*hist*) Compendio de los principios elementales de la lógica.

sundanés *m* Lengua hablada en la zona occidental de la isla de Java.

suní *adj* [Islam] ortodoxo que reconoce la autoridad de la Sunna (ley de Mahoma). b) Sunita. *Tb n.*

sunita (*tb con la grafía* **sunnita**) *adj* [Musulmán] ortodoxo seguidor de la Sunna (ley de Mahoma). *Tb n.*

suntuario -ria *adj* 1 De(l) lujo. ■ 2 [Arte] decorativo.

suntuosamente *adv* De manera suntuosa.

suntuosidad *f* Cualidad de suntuoso.

suntuoso -sa *adj* [Cosa] de lujo costoso.

supeditación *f* Acción de supeditar(se). *Tb su efecto.*

supeditar *tr* Hacer depender [a una pers. o cosa (*cd*) de otra (*ci*)], o subordinar[la a ella]. b) *pr* (~se) Depender [una cosa de otra (*ci*)], o estar subordinada [a ella].

super- *pref* 1 Denota altura, o lugar superior. * Superlunar. ■ 2 Denota superioridad (en nivel, calidad, capacidad o importancia). * Superamplificador. * Supermasculinidad. ■ 3 Denota exceso. * Superexcitación. * Superprotegido. ■ 4 Denota intensidad. *Frec se usa con intención expresiva, esp col, con idea de 'sumamente, extraordinariamente'.* * Superacierto. * Superpopular.

súper¹ *adj* 1 [Gasolina] de elevado índice de octano (de 90 a 100). *Tb n.* f. ■ 2 (*col*) Superior o magnífico. *Con intención ponderativa. Tb adv.*

súper² *m* (*col*) Supermercado.

super-8 *adj* (*Cine*) [Película] de 8 mm de ancho con perforación lateral de arrastre muy pequeña. *Tb referido al tomavistas o al proyector correspondientes.*

superabilidad *f* Cualidad de superable.

superable *adj* Que se puede superar.

superabundancia *f* Abundancia excesiva.

superabundante *adj* Que abunda en exceso.

superabundar *intr* Abundar en exceso.

superación *f* Acción de superar(se).

superado -da *adj* **1** *part* → SUPERAR. ■ **2** (*Heráld*) [Figura] que tiene [otra (*compl* DE)] en su parte superior, sin llegar a tocarla.

superador -ra *adj* Que supera.

superar *tr* **1** Aventajar [una pers. o cosa a otra] o ser superior [a ella (*cd*)]. ■ **2** Rebasar [un límite]. ■ **3** Pasar con éxito [un obstáculo o dificultad]. **b)** Realizar con éxito [una prueba o examen]. ■ **4** Dejar atrás o abandonar [algo, esp. una idea] como inútil o anticuado. *Frec en part.*

superávit (*pl invar o ~*s) *m* (*Econ*) Exceso del haber sobre el debe o de los ingresos sobre los gastos. *Tb fig, fuera del ámbito técn.*

superavitario -ria *adj* (*Econ*) De(l) superávit.

superbomba *f* (*Mil*) Bomba de hidrógeno o de tritio, de potencia superior a la bomba atómica de uranio.

superbombardero *adj* [Avión de bombardeo] de gran capacidad de carga y extenso campo de acción. *Frec n m.*

supercarburante *m* Gasolina de elevado índice de octano (de 90 a 100).

supercemento *m* Cemento pórtland que adquiere muy pronto una resistencia suficiente para ser desencofrado rápidamente.

superchería *f* Acción engañosa que implica la sustitución de algo verdadero por algo falso.

superchero -ra *adj* [Pers.] que actúa con supercherías. *Tb n.*

superciliar *adj* (*Anat*) De encima de la ceja.

superclase[1] *adj invar* (*col*) Superior en su especie. *Tb n, referido a pers.*

superclase[2] *f* (*CNat*) Grupo taxonómico del que es subdivisión la clase.

supercompensación *f* (*Psicol*) Hecho de llegar a ser superior en algo en que originariamente se era inferior.

superconductividad *f* (*Electr*) Propiedad de algunos metales que en determinadas condiciones no ofrecen resistencia a la corriente eléctrica.

superconductor -ra *adj* (*Electr*) [Metal] dotado de superconductividad. *Tb n m.*

super-cross (*pronunc corriente,* /superkrós/) *m* (*Dep*) Variedad de motocross que se desarrolla en un circuito cerrado, con suelo de arena especial y con numerosos obstáculos preparados.

supercuenta *f* Cuenta corriente de alta remuneración.

superdotación *f* Condición de superdotado.

superdotado -da *adj* [Pers.] de excepcionales cualidades [físicas o intelectuales (*compl adv*)]. *Frec sin compl, esp referido a la inteligencia. Tb n.*

superego *m* (*Psicol*) Superyó.

supererogatorio -ria *adj* (*lit*) Que excede a lo obligatorio.

superestrato *m* (*Ling*) Lengua que se extiende temporalmente por el área de otra, dejando en ella ciertas influencias.

superestructura *f* (*E*) **1** Parte [de una construcción] situada sobre un nivel dado, gralm. el suelo. ■ **2** Sistema de ideas o instituciones que se apoya sobre una estructura o base económica dada.

superestructural *adj* (*E*) De (la) superestructura.

superfamilia *f* (*Zool*) Taxón de la clasificación animal que comprende varias familias.

superferolítico -ca *adj* (*col, humoríst*) **1** Excesiva o afectadamente pulido o delicado. *Tb n, referido a pers.* ■ **2** Extravagante o sumamente llamativo.

superficial *adj* **1** De (la) superficie. ■ **2** Que se queda en la superficie [1b]. *Frec con intención desp.* ■ **3** (*Ling*) *En gramática generativa:* [Estructura] constituida por la forma de la oración.

superficialidad *f* Cualidad de superficial, *esp* [2].

superficialmente *adv* **1** De manera superficial [2]. ■ **2** En la parte superficial [1]. ■ **3** En el aspecto superficial.

superficiario -ria *adj* (*Der*) [Pers.] que tiene el uso de la superficie o percibe los frutos de una finca ajena, pagando cierta cantidad a su dueño. *Tb n.*

superficie I *f* **1** Parte exterior [de un cuerpo], que lo separa del medio que lo rodea. **b)** Parte inmediatamente aparente o apreciable [de algo no material]. ■ **2** Porción de superficie [1a] [de algo]. *Sin compl, gralm. designa terreno. Tb su medida.* **b)** Medida del suelo [de una construcción]. **c) gran ~.** Establecimiento comercial que ocupa una extensión muy amplia, destinado gralm. a la venta de variedad de artículos. *Gralm en pl.* ■ **3** (*Geom*) Figura que tiene dos dimensiones. *Tb su medida.* **b)** *En gral:* Cuerpo en que solo se consideran dos dimensiones. II *loc adj* **4 de ~.** Que está o se realiza sobre la superficie [1] del suelo o del agua.

superfluamente *adv* De manera superflua.

superfluidad *f* **1** Cualidad de superfluo. ■ **2** Cosa superflua.

superfluo -flua *adj* **1** [Cosa] que excede de lo necesario. ■ **2** (*euf*) [Pelo o vello] que se considera antiestético.

superfosfato *m* (*Quím*) Sustancia resultante de tratar al sulfato tricálcico natural con ácido sulfúrico, usada como abono.

supergallo *adj* (*Dep, esp Boxeo*) [Peso] cuyo límite superior es de 55,3 kg. *Tb referido al deportista de ese peso; en este caso, frec como n m en pl.*

supergigante *m* (*Dep*) Prueba de esquí que reúne las características del slalom gigante y del descenso libre.

superguay *adj invar* (*juv*) Estupendo o magnífico. *Tb adv.*

superheterodino *adj* (*Electr*) [Receptor] en que las oscilaciones de la onda recibida se combinan con las de un oscilador local para obtener una oscilación de frecuencia intermedia, que es la que se utiliza para recibir la señal. *Frec n m.*

superhombre *m* **1** Hombre de fuerzas o hazañas sobrehumanas. *Frec con intención humoríst.* ■

2 (*Filos*) Hombre superior ideal que representa la meta de la evolución humana.

superhumeral *m* (*Rel catól*) Banda que usa el sacerdote para tener la custodia, la patena o reliquias.

superintendencia *f* Cargo o jurisdicción de superintendente. *Tb su oficina.*

superintendente *m y f* Pers. encargada de la dirección y cuidado [de algo], con autoridad sobre el resto de los que trabajan en ello.

superior -ra (*la forma f solo se usa en la acep 7*) **I** *adj* (*con sent normalmente relativo. Cuando se expresa el término de referencia, este se enuncia precedido de la prep* A) **1** Que está a mayor altura. *Tb fig.* ■ **2** De mayor medida, volumen o intensidad. **b)** *Tb con sent no comparativo:* De gran medida, volumen o intensidad. ■ **3** De más calidad o importancia. **b)** *Tb con sent no comparativo:* De gran calidad o importancia. **c)** (*col*) Magnífico. *Con intención enfática. Tb adv.* ■ **4** [Pers.] mejor dotada intelectual o moralmente. **b)** *Tb con sent no comparativo:* [Pers.] de grandes dotes intelectuales o morales. *A veces dicho de sus gestos.* ■ **5** [Período] que ocupa el segundo lugar [en una serie de dos].
II *n* **A** *m* **6** Pers. con mayor rango o autoridad. *Frec con un compl de posesión que designa a la pers con respecto a la cual se da esta condición.* **B** *m y f* **7** Pers. que dirige una comunidad religiosa.

superioridad *f* **1** Cualidad de superior, *esp* [2, 3 y 4]. ■ **2** Pers. o conjunto de pers. que tienen la autoridad. *Normalmente con el art* LA.

superiormente *adv* **1** Por la parte superior [1]. ■ **2** (*col*) De manera superior [3c].

superlativamente *adv* (*lit*) De manera superlativa [1].

superlativo -va *adj* **1** (*lit*) Muy grande o extremado. ■ **2** (*Gram*) Que expresa el grado superlativo de una cualidad. *Tb n m, referido a término o forma.*

superligero -ra *adj* (*Dep, esp Boxeo*) [Peso] cuyo límite superior es de 63,5 kg. *Tb referido al deportista de ese peso; en este caso, frec como n m en pl.*

supermán *m* (*col*) Superhombre (hombre de fuerzas o hazañas sobrehumanas). *Frec con intención humoríst.*

supermercado *m* Establecimiento en que se venden alimentos, bebidas y productos de droguería y perfumería por el procedimiento de autoservicio.

supernacional *adj* (*raro*) Supranacional.

superno -na *adj* (*lit, raro*) Supremo o más alto.

supernova *f* (*Astron*) Estrella que sufre un aumento de luminosidad debido a una explosión general que agota toda la energía nuclear del astro y disemina sus restos en el espacio.

supernumerario -ria *adj* Que excede del número establecido o usual. **b)** [Pers.] que figura en un escalafón añadida al número habitual de elementos de una categoría, esp. por estar excedente. *Frec n. Tb fig.* **c)** (*Rel catól*) [Miembro del Opus Dei] laico, sea célibe o casado, que participa en la empresa apostólica en tanto que esta sea compatible con sus obligaciones familiares, profesionales y sociales. *Tb n.*

súpero -ra *adj* (*Bot*) [Ovario] situado encima del plano de inserción aparente de las piezas del periantio.

superorden *m* (*CNat*) Grupo taxonómico del que es subdivisión el orden.

superpetrolero *m* Buque petrolero de tonelaje superior a 50.000 toneladas.

superpoblación *f* Exceso de población.

superpoblar (*conjug* **4**) *tr* Poblar en exceso. *Gralm en part.*

superpoliamida *f* (*Quím*) Materia plástica sintética que se comercializa pralm. con los nombres de nailon y perlón.

superponer (*conjug* **21**) *tr* Poner [una cosa] encima [de otra (*ci o compl* SOBRE)]. *Tb sin el 2º compl, con cd pl. Tb fig.* **b)** Poner [una cosa, esp. una figura geométrica] encima [de otra (*ci o compl* SOBRE)] haciendo que coincidan sus puntos correspondientes. *Tb sin el 2º compl, con cd pl.* **c)** *pr* (*~se*) Ponerse [una cosa] encima [de otra (*ci o compl* SOBRE)]. *Tb sin el 2º compl, con suj pl. Tb fig.*

superponible *adj* **1** Que se puede superponer. ■ **2** Igual o equivalente.

superposición *f* Acción de superponer(se). *Tb su efecto.*

superpotencia *f* Estado que posee una gran organización industrial y dispone de medios ofensivos y defensivos muy poderosos.

superproducción *f* **1** Producción cinematográfica o de otro tipo de espectáculo realizada con presupuesto especialmente alto. ■ **2** (*Econ*) Producción en cantidad superior a la necesaria para el consumo.

superrealismo *m* Surrealismo (movimiento literario o artístico).

superrealista *adj* De(l) superrealismo. **b)** Adepto al superrealismo. *Tb n.*

supersónico -ca *adj* **1** [Velocidad o móvil] que sobrepasa la velocidad del sonido. *Tb n m, referido a avión. Frec con intención ponderativa, referido a velocidad.* ■ **2** [Fenómeno] relacionado con el vuelo de los aviones a velocidad superior a la del sonido.

superstar (*ing; pronunc corriente, /*superestár*/; pl normal, ~s*) *m y f* Pers. de fama excepcional en el mundo del espectáculo, esp. en el cine.

superstición *f* Creencia irracional según la cual determinados hechos o circunstancias llevan consigo automáticamente consecuencias gratas o nefastas. **b)** Hecho de atribuir poderes o cualidades sobrenaturales a seres que no los tienen. **c)** Creencia desmedida [en algo no religioso (*compl especificador*)].

supersticiosamente *adv* De manera supersticiosa [1].

supersticioso -sa *adj* **1** De (la) superstición. **b)** Que denota o implica superstición. ■ **2** [Pers.] que tiene supersticiones. *Tb n.*

supérstite *adj* (*Der*) Sobreviviente. *Tb n. Tb* (*lit*) *fuera del ámbito técn.*

supervaloración *f* Acción de supervalorar. *Tb su efecto.*

supervalorar *tr* Atribuir o dar [a alguien o algo (*cd*)] un valor superior al que tiene.

supervedette (*pronunc corriente, /*superbedét*/*) *f* Vedette que ocupa un lugar destacado en el mundo del espectáculo de revista.

superveniencia *f* (*Der*) Acción de sobrevenir.

supervisar *tr* Controlar o revisar de manera general [un trabajo].

supervisión *f* Acción de supervisar.

supervisor -ra *adj* Que supervisa. *Frec n, referido a pers.* **b)** De(l) supervisor.

supervivencia *f* Acción de sobrevivir.

superviviente *adj* Que sobrevive. *Tb fig. Tb n, referido a pers.*

supervivir *intr* Sobrevivir.

superwélter *(pronunc corriente, /superwélter/ o /superbélter/; pl normal, ~s o invar) adj (Dep, esp Boxeo)* [Peso] cuyo límite máximo es de 69,8 kg. *Tb referido al deportista de ese peso; en este caso, frec como n m en pl.*

superyó *(tb con la grafía **super-yo**) m (Psicol)* Parte del subconsciente que actúa como conciencia del ego, desarrollada principalmente en la infancia a partir de las relaciones con los padres y los educadores.

supinación *f (Anat)* Movimiento del antebrazo que hace girar la mano de dentro afuera.

supinador -ra *adj (Anat)* De (la) supinación. *Tb n m, referido a músculo.*

supino¹ -na *adj* **1** [Ignorancia] debida a negligencia o falta de interés. **b)** *(col)* [Ignorancia o desconocimiento] muy grande. *Con intención ponderativa.* ■ **2** *(Med)* [Decúbito] en que el cuerpo descansa sobre la espalda. **b)** *(lit)* Tumbado sobre la espalda.

supino² *m (Gram)* Forma nominal del verbo latino, del mismo tema que el participio de pretérito, y que expresa finalidad o sirve de especificador a determinados adjetivos y nombres.

supitaño -ña *adj (raro)* Subitáneo o súbito.

súpito -ta *adj (raro)* Súbito.

suplantación *f* Acción de suplantar.

suplantador -ra *adj* Que suplanta. *Tb n, referido a pers.*

suplantar *tr* Ocupar [una pers.] el puesto o función [de otra *(cd)*] o sustituir[la], esp. de manera fraudulenta. **b)** Sustituir fraudulentamente [a una pers. o cosa por otra].

suplementación *f* Acción de suplementar.

suplementar *tr* Dar suplemento [1a] [a algo *(cd)*].

suplementario -ria *adj* **1** Que sirve de suplemento [1]. ■ **2** *(Geom)* [Ángulo] que es suplemento [2] [de otro]. *Tb sin compl, referido a n en pl.*

suplemento *m* **1** Cosa que se añade [a otra ya completa *(compl de posesión)*] para perfeccionar[la] o agrandar[la]. **b)** Cantidad que se paga por encima de la tarifa normal. *Gralm con un compl especificador.* **c)** *En una publicación periódica:* Hoja o cuaderno independientes del número ordinario y destinados a secciones especiales. ■ **2** *(Geom)* Ángulo que unido [a otro *(compl de posesión)*] mide dos rectos. *Tb el arco correspondiente.*

suplencia *f* Acción de suplir [1].

suplente *adj* [Pers.] que suple [1a]. *Tb n.*

supletoriamente *adv* De manera supletoria.

supletoriedad *f* Cualidad de supletorio.

supletorio -ria *adj* **1** [Cosa] que suple o sirve para suplir. ■ **2** Suplementario [1]. *Tb n m, referido a teléfono.*

súplica *f* **1** Acción de suplicar. *Tb su efecto.* **b)** *(admin)* Cláusula final de un escrito de solicitud. ■ **2** *(Der)* Recurso contra una disposición administrativa o judicial presentado ante la misma autoridad que la dictó. *Frec* RECURSO DE ~.

suplicación *f* **1** *(Der)* Súplica [2]. ■ **2** *(hist)* Barquillo estrecho en forma de canuto.

suplicado -da *adj* **1** *part* → SUPLICAR. ■ **2** *(raro)* [Carta] que se entrega a una pers. para que la haga llegar a otra. *Tb n f.*

suplicador -ra *adj* Suplicante.

suplicante *adj* **1** Que suplica. *Tb n, referido a pers.* ■ **2** Que denota o implica súplica [1a].

suplicar *tr* Pedir [algo a alguien] con humildad y apelando a sus buenos sentimientos. **b)** *(admin) Frec en fórmulas de solicitud.* * Por lo expuesto, a V. E. Suplica se sirva acceder a cuanto en esta instancia se solicita.

suplicatorio -ria I *adj* **1** Suplicante [2].
     II *m* **2** Instancia que un juez o tribunal dirige a un cuerpo legislativo, pidiendo autorización para proceder contra alguno de sus miembros.

suplicio *m* **1** Muerte, o pena corporal grave, infligidas como castigo. ■ **2** Sufrimiento físico o moral grave. *Frec con intención ponderativa.*

suplico *m (Der)* Súplica [2].

suplido *m* Anticipo que se hace por cuenta de otra pers., con motivo de un trabajo profesional. *Frec en pl.*

suplir *tr* **1** Sustituir [una pers. o cosa a otra que falta]. **b)** Sustituir [a una pers. o cosa *(cd)*] con otra]. ■ **2** Remediar o contrarrestar [una carencia o un defecto o algo que los implica].

supo *m (col)* Supositorio.

suponer *(conjug 21) tr* **1** Considerar [algo, esp. un hecho] como existente o verdadero, sin fundamento suficiente. **b)** Considerar que [alguien o algo *(cd)*] es o está [lo que se indica *(predicat)*]. **c)** Imaginar [algo no real o no conocido]. ■ **2** Considerar [algo] como si fuese existente o verdadero. **b)** **un ~,** o **es un ~.** *(col) Usado como or independiente, expresa que lo que se dice es una suposición.* * Pongamos que viene, es un suponer. ¿Tú qué harías? ■ **3** Implicar o llevar consigo. **b)** Equivaler [a algo *(cd)*]. **c)** *Acompañado de un adv intensificador:* Importar o significar.

suponible *adj (raro)* Que se puede suponer.

suposición *f* Acción de suponer [1 y 2a]. *Tb su efecto.*

supositalidad *f (Filos)* Subsistencia (incomunicabilidad de la existencia, propia de la sustancia individual).

supositicio -cia *adj (raro)* Supuesto o falso.

supositorio *m* Preparación farmacéutica en pasta, de forma cónica u ovoide, que se introduce en el recto, en la vagina o en la uretra y que, al fundirse con el calor del cuerpo, deja en libertad los medicamentos cuyo efecto se busca.

supporter *(ing; pronunc corriente, /supórter/; pl normal, ~s) m (Dep)* Partidario o seguidor [de un deportista o de un equipo].

supra *adv En un texto:* Más arriba. *Remitiendo a un capítulo o una página anteriores.*

supra- *pref* (*lit o E*) *Denota situación superior, en sent físico o no físico.* * Supraesofágico. * Supraministerial.

supraclavicular *adj* (*Anat*) Situado encima de la clavícula.

supracondíleo -a *adj* (*Anat*) Situado encima del cóndilo.

supraconductividad *f* (*Electr*) Superconductividad.

supraconductor -ra *adj* (*Electr*) Superconductor.

supracostal *adj* (*Anat*) Situado encima de una costilla.

supradicho -cha *adj* Susodicho.

supraestructura *f* (*E*) Superestructura (sistema de ideas).

supraestructural *adj* (*E*) De (la) supraestructura.

supraliminar *adj* (*Psicol*) Superior al umbral de la conciencia.

supramamario -ria *adj* (*Anat*) Situado encima de la glándula mamaria.

supramundano -na *adj* Que está por encima de lo mundano.

supranacional *adj* Que rebasa lo nacional.

supranacionalidad *f* Condición de supranacional.

supranormal *adj* Que rebasa los límites de lo normal.

suprarreal *adj* (*lit*) Surreal.

suprarrealismo *m* (*lit*) Surrealismo.

suprarrenal *adj* (*Anat*) Situado encima de los riñones.

suprasegmental *adj* (*Fon*) [Rasgo o elemento fónico] que afecta a un segmento más largo que el fonema.

suprasensible *adj* (*E*) Que no puede ser conocido a través de los sentidos.

supraterreno -na *adj* Que está por encima de las cosas terrenas.

supremacía *f* Superioridad, o situación dominante.

supremamente *adv* De manera suprema [1].

suprematismo *m* (*Pint*) Movimiento creado por Kasimir Malevich en 1913, que preconiza el uso del círculo, el cuadrado, el triángulo y la cruz como formas de simplificación suprema.

suprematista *adj* (*Pint*) De(l) suprematismo. **b)** Adepto al suprematismo. *Tb n.*

supremo -ma (*normalmente con mayúscula en aceps 3 y 4*) **I** *adj* **1** Sumo, o superior a todos los de su especie. *Tb fig* (*lit*), *con intención ponderativa.* **b)** Culminante o decisivo. *Normalmente referido a momento.* ■ **2** (*Coc*) [Salsa] preparada con mantequilla, harina y caldo de ave, a la que se añade nata cruda. *Tb n f.*
  II *n* **A** *m* **3** Tribunal Supremo [1a].
  B *f* **4** (*hist*) Consejo supremo [1a] de la Inquisición. ■ **5** (*Coc*) Guiso, gralm. de pechugas de ave, en salsa suprema [2]. *Frec con un compl especificador.*

supresión *f* Acción de suprimir. *Tb su efecto.*

supresivo -va *adj* De (la) supresión.

supresor -ra *adj* Que suprime. *Frec n m, referido a aparato.*

suprimible *adj* Que se puede suprimir.

suprimir *tr* Hacer que [algo (*cd*)] deje de contar a efectos operativos. **b)** Hacer que [algo (*cd*)] deje de existir. **c)** Matar [a una pers.].

supuestamente *adv* De manera supuesta [2].

supuesto -ta **I** *adj* **1** *part* → SUPONER. ■ **2** Pretendido o hipotético.
  II *m* **3** Suposición o hipótesis. **b)** Postulado (proposición cuya verdad se admite sin demostrar). ■ **4** (*Filos*) Subsistencia (incomunicabilidad de la existencia, propia de la sustancia individual).
  III *loc v* **5** dar por ~ [algo]. Dar[lo] por seguro. *Tb* (*semiculto, raro*) *en m sin concordancia.* * Da por supuesto que aceptará. * Da por supuesta su aceptación. * Da por supuesto demasiadas cosas.
  IV *loc adv* **6** por ~. Ciertamente. *Puede funcionar como o independiente.*
  V *loc conj* **7** ~ que. (*lit*) Puesto que.

supuración *f* Acción de supurar. *Tb su efecto.*

supurado -da *adj* **1** *part* → SUPURAR. ■ **2** (*Med*) [Herida] que supura.

supurante *adj* (*Med*) Que supura.

supurar **A** *intr* **1** Producir y desprender pus. **B** *tr* **2** (*semiculto*) Producir y desprender [pus].

supurativo -va *adj* (*Med*) Que produce supuración.

sur (*frec con mayúscula*) **I** *m* **1** Punto cardinal diametralmente opuesto al norte. ■ **2** Parte [de un territorio o lugar] que está hacia el sur [1]. ■ **3** Viento que sopla del sur [1]. *Tb* VIENTO ~.
  II *adj* (*invar*) **4** [Cosa] que está hacia el sur o que corresponde al sur [1]. **b)** [Polo] de la aguja imantada que señala aproximadamente el Polo Sur geográfico. **c)** [Polo magnético] de la Tierra, próximo al Polo Norte geográfico, que atrae al polo norte de la aguja imantada. **d)** (*Fís*) En el imán: [Polo] negativo.

sur- *r pref* Del sur. * Suratlántico. * Surpirenaico.

sura *f* Capítulo del Corán.

surá (*frec con la grafía surah*) *m* Tejido de seda con ligamento de sarga, muy fino y flexible.

surada *f* **1** Golpe de viento sur. ■ **2** Viento sur persistente.

surafricano -na *adj* Sudafricano. *Tb n.*

surah → SURÁ.

suramericano -na *adj* Sudamericano. *Tb n.*

surazo *m* (*Mar*) Viento fuerte del sur.

surcado -da *adj* **1** *part* → SURCAR. ■ **2** Que tiene surcos.

surcador -ra *adj* Que surca.

surcal *m* (*reg*) Conjunto de surcos [1a].

surcar *tr* **1** Hacer surcos [en algo (*cd*)], esp. en la tierra. ■ **2** (*lit*) Moverse [a través de un fluido (*cd*)] hendiéndo[lo].

surco *m* **1** Hendidura longitudinal hecha en la tierra con el arado o la azada. **b)** Hendidura longitudinal que se produce al pasar sobre una superficie blanda. *Tb fig.* **c)** (*Anat y Biol*) Hendidura longitudinal. **d)** Hendidura espiral [de un disco fonográfico]. ■ **2** Arruga larga y profunda [del rostro o de otra parte del cuerpo].

surcoreano -na *adj* De Corea del Sur. *Tb n, referido a pers.*

sureño -ña *adj* Del sur. *Tb n, referido a pers.*

sureste *(frec con mayúscula) m* Sudeste.

surf *m* **1** Deporte que consiste en dejarse llevar sobre la cresta de una ola, de pie sobre una plancha de unos 2 m de longitud. ■ **2** Baile suelto, de ritmo movido, de moda en el segundo tercio de los años sesenta.

surf-casting *(ing; pronunc corriente, /súrf-kástin/) m* Método de pesca en que se lanza el anzuelo en el océano abierto o en una bahía donde las olas rompen en la playa.

surfer *(ing; pronunc corriente, /súrfer/) m y f* Surfista.

surfing *(ing; pronunc corriente, /súrfin/) m* Surf [1].

surfista *m y f* Pers. que practica el surf [1].

surgencia *f (Geogr)* Lugar por donde surge o brota el agua.

surgimiento *m* Acción de surgir. *Tb su efecto.*

surgir *intr* **1** Aparecer [una cosa] sobresaliendo o elevándose. *Tb fig.* ■ **2** Aparecer o presentarse de improviso. ■ **3** Brotar o manar [agua u otro líquido]. ■ **4** *(Mar)* Fondear [una embarcación]. *Frec en part.*

suricata *f* Mamífero de Sudáfrica semejante a la mangosta, de hocico agudo y cuatro dedos con fuertes uñas en cada pata *(Suricata tetradactyla).*

surinamés -sa *adj* De Surinam. *Tb n, referido a pers.*

suripanta *f* **1** *(hoy raro)* Corista de teatro. ■ **2** *(lit)* Prostituta.

surmenage *(fr; pronunc corriente, /sürmenáʒ/ o /surmenáχe/) m (Med, hoy raro)* Estado depresivo causado por agotamiento físico o psíquico.

surmontado -da *adj (Heráld)* Superado.

suroccidental *adj* Sudoccidental.

suroeste *(frec con mayúscula) m* Sudoeste.

suroriental *adj* Sudoriental.

surplus *(fr; pronunc corriente, /surplús/) m* Exceso, o cantidad que excede de lo necesario, normal o deseable.

surreal *adj* Surrealista.

surrealismo *m* **1** Movimiento literario y artístico surgido en Francia hacia 1920, que basa su expresión en el automatismo psíquico, el inconsciente y la irracionalidad. ■ **2** Condición de surrealista.

surrealista *adj* **1** De(l) surrealismo [1]. **b)** Adepto al surrealismo. *Tb n.* ■ **2** Que evoca el surrealismo, esp. por su carácter irracional o llamativo.

sursum corda *(lat; pronunc, /súrsum-kórda/)* **I** *loc n m* **1** el ~. *(col)* Alguien importantísimo e imaginario.
II *interj* **2** *Se usa para animar.* * ¡Vamos, chico! ¡Sursum corda!

surtido -da **I** *adj* **1** *part* → SURTIR. ■ **2** [Cosas] variadas dentro de una misma especie.
II *m* **3** Conjunto formado por cosas surtidas [2].

surtidor -ra **I** *adj* **1** *(raro)* Que surte [1].

II *m* **2** Chorro [de agua u otro líquido] que sale hacia arriba. ■ **3** Bomba distribuidora [de gasolina u otro carburante para vehículos]. ■ **4** *(Mec)* Boquilla con orificio calibrado, por el cual el carburador toma el combustible.

surtir **A** *tr* **1** Proveer [a una pers. o cosa de algo]. ■ **2** Producir [algo *(suj)* efecto].
B *intr* **3** *(lit)* Brotar o salir [agua u otro líquido]. *Tb fig.*

surto -ta *adj* [Embarcación] fondeada.

survietnamita *adj* De Vietnam del Sur. *Tb n, referido a pers.*

sus[1] *interj (raro) Se emplea para animar.* * ¡Sus y a por ellos!

sus[2] → VOSOTROS.

susa *f (reg)* Seta amarilla comestible propia de bosques húmedos de suelo ácido *(Cantharellus cibarius).*

susceptibilidad *f* Cualidad de susceptible.

susceptible *adj* **1** Que puede recibir o experimentar [algo *(compl* DE)]. **b)** *(Med y Vet)* Que tiene cierta predisposición [a una enfermedad *(compl* DE)]. *Tb sin compl.* ■ **2** [Pers.] propensa a sentirse ofendida o menospreciada. ■ **3** *(semiculto)* Capaz (que puede hacer [algo *(compl* DE)]).

susceptivo -va *adj (Filos)* Receptivo.

suscitación *f* Acción de suscitar. *Tb su efecto.*

suscitador -ra *adj* Que suscita. *Tb n, referido a pers.*

suscitar *tr* Provocar o promover [algo no material, esp. un sentimiento o idea].

suscribible *(tb, raro,* **subscribible***) adj* Que se puede suscribir.

suscribir *(tb, raro,* **subscribir***; conjug 46)* **I** *tr* **1** Firmar [un escrito]. ■ **2** Manifestar conformidad [con lo dicho *(cd)* por otro]. ■ **3** Comprar [valores de bolsa] o contratar [una póliza de seguros], firmando los documentos correspondientes. ■ **4** Hacer que [alguien *(cd)*] se obligue al pago de determinada cantidad periódica [a una obra o entidad]. *Frec el cd es refl.* **b)** Comprometer [a alguien *(cd)*] a la compra [de una publicación, esp. periódica *(compl* A)]. *Gralm el cd es refl.*
II *loc pr* **5** el que suscribe. *(admin)* Yo, la pers. que firma el escrito. **b)** *(col, humoríst)* Yo, la pers. que habla o escribe.

suscripción *(tb, raro,* **subscripción***) f* **1** Acción de suscribir, *esp* [3 y 4]. ■ **2** Cantidad que se paga por estar suscrito [4].

suscriptor -ra *(tb, raro,* **subscriptor***) m y f* Pers. que suscribe [1, 3 y 4] o esp. que está suscrita [4b].

suscrito -ta *(tb, raro,* **subscrito***)* **I** *adj* **1** *part* → SUSCRIBIR. ■ **2** [Iota] **suscrita** → IOTA.
II *m y f* **3** Pers. que suscribe [1] un escrito.

suso *adv (lit, raro)* Arriba.

susodicho -cha *adj (admin)* Dicho antes. *Tb n, referido a pers, a veces humoríst en uso col.*

suspectamente *adv (lit, raro)* Sospechosamente.

suspecto -ta *adj (lit)* Sospechoso.

suspender **A** *tr* **1** Poner [algo o a alguien] sujeto por algún punto quedando el resto en el aire. ■ **2** Interrumpir o cortar temporalmente [una acción]. **b)** Dejar temporalmente sin vigencia [algo, esp. una disposición]. ■ **3** Hacer que no se realice [algo previsto o programado]. ■ **4** Privar temporalmente [a alguien de empleo o sueldo]. *A veces se omite el compl por consabido*. ■ **5** Declarar no apto [a alguien (*cd*) en un examen u oposición o en una materia]. * Le han suspendido en Lengua. **b)** (*col*) Ser [alguien] declarado no apto [en un examen u oposición o en una materia (*cd*)]. * Ha suspendido Lengua. ■ **6** (*lit*) Paralizar [a alguien o algo, esp. el ánimo o los sentidos] por admiración. ■ **7** (*Quím*) Mezclar en suspensión [4].

B *intr* **8** (*col*) Ser [alguien] declarado no apto [en un examen u oposición o en una materia]. *Tb sin compl*. * Ha suspendido en Lengua.

suspendido -da *adj* **1** *part* → SUSPENDER. ■ **2** (*Geol*) [Glaciar] que no llega a formar lengua o la tiene muy corta.

suspense (*ing; pronunc corriente,* /suspénse/ *o, raro,* /sispáns/) *m* Impaciencia o ansiedad provocada en el espectador, oyente o lector por el desarrollo de la acción. *Tb fig*. **b)** Capacidad [de una película, obra teatral o narración] de provocar suspense.

suspensión I *f* **1** Acción de suspender [1, 2, 3, 4 y 6]. **b)** ~ **de pagos.** (*Com*) Situación en que se coloca ante el juez una pers. o empresa cuyo activo no es inferior al pasivo, pero que temporalmente no puede atender al pago de sus obligaciones. ■ **2** *En un vehículo:* Conjunto de piezas interpuestas entre el bastidor y las ruedas, para hacer elástico el apoyo de la carrocería sobre estas. ■ **3** (*lit*) Suspense. ■ **4** (*Quím*) Mezcla constituida por partículas, esp. sólidas, dispersas en un fluido sin disolverse en él. II *loc adv* **5 en ~.** (*Quím*) Formando una suspensión [4]. *Tb adj*.

suspensivamente *adv* (*raro*) De manera suspensiva.

suspensivo -va *adj* **1** Que sirve para suspender [2, 3 y 4]. **b)** (*Der*) [Condición] cuyo cumplimiento es necesario para la eficacia del acto o derecho al que afecta. ■ **2** (*raro*) De (la) suspensión [3]. ■ **3** [Puntos] ~**s** → PUNTO.

suspenso -sa I *adj* **1** Que está suspendido. *Tb n, referido a pers*. ■ **2** [Pers.] momentáneamente parada o callada. *Gralm con el v* QUEDAR *o* DEJAR. **b)** Absorto. II *m* **3** (*Enseñ*) Nota de haber sido suspendido (→ SUSPENDER [5]). *Tb fig*. ■ **4** (*lit, raro*) Suspense. III *loc adv* **5 en ~.** En situación de suspenso [1 y 2]. *Tb adj*.

suspensoide *m* (*Quím*) Suspensión [4] de partículas sólidas insolubles en un medio dispersante con el que no tienen afinidad.

suspensor -ra *adj* (*Anat*) Suspensorio.

suspensorio -ria *adj* (*Anat y Med*) Que sirve para suspender [1] o sostener. *Tb n m, referido a dispositivo o vendaje*.

suspicacia *f* **1** Cualidad de suspicaz. ■ **2** Actitud suspicaz [1b].

suspicaz *adj* [Pers.] propensa a ver malicia o mala intención en las palabras o actos de los demás. **b)** Propio de la pers. suspicaz.

suspicazmente *adv* De manera suspicaz [1b].

suspirador -ra *adj* (*raro*) Suspirante.

suspirante *adj* [Pers.] que suspira. **b)** Propio de la pers. suspirante.

suspirar *intr* **1** Dar uno o más suspiros [1a]. ■ **2** Anhelar vivamente [algo o a alguien (*compl* POR)].

suspiro *m* **1** Respiración profunda y sonora, gralm. acompañada de una exclamación y que expresa cansancio, tristeza o alivio. **b)** **último** (*o* **postrer**) ~. Espiración inmediata a la muerte. *Gralm* (*lit*) *en la constr* DAR, *o* EXHALAR, EL ÚLTIMO ~, *designando el hecho de morir*. ■ **2** Dulce hecho de azúcar, harina, huevos y en algunos casos almendra. **b)** ~ **de monja.** Dulce de merengue con almendra. ■ **3** (*lit*) Cosa, esp. sonido, apenas perceptible. ■ **4** (*col*) Espacio de tiempo sumamente breve.

suspirón -na *adj* [Pers.] que suspira [1] mucho.

suspiroso -sa *adj* Que tiene carácter de suspiro [1a].

sustancia (*tb, raro,* **substancia**) I *f* **1** Parte esencial o más importante [de algo]. ■ **2** Importancia o trascendencia [de algo] en cuanto a su contenido. *Frec en constr negat*. **b)** Juicio o sensatez [de una pers.]. *Normalmente en constr negat*. ■ **3** Jugo nutritivo [de algo]. **b)** Poder nutritivo [de un alimento]. ■ **4** Carácter o naturaleza. ■ **5** Materia caracterizada por sus propiedades. **b)** (*Anat*) Tejido, esp. nervioso. **c)** ~ **blanca.** (*Anat*) Tejido nervioso cuyas fibras poseen mielina. **d)** ~ **gris.** (*Anat*) Tejido nervioso cuyas fibras carecen de mielina. *Fuera del ámbito técn, se usa humorísticamente para designar capacidad mental*. **e)** ~ **negra.** (*Anat*) Sustancia gris que separa las capas superior e inferior de sustancia blanca de los pedúnculos cerebrales. ■ **6** (*Filos*) Cosa que es en sí. ■ **7** (*Ling*) Realidad semántica o fónica no estructurada. *Se opone a* FORMA. II *loc adv* **8 en ~.** En definitiva o en resumen.

sustanciación (*tb, raro,* **substanciación**) *f* Acción de sustanciar.

sustancial (*tb, raro,* **substancial**) *adj* **1** De (la) sustancia [1, 4, 6 y 7]. ■ **2** Esencial o más importante. **b)** Importante o trascendente. *Frec con intención ponderativa*. ■ **3** (*raro*) Sustancioso o nutritivo.

sustancialidad (*tb, raro,* **substancialidad**) *f* (*Filos*) Condición de sustancial [1] o de sustancia [6].

sustancialismo (*tb, raro,* **substancialismo**) *m* (*Filos*) Doctrina que admite la existencia de una o más sustancias [6].

sustancialista (*tb, raro,* **substancialista**) *adj* (*Filos*) De(l) sustancialismo. **b)** Adepto al sustancialismo. *Tb n*.

sustancializar (*tb, raro,* **substancializar**) *tr* (*Filos*) Convertir en sustancia [6].

sustancialmente (*tb, raro,* **substancialmente**) *adv* **1** De manera sustancial [1 y 2]. ■ **2** En el aspecto sustancial [1].

sustanciar (*tb, raro,* **substanciar**; *conjug* **1a**) *tr* **1** (*lit*) Dar realidad o concreción [a algo (*cd*)]. ■ **2** (*Der*) Tramitar [un asunto o una causa] hasta ponerlos en estado de sentencia.

sustancioso -sa (*tb, raro,* **substancioso**) *adj* Que tiene sustancia [2a y 3]. *Tb fig*.

sustantivación (*tb, raro,* **substantivación**) *f* (*Gram*) Acción de sustantivar(se).

sustantivamente (*tb, raro,* **substantivamente**) *adv* De manera sustantiva [1 y 2].

sustantivar (*tb, raro,* **substantivar**) *tr* **1** (*Gram*) Transformar en sustantivo [4] [una palabra o un sintagma]. **b)** *pr* (**~se**) Transformarse en sustantivo [una palabra o un sintagma]. ∎ **2** (*lit*) Dar realidad o concreción [a algo (*cd*)]. **b)** *pr* (**~se**) Pasar [algo] a tener realidad o concreción.

sustantividad (*tb, raro,* **substantividad**) *f* Cualidad de sustantivo [1].

sustantivizar (*tb, raro,* **substantivizar**) *tr* Dar carácter sustantivo [1] [a algo (*cd*)]. **b)** *pr* (**~se**) Pasar [algo] a tener carácter sustantivo.

sustantivo -va (*tb, raro,* **substantivo**) **I** *adj* **1** Sustancial [1 y 2]. **b)** Que tiene existencia real y propia. ∎ **2** (*Gram*) [Palabra, o grupo de palabras] que tiene función propia de sustantivo [4]. **b)** Propio del sustantivo. **c)** [Nombre] ~ –> NOMBRE. ∎ **3** (*Gram, raro*) Se dice del *v* "*ser*". **II** *m* **4** (*Gram*) Palabra (o sintagma) capaz de funcionar como núcleo del sujeto. **b)** *Esp:* Nombre.

sustentación *f* Acción de sustentar(se). *Tb su efecto.*

sustentacular *adj* De(l) sustentáculo.

sustentáculo *m* Apoyo o sostén.

sustentador -ra *adj* Que sustenta. *Tb n, referido a pers.*

sustentante *adj* Que sustenta [1]. *Tb n m, referido a elemento.*

sustentar *tr* **1** Mantener [una pers. o cosa (*suj*)] a otra que gravita sobre ella] de manera que no caiga. *Tb fig.* **b)** *pr* (**~se**) Mantenerse [en una determinada forma o situación]. *Frec sin compl, por consabido.* ∎ **2** Hacer que [algo (*cd*)] continúe existiendo o teniendo validez. ∎ **3** Proporcionar [a alguien (*cd*)] el alimento y las atenciones básicas para vivir. **b)** Alimentar o servir de alimento [a alguien (*cd*)]. **c)** *pr* Alimentarse. ∎ **4** Sostener [una opinión o una afirmación].

sustentatorio -ria *adj* (*raro*) Que sirve para sustentar [1].

sustento *m* **1** Cosa que sirve para sustentar [1]. ∎ **2** Alimento necesario.

sustitución (*tb, raro,* **substitución**) *f* Acción de sustituir.

sustituible (*tb, raro,* **substituible**) *adj* Que se puede sustituir.

sustituidor -ra (*tb, raro,* **substituidor**) *adj* Que sustituye.

sustituir (*tb, raro,* **substituir**; *conjug* **48**) *tr* Pasar [una pers. o cosa] a ocupar el lugar o puesto [de otra (*cd*)]. *El cd siempre con* A, *excepto si es pron pers átono.* **b)** Poner [a una pers. o cosa (*compl* CON *o* POR)] en el lugar o puesto [de otra (*cd*)].

sustitutivo -va (*tb, raro,* **substitutivo**) *adj* [Cosa] que sirve para sustituir [1a] [a otra (*compl de posesión*)]. *Tb n m.*

sustituto -ta (*tb, raro,* **substituto**) *m y f* Pers. que sustituye [1a] [a otra (*compl de posesión*)]. **b)** Cosa que sustituye o sirve para sustituir [1a] [a otra (*compl de posesión*)].

sustitutoriamente (*tb, raro,* **substitutoriamente**) *adv* De manera sustitutoria.

sustitutorio -ria (*tb, raro,* **substitutorio**) *adj* [Cosa] que sirve para sustituir [1a].

sustituyente (*tb, raro,* **substituyente**) *adj* Que sustituye [1a]. *Tb n m, referido a cosa.*

susto **I** *m* **1** Impresión repentina y momentánea de miedo. ∎ **2** (*col*) Miedo. **II** *loc v* **3** **coger** (o **pillar**) **de ~.** (*col*) Sorprender o coger de improviso. ∎ **4** **dar** [alguien o algo] **un ~ al miedo.** (*col*) Causar gran impresión por su fealdad o por su aspecto amenazador.

sustracción (*tb, raro,* **substracción**) *f* **1** Acción de sustraer. ∎ **2** (*Mat*) Resta.

sustraendo (*tb, raro,* **substraendo**) *m* (*Mat*) Cantidad que se resta.

sustraer (*tb, raro,* **substraer**; *conjug* **32**) *tr* **1** Quitar [algo a alguien], o dejar[le sin ello (*cd*)]. ∎ **2** Robar fraudulentamente o sin violencia. **b)** (*semiculto*) Robar. ∎ **3** Apartar [a alguien (*cd*)] de algo, esp. una acción (*compl* A *o* DE)], o hacer que [lo] evite. *Gralm el cd es refl.*

sustrato (*tb* **substrato**) *m* **1** Cosa que sirve de base o asiento [a otra (*compl de posesión*)]. ∎ **2** Base cultural o social de influencia perceptible en una manifestación posterior. ∎ **3** (*Ling*) Lengua cuya influencia es perceptible en otra que la ha suplantado. ∎ **4** (*Geol*) Elemento sobre el cual reposa una capa geológica. ∎ **5** (*Biol*) Materia que sirve de asiento a una planta o a un animal. ∎ **6** (*Quím*) Sustancia sobre la que se ejerce la acción de un fermento o de un reactivo químico.

susurradamente *adv* (*lit, raro*) De manera susurrada.

susurrado -da *adj* **1** *part* –> SUSURRAR. ∎ **2** (*lit, raro*) Que denota o implica susurro.

susurrante *adj* Que susurra.

susurrar **A** *intr* **1** Hablar en voz baja. ∎ **2** Producir [algo, esp. el viento o el agua] un ruido sordo y monótono. **B** *tr* **3** Decir [algo] susurrando [1].

susurreante *adj* (*raro*) Susurrante.

susurreo *m* (*raro*) Susurro.

susurro *m* Acción de susurrar. *Frec su efecto.*

sutás *m* Adorno de pasamanería semejante a dos cordones unidos. *Tb* (*lit*) *fig.*

sutil *adj* **1** [Cosa] muy fina o delgada. **b)** [Cosa] tenue o poco intensa. ∎ **2** [Pers. o cosa] aguda o perspicaz.

sutileza *f* **1** Cualidad de sutil. ∎ **2** Cosa sutil, *esp* [2]. *Frec con intención peyorativa.* ∎ **3** (*Rel crist*) Capacidad de atravesar los cuerpos, propia de los cuerpos gloriosos.

sutilidad *f* (*lit*) Sutileza [1 y 2].

sutilizar **A** *tr* **1** Hacer sutil [algo o a alguien]. **B** *intr* **2** Discurrir o expresarse con sutileza [1].

sutilmente *adv* De manera sutil [1].

sutorio -ria *adj* (*lit, raro*) De(l) arte de hacer calzado.

sutura *f* **1** (*Med*) Unión de los bordes de una herida mediante cosido con hilos o grapas. ∎ **2** (*Bot*) Unión [de dos órganos o partes]. ∎ **3** (*Anat*) Articulación en que las partes están en contacto casi directo y no poseen movilidad. ∎ **4** (*lit, raro*) Unión o juntura.

sutural *adj* (*E*) De (la) sutura.

suturar *tr* (*Med*) Unir por sutura [1]. *Tb* (*lit*) *fig.*

suyo -ya (*cuando va delante del n del cual es adjunto, se usa la forma* SU *–en pl* SUS–, *que se pronuncia átona. En las aceps 3, 4, 6, 7 y 8, según la pers* *gramatical, alterna con los otros posesivos corres-pondientes*) **I** *adj* **1** De él o de ella, de ellos o de ellas. * Las golondrinas salían de sus nidos. ■ **2** De usted o de ustedes. * Doctor, estoy a su disposición. ■ **3 su** + *n propio. (pop) Se usa para referirse al cónyuge o al hijo de la pers o perss de quienes se habla.* * Siempre está presumiendo de su Pepe. ■ **4** (*semiculto*) *Siguiendo a advs como* DELANTE, DETRÁS, ENCIMA, DEBAJO. * Está detrás suyo. ■ **5** Oportuno o correspondiente. *En fórmulas como* EN SU MOMENTO, EN SU DÍA, A SU TIEMPO. ■ **6** Personal o particular. *Frec en la constr* SER MUY ~.

II *loc sust* **7 lo ~.** (*col*) Mucho. *Tb adv.* * Come lo suyo. * Has trabajado lo tuyo. ■ **8 los ~s.** Su familia o sus allegados. **b)** Conjunto de perss. de una misma ideología o modo de pensar.

III *loc v* **9 ir de ~; hacer (una) de las suyas; salirse con la suya** → IR, HACER, SALIR.

IV *loc adv* **10 de ~.** De por sí o por su propia naturaleza.

swahili (*ing; pronunc corriente,* /suaχíli/) *m* Suajili.

swami (*ing; pronunc corriente,* /suámi/) *m* Maestro religioso hindú.

swap (*ing; pronunc corriente,* /suáp/; *pl normal,* ~s) *m* (*Econ*) Intercambio, entre dos bancos centrales, de créditos pendientes.

swazi (*ing; pronunc corriente,* /suáθi/) *adj* Suazi. *Tb n.*

sweater (*ing; pronunc corriente,* /suéter/; *pl normal,* ~s) *m* Suéter o jersey.

swing (*ing; pronunc corriente,* /suin/; *pl normal,* ~s) *m* **1** (*Golf*) Movimiento de balanceo al golpear la pelota. ■ **2** (*Boxeo*) Gancho que se da con el brazo casi tendido. ■ **3** (*Mús*) Ritmo de jazz caracterizado por una distribución típica de los acentos que da a la ejecución un balanceo vivo y ligero.

swinging (*ing; pronunc corriente,* /suíngin/; *pl normal,* ~s) *m* Intercambio de parejas con fines sexuales.

symposium (*lat; pronunc,* /simpósium/; *tb con la grafía* **sympósium**; *pl normal, invar o* ~s) *m* Simposio.

t

t → TE².

taba I f **1** Astrágalo (hueso). ■ **2** Juego que se realiza con una o varias tabas [1] de animales.
    II loc v **mover**, o **menear**, **las ~s.** (col) Andar, esp. deprisa.

tabacal m Terreno sembrado de tabaco [1a].

tabacalero -ra adj Del cultivo, elaboración o venta del tabaco [1a y 2]. Tb n: m y f, referido a pers; f, referido a empresa.

tabacazo m (desp) Tabaco [2].

tabaco I m **1** Planta de la familia de la patata, de tallo erecto y anchas hojas, cultivada fundamentalmente por su riqueza en nicotina (gén. Nicotiana, esp. N. tabacum). **b) ~ de montaña.** Árnica (planta). ■ **2** Producto elaborado a partir de las hojas del tabaco [1a], para ser fumado, masticado o a veces aspirado.
    II adj invar **3** [Color] marrón oscuro propio del tabaco [1a]. Tb n m. **b)** Que tiene color tabaco.
    III loc adv **4 sin ~.** (col, raro) Sin recursos o en la indigencia.

tabacoso -sa adj Propio de la pers. que fuma mucho.

tabaiba f Árbol típico de Canarias, de madera ligera y poco porosa y cuyas ramas contienen un látex blanco y pegajoso (gén. Euphorbia).

tabal m (reg) Barril en que se conservan arenques o anchoas.

tabalario m (col) Trasero.

tabalear intr Producir un ruido semejante al del tambor, dando pequeños golpes [sobre una superficie].

tabaleo m Acción de tabalear. Tb su efecto.

tabanazo m (raro) Golpe dado con la mano.

tabanco m **1** (raro) Puesto de venta callejero. ■ **2** (reg, desp) Taberna.

tábano m Insecto semejante a la mosca, pero de mayor tamaño, que produce fuertes picaduras (gén. Tabanus).

tabaque m (raro) Cesto pequeño de mimbre.

tabaquería f Puesto o tienda en que se vende tabaco [2]. Referido a países extranjeros.

tabaquero -ra I adj **1** De(l) tabaco [1a]. ■ **2** Que se dedica al cultivo, elaboración o venta de tabaco [1a y 2]. Tb n, referido a pers.
    II f **3** Caja para tabaco [2]. **b)** Petaca (estuche de bolsillo para tabaco picado).

tabáquico -ca adj (Med) De(l) tabaco [2].

tabaquismo m (Med) Intoxicación producida por el abuso del tabaco [2].

tabardillo m **1** (col) Insolación. ■ **2** (col) Pers. bulliciosa y molesta. ■ **3** (hist) Tifus (enfermedad).

tabardo m Prenda de abrigo semejante a un chaquetón de paño grueso, propia esp. de gente del campo. **b)** Chaquetón que forma parte del uniforme de invierno del soldado.

tabarés -sa adj De Tábara (Zamora). Tb n, referido a pers.

tabarquino -na adj De la isla de Tabarca o Nueva Tabarca (Alicante). Tb n, referido a pers.

tabarra (col) I f **1** Cosa fastidiosa y pesada.
    II loc v **2 dar la ~.** Fastidiar o hacerse pesado.

tabarrista adj (col) Tabarroso.

tabarroso -sa adj (col) Que da la tabarra.

tabasco (n comercial registrado) m Salsa americana muy picante hecha con chile.

taberna f **1** Establecimiento de carácter popular, en que se sirven vino y otras bebidas, y a veces también comidas. ■ **2** (hist) En la antigua Roma: Comercio pequeño.

tabernáculo m **1** Sagrario. ■ **2** (raro) Templete con columnas que contiene una imagen. ■ **3** (hist) Tienda usada por los antiguos israelitas en el desierto. **b)** (hist) Tienda destinada a contener el Arca de la Alianza.

tabernario -ria adj **1** De (la) taberna [1]. **b)** [Pers.] que frecuenta las tabernas. Tb n.

tabernense adj De Tabernes de Valldigna (Valencia). Tb n, referido a pers.

tabernero -ra A m y f **1** Pers. que posee o atiende una taberna [1].
    B m **2** Cierto pez marino comestible (Ctenolabrus suillus o C. rupestris).

tabernucho m (desp) Taberna [1].

tabes f (Med) Enfermedad de origen sifilítico caracterizada por esclerosis de los cordones posteriores de la médula espinal, trastornos de la motilidad y abolición de los reflejos. Tb ~ DORSAL.

tabético -ca adj (Med) De la tabes.

tabicación f Acción de tabicar.

tabicado¹ -da adj **1** part → TABICAR. ■ **2** (E) Provisto de tabiques [2].

tabicado² m Acción de tabicar.

tabicamiento *m* Acción de tabicar.

tabicar *tr* Dividir o cerrar [algo] con tabiques. *Tb fig.*

tabicón *m* Tabique [1] más grueso que el normal.

tabique *m* **1** Pared delgada que sirve esp. para separar habitaciones o cerrar un vano. ■ **2** (*E*) División delgada entre dos huecos.

tabiquería *f* Conjunto de tabiques [1].

tábiro -ra *adj* (*reg*) Escuálido o desmedrado.

tabla I *f* **1** Pieza de madera plana, delgada, de caras paralelas, relativamente ancha y más larga que ancha. **b)** Utensilio hecho de tabla. *Con un compl que especifica su uso.* **c)** Pintura realizada sobre tabla [1a]. ■ **2** *En pl*: Escenario teatral. **b)** (*lit*) Actividad de actor teatral. **c)** Experiencia en actuaciones ante el público. *Frec fig. Frec en la constr* TENER ~S. ■ **3** (*Taur*) *En pl*: Valla que circunda el ruedo. *Tb el tercio de ruedo inmediato a ella.* ■ **4** Pieza ancha, plana y poco gruesa [de una materia rígida]. **b)** (*Joy*) Diamante tallado con la superficie superior plana. **c)** ~s de la Ley. Piedras en que estaba escrito el Decálogo. *Frec designa el propio Decálogo. Tb fig.* ■ **5** Pliegue más o menos ancho formado por dos dobleces. ■ **6** Parte plana [de una parte del cuerpo]. ■ **7** División cuadrangular [de un terreno de labor]. ■ **8** Parte ancha [de un río] en que la corriente apenas es perceptible. ■ **9** Esquí (aparato). ■ **10** Lista (relación dispuesta gralm. en forma de columna). **b)** Índice [de un libro]. *Frec ~ DE MATERIAS.* ■ **11** Cuadro [de números u otras indicaciones], que permite hallar rápidamente un dato o el resultado de una operación. ■ **12** *En lotería*: Tabla [1a y 4a] provista de unos alambres en que se colocan los números premiados y los premios correspondientes. ■ **13** Conjunto establecido [de ejercicios gimnásticos]. ■ **14 - de salvación.** Último recurso para salir de un apuro. ■ **15** (*Juegos*) *En pl*: En ajedrez y damas: Empate. *Gralm en la constr* HACER ~S, *o* QUEDAR EN ~S. *Frec fig, fuera del ámbito técn.* ■ **16** (*hist*) *En pl*: Juego semejante al de las damas, que se juega con dados. *Tb* ~S REALES. ■ **17** (*Rel catól*) Obligación o precepto. ■ **18** (*raro*) Puesto de venta de carne. ■ **19** (*lit, raro*) Mesa (mueble).
  II *loc adj* **20** [Vientre] **en ~** → VIENTRE.
  III *loc v* **21 hacer ~ rasa** [de algo (*compl* DE, *raro* CON)]. Prescindir o desentenderse arbitrariamente [de ello]. **b)** *Sin compl*: Partir de cero prescindiendo de todo lo anterior.
  IV *loc adv* **22 por ~.** Por vía indirecta o por carambola. ■ **23 por ~s.** (*col*) Por milagro. *Gralm con los vs* SALVAR(SE) *o* LIBRAR(SE).

tablada *f* (*reg*) Tabla [7 y 8].

tablado (*gralm* **tablao** *en acep 3*) *m* **1** Suelo de tablas [1a] situado sobre una armazón. ■ **2** Escenario teatral. ■ **3** Local dedicado a espectáculos de cante y baile flamencos. *Frec ~ FLAMENCO.*

tabladura *f* (*Mús, hist*) Sistema de notación musical para algunos instrumentos de cuerda, con el que se indica la colocación de los dedos sobre el instrumento.

tablaje *m* Conjunto de tablas [1a].

tablajería *f* (*raro*) Carnicería.

tablajero -ra *m y f* **1** (*raro*) Carnicero. ■ **2** (*reg*) Carpintero.

tablao → TABLADO.

tablar *m* Conjunto de tablas [7] [de una huerta o jardín].

tablazo *m* Parte [de un río o de una acumulación de agua] extendida y poco profunda.

tablazón *f* **1** Conjunto de tablas [1a] [de una construcción]. **b)** (*Mar*) Conjunto de tablas [1a] [del forro y la cubierta de un barco]. ■ **2** Construcción que consta esencialmente de tablas [1a].

tableado *m* Acción de tablear. *Frec su efecto.*

tablear *tr* Hacer tablas [5] [en una prenda (*cd*)]. *Frec en part.*

tablero *m* **1** Tabla [1a] muy ancha, o plancha formada por varias tablas unidas. *Frec referido al que constituye la parte superior de una mesa.* **b)** Mesa de trabajo manual. *Gralm con un compl especificador.* ■ **2** Tabla [4a], normalmente grande. ■ **3** Pizarra o encerado. ■ **4** Tablón [de anuncios]. ■ **5** Superficie rígida y cuadrada dispuesta para determinados juegos, esp. el ajedrez o las damas. ■ **6** Tablero [1 y 2] en que se agrupan los instrumentos y mandos de una máquina o instalación. *Tb ~ DE INSTRUMENTOS.* ■ **7** (*Constr*) Tabla [4a] de cartón piedra, plástico esponjoso u otra materia, que sirve para hacer tabiques y revestir paramentos. ■ **8** (*Constr*) Parte [de un puente] destinada al tránsito.

tablestaca *f* (*Constr*) Tablón de madera o pieza similar metálica que se hinca en el suelo para formar una ataguía o entibar excavaciones.

tableta *f* **1** Pieza rectangular, plana y poco gruesa [de un alimento sólido, esp. chocolate o turrón]. ■ **2** Pastilla plana [de un medicamento].

tabletear *intr* Producir un ruido semejante al de tablas [1a] que entrechocan repetidamente.

tableteo *m* Acción de tabletear. *Frec su efecto.*

táblex (*n comercial registrado*) *m* Madera prensada.

tablilla *f* **1** Tabla [1a y 4a] pequeña, esp. destinada a carteles o anuncios. ■ **2** (*hist*) Tabla [4a] pequeña, gralm. de arcilla, utilizada para escribir.

tabloide I *m* **1** Periódico de formato aproximado de 30 x 40 cm, caracterizado por el estilo sensacionalista y la abundancia de fotografías.
  II *adj invar* **2** [Tamaño o formato] propio del tabloide [1].

tablón *m* **1** Tabla [1a] ancha. ■ **2 ~ de anuncios.** Tabla [1a y 4a], más o menos grande, para fijar anuncios o avisos. ■ **3** Pliegue doble constituido por dos tablas [5] dispuestas en sentidos contrarios. ■ **4** (*col*) Borrachera.

tabloncillo *m* **1** Tapa de la taza del retrete. ■ **2** (*Taur*) Asiento de la fila más alta de las gradas y tendidos de una plaza de toros.

tabón *m* (*reg*) Terrón (masa compacta de tierra).

tabona *f* (*Arqueol*) Piedra cortante propia de las Canarias.

tabor *m* (*hist*) Unidad de tropa regular marroquí, perteneciente al ejército español y compuesta gralm. de dos compañías de a pie y otra montada.

tabú *m* **1** Prohibición religiosa sobre algo, por considerarlo sagrado o impuro. **b)** Inhibición de mencionar o censurar determinadas cosas, por respetos de tipo social. ■ **2** Cosa sobre la que recae un tabú [1]. *Tb fig.*

tabuco *m* (*desp*) Habitación muy pequeña.

tabulable *adj* Que se puede tabular[1].

tabulación *f* Acción de tabular[1].

tabulador *m En una máquina de escribir, calcular u otra semejante:* Dispositivo para escribir en columnas o empezar a diferentes distancias del margen.

tabular¹ *tr* Disponer [algo, esp. datos] en forma de tabla [10 y 11].

tabular² *adj* (E) De (la) tabla [1a]. **b)** Que tiene forma de tabla.

tabula rasa (*lat; pronunc,* /tábula-r̄ása/) **I** *loc n f* **1** Registro en que aún no se ha escrito nada. *Gralm en constrs de sent comparativo, referidas al estado originario del alma humana.* * Concibe el alma como una tabula rasa.
II *loc v* **2 hacer ~.** Hacer tabla rasa (→ TABLA).

tabulatura *f* (*Mús, hist*) Tabladura.

tabún (*tb* **tabun**) *m* (*Quím*) Éster fosfórico que actúa como gas nervioso.

taburete¹ *m* Asiento pequeño, sin brazos y sin respaldo.

taburete² *m* (*reg*) Mostaza salvaje (planta).

TAC (*sigla*) *m* (*Med*) Tomografía axial computarizada.

taca *interj Se usa, gralm repetida o siguiendo a* TI-QUI, *para imitar el golpeteo de algo. A veces se sustantiva como n m.* * Se oía el tiqui taca de la máquina de escribir.

tacada I *f* **1** (*Billar*) Golpe dado con el taco a la bola.
II *loc adv* **2 de una ~.** De una vez.

tacán (*Aer*) *m* Sistema de radioasistencia para la navegación aérea.

tacañería *f* **1** Cualidad de tacaño. ■ **2** Actitud o comportamiento tacaños [1b].

tacaño -ña *adj* [Pers.] reacia a dar o a gastar. *Tb n. Tb fig, referido a cosa.* **b)** Propio de la pers. tacaña.

tacatá I *m* **1** Tacataca.
II *interj* **2** Imita el galope del caballo. * A lo lejos se oye un caballo: Tacatá, tacatá, tacatá.

tacataca (*tb con la grafía* **taca-taca**) *m* Andador con ruedas, gralm. metálico y con asiento de lona.

tacazo *m* Tacada [1].

tacha¹ *f* **1** Defecto o imperfección, normalmente de carácter moral. ■ **2** (*Der*) Motivo legal para desestimar la declaración de un testigo.

tacha² *f* (E) Aparato en que se evapora el jarabe para la fabricación de azúcar.

tachadura *f* Acción de tachar [2]. *Frec su efecto.*

tachar *tr* **1** Atribuir [a alguien o algo (*cd*) una tacha¹ [1] o defecto (*compl* DE)]. ■ **2** Anular [algo escrito] cruzándolo o atravesándolo con una o más rayas. ■ **3** (*Der*) Alegar tacha¹ [2] [contra un testigo (*cd*)].

tachín *m* (*jerg*) **1** Pie. ■ **2** Testículo.

tachín tachín *m* (*col, desp*) Música de ritmo monótono marcado por bombo y platillos.

tachismo *m* (*Pint*) Modo de pintura abstracta mediante elementos coloreados de forma imprecisa.

tachista *adj* (*Pint*) De(l) tachismo. **b)** Adepto al tachismo. *Tb n.*

tacho. irse [algo] **al ~.** *loc v* (*reg*) Arruinarse o irse a pique.

tachón¹ *m* **1** Tachadura. ■ **2** (*raro*) Adorno hecho de cinta o galón.

tachón² *m* Tachuela grande de cabeza dorada o plateada.

tachonar *tr* Adornar o clavetear con tachones². *Frec* (*lit*) *fig.*

tachuela *f* Clavo corto de cabeza grande. **b)** *Se usa en constrs de sent comparativo para ponderar la escasa altura, esp de una montaña.* * El último puerto apenas si es una tachuela.

tachyon (*ing; pronunc corriente,* /tákion/; *pl normal,* ~S) *m* (*Fís*) Partícula hipotética capaz de desplazarse a una velocidad superior a la de la luz.

tacilla. ~s de algodón. *loc n f* Planta anual de hojas lanceoladas y flores tubulosas amarillas en capítulos, propia de la zona litoral asturiana (*Logfia mínima*).

tácitamente *adv* De manera tácita.

tácito -ta *adj* Implícito o sobrentendido.

taciturnidad *f* Cualidad de taciturno.

taciturno -na *adj* [Pers.] poco habladora o poco comunicativa. **b)** Propio de la pers. taciturna.

taco *m* **1** Trozo corto y grueso [de una materia]. **b)** Pieza cilíndrica, gralm. de plástico, que se introduce en la pared para sujetar un clavo o tornillo. **c)** (*Arte*) Relieve cuadrangular de los que constituyen el ajedrezado. *Gralm en pl.* ■ **2** Bloque de piezas de papel pequeñas. *Gralm con un compl especificador.* **b)** (*col, humoríst*) Conjunto de billetes que suman un millón. ■ **3** Bloque constituido por las hojas diarias de un calendario. **b)** (*col, humoríst*) Año (de edad). ■ **4** Comida ligera que se toma fuera de las horas de comer. *Esp en caza.* ■ **5** (*Billar*) Vara de madera para impulsar la bola. ■ **6** Canuto de madera con que los muchachos lanzan bolas de papel u otras cosas. *Tb la bola que se lanza.* ■ **7** (*col*) Palabra grosera o malsonante. ■ **8** (*col*) Lío o embrollo. *Gralm con los vs* ARMAR(SE) o HACER(SE). ■ **9** (*col*) Escándalo o alboroto.

tacógrafo *m* (*Mec*) Tacómetro registrador.

tacómetro *m* (*Mec*) Aparato para medir la velocidad, esp. la de rotación de un órgano mecánico.

tacón *m En el calzado:* Pieza, más o menos alta, colocada en la parte inferior trasera. **b)** Tacón alto. *Gralm en la loc* DE ~.

taconazo *m* Golpe dado con el tacón. **b)** Golpe dado al juntar los tacones para cuadrarse militarmente.

taconear *intr* Hacer ruido con los tacones, esp. al andar o bailar.

taconeo *m* Acción de taconear. *Tb su efecto.*

tacorontero -ra *adj* De Tacoronte (Tenerife). *Tb n, referido a pers.*

tactar *tr* Explorar mediante el tacto [2].

tactear *tr* Tactar o tocar. *Tb abs.*

tácticamente *adv* De manera táctica [1].

tacticismo *m* (*desp*) Uso de maniobras tácticas [1].

táctico -ca I *adj* **1** De (la) táctica [3]. ■ **2** [Pers.] experta en táctica [3]. *Tb n.*
II *f* **3** (*Mil*) Modo de coordinar los distintos medios militares en un combate. **b)** Modo de coordinar los medios de que se dispone para conseguir un fin.

táctil (*tb, semiculto,* **tactil**) *adj* **1** De(l) tacto [1]. **b)** Que sirve para el tacto. ■ **2** Que se puede tocar o percibir por el tacto [1].

tactilidad *f* Cualidad de táctil.

táctilmente *adv* De manera táctil.

tactismo *m* (*Biol*) Movimiento causado en las células o en los organismos inferiores por un agente físico o químico.

tacto *m* **1** Sentido corporal por el que se perciben las sensaciones de contacto, presión, calor o frío y los caracteres externos de las superficies, como su forma, suavidad, aspereza o rugosidad. ■ **2** Acción de tocar. ■ **3** Cualidad de la superficie [de un cuerpo] que se percibe mediante el tacto [1 y 2]. ■ **4** Habilidad y cuidado para actuar sin suscitar recelo o resistencia.

tadjiko -ka (*pronunc corriente,* /tadyíko/) *adj* Tayiko. *Tb n.*

taedium vitae (*lat; pronunc corriente,* /tédium-bíte/) *loc n m* Hastío o desgana de vivir.

taekwondista (*pronunc corriente,* /taekuondísta/) *m y f* Pers. que practica el taekwondo.

taekwondo (*jap; pronunc corriente,* /taekuóndo/; *tb, raro, con la grafía* **tae-kwon-do**) *m* Deporte de lucha coreano semejante al kárate.

tael (*pl normal,* ~s) *m* (*raro*) Moneda china antigua usada en Filipinas.

taf (*sigla; tb con las grafías* **Taf** *o* **TAF**) *m* Tren formado por tres unidades, la primera y la última de las cuales son motoras.

tafallés -sa *adj* De Tafalla (Navarra). *Tb n, referido a pers.*

tafallica *adj* (*reg*) Tafallés. *Tb n.*

tafanario *m* (*col, raro*) Trasero.

tafetán *m* **1** Tejido, frec. de seda, de urdimbre y trama similares y ligamento simple. **b)** Tejido de seda preparado para cubrir heridas.

tafia *f* Aguardiente de caña.

tafilete *m* Cuero delgado de cabra, muy flexible, empleado en labores finas.

tafiletear *tr* Adornar o componer [algo] con tafilete. *Tb abs.*

tagalo -la I *adj* **1** [Individuo] del pueblo indígena de Filipinas habitante del centro de la isla de Luzón. *Tb n.* **b)** De (los) tagalos. ■ **2** De(l) tagalo [3]. II *m* **3** Idioma de los tagalos [1].

tagalog *adj* (*raro*) Tagalo. *Tb n.*

tagananero -ra *adj* De Taganana (Tenerife). *Tb n, referido a pers.*

tagarnina *f* **1** (*reg*) Cardillo (planta). ■ **2** (*col, humoríst*) Cigarro puro de mala calidad.

tagarote *m* Variedad de halcón (*Falco peregrinus pelegrinoides*). *Tb* HALCÓN ~.

taginaste (*tb con la grafía* **tajinaste**) *m* Arbusto típico de las islas Canarias (gén. *Echium*).

tagua *f* Se da este *n* a varias aves acuáticas chilenas del gén *Fulica. A veces con un adj especificador:* CHICA, COMÚN, GIGANTE, DEL NORTE, *etc.*

tahalí *m* **1** Correa que, puesta en diagonal del hombro a la cintura, sirve para llevar colgada la espada u otra arma similar. ■ **2** Pieza de cuero que pende del cinturón y sirve para llevar colgado el machete u otra arma similar.

taheño -ña *adj* (*raro*) [Pelo] rojizo. *Tb referido al que tiene el pelo de este color.*

tahitiano -na *adj* De la isla de Tahití (Polinesia). *Tb n, referido a pers.*

tahona *f* Establecimiento en que se fabrica y vende pan.

tahonero -ra I *adj* **1** De (la) tahona. II *m y f* **2** Pers. que posee o atiende una tahona.

tahúlla *f* (*reg*) Medida agraria que equivale aproximadamente a 11 áreas.

tahullense *adj* De Tahull (Lérida). *Tb n, referido a pers.*

tahúr -ra *m y f* Pers. que tiene el vicio de jugar a las cartas. *A veces con intención ponderativa, referido al jugador hábil o experto.*

tahurería *f* Actividad de tahúr.

taifa I *f* **1** Bandería o facción. *Gralm en la loc* DE ~(S), *esp referido a los reinos de la España árabe tras la disolución del Califato de Córdoba. Tb fig.* ■ **2** (*lit*) Conjunto de perss. poco gratas o despreciables. *Gralm con un compl especificador.* II *adj* **3** De taifa(s) [1].

taifal *adj* (*hist*) De taifa(s) [1].

taifismo *m* Tendencia a la división en taifas [1].

taifista *adj* De(l) taifismo.

taiga *f* Bosque de coníferas propio del norte de Rusia, Siberia y Canadá.

tailandés -sa (*tb con la grafía* **thailandés**) I *adj* **1** De Tailandia. *Tb n, referido a pers.* **b)** [Masaje] ~ → MASAJE. II *m* **2** Lengua de Tailandia.

tailleur (*fr; pronunc corriente,* /tayór/; *pl normal,* ~s) *m* (*raro*) Traje sastre.

taimadamente *adv* De manera taimada.

taimado -da *adj* [Pers.] astuta y disimulada. **b)** Propio de la pers. taimada.

taina *f* (*reg*) **1** Majada (cobertizo para el ganado). ■ **2** Variedad del juego del escondite.

tainismo *m* Palabra o giro propios del taíno [3] o procedentes de él.

taíno -na (*hist*) I *adj* **1** [Individuo] del pueblo indígena habitante de las Antillas. *Tb n.* **b)** De los taínos. ■ **2** De(l) taíno [3]. II *m* **3** Idioma de los taínos [1].

tairona (*pl,* ~ *o* ~s) *adj* (*hist*) [Individuo] de un pueblo indígena colombiano extinguido, habitante de la zona costera del golfo de Santa Marta. *Tb n.* **b)** De los taironas.

taiwanés -sa (*pronunc corriente,* /taiwanés/) *adj* De Taiwán. *Tb n, referido a pers.*

tajada *f* **1** Porción cortada [de un alimento, esp. de carne]. ■ **2** (*col*) Beneficio o provecho económico. *Gralm con el v* SACAR. ■ **3** (*col*) Borrachera.

tajadera *f* Cuchilla en forma de media luna.

tajado -da *adj* **1** *part* → TAJAR. ■ **2** (*Heráld*) [Escudo] dividido diagonalmente por una línea que va del ángulo izquierdo del jefe al derecho de la punta.

tajador *m* Tajo [3].

tajadura *f* (*reg*) Corte del terreno.

tajamar *m* **1** *En una embarcación:* Tablón curvo, sobrepuesto exteriormente a la roda, que hiende el agua al avanzar. ▪ **2** *En un puente:* Prolongación en forma de cuña que se pone a los pilares para disminuir la resistencia que oponen a la corriente.

tajancia *f (raro)* Cualidad de tajante [1].

tajante *adj* **1** Que no deja lugar a réplica o insistencia. **b)** Inequívoco o que no deja lugar a dudas. ▪ **2** *(raro)* Cortante (que corta).

tajantemente *adv* De manera tajante [1].

tajar *tr* Cortar o dividir, esp. mediante un filo. *Tb abs.*

tajaraste *m* Cierto baile popular canario.

tajelar *tr (jerg)* Comer.

tajinaste → TAGINASTE.

tajo I *m* **1** Acción de tajar. *Tb su efecto.* **b)** *(Esgrima)* Corte dado de derecha a izquierda. ▪ **2** Corte pronunciado del terreno. *Tb fig.* ▪ **3** Tronco o trozo de madera grueso, a veces apoyado sobre tres pies, que se emplea para cortar sobre él. ▪ **4** Asiento rústico de madera, sin respaldo y gralm. con tres pies. ▪ **5** *(col)* Trabajo o tarea. **b)** Lugar en que desarrolla su trabajo una cuadrilla de trabajadores, esp. de segadores. **c)** *(reg)* Conjunto de perss. que trabajan en un tajo. II *loc adv* **6** **(a)** **~ parejo.** *(reg)* Por igual. *Tb adj.*

tajuelo *m* Tajo [4].

tal I *adj* **1** *Se usa como antecedente de constrs de sent comparativo o consecutivo introducidas por* CO-MO, CUAL *o* QUE. * A la mujer le estaban vedadas carreras tales como la judicatura o el notariado. **b)** **~ como.** Por ejemplo. * Utiliza fuentes muy escasas, tales como testamentos o diarios. ▪ **2** Este o aquel. *Referido a una pers o cosa mencionada antes. A veces precedido del art* EL, *y en este caso puede usarse como adj sustantivado.* * Al verlas llamaron su atención, y quiso conocer el nombre de tales figuras. * Quiso conocer al tal Lucas. ▪ **3** *(lit) Se usa para destacar exclusivamente el sent esencial del n que sigue.* * ¿Cuál es la condición de la mujer como tal mujer? ▪ **4** *Se refiere a una pers o cosa que no se quiere o no se puede precisar. A veces en la forma* ~ Y ~, *o* ~ Y CUAL. * A veces encargaba a alguien el estudio de tal y tal forma. **b)** *Frec sustituye a un insulto que no se quiere repetir.* * El muy tal... ▪ **5** **un ~.** *Precede al n propio de una pers no familiar para el que habla o para el que escucha.* * Hablaban de un tal Ricardito. ▪ **6** **~ cual.** Alguno que otro. * A veces se tropieza con tal cual borracho. ▪ **7** **~ cual.** *(col)* Mediano. * Es un profesor tal cual. ▪ **8** **~ para cual.** Semejante. *Dicho gralm de dos perss. Como predicat.* * Son tal para cual. ▪ **9** **¿qué ~?** ¿Cómo de bueno? * ¿Qué tal médico es? ▪ **10** **~ [vez]** → VEZ. II *pron* **11** Esto o aquello. *Referido a una pers o cosa mencionada antes.* * Exageran quienes tal afirman. ▪ **12** *Designa una cosa o un hecho que no se quiere o no se puede precisar. A veces en la forma* ~ Y ~ *o* ~ Y CUAL. * Voy al cine tal. * Lo que debes hacer es tal y tal. **b)** **que si ~ y que si cual; que si ~, que si cual,** *o* **que si ~ y que si cual.** *Frase con que se alude a palabras dichas por otro a las que se concede poco valor.* * Siempre está que si tal que si cual. ▪ **13** **y ~.** *(col) Fórmula con que se concluye vagamente una frase.* * Te llevará al cine y tal. ▪ **14** *(lit)* Alguien o alguno. * Tal hubo que salió huyendo. ▪ **15** *(lit)* Nada. *En frases negativas, como antecedente de props de sent comparativo introducidas por* COMO. * Para que haga algo no hay tal como prohibírselo.

III *n* A *m y f* **16** un ~, *o* un ~ y un cual. *Fórmula con que se alude a insultos que no se quieren repetir.* * Dijo que eras una tal y una cual. ▪ **17** *(lit)* Individuo. * Pregunté quién era aquel tal que irrumpía así en la sala. B *f* **18** *(col)* Prostituta. * Menudo hijo de tal. IV *adv* **19** *Se usa como antecedente de props de sent comparativo o consecutivo introducidas por* CO-MO, CUAL *o* QUE. * Son gente humilde, reflejada tal cual es. ▪ **20** **~ es así.** *(semiculto)* Tanto es así. *Seguido de una prop de sent consecutivo.* * Son los espectadores los que deciden dónde hay materia social. Tal es así, que resultan sociales obras que en su intención no lo fueron. ▪ **21** **~ que.** *(pop)* Por ejemplo. * Abundan voces remotísimas, tal que *arráez, acurullador.* **b)** **~ que así.** *(pop)* Así. * Se me fijó un dolor tal que así. ▪ **22** *(lit)* Así o por ejemplo. * Los circos tenían planta rectangular. Tal el Circo Máximo de Roma. **b)** Propiamente o justamente. *En constrs como* ~ PARECE QUE. ▪ **23** **¿qué ~?** ¿Cómo? * ¿Qué tal está tu padre? **b)** *(col) Usado como fórmula de saludo.* * –¡Hola! –¿Qué tal? ▪ **24** **como si ~.** *(col)* Como si tal cosa (→ COSA). * Siguieron jugando como si tal. ▪ **25** **~ cual.** Igual, sin cambiar nada. * Se sacan del horno y se sirven tal cual. **b)** Exactamente. *Como respuesta a una pregunta.* * –¿Pepitas de oro? –Tal cual, sí, señor. ▪ **26** **~ cual.** *(col)* Medianamente. * De hermosura anda tal cual. ▪ **27** **otro que ~** → OTRO. V *prep* **28** **con ~ de.** Con la condición de. *Seguido de infin.* * Con tal de jugar, lo que sea. VI *conj* **29** **~ como.** Igual que. * Hazlo tal como yo lo hago. ▪ **30** *(lit)* Como. *Tb* ~ QUE. * Habían hecho nido en el tejado, tal la cigüeña. ▪ **31** **con ~ que, con ~ de que.** Con la condición de que. *Con v en subj.* * Con tal de que te quedes es capaz de todo.

tala[1] *f* Acción de talar[1].

tala[2] *f* Palo pequeño, puntiagudo por ambos extremos, que, por juego, puesto en el suelo, se golpea con otro para alzarlo y lanzarlo lejos. *Tb el juego correspondiente.*

talabartería *f* **1** Tienda o taller de talabartero. ▪ **2** Oficio o industria de talabartero.

talabartero *m* Hombre que fabrica y vende correajes y guarniciones de cuero.

talable *adj* Que se puede talar[1].

talabricense *adj (lit)* De Talavera de la Reina (Toledo). *Tb n, referido a pers.*

talador -ra *adj* Que tala. *Tb n, referido a pers.*

taladrado *m* Acción de taladrar [1a]. *Tb su efecto.*

taladrador -ra *adj* Que taladra. *Tb n m y f, referido a pers o a máquina.*

taladrante *adj* Que taladra.

taladrar *tr* Horadar o agujerear [algo] con un taladro [1]. *Tb fig.* **b)** Herir [el oído *(cd)*] un sonido muy agudo].

taladro *m* **1** Instrumento agudo y de filo cortante y giratorio, que sirve para agujerear. **b)** Máquina taladradora. **c)** *(Zool)* Apéndice perforador de determinados insectos. ▪ **2** Agujero hecho con un taladro [1].

talalgia *f (Med)* Dolor en el talón.

talámico -ca *adj (lit o Anat)* De(l) tálamo, esp [3].

tálamo *m* **1** *(lit)* Lecho conyugal. *Frec se emplea como símbolo del matrimonio.* ▪ **2** *(Bot)* Parte ensanchada del pedúnculo floral. ■ **3** (*Anat*) Conjunto formado por dos núcleos voluminosos de sustancia gris, que limitan a cada lado el ventrículo medio y constituyen el suelo de los ventrículos laterales. *Tb* ~ ÓPTICO. *Tb cada uno de estos núcleos.*

talanquera *f* Valla de madera que sirve de defensa o de cierre. **b)** Obstáculo que sirve de cierre o defensa.

talante *m* **1** Disposición de ánimo [de una pers.]. *Gralm con los adjs* BUENO O MALO. **b)** Carácter o manera de ser [de una pers.]. ■ **2** Semblante o aspecto.

talar¹ *tr* Cortar de raíz [un árbol o un conjunto de árboles].

talar² *adj* [Vestidura] que llega hasta los pies.

talasemia *f* (*Med*) Anemia hereditaria de tipo hemolítico, propia de los habitantes del litoral mediterráneo.

talasocracia *f* (*lit*) Hegemonía marítima.

talasocrático -ca *adj* (*lit*) De (la) talasocracia.

talasoterapia *f* (*Med*) Uso terapéutico del mar o de los elementos marinos.

talaspico *m* (*reg*) Mostaza salvaje (planta).

talavera *f* (*raro*) Cerámica de Talavera de la Reina (Toledo).

talaverano -na *adj* De Talavera de la Reina (Toledo), o de alguna de las otras poblaciones denominadas Talavera. *Tb n, referido a pers.*

talayot (*pl normal,* ~s) *m* (*Arqueol*) Monumento megalítico balear, semejante a una torre de poca altura.

talayótico -ca *adj* (*Arqueol*) De(l) talayot.

talayuelano -na *adj* De Talayuela (Cáceres), o de Talayuelas (Cuenca). *Tb n, referido a pers.*

talco *m* Mineral muy blando y untuoso al tacto, constituido por silicato hidratado de magnesio, que se emplea esp. en la preparación de polvos medicinales y de tocador. **b)** (*col*) Polvos de talco.

talcualejamente *adv* (*col*) Regular o medianamente.

taled *m* Pieza de lana, a manera de amito, con que los judíos se cubren la cabeza y el cuello en las ceremonias religiosas.

talega *f* **1** Talego [1] grande. *Tb su contenido.* ■ **2** (*col, raro*) *En pl:* Dinero.

talegada *f* (*col*) Talegazo.

talegazo *m* (*col*) Caída dando con todo el cuerpo en el suelo.

talego *m* **1** Recipiente de tela de forma rectangular y abierto por uno de sus lados estrechos. *Tb su contenido.* ■ **2** (*jerg*) Cárcel. ■ **3** (*col*) Billete de mil pesetas. **b)** (*jerg*) Cantidad de hachís, u otra droga, que importa mil pesetas.

taleguero -ra *adj* (*jerg*) De (la) cárcel o talego. *Tb n, referido a pers.*

taleguilla *f* Calzón del traje de torero.

talento *m* **1** Conjunto de dotes intelectuales [de una pers.]. **b)** Disposición o aptitud [para algo (*compl especificador*)]. **c)** Talento destacado. ■ **2** Pers. de talento [1c]. *A veces con intención irónica.* ■ **3** (*hist*) Unidad de peso, de valor entre 20 y 27 kg. ■ **4** (*hist*) Moneda de cuenta, utilizada por los griegos y los romanos, equivalente a un talento [3] de oro o de plata.

talentoso -sa *adj* [Pers.] que tiene talento [1c]. **b)** Propio de la pers. talentosa.

talentudo -da *adj* Talentoso.

taleoquina *f* (*Med*) Sustancia de color verde que se forma al actuar el agua de cloro y el amoniaco sobre la quinina.

tálero *m* (*hist*) Antigua moneda de plata de los países de lengua alemana.

talgo (*frec con la grafía* **Talgo**) *m* Tren formado por vagones cortos que tienen dos ruedas traseras y que por la parte anterior se hallan articulados sobre el eje del vagón precedente.

talidomida *f* Medicamento sedante que, tomado en los primeros meses del embarazo, produce malformaciones en el feto.

taliforme *adj* (*Bot*) Que tiene forma de talo.

talio *m* Metal, de número atómico 81, de propiedades físicas comparables a las del plomo.

talión. ley del ~ → LEY¹.

taliónico -ca *adj* (*raro*) De la ley del talión.

talismán *m* Objeto que representa o lleva inscrito algún signo celeste y al cual se atribuyen propiedades mágicas. *Tb fig.*

talismánico -ca *adj* De(l) talismán.

talja *f* Árbol parecido a la acacia, con fuertes espinas blancas y copa en forma de sombrilla, que crece en la región sahariana.

talkie (*ing; pronunc corriente,* /tálki/) *m* (*raro*) Película sonora.

talk-show (*ing; pronunc corriente,* /tálk-ĉóu/ o /tók-ʃóu/) *m* Programa de radio o televisión en que los personajes invitados son entrevistados y conversan entre sí.

talla¹ *f* **1** Acción de tallar, *esp* [1 y 3]. ■ **2** Escultura tallada (→ TALLAR [1]), esp. en madera. ■ **3** Estatura [de una pers.]. **b)** Altura [de un animal o de una planta]. ■ **4** Calidad, o altura intelectual o moral [de una pers.]. ■ **5** Tamaño [de una prenda de vestir de serie].

talla² *f* (*reg*) **1** Vasija de barro semejante a un cántaro pequeño o a una jarra. ■ **2** Cántaro (vasija).

talla³ *f* (*hist*) *En el régimen feudal:* Impuesto pagado en dinero al rey o al señor por los siervos y los plebeyos.

tallado¹ *m* Acción de tallar [1]. *Tb su efecto.*

tallado² **-da** *adj* (*Heráld*) [Planta, fruto o flor] que tiene tallo [1].

tallador -ra *adj* Que talla [1]. *Tb n: m y f, referido a pers; f, referido a máquina.*

tallar *tr* **1** Modelar [algo] haciendo cortes o incisiones [en una materia, esp. piedra o madera]. **b)** Modelar [una materia dura, esp. piedra o madera] gralm. mediante cortes o incisiones. ■ **2** (*reg*) Tajar o cortar. ■ **3** Medir la estatura [de una pers. (*cd*)]. ■ **4** *En algunos juegos de cartas:* Llevar la banca.

tallarín *m* Tira muy estrecha de pasta alimenticia. *Gralm en pl, designando este tipo de pasta.*

talle *m* **1** Cintura [de una pers.]. **b)** Parte [de una prenda de vestir] correspondiente al talle. ■ **2** Parte del cuerpo comprendida entre el cuello y la cintura. ■ **3** (*lit*) Figura o tipo [de una pers.].

taller *m* **1** Lugar destinado a la realización de un trabajo manual. ▪ **2** Lugar destinado a la enseñanza de determinadas actividades artísticas, esp. teatro o literatura. *Tb la misma enseñanza.* ▪ **3** (*Arte*) Conjunto de los colaboradores de un maestro.

tallero *m* (*reg*) Mueble o utensilio en que se guardan tallas².

tallista *m y f* Pers. que hace tallas¹ [2].

tallito *m* (*Bot*) Parte del embrión que, desarrollada, formará el tallo [1a].

tallo *m* **1** *En los vegetales:* Órgano que crece en dirección opuesta a la raíz y que sirve de soporte a las hojas, flores y frutos. **b)** Renuevo [de una planta]. **c)** Brote [de una semilla, bulbo o tubérculo]. ▪ **2** Cosa, gralm. parte, alargada y cilíndrica. **b)** (*Zool*) Eje [de una pluma de ave].

talludo -da *adj* (*col*) [Pers.] que ha dejado de ser joven. *Frec en la forma* TALLUDITO, *gralm como euf.*

talma *f* (*raro*) Prenda de abrigo a modo de esclavina.

talmente *adv* (*pop*) Cabalmente.

talmúdico -ca *adj* Del Talmud (libro de la ley judía).

talmudismo *m* Doctrina del Talmud (libro de la ley judía).

talmudista *m y f* Erudito versado en el Talmud (libro de la ley judía).

talo¹ *m* (*Bot*) Aparato vegetativo de las plantas que carecen de raíz, tallo y hojas.

talo² *m* (*reg*) Dulce semejante al bizcocho de almendras, aunque más delgado, y empapado en almíbar y coñac.

talo³ *adj* (*Med*) [Pie] deforme que solo se apoya por el talón.

talofítico -ca *adj* (*Bot*) Talofito.

talofito -ta (*tb* **talófito**) *adj* (*Bot*) [Planta] cuyo aparato vegetativo es el talo¹. *Frec como n f en pl, designando este taxón botánico.*

talón I *m* **1** *En el hombre:* Parte posterior del pie. **b)** Parte [del calzado, o de la media o calcetín] correspondiente al talón. ▪ **2** (*Arquit*) Moldura formada por dos arcos de círculo contrapuestos y unidos entre sí, cuya forma recuerda el talón [1] humano. ▪ **3** Documento que forma con otros iguales un cuadernillo del que se separa para su utilización, frec. quedando su matriz como constancia. **b)** Cheque. ▪ **4** ~ **de Aquiles.** Punto vulnerable [de alguien o algo]. II *loc v* **5** **girar** [alguien] **sobre sus** (*o* **los**) ~**es.** Dar la vuelta o situarse en dirección opuesta a la que tenía. *Tb fig.* ▪ **6** **pisar los** ~**es** [a alguien]. Seguir[le] muy de cerca. *Tb fig.* ▪ **7** **tener** [una comida] **en los** ~**es.** (*col*) Hacer mucho tiempo desde su ingestión. **b)** **tener el estómago en los** ~**es** → ESTÓMAGO.

talonario -ria I *adj* **1** [Documento] en forma de talón [3a]. II *m* **2** Cuadernillo de talones [3].

talonazo *m* Golpe de talón [1a].

taloneante *adj* [Marcha] que se realiza golpeando bruscamente el talón [1a] contra el suelo.

talonear A *intr* **1** Andar deprisa o pisando con los talones [1a]. **B** *tr* (*raro*) Recorrer [algo] taloneando [1].

talonero -ra *adj* De(l) talón [1a]. *Tb n f, referido a pieza o parte.*

taloso -sa *adj* (*Bot*) [Planta] que tiene talo¹.

talquera *f* Recipiente para espolvorear polvos de talco.

talud *m* **1** Terreno en pendiente muy inclinada. ▪ **2** (*Geol*) Región marítima constituida por una superficie inclinada y comprendida entre la plataforma continental y la región o zona batial. *Más frec* ~ CONTINENTAL.

tamanaco -ca *adj* [Individuo] de una tribu venezolana habitante de las orillas del Orinoco. *Tb n.*

tamaño -ña I *adj* **1** De esta magnitud. *Con intención ponderativa. Normalmente antepuesto, sin art, al n.* * Tampoco es usual tamaña virtud. **b)** Tan grande. *En constr comparativa.* * Imponían sus ojos, tamaños como bellotas. **c)** (*reg*) Se usa irónicamente para ponderar la magnitud o la importancia de alguien o algo. * Tamaño majadero. Cállese de una vez. ▪ **2** Muy pequeño o insignificante. *Con los vs* DEJAR *o* QUEDAR. *Tb en la forma* TAMAÑITO. **b)** Anonadado o confuso. *Con los vs* DEJAR *o* QUEDAR. *Frec en la forma* TAMAÑITO. II *m* **3** Hecho de ser más o menos grande. *En sent material. Tb fig, referido a cosas inmateriales.*

támara *f* (*reg*) Rama delgada y cortada, que se emplea esp. como leña.

tamarazo *m* (*reg*) Golpe o herida causados con una támara.

tamárico -ca *adj* (*hist*) [Individuo] de un pueblo cántabro cuya capital se supone al oeste de Cervera de Pisuerga (Palencia).

tamarilla *f* Mata leñosa propia de bosques y matorrales (gén. *Cistus* y *Helianthemum*).

tamarindo *m* **1** Árbol de gran tamaño, con flores amarillentas en racimo y fruto en legumbre indehiscente, pulposo y agrio, que se emplea para la preparación de bebidas y como laxante (*Tamarindus indica*). *Tb su fruto.* ▪ **2** Árbol leguminoso propio de América tropical y Méjico (*Pithecolobium dulce*). ▪ **3** (*reg*) Tamarisco o taray.

tamarisco *m* Taray (planta).

tamariz *m* Tamarisco o taray.

tamarón *m* (*reg*) Támara grande.

tambaleante *adj* Que se tambalea [2].

tambalear A *tr* **1** (*raro*) Hacer que [alguien o algo] se tambalee (*cd*). **B** *intr pr* (~**se**) **2** Moverse [alguien o algo] a un lado y a otro por falta de equilibrio. *Tb fig.*

tambaleo *m* Acción de tambalearse [2].

tambalillo *m* (*reg*) Tenderete.

también *adv* **1** Indica que lo mencionado en la palabra o sintagma a que se refiere se añade a lo mencionado antes. * Recorre la casa y entra también en la habitación. ▪ **2** *En una coordinación con* Y *o fórmula equivalente, añade énfasis a la noción de suma indicada por aquellas.* * Fue por eso y un poco también por culpa mía. ▪ **3** (*col*) Se usa expletivamente en frases exclams denotando reproche, desagrado o extrañeza. * También tu madre es que no te deja ni respirar.

tambo *m* Venta o posada. *Referido a algunos países americanos.*

tambor I *m* **1** Instrumento músico de percusión, cilíndrico, hueco y con bases de piel muy tensa, que se golpea con dos palillos. **b)** Músico que toca el tambor. ■ **2** Objeto, normalmente pieza, de forma cilíndrica. ■ **3** Aro de madera sobre el que se tiende una tela para bordar.
II *loc adv* **4 a ~ batiente.** Con triunfalismo. *Tb adj.*

tambora *f* Tambor [1a] grande.

tamborada *f* Desfile callejero al son de tambores.

tamborear *intr* **1** Tamborilear [1]. ■ **2** Tocar el tambor [1a].

tamboreo *m* Acción de tamborear.

tamborero *m* (*reg*) Hombre que toca el tambor [1a].

tamboreta *f* (*hist*) *En una galera:* Plataforma triangular destinada esp. para cargar la artillería.

tamborete *m* (*Mar*) Pieza en que se encajan y apoyan los masteleros.

tamboril *m* Tambor que se toca con un solo palillo.

tamborilear *intr* **1** Producir un ruido semejante al del tambor, dando pequeños golpes [sobre una superficie]. **b)** Dar golpes pequeños y reiterados sobre una superficie. ■ **2** Tocar el tamboril.

tamborileo *m* Acción de tamborilear. *Tb su efecto.*

tamborilero -ra *m y f* Músico que toca el tamboril o el tambor.

tamborilete *m* (*Impr*) Tablilla con que se golpea levemente el molde para igualar los tipos.

tamboritero -ra *m y f* (*reg*) Tamborilero.

tamborrada *f* (*reg*) Desfile callejero al son de tambores.

tamborrero *m* (*reg*) Tamborilero.

tambucho *m* (*Mar*) Pequeña caseta o cierre de la cubierta superior, para resguardar la abertura de una bajada.

tamil I *adj* **1** [Individuo] del pueblo indio de origen dravídico establecido en la India meridional y en la parte septentrional de la isla de Ceilán. *Tb n.* **b)** De (los) tamiles.
II *m* **2** Lengua dravídica hablada en la India meridional, en el nordeste de Ceilán y en Malasia.

tamiz *m* Utensilio de malla muy fina o de agujeros muy pequeños, que se emplea para separar partículas de diferentes tamaños. *Frec fig.*

tamización *f* Acción de tamizar.

tamizado *m* Acción de tamizar.

tamizador -ra *adj* Que tamiza. *Tb n f, referido a máquina.*

tamizar *tr* Pasar [algo (*cd*)] por un tamiz. *Frec* (*lit*) *fig.*

tamo *m* Polvo y paja muy menuda que queda en la era después de la trilla.

tamojal *m* Matojal.

tamojo *m* Matojo.

támpax (*n comercial registrado*) *m* Tampón [3b].

tampoco *adv* **1** *Indica que la negación de lo mencionado en la palabra o sintagma a que se refiere se añade a otra negación expresada antes.* * No me gusta la mojama, y la cecina tampoco. **b)** *A veces la expresión a que se añade es afirmativa.* * Las calles están cubiertas de soportales. Tampoco hay muchos conventos ni parroquias. ■ **2** *En una coordinación con* Y, NI *o fórmula equivalente, en que el segundo elemento es negativo, añade énfasis a la noción de suma indicada por aquellas.* * Pronto ocupó un alto cargo. Y tampoco tardó en ganarse la estimación general. ■ **3** (*col*) *Se usa, sin idea de adición, introduciendo una or negativa que expresa protesta.* * Oye, tampoco es eso, no la líes. ■ **4 ni ~.** (*pop*) Ni siquiera. * Pronto no van a quedar ni tampoco media docena de perdices.

tampón *m* **1** Almohadilla empapada en tinta, que se emplea para entintar sellos o estampillas. ■ **2** Sello de caucho. ■ **3** Pequeña masa de tejido enrollado o apelotonado que sirve para absorber. **b)** Cilindro pequeño de algodón utilizado como absorbente durante la menstruación. ■ **4** Elemento que amortigua choques o reduce las interacciones entre otros dos elementos dados. *Frec fig y en aposición.*

tam-tam (*pl normal*, ~s) *m* Tambor africano, utilizado como instrumento musical y para la transmisión de mensajes.

tamuja *f* **1** Hojarasca del pino. ■ **2** (*reg*) Tamujo.

tamujo *m* Arbusto de ramas mimbreñas, hojas aovadas, flores verdosas y fruto capsular rojizo, que crece en lugares húmedos y sombríos y se emplea para hacer escobas (*Colmeiroa buxifolia* o *Securinega buxifolia*).

tamul *adj* Tamil. *Tb n.*

tan[1] → TANTO.

tan[2] *interj* Se usa, normalmente repetido, para imitar el sonido de las campanas o cualquier percusión. A veces se sustantiva como n m. * Se oía el repicar de las campanas: Tan, tan, tan.

tanaceto *m* Lombriguera (planta).

tanagra *f* Estatuilla de barro cocido de Tanagra (ciudad griega).

tanático -ca *adj* (*lit*) De (la) muerte.

tanatofilia *f* (*Med*) Gusto exagerado por todo lo que rodea al fenómeno de la muerte.

tanatología *f* (*Med*) Estudio científico de los fenómenos de la muerte.

tanatológico -ca *adj* (*Med*) De la tanatología.

tanatólogo -ga *m y f* (*Med*) Especialista en tanatología.

tanatorio *m* Edificio oficial de servicios funerarios dotado de tanatosalas.

tánatos *m* (*Psicol*) Conjunto de impulsos de muerte.

tanatosala *f* Recinto acristalado y con baja temperatura, en que se coloca un cadáver durante el velatorio.

tancaje *m* (*E*) Almacenamiento en tanques (depósitos).

tancredismo *m* (*Pol*) Actuación propia de un tancredo.

tancredo *m* (*Taur*) Torero que ejecuta una suerte consistente en esperar inmóvil al toro, subido en un pedestal. *Frec en la constr* LA SUERTE DE DON TANCREDO. *Tb fig, esp en política.*

tanda *f* **1** Conjunto [de cosas iguales que se suceden sin interrupción] que gralm. constituye un elemento de una serie. ■ **2** (*Taur*) Grupo de diestros de a pie o de a caballo que han de participar en cada uno de los tercios de la lidia.

tándem (*pl normal*, ~s) *m* **1** Bicicleta con dos asientos y dos pares de pedales. ▪ **2** Conjunto de dos perss. que forman equipo para trabajar. *Tb fig.*

tanela *f* (*reg*) Pasta de hojaldre aderezada con miel.

tanga[1] *f* (*reg*) Pieza cilíndrica sobre la que se colocan monedas y que, por juego, se trata de tirar con chapas o tejos. *Tb el juego correspondiente.*

tanga[2] *m* (*más raro f*) Traje de baño femenino constituido por una o dos piezas y reducido al mínimo. **b)** Slip reducido al mínimo.

tángala *f* (*reg*) Tángana[2].

tángana[1] *f* (*reg*) Morcilla.

tángana[2] *f* (*reg*) Redondel de piedra, loza o hierro para jugar al tejo y otros juegos.

tanganazo *m* (*reg*) Palo (golpe).

tanganillo *m* (*reg*) **1** Palo u otro objeto que se pone como soporte provisional de algo. ▪ **2** Palo que se cuelga del cuello a los perros para impedirles correr y cazar.

tángano *m* (*reg*) Tanganillo [2].

tangar *tr* (*jerg*) Engañar.

tangencia *f* Condición de tangente. *Tb fig.*

tangencial *adj* De (la) tangencia o de (la) tangente. *Frec fig.* **b)** (*Geol*) Horizontal.

tangencialmente *adv* De manera tangencial. *Frec fig.*

tangente **I** *adj* **1** (*Geom*) [Línea o superficie] que toca [a otra] sin cortarla. *Frec n f. Tb fig, fuera del ámbito geométrico.* **II** *f* **2** (*Mat*) Razón entre el seno y el coseno [de un ángulo]. **III** *loc v* **3** **irse, salir(se)**, o **escapar(se)**, **por la ~.** Contestar con una evasiva.

tangerino -na *adj* De Tánger (Marruecos). *Tb n, referido a pers.*

tangibilidad *f* Cualidad de tangible.

tangible *adj* **1** Susceptible de ser tocado. ▪ **2** [Cosa] real y concreta.

tangiblemente *adv* De manera tangible.

tangir *tr* (*lit, raro*) Tocar. *Tb fig.*

tangirreceptor -ra *adj* (*Biol*) [Órgano] receptor de estímulos táctiles.

tango **I** *m* **1** Baile de origen argentino, de ritmo binario, lento y melancólico, muy de moda en Europa en el segundo cuarto del s. xx. *Tb su música y su letra.* **II** *loc adj* **2 de ~.** [Palmas] acompasadas con que el público manifiesta protesta de carácter burlón.

tangón *m* (*Mar*) Botalón que se coloca en los costados de proa para amarrar las embarcaciones menores y para otros usos.

tanguero -ra *adj* **1** De(l) tango [1]. ▪ **2** Aficionado al tango [1]. *Tb n.*

tanguilla *f* (*reg*) Tanga[1].

tanguillo *m* Cante popular andaluz, típico de Cádiz, de ritmo animado y letra gralm. humorística o burlesca. *Tb su baile.*

tanguista **A** *m y f* **1** Cantante de tangos [1].

B *f* **2** (*hoy raro*) Mujer contratada en un local para bailar con los clientes. ▪ **3** Mujer que trabaja como chica de alterne o cabaretera.

tánico -ca *adj* (*Quím*) De(l) tanino. *Gralm en la constr* ÁCIDO ~, *designando al tanino.*

tanino *m* Sustancia astringente que se halla en ciertos tejidos vegetales y que se emplea esp. para curtir pieles.

tanque *m* **1** Automóvil de guerra completamente blindado, que se mueve sobre orugas y lleva en su parte superior un cañón y una o varias ametralladoras. ▪ **2** Depósito metálico de gran capacidad, esp. para almacenar o transportar líquidos. **b)** Depósito para líquidos. ▪ **3** Camión cisterna. *Tb* CAMIÓN ~. ▪ **4** (*col*) Jarra grande de cerveza. *Tb su contenido.*

tanqueta *f* Automóvil de guerra semejante al tanque [1] pero con ruedas de neumáticos.

tanquista *m* Soldado de una unidad de tanques [1].

tantalio *m* (*Quím*) Tántalo.

tantalita *f* (*Mineral*) Mineral que se beneficia como mena del tántalo.

tántalo *m* (*Quím*) Metal, de número atómico 73, de aspecto semejante al de la plata, de gran densidad, muy refractario y resistente a los ácidos.

tan-tan *m* (*raro*) Tam-tam.

tantarantán *m* **1** (*col*) Golpe que hace que la pers. o cosa que lo recibe se tambalee. *Tb fig.* ▪ **2** (*raro*) Sonido del tambor o de algo semejante.

tanteador -ra **I** *adj* **1** Que tantea. **II** *m* **2** (*Dep*) Marcador.

tanteante *adj* (*raro*) Que tantea.

tantear *tr* **1** Calcular [algo] aproximadamente o a modo de prueba. *Tb abs.* **b)** Calcular aproximadamente si [algo (*cd*)] es suficiente. ▪ **2** Tratar de conocer, con más o menos astucia, el estado o las condiciones [de alguien o algo (*cd*)] para actuar en consecuencia. **b)** ~ **el terreno** → TERRENO. ▪ **3** Tocar repetidamente [algo] para obtener una información táctil. *Frec abs.* ▪ **4** (*Juegos*) Apuntar [los tantos conseguidos].

tanteo *m* **1** Acción de tantear. ▪ **2** (*Juegos*) Número de tantos conseguidos por los participantes. ▪ **3** (*Der*) Derecho que consiste en la posibilidad de adquirir algo al mismo precio en que ha sido adjudicado a otro.

tanto -ta (*con pronunc tónica. Toma la forma* TAN (*que se pronuncia átona*) *ante adj o adv, excepto* MÁS, MENOS, MAYOR, MENOR, MEJOR, PEOR, ANTES, DESPUÉS.) **I** *adj* **1** Denota cantidad o magnitud que se pondera por medio de una comparación o de una consecuencia. El segundo término comparado va introducido por CUANTO (*lit*) o COMO, y la consecuencia por QUE. * Aprenden con tanta mayor facilidad cuanto más jóvenes. * Tiene tantos testigos como quiera. * Pone tanto entusiasmo que no puede fracasar. **b)** ~... ~... Cuanto... tanto... * Tantos niños, tantos tebeos. **c)** *A veces, pralm en ors exclams, se omite la mención de la comparación o la consecuencia.* * ¡Nunca me miraron con tanto asombro! **d)** *Se usa, con carácter enfático, sin comparación ni consecuencia.* * Aquello que compramos con tanta ilusión empieza a cansarnos. ▪ **2 otro ~.** Que está en igual cantidad. *Más frec en pl.* * Dos tazas de leche, otra tanta harina. ▪ **3** *En pl:* Que está en cantidad que no se quiere o no se puede precisar. * Cada tantos pasos se detenía. **b)** *Unido con* Y *a un numeral que expresa decena.* * Lleva treinta y tantos años en la casa. **c) ~s y cuantos.** (*col*) Muchos. *Gralm con intención irónica.* * Dice que se pone tantas y cuantas inyecciones. ■ **4 ~s.** *Se usa pospuesto al* n, *en lugar de un número que se desconoce o no interesa precisar. Frec en las constrs* EL DÍA ~S, EL AÑO ~S, EL NÚMERO ~S.

II *pron* **5** *Con igual significado que el adj en la acep* 1 *y sus subaceps. A veces la forma* TANTO *se usa con sent neutro, referida a cosa.* * Le dio tanto cuanto tenía. * No pudo aprovechar nada de tanto como había. * Había tanto que no cabía. * ¡Tengo tanto que contar! * Tanto gana, tanto gasta. **b) uno de ~s** → UNO; **~ bueno** → BUENO. ■ **6** *En m:* Cantidad, gralm. de dinero, que no se quiere o no se puede precisar. * Quiero un manto que cueste tanto. **b) ~ y cuanto.** (*col*) Muchas cosas. *Gralm con intención irónica.* * Se pasa el día diciendo que va a hacer tanto y cuanto. ■ **7 otro ~.** La misma cantidad. * Añade una cucharada de azúcar y otro tanto de leche. ■ **8** *En pl:* Perss. o cosas en cantidad imprecisa. *Unido con* Y *a un numeral que expresa decena.* * Son cuatrocientos cuarenta y tantos. ■ **9** *En m:* Eso. *Con matiz ponderativo.* —Es su obligación. —Nosotros no decimos tanto. **b) otro ~.** Lo mismo, la misma cosa. * La madre no asistió; otro tanto ocurrió con los hermanos.

III *n* **A** *m* **10** Cantidad de dinero estipulada como pago. *Gralm en la constr* UN ~. **b) ~ alzado.** Precio en que se ajusta un servicio o un trabajo según un cálculo aproximado. *Gralm en la constr* A ~ ALZADO. **c) ~ alzado.** (*Naipes*) Variedad del tresillo en que se redondean los tantos obtenidos en múltiplos de cinco. *Frec en la constr* A ~ ALZADO. ■ **11** Cantidad relativa. *Gralm con respecto a cien unidades:* ~ POR CIENTO. * La leche tiene el tanto de grasa pedido. **b)** Interés producido por un determinado número de unidades monetarias (gralm. cien) en una unidad de tiempo. * El tanto por uno es bajísimo. ■ **12** (*Dep y Juegos*) Unidad de cuenta de los éxitos parciales. ■ **13** Factor favorable. *Tb* ~ A FAVOR. **b) ~ en contra.** Factor desfavorable.

B *f* **14 las tantas.** (*col*) Hora muy avanzada del día o de la noche.

IV *loc v y fórm o* **15 apuntarse un ~.** Obtener un éxito. ■ **16 ni ~ ni tan calvo** → CALVO. ■ **17 no ser para ~.** No haber motivo suficiente. ■ **18 ~ da** → DAR. ■ **19 y ~.** (*col*) *Fórmula con que se apoya enfáticamente algo que se ha dicho u oído.* * —Es extraño. —Y tanto.

V *adv* **20** *Con igual significado que el adj en la acep* 1 *y sus subaceps. A veces se usa en la forma* TAN *delante de v.* * No es tanto mérito suyo cuanto de su familia. * El mar brillaba tan quieto como una lámina de metal. * Se levantó tan bruscamente que me asustó. * ¿Por qué le temes tanto? **b) ~** (*o* **tan**) **es así.** De tal manera es cierto lo dicho. * Es muy pequeño. Tan es así que no caben más que dos ocupantes. **c) ~... como** (*o* **cuanto**)... *Denota la suma de dos nociones.* * Tanto el mantel como las servilletas van bordados. * Vamos a remolque tanto en la teoría cuanto en la práctica. **d) ~... ~...** Cuanto... tanto... * Tanto mejor viva, tanto será más feliz. **e) tan pronto... como...,** *o* (*lit*) **tan pronto... tan pronto...** *Denota la fácil o frec alternancia entre las cosas o los hechos expresados por los dos sintagmas que se ponen en relación.* * Tan pronto ríe como llora. ■ **21** *Se usa, en la forma* TAN, *precediendo a los advs* SOLO *y* SIQUIERA *para reforzarlos.* * Ni tan siquiera lo recuerdo. ■ **22 al ~.** Con atención. *Gralm*

con el v ESTAR y frec con un compl DE. **b)** Al cuidado. **c)** Al corriente o con información. ■ **23 a ~s de ~s.** *Se usa para expresar una fecha que no se quiere precisar.* * En Madrid, a tantos de tantos. ■ **24 de ~ en cuanto,** *o* **de ~ en ~.** (*lit*) De vez en cuando. ■ **25 entre ~** (*tb escrito* **entretanto**), **mientras ~,** *o* (*lit*) **en ~.** Durante el tiempo que se expresa. * Voy a terminar esto; mientras tanto, descansa. ■ **26 otro ~.** En igual cantidad o en la misma medida. * Eso no me interesa y su dinero otro tanto. ■ **27 por** (**lo**) **~.** Por consiguiente. ■ **28 un ~.** Un poco. ■ **29** (**un**) **~ así.** (*col*) Un poco. *Como compl de un v.* * Como me guste un tanto así, lo compro. **b) ni ~ así.** (*col*) Absolutamente nada.

VI *loc prep* **30 en ~ que** (*o*, *más raro*, **en ~**). (*lit*) En cuanto, o en calidad de. * Trata del hombre en tanto que racional.

VII *loc conj* **31 en ~** (**que**), *o* **entre ~** (**que**). Mientras. *Con sent temporal o de oposición.* * En tanto llega, podemos acabar esto. * Ellos, al menos, estarían juntos, en tanto que tú... ■ **32 en ~** (**que**). (*lit*) En el aspecto en que. * Estos hechos, en tanto ya son "pasado", no pueden ser objeto del periodismo. ■ **33 hasta ~** (**que**). Hasta que, o mientras. * Hasta tanto no conozcamos el proyecto, no podemos opinar. ■ **34 tan pronto como.** Inmediatamente después que. *Tb, más raro,* TAN PRONTO. * Tan pronto como se conoció la noticia, el pueblo entero se alborotó. * Desistió tan pronto lo hubo pensado. ■ **35 ~ como.** Igual que, o lo mismo que. * De ser así, sería tanto como echarlo. ■ **36 ~ más cuanto que.** *Con tanto mayor motivo que. Tb, más raro,* ~ MÁS QUE. * Es un ataque inútil, tanto más cuanto que ha recurrido al insulto.

tantra *m* (*Rel*) Doctrina tántrica.

tántrico -ca *adj* (*Rel*) De(l) tantrismo. **b)** Adepto al tantrismo. *Tb n.*

tantrismo *m* (*Rel*) Movimiento religioso que combina doctrinas del hinduismo y el budismo tardío con elementos mágicos, místicos y eróticos.

tantum ergo (*lat; pronunc,* /tántum-érgo/) *loc n m* (*Rel catól*) Estrofa quinta del himno "Pange lingua", la cual comienza con las palabras "tantum ergo" y que se canta al reservar solemnemente el Santísimo Sacramento.

tantundem (*lat; pronunc,* /tantúndem/) *m* (*Der*) En Cataluña: Donación del marido a la mujer en concepto de dote matrimonial y en cuantía igual a la aportada por la mujer al casarse.

tanzanés -sa *adj* Tanzano. *Tb n.*

tanzaniano -na *adj* Tanzano. *Tb n.*

tanzaniense *adj* Tanzano. *Tb n.*

tanzanio -nia *adj* Tanzano. *Tb n.*

tanzano -na *adj* De Tanzania. *Tb n, referido a pers.*

tañar *tr* (*jerg*) Descubrir las intenciones ocultas o la índole [de alguien (*cd*)].

tañedor -ra *adj* (*lit*) [Pers.] que tañe [1]. *Tb n.*

tañer (*conjug* 30) (*lit*) **A** *tr* **1** Tocar [un instrumento músico (*cd*)]. ■ **2** Tocar [una música determinada]. **B** *intr* **3** Sonar [una campana o instrumento similar].

tañido *m* Acción de tañer. *Frec su efecto.*

tañir (*conjug* 53) *tr e intr* (*pop*) Tañer.

tao (*gralm con mayúscula*) *m* (*Rel china*) **1** Principio creador y rector de todo cuanto existe. ■ **2** Camino de la virtud.

taoísmo *m* (*Rel*) Religión china fundada por el filósofo Lao-Tsé (s. VI a.C.).

taoísta *adj* (*Rel*) De(l) taoísmo. **b)** Adepto al taoísmo. *Tb n.*

taos *m* Lengua indígena hablada por una tribu de los indios pueblos de Nuevo Méjico.

tapa *f* **1** Pieza que cierra [un objeto, esp. un recipiente (*compl de posesión*)]. **b)** ~ **de los sesos.** (*col*) Parte superior del cráneo. *Normalmente como cd de los vs* LEVANTAR *o* SALTAR, *para designar el hecho de matar a alguien con un tiro en la cabeza.* ■ **2** *En un libro o cuaderno:* Pieza, gralm. dura y resistente, de las dos que constituyen el exterior de la encuadernación. ■ **3** *En el calzado:* Capa superficial del tacón. ■ **4** *En una prenda de vestir:* Pieza que tapa [4] una abertura y que frec. se usa como simple adorno. ■ **5** *En una prenda de vestir:* Parte exterior del cuello. ■ **6** Aperitivo, esp. de cocina, que se sirve en un bar o establecimiento similar para acompañar la bebida. ■ **7** Parte [de un animal vacuno] correspondiente al centro de la pata trasera.

tapaboca *m* (*raro*) **1** Dicho o hecho con que se hace callar a alguien. ■ **2** Tapabocas. ■ **3** Golpe que se da en la boca con la mano abierta.

tapabocas *m* Bufanda grande.

tapacosturas *m* Cinta con motivos ornamentales que se usa en labores como adorno y para cubrir un dobladillo o una costura.

tapacubos *m* *En un automóvil:* Tapa metálica que se adapta exteriormente al cubo de la rueda.

tapaculo *m* (*reg*) Rodaballo (pez).

tapadera *f* **1** Tapa [1] [de un recipiente]. ■ **2** Pers. o cosa que sirve para encubrir o disimular algo.

tapadillo **I** *m* **1** (*Mús*) En el órgano: Registro de flauta. ■ **2** (*col*) Casa de citas. **II** *loc adv* **3** **de** ~. A escondidas. *Tb adj.*

tapado[1] **-da** **I** *adj* **1** *part* → TAPAR. **II** *n* **A** *m y f* **2** Candidato presidencial cuyo nombre se mantiene provisionalmente oculto. *Frec referido a Méjico.* **B** *m* **3** (*raro*) Tapadillo [2]. **C** *f* **4** (*hist o reg*) Mujer que se cubre la cabeza y el rostro con el manto o pañuelo.

tapado[2] *m* Acción de tapar.

tapajuntas *m* Listón que se emplea para tapar [4] la juntura del cerco de una puerta o ventana con la pared.

tapaluz *m* (*reg*) Contraventana.

tapamiento *m* (*raro*) Acción de tapar.

tapaojo *m* (*hist*) Almártaga (cabezada).

tapaporos *m* Pintura preparatoria que se aplica sobre una superficie que se va a pintar.

tapapuntos *m* Tapacosturas.

tapar *tr* **1** Cerrar [algo] con una tapa [1]. ■ **2** Cerrar u obstruir. ■ **3** Cubrir [algo] de modo que quede protegido o aislado. **b)** Cubrir [a alguien con ropa] para abrigar[le]. ■ **4** Cubrir [algo o a alguien] de modo que no se vea. *Tb fig, referido a otras sensaciones.* ■ **5** Encubrir [algo o a alguien]. *Tb abs.*

taparrabos *m* **1** Pieza que cubre exclusivamente las partes pudendas. ■ **2** (*col*) Traje de baño masculino.

tapatío -a **I** *adj* **1** De Guadalajara (Méjico). *Tb n, referido a pers.* **II** *f* **2** (*Taur*) Lance que se inicia de costado o de frente por detrás y continúa con un giro del torero, inverso a la embestida del toro.

tape *m* (*reg*) Tapa o tapadera.

tapear *intr* (*col*) Beber tomando tapas [6].

tápena *f* (*reg*) Alcaparra (planta).

tapenera *f* (*reg*) Alcaparra (planta).

tapeo *m* (*col*) Acción de tapear.

tapeta *f* Tapa [4].

tapete **I** *m* **1** Pieza de tela, encaje u otro material, con que se cubre el tablero de un mueble, esp. de una mesa. ■ **2** (*Bot*) Envoltura interna del arquesporio. **II** *loc adv* **3** **sobre el** ~. En situación de ser tratado o discutido. *Normalmente con los vs* ESTAR *o* PONER.

tapia *f* Cerca de obra de albañilería. **b)** (*col*) Frec se usa en constrs de sent comparativo para ponderar la sordera. * Estás como una tapia.

tapiado *m* Acción de tapiar.

tapial *m* **1** Tapia [1a]. ■ **2** Pared que se construye apisonando en un molde barro de tierra arcillosa, a veces armado con paja.

tapiar (*conjug 1a*) *tr* **1** Cercar [algo] con tapia. ■ **2** Cerrar [una abertura] con tabique.

tapicería *f* **1** Tela o materia similar empleada para tapizar [1]. ■ **2** Tienda en que se venden tapicerías [1], cortinas y otros textiles de decoración. **b)** Tienda o taller de tapicero [2]. ■ **3** Arte u oficio de tapicero [2 y 3].

tapicero -ra **I** *adj* **1** De (la) tapicería [3]. **II** *m y f* **2** Pers. que tapiza [1] y hace y coloca cortinajes. ■ **3** Pers. que hace tapices [1].

tapiego -ga *adj* De Tapia de Casariego (Asturias). *Tb n, referido a pers.*

tapín *m* (*reg*) Trozo de tierra con césped y raíces que se corta con la azada.

tapiñar *tr* (*jerg*) Comer.

tapioca *f* Fécula blanca y granulada extraída de la raíz de la mandioca y que se emplea para sopa.

tapir *m* Mamífero de América meridional y Asia, del tamaño del jabalí y con la nariz prolongada en forma de pequeña trompa (gén. *Tapirus*).

tapis *m* (*hist*) Faja ancha que las indígenas filipinas colocan sobre la falda, rodeando la parte inferior del cuerpo.

tapis roulant (*fr; pronunc corriente, /tapí-r̄ulán/*) *m* Dispositivo formado por una superficie plana dotada de movimiento de traslación y que sirve para transportar perss. o cosas.

tapiz *m* **1** Obra de tejido grueso que representa escenas o figuras formadas directamente por la trama, y que se cuelga de las paredes para adorno y abrigo. ■ **2** (*lit*) Capa que recubre una superficie. *Frec referido a flores o plantas.*

tapizado *m* **1** Acción de tapizar. ■ **2** Tapicería [1].

tapizamiento *m* Tapizado [1]. *Tb su efecto.*

tapizante *adj* (*raro*) Que tapiza [2]. *Tb n m, referido a plantas.*

tapizar *tr* **1** Decorar con tela u otra materia similar [un mueble o una pared]. ■ **2** Recubrir [una superficie].

tapón I *m* **1** Tapa [de una vasija, esp. botella o recipiente similar] que cierra introduciéndose, al menos parcialmente, en la misma. ■ **2** Objeto, masa o aglomerado que impide el paso por un conducto. *Tb fig. Frec con un compl especificador.* **b)** Atasco o embotellamiento. *Referido a tráfico.* ■ **3** (*Balonc*) Acción que impide la entrada del balón en la cesta. ■ **4** (*col*) Pers. de poca estatura y gralm. gruesa. II *fórm or* **5 al primer ~, zurrapa(s).** (*col*) *Fórmula con que se pondera el mal comienzo de un asunto.* * ¡Vaya por Dios! Al primer tapón, zurrapas.

taponamiento *m* Acción de taponar. *Tb su efecto.*

taponar *tr* Cerrar u obstruir con un tapón [1 y 2].

taponazo *m* **1** Ruido producido al saltar el tapón [1] de una botella de líquido espumoso. *Tb fig.* ■ **2** Tapón [1 y 2] grande.

taponería *f* **1** Tapones o conjunto de tapones [1]. ■ **2** Industria taponera [1].

taponero -ra I *adj* **1** De(l) tapón [1]. II *m y f* **2** Pers. que fabrica o vende tapones [1].

tapsia *f* Planta herbácea de flores amarillas, de cuya raíz se extrae un jugo usado como revulsivo (*Thapsia garganica*).

tapujar *tr* (*raro*) Disfrazar o encubrir.

tapujo *m* **1** Reserva o disimulo. *Gralm en pl.* ■ **2** (*raro*) Vestidura o atuendo con que alguien oculta su personalidad. ■ **3** (*raro*) Cosa que cubre o tapa.

taque *m* (*raro*) Ruido que se produce al cerrar una puerta con llave.

taqué *m* (*Mec*) Vástago que transmite la acción del árbol de levas a las válvulas de admisión y de escape del motor.

taquero -ra *adj* (*col*) [Pers.] aficionada a decir tacos.

taquicardia *f* (*Med*) Frecuencia excesiva del ritmo de las contracciones cardiacas. *Frec fig, fuera del ámbito técn, ponderando susto o nerviosismo.*

taquicárdico -ca *adj* (*Med*) De (la) taquicardia.

taquigrafía *f* Método de escritura abreviada, mediante signos especiales, que permite transcribir las palabras a la velocidad de pronunciación.

taquigrafiar (*conjug* **1c**) *tr* Escribir en taquigrafía. *Tb fig, frec ponderando fidelidad en la transcripción.*

taquigráficamente *adv* De manera taquigráfica.

taquigráfico -ca *adj* De (la) taquigrafía. **b)** [Texto] tomado en taquigrafía.

taquígrafo -fa *m y f* Profesional de la taquigrafía. **b) luz y ~s** → LUZ.

taquilla *f* **1** Lugar en que se despachan billetes o entradas o se hacen apuestas. **b)** Cantidad recaudada en la venta de billetes o entradas. ■ **2** Ventanilla (abertura pequeña por la que se despacha o sirve algo). ■ **3** Pequeño armario personal, propio esp. de lugares de trabajo. ■ **4** Pequeño armario vertical con repisas o cajones.

taquillaje *m* Taquilla [1b].

taquillazo *m* (*col*) Taquilla [1b] muy importante.

taquillero -ra I *adj* **1** [Artista o espectáculo] que produce grandes taquillas [1b]. II *m y f* **2** Pers. encargada de una taquilla [1a].

taquillón *m* Mueble, gralm. de estilo castellano, estrecho y de una altura aproximada de unos 90 cm, propio esp. para recibidor.

taquimeca *f* (*col*) Taquimecanógrafa.

taquimecanografía *f* Conocimiento simultáneo de taquigrafía y mecanografía.

taquimecanógrafo -fa *m y f* Profesional de la taquimecanografía.

taquimétrico -ca *adj* (*E*) De(l) taquímetro.

taquímetro *m* (*E*) **1** Instrumento topográfico que mide distancias y ángulos verticales y horizontales. ■ **2** Tacómetro.

taquipnea *f* (*Med*) Respiración acelerada.

taquistoscopio *m* (*Psicol*) Aparato para presentar rápidamente imágenes sucesivas, utilizado para el estudio de la atención y la percepción.

tara *f* **1** Peso del envase o continente, o del vehículo vacío, que se descuenta del peso bruto de una mercancía. **b)** Peso de valor indeterminado que se pone en un platillo de la balanza para equilibrarla y compensar el peso de un envase antes de pesar su contenido. ■ **2** Defecto o imperfección graves.

tarabilla¹ *f* **1** Cítola (del molino). ■ **2** (*col*) Pers. que habla muy deprisa y desordenadamente. *Tb adj.* ■ **3** (*col*) Tropel de palabras dichas deprisa y desordenadamente. ■ **4** (*col*) Lengua. *En constrs como* SOLTAR LA ~ *o* DARLE A LA ~. ■ **5** Ave insectívora y migradora, de unos 14 cm de longitud, de plumaje negro, blanco y castaño, propia de lugares soleados y pedregosos (*Saxicola torquata*). *Con un adj especificador, designa otras especies del mismo gén:* ~ CANARIA (*S. dacotiae*), ~ NORTEÑA (*S. rubetra*).

tarabilla² *f* Pieza giratoria de madera, que sirve para sujetar o tensar.

taracea *f* Incrustación artística hecha sobre madera con maderas de diferente color, nácar, concha u otra materia. *Tb* (*lit*) *fig.* **b)** Obra de taracea.

taraceado *m* Acción de taracear.

taracear *tr* Decorar con taracea. *Tb* (*lit*) *fig.*

tarado -da *adj* **1** *part* → TARAR. ■ **2** Que padece tara [2] psíquica. *Frec usado como insulto.*

tarafe *m* (*lit, raro*) Dado de jugar.

tarahal *m* (*reg*) Taray (planta).

tarahumara *adj* [Individuo] del pueblo indio que habita en la zona montañosa de los estados mejicanos de Chihuahua y Durango. *Tb n.*

tarajal *m* (*reg*) Taray (planta).

taraje *m* (*reg*) Taray (planta).

tarama *f* (*reg*) Támara (rama delgada y cortada que se emplea esp. como leña).

tarambana *adj* (*col*) [Pers.] informal y de poco juicio. *Tb n.*

tarambeta *f* (*reg*) Voltereta.

taranconense *adj* De Tarancón (Cuenca). *Tb n, referido a pers.*

taranconero -ra *adj* De Tarancón (Cuenca). *Tb n, referido a pers.*

taranga *f* (*reg*) Morcilla ordinaria. *A veces con intención desp.*

tarangallo *m* (*reg*) Palo que se cuelga del cuello a los perros para impedirles correr y cazar.

tarángana *f* (*reg*) Morcilla ordinaria.

taranta *f* Cante minero andaluz de carácter triste y fatalista.

tarantela *f* **1** Danza napolitana de ritmo muy vivo. *Tb su música.* ■ **2** (*col*) Deseo o ímpetu de actuar, repentino y fuera de lógica. *Gralm con el v DAR.*

taranto *m* Taranta.

tarántula I *f* **1** Araña grande, peluda y venenosa, propia del sur de Europa, que vive bajo las piedras o en agujeros profundos (*Lycosa tarentula*).
   II *loc adj* **2 picado de la ~.** (*col*) [Pers.] inquieta o desasosegada. *Frec en constr comparativa.* **b)** [Pers.] que padece furor sexual. *Tb n.*

tarar *tr* **1** Determinar la tara [1] [de algo (*cd*)]. ■ **2** Producir tara [2] [a alguien o algo (*cd*)]. *Frec en part.*

tarará *interj* Se usa, *frec alternando con* TARARÍ, *para imitar el sonido de la trompeta. A veces se sustantiva como n m.* * A lo lejos se oía el tarará de una trompeta.

tarareador -ra *adj* Que tararea. *Tb n.*

tararear *tr* Cantar sin articular palabras. *Tb abs.*

tarareo *m* Acción de tararear. *Tb su efecto.*

tararí I *interj* **1** Se usa, *frec alternando con* TARARÁ, *para imitar el sonido de la trompeta. A veces se sustantiva como n m.* * ¡Tararí! ¡Firmes! ■ **2** (*col*) Se usa como negación enfática. *Frec* ~ QUE TE VI. * –¿Me dejas el coche? –¡Tararí que te vi!
   II *adj* **3** (*col*) Loco o chiflado.

tarasca *f* **1** Serpiente monstruosa de boca muy grande, esp. la que en algunas partes se saca en la procesión del Corpus. ■ **2** (*desp*) Mujer de carácter dominante o violento. ■ **3** (*raro*) Mujer de aspecto terrible.

tarascada *f* **1** Mordisco, o agresión hecha con los dientes. ■ **2** Exabrupto. ■ **3** (*Taur*) Derrote brusco y violento.

taray (*pl*, ~ES *o* ~S) *m* Arbusto propio de las orillas de los ríos y de lugares pantanosos, con ramas largas y flexibles, hojas pequeñas y flores con cáliz rojo y pétalos blancos, cultivado como ornamental (*Tamarix gallica*).

tarayar *m* Terreno poblado de tarayes.

taraza *f* Polilla (insecto).

tarbea *f* (*raro*) Sala grande.

tarbus *m* Fez.

tarca (*tb con la grafía* **tarka**) *f* Flauta boliviana de forma cuadrada.

tardanza *f* Acción de tardar, *esp* [1b]. *Tb su efecto.*

tardar I *intr* **1** Emplear [un tiempo determinado (*compl adv*)] en realizar una acción]. *A veces se omite el segundo compl, por consabido.* **b)** *Sin compl de tiempo:* Emplear mucho tiempo [en realizar una acción]. *Tb sin compl* EN, *por consabido. Tb* (*reg*) *pr* (~se).
   II *loc adv* **2 a más ~.** Como plazo máximo.

tarde I *adv* **1** En un momento o en un tiempo posterior al habitual, al debido o al esperado. * Llegas

tarde. **b)** *En el pred de una or cualitativa, se sustantiva:* Momento o tiempo posterior al habitual, al debido o al esperado. * No es tarde, aún podemos ir. **c)** ~, **mal y nunca.** (*col*) Con retraso e irregularidad. ■ **2 más ~.** Después (en un momento o lugar posterior). ■ **3** ~ **o temprano.** Necesariamente alguna vez. *Tb* MÁS ~ O MÁS TEMPRANO, MÁS PRONTO O MÁS ~. ■ **4 de ~ en ~.** Con poca frecuencia. ■ **5** Por la tarde [6a]. *Siguiendo gralm a* AYER.
   II *f* **6** Parte del día desde el mediodía (esp. desde la hora de comer) hasta el anochecer. **b)** Tiempo meteorológico que hace en la tarde de que se habla.
   III *fórm or* **7 buenas ~s.** Fórmula de saludo y despedida que se emplea por la tarde [6a]. * Buenas tardes, chicos. ¿Qué tal? ■ **8 para luego es ~** → LUEGO.

tardear *intr* (*Taur*) Vacilar el toro antes de embestir.

tardecida *f* (*raro*) Atardecida.

tardíamente *adv* De manera tardía.

tardígrado -da *adj* (*raro*) Que camina con lentitud.

tardío -a *adj* Que llega o se produce tarde [1a]. *Tb n, referido a pers.* **b)** [Fruto o cultivo] que madura tarde [1a]. *Tb n m.*

tardo -da *adj* **1** Lento (que actúa o se produce a poca velocidad). ■ **2** [Pers.] torpe o lenta en comprender. ■ **3** (*raro*) Tardío.

tardo- *r pref* De época o fase tardía. * Tardobarroco. * Tardofranquismo.

tardón -na *adj* (*col*) **1** Que tarda mucho. ■ **2** Tardo [2].

tarea I *f* **1** Trabajo o quehacer. ■ **2** Trabajo que debe hacerse en un tiempo limitado.
   II *fórm or* **3** ~ **te** (**le**, *etc*) **mando.** (*col*) Fórmula con que se pondera la dificultad de una acción. * Tarea te mando si quieres acabar hoy.

tarentino -na *adj* De Tarento (Italia). *Tb n, referido a pers.*

tarifa *f* Tabla de precios correspondiente a una mercancía o a un servicio. **b)** Precio determinado de una tarifa.

tarifación *f* Acción de tarifar[1].

tarifar[1] *tr* **1** Aplicar una tarifa [a algo (*cd*)]. ■ **2** Pagar [algo] según una tarifa.

tarifar[2] *intr* (*col*) Reñir o enemistarse [con alguien]. *Frec en la constr* SALIR TARIFANDO.

tarifario -ria I *adj* **1** De (la) tarifa.
   II *m* **2** Cuadro o tabla de tarifas.

tarifeño -ña *adj* De Tarifa (Cádiz). *Tb n, referido a pers.*

tarificación *f* Acción de tarificar.

tarificar *tr* Tarifar[1] [1].

tarijeño -ña *adj* De Tarija (Bolivia). *Tb n, referido a pers.*

tarima *f* **1** Plataforma de madera, gralm. móvil. ■ **2** Suelo de madera construido con tablas machihembradas y clavadas.

tarja *f* **1** (*hoy raro*) Madera pequeña en la que se señalan mediante muescas ventas al fiado.

tarjeta *f* **1** Cartulina pequeña en que normalmente va impreso o escrito algo. *Gralm con un adj o compl especificador, que frec se omite por consabido.* **b)** Tarjeta de visita (→ VISITA). **c)** Tarjeta postal

(→ POSTAL). ■ **2** (*Fút*) Cartulina de color amarillo o rojo con que el árbitro amonesta o expulsa, respectivamente, a un jugador. *Frec con los adjs* AMARILLO *o* ROJO. *Tb fig, fuera del ámbito técn.* ■ **3 ~ de compra(s)**. Pequeña pieza rectangular de material plástico, que permite a su titular realizar compras a crédito en el establecimiento que la emite. *Tb, simplemente, ~.* ■ **4 ~ de crédito**. Pequeña pieza rectangular de material plástico magnetizado, que permite al titular realizar compras a crédito o realizar determinadas operaciones bancarias. *Tb, simplemente, ~.* ■ **5** (*Informát*) Pieza, gralm. pequeña y rectangular de cartulina o plástico, en que se almacena información mediante perforaciones o codificación magnética. **b)** (*Informát*) Pieza que contiene un circuito impreso.

tarjetazo *m* (*Fút*) Acción de enseñar el árbitro una tarjeta [2] a un jugador.

tarjeteo *m* (*col*) Intercambio de tarjetas [1a] de cumplido o de felicitación en el trato social.

tarjetero *m* Cartera para llevar tarjetas [1a] de visita.

tarjetón *m* Tarjeta [1a] grande, usada esp. para invitaciones. **b)** Cartulina del tamaño de tarjeta postal, que lleva impreso el nombre del interesado y se emplea para cartas breves.

tarka → TARCA.

tarlatana *f* Gasa de baja densidad, usada esp. para mosquiteros y cortinas. **b)** Trozo de tarlatana.

taro *m* Planta herbácea perenne, propia de las regiones tropicales, de rizoma grande y comestible, del que se extrae una fécula nutritiva (*Colocasia antiquorum*).

tarot (*pl normal, ~s*) *m* Baraja especial de 78 cartas que se usa en cartomancia.

tarpán *m* Caballo salvaje de pequeño tamaño propio de las estepas de Asia.

tarra[1] *f* (*reg*) Vasija de barro con asa de esparto, usada esp. para la leche.

tarra[2] *adj* (*jerg*) Viejo. *Tb n, referido a pers.*

tarraconense *adj* **1** De Tarragona. *Tb n, referido a pers.* ■ **2** (*hist*) De la antigua Tarraco (hoy Tarragona).

tarrafa *f* (*reg*) Red de pesca usada esp. para sardinas.

tarrasense *adj* De Tarrasa (Barcelona). *Tb n, referido a pers.*

tarrina *f* Terrina.

tarro[1] **I** *m* **1** Recipiente de vidrio o cerámica, cilíndrico y gralm. más alto que ancho. ■ **2** (*col*) Cabeza (de pers.).
    II *loc v* **3 comerle el ~** [a alguien]. (*col*) Convencer[le] o imbuir[le] determinadas ideas, esp. aprovechando su buena fe o su ingenuidad. **b) comerse** [alguien] **el ~.** (*col*) Dedicarse a pensar o a cavilar.

tarro[2] *m Se da este n a dos aves salvajes del gén* Tadorna, *semejantes al pato y de coloración vistosa: la T. tadorna, o ~* BLANCO, *y la T. ferruginea, o ~* CANELO.

tarsal *adj* (*Anat*) De(l) tarso.

tarsio *m* Prosimio nocturno de pequeño tamaño, con grandes ojos y dedos largos terminados en un disco adhesivo, propio de Indonesia y Filipinas (gén. *Tarsius*). *Frec como n m en pl, designando este taxón zoológico.*

tarso *m* (*Anat*) **1** *En los mamíferos, reptiles y batracios:* Parte del esqueleto del pie, constituida por un conjunto de huesos y situada a continuación de la pierna. **b)** *En las aves:* Parte más delgada de la pata, que une los dedos con la tibia. **c)** *En los insectos:* Parte terminal de la pata. ■ **2** Parte cartilaginosa del párpado. *Frec* CARTÍLAGO.

tarta *f* **1** Dulce, gralm. grande y redondeado, compuesto de una base de bizcocho y relleno o adornado con frutas, crema, nata u otras sustancias. ■ **2** (*Pol, col*) Totalidad de poder o de bienes que han de repartirse. ■ **3** (*col*) Obra teatral o cinematográfica excesivamente dulce o amable.

tártago[1] *m* Disgusto por algún suceso grave o desgraciado.

tártago[2] (*tb* **tartago**) *m* Planta herbácea de tallo tierno rico en látex, flores amarillentas y fruto en cápsula, usada a veces como purgante y emético (*Euphorbia lathyris*).

tartaja *adj* (*col, desp*) Tartamudo. *Tb n.*

tartajeante *adj* (*desp*) Tartajoso.

tartajear (*col, desp*) **A** *intr* **1** Tartamudear.
    B *tr* **2** Decir [algo] tartajeando [1].

tartajoso -sa *adj* (*col, desp*) [Pers.] que tartajea. **b)** Propio de la pers. que tartajea.

tartalear *intr* Moverse de manera descompuesta. *Tb pr* (*~se*).

tartaleta *f* Pasta de harina en forma de pequeño recipiente, que se rellena con otro alimento.

tartamudeante *adj* Que tartamudea.

tartamudear **A** *intr* **1** Hablar con pronunciación entrecortada y repitiendo las sílabas.
    B *tr* **2** (*raro*) Decir [algo] tartamudeando [1].

tartamudeo *m* Acción de tartamudear.

tartamudez *f* Condición de tartamudo.

tartamudo -da *adj* [Pers.] que habla habitualmente con pronunciación entrecortada y repitiendo las sílabas. *Tb n.*

tartán[1] *m* Tejido de lana con dibujo escocés.

tartán[2] (*n comercial registrado*) *m* Aglomerado de amianto, materias plásticas y caucho, utilizado para revestir las pistas de atletismo y otras instalaciones deportivas.

tartana *f* **1** Carruaje de caballos, con toldo abovedado, asientos laterales y dos ruedas. **b)** (*col*) *Se usa en constrs de sent comparativo para ponderar la lentitud de un vehículo.* * *Este coche es una tartana.* ■ **2** Embarcación vela latina con palo perpendicular a la quilla en su centro.

tartanero *m* Conductor de una tartana [1a].

tartárico[1] *adj* (*Quím*) [Ácido] que se extrae del tártaro[2] [1], presente en algunos vegetales y empleado en la fabricación de levaduras químicas y sales efervescentes.

tartárico[2] **-ca** *adj* (*lit*) Del infierno.

tartarinesco -ca *adj* (*lit*) Que denota o implica fanfarronería o jactancia.

tártaro[1] **-ra** **I** *adj* **1** De Tartaria (región de Asia). *Tb n, referido a pers.* ■ **2** [Salsa] hecha con mayonesa, mostaza y otros ingredientes.
    II *m* **3** Idioma de los tártaros [1].

tártaro[2] *m* (*Quím*) **1** Sedimento, constituido por un compuesto de potasio, que se forma en los recipientes en que fermenta mosto. ■ **2** Tartrato de potasio y de antimonio, usado como vomitivo y purgante. *Frec* ~ EMÉTICO. ■ **3 crémor** ~ → CRÉMOR.

tartazo *m* Golpe dado con una tarta [1].

tarteleta *f* Tartaleta.

tarterie *(fr; pronunc corriente, /tarterí/) f* Establecimiento especializado en tartas [1].

tartero -ra I *adj* **1** *(raro)* [Molde] de tarta [1]. **II** *f* **2** Fuente poco honda, esp. de horno. ■ **3** Fiambrera.

tartésico -ca *adj (hist)* Tartesio [1b].

tartesio -sia *adj (hist)* [Individuo] del pueblo hispánico prerromano habitante de la Tartéside (región situada en el occidente de Andalucía). *Tb n.* **b)** De los tartesios.

tartrato *m (Quím)* Sal o éster del ácido tartárico.

tártrico *adj (Quím)* [Ácido] tartárico.

tartufismo *m (lit)* Hipocresía, esp. en lo religioso.

tartufo *m (lit)* Individuo hipócrita, esp. en lo religioso.

tarugo *m* **1** Trozo corto y grueso de madera. **b)** Trozo corto y grueso [de una materia]. **c)** Trozo grueso e irregular [de pan]. ■ **2** *(col)* Pers. torpe o de rudo entendimiento. *Tb adj.* ■ **3** *(argot Med)* Comisión pagada por un laboratorio farmacéutico por recetar sus productos.

tarumba *adj (col)* Loco. *Con intención ponderativa. Gralm con los vs* ESTAR *o* VOLVER.

tarzán *m (col)* Hombre atlético y gralm. apuesto.

tasa I *f* **1** Precio de venta establecido oficialmente. *Frec* PRECIO DE ~. ■ **2** Impuesto establecido por un servicio administrativo. ■ **3** *(E)* Índice o porcentaje. **II** *loc adv* **4 sin** ~. Sin limitación o medida.

tasación *f* Acción de tasar [1].

tasadamente *adv* Con limitación o medida.

tasador -ra *m y f* Pers. que tasa [1]. *Esp referido al profesional.*

tasajar *tr* Cortar o trocear [carne].

tasajo *m* **1** Cecina. ■ **2** Trozo cortado de carne. ■ **3** Corte o tajo.

tasar *tr* **1** Determinar o establecer el precio [de algo *(cd)*]. ■ **2** Determinar el límite máximo [de algo *(cd)*].

tasarte *m* Pez marino comestible propio de la zona de Canarias *(Orcynopsis unicolor).*

tasca *f (col)* Taberna. *A veces en la constr* IR DE ~S.

tascar *tr* Morder [una caballería el freno], gralm. en señal de impaciencia. **b)** ~ **el freno** [una pers.]. Aguantar una imposición con irritación reprimida.

tascucio *m (col, desp)* Tasca.

tasmanio -nia *adj* De Tasmania (isla de Australia). *Tb n, referido a pers.*

tasquear *intr (col)* Ir de tascas.

tasqueo *m (col)* Acción de tasquear.

tasquero -ra *(col)* I *adj* **1** *(raro)* De (la) tasca. **II** *m y f* **2** Pers. que posee o atiende una tasca.

tástana *(tb* **tastana***) f* Piel que recubre las partes interiores de determinadas frutas. *Tb fig.*

tastar *tr (lit, raro)* Gustar o saborear. *Tb fig.*

taste *m (reg)* Olor desagradable.

tasugo *m* Tejón (animal).

tata *f (col)* Sirvienta.

tatami *m (Dep)* Suelo de esterilla sobre el que se practican los deportes de lucha japonesa.

tatarabuelo -la A *m y f* **1** Padre o madre del bisabuelo o de la bisabuela [de una pers. *(compl de posesión)*]. *Tb sin compl.* **B** *m pl* **2** Antepasados. *Frec con intención de ponderar la lejanía temporal.*

tataranieto -ta *m y f* Hijo del biznieto o de la biznieta [de una pers. *(compl de posesión)*]. *Tb sin compl. Alguna vez referido a animales.*

tatarear *tr (pop)* Tararear. *Tb abs.*

tatareo *m (pop)* Tararear.

tate[1] *interj (col)* Expresa que se ha llegado al conocimiento de algo, o que se ha caído en la cuenta de ello. * ¡Tate, ahora lo entiendo!

tate[2] *m (col)* Chocolate (alimento y droga). *Referido a alimento, en lenguaje infantil.*

tatear *intr (reg)* Tartamudear.

Tato. el ~. *m (col) Personaje imaginario mencionado en constrs ponderativas de afirmación o de negación:* HASTA EL ~, NI EL ~.

tatuaje *m* Acción de tatuar. *Frec su efecto.*

tatuar *(conjug* **1d***) tr* **1** Dibujar en la piel [de alguien *(cd)* o de una parte de su cuerpo *(cd)*] introduciendo materias colorantes bajo la epidermis. **b)** Dibujar [algo] en la piel introduciendo materias colorantes bajo la epidermis. ■ **2** *(Med)* Producir [en una parte *(cd)*] un cerco o señal alrededor de una herida por arma de fuego, cuando esta se ha disparado desde muy cerca.

tatuejo *m (raro)* Armadillo (animal).

tau *f* Letra del alfabeto griego que representa el sonido [t]. (V. PRELIM.)

taula *f (Arqueol)* Monumento megalítico balear, consistente en una mesa formada por dos grandes piedras, una vertical y otra horizontal.

taumaturgia *f (lit)* Poder de hacer milagros.

taumatúrgico -ca *adj (lit)* De (la) taumaturgia.

taumaturgo -ga *m y f (lit)* Pers. capaz de hacer milagros.

táurico -ca *adj (lit)* Taurino.

taurinamente *adv* **1** En el aspecto taurino. ■ **2** De manera taurina.

taurinismo *m* **1** Actividad taurina [1a]. **b)** Mundo taurino [1a]. ■ **2** Condición de taurino [1a].

taurino -na *adj* De (la) fiesta de los toros. *Tb n, referido a pers.* **b)** De (la) lucha con los toros.

tauro *(frec escrito con inicial mayúscula) adj* [Pers.] nacida bajo el signo de Tauro. *Tb n.*

taurobolio *m (hist)* Sacrificio de un toro ofrecido a Cibeles o a otra divinidad.

tauróbolo *m (hist)* Taurobolio.

taurocólico *adj (Quím)* [Ácido] presente en la bilis del hombre y de algunos mamíferos, esp. del buey.

taurofilia *f (lit)* Afición a las corridas de toros.

taurofílico -ca *adj (lit)* De (la) taurofilia.

taurófilo -la *adj* (*lit*) De (la) taurofilia. **b)** Aficionado a las corridas de toros. *Tb n.*

taurófobo -ba *adj* (*lit*) Que aborrece las corridas de toros. *Tb n.*

taurómaco -ca *adj* De (la) tauromaquia.

tauromaquia *f* Arte de lidiar toros.

tauromáquico -ca *adj* Taurómaco.

tauteo *m* (*reg*) Gañido de la zorra.

tautología *f* **1** Repetición innecesaria de un concepto ya expresado. ■ **2** (*Filos*) Proposición o fórmula que es siempre verdadera, cualquiera que sea el valor de verdad de los elementos que la componen.

tautológicamente *adv* De manera tautológica.

tautológico -ca *adj* **1** De (la) tautología o que la implica. ■ **2** Que comete tautología [1].

tautomería *f* (*Quím*) Isomería que presentan ciertos compuestos cuyas moléculas existen en dos formas isómeras intercambiables en equilibrio.

tautosilábicamente *adv* (*Fon*) De manera tautosilábica.

tautosilábico -ca *adj* (*Fon*) [Sonido contiguo a otro] que pertenece a la misma sílaba. **b)** De (los) sonidos tautosilábicos.

taxácea *adj* (*Bot*) [Planta] conífera de hojas aciculares o lineales, flores dioicas y semillas con arilo carnoso, de la familia del tejo. *Frec como n f en pl, designando este taxón botánico.*

taxativamente *adv* De manera taxativa.

taxativo -va *adj* Inequívoco o que no deja lugar a dudas.

taxi *m* **1** Automóvil de alquiler con taxímetro. ■ **2** ~ **aéreo.** Aerotaxi.

taxia *f* (*Biol*) Tactismo.

taxidermia *f* **1** Arte de disecar un animal muerto para que mantenga su apariencia de vivo. ■ **2** (*raro*) Acción de disecar un animal.

taxidermista *m y f* Especialista en taxidermia [1].

taxidermizar *tr* (*raro*) Disecar [un animal] para que mantenga su apariencia de vivo. *Tb fig.*

taxímetro *m* **1** *En un automóvil de alquiler:* Contador que marca el precio de un servicio. *A veces en aposición.* ■ **2** (*raro*) Automóvil de alquiler con taxímetro [1].

taxis¹ *m* (*pop*) Taxi.

taxis² *f* (*Biol*) Tactismo.

taxismo *m* (*Biol*) Tactismo.

taxista *m y f* Conductor de taxi [1].

taxón *m* (*Biol*) Grupo taxonómico.

taxonomía *f* (*E*) **1** Ciencia de la clasificación, esp. aplicada a la botánica y a la zoología. ■ **2** Clasificación según las leyes de la taxonomía [1].

taxonómicamente *adv* (*E*) De manera taxonómica.

taxonómico -ca *adj* (*E*) De (la) taxonomía.

tayiko -ka *adj* De Tayikistán (antigua URSS). *Tb n, referido a pers.*

taylorismo *m* (*Econ*) Sistema de organización del trabajo industrial, basado en la especialización estricta y creado por F. Taylor († 1915).

taza *f* **1** Vasija pequeña, profunda y normalmente con un asa, que se emplea para beber líquidos, esp. infusiones o caldos. *Tb su contenido.* **b)** *Se usa, precedido de un numeral del uno al tres, como distintivo de la categoría oficial de una cafetería.* * Una cafetería de tres tazas. ■ **2** *En una fuente:* Receptáculo en que cae el agua. ■ **3** *En un cuarto de aseo:* Pieza destinada a sentarse en ella para evacuar o para lavarse. *Con un compl especificador:* DE WÁTER, o DE BIDÉ. *Sin compl, designa la de wáter.*

tazar *tr* Rozar o romper [la ropa] por el uso. *Frec en part.*

tazón **I** *m* **1** Vasija semiesférica y sin asas, del tamaño de una taza [1a] grande y con el mismo uso que esta. *Tb su contenido.* ■ **2** Taza [2].
II *loc adv* **3 a ~.** (*col*) De forma redondeada y a la altura de la nuca. *Referido al modo de cortar el pelo. Tb adj.*

TBO → TEBEO.

te¹ → TÚ.

te² *f* **1** Letra del alfabeto (*t, T*), que en español corresponde al fonema /t/. (V. PRELIM.) *A veces tb se llama así el fonema representado por esta letra.* ■ **2** Pieza en figura de letra *t* mayúscula.

té **I** *m* **1** Árbol o arbusto oriental cuyas hojas, ricas en cafeína, tanino y sustancias aromáticas, se emplean en infusiones (*Thea sinensis*). *Diversas variedades se distinguen por medio de adjs o compls:* DE CHINA, DE CEILÁN, VERDE, NEGRO. ■ **2** *Se da este n a distintas plantas herbáceas o arbustivas cuyas hojas se emplean en infusiones, como la Salvia officinalis* (~ INDÍGENA), *el Chenopodium ambrosioides* (~ BORDE, *o* ~ DE ESPAÑA) *y la Veronica officinalis* (~ DE EUROPA). ■ **3** Infusión preparada con hojas de té [1 y 2, esp. 1]. ■ **4** Reunión de carácter social celebrada por la tarde y durante la cual se merienda con té [3]. **b)** ~ **danzante.** (*hoy raro*) Reunión con baile a la hora del té.
II *loc adj* **5 de ~.** [Rosa] de color amarillo y suave aroma de té [1]. ■ **6 de ~.** [Salón] de cierta distinción especializado en meriendas a base de té [3].
III *loc v* **7 dar el ~.** (*col*) Dar la lata.

tea *f* **1** Astilla de madera resinosa, que arde con suma facilidad. ■ **2** (*reg*) Madera de pino. ■ **3** (*col*) Borrachera. ■ **4** ~**s nupciales** (*o* **maritales**). (*lit, raro*) Boda o matrimonio.

teatino -na *adj* **1** De la orden de San Cayetano. *Tb n m, referido a pers.* ■ **2** (*hist*) Jesuita. *Tb n.*

teatral *adj* **1** De(l) teatro [1, 3 y 4]. ■ **2** (*desp*) Exagerado y artificial.

teatralería *f* (*col, desp*) Actitud teatral [2].

teatralero -ra *adj* **1** (*col, desp*) Teatral [2]. *Tb n, referido a pers.* ■ **2** (*raro*) Aficionado al teatro [3].

teatralidad *f* **1** (*desp*) Cualidad de teatral [2]. ■ **2** Conformidad [de una obra] con las leyes o principios del arte del teatro [3].

teatralismo *m* (*desp*) Actitud o tendencia teatral [2].

teatralización *f* Acción de teatralizar.

teatralizante *adj* (*raro*) Que teatraliza.

teatralizar **A** *tr* **1** Dar carácter teatral [a algo (*cd*)]. *A veces desp.*
B *intr* **2** Actuar de manera teatral. *A veces desp.*

teatralmente *adv* **1** De manera teatral. ■ **2** En el aspecto teatral [1].

teatrero -ra *adj* (*col*) Teatral.

teatrino *m* (*raro*) Teatro en miniatura.

teatro *m* **1** Lugar destinado a la representación de obras dramáticas. ■ **2** (*lit*) Lugar de desarrollo [de un suceso]. ■ **3** Arte de representar una acción en un escenario. **b)** Representación de teatro. *En sent no contable. Tb designa la acción equivalente en radio o televisión.* ■ **4** Género literario dramático. **b)** Conjunto de obras dramáticas [de un autor, de un pueblo o de una época]. ■ **5** (*desp*) Exageración en los ademanes y en la expresión. *Frec en la constr* ECHARLE ~ [a algo].

tebaico *adj* (*Med*) [Extracto] acuoso de opio.

tebaína *f* (*Med*) Alcaloide tóxico extraído del opio.

tebano¹ -na *adj* **1** De la antigua Tebas (Grecia). *Tb n, referido a pers.* ■ **2** De la antigua Tebas (Egipto). *Dicho esp del período histórico en que la capital era Tebas. Tb n, referido a pers.*

tebano² -na *adj* De Teba (Málaga). *Tb n, referido a pers.*

tebeo (*tb, raro, con la grafía* **TBO**, *n comercial registrado*) **I** *m* **1** Revista infantil de historietas y chistes. **II** *loc adj* (*col*) **2 de ~.** Grotesco o ridículo. ■ **3 más visto que el ~.** (*desp*) Excesivamente visto o conocido. *Gralm con el v* ESTAR.

teca¹ (*tb con la grafía* **teka**) *f* Árbol de gran tamaño, originario del sur de Asia, cuya madera, dura, elástica e incorruptible, es muy apreciada, esp. para construcciones navales (*Tectona grandis*). *Tb su madera.*

teca² *f* (*Bot*) **1** Parte de la antera en que se encuentra el polen. ■ **2** *En algunos hongos:* Célula en cuyo interior se forman las esporas.

techado¹ -da *adj* **1** *part* → TECHAR. ■ **2** Que tiene techo [1b].

techado² *m* **1** Techo o cubierta [de un edificio o construcción]. *Gralm en la constr* BAJO ~. ■ **2** Acción de techar [1].

techador -ra *m y f* Pers. que se dedica a techar [1], esp. con paja.

techar *tr* **1** Poner techo [1a y b] [a un edificio o construcción (*cd*)]. ■ **2** (*raro*) Establecer un techo [3b] [para algo (*cd*)].

techné → TECNÉ.

technicolor → TECNICOLOR.

techo **I** *m* **1** Parte interior de la cubierta [de un edificio o habitación]. **b)** Tejado o cubierta [de un edificio o construcción]. *Frec en la constr* BAJO ~. **c)** Parte superior [de un vehículo o de un recinto]. **d)** (*Min*) Roca o estrato que se halla inmediatamente encima de un filón o yacimiento. ■ **2** (*lit*) Lugar cubierto y habitable. ■ **3** Punto más alto [de algo]. **b)** Nivel máximo que puede alcanzar [alguien o algo (*compl de posesión*)]. **c)** (*Aer*) Altura máxima a que puede elevarse [un aparato de aviación (*compl de posesión*)]. **II** *loc v* **4 tocar ~.** Llegar [alguien o algo] a su nivel máximo.

techumbre *f* Cubierta [de un edificio].

teckel (*al; pronunc corriente,* /tékel/; *pl normal,* ~S) *m* Basset de patas muy cortas.

tecla **I** *f* **1** *En el piano y otros instrumentos:* Pieza que, pulsada con los dedos, sirve para producir una nota. *Frec en sg con sent colectivo, en la loc* DE ~. **b)** Instrumento de tecla. ■ **2** *En una máquina o aparato:* Pieza que, pulsada con los dedos, sirve para accionar un dispositivo. ■ **3** (*col*) Asunto delicado que hay que resolver. ■ **4** (*col*) Elemento de los que intervienen y hay que tener en cuenta en la realización de algo. *Con el v* TOCAR. **II** *loc v* **5 dar en** (*o* **con**) **la ~.** (*col*) Acertar en el modo de actuar.

tecladista *m y f* *En un conjunto de música pop:* Pers. que toca los instrumentos de teclado.

teclado *m* Conjunto de (las) teclas [1a y 2]. **b)** Instrumento musical de teclado.

tecleado *m* Tecleo.

teclear **A** *intr* **1** Pulsar las teclas [1a y 2]. **b)** Imitar el movimiento de pulsar las teclas. ■ **2** Emitir [una máquina de escribir u otro aparato similar] el ruido que produce al ser pulsadas sus teclas [2]. **B** *tr* **3** Escribir [algo] tecleando [1]. ■ **4** (*raro*) Pulsar las teclas [1a y 2] [de un instrumento o de una máquina (*cd*)].

tecleo *m* Acción de teclear.

tecleteo *m* (*col*) Tecleo reiterado.

teclista *m y f* **1** Pers. encargada de copiar en un ordenador o en una máquina de componer. ■ **2** *En un conjunto de música pop:* Pers. que toca los instrumentos de teclado.

tecné (*tb con las grafías* **techné** *o, raro,* **tekhné**) *f* (*lit*) Técnica [de una ciencia, un arte o una actividad].

tecnecio *m* (*Quím*) Elemento radiactivo artificial, de número atómico 43 y de cualidades similares a las del manganeso.

técnicamente *adv* **1** De manera técnica [1 y 2]. ■ **2** En el aspecto técnico [1 y 2].

tecnicidad *f* (*raro*) Tecnicismo [1].

tecnicismo *m* **1** Cualidad de técnico [1, 2 y 3]. ■ **2** Palabra propia del lenguaje técnico [2].

tecnicista *adj* Que tiende al tecnicismo [1]. *Frec con intención desp.*

técnico -ca **I** *adj* **1** De (la) técnica [6 y 7]. **b)** Relativo a los objetos o mecanismos necesarios para una acción. ■ **2** [Cosa] específica de una ciencia o arte. ■ **3** [Pers.] que tiene conocimientos técnicos [1 y 2]. *Frec n.* **b)** Propio de la pers. técnica. ■ **4** [Paro de protesta] consistente en acudir al lugar de trabajo y no trabajar. ■ **5** (*Boxeo*) [K.O.] decretado por el árbitro ante la inferioridad de uno de los boxeadores y para evitar que sufra un castigo excesivo. **II** *f* **6** Conjunto de normas y procedimientos propios [de una ciencia, un arte o una actividad]. **b)** Método o procedimiento. **c)** Conocimiento de la técnica [de una ciencia o arte]. ■ **7** Conjunto de procedimientos científicos encaminados a la investigación y transformación de la naturaleza.

tecnicolor (*tb con la grafía* **technicolor**, *n comercial registrado*) *m* Procedimiento de cinematografía en color. *Tb fig, fuera del ámbito técn.*

tecnificación *f* Acción de tecnificar.

tecnificar *tr* Dotar de adelantos técnicos [1]. *Frec en part.*

tecno *adj* [Música] tecno-pop. *Tb n m.* **b)** De la música tecno.

tecno- *r pref* De la técnica. * Tecnoburocracia. * Tecnoindustrial.

tecnocracia *f* Sistema político en que los técnicos [3a] tienen un papel predominante.

tecnócrata *m y f* Pers. que, por su condición de técnico [3a], desempeña un alto cargo político. **b)** (*raro*) Pers. que, por su condición de técnico, desempeña un cargo directivo.

tecnocráticamente *adv* De manera tecnocrática.

tecnocraticismo *m* Tecnocratismo.

tecnocrático -ca *adj* De (la) tecnocracia o de (los) tecnócratas.

tecnocratismo *m* Tendencia a la tecnocracia.

tecnocratizar *tr* Dar carácter tecnocrático [a algo (*cd*)].

tecnoestructura *f* (*Econ*) Conjunto de perss. con preparación técnica [1 y 2] que participan en los procesos decisorios de las grandes empresas.

tecnoestructural *adj* (*Econ*) De la tecnoestructura.

tecnología *f* **1** Técnica [6a] mecánica. ■ **2** (*hoy raro*) Terminología [de una ciencia, arte u oficio].

tecnológicamente *adv* En el aspecto tecnológico.

tecnológico -ca *adj* De (la) tecnología.

tecnólogo -ga *m y f* Especialista en tecnología.

tecno-pop *adj* [Música pop] electrónica. *Tb n m.*

tecnotrónico -ca *adj* (*Electrón*) De (la) tecnología [1] electrónica.

tectiforme *adj* (*Arqueol*) De forma de techo.

tectogénico -ca *adj* (*Geol*) Tectógeno.

tectógeno -na *adj* (*Geol*) De dislocación y deformación.

tectónicamente *adv* (*Geol*) En el aspecto tectónico.

tectónico -ca I *adj* **1** (*Geol o lit*) De (la) tectónica [2]. **b)** (*Geol*) Producido por deformaciones o dislocaciones de la corteza terrestre debido a fuerzas internas.
II *f* **2** Parte de la geología que estudia la estructura de la corteza terrestre. **b)** Estructura de la corteza terrestre. **c)** (*lit*) Estructura.

tector -triz *adj* (*Zool*) Que cubre. *Tb n f, referido a pluma de ave.*

teda *f* (*reg*) Tea (astilla de madera resinosa).

teddy-boy (*ing; pronunc corriente,* /tédi-bói/; *pl normal,* ~s) *m* (*hoy raro*) Gamberro agresivo. *Esp referido a países de lengua ing.*

tedesco -ca *adj* (*lit*) Alemán. *Tb n.*

tedeum (*pronunc,* /tedéum/; *tb con la grafía latina* **Te Deum**; *pl normal,* ~s *o invar*) *m* Cántico religioso en acción de gracias que comienza por las palabras "Te Deum". *Tb la ceremonia que lo acompaña.* **b)** Música compuesta sobre el texto del tedeum.

tedio *m* (*lit*) Aburrimiento o hastío.

tediosamente *adv* (*lit, raro*) De manera tediosa.

tedioso -sa *adj* (*lit*) **1** Que causa tedio. ■ **2** Que denota tedio.

tee (*ing; pronunc corriente,* /ti/) *m* (*Golf*) **1** Área, frec. ligeramente elevada, desde la que se da el primer golpe de un hoyo. ■ **2** Soporte sobre el que se coloca la pelota.

teenager (*ing; pronunc corriente,* /tinéiyer/; *pl normal,* ~s) *m y f* Quinceañero.

tee-shirt → T-SHIRT.

teflón (*n comercial registrado*) *m* Materia plástica de gran resistencia a los agentes químicos y a los cambios de temperatura, empleada esp. para juntas herméticas y revestimientos de utensilios de cocina.

teflonar *tr* Tratar o recubrir con teflón.

teguestero -ra *adj* De Tegueste (Tenerife). *Tb n, referido a pers.*

tégula *f* (*Arqueol*) Teja romana.

tegumentario -ria *adj* (*CNat*) De(l) tegumento.

tegumento *m* **1** (*Zool*) Tejido que recubre el cuerpo de un animal o alguno de sus órganos. ■ **2** (*Bot*) Envoltura protectora, esp. del óvulo o de la semilla.

Teide. violeta del ~ → VIOLETA.

teína *f* (*Quím*) Alcaloide que se encuentra en el té, químicamente igual a la cafeína.

teísmo *m* (*Rel*) Creencia en la existencia de un Dios providente, con independencia de toda religión.

teísta *adj* (*Rel*) De(l) teísmo. **b)** Que profesa el teísmo. *Tb n.*

teja[1] **I** *f* **1** Pieza de barro cocido, gralm. de forma acanalada, que, encajada con otras, forma sobre la cubierta de un edificio una superficie por la que escurre el agua de lluvia. *A veces con un adj especificador.* ■ **2** Dulce en forma de teja [1] hecho fundamentalmente con azúcar, harina, huevos y almendras o avellanas. ■ **3** Sombrero eclesiástico, redondo y de ala plana, que en otro tiempo tenía las partes laterales del ala levantadas. *Tb* SOMBRERO DE ~. ■ **4** Peineta grande de forma acanalada. *Tb* PEINETA DE ~. ■ **5** (*Impr*) Plancha curvada de plomo, grabada en negativo y relieve por su parte convexa, que se adapta a un cilindro de la máquina rotativa.
II *adj* **6** [Color] rojizo propio de la teja [1]. *Tb n m.*
III *loc adv* **7** de ~s (**para**) **abajo**. En este mundo. *Tb adj.* **b)** de ~s (**para**) **arriba**. En el mundo sobrenatural. *Tb adj.* ■ **8** a toca ~ → TOCATEJA.

teja[2] *f* (*reg*) Tilo (árbol).

tejadillo *m* **1** Tejado de una sola vertiente adosado al muro de un edificio. ■ **2** Cubierta pequeña que sirve para resguardar de la lluvia.

tejado *m* Cubierta exterior [de un edificio o construcción o de una parte de ellos], gralm. inclinada y recubierta de tejas[1] [1] u otro elemento aislante.

tejano -na (*tb con la grafía semiculta* **texano** *en acep 1*) *adj* **1** Del estado de Tejas (Estados Unidos). *Tb n, referido a pers.* ■ **2** [Ropa] vaquera. *Frec n m, referido a pantalón.*

tejar[1] *tr* Poner tejado, esp. de tejas[1] [1] [a un edificio o construcción (*cd*)].

tejar[2] *m* Lugar en que se fabrican tejas[1] [1] y ladrillos.

tejaroz *m* **1** Alero del tejado. ■ **2** Tejadillo [de una puerta o ventana].

tejavana *f* **1** Tejado sin techo que lo cubra interiormente. *Frec en la constr* A ~. ■ **2** Cobertizo o edificio techado a tejavana [1].

tejedor -ra I *adj* **1** Que teje, esp [1]. *Tb n: m y f, referido a pers; f, referido a máquina.*
II *m* **2** Insecto hemíptero de patas largas, que se mueve por la superficie de las aguas dulces y tran-

quilas (gén. *Gerris*). ■ **3** *Se da este n a distintos pájaros que forman su nido tejiendo* [1d] *hojas y ramas.*

tejeduría *f* Industria de(l) tejido.

tejemaneje *m* (*col*) Actividad intensa con aparente mezcla o confusión. *Frec con intención desp.* **b)** (*desp*) Actividad turbia o enredosa.

tejer *tr* **1** Formar [una tela] entrecruzando los hilos de la urdimbre y la trama. *Frec abs.* **b)** Formar [un animal, esp. la araña o el gusano de seda, su tela o capullo]. *Tb abs.* **c)** Formar [un objeto] entrecruzando hilos o tiras del material empleado. **d)** Entrelazar o entrecruzar [algo de estructura lineal]. ■ **2** Hacer [una labor de punto]. *Tb abs.* ■ **3** Preparar o concebir [algo]. *Tb abs.*

tejería *f* **1** Tejar². ■ **2** Industria de la teja¹ [1].

tejeringo *m* (*reg*) Churro (alimento).

tejero -ra A *m y f* **1** Pers. que fabrica tejas¹ [1] y ladrillos.
　B *f* **2** Tejar².
　C *m* **3** (*reg*) Pinzón real (ave).

tejido¹ *m* **1** Producto laminar que se obtiene por entrecruzamiento de uno o más hilos o fibras, o por simple compresión de estas. ■ **2** (*Biol*) Conjunto numeroso de células de estructura y función similar. *Frec con un adj o compl especificador:* ADIPOSO, EPITELIAL, ÓSEO, DE SOSTÉN, *etc.* ■ **3** (*Sociol*) Conjunto de elementos de la misma función, que constituyen un todo homogéneo.

tejido² *m* Acción de tejer [1y 2].

tejinero -ra *adj* De Tejina (Tenerife). *Tb n, referido a pers.*

tejo¹ I *m* **1** Trozo de teja¹ [1] o piedra, o disco de metal, que se emplea en determinados juegos. ■ **2** (*reg*) Chita (juego). ■ **3** (*reg*) Rayuela (juego). ■ **4** (*reg*) Pinzón real (ave).
　II *loc v* **5 tirar** (*o* **echar**) **los ~s** [a alguien]. (*col*) Insinuár[sele] amorosamente. *Tb fig.*

tejo² *m* Árbol de hojas persistentes, coriáceas, lineales, de color verde oscuro y venenosas, cultivado como ornamental y también por su madera (*Taxus baccata*).

tejo³ *m* (*reg*) Tejón (animal).

tejoleta *f* Castañuela de barro.

tejón *m* Mamífero de unos 80 cm de longitud, pelo denso, áspero y pajizo, que excava su madriguera en el suelo y se alimenta de frutos y pequeños animales (*Meles meles*).

tejonera *f* Madriguera de tejón.

tejuelo *m* Cuadradito de piel o de papel que se pega en el lomo de un libro para poner su título u otro dato. *Tb lo inscrito en él.*

teka → TECA¹.

tekhné → TECNÉ.

tela¹ I *f* **1** Tejido¹ [1] fabricado en telar. **b)** Tejido¹ [1]. *Gralm con un adj o compl especificador.* **c)** Trozo de tela. ■ **2** (*Pint*) Lienzo. ■ **3** Red que forma la araña con el filamento que segrega. *Frec ~ DE ARAÑA.* ■ **4** Película que cubre determinados órganos o frutos. *Frec en la forma* TELILLA. **b)** **las ~s del corazón.** El corazón. *Gralm en sent fig.* ■ **5** Película que se forma en la superficie de algunos líquidos. ■ **6** (*col*) Dinero. ■ **7** (*col*) Golpes. *Tb fig.* ■ **8** (*col*) Tema o materia de que hablar. *Frec en la constr* TENER ~ (CORTADA) PARA RATO. ■ **9 ~ que cortar.** (*col*)

Quehacer o tarea. *Gralm con los vs* HABER *o* TENER. ■ **10** (*col*) *Se usa en constrs como* SER MUCHA ~, *o* TENER ~ (MARINERA), *para ponderar la magnitud o el carácter difícil o sorprendente de algo.*
　II *loc adj* **11 en ~.** [Encuadernación] en que las tapas van totalmente forradas de tela [1]. *Tb referido a libro. Tb adv.*
　III *adv* **12** (*col*) Mucho o muy. *Tb ~* MARINERA. *A veces seguido de un compl* DE. * *Eres tela de rara.*
　IV *interj* **13** *Expresa admiración o aprobación. Tb* ~ MARINERA. * *He leído lo que precede y me he dicho: ¡Tela!*

tela². en ~ de juicio. *loc adv* En duda. *Gralm con los vs* ESTAR *o* PONER.

telamón *m* (*Arte*) Atlante (estatua).

telángana *f* (*col*) Tela o dinero.

telar I *m* **1** Máquina para fabricar tejidos¹ [1] entrecruzando varios hilos. **b)** *En pl:* Fábrica de tejidos¹ [1]. ■ **2** (*Escén*) Parte superior del escenario, oculta a la vista del público, en que se guardan los telones y bambalinas para bajarlos en el momento oportuno. *Frec en pl.*
　II *loc adv* **3 en** (**el**) **~.** En preparación. *Referido a un libro u otro escrito.*

telaraña *f* **1** Tela¹ [3] de araña. ■ **2** *En pl:* Sensación de visión nebulosa o torpeza mental, debida esp. a somnolencia. *Tb fig.* ■ **3** (*reg*) Arañuela o arañuelo (larva parásita).

telarañoso -sa *adj* Que tiene telarañas [1 y 2]. *Tb fig.*

telarquía *f* (*Fisiol*) Desarrollo de la mama.

teldense *adj* De Telde (Gran Canaria). *Tb n, referido a pers.*

tele *f* (*col*) Televisión.

tele-¹ *r pref* Que actúa o se realiza a distancia. * Telebuscador. * Telemarketing.

tele-² *r pref* De (la) televisión. * Teleaudiencia. * Telerreceptor.

teleadicto -ta *adj* [Pers.] dominada por el hábito de ver programas de televisión. *Tb n.*

telealarma *f* Sistema de alarma en conexión directa con la policía o con un servicio de asistencia.

telebaby (*pronunc corriente,* /telebéibi/) *m* Telesilla para niños.

telebén *m* Servicio de recepción de encargos de telegramas por teléfono. *Tb el mismo encargo.*

telecabina *f* (*más raro, m*) Teleférico con cabinas para dos o cuatro plazas y con cable único para la tracción y la suspensión.

telecámara *f* Cámara de televisión.

telecine *m* Dispositivo para la transmisión de imágenes cinematográficas por televisión.

telecinesis *f* (*Parapsicol*) Telequinesis.

teleclub (*pl,* ~S *o* ~ES) *m* Club popular destinado esp. a ver la televisión.

teleco (*col*) **A** *f* **1** Telecomunicación [2].
　B *m y f* **2** Ingeniero de telecomunicación.

telecobaltoterapia *f* (*Med*) Tratamiento radiactivo con bomba de cobalto.

telecomandar *tr* (*E*) Dirigir [algo] por medio de un telecomando.

telecomando *m* (*E*) Dispositivo que permite ejecutar a distancia órdenes en un aparato.

telecomedia *f* Comedia escrita o producida especialmente para la televisión.

telecomunicación *f* **1** Comunicación a distancia, mediante conductores eléctricos u ondas luminosas o hertzianas. ■ **2** Ciencia y técnica de la telecomunicación [1]. *Tb en pl con sent sg.*

telecopiadora *f* Aparato de telefax.

teledetección *f* Detección a gran distancia.

telediario *m* Programa informativo de televisión, destinado a las noticias más destacadas del día.

teledirección *f* Acción de teledirigir.

teledirigir *tr* Dirigir a distancia [un vehículo u otro móvil], gralm. mediante ondas hertzianas. *Gralm en part.*

teledocumentación *f* Transmisión de documentación a distancia por medio de aparatos electrónicos conectados con la red telefónica.

teledrama *m* Obra dramática escrita o producida especialmente para la televisión.

telefacsímil *m* Telefax.

telefax *m* Sistema de transmisión y reproducción en facsímil de material gráfico por medio de señales transmitidas por línea telefónica. **b)** Aparato de telefax.

teleférico -ca **I** *adj* **1** De(l) teleférico [2].
II *m* **2** Instalación para transporte aéreo mediante vehículos suspendidos de uno o varios cables.

telefilm *(pl normal, ~s) m* Telefilme.

telefilme *m* Película hecha para la televisión.

telefílmico -ca *adj* De(l) telefilme.

telefonazo *m* (*col*) Llamada telefónica.

telefonear **A** *intr* **1** Llamar por teléfono [a alguien (*ci*)]. *Tb sin compl.*
B *tr* **2** Comunicar [algo] por teléfono.

telefonema *m* Comunicación escrita transmitida por teléfono.

telefonera *f* Mesita para el teléfono [2a].

telefonía *f* Sistema de comunicación telefónica.

telefónicamente *adv* De manera telefónica [1].

telefónico -ca *adj* **1** De(l) teléfono [1]. ■ **2** De la Compañía Telefónica. *Tb n, referido a empleado.*

telefonillo *m* (*col*) Teléfono [2a] de línea interior, o que está fuera de la red general.

telefonín *m* (*col*) Telefonillo.

telefonista *m y f* Pers. que se encarga del servicio de una centralita telefónica.

teléfono *m* **1** Sistema de transmisión de sonidos a distancia, normalmente por medio de la electricidad. **b)** ~ **rojo.** Línea telefónica directa para consultas de alto nivel en casos de emergencia. ■ **2** Aparato telefónico provisto de transmisor y receptor. **b)** Número de teléfono. ■ **3** Ducha en que la salida del agua está acoplada a una empuñadura móvil. *Frec* DUCHA DE ~ (*raro* DUCHA ~). ■ **4** (*Taur*) Adorno consistente en que el torero, mientras sostiene la muleta plegada en una mano, apoya el codo en el testuz del toro, simulando que habla por teléfono.

telefoto *f* Telefotografía.

telefotografía *f* Fotografía transmitida a distancia mediante sistemas electromagnéticos.

telefotográfico -ca *adj* De (la) telefotografía.

telegenia *f* Cualidad de telegénico.

telegénico -ca *adj* Que tiene buenas condiciones para ser captado por la cámara de televisión. **b)** Que resulta más favorecido en la televisión que al natural.

telegrafía *f* Sistema de transmisión de mensajes a distancia mediante señales codificadas, por electricidad o por ondas hertzianas.

telegrafiar (*conjug* 1c) **A** *intr* **1** Poner un telegrama [a alguien]. *Tb abs.*
B *tr* **2** Enviar [un mensaje] por telégrafo.

telegráficamente *adv* De manera telegráfica.

telegráfico -ca *adj* **1** De (la) telegrafía o de(l) telégrafo [1a]. **b)** [Giro] que se envía mediante el telégrafo. ■ **2** [Dicho o modo de expresión] muy breve o reducido. *Con intención ponderativa.*

telegrafista *m y f* Pers. que se encarga del servicio de un aparato telegráfico [1a]. **b)** Empleado de Telégrafos [1c].

telégrafo *m* Sistema de transmisión de mensajes a distancia mediante señales codificadas. *Con un adj o compl especificador:* ELÉCTRICO, MARINO, ÓPTICO, SIN HILOS. *Sin compl designa esp el eléctrico.* **b)** *En pl:* Instalación telegráfica [1a]. **c)** *En pl:* Servicio oficial de telégrafos.

telegrama *m* Mensaje transmitido por telégrafo.

teleimpresor *m* Teletipo [1].

teleinformática *f* (*Informát*) Telemática [2].

telekinesia, telekinesis → TELEQUINESIA, TELEQUINESIS.

telele *m* (*col*) Indisposición repentina, esp. desmayo.

telemando *m* Mando a distancia.

telemático -ca (*Informát*) **I** *adj* **1** De (la) telemática [2].
II *f* **2** Conjunto de las tecnologías de la telecomunicación y la informática.

telemecánica *f* Conjunto de las técnicas de telecomando.

telemedicina *f* (*Med*) Aplicación de la telemática a la medicina, por la cual se pone en comunicación a un enfermo con un centro sanitario y se transmiten a este los datos de radiografías, electrocardiogramas y otros necesarios para efectuar diagnósticos y terapias de urgencia.

telemédico -ca *adj* (*Med*) De (la) telemedicina.

telemetría *f* (*E*) Obtención de medidas a distancia mediante aparatos adecuados.

telemétricamente *adv* (*E*) De manera telemétrica.

telemétrico -ca *adj* (*E*) De (la) telemetría.

telemetrista *m y f* (*E*) Pers. que tiene a su cargo el manejo de un telémetro [1].

telémetro *m* (*E*) **1** Aparato óptico que sirve para medir la distancia de un objeto desde un observador. ■ **2** Aparato eléctrico que mide cantidades como presión, temperatura, radiación, etc., y las transmite por radio a una estación distante.

telendo -da *adj* (*col*) [Pers.] tranquila o que no se inmuta. *Gralm en la constr* QUEDARSE TAN ~. *Tb fig, referido a cosas.*

telenovela *f* Novela adaptada en forma dramática y emitida en capítulos por televisión.

teleobjetivo *m* Objetivo para fotografiar o filmar cosas lejanas.

teleología *f (Filos)* **1** Estudio de las causas finales. ■ **2** Hecho de tener un fin o finalidad.

teleológicamente *adv (Filos)* En el aspecto teleológico [1]. *Tb (lit) fuera del ámbito técn.*

teleológico -ca *adj (Filos)* **1** De (la) teleología. *Frec (lit) fuera del ámbito técn.* ■ **2** Que tiene un fin o finalidad. *Frec (lit) fuera del ámbito técn.*

teleósteo *adj (Zool)* [Pez] que tiene el esqueleto completamente osificado. *Frec como n m en pl, designando este taxón zoológico.*

teleoyente *m y f (raro)* Radioyente.

telépata *adj* [Pers.] que tiene capacidad telepática. *Tb n.*

telepatía *f* Transmisión de pensamiento entre perss., sin intervención de agentes físicos conocidos.

telepáticamente *adv* De manera telepática.

telepático -ca *adj* De (la) telepatía.

teleportación *f (Parapsicol)* Movimiento de objetos materiales, sin contacto físico, por la fuerza de la mente.

telepredicador -ra *m y f* Pers. que hace propaganda de una creencia religiosa a través de la televisión. *Referido gralm a EE UU.*

teleprinter *(ing; pronunc corriente, /teleprínter/; pl normal, ~s) m (TV)* Rotulador electrónico con teclado para escribir textos que han de aparecer en pantalla solos o en sobreimpresión.

teleproceso *m (Informát)* Procesamiento de datos suministrados al ordenador por medio de la telecomunicación, esp. del teléfono.

telequinesia *(tb con la grafía* **telekinesia***) f (Parapsicol)* Movimiento de objetos materiales producido por la voluntad, sin aplicación de fuerza física.

telequinesis *(tb con la grafía* **telekinesis***) f (Parapsicol)* Telequinesia.

telequinético -ca *adj (Parapsicol)* De (la) telequinesia.

telera *f* **1** Redil formado por pies derechos y tablas o redes. ■ **2** Palo de los que constituyen el redil. ■ **3** Travesaño de los que forman los laterales del carro. ■ **4** *(reg)* Montón piramidal de pirita de cobre preparado para ser calcinado. ■ **5** *(reg)* Pan moreno grande y ovalado que suelen tomar los trabajadores. *Tb* PAN DE ~.

telerín *m (reg)* Adral.

telero -ra *m y f* Vendedor ambulante de telas o tejidos.

telescópico -ca *adj* **1** De(l) telescopio. **b)** [Ojo o mira] que permite ver con precisión objetos lejanos. ■ **2** [Aparato] formado por varias piezas que se introducen unas en otras.

telescopio *m* Instrumento óptico de gran alcance, empleado esp. para la observación de los astros.

telesilla *m* Teleférico constituido por una serie de asientos suspendidos de un cable único.

telesismo *m (Geol)* Terremoto producido en un lugar muy distante.

telespectador -ra *adj* Espectador de televisión. *Gralm n.*

telesquí *m* Cable sin fin del que penden otros para transportar a los esquiadores a la parte alta de la pista.

telestesia *f (Parapsicol)* Percepción de objetos más allá del alcance normal de los sentidos.

telestésico -ca *adj (Parapsicol)* De (la) telestesia.

teleteca *f (raro)* Colección de grabaciones de emisiones de televisión realizadas.

teletex *m* Sistema de transmisión, a través del teléfono, de textos informatizados.

teletexto *m* Sistema electrónico que transmite por televisión textos informativos por medio de señales codificadas.

teletipista *m y f* Pers. que atiende un teletipo [1].

teletipo *(n comercial registrado) m* **1** Aparato telegráfico que transmite un texto mediante teclado mecanográfico y lo hace llegar impreso a la estación receptora. ■ **2** Mensaje enviado por teletipo [1].

teletonta *f (col, humoríst)* Televisión.

teletransmisión *f* Acción de teletransmitir.

teletransmitir *tr* Transmitir a distancia por medios electrónicos.

teletratamiento *m (Informát)* Teleproceso.

teleutospora *f (Bot)* Espora invernal de paredes muy resistentes, propia de determinados hongos.

televidente *adj* Telespectador. *Gralm n.*

televisar *tr* Transmitir por televisión [1].

televisión *f* **1** Sistema de transmisión de imágenes a distancia, mediante ondas hertzianas. ■ **2** Actividad relativa a la televisión [1]. **b)** Conjunto de programas de televisión. ■ **3** Emisora de televisión [1]. *A veces con sent colectivo.* ■ **4** Televisor.

televisionario -ria *adj (raro)* Telespectador. *Tb n.*

televisista *m y f (hoy raro)* Profesional de la televisión [1 y 2a].

televisivamente *adv* En el aspecto televisivo [1a].

televisivo -va *adj* **1** De (la) televisión [1 y 2]. **b)** Que se produce por televisión. ■ **2** Que tiene buenas condiciones para ser televisado.

televisor *m* Aparato receptor de televisión [1].

televisual *adj* Televisivo [1].

televisualmente *adv* En el aspecto televisual.

télex *(pl invar) m* **1** Servicio telegráfico mediante teletipos conectados a la red de telecomunicación pública, que permite a sus abonados comunicarse directamente entre sí. ■ **2** Teletipo usado en el télex [1]. ■ **3** Mensaje transmitido por télex [1].

tell *m (Arqueol)* Colina artificial formada por ruinas.

telliza *f (raro)* Colcha.

telo *m (reg)* Tela de araña.

telofase *f (Biol)* Fase final de la mitosis.

telolecito *adj (Biol)* [Huevo] que tiene el vitelo nutritivo concentrado en uno de los polos.

telón I *m* **1** *En un teatro:* Pieza grande de tela que se desliza vertical u horizontalmente para descubrir u ocultar la escena. *Tb* ~ DE BOCA. **b)** *Con un adj o compl especificador designa otras piezas de tela que bajan sobre el escenario:* CORTO, DE FORO. **c)** ~ **me-**

tálico. Pieza metálica con que se separa del público el escenario en caso de incendio u otro siniestro. **d)** *Se usa como acotación para indicar bajada de telón.* * La escena queda oscura. Telón. **e)** *En constr como* SUBIR (*o* BAJAR) EL ~, ARRIBA (*o* ABAJO) EL ~, *se usa para indicar el comienzo (o el fin) de determinadas actividades.* * Se sube el telón de la nueva legislatura. ■ **2 ~ de fondo.** Decorado de fondo. *Gralm fig.* ■ **3 ~ de acero.** (*hist*) Línea que en Europa separa los países comunistas de los no comunistas. *Tb el conjunto de esos países comunistas.* **b) ~ de bambú.** Línea que en Asia separa a China de los demás países. ■ **4** (*reg*) Tela fuerte para recoger aceitunas u otros frutos. **II** *loc adv* **5 a ~ subido** (*o* **bajado**). Con (o sin) conocimiento público.

telonazo *m* (*Taur, desp*) Pase dado por alto y con el engaño muy desplegado.

telonero -ra *adj* Que se presenta en primer lugar en un espectáculo, esp. por ser poco importante. *Tb fig. Tb n, referido a pers.*

telonio *m* (*hist*) En el Imperio romano: Oficina pública de pago de tributos.

telson *m* (*Zool*) En los crustáceos: Último segmento del cuerpo.

telugú (*tb* **telugu**) *m* Lengua india hablada en la meseta del Decán, y que es la más importante de las dravídicas.

telúrico -ca *adj* **1** (*Geol o lit*) De la tierra. ■ **2** (*Geol*) [Movimiento] sísmico. ■ **3** (*Geol*) Subterráneo. ■ **4** (*lit*) Relativo a la tierra en que se habita.

teluro *m* (*Quím*) Metaloide, de número atómico 52, quebradizo y fácilmente fusible, que gralm. se halla combinado con el oro, la plata, el plomo o el bismuto.

tema[1] *m* **1** Idea o hecho, o conjunto de ellos, que se desarrollan [en una expresión hablada, escrita o artística (*compl de posesión*)]. *Frec el compl se omite por consabido.* **b)** (*semiculto*) Cuestión o asunto. ■ **2** (*Mús*) Elemento que sirve de base a una elaboración sonora. **b)** Pieza instrumental o cantada de música popular moderna. ■ **3** (*Ling*) Parte de la palabra, constituida por la raíz y un elemento añadido y a la que se aplican las desinencias.

tema[2] *m* (*o, raro, f*) (*lit*) Manía, o idea en que uno se obstina.

temario *m* Temas, o conjunto de temas[1] [1], esp. los propuestos para estudio a una asamblea o comisión o los exigidos para un examen.

temáticamente *adv* En el aspecto temático[1].

temático[1] **-ca** **I** *adj* **1** De(l) tema[1]. **II** *f* **2** Conjunto de temas[1] [1]. *Normalmente con un compl de posesión.*

temático[2] **-ca** *adj* (*lit, raro*) [Pers.] que tiene temas[2] o manías. **b)** Propio de la pers. temática.

tembladera *f* **1** (*col*) Temblor [1a] muy intenso. ■ **2** Torpedo (pez). ■ **3** Planta gramínea con espiguillas que se mueven fácilmente con el viento, usada como ornamental (*Briza maxima*). *Frec en pl.*

temblador -ra **I** *adj* **1** Que tiembla. **II** *m* **2** (*raro*) Tembladera o torpedo (pez).

temblante *adj* Que tiembla.

temblar **I** *v* (*conjug* 6) **A** *intr* **1** Moverse [una pers. o animal, o una parte de su cuerpo] en contracciones involuntarias. ■ **2** Moverse [algo] en sacudidas rápidas y repetidas. **b)** Variar [la luz] rápida y repeti-

damente de intensidad. **c)** Sonar [la voz u otro sonido] con variaciones rápidas y repetidas de tono y de intensidad. ■ **3** Sentir gran miedo o emoción, a veces acompañados de temblor [1a] físico. *Tb* (*pop*) *pr* (~**se**). **B** *tr* **4** (*col*) Temer [algo o a alguien]. **II** *adv* **5 temblando.** (*col*) En situación precaria. *Con vs como* ESTAR, DEJAR *o* QUEDARSE.

tembleque *m* (*col*) Temblor [1a].

temblequeante *adj* (*col*) Que temblequea.

temblequear (*col*) **A** *intr* **1** Temblar [1 y 2] de manera poco intensa y continuada. **B** *tr* **2** (*raro*) Hacer que [algo (*cd*)] temblequee [1].

temblequeo *m* (*col*) Acción de temblequear.

temblequera *f* (*col*) Tembladera o temblor.

tembleteante *adj* (*col*) Que tembletea.

tembletear *intr* (*col*) Temblequear.

temblón -na **I** *adj* **1** Que tiembla [1, 2 y 3] mucho. **b)** [Álamo] de hojas muy móviles (→ ÁLAMO). ■ **2** Que denota o implica temblor [1a]. **II** *f* **3** (*raro*) Temblor [1a]. *En constrs como* ENTRARLE, *o* DARLE, [a uno] TEMBLONA. **b)** (*raro*) Temblor [1a] fingido por un pordiosero para mover a lástima.

temblor *m* **1** Acción de temblar [1 y 2]. **b) ~ de tierra.** Terremoto. ■ **2** (*lit*) Emoción.

temblorear *intr* (*raro*) Temblar [1 y 2].

temblorosamente *adv* De manera temblorosa.

tembloroso -sa *adj* **1** Que tiembla [1, 2 y 3]. ■ **2** Que denota temblor [1a].

tembloteante *adj* (*col*) Que temblotea.

temblotear *intr* (*col*) Temblequear.

temer **A** *tr* **1** Tener temor [1] [a alguien o algo (*cd*)]. *Tb abs.* ■ **2** Creer [que algo dañino o negativo (*cd*)] va a suceder o ha sucedido. *Frec pr* (~**se**). **B** *intr* **3** Sentir temor [1] [por alguien o algo]. *Tb sin compl.*

temerariamente *adv* De manera temeraria [1b y 2a].

temerario -ria *adj* **1** [Pers.] que acomete imprudentemente una acción peligrosa. **b)** Propio de la pers. temeraria. **c)** (*Der*) [Imprudencia] que implica descuido negligente de los más elementales cuidados y que puede llegar a constituir delito o falta. ■ **2** [Cosa] hecha sin fundamento o justificación. **b)** [Juicio] negativo que se forma acerca de una pers., sin motivo suficiente.

temeridad *f* **1** Cualidad de temerario, *esp* [1b]. ■ **2** Acción temeraria [1b y 2a].

temerosamente *adv* De manera temerosa [2].

temeroso -sa *adj* **1** Que siente o tiene temor. ■ **2** Que denota o implica temor. ■ **3** Temible.

temible *adj* Digno de ser temido.

temiente *adj* (*lit*) Temeroso [1 y 2].

temor *m* **1** Sentimiento causado [por alguien o algo (*compl* A, ANTE, DE *o* POR)] que se considera dañino o negativo. **b) ~ de Dios.** (*Rel crist*) Temor a ofender a Dios y merecer su castigo. ■ **2** Creencia de que algo dañino o negativo va a suceder o ha sucedido.

temoso -sa *adj* (*lit, raro*) Tenaz y porfiado.

tempanizar *tr* Convertir [tierra o agua] en témpano [1a].

témpano *m* **1** Bloque [de hielo o de tierra helada]. *Sin compl, designa normalmente el de hielo.* **b)** *Frec se usa en constrs de sent comparativo para ponderar la frialdad, real o figurada, de alguien o algo.* * Estoy como un témpano. * Esta mujer es un témpano. ■ **2** (*Arquit*) Tímpano. ■ **3** (*reg*) Tira de tocino.

témpera *f* (*Pint*) **1** Preparación pictórica en que se emplea como aglutinante de los colores un medio albuminoso o coloidal, esp. cola o clara de huevo. ■ **2** Pintura realizada con témpera [1].

temperado -da *adj* (*Mús*) Sometido a temperamento [3].

temperamental *adj* De(l) temperamento [1]. **b)** [Pers.] de temperamento [1b].

temperamentalmente *adv* **1** De manera temperamental [1a]. ■ **2** En el aspecto temperamental [1a].

temperamento *m* **1** Conjunto de caracteres físicos y psicológicos [de una pers. o de un grupo] que condicionan su comportamiento. *Normalmente con un adj especificador.* **b)** *Sin compl:* Temperamento vehemente e impulsivo. **c)** (*Fisiol*) Tipo orgánico determinado por el predominio de un humor fisiológico. *Frec con un adj especificador:* LINFÁTICO, NERVIOSO, SANGUÍNEO. ■ **2** (*raro*) Temperie. ■ **3** (*Mús*) Modificación de los intervalos acústicos para facilitar la modulación, y que consiste en la afinación igual de los intervalos.

temperancia *f* (*raro*) Moderación o templanza.

temperatura *f* Grado de calor [de un cuerpo]. *Tb su medida. Tb fig.* **b)** Grado de calor [de la atmósfera]. *Tb su medida. Frec sin compl.*

temperie *f* (*Meteor*) Estado de la atmósfera en cuanto a temperatura y humedad.

tempero *m* **1** Disposición de la tierra para las sementeras y labores, esp. por tener el grado adecuado de humedad. ■ **2** Tiempo (estado de la atmósfera).

tempestad *f* Tormenta grande, esp. marina, en que los vientos alcanzan los 90 km por hora. *Tb fig.* **b)** ~ **en un vaso de agua.** Escándalo o alboroto grandes para una causa muy pequeña.

tempestividad *f* (*lit, raro*) Cualidad de tempestivo.

tempestivo -va *adj* (*lit, raro*) Oportuno o adecuado.

tempestuosidad *f* (*raro*) Cualidad de tempestuoso.

tempestuoso -sa *adj* **1** De (la) tempestad. ■ **2** Violento.

templa[1] *f* (*Pint*) Agua en la que se han disuelto goma y yema o clara de huevo, que sirve para desleír los colores en la pintura al temple.

templa[2] *f* (*raro*) Sien.

templadamente *adv* De manera templada [3 y 4].

templado -da **I** *adj* **1** *part* → TEMPLAR. ■ **2** Ligeramente caliente. **b)** [Zona] de clima templado. *Tb fig.* ■ **3** Moderado, o carente de extremismos. **b)** Suave, o carente de violencia o estridencia. ■ **4** Sereno y con dominio. ■ **5** (*col*) Ligeramente bebido. ■ **6** (*reg*) Tranquilo o calmoso.
II *interj* **7** *Se usa en el juego de las adivinanzas para indicar acierto aproximado.* * –Eres bailarina, seguro. –Templado.

templanza *f* **1** Virtud que consiste en moderar los placeres de los sentidos, esp. en lo relativo a la comida y a la bebida. ■ **2** Moderación. ■ **3** Benignidad. *Referido a clima.*

templar **A** *tr* **1** Hacer que [algo (*cd*)] pase a estar ligeramente caliente. **b)** *pr* (~**se**) Pasar [algo] a estar ligeramente caliente. ■ **2** Enfriar bruscamente [un material previamente calentado] para mejorar sus propiedades. *Frec en part.* ■ **3** Dar fuerza o resistencia moral [a alguien o algo (*cd*)]. **b)** *pr* (~**se**) Adquirir fuerza o resistencia moral. ■ **4** Moderar o suavizar. ■ **5** Tensar o presionar adecuadamente [algo]. *Tb abs.* ■ **6** Dar [a un instrumento (*cd*)] el tono adecuado. ■ **7** (*Taur*) Ajustar el movimiento de la capa o muleta a la embestida [del toro (*cd*)]. *Frec abs.* ■ **8** (*reg*) Hartar.
B *intr* **9** Ponerse templado [2 y 3] [algo, esp. el tiempo].

templario -ria *adj* (*hist*) De la orden militar de los Caballeros del Temple (ss. XII-XIV). *Tb n, referido a pers.*

temple **I** *m* **1** Acción de templar [2, 3, 6 y 7]. *Tb su efecto.* ■ **2** Humor o estado de ánimo. *Gralm precedido de los adjs* BUEN *o* MAL. ■ **3** Serenidad y dominio. ■ **4** Pintura al temple [8]. ■ **5** (*raro*) Temperatura atmosférica. ■ **6** (*raro*) Temperatura [de algo]. ■ **7** (*reg*) Acción de calentar el horno.
II *loc adj* **8 al ~.** [Pintura] preparada con líquidos glutinosos, esp. cola y clara de huevo, y gralm. destinada a pintar paredes y techos. *Tb adv.*

templete *m* Pequeña construcción formada por una cúpula sostenida por columnas.

templo **I** *m* **1** Edificio público destinado al culto religioso y en el que gralm. se considera que habita la divinidad. *Tb (lit) fig.* ■ **2** (*lit*) Lugar en que se rinde culto [a algo espiritual (*compl de posesión*)].
II *loc adj* **3 como un ~.** (*col*) Muy grande. *Con intención ponderativa. Normalmente referido a verdad.*

tempo *m* (*Mús*) Ritmo con que se ha de ejecutar una pieza. *Tb (lit) fig, fuera del ámbito musical.*

tempoespacial *adj* Del tiempo y del espacio.

temporada **I** *f* **1** Espacio de tiempo constituido por varias semanas o meses. **b)** Espacio de tiempo caracterizado por algo o destinado especialmente a ello. *Con un compl especificador, que a veces se omite por consabido.*
II *loc adj* **2 de ~.** Que solo se produce o tiene vigencia durante una temporada [1].
III *loc adv* **3 de ~.** Durante una o varias temporadas [1].

temporal[1] **I** *adj* **1** De(l) tiempo. *En sent cronológico.* ■ **2** Que dura solo cierto tiempo. ■ **3** (*Rel*) Perecedero o no eterno. ■ **4** (*Rel*) Secular o profano. *Se opone a* ESPIRITUAL.
II *m* **5** Tempestad. *Tb fig.* **b)** (*Meteor*) Viento de velocidad entre 89 y 102 km por hora (grado 10 de la escala de Beaufort). ■ **6** Lluvia persistente.
III *loc v* **7 capear el ~.** (*col*) Arreglárselas para salir de una situación difícil.

temporal[2] *adj* (*Anat*) De la sien. *Tb n, referido a hueso o músculo.*

temporalear *intr impers* Haber temporal[1] [5 y 6].

temporalidad *f* **1** Cualidad de temporal[1] [2, 3 y 4]. ■ **2** *En pl:* Bienes que un eclesiástico posee o recibe como retribución. *Frec en la constr* OCUPAR LAS ~ES.

temporalismo *m* Tendencia eclesiástica a dar especial importancia a lo temporal[1] [4].

temporalista *adj* De(l) temporalismo.

temporalización *f* **1** Acción de temporalizar. ■ **2** Organización o distribución temporal[1] [1].

temporalizar *tr* Dar carácter temporal[1] [1 y 4] [a algo (*cd*)].

temporalmente *adv* **1** De manera temporal[1] [2]. ■ **2** En el aspecto temporal[1] [1].

temporariamente *adv* (*raro*) De manera temporaria.

temporario -ria *adj* (*raro*) Temporal[1] [2].

témporas *f pl* (*Rel catól*) Conjunto de tres días de ayuno y abstinencia al comienzo de cada estación del año litúrgico.

temporero -ra **I** *adj* **1** [Pers.] que realiza temporalmente un trabajo, sin ser de plantilla. *Tb n*. ■ **2** De temporada. **b)** [Trabajador agrícola] que se contrata solo por determinada temporada. *Tb n*.
II *f* **3** Cante flamenco propio de los gañanes andaluces, que se canta entre varias perss., cada una un verso.

temporización *f* (*Electr*) Retraso intencionado del funcionamiento de un aparato, obtenido mediante el uso de un temporizador.

temporizador *m* (*Electr*) Dispositivo que retrasa el funcionamiento de un aparato hasta el momento deseado.

temporizar *intr* (*raro*) Contemporizar.

temporoparietal *adj* (*Anat*) Temporal[2] y parietal. *Tb n m, referido a hueso*.

tempranada *f* (*reg*) Anticipación de un hecho a una hora más temprana de la normal o esperable. *Frec en la constr* DE ~.

tempranal *adj* [Tierra] de fruto temprano. *Tb n m*.

tempranamente *adv* (*lit*) En un momento anterior al debido o al esperado.

tempranero -ra *adj* Temprano [1]. **b)** [Pers.] que madruga mucho, o más de lo habitual.

tempranillo *m* Variedad de uva temprana [1b].

temprano -na **I** *adj* **1** Que aparece o se produce en un momento o tiempo anterior al habitual, al debido o al esperado. **b)** [Planta o cultivo] que fructifica antes del tiempo habitual. *Tb n m, referido a cultivo*.
II *adv* **2** En un momento o en un tiempo anterior al habitual, al debido o al esperado. **b)** *En el pred de una or cualitativa, se sustantiva*: Momento o tiempo anterior al habitual, al debido o al esperado. * Aún es temprano. **c) tarde o ~, más tarde o más ~** → TARDE.

temulento -ta *adj* (*raro*) Borracho o bebido.

ten. ~ con ~. *loc n m* (*col*) Actitud equilibrada o contemporizadora. **b)** Tiento o moderación.

tenacero *m* Hombre que sujeta con las tenazas la pieza que se trabaja en el yunque.

tenacidad *f* Cualidad de tenaz.

tenacilla *f* Tenaza para rizar el pelo o encañonar. *Más frec en pl con sent sg*.

tenada *f* **1** Cobertizo para el ganado. ■ **2** (*reg*) Henil.

tenado *m* (*reg*) Cobertizo, esp. para el ganado.

tenaja *f* (*reg*) Tinaja.

tenante *m* (*Heráld*) Figura que sostiene el escudo.

tenar *adj* (*Anat*) De la palma de la mano.

tenaz *adj* **1** [Pers.] que permanece firme en su propósito durante mucho tiempo. **b)** Propio de la pers. tenaz. **c)** Que denota carácter tenaz. ■ **2** (*Fís*) Que opone mucha resistencia a romperse.

tenaza *f* **1** Instrumento formado por dos brazos articulados que, según su forma, sirve para arrancar, cortar o sujetar. *Más frec en pl con sent sg. Tb fig*. **b)** *Se usa en constrs como* SACAR CON ~S *o* HACER FALTA ~S, *para ponderar el hermetismo o la resistencia a la comunicación de alguien*. ■ **2** Pinza de los artrópodos. ■ **3** Operación estratégica que consiste en atacar por dos flancos a la vez, cerrando el paso. *Tb fig. Frec en la constr* EN ~.

tenazmente *adv* De manera tenaz [1b].

tenazón. a ~. *loc adv* **1** Sin fijar la puntería. ■ **2** De golpe o de improviso. ■ **3** Por la fuerza.

tenca *f* Pez comestible de agua dulce, de unos 30 cm de largo y color verdoso en el dorso, que habita en los fondos limosos (*Tinca tinca*).

tendal *m* **1** Toldo o cubierta de tela. ■ **2** Trozo grande de tejido tendido vertical u horizontalmente. ■ **3** (*reg*) Lugar para secar algo al aire y al sol. **b)** (*reg*) Tendedero.

tendalero *m* (*reg*) Tendedero.

tendedero *m* Lugar en que se tiende algo a secar, esp. ropa. **b)** Dispositivo de cuerdas o alambres para tender ropa.

tendejón *m* (*reg*) Cobertizo.

tendel *m* (*Constr*) Capa de mezcla o argamasa que se extiende sobre los ladrillos de una hilada para asentar los de la siguiente.

tendencia *f* **1** Impulso espontáneo que lleva a actuar o a comportarse de un modo determinado. *Frec con un compl* A *o un adj especificador*. ■ **2** Dirección en que se produce la actuación [de una pers. o grupo] o el desarrollo [de algo, esp. de un fenómeno]. *Frec con un compl* A *o un adj especificador*.

tendencial *adj* De (la) tendencia.

tendencialmente *adv* De manera tendencial.

tendenciosamente *adv* De manera tendenciosa.

tendenciosidad *f* Cualidad de tendencioso.

tendencioso -sa *adj* Que tiene o implica una tendencia intelectual o ideológica determinada, gralm. no declarada.

tendente *adj* Que tiende o se dirige [a un fin].

tender (*conjug 14*) **A** *tr* **1** Extender [algo doblado, encogido o recogido]. ■ **2** Colgar o extender [algo húmedo o mojado, esp. ropa] para que se seque. ■ **3** Tumbar extendido [a alguien]. *Gralm el cd es refl*. ■ **4** Extender [una extremidad, esp. la mano] presentándola hacia adelante. **b)** Ofrecer [algo que se presenta tendiendo la mano]. ■ **5** (*Constr*) Extender [yeso u otra masa] para revestir paredes o techos. ■ **6** Construir [algo de estructura lineal, esp. un puente, una canalización o una línea férrea, telefónica o telegráfica]. *Tb fig*. ■ **7** Preparar [una trampa o algo similar]. ■ **8** Tensar.
B *intr* **9** Tener [determinada dirección o finalidad (*compl* A *o* HACIA)] o dirigirse espontáneamente

[a algo]. **b)** (*Mat*) Evolucionar [un valor] aproximándose progresivamente [a otro]. **c)** Tirar (ser [algo (*compl* A)] parcial o ligeramente).

ténder *m* Vagón de ferrocarril que va inmediatamente detrás de la locomotora y que sirve para transportar el agua y el combustible.

tenderete *m* **1** Puesto de venta callejero. ■ **2** (*col*) Conjunto de cosas esparcidas en desorden.

tendero -ra *m y f* Pers. que posee o atiende una tienda, esp. de comestibles.

tendido¹ -da **I** *adj* **1** *part* → TENDER. ■ **2** [Galope o carrera] que se realiza con la máxima velocidad. ■ **3** (*lit*) Extendido y llano. ■ **4** (*Mar*) [Mar] que presenta olas de gran longitud y que no rompen. ■ **5** (*Taur*) [Estocada] más horizontal de lo debido.
II *m* **6** *En una plaza de toros:* Gradería descubierta y próxima a la barrera. ■ **7** (*reg*) Paño con que se cubre la masa o los panes antes de su horneado.
III *adv* **8 largo y ~** → LARGO.

tendido² *m* **1** Acción de tender [1, 2, 5 y 6]. ■ **2** Conjunto de cables de una conducción eléctrica.

tendiente *adj* Tendente.

tendillano -na *adj* De Tendilla (Guadalajara). *Tb n, referido a pers.*

tendinitis *f* (*Med*) Inflamación de un tendón [1].

tendinoso -sa *adj* (*Anat*) De(l) tendón [1].

tendón *m* **1** Órgano conjuntivo fibroso, de color blanco nacarado, que prolonga un músculo hasta su punto de inserción. ■ **2 ~ de Aquiles.** Reunión de los tendones [1] de los músculos gemelos y sóleo, que se inserta en la cara posterior del calcáneo. **b)** Punto vulnerable [de alguien o algo].

tendral *adj* (*reg*) Tierno. *Referido gralm a una clase de melones. Tb n m.*

tenducho *m* (*desp*) Tienda pequeña y de mal aspecto.

tenebrario *m* (*Rel catól*) Candelabro triangular, alto y gralm. de 15 velas, que se emplea en los oficios de tinieblas de la Semana Santa.

tenebrismo *m* (*Pint*) **1** Estilo propio de los ss. XVI y XVII, caracterizado por el uso del contraste violento entre luz y sombra. ■ **2** Carácter tenebrista.

tenebrista *adj* (*Pint*) De(l) tenebrismo [1]. **b)** Adepto al tenebrismo. *Tb n.*

tenebrosamente *adv* (*lit*) De manera tenebrosa.

tenebrosidad *f* (*lit*) Condición de tenebroso. *A veces en pl con sent sg.*

tenebroso -sa *adj* **1** Muy oscuro, o cubierto de tinieblas. *Tb fig.* ■ **2** Sombrío o tétrico. ■ **3** Misterioso y siniestro.

tenebrura *f* (*lit, raro*) Tenebrosidad u oscuridad.

tenedor -ra **I** *n* **A** *m y f* **1** Pers. que tiene [1] [algo (*compl de posesión*), esp. una letra de cambio]. ■ **2 ~ de libros.** Pers. encargada de los libros de contabilidad.
B *m* **3** Utensilio de mesa terminado en tres o cuatro dientes iguales, empleado para pinchar los alimentos y llevarlos a la boca. **b)** *Se usa, precedido de un numeral del uno al cinco, como distintivo de la categoría oficial de un restaurante.* * Nos llevó a un restaurante de cinco tenedores. ■ **4** (*reg*) Señal que se hace en la oreja de las reses, cuya forma recuerda al tenedor [3].

II *loc adv* **5 de ~.** A base de alimentos que se toman con tenedor [3]. *Con el v* COMER.

teneduría *f* Puesto o actividad de tenedor de libros. *Tb ~ DE LIBROS. Tb los mismos libros.*

tenencia *f* **1** Acción de tener [1]. ■ **2** Cargo de teniente [5a]. **b) ~ de alcaldía.** Cargo de teniente de alcalde. *Tb su oficina.*

tener **I** *v* (*conjug* 31) **A** *tr* **1** *Expresa que lo designado en el cd pertenece al ser designado en el suj, o está en su poder, a su alcance o a su disposición. Tb fig.* * Tiene una casa preciosa. * Tiene mucha personalidad. **b) no ~ dónde caerse muerto.** (*col*) Encontrarse en extrema pobreza. *Frec con intención ponderativa.* **c) ~ en cuenta; ~ presente; ¿esas tenemos?** → CUENTA, PRESENTE, ESE¹. ■ **2** *Expresa que el ser designado en el cd, en cuanto tal ser, afecta al designado en el suj, o existe como tal con respecto a él.* * Tiene muchos enemigos. **b) ~ + n o pron + que** = ENCONTRARSE ANTE LA NECESIDAD o EL DEBER DE + *infin + n o pron* (*cd*). * Tengo muchas cosas que hacer. **c) ahí tienes** → AHÍ. ■ **3** *Expresa que lo designado en el cd se encierra, se produce o se presenta en el ser designado en el suj.* * Tiene el pelo castaño. * Tuve náuseas. ■ **4** Haber cumplido [determinada edad]. ■ **5** Empezar a contar [con un nuevo miembro de la familia recién nacido (*cd*)]. **b)** Dar a luz [un hijo]. ■ **6** Sostener o mantener [a alguien o algo en determinada posición o situación (*adj o compl adv*)]. *Frec el cd es refl.* * Tenlo recto. * Tenlo de pie. * La niña se tiene de pie. **b)** *Sin compl:* Sostener o mantener de pie o derecho. * Estaba mareada y casi no se tenía. * Escudos heráldicos tenidos por águilas. **c)** Asir o sujetar. ■ **7 ~** [a alguien o algo] **en** [determinado concepto]. Tener [1] [de él ese concepto]. **b)** Estimar o valorar. *Seguido de EN + un compl que expresa cantidad indefinida.* **c) ~** [a alguien o algo] **por** + *n o adj* = CONSIDERARLO + *el mismo n o adj.* * Lo tienen por tonto. **d) ~ a menos.** Desdeñar. *Seguido gralm de un infin.* **e) ~ a bien; ~ a gala; ~ a honra** → BIEN², GALA, HONRA. ■ **8 no ~las todas consigo.** No estar seguro o tranquilo. ■ **9 ~ para sí.** (*lit*) Tener [1] [algo (*prop* QUE)] como opinión particular. *Gralm en primera pers.* ■ **10 ~ que ver.** Tener [1] relación [dos perss. o cosas, o una con otra]. **b)** (*col*) Tener [1] relaciones sexuales no legales [dos perss., o una con otra]. ■ **11 ~selas.** (*col*) Enfrentarse [con él], mostrándose firme ante sus imposiciones o sus pretensiones. *Tb ~SELAS TIESAS* (→ TIESO). ■ **12** *n* + **y tente tieso** (*a veces con la grafía* **tentetieso**). (*col, humoríst*) *Fórmula con que se expresa la rigidez con que alguien recurre o se atiene a lo designado con el n, indicando que no queda más solución que aguantarse.* * Ya conoces su método: garrotazo y tente tieso.
B *aux* **13 ~ +** *part*, en forma variable, de un *v tr* = HABER + *el mismo part en forma* -O. *Con matiz de reiteración o insistencia.* * Tengo vistos varios periódicos. **b) ~ +** *part*, en forma -O, de un *v intr* = HABER + *el mismo part. Más frec como uso reg.* * Ya les tengo hablado para que le den un empleo a tu hijo. ■ **14 ~ que +** *infin* = ESTAR EN LA NECESIDAD, o EN LA OBLIGACIÓN, DE + *infin.* * Tienes que venir. **b)** *A veces expresa el deseo o el propósito firme del que habla de que se realice la acción significada por el infin. Tb* (*reg o lit*) ~ DE + *infin.* * Esta tiene que ser la última vez. * Tengo de verte enseguida.
II *loc adj* **15 de tente mientras cobro.** (*col*) [Cosa] construida sin esmero y con el único propósito de que ofrezca buena apariencia para el momento de venderse.

tenería *f* **1** Taller en que se curten y trabajan pieles. ■ **2** Oficio de curtir pieles.

tenérrimo → TIERNO.

tenesmo *m* (*Med*) Necesidad continua y dolorosa de orinar o defecar.

tengue *m* Árbol leguminoso cubano semejante a la acacia (*Acacia arborea*).

tenguerengue. en ~. *loc adv* (*col*) En equilibrio inestable.

tenia *f* Gusano parásito del intestino de los animales y del hombre, cuyo cuerpo está formado por gran cantidad de anillos planos y una cabeza con ventosas o ganchos de fijación (gén. *Taenia*, esp. *T. solium*).

teniasis *f* (*Med*) Presencia de tenias en el organismo.

tenida *f* Sesión o reunión de una sociedad secreta. *Tb fig.*

teniente I *n* A *m* **1** Oficial del ejército cuyo empleo es el inmediatamente inferior al de capitán, y que normalmente manda una sección. ■ **2 ~ coronel.** Jefe del ejército cuyo empleo es inmediatamente inferior al de coronel. ■ **3 ~ general.** General de categoría superior a la de general de división e inferior a la de capitán general. ■ **4 ~ de navío.** Oficial de la marina de guerra, cuyo empleo es equivalente al de capitán del ejército.
B *m y f* **5** Pers. designada para sustituir o asistir [a otra (*compl* DE, *o aposición*)] en su cargo. **b) ~ de alcalde** (*tb, semiculto*, ~ ALCALDE). Concejal que en nombre del alcalde desempeña determinadas funciones municipales, esp. el gobierno de un distrito.
II *adj* **6** (*col*) Sordo.

tenis *m* **1** Juego, entre dos o cuatro jugadores, que consiste en lanzarse la pelota, con raqueta y alternativamente, de una parte a otra del campo por encima de una red que lo divide. ■ **2 ~ de mesa.** Ping-pong.

tenista *m y f* Jugador de tenis [1].

tenístico -ca *adj* De(l) tenis [1].

tenor[1] I *m* **1** Contenido literal [de un escrito o dicho]. ■ **2** Estilo o carácter. *Frec en la constr* DE ESTE, *o* DEL MISMO, ~.
II *loc prep* **3 a ~ de** (*o* con). De acuerdo con. *Con n de cosa.*

tenor[2] **-ra** (*en acep 4 gralm se usa la forma ~ para m y f*) I *n* A *m* **1** Voz masculina intermedia entre la de contralto y la de barítono. *Gralm* VOZ DE ~. ■ **2** Cantante que tiene voz de tenor [1].
B *f* **3** Instrumento de viento, de los que componen la cobla, con lengüeta doble y pabellón de metal, y de mayor tamaño que el oboe.
II *adj* **4** [Instrumento musical, esp. saxofón] cuya extensión corresponde a la de la voz de tenor [1].

tenorino *m* (*Mús, raro*) Tenor[2] [2] ligero que canta en falsete.

tenorio *m* Donjuán (seductor o conquistador).

tenosinovitis *f* (*Med*) Inflamación de la vaina de un tendón, o de este y su vaina.

tensado *m* Acción de tensar. *Tb su efecto.*

tensador -ra *adj* Tensor. *Tb n m.*

tensar *tr* Poner tenso, *esp* [1]. **b)** *pr* (**~se**) Ponerse tenso.

tensino -na *adj* Del Valle de Tena (Huesca). *Tb n, referido a pers.*

tensoactivo -va *adj* (*Quím*) [Sustancia o agente] que reduce la tensión superficial del líquido al que se añade. *Tb n m.*

tensiómetro *m* Instrumento para medir la tensión [5].

tensión *f* **1** Estado de un cuerpo sometido a la acción de fuerzas contrarias. ■ **2** Estado anímico de excitación propio de determinadas situaciones, esp. la espera, la atención o la impaciencia. ■ **3** Estado de desacuerdo en las relaciones entre perss., grupos o estados, en que se prevé un posible choque o ruptura. ■ **4** Acción de fuerzas contrarias que mantienen extendido un cuerpo o tienden a separar sus partes constitutivas. ■ **5** Presión que ejerce un líquido o un gas. *Esp referido a la sangre. Frec con un adj:* ARTERIAL, VENOSA, ALTA, BAJA. **b)** Presión arterial. **c)** (*col*) Presión arterial alta. ■ **6** (*Electr*) Diferencia de potencial entre dos puntos. *Frec con un adj especificador:* ALTA, BAJA, *gralm antepuesto.* ■ **7** (*Fon*) Condición de tenso [3]. ■ **8** (*Fon*) Segunda fase de la articulación, durante la cual los órganos fonadores permanecen en la posición propia de la emisión de determinado fonema.

tensional *adj* (*Med*) De la tensión [5b].

tensionamiento *m* Acción de tensionar.

tensionar *tr* Someter a tensión. *Frec en part, referido a vidrio.*

tensivo -va *adj* (*E*) De (la) tensión.

tenso -sa *adj* **1** Que está en tensión [1 y 2]. ■ **2** Que denota o implica tensión [1, 2 y 3]. ■ **3** (*Fon*) [Fonema o articulación] caracterizados por una gran tensión [1] muscular en el momento de su emisión.

tensón *f* (*TLit*) Composición poética provenzal que consiste en una controversia entre poetas sobre un tema determinado, frec. amoroso.

tensor -ra *adj* Que sirve para tensar. *Tb n m, referido a dispositivo o a músculo.*

tentación *f* **1** Acción de tentar [3]. ■ **2** Pers. o cosa que tienta [3].

tentacular *adj* (*Zool*) **1** De(l) tentáculo. ■ **2** Que tiene tentáculos. *Tb* (*lit*) *fig.*

tentacularmente *adv* (*lit*) De manera tentacular.

tentáculo *m* (*Zool*) Apéndice móvil y blando, propio de algunos animales, que sirve fundamentalmente como órgano del tacto y de prensión. *Tb* (*lit*) *fig.*

tentadero *m* Corral o cercado en que se hace la tienta de reses bravas.

tentador -ra I *adj* **1** Que tienta [3]. *Tb n m, referido al Diablo.*
II *m* **2** Hombre encargado de picar las reses en la tienta.

tentadoramente *adv* De manera tentadora.

tentadura *f* (*raro*) Sobo o manoseo.

tentar (*conjug 6*) *tr* **1** Tocar o palpar. ■ **2** Intentar o procurar. ■ **3** Probar la fortaleza moral [de una pers. (*cd*)] presentándole de modo atrayente [algo que le está prohibido o no le conviene (*compl* CON)]. *Frec se omite el 2º compl.* **b)** Resultar atrayente [para alguien (*cd*) algo, esp. una idea o proyecto]. *Frec en part, a veces con un compl* DE. ■ **4** Poner a prueba [a alguien o algo personificado], frec. con riesgo de provocar en él una reacción hostil. **b)** ~ **a la suerte** → SUERTE. ■ **5** Probar con la garrocha [un becerro] para apreciar su bravura y sus condiciones para la lidia. ■ **6** Atraer con el cebo [a un pez]. ■ **7** (*raro*) Dar un tiento [a una botella o algo similar].

tentaruja. a la ~. *loc adv* (*col*) A tientas.

tentativamente *adv* (*lit, raro*) De manera tentativa.

tentativo -va I *adj* **1** (*lit*) Que sirve de prueba o tanteo. **II** *f* **2** Intento.

tentebonete *m* (*reg*) Cantidad grande. *Gralm en la constr* A ~.

tentemozo *m* **1** Puntal o apoyo que se pone a una cosa para que no se caiga. ■ **2** Palo que se articula en el extremo anterior del carro y le sirve de apoyo cuando este descansa solo sobre las ruedas. ■ **3** Tentetieso [1].

tentempié *m* **1** (*col*) Comida ligera e informal. ■ **2** Tentetieso [1].

tentenelaire (*tb con la grafía* **tente-en-el-aire**) *m y f* (*hist*) *En las castas coloniales americanas:* Hijo de cuarterón y mulata o de mulato y cuarterona.

tentetieso I *m* **1** Muñeco que recobra automáticamente la posición vertical. **II** *fórm or* **2 y** ~ → TENER.

tentón (*reg*) I *m* **1** Acción de tentar [1] de manera brusca o rápida. **II** *loc adv* **2 a(l)** ~. A tientas.

tenue *adj* **1** [Cosa] muy fina o delgada. *Tb fig.* ■ **2** Poco intenso o poco perceptible.

tenuemente *adv* De manera tenue.

tenuidad *f* Cualidad de tenue.

tenuirrostro *adj* (*Zool*) [Pájaro] de pico largo y delgado. *Frec como n m en pl, designando este taxón zoológico.*

tenuta *f* (*Der*) *En Cataluña:* Derecho de la viuda a la posesión y al usufructo de los bienes del marido mientras no se le restituya la dote.

tenutario -ria *adj* (*Der*) [Pers.] que tiene tenuta. *Frec n f.*

teñido *m* Acción de teñir [1 y 2].

teñidor -ra *adj* (*raro*) Que tiñe [1]. *Tb n, referido a pers.*

teñir (*conjug* 58) **A** *tr* **1** Impregnar [algo] de una materia colorante haciendo que cambie de color. *Si se expresa el nuevo color, se expresa mediante un compl* DE *o* EN. **b)** *pr* (~se) Cambiar [algo (*suj*)] de color por impregnarse de una materia colorante. *Si se expresa el nuevo color, se hace mediante un compl* DE. ■ **2** Producir [una sustancia (*suj*)], por impregnación, cambio de color [en algo (*cd*)]. *Tb abs.* ■ **3** (*lit*) Impregnar [algo no material de un determinado carácter]. ■ **4** (*lit*) Impregnar [determinado carácter (*suj*)] algo no material]. **B** *intr* **5** Ser [algo] susceptible de ser teñido [1 y 2].

teobromina *f* (*Quím*) Alcaloide del cacao.

teocéntrico -ca *adj* (*lit*) Que tiene a Dios como centro de referencia.

teocracia *f* (*Pol*) Forma de gobierno en que la autoridad, que se considera emanada de la divinidad,

es ejercida por la clase sacerdotal o por un soberano. **b)** Comunidad cuya forma de gobierno es una teocracia.

teocrático -ca *adj* (*Pol*) De (la) teocracia.

teodicea *f* (*Filos*) Teología fundada en principios racionales.

teodolito *m* (*E*) Instrumento óptico que sirve para medir ángulos verticales y horizontales.

teofanía *f* (*Rel*) Aparición o manifestación patente de la divinidad.

teofánico -ca *adj* (*Rel*) De (la) teofanía.

teofilántropo -pa *m y f* (*hist*) Adepto a un sistema filosófico-religioso de carácter deísta, de los últimos años del s. XVIII, que pretendía sustituir el cristianismo por una nueva religión basada en la creencia en Dios, en la inmortalidad del alma y en la virtud.

teofilina *f* (*Quím*) Alcaloide contenido en las hojas de té.

teogonía *f* (*Rel*) Genealogía de los dioses.

teogónico -ca *adj* (*Rel*) De (la) teogonía.

teologado *m* (*Rel catól*) Período de los estudios eclesiásticos dedicado a la teología [1]. *Tb el centro en que se cursa.*

teologal *adj* (*Rel catól*) [Virtud] que tiene a Dios como objeto inmediato.

teología *f* **1** Ciencia que tiene por objeto a Dios, su naturaleza, sus atributos y su relación con el mundo. *Frec con un adj especificador que determina el método que le sirve de base o el aspecto en que se desarrolla:* DOGMÁTICA, MORAL, NATURAL, PASTORAL, *etc.* ■ **2** Doctrina teológica. **b)** Argumentación teológica o religiosa. ■ **3** (*humoríst*) Cuestión muy complicada y difícil de entender. *Gralm en pl, frec en la constr* METERSE EN ~S.

teológicamente *adv* **1** De manera teológica. ■ **2** En el aspecto teológico.

teológico -ca *adj* De (la) teología [1].

teologismo *m* Tendencia a recurrir en exceso a la teología [1].

teologizar *intr* Discurrir sobre cuestiones teológicas.

teólogo -ga *m y f* **1** Especialista en teología [1]. ■ **2** Estudiante de teología [1]. *Esp referido a seminarista.*

teorba *f* Tiorba (instrumento musical).

teorema *m* Proposición científica demostrable.

teoremático -ca *adj* De(l) teorema.

teoréticamente *adv* (*Filos*) De manera teorética [1].

teorético -ca (*Filos*) I *adj* **1** Teórico [1a]. **II** *f* **2** Teórica [2] o teoría¹ [1].

teoría¹ I *f* **1** Conocimiento o razonamiento abstracto, considerado con independencia de la realidad práctica. **b)** Conjunto de conocimientos abstractos [de una ciencia o actividad]. ■ **2** Conjunto organizado de ideas o hipótesis [sobre una cuestión]. **II** *loc adv* **3 en** ~. Teóricamente.

teoría² *f* (*lit*) Procesión o cortejo.

teóricamente *adv* En el aspecto teórico [1a].

teoricidad *f* (*raro*) Condición de teórico [1a].

teórico -ca I *adj* **1** De (la) teoría[1] [1]. **b)** [Pers.] que se ocupa exclusiva o fundamentalmente de la creación o estudio de la teoría[1] [de una ciencia o actividad]. *Frec n.* **II** *f* **2** Teoría[1], *esp* [1].

teorización *f* Acción de teorizar. *Tb su efecto.*

teorizador -ra *adj* Que teoriza. *Frec n, referido a pers.*

teorizante *adj* Teorizador. *Frec n, referido a pers.*

teorizar *intr* Elaborar teorías[1] [2] [sobre algo], o discurrir [sobre ello] en el plano estrictamente teórico [1a].

teosofía *f* (*Rel*) Doctrina común a varias sectas de carácter místico y mágico que pretenden un conocimiento directo e intuitivo de Dios.

teosófico -ca *adj* (*Rel*) De (la) teosofía.

teosofismo *m* (*Rel*) Teosofía.

teosofista *m y f* (*Rel*) Teósofo.

teósofo -fa *m y f* (*Rel*) Pers. que profesa la teosofía.

teotihuacano -na *adj* De Teotihuacán (Méjico). *Tb n, referido a pers. Frec referido a los habitantes históricos de la región de esta ciudad.*

tépalo *m* (*Bot*) Pieza del periantio de una flor en que sépalos y pétalos son del mismo color.

tepe *m* Pedazo pequeño de tierra cubierto de césped, muy trabado con las raíces de este, y que se corta en forma de prisma.

tepeté *m* (*reg*) Juego infantil que consiste en tirar la pelota contra una pared realizando, mientras bota, las acciones consignadas en la canción que lo acompaña.

tepidarium (*lat; pronunc corriente, /tepidárium/; pl invar*) *m* (*hist*) En las termas romanas: Lugar de temperatura templada.

tequi *m* (*jerg*) Coche.

tequila *m* (*más raro, f*) Aguardiente mejicano que se extrae de algunos agaves, esp. del *Agave tequilana.*

Ter (*sigla; tb, raro, con la grafía* **TER**) *m* Cierto tipo de tren rápido español.

tera- *r pref* (*E*) Un billón. *Antepuesta a ns de unidades de medida, forma compuestos que designan unidades un billón de veces mayores.*

terapeuta *m y f* Pers. que se dedica a la terapéutica [2].

terapéuticamente *adv* En el aspecto terapéutico [1].

terapéutico -ca I *adj* **1** De (la) terapéutica [2]. **II** *f* **2** Tratamiento o curación de enfermedades.

terapia *f* Terapéutica [2].

teratogénesis *f* (*Biol*) Producción de malformaciones.

teratogenia *f* (*Biol*) Teratogénesis. *Tb su estudio.*

teratogénico -ca *adj* (*Biol*) De (la) teratogénesis.

teratógeno -na *adj* (*Biol*) Que produce malformaciones. *Tb n m, referido a medicamento o agente.*

teratología *f* (*E*) **1** Estudio de las malformaciones y monstruosidades. ■ **2** Conjunto o colección de seres monstruosos o deformes. ■ **3** Monstruosidad física. *Tb fig.*

teratológico -ca *adj* (*E*) Monstruoso o deforme.

teratoma *m* (*Med*) Tumor constituido por tejidos extraños al lugar en que se desarrolla.

tercamente *adv* De manera terca.

tercelete *m* (*Arquit*) Nervio de la bóveda estrellada, que sube por un lado del arco diagonal hasta la línea media.

tercena *f* Almacén estatal para vender al por mayor tabaco u otros productos.

tercenista *m y f* Pers. encargada de una tercena.

tercería *f* **1** Oficio o actividad de tercero [3]. ■ **2** (*Der*) Derecho que deduce un tercero [2] entre dos o más litigantes.

tercerilla *f* (*TLit*) Estrofa de tres versos de arte menor, de los cuales normalmente riman dos entre sí.

tercermundismo *m* **1** Movimiento de (los) países tercermundistas [1a]. ■ **2** Conjunto de problemas y fenómenos relativos al Tercer Mundo. ■ **3** Condición de tercermundista.

tercermundista *adj* Del Tercer Mundo (conjunto de los países subdesarrollados). **b)** (*desp*) Propio de un país muy atrasado.

tercero -ra I *adj* (*toma la forma* TERCER *cuando va delante del n m del que es adjunto, aunque se interponga otro adj. Es pop el empleo de esta forma ante n f*) **1** Que ocupa un lugar inmediatamente detrás o después del segundo. *Frec el n va sobrentendido.* **b)** **tercera** [edad], **tercer** [mundo], [orden] **tercera** → EDAD, MUNDO, ORDEN[1]. ■ **2** [Pers. o cosa] que no es ninguna de las dos a las que incumbe el asunto en cuestión. *Tb n m, referido a pers.* **II** *n* A *m y f* **3** (*lit*) Alcahuete. ■ **4** ~ **en discordia.** Pers. que interviene para mediar en la discusión de otras dos, o que tercia en una discusión o conversación iniciada por otras dos.
B *f* **5** Tercera [1] clase. *Frec fig para ponderar inferioridad o falta de calidad o importancia.* ■ **6** (*Mús*) Consonancia que comprende el intervalo de dos tonos y medio. ■ **7 tercera proporcional.** (*Mat*) Tercer [1] término de una proporción de la que se conocen los otros dos.
III *adv* **8** En tercer [1] lugar.

tercerol *m* (*reg*) Individuo de la Orden Tercera o de la Sangre de Cristo, que participa en las procesiones de Viernes Santo con túnica negra.

tercerola[1] *f* Carabina corta.

tercerola[2] *f* (*col, humoríst, hoy raro*) En el tren: Tercera clase.

terceto *m* Grupo de tres perss. o cosas. **b)** (*TLit*) Estrofa de tres versos de arte mayor, de los cuales normalmente riman dos entre sí.

tercia *f* **1** Medida equivalente a la tercera parte de una vara. ■ **2** (*reg*) Medida de áridos equivalente a la catorceava parte de un celemín. ■ **3** (*Agric*) Tercera labor que se da a la tierra. ■ **4** (*Rel catól*) Hora canónica que se reza después de prima. ■ **5** (*hist*) Entre los antiguos romanos: Segunda de las cuatro partes en que se dividía el día artificial, y que duraba desde media mañana hasta mediodía. *Tb* HORA ~. ■ **6** (*Naipes*) En algunos juegos: Reunión de tres cartas del mismo palo y de valor correlativo. ■ **7 ~s reales.** (*hist*) Dos novenas partes deducidas de los diezmos eclesiásticos para el rey.

terciado -da I *adj* **1** *part* → TERCIAR. ■ **2** Intermedio, ni grande ni pequeño.

II *m* **3** Madero de sierra de unos 5 cm de ancho.

terciana *adj* [Fiebre] intermitente que se repite cada tres días. *Gralm como n f en pl.*

terciar (*conjug* 1a) **A** *tr* **1** Poner [algo] atravesado o cruzado diagonalmente. *Gralm en part.* ■ **2** Repartir [la carga] a ambos lados de una caballería. ■ **3** Dividir [algo] en tres partes. *Frec en part.* ■ **4** Gastar un tercio [de algo (*cd*)]. *Gralm en part.* ■ **5** (*Agric*) Dar la tercera labor [a una tierra (*cd*)]. *Tb abs.*

B *intr* ➤ **a** *normal* **6** Intervenir o mediar [en algo, esp. en una conversación o disputa]. *Tb sin compl.*

➤ **b** *pr* (~se) **7** Presentarse u ofrecerse la oportunidad [de algo (*suj*)]. *A veces se omite el suj por consabido.*

terciario -ria *adj* **1** Tercero o de tercer grado. *Normalmente solo se usa en series de muy pocos elementos, contraponiéndose a* PRIMARIO, SECUNDARIO, CUATERNARIO. **b)** (*Geol*) [Era] comprendida entre la secundaria y la cuaternaria, y cuyos terrenos datan de 651 millones de años a.C. *Tb n m.* **c)** Perteneciente a la era terciaria. ■ **2** (*Rel catól*) [Pers.] perteneciente a la orden tercera de una regla religiosa. *Frec n.* ■ **3** (*Econ*) [Sector] que comprende las actividades que no se orientan a la producción inmediata de bienes de consumo. **b)** De(l) sector terciario. ■ **4** (*Fís*) [Color] que resulta de la mezcla de dos secundarios. ■ **5** (*Quím*) Que resulta de la sustitución de tres átomos o grupos.

terciarización *f* (*Econ*) Proceso socioeconómico de desarrollo preponderante del sector terciario [3].

tercio (*frec con mayúscula en aceps* 4 *a* 7) **I** *m* **1** Parte de las tres iguales en que se divide o se supone dividido un todo. **b)** (*Taur*) Parte de las tres en que se divide la corrida de toros. **c)** (*Taur*) Zona de las tres concéntricas en que se divide el ruedo, esp. la correspondiente al tercio medio. *Frec en pl.* ■ **2** Sector de los tres (o más) en que se divide una corporación, a efectos de designación o elección de sus miembros. ■ **3** Verso de una copla de cante flamenco. ■ **4 el ~.** La Legión española de África. ■ **5** Regimiento de la Guardia Civil, integrado en una zona y mandado por un coronel. ■ **6** *A veces se da este n a ciertos cuerpos armados no militares.* * Los Tercios de requetés. ■ **7** (*hist*) Regimiento de la infantería española de los ss. XVI y XVII, caracterizado por el uso, según sus compañías, de tres armas diferentes. ■ **8** (*Filos*) Tercer elemento. **II** *loc adj* **9 al ~.** (*Mar*) [Vela] trapezoidal que se suspende por el tercio [1a] de su longitud. **III** *loc v* **10 hacer** [a alguien] **buen** (*o* **mal**) **~.** (*col*) Favorecer[le] (*o* perjudicar[le]). ■ **11 cambiar el ~.** (*col*) Cambiar de conversación.

terciopana *f* Pana lisa.

terciopelado -da *adj* (*raro*) Aterciopelado.

terciopelo I *m* **1** Tejido, esp. de seda, raso por una de sus caras y por la otra cubierto de vello tupido y suave, obtenido mediante dos urdimbres y una trama o una urdimbre y dos tramas. **II** *loc adj* **2 de ~.** Sumamente suave.

terco -ca *adj* [Pers. o animal] que se mantiene en su actitud sin dejarse vencer por razones u obstáculos. *Tb fig, referido a cosa.* **b)** Propio de la pers. o animal tercos.

terebintácea *adj* (*Bot*) [Planta] dicotiledónea, leñosa, de hojas alternas sin estípulas y fruto en drupa, de la familia del terebinto. *Frec como n f en pl, designando este taxón botánico.*

terebinto *m* Arbusto de hojas lustrosas, flores en racimos laterales, fruto en drupa y madera dura y compacta, que exuda una trementina blanca muy olorosa (*Pistacia terebinthus*). *Tb su madera.*

terebrante *adj* [Dolor] que produce la sensación de que es taladrada la parte dolorida.

terebrátula *f* Molusco de concha calcárea con valvas desiguales y articuladas mediante charnela (gén. *Terebratula*). *Gralm designa solo las especies fósiles.*

teredo *m* Molusco de cuerpo largo y delgado cubierto por una pequeña concha, que excava galerías en la madera sumergida (*Teredo navalis*).

tereftálico *adj* (*Quím*) [Ácido] derivado del benceno, usado en la fabricación de poliésteres.

teresiana *f* Gorro militar semejante al quepis.

teresiano -na I *adj* **1** Relativo a Santa Teresa de Jesús († 1582). ■ **2** De (las) teresianas [3 y 4]. **II** *f* **3** Miembro de la institución religiosa fundada por el P. Poveda († 1936), destinada a la educación de la mujer. ■ **4** Religiosa de la Compañía de Santa Teresa de Jesús, fundada por el P. Ossó († 1896).

teresita *f* **1** (*col, raro*) Pecho femenino. ■ **2** (*reg*) Yema (dulce).

tergal (*n comercial registrado*) *m* Fibra sintética de poliéster de patente francesa.

tergiversación *f* Acción de tergiversar.

tergiversador -ra *adj* Que tergiversa. *Tb n, referido a pers.*

tergiversar *tr* Dar una interpretación falsa [a algo (*cd*), esp. un dicho].

tergo *m* (*Anat*) Dorso o espalda.

terilene → TERYLENE.

terlenka (*n comercial registrado*) *f* Fibra sintética de poliéster de patente holandesa.

termal *adj* [Agua] que brota siempre caliente. **b)** De(l) agua termal.

termalismo *m* Actividad relativa a la utilización y explotación de las aguas termales.

termalista *m y f* **1** Pers. que se dedica al termalismo. ■ **2** Pers. que sigue un tratamiento de aguas termales.

termalístico -ca *adj* De(l) termalismo.

termas *f pl* **1** Establecimiento de baños de aguas minerales calientes. ■ **2** (*Geol*) Fuente termal. ■ **3** (*hist*) *En la antigua Roma:* Establecimiento de baños públicos.

termes *m* Insecto semejante a la hormiga, que vive en sociedad, presenta polimorfismo muy acentuado y es preferentemente xilófago (géns. *Kalotermes* y *Reticulitermes*).

termestino -na *adj* (*hist*) De Termes (antigua ciudad en la actual provincia de Soria). *Tb n, referido a pers.*

termia *f* (*Fís*) Unidad de cantidad de calor equivalente a un millón de calorías.

térmicamente *adv* En el aspecto térmico [1].

térmico -ca *adj* **1** De(l) calor o de (la) temperatura. ■ **2** Que funciona mediante energía térmica [1]. ■ **3** (*Electr*) [Relé] que establece los contactos cuando el calor engendrado en él por la corriente alcanza la temperatura para la que ha sido regulado. *Tb n m.*

termidor *(tb con la grafía* **thermidor***; frec con mayúscula) m (hist)* Undécimo mes del calendario revolucionario francés, que va del 19 de julio al 17 de agosto.

termidoriano -na *(tb con la grafía* **thermidoriano***) adj (hist)* De la coalición que derrocó a Robespierre el 9 Termidor (1794). *Tb n, referido a pers.*

terminable *adj* Que puede terminar [1a].

terminación *f* **1** Acción de terminar(se). ■ **2** Momento en que termina [1a] [algo *(compl de posesión)*]. ■ **3** Parte en que termina [1a] [algo *(compl de posesión)*]. **b)** *(Gram o TLit)* Letra o conjunto de letras en que termina [una palabra *(compl de posesión)*] y que constituye su elemento flexivo o que determina su rima. ■ **4** Acabado (trabajo que perfecciona o remata una obra).

terminado *m* Acabado (trabajo que perfecciona o remata una obra).

terminal **I** *adj* **1** De(l) término o de (la) terminación. **b)** *(Bot)* Que se encuentra en el extremo de un órgano. **c)** *(Med)* [Enfermedad, estado o fase] que conduce inexorablemente a la muerte. **d)** *(Med)* [Enfermo] que se encuentra en estado terminal.
II *n* **A** *m* **2** Punto en que termina [1a] [algo *(compl de posesión)*, esp. un circuito o una conducción]. **b)** *(Electr)* Extremo de un conductor preparado para facilitar su conexión. **c)** Terminal [3b]. **d)** *(Informát)* Dispositivo de acceso a un ordenador situado a distancia, capaz de enviar o recibir información.
B *f* **3** Punto en que termina [1a] [algo *(compl de posesión)*, esp. una conducción]. **b)** Conjunto de instalaciones que constituyen uno de los extremos de una línea de transporte o comunicación o de un oleoducto.

terminante *adj* Que no deja lugar a dudas o a discusión.

terminantemente *adv* De manera terminante.

terminar **I** *v* **A** *intr* **1** Acabar (dejar de tener existencia [algo]). *Tb pr (~se).* **b)** *(lit)* Morir. **c)** Tener [una cosa *(suj)*] su final físico o temporal [de una determinada manera *(compl adv)*]. ■ **2** Pasar en último lugar [por una determinada acción o circunstancia]. *El compl es gralm* POR *+ infin o n de acción, o un ger.* ■ **3** Realizar completamente [una acción (DE *+ infin)*]. *Tb sin compl, por consabido.* **b)** *Con* NO *y seguido de infin, se emplea para negar atenuadamente lo expresado por el infin.* * *No termina de creérselo.* ■ **4** Destruir [a alguien o algo *(compl* CON*)*] o hacer que acabe. ■ **5** Romper la relación, esp. afectiva, [dos perss. o una con otra]. ■ **6** ~ **de** *+ infin =* ACABAR DE *+ infin.* * *Termina de irse.*
B *tr* **7** Hacer que [alguien o algo *(cd)*] termine [1]. **b)** Consumir o gastar [algo *(cd)*] completamente. **c)** Estar situado al final [de algo *(cd)*]. ■ **8** Hacer que [algo *(cd)*] quede completamente hecho. *Tb abs.* * *Terminado el barrido, se hará la cama.* **b)** Rematar [algo *(cd)*] de modo que quede perfecto. *Frec en part.* * *Esta pieza está mal terminada.* **c)** Realizar completamente determinada actuación [sobre algo *(cd)*]. * *Las alfombras se dejarán enrolladas hasta que la habitación esté terminada.*
II *loc adv* **9 para ~lo de arreglar**, *o* **de fastidiar** *(u otro v equivalente). (col)* Para colmo.

terminativo -va *adj (Filos)* De(l) objetivo o fin de una acción.

terminismo *m (Filos)* Nominalismo.

terminista *adj (Filos)* Nominalista. *Tb n.*

término **I** *m* **1** Punto en que termina [1a] algo, en el espacio o en el tiempo. ■ **2** Límite o frontera. **b)** Porción de territorio sometida a la autoridad de un ayuntamiento. *Frec* ~ MUNICIPAL. ■ **3** Plazo de tiempo determinado. *A veces en la constr* A ~. ■ **4** Plano en que se presenta algo a la consideración visual. *Normalmente precedido de los adjs* PRIMER, SEGUNDO, TERCER *o* ÚLTIMO. **b)** Lugar relativo, en orden o importancia, que se atribuye a algo. *En las constrs* EN PRIMER ~, EN SEGUNDO ~, *etc.* ■ **5** Palabra, esp. propia de una actividad o de un ámbito determinados. **b)** *En pl:* Modo de expresarse. **c)** *En pl:* Sentido. **d)** *En pl:* Condiciones con que se plantea un asunto o que se establecen en un acuerdo. **e)** *(Gram)* Palabra que sigue [a una preposición *(compl de posesión)*] y constituye con ella un complemento. **f)** *(Filos)* Expresión de un concepto. ■ **6** Elemento de una relación. **b)** Base [de una referencia o comparación]. **c)** *(Mat)* Monomio. **d)** ~ **mayor**, ~ **medio**, ~ **menor** *(Filos)* → MAYOR, MEDIO, MENOR. ■ **7** *(Arte)* Soporte rematado por una cabeza o un busto. ■ **8** ~ **medio.** Punto equidistante entre dos extremos. **b)** *(Mat)* Media aritmética. *Gralm, fuera del ámbito técn, se usa con valor aproximativo, frec en la constr* POR ~ MEDIO.
II *loc v* **9 dar ~** [a una cosa *(ci)*]. Terminar [3a] de realizar[la]. ■ **10 estar en buenos ~s** [dos perss. o una con otra]. Estar en buena relación. ■ **11 invertirse los ~s.** Cambiarse radicalmente la situación. ■ **12 llevar a ~** [una cosa]. Realizar[la] completamente. ■ **13 poner ~** [a una cosa *(ci)*]. Hacer que acabe.
III *loc adv* **14 en ~s generales.** En general. ■ **15 en último ~.** Como último recurso o en último caso. **b)** A fin de cuentas.
IV *loc prep* **16 en ~s de.** En cuanto a, o en materia de.

terminología *f* Conjunto de términos [5a] [de un ámbito o pers. determinados]. *Tb su estudio.*

terminológico -ca *adj* De (la) terminología.

terminólogo -ga *m y f* Especialista en terminología.

termita[1] *f (Quím)* Mezcla pulverulenta de aluminio y óxido de hierro o de otro metal, que, por inflamación, produce elevadísima temperatura.

termita[2] *f* Termes.

térmite *(tb* **termite***) m (raro, f)* Termes.

termitera *f* Termitero. *Tb (lit) fig.*

termitero *m* **1** Habitáculo hecho por los termes. ■ **2** *(lit)* Lugar en que vive y se agita gran cantidad de perss.

termítido *adj (Zool)* [Insecto] social, con cuatro alas iguales, boca masticadora y metamorfosis sencilla, del taxón que incluye los termes. *Gralm como n m en pl, designando este taxón zoológico.*

termo[1] *m* Recipiente de paredes aislantes que sirve para conservar bebidas o alimentos a la temperatura en que se introducen en él.

termo[2] *m* Depósito calentador de líquidos.

termo- *r pref* Térmico. * *Termoanalítico.* * *Termogenerador.*

termobomba *f (Fís)* Dispositivo que permite calentar un cuerpo con las calorías extraídas de otro.

termodinámicamente *adv (Fís)* De manera termodinámica [1].

termodinámico -ca (*Fís*) **I** *adj* **1** De (la) termodinámica [2].

II *f* **2** Parte de la física que estudia la relación entre los fenómenos térmicos y los mecánicos.

termoelectricidad *f* (*Fís*) Electricidad producida por medio del calor.

termoeléctrico -ca *adj* (*Fís*) De (la) termoelectricidad.

termoestable *adj* (*Quím*) [Plástico] que no pierde su forma por la acción del calor.

termófilo -la *adj* (*Bot*) [Planta] poco resistente al frío.

termogénesis *f* (*Biol*) Producción de calor en los seres vivos.

termógeno -na *adj* (*Biol*) Que produce calor.

termografía *f* (*Med*) Observación de la temperatura corporal aumentada en las zonas afectadas de un proceso patógeno.

termógrafo *m* (*Fís*) Termómetro registrador.

termogravimetría *f* (*Quím*) Estudio de la disminución o el aumento de masa que experimentan las sustancias al ser calentadas o enfriadas de modo constante durante un tiempo determinado.

termoiónico -ca *adj* (*Electr*) De (la) emisión de electrones por un cátodo por efecto del calor.

termolábil *adj* (*Quím*) Que se altera fácilmente por el calor.

termología *f* (*Fís*) Parte de la física que trata de los fenómenos relativos al calor o a la temperatura.

termoluminiscencia *f* (*Fís*) Luminiscencia provocada por el calor.

termometría *f* (*Fís*) Parte de la termología que trata de la medida de la temperatura.

termométrico -ca *adj* De(l) termómetro o de la termometría.

termómetro *m* Aparato destinado a medir la temperatura. *Tb fig.*

termonuclear *adj* **1** (*Fís*) [Fenómeno] de fusión de núcleos ligeros a temperaturas muy elevadas. ■ **2** [Arma] de reacción termonuclear [1]. **b)** De (las) armas termonucleares.

termopar *m* (*Electr*) Par termoeléctrico.

termopila *f* (*Electr*) Generador eléctrico constituido por el acoplamiento de numerosos pares termoeléctricos.

termoplástico -ca *adj* (*Quím*) [Materia plástica] que se ablanda y puede moldearse bajo la acción del calor, endureciéndose de nuevo al enfriarse. *Tb n m.*

termoquímico -ca (*Quím*) **I** *adj* **1** De (la) termoquímica [2].

II *f* **2** Estudio de los fenómenos térmicos que se producen en las combinaciones químicas. *Tb el conjunto de esos fenómenos.*

termorreceptor -ra *adj* (*Biol*) [Órgano] receptor de estímulos térmicos.

termorregulador -ra *adj* (*E*) Que sirve para mantener constante la temperatura. *Tb n m, designando dispositivo.*

termos *m* (hoy raro) Termo¹ (recipiente).

termosifón *m* Circuito de canalizaciones por las que circula un líquido en razón de las variaciones de densidad que experimenta al calentarse en una parte del mismo y enfriarse en otra.

termostáticamente *adv* Mediante termostato.

termostático -ca *adj* Que tiene termostato.

termostato (*tb, raro,* **termóstato**) *m* Regulador que permite mantener una temperatura constante en un recinto.

termotaxia *f* (*Biol*) Movimiento de los organismos determinado por el calor.

termotecnia *f* (*Fís*) Estudio de las aplicaciones prácticas del calor.

termotécnico -ca *adj* (*Fís*) De (la) termotecnia.

termoterapia *f* (*Med*) Aplicación terapéutica del calor.

termoventilación *f* (*E*) Sistema de calefacción mediante la circulación de aire caliente.

termoventilador *m* (*E*) Aparato de calefacción por aire caliente con ventilador que acelera la circulación de este.

terna *f* Conjunto de tres perss. **b)** Conjunto de tres perss. propuestas para que de entre ellas se designe la que ha de ocupar un cargo. **c)** Conjunto de tres matadores contratados para una corrida de toros.

ternario -ria *adj* Formado por tres elementos. **b)** (*Mús*) Formado por un número de elementos igual a 3 o múltiplo de 3.

ternasco *m* (reg) Cordero lechal.

ternateño -ña *adj* De Ternate (isla de las Molucas, Indonesia). *Tb n m, referido a lengua.*

terne *adj* (col) **1** Sano y fuerte. *Tb fig.* ■ **2** Firme u obstinado. ■ **3** Impasible o que no se inmuta. ■ **4** (raro) Valentón. *Tb n.*

ternerío *m* (reg) Terneros, o conjunto de (los) terneros.

ternero -ra A *m y f* **1** Cría de la vaca.

B *f* **2** Carne de ternero o ternera.

terneza *f* **1** Ternura [2 y 3]. ■ **2** Palabra o expresión dulce y cariñosa.

ternilla *f* Cartílago.

ternísimo → TIERNO.

terno *m* **1** Conjunto de chaqueta, chaleco y pantalón de la misma tela. **b)** Traje de torero. *Tb ~ DE LUCES.* ■ **2** (*Rel catól*) Vestuario exterior del sacerdote oficiante y de sus dos ministros en la misa solemne, constituido por casulla y capa pluvial para el primero y por sendas dalmáticas para los segundos. ■ **3** (*Impr*) Conjunto de tres pliegos metidos uno dentro de otro. ■ **4** (hist) En la lotería: Suerte de tres números. ■ **5** (lit) Juramento o execración en demostración de ira.

ternstroemiácea *adj* (*Bot*) [Planta] dicotiledónea, arbórea o arbustiva, de hojas simples y verdes todo el año, de la familia del té. *Frec como n f en pl, designando este taxón botánico.*

ternura *f* **1** Sentimiento de cariño delicado y protector. ■ **2** Cualidad de tierno (fácil de cortar o partir). ■ **3** Cualidad de tierno (afectivo, sentimental o dulce).

ternurismo *m* Ternura [1] exagerada o empalagosa.

ternurista *adj* Exagerada o empalagosamente tierno o sentimental.

tero *m* Ave zancuda americana, de plumaje blanco, negro y pardo, que vuela en bandadas y da gritos estridentes al levantar el vuelo (*Belenopterus chilensis*).

terópodo *adj* (*Zool*) [Dinosaurio] carnívoro del Jurásico y Cretácico, caracterizado por el gran desarrollo de sus patas posteriores y por sus dientes agudos. *Frec como n m en pl, designando este taxón zoológico.*

terorense *adj* De Teror (Gran Canaria). *Tb n, referido a pers.*

terpeno *m* (*Quím*) Hidrocarburo presente en las esencias vegetales y cuya molécula contiene 8 átomos de hidrógeno por cada 5 de carbono.

terpenoide *m* (*Quím*) Derivado oxigenado de los terpenos.

terquear *intr* Mostrarse terco.

terquedad *f* Cualidad de terco.

terquería *f* (*raro*) Terquedad.

terracampino -na *adj* De la Tierra de Campos (comarca de Palencia, Valladolid y Zamora). *Tb n, referido a pers.*

terracota *f* 1 Barro cocido. 2 Escultura de barro cocido.

terrado *m* Azotea o terraza.

terraja *f* Herramienta para labrar roscas a mano.

terrajo *m* (*reg*) Trozo pequeño de tierra labrantía.

terral *adj* [Viento] que procede de tierra. *Tb n m.*

terramara *f* (*Arqueol*) Hábitat de la Edad de Bronce y principios de la de Hierro, propio del norte de Italia, constituido por montículos agrupados en torno a dos vías perpendiculares, norte-sur y este-oeste.

terramicina (*n comercial registrado*) *f* Antibiótico de amplio espectro obtenido del *Streptomyces rimosus*.

terra nullius (*lat; pronunc corriente,* /téꞟa-nulíus/) *loc n f* Tierra de nadie.

terrapene *m* Tortuga acuática de América del Norte (gén. *Malaclemys*, esp. *M. terrapin*, y gén. *Pseudemys*).

terraplén *m* Macizo de tierra, piedras u otros materiales, hecho para rellenar un desnivel, para defensa o para que sirva de asiento a una vía u otra obra similar. **b)** Terreno en pendiente.

terraplenado *m* Acción de terraplenar. *Tb su efecto.*

terraplenar *tr* Hacer terraplén [en un lugar (*cd*)]. *Tb abs.*

terráqueo -a *adj* 1 [Globo o esfera] en cuya superficie están representadas las tierras y mares del planeta. ■ 2 (*lit*) Terrestre.

terrario *m* Recinto acondicionado para mantener en cautividad algunos animales terrestres, esp. reptiles, batracios, insectos o arácnidos.

terrasado -da *adj* (*Heráld*) Terrazado.

terra sigillata (*lat; pronunc corriente,* /téꞟa-sixiláta/) *loc n f* (*Arqueol*) Cerámica romana de uso corriente en la época del Imperio, hecha a molde con arcilla fina de color rojizo, cubierta de barniz y firmada con sellos.

terrateniente *m y f* Propietario de tierras. *Tb adj.*

terraza *f* 1 Franja de terreno llano en una pendiente, que gralm. forma serie escalonada con otras y frec. se destina al cultivo. **b)** (*Geol*) Capa aluvial recortada por la erosión de un río, que frec. forma serie escalonada con otras. **c)** ~ **costera**. (*Geol*) Plano inclinado submarino al pie de un acantilado. ■ 2 Sitio alto y abierto de una casa, voladizo o no, protegido con un pretil o barandilla. **b)** Azotea (cubierta llana de un edificio, dispuesta para poder andar por ella). ■ 3 Superficie acotada al aire libre, delante de un café o bar, en la que se colocan mesas para el público. ■ 4 (*raro*) Jarra vidriada de dos asas.

terrazado -da *adj* (*Heráld*) [Figura] que reposa sobre un suelo o plataforma.

terrazguero *m* (*hist*) Labrador que tiene arrendadas las tierras de un señor mediante un contrato de aparcería.

terrazo *m* Pavimento formado por trozos de mármol aglomerados con cemento, y que tiene superficie pulimentada.

terre à terre (*fr; pronunc corriente,* /téꞟ-a-téꞟ/) *loc adj* (*lit*) Pedestre o a ras de tierra.

terrecer (*conjug* 11) *tr* (*raro*) Aterrar o causar terror.

terremoto *m* 1 Sacudida, de origen interno, de la corteza terrestre. **b)** Conmoción o sacudida violenta. ■ 2 (*col*) Pers. o animal muy vivo e inquieto.

terrenal *adj* (*lit*) Terreno [1 y 2]. **b)** [Paraíso] ~ → PARAÍSO.

terrenalidad *f* (*lit*) Cualidad de terrenal.

terrenamente *adv* En el aspecto terreno [1 y 2].

terrenidad *f* (*lit*) Cualidad de terreno [1 y 2].

terreno I *adj* 1 Del planeta Tierra. ■ 2 De este mundo. *Por contraposición a lo espiritual o a lo celestial.*
II *m* 3 Superficie terrestre. ■ 4 Porción de superficie terrestre. **b)** (*Geol*) Porción de la corteza terrestre, considerada en cuanto a su naturaleza, estructura, edad u origen. **c)** **todo** ~ → TODO-TERRENO. ■ 5 Orden de cosas. ■ 6 Campo o esfera de acción [de una pers. o cosa]. **b)** (*Taur*) Sector del ruedo en que es más eficaz la acción [del toro o del torero]. ■ 7 ~ **abonado**. Pers. o cosa que reúne condiciones óptimas [para que en ella prospere o se desarrolle algo (*compl* PARA)].
III *loc v* 8 **comer**, o **ganar**, (**el**) ~ [a alguien]. (*Taur*) Sacar[le] ventaja. *Sin ci. Frec fig, fuera del ámbito técn.* ■ 9 **cortar el** ~ [a alguien]. (*Taur*) Dirigirse al punto al que se intuye que irá a parar. *Tb fig, fuera del ámbito técn.* ■ 10 **llevar** [una pers. a otra] **a su** ~. Hacer que tome una actitud favorable. ■ 11 **minar el** ~ [a alguien]. Trabajar solapadamente para desbaratar[le] los planes. ■ 12 **perder** ~. Quedarse atrás o perder ventaja. ■ 13 **saber** [alguien] **el** ~ **que pisa**. Conocer bien a las perss. o cosas con las que tiene que tratar. ■ 14 **tantear el** ~. Indagar discretamente las posibilidades de éxito.
IV *loc adv* 15 **sobre el** ~. En el mismo lugar en cuestión.

terreño -ña *adj* (*reg*) Terrero [1].

térreo -a *adj* (*lit o E*) De (la) tierra (materia constituida por el conjunto de partículas menudas que forman el suelo natural).

terrerilla *f* (*reg*) Ave semejante a la alondra (*Calandrella cinerea*).

terrero I *adj* **1** De (la) tierra (materia constituida por el conjunto de partículas menudas que forman el suelo natural). ■ **2** (*reg*) [Casa] de una planta. **II** *n* A *m* **3** Montón o depósito de tierra. **B** *f* **4** *Se da este n a varias aves semejantes a la alondra, esp a la* Calandrella cinerea *y la* C. rufescens, *y tb* (*reg*) *a la misma alondra (*Alauda arvensis*). A veces con un adj especificador:* COMÚN, MARISMEÑA, *etc.* ■ **5** (*reg*) Vasija pequeña de barro.

terrestre *adj* **1** Del planeta Tierra. ■ **2** De la superficie de la Tierra. **b)** De la superficie de la Tierra no cubierta por el mar. **c)** Que habita en la superficie de la tierra no cubierta por el mar.

terribilidad *f* Cualidad de terrible.

terrible *adj* **1** Que causa terror [1a]. *Frec con intención ponderativa.* ■ **2** (*col*) Muy grande o extraordinario.

terriblemente *adv* De manera terrible [2].

terrícola *adj* **1** Que habita en la superficie terrestre. **b)** (*humoríst*) Habitante de tierra adentro, de zona no costera. ■ **2** Habitante del planeta Tierra.

terrier *m* *Se da este n a diversas razas de perros utilizados para la caza de animales en madriguera, y hoy preferentemente de compañía.*

terrífico -ca *adj* (*lit*) Terrible o terrorífico.

terrígeno -na *adj* (*Geol*) De origen terrestre o continental.

terrina *f* Pequeño recipiente, frec. de barro, en forma de tronco de cono con la base mayor arriba. *Tb su contenido.*

territorial *adj* De(l) territorio. **b)** [Audiencia] ~ → AUDIENCIA.

territorialidad *f* Consideración jurídica [de algo] como territorio nacional.

territorialización *f* Acción de territorializar.

territorializar *tr* Adscribir [algo] al territorio [1].

territorialmente *adv* En el aspecto territorial.

territorio *m* **1** Extensión de tierra. *Frec con un adj o compl que especifica el país o demarcación a que pertenece.* ■ **2** (*Biol*) Lugar en que vive un animal o un grupo de animales y que es defendido frente a la invasión de otros. ■ **3** (*Anat*) Zona irrigada por una arteria o inervada por un nervio.

terrizo -za I *adj* **1** De tierra (materia constituida por el conjunto de partículas menudas que forman el suelo natural). **II** *n* A *m* **2** Barreño o lebrillo. **b)** (*reg*) Bebida hecha con vino, azúcar, canela y fruta, que se prepara en un terrizo. ■ **3** (*reg*) Suelo de tierra. **B** *f* **4** (*reg*) Terrizo [2].

terrón *m* Masa compacta y pequeña de tierra. **b)** Masa compacta y pequeña [de una sustancia cuyo estado normal es en partículas], frec. moldeado, por medios artificiales, en forma geométrica.

terronera *f* (*raro*) Conjunto de (los) terrones [1a].

terror (*con mayúscula en acep 3*) *m* **1** Miedo muy intenso. *Frec con intención ponderativa.* **b)** Miedo colectivo que mediante actos violentos se hace padecer a una población a fin de anular su resistencia política. ■ **2** Pers. o cosa que causa terror [1] [a alguien o en un lugar (*compl de posesión*)]. ■ **3** (*hist*) Período de la Revolución Francesa comprendido entre mayo de 1793 y julio de 1794, durante el cual se decretaron numerosas ejecuciones.

terroríficamente *adv* De manera terrorífica.

terrorífico -ca *adj* **1** Que infunde terror [1a]. *Frec con intención ponderativa.* ■ **2** (*col*) Muy grande o extraordinario.

terrorismo *m* Método de lucha política basado en el terror [1b]. *Tb fig, fuera del ámbito político.*

terrorista *adj* De(l) terrorismo. **b)** [Pers.] perteneciente a una organización terrorista. *Tb n.*

terroso -sa *adj* **1** Semejante a la tierra (materia constituida por el conjunto de partículas menudas que forman el suelo natural), esp. en la textura o en el color. ■ **2** De tierra. ■ **3** Que tiene tierra.

terruñero -ra *adj* (*raro*) Apegado al terruño.

terruño *m* Tierra o país natal.

terso -sa *adj* **1** Limpio y brillante. ■ **2** Liso o sin arrugas. ■ **3** [Estilo o lenguaje] pulido y elegante.

tersura *f* Cualidad de terso.

tertium non datur (*lat; pronunc corriente,* /tértium-nón-dátur/) *fórm or* Lo tercero no existe, o no hay término medio.

tertulia *f* Reunión habitual de perss. para conversar o para jugar a juegos de sobremesa. **b)** Conversación entre dos o más perss.

tertuliano -na *adj* De (la) tertulia. **b)** [Pers.] que concurre a una tertulia. *Frec n.*

tertuliante *adj* [Pers.] que concurre a una tertulia. *Frec n.*

tertuliar (*conjug* 1a) *intr* Conversar o hacer tertulia.

tertuliero -ra *adj* De (la) tertulia.

tertulio -lia *adj* Tertuliano o tertuliante. *Tb n.*

teruelita *f* (*Mineral*) Variedad de dolomita propia de Teruel.

terylene (*n comercial registrado; tb, raro, con la grafía* **terilene**) *m* Fibra sintética de poliéster de patente inglesa.

terzón *m* (*hist*) Tercio. *Referido a la división territorial del Valle de Arán.*

tesalio -lia (*hist*) I *adj* **1** De Tesalia (región de la Grecia antigua). *Tb n, referido a pers.* **II** *m* **2** Dialecto griego de Tesalia.

tesalonicense *adj* (*hist*) De Tesalónica (actual Salónica, Grecia). *Tb n, referido a pers. Gralm con referencia a las cartas de S. Pablo.*

tesalónico -ca *adj* (*hist*) Tesalonicense. *Tb n.*

tesar *tr* (E) Poner tirante [una cuerda o cable].

tesaurización *f* (*Econ*) Tesorización.

tesaurizar *tr* (*Econ*) Tesorizar.

tesauro *m* Tesoro (diccionario).

tesela *f* Pieza de las que constituyen un mosaico.

tesina *f* Tesis [2a] de licenciatura.

tesis *f* **1** Idea u opinión que se tiene por verdadera y que se trata de demostrar o defender con argumentos. **b)** Idea, esp. de carácter moral o sociopolítico, que se expone o apoya en una obra literaria. *Frec en la loc* DE ~. ■ **2** Trabajo de investigación para obtener un grado universitario. *Con un compl especificador:* DE LICENCIATURA, *o* DOCTORAL. **b)** *Sin compl:* Tesis doctoral. ■ **3** (*Filos*) Proposición o término que inician el proceso dialéctico y a los cuales se opone la antítesis. *Esp en la filosofía de Hegel.* ■

4 (*Mús*) Momento de descenso de la mano al marcar el compás. *Se opone a* ARSIS. ▪ **5** (*TLit*) Parte no acentuada del pie métrico. *Se opone a* ARSIS.

tesitura *f* **1** (*Mús*) Parte de la escala sonora propia de una voz o de un instrumento. ▪ **2** Actitud o disposición de ánimo.

tesla *f* (*Fís*) *En el sistema internacional:* Unidad de inducción magnética equivalente a la inducción producida por un flujo magnético de un wéber sobre una superficie de un metro cuadrado.

tesmotete *m* (*hist*) *En la antigua Grecia:* Arconte encargado de revisar las leyes y de vigilar su cumplimiento.

teso *m* **1** Colina pequeña y gralm. de cima llana. ▪ **2** (*reg*) Recinto de una feria de ganado.

tesón *m* Firmeza y perseverancia.

tesoneramente *adv* De manera tesonera.

tesonería *f* Cualidad de tesonero.

tesonero -ra *adj* [Pers.] que tiene tesón. **b)** Propio de la pers. tesonera.

tesorería *f* **1** Conjunto de los fondos [de una empresa o entidad]. *Tb, gralm humoríst, referido a una pers particular.* ▪ **2** Cargo de tesorero. ▪ **3** Oficina del tesorero. ▪ **4** (*hist*) Lugar en que se guarda un tesoro [1a], esp. de un príncipe o de un Estado.

tesorero -ra *m y f* Pers. encargada de custodiar y administrar los bienes [de una empresa o entidad o de un soberano].

tesorización *f* (*Econ*) Acción de tesorizar.

tesorizar *tr* (*Econ*) Acumular [riquezas] de manera improductiva. *Tb abs.*

tesoro *m* **1** Cantidad grande de dinero, joyas u otros objetos valiosos. *Tb fig.* **b)** (*Der*) Conjunto escondido de monedas u objetos preciosos cuyo dueño se desconoce. ▪ **2** Erario público. *Tb ~ PÚBLICO.* ▪ **3** Pers. o cosa muy valiosa. *Con intención ponderativa.* **b)** *A veces se emplea como apelativo cariñoso.* * Ven aquí, tesoro. ▪ **4** Diccionario que aspira a ser exhaustivo.

test (*ing; pronunc corriente,* /test/; *pl normal,* ~s) *m* **1** Prueba psicotécnica para determinar la capacidad, aptitudes o preparación de una pers. *Frec con un compl especificador.* **b)** Examen en que hay que contestar seleccionando una entre varias contestaciones propuestas. ▪ **2** Prueba que permite establecer un juicio o comprobar un hecho.

testa *f* (*lit*) **1** Cabeza [de pers. o de animal]. ▪ **2 ~ coronada.** Monarca.

testado -da *adj* **1** *part* → TESTAR[1]. ▪ **2** Que tiene testamento [1].

testador -ra *adj* [Pers.] que testa (→ TESTAR[1]). *Frec n.*

testaferro *m* Pers. que en un contrato o negocio figura como interesado, no siéndolo.

testamentaría *f* **1** Conjunto de gestiones o trámites relacionados con la ejecución de lo dispuesto en un testamento [1]. ▪ **2** Conjunto de bienes dejados a alguien en testamento [1], considerados desde la muerte del testador hasta que pasan a poder del heredero.

testamentariamente *adv* De manera testamentaria [1].

testamentario -ria **I** *adj* **1** De(l) testamento [1 y 2].

II *m y f* **2** Pers. encargada por el testador de cumplir su testamento [1].

testamento (*con mayúscula en aceps 4 y 5*) *m* **1** Declaración legal de una pers. sobre el destino de sus bienes después de su muerte. *Tb el documento en que consta. Frec con un adj o compl que especifica la modalidad:* ABIERTO, CERRADO, DE HERMANDAD, OLÓGRAFO, *etc.* ▪ **2** Manifestación escrita, destinada a la posteridad, que una pers. hace de su pensamiento. *Gralm con un adj especificador.* ▪ **3** (*col*) Carta o escrito muy largo. ▪ **4 Antiguo ~.** Conjunto de libros bíblicos anteriores a la venida de Jesucristo. ▪ **5 Nuevo ~.** Conjunto de libros bíblicos posteriores a la venida de Jesucristo.

testar[1] *intr* Hacer testamento [1].

testar[2] *m* (*Arqueol*) Vertedero al que van a parar los desperdicios y piezas defectuosas de un horno de cerámica.

testarada *f* (*raro*) Cabezazo.

testarazo *m* (*col*) **1** Cabezazo. ▪ **2** Golpe o porrazo.

testarrón -na *adj* (*reg*) Testarudo.

testarudamente *adv* De manera testaruda.

testarudez *f* Cualidad de testarudo.

testarudo -da *adj* Terco u obstinado.

testatorio -ria *adj* (*Der*) Que sirve para testar[1].

teste *m* (*Anat*) Testículo.

tester (*ing; pronunc corriente,* /tcéster/) *m* (*Electr*) Instrumento de control, esp. destinado a medir tensión, intensidad de corriente o resistencia.

testera *f* **1** Frente o parte frontal [de alguien o algo]. ▪ **2** *En un coche de caballos:* Asiento en que se va de frente.

testero *m* **1** Frente o parte anterior [de algo]. ▪ **2** Pared [de un edificio o habitación]. **b)** Pared situada frente a la entrada.

testicular *adj* De(l) testículo.

testiculina *f* (*col, humoríst*) Coraje.

testículo *m* **1** Glándula sexual masculina de los animales, productora de los espermatozoides. ▪ **2 ~(s) de perro.** Variedad de orquídea (*Orchis morio*).

testificación *f* **1** Acción de testificar. *Tb su efecto.* ▪ **2** Prueba o testimonio. ▪ **3** (*Geol*) Extracción de testigos o muestras de terreno.

testificador -ra *adj* Que testifica.

testifical *adj* De(l) testigo [1, 2 y 3].

testificalmente *adv* De manera testifical.

testificante *adj* Que testifica.

testificar *tr* **1** Probar [algo] mediante testigos [1 y 5a] o documentos. ▪ **2** Declarar legalmente [algo] como testigo [1 y 3]. *Frec abs.* ▪ **3** Actuar como testigo [2] [de algo (*cd*)]. ▪ **4** Atestiguar (ser [una cosa] prueba o demostración [de otra (*cd*)]).

testigo A *m y f* **1** Pers. que presencia o conoce directamente [un hecho (*compl de posesión*)]. ▪ **2** Pers. que asiste [a una ceremonia o a un acto legal (*compl de posesión*)] y certifica su celebración. ▪ **3** Pers. que declara en un juicio, sin ser parte. *Tb fig.* ▪ **4 ~ de Jehová.** (*Rel*) Miembro de una secta cristiana que cree en la proximidad del fin del mundo y en la restauración del reino de Jehová, y que preconiza la desobediencia a las leyes civiles cuando estas entran en conflicto con su religión. *Frec en pl, designando la secta.*

B *m* **5** Cosa que sirve de prueba o confirmación. **b)** Dispositivo que advierte del funcionamiento de algo. **c)** (*Dep*) *En carreras de relevos:* Objeto cilíndrico que se pasa un corredor a otro al hacer el relevo. *Tb fig, fuera del ámbito deportivo.* **d)** Objeto que lleva el conductor de un vehículo que circula por una vía que circunstancialmente solo tiene una dirección, para entregarlo al que espera para circular en sentido contrario. **e)** (*Geol y Min*) Muestra más o menos profunda de terreno que se extrae por perforación. ■ **6** Cosa que sirve de punto de referencia. *Gralm en aposición.*

testiguero *adj* (*Geol y Min*) [Aparato] para extraer testigos o muestras de terreno. *Tb n m.*

testimoniador -ra *adj* (*raro*) Que testimonia.

testimonial I *adj* **1** Que sirve de testimonio.
   II *m* **2** (*Der*) Documento auténtico que asegura su contenido. *Gralm en pl.*

testimonialmente *adv* Desde el punto de vista testimonial.

testimoniante *adj* Que testimonia.

testimoniar (*conjug* **1a**) **A** *tr* **1** Dar testimonio [de algo (*cd*)].
   B *intr* **2** Dar testimonio [de algo].

testimonio *m* **1** Declaración [de algo] hecha por alguien afirmando su veracidad como testigo. **b)** **falso** ~. Calumnia. *Tb, raro, simplemente* ~. *Gralm con el v* LEVANTAR. ■ **2** Cosa que sirve para demostrar la existencia o la verdad [de algo]. **b)** (*Der*) Copia certificada [de un documento] expedida por el secretario de un juzgado o por un notario. ■ **3** Afirmación o constatación [de algo] mediante palabras o hechos.

testosterona *f* (*Biol*) Hormona producida por los testículos.

testuz *m o f En algunos animales, esp el toro:* Parte superior y posterior de la cabeza.

teta I *f* **1** *En las hembras de los mamíferos:* Mama. *Referido a mujer es pop.* ■ **2** (*pop*) Leche de mujer. *Frec en las constrs* DAR, o QUITAR, LA ~. ■ **3** (*raro*) Montecillo en forma de pecho de mujer. ■ **4** (*juv*) Cosa muy buena. *Con intención ponderativa.* ■ **5 ~ de vaca.** Planta herbácea de la familia de la escorzonera (*Scorzonera graminifolia, S. humilis y S. laciniata*).
   II *adj* **6** (*juv*) Muy bueno. *Con intención ponderativa. Frec adv.* ■ **7 de** ~. (*pop*) [Niño] que mama. ■ **8 de** ~. [Queso] cuya forma recuerda la del pecho de mujer.

tetada *f* Mamada (acción de mamar el bebé).

tetamen *m* (*juv*) Conjunto de los pechos de una mujer.

tetania *f* (*Med*) Excitabilidad anormal de los nervios y de los músculos, caracterizada por contracciones dolorosas de los músculos y debida a trastornos del metabolismo del calcio.

tetánicamente *adv* (*Med*) De manera tetánica [1].

tetánico -ca *adj* (*Med*) **1** De(l) tétanos. **b)** [Contracción] muscular persistente, esp. provocada experimentalmente por una sucesión de estímulos. ■ **2** Que padece tétanos [1]. *Tb n, referido a pers.*

tetanización *f* (*Med*) Acción de tetanizar. *Tb su efecto.*

tetanizar *tr* (*Med*) Producir contracción tetánica [en un músculo (*cd*)].

tétano *m* Tétanos [1].

tétanos *m* **1** Enfermedad muy grave producida por un bacilo que penetra gralm. por las heridas y ataca el sistema nervioso, produciendo contracción dolorosa y permanente de los músculos. ■ **2** (*Med*) Contracción muscular persistente, esp. provocada experimentalmente por una sucesión de estímulos.

tetar *tr* (*reg*) Mamar [leche]. *Frec abs.*

tetartoedria (*tb* **tetartoedría**) *f* (*Mineral*) Simetría que afecta solo a la cuarta parte de los elementos de un cristal.

tetartoédrico -ca *adj* (*Mineral*) Que presenta tetartoedria.

tetartoedro *m* (*Mineral*) Forma tetartoédrica.

tête à tête (*fr; pronunc corriente, /tét-a-tét/; pl, invar*) I *loc n m* **1** Entrevista personal para tratar un asunto.
   II *loc adv* **2** Frente a frente y a solas.

tetera *f* Vasija para hacer y servir el té.

tetería *f* Establecimiento público semejante a una cafetería y especializado en tés.

tetilla *f* **1** *En los machos de los mamíferos:* Abultamiento pequeño en el lugar correspondiente a la mama de la hembra. ■ **2** Variedad de queso gallego en forma de pecho de mujer. ■ **3** Tetina.

tetina *f* Tapa de biberón, que tiene un saliente en forma de pezón.

tetón¹ -na *adj* **1** [Hembra] de tetas grandes. *Referido a mujer, es vulg.* ■ **2** (*reg*) [Cochinillo] que aún mama. *Tb n.*

tetón² *m* Pequeño saliente de una pieza para facilitar su fijación.

tetra *m* *Se da este n a varios peces tropicales de coloración brillante, criados frec en acuarios (gén Hemigrammus y otros similares).*

tetrabrik (*n comercial registrado; tb con la grafía* **tetra brik***; pl normal,* ~s) *m* Envase de cartón impermeabilizado, cerrado herméticamente y en forma de paralelepípedo rectángulo, para productos alimenticios líquidos.

tetracampeón -na *m y f* (*Dep*) Pers. o equipo que ha sido cuatro veces campeón.

tetraciclina *f* (*Med*) *Se da este n a distintos antibióticos de amplio espectro y de acción bacteriostática, esp al obtenido del Streptomyces viridifaciens.*

tetracloruro *m* (*Quím*) Compuesto que contiene cuatro átomos de cloro.

tetracoco *m* (*Biol*) Asociación de cuatro cocos.

tetracordo *m* (*Mús*) Serie de cuatro sonidos que forman un intervalo de cuarta.

tetradracma *m* (*hist*) Moneda griega de valor de cuatro dracmas.

tetraédrico -ca *adj* (*Geom*) De(l) tetraedro. **b)** Que tiene forma de tetraedro.

tetraedro *adj* (*Geom*) [Poliedro] de cuatro caras triangulares. *Gralm n m.*

tetragonal *adj* (*Mineral*) [Sistema] caracterizado por los elementos de simetría del prisma recto de base cuadrada. **b)** De(l) sistema tetragonal.

tetragrama *m* (*Mús*) Pauta formada por cuatro líneas.

tetralina _f_ (_Quím_) Hidrocarburo que se obtiene por hidrogenación del naftaleno y que se utiliza como disolvente.

tetralogía _f_ Conjunto de cuatro obras literarias o musicales que tienen una unidad argumental básica. **b)** (_hist_) _En la antigua Grecia:_ Conjunto de tres tragedias y una comedia presentado a concurso público.

tetrámero -ra _adj_ (_Quím_) [Polímero] cuyo peso molecular es cuádruple de otro. _Tb n m._

tetrámetro _m_ (_TLit_) _En la poesía grecolatina:_ Verso que consta de cuatro grupos de dos pies.

tetramorfos (_frec con mayúscula_) _m_ (_Arte_) Conjunto de los símbolos de los cuatro evangelistas, que en las pinturas románicas suelen rodear a la imagen de Cristo o la Virgen.

tetrapak (_n comercial registrado; pl normal,_ ~s) _m_ Envase de cartón impermeabilizado, cerrado herméticamente, en forma de tetraedro, para productos alimenticios líquidos.

tetrapartito -ta _adj_ (_raro_) Cuatripartito.

tetraplejía _f_ Parálisis de las cuatro extremidades.

tetrapléjico -ca _adj_ Que padece tetraplejía. _Tb n._

tetraquenio _m_ (_Bot_) Fruto constituido por cuatro aquenios.

tetraquishexaedro _m_ (_Geom_) Cubo con una pirámide en cada una de sus caras.

tetrarca _m_ (_hist_) _En la época romana:_ Gobernante subordinado de una región que es una de las cuatro subdivisiones de una provincia.

tetrarquía _f_ (_hist_) _En la época romana:_ Sistema de gobierno en que el poder es ejercido solidariamente por cuatro autoridades imperiales.

tetrarreactor -ra _adj_ [Avión] propulsado por cuatro reactores. _Más frec n m._

tetrasilábico -ca _adj_ (_Fon y TLit_) Tetrasílabo.

tetrasílabo -ba _adj_ (_Fon y TLit_) De cuatro sílabas. _Tb n m, referido a verso._

tetrástilo -la _adj_ (_Arquit_) [Edificio, esp. templo clásico] que tiene una fila de cuatro columnas en la fachada.

tetrástrofo _m_ (_TLit_) Estrofa de cuatro versos. _Normalmente designando la de la cuaderna vía._

tetratómico -ca _adj_ (_Quím_) [Molécula] formada por cuatro átomos.

tetravalencia _f_ (_Quím_) Condición de tetravalente.

tetravalente _adj_ (_Quím_) Que tiene valencia 4.

tétrico -ca _adj_ Lúgubre.

tetrosa _f_ (_Quím_) Glúcido que contiene en su molécula cuatro átomos de carbono.

tetróxido _m_ (_Quím_) Óxido cuya molécula contiene cuatro átomos de oxígeno.

tetuaní _adj_ De Tetuán (Marruecos). _Tb n, referido a pers._

tetudo -da _adj_ **1** (_col_) De tetas [1] grandes. ■ **2** Que tiene forma de pecho de mujer. _Esp referido a una clase de aceituna y al árbol que la produce. Frec en la forma_ TETUDILLO.

teucrio _m_ Planta aromática de la familia de las labiadas, propia de la región mediterránea (gén. _Teucrium_).

teucro -cra _adj_ (_hist, lit_) Troyano. _Tb n._

teúrgo _m_ (_lit, raro_) Mago.

teutón -na _adj_ **1** (_hist_) [Individuo] del pueblo germánico habitante del territorio cercano a la desembocadura del Elba. _Tb n._ ■ **2** (_lit_) Alemán. _Tb n, referido a pers._

teutónico -ca _adj_ **1** (_hist o lit_) De los teutones. ■ **2** (_hist_) [Orden] militar de origen alemán cuyo fin es atender a los enfermos. **b)** De la orden teutónica. _Tb n, referido a pers._

tevergano -na _adj_ De Teverga (Asturias). _Tb n, referido a pers._

texano → TEJANO.

tex-mex (_ing; pronunc corriente,_ /téks-méks/) _adj_ Tejano-mejicano. _Referido esp a un tipo de música o de cocina. Tb n m._

textil **I** _adj_ **1** [Materia] que puede ser transformada en hilos y tejida. _Tb n m._ **b)** [Planta] que produce materia textil. ■ **2** De(l) tejido (producto). **II** _m_ **3** Tejido (producto).

texto **I** _m_ **1** Enunciado escrito. **b)** Escrito considerado en su redacción original y auténtica. **c)** Pasaje citado de una obra escrita. **d)** (_Ling_) Conjunto de signos, o enunciado, oral o escrito, considerado como objeto de estudio. ■ **2** Cuerpo de un escrito o impreso, con exclusión de portadas, notas, índices e ilustraciones. ■ **3** Libro de texto [4]. **II** _loc adj_ **4 de ~.** [Libro] que se utiliza como manual en una clase para su estudio a lo largo de un curso.

textual _adj_ De(l) texto. **b)** Conforme literalmente al texto [1b]. _Tb fig, referido a comunicación oral o a música._

textualidad _f_ (_raro_) Cualidad de textual [1b].

textualmente _adv_ De manera textual [1b].

textura _f_ **1** Modo de entrecruzarse los hilos [de un tejido]. ■ **2** Modo de combinarse entre sí los distintos componentes [de algo].

texturador -ra _adj_ (_Tex_) Que textura.

textural _adj_ De (la) textura.

texturar _tr_ (_Tex_) Texturizar.

texturizar _tr_ (_Tex_) Someter [una fibra sintética] a un proceso de deformación en caliente, a fin de darle una textura [1] apropiada.

tez _f_ **1** (_lit_) Piel del rostro. ■ **2** (_raro_) Superficie [de algo].

thai _adj_ Tailandés. _Tb n._

thailandés → TAILANDÉS.

Theótocos _f_ (_Arte_) Representación de la Virgen con el niño en el regazo, propia del románico. _Gralm en aposición._

thermidor, thermidoriano → TERMIDOR, TERMIDORIANO.

tholos (_gr; pronunc corriente,_ /tólos/; _pl normal,_ THOLOI) _m_ (_Arqueol_) Construcción circular con cubierta de cúpula o cónica, gralm. de carácter funerario y propia esp. de la civilización micénica.

thriller (_ing; pronunc corriente,_ /θríler/; _pl normal,_ ~s) _m_ Película de crimen, misterio o espionaje con suspense. *Alguna vez tb referido a novela u obra teatral.*

ti → TÚ.

tialina *f* (*Fisiol*) Ptialina.

tiamina *f* (*Med*) Vitamina B₁.

tiara *f* **1** Tocado papal formado por tres coronas superpuestas y rematado por una cruz sobre un globo. *Frec se emplea como símbolo de la dignidad papal.* ■ **2** Tocado propio de las jerarquías de la iglesia ortodoxa. ■ **3** Diadema (joya femenina). ■ **4** (*hist*) Gorro alto usado como símbolo de la soberanía en el antiguo Oriente.

tiberino -na *adj* Del río Tíber (Italia).

tiberio *m* (*col*) Alboroto o jaleo.

tibetanización *f* (*lit*) Aislamiento cultural.

tibetano -na I *adj* **1** Del Tíbet. *Tb n, referido a pers.*
II *m* **2** Lengua del Tíbet.

tibia¹ *f* Hueso mayor e interno, de los dos que constituyen el esqueleto de la pierna del hombre. **b)** Hueso correspondiente a la tibia en otros vertebrados. **c)** *En los insectos:* Cuarto artejo de la pata.

tibia² *f* Flauta.

tibial *adj* (*Anat*) De la tibia¹. *Tb n: m, referido a músculo; f, referido a arteria.*

tibiamente *adv* De manera tibia (→ TIBIO [1 a 4]).

tibieza *f* Cualidad de tibio [1 a 4].

tibio -bia I *adj* **1** Templado (ligeramente caliente). ■ **2** Ligeramente cálido o afectuoso. ■ **3** Poco fervoroso. *Tb n, referido a pers.* ■ **4** (*lit*) Suave o delicado.
II *loc v* (*col*) **5 poner ~** [a alguien o algo]. Criticar[lo] o denostar[lo] duramente. ■ **6 ponerse ~.** Mancharse mucho. ■ **7 ponerse ~** [de algo]. Hartarse o saciarse [de ello].

tibioperoneo -a *adj* (*Anat*) De la tibia¹ y el peroné.

tibor *m* Vaso grande decorado de origen oriental, gralm. en forma de tinaja y normalmente de barro o porcelana.

tiburón *m* **1** *Se da este n a distintas especies de escualos, esp al Carcharodon carcharias* (~ BLANCO). ■ **2** Pers. codiciosa, despiadada y sin escrúpulos. ■ **3** (*Econ*) Pers. o sociedad que de modo oculto adquiere acciones para lograr posiciones de control en una empresa.

tiburoneo *m* (*Econ*) Acción o comportamiento propios de un tiburón [3].

tic¹ (*pl normal, ~s*) *m* **1** Movimiento convulsivo e involuntario que se repite con frecuencia. *Tb →* NERVIOSO. ■ **2** Gesto o actitud habituales y que se repiten de manera automática o mecánica.

tic² *interj* Se usa, gralm. repetida, para imitar el tenue golpeteo de algo, esp de un reloj. *A veces se sustantiva como n m.* * *Tic, tic, sonaba el reloj.*

ticera *f* (*reg*) Boliche (horno).

ticket (*ing; pronunc corriente,* /tíket/; *pl normal, ~s*) *m* **1** Tique. ■ **2** Lista de candidatos. *Referido a algunos países extranjeros, esp Estados Unidos.*

tico -ca *adj* (*col, raro*) Costarricense. *Tb n.*

tictac (*tb con la grafía* **tic-tac**) *interj* Se usa para imitar el sonido del reloj. *Frec se sustantiva como n m.* * *El niño escuchaba el tictac del reloj.*

tictaquear *intr* Hacer tictac [un reloj].

tie-break (*ing; pronunc corriente,* /tái-brék/; *pl normal, ~s*) *m* (*Dep*) *En tenis:* Método para decidir rápidamente el resultado de un set, cuando los jugadores están empatados a 6 juegos.

tiemblo *m* (*reg*) Temblor.

tiempla *f* (*reg*) Acción de templar o tensar.

tiempo I *m* **1** Medio imaginario en que transcurre la sucesión de los cambios, los fenómenos y los hechos de todo lo existente, y cuya unidad de medida fundamental es el día. ■ **2** Porción de tiempo [1] determinada por la coincidencia con algo, delimitada entre dos hechos o medida por un número más o menos preciso de unidades. *A veces en pl con sent sg y frec matiz amplificador.* * *Es del tiempo de la República.* * *Ha bajado mucho en los últimos tiempos.* **b)** ~(**s) de Maricastaña.** (*col*) Época muy remota. *Usado para ponderar antigüedad o vejez.* **c)** Jornada laboral. *Con los adjs* COMPLETO (*o* TOTAL) *o* PARCIAL, *y gralm en la constr* A ~ COMPLETO *o* PARCIAL. **d)** ~ **muerto** → MUERTO. ■ **3** Momento adecuado u oportuno. *Frec en la constr* A SU (DEBIDO) ~. ■ **4** Porción de tiempo [1] suficiente [para algo]. *Frec con los vs* DAR *o* TENER. *En constrs de sent negativo, frec en la forma enfática →* MATERIAL. ■ **5** Porción bastante larga de tiempo [1]. * *Desapareció hace tiempo.* ■ **6** Edad [de una pers.]. *Gralm referido a niños.* ■ **7** Parte del año. ■ **8** Parte de las sucesivas en que se divide la realización de una cosa. **b)** (*Mús*) Movimiento o parte de una composición. **c)** (*Dep*) Parte de las dos que, separadas por un descanso, constituyen un encuentro. **d)** (*Mec*) Fase de las que constituyen el ciclo de funcionamiento de un motor. ■ **9** Evolución o cambio constante de todas las cosas. *Frec personificado.* * *El tiempo le dio la razón.* ■ **10** (*Gram*) Forma verbal susceptible de variación de pers. y que en algunos casos expresa el momento de la acción del verbo. ■ **11** (*Mús*) Tempo. *Tb fig.* ■ **12** Estado de la atmósfera. *Tb fig.*
II *loc v y fórm or* **13 al ~** (*o* **si no, al ~**). *Fórmula con que se remacha una predicción.* * *Ese te la juega; si no, al tiempo.* ■ **14 dar ~ al ~.** Esperar con calma a que las cosas se resuelvan. *A veces en la fórmula* ~ AL ~. ■ **15 echársele** [a uno] **el ~ encima.** Hacérsele tarde o pasársele más deprisa de lo esperado el tiempo [4] con que contaba. ■ **16 faltarle** [a uno] ~ **para** [algo]. Aplicarse a ello sin dilación. *Frec con intención crítica o de recriminación.* * *Le faltaba tiempo para contártelo.* ■ **17 ganar ~.** Hacer de modo que el tiempo [1] que transcurra aproveche al propósito de adelantar o retrasar algún suceso. ■ **18 hacer ~.** Entretenerse o esperar mientras llega la hora [de algo previsto (*compl* PARA)]. ■ **19 matar el ~, perder (el) ~** → MATAR, PERDER.
III *loc adj* **20 del ~.** De la parte del año mencionada o consabida.
IV *loc adv* **21 a ~.** En el momento adecuado, o cuando aún no es tarde. ■ **22 a un ~,** o **al** (**mismo**) ~. Coincidiendo en el tiempo [1], o juntamente. **b)** **al** (**mismo**) ~. Coincidiendo en el tiempo [con algo (DE + *infin,* o *prop con* QUE)]. ■ **23 con el ~,** o **andando el ~.** Después de cierto tiempo [2]. ■ **24 con ~.** Con antelación, o con tiempo [4] suficiente. ■ **25 del ~.** A la temperatura ambiente. *Dicho de alimentos y esp de bebidas. Tb adj.* ■ **26 de ~ en ~.** De vez en cuando. ■ **27 de un ~ a esta parte** (*más raro, de un ~ acá*). Desde hace algún tiempo [2]. ■ **28 en ~s.** En otra época o en otro tiempo [2]. **b)** **en mis** (**sus,** *etc*) ~**s.** En una época pasada de mi (su,

tienda – tifosi

etc.) vida, o cuando yo (él, etc.) estaba activo o presente. **c) en mis** (**sus**, *etc*) **~s.** Cuando yo (él, etc.) era joven. ■ **29 por ~s.** Dividiendo la acción en fases o etapas. ■ **30 un ~.** (*lit*) En otro tiempo [2].

tienda[1] I *f* **1** Establecimiento de venta por menor al público. *Frec con un compl especificador.* **b)** *Sin compl:* Tienda de comestibles. **II** *loc v* (*col*) **2 abrir** (*o* **cerrar**) **la ~.** Ser el primero en llegar al trabajo (o el último en salir). ■ **3 cerrar la ~.** Abandonar una obra emprendida.

tienda[2] *f* Construcción desmontable hecha con una armazón cubierta con lona o pieles, que se emplea como alojamiento en el campo. *Frec ~ DE CAMPAÑA.*

tienta I *f* **1** Prueba que se hace a los becerros con la garrocha, a fin de apreciar su bravura y sus condiciones para la lidia. **b)** Prueba de la bravura de un gallo de pelea. **II** *loc adv* **2 a ~s.** Tentando, esp. para saber por dónde se va. *Frec fig.*

tientaparedes *m y f* (*raro*) Pers. que anda a tientas, física o moralmente.

tiento *m* **1** Cuidado o cautela. ■ **2** (*raro*) Acción de tentar o tocar. *Tb fig.* ■ **3** (*col*) Trago de un recipiente de vino. *Normalmente con los vs* DAR *o* TIRAR. *Tb fig.* ■ **4** Destreza en una operación o en el manejo de algo. *Gralm en la constr* COGER *o* PERDER EL ~ [a algo]. ■ **5** Cante andaluz con letra de tres versos octosílabos. *Tb su baile.* ■ **6** (*hist, Mús*) Obra contrapuntística de forma libre y con cierto carácter de improvisación.

tiernamente *adv* De manera tierna [3].

tierno -na (*superl* TIERNÍSIMO, TERNÍSIMO *o*, *lit raro*, TENÉRRIMO) I *adj* **1** [Cosa, esp. alimento] que es fácil de cortar o partir. **b)** [Pasta] **tierna** → PASTA. ■ **2** [Pers. o cosa] joven (de poca edad). **b)** [Edad] de la niñez o de la primera etapa de la vida. ■ **3** Afectivo y cariñoso. **b)** Sentimental. ■ **4** Dulce y delicado. ■ **5** [Ojo] blando o lloroso. **II** *loc v* **6 poner los ojos ~s** [a una pers.], *o* **mirar**[la] **con ojos ~s.** (*col*) Mostrarse enamorado [de ella].

tierra I *f* **1** Superficie del planeta Tierra. **b)** Superficie terrestre no cubierta por el mar. **c) ~ firme.** Porción de la superficie terrestre que no constituye una isla. ■ **2** País o región. **b)** Territorio o extensión de tierra [1b]. *Frec en pl.* **c) ~ de nadie.** Territorio que no pertenece a nadie. *Esp designa al comprendido entre dos puestos fronterizos o entre dos demarcaciones. Tb fig.* **d) ~ de nadie.** Territorio que se encuentra entre las primeras líneas de dos ejércitos enemigos. ■ **3** Terreno cultivable. ■ **4** Suelo. *Frec sin art, precedido de las preps* A *o* EN. **b)** (*Electr*) Suelo, considerado como polo y conductor eléctrico. ■ **5** Materia constituida por el conjunto de partículas menudas que forman el suelo natural. **b)** Mineral desmenuzado a manera de tierra. *Frec con un adj o compl especificador.* **c)** (*Pint*) Pigmento mineral de color ocre, constituido por arcilla teñida con óxido de hierro. *Frec en constrs como ~ DE SIENA o ~ DE SOMBRA.* **d) ~ de batán.** Greda que se emplea en los batanes para desengrasar paños. ■ **6** (*Econ*) Factor de producción constituido por los recursos naturales. ■ **7 ~s raras.** (*Quím*) Lantánidos. **II** *loc adj* **8 de ~ adentro.** De territorio no costero. ■ **9 de la ~.** [Alimento] producido en la misma región en que se está.

III *loc v* **10 caer por ~.** Venirse abajo. *Frec fig.* ■ **11 dar en ~** [con alguien o algo]. Derribar[lo]. ■ **12 dar ~** [a un muerto]. Enterrar[lo]. **b) dar ~ sagrada** [a un muerto]. Enterrar[lo] en un cementerio cristiano. ■ **13 echar** (*o* **tirar**) **por ~** [una cosa]. Derribar[la]. *Frec fig.* ■ **14 echar ~** (**encima**) [a una cosa], *o* **echar ~ encima** [de una cosa]. Procurar que sea olvidada. ■ **15 poner ~ por medio.** (*col*) Marcharse de un lugar, para librarse de una situación de tensión o de peligro. ■ **16 ser** [una pers.] **de su ~.** (*col*) Tener ocurrencias absurdas. ■ **17 tocar** (*o* **tomar**) **~.** Arribar [un barco]. **b) tomar ~.** Aterrizar [un vehículo aéreo o espacial]. **c) tomar ~.** Desembarcar [de una embarcación o de un aparato aéreo]. **d) tomar ~.** Empezar a tener contacto con la realidad o a familiarizarse con ella. ■ **18 tragar(se) la ~** [a una pers. o cosa]. (*col*) Desaparecer [esa pers. o cosa] sin dejar rastro. *Frec en constr de sent comparativo.* **b) trágame, ~** (*o* **~, trágame**). (*col, humoríst*) Fórmula con que se expresa el deseo de desaparecer inmediatamente, causado por una gran vergüenza. * Cuando vi que me había oído, dije: ¡Tierra, trágame! **IV** *loc adv* **19 a ras de ~** → RAS. ■ **20 en ~.** Sin subir a un vehículo en el que se pretendía viajar. *Con los vs* DEJAR *o* QUEDAR(SE). ■ **21 en toda ~ de garbanzos.** (*col*) En todas partes. *Se usa para ponderar la gran difusión de un uso o de un conocimiento.*

tieso -sa I *adj* **1** Que no se dobla o tuerce, o lo hace con dificultad. **b)** (*col*) Muerto. *Gralm con los vs* DEJAR *o* QUEDARSE. *Frec con intención ponderativa.* **c)** (*col*) Helado o muy frío. *Gralm con el v* QUEDARSE. ■ **2** Erguido o derecho. ■ **3** (*col*) [Pers.] que tiene buena salud. ■ **4** (*col*) Estirado o engreído. ■ **5** (*col*) [Pers.] firme e inflexible en su actitud. *Frec con el v* PONERSE. ■ **6** Tenso o tirante. ■ **7** (*col*) Que está en dificultades o en mala situación. *Frec referido a dinero.* **II** *loc v y fórm or* **8 tenérselas** (*o* **mantenérselas**, *o* **traérselas**) **tiesas** [una pers. con otra]. (*col*) Enfrentarse [con ella] manteniendo tenazmente su actitud. ■ **9 y tente ~** → TENER.

tiesto[1] I *m* **1** Vasija de barro, gralm. de forma troncocónica, empleada esp. para criar plantas. ■ **2** Trozo de una vasija de barro rota. *Frec en la constr* HACER ~S. ■ **3** (*reg*) Vasija de barro. **II** *loc v* **4 salirse del ~.** (*col*) Sacar los pies del plato. ■ **5 mear** (*o* **escupir**) **fuera del ~.** (*col*) Actuar de manera improcedente o ilógica.

tiesto[2] **-ta** *adj* (*raro*) Cargado o atestado.

tiesura *f* Cualidad de tieso, *esp* [1, 2, 4 y 5].

tífico -ca *adj* **1** De(l) tifus. ■ **2** Que padece tifus. *Tb n.*

tiflología *f* (*Med*) Parte de la medicina que estudia la ceguera.

tifódico -ca *adj* (*Med*) Tífico. *Tb n.*

tifoideo -a *adj* **1** [Fiebre] de carácter endémico o epidémico, producida por el bacilo de Eberth, que afecta a las placas linfáticas del intestino delgado. *Frec n f.* ■ **2** De(l) tifus.

tifón *m* Ciclón tropical. *Referido al oeste del Pacífico y al mar de la China.*

tifosi (*it; pronunc corriente,* /tifósi/; *tb, semiculto,* **tifosis**) *m pl* (*Dep*) Hinchas [de un deportista o de un equipo].

tifus *m Se da este n a diversas enfermedades conta-
giosas caracterizadas por un cuadro febril grave y
estupor. Frec con un compl especificador:* ABDO-
MINAL, EXANTEMÁTICO, PETEQUIAL, ICTERODES. *Sin
compl designa gralm el abdominal o fiebre tifoidea.*

tigmotropismo *m* (Biol) Tropismo ocasionado
por el contacto.

tigre -esa (*tb, raro, f* **tigra**) **I** *n* **A** *m y f* **1** Felino
asiático de hasta 3 m de longitud y 200 kg de peso,
con pelaje amarillento con rayas negras en el lomo y
blanco en el vientre (*Felis tigris*). *Tb designa solamente el macho de esta especie. Tb su piel.* ▪ **2**
Pers. temible por su dureza o por su crueldad. *Tb
fig.* **b)** ~ **de papel.** Pers., institución o nación poderosa en apariencia, pero en realidad débil o insignificante.
  B *f* **3** Hembra del tigre [1]. ▪ **4** (*col*) Mujer vampiresa.
  C *m* **5** (*jerg*) Retrete. ▪ **6** Mejillón preparado con
salsa bechamel.
  II *loc v* **7 hacer el ~.** (*col*) Estar tumbado haciendo el vago.
  III *loc adv* **8 a ~.** (*col*) Mal. *Con el v* OLER. *Tb adj.*

tigris *m* (*jerg*) Tigre o retrete.

tijera I *f* **1** Instrumento para cortar formado por
dos cuchillas de acero cruzadas y sujetas por un eje,
las cuales se prolongan en dos ojos en los que se introducen los dedos para accionarlo. *Frec en pl con
sent sg.* ▪ **2** Pieza constituida por dos elementos
cruzados y articulados por su parte central o por un
extremo. *Gralm en la loc* DE ~. **b)** (*Arquit*) Conjunto
de dos pares que forman ángulo. ▪ **3** Cruce de piernas en el aire. ▪ **4** (*col*) Censura.
  II *loc v* **5 meter la ~.** Cortar. *Tb fig.*

tijerería *f* (*raro*) Tienda o fábrica de tijeras [1].

tijerero -ra *m y f* (*raro*) Pers. que fabrica o vende
tijeras [1].

tijereta *f* **1** Insecto de cuerpo alargado y pardo,
con un par de apéndices en forma de pinza (*Forfi-
cula auricularia*). ▪ **2** Tijera [3].

tijeretazo *m* Corte, gralm. enérgico, hecho con la
tijera [1]. *Tb fig.*

tijeretear A *tr* **1** Cortar [algo] con la tijera [1],
esp. de manera desordenada.
  B *intr* **2** Hacer la tijereta [2].

tijereteo *m* Acción de tijeretear [1].

tijerilla *f* (*Taur*) Lance en que el torero cita al toro
llevando el capote con los brazos cruzados en aspa.

tiki *m* (*Rel*) Imagen de madera o de piedra de una
divinidad maorí.

tila I *f* **1** Mezcla de hojas y flores de tilo, usada co-
mo sedante en infusión. *Tb la infusión.* ▪ **2** (*jerg*)
Marihuana.
  II *fórm or* **3 que le den ~** [a alguien]. (*col, reg*)
Que se fastidie.

tilán *interj Se usa, frec siguiendo a* TILÍN, *para imitar el sonido de la campana. A veces se sustantiva
como n m.* * *Comienzan a sonar las campanas:* Tilín, tilán.

tilar *m* (*reg*) Tilo.

tílburi *m* (*hist*) Carruaje para dos perss., ligero,
descubierto, con dos ruedas grandes y tirado por
una caballería.

tildar *tr* **1** Tachar [a alguien o algo de un defecto o
falta (*compl* DE)]. **b)** (*semiculto*) Calificar. ▪ **2** (*raro*) Tachar [algo escrito].

tilde *f* (*o, raro, m en aceps 1 y 2*) **1** Acento ortográfico. ▪ **2** Rasgo pequeño de las letras ñ o t, o de algunas abreviaturas. ▪ **3** Cosa insignificante. *Normalmente en la constr* NO PERDER UNA ~.

tilín I *interj* **1** *Se usa, frec repetida o seguida de* TI-
LÁN, *para imitar el sonido de una campanilla. A veces se sustantiva como n m.* * *Al llegar oímos el tilín*
de la campanilla.
  II *loc v* **2 hacer ~** [a alguien una pers. o cosa].
(*col*) Gustar[le]. *Cuando el suj es pers, gralm indica
atracción sexual.*

tillado *m* (*reg*) Suelo de tablas.

tillar *tr* (*reg*) Poner [suelos de madera].

tilma *f* (*raro*) Manta de algodón que llevan los campesinos mejicanos anudada sobre un hombro.

tilo *m* Árbol grande y frondoso, usado como ornamental, de madera blanda y blanca, hojas acorazonadas y flores pequeñas, amarillentas y muy perfumadas, que se emplean en medicina para infusiones
sedantes (gén. *Tilia*, esp. *T. platyphyllos*).

tilón *interj Se usa, frec siguiendo a* TILÍN, *para imitar el sonido de una campana grande. A veces se
sustantiva como n m.* * Tilín, tilán, tilón, *repetían*
las campanas.

tilópodo -da *adj* (*Zool*) [Artiodáctilo] del suborden al que pertenece la familia de los caméli-
dos. *Frec como n m en pl, designando este taxón zoológico.*

timador -ra *m y f* Pers. que tima [1].

timar A *tr* **1** Engañar [a una pers.] en una venta o
en un trato. **b)** (*raro*) Engañar.
  B *intr pr* (~**se**) **2** (*col*) Coquetear [dos perss., o
una con otra] intercambiando miradas o señas. *Tb
sin compl.*

timba *f* (*col*) **1** Partida [de un juego de azar, esp. de
cartas]. ▪ **2** Casa de juego.

timbal *m* **1** Instrumento músico semejante al tambor, con caja metálica esférica y un solo parche. *Frec
en pl.* ▪ **2** Preparación culinaria, gralm. de carne o
pescado, a manera de pastel circular. *Gralm con un
compl especificador.*

timbalero -ra *m y f* Músico que toca los tim-
bales [1].

timbrada *f* (*raro*) Timbrazo.

timbrado¹ -da *adj* Que tiene un timbre¹ [2]
determinado. *Gralm referido a voz y en la constr*
BIEN ~.

timbrado² -da *adj* **1** *part* → TIMBRAR. ▪ **2** Sometido a timbre² [1].

timbrado³ *m* Acción de timbrar [1 y 3].

timbrar *tr* **1** Estampar [en un papel (*cd*)] un timbre² [1], sello o membrete. *Gralm en part.* ▪ **2** (*Heráld*) Poner timbre² [2a] [a un escudo (*cd*)]. ▪ **3** (*E*)
Dotar de timbre² [4] [a algo (*cd*)]. **b)** Poner [a algo
(*cd*)] un sello o marca. *Tb abs.*

timbrazo *m* Toque de timbre¹ [1]. *Tb fig.*

timbre¹ *m* **1** Aparato para llamar o avisar, compuesto normalmente por una campanilla que es golpeada de forma repetida por un mazo, frec. por impulso eléctrico. ▪ **2** (*Acúst*) Cualidad del sonido,
que permite distinguir la voz o el instrumento que
lo emiten de otras voces o instrumentos. **b)** (*Fon*)
Cualidad de una vocal, resultante del punto de articulación y del grado de abertura. **c)** Cualidad [de la
voz] que hace que resulte agradable al oído.

timbre[2] *m* **1** Impuesto que grava determinados documentos y mercancías y cuyo pago se acredita normalmente mediante un sello impreso o pegado. *Tb el mismo sello.* ■ **2** (*Heráld*) Insignia que se coloca encima del escudo para distinguir los grados de nobleza. **b)** Blasón o escudo de armas. *Tb fig.* ■ **3** ~ **de gloria** (*o* **de honor**). Acción o cualidad que ennoblece. ■ **4** (*E*) Placa que se fija en una máquina para indicar el límite de presión admisible. *Tb la presión.*

tímbricamente *adv* (*Acúst y Fon*) En el aspecto tímbrico.

tímbrico -ca I *adj* **1** (*Acúst y Fon*) De(l) timbre[1] [2]. II *f* **2** (*Acúst*) Estudio de los timbres[1] [2]. *Tb los mismos timbres.*

time out (*ing; pronunc corriente,* /táim-áut/) *m* (*Dep*) Interrupción del juego. **b)** (*Ajedrez*) Aplazamiento de una partida.

time sharing (*ing; pronunc corriente,* /táim-ʃárin/) *m* Sistema por el que varias perss. adquieren un inmueble para utilizarlo de modo compartido por períodos alternos de tiempo.

tímidamente *adv* De manera tímida [1c].

timidez *f* **1** Cualidad de tímido. ■ **2** Actitud tímida [1c].

tímido -da *adj* **1** [Pers.] poco atrevida y falta de decisión al actuar. *Tb n.* **b)** [Pers.] que se muestra cohibida o acobardada en su trato con los demás. *Tb n.* **c)** Propio de la pers. tímida. ■ **2** [Animal] miedoso o asustadizo.

timina *f* (*Biol*) Base de las componentes de los ácidos desoxirribonucleicos.

timing (*ing; pronunc corriente,* /táimin/) *m* Distribución prevista del tiempo para una serie de operaciones.

timo[1] I *m* **1** Acción de timar [1]. ■ **2** Cosa con que se tima [1]. ■ **3** (*col, hoy raro*) Dicho de carácter humorístico y frec. rimado que se repite como muletilla. *Frec en la forma* TIMITO. ■ **4** Guiño o seña con que alguien se tima [2]. II *loc v* **5 dar el** ~ [a alguien]. Engañar[le].

timo[2] *m* (*Anat*) Glándula endocrina de los vertebrados, que se atrofia en la pubertad y cuya secreción estimula el crecimiento de los huesos y favorece el desarrollo de las glándulas genitales.

timocéntrico -ca *adj* (*Psicol*) Que se centra sobre lo afectivo.

timocracia *f* (*Pol*) Sistema de gobierno en que el poder es ejercido por los ciudadanos que tienen cierta renta.

timócrata *adj* (*Pol*) Partidario de la timocracia. *Tb n.*

timol *m* (*Quím*) Sustancia de carácter ácido, extraída del tomillo, que se usa como desinfectante.

timolado -da *adj* Que contiene timol.

timón *m* **1** Pieza de hierro, o tablón, que sirve para dirigir una embarcación. **b)** Plano articulado en un eje, que sirve para dirigir un aparato aéreo. ■ **2** Dirección o gobierno [de algo]. ■ **3** Palo que sale de la extremidad anterior de la cama del arado, en el que se sujeta el tiro. ■ **4** Lanza [de un carruaje]. ■ **5** (*raro*) Pluma timonera.

timonear *intr* Manejar el timón [1].

timonel *m* Marinero que gobierna el timón [1a]. *Tb fig.*

timonero -ra I *adj* **1** (*Zool*) [Pluma] grande de la cola de las aves, que sirve para dirigir el vuelo. *Tb n f.* II *n* A *m* (*raro f*) **2** Timonel. *Tb fig.* B *f* **3** (*Mar*) Lugar en que está la caña o rueda del timón [1a].

timoratamente *adv* De manera timorata [3].

timoratez *f* (*raro*) Cualidad de timorato.

timoratismo *m* (*raro*) Actitud timorata [3].

timorato -ta *adj* **1** [Pers.] que se escandaliza exageradamente ante cosas no acordes con la moral tradicional. ■ **2** [Pers.] tímida o falta de decisión. ■ **3** Propio de la pers. timorata [1 y 2].

timpánico -ca *adj* (*Anat*) De(l) tímpano [1].

timpanismo *m* (*Med*) Timpanización.

timpanización *f* (*Med*) Distensión de una cavidad del cuerpo, esp. del vientre, por acumulación anormal de gases.

tímpano *m* **1** (*Anat*) Membrana tensa que separa el conducto auditivo externo del oído medio. ■ **2** (*Arquit*) Espacio interior de un frontón. **b)** Espacio delimitado por el dintel y las arquivoltas de una portada. ■ **3** (*lit, raro*) Tambor (instrumento musical).

timpanoplastia *f* (*Med*) Reconstrucción quirúrgica del tímpano [1].

timplar *tr* (*reg*) Hinchar o llenar.

timple *m* Instrumento musical típico de las islas Canarias, semejante a la guitarra, pero más pequeño.

tin *interj* Se usa, normalmente repetida o seguida de TAN *o* TON, *para imitar el sonido de una campana o campanilla. A veces se sustantiva como n m.* * Sonó una campanilla: Tin, tin.

tina[1] *f* **1** Recipiente grande, frec. de madera, en forma de media cuba. ■ **2** (*hoy raro*) Recipiente grande y redondeado que se emplea para bañarse.

tina[2]. **de** ~. *loc adj* [Papel] de hilo que se hace en molde pliego a pliego.

tinada *f* Cobertizo para el ganado.

tinado *m* Cobertizo, esp. para el ganado.

tinaja *f* **1** Vasija grande de barro cocido, mucho más ancha por su centro que por la base y la boca, que se emplea esp. para líquidos. *Tb su contenido.* ■ **2** (*raro*) Tina[1] [2].

tinajería *f* Tinajas o conjunto de tinajas [1].

tinajero -ra I *adj* **1** De (la) tinaja [1]. II *n* A *m y f* **2** Pers. que fabrica o vende tinajas [1]. B *m* **3** Sitio en que se colocan las tinajas [1].

tinajón *m* Tinaja [1] grande.

tinción *f* (*E*) Teñido (acción de teñir).

tindalizar *tr* (*Quím*) Esterilizar [una sustancia] mediante calor aplicado de manera fraccionada.

tíndalo (*tb* **tindalo**) *m* Árbol filipino de la familia de las leguminosas, de madera roja oscura y compacta, apreciada en ebanistería (*Pahudia rhomboidea*).

tínea *f* (*Med*) Tiña [1].

tinelero -ra *m y f* (*hist*) Pers. encargada del comedor de la servidumbre de una casa rica.

tinerfeño -ña *adj* De Tenerife. *Tb n, referido a pers.*

tingible *adj* (*E*) Que se puede teñir.

tingladillo *m* (*Mar*) Disposición de las tablas de forro del casco, en que monta el borde de unas sobre el de otras. *Frec en la loc* EN ~.

tinglado *m* **1** Armazón hecha a la ligera. ■ **2** Cobertizo, esp. el que sirve para almacenar mercancías en un muelle. ■ **3** Montaje u organización. *Frec con intención desp.*

tinguián -na *adj* [Individuo] del pueblo indígena filipino que habita al norte de la isla de Luzón. *Tb n.*

tiniebla *f* **1** Ausencia total de luz. *Gralm en pl. Frec en la constr* EN ~S. ■ **2** Ignorancia absoluta. *Gralm en la constr* ESTAR EN ~S. ■ **3** Sombra o clandestinidad. *Gralm en la constr* EN LAS ~S. ■ **4** (*Rel*) *En pl:* Estado o situación de desconocimiento y apartamiento de Dios. *Gralm en la loc* DE LAS ~S, *referida a reino o ángel y simbolizando el infierno.* ■ **5** (*Rel catól*) *En pl:* Maitines del miércoles, jueves y viernes santos.

tinillo *m* Receptáculo, gralm. hecho de fábrica, donde se recoge el mosto en el lagar.

tino[1] *m* **1** Puntería (destreza del tirador para dar en el blanco). *Tb fig.* ■ **2** Destreza en una operación o en el manejo de algo. *Normalmente en la constr* COGER O PERDER EL ~ [a algo]. ■ **3** Juicio o cordura. **b)** Sensatez o moderación. *A veces,* BUEN ~. *Frec en la loc* SIN ~.

tino[2] *m* Tina[1] [1].

tinta **I** *f* **1** Preparación más o menos fluida que se usa para escribir, dibujar, imprimir o reproducir textos o figuras. *Diversas variedades se distinguen por medio de adjs o compls:* CHINA, DE IMPRENTA, SIMPÁTICA, *etc.* **b)** Dibujo hecho a tinta. ■ **2** Líquido oscuro que segregan los cefalópodos, con el que tiñen el agua para escapar de sus perseguidores. ■ **3** Color. *Gralm en pl y frec en sent fig. Frec* (*Impr*) *en la constr* A UNA, DOS, *etc,* ~S. ■ **4** Tinte (sustancia). ■ **5** Enfermedad parasitaria del castaño, producida por el hongo *Phytophthora cambivora. Tb el mismo hongo.* ■ **6 medias ~s.** Actitudes imprecisas o vagas. **II** *loc v* **7 cargar las ~s.** Exagerar el alcance o significado de algo. ■ **8 correr ~** [sobre algo]. Escribirse [sobre ello]. **b)** *hacer* [algo] **correr mucha ~.** Dar lugar a que se escriba abundantemente [sobre ello]. ■ **9 gastar ~.** Escribir. ■ **10 sudar ~ (china).** Realizar grandes esfuerzos, esp. de ingenio [para conseguir algo]. *Tb sin compl.* **III** *loc adv* **11 de buena ~.** De fuente fidedigna. *Gralm con el v* SABER. *Tb adj.*

tintada *f* Teñido (acción de teñir).

tintado *m* Teñido (acción de teñir).

tintán *m* Sonido de la campana.

tintar *tr* Teñir. *Tb pr* (~se).

tinte *m* **1** Sustancia con que se tiñe. ■ **2** Matiz. *Tb fig.* ■ **3** Teñido (acción de teñir). ■ **4** Tintorería [1].

tintero **I** *m* **1** Recipiente para tinta [1a]. **b)** *En una máquina de imprimir:* Depósito de tinta. **II** *loc adv* **2 en el ~.** Sin ser dicho. *Con los vs* DEJAR O QUEDARSE.

tintilla *m* Vino tinto, dulce y astringente de la zona de Rota (Cádiz). *Tb* ~ DE ROTA.

tintillo -lla *adj* [Vino o uva] de color rojo oscuro poco subido. *Frec n m, referido a vino.*

tintín *m* Sonido de la campanilla o de un objeto de cristal o de metal golpeado suavemente.

tintinar *intr* Tintinear.

tintineante *adj* Que tintinea.

tintinear *intr* Producir un sonido de tintín.

tintineo *m* Acción de tintinear. *Tb su efecto.*

tinto[1] **-ta** *adj* **1** [Vino] de color rojo muy oscuro. *Frec n m, tb designando vaso de este vino.* ■ **2** Rojo muy oscuro. *Gralm referido a variedad de uva. Tb n f.*

tinto[2] **-ta** *adj* (*lit*) Que está teñido [de algo (*compl* EN O DE)].

tintóreo -a *adj* **1** [Sustancia] que sirve para teñir. **b)** [Planta] que produce sustancias tintóreas. ■ **2** De (las) sustancias tintóreas [1a].

tintorería *f* **1** Establecimiento en que se tiñen y limpian prendas de vestir, cortinajes y alfombras. ■ **2** Actividad u oficio de tintorero [3].

tintorero -ra **I** *adj* **1** De (la) tintorería [2]. ■ **2** [Variedad de vid] que produce uvas muy tintas (→ TINTO[1] [2]). *Tb n f.* **II** *n* **A** *m y f* **3** Pers. que tiene por oficio teñir o limpiar prendas. **B** *f* **4** Tiburón muy difundido en zonas templadas y tropicales de todos los océanos y también en el Mediterráneo (*Prionace glauca*).

tintorro *m* (*col, humoríst*) Vino tinto[1] [1].

tintura *f* **1** Producto farmacéutico obtenido por disolución de una sustancia medicamentosa en un líquido, esp. alcohol o éter. *Con un compl especificador.* ■ **2** Tinte (sustancia con que se tiñe). ■ **3** Tinte (acción de teñir). ■ **4** (*raro*) Afeite colorante del rostro.

tiña *f* **1** Enfermedad parasitaria de la piel del cráneo, que causa costras, escamas, ulceraciones o la caída del cabello. **b)** *Se da este n a otras enfermedades parasitarias de los animales o de las plantas.* ■ **2** *Se da este n a varios insectos lepidópteros que atacan a las plantas.*

tiñería *f* (*reg*) Miseria o mezquindad.

tiñosillero -ra *adj* De Tiñosillos (Ávila). *Tb n, referido a pers.*

tiñoso -sa **I** *adj* **1** Que padece tiña [1]. *Tb n, referido a pers.* ■ **2** (*col, desp*) [Pers.] sucia y miserable. *Tb n. A veces, más o menos vacío de significado, se emplea como insulto.* **II** *n* **3** (*reg*) Cabracho (pez). ■ **4** (*reg*) Colirrojo negro o tizón (pájaro).

tío -a **I** *n* **A** *m y f* **1** Hermano del padre o de la madre [de una pers. (*compl de posesión*)]. *Tb sin compl. Tb* ~ CARNAL. *En m pl, a veces designa al conjunto formado por el tío o la tía y su cónyuge.* **b)** Cónyuge del tío o de la tía [de una pers. (*compl de posesión*)]. *Tb sin compl.* **c)** ~ **segundo.** Primo del padre o de la madre [de una pers. (*compl de posesión*)]. *Tb, simplemente,* ~. **d)** ~ **abuelo.** Hermano del abuelo o de la abuela [de una pers. (*compl de posesión*)]. *Tb, simplemente,* ~. **e)** ~ **de América.** (*col*) Pariente desconocido de quien se hereda una fortuna. **f)** (*pop*) Padrastro (marido de la madre). ■ **2** (*rur*) *Normalmente con art, se usa como tratamiento de* las perss de edad que no tienen el de don o señor. * El alcalde era entonces el tío Víctor. ■ **3** (*col*) Hombre o mujer. **b)** *Frec se emplea con matiz admirativo.* * ¡Qué tío, lo que sabe! **c)** *Frec se emplea con intención despectiva.* * Cómo va a querer a un tío así. **d)** *Frec se usa como apelativo más o menos afectivo. Esp en lenguaje juvenil.* * Jo, tío, eres la pera. **e) ~ bueno.** Pers. atractiva físicamente. *A veces se usa como piropo.*

B *f* **4** (*col*) Mujer de malas costumbres o prostituta.

II *loc v y fórm or* (*col*) **5 cuéntaselo a tu tía.** *Fórmula con que se expresa incredulidad burlona ante algo dicho por otro.* * Mira, eso se lo cuentas a tu tía. ■ **6 no hay ~ páseme usted el río.** *Fórmula con que se comenta la necesidad de afrontar personalmente y sin ayuda algo irremediable.* * Eso ya es responsabilidad tuya. No hay tío páseme usted el río. ■ **7 no hay tu tía.** Es imposible. *Como or independiente.* ■ **8 que** + *v en subj* + **su** (*o* **tu**) **tía.** *Se usa como rechazo enfático.* * Conmigo no cuentes. Que vaya tu tía. ■ **9 ser** [alguien o algo] **como tener** (*o* **ser** [algo] **como quien tiene**) **un ~ en Alcalá.** No servir para nada. ■ **10 venir el ~ Paco con la rebaja.** Llegar el momento en que las previsiones optimistas o la situación favorable sufran un revés. *Gralm en la fórmula admonitoria* YA VENDRÁ EL ~ PACO CON LA REBAJA.

III *interj* **11 su tía.** (*col*) Expresa susto o sorpresa desagradable. * –No han aprobado más que tres. –Su tía.

tión (*tb con la grafía* **tion**) *m* (*reg*) Solterón.

tiorba *f* Instrumento músico de la familia del laúd, con dos mangos, típico del s. XVI.

tiorro -rra *m y f* (*desp*) Tío [3a]. *Más frec en f.*

tiouracilo *m* (*Quím*) Compuesto cristalino derivado de la tiourea, que disminuye la acción de la glándula tiroidea.

tiourea *f* (*Quím*) Compuesto análogo a la urea, en que el oxígeno se ha sustituido con el azufre.

tiovivo *m* Atracción de feria consistente en una plataforma giratoria sobre la que se encuentran pequeñas reproducciones de caballos, coches, tranvías, etc., en que se sientan las perss.

tiparraco -ca *m y f* (*col*) Pers. despreciable.

tipazo *m* Tipo[1] [5] muy bueno. *Tb la pers que lo tiene.*

tipejo -ja *m y f* (*col*) Pers. despreciable.

tipiar (*conjug* **1a**) *tr* (*Impr*) Componer en la linotipia.

típical (*tb* **tipical**) *adj* (*col, humoríst*) Que presenta un tipismo propio para turistas.

típicamente *adv* De manera típica [2].

tipicidad *f* **1** Cualidad de típico. ■ **2** (*Der*) Adecuación de un hecho al tipo [2a] de delito descrito por la ley.

típico -ca *adj* **1** [Pers. o cosa] que constituye un tipo[1] [1] o responde a los caracteres esenciales del tipo. ■ **2** Peculiar o característico. *Frec con un compl especificador.* **b)** Que forma parte del folklore [de un lugar].

tipificable *adj* Que se puede tipificar.

tipificación *f* Acción de tipificar. *Tb su efecto.*

tipificador -ra *adj* Que tipifica.

tipificar *tr* Reducir [algo] a tipo[1] [1b].

tipismo *m* **1** Cualidad de típico [2, esp. 2b]. ■ **2** Conjunto de costumbres o caracteres típicos [2, esp. 2b].

tiple A *m* **1** Soprano (voz). *Gralm* VOZ DE ~.

B *f* (*más raro, m*) **2** Cantante que tiene voz de tiple [1].

tipo¹ -pa I *n A m* **1** Ejemplar o especie que posee los caracteres esenciales que distinguen a su grupo. **b)** Representación ideal de los caracteres esenciales de un conjunto. *Frec en aposición.* ■ **2** Clase o modalidad. **b)** (*Psicol*) Grupo de los varios que se establecen con los individuos, según sus características físicas y psíquicas. *Gralm con un adj especificador:* ATLÉTICO, PÍCNICO, *etc.* ■ **3** (*CNat*) Grupo taxonómico comprendido entre el reino y la clase. ■ **4** Precio o porcentaje establecido para determinadas operaciones comerciales o fiscales. *Gralm con un adj o compl especificador:* DE CAMBIO, DE INTERÉS, DE EMISIÓN, IMPOSITIVO. **b)** *En una subasta:* Precio mínimo de salida. ■ **5** Forma exterior [de una pers.]. *Normalmente con un compl calificador.* **b)** Pers. que tiene buen tipo. ■ **6** (*Impr*) Pieza de metal que lleva en relieve una letra u otro signo. ■ **7** (*Numism*) Figura principal de una moneda o medalla.

B *m y f* **8** (*col*) Hombre o mujer. *Frec con intención desp.*

II *loc v* (*col*) **9 aguantar**, *o* **mantener**, **el ~.** Mantenerse con dignidad en circunstancias difíciles. *Tb fig.* ■ **10 jugarse el ~.** Arriesgar la vida o la integridad física. *Tb fig.* ■ **11 ser** [una pers.] **el ~** [de otra]. Responder a su ideal de belleza o perfección.

III *prep* **12 Del tipo** [2] **de.** *Gralm el n al que precede no lleva art.* * Ciudades tipo París son las preferidas para estos viajes.

tipo² *f* (*argot Impr*) Tipografía.

tipografía *f* **1** Procedimiento de impresión mediante tipos[1] [6] y grabados que se aplican a presión sobre el papel. ■ **2** Manera de estar impreso algo, en cuanto al modelo de tipos[1] [6] y su disposición en el papel.

tipografiar (*conjug* **1c**) *tr* (*raro*) Imprimir.

tipográficamente *adv* **1** De manera tipográfica. ■ **2** En el aspecto tipográfico.

tipográfico -ca *adj* De (la) tipografía.

tipógrafo -fa *m y f* Pers. que trabaja en tipografía [1].

tipología *f* **1** Estudio de los tipos[1] [1], esp. para facilitar una clasificación. ■ **2** Conjunto de tipos[1] estudiados por la tipología [1]. **b)** Conjunto de tipos[1] [1].

tipológicamente *adv* En el aspecto tipológico.

tipológico -ca *adj* De (la) tipología.

tipómetro *m* (*Impr*) Instrumento para medir las composiciones tipográficas.

típula *f* Insecto díptero semejante a un mosquito grande de patas muy largas, que se alimenta del jugo de las plantas y cuya larva daña los cultivos (gén. *Tipula*).

tipúlido *adj* (*Zool*) [Insecto] de la familia de la típula. *Frec como n m en pl, designando este taxón zoológico.*

tique *m* Pequeño papel o cartulina que da derecho a un servicio o indica su importe.

tíquet *m* Tique.

tiqui *interj* Se usa, gralm repetida o seguida de TACA, *para imitar el golpeteo de algo. A veces se sus-*

tantiva como n m. * La máquina seguía monótona: tiqui, tiqui.

tiquín *m* Pértiga, gralm. de caña de bambú, usada en Filipinas para impulsar las embarcaciones menores, apoyándola en el fondo.

tiquismiquis (*tb con las grafías* **tiquis miquis** *o* **tiquis-miquis**) (*col*) **A** *m pl* **1** Escrúpulos o reparos de muy poca importancia. ▪ **2** Discusiones por poco motivo.
    B *m y f* **3** Pers. que anda con tiquismiquis [1]. *Tb adj.*

tira I *f* **1** Trozo largo y estrecho [de algo]. *Tb fig.* **b)** **~ bordada.** Tira más o menos ancha de batista bordada a máquina en forma de puntilla o entredós, que se emplea como adorno, esp. en lencería. ▪ **2** Lista (dibujo en forma de línea). ▪ **3 ~ cómica.** Serie breve de dibujos que desarrollan un chiste o una historieta de humor. *Tb simplemente* ~.
    II *loc v* **4 hacer ~s.** (*col*) Destrozar o despedazar. *Tb fig.*
    III *loc adv* **5 la ~.** (*col*) Mucho. *Con intención ponderativa.*

tirabalas *m* Tirador (juguete).

tirabeque *m* (*reg*) Tirador (juguete).

tirabrasas *m* (*reg*) Utensilio de hierro para remover las brasas del horno.

tirabuzón *m* **1** Rizo de pelo en espiral. *Tb fig.* ▪ **2** Cosa cuya forma recuerda la del tirabuzón [1].

tiracero *m* (*hist*) Fabricante de tiraces.

tirachinas *m* Tirador (juguete).

tirachinos *m* (*reg*) Tirachinas.

tiracuero *m* (*desp, raro*) Zapatero (pers. que arregla el calzado).

tirada I *f* **1** Acción de tirar [3a y b y 9]. **b)** (*Impr*) Conjunto de ejemplares tirados. **c) ~ aparte.** Separata. ▪ **2** Distancia grande entre dos lugares. ▪ **3** Serie larga e ininterrumpida [de algo, frec. versos].
    II *loc adv* **4 de una ~.** De una vez o sin interrupción.

tiradera *f* (*reg*) **1** Trozo pequeño de madera o metal que utiliza el alfarero para quitar los sobrantes de barro de una pieza mientras está en el torno. ▪ **2** Pequeña red de forma cónica, con plomos en su parte inferior para que se hunda al tirarla al agua.

tiradero *m* Lugar donde el cazador se pone para tirar [3a y b].

tirado¹ -da *adj* **1** *part* → TIRAR. ▪ **2** (*col*) Muy barato. ▪ **3** (*col*) Muy fácil. *Gralm con el v* ESTAR. ▪ **4** (*col*) [Cosa] de baja categoría. ▪ **5** (*col*) [Pers.] de mala vida o de conducta despreciable. *Referido a mujer, alude gralm al aspecto sexual. En este caso, frec como n f.* ▪ **6** (*col*) [Pers.] que está en una situación lamentable, esp. en el terreno económico.

tirado² *m* Acción de reducir a hilo un metal, esp. oro. *Tb su efecto.*

tirador -ra A *m y f* **1** Pers. que tira [3a y b]. ▪ **2** Pers. que practica el deporte de la esgrima. ▪ **3** Pers. que reduce a hilo un metal, esp. el oro. ▪ **4** (*jerg*) Taxista que actúa sin respetar las normas establecidas para el gremio.
    B *m* **5** Asidero del que se tira [20] para abrir, cerrar o mover algo, esp. una puerta o un cajón. ▪ **6** Juguete formado por una horquilla que lleva en sus extremos dos gomas unidas por una badana, y que

se emplea para disparar piedrecitas u otras cosas semejantes.
    C *f* **7** Prenda de cazador semejante a un chaleco largo, con bolsillos y con refuerzo en el hombro para apoyar el arma.

tirafondo (*tb* **tirafondos**) *m* Tornillo de cabeza cuadrada para asegurar piezas metálicas en la madera.

tiragomas *m* (*reg*) Tirador (juguete).

tirahílos *adj* *En una máquina de coser:* [Pieza] que tira [20] del hilo. *Frec n m.*

tiraje¹ *m* **1** Tiro [5]. ▪ **2** (*Impr*) Tirada [1]. ▪ **3** (*Fotogr*) Acción de sacar copias a partir de un negativo.

tiraje² *m* (*Med*) Depresión del hueco epigástrico, de las regiones altas del tórax y de la base del cuello, por obstrucción de las vías respiratorias.

tiralevitas *m y f* (*col, desp*) Pers. aduladora.

tiralíneas *m* Instrumento de dibujo para trazar líneas con tinta, que tiene en el extremo dos laminillas de acero cuya separación se gradúa mediante un tornillo.

tiranía *f* **1** Gobierno ejercido por un tirano [2 y 3]. ▪ **2** Abuso opresivo de autoridad o de poder. **b)** Dominio opresivo [de algo, esp. una pasión o afecto] sobre la voluntad.

tiránicamente *adv* De manera tiránica.

tiranicida I *m y f* **1** Pers. que mata a un tirano [2 y 3].
    II *adj* **2** De(l) tiranicida [1] o de(l) tiranicidio.

tiranicidio *m* Acción de matar a un tirano [2 y 3].

tiránico -ca *adj* **1** De (la) tiranía. ▪ **2** Que ejerce tiranía.

tiranizar *tr* Ejercer tiranía [sobre alguien (*cd*)]. *Tb abs.*

tirano -na I *adj* **1** [Pers. o gobierno] que abusa opresivamente de su autoridad o de su poder. *Tb n, referido a pers.* **b)** [Pers.] que abusa del ascendiente afectivo que tiene sobre otra. *Frec en la forma* TIRANUELO. *Tb n.* **c)** [Cosa, esp. pasión o afecto] que ejerce un dominio opresivo sobre la voluntad.
    II *n* **A** *m* **2** (*hist*) *En la Grecia antigua:* Gobernante que ocupa el poder por la fuerza. ▪ **3** Gobernante que ejerce el poder de manera absoluta y opresiva.
    B *f* **4** Canción popular española de aire lento y ritmo sincopado en compás ternario. ▪ **5** Franja de paño que adorna la parte inferior de la saya.

tiranosaurio *m* (*Zool*) Dinosaurio muy feroz propio del Cretácico superior (gén. *Tyrannosaurus*).

tirante I *adj* **1** Tenso (estirado por estar sometido a distintas fuerzas). *Tb fig.* ▪ **2** [Relación] que está en un momento de frialdad o próxima a romperse. **b)** [Pers.] que tiene [con otra] una relación tirante.
    II *m* **3** Tira que sirve para suspender algo de los hombros, esp. una prenda de vestir. **b)** *En pl:* Juego de dos tiras elásticas con broches que sirven para sujetar los pantalones. ▪ **4** Cuerda o correa que une la guarnición de una caballería al carruaje u objeto que arrastra. ▪ **5** (*Constr*) Pieza cuyos extremos se fijan a otras dos para evitar que estas se separen y aumentar su resistencia.

tirantez *f* Estado de tirante [1 y 2].

tirapiés *m* (*E*) Utensilio de zapatero consistente en una correa unida por sus extremos, que se pasa por el pie y la rodilla para sujetar el zapato y su horma al coserlo.

tirar I *v* A *tr* ➤ a *normal* **1** Hacer caer [algo]. ■ **2** Derribar, o hacer caer al suelo. *Tb* ~ ABAJO; *en este caso, tb fig.* **b)** (*col*) Suspender [a alguien] en un examen. *Tb* ~ ABAJO. ■ **3** Lanzar o impulsar [algo o a alguien hacia un lugar (*ci o compl de dirección*)]. *Frec el cd es refl. Tb abs.* **b)** Disparar [un tiro]. *Tb abs.* **c)** Servir [cerveza de barril]. **d)** (*col*) Expeler [una ventosidad]. *Frec pr* (~*se*). **e)** (*reg*) Echar [una carta]. ■ **4** Echar o tender descuidadamente [algo o a alguien]. *Frec el cd es refl. Frec en part.* ■ **5** Echar [algo] a la basura o desechar[lo]. *Frec* ~ A LA BASURA. ■ **6** Malgastar o derrochar [dinero o bienes]. ■ **7** Disponer [algo en una determinada dirección]. ■ **8** (*E*) Trazar [una línea]. *Tb fig, fuera del ámbito técn.* ■ **9** Imprimir definitivamente [un pliego o página o una publicación]. ■ **10** Dar [un pellizco, un mordisco, una coz o una acometida repentina]. ■ **11** Arrastrar [algo] tirando [20] de ello. *Solo en constr pasiva.* * El carruaje iba tirado por 6 caballos. ■ **12** ~ a matar. Actuar con mala intención. **b)** ~ con bala, ~ a degüello → BALA, DEGÜELLO. ■ **13** ~ para atrás. (*col*) Resultar repulsivo [a alguien (*cd*)]. *Gralm abs.* ■ **14** estar [alguien] que lo tira. (*col*) Encontrarse en un momento de gran empuje. **b)** Estar muy bien físicamente o resultar muy atractivo. ■ **15** ~la [a un lugar]. (*pop*) Dirigirse [a él]. ➤ b *pr* (~*se*) **16** (*col*) Pasar [un período de tiempo (*cd*) en determinada circunstancia (*compl adv o predicat*)]. ■ **17** (*col*) Realizar. *Solo con determinados compls, como* FAROL *o* PLANCHA. **b)** (*col*) Tener [un detalle o atención]. ■ **18** (*vulg*) Poseer sexualmente [a alguien]. ■ **19** ~selas [de algo]. (*col*) Dárselas o presumir [de ello].

B *intr* **20** Hacer fuerza para mover [a una pers. o cosa (*compl* DE)], desde delante de ella. *Tb sin compl. Tb fig.* **b)** Hacer fuerza [en una cosa (*compl* DE)] hacia afuera de donde está implantada. **c)** ~se de los pelos → PELO. ■ **21** Producir [algo (*suj*)] sensación de tirantez [a alguien (*ci*)]. *Tb sin compl.* ■ **22** Atraer [algo o a alguien (*compl* DE)]. *En sent físico o moral. Tb sin compl.* **b)** Atraer afectivamente [a alguien (*ci*)]. *Tb sin compl.* ■ **23** (*col*) Sacar [una cosa (*compl* DE)] o tomar[la (*compl* DE)] en la mano para usarla. *Normalmente el compl va sin art.* **b)** (*col*) Hacer uso [de algo]. **c)** (*raro*) Manejar [un arma (*compl* A)]. *Tb fig. Tb sin compl.* ■ **24** Ser [una pers. o cosa (*suj*)] algo (A + *adj*)] parcial o ligeramente. *Frec en la forma* TIRANDO. * Era tirando a rubio. **b)** Tender [a algo (A + *infin o* PARA + *n*)] o llevar camino [de ello]. * Tira para sabio. **c)** Tender a desviarse [en una dirección (*compl* A o HACIA)]. **d)** Inclinarse [por alguien o algo]. ■ **25** (*col*) Parecerse [una pers. o cosa a otra de la que es descendiente o derivada]. ■ **26** Producir [un horno u otro dispositivo para quemar] la corriente de aire adecuada para la combustión. *Frec con los advs* BIEN o MAL. ■ **27** (*col*) Marchar o funcionar. *Tb fig.* ■ **28** (*col*) Vivir [alguien] con justeza en cuanto a medios o a salud. *Gralm como euf de modestia, y frec en la forma* TIRANDO, *o* TIRANDILLO, *usada como respuesta a una pregunta cortés.* **b)** Durar o mantenerse en uso [algo], aunque viejo o deslucido. ■ **29** Marchar [por una dirección determinada (*compl de lugar*)]. ■ **30** (*col*) Iniciar o proseguir la marcha. *Tb* ~ (PARA) ADELANTE. *Frec fig. Frec en imperat o ger.* ■ **31** (*reg*) Tirar [3] [algo (*compl* CON)]. * Tiró con la silla por la ventana.

II *loc n m* **32** tira y afloja. Rigor y condescendencia alternados.

III *loc adv* **33** a todo, a mucho, o a más, ~. Como mucho. ■ **34** tirando corto (o largo). Como poco (o mucho).

tiratrillo *m* (*reg*) Balancín para enganchar el trillo al ganado que tira [20a] de él.

tiraz *m* (*hist*) Tejido árabe de seda policromada.

tírese *m* (*Impr*) Orden de tirar [9] un texto compuesto y corregido.

tireta *f* Correa o cinta que sirve para sujetar algo.

tirigaña *f* (*reg*) Planta vivaz de flores de color violeta púrpura, frecuente en pastizales (*Pinguicula grandiflora*).

tirijala *f* Dulce canario correoso hecho con miel hervida.

tirilla I *f* **1** Tira pequeña que bordea la parte del escote de la camisa u otra prenda, y a la cual es gralm. el cuello. ■ **2** Tira pequeña y blanca, gralm. de plástico, que asoma ligeramente sobre el cuello de la sotana y de la guerrera.
II *loc adj* **3** de ~. [Cuello] constituido exclusivamente por la tirilla [1], que sube ligeramente.

tirillas *m y f* (*col, desp*) **1** Pers. pequeña y de poco vigor físico. ■ **2** Pers. insignificante y presumida.

tirio -ria I *adj* **1** (*hist*) De Tiro (Fenicia). *Tb n, referido a pers.*
II *loc n m* **2** ~s y (*u* o) troyanos. (*lit*) Unos y otros (o unos u otros).

tiristor *m* (*Radio*) Transistor que consta de tres uniones y un electrodo de control.

tirita (*n comercial registrado*) *f* Tira de esparadrapo con gasa y un preparado medicinal para proteger pequeñas heridas.

tiritadera *f* (*reg*) Tiritera.

tiritaina *f* (*reg*) Tiritera.

tiritamiento *m* Acción de tiritar.

tiritante *adj* Que tirita. *Tb* (*lit*) *fig, referido a cosa.*

tiritar I *intr* **1** Temblar de frío o de miedo.
II *adv* **2** tiritando. (*col*) Temblando (en situación precaria). *Con vs como* ESTAR, DEJAR *o* QUEDARSE.

tiritera *f* (*col*) Acción de tiritar intensamente.

tiritero -ra *m y f* (*reg*) Titiritero.

tiritón -na I *adj* **1** Que tirita mucho. *Tb* (*lit*) *fig, referido a cosa.*
II *n* A *m* **2** Temblor o estremecimiento.
B *f* **3** (*col*) Acción de tiritar intensamente.

tiro I *m* **1** Acción de tirar [3a]. **b)** Disparo [de un arma de fuego]. *Tb el impacto que produce.* **c)** Ejercicio de tiro [1b]. **d)** Deporte que consiste en tirar [3a y b] con un arma. *Normalmente con un compl especificador:* AL BLANCO, AL PLATO, DE PICHÓN, CON ARCO, *etc. Tb la instalación correspondiente.* ■ **2** Ataque. *En sent no material.* ■ **3** Conjunto de caballerías que tiran [20a] de un carruaje. ■ **4** Tirante [4] [de un carruaje u otro objeto que se arrastra]. **5** *En una chimenea o algo similar:* Corriente de aire que permite la combustión. ■ **6** *En un pantalón:* Escote correspondiente al vientre y a las nalgas. **7** (*jerg*) Dosis de cocaína o heroína sorbida por la nariz.
II *loc adj* **8** de ~. [Caballería] que se emplea para arrastrar carruajes u otros objetos tirando [20a] de ellos.
III *loc v* **9** errar el ~. Fallar o fracasar. ■ **10** ir los ~s [por un lugar]. Dirigirse [allí] las intenciones o propósitos. *Gralm en la constr* SABER POR DÓNDE

VAN LOS ~S. ■ **11 pegar un** ~ (*o* **dos**, *o* **cuatro, ~s**) [a alguien]. Matar[lo] disparando contra él. ■ **12 salirle** [a alguien] **el ~ por la culata.** Obtener [esa pers.] un resultado opuesto al que pretendía. **IV** *loc adv* **13 a ~.** Al alcance de un arma arrojadiza o de fuego. **b)** Al alcance de las posibilidades. *Frec con el v* PONER. ■ **14 a ~ hecho.** Con un propósito deliberado y concreto. ■ **15 a un ~ de piedra** *o* (*lit*) **a ~ de ballesta.** Muy cerca. ■ **16 como un ~.** (*col*) Muy mal. *Con los vs* CAER *o* SENTAR. ■ **17 de ~s largos.** Con atuendo muy elegante o lujoso. ■ **18 ni a ~s.** (*col*) De ninguna manera o en absoluto.

tirocinio *m* (*lit, raro*) Aprendizaje o preparación.

tiroglobulina *f* (*Fisiol*) Proteína de la que derivan por hidrólisis las hormonas tiroideas.

tirohioideo -a *adj* (*Fisiol*) Relativo al cartílago tiroides y el hueso hioides.

tiroideo -a *adj* (*Fisiol*) De(l) tiroides [2].

tiroides *adj* (*Anat*) **1** [Cartílago] situado en la parte anterior y superior de la laringe. ■ **2** [Glándula] de secreción interna, situada en la parte anterior e inferior del cuello, cuya secreción regula el metabolismo y el crecimiento. *Frec como n m* (*raro f*).

tirolés -sa *adj* Del Tirol (región de Austria). *Tb n, referido a pers.* **b)** [Revoco] de aspecto rugoso. *Tb n m. Tb* A LA TIROLESA.

tirolina *f* Sistema de cables instalados sobre una piscina para tirarse a ella.

tirón **I** *m* **1** Acción de tirar [20] violentamente [de alguien o algo]. *Tb fig.* **b)** (*col*) Procedimiento de robo que consiste en tirar con violencia del objeto codiciado y salir huyendo. **c)** Movimiento brusco de un vehículo al cambiar de marcha. **d)** Contracción muscular fuerte y dolorosa. *Tb* ~ MUSCULAR. ■ **2** Atracción fuerte que ejerce sobre alguien una pers. o cosa. **b)** Atractivo fuerte. **II** *loc adv* **3 de un ~.** De una vez o ininterrumpidamente. **b)** De una vez o de un golpe. ■ **4 ni a tres ~es.** (*col*) De ninguna manera. *Pondera resistencia o pasividad.*

tironazo *m* (*col*) Tirón [1a, c y d] muy fuerte. *Frec con intención desp.*

tironear **A** *intr* **1** Dar tirones [1a] [de alguien o algo]. *Tb sin compl.* **B** *tr* **2** Dar tirones [1a] [a alguien o algo (*cd*)].

tironero -ra *m y f* (*jerg*) **1** Pers. que roba por el procedimiento del tirón [1b]. ■ **2** Tirador [4].

tirosina *f* (*Quím*) Aminoácido resultante de la putrefacción o de la digestión pancreática de las proteínas.

tirotear *tr* Disparar tiros [contra alguien o algo (*cd*)].

tiroteo *m* **1** Acción de tirotear. *Frec fig, referido a preguntas.* ■ **2** (*hoy raro*) Intercambio de réplicas y contrarréplicas entre dos perss. que discuten sin acritud.

tirotoxicosis *f* (*Med*) Hipertiroidismo.

tirotricina *f* (*Med*) Mixtura de dos antibióticos que se emplea como bactericida en infecciones locales.

tirotrofina *f* (*Biol*) Hormona de la parte anterior de la hipófisis, estimulante de la glándula tiroides.

tiroxina *f* (*Biol*) Hormona de la glándula tiroides.

tirreno -na *adj* **1** Del mar Tirreno. ■ **2** (*hist*) Etrusco. *Tb n, referido a pers.*

tirria *f* (*col*) Manía o antipatía.

tirseno -na *adj* (*hist*) [Individuo] de un pueblo de Asia Menor, que se ha supuesto antecedente de los tirrenos [2]. *Tb n.*

tirso *m* (*hist*) Símbolo de Baco utilizado por las bacantes, que consiste en una vara rodeada de hojas de hiedra o de parra.

tis *adj* (*reg*) Tísico [1].

tisaje *m* (*Tex*) Tejido (acción de tejer).

tisana *f* Infusión de una o varias plantas medicinales.

tísico -ca *adj* **1** Que padece tisis. *Tb n, referido a pers. Frec fig, ponderando la delgadez o la palidez.* ■ **2** De (la) tisis.

tisiología *f* (*Med*) Parte de la medicina relativa a la tisis.

tisiólogo -ga *m y f* (*Med*) Especialista en tisiología.

tisis *f* Tuberculosis pulmonar.

tissue (*ing; pronunc corriente,* /tisú/; *pl normal,* ~s) *m* Pieza delgada de papel suave y absorbente, gralm. de dos o más capas, usada como pañuelo o toallita no recuperables.

tisú *m* Tela de seda entretejida con hilos de oro o plata. *Gralm con un compl especificador.*

tisular *adj* (*Biol*) De (los) tejidos.

titán *m* (*lit*) **1** Hombre gigantesco de fuerza extraordinaria. ■ **2** Pers. excepcional o sobresaliente en algún aspecto. *Gralm con un compl especificador.*

titánicamente *adv* (*lit*) De manera titánica.

titánico -ca *adj* (*lit*) De(l) titán.

titanio *m* (*Quím*) Metal blanco pulverulento, de número atómico 22, muy ligero, elástico y resistente a la corrosión.

titano *m* (*Quím*) Titanio.

titanomagnetita *f* (*Mineral*) Magnetita que contiene óxido de titanio.

títere *m* **1** Muñeco que es movido con cuerdas o introduciendo la mano en su interior. **b)** *En pl:* Representación de una pantomima con títeres. ■ **2** *En pl:* Espectáculo de carácter circense realizado gralm. en plena calle. **b)** *En pl:* Piruetas. *Tb fig.* ■ **3** (*desp*) Pers. sin carácter que es manejada por otra. *A veces, más o menos vacío de significado, se emplea como insulto.* **b)** *Frec en aposición con* GOBIERNO, *designando aquel que gobierna bajo la influencia notoria de otro.* ■ **4 ~ con cabeza.** (*col*) Pers. o cosa indemne. *En las constrs* NO DEJAR, *o* NO QUEDAR, ~ CON CABEZA.

titerería *f* Arte u oficio de titerero.

titerero -ra *m y f* Pers. que hace títeres [1].

titi (*juv*) **A** *f* **1** Mujer, esp. joven. **B** *m y f* **2** Se usa como tratamiento afectivo. * Hola, titi, ¿cómo vas?

tití *m* Mono de pequeño tamaño, con cola larga y penachos de pelo en los lados de las orejas, propio de América meridional (*gén. Hapale,* esp. *H. jacchus*).

titilación *f* (*lit o Med*) Acción de titilar. *Tb su efecto.*

titilante *adj* (*lit*) Que titila.

titilar A *intr* (*lit*) **1** Centellear con ligero temblor [un cuerpo luminoso, esp. una estrella]. ■ **2** Temblar ligeramente [algo].

B *tr* **3** (*Med*) Rozar o estimular ligeramente [las mucosas nasales o el velo del paladar], para producir el estornudo o el vómito.

titileo *m* (*lit*) Acción de titilar [1].

titirimundi *m* Cosmorama portátil.

titiritaina *f* (*col*) **1** Ruido confuso de flautas u otros instrumentos. ■ **2** Bulla alegre y desordenada.

titiritero -ra *m y f* Pers. que hace títeres [2].

titismo *m* (*Pol*) Comunismo practicado en Yugoslavia por el mariscal Tito († 1980), caracterizado por la independencia frente a la Unión Soviética. *Tb se da este n a otras variantes del comunismo similares a esta.*

tito¹ *m* (*reg*) **1** Almorta. ■ **2** Hueso o pepita de la fruta.

tito² -ta *m y f* (*reg*) Tío (hermano del padre o de la madre).

tito³ -ta *adj* (*hist*) [Individuo] del pueblo celtíbero habitante de la actual comarca de Ariza (Zaragoza). *Tb n.*

titoísmo *m* (*Pol*) Titismo.

titola *f* (*reg*) Pene.

titubeante *adj* **1** Que titubea. *Tb fig.* ■ **2** Que denota o implica titubeo.

titubear *intr* **1** Mostrar duda o inseguridad al hablar o al decidir. ■ **2** Oscilar por falta de estabilidad.

titubeo *m* Acción de titubear.

titulación *f* Acción de titular(se)¹ [1 y 3]. *Tb su efecto.*

titulado -da *adj* **1** *part* → TITULAR¹. ■ **2** [Pers.] que tiene un título profesional o de estudios. *Tb n.* ■ **3** Que tiene título de nobleza. *Tb n, referido a pers.*

titulador -ra *adj* Que titula¹ [1]. *Tb n: m y f, referido a pers; f, referido a máquina.*

titular¹ A *tr* **1** Dar [a alguien o algo (*cd*)] como título [1a, 2 y 3] [el n. que se expresa (*predicat*)]. *A veces con un compl de modo en lugar del predicat, esp en ors interrogs.* **b)** Dar nombre [a algo (*cd*)]. **c)** (*Per*) Poner titulares² [5] [a algo (*cd*)]. *Frec abs.*

B *copulat pr* (**~se**) **2** Tener [algo (*suj*)] por título [1a] [el n. que se expresa (*predicat*)]. *A veces con un compl de modo en lugar del predicat, esp en ors interrogs.*

C *intr pr* (**~se**) **3** Obtener un título [3].

titular² **I** *adj* **1** [Pers.] que tiene un título [4, 5 y 6]. *Frec n.* **b)** [Obispo] que toma título [3] de un país o territorio ocupado por infieles y en el cual no reside. *Normalmente con compl especificador.* ■ **2** [Pers.] que ocupa un puesto en propiedad por haber sido nombrada para ello. *Frec n.* ■ **3** Que da nombre, con el suyo propio, [a algo (*compl de posesión*)]. *Tb n. Tb sin compl, por consabido.* ■ **4** (*Impr*) [Letra] mayúscula que se emplea en portadas, títulos [1a] o principios de capítulo. *Frec n f.*

II *m* **5** Título [1a] que en un periódico encabeza una información o un artículo. *Frec en pl con sent sg.*

titularidad *f* Condición de titular² [1 y 2].

titularización *f* Hecho de titularizar. *Tb su efecto.*

titularizar *tr* Ser [alguien] titular² [1, 2 y 3] [de algo (*cd*)].

titulciano -na *adj* De Titulcia (Madrid). *Tb n, referido a pers.*

titulillo *m* (*Impr*) **1** Renglón puesto en la parte superior de una página impresa, para indicar la materia de que se trata. ■ **2** Título [1a] secundario en un texto impreso.

título **I** *m* **1** Nombre de una obra escrita (o de alguna de sus partes), de un discurso o de una obra de arte. *Tb el texto escrito o rótulo en que se enuncia ese nombre.* **b)** Obra escrita, designada por su nombre. **c)** Parte de las principales en que se divide una ley o un reglamento, o en que se subdividen los libros de que consta un código. **d)** **~s de crédito.** (*Cine y TV*) Serie de rótulos en que figuran las perss. que han participado en una producción. ■ **2** Denominación honorífica que se da a una pers. **b)** Denominación honorífica que, concedida por un soberano y normalmente con carácter hereditario, lleva una pers. perteneciente a la nobleza. **c)** Pers. que tiene un título de nobleza. ■ **3** Denominación oficial que expresa el nivel de estudios, la categoría profesional o la función de una pers. ■ **4** (*Dep*) Condición de campeón. ■ **5** Derecho (posibilidad legal o moral). *Frec en pl con intención expresiva.* ■ **6** Documento que acredita un título [2 y 3]. **b)** Documento que acredita un derecho. **c)** Documento que acredita la inversión de una cantidad en un valor bursátil. ■ **7** (*Med*) Grado o proporción.

II *loc adv* **8 a ~.** De manera. *Seguido de adj.* **b)** En calidad [de algo] u ostentando la condición [de algo].

tiuque *m* Ave rapaz americana de plumaje oscuro (*Milvago chimango*).

tiza *f* Barrita de yeso y greda, o de creta pulverizada y amasada con agua, que se emplea esp. para escribir en encerados o pizarras.

tiznado¹ -da *adj* **1** *part* → TIZNAR. ■ **2** (*raro*) Borracho o ebrio.

tiznado² *m* Acción de tiznar(se).

tiznajo *m* (*col*) Tiznón.

tiznar *tr* **1** Manchar [algo] con hollín u otra sustancia, esp. negruzca. ■ **2** Producir [el hollín u otra sustancia (*suj*)] una mancha negruzca [en algo (*cd*)]. *Tb abs.*

tizne *m* (o *f*) **1** Hollín. ■ **2** Tizón¹ [1]. ■ **3** Tiznón. ■ **4** Negrilla del olivo.

tiznón *m* Mancha negruzca, esp. de hollín. *Tb fig.*

tizo *m* **1** Trozo de leña mal carbonizado que produce humo al arder. ■ **2** Tizón¹ [1].

tizón¹ **I** *m* **1** Palo a medio quemar. ■ **2** Hongo parásito de color negruzco que destruye los granos del trigo y de otros cereales (géns. *Tilletia* y *Ustilago*). *Tb la enfermedad que produce.*

II *loc adv* **3 a ~.** (*Constr*) Referido al modo de colocar un sillar o un ladrillo: De modo que la dimensión mayor quede perpendicular a la pared. *Tb adj.*

tizón² *adj* De color negro o muy oscuro. *Usado como especificador de ciertas especies zoológicas.*

tizona *f* (*lit*) Espada.

tizonazo *m* Golpe dado con un tizón¹ [1]. *Frec en pl, designando el castigo del infierno.*

tizonear A *intr* **1** Colocar los tizones[1] [1].
B *tr* **2** Atizar [el fuego o la discordia].

tizonera *f* Carbonera que se hace con los tizos [1] para acabar de carbonizarlos.

tlascalteca (*tb con la grafía* **tlaxcalteca**) *adj* De Tlascala (Méjico). *Tb n, referido a pers. Esp referido a los indios que en la época de la conquista se aliaron con Cortés.*

TNT (*sigla; pronunc,* /té-éne-té/) *m* Trinitrotolueno.

to[1] *interj* (*pop*) **1** *Se usa para llamar a un animal, esp al perro.* * ¡To, chucho! ■ **2** *Denota sorpresa o admiración.* * –No se cae ninguna, oiga. –¡To! y ¿por qué habían de caerse?

to[2] → TODO.

toalla I *f* **1** Prenda, gralm. de forma rectangular y de tela de rizo, que se emplea para secarse. ■ **2** Tela de rizo, empleada esp. para hacer toallas [1].
II *loc v* **3 tirar** (**lanzar,** *o* **arrojar**) **la ~.** (*Boxeo*) Tirar la toalla [1] al ring [el preparador de uno de los púgiles], en señal de abandono. **b)** Abandonar [alguien] una empresa dificultosa, dándose por vencido.

toallero *m* Soporte para toallas [1].

toast (*ing; pronunc corriente,* /tóas/ *o, raro,* /tóust/; *pl normal,* ~s) *m* **1** Sandwich de pan de molde a la plancha. ■ **2** (*raro*) Brindis.

toba[1] *f* Roca muy porosa formada por precipitación del carbonato cálcico disuelto en el agua, o por acumulación de cenizas u otros elementos volcánicos. *Frec con un adj especificador:* CALIZA *o* CALCÁREA, *o* VOLCÁNICA.

toba[2] *f* Cardo borriquero.

toba[3] *f* (*col*) Golpe, esp. el que se da disparando el dedo corazón contra la oreja.

toba[4] *f* **1** (*jerg*) Colilla [de tabaco o de hachís]. ■ **2** (*col*) Miembro sexual del niño.

toba[5] I *adj* **1** [Individuo] indígena argentino, habitante del sur del Pilcomayo. *Tb n.*
II *m* **2** Lengua de los tobas [1].

tobera *f* (*Mec*) Conducto de entrada o salida de fluidos, de forma apropiada para que estos, al pasar, aumenten de velocidad o de presión.

tobillero -ra I *adj* **1** [Prenda de vestir] que llega hasta los tobillos.
II *f* **2** Venda, gralm. elástica, con que se sujeta el tobillo.

tobillo *m* Zona de unión del pie con la pierna.

tobogán *m* **1** Aparato recreativo consistente en una rampa de deslizamiento, gralm. de forma helicoidal, por la que se desciende sentado o tumbado. ■ **2** Rampa para el transporte de objetos impulsados por su propio peso. ■ **3** Descenso muy pronunciado en una carretera.

toboseño -ña *adj* De El Toboso (Toledo). *Tb n, referido a pers.*

tobosesco -ca *adj* (*raro*) Toboseño.

toc *interj* Se usa, *frec repetida,* para imitar el sonido de un golpe. *A veces se sustantiva como n m.* * Llamó a la puerta: toc, toc.

toca[1] *f* **1** Prenda de tela blanca con que se cubren la cabeza las religiosas de algunas órdenes. ■ **2** (*hist*) Prenda femenina que cubre la cabeza.

toca[2]**. por ~s.** *loc adv* (*reg*) Por tandas o por suertes.

tocadiscos *adj* [Aparato] electroacústico para la reproducción de sonidos registrados en disco. *Gralm como n m.*

tocado[1] *m* Prenda con que se cubre y adorna la cabeza.

tocado[2] **-da** *adj* **1** *part* → TOCAR[1]. ■ **2** [Fruta] dañada o que empieza a pudrirse. ■ **3** Que padece una ligera indisposición o lesión. ■ **4** (*col, euf*) Algo perturbado o trastornado mentalmente. *Tb ~ DE LA* CABEZA. ■ **5 ~ del ala** → ALA.

tocado[3] *m* (*Dep*) **1** *En lucha:* Hecho de permanecer un luchador tocando (→ TOCAR[1] [1a]) con la espalda la lona durante cierto número de segundos, quedando por ello vencido. ■ **2** *En esgrima:* Acción de tocar[1] [1a] al contrario con el arma.

tocador[1] I *m* **1** Mueble en forma de mesa y con espejo, empleado para peinarse y maquillarse. ■ **2** Habitación destinada para el aseo y maquillaje. **b)** *En un lugar público:* Aseo de señoras. *Frec ~ DE SEÑORAS.*
II *loc adj* **3 de ~.** [Producto u objeto] de belleza o de aseo.

tocador[2] **-ra** *m y f* Pers. que toca (→ TOCAR[1] [7b]) [un instrumento músico (*compl DE*)]. *Tb sin compl, por consabido.*

tocadura *f* (*raro*) Tocamiento.

tocamiento *m* Acción de tocar(se)[1] [1a].

tocante I *adj* **1** Que toca o se refiere [a alguien o algo].
II *loc prep* **2 ~ a,** *o* **en lo ~ a.** Respecto a, o en lo que se refiere a.

tocar[1] A *tr* **1** Llegar con las manos, o con otra parte del cuerpo, o con un objeto que uno sostiene, [a una pers. o cosa (*cd*)] de manera que se pueda sentir su presencia o alguna cualidad física. *Tb abs.* **b)** Llegar a conocer [algo no material]. **c)** Llegar [a algo] que es término o extremo]. ■ **2** Estar [una cosa] al lado [de otra (*cd*)] de manera que en algún punto no queda ningún espacio intermedio. ■ **3** Llegar a hacer contacto [con alguien o algo (*cd*) un proyectil o algo que se mueve (*suj*), o la pers. que lo lanza o va en él]. ■ **4** Alcanzar o afectar [a alguien o algo] una cosa, esp. negativa]. *Frec en part.* ■ **5** Actuar [respecto a alguien o algo (*cd*)]. *Normalmente en constr neg.* **b)** Alterar [algo] con propósito de mejorar[lo]. *Normalmente en constr neg.* **c)** (*col*) Actuar [contra alguien o algo (*cd*)]. *Gralm en constr neg.* ■ **6** Tratar [un asunto], gralm. no como tema central. ■ **7** Ejecutar instrumentalmente [una pieza musical]. *Tb abs.* **b)** Hacer sonar [un instrumento musical o un dispositivo de señales acústicas]. *Tb abs.* **c)** Avisar u ordenar [algo] por medio de señales acústicas. ■ **8** (*col*) Hacer [a alguien (*cd*)] una oferta de carácter económico o profesional, para ver cómo responde.
B *intr* **9** Tocar [1 y 2] [algo (*compl de lugar*)]. ■ **10** Arribar de paso [un barco o un avión, a un lugar (*compl EN*)]. **b)** Tener parada [en un lugar una línea de comunicación o un itinerario]. ■ **11** Afectar [a alguien o algo] o tener relación [con ellos (*ci*)]. ■ **12** (*col*) Ser pariente [de alguien (*ci*)]. ■ **13** Corresponder [algo a alguien] por obligación o derecho, o según un orden establecido. **b)** Llegar el momento [de algo (*ci*)]. **c)** Corresponder [algo a alguien] en suerte o en un reparto. *Tb ~ EN SUERTE.* **d)** Participar [alguien] de un reparto [en una cantidad (*compl A*)]. **e)** Favorecer [a alguien] con un premio [la lotería, una rifa o las quinielas]. ■ **14** Avisar u ordenar [algo (*compl A*)] por medio de señales acústicas. **b)**

~ **a** + *infin.* Llegar el momento o la ocasión oportunos [para la acción expresada por el infin.]. *Gralm en la fórmula* A + *infin* + TOCAN. * Si tocan a trasnochar, trasnocho. * A bañarse tocan.

tocar[2] *intr pr* (**~se**) Adornarse o cubrirse la cabeza [con una prenda (*compl* CON o DE)]. *Frec en part.* **b)** Adornarse o cubrirse [la cabeza (*suj*) con una prenda (*compl* CON o DE)]. *Frec en part.*

tocario -ria (*hist*) **I** *adj* **1** [Individuo] del pueblo o pueblos hablantes del tocario [3]. *Tb n.* ▪ **2** Del tocario [3].

II *m* **3** Lengua indoeuropea del Turquestán chino.

tocata[1] *f* **1** (*Mús*) Composición libre, para un instrumento de teclado, de carácter brillante y con sonidos rápidos y de igual valor temporal. ▪ **2** (*col*) Acción de tocar un instrumento.

tocata[2] *m* (*juv*) Tocadiscos.

tocateja (*tb con la grafía* **toca teja**). **a ~.** *loc adv* (*col*) Al contado o en el acto. *Con los vs* PAGAR *o* COBRAR *u otro equivalente.*

tocayo -ya *m y f* Pers. que tiene el mismo nombre [que otra (*compl de posesión*)]. *Tb sin compl, en pl.*

tocho[1] *m* **1** Lingote de hierro, propio esp. para viguetas. ▪ **2** (*col*) Libro, o conjunto de hojas de papel, muy voluminoso. ▪ **3** (*reg*) Ladrillo (pieza de arcilla).

tocho[2] **-cha** *adj* (*reg*) Tonto o necio. *Tb n.*

tocinería *f* Tienda destinada a la venta de tocino [1] y otros productos de cerdo.

tocinero -ra **I** *adj* **1** [Mesa] pequeña y baja, con un cajón, típica de las cocinas rurales, usada frec. en decoración como auxiliar.

II *n* **A** *m y f* **2** Pers. que vende tocino [1] y otros productos de cerdo.

B *m* **3** (*reg*) Carbonero común (pájaro).

C *f* **4** (*jerg*) Furgoneta policial en que se traslada a los detenidos.

tocino *m* **1** Capa de grasa inmediata a la piel del cerdo. ▪ **2** (*reg*) Cerdo (animal). ▪ **3 ~ de(l) cielo.** Dulce hecho con yema de huevo y almíbar cocidos hasta que cuajan. *A veces en la forma* TOCINILLO *o* TOCINITO. ▪ **4** *En el juego de la comba:* Modo de dar a la cuerda a un ritmo muy rápido. *Frec en la constr* DAR ~. *Tb* TOCINILLO.

tocio *m* (*reg*) Variedad de roble (*Quercus pyrenaica* y *Q. toza*). *Tb* ROBLE ~.

tocoferol *m* (*Quím*) Alcohol derivado del aceite de gérmenes de trigo, con propiedades análogas a las de la vitamina E.

tocoginecología *f* (*Med*) Parte de la medicina que comprende la tocología y la ginecología.

tocoginecológico -ca *adj* (*Med*) De (la) tocoginecología.

tocoginecólogo -ga *m y f* (*Med*) Especialista en tocoginecología.

tocología *f* Obstetricia.

tocológico -ca *adj* De (la) tocología.

tocólogo -ga *m y f* Especialista en tocología.

toco-mocho (*tb con las grafías* **tocomocho** *o* **toco mocho**) *m* (*col*) Timo que consiste en ofrecer un billete de lotería que se hace pasar como premiado, a cambio de una cantidad inferior al premio correspondiente.

tocón[1] **-na** *adj* (*col*) [Pers.] aficionada a tocar[1] [1a], esp. a otra pers.

tocón[2] *m* Parte del tronco de un árbol que queda unida a la raíz al cortar este.

toconera *f* (*reg*) Parte que rodea al tocón[2].

todabuena *f* Todasana (planta).

todasana *f* Planta herbácea de flores amarillas, usada en medicina como vulneraria (*Hypericum androsaemum*, *H. undulatum* y *Androsaemum officinale*).

todavía *adv* **1** *Denota persistencia de un hecho hasta el momento en que se habla o de que se habla.* * Se oye todavía el eco del tambor. ▪ **2** *Acompaña a una palabra comparativa* (MÁS, MENOS, MEJOR, *etc*) *para denotar que en el objeto base de la comparación se encuentra ya en grado notable la cualidad o la intensidad de que se habla.* * Hoy está más triste todavía. ▪ **3** *Denota que el hecho expresado por el v se añade a otro hecho que ya de por sí es notable. Frec con matiz adversativo.* * De un duro hacen dos y todavía les sobra. * Se queda con todo y todavía la egoísta soy yo. ▪ **4** Al menos. * Todavía, si supiera leer, podría ayudar algo. ▪ **5 en ~** → ENTODAVÍA.

todo -da (*tb, pop,* **to, toa**) **I** *adj* **1** *Ante n en sg precedido de* EL (*a veces* UN), *o de adj posesivo o demostrativo, indica que no se excluye ninguna parte de la pers o cosa designada por el n. A veces* (*lit*) *va detrás del n.* * Ha sido lo mejor de toda la feria. * Dio nombre a todo un período de su historia. * La patria toda se lo agradece. **b) ~ el mundo** → MUNDO. **c)** *A veces ante n abstracto usado expresivamente en pl.* * Una cabrita de dos años, en todas sus gorduras. **d)** *Sin art, ante determinados ns, formando compls advs:* A ~ CONFORT, CON TODA FACILIDAD, A TODA MÁQUINA, A TODA PÁGINA, A TODA PLANA, A TODA POTENCIA, A TODA PRISA, A ~ VOLUMEN, *etc*. **e)** *Sin art, ante pron pers en sg, o pron demostrativo neutro, o pro pio de lugar.* * Está harto de todo esto. * Todo Madrid está lleno de turistas. ▪ **2** *Ante n individual en pl precedido de* LOS, *o de adj posesivo o demostrativo, indica que no se excluye ninguna de las perss o cosas designadas por el n. A veces* (*lit*) *va detrás del n.* * Utilizó todos los medios posibles. * Tenemos que tolerar todas esas basuras que se llevan ahora. * A los burgaleses todos va dirigido este pregón. **b)** *Sin art, ante ciertos ns, formando compls advs:* POR TODAS PARTES, A TODAS HORAS. **c)** *Sin art, ante pron pers o demostrativo en pl.* * Son cuadros de tema mitológico todos ellos. **d)** *Sin art, ante n individual en sg.* * La cubierta es a todo color. **e) ~ quisque.** (*col*) Todo el mundo. ▪ **3** *Ante n en pl precedido de* LOS, *o de adj posesivo o demostrativo:* Cada uno de. * No vamos a tener todos los domingos discusión. ▪ **4** *Ante n precedido de* UN: *Que reúne en grado excelente las cualidades ideales de lo designado por el n.* * Es todo un hombre. ▪ **5** *Ante n en sg sin art o adj determinante:* Único. * Por toda respuesta, un portazo. ▪ **6 el ~ +** *n de ciudad.* El sector más distinguido o más representativo de los habitantes de la ciudad. * Acudió el todo Madrid.

II *pron* **7** *En sg, en forma m o f, designa a la pers o cosa ya mencionada o aludida, sin excluir ninguna parte de ella.* * Tiró la escopeta, que con el golpe se rompió toda. **b)** *Ante adj de cualidad, expresa el grado sumo de esta.* * El niño, todo furioso, corrió tras él. **c)** *Detrás de determinados vs expresa la suma intensidad de la acción.* * Esta niña se duerme toda, no sé qué tiene. ▪ **8** *En pl, en forma m o f, designa a las perss o cosas ya mencionadas o aludidas,* *sin excluir ninguna de ellas.* * Es mejor que descansemos todos un rato. ◾ **9** *En pl m, sin referencia a un ser mencionado o aludido:* La gente en general. * La ley debe llegar a conocimiento de todos. ◾ **10** *En sg, en forma m con sent neutro:* Todas las cosas. * Todo está por hacer. **b) de ~.** Toda clase de cosas. * Tenemos de todo.

III *m* **11** Cosa íntegra. * Hemos de aspirar a hacer el todo.

IV *loc v y fórm or* **12 ahí** (*o* **aquí,** *o* **allí**) **me las den todas.** (*col*) *Fórmula que expresa indiferencia o despreocupación ante los males que puedan ocurrir alrededor. A veces se sustantiva.* * Ella paga su mensualidad y ahí me las den todas. ◾ **13 jugarse el ~ por el ~.** Hacer un esfuerzo definitivo [por lograr algo], arriesgando el máximo de recursos. ◾ **14 no tenerlas todas consigo.** Tener recelo. ◾ **15 ser** [alguien o algo] (**el**) **~.** Ser lo más importante. ◾ **16 ser** [alguien o algo] **~ + *n.*** Tener [en esa pers. o cosa (*suj*)] suma importancia o relieve [la parte o el aspecto designado por el n.]. *A veces se omite el v* SER. *La palabra ~ suele usarse adverbializada* (*en forma m sg*) *cuando se refiere a antecedente pl.* * Es todo corazón. * Unos ojos todo pupilas.

V *adv* **17** Totalmente. *Precediendo a determinadas constrs advs.* * Todo a lo largo de la avenida. ◾ **18 ante ~.** En primer lugar. ◾ **19 así y ~.** A pesar de eso. ◾ **20 a toda marcha, a toda mecha, a todas estas, a ~ esto, a ~ trapo, a ~ tren →** MARCHA, MECHA, ESTE, ESTO, TRAPO, TREN. ◾ **21 a ~ +** *infin* = *ger* + CON LA MÁXIMA INTENSIDAD. *A veces precedido del ger del mismo v.* * El viento seguía soplando a todo soplar en la playa. **b) a ~ correr, a ~ meter, a ~ tirar →** CORRER, METER, TIRAR. ◾ **22 con ~.** A pesar de eso. **b) y con ~, con eso, con eso y con ~ →** ESO. **c) con ~ y.** (*reg*) A pesar de. *Seguido de infin, n, o prop con* QUE. ◾ **23 del ~,** *o* (*lit, raro*) **en un ~.** Completamente. ◾ **24 después de ~.** Al fin y al cabo. ◾ **25 de todas todas.** (*col*) Con absoluta seguridad. **b)** Absolutamente. ◾ **26 de ~s modos, de todas formas, de todas maneras →** MODO, FORMA, MANERA. ◾ **27 en medio de ~.** A pesar de los inconvenientes que se han citado. ◾ **28 en ~ y por ~.** Absolutamente. ◾ **29 por ~ lo alto →** ALTO[1]. ◾ **30 sobre ~,** *o* **por encima de ~.** Principal o predominantemente. ◾ **31 ~ lo contrario, ~ lo más →** CONTRARIO, MÁS. ◾ **32 y ~.** *Siguiendo a un compl adv, expresa que lo enunciado en la or se cumple a pesar de la circunstancia indicada por el compl.* * Con piedras y todo, prefiero esta playa. ◾ **33 y ~.** *Concluyendo una or, pone énfasis en lo que se acaba de enunciar.* * Las participaciones son grandes, con adornos y todo.

todogrado *adj invar* [Aceite lubricante] cuya viscosidad se mantiene dentro de unos límites muy amplios de temperatura.

todopoder *m* (*lit, raro*) Omnipotencia.

todopoderoso -sa *adj* Que todo lo puede. *Frec como sust, designando a Dios.*

todo-terreno (*tb con las grafías* **todo terreno** *y* **todoterreno**) *adj invar* [Vehículo automóvil] dotado de motor potente y mucha adherencia, que puede circular por cualquier camino. *Frec como n m.* **b)** [Pers. o cosa] válida para cualquier situación. *Tb n.*

toesa *f* (*hist*) Antigua medida francesa de longitud, equivalente a 1,946 m.

tofana. agua ~ → AGUA.

tofe *m* Pastilla de café con leche.

tofo *m* (*Med*) Nódulo o depósito de ácido úrico, típico de la gota.

tofoso -sa *adj* (*Med*) Que tiene o implica tofos.

toga *f* **1** Vestidura talar que usan en los juicios los magistrados y letrados, y en las ceremonias universitarias los catedráticos y doctores. ◾ **2** (*hist*) *Entre los antiguos romanos:* Amplia pieza de tela que se coloca sobre la túnica envolviendo el cuerpo. ◾ **3** (*hoy raro*) Moldeado que se hace rodeando el pelo alrededor de la cabeza para que quede liso y hueco.

togado -da *adj* Que viste toga [1 y 2]. *Frec n m.*

togolés -sa *adj* De Togo. *Tb n, referido a pers.*

toile (*fr; pronunc corriente,* /tuál/) *f* Tejido del ligamento más sencillo.

toilette (*fr; pronunc corriente,* /tualét/) *f* (*hoy raro*) **1** Aseo o arreglo personal. ◾ **2** Objetos de aseo o arreglo personal. ◾ **3** Aseo o servicio. ◾ **4** Atavío (conjunto de prendas que constituyen el vestido y adorno).

toisón (*gralm con mayúscula*) *m* Orden de caballería de la casa de Borgoña, y de la cual es jefe el rey de España. *Tb su emblema, que representa el vellocino de oro. Tb ~ DE ORO.*

tojal *m* Terreno poblado de tojos[1].

tojeño -ña *adj* De Fuente Tójar (Córdoba). *Tb n, referido a pers.*

tojo[1] *m* Planta arbustiva leguminosa, de ramas espinosas y flores amarillas, propia de lugares áridos (*Ulex europaeus*). *Tb se da este n a otras especies afines.*

tojo[2] *m* (*reg*) Lugar manso y profundo de un río.

tokamak *m* (*Fís*) Aparato usado para confinar plasmas y obtener la fusión de los núcleos de átomos ligeros.

toldería *f* Campamento de indios. *Referido a Hispanoamérica.*

toldilla *f* **1** Toldo pequeño. ◾ **2** (*Mar*) *En un buque mercante:* Construcción situada a popa sobre la cubierta superior, que va de banda a banda. **b)** *En un buque de guerra:* Parte de la cubierta principal de popa.

toldo *m* Cubierta de lona u otra tela, destinada esp. a hacer sombra.

tole (*col*) **I** *m* **1** Rumor que circula entre la gente. *Frec se usa repetido.* ◾ **2** Ambiente (circunstancias).

II *loc v* **3 coger** (*o* **tomar**) **el ~.** Irse rápidamente.

toledano -na *adj* **1** De Toledo. *Tb n, referido a pers.* ◾ **2** (*col*) [Noche] ajetreada e inquieta en que no se puede dormir.

tolemaico -ca (*tb* **ptolemaico**) *adj* **1** Del astrónomo Tolomeo (s. II). ◾ **2** De la dinastía egipcia de los Tolomeos.

tolerable *adj* Que puede ser tolerado.

tolerablemente *adv* De manera tolerable.

tolerado -da *adj* **1** *part* → TOLERAR. ◾ **2** [Espectáculo, esp. cinematográfico] en el que está permitida la entrada a los menores.

tolerancia **I** *f* **1** Acción de tolerar, *esp* [1]. **b)** Margen o diferencia que se consiente en la calidad, en la medida o en el tiempo. ◾ **2** Respeto o consideración hacia las opiniones o prácticas ajenas, o hacia sus sujetos. ◾ **3** Posibilidad de ser tolerado (→ TOLERAR [2b]).

II *loc adj* **4** [Casa] **de ~** –> CASA.

tolerante *adj* **1** Que tolera [1] o tiene tolerancia [2]. **b)** [Marido] que permite que su mujer le sea infiel. ■ **2** De (la) tolerancia [1 y 2].

tolerar *tr* **1** Permitir [una pers. algo que no es o no le parece bueno]. ■ **2** Resistir sin grave daño [una acción o una fuerza exterior, o aquello que la produce]. **b)** Ser [alguien] capaz de recibir en su organismo [algo] sin sufrir trastorno. ■ **3** Resistir sin gran fastidio o repugnancia la presencia o la existencia [de alguien o algo molesto (*cd*)].

tolete *m* (*Mar*) Pieza metálica o de madera fijada en el borde de la embarcación para articular en ella el remo.

tolili *adj* (*col*) Tonto. *Tb n.*

tolino *m* (*reg*) Delfín (cetáceo).

tolla *f* Lugar pantanoso. **b)** Turbera.

tolladero *m* Turbera.

tolle *m* (*reg*) Cazón (pez).

tollina *f* Zurra o paliza.

tollo[1] *m* Hoyo en la tierra, o escondite de ramaje, donde se ocultan los cazadores en espera de la caza.

tollo[2] *m* (*reg*) Tira de cazón seca al aire y al sol, que se usa para preparar distintos guisos.

tollo[3] *m* (*reg*) Duro (moneda).

tolmo *m* Peñasco semejante a un hito o mojón.

tolo -la *adj* (*reg*) Tonto o bobo. *Tb n.*

tolomeico -ca (*tb* **ptolomeico**) *adj* Tolemaico.

tolón *interj* Se usa, normalmente repetida, para imitar el sonido grave de una campana o algo similar. A veces se sustantiva como n m. * Sonaron las campanas: Tolón, tolón.

tolondro -dra *adj* (*reg*) [Pers.] aturdida o atolondrada.

tolondrón -na I *adj* **1** (*reg*) Tolondro.
II *m* **2** Bulto o chichón producido por un golpe. *Tb fig.* **b)** (*reg*) Trozo o masa de forma más o menos redondeada.

tolosano -na *adj* **1** De Tolosa (Guipúzcoa). *Tb n, referido a pers.* ■ **2** De Toulouse (Francia). *Tb n, referido a pers.*

tolosarra *adj* (*reg*) Tolosano [1]. *Tb n.*

tolteca *adj* (*hist*) [Individuo] del pueblo indio que dominó en Méjico entre los ss. X y XII. *Tb n.* **b)** De (los) toltecas.

Tolú. bálsamo de ~ –> BÁLSAMO.

tolueno *m* (*Quím*) Hidrocarburo incoloro y volátil que se extrae del alquitrán de hulla y del bálsamo de Tolú, usado esp. como disolvente.

toluol *m* (*Quím*) Tolueno.

tolva *f* Depósito grande en forma de pirámide invertida, que sirve para alimentar un molino u otra máquina o para cargar camiones o vagones.

tolvanera *f* Remolino de polvo.

toma *f* **1** Acción de tomar. *Tb su efecto.* **b)** Cantidad de una sustancia que se toma [8] de una vez. ■ **2** Punto o dispositivo por donde se efectúa la toma [1a] de un fluido o una corriente, o se realiza un contacto.

tomadera *f* Utensilio de pesca consistente en una red provista de mango largo.

tomadero *m* Toma [2] de agua.

tomador -ra I *adj* **1** [Pers.] que toma. *Tb n.*
II *n* **A** *m y f* (*Econ*) **2** Pers. a cuya orden se gira una letra de cambio. ■ **3** Pers. que suscribe una póliza de seguros.
B *m* **4 ~ del dos.** (*jerg*) Ladrón que hurta de los bolsillos utilizando solamente dos dedos.

tomadura. ~ de pelo. *f* (*col*) Burla. *Tb simplemente ~.*

tomahawk (*ing; pronunc corriente,* /tomaχók/; *pl normal, ~s*) *m* Hacha guerrera de los indios pieles rojas.

tomante *m* (*humoríst*) Homosexual pasivo. *Se opone a* DANTE.

tomar I *v* **A** *tr* **1** Pasar a tener [algo no material, esp. una cualidad, un sentimiento o una costumbre]. **b)** Pasar a tener [un propósito de acción] o hacer que [esta (*cd*)] comience a realizarse. ■ **2** Pasar a tener [algo o a alguien en determinada situación o condición]. *Gralm con un compl especificador, que a veces se omite por consabido.* **b)** Pasar a tener [algo] en préstamo o alquiler. *Gralm con un adj o compl especificador.* **c)** Pasar a tener [un empleado o un subordinado]. ■ **3** Pasar a poseer o dominar por la fuerza [algo o a alguien (*cd*)]. *Tb fig. A veces con ci de pers, que expresa el poseedor o dominador anterior.* **b)** Poseer sexualmente [a alguien]. **c)** (*lit*) Sobrevenir [a alguien (*cd*) un desmayo u otro accidente similar]. ■ **4** Aceptar [algo o a alguien]. ■ **5** Recibir [una pers. o cosa (*suj*) algo (*cd*) que se le da o llega a ella]. *Frec con un compl de modo.* **b)** Enfrentarse [a algo (*cd*) de un modo determinado]. **c)** (*col*) Se usa en imperat, con intención malévola o irónica, para subrayar lo que se nombra a continuación. * Toma colaboración, así sabrás otra vez. ■ **6** Hacer [una pers.] que [otra (*ci*) haga en su presencia [un juramento, una declaración u otra manifestación oral semejante], frec. registrando sus palabras. **b)** Hacer repetir [a alguien (*ci*) algo que ha estudiado (*cd*)] para comprobar que lo sabe. ■ **7** Recoger o constatar [algo] fijándolo en la memoria o en un medio físico. **b)** Impresionar [una película o fotografía]. *Tb abs.* ■ **8** Ingerir. *Frec con un compl de interés. Tb abs.* ■ **9** Exponerse o estar expuesto a los efectos [de un agente físico, esp. el aire o el sol, o de su acción (*cd*)]. * No tomes mucho el sol. **b)** Ejercer sus efectos [sobre alguien (*cd*) un agente físico, esp. el sol]. * Te ha tomado mucho el sol. ■ **10** Empezar a hacer uso [de algo (*cd*)]. **b)** Hacer uso [de algo (*cd*)]. *Gralm con compl de interés.* ■ **11** Empezar a seguir [una dirección determinada]. ■ **12** Considerar o juzgar. *Con compl de modo.* **b)** Considerar o juzgar equivocadamente que [alguien o algo (*cd*)] es [lo que se expresa (*compl* POR)]. *Frec en la pregunta retórica* ¿POR QUIÉN ME TOMAS? ■ **13** Coger o asir. ■ **14 ~la** [con alguien o algo]. (*col*) Hacerle objeto de continuos reproches, censuras o burlas. **b)** **~la** [con algo]. (*col*) Ponerse pesado hablando u ocupándose [de ello].
B *intr* ➤ **a** *normal* **15** Empezar a seguir [una dirección determinada (*compl* POR o HACIA)].
➤ **b** *pr* (**~se**) **16** Perder [algo] la nitidez o brillo naturales. *Frec en part.* ■ **17** (*euf*) Embriagarse. *Frec en part.*
II *loc n m* **18 toma y daca.** (*col*) Intercambio de objetos o servicios.
III *interj* (*col*) **19 toma.** Denota sorpresa. A veces se emplea para hacer aparecer como absurdo lo que acaba de decir otro. * ¡Toma! ¡Mira quién viene! * –Debería estudiar. –¡Toma, y yo! Tienes cada

idea... ■ **20 toma ya.** *Fórmula con que se comenta, gralm con intención polémica, algo que se ve como digno de admiración.* * Ganamos 15 a 3. ¡Toma ya!

tomatada *f* Fritada o ensalada de tomate [1a].

tomatazo *m* Golpe dado con un tomate [1a].

tomate *m* **1** Baya jugosa y comestible, de forma redondeada y color rojo, que es el fruto de la tomatera [4]. **b)** *(col)* Frec se usa en constrs de sent comparativo para ponderar el color rojo muy intenso, esp por vergüenza. * Se puso como un tomate. ■ **2** Tomatera [4]. **b) ~ arbóreo.** Planta solanácea de América del Sur, cuyos frutos, de color rojizo, tienen un sabor parecido al del tomate (*Cyphomandra betacea*). ■ **3** *(col)* Roto redondeado en una prenda de punto, esp. una media o calcetín. ■ **4** *(col)* Lío o jaleo. ■ **5** *(col)* Enredo o situación poco clara. *Gralm con el v* HABER. ■ **6** *(Naipes)* Juego en que se distribuyen tres cartas a cada jugador y cada baza ganada da derecho a la tercera parte del fondo. **b)** *En el juego del tomate:* Jugador que no ha hecho ninguna baza.

tomatero -ra I *adj* **1** De(l) tomate [1a y 2]. ■ **2** [Pollo de gallina] que sale de su segunda muda. *Tb n m.*

II *n A m y f* **3** Pers. que cultiva o vende tomates [1a].

B *f* **4** Planta herbácea de tallos ramosos, hojas dentadas y flores amarillas en racimos sencillos, cuyo fruto es el tomate (*Solanum lycopersicum* o *Lycopersicon esculentum*).

tomatillo. ~(s) **del diablo.** *m* Planta semejante a la del tomate [1a] (*Solanum nigrum* y *S. sodomaeum*).

tomavistas *m* Cámara fotográfica para impresionar películas cinematográficas. *Tb adj.*

tómbola *f* Caseta de rifa en que los premios se encuentran en sobres cerrados que descubre el jugador al comprarlos.

tómbolo *m* Istmo de poca extensión, formado frec. por acumulación de arena.

tomellosero -ra *adj* De Tomelloso (Ciudad Real). *Tb n, referido a pers.*

tomentoso -sa *adj* *(Bot)* Cubierto de pelos cortos y densos.

tomillar *m* Sitio poblado de tomillo.

tomillero -ra *adj* De(l) tomillo.

tomillo *m* Planta perenne de tallos leñosos, muy aromática y de color verde grisáceo (gén. *Thymus*). *A veces con un adj especificador:* BLANCO, SALSERO, *etc. Tb se da este n a otras plantas semejantes.*

tomín *m* *(hist)* Medida de peso equivalente a 596 mg aproximadamente.

tomismo *m* *(Filos)* Sistema filosófico y teológico de Santo Tomás de Aquino († 1274).

tomista *adj* *(Filos)* De(l) tomismo. **b)** Adepto al tomismo. *Tb n.*

tomiza *f* Cuerda delgada de esparto.

tomo I *m* **1** Parte [de una obra escrita] encuadernada separadamente, en uno o más volúmenes, y gralm. con paginación independiente. **b)** Conjunto de números [de una publicación periódica] con una encuadernación única y que suele corresponder a un período determinado de tiempo, esp. un año. ■ **2** Espesor o grosor [de algo acumulable].

II *loc adj* **3 de ~ y lomo.** *(col)* De consideración o importancia. *Con intención ponderativa.*

tomografía *f* *(E)* Técnica para obtener la radiografía de una sección plana del organismo o de otro cuerpo sólido. *Tb la radiografía así obtenida.*

tomógrafo *m* *(E)* Aparato para realizar tomografías.

tomograma *m* *(E)* Radiografía obtenida por tomografía.

ton¹ *loc adv* *(col)* **1 sin ~ ni son.** Sin motivo o justificación. *Tb adj.* ■ **2 a qué ~.** Por qué motivo.

ton² *interj* Se usa, normalmente repetida, para imitar el sonido grave de una campana o algo similar. *A veces se sustantiva como n m.* * La campana sonó: Ton, ton.

toná *f* Cante popular andaluz, semejante a la siguiriya gitana, pero sin el tercio de entrada.

tonada *f* Pieza musical popular, esp. cantada.

tonadilla *f* **1** Canción popular alegre y ligera. ■ **2** *(TLit, hist)* Pieza teatral cantada, corta y ligera, popular en el s. XVIII. *Frec* ~ ESCÉNICA.

tonadillero -ra *m y f* Pers. que compone o que canta tonadillas [1].

tonal *adj* *(Mús y Fon)* De(l) tono [1 y 5].

tonalidad *f* **1** Impresión general producida por un conjunto de tonos [8]. **b)** Tono [8]. ■ **2** *(Mús)* Sistema de sonidos que depende del predominio de una nota. ■ **3** *(Fon)* Tono [1].

tonalmente *adv* *(Mús y Fon)* En el aspecto tonal.

tonante *adj* *(lit)* Que truena. *Normalmente como epíteto de Júpiter. Tb fig.*

tonel *m* **1** Recipiente de base y tapa redondas, formado con listones curvos de madera. ■ **2** *(col, humoríst)* Pers. muy gorda. ■ **3** *(Aer)* Movimiento de acrobacia aérea consistente en una vuelta completa del aparato alrededor de su eje longitudinal.

tonelada *f* **1** Unidad de peso equivalente a 1.000 kg. *Tb* ~ MÉTRICA. **b) ~ corta.** Unidad de peso de Estados Unidos equivalente a 907,184 kg. ■ **2** *(Mar)* Unidad de capacidad equivalente a 2,83 m³.

tonelaje *m* **1** Capacidad [de un barco o de una flota] expresada en toneladas [2]. *Tb fig (humoríst), referido al volumen de una pers.* ■ **2** Número total de toneladas.

tonelería *f* **1** Tienda o taller de toneles [1]. ■ **2** Oficio de fabricante de toneles [1]. ■ **3** Industria de la fabricación de toneles [1].

tonelero -ra I *adj* **1** De(l) tonel [1].

II *m y f* **2** Pers. que fabrica o vende toneles [1].

tonelete *m* *(hist)* Falda o traje que solo llega a la rodilla. *Tb (lit) fig.*

tonema *m* *(Fon)* Parte final de la unidad melódica, a partir de la última sílaba acentuada.

tóner *(tb con la grafía ing* **toner***)* *m* Tinta o sustancia equivalente, usada en máquinas fotocopiadoras y en algunas impresoras.

tonga¹ *f* *(reg)* Pila o montón.

tonga² *f* *(raro)* Vehículo ligero de dos ruedas, tirado por una o dos caballerías, propio de la India.

tongo *m* *(Dep)* Trampa que consiste en dejarse ganar, esp. por dinero. **b)** Trampa o fraude.

tonguista *adj* *(Dep)* Que practica el tongo. *Tb n, referido a pers.*

tónicamente *adv* (*E*) En lo relativo al tono [1, 11 y 12].

tonicidad *f* (*Fisiol*) Estado permanente y particular de contracción [de un músculo].

tónico -ca I *adj* **1** Que aumenta el vigor o el tono vital. *Tb n m, referido a medicamento o agente. Tb fig.* **b)** Que aumenta el tono muscular o de los tejidos. *Tb n m, referido a producto.* ■ **2** (*Fon*) Que tiene acento. **b)** [Grupo] formado por varias sílabas en torno a una acentuada. **c)** [Acento] ~ –> ACENTO. ■ **3** (*Mús*) [Nota] principal, a la que se someten todas las demás de la escala. *Frec n f.* ■ **4** (*Med*) [Convulsión] persistente, sin fase de relajación.
II *f* **5** Rasgo característico [de un conjunto]. ■ **6** Agua tónica (–> AGUA).

tonificación *f* Acción de tonificar.

tonificador -ra *adj* Que tonifica.

tonificante *adj* Que tonifica.

tonificar *tr* **1** Aumentar el tono vital o muscular [de alguien o algo (*cd*)]. *Tb abs.* ■ **2** Fortalecer o reforzar.

tonillo *m* Tono [2] característico de una pers. o grupo, o que expresa burla o ironía. *Frec con intención desp.*

tonina *f* (*reg*) Atún (pez).

tonino *m* (*reg*) Atún (pez).

tonitronante *adj* (*lit*) [Voz] de trueno. *Tb fig, referido a la pers que tiene esa voz o lo dicho con ella.*

tonitruante *adj* (*lit*) Tonitronante.

tonkinés -sa (*tb con la grafía* **tonquinés**) *adj* De la región de Tonkín (Vietnam). *Tb n, referido a pers.*

tono I *m* **1** Cualidad del sonido, que depende del número de vibraciones por segundo. ■ **2** Manera de modular la voz, en la que se refleja una actitud o un estado de ánimo. *Gralm con un compl especificador.* **b)** Intención o actitud con que alguien se manifiesta. **c)** Comportamiento o trato acorde con las circunstancias y el uso normal. *Gralm en constrs como* FUERA DE ~ *o* SALIDA DE ~. ■ **3** Volumen o intensidad [de un sonido o de aquello que lo emite]. **b)** Energía o altivez con que se habla. *Normalmente en las constrs* SUBIR, *o* BAJAR, EL ~, *o* CAMBIAR DE ~. ■ **4** Sonido monótono que en el teléfono indica que la línea está disponible para marcar un número a fin de establecer una comunicación. ■ **5** (*Mús*) Intervalo o distancia que media entre una nota y su inmediata, excepto del mi al fa o del si al do. ■ **6** Estilo o carácter general [de algo, esp. un discurso, un escrito o un espectáculo]. **b)** ~ **menor.** (*Arte y TLit*) Estilo relativamente sencillo y de pocas pretensiones. ■ **7** Clase o nivel. *Referido al trato social.* ■ **8** Matiz o grado de color. ■ **9** Grado de atrevimiento o procacidad de un insulto, un chiste o una expresión. *Frec en la constr* SUBIDO DE ~. ■ **10** Grado de excitación de una pers. *Frec en la constr* SUBIDO, *o* LEVANTADO, DE ~. ■ **11** Energía o vitalidad [de una pers.]. *Tb* ~ VITAL. ■ **12** (*Fisiol*) Elasticidad y firmeza [de un tejido].
II *loc adj* **13 de buen** (*o* **mal**) ~. [Cosa] socialmente bien (o mal) vista, o de buen (o mal) gusto.
III *loc v* **14 darse** ~. Pavonearse, o darse importancia.
IV *loc adv* **15 a** ~. En armonía. *Tb adj. Frec con un compl* CON. ■ **16 a** ~. En forma o estado satisfactorios. *Gralm con los vs* ESTAR *o* PONER(SE). **b)** En estado de animación o alegría, esp. por la bebida. *Gralm con los vs* ESTAR *o* PONER(SE). ■ **17 en todos**

los ~s. Insistiendo en todas las formas posibles. *Con vs como* DECIR *o* PEDIR.

tonó *m* (*hist*) Coche de caballos ligero, de dos ruedas, descubierto y con entrada por detrás.

tonometría *f* (*Med*) Medición del tono [12] o de la tensión.

tonoplasma *m* (*Biol*) Membrana que envuelve la vacuola.

tonoplasto *m* (*Biol*) Gránulo que da lugar a la formación de una vacuola.

tonquinés –> TONKINÉS.

tonsura *f* Acción de tonsurar [1b]. *Tb su efecto y el grado conferido.*

tonsurar *tr* (*raro*) Cortar el pelo [a alguien o algo (*cd*)]. **b)** Cortar el pelo de la coronilla [a alguien (*cd*)] para conferir[le] el grado preparatorio del estado clerical. *Frec en part, frec sustantivado.*

tontada *f* Tontería [2 y 3].

tontaina *adj* (*col*) Tonto [1a, 2, 3 y 4]. *Frec n, referido a pers.*

tontamente *adv* De manera tonta [4].

tontarra *adj* (*col*) Tonto [1a]. *Tb n.*

tontear *intr* **1** Hacer o decir tonterías [2]. ■ **2** Tener una ligera relación amorosa [con alguien]. *Tb sin compl, con suj pl.* ■ **3** Coquetear (conversar o bromear [con una pers. de otro sexo] tratando de despertar su interés). *Tb sin compl.*

tonteo *m* Acción de tontear [2 y 3].

tontera *f* **1** Tontería. ■ **2** (*reg*) Atontamiento o pesadez de cabeza.

tontería *f* **1** Cualidad de tonto [1, 2 y 3]. ■ **2** Hecho o dicho tonto [4]. ■ **3** Cosa sin importancia.

tontez *f* (*reg*) Tontería.

tontilán *m* (*reg*) Hombre tonto. *Tb adj.*

tontilindango -ga *adj* (*reg*) [Pers.] tonta. *Tb n.*

tontillo *m* (*hist*) Prenda armada para ahuecar la falda.

tontiloco -ca *adj* (*col*) [Pers.] tonta y alocada. *Tb n.* **b)** Propio de la pers. tontiloca.

tontina *f* (*hist*) Operación de lucro consistente en poner un fondo entre varias perss. para repartirlo en un momento dado, con sus intereses, solo entre los asociados supervivientes.

tonto -ta I *adj* **1** [Pers.] de poca inteligencia. *Más o menos vacío de significado, se emplea frec como insulto. A veces* (*col*) *se intensifica su expresividad con un compl* (DEL BOTE, DE CAPIROTE, DEL CULO, DEL HABA, *etc*) *o una constr comparativa. Tb n. A veces referido a animales.* **b)** [Pers.] retrasada mental. **c)** [Pers.] que actúa con ingenuidad o sin aprovechar las oportunidades que se le brindan. **d)** (*col*) [Pers.] pasmada o estupefacta. *Gralm con los vs* DEJAR *o* QUEDAR(SE). *Con intención ponderativa.* ■ **2** (*col*) [Pers.] impresionable o que se conmueve con facilidad. *Frec con intención afectiva. Frec en la constr* LLORAR COMO UN ~. ■ **3** (*col*) [Pers.] afectada o cursi. **b)** (*col*) [Pers.] engreída o vanidosa. *Frec* ~ DEL CULO. ■ **4** [Cosa] propia de la pers. tonta, *esp* [1]. **b)** [Cosa] falta de sentido o justificación. ■ **5** (*col*) Fastidioso o molesto. ■ **6** (*col*) Insulso o sin gracia. **b)** (*reg*) [Rosquilla] propia de la fiesta de San Isidro, que no lleva baño de azúcar. ■ **7** (*col*) [Mano] que se pone en un sitio afectando distracción o ingenuidad.

II *m* **8** Payaso. *Frec* ~ DE(L) CIRCO. *Frec fig.* ■ **9** (*reg*) Culebra de agua. ■ **10** (*reg*) Prenda a modo de chaqueta amplia, propia esp. de embarazadas. **III** *loc v* (*col*) **11 hacer** [alguien] **el ~.** Comportarse como una pers. tonta, *esp* [1a y c y 3]. ■ **12 hacerse** [alguien] **el ~.** Afectar ignorancia o distracción. **IV** *loc adv* (*col*) **13 a lo ~.** Como quien no quiere la cosa. *Frec se enuncia repetida.* ■ **14 a lo ~.** De manera injustificada o innecesaria. ■ **15 a tontas y a locas.** De manera alocada o sin fundamento.

tontódromo *m* (*col*) Calle o zona frecuentada por los niños bien.

tontolaba *adj* (*reg*) Tonto del haba. *Tb n.*

tontorro -rra *adj* (*col*) Tontorrón.

tontorrón -na *adj* (*col*) Tonto [1 a 6]. *Tb n, referido a pers.*

tontorronada *f* (*col*) Tontería [2].

tontucio -cia *adj* (*col*) Tonto [1a].

tontuna *f* (*col*) Tontería.

toña *f* **1** Tala (juego). ■ **2** (*col*) Borrachera. ■ **3** (*col*) Golpe violento.

toñazo *m* (*col*) Golpe violento.

toñil *m* (*reg*) Lugar entre paja o hierba seca en que se colocan manzanas o peras para que maduren. *Tb* (*lit*) *fig.*

top¹ (*fr; pl normal, ~s*) *m* (*E*) Señal sonora que se da para determinar o registrar con precisión el principio o el fin de una operación.

top² (*ing; pl normal, ~s*) *m* Prenda de vestir femenina que cubre la parte superior del cuerpo, gralm. muy escotada y frec. sin mangas ni tirantes.

top³ *m y f* Top-model.

topacio **I** *m* **1** Piedra fina, de color amarillo o pardo, compuesta de sílice, alúmina y flúor. **b)** *Con distintos adjs o compls especificativos, designa otras piedras finas de color amarillo:* FALSO ~, ~ ORIENTAL, AHUMADO, DE HINOJOSA, *etc.* **II** *adj invar* **2** [Color] amarillo vivo y transparente.

topar **A** *tr* **1** Embestir con la cabeza [a alguien (*cd*)] un animal con cuernos (*suj*)]. *Tb fig. Tb abs.* ■ **2** Chocar o tropezar [con alguien o algo (*cd*)]. ■ **3** Encontrar casualmente [algo o a alguien]. ■ **4** (*reg*) Aceptar [una apuesta]. **B** *intr* **5** Chocar o tropezar [una pers. o cosa (*suj*) con otra (*compl* EN, CON o CONTRA)]. ■ Tropezar [con un obstáculo o dificultad]. ■ **6** Encontrar casualmente [algo o a alguien (*compl* CON)]. *Tb pr* (~se).

toparca *m* (*lit*) Señor o soberano de un país muy pequeño.

tope **I** *m* **1** Parte por la cual una cosa topa [5] con otra. **b)** *En un vagón o locomotora:* Pieza situada en el extremo y que sirve para amortiguar los choques. **c)** *En un tranvía:* Parachoques. **d)** *En el calzado:* Refuerzo que se pone en la punta para que no se arrugue. ■ **2** Pieza u objeto que impide que algo pase de un punto dado. **b)** *En una vía:* Dispositivo situado en el extremo para detener los trenes. ■ **3** Punto máximo a que puede llegar algo. *A veces en aposición.* ■ **4** (*Mar*) Extremo o remate superior de cualquier árbol. *Tb el marinero que vigila desde él.* ■ **5** (*jerg*) Modalidad de robo en viviendas o locales forzando la entrada, frec. con palanqueta. **II** *adj* **6** (*juv*) Estupendo.

III *adv* **7** (*juv*) Mucho. ■ **8 a ~.** Por los extremos o sin superposición. *Con vs como* UNIR *o* JUNTAR. *Tb adj.* ■ **9 a ~.** (*col*) Al máximo. *Tb adj. Esp en lenguaje juv.* ■ **10 hasta los ~s** (*o* hasta el ~). (*col*) Al máximo. *Gralm con el v* LLENAR *o el adj* LLENO, *que a veces se omiten por consabidos.*

topear *intr* (*reg*) Excavar galerías como el topo¹ [1a]

topera *f* Madriguera de topo¹ [1a]. *Tb* (*lit*) *fig.* **b)** Montoncito de tierra de la boca de una topera.

topero -ra *m y f* (*jerg*) Topista.

topetar *intr* Topar [con algo (*compl* CON, EN o CONTRA)].

topetazo *m* Golpe dado topando, *esp* [1].

topetón *m* Topetazo.

tópicamente *adv* De manera tópica [1 y 2].

topicida *adj* (*E*) Que mata topos¹ [1a].

topicista *adj* (*raro*) Topiquero.

tópico -ca **I** *adj* **1** De(l) tópico [3]. ■ **2** (*Med*) Que se aplica o realiza externamente, sobre el lugar afectado. *Tb n m, referido a medicamento.* **II** *n* **A** *m* **3** Lugar común. **b)** (*TLit*) Tema o forma de expresión pertenecientes a un acervo tradicional y que se repiten con frecuencia a lo largo de la historia literaria. **B** *f* **4** (*E*) Teoría de los tópicos [3].

topificador -ra *adj* (*raro*) Que topifica.

topificar *tr* (*raro*) Convertir [algo] en tópico [3].

topillo *m* Roedor semejante al topo¹ [1a], que causa graves daños a la agricultura (gén. *Pitymys* y otros afines). *A veces con un adj denotador de la especie:* COMÚN, EUROPEO, ROJO, OSCURO.

topinera *f* Topera. *Alguna vez en aposición con* BOCA.

topiquería *f* (*desp*) Tópico [3].

topiquero -ra *adj* (*desp*) **1** [Pers.] dada al uso de tópicos [3]. ■ **2** [Cosa] tópica [1].

topiquismo *m* (*raro*) Tendencia al tópico [3].

topista *m y f* (*jerg*) Ladrón que roba por el procedimiento del tope [5].

top-less (*ing; pronunc corriente, /tóp-les/*) *adj invar* Que deja al descubierto el pecho femenino. *Frec n m, referido a traje de baño o modo de vestir.* **b)** [Espectáculo o establecimiento] en que las artistas o las camareras llevan el pecho descubierto. *Frec n m.*

top-model (*ing; pronunc corriente, /tóp-módel/; pl normal, ~s*) *m y f* Modelo muy cotizado.

topo¹ **I** *n* **A** *m* **1** Mamífero insectívoro del tamaño del ratón, con pelo negro y aterciopelado y fuertes patas con las que excava galerías en el suelo (*Talpa europaea*). *También se da este n a otras especies del gén* Talpa *o de otros similares. Frec con un adj o compl especificativo:* COMÚN, CIEGO, DE AGUA, *etc.* **b)** (*col*) *Se usa en frases de sent comparativo para ponderar la poca vista de una pers.* * *Ve menos que un topo.* ■ **2** (*col*) Pers. que fabrica o utiliza túneles para escapar. **b)** Pers. o vehículo que realiza su función por túneles bajo tierra. ■ **3** (*col*) Pers. que vive oculta por temor a represalias políticas. ■ **4** Espía infiltrado en una organización. **B** *f* **5** Máquina para excavar túneles. **II** *adj invar* **6** [Color] negro lustroso propio del topo [1a]. ■ **7** (*raro*) [Cosa] oculta por motivos políticos.

topo[2] *m* Lunar (dibujo redondeado en una tela). *Gralm en pl.*

topografía *f* **1** Técnica de levantar mapas y planos a una escala relativamente pequeña y considerando la Tierra plana. ■ **2** Configuración [de un terreno]. **b)** Configuración [de algo].

topográficamente *adv* En el aspecto topográfico.

topográfico -ca *adj* **1** De (la) topografía. ■ **2** Relativo a la colocación de algo en un conjunto.

topógrafo -fa *m y f* Especialista en topografía [1].

topolino *adj* (*invar en gén y frec en núm*) (*col, hist*) En los años cuarenta: [Chica] moderna. *Tb n f.* **b)** [Zapato] de plataforma, típico de las chicas topolino. *Tb n m.* **c)** De (las) chicas topolino.

topología *f* Parte de la geometría que estudia las propiedades de las superficies que, mediante las necesarias deformaciones, pueden transformarse unas en otras.

topológico -ca *adj* De (la) topología.

topón -na *adj* (*Taur*) [Res] que al embestir topa y no tira cornadas.

toponimia *f* **1** Estudio de los nombres propios de lugar. ■ **2** Conjunto de los nombres propios de lugar [de un país, región o población].

toponímico -ca I *adj* **1** De (la) toponimia. II *m* **2** Topónimo.

topónimo *m* Nombre propio de lugar.

topos *m* (*TLit*) Tópico [3b] literario.

top secret (*ing; pronunc corriente, /tóp-síkret/*) *m* **1** Materia o documento estrictamente confidencial. ■ **2** Condición de estrictamente confidencial.

toque I *m* **1** Acción de tocar[1] (llegar con las manos u otra cosa). *Tb su efecto.* ■ **2** Acción de tocar[1] [un instrumento o dispositivo, o una orden o aviso]. *Tb su efecto.* **b)** (*Mil*) Indicación o aviso que se hace con determinados instrumentos musicales. *Frec con un compl especificador.* **c)** Aviso o advertencia para que alguien actúe o deje de actuar en una determinada forma. *Frec ~ DE ATENCIÓN. Gralm con el v DAR.* **d)** ~ de queda → QUEDA. ■ **3** Arreglo ligero. *Esp referido al aspecto físico de una pers.* ■ **4** Aplicación [de una sustancia, frec. un medicamento]. ■ **5** (*Pint*) Pincelada ligera. **b)** Modo peculiar de aplicar las pinceladas [de un autor]. *Tb fig, fuera del ámbito técn.* ■ **6** Nota o detalle. ■ **7** Punto difícil [de un asunto] que requiere especial cuidado o habilidad. *Frec en la constr* EL ~ ESTÁ EN + *infin.* **b)** Habilidad o acierto.
II *loc adj* **8** [Piedra] de ~ → PIEDRA.
III *loc v* **9** dar el último ~, *o* los últimos ~s [a una cosa]. Hacer [en ella (*ci*)] correcciones o adiciones de detalle para dejarla completamente terminada.
IV *loc adv* **10** a ~ de corneta. Con disciplina y puntualidad extremadas. *Tb, raro,* A ~ DE SILBATO *o* A ~ DE SIRENA.

toquero -ra *m y f* (*hist*) Pers. que fabrica o vende tocas.

toquetear *tr* Tocar reiteradamente [algo] o pasar la mano [por ello (*cd*)]. **b)** Tocar reiteradamente [a una pers.], esp. por placer sexual.

toqueteo *m* Acción de toquetear.

toquilla[1] *f* **1** Prenda de punto que se ponen las mujeres sobre los hombros o con la que se envuelve a un niño pequeño. ■ **2** (*col*) Borrachera. ■ **3** (*hist*) Gasa u otro adorno puesto alrededor de la copa del sombrero.

toquilla[2] *f* Palmera americana cuyas hojas salen del suelo sobre un pecíolo largo y de la que se extrae la paja para fabricar los sombreros de jipijapa (*Carludovica palmata*).

toquillería *f* (*raro*) Toquillas o conjunto de toquillas[1] [1].

toquillón *m* (*reg*) Mantón de punto usado por las mujeres en invierno.

tora[1] *f* Armazón en figura de toro que sirve de diversión en algunas fiestas populares.

tora[2] (*normalmente con mayúscula; tb con la grafía* **torah**) *f* Ley de Moisés. *Tb el libro que la contiene.*

tora[3] *f* Ranúnculo de hoja arriñonada (*Ranunculus thora*). *Tb* HIERBA ~.

torácico -ca *adj* Del tórax.

toracicoabdominal *adj* (*Anat*) Del tórax y del abdomen.

toraco *m* (*Taur, desp*) Toro de gran tamaño y cornamenta. **b)** (*col, desp*) Toro grande.

toracolumbar *adj* (*Anat*) Del tórax y la región lumbar.

toracoplastia *f* (*Med*) Operación de resección de algunas costillas, practicada en algunos casos de tuberculosis pulmonar con el fin de disminuir la capacidad de un hemitórax y facilitar el colapso pulmonar.

toracotomía *f* (*Med*) Abertura quirúrgica del tórax.

torada *f* **1** Manada de toros. ■ **2** Junta de machos de perdiz.

torah → TORA[2].

toral[1] *adj* (*Arquit*) [Elemento arquitectónico, esp. arco] que soporta el mayor esfuerzo. *Gralm referido a los arcos del crucero.*

toral[2] *m* (*reg*) Plazoleta.

torancés -sa *adj* Del valle de Toranzo (Cantabria). *Tb n, referido a pers.*

torar *tr* (*reg*) Echar el toro [a la vaca (*cd*)].

tórax *m* Parte del cuerpo del hombre y de algunos animales comprendida entre el cuello o la cabeza y el abdomen.

torbellino *m* **1** Masa [de aire o de agua] en movimiento rápido y giratorio. *Tb el mismo movimiento. Tb fig.* ■ **2** (*col*) Pers. muy inquieta y que actúa atropelladamente.

torca *f* (*Geol*) Depresión en forma de embudo, causada por hundimiento del techo de una cavidad excavada por las aguas.

torcal *m* (*Geol*) Terreno en que abundan las torcas.

torcaz *adj* [Paloma] de color gris azulado, con el borde de las alas blanco y dos manchas también blancas a cada lado del cuello, que nidifica en los árboles. *Tb n m o, más frec, f.*

torcazo -za *adj* Torcaz. *Tb n.*

torcecuello *m* Ave insectívora de pequeño tamaño, con plumaje pardo jaspeado en el lomo y blanquecino con rayas negras en el vientre, y que mueve el cuello en todas direcciones (*Jynx torquilla*).

torcedor[1] **-ra** I *adj* 1 Que tuerce, *esp* [5]. *Tb n, referido a pers.*
II *n* A *m* 2 Aparato que sirve para torcer [5 y 6]. ■ 3 (*lit*) Tormento o mortificación.
B *f* 4 Polilla de las uvas (*Eudemis botrana*).

torcedor[2] *m* (*Dep*) Hincha brasileño.

torcedura *f* Acción de torcer(se), *esp* [6]. *Tb su efecto.*

torcer (*conjug* 18) A *tr* 1 Hacer que [algo o alguien (*cd*)] tome una dirección u orientación distinta a la que tiene o a la que es habitual. *Tb fig.* **b)** *pr* (~**se**) Tomar [una pers. o cosa (*suj*)] una dirección u orientación distinta a la que tiene o a la que es habitual. ■ 2 Desviar [a alguien] de la buena conducta. **b)** *pr* (~**se**) Desviarse [una pers.] de la buena conducta. ■ 3 Estropear [algo o a alguien] haciendo que evolucione negativamente. **b)** *pr* (~**se**) Estropearse [alguien o algo] evolucionando negativamente. ■ 4 Enemistar [a una pers. con otra] o hacer que pierdan la confianza existente. *Tb sin compl* CON, *con cd pl.* **b)** *pr* (~**se**) Enemistarse [una pers. con otra] o perder la confianza existente. *Tb sin compl, con suj pl.* ■ 5 Dar vueltas [a una cosa (*cd*)] sobre sí misma, de modo que tome forma helicoidal. **b)** Liar [un cigarro puro]. ■ 6 Dar un movimiento de flexión o giro, violento y antinatural, [a un miembro (*cd*) del cuerpo]. *Frec con un ci refl, implicando que el hecho es involuntario.* **b)** *pr* (~**se**) Sufrir un movimiento de flexión o giro, violento, antinatural y fortuito, [un miembro corporal (*suj*)]. ■ 7 Tergiversar [palabras o su sentido].
B *intr* 8 Tomar [una pers. o cosa (*suj*)] una dirección distinta a la que llevaba. *Frec con un compl que expresa la nueva dirección.*

torcida[1] *f* (*Dep*) Hinchada brasileña.

torcida[2] → TORCIDO[1].

torcidamente *adv* De manera torcida (→ TORCIDO[1] [4b]).

torcido[1] **-da** I *adj* 1 *part* → TORCER. ■ 2 [Cosa] que sigue una dirección que no es recta. ■ 3 [Cosa] que se aparta de la rectitud moral. ■ 4 [Pers.] retorcida (sinuosa y maligna). **b)** [Cosa] propia de la pers. torcida.
II *n* A *m* 5 Hilo torcido (→ TORCER [5a]).
B *f* 6 Mecha de algodón torcido (→ TORCER [5a]) que se pone en los candiles y otros objetos similares.

torcido[2] *m* Acción de torcer [5].

torcijón *m* (*raro*) Retortijón de tripas.

torculado *m* (*E*) Acción de someter algo al tórculo.

tórculo *m* (*E*) Prensa, esp. la que se emplea para imprimir, estampar grabados o acuñar moneda.

torda[1] → TORDO.

torda[2] *adj* (*reg*) Tonto o bobo. *Tb n.*

tordear *intr* (*reg*) Tambalearse.

tordesillano -na *adj* De Tordesillas (Valladolid). *Tb n, referido a pers.*

tordilio *m* Planta herbácea de flores blancas en umbela (*Tordylium maximum*). *Tb ~* GRANDE.

tordillo -lla *adj* Tordo [1]. *Tb n.*

tordo -da I *adj* 1 [Caballería] que tiene el pelo mezclado de negro y blanco. *Tb n.*
II *n* A *m* 2 *Se da este n a varios pájaros del gén Turdus, esp T. philomelos, de cuerpo robusto, pico*

recto y plumaje pardo. *También se da este n a otras especies de los géns Sturnus, Cinchus y Monticola. Frec con un adj indicador de la especie. Tb designa solamente el macho.* ■ 3 Pez marino comestible de pequeño tamaño (*Crenilabrus melops*).
B *f* 4 Hembra del tordo [2].

toreable *adj* Que se puede torear.

toreador *m* Torero. *Gralm humoríst.*

torear *tr* 1 Enfrentarse [una pers. con un toro (*cd*)] provocando su acometida y esquivándolo, con arreglo a ciertas normas. *Tb abs.* **b)** Torear [en una corrida (*cd*)]. ■ 2 Evitar o esquivar [algo o a alguien]. ■ 3 Conducir con habilidad [algo o a alguien] por donde interesa. ■ 4 Burlarse [de una pers. (*cd*)] actuando sin respeto o consideración [hacia ella].

toreo *m* Acción de torear [1]. *Tb el arte correspondiente.*

torería *f* 1 Conjunto de los toreros [5]. ■ 2 Toreo.

toreril *adj* De(l) torero o de(l) toreo.

torerismo *m* 1 Cualidad de torero [3]. ■ 2 Afición torera [1].

torerista *adj* (*Taur*) [Aficionado] que da importancia primordial al arte del torero [5]. *Tb n.*

torero -ra I *adj* 1 De(l) toreo. ■ 2 De(l) torero [5]. ■ 3 Que muestra cualidades de buen torero [5]. **b)** (*col*) *Se usa para aclamar a alguien por su brillante actuación.* * Gritos de "¡torero, torero!" para el delantero al marcar su cuarto gol. ■ 4 [Pers.] aficionada a las corridas de toros.
II *n* A *m y f* 5 Pers. que tiene por oficio torear [1]. *Referido a mujer, frec en aposición.*
B *f* 6 Chaquetilla corta y ceñida, semejante a la del traje de luces. *A veces en aposición.* ■ 7 (*col*) Mujer liviana.
III *loc v y fórm or* 8 **saltar(se) a la torera** [una obligación]. (*col*) Hacer caso omiso [de ella]. ■ 9 **que no se lo salta un ~** → SALTAR.

toresano -na *adj* De Toro (Zamora). *Tb n, referido a pers.*

torgo *m* (*reg*) Raíz de brezo.

toricantano -na *m y f* (*Taur*) Torero que toma la alternativa.

toricida *adj* (*raro*) Que mata toros. *Tb n, referido a pers.*

toril *m En una plaza de toros:* Sitio en que se tienen encerrados los toros que han de lidiarse.

torilero *m* Empleado encargado de abrir la puerta del toril.

torillo *m* 1 Pez de pequeño tamaño, con piel viscosa y sin escamas, propio del Mediterráneo (gén *Blennius,* esp. *B. ocellaris*). ■ 2 Ave semejante a la codorniz, con una mancha anaranjada en el pecho y motas negras en los laterales (*Turnix sylvatica*).

torina *f* (*Quím*) Óxido de torio.

torio *m* (*Quím*) Metal radiactivo, de número atómico 90, blanco plateado y dúctil, usado en equipamientos electrónicos y como fuente de energía nuclear.

toriondo -da *adj* [Animal vacuno, esp. vaca] que está en celo. *Tb* (*lit*) *fig, referido a pers.*

torista *adj* (*Taur*) [Aficionado] que da importancia primordial al toro. *Tb n.* **b)** Propio del aficionado torista.

tormenta *f* **1** Perturbación atmosférica violenta, acompañada de truenos, relámpagos, ráfagas de viento y lluvia, nieve o granizo. ■ **2** Irritación o alteración violenta del ánimo, que *gralm.* se manifiesta en riñas o discusiones. ■ **3** ~ **de verano.** Nube de verano.

tormentaria *f* (*hist*) Artillería.

tormentila *f* Tormentilla (planta).

tormentilla *f* Planta rosácea cuyo rizoma se usa en medicina como astringente (*Potentilla tormentilla* o *P. erecta*).

tormento *m* **1** Pena corporal grave, infligida como castigo o para hacer confesar o declarar. *Normalmente referido a tiempos pasados.* ■ **2** Sufrimiento físico o moral muy intenso. *Frec con intención ponderativa.* **b)** Pers. o cosa que causa tormento. *Frec (humoríst) se usa para designar a la pers amada.*

tormentón *m* (*col*) Tormenta grande.

tormentoso -sa *adj* De (la) tormenta.

tormo *m* Terrón.

torna. volverse, o cambiarse, las ~s. *loc v* Alterarse las circunstancias en sentido contrario al que tenían.

torna-atrás → TORNATRÁS.

tornaboda *f* *En ambiente rural:* Día siguiente al de la boda. *Tb la celebración correspondiente.*

tornada *f* (*lit*) Acción de tornar [1].

tornadera *f* Horca para volver la parva.

tornadizo -za *adj* Variable o inconstante. *Frec con intención desp.*

tornado *m* Huracán muy violento y destructivo en que los vientos pueden alcanzar los 400 km por hora. *Referido esp a la zona tropical americana.*

tornante *adj* (*lit*) Que torna [1].

tornapunta *f* (*Constr*) Pieza inclinada que se apoya por su pie en una vertical y se une por arriba con otra horizontal, enlazando ambas.

tornar (*lit*) **A** *intr* **1** Volver o regresar. ■ **2** ~ **a** + *infin* = *ind* + DE NUEVO (tornó a caer = cayó de nuevo). **B** *tr* **3** Volver (hacer que [alguien o algo (*cd*)] vaya al lugar de donde salió). ■ **4** Volver o devolver. ■ **5** Volver (hacer que [alguien o algo (*cd*)] cambie su orientación). *Gralm seguido de un compl adv que expresa la nueva orientación.* ■ **6** Volver (transformar en). **b)** *pr* (~se) Volverse (transformarse en). *Con un n o adj predicat.*

tornarratas *m* (*reg*) Piedra saliente encima del pie del hórreo.

tornasol *m* **1** Materia colorante azul violácea que se vuelve roja en contacto con un ácido. ■ **2** (*lit*) Reflejo irisado que produce la luz en determinadas superficies.

tornasolado -da I *adj* **1** *part* → TORNASOLAR. ■ **2** Que presenta tornasoles [2]. **II** *m* **3** Colorido de tornasoles [2].

tornasolar *tr* (*lit*) Producir tornasoles [2] [en algo (*cd*)]. **b)** Hacer que [algo (*cd*)] presente tornasoles [2].

tornátil *adj* (*lit, raro*) Tornadizo.

tornatrás (*tb con la grafía* **torna-atrás**; *pl,* ~ *o* ~ES) *m y f* (*hist*) *En las castas coloniales americanas:* Hijo de español y albina o de albino y española.

tornavaquero -ra *adj* De Tornavacas (Cáceres). *Tb n, referido a pers.*

tornaviaje *m* (*lit*) Viaje de regreso.

tornavirón *m* (*raro*) Torniscón.

tornavoz *m* Dispositivo destinado a recoger y reflejar la voz.

torneado¹ -da I *adj* **1** *part* → TORNEAR. ■ **2** De formas redondeadas. *Normalmente referido al cuerpo femenino.* **II** *m* **3** Producto torneado [1] o fabricado en torno.

torneado² *m* Acción de tornear.

torneador -ra *adj* Que tornea. *Tb n f, referido a máquina.*

tornear *tr* **1** Dar forma [a algo (*cd*)] en el torno [2]. ■ **2** (*raro*) Dar forma redondeada [a algo (*cd*)].

torneo¹ *m* **1** (*hist*) Combate cortés entre dos bandos de caballeros en un recinto destinado a este fin. **b)** (*lit*) Lucha competitiva o de emulación. ■ **2** (*Dep*) Competición con varias series de pruebas eliminatorias.

torneo² *m* Torneado².

tornería *f* **1** Industria del torno [2]. ■ **2** Oficio de tornero [1].

tornero -ra *m y f* **1** Pers. que trabaja con el torno [2]. ■ **2** Pers. que atiende a un torno [3]. *Normalmente designando monja; en este caso, frec en aposición con* HERMANA.

tornés -sa *adj* (*hist*) [Moneda] fabricada en Tours (Francia).

torniego -ga *adj* De El Torno (Cáceres). *Tb n, referido a pers.*

tornillazo *m* **1** (*reg*) Vuelta o giro rápidos. ■ **2** (*Taur*) Golpe seco que tira el toro con los cuernos levantando la cabeza.

tornillería *f* **1** Tornillos, o conjunto de tornillos [1]. ■ **2** Industria del tornillo [1].

tornillero -ra I *adj* **1** De(l) tornillo [1]. **II** *m y f* **2** Fabricante de tornillos [1].

tornillo I *m* **1** Pieza cilíndrica o cónica, con relieve helicoidal en un extremo, que, haciéndola girar, se introduce en madera, metal o en otra pieza dotada de su mismo relieve. ■ **2** ~ **de Arquímedes.** (*Mec*) Cilindro hueco, provisto interiormente de una chapa en forma de hélice, que se emplea para elevar agua o para arrastrar por el tubo materias pastosas o pulverulentas en la alimentación de máquinas o calderas. ■ **3** ~ **sin fin.** (*Mec*) Engranaje compuesto por una rueda dentada y un cilindro con resalte de hélice. ■ **4** Arbusto americano de flores rojas y fruto capsular en forma de hélice (gén. *Helicteres*). *Tb su madera.* **II** *loc adj* **5** **de** ~. (*col*) [Beso] retorcido. **III** *loc v* **6** **apretar los** ~**s** [a alguien]. Comportarse [con él] de manera dura y exigente. *Tb sin compl.* ■ **7** **faltarle** [a alguien] **algún** ~, *o* **tener flojo algún** ~. (*col, humoríst*) Estar loco.

torniquete *m* **1** Aparato constituido por un eje vertical con cuatro aspas, que se pone en una entrada para hacer pasar a las perss. de una en una. ■ **2** Instrumento o dispositivo para detener la circulación en un vaso sanguíneo y evitar así la hemorragia.

torniscón *m* Golpe dado con la mano en la cara o en la cabeza, esp. de revés.

torno I *m* **1** Máquina para levantar o arrastrar pesos, compuesta por un cilindro cuyo eje descansa sobre dos soportes y que puede girar por medio de un manubrio o de un motor. ■ **2** Máquina que sirve para hacer que algo gire sobre sí mismo. *Frec con un compl especificador:* DE ALFARERO, DE HILAR, DE DEVANAR, DE DENTISTA, *etc.* **b)** Máquina para labrar piezas animadas de un movimiento giratorio. ■ **3** Armazón giratoria que se ajusta al hueco de una pared y permite pasar objetos de una parte a otra. ■ **4** Recodo que forma el cauce de un río y en el que gralm. adquiere mucha fuerza la corriente. ■ **5** (*lit, raro*) *En pl:* Alrededores.
II *loc adv* **6 en ~.** Alrededor. *Gralm seguido de un compl* A O DE, *o de un posesivo. Tb adj.*

toro[1] I *m* **1** Mamífero rumiante de gran tamaño, con la cabeza armada de dos cuernos largos y curvados hacia adelante (*Bos domesticus*). *Esp designa el macho no castrado de esta especie. Tb su piel.* **b)** *Se usa frec en constrs de sent comparativo para ponderar la fortaleza, la furia o la bravura de un hombre.* * Estás hecho un toro. **c)** **~ del aguardiente** → AGUARDIENTE. ■ **2** *En pl:* Fiesta o corrida de toros [1a].
II *loc v y fórm or* (*col*) **3 ciertos son los ~s.** *Fórmula con que se comenta la confirmación de un temor o sospecha, o de una noticia.* * Cuando vi cómo reaccionaba, pensé: Ciertos son los toros. ■ **4 coger el ~ por los cuernos,** *o* **ir** (**directamente**) **al ~.** Afrontar de manera decidida e inmediata un asunto difícil. ■ **5 echar** (*o* **soltar**) **el ~** [a alguien]. Reprender[le] o recriminar[le]. ■ **6 pillar,** *o* **coger, el ~** [a alguien]. Ser derrotado o superado por las circunstancias. ■ **7 ver los ~s desde la barrera.** Asistir al desarrollo de un suceso y opinar sobre ello, sin exponerse a ningún riesgo o contratiempo. ■ **8 a ~ pasado.** Cuando ya ha pasado la dificultad. ■ **9 a ~ suelto.** (*Caza*) Con hurón y sin red. *Referido al modo de cazar conejos. Tb adj.*

toro[2] *m* (*Arquit*) Moldura convexa de sección semicilíndrica.

toroidal *adj* (*Mat*) Que tiene forma de sólido engendrado por una curva cerrada plana que gira alrededor de una recta situada en el mismo plano pero que no la corta.

toromaima *adj* [Individuo] de una tribu aborigen venezolana de las cercanías de Caracas. *Tb n.*

torón *m* (*Quím*) Gas producido por la desintegración del torio.

toronja *f* Pomelo.

toronjil *m* Melisa (planta). *A veces con un adj especificador.*

toronjina *f* Toronjil.

toronjo *m* Árbol que produce las toronjas (*Citrus paradisi* o *C. grandis*).

torovisco *m* (*reg*) Torvisco.

torozón *m* **1** Cólico o enteritis de las caballerías. *Tb el dolor de vientre que produce. Tb* (*humoríst*) *referido a pers.* ■ **2** (*reg*) Inquietud o desazón.

torpe (*en aceps 1, 2 y 3, frec en la forma aum* TORPÓN) *adj* **1** De movimiento lento y pesado. **b)** [Movimiento] lento y pesado. ■ **2** Falto de soltura, habilidad o destreza. ■ **3** [Pers.] poco inteligente, o que tiene dificultad para entender o comprender.

b) **~ de oído.** (*euf*) Sordo. **c)** Propio de la pers. torpe. ■ **4** (*lit*) Lascivo u obsceno.

torpear *intr* (*raro*) Mostrarse torpe [1 y 2] o actuar con torpeza.

torpedeamiento *m* Acción de torpedear, *esp* [1].

torpedear *tr* **1** Atacar [un barco] con torpedos [1]. ■ **2** Atacar [algo, esp. un proyecto] con maniobras ocultas.

torpedeo *m* Acción de torpedear, *esp* [2].

torpedero -ra *adj* [Embarcación o avión] destinados a lanzar torpedos [1]. *Frec m, referido a barco o avión; f, referido a lancha.*

torpedista *m* Especialista en la utilización de torpedos [1] y otras armas submarinas.

torpedo *m* **1** Proyectil autopropulsado que se utiliza bajo el agua y explota por percusión o por influencia magnética. ■ **2** Pez selacio de cuerpo aplanado y redondeado y cola corta, que posee a ambos lados de la cabeza unos órganos que producen descargas eléctricas (gén. *Torpedo*). *Tb* PEZ ~. ■ **3** (*Autom*) Automóvil descapotable que se puede cerrar con una capota y dos cortinas laterales.

torpemente *adv* De manera torpe.

torpeza *f* **1** Cualidad de torpe. ■ **2** Acción torpe [3c].

tórpido -da *adj* **1** (*lit*) Torpe [1, 2 y 3]. ■ **2** (*Med*) Que no muestra tendencia a mejorar ni a empeorar.

torpón → TORPE.

torpor *m* Entorpecimiento sensorial o de movimientos causado esp. por el sueño o por la bebida. *Tb fig.*

torques *m o f* (*Arqueol*) Collar metálico.

torr *m* (*Fís*) Unidad de presión equivalente a la presión de 1 mm de mercurio.

torrado -da I *adj* **1** *part* → TORRAR.
II *m* **2** Garbanzo tostado. ■ **3** (*col*) Cabeza.

torralbino -na *adj* De Torralba del Burgo (Soria). *Tb n, referido a pers.*

torrar *tr* Tostar al fuego. *Tb fig.*

torre *f* **1** Construcción mucho más alta que ancha, adosada a un edificio o aislada. *Frec con un adj o compl que especifica el uso a que está destinada, que a veces se omite por consabido.* **b)** Conjunto de cosas apiladas verticalmente. *Frec con un compl especificador.* ■ **2** *En el ajedrez:* Pieza en figura de torre [1a] de defensa. ■ **3** *En un buque de guerra:* Reducto acorazado que protege la artillería o el puesto de mando. *Frec con un compl especificador.* ■ **4** (*reg*) Casa de campo o de recreo. ■ **5 ~ de Babel.** Lugar en que hay gran mezcla o confusión de perss. que no se entienden. ■ **6 ~ de marfil.** Aislamiento del escritor o artista que rehúsa comprometerse con la realidad del momento.

torreado -da I *adj* **1** [Edificio o construcción] que tiene torre [1a].
II *f* **2** Planta crucífera de tallo robusto y flores amarillentas en racimo (*Arabis glabra* o *Turritis glabra*).

torreblanquino -na *adj* De Torreblanca (Castellón). *Tb n, referido a pers.*

torrecica *f* (*reg*) Macla de aragonito.

torrecilla *f* Molusco gasterópodo de concha alargada, que vive en los fondos marinos arenosos o limosos (*Turritella communis*).

torrecillano -na *adj* De alguna de las poblaciones denominadas Torrecilla o Torrecillas. *Tb n, referido a pers.*

torrefacción *f* Acción de torrefactar.

torrefactado *m* Torrefacción.

torrefactar *tr* Tostar [algo, esp. café] al fuego.

torrefacto *adj* [Café] torrefactado. *Tb n m.*

torrefactor -ra *adj* Que torrefacta. *Tb n, referido a pers.*

torrejimenudo -da *adj* De Torredonjimeno (Jaén). *Tb n, referido a pers.*

torrejoncillano -na *adj* De Torrejoncillo (Cáceres), o de Torrejoncillo del Rey (Cuenca). *Tb n, referido a pers.*

torrejonense *adj* De Torrejón de Ardoz o de Torrejón de Velasco (Madrid). *Tb n, referido a pers.*

torrejonero -ra *adj* De Torrejón de Ardoz o de Torrejón de Velasco (Madrid). *Tb n, referido a pers.*

torrelagunense *adj* De Torrelaguna (Madrid). *Tb n, referido a pers.*

torrelavegano -na *adj* De Torrelavega (Cantabria). *Tb n, referido a pers.*

torrelaveguense *adj* De Torrelavega (Cantabria). *Tb n, referido a pers.*

torrelodonense *adj* De Torrelodones (Madrid). *Tb n, referido a pers.*

torremochano -na *adj* De Torremocha (Cáceres). *Tb n, referido a pers.*

torremolinense *adj* De Torremolinos (Málaga). *Tb n, referido a pers.*

torrencial *adj* **1** De(l) torrente [1 y 2]. ■ **2** [Lluvia] muy intensa. **b)** [Tiempo] de lluvia torrencial. ■ **3** Impetuoso o caudaloso como un torrente [1].

torrencialmente *adv* De manera torrencial.

torrentada *f* Torrentera [2].

torrente *m* **1** Corriente impetuosa y discontinua de agua, que se produce como consecuencia de grandes lluvias o rápidos deshielos. ■ **2** Gran abundancia [de algo que afluye con ímpetu o violencia]. ■ **3** ~ **circulatorio** (o **sanguíneo**). Sangre circulante.

torrentera *f* **1** Cauce de un torrente [1]. ■ **2** Torrente [1 y 2].

torrentino -na *adj* De Torrente (Valencia). *Tb n, referido a pers.*

torreño -ña *adj* De alguno de los pueblos denominados Torre o Torres, o cuyo nombre comienza por Torre-. *Tb n, referido a pers.*

torreón *m* Torre grande de un castillo o fortaleza.

torrepachequeño -ña *adj* De Torre Pacheco (Murcia). *Tb n, referido a pers.*

torrero -ra *m y f* Pers. que atiende un faro o una atalaya.

torreta *f* **1** Torre [1] pequeña. **b)** Torre pequeña situada en lo alto de una construcción. ■ **2** Afuste blindado que soporta el armamento de un carro de combate.

torrevejense *adj* De Torrevieja (Alicante). *Tb n, referido a pers.*

torreznada *f* Fritada de torreznos.

torreznero -ra *adj* (*raro*) Holgazán y regalón.

torrezno *m* Trozo de tocino frito.

tórrido -da *adj* Extremadamente caluroso. **b)** [Calor] muy intenso. **c)** [Zona] de clima muy caluroso, comprendida entre los trópicos.

torrija *f* **1** Rebanada de pan empapada en leche o vino, rebozada en huevo y frita, a la que se rocía con azúcar o almíbar. ■ **2** (*col*) Borrachera.

torrijero -ra *adj* De (la) torrija [1].

torrontés *adj* [Uva] blanca, transparente, de grano pequeño y hollejo tierno y delgado. *Tb referido a la vid que la produce.*

torrotito *m* (*Mar*) Bandera de proa.

torruca *f* (*reg*) Adobe, o barro amasado.

torsión *f* (E) Acción de torcer(se) [una cosa sobre sí misma]. *Tb su efecto. Tb fig.*

torsional *adj* (E) De (la) torsión.

torsionar *tr* (E) Someter [algo] a torsión. *Tb abs.*

torso[1] *m* Tronco del cuerpo humano. **b)** (*Arte*) Estatua falta de cabeza, brazos y piernas.

torso[2] **-sa** *adj* (*Arte*) Retorcido o helicoidal.

torta I *f* **1** Alimento, gralm. dulce y redondo, hecho con una masa de harina cocida al horno. ■ **2** Trozo de masa compacto, aplastado y gralm. redondo. ■ **3** Flor del girasol. ■ **4** Palmada (golpe dado con las palmas de las manos). *Frec en la forma* TORTITAS *y referido a un niño.* ■ **5** (*col*) Bofetada. *Tb fig.* ■ **6** (*col*) Golpe o choque. ■ **7** (*col*) Borrachera.
II *loc pr* **8 ni ~.** (*col*) Absolutamente nada. *Gralm con vs como* VER, ENTENDER, SABER *o* DECIR. *Tb adv.*
III *loc v* (*col*) **9 costar la ~ un pan.** Costar [algo] mucho más de lo que vale. ■ **10 estar** [alguien] **con la ~.** Mostrarse distraído o despistado. ■ **11 no tener** [alguien] (**ni**) **media ~.** Ser pequeño o débil. ■ **12 ser** [algo] ~**s y pan pintado.** No ofrecer dificultad.

tortada *f* Torta [1] rellena de carne, huevos o dulce.

tortazo *m* (*col*) Torta [5 y 6] grande.

tortel *m* Dulce en forma de rosco, de hojaldre o de masa rellena de pasta de mazapán.

tortero -ra A *m y f* **1** Pers. que fabrica o vende tortas [1].
B *f* **2** Cazuela muy plana.
C *m* **3** Recipiente para guardar tortas [1].

torti *adj* (*col*) Tortillera o lesbiana. *Tb n f.*

torticeramente *adv* (*Der*) De manera torticera.

torticero -ra *adj* (*Der*) Ilegal o injusto. *Gralm referido a enriquecimiento.*

tortícolis (*tb, raro,* **torticolis**) *f* (o *m en el uso técn*) Espasmo doloroso de los músculos del cuello, que impide mover libremente la cabeza. *Tb fig.*

tortículis *f* (*pop*) Tortícolis.

tortilla I *f* **1** Plato preparado con huevos batidos y fritos, a los que se suele añadir algún otro ingrediente. *Gralm con un compl que especifica ese ingrediente.* **b)** (*col*) Se usa frec en constr de sent comparativo para ponderar el estado de total aplastamiento en que queda alguien o algo a consecuencia de un golpe o caída. *Gralm con el v* HACER(SE). * *Con semejante golpe, todos hechos tortilla.* ■ **2** (*vulg*) Relación homosexual entre mujeres.

II *loc v* **3 dar la vuelta a la ~**, *o* **volver la ~**. (*col*) Invertir las circunstancias, esp. políticas. **b) dar la vuelta la ~**, *o* **volverse la ~**. Invertirse las circunstancias, esp. políticas.

tortillería *f* Establecimiento especializado en tortillas [1a].

tortillero -ra *adj* **1** De (la) tortilla [1a]. ■ **2** (*vulg*) Lesbiano. *Frec n f.*

tortolero -ra *m y f* Cazador de tórtolas [1].

tórtolo -la A *f* **1** Ave semejante a la paloma, pero de cuerpo más esbelto y cabeza más pequeña, apreciada como pieza de caza (*Streptopelia turtur*). *Tb designa solamente la hembra de esta especie. Tb se da a este n a otras especies del mismo gén, que frec se distinguen por medio de un adj:* DOMÉSTICA (*S. risoria*), TURCA (*S. decaocto*), ORIENTAL (*S. orientalis*), SENEGALESA (*S. senegalensis*). ■ **2** (*col*) Pers. boba. *Tb adj.*
B *m* **3** Macho de la tórtola [1]. *En pl designa la pareja de macho y hembra.* ■ **4** (*col*) *En pl:* Pareja de enamorados. *Frec en la forma* TORTOLITOS.

tortosino -na *adj* De Tortosa (Tarragona). *Tb n, referido a pers.*

tortuga I *f* **1** Reptil quelonio, que puede ser terrestre, de agua dulce o de mar, según las especies (*géns. Testudo, Emys y Dermochelys*, entre otros). *Frec con un adj especificador.* **b)** *Se usa frec en constr de sent comparativo para ponderar la lentitud.* * Me sacas de quicio, eres una tortuga.
II *loc adj* **2 de ~**. (*col*) [Paso] muy lento.

tortuosamente *adv* De manera tortuosa.

tortuosidad *f* **1** Cualidad de tortuoso. ■ **2** Vuelta o recoveco.

tortuoso -sa *adj* **1** Que presenta cambios de dirección abundantes y pronunciados. ■ **2** Retorcido o sinuoso.

tortura *f* **1** Pena corporal grave, infligida como castigo o para hacer confesar o declarar. ■ **2** Sufrimiento físico o moral muy intenso. *Frec con intención ponderativa.* **b)** Pers. o cosa que causa tortura.

torturadamente *adv* (*lit, raro*) Atormentadamente.

torturado -da *adj* **1** *part* → TORTURAR. ■ **2** Atormentado.

torturador -ra *adj* Que tortura. *Tb n, referido a pers.*

torturante *adj* Que tortura [2].

torturar *tr* **1** Someter a tortura [1] [a alguien (*cd*)]. *Tb* (*lit*) *fig.* ■ **2** Causar tortura [2] [a una pers. o a una parte de ella (*cd*)].

tórula *f* (*Biol*) Se da este n a ciertas levaduras que se multiplican por gemación formando cadenas de células (*gén Torula*).

torunda *f* (*Med*) Bola [de algodón, gasa o tela].

torvamente *adv* De manera torva.

torvisca *f* (*reg*) Torvisco (arbusto).

torvisco *m* Arbusto ramoso de hojas persistentes, flores blanquecinas y fruto en baya redonda y roja, cuya corteza se usa para cauterizar heridas (*Daphne gnidium*). **b)** **~ macho**. *Se da este n a la especie D. laureola.*

torvo -va *adj* **1** [Pers.] de mirada torcida y amenazadora. **b)** [Cosa, esp. mirada] propia de la pers. torva. ■ **2** (*raro*) Sombrío o siniestro.

tory (*ing; pronunc corriente, /tóri/; pl normal,* TORIES, *pronunc* /tóris/) *adj* (*Pol*) Referido a Gran Bretaña: Conservador. *Tb n, referido a pers.*

torzal *m* **1** Cordoncillo de seda hecho de varias hebras torcidas, que se emplea para coser y bordar. ■ **2** Hilo que resulta de retorcer varios cabos.

torzalillo *m* (*hist*) Torzal [1] más delgado que el normal.

torzón *m* Torozón.

tos *f* **1** Expulsión súbita, ruidosa y más o menos repetida y violenta del aire de los pulmones, debida gralm. a irritación de las mucosas. ■ **2 ~ ferina**. Enfermedad contagiosa caracterizada por tos [1] convulsiva muy intensa, y propia esp. de niños.

tosca *f* (*reg*) **1** Toba (piedra caliza). ■ **2** Piedra del subsuelo de algunas zonas.

toscamente *adv* De manera tosca.

toscano -na I *adj* **1** De Toscana (región de Italia). *Tb n, referido a pers.* ■ **2** (*Arquit*) [Orden] caracterizado por ser una imitación simplificada del dórico. *Tb n m.* **b)** Propio del orden toscano.
II *m* **3** Dialecto de Toscana, convertido en la base esencial de la lengua italiana.

tosco -ca *adj* [Pers. o cosa] falta de delicadeza o refinamiento. **b)** [Cosa] ordinaria o sin arte.

toscón *m* (*reg*) Piedra grande.

tosedor -ra *adj* Que tose o es propenso a toser [1].

toser *intr* **1** Tener tos [1] o producirla voluntariamente. **b)** Producir [un motor] un ruido anormal que denota mal funcionamiento. ■ **2 ~le** [a alguien]. (*col*) Atreverse [con él].

tosferina *f* Tos ferina (→ TOS).

tosida *f* Acción de toser [1a].

tosido *m* Acción de toser [1a].

tósigo *m* (*lit*) Veneno o ponzoña. *Tb fig.*

tosón -na *adj* (*col*) Que tose [1a] mucho.

tosquedad *f* Cualidad de tosco.

tostación *f* (*E*) Acción de tostar [1 y esp. 3].

tostadero *m* **1** Lugar o instalación en que se tuesta [1 y 3] [algo (*compl de posesión*)]. *Tb sin compl.* ■ **2** Tostador (aparato).

tostadillo *m* Vino ligero que se cría en varias regiones del norte de España.

tostado¹ -da I *adj* **1** *part* → TOSTAR. ■ **2** [Color] que tira a ocre o a marrón. *Tb n m.* **b)** De color tostado.
II *f* **3** Rebanada de pan tostado (→ TOSTAR [1]).
III *loc v* **4 olerse la tostada**. (*col*) Sospechar un peligro o engaño.

tostado² *m* Acción de tostar [1 y 2]. *Tb su efecto.*

tostador -ra *adj* Que tuesta [1 y 3]. *Tb n, más frec m, referido a pers o a aparato.*

tostadura *f* Acción de tostar [1].

tostar (*conjug 4*) *tr* **1** Someter [una cosa] a la acción del fuego para que se deseque y tome color. *Tb fig.* **b)** *pr* (**~se**) Desecarse y tomar color [algo] por la acción del fuego. ■ **2** Poner morena [a una pers. o a una parte de ella]. **b)** *pr* (**~se**) Ponerse moreno. ■ **3** (*Quím*) Calentar [una sustancia] hasta desecarla u oxidarla, sin carbonizarla.

tostón¹ I *m* **1** Cochinillo, esp. asado. ■ **2** Dado de pan frito. ■ **3** Cosa demasiado tostada. ■ **4** (*reg*)

Semilla o fruto tostados que se comen como golosina. *Frec en pl.* ■ **5** (*col*) Cosa o pers. fastidiosa y pesada. *Frec en la forma aum* TOSTONAZO. *Tb adj.*

II *loc v* **6 dar el ~.** (*col*) Fastidiar o hacerse pesado.

tostón[2] *m* (*reg*) Tejo del juego de la rana.

total I *adj* **1** De todos los componentes de un conjunto. **b)** Absoluto o que no tiene restricción alguna.

II *m* **2** Suma o cantidad total [1a].

III *adv* **3** En resumen o en definitiva. *Tb* EN ~. **b)** Al fin y al cabo. ■ **4 en ~.** Como total [2].

totalidad *f* Conjunto total [1a] de elementos o partes [de un todo]. **b)** Conjunto total [de elementos o partes de un todo].

totalitariamente *adv* De manera totalitaria.

totalitario -ria *adj* **1** De (la) totalidad. ■ **2** (*Pol*) [Régimen] de partido único, que no admite oposición organizada y que ejerce fuerte intervención en todos los órdenes de la vida nacional. **b)** De(l) régimen totalitario. **c)** Propio de(l) régimen totalitario.

totalitarismo *m* (*Pol*) Sistema de los regímenes totalitarios [2a].

totalitarista *adj* (*Pol*) De(l) totalitarismo.

totalización *f* Acción de totalizar.

totalizador -ra *adj* Que totaliza, *esp* [1]. *Frec n m, referido a aparato.*

totalizante *adj* Que totaliza [3 y 4].

totalizar *tr* **1** Determinar o establecer el total [2] [de algo (*cd*)]. ■ **2** Componer [varios elementos (*suj*) un total [2] (*cd*)]. **b)** Alcanzar [algo] como total. ■ **3** Abarcar la totalidad [de algo (*cd*)]. ■ **4** Resumir o sintetizar.

totalmente *adv* De manera total, *esp* [1b].

tótem (*pl,* ~S o ~ES) *m* (*Rel*) Animal, más raramente vegetal, objeto, o fenómeno de la naturaleza, considerado como emblema protector de una tribu o de un individuo y frec. como progenitor. *Tb su representación plástica.*

totémico -ca *adj* (*Rel*) De(l) tótem. **b)** [Animal o cosa] que tiene la consideración de tótem.

totemismo *m* (*Rel*) Sistema religioso y de organización social basado en el tótem y su culto.

totemista *adj* (*Rel*) De(l) totemismo. **b)** Que practica el totemismo. *Tb n, referido a pers.*

totizo *m* (*reg*) Parte posterior del cuello.

totora *f* Planta de América meridional, semejante a la anea, que se emplea para techumbres (gén. *Typha*).

totovía *f* Ave semejante a la alondra, con cola corta y unas listas oculares grandes y blancas que tienden a unirse en la región de la nuca (*Lullula arborea*). **b)** Cogujada.

tótum *m* (*lit*) Todo. *Precedido de art.*

totumo *m* Árbol propio de América tropical, de unos 4 m de altura, hojas grandes acorazonadas, flores axilares blanquecinas y fruto globoso de corteza dura y blanquecina (*Crescentia cujete*).

totum revolutum (*lat; pronunc,* /tótum-rebolútum/) *loc n m* (*lit*) Revoltijo.

touche (*fr; pronunc corriente,* /túʃ/) *f* (*Rugby*) Puesta en juego del balón cuando ha salido de la línea lateral.

touché (*fr; pronunc corriente,* /tuʃé/) *adj* (*Esgrima*) Tocado. *Tb fig.*

tour (*fr; pronunc corriente,* /tur/; *pl normal,* ~S) *m* **1** (*Dep*) Vuelta ciclista a Francia. ■ **2** Excursión o gira organizada por una agencia de turismo. ■ **3** Gira artística. ■ **4** (*Ballet*) Giro o vuelta.

tour de force (*fr; pronunc corriente,* /túr-de-fórs/; *pl normal,* TOURS DE FORCE) *loc n m* (*lit*) Acción difícil en que se hace gala de una gran destreza.

tournedó (*pronunc,* /turnedó/) *m* Tournedos.

tournedos (*fr; pronunc corriente,* /turnedó/) *m* Filete de solomillo de vacuno.

tournée (*fr; pronunc corriente,* /turné/) *f* Gira artística.

touroperador (*pronunc,* /turoperadór/; *tb con las grafías* **tour operador** *y* **tour-operador**) *m* Turoperador.

tour operator (*ing; pronunc corriente,* /túr-operéitor/; *pl normal,* ~S) *loc n m* Turoperador.

toxemia *f* (*Med*) Presencia de toxinas en la sangre. *A veces con un adj especificador.*

tóxicamente *adv* En el aspecto tóxico [1b].

toxicidad *f* Cualidad de tóxico.

tóxico -ca *adj* Que contiene veneno o que tiene las propiedades del veneno. *Frec n m, referido a sustancia.* **b)** De (las) sustancias tóxicas.

toxicodependiente *adj* Toxicómano. *Frec n.*

toxicofilia *f* (*Med*) Predisposición a padecer toxicomanía.

toxicofílico -ca *adj* (*Med*) Que presenta toxicofilia. *Tb n, referido a pers.*

toxicología *f* Parte de la medicina que trata de los tóxicos.

toxicológicamente *adv* En el aspecto toxicológico.

toxicológico -ca *adj* De (la) toxicología.

toxicólogo -ga *m y f* Especialista en toxicología.

toxicomanía *f* Hábito patológico de consumir sustancias que producen sensaciones placenteras o suprimen el dolor, esp. drogas.

toxicómano -na *adj* Que padece toxicomanía. *Frec n.*

toxicosis *f* (*Med*) Estado morboso producido por un tóxico.

toxiinfección *f* (*Med*) Proceso patológico caracterizado por infección e intoxicación simultáneas.

toxina *f* (*Biol*) Sustancia tóxica, producida por organismos vivos, esp. microbios o bacterias, que provoca la producción de anticuerpos.

toxoide *m* (*Med*) Toxina que ha sido tratada para reducir su toxicidad, pero que mantiene su capacidad inmunizante, usada como vacuna.

toxoplasmosis *f* (*Med*) Enfermedad aguda o crónica del hombre y de algunos animales causada por el protozoo *Toxoplasma gondii*.

toza *f* (*reg*) **1** Vasar grande en la campana de la chimenea. ■ **2** Corteza de pino o de otros árboles.

tozal *m* **1** Cima de un cerro. ■ **2** Cerro o colina.

tozolada f (reg) Tozolón.

tozolón m (reg) **1** Golpe dado en el tozuelo. ■ **2** Golpe o batacazo.

tozudamente adv De manera tozuda.

tozudez f **1** Cualidad de tozudo. ■ **2** Actitud tozuda.

tozudo -da adj Terco o testarudo. Tb fig.

tozuelo m (reg) Parte posterior del cuello. Esp referido a animales.

traba f **1** Ligadura con que se une o ata algo, esp. las patas de los animales para impedirles el movimiento. ■ **2** Impedimento o estorbo.

trabacuenta m Enredo o confusión en una cuenta.

trabado -da adj **1** part → TRABAR. ■ **2** (Fon) [Sílaba] que termina en consonante. ■ **3** (Ling) [Forma léxica] que solo se presenta como elemento compositivo.

trabajadamente adv (raro) Trabajosamente.

trabajadera f (reg) En un paso procesional: Travesaño de los que de lado a lado sostienen las andas.

trabajado¹ -da adj **1** part → TRABAJAR. ■ **2** [Pers. o, más raro, cosa] cuyo aspecto muestra el desgaste causado por el tiempo o por los trabajos. **b)** Cansado por el trabajo. ■ **3** [Cosa] que denota o implica trabajo.

trabajado² m Acción de trabajar [5 y 6]. Tb su efecto.

trabajador -ra I adj **1** Que trabaja [1a y b]. A veces con un adv calificador. ■ **2** Inclinado a trabajar [1a].
II m y f **3** Pers. que trabaja [1a y b] para ganarse la vida. **b)** Esp: Trabajador manual por cuenta ajena.

trabajar A intr **1** Actuar [alguien] de manera continuada y con esfuerzo, para obtener un resultado útil. Tb fig, referido a cosa. **b)** Ejercer una actividad profesional. Frec con un compl DE o COMO. **c)** (col) Ejercer una actividad prohibida o no reconocida legalmente, esp. el robo o la prostitución. **d)** Desempeñar [un papel (compl DE o COMO) en un espectáculo]. Tb sin compl. **e)** Operar o actuar. ■ **2** Funcionar [algo]. **b)** Producir provecho o fruto. ■ **3** Ser [una cosa] objeto de un esfuerzo o presión. ■ **4** (reg) Molestar o fastidiar.
B tr **5** Trabajar [1] [con o en una cosa (cd) o en relación con ella (cd)]. **b)** Hacer o realizar. Esp en actividades manuales. ■ **6** Someter [algo] a la acción precisa para poner[lo] en el estado que se desea. ■ **7** Trabajar [1a] para convencer o conquistar [a alguien (cd)]. Frec con compl de interés.

trabajera f (col) Trabajina.

trabajina f (col) Trabajo [1a] muy intenso.

trabajo I m **1** Acción de trabajar. **b)** Actividad, gralm. profesional y remunerada, a que alguien se dedica. **c)** Cosa que hay que hacer o solucionar. A veces con sent colectivo y frec en constrs como TENER, o DAR, ~. **d)** (col) Acción encaminada a causar placer sexual a otro. **e)** ~s forzados → FORZADO. ■ **2** Cosa hecha trabajando. **b)** Obra de carácter científico, intelectual o artístico. ■ **3** Esfuerzo o dificultad. Frec con el v COSTAR o en la constr TOMARSE EL ~. ■ **4** (lit) Sufrimiento o penalidad. Frec en pl. ■ **5** (Econ) Factor de producción constituido por el esfuerzo humano. Gralm contrapuesto a CAPITAL. **b)**

Conjunto de los trabajadores. ■ **6** (Fís) Magnitud equivalente al producto del valor de una fuerza por la distancia que recorre su punto de aplicación.
II loc adj **7** de ~. [Hipótesis] establecida provisionalmente como base de una investigación o de una teoría.
III fórm or **8** ~ te (le, etc) **mando** (o **doy**). (col) Fórmula con que se pondera la dificultad de una acción. * Trabajo te mando si quieres convencerle.

trabajosamente adv De manera trabajosa.

trabajoso -sa adj Que implica mucho trabajo o esfuerzo.

trabalenguas m Palabra o frase difícil de pronunciar. Esp designa una frase difícil formulada como juego.

trabanca f **1** Mesa formada por un tablero sobre dos caballetes. ■ **2** (reg) Madero de los que forman una presa o un muro de contención.

trabar A tr **1** Sujetar con trabas [1]. **b)** Sujetar [algo o a alguien] impidiéndo[le] el movimiento. **c)** (Dep) Sujetar [un luchador a otro] abrazándo[lo]. Frec el cd es recíproco. ■ **2** Juntar las distintas partes [de un todo (cd)], dándoles unidad y fuerza. **b)** Dar unidad y cohesión [a una salsa o algo similar (cd)]. Tb abs. ■ **3** Iniciar o comenzar [una amistad, una conversación, una batalla o algo similar]. El cd va normalmente sin art. **b)** (Der) Incoar [un embargo]. ■ **4** (raro) Poner trabas [2] [a algo (cd)]. ■ **5** (raro) Entorpecer [la lengua].
B intr ➤ **a** normal **6** Tomar unidad y cohesión [una salsa o algo similar].
➤ **b** pr (~se) **7** Quedar [alguien o algo] enganchado o enredado de manera que no puede moverse libremente. ■ **8** Entorpecerse [la lengua] impidiendo hablar con soltura y corrección. **b)** Tartamudear. ■ **9** (lit) Pelear [con alguien]. Tb sin compl, con suj pl.

trabazón f Acción de trabar [1 y 2]. Frec su efecto.

trabécula f (Anat) Estructura alargada que, frec. unida o entrecruzada con otras, sirve de soporte a un órgano o atraviesa una cavidad.

trabilla f Tira pequeña que une dos partes de una prenda, para sujetarlas o ceñirlas, o como simple adorno.

trabón m Protuberancia de la base del pene del perro, cuya turgencia le impide separarse de la hembra inmediatamente después del coito.

trabucaire m (hist) Faccioso catalán armado con trabuco.

trabucamiento m Acción de trabucar(se). Tb su efecto.

trabucar A tr **1** Confundir [una cosa con otra]. Tb sin el segundo compl.
B intr pr (~se) **2** Equivocarse al hablar o escribir, cambiando unas palabras, sílabas o letras por otras.

trabucazo m Disparo de trabuco.

trabuco m (hist) Arma semejante a la escopeta, pero más corta y de mayor calibre.

traca I f **1** Artificio pirotécnico consistente en una serie de petardos colocados a lo largo de una cuerda y que estallan sucesivamente. Tb fig.
II loc adj **2** de ~. (col) De risa o grotesco.

tracamundana f (col, hoy raro) Lío o alboroto.

tracatrá interj (col) **1** Se usa, a veces repetida, para imitar el traqueteo. A veces se sustantiva como n m. * En la habitación contigua la tricotosa sonaba monótona: tracatrá, tracatrá. ■ **2** (euf) Se usa para

aludir al acto sexual. Frec se sustantiva como n m.
* Se piensa que es conocer a una chica y tracatrá.

tracatraca *interj* (*col*) Tracatrá. *Tb n m.*

tracción *f* **1** Acción de tirar de algo, esp. de un vehículo, para moverlo o arrastrarlo. **b)** (*Mec*) Conjunto de órganos y fenómenos que dan movimiento a un vehículo de motor. ■ **2** (*Mec*) Acción de aplicar a un cuerpo una fuerza o un par de fuerzas antagonistas, para alargarlo. **b)** (*Med*) Acción de estirar músculos o huesos, frec. para reducir una fractura.

tracería *f* (*Arquit*) Decoración formada por combinaciones de figuras geométricas.

tracio -cia (*hist*) **I** *adj* **1** De Tracia (región de la antigua Grecia). *Tb n, referido a pers.* **II** *m* **2** Lengua de los tracios [1].

tracista I *adj* **1** (*lit*) [Pers.] fecunda en tretas o engaños. *Tb n.* **II** *m y f* **2** (*Arte*) Diseñador o proyectista.

tracofrigio -gia *adj* (*hist*) Tracio y frigio. *Tb n, referido a pers o a idioma.*

tracoma *m* (*Med*) Conjuntivitis granulosa y contagiosa, que llega a causar ceguera.

tracomatoso -sa *adj* (*Med*) **1** De(l) tracoma. ■ **2** Que padece tracoma. *Tb n.*

tracto *m* **1** (*Anat*) Estructura o aparato en que predomina la longitud. ■ **2** (*Rel catól*) Conjunto de versículos que se rezan o cantan inmediatamente antes del evangelio en la misa de ciertos días. ■ **3** ~ **sucesivo.** (*Der*) Encadenamiento entre los distintos asientos en el Registro de la Propiedad.

tractocamión *m* Camión para semirremolques. *Tb el conjunto constituido por el camión y el semirremolque.*

tractor -ra I *adj* **1** (*E*) De (la) tracción. **II** *n* **A** *m* **2** Vehículo automóvil de gran adherencia, que sirve esp. para remolcar vehículos de carga o máquinas agrícolas. **B** *f* **3** Tractor [2], esp. para vehículos de carga.

tractorable *adj* Que se puede labrar con tractor [2].

tractoración *f* Acción de labrar con tractor [2].

tractorada *f* Manifestación con tractores [2].

tractorista *m y f* Pers. que conduce un tractor [2].

tractorizar *tr* (*raro*) Mecanizar con tractores [2].

tractus *m* (*Anat*) Tracto [1].

tradición *f* **1** Modo de transmisión de conocimientos, doctrinas o costumbres, de generación en generación. ■ **2** Conocimiento, doctrina, costumbre o relato transmitidos por tradición [1]. **b)** Conjunto de tradiciones [de un pueblo o colectividad]. ■ **3** Hecho de datar [una costumbre] de un pasado más o menos remoto. *Gralm con un compl de tiempo.* ■ **4** (*Der*) Entrega.

tradicional *adj* De (la) tradición [1 y 2]. **b)** Que se atiene a la tradición [2b]. *Tb n, referido a pers.* **c)** (*Ling*) [Gramática] cuyos fundamentos están en la doctrina de los gramáticos grecolatinos.

tradicionalidad *f* Cualidad de tradicional.

tradicionalismo *m* **1** Doctrina o partido que defiende el mantenimiento de las formas políticas y religiosas tradicionales. ■ **2** (*Filos*) Doctrina según la cual todo conocimiento tiene su origen en la revelación y en la tradición [1 y 2b]. ■ **3** Apego a la tradición [2b].

tradicionalista *adj* De(l) tradicionalismo. **b)** Adepto al tradicionalismo. *Tb n.*

tradicionalización *f* (*raro*) Transformación [de algo] en tradicional.

tradicionalmente *adv* De manera tradicional.

traducción *f* Acción de traducir, *esp* [1]. *Tb su efecto.*

traducianismo *m* (*Filos*) Generacionismo.

traducibilidad *f* Cualidad de traducible.

traducible *adj* Que se puede traducir.

traducir (*conjug 41*) *tr* **1** Pasar [a un idioma (*compl* A) algo (*cd*) expresado en otro (*compl* DE)]. *Frec sin compls* A *o* DE, *por consabidos.* **b)** Pasar [a otro idioma la obra de un autor (*cd*)]. *Frec sin compl* A, *por consabido.* ■ **2** Pasar [algo a un lenguaje o modo de expresión distinto de aquel en que está (*compl* A *o* EN)]. *Tb sin compl, por consabido.* **b)** Expresar [algo por medio de palabras (*compl* A *o* EN)]. **c)** Explicar o interpretar. ■ **3** Corresponder [una palabra o frase a otra (*cd*) de otra lengua] o ser su equivalente. **b)** Corresponder [una cosa a otra (*cd*)] o ser su expresión. **c)** Ser [una obra] el resultado de traducir [1a] [otra de otra lengua]. ■ **4** Reflejar o mostrar [algo, esp. un sentimiento o idea]. **b)** *pr* (~*se*) Reflejarse o mostrarse [una cosa en otra]. ■ **5** Transformar o convertir [una cosa en otra]. **b)** *pr* (~*se*) Transformarse o convertirse [una cosa en otra].

traductor -ra *adj* Que traduce [1, 2 y 5]. *Tb n, m y f, referido a pers y a máquina o aparato.*

traedor -ra *adj* Que trae.

traer I *v* (*conjug 32*) *tr* **1** Llevar al lugar donde está el que habla. *A veces se especifica el lugar con un compl* A. **b)** Llevar [alguien que no es el que habla (*suj*) algo (*cd*)] al lugar donde está la pers. de quien se habla. **c)** Llevar [algo a un lugar que está en la pers. que habla o de que se habla, o contiguo a ellas]. ■ **2** Llevar [algo (*cd*)] consigo o sobre sí [la pers. que habla o de quien se habla, u otra contigua a ellas]. **b)** Tener o mostrar [alguien un estado físico o anímico determinado]. *A veces con compl de interés.* **c)** Contener [una cosa que está a disposición de todos]. **d)** Acarrear o llevar consigo [algo (*cd*)] como consecuencia. ■ **3** Tener desde un tiempo pasado. **b)** Tener desde hace algún tiempo [a alguien de una determinada manera (*predicat o compl adv*)]. **c)** Tener [con otra pers. una actividad o proyecto común que se oculta o mantiene reservado]. *Con compl de interés.* **d)** (*Heráld*) Tener [determinada pieza o figura]. *Frec en la constr* ~ POR ARMAS. ■ **4** ~ [a alguien] **a mal** ~ (o **a maltraer**). (*col*) Mortificar[le]. *Tb fig.* ■ **5** ~**sela** [a uno (*ci*)] **floja** [alguien o algo (*suj*)]. (*vulg*) Serle indiferente. ■ **6** ~**selas.** (*col*) Salirse [alguien o algo] de lo común, esp. por ser muy raro, difícil o provocativo. *Con intención ponderativa.* ■ **7** ~ **y llevar.** Llevar reiteradamente de un lado a otro. *Frec referido a cuentos o habladurías. En este caso, frec abs. Tb fig.* ■ **8** ~ **a colación,** ~ **a cuento,** ~ **entre manos,** ~ **por la calle de la amargura** → COLACIÓN, CUENTO, MANO, CALLE. **II** *loc adj* **9 bien** (o **mal**) **traído.** Expuesto o concebido con oportunidad o acierto (o sin ellos). ■ **10 traído y llevado.** Manido o usado con exceso.

tráfago *m* **1** Ajetreo o actividad intensa. ■ **2** Tráfico [1 y 2].

trafagoso -sa *adj* Que tiene tráfago.

traficante *adj* Que trafica. *Tb n, referido a pers.*

traficar *intr* Comerciar o negociar [con algo (*compl* EN o CON)]. *Gralm indica que se hace de modo irregular o ilegal.*

tráfico *m* **1** Acción de traficar. ■ **2** Circulación de vehículos. ■ **3** Movimiento de perss. o mercancías por cualquier procedimiento de transporte.

trafulla (*reg*) **A** *f* **1** Trampa o fullería. **B** *m y f* **2** Pers. tramposa o fullera.

trafullero -ra *adj* (*reg*) Tramposo o fullero. *Tb n, referido a pers.*

tragable *adj* Que se puede tragar.

tragacanto *m* Goma muy usada en farmacia y en la industria, que es segregada por varios arbustos asiáticos del gén. *Astragalus*, esp. por el *A. gummifer. Tb la planta.*

tragaderas *f pl* (*col*) **1** Faringe, u órgano de la deglución. ■ **2** Facilidad para tragar [1, 3, 8 y 13] cualquier cosa. *Frec con el adj* BUENAS *u otro de sent equivalente.*

tragadero *m* **1** (*col*) Faringe, u órgano de la deglución. ■ **2** Desagüe o sumidero.

tragador -ra *adj* (*raro*) Que traga [2 y 3].

tragahombres *m* (*col, raro*) Bravucón.

tragahúmos *m En una cocina:* Dispositivo para dar salida a los humos.

trágala (*col*) **I** *m* **1** Acción por la que se obliga a alguien a aceptar algo a la fuerza. **II** *loc adv* **2 a la ~.** De manera atropellada.

tragaldabas *m y f* (*col*) Pers. muy comilona.

tragaluz *m* Ventana pequeña abierta en el techo o en la parte alta de la pared, gralm. con derrame hacia adentro.

tragamillas *m y f* (*Dep*) Nadador de gran resistencia.

tragantada *f* Trago grande. *Tb fig.*

tragante *m* **1** Sumidero. ■ **2** Cauce para encaminar una corriente de agua. ■ **3** (*Metal*) Abertura superior de los altos hornos y de los hornos de cuba.

tragantón -na *adj* (*col*) Comilón. *Tb n.*

tragantona *f* (*col*) Comilona.

tragaperras *m o f* Máquina que funciona automáticamente introduciendo en ella las monedas adecuadas. *Frec en aposición con* MÁQUINA.

tragar A *tr* ➤ **a** *normal* **1** Hacer pasar al interior del tubo digestivo [algo (*cd*) que se tiene en la boca]. *Tb abs. Tb con compl de interés.* **b)** ~ **saliva** → SALIVA. ■ **2** Hacer [una cosa (*suj*)] que [otra (*cd*)] desaparezca en su interior. *Tb fig. Tb con compl de interés. Tb abs.* **b)** ~(se) **la tierra** [a alguien o algo] → TIERRA. ■ **3** (*col*) Comer (tomar alimento). *En frases de intención ponderativa. Tb con compl de interés. Tb abs.* ■ **4** (*col*) Consumir o gastar. *Tb fig. Tb con compl de interés.* ■ **5** (*col*) Prevalecer a la vista o a la atención [una cosa sobre otra (*cd*)], haciendo que esta parezca más pequeña o insignificante. *Gralm con compl de interés.* ■ **6** (*col*) Aguantar o soportar [algo o a alguien]. ➤ **b** *pr* (~**se**) **7** Tragar [1a] involuntariamente [algo]. ■ **8** (*col*) Creerse [algo]. **b)** **tener tragado** [algo] (*o* **habérse**[lo] **tragado**). Estar convencido de que ha de suceder. ■ **9** (*col*) Aguantar [algo pesado, molesto o no deseado]. **b)** Aguantar [algo] sin exteriorizar[lo] o comunicar[lo]. ■ **10** (*col*) Chocar [contra alguien o algo (*cd*)]. ■ **11** (*col*) Pasarse o saltarse [una señal de detención]. ■ **12** ~**se el mundo** → MUNDO.

B *intr* **13** (*col*) Aguantarse o resignarse [con alguien o algo]. *Tb sin compl.* **b)** Acceder [a algo (*compl* CON)] o aceptar[lo (*compl* CON)]. *Tb sin compl.* **c)** Acceder [una mujer] a las proposiciones sexuales.

tragedia I *f* **1** Obra de teatro extensa, de tono elevado y final triste. *Tb el género constituido por estas obras.* ■ **2** Acontecimiento lamentable y de consecuencias funestas. *Frec con intención ponderativa.* **II** *loc v* **3 hacer** (*o* **montar**) **una ~** [de o con algo]. (*col*) Dar tintes trágicos [a algo que no los tiene]. *Tb sin compl, por consabido.*

tragediante *m y f* **1** Autor de tragedias [1]. ■ **2** Actor de tragedias [1].

trágicamente *adv* De manera trágica.

trágico -ca *adj* **1** De (la) tragedia. *Tb n, referido a autor.* ■ **2** Que inspira emoción intensa por la expresión del sufrimiento.

tragicomedia *f* **1** (*TLit*) Obra de teatro extensa en que se reúnen elementos trágicos y cómicos. *Tb el género constituido por estas obras.* ■ **2** Suceso o situación en que lo cómico se mezcla con lo trágico.

tragicómicamente *adv* De manera tragicómica.

tragicómico -ca *adj* De (la) tragicomedia, esp [2].

trago¹ I *m* **1** Acción de tragar [1] un líquido. *Frec su efecto. Frec con el v* ECHAR. **b)** Cantidad de líquido que se traga de una vez. *Frec sin compl especificador, esp referido a bebidas alcohólicas. Frec con los vs* ECHAR o TOMAR. **c)** Cantidad muy pequeña de líquido. *Con intención ponderativa.* ■ **2** Trance o situación desagradables o dolorosos. *Frec con el adj* MAL(O). **II** *loc adv* **3 a ~s.** A sorbos (poco a poco). ■ **4 de un ~.** De un sorbo (de una vez).

trago² *m* (*Anat*) Prominencia cartilaginosa de la oreja, situada delante del conducto auditivo.

tragón -na *adj* (*col*) **1** Que come mucho. *Tb n.* ■ **2** [Mujer] fácil. *Tb n f.*

traguear *intr* (*reg*) Beber. *Normalmente referido a bebidas alcohólicas.*

traición I *f* **1** Falta cometida contra la lealtad o fidelidad debida a alguien o algo. **b)** Falta grave que se comete contra la patria, esp. sirviendo al enemigo. **II** *loc adv* **2 a ~.** Sorprendiendo la confianza o la buena fe.

traicionar *tr* **1** Cometer traición [1] [contra alguien o algo (*cd*)]. ■ **2** Engañar [algo a alguien]. ■ **3** Fallar o abandonar [a alguien (*cd*)] sus miembros o facultades]. ■ **4** Delatar involuntariamente [algo a alguien].

traicioneramente *adv* De manera traicionera.

traicionero -ra *adj* Traidor, esp [2 y 3].

traída *f* Acción de traer. *Gralm referido a servicios como agua o luz.*

traidor -ra *adj* **1** Que traiciona. *Tb n, referido a pers.* ■ **2** Que ataca a traición. *Tb fig. Tb n, referido a pers.* ■ **3** Que denota o implica traición.

traidoramente *adv* De manera traidora [3].

tráiler (*tb con la grafía ing* **trailer**; *pl normal*, ~s) *m* **1** Avance [de una película]. ■ **2** Remolque.

traílla I *f* **1** Aparato que sirve para allanar el terreno. ■ **2** Cuerda o correa con que se ata a un perro en una cacería. *Tb la pareja o conjunto de parejas de perros atados con ella.*
II *loc adj* **3 de ~.** [Montero] que tiene a su cargo los sabuesos de traílla [2].

trainera *f* Embarcación ligera propia para pescar con traíña.

training (*ing; pronunc corriente*, /tráinin/; *pl normal*, ~s) *m* Entrenamiento.

traíña *f* (*Mar*) Red grande para la pesca de la sardina y otros peces que forman bancos, que se cala rodeando uno de estos y llevando los peces vivos a la orilla para conservarlos allí a modo de vivero.

traje I *m* **1** Conjunto de prendas exteriores de vestir. *Frec con un compl que indica el uso a que está destinado:* DE CEREMONIA, DE BAÑO, DE DIARIO. ■ **2** Conjunto masculino de chaqueta y pantalón y a veces también chaleco, realizados en la misma tela. ■ **3** Conjunto femenino de chaqueta y falda. *Frec ~* DE CHAQUETA *o, a veces, ~* CHAQUETA. **b)** **~ pantalón.** Conjunto femenino de chaqueta y pantalón. ■ **4** Vestido femenino de una sola pieza. ■ **5** Disfraz. *En la constr* BAILE DE ~S. ■ **6 ~ de madera** (*o* **de pino**). (*col, humoríst*) Ataúd.
II *loc v* **7 cortar** (*o* **hacer**) **un ~** [a alguien]. (*col*) Hablar mal [de él].

trajear *tr* Poner o proporcionar traje [1] [a alguien (*cd*)]. *Normalmente en part con los advs* BIEN *o* MAL.

trajelar *tr* (*jerg*) Comer. *Tb fig. Tb abs.*

trajín *m* **1** Acción de trajinar [1]. **b)** (*jerg*) Tráfico de drogas. ■ **2** Actividad que implica mucho ir y venir. ■ **3** (*col*) Prostitución. ■ **4** (*col*) Fornicación.

trajinador -ra *adj* Que trajina [1 y 6].

trajinante I *adj* **1** Que trajina [6]. ■ **2** De(l) trajín [1].
II *m* **3** Individuo que tiene por oficio trajinar [1].

trajinar A *tr* **1** Transportar [géneros o mercancías] de un lugar a otro por medio de caballerías. *Tb abs.* **b)** Transportar o acarrear. ■ **2** (*col*) Manejar [a una pers.]. ■ **3** (*col*) Trabajar [a una pers.]. *Tb fig.* ■ **4** (*col*) Realizar las gestiones precisas [para algo (*cd*)]. ■ **5** (*reg*) Trajinar [6] [con algo (*cd*)].
B *intr* **6** Realizar un trabajo o actividad que implica mucho ir y venir.

trajinería *f* (*raro*) Conjunto de los trajineros [2].

trajinero -ra I *adj* **1** De(l) trajín [1].
II *m* **2** Trajinante [3].

tralla *f* **1** Látigo, gralm. con la correa o cuerda formando trencilla, que se emplea para animar a andar a los animales. ■ **2** (*Pesca*) Aparejo consistente en una cuerda encerada de varios metros, no lastrada, cuyo grosor disminuye progresivamente hacia su extremo, donde se coloca la mosca artificial.

trallazo *m* **1** Golpe de tralla [1]. *Tb fig.* ■ **2** (*Fút*) Disparo muy potente.

trama *f* **1** Conjunto de hilos paralelos que van a lo ancho de una tela. ■ **2** Estructura de un tejido, constituida por el entrecruzamiento de los hilos de la urdimbre y de la trama [1]. **b)** Estructura entrecruzada o reticular. **c)** Estructura formada por un conjunto de puntos, rayas, cruces u otros elementos, que sirve para distinguir unas zonas de otras en

mapas u otras representaciones gráficas. ■ **3** Armazón argumental. *Tb fig.* ■ **4** Intriga o complot.

tramado *m* Acción de tramar [1 y 2]. *Tb su efecto.*

tramar *tr* **1** Formar la trama [1 y 2a] [de un tejido (*cd*)]. *Tb abs.* ■ **2** Formar la trama o estructura [de algo (*cd*)]. **b)** Marcar con trama [2c]. ■ **3** Preparar o concebir [algo], esp. de modo cauteloso o secreto.

tramilla *f* **1** Bramante. ■ **2** Algodón (insecto o plaga).

tramitación *f* Acción de tramitar.

tramitador -ra *m y f* Pers. encargada de tramitar un asunto.

tramitar *tr* Realizar los trámites [1b] [de algo (*cd*)].

trámite *m* Vía establecida oficial o formalmente para la consecución o resolución de un negocio. *Frec en la constr* DE ~, *a veces con intención desp aludiendo a su poca importancia.* **b)** Gestión de trámite.

tramo *m* Parte diferenciada [de algo que tiene una estructura lineal]. **b)** *En una escalera:* Parte comprendida entre dos rellanos. **c)** Parte [de algo].

tramontano -na I *adj* **1** Del otro lado de los montes. *Tb referido a pers.*
II *f* **2** Viento que sopla en Cataluña procedente de los Pirineos.

tramontar *intr* (*lit*) Ponerse [un astro, esp. el Sol] tras los montes. **b)** Declinar o llegar al ocaso [alguien o algo].

tramonto *m* (*lit*) Ocaso. *Tb fig.*

tramoya *f* **1** (*Escén*) Maquinaria para el montaje escénico. ■ **2** Maquinación o montaje engañosos. ■ **3** (*reg*) Tolva [de un molino].

tramoyista *m y f* (*Escén*) Encargado de la tramoya [1].

tramp (*ing; pronunc corriente*, /tramp/; *pl normal*, ~s) *m* (*Mar*) Buque mercante que no se dedica al tráfico regular y que va de un puerto a otro según los fletes que se le ofrecen. *Tb este sistema de navegación. Frec en aposición con* CABOTAJE.

trampa I *f* **1** Artificio para cazar un animal aprisionándolo. ■ **2** Engaño que se tiende contra alguien. **b)** Infracción maliciosa y disimulada a una regla o ley. **c)** Procedimiento, oculto para el espectador, utilizado en juegos de prestidigitación. ■ **3** (*col*) Deuda monetaria. ■ **4** (*reg*) Cierre, normalmente metálico, [de un establecimiento]. *Tb fig.* ■ **5** (*hist*) Tira de tela con que se tapan los calzones o pantalones por delante.
II *loc v* **6 llevarse** [una cosa (*cd*)] **la ~.** (*col*) Malograrse [esa cosa (*suj*)] o echarse a perder.
III *loc adv* **7 sin ~ ni cartón.** (*col*) Sin engaño. *Tb adj.*

trampantojo *m* (*col*) Trampa [2] con que se engaña a alguien.

trampear A *tr* **1** (*raro*) Poner trampas [1] [en un lugar (*cd*)]. **b)** (*raro*) Hacer trampas [2b] [en algo (*cd*)]. ■ **2** (*col*) Pedir prestado [algo] sin intención de pagar. ■ **3** (*col*) Sacar [algo] adelante con tropiezos o dificultades. **b)** Conllevar o sobrellevar [algo molesto].
B *intr* **4** (*col*) Salir adelante sorteando unas dificultades y cayendo en otras. *Gralm en ger.* **b)** Conllevar los achaques.

trampero -ra *m y f* Cazador que utiliza trampas [1].

trampilla *f* **1** Puerta pequeña situada en el suelo o en el techo para dar acceso a un sótano o a un desván. ■ **2** Tablero articulado con goznes que funciona como puerta o cierre.

trampolín *m* Tablero elástico que sirve para tomar impulso en el salto. *Tb fig.* **b)** *(Dep)* Tablero desde el que salta el nadador, el cual en las competiciones oficiales tiene unas medidas mínimas de 4,8 m de largo por 0,5 de ancho y está situado a 3 m de altura.

tramposamente *adv* De manera tramposa [3].

tramposo -sa *adj* **1** [Pers.] que hace trampas [2, esp. 2b]. *Tb n.* ■ **2** [Pers.] que tiene trampas [3], o es mala pagadora. ■ **3** [Cosa] que implica trampa [2].

tramuzo *m* *(reg)* Altramuz.

tranca I *f* **1** Palo grueso y fuerte, que se usa frec. como bastón o como arma. **b)** Palo grueso con que se asegura una puerta o ventana cerradas, esp. atravesándolo por detrás. ■ **2** *(col)* Borrachera.
II *loc adv* **3 a ~s y barrancas.** *(col)* Con grandes tropiezos o dificultades. *Tb fig.*

trancanil *m* *(Mar)* Serie de maderos tendidos de popa a proa que ligan los baos con las cuadernas.

trancar *tr* *(reg)* Atrancar (cerrar con una tranca u otro cierre).

trancazo *m* **1** Golpe dado con una tranca [1]. *Tb fig.* ■ **2** *(col)* Gripe o resfriado muy fuerte.

trance I *m* **1** Situación crítica o difícil. *Frec con un adj o compl especificador, que a veces se omite por consabido.* **b)** *postrer, o último, ~.* *(lit)* Momento de la muerte. ■ **2** Estado de suspensión o exaltación de las facultades anímicas, frec. acompañado de fenómenos paranormales. *Tb fig.* ■ **3** *(Der)* Apremio judicial contra los bienes de un deudor, para pagar a sus acreedores.
II *loc adv* **4 a todo ~.** A toda costa, o de manera absolutamente decidida.
III *loc prep* **5 en ~ de.** En vías de, o en situación de.

tranche *(fr; pronunc corriente, /tránʃ/)* *f* *(Econ)* Cupo.

tranchete *m* Cuchilla de zapatero o para vendimiar.

tranco[1] *m* **1** Paso largo. *Frec en la constr* A GRANDES ~S. ■ **2** *(Taur)* Recorrido y forma de humillar que tiene el toro al perseguir el engaño.

tranco[2] *m* *(reg)* Soporte semicircular de hierro para sujetar los pucheros en la lumbre.

tranquera *f* *(reg)* **1** Cerca o valla, gralm. de madera. ■ **2** Puerta rústica en una valla o cierre, hecha gralm. de trancas [1a].

tranquero *m* *(reg)* Tranca [1].

tranqui *(juv)* Tranquilo.

tranquil. por ~. *loc adj* *(Arquit)* [Arco] que tiene los arranques a distinta altura.

tranquilamente *adv* De manera tranquila [4].

tranquilidad *f* Cualidad o condición de tranquilo.

tranquilizador -ra *adj* Que tranquiliza.

tranquilizadoramente *adv* De manera tranquilizadora.

tranquilizante *adj* Que tranquiliza. *Tb n m, referido a medicamento.*

tranquilizar *tr* Poner tranquilo [1 y 4] [a alguien o algo]. **b)** *pr* *(~se)* Quedarse tranquilo [1 y 4] [alguien o algo].

tranquillo *m* *(col)* Modo de actuar con el que se obtienen los mejores resultados. *Gralm en la constr* COGER EL ~ [a alguien o algo].

tranquillón *m* Mezcla de trigo y centeno.

tranquilo -la *adj* **1** [Pers. o animal] que no tiene los nervios excitados. **b)** [Pers.] que no está preocupada. *Frec en la constr* TÚ *(o* USTED*) ~, para exhortar a alguien a que no se preocupe.* **c)** [Pers. o su conciencia] que no siente remordimientos. ■ **2** [Pers. o animal] que tiene los nervios poco excitables. ■ **3** [Pers.] poco amante del bullicio o ajetreo. ■ **4** [Cosa] propia de la pers. o el animal tranquilos [1, 2 y 3]. **b)** [Cosa] carente de bullicio o ajetreo. **c)** [Cosa] falta de alteración o violencia.

trans- *(tb* tras-; *en muchas palabras se usa indistintamente una u otra forma; en otras se usa solo una de las dos)* *pref* **1** *Denota paso a través.* * Transasiático. ■ **2** *Denota superación de límites.* * Transnacional. ■ **3** *Denota lugar más allá, en sent material o no material.* * Transpenúltimo. * Trashumano. ■ **4** *Denota lugar que está detrás.* * Trascara.

transacción *f* **1** Acuerdo o trato. ■ **2** Operación de compraventa.

transaccional *adj* De (la) transacción.

transahariano -na *(pronunc corriente, /transaariáno/ o /transaxariáno/)* *adj* [Camino o tránsito] a través del Sáhara.

transalpino -na *(tb* trasalpino*)* *adj* *(lit)* Del otro lado de los Alpes. *Normalmente alude a Italia (siendo España o Francia el punto de vista); en otro caso, a Francia (siendo Italia el punto de vista).*

transamazónico -ca *adj* [Camino o tránsito] a través de la región del Amazonas.

transaminasa *f* *(Biol)* Enzima que sintetiza los aminoácidos.

transandino -na *(tb* trasandino*)* *adj* [Camino o tránsito] a través de los Andes. *Tb n m, referido al ferrocarril.*

transar *intr* *(raro)* Transigir o ceder [en algo].

transatlántico -ca *(tb* trasatlántico*)* *adj* **1** Del otro lado del Atlántico. ■ **2** Que cruza el Atlántico. ■ **3** [Buque] grande destinado a hacer travesías oceánicas. *Gralm como n m.*

transbisabuelo → TRASBISABUELO.

transbordador -ra *(tb* trasbordador*)* *adj* **1** Que sirve para trasladar algo de un lugar a otro. *Tb n m, designando frec el barco o vehículo aéreo que circula alternativamente entre dos puntos y transporta viajeros y vehículos.* ■ **2** [Instalación o dispositivo] que sirve para transbordar. *Tb n m.*

transbordar *(tb* trasbordar*)* **A** *tr* **1** Cambiar [a alguien o algo] de vehículo.
B *intr* **2** Cambiar [alguien] de vehículo.

transbordo *(tb* trasbordo*)* *m* Acción de transbordar.

transcantábrico -ca *adj* [Camino o tránsito] a través de la región cantábrica.

transcaucásico -ca *adj* De Transcaucasia (región al sur del Cáucaso).

transcendencia, transcendental, transcendentalidad, transcendenta-

lismo, **transcendentalizar, transcendentalmente, transcendente, transcender, transcendible** → TRASCENDENCIA, *etc.*

transcribir (*tb, raro,* **trascribir**; *conjug* **46**) *tr* **1** Copiar [algo ya escrito]. **b)** (*Biol*) Reproducir o copiar. ■ **2** Transliterar. *Tb abs.* ■ **3** (*Mús*) Arreglar [para un instrumento música compuesta para otro]. ■ **4** Poner o representar [algo] por escrito.

transcripción (*tb, raro,* **trascripción**) *f* Acción de transcribir. *Tb su efecto.*

transcriptivo -va (*tb, raro,* **trascriptivo**) *adj* De (la) transcripción.

transcriptor -ra (*tb, raro,* **trascriptor**) *adj* Que transcribe. *Tb n, referido a pers.*

transculturación *f* Proceso de difusión e infiltración de rasgos culturales de una sociedad o grupo social en otros.

transcurrir (*tb, raro,* **trascurrir**) **A** *intr* **1** Convertirse en pasado [el tiempo]. **b)** Realizarse [algo que se desarrolla en el tiempo]. *Frec con un compl adv.*
B *tr* **2** (*semiculto*) Pasar [alguien un tiempo determinado (*cd*)].

transcurso (*tb, raro,* **trascurso**) *m* Acción de transcurrir [1]. *Tb su efecto.*

transcutáneo -a *adj* (*Med*) [Vía o comunicación] a través de la piel.

transdérmico -ca *adj* (*Med*) [Vía o comunicación] a través de la dermis.

transductor *m* (*Electr*) Dispositivo que convierte la potencia de una corriente eléctrica en potencia mecánica o acústica, o la presión de las vibraciones acústicas en señales eléctricas.

transección *f* (*CNat*) Sección a través de un eje longitudinal.

transepto *m* (*Arquit*) Crucero.

transeúnte *adj* **1** [Pers.] que transita por un lugar. *Frec n.* ■ **2** [Pers.] que está de paso o temporalmente en un lugar. *Frec n.* **b)** Propio de la pers. transeúnte. ■ **3** [Cosa] transitoria.

transexual *adj* **1** [Pers.] que tiene un sentimiento acusado de pertenecer al sexo opuesto, cuyos caracteres fisiológicos aspira a poseer o ya ha adquirido por medio de la cirugía. *Frec n.* ■ **2** De(l) cambio de sexo.

transexualidad *f* **1** Condición de transexual [1]. ■ **2** Cambio de sexo por medios quirúrgicos.

transexualismo *m* Transexualidad [1].

transfer (*ing*; *pronunc corriente,* /tránsfer/; *pl normal,* ~s) *m* (*Dep*) Traspaso.

transferencia (*tb, raro,* **trasferencia**) *f* **1** Acción de transferir. **b)** Operación bancaria por la que se transfiere una cantidad de una cuenta a otra. *Frec* ~ BANCARIA. ■ **2** (*Med*) Vinculación afectiva, frec. de carácter sexual, entre el paciente de una cura psicoanalítica y el médico que le trata.

transferencial (*tb, raro,* **trasferencial**) *adj* De (la) transferencia.

transferibilidad (*tb, raro,* **trasferibilidad**) *f* Cualidad de transferible.

transferible (*tb, raro,* **trasferible**) *adj* Que se puede transferir.

transferidor -ra (*tb, raro,* **trasferidor**) *adj* Que transfiere. *Tb n, referido a pers.*

transferir (*tb, raro,* **trasferir**; *conjug* **60**) *tr* **1** Traspasar [algo de un lugar a otro]. **b)** (*raro*) Trasladar o cambiar de lugar [a alguien]. *Frec el cd es refl.* **c)** (*raro*) Traducir o trasladar. ■ **2** Traspasar o ceder [algo o a alguien].

transferrina *f* (*Fisiol*) Globulina presente en el plasma, que se combina con el hierro y sirve de vehículo de este.

transfiguración (*tb, raro,* **trasfiguración**) *f* Acción de transfigurar(se).

transfigurador -ra (*tb, raro,* **trasfigurador**) *adj* Que transfigura.

transfigurar (*tb, raro,* **trasfigurar**) *tr* Hacer que [alguien o algo (*cd*)] cambie de figura o de aspecto. **b)** *pr* (~**se**) Cambiar [alguien o algo] de figura o de aspecto.

transfondo → TRASFONDO.

transformable (*tb, raro,* **trasformable**) *adj* Que se puede transformar.

transformación (*tb, raro,* **trasformación**) *f* Acción de transformar(se). **b)** (*Ling*) En gramática *transformacional:* Transformación de un esquema oracional en otro.

transformacional (*tb, raro,* **trasformacional**) *adj* (*Ling*) **1** [Gramática generativa] que establece que de un esquema oracional se pasa a otro u otros por la aplicación de determinadas reglas. ■ **2** De (la) gramática transformacional [1].

transformacionalismo (*tb, raro,* **trasformacionalismo**) *m* (*Ling*) Tendencia transformacional [2].

transformacionalista (*tb, raro,* **trasformacionalista**) *adj* (*Ling*) Del transformacionalismo. **b)** Partidario de la gramática transformacional. *Tb n.*

transformador -ra (*tb, raro,* **trasformador**) **I** *adj* **1** Que transforma.
II *m* **2** Aparato que sirve para transformar [3] la tensión, la intensidad o la forma de una corriente eléctrica.

transformar (*tb, raro,* **trasformar**) *tr* **1** Hacer que [alguien o algo (*cd*)] cambie de forma o de aspecto. **b)** *pr* (~**se**) Cambiar [alguien o algo] de forma o aspecto. ■ **2** Hacer que [alguien o algo (*cd*)] pase a ser [algo (*compl* EN)]. *A veces se omite el segundo compl por consabido.* **b)** *pr* (~**se**) Pasar [alguien o algo] a ser [algo (*compl* EN)]. ■ **3** Cambiar o hacer distinto [a alguien o algo]. **b)** *pr* (~**se**) Cambiar o hacerse distinto. ■ **4** (*Dep*) Convertir [un disparo o un penalty] en un tanto. *Tb abs.*

transformativo -va (*tb, raro,* **trasformativo**) *adj* (*Ling*) Transformacional.

transformismo (*tb, raro,* **trasformismo**) *m* **1** Evolucionismo. ■ **2** Actividad de transformista [3, 4 y 5].

transformista (*tb, raro,* **trasformista**) **I** *adj* **1** De(l) transformismo [1]. **b)** Adepto al transformismo. *Tb n.* ■ **2** De(l) transformista o de (los) transformistas [3, 4 y 5].
II *m y f* **3** Actor cuyo espectáculo consiste en transformarse en distintos tipos. ■ **4** Travestí. ■ **5** Pers., esp. político, que cambia fácilmente de ideología.

transfretano -na (*tb* **trasfretano**) *adj* (*lit, raro*) Del otro lado del estrecho.

transfronterizo -za *adj* Que funciona a uno y otro lado de las fronteras.

tránsfuga (*tb, raro,* **trásfuga**) **I** *m y f* **1** Pers. que pasa huyendo de una parte a otra. *Frec fig, esp referido a políticos.* **II** *adj* **2** De los tránsfugas [1] políticos.

tránsfugo (*tb, raro,* **trásfugo**) *m* Tránsfuga [1].

transfuguismo (*tb, raro,* **trasfuguismo**) *m* Comportamiento de(l) tránsfuga político.

transfundir (*tb* **trasfundir**) *tr* Hacer pasar [sangre de un individuo a otro]. **b)** Trasvasar. *Frec fig.*

transfusión (*tb* **trasfusión**) *f* Acción de transfundir, *esp* [1a].

transfusional (*tb* **trasfusional**) *adj* De (la) transfusión.

transgénesis *f* (*Biol*) Génesis de una especie animal o vegetal en laboratorio, mediante el cruce de dos especies diversas.

transgénico -ca *adj* (*Biol*) [Animal o vegetal] obtenido por transgénesis.

transgredible (*tb, raro,* **trasgredible**) *adj* Que se puede transgredir.

transgredir (*tb, raro,* **trasgredir**; *normalmente, solo usado en las formas en que la base es átona*) *tr* **1** Violar [una ley o precepto]. ■ **2** Pasar por encima o más allá [de algo no material (*cd*)].

transgresión (*tb, raro,* **trasgresión**) *f* **1** Acción de transgredir. ■ **2** (*Geol*) Avance del mar sobre tierras emergidas.

transgresivo -va (*tb, raro,* **trasgresivo**) *adj* Que implica transgresión.

transgresor -ra (*tb, raro,* **trasgresor**) *adj* Que comete transgresión [1]. *Tb n, referido a pers.*

transiberiano -na *adj* [Camino o tránsito] a través de Siberia. *Tb n m, referido al ferrocarril.*

transición *f* **1** Paso [de un estado o situación a otros distintos]. *Frec sin compls.* ■ **2** Estado o situación intermedios entre el punto de partida y el final de una transición [1]. *Frec en las constrs* DE ~ *y* SIN ~.

transicional *adj* De (la) transición.

transigencia *f* Cualidad de transigente [1].

transigente *adj* **1** Que transige. ■ **2** Que denota o implica transigencia.

transigible *adj* [Cosa] que se puede transigir.

transigir A *tr* **1** Permitir o tolerar [algo que es o se considera malo]. **B** *intr* **2** Permitir o tolerar [algo (*compl* CON) que es o se considera malo]. *A veces se omite el compl por consabido.* **b)** Ser condescendiente [con alguien]. **c)** Aceptar, sin compartirlas, las ideas o actitudes de otros.

transilvano -na *adj* De Transilvania (región de Rumanía). *Tb n, referido a pers.*

transir (*lit*) **A** *tr* **1** Traspasar, o afectar en lo más íntimo. *Gralm en part. Tb fig.* **B** *intr pr* (~**se**) **2** Trasponerse o adormilarse.

transistor *m* **1** Dispositivo electrónico, fundado en el uso de semiconductores, que se utiliza para rectificar o amplificar los impulsos eléctricos. ■ **2** Radiorreceptor portátil provisto de transistores [1].

transistorizar *tr* Dotar de transistores [1]. *Gralm en part.*

transitable *adj* Que se puede transitar [2].

transitado -da *adj* **1** *part* → TRANSITAR. ■ **2** Que tiene mucho tránsito [1b].

transitar A *intr* **1** Ir o pasar [por una calle o camino]. *Tb sin compl.* **B** *tr* **2** Ir o pasar [por una calle o camino (*cd*)]. *Tb fig.*

transitario -ria *adj* (*Com*) Que se dedica al comercio de tránsito.

transitividad *f* (*lit o E*) Cualidad de transitivo.

transitivo -va *adj* **1** (*lit*) De transición. **b)** Pasajero o inestable. ■ **2** (*Gram*) [Verbo u oración] que tiene complemento directo. **b)** Propio de verbo transitivo. ■ **3** (*Mat*) [Propiedad] según la cual, si un número divide a otro, divide también a sus múltiplos.

tránsito I *m* **1** Acción de transitar. **b)** Circulación de perss. o de vehículos. ■ **2** Paso [de un lugar a otro]. **b)** Paso [de un estado o situación a otros]. **c)** (*lit*) Muerte. *Frec referido a la Virgen.* ■ **3** Lugar por donde se pasa de un sitio a otro. **b)** *En conventos y otras casas de comunidad:* Pasillo o corredor. **II** *loc adj* **4** de ~. De paso. **III** *loc v* **5** hacer ~. (*Der*) Pasar.

transitoriamente *adv* De manera transitoria.

transitoriedad *f* Cualidad de transitorio.

transitorio -ria *adj* Temporal (que dura solo cierto tiempo).

translación, translaticio, translativo → TRASLACIÓN, *etc.*

transliteración *f* (*Ling*) Acción de transliterar. *Tb su efecto.*

transliterar *tr* (*Ling*) Escribir con un sistema de caracteres [algo escrito con otro]. *Tb abs.*

transliterativo -va *adj* (*Ling*) De (la) transliteración.

translúcido, transluciente, translucir → TRASLÚCIDO, *etc.*

transmarino -na (*tb* **trasmarino**) *adj* Del otro lado del mar.

transmigración (*tb* **trasmigración**) *f* Acción de transmigrar.

transmigrar (*tb* **trasmigrar**) *intr* Pasar [un alma] de un cuerpo a otro.

transmigratorio -ria (*tb* **trasmigratorio**) *adj* Relativo a la transmigración.

transmisibilidad (*tb, raro,* **trasmisibilidad**) *f* Cualidad de transmisible.

transmisible (*tb, raro,* **trasmisible**) *adj* Que se puede transmitir.

transmisión (*tb, raro,* **trasmisión**) *f* **1** Acción de transmitir. ■ **2** *En un automóvil:* Conjunto formado por los órganos que contribuyen a transmitir [1] el movimiento del motor a las ruedas motrices. ■ **3** (*Mil*) *En pl:* Conjunto de medios destinados a transmitir [2] informaciones.

transmisor -ra (*tb, raro,* **trasmisor**) *adj* Que transmite. *Tb n m, referido a aparato.*

transmitente (*tb, raro,* **trasmitente**) *adj* (*Der*) [Pers.] que efectúa una transmisión [1]. *Tb n.*

transmitir (*tb, raro*, **trasmitir**) *tr* **1** Hacer que [algo (*cd*)] pase [de una pers. o cosa a otra]. ■ **2** Hacer llegar [a alguien una información o un mensaje], esp. actuando como intermediario. **b)** Difundir [algo] por radio o televisión. *Tb abs.*

transmontano -na (*tb* **trasmontano**) *adj* **1** De Tras-os-Montes (región de Portugal). ■ **2** Que está al otro lado de los montes.

transmudar (*tb* **trasmudar**) *tr* **1** Transmutar. ■ **2** Trasladar o cambiar de lugar.

transmundano -na *adj* De fuera del mundo, o de más allá del mundo.

transmutación (*tb* **trasmutación**) *f* Acción de transmutar(se).

transmutador -ra (*tb* **trasmutador**) *adj* **1** Que transmuta. ■ **2** De (la) transmutación.

transmutar (*tb* **trasmutar**) *tr* Transformar o convertir [una cosa o a una pers. en otra]. *Tb sin compl* EN. **b)** *pr* (**~se**) Transformarse o convertirse [una pers. o cosa en otra]. *Tb sin compl* EN.

transmutatorio -ria (*tb* **trasmutatorio**) *adj* Que sirve para transmutar.

transoceánico -ca (*tb* **trasoceánico**) *adj* [Medio de transporte, comunicación o relación] a través del océano.

transpacífico -ca *adj* [Medio de transporte, de comunicación o de relación] a través del océano Pacífico.

transpaleta *f* Carretilla elevadora.

transparecer → TRASPARECER.

transparencia (*tb, raro,* **trasparencia**) *f* **1** Cualidad de transparente. ■ **2** Fenómeno por el que los rayos luminosos visibles se perciben a través de determinados cuerpos. ■ **3** Diapositiva. ■ **4** (*Cine*) Proyección sobre una superficie transparente [1], que sirve de decorado ante el cual evolucionan los personajes reales.

transparentar (*tb, raro,* **trasparentar**) **A** *tr* **1** Dejar [una cosa (*suj*)] ver [algo (*cd*)] a través de ella. *Tb fig.* ■ **2** (*raro*) Hacer transparente [1]. **B** *intr* ➤ **a** *normal* **3** Ser transparente [1]. *Más frec pr* (**~se**). ➤ **b** *pr* (**~se**) **4** Dejarse ver [una cosa a través de otra]. *Tb fig.*

transparente (*tb, raro,* **trasparente**) **I** *adj* **1** [Cuerpo] que permite ver claramente a través de él. **b)** [Cuerpo] traslúcido (que permite el paso de la luz pero no deja ver claramente a través de él). **c)** [Imagen] en soporte transparente y destinada a ser observada por transparencia [2] o proyectada sobre una pantalla. *Tb n m.* ■ **2** (*lit*) Nítido o diáfano. *Tb fig.* **II** *m* **3** Elemento transparente [1] que se coloca delante de una luz para producir un efecto decorativo por transparencia [2]. ■ **4** (*Arte*) Motivo escultórico destinado a ser iluminado por detrás.

transparentemente (*tb, raro,* **trasparentemente**) *adv* (*lit*) De manera transparente.

transpirable (*tb, raro,* **traspirable**) *adj* Que permite la transpiración.

transpiración (*tb, raro,* **traspiración**) *f* Acción de transpirar. *Tb su efecto.*

transpirante (*tb, raro,* **traspirante**) *adj* Que transpira.

transpirar (*tb, raro,* **traspirar**) **A** *intr* **1** Segregar líquido a través de la piel o de la epidermis. **B** *tr* **2** Segregar [líquido] a través de la piel o de la epidermis.

transpirenaico -ca (*tb* **traspirenaico**) *adj* Del otro lado de los Pirineos. *Alude normalmente a Francia (siendo España el punto de vista); en otro caso, a España (siendo Francia el punto de vista).*

transplantable, transplantación, transplantador, transplantar, transplante → TRASPLANTABLE, *etc.*

transpolar *adj* Que pasa por un polo de la Tierra.

transponedor, transponer → TRASPONEDOR, TRASPONER.

transportabilidad (*tb, raro,* **trasportabilidad**) *f* Cualidad de transportable.

transportable (*tb, raro,* **trasportable**) *adj* Que se puede transportar. *Tb n m, referido a aparato.*

transportación (*tb, raro,* **trasportación**) *f* Acción de transportar.

transportador -ra (*tb, raro,* **trasportador**) **I** *adj* **1** Que transporta. *Tb n, m o f, referido a dispositivo o instalación.* **II** *m* **2** (*Geom*) Utensilio consistente en una pieza semicircular graduada, que sirve para medir y trazar ángulos. *Tb ~ DE ÁNGULOS.*

transportar (*tb, raro,* **trasportar**) *tr* **1** Llevar [algo o a alguien] de un lugar a otro. *A veces con un compl de lugar que especifica origen o destino. Tb fig.* ■ **2** (*lit*) Causar [a alguien (*cd*)] una emoción o sentimiento muy intensos que suspenden los sentidos. *Tb fig.* **b)** *pr* (**~se**) Experimentar [alguien] una emoción o sentimiento muy intensos que suspenden los sentidos. ■ **3** (*Mús*) Pasar [una composición] de un tono a otro.

transporte (*tb, raro,* **trasporte**) *m* **1** Acción de transportar, *esp* [1]. ■ **2** Buque o avión de transporte [1]. ■ **3** (*lit*) Estado de suspensión de los sentidos causado por una emoción o sentimiento muy intensos. *Tb fig.* **b)** Manifestación viva [de una emoción].

transportín (*tb* **trasportín**) *m* **1** *En una bicicleta:* Pequeña plataforma sobre la rueda trasera, para llevar algo o a alguien. ■ **2** *En un coche:* Asiento supletorio y plegable.

transportista (*tb, raro,* **trasportista**) *m y f* Pers. que se dedica a hacer transportes [1] de mercancías.

transposición, transpositor → TRASPOSICIÓN, TRASPOSITOR.

transrenano -na *adj* Del otro lado del Rin. *Tb n, referido a pers.*

transterminante → TRASTERMINANTE.

transterrar (*tb* **trasterrar**) *tr* (*lit*) Forzar [a alguien] a establecerse en un país extranjero, esp. por motivos políticos. *Frec el cd es refl.*

transubstanciación, transubstanciar → TRANSUSTANCIACIÓN, TRANSUSTANCIAR.

transuránico -ca *adj* (*Quím*) [Elemento] inestable y artificial, de número atómico superior al 92. *Tb n m.*

transustanciación (*tb* **transubstanciación**) *f* Acción de transustanciar(se).

transustanciar *(tb* **transubstanciar**; *conjug* **1a)** *tr* Convertir totalmente [una sustancia en otra]. *Normalmente (Rel catól) referido al sacramento de la Eucaristía. Tb (lit) fig.* **b)** *pr* (~**se**) Convertirse totalmente [una sustancia en otra]. *Tb (lit) fig.*

transvasación, transvasado, transvasar, transvase → TRASVASACIÓN, *etc.*

transverberación *(tb, raro,* **trasverberación**) *f (lit)* Acción de transverberar.

transverberar *(tb, raro,* **trasverberar**) *tr (lit)* Herir atravesando de parte a parte. *Tb fig.*

transversal *(tb, raro,* **trasversal**) *adj* [Cosa alargada o de estructura lineal] que corta [a otra *(compl* A *o de posesión)*] de modo perpendicular u oblicuo. *Tb n f, referido a línea o calle. Frec sin compl, por consabido.* **b)** Perpendicular al eje principal.

transversalmente *(tb, raro,* **trasversalmente**) *adv* De manera transversal.

transverso -sa *(tb, raro,* **trasverso**) *adj* Transversal.

transvestismo *m* Travestismo.

tranvía I *m* **1** Vehículo de transporte urbano que circula por raíles planos. **b)** *Se usa en contexto metafórico en constrs como* PERDER EL ~ DE, *o* EL ÚLTIMO ~, *aludiendo a una oportunidad que se escapa.* * *No podemos perder el tranvía del desarrollo.* ■ **2** *(Min)* Aparato de transporte aéreo por cable.
II *adj* **3** [Tren] de cercanías. *Tb n m.*

tranviario -ria I *adj* **1** De(l) tranvía [1a].
II *m y f* **2** Empleado del servicio de tranvías [1a].

tranviero -ra *m y f (raro)* Tranviario [2].

tranzón *m* Parte de las que se hacen en un monte o finca para su aprovechamiento o cultivo.

trapa[1] *f (Mar)* Cabo con que se ayuda a cargar y cerrar una vela cuando hay mucho viento.

trapa[2] *f (reg)* Tapadera o trampilla que cubre una abertura en el suelo o en el techo.

trapaceramente *adv* De manera trapacera [1b].

trapacería *f* Trampa o engaño maliciosos.

trapacero -ra *adj* [Pers.] que usa de trapacerías. *Tb n.* **b)** Propio de la pers. trapacera.

trapajo *m (col, desp)* Trapo [1a, 2 y 3].

trapajoso -sa *adj* **1** De pronunciación confusa o defectuosa. ■ **2** Viejo o andrajoso. *Tb (lit) fig.*

trápala *(col)* A *f* **1** Mentira o engaño.
B *m y f* **2** Pers. embustera e informal.

trapalón -na *m y f (col)* Trápala [2]. *Tb adj.*

trapatiesta *f (col)* Escándalo o alboroto.

trapazo *m (Taur)* Pase ejecutado sin arte.

trapecial *adj (Geom)* De(l) trapecio [1]. **b)** De forma de trapecio.

trapecio I *m* **1** *(Geom)* Cuadrilátero irregular que tiene paralelos dos de sus lados. ■ **2** Barra horizontal suspendida de dos cuerdas por sus extremos y que sirve para ejercicios gimnásticos o acrobáticos. ■ **3** *(Anat)* Músculo plano situado en la parte posterior del cuello y superior de la espalda. ■ **4** *(Anat)* Primer hueso de la segunda fila del carpo.
II *adj invar* **5** *(Moda)* [Línea] que recuerda la forma del trapecio [1]. **b)** De línea trapecio.

trapecista *m y f* Artista de circo que trabaja en el trapecio [2].

trapense *adj* De la orden de la Trapa, de los cistercienses reformados por el abad Rancé (s. XVII). *Tb n, referido a pers.* **b)** Propio de los trapenses.

trapería *f* **1** Tienda donde se compran y venden trapos [1a], papeles y otros objetos viejos. ■ **2** Conjunto de trapos [1a].

traperil *adj* De(l) trapero o de los traperos [1].

trapero -ra *m y f* **1** Pers. que compra y vende trapos [1a], papeles y otros objetos viejos. ■ **2** *(hist)* Pañero (pers. que fabrica o vende paños).
II *adj* **3** [Puñalada] **trapera** → PUÑALADA.

trapezoedro *m (Geom)* Sólido cuyas caras son trapecios [1].

trapezoidal *adj (Geom)* De(l) trapezoide [1]. **b)** De forma de trapezoide.

trapezoide I *m* **1** *(Geom)* Cuadrilátero irregular que no tiene ningún lado paralelo a otro. ■ **2** *(Anat)* Segundo hueso de la segunda fila del carpo.
II *adj* **3** *(Geom)* Trapezoidal.

trapiche *m (Geom)* Molino para prensar caña de azúcar u otros vegetales, con objeto de extraer su zumo.

trapichear A *intr* **1** Hacer trapicheos.
B *tr (raro)* **2** Hacer trapicheos [con algo *(cd)*]. ■ **3** *(col)* Vestir o desvestir.

trapicheo *m* Trato o negocio ilegal o poco claro.

trapichería *f (raro)* Trapicheo.

trapillo. de ~. *loc adv (col)* Con vestido ordinario o poco elegante. *Tb adj.*

trapío *m* **1** *(col)* Garbo y brío. *Esp referido a mujer.* ■ **2** *(Taur)* Planta, esp. buena, [del toro de lidia]. *Tb fig, referido a gallos de pelea.*

trapisonda *(col)* A *f* **1** Embuste o enredo.
B *m y f* **2** Trapisondista. *Tb adj.*

trapisondear *intr (col)* Armar trapisondas [1].

trapisondeo *m (col)* Acción de trapisondear. *Tb su efecto.*

trapisondista *m y f (col)* Pers. amiga de trapisondas [1]. *Tb adj.*

trapo I *m* **1** Trozo de tela no muy grande, roto, viejo o inútil. **b)** *(col) Se usa frec en constrs de sent comparativo para referirse a una prenda muy vieja o estropeada.* * *El pantalón se ha quedado hecho un trapo.* **c)** *(col) Se usa frec en constrs de sent comparativo para referirse a una pers en un estado físico o moral muy bajo.* * *Cada vez que oigo hablar de él me pongo como un trapo.* **d)** *(col) Se usa frec en constrs de sent comparativo para referirse a una pers muy criticada o desacreditada. Gralm con el v* PONER. * *Le puso como un trapo delante de todos.* **e)** *(col) Se usa frec en constrs de sent comparativo para referirse a una pers o cosa a las que se tiene poco aprecio o consideración.* * *Trata a su padre como un trapo.* ■ **2** Trozo de tela destinado a secar o limpiar objetos. ■ **3** Tela o tejido. *Gralm referido al material de que está hecho un muñeco.* ■ **4** *(col) En pl:* Prendas de vestir. *Frec en la forma* TRAPITOS, *que a veces designa las prendas elegantes o de fiesta, esp en la constr* TRAPITOS DE CRISTIANAR. ■ **5** *(Mar)* Velamen (conjunto de velas). ■ **6** *(Taur)* Capa o muleta. *Frec en constrs como* ENTRAR, *o* ACUDIR, AL ~. **b)** *(col)* Provocación para que alguien se defienda o responda agresivamente. *Gralm en las constrs* ENTRAR, *o* ACUDIR, AL ~. ■ **7** *(reg)* Copo de nieve. ■ **8 ~s sucios.** *(col)* Asuntos íntimos vergonzosos.
II *loc adj* **9 de ~.** *(col)* [Lengua] torpe y confusa. *Gralm referido a niños.*

III *loc v* **10 soltar el ~.** (*col*) Dejar de contener la risa o el llanto. *A veces con un compl especificador.* **IV** *loc adv* **11 a todo ~.** (*Mar*) A toda vela o con la máxima velocidad. *Tb fig, fuera del ámbito técn.* **b)** (*col*) Con la máxima potencia o intensidad. **c)** (*col*) Con el máximo lujo u opulencia. *Tb adj.*

traque[1] (*col, raro*) **I** *m* **1** Ventosidad ruidosa. **II** *loc adv* **2 a ~ barraque.** En cualquier momento y con cualquier motivo.

traque[2] *m* (*jerg*) Atraco.

tráquea *f* **1** (*Anat*) Conducto respiratorio situado entre la laringe y los bronquios. ■ **2** (*Zool*) En algunos artrópodos: Cavidad de las que constituyen el aparato respiratorio. ■ **3** (*Bot*) Vaso constituido por una serie de células alargadas cuyos tabiques de separación han desaparecido casi por completo.

traqueal *adj* **1** (*Anat y CNat*) De (la) tráquea. ■ **2** (*Zool*) [Animal] que respira mediante tráqueas [2].

traquear *intr* Producir reiteradamente con un arma de fuego el ruido seco de los disparos.

traqueida *f* (*Bot*) Elemento conductor muy corto, constituido por células alargadas y lignificadas cuyas paredes permanecen íntegras.

traqueítis *f* (*Med*) Inflamación de la tráquea [1].

traqueo *m* Acción de traquear. *Tb su efecto.*

traqueostoma *m* (*Med*) Abertura quirúrgica permanente de la tráquea [1] a través del cuello.

traqueotomía *f* (*Med*) Incisión quirúrgica de la tráquea [1] para evitar la asfixia.

traqueteante *adj* Que traquetea.

traquetear A *intr* **1** Agitarse o moverse mucho [algo], gralm. haciendo ruido. **B** *tr* **2** Traer y llevar [algo] de una parte a otra. *Tb fig.*

traqueteo *m* Acción de traquetear. *Tb su efecto.*

traquido *m* (*reg*) Reventón.

tras[1] (*con pronunc átona*) *prep* (*frec va seguida por* DE, *formando la loc prep* ~ DE) **1** Denota posterioridad en el espacio (*real o fig*) o en el tiempo. * El chico salió de tras la barca. * Tras de su ingreso en la escuela se unió al equipo. ■ **2** *n* + ~ + *el mismo n* (*o* UN + *n* + ~ + OTRO). *Denota reiteración indefinida.* * Y así día tras día. * Fumaba un cigarrillo tras otro. ■ **3** En busca de, o en persecución de. *Tb fig.* * Los perros corrían tras los jabalíes. * Anda tras ella desde hace tiempo. ■ **4** Además de, o encima de. *Con intención enfática.* * Tras de feo, caro.

tras[2] *interj* (*col*) Se usa, normalmente repetida, para expresar movimiento o golpe reiterados. * Se oía el goteo insistente del grifo: tras, tras, tras.

tras[3] *m* (*col*) Trasero o posaderas.

tras- → TRANS-.

trasalpino → TRANSALPINO.

trasaltar *m* En una iglesia: Espacio que está detrás del altar.

trasandino → TRANSANDINO.

trasandosco -ca *adj* [Res de ganado menor] que tiene algo más de dos años.

trasantaño *adv* (*lit, raro*) En otro tiempo muy lejano. **b)** *Precedido de prep, o como suj de una or cualitativa, se sustantiva:* Otro tiempo muy lejano. * Cantan habaneras de trasantaño.

trasantier *adv* (*rur*) En el día anterior a anteayer. *Tb fig.*

trasañejo -ja *adj* (*lit, raro*) Muy añejo.

trasatlántico → TRANSATLÁNTICO.

trasbisabuelo -la (*tb* **transbisabuelo**) *m y f* (*raro*) Tatarabuelo.

trasbordador, **trasbordar**, **trasbordo** → TRANSBORDADOR, *etc.*

trasca *f* Correa fuerte de piel de toro que se emplea esp. para unir el barzón del arado al yugo.

trascendencia (*tb* **transcendencia**) *f* **1** Cualidad de trascendente. ■ **2** Cosa trascendente [2].

trascendental (*tb* **transcendental**) *adj* **1** De mucha importancia por sus consecuencias. **b)** [Importancia] muy grande. ■ **2** Trascendente [1]. ■ **3** (*Filos*) Que constituye o expresa una condición anterior a la experiencia.

trascendentalidad (*tb* **transcendentalidad**) *f* (*lit*) Cualidad de trascendental.

trascendentalismo (*tb* **transcendentalismo**) *m* Cualidad de trascendental [2].

trascendentalizar (*tb* **transcendentalizar**) *tr* Dar carácter trascendental [1 y 2] [a algo o a alguien (*cd*)].

trascendentalmente (*tb* **transcendentalmente**) *adv* De manera trascendental.

trascendente (*tb* **transcendente**) *adj* **1** Que sobrepasa los límites de la realidad concreta. ■ **2** [Cosa] importante.

trascender (*tb* **transcender**; *conjug* 14) **A** *intr* **1** Despedir [algo] un olor intenso y que se percibe a gran distancia. **b)** Desprenderse o exhalarse [un olor]. ■ **2** Pasar a ser conocida [una noticia] fuera de su ámbito. *Frec con un compl* A. **b)** Manifestarse [algo] o darse a conocer. ■ **3** Pasar o extenderse [una cosa a otra]. * Al léxico literario trascendieron palabras oriundas del lenguaje científico. **b)** Comunicar sus efectos [una cosa a otra]. ■ **4** Hacer por hacer, sin impulso ideológico, no trasciende al espíritu. ■ **4** Sobrepasar los límites [de algo (*compl adv*)]. * Su prestigio trascendió de estas montañas. **B** *tr* **5** Sobrepasar los límites [de algo (*cd*)]. * Estos novelistas, sin embargo, no trascienden las fronteras. ■ **6** Comunicar [algo] sus efectos [a alguien o algo (*cd*)]. * Este animalillo llegaba resuelto a trascender sus vidas.

trascendible (*tb* **transcendible**) *adj* (*raro*) Que se puede trascender [5 y 6].

trascolarse (*conjug* 4) *intr pr* Pasar [por, o a través de, un lugar].

trasconejarse *intr pr* **1** Quedar [el hurón] atrapado en la madriguera del conejo. ■ **2** (*col*) Desaparecer de la vista [alguien o algo] voluntaria o accidentalmente. *Tb fig.*

trascordarse (*conjug* 4) *intr pr* **1** Perder la memoria. *Frec en part.* **b)** Olvidarse [una cosa (*suj*)]. ■ **2** Perder la cordura.

trascoro *m* En una iglesia: Lugar situado detrás del coro.

trascorral *m* Lugar cercado y descubierto que está detrás del corral.

trascribir, **trascripción**, **trascriptivo**, **trascriptor** → TRANSCRIBIR, *etc.*

trascurrir, trascurso → TRANSCURRIR, TRANS-
CURSO.

trasdós I *m* **1** (*Arquit*) Superficie exterior [de un
arco o una bóveda].
 II *loc adj* **2 de ~.** (*Carpint*) [Sierra] de hoja rectangular y muy delgada, reforzada en el lomo.

trasegador -ra *adj* Que trasiega.

trasegar (*conjug* 6) A *tr* **1** Trasladar o trasvasar
[algo, esp. un líquido]. **b)** (*col*) Beber. *Tb fig.*
 B *intr* **2** Cambiar de sitio o de situación.

trasero -ra I *adj* **1** De detrás o de atrás. **b)** Que
está o va detrás. ■ **2** (*Taur*) [Puyazo, pinchazo o
par de banderillas] colocado detrás del alto de las
agujas. *Tb adv.*
 II *n* A *m* **3** Nalgas. *Tb fig, referido a animales.* **b)**
euf por CULO, *en locs cols como* LAMER EL ~, PERDER
EL ~. ■ **4** (*col*) Parte de atrás [de una cosa]. **b)**
(*reg*) *En pl:* Trasera [5] [de una casa].
 B *f* **5** Parte de atrás [de una cosa]. **b)** *En pl:*
Dependencias en la parte de atrás [de una casa].

**trasferencia, trasferencial, trasferibi-
lidad, trasferible, trasferidor, trasferir** → TRANSFERENCIA, *etc.*

**trasfiguración, trasfigurador, trasfi-
gurar** → TRANSFIGURACIÓN, *etc.*

trasfondo (*tb, raro,* **transfondo**) *m* Elemento que
subyace bajo el fondo aparente de algo.

**trasformable, trasformación, tras-
formacional, trasformacionalismo,
trasformacionalista, trasformador,
trasformar, trasformativo, trasformismo, trasformista** → TRANSFORMA-
BLE, *etc.*

trasfretano → TRANSFRETANO.

trásfuga, trásfugo, trasfuguismo →
TRÁNSFUGA, *etc.*

trasfundir, trasfusión, trasfusional →
TRANSFUNDIR, *etc.*

trasga *f* (*reg*) Pértiga del carro o carreta.

trasgo *m* Duende (espíritu).

**trasgredible, trasgredir, trasgresión,
trasgresivo, trasgresor** → TRANSGREDI-
BLE, *etc.*

trashoguero *m* Losa o plancha de metal que protege la pared detrás del hogar.

trashoja *f* (*reg*) Siembra de un barbecho en el año
en que debía descansar.

trashumación *f* Trashumancia.

trashumancia *f* Acción de trashumar.

trashumante *adj* **1** Que trashuma. *Tb n, referido a pers.* ■ **2** De (la) trashumancia.

trashumar *intr* **1** Pasar [un rebaño y su pastor]
de los pastos de invierno a los de verano y viceversa.
■ **2** Cambiar [alguien] periódicamente de lugar.

trasiego *m* **1** Acción de trasegar. ■ **2** Tránsito o
paso, esp. de perss., de un lugar a otro.

traslación (*tb, raro,* **translación**) *f* **1** (*lit*) Acción
de trasladar [1, 3 y 5]. *Tb su efecto.* ■ **2** (*Mec*)
Movimiento de un cuerpo cuando todas sus partes
siguen una dirección constante. **b)** (*Astron*) Movimiento de un astro alrededor de otro. ■ **3** (*Ling*)
Cambio o desviación de significado. ■ **4** (*Mineral*)
Distancia con que se repite un motivo estructural a
lo largo de una determinada dirección.

trasladable *adj* Que se puede trasladar.

trasladador -ra *adj* Que traslada, *esp* [5]. *Tb n,
referido a pers.*

trasladar A *tr* **1** Cambiar de lugar [a alguien o al-
go]. *Frec con un compl de lugar que expresa origen o
dirección. Tb fig.* ■ **2** Cambiar [a un empleado] de
lugar de servicio. ■ **3** Cambiar de fecha [algo]. *Frec
con un compl* A *que expresa la nueva fecha.* ■ **4**
Copiar [algo ya escrito]. ■ **5** (*lit*) Traducir [algo de
un idioma a otro].
 B *intr pr* (**~se**) **6** Ir [a un lugar].

traslado *m* **1** Acción de trasladar(se). ■ **2** (*Der*)
Copia que se envía a una de las partes litigantes de
los alegatos de la otra.

traslaticio -cia (*tb, raro,* **translaticio**) *adj* **1**
De (la) traslación. ■ **2** Que se traslada.

traslativo -va (*tb, raro,* **translativo**) *adj* (*Der*)
De (la) transferencia.

trasluchada *f* (*Mar*) Acción de traslucir.

trasluchar *tr* (*Mar*) Cambiar de una banda a otra
la escota [de una vela de cuchillo (*cd*)] cuando se navega en popa.

traslúcido -da (*tb* **translúcido**) *adj* **1** [Cuerpo]
que permite el paso de la luz pero no deja ver claramente a través de él. ■ **2** (*lit, raro*) Nítido o transparente.

trasluciente (*tb* **transluciente**) *adj* Traslúcido [1].

traslucir (*tb* **translucir**; *conjug* 51) A *tr* **1** Dejar [una cosa (*suj*)] ver [algo (*cd*)] a través de ella.
Frec fig.
 B *intr* ➤ **a** *normal* **2** Dejarse ver [una cosa a través de otra]. *Frec fig y pr* (**~se**).
 ➤ **b** *pr* (**~se**) **3** Ser traslúcido [1].

trasluz. al ~. *loc adv* De manera que el objeto,
traslúcido o transparente, esté situado entre la luz
y el ojo. *Gralm con el v* MIRAR.

trasmallar *tr* (*raro*) Coser [algo (*cd*)] malla con
malla.

trasmalle *m* (*Pesca, reg*) Trasmallo.

trasmallero *m* (*Pesca*) Barco que faena con trasmallo.

trasmallo *m* (*Pesca*) Arte de pesca constituido por
tres redes, una central más tupida y dos laterales,
que se cala verticalmente.

trasmano. a ~. *loc adv* **1** Fuera del alcance de la
mano, o en situación en que es difícil de coger. ■
2 Fuera de los caminos habituales o frecuentados.
Tb fig.

trasmarino → TRANSMARINO.

trasmerano -na *adj* De Trasmiera (comarca de
Cantabria). *Tb n, referido a pers.*

**trasmigración, trasmigrar, trasmi-
gratorio** → TRANSMIGRACIÓN, *etc.*

trasminar (*lit*) A *intr* **1** Pasar [algo (*suj*)], esp. un
olor o un líquido, a través de un cuerpo]. *Tb fig.*
 B *tr* **2** Emanar o desprender. ■ **3** Transparentar
[dejar ver o adivinar] [algo no material].

**trasmisibilidad, trasmisible, trasmi-
sión, trasmisor, trasmitente, trasmitir** → TRANSMISIBILIDAD, *etc.*

trasmocho -cha *adj* [Árbol] cortado a cierta altura de su tronco para que produzca brotes. *Tb referido al monte poblado con estos árboles.*

trasmontano → TRANSMONTANO.

trasmudar → TRANSMUDAR.

trasmundo *m* Mundo del más allá.

trasmutación, trasmutador, trasmutar, trasmutatorio → TRANSMUTACIÓN, *etc.*

trasno *m* (*reg*) Trasgo.

trasnochada *f* Acción de trasnochar.

trasnochado -da *adj* 1 *part* → TRASNOCHAR. ■ 2 Que ha perdido actualidad o vigencia. ■ 3 Alterado o estropeado por ser del día anterior. *Esp referido a alimentos.*

trasnochador -ra *adj* [Pers.] que trasnocha. *Tb n.*

trasnochar *intr* Pasar levantado muchas horas de la noche antes de acostarse.

trasnoche *m* Trasnochada.

trasnocheo *m* Trasnochada.

trasoceánico → TRANSOCEÁNICO.

trasoír (*conjug 54*) *tr* (*lit, raro*) Oír de manera vaga o confusa.

trasojado -da *adj* Ojeroso.

trasoñar (*conjug 4*) *tr* (*lit, raro*) Creer equivocadamente en la realidad [de algo (*cd*)]. *Tb abs.*

traspaís *m* (*Geogr*) Territorio interior inmediato a un punto de la costa.

traspalar *tr* Mover [una carga] de un lugar a otro.

traspapelar *tr* 1 Perder [un papel o documento] por ponerlo fuera del sitio correspondiente. **b)** *pr* (~se) Perderse [un papel o documento] por ir a parar fuera del sitio correspondiente. ■ 2 Hacer que [un papel o documento (*cd*)] se traspapele [1b].

traspapeleo *m* (*raro*) Acción de traspapelar(se).

trasparecer (*tb* **transparecer**; *conjug 11*) *intr* (*lit*) Dejarse ver [una pers. o cosa a través de otra]. *Tb sin compl.*

trasparencia, trasparentar, trasparente, trasparentemente → TRANSPARENCIA, *etc.*

traspasable *adj* Que puede ser traspasado.

traspasador -ra *adj* Que traspasa.

traspasante *adj* Que traspasa.

traspasar **A** *tr* 1 Atravesar [algo] de parte a parte. *Tb* (*lit*) *fig.* ■ 2 Pasar al otro lado [de algo (*cd*)]. *Tb fig. Tb abs.* ■ 3 Pasar [algo o a alguien de un lugar o situación a otros]. ■ 4 Ceder o transmitir [un derecho u obligación]. **b)** Ceder [un arrendatario a otro] el alquiler [de algo (*cd*)]. **c)** Ceder los derechos que se tienen [sobre alguien o algo (*cd*)]. **B** *intr pr* (~se) (*raro*) 5 Quedarse rígido a causa del llanto.

traspaso *m* 1 Acción de traspasar [3 y esp. 4]. ■ 2 Cantidad que se paga por el traspaso [1] de un alquiler o un derecho.

traspatio *m* (*reg*) Patio posterior.

traspellado -da *adj* (*desp, raro*) Muerto de hambre. *Tb n.*

traspié *m* 1 Tropezón, resbalón o torcedura en el pie, que se sufren al dar un paso. ■ 2 Tropiezo (fracaso o equivocación).

traspiés *m* Traspié.

traspillado -da *adj* (*raro*) 1 Débil o que no tiene fuerza. ■ 2 Ajado o deslucido.

traspirable, traspiración, traspirante, traspirar → TRANSPIRABLE, *etc.*

traspirenaico → TRANSPIRENAICO.

trasplantable (*tb, raro,* **transplantable**) *adj* Que se puede trasplantar.

trasplantación (*tb, raro,* **transplantación**) *f* Trasplante. *Esp en Med.*

trasplantador -ra (*tb, raro,* **transplantador**) *adj* Que trasplanta, *esp* [1]. *Tb n, m y f, referido a pers y a instrumento o máquina.*

trasplantar (*tb, raro,* **transplantar**) *tr* 1 Arrancar [una planta] del lugar en que está y plantarla [en otro (*compl* A)]. *Tb sin compl* A. ■ 2 Trasladar [a una pers. o cosa a un lugar distinto de aquel en que está arraigada] para asentarla en él. *Tb fig.* ■ 3 Trasladar [un órgano a un cuerpo distinto a aquel al que pertenece] para sustituir a su equivalente dañado o enfermo. **b)** Trasplantar un órgano [a una pers. (*cd*)]. *Normalmente en part.*

trasplante (*tb, raro,* **transplante**) *m* Acción de trasplantar.

trasponedor -ra (*tb* **transponedor**) *adj* Que traspone. *Tb n, referido a pers.*

trasponer (*tb* **transponer**; *conjug 21*) **A** *tr* 1 Cambiar de lugar [a alguien o algo]. **b)** Cambiar de orden [dos o más cosas entre sí]. **c)** (*Mat*) Pasar [un término] de un miembro a otro de una igualdad. **d)** (*Gram*) Cambiar la categoría [de una palabra (*cd*)] por otra, o el carácter independiente [de una oración (*cd*)] por el del elemento constitutivo de otra. ■ 2 Adaptar [una obra musical, literaria o escénica] a otro medio. ■ 3 Pasar al otro lado [de una cosa (*cd*)]. **b)** Dejar atrás. **B** *intr* ➤ **a** *normal* 4 Desaparecer de la vista [alguien o algo que se mueve], esp. tras una esquina o un accidente del terreno. *Tb pr* (~se). ➤ **b** *pr* (~se) 5 Caer en un sueño ligero. *Frec en la constr* QUEDARSE TRASPUESTO. **b)** Perder el sentido o la consciencia.

trasportabilidad, trasportable, trasportación, trasportar, trasporte, trasportín, trasportista → TRANSPORTABILIDAD, *etc.*

trasposición (*tb* **transposición**) *f* Acción de trasponer(se), *esp* [1].

traspositor -ra (*tb* **transpositor**) *adj* Que traspone [1 y 2]. *Tb n: m y f, referido a pers; m, referido a elemento o aparato.*

traspunte *m y f* (*Teatro*) Pers. encargada de avisar a los actores cuando han de salir a escena y de apuntarles las primeras palabras que han de decir. *Tb fig, fuera del ámbito teatral.*

traspuntín *m* 1 Transportín. ■ 2 (*euf, col*) Trasero o posaderas.

trasquilar *tr* 1 Esquilar [a un animal]. *Tb fig, referido a pers, frec humoríst.* ■ 2 **salir trasquilado.** (*col*) Resultar defraudado y perjudicado en un intento.

trasquileo *m* Acción de trasquilar [1].

trasquilo *m* Trasquileo.

trasquilón *m* Corte desigual de un mechón de pelo.

trastabillado -da *adj* 1 *part* → TRASTABILLAR. ■ 2 Desconcertado o confuso.

trastabillante *adj* Que trastabilla.

trastabillar *intr* Tambalearse o vacilar, esp. a causa de un traspié.

trastabilleante *adj* Que trastabillea.

trastabillear *intr* 1 Trastabillar. ■ 2 Enredarse al hablar. *Tb pr* (~se).

trastabilleo *m* Acción de trastabillear [1].

trastabillón *m* Traspié o tropezón.

trastada *f* (*col*) Faena o mala pasada. **b)** Travesura.

traste[1] *loc v* 1 **dar al ~** [con algo]. Destruir[lo] o echar[lo] a perder. ■ 2 **irse** [algo] **al ~**. Destruirse o echarse a perder.

traste[2] *m* En la guitarra y otros instrumentos semejantes: Saliente de metal o de hueso de los que se colocan en el mástil para que, oprimiendo entre ellos las cuerdas con los dedos, quede a estas la longitud libre correspondiente a los diversos sonidos.

traste[3] *m* (*col*) Trasero o asentaderas.

traste[4] *m* (*reg*) Trasto o utensilio.

trastear A *intr* 1 Trajinar, o ir de un sitio para otro. ■ 2 Enredar, o hacer travesuras.
  B *tr* 3 (*Taur*) Mover la muleta o la capa para que [el toro (*cd*)] cambie de posición, esp. en la preparación de la suerte de matar. ■ 4 (*col*) Manejar con habilidad [a alguien o algo] para conseguir lo que se desea. ■ 5 (*reg*) Registrar, o examinar en busca de algo oculto.

trastejar[1] *tr* Retejar.

trastejar[2] *tr* (*reg*) Registrar, o examinar en busca de algo oculto.

trasteo *m* Acción de trastear [3 y 4]. *Tb fig.*

trasterminante (*tb* **transterminante**) *adj* Que pasa de un término jurisdiccional a otro.

trastero -ra *adj* [Cuarto] destinado a guardar objetos que están fuera de uso. *Tb n m y f.*

trasterrar → TRANSTERRAR.

trastienda *f* 1 Habitación o local situados en la parte trasera de una tienda. ■ 2 (*col*) Conjunto de pensamientos o intenciones que una pers. oculta o disimula. ■ 3 (*col*) Trasfondo.

trasto I *m* 1 Objeto inútil o de poco valor. **b)** (*col, desp*) Aparato o artilugio. ■ 2 (*col*) En pl: Utensilios. *Frec con un compl especificador.* ■ 3 (*col*) Pers. que solo sirve para estorbar. **b)** Pers. traviesa, informal o que causa problemas. *Frec con intención afectuosa. Tb adj.*
  II *loc v* 4 **tirarse los ~s** (**a la cabeza**). (*col*) Reñir o pelear.

trastocación *f* Acción de trastocar(se).

trastocamiento *m* Acción de trastocar(se).

trastocar A *tr* 1 Trastornar o cambiar. **b)** *pr* (~se) Trastornarse o cambiar.
  B *intr pr* (~se) 2 Trastornarse mentalmente.

trastoque *m* Acción de trastocar(se).

trastornador -ra *adj* Que trastorna.

trastornar *tr* 1 Alterar o cambiar [algo], esp. negativamente. **b)** *pr* (~se) Alterarse o cambiarse [algo], esp. negativamente. ■ 2 Alterar la normalidad

del funcionamiento [de algo (*cd*)] o de la actividad [de alguien (*cd*)]. **b)** Alterar el funcionamiento normal de la mente [de una pers. (*cd*)]. **c)** Alterar psíquica o afectivamente [a alguien]. **d)** (*col*) Volver loco o gustar mucho. **e)** *pr* (~se) Perder [alguien] el normal funcionamiento de la mente.

trastorno *m* Acción de trastornar(se), *esp* [2a, b y e]. *Tb su efecto.*

trastrabillear *intr* (*raro*) Trastabillear.

trastrocamiento *m* Trastrueque.

trastrocar (*conjug* 4) *tr* Trastocar [1]. *Tb pr* (~se).

trastrueque *m* Acción de trastrocar(se).

trastueque *m* (*semiculto*) Trastrueque.

trastumbar *tr* Dejar caer o echar a rodar [algo].

trasudado *m* (*Med*) Líquido que ha atravesado una membrana mecánicamente sin fenómenos inflamatorios.

trasudar A *intr* 1 Sudar (expeler sudor), esp. a consecuencia de miedo o congoja.
  B *tr* 2 Sudar (segregar [algo] por los poros de la piel). *Tb fig.* ■ 3 (*Med*) Exudar [un líquido (*cd*)].

trasudor *m* Sudor, esp. ligero y causado por miedo o congoja.

trasuntar *tr* (*lit*) Reflejar o representar [algo o a alguien].

trasunto *m* (*lit*) Reflejo o representación [de alguien o algo].

trasvasación (*tb* **transvasación**) *f* (*raro*) Trasvase.

trasvasado (*tb* **transvasado**) *m* Trasvase.

trasvasar (*tb* **transvasar**) *tr* Trasladar [líquido de un recipiente a otro]. *Tb fig.*

trasvase (*tb* **transvase**) *m* Acción de trasvasar.

trasver (*conjug* 34) *tr* (*raro*) Ver de manera imprecisa.

trasverberación, trasverberar → TRANSVERBERACIÓN, TRANSVERBERAR.

trasversal, trasversalmente, trasverso → TRANSVERSAL, *etc.*

trasvinar *tr* (*raro*) Rezumar. *Tb fig.*

trata *f* Comercio [con seres humanos (*compl* DE)]. *Esp* ~ DE ESCLAVOS o DE NEGROS y ~ DE BLANCAS. *Tb sin compl por consabido.*

tratable *adj* 1 Que puede ser tratado. ■ 2 [Pers.] accesible, o abierta a la conversación y a la discusión.

tratadista *m y f* Autor de un tratado [1].

tratado *m* 1 Libro en que se estudia extensamente una materia. ■ 2 Acuerdo formal entre dos o más Estados. *Tb el documento correspondiente.*

tratador -ra *adj* (*raro*) Que trata, *esp* [2]. *Tb n f, referido a máquina.*

tratamiento *m* 1 Acción de tratar [1, 2 y 3]. **b)** Conjunto de medicamentos y acciones encaminados a la curación de una enfermedad. **c)** ~ **de texto(s)**. (*Informát*) Programa destinado a la composición y corrección de textos. ■ 2 Modo de dirigirse al interlocutor, o al destinatario de una carta, utilizando alguna de las posibles formas del pronombre de segunda pers. *Tb esa forma pronominal.* **b)** Nombre o título, a veces exigido por el protocolo, que se da a una pers. al dirigirse a ella o al nombrarla.

tratante I *adj* **1** [Producto cosmético] que trata [2] o cuida.

II *m y f* **2** Pers. que se dedica a la compraventa [de determinados productos, esp. ganado (*compl* EN o DE)]. *Frec sin compl, por consabido.* ■ **3** Pers. que se dedica a la trata.

tratar A *tr* **1** Hablar o escribir [sobre algo (*cd*)], frec. sometiéndolo a consideración o discusión. ■ **2** Actuar [sobre algo (*cd*)] o someter[lo] a determinada acción. **b)** Someter [algo o a alguien] a la acción [de una sustancia o agente (*compl* CON)]. ■ **3** Tener [un médico a un enfermo] bajo su cuidado. **b)** Tratar [a una pers. (*ci*)] para la curación [de un órgano enfermo o de una enfermedad (*cd*)]. ■ **4** Dar [a alguien (*cd*)] el tratamiento [2] [que se indica (*compl* DE)]. **b)** Dar [a alguien (*cd*)] un título o una calificación determinados (*compl* DE)]. ■ **5** Tener relación o comunicación [con una pers. (*cd*)]. *Frec con suj pl y cd recíproco.* ■ **6** Actuar [de determinada manera] en la relación [con alguien o algo (*cd*)]. *Sin compl adv, indica que la manera es la adecuada.* **b)** Actuar [de determinada manera] en la representación artística [de alguien o algo (*cd*)].

B *intr* ➤ **a** *normal* **7** Intentar o procurar [algo (DE + *infin*, o DE QUE + *subj*)]. ■ **8** Hablar [sobre alguien o algo (*compl* DE, o, *más raro*, SOBRE o ACERCA DE)]. ■ Tener [algo, esp. una obra o una ciencia (*suj*)] como tema [una cosa (*compl* DE, *más raro*, SOBRE o ACERCA DE)]. ■ **9** Hablar [con alguien] con objeto de llegar a un acuerdo. *Tb sin compl.* **b)** Tener relación o comunicación [con alguien]. **c)** Tener [alguien] relación [con algo] en su trabajo o actividad. ■ **10** Comerciar [con algo (*compl* EN)].

➤ **b** *pr* (~se) **11** Tener relación o comunicación habitual [con alguien]. ■ **12** (*semiculto*) Ser [algo o alguien (*compl* DE)]. *En 3ª pers sg.* * Allí se encuentra la casa familiar, que se trata de una de las más antiguas del contorno.

➤ **c** *pr* (~se) *impers* **13 se trata de.** La pers. o cosa en cuestión es. * No pensé que se tratara de un secuestro. **b)** Lo que interesa es. * Se trataba de salir como fuera del atolladero.

trato I *m* **1** Acción de tratar [5, 6, 9 y, raro, 1]. **b)** Educación, o capacidad de comportarse adecuadamente en la vida social. ■ **2** Convenio o acuerdo. *Referido normalmente a perss, no a estados.* ■ **3** Compraventa [de determinados productos, esp. ganado]. *Frec sin compl por consabido.* ■ **4** Prostitución. ■ **5** (*raro*) Tratamiento [2].

II *fórm or* **6 ~ hecho.** Fórmula con que se manifiesta aceptación firme de una propuesta de convenio o acuerdo. *Tb en forma interrogativa para pedir esa aceptación.* * —Me quedo hoy y no vengo mañana. ¿Trato hecho? –Vale.

trattoria (*it; pronunc corriente*, /tratoría/) *f* Restaurante italiano económico.

trauma *m* **1** Choque emocional violento que deja una impresión negativa y duradera en el subconsciente. *Tb esa impresión. Tb ~ PSÍQUICO.* ■ **2** (*Med*) Traumatismo.

traumáticamente *adv* De manera traumática.

traumático -ca *adj* De(l) trauma o de(l) traumatismo.

traumatismo *m* (*Med*) Lesión interna o externa causada por una violencia exterior.

traumatizante *adj* Que traumatiza.

traumatizar *tr* **1** Causar trauma [1] [a alguien (*cd*)]. **b)** *pr* (~se) Sufrir trauma [1] [alguien]. ■ **2**

(*Med*) Causar traumatismo [a una pers. o a una parte de su cuerpo (*cd*)].

traumatología *f* Parte de la medicina que trata del estudio y tratamiento de los traumatismos.

traumatológico -ca *adj* De (la) traumatología.

traumatólogo -ga *m y f* Especialista en traumatología.

travelín *m* (*Cine*) Travelling. *Tb fig.*

traveller's cheque (*ing; pronunc corriente*, /trábelers-ĉék/; *tb con las grafías* **traveller's check** o **travellers cheque**) *m* Cheque de viaje (→ VIAJE). *Tb, simplemente,* TRAVELLER.

travelling (*ing; pronunc corriente*, /trábelin/; *pl normal*, ~s) *m* (*Cine*) Movimiento de la cámara colocada sobre un mecanismo que se desliza sobre rieles. *Tb el mismo mecanismo.*

traversa *f* Travesaño.

travertino *m* (*Mineral*) Roca calcárea sedimentaria de color blanco o amarillento y con pequeñas cavidades, usada como material de construcción y revestimiento. *Tb* MÁRMOL ~.

través I *loc adv* **1 a ~,** o (*más raro*) **al ~.** Por en medio. *Frec seguido de un compl* DE. **b) campo a ~** → CAMPO. ■ **2 a ~,** o (*más raro*) **al ~.** Penetrando de parte a parte. *Frec seguido de un compl* DE, *o* (*semiculto*) *acompañado de un posesivo.* ■ **3 a ~,** o (*más raro*) **al ~.** En dirección transversal. ■ **4 de ~.** Transversalmente.

II *loc prep* **5 a ~ de.** A lo largo de. *Tb fig.* ■ **6 a ~ de.** Por intermedio de. *A veces* (*semiculto*) *el compl* DE *se sustituye por un posesivo.*

travesaño *m* Pieza horizontal comprendida entre dos o más verticales, o que corta a una vertical.

travesero -ra I *adj* **1** Que se pone de través. **b)** [Flauta] que se coloca de través, de izquierda a derecha, para tocarla.

II *f* **2** (*reg*) Travesía [1].

travesía *f* **1** Calle o camino transversal. ■ **2** Parte de una carretera que atraviesa una población. ■ **3** Viaje en que se atraviesa [algo (*compl de posesión*)]. **b)** Viaje por mar. ■ **4** Hecho de estar algo al través o de través.

travesío -a I *adj* **1** [Ganadería o pastoreo] que, sin ir a puntos distantes, sale de los términos del pueblo a que pertenece.

II *m* **2** Terreno por donde se atraviesa.

travestí (*tb* **travesti**) *m y f* Pers. que, por inclinaciones anómalas o como espectáculo, se viste con ropa del sexo contrario.

travestido -da I *adj* **1** *part* → TRAVESTIR.

II *m y f* **2** Travestí.

travestir (*conjug 62*) *tr* Vestir [a una pers.] con ropa propia del sexo contrario. *Gralm el cd es refl.* **b)** Disfrazar [a alguien]. *Tb fig.*

travestismo *m* Tendencia, propia esp. de homosexuales o transexuales, a usar ropas propias del sexo contrario. *Tb la actividad correspondiente.* **b)** Tendencia a disfrazarse o a aparecer con un aspecto distinto al real. *Frec fig.*

travestista *m y f* Travestí habitual.

travesura *f* **1** Acción traviesa (→ TRAVIESO [1b]). ■ **2** Cualidad de travieso.

traviesa I *f* **1** Pieza de las que se atraviesan en una vía férrea para asentar sobre ellas los rieles. **b)**

Pieza o elemento transversal. ■ **2** (*raro*) Apuesta que alguien que no juega hace a favor de un jugador.

II *loc adv* **3 a campo** ~ –→ CAMPO.

traviesamente *adv* De manera traviesa (–→ TRAVIESO [1b]).

travieso -sa *adj* [Pers., esp. no adulta] inquieta y dada a acciones indebidas, peligrosas o molestas pero de poca importancia y frec. ingeniosas. *Frec con intención afectiva.* **b)** [Cosa] propia de la pers. traviesa.

trawl (*ing; pronunc corriente, /trol/*) *m* (*Mar*) Red de arrastre.

trayecto *m* Camino o espacio que hay que recorrer para ir de un punto a otro. **b)** Acción de recorrer un trayecto.

trayectoria *f* **1** Línea que describe [un cuerpo móvil (*compl de posesión*)]. **b)** (*Astron*) Órbita. *Tb fig.* **c)** Dirección o camino. ■ **2** Línea de conducta o actuación.

traza¹ *f* **1** Aspecto o apariencia. *Frec en pl. Frec con los vs* TENER *o* LLEVAR. ■ **2** Maña o habilidad. *Frec con los adjs* BUENA *o* MALA. ■ **3** Truco o recurso ingenioso. ■ **4** (*Arquit*) Diseño o plano.

traza² *f* (*semiculto*) Huella o rastro. *Frec en pl.*

trazado *m* Acción de trazar, *esp* [1]. *Frec su efecto.*

trazador -ra **I** *adj* **1** Que traza o sirve para trazar. *Tb n m, referido a aparato.* **b)** [Pers.] especializada en operaciones de trazado. *Tb n.* **c)** [Proyectil] que por su luminosidad o por la estela de humo que deja permite observar su trayectoria.

II *m* **2** (*Fís*) Isótopo radiactivo que se introduce en un organismo y cuya progresión y fijación se siguen después.

trazar *tr* **1** Hacer [una línea o un dibujo]. *Tb abs.* **b)** (*Arquit*) Hacer los planos o el diseño [de un edificio u otra obra (*cd*)]. ■ **2** Idear [un plan o proyecto] y dar[le (*cd*)] forma. ■ **3** Hacer mediante el lenguaje [una semblanza o bosquejo].

trazo *m* **1** Acción de trazar. *Tb su efecto.* ■ **2** Parte [de una letra].

trébede *f* (*o, reg, m*) Aro o triángulo de hierro con tres pies y frec. con un asidero largo, que sirve para poner sobre la lumbre la sartén u otra vasija. *Gralm en pl con sent sg.*

trebejo *m* **1** Utensilio o instrumento. *Gralm en pl.* ■ **2** Pieza [del ajedrez]. ■ **3** (*raro*) Juguete (objeto).

trebeliánica *adj* (*Der*) [Cuarta] que corresponde al heredero fiduciario. *Tb n f.*

trébol *m* **1** Planta herbácea común en los prados, con hojas compuestas de tres folíolos y flores en cabezuela blanquecinas o purpúreas (*Trifolium pratense*). *Tb se aplica a otras plantas, de este u otros géns, cuyas hojas son similares a las del trébol común.* ■ **2** Palo de la baraja francesa cuya figura representa un trébol [1]. ■ **3** *En una carretera:* Entronque de tres o cuatro curvas que eliminan los cruces.

trebolado -da *adj* Que recuerda la figura del trébol [1].

trebujenero -ra *adj* De Trebujena (Cádiz). *Tb n, referido a pers.*

trece **I** *adj* **1** *Precediendo a susts en pl:* Doce más uno. *Puede ir precedido de art o de otros determinantes, y en este caso sustantivarse.* * Faltan trece

kilómetros. ■ **2** *Precediendo o siguiendo a* ns *en* sg (*o, más raro, en* pl): Decimotercero. *Frec el* n *va sobrentendido.* * Página trece.

II *pron* **3** Doce más una perss. o cosas. *Siempre referido a* perss *o* cosas *mencionadas o consabidas, o que se van a mencionar.* * Lo partió en trece. * Trece de los invitados no acudieron.

III *n* **A** *m* **4** Número de la serie natural que sigue al doce. *Frec va siguiendo al* n NÚMERO. * El trece dicen que da mala suerte. **b)** Cosa que en una serie va marcada con el número trece. * Le han puesto un trece. ■ **5** (*hist*) Caballero de la Orden de Santiago que, junto con otros doce, ejercía el gobierno y administración de aquella.

B *f pl* **6** Una de la tarde. *Normalmente precedido de* LAS. *Tb adj* (~ *horas*).

IV *loc adv* **7 en mis** (**tus, sus,** *etc*) ~. (*col*) En la misma actitud u opinión ya manifestada. *Gralm con el* v SEGUIR *u otro equivalente.*

trecentista *adj* Del siglo XIV. *Esp en historia del arte.*

trecha *f* (*reg*) Voltereta. *Tb fig.*

trecho **I** *m* **1** Espacio o distancia entre dos lugares. *Tb fig.* ■ **2** Trozo o parte [de un recorrido o de un terreno].

II *loc adv* **3 a** ~**s,** *o* **de** ~ **en** ~. De manera intermitente, en unos trozos sí y en otros no.

trefilado *m* (*Metal*) Acción de trefilar.

trefilador -ra *adj* (*Metal*) Que trefila. *Tb n, m y f, referido a pers y a máquina o aparato.*

trefilar *tr* (*Metal*) Reducir a hilo [un metal].

trefilería *f* (*Metal*) Fábrica o taller de trefilado.

trefilero -ra *adj* (*raro*) Trefilador. *Tb n, referido a pers.*

tregua *f* **1** Cese temporal de las hostilidades por acuerdo entre los combatientes. **b)** ~ **de Dios.** (*hist*) *En la Edad Media:* Prohibición, impuesta por la Iglesia, de luchar durante determinados días, esp. desde la noche del miércoles hasta el lunes y durante el Adviento, Navidad, Cuaresma y Pascua. ■ **2** Interrupción o descanso en algo trabajoso o penoso. *Frec en las constrs* SIN ~, *o* DAR ~. **b)** Interrupción o aplazamiento.

treinta **I** *adj* **1** *Precediendo a susts en pl:* Veintinueve más uno. *Puede ir precedido de art o de otros determinantes, y en este caso sustantivarse.* * Dispones de treinta minutos. ■ **2** *Precediendo o siguiendo a* ns *en* sg (*o, más raro, en* pl): Trigésimo. *Frec el* n *va sobrentendido.* * Página treinta.

II *pron* **3** Veintinueve más una perss. o cosas. *Siempre referido a* perss *o* cosas *mencionadas o consabidas, o que se van a mencionar.* * Ayer éramos treinta a comer. * El termómetro marca treinta y dos.

III *m* **4** Número de la serie natural que sigue al veintinueve. *Frec va siguiendo al* n NÚMERO. * Ha salido premiado el treinta. **b)** Cosa que en una serie va marcada con el número treinta. * Le han calificado con un treinta. ■ **5 los** (**años**) ~, *o más raro,* **los** (**años**) ~**s.** Cuarto decenio de un siglo, esp. del XX. ■ **6** ~ **y cuarenta** (*o* ~**-cuarenta**). (*Naipes*) Juego en que el banquero pone dos hileras de cartas cuyos puntos deben estar entre 31 y 40. ■ **7** ~ **y uno.** (*Naipes*) Juego que consiste en hacer 31 tantos o puntos, y no más.

treintañero -ra *adj* [Pers.] que tiene treinta años o poco más. *Tb n.*

treintena *f* **1** Conjunto de treinta unidades. *Gralm seguido de un compl* DE. *Frec solo con sent aproximativo.* ■ **2** Edad de treinta años. ■ **3** Edad comprendida entre los treinta y los cuarenta años.

treintenio *m* Período de treinta años.

treintón -na *adj* (*col*) [Pers.] que está en la treintena [3]. *Tb n.*

trekking (*ing; pronunc corriente,* /trékin/; *pl normal,* ~s) *m* (*Dep*) Viaje turístico colectivo a pie.

tremante *adj* (*lit*) Que tiembla.

trematodo *adj* (*Zool*) [Gusano platelminto] parásito, dotado de ventosas o ganchos que le permiten fijarse a su huésped. *Frec como n m en pl, designando este taxón zoológico.*

tremebundo -da *adj* Terrible. *Frec con intención ponderativa.*

tremedal *m* Terreno pantanoso, abundante en turba y cubierto de césped, que retiembla al andar sobre él. *Tb fig.*

tremendamente *adv* De manera tremenda [2a].

tremendismo *m* **1** Tendencia a destacar lo terrible o desagradable. **b)** (*TLit*) Corriente literaria, esp. narrativa, desarrollada en España en el s. XX, que tiende a exagerar la expresión de los aspectos más crudos de la vida real. **c)** (*Taur*) Modo de torear haciendo alarde de valor, con lances muy llamativos y peligrosos. ■ **2** (*raro*) Condición de tremendo.

tremendista *adj* De(l) tremendismo [1]. **b)** Adepto al tremendismo. *Tb n.*

tremendo -da I *adj* **1** Terrible o que causa terror. *Frec con intención ponderativa.* ■ **2** (*col*) Muy grande o extraordinario. **b)** [Pers.] grande y gruesa. **II** *loc adv* (*col*) **3 por la tremenda.** De manera violenta y desconsiderada. ■ **4 por la tremenda** (*o, más raro,* **por lo ~**). Por el lado trágico. *Gralm con el v* TOMAR.

trementina *f* Oleorresina que se extrae del alerce, el abeto, el terebinto y esp. el pino.

tremesino -na *adj* De tres meses.

tremís *m* (*hist*) Moneda romana equivalente a la tercera parte de un sólido de oro.

tremolante *adj* (*lit*) Que tremola.

tremolar (*lit*) **A** *tr* **1** Agitar [algo, esp. una bandera] en el aire. *Tb fig.* **B** *intr* **2** Agitarse en el aire [algo, esp. una bandera]. ■ **3** Hacer trémolos.

tremolina *f* (*col*) Jaleo o alboroto. **b)** Agitación [de algo movido por el aire].

tremolita *f* (*Mineral*) Anfíbol que carece de aluminio, de color blanco, gris o verde.

trémolo *m* **1** (*Mús*) Repetición rápida de un sonido o de un acorde, esp. en el piano y en los instrumentos de cuerda. ■ **2** (*lit*) Temblor de la voz causado por una emoción.

tremor *m* (*lit, raro*) Temblor.

trempar *intr* (*reg*) Excitarse sexualmente [esp. el hombre].

trémulamente *adv* (*lit*) De manera trémula.

tremulante *adj* (*lit, raro*) Trémulo.

trémulo -la *adj* (*lit*) Tembloroso.

tren I *m* **1** Conjunto formado por los vagones y la locomotora que los arrastra. *Frec con un adj o compl*

especificador: CORREO, MIXTO, DE MERCANCÍAS, *etc.* **b)** *Frec se usa en contexto metafórico en constrs como* PERDER EL ~ DE, *o* EL ÚLTIMO ~, *aludiendo a una oportunidad que se escapa.* * No podemos perder el tren del progreso. **c)** Ferrocarril (vía o medio de comunicación). ■ **2** Conjunto de máquinas o útiles necesarios para una determinada operación. *Gralm con un compl especificador.* **b)** **~ de aterrizaje.** Dispositivo sobre el que descansa el avión y que le permite despegar y posarse. *A veces se omite el compl* DE ATERRIZAJE, *por consabido.* ■ **3** (*Fís*) Conjunto de ondas que se repite siempre igual. *Gralm* ~ DE ONDAS. ■ **4** Ritmo (velocidad a la que se ejecuta una acción o se desarrolla un suceso o conjunto de sucesos). *Frec en deportes.* ■ **5** Modo de vida, en lo relativo al lujo o al gasto. *Frec* ~ DE VIDA. **II** *loc adv* (*col*) **6 a todo ~.** Con la máxima velocidad. ■ **7 a todo ~.** Con el máximo lujo u opulencia. ■ **8** (**como**) **para parar un ~.** En gran abundancia. *Con intención ponderativa.* ■ **9 como un ~**, *o* **para parar un ~.** Muy bien. *Referido a la belleza o atractivo físico de una pers. Gralm con el v* ESTAR. *Con intención ponderativa. Tb adj.*

trena *f* (*col*) Cárcel.

trenca[1] (*frec con la grafía* **trenka**) *f* Prenda juvenil de abrigo, semejante a un chaquetón largo, con capucha y abrochada con tiras de cuero y botones alargados.

trenca[2] *f* Raíz principal de una cepa.

trench (*ing; pronunc corriente,* /trenĉ/) *m* Trinchera (prenda).

trencha *f* (*Mar*) Formón grande usado esp. para desguazar tablones. **b)** (*reg*) Formón.

trencilla A *f* **1** Galón estrecho de tres cordoncillos trenzados. **b)** Cordón estrecho y trenzado. **B** *m* **2** (*col*) Árbitro de fútbol.

trenero -ra *adj* (*raro*) De(l) tren [1].

trenka → TRENCA.

treno *m* **1** (*hist*) En la antigua Grecia: Canto de lamentación. *Tb* (*lit*) *fig.* ■ **2** (*raro*) Maldición o juramento.

trente *m o f* (*reg*) Utensilio en forma de horca o rastrillo con tres o más dientes metálicos.

trentino -na *adj* Tridentino.

trenza I *f* **1** Tejido que se forma con tres o más hebras o grupos de fibras, cruzándolas alternativamente. **b)** *Esp:* Trenza de pelo. **c)** Objeto o adorno en forma de trenza [1a]. **II** *loc adj* **2 de ~.** (*Híp*) [Paso] trenzado[2] [2].

trenzado[1] *m* Acción de trenzar. *Tb su efecto.* **b)** (*Danza*) Salto ligero en que se cruzan los pies.

trenzado[2] **-da** *adj* **1** *part* → TRENZAR. ■ **2** (*Híp*) [Paso] que realiza el caballo piafando. *Tb n m.* ■ **3** (*raro*) Que tiene forma de trenza.

trenzar *tr* **1** Hacer una trenza [1a] [con algo (*cd*)]. ■ **2** Entrecruzar o entretejer. *Tb fig.* **b)** (*lit*) Tejer o formar [algo] entrecruzando distintos elementos.

trepa[1] *f* Acción de trepar[1].

trepa[2] *m y f* (*col*) Arribista.

trepa[3] *f* **1** Plantilla para estarcir. **b)** Estarcido. ■ **2** (*hist*) Bordado de aplicación, típico del Renacimiento, en que el contorno del motivo aparece sombreado con diversos puntos.

trepada *f* Acción de trepar[1].

trepado *m* **1** Acción de trepar². *Tb su efecto.* ■ **2** (*hist*) Trepa³ [2].

trepador -ra **I** *adj* **1** Que trepa¹. **b)** (*Zool*) [Ave] adaptada a la vida arborícola. *Tb como n f en pl, designando este taxón zoológico.* ■ **2** (*col*) Arribista. *Frec n.* ■ **3** De (la) acción de trepar¹. **II** *m* **4** Pájaro pequeño que nidifica en los orificios de los muros y de los árboles (*Sitta europaea*). *Tb ~ AZUL.*

trepanación *f* (*Med*) Acción de trepanar.

trepanador -ra *adj* (*Med*) Que trepana. *Tb n m, referido a médico o a aparato.*

trepanar *tr* (*Med*) Horadar [un hueso, esp. del cráneo].

trépano *m* Utensilio o herramienta que sirve para taladrar o perforar, esp. un hueso o el suelo.

trepante *adj* Que trepa¹.

trepar¹ **A** *intr* **1** Subir [a un lugar alto y dificultoso] valiéndose de los pies y de las manos. *Tb fig.* **b)** Subir [una planta] agarrándose a otra o a un objeto. **c)** (*lit*) Subir o ascender [algo] a ras de tierra. * El pinar trepa hacia al norte. **B** *tr* **2** Trepar [1] [por un lugar (*cd*)].

trepar² *tr* Taladrar o agujerear.

treparriscos *m* Pájaro de plumaje gris, de alas negruzcas y redondeadas con grandes manchas de color rojo vivo y motas blancas en los bordes, propio de lugares rocosos (*Tichodroma muraria*).

trepe *m* (*reg*) Alboroto o jaleo. *Normalmente con el v ARMAR.*

trepidación *f* **1** Hecho de trepidar. ■ **2** Agitación o movimiento intenso.

trepidante *adj* **1** Que trepida. ■ **2** Agitado o muy movido.

trepidar *intr* Temblar (moverse [algo] en sacudidas rápidas y repentinas). **b)** (*lit*) Temblar (moverse [alguien o una parte de su cuerpo] con contracciones involuntarias).

treponema *m* (*Med*) Se da este n a los microorganismos del gén Treponema, algunas de cuyas especies son patógenas, como T. pallidum, que causa la sífilis.

treponematosis *f* (*Med*) Infección por un treponema.

tres **I** *adj* **1** Dos más uno. *Siempre precediendo a susts en pl. Puede ir precedido de art o de otros determinantes, y en este caso sustantivarse.* * Tiene tres años. **b)** ~ **cuartos** → CUARTO. ■ **2** *Siguiendo a susts en sg:* Tercero. *Frec el n va sobrentendido.* * Página tres. ■ **3 de ~.** (*Mat*) [Regla] que, dada la relación entre dos magnitudes, permite hallar el valor de una de ellas si varía el de la otra (→ REGLA). ■ **4 de ~ al cuarto.** (*col*) Vulgar o sin importancia. **II** *pron* **5** Dos más una perss. o cosas. *Siempre referido a perss o cosas mencionadas o consabidas, o que se van a mencionar.* * Vale tres cincuenta. * Tres de los invitados no vinieron. **b)** ~ **en raya** → RAYA. **III** *n* **A** *m* **6** Número que en la serie natural sigue al dos. *Frec va siguiendo al n NÚMERO.* * Mi número favorito es el tres. **b)** Cosa que en una serie va marcada con el número tres. * Conviene descartar los doses y los treses. **B** *f pl* **7** Tercera hora después de mediodía o de medianoche. *Normalmente precedido de LAS.*

IV *loc adv* **8 a las ~.** *Fórmula con que se anima a la realización inmediata de algo previsto.* * Vamos a correr la mesa. Venga, todos, a las tres. **b) a la una, a las dos, (y) a las ~ →** UNO. ■ **9 como ~ y dos son cinco.** (*col*) Con toda seguridad. ■ **10 ni a la de ~.** (*col*) De ningún modo, a pesar de las reiteradas tentativas.

tresalbo -ba *m y f* (*hist*) *En las castas coloniales americanas:* Hijo de mestizo e india o de indio y mestiza.

tresbolillo. al (*o a*) **~.** *loc adv Referido a una plantación:* En dos filas paralelas y alternando los huecos y plantas de cada una de modo que formen triángulos. *Tb fig, fuera del ámbito agrícola.*

trescientos -tas **I** *adj* **1** *Precediendo a susts en pl:* Doscientos noventa y nueve más uno. *Puede ir precedido de art o de otros determinantes, y en este caso sustantivarse.* * El libro tiene trescientas páginas. ■ **2** *Precediendo o siguiendo a ns en sg (o, más raro, en pl)*: Tricentésimo. *Frec el n va sobrentendido.* * Murió en el mil trescientos. * Página trescientas. **II** *pron* **3** Doscientos noventa y nueve más una perss. o cosas. *Siempre referido a perss o cosas mencionadas o consabidas, o que se van a mencionar.* * Tengo trescientas en total. **III** *m* **4** Número de la serie natural que sigue al doscientos noventa y nueve. *Frec va siguiendo al n NÚMERO.* * El número premiado es el trescientos.

tresechón *m* (*reg*) Placa de nieve o de granizo helados en las laderas sombrías de los montes.

tres erre *loc adj* (*hoy raro*) [Película] calificada por la autoridad eclesiástica como apta solo para mayores y con reparos morales. *Tb n m, referido a la propia calificación.*

tresillista **I** *adj* **1** (*raro*) De(l) tresillo [2]. **II** *m y f* **2** Jugador de tresillo [2].

tresillo *m* **1** Conjunto formado por un sofá y dos butacas a juego. ■ **2** (*Naipes*) Juego entre tres personas, con nueve cartas cada una, en el que gana el que hace mayor número de bazas. ■ **3** Sortija con tres piedras que hacen juego. ■ **4** (*Mús*) Figura constituida por tres notas de igual valor, que deben ejecutarse en un tiempo binario.

tresjunqueño -ña *adj* De Tresjuncos (Cuenca). *Tb n, referido a pers.*

tresmallo *m* (*reg*) Trasmallo.

tresnal *m* Montón triangular que se forma con los haces de mies en el mismo campo.

tresviso *m* Cabrales (queso).

treta *f* Recurso astuto para conseguir algo.

treveleño -ña *adj* De Trevélez (Granada). *Tb n, referido a pers.*

treviñés -sa *adj* Del condado de Treviño (Burgos). *Tb n, referido a pers.*

trevira (*n comercial registrado*) *f* Fibra sintética de poliéster de patente alemana.

tri- *r pref* Tres, o tres veces. * Trimillonario. **b)** (*Quím*) Indica triple presencia de un grupo funcional. * Trisilicato.

tría *f* **1** Acción de triar. *Tb su efecto.* ■ **2** (*reg*) Huella que dejan las ruedas de un vehículo.

triaca *f* **1** (*hist*) Preparado farmacéutico formado por numerosos ingredientes, usado como antídoto.

Tb (*lit*) *fig*. ■ **2** Verónica (planta, *Veronica officinalis* y *V. agrestis*).

tríada *f* (*lit*) Conjunto de tres perss. o cosas vinculadas entre sí.

triádico -ca *adj* (*lit*) De (la) tríada.

trial[1] *m* (*Dep*) Carrera de motocross.

trial[2] *adj* (*Ling*) [Número] que expresa tres perss. o cosas. *Frec n m*.

trianero -ra *adj* De Triana (barrio de Sevilla). *Tb n, referido a pers*.

triangulación *f* **1** Acción de triangular[2]. ■ **2** (*Topogr*) Conjunto de operaciones geodésicas que permiten hallar las coordenadas de puntos característicos del terreno, mediante el cálculo de los triángulos [1a] formados por cada tres de ellos.

triangular[1] *adj* **1** De(l) triángulo [1a]. **b)** Que tiene forma triangular. **c)** Que tiene base o sección triangular. ■ **2** Que pone en juego tres elementos.

triangular[2] *tr* Disponer [algo] en forma de triángulo [1a] o dar[le (*cd*)] forma de triángulo.

triangularidad *f* Cualidad de triangular[1].

triangularmente *adv* De manera triangular[1].

triángulo *m* **1** Polígono de tres lados. **b)** Cosa con figura de triángulo. **c)** (*Anat*) Espacio en forma de triángulo. ■ **2** Instrumento de percusión que consiste en una varilla metálica doblada en forma de triángulo [1a] que se golpea con otra varilla también metálica. ■ **3** Conjunto formado por un matrimonio o pareja y el amante de uno de ellos.

triaquisoctaedro *m* (*Geom*) Octaedro con una pirámide triangular en cada cara.

triar (*conjug* 1c) *tr* (*reg*) Elegir o escoger.

triásico -ca *adj* (*Geol*) [Período] primero de la Era Secundaria. *Tb n m*. **b)** Del período triásico. *Tb n m, referido a terreno*.

triatleta *m y f* (*Dep*) Atleta que compite en un triatlón.

triatlón *m* (*Dep*) Conjunto de tres ejercicios olímpicos, esp. natación, ciclismo y carrera a pie.

triatómico -ca *adj* (*Quím*) [Molécula] formada por tres átomos.

tríbade *f* (*lit*) Mujer lesbiana.

tribal *adj* De (la) tribu.

tribalidad *f* (*raro*) Cualidad de tribal.

tribalismo *m* **1** Organización social en tribus. ■ **2** Tendencia al tribalismo [1].

tribalmente *adv* De manera tribal.

tribología *f* (*Fís*) Estudio del rozamiento entre los cuerpos sólidos y de sus efectos.

tribómetro *m* (*Fís*) Instrumento destinado a medir el coeficiente de fricción entre dos cuerpos.

tribu *f* **1** Agrupación social y política, fundada sobre una relación étnica, propia de los pueblos de organización primitiva. **b)** Conjunto de familias nómadas con un mismo origen y mandadas por el mismo jefe. **c)** (*col, humoríst*) Familia muy numerosa. **d)** Grupo numeroso de perss. o animales. ■ **2** (*hist*) Grupo de los doce en que estaba dividido el antiguo pueblo de Israel, y descendiente de uno de los doce hijos de Jacob. ■ **3** (*hist*) *En la antigua Roma*: Fracción de las numerosas en que estaba dividido el territorio del estado. ■ **4** (*Biol*) Grupo taxonómico intermedio entre la familia y el género.

tribulación *f* (*lit*) Sufrimiento o congoja. **b)** Problema o preocupación.

tribuna *f* **1** Plataforma elevada para presenciar un desfile, procesión u otro acto al aire libre. ■ **2** *En algunos lugares cerrados*: Emplazamiento elevado reservado a determinadas perss. *Frec con un compl especificador*. ■ **3** *En un campo de deportes*: Emplazamiento preferente, con gradas y gralm. cubierto. **b)** Entrada de tribuna. ■ **4** *En una asamblea*: Lugar elevado destinado al orador. **b)** Lugar desde donde alguien se dirige al público. *Frec referido a los medios de comunicación*. **c)** Actividad oratoria, esp. política. ■ **5** *En una iglesia*: Balcón, con o sin celosía, desde donde se puede asistir a los oficios. ■ **6** *En un periódico*: Sección informativa dedicada a recoger opiniones de perss. ajenas a la redacción. *Tb los artículos correspondientes*.

tribunado *m* (*hist*) Cargo o dignidad de tribuno [2 y 3].

tribunal *m* **1** Lugar en que los jueces administran justicia. **b)** (*lit*) Lugar en que se enjuicia moralmente. *Con los compls* DE DIOS, *o* DE LA PENITENCIA. **c)** *En pl*: Acción de la justicia. *Frec con los vs* ACUDIR *o* LLEVAR. ■ **2** Juez o conjunto de jueces encargados de administrar justicia. *Frec con un compl especificador*. **b)** Conjunto de jueces de un examen. ■ **3** ~ **de Cuentas.** Organismo público que tiene a su cargo el examen de las cuentas de todas las dependencias del Estado.

tribunicio -cia *adj* De(l) tribuno.

tribuno *m* **1** (*lit*) Orador político. ■ **2** (*hist*) *Entre los antiguos romanos*: Magistrado elegido para defender los intereses de la plebe. *Tb* ~ DE LA PLEBE. ■ **3** (*hist*) *Entre los antiguos romanos*: Oficial de los seis que mandaban una legión. *Tb* ~ MILITAR.

tributable *adj* Que puede tributar [3b].

tributación *f* Acción de tributar [1 y 3].

tributar **A** *tr* **1** Pagar [algo] como tributo [1]. *Tb fig*. ■ **2** Ofrecer [algo] como tributo [2]. **B** *intr* **3** Pagar [alguien] tributos [1]. **b)** Ser [algo] causa de que su poseedor pague tributos. ■ **4** Desembocar [una corriente de agua (*suj*)] en otra o en el mar (*ci*)].

tributario -ria *adj* **1** De(l) tributo [1]. ■ **2** Que paga tributos [1]. *Tb n, referido a pers*. *Tb fig*. ■ **3** [Corriente de agua] que desemboca [en otra o en un mar (*compl de posesión*)]. *Tb n m*.

tributo *m* **1** Impuesto. *Sin compl especificador*. **b)** (*hist*) Contribución obligatoria en dinero, especies o servicios, de un vasallo a su señor. **c)** (*lit*) Pago o contraprestación obligatorios. ■ **2** (*lit*) Manifestación [de un sentimiento] ofrecida como reconocimiento de deuda moral. *Frec con el v* RENDIR.

tricampeón -na *m y f* (*Dep*) Pers. o equipo que ha sido tres veces campeón.

tricéfalo -la *adj* (*lit*) Que tiene tres cabezas.

tricentenario -ria **I** *adj* **1** De trescientos años. **II** *m* **2** Fecha en que se cumplen trescientos años [de algo, esp. del nacimiento o muerte de alguien].

tricentésimo -ma *adj* (*lit*) Que ocupa un lugar inmediatamente detrás o después del ducentésimo nonagesimonoveno.

tríceps *adj* (*Anat*) [Músculo] que tiene su extremo dividido en tres fragmentos. *Tb n m*.

triciclo *m* Vehículo de tres ruedas. **b)** Juguete consistente en un vehículo de pedales con tres ruedas, una delantera dirigida por manillar y dos tra- seras.

triclínico -ca *adj* (*Mineral*) [Sistema] que carece de ejes de simetría. **b)** De(l) sistema triclínico.

triclinio *m* (*hist*) *Entre los antiguos romanos:* Le- cho, gralm. capaz para tres perss., destinado a recli- narse en él para comer. *Tb el comedor en que está instalado.*

tricloruro *m* (*Quím*) Cloruro que contiene tres átomos de cloro.

tricocéfalo *m* (*Med*) Gusano nematodo parásito del intestino grueso del hombre (gén. *Trichuris*).

tricocefalosis *f* (*Med*) Infestación con tricocé- falos.

tricofítico -ca *adj* (*Med*) [Afección cutánea] cau- sada por hongos del gén. *Trichophyton*.

tricología *f* (*E*) Estudio del cabello y el cuero ca- belludo y de sus afecciones.

tricólogo -ga *m y f* (*E*) Especialista en tricología.

tricoloma *m* Se da este *n* a varios hongos del gén *Tricholoma*.

tricolor *adj* De tres colores. *Frec referido a la bandera republicana española.* **b)** (*Pol*) De tres par- tidos.

tricomona *m* (*Zool*) Protozoo parásito de las mu- cosas digestivas o genitales (gén. *Trichomonas*).

tricomoniasis *f* (*Med*) Infestación con trico- monas.

tricono *m* (*Min*) Trépano que desintegra la roca con tres rodillos dentados de forma cónica.

tricóptero *adj* (*Zool*) [Insecto] de pequeñas o me- dianas dimensiones, cuerpo alargado y alas cubier- tas de pelos, cuyas larvas construyen curiosos estu- ches y son utilizadas frec. como cebo de pesca. *Frec como n m en pl, designando este taxón zoológico.*

tricornio *m* **1** Sombrero de copa redondeada y ala posterior vertical y en forma de trapecio, propio de la Guardia Civil. **b)** (*col*) Individuo de la Guardia Civil. ■ **2** (*hist*) Sombrero de tres picos.

tricot (*pl normal, ~s*) *m* **1** Punto (tejido). ■ **2** Prenda de punto.

tricotadora *f* Tricotosa.

tricotar A *intr* **1** Hacer punto. **B** *tr* **2** Hacer [una labor de punto].

tricotilomanía *f* (*Med*) Hábito morboso de arrancarse el cabello.

tricotina *f* Tela de algodón o seda, con doble surco diagonal muy marcado.

tricotosa *f* Máquina de hacer punto.

tricromía *f* (*E*) Procedimiento fotográfico o de im- presión basado en la combinación de los tres colores primarios.

trictrac (*tb* **tric-trac**) *m* (*hist*) Juego de dados en que se hacen avanzar damas sobre un tablero de ca- sillas triangulares.

tricúspide *adj* (*Anat*) [Válvula cardiaca o muela] que tiene tres puntas. *Tb n f.*

tridáctilo -la *adj* (*Zool*) Que tiene tres dedos.

tridecasílabo -ba *adj* (*TLit*) De trece sílabas. *Tb n m, designando verso.*

tridente *m* Arpón de tres dientes, que es atributo típico de Neptuno.

tridentinamente *adv* (*lit*) De manera tridenti- na [2].

tridentino -na *adj* **1** De Trento (Italia). ■ **2** Del concilio de Trento (s. XVI). *Frec aludiendo a su carácter contrarreformista.*

tridimensional *adj* Que tiene tres dimensiones.

tridimensionalidad *f* Cualidad de tridimen- sional.

tridimensionalmente *adv* De manera tridi- mensional.

tridiona *f* (*Med*) Polvo blanco cristalino y soluble usado en el tratamiento de la epilepsia.

triduo *m* **1** (*Rel catól*) Ejercicio devoto que se prac- tica durante tres días seguidos. ■ **2** Conjunto de tres días.

triédrico -ca *adj* (*Geom*) De(l) triedro.

triedro *adj* (*Geom*) [Ángulo] formado por tres pla- nos que concurren en un punto. *Tb n m.*

trienal *adj* **1** Que dura tres años. ■ **2** Que se pro- duce cada tres años.

trienio *m* **1** Período de tres años. ■ **2** Incremen- to de un sueldo o salario, correspondiente a tres años de servicio activo.

triente *m* (*hist*) **1** Moneda romana de bronce equi- valente a un tercio de as. ■ **2** Moneda de oro acu- ñada por los visigodos en España.

triestino -na *adj* De Trieste (Italia). *Tb n, referi- do a pers.*

trifásicamente *adv* (*Electr*) Por corriente tri- fásica.

trifásico -ca *adj* (*Electr*) [Corriente] constituida por tres corrientes engendradas por un mismo ma- nantial pero desfasadas en un tercio de período. **b)** De (la) corriente trifásica.

trífido -da *adj* (*Biol*) Hendido en tres partes.

trifoliado -da *adj* (*Bot*) Compuesto de tres folío- los. **b)** De hojas trifoliadas.

trífora *f* (*Arquit*) Ventana cuyo vano se divide en tres partes por medio de dos columnillas o pilastras.

triforio *m* (*Arquit*) Galería que corre sobre las na- ves laterales de algunas iglesias.

triforme *adj* (*lit*) De tres formas o figuras.

trifulca *f* (*col*) Riña o disputa a voces. **b)** Pelea o combate.

trifurcación *f* Hecho de dividirse en tres ramales o direcciones.

trigal I *adj* **1** De(l) trigo [1]. **II** *m* **2** Campo sembrado de trigo [1].

trigémino *adj* (*Anat*) [Nervio] craneal sensitivo- -motor, con tres ramas, que inerva los ojos, las fosas nasales y los dientes y lengua. *Frec n m.*

trigésimo -ma *adj* (*lit*) Que ocupa un lugar in- mediatamente detrás o después del vigesimonoveno. *Seguido de los ordinales* PRIMERO *a* NOVENO, *forma los adjs ordinales correspondientes a los números* 31 a 39.

trigesimo- *r pref* (*lit*) Unida sin guión a los ordi- nales PRIMERO, SEGUNDO, TERCERO, CUARTO, QUINTO, SEXTO, SÉPTIMO, OCTAVO, NOVENO (*o* NONO), *forma los adjs ordinales correspondientes a los números* 31 al 39.

triglicérido *m* (*Quím*) Lípido producido por la esterificación de la glicerina por tres ácidos grasos.

triglifo (*tb* **tríglifo**) *m* (*Arquit*) Adorno típico del friso dórico, consistente en un rectángulo saliente surcado por tres canales verticales, o a veces por dos canales completas y dos medias laterales.

trigo *m* **1** Planta gramínea cuya semilla es la base de la alimentación humana en gran parte del mundo (gén. *Triticum*). *Diversas especies y variedades se distinguen por medio de adjs o compls:* CANDEAL, CHAMORRO, DURO, FANFARRÓN, *etc. Tb su semilla; en este caso, frec en sg con sent colectivo.* ■ **2** ~ **sarraceno** (*o* **negro**). Planta forrajera de fruto en aquenio triangular negruzco (*Fagopyrum esculentum*). ■ **3** Trigal [2]. *Gralm en pl.* ■ **4** ~ **limpio.** (*col*) Pers. intachable. *Con los vs* SER *o* PARECER *y normalmente en constr neg.*

trigonal *adj* (*Mineral*) [Sistema] que tiene un solo eje principal ternario.

trigonometría *f* (*Mat*) Estudio de las relaciones numéricas entre los elementos de un triángulo.

trigonométricamente *adv* (*Mat*) De manera trigonométrica.

trigonométrico -ca *adj* (*Mat*) De (la) trigonometría.

trigueño -ña *adj* [Color] dorado oscuro propio del trigo [1]. *Tb n m.* **b)** De color trigueño.

triguereño -ña *adj* De Trigueros (Huelva). *Tb n, referido a pers.*

triguero -ra **I** *adj* **1** De(l) trigo [1]. ■ **2** [Espárrago] silvestre, esp. el que brota en los sembrados de trigo [1]. *Tb n m.*
II *n* **A** *m y f* **3** Pers. que comercia en trigo [1].
B *m* **4** Pájaro común en los campos de trigo [1], de carne apreciada (*Emberiza calandra*).
C *f* **5** *Se da este n a las plantas gramíneas Aegilops ovata, Triticum ovatum, Phalaris bulbosa y Phalaris coerulescens; estas dos últimas,* TRIGUERA CABALLUNA.

trihíbrido -da *adj* (*Biol*) [Individuo] que desciende de padres que difieren en tres rasgos constitucionales.

trilateral *adj* (*Pol*) De tres elementos o participantes.

trilateralismo *m* (*Pol*) Sistema trilateral.

trile *m* Juego fraudulento de apuestas en que una carta, enseñada por el timador y luego manipulada con otras dos, debe ser acertada por el apostante. *Tb en pl con sent sg.*

trilero *m* Individuo que se dedica al timo del trile.

trilingüe *adj* De tres lenguas. **2** Que habla tres lenguas.

trilingüismo *m* Cualidad de trilingüe.

trilita *f* Trinitrotolueno.

trilla *f* Acción de trillar [1]. *Tb la época del año en que se realiza.*

trilladera *f* (*reg*) **1** Tirante, gralm. de esparto, con que se ata el trillo a las caballerías. ■ **2** Rastra o grada.

trillado -da *adj* **1** *part* → TRILLAR. ■ **2** Común o muy conocido. *Frec con el v* ESTAR. *Gralm con intención desp.* **b)** [Camino] ~ → CAMINO.

trillador -ra *adj* Que trilla [1]. *Tb n: m y f, referido a pers; f, referido a máquina.*

trillar *tr* **1** Triturar [la mies] para separar el grano de la paja. *A veces referido tb a algunas leguminosas. Tb abs.* **b)** Trillar [en una era (*cd*)]. ■ **2** Recorrer [un camino] de manera continuada o habitual. *Frec fig.* ■ **3** (*raro*) Quebrantar o dejar maltrecho.

trillero -ra (*reg*) **A** *m* **1** Hombre que fabrica y vende trillos.
B *m y f* **2** Trillador.
C *f* **3** Cante popular andaluz propio de la trilla, que se canta sin guitarra y con copla de seguidilla.

trillizo -za *adj* [Pers.] nacida del mismo parto que otras dos. *Más frec como n y en pl.*

trillo *m* Tablón guarnecido en su parte inferior con cuchillas de acero y pequeñas piedras de pedernal, que se usa para trillar [1].

trillón *m* Cantidad de un millón de billones. *Gralm con compl* DE (*sin* DE *cuando se interpone otro número*). *A veces se usa para ponderar enfáticamente una cantidad indeterminada.*

trillonésimo -ma *adj* [Parte] que es una del trillón de partes en que se considera dividida la unidad. *Tb n f.*

trilobal *m* Tejido fabricado con una fibra sintética cuya sección transversal presenta tres caras y caracterizado por su aspecto sedoso y brillante.

trilobites *m* (*Zool*) Crustáceo fósil de la Era Primaria, cuyo cuerpo está dividido en tres lóbulos.

trilobulado -da *adj* (*E*) Dividido en tres lóbulos.

trilocular *adj* (*Biol*) Dividido en tres cavidades o cámaras.

trilogía *f* Conjunto de tres obras literarias o musicales que tienen una unidad argumental básica. **b)** *En la antigua Grecia:* Conjunto de tres tragedias presentadas a concurso.

trimarán *m* (*Dep*) Multicasco de tres flotadores o cascos.

trimembre *adj* Que consta de tres miembros o partes.

trímero -ra *adj* **1** (*CNat*) Que consta de tres partes. ■ **2** (*Quím*) Polímero cuyo peso molecular es triple de otro. *Tb n m.*

trimestral *adj* **1** De un trimestre. *Con idea de duración.* ■ **2** Que corresponde a cada trimestre o se produce cada trimestre.

trimestralmente *adv* De manera trimestral.

trimestre *m* Período de tres meses.

trimetadiona *f* (*Med*) Tridiona.

trímetro *m* (*TLit*) *En la poesía grecolatina:* Verso que consta de tres grupos de dos pies.

trimilenario -ria *adj* (*raro*) De tres mil años.

trimotor *m* Avión de tres motores.

trimurti *f* (*raro, m*) (*Rel*) *En el brahmanismo:* Trinidad de dioses. *Tb* (*lit*) *fig.*

trinación *f* Acción de trinar[2].

trinador. zarapito ~ → ZARAPITO.

trinante *adj* Que trina[1] [1].

trinar[1] *intr* **1** Emitir trinos [un pájaro]. **b)** Hacer trinos [un instrumento musical]. ■ **2** (*col*) Rabiar o irritarse. *Gralm en la constr* ESTAR [alguien] QUE TRINA.

trinar[2] *intr* Celebrar [un sacerdote] tres misas en el mismo día.

trinca *f* **1** Grupo o pandilla reducidos de amigos. ■ **2** *En oposiciones a cátedras:* Ejercicio en que cada opositor critica los méritos de los otros. **b)** *(hist)* Controversia universitaria. ■ **3** *(Mar)* Cabo, cable u otro objeto similar con que se amarra o sujeta algo.

trincado *m (hist)* Embarcación gallega de cabotaje o de pesca, con un palo situado muy a proa y caído hacia popa.

trincar[1] *tr* **1** Sujetar o asegurar. *Esp en lenguaje marinero.* **b)** *(col)* Sujetar o atar. ■ **2** *(col)* Coger. **b)** Prender o detener [a una pers.]. **c)** Robar. ■ **3** *(col)* Poseer sexualmente [a alguien]. *Frec con un compl refl de interés.*

trincar[2] *tr (col)* Beber. *Frec con un compl refl de interés.*

trincarro *m (reg)* Juego de tres en raya.

trinchador -ra *m y f* Pers. que trincha.

trinchamiento *m* Acción de trinchar.

trinchante *m* **1** Cuchillo para trinchar. **b)** Utensilio que sirve para trinchar. **c)** Tenedor grande con que se sujeta lo que se trincha. ■ **2** *(reg)* Trinchero.

trinchar *tr* Cortar en trozos [un alimento], esp. para servirlo.

trinche *m (reg)* Apero de labranza semejante a la azada, con tres o más dientes de hierro.

trinchera[1] *f* **1** Zanja alargada excavada en un frente para protección de la tropa. **b)** Zanja o fosa alargada. ■ **2** Corte con taludes a ambos lados, hecho para trazar una vía de comunicación.

trinchera[2] *f* Gabardina con cinturón.

trinchera[3] *f (Taur)* Pase por bajo en que se cita resguardando el cuerpo con la muleta.

trincherazo *m (Taur)* Trinchera[3] en que se lleva al toro embebido en el engaño.

trincherilla *f (Taur, desp)* Trinchera[3].

trinchero *m* Mueble de comedor que sirve gralm. para trinchar sobre él. **b)** Aparador (mueble).

trincherón *m* Trinchera[1] grande.

trincón -na *m y f (col)* Ladrón, esp. descuidero. *Tb fig.*

trineo *m* **1** Vehículo sin ruedas que se sustenta sobre dos tiras longitudinales de madera o metal, con las cuales se desliza sobre la nieve o el hielo. ■ **2** Aparato o dispositivo que se puede deslizar por el suelo.

trinidad *f* Conjunto de tres personas o cosas. **b)** *(Rel crist)* Conjunto de las tres personas divinas. *Gralm precedido del adj* SANTÍSIMA.

trinitano -na *adj* Trinitense. *Tb n.*

trinitario -ria I *adj* **1** De (la) trinidad. **b)** *Esp (Rel crist):* De (la) Santísima Trinidad. ■ **2** De la orden de la Santísima Trinidad, fundada en el s. XII para la redención de cautivos. *Tb n, referido a pers.* II *f* **3** Pensamiento (planta).

trinitarismo *m (Rel crist)* Doctrina o dogma de la Santísima Trinidad.

trinitense *adj* De la isla de Trinidad o del estado de Trinidad y Tobago. *Tb n, referido a pers.*

triniteño -ña *adj* Trinitense. *Tb n.*

trinítrico -ca *adj (Quím)* Que tiene tres moléculas de ácido nítrico.

trinitroglicerina *f (Quím)* Nitroglicerina.

trinitrotolueno *m (Quím)* Explosivo muy potente, en forma de sólido cristalino, que se obtiene al tratar el tolueno con una mezcla de ácido nítrico y ácido sulfúrico.

trino[1] **-na** *adj (lit)* Que contiene en sí tres elementos distintos.

trino[2] *m* **1** Gorjeo [de un pájaro]. ■ **2** *(Mús)* Sucesión rápida y alternada de dos notas de igual duración, entre las cuales media la distancia de un tono o un semitono.

trinomio *m (Mat)* Expresión algebraica compuesta de tres términos unidos por los signos más o menos. **b)** *(lit)* Conjunto de tres perss. o cosas que actúan como una unidad.

trinque[1] *m (col)* Robo. *Frec con intención ponderativa, designando cualquier ganancia poco limpia.*

trinque[2] *m (col)* Bebida.

trinquete[1] *m (Mar)* En una embarcación con más de un mástil: Mástil inmediato a la proa. *Tb la verga y la vela correspondientes.*

trinquete[2] *m (reg)* Frontón cerrado.

trinquete[3] *m (Mec)* Dispositivo que traba dos elementos cuando el movimiento relativo de estos tiende a invertirse.

trinquetilla *f (Mar)* Vela triangular, a modo de foque, que se larga en un cable inmediato y paralelo al estay del trinquete.

trinqui *m (col)* Bebida.

trinquis *m (col)* **1** Trinqui o bebida. ■ **2** *(hoy raro)* Trago de vino o licor.

trío *m* **1** Conjunto de tres perss. o cosas. **b)** Conjunto de tres instrumentos o cantantes. **c)** *En algunos juegos de naipes o en los dados:* Conjunto de tres cartas o dados de un mismo valor. **d)** Arte de pesca compuesta de tres barcos que arrastran una red barredera de profundidad. **e)** Acto sexual en que participan tres personas. ■ **2** *(Mús)* Composición o parte musical para tres instrumentos o para tres cantantes. **b)** Parte central del minueto, que originariamente era ejecutada por tres instrumentos. *Tb, a veces, en otros movimientos musicales.*

trióbolo *m (hist)* Moneda griega equivalente a tres óbolos.

triodo *(tb* **tríodo**) *m (Electr)* Lámpara termoiónica de tres electrodos.

triorquio *adj (Anat)* Que tiene tres testículos.

triosa *f (Quím)* Glúcido que contiene en su molécula tres átomos de carbono.

trióxido *m (Quím)* Compuesto cuya molécula contiene tres átomos de oxígeno.

trip *(ing; pronunc corriente, /trip/; pl normal, ~s) m (jerg)* **1** Viaje (efecto producido por un alucinógeno). *Tb referido a otras drogas.* ■ **2** Dosis de LSD. *Tb referido a otras drogas.*

tripa I *f* **1** Trozo de intestino. **b)** *En pl:* Intestino (conducto digestivo). ■ **2** Vientre [de una pers. o animal]. **b)** *(col)* Vientre hinchado por el embarazo. *Tb el mismo embarazo.* ■ **3** Panza [de un vasija]. ■ **4** Relleno del cigarro puro. ■ **5** *(col) En pl:* Conjunto de cosas que están dentro [de algo]. **b)** Interioridades o intimidades [de algo]. ■ **6** *(col) En pl:* Ánimo o humor. **b)** Intención. *Gralm con el adj* MALAS.

II *loc v y fórm or* (*col*) **7 echar las ~s.** Vomitar. *Con intención ponderativa.* ■ **8 encogérsele** [a alguien] **la(s) ~(s).** Sentir miedo. ■ **9 hacer de ~s corazón.** Sobreponerse para hacer algo que cuesta mucho esfuerzo o da mucha repugnancia. ■ **10 ¿qué ~ se le** (**te,** *etc*) **ha roto?** ¿Qué le (te, etc.) pasa? ■ **11 rascarse la ~.** No hacer nada de provecho. ■ **12 reírse las ~s.** Desternillarse de risa. ■ **13 revolver la(s) ~(s)** → REVOLVER. ■ **14 sacar las ~s** [a alguien]. Abrir[le] el vientre. *En frases de amenaza.* ■ **15 sacar la(s) ~(s) de mal año.** Hartarse después de haber pasado necesidad de comer. ■ **16 tomar tripita.** (*raro*) Aguantarse.

tripada *f* (*col*) Hartazgo de comer.

tripanosoma *m* (*Zool*) Protozoo flagelado parásito, transmitido por insectos, que causa graves enfermedades en el hombre y en los animales domésticos (gén. *Trypanosoma*).

tripanosomiasis *f* (*Med*) Estado morboso producido por un tripanosoma, esp. la enfermedad del sueño.

triparsamida *f* (*Quím*) Sal sódica que contiene arsénico y se emplea en el tratamiento de la tripanosomiasis.

tripartición *f* Acción de tripartir.

tripartidismo *m* (*Pol*) Sistema en que dominan exclusivamente tres grandes partidos.

tripartidista *adj* (*Pol*) De(l) tripartidismo.

tripartir *tr* Partir [algo] en tres partes.

tripartitamente *adv* De manera tripartita.

tripartito -ta *adj* **1** Dividido en tres partes. ■ **2** Que se hace entre tres elementos o partes.

tripasái *m* (*reg*) Individuo aficionado a la buena mesa.

tripaúndi *m* (*reg*) Tripasái.

tripazo *m* Golpe dado con la tripa [2].

tripería *f* (*raro*) Establecimiento o puesto donde se venden tripas [1].

tripero -ra *m y f* **1** (*raro*) Pers. que vende tripas [1]. ■ **2** (*col*) Pers. comilona.

tripi *m* (*jerg*) Trip.

tripicallero -ra *adj* De (los) callos (guiso).

triplaza *adj* [Avión, u otro aparato aéreo] de tres plazas. *Tb n m.*

triple **I** *adj* **1** Tres veces mayor en cantidad o en intensidad. *Frec seguido de un término de comparación introducido por* QUE o DE. ■ **2** [Cosa] formada por tres elementos gemelos. **b)** *~ + n =* TRES + *el mismo n en pl.* * *Nos enfrentamos a un triple reto.* **c)** (*Mús*) [Concierto] para tres instrumentos solistas y orquesta. **II** *m* **3** Cantidad tres veces mayor. *Frec precedido de* EL *y seguido de un término de comparación introducido por* QUE o DE. * *Su frecuencia es el triple de la fundamental.* **III** *adv* **4 el ~** (*o, simplemente, ~*). En cantidad o intensidad tres veces mayor. *Frec seguido de un término de comparación introducido por* QUE o DE. * *El sábado trabajé el triple.*

triplemente *adv* (*raro*) Tres veces o de manera triple.

tripleta *f* Trío (conjunto de tres perss. o cosas). *Esp en deportes.*

triplete *m* (*Dep*) Triunfo sucesivo en las tres vueltas ciclistas, a España, a Italia y a Francia. **b)** Hecho de conseguir tres triunfos sucesivos en una prueba.

triplicación *f* Acción de triplicar(se).

triplicado -da **I** *adj* **1** *part* → TRIPLICAR. ■ **2** Tercero de los elementos [de una cosa triple [2a]]. *Tb n m.* **II** *loc adv* **3 por ~.** Tres veces, o en tres copias. *Tb adj.*

triplicar *tr* **1** Multiplicar por tres [algo]. *Tb fig, con intención ponderativa.* **b)** *pr* (*~se*) Pasar [algo] a ser tres veces mayor. ■ **2** Ser [una cosa] tres veces mayor en número o medida [que otra (*cd*)]. ■ **3** Hacer [algo] triple [2a].

tríplice *adj* (*lit*) Triple, *esp* [2a].

triplicidad *f* Cualidad de triple.

triplo -pla *adj* (*raro*) [Cantidad] tres veces mayor. *Más frec como n m.*

trípode *m* **1** Soporte con tres pies. ■ **2** Banquillo o taburete de tres pies.

tripolar *adj* (*Electr*) Que tiene tres polos. *Tb fig, fuera del ámbito técn.*

tripolaridad *f* (*Pol*) Coexistencia de tres polos o núcleos principales.

trípoli *m* Roca silícea formada por agregación de caparazones de diatomeas fósiles.

tripolitano -na *adj* De Trípoli. *Tb n, referido a pers.*

tripón¹ -na *adj* Tripudo.

tripón² -na *m* (*col*) Tripa [2] grande.

triporio *m* (*reg*) Conjunto de las tripas [1].

triposo -sa *adj* (*reg*) Comilón.

tripotera *f* (*reg*) Dolor de tripa [2].

trips *m* (*Zool*) Insecto hemíptero que invade las espigas del trigo y del centeno en el momento de su formación, causando la atrofia de los granos (*Thrips cerealium* y *T. decora*).

tripsina *f* (*Fisiol*) Fermento del jugo pancreático que transforma los prótidos en aminoácidos.

tripsinógeno *m* (*Fisiol*) Sustancia pancreática que da lugar a la tripsina.

tríptico *m* **1** Obra de pintura o de escultura compuesta de un panel central y dos laterales que se doblan sobre él. ■ **2** Obra literaria o artística dividida en tres partes. ■ **3** Documento o prospecto constituido por una hoja que se dobla en tres partes.

triptófano *m* (*Quím*) Aminoácido presente en las proteínas, que es liberado por la acción de la tripsina.

triptongo *m* (*Fon*) Conjunto de tres vocales que forman una sola sílaba.

tripudio *m* (*lit, raro*) Baile.

tripudo -da *adj* Que tiene la tripa [2] abultada.

tripulación *f* Conjunto de perss. que prestan servicio en una embarcación o en un aparato de navegación aérea o espacial.

tripulado -da *adj* **1** *part* → TRIPULAR. ■ **2 no ~.** [Embarcación, o aparato de navegación aérea o espacial] que funciona sin tripulación.

tripulante *m y f* Pers. que forma parte de la tripulación.

tripular *tr* **1** Prestar servicio [en una embarcación o en un aparato de navegación aérea (*cd*)]. ■ **2** Conducir [un vehículo, esp. embarcación o avión].

triquina *f* (*Zool*) Gusano nematodo parásito, que vive enquistado en los músculos de algunos animales, esp. del cerdo, y causa trastornos graves en el hombre (*Trichinella spiralis*).

triquinado -da *adj* (*Med*) Portador de triquina.

triquinoscopio *m* (*Med*) Microscopio especialmente previsto para examinar la carne supuestamente triquinada.

triquinosis *f* (*Med*) Enfermedad debida a la presencia de triquinas en el organismo.

triquinoso -sa *adj* (*Med*) Portador de triquina.

triquiñuela *f* (*col*) **1** Truco o artimaña. *Frec en pl.* ■ **2** Dificultad pequeña y engorrosa que hay que sortear con habilidad. *Gralm en pl.*

triquitraque I *m* **1** Buscapiés (cohete). **b)** (*col*) Se usa enfáticamente como término de comparación, con el *v* REVENTAR, *referido a pers.*
II *loc adv* **2 a cada ~.** (*col*) A cada momento.

trirreactor *m* Avión propulsado por tres reactores.

trirrectángulo -la *adj* (*Geom*) Que tiene tres ángulos rectos.

trirreme *f* (*hist*) Nave de tres órdenes de remos a cada banda.

tris. en un ~. *loc adv* (*col*) **1** A punto o al borde [de algo (*prop introducida por* DE, QUE *o, más raro,* SI)]. *A veces se omite la prop por consabida.* ■ **2** En un instante.

trisagio *m* (*Rel catól*) **1** Oración a la Santísima Trinidad en que se repite tres veces la palabra "santo". ■ **2** Ejercicio piadoso que se practica durante tres días seguidos. *Tb* (*lit*) *fig.*

trisar¹ *intr* Emitir [la golondrina u otro pájaro semejante] su canto o chirrido.

trisar² *tr* (*raro*) Repetir tres veces [una parte o pieza musical].

triscador -ra *adj* Que trisca. *Tb n m, referido a aparato.*

triscar A *intr* **1** Saltar o retozar [una oveja o una cabra]. *Tb fig, referido a pers.*
B *tr* **2** (*reg*) Ramonear [un animal (*suj*)]. ■ **3** (*Carpint*) Torcer o aplastar [los dientes de una sierra] para hacer que se deslice más fácilmente.

trisección *f* (*Geom*) División en tres partes iguales.

trisemanal *adj* De tres días por semana.

trishaw (*ing; pronunc corriente,* /tráiʃo/; *pl normal,* ~S) *m* Rickshaw en forma de triciclo.

trisilábico -ca *adj* (*Fon y TLit*) Trisílabo.

trisilabismo *m* (*Fon*) Condición de trisílabo.

trisílabo -ba *adj* (*Fon y TLit*) De tres sílabas.

trismo *m* (*Med*) Contracción tetánica de los músculos maseteros que impide abrir la boca.

trismus *m* (*Med*) Trismo.

trisomía *f* (*Med*) Existencia de un cromosoma supernumerario.

triste *adj* **1** Que tiene tristeza [1]. ■ **2** [Pers.] de carácter retraído, dada al ensimismamiento y al pesimismo. ■ **3** Que produce o favorece la tristeza [1].
b) [Vivienda o habitación] que recibe poca luz del día. **c)** De colores apagados. ■ **4** [Cosa] que manifiesta o denota tristeza [1]. ■ **5** [Planta o flor] mustia. ■ **6** (*col*) *Precediendo al n, se usa para ponderar la insignificancia de lo expresado por este.* * No tiene un triste duro.

tristemente *adv* De manera triste [3 y 4]. *Frec precede a un adj para manifestar que lo expresado por este se considera triste o lamentable.*

tristeza *f* **1** Estado de ánimo caracterizado por la tendencia al llanto, al ensimismamiento y a la pasividad, frec. causado por un dolor o una insatisfacción. ■ **2** Cualidad de triste [1 a 5]. ■ **3** Cosa triste [3]. ■ **4** Enfermedad de los cítricos caracterizada por el decaimiento de las hojas.

tristón -na *adj* (*col*) **1** [Pers.] que tiende a la tristeza [1]. ■ **2** [Cosa] que incita a la tristeza [1].

tristura *f* (*lit*) Tristeza [1 y 2].

tritagonista *m y f* (*TLit*) En la tragedia griega: Tercer personaje, después del protagonista y del deuteragonista.

triteísmo *m* (*Rel crist*) Doctrina religiosa que afirma que en la Santísima Trinidad hay tres personas, tres naturalezas y tres sustancias distintas.

triteísta *adj* (*Rel crist*) Partidario o adepto del triteísmo. *Tb n.*

tritical *m* Híbrido de trigo y centeno.

tritio *m* (*Quím*) Isótopo radiactivo del hidrógeno, cuyo núcleo consta de un protón y dos neutrones.

tritón *m* **1** (*Mitol clás*) Deidad marina que tiene cuerpo de hombre y cola de pez. **b)** (*lit*) Nadador. ■ **2** Anfibio urodelo semejante a la salamandra y con la cola comprimida lateralmente (gén. *Triturus*). *Diversas especies se distinguen por medio de adjs:* COMÚN, CRESTADO, ALPINO, VERDE, *etc.* ■ **3** Molusco gasterópodo de gran talla cuya concha se usa a veces como trompeta (géns. *Triton y Cymatium*).

trituración *f* Acción de triturar.

triturado *m* Trituración.

triturador -ra *adj* Que tritura. *Tb n, m y f, referido a aparato o máquina.*

triturar *tr* **1** Moler o desmenuzar [algo] sin reducirlo a polvo. ■ **2** Destrozar o dejar maltrecho [algo o a alguien].

triunfadoramente *adv* De manera triunfadora.

triunfador -ra *adj* Que triunfa [1 y 2]. *Tb n, referido a pers.* **b)** Propio de la pers. triunfadora.

triunfal *adj* **1** De(l) triunfo [1]. **b)** [Arco] ~ → ARCO. ■ **2** Que manifiesta o denota triunfo [1]. ■ **3** Que se realiza con éxito. ■ **4** Que va acompañado de aclamaciones y demostraciones de entusiasmo.

triunfalismo *m* Tendencia a exaltar con exceso de satisfacción u optimismo un hecho pasado o las perspectivas de un proyecto.

triunfalista *adj* Que tiene o muestra triunfalismo. *Tb n, referido a pers.*

triunfalísticamente *adv* De manera triunfalista.

triunfalístico -ca *adj* [Cosa] triunfalista.

triunfalmente *adv* De manera triunfal, *esp* [4].

triunfante *adj* **1** Que triunfa [1]. ■ **2** Que denota o implica triunfo [1]. ■ **3** (*Rel catól*) [Iglesia] constituida por los santos del Cielo. ■ **4** (*raro*) Triunfal [4].

triunfar *intr* **1** Quedar victorioso. *A veces con un compl* DE *o* SOBRE *que expresa el vencido.* ■ **2** Conseguir el éxito. ■ **3** Darse aires de triunfador. ■ **4** (*Naipes*) Jugar una carta de triunfo [3].

triunfo I *m* **1** Acción de triunfar [1 y 2]. **b)** (*hist*) Entrada solemne en Roma de un general victorioso. ■ **2** (*col*) Acción que cuesta mucho esfuerzo. *Con intención ponderativa.* ■ **3** (*Naipes*) En algunos juegos: Palo preferido por suerte o elección, que vence a los demás. **b)** Carta del palo de triunfo. ■ **4** (*Naipes, raro*) Burro (juego).
II *loc adj* **5 de ~.** (*Arquit*) En una iglesia: [Arco] que da acceso al presbiterio desde la nave. **b)** [Arco] **de ~ –→** ARCO.
III *loc adv* **6 en ~.** Con aclamaciones y demostraciones de entusiasmo. *Con vs como* LLEVAR, SACAR *o* RECIBIR. ■ **7 un ~.** (*col*) Mucho. *Con el v* COSTAR. *Con intención ponderativa.*

triunvirato *m* **1** (*hist*) En la antigua Roma: Gobierno compuesto por tres magistrados. ■ **2** Junta directiva o de gobierno constituida por tres perss.

triunviro *m* Miembro de un triunvirato, *esp* [1].

trivalente *adj* **1** Que tiene tres valores. ■ **2** (*Quím*) Que tiene valencia 3.

trivial *adj* Que carece de importancia o trascendencia.

trivialidad *f* **1** Cualidad de trivial. ■ **2** Hecho o dicho trivial.

trivialización *f* Acción de trivializar(se).

trivializar *tr* Dar [a algo (*cd*)] carácter trivial. **b)** *pr* (*~se*) Hacerse trivial [algo].

trivio *m* (*hist*) Trívium.

trívium *m* (*hist*) En la Edad Media: Grupo de disciplinas constituido por la gramática, la retórica y la dialéctica.

trizar *tr* (*lit*) Hacer trizas [algo]. *Tb fig.* **b)** *pr* (*~se*) Hacerse trizas.

trizas. hacer ~. *loc v* (*col*) **1** Romper [algo] en trozos muy pequeños. *Tb fig.* **b) hacerse ~** [algo]. Romperse en trozos muy pequeños. *Tb fig.* ■ **2** Dejar [a alguien] maltrecho física o moralmente. **b) hacerse ~** [alguien]. Quedar maltrecho física o moralmente. *Normalmente en la forma* HECHO ~, *con los vs* ESTAR, DEJAR *o* QUEDAR.

trocaico -ca *adj* **1** (*TLit*) De(l) troqueo. **b)** [Verso] cuyo elemento fundamental es el troqueo. ■ **2** (*Fon, raro*) Llano o grave.

trocánter *m* (*Anat*) **1** Saliente de la parte superior del fémur. *Gralm con los adjs* MAYOR *o* MENOR. ■ **2** En los insectos: Segundo artejo de la pata.

trocar (*conjug* 4) *tr* **1** Cambiar [una cosa por otra]. *Tb sin el segundo compl, con cd pl.* ■ **2** Convertir o transformar [una cosa en otra]. **b)** *pr* (*~se*) Convertirse o transformarse [una cosa en otra].

troceador -ra *adj* Que trocea. *Tb n f, referido a máquina.*

trocear *tr* Dividir [algo] en trozos.

troceo *m* Acción de trocear.

trocha *f* Senda o atajo.

troche. a ~ y moche. *loc adv* (*col*) Sin tino ni medida. *Tb adj.*

trocisco *m* (*hist, Med*) Porción de forma variada de una materia medicamentosa.

tróclea *f* (*Anat*) Superficie articular en forma de polea.

troclear *adj* (*Anat*) [Nervio] patético. *Tb n m.*

trocófora *f* (*Zool*) Larva ciliada y en forma de trompo de algunos invertebrados, esp. de los anélidos.

trofeo *m* Objeto que atestigua una victoria. *Tb fig.* **b)** Copa u otro objeto con que se premia al vencedor de una competición deportiva. *Tb la misma competición.*

trófico -ca *adj* (*Biol*) De (la) nutrición.

trofismo *m* (*Biol*) Conjunto de funciones orgánicas relacionadas con la nutrición.

trofoblasto *m* (*Biol*) Estrato celular que envuelve al huevo y que tiene función nutritiva.

troglodita *adj* **1** Que vive en cavernas. *Frec n, referido a pers primitiva.* **b)** Propio de los trogloditas. ■ **2** [Pers.] bárbara y ruda. *Tb n.*

troglodítico -ca *adj* De (los) trogloditas.

trogloditismo *m* Modo de vida propio de los trogloditas.

troika (*tb con la grafía* **troica**) *f* **1** Gran trineo ruso tirado por tres caballos. ■ **2** Equipo político constituido por tres perss. *Gralm referido a Rusia.*

troje *f* Espacio limitado por tabiques para guardar frutos, esp. cereales. *Tb fig.*

trola *f* (*col*) Mentira.

trole *m* **1** En un vehículo eléctrico: Dispositivo formado por una pértiga fija y un órgano de contacto, que sirve para transmitir la corriente de un cable conductor. ■ **2** (*col, raro*) Tranvía (vehículo urbano).

trolebús *m* Autobús eléctrico provisto de trole [1].

trolero -ra *adj* (*col*) [Pers.] mentirosa. *Tb n.*

tromba I *f* **1** Torbellino violento que da lugar a precipitaciones abundantes y en el mar levanta columnas espumosas. *Gralm* ~ DE AGUA. **b)** Masa grande de agua que avanza impetuosamente. *Gralm* ~ DE AGUA. *Tb fig.* **c)** Lluvia muy violenta. *Gralm* ~ DE AGUA.
II *loc adv* **2 en ~.** De manera muy impetuosa o violenta.

trombina *f* (*Biol*) Fermento que interviene en la transformación del fibrinógeno en fibrina, en el curso de la coagulación de la sangre.

trombo *m* (*Fisiol*) Coágulo sanguíneo que se forma en el interior de un vaso o del corazón y que permanece en el lugar de su formación.

trombocinasa *f* (*Fisiol*) Sustancia que se encuentra en las plaquetas y en los leucocitos y que contribuye a transformar el trombógeno en trombina.

trombocito *m* (*Fisiol*) Plaqueta de la sangre.

trombocitopenia *f* (*Med*) Disminución del número de trombocitos de la sangre.

tromboembólico -ca *adj* (*Med*) De (la) embolia u oclusión completa de un vaso por un trombo.

tromboflebítico -ca *adj* (*Med*) De (la) tromboflebitis.

tromboflebitis *f* (*Med*) Inflamación de las venas con formación de trombos.

trombógeno *m* (*Fisiol*) Protrombina.

trombón *m* **1** Instrumento músico de viento, semejante a una trompeta grande, cuyas notas se obtienen por medio de varas o de pistones. *Frec con los compls* DE VARAS *o* DE PISTONES. **b)** Sacabuche. ■ **2** Músico que toca el trombón [1].

trombonista *m y f* Músico que toca el trombón [1].

tromboplastina *f* (*Fisiol*) Trombocinasa.

trombosarse *intr pr* (*Med*) Sufrir trombosis [un vaso sanguíneo].

trombosis *f* (*Med*) Proceso de formación de un trombo.

trombótico -ca *adj* (*Med*) De (la) trombosis.

trómel *m* (*E*) Criba clasificadora con cilindros giratorios.

trompa I *n* A *f* **1** Instrumento músico de viento, consistente en un tubo de latón enrollado circularmente y acabado en un pabellón muy ancho. *A veces* (*lit*) *se menciona como símbolo de la poesía heroica.* ■ **2** *En algunos animales, esp el elefante:* Prolongación musculosa del apéndice nasal. **b)** (*col, humoríst*) Nariz muy prominente. ■ **3** (*Zool*) *En algunos insectos:* Aparato chupador. ■ **4** (*Zool*) *En algunos gusanos:* Prolongación de la parte anterior del aparato digestivo. ■ **5** ~ **de Eustaquio.** (*Anat*) Conducto que une el oído medio con la faringe. ■ **6** ~ **de Falopio.** (*Anat*) Oviducto de los mamíferos. *Tb simplemente* ~. ■ **7** Trompo o peonza, esp. grande. ■ **8** (*col*) Borrachera. ■ **9** (*Arquit*) Bóveda voladiza fuera del paramento de un muro. ■ **10** (*Fís*) Aparato que sirve para practicar el vacío por medio de un líquido.
B *m* **11** Músico que toca la trompa [1].
II *adj* **12** (*col*) Borracho. *Tb n.*
III *loc adv* **13** a ~ y talega. (*raro*) A tontas y a locas.

trompada *f* (*col*) Trompazo.

trompar *intr* (*raro*) Jugar al trompo.

trompazo *m* (*col*) Golpe o choque muy fuerte.

trompear *intr* (*Mar*) Chocar o golpear [una embarcación] contra otra o contra un bajo o punto de tierra.

trompe-l'oeil (*fr; pronunc corriente*, /trompelói/) *m* **1** (*Pint*) Pintura que, mediante artificios de perspectiva, produce la ilusión de objetos en relieve. ■ **2** (*lit*) Ilusión óptica.

trompeta A *f* **1** Instrumento músico de viento que consiste en un tubo largo de metal que va ensanchándose desde la boquilla al pabellón. **b)** *En el órgano:* Registro cuyo sonido es semejante al de la trompeta. ■ **2** ~ **de la muerte.** Cuerno de la abundancia (seta). ■ **3** (*Mec*) *En un automóvil:* Tubo abocardado en cuyo interior van los ejes o palieres de las ruedas. ■ **4** (*jerg*) Porro de forma cónica.
B *m* **5** Músico que toca la trompeta [1]. ■ **6** (*hist*) Emisario.

trompetazo *m* Sonido fuerte de trompeta [1a] u otro instrumento similar. *Tb fig.*

trompetear A *intr* **1** Tocar la trompeta [1]. *Tb fig.* ■ **2** Emitir [la grulla] la voz que le es propia.
B *tr* **3** (*raro*) Anunciar [algo] de manera ruidosa o aparatosa.

trompeteo *m* Acción de trompetear.

trompetería *f* **1** Sonido de un conjunto de trompetas [1a] o de instrumentos similares. ■ **2** Conjunto de trompetas [1a] o de otros instrumentos similares.

trompeteril *adj* (*raro*) De (la) trompeta [1a].

trompetero -ra *adj* **1** Que toca la trompeta [1a]. *Tb n.* ■ **2** (*raro*) De (las) trompetas [1a].

trompetilla I *f* **1** Instrumento en forma de trompeta [1a] usado por los sordos para percibir mejor los sonidos.
II *loc adj* **2** de ~. [Mosquito] que produce cierto zumbido al volar.

trompetista *m y f* Músico que toca la trompeta [1a].

trompeto -ta *adj* (*raro*) Borracho.

trompicar A *intr* **1** Tropezar [en algo] al andar. *Tb sin compl. Tb pr* (~se).
B *tr* **2** Hacer que [alguien (*cd*)] trompique [1].

trompicón I *m* **1** Acción de trompicar. *Tb su efecto.*
II *loc adv* **2** a ~es. Con tropiezos o dificultades.

trompillón *m* (*Arquit*) Dovela o sillar que constituye la clave de una trompa o de una cúpula.

trompo *m* **1** Peonza (juguete). ■ **2** (*col*) Pers. torpe. ■ **3** (*Autom*) Cambio de dirección que se sufre al derrapar. *Esp en carreras.* ■ **4** (*jerg*) Billete de mil pesetas.

trona *f* Silla alta con brazos y un tablero delantero, para dar de comer a un bebé. *Tb* SILLA ~.

tronada *f* **1** Tormenta con truenos. **b)** Conjunto de truenos. ■ **2** Conjunto de explosiones pirotécnicas.

tronado -da *adj* (*col*) **1** [Pers.] algo trastornada mentalmente. ■ **2** Arruinado o venido a menos. ■ **3** Viejo o deteriorado.

tronante *adj* (*lit*) Que truena [2, 3 y 4].

tronar (*conjug 4*) *intr* ➤ **a** *impers* **1** Producirse truenos.
➤ **b** *normal* **2** Sonar [algo] como un trueno. ■ **3** Hablar [alguien] con voz muy fuerte y enérgica. ■ **4** Hablar o escribir violentamente [contra alguien o algo]. ■ **5** Suceder. *Normalmente en la constr* POR LO QUE PUEDA (*o* PUDIERA) ~. ■ **6** (*col*) Arruinarse o quebrar.

troncal *adj* **1** De(l) tronco[1] [3]. **b)** (*Der*) [Bien] que a la muerte del poseedor debe volver a la línea, tronco o raíz de donde procede. **c)** De (los) bienes troncales. **d)** (*Enseñ*) [Asignatura] de(l) tronco común.

troncalidad *f* (*Der*) Condición de troncal [1b].

tronchado *m* Acción de tronchar(se) [1].

tronchamiento *m* Acción de tronchar(se). *Tb su efecto.*

tronchante *adj* (*col*) Que causa mucha risa.

tronchar A *tr* **1** Partir mediante fuerza [una planta, su tallo o una rama]. *Tb fig.* **b)** *pr* (~se) Partirse [una planta, su tallo o una rama]. ■ **2** Truncar o interrumpir. ■ **3** (*col*) Cansar o agotar físicamente. *Con intención ponderativa. Gralm en part.*
B *intr pr* (~se) **4** (*col*) Partirse de risa. *Tb* ~ DE RISA (*o* DE REÍR).

troncho *m* Tallo [de una hortaliza].

tronco[1] *m* **1** *En los árboles y arbustos:* Tallo leñoso, ramificado a cierta distancia del suelo. **b)** Dulce de chocolate en forma de tronco de árbol. *Frec* ~ DE NAVIDAD. ■ **2** *En el hombre y algunos animales:* Parte del cuerpo a la que van unidas la cabeza y las extremidades. ■ **3** Ascendiente común de dos o más ramas o familias. *Tb fig.* **b)** ~ **común.** (*Enseñ*) Conjunto de asignaturas comunes a varias especialidades o grados de enseñanza. ■ **4** Conducto principal del que parten o al que concurren otros menores. ■ **5** Conjunto de caballerías que tiran de un carruaje. ■ **6** (*col*) Pers. que duerme profundamente. *Frec en constrs como* SER UN ~, ESTAR COMO UN ~, *o* DORMIR COMO UN ~. ■ **7** (*Geom*) Parte [de un cono o de una pirámide] comprendida entre la base y una sección plana paralela a ella. **b)** Parte [de un cilindro o prisma] comprendida entre la base y una sección plana oblicua a ella. ■ **8** (*jerg*) Bote de las propinas.

tronco[2] **-ca** *m y f* (*juv*) **1** Amigo o compañero. *Frec como apelativo.* ■ **2** Compinche, o compañero de robos o timos. ■ **3** Hombre o mujer.

troncocónico -ca *adj* (*Geom*) De(l) tronco de cono. **b)** De figura de tronco de cono.

troncón *m* Tocón [de un árbol].

troncopiramidal *adj* (*Geom*) Que tiene forma de tronco de pirámide.

troncular *adj* (*Med*) De(l) tronco[1] [4]. **b)** [Anestesia] del maxilar inferior, mediante inyección en el nervio dentario inferior.

tronera[1] *f* **1** *En una muralla o en un barco de guerra:* Abertura para disparar los cañones. ■ **2** Ventana muy pequeña y estrecha. ■ **3** Agujero de la mesa de billar.

tronera[2] *m y f* (*col*) Pers. juerguista o de vida desordenada. *A veces con intención afectiva.*

tronga *f* (*raro*) Manceba o concubina.

tronido *m* (*raro*) Estruendo o estrépito.

tronío *m* (*col*) Clase o categoría. *Frec en la constr* DE ~. *Con intención ponderativa.*

tronitonante *adj* (*lit*) Tonitronante.

trono *m* **1** Asiento de ceremonia, gralm. con gradas y con dosel, que usan los monarcas y otras altas dignidades en actos solemnes. ■ **2** Dignidad real. **b)** (*lit*) Monarquía (institución monárquica). *Frec unido a* ALTAR. ■ **3** (*Rel crist*) Espíritu celeste de los que constituyen el tercer coro de la primera jerarquía y que se caracterizan por conocer inmediatamente en Dios las razones de las obras divinas. *Gralm en pl.* ■ **4** (*col*) Taza de wáter.

tronquero -ra *adj* (*Der, reg*) [Pariente] troncal. *Tb n.*

tronquillo *m* (*jerg*) Bote de las propinas.

tronzado *m* Acción de tronzar [1].

tronzador -ra I *adj* **1** Que tronza [1]. *Frec n f, referido a máquina.* II *m* **2** Sierra grande con mango en los dos extremos, que se emplea esp. para cortar árboles. *Tb se da este n a otro tipo de sierras.*

tronzar A *tr* **1** Dividir en trozos [madera o metal]. *Tb abs.* ■ **2** (*reg*) Tronchar [una planta o algo semejante, esp. un hueso]. ■ **3** (*reg*) Cortar o tajar. ■ **4** (*reg*) Cansar o agotar físicamente. *Con intención ponderativa. Gralm en part.* B *intr* **5** (*reg*) Troncharse o partirse [una planta o algo semejante, esp. un hueso]. *Tb pr* (~**se**).

tropa *f* **1** Grupo regular y organizado de soldados. **b)** *En pl:* Ejército o fuerzas armadas. ■ **2** Clase militar constituida por los soldados y los cabos. ■ **3** Conjunto de perss. que van o actúan juntas. **b)** Grupo más o menos grande de perss. *Frec con intención desp.*

tropario *m* (*Mús*) Colección de tropos [2].

tropecientos -tas *adj pl* (*col, humoríst*) Muchos. *Tb pron.*

tropel *m* Conjunto de perss. o animales que se mueven rápida y desordenadamente. *Frec en la constr* EN ~.

tropelía *f* (*lit*) Abuso o atropello.

tropezadero *m* (*raro*) Lugar en que es fácil tropezar. *Tb fig.*

tropezador -ra *adj* (*raro*) Que tropieza [1] con frecuencia.

tropezar (*conjug* **6**) A *intr* **1** Dar [alguien que va andando] con los pies [en algo (*compl* EN *o* CON)] perdiendo momentáneamente el equilibrio. *Tb sin compl.* ■ **2** Entrar [alguien o algo que se mueve] en contacto [con algo (*compl* EN *o* CON) que impide u obstaculiza su avance]. ■ **3** Hallar [alguien o algo] en su actividad o desarrollo [a alguien o algo (*compl* EN *o* CON) que los impide u obstaculiza]. ■ **4** Tener [alguien] un fracaso o equivocación. ■ **5** Encontrar casualmente [a alguien o algo (*compl* CON)]. *Tb pr* (~**se**). ■ **6** Chocar o reñir [con alguien]. B *tr* **7** Encontrar casualmente [a alguien o algo]. *Frec con compl de interés.* ■ **8** Tropezar [1 y 2] [con alguien o algo (*cd*)]. **b)** Tropezar [2] [con algo (*cd*) en un lugar (*compl* EN *o* CON)].

tropezón *m* **1** Acción de tropezar [1]. ■ **2** Tropiezo (fracaso o equivocación). ■ **3** Trozo pequeño de jamón, carne u otra sustancia con que se adereza un guiso, esp. la sopa.

tropezoso -sa *adj* (*raro*) Que tropieza [1].

tropical *adj* De(l) trópico [1 y 2]. **b)** [Clima] muy caluroso con lluvias en verano.

tropicalidad *f* Cualidad de tropical.

tropicalización *f* Acción de tropicalizar.

tropicalizar *tr* Adaptar [algo] al uso o al clima tropical.

trópico I *m* **1** (*Geogr y Astron*) Círculo menor de la esfera celeste y terrestre, paralelo al ecuador y distante de este 23° 27', al norte o al sur, y que coincide con el curso del Sol en los solsticios. ■ **2** Zona terrestre comprendida entre los trópicos [1]. *Frec en pl con sent sg.* II *adj* **3** (*Astron*) [Año] que se mide tomando como referencia el paso de la Tierra por el equinoccio de primavera.

tropiezo *m* **1** Acción de tropezar [1, 2, 3 y esp. 4]. ■ **2** Cosa en que se tropieza [1 a 4]. ■ **3** (*raro*) Tropezón [3].

tropismo *m* (*Biol*) Movimiento de orientación de un organismo, esp. de una planta, como respuesta a un estímulo. *Tb* (*lit*) *fig.*

tropo *m*. **1** (*TLit*) Figura que consiste en usar una palabra en un sentido que no es el suyo propio, pero que tiene con él alguna relación o semejanza. ■ **2** (*hist*) *En la liturgia medieval:* Texto breve cantado, interpolado en un texto litúrgico.

tropófilo -la *adj* (*Bot*) [Planta] capaz de adaptarse a la alternancia de una estación muy húmeda con otra seca.

tropófito -ta *adj* (*Bot*) Tropófilo. *Tb n f.*

tropopausa *f* (*Meteor*) Zona de discontinuidad entre la estratosfera y la troposfera.

troposfera *f* (*Meteor*) Capa inferior de la atmósfera terrestre, que llega hasta una altura de unos 18 km en el ecuador.

troposférico -ca *adj* (*Meteor*) De la troposfera.

troquel *m* **1** Molde metálico grabado en hueco, que se emplea para estampar en relieve y esp. para acuñar monedas y medallas. ■ **2** Pieza de bordes cortantes y forma adecuada, usada para cortar a presión determinadas materias.

troquelado *m* **1** Acción de troquelar. ■ **2** (*Biol*) Impronta.

troquelador -ra *adj* Que troquela. *Tb n f, referido a máquina.*

troquelaje *m* Acción de troquelar.

troquelar *tr* Dar forma [a algo (*cd*)] mediante troquel [1 y 2]. *Tb fig.* **b)** Acuñar [monedas o medallas].

troquelería *f* Industria de(l) troquelado.

troquelista *m y f* Pers. que trabaja con un troquel.

troqueo *m* (*TLit*) **1** *En la poesía grecolatina:* Pie compuesto por una sílaba larga y otra breve. ■ **2** *En la poesía castellana:* Unidad rítmica formada por una sílaba tónica seguida de otra átona.

trotacalles *m y f* (*col, desp*) Pers. que anda continuamente en la calle.

trotada *f* Trote o carrera.

trotador -ra *adj* Que trota [1] bien o mucho. *Tb* (*lit*) *fig.*

trotamundos *m y f* Pers. que viaja mucho y por muchos lugares.

trotante *adj* Que trota. *Tb fig.*

trotar A *intr* **1** Ir al trote [1] [una caballería]. ■ **2** Montar [alguien (*suj*)] sobre una caballería que va al trote. ■ **3** Andar deprisa [una pers. o un animal]. **b)** Andar mucho [una pers.].
B *tr* **4** Hacer que [una caballería (*cd*)] trote [1]. ■ **5** Trotar [1, 2 y 3] [a través de un lugar o a lo largo de una distancia (*cd*)].

trote I *m* **1** Marcha natural rápida [de una caballería] en la que el apoyo se realiza sobre pie y mano contrapuestos. ■ **2** Andar rápido [de una pers. o de un animal]. *Frec en la forma* TROTECILLO. ■ **3** Actividad muy intensa y ajetreada. *Normalmente en la constr* NO ESTAR PARA MUCHOS (*o* ESTOS, *o* ESOS) ~S.
II *loc adj* **4 para** (*o* **de**) **todo ~.** [Prenda] para uso diario y continuado.
III *loc v* **5 amansar** [alguien] **el ~.** (*col*) Moderarse.
IV *loc adv* **6 al ~.** A toda prisa.

trotera *f* (*lit*) Ramera o prostituta.

trotón -na I *adj* **1** [Caballería] cuyo paso ordinario es el trote [1]. *Tb n m, referido a caballo.*
II *f* **2** (*col*) Ramera o prostituta.

trotskismo *m* **1** Teoría del comunismo desarrollada por Trotsky († 1940) o basada en sus doctrinas, y que propugna la revolución socialista mundial, frente a la idea de socialismo en un solo país. ■ **2** Condición de trotskista.

trotskista *adj* De(l) trotskismo [1]. **b)** Adepto al trotskismo [1]. *Tb n.*

trotsko -ka *adj* (*col*) Trotskista [1b]. *Tb n.*

troupe (*fr; pronunc corriente,* /trup/) *f* Compañía de circo o de teatro.

trousseau (*fr; pronunc corriente,* /trusó/) *m* Ajuar o equipo de novia.

trova I *f* **1** (*hist o lit*) Composición poética compuesta para ser cantada. *Tb el conjunto formado por ella y por la música con que se acompaña.*
II *loc adj* **2 en ~.** (*raro*) [Melena] igualada y rizada alrededor de la cabeza.

trovador -ra A *m* **1** (*hist*) *En la Edad Media:* Poeta cortesano en lengua de oc. **b)** *En la Edad Media:* Poeta cortesano.
B *m y f* **2** (*lit*) Poeta, esp. popular.

trovadoresco -ca *adj* De(l) trovador.

trovadorismo *m* (*raro*) Actividad de trovador [2].

trovar *intr* Componer trovas [1].

trovería *f* Actividad de trovero [2].

trovero -ra I *adj* **1** De(l) trovo [1].
II *n* **A** *m y f* **2** Poeta popular repentizador de trovos [1].
B *m* **3** (*hist*) *En la Edad Media:* Poeta cortesano en lengua de oïl.

trovo I *m* **1** Composición métrica popular, consistente en la paráfrasis de una cuarteta en cuatro quintillas, cuyos quintos versos son los de la cuarteta.
II *loc adj* **2 de ~s.** [Velada], típica de Cartagena, en dos poetas improvisan trovos [1], quintillas o décimas, que cantan acompañándose a la guitarra.

troy. libra ~, onza ~ → LIBRA[1], ONZA[1].

Troya. allí (*o* **aquí**) **fue ~.** *fórm or con que se comenta el inicio de un gran escándalo o alboroto.* * Cuando dijo que se iba de casa, ¡allí fue Troya!

troyano -na *adj* (*hist*) De Troya (antigua ciudad de Asia Menor). *Tb n, referido a pers.*

troza *f* (*E*) Tronco aserrado por los extremos y dispuesto para convertirlo en tablas.

trozo *m* **1** Parte [de algo partido o roto]. ■ **2** Parte [de un todo] considerada independientemente.

trucador -ra *adj* Que truca[1]. *Tb n, referido a pers.*

trucaje *m* Acción de trucar[1]. **b)** (*Cine*) Procedimiento empleado para crear un efecto visual o sonoro.

trucar[1] *tr* Falsificar o falsear. **b)** Dotar [a un automóvil o a un motor (*cd*)] de los dispositivos precisos para que tenga una potencia superior a la suya originaria.

trucar[2] *intr* (*jerg, raro*) Gustar.

trucha A *f* **1** Pez propio esp. de ríos y lagos de montaña, de piel moteada y carne muy apreciada (gén. *Salmo* y *Salvelinus*). *Frec con un adj o compl especificador:* ~ ALPINA (*Salvelinus alpinus*), ~ ARCO IRIS (*Salmo gairdneri*), ~ COMÚN, DE RÍO *o* ASALMONADA (*Salmo trutta fario*), ~ MARISCA, MARINA *o* DE MAR (*Salmo trutta trutta*), etc.
B *m y f* **2** (*raro*) Pers. pícara.

truchero -ra I *adj* **1** De (la) trucha [1]. **b)** [Río o lago] abundante en truchas. **II** *m y f* **2** Pescador de truchas [1].

truchimán *m* (*lit*) **1** Intérprete. *Tb fig.* ■ **2** Hombre experto en compraventas y cambios.

truchuela *f* Bacalao curado más delgado que el común.

truco[1] I *m* **1** Procedimiento hábil para hacer algo. **b)** Procedimiento hábil y oculto para obtener un efecto dado. **c)** Procedimiento astuto y engañoso. **d)** Modo de actuar con el que se obtienen los mejores resultados. *Gralm en la constr* COGER EL ~ [a alguien o algo]. ■ **2** *pl* (*hist*) Juego antiguo semejante al billar.
II *fórm or* **3 como si dijera** (o **dijeras**, *etc*) ~. (*col, raro*) Fórmula con que se comenta la poca atención prestada a lo que alguien dice. * A Juliana, es como si le dijeras truco: te escucha en silencio y, en cuanto puede, se escapa.

truco[2] *m* (*reg*) Cencerro grande de boca estrecha.

truculencia *f* Cualidad de truculento.

truculento -ta *adj* **1** Atroz o terrible. **b)** Que presenta de manera exagerada los aspectos dramáticos o crueles. ■ **2** Llamativo o chocante.

truel *m* (*Pesca*) Salabre grande.

trueno *m* **1** Ruido que se produce en las nubes por una descarga eléctrica. ■ **2** Ruido estruendoso. ■ **3** Artificio pirotécnico que produce un gran estampido.

trueque I *m* **1** Acción de trocar(se). **b)** (*Econ*) Intercambio directo de una cosa por otra.
II *loc adv* **2 a** (o **en**) ~. (*lit*) En cambio.
III *loc prep* **3 a** ~ **de.** (*lit*) A cambio de.

trufa *f* **1** Hongo subterráneo comestible, aromático y muy apreciado (gén. *Tuber*, esp. *T. magnatum* y *T. melanosporum*). *Frec se denomina* ~ BLANCA GRIS o ~ DEL PIAMONTE *a la primera especie, y* ~ NEGRA, ~ VIOLETA o ~ DEL PERIGORD, *a la segunda.* ■ **2** Dulce redondo consistente en una pasta blanda de chocolate y otros ingredientes, rebozada en chocolate en polvo o rallado.

trufar *tr* **1** Rellenar o aderezar con trufas [1]. ■ **2** (*lit*) Llenar [algo (*cd*) de cosas diseminadas en abundancia (*compl* DE o CON)].

trufero -ra *adj* De (la) trufa [1].

truhán -na (*la forma f es rara*) *adj* (*lit*) Granuja o sinvergüenza. *Tb n.*

truhanería *f* (*lit*) **1** Cualidad o condición de truhán. ■ **2** Conjunto de (los) truhanes.

truismo *m* (*lit*) Verdad evidente cuyo enunciado resulta superfluo.

truja *m* (*jerg*) Cigarrillo.

trujal *m* (*reg*) **1** Prensa de uva o de aceituna. ■ **2** Depósito en que se elabora el vino.

trujalero -ra *m y f* (*reg*) Pers. que trabaja en un trujal.

trujamán *m* (*lit*) Truchimán.

trujillano -na *adj* De Trujillo (Cáceres). *Tb n, referido a pers.*

trujimán *m* (*lit*) Trujamán o truchimán.

trulla *f* (*raro*) Grupo numeroso de perss.

trullo[1] *m* Lagar con depósito inferior donde cae directamente el mosto cuando se pisa la uva.

trullo[2] *m* (*jerg*) Cárcel.

truncado -da *adj* **1** *part* → TRUNCAR. ■ **2** (*Arquit*) [Columna] a la que le falta la parte superior del fuste. ■ **3** (*Geom*) [Cono o pirámide] cortados por un plano paralelo a la base. **b)** [Cilindro o prisma] cortado por un plano oblicuo a la base. ■ **4** De figura aparentemente truncada [1].

truncadura *f* (*Mineral*) Sustitución de un ángulo o de una arista por una cara.

truncamiento *m* Acción de truncar(se).

truncar *tr* (*lit*) **1** Interrumpir o cortar [algo] dejándolo incompleto. **b)** *pr* (~**se**) Interrumpirse o cortarse [algo] quedando incompleto. ■ **2** Cortar [algo], separándolo del todo del que forma parte.

trunco -ca *adj* (*lit*) Truncado [1, 2 y 4].

truque *m* **1** (*Naipes*) Juego de envite que se juega sin cuatros ni cincos, repartiendo tres cartas a cada jugador y en el que el valor máximo corresponde al tres. ■ **2** Rayuela (juego de niñas).

truquiflor *m* (*Naipes, raro*) Juego semejante al truque.

truquista *m y f* (*raro*) Pers. que hace o inventa trucos[1] [1].

trusa *f* Bolso de fiesta en forma de estuche.

trusó *m* Trousseau. *Tb fig.*

trust (*ing; pronunc corriente,* /trust/ o /trus/; *pl normal,* ~s) *m* Unión de sociedades o empresas cuyo fin es ejercer una influencia preponderante en un sector económico.

tse-tse *f* (*Zool*) Mosca africana que transmite diversas tripanosomiasis (gén. *Glossina*). *Normalmente* MOSCA ~.

T-shirt (*ing; pronunc corriente,* /tí-ʃért/; *tb con la grafía* **tee-shirt**; *pl normal,* ~s) *f* (*raro m*) Camiseta (prenda exterior de punto).

tsigano *m* (*raro*) Gitano (lengua de los gitanos).

tsonga *adj* De un pueblo negro de Mozambique, Suazilandia y Sudáfrica, cuya lengua pertenece al grupo bantú. *Tb n, referido a pers.*

tsunami (*jap; pronunc corriente,* /sunámi/) *m* Ola gigantesca causada por un maremoto.

tswana (*ing; pronunc corriente,* /tsuána/) I *adj* **1** De un pueblo negro que habita pralm. en Botsuana. *Tb n, referido a pers.*
II *m* **2** Lengua principal de Botsuana, perteneciente al grupo bantú.

tu → TUYO.

tú (*con pronunc tónica*) I *pron pers sg* **1** Designa dentro de la frase al ser a quien esta va dirigida. *Toma la forma* TI *cuando va precedido de una de las preps comunes (excepto* SEGÚN *y, a veces,* ENTRE); *si la prep es* CON, *se une con ella formando la palabra* CONTIGO. *Toma la forma* TE (*que se pronuncia átona*) *cuando funciona como cd o ci sin prep; cuando* TE *va inmediatamente después del v, se escribe unido a él en una sola palabra.* * Tú avísame. * Me fío de ti. * Según tú todo está mal. * Voy contigo. * Te quiere mucho. * Intenta ayudarte. **b)** (*col*) *Se usa con sent impers.* * Cualquier paleto te habla de Londres o de Ginebra. **c)** *Se usa como vocativo con valor expletivo.* * –Parece que le ganaste. –Hice lo que pude, tú.
II *loc n m* **2** ~ **y yo.** Conjunto formado por un mantel pequeño y dos servilletas a juego.

III *loc v* **3 hablar, tratar** *o* **llamar** (*más raro,* **dar**) **de ~.** Emplear el pronombre *tú*, y no *usted*, para referirse al interlocutor. *Tb* DE ~ POR ~, *o* ~ POR ~. *A veces se omite el v por consabido.* **b)** Tratar en un plano de igualdad. **c)** Conocer de cerca o a fondo [una cosa (*cd*)].

IV *loc adv* **4 de ti para mí.** Confidencialmente [entre las dos perss. que dialogan].

tuareg (*ár; pronunc corriente*, /tuarég/; *pl normal*, ~s) *adj* [Individuo] nómada beréber del Sahara. *Tb n.* **b)** De (los) tuaregs.

tuáutem *m* (*lit*) Pers. o cosa esencial o imprescindible.

tuba A *f* **1** Instrumento músico de viento del grupo del metal, de proporciones bastante grandes, de tubo cónico y provisto de pistones, que realiza el bajo en las bandas.
B *m* **2** Músico que toca la tuba [1].

tubárico -ca *adj* (*Med*) De (los) tubos o trompas, esp. de las de Falopio.

tuberculado -da *adj* (*Anat*) Que tiene tubérculos.

tuberculina *f* (*Med*) Preparación de gérmenes tuberculosos que se emplea en el diagnóstico de la tuberculosis.

tuberculínico -ca *adj* (*Med*) De (la) tuberculina.

tuberculización *f* (*Med*) Infección con el bacilo de la tuberculosis.

tubérculo *m* **1** (*Bot*) Abultamiento redondeado de un tallo, esp. subterráneo, o de una raíz, que constituye una reserva nutritiva de la planta. ■ **2** (*Anat*) Protuberancia redondeada. ■ **3** (*Med*) Masa redondeada constituida por un aglomerado de células, típica de determinadas enfermedades, esp. la tuberculosis.

tuberculoide *adj* (*Med*) Semejante a la tuberculosis.

tuberculosis *f* **1** Enfermedad infecciosa y contagiosa, causada por el bacilo de Koch y caracterizada por la formación de tubérculos [3]. ■ **2** *Se da este n a varias enfermedades de las plantas, que se manifiestan por la formación de verrugas o tumores.* * Estos olivos padecen tuberculosis.

tuberculoso -sa *adj* **1** De (la) tuberculosis. ■ **2** Que padece tuberculosis. *Tb n, referido a pers.*

tubería *f* **1** Tubo o conjunto de tubos empalmados que sirven para la conducción de fluidos. ■ **2** Conjunto de tubos o tuberías [1].

tubero *m* Operario que fabrica o monta tubos eléctricos, de presión o de conducción.

tuberosidad *f* (*E*) Tubérculo [1 y 2].

tuberoso -sa *adj* (*E*) Que tiene tuberosidades o tubérculos.

tubícine *m* (*lit, raro*) Músico que toca la trompeta.

tubícola *adj* (*Zool*) [Gusano] que vive dentro de un tubo fabricado por él. *Tb como n m en pl, designando este taxón zoológico.*

tubingués -sa *adj* De Tubinga (Alemania). *Tb n, referido a pers.*

tubo I *m* **1** Objeto cilíndrico y hueco, abierto por uno o por los dos extremos. *Frec con un adj o compl especificador:* ACÚSTICO, DE ENSAYO, DE ESCAPE, *etc* (→ ACÚSTICO, ENSAYO, ESCAPE, *etc*). **b)** Recipiente de forma cilíndrica y paredes flexibles, abierto con un

tapón en uno de sus extremos y destinado a sustancias blandas. **c)** Recipiente cilíndrico y rígido, destinado a pastillas u otras cosas menudas. **d)** Vaso cilíndrico, largo y estrecho. *Tb su contenido.* ■ **2** (*Anat*) Órgano hueco y alargado. *Normalmente con un adj o compl especificador.* **b)** (*Bot*) Célula viva, alargada y tubular apropiada para el transporte de jugos nutricios. ■ **3** (*col*) Metro (medio de transporte). ■ **4** (*jerg*) Castigo. *Gralm en la constr* METER UN ~.

II *adj invar* **5** [Falda o pantalón] muy estrechos y ajustados.

III *loc v* **6 pasar por el ~.** (*col*) Pasar por el aro.

IV *loc adv* **7 por un ~.** (*col*) En gran cantidad. *Tb adj.*

tubu *adj* De un pueblo nómada del Sahara, que habita en los confines de Libia y el Chad. *Tb n, referido a pers.*

tubular I *adj* **1** De(l) tubo [1a y 2a]. **b)** Que tiene forma de tubo [1a y 2a]. ■ **2** Hecho o provisto de tubos [1 y 2]. **b)** (*E*) [Caldera] atravesada por numerosos tubos que permiten el paso de los gases calientes.
II *m* **3** Neumático sin cámara de aire usado en las bicicletas de carreras.

tubulina *f* (*Fisiol*) Proteína que constituye las fibrillas externas de los cilios epiteliales.

túbulo *m* (*Anat*) Tubo pequeño, esp. del riñón o del testículo.

tubuloso -sa *adj* (*Anat*) Tubular.

tucán *m* Ave trepadora de plumaje llamativo y pico muy grande, grueso y arqueado, propia de América del Sur (*gén. Ramphastos*, esp. *R. toco* y *R. piscivorus*).

tuchir *intr* (*reg*) Agacharse [el camello] doblando las patas para facilitar su carga.

tuciorismo *m* (*Filos*) Doctrina moral según la cual en asuntos dudosos es preferible seguir la opinión más favorable a la ley.

tuda *f* (*reg*) Cueva hecha en la falda de un monte para guarecerse perss. y ganado.

tudanco -ca *adj* De Tudanca (Cantabria). *Tb n, referido a pers.* **b)** [Raza de ganado vacuno] originaria de la región de Tudanca. *Tb n m.*

tudel *m* (*Mús*) *En algunos instrumentos de viento:* Tubo de latón encorvado en que se ajusta la lengüeta.

tudelano -na *adj* De Tudela (Navarra). *Tb n, referido a pers.*

tudense *adj* De Tuy (Pontevedra). *Tb n, referido a pers.*

tudesco -ca I *adj* **1** (*lit*) Alemán. *Tb n.*
II *f* **2** (*raro*) Caléndula (*Calendula officinalis*).

tueco *m* Tocón [de un árbol].

tuera *f* (*reg*) Coloquíntida (planta y fruto).

tuerca *f* Pieza con un hueco labrado en espiral en el que ajusta un tornillo. **b)** *Se usa frec fig en constrs como* APRETAR, *o* AFLOJAR, LAS ~S, *aludiendo al hecho de aumentar, o disminuir, el nivel de exigencia o disciplina.* * Hay que aflojar un poco las tuercas, no se puede ser tan exigente.

tuercebotas *m y f* (*col*) Pers. sin importancia.

tuero *m* Leño (trozo de madera).

tuerto – tuna

tuerto -ta I *adj* **1** Falto de un ojo, o que no tiene vista en él. ■ **2** (*lit*) Torcido.
II *loc pr* **3 este ~** (*o* **el ~**). (*col*) Yo. *Con v en 3ª pers.*
III *fórm or* **4 parece que le ha mirado un ~**, *o* **ni que le hubiera mirado un ~.** (*col*) *Fórmulas con que se pondera la mala suerte de alguien.* * Parece que nos ha mirado un tuerto, todo nos sale mal.

tueste *m* Acción de tostar. *Tb su efecto.*

tuétano I *m* **1** Sustancia contenida dentro de los huesos. ■ **2** Parte más importante [de algo].
II *loc adv* **3 hasta los ~s.** (*col*) Profundamente. *Referido normalmente a actos o cualidades morales.*

tufarada *f* Olor fuerte que se percibe de pronto.

tufarrina *f* (*reg*) Olor fuerte y desagradable.

tufillo *m* **1** Olor ligero. ■ **2** Carácter que evoca [algo (*adj o compl especificador*)].

tufo¹ *m* **1** Emanación gaseosa que se desprende de las fermentaciones o de las combustiones imperfectas. ■ **2** Olor fuerte y desagradable. ■ **3** Tufillo [2]. ■ **4** Vanidad u orgullo. *Gralm en pl.*

tufo² *m* Toba¹ (piedra).

tufo³ *m* Mechón de pelo que cae por delante de la oreja. **b)** Grupo o conjunto [de pelos].

tugurio *m* **1** Vivienda miserable. ■ **2** Lugar de diversión de ínfima categoría.

tuitivo *adj* (*Der*) Que ampara o defiende.

tul *m* **1** Tejido ligero y transparente, de mallas grandes y poligonales, empleado esp. para velos. ■ **2** Velo de tul [1].

tula *f* Juego de niños que consiste en que uno persigue a los otros hasta conseguir dar con la mano a alguno, que pasa entonces a ser el perseguidor.

tulipa *f* **1** Pantalla de vidrio cuya forma recuerda la del tulipán [1]. ■ **2** (*raro*) Tulipán [1].

tulipán *m* **1** Planta herbácea ornamental de la familia de las liliáceas, con flor única, globosa, de seis pétalos y variados colores (gén. *Tulipa*, esp. *T. gesneriana*). *Tb su flor.* ■ **2** (*raro*) Copa de champán alargada cuya forma recuerda la de la flor del tulipán [1].

tulipero (*tb, semiculto,* **tulípero**) *m* **1 ~ de Virginia.** Árbol de América septentrional, de gran tamaño, con hojas caducas y flores amarillentas o anaranjadas semejantes al tulipán (*Liriodendron tulipifera*). ■ **2 ~ del Gabón.** Árbol del África tropical, de gran tamaño, con hoja perenne y grandes flores escarlatas en panículos (*Spathodea campanulata*).

tullido -da *adj* **1** *part* → TULLIR. ■ **2** Paralítico. *Tb n, referido a pers.*

tullir (*conjug* 53) *tr* Hacer que [alguien o una parte de su cuerpo (*cd*)] pierda la capacidad de movimiento. **b)** *pr* (**~se**) Perder [alguien o una parte de su cuerpo] la capacidad de movimiento. *Frec en part.*

tumba¹ I *f* **1** Lugar, gralm. excavado en el suelo, en que se deposita definitivamente un cadáver. ■ **2** Pers. que guarda rigurosamente un secreto. *En la constr* SER UNA ~, *o* COMO (UNA) ~.
II *loc adv* **3 a ~ abierta.** A toda velocidad y con grave riesgo. *Gralm con vs como* BAJAR *o* LANZARSE, *y referido a ciclistas.* **b)** De manera decidida y arriesgada. ■ **4 con un pie en la ~** → PIE.

tumba² *f* Tambor africano.

tumbacuartillos *m y f* (*col, raro*) Pers. dada a la bebida.

tumbada *f* Acción de tumbar(se) [1].

tumbaga *f* **1** Aleación de oro y cobre, o de cobre y cinc, usada en joyería. ■ **2** Sortija, esp. la hecha con tumbaga [1].

tumbal *adj* (*lit, raro*) De (la) tumba¹ [1].

tumbar *tr* **1** Poner tendido u horizontal [algo o a alguien (*cd*)] que está vertical. *Frec el cd es refl.* **b)** Derribar o hacer caer [algo o a alguien]. *Tb fig.* **c)** Hacer caer [a alguien] por dejarle sin sentido. *Frec con intención ponderativa, esp referido a olores.* **d) ~se a la bartola** → BARTOLA. ■ **2** (*col*) Suspender [a alguien] en un examen.

tumbillo *m* (*reg*) Calentador para la cama.

tumbo¹ I *m* **1** Vaivén violento. *Tb fig. Frec con el v* DAR. ■ **2** Vuelta o voltereta. ■ **3** Retumbo. ■ **4** (*Mar*) Caída y golpe que da la ola al romper.
II *loc v* **5 dar ~s.** (*col*) Ir de un sitio a otro sin objetivo o sin fijeza.

tumbo² *m* (*hist*) *En algunas iglesias y monasterios:* Cartulario.

tumbón -na I *adj* **1** (*col*) Perezoso u holgazán.
II *f* **2** Silla de respaldo largo y con tijera que permite inclinarlo en ángulos muy abiertos.

tumefacción *f* (*Med*) Hinchazón.

tumefacto -ta *adj* (*Med o lit*) Hinchado.

tumescente *adj* (*Med o lit*) Tumefacto o hinchado.

túmido -da *adj* (*Arquit*) [Arco] de herradura apuntado. *Tb referido a la bóveda correspondiente.*

tumor *m* **1** Masa persistente de tejido nuevo sin función fisiológica, que crece y se multiplica de manera anormal. ■ **2** (*Med*) Tumefacción o hinchazón. ■ **3** (*Bot*) Hinchazón anormal de alguna parte del organismo de una planta.

tumoración *f* (*Med*) Tumor [1 y 2].

tumoral *adj* (*Med*) De(l) tumor [1]. *Tb* (*lit*) *fig, fuera del ámbito técn.*

tumular *adj* De(l) túmulo.

túmulo *m* **1** Armazón cubierta de paños de luto, usada en la celebración de las honras fúnebres para colocar sobre ella el ataúd o para representarlo. ■ **2** (*Arte*) Sepultura levantada respecto al suelo. ■ **3** Montículo artificial que cubre una sepultura. *Esp en arqueología.* ■ **4** Montículo, natural o artificial, formado por acumulación de tierra u otros materiales.

tumulto *m* **1** Alboroto producido por una multitud. **b)** Alboroto o confusión. ■ **2** Multitud de perss. congregadas, que gralm. se mueven o actúan en desorden.

tumultuariamente *adv* De manera tumultuaria.

tumultuario -ria *adj* De(l) tumulto.

tumultuosamente *adv* De manera tumultuosa.

tumultuoso -sa *adj* **1** De(l) tumulto. ■ **2** Agitado o violento.

tumulus (*lat; pronunc corriente,* /túmulus/) *m* (*E*) Túmulo [3 y 4].

tuna¹ *f* Conjunto musical estudiantil, caracterizado por su atuendo tradicional y constituido esp. por guitarras y bandurrias.

tuna[2] *f* (*reg*) Nopal (planta).

tunante -ta I *adj* **1** Granuja. *Frec n. Frec con intención ponderativa, esp referido a niños.* **II** *f* **2** (*col, raro*) Prostituta o ramera.

tunantería *f* Acción propia de un tunante.

tunda *f* (*col*) Paliza (serie de golpes).

tundente *adj* (*lit*) Que tunde[1].

tundido *m* Acción de tundir[2].

tundidor[1] **-ra** *adj* Que tunde o sirve para tundir[1].

tundidor[2] **-ra** *adj* Que tunde[2]. *Tb n: m y f, referido a pers; f, referido a máquina.*

tundir[1] *tr* Pegar o golpear. *Tb* (*lit*) *fig.*

tundir[2] *tr* Cortar o igualar el pelo [de paños o pieles (*cd*)].

tundra *f* Estepa de la zona ártica, de suelo helado durante parte del año, y caracterizada por asociaciones vegetales de algas y líquenes.

tunecino -na *adj* De Túnez. *Tb n, referido a pers.*

túnel I *m* **1** Galería subterránea destinada al paso de una vía de comunicación. **b)** Galería subterránea. **c)** *Se usa frec en constrs de sent comparativo para referirse a una situación difícil o penosa que parece no tener salida.* * *Parece que ya se ve la luz al final del túnel.* ■ **2** Construcción de forma cilíndrica o tubular destinada a diversos usos. *Gralm con un adj o compl especificador.* ■ **3** (*Autom*) Elevación del suelo del automóvil causada por la presencia de la caja de cambios o del árbol de transmisión. **II** *adj invar* **4** (*Fís*) [Efecto] que consiste en el paso de una partícula a través de una barrera de potencial que debiera repelerla. **III** *loc v* **5** hacer el ~. (*Fút*) Burlar [a un jugador] pasando el balón entre sus piernas.

tuner (*ing; pronunc corriente, /túner/; pl normal, ~s*) *m* (*raro*) Sintonizador.

tunera *f* (*reg*) Nopal (planta).

tungro -gra *adj* (*hist*) [Individuo] de un antiguo pueblo germánico establecido entre el Rin y el Escalda. *Tb n.*

tungstato *m* (*Quím*) Wolframato.

tungsteno *m* Wolframio.

túnica *f* **1** (*hist*) Prenda de vestir holgada, con o sin mangas y frec. talar, propia esp. de los antiguos griegos y romanos. **b)** Prenda de vestir, recta y holgada, cuya forma recuerda la de la túnica antigua. ■ **2** (*Biol*) Membrana que constituye una envoltura de protección.

tunicado -da *adj* (*Biol*) Envuelto por una o varias túnicas [2]. **b)** (*Zool*) [Animal] marino cordado con la epidermis revestida por una túnica y en el que la cuerda dorsal se limita únicamente a la cola. *Frec como n m en pl, designando este taxón zoológico.*

tunicela *f* **1** (*Rel catól*) Vestidura litúrgica episcopal que se usa debajo de la casulla y es de su mismo color. ■ **2** (*raro*) Túnica [1] corta.

túnido *adj* (*Zool*) [Pez] perteneciente a la misma familia que el atún. *Frec como n m en pl, designando este taxón zoológico.*

tuno[1] **-na** I *adj* **1** [Pers.] que engaña con habilidad y picardía. *Tb n.* **b)** Propio de la pers. tuna.

II *m* **2** Miembro de una tuna[1] (conjunto musical estudiantil).

tuno[2] *m* (*reg*) Higo chumbo.

tuntún (*tb con las grafías* tun tun *o* tun-tun). al (buen) ~. *loc adv* (*col*) De manera descuidada o sin pensar apenas en lo que se dice o se hace.

tupamaro -ra *adj* De la organización guerrillera urbana uruguaya Tupac Amaru, de ideología marxista. *Gralm n, referido a pers.*

tupé I *m* **1** Onda o mechón de cabellos sobre la frente. ■ **2** Bisoñé. ■ **3** (*col*) Desfachatez o descaro. **II** *loc v* **4** tomar el ~. (*col*) Tomar el pelo.

tupi *m* (*col, hoy raro*) Café (establecimiento) de carácter modesto.

tupí[1] *m* (*Carpint*) Máquina cepilladora de eje vertical para labrar perfiles y molduras.

tupí[2] (*pl, ~s*) I *adj* **1** De un pueblo indio de Brasil y Paraguay. *Tb n, referido a pers.* **II** *m* **2** Lengua de los indios tupís [1].

tupidez *f* Cualidad de tupido.

tupido -da *adj* **1** *part* → TUPIR. ■ **2** [Cosa, esp. tejido] cuyos elementos están muy juntos.

tupidor -ra *m y f* Operario que maneja un tupí[1].

tupí-guaraní *adj* [Familia de lenguas indígenas] de Brasil y Paraguay y algunas zonas limítrofes. *Frec n m.*

tupiguaranismo *m* (*Ling*) Palabra o giro propios del tupí-guaraní o procedentes de él.

tupinamba *m* (*col, hoy raro*) Tupi.

tupir A *tr* **1** Hacer más tupido [2] [algo]. ■ **2** Tapar o cubrir. **b)** Obstruir o cerrar. **B** *intr pr* (~se) **3** (*raro*) Hartarse [de algo].

tupista *m y f* Operario que maneja un tupí[1].

tupitaina *f* (*col*) Hartazgo.

tupitina *f* (*col*) Hartazgo.

tur *m* Tour.

turanio -nia *adj* (*hist*) Del Turán (antigua región de Asia Central). *Tb n, referido a pers.*

turba[1] *f* Muchedumbre de gente alborotada y frec. violenta.

turba[2] *f* Carbón fósil, ligero y esponjoso, de formación reciente.

turbación *f* Acción de turbar(se). *Tb su efecto.*

turbadamente *adv* De manera turbada.

turbado -da *adj* **1** *part* → TURBAR. ■ **2** Que denota o implica turbación.

turbador -ra *adj* Que turba, esp [2]. *Frec referido a belleza o atractivo físico.*

turbadoramente *adv* De manera turbadora.

turbal *m* Turbera.

turbamulta *f* Multitud confusa y desordenada.

turbante *m* **1** Tocado oriental masculino hecho con una banda de tela enrollada a la cabeza. ■ **2** Tocado femenino cuya forma recuerda la del turbante [1].

turbar *tr* **1** Alterar o perturbar [algo no material]. **b)** *pr* (~se) Alterarse o perturbarse [algo no material]. ■ **2** Alterar el ánimo [de una pers. (*cd*)], esp. dejándola aturdida o desconcertada. **b)** *pr* (~se)

Alterarse [una pers.], esp. quedando aturdida o desconcertada. ■ **3** Alterar o molestar [a alguien].

turbero -ra I *adj* **1** De (la) turba². II *f* **2** Yacimiento de turba².

turbiamente *adv* De manera turbia [2].

turbidez *f (lit)* Turbiedad.

turbiedad *f* Cualidad de turbio.

turbina *f* Máquina que transforma la fuerza viva o la presión de un fluido en movimiento giratorio de una rueda de paletas. *Frec con un adj o compl especificador.*

turbinación *f (Electr)* Acción de consumir la energía potencial del agua corriente o embalsada para producir energía eléctrica.

turbio -bia I *adj* **1** [Líquido] falto de transparencia por llevar materias en suspensión. ■ **2** [Cosa, esp. visión] confusa o poco clara. ■ **3** [Cosa] oscura o inconfesable. II *m pl* **4** Heces o sedimentos [de un líquido, esp. aceite]. III *adv* **5** De manera confusa o poco clara. *Con el v* VER.

turbión *m* **1** Aguacero con viento fuerte, repentino y poco duradero. ■ **2** Golpe de viento. ■ **3** Cosa de fuerza o empuje imparables. ■ **4** Multitud de cosas que se presentan juntas y de modo avasallador. ■ **5** *(reg)* Riada.

turbo *(Mec)* I *m* **1** Turbocompresor. II *adj* **2** [Motor, vehículo o aparato] dotado de turbocompresor.

turbo- *r pref (Mec)* De turbina. * Turboagitador.

turboalternador *m (Electr)* Generador de corriente alterna constituido por una turbina y un alternador montados en el mismo eje.

turbobomba *f (Mec)* Bomba centrífuga acoplada a una turbina.

turbocompresor *m (Mec)* Compresor en que el aire es aspirado por una rueda de álabes o arrastrado por una turbina.

turbodiésel *adj (Mec)* [Motor] diésel sobrealimentado con turbocompresor. *Tb n m.* **b)** [Vehículo] dotado de motor turbodiésel. *Tb n m.*

turbogenerador *m (Electr)* Generador de electricidad fundado en el uso de la turbina.

turbohélice *adj (Mec)* [Motor] turbopropulsor. *Tb n f.* **b)** [Aparato de aviación] dotado de motor turbohélice. *Tb n m.*

turboleta *adj (hist)* Turdetano. *Tb n.*

turbomotor *m (Mec)* Turbina, movida por aire comprimido, que funciona como motor.

turbonada *f* Turbión. *Tb fig.*

turbonave *f* Buque propulsado por turbinas.

turbopropulsión *f (Mec)* Sistema de propulsión por turbopropulsor.

turbopropulsor -ra *adj (Mec)* [Motor de aviación] en que una turbina de gas mueve una o dos hélices. *Gralm n m.* **b)** [Aparato de aviación] dotado de motor turbopropulsor. *Tb n m.*

turborreactor *m (Mec)* Motor de reacción del que es parte funcional una turbina de gas. **b)** Avión que funciona con turborreactor.

turbotrén *m* Tren propulsado por turbinas de gas.

turbulencia *f* **1** Cualidad de turbulento [1 y 2]. ■ **2** *(Fís)* Estado o condición de un fluido, caracterizados por la variación irregular de la velocidad en cada punto y por la formación de ondulaciones y torbellinos. **b)** *(Meteor)* Conjunto de movimientos irregulares del aire, que se manifiestan con torbellinos y bruscas variaciones de la intensidad del viento y de la presión atmosférica.

turbulentamente *adv* De manera turbulenta.

turbulento -ta *adj* **1** [Cosa] agitada y violenta. ■ **2** [Pers.] que promueve disturbios o conflictos. ■ **3** *(Fís)* De (la) turbulencia [2].

turco -ca I *adj* **1** De Turquía. *Tb n, referido a pers.* **b)** *(hist)* [Individuo] de un pueblo del Asia central que se estableció en el s. X en el Oriente Medio y en Anatolia. **c)** De (los) turcos. ■ **2** De(l) turco [6]. ■ **3** [Baño] de vapor seguido de masajes y ducha fría. ■ **4** [Cama] formada solo por un somier con patas y el colchón, que suele utilizarse como diván. *Frec n f.* ■ **5** [Cabeza] de ~, [silla] **turca** → CABEZA, SILLA. II *n* A *m* **6** Lengua de Turquía. ■ **7 gran ~.** *(hist)* Sultán de Turquía. ■ **8 jóvenes ~s.** *En un partido político:* Elementos jóvenes que desean una evolución. *Tb, simplemente, ~s.* B *f* **9** *(col)* Borrachera.

turcochipriota *adj* De la comunidad turca de Chipre. *Tb n, referido a pers.*

turcomano -na *adj* De un pueblo nómada del Asia central, que hoy vive pralm. en Turkmenistán (república de la antigua URSS) y en el nordeste de Irán. *Tb n, referido a pers.*

turdetano -na *adj (hist)* [Individuo] de un pueblo hispánico prerromano descendiente de los tartesios y habitante del valle inferior del Guadalquivir. *Tb n.* **b)** De (los) turdetanos.

túrdiga *f* Tira de piel o pellejo.

túrdulo -la *adj (hist)* **1** De un pueblo hispánico prerromano que habitó esp. en Andalucía central. *Tb n, referido a pers.* ■ **2** Turdetano. *Tb n, referido a pers.*

turf *(ing; pronunc corriente, /turf/; pl normal, ~s)* *m* **1** Pista del hipódromo. *Tb el mismo hipódromo.* ■ **2** Deporte hípico.

turgaliense *adj (lit)* Trujillano. *Tb n.*

turgencia *f (lit o E)* **1** Cualidad de turgente. ■ **2** Cosa turgente.

turgente *adj (lit o E)* Hinchado o abultado y con cierta tensión o firmeza.

turgescencia *f (Biol)* Turgencia [1]. **b)** Hinchamiento celular producido por endósmosis.

túrgido -da *adj (lit o E)* Turgente.

turgor *m (Biol)* Turgencia [1].

turiasonense *adj* De Tarazona (Zaragoza). *Tb n, referido a pers.*

turiferario -ria *adj (lit)* **1** [Pers.] que lleva incensario. *Tb n.* ■ **2** Adulador. *Tb n, referido a pers.*

turífero -ra *adj (lit)* Que lleva incienso.

turinés -sa *adj* De Turín (Italia). *Tb n, referido a pers.*

turión *m* Yema que nace de un tallo subterráneo.

turismo *m* **1** Hecho de viajar por placer. **b)** Conjunto de actividades relacionadas con el turismo. ■ **2** Conjunto de los turistas [1]. ■ **3** Automóvil capaz para un máximo de nueve ocupantes. *Tb (raro)* AU-TOMÓVIL DE ~.

turista I *m y f* **1** Pers. que hace turismo [1a].
  II *adj* **2** *En un medio de transporte, esp el avión:* [Clase] inmediatamente inferior a la primera. *Tb n f.*

turistear *intr (raro)* Hacer turismo [1a].

turísticamente *adv* **1** De manera turística [1]. ■ **2** En el aspecto turístico [1].

turístico -ca *adj* **1** De(l) turismo [1 y 2]. ■ **2** [Clase] turista [2].

turkmenio -nia *adj* De Turkmenistán (república de la antigua URSS). *Tb n, referido a pers.*

turlequeño -ña *adj* De Turleque (Toledo). *Tb n, referido a pers.*

turma *f* **1** Trufa (hongo). *Tb* ~ DE TIERRA. ■ **2** *(lit, raro)* Testículo.

turmalina *f* Mineral formado por un silicato de aluminio con ácido bórico y pequeñas proporciones de otras sustancias, que tiene propiedades piroeléctricas y piezoeléctricas, y algunas de cuyas variedades se emplean en joyería.

túrmix *(n comercial registrado) m o (más frec) f* Batidora eléctrica.

turmódigo -ga *adj (hist)* Del antiguo pueblo hispano habitante de la zona correspondiente a la actual región de Burgos. *Tb n, referido a pers.*

turnante *adj* Que turna o se turna.

turnar *intr* ➤ **a** *normal (raro)* **1** Turnarse [3]. ■ **2** Tener [alguien] su turno [2] [en un determinado momento].
  ➤ **b** *pr (~se)* **3** Actuar o presentarse por turno [1] [dos o más perss. o cosas]. *Con suj sg o pl y un compl* CON, *o con suj pl y sin compl.*

turné *f* Tournée. *Tb fig.*

turno I *m* **1** Orden de sucesión que se establece para una serie de perss. o cosas. ■ **2** Tiempo correspondiente a una pers. o cosa que forma serie con otras. **b)** Intervención prevista de una pers. en una asamblea.
  II *loc adj* **3 de ~.** [Pers. o cosa] a la que toca actuar según el turno [1] establecido. *Tb fig, con matiz desp, con referencia a la pers o cosa que por el momento está vigente, o en el poder, o de moda.*

turolense *adj* De Teruel. *Tb n, referido a pers.*

turón *m* Mamífero carnicero de pequeño tamaño, de cuerpo robusto y flexible, pelaje pardo con una zona clara cerca de los ojos, y que emite un olor desagradable producido por sus glándulas anales (*Mustela putorius*).

turoperador *m* Agente o empresa que organiza viajes turísticos y reserva hoteles y transportes, estableciendo contratos con empresas extranjeras.

turqué *adj* [Paloma] propia de Madeira y Canarias (*Columba trocaz*).

turquesa I *f* **1** Mineral formado por un fosfato hidratado de aluminio y cobre, duro, opaco y de color azul claro, que se emplea como piedra preciosa. **b)** *falsa* ~. Calaíta.
  II *adj* **2** [Color] azul propio de la turquesa [1]. *Tb n m.* **b)** De color turquesa.

turquesado -da *adj (lit)* De color azul turquí.

turquí *adj (lit)* [Azul] oscuro. *Tb n m.*

turquismo *m* Palabra o rasgo idiomático propio del turco o procedentes de él.

turrar¹ *tr (reg)* Torrar o tostar.

turrar² *tr (reg)* Embestir [un animal]. *Tb abs.*

turrero -ra *adj* De Turre (Almería). *Tb n, referido a pers.*

turriforme *adj (E)* Que tiene forma de torre.

turrón *m* Dulce navideño hecho con una pasta de miel y almendras, enteras o molidas. *También se da este n a otros dulces similares hechos con diversos frutos secos, coco, yema, frutas, etc. Frec con un adj o compl especificador.*

turronería *f* Tienda especializada en la venta de turrón.

turronero -ra I *adj* **1** De(l) turrón.
  II *m y f* **2** Pers. que fabrica o vende turrón. ■ **3** *(argot E)* Contratado eventual en Correos para la época de Navidad.

tursio *m* Mamífero cetáceo de la familia del delfín, con una aleta dorsal alta (gén. *Tursiops*).

turtó *m (E)* Residuo sólido que queda después de prensar granos o frutos oleaginosos y de extraer sus aceites.

turulato -ta *adj (col)* **1** Pasmado o estupefacto. ■ **2** Tonto o bobo.

tururú I *m* **1** *(Naipes) En ciertos juegos:* Reunión de tres cartas del mismo valor.
  II *adj* **2** *(col, humoríst)* Loco o chiflado. *Normalmente con el v* ESTAR.
  III *interj* **3** *(col, humoríst)* Se usa para negar burlonamente. * –Vente conmigo al funeral. –Tururú.

turuta *m (col, humoríst)* **1** Corneta de un regimiento. ■ **2** Corneta (instrumento).

tusa *f (reg)* Envoltura de la mazorca del maíz.

tuscánico -ca *adj (lit, raro)* De Toscana (región de Italia).

tusculano -na *adj (hist)* De Túsculo (antigua ciudad de Italia). *Tb n, referido a pers.*

tusígeno -na *adj (Med)* De (la) tos.

tusilago *(tb* **tusílago***) m* Fárfara (planta).

tuso¹ -sa *m y f* Perro. *Usado como interj para llamarlo o espantarlo.*

tuso² -sa *adj (raro)* Atusado o esquilado.

tusona *f (lit, raro)* Ramera.

tuta *f (reg)* Tanga¹ (juego y pieza).

tute *m* **1** Juego de cartas en el que se canta con reyes y caballos y se gana, en algunas modalidades, reuniendo los cuatro reyes o los cuatro caballos. ■ **2** *En el tute* [1]: Reunión de los cuatro reyes o los cuatro caballos. *Tb fig.* ■ **3** *(col)* Trabajo o esfuerzo muy grandes. *Frec en la constr* DAR(SE) UN ~. ■ **4** *(col)* Acometida muy intensa en el uso, en el consumo o en la ejecución de algo. *Gralm con los vs* DAR *o* METER.

tutear **A** *tr* **1** Hablar [a alguien *(cd)*] de tú. *Frec el cd es recípr. Tb fig.*
  B *intr pr (~se)* **2** Tratarse de tú [con alguien]. *Tb fig.*

tutela *f* **1** Autoridad conferida legalmente a alguien para cuidar de la pers. y de los bienes de quien, por ser menor de edad o por otra causa, no tiene completa capacidad civil. *Tb la institución legal correspondiente.* ■ **2** Protección y defensa [de alguien o algo]. **b)** Protección o atención vigilante. ■ **3** (*Pol*) Administración de un país por otro, encomendada a este por la ONU.

tutelaje *m* Acción de tutelar[1].

tutelar[1] *tr* Ejercer tutela [sobre alguien o algo (*cd*)].

tutelar[2] *adj* De (la) tutela.

tuteo *m* Acción de tutear.

tutiplén. a ~. *loc adv* (*col*) En abundancia.

tutor -ra **A** *m y f* **1** Pers. que tiene la tutela [1] [de otra]. ■ **2** Pers. que cuida y protege [a otra (*compl de posesión*)]. **b)** Profesor encargado de la atención y supervisión de los estudios [de los alumnos de un curso determinado].
B *m* **3** Palo o soporte clavado en el suelo para sostener o enderezar una planta.

tutoría *f* Cargo o función de tutor [1 y 2].

tutorial *adj* De (la) tutoría o de(l) tutor.

tutsi (*pl normal*, ~s o ~) *adj* De un grupo racial africano establecido en la región de Ruanda y Burundi. *Tb n, referido a pers.*

tutti (*it; pronunc corriente*, /túti/; *pl invar*) *m* (*Mús*) Parte de una composición musical que ha de ser ejecutada por toda la orquesta.

tutti-frutti (*it; pronunc corriente*, /tuti-frúti/; *pl invar*) *adj* **1** [Helado] de frutas variadas. *Frec n m. Tb* HELADO DE ~. ■ **2** [Cosa] compuesta por una mezcla de elementos variados. *Tb n m. A veces con intención desp.*

tuttista *m y f* (*Mús*) Músico que toca conjuntamente con toda la orquesta. *Se opone a* SOLISTA. *Normalmente en aposición.*

tutú (*pl*, ~s) *m* Falda corta de gasa, con varias capas y mucho vuelo, usada por las bailarinas de ballet.

tuturuto -ta *adj* (*raro*) Tonto o turulato. *Tb n.*

tuya *f* Se da este n a varios árboles de la familia del ciprés, cultivados frec como ornamentales (*Thuja orientalis, T. occidentalis, T. plicata y Tetraclinis articulata*). *Frec con un adj o compl especificador.*

tuyo -ya (*cuando va delante del n del cual es adjunto, se usa la forma* TU *–en pl* TUS–, *que se pronuncia átona*) *adj* De ti. **b)** (*col*) A veces se refiere a una pers indeterminada. **c)** **lo ~** (has trabajado lo tuyo); **los ~s** (es de los tuyos); **tu** + *n propio* (tu Juan); **delante** (**detrás**, *etc*) **~**; **ser muy ~** → SUYO. **d)** **hacer** (**una**) **de las tuyas**; **salirte con la tuya** → HACER, SALIR.

tweed (*ing; pronunc corriente*, /tuid/ o /tued/; *pl normal*, ~s) *m* Tejido escocés de lana, frec. nudoso, propio esp. para trajes y gabanes deportivos.

twill (*ing; pronunc corriente*, /tuil/; *pl normal*, ~s) *m* Tejido que forma líneas diagonales.

twin set (*ing; pronunc corriente*, /tuín-set/) *m* Conjunto de jersey y chaqueta.

twist (*ing; pronunc corriente*, /tuis/; *pl normal*, ~s) *m* Baile suelto de ritmo muy rápido, caracterizado por el balanceo constante de caderas, brazos y piernas, en boga en la primera mitad de los años sesenta. *Tb su música.*

twistear (*pronunc*, /tuisteár/) *intr* Bailar twist.

typical (*ing; pronunc corriente*, /típical/) *adj* (*col, humoríst*) Típical.

tzutujil *adj* De la tribu maya que formó un importante reino en Guatemala en la época anterior a la conquista española, y que hoy habita en el suroeste de Guatemala y oeste de Nicaragua. *Tb n, referido a pers.*

u

u¹ → o¹.

u² *f* **1** Letra del alfabeto (*u*, *U*), que en español corresponde al fonema /u/, o que se usa sin ningún valor fonético siguiendo a *g* (cuando esta letra representa /g/ ante *e* o *i*) o a *q*. (V. PRELIM.) *Tb el fonema representado por esta letra.* ■ **2** Pieza en figura de letra *u* mayúscula. ■ **3** ~ **consonante.** (*raro*) Uve.

uad (*pl invar*) *m* Río del norte de África, seco durante la mayor parte del año.

ubérrimo -ma *adj* (*lit*) **1** Muy fértil. ■ **2** Muy abundante o rico.

ubetense *adj* De Úbeda (Jaén). *Tb n, referido a pers.*

ubi *m* Planta filipina de rizomas comestibles (*Dioscorea alata*).

ubí *f* Variedad de vid procedente de Cuba (gén. *Vitis*).

ubicable *adj* (*lit*) Que se puede ubicar.

ubicación *f* (*lit*) Acción de ubicar(se). *Tb su efecto.*

ubicar *tr* (*lit*) Situar [algo o a alguien en un lugar]. *Tb fig.* **b)** *pr* (~**se**) Estar situado [en un lugar].

ubicuamente *adv* (*lit*) De manera ubicua.

ubicuidad *f* (*lit*) Cualidad de ubicuo.

ubicuo -cua *adj* (*lit*) Que está presente en todas partes a un mismo tiempo. *Gralm con intención ponderativa.*

ubio *m* (*reg*) Yugo (de animales).

ubre *f* Teta de la hembra de un animal mamífero. *Tb* (*desp o humoríst*) *referido a mujer, a veces denotando gran tamaño.* **b)** Conjunto de las ubres.

ubrera *f* Excoriación que se forma en la boca a los niños de pecho.

ucase (*tb, frec, con la grafía* **ukase**) *m* (*hist*) Decreto del zar de Rusia. **b)** (*lit*) Mandato arbitrario y tajante de la autoridad.

ucedista *adj* De UCD (Unión de Centro Democrático, partido político, 1977-1982). *Tb n, referido a pers.*

UCI (*sigla*) *f* Unidad de cuidados intensivos de un hospital.

ucraniano -na I *adj* **1** De Ucrania (república de la antigua URSS). *Tb n, referido a pers.* **II** *m* **2** Idioma hablado en Ucrania.

ucranio -nia *adj* Ucraniano [1]. *Tb n.*

ucronía *f* (*lit*) Utopía histórica, o construcción de la historia sobre datos hipotéticos o ficticios.

ucrónico -ca *adj* (*lit*) De la ucronía.

udrí *adj* (*lit*) [Amor] idealista y casto cuya teoría fue formulada por el árabe Muhammad ibn Dawud (s. IX).

uf *interj* (*col*) Acompaña predominantemente a situaciones o frases de cansancio, alivio, repugnancia o sofoco. * ¡Uf, qué asco! * ¡Uf, por fin he acabado! **b)** *A veces se usa para ponderar algo que se expresa a continuación de modo exclamativo.* * ¡Uf, cómo vuela el tiempo!

ufa *interj* (*raro*) Uf.

ufanamente *adv* De manera ufana.

ufanarse *intr pr* Mostrarse ufano u orgulloso [de algo].

ufanía *f* Cualidad de ufano.

ufano -na *adj* Orgulloso o satisfecho [de algo]. *Tb sin compl.* **b)** Arrogante o altivo.

ufología *f* Estudio de los ovnis.

ufológico -ca *adj* De (la) ufología.

ufólogo -ga *m y f* Especialista en ufología.

ugandeño -ña *adj* Ugandés. *Tb n.*

ugandés -sa *adj* De Uganda. *Tb n, referido a pers.*

ugarítico -ca *adj* (*hist*) De Ugarit (antigua ciudad de Siria).

uh *interj* (*col*) **1** Se usa para ponderar algo que se expresa a continuación. * Es una miedosa, uh, algo tremendo. ■ **2** Denota desilusión, desdén o escepticismo. * –No puedo ir. –¡Uh, qué lástima! ■ **3** Se usa para asustar. * Me corrían por los pasillos, ¡Uuuh!, ¡Uuuh!, y yo, venga a llorar. ■ **4** Se usa para imitar el aullido de algunos animales. * Uuuh, sonaba a lo lejos el aullido del lobo.

UHF (*sigla; pronunc corriente,* /ú-áĉe-éfe/) *m* (*RTV*) Frecuencia de onda radioeléctrica comprendida entre 300 y 3.000 megahertzios. **b)** (*col*) Canal de televisión que transmite en UHF.

uigur (*tb con la grafía* **uighur**) *adj* [Individuo] de un pueblo mongol del noroeste de China y zonas limítrofes. *Tb n.*

ujier *m* Empleado subalterno de algunos tribunales y cuerpos del estado.

ukase → UCASE.

ukelele *m* Guitarra hawaiana de cuatro cuerdas.

ulano *m* (*hist*) En algunos ejércitos europeos, hasta la primera Guerra Mundial: Lancero de caballería.

úlcera *f* Solución de continuidad en un tejido orgánico, con pérdida de sustancia y con escasa o nula tendencia a la cicatrización. **b)** Úlcera de estómago o de duodeno.

ulceración *f* Acción de ulcerar(se). *Tb su efecto.*

ulcerar *tr* **1** Causar úlcera [en un órgano (*cd*)]. **b)** *pr* (**~se**) Pasar [un órgano o (*raro*) una pers.] a padecer una úlcera. ■ **2** (*lit*) Herir o dañar.

ulcerativo -va *adj* Que produce úlcera.

ulceroso -sa *adj* **1** De (la) úlcera. ■ **2** Que padece úlcera. *Tb n, referido a pers.*

ulcus *m* (*Med*) Úlcera.

ulema *m* *Entre los musulmanes:* Doctor de la ley.

ulfilano -na *adj* [Alfabeto] gótico cuya invención se atribuye al obispo Ulfilas (s. IV).

ullastre *m* (*reg*) Acebuche.

ulldeconense *adj* De Ulldecona (Tarragona). *Tb n, referido a pers.*

ulmaria *f* Reina de los prados (planta).

ulmo *m* Árbol chileno de flores blancas, cuya corteza se emplea para curtir (*Eucryphia cordifolia*).

ulna *f* (*Anat*) Cúbito.

ulsterización *f* (*Pol*) Paso [de una región] a un estado de lucha terrorista por la independencia, similar al del Ulster.

ulterior *adj* (*lit*) [Cosa] posterior en el tiempo.

ulteriormente *adv* (*lit*) De manera ulterior.

ultílogo *m* (*lit*) Discurso puesto en un libro después de terminada la obra.

ultimación *f* Acción de ultimar.

últimamente *adv* En el tiempo inmediatamente anterior.

ultimar *tr* **1** Rematar [una cosa (*cd*)] o darle el último toque. **b)** Alcanzar [un acuerdo (*cd*)] después de unas negociaciones. ■ **2** (*raro*) Matar [a alguien].

ultima ratio (*lat; pronunc, /última-ráti̯o/*) *f* (*lit*) Razón última.

ultimato *m* (*raro*) Ultimátum. *Gralm en pl.*

ultimátum (*pl normal, ~s o invar*) *m* Condiciones últimas y terminantes que un estado presenta a otro comportando intimación. **b)** Propuesta o demanda final y perentoria.

ultimidad *f* (*lit, raro*) Razón última [1b].

último -ma I *adj* **1** Que en una serie o en una sucesión ocupa un lugar posterior a todos los demás elementos. *Frec el n va sobrentendido.* **b)** [Cosa] más allá de la cual no hay otra de su especie. **c)** [Cosa] más extremada. *Frec con intención ponderativa.* **d)** [Pena] de muerte. *Normalmente antepuesto al n.* **e)** Definitivo. **f)** [Lugar] más lejano o escondido. *Con intención ponderativa.* **g)** De la menor importancia. **h)** última [voluntad], ~ [grito], ~s [sacramentos] → VOLUNTAD, GRITO, SACRAMENTO. ■ **2** Inmediatamente anterior (en el espacio o en el tiempo). **II** *n* **A** *m* **3** *En pl:* Finales [de una determinada unidad de tiempo no inferior al mes]. *Frec en la constr* A ~S. **B** *f* **4** las últimas. (*col*) Los últimos [1b] momentos o la muerte. *Gralm en la constr* ESTAR EN LAS ÚLTIMAS. *Tb fig, a veces referido a situación económica.*

III *loc adv* **5 a la última.** (*col*) A la última [1a] moda. *Tb adj.* ■ **6 a lo ~** (*o, raro,* **de últimas**). Al final. ■ **7 por ~.** En último [1a] lugar. **b)** Al fin o por fin.

ultra *adj* **1** (*col*) [Pers.] ultraderechista. *Frec n.* **b)** [Pers.] de ideas sumamente conservadoras en religión. *Frec n.* ■ **2** (*col*) [Pers.] extremista. *Frec n.* **3** (*col*) De los ultras [1 y 2]. ■ **4** (*TLit*) Ultraísta.

ultra- *pref Se antepone normalmente a adjs.* **1** Extremadamente. * Ultraconfidencial. * Ultramoderno. ■ **2** Más que, o más allá de. * Ultracentenario. * Ultrarracionalismo.

ultracentrifugación *f* (*E*) Centrifugación a alta velocidad.

ultracentrífugo -ga *adj* (*E*) Que centrifuga a alta velocidad. *Frec n f, referido a máquina.*

ultracongelar *tr* Congelar [algo, esp. alimentos] a alta velocidad. *Frec en part, a veces sustantivado.*

ultracorrección *f* (*Ling*) Deformación de una palabra por equivocado afán de corrección.

ultracorrecto -ta *adj* (*Ling*) [Forma] producida por ultracorrección.

ultracorto -ta *adj* (*Radio*) [Onda] de longitud inferior a 10 m.

ultraderecha *f* (*Pol*) Extrema derecha.

ultraderechista *adj* (*Pol*) De la ultraderecha. *Tb n, referido a pers.*

ultraísmo *m* **1** (*TLit*) Movimiento poético español e hispanoamericano surgido en 1918, de carácter vanguardista y de reacción contra el modernismo, que propone una poesía esencialmente metafórica e inspirada en los temas más dinámicos y deportivos del mundo moderno. ■ **2** (*Pol*) Tendencia extremista.

ultraísta *adj* (*TLit*) Del ultraísmo [1]. **b)** [Poeta] adepto al ultraísmo. *Tb n.*

ultraizquierda *f* (*Pol*) Extrema izquierda.

ultraizquierdista *adj* (*Pol*) De la ultraizquierda. *Tb n, referido a pers.*

ultrajador -ra *adj* Que ultraja. *Tb n, referido a pers.*

ultrajar *tr* **1** Ofender o injuriar de palabra o de obra. ■ **2** (*lit*) Violar [a una mujer].

ultraje *m* Acción de ultrajar. *Tb su efecto.*

ultraligero -ra *adj* **1** Sumamente ligero o liviano. ■ **2** [Avión] muy pequeño, simple y de poco peso, gralm. sin fuselaje y con alas de tela, propulsado por un motor de baja potencia. *Gralm n m.*

ultramar I *m* **1** Lugar que está situado al otro lado del mar. *Esp designa las antiguas colonias europeas en América, Asia y Oceanía. Normalmente sin art.* **II** *adj invar* **2** [Color azul] intenso propio del lapislázuli. *Tb* DE ~.

ultramarinero -ra *m y f* (*col, raro*) Comerciante de ultramarinos [2].

ultramarino -na I *adj* **1** De ultramar [1]. **II** *m* **2** (*hoy raro*) *En pl:* Comestibles. *Se usa solo con referencia al comercio de estos.*

ultramarinos *m* (*hoy raro*) Tienda de comestibles.

ultramicrobio *m* (*Biol*) Microbio ultramicroscópico.

ultramicroscópico -ca *adj* (*Biol*) Que solo puede ser visto por medio del ultramicroscopio.

ultramicroscopio *m* (*Biol*) Microscopio de gran potencia que, mediante una iluminación lateral, permite ver objetos no visibles en el microscopio normal, iluminados brillantemente sobre fondo negro.

ultramontanismo *m* Tendencia ultramontana [2c].

ultramontano -na *adj* **1** Del otro lado de los montes. ■ **2** (*hist*) [Pers.] partidaria o defensora de las prerrogativas del papa. *Frec n.* **b)** [Pers.] de ideas sumamente conservadoras en cuestiones religiosas. *Tb n.* **c)** De los ultramontanos.

ultramundano -na *adj* (*lit*) De(l) ultramundo.

ultramundo *m* (*lit*) Mundo del más allá.

ultranza. a ~. *loc adv* (*lit*) **1** A toda costa o sin concesiones. *Frec como adj.* ■ **2** A muerte. *Tb adj.*

ultrapirenaico -ca *adj* Del otro lado de los Pirineos.

ultrapuertos *m* Lugar que está más allá de los puertos. *Sin art.*

ultrasensible *adj* (*Fís*) Dotado de sensibilidad superior a la normal.

ultrasónico -ca *adj* **1** De(l) ultrasonido. ■ **2** Supersónico.

ultrasonido *m* Vibración sonora cuya frecuencia es superior a los 20.000 ciclos por segundo y resulta imperceptible para el oído humano. **b)** Aplicación terapéutica de ultrasonidos.

ultrasonoro -ra *adj* De(l) ultrasonido.

ultraterreno -na *adj* De más allá de lo terreno.

ultratumba *f* Mundo del más allá. *Gralm en la constr* DE ~. *Tb fig.*

ultravioleta *adj* (*Fís*) [Radiación] cuya longitud de onda se encuentra entre la del extremo violeta del espectro luminoso y la de los rayos X, y que resulta invisible para el ojo humano. *Tb n m. A veces el pl es invar.*

úlula *f* Autillo (ave).

ululante *adj* (*lit*) Que ulula. *Tb fig.*

ulular *intr* (*lit*) Emitir un sonido triste y prolongado, semejante al aullido. *Tb fig, esp referido a viento.*

ululato *m* (*lit*) Sonido triste y prolongado, semejante al aullido.

umbela *f* (*Bot*) Inflorescencia de flores pedunculadas que salen de un punto común y llegan a la misma altura.

umbelífero -ra *adj* (*Bot*) [Planta] dicotiledónea de flores en umbela y frutos en aquenio. *Frec como n f en pl, designando este taxón botánico.*

umbilical *adj* Del ombligo. **b)** [Cordón] ~ → CORDÓN.

umbo *m* (*raro*) Parte central sobresaliente [de una cosa].

umbráculo *m* (*lit*) Armazón para dar sombra.

umbral *m* **1** Parte inferior del hueco de una puerta, contrapuesta al dintel. *Tb en pl con sent sg.* **b)** Entrada. *Frec fig.* ■ **2** (*E*) Valor a partir del cual comienzan a ser perceptibles los efectos de un agente físico, o dejan de serlo. *A veces en aposición.* ■ **3**

(*Geol*) Elevación del terreno que determina una línea divisoria de las aguas.

umbrela *f* (*Zool*) Parte superior, de forma acampanada, del cuerpo de la medusa.

úmbrico -ca *adj* Umbro. *Tb n m, referido a lengua.*

umbrío¹ -a I *adj* **1** (*lit*) [Lugar] sombrío.
    II *f* **2** Lugar en que casi siempre hace sombra, por estar orientado al norte.

umbrío² -a *adj* (*hist*) Umbro [1]. *Tb n.*

umbro -bra I *adj* **1** (*hist*) [Individuo] del antiguo pueblo italiano que habitó la región de Umbría. *Tb n.* **b)** De los umbros. ■ **2** De Umbría (región de Italia). *Tb n, referido a pers.*
    II *m* **3** (*hist*) Lengua del grupo itálico hablada por los umbros [1].

umbrófilo -la *adj* (*Bot*) [Vegetal] propio de los sitios poco iluminados.

umbroso -sa *adj* (*lit*) **1** [Lugar] sombrío. ■ **2** Que produce sombra.

umiak *m* Embarcación esquimal constituida por una armazón de madera cubierta de piel.

un → UNO.

unánime *adj* **1** [Conjunto de perss.] que tienen un mismo sentimiento u opinión y que actúan con arreglo a ellos. **b)** [Cosa] propia de las perss. unánimes. ■ **2** [Conjunto de perss.] que actúan a un mismo tiempo. **b)** [Cosas] que se producen a un mismo tiempo.

unánimemente *adv* De manera unánime.

unanimidad I *f* **1** Cualidad de unánime.
    II *loc adv* **2 por ~.** De manera unánime [1b].

unanimista *adj* (*TLit*) [Movimiento] surgido en Francia hacia 1910, según el cual el creador debe expresar la vida y los sentimientos colectivos.

uncial *adj* (*Paleogr*) [Tipo de letra] semejante a las modernas mayúsculas y de trazo redondeado, propio de la alta Edad Media. *Tb n f, referido a letra.*

uncidero -ra *adj* Que se puede uncir.

uncinado -da *adj* (*Anat*) Que tiene forma de gancho o garfio.

unción *f* **1** Acción de ungir. *Tb su efecto.* **b)** ~ **de los enfermos.** (*Rel catól*) Extremaunción. **c)** (*hist*) *En pl:* Untura de ungüento mercurial para la curación de la sífilis. ■ **2** (*lit*) Fervor o devoción.

uncir *tr* **1** Unir [una yunta (*cd*)] mediante el yugo. *Tb fig.* ■ **2** Unir [a alguien o algo (*cd*)] a una carga (*compl* A). *Tb fig.*

undécimo -ma I *adj* **1** Que ocupa un lugar inmediatamente detrás o después del décimo. *Frec el n va sobrentendido.*
    II *adv* **2** En undécimo [1] lugar.

underground (*ing; pronunc corriente, /*ánder- graun/; *pl normal, invar*) *adj* [Movimiento cultural] de carácter vanguardista y contestatario, que se apoya en elementos subculturales y rehúye los canales habituales de difusión y comercio. *Tb n m.* **b)** De (la) cultura underground. **c)** [Música pop] que tiende a la improvisación y la experimentación. *Tb n m.*

undoso -sa *adj* (*lit*) Ondulado (que tiene la superficie formando ondas).

ungimiento *m* Acción de ungir.

ungir *tr* **1** Aplicar [a una pers. o cosa (*cd*) aceite u otra materia similar (*compl* CON)]. ■ **2** (*Rel catól*) Aplicar [óleo sagrado (*compl* CON) a una pers. o a una parte de su cuerpo (*cd*)] al administrar determinados sacramentos. ■ **3** (*hist*) Aplicar óleo sagrado [a una pers. (*cd*)] para investirla de una dignidad. *Frec en part, a veces sustantivado. La dignidad se expresa a veces por medio de un predicat.* * Le ungió rey de Israel.

ungüentario *m* Recipiente para guardar ungüento.

ungüento *m* **1** Sustancia con que se unge. **b)** (*Med*) Preparación medicamentosa de uso externo en cuya composición entran ceras o resinas. ■ **2** ~ **amarillo.** Supuesto remedio de todos los males. *Con intención irónica.*

unguiculado -da *adj* (*Zool*) Que tiene los dedos terminados en uñas. *Tb n m.*

unguicular *adj* (*lit, raro*) En forma de uña.

unguis *m* (*Anat*) Hueso pequeño de la parte anterior e interna de cada una de las órbitas, que contribuye a formar los conductos lacrimal y nasal.

ungulado -da *adj* (*Zool*) [Mamífero] que tiene casco o pezuña. *Frec como n m en pl, designando este taxón zoológico.*

ungular *adj* (*lit*) De (la) uña.

ungulígrado -da *adj* (*Zool*) [Mamífero] que en la locomoción solo apoya la extremidad digital.

uni- *pref* De solo uno. * Unilineal.

uniata *adj* (*Rel*) Uniato. *Tb n.*

uniato -ta *adj* (*Rel crist*) [Cristiano] de la Iglesia Oriental, que reconoce la supremacía del papa, pero conserva su propia liturgia y organización. *Tb n.*

uniáxico -ca *adj* (*E*) Que tiene un solo eje.

únicamente *adv* Solamente.

unicameral *adj* (*Pol*) De una sola cámara.

unicameralismo *m* (*Pol*) Sistema parlamentario unicameral.

unicarpelar *adj* (*Bot*) Monocarpelar.

unicelular *adj* (*Biol*) Constituido por una sola célula. **b)** Propio de los seres o elementos unicelulares.

uniciclo *m* Monociclo.

unicidad *f* Cualidad de único.

único -ca *adj* Solo en su especie. **b)** Excepcional.

unicolor **I** *adj* **1** De un solo color. **II** *m* **2** Color liso.

unicornio *m* **1** Animal mítico de figura de caballo con un cuerno recto en medio de la frente. ■ **2** Rinoceronte de un solo cuerno (*Rhinoceros unicornis*). *Tb* RINOCERONTE ~.

unidad *f* **1** Propiedad [de un ser] de no poder dividirse sin que su esencia se destruya o altere. ■ **2** Propiedad [de varias perss. o cosas] de formar un todo. ■ **3** Cosa que tiene unidad [1 y 2]. ■ **4** Elemento de los que forman parte de una serie o conjunto. *En determinados contextos tiene un sent preciso; por ej, en un tren, "vagón"; en una escuadra, "barco", etc.* **b)** Fracción militar que está bajo las órdenes de un jefe. ■ **5** Cantidad que se toma como medida o término de comparación con las demás de su especie. **b)** **la ~.** (*Mat*) El número uno. ■ **6** Cualidad de único (solo en su especie). **b)** (*TLit*)

Cualidad de las tres tradicionales de la obra dramática, y que consisten en poseer una sola acción, un solo lugar donde esta se desarrolla y un tiempo para la misma que no rebase las veinticuatro horas. *Gralm seguido del respectivo compl especificador:* DE ACCIÓN, DE LUGAR, DE TIEMPO. *Frec en pl,* LAS TRES ~ES.

unidimensional *adj* De una sola dimensión.

unidireccional *adj* De una sola dirección.

unido -da *adj* **1** *part* → UNIR. ■ **2** [Color] liso. ■ **3** Que denota o implica unidad.

unidor -ra *adj* (*raro*) Que une.

unifamiliar *adj* [Vivienda] constituida por un edificio y destinada a ser habitada por una sola familia.

unificación *f* Acción de unificar.

unificador -ra *adj* **1** Que unifica. *Tb n, referido a pers.* ■ **2** De (la) unificación.

unificante *adj* (*lit*) Unificador.

unificar *tr* Reducir [algo] a unidad.

uniformación *f* Acción de uniformar(se).

uniformador -ra *adj* Que uniforma [1].

uniformante *adj* (*lit*) Uniformador.

uniformar *tr* **1** Hacer uniforme [1] [algo]. **b)** *pr* (~se) Hacerse uniforme [algo]. ■ **2** Dotar de uniforme [2] [a alguien (*cd*)].

uniforme **I** *adj* **1** [Cosa] cuyas características no varían a lo largo del espacio o del tiempo. **b)** Homogéneo. **c)** (*Fís*) [Movimiento] de un móvil que recorre espacios iguales en tiempos iguales. **d)** (*Mat*) [Propiedad] de una igualdad de mantenerse como tal si a sus dos miembros se les somete a una misma operación con unos mismos elementos. **II** *m* **2** Ropa distintiva que reglamentariamente usan los individuos pertenecientes a una determinada institución o a un grupo profesional. *Tb fig.*

uniformemente *adv* De manera uniforme [1]. **b)** (*Fís*) Proporcionalmente al tiempo. *En las constrs* MOVIMIENTO ~ ACELERADO, *o* RETARDADO.

uniformidad *f* Cualidad de uniforme [1].

uniformismo *m* **1** Tendencia a la uniformación. *Esp en política.* ■ **2** Uniformidad.

uniformista *adj* Que tiende a la uniformación. *Esp en política.*

uniformización *f* Acción de uniformizar.

uniformizar *tr* Uniformar [1].

unigénito -ta *adj* (*lit*) [Hijo] único. *Tb n. Esp referido a Jesucristo.*

unilateral *adj* **1** Que atiende a un solo lado o aspecto. ■ **2** Hecho por una sola de las partes interesadas, sin contar con las demás.

unilateralidad *f* Cualidad de unilateral.

unilateralmente *adv* De manera unilateral.

unilingüismo *m* Monolingüismo.

unilocular *adj* (*Biol*) De una sola cavidad o cámara.

unimembre *adj* (*Gram*) [Oración] que carece de la estructura normal sujeto-predicado.

uninervio -via *adj* (*Bot*) De un solo nervio.

uninucleado -da *adj* (*Biol*) De un solo núcleo.

unión I *f* **1** Acción de unir(se). *Tb su efecto.* **b)** Entidad constituida por la unión de varias. *Frec formando parte del n de determinadas entidades.* ■ **2** Lugar en que se unen dos cosas.
II *loc prep* **3 en ~ de** (*o* **con**). Juntamente con.

unionense *adj* De La Unión (Murcia). *Tb n, referido a pers.*

unionista *adj* (*Pol y Rel*) **1** Que propugna la unión de grupos, partidos o naciones. *Tb n, referido a pers.* ■ **2** (*hist*) De alguno de los grupos, asociaciones o partidos denominados "unión"; esp., de la Unión Liberal (partido político español del s. XIX). *Tb n, referido a pers.*

uniovular *adj* (*Biol*) De un solo óvulo.

unipartidista *adj* (*Pol*) De un solo partido.

unipersonal *adj* **1** De una sola persona. ■ **2** (*Gram*) [Verbo] que se conjuga solo en tercera persona del singular.

unir *tr* Hacer que [una pers. o cosa (*cd*)] esté al lado [de otra (*compl* A *o* CON)]. *Los dos compls pueden aparecer como un solo cd. Frec el cd es refl, a veces con sent recípr. Tb fig.* **b)** Hacer que [una pers. o cosa (*cd*)] esté en contacto [con otra (*compl* A *o* CON)]. **c)** Hacer que [una pers. o cosa (*cd*)] actúe o viva junto [con otra (*compl* A *o* CON)]. **d)** Hacer que [una pers. (*cd*)] sienta afecto y confianza [hacia otra (*compl* A *o* CON)]. **e)** Hacer que [una cosa (*cd*)] forme un todo [con otra (*compl* A *o* CON)].

unisex *adj* [Cosa] adecuada tanto para hombres como para mujeres. *Esp referido a moda.*

unisexo *m* Uniformidad de ambos sexos, esp. en el atuendo. *A veces en aposición.*

unisexual *adj* (*Biol*) Dotado de un solo sexo.

unísono -na I *adj* **1** Que tiene igual sonido. *Tb fig.*
II *m* **2** (*Mús*) Ejecución de la misma nota por varias voces o instrumentos.
III *loc adv* **3 al ~.** Conjuntamente y en armonía. **b)** Al mismo tiempo.

unitariamente *adv* De manera unitaria.

unitariedad *f* (*raro*) Cualidad de unitario [1].

unitario -ria *adj* **1** De (la) unidad [1 y 2]. **b)** Partidario de la unidad, esp. en política. *Tb n.* **c)** (*Rel*) [Cristiano] que no reconoce en Dios más que una sola pers. *Tb n.* ■ **2** Que tiene unidad [1]. ■ **3** Formado por una sola unidad [4]. ■ **4** Correspondiente a cada unidad [4].

unitarismo *m* Tendencia o doctrina de los unitarios [1b y c].

unitarista *adj* Partidario de la unidad, esp. en política.

unitermo -ma *adj* (*E*) [Aparato de calefacción] constituido por una batería de tubos por los que se hace pasar aire, que, calentado, puede ser dirigido por unos reflectores.

unitivo -va *adj* De (la) unión [1].

univalencia *f* (*Quím o lit*) Condición de univalente.

univalente *adj* **1** (*Quím*) Monovalente. ■ **2** (*lit*) [Pers.] que define claramente sus actitudes u opiniones. **b)** Propio de la pers. univalente.

univalvo -va *adj* (*Zool*) Que tiene una sola valva.

universal I *adj* **1** De todo el universo. **b)** De toda la Tierra. *A veces con intención ponderativa.* **c)** Co-

nocido en toda la Tierra. *Gralm con intención ponderativa.* ■ **2** De todas las cosas. **b)** De todos los hombres. *A veces con intención ponderativa.* **c)** De todos los elementos de una misma especie. **d)** Que sirve para una generalidad de usos o circunstancias. **e)** (*lit*) [Pers.] cuyos conocimientos o aptitudes se aplican a todos los temas en general. ■ **3** (*Der*) [Pers.] a quien corresponde la totalidad de un patrimonio. ■ **4** (*Filos*) [Proposición] cuyo sujeto está tomado en toda su extensión. *Se opone a* PARTICULAR.
II *m* **5** (*Filos*) Concepto aplicable a todos los individuos de la misma especie. *Normalmente en pl.*

universalidad *f* **1** Cualidad de universal. ■ **2** Totalidad.

universalismo *m* **1** Aspiración o tendencia a la universalidad [1]. ■ **2** Doctrina que preconiza la subordinación absoluta del individuo a la comunidad.

universalista *adj* **1** Que aspira a la universalidad [1]. ■ **2** De(l) universalismo [2].

universalizable *adj* Que se puede universalizar.

universalización *f* Acción de universalizar.

universalizador -ra *adj* Que universaliza.

universalizante *adj* Universalizador.

universalizar *tr* Hacer universal. *Frec con intención ponderativa.*

universalmente *adv* De manera universal.

universidad *f* **1** Institución de enseñanza superior, constituida por diversas facultades y otros centros de estudio o investigación, en la cual se confieren los títulos de doctor y licenciado. **b)** *Se da este n a otras instituciones de enseñanza que no confieren esos títulos.* * Universidad Laboral. **c)** (*hist*) *En la Edad Media y el Renacimiento:* Establecimiento público de enseñanza en que se conferían los grados de bachiller, maestro, licenciado y doctor. **d)** Edificio o conjunto de edificios en que se halla instalada una universidad. ■ **2** (*hist*) Conjunto de poblaciones y tierras unidas por una misma representación jurídica.

universitariamente *adv* (*raro*) De manera universitaria.

universitario -ria *adj* De (la) universidad. *Frec n, referido a pers.* **b)** [Colegio] ~ –> COLEGIO.

universo -sa I *adj* **1** (*lit, raro*) Universal.
II *m* **2** Conjunto de todo lo que tiene existencia material. *Tb fig. Frec con intención ponderativa, a veces* (*lit*) *en la forma* ~ MUNDO. **b) el ~.** La Tierra.

univitelino -na *adj* (*Fisiol*) [Gemelos] que proceden de un solo huevo.

unívocamente *adv* De manera unívoca.

univocidad *f* Cualidad de unívoco.

unívoco -ca *adj* [Término o modo de expresión] que tiene siempre un mismo significado. *Tb fig.*

uno, una I *art y adj* (*la forma m* UNO *se convierte en* UN *cuando va inmediatamente delante del n del cual es adjunto, y tb cuando entre los dos se interpone algún adj. La forma f* UNA *se convierte normalmente en* UN *cuando el n al que precede inmediatamente comienza por* /a/ *tónica:* un hacha) **1** *Precede a un n de pers o cosa no consabida. Se opone a* EL. * Tiene un taller de planchado. **b)** *Con carácter expletivo, se antepone a advs de intensidad como* MUCHO, BASTANTE *y otros, contraponiéndolos* (*a veces* *implícitamente*) *a las locs advs* UN POCO, UN TANTO (→ POCO, TANTO). * Páginas un bastante deshilvanadas y un mucho apresuradas. ■ **2** *Precede a un n de pers o cosa a la que se quiere presentar de manera imprecisa. Se opone a* ESTE, ESE, AQUEL. * Espero que un día vuelva. **b)** *Precediendo a n propio de pers:* Un tal (→ TAL). **c)** ~ **de tantos,** ~ **más,** *o* ~ **del montón.** (*col*) Vulgar o que no destaca entre los de su clase. * Era un chico de tantos. **d)** ~ **que otro** + *n, o* **un** + *n* + **que otro.** Unos pocos + *n en pl.* * Le vi una que otra vez. ■ **3** *En pl, expresa cantidad indeterminada.* * Estuvo de maestro unos meses. **b)** *Precediendo a una expresión de cantidad, la presenta como aproximada.* * Dista unos once kilómetros. ■ **4** *Precede a un n de pers o cosa considerada sola, sin otras de su especie. Siempre en sg. Se opone a* VARIOS, DOS, TRES, *etc.* * Falta apenas un minuto. **b)** *Puede ir sumado a otros adjs de número.* * Está entre los cuarenta y uno y los cuarenta y tres años. ■ **5** Único (solo en su especie). ■ **6** Igual o idéntico. ■ **7** *En contraposición con* OTRO: Cada. **b)** *En pl:* Una parte de los. **c)** ~ **y otro.** Los dos. **d)** ~**s y otros.** Todos, los de un grupo y los de otro. **e)** ~ **con otro,** *o* ~**s con otros.** *Se usa con valor adv para expresar promedio.* * Unos libros con otros salen a 3.000. ■ **8** Tal o tanto. *Funciona como antecedente de una prop con* QUE *que expresa consecuencia.* * Tengo un hambre que no veo. **b)** *A veces en forma exclam, sin prop de consecuencia.* * ¡Me da una rabia que trabajes tanto! **c) de un** + *adj* = CON TAL + *el n abstracto correspondiente a ese adj* (de un tonto = con tal tontería).

II *pron* **9** *Designa una pers o cosa indeterminada que forma parte de un grupo ya mencionado o aludido, o que se va a mencionar en seguida.* * Los perros son peligrosos; todavía tengo la señal del mordisco que me dio uno negro que tuvo mi cuñada. **b)** *Designa una pers indeterminada, no mencionada antes.* * –¿Con quién hablaste? –Con uno que debía ser su padre. **c)** ~ **de tantos,** ~ **más,** *o* ~ **del montón.** (*col*) Pers. o cosa vulgar o que no destaca entre los de su clase. *Se usa como predicat.* * Soy uno del montón. ■ **10** *Funciona como pron impers, designando una pers indiferente.* * Ante eso, uno no sabe qué responder. **b)** (*col*) *Frec designa, de manera más o menos impersonalizada, con intención generalizadora, a la propia pers que habla. A veces se usa la forma m para designar mujer.* * Uno a estas horas no tiene ganas de nada. ■ **11** *Designa una pers o cosa considerada sola, sin otras de su especie. Siempre en sg.* * Deberíamos tener dos cabezas, pues una no es suficiente para vivir. **b)** *Puede ir sumado a otros prons de número.* * Del treinta y uno al treinta y tres estuvo en Roma. ■ **12** *Se usa en constrs de sent distributivo:* → A ~, → POR ~, DE ~ EN ~. ■ **13** Una misma cosa. *Normalmente en la forma m sg.* * Todo es uno. ■ **14** *En contraposición con* OTRO, *en sg:* Cada uno. **b)** *En pl:* Una parte (de un conjunto). **c)** ~ **y otro.** Los dos. **d)** ~**s y otros.** Todos, los de un grupo y los de otro. **e)** ~ **con otro,** *o* ~**s con otros.** *Se usa con valor adv para expresar promedio.* * Compré varios libros, y unos con otros salieron a 3.000. ■ **15 una.** (*col*) *Designa, con intención ponderativa, una cosa que solo se precisa por medio del adj que acompaña o de todo el contexto.* * El viento arrecia; va a caer una buena. ■ **16 una de** + *n en pl o colectivo.* (*col*) Tal cantidad de. *Funciona como antecedente de una prop con* QUE *que expresa consecuencia.* * Tenía una de florituras que era el acabose. **b)** *A veces en forma exclam, sin prop de consecuencia.* * Si fuera usted, iba a inventar una de aparatos.

III *n* **A** *m* **17** Primer número de la serie natural. *Frec va siguiendo al n* NÚMERO. **b)** Pers. o cosa que ocupa el primer lugar de una serie. *Frec en aposición.*

B *f* **18** Primera hora después de mediodía o de medianoche. *Precedido de* LA.

IV *loc v* **19 hacer una de las suyas (tuyas, vuestras,** *etc*) → HACER. ■ **20 no dar,** *o* **no acertar, una.** (*col*) No hacer nada con acierto.

V *loc adv* **21 a la una, a las dos, (y) a las tres.** *Fórmula que se emplea para advertir que a su término ha de realizarse algo previsto de antemano. Tb* UNA, DOS Y TRES. * Vamos a correr la mesa, venga. A la una, a las dos y a las tres. **b)** *En una subasta, se emplea para dar un último plazo para que se puje antes de adjudicar el objeto al último postor.* * Mil pesetas a la una, mil pesetas a las dos y mil pesetas a las tres. Adjudicado. ■ **22 a una.** Al mismo tiempo o a la vez. ■ **23 lo** ~**..., lo otro.** Lo primero..., lo segundo. ■ **24 una de dos.** *Precede al planteamiento de una doble posibilidad.* * Una de dos: o te amoldas o te vas.

untable *adj* Que se puede untar, *esp* [1b].

untada *f* (*reg*) Acción de untar [1 y 2].

untador -ra *adj* Que unta. *Tb n: m y f, referido a pers; m, referido a utensilio.*

untadura *f* Acción de untar [1 y 2].

untar *tr* **1** Extender [sobre una pers. o cosa (*cd*)] una materia fluida o grasa (*compl* DE *o* CON)]. **b)** Extender [una materia fluida o grasa (*cd*)] sobre alguien o algo]. ■ **2** Impregnar [algo (*cd*)] en una sustancia fluida]. ■ **3** (*col*) Sobornar [a alguien]. **b)** ~ **la mano** → MANO.

unte *m* (*reg*) Unto.

unto *m* **1** Materia que se unta [1b]. ■ **2** Grasa. ■ **3** (*col*) Dinero con que se soborna. ■ **4** (*col*) Acción de untar.

untoso -sa *adj* Untuoso.

untuosamente *adv* De manera untuosa.

untuosidad *f* Cualidad de untuoso.

untuoso -sa *adj* **1** Que produce al tacto una sensación suave y pegajosa, característica de las materias grasas. ■ **2** Zalamero.

untura *f* **1** Acción de untar [1 y 2]. ■ **2** Materia con que se unta [1a].

uña I *f* **1** En el hombre y algunos animales: Parte córnea que recubre la parte superior de las extremidades de los dedos. **b)** *Se usa en pl para simbolizar la disposición agresiva o de pelea, en frases como* AFILARSE LAS ~S, SACAR, *o* ENSEÑAR, LAS ~S. **c)** *Se usa, gralm en pl, para simbolizar la acción de apresar, robar, retener o poseer, en frases como* CAER EN LAS ~S, ESCAPARSE DE LAS ~S, QUEDARSE ENTRE LAS ~S. ■ **2** Pezuña o casco. ■ **3** Punta corva que termina la cola del alacrán. ■ **4** Parte dura del extremo del pedúnculo del percebe. ■ **5** Punta corva en que terminan algunos instrumentos o herramientas. **b)** Punta en que terminan los brazos del ancla. ■ **6** (*Bot*) Parte estrecha de los pétalos de una flor. ■ **7** ~ **de caballo.** Fárfara (planta). ■ **8** ~ **de gato.** Planta herbácea de tallos robustos y flores en corimbo de color amarillo pálido (*Sedum nicaeense*).

II *loc v* **9 dejar(se) las** ~**s** [en algo]. (*col*) Poner [en ello] mucho esfuerzo o trabajo. ■ **10 ser** ~ **y carne** [dos o más perss.]. (*col*) Tener una amistad muy estrecha. *A veces con suj sg y un compl* DE *o* CON. *Tb fig.*

III *loc adv* **11 a ~ de caballo.** Montando sobre un caballo. *Frec con vs como* HUIR *o* ESCAPAR. *Alguna vez* (*lit*) *referido a otra caballería.* **b)** A toda prisa. *Tb* (*reg*) A (LA) ~. ■ **12 con ~s y dientes.** Con todas las fuerzas. *Con vs como* LUCHAR *o* DEFENDER. ■ **13 de ~s** (*o, más raro, ~s arriba*). (*col*) En actitud hostil o en mala disposición.

uñagata *f* (*reg*) Gatuña (planta).

uñarada *f* Arañazo hecho con las uñas [1a].

uñazo *m* (*reg*) Uñarada.

uñero *m* Lesión en los bordes de la uña [1a], esp. la producida por el crecimiento incorrecto de esta.

uñir (*conjug* 53) *tr* (*reg*) Uncir.

uñoso -sa *adj* De uñas [1a] largas.

uperisación *f* (*E*) Uperización.

uperisar *tr* (*E*) Uperizar.

uperización *f* (*E*) Procedimiento de esterilización de la leche, que consiste en someterla a temperatura muy elevada durante un tiempo muy breve.

uperizar *tr* (*E*) Someter a uperización.

uppercut (*ing; pronunc corriente,* /aperkút/ *o* /uperkút/; *pl normal,* ~s) *m* (*Boxeo*) Gancho al mentón.

urálico -ca *adj* [Lengua] de la familia constituida pralm. por el fino-ugrio y el samoyedo.

uralita (*n comercial registrado*) *f* Material análogo al fibrocemento, usado esp. para cubiertas y tuberías. **b)** Plancha de uralita.

uraloaltaico -ca (*tb con la grafía* **uralo-altaico**) **I** *adj* **1** [Lengua] del grupo formado pralm. por el mogol, el turco y el fino-ugrio. ■ **2** [Pers.] que habla alguna de las lenguas uraloaltaicas. *Tb n.* **II** *m* **3** Familia de las lenguas uraloaltaicas [1].

uraniano -na *adj* Del planeta Urano.

uranífero -ra *adj* De uranio.

uraninita *f* (*Mineral*) Pecblenda.

uranio *m* Elemento metal radiactivo, de número atómico 92, de color blanco argentífero, algunos de cuyos isótopos se emplean en la producción de energía atómica.

uranismo *m* (*lit*) Homosexualidad, esp. masculina.

uranista *adj* (*lit*) Homosexual, esp. masculino. *Tb n.*

urano *m* (*raro*) Uranio.

urato *m* (*Quím*) Sal del ácido úrico.

urbanamente *adv* De manera urbana [3].

urbanícola *adj* (*humoríst*) Que habita en una ciudad. *Frec n, referido a pers.*

urbanidad *f* Buena educación o buenos modales.

urbanismo *m* **1** Conjunto de conocimientos y técnicas relativos a la adaptación de las poblaciones a las necesidades materiales de la vida humana. ■ **2** Forma urbana [1] de vida.

urbanista **I** *m y f* **1** Especialista en urbanismo [1]. **II** *adj* **2** Urbanístico.

urbanísticamente *adv* En el aspecto urbanístico.

urbanístico -ca **I** *adj* **1** Del urbanismo. **II** *f* **2** Urbanismo [1].

urbanita *adj* (*humoríst*) Que habita en una ciudad. *Frec n, referido a pers.*

urbanizable *adj* Que se puede urbanizar, *esp* [1].

urbanización *f* **1** Acción de urbanizar. *Tb su efecto.* ■ **2** Terreno delimitado artificialmente para establecer en él un núcleo residencial urbanizado.

urbanizador -ra *adj* **1** Que urbaniza [1]. *Tb n: m y f, referido a pers; f, referido a empresa.* ■ **2** De (la) urbanización [1].

urbanizamiento *m* (*raro*) Urbanización [1].

urbanizante *adj* Urbanizador [2].

urbanizar *tr* **1** Dotar [a un terreno (*cd*)] de luz, pavimento y demás servicios urbanos. ■ **2** Concentrar en ciudades la población [de un territorio (*cd*)]. ■ **3** Adaptar [a alguien] a la vida ciudadana. *Frec el cd es refl.* ■ **4** Educar [a alguien].

urbano -na *adj* **1** De (la) ciudad. ■ **2** [Guardia] encargado de la vigilancia del tráfico en ciudad. *Tb n m.* ■ **3** Educado o cortés.

urbe *f* (*lit*) Ciudad, esp. la muy populosa.

urbi et orbi (*lat; pronunc,* /úrbi-et-órbi/) (*lit*) **I** *loc adj* (*invar*) **1** [Bendición papal] extensiva a los fieles de todo el mundo y que comporta una indulgencia plenaria. **II** *loc adv* **2** A los cuatro vientos.

urca *f* (*hist*) Embarcación de carga de popa redondeada.

urce *m* (*reg*) Brecina o brezo blanco (planta).

urcia *f* (*reg*) Urce o brecina.

urdidor -ra **I** *adj* **1** Que urde. *Tb n, referido a pers.* **II** *m* **2** Instrumento en que se preparan los hilos para la urdimbre.

urdimbre *f* **1** Conjunto de hilos paralelos que van a lo largo de un tejido. ■ **2** Armazón argumental.

urdir *tr* **1** Preparar la urdimbre [de una tela (*cd*)] en el telar. *Frec abs. Tb fig.* ■ **2** Preparar o concebir [una cosa], esp. de modo cauteloso o secreto.

urdú (*tb* **urdu**) *m* Lengua derivada del hindustaní, con muchos elementos de origen persa, que se escribe con alfabeto árabe y que es idioma oficial del Pakistán. *Tb adj.*

urea *f* Sustancia nitrogenada cristalina, sólida y soluble que se encuentra esp. en la orina del hombre y de los animales superiores, y que, elaborada industrialmente, se usa como disolvente y abono.

uredal *adj* (*Bot*) [Hongo] parásito de las plantas superiores, en las que ocasiona enfermedades. *Frec como n m en pl, designando este taxón botánico.*

uremia *f* (*Med*) Estado de autointoxicación producido por acumulación de urea en la sangre por mal funcionamiento del riñón.

urémico -ca *adj* (*Med*) **1** De (la) uremia. ■ **2** Que padece uremia. *Tb n, referido a pers.*

urente *adj* (*Med*) Que escuece o abrasa. *Tb* (*lit*) *fig.*

ureopoyético -ca *adj* (*Fisiol*) De (la) formación de urea.

uretano *m* (*Med*) Sustancia cristalina, incolora, amarga y soluble en agua y alcohol, que se emplea como anestésico en animales pequeños de laboratorio.

uréter *m* (*Anat*) Conducto por donde desciende la orina de los riñones a la vejiga.

ureteritis f (*Med*) Inflamación del uréter.

ureterostomía f (*Med*) Formación quirúrgica de una fístula permanente en el uréter.

uretra f (*Anat*) Conducto membranoso desde la vejiga urinaria al exterior.

uretral adj (*Anat*) De (la) uretra.

uretritis f (*Med*) Inflamación de la uretra.

ureus m (*Arqueol*) Serpiente representada en el tocado faraónico como símbolo del poder.

urgelense adj De La Seo de Urgel (Lérida). *Tb* n, *referido a pers.*

urgelés -sa adj Urgelense. *Tb* n.

urgellenco -ca adj (*reg*) Urgelense. *Tb* n.

urgencia f **1** Cualidad de urgente [1]. ■ **2** Cosa urgente [1]. **b)** Necesidad urgente. ■ **3** Rapidez o apresuramiento.

urgente adj **1** [Cosa] que urge [1]. ■ **2** (*raro*) [Pers.] que urge [3 y 4].

urgentemente adv De manera urgente [1].

urgir A intr **1** Precisar [una cosa (*suj*)] su pronta realización u obtención. ■ **2** Obligar de hecho [una ley o precepto].
B tr **3** Hacer que [alguien o algo (*cd*)] se apresure. *Tb* abs. ■ **4** Pedir [algo] con urgencia o apremio.

úrico adj (*Quím*) [Ácido] orgánico nitrogenado que se encuentra en la orina y en los excrementos de las aves y de los reptiles.

urinario -ria I adj **1** De la orina.
II m **2** Retrete público.

urinífero -ra adj (*Anat*) Que conduce la orina.

urinoso -sa adj (*Med*) De (la) orina.

urna f **1** Caja o vaso destinados a guardar diversos objetos, esp. restos humanos. ■ **2** Caja para depositar las papeletas de un sorteo o de una votación. *Frec se usa* (*lit*) *como símbolo de las elecciones, en constrs como* ACUDIR A LAS ~S. ■ **3** Caja de cristales planos para tener visibles y resguardados ciertos objetos. **b)** *Se usa en constrs de sent comparativo para expresar aislamiento. Frec* ~ DE CRISTAL. * *Vive en una urna de cristal.*

uro[1] m Bóvido salvaje, ya desaparecido, similar al toro, pero de mayor tamaño (*Bos primigenius*).

uro[2] **-ra** adj [Individuo] de un pueblo indígena boliviano habitante en los departamentos de La Paz y Oruro, en la región del río Desaguadero. *Tb* n.

urobilina f (*Fisiol*) Pigmento urinario de origen biliar.

urocordado adj (*Zool*) Tunicado. *Frec como* n m *en pl, designando este taxón zoológico.*

urocromo m (*Fisiol*) Pigmento urinario de color amarillo.

urodelo adj (*Zool*) [Batracio] que tiene cola. *Frec como* n m *en pl, designando este taxón zoológico.*

urogallo m Ave de unos 80 cm de largo y 150 de envergadura, de plumaje pardo negruzco y cola redonda, que habita en los bosques y que en época de celo emite un sonido similar a un mugido (*Tetrao urogallus*).

urogenital adj (*Anat*) De(l) aparato urinario y genital.

urografía f (*Med*) Radiografía (procedimiento o fotografía) de las vías urinarias.

urograma m (*Med*) Imagen radiográfica de las vías urinarias.

urolitiasis f (*Med*) Formación de cálculos o concreciones en las vías urinarias.

urología f Parte de la medicina referente al aparato urinario.

urológico -ca adj De la urología.

urólogo -ga m y f Especialista en urología.

uropigiano -na adj (*Zool*) [Glándula] de la cola de las aves, cuya secreción protege las plumas.

uroscopia f (*Med*) Examen físico y químico de la orina.

urotropina f (*Med*) Antiséptico de las vías urinarias que se obtiene mediante la acción del formol sobre el amoniaco.

urraca f Ave semejante al cuervo, con plumaje blanco en el vientre y en el arranque de las alas y negro metálico en el resto, que remeda palabras y suele llevarse al nido objetos brillantes (*Pica pica*). **b)** (*col, humoríst*) Pers. acaparadora.

urrecha f (*reg*) Carbonera (seta).

úrsido -da adj (*Zool*) [Mamífero] carnívoro, de cuerpo robusto, gran talla, cabeza ancha y hocico largo, miembros fuertes con cinco dedos de uñas no retráctiles, plantígrado y de marcha lenta. *Frec como* n m *en pl, designando este taxón zoológico.* **b)** De (los) úrsidos.

ursino -na adj (*lit*) De(l) oso.

ursonense adj (*lit*) De Osuna (Sevilla). *Tb* n, *referido a pers.*

ursulina adj [Religiosa] de la congregación agustiniana fundada por Santa Ángela de Brescia en el s. XVI para educación de niñas y cuidado de enfermos. *Frec* n. **b)** (*col*) *Frec se usa en frases de sent comparativo para ponderar la mojigatería o la ñoñería de una mujer.* * *Pareces una ursulina.*

urta f (*reg*) Dentón (pez).

urticácea adj (*Bot*) [Planta] dicotiledónea herbácea, de hojas alternas, gralm. con pelos urticantes, de la familia de la ortiga. *Frec como* n f *en pl, designando este taxón botánico.*

urticante adj (*CNat*) Que produce comezón como la ocasionada por la ortiga.

urticaria f Afección cutánea caracterizada por la aparición de habones blanquecinos o rojizos y comezón.

urticarial adj (*Med*) De (la) urticaria.

urticárico -ca adj (*Med*) Que padece urticaria. *Tb* n.

uruguayo -ya adj Del Uruguay. *Tb* n, *referido a pers.*

urz f (*reg*) Urce o brecina (planta).

urzal m (*reg*) Terreno poblado de urces.

USA (*tb con la grafía* U.S.A.) adj invar Estadounidense. *Tb* n, *referido a pers.*

usable adj Que se puede usar.

usadero -ra adj (*lit*) **1** Que se puede usar. ■ **2** Usual.

usado -da adj **1** part → USAR. ■ **2** [Cosa] de segunda mano, o que ha pertenecido a otra pers.

usador -ra adj (*lit, raro*) Usuario. *Tb* n.

usanza f (*lit*) Uso o costumbre. *Gralm en la constr* A LA ~ *con un adj o compl* DE.

usar A *tr* **1** Hacer [alguien] que [algo (*cd*)] realice para él una función, esp. la que le es propia. **b)** Servirse [de algo (*cd*)] o aprovecharlo. ▪ **2** Tener [algo, esp. un hecho (*cd*)] como habitual. *Frec en constr pr pasiva, a veces indicando moda.* * Usan decir "palabra de honor". * Hoy se usa mucho el cristal y el latón. ▪ **3** Desgastar o envejecer [algo (*cd*)] como consecuencia de hacer que realice una función. *Gralm en part.* **b)** *pr* (**~se**) (*raro*) Desgastarse o envejecerse [algo].
B *intr* **4** Usar [1 y 2] [algo (*compl* DE)].

usbekistano -na *adj* Usbeko. *Tb n.*

usbeko -ka (*tb* **uzbeko** *o* **uzbeco**) *adj* [Individuo] de un pueblo turco-mongol habitante de Usbekistán (antigua república soviética). *Tb n.* **b)** De (los) usbekos.

usía I *pron pers* **1** Vuestra señoría. *Empleado como tratamiento de respeto para determinadas perss. Tb (humoríst) referido a cosas.*
II *loc v* **2 tener ~** [alguien]. Tener derecho al tratamiento de usía. **b) tener ~** [alguien o algo]. (*humoríst*) Ser de respeto.

uso I *m* **1** Acción de usar(se). ▪ **2** Posibilidad de ser usado. **b) ~ de** (**la**) **razón**. Capacidad de razonar normalmente. *A veces tb la edad, posterior a la infancia, en que se da esta capacidad.* ▪ **3** Costumbre (manera habitual de obrar una pers. o una colectividad). **b)** (*Der*) Forma del derecho consuetudinario inicial de la costumbre, pero menos solemne que esta, que suele servir como supletorio en algunas leyes escritas.
II *loc adj* **4 al ~**. Que ahora se estila. *Tb adv.* ▪ **5** (**de**) **todo ~**. [Objeto] ideado para que pueda usarse en cualquiera de los servicios propios de su género. *Tb n m en la forma* TODO ~. ▪ **6 en buen** (**mal**, *etc*) **~**. [Cosa usada] en buen (mal, etc.) estado. *Tb adv.*

ustachi *adj* De una organización política croata de extrema derecha, fundada en 1929. *Tb n, referido a pers.*

usted I *pron pers* **1** *Designa dentro de la frase a la pers a quien aquella va dirigida, cuando no se tiene con ésta suficiente familiaridad para designarla con el pron* TÚ. *Cuando funciona como cd o ci sin prep, toma las formas* (LE, LA, *etc*) *propias del pron* ÉL (→ ÉL). * ¿Cómo se llama usted? * Siéntese, por favor. * ¿Le apetece algo? **b)** *A veces se usa para expresar una actitud de distanciamiento.* * Niños, son ustedes unos pesados. **c)** (*col*) *Se usa con sent impers.* * ¡Tiene usted que oír cada cosa...!
II *loc v* **2 hablar**, **tratar**, *o* **llamar** (*más raro* **dar**), **de ~**. Emplear el pronombre *usted*, y no *tú*, para referirse al interlocutor.
III *loc adv* **3 de ~ para mí**. Confidencialmente. *Entre dos perss que dialogan.*

ustible *adj* (*lit*) Que se puede quemar.

ustilagal *adj* (*Bot*) Ustilaginal. *Tb n.*

ustilaginal *adj* (*Bot*) [Hongo] parásito de las plantas superiores, en las que produce la enfermedad del carbón o tizón. *Frec como n m en pl, designando este taxón botánico.*

ustorio *adj* (*raro*) [Espejo] cóncavo que refleja los rayos del Sol y es capaz de quemar los objetos situados en su foco.

usual *adj* [Cosa] habitual o acostumbrada.

usualmente *adv* De manera usual.

usuario -ria *adj* Que usa [algo (*compl de posesión*)]. *Tb sin compl. Frec n, referido a pers.*

usucapión f (*Der*) Adquisición de un derecho mediante su ejercicio en las condiciones y durante el tiempo previstos por la ley.

usucapir *tr* (*Der*) Adquirir [un derecho] por usucapión.

usufructo *m* (*Der*) Derecho de usar algo ajeno y de aprovecharse de sus frutos, con la obligación de conservarlo. *Tb las utilidades derivadas de ese derecho.*

usufructuar (*conjug* 1d) *tr* (*Der*) Tener el usufructo [de una cosa (*cd*)]. *Tb fig.*

usufructuario -ria *adj* (*Der*) **1** [Pers.] que tiene el usufructo [de algo]. *Frec n. Tb fig.* ▪ **2** De(l) usufructo.

usura f **1** Préstamo con interés excesivo. ▪ **2** Interés excesivo en un préstamo. *Tb fig.* ▪ **3** Desgaste. *Frec en medicina.*

usurariamente *adv* De manera usuraria.

usurario -ria *adj* De la usura [1].

usurero -ra I *m y f* **1** Pers. que presta con usura [2]. ▪ **2** Pers. que busca un provecho excesivo en sus relaciones comerciales con los demás.
II *adj* **3** (*raro*) De (la) usura [1].

usurpación f Acción de usurpar.

usurpador -ra *adj* **1** Que usurpa. *Frec n, referido a pers.* ▪ **2** De (la) usurpación.

usurpar *tr* Apropiarse [de un derecho, dignidad o puesto (*cd*)] sin derecho. **b)** (*Der*) Apoderarse con engaño o violencia [de algo (*cd*)] que pertenece a otro].

utensilio *m* Objeto que se utiliza para realizar una acción.

uterino -na *adj* (*Anat*) Del útero. **b)** (*Der*) [Hermano] por parte de madre únicamente. **c)** [Furor] ~ → FUROR.

útero *m* (*Anat*) Matriz (órgano de la gestación).

utielano -na *adj* De Utiel (Valencia). *Tb n, referido a pers.*

útil I *adj* **1** Que proporciona un provecho o servicio. *Frec con compl* PARA. **b)** [Tiempo] hábil. *Sin compl.* ▪ **2** (*Der*) [Dominio] que consiste en la facultad de gozar los frutos o beneficios que una cosa puede producir.
II *m* **3** Utensilio. *Gralm en pl y con compl especificador.*

utilería f (*Escén*) Atrezo.

utilero -ra *m y f* (*Escén*) Pers. encargada de la utilería.

utilidad I f **1** Cualidad de útil [1]. **b)** Posibilidad de utilización. ▪ **2** Provecho o beneficio.
II *loc adj* **3 de ~**. Útil [1].

utilitariamente *adv* En el aspecto utilitario [1a].

utilitario -ria *adj* **1** Encaminado fundamentalmente a la utilidad. **b)** [Automóvil] pequeño y económico. *Frec n m.* ▪ **2** (*Filos*) De(l) utilitarismo.

utilitarismo *m* Tendencia a buscar ante todo la utilidad de las cosas. **b)** (*Filos*) Doctrina que considera la utilidad como principio de todo valor.

utilitarista *adj* (*Filos*) De(l) utilitarismo [1b]. **b)** Partidario del utilitarismo. *Tb n.*

utilizable *adj* Que puede ser utilizado.

utilización *f* **1** Acción de utilizar. ■ **2** Posibilidad de ser utilizado.

utilizador -ra *adj* Que utiliza. *Tb n, referido a pers.*

utilizar *tr* Usar (hacer [alguien] que [algo (*cd*)] realice para él una función, esp. la que le es propia). **b)** Aprovechar [algo para una acción determinada (*compl* EN *o* PARA)]. **c)** Hacer [alguien] que [otra pers. (*cd*)] realice para él, sin saberlo, un servicio.

utillaje *m* Conjunto de útiles necesarios para una industria o un trabajo. *Frec con un adj o compl especificador. Tb fig.*

utillar *tr* (*raro*) Dotar de utillaje [a alguien o algo (*cd*)].

utillería *f* **1** (*Escén*) Utilería. ■ **2** (*raro*) Conjunto de objetos o utensilios necesarios para algo.

utillero -ra *m y f* **1** (*Escén*) Utilero. ■ **2** (*Dep*) Pers. encargada del equipo material necesario para un conjunto o para una prueba.

utoazteca (*tb con la grafía* **uto-azteca**) *adj* [Familia de lenguas] propias de los indios norteamericanos, que se extiende desde el Norte de los Estados Unidos al Sur de Méjico. *Tb los pueblos que las hablan. Tb n, referido a pers.*

utopía *f* **1** Ideal político o social muy alejado de la realidad. **b)** Proyecto bueno pero irrealizable.

utópicamente *adv* De manera utópica [1].

utópico -ca *adj* **1** De (la) utopía. ■ **2** [Pers.] que concibe utopías o lucha por ellas. *Tb n.*

utopismo *m* (*lit*) Tendencia a la utopía.

utopista *adj* Que tiende a la utopía. *Tb n, referido a pers.*

utrerano -na *adj* De Utrera (Sevilla). *Tb n, referido a pers.*

utrero -ra *m y f* Toro o vaca de dos a tres años. *Tb adj.*

utricularia *f* Planta herbácea acuática de flores amarillas, que captura pequeños insectos (gén. *Utricularia*).

utrículo *m* (*Anat*) Vesícula del oído interno en la que confluyen los canales semicirculares.

ut supra (*lat; pronunc,* /ut-súpra/) *loc adv* (*lit*) Como arriba. *Tb adj. Frec en documentos, referido a la fecha.*

uva[1] **I** *f* **1** Baya redondeada de color verde dorado o morado, que nace en racimos y constituye el fruto de la vid. **b)** *Diversas clases se distinguen por medio de compls o adjs:* ALBILLA, MOSCATEL, NEGRA, *etc.* **c)** *Seguido de distintos compls o adjs, designa diversas plantas de diferentes especies, similares en algún aspecto a la uva o a su planta:* ~ CANILLA, ~ DE MAR, ~ DE OSO, ~ DE PÁJARO, ~ DE PERRO, ~ DE ZORRA, *etc.* ■ **2** (*jerg*) Vino. *Tb designa bebida en gral.* ■ **3 mala ~.** (*col*) Mala intención. *Tb se usa como adj* (*a veces en la forma* MALAÚVA) *sin var de gén, refiriéndose a la pers de mala intención; a veces sustantivado como n m o f.* * Pega con muy mala uva. * Funcionarios resentidos y malaúvas. * Eres un mala uva. **b)** Mal genio.
II *loc v* **4 entrar por ~s.** (*col*) Arriesgarse a tomar parte o a intervenir en un asunto. *Tb fig.*
III *loc adv* **5 a la ~.** (*reg*) De acuerdo o en connivencia. ■ **6 de ~s a peras.** (*col*) Muy de tarde en tarde.

UVA[2] (*sigla*) *adj invar* [Rayos] ultravioletas A, usados esp. para broncear la piel.

uvaduz *f* Gayuba (planta).

uve *f* **1** Letra del alfabeto (*v, V*), que en español corresponde al fonema /b/. (V. PRELIM.) **b)** Ángulo en forma de uve. ■ **2** Fonema /v/. (V. PRELIM.) ■ **3 ~ doble.** Letra del alfabeto (*w, W*), que en español solo se usa en palabras de origen extranjero y se pronuncia como /b/ o como /w/, según los casos.

úvea *f* (*Anat*) Túnica tercera del ojo.

uveal *adj* (*Anat*) De (la) úvea.

uveítis *f* (*Med*) Inflamación de la úvea.

UVI (*sigla*) *f* Unidad de vigilancia intensiva de un hospital. *Frec fig.*

úvula *f* (*Anat*) Campanilla (parte del velo del paladar).

uvular *adj* **1** (*Anat*) De (la) úvula. ■ **2** (*Fon*) [Sonido] en cuya articulación interviene la úvula.

uxoricida (*lit*) **I** *m* **1** Hombre que comete uxoricidio.
II *adj* **2** Propio del uxoricida o del uxoricidio.

uxoricidio *m* (*lit*) Acción de matar el marido a su mujer.

uy → HUY.

uz *m* (*reg*) Urce o brecina (planta).

uzbeco, uzbeko → USBEKO.

V

v → UVE.

va *interj* (*reg*) Se usa para animar o apremiar. * Va, date prisa, que es tarde.

vaca I *f* **1** Hembra del toro. *Tb su carne.* **b**) (*col*) Se usa frec en constrs de sentido comparativo para ponderar la gordura. *Esp referido a mujer.* * Está como una vaca. ■ **2** (*col*) Cantidad de dinero que juegan juntas dos o más perss. ■ **3** ~**s gordas** (o **flacas**). Época de abundancia (o escasez). ■ **4** ~ **marina.** Dugón. *Tb designa en gral cualquier mamífero sirenio.* ■ **5** ~ **verde.** (*col*) Leche con menta. II *loc adj* **6** [Lengua] **de** ~ → LENGUA. III *loc v* **7** **hacer la** ~ [a alguien]. (*col*) Dejar[le], por broma y a la fuerza, los genitales al aire y ensuciárselos con saliva, barro o excrementos.

vacación I *f* **1** Suspensión, por descanso, de la actividad laboral o de la ocupación de una pers., durante uno o más días. *Tb el tiempo que dura. Frec en pl con sent sg.* II *loc v* **2** **ir, o salir, de** ~**es.** Desplazarse fuera de la residencia habitual para disfrutar de las vacaciones [1].

vacacional *adj* De (la) vacación.

vacacionar *intr* (*raro*) Disfrutar de vacaciones.

vacacionero -ra I *adj* **1** De (la) vacación. II *m y f* **2** Pers. que está de vacaciones.

vacada *f* Conjunto de ganado vacuno, esp. el de un lugar o un propietario determinados.

vacancia *f* **1** Condición de vacante [1]. ■ **2** (*raro*) Plaza o puesto vacante [1].

vacante I *adj* **1** [Cosa] que no está ocupada o no es utilizada por nadie. *Frec como n f, referido a plaza o puesto.* ■ **2** (*lit*) [Mirada o expresión] ausente. II *f* **3** (*hist*) Impuesto devengado durante el tiempo que permanecen vacantes [1] un beneficio o una dignidad eclesiásticos.

vacar *intr* **1** (*lit* o *admin*) Estar de vacación. **b**) (*lit*) Ir de vacaciones. ■ **2** (*admin*) Estar o quedar vacante [1] [una plaza o un puesto]. ■ **3** (*raro*) Dedicarse [a algo] en el tiempo libre.

vacceo -a *adj* (*hist*) [Individuo] del pueblo prerromano que habitaba el territorio correspondiente actualmente a Medina del Campo, Valladolid, Palencia, Sahagún, Villalpando y Toro. *Tb n.* **b**) De los vacceos.

vaciadero *m* Lugar en que se vacía [1, 2 y 9] algo.

vaciado *m* **1** Acción de vaciar(se). **b**) (*Arquit*) Excavación. ■ **2** Objeto formado al echar en un molde hueco la materia de que se hace.

vaciador -ra I *adj* **1** Que vacía. *Tb n, m o f, referido a máquina o dispositivo.* II *m* **2** Afilador.

vaciamiento *m* Acción de vaciar(se).

vaciante *f* (*Mar*) Marea que baja.

vaciar (*conjug* 1c) A *tr* **1** Hacer que [algo (*cd*)] quede vacío [1 y 2]. **b**) *pr* (~**se**) Quedarse [algo] vacío. ■ **2** Sacar [algo] del recipiente que lo contiene. *Tb fig.* **b**) *pr* (~**se**) Salirse [el contenido de un recipiente]. **c**) Trasladar [el contenido (*cd*) de un recipiente a otro (*compl* EN)]. ■ **3** Dejar hueco [algo]. ■ **4** Formar [un objeto] echando en un molde hueco y en estado más o menos líquido [la materia de que se hace (*compl* EN)]. * Un busto vaciado en yeso. ■ **5** Formar [un objeto] dejando hueco [algo (*compl* EN)]. * Canoas vaciadas en troncos de árbol. ■ **6** Afilar [un instrumento cortante o su filo]. ■ **7** (*E*) Extraer todos los datos que interesan [de un texto (*cd*)]. ■ **8** (*Taur*) Dar salida [al toro (*cd*)] con la muleta, al entrar a matar. *Tb abs.* B *intr* ➤ **a** *normal* **9** Desembocar [una corriente de agua]. *Tb pr* (~**se**). ■ **10** (*Mar*) Bajar [la marea]. ➤ **b** *pr* (~**se**) **11** (*raro*) Desahogar [una pers. o animal] una necesidad fisiológica. **b**) Realizar [el coito]. ■ **12** Esforzarse [alguien] hasta agotarse físicamente.

vaciedad *f* **1** Cualidad de vacío [1b, 3 y 4]. ■ **2** Cosa vacía [1b].

vacilación *f* Acción de vacilar [1 y 2]. *Tb su efecto.*

vacilante *adj* **1** Que vacila [1 y 2]. ■ **2** Que denota o implica vacilación.

vacilantemente *adv* De manera vacilante [2].

vacilar A *intr* **1** Oscilar o moverse indeterminadamente [alguien o algo] por falta de estabilidad. *Tb fig.* ■ **2** Dudar o estar irresoluto. ■ **3** (*juv*) Divertirse o pasarlo bien. **b**) Conversar en tono de burla o broma. **c**) Burlarse [de alguien (*compl* CON)] o tomar[le (*compl* CON)] el pelo. B *tr* **4** (*juv*) Vacilar [3b y c] [con alguien (*cd*)].

vacile *m* (*juv*) Acción de vacilar [3 y 4]. *Tb su efecto.*

vacilón -na (*juv*) I *adj* **1** Que vacila [3 y 4]. ■ **2** (*jerg*) Adicto al hachís o marihuana. II *m* **3** (*jerg*) Estado producido por el hachís o marihuana.

vacinostilo *m* (*Med*) Pluma metálica muy puntiaguda que se emplea para vacunar.

vacío -a I *adj* **1** [Espacio o recipiente] que no contiene nada, salvo aire. **b**) Que carece de contenido intelectual o afectivo. **c**) Que no contiene [algo (*compl* DE)]. **d**) (*Mat*) [Conjunto] que no tiene nin-

gún elemento. ■ **2** Que carece de su contenido habitual. **b)** [Lugar] deshabitado o sin gente. *A veces con intención ponderativa.* **c)** [Cosa, esp. plaza] disponible o que no está ocupada. ■ **3** [Pers.] carente de alicientes o ilusión. ■ **4** [Pers.] frívola e insustancial. ■ **5** [Animal hembra] que no tiene cría.
II *m* **6** Espacio vacío [1]. *Tb fig.* **b)** (*Fís*) Espacio que no contiene aire ni otra materia perceptible por medios físicos o químicos. **c)** (*Fís*) Máximo enrarecimiento de gas en un recipiente cerrado. ■ **7** Ijada. ■ **8** Condición de vacío, *esp* [3].
III *loc v* **9 hacer el ~** [a alguien]. Aislar[le] negándo[le] o dificultándo[le] el trato. ■ **10 caer** (o **quedar**) **en el ~** [algo]. No tener ningún efecto o carecer de resonancia.
IV *loc adv* **11 de ~.** Sin carga. *Con vs como* IR, VENIR *o* VOLVER. **b)** Sin conseguir lo que se pretendía. *Con los vs* IR *o* VOLVER. ■ **12 en ~.** Sin producir el efecto que le es propio. *Tb adj.*

vaco *m* (*col*) Buey. *A veces con intención desp.*

vacuidad *f* (*lit*) Cualidad de vacuo.

vacuna → VACUNO.

vacunación *f* Acción de vacunar.

vacunador -ra *adj* Que vacuna. *Tb n, referido a pers.*

vacunal *adj* De (la) vacuna.

vacunante *adj* Que sirve para vacunar.

vacunar *tr* Inocular [a alguien (*cd*)] una vacuna (→ VACUNO [4]). *Tb fig. Tb abs.*

vacuno -na I *adj* **1** De(l) toro o de (la) vaca.
II *n* A *m* **2** Res vacuna [1]. *Frec con sent colectivo.*
B *f* **3** Enfermedad que produce en la ubre de la vaca unas pústulas semejantes a las de la viruela humana. *Tb la pústula y esp su pus, que se emplea para preservar al hombre de la viruela.* ■ **4** Virus o principio orgánico que, convenientemente preparado, se inocula a una pers. o animal para preservarlos de una enfermedad determinada. *Normalmente con un adj o compl especificador. Tb fig.*

vacunoso -sa *adj* De (la) vacuna (→ VACUNO [3]).

vacunoterapia *f* (*Med*) Tratamiento o profilaxis de enfermedades infecciosas por medio de vacunas (→ VACUNO [4]).

vacuo -cua *adj* (*lit*) Vacío, *esp* [1b y 4].

vacuola *f* (*Biol*) Cavidad del citoplasma de la célula.

vacuolar *adj* (*Biol*) De (la) vacuola.

vacuoma *m* (*Biol*) Sistema vacuolar de una célula.

vacuómetro *m* (*E*) Manómetro para medir la presión de los recintos sometidos al vacío.

vade *m* (*raro*) Carpeta, esp. de cuero.

vadeable *adj* Que se puede vadear.

vadear *tr* Atravesar [un curso de agua] a pie o con caballería. **b)** Atravesar [un camino (*suj*)] un curso de agua].

vademécum (*pl normal,* ~s *o invar*) *m* Libro que contiene las nociones y los datos más necesarios de una ciencia o arte. *Frec con un compl especificador.* **b)** Compendio. *Tb fig.*

vadeo *m* Acción de vadear.

vadera *f* Vado[1] [1].

vade retro (*lat; pronunc,* /báde-r̄étro/) *interj* Se usa para expresar rechazo. * Vade retro, Satanás.

vadiniense *adj* (*hist*) [Individuo] del pueblo cántabro cuyo centro era la ciudad de Vadinia. *Tb n.*

vado[1] *m* **1** *En un curso de agua:* Lugar de fondo firme y poco profundo por donde se puede cruzar a pie o con caballería. ■ **2** *En una acera:* Lugar con el bordillo modificado para permitir el acceso de vehículos a los edificios ante los que se encuentra, y en el que está prohibido obstruir el paso.

vado[2] *m* (*rúst*) Vaho.

vadoso -sa *adj* (*Geol*) [Agua] de origen meteórico que penetra y circula en el subsuelo.

vaga *f* (*reg*) Marejada muy fuerte. *Frec* ~ DE MAR.

vagabundaje *m* Vagabundeo.

vagabundear *intr* Andar vagabundo. **b)** Vagar, o andar de una parte a otra sin objetivo determinado.

vagabundeo *m* Acción de vagabundear.

vagabundería *f* Condición de vagabundo.

vagabundo -da *adj* Que anda errante sin tener domicilio ni medios de vida determinados. *Tb n, referido a pers.* **b)** Propio del vagabundo.

vagal *adj* (*Anat*) Del nervio vago[2] [2].

vagamar *f* (*reg*) Vaga de mar.

vagamente *adv* De manera vaga o imprecisa.

vagamundo -da *adj* (*raro*) Vagabundo. *Tb n.*

vagancia[1] *f* Condición de vago[1].

vagancia[2] *f* (*raro*) Acción de vagar[1].

vagante *adj* Que vaga[1].

vagar[1] *intr* Recorrer distintas partes [de un lugar (*compl* POR)] sin detenerse especialmente en ninguna o sin un objetivo determinado. *Tb sin compl. Tb fig.*

vagar[2] *intr* Vacar, o estar de vacación.

vagarosidad *f* (*lit*) Cualidad de vagaroso.

vagaroso -sa *adj* (*lit*) Impreciso o falto de fijeza.

vagido *m* Gemido del recién nacido. *Tb* (*lit*) *fig.*

vagina *f* *En las hembras de los mamíferos:* Conducto membranoso que va desde la vulva hasta la matriz.

vaginal *adj* De (la) vagina.

vaginalmente *adv* Por vía vaginal.

vaginitis *f* (*Med*) Inflamación de la vagina.

vago[1] **-ga** *adj* **1** Perezoso para el trabajo. *Tb n, referido a pers.* ■ **2** [Pers.] sin domicilio ni oficio determinados. *Frec n.*

vago[2] **-ga I** *adj* **1** Indeterminado o impreciso. ■ **2** (*Anat*) [Nervio] que nace del bulbo de la médula espinal, desciende por las partes laterales del cuello, penetra en el pecho y vientre y termina en el estómago y plexo solar. *Tb n m.*
II *loc adv* **3 en ~.** De manera vaga o imprecisa.

vagón *m* Vehículo sobre raíles destinado a ser movido por una locomotora. **b)** *Frec se emplea apuesto a distintos ns para indicar el servicio al que está destinado:* ~ CISTERNA, ~ CUBA, ~ RESTAURANTE, *etc.*

vagonero *m* (*Min*) Operario que conduce las vagonetas de mineral.

vagoneta *f* Vehículo sobre raíles, pequeño y descubierto, que se emplea para el transporte, esp. en las minas.

vagorosidad *f* (*semiculto*) Vagarosidad.

vagoroso -sa *adj* (*semiculto*) Vagaroso.

vagotonía *f* (*Med*) Excitabilidad anormal del nervio vago² [2].

vagotónico -ca *adj* (*Med*) De (la) vagotonía.

vaguada *f* 1 Parte más honda de un valle, por donde discurren las corrientes naturales de agua. *Tb fig.* ■ 2 (*Meteor*) Seno de bajas presiones.

vaguear *intr* (*col*) Hacer el vago¹ [1].

vaguedad *f* 1 Cualidad de vago² [1]. ■ 2 Idea vaga² [1] o imprecisa. *Tb su expresión. Frec en pl.*

vaguería *f* Cualidad de vago¹ [1].

vaguido *m* (*raro*) Vahído.

vahaje *m* (*Mar*) Viento suave.

vaharada *f* Emisión de vaho.

vahear *intr* Echar vaho.

vahído *m* Desvanecimiento o pérdida momentánea del conocimiento.

vaho *m* Vapor que despiden los cuerpos en determinadas condiciones de calor y humedad.

vaída → BAÍDA.

vaina¹ A *f* 1 Funda [de un arma blanca o de un instrumento cortante o punzante]. ■ 2 Cáscara tierna y larga en que están encerradas algunas semillas. **b)** (*reg*) Judía verde. ■ 3 Casquillo [de un cartucho]. ■ 4 (*raro*) Jareta que se cose en el canto de una prenda para pasar un cordón o algo similar por su interior. ■ 5 (*Bot*) Ensanchamiento de la hoja o del pecíolo, que envuelve al tallo. ■ 6 (*Anat*) Túnica o cubierta. **B** *m* 7 (*col*) Hombre despreciable o sin provecho. *Gralm se emplea como insulto.*

vaina² *f* (*col, raro*) 1 Contrariedad o molestia. ■ 2 Tontería o bobada. ■ 3 Cosa o asunto. *En constrs como* SABER DE QUÉ VA LA ~.

vainada *f* (*reg*) Tontería o bobada.

vainero *m* Fabricante de vainas¹ [1].

vainica *f* Labor de adorno que se hace esp. en el borde interior del dobladillo, gralm. sacando uno o más hilos a lo largo de este.

vainilla I *f* 1 Planta americana de tallos trepadores, flores grandes y verdosas y fruto capsular, muy oloroso, que se emplea para aromatizar licores y dulces (*Vanilla planifolia*). *Tb su fruto.* ■ 2 Heliotropo (planta). ■ 3 (*reg*) Judía verde. II *adj* (*frec invar*) 4 [Color] amarillo pálido.

vainillado -da *adj* Aromatizado con vainilla [1].

vainillismo *m* (*Med*) Intoxicación causada por la vainilla [1].

vaivén *m* 1 Movimiento alternativo de un cuerpo que describe una línea primero en un sentido y después en el opuesto. *Tb* MOVIMIENTO DE ~. ■ 2 Sacudida o movimiento brusco, primero en una dirección y luego en la contraria. ■ 3 Variación o alternativa.

vaiveneo *m* (*raro*) Movimiento en vaivén.

vaivoda *m* (*hist*) Voivoda.

vajilla *f* Conjunto de recipientes usados en la mesa para comer o presentar los alimentos, esp. platos, fuentes y tazas.

vajillería *f* Arte de hacer vajillas.

válaco -ca (*tb* **valaco**) I *adj* 1 De Valaquia (región de Rumanía). *Tb n, referido a pers.* II *m* 2 Dialecto rumano hablado en Valaquia.

valdaviés -sa *adj* De la Valdavia (comarca de Palencia). *Tb n, referido a pers.*

valdemoreño -ña *adj* De Valdemoro (Madrid). *Tb n, referido a pers.*

valdemorillano -na *adj* De Valdemorillo (Madrid). *Tb n, referido a pers.*

valdemorillense *adj* Valdemorillano. *Tb n.*

valdense *adj* Seguidor de Pedro Valdo (s. XII), que mantenía doctrinas contrarias a la jerarquía y liturgia de la Iglesia y a los sacramentos, y cuya secta está asociada al calvinismo desde el s. XVI. *Tb n.*

valdeobispeño -ña *adj* De Valdeobispo (Cáceres). *Tb n, referido a pers.*

valdeorrés -sa *adj* De Valdeorras (comarca de Orense). *Tb n, referido a pers.*

valdepeñas *m* Vino de la zona de Valdepeñas (Ciudad Real).

valdepeñero -ra *adj* De Valdepeñas (Ciudad Real). *Tb n, referido a pers.*

vale¹ *m* 1 Papel que faculta a su poseedor para la obtención o disfrute de lo que en él se expresa. ■ 2 ~ **real.** (*hist*) En el s XVIII: Título de la Deuda pública.

vale² *interj* (*lit*) Adiós. *Se usa como despedida en una carta.*

vale³ *interj* → VALER¹.

valedero -ra *adj* [Cosa] que vale [5a y 6a y b]. *Normalmente con un compl* PARA.

valedor -ra *m y f* Pers. que ampara o defiende [a otra (*compl de posesión*)].

valencia *f* 1 (*Quím*) Capacidad de combinación de un elemento, expresada por el número de átomos de hidrógeno u oxígeno que se combinan con un átomo de un metaloide, o por los de cloro que lo hacen con uno de un metal. ■ 2 (*lit*) Valor o calidad.

valencianía *f* (*lit*) Condición de valenciano, esp. amante de lo valenciano.

valencianidad *f* (*lit*) Condición de valenciano.

valencianismo *m* 1 Condición de valenciano, esp. amante de lo valenciano. ■ 2 Palabra o rasgo idiomático propios del valenciano o procedentes de él.

valencianista *adj* De(l) valencianismo [1].

valencianización *f* Acción de valencianizar(se).

valencianizar *tr* Dar carácter valenciano [1] [a alguien o algo (*cd*)]. **b)** *pr* (~**se**) Pasar [alguien o algo] a tener carácter valenciano.

valenciano -na I *adj* 1 De Valencia. *Tb n, referido a pers.* ■ 2 De Valencia de Alcántara (Badajoz), de Valencia de Don Juan (León) o de Valencia de las Torres (Badajoz). *Tb n, referido a pers.* ■ 3 (*Encuad*) [Pasta] de piel de cordero que se arruga para teñirla. II *m* 4 Variedad del catalán hablada en el reino de Valencia y gralm. considerada como la lengua propia de este.

valentía *f* 1 Cualidad de valiente [1]. ■ 2 Acción valiente [1c].

valentino -na *adj* (*lit*) Valenciano [1].

valentón -na *adj* (*desp*) [Pers.] que hace ostentación de valentía [1]. *Tb n.*

valer¹ I *v* (*conjug 33*) **A** *tr* **1** Tener [algo o alguien un valor [1, 2 y 3] determinado (*cd*)]. **b) ni nada** (*o* **cosa**) **que lo valga.** *Fórmula con que se refuerza enfáticamente una negación.* * *Sin prólogo ni cosa que lo valga.* ▪ **2** Tener [una cosa] calidad [en la medida que se indica (*cd*)]. **b)** Tener [una pers.] inteligencia o capacidad [en la medida que se indica (*cd*)]. *Frec abs.* **c)** (*col*) Tener [una pers.] prestancia física [en la medida que se indica (*cd*)]. *Gralm en frases negativas o de intención neg.* **d)** (*col*) Tener salud [en la medida que se indica (*cd*)]. *Solo en frases negativas o de intención neg.* ▪ **3** Producir [algo (*suj*) un determinado efecto (*cd*) para alguien (*ci*)]. ▪ **4** (*reg*) Ser capaz [de algo (*infin*)]. *Frec en constr neg.*

B *intr* ➤ **a** *normal* **5** Ser válida [una cosa]. **b)** (*col*) Estar permitida [una cosa]. *Frec en juegos.* **c) hacer ~** [algo]. Procurar que surta sus efectos. **d) hacerse ~** [alguien]. Hacer que le respeten o le tengan en consideración. **e) valga + art + n.** *Fórmula con que el hablante se excusa por la impropiedad o imprecisión de su expresión y pide que se acepte con las reservas necesarias.* * *Su favorita es, valga la redundancia, la palabra palabra.* **f) no haber + n + que valga.** (*col*) *Fórmula con que se expresa la falta de validez de lo designado por el n.* * *Sin oficio no hay torero que valga.* ▪ **6** Servir (ser adecuado a las necesidades [de alguien (*ci*) o algo (*compl* PARA)]. *Frec se omite el compl.* **b)** Tener utilidad. *Gralm con un compl* PARA *o* DE, *frec seguido de un pron indefinido.* **c)** Servir [alguien o algo] de amparo o de defensa [a alguien (*ci*)]. **d) ~ más** (*o, pop,* **mejor**) [una cosa]. Ser mejor o preferible. **e)** (*col*) Ser [algo] aceptable para el deseo de alguien. **f)** (*col*) Ser suficiente. *Gralm en las constrs* VALE, YA VALE *o* VALE YA. **g) y vale.** (*col*) Y listo, o y ya está. ▪ **7** Tener [una pers. o cosa] el mismo valor [1, 2 y 3] [que otra (*compl* POR *o* COMO)].

➤ **b** *pr* (*~se*) **8** Usar o utilizar [a una pers. o cosa (*compl* DE)], a veces de manera abusiva o astuta. **b)** Solucionar [una pers. por sí misma] sus necesidades o sus problemas.

II *loc adv* **9 en lo que vale.** En todo su valor. *Con intención ponderativa. Con vs como* APRECIAR *o* AGRADECER.

III *interj* **10 válgame Dios** (*o* **el cielo**, *o un n de ser bienaventurado*). *Denota sorpresa desagradable.* * *¡Válgame Dios, la que has armado!* ▪ **11 vale.** (*col*) De acuerdo. *Denota consentimiento o aquiescencia a lo que acaba de ser propuesto o afirmado.*

valer² *m* Valía [de una pers.].

valeriana *f* Planta herbácea propia de lugares húmedos y umbríos, con flores pequeñas, blancas o rojizas, en corimbo, y fruto en aquenio con utrículo, usada en medicina como antiespasmódica y sedante (*Valeriana officinalis*). *Con un adj o compl especificador designa otras especies de la misma familia, pertenecientes a los géns Valeriana y Centranthus:* DE LOS PIRINEOS, DE ARROYOS, DE ESPUELA, ESPAÑOLA, MAYOR, *etc.*

valerosamente *adv* De manera valerosa [1b].

valeroso -sa *adj* [Pers.] que tiene valor [6a]. **b)** Propio de la pers. valerosa.

valet (*fr; pronunc corriente,* /balé/; *pl normal,* ~S) *m* **1** Criado encargado del servicio personal de un señor. ▪ **2** (*Naipes*) En la baraja francesa: Carta, marcada con la letra J, que lleva representada la figura de un paje. *Tb, en los dados de póquer, la cara que representa esta figura.*

valetudinario -ria *adj* (*lit*) [Pers.] enfermiza o delicada de salud. *Tb n.*

valgo -ga *adj* (*Med*) Desviado hacia fuera. *Tb* EN ~.

valí *m* (*hist*) Gobernador de una provincia de un país musulmán.

valía *f* Cualidad de la pers. o cosa que vale [2a y b]. *Más frec referido a pers.*

valiato *m* (*hist*) Territorio gobernado por un valí.

validación *f* Acción de validar.

válidamente *adv* De manera válida.

validar *tr* Dar validez [a algo (*cd*)].

validez *f* Cualidad de válido.

valido *m* Hombre que, merced a su amistad personal con el rey, se hace cargo del gobierno o influye decisivamente en este.

válido -da *adj* Que tiene las condiciones necesarias para poder cumplir su efecto. **b)** Que tiene valor o calidad.

valiente *adj* **1** [Pers.] que acomete una empresa arriesgada a pesar del peligro o el miedo. *Tb n.* **b)** [Pers.] valerosa. *Tb n.* **c)** Propio de la pers. valiente [1a y b]. **d)** (*col*) [Pers.] que tiene buena salud. ▪ **2** *Precediendo a un adj o n, se usa para ponderar despectivamente lo expresado por ellos.* * *Valiente memo estás hecho.* ▪ **3** De sabor fuerte. *Esp referido a alimentos.* ▪ **4** [Carne] ~ → CARNE.

valientemente *adv* **1** De manera valiente [1c]. ▪ **2** (*lit*) Con fuerza o vigor.

valija *f* **1** (*raro*) Maleta. ▪ **2** Cartera en que se transporta el correo diplomático. *Tb el mismo correo. Frec* ~ DIPLOMÁTICA.

valimiento *m* **1** Condición de valido. ▪ **2** (*raro*) Valor o calidad.

valioso -sa *adj* Que tiene mucho valor [1].

valkiria → VALQUIRIA.

valla *f* **1** Construcción o pared, frec. de poca altura, hecha esp. de madera y destinada a impedir el paso a un lugar. **b)** (*Dep*) Se usa en aposición con una *expr de medida de longitud, para indicar que esta se corre con interposición de vallas.* * *Corre los 100 metros vallas.* ▪ **2** Panel destinado a publicidad, que se coloca gralm. en una calle o carretera. *Frec* ~ PUBLICITARIA.

valladar *m* Valla [1a]. *Frec fig.*

vallado *m* **1** Valla [1a]. ▪ **2** Acción de vallar.

vallar *tr* Cercar o cerrar [algo] con vallas [1a].

valldeuxense *adj* De Vall de Uxó (Castellón). *Tb n, referido a pers.*

valle I *m* **1** Terreno bajo entre montañas. **b)** Cuenca [de un río]. ▪ **2** (*reg*) Conjunto de lugares, caseríos o aldeas situados en un valle [1]. ▪ **3** (*Fís*) En el movimiento ondulatorio: Parte más baja de una onda. ▪ **4 ~ de lágrimas.** (*lit*) Lugar de sufrimiento. *Gralm referido al mundo.*

II *adj invar* **5** [Hora] de mínima intensidad de trabajo o movimiento. *Se opone a* PUNTA.

vallecano -na *adj* De Vallecas o del Puente de Vallecas (Madrid). *Tb n, referido a pers.*

valleja *f* (*reg*) Vallejo.

vallejo *m* Valle [1] pequeño.

vallejón *m* Vallejo.

vallense *adj* De Valls (Tarragona). *Tb n, referido a pers.*

vallesano -na *adj* Del Vallés (comarca de Barcelona). *Tb n, referido a pers.*

vallico → BALLICO.

vallina *f (reg)* Valle pequeño.

vallisoletanismo *m (lit)* Condición de vallisoletano, esp. amante de lo vallisoletano.

vallisoletano -na *adj* De Valladolid. *Tb n, referido a pers.*

vallista *m y f (Dep)* Corredor de carreras con vallas.

vallonada *f (reg)* Valle [1] extenso.

valluco -ca *adj* De la zona de Reinosa (Cantabria). *Tb n, referido a pers.*

valmasedano -na *adj* De Valmaseda (Vizcaya). *Tb n, referido a pers.*

valmojadeño -ña *adj* De Valmojado (Toledo). *Tb n, referido a pers.*

valón -na *(tb, raro, con la grafía **walón**)* **I** *adj* **1** [Individuo] del territorio comprendido entre los ríos Escalda y Lys, en el sur de Bélgica, de lengua francesa. *Tb n.* **b)** De (los) valones. **c)** *(hist)* [Guardia] real, existente hasta 1815, constituida originariamente por valones.
II *n* **A** *m* **2** Dialecto francés hablado por los valones [1a].
B *f* **3** *(hist)* Cuello grande y vuelto sobre la espalda, que los hombros y el pecho, usado en el s. XVII.

valor **I** *m* **1** Cualidad [de una pers. o cosa] que la hace susceptible de estimación o precio. ■ **2** Cantidad de una magnitud que corresponde [a una cosa *(compl de posesión)*]. **b)** Equivalencia [de una moneda] con respecto a un patrón. **c)** Precio. **d)** *(Mús)* Duración [de una nota]. ■ **3** Significado [de un signo]. **b)** Sentido [de una palabra o de una expresión]. ■ **4** Cosa que tiene calidad según una consideración personal o social. **b)** Pers. de calidad [en una determinada actividad *(compl de posesión)*]. *A veces se omite el compl.* ■ **5** *(Econ)* Billete de banco, título, efecto de comercio u otro documento que representa una suma de dinero. **b)** ~ **mobiliario.** Conjunto de una clase de acciones u obligaciones negociables en Bolsa. *Tb simplemente* ~. ■ **6** Fortaleza moral que permite arrostrar peligros y dificultades o acometer empresas arriesgadas. **b)** Atrevimiento. **c)** *(col)* Salud. *Normalmente en preguntas como ¿CÓMO VA ESE* ~?
II *loc adj* **7 de** ~. [Cosa] valiosa. ■ **8 de** ~. [Juicio] por el que se afirma que alguien o algo es más o menos digno de estima.
III *loc v* **9 poner en** ~ [a alguien o algo]. Hacer que sea más apreciado, resaltando sus cualidades.

valorabilidad *f* Cualidad de valorable.

valorable *adj* Que puede ser valorado.

valoración *f* Acción de valorar. *Tb su efecto.*

valorador -ra *adj* Que valora [1]. *Tb n, referido a pers.*

valorar *tr* **1** Determinar el valor [1 y 2] [de alguien o algo *(cd)*]. *Referido a precio, frec con un compl* EN, *que lo expresa.* **b)** Apreciar el valor [de alguien o algo *(cd)*]. ■ **2** *(raro)* Valorizar [1].

valorativo -va *adj* **1** Que valora [1]. ■ **2** De (la) valoración.

valoriano -na *adj* De Valoria la Buena (Valladolid). *Tb n, referido a pers.*

valorización *f* Acción de valorizar.

valorizar *tr* **1** Hacer que [algo *(cd)*] tenga valor o más valor [1]. **b)** *pr* (~**se**) Pasar [algo *(suj)*] a tener valor o más valor. ■ **2** Valorar [1].

valquiria *(tb con las grafías **valkiria**, **walkiria** y **walkyria**) f (Mitol nórd)* Servidora de Odín que decide cuáles son los guerreros que han de morir en el combate. **b)** *(humoríst)* A veces se usa en constrs de sent comparativo para ponderar la robustez o belicosidad de una mujer. * Era rolliza y rubia como una valquiria. **c)** *(humoríst)* Mujer alemana.

vals *m* Danza de ritmo ternario que se baila en parejas girando y desplazándose continuamente. *Tb su música.*

valsar *intr* Bailar el vals.

valsones *m pl (reg)* Idas y venidas sin objeto.

valtelino -na *adj* De la Valtelina (valle alpino del norte de Italia). *Tb n, referido a pers.*

valuable *adj* Que se puede valuar.

valuar *(conjug 1d) tr* Determinar el valor [1 y 2] [de algo *(cd)*].

valuta *f (Econ)* Moneda fundamental en un sistema monetario.

valva *f* **1** Pieza dura que, sola o articulada con otra, constituye la concha de algunos animales, esp. de los moluscos lamelibranquios. ■ **2** *(Bot)* Pieza que, unida a otra mediante sutura, constituye la envoltura de un fruto.

valvasor *m (hist)* En el régimen feudal: Infanzón.

valverdano -na *adj* De Valverde de la Vera (Cáceres), o de Valverde de los Arroyos (Guadalajara). *Tb n, referido a pers.*

valverdeño -ña *adj* De Valverde del Camino (Huelva), o de otras poblaciones llamadas Valverde. *Tb n, referido a pers.*

válvula *f* **1** Dispositivo que sirve para regular el flujo de un líquido, un gas o una corriente, permitiendo que sigan un sentido determinado en una canalización, pero no el contrario. *Tb fig.* **b)** *(Anat)* Pliegue membranoso que impide el retroceso de los líquidos en un vaso o conducto. *Frec con un adj o compl especificador.* **c)** ~ **de escape.** Cosa que sirve de desahogo o compensación de una represión. ■ **2** *(hoy raro)* Lámpara de radio.

valvular *adj (Anat)* De (la) válvula [1b].

valvulería *f (Mec)* Válvulas, o conjunto de válvulas [1a].

valvulina *f (Mec)* Grasa usada como lubricante para las válvulas [1a].

valvulopatía *f (Med)* Afección de una válvula [1b], esp. cardiaca.

vamos → IR.

vamp *(ing; pronunc corriente, /bámp/; pl normal, ~*s) **I** *f* **1** Vampiresa.
II *adj* **2** De (la) vamp [1].

vampiresa *f* Mujer fatal e irresistible.

vampírico -ca *adj* De(l) vampiro.

vampirismo *m* **1** Comportamiento propio de un vampiro [1]. ■ **2** Comportamiento propio de una vampiresa.

vampirización *f* Acción de vampirizar.

vampirizante *adj* Que vampiriza.

vampirizar *tr* Chupar la sangre [a alguien (*cd*)]. *Gralm fig.*

vampiro -ra **A** *m y f* **1** *En la creencia popular:* Cadáver que sale por la noche de su tumba para chupar la sangre de sus víctimas. ■ **2** (*col*) Pers. que explota o chupa la sangre a otros.
B *m* **3** Quiróptero americano que posee un apéndice sobre la nariz y que chupa la sangre de las perss. o animales dormidos (*Desmodus rotundus*). *Tb se da este n a otros quirópteros afines.*

vanadio *m* Metal, de número atómico 23, que se presenta en diversos minerales y rocas y que se emplea esp. para aumentar la resistencia del acero.

vanagloria *f* Jactancia del propio valer.

vanagloriarse (*conjug* **1a**) *intr pr* Tener vanagloria [de algo].

vanaglorioso -sa *adj* Jactancioso.

vanamente *adv* De manera vana, *esp* [3].

vandálicamente *adv* De manera vandálica [1].

vandálico -ca *adj* **1** Propio de los vándalos [2]. ■ **2** [Pers.] que tiene actitudes vandálicas [1].

vandalismo *m* Comportamiento vandálico [1].

vandalizar *tr* Cometer actos vandálicos [1] [en un lugar (*cd*)].

vándalo -la *adj* **1** (*hist*) [Individuo] del pueblo germánico que en el s. v invadió y devastó la Galia, España y el norte de África. *Tb n.* **b**) De los vándalos. ■ **2** [Pers.] destructora y salvaje. *Tb n.*

vanguardia *f* **1** *En una fuerza armada:* Parte que va delante. ■ **2** Parte más avanzada o progresista [de algo]. *Frec en constrs como* EN ~, *o* A (LA) ~.

vanguardismo *m* (*Arte y TLit*) **1** Movimiento de vanguardia [2]. ■ **2** Condición de vanguardista.

vanguardista *adj* **1** (*Arte y TLit*) De(l) vanguardismo [1]. **b**) Adepto al vanguardismo. *Tb n.* ■ **2** De la vanguardia [2].

vanidad *f* **1** Cualidad de vanidoso. ■ **2** Cosa vanidosa [1b]. ■ **3** Cualidad de vano [1c y d, 2 y 3]. ■ **4** Cosa vana [1c].

vanidosamente *adv* De manera vanidosa [1b].

vanidoso -sa *adj* [Pers.] satisfecha de sí misma y que gusta de la alabanza y el halago de los demás. **b**) Propio de la pers. vanidosa.

vanílocuo -cua *adj* (*lit*) [Pers.] que habla de forma insustancial. *Tb n.*

vanistorio *m* (*raro*) Vanidad afectada.

vano -na **I** *adj* **1** Falto de contenido. **b**) [Fruto] cuya cáscara no contiene nada, o contiene la semilla seca o podrida. **c**) Frívolo o insustancial. **d**) (*lit*) Que tiene apariencia, pero carece de realidad. ■ **2** Falto de fundamento o justificación. ■ **3** Inútil o infructuoso.
II *m* **4** (*Arquit*) Parte del muro o fábrica en que no hay apoyo para el techo.
III *loc adv* **5 en ~.** Inútilmente. ■ **6 en ~.** Sin justificación o fundamento.

vapor *m* **1** Sustancia que se encuentra en estado gaseoso por la acción del calor. *Gralm con un compl especificador.* **b**) *Sin compl:* Vapor de agua. ■ **2** Emanación. *Tb fig. Frec en pl.* ■ **3** Buque de vapor [1b].

vapora *f* Lancha de vapor [1b].

vaporación *f* Vaporización.

vaporario *m* Aparato para producir vapor [1b] para baños.

vaporización *f* Acción de vaporizar(se).

vaporizado *m* Vaporización.

vaporizador *m* Aparato que sirve para vaporizar.

vaporizante *adj* Que vaporiza.

vaporizar *tr* **1** Transformar en vapor [1] [una sustancia]. **b**) *pr* (~**se**) Transformarse en vapor [una sustancia]. ■ **2** Pulverizar [un líquido]. ■ **3** Someter [algo] a la acción del vapor [1b].

vaporosamente *adv* De manera vaporosa.

vaporosidad *f* Cualidad de vaporoso.

vaporoso -sa *adj* Transparente y ligero. **b**) Hueco y ligero.

vapulear *tr* Azotar o golpear. *Frec fig.*

vapuleo *m* Acción de vapulear.

vaqueiro -ra *adj* [Individuo] del pueblo asturiano que habita, más o menos aislado, en la zona de las brañas, dedicado al pastoreo de vacas. *Tb* ~ DE ALZADA. *Tb n.* **b**) De los vaqueiros.

vaquería *f* Establecimiento en que hay vacas y se vende leche.

vaqueril *m* (*reg*) Dehesa o pastizal para ganado vacuno.

vaquerizo -za **A** *m y f* **1** Vaquero [3].
B *f* **2** Establo o corral para ganado vacuno.

vaquero -ra **I** *adj* **1** De (los) vaqueros [3]. ■ **2** [Pantalón] muy ajustado y de tela recia, propio de los vaqueros norteamericanos. *Frec n m; tb en pl con sent sg.* **b**) Propio del pantalón vaquero. **c**) [Prenda] de tela o hechura vaquera [2b]. **d**) [Tienda] de ropa vaquera [2c].
II *m y f* **3** Pastor de ganado vacuno.

vaquerosa. a la ~. *loc adv* (*reg*) Al estilo andaluz o vaquero [1]. *Gralm con el v* MONTAR.

vaqueta *f* Cuero de ternera curtido y adobado.

vaquetilla *f* Cuero más fino y delgado que la vaqueta.

vaquilla *f* **1** Vaca, gralm. joven, que se torea en capeas y fiestas populares. **b**) *En pl:* Corrida de vaquillas. ■ **2 ~ de San Antón.** Mariquita (insecto coleóptero).

vara **I** *f* **1** Rama delgada y limpia de hojas. ■ **2** Tallo herbáceo, sin hojas, en que nacen las flores y el fruto de algunas plantas. *Gralm con un compl especificador.* **b**) ~ **de oro,** *o* **de San José.** Planta herbácea de flores amarillas en capítulos, propia de los bosques y pastos montanos (*Solidago virgaurea*). ■ **3** Palo largo y delgado. **b**) ~ **de (las) virtudes.** Varita mágica. ■ **4** Bastón de mando del alcalde. *A veces como símbolo de la alcaldía. Tb fig.* ■ **5** Medida de longitud que en Castilla equivale a 835,9 mm. *Tb el instrumento en que va marcada una vara y que se emplea para medir.* **b**) ~ **cuadrada.** Medida de superficie equivalente a la de un cuadrado cuyo lado mide una vara. ■ **6** *En un carro o carruaje:* Barra a la que se engancha la caballería. ■ **7** (*Taur*) Garrochazo. ■ **8** (*col*) Fastidio o molestia. *Frec en la loc* DAR LA ~. ■ **9** ~ **alta.** (*col*) Influencia o ascendiente. ■ **10** (*Mús*) *En pl:* Tubo en forma de U que constituye la parte móvil del trombón (→ TROMBÓN).

II *loc v* **11 tomar** (*o* **admitir**) **~s** [una mujer]. (*col, raro*) Mostrarse favorable a ser cortejada.

III *loc adv* **12 en ~s.** Entre las dos varas [6] de un carruaje. *Con vs como* IR *o* METER.

varada[1] *f* Acción de varar.

varada[2] *f* (*reg*) Acción de lanzar el anzuelo al agua.

varadero *m* Lugar donde se varan las embarcaciones para protegerlas o repararlas.

varado *m* (*raro*) Varada[1].

varadura *f* Varada[1]. *Tb fig.*

varal *m* **1** Vara [3] o barra larga. **b)** *A veces se usa en constrs de sent comparativo para ponderar la altura o la figura erguida de una pers.* * *Es tieso como un varal.* ■ **2** Palo redondo en el que encajan las estacas que forman los laterales de la caja del carro. ■ **3** Vara [6]. ■ **4** (*reg*) Parte delantera del timón del arado.

varano *m* Reptil saurio de gran tamaño, propio de África, Asia meridional, archipiélago malayo y Australia (gén. *Varanus*).

varapalo *m* **1** Palo largo y delgado. ■ **2** Serie de golpes dados con un palo o vara [3]. ■ **3** Crítica o represión dura.

varar A *intr* **1** Encallar [una embarcación], esp. en la arena. *Tb fig.* ■ **2** Salir a la playa o ponerse en seco [una embarcación] para resguardarse o ser reparada.

B *tr* **3** Sacar a la playa o poner en seco [una embarcación] para resguardar[la] o reparar[la]. *Tb fig.*

varazo *m* Golpe dado con una vara [1 y 3].

várdulo -la (*tb con la grafía* **bárdulo**) *adj* (*hist*) [Individuo] del pueblo hispánico prerromano que habitaba el territorio que en la actualidad corresponde aproximadamente a la provincia de Guipúzcoa. *Tb n.*

vareado *m* Acción de varear [1].

vareador -ra *adj* Que varea [1]. *Frec n, referido a pers.*

varear *tr* **1** Golpear con una vara [1 y 3]. *Tb fig.* **b)** Golpear [un árbol] con una vara para hacer que caiga su fruto. **c)** Golpear con una vara [el fruto (*cd*) de un árbol] para hacer que caiga. **d)** Golpear con una vara [la lana] para ahuecar[la]. **e)** Golpear con una vara la lana [de un colchón (*cd*)] para ahuecar[la]. ■ **2** (*reg*) Lanzar el anzuelo [en un lugar (*cd*)]. *Tb abs.* **b)** Pescar con anzuelo [un pez].

varego -ga *adj* (*hist*) [Individuo] del pueblo escandinavo que en el s. IX se estableció en Rusia y dio origen al imperio ruso. *Tb n.*

varenga *f* (*Mar*) Pieza curva que se pone atravesada sobre la quilla para formar la cuaderna.

vareo *m* Acción de varear [1].

vareta I *f* **1** Ramita o vara [1] pequeña. ■ **2** Palito o listoncillo delgado. ■ **3** (*reg*) Pleita de cinco manojos sin torcer.

II *loc v* **4 irse**, *o* **estar**, [alguien] **de ~(s).** (*col*) Tener [el que sufre diarrea] necesidad urgente de evacuar.

varetazo *m* **1** Varazo. ■ **2** (*Taur*) Golpe producido por la pala del cuerno.

vareto *m* (*reg*) **1** Vareta[1]. ■ **2** Varetón[1].

varetón *m* **1** Ciervo joven cuya cornamenta tiene una sola punta. ■ **2** Vareta [1] grande.

varga *f* Cuesta pendiente.

Vargas. averíguelo ~. *fórm or* (*lit*) Cualquiera sabe, o vaya usted a saber.

variabilidad *f* Cualidad de variable.

variable *adj* Que puede variar [3]. **b)** (*Mat*) [Magnitud] que puede tener un valor cualquiera de los comprendidos en un conjunto. *Frec como n f.*

variablemente *adv* De manera variable [1a].

variación *f* **1** Acción de variar. *Tb su efecto.* ■ **2** (*Mús*) Composición formada por la transformación de un tema, desarrollando distintos aspectos melódicos, armónicos o rítmicos. *Frec en pl.* **c)** **~es sobre el mismo tema.** Insistencia machacona y sin interés sobre un mismo asunto. ■ **3** (*Biol*) Desviación, en un individuo, del carácter típico del grupo a que pertenece, o en la descendencia, de las características de los progenitores. ■ **4** (*Mat*) Conjunto de los diferentes que pueden formarse con un número de elementos dado, según cuáles sean estos o su disposición.

variadamente *adv* De manera variada [2].

variado -da *adj* **1** *part* → VARIAR. ■ **2** [Cosa] formada por elementos distintos. ■ **3** [Cosas] diferentes entre sí. ■ **4** (*Fís*) [Movimiento] cuya velocidad no es constante.

variador -ra *adj* Que varía [1]. *Gralm n m, referido a aparato o dispositivo.*

variante A *f* **1** Variación [1] [respecto a algo (*compl de posesión*) que se toma como referencia]. *Frec sin compl, por consabido.* **b)** Desviación de un tramo de carretera. **c)** *En las quinielas:* Resultado diferente al 1.

B *m* **2** Fruto o verdura encurtidos en vinagre. *Normalmente en pl.*

variar (*conjug* **1c**) **A** *tr* **1** Hacer que [alguien o algo (*cd*)] pase a ser diferente de como era o de lo que era. **b)** Dar variedad [a algo (*cd*)]. ■ **2** (*Mús*) Transformar [un tema] desarrollando distintos aspectos melódicos, armónicos o rítmicos.

B *intr* **3** Pasar [alguien o algo] a ser diferente de como era o de lo que era. **b)** Oscilar o alternar. ■ **4** Hacer que [algo (*compl* DE)] varíe [3]. **b)** **para ~.** (*col*) *Se usa irónicamente para comentar la persistencia en una conducta.* * *Llegó tarde, para variar.* ■ **5** Diferir o ser distinto. ■ **6** (*Mil*) Cambiar de dirección [una formación en marcha] por la cabeza.

varicela *f* Enfermedad contagiosa y benigna caracterizada por una erupción semejante a la de la viruela.

varicosidad *f* (*Med*) Variz.

varicoso -sa *adj* **1** De (las) varices. ■ **2** Que tiene varices. *Tb n, referido a pers.*

variedad *f* **1** Cualidad de variado [2 y 3]. ■ **2** Cosa que supone una variación [1] [respecto a otra (*compl de posesión*) cuyos caracteres esenciales posee]. **b)** (*CNat*) Subdivisión de la especie, caracterizada por la variación de caracteres secundarios. **c)** Conjunto de variedades [de una cosa]. ■ **3** *En pl:* Espectáculo ligero compuesto por atracciones variadas [3].

variegado -da *adj* (*Bot*) De colores diversos.

varietal *adj* (*Bot*) De la variedad [2b].

varieté *m* (*raro*) Teatro de varietés.

varietés *f pl* Variedades [3].

varilarguero *m* (*Taur*) Picador de toros.

varilla *f* 1 Barra larga y delgada. **b)** Varilla que forma parte de la armazón de un paraguas o sombrilla. **c)** *En pl:* Utensilio de cocina formado por un conjunto de varillas metálicas y que se emplea para batir. ■ 2 Tira de las que forman la armazón de un abanico.

varillaje *m* Varillas o conjunto de varillas.

vario -ria I *adj* 1 *Referido a un n en pl:* Algunos, no muchos. ■ 2 (*lit*) Variado [2].
II *pron pl* 3 Algunas, no muchas, personas o cosas.
III *n A m pl* 4 *En un archivo o en una publicación:* Documentos o textos no clasificables en las secciones establecidas. *Tb la sección en que se recogen.*
B *f* 5 (*lit*) Varios [4].

variólico -ca *adj* (*Med*) De (la) viruela.

variolización *f* (*Med*) Inoculación profiláctica del virus de la viruela benigna no modificado.

varioloso -sa *adj* (*Med*) 1 De (la) viruela. ■ 2 Que padece viruela. *Tb n, referido a pers.*

variómetro *m* (*Aer*) Aparato que sirve para indicar las variaciones de la altura y la velocidad de ascenso o de descenso.

variopinto -ta *adj* (*lit*) 1 Que presenta diversidad de colores o aspectos. ■ 2 [Conjunto] heterogéneo.

varita *f* Vara pequeña de que se sirven las hadas y magos para realizar sus prodigios. *Gralm* ~ MÁGICA.

variz *f* Dilatación permanente de una vena, causada por la acumulación de sangre en su cavidad. *Frec en pl.*

varja *f* (*reg*) Cofre de madera.

varo *adj* (*Med*) Desviado hacia dentro. *Tb* EN ~.

varón *m* Pers. del sexo masculino. **b) santo ~.** Hombre sumamente bueno. *A veces con intención peyorativa, ponderando la ingenuidad.*

varona *f* (*lit*) Mujer varonil. *Tb adj.*

varonía *f* 1 Descendencia por línea de varón. ■ 2 Condición de varón.

varonil *adj* 1 De(l) varón. ■ 2 Que tiene cualidades propias de varón.

varonilidad *f* (*raro*) Cualidad de varonil.

varonilmente *adv* 1 De manera varonil [1]. ■ 2 En el aspecto varonil [1].

varraco *m* Verraco.

varraquera *f* (*col*) Verraquera.

varrionda *adj* (*reg*) [Puerca] verrionda.

varsoviano -na *adj* De Varsovia. *Tb n, referido a pers.*

varve *f* (*Geol*) Conjunto de dos capas, una clara y otra oscura, depositadas anualmente por las aguas de fusión de un glaciar.

vasa *f* (*reg*) Conjunto de utensilios de cocina fabricados de barro.

vasal *adj* (*Med*) Vascular.

vasallaje *m* Condición de vasallo.

vasallo -lla *m y f* (*hist*) *En el régimen feudal:* Pers. sometida con vínculo de fidelidad a un señor

que le concede la posesión efectiva de un feudo. **b)** Pers. que depende [de otra (*compl de posesión*)] y está sometida [a ella]. *Tb fig.*

vasar *m* Anaquel o estante, gralm. de yeso y ladrillo, destinado a vajilla y otros utensilios de cocina.

vasco -ca I *adj* 1 Del País Vasco o Provincias Vascongadas (Vizcaya, Álava y Guipúzcoa). *Tb n, referido a pers.* **b)** De los vascos. ■ 2 Del departamento francés de los Bajos Pirineos. *Tb n, referido a pers. Frec* ~ FRANCÉS. ■ 3 Del vasco [4].
II *m* 4 Vascuence (lengua).

vascohablante *adj* [Pers., grupo humano o territorio] que tiene el vasco [4] como lengua propia. *Tb n, referido a pers.*

vascólogo -ga *m y f* Especialista en lengua y cultura vascas [1 y 2].

vascón -na *adj* (*hist*) [Individuo] del pueblo ibero que habitaba la región aproximadamente equivalente a la actual provincia de Navarra. *Tb n.* **b)** De los vascones.

vascongado -da *adj* Vasco [1]. *Tb n.*

vascónico -ca *adj* 1 De los antiguos vascones. ■ 2 Del territorio de los antiguos vascones. *Tb n, referido a pers.*

vasconidad *f* Condición de vascón.

vascoparlante *adj* Vascohablante. *Tb n.*

vascuence I *adj* 1 [Cosa] vasca.
II *m* 2 Lengua de los vascos [1 y 2].

vascular *adj* (*Biol*) 1 De los vasos [3]. ■ 2 Que posee vasos [3].

vascularización *f* (*Biol*) Formación de vasos [3] o aumento del número de estos. *Tb su efecto.*

vascularizado -da *adj* (*Biol*) 1 *part →* VASCULARIZAR. ■ 2 Que tiene vasos [3].

vascularizar *tr* (*Biol*) Dotar de vasos [3] [a un tejido o a un órgano (*cd*)].

vasculitis *f* (*Med*) Inflamación de uno o más vasos [3].

vasculonervioso -sa *adj* (*Anat*) Que contiene vasos [3] y nervios.

vasculopatía *f* (*Med*) Afección de los vasos [3].

vasectomía *f* (*Med*) Sección quirúrgica de un vaso, esp. del conducto deferente.

vasectomizar *tr* (*Med*) Hacer la vasectomía [a alguien (*cd*)].

vaselina *f* Sustancia crasa derivada del petróleo, que se emplea esp. en farmacia y perfumería. *Tb fig.*

vasera *f* Poyo o anaquel para poner vasos [1a].

vasero *m* (*reg*) Vasar.

vasija *f* Recipiente cóncavo destinado esp. a líquidos o productos alimenticios.

vaso I *m* 1 Vasija pequeña, frec. de vidrio y de forma gralm. cilíndrica, que se emplea para beber. *Tb su contenido.* **b)** (*col*) Vaso de vino. ■ 2 Vasija o recipiente. **b)** (*E*) Parte cóncava que constituye el recipiente de una acumulación de agua. **c)** ~s comunicantes. (*Fís*) Recipientes de formas diversas que comunican entre sí. *Tb fig, fuera del ámbito técn.* ■ 3 (*Biol*) Conducto circulatorio. **b)** (*Bot*) Célula muerta, alargada y tubular, apropiada para el transporte de agua o soluciones acuosas. ■ 4 (*Mar*) Barco. *Tb lit fuera del ámbito técn.* **b)** ~ **flotante.**

(*Mar*) Casco del barco. ■ **5** (*raro*) Orinal. *Tb* ~ DE NOCHE.

II *loc v* **6 ahogarse en un ~ de agua.** (*col*) Apurarse por muy poca cosa.

vasoconstricción *f* (*Med*) Disminución del calibre de los vasos [3].

vasoconstrictor -ra *adj* (*Med*) Que causa vasoconstricción. *Tb n m, referido a agente o fármaco.*

vasodepresor -ra *adj* (*Med*) Que causa depresión o colapso de los vasos [3].

vasodilatación *f* (*Med*) Dilatación de los vasos [3].

vasodilatador -ra *adj* (*Med*) Que causa vasodilatación. *Tb n m, referido a agente o fármaco.*

vasoespástico -ca *adj* (*Med*) Que produce contracción espasmódica de la túnica muscular de los vasos sanguíneos.

vasomotor -ra *adj* (*Med*) **1** Que produce los movimientos de contracción y dilatación de los vasos [3]. *Tb n m, referido a agente o nervio.* ■ **2** De (la) constricción o dilatación de los vasos [3].

vasoparálisis *f* (*Med*) Parálisis de los nervios vasomotores.

vasopresina *f* (*Biol*) Hormona del lóbulo posterior de la hipófisis, que aumenta la presión sanguínea.

vasquismo *m* **1** Condición de vasco [1]. ■ **2** Palabra o rasgo idiomático propios del vascuence [2] o procedentes de él.

vasquista *adj* Partidario o defensor de la causa vasca [1].

vasquizar *tr* Dar [a alguien o algo (*cd*)] carácter vasco [1 y 3].

vástago *m* **1** Renuevo [de una planta]. ■ **2** (*lit o humoríst*) Hijo o descendiente. ■ **3** Pieza en forma de varilla que sirve para articular o sostener otras piezas.

vastamente *adv* (*lit*) De manera vasta [1].

vastedad *f* (*lit*) **1** Cualidad de vasto [1]. ■ **2** Lugar vasto [1].

vasto -ta *adj* **1** (*lit*) Amplio o extenso. ■ **2** (*Anat*) [Músculo] que forma parte del tríceps braquial. *Frec n m.*

vate *m* (*lit*) **1** Poeta. ■ **2** (*raro*) Adivino.

váter → WÁTER.

vaticanista *adj* **1** De (la) política del Vaticano. **b**) Partidario de la política del Vaticano. *Tb n, referido a pers.* ■ **2** [Pers.] especialista en temas vaticanos [1]. *Tb n.*

vaticano -na *adj* **1** Del Vaticano o Santa Sede. ■ **2** Del monte Vaticano, en Roma.

vaticinador -ra *adj* Que vaticina. *Tb n, referido a pers.*

vaticinar *tr* Pronosticar o profetizar.

vaticinio *m* Acción de vaticinar. *Tb su efecto.*

vatímetro (*tb con la grafía* **watímetro**) *m* Aparato que mide la potencia disponible en un circuito eléctrico o la consumida en él.

vatio *m* En el sistema MKSA: Unidad de potencia eléctrica equivalente a un julio por segundo.

vaudeville (*fr; pronunc corriente,* /bodebíl/) *m* Vodevil.

vaurien (*fr; pronunc corriente,* /borián/; *pl normal,* ~S) *m* (*Dep*) Balandro de regatas, de clase internacional, de orza movible y de dos tripulantes.

vaya[1]. **dar (la) ~.** *loc v* (*lit o reg*) Gastar bromas.

vaya[2] → IR.

ve *f* **1** Uve (letra). ■ **2 ~ doble.** Uve doble.

vecera *f* (*reg*) Manada de ganado, frec. porcino, perteneciente a un vecindario y que suele guardarse por turno.

vecería *f* (*reg*) **1** Hecho de producir una planta mucho fruto en un año y poco o ninguno en otro. ■ **2** Vecera.

vecero *m* (*reg*) **1** Hombre que tiene que ejercer por turno un cometido o cargo concejil. ■ **2** Pastor que cuida una vecera.

vecinal *adj* **1** De (los) vecinos. ■ **2** [Camino] interurbano construido y conservado por el municipio.

vecindad *f* **1** Condición de vecino. **b**) Derecho a participar en las cargas y repartimientos de una población por haber habitado en ella el tiempo reglamentario. ■ **2** Conjunto de vecinos, esp. de una casa. ■ **3** Cercanías o inmediaciones. *Tb fig.*

vecindaje *m* Vecindad [1a].

vecindario *m* **1** Conjunto de vecinos [de una población o un barrio]. ■ **2** (*raro*) Vecindad [3].

vecindona *f* (*desp*) Vecina aficionada a comadrear.

vecino -na *adj* **1** [Pers.] que habita [en una población, en un barrio, o en una casa de varias viviendas (*compl de posesión*)]. *Tb n.* **b**) [Pers.] que posee el derecho de vecindad [1b] o es cabeza de familia. ■ **2** [Pers.] que habita en la misma población, barriada o casa, aunque no vivienda, [que otra (*compl de posesión*)]. *Tb n.* ■ **3** [Pers. o cosa] que ocupa el lugar más próximo [a otra (*compl de posesión*)]. *Tb fig. Tb n.* **b**) [Pers. o cosa] que ocupa un lugar próximo [a otra].

vectación *f* (*lit, raro*) Hecho de ser transportado en un vehículo.

vector -ra **I** *adj* **1** (*Biol*) Transmisor o portador [de una enfermedad]. *Tb n m, referido a agente, esp insecto.* ■ **2** (*Biol*) Conductor o portador. ■ **3** (*Geom*) [Radio] ~ → RADIO.

II *m* **4** (*Fís*) Magnitud a cuyo valor numérico se atribuye una dirección y que se expresa gráficamente por un segmento de recta de longitud, dirección y sentido determinado. *Frec esta representación gráfica.* ■ **5** (*Psicol*) Fuerza o factor de influencia en el comportamiento. ■ **6** (*Aer*) Rumbo de una aeronave.

vectorial *adj* (*E*) **1** De(l) vector [4 y 5]. ■ **2** Que tiene carácter de vector [4 y 5].

vectorialmente *adv* (*E*) De manera vectorial.

veda[1] *f* Acción de vedar. *Tb el tiempo que dura.*

veda[2] (*tb, raro, con la grafía* **vedda**) *adj* [Individuo] del pueblo aborigen de Ceilán. *Tb n.*

vedado *m* Lugar sometido a veda[1].

vedar *tr* **1** Impedir o prohibir. ■ **2** Prohibir legalmente la caza o pesca [en un lugar (*cd*)]. **b**) Prohibir legalmente la caza o pesca [de un animal (*cd*)].

vedda → VEDA[2].

vedegambre *m* Eléboro blanco (planta). *Tb ~ BLANCO.* **b**) Con un *adj* especificador, designa otras plantas: ~ AZUL (*Aconitum napellus*), ~ FÉTIDO (*Helleborus foetidus*), ~ NEGRO (*Helleborus niger*).

vedete *f* Vedette.

vedetismo → VEDETTISMO.

vedette (*fr; pronunc corriente, /bedét/*) *f* **1** Artista principal de una revista o un espectáculo de variedades. ■ **2** Pers. principal o muy destacada en un ambiente o en una actividad, esp. en el mundo del espectáculo. **b)** *Se usa en aposición para indicar que lo designado por el n al que acompaña es lo más destacado o principal.* * *Es la cuestión vedette.* ■ **3** Pequeño navío de guerra utilizado para la observación.

vedettismo (*tb con la grafía* **vedetismo**) *m* **1** Condición de vedette [2]. ■ **2** Afán de ser vedette [2].

védico -ca *adj* De los *Vedas* (libros sagrados primitivos de la India).

vedija *f* Mechón de lana. *Tb* (*lit*) *fig.*

vedijero -ra *m y f* Pers. que recoge la lana de las patas cuando se esquila el ganado.

vedijudo -da *adj* Que tiene vedijas. *Tb* (*lit*) *fig.*

vedrío *m* (*reg*) Vidriado (acción de vidriar).

veedor *m* (*hist*) **1** Inspector. ■ **2** Jefe segundo de las caballerizas reales, encargado de las provisiones y de la conservación de los coches y el ganado.

vega *f* Terreno bajo, llano y fértil, recorrido por un río.

vegada *f* (*reg*) Vez.

vegetación *f* **1** Conjunto de plantas que crecen [en un lugar (*compl de posesión*)]. ■ **2** Acción de vegetar [1]. ■ **3** *En pl*: Hipertrofia de las amígdalas faríngeas y nasales y de los folículos linfáticos de la parte posterior de las fosas nasales. *Tb* (*Med*) ~ES ADENOIDEAS.

vegetal I *adj* **1** De (los) vegetales [3]. **b)** Procedente de (los) vegetales. ■ **2** [Tierra] rica en elementos orgánicos que la hacen apta para el cultivo.
II *m* **3** Ser vivo caracterizado normalmente por carecer de órganos sensoriales, sistema nervioso y poder de locomoción, por sintetizar su alimento a partir de sustancias inorgánicas y por tener células con membrana de celulosa.

vegetalmente *adv* (*raro*) De manera vegetal [1a].

vegetante *adj* (*Med*) Que produce excrecencias carnosas.

vegetar *intr* **1** Realizar [una planta] su ciclo vital. ■ **2** Vivir [una pers.] de modo semejante a una planta, realizando únicamente sus funciones orgánicas. *Tb fig, referido a cosa.* **b)** Llevar [una pers.] una vida monótona e inactiva.

vegetarianismo *m* Régimen alimenticio basado exclusivamente en sustancias de origen vegetal.

vegetariano -na *adj* De(l) vegetarianismo. **b)** Que se alimenta exclusivamente de sustancias de origen vegetal. *Tb n, referido a pers.*

vegetativamente *adv* (*E*) De manera vegetativa [1a, 2 y 3].

vegetativo -va *adj* **1** (*Anat*) De las funciones fisiológicas involuntarias o inconscientes. **b)** [Sistema nervioso] que regula el funcionamiento de las vísceras. ■ **2** (*Filos*) [Alma o vida] de las funciones de nutrición, crecimiento y reproducción. ■ **3** (*Bot*)

De la vida de la planta en general, esp. de las funciones vitales no reproductoras. **b)** [Multiplicación] asexual, esp. la que se realiza por escisión o por gemación. ■ **4** (*Estad*) [Crecimiento de la población] que viene dado por la diferencia entre natalidad y mortalidad.

veguer *m* (*hist*) Funcionario de la administración territorial catalana y mallorquina, con funciones judiciales, gubernativas y militares.

veguería *f* **1** División territorial catalana constituida por varias comarcas. ■ **2** (*hist*) Territorio sometido a la jurisdicción de un veguer.

veguerío *m* Plantación cubana de tabaco.

veguero *m* **1** Cigarro puro. ■ **2** Cultivador cubano de tabaco.

vehemencia *f* Cualidad de vehemente.

vehemente *adj* Impetuoso y apasionado.

vehementemente *adv* De manera vehemente.

vehicular¹ *adj* De(l) vehículo.

vehicular² *tr* Servir de vehículo [2] [a algo (*cd*)].

vehiculizar *tr* Vehicular².

vehículo *m* **1** Aparato que sirve como medio de transporte para perss. o cosas. ■ **2** Cosa que sirve para conducir o transmitir algo.

veinte I *adj* **1** *Precediendo a susts en pl*: Diecinueve más uno. *Puede ir precedido de art o de otros determinantes, y en este caso sustantivarse.* * *Tiene veinte años.* ■ **2** *Precediendo o siguiendo a ns en sg* (*o, más raro, en pl*): Vigésimo. *Frec el n va sobrentendido.* * *Página veinte.*
II *pron* **3** Diecinueve más una perss. o cosas. *Siempre referido a perss o cosas mencionadas o consabidas, o que se van a mencionar.* * *Vienen veinte a comer.*
III A *m* **4** Número de la serie natural que sigue al diecinueve. *Frec va siguiendo al n* NÚMERO. * *El número premiado es el veinte.* **b)** Cosa que en una serie va marcada con el número veinte. * *Me calificaron con un veinte.* ■ **5 los** (**años**) ~, *o, más raro,* **los** (**años**) ~**s.** Tercer decenio de un siglo, esp. del XX.
B *f pl* (*invar*) **6** Ocho de la tarde. *Normalmente precedido de* LAS. ■ **7** *En ciertos juegos de naipes*: Veinte [1] puntos que gana el jugador que reúne el rey y el caballo (o la sota) de un palo que no pinta. *Frec precedido de* LAS, *y con el v* CANTAR.

veinteañero -ra *adj* (*col*) [Pers.] que tiene veinte años o poco más. *Tb n. Tb* (*raro*) *referido a cosa.*

veintena *f* **1** Conjunto de veinte unidades. *Gralm seguido de un compl* DE. *Frec solo con sent aproximativo.* ■ **2** Edad comprendida entre los veinte y los treinta años. ■ **3** (*reg*) Junta de veintiún vecinos encargada de regir un concejo que exceda de 500 habitantes.

veintenio *m* Período de veinte años.

veinteno -na *adj* [Parte] de las veinte en que se divide un todo. *Tb n f.*

veinti- *Elemento pref* Veinte y. *Forma compuestos sin guión con los numerales* UNO *al* NUEVE, *para designar las unidades correspondientes a esta decena; y con algunos cuantitativos indefinidos, como* TANTOS, MUCHOS, ALGO. * *Se examina el veinticuatro.* * *Tiene veintitantos años.*

vejación *f* Acción de vejar.

vejamen *m* **1** Vejación. ■ **2** Sátira festiva en que se ponderan los defectos de alguien. **b)** (*hist*) Discurso o composición poética de sátira personal, leídos en determinados actos universitarios o literarios.

vejancón -na *adj* (*desp*) [Pers. o animal] viejo. *Tb n, referido a pers.*

vejar *tr* Humillar o maltratar moralmente [a alguien]. *Tb fig, referido a cosa.*

vejatoriamente *adv* De manera vejatoria.

vejatorio -ria *adj* Que sirve de vejación.

vejera *f* (*reg*) Vejez.

vejeriego -ga *adj* De Vejer de la Frontera (Cádiz). *Tb n, referido a pers.*

vejestorio -ria (*desp*) **I** *adj* **1** (*raro*) Viejo.
II *n* **A** *m* **2** Pers. vieja. ■ **3** Cosa vieja.
B *f* **4** (*raro*) Mujer vieja.

vejeta *f* (*reg*) Cogujada (ave).

vejete *m* (*desp*) Hombre viejo. *A veces con intención afectiva.*

vejez *f* **1** Cualidad de viejo (que tiene muchos años o que ha sufrido el deterioro del tiempo). ■ **2** Período de la vida humana que sigue a la madurez. ■ **3** (*raro*) Cosa vieja.

vejiga *f* **1** (*Anat*) Bolsa membranosa, esp. destinada a contener una secreción orgánica. *Con un compl especificador:* ~ DE LA BILIS, DE LA ORINA, NATATORIA, *etc.* **b)** *Sin compl:* Vejiga de la orina. **c)** Vejiga [1b] seca, gralm. de cerdo, que se emplea para diversos usos. ■ **2** Bolsita llena de aire o líquido, que se forma esp. sobre la piel.

vejigazo *m* Golpe dado con una vejiga [1c] rellena, esp. de aire.

vela¹ **I** *f* **1** Acción de velar¹. ■ **2** Pieza, gralm. cilíndrica, de cera u otra materia grasa sólida, con pabilo en el eje y que se emplea para alumbrar. **b)** Lámpara en forma de vela. ■ **3** (*col*) Moco que cuelga de la nariz. *Gralm en pl.*
II *loc v* **4** **dar** [a alguien] ~ **en un entierro.** (*col*) Invitar[le] a que participe en un asunto, o darle ocasión para ello. *Normalmente en constr neg.* **b)** **tener** [alguien] ~(**s**) **en un entierro.** (*col*) Ser parte en un asunto. *Normalmente en constr neg.* ■ **5** **poner** (*o* **encender**) **una** ~ **a Dios y otra al Diablo.** Procurar contemporizar con dos perss. u opiniones opuestas.
III *loc adv* **6** **a dos** ~**s.** (*col*) Sin dinero. *Gralm con vs como* ESTAR, DEJAR *o* QUEDAR. **b)** Sin nada. *Gralm con vs como* ESTAR, DEJAR *o* QUEDAR. ■ **7** **en** ~. Sin dormir.

vela² **I** *f* **1** Pieza de tejido fuerte destinada a recibir el impulso del viento para hacer avanzar una embarcación. *A veces en sg con sent colectivo.* **b)** (*Dep*) Pieza análoga a la vela de una embarcación, usada para impulsar una tabla por el agua o la nieve. **c)** Lona de las aspas de un molino de viento. ■ **2** (*lit*) Embarcación de vela [1a]. ■ **3** Deporte de la navegación a vela [1a]. ■ **4** Lona con que se cubre algo, esp. para protegerlo del sol.
II *loc v* **5** **recoger** ~**s.** Desdecirse, o mostrarse menos decidido o impulsivo al actuar.
III *loc adv* **6** **a toda** ~ (*o* **a** ~**s desplegadas**). (*Mar*) A toda marcha o con la máxima velocidad. *Tb fig, fuera del ámbito técn.*

velacho *m* (*Mar*) Gavia del trinquete. *Tb la verga y el mastelero correspondientes.*

velación *f* (*Rel catól*) Ceremonia que consiste en cubrir con un velo a los cónyuges en la misa nupcial. *Normalmente en pl. Tb el tiempo establecido para su celebración.*

velada *f* **1** Reunión o fiesta nocturna. ■ **2** Período de tiempo que media entre la cena y la hora de dormir.

veladamente *adv* De manera velada (→ VELADO¹ [2]).

velado¹ -da *adj* **1** *part* → VELAR². ■ **2** Disimulado o encubierto. **b)** Tenue o ligero.

velado² *m* Acción de velar(se)² [2 y 4]. *Tb su efecto.*

velador -ra **I** *adj* **1** [Pers.] que vela¹ [1]. *Tb n.*
II *m* **2** Mesita gralm. redonda y de un solo pie. ■ **3** (*reg*) Gañán que cuida mulas o bueyes y les da el pienso por la noche.

veladura *f* **1** Acción de velar(se)² [1, 2 y 4]. *Tb su efecto.* ■ **2** (*Pint*) Tinta que se da para suavizar el tono de lo pintado.

velaí → VELAY.

velamen *m* Conjunto de velas² [1a] de una embarcación. **b)** Conjunto de lonas de las aspas de un molino de viento.

velar¹ **A** *tr* **1** Hacer guardia durante la noche [ante alguien o algo (*cd*), esp. el Santísimo Sacramento o un difunto]. **b)** ~ **las armas** → ARMA. **c)** Atender durante la noche [a un enfermo]. ■ **2** Cuidar o vigilar [algo, esp. el sueño de otro].
B *intr* **3** Permanecer sin dormir durante el tiempo destinado comúnmente a ello. ■ **4** Cuidar atentamente [de alguien o algo (*compl* POR)].

velar² **A** *tr* **1** Cubrir u ocultar [algo o a alguien] con un velo o algo similar. **b)** Cubrir u ocultar. *Tb fig.* **c)** Hacer menos perceptible [algo]. ■ **2** Hacer que [un carrete o un cliché fotográfico] se vele [4].
B *intr pr* (~**se**) **3** Celebrar [los desposados] la ceremonia de las velaciones. ■ **4** Perder la imagen [un carrete o un cliché fotográfico] por la acción indebida de la luz. ■ **5** Perder [un espejo o cristal] la nitidez.

velar³ *adj* (*Anat*) **1** Del velo del paladar. ■ **2** (*Fon*) [Sonido] que se articula por medio de la aproximación o el contacto de la parte posterior del dorso de la lengua con el velo del paladar. *Tb la letra que representa ese sonido. Tb n f.* **b)** De(l) sonido velar.

velarización *f* (*Fon*) Acción de velarizar(se).

velarizador -ra *adj* (*Fon*) Que velariza.

velarizar *tr* (*Fon*) Hacer velar³ [2] [un sonido]. **b)** *pr* (~**se**) Hacerse velar [un sonido].

velatorio *m* **1** Reunión de perss. que velan¹ [1a] a un difunto. ■ **2** Lugar destinado a velatorios [1].

velay (*tb* **velaí**) *interj* (*col, raro*) Ahí tienes.

veleidad *f* **1** Cualidad de veleidoso. ■ **2** Actitud o inclinación pasajera.

veleidoso -sa *adj* Inconstante o mudable.

veleño -ña *adj* De Vélez Málaga (Málaga). *Tb n, referido a pers.*

velero -ra *adj* **1** [Embarcación] muy ligera o que navega mucho a la vela² [1a]. ■ **2** [Barco] que se mueve mediante velas² [1a]. *Tb n.* ■ **3** [Avión] de vuelo sin motor, capaz de elevarse con las corrientes ascendentes de aire. *Tb n m.*

veleta **A** *f* **1** Aparato consistente en una pieza de metal que gira sobre un eje vertical fijo y que se coloca en lo alto de un edificio para señalar la dirección del viento. ■ **2** Plumilla u otra cosa de poco peso que se coloca sobre el corcho de la caña de pescar para saber cuándo pica el pez. ■ **3** (*reg*) Cometa (juguete).

B *m y f* **4** Pers. inconstante y mudable. *A veces se usa como f referido a hombre.*

veleto -ta *adj* (*Taur*) [Res] cuyos cuernos son altos y derechos, con la curvatura muy poco marcada.

vélico -ca *adj* De (la) vela² [1].

velilla *f* (*reg*) Cerilla.

velillense *adj* De alguno de los pueblos llamados Velilla. *Tb n, referido a pers.*

velis nolis (*lat; pronunc corriente,* /bélis-nólis/) *loc adv* (*lit*) Quieras o no, por las buenas o por las malas.

vélite *m* (*hist*) Soldado romano de infantería ligera.

vello *m* **1** Conjunto de pelos cortos y suaves del cuerpo humano. **b)** Pelo del vello. ■ **2** Pelusilla, esp. la que cubre algunas plantas y frutos.

vellocino *m* Cuero curtido de carnero o de oveja con su lana. *Frec referido al vellocino de oro de la mitología.*

vellón¹ *m* Conjunto de la lana de un carnero u oveja que se esquilan.

vellón² *m* **1** (*hist*) Aleación de plata y cobre con que se acuñó moneda durante la Edad Media y hasta la segunda mitad del s. XVI. **b)** **real de ~** → REAL². ■ **2** (*reg, raro*) Real (unidad de cuenta).

vellonero -ra *m y f* Pers. que recoge los vellones de lana cuando se esquila el ganado.

vellorita (*tb con la grafía* **bellorita**) *f* Planta herbácea, común en los prados, con pequeños capítulos de flores amarillas en el centro y blancas rosadas en la periferia (*Bellis perennis*).

vellosidad *f* **1** Condición de velloso. ■ **2 ~ intestinal.** (*Anat*) Pequeño saliente filiforme de la pared interior del intestino. *A veces en sg con sent colectivo.*

vellosilla *f* Planta herbácea común en prados y pastos, con hojas tomentosas en el envés y flores amarillas en capítulos (*Hieracium pilosella*).

velloso -sa *adj* Que tiene vello.

velludillo *m* (*hist*) Felpa o terciopelo de algodón, de pelo muy corto.

velludo -da **I** *adj* **1** Que tiene mucho vello. **b)** [Hierba] **velluda** → HIERBA.
II *m* **2** (*raro*) Tejido velludo [1a], esp. felpa o terciopelo.

velo **I** *m* **1** Cortina o tela, gralm. fina, que se emplea para cubrir algo. ■ **2** Prenda de tul, gasa o encaje con que se cubren las mujeres la cabeza, esp. para ir a la iglesia. **b)** Manto más o menos largo con que las religiosas se cubren la cabeza. ■ **3** (*Rel catól*) Banda de tela blanca que en la misa de velaciones se coloca sobre los hombros del hombre y la cabeza de la mujer. ■ **4** Cosa que cubre u oculta. *Tb fig.* ■ **5 ~ del paladar.** (*Anat*) Parte muscular y membranosa que separa la boca de la faringe.
II *loc v* **6 correr** (*o* **echar**) **un tupido ~** [sobre un asunto]. (*col*) Dejar[lo] de lado o no hablar más [de él]. *Frec en la constr* CORRAMOS UN TUPIDO ~. ■ **7 tomar el ~** (*o* una monja). Profesar.

velocidad **I** *f* **1** Cualidad de veloz. ■ **2** Relación existente entre el espacio recorrido y el tiempo in-

vertido en recorrerlo. ■ **3** Número de vueltas que da un motor por unidad de tiempo. **b)** *En un automóvil:* Combinación de las que se obtienen con los engranajes del cambio de marchas. ■ **4 ~ de circulación.** (*Econ*) Número medio de veces que una unidad monetaria cambia de manos en un período de tiempo dado. *Tb, simplemente,* ~.
II *loc v* **5 confundir la ~ con el tocino.** (*col*) Hablar o actuar ilógicamente, mostrando confusión entre cosas muy distintas.

velocímetro *m* Aparato para medir la velocidad [2] de un vehículo.

velocipédico -ca *adj* (*lit*) De (la) bicicleta.

velocipedista *adj* (*hist*) De(l) deporte del velocípedo.

velocípedo *m* (*hist*) Aparato de locomoción constituido por un caballete que se apoya sobre dos o tres ruedas desiguales movidas por pedales.

velocista *m y f* (*Dep*) Atleta especializado en pruebas de velocidad.

velódromo *m* Lugar destinado para carreras de bicicletas.

velomotor *m* Motocicleta ligera, con motor de 50 a 125 c.c.

velón *m* **1** Cirio o vela grande. ■ **2** Lámpara de metal compuesta de un vaso con una o varias mechas, y de un eje en que puede girar, terminado por arriba en un asa y por abajo en un pie.

velonería *f* Industria del velón [2].

velorio *m* **1** Velatorio [1]. ■ **2** Reunión nocturna con bailes, cantos y cuentos, que se celebra en los pueblos, gralm. con ocasión de alguna faena doméstica. *Tb fig.*

velote *m* (*reg*) Resto o cabo de vela¹ [2].

velours (*fr; pronunc corriente,* /belúr/; *pl invar*) *m* Tejido semejante al terciopelo.

velouté (*fr; pronunc corriente,* /beluté/; *pl normal,* ~s) *m* (*Coc*) Salsa de pescado.

veloz *adj* Rápido o muy ligero.

velozmente *adv* De manera veloz.

veludillo *m* (*hist*) Velludillo.

veludo *m* (*hist*) Velludo (felpa o terciopelo).

velvetón *m* Tejido de algodón que imita el terciopelo.

vena **I** *f* **1** Vaso sanguíneo. **b)** (*Anat*) Vaso por donde la sangre vuelve al corazón. *Frec con un adj especificador:* CAVA, PULMONAR, *etc.* ■ **2** Inspiración artística. *Frec en la constr* ESTAR EN ~. **b)** Condiciones físicas o morales favorables [para algo (*compl* DE)]. *Frec en la constr* ESTAR EN ~. *A veces sin compl.* ■ **3** Estado de ánimo pasajero que impulsa a actuar de forma desacostumbrada o poco racional. *Frec en la constr* DARLE [a uno] LA ~. ■ **4** Tendencia acusada [a la locura o a un comportamiento anormal (*compl especificador*)]. *A veces se omite el compl, por consabido.* ■ **5** Corriente subterránea natural de agua. **b)** Corriente pequeña de agua. ■ **6** (*Min*) Filón pequeño [de un mineral]. ■ **7** Faja o lista que por su color o calidad se distingue de la materia en que se encuentra. ■ **8** Haz pequeño de fibras que sobresale en el envés de la hoja de una planta. **b)** Fibra o hebra del fruto o de la vaina de ciertas plantas.
II *loc v* **9 llevar** [una cualidad o aptitud] **en las ~s.** Tener[la] innata.

venable *adj* (*lit*) Vendible.

venablo I *m* **1** Dardo, o lanza pequeña y arrojadiza.
II *loc v* **2 echar ~s.** Proferir expresiones coléricas.

venada *f* Vena [3].

venado[1] **-da** A *m* **1** Ciervo. *Tb designa solamente el macho de esta especie.* ■ **2** *euf por* CORNUDO *o* CABRÓN.
B *f* **3** Hembra del venado [1].

venado[2] **-da** *adj* (*col*) Loco o chiflado. *Tb n.*

venador *m* (*lit*) Cazador.

venaje *m* (*lit, raro*) Conjunto de venas de agua y manantiales que dan origen a un río. *Tb fig.*

venal *adj* (*lit*) **1** [Cosa] destinada a ser vendida. **b)** Propio de la cosa venal. ■ **2** [Pers.] que se presta a una acción indigna a cambio de una ventaja o beneficio.

venalidad *f* (*lit*) Cualidad de venal.

venatorio -ria *adj* (*lit*) De (la) caza.

vencedero -ra *adj* Que vence [4] [en una fecha determinada].

vencedor -ra *adj* Que vence [1]. *Tb n.*

vencejo[1] *m* Pájaro insectívoro semejante a la golondrina, de cola larga y ahorquillada y plumaje negro, excepto en la garganta, que es blanca (*Apus apus*). *Otras especies del mismo gén se distinguen por medio de un adj:* REAL (*Apus melba*), PÁLIDO (*A. pallidus*), CULIBLANCO (*A. caffer*).

vencejo[2] *m* Ligadura con que se atan los haces, esp. la hecha de bálago. *Tb fig.*

vencer A *tr* **1** Resultar superior [a alguien (*cd*)] en una lucha, una competición o una disputa. *Tb abs.* **b)** Dominar [a una pers. o cosa] o no dejarse dominar [por ella (*cd*)]. **c)** Superar [un obstáculo o dificultad]. **d) darse** [alguien] **por vencido.** Renunciar a la lucha por considerar que no existe posibilidad de vencer. *Frec fig.* ■ **2** Ser superior [a alguien (*cd*) en algo]. ■ **3** Torcer o inclinar. *Frec en part.* **b)** *pr* (**~se**) Torcerse o inclinarse. **B** *intr* **4** Terminarse [un plazo o un período de tiempo]. **b)** Terminarse el plazo establecido [para algo, esp. una letra de cambio (*suj*)]. **c)** Caducar o prescribir [algo, esp. un derecho].

vencetósigo *m* Planta herbácea de flores verdosas o amarillentas y raíz venenosa, que se considera eficaz contra el veneno de las serpientes (*Vincetoxicum hirundinaria* o *V. officinalis*).

vencible *adj* Que puede ser vencido [1].

vencida I *f* **1** Acción de vencer [1]. *En la fórmula* A LA TERCERA VA (*o* FUE, *etc*) LA ~.
II *loc adv* **2 de ~.** A punto de ser vencida [1] [una pers. o cosa] o de terminar [una cosa]. *Gralm con el v* IR.

vencimiento *m* Acción de vencer(se), esp [4].

venda I *f* **1** Tira, gralm. de gasa, que se emplea para cubrir un miembro dañado o para sujetar los apósitos aplicados a una herida. **b)** *Frec se emplea en sent fig,* aludiendo a la ofuscación o ceguera mental, en frases como TENER UNA ~ SOBRE LOS OJOS, CAÉRSELE [a alguien] LA ~ DE LOS OJOS, *etc*.
II *loc v* **2 ponerse la ~ antes de la herida.** (*col*) Ser excesivamente precavido.

vendaje *m* Acción de vendar. **b)** Venda o conjunto de vendas con que se realiza el vendaje.

vendar *tr* Poner una venda [sobre una herida o una parte del cuerpo (*cd*)]. **b)** Poner una venda sobre una parte del cuerpo [de alguien (*cd*)].

vendaval *m* Viento muy fuerte. *Tb fig.*

vendeano -na *adj* De la Vendée (provincia francesa). *Tb n, referido a pers.*

vendedor -ra *adj* **1** Que vende [1a]. *Frec n, referido a pers.* ■ **2** Relativo a la acción de vender [1a].

vendeja *f* (*reg*) Venta de pasas, higos, limones y cosas similares en el tiempo de la cosecha.

vender *tr* **1** Dar [a alguien] la propiedad [de una cosa o de una pers. (*cd*)] a cambio de dinero. **b)** Dar [a alguien algo no material] a cambio de dinero o de un favor o ventaja. **c)** *Con cd refl:* Pasar a servir [a alguien o algo, esp. a un adversario] a cambio de una ventaja o beneficio. **d)** *Con cd refl:* Ejecutar una acción indigna a cambio de una ventaja o beneficio. ■ **2 ~ caro** [algo]. Conceder[lo] después de gran resistencia. **b) ~ cara su vida** → VIDA. **c) ~se caro** [alguien]. (*col*) No dejarse ver con frecuencia. ■ **3** Traicionar [a alguien], gralm. a cambio de una recompensa o ventaja. ■ **4** Inducir o promover la venta [de un producto (*cd*)]. *Frec abs.* **b)** Inducir o promover la aceptación [de una pers. o de una idea (*cd*)] o la adhesión [a ellas (*cd*)]. *Frec abs.*

vendetta (*it; pronunc corriente,* /bendéta/) *f* Venganza familiar. *Tb fig.*

vendible *adj* Que puede venderse [1].

vendido -da *adj* **1** *part* → VENDER. ■ **2** [Pers.] indefensa en un medio hostil. *Tb fig. Normalmente como predicat.*

vendimia *f* Acción de vendimiar. *Tb su efecto y la época del año en que se realiza.*

vendimiador -ra I *m y f* **1** Pers. que vendimia.
II *adj* **2** De (la) vendimia.

vendimiar (*conjug* 1a) *tr* Recoger el fruto [de la viña (*cd*)]. *Frec abs.*

vendimiario *m* (*hist*) Primer mes del calendario revolucionario francés, que va del 22 de septiembre al 21 de octubre.

vending (*ing; pronunc corriente,* /béndin/) *m* Venta mediante máquinas automáticas.

vendos *m pl* (*reg*) Zorros (utensilio de limpieza).

vendrellense *adj* De Vendrell (Tarragona). *Tb n, referido a pers.*

veneciano -na *adj* **1** De Venecia (Italia). *Tb n, referido a pers.* ■ **2** [Persiana] de tiras transversales móviles, que permiten graduar la entrada de luz. ■ **3** [Farolillo] de papel de colores. *Tb en la loc* A LA VENECIANA.

venectasia *f* (*Med*) Dilatación de una vena.

venencia *f* Utensilio formado por un pequeño recipiente cilíndrico unido a una larga varilla, que se emplea para extraer pequeñas cantidades de vino de una bota.

venenciador -ra *m y f* Pers. que venencia.

venenciar (*conjug* 1a) *tr* Extraer [vino] de la bota con la venencia.

veneno *m* **1** Sustancia que, introducida en un organismo, altera o destruye sus actividades vitales. **b)** Cosa perjudicial para la salud. *Con intención ponderativa. Tb fig.* ■ **2** Mala intención. *Tb fig.* ■ **3** Sentimiento que intranquiliza o inquieta. *Frec re-*

ferido a afición y en la forma VENENILLO. ■ **4** (*Taur*) Punta del cuerno. *Gralm en la constr* QUITAR EL ~.

venenoso -sa *adj* Que tiene veneno [1 y 2].

venera *f* **1** Concha de la vieira. *Frec el adorno arquitectónico que la imita.* ■ **2** Insignia distintiva de una orden militar, que se lleva sobre el pecho.

venerabilidad *f* Cualidad de venerable [1].

venerable *adj* **1** Digno de veneración y respeto, esp. por su edad o antigüedad. ■ **2** (*lit*) Que tiene muchos años. ■ **3** (*Rel catól*) [Pers.] que ha muerto con fama de santidad y a quien la Congregación de Ritos concede este título, inmediatamente inferior al de beato.

veneración *f* Acción de venerar. *Tb su efecto.*

venerador -ra *adj* Que venera. *Tb n.*

venerando -da *adj* (*lit*) Que debe ser venerado.

venerante *adj* (*lit*) Que venera.

venerar *tr* **1** Profesar el máximo respeto [a alguien o algo (*cd*)]. ■ **2** Tributar culto [a alguien o algo sagrado (*cd*)].

venéreo -a *adj* **1** (*lit*) De(l) deleite o el acto sexual. **b)** [Enfermedad] contagiosa que se contrae esp. a través del acto sexual. *Tb n m.* ■ **2** (*Med*) [Pers.] que padece una enfermedad venérea.

venereología *f* (*Med*) Parte de la medicina referente a las enfermedades venéreas [1b].

venereológico -ca *adj* (*Med*) De (la) venereología.

venero *m* **1** Vena o filón. *Tb fig.* ■ **2** Corriente subterránea natural de agua. *Tb fig.* **b)** Manantial. *Tb fig.*

véneto -ta I *adj* **1** (*lit*) Veneciano. *Tb n.* ■ **2** (*hist*) [Individuo] de un antiguo pueblo de la zona italiana del Véneto. *Tb n.* **b)** De (los) vénetos. ■ **3** De(l) véneto [4]. **II** *m* **4** (*hist*) Antiguo idioma indoeuropeo que se habló en el Véneto.

venezolano -na *adj* De Venezuela. *Tb n, referido a pers.*

venga → VENIR.

vengador -ra *adj* Que venga o se venga. *Tb n.*

venganza *f* Acción de vengar(se).

vengar A *tr* **1** Tomar satisfacción [de un daño o agravio (*cd*)] haciendo sufrir otro a la pers. responsable. ■ **2** Tomar satisfacción de un daño o agravio causado [a una pers (*cd*)]. **B** *intr pr* (~**se**) **3** Tomar satisfacción [de un daño o agravio (*compl* DE o POR)]. *Tb sin compl.* ■ **4** Causar un daño o agravio [a alguien (*compl* DE)] como satisfacción por otro del que esa pers. es responsable.

vengativamente *adv* De manera vengativa.

vengativo -va *adj* [Pers.] predispuesta a vengarse [3 y 4]. **b)** Propio de la pers. vengativa.

venia *f* **1** Permiso o licencia. *Frec en lenguaje jurídico.* ■ **2** Inclinación hecha con la cabeza como saludo respetuoso.

venial *adj* Que se opone a una ley o a un precepto. *Normalmente referido a pecado.* **b)** (*lit*) Leve o de poca importancia.

venialmente *adv* De manera venial.

venida *f* Acción de venir [1 y 3].

venidero -ra *adj* Que ha de venir o suceder después.

venilla *f* (*Min*) Vena o filón de escaso espesor.

venir I *v* (*conjug* 61) *intr* ➤ **a** *normal* **1** Trasladarse a o hacia el lugar en que se encuentra la pers. que habla. *Tb fig. Tb pr* (~**se**), denotando a veces el carácter definitivo o duradero del traslado. *A veces el compl de lugar va explícito.* * Ven un momento, por favor. * ¿Por qué no te vienes a Madrid? Aquí tendrías más oportunidades. **b)** Trasladarse a algún lugar en compañía de la pers. que habla. *Tb pr* (~**se**). *A veces el compl de lugar va explícito.* * ¿Vienes a la playa? Anda, tonta, vente. ■ **2** Exponer o proponer [algo rechazable o inadmisible (*compl* CON)]. *Tb* ~ DICIENDO (*o ger de otro v equivalente*). * Ahora viene con que no puede. **b)** **no** (**me**) **vengas.** (*col*) *Fórmula con que se rechaza cualquier argumento, real o imaginario, del interlocutor.* * Antes no eras así, no me vengas. ■ **3** Presentarse o aparecer [alguien o algo en un determinado lugar o tiempo]. * En este folleto vienen todos los datos. * Después vinieron los impresionistas revolucionando la pintura. **b)** ~ **mal dadas.** (*col*) Presentarse desfavorable la situación. **c)** ~ **en gana** → GANA. ■ **4** Llegar junto a la pers. que habla. * Me vino de golpe el olor de la cocina. **b)** **bien venido** → BIENVENIDO. ■ **5** Llegar [algo (A + *infin*, o EN + *n de acción*)]. * El éxito como periodista vino a cambiar su vida. * Vino en conocimiento del hecho por pura casualidad. **b)** (*lit o admin*) Resolver o acordar [algo (EN + *infin*)]. * Vengo en concederle el título de marqués. **c)** ~ **a más** → MÁS. **d)** ~ **a menos** → MENOS. ■ **6** Resultar o acomodarse [de una determinada manera (*compl adv o adj predicat*) con respecto a alguien o algo (*ci*)]. * Te viene bien. * Te viene grande. **b)** *Sin compl adv o adj predicat:* Resultar o acomodarse bien [algo, esp. una prenda]. * La ropa hecha no le viene. ■ **7** Tener origen [en alguien o algo (*compl* DE)]. * La veleta señala de dónde viene el viento. **b)** Tener relación o conexión [con algo (*compl* A)]. *Frec en constrs como* SIN ~ A QUÉ, ¿A QUÉ VIENE...?, *etc.* **c)** ~ **a cuento** → CUENTO. **d)** ~ **de lejos** [algo no material]. Ser antiguo o datar de tiempo atrás. ■ **8** *Seguido de un ger, forma una perífrasis con la que se presenta en su desarrollo, y no como instantánea, la acción significada por el v que va en ger, expresando además que se produce desde algún tiempo antes del indicado por el v.* * Es una situación que viene preocupando a las autoridades. ■ **9** *Seguido del part de un v tr, forma una constr pasiva con la que se denota que lo designado en el suj "recibe" o "sufre" la acción significada por el segundo v, frec expresando además que ello ocurre desde algún tiempo antes del indicado por el v.* * Todo ciudadano viene obligado al cumplimiento de la ley. ■ **10** ~ **a** + *infin* (*más raro,* ~ + *ger*) = *ind* + APROXIMADAMENTE. * La frase venía a decir: "En este país mandan las leyes, no los hombres". * ¿A cómo vendrá costando una moto de esas? ■ **11 venga a** (o **de**) + *infin*. (*col*) *Fórmula con que se expresa enfáticamente la reiteración de la acción significada por el infin. Tb, simplemente,* VENGA (*o* VENGA Y VENGA), *aludiendo a una acción enunciada antes.* * Ellos venga a reír, y venga sin parar. **b)** **venga de** + *n. Fórmula que expresa enfáticamente el exceso de lo designado por el n.* * Ellas todas muy blancas y rubias, venga de pintura por la cara. ➤ **b** *pr* **12** ~**se**[**le**] **encima** [algo a alguien]. Precipitarse [sobre él]. *Tb fig.* **b)** Encontrarse abrumado [por algo (*suj*)]. ■ **13** ~**se abajo**. Hundirse o desmoronarse. *Tb fig.*

II *loc adj* **14 que viene.** Próximo o siguiente. *Normalmente siguiendo a expresiones de tiempo del tipo* EL LUNES, LA SEMANA, EL MES, EL VERANO, EL AÑO, EL SIGLO. ■ **15 por ~.** (*lit*) [Tiempo] futuro.
III *loc n* **16 lo que venga** (*más raro,* **lo que viene**). (*col*) El hijo que va a nacer.
IV *interj* (*col*) **17 venga.** *Se usa para exhortar a alguien a que se mueva o cambie de actitud. Frec seguido de* YA. * Venga, levanta, que es tarde. **b)** *Se usa para rechazar lo que se acaba de oír. Frec seguido de* YA. * Gratis te lo van a dar. Venga ya, hombre. **c) venga de ahí.** (*col*) *Fórmula con que se anima a alguien a que se decida a hacer o decir algo.* * Venga de ahí. A ver qué tenías que decirme con tanto misterio.

venoclisis *f* (*Med*) Inyección de líquido en una vena.

venoso -sa *adj* De (las) venas [1b]. **b)** (*Fisiol*) [Sangre] pobre en oxígeno y que recoge los productos de secreción de los distintos órganos del cuerpo.

venta¹ I *f* **1** Acción de vender [1]. *Tb su efecto.* ■ **2** Contrato de compraventa.
II *loc adv* **3 en ~, de ~,** *o* **a la ~.** Para ser vendido [1]. *Tb adj.*

venta² *f* Posada o taberna en despoblado.

ventada *f* Golpe de viento.

ventaja I *f* **1** Situación más adelantada o favorable [de una pers. o cosa respecto a otra]. *Frec con los vs* TENER *o* LLEVAR. ■ **2** Condición favorable [de una pers. o cosa respecto a otra]. ■ **3** (*hoy raro*) Sueldo sobreañadido al común. ■ **4** (*Tenis*) Punto conseguido después de un deuce.
II *loc adj* **5 de ~.** (*Naipes*) [Jugador] fullero.

ventajismo *m* Actitud ventajista [1b].

ventajista *adj* **1** [Pers.] que trata de obtener ventaja [1] por cualquier medio. *Tb n.* **b)** Propio de la pers. ventajista. ■ **2** [Jugador] de ventaja [5]. *Frec n.*

ventajosamente *adv* De manera ventajosa.

ventajoso -sa *adj* Que tiene o reporta ventajas [1 y 2].

ventalle *m* (*lit*) Abanico.

ventana I *f* **1** Abertura, gralm. a cierta altura sobre el suelo, hecha en una pared para dar luz y ventilación al interior. **b)** Armazón de madera o metal con cristales, que tapa o cierra una ventana. ■ **2** Abertura en una superficie, que permite pasar la luz o ver lo que hay al otro lado. ■ **3** (*Anat*) Abertura en una pared u órgano. *Gralm con un adj especificador:* NASAL, OVAL, REDONDA. ■ **4** (*Impr*) Texto, fotografía o espacio en blanco incrustados en una composición más amplia.
II *adj invar* **5** *En tejidos:* [Cuadro] grande.
III *loc v* **6 tirar** (*o* **echar**) [algo] **por la ~.** Malgastar[lo]. **b) tirar** (*o* **echar**) **la casa por la ~** → CASA.

ventanaje *m* Conjunto de ventanas [1] [de un edificio].

ventanal *m* Ventana [1] grande.

ventaneo *m* Hecho de asomarse o ponerse a la ventana [1] con frecuencia.

ventanero -ra *adj* **1** De (la) ventana [1]. **2** (*lit*) [Mujer] ociosa y aficionada a asomarse a la ventana [1].

ventanilla *f* **1** *En una oficina:* Abertura pequeña por la que un empleado atiende al público. **b)** Aber-

tura pequeña por la que se despacha o sirve algo. ■ **2** *En un vehículo:* Abertura acristalada de los costados. ■ **3** Orificio de la nariz.

ventanillero -ra *m y f* Empleado que atiende en una ventanilla [1].

ventanillo *m* **1** Ventana [1 y 2] pequeña, esp. la hecha en una puerta para permitir ver quién llama, sin tener que abrir. ■ **2** Ventanilla [2].

ventano *m* Ventana [1] pequeña.

ventanuco *m* Ventana [1] muy pequeña.

ventar (*conjug* 6) *intr impers* (*Mar*) Soplar el viento.

ventarrón *m* Viento muy fuerte.

venteado -da *adj* **1** *part* → VENTEAR. ■ **2** Abundante en viento.

venteador -ra *adj* Que ventea [1 y 2]. *Tb n, referido a pers.*

ventear A *tr* **1** Olfatear [un animal] el aire [de un lugar (*cd*)]. *Frec abs. Tb fig, referido a pers.* ■ **2** Descubrir [algo] mediante el olfato. *Tb fig.* ■ **3** Exponer [algo] al viento. *Frec fig.* ■ **4** Espantar o ahuyentar.
B *intr impers* **5** Soplar viento, esp. fuerte.

ventenio *m* (*semiculto*) Veintenio.

venteo *m* Acción de ventear [1 y 2].

ventero -ra *m y f* Dueño o encargado de una venta².

ventilación *f* **1** Acción de ventilar(se) [1 y 2]. *Tb su efecto.* ■ **2** Sistema de ventilación [1]. ■ **3** Hueco para la ventilación [1].

ventilador *m* **1** Aparato que remueve el aire, esp. para refrescar. ■ **2** Abertura permanente hacia el exterior hecha en un lugar para que se ventile.

ventilar A *tr* **1** Hacer que entre o se renueve el aire [en un lugar (*cd*)]. **b)** *pr* (**~se**) Entrar o renovarse el aire [en un lugar (*suj*)]. ■ **2** Someter [a alguien o algo] a la acción del aire. **b)** *pr* (**~se**) Recibir [alguien o algo] la acción del aire. ■ **3** Solucionar o resolver [un asunto]. **b)** Tratar o discutir [un asunto]. ■ **4** (*col*) Liquidar [a una pers. o cosa] o acabar [con ella (*cd*)]. *Con compl de interés.* ■ **5** (*col*) Poseer sexualmente [a alguien]. *Con compl de interés.*
B *intr* **6** Ventilarse [1b]. * Hay que procurar que la habitación ventile directamente y no a través de otra.

ventilatorio -ria *adj* (*Med*) De (la) ventilación [1].

ventiloterapia *f* (*Med*) Terapia ventilatoria.

ventisca *f* Tormenta de viento, o de viento y nieve.

ventisquero *m* **1** Lugar muy expuesto a las ventiscas. ■ **2** Lugar de una montaña donde se conserva mucho tiempo la nieve y el hielo.

ventolada *f* (*reg*) Ventolera [1].

ventolera *f* **1** Golpe de viento fuerte y poco duradero. ■ **2** (*col*) Capricho o decisión extravagante. *Frec en la constr* DARLE [a alguien] LA ~ [de algo, o por alguien o algo].

ventolero -ra *adj* (*col, raro*) Caprichoso o que tiene ventoleras [2].

ventolina *f* (*Meteor*) Viento de velocidad entre 1 y 5 kilómetros por hora (grado 1 de la escala de Beaufort).

ventolinero -ra *adj (raro)* De (la) ventolina.

ventón *m* Ventarrón.

ventor -ra *adj* [Animal] que ventea en busca de un rastro. *Frec n m, referido a perro.*

ventorrero -ra *m y f* Dueño o encargado de un ventorro.

ventorro *(frec en la forma dim* VENTORRILLO*) m* Pequeño establecimiento donde se sirven comidas y bebidas situado en las afueras de una ciudad o en una carretera.

ventosa *f* **1** *En algunos animales:* Órgano con que se adhieren mediante el vacío, al andar o al capturar su presa. ■ **2** *(Med)* Vaso en que se hace el vacío y que se aplica sobre la piel para conseguir un efecto de succión.

ventosear *intr* Expeler gases intestinales por el ano. *Frec pr (~se).*

ventosidad *f* Expulsión de gases intestinales por el ano.

ventoso -sa I *adj* **1** Abundante en vientos.
II *m* **2** *(hist)* Sexto mes del calendario revolucionario francés, que va del 19 de febrero al 20 de marzo.

ventral *adj* Del vientre.

ventralmente *adv* En la parte ventral.

ventrecha *f En un pescado:* Vientre. *Considerado como manjar.*

ventresca *f* Ventrecha.

ventricular *adj (Anat)* De(l) ventrículo.

ventrículo *m (Anat)* **1** Cavidad del corazón que recibe la sangre de la aurícula. *Frec con un adj especificador:* IZQUIERDO, DERECHO. ■ **2** *En los vertebrados:* Cavidad interior de las cuatro en que se divide el encéfalo. ■ **3** ~ **succenturiado.** *En las aves:* Cavidad situada en el extremo posterior del esófago, cuyas paredes segregan jugos para digerir los alimentos ya reblandecidos en el buche.

ventril *m (reg)* Correa que pasa por debajo del vientre de los animales y se une al yugo.

ventrílocuo -cua *adj* [Pers.] capaz de hablar sin mover los labios, mediante una voz modificada que parece proceder del vientre. *Frec n.*

ventriloquia *(tb, semiculto,* **ventriloquía***) f* Arte del ventrílocuo.

ventrisca *f* Ventrecha.

ventrudo -da *adj* Que tiene el vientre abultado.

ventura I *f* **1** *(lit)* Dicha o felicidad. ■ **2** Suerte o azar. *Frec en la constr* A LA ~.
II *loc adv* **3 por ~.** *(lit)* Quizá o acaso.

venturi *m (Fís)* Tubo con un estrechamiento, que se usa para reducir o controlar el flujo de un fluido. *Tb* TUBO (DE) VENTURI.

venturina *f (Mineral)* Cuarzo pardo amarillento con laminillas de mica dorada en su masa.

venturo -ra *adj (lit, raro)* Que ha de venir o suceder.

venturosamente *adv (lit)* De manera venturosa.

venturoso -sa *adj (lit)* Dichoso o feliz.

vénula *f (Anat)* Vena de pequeño calibre.

venus *f (lit)* **1** Mujer muy hermosa. **b)** *(Arqueol)* Estatuilla de mujer con los rasgos femeninos muy acentuados. ■ **2** Placer sexual.

venusiano -na *adj* Del planeta Venus. *Tb n, referido a pers.*

venusino -na *adj* **1** De la diosa Venus. ■ **2** Del planeta Venus. *Tb n, referido a pers.*

venustez *f (lit)* Cualidad de venusto.

venustidad *f (lit)* Cualidad de venusto.

venusto -ta *adj (lit)* Hermoso. *Gralm referido a mujer.*

veo-veo *(tb con la grafía* **veoveo***) m* Juego que consiste en adivinar lo que un jugador dice ver en el lugar del juego, respondiendo este a varias preguntas que le hacen los otros jugadores, la primera de las cuales es la letra por la que comienza el nombre de la cosa en cuestión.

ver I *v (conjug* 34*)* A *tr* ➤ a *como simple v* **1** Percibir por los ojos. *Tb abs.* **b)** Visitar [a alguien] o entrevistarse [con él *(cd)*]. *Tb pr (~se), con suj pl y sent recíproco, o con suj sg y un compl* CON. ■ **2** Percibir o comprender. **b)** Sospechar o intuir. ■ **3** Observar o experimentar [algo]. *Frec en la constr* TENER VISTO. ■ **4** Mirar o examinar. **b)** Presenciar [un espectáculo]. **c)** Estudiar o considerar. *En la forma* VEREMOS, *o* VERÉ, *se usa frec para aplazar la resolución de algo, sin afirmarlo ni negarlo.* * –¿Podré ir a Londres? –Veremos. **d)** *En fut o pret, se emplea, en una exposición oral o escrita, para remitir a otro momento en que se trata el asunto en cuestión.* * Como veíamos antes, esta clase de verbos se usan frecuentemente como absolutos. **e)** *(Der)* Asistir [los jueces *(suj)*] a la discusión oral [de un pleito o causa *(cd)*] que han de sentenciar]. *Frec en constr pr pasiva.* ■ **5** Juzgar o considerar. ■ **6** Estar [algo] expuesto [a la luz o el sol *(cd)*].
➤ b *en locs y form or* **7 allá vea** (*o* **veas**). *(pop)* Lo mismo da, o poco importa. ■ **8 aquí te** (**le,** *etc*) **quiero ~.** *(col)* Fórmula con que se pondera lo difícil o embarazosa que es la situación en que uno se encuentra. *A veces con el incremento* ESCOPETA. * Aquí las quería yo ver, con un niño hecho una fiera. ■ **9 a ~.** *(col)* Fórmula con que se expresa el interés por mirar algo o enterarse de ello. *A veces seguido de una prop interrog indirecta. La entonación puede ser interrog o enunciativa.* * –¡Si viene con pantalones! –A ver, a ver. **b)** *(col)* Se emplea como llamada de atención previa a una pregunta, a una petición o a un mandato. * ¡Hola, Pepe! A ver esa cerveza. **c)** *(col)* Seguido de una prop interrog indirecta, manifiesta el deseo de que el oyente ponga especial cuidado o interés en lo expresado en la prop. * Anda, afíname el piano. Y a ver cómo lo dejas. **d)** *(col)* Precede a una prop interrog indirecta, expresando un reto. * A ver quién es el valiente que se atreve. **e)** *(col)* Seguido de una prop interrog indirecta introducida por SI, expresa deseo, gralm con sentido de exhortación. * A ver si salimos un día. **f)** *(col)* Seguido de una prop interrog indirecta introducida por SI, expresa temor, o deseo de evitar algo. * A ver si nos perdemos. **g)** *(pop)* Naturalmente. *Se emplea frec como respuesta.* Referido a algo que se presenta como inevitable, a veces en la forma A ~ QUÉ REMEDIO, *o* A ~ QUÉ VIDA. * –¿Los enterraban sin caja? –Ande, a ver – a si no. *(pop)* Eso es innegable. *Usado como refuerzo de lo que se acaba de afirmar. Tb, más raro,* SI NO, A ~. * Tú la mirabas con prevención, a ver si no. ■ **10 ¿cómo lo ves?** *(col)* Fórmula con que se pide la opinión del interlocutor sobre al-

go. * Podemos ir a la playa. ¿Cómo lo ves? ■ **11 echar de ~** → ECHAR. ■ **12 estar** [algo] **por ~,** o (*más raro*) **faltar ~**[lo]. Estar sin demostrar. *Normalmente se emplea como réplica a una afirmación que se considera gratuita o exagerada.* * *Eso de que ganará aún está por ver.* ■ **13 estar muy visto** [alguien o algo]. (*col*) Carecer de novedad o de interés. *En lugar de* MUY *puede usarse otra expr cuantitativa.* ■ **14 estar visto** [algo]. Ser evidente. *Frec el suj es una prop introducida por* QUE. ■ **15 faltar ~** [algo] → acep. 12. ■ **16 ¿lo ves?** → acep. 38. ■ **17 no haberlas visto más gordas.** (*col*) Encontrarse en una situación de la que no se tiene ninguna experiencia. ■ **18 no poder ~** [alguien a una pers. o cosa]. (*col*) Resultarle [esa pers. o cosa] odiosa, o no gustarle en absoluto. *A veces con el incremento* NI EN PINTURA. ■ **19 no veas,** o (*más raro*) **no quieras ~.** (*pop*) *Fórmula con que se pondera enfáticamente la importancia de lo que se dice. Frec se emplea como prop consecutiva, a veces en la forma* NO VEAS COSA IGUAL. * *Me miraba con un desahogo que no veas cosa igual.* ■ **20 no ~.** (*col*) *Se usa para ponderar el alto grado en que se tiene una sensación. Gralm en constr consecutiva.* * *Esta niña no ve de sueño.* * *Tengo un hambre que no veo.* ■ **21 para que veas.** (*col*) *Fórmula con que, con intención polémica, se pone de relieve lo dicho.* * *No me ha reñido, para que veas.* ■ **22 que no vea yo.** (*col*) *Fórmula con que se enfatiza una advertencia o una prohibición.* * *Que no vea yo que vuelves por aquí.* ■ **23 quién te ha visto y quién te ve.** (*col*) *Fórmula con que se comenta el enorme cambio experimentado por alguien o algo.* * *Menudo desparpajo usas. Quién te ha visto y quién te ve.* ■ **24 se ve que.** Se conoce que, o parece que. ■ **25 si te he visto** (o **vi**), **no me acuerdo.** *Fórmula con que se alude a la ingratitud de una pers respecto a otra que la ayudó en algún momento.* * *Cuando tuvo el aprobado en la mano, se largó y, si te he visto, no me acuerdo.* ■ **26 tener que ~** → TENER. ■ **27 te** (**le**, *etc*) **veo y no te** (**le**, *etc*) **veo.** (*col*) *Fórmula con que se comenta el peligro inminente en que se ve a alguien o algo.* * *—Ella quiere que vayamos ahora a la iglesia. —Te veo y no te veo. ¡Como los curas te echen el guante...!* ■ **28 tú verás.** (*col*) Naturalmente. *Se emplea como réplica a la duda mostrada por el interlocutor sobre algo.* * *—¿Tanto te extraña que me quede a estudiar? —Tú verás.* ■ **29 vamos a ~,** o (*más raro*) **veamos.** (*col*) *Fórmula previa a una reflexión, una pregunta o un mandato, que a veces quedan implícitos.* * *—Vamos a ver: pero ¿tú sabes cantar? —No.* ■ **30 ve ahí** (o **ve ahí tienes**). (*reg*) He ahí. ■ **31 veamos** → acep. 29. ■ **32 verás** (**verá**, *etc*). (*col*) *Se usa para insinuar o introducir una previsión o una amenaza. Frec precedido de* YA. * *Verás qué susto se lleva.* **b**) *Se usa para reforzar enfáticamente una afirmación anterior. Tb* YA (LO) VERÁS. * *Te prepararemos un buen debut. Ya lo verás.* **c**) *Se usa expletivamente a fin de tomarse tiempo para pensar la respuesta.* * *—¿Y lo dice usted ahora? —Verá, es que no me atrevo.* ■ **33 veremos.** (*col*) *Respuesta con que se manifiesta reserva sobre si se cumplirá lo que alguien acaba de afirmar. Frec precedido de* YA. * *—Viene mañana, lo dijo. —Ya veremos.* ■ **34 ~selas** [con una pers. o cosa]. Enfrentarse [con ella]. ■ **35 ~selas y deseárselas,** o **~selas negras** [para algo]. (*col*) Serle [eso] extremadamente difícil. *Tb* ~SE Y DESEARSE. ■ **36 ~ si +** *v en ind* = INTENTAR + *el mismo v en infin.* * *Voy a ver si lo consigo.* ■ **37 ~ venir** [a una pers.]. Adivinar sus intenciones. **b**) **~ venir** [una cosa]. Adivinar que va a suceder. ■ **38 ¿ves?** o **¿lo ves?** (*col*) *Fórmula con que se recalca*

ante el oyente el haber acertado en una afirmación anterior. * *—¿Por qué no me echas un pregón por la radio? —Ves, eso ha tenido gracia.* **b**) **¿ves?** → acep. 42b. ■ **39 visto bueno.** *Fórmula que figura al pie de algunos documentos para indicar la aprobación por parte del funcionario superior que firma a continuación de ella. Frec sustantivado, designando esta fórmula. Tb fig, designando cualquier aprobación.* * *El informe está pendiente del visto bueno del Director.* ■ **40 ya lo** (**le**, *etc*) **has visto** (o **viste**). (*col*) *Fórmula con que se pondera la desaparición definitiva de alguien o algo.* * *Dejas ahí el libro, te lo cogen y ya lo has visto.* ■ **41 ya se ve.** (*col*) *Fórmula con que se replica irónicamente a lo que se acaba de afirmar.* * *—Pues es un chico muy listo. —Ya se ve.* ■ **42 ya ves** (**ve**, *etc*). (*col*) *Fórmula con que se trata de implicar al oyente en la situación que se le expone, o de que se haga cargo de ella.* * *Dice que casarse sin decir nada a nadie. Ya ves tú.* **b**) *Fórmula con que se llama la atención sobre una pers o cosa que se menciona inmediatamente. Tb* ¿VES? o ¿VES TÚ? * *Son buenos chicos. Ya ves Natalia, una niña y ya trabajando en una oficina.* **c**) (*col*) *Fórmula con que se pone de relieve una aseveración que no se consideraba esperable o lógica. Tb* YA VES TÚ POR DÓNDE. * *—¿No trató de iniciarte en el vicio? —Eso no, ya ve, no porfiaba.* ■ **43 y yo** (**tú**, *etc*) **que lo vea** (**veas**, *etc*). (*col*) *Fórmula con que se expresa el deseo de que la pers mencionada participe en un suceso próspero por el que alguien ha hecho votos.* * *—Que cumplas muchos años. —Y tú que lo veas.*

B *intr* ➤ **a** *normal* **44** – **se** + *infin* = TRATAR DE + *el mismo infin.* * *Vea de hablar a esa señora.*

➤ **b** *pr* (~**se**) **45** Encontrarse [en un determinado lugar o circunstancia]. * *¡Qué ganas tenía de verme aquí!*

II *m* **46** (*col*) Apariencia o aspecto. *Normalmente en la constr* DE BUEN ~.

III *loc adj* **47 bien** (o **mal**) **visto.** Bien (o mal) considerado socialmente. *Frec con el v* ESTAR. ■ **48 nunca visto.** Se emplea para comentar un hecho excepcional. *Frec en la constr* SER LO NUNCA VISTO. ■ **49 visto y no visto.** (*col*) Se emplea para expresar la gran rapidez con que sucede algo. *Frec con el v* SER *o como* or *independiente.* * *Fue aparecer la bandeja y quedar vacía. Visto y no visto.*

IV *loc adv* **50 aquí** (o **ahí**) **donde le** (**me**, *etc*) **ves** (**veis**, *etc*). (*col*) *Fórmula para anunciar que se va a dar, referida a la pers aludida, una noticia sorprendente.* * *Ahí donde la ves, tan jovencita, es ya un alto cargo en su empresa.* ■ **51 a ~las venir.** (*col*) Sin nada, o sin algo con que se contaba. **b**) Esperando el desarrollo de los acontecimientos. ■ **52 como quien** (o **el que**) **ve llover** → LLOVER. **53 como si lo viera.** (*col*) Con toda seguridad. ■ **54 por lo visto.** Al parecer. ■ **55 si vamos** (**vas**, *etc*) **a ~.** Considerando con detenimiento. ■ **56 visto lo visto.** (*col*) Dadas las circunstancias.

V *loc conj* **57 visto que.** (*lit*) En vista de que.

VI *interj* (*col*) **58 habráse visto.** Expresa asombro e indignación ante algo abusivo. *A veces seguido de un cd que expresa el motivo.* * *¡Qué cara más dura! ¡Habráse visto!* ■ **59 hasta más ~.** Se usa como despedida. * *¡Adiós, chicos, hasta más ver!* ■ **60 hasta verte, Jesús mío** → JESÚS. ■ **61 hay que ~.** Expresa asombro. *A veces seguido de un cd que expresa el motivo.* * *¡Hay que ver qué cara tienes!*

vera. **a la ~.** *loc adv* Al lado. *Normalmente con un compl de posesión.*

veracidad *f* Cualidad de veraz.

veracruzano -na *adj* De Veracruz (ciudad o estado mejicanos). *Tb n, referido a pers.*

veranda *f* Galería o pórtico que se extiende a lo largo del exterior de un edificio.

veraneante *adj* Que veranea. *Frec n. En este caso, la forma f es a veces (col)* VERANEANTA.

veranear *intr* Pasar el verano o las vacaciones de verano [en un lugar]. **b)** Pasar el verano o las vacaciones de verano en un lugar diferente al de residencia.

veraneo *m* Acción de veranear. *Tb el tiempo que dura.*

veranero -ra *m y f (reg)* Pers. que se contrata para trabajar en el verano [2].

veraniego -ga *adj* **1** De(l) verano [1]. ■ **2** [Pers.] que lleva vestidos propios del verano [1]. *Frec con el v* IR.

veranillo *m* Temporada breve, dentro del otoño, en que hace calor.

verano *m* **1** Estación más calurosa del año, que en el hemisferio norte abarca oficialmente del 22 de junio al 22 de septiembre. ■ **2** *(reg)* Recolección o cosecha.

veras. de ~. I *loc adj* **1** De verdad o auténtico. **II** *loc adv* **2** De verdad o realmente. *Tb (raro)* DE TODAS ~. **b)** En serio. *Frec con intención enfática.* ■ **3 entre bromas y ~** → BROMA.

verato -ta *adj* De la Vera de Plasencia (Cáceres). *Tb n, referido a pers.*

veratrina *f* Alcaloide en polvo, blanco, cristalino, de sabor acre y cáustico, que se obtiene de la cebadilla.

veraz *adj* **1** [Pers.] que dice la verdad [3]. ■ **2** [Cosa] que se ajusta exactamente a la verdad o a la realidad.

verazmente *adv* De manera veraz [2].

verbal *adj* **1** De (la) palabra o de (la) expresión oral. ■ **2** *En diplomacia:* [Nota] sin firma y sin los requisitos formales ordinarios. ■ **3** *(Gram)* De(l) verbo [2]. **b)** [Predicado] en que el verbo no va acompañado de predicativo.

verbalismo *m* Tendencia a conceder una importancia excesiva a las palabras, en detrimento de las ideas.

verbalista *adj* **1** De(l) verbalismo. ■ **2** Que se basa exclusiva o fundamentalmente en la palabra.

verbalistamente *adv* De manera verbalista.

verbalización *f* Acción de verbalizar(se).

verbalizar *tr* **1** Expresar [algo] mediante palabras. ■ **2** *(Gram)* Dar forma o carácter verbal [3a] [a una palabra *(cd)*]. **b)** *pr* (~se) Tomar [una palabra] forma o carácter verbal.

verbalmente *adv* De manera verbal [1].

verbasco *m* Gordolobo (planta, *Verbascum thapsus*).

verbena[1] *f* Fiesta popular al aire libre con música, baile y diversiones, que se celebra gralm. por la noche. *Tb fig, con intención desp.*

verbena[2] *f* Planta herbácea de tallo erguido y ramoso con flores en espigas largas y delgadas de varios colores (*Verbena officinalis*). *Tb su flor.*

verbenaca *f* Gallocresta (planta).

verbenácea *adj (Bot)* [Planta] dicotiledónea, herbácea o leñosa, de la familia de la verbena[2]. *Frec como n f en pl, designando este taxón botánico.*

verbenear *intr (raro)* Bullir u hormiguear.

verbeneo *m (raro)* Acción de verbenear.

verbenero -ra *adj* De (la) verbena[1]. *Tb fig, con intención desp.*

verbigracia *adv* Por ejemplo.

verbi gratia *(lat; pronunc corriente, /berbigrátia/)* *loc adv* Verbigracia.

verbo *(con mayúscula en aceps 3 y 5)* I *m* **1** *(lit)* Elocución, esp. oratoria. ■ **2** *(Gram)* Palabra capaz de funcionar como núcleo del predicado y de recibir cambios de forma acordes con el sujeto y el tiempo del hecho expresado en la oración. ■ **3 el ~.** *(Rel crist)* El Hijo de Dios. *Tb* EL ~ DIVINO *o* EL ~ DE DIOS. **II** *loc adv* **4 en un ~.** *(col)* En un instante. **III** *interj* **5 ~ divino.** Dios mío, o santo Dios.

verborragia *f (lit, desp)* Verborrea.

verborrea *f (desp)* Verbosidad.

verborreico -ca *adj (desp)* Dado a la verborrea.

verbosidad *f* Cualidad de verboso.

verboso -sa *adj* [Pers. o expresión] que utiliza abundante o excesivo número de palabras.

verdad I *f* **1** Hecho que tiene existencia. *Normalmente en constrs con el v* SER. **b)** *¿~?* *(col)* Se dice, con entonación independiente, para pedir al interlocutor confirmación o asentimiento ante lo que se le expone. *Tb (pop) ¿~ TÚ?* o *¿~ USTED?* *A veces se usa con carácter puramente expletivo. La frase sobre la que se pide confirmación puede ir a continuación en forma de prop introducida por* QUE. ** Ya le has malmetido tú, ¿verdad? * En otras partes los árboles los cortan para leña, ¿verdad usted? * Ella reposa tranquila invitando al lector a que la contemple. ¿Verdad que merece la pena?* ■ **2** Idea o representación intelectual [de una pers. o cosa] que responde a lo que es en sí. ■ **3** Cosa dicha conforme a lo que es en sí o a lo que se piensa o siente. **b)** Pensamiento o hecho expuesto francamente y sin rebozo, con riesgo de molestar al interlocutor. *Gralm en pl, normalmente con el v* DECIR. *Tb (col)* LAS ~ES DEL BARQUERO. ■ **4** Dicho razonable. *Normalmente como predicat con el v* SER. ■ **5** Conformidad [de un aserto o de una imagen] con la verdad [1 y 2]. **b) ~ formal.** *(Filos)* Conformidad [de un pensamiento] con las leyes de la lógica. ■ **6 ~ de Pero Grullo** (o **de Perogrullo**). Afirmación tan obvia que parece una tontería decirla. **II** *loc adj* **7 de ~.** Auténtico (que es realmente lo que parece o se dice que es). *Tb (hoy raro, como adj invar), simplemente,* ~. ** Es un escritor de verdad. * Juan es un amigo verdad.* **III** *loc v* **8** [Cantar] **las ~es** → CANTAR. ■ **9 faltar a la ~.** *(euf)* Mentir. **IV** *loc adv* **10 de ~.** Realmente o de hecho. **b)** En serio. *Frec con intención enfática.* ■ **11 en ~.** *(lit)* Ciertamente. ■ **12 la ~.** Hablando con sinceridad. *Se usa, con entonación independiente, como fórmula intercalada dentro de una or. Tb (lit),* (SI VA) A DECIR ~ *o* SI HE DE DECIR (LA) ~. ■ **13 con la ~ por delante.** Actuando y hablando con sinceridad y abiertamente.

verdaderamente *adv* **1** De verdad [10]. ■ **2** De manera verdadera [1].

verdadero -ra *adj* **1** Que se ajusta o responde a la verdad [1 y 2]. **b)** Fundado en la verdad. ■ **2** De verdad o auténtico. ■ **3** (*Anat*) [Costilla] que conecta directamente con el esternón.

verdal *adj* [Fruta] que tiene color verde aun después de madura. *Tb referido al árbol que la produce.*

verde I *adj* **1** [Color] propio de la hierba fresca, que en el espectro de luz blanca ocupa el cuarto lugar, entre el amarillo y el azul. *Tb n m. Distintos matices se expresan por medio de adjs o ns en aposición:* ~ CLARO, OSCURO, BOTELLA, MANZANA, *etc.* ■ **2** Que tiene color verde [1]. **b)** (*col*) [Billete] de mil pesetas. *Frec n m.* **c)** [Sapo] ~ –→ SAPO. ■ **3** [Planta o parte de ella] que tiene savia. *Se opone a* SECO. **b)** [Leña] recién cortada de un árbol vivo. ■ **4** [Fruto] que aún no está maduro. *Tb fig.* **b)** [Legumbre, esp. judía] que se come antes de que se seque y pierda el color verde [1]. ■ **5** [Terreno o región] abundante en vegetación. **b)** [Espacio] ~, [zona] ~ –→ ESPACIO, ZONA. **c)** [Región] fundamentalmente agrícola. ■ **6** Ecologista. *Tb n, referido a pers.* **b)** [Producto] de bajo o nulo nivel de contaminación. ■ **7** [Vino] joven, elaborado con uvas poco maduras. ■ **8** (*Agric*) [Abono] constituido por plantas de crecimiento rápido, esp. leguminosas, que se entierran para que se descompongan y cedan al suelo el nitrógeno y otros principios nutritivos elaborados por ellas. ■ **9** (*col*) Indecente u obsceno. **b)** [Pers.] que muestra inclinaciones sexuales impropias ya de su edad o estado. *Gralm en la constr* VIEJO ~. II *m* **10** Hierba. ■ **11** Conjunto de hierbas y plantas que se dan verdes [3a] al ganado. ■ **12** *Referido a la edad de los animales que pastan:* Año. ■ **13** (*col*) Verdura (hortaliza). *Gralm en sg con sent colectivo.* ■ **14** (*col*) Guardia civil. **b)** Funcionario de prisiones. III *loc v y fórm or* (*col*) **15** darse [alguien] **un ~.** Disfrutar mucho. *Frec con sent obsceno.* ■ **16 estar ~ [algo].** Ser inasequible o inalcanzable. *Gralm en la fórmula* ESTÁN ~S, *con que se comenta que alguien quiere aparentar que renuncia a algo que en realidad no puede conseguir.* ■ **17 poner ~** [a una pers. o cosa]. Criticar[la] o censurar[la] duramente. ■ **18 ponerse** [alguien] ~ [de algo]. Hartarse [de ello]. ■ **19 ~s las han segado.** No hay nada que hacer. ■ **20 ~ y con asas.** Es inequívoco. IV *loc adv* **21 en ~.** Sin haber madurado. *Dicho de vegetales.*

verdeante *adj* Que verdea [1].

verdear A *intr* **1** Tener o mostrar color verde [1] o verdoso. ■ **2** Pasar a tener color verde [1]. **b)** (*col*) Hacerse verde [9]. B *tr* **3** Hacer que [algo (*cd*)] verdee [1]. ■ **4** (*reg*) Recolectar [frutos] en verde [21] para consumirlos antes de que maduren. *Tb abs.*

verdecer (*conjug* 11) *intr* Cubrirse de verde [10] [la tierra], o de hojas [una planta].

verdecillo *m* Pájaro pequeño semejante al canario, de color amarillento listado, pico rechoncho y obispillo amarillo (*Serinus serinus*).

verdegambre *m* Vedegambre (planta, *Veratrum album* y *Aconitum napellus*). *Tb* ~ BLANCO *y* ~ AZUL, *respectivamente.*

verdegay *adj invar* (*lit*) Verde [1 y 2a] claro. *Tb n m, referido a color.*

verdegueante *adj* Que verdeguea.

verdeguear *intr* Verdear [1].

verdejo -ja *adj* Verdal. *Tb n m, referido a vid.*

verdel *m* (*reg*) Caballa (pez).

verdelita *f* (*Mineral*) Turmalina de color verde.

verdelón *m* (*reg*) Verderón [2].

verdemar *adj invar* (*lit*) Verde [1 y 2a] propio del mar. *Tb n m, referido a color.*

verdeo *m* **1** Recolección de frutos en verde [21] para consumirlos antes de que maduren. *Gralm en la loc* DE ~. ■ **2** (*reg*) Venta de carne de cerdo fresca. *Frec en la loc* DE ~.

verderín *m* (*reg*) Serín (pájaro).

verderol *m* Verderón [2].

verderón -na I *adj* **1** Que tira a verde. *Tb fig.* II *m* **2** Pájaro de color verdoso, con grandes manchas amarillas en las alas y en la cola (*Carduelis chloris* o *Chloris chloris*). **b)** ~ **serrano.** Pájaro de color verde amarillento, con los lados del cuello y el cogote grisáceos (*Carduelis citrinella* o *Serinus citrinella*). ■ **3** (*col, humoríst*) Billete de mil pesetas.

verdi- *r pref* Verde [1 y 2a]. * Verdinegro. * Verdiamarillento.

verdial¹ *adj* (*reg*) Verdal. *Esp referido a aceituna.*

verdial² *m* Estilo del fandango de Málaga que se canta y se baila y que se acompaña con instrumentos peculiares. *Normalmente en pl.*

verdigón *m* (*reg*) Berberecho (molusco).

verdín *m* **1** Color verde [1] de la hierba o de una planta. ■ **2** Capa de plantas criptógamas que crecen en los lugares húmedos o cubiertos de agua.

verdina *f* Verdín.

verdinal *m* Parte que, en una pradera agostada, se conserva verde [2a] por la humedad natural del terreno.

verdino -na *adj* [Perro] de color oscuro verdoso.

verdinoso -sa *adj* Verdoso.

verdolaga *f* Planta herbácea anual de tallos tendidos, hojas carnosas, flores amarillas y fruto capsular con semillas negras, que se cultiva como verdura (*Portulaca oleracea*).

verdón *m* Verderón [2].

verdor *m* Color verde [1] de las plantas o del campo.

verdoso -sa *adj* Que tira a verde [1 y 2a].

verdoyo -ya *adj* (*lit, raro*) Verde [1 y 2a] propio de las plantas nacientes. *Tb n m, referido a color.*

verdugada *f* (*Arquit*) Hilada horizontal de ladrillos, entre otras de diferente material.

verdugado *m* (*hist*) Verdugo [4].

verdugal *m* Monte bajo que, después de cortado o quemado, se cubre de renuevos.

verdugazo *m* Azote (golpe).

verdugo *m* **1** Funcionario de justicia que ejecuta las penas de muerte u otro castigo físico. **b)** Pers. cruel o despiadada. ■ **2** Prenda de punto que cubre enteramente la cabeza y el cuello, dejando al descubierto solo la cara. ■ **3** (*Arquit*) Moldura convexa y estrecha de perfil semicircular. ■ **4** (*hist*) Prenda de vestir femenina destinada a ahuecar la basquiña.

verdugón *m* Señal que deja en el cuerpo un azote de vara o látigo. *Tb fig.*

verduguillo *m* (*Taur*) Estoque muy delgado, utilizado para rematar al toro herido de muerte que aún está en pie.

verdulería *f* **1** Tienda de verduras [1]. ■ **2** (*col*) Obscenidad.

verdulero -ra A *m y f* **1** Pers. que vende verduras [1].
B *m* **2** Utensilio con varios estantes para colocar en él las verduras [1] y frutas.
C *f* **3** (*col*) Mujer descarada y ordinaria.

verdura *f* **1** Hortaliza, esp. de hojas verdes [2a]. *A veces en sg con sent colectivo.* ■ **2** Verdor. ■ **3** (*lit*) Follaje. ■ **4** (*col*) Picardía u obscenidad.

verdusco -ca *adj* Verduzco. *Tb fig.*

verduzco -ca *adj* Que tira a verde [1 y 2a] oscuro. *Tb fig.*

verecundia *f* (*lit, raro*) Vergüenza.

vereda *f* **1** Camino estrecho. ■ **2** (*col*) Orden o rectitud de conducta. *En las constrs* ENTRAR EN ~, *o* METER EN ~.

veredicto *m* Fallo emitido por un juez o un jurado. *Tb fig.* **b)** Juicio u opinión.

verga *f* **1** Miembro genital [de un mamífero]. ■ **2** (*Mar*) Percha capaz de girar alrededor de su centro y en la cual se fija una vela.

vergajazo *m* Golpe dado con un vergajo.

vergajo *m* Látigo, esp. el hecho con una verga [1] de toro seca y retorcida.

Vergara. de ~. *loc adj* [Azul] fuerte propio de monos y otras prendas de trabajo. *Tb en la constr* AZUL VERGARA (*o* VERGARA).

vergarés -sa *adj* De Vergara (Guipúzcoa). *Tb n, referido a pers.*

vergel *m* (*lit*) Huerto con variedad de flores y árboles frutales. *Frec se emplea con intención ponderativa para designar un lugar rico en vegetación.*

verglás *m* Capa fina de hielo que se forma en el suelo o en las superficies sólidas.

vergonzante *adj* **1** [Pers., esp. pobre] que siente vergüenza [1a] de su actividad o de su condición. **b)** Propio de la pers. vergonzante. ■ **2** (*semiculto*) Vergonzoso o que causa vergüenza.

vergonzantemente *adv* De manera vergonzante [1b y 2].

vergonzosamente *adv* De manera vergonzosa [1a y 2b].

vergonzoso -sa *adj* **1** Que causa vergüenza [1a]. **b)** [Partes] **vergonzosas** → PARTE¹. ■ **2** [Pers.] dada a sentir vergüenza [2]. **b)** Propio de la pers. vergonzosa.

vergüenza I *n* A *f* **1** Sentimiento penoso de indignidad o de humillación ante los demás. **b)** ~ **ajena.** Sentimiento penoso ante un hecho o dicho ajeno que se considera ridículo o vergonzoso [1a]. ■ **2** Sentimiento de incomodidad causado por timidez o miedo al ridículo. ■ **3** Estimación de la propia dignidad. **b) poca ~.** Desvergüenza. ■ **4** Cosa que produce vergüenza [1a]. **b)** Situación que causa vergüenza. *Frec en las constrs* DEJAR *o* QUEDAR EN ~. **c)** Situación en que se descubren las culpas o faltas de alguien para hacerle sufrir la burla o el desprecio de los demás. *Frec en constrs como* PONER EN ~, *o* SACAR A LA ~ (PÚBLICA). **d)** (*hist*) Castigo consistente en exponer públicamente a un reo de modo que se sepa su delito. *Gralm* ~ PÚBLICA. ■ **5** *En pl:* Órganos genitales externos del ser humano.
B *m* **6 poca ~.** (*col*) Hombre sinvergüenza.

II *loc adj* **7 de ~.** Que debe producir vergüenza [1a].

vericueto *m* Lugar de tránsito dificultoso. *Tb fig.*

verídicamente *adv* De manera verídica.

verídico -ca *adj* [Cosa] verdadera o que se ajusta a la verdad.

verificabilidad *f* (*raro*) Cualidad de verificable.

verificable *adj* Que se puede verificar, *esp* [1].

verificación *f* Acción de verificar(se).

verificador -ra *adj* Que verifica [1]. *Tb n: m y f,* referido a pers; *m,* referido a aparato.

verificar A *tr* **1** Comprobar que [algo (*cd*)] es verdadero o exacto. ■ **2** Realizar o efectuar [algo]. *Frec en constr pr pasiva.* * El torneo se verificará esta tarde.
B *intr pr* (~**se**) **3** Cumplirse [algo anunciado o previsto].

veril *m* **1** (*Mar*) Orilla o borde de un bajo u otro accidente similar. ■ **2** (*reg*) Faja estrecha de terreno colindante con un camino o una carretera.

verismo *m* **1** Fidelidad a la realidad. *Referido normalmente a manifestaciones literarias y artísticas.* ■ **2** (*TLit*) Movimiento italiano de finales del s. XIX, inspirado en el naturalismo francés y que presta especial atención a los problemas sociales de la Italia meridional. *Tb referido a otras artes, esp la música de ópera.*

verista *adj* **1** Que se ajusta fielmente a la realidad. *Referido normalmente a manifestaciones literarias o artísticas.* ■ **2** (*TLit*) De(l) verismo [2]. **b)** Adepto al verismo. *Tb n.*

verja *f* **1** Cerca de barrotes metálicos. ■ **2** (*raro*) Reja [de una puerta o ventana]. ■ **3** (*raro*) Enrejado (conjunto de varillas entrecruzadas).

verjurado -da *adj* [Papel] que lleva una filigrana de rayas muy menudas cortadas perpendicularmente por otras más separadas.

verme *m* (*reg o Zool*) Gusano.

vermeil *m* Plata dorada.

vermiculado -da *adj* (*Arte*) Constituido o adornado por una serie de estrías sinuosas, semejantes a las que hacen los gusanos en la madera.

vermicular. apéndice ~ – → APÉNDICE.

vermiculita *f* (*Mineral*) Mineral semejante a la mica que, calentado, se deshidrata y exfolia en filamentos semejantes a gusanos y que se usa esp. como aislante.

vermiforme *adj* (*Anat*) Que tiene forma de gusano. **b)** [Apéndice] ~ → APÉNDICE.

vermífugo -ga *adj* (*Med*) [Medicamento o sustancia] que expulsa los gusanos intestinales. *Frec n m.*

vermis *m* (*Anat*) Cuerpo central del cerebelo.

vermouth (*fr; pronunc corriente, */bermú/*; pl normal, ~*s) *m* **1** Vermú. ■ **2** (*hist*) En el primer tercio del s. XX: Segunda sesión de cine por la tarde. *En aposición con* SESIÓN *o* FUNCIÓN.

vermú *m* **1** Licor aperitivo compuesto de vino, ajenjo y otras sustancias amargas y tónicas. *Tb la copa de este licor.* ■ **2** Aperitivo (bebida que se toma antes de una comida principal y que gralm. va acompañada de pequeñas porciones de un alimento apetitoso). *Frec en la constr* TOMAR EL ~.

vermut (*pl normal*, ~s) *m* Vermú.

vernacular *adj* Vernáculo.

vernáculo -la *adj* Propio del país o de la región en cuestión. *Gralm referido a lengua; en este caso, tb* *n m*. **b)** Que está en lengua vernácula.

vernal *adj* (*Astron o lit*) Primaveral.

vernissage (*fr; pronunc corriente,* /bernisáʒ/) *m* Inauguración de una exposición de pintura.

vero[1] **-ra** *adj* (*lit*) Verdadero. *Frec precediendo al n* EFIGIE.

vero[2] *m* (*Heráld*) Figura de campanilla que se presenta en serie con otras, yendo en posiciones opuestas y alternando los colores de plata y azur.

verode *m* Planta canaria de hojas carnosas reunidas en rosetas y con flores en panículas de colores variados (*gén. Aeonium o Sempervivum*).

veronal (*n comercial registrado*) *m* Barbitúrico empleado como somnífero.

veronense *adj* (*lit*) Veronés. *Tb n*.

veronés -sa *adj* De Verona (Italia). *Tb n, referido a pers.*

verónica *f* **1** (*Taur*) Lance que consiste en esperar la acometida del toro teniendo la capa abierta con ambas manos enfrente de la res. **b) media ~.** Remate con las dos manos, recogiendo el capote en la cadera por la que se da salida al toro. ■ **2** *Se da este n a numerosas plantas del gén* Veronica, *esp a la* V. officinalis (*tb* ~ MACHO), *usada en medicina contra la tos y como diurético. A veces con un adj o compl especificador:* ~ HEMBRA (V. nummularia), ~ PÉRSICA o DE PERSIA (V. persica), *etc.*

veroniquear *tr* (*Taur*) Torear con verónicas [1] [a una res]. *Tb abs.*

verosímil *adj* Susceptible de ser tomado como verdadero.

verosimilitud *f* Cualidad de verosímil.

verosímilmente *adv* De manera verosímil.

verraco *m* **1** Cerdo semental. ■ **2** Escultura ibérica de granito, que representa un toro.

verraquear *intr* (*col*) Berrear [una pers.].

verraquera *f* (*col*) Llanto fuerte y con gritos. *Referido a un niño.*

verriondez *f* Condición de verriondo.

verriondo -da *adj* [Animal] que está en celo. *Tb* (*humoríst*) *referido a pers.*

verrojazo *m* Golpe dado por el jabalí con los colmillos.

verruga *f* **1** Excrecencia cutánea gralm. de forma redondeada. ■ **2** (*Bot*) Prominencia superficial más o menos redondeada.

verrugato → BERRUGATO.

verrugosidad *f* Excrecencia semejante a la verruga.

verrugoso -sa *adj* **1** Que tiene verrugas. ■ **2** De (la) verruga.

versación *f* (*reg*) Lenguaje o léxico [de una pers.]. *Gralm con intención peyorativa.*

versado -da *adj* [Pers.] experta [en una materia] o que tiene grandes conocimientos [sobre ella (*compl* EN)]. *A veces se omite el compl, por consabido.* **b)** (*raro*) Propio de la pers. versada.

versal *adj* **1** (*Impr*) [Letra] mayúscula. *Tb n f.* ■ **2** De(l) verso[1] [1 y 2].

versalita *adj* (*Impr*) [Letra] de figura de mayúscula y de tamaño de minúscula. *Tb n f.*

versallescamente *adv* De manera versallesca [2].

versallesco -ca *adj* **1** De Versalles (Francia). ■ **2** Sumamente cortés. *A veces con intención desp.*

versallismo *m* Lujo versallesco [1]. *A veces con intención desp.*

versar *intr* Tener [una cosa, esp. un libro o discurso (*suj*)] como tema [algo (*compl* SOBRE o ACERCA DE)].

versátil *adj* **1** [Pers.] inconstante en sus gustos y afectos. **b)** Propio de la pers. versátil. ■ **2** [Cosa] adaptable o útil para diversos usos. **b)** [Pers.] capaz de adaptarse a actividades o situaciones diversas. ■ **3** (*CNat*) Que se puede volver con facilidad.

versatilidad *f* Cualidad de versátil.

versicolor *adj* **1** (*lit*) Que varía de color. ■ **2** (*lit*) De varios colores. **b)** (*Med*) [Pitiriasis] caracterizada por manchas amarillentas diseminadas, causada por el *Microsporon furfur.*

versicular *adj* (*TLit*) De(l) versículo [2].

versículo *m* **1** Breve división establecida en un capítulo de un texto sagrado. *Normalmente con un compl especificador.* ■ **2** (*TLit*) Línea de las que forman un poema en el que se prescinde del metro y de la rima, así como del ritmo propio de los versos[1] [1]. ■ **3** (*raro*) Verso[1] [1] corto.

versificación *f* Acción de versificar.

versificador -ra *adj* **1** Que versifica. *Frec n, referido a pers.* ■ **2** De (la) versificación.

versificante *adj* Que versifica.

versificar A *tr* **1** Poner [algo] en verso[1] [1].
B *intr* **2** Hacer versos[1] [1].

versión *f* **1** Traducción. ■ **2** Narración personal [de algo]. ■ **3** Interpretación [de una obra artística o musical]. ■ **4** Adaptación [de una obra artística o musical] que supone una variante respecto a ella. **b)** Realización [de una idea o un modelo] que supone una variante respecto a ella. **c)** ~ **original.** Copia [de una película] que tiene la banda sonora original. ■ **5** (*lit*) Acción de verterse [7].

versionar *tr* Hacer una versión [4a] [de una pieza musical (*cd*)].

versista *m y f* (*desp, raro*) Pers. que hace versos[1] [1].

verso[1] **I** *m* **1** Palabra o conjunto de palabras, dispuestas en serie con otras, sujetas a medida, ritmo y rima, o simplemente a ritmo. *A veces en sg con sent colectivo.* ■ **2** *En sg:* Forma de expresión en verso [1]. ■ **3** (*pop*) Composición poética.
II *loc adj* **4 de ~.** (*hist*) [Compañía teatral] de declamación.

verso[2] *m* (*Bibl*) Folio verso (→ FOLIO).

versolari → BERSOLARI.

versolibrismo *m* (*TLit*) Uso del verso[1] [1] libre.

versolibrista *adj* (*TLit*) De(l) verso[1] [1] libre.

versta *f* Unidad rusa de longitud, equivalente a 1067 m.

versus (*lat; pronunc átona,* /bersus/) *prep* (*lit*) Contra. *Normalmente solo entre dos susts o sintagmas susts.*

vértebra *f* Hueso de la columna vertebral.

vertebración *f* Acción de vertebrar. *Tb su efecto.*

vertebrado -da *adj* **1** *part* → VERTEBRAR. ■ **2** [Animal] con esqueleto dotado de columna vertebral y cráneo, y sistema central constituido por médula espinal y encéfalo. *Frec como n m en pl, designando este taxón zoológico.* ■ **3** [Tren] cuyos vagones van articulados a manera de vértebras.

vertebrador -ra *adj* Que vertebra.

vertebral *adj* De (las) vértebras. **b)** [Columna] ~ → COLUMNA.

vertebrar *tr* Articular [algo] mediante vértebras, o de manera semejante a como van articuladas las vértebras. *Frec fig.*

vertedera *f* Utensilio que sirve para voltear y extender la tierra levantada por el arado.

vertedero *m* **1** Lugar en que se vierten [1a y 2a] desechos. ■ **2** Conducto por el que se arrojan desperdicios o ropa sucia. ■ **3** Desagüe o rebosadero. ■ **4** (*reg*) Fregadero.

vertedor *m* **1** Conducto por el que se vierten [1a y 2a] líquidos o desechos. ■ **2** Cogedor utilizado esp. para poner en el peso mercancías secas.

verter (*conjug* 14) **A** *tr* **1** Echar [un líquido o una materia sólida no compacta en un recipiente]. **b)** Ceder [una corriente sus aguas (*cd*) a otra corriente o al mar (*compl* A o EN)]. *Tb abs.* ■ **2** Hacer salir [un líquido o una materia sólida no compacta] fuera del recipiente que los contiene. **b)** *pr* (~se) Salirse [un líquido o una materia sólida no compacta] del recipiente que los contiene. ■ **3** Volcar [una vasija u otro recipiente] para hacer salir su contenido. **b)** *pr* (~se) Volcarse [una vasija u otro recipiente] saliendo fuera su contenido. ■ **4** Expresar [una idea o afirmación en una exposición hablada o escrita]. *A veces se usa aludiendo a mala intención en lo dicho.* ■ **5** (*lit*) Traducir. *Tb fig.*
B *intr* ➤ **a** *normal* **6** Ir a parar [un líquido o una materia sólida no compacta a un lugar (*compl de lugar en donde*)].
➤ **b** *pr* (~se) **7** (*lit*) Mostrar [una pers.] especial inclinación o tendencia [hacia alguien o algo (*compl* A o EN)]. ■ **8** (*euf*) Eyacular.

vértex *m* (*Anat*) Coronilla (parte superior de la cabeza).

vertical I *adj* **1** Perpendicular al horizonte. *Tb n f, referido a línea o posición.* ■ **2** [Cosa] dispuesta o desarrollada de arriba abajo o de abajo arriba. *Tb fig.* **b)** *En el régimen de Franco:* [Sindicato] nacionalsindicalista que engloba conjunta y obligatoriamente a patronos, técnicos y obreros de una misma actividad.
II *m* **3** (*Astron*) Semicírculo máximo perpendicular al horizonte.

verticalidad *f* Cualidad de vertical.

verticalismo *m* Sistema de los sindicatos verticales.

verticalista *adj* De(l) verticalismo. **b)** Partidario del verticalismo. *Tb n.*

verticalizar *tr* Poner vertical [1] [algo]. **b)** *pr* (~se) Ponerse vertical [algo].

verticalmente *adv* De manera vertical [1 y 2].

vértice *m* **1** (*Geom*) Punto en que concurren los dos lados [de un ángulo]. *Tb* (*lit*) *fig.* **b)** Punto en que concurren tres o más planos [de un ángulo poliedro]. **c)** Cúspide [de un cono o pirámide]. *Tb fig, fuera del ámbito geométrico.* ■ **2** (*Anat*) Coronilla (parte superior de la cabeza).

verticilado -da *adj* (*Bot*) De(l) verticilo.

verticilo *m* (*Bot*) Conjunto de tres o más hojas, u otros órganos florales, dispuestos en un mismo plano alrededor de un tallo.

vertido *m* **1** Acción de verter(se) [1 y 2]. ■ **2** Sustancia de desecho vertida [1 y 2].

vertiente I *adj* **1** [Aguas] que bajan de las montañas.
II *f* **2** Superficie inclinada de las que, con distinta orientación, forman [una montaña o un tejado o cubierta (*compl de posesión*)]. **b)** Zona geográfica cuyas aguas van a desembocar al mismo mar. ■ **3** (*lit*) Aspecto [de un asunto].

vertiginosamente *adv* De manera vertiginosa [2].

vertiginoso -sa *adj* **1** De(l) vértigo [1]. ■ **2** Que causa vértigo [1]. *Normalmente con intención ponderativa, referido a velocidad.*

vértigo I *m* **1** Trastorno del sentido del equilibrio, caracterizado por una sensación de movimiento rotatorio u oscilatorio del propio cuerpo o de los objetos que le rodean. *Tb la sensación misma.* ■ **2** Actividad que implica mucho ir y venir. ■ **3** (*lit*) Turbación del juicio repentina y pasajera. *Tb fig.*
II *loc adj* **4** de ~. (*col*) Vertiginoso [2]. *Con intención ponderativa.*

vertigoso -sa *adj* (*raro*) Que produce vértigo [1].

vertimiento *m* Vertido.

vertir (*conjug* 43) *tr e intr* (*semiculto*) Verter.

vesania *f* (*lit*) Demencia o locura furiosa.

vesánicamente *adv* (*lit*) De manera vesánica [1].

vesánico -ca *adj* (*lit*) **1** De (la) vesania. ■ **2** Que padece vesania. *Tb n.*

vesical *adj* (*Anat*) De (la) vejiga.

vesicante *adj* (*Med*) Que produce ampollas en la piel. *Tb n m, referido a sustancia o producto.*

vesícula *f* **1** (*Anat*) Vejiga pequeña, esp. destinada a contener una secreción orgánica. *Gralm con un adj especificador:* BILIAR, OVÁRICA, SEMINAL, *etc.* **b)** *Sin compl:* Vesícula biliar. ■ **2** (*Med*) Bolsita llena de líquido seroso que se forma sobre la piel.

vesicular *adj* (*Anat o Med*) De (la) vesícula.

vesiculoso -sa *adj* (*Anat o Med*) Que tiene vesículas, *esp* [2].

vespa (*n comercial registrado*) *f* Scooter.

vesperal *adj* (*lit*) **1** De (las) vísperas. *Tb n m, referido al libro que contiene el canto de estas.* ■ **2** Vespertino [1].

véspero *m* (*lit*) **1** Lucero de la tarde. ■ **2** Anochecer (hora del día en que se pone el Sol).

vespertiliónido *adj* (*Zool*) [Mamífero quiróptero] de pequeñas dimensiones, con hocico desprovisto de apéndices carnosos y cola muy desarrollada. *Frec como n m en pl, designando este taxón zoológico.*

vespertino -na I *adj* **1** (*lit*) De la tarde.
II *m* **2** (*hoy raro*) Periódico de la tarde.

vestal *f* (*hist*) *En la antigua Roma:* Virgen sacerdotisa de la diosa Vesta, encargada de mantener el fuego sagrado. *Frec en constrs de sent comparativo para ponderar la castidad de una mujer; a veces con intención irónica.*

veste *f* (*lit*) Vestidura o vestido.

vestibular *adj* (*Anat*) De(l) vestíbulo [2].

vestíbulo *m* **1** *En un edificio:* Pieza inmediata a la entrada. **b)** *En una vivienda:* Recibimiento. ■ **2** (*Anat*) Espacio o cavidad que sirve de entrada a otra cavidad. **b)** *Esp:* Cavidad ósea central del oído interno.

vestido[1] *m* **1** Objeto destinado a cubrir el cuerpo para protegerlo y frec. para adornarlo. *A veces en sg con sent colectivo.* ■ **2** Traje, o conjunto de prendas exteriores de vestir. ■ **3** Prenda exterior de vestir femenina, de una sola pieza, con falda, y que cubre todo el cuerpo.

vestido[2] *m* Acción de vestir(se) [1].

vestidor -ra A *m* **1** Habitación destinada a vestirse [1a] y desnudarse.
B *f* **2** Mueble con espejo para verse mientras uno se viste [1a].
C *m y f* **3** Pers. encargada de vestir [1a] cadáveres.

vestidura I *f* **1** (*lit*) Vestido[1] [1]. ■ **2** (*raro*) Prenda u objeto con que se viste [4] algo.
II *loc v* **3 rasgarse las ~s.** Escandalizarse de manera indignada.

vestigial *adj* (*Med*) Reducido a simple vestigio.

vestigio *m* Resto o huella [de algo material o inmaterial].

vestiglo *m* (*lit*) Monstruo creado por la imaginación.

vestimenta *f* Conjunto de los vestidos o vestiduras [de alguien o algo]. *A veces con intención desp.*

vestimentario -ria *adj* (*raro*) De (la) vestimenta.

vestir I *v* (*conjug 62*) **A** *tr* **1** Poner [a alguien (*cd*)] un vestido[1] [1]. *Frec el cd es refl. A veces con un compl* CON, *que expresa el vestido.* * Vistió al niño con un pantalón y una blusita roja. **b)** Poner [a alguien (*cd*)] un vestido apropiado para salir. *Frec el cd es refl.* **c)** Poner [a alguien (*cd*)] un vestido elegante o apropiado para una ocasión solemne. *Frec el cd es refl.* **d) ~ santos** → SANTO. ■ **2** Poner [a alguien (*ci*)] un vestido[1] [1] (*cd*)]. *Frec el ci es refl.* ■ **3** Usar [algo (*cd*)] como vestido[1] [1]. * Se niega a vestir el uniforme. **b)** Usar los vestidos adecuados [a un cargo o a una situación (*cd*)]. *Tb fig.* * Nunca sabrá vestir el cargo, vestir el nombre. ■ **4** Cubrir [algo], esp. adornándo[lo]. *Frec con un compl* CON. **b)** Forrar [un armario empotrado]. ■ **5** Dar elegancia [a algo (*cd*)]. ■ **6** Hacer o suministrar los vestidos[1] [1] [a alguien (*cd*)]. *Frec el cd es refl.*
B *intr* **7** Llevar un vestido[1] [1] [de características determinadas (*compl adv*)]. *Tb pr* (**~se**). * Viste de rojo. **b) ~ bien** (o **mal**, *u otro adv equivalente*). Usar vestidos buenos o elegantes (o no). ■ **8** Ir [alguien] con vestidos[1] [1] elegantes o a propósito para una ocasión solemne. *Frec en la loc* DE ~. * Tiene varios trajes de vestir. ■ **9** Ser [un vestido[1] [1] o la materia de que está hecho] elegante o a propósito para una ocasión solemne. * La seda viste más que la lana. ■ **10** Ser o resultar elegante [algo]. * Ir a las carreras viste mucho.

II *loc pr* **11 el mismo que viste y calza.** (*col*) *Confirma enfáticamente la identidad de la pers que se acaba de nombrar.* * –¿La novia del aviador? –La misma que viste y calza.

vestuario *m* **1** Conjunto de los vestidos[1] [de alguien]. **b)** *En una representación escénica:* Conjunto de los vestidos empleados. ■ **2** Ayuda que, en dinero o en especie, se da para vestuario [1] a una pers. que pertenece a un determinado cuerpo o disfruta de determinada situación. ■ **3** *En un teatro o en un local público:* Lugar destinado a vestirse [1a].

vesubiano -na *adj* Del Vesubio (volcán italiano).

veta[1] *f* **1** Faja o lista de calidad o color diferentes a los de la masa en que se encuentra. *Tb fig.* ■ **2** (*Min*) Filón pequeño.

veta[2] → BETA[2].

vetar *tr* Poner el veto [a alguien o algo (*cd*)].

veteado -da *adj* **1** *part* → VETEAR. ■ **2** Que tiene vetas[1] [1].

vetear *tr* Hacer que [algo (*cd*)] tenga vetas[1] [1].

veteranía *f* Cualidad de veterano.

veterano -na *adj* [Pers. perteneciente a una condición o a un trabajo] antigua y experimentada. *Tb n. Tb fig, referido a cosa.*

veterinario -ria I *adj* **1** De (la) veterinaria [3].
II *n* **A** *m y f* **2** Pers. especialista en veterinaria [3].
B *f* **3** Ciencia que trata de las enfermedades de los animales.

vetiver *m* Planta gramínea originaria de la India, de raíz muy aromática, usada en perfumería (*Andropogon muricatus*). *Tb su raíz.*

veto *m* **1** Impedimento que tiene derecho a interponer una autoridad para la aplicación de un acuerdo. *Frec en la constr* PONER EL ~. ■ **2** Acción de vedar o prohibir. *Frec en la constr* PONER EL ~.

vetón -na (*tb con la grafía* **vettón**) *adj* (*hist*) [Individuo] del pueblo prerromano que habitaba parte de las actuales provincias de Zamora, Salamanca, Ávila, Cáceres, Toledo y Badajoz. *Tb n.* **b)** De (los) vetones.

vetustez *f* (*lit*) Cualidad de vetusto.

vetusto -ta *adj* (*lit*) Viejo. *Frec con intención desp; referido a pers, con intención humoríst.*

vexilología *f* Estudio de las banderas.

vexilológico -ca *adj* De (la) vexilología.

vez I *f* **1** Punto determinado en el tiempo. *Normalmente en constrs de valor adv, sin prep:* UNA ~, ALGUNA ~. ■ **2** Vez [1] de las varias en que se repite un hecho o una circunstancia. *Frec en constrs ponderativas como* CIEN VECES, MIL VECES, UNA (*o* CIEN) VECES. * Esta vez es distinto. * Lo repito una y mil veces. ■ **3** Turno (tiempo correspondiente a una pers. o cosa que forma serie con otras). **b) a su** (*o* **mi, tu**) **~.** En su (mi, tu) turno y en correspondencia a la acción de otro. ■ **4** *En pl, precedido de un numeral o un cuantitativo,* funciona como elemento multiplicador de cantidad o intensidad. *Frec en constrs ponderativas como* MIL (CIEN, CINCUENTA, *etc*) VECES. * Su velocidad es dos veces la del sonido. * Esta camisa es mil veces más bonita.
II *loc adj* **5 de una ~.** Cabal. * Un hombre de una vez.
III *loc v* **6 coger** (*o* **ganar**) **la ~.** (*reg*) Ganar por la mano. *Tb fig.* ■ **7 hacer las veces** [de una pers.

o cosa]. Desempeñar de manera interina o no formal las funciones [de ella].

IV *loc adv* **8 a la ~.** Al mismo tiempo. ■ **9 a veces.** En algunas ocasiones. *Tb* (*reg*) POR VECES *y* (*lit*) A LAS VECES. ■ **10 cada ~.** Progresivamente. *Seguido de un comparativo.* ■ **11 de una ~.** En una sola acción, o juntamente. ■ **12 de una ~.** Por fin. *Se emplea referido a hechos cuya realización o terminación se espera con impaciencia.* * Acaba de una vez. **b) de una ~,** *o* **de una ~ para siempre,** *o* **de una ~ por todas** (*más raro,* **de una ~ para todas**). Definitivamente. ■ **13 de ~ en cuando,** *o* (*lit*) **de ~ en ~.** De manera repetida, pero espaciada. ■ **14 en veces.** Repartiendo la acción en varios momentos. *A veces con un numeral especificador.* ■ **15 otra ~.** *Expresa la repetición de la acción enunciada por el v, o denota que esta acción es inversa de otra anterior.* * Volvió a apagarse la luz, y otra vez el miedo invadiéndome por completo. ■ **16 tal ~.** Posiblemente. *Frec delante del v, que en este caso suele ir en subj.* ■ **17 una ~.** *Precediendo a prop de part abs, denota que la acción expresada por el part es inmediatamente anterior a la del v pral.* * Una vez acabado el acto, acudimos a saludarlo. ■ **18 una ~.** (*lit*) En otro tiempo.

V *loc prep* **19 en ~ de.** En sustitución de. *Frec precede a la mención de algo que se presenta como normal o esperable.* * Vino él en vez de su padre. * En vez de alegrarse se puso a llorar.

VI *loc conj* **20 una ~ que** (*reg,* **una ~**). Después que. ■ **21 toda ~ que.** Puesto que. *Gralm en lenguaje admin.*

veza *f* Arveja. *A veces con un adj o compl especificador:* ERECTA *o* HIRSUTA, PERENNE *o* DE LOS PRADOS, *etc.*

vía **I** *f* **1** Camino (faja de terreno allanada, limitada por los lados y destinada al tránsito). **b) ~ pública.** (*admin*) Calle, plaza o camino destinados al tránsito público. **c) ~ férrea.** (*lit*) Ferrocarril (medio de comunicación). ■ **2** Camino (lugar por donde se puede pasar). **b) ~ de agua.** Abertura accidental por la que penetra agua en una embarcación. *Tb fig.* ■ **3** Medio a través del cual se establece un tránsito o una comunicación. **b)** Conducto a través del cual llega algo. **c)** (*Anat*) Conducto. *Con un adj especificador.* ■ **4** Camino (medio o procedimiento). ■ **5** (*Rel catól*) Etapa de las tres que constituyen el camino de perfección de los ascéticos y místicos. ■ **6** Conjunto formado por los raíles y traviesas [de un tren o tranvía] y el camino en que están asentados. **b)** Raíl. **c)** Espacio que media entre los dos raíles. **d)** Espacio que media entre las ruedas delanteras o traseras de un vehículo. ■ **7 ~ libre.** Posibilidad de paso. *Frec fig.* ■ **8 ~ muerta.** Vía [6a] que no tiene salida y que sirve para apartar vagones o locomotoras en una estación. **b)** Situación de total paralización o abandono de un asunto. ■ **9 cuaderna ~.** (*TLit*) Estrofa compuesta de cuatro versos alejandrinos monorrimos, propia de los ss. XIII y XIV.

II *loc adj* **10 de ~ estrecha.** (*col*) De poca categoría o importancia.

III *prep* **11** Pasando por. *Normalmente seguido de un n propio geográfico.* * El vuelo era vía París. **b)** A través de, o por medio de. * Una vía embajada llegó la noticia aún sin confirmar. ■ **12 en ~s de.** En proceso de. *Seguido de un n de acción o de un infin.* * El problema está en vías de solución. ■ **13 por ~ de.** (*lit*) A modo de. * Tomemos otro caso por vía de ejemplo.

viabilidad *f* Cualidad de viable¹.

viabilizar¹ *tr* Hacer que [algo (*cd*)] sea viable¹.

viabilizar² *tr* Hacer que [algo (*cd*)] sea viable².

viable¹ *adj* **1** Que puede ser realizado. ■ **2** (*Biol*) Que puede vivir.

viable² *adj* Transitable.

vía crucis (*tb con las grafías* **viacrucis** *o* **vía--crucis;** *pronunc corriente,* /bía-krúθis/ *o* /biakrúθis/; *pl invar*) *m* **1** (*Rel catól*) Camino señalado por catorce cruces, que simboliza el recorrido por Jesús hasta el Calvario. **b)** Conjunto de las catorce cruces que señalan el vía crucis, o de las cruces o cuadros con que se representa en el interior de la iglesia. ■ **2** (*Rel catól*) Ejercicio piadoso en que se conmemora la subida al Calvario y que se reza recorriendo las catorce estaciones. ■ **3** Sufrimiento prolongado, o serie de sufrimientos. ■ **4** (*col*) Recorrido por varios bares o tabernas. *Frec en la constr* HACER EL ~.

viador -ra **I** *adj* **1** (*lit*) Viajero. *Tb n, referido a pers.*

II *m* **2** (*Rel*) Pers. que está en esta vida y camina a la eternidad.

viaducto *m* Puente construido sobre una hondonada para el paso de un camino o una vía férrea. *Tb fig.*

viajado -da *adj* **1** *part* → VIAJAR. ■ **2** Que ha viajado. *Gralm con un adv cuantitativo.*

viajador -ra *m y f* (*raro*) Viajero.

viajante *m* Representante de una casa comercial, que hace viajes [1a] para efectuar sus ventas. *Tb ~* DE COMERCIO.

viajar **A** *intr* **1** Trasladarse [a un lugar, gralm. distante]. **b)** Trasladarse de un lugar a otro, gralm. distante. *Frec con un compl adv que expresa el medio.* **c)** Ser transportada [una cosa, esp. una mercancía]. ■ **2** (*jerg*) Estar bajo los efectos de un alucinógeno.

B *tr* **3** (*lit*) Recorrer [un territorio]. ■ **4** Ser viajante [de un producto o de una casa comercial (*cd*)].

viajata *f* (*raro*) Viaje [1a], esp. fatigoso.

viaje **I** *m* **1** Acción de viajar [1 y 2]. *Tb su efecto.* **b)** Ida [a un lugar cercano]. **c)** (*jerg*) Alucinación producida por una droga. **d) último ~.** (*lit*) Muerte. ■ **2** Carga que puede transportar alguien de una vez en un solo viaje [1a]. ■ **3** Conducto de agua desde un manantial o depósito para el consumo de una población. *Tb ~* DE AGUA. ■ **4** Camino que sigue un animal. **b)** (*Taur*) Dirección que sigue el toro o el torero al ejecutar una suerte. ■ **5** (*col*) Acometida con arma blanca. *Frec con el v* TIRAR. **b)** Acometida repentina. *Gralm con el v* TIRAR. *Tb fig.*

II *loc adj* **6 de ~.** [Cheque] nominativo expedido por un banco, que se firma al adquirirlo y puede cobrarse en otro banco firmándolo de nuevo.

III *loc v y fórm or* **7 rendir ~ ~** → RENDIR. ■ **8 buen ~.** *Fórmula de despedida para alguien que emprende un viaje [1a]. Frec con intención irónica denotando desinterés total hacia algo o hacia algo que está en trance de perderse.* * ¡Buen viaje y recuerdos a todos! * —Creo que se marcha el jefe. —Pues buen viaje. ■ **9 para ese** (**este, semejante,** *etc*) **~ no se necesitan, son menester,** *etc*) **alforjas.** (*col*) *Fórmula con que se comenta lo insuficiente o poco satisfactorio que resulta lo conseguido.* * La cosa no ha estado mal, pero para este viaje no necesitábamos alforjas.

viajero -ra *adj* **1** Que viaja [1]. *Frec n, referido a pers.* ■ **2** [Pers.] aficionada a viajar [1a y b]. **b)**

Propio de la pers. viajera. ■ **3** De(l) viaje o de (los) viajes [1a]. ■ **4** (*jerg*) Drogadicto.

vial¹ **I** *adj* **1** De (la) vía [1].

II *m* **2** (*reg*) Calle, esp. bordeada de árboles. ■ **3** (*admin*) Vía [1b] pública.

vial² *m* Frasco pequeño destinado a contener un medicamento, esp. inyectable.

vialidad *f* (*admin*) Conjunto de servicios pertenecientes a las vías [1b] públicas.

vianda *f* (*lit*) Alimento destinado a las perss.

viandante *m y f* Pers. que va caminando.

vianés -sa *adj* De Viana (Navarra). *Tb n, referido a pers.*

viario -ria (*admin*) **I** *adj* **1** De (las) vías [1b] públicas.

II *m* **2** Red viaria [1].

viático (*frec escrito con inicial mayúscula en acep 1*) *m* **1** (*Rel catól*) Comunión que se administra a un enfermo que está en peligro de muerte. ■ **2** Prevención, en especie o en dinero, de lo necesario para el sustento del que hace un viaje. **b)** Cantidad que se abona a determinadas perss. para gastos de viaje.

víbora I *f* **1** Serpiente venenosa de mediano tamaño, con cabeza triangular y gralm. con una franja oscura en zigzag a lo largo del cuerpo (gén. *Vipera* y otros). *A veces con un adj o compl especificador:* ~ COMÚN, EUROPEA o PÉLIADE (*V. berus*), ~ ÁSPID (*V. aspis*), ~ CORNUDA (*V. ammodytes*), *etc.* ■ **2** (*col*) Pers. mordaz y maldiciente.

II *loc adj* **3 de ~.** (*col*) [Lengua] mordaz y maldiciente. *A veces la loc* LENGUA DE ~ *se aplica a la propia pers que la tiene.*

viborera *f* Planta herbácea propia de lugares incultos, con tallo y hojas muy híspidos y flores azules o violáceas (*Echium vulgare*).

viborero *m* (*hist*) Recipiente farmacéutico para guardar serpientes venenosas de aplicación terapéutica.

viborezno *m* Cría de la víbora [1].

viborillo *m* Planta herbácea propia de lugares incultos, con flores violáceas en panícula (*Echium plantagineum*).

vibración *f* **1** Acción de vibrar. ■ **2** Movimiento completo de vaivén de un cuerpo que vibra [1]. ■ **3** *En pl:* Conjunto de sensaciones o sentimientos instintivos que percibe una pers. como emanados de otra pers. o de un lugar o un objeto. *Frec* BUENAS ~ES.

vibrado -da *adj* **1** *part* → VIBRAR. ■ **2** Que tiene vibración [1].

vibrador -ra I *adj* **1** Que vibra. *Tb fig. Tb n f, referido a máquina.*

II *m* **2** Aparato destinado a producir vibraciones [1]. **b)** Aparato que se emplea para vibrar [5] el hormigón. **c)** Consolador eléctrico.

vibrafonista *m y f* Músico que toca el vibráfono.

vibráfono *m* Instrumento músico de percusión semejante al xilófono, compuesto de placas de acero situadas sobre resonadores metálicos que funcionan eléctricamente.

vibrante *adj* **1** Que vibra. ■ **2** Que hace vibrar [3]. ■ **3** (*Fon*) [Sonido] que se produce con vibración [1] de la lengua. *Tb n f, designando consonante.* **b)** De los sonidos vibrantes.

vibrantemente *adv* De manera vibrante [2].

vibrar A *intr* **1** Moverse [algo] alrededor de sus posiciones naturales de equilibrio, con un movimiento muy rápido y de poca amplitud. ■ **2** Tener [la voz] una sonoridad trémula a causa de la emoción. ■ **3** Estremecerse [alguien] íntima o emocionalmente. ■ **4** Palpitar o manifestarse con fuerza [algo].

B *tr* **5** Hacer que [el hormigón (*cd*)] vibre [1] para hacer[lo] más compacto y resistente. *Normalmente en part.*

vibrátil *adj* (*lit o CNat*) Que vibra [1].

vibrato *m* (*Mús*) Ondulación del sonido producida por una rápida y ligera variación de tono.

vibrátor *m* Aparato destinado a dar masaje mediante vibraciones [1].

vibratorio -ria *adj* De (la) vibración [1 y 2].

vibrio *m* (*Biol*) Vibrión.

vibrión *m* (*Biol*) Bacteria ciliada de forma encorvada (gén. *Vibrio*).

vibro- *r pref Denota funcionamiento o realización por vibración.* * Vibroflotación. * Vibroprensado.

vibromasaje *m* Masaje vibratorio.

vibromasajista *adj* De(l) vibromasaje.

vibroterapia *f* Tratamiento terapéutico con vibraciones [1].

viburno *m* Arbusto de hojas caducas y ovales, flores blancas en corimbos y fruto en baya negra (*Viburnum lantana*).

vicalvarense *adj* De Vicálvaro (Madrid). *Tb n, referido a pers.*

vicaría I *f* **1** Cargo o dignidad de vicario. ■ **2** (*Rel crist*) Oficina del vicario [3 a 8]. ■ **3** (*Rel crist*) Demarcación correspondiente a un vicario [3, 4, 5 y 8].

II *loc v* **4 pasar por la ~.** (*col*) Casarse.

vicarial *adj* De(l) vicario.

vicariamente *adv* De manera vicaria [2].

vicariante *adj* (*Med*) Vicario [2].

vicariato *m* Vicaría [1 y 3].

vicario -ria I *adj* **1** [Pers.] que tiene el poder o las facultades delegadas [de otra] o actúa como sustituto [de ella]. *Tb n.* ■ **2** De delegación o sustitución.

II *m* **3 ~ apostólico.** (*Rel catól*) Prelado designado por la Santa Sede para regir con jurisdicción ordinaria un territorio donde aún no está establecida la jerarquía eclesiástica. ■ **4 ~ capitular.** (*Rel catól*) Canónigo elegido por el cabildo para el gobierno de una diócesis vacante. *Tb simplemente ~.* ■ **5 ~ foráneo.** (*Rel catól*) Eclesiástico que ejerce la jurisdicción ordinaria en una parte de la diócesis fuera de la capital. ■ **6 ~ general.** (*Rel catól*) Eclesiástico que asiste al obispo en sus funciones y que gralm. gobierna la diócesis en su ausencia. ■ **7 ~ general castrense.** (*Rel catól*) Prelado que ejerce la jurisdicción eclesiástica en el ejército y la armada. ■ **8** (*Rel crist*) Referido a un país extranjero: Sacerdote.

vice *m y f* (*col*) Apócope de determinados ns de cargos, como VICEPRESIDENTE, VICESECRETARIO, VICEDIRECTOR, VICERRECTOR.

vice- *r pref Denota que la pers. hace las veces de la designada con el segundo elemento.* * Vicealcalde. * Vicepremier. * Vicesubsecretario.

vicealmirante *m* Oficial de marina de grado inmediatamente inferior al de almirante, y que equivale al de general de división en el ejército.

vicecanciller *m* Individuo designado para hacer las veces del canciller en ausencia de este o para desempeñar por delegación algunas de sus funciones.

vicecónsul *m* Funcionario de la carrera consular, de categoría inmediatamente inferior a la de cónsul.

viceconsulado *m* 1 Cargo de vicecónsul. ■ 2 Oficina del vicecónsul.

vicedecanato *m* Cargo de vicedecano.

vicedecano -na *m y f* Pers. designada para hacer las veces del decano en ausencia de este o para desempeñar por delegación algunas de sus funciones.

vicegobernador -ra *m y f* Pers. designada para hacer las veces del gobernador en ausencia de este o para desempeñar por delegación algunas de sus funciones.

vicegol *m* (*Fút, humoríst*) Disparo que ha estado a punto de ser gol.

vicejefe -fa *m y f* Pers. designada para hacer las veces del jefe en ausencia de este o para desempeñar por delegación algunas de sus funciones.

viceministro -tra *m y f* Pers. designada para hacer las veces del ministro en ausencia de este o para desempeñar por delegación algunas de sus funciones.

vicense *adj* De Vic (Barcelona). *Tb* *n*, referido a pers.

vicepresidencia *f* Cargo o puesto de vicepresidente.

vicepresidencial *adj* De la vicepresidencia.

vicepresidente -ta *m y f* Pers. designada para hacer las veces del presidente en ausencia de este o para desempeñar por delegación algunas de sus funciones.

viceprovincia *f* División territorial de una orden religiosa, que funciona como provincia, pero de categoría inferior a esta.

viceprovincial *m y f* Pers. que gobierna una viceprovincia.

vicerrector -ra *m y f* Pers. designada para hacer las veces del rector en ausencia de este o para desempeñar por delegación algunas de sus funciones.

vicerrectorado *m* 1 Cargo o puesto de vicerrector. ■ 2 Oficina del vicerrector.

vicerrectoría *f* Vicerrectorado [1].

vicesecretaría *f* Cargo o puesto de vicesecretario.

vicesecretario -ria *m y f* Pers. designada para hacer las veces del secretario en ausencia de este o para desempeñar por delegación algunas de sus funciones.

vicetiple *f* En una zarzuela, opereta o revista: Cantante que interviene en los números de conjunto.

viceversa I *adv* 1 Inversa o recíprocamente. *Tb* (*col*) A LA ~.
II *f* 2 Cosa, esp. acción o situación, inversa o contraria.

vichy (*pronunc corriente*, /bičí/) *m* Tejido de algodón teñido en madeja, frec. a rayas o cuadros.

vichyssoise (*fr; pronunc corriente*, /bičisuás/) *f* Sopa espesa hecha con puerros, cebollas, patatas, caldo de pollo y crema, que gralm. se sirve fría.

vicia *f* Algarroba o arveja. *Tb su semilla*.

viciación *f* (*raro*) Acción de viciar(se).

viciamiento *m* (*raro*) Acción de viciar(se).

viciar (*conjug* 1a) *tr* 1 Hacer que [alguien o algo (*cd*)] pase a ser vicioso. **b)** *pr* (~se) Pasar [alguien o algo] a ser vicioso. ■ 2 Enrarecer o contaminar [el aire o la atmósfera]. *Frec en part.* **b)** *pr* (~se) Enrarecerse o contaminarse [el aire o la atmósfera]. ■ 3 Anular o invalidar [algo (*cd*)] una circunstancia (*suj*)]. *Frec en derecho.*

vicio I *m* 1 Hábito de obrar de manera contraria a la moral. ■ 2 Mala costumbre. **b)** Costumbre que causa placer y de la que es difícil sustraerse. ■ 3 Exceso de mimo o regalo. **b)** Desarrollo excesivo [de una planta], perjudicial para su rendimiento. ■ 4 Defecto o imperfección [de alguien o algo]. **b)** Forma defectuosa que toma un objeto como consecuencia de una posición indebida.
II *loc adv* 5 de ~. Sin motivo suficiente, frec. por pura costumbre. *Frec con el v* QUEJARSE. ■ 6 de ~. (*col*) Muy bien. *Tb adj.*

viciosamente *adv* De manera viciosa [3].

vicioso -sa *adj* 1 [Pers.] entregada al vicio o a los vicios [1]. *Tb* *n*. ■ 2 Que tiene vicio [2, 3 y 4]. **b)** (*lit*) [Vegetación] de aspecto grato por su exuberancia. **c)** [Círculo] ~ → CÍRCULO. ■ 3 Que denota o implica vicio.

vicisitud *f* (*lit*) Alternancia de sucesos prósperos y adversos. *Gralm en pl.* **b)** Suceso o acontecimiento, esp. negativo, que influye en la marcha [de algo]. *Gralm en pl.*

vicisitudinario -ria *adj* (*lit*) De (las) vicisitudes.

víctima I *f* 1 Pers. o animal que es ofrecido en sacrificio. ■ 2 Pers. que resulta muerta o dañada [por alguien o algo (*compl de posesión*)]. *Tb sin compl. A veces* (*semiculto*) *designa exclusivamente los muertos, en oposición a heridos o damnificados.*
II *loc v* 3 ser ~ [de un daño]. Padecer[lo].

victimable *adj* (*raro*) Que puede ser victimado.

victimal *adj* De (la) víctima.

victimar *tr* Hacer [a alguien (*cd*)] víctima.

victimario -ria (*lit*) I *adj* 1 (*raro*) De (la) víctima.
II *n* A *m y f* 2 Pers. que sacrifica una víctima [1]. **b)** Pers. que convierte [a alguien (*compl de posesión*)] en su víctima [2]. *Tb sin compl.*
B *m* 3 (*raro*) Conjunto de víctimas [2].

victimismo *m* Actitud de considerarse o presentarse como víctima [2].

victimología *f* Rama de la criminología que estudia a la víctima [2].

victimológico -ca *adj* De (la) victimología.

víctor *m* Vítor.

victoria[1] I *f* 1 Acción de vencer en una lucha, competición o disputa. ■ 2 Representación alegórica de la victoria [1] como divinidad en forma de mujer con alas.
II *loc v* 3 cantar ~ → CANTAR[1].

victoria² *f* Coche de caballos, de dos asientos, abierto y con capota.

victoriano -na *adj* De la reina Victoria de Inglaterra (1837-1901), o de su reinado. *A veces con intención peyorativa, referido al puritanismo sexual propio de este período.* **b)** Propio de la época victoriana.

victoriero -ra *adj* De La Victoria de Acentejo (Tenerife). *Tb n, referido a pers.*

victoriosamente *adv* De manera victoriosa [1b].

victorioso -sa *adj* **1** Que ha conseguido una victoria¹ [1]. **b)** Propio de la pers. victoriosa. ■ **2** [Acción] que proporciona una victoria¹ [1].

vicuña *f* Rumiante camélido de los Andes, semejante a la llama, de pelo largo y finísimo de color amarillento rojizo (*Lama vicugna* o *Vicugna vicugna*). **b)** Lana de vicuña. *Tb el tejido fabricado con ella.*

vid *f* Planta vivaz y trepadora, de tronco retorcido, vástagos muy largos, flexibles y nudosos, hojas grandes y lobuladas y flores en racimo, cuyo fruto es la uva (gén. *Vitis*, esp. *V. vinifera*).

vida **I** *f* **1** Condición que distingue a los seres orgánicos, caracterizada fundamentalmente por el crecimiento y por la capacidad de reproducción y de respuesta a un estímulo. **b)** Fuerza interna mediante la cual actúa un ser. **c)** *Se usa como vocativo dirigido a una pers querida. Frec en las formas* MI ~ *y* ~ MÍA. **d)** la ~, *o* media ~. *Con intención enfática, se usa para referirse a algo sumamente placentero o importante. Normalmente con las vs* SER *o* DAR. * *Estos electrodomésticos nos dan la vida a las amas de casa.* ■ **2** Hecho de tener vida [1]. **b)** Existencia de seres orgánicos [en un lugar]. **c)** Existencia [de algo que implica una actividad o evolución]. **d)** la otra ~, *o* la ~ futura. (*Rel*) La existencia del alma después de la muerte física. **e)** la ~ eterna. (*Rel crist*) La bienaventuranza. ■ **3** Tiempo comprendido entre el nacimiento y la muerte [de alguien], o entre el nacimiento y el momento en que se habla o de que se habla. **b)** Conjunto de hechos y sucesos [relativos a una pers. (*compl de posesión*)] desde su nacimiento. **c)** ~ y milagros. (*col*) Noticia detallada sobre las actividades pasadas y presentes [de una pers.]. **d)** Duración [de una cosa]. ■ **4** Vitalidad. **b)** Animación o viveza. ■ **5** Actividad, o conjunto de actividades. *Frec con un compl especificador.* **b)** Actividad social o económica [de un lugar]. **c)** Entusiasmo o dedicación. *Gralm con el v* PONER. ■ **6** Manera de vivir. *Normalmente con un compl especificador. Frec con el v* LLEVAR *o* (*col*) *en constrs como* DARSE *o* PEGARSE BUENA ~. **b)** ~ marital. Convivencia sexual estable de un hombre y una mujer, casados o no. *Frec en la constr* HACER ~ MARITAL (*tb, simplemente,* HACER ~). *Tb fig* (*humoríst*). **c)** mala ~. Prostitución. *A veces, simplemente,* ~. **d)** mala ~. Delincuencia. ■ **7** Medios necesarios para vivir. *Frec en la constr* GANARSE LA ~. ■ **8** la ~. La sociedad humana, o el mundo real en que se vive.

II *loc adv* **9** de la ~. [Pena] de muerte. ■ **10** de la ~. (*col*) [Mujer] dedicada a la prostitución. *Tb* DE ~ ALEGRE *o* DE ~ AIRADA. ■ **11** de mi ~. *Siguiendo a n de pers, expresa cariño hacia esta.* * *Hijo de mi vida, cómo vienes.* ■ **12** de ~. [Res] destinada a la crianza y no a ser sacrificada.

III *loc v y fórm or* **13** a ver qué ~ → VER. ■ **14** complicar la ~ [a alguien]. Buscar[le] u ocasionar[le] problemas innecesarios o eludibles. *Frec el ci es refl.* ■ **15** consumir la ~ [a alguien]. Causar[le] gran pesadumbre o trabajo. *Con intención ponderativa.* ■ **16** dar la ~ [por una pers. o cosa]. Morir o sacrificarse [por ella]. ■ **17** dar mala ~ [a alguien o algo]. Maltratar[lo] de manera habitual. ■ **18** dar ~ [a alguien o algo]. Crear[lo]. **b)** dar ~ [a un personaje]. Interpretar[lo]. ■ **19** enterrarse en ~. Retirarse totalmente del trato de la gente. ■ **20** esto es ~. *Fórmula con que se pondera una sensación de bienestar.* * *Se tumbó cómodamente en el sofá y exclamó: Esto es vida.* ■ **21** hacer [a alguien] la ~ imposible. (*col*) Atormentar[le] o molestar[le] constantemente. ■ **22** hacer por la ~. (*col*) Comer. ■ **23** hacer ~ [de alguien]. (*col*) Conseguir que se comporte bien. *Gralm en constr neg. Tb fig.* ■ **24** ir [de algo] por la ~. (*col*) Actuar [como lo que se indica]. ■ **25** la ~, es la ~, *o* así es la ~. (*col*) *Fórmula con que se aconseja resignación ante lo inevitable, o se comenta lo inevitable de los hechos.* * –¿Cómo pueden pasar cosas así? –La vida, hijo mío. ■ **26** no me cuentes tu ~. (*col*) *Fórmula con que se pide a alguien que cese un relato aburrido o que no interesa.* * No seas rollo; no me cuentes tu vida, anda. ■ **27** pasar a mejor ~. (*lit*) Morir. *Tb fig* (*humoríst*). ■ **28** pasarse la ~ [de una manera, o en un sitio]. Estar siempre [de esa manera o en ese lugar]. ■ **29** perder la ~. Morir en accidente o combate. ■ **30** ¿qué es de tu ~? (*col*) *Fórmula con que se pregunta, acerca de sus circunstancias actuales, a un interlocutor al que no se veía desde hace tiempo. A veces se usa como simple fórmula de saludo, sin esperar respuesta.* * ¡Cuánto tiempo sin verte! ¿Qué es de tu vida? ■ **31** quitar la ~. (*lit*) Matar. ■ **32** tener ~ ~s como un gato (*o* como los gatos), *o* tener más ~s que un gato. (*col*) Salir siempre con bien de los peligros más graves. ■ **33** vender [alguien] cara su ~. (*lit*) Defenderse enérgicamente, en un combate, hasta la muerte. ■ **34** vivir la ~. Disfrutar o divertirse. ■ **35** vivir [alguien] su ~. Llevar una vida aparte e independiente de las perss. más allegadas.

IV *loc adv* **36** a ~. (*raro*) Respetando la vida [2]. *Tb adj.* ■ **37** a ~ o muerte. Exponiendo la vida [2] en un último intento de salvarla. *Tb fig. Tb adj.* ■ **38** con la ~ en un hilo (*o* pendiente de un hilo). En grave peligro de muerte. ■ **39** de por ~. Para siempre. ■ **40** en la ~, *o* en mi (tu, *etc*) ~. Nunca. ■ **41** en ~. Mientras aún está (o estaba) viva [una pers.]. *Gralm con un compl de posesión.* ■ **42** entre la ~ y la muerte. En peligro grave de morir, esp. por una enfermedad. *Gralm con el v* ESTAR. ■ **43** toda la ~. Siempre. *Tb* (*col*) TODA LA ~ DE DIOS.

vidalita *f* Canción popular argentina, también existente en Andalucía, gralm. amorosa y de carácter triste, que se acompaña con la guitarra.

vidarra *f* Virgaza (planta).

vide *tr* Véase. *Se usa únicamente en esta forma. Precede a la indicación de un lugar o referencia bibliográfica a que se remite al lector.*

vidente **I** *adj* **1** Dotado del sentido de la vista. *Tb n.*

II *m y f* **2** Pers. capaz de ver el pasado o el futuro. *Tb fig.* ■ **3** Pers. que tiene visiones extraordinarias o sobrenaturales.

vídeo *m* **1** Técnica de grabación de imágenes y sonidos en soporte magnético para su emisión en televisión o por pantalla de televisión. ■ **2** Aparato que registra y reproduce imágenes y sonidos grabados en vídeo [1]. ■ **3** (*TV*) Conjunto de imágenes transmitidas o recibidas por ondas hertzianas, esp. acompañadas de sonidos. ■ **4** Cinta de vídeo [1]. ■ **5** Cámara de vídeo [1]. ■ **6** Videoportero.

video- *r pref* **1** De(l) vídeo [1]. * Videocabina. * Videograbadora. ■ **2** Que se realiza en vídeo [1], o que tiene este sistema como base fundamental. * Videocopia. * Videoenciclopedia. * Videosex.

videoarte *m* Actividad artística realizada en vídeo [1].

videocámara *f* Cámara de vídeo [1].

videocasete *f* Cinta de vídeo [1].

videocassette (*ing o fr; pronunc corriente, /bideokasét/*) *f* Videocasete.

videoclip (*pl normal, ~s*) *m* Cinta corta de vídeo [1] en que se registra, acompañada de imágenes frec. con efectos especiales, la ejecución de una pieza musical ligera.

videoclub (*pl normal, ~s o ~es*) *m* Establecimiento en que se alquilan o venden películas de vídeo [1].

videoconferencia *f* Conferencia o encuentro en que los participantes, distantes entre sí, se comunican por pantallas de televisión.

videodisco *m* Disco, similar al fonográfico, en que se registran imágenes televisivas.

videofórum (*pl normal, ~s o invar*) *m* Sesión en que tras la proyección de una película de vídeo [1] se celebra un coloquio acerca de esta.

videografía *f* **1** Arte, técnica o industria del vídeo [1]. ■ **2** Conjunto de cintas de vídeo [1] [de un autor o de un tema determinado]. *Tb sin compl.*

videográfico -ca *adj* De (la) videografía.

videojuego *m* Juego electrónico que se desarrolla sobre un monitor o una pantalla de televisión. *Tb el aparato correspondiente.*

videolibro *m* Cinta de vídeo [1] que presenta en imágenes un texto, esp. literario.

videopelícula *f* Película de vídeo [1].

videoportero *m* Portero automático con circuito cerrado de televisión.

videorregistrador *m* Vídeo [2].

videotape (*ing; pronunc corriente, /bideotéip/*) *m* (*hoy raro*) Cinta de vídeo [1].

videoteca *f* Colección de cintas de vídeo [1]. *Tb el lugar en que se guardan.*

videoteléfono *m* Aparato telefónico con una pantalla en que se ve al interlocutor.

videoterminal *m* Terminal de pantalla de un ordenador.

videotex (*ing; n comercial registrado*) *m* Sistema que permite recibir en una pantalla de televisión o de ordenador datos transmitidos a través de un cable telefónico o televisivo.

videotext *m* (*raro*) Videotex.

vidorra *f* (*col*) Vida regalada.

vidriado¹ -da *adj* **1** *part* → VIDRIAR. ■ **2** [Barniz] vítreo. ■ **3** Que se hace mediante vidriado².

vidriado² *m* Acción de vidriar [1]. *Tb su efecto.*

vidriar (*conjug 1a*) *tr* **1** Recubrir [una pieza de cerámica] con un barniz que, fundido al horno, toma la transparencia y el brillo del vidrio¹ [1]. *Frec en*

part. ■ **2** Poner [los ojos] vidriosos [3]. **b)** *pr* (*~se*) Ponerse [los ojos] vidriosos.

vidriería *f* **1** Lugar en que se fabrica o vende vidrio¹ [1]. ■ **2** Industria o arte del vidrio¹ [1]. ■ **3** Técnica o arte de hacer vidrieras [3b].

vidriero -ra I *adj* **1** De(l) vidrio¹ [1].
II *n* A *m y f* **2** Pers. que fabrica o vende vidrio¹ [1], o trabaja con él.
B *f* **3** Bastidor con vidrios¹ [3] con que se cierra una puerta o ventana. **b)** Conjunto formado por vidrios de distintos colores, que se emplea como elemento ornamental en arquitectura.

vidrio¹ I *m* **1** Sustancia dura, frágil y gralm. transparente, que se fabrica básicamente con arenas silíceas. ■ **2** Objeto de vidrio [1]. **b)** (*col, humoríst*) Vaso. *Tb su contenido.* ■ **3** Trozo o pieza de vidrio [1].
II *loc v* **4** **pagar** [alguien] **los ~s rotos.** Sufrir las consecuencias de una acción o quedar como responsable de ella, no siéndolo, o no siendo el único.

vidrio² (*tb* **vidrío**) *m* (*reg*) Vidriado².

vidriosamente *adv* De manera vidriosa [2].

vidriosidad *f* Cualidad de vidrioso, *esp* [2].

vidrioso -sa *adj* **1** De(l) vidrio¹ [1]. ■ **2** Que se quiebra o salta con facilidad. *Frec fig.* **b)** [Asunto] sumamente delicado. ■ **3** [Ojo o mirada] cuyo brillo está apagado.

vidual *adj* De (la) viudez.

vidueño *m* Casta o variedad de vid.

vieira *f* Molusco comestible, muy común en los mares de Galicia, cuya concha es la insignia de los peregrinos de Santiago (*Pecten jacobaeus y P. maximus*). *Tb su concha.*

viejales *m* (*desp*) Hombre viejo [1a] demasiado locuaz o activo para su edad.

viejarranco -ca *adj* (*desp*) Viejarrón. *Tb n, referido a pers.*

viejarrón -na *adj* (*desp*) [Pers. o animal] muy viejos [1a]. *Tb n, referido a pers.*

viejera *f* (*reg*) Vejez.

viejo -ja I *adj* **1** [Pers. o animal] de mucha edad. *Referido a pers, tb n y a veces con intención desp.* ~ **verde** → VERDE. **c)** *Sigue al n propio o al apellido de una pers para diferenciarla de su homónima de menos edad. Se opone a* JOVEN *o* MOZO. * Herrera el Viejo. **d)** (*desp*) [Joven] de mentalidad o hábitos propios de una edad mucho mayor. *Tb n.* ■ **2** [Pers.] que está desde hace mucho en un lugar o situación. *Tb n.* **b)** De hace mucho tiempo. **c)** (*hist*) [Cristiano] que desciende de cristianos, sin mezcla conocida de judío, moro o gentil. *Se opone a* NUEVO. ■ **3** [Cosa] que existe desde hace mucho tiempo. ■ **4** [Pers. o cosa] de época pasada. ■ **5** [Pers. o cosa] que ha sufrido el desgaste o deterioro del tiempo. **b)** [Cosa] usada. **c)** **de ~.** [Comerciante o artesano] que trabaja sobre artículos usados. *Tb se dice de su tienda.* ■ **6** [Año] ~ → AÑO.
II *n* A *m y f* **7** (*col, desp*) Padre o madre. *Tb como m en pl, designando a la pareja. A veces en vocativo como apelativo cariñoso.* ■ **8** *Se usa en vocativo como apelativo amistoso entre perss adultas de la misma edad.* * Ahora invito yo. Viejo, ponnos a todos de beber.
B *f* **9** Pez comestible típico de las Canarias, de cuerpo alargado y comprimido cubierto de grandes

escamas coloreadas (*Sparisoma cretense*). *Tb* VIEJA COLORADA.

viella *f* (*Mús, hist*) **1** Instrumento músico de cuerda, semejante a la viola y usado en la Edad Media. ■ **2** ~ **de rueda.** Zanfoña.

Viena (*tb con la grafía* **viena**). (**de**) ~. *loc adj* [Pan] más suave y blando que el normal, gralm. en forma de barritas terminadas en dos puntas.

vienense *adj* (*raro*) Vienés. *Tb n.*

vienés -sa *adj* De Viena. *Tb n, referido a pers.*

viento I *m* **1** Aire atmosférico en movimiento, esp. el que tiene cierta fuerza. ■ **2** Rumbo o dirección. ■ **3** (*lit*) En *pl*: Circunstancias. *Normalmente en la constr* CORRER (o SOPLAR) MALOS ~S. ■ **4** (*Mús*) Conjunto de los instrumentos de viento [9a]. ■ **5** (*raro*) Ventosidad. ■ **6** Olor que como rastro deja [una pieza de caza (*compl de posesión*)]. *Gralm en pl. Tb fig.* ■ **7** En *pl*: Olfato [de un animal]. *Tb fig, referido a pers.* ■ **8** Cuerda larga o cable que se ata a una cosa para mantenerla firme en la posición adecuada. II *loc adj* **9 de ~.** [Instrumento músico] que funciona con el aire impelido de los pulmones. **b)** De instrumentos de viento. ■ **10 de ~.** [Molino] movido por el viento [1]. ■ **11 de ~.** [Buñuelo] hueco. ■ **12 de ~.** (*Mar*) [Escala] formada por tiras de cabo y peldaños de madera. ■ **13 de ~s.** (*reg*) [Catre] de tijera. ■ **14** [Rosa] **de los ~s** → ROSA. III *loc v* (*col*) **15 beber los ~s** [por una pers. o cosa]. Desear[la] vivamente y hacer lo posible por conseguir[la]. ■ **16 irse a tomar ~, mandar a tomar ~** → IR, MANDAR. IV *loc adv* **17 a los cuatro ~s.** De manera que todo el mundo se entere. *Gralm con los vs* DECIR *o* PUBLICAR. ■ **18 como el ~.** Rápidamente. ■ **19 con ~ fresco.** (*col*) De manera brusca y definitiva. *Gralm con los vs* IR *o* MARCHAR. ■ **20 contra ~ y marea.** Arrostrando inconvenientes o dificultades. ■ **21 ~ en popa.** De manera halagüeña o satisfactoria. *Normalmente con los vs* IR *o* MARCHAR.

vientre I *m* **1** En los animales vertebrados: Cavidad en que se contienen los órganos principales del aparato digestivo y genitourinario. *Tb la región exterior correspondiente.* **b) bajo ~.** Parte inferior del vientre. **c) ~ en tabla,** *o* **~ de madera.** (*Med*) Contractura abdominal. ■ **2** Embarazo o preñez. ■ **3** Parte abultada o sobresaliente [de una cosa, esp. una vasija]. ■ **4** (*Fís*) Parte central de la porción comprendida entre dos nodos. II *loc adj* **5 de ~.** [Animal hembra] destinado a la reproducción. ■ **6 del ~.** [Danza] que se ejecuta moviendo el vientre [1a] de manera voluptuosa. *Tb referido a la bailarina que la ejecuta.* III *loc v* **7 descargar, exonerar, evacuar,** *o* **mover, el ~,** *o* **hacer, dar,** *o* **ir, de**(**l**) **~.** (*pop, euf*) Expulsar los excrementos por el ano. ■ **8 sacar el ~ de mal año** (*o* **de penas**). (*col*) Hartarse después de haber pasado necesidad de comer.

viernes I *m* **1** Sexto día de la semana (o quinto, según el cómputo popular). II *loc adj* **2 de ~.** (*col*) [Cara] triste o malhumorada. III *loc v* **2 haber aprendido** [una cosa] **en ~.** (*col*) Reiterar[la] de manera innecesaria y cansada.

vierteaguas *m* Resguardo en forma de plano inclinado que se pone esp. en puertas y ventanas para escurrir el agua de lluvia.

vietcong (*pronunc corriente,* /bietkóng/; *pl normal,* ~s *o invar*) *adj* Del Vietcong (frente comunista

de liberación de Vietnam del Sur). *Tb n, referido a pers.*

vietminh (*pronunc corriente,* /bietmín/; *pl normal, invar*) *adj* Del Vietminh (Liga por la Independencia de Vietnam). *Tb n, referido a pers.*

vietnamés -sa *adj* (*raro*) Vietnamita. *Tb n.*

vietnamita I *adj* **1** Del Vietnam. *Tb n, referido a pers.* II *m* **2** Lengua oficial del Vietnam.

vietnamización *f* Acción de vietnamizar.

vietnamizar *tr* Dar carácter vietnamita [a alguien o algo (*cd*)]. *Normalmente referido a la limitación de un conflicto a las fronteras estrictas del país.*

viga *f* **1** Madero largo y grueso que sirve para formar los techos y para sostener y asegurar una construcción. **b)** Elemento de construcción alargado, gralm. de hierro u hormigón, con los mismos usos que la viga de madera. ■ **2** Prensa compuesta de un gran madero horizontal articulado en uno de sus extremos y que se carga con pesos en el otro para que, al bajar, comprima lo que se pone debajo.

vigamen *m* (*raro*) Viguería.

vigencia *f* Cualidad de vigente.

vigente *adj* Que tiene validez o está en uso en el momento en cuestión. *Dicho esp de una norma o costumbre.*

vigésimo -ma (*lit*) I *adj* **1** Que ocupa un lugar inmediatamente detrás o después del decimonoveno. *Seguido de los ordinales* PRIMERO *a* NOVENO, *forma los adjs ordinales correspondientes a los números 21 a 29.* * Vigésimo quinto aniversario. ■ **2** [Parte] que es una de las veinte en que se divide o se supone dividido un todo. *Tb n m y f.* II *adv* **3** En vigésimo [1] lugar.

vigesimo- *r pref* (*lit*) Unida sin guión a los ordinales PRIMERO, SEGUNDO, TERCERO, CUARTO, QUINTO, SEXTO, SÉPTIMO, OCTAVO, NOVENO (*o* NONO), *forma los adjs ordinales correspondientes a los números 21 al 29.* * Vigesimoprimero. * Vigesimoquinto.

vigía A *m y* (*raro*) *f* **1** Pers. destinada a vigilar [1]. B *f* **2** Torre construida en alto para vigilar [1] el horizonte. *Frec* TORRE ~. ■ **3** Acción de vigilar [1].

vigil *adj* (*Med*) De (la) vigilia [1a].

vigilancia *f* **1** Acción de vigilar, *esp* [1]. ■ **2** Conjunto de vigilantes [2].

vigilante I *adj* **1** Que vigila [1]. **b)** Propio del que vigila [1]. II *m y f* **2** Pers. encargada de vigilar [1].

vigilantemente *adv* De manera vigilante [1b].

vigilar A *tr* **1** Observar atentamente [el comportamiento de alguien (*cd*) o el funcionamiento o desarrollo de algo (*cd*)], esp. con intención de intervenir si no son los adecuados. *Tb abs.* B *intr* **2** (*raro*) Velar¹ [por alguien o algo].

vigilia *f* **1** Hecho de estar despierto o en vela. **b)** (*Bot*) Hecho de tener las plantas sus hojas y otros órganos en determinada posición durante las horas de luz. ■ **2** (*Rel*) Víspera [de una festividad]. *Tb el oficio correspondiente.* ■ **3** (*col*) Abstinencia de carne en las comidas, por motivos religiosos. **b)** Día de vigilia. ■ **4** (*hist*) Entre los antiguos romanos: Parte de las cuatro en que se dividía la noche.

vigiliar *adj* (*Rel*) De (la) vigilia [2].

vigir *intr* (*reg*) Estar vigente.

vigitano -na *adj* (*lit*) De Vic (Barcelona). *Tb n, referido a pers.*

vigor *m* **1** Fuerza o energía [de un ser vivo]. *Tb fig.* ■ **2** Vigencia. *En las constrs* ESTAR EN ~, PONER EN ~ *o* ENTRAR EN ~.

vigorización *f* Acción de vigorizar.

vigorizador -ra *adj* Que vigoriza. *Tb n m, referido a producto.*

vigorizante *adj* Que vigoriza.

vigorizar *tr* Dar vigor [1] [a alguien o algo (*cd*)]. *Tb fig. Tb abs.*

vigorosamente *adv* De manera vigorosa.

vigoroso -sa *adj* [Ser] que tiene vigor [1]. **b)** Propio del ser vigoroso.

viguería *f* Conjunto de vigas [1].

vigués -sa *adj* De Vigo (Pontevedra). *Tb n, referido a pers.*

vigueta *f* Viga [1b] pequeña.

viguetería *f* Conjunto de viguetas.

vihuela *f* Instrumento de cuerda antiguo similar a la guitarra, provisto de cuerdas dobles.

vihuelista *m y f* Músico que toca la vihuela, o compositor de música para vihuela.

vihuelístico -ca *adj* De (la) vihuela.

vikingada *f* Romería que, en recuerdo de los vikingos [1], se celebra anualmente en la zona de Catoira (Pontevedra).

vikingo -ga (*tb, raro, con la grafía* **viquingo**) **I** *m* **1** (*hist*) Pirata normando. **II** *adj* **2** De (los) vikingos [1]. ■ **3** (*humoríst*) Escandinavo. *Frec n, referido a pers.*

vil *adj* (*lit*) **1** Indigno o despreciable. **b)** [Garrote] ~ —→ GARROTE. ■ **2** [Cosa] despreciable o sin valor.

vilafranqués -sa *adj* De Vilafranca del Penedés (Barcelona). *Tb n, referido a pers.*

vilafranquino -na *adj* Vilafranqués. *Tb n.*

vilagómez *m* (*hist, lit*) Hombre que saca barato en la casa de juego.

vilano *m* Apéndice filamentoso que corona el fruto de algunas plantas y que sirve para que la semilla sea transportada por el viento.

vilero -ra *adj* De Villajoyosa (Alicante). *Tb n, referido a pers.*

vileza *f* (*lit*) **1** Cualidad de vil. ■ **2** Acción vil.

vilipendiar (*conjug* 1a) *tr* (*lit*) Denigrar o despreciar.

vilipendio *m* (*lit*) Acción de vilipendiar.

villa *f* **1** Población que en la Edad Media disfrutaba de ciertos privilegios. *Se contraponía a* ALDEA. *Hoy se conserva como título oficial de muchas ciudades y pueblos.* ■ **2** *En las poblaciones que tienen título de villa:* Ayuntamiento (corporación municipal). **b)** Edificio del ayuntamiento. ■ **3** Casa de recreo con jardín, aislada en el campo.

villacañero -ra *adj* De Villacañas (Toledo). *Tb n, referido a pers.*

villacastinense *adj* De Villacastín (Segovia). *Tb n, referido a pers.*

Villadiego. coger, *o* **tomar, las de ~.** *loc v* (*col*) Marcharse precipitadamente para huir de una situación no deseada.

villaduqueño -ña *adj* De Villanueva del Duque (Córdoba). *Tb n, referido a pers.*

villafranqueño -ña *adj* De Villafranca de Córdoba (Córdoba), o de alguna de las otras localidades denominadas Villafranca. *Tb n, referido a pers.*

villafranquero -ra *adj* De Villafranca de los Caballeros (Toledo). *Tb n, referido a pers.*

villafranqués -sa *adj* De Villafranca (Guipúzcoa), de Villafranca de los Barros (Badajoz), o de alguna de las otras poblaciones denominadas Villafranca. *Tb n, referido a pers.*

villafranquino -na *adj* De Villafranca de Duero (Valladolid), o de alguna de las otras poblaciones denominadas Villafranca. *Tb n, referido a pers.*

villagarciano -na *adj* De Villagarcía de Arosa (Pontevedra). *Tb n, referido a pers.*

villagodio *m* Chuletón.

villajuanés -sa *adj* De Villajuán (Pontevedra). *Tb n, referido a pers.*

villalbés -sa *adj* De Villalba (Lugo). *Tb n, referido a pers.*

villalbino -na *adj* De Collado-Villalba (Madrid). *Tb n, referido a pers.*

villalón *m* Queso fresco de leche de oveja, fabricado originariamente en la zona de Villalón de Campos (Valladolid). *Gralm* QUESO DE VILLALÓN.

villalonguense *adj* De Villalonga (Pontevedra) o de Villalonga (Valencia). *Tb n, referido a pers.*

villanamente *adv* (*lit*) De manera villana [1].

villancico *m* **1** Canción popular de tema religioso que se canta por Navidad. ■ **2** (*Mús*) Pieza musical cantada de carácter popular, que consta de estribillo, copla y repetición del estribillo. **b)** (*TLit*) Composición poética breve con estribillo, usada hasta el s. XVII.

villanella (*it; pronunc corriente,* /bilanéla/) *f* (*Mús, hist*) Canción italiana renacentista de carácter popular, similar a la frottola.

villanesco -ca I *adj* **1** Propio de villanos [3]. **II** *f* **2** (*hist*) Cierta cancioncilla popular antigua. *Tb su música y su danza.*

villanía *f* (*lit*) **1** Condición de villano [1]. ■ **2** Acción vil o villana [1].

villano -na I *adj* **1** (*lit*) Vil o indigno. *Tb n, referido a pers.* ■ **2** (*hist*) De (la) villa [1]. ■ **3** (*hist*) [Pers.] perteneciente al estado llano, que habita en una villa [1] o aldea. *Tb n.* **b)** Propio de la pers. villana. **II** *m* **4** *En una película:* Personaje malvado que se opone al héroe. *Tb fig.* ■ **5** (*Mús, hist*) Canción popular propia de los ss. XVI y XVII, que se cantaba con la música de cierta canción que empezaba: "Al villano se lo dan". *Tb su baile.*

villanovense *adj* De Villanueva del Arzobispo (Jaén), de Villanueva de la Serena (Badajoz) o de Villanueva de la Vera (Cáceres), o de alguna otra población denominada Villanueva. *Tb n, referido a pers.*

villanovés -sa *adj* De Villanueva de la Vera (Cáceres), o de alguna otra población denominada Villanueva. *Tb n, referido a pers.*

villar *m* (*raro*) Pueblo pequeño.

villariego -ga *adj* De Villa del Rey (Cáceres). *Tb n, referido a pers.*

villarrobletano -na adj De Villarrobledo (Albacete). Tb n, referido a pers.

villaverdeño -ña adj De Villaverde y Pasaconsol (Cuenca). Tb n, referido a pers.

villavicense adj De Villaviciosa de Córdoba (Córdoba). Tb n, referido a pers.

villaviciero -ra adj De Villaviciosa de Odón (Madrid). Tb n, referido a pers.

villaviciosino -na adj De Villaviciosa (Asturias). Tb n, referido a pers.

villazgo m Condición de villa [1].

villenense adj De Villena (Alicante). Tb n, referido a pers.

villenero -ra adj Villenense. Tb n.

villero -ra adj De La Orotava (Tenerife). Tb n, referido a pers.

villoría f Casería o casa de campo.

villorrio m (desp) Aldea.

villoso -sa adj (reg) Velloso. Referido a una variedad de veza.

villuercano -na adj De las Villuercas (comarca de Cáceres). Tb n, referido a pers.

vilmente adv (lit) De manera vil.

vilo. en ~. loc adv 1 Sin apoyo físico. b) En equilibrio inestable. Tb fig. ■ 2 Con inquietud y zozobra.

vilorta f 1 Abrazadera de hierro que sujeta al timón la cama del arado. ■ 2 Juego que consiste en lanzar por el aire con una especie de raqueta una bola de madera que ha de pasar a través de una fila de estacas.

viltrotear intr (raro) Callejear.

viluria f Digital (planta).

vináceo -a adj (raro) De(l) vino.

vinagre I m 1 Líquido agrio, procedente de la fermentación ácida del vino y compuesto pralm. de ácido acético y agua, que se emplea como condimento. Tb ~ DE VINO. b) Líquido resultante de la transformación en ácido acético de una bebida alcohólica que no es el vino, o de una disolución amilácea o azucarada. Gralm con un adj o compl especificador. ■ 2 (col) Pers. antipática o de mal carácter. **II** adj 3 [Color] rojo oscuro propio del vinagre [1a]. ■ 4 de ~. (col) [Cara] adusta o de enfado.

vinagrería f Industria del vinagre [1].

vinagrero -ra I adj 1 De(l) vinagre [1]. **II** f 2 En pl: Utensilio de mesa compuesto de dos recipientes para aceite y vinagre y a veces también otros para sal y pimienta. ■ 3 Acedera (planta).

vinagreta f Salsa compuesta de aceite y vinagre, con cebolla y perejil picados.

vinagrón m Vino ligeramente avinagrado y de baja calidad.

vinajera f 1 (Rel catól) Jarrita destinada a contener el agua o el vino de la misa. Frec en pl, designando el conjunto formado por ambas jarritas y la bandeja en que se colocan. ■ 2 (pop) Vinagrera [2]. Gralm en pl.

vinariamente adv (lit) En el aspecto vinario.

vinario -ria adj (lit) De(l) vino [1a].

vinatería f Industria o comercio de vino [1a].

vinatero -ra adj 1 De(l) vino [1a]. ■ 2 Que se dedica a la fabricación o venta de vino [1a]. Frec n, referido a pers.

vinaza f Residuo procedente de la destilación de mostos o melazas fermentados.

vinazo m (desp) Vino [1a].

vinblastina f (Med) Cierto alcaloide obtenido de la planta Vinca rosea, utilizado en algunos tipos de neoplasias.

vinca f Planta herbácea de flores azules, cuyas hojas tienen propiedades astringentes y purgantes (Vinca minor).

vincapervinca f Vinca.

vincetoxina f (Quím) Glucósido tóxico que se encuentra en la raíz del vencetósigo.

vincha f Cinta o pañuelo para ceñir la cabeza o sujetar el cabello, que se emplea en América del Sur.

vincristina f (Med) Cierto alcaloide obtenido de la planta Vinca rosea, utilizado en algunos tipos de neoplasias.

vinculable adj Que se puede vincular[1].

vinculación f Acción de vincular[1]. Tb su efecto.

vinculador -ra adj Que vincula.

vinculamiento m Vinculación.

vinculante adj Que vincula. Frec en derecho.

vincular[1] tr 1 Unir mediante vínculo [dos o más perss. o cosas]. b) Sujetar [a alguien (cd)] a una obligación. ■ 2 (Der) Someter [bienes] a perpetuidad a un empleo o sucesión determinados. Frec en part.

vincular[2] adj De(l) vínculo.

vinculatorio -ria adj Que sirve para vincular[1].

vínculo m Cosa inmaterial que une a una pers. o cosa con otra.

vindicación f Acción de vindicar.

vindicador -ra adj 1 Que vindica. Tb n, referido a pers. ■ 2 De (la) vindicación.

vindicar tr 1 Defender [a alguien o algo injustamente calumniado o injuriado]. ■ 2 Reivindicar.

vindicativamente adv De manera vindicativa.

vindicativo -va adj 1 De (la) vindicación. ■ 2 Vengativo.

vindicatorio -ria adj Que sirve para vindicar.

vindicta f (lit) Venganza (satisfacción de un agravio o daño).

vinero -ra adj De(l) vino [1a].

vínico -ca adj De(l) vino [1a].

vinícola adj De (la) vinicultura. b) (humoríst) De(l) vino [1a].

vinicultor -ra m y f Pers. que se dedica a la vinicultura.

vinicultura f Elaboración de vino [1a].

vinífero -ra adj Que produce vino [1a]. Tb n f, referido a planta.

vinificable adj Que se puede vinificar.

vinificación f Acción de vinificar.

vinificador -ra adj Que vinifica. Tb n f, referido a industria.

vinificar tr Transformar [uvas] en vino [1a].

vinílico -ca *adj* De vinilo.

vinilo *m* **1** (*Quím*) Radical monovalente no saturado. ▪ **2** Sustancia que contiene el radical vinilo [1].

vino I *m* **1** Bebida alcohólica procedente de la fermentación del zumo de la uva. **b)** Copa o vaso de vino.
II *loc v* (*col*) **2 dormir el ~.** Dormir la borrachera. ▪ **3 tener buen** (*o* **mal**) **~.** Ser pacífico (o agresivo) durante el estado de embriaguez.

vinoso -sa *adj* **1** De(l) vino [1a]. ▪ **2** Semejante al vino [1a], esp. en el color.

vinta *f* Embarcación filipina constituida por un tronco ahuecado y aguzado en los extremos.

viña *f* **1** Terreno plantado de vides. ▪ **2 ~ virgen.** Arbusto trepador ornamental semejante a la vid (*Ampelopsis hederacea*).

viñador -ra *m y f* Pers. que posee una viña o trabaja en ella.

viñamarino -na *adj* De Viña del Mar (Chile). *Tb n, referido a pers.*

viñático *m* Viñátigo.

viñátigo *m* Árbol canario muy apreciado por su madera (*Persea indica*).

viñedo *m* Viña [1].

viñero -ra I *adj* **1** [Arado o tractor] destinado al cultivo de la vid.
II *m y f* **2** Pers. que posee una viña [1] o trabaja en ella.

viñeta *f* **1** Dibujo que decora la primera o la última página de un libro o de un capítulo. ▪ **2** Dibujo encuadrado y humorístico, que gralm. forma serie con otros.

viola¹ A *f* **1** Instrumento músico de cuerda y arco semejante al violín, pero más grande y de cuerdas más fuertes. **b)** **~ de brazo, ~ de gamba, ~ da braccio, ~ da gamba** → BRAZO, GAMBA², DA BRACCIO, DA GAMBA.
B *m y f* **2** Músico que toca la viola [1].

viola² *f* Violeta [1].

violable *adj* Que se puede violar.

violáceo -a *adj* Que tira a violeta [3].

violación *f* Acción de violar.

violado -da *adj* Violeta [3]. *Tb n m, referido a color.*

violador -ra *adj* Que viola, *esp* [4]. *Tb n, referido a pers.*

violagambista *m y f* (*Mús*) Músico que toca la viola de gamba.

violante *adj* (*lit, raro*) Que viola.

violar *tr* **1** Incumplir o desobedecer [un precepto o un acuerdo]. ▪ **2** Entrar [en un lugar (*cd*)] mediante violencia. ▪ **3** (*Rel*) Profanar [un lugar sagrado]. ▪ **4** Tener [un hombre] acceso carnal [con una mujer (*cd*)] contra la voluntad de esta, hallándose privada de sentido o siendo menor de doce años. **b)** Tener [una pers.] acceso carnal [con otra (*cd*)] contra la voluntad de esta. **c)** Someter [a una pers.] contra su voluntad a una simulación del acto sexual. ▪ **5** Violentar (ejercer violencia [contra alguien o algo (*cd*)]).

violario *m* (*reg*) Obligación de pagar una pensión anual durante la vida de una o dos personas, contraída en virtud de un capital recibido.

violatorio -ria *adj* Que viola o sirve para violar.

violencia *f* **1** Cualidad de violento. ▪ **2** Acción violenta [3 y 4]. ▪ **3 no ~** → NO-VIOLENCIA.

violentador -ra *adj* (*lit, raro*) Que violenta. *Tb n, referido a pers.*

violentamente *adv* De manera violenta.

violentar *tr* **1** Ejercer violencia [contra alguien o algo (*cd*)]. **b)** Violar [a una mujer]. **c)** Abrir [algo] por la fuerza. ▪ **2** Poner violento [5] [a alguien]. **b)** *pr* (~se) Ponerse [alguien] violento.

violento -ta *adj* **1** [Pers.] que actúa sin comedimiento, dejándose llevar de la pasión. **b)** Propio de la pers. violenta. ▪ **2** [Cosa] muy fuerte o intensa. **b)** Que exige mucha fuerza o energía. ▪ **3** Que va contra la tendencia o condición naturales. **b)** [Muerte] que se produce por accidente o por agresión. ▪ **4** [Acción] que supone una agresión física o moral. **b)** Basado en acciones violentas. ▪ **5** Cohibido o incómodo en una situación o ante una presencia. **b)** [Situación] tensa.

violero *m* Constructor de instrumentos músicos de cuerda.

violeta I *f* **1** Planta herbácea vivaz de tallos rastreros, cuyas flores, de cinco pétalos y de color morado claro característico, despiden un aroma muy agradable (*Viola odorata*). *Tb su flor. Tb* ~ COMÚN *o* DE OLOR. **b)** *Se da este n a otras plantas afines, pralm de los géns Viola, Vinca o Corydalis. Tb su flor. Frec con un adj especificador:* BULBOSA, DEL TEIDE, MARINA, *etc.* ▪ **2 ~ de genciana.** Sustancia colorante derivada de la anilina y que se emplea también en medicina por sus propiedades antisépticas.
II *adj invar* **3** [Color] morado claro. *Tb n m.* **b)** De color violeta. ▪ **4** [Erudito] **a la ~** → ERUDITO.

violetera *f* Vendedora de violetas [1, esp. 1a].

violetero *m* Florero pequeño para poner violetas [1, esp. 1a].

violín I *m* **1** Instrumento músico de arco y cuatro cuerdas, que se toca apoyándolo sobre el hombro y es el más pequeño de los de su clase. ▪ **2** Violinista. ▪ **3 ~ de Ingres.** (*lit*) Hobby.
II *loc adv* **4 de ~.** (*Taur*) Cruzando la garrocha, el rejón o las banderillas sobre el cuello del caballo. *Tb adj.*

violinada *f* (*raro*) Serie de compases ejecutada por uno o más violines [1].

violinista *m y f* Músico que toca el violín [1].

violinístico -ca *adj* De(l) violín [1].

violista *m y f* Músico que toca la viola.

violle (*fr; pronunc corriente, /biol/*) *m* (*Fís*) Unidad de intensidad de la luz, que es la emitida normalmente por 1 cm² de superficie de platino a la temperatura de solidificación.

violón I *m* (*raro*) **1** Contrabajo.
II *loc v* **2 tocar el ~.** (*col*) Hablar fuera de propósito.

violoncelista *m y f* (*raro*) Violonchelista.

violoncellista (*it; pronunc corriente, /biolonĉelísta/*) *m y f* Violonchelista.

violoncello (*it; pronunc corriente, /biolonĉélo/*) *m* Violonchelo.

violoncelo *m* (*raro*) Violonchelo.

violonchelista *m y f* Músico que toca el violonchelo [1].

violonchelo *m* **1** Instrumento músico de arco y cuatro cuerdas, semejante al violín, pero más grande, que se toca sentado y sujetándolo con las piernas. ■ **2** Violonchelista.

VIP (*sigla; tb con la grafía* **vip**; *pl normal,* ~s) **I** *m* **1** Personaje muy importante. **II** *adj* **2** De (los) VIPS [1].

vipérido *adj* (*Zool*) [Ofidio] venenoso del taxón cuyo tipo es la víbora. *Frec como n m en pl, designando este taxón zoológico.*

viperino -na *adj* **1** De (la) víbora. ■ **2** [Lengua] mordaz y maldiciente. *A veces la loc* LENGUA VIPERINA *se aplica a la propia pers que la tiene.* **b)** Malintencionado.

viquingo → VIKINGO.

vira *f En el calzado:* Tira que se cose como refuerzo entre la suela y la pala.

viracocha *m* (*hist*) N atribuido por los indios peruanos a los conquistadores españoles.

virada *f* Acción de virar [1, 2 y 3].

virago *f* (*o, raro, m*) (*lit*) Mujer varonil.

viraje *m* Acción de virar.

viral *adj* (*Med*) De(l) virus.

virar **A** *intr* **1** Cambiar de dirección [un vehículo o la pers. que lo dirige]. *Esp en marina. Tb fig.* **b)** Girar. ■ **2** Cambiar o evolucionar. **B** *tr* **3** Hacer que [algo (*cd*)] vire [1]. ■ **4** Someter [una película fotográfica (*cd*)] a la acción de ciertas sustancias químicas para darle un determinado color.

virásico -ca *adj* (*Med*) Viral.

viratón *m* (*hist*) Saeta guarnecida con un casquillo.

virazón *f* **1** (*Mar*) Viento de la parte del mar que sopla en las costas durante el día. ■ **2** (*Mar*) Cambio repentino de viento. ■ **3** (*lit*) Viraje o cambio repentino.

virelai *m* (*hist*) Canción medieval de origen trovadoresco, con estribillo.

virgaza *f* Planta vivaz de tallos largos y trepadores y flores blancas sin pétalos, común en bosques y setos (*Clematis vitalba*).

virgen (*normalmente con mayúscula en aceps* 8, 9 *y* 10) **I** *adj* **1** [Pers., esp. mujer] que no ha tenido nunca relaciones sexuales. *Frec n f.* ■ **2** [Suelo o terreno] inculto. **b)** [Selva] de vegetación exuberante, inexplorada y prácticamente impenetrable. ■ **3** [Cosa] que aún no se ha utilizado. ■ **4** [Cosa] que carece de mezcla o artificio en su elaboración. ■ **5** (*lit*) [Cosa] que carece todavía [de algo]. ■ **6** (*lit*) [Cosa] pura o intacta. ■ **7** [Parra] ~, [viña] ~, **viva la** ~ → PARRA, VIÑA, VIVALAVIRGEN.

II *f* **8 la** ~. (*Rel crist*) Designa a María, madre de Jesús. *Tb su imagen. Referido a imagen puede llevar otro determinante.*

III *fórm o* **9 fíate de la** ~ **y no corras.** (*col*) *Fórmula con que se manifiesta la necesidad del propio esfuerzo para conseguir algo, y no la pasiva confianza en la ayuda exterior.* * *Sí, sí, fíate de la Virgen y no corras.*

IV *interj* **10** ~, ~ **santa,** *o* **la** ~. (*col*) *Expresa sorpresa o admiración.* * *¡La Virgen, qué ensalada has armado!*

virginal[1] *adj* **1** De (la) virgen [1 y 8]. ■ **2** (*lit*) Puro o inmaculado.

virginal[2] *m* (*hist*) Instrumento músico inglés propio de los ss. XVI y XVII, variante de la espineta.

virginalista **I** *adj* **1** (*hist*) De(l) virginal[2]. **II** *m y f* **2** (*hist*) Músico que toca el virginal[2].

virginalmente *adv* De manera virginal[1].

virginiano -na *adj* Del estado de Virginia (Estados Unidos). *Tb n, referido a pers.*

virginidad *f* Condición de virgen, *esp* [1].

virgitano -na (*tb con la grafía* **birgitano**) *adj* De Berja (Almería). *Tb n, referido a pers.*

virgo[1] (*col*) **I** *m* **1** Himen. **II** *adj* **2** Virgen [1].

virgo[2] (*frec escrito con inicial mayúscula*) *adj* [Pers.] nacida bajo el signo de Virgo. *Tb n.*

virguería *f* (*col*) Cosa que excede en primor a lo corriente. *Frec con intención desp.*

virguero -ra *adj* (*col*) **1** [Pers.] que hace virguerías. ■ **2** [Cosa] primorosa o excelente en su línea.

vírgula *f* (*lit*) Rayita o línea muy delgada.

virgulilla *f* (*raro*) Signo gráfico en figura de coma, tilde o rayita.

viriásico -ca *adj* (*Med*) Vírico o virásico.

viriasis *f* (*Med*) Afección por virus.

vírico -ca *adj* (*Med*) De(l) virus.

viril[1] *adj* **1** Propio del hombre (ser racional del sexo masculino). **b)** Propio del hombre adulto. ■ **2** [Hombre] dotado de las cualidades que se consideran propias de su sexo, esp. la fortaleza y el valor. *Tb fig, referido a animales.* **b)** Propio del hombre viril. *Tb fig.*

viril[2] *m* (*Rel catól*) Caja de cristal con cerquillo de oro o dorado, que encierra la hostia consagrada y se coloca en la custodia para la exposición del Santísimo.

virilidad *f* **1** Cualidad de viril[1]. ■ **2** Potencia sexual del hombre. ■ **3** Actividad sexual propia del hombre. ■ **4** Conjunto de atributos viriles.

virilismo *m* (*Med*) Desarrollo anormal de caracteres masculinos en la mujer.

virilización *f* Acción de virilizar. *Tb su efecto.*

virilizante *adj* Que viriliza.

virilizar *tr* Dotar [a alguien o algo (*cd*)] de caracteres viriles[1].

virilmente *adv* De manera viril[1].

virión *m* (*Biol*) Partícula infecciosa de un virus, constituida por un ácido nucleico y proteínas.

virojo -ja *adj* (*reg*) Bizco. *Tb n.*

virola *f* **1** Arandela o abrazadera que se pone en el extremo de determinadas piezas o herramientas, esp. para reforzarlas. ■ **2** (*Numism*) Molde circular de acero que se emplea para grabar el canto de monedas y medallas.

virolai *m* (*reg*) Virelai. *Gralm con mayúscula, referido al himno religioso a la Virgen de Montserrat.*

virolar *tr* (*Heráld*) Perfilar o bordear.

virología *f* Parte de la microbiología que estudia los virus.

virológico -ca *adj* De (la) virología.

virólogo – viscosidad

virólogo -ga *m y f* Especialista en virología.

viroloso -sa *adj* (*reg*) Que tiene viruela o señales de haberla padecido.

virosis *f* (*Med y CNat*) Enfermedad producida por virus.

virote *m* (*hist*) Saeta guarnecida con un casquillo. *Tb fig.*

virotillo *m* (*Mec*) Riostra de unión entre dos elementos que han de permanecer separados, a través de la cual pasa un perno.

virreinal *adj* 1 De(l) virrey. ■ 2 De(l) virreinato.

virreinato *m* 1 Cargo o dignidad de virrey. ■ 2 Territorio gobernado por un virrey.

virreino *m* Virreinato [2].

virrey -rreina A *m y* (*raro*) *f* 1 Pers. que gobierna un territorio en nombre del rey. B *f* 2 Mujer del virrey [1].

virtual *adj* 1 Que no es efectivo o real, aunque tiene todas las posibilidades de serlo. **b)** Posible o potencial. ■ 2 (*Fís*) [Imagen] aparente y que no puede ser proyectada. *Se opone a* REAL.

virtualidad *f* 1 Cualidad de virtual. ■ 2 Cosa virtual [1].

virtualmente *adv* De manera virtual.

virtud I *f* 1 Hábito de obrar de manera acorde con la moral. ■ 2 Buena cualidad [de alguien o algo]. ■ 3 Propiedad o facultad. **b)** [Vara] **de (las) ~es** → VARA. ■ 4 (*hoy raro*) Honestidad [de una mujer]. ■ 5 (*Rel crist*) Espíritu celeste que constituyen el segundo coro de la segunda jerarquía, y que se caracteriza por la fuerza para llevar a cabo las operaciones divinas. *Gralm en pl.* II *loc adv* 6 **en ~** (*o, semiculto,* **a ~**) [de algo]. Como consecuencia [de ello].

virtuosismo *m* Dominio perfecto de la técnica de un arte.

virtuosista *adj* De(l) virtuosismo.

virtuosístico -ca *adj* De(l) virtuosismo.

virtuoso -sa *adj* 1 [Pers.] que tiene virtudes [1 y 2]. **b)** Propio de la pers. virtuosa. ■ 2 [Artista] que domina a la perfección la técnica de su arte. *Gralm referido a música. Frec n.*

viruébano *m* (*reg*) Viruégano.

viruégano *m* (*reg*) Fresa silvestre.

viruela *f* 1 Enfermedad infecciosa y epidémica caracterizada por la erupción de gran número de pústulas que al desaparecer dejan hoyos en la piel. *A veces en pl con sent sg. Tb la misma pústula.* **b)** ~(s) **loca(s).** Varicela. **c)** ~ **negra** (*o* **hemorrágica**). Forma muy grave de viruela caracterizada por hemorragias en diversas partes. ■ 2 *Se da este n a varias enfermedades de las plantas, que se manifiestan por manchas y abultamientos semejantes a los que la viruela [1] produce en la piel humana.*

viruje → BIRUJE.

viruji → BIRUJI.

virulé. a la ~. *loc adv* En mal estado o de mala manera. *Frec con los vs* PONER *o* ESTAR.

virulencia *f* Cualidad de virulento.

virulentamente *adv* De manera virulenta.

virulento -ta *adj* 1 [Germen] capaz de segregar toxinas en un organismo. *Tb fig.* ■ 2 Agresivo o violento. *Esp referido a expresión.*

virulo -la *adj* (*reg*) [Pers.] rústica o palurda. *Tb n.*

virus *m* 1 Germen patógeno de tamaño tan pequeño que gralm. no es visible al microscopio ordinario. *Tb fig.* ■ 2 Serie de instrucciones que se introducen fraudulenta o accidentalmente en un sistema informático, alterándolo. *Frec* ~ INFORMÁTICO.

viruta *f* Fragmento muy delgado y gralm. arrollado en espiral, que se desprende de la madera o de un metal al trabajarlos con el cepillo u otra herramienta cortante. *Gralm en pl.* **b)** Cosa que tiene la forma o textura de la viruta.

virutador -ra *adj* Que hace virutas.

visa *f* (*raro*) Visado.

visación *f* (*raro*) Visado.

visado *m* Acción de visar. *Esp referido a pasaporte. Tb el documento en que consta.*

visagisme (*fr; pronunc corriente,* /bisayísm/) *m* Arte de cuidar la belleza del rostro.

visagista → VISAJISTA.

visaje *m* Gesto anormal o exagerado del rostro.

visajista (*tb con la grafía* **visagista**) *m y f* Especialista en los cuidados de belleza del rostro.

visar *tr* Examinar [la autoridad competente (*suj*) algo (*cd*), esp. un documento] y dar[le] el visto bueno.

vis a vis I *loc adv* 1 Frente a frente o cara a cara. *Tb fig.* II *loc n m* 2 Encuentro o entrevista a solas entre dos perss. **b)** Encuentro íntimo entre un preso y su pareja. ■ 3 (*hist*) Sofá en forma de S en el que dos perss. pueden hablar frente a frente, propio de finales del s. XIX. III *loc adj* 4 De vis a vis [2b]. * Se abrirán nuevas salas "vis a vis" en Carabanchel.

vis-à-vis (*fr; pronunc corriente,* /bís-a-bís/) *loc adv o loc n m* Vis a vis.

visaya → BISAYA.

visayo → BISAYO.

viscar → BISCAR.

víscera *f* Órgano contenido en la cavidad craneana, torácica o abdominal.

visceral *adj* 1 De (las) vísceras. ■ 2 Irracional o temperamental. *Gralm referido a sentimiento o a actitud.*

visceralismo *m* Cualidad de visceral [2].

visceralmente *adv* De manera visceral [2].

viscerotónico -ca *adj* (*Psicol*) [Tipo de personalidad o temperamento] que se caracteriza por la tendencia a la sociabilidad, comodidad, glotonería y relajación postural.

visco *m* Liga para cazar pájaros.

viscoelástico -ca *adj* (*Fís*) Que es a la vez elástico y viscoso.

vis comica (*lat: pronunc,* /bís-kómika/) *loc n f* Capacidad [de un actor] para hacer reír.

viscoplástico -ca *adj* (*Fís*) Viscoelástico.

viscosa → VISCOSO.

viscosamente *adv* De manera viscosa.

viscosidad *f* 1 Cualidad de viscoso [1 y 2]. ■ 2 (*Fís*) Propiedad de los fluidos en los que el roce de unas moléculas con otras opone una resistencia al movimiento uniforme de su masa.

viscosilla *f* Rayón que presenta el aspecto de fibras cortas que pueden hilarse como las fibras naturales y que se mezcla con ellas.

viscosimetría *f* (*Fís*) Medición de la viscosidad [2] de un fluido.

viscosimétrico -ca *adj* (*Fís*) De (la) viscosimetría.

viscosímetro *m* (*Fís*) Aparato destinado a medir la viscosidad [2] de un fluido.

viscoso -sa I *adj* **1** Pegajoso. ■ **2** [Pers.] que repele por su falsa afabilidad. **b)** Propio de la pers. viscosa. ■ **3** (*Fís*) Que tiene viscosidad [2].
II *f* **4** Solución coloidal de celulosa y sosa, que se emplea en la fabricación de fibras textiles y celofán. *Tb la misma fibra y el tejido fabricado con ella. A veces en aposición:* SEDA VISCOSA, RAYÓN VISCOSA.

visera *f* **1** Pieza delantera de las gorras que protege los ojos del sol. *A veces en aposición con* GORRA. *Tb se da este n a la gorra entera, o a esta misma pieza independiente, que se suele sujetar por medio de una goma.* ■ **2** Saliente o voladizo que protege del sol. ■ **3** Pieza móvil que, colocada en el parabrisas de algunos vehículos, sirve para proteger del sol. ■ **4** (*hist*) Parte móvil del yelmo, destinada a cubrir y proteger el rostro.

visibilidad *f* **1** Condición de visible. ■ **2** Posibilidad de ver. *A veces tb la medida de la distancia a que alcanza esa posibilidad.*

visibilización *f* Acción de visibilizar. *Tb su efecto.*

visibilizar *tr* Hacer visible [algo (*cd*)].

visible *adj* Que se puede ver. **b)** Perceptible o evidente.

visiblemente *adv* De manera visible.

visigodo -da *adj* (*hist*) [Individuo] del pueblo godo que en el s. v fundó un reino en España. *Tb n.* **b)** De los visigodos. **c)** De estilo visigodo.

visigótico -ca *adj* (*hist*) Visigodo [1b y c].

visillería *f* Conjunto de visillos.

visillero -ra *adj* De(l) visillo.

visillo *m* Cortina pequeña y semitransparente que se coloca en la parte interior de los cristales de una ventana o puerta.

visión I *f* **1** Hecho de ver. *Tb su efecto.* **b)** Capacidad de ver. ■ **2** Pers. o cosa, esp. fantástica, que se ve como si estuviera presente. ■ **3** (*col*) Pers. (o, raro, cosa) fea o ridícula.
II *loc v* **4 ver ~es**. (*col*) Estar equivocado. *Con intención de burla.*
III *loc adv* **5 como quien ve ~es** (o **viendo ~es**). (*col*) En estado de gran sorpresa o desconcierto. *Gralm con los vs* QUEDAR *o* DEJAR.

visionado *m* Acción de visionar.

visionador -ra *adj* [Aparato] que sirve para visionar material filmado, utilizado esp. para montaje. *Frec n f.*

visionar *tr* **1** Ver [una película o algo similar]. *Esp referido a técnicos o críticos.* ■ **2** Proyectar o exhibir [una película o algo similar]. *Esp para técnicos o críticos.*

visionario -ria *adj* [Pers.] imaginativa que cree reales o posibles cosas quiméricas. *Tb n.* **b)** Propio de la pers. visionaria.

visir *m* (*hist*) Ministro de un soberano musulmán. **b) gran ~**. Primer ministro de un soberano musulmán.

visita I *f* **1** Acción de visitar. **b) ~ al Santísimo (Sacramento)**. (*Rel catól*) Hecho de acudir a una iglesia para orar brevemente ante el sagrario. **c) ~ de(l) médico** –> MÉDICO. ■ **2** Pers. o conjunto de perss. que visita [1 y 2]. ■ **3** (*col*) Menstruación. *Gralm en la constr* TENER LA ~ (o TENER ~S). *A veces tb* LA ~ DEL NUNCIO *o* DEL VAMPIRO.
II *loc adj* **4 de ~**. [Tarjeta] en que figuran el nombre y señas [de una pers. o entidad].

visitable *adj* Que se puede visitar.

visitación I *f* **1** (*Rel crist*) Visita [1a]. *Solo referido a la que hizo la Virgen a Santa Isabel.*
II *loc adj* **2 de la ~**. [Orden religiosa] fundada en 1610 por San Francisco de Sales y Santa Francisca de Chantal.

visitador -ra *m y f* **1** Pers. encargada de hacer visitas [1a] de inspección o reconocimiento. *Tb adj.* ■ **2** Pers. que visita [1a] a los médicos para mostrarles los productos de un laboratorio farmacéutico. *Tb* ~ MÉDICO. ■ **3** (*raro*) Visitante.

visitante *adj* **1** Que visita, *esp* [2]. *Frec n.* ■ **2** (*Dep*) [Equipo] que juega fuera de su campo. **b)** De(l) equipo visitante. *Tb n, referido a pers.*

visitar A *tr* **1** Ir a ver [a alguien] a su lugar de residencia o trabajo, frec. como cortesía. **b)** Ir [el médico] al lugar de residencia [de un enfermo (*cd*)] para atender[lo]. ■ **2** Ir [a un lugar (*cd*)], esp. con intención de conocer[lo].
B *intr* ➤ **a** *normal* **3** Pasar consulta [un médico].
➤ **b** *pr* (**~se**) **4** (*reg*) Ir al médico o a una consulta médica.

visiteo *m* (*desp*) Acción de hacer o recibir muchas visitas [1a].

visivo -va *adj* (*lit*) De (la) visión [1].

vislumbrar *tr* Ver de manera imprecisa. *Tb fig.*

vislumbre *m* o *f* Acción de vislumbrar. *Tb su efecto.*

viso I *m* **1** Reflejo ondulado y cambiante que produce la luz en algunas superficies, esp. en un tejido. *Más frec en pl. Tb fig.* ■ **2** (*lit*) Apariencia. *Más frec en pl. Gralm con los vs* TENER *o* PRESENTAR. ■ **3** Forro o combinación que se pone debajo de un vestido, esp. cuando este es transparente. ■ **4** Altura o terreno alto.
II *loc adj* **5 de ~**. [Pers.] distinguida o de categoría.

visón *m* **1** Mamífero carnívoro de pequeño tamaño, muy apreciado por su piel (*Mustela vison* y *M. lutreola*). *Tb* ~ AMERICANO *y* ~ EUROPEO, *respectivamente. Tb su piel.* ■ **2** Prenda, esp. abrigo, de visón [1].

visontino -na *adj* De Vinuesa (Soria). *Tb n, referido a pers.*

visor *m* **1** Dispositivo que sirve para enfocar la visión de los objetos, esp. en fotografía. ■ **2** Aparato en forma de caja de pequeñas dimensiones, con una pantalla en la parte frontal, para ver diapositivas.

víspera I *f* **1** Día inmediatamente anterior [a otro determinado por un suceso o una conmemoración (*compl* DE)]. **b)** Tiempo inmediatamente anterior. *Frec en la constr* EN ~S DE. ■ **2** (*Rel catól*) *En pl:* Hora canónica que se reza al anochecer. **b)** Pieza musical compuesta para las vísperas. ■ **3** (*hist*)

En la universidad de los ss XVI a XVIII: Hora lectiva de la tarde.
II *loc adv* **4 de ~.** En la víspera [1a].

vista **I** *n* **A** *f* **1** Sentido corporal por el que se perciben los objetos mediante la acción de la luz. **b)** Conjunto de ambos ojos. ■ **2** Acción de ver. **b)** (*Der*) Acto en que los jueces asisten a la discusión oral [de un pleito o causa que han de sentenciar]. **c)** (*hoy raro*) Encuentro de presentación de dos novios. *Frec en pl y en la loc* IR A ~S. ■ **3** Mirada (acción de mirar). *Tb fig.* ■ **4** Perspicacia o sagacidad. ■ **5** Apariencia. *Gralm con un adj calificador. Sin compl, implica que esta es buena.* ■ **6** Panorama que se contempla desde un punto. *Frec en pl.* **b)** Representación visual de lo que se ve desde un punto en un determinado momento. ■ **7** Parte interior de una prenda que puede verse cuando no va abrochada.
B *m* **8 ~ de aduanas.** Empleado de aduanas a cuyo cargo está el registro de los géneros. *Tb, simplemente, ~.*
II *loc adj* **9 a la ~.** (*Econ*) [Documento bancario] cuyo pago se hace efectivo en el momento de la presentación. *Tb adv.* **b)** [Depósito bancario] del cual se hacen reintegros en efectivo a la presentación de los documentos oportunos. ■ **10 a** [cierto número de días o meses] **~.** (*Econ*) [Documento bancario] que debe hacerse efectivo [en ese plazo]. *Tb adv.* **b) a** [cierto plazo] **~.** [Hecho] que se produce [después de ese plazo]. *Frec adv.* ■ **11 a primera ~.** [Amor] que se produce en el momento de conocer a una pers. *Tb adv.* ■ **12 de ~.** [Testigo] ocular.
III *loc v* **13 dar ~** [a alguien o algo]. Avistar[lo], o ver[lo] a distancia. ■ **14 echar la ~ encima** [a alguien, esp. a quien se desea ver]. (*col*) Ver[lo]. ■ **15 hacer la ~ gorda.** (*col*) Fingir [alguien con autoridad] que no se entera [de algo que debería reprimir (*compl* ANTE)]. *Tb sin compl, por consabido.* ■ **16 perder de ~** → PERDER. ■ **17 saltar** [algo] **a la ~.** Ser evidente. ■ **18 volver la ~** [a algo pasado]. Reflexionar [sobre ello].
IV *loc adv* **19 a la ~.** En lugar o de manera visibles. *Normalmente con el v* ESTAR. *Tb fig.* **b)** Al parecer o aparentemente. **c)** En perspectiva, o con grandes posibilidades de suceder. *Tb adj.* ■ **20 a ojos ~s** → OJO. ■ **21 a primera ~,** *o* **a simple ~.** En una primera impresión o sin fijarse demasiado. ■ **22 a ~ de pájaro.** Mirando desde una gran altura. ■ **23 de ~.** Con mero conocimiento visual. *Con el v* CONOCER.
V *loc prep* **24 a la ~ de** [alguien o algo]. En [su] presencia, o teniéndo[lo] presente. ■ **25 con ~s** (*más raro,* ~) **a** [algo]. Teniéndo[lo] como objetivo. ■ **26 en ~ de** (*o* **a la ~ de**) [algo]. Como reacción consiguiente a [ello].
VI *loc interj* **27 hasta la ~.** (*col*) *Fórmula de despedida por tiempo indefinido.* * Hasta la vista. Ha sido un placer conocerlo. ■ **28 ~ a la derecha** (*o* **a la izquierda**). (*Mil*) Voz de mando con que se ordena el giro de la cabeza hacia la derecha (o la izquierda).

vistazo *m* Mirada rápida o superficial. *Normalmente con los vs* DAR *o* ECHAR.

vistillas. irse [alguien] **a las ~.** *loc v* (*col*) Mirar disimuladamente y con interés. *Tb, más raro,* ÍRSELE LAS ~ [a alguien].

visto -ta **I** *adj* **1** *part* → VER. ■ **2** Que queda a la vista. *Dicho esp de materiales de construcción.*
II *m* **3 ~ bueno** → VER.

vistosamente *adv* De manera vistosa.

vistosidad *f* Cualidad de vistoso.

vistoso -sa *adj* Que atrae la atención por su apariencia agradable. *Dicho esp de cosa. Tb fig, referido a cosas inmateriales.*

visual **I** *adj* **1** De la vista [1]. **b)** [Campo] ~ → CAMPO.
II *f* **2** Línea imaginaria que une el ojo del espectador con el objeto que ve. ■ **3** (*col*) Vista o visión. ■ **4** (*col*) Mirada. *Frec en la constr* ECHAR UNA ~.

visualidad *f* **1** Vistosidad. ■ **2** Visibilidad.

visualización *f* Acción de visualizar.

visualizador -ra *adj* Que visualiza. *Tb n m, referido a aparato.*

visualizar *tr* **1** Hacer visible [algo que no lo es o que está oculto]. ■ **2** Representar [algo] en imágenes. ■ **3** Formar en la mente la imagen visual [de algo (*cd*)]. ■ **4** Ver [algo normalmente no visible o que está oculto].

visualmente *adv* **1** De manera visual [1a]. ■ **2** En el aspecto visual [1a].

vitáceo -a *adj* (*Bot*) [Planta] dicotiledónea, gralm. trepadora, de flores regulares en racimo y fruto en baya, de la familia cuyo tipo es la vid. *Frec como n f en pl, designando este taxón botánico.*

vital *adj* **1** De (la) vida. ■ **2** Necesario para vivir. **b)** De suma importancia. **c)** [Importancia o interés] sumos. *Frec antepuesto.* ■ **3** [Pers.] que tiene mucha vitalidad [1]. **b)** Propio de la pers. vital.

vitaliciamente *adv* De manera vitalicia [1b].

vitalicio -cia **I** *adj* **1** [Cargo, pensión, o algo similar] que dura hasta el fin de la vida de la pers. de que se trata. **b)** Propio del cargo o de la pensión vitalicios. **c)** *Siguiendo a un n que designa pers que ostenta un cargo:* Que es [lo expresado por el n.] con carácter vitalicio.
II *m* **2** Pensión o renta duradera hasta el fin de la vida del perceptor. ■ **3** (*Der*) Censo sin dominio constituido a cambio de la transmisión de una finca, por el que una o dos perss., a cuyo favor se constituye, adquieren el derecho a percibir una pensión vitalicia [1a].

vitalidad *f* **1** Impulso o capacidad para vivir o actuar. ■ **2** (*Biol*) Vida (condición que distingue a los seres orgánicos).

vitalismo *m* **1** (*Filos*) Doctrina según la cual los fenómenos vitales [1] son irreductibles a los fisicoquímicos y se explican por la existencia de una fuerza vital [1]. ■ **2** Condición de vitalista [2].

vitalista *adj* **1** (*Filos*) Del vitalismo. **b)** [Pers.] partidaria del vitalismo. *Tb n.* ■ **2** [Pers.] entusiasta de cuanto implica vitalidad [1]. *Tb n.* **b)** Propio de la pers. vitalista.

vitalización *f* Acción de vitalizar.

vitalizador -ra *adj* Que vitaliza.

vitalizante *adj* (*lit*) Que vitaliza.

vitalizar *tr* Dar vida o vitalidad [a algo (*cd*)]. *Tb fig.*

vitalmente *adv* **1** De manera vital [1 y 2]. ■ **2** En el aspecto vital [1].

vitamina *f* Se da este *n a varias sustancias indispensables para el organismo, carentes de valor energético y que se encuentran en estado natural en algunos alimentos. Se designan añadiendo al término ~ una letra del alfabeto, a veces seguida de un sub-*

índice. **b)** ~ **A.** Vitamina presente pralm. en la leche, hígado, huevos y zanahorias, y cuya falta ocasiona raquitismo y trastornos en la visión. **c)** ~ **B.** Vitamina presente en los cereales, frutas y legumbres, y cuya falta ocasiona trastornos nerviosos. *Frec sus distintas clases se especifican con un subíndice:* B_1, B_6, B_{12}, *etc.* **d)** ~ **C.** Vitamina presente pralm. en los cítricos, y cuya falta produce el escorbuto. **e)** ~ **D.** Vitamina presente pralm. en la yema de huevo y en el aceite de hígado de bacalao, y cuya falta ocasiona raquitismo.

vitaminar *tr* Añadir vitaminas [a un alimento (*cd*)]. *Gralm en part.*

vitamínico -ca *adj* De (las) vitaminas.

vitaminizar *tr* Dotar de vitaminas [a alguien o algo (*cd*)].

vitando -da *adj* (*lit*) Execrable o digno de condena.

vitela *f* **1** Piel muy pulida de vaca o de ternera, esp. la que sirve para pintar o escribir en ella. ■ **2** (*reg*) Ternera. *Tb su carne.*

vitelino -na (*Biol*) **I** *adj* **1** De(l) vitelo. **b)** [Membrana] que envuelve al óvulo de los animales. *Tb n f.* **II** *f* **2** Proteína principal de las que constituyen la yema del huevo.

vitelo *m* (*Biol*) Citoplasma del óvulo.

viterbense *adj* De Viterbo (Italia). *Tb n, referido a pers.*

vitícola *adj* De (la) viticultura.

viticultor -ra **I** *m y f* **1** Pers. que se dedica a la viticultura. **II** *adj* **2** De (la) viticultura.

viticultura *f* Cultivo de la vid.

vitíligo *m* (*Med*) Trastorno dérmico que consiste en la presencia de amplias zonas sin pigmentación.

vitivinícola *adj* De (la) vitivinicultura.

vitivinicultor -ra **I** *m y f* **1** Pers. que se dedica a la vitivinicultura. **II** *adj* **2** De (la) vitivinicultura.

vitivinicultura *f* Industria que comprende el cultivo de la vid y la elaboración del vino.

vito *m* Baile andaluz muy animado y vivo. *Tb su música y la letra con que se canta.*

vitola *f* **1** Anillo de papel, gralm. de vistosos dibujos, que rodea a un cigarro puro. ■ **2** Traza o apariencia [de una pers. o cosa]. ■ **3** Distinción o clase [de una pers.].

vitolfilia *f* Afición a coleccionar vitolas [1].

vítor *m* **1** Aclamación. *Normalmente en pl.* ■ **2** Inscripción en honor de alguien o algo en la que figura en anagrama la palabra "víctor".

vitorear *tr* Aclamar (manifestar con voces, y gralm. aplausos, simpatía o entusiasmo [hacia alguien o algo (*cd*)]). *Tb abs.*

vitoriano -na *adj* De Vitoria. *Tb n, referido a pers.*

vitral *m* Vidriera artística.

vitre *m* Tejido semejante a la lona, pero más fino y flexible, usado esp. para toldos y velas.

vitrectomía *f* (*Med*) Extirpación total o parcial del humor vítreo.

vítreo -a *adj* (*Mineral*) **1** De(l) vidrio[1]. ■ **2** (*Anat*) [Humor] gelatinoso situado entre la retina y la cara posterior del cristalino. ■ **3** (*Mineral*) Que presenta aspecto de sólido amorfo. **b) espato** ~ → ESPATO.

vitrificable *adj* Que se puede vitrificar.

vitrificación *f* Acción de vitrificar(se). *Tb su efecto.*

vitrificado *m* Acción de vitrificar. *Tb su efecto.*

vitrificar *tr* **1** Hacer que [algo (*cd*)] adquiera la apariencia o la calidad del vidrio[1]. **b)** *pr* (~**se**) Adquirir [algo] la apariencia o la calidad del vidrio[1]. ■ **2** Dar [a los suelos] una capa de materia plástica que los abrillanta y protege.

vitrina *f* Armario con puertas de cristal, o todo él de cristal.

vitriolaje *m* Acción de lanzar vitriolo [1a] a alguien para desfigurarle.

vitriólico -ca *adj* Cáustico o corrosivo. *Gralm* (*lit*) *fig.*

vitriolo *m* **1** Ácido sulfúrico. *Tb* ACEITE DE ~. **b)** (*lit*) Mordacidad o causticidad. ■ **2** (*Quím,* hoy *raro*) Sulfato. **b)** ~ **azul.** (*Mineral*) Mineral de sulfato de cobre.

vitrocerámica *f* Material constituido por una masa de finísimos cristales de cerámica en suspensión en una masa de vidrio de igual volumen.

vitrofil (*n comercial registrado*) *m* Material constituido por fibra de vidrio.

vituallas *f pl* Víveres.

vituperable *adj* Digno de vituperio.

vituperación *f* Acción de vituperar. *Tb su efecto.*

vituperador -ra *adj* Que vitupera. *Tb n, referido a pers.*

vituperar *tr* Censurar [a una pers. o cosa], o emitir un juicio moral desfavorable [contra ella (*cd*)].

vituperio *m* Acción de vituperar. *Tb su efecto.*

viudedad *f* **1** Viudez. **b)** Pensión que percibe la viuda de un empleado durante el tiempo que permanece en ese estado. ■ **2** (*Der*) Derecho de usufructo que el cónyuge vivo tiene sobre todos los bienes raíces del cónyuge premuerto.

viudez *f* Estado de viudo [1].

viudita. ~ **silvestre.** *f* Planta vivaz poco ramificada, de flores en cabezuela, lilas o azuladas, propia de suelos pedregosos (*Scabiosa columbaria*).

viudo -da **I** *adj* **1** [Pers.] cuyo cónyuge ha muerto. *Frec n. A veces con un compl de posesión que expresa el cónyuge. Tb fig.* ■ **2** [Alimento] que se guisa o se toma sin acompañamiento. *Gralm siguiendo a un n en pl, y frec referido a patatas.* ■ **3 de** ~. (*col*) [Dolor] muy fuerte y pasajero. **II** *f* **4** Planta herbácea de flores en cabezuelas rojas, violetas o púrpura oscuro y cáliz con cinco largas aristas negras, propia de pastizales secos (*Scabiosa atropurpurea*). ■ **5** Se da este *n* a varias especies de pájaros africanos caracterizados por tener las plumas timoneras negras y muy largas. ■ **6 viuda negra.** Araña de color oscuro y picadura dolorosa e incluso mortal, cuya hembra se come al macho después del acoplamiento (*Latrodectus mactans*).

viura *adj* [Variedad de uva] blanca, cultivada en Aragón y la Rioja. *Tb n f.*

viva → VIVIR.

vivac (*pl* VIVAQUES *o* ~s) *m* Campamento, esp. militar.

vivace (*it; pronunc corriente,* /bibáĉe/) *adj* (*Mús*) Rápido y animado. *Tb fig, fuera del ámbito musical.*

vivacidad *f* Cualidad de vivaz [1].

vivalavirgen (*tb con la grafía* **viva la Virgen**) *adj invar* (*col, desp*) [Pers.] despreocupada. *Frec n.*

vivales *adj* (*col*) [Pers.] viva o astuta. *Frec n.*

vivamente *adv* De manera viva (→ VIVO, *esp* [3]).

vivaque *m* Acampada.

vivaquear *intr* Acampar. *Tb fig.*

vivar *m* Madriguera de conejos.

vivaracho -cha *adj* (*col*) [Pers.] dinámica y alegre. *Tb fig, referido a animales.* **b)** Propio de la pers. vivaracha.

vivariense *adj* De Vivero (Lugo). *Tb n, referido a pers.*

viva voce (*lat; pronunc corriente,* /bíba-bóθe/) *loc adv* (*lit*) De viva voz.

vivaz *adj* **1** Vivo [4, 5 y 6]. ■ **2** (*Bot*) [Planta] que vive más de dos años.

vivazmente *adv* De manera vivaz [1].

vivencia *f* **1** (*Psicol*) Experiencia que contribuye a formar la personalidad propia. ■ **2** Hecho de vivir [algo (*compl* DE)] o de tener experiencia [de ello]. ■ **3** (*raro*) Hecho de vivir o estar vivo.

vivencial *adj* De (la) vivencia.

vivencialmente *adv* En el aspecto vivencial.

viveño -ña *adj* De Ibahernando (Cáceres). *Tb n, referido a pers.*

víveres *m pl* Provisión de alimentos para las perss.

viverista *m y f* Pers. que posee o atiende un vivero [1].

vivero *m* **1** Terreno en que se siembran plantas, o donde se cuidan cuando aún están tiernas, para trasplantarlas más tarde a su lugar definitivo. ■ **2** Lugar donde se mantienen o se crían dentro del agua peces u otros animales. ■ **3** (*lit*) Lugar donde se produce [algo (*compl* DE)] en abundancia.

vivérrido *adj* (*Zool*) [Mamífero] de la familia de carnívoros a la que pertenecen la mangosta y la gineta. *Tb n m en pl, designando este taxón zoológico.*

viveza *f* Cualidad de vivo [2 a 7].

vivible *adj* Que puede ser vivido (→ VIVIR [9 a 12]).

vívidamente *adv* (*lit*) De manera vívida.

vividero -ra *adj* [Lugar] donde se puede vivir [3].

vívido -da *adj* (*lit*) Que evoca vivamente la realidad.

vividor -ra *adj* **1** (*desp*) [Pers.] que sabe disfrutar de la vida, gralm. a expensas de los demás. *Tb n.* ■ **2** [Pers.] laboriosa y que busca modos de vivir [1b]. *Tb n.*

vividura *f* (*lit*) **1** *En la teoría histórica de Américo Castro:* Modo de vivir [2a] una colectividad dentro de un cierto horizonte de posibilidades e imposibilidades vitales. ■ **2** Vivencia [1].

vivienda *f* Casa u otro lugar donde se habita.

viviente *adj* [Ser] dotado de vida. *Tb n m.*

vivificación *f* Acción de vivificar.

vivificador -ra *adj* Que vivifica.

vivificadoramente *adv* De manera vivificadora.

vivificante *adj* Vivificador.

vivificar *tr* Dar vida o vitalidad [a algo o a alguien (*cd*)]. *Tb fig.*

vivífico -ca *adj* (*lit*) Vivificador.

viviparidad *f* (*Zool*) Cualidad de vivíparo.

viviparismo *m* (*Zool*) Viviparidad.

vivíparo -ra *adj* (*Zool*) [Animal] cuyo embrión se desarrolla completamente dentro del útero de la madre.

vivir **I** *v* **A** *intr* ➤ **a** *como simple v* **1** Tener vida o existencia. **b)** Mantenerse o subsistir. *Frec con un compl* DE. **c)** Durar [algo no material]. ■ **2** Llevar la vida [de una determinada manera (*compl adv o predicat*)]. **b)** Comportarse o desenvolverse en el mundo. *Normalmente sin compl.* **c)** Disfrutar de la vida. *Normalmente sin compl.* ■ **3** Habitar [en un lugar].
➤ **b** *en locs y fórm or* **4 a ~ (que son dos días).** (*col*) *Fórmula con que se comenta la conveniencia de disfrutar en lo posible de la vida y de eludir complicaciones o privaciones.* * *Déjate de preocupaciones y a vivir, que son dos días.* ■ **5 no dejar ~** [a alguien una pers. o cosa]. *Causar[le] continua desazón o molestia.* ■ **6 ¿quién vive?** *Fórmula con que un centinela pregunta al que se acerca quién es.* * *–¿Quién vive? –¡España!* ■ **7 viva.** *Seguido de un n de pers o cosa, expresa homenaje entusiasta a ellas. A veces se sustantiva como n m.* * *¡Viva la revolución!* * *¡Viva el padrino!* **b)** *Sin suj, se usa como interj que expresa alegría o aplauso.* * *Mañana tenemos fiesta. ¡Viva!* ■ **8 ~ para ver.** *Fórmula con que se comenta algo que causa asombro por lo inaudito.* * *Han dejado a un anciano en una gasolinera. ¡Vivir para ver!*
B *tr* **9** Vivir [1, 2 y 3] [durante cierto tiempo (*cd*)]. ■ **10** Habitar [un lugar]. ■ **11** Llevar o tener [una determinada vida, o un período de tiempo con determinadas características]. *El cd va acompañado de un compl calificador.* * *Vivimos una época de profundos cambios.* **b)** ~ [alguien] **la vida,** *o* ~ **su vida** → VIDA. ■ **12** Participar o estar presente [en algo (*cd*), esp. un hecho], o tener experiencia [de ello (*cd*)]. ■ **13** Poner [alguien] su vida o entusiasmo [en algo (*cd*)].
II *m* **14** (*lit*) Vida o manera de vivir [1]. ■ **15 sin ~** → SINVIVIR.
III *loc adj* **16 de mal ~.** [Gente] de malas costumbres.

vivisección *f* (*Biol*) Disección practicada en un animal vivo. *Tb fig.*

viviseccionar *tr* (*Biol*) Practicar la vivisección [en alguien o algo (*cd*)]. *Tb fig.*

vivisectar *tr* (*Biol*) Practicar la vivisección [en alguien o algo (*cd*)].

vivo -va **I** *adj* **1** Que vive o tiene vida. *Tb n, referido a pers. Tb fig.* **b)** [Seto] constituido por plantas vivas. **c)** (*Arte*) [Modelo] que consiste en una pers., gralm. desnuda. **d) ni ~ ni muerto.** *Usado como negación enfática con vs como* APARECER *o* ENCONTRAR. **e)** ~ (*más frec* **vivito**) **y coleando.** (*col*) [Pers. o cosa] con toda su vitalidad. **f) más muerto que ~** → MUERTO. ■ **2** Activo (que actúa o funciona, o tiene capacidad de hacerlo). **b)** [Lengua] que está en uso en el momento de que se trata. ■ **3** Intenso o fuerte. **b)** [Marea] de máxima intensidad, por sumarse las atracciones del Sol y de la Luna. **c)**

[Color] llamativo o que atrae la atención. ■ **4** [Cosa] que denota o expresa vida. **b)** Realista. *Referido esp a descripción o relato.* ■ **5** Rápido o ligero. **b)** (*Mús*) [Movimiento] rápido. *Tb n m.* ■ **6** [Pers.] dinámica y ágil. **b)** [Carácter] excitable. ■ **7** [Pers.] despierta o lista. **b)** [Pers.] astuta que busca su propio provecho. ■ **8 lo** (**más**) **~.** Lo más sensible o delicado. ■ **9** [Cal] privada de agua. ■ **10** [Piedra o roca] adherida naturalmente al terreno. ■ **11** (*Arquit*) [Arista] aguda. ■ **12** [Fuerza] **viva**, [fuerzas] **vivas**, ~ [retrato] → FUERZA, RETRATO.

II *m* **13** Tira con que se remata, normalmente para adorno, un borde o una costura. **b)** Borde.

III *adv* **14** (*col*) Rápidamente. *Frec como exhortación.* ■ **15 a lo ~.** De manera viva [3 y 4]. ■ **16 en ~.** Con vida. *Tb adj.* ■ **17 en ~.** En directo y no a través de grabación o fotografía. ■ **18 a lágrima viva, al rojo ~, de viva voz, en carne viva, en cueros ~s, en pelota viva** → LÁGRIMA, ROJO, VOZ, CARNE, CUERO, PELOTA.

viyella (*n comercial registrado; pronunc corriente,* /biyéla/) *f* Tejido blando y suave de lana y algodón, usado esp. para vestidos de niña y blusas o camisas.

vizcaíno -na I *adj* **1** De Vizcaya. *Tb n, referido a pers.*
II *m* **2** Dialecto vascuence hablado en gran parte de Vizcaya.

vizcaitarra → BIZCAITARRA.

vizcondado *m* Título o dignidad de vizconde.

vizcondal *adj* De(l) vizconde.

vizconde -sa *m y f* Pers. con el título de nobleza inmediatamente inferior al de conde.

vocablo *m* (*lit*) Palabra (conjunto fijo de fonemas que constituye una unidad indivisible dotada de significado y función estables).

vocabulario *m* **1** Conjunto de palabras [de un idioma]. **b)** Conjunto de palabras propias [de una región, de una actividad, de un grupo humano o de una pers. determinados]. ■ **2** Catálogo ordenado y con definiciones sucintas de las palabras del vocabulario, *esp* [1b].

vocabulista *m y f* Pers. autora de un vocabulario [2].

vocación *f* Inclinación o tendencia especial hacia una actividad o un género de vida. *Normalmente con un adj o un compl especificador.* **b)** *Sin compl:* Vocación religiosa.

vocacional *adj* De (la) vocación.

vocacionalmente *adv* De manera vocacional.

vocal I *adj* **1** De (la) voz. **b)** [Cuerdas] **~es** → CUERDA. **c)** Que se realiza mediante la voz. ■ **2** [Sonido] del lenguaje, producido por la resonancia en la cavidad bucal, y a veces también en la nasal, del aire espirado, sin estrechamiento ni oclusión en la salida de este y normalmente con vibración de las cuerdas vocales [1b]. *Tb referido a la letra que representa este sonido. Más frec n f.*
II *m y f* **3** Miembro [de un consejo, tribunal o junta] con derecho a voz.

vocalía *f* Cargo de vocal [3]. *Tb su oficina.*

vocálico -ca *adj* De (la) vocal o de (las) vocales [2].

vocalismo *m* (*Fon*) Sistema vocálico.

vocalista *m y f* Cantante que actúa con un conjunto de música ligera.

vocalización *f* Acción de vocalizar(se).

vocalizar A *intr* **1** Pronunciar los sonidos de manera clara e inteligible. ■ **2** (*Fon*) Transformarse en vocal [una consonante]. *Tb pr* (**~se**).
B *tr* **3** Pronunciar [sonidos].

vocalmente *adv* **1** De manera vocal [1]. ■ **2** En el aspecto vocal [1].

vocar *tr* (*lit*) Llamar o destinar [a alguien o algo (*cd*) a una actividad o un destino dados (*compl* A)]. *Solo registrado en part.*

vocativo I *adj* **1** (*Gram*) [Caso] que expresa la interpelación directa al interlocutor designado por el sustantivo. *Más frec como n m; entonces puede designar tb el sust que va en dicho caso.*
II *m* **2** Palabra con que se designa al interlocutor para interpelarlo directamente.

voceador -ra *m y f* Pers. que vocea, *esp* [2b].

vocear A *intr* **1** Dar voces o gritos.
B *tr* **2** Decir [algo] a voces. **b)** Anunciar o pregonar a voces [algo (*cd*)], esp. una mercancía]. *Tb fig.*

voceras → BOCERAS.

vocería *f* (*Caza*) Suelta de perros de una rehala.

vocerío *m* Mezcla confusa de voces o gritos.

vocero -ra A *m y f* **1** Pers. que habla en nombre y en representación [de otra].
B *m* **2** (*hist*) Abogado.

vociferación *f* Acción de vociferar.

vociferador -ra *adj* Que vocifera. *Tb n.*

vociferante *adj* Que vocifera. **b)** Propio de la pers. vociferante.

vociferar A *intr* **1** Dar voces o gritos.
B *tr* **2** (*raro*) Vocear [2].

vinglería *f* Vocerío.

vocinglero -ra *adj* **1** [Pers.] que da muchas voces o habla en voz muy alta. *Tb fig.* ■ **2** [Cosa] en la que se dan muchas voces.

vodca → VODKA.

vodevil *m* Comedia de intriga, de carácter ligero y divertido.

vodevilesco -ca *adj* De(l) vodevil.

vodka (*tb, raro, con la grafía* **vodca**) *m* (*tb, raro, f*) Aguardiente de semilla de maíz o de trigo, aromatizado, que se fabrica pralm. en Rusia. **b)** Vaso de vodka.

vodú *m* (*Rel, raro*) Vudú.

voilà (*fr; pronunc corriente,* /bualá/) *interj* Ahí tienes.

voile (*fr; pronunc corriente,* /buál/) *m* Tejido de algodón, muy ligero y transparente.

voivoda *m* (*hist*) Gobernador de Moldavia, Valaquia o Transilvania.

volada *f* Vuelo (acción de volar). *Tb fig.*

voladizo -za *adj* [Elemento] que vuela o sobresale en relación con el resto de la construcción de que forma parte. *Frec n m. A veces en la constr* EN ~.

volado -da *adj* **1** *part* → VOLAR. ■ **2** Voladizo. *Tb n m.* ■ **3** (*Impr*) [Tipo] de menor tamaño que se coloca en la parte superior del renglón. *Frec en forma diminutiva. Tb n f.* ■ **4** Intranquilo o nervioso. *Normalmente con el v* ESTAR. **b)** Violento o cohibido.

volador -ra I *adj* **1** Que vuela [1 y 7].

II *m* **2** Hombre que hace voladuras. ■ **3** Cefalópodo comestible semejante al calamar, pero menos apreciado (*Illex illecebrosus coindeti*). ■ **4** (*Zool*) Imago del saltamontes.

voladura *f* Acción de volar [12].

volandada *f* (*reg*) Vuelo rápido y pequeño.

volandas. en ~. *loc adv* Sujetando a la pers. o cosa de que se trata de modo que no toque el suelo. *Tb fig.*

volanderamente *adv* (*raro*) De manera volandera [1].

volandero -ra I *adj* **1** Que carece de asiento o de fijeza. *Tb fig.* ■ **2** [Pájaro] que está para salir a volar. ■ **3** Que vuela o se mueve en el aire. II *f* **4** Arandela de hierro que se coloca en los extremos del eje del carro para sujetar las ruedas. ■ **5** Rueda inferior del torno.

volandillas. en ~. *loc adv* En volandas.

volanta *f* **1** (*reg*) Volante [10]. ■ **2** (*hist*) Coche antillano de varas largas y ruedas de gran diámetro, cuya cubierta no puede plegarse.

volantazo *m* Giro brusco del volante [4] de un vehículo.

volante I *adj* **1** Que vuela [1, 2 y 7]. b) [Ciervo] ~, [platillo] ~ –> CIERVO, PLATILLO. ■ **2** Que va de una parte a otra o carece de sitio determinado. *Frec como n m, referido a jugador de fútbol.* II *m* **3** Rueda que regula el movimiento de una máquina. ■ **4** Pieza, gralm. en figura de aro, con que se gobierna la dirección de un vehículo automóvil. *A veces se emplea como símbolo del automóvil.* ■ **5** *En un reloj:* Anillo provisto de dos topes que, movido por la espiral, regulariza el movimiento de la rueda de escape. ■ **6** Máquina en que se colocan los troqueles para acuñar. ■ **7** Tira rizada, plisada o gralm. fruncida con que se adorna una prenda de vestir o de tapicería. ■ **8** Hoja pequeña de papel, de carácter oficial, en que se hace constar algo, esp. una autorización. ■ **9** Proyectil en forma de pelota con plumas, que se usa para jugar lanzándolo con raquetas. *Tb el juego correspondiente.* ■ **10** (*reg*) Red empleada para pescar merluzas.

volantero *m* (*reg*) Barco que pesca con volante [10] o volanta.

volantín *m* **1** Cordel con uno o varios anzuelos, usado para pescar. ■ **2** (*raro*) Cometa (juguete).

volantista *m y f* (*raro*) Conductor de automóviles.

volapié *m* (*Taur*) Suerte de matar en que el toro permanece parado, siendo el torero quien corre hacia él. *Tb la estocada.*

volapuk *m* Idioma inventado en 1879 por el sacerdote alemán Schleyer con idea de que sirviese de lengua universal.

volar (*conjug* 4) A *intr* ➤ a *normal* **1** Mantenerse y avanzar en el aire [un animal] por medio de las alas. b) Mantenerse y avanzar en el aire [algo, esp. un aparato aéreo]. c) Elevarse y moverse en el aire [una cosa] a impulso del viento. ■ **2** Viajar por el aire en un aparato de aviación. ■ **3** (*col*) Ir muy deprisa o darse mucha prisa. *Frec fig, referido a noticia o al tiempo. Con intención ponderativa.* ■ **4** (*col*) Desaparecer rápida o inesperadamente [alguien o algo]. b) Desaparecer [algo] por robo. ■ **5** ~ [alguien] **por su cuenta.** (*col*) Actuar con independencia. b) **echar a ~** [alguien]. (*col*) Independizarse. ■ **6** ~ **al cielo.** (*lit*) Morir [un niño pequeño].

■ **7** (*Arquit*) Sobresalir de la pared [un elemento de construcción]. ■ **8** (*jerg*) Estar bajo los efectos de la droga. *Frec* ESTAR VOLADO.
➤ b *pr* (~se) **9** Irse volando [1 y 4].
B *tr* **10** Hacer que [algo (*cd*)] vuele [1 y 7]. ■ **11** Volar [1 y 2] [sobre un lugar (*cd*) o a lo largo de una distancia (*cd*)]. ■ **12** Destrozar [una cosa] haciéndola saltar por los aires mediante explosivos. *Tb fig.*

volatería *f* Conjunto de (las) aves, esp. las que se aprovechan por su carne o sus huevos.

volátil *adj* **1** Que vuela [1]. *Tb n m* (*humoríst*), referido a ave. ■ **2** (*Fís*) Que se transforma en gas fácil o espontáneamente.

volatilidad *f* (*Fís*) Cualidad de volátil [2].

volatilizable *adj* (*Fís*) Que puede volatilizarse.

volatilización *f* (*Fís*) Acción de volatilizar(se). *Tb fig, fuera del ámbito técn.*

volatilizar *tr* **1** (*Fís*) Transformar en gas [una sustancia]. b) *pr* (~se) Convertirse en gas [una sustancia]. ■ **2** Hacer desaparecer súbitamente o por completo [algo o a alguien (*cd*)]. b) *pr* (~se) Desaparecer súbitamente o por completo [algo o alguien].

volatín *m* **1** Ejercicio acrobático. ■ **2** Volatinero.

volatinero -ra *m y f* Acróbata.

volatización *f* (*Fís*) Volatilización.

volatizar *tr* (*Fís*) Volatilizar. *Tb pr* (~se).

vol-au-vent (*fr; pronunc corriente,* /bolobán/; *pl normal,* ~s) *m* Pastelillo de hojaldre que se sirve relleno, esp. de carne o pescado.

volavérunt *fórm or* (*humoríst*) Ha desaparecido o han desaparecido. *Frec referido a algo que se sospecha que ha sido hurtado. A veces sustantivado como n m.*

volcado *m* Acción de volcar [2].

volcador -ra *adj* Que vuelca [2]. *Tb n m, referido a aparato.*

volcán I *m* **1** Abertura en la tierra, gralm. en una montaña, que arroja o ha arrojado en otro tiempo materias fundidas. ■ **2** (*lit*) Pers. o cosa sumamente impetuosa o violenta. II *loc adv* **3** **sobre un ~.** (*lit*) En un peligro inminente de revolución.

volcánicamente *adv* De manera volcánica.

volcánico -ca *adj* De(l) volcán.

volcanismo *m* (*Geol*) Conjunto de fenómenos relativos a los volcanes [1] y a su actividad.

volcanología *f* Vulcanología.

volcar (*conjug* 4) A *tr* **1** Hacer que [algo (*cd*)] pierda su posición normal, poniéndo[lo] invertido o sobre uno de sus lados y gralm. haciendo salir su contenido. b) *pr* (~se) Perder [algo] su posición normal, poniéndose invertido o sobre uno de sus lados y gralm. saliéndose su contenido. ■ **2** Verter o vaciar [algo] fuera del recipiente que lo contiene. *Tb* (*lit*) *fig.* b) *pr* (~se) Verterse o vaciarse [algo] fuera del recipiente que lo contiene.
B *intr* ➤ a *normal* **3** Ponerse [algo, esp. un vehículo] invertido o sobre un lado. b) Volcar el vehículo en que viaja [una pers (*suj*)].
➤ b *pr* (~se) **4** Inclinarse [alguien] exageradamente [sobre algo]. ■ **5** Poner [alguien] todo su esfuerzo o dedicación [en algo]. b) Colmar de atenciones o amabilidades [a alguien o algo (*compl* CON)].

volea *f* **1** Golpe dado a una cosa en el aire, antes de que haya tocado el suelo. *Gralm en deportes.* ■ **2** Palo labrado que cuelga de la punta de la lanza de algunos carruajes, para sujetar en él los tirantes de las caballerías delanteras.

volear *intr* (*Dep*) Ejecutar el golpe de volea [1].

voleibol *m* Balonvolea.

volemia *f* (*Med*) Volumen de la sangre.

voleo I *m* **1** (*col*) Golpe dado a una pers. ■ **2** (*raro*) Volea [1]. ■ **3** (*raro*) Movimiento de la danza española, que consiste en levantar un pie de frente y lo más alto posible.
II *loc v* **4 dar ~** [a algo]. (*col*) Dilapidar[lo].
III *loc adv* **5 a(l) ~.** Esparciendo la semilla al aire en puñados. *Con el v* SEMBRAR. *Tb adj.* **b)** Al azar. ■ **6 en (o de) un ~.** (*col*) En seguida o rápidamente.

voletío *m* (*reg*) Vuelo corto y rápido.

volframato, volframio, volframita → WOLFRAMATO, WOLFRAMIO, WOLFRAMITA.

volición *f* (*Filos*) Acto de la voluntad. **b)** (*lit*) Deseo.

volitivamente *adv* (*Filos*) De manera volitiva [1].

volitivo -va *adj* **1** (*Filos*) De (la) volición. ■ **2** (*Gram*) Que expresa voluntad.

volován *m* Vol-au-vent.

volovelista *m y f* Pers. que practica el vuelo sin motor.

volquetazo *m* Vuelco violento. *Tb fig.*

volquete *m* Vehículo cuya caja consta de un dispositivo que permite volcarla [1a] para vaciar su carga.

volquetero *m* Conductor de un volquete.

volsco -ca (*hist*) I *adj* **1** [Individuo] de un antiguo pueblo del Lacio. *Tb n.* **b)** De (los) volscos.
II *m* **2** Dialecto hablado por los volscos [1].

voltaico¹ -ca *adj* De la República del Alto Volta. *Tb n, referido a pers.*

voltaico². arco ~ → ARCO.

voltaje *m* Tensión eléctrica.

voltámetro *m* (*Electr*) Aparato para medir la cantidad de electricidad que pasa por un conductor, mediante la cantidad de electrólisis producida.

voltario -ria *adj* (*lit*) Voluble o inconstante.

volteador -ra I *adj* **1** Que voltea.
II *m y f* **2** Acróbata que da volteretas [1].

voltear A *tr* **1** Dar la vuelta [3] [a alguien o algo (*cd*)]. **b)** Arar o labrar [tierras]. ■ **2** Hacer que [alguien o algo (*cd*)] dé una o más vueltas [2]. ■ **3** (*Arquit*) Abovedar.
B *intr* Dar vueltas [2]. *Tb fig.*

voltejear *intr* (*Mar*) Navegar alternada y sucesivamente de una y otra banda. *Tb fig.*

voltejeo *m* (*Mar*) Acción de voltejear. *Tb fig.*

volteo *m* **1** Acción de voltear. ■ **2** (*reg*) Vuelta o paseo.

voltereta *f* **1** Vuelta ligera dada en el aire, o apoyando las manos o la cabeza. ■ **2** (*Naipes*) *En algunos juegos:* Vuelta.

volterianamente *adv* De manera volteriana.

volterianismo *m* Cualidad de volteriano.

volteriano -na *adj* Que hace crítica o se burla cínicamente de cosas comúnmente respetadas, esp. las de carácter religioso. *Tb n, referido a pers.*

voltímetro *m* Aparato para medir tensiones o diferencias de potencial eléctrico.

voltineta *f* (*reg*) Voltereta [1].

voltio¹ *m* Unidad de diferencia de potencial y de fuerza electromotriz, que es la diferencia de potencial eléctrico que existe entre dos puntos de un hilo conductor que transporta una corriente constante de un amperio, cuando la potencia disipada entre estos puntos es igual a un vatio.

voltio² *m* (*col, humoríst*) Vuelta o paseo.

volubilidad *f* **1** Cualidad de voluble [1]. ■ **2** Rapidez o soltura de palabra.

voluble *adj* **1** [Pers.] inconstante o versátil. ■ **2** (*Bot*) [Tallo] que crece arrollándose alrededor de un soporte. **b)** [Planta] de tallo voluble.

volublemente *adv* Con volubilidad.

volumen *m* **1** Parte del espacio ocupada por un cuerpo de tres dimensiones. *Tb su medida.* **b)** Masa o cuerpo considerados en sus tres dimensiones. **c)** (*Quím*) Cantidad [de una sustancia] que ocupa un determinado volumen [1a]. ■ **2** Cuerpo material de un libro, reunido bajo una encuadernación. **b)** Álbum (disco o conjunto de discos que se venden formando unidad). ■ **3** Cantidad global [de algo]. ■ **4** Intensidad [de un sonido o de aquello que lo emite].

volumetría *f* **1** Medición de los volúmenes [1]. ■ **2** Distribución de los volúmenes [1a y b] de los distintos elementos de un edificio o conjunto arquitectónico, o de una obra artística.

volumétrico -ca *adj* De la volumetría.

volúmica. masa ~ → MASA.

voluminador -ra *adj* Que da volumen [1a] al cabello. *Tb n m, referido a producto.*

voluminoso -sa *adj* **1** Que tiene mucho volumen [1 y 3]. *Tb fig.* ■ **2** De(l) volumen [1].

voluntad I *f* **1** Facultad humana de querer o no querer algo, tras su conocimiento y con plena libertad. ■ **2** Firmeza para realizar lo querido por la voluntad [1]. *Tb* FUERZA DE ~. ■ **3** Disposición u orientación de la voluntad [1]. *Gralm con los adjs* BUENA *o* MALA. **b) buena ~.** Disposición al bien. *Frec en la constr* DE BUENA ~. ■ **4** Cosa querida por la voluntad [1]. *Frec con un compl especificador, gralm introducido por* DE. **b) la ~.** (*col*) Cantidad que se da voluntariamente por algo, esp. por un servicio. **c) última ~.** Voluntad [4a] expresada en testamento. *Tb el mismo testamento.*
II *loc v* **5 quitar** [a alguien] **la ~** [de algo]. Disuadir[le de ello].
III *loc adv* **6 a ~.** Libremente.

voluntariado *m* **1** Condición de voluntario [2b]. ■ **2** Alistamiento voluntario [1] para el servicio militar.

voluntariamente *adv* De manera voluntaria [1].

voluntariedad *f* Cualidad de voluntario [1].

voluntario -ria *adj* **1** [Acto] querido por la voluntad [1]. **b)** Que no implica obligación. ■ **2** [Pers.] que obra según su voluntad [1]. *Tb fig.* **b)** [Pers.] que por propia voluntad se presenta u ofrece para algo. *Frec n, esp referido a soldados.*

voluntariosamente *adv* De manera voluntariosa.

voluntarioso -sa *adj* **1** [Pers.] que pone buena voluntad [3a] y esfuerzo en lo que hace. ■ **2** [Pers.] que se empeña en hacer su voluntad [4a]. *Tb n*. ■ **3** [Cosa] que denota o implica voluntad [2] o decisión.

voluntarismo *m (Filos)* Teoría que sostiene el carácter predominante de la voluntad [1] sobre todas las facultades psíquicas.

voluntarista *adj (Filos)* De(l) voluntarismo.

voluntativo -va *adj (Gram)* Volitivo.

voluptuosamente *adv* De manera voluptuosa.

voluptuosidad *f* **1** Cualidad de voluptuoso [1 y 2]. ■ **2** Cosa voluptuosa [1].

voluptuoso -sa *adj* **1** [Cosa] que produce placer sensual. ■ **2** [Pers.] amante del placer sensual. *Tb n*. ■ **3** Que denota voluptuosidad [1].

voluta *f (Arquit)* Adorno en forma de espiral, propio esp. del capitel jónico. **b)** Espiral. *Frec referido al humo del cigarro*.

volva *f (Bot)* Membrana que envuelve algunos hongos en la primera etapa de su desarrollo, y que después se rompe formando una especie de bolsa de donde sale el pie.

volvedera *f* Instrumento curvo que se fija a la parte posterior del trillo para volver [16a] la mies mientras se está trillando.

volver *(conjug 35)* **A** *intr* ➤ **a** *normal* **1** Ir al lugar de donde se salió. *Frec con un compl* A o HACIA. ■ **2** Ir de nuevo. *Normalmente con un compl* A o HACIA. *Tb fig*. ■ **3** ~ **a** + *infin* = *ind* + DE NUEVO (volvió a caer = cayó de nuevo). ■ **4** ~ **(en sí)**. Recobrar el conocimiento. *Tb fig. Gralm se usa referido a 3ª pers sg o pl*. ■ **5** Tomar otra dirección. *Seguido de un compl adv que expresa la nueva dirección*. ■ **6** Volverse atrás [de algo *(compl* SOBRE)]. (→ acep. 8b.) * Consiguió que la empresa volviera radicalmente sobre su actitud inicial. **b)** ~ **de su acuerdo** → ACUERDO. ■ **7** *(lit)* Salir en defensa o ayuda [de alguien o algo *(compl* POR)]. ➤ **b** *pr* (~**se**) **8** Emprender la marcha hacia el lugar de donde se salió. **b)** ~**se atrás** *(o, más raro,* **para atrás)**. Retirar lo dicho, o renunciar a la actitud que se había tomado. *Frec con un compl* DE. **9** Girar la cara o todo el cuerpo hacia atrás. **b)** Girar la cara o todo el cuerpo [en dirección a una pers. o cosa *(ci o compl adv)*]. ■ **10** Ponerse [una pers. o cosa *(suj)*] en contra de otra *(compl* CONTRA). ■ **11** Transformarse [en algo *(n o adj predicat)*]. * Se ha vuelto un escéptico. **b)** Ponerse. *Seguido de un adj predicat*. * Calla, que te vuelves impertinente. **b)** ~**sele** [a uno] **todo** + *infin* = NO HACER [uno] MÁS QUE + *el mismo infin*. * Todo se le volvía decir que era estupendo. **B** *tr* **13** Hacer que [alguien o algo *(cd)*] vaya al lugar de donde salió. **b)** Devolver [algo a aquel a quien pertenece]. ■ **14** *(pop)* Hacer que [alguien *(cd)*] recobre el conocimiento. *Tb* ~ EN SÍ. ■ **15** Dar [algo] a cambio [de lo recibido *(compl* POR)]. ■ **16** Hacer que [algo *(cd)*] presente la cara o lado opuesto a los que antes presentaba. *Tb abs*. **b)** Confeccionar de nuevo [una prenda] haciendo que quede como derecho lo que antes era revés. **c)** Hacer que [la piel *(cd)*] presente a la vista el lado opuesto al del pelo. *Gralm en part*. **d)** Pasar, girando, a la otra cara [de una esquina *(cd)*]. **e)** Dar la segunda reja [a la tierra *(cd)*]. **f)** ~ [a alguien] **como un guante**, *o como* **un calcetín**. *(col)* Hacer[le] cambiar radicalmente.

■ **17** Hacer que [alguien o algo *(cd)*] cambie su orientación. *Gralm seguido de un compl adv que expresa la nueva orientación. Tb fig*. **b)** ~ **la espalda** → ESPALDA. ■ **18** Transformar [en algo *(n o adj predicat)*]. * La luz vuelve insoluble la gelatina. **b)** Poner [a alguien o algo de una determinada manera *(adj predicat)*]. * El sol lo volvió amarillo. **c)** ~ **loco** → LOCO.

vómer *m (Anat)* En algunos vertebrados: Huesecillo que forma la parte posterior de las fosas nasales.

vómica. nuez ~ → NUEZ.

vomitada *f* Acción de vomitar [1a y b]. *Frec su efecto*.

vomitado[1] -da *adj* **1** *part* → VOMITAR. ■ **2** [Pers.] que ha vomitado [1a]. *Tb n. A veces en constrs de sent comparativo para ponderar la palidez o el aspecto enfermizo de una pers*.

vomitado[2] *m* Acción de vomitar [1a y b].

vomitador -ra *adj* Que vomita [1a y b].

vomitar *tr* **1** Arrojar por la boca [lo contenido en el estómago]. *Frec abs*. **b)** Arrojar por la boca [algo procedente del interior]. *Frec referido a sangre*. **c)** **ser** [algo] **para** ~, *o* **dar** [algo] **ganas de** ~. Producir repugnancia física o moral. ■ **2** Manchar [algo] con vómito [1]. ■ **3** *(lit)* Arrojar [una cosa *(suj)*] algo *(cd)*] fuera de sí. ■ **4** *(lit)* Proferir [insultos, amenazas o inconveniencias]. ■ **5** *(col)* Confesar o revelar [algo secreto].

vomitera *f (col)* Vómito [1] grande.

vomitivo -va *adj* Que provoca vómito [1]. *Frec n m, referido a medicamento o agente. Tb (lit) fig*.

vómito *m* **1** Acción de vomitar [1a y b]. *Tb su efecto*. ■ **2** ~ **negro** *(o* **prieto)**. Fiebre amarilla.

vomitón -na *adj (col)* Que vomita [1a] mucho. *Normalmente referido a un niño*.

vomitona *f (col)* Vómito [1] grande. *Tb fig*.

vomitorio *m (hist)* En un teatro, anfiteatro o circo romanos: Abertura o acceso a las gradas. **b)** *A veces tb referido a una construcción moderna, esp un estadio o una plaza de toros*.

vopo *m* Miembro de la policía de la antigua República Democrática Alemana.

voquible *m (lit, humoríst)* Vocablo raro.

voracidad *f* Cualidad de voraz.

vorágine *f (lit)* Remolino muy fuerte que se forma en el agua. *Frec fig*.

voraz *adj* **1** Que come mucho y con avidez. **b)** Propio de la pers. o animal voraz. ■ **2** Que destruye o consume con gran rapidez. *Frec referido al fuego*.

vorazmente *adv* De manera voraz.

vórtice *m (lit)* Torbellino o remolino. *Tb fig*.

vorticela *f* Animal unicelular en forma de copa, dotado de cilios en la parte superior y de un pedúnculo en la inferior que le sirve para fijarse (gén. *Vorticella*).

vos **I** *pron pers* **1** *Se emplea en lenguaje ceremonioso, con concordancia en pl, para designar a la pers a quien se dirige la palabra. Toma la forma* OS *(que se pronuncia átona) cuando funciona como cd o ci sin prep*. * El pueblo en vos, señor, la garantía del futuro. * Alteza, os ruego que me perdonéis un instante. **II** *loc v* **2 hablar, tratar,** *o* **llamar, de** ~. Emplear el pron. *vos* para referirse al interlocutor.

III *loc adv* **3 por ser ~ quien sois.** Por tratarse de quien se trata.

vosear *intr* Hablar con voseo.

voseo *m* Uso peculiar del pronombre *vos* en lugar de *tú*, propio de algunos países americanos.

vosotros -tras *pron pers pl* Designa dentro de la frase al ser a quien esta va dirigida, cuando a él son asociados otro u otros; o tb, a varios seres a quienes conjuntamente se dirige la frase. *Toma la forma* OS *(que se pronuncia átona) cuando funciona como cd o ci sin prep; cuando* OS *va inmediatamente después del* v, *se escribe unido a él en una sola palabra. Existe una forma pop* SUS = OS. *Cf* TÚ. * *Vosotros sois mis amigos.* * *Os invito a cenar.* * *Marchaos, por favor.*

votación *f* Acción de votar. *Tb su efecto.*

votante *adj* Que vota. *Frec n, referido a pers.*

votar A *intr* **1** Dar [alguien] su voto [3a y b].
B *tr* **2** Votar [1] a favor [de alguien o algo (cd)]. ■ **3** Aprobar [algo] por voto [3]. ■ **4** Votar [1] [sobre algo (cd)].

votivo -va *adj* (*Rel*) **1** Ofrecido por voto [1]. ■ **2** (*Rel catól*) [Misa] que, no siendo propia del día, se puede decir por devoción.

voto *m* **1** (*Rel*) Promesa formal hecha a Dios, a la Virgen o a un santo. **b)** *En pl:* Conjunto de los votos de pobreza, castidad y obediencia exigidos a los religiosos. ■ **2** (*lit*) *En pl:* Deseos [de algo (*compl* POR)]. *Normalmente en constrs como* HACER ~S *o* FORMULAR ~S. ■ **3** Opinión expresada en una asamblea deliberante, en un cuerpo político o en una elección. **b)** Opinión sobre una decisión que hay que tomar. **c)** Derecho a voto [3a]. ■ **4** Votación.

vox populi (*lat; pronunc corriente,* /bóks-pópuli/) *loc n f* (*lit*) Voz u opinión popular.

voyeur (*fr; pronunc corriente,* /buayér/; *pl normal,* ~S) *m* Mirón (pers. que se complace en la contemplación de escenas eróticas o de desnudos). **b)** (*raro*) Mirón (pers. que mira demasiado o con excesiva curiosidad).

voyeurismo (*pronunc,* /buayerísmo/) *m* Condición o comportamiento de voyeur.

voyeurista (*pronunc,* /buayerísta/) *adj* De(l) voyeurismo.

voz I *f* **1** Sonido producido al pasar por la laringe el aire expelido de los pulmones, haciendo vibrar las cuerdas vocales. **b)** Conjunto de cualidades acústicas de la voz. **c)** (*lit*) Sonido [de una cosa, esp. de un instrumento musical]. **d)** (*lit*) Sensación interior a manera de inspiración. *Normalmente con un compl especificador.* **e)** (**la**) **- de su amo.** Pers. que por respeto o disciplina está totalmente sometida a otra en sus opiniones. ■ **2** Grito (palabra pronunciada en tono muy alto). *Frec en pl y en constrs como* A VOCES *o* DAR VOCES. ■ **3** Aptitudes para el canto. ■ **4** (*Mús*) Cantante. ■ **5** (*Mús*) Línea melódica de las que forman una composición polifónica. ■ **6** Opinión o parecer. *Frec con* vs *como* OÍR *o* ALZAR. **b)** Derecho a opinar en una asamblea o junta. ■ **7** Información verdadera o falsa que circula de boca en boca. *Con el v* CORRER *o* CIRCULAR. ■ **8** Palabra o vocablo. **b)** *En un diccionario:* Palabra o conjunto de palabras que encabezan un artículo. **c)** (*Mil y Mar*) Palabra o frase mediante la cual se ordena algo. *Frec* ~ DE MANDO. ■ **9** (*raro*) Autoridad o poder. ■ **10** (*Gram*) Categoría verbal que expresa básicamen-

te si el sujeto gramatical designa al agente o al objeto de la acción del verbo.
II *loc v* **11 dar una ~** [a alguien]. Llamar[le] a gritos. ■ **12 dar una ~** (*o* **cuatro voces**) [a alguien]. Reprender[le] con gritos. *Tb sin compl.* ■ **13 levantar** (*o* **alzar**) **la ~** [a alguien]. Hablar[le] a gritos y de manera desconsiderada. *Tb sin compl.* ■ **14 llevar la ~ cantante** [en una reunión o en un asunto en que intervienen varias perss.]. Ser el más destacado o el que impone su voluntad. ■ **15 no oírse una ~ más alta que otra** [en un lugar]. Haber armonía y buenos modos en el trato entre las perss.
III *loc adv* **16 a la ~.** (*Mar*) Con vítores o hurras, o con el saludo militar. *Con el v* SALUDAR. *Tb adj.* ■ **17 a** (**la**) **~.** Al alcance de la voz [1a]. ■ **18 a ~ en cuello,** *o* **a ~ en grito.** En voz [1a] muy alta o a gritos. ■ **19 a voces.** De manera muy evidente o llamativa. *Con* vs *que significan 'decir'.* ■ **20 de viva ~.** De manera oral. *Tb adj.*

vozarrón *m* Voz [1a] muy potente.

vudú (*Rel*) **I** *m* **1** Hechicería religiosa de los negros antillanos.
II *adj* **2** De(l) vudú [1]. **b)** Adepto al vudú. *Tb n.*

vuduismo *m* (*Rel*) Vudú [1].

vuduista *adj* (*Rel*) De(l) vudú [1]. ■ **2** [Pers.] que practica el vudú [1]. *Tb n.*

vuecencia *pron pers* Vuestra excelencia. *Usado oralmente como tratamiento de respeto para determinadas perss.*

vuelapluma (tb con la grafía **vuela pluma**). **a ~.** *loc adv* Rápidamente o sin detenimiento. *Gralm con el v* ESCRIBIR. *Tb adj.*

vuelco I *m* **1** Acción de volcar(se).
II *loc v* **2 darle** [a alguien] **un ~ el corazón.** Sufrir una impresión súbita muy fuerte.

vuelo I *m* **1** Acción de volar [1 y 2]. **b) horas de ~** → HORA. ■ **2** Parte ancha de una construcción o de algo similar. ■ **3** *En una prenda, esp de vestir:* Amplitud desde un lugar en que va ajustada. ■ **4** Importancia. *Frec en pl con sent sg. Gralm en las constrs* DAR, *o* TOMAR, ~(S), *o* DE ALTOS ~S. ■ **5** *En pl:* Insolencia o engreimiento. *En constrs como* TENER ~S, DAR ~S *o* CORTAR LOS ~S. ■ **6** Arbolado [de un monte]. ■ **7** (*reg*) Rueda inferior del torno.
II *loc v* **8 alzar** (*o* **levantar**) **el ~.** Echar a volar. **b)** (*col*) Irse. ■ **9 coger** (*o* **cazar**) [algo] **al ~.** (*col*) Entender[lo] o captar[lo] rápidamente y por mínimos indicios. ■ **10 echar** (*o* **lanzar**) **las campanas al ~.** Hacer que repiquen todas a un tiempo en señal de alegría. **b)** Dar por seguro un éxito que aún no se ha producido.
III *loc adv* **11 al ~.** De paso o casualmente. ■ **12 al ~.** Mientras va volando. *Con* vs *como* COGER, TIRAR *o* CAZAR. ■ **13 en un ~.** (*col*) Rápidamente o en seguida.

vuelta I *f* **1** Acción de volver, *esp* [1, 2, 4, 8, 13 y 16]. **b)** Devolución. *Frec en las constrs* TENER ~ *o* CON ~, *usadas como prevención humorística al prestar algo.* ■ **2** Movimiento circular completo. *Tb fig. Gralm con el v* DAR. **b)** Viaje o recorrido [alrededor de un lugar (*compl* A)]. **c)** (*Dep*) Carrera por etapas [en torno a un país o región (*compl* A)]. **d) ~ al ruedo.** (*Taur*) Premio concedido al torero por su comportamiento en la lidia, y que consiste en recorrer el ruedo pasando junto a las tablas. *Tb, simplemente,* ~. **e) ~ de campana** → CAMPANA. ■ **3** Movimiento circular incompleto, hasta conseguir la posición contraria a la primitiva. *Gralm con el v*

DAR. *Tb* MEDIA ~, *usado esp en milicia como voz de mando.* **b)** Cambio (paso a una situación distinta). ■ **4** (*col*) Paseo. *Gralm en la constr* DAR UNA ~. **b)** (*col*) Visita breve [a un lugar (*compl* POR)]. *Tb sin compl. Gralm en la constr* DAR UNA ~. **c)** (*col*) Visita breve [a alguien o algo] para ver cómo se encuentra. *Gralm en la constr* DAR UNA ~. **d)** *En pl:* Acción de ir de un lado a otro, esp. para buscar o gestionar algo. ■ **5** *En una cosa de trayectoria longitudinal:* Curva o cambio de dirección. **b)** Rodeo (acción de seguir un camino más largo de lo necesario). *Gralm con el v* DAR. ■ **6** Figura más o menos circular que presenta una cosa de estructura alargada, por ir unidos sus extremos o por volver sobre sí misma o sobre algo. *Tb la cosa que tiene esa figura.* ■ **7** *En una labor de punto:* Fila de puntos. ■ **8** *En una prenda de vestir:* Tira de tela doblada o superpuesta que bordea los bajos o las bocamangas. ■ **9** Lado opuesto al que está a la vista. ■ **10** Cantidad de dinero que se devuelve a quien hace un pago con moneda de valor superior al del importe. *Tb* (*pop*) *en pl con sent sg.* ■ **11** Vez u ocasión en que se repite un hecho que ha de realizarse según un turno. *Frec con un adj ordinal.* **b)** (*reg*) Vez u ocasión. **c)** Repaso (revisión). ■ **12** *En una composición musical:* Parte que es repetición del comienzo. **b)** (*TLit*) Verso que rima con el estribillo y que sirve de introducción a la repetición de este. ■ **13** (*Naipes*) *En el tresillo:* Lance que consiste en descubrir una carta para saber qué palo ha de ser triunfo. **II** *loc adj* **14 de ~.** (*Dep*) [Encuentro] segundo de los dos que han de jugarse, en un campeonato, entre los mismos participantes. *Se opone a* DE IDA. **III** *loc v y fórm* o (*col*) **15 buscar las ~s** [a alguien]. Tratar de descubrir sus gustos o sus debilidades con fines interesados. **b) coger las ~s** [a una pers. o cosa]. Aprender el modo de tratar[la] y de aprovecharse [de ella]. ■ **16 dar cien** (*o* **cincuenta**) **~s** [una pers. o cosa a otra]. Ser muy superior [a ella]. ■ **17 dar** [alguien] **media ~.** Irse. ■ **18 dar ~s** [a algo]. Pensar [en ello] con insistencia. *Frec acompañado del compl* EN LA CABEZA. **b) no hay que darle** (**más**) **~s,** *o* **no sirve darle** (**más**) **~s.** Es inútil discutirlo más. ■ **19 dar** [alguien] **~s a la cabeza.** Cavilar o reflexionar. ■ **20 darle** [a una pers.] **~s la cabeza.** Tener [esa pers.] sensación de mareo. ■ **21 no tener** [algo] **~ de hoja.** Ser indiscutible. ■ **22 poner de ~ y media** [a alguien o algo]. Insultar[lo] o criticar[lo] duramente. ■ **23 ~ a** + *infin* = *el mismo infin* + DE NUEVO. * Vuelta a empezar. **b)** *Frec se emplea sin infin para expresar fastidio por la excesiva reiteración de algo.* * ¡Y vuelta, qué pesado! ■ **24 a la ~ lo venden tinto.** *Fórmula que se emplea para desentenderse de una petición o pretensión.* * –Podrías echarme una mano. –A la vuelta lo venden tinto. **IV** *loc adv* **25 a la ~ de** + *expr cuantitativa de tiempo* = PASADO + *la misma expr de tiempo.* * A la vuelta de dos días está curado. ■ **26 a la ~ de la esquina.** (*col*) Muy próximo en el espacio o en el tiempo. ■ **27 a ~ de correo.** En el mismo día en que se recibe una carta. *Normalmente con los vs* ESCRIBIR *o* CONTESTAR. ■ **28 a ~s** [con una pers. o cosa]. (*col*) Ocupándose [de ella]. *Gralm con el v* ANDAR. **b)** Sirviéndose [de ella] o empleándo[la] con exceso o insistencia. **c)** (*lit, raro*) Juntamente. ■ **29 de ~** [de algo]. Con desengaño o desencanto [de ello]. *Normalmente con el v* ESTAR. *Tb sin compl.*

vuelto -ta *adj* **1** *part* → VOLVER. ■ **2** [Folio] ~ → FOLIO.

vueludo -da *adj* [Prenda de vestir] que tiene mucho vuelo [3].

vuelvepiedras *m* Ave de pequeño tamaño, de plumaje pardo, negro y blanco y pico curvado hacia arriba, que se alimenta de animales marinos que saca de debajo de las piedras (*Arenaria interpres*).

vuesamerced → MERCED.

vuestro -tra (*cuando va delante del n del cual es adjunto, se pronuncia átono*) *adj* **1** De vosotros. **b) lo ~** (habéis trabajado lo vuestro); **los ~s** (es de los vuestros); **~ +** *n propio* (vuestro Juan); **delante** (**detrás,** *etc*) **~;** **ser muy ~s** → SUYO. **c) hacer** (**una**) **de las vuestras; saliros con la vuestra** → HACER, SALIR. ■ **2** De vos.

vulcaniano -na *adj* (*Geol*) [Tipo de volcán] caracterizado por una lava muy viscosa y abundantes explosiones.

vulcaniense *adj* (*Geol*) Vulcaniano.

vulcanismo *m* (*Geol*) Volcanismo.

vulcanización *f* Acción de vulcanizar. *Tb su efecto.*

vulcanizado -da *adj* **1** *part* → VULCANIZAR. ■ **2** De caucho vulcanizado. *Tb n, referido a producto.*

vulcanizador -ra *adj* Que vulcaniza. *Tb n, referido a pers.*

vulcanizar *tr* Combinar con azufre [el caucho] para aumentar su resistencia conservando su elasticidad.

vulcanología *f* Parte de la geología que estudia los fenómenos volcánicos.

vulcanológico -ca *adj* De (la) vulcanología.

vulcanólogo -ga *m y f* Especialista en vulcanología.

vulgar *adj* **1** Propio de la gente normal o no especializada en una materia. *Se opone a* CIENTÍFICO o TÉCNICO. **b)** [Lengua] viva de una comunidad. *Tb n m. Se opone a* LATINA. **c)** [Variedad de la lengua latina] propia de la comunicación oral, esp. popular. *Opuesto a* CLÁSICO. ■ **2** Común o frecuente. ■ **3** Ordinario o que carece de características especiales. ■ **4** (*desp*) [Pers.] tosca o sin educación. **b)** Propio de la pers. vulgar.

vulgaridad *f* **1** Cualidad de vulgar. ■ **2** Cosa vulgar [3 y esp. 4b].

vulgaris (*lat; pronunc* /bulgáris/) *adj invar* (*lit, humoríst*) Vulgar o corriente. *Siguiendo al n.*

vulgarismo *m* **1** Palabra o giro vulgar [4b]. ■ **2** Cualidad de vulgar [4].

vulgarización *f* Acción de vulgarizar, *esp* [2].

vulgarizador -ra *adj* Que vulgariza. *Tb n, referido a pers.*

vulgarizar *tr* **1** Hacer que [algo (*cd*)] pase a ser vulgar. ■ **2** Divulgar [un conocimiento o una ciencia] haciendo que llegue a la gente no especializada. *Tb abs.*

vulgarmente *adv* De manera vulgar.

vulgo I *m* **1** Conjunto de la gente popular e inculta. *Frec con intención desp.* **b)** Conjunto de la gente normal o no especializada en una materia. **II** *adv* **2** En lenguaje más vulgar [2]. *Precediendo a una expr cuyo significado se da como equivalente al de otra citada inmediatamente antes.*

* Iban con su señorita de compañía, vulgo carabina.

vulnerabilidad *f* Cualidad de vulnerable.

vulnerable *adj* Que puede ser herido o dañado física o moralmente. *A veces con un compl* A.

vulneración *f* Acción de vulnerar.

vulnerante *adj* Que vulnera.

vulnerar *tr* **1** Quebrantar o violar [una ley o precepto]. ■ **2** (*lit*) Herir o dañar.

vulnerario -ria I *adj* **1** Que cura las llagas y heridas.

II *f* **2** Planta herbácea de flores rojizas o rosáceas en cabezuela y fruto en legumbre, usada para curar úlceras y heridas (*Anthyllis vulneraria*).

vulpeja *f* **1** Zorra (animal). ■ **2** (*raro*) Prostituta.

vultuoso -sa *adj* (*Med*) Abultado por congestión.

vulturno *m* (*lit*) Bochorno (calor sofocante).

vulva *f* Abertura externa de la vagina.

vulvar *adj* De (la) vulva.

vulviforme *adj* (*Med*) De forma o aspecto vulvar.

vulvitis *f* (*Med*) Inflamación de la vulva.

W

w → UVE.

wagon-lit (fr; pronunc corriente, /bagón-lí/) m (hoy raro) Coche-cama.

wahabí (pronunc corriente, /waabí/) adj Wahabita. Tb n.

wahabita (pronunc corriente, /waabíta/) adj De una secta islámica puritana y nacionalista fundada en el s. XVIII por Mohamed Abdul Wahab. Tb n, referido a pers.

walhalla (al; pronunc corriente, /balχála/) m (Mitol nórd) Paraíso al que son llevadas las almas de los guerreros muertos en combate.

walí (pronunc corriente, /walí/ o /balí/) m (hist) Valí.

walkie-talkie (ing; pronunc corriente, /wálki--tálki/) m Aparato receptor y transmisor de ondas de radio, pequeño y fácilmente transportable. Frec el juego de dos comunicados entre sí.

walkiria → VALQUIRIA.

walkman (n comercial registrado; ing; pronunc corriente, /wólman/ o /wálman/; pl normal, ~s o, raro, WALKMEN) m Reproductor estereofónico portátil de casetes, que se oye mediante auriculares.

walkyria → VALQUIRIA.

wallaby (ing; pronunc corriente, /wálabi/) m Piel de rata almizclera.

walón → VALÓN.

wapití (pronunc corriente, /wapití/) m Ciervo de tamaño mayor que el europeo, propio de las regiones noroccidentales de América del Norte (Cervus canadensis).

warning (ing; pronunc corriente, /wárnin/; pl normal, ~s) m En un automóvil: Sistema de luces de situación intermitentes destinado a indicar que una parada es ocasional o accidental.

warrant (ing; pronunc corriente, /wářant/; pl normal, ~s) m 1 Resguardo de garantía de depósito. ■ 2 Documento emitido por una corporación, que da al tenedor el derecho de compra de acciones de la misma a un precio preestablecido. Gralm en aposición con CUPÓN.

washington (frec con mayúscula; ing; pronunc corriente, /wásinton/) adj [Naranja] de una variedad caracterizada por su gran tamaño, jugosidad y ausencia de pepitas. Tb n f. Tb DE ~.

washingtona (pronunc corriente, /wasintóna/) adj (raro) Washington. Tb n f.

washingtoniano -na (pronunc corriente, /wasintoniáno/) adj De Washington. Tb n, referido a pers.

Wassermann (al; pronunc corriente, /báserman/). **de ~.** loc adj (Med) [Reacción] mediante la cual se detecta la sífilis.

wat → WATT.

wáter (pronunc corriente, /báter/; pl normal, ~ES; tb, más raro, con la grafía **váter**) m Instalación con agua corriente destinada a orinar y a evacuar el vientre. Tb el aposento donde se encuentra esta instalación.

Waterloo (pronunc corriente, /baterló/) m (lit) Derrota definitiva.

waterpolista (pronunc corriente, /baterpolísta/ o /waterpolísta/) I m y f 1 Jugador de waterpolo. II adj 2 (raro) De(l) waterpolo.

waterpolo (ing; pronunc corriente, /báter-pólo/ o /wáter-pólo/; tb con la grafía **water-polo**) m Deporte que se juega en piscina entre dos equipos de siete jugadores y que consiste en hacer penetrar un balón en la meta contraria.

watímetro → VATÍMETRO.

watt (pronunc corriente, /bat/; tb con la grafía **wat**; pl normal, ~S) m (Fís) Vatio.

wau m (Fon) Fonema /u/ que funciona como semiconsonante o semivocal.

WC (sigla; pronunc corriente, /úbe-θé/) m Wáter. Tb humoríst, referido a animales.

weber (al; pronunc corriente, /béber/; pl normal, ~S) m (Fís) En el sistema internacional: Unidad de flujo magnético que equivale al flujo magnético que, al atravesar un circuito de una sola espira, produce en este una fuerza electromotriz de un voltio si su valor pasa a cero en un segundo.

week-end (ing; pronunc corriente, /wíken/ o /wíkend/; pl normal, ~S) m Fin de semana (vacación).

weigelia (pronunc corriente, /beigélia/) f Arbusto originario de Asia, de vistosas flores rosas, púrpuras o blancas (gén. Weigelia).

wellingtonia (pronunc corriente, /belintónia/) f Secuoya.

Weltanschauung (al; pronunc corriente, /béltanʃaung/) f (Filos) Visión de la realidad.

welter (ing; pronunc corriente, /wélter/ o /bélter/; pl normal, ~s o invar) adj (Boxeo) [Peso] cuyo límite superior es de 66,6 kg. Tb referido al deportista de ese peso; en este caso, frec n m en pl.

western (*ing; pronunc corriente,* /wéstern/; *pl normal,* ~s) *m* Película del oeste. *Tb el género correspondiente.*

western-spaghetti (*pronunc corriente,* /wéstern-espagéti/; *pl normal, invar*) *m* Western realizado en Europa, esp. en Italia. *Tb el género correspondiente.*

westfaliano -na *adj* De Westfalia (región alemana). *Tb n, referido a pers.*

whig (*ing; pronunc corriente,* /wig/; *pl normal,* ~s) *adj* Referido a política inglesa: Liberal. *Tb n, referido a pers.*

whirlpool (*ing; pronunc corriente,* /wérpul/; *pl normal,* ~s) *m* Baño o piscina de hidromasaje, dotados de un sistema que forma remolinos de agua.

whiskear (*pronunc corriente,* /wiskeár/ o /guiskeár/; *tb con la grafía* **güisquear**) *intr* (*col*) Tomar whisky. *Tb pr* (~**se**).

whiskería (*pronunc corriente,* /wiskería/ o /guiskería/; *tb con la grafía* **güisquería**) *f* Establecimiento donde se sirven whisky y otros licores.

whisky (*ing; pronunc corriente,* /wíski/ o /guíski/; *tb con la grafía* **güisqui** o, *raro,* **whiskey**; *pl normal,* ~s, o, *raro,* WHISKIES, *pronunc* /wískis/ o /guískis/) *m* Aguardiente de semillas que se fabrica sobre todo en las Islas Británicas y América del Norte. **b)** Vaso de whisky.

whist (*ing; pronunc corriente,* /wist/) *m* Juego de cartas inglés precursor del bridge.

whopper (*ing; pronunc corriente,* /wóper/; *pl normal,* ~s) *m* Hamburguesa gigante.

widia (*al; pronunc corriente,* /bídia/) *f* Sustancia durísima fabricada a base de carburo de tungsteno, usada esp. para utensilios de perforación.

winchester (*n comercial registrado; ing; pronunc corriente,* /wínĉester/) *m* Fusil de repetición.

windsurf (*ing; pronunc corriente,* /wínsurf/) *m* Deporte náutico que se realiza sobre una tabla provista de una vela móvil.

windsurfing (*ing; pronunc corriente,* /winsúrfin/) *m* Windsurf.

windsurfista (*pronunc corriente,* /winsurfísta/) *m y f* Pers. que practica el windsurf.

wishful thinking (*ing; pronunc corriente,* /wíʃful-θínkin/) *m* (*lit*) Actitud optimista de creer que la realidad se ajusta a los propios deseos.

wólfram (*pronunc corriente,* /bólfram/) *m* Wolframio.

wolframato (*pronunc corriente,* /bolframáto/; *tb con la grafía* **volframato**) *m* (*Quím*) Sal del ácido de wolframio.

wolframio (*pronunc corriente,* /bolfrámio/; *tb con la grafía* **volframio**) *m* Metal, de número atómico 74, de color gris acero, de gran dureza y densidad y difícilmente fusible.

wolframita (*pronunc corriente,* /bolframíta/; *tb con la grafía* **volframita**) *f* (*Mineral*) Mineral de wolframio, constituido por wolframato de hierro y manganeso.

wolof (*ing; pronunc corriente,* /wólof/) *m* Lengua del grupo nigeriano-congoleño hablada en Senegal.

workshop (*ing; pronunc corriente,* /wórkʃop/; *pl normal,* ~s) *m* (*E*) Seminario (reunión o coloquio de expertos).

X

x → EQUIS.

xana (*ast; pronunc corriente,* /ʃána/) *f* (*Mitol ast y leonesa*) Jana.

xantofila *f* (*Bot*) Pigmento amarillo de las células vegetales.

xantomatosis *f* (*Med*) Alteración del metabolismo de los lípidos que se caracteriza por el depósito de estos en distintas partes del organismo en forma de nódulos o manchas amarillentas.

xantoproteico -ca *adj* (*Quím*) [Reacción] que produce un pigmento amarillo, debida a la acción del ácido nítrico sobre las proteínas.

xantopsia *f* (*Med*) Visión amarilla de los objetos.

xenartro *adj* (*Zool*) [Mamífero] de dentadura reducida, con uñas grandes y robustas y con articulaciones especiales accesorias en las vértebras. *Frec como n m en pl, designando este taxón zoológico.*

xeno *m* (*Quím*) Xenón.

xenodoquio *m* (*hist*) Albergue gratuito para forasteros.

xenofilia *f* (*lit*) Afición a lo extranjero.

xenofobia *f* (*lit*) Odio a lo extranjero o a los extranjeros.

xenófobo -ba *adj* (*lit*) [Pers.] que siente xenofobia. *Tb n.* **b)** Propio de la pers. xenófoba.

xenón (*tb* **xenon**) *m* (*Quím*) Gas noble, de número atómico 54, que se encuentra en pequeñas cantidades en el aire.

xérico -ca *adj* (*Bot*) Seco.

xerocopia *f* Fotocopia obtenida por xerografía.

xerocopiar -ra *adj* Que sirve para hacer xerocopias. *Frec n f, referido a máquina.*

xerocopiar (*conjug* **1a**) *tr* Reproducir [algo] por xerografía.

xeroderma *m* (*Med*) Afección cutánea caracterizada por sequedad y descamación de la piel.

xerófilo -la *adj* (*Bot*) [Planta] capaz de vivir en un clima muy seco. **b)** Propio de la planta xerófila.

xerofítico -ca *adj* (*Bot*) De plantas xerófitas.

xerófito -ta *adj* (*Bot*) Xerófilo. *Tb n f, referido a planta.*

xeroformo *m* (*Quím*) Polvo amarillo e inodoro, derivado del fenol, usado como desinfectante y como antiséptico intestinal.

xeroftalmía (*tb* **xeroftalmia**) *f* (*Med*) Enfermedad de los ojos caracterizada por la opacidad de la córnea.

xerografía *f* Procedimiento electrostático para obtener fotocopias en seco.

xerográfico -ca *adj* De (la) xerografía.

xerosere *f* (*Bot*) Sere que se origina en un entorno seco.

xhosa (*ing; pronunc corriente,* /kósa/) *adj* De un pueblo negro que habita pralm. en la República Sudafricana. *Tb n, referido a pers.*

xi *f* Letra del alfabeto griego que representa la suma de los sonidos [k] y [s].

xifoides *adj* (*Anat*) [Apéndice] cartilaginoso que constituye el extremo del esternón del hombre. *Tb n.*

xifosuro *adj* (*Zool*) [Artrópodo] marino de forma discoidal y coraza dura, de caracteres afines a los de los arácnidos. *Frec como n m en pl, designando este taxón zoológico.*

xileno *m* (*Quím*) Hidrocarburo bencénico extraído del alquitrán de hulla y del petróleo, usado en medicina como antiséptico.

xilófago -ga *adj* (*Zool*) [Insecto] que roe la madera. *Tb n m.*

xilofón *m* Xilófono.

xilófono *m* Instrumento de percusión formado por una serie de placas de madera o de metal de desigual longitud.

xilograbado *m* Grabado en madera.

xilografía *f* **1** Arte de grabar en madera. ■ **2** Impresión tipográfica por medio de planchas de madera grabadas.

xilográfico -ca *adj* De la xilografía.

xilógrafo -fa *m y f* Grabador en madera.

xilol *m* (*Quím*) Xileno.

xiurell → SIURELL.

xóana (*tb* **xoana**) *f* (*Arte*) Escultura griega primitiva hecha en madera.

xóanon (*gr; tb* **xoanon**; *pl,* XÓANA) *m* (*Arte*) Xóana.

y

y¹ → I.

y² (*con pronunc átona, excepto en aceps 2 y 3. Toma la forma* E *ante palabra que comienza por el fonema* /i/ –*cuando este no es semiconsonante*–, *excepto en acep 2 cuando va seguida de n propio*) *conj* **1** *Une ors, palabras o sintagmas denotando la suma de las nociones expresadas por ellos.* * Cose y borda perfectamente. * Abundan los comercios e industrias de la seda. **b)** *Con matiz enfático:* Y además. * Sabe montar, y bien. **c)** *Precedida y seguida de una misma palabra denota repetición indefinida.* * Estuvo así días y días. ■ **2** *Ante sust o adv, formando con él una frase interrog, se usa para preguntar por lo designado.* * ¿Y tus padres? ■ **3** *Iniciando una frase interrog o exclam, introduce una objeción. Cuando esta no forma or completa, la conj es tónica.* * –No recuerdo nada. –¿Y qué más da? * –Los anuncios me aburren. –Y a mí que me distraen... **b)** *¿~ qué?* → QUÉ. ■ **4** *n en pl ~ + el mismo n. Sirve para destacar la diferencia de calidad que existe entre las distintas perss o cosas designadas por el mismo n.* * Hay países y países. ■ **5** *Se usa expletivamente en exclams.* * ¡Válgame Dios! ¡Y qué mala suerte!

ya **I** *adv* **1** *Denota que el hecho enunciado por el v al que acompaña se realiza desde un momento anterior al indicado por el tiempo verbal.* * Ya eran novios por entonces. **b)** *Con un v en tiempo perfecto, destaca la idea de anterioridad que ese tiempo indica.* * No sabía nada, ya se lo he dicho. ■ **2** (*lit, raro*) En otro tiempo. * Peñaranda ya fue más de lo que es hoy. ■ **3** *Unido a un adv de negación, indica que no se alcanza en el tiempo el hecho expresado por el v.* * Eso ya no se fabrica. ■ **4** *Denota que por fin se realiza un hecho que se esperaba, se deseaba o era natural que ocurriese.* * ¿Ya estáis aquí? ■ **5** *Presenta como más seguro un hecho venidero.* * Ya verás como va a resultar que es su hija. ■ **6** Inmediatamente. *Tb* (*col*), *con matiz enfático,* ~ MISMO. * –¿Está la comida? –Ya va. **b)** *desde* ~. (*col*) Desde ahora mismo. *A veces se usa con valor puramente enfático.* * Quieren que le nombre director, pero desde ya. ■ **7** *Formando or por sí solo, expresa comprensión de lo que se acaba de oír. A veces con matiz de escepticismo.* * –¿Qué ha tomado? –Aspirinas. –Ya. ■ **8** Ciertamente. * A mí ya me gustaría verlos. **b)** (*reg*) *Con valor expletivo.* * Pesca ya quieren que traigamos, pero dinero no hay. ¡Gentuza! **c)** *En una réplica, seguido de v en fut o antefut, denota objeción.* * ¿Una reverencia? ¡Ya sería una broma! ■ **9** *Repetido ante dos (o más) miembros de frase, presenta estos como términos de una alternativa. A veces* ~... o... * Sirve como signo ya de elegancia, ya de poder.

■ **10 que** ~ ~. (*col*) *Refuerza enfáticamente lo que se acaba de decir.* * Tiene un genio que ya, ya. ■ **11 no** ~ → NO. **II** *conj* **12** ~ **que.** Puesto que. * Corre prisa, ya que la reunión es hoy. ■ **13** ~ **que.** Aunque. *Seguido frec de v en subj.* * El plan era que los padres, ya que no los pequeños, lo supieran. ■ **14** ~ **que.** (*reg*) Cuando. * Ya que se calmó dijo: A picar todos.

yac → YAK.

yacaré *m* (*raro*) Caimán.

yacente **I** *adj* **1** (*lit*) Que yace, *esp* [1]. *Tb n, referido a pers.* yacente. ■ **2** (*Der*) [Herencia] de la que aún no ha tomado posesión el heredero. **II** *m* **3** (*Min*) Cara inferior de un yacimiento.

yacer (*conjug 36*) *intr* (*lit*) **1** Estar echada o tendida [una pers., esp. muerta]. **b)** Encontrarse [una cosa material] totalmente apoyada [sobre una superficie horizontal o sobre el suelo]. ■ **2** Tener acceso carnal [dos perss., o una con otra]. ■ **3** Estar enterrada [una pers. en un lugar]. ■ **4** Encontrarse [algo en un lugar o en una situación].

yachting (*ing; pronunc corriente,* /yátin/) *m* (*Dep*) Deporte de la navegación.

yachtman (*pronunc corriente,* /yátman/; *pl normal,* ~s) *m* (*Dep, raro*) Hombre que practica el deporte náutico.

yacija *f* (*lit*) Lecho pobre o improvisado.

yacimiento *m* **1** Lugar donde se encuentran naturalmente rocas, minerales, fósiles o restos arqueológicos. ■ **2** (*lit*) Acción de yacer [2].

yaco *m* Loro de plumaje gris y cola roja, muy estimado por su docilidad.

yacusi *m* Jacuzzi.

yagua *adj* [Individuo] de un pueblo indio del nordeste del Perú. *Tb n.*

yak (*tb, raro, con la grafía* **yac**; *pl normal,* ~s) *m* Bóvido de gran tamaño semejante al búfalo, propio de las zonas montañosas del Asia central, donde se usa como animal de carga y de silla (*Poephagus grunniens*).

yakut (*pl normal,* ~s) *adj* Yakuto. *Tb n.*

yakuto -ta *adj* De Yakutia (antigua URSS). *Tb n, referido a pers.*

yámbico -ca *adj* (*TLit*) **1** De(l) yambo. **b)** [Verso] compuesto total o parcialmente por yambos. ■ **2** [Género de la poesía lírica griega] caracterizado por el empleo del verso yámbico y por cierto carácter realista.

yambo *m* (*TLit*) **1** *En la poesía grecolatina:* Pie compuesto por una sílaba breve y otra larga. ■ **2** *En la poesía castellana:* Unidad rítmica formada por una sílaba átona seguida de otra tónica. ■ **3** Poema en versos yámbicos.

yame *m* Ñame.

yana[1] *f* Árbol cubano de flores en racimo, tronco tortuoso y madera muy dura usada para hacer carbón (*Conocarpus erectus*).

yana[2] *m* (*hist*) Lengua indígena de California, hoy extinguida.

yanacona *m* (*hist*) *En la época colonial:* Indio al servicio personal de un español.

yang *m* *En la filosofía china:* Principio positivo, luminoso y masculino, complementario del yin.

yangüés -sa *adj* De Yanguas (Soria) o de Yanguas (Segovia). *Tb n, referido a pers.*

yanki, yankismo → YANQUI[1], YANQUISMO.

yanomami (*pl normal,* ~s *o* ~) *adj* Yanomani. *Tb n.*

yanomani (*pl normal,* ~s *o* ~) *adj* [Indio] indígena de la región del alto Orinoco. *Tb n.* **b)** De (los) indios yanomanis.

yanqui[1] (*tb con la grafía* **yanki**) *adj* (*col*) Estadounidense. *Tb n, referido a pers.*

yanqui[2] *m* Sanqui (vivienda prefabricada).

yanquismo (*tb con la grafía* **yankismo**) *m* (*col*) Vocablo o giro yanquis[1].

yanquizar *tr* Dar carácter yanqui[1] [a alguien o algo (*cd*)].

yantar[1] *intr* (*lit*) Comer, esp. al mediodía.

yantar[2] *m* **1** (*lit*) Comida. ■ **2** (*hist*) Tributo, gralm. en especie, pagado por los pueblos para el mantenimiento del soberano o del señor cuando transitaba por ellos.

yaqui *adj* [Individuo] de una tribu indígena mejicana del estado de Sonora. *Tb n.*

yarda *f* Medida de longitud usada en los países anglosajones y que equivale a 3 pies (0,9144 m).

yarey *m* Palma cubana cuyas fibras se utilizan para fabricar sombreros (*Inodes causiarum*).

yaro *m* Aro (planta).

yas *m* (*raro*) Jazz.

yate *m* Embarcación de recreo o deportiva, de motor o de vela.

yatrogenia (*tb con la grafía* **iatrogenia**) *f* (*Med*) Acción perjudicial causada al organismo por el examen o el tratamiento médicos.

yatrogénico -ca (*tb con la grafía* **iatrogénico**) *adj* (*Med*) [Alteración o enfermedad] causada por el examen o el tratamiento médicos.

yatrógeno -na (*tb con la grafía* **iatrógeno**) *adj* (*Med*) **1** Yatrogénico. ■ **2** Que causa yatrogenia.

yatromecánica (*tb con la grafía* **iatromecánica**) *f* (*Med*) Tratamiento de las enfermedades por medios mecánicos.

yayo -ya *m y f* (*infantil*) Abuelo.

yaz *m* (*raro*) Jazz.

ye *f* **I** griega. *Tb el fonema representado por esta letra.*

yearling (*ing; pronunc corriente,* /yérlin/; *pl normal,* ~s) *m* (*Híp*) Caballo de un año.

yeclano -na *adj* De Yecla (Murcia). *Tb n, referido a pers.*

yedra → HIEDRA.

yegua *f* Hembra del caballo, esp. adulta.

yeguada *f* Conjunto de ganado caballar, esp. el de un lugar o propietario determinados.

yeguato -ta *adj* [Mulo] hijo de asno y yegua. *Tb n.*

yegüero *m* Hombre que guarda o cuida una yeguada.

yeísmo *m* (*Fon*) Pronunciación del fonema /l̮/ (letra *ll*) con la articulación propia del fonema /y/.

yeísta *adj* (*Fon*) **1** De(l) yeísmo. ■ **2** Que practica el yeísmo. *Tb n, referido a pers.*

yelmero *m* (*hist*) Fabricante de yelmos.

yelmo *m* (*hist*) Parte de la armadura destinada a cubrir la cabeza y el rostro.

yema **I** *f* **1** Porción central, de color amarillo, del huevo de las aves. *Tb se llama así la porción central del huevo de otros vertebrados ovíparos.* **b)** Dulce seco fabricado con yema de huevo y azúcar. ■ **2** Parte carnosa de la punta del dedo, opuesta a la uña. ■ **3** Renuevo que en forma de botón escamoso nace en el tallo de los vegetales y produce ramas y hojas. ■ **4** (*Zool*) Prolongación en el cuerpo de algunos animales, como los celentéreos, que se desarrolla hasta constituir un nuevo individuo. ■ **5** (*Biol*) Corpúsculo más pequeño de los dos resultantes al dividirse una célula por gemación. ■ **6** (*Taur*) Hoyo de las agujas. ■ **7** ~ **de huevo.** Oronja (seta comestible).
II *loc v* **8 dar en la** ~. (*col*) Acertar o dar en el clavo.

yemaa *f* Asamblea de notables de tribus en algunas regiones del Norte de África.

yemecilla *f* (*Bot*) Yema del embrión.

yemení *adj* Del Yemen. *Tb n, referido a pers.*

yemenita *adj* Yemení. *Tb n.*

yen (*pl normal,* ~ES; *tb, más raro,* ~s) *m* Unidad monetaria del Japón.

yenka *f* Cierto baile suelto, de moda hacia el año 1965. *Tb su música.*

yente *adj* (*raro*) Que va. *En la loc* ~ Y VINIENTE.

yerba, yerbabuena, yerbajo, yerbaluisa, yerbasana → HIERBA, HIERBABUENA, HIERBAJO, HIERBALUISA, HIERBASANA.

yerbazal *m* Herbazal.

yerbera *f* Vasija en que se echa el mate.

yérbode *m* (*reg*) Madroño (planta).

yermar *tr* Dejar yermo [un lugar].

yermo -ma *adj* **1** Inhabitado. ■ **2** No cultivado. *Tb n m, referido a terreno.*

yerna *f* (*reg*) Nuera.

yerno *m* Marido de la hija [de una pers. (*compl de posesión*)].

yero *m* Planta herbácea leguminosa cuyas semillas se emplean como alimento para el ganado (*Ervum ervilia* o *Vicia ervilia*). *Tb su semilla. Más frec en pl.*

yerro *m* (*lit*) Error o equivocación.

yerto -ta *adj* (*lit*) Tieso o rígido, esp. a causa del frío o de la muerte.

yesaire *m* (*reg*) Yesero [2].

yesca *f* Materia muy seca preparada para que cualquier chispa prenda en ella. *Tb fig.*

yesería *f* **1** Lugar en que se fabrica o vende yeso [2]. ■ **2** Obra realizada con yeso [2].

yesero -ra I *adj* **1** De(l) yeso [1 y 2]. II *n* **A** *m* **2** Obrero o albañil que trabaja el yeso [2]. **B** *f* **3** Cantera de yeso [1].

yesífero -ra *adj* Que contiene yeso [1].

yesista *m* Yesero.

yeso *m* **1** Sulfato cálcico hidratado, de color blanco o traslúcido y muy blando. *Según la forma en que aparece cristalizado recibe distintas denominaciones:* ~ ESPEJUELO, ~ FIBROSO, *etc.* ■ **2** Polvo procedente de la calcinación del yeso [1] y que se emplea esp. en construcción. *A veces con un adj especificador:* BLANCO, NEGRO, *etc.* ■ **3** Escultura vaciada en yeso [2]. ■ **4** Escayola (vendaje).

yesón *m* Cascote de yeso [2], usado a veces en construcción.

yesoso -sa *adj* **1** De yeso [1 y 2]. ■ **2** Que contiene yeso [1].

yesquero *m* Mechero de yesca.

yeti *m* Animal no identificado que se supone habita en el Himalaya.

yet set *f* Jet-set.

ye-ye (*tb* yeyé) *adj* (*col, hoy raro*) **1** [Estilo de música popular] en boga hacia el año 1965 y caracterizado por el frecuente uso del término *ye-ye* como estribillo rítmico. *A veces se denomina así cualquier estilo de música moderna más o menos estridente. Tb n m.* ■ **2** [Muchacho] que se muestra como inconformista y anticonvencional en sus costumbres y en su atuendo y que suele ser amante de la música ye-ye [1]. *Tb n.* ■ **3** Propio de la pers. o la música ye-ye.

yeyunal *adj* (*Anat*) Del yeyuno.

yeyuno *m* (*Anat*) En los mamíferos: Segunda porción del intestino delgado.

yezgo *m* Planta herbácea vivaz similar al saúco y que despide un olor fétido (*Sambucus ebulus*).

yiddish (*ing; tb con la grafía* **yidish**; *pronunc corriente,* /yídis/) *m* Dialecto altoalemán, con elementos hebreos y de otras lenguas, hablado por las comunidades judías que habitan en Europa central y oriental o que proceden de estas regiones.

yin *m* En la filosofía china: Principio negativo, oscuro y femenino, complementario del yang.

yippie (*ing; pronunc corriente,* /yípi/) I *m y f* **1** Miembro del grupo político norteamericano Youth International Party, constituido por hippys de tendencia izquierdista radical. II *adj* **2** De los yippies [1].

yipunu *m* Lengua del grupo bantú, hablada en Gabón y el Congo.

ylang-ylang *m* Aceite aromático obtenido del árbol *Cananga odorata* y usado en perfumería.

yo I *pron pers sg* **1** *Designa dentro de la frase al propio ser que la enuncia. Toma la forma* MÍ *cuando va precedido de las preps comunes (excepto* SEGÚN *y, a veces,* ENTRE); *si la prep es* CON, *se une con ella formando la palabra* CONMIGO. *Toma la forma* ME (*que se pronuncia átona*) *cuando funciona como* cd *o* ci *sin prep; cuando va inmediatamente después del* v, ME *se escribe unido a él en una sola palabra. Cf* NOSOTROS. * Yo no quiero ir. * A mí no me gusta. * Está conmigo. * Dame agua. ■ **2** ~ **que** (*reg:* ~ DE) + *n o pron* = SI ~ ESTUVIERA EN LUGAR DE + *n o pron.* * Yo que tú no iría. ■ **3** ~ + *n* = SI ~ FUERA + *n.* * Yo profesor sería bastante blando. II *m* **4** La propia personalidad individual. *Siempre precedido de art o de un adj posesivo o demostrativo.* ■ **5** ~ **pecador.** (*Rel catól*) Oración que comienza con las palabras "Yo pecador".

yod *f* (*a veces m*) (*Fon*) Fonema /i/ que funciona como semiconsonante o como semivocal.

yodado -da *adj* **1** *part* → YODAR. ■ **2** Que contiene yodo.

yodar *tr* Someter [algo o a alguien] a los efectos del yodo.

yodo (*tb con la grafía* **iodo**, *forma preferida en lenguaje técn*) *m* Elemento no metal, de número atómico 53, que se volatiliza desprendiendo vapores de olor parecido al del cloro, y que en disolución se emplea como desinfectante.

yodoformo *m* (*Quím*) Sustancia amarilla, cristalina y de olor fuerte y desagradable, usada como antiséptico.

yodurado -da *adj* (*Quím*) Que contiene yoduro.

yoduro (*tb con la grafía* **ioduro**, *forma preferida en lenguaje técn*) *m* (*Quím*) Cuerpo resultante de la combinación del yodo con un radical simple o compuesto.

yoga *m* **1** Sistema ascético hindú que pretende la unión del alma humana con el Espíritu Universal mediante la abstracción de los sentidos y la concentración de la mente. ■ **2** Sistema de ejercicios físicos encaminados a lograr el dominio del espíritu sobre el organismo y la mente.

yogar *intr* (*lit, raro*) Realizar el acto sexual.

yoghourt (*fr; tb con la grafía* **yogourt**; *pronunc corriente,* /yogúr/; *pl normal,* ~s) *m* Yogur.

yoghurt (*ing; tb con la grafía* **yogurt**; *pronunc corriente,* /yogúr/; *pl normal,* ~s) *m* Yogur.

yogourt → YOGHOURT.

yogui *m y f* Adepto al yoga.

yóguico -ca *adj* De(l) yoga.

yogur *m* **1** Producto lácteo obtenido de la fermentación de la leche previamente concentrada. *Tb la ración individual envasada.* ■ **2 mal** ~. (*col*) *euf por* MALA LECHE.

yogurt → YOGHURT.

yogurtera *f* Aparato electrodoméstico con que se fabrica yogur.

yohimbina *f* (*Quím*) Alcaloide que se extrae de la corteza del árbol africano *Corynanthe yohimbe,* usado a veces en medicina para combatir la impotencia funcional.

yoísmo *m* (*lit*) Valoración exclusiva del yo.

yoísta *adj* (*lit*) Que tiene o muestra yoísmo. *Tb n, referido a pers.*

yola *f* Embarcación estrecha de remo o vela, ligera y de poco calado, empleada en regatas.

yoni *m* (*raro*) Órgano sexual femenino.

yonqui *m y f (jerg)* Heroinómano.

yóquey *(tb con la grafía* **yoquei)** *m* Jinete profesional de carreras de caballos.

york *m* Jamón de york (→ JAMÓN).

yoruba *(pl,* ~s *o* ~) **I** *adj* **1** [Individuo] de un pueblo africano que habita principalmente en las regiones costeras del suroeste de Nigeria. *Tb n.* **b)** De (los) yorubas. **II** *m* **2** Lengua de los yorubas [1a].

yotización *f (Ling)* Transformación de un sonido en yod.

yo-yo *(pronunc, /yoyó/) m* Juguete formado por dos discos unidos por un eje alrededor del cual se enrolla una cuerda, por la que se le hace subir y bajar.

ýpsilon, ypsilón → ÍPSILON.

yterbio → ITERBIO.

ytrio → ITRIO.

yuan *m* Unidad monetaria de la República Popular China.

yubarta *f* Cetáceo de unos 15 m de longitud, con grandes aletas pectorales y una prominencia adiposa en la región dorsal (*Megaptera nodosa*).

yuca *f* **1** Planta liliácea tropical de tallo arborescente, hojas largas y gruesas y flores blancas, de la que algunas especies se cultivan como ornamentales (gén. *Yucca,* esp. *Y. filamentosa* y *Y. gloriosa*). ■ **2** Mandioca.

yucateca *adj* Yucateco. *Tb n.*

yucateco -ca *adj* Del Yucatán (Méjico). *Tb n, referido a pers.*

yudo *m* Forma de jiu-jitsu practicada como deporte.

yudoka *m y f* Pers. que practica el yudo.

yugada *f* **1** Espacio de tierra de labor que puede arar una yunta en un día. *Tb su medida.* ■ **2** Medida agraria que en algunas regiones equivale a 50 fanegas o algo más de 32 hectáreas.

yugar *tr* Unir mediante el yugo [1]. *Tb fig.*

yugo *m* **1** Armazón de madera mediante la cual se unen por el cuello o la cabeza dos animales de tiro, y a la que van sujetos el timón del arado o la lanza del carro. **b)** *(lit)* Atadura u obligación. **c)** *(lit)* Dominio o autoridad. ■ **2** Armazón de madera unida a la campana y que sirve para voltearla. ■ **3** *(Rel catól)* Velo que se pone a los desposados en la misa de velaciones. ■ **4** *(Mar)* Madero transversal de los que se apoyan en el codaste y forman la popa.

yugoeslavo -va *adj* Yugoslavo. *Tb n.*

yugoslavo -va *adj* De Yugoslavia. *Tb n, referido a pers.*

yugulador -ra *adj (lit)* Que yugula².

yugular¹ *adj* **1** *(Anat)* De(l) cuello. **b)** [Vena] del cuello por la que retorna la sangre de la cabeza. *Frec n f.* ■ **2** [Yugo] que une los animales por el cuello.

yugular² *tr* **1** Degollar o cortar el cuello [a alguien (*cd*)]. ■ **2** *(lit)* Interrumpir o cortar bruscamente

[algo]. **b)** *pr* (~se) Interrumpirse o cortarse bruscamente [algo].

yuma *adj* [Individuo] de un pueblo indio de América del Norte hoy habitante de la zona de San Diego, en California. *Tb n.*

yunca *adj* [Individuo] de una gran familia indígena sudamericana habitante de las costas del Perú. *Tb n.*

yuncir *tr (reg)* Uncir.

yunga *m* Lengua de los indios de la región de las Yungas (Bolivia y Perú).

yunque *m* **1** Prisma de hierro acerado, de sección cuadrada, a veces con punta en uno de los lados, y que sirve para trabajar sobre él a martillo los metales. **b)** *A veces se usa en constrs de sent comparativo para ponderar la firmeza y resistencia en el trabajo o en las adversidades.* * Es resistente como un yunque. ■ **2** *(Anat)* Huesecillo del oído medio de los mamíferos, situado entre el martillo y el estribo. ■ **3** *(Mec)* Pieza que recibe los golpes de otra. ■ **4** *(Mús)* Instrumento de percusión semejante al yunque [1] o con sonido de yunque.

yunquerano -na *adj* De Yunquera de Henares (Guadalajara). *Tb n, referido a pers.*

yunta *f* Par de animales de tiro, esp. bueyes o mulas, empleados en las labores del campo.

yuntero *m* Criado que trabaja con una yunta. **b)** Hombre que posee una yunta y trabaja con ella a jornal.

yupi *interj (col)* Expresa júbilo. * Mañana tenemos fiesta. ¡Yupi!

yuppie *(ing; tb con la grafía* **yuppy;** *pronunc corriente, /yúpi/) (col)* **I** *m* **1** Joven ejecutivo muy emprendedor y de altos ingresos. **II** *m* **2** De(l) yuppie [1].

yuppismo *m* Actitud vital o género de vida de los yuppies [1].

yuppy → YUPPIE.

yurok *m* Lengua principal del grupo del samoyedo.

yusivo -va *adj (Gram)* Que expresa mandato.

yute *m* Planta originaria de la India, de la que se extrae una fibra textil muy empleada en la fabricación de cuerdas, sacos y objetos similares (*Corchorus capsularis* y *C. olitorius*). *Tb la fibra y el tejido obtenido a partir de ella.*

yutero -ra *adj* Del yute. *Tb n f, referido a industria.*

yuto -ta *adj (hist)* [Individuo] de una tribu germánica que se estableció en Gran Bretaña en el s. v. *Tb n.*

yuxtalineal *adj (lit)* [Traducción] dispuesta de modo que corresponda línea por línea con el original.

yuxtaposición *f* Acción de yuxtaponer.

yuxtaponer *(conjug 21) tr* Poner inmediatas [dos cosas, o una a otra]. **b)** *(Gram)* Unir [dos elementos] sin ninguna palabra de enlace.

yuyu *m* Brujería. *Frec en la loc* HACER ~.

Z

z → ZEDA y ZETA.

zabalmedina m (*hist*) *En las ciudades medievales:* Magistrado con jurisdicción civil y criminal en una ciudad.

zabazoque m (*hist*) *En las ciudades medievales:* Funcionario encargado de la vigilancia de los mercados.

zabazorta m (*hist*) *En las ciudades medievales:* Jefe de policía.

zaborrero -ra *adj* (*reg*) Chapucero.

zabra f (*hist*) Embarcación de dos palos usada en las costas del Cantábrico.

zaca *interj* (*col*) Zasca.

zacapela f (*raro*) Contienda o lucha.

zacapella f (*raro*) Contienda o lucha.

zacatín m (*reg*) Plaza o calle en que se vende ropa.

zafar *tr* **1** Desembarazar o librar [de algo]. *Frec el cd es refl. Tb sin compl, por consabido.* ■ **2** Soltar [algo enganchado o sujeto]. **b)** *pr* (**~se**) Soltarse [algo enganchado o sujeto].

zafarí *adj* [Variedad de higo] muy dulce.

zafarrancho m **1** (*Mil*) Limpieza general del cuartel o de otra dependencia. *Tb fig.* **b)** **~ de combate.** Conjunto de preparativos para el combate. *Tb el toque militar correspondiente. Tb fig. A veces se omite el compl por consabido.* ■ **2** (*col*) Lío o alboroto. ■ **3** (*col*) Destrozo grande.

zafiamente *adv* De manera zafia.

zafiedad f **1** Cualidad de zafio. ■ **2** Acción zafia.

zafio -fia *adj* [Pers.] tosca o sin finura. **b)** Propio de la pers. zafia.

zafir m (*lit*) Zafiro.

zafiro **I** m **1** Piedra fina, variedad azul del corindón. **II** *adj invar* **2** [Azul] transparente propio del zafiro [1].

zafra¹ f **1** Cosecha de caña de azúcar. **b)** *En gral:* Cosecha o recolección. ■ **2** Fabricación de azúcar.

Zafra². **llover más** (*o* **caer más agua**) **que cuando enterraron a ~.** *loc v* (*col*) Llover copiosamente.

zafrense *adj* Zafreño. *Tb n.*

zafreño -ña *adj* De Zafra (Badajoz). *Tb n, referido a pers.*

zaga **I** f **1** Parte trasera de algo, esp. de un carruaje. ■ **2** (*Fút, lit*) Línea defensiva. **II** *loc v* **3 ir**, *o* **andar**, [una pers. o cosa] **a la ~** [de otra]; *o* **irle**, *o* **andarle**, *o* **quedarse, a la ~,** *o* **en ~.** (*lit*) Quedarse detrás [de ella]. *Normalmente en sent fig y frec en constr neg.* **III** *loc adv* **4 a la ~.** (*lit*) Detrás.

zagal -la **A** m y f **1** (*lit o pop*) Muchacho. ■ **2** Pastor mozo que está a las órdenes del rabadán. **B** m **3** (*hist*) Mozo ayudante del mayoral en los carruajes de camino.

zagalón -na m y f (*lit o pop*) Muchacho alto y fuerte.

zaguán m *En una casa:* Pieza inmediata a la puerta de la calle y que sirve de entrada.

zaguanete m (*hist*) Aposento destinado a la guardia del rey.

zaguero -ra **I** *adj* **1** De atrás o de detrás. **b)** Retrasado. ■ **2** (*Fút, lit*) De la defensa. *Tb n m, referido a pers.* **II** m **3** (*Dep*) *En el juego de pelota:* Jugador que se coloca detrás.

zagüía f Ermita marroquí en que se halla la tumba de un santón.

zahareño -ña *adj* (*lit*) Arisco.

zaheridor -ra *adj* Que zahiere.

zaherimiento m Acción de zaherir.

zaherir (*conjug 60*) *tr* **1** Decir algo mortificante [a o contra alguien (*cd*)]. ■ **2** Echar en cara una acción [a alguien (*cd*)].

zahína f Planta gramínea cuyos granos se usan para alimento de las aves y para hacer pan (*Sorghum doura*). *Tb su semilla.*

zahinal m Terreno sembrado de zahína.

zahiriente *adj* Que zahiere.

zahón (*tb con la grafía* **zajón**, *en zonas de aspiración*) m Calzón abierto de cuero o paño que llega hasta media pierna y que los campesinos y cazadores se atan sobre el pantalón para protegerlo. *Más frec en pl.*

zahonero -ra m y f Pers. que fabrica o vende zahones.

zahora f (*reg*) Comilona o merienda de amigos.

zahorí m y f **1** Pers. que tiene la facultad de descubrir lo que está oculto bajo tierra, esp. agua. ■ **2** Pers. muy perspicaz o adivinadora.

zahoriar (*conjug 1a*) *tr* (*raro*) Escudriñar o pretender adivinar [algo].

zahorra *f* Piedra menuda que debidamente compactada se usa para pavimentos.

zahúrda *f* Pocilga. *Tb fig.*

zahurdón *m* (*reg*) Zahúrda.

zainamente (*tb* **zaínamente**) *adv* De soslayo o con recelo. *Con el v* MIRAR *u otro equivalente.*

zaino[1] -na (*tb* **zaíno**) *adj* Falso o que no es de fiar.

zaino[2] -na (*tb* **zaíno**) *adj* 1 [Caballería] de color castaño oscuro exclusivamente. ■ 2 [Res vacuna] de color negro exclusivamente. *Frec* NEGRO ~. ■ 3 Propio del animal zaino [1 y 2].

zaire *m* Unidad monetaria del Zaire.

zairense *adj* Zaireño. *Tb n.*

zaireño -ña *adj* Del Zaire. *Tb n, referido a pers.*

zairés -sa *adj* Zaireño. *Tb n.*

zajón → ZAHÓN.

zalagarda *f* 1 Lazo para cazar animales. ■ 2 Astucia maliciosa con que se procura engañar a otro. ■ 3 Alboroto.

zalamear *intr* Hacer zalamerías.

zalameramente *adv* De manera zalamera.

zalamería *f* Demostración afectada de cariño, amabilidad o simpatía.

zalamero -ra *adj* [Pers.] que hace zalamerías. *Tb fig, referido a animales.* **b)** Propio de la pers. zalamera.

zalea *f* Cuero de oveja o carnero, curtido de modo que conserva la lana.

zalear A *tr* 1 Mover [algo] de un lado a otro. B *intr* 2 Moverse [algo] de un lado a otro.

zalema *f* 1 Reverencia en muestra de sumisión. **b)** Reverencia que hacen los musulmanes ante el nombre de Dios o del monarca. ■ 2 Zalamería.

zalmedina *m* (*hist*) Zabalmedina.

zalona *f* Vasija grande de barro sin vidriar, de boca ancha y con una o dos asas.

zamac → ZAMAK.

zamacuco *m* (*raro*) Hombre tonto.

zamak (*n comercial registrado; tb con la grafía* **zamac**) *m* Aleación de cinc muy puro, con aluminio, cobre y magnesio.

zamarra *f* 1 Prenda a modo de chaqueta hecha de piel con su lana o pelo. *En gral designa prendas de abrigo a modo de chaqueta.* ■ 2 (*reg*) Delantal grande usado en la siega.

zamarrear *tr* Sacudir [a alguien] a un lado y a otro. *Tb fig.*

zamarreta *f* (*raro*) Chamarreta.

zamarriego -ga *adj* De Zamarramala (Segovia). *Tb n, referido a pers.*

zamarro *m* Zamarra.

zamarrón *m* 1 Prenda de abrigo a modo de chaquetón. ■ 2 (*reg*) Máscara de carnaval.

zambear *intr* Andar como zambo.

zambés -sa *adj* Zambiano. *Tb n.*

zambiano -na *adj* De Zambia. *Tb n, referido a pers.*

zambio -bia *adj* Zambiano. *Tb n.*

zambo -ba I *adj* 1 [Pers.] que tiene juntas las rodillas y separadas hacia fuera las piernas. **b)** [Pie o pierna] deformes, propios de la pers. zamba. ■ 2 [Pers.] hija de negro e india o de indio y negra. *Frec n.* II *m* 3 Mono de cola larga y prensil y pelaje pardo amarillento (*Ateles hybridus*).

zamboa *f* (*reg*) Membrillo (fruta).

zamboangueño *m* Chabacano (dialecto filipino).

zambomba I *f* 1 Instrumento musical rústico constituido por un cilindro abierto por un extremo y cerrado por el otro con una piel tirante a la que va sujeto, a manera de mástil, un carrizo, el cual, frotado con la mano, produce un sonido ronco. II *interj* (*col*) 2 *Manifiesta sorpresa.* * ¡Zambomba! ¡Me dejas de piedra!

zambombazo *m* (*col*) 1 Explosión. ■ 2 Éxito clamoroso. ■ 3 (*Fút*) Disparo fuerte. ■ 4 Golpe fuerte.

zambombero -ra *m y f* Pers. que fabrica o vende zambombas [1].

zambombo *m* (*col*) Hombre rudo o poco inteligente.

zamborotudo -da *adj* (*raro*) [Pers.] tosca.

zambra *f* 1 Fiesta de los gitanos andaluces con baile y cante. ■ 2 Género de canción popular andaluza de inspiración gitana. *Tb su baile.* ■ 3 (*col*) Enfrentamiento o pelea ruidosos.

zambullida *f* Acción de zambullir(se).

zambullir (*conjug* 53) *tr* Meter [a alguien o, raro, algo] con ímpetu bajo la superficie del agua. *Frec el cd es refl.* **b)** Meter [a alguien o, raro, algo] con ímpetu [en un medio o en una actividad]. *Frec el cd es refl.*

zambullo *m* Orinal grande.

zamburiña *f* (*reg*) Marisco bivalvo semejante a la vieira, pero más pequeño (*Chlamys varia*).

zamoranismo *m* Condición de zamorano, esp. amante de lo zamorano.

zamorano -na *adj* De Zamora. *Tb n, referido a pers.*

zampa *f* (*col*) Comida.

zampabollos *m y f* (*humoríst*) Pers. glotona.

zampalimosnas *m y f* (*lit, raro*) Pers. pedigüeña.

zampar *tr* (*col*) 1 Devorar. *Tb abs. Tb fig. Frec con compl de interés.* ■ 2 Meter de improviso [en un sitio]. *Normalmente el cd es refl.* ■ 3 Decir de improviso.

zampatortas *m y f* (*humoríst*) Pers. torpe y ruda. *Tb adj.*

zampón -na *adj* (*col*) Comilón o tragón. *Tb n.*

zampoña *f* 1 Instrumento músico rústico semejante a la flauta, o compuesto de muchas flautas. ■ 2 Zanfoña.

zampullín *m* Ave palmípeda semejante al somormujo, de pico recto y alas pequeñas, y que efectúa inmersiones de bastante duración (*Podiceps ruficollis*). *Tb* ~ CHICO *o* COMÚN. *Otras especies se distinguen por medio de compls o adjs:* DE CUELLO ROJO, DE CUELLO NEGRO, CUELLIRROJO *o* CUELLINEGRO.

zamuro *m* Aura (ave).

zanahoria *f* Planta herbácea anual, de la familia de las umbelíferas, caracterizada por su raíz fusiforme, amarilla o rojiza, jugosa y comestible (*Daucus carota* y *D. carota sativa*). *Más frec su raíz.*

zanate *m* Pájaro americano, de plumaje negro y que se alimenta de semillas (*Quiscalus macrurus*).

zanca I *f* 1 (*humoríst*) Pierna, esp. larga. ■ 2 Pieza de hormigón armado o metálica que sirve para afirmar un poste.
    II *loc v* 3 **echarle** [a alguien] **la ~.** (*col*) Aventajar[le]. ■ 4 **pisarle** [a alguien] **las ~s.** (*col*) Ir inmediatamente detrás [de él].

zancada I *f* 1 Paso largo. *Tb fig.*
    II *loc adv* 2 **en dos ~s.** (*col*) En un rato breve de caminar a pie.

zancadilla *f* 1 Acción de cruzar uno su pierna con la de otro que anda, para derribarle. *Frec en la constr* PONER, *o* ECHAR, LA ~. ■ 2 Estratagema para desbancar o echar abajo a alguien o algo.

zancadillazo *m* Zancadilla violenta.

zancadillear *tr* Poner la zancadilla [a alguien o algo (*cd*)].

zancado *adj* [Salmón] que baja flaco y sin fuerzas al mar, después del desove. *Tb n.*

zancajear *intr* (*col*) Andar mucho de un lado para otro.

zancajo (*col*) I *m* 1 Talón (parte del pie, o de la media o calcetín).
    II *loc v* 2 **morder,** *o* **roer, los ~s** [a alguien]. Murmurar o hablar mal [de él].

zancarrón *m* Hueso grande y descarnado. *Tb fig.*

zanco *m* 1 Palo alto de los dos que, con apoyos para afirmar los pies, se usan en juegos y danzas populares. **b)** Pierna muy larga. *Con intención ponderativa.* ■ 2 Pilar o pie derecho.

zancochar (*tb con la grafía* **sancochar**, *en zonas de seseo*) *tr* (*reg*) 1 Guisar sin esmero. *Tb fig. Tb abs.* ■ 2 Cocer.

zancocho (*tb con la grafía* **sancocho**, *en zonas de seseo*) *m* (*reg*) 1 Arrope que se obtiene de la cocción a fuego lento del mosto. ■ 2 Guiso típico canario compuesto de pescado salado, patatas y batatas cocidas.

zancudo -da *adj* 1 (*col*) Que tiene las piernas largas. ■ 2 [Ave] que tiene los tarsos muy largos y la parte inferior de la pierna desprovista de plumas. *Tb n f en pl, designando este taxón zoológico.*

zanfona *f* Zanfoña.

zanfoña *f* Instrumento músico de cuerdas frotadas por una rueda de madera y sobre las que se actúa mediante un teclado.

zanga *f* (*reg*) Palo largo que lleva, articulado con una correa, otro más corto, y que se emplea para varear las encinas.

zanganada *f* (*col*) Hecho o dicho torpe o desacertado.

zanganear *intr* (*col*) 1 Andar vagando de una parte a otra. ■ 2 Holgazanear.

zanganeo *m* (*col*) Acción de zanganear.

zanganería *f* (*col*) Condición de zángano [1 y 2].

zángano -na A *m y f* (*col*) 1 Pers. que vive a costa de otros. ■ 2 Pers. holgazana. *Tb adj.*
    B *m* 3 Macho de la abeja. **b)** Macho de la hormiga roja.

zangarriana *f* (*reg*) Dejadez o apatía.

zangarullón *m* (*reg, desp*) Muchacho ocioso u holgazán.

zangolotear (*col*) A *intr* 1 Moverse [una pers.] de una parte a otra sin propósito determinado. ■ 2 Moverse [algo] por estar flojo o mal encajado.
    B *tr* 3 Mover [algo] de manera continua y violenta.

zangolotino -na *adj* (*col, desp*) [Muchacho] cuya mentalidad y comportamiento son todavía propios de niño. *Frec siguiendo a* NIÑO. *Tb n.*

zangón -na *adj* (*reg, desp*) Muchacho holgazán.

zangonero -ra *adj* (*reg, desp*) Que anda vagando de un lado a otro.

zanguango -ga *adj* (*col*) Holgazán. *Tb n. A veces se usa como insulto gral.*

zanja *f* Excavación alargada en la tierra.

zanjador -ra *adj* Que abre zanjas. *Tb n f, designando máquina.*

zanjar *tr* Resolver de manera expeditiva [una discusión o una dificultad].

zanjeo *m* Operación de abrir zanjas.

zanjón *m* Hondonada.

zanquear *intr* (*col*) Andar mucho y con prisa de una parte a otra.

zanqueo *m* (*col*) Acción de zanquear.

zanquilargo -ga *adj* (*col*) De piernas largas.

zanquillas (*tb* **zanquilla**) *m y f* (*col*) Pers. de piernas cortas.

zapa I *f* 1 Acción de zapar. *Tb su efecto.*
    II *loc adj* 2 **de ~.** Que se hace solapadamente. *Normalmente con los ns* LABOR *o* TRABAJO.

zapador -ra I *adj* 1 Excavador. **b)** (*Zool*) [Mamífero] que hace vida subterránea abriendo galerías en el suelo.
    II *m* 2 Soldado destinado a obras de excavación.

zapapico *m* Herramienta con mango de madera, punta en un extremo y corte estrecho en el otro, que se usa para excavar y demoler.

zapar *tr* Excavar. *Tb abs.*

záparo -ra *adj* [Individuo] de un pueblo indio habitante de la región del Tigre y el Napo en Ecuador y Perú. *Frec n.*

zaparrastroso -sa *adj* (*col, raro*) Zarrapastroso.

zapata *f* 1 Solera o piedra plana puesta en el suelo para servir de apoyo a un pie derecho u otro elemento de construcción. ■ 2 (*Arquit*) Pieza puesta horizontalmente sobre la cabeza de un pie derecho o de una columna para ofrecer más base de sustentación a lo que va encima. **b)** Pieza horizontal de soporte. ■ 3 (*Mec*) Pieza del freno, que se aplica sobre la superficie interna del tambor o sobre los lados del disco. ■ 4 (*Font*) Pieza de cuero o goma que se pone en los grifos. ■ 5 (*Mar*) Pieza de madera dura que protege la quilla de un barco de madera. ■ 6 (*hist*) Calzado que llega a media pierna.

zapatazo I *m* 1 Golpe dado con un zapato. **b)** Puntapié. *Tb fig.*
    II *loc adv* 2 **a ~s.** (*col*) Despóticamente o sin consideración. *Gralm con el v* TRATAR.

zapateado *m* Baile español de movimiento muy vivo y que se ejecuta con taconeo. *Tb la música compuesta para este baile. Tb fig.*

zapatear A *intr* **1** Bailar golpeando el suelo con los pies. *Tb fig.*
B *tr* **2** Bailar [algo] zapateando [1]. ■ **3** (*raro*) Golpear con el zapato. *Frec fig.*

zapateo *m* Acción de zapatear [1].

zapatería *f* **1** Tienda o taller del zapatero [3]. ■ **2** Oficio de zapatero [3]. ■ **3** Industria del calzado.

zapatero -ra I *adj* **1** De (los) zapatos, o de(l) calzado en gral. ■ **2** (*col*) [Legumbres] que quedan medio crudas por haberles echado agua fría cuando se estaban cociendo. **b)** [Comida] que queda correosa por haber sido guisada hace mucho tiempo.
II *n* A *m y f* **3** Pers. que tiene por oficio hacer o vender calzado. **b)** Pers. que tiene por oficio arreglar calzado. *Tb ~ REMENDÓN o DE VIEJO.*
B *m* **4** Mueble o utensilio para guardar calzado. ■ **5** Tejedor (insecto). ■ **6** (*reg*) Se da este *n* a varios insectos coleópteros. ■ **7** (*reg*) Japuta (pez).
C *f* **8** Bolsa o estuche para guardar calzado.

zapateta *f* Golpe dado en un pie o en un zapato con el otro, al mismo tiempo que se brinca.

zapatiesta *f* (*col*) Trapatiesta.

zapatilla *f* **1** Pieza de calzado ligera y cómoda que, fabricada con diversos materiales y formas, se usa para estar en casa o para actividades deportivas o artísticas. ■ **2** Paramecio. ■ **3** (*reg*) Pez de estero, comestible, semejante a la mojarra.

zapatillazo *m* Golpe dado con una zapatilla [1].

zapatino. ~s de la Virgen. *m pl* (*reg*) Planta herbácea de flores amarillas en cabezuela, frecuente en pastizales y lugares incultos (*Lotus corniculatus*).

zapato I *m* **1** Pieza de calzado que cubre únicamente el pie, normalmente de cuero y con suela rígida.
II *loc v* **2** **saber** [alguien] **dónde le aprieta el ~.** (*col*) Tener idea clara de lo que desea o le conviene.
III *loc adv* **3** **como niño** (o **chico**) **con ~s nuevos.** (*col*) Se usa para ponderar la satisfacción por algo que se ha obtenido. * Está como chico con zapatos nuevos con su coche.

zapatón *m* Zapato grande y tosco.

zapatudo -da *adj* [Animal] de casco o pezuña muy grande.

zape[1] *m* (*col*) Marica (hombre homosexual o afeminado). *Tb adj.*

zape[2] *m* (*reg*) Palo que lleva en la punta un anzuelo para cobrar peces grandes.

zapear *intr* Hacer zapping.

zapeo *m* Zapping.

zapirón *m* (*col*) Zape[1]. *Tb adj.*

zapita *f* (*reg*) Vasija a modo de jarra, que se emplea esp. para ordeñar.

zapote *m* Árbol americano de flores rojizas en racimos y fruto en forma de manzana, dulce y aguanoso, con una semilla gruesa, negra y lustrosa (*Achras sapota*). *Tb su fruto.*

zapoteca *adj* [Indio] mejicano del estado de Oaxaca. *Tb n.* **b)** De (los) indios zapotecas.

zapping (*ing; pronunc corriente, /θápin/*) *m* Cambio reiterado y frecuente de canal de televisión mediante el mando a distancia.

zaque *m* (*reg*) Recipiente de cuero con que se saca agua de un pozo.

zaquizamí *m* (*lit*) Cuarto pequeño e incómodo.

zar, zarina (*hist*) A *m y f* **1** Emperador de Rusia. *Tb fig.* ■ **2** Rey de Bulgaria.
B *f* **3** Esposa del zar [1 y 2].

zarabanda *f* **1** Alboroto o confusión. ■ **2** (*hist*) Danza cortesana de los ss. XVII y XVIII, de ritmo solemne, que suele constituir uno de los movimientos de la suite clásica. *Tb su música.*

zaragata *f* (*col*) Alboroto o pendencia.

zaragatero -ra *adj* (*col*) **1** Zalamero. ■ **2** Enredador o bromista.

zaragatona *f* Planta herbácea de la familia del llantén, cuyas semillas, cocidas, dan una sustancia mucilaginosa usada en medicina (*Plantago psyllium*).

zaragozano -na *adj* De Zaragoza. *Tb n referido a pers.*

zaragüelles *m pl* **1** Calzones anchos y con pliegues, que forman parte del traje regional valenciano. **b)** (*desp, raro*) Pantalones. ■ **2** Calzoncillos blancos que asoman por debajo del calzón en el traje regional aragonés. ■ **3** Planta gramínea de cañas débiles y flores en panoja compuesta de espiguillas colgantes (*Bromus tectorum*).

zarajo *m* (*reg*) Trenzado de tripas de cordero, que se conserva colgado al humo.

zaramagullón *m* Somorgujo (ave).

zarampaña *f* (*reg*) Red para cazar perdices.

zaranda *f* Criba o harnero.

zarandaja *f* (*desp*) Cosa menuda y sin importancia. *Normalmente en pl.*

zarandalí *adj* (*reg*) [Palomo] pintado de negro.

zarandear A *tr* **1** Agitar o sacudir [a alguien o algo] de un lado a otro. *Tb fig.*
B *intr pr* (*~se*) **2** (*reg*) Contonearse.

zarandeo *m* Acción de zarandear(se).

zarandillo (*col*) I *m* **1** Pers. sumamente viva e inquieta.
II *loc adv* **2** **como un ~.** Yendo constantemente de un lado para otro. *Frec con los vs* ANDAR, TRAER o LLEVAR.

zarandón *m* Zaranda grande.

zarangollo *m* (*reg*) Pisto (guiso).

zarapito *m* Ave zancuda de pico largo y arqueado y plumaje gralm. jaspeado de negro y ocre (gén. *Numenius*). *Frec con un adj especificador:* REAL (*N. arquata*), TRINADOR (*N. phaeopus*), FINO (*N. tenuirostris*).

zaratán *m* (*raro*) Cáncer de mama.

zarauzarra *adj* De Zarauz (Guipúzcoa). *Tb n, referido a pers.*

zarauztarra *adj* De Zarauz (Guipúzcoa). *Tb n, referido a pers.*

zarazas *f pl* Masa formada por una mezcla de sustancias venenosas y cuerpos punzantes, destinada a matar animales.

zarcear *intr* **1** Entrar [el perro] en los zarzales para buscar o echar fuera la caza. *Tb fig.* ■ **2** Ir o moverse continuamente de una parte a otra.

zarceño -ña *adj* De Zarza Capilla o de Zarza de Alange (Badajoz), o de Zarza de Granadilla, de Zarza de Montánchez o de Zarza la Mayor (Cáceres). *Tb n, referido a pers.*

zarcera *f (reg)* Respiradero abierto en una bodega para su ventilación.

zarcero -ra I *adj* **1** [Curruca] zarcera → CURRUCA.
II *m* **2** Pájaro de pequeño tamaño, de plumaje pardo en el dorso y amarillo en la parte inferior, que frecuenta los setos o la vegetación densa (*Hippolais polyglotta*). *Otras especies del mismo gén se distinguen por medio de adjs*: ESCITA, GRANDE, ICTERINO, PÁLIDO.

zarcillo *m* **1** Pendiente en forma de aro. ■ **2** (*Bot*) Órgano voluble de las plantas trepadoras mediante el cual estas se fijan a un soporte o a otra planta. ■ **3** (*Zool*) Filamento de que disponen algunos equinodermos para adherirse al suelo.

zarco -ca *adj* **1** Azul claro. ■ **2** [Caballo] que tiene incoloro el iris del ojo. *Tb se dice del mismo ojo.*

zarda → CZARDA.

zarevitz (*tb* **zarevich** *y* **zarevitch**) *m (hist)* Hijo primogénito del zar. *Tb fig.*

zarigüeya *f* Mamífero marsupial americano, muy trepador y de cola prensil (gén. *Didelphis*, esp. *D. marsupialis* y *D. azarae*).

zarina → ZAR.

zarismo *m (hist)* Régimen de los zares.

zarista *adj (hist)* De(l) zar o de(l) zarismo. **b)** Partidario del zar o del zarismo. *Tb n.*

zarpa I *f* **1** Mano o pie de animal, con uñas capaces de herir o de agarrar. ■ **2** (*col, humoríst*) Mano, esp. de la pers. codiciosa o rapaz. ■ **3** Pieza del cepo de caza, armada de dientes para agarrar a la presa.
II *loc v* **4 echar la ~** [a algo]. (*col*) Agarrar[lo], o adueñarse [de ello], violentamente.

zarpar *intr* **1** Salir [un barco] del lugar en que estaba fondeado o atracado. *Tb fig.* ■ **2** Salir [alguien] embarcado.

zarpazo *m* Golpe dado con la zarpa [1]. *Tb fig.*

zarracatín *m (raro)* Hombre que compra regateando, para después vender caro.

zarragón *m (reg)* Hombre vestido grotescamente que acompaña o dirige la danza.

zarrapastrear *intr (reg)* Arrastrar los pies.

zarrapastreo *m (reg)* Acción de zarrapastrear.

zarrapastro *m (col)* Pers. desaseada o desaliñada.

zarrapastroso -sa *adj (col)* Desaseado o desaliñado. *Tb fig. Tb n, referido a pers.* **b)** *A veces, más o menos vacío de significado, se usa como insulto.* * Es un imbécil y un zarrapastroso.

zarrapito. ni ~(s). *loc pr (reg)* Nada.

zarrapo *m (reg)* Sapo o escuerzo.

zarrio *m (reg, desp)* Pingajo.

zarrioso -sa *adj (reg, desp)* Sucio o desaseado.

zarza *f* Arbusto espinoso de la familia de las rosáceas, cuyo fruto es la mora (*Rubus fruticosus*). *Tb se da este n a otras especies afines.*

zarzagán *m* Cierzo muy frío.

zarzal *m* **1** Conjunto de zarzas. ■ **2** (*raro*) Zarza.

zarzamora *f* **1** Fruto de la zarza. ■ **2** Zarza.

zarzaparrilla *f* **1** Arbusto de la familia de las liliáceas, con tallos volubles y espinosos y fruto en baya (gén. *Smilax*). *A veces con un compl especificador*: DE ESPAÑA *o* DEL PAÍS (*S. aspera*), DE INDIAS (*S. havanensis*). *Tb su raíz.* **b) ~ de Alemania.** Planta vivaz propia de dunas y arenales, cuyo rizoma se usa en medicina (*Carex arenaria*). ■ **2** Bebida refrescante preparada con las raíces de zarzaparrilla [1a].

zarzareta *f (reg)* Ave palmípeda de menor tamaño que el pato.

zarzarrosa *f* Escaramujo (planta). *Tb su flor.*

zarzo *m* **1** Tejido de varas, cañas, mimbres o juncos que forma una superficie plana. ■ **2** (*reg*) Aguilón (techo de la carbonera).

zarzuela *f* **1** Obra dramática musical en que alternan partes cantadas y recitadas. *Tb su letra y su música. Tb el género correspondiente.* ■ **2** Plato a base de pescados y mariscos variados.

zarzuelero -ra I *adj* **1** De (la) zarzuela [1]. *A veces dicho con intención desp, aludiendo al carácter popular y ligero de este género.* ■ **2** Aficionado a la zarzuela [1]. *Tb n.*
II *m* **3** Autor de zarzuelas [1].

zarzuelesco -ca *adj* Zarzuelero [1].

zarzuelista *m* Compositor de zarzuelas [1].

zarzuelístico -ca *adj (lit)* De (la) zarzuela [1].

zas *interj (col)* **1** *Se usa para imitar el ruido de un golpe o de algo similar.* * Se dejó llevar y, ¡zas, zas!, le dio dos tortas. ■ **2** *Se usa para denotar el carácter súbito o por sorpresa de un hecho.* * Llegó bromeando y, ¡zas!, se quedó tieso.

zasca *interj (col)* Zas.

zascandil -la *m y f (col)* Pers. ligera y sin formalidad, frec. enredadora. *Tb adj.*

zascandilear *intr (col)* Moverse de un lado para otro sin utilidad o enredando.

zascandileo *m (col)* Acción de zascandilear.

zaya *f (reg)* Caz del molino.

zeda *f* Zeta[1] [1].

zéjel *m (TLit)* Composición poética medieval, formada por un estribillo inicial y por una serie de estrofas de tres versos monorrimos seguidos de otro verso, que rima con el estribillo, y de la repetición de este.

zejelesco -ca *adj (TLit)* De(l) zéjel.

zelota, zelote → CELOTA, CELOTE.

zen (*Rel*) I *m* **1** Forma de budismo que da especial importancia a la meditación y a la intuición. *A veces en aposición.*
II *adj invar* **2** Del zen [1].

zenit → CENIT.

zeolita *f (Mineral)* Silicato natural hidratado, cuyos yacimientos se encuentran sobre todo en las cavidades de las lavas.

zeolítico -ca *adj (Mineral)* De (las) zeolitas.

zepelín (*tb con la grafía* **zeppelín**) *m* Globo dirigible rígido, de forma alargada, que se usó en el primer tercio del s. XX.

zeta[1] (*tb con la grafía* **ceta**) **I** *f* **1** Última letra del alfabeto (*z*, *Z*), que en español corresponde al fonema /θ/. (V. PRELIM.) *Tb el fonema representado por esta letra.*
II *adj invar* **2** [Vehículo] policial destinado a patrullar por las calles. *Tb n m.*

zeta[2] *f* Letra del alfabeto griego que representa el sonido [θ].

zeugma *m* (*TLit*) Forma de expresión que consiste en hacer que un término, explícito una sola vez, sea, a un tiempo, válido, en ocasiones con distintos sentidos, para dos o más enunciados.

zidovudina *f* (*Med*) Sustancia antivírica utilizada en el tratamiento del sida.

ziggurat → ZIGURAT.

zigofilácea (*tb con la grafía* **cigofilácea**) *adj* (*Bot*) [Planta] dicotiledónea, herbácea o leñosa, de la familia del abrojo, propia de climas cálidos. *Frec como n f en pl, designando este taxón botánico.*

zigomático → CIGOMÁTICO.

zigomorfo -fa (*tb con la grafía* **cigomorfo**) *adj* (*Bot*) [Órgano o parte de él] que tiene simetría bilateral.

zigospora *f* (*Bot*) Zigoto de ciertas algas.

zigote *m* (*Bot*) Zigoto.

zigoto (*tb con la grafía* **cigoto**) *m* (*Bot*) Óvulo fecundado, resultante de la unión de los gametos.

ziguelina *f* (*Mineral*) Cuprita.

zigurat (*tb, raro, con la grafía* **ziggurat**; *pl normal*, ~s) *m* (*hist*) Construcción religiosa en forma de torre escalonada, propia de la cultura mesopotámica.

zigzag (*tb con la grafía* **zig-zag**; *pl normal*, ~s o ZIGZAGUES) *m* Línea quebrada cuyos segmentos forman alternativamente ángulos entrantes y salientes. *Frec en la constr* EN ~.

zigzagueante *adj* Que zigzaguea.

zigzaguear *intr* Formar o trazar una figura de zigzag.

zigzagueo *m* Acción de zigzaguear.

zimbabuo -bua *adj* De Zimbabue o Rodesia. *Tb n, referido a pers.*

zimógeno → CIMÓGENO.

zinc, **zincado**, **zincar** → CINC, CINCADO, CINCAR.

zíngaro -ra *adj* Gitano. *Tb n, referido a pers. Se dice normalmente solo de los gitanos no españoles.*

zinnia (*tb con las grafías* **zinia** *y* **cinia**) *f* Planta ornamental de la familia de las compuestas, con flores grandes y dobles de diverso color (*Zinnia elegans*).

zipizape *m* (*col*) Alboroto causado por una discusión o pelea.

zloty (*pol*; *tb con la grafía* **zloti**; *pronunc corriente*, /(e)slóti/) *m* Unidad monetaria de Polonia.

zócalo *m* **1** Friso o franja que se coloca o se pinta en la parte inferior de una pared. **b)** Franja en la parte inferior de una cosa. ■ **2** (*Arquit*) Cuerpo inferior de un edificio, que sirve para elevar los basamentos a un mismo nivel. *Tb fig.* ■ **3** (*Arquit*) Parte inferior de un pedestal. ■ **4** (*Geol*) Plataforma costera submarina. *Frec* ~ CONTINENTAL. ■ **5**

(*Electr*) Parte fija en que se introducen enchufes, tubos u otros elementos eléctricos o electrónicos.

zocatear *tr* (*raro*) Poner zocato [2]. *Tb fig.*

zocatería *f* (*col*) Condición de zocato [1].

zocato -ta *adj* **1** (*col*) [Pers.] zurda. *Tb n.* ■ **2** [Fruto] que se pone amarillo y acorchado sin madurar.

zoco[1] *m* En *países musulmanes:* Mercado al aire libre. *Tb el lugar donde habitualmente se celebra.* **b)** (*desp*) *En gral:* Mercado callejero.

zoco[2] **-ca** *adj* (*raro*) [Pers. o mano] zurda. *Tb n f, referido a mano.*

zoco[3] *m* (*reg*) Abrigo o resguardo.

zodiacal *adj* **1** Del zodiaco. ■ **2** [Luz] vaga, de aspecto fusiforme, que a veces, en primavera y otoño, sigue al ocaso o precede a la puesta del Sol.

zodiaco (*frec escrito con inicial mayúscula*; *tb* **zodíaco**) *m* Zona o faja celeste por el centro de la cual pasa la eclíptica y que comprende los doce signos o constelaciones que recorre el Sol en su curso anual aparente. **b)** Representación del zodiaco en forma de círculo dividido en doce sectores.

zoea *f* (*Zool*) Forma larvaria de los crustáceos superiores.

zoético -ca *adj* (*lit*) De (la) vida animal.

zofra[1] *f* (*reg*) Hacendera (prestación personal).

zofra[2] *f* (*reg*) Correa que, apoyada en el sillín de la caballería, sostiene las varas del carro.

zoidiócoro -ra *adj* (*Bot*) [Dispersión de las semillas] producida por los animales.

zoidiógamo -ma *adj* (*Bot*) [Planta o flor] que se poliniza por medio de los animales.

zoilo *m* (*lit*) Crítico injusto y malintencionado.

zoleta *f* (*reg*) Azada pequeña.

zollipar *intr* (*raro*) Sollozar hipando.

zollipo *m* (*raro*) Sollozo con hipo.

zombi **I** *m* **1** *En las creencias populares antillanas:* Espíritu sobrenatural que reanima a un cadáver. *Tb el cadáver reanimado. Frec se usa en constrs de sent comparativo para referirse a una pers que actúa como un autómata o como un sonámbulo.* * ¿Estás zombi o qué?
II *adj invar* **2** De (los) zombis [1].

zombie (*ing*; *pronunc corriente*, /θómbi/) *m* Zombi. *Tb adj.*

zombismo *m* Fenómeno de los zombis [1].

zona[1] *f* **1** Extensión de espacio o de terreno caracterizada por determinadas circunstancias. ■ **2** Demarcación territorial. **b)** ~ **verde.** Terreno urbano destinado a parques o arbolado. **c)** ~ **azul.** Sector urbano en que está limitado el tiempo de aparcamiento. ■ **3** Parte de una superficie. **b)** Parte de las cinco en que se considera dividida la superficie terrestre por los trópicos y los círculos polares. **c)** Parte de la superficie de la esfera, comprendida entre dos planos paralelos. ■ **4** (*Dep*) *En determinados deportes de pelota:* Parte del campo en que uno o más jugadores deben desarrollar su acción.

zona[2] *f* (*Med*) Herpes zóster.

zonación *f* (*Ecol*) Distribución de la fauna y flora en zonas[1] [1].

zonal *adj* De (la) zona[1], *esp* [2].

zonalmente *adv* En el aspecto zonal.

zonga *f (reg)* Comilona.

zonificación *f* Acción de zonificar. *Tb su efecto.*

zonificar *tr* Dividir [un terreno] en zonas[1] [2] con arreglo a su utilización.

zonzo -za *adj* Tonto o que aparenta serlo. *Tb n, referido a pers.*

zoo *m* Parque zoológico.

zooclorela *f (Bot)* Alga unicelular de color verde, que vive en simbiosis con animales acuáticos inferiores.

zoócoro -ra *adj (Bot)* [Dispersión de las semillas] producida por animales.

zoofilia *f (lit)* **1** Bestialidad o bestialismo. ■ **2** Amor a los animales.

zoofílico -ca *adj (lit)* **1** De (la) zoofilia. ■ **2** Que siente zoofilia [2].

zoofobia *f (lit)* Odio a los animales.

zoógeno -na *adj (E)* De origen animal.

zoografía *f (Zool)* Parte de la zoología que tiene por objeto la descripción de los animales.

zoográfico -ca *adj (Zool)* De (la) zoografía.

zoógrafo -fa *m y f (Zool)* Especialista en zoografía.

zoohormona *f (Biol)* Hormona animal.

zooide *m (Zool)* Individuo de una colonia de celentéreos.

zoolatría *f (Rel)* Culto a los animales. *Frec fig.*

zoología *f* Rama de las ciencias naturales que tiene por objeto el estudio de los animales.

zoológico -ca **I** *adj* **1** De (la) zoología. **II** *m* **2** Parque zoológico (→ PARQUE).

zoólogo -ga *m y f* Especialista en zoología.

zoom (*ing; pronunc corriente*, /θum/ o /sum/; *pl normal*, ~s) *m* Objetivo fotográfico o cinematográfico que permite pasar de un plano general a un primer plano sin mover la cámara.

zoomórfico -ca *adj (lit)* De forma de animal.

zoomorfo -fa *adj (lit)* De forma de animal.

zoónimo *m (Ling)* Denominación de animal.

zoonosis *f (Med)* Enfermedad transmitida al hombre por animales.

zooplancton *m (Biol)* Plancton animal, constituido por pequeños crustáceos y larvas acuáticas.

zoopsicología *f (Zool)* Psicología animal.

zoosemiótica *f (Zool)* Estudio de los sistemas de comunicación de los animales.

zoospora *f (Bot)* Espora dotada de órganos filiformes a modo de flagelos, que le sirven para desplazarse.

zootecnia *f (Zool)* Estudio científico de la cría de los animales domésticos.

zootécnicamente *adv (Zool)* En el aspecto zootécnico [1].

zootécnico -ca (*Zool*) **I** *adj* **1** De (la) zootecnia. **II** *m y f* **2** Especialista en zootecnia.

zootecnista *m y f (Zool)* Zootécnico [2].

zoótropo (*tb* **zootropo**) *m (hist)* Aparato que al girar produce la ilusión de que se mueven las figuras dibujadas en él.

zooxantela *f (Bot)* Alga unicelular de color pardo, que vive en simbiosis con animales acuáticos inferiores.

zopenco -ca *adj (col)* [Pers.] bruta o de pocos alcances. *Frec n.*

zopetero *m (reg)* Porción de tierra en declive.

zopilote *m* Aura (ave).

zopo -pa *adj (raro)* **1** [Pie o mano] torcidos o contrahechos. ■ **2** Que tiene los pies o las manos torcidos.

zoque *m (reg)* Variedad de gazpacho.

zoqueta *f* Pieza de madera, a modo de guante, con que el segador resguarda del corte de la hoz los dedos de la mano izquierda.

zoquete *m* **1** Pedazo grueso [de pan]. ■ **2** (*col*) Pers. bruta o de pocos alcances. *Tb adj.* ■ **3** (*reg*) Pieza de madera que sirve de freno en el carro.

zoquetero -ra *adj (raro)* [Pers.] que anda recogiendo zoquetes o mendrugos de pan. *Tb n.*

zoquetudo -da *adj (raro)* Basto y mal hecho. *Usado a veces como insulto.*

zorcico (*tb con la grafía* **zortzico**) *m* Composición musical popular del País Vasco, en compás de cinco por ocho. *Tb la letra y el baile que la acompañan.*

zoritano -na *adj* De Zorita de los Canes (Guadalajara). *Tb n, referido a pers.*

zoriteño -ña *adj* De Zorita (Cáceres). *Tb n, referido a pers.*

zoroastra *adj (Rel)* Zoroástrico.

zoroastriano -na *adj (Rel)* Zoroástrico. *Tb n, referido a pers.*

zoroástrico -ca *adj (Rel)* Del zoroastrismo. **b)** Adepto al zoroastrismo. *Tb n.*

zoroastrismo *m (Rel)* Religión fundada por Zoroastro o Zaratustra, que afirma la existencia de dos principios divinos, uno bueno y otro malo.

zorongo *m* Se da este *n* a cierto baile andaluz y canario. *Tb la música y la letra que lo acompañan.*

zorra[1] → ZORRO.

zorra[2] *f (reg)* **1** Carro bajo de dos ruedas capaz de transportar pesos grandes. ■ **2** Grúa de automóviles.

zorrastrón *m (col, desp)* Zorra[1] (→ ZORRO [2 y 5]).

zorrazo *m* Golpe dado con los zorros (instrumento para sacudir el polvo).

zorrear **A** *intr* **1** Cazar zorras[1] (→ ZORRO [4]). **B** *tr* **2** (*col, raro*) Tener trato carnal [con una zorra[1] (*cd*) (→ ZORRO [2 y 5])].

zorrería *f (col)* **1** Cualidad de zorro [1]. ■ **2** Acción propia de una pers. zorra[1] (→ ZORRO [1]).

zorrero -ra **I** *adj* **1** De (la) zorra[1] (→ ZORRO [4]). **b)** [Perro] utilizado en la caza de zorras[1] (→ ZORRO [4]). *Tb n m.* ■ **2** De zorro [1]. **II** *n* **A** *m* **3** Cazador de zorras[1] (→ ZORRO [4]). **B** *f* **4** Madriguera de zorra[1] (→ ZORRO [4]). ■ **5** (*reg*) Cartucho cargado de postas para la caza de la zorra[1] (→ ZORRO [4]). ■ **6** (*reg*) Humareda.

zorrino *m* Piel de pelo largo y sedoso, negro con franjas y manchas blancas, perteneciente a un mamífero carnívoro africano semejante a la mofeta (gén. *Zorrilla*).

zorro -rra I *adj* (*col*) **1** Astuto o taimado. *Tb n, referido a pers.* ■ **2** (*desp*) [Mujer] deshonesta en lo relativo a la moral sexual. *Tb n. Más o menos vacío de significado, se usa frec como insulto.* ■ **3** *Se usa con intención enfática para reforzar una negación en la constr* (NI) ZORRA IDEA.
II *n* A *f* **4** Mamífero carnicero de mediano tamaño, hocico y orejas puntiagudos, ojos oblicuos y pelaje pardo rojizo, que suele atacar a las aves de corral (*Vulpes vulpes*). *También designa solamente la hembra de esta especie.* ■ **5** (*col, desp*) Ramera. ■ **6** (*col, raro*) Borrachera.
B *m* **7** *Se da este n al animal de la especie Vulpes vulpes y a otras semejantes. Frec con un adj o compl especificador:* AZUL, ÁRTICO, PLATEADO, DE LAS PAMPAS. *Tb designa solo el macho de estas especies.* **b)** Piel de zorro.

zorromoco *m* (*reg*) Hombre que en el baile va disfrazado y actúa ridículamente.

zorrón -na I *adj* **1** (*col*) Zorro [1]. *Tb n.*
II *m* **2** (*col, desp*) Zorra[1] (→ ZORRO [2 y 5]).

zorros *m pl* Instrumento formado por una serie de tiras de tejido o piel unidas a un mango y que sirve para sacudir el polvo. **b)** *Se usa frec en constrs de sent comparativo para referirse a una prenda desgarrada o con jirones.* * Traes el abrigo hecho unos zorros. **c)** *Se usa frec en constrs de sent comparativo para referirse a una pers desmadejada o destrozada físicamente o, más raro, moralmente.* * Llevo unos días hecho unos zorros.

zorruno -na *adj* (*col*) Astuto.

zorrupia *f* (*col, humoríst*) Zorra[1] (→ ZORRO [2 y 5]).

zortzico → ZORCICO.

zorza *f* (*reg*) Carne picada y adobada para hacer chorizo.

zorzal *m* *Se da este n a varios pájaros del gén Turdus, esp T. philomelos, de cuerpo robusto, pico recto y plumaje pardo. También se da este n a otras especies de los géns Catharus y Zoothera. Frec con un adj especificador:* ALIRROJO, CHARLO, REAL, *etc.*

zorzaleño -ña *adj* [Variedad de aceituna] pequeña y redonda.

zosquín *m* (*raro*) Golpe dado de soslayo.

zóster. herpes ~ → HERPES.

zotal (*n comercial registrado*) *m* Producto usado esp. para desinfectar determinados lugares muy frecuentados por perss. o por ganado.

zote *adj* [Pers.] torpe o ignorante. *Tb n.*

zozobra *f* **1** Inquietud del ánimo. ■ **2** Acción de zozobrar.

zozobrante *adj* Que zozobra.

zozobrar *intr* **1** Hundirse [una embarcación]. ■ **2** Fracasar o frustrarse [algo].

zuavo I *m* **1** (*hist*) Soldado argelino de infantería, al servicio de Francia.
II *adj* **2** [Pantalón] corto, ancho y ajustado debajo de la rodilla, propio de los zuavos [1].

zubia *f* (*reg*) Lugar por donde corre mucha agua.

zueca *f* (*reg*) **1** Zueco [1]. ■ **2** Tocón (parte del tronco de un árbol que queda unida a la raíz al cortar este).

zueco *m* **1** Zapato rústico de madera de una pieza. ■ **2** Zapato cerrado hasta el empeine y sin talón.

zuela *f* (*reg*) Azuela.

zufra *f* (*reg*) Correa que, apoyada en el sillín de la caballería, sostiene las varas del carro.

zulaque *m* Masa de estopa, cal y aceite, usada esp. para tapar juntas de cañerías.

zulla *f* Planta herbácea leguminosa de flores purpúreas, muy cultivada para forraje y abono (*Hedysarum coronarium*).

zullenco -ca *adj* (*col, raro*) Que ventosea o defeca con frecuencia e incontinencia.

zullirse (*conjug 53*) *intr pr* (*reg*) Hacerse [alguien] sus necesidades.

zullón -na (*col, raro*) I *adj* **1** Que ventosea con frecuencia.
II *m* **2** Ventosidad sin ruido.

zulo *m* Agujero excavado en tierra para esconder algo que se oculta a la policía.

zulú *adj* **1** [Individuo] de un pueblo de raza negra que habita en el sudeste de África. *Tb n.* ■ **2** (*col*) Bárbaro o salvaje. *Tb n, referido a pers. Frec usado como insulto.*

zumaque *m* **1** Arbusto propio de la región mediterránea, cuyas hojas, ricas en tanino, se usan como curtiente (gén. *Rhus*, esp. *R. coriaria*). ■ **2** (*raro*) Vino.

zumba *f* **1** (*col*) Actitud burlona. ■ **2** (*reg*) Cencerro, esp. el grande que lleva la caballería delantera de una recua, o el buey que hace de cabestro.

zumbador -ra I *adj* **1** Que zumba [1].
II *m* **2** Aparato eléctrico de aviso o de llamada, que produce un zumbido.

zumbante *adj* (*lit*) Que zumba [1].

zumbar A *intr* ➤ **a** *normal* **1** Producir zumbido. ■ **2** Sentir [alguien (*ci*)] zumbido [en los oídos (*suj*)]. ■ **3** (*col*) Darse mucha prisa. *Frec en la constr* SALIR ZUMBANDO. ■ **4** (*col*) Estar sumamente cerca [de alguien o algo (*ci*)]. *En la constr* PASAR ZUMBANDO.
➤ **b** *pr* (~**se**) **5** (*col*) Volverse loco. *Frec en part.*
B *tr* ➤ **a** *normal* **6** (*col*) Golpear [a alguien]. *Tb fig.* **b)** ~ **la badana**, ~ **la pandereta** → BADANA, PANDERETA.
➤ **b** *pr* (~**se**) **7** (*vulg*) Poseer sexualmente. ■ **8** ~**sela.** (*vulg*) Masturbarse [el hombre].

zumbido *m* Ruido continuado y bronco.

zumbir *intr* (*raro*) Zumbar [1].

zumbo *m* (*raro*) Zumbido.

zumbón -na *adj* **1** (*col*) Burlón. ■ **2** [Cencerro] grande al que gralm. se pone un aditamento en la boca para que suene más. *Tb n.*

zumbonamente *adv* De manera zumbona [1].

zumo *m* **1** Jugo [de frutas o vegetales]. ■ **2** (*col*) Bebida alcohólica.

zumoso -sa *adj* Que tiene zumo [1]. *Frec* (*lit*) *fig.*

zuncho *m* Abrazadera que sirve para unir sólidamente dos piezas.

zuñi *adj* [Individuo] de un pueblo indígena americano del oeste de Nuevo Méjico. *Tb n.*

zurano -na *adj* [Paloma] zurita. *Tb n m o, más frec, f.*

zurcido *m* Acción de zurcir [1]. *Tb su efecto.*

zurcidor -ra *m y f* Pers. que zurce [1].

zurcimiento *m* (*raro*) Zurcido.

zurcir *tr* **1** Coser [un roto o la prenda en que está] pasando alternativamente el hilo en ambos sentidos a fin de imitar el tejido. *Tb fig.* ■ **2** (*col*) Someter [a alguien] a un castigo o daño. ■ **3 que te** (**le**, *etc*) **zurzan.** (*col*) Fórmula con que se manifiesta indiferencia o desdén hacia la pers designada por el pron. * –No pienso acompañarte. –Pues que te zurzan.

zurdal *m* (*reg*) Azor (ave).

zurdamente *adv* (*raro*) De manera zurda [4].

zurdazo *m* (*Dep*) Golpe dado con la mano o el pie izquierdos.

zurdera *f* Cualidad de zurdo [1].

zurdería *f* Cualidad de zurdo [1].

zurdez *f* Cualidad de zurdo [1 y 4].

zurdo -da *adj* **1** [Pers.] que suele usar de la mano izquierda con preferencia a la derecha. *Tb n.* ■ **2** Izquierdo. *Frec n f, referido a mano.* ■ **3** (*raro, desp*) Izquierdista. *Tb n.* ■ **4** (*raro*) Torpe o desmañado.

zurdoso -sa *adj* (*raro*) Que tira a zurdo [3].

zureador -ra *adj* Que zurea.

zurear *intr* Hacer arrullos [la paloma]. *Tb fig, referido a pers.*

zureo *m* Acción de zurear.

zuri. darse el ~. *loc v* (*jerg*) Irse o marcharse.

zuriqués -sa *adj* De Zúrich (Suiza). *Tb n, referido a pers.*

zurito -ta *adj* [Paloma] de plumaje gris azulado con una mancha verde a ambos lados del cuello (→ PALOMA). *Tb n m o, más frec, f.*

zuro *m* Corazón de la mazorca del maíz después de desgranada.

zurra[1] *f* (*col*) Paliza. *Tb fig.* **b)** Chaparrón fuerte. *Tb ~ DE AGUA.*

zurra[2] *m o f* (*reg*) Zurracapote.

zurracapote *m* (*reg*) Refresco de vino con azúcar, limón y otros ingredientes.

zurrador -ra *adj* Que zurra, *esp* [1]. *Frec n m, referido a pers.*

zurrapa *f* **1** Sedimento [de un líquido]. *Gralm en pl.* ■ **2** (*reg*) En pl: Caldo de morcillas. ■ **3** (*reg*) En pl: Requesón.

zurrar *tr* **1** Ablandar y suavizar [pieles ya curtidas]. **b)** ~ [la badana] → BADANA. ■ **2** (*col*) Dar golpes [a alguien (*cd*)]. *Tb fig.* **b)** (*col*) Dar azotes [a alguien (*cd*)]. ■ **3** Gastar [algo] por el uso.

zurrarse *intr pr* (*col*) Evacuar el vientre involuntariamente. *Frec fig, ponderando miedo.*

zurraspa *f* Zurrapa.

zurriaga *f* **1** Zurriago. ■ **2** (*reg*) Alondra.

zurriagazo *m* Golpe dado con un zurriago. *Tb fig.*

zurriago *m* Látigo u otro objeto semejante para azotar.

zurriburri *m* (*col*) Barullo o confusión.

zurrido *m* Sonido bronco y confuso.

zurrir *intr* Sonar [algo] de manera bronca y confusa.

zurrón *m* **1** Bolsa grande de cuero, esp. la usada por los pastores. ■ **2** Bolsa de pastor (planta). ■ **3** Anserina (planta).

zurrona *f* (*col, raro*) Prostituta.

zurrupia *f* (*reg*) Zorra o zorrupia.

zurullo *m* (*col*) Porción de excremento sólido.

zurupeto *m* (*desp, raro*) Intruso en la profesión notarial.

zutano -na (*gralm con mayúscula*) *m y f* Se usa, sin art y solo en sg, para sustituir al n propio de una pers que no se quiere o no se puede precisar. En contextos en que ha aparecido el n FULANO y casi siempre *tb* MENGANO. *Frec en la forma dim* ZUTANITO, *con valor expresivo.* * Si invitas a Fulano, tienes que invitar también a Mengano y Zutano.

Apéndice

Conjugación de los verbos

1. Verbos regulares

Se incluyen en esta sección los modelos de verbos regulares terminados en -*iar*, -*uar*, que llevan acentuada o no acentuada la /i/ y la /u/ [1 a, 1 b, 1 c, 1 d], así como los verbos con grupo /ai/ o /au/ en la base, que llevan articulado ese grupo en unos casos como diptongo y en otros como hiato [1 e, 1 f].

1 a. CAMBIAR. *La* i *final de la base* cambi- *es átona en todas las formas de este verbo. Esa* i *siempre se combina formando diptongo con la vocal que la sigue, es decir, articulándose ambas dentro de una sola sílaba. Por ej: Pres de ind* cambio, cambias, cambia, cambiamos, cambiáis, cambian. (*Pronunc:* /kám.bio, kám.bias, kám.bia, kam.biá.mos, kam.biáis, kám.bian/.) *Pres de subj* cambie, cambies, cambie, cambiemos, cambiéis, cambien. (*Pronunc:* /kám.bie, kám.bies, kám.bie, kam.bié.mos, kam.biéis, kám.bien/.) *Imperat* cambia, cambie, cambiad, cambien. (*Pronunc:* /kám.bia, kám.bie, kam.biád, kám.bien/.)

1 b. AVERIGUAR. *La* u *final de la base* averigu- *es átona en todas las formas de este verbo. Esa* u *siempre se combina formando diptongo con la vocal que la sigue, es decir, articulándose ambas dentro de una sola sílaba. Por ej: Pres de ind* averiguo, averiguas, averigua, averiguamos, averiguáis, averiguan. (*Pronunc:* /a.be.rí.guo, a.be.rí.guas, a.be.rí.gua, a.be.ri.guá.mos, a.be.ri.guáis, a.be.rí.guan/.) *Pres de subj* averigüe, averigües, averigüe, averigüemos, averigüéis, averigüen. (*Pronunc:* /a.be.rí.gue, a.be.rí.gues, a.be.rí.gue, a.be.ri.gué.mos, a.be.ri.guéis, a.be.rí.guen/.) *Imperat* averigua, averigüe, averiguad, averigüen. (*Pronunc:* /a.be.rí.gua, a.be.rí.gue, a.be.ri.guád, a.be.rí.guen/.)

1 c. DESVIAR. *La* i *final de la base* desvi- *es tónica en las personas* yo, tú, él *o* usted *y* ellos *o* ustedes *de los presentes de indicativo y subjuntivo y del imperativo. En todas las demás formas del verbo esa* i *es átona, a pesar de lo cual nunca se une formando diptongo con la vocal que la sigue; es decir, ambas vocales se articulan en sílabas diferentes. Por ej: Pres de ind* desvío, desvías, desvía, desviamos, desviáis, desvían. (*Pronunc:* /des.bí.o, des.bí.as, des.bí.a, des.bi.á.mos, des.bi.áis, des.bí.an/.) *Pres de subj* desvíe, desvíes, desvíe, desviemos, desviéis, desvíen. (*Pronunc:* /des.bí.e, des.bí.es, des.bí.e, des.bi.é.mos, des.bi.éis, des.bí.en/.) *Imperat* desvía, desvíe, desviad, desvíen. (*Pronunc:* /des.bí.a, des.bí.e, des.bi.ád, des.bí.en/.)

1 d. ACTUAR. *La* u *final de la base* actu- *es tónica en las personas* yo, tú, él *o* usted *y* ellos *o* ustedes *de los presentes de indicativo y subjuntivo y del imperativo. En todas las demás formas del verbo esa* u *es átona, a pesar de lo cual nunca se une formando diptongo con la vocal que la sigue; es decir, ambas vocales se articulan en sílabas diferentes. Por ej: Pres de ind* actúo, actúas, actúa, actuamos, actuáis, actúan. (*Pronunc:* /ak.tú.o, ak.tú.as, ak.tú.a, ak.tu.á.mos, ak.tu.áis, ak.tú.an/.) *Pres de subj* actúe, actúes, actúe, actuemos, actuéis, actúen. (*Pronunc:* /ak.tú.e, ak.tú.es, ak.tú.e, ak.tu.é.mos, ak.tu.éis, ak.tú.en/.) *Imperat* actúa, actúe, actuad, actúen. (*Pronunc:* /ak.tú.a, ak.tú.e, ak.tu.ád, ak.tú.en/.)

1 e. BAILAR, CAUSAR. *La segunda vocal del grupo* ai, au *siempre se combina formando diptongo con la vocal precedente, es decir, articulándose ambas dentro de una sola sílaba. Por ej: Pres de ind* bailo, bailas, baila, bailamos, bailáis, bailan; causo, causas, causa, causamos, causáis, causan. (*Pronunc:* /bái.lo, bái.las, bái.la, bai.lá.mos, bai.láis, bái.lan; káu.so, káu.sas, káu.sa, kau.sá.mos, kau.sáis, káu.san/.) *Pres de subj* baile, bailes, baile, bailemos, bailéis, bailen; cause, causes, cause, causemos, causéis, causen. (*Pronunc:* /bái.le, bái.les, bái.le, bai.lé.mos, bai.léis, bái.len; káu.se, káu.ses, káu.se.../.)

1 f. ENRAIZAR, AULLAR. *La segunda vocal del grupo* ai, au *es tónica en las personas* yo, tú, él *o* usted *y* ellos *o* ustedes, *de los presentes de indicativo y subjuntivo y del imperativo. En todas las demás formas del verbo, esa segunda vocal* i, u *es átona y constituye normalmente diptongo con la vocal precedente. Por ej: Pres de ind* enraízo, enraízas, enraíza, enraizamos, enraizáis, enraízan; aúllo, aúllas, aúlla, aullamos, aulláis, aúllan. (*Pronunc:* /en.r̄a.í.θo, en.r̄a.í.θas, en.r̄a.í.θa, en.r̄ai.θá.mos, en.r̄ai.θáis, en.r̄ai.θán; a.ú.l̞o, a.ú.l̞a, au.lá.mos, au.l̞áis, a.ú.l̞an/.) *Pres de subj* enraíce, enraíces, enraíce, enraicemos, enraicéis, enraícen; aúlle, aúlles, aúlle, aullemos, aulléis, aúllen. (*Pronunc:* /en.r̄a.í.θe, en.r̄a.í.θes, en.r̄a.í.θe, en.r̄ai.θé.mos, en.r̄ai.θéis, en.r̄ai.θén; a.ú.l̞e, a.ú.l̞es, a.ú.l̞e, au.lé.mos, au.l̞éis, a.ú.l̞en/.)

2. Verbos irregulares

Figuran aquí todos los verbos con irregularidad propia (como *ir*) y los que (como *acordar, agradecer*) sirven de modelo para otros irregulares.

Solo se enuncian los tiempos simples y formas no personales que presentan alguna irregularidad. Los tiempos verbales que no aparecen enunciados en los cuadros que siguen ha de entenderse que son regulares.

A. VERBOS EN -AR

4. ACORDAR. *Pres de ind* acuerdo, acuerdas, acuerda, acordamos, acordáis, acuerdan. *Pres de subj* acuerde, acuerdes, acuerde, acordemos, acordéis, acuerden. *Imperat* acuerda, acuerde, acordad, acuerden.

5. ANDAR. *Pret de ind* anduve, anduviste, anduvo, anduvimos, anduvisteis, anduvieron. *Pret de subj* anduviera, anduvieras, anduviera, anduviéramos, anduvierais, anduvieran (*o* anduviese, anduvieses, anduviese, *etc*). *Fut de subj* anduviere, anduvieres, anduviere, anduviéremos, anduviereis, anduvieren.

6. CERRAR. *Pres de ind* cierro, cierras, cierra, cerramos, cerráis, cierran. *Pres de subj* cierre, cierres, cierre, cerremos, cerréis, cierren. *Imperat* cierra, cierre, cerrad, cierren.

7. DAR. *Pres de ind* doy, das, da, damos, dais, dan. *Pres de subj* dé, des, dé, demos, deis, den. *Imperat* da, dé, dad, den. *Pret de ind* di, diste, dio, dimos, disteis, dieron. *Pret de subj* diera, dieras, diera, diéramos, dierais, dieran (*o* diese, dieses, diese, *etc*). *Fut de subj* diere, dieres, diere, diéremos, diereis, dieren.

8. ERRAR. *Pres de ind* yerro, yerras, yerra, erramos, erráis, yerran. *Pres de subj* yerre, yerres, yerre, erremos, erréis, yerren. *Imperat* yerra, yerre, errad, yerren.

9. ESTAR. *Pres de ind* estoy, estás, está, estamos, estáis, están. *Pres de subj* esté, estés, esté, estemos, estéis, estén. *Imperat* está, esté, estad, estén. *Pret de ind* estuve, estuviste, estuvo, estuvimos, estuvisteis, estuvieron. *Pret de subj* estuviera, estuvieras, estuviera, estuviéramos, estuvierais, estuvieran (*o* estuviese, estuvieses, estuviese, *etc*). *Fut de subj* estuviere, estuvieres, estuviere, estuviéremos, estuviereis, estuvieren.

10. JUGAR. *Pres de ind* juego, juegas, juega, jugamos, jugáis, juegan. *Pres de subj* juegue, juegues, juegue, juguemos, juguéis, jueguen. *Imperat* juega, juegue, jugad, jueguen.

B. VERBOS EN -ER

11. AGRADECER. *Pres de ind* agradezco, agradeces, agradece, agradecemos, agradecéis, agradecen. *Pres de subj* agradezca, agradezcas, agradezca, agradezcamos, agradezcáis, agradezcan. *Imperat* agradece, agradezca, agradeced, agradezcan.

12. CABER. *Pres de ind* quepo, cabes, cabe, cabemos, cabéis, caben. *Pres de subj* quepa, quepas, quepa, quepamos, quepáis, quepan. *Imperat* quepa, cabed, quepan. *Pret de ind* cupe, cupiste, cupo, cupimos, cupisteis, cupieron. *Pret de subj* cupiera, cupieras, cupiera, cupiéramos, cupierais, cupieran (*o* cupiese, cupieses, cupiese, *etc*). *Fut de subj* cupiere, cupieres, cupiere, cupiéremos, cupiereis, cupieren. *Fut de ind* cabré, cabrás, cabrá, cabremos, cabréis, cabrán. *Potencial* cabría, cabrías, cabría, cabríamos, cabríais, cabrían.

13. CAER. *Pres de ind* caigo, caes, cae, caemos, caéis, caen. *Pres de subj* caiga, caigas, caiga, caigamos, caigáis, caigan. *Imperat* cae, caiga, caed, caigan. *Pret de ind* caí, caíste, cayó, caímos, caísteis, cayeron. *Pret de subj* cayera, cayeras, cayera, cayéramos, cayerais, cayeran (*o* cayese, cayeses, cayese, *etc*). *Fut de subj* cayere, cayeres, cayere, cayéremos, cayereis, cayeren. *Ger* cayendo.

14. ENTENDER. *Pres de ind* entiendo, entiendes, entiende, entendemos, entendéis, entienden. *Pres de subj* entienda, entiendas, entienda, entendamos, entendáis, entiendan. *Imperat* entiende, entienda, entended, entiendan.

15. HABER. *Pres de ind* he, has, ha, hemos, habéis, han (*3ª pers impers:* hay). *Pres de subj* haya, hayas, haya, hayamos, hayáis, hayan. *Pret de ind* hube, hubiste, hubo, hubimos, hubisteis, hubieron. *Pret de subj* hubiera, hubieras, hubiera, hubiéramos, hubierais, hubieran (*o* hubiese, hubieses, hubiese, *etc*). *Fut de subj* hubiere, hubieres, hubiere, hubiéremos, hubiereis, hubieren. *Fut de ind* habré, habrás, habrá, habremos, habréis, habrán. *Potencial* habría, habrías, habría, habríamos, habríais, habrían.

16. HACER. *Pres de ind* hago, haces, hace, hacemos, hacéis, hacen. *Pres de subj* haga, hagas, haga, hagamos, hagáis, hagan. *Imperat* haz, haga, haced, hagan. *Pret de ind* hice, hiciste, hizo, hicimos, hicisteis, hicieron. *Pret de subj* hiciera, hicieras, hiciera, hiciéramos, hicierais, hicieran (*o* hiciese, hicieses, hiciese, *etc*). *Fut de subj* hiciere, hicieres, hiciere, hiciéremos, hiciereis, hicieren. *Fut de ind* haré, harás, hará, haremos, haréis, harán. *Potencial* haría, harías, haría, haríamos, haríais, harían. *Part* hecho.

17. LEER. *Pret de ind* leí, leíste, leyó, leímos, leísteis, leyeron. *Pret de subj* leyera, leyeras, leyera, leyéramos, leyerais, leyeran (*o* leyese, leyeses, leyese, *etc*). *Fut de subj* leyere, leyeres, leyere, leyéremos, leyereis, leyeren. *Ger* leyendo.

18. MOVER. *Pres de ind* muevo, mueves, mueve, movemos, movéis, mueven. *Pres de subj* mueva, muevas, mueva, movamos, mováis, muevan. *Imperat* mueve, mueva, moved, muevan.

19. OLER. *Pres de ind* huelo, hueles, huele, olemos, oléis, huelen. *Pres de subj* huela, huelas, huela, olamos, oláis, huelan. *Imperat* huele, huela, oled, huelan.

20. PODER. *Pres de ind* puedo, puedes, puede, podemos, podéis, pueden. *Pres de subj* pueda, puedas, pueda, podamos, podáis, puedan. *Pret de ind* pude, pudiste, pudo, pudimos, pudisteis, pudieron. *Pret de subj* pudiera, pudieras, pudiera, pudiéramos, pudierais, pudieran (*o* pudiese, pudieses, pudiese, *etc*). *Fut de subj* pudiere, pudieres, pudiere, pudiéremos, pudiereis, pudieren. *Fut de ind* podré, podrás, podrá, podremos, podréis, podrán. *Potencial* podría, podrías, podría, podríamos, podríais, podrían. *Ger* pudiendo.

21. PONER. *Pres de ind* pongo, pones, pone, ponemos, ponéis, ponen. *Pres de subj* ponga, pongas, ponga, pongamos, pongáis, pongan. *Imperat* pon, ponga, poned, pongan. *Pret de ind* puse, pusiste, puso, pusimos, pusisteis, pusieron. *Pret de subj* pusiera, pusieras, pusiera, pusiéramos, pusierais, pusieran (*o* pusiese, pusieses, pusiese, *etc*). *Fut de subj* pusiere, pusieres, pusiere, pusiéremos, pusiereis, pusieren. *Fut de ind* pondré, pondrás, pondrá, pondremos, pondréis, pondrán. *Potencial* pondría, pondrías, pondría, pondríamos, pondríais, pondrían. *Part* puesto.

22. PROVEER. *Igual que* LEER [17], *excepto en participio. Part* provisto (*o* proveído).

23. QUERER. *Pres de ind* quiero, quieres, quiere, queremos, queréis, quieren. *Pres de subj* quiera, quieras, quiera, queramos, queráis, quieran. *Imperat* quiere, quiera, quered, quieran. *Pret de ind* quise, quisiste, quiso, quisimos, quisisteis, quisieron. *Pret de subj* quisiera, quisieras, quisiera, quisiéramos, quisierais, quisieran (*o* quisiese, quisieses, quisiese, *etc*). *Fut de subj* quisiere, quisieres, quisiere, quisiéremos, quisiereis, quisieren. *Fut de ind* querré, querrás, querrá, querremos, querréis, querrán. *Potencial* querría, querrías, querría, querríamos, querríais, querrían.

24. RAER. *Pres de ind* raigo (*o* rayo), raes, rae, raemos, raéis, raen. *Pres de subj* raiga, raigas, raiga, raigamos, raigáis, raigan (*o* raya, rayas, raya, rayamos, rayáis, rayan). *Imperat* rae, raiga (*o* raya), raed, raigan (*o* rayan). *Pret de ind* raí, raíste, rayó, raímos, raísteis, rayeron. *Pret de subj* rayera, rayeras, rayera, rayéramos, rayerais, rayeran (*o* rayese, rayeses, rayese, *etc*). *Fut de subj* rayere, rayeres, rayere, rayéremos, rayereis, rayeren. *Ger* rayendo.

25. ROER. *Pres de ind* roo (*o* roigo, *o* royo), roes, roe, roemos, roéis, roen. *Pres de subj* roa, roas, roa, roamos, roáis, roan (*o* roiga, roigas, roiga, *etc, o* roya, royas, roya, *etc*). *Imperat* roe, roa (*o* roiga, *o* roya), roed, roan (*o* roigan, *o* royan). *Pret de ind* roí, roíste, royó, roímos, roísteis, royeron. *Pret de subj* royera, royeras, royera, royéramos, royerais, royeran (*o* royese, royeses, royese, *etc*). *Fut de subj* royere, royeres, royere, royéremos, royereis, royeren. *Ger* royendo.

26. ROMPER. *Part* roto.

27. SABER. *Pres de ind* sé, sabes, sabe, sabemos, sabéis, saben. *Pres de subj* sepa, sepas, sepa, sepamos, sepáis, sepan. *Imperat* sabe, sepa, sabed, sepan. *Pret de ind* supe, supiste, supo, supimos, supisteis, supieron. *Pret de subj* supiera, supieras, supiera, supiéramos, supierais, supieran (*o* supiese, supieses, supiese, *etc*). *Fut de ind* supiere, supieres, supiere, supiéremos, supiereis, supieren. *Fut de ind* sabré, sabrás, sabrá, sabremos, sabréis, sabrán. *Potencial* sabría, sabrías, sabría, sabríamos, sabríais, sabrían.

28. SATISFACER. *Igual que* HACER [16], *excepto en imperativo. Imperat* satisface (*o* satisfaz), satisfaga, satisfaced, satisfagan.

29. SER. *Pres de ind* soy, eres, es, somos, sois, son. *Pres de subj* sea, seas, sea, seamos, seáis, sean. *Imperat* sé, sea, sed, sean. *Impf de ind* era, eras, era, éramos, erais, eran. *Pret de ind* fui, fuiste, fue, fuimos, fuisteis, fueron. *Pret de subj* fuera, fueras, fuera, fuéramos, fuerais, fueran (*o* fuese, fueses, fuese, *etc*). *Fut de subj* fuere, fueres, fuere, fuéremos, fuereis, fueren.

30. TAÑER. *Pret de ind* tañí, tañiste, tañó, tañimos, tañisteis, tañeron. *Pret de subj* tañera, tañeras, tañera, tañéramos, tañerais, tañeran (*o* tañese, tañeses, tañese, *etc*). *Fut de subj* tañere, tañeres, tañere, tañéremos, tañereis, tañeren. *Ger* tañendo.

31. TENER. *Pres de ind* tengo, tienes, tiene, tenemos, tenéis, tienen. *Pres de subj* tenga, tengas, tenga, tengamos, tengáis, tengan. *Imperat* ten, tenga, tened, tengan. *Pret de ind* tuve, tuviste, tuvo, tuvimos, tuvisteis, tuvieron. *Pret de subj* tuviera, tuvieras, tuviera, tuviéramos, tuvierais,

tuvieran (*o* tuviese, tuvieses, tuviese, *etc*). *Fut de subj* tuviere, tuvieres, tuviere, tuviéremos, tuviereis, tuvieren. *Fut de ind* tendré, tendrás, tendrá, tendremos, tendréis, tendrán. *Potencial* tendría, tendrías, tendría, tendríamos, tendríais, tendrían.

32. TRAER. *Pres de ind* traigo, traes, trae, traemos, traéis, traen. *Pres de subj* traiga, traigas, traiga, traigamos, traigáis, traigan. *Imperat* trae, traiga, traed, traigan. *Pret de ind* traje, trajiste, trajo, trajimos, trajisteis, trajeron. *Pret de subj* trajera, trajeras, trajera, trajéramos, trajerais, trajeran (*o* trajese, trajeses, trajese, *etc*). *Fut de subj* trajere, trajeres, trajere, trajéremos, trajereis, trajeren. *Ger* trayendo.

33. VALER. *Pres de ind* valgo, vales, vale, valemos, valéis, valen. *Pres de subj* valga, valgas, valga, valgamos, valgáis, valgan. *Imperat* valga, valed, valgan. *Fut de ind* valdré, valdrás, valdrá, valdremos, valdréis, valdrán. *Potencial* valdría, valdrías, valdría, valdríamos, valdríais, valdrían.

34. VER. *Pres de ind* veo, ves, ve, vemos, veis, ven. *Pres de subj* vea, veas, vea, veamos, veáis, vean. *Imperat* ve, vea, ved, vean. *Impf de ind* veía, veías, veía, veíamos, veíais, veían. *Part* visto.

35. VOLVER. *Igual que* MOVER [18], *excepto en participio. Part* vuelto.

36. YACER. *Pres de ind* yazco (*o* yazgo), yaces, yace, yacemos, yacéis, yacen. *Pres de subj* yazca, yazcas, yazca, yazcamos, yazcáis, yazcan (*o* yazga, yazgas, yazga, yazgamos, yazgáis, yazgan). *Imperat* yace, yazca (*o* yazga), yaced, yazcan (*o* yazgan).

C. VERBOS EN -IR

37. ABRIR. *Part* abierto.

38. ADQUIRIR. *Pres de ind* adquiero, adquieres, adquiere, adquirimos, adquirís, adquieren. *Pres de subj* adquiera, adquieras, adquiera, adquiramos, adquiráis, adquieran. *Imperat* adquiere, adquiera, adquirid, adquieran.

39. ASIR. *Pres de ind* asgo, ases, ase, asimos, asís, asen. *Pres de subj* asga, asgas, asga, asgamos, asgáis, asgan. *Imperat* ase, asga, asid, asgan.

40. BENDECIR. *Igual que* DECIR [42], *excepto en los tiempos que siguen. Imperat* bendice, bendiga, bendecid, bendigan. *Fut de ind* bendeciré, bendecirás, bendecirá, bendeciremos, bendeciréis, bendecirán. *Potencial* bendeciría, bendecirías, bendeciría, bendeciríamos, bendeciríais, bendecirían. *Part* bendecido.

41. CONDUCIR. *Pres de ind* conduzco, conduces, conduce, conducimos, conducís, conducen. *Pres de subj* conduzca, conduzcas, conduzca, conduzcamos, conduzcáis, conduzcan. *Imperat* conduce, conduzca, conducid, conduzcan. *Pret de ind* conduje, condujiste, condujo, condujimos, condujisteis, condujeron. *Pret de subj* condujera, condujeras, condujéramos, condujerais, condujeran (*o* condujese, condujeses, condujese, *etc*). *Fut de subj* condujere, condujeres, condujere, condujéremos, condujereis, condujeren.

42. DECIR. *Pres de ind* digo, dices, dice, decimos, decís, dicen. *Pres de subj* diga, digas, diga, digamos, digáis, digan. *Imperat* di, diga, decid, digan. *Pret de ind* dije, dijiste, dijo, dijimos, dijisteis, dijeron. *Pret de subj* dijera, dijeras, dijera, dijéramos, dijerais, dijeran (*o* dijese, dijeses, dijese, *etc*). *Fut de subj* dijere, dijeres, dijere, dijéremos, dijereis, dijeren. *Fut de ind* diré, dirás, dirá, diremos, diréis, dirán. *Potencial* diría, dirías, diría, diríamos, diríais, dirían. *Ger* diciendo. *Part* dicho.

43. DISCERNIR. *Pres de ind* discierno, disciernes, discierne, discernimos, discernís, disciernen. *Pres de subj* discierna, disciernas, discierna, discernamos, discernáis, disciernan. *Imperat* discierne, discierna, discernid, disciernan.

44. DORMIR. *Pres de ind* duermo, duermes, duerme, dormimos, dormís, duermen. *Pres de subj* duerma, duermas, duerma, durmamos, durmáis, duerman. *Imperat* duerme, duerma, dormid, duerman. *Pret de ind* dormí, dormiste, durmió, dormimos, dormisteis, durmieron. *Pret de subj* durmiera, durmieras, durmiera, durmiéramos, durmierais, durmieran (o durmiese, durmieses, durmiese, etc). *Fut de subj* durmiere, durmieres, durmiere, durmiéremos, durmiereis, durmieren. *Ger* durmiendo.

45. ERGUIR. *Pres de ind* yergo, yergues, yergue, erguimos, erguís, yerguen. *Pres de subj* yerga, yergas, yerga, irgamos, irgáis, yergan. *Imperat* yergue, yerga, erguid, yergan. *Pret de ind* erguí, erguiste, irguió, erguimos, erguisteis, irguieron. *Pret de subj* irguiera, irguieras, irguiera, irguiéramos, irguierais, irguieran (o irguiese, irguieses, irguiese, etc). *Fut de subj* irguiere, irguieres, irguiere, irguiéremos, irguiereis, irguieren. *Ger* irguiendo.

46. ESCRIBIR. *Part* escrito.

47. FREÍR. Igual que REÍR [57], excepto en participio. *Part* frito (o, más raro, freído).

48. HUIR. *Pres de ind* huyo, huyes, huye, huimos, huís, huyen. *Pres de subj* huya, huyas, huya, huyamos, huyáis, huyan. *Imperat* huye, huya, huid, huyan. *Pret de ind* huí, huiste, huyó, huimos, huisteis, huyeron. *Pret de subj* huyera, huyeras, huyéramos, huyerais, huyeran (o huyese, huyeses, huyese, etc). *Fut de subj* huyere, huyeres, huyere, huyéremos, huyereis, huyeren. *Ger* huyendo.

49. IMPRIMIR. *Part* impreso (o, más raro, imprimido).

50. IR. *Pres de ind* voy, vas, va, vamos, vais, van. *Pres de subj* vaya, vayas, vaya, vayamos, vayáis, vayan (en uso exhortativo se dice frec vamos por vayamos). *Imperat* ve, vaya, id, vayan. *Impf de ind* iba, ibas, iba, íbamos, ibais, iban. *Pret de ind* fui, fuiste, fue, fuimos, fuisteis, fueron. *Pret de subj* fuera, fueras, fuera, fuéramos, fuerais, fueran (o fuese, fueses, fuese, etc). *Fut de subj* fuere, fueres, fuere, fuéremos, fuereis, fueren. *Ger* yendo.

51. LUCIR. *Pres de ind* luzco, luces, luce, lucimos, lucís, lucen. *Pres de subj* luzca, luzcas, luzca, luzcamos, luzcáis, luzcan. *Imperat* luce, luzca, lucid, luzcan.

52. MORIR. Igual que DORMIR [44], excepto en participio. *Part* muerto.

53. MULLIR. *Pret de ind* mullí, mulliste, mulló, mullimos, mullisteis, mulleron. *Pret de subj* mullera, mulleras, mullera, mulléramos, mullerais, mulleran (o mullese, mulleses, mullese, etc). *Fut de subj* mullere, mulleres, mullere, mulléremos, mulleren, mulleren. *Ger* mullendo.

54. OÍR. *Pres de ind* oigo, oyes, oye, oímos, oís, oyen. *Pres de subj* oiga, oigas, oiga, oigamos, oigáis, oigan. *Imperat* oye, oiga, oíd, oigan. *Pret de ind* oí, oíste, oyó, oímos, oísteis, oyeron. *Pret*

de subj oyera, oyeras, oyera, oyéramos, oyerais, oyeran (u oyese, oyeses, oyese, etc). *Fut de subj* oyere, oyeres, oyere, oyéremos, oyereis, oyeren. *Ger* oyendo.

55. PREDECIR. Igual que DECIR [42], excepto en los tiempos que siguen. *Imperat* predice, prediga, predecid, predigan. *Fut de ind* prediciré, predecirás, predecirá, prediciremos, prediciréis, predicirán (o, raramente, prediré, predirás, predirá, prediremos, prediréis, predirán). *Potencial* prediciría, predicirías, prediciría, prediciríamos, prediciríais, predicirían (o, raramente, prediría, predirías, prediría, etc).

56. PUDRIR. *Infin* pudrir o podrir. *Part* podrido. Todas las restantes formas del verbo tienen u en la base: pudre, pudría, pudra, pudrió, pudriendo, etc.

57. REÍR. *Pres de ind* río, ríes, ríe, reímos, reís, ríen. *Pres de subj* ría, rías, ría, riamos, riáis, rían. *Imperat* ríe, ría, reíd, rían. *Pret de ind* reí, reíste, rió, reímos, reísteis, rieron. *Pret de subj* riera, rieras, riera, riéramos, rierais, rieran (o riese, rieses, riese, etc). *Fut de subj* riere, rieres, riere, riéremos, riereis, rieren. *Ger* riendo.

58. REÑIR. *Pres de ind* riño, riñes, riñe, reñimos, reñís, riñen. *Pres de subj* riña, riñas, riña, riñamos, riñáis, riñan. *Imperat* riñe, riña, reñid, riñan. *Pret de ind* reñí, reñiste, riñó, reñimos, reñisteis, riñeron. *Pret de subj* riñera, riñeras, riñera, riñéramos, riñerais, riñeran (o riñese, riñeses, riñese, etc.). *Fut de subj* riñere, riñeres, riñere, riñéremos, riñereis, riñeren. *Ger* riñendo.

59. SALIR. *Pres de ind* salgo, sales, sale, salimos, salís, salen. *Pres de subj* salga, salgas, salga, salgamos, salgáis, salgan. *Imperat* sal, salga, salid, salgan. *Fut de ind* saldré, saldrás, saldrá, saldremos, saldréis, saldrán. *Potencial* saldría, saldrías, saldría, saldríamos, saldríais, saldrían.

60. SENTIR. *Pres de ind* siento, sientes, siente, sentimos, sentís, sienten. *Pres de subj* sienta, sientas, sienta, sintamos, sintáis, sientan. *Imperat* siente, sienta, sentid, sientan. *Pret de ind* sentí, sentiste, sintió, sentimos, sentisteis, sintieron. *Pret de subj* sintiera, sintieras, sintiera, sintiéramos, sintierais, sintieran (o sintiese, sintieses, sintiese, etc). *Fut de subj* sintiere, sintieres, sintiere, sintiéremos, sintiereis, sintieren. *Ger* sintiendo.

61. VENIR. *Pres de ind* vengo, vienes, viene, venimos, venís, vienen. *Pres de subj* venga, vengas, venga, vengamos, vengáis, vengan. *Imperat* ven, venga, venid, vengan. *Pret de ind* vine, viniste, vino, vinimos, vinisteis, vinieron. *Pret de subj* viniera, vinieras, viniera, viniéramos, vinierais, vinieran (o viniese, vinieses, viniese, etc.). *Fut de subj* viniere, vinieres, viniere, viniéremos, viniereis, vinieren. *Fut de ind* vendré, vendrás, vendrá, vendremos, vendréis, vendrán. *Potencial* vendría, vendrías, vendría, vendríamos, vendríais, vendrían. *Ger* viniendo.

62. VESTIR. *Pres de ind* visto, vistes, viste, vestimos, vestís, visten. *Pres de subj* vista, vistas, vista, vistamos, vistáis, vistan. *Imperat* viste, vista, vestid, vistan. *Pret de ind* vestí, vestiste, vistió, vestimos, vestisteis, vistieron. *Pret de subj* vistiera, vistieras, vistiera, vistiéramos, vistierais, vistieran (o vistiese, vistieses, vistiese, etc). *Fut de subj* vistiere, vistieres, vistiere, vistiéremos, vistiereis, vistieren. *Ger* vistiendo.

Este diccionario
se terminó de imprimir
en los Talleres Gráficos
de Cayfosa-Quebecor, S. A.,
Santa Perpètua de Mogoda (Barcelona)
en el mes de julio de 2000